Schneider/Wolf AnwaltKommentar RVG

ANWALTKOMMENTAR
DeutscherAnwaltVerlag

RVG

Rechtsanwalts-
vergütungsgesetz

Begründet von
Rechtsanwalt und Notar
Christoph Gebauer, Hannover
Rechtsanwalt Norbert Schneider,
Neunkirchen

Herausgegeben von
Rechtsanwalt Norbert Schneider,
Neunkirchen
Richter am OLG a.D.
Hans-Joachim Wolf (†), Bonn

8. Auflage 2017

DeutscherAnwaltVerlag

Zitiervorschlag:
AnwK-RVG/*Bearbeiter*, § 1 Rdn 1 bzw. VV 1000 Rdn 1 bzw. VV Vorb. 1 Rdn 1

Hinweis
Die Ausführungen in diesem Werk wurden mit Sorgfalt und nach bestem Wissen erstellt. Sie stellen jedoch lediglich Arbeitshilfen und Anregungen für die Lösung typischer Fallgestaltungen dar. Die Eigenverantwortung für die Formulierung von Verträgen, Verfügungen und Schriftsätzen trägt der Benutzer. Herausgeber, Autoren und Verlag übernehmen keinerlei Haftung für die Richtigkeit und Vollständigkeit der in diesem Buch enthaltenen Ausführungen.

Anregungen und Kritik zu diesem Werk senden Sie bitte an
kontakt@anwaltverlag.de
Herausgeber, Autoren und Verlag freuen sich auf Ihre Rückmeldung.

Copyright 2017 by Deutscher Anwaltverlag, Bonn
Satz: Cicero Computer GmbH, Bonn
Druck: Kösel GmbH & Co.KG, Krugzell
Titelgestaltung: gentura, Holger Neumann, Bochum
ISBN 978-3-8240-1381-4

Bibliografische Information der Deutschen Bibliothek
Die Deutsche Bibliothek verzeichnet diese Publikation in der Deutschen Nationalbibliografie; detaillierte bibliografische Daten sind im Internet über http://dnb.ddb.de abrufbar.

Vorwort

Seit dem Inkrafttreten des 2. KostRMoG zum 1.8.2013 und der darauf basierenden Vorauflage sind zwischenzeitlich über drei Jahre vergangen. Zu den zum 1.8.2013 neu eingeführten Regelungen ist zu allen Rechtsgebieten zwischenzeitlich umfangreiche Rechtsprechung ergangen. Zahlreiche neue Streitfragen haben sich ergeben. Insbesondere die Neustrukturierung der Gebühren in verwaltungs- und sozialrechtlichen Angelegenheiten, in denen anstelle der bisherigen Ermäßigungsvorschriften die Anrechnungsmethode eingeführt worden ist, hat zu zahlreichen Problemen geführt. Auch im Rahmen der Prozess- und Verfahrenskostenhilfe haben sich neue Probleme ergeben bzw. sind alte Probleme verschärft worden. Auch zu den unverändert gebliebenen Vorschriften ist umfangreiche neue Rechtsprechung ergangen, die einzuarbeiten war. Auch sind hier zum Teil wieder neue Abrechnungsprobleme aufgetreten. Im Bereich der Vergütungsvereinbarung hat es wichtige Entscheidungen des BGH gegeben, die zu berücksichtigen und einzupflegen waren, so die Änderung der Rechtsprechung des BGH, dass nicht formgerechte Vergütungsvereinbarungen nicht mehr unwirksam, sondern lediglich unverbindlich sind.

Darüber hinaus ist der Gesetzgeber in den vergangenen drei Jahren nicht untätig geblieben. Bereits zum 1.1.2014 hat es eine umfangreiche Reform im Rahmen der Prozess-, Verfahrens- und Beratungshilfe gegeben. So eröffnet das Beratungshilfegesetz jetzt die Möglichkeit, die Beratungshilfebewilligung im Nachhinein aufheben zu lassen, wenn Einkommens- oder Vermögenszuwachs eintritt. Auch sind jetzt Vergütungsvereinbarungen im Rahmen der Beratungshilfe für den Fall möglich, dass die Beratungshilfe aufgehoben wird.

Weitere Änderungen im RVG erfolgten u.a. durch
- das Gesetz zur Änderung des Sachverständigenrechts und zur weiteren Änderung des Gesetzes über das Verfahren in Familiensachen und in den Angelegenheiten der freiwilligen Gerichtsbarkeit sowie zur Änderung des Sozialgerichtsgesetzes, der Verwaltungsgerichtsordnung, der Finanzgerichtsordnung und des Gerichtskostengesetzes,
- das VG-Richtlinie-Umsetzungsgesetz,
- das Vergaberechtsmodernisierungsgesetz,
- das Gesetz zur Neuordnung des Rechts der Syndikusanwälte und zur Änderung der Finanzgerichtsordnung,
- das Gesetz zur Änderung des Unterhaltsrechts und des Unterhaltsverfahrensrechts sowie zur Änderung der Zivilprozessordnung und kostenrechtlicher Vorschriften,
- das Asylverfahrensbeschleunigungsgesetz,
- das Gesetz zur Durchführung des Haager Übereinkommens vom 30. Juni 2005 über Gerichtsstandsvereinbarungen sowie zur Änderung des Rechtspflegergesetzes, des Gerichts- und Notarkostengesetzes, des Altersteilzeitgesetzes und des Dritten Buches Sozialgesetzbuch,
- die Zehnte Zuständigkeitsanpassungsverordnung,
- das Gesetz zum Internationalen Erbrecht und zur Änderung von Vorschriften zum Erbschein sowie zur Änderung sonstiger Vorschriften,
- das Gesetz zur Stärkung des Rechts des Angeklagten auf Vertretung in der Berufungsverhandlung und über die Anerkennung von Abwesenheitsentscheidungen in der Rechtshilfe,
- das Gesetz zur Umsetzung der Richtlinie 2011/99/EU über die Europäische Schutzanordnung und zur Durchführung der Verordnung (EU) Nr. 606/2013 über die gegenseitige Anerkennung von Schutzmaßnahmen in Zivilsachen,
- das Gesetz zur Durchführung der Verordnung (EU) Nr. 1215/2012 sowie zur Änderung sonstiger Vorschriften,
- das Gesetz zur Modernisierung des Geschmacksmustergesetzes sowie zur Änderung der Regelungen über die Bekanntmachungen zum Ausstellungsschutz.

Das geplante Gesetz zur Durchführung der Verordnung (EU) Nr. 655/2014 sowie zur Änderung sonstiger zivilprozessualer, grundbuchrechtlicher und vermögensrechtlicher Vorschriften und zur Änderung der Justizbeitreibungsordnung (EuKoPfVODG), das bei Redaktionsschluss dieser Auflage noch nicht verabschiedet war und zu Änderungen im Vollstreckungsrecht führt, ist in der Kommentierung bereits berücksichtigt.

Aus berufsbedingten Gründen ist Frau Richterin am OLG Köln Dr. Julia Bettina Onderka, die die Vorschriften zur Vergütungsvereinbarung und zur Beratung kommentiert hatte, ausgeschieden. Des Weiteren hat Frau Rechtsanwältin und Steuerberaterin Prof. Dr. Carmen Griesel die bisherige Kom-

Vorwort

mentierung von Herrn Steuerberater Helmut Kögler zur außergerichtlichen Vertretung in steuerrechtlichen Angelegenheiten (§ 35 RVG) übernommen. Beiden ausgeschiedenen Autoren sei an dieser Stelle nochmals für ihre jahrelange Mitarbeit an den Vorauflagen gedankt. Ansonsten ist das Autorenteam unverändert geblieben.

Die Konzeption des Kommentars ist beibehalten worden, mit dem Anliegen, eine praxisgerechte Kommentierung zu liefern und dem Anwalt nach Möglichkeit Abrechnungsbeispiele und Muster an die Hand zu geben. Auch diesmal haben wir uns bemüht, durch weitere alphabetische Übersichten die zum Teil umfangreiche Kommentierung übersichtlich zu gestalten.

Das Werk ist auf dem Bearbeitungsstand Oktober 2016, so dass Rechtsprechung bis zu diesem Zeitpunkt noch berücksichtigt werden konnte.

Für Kritik und Anregungen sind wir nach wie vor dankbar.

Bonn, im November 2016 *Norbert Schneider*

Inhaltsübersicht

Vorwort	V
Autorenverzeichnis	XI
Abkürzungsverzeichnis	XIII
Literaturverzeichnis	XIX
Abschnitt 1 – Allgemeine Vorschriften	1
§ 1 Geltungsbereich	1
§ 2 Höhe der Vergütung	89
§ 3 Gebühren in sozialrechtlichen Angelegenheiten	108
§ 3a Vergütungsvereinbarung	153
§ 4 Erfolgsunabhängige Vergütung	188
§ 4a Erfolgshonorar	194
§ 4b Fehlerhafte Vergütungsvereinbarung	206
§ 5 Vergütung für Tätigkeiten von Vertretern des Rechtsanwalts	213
§ 6 Mehrere Rechtsanwälte	229
§ 7 Mehrere Auftraggeber	239
§ 8 Fälligkeit, Hemmung der Verjährung	274
§ 9 Vorschuss	307
§ 10 Berechnung	326
§ 11 Festsetzung der Vergütung	351
§ 12 Anwendung von Vorschriften für die Prozesskostenhilfe	403
Anhang zu § 12 – Prozesskostenhilfe (§§ 114 ff. ZPO)	409
§ 12a Abhilfe bei Verletzung des Anspruchs auf rechtliches Gehör	442
§ 12b Elektronische Akte, elektronisches Dokument	455
§ 12c Rechtsbehelfsbelehrung	459
Abschnitt 2 – Gebührenvorschriften	467
§ 13 Wertgebühren	467
§ 14 Rahmengebühren	472
§ 15 Abgeltungsbereich der Gebühren	501
§ 15a Anrechnung einer Gebühr	560
Abschnitt 3 – Angelegenheit	611
§ 16 Dieselbe Angelegenheit	611
§ 17 Verschiedene Angelegenheiten	673
§ 18 Besondere Angelegenheiten	777
§ 19 Rechtszug; Tätigkeiten, die mit dem Verfahren zusammenhängen	825
Vorbemerkung zu §§ 20, 21	873
§ 20 Verweisung, Abgabe	883
§ 21 Zurückverweisung, Fortführung einer Folgesache als selbständige Familiensache	894
Abschnitt 4 – Gegenstandswert	929
§ 22 Grundsatz	929
Vorbemerkung zu §§ 23 ff.	939
§ 23 Allgemeine Wertvorschrift	941
§ 23a Gegenstandswert im Verfahren über die Prozesskostenhilfe	957

Inhaltsübersicht

§ 23b	Gegenstandswert im Musterverfahren nach dem Kapitalanleger-Musterverfahrensgesetz	960
§ 24	Gegenstandswert im Sanierungs- und Reorganisationsverfahren nach dem Kreditinstitute-Reorganisationsgesetz	965
§ 25	Gegenstandswert in der Vollstreckung und bei der Vollziehung	966
§ 26	Gegenstandswert in der Zwangsversteigerung	988
§ 27	Gegenstandswert in der Zwangsverwaltung	992
§ 28	Gegenstandswert im Insolvenzverfahren	994
§ 29	Gegenstandswert im Verteilungsverfahren nach der Schifffahrtsrechtlichen Verteilungsordnung	1000
§ 30	Gegenstandswert in gerichtlichen Verfahren nach dem Asylgesetz	1001
§ 31	Gegenstandswert in gerichtlichen Verfahren nach dem Spruchverfahrensgesetz	1012
§ 31a	Ausschlussverfahren nach dem Wertpapiererwerbs- und Übernahmegesetz	1018
§ 31b	Gegenstandswert bei Zahlungsvereinbarungen	1020
§ 32	Wertfestsetzung für die Gerichtsgebühren	1025
§ 33	Wertfestsetzung für die Rechtsanwaltsgebühren	1066

Abschnitt 5 – Außergerichtliche Beratung und Vertretung ... 1093

§ 34	Beratung, Gutachten und Mediation	1093
§ 35	Hilfeleistung in Steuersachen	1121
§ 36	Schiedsrichterliche Verfahren und Verfahren vor dem Schiedsgericht	1127

Abschnitt 6 – Gerichtliche Verfahren ... 1139

§ 37	Verfahren vor den Verfassungsgerichten	1139
§ 38	Verfahren vor dem Gerichtshof der Europäischen Gemeinschaften	1151
§ 38a	Verfahren vor dem Europäischen Gerichtshof für Menschenrechte	1156
§ 39	Von Amts wegen beigeordneter Rechtsanwalt	1157
§ 40	Als gemeinsamer Vertreter bestellter Rechtsanwalt	1162
§ 41	Prozesspfleger	1165
§ 41a	Vertreter des Musterklägers	1168

Abschnitt 7 – Straf- und Bußgeldsachen sowie bestimmte sonstige Verfahren ... 1177

§ 42	Feststellung einer Pauschgebühr	1177
§ 43	Abtretung des Kostenerstattungsanspruchs	1186

Abschnitt 8 – Beigeordneter oder bestellter Rechtsanwalt, Beratungshilfe ... 1199

§ 44	Vergütungsanspruch bei Beratungshilfe	1199
§ 45	Vergütungsanspruch des beigeordneten oder bestellten Rechtsanwalts	1202
§ 46	Auslagen und Aufwendungen	1217
§ 47	Vorschuss	1232
§ 48	Umfang des Anspruchs und der Beiordnung	1236
§ 49	Wertgebühren aus der Staatskasse	1273
§ 50	Weitere Vergütung bei Prozesskostenhilfe	1279
§ 51	Festsetzung einer Pauschgebühr	1288
§ 52	Anspruch gegen den Beschuldigten oder den Betroffenen	1312
§ 53	Anspruch gegen den Auftraggeber, Anspruch des zum Beistand bestellten Rechtsanwalts gegen den Verurteilten	1327
§ 54	Verschulden eines beigeordneten oder bestellten Rechtsanwalts	1331
§ 55	Festsetzung der aus der Staatskasse zu zahlenden Vergütungen und Vorschüsse	1335
Anhang zu § 55 VwV Vergütungsfestsetzung		1388
§ 56	Erinnerung und Beschwerde	1394
§ 57	Rechtsbehelf in Bußgeldsachen vor der Verwaltungsbehörde	1420

Inhaltsübersicht

§ 58	Anrechnung von Vorschüssen und Zahlungen	1427
§ 59	Übergang von Ansprüchen auf die Staatskasse	1451
§ 59a	Beiordnung und Bestellung durch Justizbehörden	1464

Abschnitt 9 – Übergangs- und Schlussvorschriften ... 1471
- § 59b Bekanntmachung von Neufassungen ... 1471
- § 60 Übergangsvorschrift ... 1471
- § 61 Übergangsvorschrift aus Anlass des Inkrafttretens dieses Gesetzes ... 1491
- § 62 Verfahren nach dem Therapieunterbringungsgesetz ... 1492

Vergütungsverzeichnis (Anlage 1 zu § 2 Abs. 2) ... 1505

Teil 1 – Allgemeine Gebühren ... 1505

Teil 2 – Außergerichtliche Tätigkeiten einschließlich der Vertretung im Verwaltungsverfahren ... 1679
- Abschnitt 1 – Prüfung der Erfolgsaussicht eines Rechtsmittels ... 1684
- Abschnitt 2 – Herstellung des Einvernehmens ... 1704
- Abschnitt 3 – Vertretung ... 1714
- Abschnitt 4 – Vertretung in bestimmten Angelegenheiten ... 1788
- Abschnitt 5 – Beratungshilfe ... 1788

Teil 3 – Zivilsachen, Verfahren der öffentlich-rechtlichen Gerichtsbarkeiten, Verfahren nach dem Strafvollzugsgesetz, auch in Verbindung mit § 92 des Jugendgerichtsgesetzes, und ähnliche Verfahren ... 1863
- Abschnitt 1 – Erster Rechtszug ... 1944
- Abschnitt 2 – Berufung, Revision, bestimmte Beschwerden und Verfahren vor dem Finanzgericht ... 2035
  - Unterabschnitt 1 – Berufung, bestimmte Beschwerden und Verfahren vor dem Finanzgericht ... 2045
  - Unterabschnitt 2 – Revision, bestimmte Beschwerden und Rechtsbeschwerden ... 2139
- Abschnitt 3 – Gebühren für besondere Verfahren ... 2178
  - Unterabschnitt 1 – Besondere erstinstanzliche Verfahren ... 2178
  - Unterabschnitt 2 – Mahnverfahren ... 2190
  - Unterabschnitt 3 – Vollstreckung und Vollziehung ... 2299
  - Unterabschnitt 4 – Zwangsversteigerung und Zwangsverwaltung ... 2366
  - Unterabschnitt 5 – Insolvenzverfahren, Verteilungsverfahren nach der Schifffahrtsrechtlichen Verteilungsordnung ... 2380
  - Unterabschnitt 6 – Sonstige besondere Verfahren ... 2400
- Abschnitt 4 – Einzeltätigkeiten ... 2464
- Abschnitt 5 – Beschwerde, Nichtzulassungsbeschwerde und Erinnerung ... 2537

Teil 4 – Strafsachen ... 2591
- Abschnitt 1 – Gebühren des Verteidigers ... 2611
  - Unterabschnitt 1 – Allgemeine Gebühren ... 2618
  - Unterabschnitt 2 – Vorbereitendes Verfahren ... 2630
  - Unterabschnitt 3 – Gerichtliches Verfahren ... 2640
    - Erster Rechtszug ... 2640
    - Berufung ... 2655
    - Revision ... 2662
  - Unterabschnitt 4 – Wiederaufnahmeverfahren ... 2670
  - Unterabschnitt 5 – Zusätzliche Gebühren ... 2685
- Abschnitt 2 – Gebühren in der Strafvollstreckung ... 2760
- Abschnitt 3 – Einzeltätigkeiten ... 2766

Teil 5 – Bußgeldsachen ... 2795
- Abschnitt 1 – Gebühren des Verteidigers ... 2810
  - Unterabschnitt 1 – Allgemeine Gebühr ... 2813
  - Unterabschnitt 2 – Verfahren vor der Verwaltungsbehörde ... 2815
  - Unterabschnitt 3 – Gerichtliches Verfahren im ersten Rechtszug ... 2820

Inhaltsübersicht

Unterabschnitt 4 – Verfahren über die Rechtsbeschwerde 2828
Unterabschnitt 5 – Zusätzliche Gebühren 2833
Abschnitt 2 – Einzeltätigkeiten 2853

Teil 6 – Sonstige Verfahren 2857
  Abschnitt 1 – Verfahren nach dem Gesetz über die internationale Rechtshilfe in Strafsachen und Verfahren nach dem Gesetz über die Zusammenarbeit mit dem Internationalen Strafgerichtshof 2858
    Unterabschnitt 1 – Verfahren vor der Verwaltungsbehörde 2858
    Unterabschnitt 2 – Gerichtliches Verfahren 2859
  Abschnitt 2 – Disziplinarverfahren, berufsgerichtliche Verfahren wegen der Verletzung einer Berufspflicht 2868
    Unterabschnitt 1 – Allgemeine Gebühren 2881
    Unterabschnitt 2 – Außergerichtliches Verfahren 2884
    Unterabschnitt 3 – Gerichtliches Verfahren 2886
      Erster Rechtszug 2886
      Zweiter Rechtszug 2891
      Dritter Rechtszug 2895
    Unterabschnitt 4 – Zusatzgebühr 2899
  Abschnitt 3 – Gerichtliche Verfahren bei Freiheitsentziehung und in Unterbringungssachen 2902
  Abschnitt 4 – Verfahren nach der Wehrbeschwerdeordnung 2913
  Abschnitt 5 – Einzeltätigkeiten und Verfahren auf Aufhebung oder Änderung einer Disziplinarmaßnahme 2922

Teil 7 – Auslagen 2925

Anhang 3061
  I. Abrechnung nach den Abrechnungsgrundsätzen 3061
  II. Abkommen zwischen DAV und HUK-Verband über das „Honorar für Akteneinsicht und Aktenauszüge aus Unfallstrafakten für Versicherungsgesellschaften" – mit Erläuterung 3075

Stichwortverzeichnis 3081

Autorenverzeichnis

Peter Fölsch
Richter am LG Lübeck

Prof. Dr. Carmen Griesel
Rechtsanwältin,
Steuerberaterin, Düsseldorf

Peter Mock
Dipl.-Rechtspfleger, Koblenz

Dr. Julia Bettina Onderka
Richterin am OLG Köln

Martin Schafhausen
Rechtsanwalt,
Fachanwalt für Sozialrecht,
Fachanwalt für Arbeitsrecht, Frankfurt am Main

Norbert Schneider
Rechtsanwalt, Neunkirchen

Lotte Thiel
Rechtsanwältin,
Fachanwältin für Familienrecht,
Mediatorin, Koblenz

Joachim Volpert
Dipl.-Rechtspfleger, Düsseldorf

Autorenverzeichnis

Peter Polzer
Richter am LG Lübeck

Prof. Dr. Carmen Griesel
Rechtsanwältin,
Steuerberaterin, Düsseldorf

Peter Mock
Dipl.-Rechtspfleger, Koblenz

Dr. Julia Bettina Onderka
Richterin am OLG Köln

Werner Schaffhauser
Rechtsanwalt
Fachanwalt für Sozialrecht,
Fachanwalt für Arbeitsrecht, Frankfurt am Main

Norbert Schneider
Rechtsanwalt, Neunkirchen

Lotte Thiel
Rechtsanwältin,
Fachanwältin für Familienrecht,
Mediatorin, Koblenz

Joachim Volpert
Dipl.-Rechtspfleger, Düsseldorf

Abkürzungsverzeichnis

a.A.	anderer Ansicht
a.a.O.	am angegebenen Ort
a.E.	am Ende
a.F.	alte Fassung
a.M.	anderer Meinung
ABl	Amtsblatt
abl.	ablehnend
ABlEG	Amtsblatt der Europäischen Gemeinschaften
Abl.EKD	Amtsblatt Evangelische Kirche Deutschland
Abs.	Absatz
abw.	abweichend
ÄndG	Änderungsgesetz
AG	Amtsgericht; Ausführungsgesetz
AGH	Anwaltsgerichtshof
AGS	Anwaltsgebühren Spezial
AHB	Allgemeine Bedingungen für die Haftpflichtversicherung
AKB	Allgemeine Bedingungen für die Kraftfahrtversicherung
allg.	allgemein
allg.M.	allgemeine Meinung
Alt.	Alternative
amtl.	amtlich
Anm.	Anmerkung
AnwBl	Anwaltsblatt
AO	Abgabenordnung
AP	Arbeitsrechtliche Praxis, Nachschlagewerk des Bundesarbeitsgerichts
ARB	Allgemeine Bedingungen für die Rechtsschutzversicherung
ArbG	Arbeitsgericht
ArbGG	Arbeitsgerichtsgesetz
arg. e.	argumentum e (Argument aus)
Art.	Artikel
ArztR	Arztrecht
Aufl.	Auflage
AUG	Auslandsunterhaltsgesetz
AV	Ausführungsvorschrift
AVAG	Anerkennungs- und Vollstreckungsausführungsgesetz
AWD	Außenwirtschaftsdienst
BauGB	Baugesetzbuch
BauR	Baurecht
BaWü	Baden-Württemberg
BayJMBl	Justizministerialblatt für Bayern
BayObLG	Bayerisches Oberstes Landesgericht
BaySchlG	Bayerisches Schlichtungsgesetz
BayVBl	Bayerische Verwaltungsblätter
BayVerfGH	Bayerischer Verfassungsgerichtshof
BayVGH	Bayerischer Verwaltungsgerichtshof
BB	Betriebs-Berater
BBesG	Bundesbesoldungsgesetz
BBG	Bundesbeamtengesetz
Bd.	Band
BDG	Bundesdisziplinargesetz
BDH	Bundesdisziplinarhof
BDHE	Entscheidungen des Bundesdisziplinarhofs
BDiG	Bundesdisziplinargericht
BEG	Bundesentschädigungsgesetz
BerHFV	Beratungshilfeformularverordnung
BerHG	Beratungshilfegesetz
Beschl. v.	Beschluss vom
BetrVG	Betriebsverfassungsgesetz
BeurkG	Beurkundungsgesetz
BFH	Bundesfinanzhof
BFHE	Sammlung der Entscheidungen des Bundesfinanzhofs
BGB	Bürgerliches Gesetzbuch
BGBl	Bundesgesetzblatt
BGBl I, II, III	Bundesgesetzblatt, mit I = Teil I; mit II = Teil II; mit III = Teil III
BGH	Bundesgerichtshof
BGHR	Rechtsprechung des Bundesgerichtshofs
BGH-Report	Schnelldienst zur Zivilrechtsprechung des Bundesgerichtshofs
BGHZ	Entscheidungen des Bundesgerichtshofs in Zivilsachen
Bl	Blatt
BNotO	Bundesnotarordnung
BPatG	Bundespatentgericht
BPatGE	Entscheidungen des Bundespatentgerichts
BR	Bundesrat
BRAGO	Bundesgebührenordnung für Rechtsanwälte
BRAK	Bundesrechtsanwaltskammer
BRAK-Mitt	BRAK-Mitteilungen, hrsg. von der Bundesrechtsanwaltskammer

XIII

Abkürzungsverzeichnis

BRAO	Bundesrechtsanwaltsordnung		EBE/BGH	Eildienst Bundesgerichtlicher Entscheidungen
BR-Drucks	Bundesrats-Drucksache		EFG	Entscheidungen der Finanzgerichte
Breith.	Sammlung von Entscheidungen aus dem Sozialrecht, begr. von Breithaupt		EG	Europäische Gemeinschaft; Einführungsgesetz
BSG	Bundessozialgericht		EGBGB	Einführungsgesetz zum Bürgerlichen Gesetzbuch
BSGE	Amtliche Sammlung der Entscheidungen des Bundessozialgerichts		EGE	Entscheidungen des Ehrengerichts
BStBl	Bundessteuerblatt		EGGVG	Einführungsgesetz zum Gerichtsverfassungsgesetz
BT	Bundestag			
BtÄndG	Betreuungsrechtsänderungsgesetz		EGH	Ehrengerichtshof
			EGInsO	Einführungsgesetz zur Insolvenzordnung
BT-Drucks	Bundestags-Drucksache		EGMR	Europäischer Gerichtshof für Menschenrechte
BtMG	Betäubungsmittelgesetz			
BtPrax	Betreuungsrechtliche Praxis		EGStGB	Einführungsgesetz zum Strafgesetzbuch
BUrlG	Bundesurlaubsgesetz		EGStPO	Einführungsgesetz zur Strafprozessordnung
BVerfG	Bundesverfassungsgericht			
BVerfGE	Entscheidungen des Bundesverfassungsgerichts		EGV	EG-Vertrag
			EGZPO	Einführungsgesetz zur Zivilprozessordnung
BVerfGG	Bundesverfassungsgerichtsgesetz		EnWG	Gesetz über die Elektrizitäts- und Gasversorgung (Energiewirtschaftsgesetz)
BVerwG	Bundesverwaltungsgericht			
BVerwGE	Entscheidungen des Bundesverwaltungsgerichts		ERJuKoG	Gesetz über elektronische Register und Justizkosten für Telekommunikation
BVormVG	Gesetz über die Vergütung von Berufsvormündern			
BwNeuAusrG	Gesetz zur Neuausrichtung der Bundeswehr		EUGewSchVG	Gesetz zum Europäischen Gewaltschutzverfahren (EU-Gewaltschutzverfahrensgesetz)
bzw.	beziehungsweise			
ca.	circa			
d.h.	das heißt			
DAR	Deutsches Autorecht		EuGH	Gerichtshof der Europäischen Gemeinschaften
DAV	Deutscher Anwaltverein			
DB	Der Betrieb		EuRAG	Gesetz über die Tätigkeit europäischer Rechtsanwälte in Deutschland
DB-PKHG	Durchführungsbestimmungen zum Gesetz über die Prozesskostenhilfe			
			EzA	Entscheidungssammlung zum Arbeitsrecht
ders.	derselbe		EzFamR	Entscheidungssammlung zum Familienrecht
DesignG	Gesetz über den rechtlichen Schutz von Design (Designgesetz)			
			f., ff.	folgende, fortfolgende
DGVZ	Deutsche Gerichtsvollzieherzeitung		FamFG	Gesetz über das Verfahren in Familiensachen und in den Angelegenheiten der freiwilligen Gerichtsbarkeit
dies.	dieselbe			
DNotZ	Deutsche Notar-Zeitschrift			
DÖV	Die Öffentliche Verwaltung		FamG	Familiengericht
			FamGKG	Gesetz über Gerichtskosten in Familiensachen
DRiG	Deutsches Richtergesetz			
DRpfl	Der deutsche Rechtspfleger		FamRZ	Zeitschrift für das gesamte Familienrecht
Drucks	Drucksache			
DStG	Deutsches Steuerrecht		FF	Forum Familien- und Erbrecht
DtZ	Deutsch-deutsche Rechts-Zeitschrift		FG	Finanzgericht; Freiwillige Gerichtsbarkeit
DVBl	Deutsches Verwaltungsblatt			

Abkürzungsverzeichnis

FGG	Gesetz über die Angelegenheiten der freiwilligen Gerichtsbarkeit
FGG-ReformG	Gesetz zur Reform des Verfahrens in Familiensachen und in den Angelegenheiten der freiwilligen Gerichtsbarkeit
FGO	Finanzgerichtsordnung
FG-Verfahren	Verfahren in der freiwilligen Gerichtsbarkeit
Fn	Fußnote
FPR	Familie, Partnerschaft, Recht
FS	Forum Strafvollzug
G	Gesetz
GA	Goltdammer's Archiv für Strafrecht
GbR	Gesellschaft des bürgerlichen Rechts
GdV	Gesamtverband der deutschen Versicherungswirtschaft
GebrMG	Gebrauchsmustergesetz
gem.	gemäß
GemO	Gemeindeordnung
GenG	Gesetz betreffend die Erwerbs- und Wirtschaftsgenossenschaften
GeschmMG	Geschmacksmustergesetz
GEZ	Gebühreneinzugszentrale
GG	Grundgesetz
ggf.	gegebenenfalls
GKG	Gerichtskostengesetz
GKG-KostVerz.	Kostenverzeichnis zum Gerichtskostengesetz
GmbH	Gesellschaft mit beschränkter Haftung
GRUR	Gewerblicher Rechtsschutz und Urheberrecht
GüSchlG NRW	Gütestellen- und Schlichtungsgesetz Nordrhein-Westfalen
GVBl	Gesetz- und Verordnungsblatt
GVG	Gerichtsverfassungsgesetz
GVGA	Geschäftsanweisung für Gerichtsvollzieher
GvKostG	Gerichtsvollzieherkostengesetz
GVKostRNeuOG	Gesetz zur Neuordnung des Gerichtsvollzieherkostenrechts
GWB	Gesetz gegen Wettbewerbsbeschränkungen
h.L.	herrschende Lehre
h.M.	herrschende Meinung
HalblSchG	Halbleiterschutzgesetz
HausratV	Hausratsverordnung
HessSchlG	Gesetz zur Regelung der außergerichtlichen Streitschlichtung, Hessen
Hs.	Halbsatz
i.d.F.	in der Fassung
i.d.S.	in diesem Sinne
i.H.v.	in Höhe von
i.S.d.	im Sinne des/der
i.V.m.	in Verbindung mit
IBR	Immobilien- und Baurecht
InfAuslR	Informationsbrief Ausländerrecht
insb.	insbesondere
InsO	Insolvenzordnung
InsVV	Insolvenzrechtliche Vergütungsverordnung
IntErbRVG	Internationales Erbrechtsverfahrensgesetz
IntFamRVG	Gesetz zur Aus- und Durchführung bestimmter Rechtsinstrumente auf dem Gebiet des internationalen Familienrechts (Internationales Familienrechtsverfahrensgesetz)
InVo	Insolvenz und Vollstreckung
IRG	Gesetz über die internationale Rechtshilfe in Strafsachen
IStGH-Gesetz	Gesetz über die Zusammenarbeit mit dem Internationalen Strafgerichtshof
JBeitrO	Justizbeitreibungsordnung
JGG	Jugendgerichtsgesetz
JMBl	Justizministerialblatt
JR	Juristische Rundschau
JuMiG	Justizmitteilungsgesetz und Gesetz zur Änderung kostenrechtlicher Vorschriften und anderer Gesetze
JurBüro	Juristisches Büro
JVEG	Justizvergütungs- und -entschädigungsgesetz
JVKostO	Verordnung über Kosten im Bereich der Justizverwaltung
JW	Juristische Wochenschrift
KfH	Kammer für Handelssachen
Kfz	Kraftfahrzeug
KG	Kammergericht
KGR	Schnelldienst zur Zivilrechtsprechung des Kammergerichts (KG Report)
KHEntgG	Krankenhausentgeltgesetz
KHG	Krankenhausfinanzierungsgesetz

Abkürzungsverzeichnis

KindRG	Kindschaftsrechtsreformgesetz
KindUG	Kindesunterhaltsgesetz
KO	Konkursordnung
KostO	Kostenordnung
KostRÄndG 1994	Kostenrechtsänderungsgesetz 1994
KostREuroUG	Gesetz zur Umstellung des Kostenrechts und der Steuerberatergebührenverordnung auf Euro
KostRMoG	Kostenrechtsmodernisierungsgesetz
KostRsp.	Kostenrechtsprechung, Nachschlagewerk wichtiger Kostenentscheidungen aus der Zivil-, Straf-, Arbeits-, Sozial-, Verwaltungs- und Finanzgerichtsbarkeit mit kritischen Anmerkungen, bearbeitet von Lappe/von Eicken/Noll/Herget und N. Schneider
KostVfG	Kostenverfügung
krit.	kritisch
LAG	Landesarbeitsgericht
LG	Landgericht
lit.	litera (Buchstabe)
LKO	Landkreisordnung
LPartG	Gesetz über die Eingetragene Lebenspartnerschaft
LS	Leitsatz
LSG	Landessozialgericht
LwVfG	Gesetz über das gerichtliche Verfahren in Landwirtschaftssachen
m.E.	meines Erachtens
m.w.N.	mit weiteren Nachweisen
MarkenG	Markengesetz
MDR	Monatsschrift für Deutsches Recht
MedR	Medizinrecht
Mio.	Million
Mitt.	Mitteilungen
MüKo	Münchener Kommentar
MwSt	Mehrwertsteuer
n.F.	neue Fassung
n.r.	nicht rechtskräftig
n.v.	nicht veröffentlicht
NdsRpfl	Niedersächsische Rechtspflege
NJOZ	Neue Juristische Online Zeitschrift
NJW	Neue Juristische Wochenschrift
NJW-CoR	Computerreport der Neuen Juristischen Wochenschrift
NJW-RR	NJW-Rechtsprechungs-Report Zivilrecht
NRW	Nordrhein-Westfalen
NStZ-RR	Neue Zeitschrift für Strafrecht, Rechtsprechungs-Report
NVwZ	Neue Zeitschrift für Verwaltungsrecht
NVwZ-RR	Neue Zeitschrift für Verwaltungsrecht, Rechtsprechungs-Report
NZA	Neue Zeitschrift für Arbeitsrecht
NZM	Neue Zeitschrift für Miet- und Wohnungsrecht
NZWehrr	Neue Zeitschrift für Wehrrecht
o.Ä.	oder Ähnliches
OLG	Oberlandesgericht
OLGR	Schnelldienst zur Zivilrechtsprechung der Oberlandesgerichte (OLG-Report)
OVG	Oberverwaltungsgericht
OWiG	Gesetz über Ordnungswidrigkeiten
PartGG	Partnerschaftsgesellschaftsgesetz
PatG	Patentgesetz
PKH	Prozesskostenhilfe
PKHFV	Prozesskostenhilfeformularverordnung
ProzRB	Der Prozess-Rechts-Berater
PsychKG	Gesetz über Hilfen und Schutzmaßnahmen bei psychisch Kranken
RA	Rechtsanwalt
RADG	Rechtsanwaltsdienstleistungsgesetz
RBEG	Regelbedarfs-Ermittlungsgesetz
Rbeistand	Der Rechtsbeistand
RBerG	Rechtsberatungsgesetz
RdL	Recht der Landwirtschaft
Rdn	Randnummer, intern
RGBl	Reichsgesetzblatt
RiStBV	Richtlinien für das Strafverfahren und das Bußgeldverfahren
Rn	Randnummer, extern
RpflAnpG	Rechtspflege-Anpassungsgesetz
Rpfleger	Der Deutsche Rechtspfleger
RpflEntlG	Rechtspflegeentlastungsgesetz
RPflG	Rechtspflegergesetz
Rspr.	Rechtsprechung
rv	Die Rentenversicherung

Abkürzungsverzeichnis

RVG	Rechtsanwaltsvergütungsgesetz
RVGprof.	RVG professionell (Informationsdienst)
RVO	Reichsversicherungsordnung
S.	Satz; Seite
SchiedsVfG	Schiedsverfahrens-Neuregelungsgesetz
SchlG BW	Gesetz zur obligatorischen außergerichtlichen Streitschlichtung, Baden-Württemberg
SchlHA	Schleswig-Holsteinische Anzeigen
SeeUG	Seeunfalluntersuchungsgesetz
SG	Sozialgericht; Soldatengesetz
SGB	Sozialgesetzbuch
SGb	Die Sozialgerichtsbarkeit
SGG	Sozialgerichtsgesetz
SiVerwNOG	Gesetz zur Neuordnung des Rechts der Sicherungsverwahrung und zu begleitenden Regelungen
sog.	so genannte/r/s
SozR	Sozialrecht, Rechtsprechung und Schrifttum, bearb. von den Richtern des Bundessozialgerichts (Loseblatt)
SozVers	Die Sozialversicherung
SpruchG	Spruchverfahrensgesetz
SRV	Verordnung über das elektronische Schutzschriftenregister (Schutzschriftenregisterverordnung)
st.Rspr.	ständige Rechtsprechung
StBerG	Steuerberatungsgesetz
StBGebV	Steuerberatergebührenverordnung
StGB	Strafgesetzbuch
StGHG	Gesetz über den Staatsgerichtshof
StPO	Strafprozessordnung
str.	streitig
StraFO	Strafverteidiger Forum
StrEG	Gesetz über die Entschädigung für Strafverfolgungsmaßnahmen
StrRehaG	Strafrechtliches Rehabilitierungsgesetz
StV	Der Strafverteidiger
StVollzG	Strafvollzugsgesetz
SVertO	Schifffahrtsrechtliche Verteilungsordnung
ThUG	Gesetz zur Therapierung und Unterbringung psychisch gestörter Gewalttäter (Therapieunterbringungsgesetz)
u.a.	unter anderem
u.Ä.	und Ähnliches
u.U.	unter Umständen
UAG	Untersuchungsausschussgesetz
UFITA	Archiv für Urheber-, Film-, Funk- und Theaterrecht
umstr.	umstritten
unstr.	unstreitig
UrhG	Urheberrechtsgesetz
Urt. v.	Urteil vom
USK	Urteilssammlung für die gesetzliche Krankenversicherung (Loseblatt)
USt	Umsatzsteuer
UStAE	Umsatzsteuer-Anwendungserlass
UStG	Umsatzsteuergesetz
UWG	Gesetz gegen den unlauteren Wettbewerb
VAG	Versicherungsaufsichtsgesetz
VBlBW	Verwaltungsblätter für Baden-Württemberg
VersorgB	Der Versorgungsbeamte
VersR	Versicherungsrecht
VertrGebErstG	Gesetz über die Erstattung von Gebühren des beigeordneten Vertreters in Patent-, Gebrauchsmuster-, Geschmacksmuster-, Topographieschutz- und Sortenschutzsachen
VG	Verwaltungsgericht
VGG	Gesetz über die Wahrnehmung von Urheberrechten und verwandten Schutzrechten durch Verwertungsgesellschaften
VGH	Verwaltungsgerichtshof; Verfassungsgerichtshof
vgl.	vergleiche
VKH	Verfahrenskostenhilfe
Vor/vor/Vorb.	Vorbemerkung
VSchDG	EG-Verbraucherschutzdurchsetzungsgesetz
VV	Vergütungsverzeichnis
VVG	Versicherungsvertragsgesetz
VwGO	Verwaltungsgerichtsordnung
VwVfG	Verwaltungsverfahrensgesetz
VwZVG	Verwaltungszustellungs- und Vollstreckungsgesetz

XVII

Abkürzungsverzeichnis

WahrnG	Gesetz über die Wahrnehmung von Urheberrechten und verwandten Schutzrechten	zfs	Zeitschrift für Schadensrecht
WBO	Wehrbeschwerdeordnung	Ziff.	Ziffer
WDO	Wehrdisziplinarordnung	ZInsO	Zeitschrift für das gesamte Insolvenzrecht
WEG	Wohnungseigentumsgesetz	ZMR	Zeitschrift für Miet- und Raumrecht
WiStG	Wirtschaftsstrafgesetz	ZPO	Zivilprozessordnung
WM	Wertpapier-Mitteilungen; Wohnungswirtschaft und Mietrecht	ZPO-RG	Zivilprozessreformgesetz
		ZSchG	Zeugenschutzgesetz
WPO	Wirtschaftsprüferordnung	ZSEG	Gesetz über die Entschädigung von Zeugen und Sachverständigen
WpÜG	Wertpapiererwerbs- und Übernahmegesetz		
WRP	Wettbewerb in Recht und Praxis	ZSW	Zeitschrift für die gesamte Strafrechtswissenschaft
WZG	Warenzeichengesetz	ZUM	Zeitschrift für Urheber- und Medienrecht
z.B.	zum Beispiel		
z.T.	zum Teil	zust.	zustimmend
ZAP	Zeitschrift für die Anwaltspraxis	ZustRG	Zustellungsreformgesetz
		ZVG	Zwangsversteigerungsgesetz
ZBR	Zeitschrift für Beamtenrecht		
ZEV	Zeitschrift für Erbrecht und Vermögensnachfolge	ZwVwV	Zwangsverwalterverordnung
		zzgl.	zuzüglich
		ZZP	Zeitschrift für Zivilprozess

Literaturverzeichnis

Arndt/Lerch/Sandkühler, Bundesnotarordnung, Kommentar, 8. Auflage 2016
Bärmann/Pick, Wohnungseigentumsgesetz, Kommentar, 19. Auflage 2010
Bamberger/Roth, Kommentar zum Bürgerlichen Gesetzbuch, 3. Auflage 2012
Bassenge/Roth, Gesetz über Angelegenheiten der Freiwilligen Gerichtsbarkeit, Rechtspflegergesetz, Kommentar, 12. Auflage 2009
Baumbach/Lauterbach/Albers/Hartmann, Zivilprozessordnung, Kommentar, 74. Auflage 2015
Baumgärtel/Hergenröder/Houben, Kommentar zum Rechtsanwaltsvergütungsgesetz, 16. Auflage 2014
Bergmann/Dienelt, Ausländerrecht, Kommentar, 11. Auflage 2016
Binz/Dörndorfer/Petzold/Zimmermann, Gerichtskostengesetz, Gesetz über Gerichtskosten in Familiensachen, Justizvergütungs- und -entschädigungsgesetz, Kommentar, 3. Auflage 2014
Bischof/Jungbauer/Bräuer/Curkovic/Klipstein/Klüsener/Uher, RVG Kommentar, 7. Auflage 2016 (zit.: Bischof/Jungbauer/Bräuer/*Bearbeiter*)
Blersch/Goetsch/Haas, Berliner Kommentar Insolvenzrecht, Loseblatt, Stand: Juli 2016
Block/Kögler/Pauly, Die Besteuerung von Rechtsanwälten und Anwaltsgesellschaften, 3. Auflage 2009
Bonefeld/Hähn/Otto, Gebührenabrechnung erbrechtlicher Mandate, 2. Auflage 2011
Braun, Gebührenabrechnung nach dem neuen Rechtsanwaltsvergütungsgesetz (RVG), 2003
Braun/Hansens, RVG-Praxis, 2004
Brieske, Die anwaltliche Vergütungsvereinbarung, 2. Auflage 2005
van Bühren/Plote, Allgemeine Bedingungen für die Rechtsschutzversicherung: ARB, Kommentar, 3. Auflage 2013
Burhoff, RVG Straf- und Bußgeldsachen, Kommentar, 4. Auflage 2014
ders., Handbuch für das strafrechtliche Ermittlungsverfahren, 7. Auflage 2015
Burhoff/Kindermann, Rechtsanwaltsvergütungsgesetz 2004, 2004
Dauner-Lieb/Heidel/Ring, AnwaltKommentar BGB, 2014–2016
Dürbeck/Gottschalk, Prozess- und Verfahrenskostenhilfe, Beratungshilfe, 8. Auflage 2016
von Eicken/Hellstab/Lappe/Madert/Dorndörfer/Asperger, Die Kostenfestsetzung, 22. Auflage 2015
Eylmann/Vaasen, Bundesnotarordnung, Beurkundungsgesetz, Kommentar, 4. Auflage 2016
Feuerich/Weyland (Hrsg.), Bundesrechtsanwaltsordnung, Kommentar, 9. Auflage 2016
Finke, Streitwerttabelle, 8. Auflage 2014
Finke/Ebert, Bonner Fachanwaltshandbuch für Familienrecht, 7. Auflage 2010
Fromm/Nordemann, Urheberrecht, Kommentar, 11. Auflage 2014
Gebauer/Schneider, Anwaltkommentar BRAGO, 2002 (zit.: AnwK-BRAGO/*Bearbeiter*)
Germelmann/Matthes/Prütting/Müller-Glöge, Arbeitsgerichtsgesetz, Kommentar, 8. Auflage 2013
Gerold/Schmidt, Rechtsanwaltsvergütungsgesetz, Kommentar, 22. Auflage 2015 (zit.: Gerold/Schmidt/*Bearbeiter*)
Gerold/Schmidt/von Eicken/Madert, Bundesgebührenordnung für Rechtsanwälte, Kommentar, 17. Auflage 2006 (zit.: Gerold/Schmidt/*Bearbeiter*, BRAGO)
Göhler, Ordnungswidrigkeitengesetz, Kommentar, 16. Auflage 2012
Göttlich/Mümmler, Bundesgebührenordnung für Rechtsanwälte, 21. Auflage 2004
Groß, Beratungshilfe – Prozesskostenhilfe – Verfahrenskostenhilfe, Kommentar, 13. Auflage 2015
Groß, Anwaltsgebühren in Ehe- und Familiensachen, 4. Auflage 2014
Grüter, Streitwerte und Anwaltsgebühren im Mietrecht, 2. Auflage 2010
Haarmeyer/Wutzke/Förster, Handbuch zur Insolvenzordnung – InsO/EGInsO, 3. Auflage 2001

Literaturverzeichnis

Hansens, Bundesgebührenordnung für Rechtsanwälte, Kommentar mit Gebührentafeln, 9. Auflage 2007

Hansens/Braun/Schneider, Praxis des Vergütungsrechts, 2. Auflage 2007

Harbauer, Rechtsschutzversicherung, Kommentar zu den Allgemeinen Bedingungen für die Rechtsschutzversicherung, 8. Auflage 2010

Hartmann, Kostengesetze, Kommentar, 46. Auflage 2016

Hartung/Römermann/Schons, RVG, Praxiskommentar zum Rechtsanwaltsvergütungsgesetz, 2. Auflage 2006

Hartung/Scharmer, Berufs- und Fachanwaltsordnung (BORA/FAO), Kommentar, 6. Auflage 2016

Hartung/Schons/Enders, Rechtsanwaltsvergütungsgesetz, Kommentar, 2. Auflage 2013

Hauck/Helml/Biebl, Arbeitsgerichtsgesetz, Kommentar, 4. Auflage 2011

Heidel/Pauly/Amend, AnwaltFormulare, 8. Auflage 2015

Henssler/Prütting, Bundesrechtsanwaltsordnung (BRAO), Kommentar, 4. Auflage 2014

Henssler/Streck (Hrsg.), Handbuch des Sozietätsrechts, 2. Auflage 2011

Heussen/Hamm (Hrsg.), Beck'sches Rechtsanwalts-Handbuch, 11. Auflage 2016

Hillach/Rohs, Handbuch des Streitwerts in Zivilsachen, 9. Auflage 1995

Hinne, Anwaltsvergütung im Sozialrecht, 2. Auflage 2013

Hintzen, Handbuch der Immobiliarvollstreckung, 3. Auflage 1999

Hintzen/Wolf, Zwangsvollstreckung, Zwangsversteigerung und Zwangsverwaltung, Handbuch, 2006

Jessnitzer/Blumberg, Bundesrechtsanwaltsordnung, Kommentar, 9. Auflage 2000

Keidel, FamFG, Kommentar, 18. Auflage 2014

Kilian/Sandkühler/vom Stein (Hrsg.), Praxishandbuch Notarrecht, 2. Auflage 2011

Kindermann (Hrsg.), Gebührenpraxis für Anwälte, 2010

Kindl/Meller-Hannich/Wolf, Gesamtes Recht der Zwangsvollstreckung, 3. Auflage 2016

Kleine-Cosack, BRAO, Kommentar, 7. Auflage 2015

Kleine-Cosack, Verfassungsbeschwerden und Menschenrechtsbeschwerde, 3. Auflage 2014

Koch/Kilian, Anwaltliches Berufsrecht, 2007

Kopp/Schenke, Verwaltungsgerichtsordnung (VwGO), Kommentar, 22. Auflage 2016

Krämer/Mauer/Kilian, Vergütungsvereinbarung und -management, 2005

Kronenbitter, Anwaltskostenrecht – effiziente Problemlösungen und Abrechnungsbeispiele im anwaltlichen Vergütungsrecht, Loseblatt, Stand: April 2002

ders., BRAGO 94, Systematische Darstellung der Neuerungen des Kostenrechtsänderungsgesetzes 1994

Kübler/Prütting/Bork (Hrsg.), Insolvenzordnung, Kommentar, Loseblatt, Stand: Mai 2016

Lachmann, Handbuch für die Schiedsgerichtspraxis, 3. Auflage 2008

Laubenthal/Nestler/Neubacher/Verrel, Strafvollzugsgesetze, Kommentar, 12. Auflage 2015

Leipold, Anwaltsvergütung in Strafsachen, 2004

Lindemann/Trenk-Hinterberger, Beratungshilfegesetz, Kommentar, 1996

Madert/Schons, Die Vergütungsvereinbarung des Rechtsanwalts, 3. Auflage 2006

von Mangoldt/Klein/Starck, Grundgesetz (GG) – Gesamtwerk, 6. Auflage 2010

Mayer/Kroiß (Hrsg.), Rechtsanwaltsvergütungsgesetz (RVG), Handkommentar, 6. Auflage 2013

Meyer, Gerichtskosten der streitigen Gerichtsbarkeiten und des Familienverfahrens, Kommentar, 12. Auflage 2011

Meyer-Goßner/Schmitt, Strafprozessordnung, Kommentar, 59. Auflage 2016

Meyer-Ladewig/Keller/Leitherer, Sozialgerichtsgesetz, Kommentar, 11. Auflage 2014

Münchener Kommentar zum Bürgerlichen Gesetzbuch, 6. Auflage 2013–2015 (zit: MüKo/*Bearbeiter*, BGB)

Münchener Kommentar zum FamFG, §§ 1–491 FamFG, IZPR/EuZPR in Familiensachen, 2. Auflage 2013 (zit: MüKo/*Bearbeiter*, FamFG)
Münchener Kommentar zur Insolvenzordnung, 3. Auflage 2013–2016 (zit. MüKo/*Bearbeiter*, InsO)
Münchener Kommentar zur Zivilprozessordnung, 4. Auflage 2012–2013, 5. Auflage ab 2016 (zit.: MüKo/*Bearbeiter*, ZPO)
Musielak/Voit, Zivilprozessordnung, Kommentar, 13. Auflage 2016
Nerlich/Römermann (Hrsg.), Insolvenzordnung, Kommentar, Loseblatt, Stand: Juli 2016
Lappe/Onderka/Hellstab (Hrsg.), Kostenrechtsprechung (KostRsp.), Nachschlagewerk wichtiger Kostenentscheidungen aus der Zivil-, Straf-, Arbeits-, Verwaltungs- und Finanzgerichtsbarkeit mit kritischen Anmerkungen, Loseblatt, Stand: Oktober 2013 (zit.: *Noll/Schneider/Lappe/von Eicken/Herget*)
Onderka, Anwaltsgebühren in Verkehrssachen, 4. Auflage 2014
Palandt, Bürgerliches Gesetzbuch, Kommentar, 75. Auflage 2016 (zit.: Palandt/*Bearbeiter*)
Podlech-Trappmann/Kühnke, RVG-Basiswissen, 4. Auflage 2005
Prölss/Martin, Versicherungsvertragsgesetz, Kommentar, 29. Auflage 2015
Rehberg/Schons/Vogt/Feller/Hellstab/Jungbauer/Bestelmeyer/Frankenberg, RVG – Rechtsanwaltsvergütungsgesetz, Kommentar, 6. Auflage 2015
Reisert, Anwaltsgebühren im Straf- und Bußgeldrecht, 2. Auflage 2013
Riedel/Sußbauer, Bundesgebührenordnung für Rechtsanwälte, Kommentar, 8. Auflage 2000 (zit.: Riedel/Sußbauer/*Bearbeiter*)
dies., Rechtsanwaltsvergütungsgesetz (RVG), Kommentar, 10. Auflage 2015 (zit: Riedel/Sußbauer/*Bearbeiter*, RVG)
Rosenberg/Schwab/Gottwald, Zivilprozessrecht, 17. Auflage 2010
Saenger (Hrsg.), Zivilprozessordnung, Handkommentar, 6. Auflage 2015
Schaefer/Schaefer, Anwaltsgebühren im Arbeitsrecht, 4. Auflage 2015
Scherer (Hrsg.), Münchener Anwaltshandbuch Erbrecht, 4. Auflage 2014 (zit.: Scherer/*Bearbeiter*)
Schippel/Bracker, Bundesnotarordnung, Kommentar, 9. Auflage 2011
Schmidt/Baldus, Gebühren und Kostenerstattung in Straf- und Bußgeldsachen, 4. Auflage 1993
Schneider, E., Die Klage im Zivilprozess – Taktik, Praxis, Muster, 3. Auflage 2007
ders., Praxis der neuen ZPO – Taktik, Praxis, Muster, 2. Auflage 2003
Schneider, N., Abrechnung in Verkehrssachen nach den „DAV-Abkommen", 2000 (zit: *Schneider*, DAV-Abkommen)
ders., Die Vergütungsvereinbarung, 2005 (zit: *Schneider*, Vergütungsvereinbarung)
ders., Fälle und Lösungen zum RVG, 4. Auflage 2015
Schneider/Herget, Streitwert-Kommentar für Zivilprozess und FamFG-Verfahren, 14. Auflage 2015
Schneider/Mock, Das neue Gebührenrecht für Anwälte, Abrechnen nach dem neuen RVG, 2004
Schneider/Thiel, Das neue Gebührenrecht für Rechtsanwälte, 2. Auflage 2014
Schneider/Volpert/Fölsch (Hrsg.), NomosKommentar Gesamtes Kostenrecht, 2014 (zit.: NK-GK/**Bearbeiter**)
Schneider/Volpert/Fölsch (Hrsg.), Familiengerichtskostengesetz, Handkommentar, 2. Auflage 2014
Schoch/Schneider/Bier, Verwaltungsgerichtsordnung (VwGO), Loseblatt-Kommentar, Stand: Februar 2016 (zit.: *Schoch/Schmidt-Aßmann/Pietzner*)
Schumann/Geißinger, Bundesgebührenordnung für Rechtsanwälte, 2. Auflage 1994/1979
Schuschke/Walker, Vollstreckung und Vorläufiger Rechtsschutz, Kommentar, 6. Auflage 2016
Schwab/Walter, Schiedsgerichtsbarkeit, 7. Auflage 2005
von Seltmann (Hrsg.), Beck'scher Online-Kommentar RVG (zit.: BeckOK RVG/*Bearbeiter*)
Soergel, Bürgerliches Gesetzbuch, Kommentar, 13. Auflage 1999 ff.

Literaturverzeichnis

Staudinger, Kommentar zum Bürgerlichen Gesetzbuch, 13. Auflage 1999 ff.
Stein/Jonas, Kommentar zur Zivilprozessordnung, 22. Auflage 2002 ff., 23. Auflage 2013 ff. (zit.: Stein/Jonas/*Bearbeiter*)
Stelkens/Bonk/Sachs, Verwaltungsverfahrensgesetz, Kommentar, 8. Auflage 2014
Stöber, Zwangsversteigerungsgesetz, Kommentar, 21. Auflage 2016
Thomas/Putzo, Zivilprozessordnung, Kommentar, 37. Auflage 2016
Zöller, Zivilprozessordnung, Kommentar, 31. Auflage 2016 (zit.: Zöller/*Bearbeiter*)

Gesetz über die Vergütung der Rechtsanwältinnen und Rechtsanwälte
(Rechtsanwaltsvergütungsgesetz – RVG)
Vom 5.5.2004, BGBl. I S. 718, 788, BGBl. III 368-3
Zuletzt geändert durch Gesetz vom 11.10.2016, BGBl. I S. 2222

Abschnitt 1
Allgemeine Vorschriften

§ 1 Geltungsbereich

(1) ¹Die Vergütung (Gebühren und Auslagen) für anwaltliche Tätigkeiten der Rechtsanwältinnen und Rechtsanwälte bemisst sich nach diesem Gesetz. ²Dies gilt auch für eine Tätigkeit als Prozesspfleger nach den §§ 57 und 58 der Zivilprozessordnung. ³Andere Mitglieder einer Rechtsanwaltskammer, Partnerschaftsgesellschaften und sonstige Gesellschaften stehen einem Rechtsanwalt im Sinne dieses Gesetzes gleich.

(2) ¹Dieses Gesetz gilt nicht für eine Tätigkeit als Syndikusrechtsanwalt (§ 46 Absatz 2 der Bundesrechtsanwaltsordnung). ²Es gilt ferner nicht für eine Tätigkeit als Vormund, Betreuer, Pfleger, Verfahrenspfleger, Verfahrensbeistand, Testamentsvollstrecker, Insolvenzverwalter, Sachwalter, Mitglied des Gläubigerausschusses, Nachlassverwalter, Zwangsverwalter, Treuhänder oder Schiedsrichter oder für eine ähnliche Tätigkeit. ³§ 1835 Abs. 3 des Bürgerlichen Gesetzbuchs bleibt unberührt.

(3) Die Vorschriften dieses Gesetzes über die Erinnerung und die Beschwerde gehen den Regelungen der für das zugrunde liegende Verfahren geltenden Verfahrensvorschriften vor.

Literatur: *Zimmermann*, Anwaltsvergütung außerhalb des RVG, 2007.

A. Allgemeines 1	c) Wertgebühren 38
B. Regelungsgehalt 5	d) Arbeitsgerichtsbarkeit 39
I. Grundlagen 5	e) Besondere Umstände 40
1. Legaldefinition der Vergütung 5	f) Auskunft bei Nachfrage des Mandanten 41
2. Rechtsgrund der Vergütung 6	g) Beratungshilfe/Prozess- und Verfahrenskostenhilfe 43
a) Gesetz (Beiordnung/Bestellung) 8	h) Prozessfinanzierung durch Dritte 45
b) Vertrag 13	6. Entstehen des Vergütungsanspruchs 47
3. Vertragsschluss 14	7. Vergütung bei Unwirksamkeit des Anwaltsvertrags/Kündigung 48
a) Zustandekommen des Vertrags 14	8. Tätigkeit in eigener Sache 50
b) Angebot zum Vertragsschluss 15	a) Zivilsachen 50
c) Rechtsbindungswille des Mandanten 16	b) Fachgerichtsbarkeit 52
d) Kein Kontrahierungszwang 17	c) Rechtsschutzversicherung 53
e) Ablehnung des Mandats 18	d) Straf- und Bußgeldsachen 54
f) Bedingungen 19	e) Beiordnung im Wege der PKH 58
4. Vertragsparteien 20	9. Gläubiger des Vergütungsanspruchs ... 59
a) Gläubiger und Schuldner des Vergütungsanspruchs 20	a) Beauftragter Rechtsanwalt 59
b) Anwalt und Mandant 21	b) Sozietät 60
c) Einschaltung Dritter 22	c) Beiordnung oder Bestellung 61
aa) Rechtsschutzversicherung 22	d) Vertreter 62
bb) Haftpflichtversicherung 25	e) Abwickler einer Kanzlei 63
cc) Auftragserteilung an andere Anwälte 26	10. Abtretung des Vergütungsanspruchs 65
dd) Verfahrensbevollmächtigter und Terminsvertreter 28	a) Abtretung an Anwalt 66
5. Entgeltlichkeit; Beratungs- und Aufklärungspflichten 36	b) Abtretung an Nicht-Anwalt 69
a) Vergütung 36	c) Besonderheiten bei Abtretung des Vergütungsanspruchs gegen die Staatskasse 75
b) Keine Hinweispflicht auf Vergütung .. 37	

11. Schuldner des Vergütungsanspruchs 78
    a) Auftraggeber 78
    b) Staatskasse 80
    c) Gegner des Auftraggebers 83
    d) Bei Beratungshilfe 84
        aa) Anspruch gegen den Rechtsuchenden 84
        bb) Anspruch gegen die Landeskasse 85
        cc) Erstattungspflicht des Gegners (§ 9 BerHG) 86
12. Durchsetzung des Vergütungsanspruchs . 87
    a) Vergütungsfestsetzungsverfahren 88
    b) Vergütungsprozess 91
II. Anwendungsbereich (Abs. 1) 96
  1. Persönlicher Anwendungsbereich 96
    a) Rechtsanwalt (Abs. 1 S. 1) 96
    b) Steuerberater 97
    c) Wirtschaftsprüfer 100
    d) Patentanwalt 101
    e) Notar 104
    f) Hochschullehrer 105
    g) Prozesspfleger (Abs. 1 S. 2) 111
    h) Andere Kammermitglieder und Rechtsanwaltsgesellschaften (Abs. 1 S. 3) 115
        aa) Andere Mitglieder einer Rechtsanwaltskammer 116
        bb) Partnerschaftsgesellschaften und sonstige Gesellschaften 122
  2. Sachlicher Anwendungsbereich (anwaltliche Tätigkeit) 124
    a) Anwaltliche Tätigkeit 124
    b) Berufsbild 126
    c) Gewährung rechtlichen Beistandes ... 128
    d) Keine Leistung anderer Berufsträger 129
    e) Unabhängigkeit 130
    f) Syndikusrechtsanwalt (§ 46 Abs. 2 BRAO) 131
  3. Doppelqualifikation 132
    a) Rechtsanwälte/Steuerberater 132
        aa) Steuerberater in bestimmten gerichtlichen Verfahren 132
        bb) Rechtsanwalt, der zugleich Steuerberater ist 133
    b) Rechtsanwalt und Notar (Anwaltsnotar) 138
    c) Anwaltsmediator 143
    d) Rechtsanwalt und Patentanwalt 145
  4. Vergütung 147
  5. Entsprechende Anwendung des RVG ... 149
    a) Rechtsberater, die nicht Rechtsanwalt sind (nichtverkammerte Rechtsbeistände) 149
        aa) Rentenberater und registrierte Erlaubnisinhaber (RDG) 150
        bb) Registrierte Personen (RDG) 154
        cc) Versicherungsberater 155
        dd) Inkassodienstleistungen 156
    b) Beratungshilfe/Anerkannte Stellen für Verbraucherinsolvenzberatung ... 157
III. Unanwendbarkeit des RVG (Abs. 2) 159
  1. Syndikusrechtsanwalt – § 46 Abs. 2 BRAO (Abs. 2 S. 1) 159
  2. Grundgedanke der Regelung (Abs. 2 S. 2) 162
    a) Ausschluss bestimmter Tätigkeitsbereiche 162

b) Abrechnung anwaltsspezifischer Dienste nach dem RVG (§ 1835 Abs. 3 BGB) 164
3. Die Vergütung des Berufsbetreuers 166
    a) Berufsmäßige Führung der Betreuung 166
    b) Gerichtliche Feststellung der berufsmäßigen Führung 171
    c) Unterbliebene gerichtliche Feststellung der berufsmäßigen Führung ... 173
    d) Vergütungsanspruch/Entstehung/Festsetzung 175
    e) Erlöschen des Vergütungsanspruchs .. 179
    f) Vergütungsanspruch nach Beendigung der Betreuung 182
    g) Höhe des Vergütungsanspruchs 186
        aa) Grundsätze 187
        bb) Pauschalierung 188
        cc) Stundensatz 193
        dd) Stundenansatz (Multiplikator) ... 194
        ee) Kriterien Mittellosigkeit und Heimunterbringung 196
        ff) Heimunterbringung 198
        gg) Stundenansatz und Betreuerwechsel 203
        hh) Abrechnungszeitraum und Betreuerwechsel 206
    h) Aufwendungen/Auslagen 207
    i) Vergütung nach dem RVG – § 1835 Abs. 3 BGB 208
        aa) Berufsspezifische Dienste 208
        bb) Kein Wahlrecht 213
    j) Vergütung nach dem RVG bei mittellosen Betreuten 216
        aa) Prozess- und Verfahrenskostenhilfe 216
        bb) Beratungshilfe 218
        cc) Geltendmachung des Anspruchs 219
    k) Steuerrechtliche Aspekte 221
        aa) Umsatzsteuer 221
        bb) Gewerbesteuer 225
4. Die Vergütung des Vormunds 226
    a) Vergütungsanspruch 227
    b) Aufwendungsersatzanspruch 229
5. Die Vergütung des Pflegers 231
    a) Grundsätze 231
    b) Feststellung der berufsmäßigen Führung der Pflegschaft 235
    c) Unterbliebene gerichtliche Feststellung der berufsmäßigen Führung 236
    d) Abrechnung nach Zeitaufwand 238
    e) Stundensatz bei vermögendem Pflegling 239
    f) Stundensatz bei mittellosem Pflegling 242
    g) Entstehung und Erlöschen des Anspruchs 243
    h) Vergütung nach dem RVG 246
        aa) Anwaltsspezifische Dienste 246
        bb) Feststellung der anwaltsspezifischen Tätigkeit 252
        cc) Mittelloser Pflegling 253
    i) Aufwendungsersatz 255
    j) Umsatzsteuer 257
6. Die Vergütung des Verfahrenspflegers ... 261
    a) Grundsätze 261
    b) Entstehung des Vergütungsanspruchs 267
    c) Unterbringungssachen 268

2 Volpert

Abschnitt 1. Allgemeine Vorschriften § 1

    d) Bewilligung eines festen Geldbetrages 271
    e) Schuldner der Vergütung 273
    f) Festsetzung des Anspruchs 274
    g) Vergütung nach dem RVG 275
7. Die Vergütung des Verfahrensbeistands ... 281
    a) Bestellung 281
    b) Nicht berufsmäßig bestellter Verfahrensbeistand 282
    c) Berufsmäßig bestellter Verfahrensbeistand 284
        aa) Höhe der Vergütung 284
        bb) Pauschale 285
        cc) Zahlungspflichtige Staatskasse/Vorschuss 287
    d) Entstehung des Anspruchs 289
    e) Erlöschen des Anspruchs 293
    f) Bestellung für mehrere Kinder 294
    g) Mehrere Angelegenheiten 295
        aa) Erste Instanz und Beschwerdeinstanz 296
        bb) Weitere erste Instanz nach Zurückverweisung 298
        cc) Hauptsache und einstweilige Anordnung 299
        dd) Sorgerechts- und Freiheitsentziehungsverfahren 300
        ee) Sorge- und Umgangsrechtsverfahren 301
        ff) Verbindung mehrerer Verfahren .. 302
        gg) Derselbe Gegenstand in mehreren Verfahren 303
    h) Vergütung nach dem RVG 304
8. Die Vergütung des Umgangspflegers/Umgangsbegleiters 306
    a) Umgangspfleger 306
    b) Umgangsbegleiter 309
9. Die Vergütung des Testamentsvollstreckers 310
    a) Grundsätze 310
    b) Anwendung des RVG 311
    c) Bestimmung der Vergütung 314
        aa) Bestimmung durch Erblasser 314
            (1) Erblasserwille 314
            (2) Letztwillige Verfügung 315
            (3) Bezugnahme auf Tabelle 316
        bb) Bestimmung durch Vergütungsvereinbarung 318
        cc) Festsetzung durch Prozessgericht 319
    d) Bemessung und Angemessenheit der Vergütung 320
        aa) Kriterien für die Ermittlung 320
        bb) Bemessungsgrundlage 321
            (1) Nachlasswert 321
            (2) Zeitgebühr 322
        cc) Gebührentatbestände 324
        dd) Vergütungssätze (Tabellen) 325
            (1) Prozentsatz vom Nachlasswert 325
            (2) Einzelne Tabellen 327
    e) Umsatzsteuer 331
    f) Minderung, Verwirkung, Verjährung . 333
        aa) Minderung 333
        bb) Verwirkung 334
        cc) Verjährung 335
    g) Auslagen/Aufwendungsersatzanspruch 336
10. Die Vergütung des Insolvenzverwalters ... 338
    a) Grundsätze 338
    b) Anwendung des RVG 339
    c) Vergütungsanspruch 343
        aa) Regelvergütung 343
        bb) Berechungsgrundlage: Insolvenzmasse 347
        cc) Mindestvergütung 350
        dd) Vergütungsvereinbarung 354
        ee) Zu- bzw. Abschläge 355
        ff) Checkliste Vergütungsberechnung 360
    d) Auslagenersatzanspruch 361
        aa) Allgemeine Geschäftskosten 362
        bb) Besondere Kosten 363
        cc) Haftpflichtversicherung 364
        dd) Angemessene Auslagen 365
    e) Festsetzung; Verjährung 366
    f) Vorschuss 367
    g) Umsatzsteuer 368
11. Sonderinsolvenzverwalter 369
12. Die Vergütung des Sachwalters (§ 270 InsO) 371
13. Die Vergütung der Mitglieder des Gläubigerausschusses (§ 73 InsO) 374
14. Die Vergütung des Treuhänders (§ 293 InsO) 375
15. Die Vergütung des Treuhänders im vereinfachten Insolvenzverfahren (§ 313 InsO) 377
16. Die Vergütung des Nachlassverwalters ... 379
    a) Grundsätze 379
    b) Vergütung 381
    c) Festsetzung 382
    d) Aufwendungen 383
17. Die Vergütung des Zwangsverwalters ... 384
    a) Grundsätze 384
    b) Anwendung des RVG 385
    c) Grundstücke mit Vermietung und Verpachtung 388
    d) Grundstücke ohne Vermietung und Verpachtung 393
    e) Mindestvergütung 394
    f) Auslagen 395
        aa) Notwendige Auslagen 395
        bb) Haftpflichtversicherung 397
        cc) Umsatzsteuer 398
    g) Festsetzung 399
18. Die Vergütung des Schiedsrichters 400
    a) Vergütungsanspruch 400
    b) Aufwendungsersatzanspruch 405
    c) Vorschussrecht 406
    d) Umsatzsteuerpflicht 407
19. Ähnliche Tätigkeiten (Abs. 2 S. 2) 408
20. Anwendbarkeit des § 1835 Abs. 3 BGB (Abs. 2 S. 3) 411
IV. Erinnerungen und Beschwerden nach dem RVG (Abs. 3) 412

A. Allgemeines

1 Die Vorschrift ist gegenüber § 1 BRAGO weitgehend unverändert. Eingefügt wurde Abs. 1 S. 2, der ausdrücklich bestimmt, dass auch die Tätigkeit eines **Prozesspflegers** nach den §§ 57 und 58 ZPO dem RVG unterfällt. Welche Vergütung der Rechtsanwalt für diese Tätigkeit erhält, ergibt sich aus § 41, der gegenüber dem früheren § 1 Abs. 1 S. 2 BRAGO modifiziert wurde (vgl. Rdn 111 f.). Während früher nur die Rechtsanwaltsgesellschaft erwähnt war, nennt die Vorschrift nun auch die **Partnerschaftsgesellschaften** und die anderen Mitglieder einer Rechtsanwaltskammer. Auch wenn das RVG damit in persönlicher Hinsicht auch auf Personen anwendbar ist, die zwar selbst keine Rechtsanwälte sind, aber als Geschäftsführer einer Rechtsanwaltsgesellschaft einer Kammer angehören, können diese dennoch nicht nach dem RVG abrechnen, weil sie keine anwaltliche Tätigkeit erbringen.

2 Daneben enthält die Fassung des § 1 gegenüber dem § 1 BRAGO einige sprachliche Änderungen; vor allem werden nunmehr die **Rechtsanwältinnen** ausdrücklich erwähnt. Durch das am 1.9.2009 in Kraft getretene FGG-Reformgesetz wurde in Abs. 2 die Tätigkeit des Verfahrensbeistands in Kindschaftssachen (§ 151 FamFG) vom Anwendungsbereich des RVG ausgenommen (vgl. zur Vergütung § 158 Abs. 7 FamFG).

3 Nach § 20 Abs. 1 des am 1.1.2011 in Kraft getretenen neuen Gesetzes zur Therapierung und Unterbringung psychisch gestörter Gewalttäter (**Therapieunterbringungsgesetz** – ThUG) richtet sich die Vergütung des Rechtsanwalts in Verfahren über die Anordnung, Verlängerung oder Aufhebung der Therapieunterbringung nach VV Teil 6 Abschnitt 3 (VV 6300 ff.). Der gem. § 7 ThUG **beigeordnete** Rechtsanwalt erhält gem. § 45 Abs. 3 seine Vergütung aus der Staatskasse, § 52 Abs. 1 bis 3 und 5 gelten entsprechend.[1]

4 Durch Art. 6 des Gesetzes zur Neuordnung des Rechts der Sicherungsverwahrung und zu begleitenden Regelungen vom 22.11.2010 ist auch das RVG geändert worden. Nach dem neu in das RVG eingefügten § 62 bleiben die Regelungen des ThUG zur Rechtsanwaltsvergütung (§ 20) unberührt. Die Einfügung von § 62 ist erforderlich, weil das RVG hinsichtlich seines Geltungsbereichs (vgl. § 1) keinen Vorbehalt für andere bundesgesetzliche Regelungen enthält.[2] § 62 stellt sich damit als Ergänzung zu § 1 dar. In § 20 ThUG nicht ausdrücklich genannte weitere Bestimmungen des RVG gelten in Verfahren nach dem ThUG ebenfalls. § 62 soll nur sicherstellen, dass die besondere Vergütungsregelung des § 20 ThUG in den dort genannten Verfahren anzuwenden ist. § 62 soll andere Bestimmungen des RVG in Verfahren nach dem ThUG aber nicht ausschließen. Insoweit ist das RVG bei anwaltlicher Tätigkeit ohnehin schon wegen § 1 Abs. 1 anwendbar (vgl. Rdn 96; vgl. i.Ü. die Kommentierung zu § 62).

B. Regelungsgehalt

I. Grundlagen

1. Legaldefinition der Vergütung

5 Der Begriff „Vergütung" umfasst nach der **Legaldefinition** des Abs. 1 S. 1 die Gebühren und Auslagen. Auf die Erl. zu Rdn 147 f. wird verwiesen.

2. Rechtsgrund der Vergütung

6 **Grundlage** für den Vergütungsanspruch eines Rechtsanwalts können sein
– ein Vertrag zwischen Rechtsanwalt und Mandant oder
– die Beiordnung/Bestellung des Rechtsanwalts.

Das RVG regelt bei einem auf Vertrag beruhenden Vergütungsanspruch grds. nur die **Höhe** der Vergütung des Rechtsanwalts und setzt damit das Bestehen eines sich i.d.R. nach bürgerlichem

---

[1] BT-Drucks 17/3403, S. 60.   [2] BT-Drucks 17/3403, S. 60.

Recht bestimmenden Vergütungsanspruchs voraus. Zu der Frage, aus welchem **Rechtsgrund** (causa) der Anwalt seine Vergütung zu fordern berechtigt ist, schweigt sich das RVG damit aus.

Soweit sich der Vergütungsanspruch des Rechtsanwalts aber aus einer Beiordnung (z.B. im Wege der PKH), aus einer gerichtlichen Bestellung (z.B. als Pflichtverteidiger) oder aus einer Tätigkeit im Rahmen bewilligter Beratungshilfe ergibt, regelt das RVG auch den **Grund** des Vergütungsanspruchs (vgl. § 45). 7

a) Gesetz (Beiordnung/Bestellung)

Der Hauptfall der Entstehung eines gesetzlichen Vergütungsanspruchs ist die gerichtliche **Beiordnung** oder **Bestellung** eines Rechtsanwalts. Bei Beiordnung oder Bestellung durch Justizbehörden (Staatsanwaltschaft und Bundesamt für Justiz) gilt das entsprechend, vgl. § 59a. Nach erfolgter Beiordnung oder Bestellung muss der Rechtsanwalt im gerichtlichen Verfahren die Vertretung der Partei oder die Beistandschaft übernehmen (§§ 48, 49 BRAO). Für diese Tätigkeit hat er einen Vergütungsanspruch gegen die Staatskasse, § 45 RVG. Die korrespondierenden Verfahrensvorschriften gehen jedoch davon aus, dass der beigeordnete Rechtsanwalt zuvor seine Übernahmebereitschaft erklärt hat; regelmäßig haben Anwalt und Mandant also im Falle der Beiordnung bereits vorher einen Vertrag geschlossen, der unter der aufschiebenden Bedingung der Beiordnung steht.[3] 8

Die Beiordnung im Wege der PKH setzt das **Vorhandensein** eines **privatrechtlichen Vergütungsanspruchs** gegen den Auftraggeber voraus, z.B. den **Abschluss** eines **Anwaltsvertrags/Geschäftsbesorgungsvertrags** (ausf. § 45 Rdn 30 ff.).[4] Den hieraus hervorgehenden vertraglichen Vergütungsanspruch kann der beigeordnete Rechtsanwalt wegen der **Forderungssperre** des § 122 Abs. 1 Nr. 3 ZPO jedoch grds. nicht geltend machen. Etwas anderes gilt insbesondere dann, wenn die Bewilligung der PKH nach § 124 ZPO aufgehoben worden ist.[5] Durch die Aufhebung der Beiordnung des Rechtsanwalts entfällt der Vergütungsanspruch gegen die Staatskasse grds. nicht. Hat der beigeordnete Rechtsanwalt aber durch schuldhaftes Verhalten die Aufhebung seiner und die Beiordnung eines anderen Rechtsanwalts veranlasst, kann er gem. § 54 Gebühren, die auch für den anderen Rechtsanwalt entstehen, nicht fordern. 9

Im **Strafverfahren** kann dem Beschuldigten sogar gegen seinen ausdrücklichen Willen ein Verteidiger bestellt werden. Die Bestellung als **Pflichtverteidiger** erfordert keinen Vertrag zwischen Rechtsanwalt und Mandant. Er kann neben dem Anspruch gegenüber der Staatskasse aufgrund seiner Beiordnung einen Anspruch auf die (Wahl-)Verteidigergebühren nach dem RVG gegen den Beschuldigten haben, wenn diesem ein Erstattungsanspruch gegen die Staatskasse zusteht oder festgestellt wird, dass dieser wirtschaftlich leistungsfähig ist (§ 52). Beim gerichtlich **bestellten** Rechtsanwalt (z.B. Pflichtverteidiger) beruht die Tätigkeit auf einem öffentlich-rechtlichen Bestellungsakt.[6] Die Bestellung begründet einen **öffentlich-rechtlichen Anspruch** des Rechtsanwalts gegen die Staatskasse.[7] 10

Wird der Rechtsanwalt daher als **Pflichtverteidiger** bestellt, entsteht der **Vergütungsanspruch** gegen die Staatskasse **allein** aufgrund der **gerichtlichen Bestellung**. Ein Anwalts- oder Geschäftsbesorgungsvertrag wie im Fall der Beiordnung im Wege der PKH muss nicht hinzutreten, um einen Vergütungsanspruch gegen die Staatskasse zu erhalten. Es kommt für den Vergütungsanspruch nicht darauf an, ob der Beschuldigte mit der Bestellung einverstanden ist oder ob er dem Pflichtverteidiger Vollmacht erteilt hatte. Wird die Pflichtverteidigerbestellung aufgehoben, entfällt der durch die Bestellung entstandene Vergütungsanspruch gegen die Staatskasse grds. nicht. 11

---

3 Henssler/Prütting/*Henssler*, § 48 BRAO Rn 7.
4 Vgl. BGH NJW-RR 2005, 494 = JurBüro 2005, 266; KG AGS 2009, 550 = NJW 2009, 2754 = RVGreport 2009, 317 = MDR 2009, 1363; OLG Zweibrücken JurBüro 1994, 749; Gerold/Schmidt/*Müller-Rabe*, § 45 Rn 29 ff.
5 Vgl. BGH Rpfleger 2006, 609 = RVGreport 2006, 392; KG AGS 2011, 332 = MDR 2011, 627 = RVGreport 2011, 230.
6 OLG Bamberg AGS 2009, 320 = StraFo 2009, 350 = StRR 2009, 243 = VRR 2009, 243.
7 OLG Hamburg NStZ-RR 2012, 390 = RVGreport 2012, 457 = StRR 2012, 403; OLG München 6.4.2009 – 6 Ws 2/09, juris.

12 Darüber hinaus kann sich ein Vergütungsanspruch kraft Gesetzes auch aus den Vorschriften über die **Geschäftsführung ohne Auftrag** oder die **ungerechtfertigte Bereicherung** ergeben, insbesondere dann, wenn der Anwaltsvertrag nichtig ist (siehe Rdn 48).

b) Vertrag

13 Der Vertrag zwischen Anwalt und Mandant ist regelmäßig als Geschäftsbesorgungsvertrag in Gestalt eines **Dienstvertrages** zu qualifizieren (§§ 675, 611 BGB).[8] Nur in Ausnahmefällen, etwa bei der Erstellung eines Rechtsgutachtens, wird der Mandatsvertrag als Geschäftsbesorgungsvertrag in Form eines **Werkvertrages** (§§ 675, 631 BGB) anzusehen sein. Die **Abgrenzung** beider Vertragstypen erfolgt nach den allgemeinen Regeln des Bürgerlichen Rechts: Übernimmt der Anwalt die Garantie für einen bestimmten Erfolg, liegt ein Werkvertrag vor; schuldet er lediglich bestimmte Dienste, ohne für den Erfolg seiner Bemühungen einstehen zu wollen, handelt es sich um einen klassischen „Anwaltsvertrag" in Form eines Dienstvertrages.

3. Vertragsschluss

a) Zustandekommen des Vertrags

14 Das Zustandekommen des Anwaltsvertrags richtet sich ebenfalls nach **allgemeinen Regeln** (§§ 145 ff. BGB).[9] Die Wahrung einer bestimmten Form ist dabei nicht erforderlich, ebenso wenig die Erteilung einer schriftlichen Vollmacht. Ein konkludenter Vertragsschluss ist möglich,[10] begründet jedoch für den Anwalt bei der Durchsetzung seiner Ansprüche gegen den Mandanten eine gesteigerte Substantiierungspflicht.[11] Der Antrag auf Abschluss eines Mandatsvertrags ist dem Anwalt zugegangen, sobald er in seinen Bereich gelangt ist und er unter normalen Umständen die Möglichkeit der Kenntnisnahme hat und jedenfalls nach der Verkehrsanschauung zu erwarten ist. Jeder in einer Anwaltskanzlei tätige Jurist ist legitimiert, Mandatsanträge entgegenzunehmen.[12]

b) Angebot zum Vertragsschluss

15 Erscheint ein Mandant beim Anwalt und schildert einen Lebenssachverhalt, liegt darin regelmäßig das **Angebot** zum Abschluss eines Anwaltsvertrags, der zumindest eine Beratung über die Erfolgsaussichten der beabsichtigten Rechtsverfolgung oder -verteidigung zum Gegenstand hat. In der bloßen Entgegennahme der Informationen liegt jedoch noch keine Annahme dieses Angebots.[13] Vielmehr benötigt der Rechtsanwalt diese Daten, um überhaupt entscheiden zu können, ob er das Angebot seines potentiellen Auftraggebers annimmt. Die bloße Entgegennahme von Sachverhaltsinformationen, aus denen der Anwalt ein Schreiben verfassen kann, begründet daher noch keinen Vergütungsanspruch.[14]

c) Rechtsbindungswille des Mandanten

16 Ein Vertrag kann nur dann zustande kommen, wenn der Mandant **Rechtsbindungswillen** hatte.[15] Das kann vor allem bei Tätigkeiten für Freunde oder Bekannte oder bei Anfragen im Rahmen geselliger Anlässe problematisch sein. Maßgeblich dafür, ob Rechtsbindungswille vorliegt, ist, ob der Adressat unter gegebenen Umständen nach Treu und Glauben mit Rücksicht auf die Verkehrssitte auf einen Rechtsbindungswillen seines Partners schließen musste.[16] Gegen die Annahme eines Vertrags spricht der Bagatellcharakter der Angelegenheit oder der Umstand, dass die Anfrage an

---

8 BGH NJW 2002, 290; BGHZ 56, 106, 107; LG München AnwBl 2000, 454; Kilian/vom Stein/*vom Stein*, § 25 Rn 1; Henssler/Streck/*Terlau*, Handbuch des Sozietätsrechts, 2001, Kap. B Rn 376.
9 Kilian/vom Stein/*vom Stein*, § 25 Rn 15 ff.
10 BGH NJW 1991, 2084, 2085; BGH NJW 1988, 2880 f.
11 *Samimi*, zfs 2005, 324 m.w.N.
12 Henssler/Prütting/*Henssler/Kilian*, § 44 BRAO Rn 6.
13 So auch Gerold/Schmidt/*Müller-Rabe*, RVG, § 1 Rn 74.
14 OLG Brandenburg 8.5.2007 – 11 U 68/05 (n.v.).
15 Koch/*Kilian*, Anwaltliches Berufsrecht, 2007, Rn B 352; Römermann/Hartung, Anwaltliches Berufsrecht, S. 174; Hartung/Römermann, § 1 Rn 9; allg. Palandt/*Heinrichs*, § 145 Rn 2.
16 BGHZ 21, 102, 106 ff.; MüKo/*Kramer*, BGB, Einl. §§ 241–432 Rn 32.

den Anwalt in Gesellschaft erfolgte.[17] Hat der Anfragende hingegen auf die Verlässlichkeit des anwaltlichen Rates vertraut und diesen zur Grundlage seiner (weiteren) Dispositionen gemacht, ist regelmäßig von einem Rechtsbindungswillen auszugehen.[18] Behauptet der Mandant, es sei keine Beauftragung erfolgt, trifft den Anwalt insoweit die Darlegungs- und Beweislast.[19]

d) Kein Kontrahierungszwang

Grundsätzlich besteht kein Kontrahierungszwang, der Rechtsanwalt ist in der Entscheidung, ob und mit wem er ein Mandatsverhältnis begründen möchte, frei.[20] Die §§ 48 bis 49a BRAO begründen jedoch im Bereich der Beiordnung, der Pflichtverteidigung und der Beratungshilfe in verfassungskonformer Weise einen **Kontrahierungszwang**.[21] Umgekehrt existieren in bestimmten Fällen berufsrechtliche **Tätigkeits- und Vertretungsverbote** (§§ 45 bis 47 BRAO, § 43a Abs. 4 BRAO i.V.m. § 3 Abs. 1 BORA).[22]

17

e) Ablehnung des Mandats

Möchte der Anwalt ein ihm angetragenes **Mandat ablehnen**, hat er dem Mandanten davon unverzüglich Mitteilung zu machen (§ 44 S. 1 BRAO). Unverzüglich bedeutet nach der Legaldefinition des § 121 Abs. 1 BGB „ohne schuldhaftes Zögern". Der Anwalt hat diesen Umstand bei seiner Büroorganisation zu berücksichtigen; Mandatsangebote müssen ihm von seinem Kanzleipersonal daher kurzfristig vorgelegt werden.[23] Verzögert der Anwalt die Mitteilung seiner Mandatsablehnung, erwächst dem Mandanten insoweit ein Schadensersatzanspruch (§ 44 S. 2 BRAO). Da § 44 S. 2 BRAO einen Sonderfall der culpa in contrahendo darstellt, haftet der Anwalt nur bei schuldhaftem Verhalten.[24]

18

f) Bedingungen

Die auf den Abschluss des Mandatsvertrages gerichteten Willenserklärungen können unter einer **Bedingung** abgegeben werden (§ 158 BGB). Ein praktisch häufiger Fall ist, dass der Mandant die Erteilung des Auftrags davon abhängig macht, dass sein **Rechtsschutzversicherer** eine Deckungszusage erteilt.[25] Der Rechtsanwalt sollte daher mit dem Mandanten klären, ob er auch beauftragt werden soll, sofern der Rechtsschutzversicherer keine Deckung gibt. Beauftragt der Mandant den Anwalt, einen Antrag auf Gewährung von **Prozess- oder Verfahrenskostenhilfe** unter seiner Beiordnung bei Gericht einzureichen, liegt i.d.R. ein unbedingter Auftrag für das Verfahren über die Bewilligung von Prozess- bzw. Verfahrenskostenhilfe vor, während der Auftrag zur Vertretung im Prozess unter der aufschiebenden Bedingung der Gewährung von Prozess- bzw. Verfahrenskostenhilfe steht.[26]

19

---

17 *Borgmann*, BRAK-Mitt 2000, 129.
18 BGH NJW-RR 1990, 1532; OLG Köln VersR 1994, 1300; dem folgend *Vollkommer/Heinemann*, Anwaltshaftungsrecht, Rn 18.
19 *Samimi*, zfs 2005, 324.
20 Henssler/Streck/*Terlau*, Handbuch des Sozietätsrechts, 2001, Kap. B Rn 383; Henssler/Prütting/*Henssler*, § 48 BRAO Rn 3; *Römermann/Hartung*, Anwaltliches Berufsrecht, S. 176; Koch/*Kilian*, Anwaltliches Berufsrecht, 2007, Rn B 386.
21 OLG Hamm DB 1970, 2317, 2318; Henssler/Prütting/*Henssler*, § 48 BRAO Rn 4; Koch/*Kilian*, Anwaltliches Berufsrecht, 2007, Rn B 388.
22 Dazu statt aller Kilian/vom Stein/*Offermann-Burckart*, § 29 Rn 21 ff.
23 BGH NJW 1967, 1567; *Feuerich/Weyland*, BRAO, § 44 Rn 9.
24 Koch/*Kilian*, Anwaltliches Berufsrecht, 2007, Rn B 367.
25 Dazu Kilian/vom Stein/*Rick*, § 29 Rn 282 ff., 306 ff.
26 *Kindermann*, Gebührenpraxis für Anwälte, S. 174; ihr folgend Hansens/Braun/Schneider/*Volpert*, Teil 1 Rn 8.

4. Vertragsparteien

a) Gläubiger und Schuldner des Vergütungsanspruchs

20 Zum Gläubiger und zum Schuldner des Vergütungsanspruchs wird auf die Erl. zu Rdn 59 ff. und 78 ff. verwiesen.

b) Anwalt und Mandant

21 Parteien des Vertrags sind der Anwalt und sein Mandant. Steht auf Auftraggeberseite eine Personenmehrheit, hat dies im Zweifel ein Gesamtschuldverhältnis zur Folge.[27] Gehört der beauftragte Rechtsanwalt einer Sozietät an, wird das Mandat im Regelfall der **Sozietät** als rechts- und parteifähiger Gesellschaft übertragen,[28] es sei denn, der Mandant möchte ausdrücklich oder aus den Umständen erkennbar nur einen bestimmten Rechtsanwalt beauftragen.[29] Wird ein Rechtsanwalt mit einer nicht anwaltstypischen Frage i.S.v. § 1 Abs. 2 betraut, liegt die Annahme nahe, dass ein Einzelmandat und kein Sozietätsmandat erteilt worden ist. Wer letztlich Vertragspartei geworden ist, muss aber immer auf der Grundlage der besonderen Umstände des Einzelfalls geklärt werden.[30]

c) Einschaltung Dritter

22 **aa) Rechtsschutzversicherung.** Ist das übernommene Mandat rechtsschutzversichert, entsteht bei Mandatsannahme ein **Dreiecksverhältnis** zwischen Anwalt, Mandant und Versicherer. Das Rechtsverhältnis zwischen Anwalt und Mandant bestimmt sich dabei nach dem Mandatsvertrag (siehe Rdn 13), die Rechtsbeziehungen zwischen dem Mandanten und seinem Rechtsschutzversicherer richten sich nach dem geschlossenen Versicherungsvertrag.[31] Zwischen **Anwalt und Versicherer** besteht hingegen **kein vertragliches Rechtsverhältnis**.[32] Selbst wenn die Beauftragung des Rechtsanwalts direkt durch den Rechtschutzversicherer erfolgt, wird diese nur als Vertreter des Versicherungsnehmers (Mandanten) nach § 164 BGB tätig; Vertragspartner des Anwalts wird daher nach den ARB ausschließlich der Versicherungsnehmer.[33]

23 Deshalb besteht kein direkter Honorar- bzw. Vergütungsanspruch des Anwalts gegen den Rechtsschutzversicherer,[34] es sei denn, dieser hat einen Schuldbeitritt erklärt.[35] Ein Vergütungsanspruch besteht also nur gegenüber dem Mandanten. Allerdings hat dieser nach § 1 Abs. 2 ARB einen **Freistellungsanspruch** gegenüber seinem Rechtsschutzversicherer. Je nach Inhalt des Vertrags zwischen dem Mandanten und seinem Rechtsschutzversicherer kann der Erstattungsanspruch des Mandanten hinter dem Vergütungsanspruch des Rechtsanwalts zurückbleiben. Der Freistellungsanspruch des Mandanten besteht auch bezüglich eines Vorschusses, der vom Rechtsanwalt nach § 9 angefordert wird. Fordert der Anwalt einen **Vorschuss** an, hat der Versicherer auch diesen zu zahlen.[36]

24 In der Praxis wird – im Hinblick auf den Freistellungsanspruch des Mandanten – das Honorar in Höhe des versicherungsvertraglichen Erstattungsanspruches regelmäßig **direkt gegenüber dem**

---

27 Gerold/Schmidt/*Müller-Rabe*, RVG, § 1 Rn 113; Henssler/Streck/*Terlau*, Handbuch des Sozietätsrechts, Kap. B Rn 391.

28 BGH AGS 2008, 368 = NJW 2008, 2122 = RVGreport 2008, 267 = RVGprof. 2008, 165 m. Anm. *Onderka*; Henssler/Prütting/*Hartung*, § 59a BRAO Rn 35 m.w.N.; zu der Rechts- und Parteifähigkeit der GbR grundlegend BGH NJW 2001, 1056 = DB 2001, 423 m. Anm. *Römermann*.

29 BGH VersR 1979, 232; BGH NJW 1994, 257, 258; Henssler/Streck/*Terlau*, Handbuch des Sozietätsrechts, 2001, Kap. B Rn 396.

30 BGH 5.7.2007 – IX ZR 257/06 (n.v.).

31 Dazu van Bühren/*Plote*, ARB-Kommentar, 2007, Anh I Rn 2 f.; *Plote*, Rechtsschutzversicherung, Rn 4 ff.; zu den Allgemeinen Versicherungsbedingungen als Vertragsbestandteil Kilian/vom Stein/*Rick*, § 29 Rn 283 ff.

32 Siehe *van Bühren*, AnwBl 2007, 473, 475; *Harbauer/Bauer*, § 17 ARB 2000 Rn 13; *Plote*, Rechtsschutzversicherung, Rn 251; Kilian/vom Stein/*Rick*, § 29 Rn 282; a.A. OLG Düsseldorf VersR 1980, 231 und LG Düsseldorf r+s 2000, 157, die das Mandatsverhältnis gegenüber dem Rechtsschutzversicherer als Vertrag zugunsten Dritter i.S.d. § 328 BGB qualifizieren.

33 Vgl. z.B. §§ 16 Abs. 2 ARB 75, 17 Abs. 1, 2 ARB 94/2000, § 17 Abs. 3 ARB 2013.

34 Gerold/Schmidt/*Müller-Rabe*, RVG, § 1 Rn 317; Riedel/Sußbauer/*Pankatz*, RVG, § 1 Rn 161; *Borgmann*, BRAK-Mitt 2000, 129.

35 *Kindermann*, Gebührenpraxis für Anwälte, S. 31.

36 *Madert/Schons*, Die Vergütungsvereinbarung des Rechtsanwalts, B 295.

Versicherer geltend gemacht. Eine Zahlung des Versicherers stellt sich zivilrechtlich als Leistung an den Versicherungsnehmer aufgrund des Versicherungsvertrags dar (§ 267 BGB).[37] Infolgedessen kann der Versicherer Rückforderungsansprüche nur gegenüber dem Mandanten geltend machen, wenn sich später herausstellt, dass gar kein Versicherungsschutz besteht,[38] etwa weil in einem Strafverfahren eine Verurteilung wegen einer Vorsatztat erfolgt ist. Namentlich dem Verteidiger ist daher dringend zu empfehlen, beim Rechtsschutzversicherer frühzeitig einen **Vorschuss** anzufordern.[39]

bb) Haftpflichtversicherung. Andere Versicherer, insbesondere **Kfz-Haftpflichtversicherer**, haften jedenfalls gesamtschuldnerisch mit ihrem Versicherungsnehmer für Ansprüche. Sie sind im Innenverhältnis verpflichtet, den Versicherungsnehmer freizustellen. Diese Versicherer beauftragen häufig einen Anwalt mit der Abwehr der gegen den Versicherten geltend gemachten Ansprüche. In einem solchen Fall kommt der Mandatsvertrag unmittelbar mit der Versicherungsgesellschaft zugunsten des Versicherungsnehmers zustande.[40] Die Vergütung schuldet die Versicherung.[41] Das gilt auch, wenn der Auftrag dahin geht, die Versicherung und den Versicherungsnehmer zu vertreten. 25

cc) Auftragserteilung an andere Anwälte. Wenn der Gerichtsort und der Wohn- oder Geschäftssitz des Mandanten weit voneinander entfernt sind, kommt es häufig vor, dass zwecks Mandatsbearbeitung zwei oder mehr Anwälte eingeschaltet werden. Dabei sind verschiedene Konstellationen oder Aufgabenverteilungen möglich (vgl. dazu VV 3400 ff.). Mit wem in Fällen dieser Art der Vertrag zustande kommt und wer wem die Vergütung schuldet, richtet sich danach, ob die Beauftragung durch den Hauptbevollmächtigten (mit entsprechender Vollmacht) im **eigenen Namen** oder **im Namen des Mandanten** erfolgt ist.[42] Zu beachten ist, dass sich eine Beauftragung in fremdem Namen auch aus den Umständen ergeben kann. Die Frage hat Bedeutung, wenn es nicht zu einer Zahlung der Vergütung kommt, bspw. im Falle der Insolvenz des Mandanten, oder wenn es darum geht, welche Kosten der Gegner dem Mandanten gem. §§ 103 ff. ZPO zu erstatten hat. 26

Eine **Beauftragung im eigenen Namen** führt dazu, dass der Hauptbevollmächtigte persönlich für den Gebührenanspruch des beauftragten Anwalts haftet, auch wenn der Mandant das Honorar schuldig bleibt. Da i.d.R. ein entsprechender Verpflichtungswille des Hauptbevollmächtigten nicht angenommen werden kann, wird grds. eine **Beauftragung im Namen des Mandanten** anzunehmen sein, dessen Einverständnis zuvor freilich einzuholen ist. Aus anwaltlicher Sicht empfiehlt es sich daher dringend, bei Übernahme eines **Korrespondenzmandates** zu klären, wer Auftraggeber ist und ob ggf. vom Mandanten schon Vorschüsse vereinnahmt wurden, wie dessen Liquidität ist usw. 27

dd) Verfahrensbevollmächtigter und Terminsvertreter. Die nach dem RVG berechnete gesetzliche Vergütung fällt für einen **Terminsvertreter** bzw. **Unterbevollmächtigten** nur an, wenn der Terminsvertreter von der Partei/dem Mandanten beauftragt wird. Beauftragt der Prozessbevollmächtigte den Terminsvertreter im eigenen Namen, richtet sich dessen Vergütungsanspruch nicht nach dem RVG, sondern nach der internen Vereinbarung mit dem Prozessbevollmächtigten.[43] Ein Schriftsatz, mit dem der Terminsvertreter seine Untervollmacht anzeigt und die Terminvertretung ankündigt, lässt beide Vertretungsmöglichkeiten zu. Hieraus geht nicht hervor, ob eine Vergütung nach dem RVG oder aufgrund interner Vereinbarung entstanden ist. 28

Deshalb können Terminsvertreterkosten durch die Vorlage einer Kostenberechnung allein des Prozessbevollmächtigten, in die die Gebühren und Auslagen des Terminsvertreters eingestellt worden sind, im Kostenfestsetzungsverfahren gem. §§ 103 ff. ZPO nicht glaubhaft gemacht werden. Zwar reicht es für die Glaubhaftmachung eines Kostensatzes im Interesse eines zügigen Ausgleichs der Verfahrenskosten grds. aus, dass die tatsächlichen Voraussetzungen des geltend gemachten Kostentatbestandes mit überwiegender Wahrscheinlichkeit feststehen.[44] Allerdings kann ein Rechtsanwalt gem. § 10 seine Vergütung nur aufgrund einer von ihm unterzeichneten und dem Auftraggeber mitgeteilten Berechnung einfordern. Gleichzeitig wird hierdurch mangels gegenteiliger Anhalts- 29

---

37 Gerold/Schmidt/*Müller-Rabe*, RVG, § 1 Rn 318.
38 Gerold/Schmidt/*Müller-Rabe*, RVG, § 1 Rn 318; *Madert/Schons*, Die Vergütungsvereinbarung des Rechtsanwalts, B 295.
39 Gerold/Schmidt/*Müller-Rabe*, RVG, § 1 Rn 318.
40 OLG Köln NJW 1978, 896; Hansens/Braun/Schneider/*Volpert*, Teil I Rn 11; *Hansens*, BRAGO, § 1 Rn 29.
41 Gerold/Schmidt/*Müller-Rabe*, RVG, § 1 Rn 137.
42 BGH AGS 2001, 51 = NJW 2001, 753 = AnwBl 2001, 302.
43 BGH AGS 2001, 51 = NJW 2001, 753 = AnwBl 2001, 302.
44 BGH NJW 2007, 2493 = AGS 2007, 322.

punkte der tatsächliche Anfall der berechneten gesetzlichen Gebühren und Auslagen glaubhaft gemacht.

30 Deshalb ist die Abrechnung des Terminsvertreters selbst gegenüber der Partei erforderlich. Weil der Prozessbevollmächtigte nicht Gläubiger der Terminsvertreterkosten ist, kann durch dessen Kostenberechnung die Entstehung dieser Kosten nicht glaubhaft gemacht werden. Die Entstehung der Terminsvertreterkosten ergibt sich auch nicht aus der Zahlung der in Rechnung gestellten Gesamtvergütung durch die Partei an ihren Prozessbevollmächtigten.

Das bedeutet nach der Rechtsprechung des BGH:[45]
- Beauftragt der Prozessbevollmächtigte im eigenen Namen und nicht die Partei selbst einen Terminsvertreter, fallen für diesen keine gesetzlichen Gebühren nach dem RVG an.
- Die Kosten des Terminsvertreters können deshalb im Kostenfestsetzungsverfahren nur durch die Vorlage einer den Vorgaben des § 10 RVG entsprechenden Kostenberechnung des Terminsvertreters glaubhaft gemacht werden.
- Sind die Kosten des Terminsvertreters in der Kostenrechnung des Prozessbevollmächtigten enthalten, reicht das zur Glaubhaftmachung dieser Kosten ebenso wenig aus wie dessen anwaltliche Versicherung.

31 Der BGH beantwortet mit dieser Entscheidung die in der Praxis umstrittene Frage, wie die Kosten eines Terminsvertreters im Kostenfestsetzungsverfahren gem. §§ 103 ff. ZPO darzulegen und glaubhaft zu machen sind. Nach § 91 Abs. 2 S. 1 ZPO können nur die gesetzlichen, nach dem RVG berechneten Gebühren und Auslagen im Kostenfestsetzungsverfahren berücksichtigt werden. Deshalb ist die Vorlage einer § 10 entsprechenden Kostenberechnung des Terminsvertreters erforderlich. Gem. § 10 Abs. 1 ist dem Kostenfestsetzungsantrag deshalb eine von Terminsvertreter unterzeichnete und dem Auftraggeber übersandte Kostenberechnung beizufügen.

32 Die Kostenberechnung des Terminsvertreters darf keine Einschränkung enthalten. Insbesondere darf in ihr nicht der Hinweis enthalten sein, dass die Kostenberechnung zum Zwecke der Kostenfestsetzung erstellt worden ist. Denn dann wird nicht glaubhaft gemacht, dass die Terminsvertreterkosten tatsächlich angefallen sind. Wird eine Kostenberechnung des Terminsvertreters im Kostenfestsetzungsverfahren nicht vorgelegt, kann das dafür sprechen, dass der Terminsvertreter vom Prozessbevollmächtigten und nicht der Partei beauftragt worden und deshalb keine erstattungsfähige RVG-Vergütung angefallen ist. Denn in diesem Fall besteht kein Vertragsverhältnis zwischen der Partei und dem Terminsvertreter und damit auch kein Vergütungsanspruch nach dem RVG.

33 Die Pflicht zur Entschädigung des Terminsvertreters richtet sich in diesem Fall nach der internen Vereinbarung zwischen dem Terminsvertreter und dem Prozessbevollmächtigten, der für die Ansprüche des Terminsvertreters einzustehen hat.[46] Ein Vergütungsverzicht gem. § 49b Abs. 1 BRAO liegt nicht vor, wenn der Terminsvertreter nach der internen Vereinbarung weniger als die in VV 3401 ff. vorgesehenen Gebühren erhält, weil die Voraussetzungen dieser Vorschrift nicht vorliegen.[47]

34 Nach § 5 richtet sich die Vergütung für eine vom Rechtsanwalt nicht persönlich vorgenommene Tätigkeit nach dem RVG, wenn sich der Rechtsanwalt durch einen Rechtsanwalt vertreten lässt. Beauftragt der Prozessbevollmächtigte den Terminsvertreter im eigenen Namen, hat der Prozessbevollmächtigte gem. § 5 einen Vergütungsanspruch nach dem RVG gegen die eigene Partei.[48] Nimmt der Terminsvertreter daher einen Termin i.S.v. VV Vorb. 3 Abs. 3 für den Prozessbevollmächtigten wahr, löst dies wegen § 5 die Terminsgebühr für den Prozessbevollmächtigten aus. Das Auftreten eines Terminsvertreters für den Prozessbevollmächtigten wird so behandelt, als ob dieser selbst aufgetreten wäre. Eine höchstpersönliche Wahrnehmung des Termins durch den Prozessbevollmächtigten ist nicht Voraussetzung für den Anfall der Terminsgebühr.[49]

---

45 BGH AGS 2011, 568 = RVGreport 2011, 389 = AnwBl 2011, 787 = JurBüro 2012, 29.
46 BGH AGS 2006, 471 = NJW 2006, 3569 = JurBüro 2007, 19 = AnwBl 2006, 672; BGH AGS 2001, 51 = NJW 2001, 753 = AnwBl 2001, 302.
47 BGH AGS 2006, 471 = NJW 2006, 3569 = JurBüro 2007, 19 = AnwBl 2006, 672; BGH AGS 2001, 51 = NJW 2001, 753 = AnwBl 2001, 302.
48 BGH AGS 2006, 471 = NJW 2006, 3569 = JurBüro 2007, 19 = AnwBl 2006, 672.
49 BGH AGS 2006, 486 = NJW 2006, 3571 = RVGprof. 2006, 163; BGH AGS 2001, 51 = NJW 2001, 753 = AnwBl 2001, 302.

Wird daher in der Kostenfestsetzung nur eine Terminsgebühr geltend gemacht, die durch die Wahrnehmung des Termins durch den Terminsvertreter statt durch den Prozessbevollmächtigten angefallen ist, ist die Vorlage einer Kostenberechnung des Terminsvertreters zur Glaubhaftmachung der Terminsgebühr nicht erforderlich. Löst der Prozessbevollmächtigte den jeweiligen Gebührentatbestand selbst oder durch einen Vertreter i.S.v. § 5 aus und ist dies aktenkundig, bedarf es im Regelfall keiner Glaubhaftmachung.

5. Entgeltlichkeit; Beratungs- und Aufklärungspflichten

a) Vergütung

Die Dienstleistung des Rechtsanwalts kann nach den Umständen nur gegen eine Vergütung erwartet werden, sodass eine **Vergütung** als stillschweigend vereinbart anzusehen ist (§ 612 BGB). Der Mandant wird also nicht mit dem Argument gehört, der Rechtsanwalt habe ihn nicht darauf hingewiesen, dass seine Leistung etwas koste. Auf die durch einen Vertragsschluss kraft Gesetzes entstehenden Anwaltsgebühren muss der Rechtsanwalt regelmäßig nicht ungefragt hinweisen, weil kein Mandant ein unentgeltliches Tätigwerden des Anwalts erwarten darf und dessen gesetzliche Gebühren allgemein zu erfahren sind.[50] Ein diesbezüglicher Irrtum des Dienstberechtigten – also des Mandanten – berechtigt ihn nicht zur Anfechtung.[51] Ihm obliegt vielmehr die Darlegungs- und Beweislast für die Unentgeltlichkeit.[52]

b) Keine Hinweispflicht auf Vergütung

Der Rechtsanwalt ist grds. **nicht verpflichtet**, den Mandanten **ungefragt** über die Entgeltlichkeit seiner Tätigkeit und die hieraus resultierende Vergütung („Kostenvoranschlag") aufzuklären.[53] Auch ausländische Mandanten müssen nur dann über die entstehende Vergütung aufgeklärt werden, wenn sie erkennbar von falschen Voraussetzungen ausgehen.[54] Kein Mandant kann die unentgeltliche Tätigkeit eines Fachberaters erwarten, zumal dessen Gebühren aus allgemein zugänglichen Quellen (Bundesgesetzblatt, Internet, dtv-Rechtsberater etc.) schnell und einfach in Erfahrung zu bringen sind.[55] Eine **gebührenrechtliche Aufklärungspflicht** des Anwalts kann daher nur kraft Gesetzes oder nach den Grundsätzen von Treu und Glauben (§ 242 BGB) begründet werden.[56] Eine Aufklärungspflicht kann etwa bestehen, wenn die Höhe der vom Auftraggeber zu zahlenden Gebühren das von ihm verfolgte Ziel wirtschaftlich sinnlos macht, wobei bei der erforderlichen Gesamtwürdigung neben der Schwierigkeit und dem Umfang der anwaltlichen Aufgabe und dem Gegenstandswert auch die Bedeutung der Angelegenheit für den Mandanten sowie dessen Vermögensverhältnisse und seine Erfahrung im Umgang mit Rechtsanwälten zu berücksichtigen sind. Letztlich hängt die anwaltliche Pflicht, den Auftraggeber vor Vertragsschluss über die voraussichtliche Höhe der Vergütung aufzuklären, entscheidend davon ab, ob der Rechtsanwalt nach den Umständen des Einzelfalles ein entsprechendes Aufklärungsbedürfnis des Mandanten erkennen konnte und musste.[57]

c) Wertgebühren

Einen gesetzlich geregelten Fall der Belehrungspflicht sieht zunächst **§ 49b Abs. 5 BRAO** vor. Richten sich die zu erhebenden Gebühren nach dem Gegenstandswert, hat der Rechtsanwalt vor Übernahme des Auftrags hierauf hinzuweisen (siehe § 2 Rdn 50 ff.).

---

50 Vgl. BGH AGS 2007, 386 = NJW 2007, 2332 = AnwBl 2007, 628.
51 MüKo/*Müller-Glöge*, BGB § 612 Rn 5.
52 Hansens/Braun/Schneider/*Volpert*, Teil 1 Rn 14.
53 Vgl. BGH AnwBl 2006, 214 = RVGreport 2006, 95; BGH NJW 1998, 136 = AnwBl 1997, 673; BGH NJW 1998, 3487; KG RVGreport 2004, 182; OLG Köln AGS 1994, 57; *Rick*, AnwBl 2006, 648, 649.
54 OLG Köln AGS 1994, 57; Hansens/Braun/*Schneider*, Teil 1 Rn 93; Gerold/Schmidt/*Müller-Rabe*, § 1 Rn 145; Hartung/*Römermann*/Schons, § 1 Rn 74.
55 BGH AGS 2007, 386 = NJW 2007, 2332 = AnwBl 2007, 628; BGH NJW 1998, 136, 137; BGH NJW 1980, 2128; OLG München NJW 1984, 2537.
56 BGH AGS 2007, 386 = NJW 2007, 2332 = AnwBl 2007, 628; BGH NJW 1969, 932, 933; BGH 1980, 2129, 2130.
57 BGH AGS 2007, 386 = NJW 2007, 2332 = AnwBl 2007, 628; BGH NJW 1998, 3486 = AGS 1998, 177.

d) Arbeitsgerichtsbarkeit

39 Eine Aufklärungspflicht kraft Gesetzes enthält auch **§ 12a Abs. 1 S. 2 ArbGG**.[58] Danach muss der Anwalt den Mandanten vor Abschluss der Vereinbarung über die Vertretung auf den Ausschluss der Kostenerstattung im arbeitsgerichtlichen Verfahren des ersten Rechtszuges hinweisen. Die Hinweispflicht erstreckt sich auf den Umstand, dass auch die Kosten von der Partei selbst getragen werden müssen, die durch vorbereitende Tätigkeiten des Rechtsanwalts entstanden sind, und zwar selbst dann, wenn es zu keinem Rechtsstreit kommt.[59] **Unterbleibt die Belehrung**, erwächst dem Mandanten gegen den Rechtsanwalt ein Schadensersatzanspruch aus §§ 280 Abs. 1, 311 Abs. 2 BGB, etwa weil bei ordnungsgemäßer Belehrung der Rechtsanwalt nicht beauftragt worden wäre.[60] Der Vergütungsanspruch des Anwalts geht bei einer schuldhaften Verletzung der Hinweispflicht nicht unter; der Mandant kann gegen ihn jedoch mit einem etwaigen Schadensersatzanspruch aufrechnen.[61] Eine **Belehrung** ist **entbehrlich**, wenn die Partei kein Kostenrisiko trägt; dies kann insbesondere bei einer bestehenden Rechtsschutzversicherung der Fall sein.[62] Allerdings muss bereits eine Deckungszusage seitens der Rechtsschutzversicherung vorliegen; anderenfalls bleibt der Hinweis erforderlich.

e) Besondere Umstände

40 Ungeachtet dieser gesetzlich normierten Belehrungs- und Aufklärungspflichten sollte der Anwalt prüfen, ob die besonderen Umstände des Einzelfalls eine zivilrechtliche Belehrungspflicht nach **Treu und Glauben** (§ 242 BGB) begründen. Entscheidend ist, ob der Rechtsanwalt ein entsprechendes Aufklärungsbedürfnis seines Mandanten erkennen konnte und musste.[63] Besondere **Umstände des Einzelfalls** können etwa vorliegen,
- wenn die Durchführung des Auftrags, namentlich bei hohen Gegenstandswerten, wirtschaftlich sinnlos erscheint,[64]
- wenn der Anwalt für vergleichbare Tätigkeiten in Bezug auf denselben Lebenssachverhalt eine Vergütung verlangt, die dem 50fachen Wert der vor einem Jahr berechneten Vergütung entspricht,[65]
- wenn der Mandant ersichtlich davon ausgeht, einen Erstattungsanspruch gegen den Gegner zu haben, der aber voraussichtlich wegen dessen Vermögenslosigkeit nicht zu realisieren sein wird,[66]
- wenn der ausländische Mandant das deutsche Vergütungsrecht nicht kennt und nach dem RVG Gebühren entstehen, die im Vergleich zu den Gebühren im Heimatland des Mandanten ungewöhnlich hoch sind,[67]
- wenn der Mandant erkennbar davon ausgeht, dass die gesamten Kosten von seinem Rechtsschutzversicherer getragen werden,[68]
- oder wenn das erstrebte Ziel und die entstehenden Kosten in einem offensichtlichen Missverhältnis stehen.[69]

---

58 Vgl. Riedel/Sußbauer/*Pankatz*, RVG, § 1 Rn 150.
59 Germelmann/Matthes/Prütting/Müller-Glöge/Germelmann, ArbGG, 5. Aufl. 2004, § 12a Rn 29.
60 Vgl. *Philippsen*, NJW 1979, 1330; *Hauck/Helml/Biebl*, ArbGG, 2. Aufl. 2003, § 12a Rn 3.
61 Germelmann/Matthes/Prütting/Müller-Glöge/Germelmann, ArbGG, 5. Aufl. 2004, § 12a Rn 32.
62 Germelmann/Matthes/Prütting/Müller-Glöge/Germelmann, ArbGG, 5. Aufl. 2004, § 12a Rn 30; Hauck/Helml/Biebl, ArbGG, 2. Aufl. 2003, § 12a Rn 3.
63 Vgl. BGH AGS 2007, 386 = NJW 2007, 2332 = AnwBl 2007, 628; BGH NJW 1998, 3486 = AGS 1998, 177; BGH NJOZ 2006, 1416, 1417; BGH NJW 1998, 3486, 3487; BGH NJW 1980, 2128, 2130.
64 BGH AGS 2007, 386 = NJW 2007, 2332 = AnwBl 2007, 628; Koch/*Kilian*, Anwaltliches Berufsrecht, 2007, Rn B 378; *Kindermann*, Gebührenpraxis für Anwälte, S. 15.
65 OLG Saarbrücken JurBüro 2008, 30 = AGS 2008, 110 m. Anm. *Schons*.
66 Hansens/Braun/*Schneider*, Teil I Rn 100.
67 OLG Köln AGS 1994, 57; Gerold/Schmidt/*Müller-Rabe*, RVG, § 1 Rn 145.
68 OLG Düsseldorf AGS 2008, 629.
69 Vgl. BGH AGS 2007, 386 = NJW 2007, 2332 = AnwBl 2007, 628; BGH AnwBl 1997, 673.

f) Auskunft bei Nachfrage des Mandanten

Erkundigt sich der Mandant nach den voraussichtlich entstehenden Kosten, muss der Rechtsanwalt ihm **wahrheitsgemäß** und **vollständig Auskunft** geben.[70] Art und Umfang der Aufklärung bestimmen sich nach den Umständen des Einzelfalls, in erster Linie nach der erkennbaren Interessenlage des Mandanten. Wenn der Anwalt im Zeitpunkt der Anfrage noch nicht alle für die Bemessung der Gebühren maßgeblichen Umstände kennt, muss er seine Auskunft unter Vorbehalt erteilen.[71] 41

Suggeriert der Anwalt durch sein Verhalten, es entstünden keine weiteren Kosten, ist er zur Aufklärung über die weiteren Kosten verpflichtet.[72] Erwägt ein Anwalt, einen Korrespondenzanwalt einzuschalten, obwohl er den Termin auch selbst wahrnehmen könnte, muss er dies mit dem Mandanten abstimmen und ihn über die dadurch anfallenden Kosten belehren.[73]

Verletzt der Rechtsanwalt eine nach den Umständen des Einzelfalles bestehende Aufklärungspflicht hinsichtlich der entstehenden Gebühren, hat der Mandant bei Vorliegen der sonstigen Voraussetzungen einen **Schadensersatzanspruch**, mit dem er gegen den Vergütungsanspruch des Anwalts aufrechnen kann[74] (zu der zivilrechtlichen Haftung des Rechtsanwalts bei der Verletzung der Belehrungspflicht des § 49b Abs. 5 BRAO, siehe § 2 Rdn 50 ff.). 42

g) Beratungshilfe/Prozess- und Verfahrenskostenhilfe

Der Rechtsanwalt ist verpflichtet, bei begründetem Anlass auf die Möglichkeiten von **Beratungs- und Prozesskostenhilfe** bzw. auch bei Verfahrenskostenhilfe (Familiensachen) hinzuweisen (§ 16 BORA).[75] Diese grundsätzliche Pflicht besteht immer dann, wenn der Mandant erkennbar mittellos ist.[76] Die Anforderungen an den begründeten Anlass, der zu einer Hinweispflicht führt, sind gering; der Rechtsanwalt muss alle ihm zugänglichen Erkenntnisquellen nutzen und darf sich nicht auf die ihm vorgelegten Unterlagen beschränken.[77] Anlass zu einem Hinweis besteht jedoch nicht, wenn der Mandant den angeforderten Kostenvorschuss ohne Hinweis auf finanzielle Schwierigkeiten gezahlt hat[78] oder wenn dem Anwalt bspw. bekannt ist, dass der Auftraggeber bei einem früheren Hausverkauf einen erheblichen Erlös erzielt hat und der Mandant dem Anwalt mitteilt, dass er hiervon ein Ferienhaus gekauft habe.[79] Die schuldhafte Unterlassung des Hinweises löst einen Schadensersatzanspruch des Mandanten nach § 280 Abs. 1 BGB aus, der gegen den Vergütungsanspruch des Anwalts in gleicher Höhe aufgerechnet werden kann.[80] 43

Es besteht ggf. auch die Gefahr, dass der Vorwurf der **Gebührenüberhebung** (vgl. § 352 StGB) erhoben wird. Wegen Gebührenüberhebung kann sich z.B. der Rechtsanwalt **strafbar** machen, der seinem Mandanten eine Geschäftsgebühr nach (VV 2300) in Rechnung stellt, obwohl er weiß, dass der Mandant Anspruch auf Bewilligung von Beratungshilfe hat.[81] 44

h) Prozessfinanzierung durch Dritte

Eine Beratungspflicht des Anwalts kann sich auch in Bezug auf eine **Prozessfinanzierung** ergeben. Dieses Finanzierungsinstrument kommt vor allem für Mandanten in Betracht, die angesichts des hohen Streitwerts zu einer Eigenfinanzierung der gesamten Verfahrenskosten nicht in der Lage wären, obwohl ein Prozess in der Sache gute Erfolgsaussichten hätte.[82] Jedenfalls in solchen Fällen gehört es zu den anwaltlichen **Beratungspflichten**, den Mandanten auf die Möglichkeit einer Pro- 45

---

[70] BGH AGS 2007, 386 = NJW 2007, 2332 = AnwBl 2007, 628; BGH NJW 1998, 136 = AnwBl 1997, 673; BGH NJW 1980, 2129, 2130.
[71] *Hansens*, BRAGO, § 1 Rn 28.
[72] OLG Koblenz AnwBl 1998, 64.
[73] *Borgmann*, BRAK-Mitt 2000, 129.
[74] Vgl. BGH NJW 1980, 2128, 2130; OLG Düsseldorf NJW 2000, 1650; OLG Nürnberg NJW-RR 1989, 1370; OLG Saarbrücken JurBüro 2008, 30, 31.
[75] OLG Düsseldorf AnwBl 1984, 444 = MDR 1984, 937; AnwBl 1987, 147; *Greißinger*, AnwBl 1992, 49.
[76] BVerfG NJW 2000, 2494; BGH NJW 2007, 844 = Rpfleger 2007, 197.
[77] Henssler/Prütting/*Prütting*, § 16 BORA Rn 4.
[78] OLG Köln NJW 1986, 725.
[79] OLG Koblenz AnwBl 1990, 164.
[80] AG Castrop-Rauxel MDR 1988, 318, 319; Koch/Kilian, Anwaltliches Berufsrecht, 2007, Rn B 377.
[81] LG Ellwangen NStZ-RR 2004, 366; vgl. auch OLG Hamm NStZ-RR 2002, 141.
[82] Eingehend *Lenz*, AnwBl 2007, 483 ff.; *Wilde*, AnwBl 2006, 813 ff.

zessfinanzierung hinzuweisen.[83] Dies gilt erst recht, wenn das Mandat weder rechtsschutzversichert, noch prozesskostenhilfefähig ist. Verletzt der Anwalt seine Beratungspflicht und sieht der Mandant in Unkenntnis dieser Finanzierungsmöglichkeit von der gerichtlichen Geltendmachung seines Anspruchs ab, kann sich der Anwalt insoweit einem **Regressanspruch** aussetzen.[84] Erwägt der Mandant die Einschaltung eines Prozessfinanzierers, umfasst die Belehrungspflicht des Rechtsanwalts auch eine Darstellung der wesentlichen **Leistungen und Konditionen** des Prozessfinanzierers, namentlich der Höhe der geforderten Erfolgsbeteiligung. Beauftragt der Mandant schließlich den Anwalt mit der Erstellung eines Angebots gegenüber einem oder mehreren Finanzierungsunternehmen und den insoweit erforderlichen Verhandlungen, muss der Mandant zudem darauf hingewiesen werden, dass es sich dabei um ein **gesondertes Mandat** handelt, das weitere Vergütungsansprüche des Anwalts auslöst.[85]

46 Nach § 49b Abs. 1 BRAO ist die Unterschreitung der gesetzlich vorgesehenen Vergütung nur in Ausnahmefällen möglich. Zu diesem berufsrechtlichen **Gebührenunterschreitungsverbot** siehe die Kommentierung zu § 3a.

6. Entstehen des Vergütungsanspruchs

47 Der Vergütungsanspruch entsteht nicht schon mit dem Abschluss des Mandatsvertrages, sondern erst mit der **ersten Dienstleistung** des Rechtsanwalts.[86] Häufig fallen Vertragsschluss und erste Tätigkeit allerdings zusammen; in der Entgegennahme der Information durch den Rechtsanwalt kann sowohl die erste Tätigkeit als auch die Übernahme des Mandats erblickt werden. In vielen Fällen wird der Rechtsanwalt aber auch die Information erst entgegennehmen, um zu prüfen, ob er das Mandat überhaupt annehmen möchte (siehe Rdn 17).

7. Vergütung bei Unwirksamkeit des Anwaltsvertrags/Kündigung

48 Ist der Anwaltsvertrag unwirksam, werden dem Anwalt i.d.R. Ansprüche aus **Geschäftsführung ohne Auftrag** oder **ungerechtfertigter Bereicherung** gegen seinen Mandanten zustehen.[87] Die Höhe des Aufwendungsersatz- bzw. Bereicherungsanspruchs ergibt sich dabei regelmäßig aus dem RVG. Ein auf §§ 677 ff. BGB bzw. §§ 812 ff. BGB basierter Vergütungsanspruch darf indes nicht zu einer Honorierung wider die Intention des Gesetzgebers führen, sondern beschränkt sich naturgemäß auf die Fälle, in denen lediglich eine unverdiente Besserstellung des Auftraggebers verhindert werden soll.[88] Dies ist etwa bei fehlender Geschäftsfähigkeit des Mandanten (§§ 104 ff. BGB) der Fall. Hingegen schließt die Nichtigkeit des Anwaltsvertrages wegen eines Verstoßes gegen ein gesetzliches Vertretungs- oder Verteidigungsverbot (§ 134 BGB i.V.m. § 45 BRAO, § 3 BORA bzw. §§ 146, 138a StPO) zugleich den Aufwendungsersatzanspruch des Anwalts nach § 670 BGB sowie den Bereicherungsanspruch nach § 812 Abs. 1 BGB aus.[89]

49 Kündigt der Rechtsanwalt das Mandatsverhältnis, ohne durch vertragswidriges Verhalten des anderen Teils dazu veranlasst zu sein, steht ihm ein Anspruch auf Vergütung insoweit nicht zu, als der Mandant einen anderen Prozessbevollmächtigten neu bestellen muss, mit dessen Vergütung auch die Tätigkeit des kündigenden Anwalts abgegolten wäre.[90] Der Vergütungsanspruch des kündigenden Rechtsanwalts geht insoweit unter (vgl. dazu auch § 15 Rdn 247).[91]

---

83 Büchting/Heussen/*Buschbell*, A 5 Rn 184; van Bühren, AnwBl 2001, 537; Gerold/Schmidt/*Müller-Rabe*, RVG, § 1 Rn 159.
84 *Bräuer*, AnwBl 2001, 112, 113.
85 Kilian/vom Stein/*Rick*, § 29 Rn 325, 330 m.w.N.
86 Gerold/Schmidt/*Müller-Rabe*, RVG, § 1 Rn 103; Riedel/Sußbauer/*Pankatz*, RVG, § 1 Rn 144; Hartung/*Römermann*/Schons, RVG, § 1 Rn 62; Hartung/Schons/*Enders*, RVG, § 1 Rn 17.
87 BGH NJW 2005, 3786 = AGS 2006, 69; BGH NJW 2000, 422; Riedel/Sußbauer/*Pankatz*, RVG, § 1 Rn 142.

88 Vgl. BGH NJW 1982, 879, 880; BGHZ 36, 321, 323 (Verstoß gegen Rechtsberatungsgesetz).
89 AG Arnsberg NJW-RR 1999, 63; LG Koblenz NStZ-RR 1998, 96; Gerold/Schmidt/*Müller-Rabe*, RVG, § 1 Rn 88 ff.; Henssler/Prütting/*Kilian*, BRAO, § 45 Rn 49; vgl. auch BGH NJW-RR 1999, 1715 und NJW-RR 1997, 564.
90 BGH RVGreport 2012, 238.
91 BGH RVGreport 2012, 238; BGH NJW 1985, 41; BGH NJW 1997, 188.

8. Tätigkeit in eigener Sache

a) Zivilsachen

Vertritt sich der Rechtsanwalt in einem **Zivilverfahren** selbst, sind ihm gem. § 91 Abs. 2 S. 3 ZPO solche Gebühren und Auslagen zu erstatten, die er als Gebühren und Auslagen eines beauftragten Rechtsanwalts erstattet verlangen könnte. Er erhält also die **fiktiven Kosten** erstattet, die bei Beauftragung eines (anderen) Rechtsanwalts für dessen Tätigkeit erstattungsfähig gewesen wären. Eine Einschränkung ist indes bei der Abmahnung eines anderen Rechtsanwalts wegen wettbewerbsrechtlicher Ansprüche geboten. Hier kann eine Kostenerstattung ausscheiden, wenn es sich um einen leicht zu erkennenden Wettbewerbsverstoß handelt.[92] Werden die in einer Sozietät verbundenen Rechtsanwälte persönlich als Gesamtschuldner in Anspruch genommen und vertreten sie sich in diesem Verfahren jeweils selbst, kann der Kostenerstattungsanspruch insgesamt auf den Betrag beschränkt sein, der sich ergeben hätte, wenn sie einen gemeinsamen Prozessbevollmächtigten beauftragt hätten.[93]

50

Das Kostenerstattungsprinzip bei einer Selbstvertretung gilt auch für die **Zwangsvollstreckung**, nicht aber (analog) für den **außergerichtlichen Bereich**[94] und im Verfahren der **freiwilligen Gerichtsbarkeit**.[95] Vertritt sich eine Testamentsvollstreckerin, die von Beruf Rechtsanwältin ist, in einem Verfahren betreffend ihre Entlassung aus dem Amt als Testamentsvollstreckerin selbst, so kann sie im Kostenfestsetzungsverfahren nach § 85 FamFG i.V.m. §§ 103 ff. ZPO keine Gebühren nach dem RVG in Ansatz bringen.[96] **Reisekosten** sind insoweit zu erstatten, wie die Beauftragung eines auswärtigen Rechtsanwalts zur zweckentsprechenden Rechtsverfolgung erforderlich gewesen wäre. Für die Selbstregulierung eines eigenen **Unfallschadens** entsteht dem Anwalt ein Ersatzanspruch gegen den Schädiger, der sich nach der Höhe desjenigen fiktiven Anspruchs berechnet, der entstanden wäre, wenn ein Geschädigter einen Anwalt in Anspruch genommen hätte.[97] Dieser Anspruch setzt natürlich voraus, dass auch ein Nicht-Anwalt diese Kosten ersetzt bekommen hätte. Er scheidet also aus bei ganz einfach gelagerten Sachverhalten, bei Schäden im Bagatellbereich oder wenn der gegnerische Versicherer den Schaden nach Grund und Höhe sofort voll anerkennt.

51

b) Fachgerichtsbarkeit

Ein dem Zivilprozess entsprechender Erstattungsanspruch gilt für den **Verwaltungsrechtsstreit**,[98] das **Finanzgerichtsverfahren** (§ 155 FGO),[99] das **Sozialgerichtsverfahren** (§ 193 Abs. 3 SGG)[100] sowie das **Arbeitsgerichtsverfahren** mit Ausnahme der ersten Instanz (§ 12a ArbGG).

52

c) Rechtsschutzversicherung

Das in § 5 ARB enthaltene Leistungsversprechen des Rechtsschutzversicherers erfasst auch die Rechtsanwaltsvergütung, die durch die Selbstvertretung eines versicherten Rechtsanwalts in einem **Zivilrechtsstreit** entsteht. Denn § 91 Abs. 2 S. 3 ZPO bestimmt, dass dem Rechtsanwalt in eigener Sache die Gebühren und Auslagen zu erstatten sind, die er als Gebühren und Auslagen eines bevollmächtigten Rechtsanwalts verlangen könnte. Daher steht einer Erstattungspflicht des **Rechtsschutzversicherers** hier nicht entgegen, dass ein Honoraranspruch für Selbstvertretung prozesskostenrechtlich nicht entstehen kann.[101]

53

---

92 BGH AGS 2004, 255 = JurBüro 2005, 145.
93 BGH NJW 2007, 2257; Zöller/*Herget*, ZPO, § 91 Rn 13 „Sozietät", m.w.N.
94 Vgl. hierzu BGH WRP 2005, 803 – Selbstauftrag; Riedel/Sußbauer/*Pankatz*, RVG, § 1 Rn 178; AG Halle NJW 2010, 3456 = AGS 2010, 569.
95 OLG Köln FGPrax 2011, 205; OLG München MDR 2007, 746; BayObLG NJW-RR 2007, 773; Riedel/Sußbauer/*Pankatz*, RVG, § 1 Rn 169.
96 OLG Köln FGPrax 2011, 205.
97 BGH DAR 1995, 67; AG Germersheim zfs 2003, 37; AG Moers zfs 2002, 478; AG Fulda DAR 1999, 270;

ausf. *Onderka*, Anwaltsgebühren in Verkehrssachen, Rn 361 ff.
98 BayVGH BayVBl 1972, 645; OVG Lüneburg NVwZ-RR 2002, 237; VG Düsseldorf NJW 1965, 1039; VG Oldenburg AnwBl 1975, 97.
99 Riedel/Sußbauer/*Pankatz*, RVG, § 1 Rn 169.
100 Riedel/Sußbauer/*Pankatz*, RVG, § 1 Rn 173.
101 BGH NJW 2011, 232 = AGS 2011, 49 = RVGreport 2011, 80, m.w.N., auch für die Gegenauffassung.

d) Straf- und Bußgeldsachen

54 Dem Rechtsanwalt, der sich im Strafprozess selbst verteidigt, steht ein anwaltlicher Gebühren- und Auslagenerstattungsanspruch dagegen **nicht** zu. Es ist umstritten, ob einem in einer Straf- oder Bußgeldsache sich **selbst verteidigenden** und **freigesprochenen** Rechtsanwalt die **gesetzliche Vergütung** zu erstatten ist, deren Erstattung er aus der Staatskasse verlangen könnte, wenn er einen Verteidiger hinzugezogen hätte. Für die Erstattungsfähigkeit spricht, dass §§ 46 OWiG, 464b Abs. 2 Nr. 2 StPO auf § 91 Abs. 2 S. 3 ZPO verweisen. Nach dieser Bestimmung sind dem in eigener Sache tätigen Rechtsanwalt die Gebühren und Auslagen zu erstatten, die er als Gebühren und Auslagen eines bevollmächtigten Rechtsanwalts erstattet verlangen könnte. Die Befürworter der Erstattungsfähigkeit berufen sich auf diese eindeutige **gebührenrechtliche Verweisung** und gehen deshalb davon aus, dass ein sich selbst vertretender Rechtsanwalt sowohl im Zivil- als auch im Strafprozess gebührenrechtlich als Bevollmächtigter zu behandeln ist.[102]

55 Nach der herrschenden **Gegenauffassung** setzt die Anwendung von § 91 Abs. 2 S. 3 ZPO voraus, dass es dem Rechtsanwalt überhaupt rechtlich gestattet ist, in eigener Sache aufzutreten. Während im **Zivilprozess § 78 Abs. 6 ZPO** dem Rechtsanwalt die Selbstvertretung erlaubt, ist im Straf- und Bußgeldverfahren der Status des Verteidigers als unabhängiges Organ der Rechtspflege mit der Stellung des Beschuldigten unvereinbar.[103] Wenn das Strafprozessrecht somit die Selbstverteidigung des Rechtsanwalts ausschließt, kann er kostenrechtlich nicht wie ein Verteidiger behandelt werden.[104] § 91 Abs. 2 S. 3 ZPO stellt eine eng auszulegende vorrangige **Sonderregelung** für den Fall dar, dass ein einzelner Anwalt rechtlich zulässig in eigener Sache als Partei des Zivilprozesses tätig geworden ist.[105]

56 Einem Rechtsanwalt werden daher für seine „Verteidigung" in eigener Sache keine Gebühren/Auslagen ersetzt, da Beschuldigten- und Verteidigerrolle prozessual miteinander unvereinbar sind. Die Regelung in § 91 Abs. 2 S. 3 ZPO ist auf den Zivilprozess zugeschnitten und im Strafverfahren nicht anwendbar (vgl. auch VV Vorb. 4 Rdn 127).[106]

Das gilt im Übrigen auch im **Privatklageverfahren**, wenn der Rechtsanwalt die Stellung eines **Beschuldigten** hat und sich selbst verteidigt.[107] Als **Privat-** oder auch als **Nebenkläger** kann der Rechtsanwalt allerdings entsprechend §§ 464a Abs. 2 Nr. 2 StPO, 91 Abs. 2 S. 3 ZPO Erstattung verlangen.[108]

57 Die teleologische Reduktion des § 464a Abs. 2 Nr. 2 StPO ist insofern verfassungsrechtlich nicht zu beanstanden.[109] Auch im anwaltsgerichtlichen Verfahren und im Verfahren nach § 74a BRAO können dem sich selbst vertretenden Rechtsanwalt keine Verteidigergebühren für seine eigene Person erstattet werden.[110] Ein Vergütungsanspruch des sich selbst verteidigenden Rechtsanwalts gegen seinen **Rechtsschutzversicherer** scheidet ebenfalls aus.[111]

e) Beiordnung im Wege der PKH

58 Bei Bewilligung von Prozesskostenhilfe kommt zwar keine Beiordnung eines in eigener Sache auftretenden Rechtsanwalts in Betracht.[112] Ist ein Rechtsanwalt aber sich selbst im Wege der Prozess-

---

102 Aus der jüngeren Rspr. OLG Frankfurt NJW 1993, 1991; LG Münster AnwBl 1999, 616; LG Göttingen NdsRpfl. 1992, 120.
103 Vgl. BVerfG NJW 1994, 242; BVerfG NStZ 1988, 282 = MDR 1988, 552; BVerfG NJW 1980, 1677 = MDR 1980, 731 = AnwBl 1980, 303; OLG Nürnberg NStZ- RR 2000, 163; LG Düsseldorf StRR 2009, 439.
104 BVerfG NJW 1994, 242.
105 Vgl. LG Berlin NJW 2007, 1477.
106 BVerfG NJW 1980, 1677, NStZ 1988, 282, NJW 1994, 242; OLG Nürnberg NStZ- RR 2000, 163; LG Berlin NJW 2007, 1477; LG Göttingen JurBüro 1991, 850 = Rpfleger 1991, 337; LG Düsseldorf StRR 2009, 439; vgl. auch BGH NJW 2011, 232 = AGS 2011, 49 = RVGreport 2011, 80.
107 BVerfG NJW 1994, 282.
108 OLG Hamm AGS 1999, 167 = JurBüro 2000, 474.
109 BVerfG NJW 1998, 2205 = MDR 1998, 552.
110 Vgl. EGH Stuttgart BRAK-Mitt. 1983, 138; AGH Berlin BRAK-Mitt. 1997, 176.
111 BGH NJW 2011, 232 = AGS 2011, 49 = RVGreport 2011, 80; siehe *v. Bühren*/Plote, ARB-Kommentar, 2007, § 5 ARB Rn 37. Eingehend Harbauer/*Bauer*, § 2 ARB 75 Rn 43 m.w.N. aus der Rspr.
112 BAG AGS 2008, 135 = RVGreport 2008, 156 = NJW 2008, 604.

kostenhilfe beigeordnet worden, kann ihm die gesetzliche Vergütung nach §§ 45 Abs. 1, 49 nicht deshalb versagt werden, weil er mit sich selbst keinen Mandatsvertrag schließen kann.[113]

9. Gläubiger des Vergütungsanspruchs

a) Beauftragter Rechtsanwalt

Gläubiger des Vergütungsanspruch ist der Rechtsanwalt, der beauftragt worden ist. 59

b) Sozietät

Wird eine Anwaltssozietät beauftragt, steht die Vergütungsforderung aus dem Vertrag mit der Anwaltssozietät den Sozietätsanwälten zur gesamten Hand und nicht als Gesamtgläubigern zu.[114] Dabei erstreckt sich das einer Anwaltssozietät erteilte Mandat sich im Zweifel auch auf später eintretende Sozietätsmitglieder. Nur wenn im Einzelfall aus besonderen Gründen der Auftrag ausschließlich an die Personen der bei Mandatserteilung bestehenden Sozietät geknüpft sein soll, steht nur diesen der Anspruch zu.[115] 60

c) Beiordnung oder Bestellung

Gläubiger des Vergütungsanspruch ist bei der Beiordnung oder Bestellung durch Gerichte oder Justizbehörden (§ 59a) der Rechtsanwalt, der beigeordnet oder bestellt worden ist, § 45. Nach der Rechtsprechung des BGH[116] kann bei PKH/VKH auch eine **Sozietät** beigeordnet werden. Dann steht auch der Sozietät der Vergütungsanspruch gegen die Staatskasse zu.[117] Das gilt auch bei Beiordnung einer Rechtsanwaltsgesellschaft (§§ 59c ff.) bzw. einer Partnerschaftsgesellschaft (§ 7 Abs. 4 PartGG).[118] 61

d) Vertreter

Bei der Tätigkeit eines Vertreters des beauftragten bestellten oder beigeordneten Rechtsanwalts gilt § 5. Nimmt der Rechtsanwalt eine Tätigkeit nicht persönlich vor, entsteht gleichwohl ein RVG-Vergütungsanspruch, wenn der Rechtsanwalt durch einen Rechtsanwalt, den allgemeinen Vertreter, einen Assessor bei einem Rechtsanwalt oder einen zur Ausbildung zugewiesenen Referendar vertreten wird. Auf das Einverständnis des Mandanten mit der Vertretung kommt es nicht an. Auf die Erl. zu § 5 wird verwiesen. 62

e) Abwickler einer Kanzlei

Ist ein Rechtsanwalt gestorben, so kann die Rechtsanwaltskammer gem. § 55 Abs. 1 BRAO einen Rechtsanwalt zum Abwickler der Kanzlei bestellen. Gem. §§ 55 Abs. 3 S. 1, 53 Abs. 9 S. 1 BRAO wird der Abwickler in eigener Verantwortung, jedoch im Interesse, für Rechnung und auf Kosten des Vertretenen tätig. Der Vergütungsanspruch steht daher nicht dem Abwickler, sondern den Erben des verstorbenen Rechtsanwalts zu. Etwas anderes gilt nur, wenn die Bestellung zum Abwickler ausgelaufen ist und der Abwickler weiter tätig wird. Dann müssen auch die Gebühren und Auslagen, die bereits für den verstorbenen Rechtsanwalt angefallen sind, vom Mandanten erneut gezahlt werden.[119] Im Falle der gerichtlichen Beiordnung oder Bestellung (vgl. auch § 59a) des verstorbenen 63

---

[113] KG AGS 2009, 550 = NJW 2009, 2754 = RVGreport 2009, 317 = MDR 2009, 1363.
[114] BGH NJW 1996, 2859 = AnwBl 1996, 543 = MDR 1996, 1070.
[115] BGH NJW 1994, 257 = MDR 1994, 308.
[116] NJW 2009, 440 = RVGreport 2009, 78 = AGS 2008, 608.
[117] Vgl. auch KG 4.11.2012 – 1 Ws 133/10, JurionRS 2011, 36549.
[118] BGH NJW 2009, 440 = RVGreport 2009, 78 = AGS 2008, 608; OLG Nürnberg AG kompakt 2013, 103 = NJW 2013, 948 = MDR 2013, 934 = NJW-Spezial 2013, 255; OLG Nürnberg NJW 2002, 3715 = MDR 2002, 1219 = Rpfleger 2002, 628; a.A. OLG Celle 2.5.2003 – 7 U 11/03, juris.
[119] Gerold/Schmidt/*Müller-Rabe*, RVG, § 1 Rn 109 f.

Rechtsanwalts gilt das entsprechend. Der Abwickler ist gem. § 55 Abs. 3 S. 2 BRAO berechtigt, jedoch außer im Rahmen eines Kostenfestsetzungsverfahrens (§§ 103 ff. ZPO) nicht verpflichtet, Kostenforderungen des verstorbenen Rechtsanwalts im eigenen Namen für Rechnung der Erben geltend zu machen.

64 Gem. §§ 55 Abs. 3 S. 1, 53 Abs. 10 BRAO müssen die Erben des verstorbenen Rechtsanwalts dem Abwickler eine angemessene Vergütung zahlen, für die Sicherheit zu leisten ist, wenn die Umstände es erfordern. Können sich die Beteiligten über die Höhe der Vergütung oder über die Sicherheit nicht einigen oder wird die geschuldete Sicherheit nicht geleistet, setzt der Vorstand der Rechtsanwaltskammer auf Antrag der Erben oder des Abwicklers die Vergütung fest.[120] Der Abwickler ist befugt, Vorschüsse auf die vereinbarte oder festgesetzte Vergütung zu entnehmen. Für die festgesetzte Vergütung haftet die Rechtsanwaltskammer wie ein Bürge.

10. Abtretung des Vergütungsanspruchs

65 Die Zulässigkeit der Abtretung anwaltlicher Vergütungsansprüche richtet sich nach **§ 49b Abs. 4 BRAO**. Danach ist zwischen der Abtretung an einen Anwalt und der Abtretung an einen Nicht-Anwalt zu unterscheiden.

a) Abtretung an Anwalt

66 Nach § 49b Abs. 4 S. 1 BRAO ist die Abtretung von Vergütungsforderungen oder die Übertragung ihrer Einziehung an Rechtsanwälte oder rechtsanwaltliche Berufsausübungsgemeinschaften i.S.d. § 59a BRAO explizit **zulässig**. Eine Einwilligung des Mandanten ist ipso jure entbehrlich.[121] Der BGH[122] hatte bereits zu § 49b Abs. 4 S. 1 BRAO a.F. entschieden, dass die Abtretung einer Honorarforderung an einen anderen Rechtsanwalt ohne Zustimmung des Mandanten allgemein zulässig sei. Nach § 49b Abs. 4 S. 4 BRAO ist der Rechtsanwalt, der die Forderung erwirbt, in gleicher Weise zur **Verschwiegenheit verpflichtet** wie der beauftragte Rechtsanwalt. Der Verweis auf § 59a BRAO erfasst alle Fälle gemeinschaftlicher – auch interprofessioneller – Berufsausübung gem. § 49b Abs. 1 und 2 BRAO.[123]

67 Nach § 59m Abs. 2 BRAO gilt für die **Rechtsanwaltsgesellschaft mbH** § 49b Abs. 4 BRAO entsprechend. Wird deshalb § 49b Abs. 1 BRAO für anwendbar gehalten bzw. davon ausgegangen, dass eine rechtsanwaltliche Berufsausübungsgemeinschaft i.S.v. § 59a BRAO vorliegt, bedarf auch die Abtretung der Vergütungsforderung durch einen Rechtsanwalt an eine Rechtsanwaltsgesellschaft mbH nicht der Zustimmung des Mandanten.[124] Der Verweis auf § 59a BRAO erfasst alle Fälle gemeinschaftlicher – auch interprofessioneller – Berufsausübung gem. Abs. 1 und 2.[125]

68 **Nicht** umfasst von § 49b Abs. 4 S. 1 BRAO sind **Bürogemeinschaften** und die Zusammenarbeit im Einzelfall.[126] Eine Abtretung bzw. Übertragung an sozietätsfähige Einzelpersonen i.S.d. § 59a BRAO (z.B. **Steuerberater, Wirtschaftsprüfer, Patentanwälte**) wird tlw. für ausgeschlossen gehalten.[127] Das soll auch dann gelten, wenn diese Person in einer gemeinsamen Bürogemeinschaft mit dem Zedenten tätig ist.[128]

---

[120] Vgl. hierzu BGH NJW 1993, 1335 = BRAK-Mitt 1993, 44; AGH Rostock NJW-Spezial 2010, 223 = BRAK-Mitt 2010, 81.
[121] Vgl. BT-Drucks 16/3655, S. 82; *Dahns*, NJW-Spezial 2013, 126.
[122] BGH NJW 2007, 1196 = BRAK-Mitt. 2007, 125 = AGS 2007, 334 = JurBüro 2007, 361 = RVGreport 2007, 197 = VRR 2007, 203 = AnwBl 2007, 453. Diese Frage war umstritten, vgl. Koch/*Kilian*, Anwaltliches Berufsrecht, 2007, Rn B 531 und Vorauflage Rn 42, je m.w.N.
[123] Henssler/Prütting/*Kilian*, § 49b Rn 217, 219; *Dahns*, NJW-Spezial 2013, 126.
[124] BGH NJW 2007, 1196 = BRAK-Mitt. 2007, 125 = AGS 2007, 334 = JurBüro 2007, 361 = RVGreport 2007, 197 = VRR 2007, 203 = AnwBl 2007, 453; *Dahns*, NJW-Spezial 2013, 126.
[125] *Dahns*, NJW-Spezial 2013, 126.
[126] *Dahns*, NJW-Spezial 2013, 126.
[127] OLG Frankfurt DA 2006, 1839 = BRAK-Mitt. 2007, 39; krit. Henssler/Prütting/*Kilian*, § 49b Rn 21.
[128] Vgl. hierzu AG Bremen AGS 2013, 259 = BRAK-Mitt. 2013, 88.

b) Abtretung an Nicht-Anwalt

69 Die Abtretung der Vergütungsforderung an einen nicht als Rechtsanwalt zugelassenen **Dritten** ist für den Anwalt sinnvoll, wenn er seinen Anspruch nicht selbst eintreiben möchte, etwa weil er als Gläubiger nicht persönlich in Erscheinung treten möchte oder weil er den mit der Beitreibung verbundenen Arbeits- und Kostenaufwand scheut. Zudem kann sich der Anwalt mit dem Forderungsverkauf kurzfristige Liquidität verschaffen.

70 Gem. § 49b Abs. 4 S. 2 BRAO ist die Abtretung oder Übertragung des anwaltlichen Vergütungsanspruchs an einen Dritten zulässig, wenn eine ausdrückliche, schriftliche **Einwilligung** des Mandanten vorliegt oder die Forderung rechtskräftig festgestellt ist.[129] Die Übertragung zur Einziehung erlaubt auch das sog. Factoring.[130] Unter § 49b Abs. 4 S. 2 BRAO fällt aber nicht die Kreditkartenzahlung durch den Mandanten oder die Einziehung von Telefonkosten, die durch eine Beratungshotline entstanden sind.[131] Der Rechtsanwalt kann das Billigkeitsermessen zur Bestimmung einer Rahmengebühr (§ 14) grds. nicht auf einen Dritten delegieren.[132]

71 Das Einwilligungserfordernis dient nicht dazu, den Vergütungsschuldner vor einem neuen Gläubiger zu schützen. Es soll nur die dem Anwalt gegenüber seinem Mandanten obliegende anwaltliche **Verschwiegenheitspflicht** abgesichert werden.[133] Die Einwilligung ist **ausdrücklich** und **schriftlich** zu erklären. Insbesondere die elektronische Form (§ 126a BGB) reicht deshalb nicht aus.[134] Die Einwilligungserklärung des Mandanten muss zum Zeitpunkt der Abtretung des Vergütungsanspruchs vorliegen. Denn unter der Einwilligung ist entsprechend § 183 BGB die **vorherige Zustimmung** zu verstehen.[135] Bei gegen die Staatskasse gerichteten Vergütungsansprüchen ist eine ausdrückliche Einwilligung in die Abtretung der Vergütungsansprüche **gegen die Staatskasse** erforderlich.[136]

Nach h.M. kann die **Abtretung** in Allgemeinen Geschäfts- oder Vertragsbedingungen und in der Vollmacht erfolgen, vgl. im Gegensatz dazu für die Vergütungsvereinbarung § 3a Abs. 1 S. 2 (ausdrückliches Trennungsgebot).[137]

72 § 49b Abs. 4 S. 3 BRAO statuiert für den Anwalt eine Aufklärungspflicht. Er muss seinen Mandanten vor Abgabe der Einwilligungserklärung über seine Informationspflichten nach § 402 BGB unterrichten. Der Mandant muss darüber informiert werden, dass der beauftragte Anwalt gem. § 402 BGB gesetzlich bzw. vertraglich verpflichtet ist, dem neuen Gläubiger oder dem Einziehungsermächtigten Informationen zu erteilen und Unterlagen auszuhändigen, die dieser benötigt, um die Forderung geltend zu machen.[138] Die Geschäftsmodelle der **anwaltlichen Verrechnungsstellen** sind durch den zum 18.12.2007 eingeführten § 49b Abs. 4 S. 2 BRAO legalisiert worden; zuvor waren sie berufsrechtswidrig und führten gem. § 134 BGB i.V.m. § 49b Abs. 4 S. 2 BRAO zu einer zivilrechtlichen Nichtigkeit der Abtretung des anwaltlichen Vergütungsanspruchs.[139] Eine Marktverhaltensregel i.S.d. UWG stellt § 49b Abs. 4 BRAO nicht dar, weshalb aus der Verletzung dieser Vorschrift kein wettbewerbsrechtlicher **Unterlassungsanspruch** nach §§ 3, 4 Nr. 11 UWG hergeleitet werden kann.[140]

---

129 Vgl. BGH NJW-RR 2009, 490 = RVGreport 2009, 96 = AGS 2009, 107; NJW-RR 2009, 491; OLG Hamm, RVGreport 2008, 218 = MDR 2008, 654.
130 OLG Düsseldorf JurBüro 2008, 650 = AGS 2008, 605.
131 Henssler/Prütting/*Kilian*, § 49b Rn 212 m.w.N.
132 BGH NJW-RR 2009, 490 = AGS 2009, 107 = RVGreport 2009, 96.
133 OLG Düsseldorf NJW 2009, 1614 = RVGreport 2009, 183 = AGS 2009, 272 für Abtretung der Vergütungsforderung gegen die Staatskasse an eine Verrechnungsstelle.
134 Henssler/Prütting/*Kilian*, § 49b Rn 221; Dahns, NJW-Spezial 2013, 126.
135 *Hansens*, RVGreport 2008, 81; offengelassen OLG Düsseldorf RVGreport 2009, 183 = AGS 2009, 272 = NJW 2009, 1614.
136 OLG Düsseldorf AGS 2011, 485, bei Pflichtverteidigung.
137 Vgl. die Nachw. bei Henssler/Prütting/*Kilian*, § 49b Rn 221; a.A. z.B. *Blattner*, AnwBl 2012, 237, 240.
138 Henssler/Prütting/*Kilian*, § 49b Rn 226 f.; *Dahns*, NJW-Spezial 2013, 126.
139 Vgl. zu § 49b Abs. 4 S. 2 BRAO a.F. LG Hamburg AGS 2007, 487 m. Anm. *Henke*; LG Hamburg AGS 2007, 485; LG Hannover AGS 2007, 484; LG Stuttgart RVGreport 2007, 239; AG Stuttgart AGS 2006, 425 m. Anm. *Kilian*.
140 So zu § 49b Abs. 4 S. 2 BRAO a.F. OLG Köln GRUR-RR 2006, 166 = AnwBl 2006, 282 m. krit. Anm. *Kilian*, a.a.O., 235 ff.; mit überzeugender Begründung a.A. Hefermehl/*Köhler*/Bornkamm, Wettbewerbsrecht, 25. Aufl. 2007, § 4 UWG Rn 11.60.

73 Ist die Aufklärung vollständig unterblieben oder ist sie falsch bzw. unvollständig geblieben, bleibt die Wirksamkeit der Abtretung davon unberührt.[141] Denn die Aufklärung stellt lediglich ein berufsrechtliches Zulässigkeitserfordernis, jedoch keine zivilrechtliche Wirksamkeitsvoraussetzung dar. Verstößt der Anwalt gegen die Aufklärungspflicht, kann dies allerdings berufsrechtliche Sanktionen nach sich ziehen.[142]

74 Eine von der Versicherungswirtschaft angebotene **Honorarausfallversicherung** stellt jedenfalls dann keinen Verstoß gegen § 49b Abs. 4 S. 2 BRAO dar, wenn die Abtretung der anwaltlichen Vergütungsforderung durch die Aushändigung einer vollstreckbaren Ausfertigung des Titels an die Versicherung nach fruchtloser Zwangsvollstreckung ersetzt wird.[143] Ebenfalls kein Anwendungsfall des § 49b Abs. 4 S. 2 BRAO ist die Zahlung der anwaltlichen Vergütung qua **Kreditkarte**.[144]

c) Besonderheiten bei Abtretung des Vergütungsanspruchs gegen die Staatskasse

75 § 49b Abs. 4 BRAO **erlaubt** auch die Abtretung der gegen die **Staatskasse** gerichteten Forderung des gerichtlich bestellten (z.B. Pflichtverteidiger) oder im Wege der Prozess- oder Verfahrenskostenhilfe beigeordneten Rechtsanwalts gegen die Staatskasse. Dieser Vergütungsanspruch des gerichtlich bestellten oder beigeordneten Rechtsanwalts ist kein höchstpersönlicher Anspruch, dessen Abtretbarkeit hierdurch ausgeschlossen ist. Es besteht somit insoweit **kein Abtretungsverbot**. Denn § 49b Abs. 4 BRAO stellt nur auf die Vergütungsforderung des Rechtsanwalts ab und regelt die Abtretbarkeit ohne Differenzierung danach, wer die Vergütung im Einzelfall schuldet, ob sie sich also gegen den Mandanten oder gegen die Staatskasse richtet.[145]

76 Auf ein Einverständnis bzw. die Einwilligung der Staatskasse in die Abtretung kommt es nicht an, sondern auf die ausdrückliche Einwilligung des Mandanten in die Abtretung des gegen die Staatskasse gerichteten Vergütungsanspruchs.[146] Aus der Abtretung muss sich aber ergeben, dass der gegen die Staatskasse gerichtete Vergütungsanspruch durch den beigeordneten oder bestellten Rechtsanwalt abgetreten worden ist. Es reicht nicht aus, dass nur Forderungen gegen den Mandanten abgetreten worden sind.[147] In Strafsachen reicht eine Einwilligung in die Abtretung der Ansprüche, die dem Verteidiger gegen den Angeklagten aus dem Mandatsverhältnis zustehen, nicht aus.[148]

77 Liegt eine wirksame Abtretung vor, ist der Zessionar berechtigt, die **Festsetzung** der Vergütung gem. § 55 gegenüber der **Staatskasse** zu betreiben. Ferner stehen ihm auch die Rechtsbehelfe aus § 56 zu (siehe insoweit die Kommentierungen zu §§ 55, 56: § 55 Rdn 16 ff., § 56 Rdn 6).[149]

11. Schuldner des Vergütungsanspruchs

a) Auftraggeber

78 Die Vergütung schuldet der Auftraggeber, bei Geschäftsführung ohne Auftrag der Geschäftsherr, bei ungerechtfertigter Bereicherung der Bereicherte.[150] Bei einer **Mehrheit von Auftraggebern** hat dies im Zweifel ein **Gesamtschuldverhältnis** zur Folge (vgl. auch die Erl. zu § 7 Abs. 2 und VV 1008).[151]

---

141 Henssler/Prütting/*Kilian*, § 49b Rn 227; *Dahns*, NJW-Spezial 2013, 126.
142 Henssler/Prütting/*Kilian*, § 49b Rn 227.
143 Ob diese Konstruktion gegen § 43a Abs. 2 BRAO verstößt ist, ist freilich eine andere Frage.
144 Eingehend dazu BGH NJW 2002, 2234, 2235; WM 2004, 426, 429 f.; Koch/*Kilian*, Anwaltliches Berufsrecht, 2007, Rn B 536, 443.
145 OLG Düsseldorf AGS 2011, 485, bei Pflichtverteidigung; für PKH s. OLG Düsseldorf JurBüro 2008, 650 = AGS 2008, 605; OLG Hamm RVGreport 2008, 218 = MDR 2008, 654.
146 OLG Düsseldorf JurBüro 2008, 650 = AGS 2008, 605; OLG Düsseldorf AGS 2011, 485, für Pflichtverteidigung.
147 OLG Düsseldorf AGS 2008, 605; OLG Düsseldorf AGS 2011, 485, für Pflichtverteidigung.
148 OLG Düsseldorf AGS 2011, 485.
149 OLG Düsseldorf NJW 2009, 1614 = RVGreport 2009, 183 = AGS 2009, 272; JurBüro 2008, 650 = AGS 2008, 605; vgl. auch AG Passau, StraFo 2011, 419 für Beschwerderecht nach der StPO nach Abtretung des Kostenerstattungsanspruchs.
150 Gerold/Schmidt/*Müller-Rabe*, RVG, § 1 Rn 112.
151 Gerold/Schmidt/*Müller-Rabe*, RVG, § 1 Rn 113.

Zum Schuldner des Vergütungsanspruchs bei Haftpflicht- und Rechtsschutzversicherungen sowie bei der Beauftragung von Rechtsanwälten untereinander siehe Rdn 22 ff.

b) Staatskasse

Wird der Rechtsanwalt gerichtlich bestellt oder beigeordnet, richtet sich der Vergütungsanspruch gem. § 45 gegen die Staatskasse. Zahlungspflichtig ist bei der gerichtlichen Beiordnung im Wege der PKH/VKH in Verfahren vor Gerichten des Bundes die Bundeskasse, in Verfahren vor Gerichten eines Landes die jeweilige Landeskasse (§ 45 Abs. 1). Bei sonstigen gerichtlichen Beiordnungen oder Bestellungen erhält der Rechtsanwalt die Vergütung aus der Landeskasse, wenn ein Gericht des Landes den Rechtsanwalt bestellt oder beigeordnet hat, im Übrigen aus der Bundeskasse.

Erfolgt z.B. eine Pflichtverteidigerbestellung durch den BGH für die Hauptverhandlung im Revisionsverfahren (§ 350 Abs. 3 StPO), ist die Vergütung gem. § 55 Abs. 1 S. 1 auf Antrag des Rechtsanwalts zwar von dem Urkundsbeamten der Geschäftsstelle des Gerichts des ersten Rechtszugs festzusetzen. Die Auszahlung erfolgt aber gem. § 45 Abs. 3 S. 3, 2 durch die Bundeskasse: Hat zuerst ein Gericht des Landes und sodann ein Gericht des Bundes den Rechtsanwalt bestellt oder beigeordnet, zahlt die Bundeskasse die Vergütung, die der Rechtsanwalt während der Dauer der Bestellung oder Beiordnung durch das Gericht des Bundes verdient hat, die Landeskasse die dem Rechtsanwalt darüber hinaus zustehende Vergütung.

Der Vergütungsanspruch gegen die Staatskasse ist **nicht subsidiär** gegenüber Ansprüchen, die dem Rechtsanwalt in derselben Angelegenheit ggf. gegenüber dem Mandanten oder dessen Gegner zustehen (z.B. nach §§ 52, 53, § 126 ZPO). Der Rechtsanwalt hat insoweit ein **Wahlrecht**.[152] Die Staatskasse ist **unmittelbarer Vergütungsschuldner** und kann den Rechtsanwalt nicht auf etwaige andere Ansprüche in der Angelegenheit verweisen.[153]

c) Gegner des Auftraggebers

Gegen den Gegner des Auftraggebers/Mandanten hat der Rechtsanwalt regelmäßig keinen eigenen Vergütungsanspruch. Ausnahmen gelten im Falle der Beiordnung im Wege der PKH/VKH gem. § 126 ZPO (vgl. § 55 Rdn 111 ff.) und gem. § 53 Abs. 2. Der nach § 397a Abs. 1 StPO dem Nebenkläger als Beistand bestellte Rechtsanwalt kann seine über die gesetzliche Vergütung aus der Staatskasse gezahlten Beträge hinausgehende Vergütung gegen den rechtskräftig verurteilten Angeklagten nach § 126 ZPO selbst beitreiben und festsetzen lassen.[154]

d) Bei Beratungshilfe

aa) Anspruch gegen den Rechtsuchenden. Bei Beratungshilfe kann der Rechtsanwalt die in VV 2500 geregelte **Beratungshilfegebühr** nach VV 2500 i.H.v. 15 EUR nicht gegen die Staatskasse, sondern gem. § 44 S. 2 **nur** gegen den **Rechtsuchenden** geltend machen (vgl. auch § 8 Abs. 2 S. 1 BerHG). Nach S. 2 der Anm. zu VV 2500 kann die Gebühr **erlassen** werden. Verzichtet der Rechtsanwalt auf die Gebühr, kann er sie nicht gegenüber der Staatskasse geltend machen. Eine **Vergütungsvereinbarung** mit dem Mandanten über eine höhere Beratungshilfegebühr war früher wegen § 8 BerHG, § 3a Abs. 4 nichtig. Durch das am 1.1.2014 in Kraft getretene Gesetz zur Änderung des Prozesskostenhilfe- und Beratungshilferechts vom 31.8.2013 sind § 8 BerHG geändert und § 3a Abs. 4 RVG aufgehoben worden. Eine Vergütungsvereinbarung ist bei Beratungshilfe dann nicht mehr in jedem Fall nichtig.[155] Bei Abschluss einer zulässigen Vergütungsvereinbarung kann gegen den Rechtsuchenden gem. § 8 Abs. 2 BerHG kein Vergütungsanspruch geltend gemacht werden, wenn und solange Beratungshilfe bewilligt ist. Wird die Beratungshilfe nicht bewilligt oder

---

152 Gerold/Schmidt/*Müller-Rabe*, RVG, § 45 Rn 50.
153 AG Köthen VRR 2012, 479; Gerold/Schmidt/*Müller-Rabe*, RVG, § 45 Rn 49.
154 Vgl. in Strafsachen für den Beistand des Nebenklägers auch OLG Hamm AGS 2013, 254 = RVGreport 2013, 71.
155 BT-Drucks 17/11472, S. 42.

aufgehoben, kann der Rechtsanwalt dagegen den Anspruch aus der Vergütungsvereinbarung geltend machen.[156]

85 **bb) Anspruch gegen die Landeskasse.** Nach § 44 S. 1 erhält der Rechtsanwalt die Beratungshilfevergütung aus der **Landeskasse**, soweit nicht für die Tätigkeit in Beratungsstellen nach § 3 Abs. 1 BerHG besondere Vereinbarungen getroffen worden sind. Sind für die Tätigkeit von Rechtsanwälten in Beratungsstellen nach § 3 Abs. 1 S. 3 BerHG mit der Landesjustizverwaltung besondere Vergütungsvereinbarungen getroffen worden, kann der hiervon betroffene Rechtsanwalt den Anspruch gegen die Landeskasse nicht geltend machen, da die Vergütungsvereinbarung vorrangig ist.

86 **cc) Erstattungspflicht des Gegners (§ 9 BerHG).** Nach § 9 BerHG gehen **Kostenerstattungsansprüche** des Mandanten gegen den Gegner **auf den Rechtsanwalt über**. Dieser kann die Kostenerstattungsansprüche im eigenen Namen geltend machen. Durch diesen gesetzlichen Forderungsübergang sind etwaige Kostenerstattungsansprüche sowohl einer Aufrechnung durch den Gegner als auch einer durch einen Dritten entzogen. Der Anspruch besteht für den Rechtsanwalt i.H.d. gesetzlichen Gebühren nach dem RVG, nicht nur der niedrigeren Beratungshilfegebühren. Als **Anspruchsgrundlage** kommen materiell-rechtliche Kostenerstattungsansprüche in Betracht. Der **Anspruchsübergang** darf **nicht** zum **Nachteil des Rechtsuchenden** geltend gemacht werden. Zahlungen, die der Rechtsanwalt von dem Gegner erhalten hat, sind auf die aus der Landeskasse zu zahlende Vergütung anzurechnen, § 58 Abs. 1. Soweit die Staatskasse die Ansprüche des Rechtsanwalts befriedigt, geht der Anspruch gegen den erstattungspflichtigen Gegner auf die Landeskasse über, § 59 Abs. 1 und 3.

12. Durchsetzung des Vergütungsanspruchs

87 Muss der Anwalt seinen Vergütungsanspruch gerichtlich durchsetzen, gibt es hierzu grds. zwei Möglichkeiten: Er kann seinen Vergütungsanspruch gegen den Mandanten durch das Gericht festsetzen lassen (§ 11) oder Klage vor dem Zivilgericht erheben.

a) Vergütungsfestsetzungsverfahren

88 Gegenüber dem Vergütungsprozess ist das Festsetzungsverfahren nach § 11 wesentlich zeit- und kostenökonomischer. Es hat daher gegenüber der Zivilklage **prozessualen Vorrang**; wenn und solange ein Festsetzungsverfahren möglich ist, fehlt es einer Klage am Rechtsschutzbedürfnis.[157] Voraussetzung ist freilich, dass die Vergütung für die Tätigkeit in einem **gerichtlichen Verfahren** entstanden ist; anderenfalls scheidet ein Antrag nach § 11 aus.

89 Eine nach §§ 3a ff. **vereinbarte Vergütung** ist einer Festsetzung nicht zugänglich, da es sich insoweit nicht um die gesetzliche Vergütung i.S.d. § 11 Abs. 1 S. 1 handelt.[158] Mit der Vereinbarung einer Vergütung haben die Parteien die gesetzliche Vergütung gerade abbedungen mit der Konsequenz, dass die vereinbarte Vergütung die gesetzliche Vergütung vollständig ersetzt.[159]

90 Der Vergütungsfestsetzungsbeschluss stellt einen **Vollstreckungstitel** dar, aus dem die Zwangsvollstreckung gegen den Mandanten wie aus einem Kostenfestsetzungsbeschluss betrieben werden kann (§ 11 Abs. 2 S. 3 RVG i.V.m. § 794 Abs. 1 Nr. 2 ZPO).

b) Vergütungsprozess

91 Der **Gerichtsstand** einer Vergütungsklage richtet sich nach § 29 ZPO. Da Rechtsgrund für den anwaltlichen Vergütungsanspruch regelmäßig der mit dem Mandanten geschlossene Geschäftsbesorgungsvertrag ist (siehe Rdn 13), gilt für Honorarklagen der Gerichtsstand des vertraglichen Erfüllungsortes. Dieser richtet sich grds. nach dem Leistungsort, der sich aus § 269 BGB ergibt. Danach ist die Leistung am Wohnsitz des Schuldners vorzunehmen, wenn sich nicht aus einer anderweitigen

---

156 BT-Drucks 17/11472, S. 43.
157 Riedel/Sußbauer/*Ahlmann*, RVG, § 11 Rn 60; vgl. aber AG Bergisch-Gladbach AGS 2006, 412.
158 OLG Frankfurt Rpfleger 1989, 303; Kilian/vom Stein/*Rick*, § 29 Rn 273.

159 Zutr. Krämer/Mauer/*Kilian*, Vergütungsvereinbarung und -management, Rn 718.

Bestimmung oder den Umständen, namentlich der Natur des Schuldverhältnisses, etwas anderes ergibt. Die Rechtsnatur des Anwaltsvertrages und die Umstände seines Zustandekommens rechtfertigen indes keine Abweichung vom Wohnsitzprinzip, weshalb Vergütungsansprüche mangels anderweitiger Vereinbarung gem. § 29 ZPO nur am **Wohnsitz des Mandanten** geltend gemacht werden können.[160] Der **internationale Gerichtsstand** für Anwaltshonorarklagen richtet sich ebenfalls nach dem Erfüllungsort. Wird eine anwaltliche Dienstleistung in mehreren Mitgliedstaaten der EU erbracht, gilt als einziger Erfüllungsort der Ort, in dem der Schwerpunkt der Tätigkeit liegt.[161] Bspw. sind für die Vergütungsklage eines deutschen Anwalts wegen der Vertretung einer in Spanien wohnhaften Partei vor einem deutschen Gericht grds. die deutschen Gerichte zuständig.[162]

92 Bei einer Honorarklage mangelt es grds. am **Rechtsschutzbedürfnis**, wenn für die Geltendmachung des Vergütungsanspruchs das Festsetzungsverfahren nach § 11 in Betracht kommt (siehe Rdn 87). Etwas anderes gilt freilich, wenn der Anwalt die gesetzlichen Gebühren bspw. hilfsweise neben Ansprüchen aus einer Vergütungsvereinbarung einklagt.[163] Das Rechtsschutzinteresse fehlt auch dann nicht, wenn der Mandant zum Teil nicht-gebührenrechtliche Einwände gegen den Vergütungsanspruch erhebt (§ 11 Abs. 5); in diesem Fall kann der Anwalt die Gesamtvergütung sofort einklagen und muss sich nicht darauf verweisen lassen, zwei getrennte Verfahren (Festsetzungsverfahren und Klage) zu führen.[164]

93 Die **Darlegungs- und Beweislast** für die den Vergütungsanspruch begründenden Tatsachen obliegt nach den allgemeinen Regeln dem **Rechtsanwalt**.[165] Sie kollidiert naturgemäß mit dem anwaltlichen Berufsgeheimnis gem. § 43a Abs. 2 BRAO. Die Rechtsprechung[166] löst dieses Spannungsverhältnis freilich zugunsten des Anwalts auf. Macht er seinen Vergütungsanspruch gerichtlich geltend, ist er berechtigt, das zur Erfüllung seiner Darlegungs- und Beweislast Notwendige vorzutragen, auch wenn er dabei gegen das Verschwiegenheitsgebot verstößt. Der Begriff der Notwendigkeit wird nach den Grundsätzen des rechtfertigenden Notstandes (§ 34 StGB, § 228 BGB) durch das Prinzip der Verhältnismäßigkeit konkretisiert. So dürfen etwa zur Durchsetzung anwaltlicher Minimalforderungen nicht Geheimnisse von hochrangiger Bedeutung verraten werden; auch das leichtfertige Einklagen offensichtlich unbegründeter Ansprüche kann einen Verstoß gegen § 43a Abs. 2 BRAO begründen.[167]

94 In der Klagebegründung muss der darlegungsbelastete Anwalt für die **Schlüssigkeit** seines Tatsachenvortrags zunächst auf die Entstehung des Vergütungsanspruchs durch den wirksamen Abschluss des Anwaltsvertrages (siehe Rdn 14 ff.) sowie auf dessen Fälligkeit (§ 8 Abs. 1) eingehen. Der Sachvortrag muss zugleich die ordnungsgemäße Berechnung und Mitteilung des Anspruchs gegenüber dem Mandanten (§ 10) umfassen. Mit Blick auf den prozessualen Vorrang des Festsetzungsverfahrens gegenüber der Klage (siehe Rdn 88) sollte der Anwalt auch erläutern, dass und warum eine Vergütungsfestsetzung nach § 11 ausscheidet.[168] Macht der Rechtsanwalt Rahmengebühren geltend, sollte er die für die Gebührenbemessung nach § 14 relevanten Faktoren in der Klagebegründung vortragen (siehe § 14 Rdn 77). Klagt der Anwalt Ansprüche aus einer mit dem Mandanten geschlossenen Vergütungsvereinbarung ein, ist der – formwirksame – Abschluss dieser Vereinbarung darzulegen und die so entstandene Forderung zu individualisieren. Die weiteren Anforderungen an die Schlüssigkeit des Klagevortrags richten sich nach den Besonderheiten des gewählten Vergütungsmodells (siehe bei § 3a).

95 Mit der klageweisen Durchsetzung seiner Vergütungsansprüche entstehen für den Anwalt die üblichen **Verfahrens- und Termingebühren** nach VV 3100 ff. Im Falle seines Obsiegens hat der Rechts-

---

160 Grundlegend BGH NJW 2004, 54 ff.; *Balthasar*, JuS 2004, 571 ff.; a.A. noch BGH NJW 1991, 3096; BGH NJW 1986, 1178; OLG Köln NJW-RR 1997, 825; BayObLG NJW-RR 2001, 928 und NJW-RR 1996, 52: Kanzleiort.
161 BGH BRAK-Mitt. 2006, 180.
162 OLG Karlsruhe NJW 2008, 85.
163 OLG Hamburg MDR 1968, 936.
164 Kilian/vom Stein/*Rick*, § 29 Rn 276 m.w.N.
165 Dies gilt auch für eine Vergütungsvereinbarung, OLG München NJW 1984, 2537.
166 BGH MDR 1996, 625; BGH NJW 1952, 151.
167 Ausf. Henssler/Prütting/*Henssler*, BRAO, § 43a Rn 45 ff. und Feuerich/*Weyland*, BRAO, § 43a Rn 27 m. zahlr. Bsp.
168 Kilian/vom Stein/*Rick*, § 29 Rn 278; zwingend notwendig sind derartige Ausführungen indes nicht, ergibt sich diese Tatsache doch aus der Natur des geltend gemachten Anspruchs, vgl. Krämer/Mauer/*Kilian*, Vergütungsvereinbarung und -management, Rn 724 unter Hinw. auf *Gustavus*, BerlAnwBl 2003, 46. Dennoch kann eine knappe Erläuterung nicht schaden, da das Wohnsitzgericht möglicherweise mit Vergütungsklagen nur selten befasst ist.

anwalt insoweit nach § 91 Abs. 2 S. 3 ZPO einen prozessualen **Kostenerstattungsanspruch** gegen seinen Mandanten wie ein bevollmächtigter Anwalt (siehe Rdn 50).

II. Anwendungsbereich (Abs. 1)

1. Persönlicher Anwendungsbereich

a) Rechtsanwalt (Abs. 1 S. 1)

96 Wer Rechtsanwalt i.S.d. Abs. 1 ist, richtet sich nach der BRAO. Die **Zulassung** zur Rechtsanwaltschaft wird wirksam mit der Aushändigung einer von der Rechtsanwaltskammer ausgestellten Urkunde (§ 12 Abs. 1 BRAO).[169] Die Aushändigung ist erst zulässig, wenn die Bewerberin oder der Bewerber vereidigt wurde (§ 12a BRAO) und den Abschluss einer Berufshaftpflichtversicherung nachgewiesen bzw. eine vorläufige Deckungszusage vorgelegt hat (§ 12 Abs. 2 BRAO). Der **Aushändigung der Urkunde** kommt konstitutive Bedeutung zu, da nach dem eindeutigen Gesetzeswortlaut der Bewerber erst mit der Aushändigung den Status des Rechtsanwalts erlangt.

Ein nicht als Rechtsanwalt zugelassener **Volljurist**, der auch keine Erlaubnis zur geschäftsmäßigen Besorgung fremder Rechtsangelegenheiten hat, kann keine RVG-Vergütung verlangen.[170]

b) Steuerberater

97 **Steuerberater** rechnen nicht nach dem RVG, sondern der **Steuerberatervergütungsverordnung** – StBVV ab.[171] Die StBVV verweist allerdings hinsichtlich der gerichtlichen Tätigkeit auf das RVG (§ 45 StBVV). Danach sind auf die Vergütung des Steuerberaters im Verfahren vor den Gerichten der Finanzgerichtsbarkeit und der Verwaltungsgerichtsbarkeit, im Strafverfahren, berufsgerichtlichen Verfahren, Bußgeldverfahren und in Gnadensachen die Vorschriften des RVG sinngemäß anzuwenden.

98 Gem. § 3 StBerG sind aber auch Rechtsanwälte sowie Partnerschafts- und Rechtsanwaltsgesellschaften i.S.d. BRAO zur geschäftsmäßigen Hilfeleistung in Steuersachen sind befugt. Zur Abrechnung vgl. § 35.

99 Auf die Frage, ob bei **Doppelqualifikation** des Rechtsanwalts (Rechtsanwalt und Steuerberater) das RVG oder die StBVV anwendbar ist wird im Folgenden noch eingegangen (vgl. Rdn 132 ff.).

c) Wirtschaftsprüfer

100 Auf **Wirtschaftsprüfer** ist das RVG nicht anwendbar. Sie verfügen über keine Honorarordnung, können aber die Anwendung des RVG mit dem Mandanten vereinbaren.[172] Bei einer Doppelqualifikation (vgl. Rdn 132 ff.) als Rechtsanwalt und Wirtschaftsprüfer besteht eine Abrechnungspflicht nach RVG, wenn mit dem Mandanten kein Honorar vereinbart wurde und wenn der Auftragnehmer sowohl als Anwalt als auch als Wirtschaftsprüfer tätig werden kann.[173] Eine solche Verpflichtung setzt voraus, dass er den Auftraggeber zuvor auf die beabsichtigte Liquidation nach dem RVG hingewiesen hat.[174]

d) Patentanwalt

101 Es gibt keine gesetzlich verbindliche Gebührenordnung für Patentanwälte. Für Patentanwälte gilt eine eigene Gebührenordnung, die allerdings nicht verbindlich wie ein Gesetz ist.

---

169 KG Rpfleger 2011, 293.
170 SG Würzburg RVGreport 2009, 195.
171 Vgl. OLG Düsseldorf RVGReport 2008, 216 = Rpfleger 2008, 206 = OLGR Düsseldorf 2008, 228.
172 Gerold/Schmidt/*Müller-Rabe*, RVG, § 1 Rn 11.

173 Hansens/*Braun/Volpert*/Schneider, Teil 1 Rn 36.
174 OLG München OLGR 2005, 356; Riedel/Sußbauer/*Pankatz*, RVG, § 1 Rn 24; Hansens/*Braun/Volpert*/Schneider, Teil 1 Rn 36.

Nach § 13 der Berufsordnung für Patentanwälte ist der Patentanwalt berechtigt, eine **Honorarvereinbarung** mit dem Auftraggeber zu treffen, Teilhonorare zu berechnen und Vorschüsse zu verlangen. Ein Teilhonorar oder Vorschuss darf nicht über einen unter Berücksichtigung der voraussichtlichen Höhe des Honorars und der Auslagen angemessenen Betrag hinausgehen. Wird das Teilhonorar oder der Vorschuss nicht gezahlt, kann der Patentanwalt den Auftrag ablehnen oder das Auftragsverhältnis beenden.

Nach § 1 des Gesetzes über die Beiordnung von Patentanwälten bei Prozesskostenhilfe kann einer Partei, der Prozesskostenhilfe bewilligt ist, in einem Rechtsstreit, in dem ein Anspruch aus einem der im Patentgesetz, im Gebrauchsmustergesetz, im Halbleiterschutzgesetz, im Markengesetz, im Gesetz über Arbeitnehmererfindungen, im Designgesetz oder im Sortenschutzgesetz geregelten Rechtsverhältnisse geltend gemacht wird, auf Antrag zu ihrer Beratung und zur Unterstützung des Rechtsanwalts ein **Patentanwalt beigeordnet** werden, wenn und soweit es zur sachgemäßen Rechtsverfolgung oder Rechtsverteidigung erforderlich erscheint. 102

Für die Erstattung von Gebühren und Auslagen des beigeordneten Patentanwalts verweist § 2 des Gesetzes auf das RVG. Danach sind auf die Erstattung der Gebühren und Auslagen des beigeordneten Patentanwalts die Vorschriften des RVG, die für die Vergütung bei Prozesskostenhilfe gelten, sinngemäß mit den in § 2 genannten Maßgaben anzuwenden (zur Doppelqualifikation des zugleich als Patenanwalt zugelassenen Rechtsanwalts vgl. Rdn 145). 103

e) Notar

Auch auf **Notare** ist das RVG nicht anwendbar. Für ihre Vergütung gilt das GNotKG, das eine abschließende Regelung darstellt.[175] Das gilt auch dann, wenn der Notar Handlungen vornimmt, für die auch ein Rechtsanwalt hätte eingeschaltet werden können (zum Anwaltsnotar siehe unten Rdn 138 ff.). 104

f) Hochschullehrer

Ob das RVG auf **Hochschullehrer** anwendbar ist, wenn diese forensisch tätig werden, war unter Geltung des RBerG (bis 30.6.2008) umstritten. Vorrangig war hier die Frage, ob die Übernahme von Prozessvertretungen durch Hochschullehrer vom Erlaubniszwang des Art. 1 § 1 RBerG freigestellt ist. Wurde das bejaht, war das RVG schon wegen § 134 BGB unanwendbar. Hiergegen sprach aber, dass einige Prozessordnungen ausdrücklich davon ausgehen, dass Hochschullehrer Mandanten gerichtlich vertreten (§ 138 StPO, § 67 Abs. 1 VwGO, § 22 Abs. 1 BVerfGG, § 392 Abs. 1 AO). Daraus folgte, dass die Vertretungstätigkeit des Hochschullehrers derjenigen des Rechtsanwalts gleichgestellt werden sollte, sodass sie vom Erlaubniszwang nach Art. 1 § 1 RBerG auszunehmen war.[176] Insofern stand also jedenfalls § 134 BGB einer Abrechnung nach dem RVG nicht entgegen. 105

Dennoch sprach bereits unter Geltung des RBerG der eindeutige Wortlaut des § 1 Abs. 1 gegen eine Anwendung auf Hochschullehrer.[177] Zudem zeigte gerade die Ausdehnung des Anwendungsbereichs durch Art. 10 Abs. 1 S. 1 des Gesetzes zur Änderung kostenrechtlicher Vorschriften, dass der Gesetzgeber gesehen hat, dass noch andere Berufsgruppen als Rechtsanwälte forensisch tätig sind. Und obwohl das Auftreten von Hochschullehrern vor Gericht ausdrücklich vorgesehen ist, ist das RVG auf diese gerade nicht für anwendbar erklärt worden. 106

Hochschullehrer sind auch keine registrierten Erlaubnisinhaber nach § 1 RDGEG (Rechtslage ab 1.7.2008). Der Wortlaut von § 1 Abs. 1 spricht somit weiterhin gegen eine Anwendung des RVG.[178] 107

Hochschullehrer können aber die Anwendung des RVG für ihre Tätigkeit mit dem Mandanten vereinbaren. Praktisch dürfte die Frage, inwieweit Professoren gegenüber ihren Mandanten nach dem RVG abrechnen können, nur eine geringe Rolle spielen, weil in aller Regel hinsichtlich der 108

---

175 Riedel/Sußbauer/*Pankatz*, § 1 Rn 20.
176 BVerwG NJW 1988, 220; *Kleine/Cosack*, BRAO, 4. Aufl. 2003, § 4 Rn 2; Henssler/Prütting/*Henssler*, § 4 BRAO Rn 20.
177 OLG Düsseldorf JurBüro 1995, 247 = MDR 1995, 423, sinngemäße Anwendung der BRAGO; *Mußgnug*, NJW 1989, 2037, 2039 zur BRAGO; VG München NJW 1989, 314 = AnwBl 1989, 292.
178 Gerold/Schmidt/*Müller-Rabe*, RVG, § 1 Rn 13.

Vergütung eine **vertragliche Vereinbarung** getroffen wird. Das Problem stellt sich daher in erster Linie im **Erstattungsverfahren**, wenn die obsiegende Partei die Auslagen für ihren Prozessbevollmächtigten nach dem RVG berechnen möchte. Hier spricht gegen die Anwendung des RVG, dass durch die anwaltliche Vergütung auch die allgemeinen Bürokosten des Rechtsanwalts abgegolten werden, die ein Hochschullehrer jedoch nicht oder nicht in diesem Umfang hat. Denn er unterhält keine eigene Kanzlei.[179]

109 Das RVG ist jedoch ein anerkannter Maßstab zur Bemessung des Wertes der Tätigkeit als Prozessbevollmächtigter. Griffe man nicht auf das RVG zurück, stellte sich unweigerlich die Frage, wie denn ein eventueller Abschlag für die Tätigkeit von Hochschullehrern zu bemessen sein sollte. Es ist auch nicht ersichtlich, warum eine obsiegende Partei, die einen Hochschullehrer mit der Wahrnehmung ihrer Interessen beauftragt hatte, einen geringeren Erstattungsbetrag erhalten sollte als eine solche, für die ein Rechtsanwalt aufgetreten war.[180]

110 Die Rechtsprechung geht davon aus, dass bei fehlender Vereinbarung die Vergütung nach dem RVG als übliche Vergütung i.S.d. § 612 Abs. 2 BGB gilt.[181] Wird daher z.B. entsprechend § 138 Abs. 1 StPO ein **Hochschullehrer** als **Verteidiger** gewählt, sind dem freigesprochenen Angeklagten die Gebühren und Auslagen des Hochschullehrers bis zur Höhe der gesetzlichen Gebühren und Auslagen eines Rechtsanwalts als notwendige Auslagen zu erstatten.[182] Das setzt allerdings voraus, dass der Freigesprochene im Innenverhältnis zumindest in dieser Höhe eine Vergütung schuldet.[183]

g) Prozesspfleger (Abs. 1 S. 2)

111 Ist der Rechtsanwalt als **Prozesspfleger** gem. §§ 57 und 58 ZPO für eine nicht prozessfähige Partei tätig, bemisst sich seine Vergütung nach Abs. 1 S. 2 ebenfalls nach dem RVG. §§ 57 und 58 ZPO gelten in **Familienstreitsachen** und **Ehesachen** wegen § 113 Abs. 1 S. 1, 2 FamFG für nicht verfahrensfähige Beteiligte entsprechend. In den sonstigen **FamFG-Familiensachen** (vgl. § 111 FamFG) finden die Vorschriften der §§ 57 und 58 ZPO über § 9 Abs. 5 FamFG ebenfalls entsprechende Anwendung.

112 Gem. § 45 Abs. 1 erhält auch der nur als Prozesspfleger tätige Rechtsanwalt die gesetzliche Vergütung aus der Landeskasse. Hinsichtlich der Höhe der Vergütung ist § 49 zu beachten.

113 Der zum Vertreter nach §§ 57, 58 ZPO bestellte Rechtsanwalt hat nach § 41 S. 1 einen eigenen Anspruch gegen die von ihm vertretene Partei und gem. § 41 S. 3 i.V.m. § 126 Abs. 1 ZPO ein eigenes Beitreibungsrecht gegen den in die Prozesskosten verurteilten Prozessgegner.

114 Der Anspruch gegenüber der eigenen Partei gem. § 41 S. 1 oder das Beitreibungsrecht gegenüber dem in die Prozesskosten verurteilten Gegner gem. § 41 S. 3 ist nicht vorrangig vor einer Inanspruchnahme der Staatskasse nach § 45 Abs. 1 geltend zu machen. Die Kosten für den als Vertreter nach §§ 57, 58 ZPO bestellten Rechtsanwalt sind als Auslagen nach Nr. 9007 GKG KV im Rahmen des Gerichtskostenansatzes anzusetzen. Ein Forderungsübergang auf die Staatskasse gem. § 59 findet insoweit nicht statt.[184]

h) Andere Kammermitglieder und Rechtsanwaltsgesellschaften (Abs. 1 S. 3)

115 Abs. 1 S. 3 bezieht andere Mitglieder der Rechtsanwaltskammer sowie Partnerschaftsgesellschaften und sonstige Gesellschaften (§§ 59c ff. BRAO) ausdrücklich in den Anwendungsbereich des RVG ein.

116 **aa) Andere Mitglieder einer Rechtsanwaltskammer. Andere Mitglieder** einer Rechtsanwaltskammer sind zunächst die Geschäftsführer von Rechtsanwaltsgesellschaften, § 60 Abs. 1 S. 3 BRAO.

---

[179] OVG Münster NJW 1976, 1333 zum Hochschullehrer, der sich selbst vertritt; Gerold/Schmidt/*Müller-Rabe*, RVG, § 1 Rn 13.
[180] *Mußgnug*, NJW 1989, 2037, 2040.
[181] Vgl. OLG Düsseldorf NStZ 1996, 99; wistra 1995, 78 = JurBüro 1995, 247 = MDR 1995, 423; OLG München JurBüro 2002, 201 = BRAGOreport 2002, 15 = MDR 2001, 958; LG Göttingen Nds.Rpfl. 1991, 302.
[182] OLG Düsseldorf NStZ 1996, 99; wistra 1995, 78 = JurBüro 1995, 247 = MDR 1995, 423; *Meyer-Goßner*, § 464a Rn 7.
[183] Gerold/Schmidt/*Müller-Rabe*, RVG, § 1 Rn 16.
[184] Vgl. hierzu OLG Düsseldorf AGS 2008, 573 = JurBüro 2009, 32 = Rpfleger 2009, 157 = MDR 2009, 415 = FamRZ 2009, 712 = RVGprof. 2009, 141.

Abschnitt 1. Allgemeine Vorschriften

Auch Nicht-Rechtsanwälte, bspw. Steuerberater oder Wirtschaftsprüfer, können also Mitglied einer Rechtsanwaltskammer sein.[185] Auch wenn auf diese das RVG in persönlicher Hinsicht anwendbar ist, können sie dennoch nicht nach dem RVG abrechnen, weil es insoweit an der **anwaltlichen Tätigkeit** und damit an der sachlichen Anwendbarkeit des RVG fehlt (siehe Rdn 124 ff.).[186] Gem. § 59f Abs. 1 BRAO muss die Rechtsanwaltsgesellschaft von Rechtsanwälten verantwortlich geführt werden. Außerdem müssen die Geschäftsführer mehrheitlich Rechtsanwälte sein. Diese Regelung ist allerdings mit Art. 12 Abs. 1 GG unvereinbar und nichtig.[187] Geschäftsführer einer Rechtsanwaltsgesellschaft können gem. §§ 59f Abs. 2, 59e Abs. 1 S. 1 BRAO aber nur Rechtsanwälte und Angehörige der in § 59a Abs. 1 S. 1 und Abs. 2 BRAO genannten Berufe sein.[188]

117 Andere Mitglieder einer Rechtsanwaltskammer sind außerdem die **verkammerten Rechtsbeistände** (§ 209 BRAO; zu nichtverkammerten Rechtsbeiständen vgl. Rdn 149 ff.), im Kammerbezirk niedergelassene **europäische Rechtsanwälte** (§ 2 EuRAG, vgl. Rdn 119) und **ausländische Rechtsanwälte**, die unter den Voraussetzungen des § 206 BRAO in die Rechtsanwaltskammer aufgenommen wurden.

118 § 1 EuRAG regelt für Staatsangehörige der Mitgliedstaaten der Europäischen Union, der anderen Vertragsstaaten des Abkommens über den Europäischen Wirtschaftsraum und der Schweiz, die berechtigt sind, als Rechtsanwalt unter einer der in der Anlage zu dieser Vorschrift genannten Berufsbezeichnungen selbstständig tätig zu sein (**europäische Rechtsanwälte**), die Berufsausübung und die Zulassung zur Rechtsanwaltschaft in Deutschland.

119 Das EuRAG kennt dabei zunächst den in Deutschland **niedergelassenen europäischen Rechtsanwalt**. Wer als europäischer Rechtsanwalt auf Antrag in die für den Ort seiner Niederlassung zuständige Rechtsanwaltskammer aufgenommen wurde, ist gem. § 2 EuRAG berechtigt, in Deutschland unter der Berufsbezeichnung des Herkunftsstaats die Tätigkeit eines Rechtsanwalts auszuüben. §§ 1 bis 3 BRAO auszuüben (**niedergelassener europäischer Rechtsanwalt**). Durch die Aufnahme in die Rechtsanwaltskammer findet nach Abs. 1 S. 3 das RVG Anwendung.

120 Darüber hinaus ist in § 25 EuRAG auch der **dienstleistende europäische Rechtsanwalt** geregelt.

Nach § 25 EuRAG darf ein europäischer Rechtsanwalt, sofern er Dienstleistungen i.S.d. Art. 50 des Vertrags zur Gründung der Europäischen Gemeinschaft erbringt, **vorübergehend** in Deutschland die Tätigkeiten eines Rechtsanwalts nach den §§ 26 ff. EuRAG ausüben. Auch der **dienstleistende europäische Rechtsanwalt** kann nach dem RVG abrechnen. Denn auch dieser Anwalt hat die Stellung, die Rechte und Pflichten eines deutschen Rechtsanwalts, sodass für ihn wie für den deutschen Rechtsanwalt das RVG gilt (vgl. auch Art. 28 Abs. 5 EGBGB).[189]

121 Aus § 5 Abs. 1 EuRAG ergibt sich, dass ein niedergelassener europäischer Rechtsanwalt, der nach § 4 Abs. 1 S. 2 EuRAG als **Syndikusrechtsanwalt** in die Rechtsanwaltskammer aufgenommen wurde, der Berufsbezeichnung die Bezeichnung „(Syndikus)" nachzustellen hat. Für die Anwendbarkeit des RVG gilt § 1 Abs. 2 S. 1. Auf die Erl. zu Rdn 159 ff. wird verwiesen.

122 **bb) Partnerschaftsgesellschaften und sonstige Gesellschaften.** Der Anwendungsbereich des RVG erstreckt sich überdies auf **Partnerschaftsgesellschaften** nach dem PartGG und auf **sonstige Gesellschaften**. Darunter ist zunächst die Anwaltsgesellschaft mbH gem. den §§ 59c bis 59m BRAO zu verstehen. Da der Reformgesetzgeber mit der Formulierung „sonstige" bewusst auf eine abschließende Aufzählung der Berufsausübungsgesellschaften in Abs. 1 S. 3 verzichtet, fällt unter diese Vorschrift auch die – de lege lata zulässige[190] – Anwalts-Aktiengesellschaft sowie die Anwalts-KGAA.[191] Auch für die Vergütung der anwaltlichen Tätigkeit **ausländischer Rechtsbera-**

---

185 Henssler/Prütting/*Hartung*, § 60 BRAO Rn 8.
186 *Hansens/Braun/Schneider*, Praxis des Vergütungsrechts, Teil 1 Rn 39.
187 BVerfGE 135, 90 = NJW 2014, 613 = AnwBl 2014, 270.
188 Vgl. AG Heilbronn DGVZ 2015, 42, das einen RVG-Vergütungsanspruch von der Zulassung aller Gesellschafter und Geschäftsführer als Rechtsanwälte abhängig macht.
189 LG Hamburg NJW-RR 2000, 510; Mayer/Kroiß/*Mayer*, RVG, § 1 Rn 243.
190 Grundlegend BGH NJW 2005, 1568 = NZG 2005, 596 = BB 2005, 1131; dazu *Henssler*, AnwBl 2005, 374; *Kempter/Kopp*, NZG 2005, 582; *dies.*, BRAK-Mitt. 2005, 174; vgl. schon *Muthers*, NZG 2001, 930; *Kilian*, NZG 2001, 150; BayObLG NJW 2000, 1647 = AnwBl 2000, 368 = MDR 2000, 733 m. Anm. *Römermann*.
191 Zu der Berufsrechtskonformität der Anwalts-KGAA siehe *Muthers*, NZG 2001, 930, 933 f.; Henssler/Streck/*Henssler*, Handbuch des Sozietätsrechts, 2001, Kap. F Rn 29 f.

tungsgesellschaften in Deutschland[192] ist jedenfalls dann der Anwendungsbereich des RVG eröffnet, wenn die beauftragte Gesellschaft, namentlich eine LLP,[193] ihre Dienstleistungen durch eine eigene Zweigniederlassung in der Bundesrepublik erbringt.[194]

123 Eine von einem Rechtsanwalt eingegangene **Gesellschaft bürgerlichen Rechts mit einem Steuerberater** gehört nicht zu den Gesellschaften i.S.d. § 1.[195] Deshalb kann eine **Gesellschaft bürgerlichen Rechts mit einem Steuerberater** keine Beratungshilfevergütung aus der Staatskasse verlangen, weil gem. § 44 S. 1 nur ein Rechtsanwalt bei Beratungshilfe einen Vergütungsanspruch gegen die Staatskasse hat (vgl. Rdn 157). Zur Geltung des RVG für den Steuerberater vgl. Rdn 132 ff.[196]

2. Sachlicher Anwendungsbereich (anwaltliche Tätigkeit)

a) Anwaltliche Tätigkeit

124 Der sachliche Anwendungsbereich des RVG knüpft an die berufliche Tätigkeit des Rechtsanwalts an. Er kann also nur die Erbringung **berufsspezifischer anwaltlicher Leistungen** nach dem RVG liquidieren. Eine positive Definition spezifischer anwaltlicher Tätigkeit enthält das RVG nicht. Es stellt in Abs. 2 nur umgekehrt bestimmte Tätigkeiten außerhalb des sachlichen Anwendungsbereichs des RVG (Vormund, Betreuer, Pfleger, Verfahrenspfleger, Verfahrensbeistand, Testamentsvollstrecker, Insolvenzverwalter, Sachwalter, Mitglied des Gläubigerausschusses, Nachlassverwalter, Zwangsverwalter, Treuhänder oder Schiedsrichter; vgl. dazu Rdn 159 ff.). In Ermangelung einer vergütungsrechtlichen Definition muss das Leitbild anwaltlicher Tätigkeit daher der BRAO entnommen werden.[197]

125 Im Rahmen des § 1 ist daher stets zwischen dem **persönlichen** und dem **sachlichen** Anwendungsbereich zu unterscheiden. So können auch Nicht-Rechtsanwälte, bspw. Steuerberater oder Wirtschaftsprüfer, Mitglied einer Rechtsanwaltskammer sein und damit nach Abs. 1 S. 3 dem persönlichen Geltungsbereich des RVG unterfallen.[198] Allerdings können sie dennoch nicht nach dem RVG abrechnen, weil es insoweit an der **anwaltlichen Tätigkeit** und damit an der sachlichen Anwendbarkeit des RVG fehlt.[199] Auch der Geschäftsführer einer Rechtsanwaltsgesellschaft ist gem. § 60 Abs. 1 S. 2 BRAO Mitglied der Rechtsanwaltskammer. Ist er aber kein Rechtsanwalt, wird durch die in Abs. 1 S. 1 enthaltene Einschränkung auf anwaltliche Tätigkeiten erreicht, dass er nicht nach dem RVG abrechnen kann.

b) Berufsbild

126 Nach § 3 Abs. 1 BRAO ist der Rechtsanwalt der berufene unabhängige Berater und Vertreter in allen Rechtsangelegenheiten. Das Bild des Anwalts in der Öffentlichkeit wird geprägt durch den **forensisch** tätigen Juristen.[200] Auch nach der historischen Entwicklung des anwaltlichen Berufsbildes bildet die Vertretung von Mandanten vor Gericht den Schwerpunkt anwaltlicher Berufsausübung.[201]

---

192 Dazu *Grunewald/Müller*, NJW 2005, 465. Siehe auch die Empfehlungen des Ausschusses Internationale Sozietäten der Bundesrechtsanwaltskammer in BRAK-Mitt. 2005, 182 f.

193 Dazu eingehend *Henssler/Mansel*, NJW 2007, 1393; *Weller/Kienle*, DStR 2005, 1060 und 1102; *Kilian*, NZG 2000, 1008.

194 Als LLP mit deutscher Zweigniederlassung firmieren derzeit z.B. Allen & Overy, Cleary Gottlieb Steen & Hamilton, Clifford Chance, Shearman & Sterling oder White & Case. Für diese „mega law firms" wird sich die Frage der Anwendbarkeit des RVG de facto kaum stellen, pflegen sie doch qua Vergütungsvereinbarung abzurechnen.

195 OLG Düsseldorf Rpfleger 2008, 206 = RVGreport 2008, 216 = OLGR Düsseldorf 2008, 228.

196 OLG Düsseldorf Rpfleger 2008, 206 = RVGreport 2008, 216 = OLGR Düsseldorf 2008, 228.

197 Gerold/Schmidt/*Müller-Rabe*, RVG, § 1 Rn 22; Riedel/Sußbauer/*Pankatz*, RVG, § 1 Rn 30.

198 Henssler/Prütting/*Hartung*, § 60 BRAO Rn 8.

199 Hansens/Braun/Schneider, Praxis des Vergütungsrechts, Teil 1 Rn 39.

200 *Wettmann/Jungjohann*, Inanspruchnahme anwaltlicher Leistungen, Zugangsschwellen, Beratungsbedarf und Anwaltsimage, AnwBl Sonderheft 3/1987, 16.

201 *Busse*, AnwBl 2001, 130, 131. Zu der historischen Entwicklung des anwaltlichen Berufsbildes *Rick*, Die verfassungsrechtliche Stellung des Rechtsanwalts, 1998, S. 25 ff.

127 Dieses Bild ist jedoch zu eng. Die Funktion des Anwalts ändert sich mit der Entwicklung und Veränderung der Gesellschaft.[202] Der Rechtsanwalt wird zunehmend nicht nur vor Gericht und Behörden tätig, sondern erteilt auf allen Rechtsgebieten Rat, um Streitigkeiten zu vermeiden oder beizulegen.[203] Der Focus des anwaltlichen Selbstverständnisses hat sich daher zunehmend auf die präventiv-beratende und kautelarjuristische Tätigkeit verschoben; hinzu kommt das verstärkte anwaltliche Engagement im Rahmen der Mediation. Dieser **Wandel anwaltlicher Tätigkeit** erschwert die Abgrenzung berufsspezifischer Leistungen. Denn einerseits sind hier in der Beratung in weitem Umfang auch Angehörige anderer Berufsgruppen tätig, andererseits sind Verflechtungen mit anderen Fachgebieten als dem Recht hier größer.

c) Gewährung rechtlichen Beistandes

128 Da der Rechtsanwalt der **berufene unabhängige Berater und Vertreter** in allen Rechtsangelegenheiten ist (§ 3 Abs. 1 BRAO), stellt die **Gewährung rechtlichen Beistandes** ein wichtiges Kriterium für das Vorliegen anwaltlicher Tätigkeit dar. Die Anwendung des RVG ist danach abzugrenzen, ob die Aufgabe, rechtlichen Beistand zu leisten, bei der Tätigkeit im Vordergrund steht oder ob sie bei der Durchführung des erteilten Auftrages zurücksteht. Nur wenn der rechtliche Beistand ganz untergeordnete oder gar keine Bedeutung hat, liegt keine anwaltliche Tätigkeit vor.[204] Bildet die Erteilung rechtlichen Rates den **Schwerpunkt der Tätigkeit**, liegt regelmäßig eine anwaltliche Berufstätigkeit vor.[205] **Im Zweifel** ist anzunehmen, dass sich der Mandant an den Rechtsanwalt wendet, um ihn als solchen zu beauftragen.[206] Das gilt nur dann nicht, wenn feststeht, dass es dem Auftraggeber nicht um den anwaltlichen Beistand geht.[207] Abzustellen ist auf den **Auftrag**, nicht auf die tatsächlich vom Rechtsanwalt ausgeübte Tätigkeit.[208]

— **Maklertätigkeit**: Daher kann auch eine **Maklerleistung** durch den Rechtsanwalt als berufsspezifische Tätigkeit anzusehen sein, wenn die Vermittlung der Gelegenheit zum Vertragsabschluss die Darlegung besonderer rechtlicher Voraussetzungen erfordert.[209] Tritt dagegen die Gewährung rechtlichen Beistandes in den Hintergrund, liegt keine anwaltliche Berufstätigkeit mehr vor.[210] Deshalb ist es keine anwaltliche Tätigkeit, wenn der Rechtsanwalt lediglich einem **Darlehenssuchenden** einen Mandanten benennt, von dem er weiß, dass dieser Geld anlegen will,[211] oder wenn ein Rechtsanwalt einem Kreditsuchenden Kontakt zu einer Bank verschafft, zu der er persönliche Beziehungen hat.[212] Anwaltliche Tätigkeit liegt auch dann nicht vor, wenn der Rechtsanwalt selbst dem Mandanten die Gelegenheit zum Grundstückskauf aufzeigt, sich also nicht der Mandant an den Rechtsanwalt zur Einholung von Rechtsrat wendet.[213]

— **Inkassotätigkeit**: Auch wenn der Mandant sich an ein **Inkassobüro** statt an einen Rechtsanwalt mit dem Auftrag zur Einziehung einer Forderung wendet, erwartet der Mandant, dass der Rechtsanwalt seine rechtlichen Interessen betreut, also als Rechtsanwalt i.S.v. § 1 tätig wird.[214] Ein Rechtsanwalt wird aber wie ein gewerbliches Inkassobüro und nicht in seiner Eigenschaft als Rechtsanwalt tätig, wenn er massenhaft und vollautomatisiert außergerichtliche Mahnschreiben versendet (vgl. hierzu Rdn 156).[215]

---

202 Henssler/Prütting/*Koch*, Einl. Rn 31.
203 Henssler/Prütting/*Koch*, § 3 BRAO Rn 5.
204 BGH NJW 1980, 1855, 1856 zur BRAGO; OLG Hamm 12.4.2011 –I-28 U 159/10, juris; Gerold/Schmidt/*Müller-Rabe*, RVG, § 1 Rn 23; zur Abgrenzung der anwaltlichen Tätigkeit von einer Inkassotätigkeit vgl. BGH JurBüro 2008, 593; BGH NJW 2009, 534; BFH 20.8.2012 – III B 246/11, juris = BFH/NV 2012, 1959.
205 BGHZ 46, 269, 270; Koch/*Kilian*, Anwaltliches Berufsrecht, 2007, Rn B 356.
206 OLG Hamm 12.4.2011 – I-28 U 159/10, juris.
207 BGH NJW 1980, 1855, 1856 zur BRAGO.
208 Gerold/Schmidt/*Müller-Rabe*, RVG, § 1 Rn 27.
209 BGH NJW 1992, 681, 682; BGHZ 18, 340, 346; BGH NJW 1985, 2642; OLG Hamm 12.4.2011 –I-28 U 159/10, juris.
210 BGHZ 57, 53, 56; *Hansens*, BRAGO, § 1 Rn 11; Gerold/Schmidt/*Müller-Rabe*, RVG, § 1 Rn 23.
211 Gerold/Schmidt/*Müller-Rabe*, RVG, § 1 Rn 41f.
212 BGH DB 1956, 864 = BB 1956, 709.
213 OLG Hamm 12.4.2011 – I-28 U 159/10, juris.
214 BGH NJW 2009, 534.
215 BFH 20.8.2012 – III B 246/11, juris = BFH/NV 2012, 1959.

d) Keine Leistung anderer Berufsträger

129 Es spricht gegen die Annahme anwaltlicher Tätigkeit, wenn die erbrachte Leistung in großem Umfang auch von **Angehörigen anderer Berufe** erbracht wird.[216]
- **Vermögensverwaltung**: Daher ist etwa eine Tätigkeit als **Vermögensverwalter** keine anwaltliche Berufstätigkeit. Sie ist ihrem Wesen nach mit der Testamentsvollstreckung und der Insolvenzverwaltung vergleichbar, für die in § 1 Abs. 2 die Geltung des RVG ausgeschlossen ist.[217]
- **Anlageberatung**: Auch die **Anlageberatung** ist keine berufsspezifische Leistung von Anwälten, auch wenn hierbei vielfach rechtliche Gesichtspunkte zu beachten sein werden. Die Anlageberatung erfolgt üblicherweise nicht durch Rechtsanwälte, sondern durch Banken und spezielle Anlageberater.[218]
- **Kaufmännische Buchführung**: Für die **kaufmännische Buchführung** hat der BGH[219] entschieden, dass diese keine anwaltliche Leistung sei. Die **kaufmännische Buchführung** werde nicht in erster Linie von Rechtsanwälten, sondern von Wirtschaftsprüfern, Steuerberatern und Buchprüfern besorgt. Darüber hinaus spielten bei der kaufmännischen Buchführung Rechtsfragen nur vereinzelt eine Rolle. Es überwögen die technischen Vorgänge ohne rechtlichen Gehalt. Daraus, dass Rechtsanwälte zur geschäftsmäßigen Hilfeleistung in Steuersachen befugt seien, zu denen auch die Buchführung zähle, ergebe sich nichts anderes. Denn die Regelung des (damaligen) § 107 RAO bedeute lediglich, dass Anwälte berechtigt seien, hier tätig zu werden. Damit werde die kaufmännische Buchführung aber nicht zu einer spezifisch anwaltlichen Tätigkeit.[220] Die eigentliche Steuerberatung ist jedoch in ihrem Kernbereich eine berufsspezifische Tätigkeit des Rechtsanwalts.[221]

e) Unabhängigkeit

130 Ein wesentliches Merkmal anwaltlicher Tätigkeit ist die Unabhängigkeit. Dies ergibt sich neben § 3 BRAO, demzufolge der Rechtsanwalt der berufene unabhängige Berater und Vertreter in allen Rechtsangelegenheiten ist, auch aus den §§ 1, 7 Nr. 8 und 43a BRAO.[222] Allerdings ist der Begriff der Unabhängigkeit höchst unscharf, sodass sich aus ihm kaum rechtliche Folgerungen ableiten lassen.[223] Abhängige Tätigkeiten sind keine Berufstätigkeiten i.S.d. RVG.[224]

f) Syndikusrechtsanwalt (§ 46 Abs. 2 BRAO)

131 Auf die Erl. zu Rdn 159 wird verwiesen.

3. Doppelqualifikation

a) Rechtsanwälte/Steuerberater

132 **aa) Steuerberater in bestimmten gerichtlichen Verfahren.** **Steuerberater** rechnen nicht nach dem RVG, sondern der **Steuerberatervergütungsverordnung** – StBVV ab (vgl. Rdn 133).[225] Allerdings gilt für den Steuerberater gem. § 45 StBVV für seine Tätigkeit im Verfahren vor den Gerichten der Finanzgerichtsbarkeit und der Verwaltungsgerichtsbarkeit, im Strafverfahren, berufsgerichtlichen Verfahren, Bußgeldverfahren und in Gnadensachen das RVG sinngemäß. Im Falle der Beiordnung des Steuerberaters im Wege der Prozesskostenhilfe finden die Vorschriften des RVG gem. § 46 StBVV ebenfalls sinngemäße Anwendung.

133 **bb) Rechtsanwalt, der zugleich Steuerberater ist.** Rechtsanwälte sowie Partnerschafts- und Rechtsanwaltsgesellschaften i.S.d. BRAO sind nach den §§ 3, 4 StBerG zur geschäftsmäßigen Hilfe

---

216 BGH NJW 1980, 1855, 1856; 1970, 1189; BGHZ 46, 268, 271.
217 BGHZ 46, 268, 271; Gerold/Schmidt/*Müller-Rabe*, § 1 Rn 30.
218 BGH NJW 1980, 1855, 1856; Gerold/Schmidt/*Müller-Rabe*, RVG, § 1 Rn 29.
219 BGH NJW 1970, 1189; ebenso OLG Düsseldorf NJW-RR 2005, 1152, 1154.
220 BGH NJW 1970, 1189, 1190; a.A. *Schall*, BB 1989, 2090.
221 Vgl. aber Henssler/Prütting/*Koch*, § 3 BRAO Rn 14.
222 *Prütting*, AnwBl 2001, 313, 319.
223 Henssler/Prütting/*Koch*, Vorb § 1 BRAO Rn 7 ff.
224 *Hansens*, BRAGO, § 1 Rn 18.
225 Vgl. OLG Düsseldorf RVGReport 2008, 216 = Rpfleger 2008, 206 = OLGR Düsseldorf 2008, 228.

in Steuersachen befugt. Da jedoch auch – oder in erster Linie[226] – die Hilfeleistung in Steuersachen durch Steuerberater erfolgt, für die eine eigene Gebührenordnung (**Steuerberatervergütungsverordnung** – StBVV) gilt, war unter Geltung der **BRAGO** streitig, ob diese für die Steuerberatung durch einen Rechtsanwalt, der zugleich Steuerberater war, anwendbar war. Teilweise wurde hier die Auffassung vertreten, die StBGebV (jetzt StBVV) sei insoweit lex specialis;[227] andere waren der Meinung, dem Rechtsanwalt stehe ein Wahlrecht zu, welche Gebührenordnung er seiner Tätigkeit zugrunde legen wolle,[228] er müsse jedoch den Mandanten zuvor aufklären.[229]

Von § 35 erfasste Tätigkeiten: § 35 Abs. 1 bestimmt, dass für die Hilfeleistung bei der Erfüllung allgemeiner Steuerpflichten und bei der Erfüllung steuerlicher Buchführungs- und Aufzeichnungspflichten die §§ 23 bis 39 StBVV i.V.m. den §§ 10 und 13 StBVV entsprechend gelten. Hierdurch ist für die von § 35 Abs. 1 erfassten Tätigkeiten klargestellt, dass diese nach der StBVV abzurechnen sind. Ein **Wahlrecht** zwischen RVG und StBVV besteht hier nicht.[230] § 35 ist einschlägig, wenn der Auftrag als Rechtsanwalt angenommen und deshalb anwaltliche Hilfeleistung in Steuersachen erbracht worden ist.[231]

134

Nicht von § 35 erfasste Tätigkeiten: § 35 löst die Probleme, die bei der Beauftragung eines Rechtsanwalts, der zugleich Steuerberater ist, entstehen, somit nur teilweise. Insbesondere für die in § 35 nicht aufgeführten Gebühren für **Beratung** und **Auskunft** (§ 21 StBVV) sowie für das Gutachten (§ 22 StBVV) ist daher ein **Gebührenwahlrecht** zuzubilligen sein.[232] Insoweit wird aber gefordert, dass der als Steuerberater in Anspruch genommene Rechtsanwalt den Mandanten darauf hinweist, dass er sowohl als Steuerberater als auch als Rechtsanwalt tätig werden kann, dass er aber im gegebenen Fall nur bereit ist, als Rechtsanwalt zu handeln. Zudem muss der Mandant auf die damit verbundene vergütungsrechtliche Konsequenz – Abrechnung nach RVG statt StBVV – hingewiesen werden. Wird dem Mandanten diese Wahl und die vergütungsrechtliche Konsequenz nicht verdeutlicht, kann der Anwalt nur das geringere der nach diesen beiden konkurrierenden Gebührenordnungen in Frage kommenden Honorare beanspruchen.[233] Eine Vergütung derselben Tätigkeit sowohl nach der StBVV als auch dem RVG kommt nicht in Betracht. Denn die steuerberatenden Tätigkeiten gehört zum Tätigkeitsbereich des Rechtsanwalts.[234]

135

Nach einer weitergehenden Auffassung ist allein die StBVV anzuwenden, wenn es bei der Beratung oder dem Gutachten ausschließlich oder ganz überwiegend um steuerrechtliche Aspekte geht.[235]

136

Im Übrigen kann sich aus den Umständen des Einzelfalles ergeben, ob eine Beauftragung als Rechtsanwalt oder als Steuerberater erfolgt ist.[236]

137

b) Rechtsanwalt und Notar (Anwaltsnotar)

Der Rechtsanwalt, der zugleich Notar ist, hat kein Gebührenwahlrecht. Beide Tätigkeitsbereiche überschneiden sich nicht; vielmehr sind die Berufe des Anwalts und des Notars **wesensmäßig verschieden**.[237] Während der Anwalt Parteivertreter ist, übt der Notar ein öffentliches Amt aus[238] und ist zur Unparteilichkeit verpflichtet.[239] Die anzuwendende Gebührenordnung richtet sich mithin danach, ob eine Tätigkeit als Anwalt (dann RVG) oder als Notar (dann GNotKG) erfolgt ist. Eine Vergütung derselben Tätigkeit sowohl nach dem GNotKG als auch nach dem RVG kommt deshalb

138

---

226 Henssler/Prütting/*Koch*, § 3 BRAO Rn 14.
227 *Meyer*, Steuerberatung, 1982, S. 95, 96; *Thümmel*, DB 1982, 1193; *Völzke*, DStR 1982, 118 ff.
228 *Dornbach*, DB 1983, 420; *ders.*, BB 1982, 1314; FG Saarland EFG 1995, 396.
229 Gerold/Schmidt/*Madert*, 15. Aufl. 2002, BRAGO, § 1 Rn 4.
230 Gerold/Schmidt/*Mayer*, RVG, § 35 Rn 2.
231 Gerold/Schmidt/*Mayer*, RVG, § 35 Rn 2.
232 Gerold/Schmidt/*Mayer*, RVG, § 35 Rn 2; Mayer/Kroiß/*Mayer*, RVG, § 1 Rn 51.
233 OLG München NJOZ 2005, 2278; FG Saarland EFG 1995, 396; Gerold/Schmidt/*Madert/Müller-Rabe*, RVG, 19. Aufl., § 1 Rn 11; Gerold/Schmidt/*Mayer*, RVG, § 35 Rn 2; Mayer/Kroiß/*Mayer*, RVG, § 1 Rn 52 f.
234 BGH NJW 1970, 1189; Gerold/Schmidt/*Müller-Rabe*, RVG, § 1 Rn 56.
235 Vgl. Gerold/Schmidt/*Müller-Rabe*, RVG, § 1 Rn 52.
236 OLG München NJOZ 2005, 2278; Gerold/Schmidt/*Müller-Rabe*, RVG, § 1 Rn 55.
237 *Borgmann/Jungk/Grams*, Anwaltshaftungsrecht, 4. Auflage 2005, § 7 Rn 35. Dies belegt auch das für beide Berufsgruppen völlig unterschiedliche Haftungsregime, vgl. *Vollkommer/Heinemann*, Anwaltshaftungsrecht, 2. Aufl. 2003, Rn 20.
238 *Schippel/Bracker*, BNotO, 8. Aufl. 2006, § 1 Rn 7; Eylmann/Vaasen/*Frenz*, BNotO, § 1 Rn 18.
239 BGH NJW 1997, 661; Eylmann/Vaasen/*Frenz*, BNotO, § 1 Rn 3.

nicht in Betracht.[240] Der Notar kann für seine notarielle Tätigkeit auch keine Vergütung nach dem RVG vereinbaren (§ 125 GNotKG).

139 Die Abgrenzung zwischen notarieller und anwaltlicher Tätigkeit ist in § 24 BNotO geregelt:

§ 24 [Sonstige Betreuungstätigkeit]

(1) ¹Zu dem Amt des Notars gehört auch die sonstige Betreuung der Beteiligten auf dem Gebiete vorsorgender Rechtspflege, insbesondere die Anfertigung von Urkundenentwürfen und die Beratung der Beteiligten. ²Der Notar ist auch, soweit sich nicht aus anderen Vorschriften Beschränkungen ergeben, in diesem Umfang befugt, die Beteiligten vor Gerichten und Verwaltungsbehörden zu vertreten.

(2) ¹Nimmt ein Notar, der zugleich Rechtsanwalt ist, Handlungen der in Absatz 1 bezeichneten Art vor, so ist anzunehmen, daß er als Notar tätig geworden ist, wenn die Handlung bestimmt ist, Amtsgeschäfte der in den §§ 20 bis 23 bezeichneten Art vorzubereiten oder auszuführen. ²Im übrigen ist im Zweifel anzunehmen, daß er als Rechtsanwalt tätig geworden ist.

(3) ¹Soweit der Notar kraft Gesetzes ermächtigt ist, im Namen der Beteiligten bei dem Grundbuchamt oder bei den Registerbehörden Anträge zu stellen (insbesondere § 15 Abs. 2 der Grundbuchordnung, § 25 der Schiffsregisterordnung, § 378 des Gesetzes über das Verfahren in Familiensachen und in den Angelegenheiten der freiwilligen Gerichtsbarkeit), ist er auch ermächtigt, die von ihm gestellten Anträge zurückzunehmen. ²Die Rücknahmeerklärung ist wirksam, wenn sie mit der Unterschrift und dem Amtssiegel des Notars versehen ist; eine Beglaubigung der Unterschrift ist nicht erforderlich.

140 Ein Anwaltsnotar kann Handlungen auf dem Gebiet der vorsorgenden Rechtspflege sowohl als Anwalt als auch als Notar vornehmen.[241] Ziffer I. 3. der **Richtlinienempfehlungen** der Bundesnotarkammer[242] sieht vor, dass der Anwaltsnotar vor Beginn seiner Tätigkeit klarzustellen hat, ob er als Anwalt oder als Notar handeln will, weil sich sowohl die Amtspflichten als auch die anfallenden Gebühren erheblich unterscheiden.

141 § 24 Abs. 2 BNotO regelt **Zweifelsfälle**, in denen ein derartiger Hinweis unterblieben ist. Hat der Anwaltsnotar eine Tätigkeit der in § 24 Abs. 1 BNotO genannten Art ausgeübt, wird unwiderleglich vermutet, dass er als Notar gehandelt hat („ist anzunehmen").[243] Greift § 24 Abs. 2 S. 1 BNotO nicht ein, richtet sich die Abgrenzung nach § 24 Abs. 2 S. 2 BNotO, wonach im Zweifel anwaltliche Tätigkeit anzunehmen ist. Wenngleich diese Vorschrift einen gewissen Auslegungsspielraum lässt,[244] handelt es sich dabei um eine feste Zuordnung, die objektiv nach dem Gesetz zu bestimmen ist und die nicht zur Disposition des Anwaltsnotars oder des Auftraggebers steht.[245] Es soll nicht dem Zufall überlassen bleiben, ob der Auftraggeber Anwalts- oder Notarkosten zu zahlen hat.[246] Entscheidend für die Abgrenzung ist daher der **objektiv festzustellende Gegenstand** des erteilten Auftrags.[247] Wird der Auftrag dem Notar erteilt und erfolgen anschließend anwaltliche Tätigkeiten, muss der Auftraggeber darüber aufgeklärt werden, dass die Tätigkeit als Rechtsanwalt ausgeübt werden soll.[248]

142 Bei der Feststellung, in welcher Eigenschaft ein Rechtsanwalt und Notar bei der Erfüllung einer unter § 24 Abs. 1 BNotO fallenden Aufgabe tätig geworden ist, sind die gesamten objektiven Umstände und die Vorstellungen der an dem Geschäft beteiligten Personen zu berücksichtigen.[249] Dabei ist von notarieller Tätigkeit auszugehen, wenn nicht einseitige Interessenwahrnehmung in Rede steht, sondern eine neutrale, unparteiische Berücksichtigung der Belange sämtlicher Beteiligten.[250] Handlungen, die dazu dienen, eigene Amtsgeschäfte als Notar vorzubereiten oder auszuführen, können deshalb regelmäßig nicht nach dem RVG abgerechnet werden.[251] Der **Entwurf von Verträgen** unterfällt deshalb nur dann dem RVG, wenn der Entwurf zunächst ohne Zusammenhang mit

---

240 Gerold/Schmidt/*Müller-Rabe*, RVG, § 1 Rn 67 f.
241 Eingehend *Meyer*, Die Abgrenzung von anwaltlicher und notarieller Tätigkeit beim Anwaltsnotar, 2004, S. 1 ff.; *Mihm*, Berufsrechtliche Kollisionsprobleme beim Anwaltsnotar, 2000, S. 1 ff.
242 Vom 29.1.1999 (DNotz 1999, 258), zuletzt geändert durch Beschluss v. 28.4.2006 (DNotz 2006, 561). Die Richtlinien finden sich auch im Internet unter www.bnotk.de.
243 *Hansens*, BRAGO, § 1 Rn 3; Eylmann/Vaasen/*Hertel*, BNotO, § 24 Rn 61 ff.
244 So *Zugehör*, ZNotP 1997, 42, 44.
245 Schippel/*Reithmann*, BNotO, 8. Auflage 2006, § 24 BNotO Rn 112; Arndt/Lerch/*Sandkühler*, BNotO, 6. Auflage 2008, § 24 BNotO Rn 59.
246 OLG Hamm DNotZ 1985, 182; DNotZ 1968, 625.
247 *Borgmann/Jungk/Grams*, Anwaltshaftungsrecht, 4. Auflage 2005, § 7 Rn 39.
248 OLG Hamm DNotZ 1985, 183; Gerold/Schmidt/*Müller-Rabe*, RVG, § 1 Rn 66.
249 BGH NJW 1998, 1864, 1866.
250 BGH NJW 1997, 667, 668; OLG Hamm DNotZ 1985, 183.
251 SG Würzburg RVGreport 2009, 195.

der später folgenden Beurkundung gefertigt worden ist. Bestand insoweit von vornherein ein Zusammenhang zwischen Entwurf und Beurkundung, liegt notarielle Tätigkeit vor.[252]

c) Anwaltsmediator

Ein Rechtsanwalt darf sich unter den Voraussetzungen des § 7a BORA zugleich als Mediator bezeichnen. Nach § 34 Abs. 1 soll der Rechtsanwalt für die Tätigkeit als **Mediator** auf eine Gebührenvereinbarung hinwirken. Wenn keine Vereinbarung getroffen worden ist, erhält der Rechtsanwalt Gebühren nach den Vorschriften des bürgerlichen Rechts. Die **Mediation** ist eine **typisch anwaltliche Aufgabe** i.S.v. § 1, die dem modernen Selbstverständnis der Anwaltschaft entspricht,[253] was auch die Integration der Mediation in das RVG (§ 34) unterstreicht (siehe § 34 Rdn 72). Dass auch nicht-anwaltliche Mediatoren sich auf demselben Gebiet betätigen, steht dem nicht entgegen, zumal Psychologen, Sozialpädagogen und andere Nicht-Anwälte dabei regelmäßig in Konflikt mit dem Rechtsberatungsgesetz (Art. 1 § 1 RBerG) kommen.[254] 143

Die Betätigung eines Rechtsanwalts als Mediator ist daher als anwaltliche Tätigkeit i.S.d. Abs. 1 S. 1 anzusehen, weshalb der sachliche **Anwendungsbereich des RVG** eröffnet ist. Da der als Mediator aktive Rechtsanwalt nach § 34 Abs. 1 S. 1 stets auf eine Gebührenvereinbarung hinwirken soll, dürfte die praktische Relevanz weiter Teile des RVG jedoch äußerst gering sein. Werden **Auslagen** nicht in die Vereinbarung mit dem Mandanten einbezogen, kann der anwaltliche Mediator diese nach VV Teil 7 in Rechnung stellen. 144

d) Rechtsanwalt und Patentanwalt

Wird ein Rechtsanwalt sowohl als Rechtsanwalt als auch als Patenanwalt beauftragt (**doppelter Auftrag**), kann er sowohl Rechtsanwaltsgebühren als auch als Patentanwaltsgebühren fordern.[255] Der Partei sind dann neben den Rechtsanwaltsgebühren auch die entstandenen Patentanwaltsgebühren zu erstatten.[256] Eine **Hinweispflicht** auf die **doppelte Vergütung** dürfte nicht bestehen.[257] 145

Ohne doppelten Auftrag können aber keine doppelten Gebühren anfallen. Es ist ein **unmissverständlicher doppelter Auftrag** erforderlich, weil nach der Rechtsprechung des BGH besondere Zurückhaltung bei der Annahme eines doppelte Gebühren auslösenden konkludenten Auftrags zu fordern ist.[258] 146

4. Vergütung

Der Begriff „Vergütung" umfasst nach der **Legaldefinition** des Abs. 1 S. 1 die Gebühren und Auslagen. Die **Gebühren** sind das Entgelt für die anwaltliche Tätigkeit. Durch sie werden die Dienstleistung des Anwalts sowie seine allgemeinen Geschäftskosten (Büromiete, Mitarbeitergehälter, Leasingraten für Kopierer etc.) abgegolten, VV Vorbem. 7 Abs. 1 S. 1. Letztere können nicht vom Mandanten ersetzt verlangt werden. 147

Dagegen hat der Anwalt Anspruch auf Ersatz bestimmter **Auslagen (besondere Geschäftskosten)**, die nicht zu den allgemeinen Geschäftskosten zählen, sondern durch das einzelne Mandat veranlasst sind. Der Ersatz für bestimmte, typischerweise anfallende besondere Geschäftskosten bzw. Auslagen ist in VV Teil 7 des RVG geregelt. Für andere Auslagen, die dort nicht genannt sind, kann sich ein 148

---

252 Gerold/Schmidt/*Müller-Rabe*, RVG, § 1 Rn 65; *Mümmler*, JurBüro 1994, 140.
253 So schon *Mähler/Mähler*, NJW 1997, 1262, 1265; ebenso Hartung/*Scharmer*, § 18 BORA Rn 20; Kilian/vom Stein/*Kilian*, § 33 Rn 11.
254 Vgl. dazu OLG Rostock NJW-RR 2002, 642; LG Leipzig BRAK-Mitt. 2005, 48; AnwGH Baden-Württemberg NJW 2001, 3199; LG Hamburg NJW-RR 2000, 1514; eingehend dazu *Henssler*, NJW 2003, 241 ff.; *Schiffer/von Schubert*, Mandatspraxis Schiedsverfahren und Mediation, 2005, Rn 844 ff.
255 BGH GRUR 2003, 639 = NJW-RR 2003, 913 = JurBüro 2003, 428, in einer Kennzeichenstreitsache nach dem MarkenG.
256 BGH GRUR 2003, 639 = NJW-RR 2003, 913 = JurBüro 2003, 428, in einer Kennzeichenstreitsache nach dem MarkenG.
257 Gerold/Schmidt/*Müller-Rabe*, RVG, § 1 Rn 59.
258 BGH NJW 1991, 2084.

Erstattungsanspruch aus den §§ 670, 675 BGB ergeben, bspw. für die Kosten eines Detektivs im Zusammenhang mit einer Strafverteidigung, oder die Kosten für Einwohnermeldeamtsanfragen.

5. Entsprechende Anwendung des RVG

a) Rechtsberater, die nicht Rechtsanwalt sind (nichtverkammerte Rechtsbeistände)

149 Für Rechtsbeistände, die Mitglied einer Rechtsanwaltskammer sind (vgl. § 209 BRAO) gilt nach Abs. 1 S. 3 das RVG, sofern sie Tätigkeiten erbringen, die als anwaltliche Tätigkeiten anzusehen sind (siehe Rdn 124 ff.). Für Rechtsberater, die nicht Rechtsanwalt bzw. nicht Mitglied einer Rechtsanwaltskammer sind, kann sich aber ebenfalls eine entsprechende Anwendung des RVG ergeben:

150 **aa) Rentenberater und registrierte Erlaubnisinhaber (RDG).** Nach § 4 Abs. 1 des Einführungsgesetzes zum Rechtsdienstleistungsgesetz (RDGEG) gilt das RVG für die Vergütung
– der **Rentenberaterinnen** und **Rentenberater** (vgl. § 10 Abs. 1 S. 1 Nr. 2 RDG) sowie
– der **registrierten Erlaubnisinhaber** mit Ausnahme der Frachtprüferinnen und Frachtprüfer **entsprechend**.

Danach können zunächst **Rentenberaterinnen** und **Rentenberater** (vgl. § 10 Abs. 1 S. 1 Nr. 2 RDG) nach dem RVG abrechnen.[259]

151 Darüber hinaus unterfallen **registrierte Erlaubnisinhaber** – allerdings ohne die Frachtprüferinnen und Frachtprüfer – dem RVG. Wer **registrierter Erlaubnisinhaber** ist und deshalb nach dem RVG abrechnet, ergibt sich aus § 1 RDGEG. Registrierte Erlaubnisinhaber sind gem. § 1 Abs. 3 S. 2 RDGEG Erlaubnisinhaber,
– deren Erlaubnis sich auf andere als die in § 1 Abs. 3 S. 1 RDGEG genannten Bereiche erstreckt oder
– deren Befugnisse über die in § 10 Abs. 1 RDG geregelten Befugnisse hinausgehen.

Diese Erlaubnisinhaber werden gesondert oder zusätzlich zu ihrer Registrierung nach § 1 Abs. 3 S. 1 RDGEG als Rechtsbeistände oder Erlaubnisinhaber registriert (**registrierte Erlaubnisinhaber**).

152 Nach § 4 Abs. 2 RDGEG dürfen diese Personen keine die Sätze des RVG unterschreitenden Gebühren und Auslagen vereinbaren oder fordern, soweit das RVG nichts anderes bestimmt. Die Vereinbarung eines Erfolgshonorars (§ 49b Abs. 2 S. 1 BRAO) ist unzulässig, soweit das RVG nichts anderes bestimmt. Nur im Einzelfall darf besonderen Umständen in der Person des Auftraggebers, insbesondere dessen Bedürftigkeit, durch Ermäßigung oder Erlass von Gebühren oder Auslagen nach Erledigung des Auftrags Rechnung getragen werden.

153 Für die Erstattung der Vergütung der Rentenberater, der registrierten und der Kammerrechtsbeistände in einem gerichtlichen Verfahren gelten die Vorschriften der Verfahrensordnungen über die Erstattung der Vergütung eines Rechtsanwalts entsprechend, § 4 Abs. 3 RDGEG.

154 **bb) Registrierte Personen (RDG).** Die in § 1 Abs. 3 S. 1 RDGEG genannten Inhaber einer Erlaubnis nach Art. 1 § 1 Abs. 1 S. 2 Nr. 1, 5 oder Nr. 6 RBerG sind **keine registrierten Erlaubnisinhaber** i.S.v. § 4 RDGEG, die nach dem RVG abrechnen können. Denn diese Personen werden unter Angabe des Umfangs ihrer Erlaubnis lediglich als **registrierte Personen** nach § 10 Abs. 1 S. 1 Nr. 1, 2 oder Nr. 3 RDG und nicht als registrierte Erlaubnisinhaber registriert. Dafür, dass registrierte Personen nicht nach dem RVG abrechnen, spricht auch Folgendes: Der Gesetzgeber regelt in § 4 Abs. 1 RDGEG ausdrücklich, dass die nach § 10 Abs. 1 S. 1 Nr. 2 RDG registrierten **Rentenberater** nach dem RVG abrechnen. Diese ausdrückliche Regelung war nötig, weil Rentenberater keine registrierten Erlaubnisinhaber, sondern registrierte Personen sind.

155 **cc) Versicherungsberater.** Personen mit einer Erlaubnis zur Besorgung fremder Rechtsangelegenheiten auf dem Gebiet der **Versicherungsberatung** (Art. 1 § 1 Abs. 1 S. 2 Nr. 2 RbBerG) kann gem. § 2 RDGEG abweichend von § 1 Abs. 1 S. 2 RDGEG nur eine Erlaubnis als **Versicherungsberater** nach § 34e Abs. 1 der Gewerbeordnung erteilt werden. Diese rechnen deshalb nicht nach dem RVG ab.

---

[259] Vgl. zur Vergütung eines gerichtlich zur Vertretung des Betroffenen im strafrechtlichen Rehabilitierungsverfahren zugelassenen Rentenberaters KG NStZ-RR 2011, 159 = Rpfleger 2011, 293 = RVGreport 2011, 98.

dd) Inkassodienstleistungen. Auch für Personen, die Inkassodienstleistungen erbringen, gilt das **156** RVG nicht. Denn nach § 4 Abs. 4 RDGEG richtet sich die Erstattung der Vergütung von Personen, die Inkassodienstleistungen erbringen (registrierte Personen nach § 10 Abs. 1 S. 1 Nr. 1 RDG), für die Vertretung im Zwangsvollstreckungsverfahren nach § 788 ZPO. Ein Rechtsanwalt wird wie ein gewerbliches Inkassobüro und nicht in seiner Eigenschaft als Rechtsanwalt tätig, wenn er massenhaft und vollautomatisiert außergerichtliche Mahnschreiben versendet. Er erzielt hierbei keine Einkünfte aus selbstständiger Arbeit, sondern aus dem Betrieb eines Gewerbes. Derlei Inkassotätigkeiten kann der Rechtsanwalt deshalb nicht nach dem RVG abrechnen, weil das RVG gem. § 1 Abs. 1 S. 1 nur für anwaltliche Tätigkeiten gilt (siehe Rdn 124 ff.).[260] Ihre Vergütung für die Vertretung im gerichtlichen Mahnverfahren ist bis zu einem Betrag von 25 EUR ohne zusätzliche Umsatzsteuer nach § 91 Abs. 1 ZPO erstattungsfähig (§ 4 Abs. 4 S. 2 RDGEG).[261]

b) Beratungshilfe/Anerkannte Stellen für Verbraucherinsolvenzberatung

Die **Beratungshilfe** wird nach § 3 Abs. 1 BerHG durch **Rechtsanwälte** und durch **Rechtsbeistände**, **157** die **Mitglied** einer **Rechtsanwaltskammer** sind, gewährt. Nur für diesen Personenkreis besteht deshalb ein Vergütungsanspruch gegen die Staatskasse. Eine nach § 44 S. 1 zu vergütende **Beratungshilfe** kann nur durch die zur Beratungshilfe nach **§ 3 BerHG** Befugten erbracht werden. Da nach § 305 Abs. 1 Nr. 1 InsO **anerkannte Stellen für Verbraucherinsolvenzberatung** in § 3 BerHG nicht genannt sind und sich eine analoge Anwendung verbietet, hat eine anerkannte Stelle für Verbraucherinsolvenzberatung keinen RVG-Vergütungsanspruch.[262] Das BVerfG hält diese Auffassung, dass nur Rechtsanwälte und Kammerrechtsbeistände, nicht aber die Betreiber einer nach § 305 Abs. 1 Nr. 1 InsO geeigneten Verbraucherinsolvenzberatung, Vergütung für ihre bewilligte Beratungshilfe verlangen können, für verfassungsrechtlich unbedenklich.[263]

Ein Vergütungsanspruch entsteht auch dann nicht, wenn der Rechtsanwalt eine anerkannte Stelle **158** für Verbraucherinsolvenzberatung in Untervollmacht mit der Durchführung der außergerichtlichen Schuldenbereinigung beauftragt[264] oder der Rechtsanwalt sich bei seiner anwaltlichen Tätigkeiten durch einen Steuerberater oder eine anerkannte Stelle für Verbraucherinsolvenzberatung vertreten lässt.[265] Denn nur die Vertretung durch den in § 5 genannten Personenkreis löst einen Vergütungsanspruch nach dem RVG aus.[266]

III. Unanwendbarkeit des RVG (Abs. 2)

1. Syndikusrechtsanwalt – § 46 Abs. 2 BRAO (Abs. 2 S. 1)

Das RVG gilt nicht für eine Tätigkeit als **Syndikusrechtsanwalt** (§ 46 Abs. 2 BRAO). Das wird **159** in § 1 Abs. 2 S. 1 seit dem 1.1.2016 ausdrücklich klargestellt. Die ausdrückliche Klarstellung ist erforderlich, weil die vom BGH entwickelte Doppelberufstheorie[267] aufgegeben worden ist.[268] Nach dieser Theorie hat der Syndikusanwalt zwei Berufe (Doppelstellung). Er steht einerseits als ständiger Rechtsberater in einem festen Dienst- oder Anstellungsverhältnis zu einem bestimmten nichtanwaltlichen Arbeitgeber (Syndikus) und ist in dieser Eigenschaft aufgrund des im Arbeitsverhältnis geltenden Prinzips der Über- und Unterordnung und seiner Weisungsgebundenheit nicht als Rechtsanwalt

---

260 BFH 20.8.2012 – III B 246/11, juris = BFH/NV 2012, 1959; Gerold/Schmidt/*Müller-Rabe*, RVG, § 1 Rn 38.
261 *Hansens*, RVGreport 2011, 92; Zöller/*Herget*, ZPO, § 91 Rn 13 „Inkassobüro".
262 OLG Düsseldorf Rpfleger 2006, 328 = ZVI 2006, 290 = ZInsO 2006, 775 = JurBüro 2006, 322 = RVGreport 2008, 436; OLG Düsseldorf Rpfleger 2008, 206 = RVGreport 2008, 216 = OLGR Düsseldorf 2008, 228; LG Landau/Pfalz NZI 2005, 639; *Hansens/Braun/ Schneider*, Praxis des Vergütungsrechts, Teil 1 Rn 38; a.A. AG Landau/Pfalz NZI 2005, 407; AG Ratingen NZI 2005, 407.
263 BVerfG NZI 2007, 181 = Rpfleger 2007, 329 = NJW 2007, 830 = JurBüro 2007, 379.
264 OLG Düsseldorf Rpfleger 2008, 206 = RVGreport 2008, 216 = OLGR Düsseldorf 2008, 228; AG Leipzig InVo 2007, 107.
265 OLG Düsseldorf Rpfleger 2008, 206 = RVGreport 2008, 216 = OLGR Düsseldorf 2008, 228.
266 OLG Düsseldorf Rpfleger 2008, 206 = RVGreport 2008, 216 = OLGR Düsseldorf 2008, 228; AG Leipzig InVo 2007, 107.
267 BGH NJW 1999, 1715 = AnwBl 1999, 554; BGH NJW 1961, 219.
268 BT-Drucks 18/5201, S. 40.

tätig. Andererseits übt er einen zweiten Beruf als freier Rechtsanwalt aus, wenn er rechtlich und tatsächlich in der Lage ist, neben seiner Tätigkeit im Unternehmen Rechtsuchende als freier Anwalt zu beraten und zu vertreten.[269]

160 Für den **Syndikusanwalt** (§ 46 BRAO) war bis zum Inkrafttreten des Gesetzes zur Neuordnung des Rechts der Syndikusanwälte und zur Änderung der Finanzgerichtsordnung zum 1.1.2016 im Lichte der vom BGH entwickelten **Doppelberufstheorie**[270] eine differenzierende Betrachtung erforderlich. Danach war der Syndikus hauptberuflich im Rahmen eines ständigen Dienst- oder Arbeitsverhältnisses rechtsberatend für seinen Arbeitgeber und zugleich nebenberuflich als niedergelassener Rechtsanwalt tätig.[271] Infolge dessen konnte der Syndikus seine zweitberuflich geführten Mandate nach dem RVG abrechnen, die Tätigkeit für seinen Arbeitgeber dagegen nicht.[272]

161 Die Tätigkeit des Syndikusrechtsanwalts stellt zwar ab 1.1.2016 eine anwaltliche Tätigkeit dar. Die Vergütung hierfür richtet sich allerdings nicht nach den gesetzlichen Vergütungsvorschriften des RVG. Zum Schutz der anwaltlichen Unabhängigkeit bleiben die in § 49b BRAO verankerten erufsrechtlichen Beschränkungen hingegen anwendbar, soweit diese nicht unmittelbar an die Vergütungsvorschriften des RVG anknüpfen. Dies gilt insbesondere für das Verbot eines Erfolgshonorars (§ 49b Abs. 2 BRAO).[273]

2. Grundgedanke der Regelung (Abs. 2 S. 2)

a) Ausschluss bestimmter Tätigkeitsbereiche

162 Abs. 2 S. 2 schließt bestimmte Tätigkeitsbereiche vom sachlichen Anwendungsbereich des RVG aus, auch wenn sie von einem Anwalt erbracht werden.[274] Dies beruht im Wesentlichen auf der gesetzgeberischen Erwägung, dass es sich bei den hier genannten Aufgaben um Tätigkeiten handelt, die entweder ehrenamtlich erfolgen, in erheblichem Umfang auch Nicht-Rechtsanwälten übertragen werden oder nicht im Auftrag einer Partei oder in deren Interesse übernommen werden. Ihnen fehlt daher in dem einen oder anderen Aspekt ein typisches Merkmal anwaltlicher Berufsausübung.[275]

163 Die Aufzählung ist **nicht abschließend**, wie der Formulierung „oder für eine ähnliche Tätigkeit" zu entnehmen ist. Allen Tätigkeitsbereichen des Abs. 2 S. 2 ist gemein, dass sie nicht nur von Rechtsanwälten, sondern häufig auch von Angehörigen anderer Berufsgruppen ausgeübt werden. Es handelt sich daher nicht um spezifisch anwaltliche Tätigkeiten, auf die das RVG zugeschnitten ist.

b) Abrechnung anwaltsspezifischer Dienste nach dem RVG (§ 1835 Abs. 3 BGB)

164 Erbringt jedoch ein Anwalt im Zusammenhang mit einer in Abs. 2 genannten oder dort zwar nicht ausdrücklich genannten, aber ähnlichen Tätigkeit – die Aufzählung in Abs. 2 S. 2 ist nicht abschließend – typische anwaltliche Dienstleistungen, etwa die Prozessführung in einem Zivilverfahren, kann er selbige auch nach dem RVG abrechnen. Denn Abs. 2 S. 3 stellt ausdrücklich klar, dass **§ 1835 Abs. 3 BGB** unberührt bleibt. Der in dieser Bestimmung enthaltene und originär nur für den Vormund geltende Rechtsgedanke ist nach der Rechtsprechung des BGH auf die übrigen in § 1 Abs. 2 S. 2 genannten Tätigkeiten sinngemäß zu übertragen.[276] Nach dieser Vorschrift gelten Dienste, die zum Gewerbe oder Beruf des Ausführenden gehören, als erstattungsfähige Aufwendungen. Der Wert dieser Aufwendungen bemisst sich im Falle anwaltlicher Tätigkeit nach dem RVG.

---

269 BT-Drucks 18/5201, S. 14.
270 BGH NJW 1999, 1715 = AnwBl 1999, 554; BGH NJW 1961, 219.
271 *Pfeiffer*, FS Oppenhoff, S. 249, 259 f.; Henssler/Prütting/*Henssler*, § 46 BRAO Rn 11.
272 Gerold/Schmidt/*Müller-Rabe*, § 1 Rn 25; a.A. OLG Hamburg MDR 1980, 586 (berufsrechtliche Unzulässigkeit der Tätigkeit des Syndikusanwalts steht Liquidation nach BRAGO nicht entgegen); LG Bonn JurBüro 1990, 1154 (Tätigkeit als Prozessbevollmächtigter); differenzierend Hartung/*Römermann*/Schons, § 1 Rn 149.
273 BT-Drucks 18/5201, S. 40.
274 Vgl. für den Schiedsrichter OLG Dresden, BRAK-Mitt. 2007, 131.
275 OVG Berlin-Brandenburg 26.7.2010 – OVG 1 K 60.09, juris.
276 BGH AGS 1999, 3 = BGHZ 139, 309 = JurBüro 1999, 134 = NZI 1998, 77 = ZIP 1998, 1793 = NJW 1998, 3567 = MDR 1998, 1435 = Rpfleger 1999, 39 = AnwBl 1999, 121, noch zu § 1 BRAGO; OVG Berlin-Brandenburg 26.7.2010 – OVG 1 K 60.09, juris.

Volpert

Abschnitt 1. Allgemeine Vorschriften § 1

Der Rechtsanwalt kann also **anwaltsspezifische Dienste** immer nach dem RVG abrechnen.[277] Eine spezifisch anwaltliche Tätigkeit liegt immer dann vor, wenn eine Person, die selbst kein Anwalt ist, in gleicher Lage vernünftigerweise einen Rechtsanwalt zuziehen würde (arg. § 5 InsVV) (vgl. hierzu Betreuer, Rdn 166 ff.; Vormund, Rdn 226 ff.; Verfahrenspfleger, Rdn 261 ff.; Verfahrensbeistand, Rdn 281 ff.; Testamentsvollstrecker, Rdn 310 ff.; Insolvenzverwalter, Rdn 338 ff.; Nachlassverwalter, Rdn 379 ff.; Zwangsverwalter, Rdn 384 ff.).[278]

165

3. Die Vergütung des Berufsbetreuers

a) Berufsmäßige Führung der Betreuung

Nach § 1836 Abs. 1 S. 2 i.V.m. § 1908i Abs. 1 S. 1 BGB wird die Betreuung nur dann entgeltlich geführt, wenn das Gericht bei der Bestellung des Betreuers feststellt, dass der Betreuer die Betreuung **berufsmäßig** führt. Wegen der Einzelheiten verweist § 1836 Abs. 1 S. 3 i.V.m. § 1908i Abs. 1 BGB auf § 1 VBVG:

166

> **§ 1 VBVG Feststellung der Berufsmäßigkeit und Vergütungsbewilligung**
>
> (1) ¹Das Familiengericht hat die Feststellung der Berufsmäßigkeit gemäß § 1836 Abs. 1 Satz 2 des Bürgerlichen Gesetzbuchs zu treffen, wenn dem Vormund in einem solchen Umfang Vormundschaften übertragen sind, dass er sie nur im Rahmen seiner Berufsausübung führen kann, oder wenn zu erwarten ist, dass dem Vormund in absehbarer Zeit Vormundschaften in diesem Umfang übertragen sein werden. ²Berufsmäßigkeit liegt im Regelfall vor, wenn
> 1. der Vormund mehr als zehn Vormundschaften führt oder
> 2. die für die Führung der Vormundschaft erforderliche Zeit voraussichtlich 20 Wochenstunden nicht unterschreitet.
>
> (2) ¹Trifft das Familiengericht die Feststellung nach Absatz 1 Satz 1, so hat es dem Vormund oder dem Gegenvormund eine Vergütung zu bewilligen. ²Ist der Mündel mittellos im Sinne des § 1836d des Bürgerlichen Gesetzbuchs, so kann der Vormund die nach Satz 1 zu bewilligende Vergütung aus der Staatskasse verlangen.

Die Regelung in § 1 Abs. 1 S. 1 VBVG findet trotz ihres unglücklichen Wortlautes auch auf Betreuer Anwendung. Denn es wird auf § 1836 BGB verwiesen, der nach § 1908i BGB auch für die Betreuung gilt. Alle im VBVG enthaltenen und für den Vormund geltenden Vorschriften gelten damit auch für Betreuer, soweit nicht im dritten Abschnitt (§§ 4 ff. VBVG) ausdrücklich etwas Abweichendes geregelt ist.[279] Nach § 1 Abs. 2 VBVG hat bei der Vormundschaft das **Familiengericht** und bei der Betreuung das **Betreuungsgericht** die Feststellung der Berufsmäßigkeit gem. § 1 Abs. 1 S. 1 VBVG zu treffen, wenn dem Betreuer in einem solchen **Umfang** Betreuungen übertragen sind, dass er sie nur im Rahmen seiner Berufsausübung führen kann, oder wenn zu erwarten ist, dass dem Betreuer in absehbarer Zeit Betreuungen in diesem Umfang übertragen sein werden. Beide Merkmale müssen angesichts des eindeutigen Wortlautes („oder") nicht kumulativ vorliegen.

167

§ 1 Abs. 1 S. 2 VBVG nennt insoweit zwei **Regelbeispiele**. Das zweite Regelbeispiel – Zeitaufwand von mindestens 20 Wochenstunden – gilt für Berufsbetreuer freilich nicht (§ 4 Abs. 3 S. 2 VBVG). Für sie indiziert daher allein die Führung von mindestens 11 Betreuungen die Berufsmäßigkeit (§ 1 Abs. 1 S. 2 Nr. 1 VBVG). Ob die Betreuungen in unterschiedlichen Amtsgerichtsbezirken oder Gemeinden geführt werden, ist für die Zählung unerheblich. Die Verwendung der Regelbeispieltechnik in § 1 Abs. 1 VBVG macht deutlich, dass das Familiengericht/Betreuungsgericht bei der Feststellung der Berufsmäßigkeit in **atypischen Fällen** einen eigenen Beurteilungsspielraum hat. Einerseits kann es im Einzelfall von der Feststellung absehen, obgleich die tatbestandlichen Voraussetzungen

168

---

[277] BGH NJW 2007, 844; vgl. z.B. zum Verfahrenspfleger BGH NJW 2012, 3728; BGH NJW 2012, 3307 = MDR 2012, 1066 = FamRB 2012, 339; BGH FamRZ 2011, 203 = NJW 2011, 453 = JurBüro 2011, 130 = Rpfleger 2011, 205 = BtPrax 2011, 85.

[278] Vgl. z.B. LG Lübeck NZI 2009, 559 für den Insolvenzverwalter.

[279] Dies folgt bereits aus der systematischen Stellung des § 1 in Abschnitt 1 des VBVG („Allgemeines"), vgl. *Jürgens*, Betreuungsrecht, 4. Aufl. 2010, § 1 VBVG Rn 1; ebenso Palandt/*Diederichsen*, § 1 VBVG Rn 1.

erfüllt sind; andererseits kann eine Feststellung der Berufsmäßigkeit auch dann in Betracht kommen, wenn die gesetzlichen Regelvoraussetzungen fehlen.[280]

169 Die Feststellung, eine Betreuung werde berufsmäßig geführt, hat nach § 1 Abs. 1 S. 1, 2. Alt. VBVG auch im Hinblick auf **künftige Betreuungen** zu erfolgen. Die gerichtliche Bestellung kann mithin bereits dann erfolgen, wenn der – z.B. noch ehrenamtlich tätige – Betreuer gegenwärtig noch keine ausreichende Zahl von Betreuungen vorweisen kann, aber bereits als Berufsbetreuer vorgesehen ist. Vor der ersten Bestellung soll das Familiengericht/Betreuungsgericht freilich die zuständige Betreuungsbehörde bezüglich der Eignung des ausgewählten Betreuers und zu der Absicht, ihm künftig Betreuungen im Umfang eines Berufsbetreuers zu übertragen, anhören (§ 1897 Abs. 7 S. 1 BGB).

170 Als Erkenntnisquelle für die **Beurteilung der Eignung** dient der Betreuungsbehörde auch ein vom Betreuer vorzulegendes Führungszeugnis sowie eine Auskunft aus dem Schuldnerverzeichnis (§ 1897 Abs. 7 S. 2 BGB, § 882b ZPO). Ein gegen die Betreuungsbehörde gerichteter Anspruch des Betreuers, dem Familiengericht/Betreuungsgericht als geeignet vorgeschlagen zu werden, existiert indes nicht.[281] Das Recht und die Pflicht zur Mitwirkung der Betreuungsbehörde bei der Entscheidung über die Auswahl eines Berufsbetreuers (§ 1897 Abs. 7 BGB, § 8 BtBG) ergibt umgekehrt keine gesetzliche Grundlage für die Installation eines bestimmten Zulassungsverfahrens, welches zugleich das Auswahlermessen des Familiengerichts/Betreuungsgerichts reduzieren könnte.[282]

b) Gerichtliche Feststellung der berufsmäßigen Führung

171 Liegen die Voraussetzungen des § 1 Abs. 1 VBVG vor, hat der Betreuer einen Anspruch auf die entsprechende **Feststellung** des Familiengerichts/Betreuungsgerichts. Sie hat nach § 1836 Abs. 1 S. 2 i.V.m. § 1908i Abs. 1 BGB **„bei der Bestellung"** zu erfolgen; das Familiengericht/Betreuungsgericht hat insoweit kein Ermessen. Gem. § 286 Abs. 1 Nr. 4 FamFG ist die Feststellung der berufsmäßigen Betreuung verpflichtender Beschlussinhalt. Damit soll sichergestellt werden, dass diese Voraussetzung für die Vergütung des Betreuers bereits bei seiner Bestellung geklärt wird.[283] Die Staatskasse hat gegen die Feststellung der Berufsmäßigkeit kein Beschwerderecht.[284]

172 Die Feststellung der Berufsmäßigkeit hat sowohl in positiver als auch in negativer Hinsicht für die Frage der Vergütung **konstitutive Bedeutung**.[285] Stellt das Gericht die Berufsmäßigkeit fest, kann die Vergütung später nicht mit dem Argument verweigert werden, der Anspruchsteller sei kein Berufsvormund oder Berufsbetreuer. Hat das Gericht dagegen die Berufsmäßigkeit verneint, so ist auch dies für das spätere Verfahren bindend.[286] Dies gilt auch dann, wenn im Nachhinein die Voraussetzungen der Berufsmäßigkeit wegfallen, weil etwa die Zahl der vom Betreuer ausgeführten Betreuungen sich verringert. Die Feststellung der Berufsmäßigkeit kann in diesem Falle nicht mit rückwirkender Kraft aufgehoben werden.[287]

---

280 *Jürgens*, Betreuungsrecht, 4. Aufl. 2010, § 1 VBVG Rn 5 f. Siehe aus der Rspr. BayObLG BtPrax 1999, 30 (wenige Betreuungen, aber Bestellung des Betreuers gerade wegen seiner individuellen beruflichen Qualifikation); OLG Zweibrücken FGPrax 2000, 62 (Gesamtbetrachtung aller Umstände des Einzelfalls).
281 VG Frankfurt BtPrax 1997, 83.
282 OLG Hamm NJW 2006, 3436 („Bochumer Modell").
283 BGH JurBüro 2014, 257 = NJW 2014, 863 = FamRZ 2014, 468; BGH NJW-RR 2014, 769 = JurBüro 2014, 542 = MDR 2014, 421 = FamRZ 2014, 653.
284 OLG Frankfurt FGPrax 2004, 122; OLG Hamm BtPrax 2000, 265; BayObLG BtPrax 2001, 204.
285 BGH JurBüro 2014, 257 = NJW 2014, 863 = FamRZ 2014, 468; BGH NJW-RR 2014, 769 = JurBüro 2014, 542 = MDR 2014, 421 = FamRZ 2014, 653; BGH FamRZ 2014, 736 = Rpfleger 2014, 374 = MDR 2014, 855.
286 OLG Frankfurt FamRZ 2000, 630, 631; Jauernig/*Berg*, § 1836 Rn 8.
287 *Zimmermann*, Anwaltsvergütung außerhalb des RVG, 2007, Rn 17; Palandt/*Diederichsen*, § 1836 Rn 4; MüKo/*Wagenitz*, BGB, § 1836 Rn 3.

c) Unterbliebene gerichtliche Feststellung der berufsmäßigen Führung

Ist die Feststellung der berufsmäßigen Führung der Betreung bei der Bestellung unterblieben, so kann sie nicht nachgeholt werden. Die nachträgliche rückwirkende Feststellung, dass der Betreuer die Betreuung berufsmäßig führt, ist unzulässig.[288]

Das gilt auch, wenn die Feststellung versehentlich unterblieben ist.[289] Eine rückwirkende Korrektur der Bestellung ist außer im Verfahren der Beschwerde gegen die Ausgangsentscheidung nur unter den Voraussetzungen der Beschlussberichtigung nach § 42 FamFG möglich.[290] Im Vergütungsfestsetzungsverfahren kann die Bestellung nicht nachträglich mit Rückwirkung erfolgen.[291]

Stellt das Gericht die Berufsmäßigkeit der Betreuung nicht fest, kann der Betreuer die Übernahme ablehnen oder **Beschwerde** einlegen. Umgekehrt kann die Feststellung der Berufsmäßigkeit nicht isoliert Gegenstand einer Beschwerde sein.

Die nachträgliche Feststellung der Berufsmäßigkeit **mit Wirkung für die Zukunft** ist dagegen grds. zulässig. Sie kann ab dem Zeitpunkt des auf sie gerichteten Antrags (und nicht erst ab dem Zeitpunkt der Feststellung) erfolgen, wenn der Betreuer ab diesem Zeitpunkt die Voraussetzungen für eine berufsmäßige Führung der Betreuung erfüllt.[292]

d) Vergütungsanspruch/Entstehung/Festsetzung

Hat das Familiengericht/Betreuungsgericht die Berufsmäßigkeit der Betreuung festgestellt, **muss** es dem Betreuer eine **Vergütung** bewilligen (§ 1 Abs. 2 S. 1 VBVG). **Schuldner** des Vergütungsanspruchs ist der Betreute; ist dieser mittellos i.S.d. §§ 1836c, 1836d BGB, kann der Betreuer seinen Anspruch gegen die Staatskasse geltend machen (§ 1 Abs. 2 S. 2 VBVG). Der Anspruch gegen den Betreuten geht dann im Wege der cessio legis auf die Staatskasse über (§ 1836e i.V.m. § 1908i Abs. 1 BGB). **Mehreren Berufsbetreuern**, die i.S.d. § 1899 Abs. 1 BGB für je gesonderte Aufgabenkreise bestellt worden sind, steht jeweils die volle Vergütung nach dem VBVG zu.[293]

Die gerichtliche **Festsetzung** der Vergütung richtet sich gem. § 292 Abs. 1 FamFG nach § 168 FamFG. Die gerichtliche Festsetzung erfolgt danach, wenn der Betreuer, Gegenbetreuer oder der Betreute die gerichtliche Festsetzung beantragt oder das Gericht sie für angemessen hält. Liegen diese Voraussetzungen nicht vor, erfolgt die Zahlbarmachung bei Mittellosigkeit des Betreuten im Verwaltungsweg.

Die Betreuertätigkeit ist regelmäßig eine **höchstpersönliche Aufgabe**. Wird ein Rechtsanwalt zum Betreuer bestellt, kann daher bei unzulässiger Delegation auf einen Sozius der Vergütungsanspruch entfallen.[294]

Die **Entstehung** des Vergütungsanspruchs richtet sich nach dem Zeitpunkt, in dem der Betreuer nach seiner wirksamen Bestellung seine vergütungspflichtige Tätigkeit erstmals ausübt.[295] Der Vergütungsanspruch entsteht mit der Ausübung der jeweiligen Amtstätigkeit.[296] Für die Zeit der **Betreuer-**

---

288 BGH JurBüro 2014, 257 = NJW 2014, 863 = FamRZ 2014, 468; BGH NJW-RR 2014, 1031 = FamRZ 2014, 1283 = RVGreport 2015, 79 = Rpfleger 2014, 501.
289 BGH NJW-RR 2014, 1031 = FamRZ 2014, 1283 = RVGreport 2015, 79 = Rpfleger 2014, 501; BGH NJW-RR 2014, 769 = JurBüro 2014, 542 = MDR 2014, 421 = FamRZ 2014, 653.
290 BGH NJW-RR 2014, 1031 = FamRZ 2014, 1283 = RVGreport 2015, 79 = Rpfleger 2014, 501; BGH NJW-RR 2014, 769 = JurBüro 2014, 542 = MDR 2014, 421 = FamRZ 2014, 653.
291 BGH FamRZ 2014, 736 = Rpfleger 2014, 374 = MDR 2014, 855.
292 BGH JurBüro 2014, 257 = NJW 2014, 863 = FamRZ 2014, 468.
293 OLG Hamm JurBüro 2007, 266 = NJOZ 2006, 4739; OLG Köln FGPrax 2008, 155; LG Münster FamRZ 2009, 151.
294 OLG Frankfurt NJW-RR 2004, 295; *Borgmann/Jungk/Grams*, Anwaltshaftungsrecht, 4. Aufl. 2005, § 6 Rn 22.
295 *Jürgens*, Betreuungsrecht, 4. Aufl. 2010, § 2 VBVG Rn 1; vgl. auch BGH 2.3.2016 – XII ZB 196/13, juris.
296 BGH FamRZ 2012, 627 = NJW-RR 2012, 579 = Rpfleger 2012, 316 = RVGreport 2012, 280, auch zur Fälligkeit des Anspruchs; BGH MDR 2012, 431 = BtPrax 2012, 118 = Rpfleger 2012, 316, auch zur Fälligkeit des Anspruchs; BayObLG FamRZ 1996, 372.

vakanz, also den Zeitraum zwischen dem Ende der vorläufigen Betreuerbestellung und der späteren Hauptsacheentscheidung, erhält der Betreuer hingegen keine Vergütung.[297]

e) Erlöschen des Vergütungsanspruchs

179   15 Monate nach seiner Entstehung (siehe Rdn 175) ordnet § 2 VBVG das **Erlöschen** des Vergütungsanspruchs an, wenn dieser nicht zuvor beim Familiengericht/Betreuungsgericht[298] geltend gemacht wurde. Dabei handelt es sich um eine echte **Ausschlussfrist**,[299] die tagesgenau zu berechnen ist.[300] Der Lauf der Ausschlussfrist ist unabhängig davon, ob es sich um einen vermögenden oder einen mittellosen Betreuten handelt.[301] Die Ausschlussfrist des § 2 VBVG zur Geltendmachung der Betreuervergütung beginnt zu dem Zeitpunkt, in dem der Anspruch gem. § 9 VBVG erstmals geltend gemacht werden kann. Die Fünfzehn-Monatsfrist des § 2 VBVG beginnt damit erst nach Ablauf der Drei-Monatsfrist des § 9 VBVG.[302]

180   Sie ist auch für einen späteren Antrag gegen die Landeskasse gewahrt, wenn der Betreuer fristgerecht zunächst einen Antrag auf Festsetzung der Vergütung aus dem Vermögen des Betroffenen beim Familiengericht/Betreuungsgericht gestellt hatte.[303] Nach § 2 S. 2 VBVG i.V.m. § 1835 Abs. 1a S. 1 BGB kann das Familiengericht/Betreuungsgericht eine abweichende Frist von mindestens zwei Monaten bestimmen; sie kann nach § 1835 Abs. 1a S. 3 BGB auf Antrag des Betreuers verlängert werden. Eine **Verwirkung** des Vergütungsanspruchs ist nur in Ausnahmefällen anzunehmen, etwa bei einer strafbaren Untreue des Betreuers zum Nachteil des Betreuten.[304]

181   Der auf die Staatskasse nach Auszahlung der Vergütung gem. **§ 1836e Abs. 1 S. 1 BGB** übergegangene **Rückforderungsanspruch** verjährt gem. §§ 1908i Abs. 1 S. 1 i.V.m. §§ 1835, 1836 BGB und 195 BGB in drei Jahren.[305] Das gilt sowohl für die vor als auch die ab dem 1.1.2002 entstandenen Vergütungsansprüche.[306]

f) Vergütungsanspruch nach Beendigung der Betreuung

182   Keine Vergütung erhält der Betreuer für die Zeit nach der **Aufhebung** der Betreuung. Maßgeblich ist insoweit nicht der Antrag des Betreuten auf Aufhebung der Betreuung, sondern der gerichtliche Aufhebungsbeschluss (§ 1908d BGB) bzw. dessen Zustellung.[307]

Wird ein Betreuer mit einem bestimmten Aufgabenkreis (hier: Führung eines Zivilrechtsstreits einschließlich etwaiger Folge- und Rechtsmittelverfahren) bestellt, so endet die für seinen pauschalen Vergütungsanspruch maßgebliche Zeitspanne nicht bereits mit der Anzeige des Betreuers, dass der Aufgabenkreis abgeschlossen ist, sondern gem. § 1908d BGB erst mit der Aufhebung der Betreuung durch das Gericht.[308]

---

297 BGH 2.3.2016 – XII ZB 196/13, juris; OLG Schleswig NJW-RR 1999, 660 = FamRZ 1998, 1536 = Rpfleger 1998, 470; OLG Hamm BeckRS 2006, 06020; OLG Braunschweig FamRZ 2006, 290; *Dodegge*, NJW 2006, 2670, 2674 m.w.N.

298 Für den Nachlasspfleger beim Nachlassgericht, OLG Naumburg Rpfleger 2012, 319.

299 *Jürgens*, Betreuungsrecht, 4. Aufl. 2010, § 2 VBVG Rn 1.

300 OLG Frankfurt FGPrax 2008, 19.

301 OLG Naumburg Rpfleger 2012, 319.

302 BGH NJW 2015, 3301 = FamRZ 2015, 1880 = BtPrax 2015, 237; BGH NJW-RR 2013, 769 = Rpfleger 2013, 387 = FamRZ 2013, 871 = MDR 2013, 745; OLG Düsseldorf 12.3.2010 – 25 Wx 82/09, juris; KG FamRZ 2009, 456; OLG Köln BtPrax 2009, 80; OLG Dresden FamRZ 2008, 1285; OLG München NJW 2008, 1895; a.A. OLG Frankfurt FamRZ 2008, 304.

303 OLG Hamm FamRZ 2007, 854 = BeckRS 2007, 01066; *Dodegge*, NJW 2007, 2673, 2677.

304 Eingehend OLG Hamm NJW-RR 2007, 1081 = BtPrax 2007, 134 = JMBl. NRW 2007, 213; ebenso für den Pfleger BayObLG NJW 1988, 1919 ff.

305 BGH FamRZ 2012, 627 = NJW-RR 2012, 579 = Rpfleger 2012, 316 = RVGreport 2012, 280; BGH MDR 2012, 431 = BtPrax 2012, 118 = Rpfleger 2012, 316.

306 BGH FamRZ 2012, 627 = NJW-RR 2012, 579 = Rpfleger 2012, 316 = RVGreport 2012, 280; BGH MDR 2012, 431 = BtPrax 2012, 118 = Rpfleger 2012, 316; a.A. zuvor LG Schweinfurt BtPrax 2011, 135; LG Würzburg BtPrax 2011, 135; LG Kleve 6.6.2011 – 4 T 86/11, juris.

307 BGH FamRZ 2015, 1709 = Rpfleger 2016, 31 = Jur-Büro 2015, 600; BGH FamRZ 2012, 295 = BtPrax 2012, 62.

308 BGH NJW-RR 2014, 258 = BtPrax 2013, 252 = FamRZ 2013, 1883.

Die Vergütungspflicht endet darüber hinaus ohne ausdrücklichen Aufhebungsbeschluss auch bei Beendigung der Betreuung durch den **Tod** des Betreuten[309] oder durch Ablauf der gesetzlich bzw. gerichtlich festgelegten (vgl. § 302 FamFG) Frist.[310] In diesen Fällen sind danach entfaltete Abwicklungsarbeiten wie Schlussbericht, Vermögensaufstellung und Vermögensherausgabe mit der pauschalen Vergütung für den gesamten Vergütungszeitraum abgegolten.[311]

183

Der Berufsbetreuer kann allerdings noch für den Zeitraum der Notgeschäftsführung nach Maßgabe des VBVG zu vergüten sein.[312] Es ist hinzunehmen, dass zwischen dem Ende der Notwendigkeit der Betreuung und der Aufhebung der Betreuung eine gewisse noch mit dem pauschalen Stundenansatz nach § 5 VBVG zu vergütende Zeitspanne liegt, die auf gerichts- oder behördeninterne Abläufe und auf die Prüfung, ob die Voraussetzung für die Aufhebung der Betreuung tatsächlich vorliegen, zurückzuführen ist.[313] Ihm steht für den Todesmonat jedoch nicht die volle Monatspauschale, sondern nur eine zeitanteilige Vergütung bis zum Todestag zu.[314] Der Betreuer, der in Unkenntnis des Todes des Betroffenen zunächst weiter tätig wurde, ist insoweit allenfalls in analoger Anwendung von § 6 S. 1 VBVG und nicht pauschal nach den §§ 4, 5 VBVG zu entschädigen.[315]

184

Umstritten ist dabei, ob nach § 5 VBVG[316] pauschal oder in entsprechender Anwendung des § 6 VBVG[317] auf Basis einer Einzelaufstellung nach Stunden abzurechnen ist.

185

g) Höhe des Vergütungsanspruchs

Die **Höhe** der Vergütung richtet sich nach den §§ 3 ff. VBVG:

186

§ 3 Stundensatz des Vormunds

(1) ¹Die dem Vormund nach § 1 Abs. 2 zu bewilligende Vergütung beträgt für jede Stunde der für die Führung der Vormundschaft aufgewandten und erforderlichen Zeit 19,50 EUR. ²Verfügt der Vormund über besondere Kenntnisse, die für die Führung der Vormundschaft nutzbar sind, so erhöht sich der Stundensatz
1. auf 25 EUR, wenn diese Kenntnisse durch eine abgeschlossene Lehre oder eine vergleichbare abgeschlossene Ausbildung erworben sind;
2. auf 33,50 EUR, wenn diese Kenntnisse durch eine abgeschlossene Ausbildung an einer Hochschule oder durch eine vergleichbare abgeschlossene Ausbildung erworben sind.

³Eine auf die Vergütung anfallende Umsatzsteuer wird, soweit sie nicht nach § 19 Abs. 1 des Umsatzsteuergesetzes unerhoben bleibt, zusätzlich ersetzt.

(2) ¹Bestellt das Familiengericht einen Vormund, der über besondere Kenntnisse verfügt, die für die Führung der Vormundschaft allgemein nutzbar und durch eine Ausbildung im Sinne des Absatzes 1 Satz 2 erworben sind, so wird vermutet, dass diese Kenntnisse auch für die Führung der dem Vormund übertragenen Vormundschaft nutzbar sind. ²Dies gilt nicht, wenn das Familiengericht aus besonderen Gründen bei der Bestellung des Vormunds etwas anderes bestimmt.

(3) ¹Soweit die besondere Schwierigkeit der vormundschaftlichen Geschäfte dies ausnahmsweise rechtfertigt, kann das Familiengericht einen höheren als den in Absatz 1 vorgesehenen Stundensatz der Vergütung bewilligen. ²Dies gilt nicht, wenn der Mündel mittellos ist.

(4) ¹Der Vormund kann Abschlagszahlungen verlangen.

---

309 BGH 6.4.2016 – XII ZB 83/14, juris; BGH FamRZ 2015, 1709 = Rpfleger 2016, 31 = JurBüro 2015, 600.
310 BGH FamRZ 2012, 295 = BtPrax 2012, 62.
311 OLG Dresden BtPrax 2006, 117 = FamRZ 2006, 1483; OLG München NJW-RR 2006, 1517 = FamRZ 2006, 1787 = MDR 2006, 1414; OLG Köln FGPrax 2006, 163 = OLGR Köln 2006, 571 = JMBl NW 2007, 27; LG Duisburg BtPrax 2006, 117; a.A. LG Wuppertal FamRZ 2006, 1063.
312 BGH 6.4.2016 – XII ZB 83/14, juris; LG Stendal NJW-RR 2006, 1085 = FamRZ 2006, 1063; OLG München NJW-RR 2006, 1517 = FamRZ 2006, 1787 = MDR 2006, 1414; OLG Köln JMBl. NRW 2/2007,

27 = FGPrax 2006, 163; krit. dazu *Zimmermann*, Anwaltsvergütung außerhalb des RVG, 2007, Rn 26.
313 BGH FamRZ 2015, 1709 = Rpfleger 2016, 31 = JurBüro 2015, 600.
314 OLG Köln JMBl. NRW 2/2007, 27 = FGPrax 2006, 163; OLG München NJW-RR 2006, 1517 = FamRZ 2006, 1787.
315 BGH 6.4.2016 – XII ZB 83/14, juris.
316 So LG Stendal NJW-RR 2006, 1085 = FamRZ 2006, 1063.
317 So OLG München NJW-RR 2006, 1517 = FamRZ 2006, 1787; i.E. wohl auch *Zimmermann*, Anwaltsvergütung außerhalb des RVG, 2007, Rn 26.

§ 4 Stundensatz und Aufwendungsersatz des Betreuers

(1) ¹Die dem Betreuer nach § 1 Abs. 2 zu bewilligende Vergütung beträgt für jede nach § 5 anzusetzende Stunde 27 EUR. ²Verfügt der Betreuer über besondere Kenntnisse, die für die Führung der Betreuung nutzbar sind, so erhöht sich der Stundensatz
1. auf 33,50 EUR, wenn diese Kenntnisse durch eine abgeschlossene Lehre oder eine vergleichbare abgeschlossene Ausbildung erworben sind;
2. auf 44 EUR, wenn diese Kenntnisse durch eine abgeschlossene Ausbildung an einer Hochschule oder durch eine vergleichbare abgeschlossene Ausbildung erworben sind.

(2) ¹Die Stundensätze nach Absatz 1 gelten auch Ansprüche auf Ersatz anlässlich der Betreuung entstandener Aufwendungen sowie anfallende Umsatzsteuer ab. ²Die gesonderte Geltendmachung von Aufwendungen im Sinne des § 1835 Abs. 3 des Bürgerlichen Gesetzbuchs bleibt unberührt.

(3) ¹§ 3 Abs. 2 gilt entsprechend. ²§ 1 Abs. 1 Satz 2 Nr. 2 findet keine Anwendung.

§ 5 Stundenansatz des Betreuers

(1) ¹Der dem Betreuer zu vergütende Zeitaufwand ist
1. in den ersten drei Monaten der Betreuung mit fünfeinhalb,
2. im vierten bis sechsten Monat mit viereinhalb,
3. im siebten bis zwölften Monat mit vier,
4. danach mit zweieinhalb

Stunden im Monat anzusetzen. ²Hat der Betreute seinen gewöhnlichen Aufenthalt nicht in einem Heim, beträgt der Stundenansatz
1. in den ersten drei Monaten der Betreuung achteinhalb,
2. im vierten bis sechsten Monat sieben,
3. im siebten bis zwölften Monat sechs,
4. danach viereinhalb

Stunden im Monat.

(2) ¹Ist der Betreute mittellos, beträgt der Stundenansatz
1. in den ersten drei Monaten der Betreuung viereinhalb,
2. im vierten bis sechsten Monat dreieinhalb,
3. im siebten bis zwölften Monat drei,
4. danach zwei

Stunden im Monat. ²Hat der mittellose Betreute seinen gewöhnlichen Aufenthalt nicht in einem Heim, beträgt der Stundenansatz
1. in den ersten drei Monaten der Betreuung sieben,
2. im vierten bis sechsten Monat fünfeinhalb,
3. im siebten bis zwölften Monat fünf,
4. danach dreieinhalb

Stunden im Monat.

(3) ¹Heime im Sinne dieser Vorschrift sind Einrichtungen, die dem Zweck dienen, Volljährige aufzunehmen, ihnen Wohnraum zu überlassen sowie tatsächliche Betreuung und Verpflegung zur Verfügung zu stellen oder vorzuhalten, und die in ihrem Bestand von Wechsel und Zahl der Bewohner unabhängig sind und entgeltlich betrieben werden. ²§ 1 Abs. 2 des Heimgesetzes gilt entsprechend.

(4) ¹Für die Berechnung der Monate nach den Absätzen 1 und 2 gelten § 187 Abs. 1 und § 188 Abs. 2 erste Alternative des Bürgerlichen Gesetzbuchs entsprechend. ²Ändern sich Umstände, die sich auf die Vergütung auswirken, vor Ablauf eines vollen Monats, so ist der Stundenansatz zeitanteilig nach Tagen zu berechnen; § 187 Abs. 1 und § 188 Abs. 1 des Bürgerlichen Gesetzbuchs gelten entsprechend. ³Die sich dabei ergebenden Stundenansätze sind auf volle Zehntel aufzurunden.

(5) ¹Findet ein Wechsel von einem beruflichen zu einem ehrenamtlichen Betreuer statt, sind dem beruflichen Betreuer der Monat, in den der Wechsel fällt, und der Folgemonat mit dem vollen Zeitaufwand nach den Absätzen 1 und 2 zu vergüten. ²Dies gilt auch dann, wenn zunächst neben dem beruflichen Betreuer ein ehrenamtlicher Betreuer bestellt war und dieser die Betreuung allein fortführt. ³Absatz 4 Satz 2 und 3 ist nicht anwendbar.

187 **aa) Grundsätze.** Entgegen seiner systematischen Stellung im zweiten Abschnitt des VBVG – Vergütung des Vormunds – gilt die in § 3 VBVG getroffene Regelung dem Grunde nach auch für Berufsbetreuer.[318] In Bezug auf die Höhe der Stundenvergütung ist § 4 VBVG für Berufsbetreuer lex specialis; Entsprechendes gilt nach § 5 VBVG für die zu vergütenden Stundenansätze. Es spielt

---
[318] Palandt/*Diederichsen*, § 3 VBVG Rn 2; *Jürgens*, Betreuungsrecht, 43. Aufl. 2010, § 3 VBVG Rn 1.

für die Anwendbarkeit der §§ 3 ff. VBVG keine Rolle, ob der Betreute mittellos ist oder nicht. Die Mittellosigkeit wirkt sich aber auf die Höhe der pauschalen Stundenansätze aus, vgl. § 5 VBVG.

bb) Pauschalierung. §§ 4 und 5 VBVG sehen für den Berufsbetreuer für den Regelfall ein **gestaffeltes Pauschalvergütungssystem** vor. Im Verfahren über die Festsetzung der pauschalen Betreuervergütung nach §§ 4, 5 VBVG ist nicht zu überprüfen, ob und in welchem Umfang der Betreuer tätig geworden ist. Die Ausübung einer konkreten Betreuungstätigkeit wird typisierend unterstellt.[319]

188

Eine Abrechnung nach konkret erbrachtem **Zeitaufwand** ist nur für den nach § 1899 Abs. 2 und 4 BGB bestellten Betreuer (**Sterilisations- oder Verhinderungsbetreuer** aus **rechtlichen** Gründen) vorgesehen.[320] Denn dieser erhält nach § 6 VBVG eine Vergütung nach § 1 Abs. 2 i.V.m. § 3 VBVG.[321] Aus Rechtsgründen verhindert ist eine Person, die die Voraussetzungen der §§ 1908i Abs. 1, 1795 BGB oder des § 181 BGB erfüllt, die also bereits von Gesetzes wegen zur Vertretung der betroffenen Person nicht berechtigt ist oder der gem. §§ 1908i Abs. 1, 1796 BGB wegen Interessenkollision die Vertretungsbefugnis entzogen worden ist oder nicht übertragen werden kann.[322] Keine Bestellung eines Verhinderungsbetreuers liegt vor, wenn neben einem ehrenamtlichen Betreuer ein Berufsbetreuer bestellt wird, weil der ehrenamtliche Betreuer z.B. in schenkungs- und zwangsvollstreckungsrechtlichen Verfahren unerfahren ist.[323]

189

Eine analoge Anwendung über die Sonderfälle des Verhinderungsbetreuers aus Rechtsgründen und des Sterilisationsbetreuers hinaus auf Betreuer, die nur für einen begrenzten Aufgabenbereich oder eine einzelne Angelegenheit bestellt worden sind, ist ausgeschlossen.[324] Andererseits kann ein Ergänzungsbetreuer, der wegen einer rechtlichen Verhinderung des Betreuers bestellt worden ist, auch dann keine pauschale Vergütung nach §§ 4, 5 VBVG verlangen, wenn seine Tätigkeit auf einen längeren Zeitraum angelegt ist und sich nicht in einer konkreten, punktuellen Maßnahme erschöpft.[325] Wird ein Betreuer aber neben einem **Bevollmächtigten** bestellt, weil dieser an einer Verrichtung bestimmter Tätigkeiten rechtlich verhindert ist, ist die Vergütung des Betreuers in entsprechender Anwendung des § 6 S. 1 VBVG nach konkretem Zeitaufwand zu bemessen.[326]

190

Durch die Pauschalierung wollte der Gesetzgeber für die Festsetzung der Betreuervergütung ein effizientes, missbrauchsunanfälligeres Abrechnungssystem zum Zwecke der Vereinfachung und Streitvermeidung schaffen, das zugunsten der Betreuten die Arbeitsleistung der Betreuer und des Gerichts nicht zu sehr in Anspruch nimmt und damit Kapazitäten für die eigentliche Betreuungsleistung freisetzt und das zugleich den Berufsbetreuern auskömmliche Einnahmen sichert.[327] Auch wenn aufgrund konkreter Umstände des Einzelfalls im Abrechnungszeitraum keine oder nur mit wenig Zeitaufwand verbundene Tätigkeiten des Betreuers erforderlich waren, findet eine Überprüfung der Angemessenheit der Stundensätze nicht statt.[328] Die Pauschalierung der Betreuervergütung schließt vor diesem Hintergrund deshalb auch den Einwand aus, dass dem Betreuer keine Vergütung zusteht, weil er im maßgeblichen Zeitraum keine Tätigkeiten erbracht hat.[329]

191

Die 2005 eingeführte Pauschalierung der Vergütung ist verfassungsrechtlich nicht zu beanstanden.[330] Das BVerfG hat hierzu entschieden, dass dem Gesetzgeber bei Vergütungsregelungen grds. ein Gestaltungsspielraum zusteht. Dabei könne er Einzelabrechnungen, Pauschalierungen oder fixe Sätze vorsehen. Die Regelung in § 4 und § 5 VBVG nutze diesen Spielraum in verfassungsrechtlich

192

---

319 BGH NJW-RR 2014, 1345 = FamRZ 2014, 1778 = Rpfleger 2014, 673.
320 BGH NJW 2015, 2886 = FamRZ 2015, 1710 = Rpfleger 2016, 30; BGH FamRZ 2014, 1626; BGH NJW-RR 2013, 771 = Rpfleger 2013, 389 = FamRZ 2013, 873.
321 BGH FamRZ 2014, 1626; OLG Celle FamRZ 2008, 1212; LG Münster FamRZ 2009, 151.
322 BGH NJW 2015, 2886 = FamRZ 2015, 1710 = Rpfleger 2016, 30; BGH NJW-RR 2013, 771 = Rpfleger 2013, 389 = FamRZ 2013, 873.
323 LG Münster FamRZ 2009, 151.
324 BGH NJW 2015, 2886 = FamRZ 2015, 1710 = Rpfleger 2016, 30; BGH NJW-RR 2013, 771 = Rpfleger 2013, 389 = FamRZ 2013, 873.
325 BGH NJW 2015, 2886 = FamRZ 2015, 1710 = Rpfleger 2016, 30; BGH FamRZ 2014, 1449.
326 BGH NJW 2015, 2886 = FamRZ 2015, 1710 = Rpfleger 2016, 30.
327 BR-Drucks 865/03, S. 44 ff.; BVerfG 20.8.2009 – 1 BvR 2889/06, NJW-RR 2010, 505.
328 OLG Schleswig BtPrax 2007, 133 = FamRZ 2007, 236.
329 OLG München BtPrax 2007, 129 = FamRZ 2007, 1188.
330 BGH NJW 2014, 1811 = FamRZ 2014, 1013 = Rpfleger 2014, 424; OLG München NJW-RR 2007, 227 = FGPrax 2007, 23; OLG Stuttgart FGPrax 2007, 131, 132; OLG Karlsruhe FamRZ 2007, 2008 = BtPrax 2007, 255 = FGPrax 2008, 107; OLG Celle BtPrax 2008, 171 = Rpfleger 2008, 487.

nicht zu beanstandender Weise. Die sich aus § 5 Abs. 1, Abs. 2 VBVG ergebende unterschiedliche Vergütung für die Betreuung vermögender und mittelloser Betreuter aufgrund der unterschiedlichen Stundenansätze sei von nicht zu beanstandenden, sachlich gerechtfertigten Erwägungen getragen und verletze nicht den allgemeinen Gleichheitssatz des Art. 3 Abs. 1 GG.[331]

193 **cc) Stundensatz.** Der **Stundensatz** (**Grundvergütung**) beträgt nach § 4 Abs. 1 S. 2 VBVG 27 EUR pro Stunde. Verfügt der Betreuer über besondere Kenntnisse, die für die Führung der Betreuung nutzbar sind, so erhöht sich der Stundensatz nach § 4 Abs. 1 S. 2 Nr. 2 VBVG auf 44 EUR, wenn diese Kenntnisse durch eine abgeschlossene Ausbildung an einer Hochschule oder durch eine vergleichbare abgeschlossene Ausbildung erworben sind.

Die zu § 1 Abs. 2 Nr. 2 BVormVG entwickelte Rechtsprechung gilt insoweit fort.[332] **Hochschulen** sind Universitäten und Fachhochschulen, jedoch nicht Fachschulen[333] und Fachakademien.[334] Für die Betreuung nutzbare Fachkenntnisse vermitteln **Studiengänge** wie Rechtswissenschaften, Volks- und Betriebswirtschaftslehre, Medizin, Psychologie, Sozialarbeit, Sozialpädagogik oder Soziologie,[335] nicht jedoch eine Ausbildung zum (staatlich anerkannten) Sozialwirt[336] oder zum Sparkassenbetriebswirt.[337] Auch die Hochschulausbildung muss einen erfolgreichen **Abschluss** genommen haben; ein abgebrochenes Jurastudium rechtfertigt daher keine Eingruppierung in die Vergütungsgruppe des § 4 Abs. 1 S. 2 Nr. 2 VBVG.[338]

194 **dd) Stundenansatz (Multiplikator).** Um die Höhe der Vergütung abschließend berechnen zu können, muss der nach § 4 VBVG ermittelte Stundensatz mit der Zahl der für eine Betreuung aufgewandten Stunden multipliziert werden. Als Multiplikator dient der **Stundenansatz nach § 5 VBVG**. § 5 VBVG nimmt hinsichtlich des vergütungsfähigen Zeitaufwands eine **Pauschalierung** vor. Infolge dessen muss der Betreuer bei der Abrechnung einer Betreuung keinen konkreten Zeitnachweis erbringen; umgekehrt braucht das Familiengericht/Betreuungsgericht den Zeitaufwand nicht zu kontrollieren.[339] Die Vergütung bemisst sich daher nach dem **Produkt** des Stundenansatzes (§ 5 VBVG) mit dem Stundensatz (§ 4 VBVG). Diese Berechnungsmethode gilt nicht nur für den **Betreuer**, sondern auch für den **Gegenbetreuer**.[340]

195 Weil der Stundenansatz von der **Dauer der Betreuung** abhängt, kommt es für dessen Berechnung auf den **Betreuungsbeginn** an.[341] Die Betreuung wird mit der Bekanntgabe des Bestellungsbeschlusses an den Betreuer wirksam (§ 287 Abs. 1 FamFG). Aus § 15 Abs. 2 S. 2 FamFG folgt dabei nicht, dass die Bekanntgabe bei der Aufgabe zur Post erst drei Tage nach der Aufgabe erfolgt. Geht der Bestellungsbeschluss dem Betreuer früher zu und macht er das glaubhaft, wird die Betreuung bereits zu diesem früheren Zeitpunkt wirksam und wird der Stundenansatz ab diesem früheren Zeitpunkt berechnet[342] (zum Vergütungsanspruch nach **Beendigung** der Betreuung vgl. Rdn 182 ff.).

196 **ee) Kriterien Mittellosigkeit und Heimunterbringung.** Der Stundenansatz nach § 5 VBVG differenziert nach dem Kriterium der **Mittellosigkeit** sowie der Unterbringung des Betreuten in einem **Heim** (siehe Rdn 198) und ist dabei jeweils gestaffelt nach der **Dauer der Betreuung**. Abs. 1 S. 1 der Vorschrift legt die Stundenansätze für nicht-mittellose Heimbewohner fest, Abs. 1 S. 2 die Stundenansätze für nicht-mittellose Betreute, die nicht in einem Heim wohnen. Abs. 2 S. 1 bestimmt den Stundenansatz für die Betreuung mittelloser Heimbewohner, Abs. 2 S. 2 für die Betreuung mittelloser Personen, die keinen Heimplatz innehaben.

---

331 BVerfG NJW-RR 2010, 505 = FamRZ 2009, 1899 = FuR 2010, 108; BVerfG FamRZ 2009, 1123 = BtPrax 2009, 181.
332 Siehe die Einzelfälle aus der Rspr. in der 2. Aufl., § 1 Rn 66.
333 OLG Frankfurt BtPrax 2002, 169; OLG Schleswig BtPrax 2000, 172.
334 BayObLG BtPrax 2000, 91.
335 Vgl. *Jürgens*, Betreuungsrecht, 4. Aufl. 2010, § 3 VBVG Rn 9 m. zahlr. Nachw. aus der Rspr.
336 BGH NJW 2013, 6 = MDR 2013, 559 = NJW-RR 2013, 577 = Rpfleger 2013, 333; BGH NJW-RR 2012, 452 = Rpfleger 2012, 315 = MDR 2012, 375 = FamRZ 2012, 629.
337 BGH NJW-RR 2012, 774 = Rpfleger 2012, 529 = MDR 2012, 1128.
338 Vgl. BayObLG BtPrax 2000, 124.
339 *Jürgens*, Betreuungsrecht, 4. Aufl. 2010, § 5 VBVG Rn 1; Palandt/*Diederichsen*, § 5 VBVG Rn 1. Die mit der Pauschalierung verbundene Verwaltungsvereinfachung war ein (weiteres) Motiv des Reformgesetzgebers.
340 OLG Köln FGPrax 2007, 123; a.A. *Zimmermann*, FS Bienwald, S. 351 (Entschädigung nach §§ 1, 3 VBVG).
341 Vgl. BGH 2.3.2016 – XII ZB 196/13, juris.
342 BGH FamRZ 2012, 1867 = MDR 2012, 1377.

Der Gesetzgeber hat somit der Pauschalierung der Vergütung folgende Vorgaben zugrunde gelegt: 197
- Bei einem in einem Heim lebenden Betreuten ist weniger Zeitaufwand erforderlich als bei einem außerhalb eines Heimes wohnenden Betreuten.
- Ein vermögender Betreuer verursacht mehr Zeitaufwand als ein mittelloser Betreuer.[343]
- Zu Beginn einer Betreuung ist höherer Zeitaufwand erforderlich als im späteren Verlauf der Betreuung. Nach Ablauf des ersten Betreuungsjahres ist der niedrigste Stundenansatz erreicht, der sich dann auch nicht mehr ändert.

Tabellarisch ergibt sich dabei folgendes Bild:

Dauer der Betreuung	nicht-mittelloser Betreuer		mittelloser Betreuer	
	im Heim	nicht im Heim	im Heim	nicht im Heim
1.–3. Monat	5 1/2h	8 1/2h	4 1/2h	7h
4.–6. Monat	4 1/2h	7h	3 1/2h	5 1/2h
7.–12. Monat	4h	6h	3h	5h
Danach	2 1/2h	4 1/2h	2h	3 1/2h

ff) Heimunterbringung. Was als **Heim** im Sinne der Vergütungsberechnung anzusehen ist, definiert 198
§ 5 Abs. 3 VBVG. Als Heime im Sinne dieser Vorschrift sind Einrichtungen zu qualifizieren, die dem Zweck dienen, Volljährige aufzunehmen, ihnen Wohnraum zu überlassen sowie tatsächliche Betreuung und Verpflegung zur Verfügung zu stellen oder vorzuhalten, und die in ihrem Bestand von Wechsel und Zahl der Bewohner unabhängig sind und entgeltlich betrieben werden. Ergänzend verweist § 5 Abs. 3 S. 2 VBVG auf § 1 Abs. 2 des Heimgesetzes. Danach sind als Heimunterbringung anzusehen die heimähnliche Unterbringung in einem Wohnpark,[344] die Unterbringung in einer psychiatrischen Klinik gem. § 63 StGB[345] und der Aufenthalt in einer Justizvollzugsanstalt zur Verbüßung der Haftstrafe.[346]

Bei der Auslegung des in § 5 Abs. 1, 2 VBVG nicht näher umschriebenen Begriffs „**gewöhnlicher** 199
Aufenthalt" kann auf dessen Definition in anderen Rechtsgebieten zurückgegriffen werden. Gem. § 30 Abs. 3 SGB I und § 9 AO befindet sich der gewöhnliche Aufenthalt dort, wo sich jemand unter Umständen aufhält, die erkennen lassen, dass er an diesem Ort oder in diesem Gebiet nicht nur vorübergehend verweilt.[347] Da der gewöhnliche Aufenthalt sich nicht nach dem Willen des Betroffenen, sondern nach den tatsächlichen Verhältnissen bestimmt, kann auch die zwangsweise Unterbringung in einer **Justizvollzugsanstalt** einen gewöhnlichen Aufenthalt begründen. Es kommt nicht darauf an, ob eine vor der Inhaftierung angemietete Wohnung gekündigt oder Hafturlaube dort verbracht worden sind.[348]

Kein Heimaufenthalt i.S.d. § 5 Abs. 3 VBVG ist hingegen die Unterbringung des Betreuten in 200
einer Alten- und Wohngemeinschaft (**Betreutes Wohnen**),[349] die nur **vorläufige Unterbringung**

---

343 Die Regelung ist im Ergebnis nicht zu beanstanden, BVerfG 20.8.2009 –1 BvR 2889/06, NJW-RR 2010, 505.
344 OLG München NJW-RR 2006, 1016 = FGPrax 2006, 163.
345 OLG Düsseldorf 27.4.2007 – I-25 Wx 48/06 (n.v.); OLG Köln NJOZ 2006, 4741; *Zimmermann*, Anwaltsvergütung außerhalb des RVG, 2007, Rn 37. Vgl. auch OLG Zweibrücken JurBüro 2007, 546.
346 BGH NJW-RR 2014, 705 = Rpfleger 2014, 503 = FamRZ 2014, 1015; BGH NJW-RR 2012, 451 = BtPrax 2012, 65; OLG Hamm FGPrax 2007, 80; OLG München FamRZ 2006, 1562.
347 BGH NJW-RR 2014, 705 = Rpfleger 2014, 503 = FamRZ 2014, 1015; BGH NJW-RR 2012, 451 = BtPrax 2012, 65.
348 BGH NJW-RR 2012, 451 = BtPrax 2012, 65.
349 OLG Brandenburg BtPrax 2009, 125; LG Flensburg NJOZ 2006, 2149; vgl. aber OLG Stuttgart FGPrax 2007, 174 = JurBüro 2007, 267. Speziell zu einer Außenwohngruppe als Heim siehe LG Duisburg BeckRS 2007, 14112.

des Betreuten nach § 126a StPO[350] oder die **Untersuchungshaft**.[351] Ob die Unterbringung in einer Pflegefamilie als Heimaufenthalt gilt, hat der BGH in einem „obiter dictum" erörtert.[352] Weil der Gesetzgeber die Abrechnung der Betreuervergütung vereinfachen wollte, darf die Feststellung der Heimunterbringung nach Auffassung des BGH keine umfangreichen Recherchen erfordern. Die Erforschung der sachlichen und persönlichen Gegebenheiten in der Pflegefamilie sowie der Intensität, mit der der Betreute in den Tagesablauf und die Organisation der Pflegefamilie eingebunden ist, geht danach zu weit. Nach Auffassung des BGH ist es daher sinnvoll, von einem strikten, an griffigen und leicht feststellbaren Kriterien gebundenen Verständnis des vergütungsrechtlichen Heimbegriffs auszugehen.[353] Wird die Unterbringung in der Pflegefamilie von einem Träger organisiert, kontrolliert und begleitet, liegt Heimunterbringung i.S.d. VBVG vor, wenn der Träger eine umfassende, von der aktuellen Situation des Betreuten grds. unabhängige und dadurch den Betreuer dauerhaft entlastende Versorgungsgarantie übernommen hat.[354] Entsprechendes gilt für den Aufenthalt in einem Hospiz.[355] Hat eine Wohnform nur vorübergehenden Charakter und ist sie auf die Verselbstständigung junger Erwachsener zugeschnitten, liegt ebenfalls keine Heimunterbringung vor.[356] Auch bei Überlassung von Wohnraum ohne Versorgungsgarantie liegt keine Heimeigenschaft vor.[357]

201 Der Qualifikation als Heim i.S.d. § 5 Abs. 3 VBVG steht im Übrigen die Möglichkeit des Heimträgers nicht entgegen, den Heimvertrag zu kündigen, wenn sich der Gesundheitszustand des Bewohners so verändert, dass dem Heimträger eine sachgerechte Betreuung nicht mehr möglich ist.[358]

202 Für die **Monatsberechnung** nimmt § 5 Abs. 4 VBVG Bezug auf die §§ 187 Abs. 1, 188 Abs. 2 BGB. Geht die Betreuung vom Berufsbetreuer auf einen **ehrenamtlichen Betreuer** (siehe Rdn 203 ff.) über, kann der Berufsbetreuer nach § 5 Abs. 5 VBVG für den Monat, in dem der Wechsel erfolgte, sowie für den folgenden Monat eine fortgesetzte Vergütung nach dem vollen Zeitansatz beanspruchen.[359]

203 **gg) Stundenansatz und Betreuerwechsel.** Auch bei der Übernahme einer bisher ehrenamtlich geführten Betreuung durch einen Berufsbetreuer ist auf den Zeitpunkt der erstmaligen Wirksamwerdens der Betreuerbestellung abzustellen.[360] Maßgeblich für den Stundenansatz nach § 5 VBVG ist bei einem **Betreuerwechsel** mithin der Beginn der ersten angeordneten Betreuung als solcher (Erstbetreuung), nicht die Aufnahme der Tätigkeit eines (weiteren) Betreuers.[361] Hierfür spricht der Gesetzeswortlaut, der auf die „ersten drei Monate der Betreuung" und nicht auf den Beginn der Betreuung durch den die Vergütung verlangenden Betreuer abstellt. Der durch einen Betreuerwechsel bedingte Mehraufwand für den neuen Betreuer ist vom Gesetzgeber bereits bei der Festlegung des pauschalen Stundensatzes berücksichtigt worden.[362] Auch bei Entlassung des ursprünglichen Betreuers wegen mangelnder Eignung oder Überforderung ist die nachfolgende Bestellung eines

---

350 OLG Köln NJW-RR 2007, 517 = FGPrax 2007, 23.
351 BGH NJW-RR 2014, 705 = Rpfleger 2014, 503 = FamRZ 2014, 1015; OLG München FGPrax 2007, 224. Auch eine anschließende Verurteilung zu einer Strafhaft führt insoweit nicht rückwirkend zu einer anderen Bewertung dieses Zeitraums, vgl. OLG München FGPrax 2007, 224.
352 BGH FamRZ 2008, 778 = MDR 2008, 569 = NJW-RR 2008, 739.
353 So auch OLG Zweibrücken 20.1.2011 – 3 W 124/09, juris.
354 So auch OLG Frankfurt FGPrax 2009, 159 = OLGR Frankfurt 2009, 786; OLG Oldenburg FamRZ 2008, 778 = NJW-RR 2008, 739 = BtPrax 2008, 188; vgl. auch OLG Oldenburg NJOZ 2007, 439; LG Aurich BtPrax 2006, 77.; OLG Stuttgart JurBüro 2008, 99 = FGPrax 2008, 27.
355 *Zimmermann*, Anwaltsvergütung außerhalb des RVG, 2007, Rn 38 unter Verw. auf LG Köln 15.8.2006 – 1 T 270/06.
356 OLG Hamm BtPrax 2010, 238 = FamRZ 2010, 2020.
357 OLG Hamm BtPrax 2010, 236 = FamRZ 2010, 2021.
358 BGH NJW-RR 2011, 433 = FamRZ 2011, 287 = FGPrax 2011, 75 = Rpfleger 2011, 271.
359 OLG Hamm FGPrax 2008, 20.
360 BGH BtPrax 2016, 78; BGH NJW-RR 2012, 965 = Rpfleger 2012, 528 = BtPrax 2012, 162 = FamRZ 2012, 1211 = FGPrax 2012, 197 = FuR 2012, 479 = MDR 2012, 1192 = RVGreport 2012, 280; OLG Düsseldorf 28.2.2007, I-25 Wx 36/06; OLG Stuttgart FGPrax 2007, 131; OLG Hamm JMBl. NRW 7/2007, 77 = FGPrax 2006, 209; OLG Frankfurt BtPrax 2007, 136; OLG München BtPrax 2006, 73 = FamRZ 2006, 647 = MDR 2006, 932 = ZEV 2006, 331; OLG Schleswig FGPrax 2006, 120 = OLGR 2006, 201; vgl. zum umgekehrten Fall OLG Hamm FGPrax 2008, 20.
361 BGH BtPrax 2016, 78; BGH NJW-RR 2012, 965 = Rpfleger 2012, 528 = BtPrax 2012, 162 = FamRZ 2012, 1211 = FGPrax 2012, 197 = FuR 2012, 479 = MDR 2012, 1192 = RVGreport 2012, 280.
362 BGH BtPrax 2016, 78; LG Bückeburg FamRZ 2009, 1709.

Berufsbetreuers nicht als Erstbestellung anzusehen.[363] Der später bestellte Betreuer muss daher die vorangegangene Zeit der Betreuung gegen sich gelten lassen.

Das gilt auch, wenn zunächst ein ehrenamtlicher Betreuer bestellt war[364] oder der Aufgabenkreis des neuen betreuers erweitert wird.[365] Denn das Gesetz knüpft an die Dauer der Betreuung an, nicht an die Zeit der Bestellung des einzelnen Betreuers.[366] Zudem ist davon auszugehen, dass der Betreuungsaufwand mit der Dauer der Betreuung abnimmt.[367] Auch die Erweiterung des Aufgabenkreises des neuen Betreuers führt ebenso wenig wie die Nichtausübung der Betreuertätigkeit durch den früheren Betreuer zu einer Ausnahme von dieser Berechnung der Dauer der Betreuung.[368]

204

Dieser Grundsatz muss in besonders gelagerten Ausnahmefällen indes eine Ausnahme erfahren. Endet eine vorläufig angeordnete Betreuung infolge Zeitablaufs und wird erst neun Monate später eine weitere Betreuung angeordnet, ist für die Bestimmung des Entstehungszeitpunkts von einer Erstbetreuung auszugehen.[369] Auch eine Betreuervakanz von nur zweieinhalb Monaten kann insofern die Annahme einer Erstbetreuung rechtfertigen.[370] Nach Auffassung des OLG Frankfurt kann der erhöhte Stundensatz der Anfangsbetreuung bereits dann zugrunde gelegt werden, wenn sieben Wochen und drei Tage nach Beendigung der Bestellung eines ehrenamtlichen Betreuers durch Zeitablauf endgültig ein Berufsbetreuer bestellt wird.[371] Bejaht wird ein vergütungsrechtlicher Neubeginn der Betreuung auch, wenn der neue Betreuer mit dem Wirkungskreis der Geltendmachung von Regressansprüchen gegen den früheren Betreuer bestellt wird oder der Erstbetreuer seine Tätigkeit bereits längere Zeit vor der Bestellung des neuen Betreuers eingestellt hatte.[372] Die spätere Aufhebung der Bestellung durch das Beschwerdegericht hindert die Entstehung des Vergütungsanspruchs nicht.[373]

205

hh) Abrechnungszeitraum und Betreuerwechsel. Abrechnungszeitraum und Betreuerwechsel: Nach § 9 S. 1 VBVG kann ein Betreuer die Vergütung nach Ablauf von jeweils drei Monaten für diesen Zeitraum geltend machen. Dies bedeutet, dass der Vergütungsanspruch erstmals drei Monate nach der Wirksamkeit der Bestellung des Betreuers und danach nur alle weitere drei Monate geltend gemacht werden kann. Nach einem **Betreuerwechsel** beginnt der Abrechnungszeitraum für die Betreuervergütung des § 9 S. 1 VBVG mit der Wirksamkeit der Bestellung des neuen Betreuers. Der Regelung ist nicht zu entnehmen, dass der Abrechnungszeitraum ausschließlich mit der erstmaligen Bestellung eines Betreuers zu laufen beginnt.[374]

206

Die Berechnung der einem Berufsbetreuer bei einem Wechsel zu einem ehrenamtlichen Betreuer gem. § 5 Abs. 5 VBVG zu vergütenden Monate erfolgt nach Betreuungsmonaten und nicht nach Kalendermonaten.[375]

h) Aufwendungen/Auslagen

Gem. **§ 4 Abs. 2 S. 1 VBVG** sind alle durch die Betreuung entstandenen Aufwendungen durch die Stundensätze des § 4 Abs. 1 VBVG abgegolten (siehe Rdn 187; zur Umsatzsteuer siehe Rdn 221 ff.). Neben der Vergütung nach § 4 VBVG kann der Berufsbetreuer daher einen Aufwendungsersatzan-

207

---

363 OLG Düsseldorf 28.2.2007 – I-25 Wx 36/06; OLG Schleswig BtPrax 2006, 73; OLG Frankfurt FamRZ 2007, 1272; LG Stendal 29.6.2007 – 25 T 28/07, juris; a.A. LG Kiel BtPrax 2006, 77; LG Wiesbaden BtPrax 2006, 115.
364 BGH NJW-RR 2012, 965 = Rpfleger 2012, 528 = BtPrax 2012, 162 = FamRZ 2012, 1211 = FGPrax 2012, 197 = FuR 2012, 479 = MDR 2012, 1192 = RVGreport 2012, 280.
365 BGH BtPrax 2016, 78.
366 *Jürgens*, Betreuungsrecht, 4. Aufl. 2010, § 5 Rn 6.
367 BGH NJW-RR 2012, 965 = Rpfleger 2012, 528 = BtPrax 2012, 162 = FamRZ 2012, 1211 = FGPrax 2012, 197 = FuR 2012, 479 = MDR 2012, 1192 = RVGreport 2012, 280; OLG München FamRZ 2006, 647, 648; OLG Hamm OLGR 2006, 686, 687.
368 BGH NJW-RR 2012, 965 = Rpfleger 2012, 528 = BtPrax 2012, 162 = FamRZ 2012, 1211 = FGPrax 2012, 197 = FuR 2012, 479 = MDR 2012, 1192 = RVGreport 2012, 280.
369 OLG Zweibrücken FGPrax 2006, 121 = NJW-RR 2006, 725; FGPrax 2006, 167 = NJW-RR 2006, 873; a.A. OLG Stuttgart FGPrax 2007, 131, 132 m.w.N.
370 OLG Hamm NJW-RR 2007, 1086.
371 FamRZ 2009, 1708 = FGPrax 2009, 2143.
372 OLG Zweibrücken NJW-RR 2006, 873 = FGPrax 2006, 167; LG Bückeburg FamRZ 2009, 1709; a.A. OLG Düsseldorf 28.2.2007 – I-25 Wx 36/06.
373 LG Koblenz FamRZ 2005, 1279. Entsprechendes gilt für den Einwand mangelhafter Amtsführung, vgl. LG Koblenz FamRZ 2006, 647.
374 BGH NJW-RR 2011, 1153 = Rpfleger 2011, 501 = BtPrax 2011, 218 = FGPrax 2011, 230 = MDR 2011, 888 = RVGreport 2011, 320.
375 BGH NJW-RR 2013, 578 = Rpfleger 2013, 392 = FamRZ 2013, 781.

spruch nach § 1835 BGB nicht mehr geltend machen. Nur die gesonderte Geltendmachung von Aufwendungen i.S.d. § 1835 Abs. 3 BGB (vgl. Rdn 208 ff.) bleibt daneben möglich (§ 4 Abs. 2 S. 2 VBVG).[376] Auch die Aufwendungen des Betreuers für einen **Dolmetscher** sind daher neben der pauschalen Vergütung nicht erstattungsfähig.[377] Das gilt auch für einen **Gebärdendolmetscher**.[378] Das gilt auch dann, wenn im Einzelfall dem Betreuer durch die Beauftragung eines Dolmetschers so hohe Kosten entstehen, dass sich seine Vergütung, die er in diesem Betreuungsverfahren erhält, erheblich reduziert. § 4 Abs. 2 S. 1 VBVG regelt den Aufwendungsersatzanspruch des Berufsbetreuers abschließend.[379] Etwaige Aufwendungen sind daher aus dem pauschalen Stundensatz zu bestreiten.

i) Vergütung nach dem RVG – § 1835 Abs. 3 BGB

208 **aa) Berufsspezifische Dienste. Zulässig** ist gem. § 4 Abs. 2 S. 2 VBVG die gesonderte Geltendmachung von Aufwendungen i.S.d. § 1835 Abs. 3 BGB.[380] Der anwaltliche Betreuer hat daher einen Aufwendungsersatzanspruch für seine **berufsspezifischen Dienste,** etwa für die Prozessvertretung des Betreuten in einem Zivilverfahren. Der Wert dieser Aufwendungen bemisst sich dabei folgerichtig nach dem anwaltlichen Tarifgesetz, sodass der Rechtsanwalt seine Vergütung im Ergebnis **nach dem RVG** berechnen kann.[381]

209 Die **Abgrenzung**, welche Dienste der (anwaltliche) Betreuer noch im Rahmen seiner Betreuertätigkeit erbringt, und welche Leistungen schon nach dem RVG zu vergütende anwaltliche Leistungen sind, ist bisweilen schwierig. Entscheidend ist letztlich, ob ein juristischer Laie als Betreuer einen Rechtsanwalt hinzugezogen hätte.[382] So sind z.B. umfangreiche Vermögensverwaltungen im Rahmen der Vermögenssorge des Betreuers grds. von den Stundenansätzen des § 5 VBVG gedeckt. Nimmt die Vermögensverwaltung indes ein Ausmaß an, dass ihre Wahrnehmung durch den Betreuer nicht mehr im Rahmen dieser Vergütung erwartet werden darf, kann der Betreuer Teile dieser Aufgabe gegen Vergütung auf Dritte (Rechtsanwälte, Steuerberater usw.) übertragen oder ggf. selbst unter Beteiligung eines zu bestellenden Ergänzungsbetreuers eine Vereinbarung hierüber mit dem Betroffenen schließen.[383]

210 Ureigenste Aufgabe eines Rechtsanwalts ist es, Ansprüche gerichtlich durchzusetzen oder gerichtlich geltend gemachte Ansprüche abzuwehren, und zwar auch dann, wenn kein Anwaltszwang besteht.[384] Im außergerichtlichen Bereich zählt zum Kernbereich anwaltlicher Tätigkeit die Besorgung von Angelegenheiten, die besondere rechtliche Schwierigkeiten aufweisen. Deshalb kann die Zuziehung eines Rechtsanwalts angeraten sein, wenn es um die Gestaltung eines komplizierteren Vertragswerkes oder um die Vertretung des Betroffenen in einer nicht nur geringfügigen streitigen Angelegenheit geht, in der der Gegner sich von einem Rechtsanwalt unterstützen lässt (Waffengleichheit). Für einen gewöhnlichen, bei einem Notar abgeschlossenen **Grundstückskaufvertrag** wird angenommen, dass insoweit keine berufsspezifischen Dienste zu erbringen sind.[385] Das kann aber anders zu beurteilen sein, wenn es gleichzeitig auch um die Rückabwicklung eines vorher über dasselbe Grundstück geschlossenen Kaufvertrags geht.[386] Auch Verhandlungen mit Behörden, die nicht alltägliche Rechtsfragen zum Gegenstand haben, können die Zuziehung eines Anwalts erfordern.[387]

---

376 BGH NJW 2014, 1811 = FamRZ 2014, 1013 = Rpfleger 2014, 424; OLG Köln BtPrax 2007, 255.
377 BGH NJW 2014, 1811 = FamRZ 2014, 1013 = Rpfleger 2014, 424; OLG Frankfurt FamRZ 2009, 1008; OLG Köln FamRZ 2008, 921; LG Düsseldorf FamRZ 2007, 2108.
378 BGH NJW 2014, 1811 = FamRZ 2014, 1013 = Rpfleger 2014, 424.
379 BGH NJW 2014, 1811 = FamRZ 2014, 1013 = Rpfleger 2014, 424.
380 BGH NJW 2014, 1811 = FamRZ 2014, 1013 = Rpfleger 2014, 424.
381 BVerfG FamRZ 2000, 345; BVerfG BtPrax 2000, 120; BGH NJW 2007, 844; BGH NJW 1998, 3567; BayObLG Rpfleger 2002, 361 = FGPrax 2002, 64 = NJW 2002, 160 = FamRZ 2002, 573; BayObLG FamRZ 2003, 1586; *Dodegge*, NJW 2007, 2673, 2677.
382 BVerfG FamRZ 2000, 1284, 1285; BayObLG Rpfleger 2002, 361; OLG Zweibrücken BtPrax 2002, 41.
383 OLG München FamRZ 2008, 1560 = Rpfleger 2008, 420.
384 BayObLG NJW 2002, 1660.
385 OLG München FGPrax 2009, 167.
386 LG Rostock 15.11.2012 – 3 T 284/12, juris.
387 Vgl. BayObLG NJW 2002, 1660.

Ein Aufwendungsersatzanspruch kommt immer nur für die Tätigkeiten des anwaltlichen Berufsbetreuers im Bereich der ihm übertragenen **Aufgabenkreise** in Betracht.[388] Das Gericht kann bereits im Bestellungsbeschluss feststellen, ob eine anwaltsspezifische Tätigkeit erforderlich ist.[389] Trifft das Gericht die Feststellung, dass die Betreuung eine anwaltsspezifische Tätigkeit erfordert, ist das für die Kosten- bzw. Vergütungsfestsetzung **bindend**.[390]

211

Über § 4 Abs. 2 S. 2 VBVG, § 1835 Abs. 3 BGB kann auch die Abrechnung nach den Honorarordnungen für **Steuerberater** oder **Wirtschaftsprüfer** in Frage kommen, wenn der Betreuer diesen Berufsgruppen angehört.[391]

212

bb) Kein Wahlrecht. Früher wurde dem anwaltlichen Betreuer ein **Wahlrecht** zwischen der Anwaltsvergütung nach dem RVG (§ 4 Abs. 2 S. 2 VBVG und § 1835 Abs. 3 BGB) und der Betreuervergütung nach dem VBVG zugebilligt.[392] Der BGH hat sich allerdings der **Gegenmeinung** angeschlossen, die dem anwaltlichen Betreuer für die Tätigkeit im Rahmen seiner allgemeinen Amtsführung die pauschalierte Vergütung nach dem VBVG und für darüber hinausgehende anwaltsspezifische Tätigkeiten eine Vergütung nach dem RVG zuerkannte.[393] Der als Betreuer bestellte Rechtsanwalt kann daher eine Tätigkeit im Rahmen der Betreuung gem. § 1835 Abs. 3 BGB nach anwaltlichem Gebührenrecht abrechnen, wenn und soweit sich die zu bewältigende Aufgabe als eine für den Beruf des Rechtsanwalts spezifische Tätigkeit darstellt. Dies ergibt sich aus dem Grundsatz, dass der Betreute keinen Vorteil daraus ziehen soll, dass sein Betreuer zufällig aufgrund einer besonderen beruflichen Qualifikation etwas verrichten kann, wozu ein anderer Betreuer berechtigterweise die entgeltlichen Dienste eines Dritten in Anspruch nehmen würde.[394]

213

Die pauschale Vergütung und der Aufwendungsersatz nach § 1835 Abs. 3 BGB stehen beim berufsmäßigen Betreuer nach Auffassung des BGH nicht in einem Alternativverhältnis zueinander. Vielmehr erfasse der Aufwendungsersatz (nur) diejenigen Leistungen im Rahmen der Aufgabenerfüllung des Betreuers, die eine berufsspezifische Tätigkeit darstellen und für die jeder Betreuer einen Fachmann hinzuziehen dürfte oder – etwa bei Gerichtsverfahren mit Anwaltszwang – sogar müsse, während es im Übrigen bei der pauschalen Vergütung sein Bewenden habe. Ein **Wahlrecht** bestehe schon deshalb **nicht**, weil durch § 5 VBVG bei der Betreuervergütung von den Sonderfällen des § 6 VBVG abgesehen auch die Stundenzahl pauschaliert sei.

Deshalb tritt, wenn der Aufgabenkreis des Betreuers und die berufsspezifische Tätigkeit nicht deckungsgleich sind, der Aufwendungsersatz bei Vorliegen der Voraussetzungen des § 1835 Abs. 3 BGB neben die pauschale Vergütung. Er kann daher von dem Betreuer, der die berufsspezifischen Leistungen selbst und damit an Stelle des ansonsten gesondert zu vergütenden Fachmannes erbracht hat, zusätzlich geltend gemacht werden. Die Geltendmachung der pauschalen Vergütung entfaltet keine Sperrwirkung für einen späteren Antrag, der sich auf in der fraglichen Zeit erbrachte berufsspezifische Tätigkeiten bezieht.[395]

214

---

388 OLG Düsseldorf Rpfleger 2012, 444 = FGPrax 2012, 117 = ErbR 2012, 123 = ZEV 2012, 364, für den Nachlasspfleger, der bei der Durchführung und Überwachung der Erbauseinandersetzung mitwirkt; OLG Schleswig NJW-RR 2008, 91; FGPrax 2007, 231.

389 OLG Oldenburg JurBüro 2012, 472 = Rpfleger 2012, 629, zum Ergänzungspfleger.

390 Vgl. zum Verfahrenspfleger BGH 15.5.2013 – XII ZB 283/12, juris; BGH NJW 2012, 3728; BGH FamRZ 2011, 203 = NJW 2011, 453 = JurBüro 2011, 130 = Rpfleger 2011, 205 = BtPrax 2011, 85; OLG Schleswig MDR 2008, 1366 = NJW-RR 2009, 79; OLG Stuttgart NJW-RR 2004, 424; OLG Köln FamRZ 2001, 1643.

391 OLG München FamRZ 2008, 1560 = Rpfleger 2008, 420.

392 Vgl. Vorauflage, § 1 Rn 119; OLG Frankfurt FamRB 2013, 215, für den Ergänzungspfleger; OLG Frankfurt FamRZ 2013, 894 = FamRB 2013, 216, für den Ergänzungspfleger; KG FamRZ 2012, 63 = Rpfleger 2012,

74 = BtPrax 2011, 270 = FGPrax 2011, 296, für den anwaltlichen Berufsbetreuer, der für den bedürftigen Betroffenen ein Regelinsolvenzverfahren vorbereitet; OLG Frankfurt 3.2.2011 – 2 WF 457/10, juris; OLG München FamRZ 2008, 2309; OLG Hamm FamRZ 2007, 1186 = NJW-RR 2008, 232 = JurBüro 2007, 323 = BtPrax 2007, 255; BayObLG OLG-Report 2004, 192; OLG Köln OLG-Report 2004, 53; LG Münster FamRZ 2009, 151.

393 BGH NJW-RR 2014, 1224 = FamRZ 2014, 1628 = MDR 2014, 1114 = BtPrax 2014, 234 = JurBüro 2014, 598; vgl. *Klein/Pammler*, 6. Aufl., § 1836 Rn 84; MüKo/*Wagenitz*, BGB, 5. Aufl., § 1835 Rn 43.

394 BGH NJW-RR 2014, 1224 = FamRZ 2014, 1628 = MDR 2014, 1114 = BtPrax 2014, 234 = JurBüro 2014, 598; BGH FamRZ 2014, 472; BGH FamRZ 2011, 203; BGH FamRZ 2007, 381, 382.

395 BGH NJW-RR 2014, 1224 = FamRZ 2014, 1628 = MDR 2014, 1114 = BtPrax 2014, 234 = JurBüro 2014, 598.

215 Allerdings bedeutet das nicht, dass jede Tätigkeit eines anwaltlichen Betreuers, die er im Rahmen der Betreuung erbringt, einen Aufwendungsersatzanspruch gem. § 1835 Abs. 3 BGB begründet. Vielmehr sind solche Leistungen, die ein nichtanwaltlicher Betreuer ohne Hinzuziehung eines Rechtsanwalts geleistet hätte, vom Anwendungsbereich des § 1835 Abs. 3 BGB nicht erfasst.[396] So kann bspw. die Abfassung bzw. der Entwurf eines Vertrages eine anwaltsspezifische Tätigkeit sein, wenn hierbei rechtliche oder tatsächliche Schwierigkeiten zu bewältigen sind.[397]

j) Vergütung nach dem RVG bei mittellosen Betreuten

216 **aa) Prozess- und Verfahrenskostenhilfe.** Bei der Führung eines Rechtsstreits für einen mittellosen Betreuten kann der anwaltliche Betreuer für seine berufsspezifischen Tätigkeiten nur eine Vergütung nach den Vorschriften über die **Prozesskostenhilfe** bzw. **Verfahrenskostenhilfe** verlangen.[398] Liegen die Voraussetzungen für die Gewährung von PKH/VKH vor, muss diese beantragt werden; der anwaltliche Betreuer ist beizuordnen und auf die ermäßigten Gebühren des § 49 beschränkt.[399] Der anwaltliche Betreuer kann diese Beschränkung auch nicht durch Geltendmachung einer Stundenvergütung nach dem VBVG umgehen.[400] Prozesskostenhilfe darf im Übrigen nicht mit der Begründung verweigert werden, dass der Anspruch auf anwaltliche Vergütung und auf Erstattung möglicher Verfahrenskosten durch § 1836 BGB i.V.m. § 1 Abs. 2 S. 1 VBVG und § 1835 Abs. 1 und Abs. 3 BGB sowie die Haftung der Staatskasse für diese Ansprüche bei Mittellosigkeit des Mündels (§ 1835 Abs. 4 BGB, § 1 Abs. 2 S. 2 VBVG) ausreichend abgedeckt ist.[401]

217 Etwas anderes gilt, wenn dem Betreuten im PKH-Verfahren die Prozesskostenhilfe verweigert wird und der Anwalt den Prozess dennoch führt. Denn der Betreuer, dem für eine anwaltliche Tätigkeit Prozesskostenhilfe versagt wird, soll nicht besser dastehen als derjenige, für dessen Tätigkeit Prozesskostenhilfe bewilligt wird.[402] Bei Versagung der Prozesskostenhilfe kann der anwaltliche Berufsbetreuer deshalb regelmäßig **keinen** nach dem RVG zu berechnenden Aufwendungsersatz nach § 1835 Abs. 3 BGB aus der Staatskasse verlangen.[403] Denn nach der Rechtsprechung des BGH ist der Berufsbetreuer gehalten, bei der Prozessführung regelmäßig keine Kosten auslösenden Maßnahmen zu ergreifen, deren Finanzierung durch Prozesskostenhilfe oder im Vorfeld durch Beratungshilfe nicht gewährleistet werden kann. Das Betreuungsverhältnis kann es nicht rechtfertigen, dass der anwaltliche Betreuer eines mittellosen Betreuten über § 1835 Abs. 3 BGB eine Vergütung aus der Staatskasse erhält, der Rechtsanwalt eines nicht betreuten mittellosen Mandanten aufgrund der Versagung der Prozesskostenhilfe hingegen nicht.[404] Eine Ausnahme gilt allenfalls dann, wenn mit der Ablehnung der beantragten Prozesskostenhilfe nicht gerechnet werden konnte.[405] Die Frage, ob der anwaltliche Betreuer Aufwendungsersatz aus der Staatskasse für eine von ihm wahrgenommene Tätigkeit in einem gerichtlichen Verfahren beanspruchen kann, ist bei einem mittellosen Bereuten nicht ohne Rücksicht auf die Voraussetzungen für die Bewilligung von Prozesskostenhilfe zu beurteilen. Das Betreuungsverhältnis rechtfertigt es nämlich nicht, dem anwaltlichen Betreuer in Sachen seines unbemittelten Betreuten eine höhere Vergütung aus der Staatskasse zu zahlen als in Sachen eine mittellosen Mandanten.[406]

---

[396] BGH NJW-RR 2014, 1224 = FamRZ 2014, 1628 = MDR 2014, 1114 = BtPrax 2014, 234 = JurBüro 2014, 598; BGH FamRZ 2014, 472, für den Ergänzungspfleger.

[397] BGH NJW-RR 2014, 1224 = FamRZ 2014, 1628 = MDR 2014, 1114 = BtPrax 2014, 234 = JurBüro 2014, 598.

[398] Vgl. insoweit auch BGH NJW-RR 2014, 1224 = FamRZ 2014, 1628 = MDR 2014, 1114 = BtPrax 2014, 234 = JurBüro 2014, 598; BGH NJW 2014, 865 = FamRZ 2014, 472 = MDR 2014, 628 = Rpfleger 2014, 258 = FGPrax 2014, 111, zum Ergänzungspfleger.

[399] Vgl. LSG Berlin-Brandenburg FamRZ 2007, 488 = BeckRS 2006, 44130; BayObLG BtPrax 2004, 70; BayObLG BtPrax 2003, 273; OLG Frankfurt Rpfleger 2001, 491; LG Zweibrücken FamRZ 2003, 477. So auch *Dodegge*, NJW 2007, 2673, 2677.

[400] OLG Frankfurt FamRZ 2013, 894 = FamRB 2013, 216.

[401] BGH FamRZ 2011, 633 = MDR 2011, 445 = Rpfleger 2011, 331 = RVGreport 2011, 195; OLG Frankfurt FamRZ 2013, 894 = FamRB 2013, 216.

[402] LG Zweibrücken FamRZ 2003, 1586; a.A. OVG Bremen Rpfleger 1986, 12, 13.

[403] OLG Köln BtPrax 2009, 248 = OLGR Köln 2009, 839 = FamRZ 2009, 1707.

[404] BGH NJW 2007, 844 = FamRZ 2007, 381 = Rpfleger 2007, 197; OLG Köln BtPrax 2009, 248 = OLGR Köln 2009, 839 = FamRZ 2009, 1707.

[405] OLG Köln BtPrax 2009, 248 = OLGR Köln 2009, 839 = FamRZ 2009, 1707.

[406] BGH NJW 2007, 844 = FamRZ 2007, 381 = Rpfleger 2007, 197; OLG Düsseldorf 23.10.2008 – I-25 Wx 88/08 (n.v.); OLG Köln NJW-RR 2003, 712.

bb) Beratungshilfe. Diese Grundsätze gelten auch für die außergerichtliche Beratung bzw. Vertretung durch den anwaltlichen Betreuer im Hinblick auf die **Beratungshilfe**.[407] Deshalb ist der anwaltliche Betreuer verpflichtet, für die außergerichtliche Beratung und Vertretung seines mittellosen Mandanten Beratungshilfe in Anspruch zu nehmen.[408] Denn auch außerhalb eines gerichtlichen Verfahrens hat der Anwalt die Pflicht, seinen erkennbar mittellosen Mandanten auf die Möglichkeit der Beratungshilfe hinzuweisen, vgl. § 16 BORA (vgl. Rdn 43).[409] Erbringt daher ein Betreuer zugunsten eines mittellosen Betreuten somit Anwaltstätigkeit, kann er diese über § 1 Abs. 2 S. 2, § 1835 Abs. 3 BGB nicht als Wahlanwaltsgebühren abrechnen. Der Rechtsanwalt eines nicht unter Betreuung stehenden mittellosen Mandanten könnte lediglich Beratungshilfegebühren aus der Staatskasse verlangen, sodass auch der anwaltliche Betreuer über § 1835 Abs. 3 BGB nur nach den für die Beratungshilfe geltenden Sätzen (VV 2500 ff.) abrechnen kann.[410] Für den im ersten Asylverfahren mit Anhörung vor dem Bundesamt für Migration und Flüchtlinge bestellten anwaltlichen Ergänzungspfleger sind allerdings nach Auffassung des OLG Frankfurt nicht lediglich die Beratungshilfegebühren zu berücksichtigen, da die Tätigkeit des anwaltlichen Ergänzungspflegers insoweit die typischerweise im Rahmen der Beratungshilfe zu erbringenden Leistungen überschreitet.[411] Das soll für den anwaltlichen Berufsergänzungspfleger auch im ausländer- und asylrechtlichen Verfahren gelten.[412]

218

cc) Geltendmachung des Anspruchs. Hinsichtlich der **Geltendmachung** des Anspruchs auf Aufwendungsersatz gem. § 1835 Abs. 3 BGB ist zu unterscheiden:
- Wird der Anspruch gegenüber der Staatskasse geltend gemacht, weil der Betreute mittellos ist, muss der Betreuer einen Beschluss des Familiengerichts/Betreuungsgerichts oder eine Festsetzung durch den Urkundsbeamten der Geschäftsstelle beantragen.[413]
- Besteht der Anspruch dagegen direkt gegen den Betreuten, kann der Betreuer den ihm zustehenden Betrag unmittelbar dem Vermögen des Betreuten entnehmen, soweit er mit der Vermögenssorge betraut ist.[414] Ansonsten muss die mit der Vermögenssorge betraute Person den Anspruch des Betreuers befriedigen.[415] Anderenfalls kann der Betreuer die **Festsetzung** des Betrages gegen den Betreuten beim Familiengericht/Betreuungsgericht beantragen (§ 292 Abs. 1 i.V.m. § 168 FamFG).

219

Für die Geltendmachung der Ansprüche gilt eine **Ausschlussfrist** von 15 Monaten nach Entstehung (§ 1835 Abs. 1 S. 3 BGB). Das gilt auch dann, wenn der Betreuer nach § 4 Abs. 2 S. 2 VBVG i.V.m. § 1835 Abs. 3 BGB eine anwaltliche Vergütung geltend macht.[416]

220

In diesem Fall werden die allgemeinen bürgerlich-rechtlichen Verjährungsfristen durch die Erlöschensfrist überlagert.[417] Es besteht kein Grund, die Abrechnung anwaltlicher Gebühren, die i.d.R. einfacher ist, gegenüber den übrigen Aufwendungen des Betreuers zu privilegieren.[418] Darüber hinaus kann das Gericht dem Betreuer nach § 1835 Abs. 1a BGB eine Frist zur Geltendmachung seiner Ansprüche setzen. Diese muss mindestens zwei Monate betragen. Lässt der Anspruchsteller die Frist verstreichen, verfallen seine Ansprüche. Über diese Rechtsfolge ist er zu belehren.

---

407 BGH NJW 2014, 865 = FamRZ 2014, 472 = MDR 2014, 628 = Rpfleger 2014, 258 = FGPrax 2014, 111, für den Ergänzungspfleger; BGH NJW 2007, 844 = Rpfleger 2007, 197; OLG Köln NJW-RR 1993, 712; a.A. BayObLG FamRZ 2003, 1587, 1588.
408 BGH NJW 2007, 844 = FamRZ 2007, 381 = Rpfleger 2007, 197; KG FamRZ 2012, 63 = Rpfleger 2012, 74 = BtPrax 2011, 270 = FGPrax 2011, 296.
409 BVerfG NJW 2000, 2495; BGH NJW 2007, 844 = FamRZ 2007, 381 = Rpfleger 2007, 197; KG FamRZ 2012, 63 = Rpfleger 2012, 74 = BtPrax 2011, 270 = FGPrax 2011, 296.
410 BGH NJW 2014, 865 = FamRZ 2014, 472 = MDR 2014, 628 = Rpfleger 2014, 258 = FGPrax 2014, 111, für den Ergänzungspfleger; BGH 16.1.2014 – XII ZB 95/13, juris; BGH NJW 2007, 844 = FamRZ 2007, 381 = Rpfleger 2007, 197; KG FamRZ 2012, 63 = Rpfleger 2012, 74 = BtPrax 2011, 270 = FGPrax 2011, 296; OLG Frankfurt FamRZ 2010, 64; OLG Frankfurt FamRZ 2011, 670, für den Pfleger; OLG Düsseldorf 23.10.2008 – I-25 WX 88/08 (n.v.); LG Münster FamRZ 2011, 136; LG Düsseldorf 6.8.2008 – 19 T 124/08 (n.v.).
411 OLG Frankfurt FamRB 2013, 215.
412 OLG Frankfurt FamRZ 2013, 894 = FamRB 2013, 216.
413 Soergel/*Zimmermann*, § 1835 Rn 25; MüKo/*Wagenitz*, BGB, § 1835 Rn 4.
414 *Jürgens*, Betreuungsrecht, 4. Aufl. 2010, § 1835 BGB Rn 16.
415 MüKo/*Wagenitz*, BGB, § 1835 Rn 4.
416 BGH NJW 2012, 3307 = MDR 2012, 1066 = FamRB 2012, 339, zum Verfahrenspfleger.
417 OLG Schleswig FGPrax 2003, 127, 128 zu § 1836 a.F.; OLG Frankfurt FGPrax 2004, 121; LG Münster FamRZ 2008, 1659.
418 BayObLG FGPrax 2003, 177, 178.

k) Steuerrechtliche Aspekte

221 **aa) Umsatzsteuer.** Gem. § 4 Abs. 2 S. 1 VBVG ist mit dem pauschalen Stundensatz auch der Anspruch auf Ersatz anlässlich der Betreuung anfallender **Umsatzsteuer** abgegolten. Der Ansatz eines festen Gesamtbetrages einschließlich Umsatzsteuer ist nicht zu beanstanden.[419] Der Betreuer muss somit die anfallende Umsatzsteuer aus den Vergütungssätzen des § 4 Abs. 1 VBVG bestreiten.

222 Bleibt die Umsatzsteuer nach der **Kleinunternehmerklausel** des § 19 Abs. 1 UStG unerhoben, steht auch dem nicht umsatzsteuerpflichtigen Betreuer hingegen der volle Stundensatz nach § 4 VBVG zu; eine Kürzung um die Umsatzsteuer findet nicht statt.[420] Aus § 4 VBVG ergibt sich dabei auch im Hinblick auf die unterschiedlich hohe Umsatzsteuerpflicht verschiedener Betreuergruppen keine unzulässige Ungleichbehandlung.[421]

223 Gem. § 4 Nr. 16 S. 1 Buchst. k UStG sind die mit dem Betrieb von Einrichtungen zur Betreuung oder Pflege körperlich, geistig oder seelisch hilfsbedürftiger Personen eng verbundenen Leistungen, die von Einrichtungen, die als Betreuer nach § 1896 Abs. 1 BGB bestellt worden sind, **umsatzsteuerfrei**. Die Steuerbefreiung erfasst also u.a. die nach §§ 1896 ff. BGB erbrachten Betreuungsleistungen, die von Berufsbetreuern erbracht werden.[422]

224 **Keine Umsatzsteuerfreiheit** besteht aber für die Leistungen von Berufsbetreuern, die nach § 1908i Abs. 1 BGB i.V.m. § 1835 Abs. 3 BGB vergütet werden. Berufsspezifische Leistungen anwaltlicher Berufsbetreuer, die gem. § 4 Abs. 2 S. 2 VBVG und § 1835 Abs. 3 BGB nach dem RVG vergütet werden, sind also umsatzsteuerpflichtig.[423]

225 **bb) Gewerbesteuer. Problematisch** für anwaltliche Betreuer war früher eine etwaige **Gewerbesteuerpflicht**. Nach dem Urteil des Bundesfinanzhofs vom 4.11.2004[424] erzielt ein Berufsbetreuer Einkünfte aus Gewerbebetrieb. Zwar betraf die Entscheidung einen Diplom-Pädagogen und Gestaltungstherapeuten; die Finanzverwaltung hatte das Urteil indes erwartungsgemäß zum Anlass genommen, auch den Berufsstand der Rechtsanwälte (insoweit) auf seine Gewerbesteuerpflicht zu überprüfen.[425] Der Bundesfinanzhof hat in seinen Urteilen vom 15.6.2010[426] an der im Urt. v. 4.11.2004 vertretenen Rechtsauffassung nicht mehr festgehalten. Die Einkünfte von anwaltlichen **Berufsbetreuern** und **Verfahrenspflegern** unterliegen danach nicht der Gewerbesteuer, weil es sich nicht um Einkünfte aus Gewerbebetrieb, sondern um Einkünfte aus sonstiger selbstständiger Arbeit (§ 18 Abs. 1 Nr. 3 EStG) handelt. Den Entscheidungen lagen zwei Fälle zugrunde, in denen das Finanzamt die Einkünfte einer Sozietät von Rechtsanwälten, die neben ihrer anwaltlichen Tätigkeit als Berufsbetreuer tätig waren, und die Einkünfte einer Volljuristin ohne anwaltliche Zulassung, die als Berufsbetreuerin und Verfahrenspflegerin agierte, als Einkünfte aus Gewerbebetrieb einstufte.

4. Die Vergütung des Vormunds

226 Gegenüber der Betreuung kommen Vergütungsfragen bei der Vormundschaft in der Praxis deutlich seltener vor. Daher werden hier nur die Abweichungen gegenüber der Betreuervergütung angesprochen; im Übrigen gelten die Ausführungen in den Rdn 166 ff. für die Vergütungsansprüche des Vormunds entsprechend.

a) Vergütungsanspruch

227 Der **Berufsvormund** i.S.d. § 1836 Abs. 1 S. 2 BGB, § 1 VBVG erhält für seine Tätigkeit eine Stundenvergütung nach Zeitaufwand (zur erforderlichen Feststellung der berufsmäßigen Führung der Vormundschaft vgl. Rdn 166 ff.). Nach § 3 Abs. 1 VBVG erhält der anwaltliche Berufsvormund

---

[419] BVerfG FamRZ 2009, 1123 = BtPrax 2009, 181.
[420] BGH FamRZ 2013, 872 = FuR 2013, 401; OLG MünchenFamRZ 2006, 1152 = FGPrax 2006, 165 = MDR 2006, 1415; OLG Stuttgart FamRZ 2007, 1271 = FGPrax 2007, 131; LG Frankenthal (Pfalz) FamRZ 2006, 1482; LG Mönchengladbach FamRZ 2006, 1229.
[421] BVerfG FamRZ 2009, 1123 = BtPrax 2009, 181.
[422] Erlass des BMF v. 22.11.2013 (GZ: IV D 3 – S 7172/13/10001); vgl. auch BFH 25.4.2013 – V R 7/11, juris.
[423] Erlass des BMF v. 22.11.2013 (GZ: IV D 3 – S 7172/13/10001); vgl. auch BFH 25.4.2013 – V R 7/11, juris.
[424] DStR 2005, 244.
[425] *Olbing*, AnwBl 2006, 574.
[426] BFH 15.6.2010 – VIII R 10/09 und VIII R 14/09, BStBl II 2010, 906 = DStR 2010, 1669 = BRAK-Mitt. 2010, 228 = BtPrax 2010, 232 = ZIP 2010, 1858 = JurBüro 2010, 606; BStBl II 2010, 909 = FamRZ 2010, 1731 = JurBüro 2010, 606.

für jede Stunde der für die Führung der Vormundschaft aufgewandten und erforderlichen Zeit 33,50 EUR aufgrund der abgeschlossenen Hochschulausbildung (siehe Rdn 193). Nach § 3 Abs. 3 VBVG kann das Familiengericht/Betreuungsgericht einen höheren Stundensatz bewilligen, wenn die besondere Schwierigkeit der vormundschaftlichen Geschäfte dies rechtfertigt und der Mündel nicht mittellos ist. Andere Vergütungsmodelle, etwa ein monatlicher Pauschbetrag oder ein Prozentsatz des zu verwaltenden Vermögens, sind in verfassungskonformer Weise[427] ausgeschlossen.[428]

228 Auf seine Vergütung kann der Vormund **Abschlagszahlungen** verlangen (§ 3 Abs. 4 VBVG). Zum Entstehen und zum Erlöschen des Anspruchs des Vormunds vgl. Rdn 175.

b) Aufwendungsersatzanspruch

229 Im Gegensatz zum Berufsbetreuer hat der **Berufsvormund** einen allgemeinen Aufwendungsersatzanspruch nach § 1835 BGB bzw. einen Anspruch auf Aufwandsentschädigung nach § 1835a BGB.[429]

230 Eine auf die Vergütung entfallende **Umsatzsteuer** soll dem Berufsvormund zwar gem. § 3 Abs. 1 S. 3 VBVG zusätzlich ersetzt werden. Allerdings sind gem. § 4 Nr. 25 S. 3 Buchst. c UStG seit dem 1.7.2013 Leistungen **umsatzsteuerfrei**, die von Einrichtungen erbracht werden, die als Vormünder nach § 1773 BGB bestellt worden sind. Der Begriff „Einrichtungen" erfasst unabhängig von der Rechts- oder Organisationsform des Leistungserbringers sowohl natürliche als auch juristische Personen.[430] Die Steuerbefreiung erfasst also u.a. die von Berufsvormündern erbrachten Leistungen. **Keine Umsatzsteuerfreiheit** besteht aber für die Leistungen von Berufsvormündern, die nach § 1835 Abs. 3 BGB vergütet werden. Berufsspezifische Leistungen anwaltlicher Berufsvormünder, die gem. § 1835 Abs. 3 BGB nach dem RVG vergütet werden, sind also umsatzsteuerpflichtig (vgl. Rdn 224).[431]

5. Die Vergütung des Pflegers

a) Grundsätze

231 Pflegschaften sind in § 1909 BGB (Ergänzungspflegschaft), § 1911 BGB (Abwesenheitspflegschaft), § 1912 BGB (Pflegschaft für eine Leibesfrucht), § 1913 BGB (Pflegschaft für unbekannte Beteiligte), § 1914 BGB (Pflegschaft für gesammeltes Vermögen) und in § 1960 BGB (Nachlasspflegschaft) geregelt (zum Umgangspfleger vgl. Rdn 306 ff.).

Für die Vergütung bei der Bestellung zum **Verfahrenspfleger** vgl. Rdn 261 ff.

232 Bei **mittellosen Pfleglingen** wird die Vergütung aus der Staatskasse gezahlt, bei bemittelten Pfleglingen von diesen bzw bei der Nachlasspflegschaft vom Nachlass. Der Pfleger hat Anspruch auf **Aufwendungsersatz**. Insoweit gelten die Erl. zum Vormund entsprechend.

233 Der Einwand **mangelhafter Amtsführung** ist bei der Festsetzung der Vergütung grds. unerheblich.[432]

234 Wird für einen unbegleitet eingereisten minderjährigen Flüchtling zum einen das Jugendamt zum **Vormund** und zum anderen ein Rechtsanwalt zum **berufsmäßigen Ergänzungspfleger** mit dem Aufgabenkreis der Vertretung des Minderjährigen in asyl- und ausländerrechtlichen Angelegenheiten bestellt, so ist die Bestellung zum Ergänzungspfleger zwar nicht zulässig, aber gleichwohl wirksam. Sie bindet daher die Gerichte im Vergütungsfestsetzungsverfahren.[433]

---

427 Vgl. BVerfG BtPrax 2000, 77 und 120 zur Rechtslage vor dem 1.7.2005.
428 *Jürgens*, Betreuungsrecht, 4. Aufl. 2010, § 3 VBVG Rn 2.
429 Dies folgt aus dem Fehlen einer dem § 4 Abs. 2 VBVG entspr. Regelung in § 3 VBVG; vgl. i.Ü. *Jürgens*, Betreuungsrecht, 4. Aufl. 2010, § 3 VBVG Rn 1.
430 Erlass des BMF v. 22.11.2013 (GZ: IV D 3 – S 7172/13/10001); vgl. auch BFH 25.4.2013 – V R 7/11, juris, für den Berufsbetreuer.
431 Erlass des BMF v. 22.11.2013 (GZ: IV D 3 – S 7172/13/10001); vgl. auch BFH 25.4.2013 – V R 7/11, juris.
432 KG FGPrax 2007, 272; BayObLG FamRZ 1999, 1591; OLG Düsseldorf JurBüro 1988, 195.
433 BGH 16.1.2014 – XII ZB 95/13, juris.

b) Feststellung der berufsmäßigen Führung der Pflegschaft

235 Gem. §§ 1915 Abs. 1 S. 1, 1836 Abs. 1 S. 2 BGB muss **„bei der Bestellung"** festgestellt werden, dass die Pflegschaft berufsmäßig geführt wird. Ansonsten erwirbt der Pfleger keinen Vergütungsanspruch.[434] Gem. §§ 340, 286 Abs. 1 Nr. 4 FamFG ist die Feststellung der berufsmäßigen Betreuung verpflichtender Beschlussinhalt. Damit soll sichergestellt werden, dass diese Voraussetzung für die Vergütung des Pflegers bereits bei seiner Bestellung geklärt wird.[435] Die Staatskasse hat gegen die Feststellung der Berufsmäßigkeit kein Beschwerderecht.[436] Im Übrigen wird auf die Ausführungen zu Rdn 166 ff. verwiesen.

c) Unterbliebene gerichtliche Feststellung der berufsmäßigen Führung

236 Ist die Feststellung der berufsmäßigen Führung der Pflegschaft bei der Bestellung unterblieben, so kann sie nicht nachgeholt werden. Die nachträgliche rückwirkende Feststellung, dass der Pfleger die Pflegschaft berufsmäßig führt, ist unzulässig.[437] Das gilt auch, wenn die Feststellung versehentlich unterblieben ist.[438] Eine rückwirkende Korrektur der Bestellung ist außer im Verfahren der Beschwerde gegen die Ausgangsentscheidung nur unter den Voraussetzungen der Beschlussberichtigung nach § 42 FamFG möglich.[439] Im Vergütungsfestsetzungsverfahren kann die Bestellung nicht nachträglich mit Rückwirkung erfolgen.[440]

237 Stellt das Gericht die Berufsmäßigkeit der Pflegschaft nicht fest, kann der Pfleger die Übernahme ablehnen oder **Beschwerde** einlegen. Umgekehrt kann die Feststellung der Berufsmäßigkeit nicht isoliert Gegenstand einer Beschwerde sein.

d) Abrechnung nach Zeitaufwand

238 Der Pfleger erhält sowohl bei mittellosen als auch bei vermögenden Pfleglingen keine nach pauschalen Stundenansätzen bemessene Vergütung wie der Betreuer (§ 5 VBVG), sondern rechnet seine Vergütung nach den konkret aufgewandten und erforderlichen Stunden ab (§§ 1915 Abs. 1, 1836 Abs. 1 S. 3 BGB, § 3 VBVG).[441] Erforderlich ist eine minutengenaue detaillierte Darstellung der entfalteten Tätigkeiten. Die Schätzung der zu bewilligenden Vergütung ist ausgeschlossen.[442] Die Höhe des zugrunde zu legenden Stundensatzes hängt davon ab, ob der Pflegling bzw. bei der Nachlasspflegschaft der Nachlass mittellos ist oder nicht.

e) Stundensatz bei vermögendem Pflegling

239 Für **Berufspfleger** wäre daher über § 1836 Abs. 1 S. 3 BGB der Anwendungsbereich des VBVG (siehe Rdn 186 ff.) eröffnet. **Abweichend** davon regelt § 1915 Abs. 1 S. 2 BGB aber für **vermögende Pfleglinge** (bei der Nachlasspflegschaft wird dabei auf die Vermögenslage des Nachlasses abgestellt),[443] dass sich die **Höhe** einer nach § 1836 Abs. 1 BGB zu bewilligenden Vergütung des Pflegers nicht nach § 3 VBVG bestimmt. Sie bemisst sich vielmehr gem. § 1915 Abs. 1 S. 2 BGB nach den

---

434 BGH MDR 2014, 855 = FamRZ 2014, 736 = Rpfleger 2014, 374; BGH NJW 2014, 865 = FamRZ 2014, 472 = MDR 2014, 628 = Rpfleger 2014, 258 = FGPrax 2014, 111.

435 BGH MDR 2014, 855 = FamRZ 2014, 736 = Rpfleger 2014, 374; vgl. zum Betreuer BGH JurBüro 2014, 257 = NJW 2014, 863 = FamRZ 2014, 468; BGH NJW-RR 2014, 769 = JurBüro 2014, 542 = MDR 2014, 421 = FamRZ 2014, 653.

436 OLG Frankfurt FGPrax 2004, 122; OLG Hamm BtPrax 2000, 265; BayObLG BtPrax 2001, 204.

437 BGH BGH MDR 2014, 855 = FamRZ 2014, 736 = Rpfleger 2014, 374; vgl. zum Betreuer BGH JurBüro 2014, 257 = NJW 2014, 863 = FamRZ 2014, 468; BGH NJW-RR 2014, 1031 = FamRZ 2014, 1283 = RVGreport 2015, 79 = Rpfleger 2014, 501.

438 BGH NJW-RR 2014, 1031 = FamRZ 2014, 1283 = RVGreport 2015, 79 = Rpfleger 2014, 501; BGH NJW-RR 2014, 769 = JurBüro 2014, 542 = MDR 2014, 421 = FamRZ 2014, 653.

439 BGH NJW-RR 2014, 1031 = FamRZ 2014, 1283 = RVGreport 2015, 79 = Rpfleger 2014, 501; BGH NJW-RR 2014, 769 = JurBüro 2014, 542 = MDR 2014, 421 = FamRZ 2014, 653.

440 BGH MDR 2014, 855 = FamRZ 2014, 736 = Rpfleger 2014, 374; vgl. zum Betreuer BGH FamRZ 2014, 736 = Rpfleger 2014, 374 = MDR 2014, 855.

441 OLG Naumburg Rpfleger 2012, 319, für den Nachlasspfleger.

442 OLG Celle 24.3.2016 – 6 W 14/16, juris.

443 OLG Naumburg Rpfleger 2012, 319, für den Nachlasspfleger.

für die Führung der Pflegschaftsgeschäfte **nutzbaren Fachkenntnissen** des Pflegers (siehe Rdn 193) sowie nach dem **Umfang** und der **Schwierigkeit** der Pflegschaftsgeschäfte.[444] Dem Tatsachengericht wird dabei ein weiter Ermessensspielraum zugebilligt.[445]

Contra legem ist hingegen eine stundenbasierte Vergütung des Berufspflegers in Anlehnung an die Grundsätze der Angemessenheit oder des JVEG.[446] Entsprechendes dürfte bei der Nachlasspflegschaft für eine am Nettonachlasswert orientierte Pauschalvergütung gelten.[447] **240**

Im Ergebnis kann sich auch nach diesen Parametern ein Stundensatz ergeben, wie er in § 3 Abs. 1 VBVG vorgesehen ist.[448] Auch ein höherer Stundensatz ist denkbar.[449] Die Rechtsprechung hat Stundensätze zwischen 19,50 EUR und 115 EUR anerkannt.[450]

Die vom Pfleger vorzulegende Aufstellung über seinen Zeitaufwand ist vom Gericht auf ihre Plausibilität zu überprüfen. Ggf. kann das Gericht die Vorlage weiterer Nachweise verlangen.[451] **241**

f) Stundensatz bei mittellosem Pflegling

Gem. § 1915 Abs. 1 S. 1 BGB wird der Pfleger bei einem **mittellosen Pflegling** wie ein Vormund vergütet.[452] Gem. § 1836 Abs. 1 S. 3 BGB gelten deshalb die Stundensätze des § 3 VBVG. Bei der Nachlasspflegschaft wird auf die Vermögenslage des Nachlasses abgestellt. Weil der Volljurist über Kenntnisse verfügt, die für die Führung der Pflegschaft nutzbar sind, und weil er diese Kenntnisse durch eine abgeschlossene Ausbildung an einer Hochschule werworben hat, beträgt der Stundensatz also 33,50 EUR. **242**

g) Entstehung und Erlöschen des Anspruchs

Voraussetzung für die Entstehung des Vergütungsanspruchs des Pflegers ist neben der Wirksamkeit der Bestellung der Beginn der konkreten abgerechneten Tätigkeit.[453] **243**

Zur Wirksamkeit der förmlichen Bestellung bedarf es der (mündlichen) Verpflichtung durch das Gericht, §§ 1915 Abs. 1, 1789 BGB.[454] Tätigkeiten vor der Verpflichtung sind grds. nicht vergütungs-

---

444 OLG Düsseldorf NJW-RR 2014, 1103 = FamRZ 2014, 1656 = Rpfleger 2014, 518; OLG Düsseldorf, Beschl. v. 17.1.2014 – I-3 Wx 130/13, juris: 110 EUR; OLG Schleswig MDR 2012, 1351 = ZErb 2012, 187 = SchlHA 2012, 423.

445 OLG Schleswig MDR 2012, 1351 = ZErb 2012, 187 = SchlHA 2012, 423; OLG Schleswig FGPrax 2010, 140; OLG Brandenburg ZEV 2010, 637; OLG München Rpfleger 2006, 405.

446 So zutr. und m. ausf. Begründung OLG Dresden JurBüro 2007, 545; a.A. etwa *Jochum/Pohl*, Nachlasspflegschaft, 3. Aufl., Rn 859 (Mindeststundensatz von 125 EUR); *Bestelmeyer*, Rpfleger 2005, 583, 584; *ders.*, Rpfleger 2006, 353 (nur Stundensätze von 102 bis 143 EUR angemessen); *Zimmermann*, ZEV 2005, 473, 474 (Stundensätze zwischen 50 und 95 EUR analog § 9 JVEG).

447 Etwa i.H.v. 1 bis 2 % bei größeren und 3 bis 5 % bei kleineren Nachlässen, so *Scherer/Benninghoven*, Münchener Anwaltshandbuch Erbrecht, 2. Aufl. 2007, § 53 Rn 21.

448 *Dodegge*, NJW 2005, 1896, 1899; vgl. auch OLG Schleswig MDR 2012, 1351 = ZErb 2012, 187 = SchlHA 2012, 423.

449 Vgl. LG München I Rpfleger 2003, 249 (200 bis 300 DM für RA); LG Münster Rpfleger 2003, 369 (doppelter Stundensatz); Palandt/*Diederichsen*, § 1915 Rn 6; eingehend *Zimmermann*, FamRZ 2005, 953 ff.

450 Vgl. zur Nachlasspflegschaft OLG Frankfurt 27.1.2014 – 21 W 54/13, juris: 100 EUR zzgl. USt bei Tätigkeit in einem Ballungsraum, in dem höhere Kosten für den Betrieb eines Büros aufzuwenden sind; so auch OLG Stuttgart Rpfleger 2013, 396; OLG Düsseldorf, Beschl. v. 17.1.2014 – I-3 Wx 130/13, juris: 110 EUR; OLG Schleswig MDR 2012, 1351 = ZErb 2012, 187 = SchlHA 2012, 423, 65 EUR bei einfacher und 115 EUR bei schwieriger Abwicklung, 33,50 EUR nur bei ganz leichten Aufgabenstellungen; OLG Hamm ZEV 2011, 646, Stundensatz i.H.v. 110 EUR bei durchschnittlichem Schwierigkeitsgrad; OLG Schleswig FGPrax 2010, 140; OLG Dresden FamRZ 2007, 1833 = JurBüro 2007, 545; OLG Zweibrücken NJW-RR 2008, 369.

451 OLG Düsseldorf NJW-RR 2014, 1103 = FamRZ 2014, 1656 = Rpfleger 2014, 518; OLG Düsseldorf, Beschl. v. 17.1.2014 – I-3 Wx 130/13, juris: 110 EUR.

452 Vgl OLG Naumburg Rpfleger 2012, 319.

453 OLG Hamm Rpfleger 2014, 82 = FamRZ 2014, 672; OLG Naumburg Rpfleger 2012, 319; OLG Düsseldorf FamRZ 2011, 141.

454 OLG Hamm Rpfleger 2014, 82 = FamRZ 2014, 672; OLG Saarbrücken FamRZ 2012, 33; OLG Frankfurt BtPrax 2012, 174 = FamRZ 2012, 1890; OLG Stuttgart NJW-RR 2011, 737 = FamRZ 2011, 846 = FGPrax 2011, 88.

fähig.⁴⁵⁵ Im Einzelfall kann aber wegen § 242 BGB eine Erstattungspflicht für davor entstandene Aufwendungen bestehen.⁴⁵⁶

244 Nach §§ 1960 Abs. 1, 1915 Abs. 1 S. 1, 1836 Abs. 1 S. 3 BGB i.V.m. § 2 S. 1 VBVG erlischt der Vergütungsanspruch, wenn er nicht binnen 15 Monaten ab seiner Entstehung beim Gericht geltend gemacht wird. Die Vergütungsansprüche entstehen taggenau.⁴⁵⁷ Der Lauf der Ausschlussfrist ist unabhängig davon, ob es sich um einen vermögenden oder einen mittellosen Pflegling handelt bzw. ob bei der Nachlasspflegschaft der ursprünglich vermögende Nachlass inzwischen mittellos wird.⁴⁵⁸

245 Auf die gesetzlichen Regelungen zum Erlöschen muss das Gericht den Pfleger nicht hinweisen.⁴⁵⁹

h) Vergütung nach dem RVG

246 **aa) Anwaltsspezifische Dienste.** Ein **berufsmäßig** zum Pfleger bestellter **Rechtsanwalt** kann seine insoweit entfaltete Tätigkeit gem. § 1 Abs. 2 S. 1 grds. nicht als Vergütung nach dem RVG abrechnen.⁴⁶⁰ Nach §§ 1 Abs. 2 S. 2 RVG, 1835 Abs. 3 BGB kann der zum Berufspfleger bestellte Rechtsanwalt aber Aufwendungsersatz in Gestalt einer **Vergütung nach dem RVG** verlangen, soweit er seine spezifische anwaltliche Qualifikation für Aufgaben einsetzt, für deren Erfüllung ein rechtsunkundiger Laie als Pfleger wegen der besonderen rechtlichen Schwierigkeit und der Bedeutung vernünftigerweise einen Anwalt hätte beauftragen müssen (siehe Rdn 164).⁴⁶¹ Der in § 1835 Abs. 3 BGB enthaltene und originär nur für den Vormund geltende Rechtsgedanke ist nach der Rechtsprechung des BGH auf die übrigen in § 1 Abs. 2 S. 1 genannten Tätigkeiten sinngemäß zu übertragen.⁴⁶²

247 Der Rechtsanwalt kann also **anwaltsspezifische Dienste** im Rahmen der Pflegschaft immer nach dem RVG abrechnen.⁴⁶³ Eine spezifisch anwaltliche Tätigkeit liegt immer dann vor, wenn eine Person, die selbst kein Anwalt ist, in gleicher Lage vernünftigerweise einen Rechtsanwalt zuziehen würde (arg. § 5 InsVV). Der zum Pfleger bestellte Rechtsanwalt kann deshalb Aufwendungsersatz in Gestalt einer **Vergütung nach dem RVG** verlangen, soweit er seine spezifische anwaltliche Qualifikation für Aufgaben einsetzt, für deren Erfüllung ein rechtsunkundiger Laie als Pfleger wegen der besonderen rechtlichen Schwierigkeit und der Bedeutung **vernünftigerweise** einen Anwalt hätte beauftragen müssen.⁴⁶⁴

248 Eine anwaltsspezifische Tätigkeit kann bspw. die Prüfung eines Vertrages darstellen, durch den Gesellschaftsanteile an einer KG von den Eltern auf die Kinder übertragen werden.⁴⁶⁵ Bei einem Antrag auf Eröffnung des Nachlassinsolvenzverfahrens ist das noch nicht der Fall, wenn es um einen einfachen Fall deutlicher Überschuldung des Nachlasses geht.⁴⁶⁶

249 Wird ein anwaltlicher Ergänzungspfleger für einen **unbegleitet eingereisten minderjährigen Flüchtling** mit dem Aufgabenkreis der Vertretung des Minderjährigen in asyl- und ausländerrechtli-

---

455 OLG Stuttgart NJW-RR 2011, 737 = FamRZ 2011, 846 = FGPrax 2011, 88.
456 OLG Saarbrücken FamRZ 2012, 33, zu den vom Umgangspfleger vor der förmlichen Bestellung auf Veranlassung des Gerichts erbrachten Tätigkeiten; OLG Frankfurt BtPrax 2012, 174 = FamRZ 2012, 1890, zu Dolmetscherkosten in einem eilbedürftigen Verfahren nach § 18a AsylVfG.
457 OLG Düsseldorf NJW-RR 2014, 1103 = FamRZ 2014, 1656 = Rpfleger 2014, 518.
458 OLG Naumburg Rpfleger 2012, 319.
459 OLG Düsseldorf NJW-RR 2014, 1103 = FamRZ 2014, 1656 = Rpfleger 2014, 518.
460 OLG Oldenburg JurBüro 2012, 472 = Rpfleger 2012, 629, für den Ergänzungspfleger.
461 BGH 16.1.2014 – XII ZB 95/13, juris; BGH NJW 2014, 865 = FamRZ 2014, 472 = MDR 2014, 628 = Rpfleger 2014, 258 = FGPrax 2014, 111; Vgl. OLG Frankfurt FamRB 2013, 215; OLG Frankfurt FamRZ 2013, 894 = FamRB 2013, 216; KG FamRZ 2012, 63; OLG Oldenburg JurBüro 2012, 472 = Rpfleger 2012, 629: Verneint für einen einfachen Fall der Vaterschaftsanfechtung kurz nach der Geburt des Kindes.
462 BGH NJW 1998, 3567.
463 BGH 16.1.2014 – XII ZB 95/13, juris; BGH NJW 2014, 865 = FamRZ 2014, 472 = MDR 2014, 628 = Rpfleger 2014, 258 = FGPrax 2014, 111; BGH NJW 2007, 844; zum Verfahrenspfleger BGH NJW 2012, 3728; BGH NJW 2012, 3307; BGH NJW 2011, 453.
464 BGH NJW 2014, 865 = FamRZ 2014, 472 = MDR 2014, 628 = Rpfleger 2014, 258 = FGPrax 2014, 111; OLG Oldenburg JurBüro 2012, 472 = Rpfleger 2012, 629.
465 OLG Hamm 22.4.2014 – II-6 WF 190/13, juris.
466 OLG Schleswig NJW 2013, 3189 = FamRZ 2013, 1608.

chen Angelegenheiten berufsmäßig bestellt, steht dem Pfleger keine die Sätze der Beratungshilfevergütung übersteigender Anspruch zu.[467]

Für die Mitwirkung bei der nicht vom Aufgabenkreis erfassten Durchführung und Überwachung der Erbauseinandersetzung kann der **Nachlasspfleger** Anwaltskosten im Wege des Aufwendungsersatzes gem. § 1 Abs. 2 S. 3, § 1836 Abs. 3 BGB nicht verlangen.[468]

250

Hinsichtlich der Frage, ob der zum Berufspfleger bestellte Rechtsanwalt neben der Abrechnung nach Zeitaufwand für anwaltsspezifische Leistungen eine RVG-Vergütung geltend machen kann, vgl. Rdn 208 ff.

251

Aus §§ 1915 Abs. 1 S. 1, 1836 Abs. 1 BGB i.V.m. § 4 Abs. 1 VBVG ergibt sich keine Einschränkung dahin gehend, dass ein Pfleger für die Erbringung berufsspezifischer Dienste im Rahmen der Pflegschaft nur den Aufwendungsersatzanspruch nach § 1835 Abs. 3 BGB geltend machen darf, wenn dieser den Vergütungsanspruch nach § 4 Abs. 1 VBVG unterschreitet. Die Tätigkeit von berufsmäßigen Pflegern ist mindestens mit den dort genannten Stundensätzen zu vergüten, und zwar auch im Falle der Erbringung berufsspezifischer Dienste i.S.d. § 1835 Abs. 3 BGB.[469]

bb) Feststellung der anwaltsspezifischen Tätigkeit. Das Gericht kann bereits im Bestellungsbeschluss feststellen, ob eine anwaltsspezifische Tätigkeit erforderlich ist.[470] Die **gerichtliche Feststellung**, dass die Verfahrenspflegschaft eine anwaltsspezifische Tätigkeit erfordert, ist für die Kosten- bzw. Vergütungsfestsetzung **bindend** und **nicht anfechtbar**.[471] Davon zu unterscheiden ist die Feststellung der berufsmäßigen Führung der Pflegschaft. Diese im Bestellungsbeschluss zu treffende Feststellung ist Voraussetzung dafür, dass überhaupt ein Vergütungsanspruch entsteht.

252

cc) Mittelloser Pflegling. Ist der Pflegling mittellos, trifft den anwaltlichen Pfleger ebenso wie den anwaltlichen Berufsbetreuer die Pflicht zur kostensparenden Amtsführung. Er muss daher für eine gerichtliche Vertretung eines mittellosen Pfleglings **Prozesskostenhilfe** beantragen und kann auch bei deren Versagung als Aufwendungsersatz gem. § 1835 Abs. 3 und 4 BGB gegenüber der Staatskasse jedenfalls keine höheren Gebühren geltend machen als diejenigen, die ein beigeordneter Rechtsanwalt gem. § 49 RVG erhält.[472]

253

Der anwaltliche Pfleger ist zudem verpflichtet, für die außergerichtliche Beratung und Vertretung seines Pfleglings Beratungshilfe in Anspruch zu nehmen. Übernimmt er diese Beratung und Vertretung selbst, ist er im Rahmen seines Aufwendungsersatzanspruchs auf die Beratungshilfesätze beschränkt. Denn das Pflegschaftsverhältnis rechtfertigt keine Besserstellung des mittellosen Pfleglings gegenüber einem anderen unbemittelten Mandanten.[473]

254

i) Aufwendungsersatz

Gem. §§ 1915, 1835, 1835a BGB erhält der Pfleger auch Entschädigung und Ersatz für seine Aufwendungen. Bei Mittellosigkeit sind die Staatskasse, ansonsten der Pflegling bzw. die von der Pflegschaft betroffene Vermögensmasse zahlungspflichtig.

255

Als zu erstattende Aufwendungen kommen auch Dolmetscherkosten in Frage.[474] Die Dolmetscherkosten sind jedenfalls bis zu den Sätzen des JVEG (70 EUR/75 EUR) erstattungsfähig.[475]

256

---

467 BGH 16.1.2014 – XII TZB 95/13, juris; a.A. OLG Frankfurt 12.2.2013 – 6 UF 200/11, juris.
468 OLG Düsseldorf Rpfleger 2012, 444 = FGPrax 2012, 117 = ErbR 2012, 123 = ZEV 2012, 364.
469 OLG Frankfurt JurBüro 2015, 420.
470 OLG Oldenburg JurBüro 2012, 472 = Rpfleger 2012, 629.
471 Vgl. zum Verfahrenspfleger BGH NJW 2013, 3040 = RVGreport 2013, 368 = MDR 2013, 926 = Rpfleger 2013, 614; BGH NJW 2013, 3728; BGH FamRZ 2011, 203 = NJW 2011, 453 = JurBüro 2011, 130 = Rpfleger 2011, 205 = BtPrax 2011, 85; OLG Schleswig MDR 2008, 1366 = NJW-RR 2009, 79; OLG Stuttgart NJW-RR 2004, 424; OLG Köln FamRZ 2001, 1643.
472 BGH NJW 2014, 865 = FamRZ 2014, 472 = MDR 2014, 628 = Rpfleger 2014, 258 = FGPrax 2014, 111.
473 BGH 16.1.2014 – XII ZB 95/13, juris; BGH NJW 2014, 865 = FamRZ 2014, 472 = MDR 2014, 628 = Rpfleger 2014, 258 = FGPrax 2014, 111; vgl. auch BGH FamRZ 2007, 381.
474 OLG Frankfurt 13.5.2015 – 2 UF 90/15, juris; OLG Frankfurt 13.2.2012 – 5 UF 407/11, juris.
475 Vgl. OLG Frankfurt 13.5.2015 – 2 UF 90/15, juris: 33,50 EUR/Stunde.

j) Umsatzsteuer

257 Die **Umsatzsteuer** soll zwar nach den Regelungen in §§ 1915 Abs. 1 S. 1, 2, 1836 Abs. 1 S. 2 BGB, § 3 Abs. 1 S. 3 VBVG dem Pfleger zusätzlich ersetzt werden. § 1915 Abs. 1 S. 2 BGB schließt das auch bei vermögenden Pfleglingen nicht aus. Denn dort wird nur klargestellt, dass sich die Höhe der Vergütung nach den für die Führung der Pflegschaftsgeschäfte nutzbaren Fachkenntnissen des Pflegers sowie nach dem Umfang und der Schwierigkeit der Pflegschaftsgeschäfte bemisst.

258 Allerdings sind gem. § 4 Nr. 25 S. 3 Buchst. c UStG seit dem 1.7.2013 Leistungen **umsatzsteuerfrei**, die von Einrichtungen erbracht werden, die als **Ergänzungspfleger** nach § 1909 BGB bestellt worden sind. Der Begriff „Einrichtungen" erfasst unabhängig von der Rechts- oder Organisationsform des Leistungserbringers sowohl natürliche als auch juristische Personen.[476] Die Steuerbefreiung erfasst also u.a. die von **Berufsergänzungspflegern** erbrachten Leistungen.[477]

259 **Keine Umsatzsteuerfreiheit** besteht aber für die Leistungen von Berufsergänzungspflegern, die nach **§ 1835 Abs. 3 BGB** vergütet werden. Berufsspezifische Leistungen anwaltlicher Berufsergänzungspfleger, die gem. § 1835 Abs. 3 BGB nach dem RVG vergütet werden (vgl. hierzu Rdn 224), sind also umsatzsteuerpflichtig.[478]

260 Die sonstigen Pflegschaften des BGB sind mit der Vormundschaft und Ergänzungspflegschaft nicht vergleichbar, da diese nicht auf die Fürsorge für Minderjährige gerichtet sind und somit bei ihnen der spezifisch soziale Charakter nicht gegeben ist. Für die Leistungen im Rahmen der sonstigen Pflegschaften des BGB wird deshalb keine Umsatzsteuerbefreiung gewährt. Unter die sonstigen Pflegschaften fallen die Abwesenheitspflegschaft für abwesende Volljährige (§ 1911 BGB) und die Nachlasspflegschaft (§§ 1960 ff. BGB) sowie die Sammlungspflegschaft (§ 1914 BGB). Sie betreffen nur die Verwaltung von Vermögen und haben keinen spezifischen Bezug auf Minderjährige, für die die elterlichen Sorgeberechtigten ersetzt werden müssen. Des Weiteren zählen hierzu die Pflegschaft für einen unbekannten Beteiligten nach § 1913 BGB und die Pflegschaft für eine Leibesfrucht nach § 1912 BGB, die ebenfalls i.d.R. nur die Verwaltung von Vermögen betreffen.[479]

6. Die Vergütung des Verfahrenspflegers

a) Grundsätze

261 Die Vergütungsansprüche des Verfahrenspflegers ergeben sich aus § 277 FamFG. Danach hat sowohl der ehrenamtliche als auch der berufsmäßige Verfahrenspfleger zunächst einen Anspruch auf **Aufwendungsersatz**. Inhalt und Umfang dieses Anspruchs richten sich nach § 1835 Abs. 1 und Abs. 2 BGB. Ein **Vorschuss** kann nicht verlangt werden (§ 277 Abs. 1 S. 2 FamFG).

262 Hinsichtlich der **Vergütung** des Verfahrenspflegers verweist § 277 Abs. 2 S. 2 FamFG auf § 1836 Abs. 1 BGB. Gegenüber § 1836 Abs. 1 S. 3 BGB, der den Anwendungsbereich des VBVG in toto eröffnet, ist § 277 Abs. 2 S. 2 FamFG für den berufsmäßigen Pfleger freilich lex specialis. Ihm steht **neben** dem Aufwendungsersatzanspruch ein Vergütungsanspruch in entsprechender Anwendung der §§ 1 bis 3 Abs. 1 und 2 VBVG zu, wenn er die Verfahrenspflegschaft ausnahmsweise berufsmäßig führt (siehe Rdn 166 ff.).

263 Der Verfahrenspfleger rechnet allerdings nicht die Pauschalvergütung des Berufsbetreuers nach §§ 4, 5 VBVG, sondern gem. § 3 Abs. 1 VBVG nach Zeitaufwand und dem anzuwendenden Stundensatz ab. Der anwaltliche Verfahrenspfleger erhält gem. § 3 Abs. 1 VBVG aufgrund des abgeschlossenen Hochschulstudiums einen Stundensatz i.H.v. 33,50 EUR.[480]

264 Vergütungsfähig ist nur eine Tätigkeit innerhalb des vom Gericht angeordneten Aufgabenkreises. Weiterbildungsmaßnahmen wirken sich auf die Höhe der Vergütung nach § 3 Abs. 1 VBVG auch dann nicht aus, wenn sie zeit- und kostenintensiv waren.[481] Die Stundensätze für Verfahrenspfleger

---

[476] Erlass des BMF v. 22.11.2013 (GZ: IV D 3 – S 7172/13/10001); vgl. auch BFH 25.4.2013 – V R 7/11, juris, für den Berufsbetreuer.
[477] OLG Frankfurt JurBüro 2015, 420.
[478] OLG Frankfurt JurBüro 2015, 420; Erlass des BMF v. 22.11.2013 (GZ: IV D 3 – S 7172/13/10001); vgl. auch BFH 25.4.2013 – V R 7/11, juris, für den Berufsbetreuer.
[479] Erlass des BMF v. 22.11.2013 (GZ: IV D 3 – S 7172/13/10001).
[480] Vgl. OLG Düsseldorf Rpfleger 2015, 705.
[481] So *Kiesewetter/Schröder*, FPR 2006, 20, 22.

werden als unangemessen niedrig empfunden;[482] die Begrenzung des Vergütungsanspruchs ist jedoch bis zu einer Überschreitung der Zumutbarkeitsgrenze verfassungsrechtlich noch gerechtfertigt.[483]

Aufwendungen sind dem Verfahrenspfleger gem. § 277 Abs. 1 S. 1 FamFG i.V.m. §§ 1835 Abs. 1, 670 BGB zu ersetzen.[484] Für **Fahrtkosten** wird in § 1835 Abs. 1 S. 1 BGB auf § 5 JVEG verwiesen. **Kopiekosten** können deshalb dem Verfahrenspfleger zu erstatten sein. Bei einem anwaltlichen Verfahrenspfleger kann dabei VV 7000 eine rechtliche Grundlage für die Abschätzung dieser Kosten bieten.[485] **265**

Die anfallende **Umsatzsteuer** wird zusätzlich erstattet (§ 3 Abs. 1 S. 3 VBVG).[486] Eine **Gewerbesteuerpflicht** besteht nicht. **266**

b) Entstehung des Vergütungsanspruchs

Der Vergütungsanspruch entsteht gem. § 277 Abs. 2 S. 2 FamFG, § 1 Abs. 1 VBVG grds. nur, wenn im Beschluss über die Bestellung des Verfahrenspflegers die Feststellung getroffen wird, dass die Verfahrenspflegschaft berufsmäßig geführt wird. Wird die Feststellung im Bestellungsbeschluss nicht getroffen und deshalb nachgeholt, kommt ihr keine rückwirkende Kraft zu. Vergütungsfähig ist daher nur eine zeitlich nach der Bestellung und Feststellung vorgenommene Tätigkeit.[487] Die Frage einer rückwirkenden Nachholung der Feststellung der Berufsmäßigkeit stellt sich dann aber nicht, wenn eine ausdrückliche Feststellung der Berufsmäßigkeit trotz einer entsprechenden Willensbildung des Gerichts erkennbar versehentlich unterblieben ist. Hier ist nach allgemeinen Regeln die Berichtigung oder Auslegung der Bestellungsentscheidung geboten.[488] **267**

Auf die Ausführungen zu Rdn 171 ff. wird verwiesen.

c) Unterbringungssachen

Für die Vergütung und den Aufwendungsersatz des in einer **Unterbringungssache** nach §§ 312, 317 FamFG bestellten Verfahrenspflegers gilt gem. § 318 FamFG § 277 FamFG entsprechend. Für den in einer **Freiheitsentziehungssache** gem. § 415 FamFG bestellten Verfahrenspfleger gilt gem. § 419 Abs. 5 FamFG § 277 FamFG entsprechend. Wird der Rechtsanwalt in einer Unterbringungssache nach § 312 FamFG oder in einer Freiheitsentziehungssache nach § 415 FamFG **nicht** als Verfahrenspfleger tätig, richtet sich seine Vergütung nach VV Teil 6 Abschnitt 3 (VV Nr. 6300 bis 6303).[489] **268**

Für die Festsetzung der Vergütung des in diesen Verfahren im Wege der VKH beigeordneten Rechtsanwalts ist nach § 55 Abs. 1 das erstinstanzliche Gericht und nicht das Rechtsmittelgericht nach § 55 Abs. 2 zuständig.[490] Erbringt der anwaltliche Verfahrenspfleger in einer Unterbringungssache nach § 312 FamFG oder in einer Freiheitsentziehungssache nach § 415 FamFG anwaltsspezifische Dienste, richtet sich seine Vergütung deshalb nach VV 6300 bis 6303. **269**

Diese Bestimmungen gelten gem. § 20 Abs. 1 des am 1.1.2011 in Kraft getretenen Gesetzes zur Therapierung und Unterbringung psychisch gestörter Gewalttäter vom 22.12.2010 (Therapieunterbringungsgesetz – ThUG) entsprechend für den Rechtsanwalt, der in einem Verfahren nach dem ThUG tätig ist (vgl. § 62 Rdn 1 ff.). **270**

---

482 Vgl. nur *Salgo*, FPR 1999, 313, 320; *Willutzki*, Kind-Prax 2001, 107.
483 Vgl. BVerfG FPR 2004, 622 = FamRZ 2004, 1267 = FuR 2004, 474.
484 BGH FamRZ 2014, 465 = RVGreport 2014, 126 = Rpfleger 2014, 261 = JurBüro 2014, 209.
485 BGH FamRZ 2014, 465 = RVGreport 2014, 126 = Rpfleger 2014, 261 = JurBüro 2014, 209; LG Kassel, 14.3.2012 – 3 T 108/12, juris.
486 Vgl. Erlass des BMF v. 22.11.2013 (GZ: IV D 3 – S 7172/13/10001).
487 *Keidel/Budde*, FamFG, § 277 Rn 5; vgl. auch OLG Brandenburg FamRZ 2009, 1169= Rpfleger 2009, 313; OLG Hamm Rpfleger 2008, 304 = FGPrax 2008, 106 = FamRZ 2008, 1115.
488 OLG Hamm Rpfleger 2008, 304 = FGPrax 2008, 106 = FamRZ 2008, 1115.
489 Vgl. BGH NJW 2012, 3728; BGH JurBüro 2012, 528 = Rpfleger 2012, 637 = MDR 2012, 1004 = FamRZ 2012, 1377 = RVGreport 2012, 381; BGH JurBüro 2012, 528 = Rpfleger 2012, 637 = MDR 2012, 1004 = FamRZ 2012, 1377 = RVGreport 2012, 381.
490 BGH AGS 2012, 472 = NJW-RR 2012, 959 = JurBüro 2012, 528 = RVGreport 2012, 302; BGH JurBüro 2012, 528 = Rpfleger 2012, 637 = MDR 2012, 1004 = FamRZ 2012, 1377 = RVGreport 2012, 381.

d) Bewilligung eines festen Geldbetrages

271 **Alternativ** zu der Bewilligung des Aufwendungsersatzes und der Vergütung nach § 277 Abs. 1 und 2 FamFG kann das Familiengericht dem Verfahrenspfleger einen **festen Geldbetrag** gewähren, wenn die für die Führung der Pflegschaftsgeschäfte erforderliche Zeit vorhersehbar und ihre Ausschöpfung durch den Pfleger gewährleistet ist (§ 277 Abs. 3 S. 1 FamFG). Bei der **Bemessung** dieses Fixbetrages ist die voraussichtlich erforderliche Zeit mit den für Berufsvormünder in § 3 Abs. 1 VBVG (siehe Rdn 227) bestimmten Stundensätzen zuzüglich einer Aufwandspauschale von 3 EUR je veranschlagter Stunde zu vergüten (§ 277 Abs. 3 S. 2 FamFG). Das Familiengericht hat insoweit eine **Prognose** zu treffen. Dafür ist es anschließend der Mühe enthoben, vom Pfleger aufgewandte Zeit und seine tatsächlichen Aufwendungen en detail überprüfen zu müssen; der einmal bewilligte Fixbetrag bewirkt eine **Abgeltung** aller weiter gehenden Aufwendungsersatz- und Vergütungsansprüche des Pflegers (§ 277 Abs. 3 S. 3, 2. Hs. FamFG). Dieser trägt somit das wirtschaftliche Risiko der Gewährung einer Individualpauschale. Es realisiert sich, wenn sich nach der Bewilligung ein höherer Zeitaufwand herausstellt.

272 Die **Umsatzsteuer** wird zusätzlich ersetzt. Anders als beim Verfahrensbeistand in § 158 Abs. 7 S. 4 FamFG wird in § 277 Abs. 3 FamFG nicht bestimmt, dass die Vergütung auch Ansprüche die auf die Vergütung anfallende Umsatzsteuer abgilt.[491]

e) Schuldner der Vergütung

273 **Schuldner** der Ansprüche auf Aufwendungsersatz und Vergütung ist stets die **Staatskasse** (§ 277 Abs. 5 S. 1 FamFG). Die Formulierung „stets" macht deutlich, dass der Pfleger sich auch dann an die Staatskasse zu halten hat, wenn der Pflegling nicht mittellos ist.

f) Festsetzung des Anspruchs

274 **Festgesetzt** werden die Zahlungsansprüche des Verfahrenspflegers kraft der Verweisung in § 277 Abs. 5 S. 2 FamFG im Verfahren nach § 168 FamFG. Die betragsmäßige Beschränkung der Beschwerdemöglichkeit folgt aus § 62 Abs. 1 FamFG und beläuft sich auf 600 EUR. Gem. § 61 Abs. 3 FamFG ist jedoch die Zulassung der Beschwerde wegen grundsätzlicher Bedeutung, Fortbildung des Rechts bzw. Sicherung einer einheitlichen Rechtsprechung auch bei einem Beschwerdewert bis 600 EUR möglich.

g) Vergütung nach dem RVG

275 Ein als Verfahrenspfleger bestellter **Rechtsanwalt** kann seine Aufwendungen nach § 1 Abs. 2 S. 1 grds. nicht als Vergütung nach dem RVG abrechnen, weil die Führung einer Verfahrenspflegschaft allein nicht als anwaltliche Tätigkeit i.S.d. RVG angesehen werden kann.[492] Nach §§ 1 Abs. 2 S. 2 RVG, 1835 Abs. 3 BGB kann der Rechtsanwalt jedoch ausnahmsweise Aufwendungsersatz in Gestalt einer **Vergütung nach dem RVG** verlangen, soweit er seine spezifische anwaltliche Qualifikation für Aufgaben einsetzt, für deren Erfüllung ein rechtsunkundiger Laie als Verfahrenspfleger wegen der besonderen rechtlichen Schwierigkeit und der Bedeutung vernünftigerweise einen Anwalt hätte

---

[491] Vgl. auch Erlass des BMF v. 22.11.2013 (GZ: IV D 3 – S 7172/13/10001).

[492] BGH NJW 2012, 3307 = MDR 2012, 1066 = FamRB 2012, 339.

beauftragen müssen (siehe Rdn 164 f.).[493] Bspw. sieht der BGH die Prüfung eines Anteilsübertragungsvertrages als eine rechtsanwaltsspezifische Tätigkeit an.[494]

276 Aus dem Umstand, dass 277 Abs. 1 FamFG nur auf §§ 1835 Abs. 1 und 2 BGB, nicht aber auf § 1835 Abs. 3 BGB verweist, ergibt sich nichts anderes. Denn es ergeben sich keine Anhaltspunkte dafür, dass der Gesetzgeber im Rahmen von § 277 Abs. 1 FamFG von den Vorgaben des BVerfG[495] zur Abrechnung anwaltsspezifischer Dienstleistungen durch den anwaltlichen Verfahrenspfleger abweichen wollte.[496]

277 Die **gerichtliche Feststellung**, dass die Verfahrenspflegschaft eine anwaltsspezifische Tätigkeit erfordert, ist für die Kosten- bzw. Vergütungsfestsetzung **bindend** und **nicht anfechtbar**.[497] Wird diese Feststellung getroffen, ist bei der Vergütungsfestsetzung nicht mehr zu prüfen, ob eine anwaltsspezifische Tätigkeit tatsächlich erforderlich war.[498]

278 Der Anspruch auf Aufwendungsersatz **erlischt** gem. § 1835 Abs. 1 S. 3 BGB, wenn er nicht binnen 15 Monaten nach seiner Entstehung gerichtlich geltend gemacht wird (vgl. Rdn 244).[499]

279 Grds. kann auch für den in einer **Unterbringungssache** (vgl. §§ 312 f. FamFG) bestellten Verfahrenspfleger eine Vergütung nach dem RVG anfallen.[500] Das gilt für den Verfahrenspfleger in einer **Freiheitsentziehungssache** gem. §§ 415 ff. entsprechend.

280 Hat das Betreuungsgericht den anwaltlichen Verfahrenspfleger in einem Verfahren über die Genehmigung einer Unterbringung (§ 1906 Abs. 1 bis 3 BGB) einerseits und einer freiheitsentziehenden Maßnahme (§ 1906 Abs. 4 BGB) andererseits bestellt, kann er beide Tätigkeiten jeweils nach VV 6300 abrechnen; es handelt sich insoweit um **verschiedene Angelegenheiten** i.S.d. § 15 Abs. 2 S. 1.[501] Unerheblich ist, ob dasselbe Gericht die beiden Beschlüsse am selben Tag und unter demselben Aktenzeichen erlassen hat. Denn maßgeblich ist allein, dass es sich bei den der Bestellung zugrundeliegenden Verfahren bzw. Verfahrensgegenständen nicht um dieselbe Angelegenheit handelt (zum Verfahrensbeistand vgl. Rdn 95 ff.).[502]

> **Beispiel:** Der Rechtsanwalt wird in einem Unterbringungsverfahren zum Verfahrenspfleger bestellt. Ferner ordnet das Gericht an, dass das Bett des Betroffenen mit einem Bettgitter zu versehen ist und der Betroffene sedierende Medikamente einzunehmen hat. Auch für dieses Verfahren bestellt das Gericht den Rechtsanwalt zum Verfahrenspfleger. Gleichzeitig bestimmt das Gericht, dass die Verfahrenspflegschaften anwaltsspezifische Tätigkeiten verlangen. Die beiden Verfahrenspflegschaften erfordern vom Rechtsanwalt einen Zeitauf-

---

493 BGH NJW-RR 2015, 66 = FamRZ 2015, 137 = MDR 2014, 1475; BGH AGS 2014, 376 = NJW 2014, 3036 = FamRZ 2014, 1629 = Rpfleger 2014, 671; BGH NJW 2012, 3307 = MDR 2012, 1066 = FamRB 2012, 339; BGH FamRZ 2011, 203 = NJW 2011, 453 = JurBüro 2011, 130 = Rpfleger 2011, 205 = BtPrax 2011, 85; OLG Rostock Rpfleger 2010, 77 = JurBüro 2010, 592 = MDR 2010, 1079; OLGR Köln 2008, 334; OLG München FGPrax 2008, 207 = Rpfleger 2008, 574 = MDR 2008, 976 = FamRZ 2008, 2150 = NJW-RR 2009, 355; OLG München RVGreport 2006, 57; OLGR 2006, 131; LG Limburg Rpfleger 2009, 232 = FamRZ 2009, 1006, bei Abschluss eines Scheidungsfolgenvergleichs; OLG Düsseldorf AGS 2007, 338 = FamRZ 2008, 76, Überprüfung eines notariellen Kaufvertrags; zum alten Recht BVerfG FamRZ 2000, 1280; BayObLG NJW-RR 2003, 1372.
494 BGH NJW 2012, 3307 = MDR 2012, 1066 = FamRB 2012, 339; BGH NJW 2012, 3728.
495 BVerfG FamRZ 2000, 1280.
496 Vgl BGH NJW-RR 2015, 66 = FamRZ 2015, 137 = MDR 2014, 1475; BGH AGS 2014, 376 = NJW 2014, 3036 = FamRZ 2014, 1629 = Rpfleger 2014, 671; BGH NJW 2012, 3307 = MDR 2012, 1066 = FamRB 2012, 339; BGH FamRZ 2011, 203 = NJW 2011, 453 = JurBüro 2011, 130 = Rpfleger 2011, 205 = BtPrax 2011, 85; OLG München FGPrax 2008, 207 = Rpfleger 2008, 574 = MDR 2008, 976 = FamRZ 2008, 2150 = NJW-RR 2009, 355; OLG Rostock Rpfleger 2010, 77 = JurBüro 2010, 592 = MDR 2010, 1079.
497 Vgl. BGH NJW-RR 2015, 66 = FamRZ 2015, 137 = MDR 2014, 1475; BGH AGS 2014, 376 = NJW 2014, 3036 = FamRZ 2014, 1629 = Rpfleger 2014, 671; BGH NJW 2013, 3040 = RVGreport 2013, 368 = MDR 2013, 926 = Rpfleger 2013, 614; BGH NJW 2012, 3728; BGH FamRZ 2011, 203 = NJW 2011, 453 = JurBüro 2011, 130 = Rpfleger 2011, 205 = BtPrax 2011, 85; OLG Schleswig MDR 2008, 1366 = NJW-RR 2009, 79; OLG Stuttgart NJW-RR 2004, 424; OLG Köln FamRZ 2001, 1643.
498 BGH NJW-RR 2015, 66 = FamRZ 2015, 137 = MDR 2014, 1475; BGH AGS 2014, 376 = NJW 2014, 3036 = FamRZ 2014, 1629 = Rpfleger 2014, 671.
499 BGH NJW 2012, 3307 = MDR 2012, 1066 = FamRB 2012, 339.
500 OLG München FGPrax 2008, 207 = Rpfleger 2008, 574 = MDR 2008, 976 = FamRZ 2008, 2150 = NJW-RR 2009, 355.
501 BGH NJW 2012, 3728 = FamRZ 2012, 1866; BGH NJW-RR 2013, 67.
502 BGH NJW 2012, 3728= FamRZ 2012, 1866; zum Verfahrensbeistand BGH FamRZ 2012, 1630 = NJW 2012, 3100 = RVGreport 2012, 480.

wand von 25 Stunden. Der Rechtsanwalt hat an einem gerichtlichen Termin im Unterbringungsverfahren teilgenommen.

Bei Abrechnung nach dem konkreten Zeitaufwand beträgt die Vergütung 837,50 EUR zzgl. Umsatzsteuer (25 Stunden à 33,50 EUR).

Bei der ebenfalls möglichen Abrechnung nach dem RVG erhält der Rechtsanwalt für die Tätigkeiten in den beiden verschiedenen gebührenrechtlichen Angelegenheiten „Unterbringung und Freiheitsentziehung" zwei Verfahrensgebühren nach Nr. 6300 VV RVG i.H.v. je 204 EUR, für die Teilnahme an dem gerichtlichen Termin eine Terminsgebühr nach Nr. 6301 VV RVG i.H.v. 204 EUR sowie zwei Postentgeltpauschalen nach VV 7002 i.H.v. je 20 EUR, insgesamt 652 EUR zzgl. Umsatzsteuer.

Die Abrechnung des konkreten Zeitaufwandes ist damit für den Rechtsanwalt günstiger.

7. Die Vergütung des Verfahrensbeistands

a) Bestellung

281 Nach § 158 Abs. 1 FamFG hat das Gericht dem minderjährigen Kind in Kindschaftssachen, die seine Person betreffen, einen geeigneten Verfahrensbeistand zu bestellen, soweit dies zur Wahrnehmung der Interessen des Kindes erforderlich ist.

b) Nicht berufsmäßig bestellter Verfahrensbeistand

282 Für den Ersatz von Aufwendungen des **nicht berufsmäßigen Verfahrensbeistands** gilt gem. § 158 Abs. 7 S. 1 FamFG die für den Verfahrenspfleger geltende Regelung in § 277 Abs. 1 FamFG entsprechend. Der **nicht berufsmäßige Verfahrensbeistand** erhält danach Ersatz seiner Aufwendungen nach § 1835 Abs. 1 bis 2 BGB. Die **Aufwandsentschädigung** gem. § 1835a BGB erhält er nicht, weil § 158 Abs. 7 S. 1, 277 Abs. 1 FamFG nur auf § 1835 BGB und nicht auf § 1835a BGB verweisen. Der Aufwendungsersatz ist gem. § 158 Abs. 7 S. 5 FamFG **stets** aus der **Staatskasse** zu zahlen.

283 **Vorschuss** kann gem. §§ 158 Abs. 7 S. 1, 277 Abs. 1 S. 2 FamFG nicht verlangt werden.

c) Berufsmäßig bestellter Verfahrensbeistand

284 **aa) Höhe der Vergütung.** Bei **berufsmäßiger Führung** der Verfahrensbeistandschaft[503] erhält der Verfahrensbeistand eine einmalige Vergütung i.H.v. 350 EUR. Im Fall der Übertragung von Aufgaben nach § 158 Abs. 4 S. 3 FamFG erhöht sich die Vergütung auf 550 EUR. Gegen die Vergütungspauschale sind verfassungsrechtliche Bedenken erhoben worden.[504] Das BVerfG[505] hat die Vorlage nicht zur Entscheidung angenommen.[506] Eine Abrechnung nach konkretem Stundenaufwand ist ausgeschlossen.[507]

285 **bb) Pauschale.** Die Vergütungspauschale erhält der Verfahrensbeistand gem. § 158 Abs. 7 S. 2 FamFG **für jeden Rechtszug.** Die Vergütungspauschale gilt gem. § 158 Abs. 7 S. 4 FamFG auch Ansprüche auf Ersatz anlässlich der Verfahrensbeistandschaft entstandener **Aufwendungen**[508] wie

---

503 Vgl. BGH NJW 2012, 3100 = MDR 2012, 1191 = FamRZ 2012, 1630 = AnwBl 2012, 928 = RVGreport 2012, 480; BGH NJW 2014, 157 = FamRZ 2014, 191 = MDR 2014, 117 = Rpfleger 2014, 139; BGH FamRZ 2011, 468.

504 Vgl. *Bode*, ZKJ 2009, 410, 412; *Trenczek*, ZKJ 2009, 196; *Coester*, FF 2009, 269, 279; *Koritz*, FPR 2009, 331, 332; *Knödler*, ZKJ 2010, 135, 139; *Menne*, ZKJ 2009, 68.

505 BVerfG 9.11.2009 – 1 BvR 2146/09, NJW 2010, 359 = ZKJ 2010, 70 = FamRZ 2010, 185.

506 Vgl. auch BGH NJW 2013, 3724 = FamRZ 2013, 1967 = AGS 2014, 11 = Rpfleger 2014, 81 = MDR 2014, 307.

507 BGH NJW 2013, 3724 = FamRZ 2013, 1967 = AGS 2014, 11 = Rpfleger 2014, 81 = MDR 2014, 307.

508 Vgl BGH NJW 2014, 157 = FamRZ 2014, 191 = MDR 2014, 117 = Rpfleger 2014, 139; BGH NJW 2013, 3724 = FamRZ 2013, 1967 = AGS 2014, 11 = Rpfleger 2014, 81 = MDR 2014, 307; BGH NJW 2010, 3446 = RVGreport 2011, 158 = FamRZ 2010, 1893; OLG Hamm FamRZ 2014, 2024 = Rpfleger 2014, 597.

bspw. (auch erheblicher) Fahrtkosten[509] und Dolmetscherkosten[510] sowie die auf die Vergütung anfallende **Umsatzsteuer** ab. Der Gesetzgeber hat sich bewusst gegen ein aufwandsbezogenes Vergütungssystem entschieden und damit hingenommen, dass in Einzelfällen keine angemessene Vergütung für den tatsächlich geleisteten Aufwand gewährt wird.[511]

Gestattet das Gericht dem Verfahrensbeistand ausdrücklich die Zuziehung eines Dolmetschers für Gespräche mit der Kindesmutter, sind nach OLG Frankfurt die hierdurch entstandenen Dolmetscherkosten neben der Vergütungspauschale als Aufwendungen und gesonderte Auslagen des gerichtlichen Verfahrens zu erstatten.[512]

cc) Zahlungspflichtige Staatskasse/Vorschuss. Die Pauschale ist gem. § 158 Abs. 7 S. 5 FamFG **stets** aus der **Staatskasse** zu zahlen.

Vorschuss auf die Vergütungspauschale kann nicht verlangt werden. Zwar ist der Ausschluss insoweit nur für die Aufwendungen des nicht berufsmäßigen Verfahrensbeistands durch §§ 158 Abs. 7 S. 1, 277 Abs. 1 S. 2 FamFG ausdrücklich geregelt. Der berufsmäßige Verfahrensbeistand kann den Anspruch auf Vorschuss nicht aus § 158 Abs. 7 S. 6 und § 168 Abs. 1 Nr. 1 FamFG herleiten. Denn dort wird nur geregelt, wie ein Vorschuss festgesetzt wird. Eine gesetzliche Grundlage für einen Vorschuss auf die Vergütungspauschale ist damit nicht vorhanden.[513]

d) Entstehung des Anspruchs

Für die Entstehung des Vergütungsanspruches des **berufsmäßigen Verfahrensbeistands** nach § 158 Abs. 7 S. 2 und 3 FamFG genügt es, wenn der Verfahrensbeistand in irgendeiner Weise im Kindesinteresse tätig geworden ist. Der Anspruch entsteht in dem Moment, in dem der Verfahrensbeistand mit der Wahrnehmung seiner Aufgaben nach § 158 Abs. 4 (siehe § 158 Abs. 7 S. 2 FamFG) begonnen hat.[514]

Das bedeutet, dass allein die Entgegennahme des Bestellungsbeschlusses für das Bestehen der Vergütungspauschale nicht ausreichend ist.[515] Der berufsmäßig bestellte Verfahrensbeistand erhält die einmalige Vergütung gem. § 158 Abs. 7 FamFG daher nur dann, wenn er über die bloße Entgegennahme des Bestellungsbeschlusses hinaus in Wahrnehmung seiner Aufgaben i.S.v. § 158 Abs. 4 FamFG in irgendeiner Weise im Kindesinteresse tätig geworden ist.[516]

Das gilt auch für das Beschwerdeverfahren. Auch im Beschwerdeverfahren entsteht ein Vergütungsanspruch des Verfahrensbeistandes nach § 158 Abs. 7 S. 2, 3 FamFG erst durch ein konkretes Tätigwerden im Kindesinteresse. Die bloße Einlegung einer Beschwerde[517] oder die bloße Entgegen-

---

509 BGH NJW 2014, 157 = FamRZ 2014, 191 = MDR 2014, 117 = Rpfleger 2014, 139; BGH NJW 2010, 3446 = RVGreport 2011, 158 = FamRZ 2010, 1893; OLG München NJW-RR 2016, 522 = FamRZ 2016, 571 = JurBüro 2016, 26.
510 OLG München NJW-RR 2016, 522 = FamRZ 2016, 571 = JurBüro 2016, 26; OLG Hamm FamRZ 2014, 2024 = Rpfleger 2014, 597.
511 BGH NJW 2013, 3724 = FamRZ 2013, 1967 = AGS 2014, 11 = Rpfleger 2014, 81 = MDR 2014, 307; BGH NJW 2014, 157 = FamRZ 2014, 191 = MDR 2014, 117 = Rpfleger 2014, 139.
512 OLG Frankfurt FamRZ 2014, 1136; nachgehend BGH 15.4.2015 – XII ZB 624/13, der die Rechtsbeschwerde gegen die Entscheidung des OLG Frankfurt aber lediglich als unstatthaft zurückgewiesen und die Frage sachlich nicht entschieden hat; in diesem Sinne wohl auch OLG Hamm FamRZ 2014, 2024 = Rpfleger 2014, 597 und OLG München NJW-RR 2016, 522 = FamRZ 2016, 571 = JurBüro 2016, 26.
513 Gerold/Schmidt/*Müller-Rabe*, RVG, § 1 Rn 512.
514 BGH FamRZ 2014, 373 = MDR 2014, 431 = Rpfleger 2014, 195; BGH NJW 2012, 3100 = MDR 2012, 1191 = FamRZ 2012, 1630 = AnwBl 2012, 928 = RVGreport 2012, 480; BGH FamRZ 2011, 558 = JurBüro 2011, 267 = FamFR 2011, 131.
515 BGH FamRZ 2014, 373 = MDR 2014, 431 = Rpfleger 2014, 195; BGH NJW 2012, 3100 = MDR 2012, 1191 = FamRZ 2012, 1630 = AnwBl 2012, 928 = RVGreport 2012, 480; BGH FamRZ 2011, 558 = JurBüro 2011, 267; BGH NJW 2010, 3449 = FamRZ 2010, 1896; OLG Hamm FamRZ 2015, 695 = Rpfleger 2015, 84.
516 BGH FamRZ 2014, 373 = MDR 2014, 431 = Rpfleger 2014, 195; BGH NJW 2013, 3724 = FamRZ 2013, 1967 = AGS 2014, 11 = Rpfleger 2014, 81 = MDR 2014, 307; BGH NJW 2012, 3100 = MDR 2012, 1191 = FamRZ 2012, 1630 = AnwBl 2012, 928 = RVGreport 2012, 480; BGH FamRZ 2011, 558 = JurBüro 2011, 267; BGH NJW 2010, 3449 = FamRZ 2010, 1896; OLG München JurBüro 2010, 435 = FamRZ 2010, 1757 = NJW-RR 2010, 1448.
517 OLG Naumburg FamRZ 2015, 1219 = FamRB 2015, 212.

nahme und das Lesen der eine Begründung noch nicht enthaltenden Beschwerdeschrift durch den Verfahrensbeistand reichen hierfür nicht aus.[518] Die (weitergehende) Tätigkeit muss nicht nach außen sichtbar geworden sein.[519]

292 Die **erhöhte Pauschale** i.H.v. 550 EUR entsteht jedenfalls dann, wenn der Verfahrensbeistand im Rahmen des gem. § 158 Abs. 4 S. 3 FamFG übertragenen erweiterten Aufgabenkreises tätig geworden ist.[520] Es reicht aber auch für die erhöhte Pauschale i.H.v. 550 EUR aus, wenn der Beistand in irgendeiner Weise im Kindesinteresse tätig geworden ist. Die nach § 158 Abs. 4 S. 3 FamFG zusätzlich übertragenen Tätigkeiten müssen noch nicht aufgenommen worden sein.[521] Denn nach dem Wortlaut kommt es für die erhöhte Pauschale allein auf die Übertragung der Aufgaben an.[522]

e) Erlöschen des Anspruchs

293 Nach einer teilweisen vertreten Auffassung erlischt der Anspruch gem. §§ 158 Abs. 7 S. 6, 168 Abs. 1 S. 4 FamFG, § 2 JVEG binnen drei Monaten nach Beendigung der Zuziehung.[523] Nach anderer Auffassung gilt gem. § 1835 Abs. 1 S. 3 BGB eine Ausschlussfrist von 15 Monaten ab Entstehung, auch wenn § 158 Abs. 7 S. 6 lediglich auf § 168 Abs. 1 S. 4 FamFG verweist, der keine Frist zur Geltendmachung der Vergütung enthält.[524] Allerdings wird hier davon ausgegangen, dass über § 168 FamFG alle Vorschriften der §§ 1835 ff. BGB und damit auch die Regelung zum Erlöschen in § 1835 Abs. 1 S. 3 BGB anwendbar sein sollen.[525] Nach einer weiteren Auffassung sind weder § 1835 Abs. 1 S. 3 BGB noch § 2 VBVG, der ebenfalls eine 15-monatige Frist enthält, anzuwenden, sodass die allgemeinen Verjährungsregeln der §§ 195 ff. BGB gelten.[526] Für die letztgenannte Auffassung spricht, dass über § 168 Abs. 1 S. 4 FamFG kein Verweis auf die Fristenregelung in § 1835 Abs. 1 S. 3 BGB stattfindet.[527]

f) Bestellung für mehrere Kinder

294 Ist der Verfahrensbeistand in einer Kindschaftssache (§ 151 FamFG) für mehrere Kinder bestellt, so erhält er für jedes der von ihm betreuten Kinder die Vergütungspauschale nach § 158 Abs. 7 S. 2 und 3 FamFG i.H.v. 350 EUR bzw. 550 EUR.[528]

g) Mehrere Angelegenheiten

295 Aus § 158 Abs. 7 S. 2 FamFG ergibt sich, dass die Pauschale **für jeden Rechtszug** entsteht.[529] Das bedeutet, dass die Pauschale in folgenden Fällen mehrfach entsteht:

296 **aa) Erste Instanz und Beschwerdeinstanz.** Bei Bestellung in der ersten Instanz erhält der Verfahrensbeistand die Pauschale auch für eine Tätigkeit in der Beschwerdeinstanz.[530] Es bedarf hierfür

---

518 OLG Celle FamRZ 2013, 573 = JurBüro 2012, 600 = FPR 2012, 6.
519 OLG München FamRZ 2010, 1757.
520 BGH NJW 2012, 3100 = MDR 2012, 1191 = FamRZ 2012, 1630 = AnwBl 2012, 928 = RVGreport 2012, 480.
521 BGH FamRZ 2014, 373 = MDR 2014, 431 = Rpfleger 2014, 195.
522 BGH FamRZ 2014, 373 = MDR 2014, 431 = Rpfleger 2014, 195.
523 Röchling/Maaßen, Handbuch Anwalt des Kindes, 2. Aufl., § 7 Rn 12.
524 OLG Hamm 6.11.2015 –II-6 WF 106/15, juris; OLG Zweibrücken MDR 2015, 772; OLG München FamRB 2014, 456.
525 OLG Hamm, 6.11.2015 –II-6 WF 106/15, juris; OLG Zweibrücken MDR 2015, 772.
526 OLG Köln JurBüro 2015, 494; OLG Frankfurt FGPrax 2016, 78.
527 OLG Frankfurt FGPrax 2016, 78.
528 BGH FamRZ 2014, 373 = MDR 2014, 431 = Rpfleger 2014, 195; BGH NJW 2013, 3724 = FamRZ 2013, 1967 = AGS 2014, 11 = Rpfleger 2014, 81 = MDR 2014, 307; BGH FamRZ 2011, 468; BGH FamRZ 2011, 558 = JurBüro 2011, 267; BGH NJW 2010, 3446 = FamRZ 2010, 1893 = RVGreport 2011, 158 = Rpfleger 2011, 82; BGH NJW 2010, 3449 = FamRZ 2010, 1896 = OLG Celle FamRZ 2010, 1182 = OLG München FamRZ 2010, 1757; OLG Stuttgart FamRZ 2010, 1003 = NJW-RR 2010, 1448.
529 BGH NJW 2013, 3724 = FamRZ 2013, 1967 = AGS 2014, 11 = Rpfleger 2014, 81 = MDR 2014, 307.
530 OLG Stuttgart JurBüro 2011, 379 = FamRZ 2011, 1533; OLG München NJW 2012, 691 = FamFR 2012, 38 = FamRZ 2012, 728; OLG München AGS 2012, 76 = RVGreport 2012, 314.

keiner erneuten Bestellung für die Beschwerdeinstanz, da die Verfahrensbeistandschaft gem. § 158 Abs. 6 Nr. 1 und Nr. 2 FamFG erst mit der Rechtskraft der das Verfahren abschließenden Entscheidung oder mit dem sonstigen Abschluss des Verfahrens endet, nicht aber mit der die erste Instanz abschließenden Entscheidung.[531] Eine erneute Bestellung ist auch dann nicht erforderlich, wenn die Aufgaben des Verfahrensbeistands in der Beschwerdeinstanz gem. § 158 Abs. 4 S. 3 FamFG erweitert werden.[532] Die Bestellung eines Verfahrensbeistands erfolgt also nicht für jeden Rechtszug gesondert.

Eine zu einer weiteren gesonderten Vergütungspauschale führende Beschwerdeinstanz liegt aber nur vor, wenn es sich um eine Beschwerde in der Hauptsache handelt, also eine Beschwerde gegen eine Endentscheidung vorliegt. Deshalb entsteht für den Beistand bei einer sofortigen Beschwerde gegen einen die Verfahrenskostenhilfe versagenden Beschluss keine weitere Pauschale.[533]

bb) Weitere erste Instanz nach Zurückverweisung. Hebt das Beschwerdegericht die erstinstanzliche Entscheidung auf und verweist die Sache zurück an das erstinstanzliche Familiengericht, ist umstritten, ob der Verfahrensbeistand neben den gesonderten Pauschalen für die erste Instanz und die Beschwerdeinstanz eine weitere gesonderte Pauschale für die weitere erste Instanz nach der Zurückverweisung erhält.[534] Gegen die Entstehung einer weiteren gesonderten Vergütungspauschale für das Verfahren nach der Zurückverweisung spricht, dass gem. § 31 Abs. 1 FamGKG das weitere Verfahren nach einer Zurückverweisung mit dem früheren Verfahren einen Rechtszug i.S.d. § 29 FamGKG bildet und es sich dei der Vergütung des Verfahrensbeistandes um gerichtliche Auslagen i.S.v. Nr. 2013 KV FamGKG handelt, sodass diese auch nur einmal anfallen.[535]

cc) Hauptsache und einstweilige Anordnung. Bei den im Rahmen des FamFG geführten Hauptsacheverfahren einerseits und Eilverfahren andererseits (einstweilige Anordnung) handelt es sich um **verschiedene Angelegenheiten**, für die der – in beiden Verfahren bestellte – Verfahrensbeistand gem. § 158 Abs. 7 FamFG jeweils eine Vergütung beanspruchen kann. Die im FamFG geregelte verfahrensrechtliche Selbstständigkeit der einstweiligen Anordnung von der gleichgelagerten Hauptsache schlägt somit auch auf die Vergütungsansprüche des in beiden Verfahren bestellten Verfahrensbeistandes durch. Eine **Anrechnung** der Pauschalen erfolgt nicht.[536]

dd) Sorgerechts- und Freiheitsentziehungsverfahren. Wird der Verfahrensbeistand in einem Sorgerechtsverfahren und parallel hierzu in einem Verfahren auf Genehmigung der freiheitsentziehenden Unterbringung für das minderjährige Kind bestellt und werden ihm vom Gericht jeweils zusätzliche Aufgaben i.S.d. § 158 Abs. 4 S. 3 FamFG übertragen, kann er in beiden Verfahren eine Vergütung gem. § 158 Abs. 7 S. 2 und 3 FamFG beanspruchen. Eine **Anrechnung** findet auch hier nicht statt.[537]

ee) Sorge- und Umgangsrechtsverfahren. Der Verfahrensbeistand, der sowohl in einer Sorgerechts- als auch in einer Umgangsrechtssache bestellt worden ist, erhält für seine Tätigkeiten in beiden Verfahren gesonderte Vergütungspauschalen. Das gilt auch dann, wenn beide Angelegenheiten vom FamG in einem einzigen Verfahren behandelt worden sind.[538]

ff) Verbindung mehrerer Verfahren. Ist ein Verfahrensbeistand jeweils in einem Verfahren bestellt, das eine eigene Kindschaftssache i.S.v. § 151 Nr. 1 und Nr. 2 FamFG (Sorge- und Umgangsrechtssache) betrifft und verbindet das Gericht diese Verfahren, dann erhält der Beistand die Vergütung gem. § 158 Abs. 7 FamFG – im Falle hinreichender Tätigkeiten in beiden Angelegenheiten – zweimal, weil es sich ungeachtet der formellen Verbindung um zwei „Verfahrensgegenstände" handelt.[539]

---

531 OLG München NJW 2012, 691 = FamFR 2012, 38 = FamRZ 2012, 728.
532 OLG Stuttgart JurBüro 2011, 379 = FamRZ 2011, 1533; OLG München NJW 2012, 691 = FamFR 2012, 38 = FamRZ 2012, 728; OLG München AGS 2012, 76 = RVGreport 2012, 314.
533 OLG Köln FamRZ 2013, 2005 = FamRB 2014, 132.
534 Dafür: OLG Saarbrücken NJW 2013, 1103 = FamRZ 2013, 1330 = RVGreport 2013, 124; *H. Schneider*, FamRB 2013, 192; *Zimmermann*, FamRZ 2014, 165; a.A. OLG Hamm FamRB 2015, 213 = FuR 2015, 483.
535 OLG Hamm FamRB 2015, 213.
536 BGH NJW 2013, 3724 = FamRZ 2013, 1967 = AGS 2014, 11 = Rpfleger 2014, 81 = MDR 2014, 307; BGH FamRZ 2011, 199 = NJW 2011, 455 = JurBüro 2011, 151 = RVGreport 2011, 159; OLG Saarbrücken ZFE 2010, 390 = ZKJ 2010, 378.
537 BGH FamRZ 2011, 467 = NJW 2011, 1451 = RVGreport 2011, 200.
538 BGH FamRZ 2012, 1630 = NJW 2012, 3100 = RVGreport 2012, 480; zum Verfahrenspfleger BGH NJW 2012, 3728.
539 OLG München AGS 2013, 456 = FamRZ 2013, 966 = JurBüro 2013, 319 = Rpfleger 2013, 393.

303 **gg) Derselbe Gegenstand in mehreren Verfahren.** Betreffen mehrere Verfahren **denselben Verfahrensgegenstand**, erscheint es mit dem OLG Naumburg[540] zutreffend, davon auszugehen, dass die Pauschale für die mehreren Verfahren nur einmal anfällt. Der Entscheidung des OLG Naumburg lagen zwei Sorgerechtsverfahren zugrunde, in denen es um wechselseitige Anträge der Eltern auf Übertragung des Aufenthaltsbestimmungsrechts ging. In diesem Fall erscheint das rein formale Abstellen auf ein Verfahren oder mehrere Verfahren unzureichend.

h) Vergütung nach dem RVG

304 Wird davon ausgegangen, dass der gem. § 158 FamFG bestellte Verfahrensbeistand keine anwaltsspezifischen Dienste wahrzunehmen hat, kommt keine RVG-Vergütung als Aufwendungsersatz gem. § 1 Abs. 2 S. 2, § 1835 Abs. 3 BGB in Betracht.[541] Auch eine ergänzende Abrechnung nach dem RVG ist ausgeschlossen.[542]

305 Sind anwaltsspezifische Tätigkeiten im Einzelfall ausnahmsweise doch erforderlich, kann Aufwendungsersatz in Gestalt einer **Vergütung nach dem RVG** verlangt werden kann, soweit der Verfahrensbeistand seine spezifische anwaltliche Qualifikation für Aufgaben einsetzt, für deren Erfüllung ein rechtsunkundiger Laie als Verfahrensbeistand wegen der besonderen rechtlichen Schwierigkeit und der Bedeutung vernünftigerweise einen Anwalt hätte beauftragen müssen (insoweit vgl. Rdn 275 ff.).

8. Die Vergütung des Umgangspflegers/Umgangsbegleiters

a) Umgangspfleger

306 Nach Abs. 1 S. 2 gilt das RVG zum einen für die explizit aufgeführten und zum anderen für ähnliche Tätigkeiten nicht. Eine ähnliche Tätigkeit ist die Tätigkeit als **Umgangspfleger oder Umgangsbegleiter**.

307 Nach § 1684 Abs. 3 S. 6 BGB gilt für den Ersatz von Aufwendungen und die Vergütung des **Umgangspflegers** § 277 FamFG (§ 3 VBVG) entsprechend.[543] Nach § 277 Abs. 5 S. 2 FamFG sind der Aufwendungsersatz und die Vergütung des Umgangspflegers stets aus der Staatskasse zu zahlen.[544] Voraussetzung ist die Feststellung, dass die Umgangspflegschaft berufsmäßig geführt wird (vgl. Rdn 166 ff.).[545]

308 Für den Vergütungsanspruch ist es gem. § 1684 Abs. 3 S. 6 BGB, § 277 Abs. 2 S. 1 FamFG, § 1836 Abs. 1 S. 2 BGB erforderlich, dass im Bestellungsbeschluss festgestellt wird, dass die Umgangspflegschaft **berufsmäßig** geführt wird. Diese Feststellung kann nicht mit Rückwirkung nachgeholt werden.[546] Auf die Erl. zu Rdn 171 ff. wird verwiesen.

Voraussetzung für die Vergütung des Umgangspflegers ist ferner dessen **förmliche Bestellung** in dessen **persönlicher Anwesenheit**.[547]

b) Umgangsbegleiter

309 Die **Umgangsbegleitung** ist in § 1684 Abs. 4 S. 3 BGB vorgesehen. § 1684 Abs. 3 S. 6 BGB, § 277 Abs. 5 S. 2 FamFG gewähren nur dem **Umgangspfleger**, nicht aber dem Umgangsbegleiter bzw.

---

540 OLG Naumburg FamRZ 2015, 128 = FamRB 2015, 297.
541 So Gerold/Schmidt/*Müller-Rabe*, RVG, § 1 Rn 510.
542 BGH NJW 2014, 157 = FamRZ 2014, 191 = MDR 2014, 117 = Rpfleger 2014, 139.
543 KG 24.8.2012 – 25 WF 29/12, juris = FamFR 2012, 477.
544 *Röchling/Maaßen*, Handbuch Anwalt des Kindes, § 7 Rn 14.
545 KG 24.8.2012 – 25 WF 29/12, juris = FamFR 2012, 477.
546 BGH FamRZ 2014, 1283 = NJW-RR 2014, 1031 = Rpfleger 2014, 1283 = RVGreport 2015, 79.
547 OLG Hamm FamRZ 2014, 672 = Rpfleger 2014, 82 = MDR 2014, 162.

dem Umgangspfleger, der eine Umgangsbegleitung durchführt, einen Vergütungsanspruch gegen die **Staatskasse**.[548]

9. Die Vergütung des Testamentsvollstreckers

a) Grundsätze

Für die Berechnung der Vergütung des Testamentsvollstreckers schließt Abs. 2 S. 1 explizit die Anwendung des RVG aus. Eine Gebührenordnung für Testamentsvollstrecker gibt es nicht. Die Vergütung des Testamentsvollstreckers richtet sich vielmehr nach § 2221 BGB. Danach hat der Testamentsvollstrecker für die Führung seines Amtes einen Anspruch auf eine **angemessene Vergütung**, sofern nicht der Erblasser ein anderes bestimmt hat. Bei **unwirksamer Bestellung** des Testamentsvollstreckers steht ihm gleichwohl für die vor der Feststellung der Unwirksamkeit erbrachten Tätigkeiten eine Vergütung zu, es sei denn, er hat gegen den Willen der Erben gehandelt.[549]

310

b) Anwendung des RVG

Das **RVG** ist nach Abs. 2 S. 2 nur **anwendbar**, wenn und soweit ein als Testamentsvollstrecker eingesetzter Rechtsanwalt im Rahmen der Testamentsvollstreckung spezifisch anwaltliche Dienstleistungen erbringt (§ 1835 Abs. 3 BGB). Auf die allgemeinen Erläuterungen zu § 1835 Abs. 3 BGB (siehe Rdn 164 ff.) wird verwiesen. Eine Vergütung nach dem RVG kann etwa verlangt werden, wenn der Testamentsvollstrecker selbst als Prozessbevollmächtigter des Nachlasses tätig wird[550] oder die Erben in einem gerichtlichen oder ähnlichen Verfahren vertritt.[551]

311

Eine Vergütung nach dem RVG kann aber nicht für **einfache Schreiben** an Behörden, **Mahnschreiben** oder für die **Einziehung von Forderungen** verlangt werden.[552] Auch eine Geschäftsgebühr nach VV 2300 kann dem anwaltlichen Testamentsvollstrecker nur zugebilligt werden, wenn auch ein juristischer Laie sich eines Rechtsanwalts bedient hätte.[553] Bei auswärtiger Prozessführung kann er die Korrespondenzgebühren gem. VV 3400 ff. indes nicht liquidieren, weil er als Anwalt in der Lage ist, den Prozessbevollmächtigten selbst zu unterrichten.[554]

312

In den Fällen der Erbringung berufsspezifischer Dienste handelt es sich rechtssystematisch indes nicht um einen Vergütungsanspruch, sondern um einen gesonderten **Aufwendungsersatzanspruch**.[555] Denn gem. § 2218 Abs. 1 BGB finden auf das Rechtsverhältnis zwischen dem Testamentsvollstrecker und dem Erben die für den Auftrag geltenden Vorschriften der §§ 664, 666 bis 668, 670, des § 673 S. 2 und des § 674 BGB entsprechende Anwendung.

313

c) Bestimmung der Vergütung

aa) Bestimmung durch Erblasser. **(1) Erblasserwille.** Die Bestimmung der Testamentsvollstreckervergütung ist primär Sache des Erblassers. Nur wenn der Erblasser die Vergütung nicht selbst geregelt hat, kommt ein Anspruch des Testamentsvollstreckers nach § 2221 BGB überhaupt in Betracht. Umgekehrt ist eine Bestimmung des Erblassers über die Höhe der Vergütung und deren Zahlungsweise verbindlich.[556] Es gilt also der **Grundsatz des Vorrangs und der Maßgeblichkeit des Erblasserwillens**.[557] Eine gerichtliche Überprüfung findet insoweit nicht statt.[558] Das gilt auch

314

---

548 Vgl. KG FamRZ 2013, 478 = Rpfleger 2013, 90; OLG Karlsruhe 13.9. 2013 – 2 WF 125/13, juris; OLG Brandenburg FamRZ 2008, 1480 = JAmt 2008, 500, zur Rechtslage vor Inkrafttreten des FGG-RG am 1.9.2009.
549 BGH NJW 1977, 1726 = JurBüro 1978, 205; Gerold/Schmidt/*Müller-Rabe*, § 1 Rn 524.
550 MüKo/*Zimmermann*, BGB, § 2221 Rn 26; Erman/*M. Schmidt*, § 2221 Rn 17.
551 Gerold/Schmidt/*Müller-Rabe*, § 1 Rn 564.
552 Gerold/Schmidt/*Müller-Rabe*, § 1 Rn 565.
553 Vgl. OLG Frankfurt MDR 2000, 788; BGH NJW 1998, 3567 (zu § 118 BRAGO).
554 OLG München NJW-RR 1997, 1286 (für Betreuer); OLG Stuttgart JurBüro 1998, 487 (dito); *Zimmermann*, Anwaltsvergütung außerhalb des RVG, 2007, Rn 365; Gerold/Schmidt/*Müller-Rabe*, § 1 Rn 563.
555 Gerold/Schmidt/*Müller-Rabe*, § 1 Rn 565.
556 BGH WM 1969, 1410; Jauernig/*Stürner*, § 2221 Rn 2; *Nieder*, Handbuch der Testamentsgestaltung, 2. Aufl. 2000, S. 629.
557 *Reimann*, DStR 2002, 2008.
558 *Eckelskemper*, in: Bengel/Reimann, Handbuch der Testamentsvollstreckung, 3. Aufl. 2001, S. 583; BGH WM 1969, 1410.

dann, wenn der Erblasser angeordnet hat, dass die Tätigkeit des Testamentsvollstreckers unentgeltlich erfolgen soll.[559] In diesem Fall hat der Testamentsvollstrecker auch bei langwieriger und schwieriger Tätigkeit keinen Vergütungsanspruch.[560] Wenn er nicht unentgeltlich arbeiten will, muss er die Annahme der Testamentsvollstreckung ablehnen (§ 2202 BGB) oder kündigen (§ 2226 BGB). Hat der Testamentsvollstrecker seine Tätigkeit bereits aufgenommen und erfährt er erst anschließend, dass keine Vergütung vorgesehen ist – etwa weil ein späteres Testament aufgefunden worden ist –, hat er jedoch Anspruch auf eine angemessene Vergütung.[561]

315 **(2) Letztwillige Verfügung.** Die Bestimmung der Höhe der Vergütung und der Zahlungsweise muss durch **letztwillige Verfügung** erfolgen.[562] Es muss also auch die für die letztwillige Verfügung vorgeschriebene Form gewahrt werden.[563] Dies ergibt sich daraus, dass die Testamentsvollstreckung selbst nur durch letztwillige Verfügung angeordnet werden kann. Dann ist es nur konsequent, für die Ausfüllung des Spielraums, der dem Erblasser bei der Ausgestaltung der Testamentsvollstreckung zusteht, ebenfalls die Beachtung dieser Form zu fordern.[564] Eine mündliche Vereinbarung ist daher unbeachtlich.[565] Sie kann aber eine Auslegungshilfe bei der Ermittlung des mutmaßlichen Willens sein.[566]

316 **(3) Bezugnahme auf Tabelle.** Ob es für eine wirksame Festlegung der Vergütung ausreicht, wenn der Erblasser Bezug auf eine der **Tabellen** nimmt, die die Praxis zur Bestimmung der angemessenen Vergütung in § 2221 BGB entwickelt hat (siehe dazu Rdn 325 ff.), ist umstritten. Für die Wirksamkeit spricht, dass es sich bei derartigen Tabellen um offenkundige Tatsachen (§ 291 ZPO) handeln dürfte, über die sich jedermann durch öffentlich zugängliche Informationsmittel informieren kann.[567] Der Erblasser ist daher nicht gehalten, eine derartige öffentlich zugängliche Tabelle in seiner letztwilligen Verfügung wörtlich abzuschreiben.[568]

317 Die Bezugnahme auf **Gebührenordnungen** für bestimmte Berufe ist ebenfalls wirksam.[569] Der Erblasser kann des Weiteren anordnen, dass die Bestimmung der Vergütungshöhe nach den §§ 315 ff. BGB **durch Dritte**[570] erfolgen soll. Auch eine Verfügung, nach welcher der Testamentsvollstrecker seine Vergütung selbst bestimmen können soll, ist wirksam.[571] Ohne eine derartige Ermächtigung des Erblassers ist eine **Selbstbestimmung** der Vergütung durch den Testamentsvollstrecker freilich unwirksam; er hat insoweit kein autonomes Selbstbestimmungsrecht.[572]

318 **bb) Bestimmung durch Vergütungsvereinbarung.** Der Testamentsvollstrecker kann seine Vergütung durch eine entsprechende Vereinbarung mit den Erben bestimmen.[573] Eine solche **Vergütungsvereinbarung** ist gegenüber dem Nachlass auch dann **wirksam**, wenn sie der Vergütungsanordnung des Erblassers widerspricht.[574] Die Beteiligten können sogar neben der vom Erblasser festgelegten Vergütung eine weitere vereinbaren.[575] Die Vereinbarung bleibt aber eine Nachlassverbindlichkeit.[576] Da so der oft langwierige Streit um die Angemessenheit seiner Vergütung ausgeschlossen werden

---

559 Staudinger/*Reimann*, § 2221 Rn 2; Soergel/*Damrau*, § 2221 Rn 3; *Zimmermann*, Die Testamentsvollstreckung, 2. Aufl. 2003, S. 465; *Kipp/Coing*, Erbrecht, 14. Aufl. 1990, S. 414.
560 Gerold/Schmidt/*Müller-Rabe*, RVG, § 1 Rn 522; Soergel/*Damrau*, § 2221 Rn 3.
561 *Kipp/Coing*, Erbrecht, 14. Aufl. 1990, S. 414.
562 MüKo/*Zimmermann*, BGB, § 2221 Rn 4; Soergel/*Damrau*, § 2221 Rn 2.
563 BayObLG Rpfleger 1980, 152; *Zimmermann*, Die Testamentsvollstreckung, 2. Aufl. 2003, S. 465; Staudinger/*Reimann*, § 2221 Rn 25.
564 *Eckelskemper*, in: Bengel/Reimann, Handbuch der Testamentsvollstreckung, 3. Aufl. 2001, S. 583.
565 Soergel/*Damrau*, § 2221 Rn 2.
566 *Zimmermann*, Die Testamentsvollstreckung, 2. Aufl. 2003, S. 465.
567 Staudinger/*Reimann*, § 2221 Rn 25; Soergel/*Damrau*, § 2221 Rn 2.
568 *Reimann*, DStR 2002, 2008; a.A. *Zimmermann*, ZEV 2001, 334.
569 Staudinger/*Reimann*, § 2221 Rn 25; *ders.*, DStR 2002, 2008.
570 BGH WM 1972, 101; *Zimmermann*, Die Testamentsvollstreckung, 2. Aufl. 2003, S. 466; MüKo/*Brandner*, BGB, § 2221 Rn 4.
571 BGH NJW 1957, 947; Erman/*M. Schmidt*, § 2221 Rn 4; *Nieder*, Handbuch der Testamentsgestaltung, 2. Aufl. 2000, S. 629.
572 MüKo/*Zimmermann*, BGB, § 2221 Rn 5.
573 *Zimmermann*, Anwaltsvergütung außerhalb des RVG, 2007, Rn 321; Soergel/*Damrau*, § 2221 Rn 6; Erman/*M. Schmidt*, § 2221 Rn 4577.
574 *Haegele/Winkler*, Der Testamentsvollstrecker, 16. Aufl. 2001, S. 237; *Zimmermann*, Die Testamentsvollstreckung, 2. Aufl. 2003, S. 470; *ders.*, Anwaltsvergütung außerhalb des RVG, 2007, Rn 321.
575 Bamberger/Roth-*Mayer*, BGB, 2003, § 2221 Rn 4.
576 Soergel/*Damrau*, § 2221 Rn 7.

kann, ist dem Testamentsvollstrecker der Abschluss einer Vergütungsvereinbarung sehr **zu empfehlen**.[577]

cc) Festsetzung durch Prozessgericht. Wenn die Höhe der Vergütung nach § 2221 BGB weder durch eine Erblasserbestimmung, noch durch eine Vergütungsvereinbarung ermittelt werden kann, ist ein diesbezüglicher Streit zwischen dem Testamentsvollstrecker und den Erben vor dem **Prozessgericht** – und nicht etwa vor dem Nachlassgericht – auszutragen.[578] Nach § 253 Abs. 2 Nr. 2 ZPO sollte der Testamentsvollstrecker als geforderte Vergütung einen **bestimmten Betrag** einklagen; es ist nicht zulässig, den Betrag in das Ermessen des Gerichts zu stellen.[579]

319

d) Bemessung und Angemessenheit der Vergütung

aa) Kriterien für die Ermittlung. Welche Vergütung angemessen ist, richtet sich nach den Umständen des Einzelfalles.[580] Maßgebend für die Vergütung des Testamentsvollstreckers sind der ihm im Rahmen der Verfügung von Todes wegen nach dem Gesetz obliegende Pflichtkreis, der Umfang der ihn treffenden Verantwortung und die von ihm geleistete Arbeit, wobei die Schwierigkeit der gelösten Aufgaben, die Dauer der Abwicklung oder der Verwaltung, die Verwertung besonderer Kenntnisse und Erfahrungen und auch die Bewährung einer sich im Erfolg auswirkenden Geschicklichkeit zu berücksichtigen sind.[581] Dieser Grundsatz lässt sich bei der **Ermittlung der angemessenen Vergütung** durch folgende **Kriterien** konkretisieren:[582]

– Umfang und Wert des Nachlasses
– Art und Zusammensetzung des Nachlasses (Immobilienbesitz, Betrieb im Nachlass, Ordnung des Nachlasses)
– Umfang und Schwierigkeit der Geschäfte des Vollstreckers
– die Größe seiner Verantwortung
– Dauer der Vollstreckung
– Zahl der Erben, Vermächtnisnehmer, Gläubiger
– besondere Kenntnisse und Erfahrungen des Testamentsvollstreckers
– erzielter Erfolg.

320

Diese Kriterien werden in der Praxis in drei berechnungsfähige Parameter gefasst: die Bemessungsgrundlage für die Vergütung, die jeweils anwendbaren Gebührentatbestände sowie die in Tabellen gegossenen Vergütungssätze.

bb) Bemessungsgrundlage. **(1) Nachlasswert.** Als Bemessungsgrundlage für die Vollstreckervergütung wird nach h.M. der **Nachlasswert** angesehen.[583] Die Vergütung des Testamentsvollstreckers ist demnach eine **Wertgebühr**. Dabei ist, wenn die Vollstreckung den ganzen Nachlass erfasst, vom **Bruttowert** (Aktivvermögen) des Nachlasses im Zeitpunkt des Erbfalls auszugehen.[584] Ist die Testamentsvollstreckung auf bestimmte Teile des Nachlasses beschränkt, kann nur deren Wert zugrunde gelegt werden. Bewertungsgrundlage ist der **Verkehrswert** des Nachlasses, nicht aber steuerliche Bewertungsverfahren, z.B. Einheitswerte.[585] Ist infolge einer längeren Vollstreckertätigkeit eine wesentliche Wertveränderung eingetreten, kann für die Vergütung einer späteren Einzeltätigkeit die Ansetzung eines anderen als des ursprünglichen Wertes gerechtfertigt sein.[586]

321

---

577 MüKo/*Zimmermann*, BGB, § 2221 Rn 6; Bamberger/Roth/*Mayer*, BGB, 2003, § 2221 Rn 4.
578 BGH WM 1972, 101; BayObLGZ 1972, 379; *Johannsen*, WM 1973, 536.
579 MüKo/*Zimmermann*, BGB, § 2221 Rn 7.
580 Erman/*M. Schmidt*, § 2221 Rn 6; *Glaser*, MDR 1983, 93; *Nieder*, Handbuch der Testamentsgestaltung, 2. Aufl. 2000, S. 629.
581 BGH NJW 1967, 2400; MüKo/*Zimmermann*, BGB, § 2221 Rn 8.
582 Vgl. die Auflistungen von *Eckelskemper*, in: Bengel/Reimann, Handbuch der Testamentsvollstreckung, 3. Aufl. 2001, S. 586; *Zimmermann*, Die Testamentsvollstreckung, 2. Aufl. 2003, S. 469; *Reimann*, DStR 2002, 2008.
583 BGH NJW 1963, 1615; Soergel/*Damrau*, § 2221 Rn 6; Bamberger/Roth-*Mayer*, BGB, 2003, § 2221 Rn 7, alle m.w.N.
584 BGH NJW 1967, 2400, 2402; BGH NJW 1963, 380; *Reimann*, DStR 2002, 2008; *Glaser*, MDR 1983, 94.
585 Bamberger/Roth-*Mayer*, BGB, 2003, § 2221 Rn 8.
586 BGH NJW 1963, 1615; MüKo/*Zimmermann*, BGB, § 2221 Rn 8.

322 **(2) Zeitgebühr.** Alternativ zu einer wertbezogenen Bemessungsgrundlage wird für die Vergütung des Testamentsvollstreckers in der Literatur zunehmend eine **Zeitgebühr** favorisiert.[587] Das Tatbestandsmerkmal der Angemessenheit in § 2221 BGB impliziere eine Einzelfallprüfung, weshalb sich die Anwendung von Tabellen verbiete. Eine Zeitvergütung sei demgegenüber strikt einzelfallbezogen und löse überdies zahlreiche Probleme, die mit der Anwendung der Tabellenwerke verbunden seien. Maßgeblich sei daher der erforderliche und tatsächlich erbrachte Zeitaufwand des Vollstreckers.[588]

323 Die **Rechtsprechung** steht einer rein zeitbasierten Vergütung des Testamentsvollstreckers indes skeptisch gegenüber.[589] Das Zeitvergütungsmodell hat sich in der Praxis daher (noch) nicht durchgesetzt, lässt sich aber namentlich beim Abschluss einer Vergütungsvereinbarung des Testamentsvollstreckers mit den Erben (siehe Rdn 325 ff.) fruchtbar machen.

324 **cc) Gebührentatbestände.** An Hand der Regeltypen der Testamentsvollstreckung teilt man die möglichen Vergütungen für den Vollstrecker nach seinen üblicherweise vorzunehmenden Aufgaben wie folgt ein:[590]
- **Grundgebühr**: Sie fällt grds. immer an und wird für die Abwicklung und Auseinandersetzung des Nachlasses (§§ 2203 ff. BGB) gezahlt.
- **Konstituierungsgebühr**: Sie wird erhoben zur Abgeltung der Arbeit des Vollstreckers bei Amtsübernahme für die Ermittlung und Inbesitznahme des Nachlasses (§ 2205 BGB), die Aufstellung und Mitteilung des Nachlassverzeichnisses (§ 2215 BGB) sowie die Begleichung von Nachlassverbindlichkeiten, die Erstellung der Erbschaftssteuererklärung und die Begleichung von Steuerschulden. Bei der Abwicklungsvollstreckung scheidet eine neben der Grundgebühr zu entrichtende Konstituierungsgebühr grds. aus.[591]
- **Verwaltungsgebühr**: Sie kann für eine Verwaltungs- oder Dauertestamentsvollstreckung anfallen, aber auch bei einer länger hinausgeschobenen Erbauseinandersetzung im Falle der zunächst nur als Abwicklungsvollstreckung geplanten Testamentsvollstreckung. Der Vergütungssatz rangiert zwischen 2 und 4 % des Jahresbeitrags der Bruttoeinnahmen bzw. zwischen 1/3 bis 1/2 % des Nachlassbruttowertes.[592] Voraussetzung für den Ansatz einer Verwaltungsgebühr ist eine längere oder umfangreiche und zeitraubende Tätigkeit; ein Zeitraum von einem Jahr ist insoweit nicht ausreichend.[593] Die Verwaltungsgebühr kann zusätzlich zur Grundgebühr verlangt werden, wenn diese die ebenfalls mit angeordnete Auseinandersetzung abdeckt.[594]
- **Besondere Auseinandersetzungsgebühr**: Sie ist nur dann nicht von der Grundgebühr abgegolten, wenn die Auseinandersetzung auf Konstituierung und lange Verwaltung nach Jahren folgt und besonders anspruchsvoll und schwierig ist.[595] Allerdings ist diese gesonderte Gebühr nicht allgemein anerkannt und kommt in den Empfehlungen des Deutschen Notarvereins nicht vor. Deshalb wird vorgeschlagen, den Erschwernissen nicht durch eine besondere Gebühr, sondern durch Zu- und Abschläge zur Grundgebühr Rechnung zu tragen.[596]

325 **dd) Vergütungssätze (Tabellen).** **(1) Prozentsatz vom Nachlasswert.** Nach der Klärung der Bemessungsgrundlage und der Gebührentatbestände bedarf es für die Berechnung der konkreten Vergütung noch der Ermittlung der einschlägigen Gebührensätze. In der Praxis sind dazu verschiedene **Tabellen** ausgearbeitet worden, die – ausgehend von der Rechtsnatur der Vollstreckergebühr als Wertgebühr – jeweils **bestimmte Prozentsätze** des Nachlasses als angemessene Vergütung vorsehen. Die Tabellen sind **degressiv**; je höher also der Nachlasswert ist, desto niedriger ist der Prozentsatz, aus dem sich die angemessene Vergütung ergibt. Sie differenzieren nicht nach der Art

---

[587] Haas/Lieb, ZERB 2002, 202; MüKo/Zimmermann, BGB, § 2221 Rn 17; ders., ZEV 2001, 334; ders., Anwaltsvergütung außerhalb des RVG, 2007, Rn 339 ff.; Birk, Vergütung und Aufwendungsersatz des Testamentsvollstreckers, S. 169.
[588] So explizit MüKo/Zimmermann, BGB, § 2221 Rn 17 a.E.
[589] Vgl. BGH ZEV 2005, 22; OLG Köln RNotZ 2007, 548 m. Anm. Eckelskemper; LG Köln BeckRS 2007, 04963 = RNotZ 2007, 40.
[590] Vgl. Gerold/Schmidt/Müller-Rabe, RVG, § 1 Rn 531 ff; vgl. nur Bamberger/Roth/Mayer, BGB, 2003, § 2221 Rn 9 ff.; MüKo/Zimmermann, BGB, § 2221 Rn 12 ff.
[591] OLG Köln ZEV 1994, 118, 119; BayObLGZ 1972, 379; vgl. ausf. auch Gerold/Schmidt/Müller-Rabe, RVG, § 1 Rn 534.
[592] Soergel/Damrau, § 2221 Rn 10; MüKo/Zimmermann, BGB, § 2221 Rn 14, beide m.w.N.
[593] OLG Köln ZEV 1995, 70, 71 = NJW-RR 1995, 202.
[594] So Bamberger/Roth/Mayer, BGB, 2003, § 2221 Rn 10 unter Verw. auf OLG Köln ZEV 1994, 118, 120.
[595] OLG Köln ZEV 1994, 118, 120; Tiling, ZEV 1998, 331, 334; Palandt/Edenhofer, § 2221 Rn 9.
[596] Vgl. insoweit Gerold/Schmidt/Müller-Rabe, RVG, § 1 Rn 534.

der Testamentsvollstreckung und gelten nur für normale Verhältnisse und eine glatte Abwicklung; mit ihrer Hilfe wird daher nur die **Grundvergütung** ermittelt.[597]

Als Korrektiv für überdurchschnittliche Vollstreckertätigkeiten und/oder atypische Vollstreckungsabläufe dienen **Zuschläge** auf den Vergütungsgrundbetrag[598] oder eine **Aufspaltung** der Vergütung in mehrere Gebühren. Im letztgenannten Fall ist stets die Angemessenheit der Gesamtvergütung maßgebend.[599] 326

(2) Einzelne Tabellen. Der praktische Nutzen dieser Tabellen ist ebenso umstritten wie die Frage, welche Tabelle im Einzelfall anzuwenden ist oder welche sich in der Praxis durchgesetzt hat.[600] Zu nennen sind die **Rheinische Tabelle** von 1925, die „**Möhring'sche Tabelle**",[601] die „**Eckelskemper'sche Tabelle**",[602] die Weinrich'sche Tabelle, die „**Berliner Praxistabelle**" und die **Neue Rheinische Tabelle**.[603] Vergleichsweise wird außerdem auf die InsVV rekurriert.[604] 327

Der **BGH** hat zwar einerseits ausgeführt, derartige Tabellen dürften in Anbetracht der Vielgestaltigkeit der Lebenssachverhalte nicht schematisch angewandt werden.[605] Andererseits hat er aber die **Rheinische Tabelle** als akzeptable Grundlage für die Ermittlung der angemessenen Vergütung bezeichnet, bei deren Anwendung indes jeder Schematismus vermieden werden müsse.[606] Das OLG Köln hat 1994 entschieden, dass die Rheinische Tabelle jedenfalls dann noch als Grundlage für die Berechnung der Vergütung des Testamentsvollstreckers herangezogen werden könne, wenn der Wert des Nachlasses wesentlich durch Immobilienvermögen bestimmt werde.[607] 328

Da die Kaufkraft seit der letzten Anpassung der Tabelle im Jahre 1935 gesunken ist und die nominelle Wertsteigerung der Güter wegen der Degressivität der Tabelle hierfür keinen Ausgleich schafft,[608] dürfte heute nur noch eine angepasste Form der Tabelle – nämlich die **Neue Rheinische Tabelle**[609] – zu angemessenen Ergebnissen im Rahmen des § 2221 BGB führen.[610] 329

Nach dieser Tabelle beträgt der Vergütungsgrundbetrag: 330

bis   250.000 EUR: 4 %
bis   500.000 EUR: 3 %
bis   2.500.000 EUR: 2,5 %
bis   5.000.000 EUR: 2 %
über   5.000.000 EUR: 1,5 %

mindestens aber der höchste Betrag der Vorstufe.

> **Beispiel:** Bei einem Nachlass von 260.000 EUR beträgt der Grundbetrag nicht 7.800 EUR (= 3,0 % aus 260.000 EUR), sondern 10.000 EUR (= 4 % aus 250.000 EUR).
> Der Vergütungsgrundbetrag deckt die einfache Testamentsvollstreckung ab (normale Verhältnisse, glatte Abwicklung). Bemessungsgrundlage für den Vergütungsgrundbetrag ist der am Todestag des Erblassers bestehende Bruttowert des Nachlasses. Verbindlichkeiten sind nur dann vom Bruttowert des Nachlasses abzuziehen, wenn der Testamentsvollstrecker nicht mit den Verbindlichkeiten befasst ist.

---

597 *Reimann*, DStR 2002, 2008, 2009.
598 *Zimmermann*, Die Testamentsvollstreckung, 2. Aufl. 2003, S. 479 ff.; MüKo/*Zimmermann*, BGB, § 2221 Rn 10; *Tiling*, ZEV 1998, 331; *Reimann*, DStR 2002, 2008, 2009 f. In besonders einfachen Fällen ist auch ein Abschlag denkbar.
599 MüKo/*Zimmermann*, BGB, § 2221 Rn 11.
600 *Zimmermann*, Die Testamentsvollstreckung, 2. Aufl. 2003, S. 453; Bamberger/Roth/*Mayer*, BGB, 2003, § 2221 Rn 11 spricht insoweit von einem „Tabellenstreit".
601 *Möhring/Beisswingert/Klingelhöffer*, Vermögensverwaltung in Vormundschaft und Nachlasssachen, 7. Aufl., 1992, 224 ff.
602 Bengel/Reimann/*Eckelskämper*, Kap. X Rn 42.
603 Eine aktuelle Zusammenstellung aller Tabellen nebst Originalfundstellen findet sich etwa bei *Reimann*, DStR 2002, 2008 ff. und *Haas/Lieb*, ZErb 2002, 202.
604 *Klingelhöffer*, Vermögensverwaltung in Nachlasssachen, 2002, Rn 321; *Reimann*, DStR 2002, 2008, 2009.

605 BGH ZEV 2005, 22 = FamRZ 2005, 2007; MDR 1963, 293; So auch OLG Köln RNotZ 2007, 548 m. Anm. *Eckelskemper*.
606 BGH NJW 1967, 2400; BGH LM § 2221 Nr. 2, 4; BGH ZEV 2005, 22.
607 OLG Köln NJW-RR 1994, 269 = FamRZ 1994, 328 = ZEV 1994, 118.
608 A.A. BGH NJW 1967, 2400, 2402; OLG Köln NJW-RR 1994, 269 = FamRZ 1994, 328 = ZEV 1994, 118.
609 Veröffentlicht in notar 2000, 2 ff.; ZEV 2000, 181. Die Neue Rheinische Tabelle beruht auf Empfehlungen des Deutschen Notarvereins, vgl. www.dnotv.de (Menü Dokumente, dort Stichwort „Testamentsvollstrecker").
610 Vgl. Gerold/Schmidt/*Müller-Rabe*, RVG, § 1 Rn 540; Soergel/*Damrau*, § 2221 Rn 9; MüKo/*Zimmermann*, BGB, § 2221 Rn 10; *Reimann*, DStR 2002, 2008 ff.; *Feiter*, DStR 2006, 484, 486.

Die Zuschläge zum Grundbetrag bei der Abwicklungsvollstreckung betragen:

aufwendige Grundtätigkeit:	2/10 bis 10/10
Auseinandersetzung:	2/10 bis 10/10
Komplexe Nachlassverwaltung:	2/10 bis 10/10
Aufwendige/schwierige Gestaltungsaufgaben:	2/10 bis 10/10
Steuerangelegenheiten:	2/10 bis 10/10

Ohne besondere Anhaltspunkte ist vom Mittelwert der Spanne auszugehen.

e) Umsatzsteuer

331 Die auf die Vollstreckervergütung entfallende Umsatzsteuer kann der Testamentsvollstrecker **zusätzlich** zur Vergütung geltend machen.[611] Das gilt jedenfalls dann, wenn es sich um eine **vom Testamentsvollstrecker** zu bestimmende angemessene Vergütung handelt.[612] Ziffer IV der Empfehlungen des Deutschen Notarvereins zur Neuen Rheinische Tabelle enthalten den Hinweis, dass die Umsatzsteuer in den vorgenannten Beträgen nicht enthalten ist.

332 Fehlt in der Bestimmung der Vergütung des Testamentsvollstreckers **durch den Erblasser** bzw. in der **Vergütungsvereinbarung** zwischen dem Erben und dem Testamentsvollstrecker eine Regelung zur Umsatzsteuer, ist sie regelmäßig nicht zusätzlich zu ersetzen.[613]

f) Minderung, Verwirkung, Verjährung

333 aa) Minderung. Die **Minderung** einer vom Erblasser festgesetzten Vergütung ist vorzunehmen, wenn das Amt des Testamentsvollstreckers durch Kündigung, Entlassung oder aus einem sonstigen Grund vorzeitig geendet hat.[614] Entscheidend ist der mutmaßliche Erblasserwille.[615]

334 bb) Verwirkung. Eine **Verwirkung** des Vergütungsanspruchs kommt bei einer vorsätzlich oder grob fahrlässigen pflichtwidrigen Amtsführung des Testamentsvollstreckers in Betracht, wenn diesem insofern ein schweres Verschulden vorzuwerfen ist.[616] Die Anforderungen sind freilich streng; der Vorwurf langsamer und ineffektiver Arbeit des Vollstreckers führt noch nicht zu einer Verwirkung.[617]

335 cc) Verjährung. Der titulierte Vergütungsanspruch **verjährt** in **30 Jahren** (§ 197 BGB). Ist der Anspruch nicht tituliert, gilt die dreijährige Verjährungsfrist gem. §§ 195, 199 BGB.[618]

g) Auslagen/Aufwendungsersatzanspruch

336 Dem Testamentsvollstrecker kann ein Anspruch auf Ersatz seiner Aufwendungen nach den §§ 2218, 670 ff. BGB zustehen. Dieser Aufwendungsersatzanspruch besteht dann **neben dem Vergütungsanspruch**.[619] Als Aufwendungen in diesem Sinne gelten z.B. Lohnansprüche für die Bezahlung notwendigen Hilfspersonals. Das gilt aber nur dann, wenn die Auslagen noch nicht in die Vergütungsbeträge eingearbeitet worden bzw. in diesen berücksichtigt worden sind.[620] In den Vergütungsgrundbeträgen nach Ziffer I der Empfehlungen des Deutschen Notarvereins zur Neuen Tabelle sind für den Normalfall die Auslagen berücksichtigt. Hier können nur ungewöhnlich hohe Auslagen zusätzlich anerkannt werden.[621] Aus Ziffer III Nr. 4 der Empfehlungen ergibt sich aber für die Dauertestamentsvollstreckung, dass Auslagen wie im Auftragsrecht ersetzt werden.

---

611 Hartung/Schons/*Enders*, RVG, § 1 Rn 128; *Zimmermann*, Anwaltsvergütung außerhalb des RVG, Rn 363; MüKo/*Zimmermann*, BGB, § 2221 Rn 15, der in diesem Zusammenhang eine „Verschleierungspraxis" rügt. *Reimann*, DStR 2002, 2008, 2011, leitet den Umsatzsteuererstattungsanspruch aus § 7 InsVV und Ziff. IV. der Neuen Rheinischen Richtlinien ab; a.A. OLG Frankfurt NDR 2000, 788; KG NJW 1974, 752; OLG Köln NJW-RR 1994, 269 = FamRZ 1994, 328 = ZEV 1994, 118.
612 OLG Schleswig FamRZ 2010, 762; LG Köln RNotZ 2007, 40.
613 Vgl. Gerold/Schmidt/*Müller-Rabe*, RVG, § 1 Rn 568.
614 BGH DRiZ 1966, 398.
615 MüKo/*Zimmermann*, BGB, § 2221 Rn 19.
616 Vgl. dazu BGH WM 1979, 1116 = DNotZ 1980, 164.
617 OLG Frankfurt MDR 2000, 788.
618 Palandt/*Weidlich*, § 2221 Rn 15.
619 MüKo/*Zimmermann*, BGB, § 2221 Rn 26.
620 Gerold/Schmidt/*Müller-Rabe*, RVG, § 1 Rn 562 f.
621 LG Köln RNotZ 2007, 40.

Als Aufwendungen können vor allem die im Rahmen der ordnungsgemäßen Amtsführung erbrachten anwaltsspezifischen Dienstleistungen abgerechnet werden, die ggf. eine **Vergütung nach dem RVG** rechtfertigen. Wenn der anwaltliche Testamentsvollstrecker in diesem Rahmen und in Übereinstimmung mit dem tatsächlichen oder mutmaßlichen Willen des Erblassers sich selbst damit beauftragt, als Rechtsanwalt für den Nachlass tätig zu werden, hat er einen Anspruch auf die vertragliche Vergütung, die er in analoger Anwendung des § 181 BGB dem Nachlass selbst entnehmen kann.[622]

10. Die Vergütung des Insolvenzverwalters

a) Grundsätze

Nach Abs. 2 S. 1 gilt das RVG nicht für die Vergütung des Insolvenzverwalters (zum Sonderinsolvenzverwalter vgl. Rdn 369 ff.). § 63 Abs. 1 S. 1 der Insolvenzordnung (InsO) gibt dem Insolvenzverwalter freilich einen Anspruch auf die Vergütung für seine Geschäftsführung und auf die Erstattung angemessener Auslagen. Diesbezüglich ermächtigt § 65 InsO das Bundesministerium der Justiz, das Nähere durch Rechtsverordnung zu regeln. Von dieser Verordnungsermächtigung hat das BMJ durch den Erlass der Insolvenzrechtlichen Vergütungsverordnung (**InsVV**) vom 19.8.1998 Gebrauch gemacht. Sie wurde durch die **Änderungsverordnung** vom 4.10.2004 umfassend modifiziert.

b) Anwendung des RVG

Der **Rechtsanwalt** als Insolvenzverwalter kann über die Verwaltervergütung hinaus nach dem **RVG** zusätzlich Tätigkeiten abrechnen, wenn er in seiner amtlichen Tätigkeit eine Aufgabe wahrgenommen hat, die besonderer rechtlicher Fähigkeiten bedurfte und daher von einem Verwalter ohne volljuristische Ausbildung bei sachgerechter Arbeitsweise i.d.R. einem Rechtsanwalt hätte übertragen werden müssen (**§ 5 Abs. 1 InsVV**) (siehe Rdn 164).[623] Unerheblich ist, ob es sich um eine gerichtliche oder außergerichtliche Tätigkeit handelt.[624] Der Rechtssatz, dass ein Insolvenzverwalter, auch wenn er selbst Volljurist ist, Aufgaben, die er ohne volljuristische Ausbildung im Allgemeinen nicht lösen kann, auf einen Rechtsanwalt übertragen darf, gilt für die Beiordnung eines Rechtsanwalts im Wege der Prozesskostenhilfe im Parteiprozess im Übrigen in gleicher Weise.[625]

Bei dieser gedanklichen Prüfung ist jedoch ein **strenger Maßstab** anzulegen.[626] Denn die Tätigkeit eines Insolvenzverwalters erfordert auch von Personen ohne juristische Ausbildung gewisse Rechtskenntnisse. Eine Abrechnung nach dem RVG kann namentlich in Prozessen mit Anwaltszwang erfolgen,[627] aber auch für eine steuerrechtliche, patentrechtliche oder verwaltungsgerichtliche Prozessführung.[628] Andererseits ist es auch einem juristischen Laien zuzumuten, Anträge auf Erlass eines Mahnbescheids sowie auf Einleitung der Zwangsvollstreckung durch den Gerichtsvollzieher selbst zu stellen, sodass der anwaltliche Insolvenzverwalter für solche Tätigkeiten keine zusätzlichen RVG-Gebühren verlangen kann.[629]

Bei **Grundstücksgeschäften** (z.B. Kaufvertrag) ist im Regelfall die Beauftragung eines Rechtsanwalts schon deshalb nicht notwendig, weil die gebotene Belehrung und Betreuung dem Notar

---

622 MüKo/*Zimmermann*, BGB, § 2221 Rn 26.
623 BGH ZIP 2005, 36 = NZI 2005, 103 = Rpfleger 2005, 155 = NJW 2005, 903 = MDR 2005, 593; LG Lübeck NZI 2009, 559.
624 BGH AGS 1999, 3 = BGHZ 139, 309 = JurBüro 1999, 134 = NZI 1998, 77 = ZIP 1998, 1793 = NJW 1998, 3567 = MDR 1998, 1435 = Rpfleger 1999, 39 = AnwBl 1999, 121, noch zu § 1 BRAGO; OVG Berlin-Brandenburg 26.7.2010 – OVG 1 K 60.09, juris.
625 BGH AGS 2006, 391 = RVGreport 2006, 237 = ZIP 2006, 825 = ZInsO 2006, 427 = NJW 2006, 1597 = NZI 2006, 341.
626 BGH AGS 1999, 3 = BGHZ 139, 309 = JurBüro 1999, 134 = NZI 1998, 77 = ZIP 1998, 1793 = NJW 1998, 3567 = MDR 1998, 1435 = Rpfleger 1999, 39 = AnwBl 1999, 121, noch zu § 1 BRAGO; OVG Berlin-Brandenburg 26.7.2010 – OVG 1 K 60.09, juris; MüKo/*Nowak*, InsO, § 4 InsVV Rn 1.
627 BGH AGS 2006, 391 = RVGreport 2006, 237 = ZIP 2006, 825 = ZInsO 2006, 427 = NJW 2006, 1597 = NZI 2006, 341.
628 Gottwald/*Last*, Insolvenzrechts-Handbuch, 3. Aufl., 2006, § 127 Rn 27; Kübler/Prütting/*Eickmann*, InsO, Vergütungsrecht, 2. Aufl., § 5 InsVV Rn 4.
629 LG Lübeck NZI 2009, 559; LG Saarbrücken ZVI 2007, 334; vgl. auch LG Mönchengladbach ZInsO 2007, 389 = JurBüro 2006, 261.

obliegt.⁶³⁰ Für den nach GmbH-Recht bestellten **Liquidator** begründet nicht schon die Anbahnung und der Abschluss jedes Grundstückskaufvertrages im Zuge der Liquidation einen Anspruch auf Anwaltshonorar. Denn dem Liquidator obliegt gem. § 70 GmbHG kraft Gesetzes die Aufgabe, das Vermögen der Gesellschaft in Geld umzusetzen. Die Verwertung von Grundstücken ist eine in diesem Zusammenhang typische Aufgabe, der jeder Liquidator grds. gewachsen sein muß.⁶³¹

342 Führt der Insolvenzverwalter **Rechtsstreitigkeiten für die Insolvenzmasse**, kann er nach Maßgabe des § 5 InsVV der Masse die gesetzliche Vergütung nach dem RVG auch dann entnehmen, wenn der Rechtsstreit verloren geht.⁶³² Für seine in Ausübung des Amtes getätigten Dienstreisen kann der anwaltliche Insolvenzverwalter jedoch nur seine tatsächlichen Auslagen berechnen; eine Abrechnung nach VV 7003 bis 7006 RVG hat zu unterbleiben (§ 4 Abs. 2 InsVV).

c) Vergütungsanspruch

343 **aa) Regelvergütung.** § 2 Abs. 1 InsVV enthält für die Vergütung des Insolvenzverwalters bestimmte **Regelsätze**. Einem bestimmten Betrag der Insolvenzmasse wird ein Prozentsatz zugeordnet, den der Insolvenzverwalter von dieser Masse als Vergütung erhält.

§ 2 Regelsätze

(1) ¹Der Insolvenzverwalter erhält in der Regel
1. von den ersten 25 000 EUR der Insolvenzmasse 40 vom Hundert,
2. von dem Mehrbetrag bis zu 50 000 EUR 25 vom Hundert,
3. von dem Mehrbetrag bis zu 250 000 EUR 7 vom Hundert,
4. von dem Mehrbetrag bis zu 500 000 EUR 3 vom Hundert,
5. von dem Mehrbetrag bis zu 25 000 000 EUR 2 vom Hundert,
6. von dem Mehrbetrag bis zu 50 000 000 EUR 1 vom Hundert,
7. von dem darüber hinausgehenden Betrag 0,5 vom Hundert.

(2)...

344 Die in § 2 Abs. 1 InsVV bestimmten Regelsätze gelten jedoch nur für das sog. **Normalverfahren**, also ein Verfahren, das weder mit besonderen Schwierigkeiten behaftet noch sehr einfach gelagert ist.⁶³³ Ob ein solches Normalverfahren vorliegt, bestimmt sich sowohl nach objektiven als auch nach subjektiven Kriterien. *Eickmann* und *Nowak* gehen davon aus, dass ein Normalverfahren vorliege, wenn kumulativ folgende **objektive Voraussetzungen** erfüllt seien:⁶³⁴
– Dauer bis zu zwei Jahren
– Aus- und Absonderungsrecht in einer Höhe von bis zu 50 % der Schuldenmasse
– ohne Betriebs-(Geschäfts-)fortführung
– ohne Haus- oder Grundstücksverwaltung
– ohne Ausarbeitung eines Insolvenzplanes durch den Verwalter
– ohne Übertragung des Zustellungswesens
– mit nicht mehr als 100 Forderungsanmeldungen zur der vom Verwalter zu führenden Tabelle
– ohne besondere Probleme bei der Massesammlung (nur eine Betriebsstätte, kein Auslandsvermögen)
– bei Vorhandensein eines ordnungsgemäßen Rechnungswesens des Schuldners
– Einzug von bis zu 100 Forderungen
– bis zu 300 Buchungsvorgänge in der Insolvenzbuchhaltung.

345 In **subjektiver Hinsicht** gehören zu den Aufgaben des Insolvenzverwalters die Inbesitznahme und Sicherung, die Erstellung des Masseverzeichnisses und der Vermögensübersicht, die Einrichtung einer den Grundsätzen ordnungsgemäßer Buchhaltung genügenden Buchhaltung, die Entscheidung

---

630 BGH AGS 1999, 3 = BGHZ 139, 309 = JurBüro 1999, 134 = NZI 1998, 77 = ZIP 1998, 1793 = NJW 1998, 3567 = MDR 1998, 1435 = Rpfleger 1999, 39 = AnwBl 1999, 121, noch zu § 1 BRAGO.
631 BGH AGS 1999, 3 = BGHZ 139, 309 = JurBüro 1999, 134 = NZI 1998, 77 = ZIP 1998, 1793 = NJW 1998, 3567 = MDR 1998, 1435 = Rpfleger 1999, 39 = AnwBl 1999, 121, noch zu § 1 BRAGO.
632 Gerold/Schmidt/*Müller-Rabe*, RVG, § 1 Rn 625.
633 Nerlich/Römermann/*Madert*, Insolvenzordnung, § 2 InsVV Rn 1; *Hess*, in: Hess/Weis/Wienberg, Insolvenzordnung, § 2 InsVV Rn 12; MüKo/*Nowak*, InsO, § 65 Rn 2.
634 *Eickmann*, in: Kübler/Prütting, InsO, Vergütungsrecht, 2. Aufl., § 1 InsVV Rn 12 ff.; MüKo/*Nowak*, InsO, § 2 InsVV Rn 3. Ebenso Gottwald/*Last*, Insolvenzrechts-Handbuch, 3. Aufl. 2006, § 127 Rn 13, der freilich ein Umsatzlimit von 1,5 Mio. EUR hinzufügt.

über die Fortführung des Unternehmens, die Erstellung des Gläubigerverzeichnisses, die Vertragsabwicklung, die Prüfung von Anfechtungen, die Prüfung der Fortführung von Prozessen, Prüfung der Forderungsanmeldungen und Tabelleneintragungen, Entscheidung über Aus- und Absonderungsrechte sowie die Masseverwertung.[635]

Sind die nach dem vorstehenden Modell entwickelten Voraussetzungen nicht vollständig erfüllt, liegt i.d.R. kein Normalverfahren vor. Dann kommt alternativ der Ansatz einer Mindestgebühr oder die Korrektur der Regelvergütung durch Zu- bzw. Abschläge in Betracht. 346

bb) Berechnungsgrundlage: Insolvenzmasse. Berechnungsgrundlage für die Regelvergütung ist nach § 1 S. 1 InsVV der **Wert der Insolvenzmasse**, auf die sich die Schlussrechnung bezieht. Die Vorschrift konkretisiert damit § 63 Abs. 1 S. 2 InsO, demzufolge die Masse maßgeblich für die Vergütung des Insolvenzverwalters ist.[636] Damit ist Ausgangspunkt für die Vergütungsberechnung der in der **Schlussrechnung** nach § 66 InsO festgestellte Wert der Masse.[637] 347

Wird das Insolvenzverfahren **vorzeitig beendet** oder nach rechtskräftiger Bestätigung des Insolvenzplanes aufgehoben, muss der Wert der Insolvenzmasse zur Zeit der Verfahrensbeendigung geschätzt werden.[638] Anhaltspunkte für diese Schätzung können sich aus den Vermögensübersichten ergeben, die in § 153 InsO sowie für den Fall des Insolvenzplans in § 229 InsO vorgesehen sind.[639] 348

Waren im Zeitpunkt der Beendigung die Verwertungsmaßnahmen noch nicht abgeschlossen oder waren sie bis dato noch gar nicht aufgenommen worden, muss bei der Bewertung der Vergütung auch der Ertrag der unverwerteten, einem Absonderungsrecht unterliegenden Massegegenstände Teil der Berechnungsgrundlage sein.[640] Die konkrete Berechnung der Insolvenzmasse ergibt sich aus § 1 Abs. 2 InsVV. Ausgehend von der so ermittelten Masse ergibt sich die Regelvergütung des Insolvenzverwalters aus § 2 Abs. 1 InsVV. 349

cc) Mindestvergütung. § 2 Abs. 2 InsVV enthält die Regelung einer **Mindestvergütung**: 350

§ 2 Regelsätze
(1) ...
(2) ¹Haben in dem Verfahren nicht mehr als 10 Gläubiger ihre Forderungen angemeldet, so soll die Vergütung in der Regel mindestens 1 000 EUR betragen. ²Von 11 bis zu 30 Gläubigern erhöht sich die Vergütung für je angefangene 5 Gläubiger um 150 EUR. ³Ab 31 Gläubiger erhöht sich die Vergütung je angefangene 5 Gläubiger um 100 EUR.

Die Mindestvergütung richtet sich – ausgehend von einem Mindestbetrag von 1.000 EUR – nunmehr in pauschalierter Staffelung nach der Zahl der am Insolvenzverfahren beteiligten Gläubiger. Dabei ist **nicht** auf die **Zahl der Gläubiger** nach Köpfen abzustellen, sondern auf die Anzahl der Forderungsanmeldungen zur Insolvenztabelle.[641] **Tabellarisch** ergibt sich nach der Systematik des § 2 Abs. 2 InsVV folgendes Bild: 351

Zahl der Gläubiger	Vergütungsbetrag (EUR)
1–10	1000
11–15	1150
16–20	1300
21–25	1450

---

635 Haarmeyer/Wutzke/Förster, InsVV, § 2 Rn 10–20.
636 MüKo/Nowak, InsO, § 1 InsVV Rn 1.
637 Kübler/Prütting/Lüke, Insolvenzordnung, § 63 Rn 3; MüKo/Nowak, InsO, § 1 InsVV Rn 3; Römermann/Nerlich/Madert, InsO, § 1 InsVV Rn 3.
638 Kübler/Prütting/Lüke, Insolvenzordnung, § 63 Rn 4; MüKo/Nowak, InsO, § 1 InsVV Rn 4.
639 Kübler/Prütting/Eickmann, InsO, Vergütungsrecht, 2. Aufl., § 1 InsVV Rn 10; MüKo/Nowak, InsO, § 63 InsVV Rn 4; Römermann/Nerlich/Madert, Insolvenzordnung, § 1 InsVV Rn 4.
640 BGH NZI 2007, 397 = RVGreport 2007, 320.
641 Keller, NZI 2005, 23, 24. Die Unterscheidung ist vor allem dann bedeutsam, wenn ein Gläubiger mehrere rechtlich selbstständige Forderungen anmeldet.

Zahl der Gläubiger	Vergütungsbetrag (EUR)
26–30	1600
31–35	1700 (Degressionsschwelle)
36–40	1800
usw.	

352 Da § 2 Abs. 2 InsVV auf alle Regelinsolvenzverfahren natürlicher und juristischer Personen Anwendung findet und überdies eine nach oben offene Skala bildet, sollte jedenfalls bei hohen Gläubigerzahlen eine **Vergleichsberechnung** gegenüber der Regelvergütung nach § 2 Abs. 1 InsVV durchgeführt werden.[642] Die Mindestvergütung des § 2 Abs. 2 InsVV greift solange, wie die Regelvergütung des § 2 Abs. 1 InsVV nicht höher ist.[643] Die nach der Zahl der Gläubiger errechnete Mindestvergütung ist auch dann die angemessene Vergütung, wenn sie im Einzelfall besonders hoch erscheinen mag; durch allgemeine Angemessenheitserwägungen motivierte Kürzungen sind nicht zulässig.

353 Werden im **Verbraucherinsolvenzverfahren** nach §§ 304 ff. InsO die Unterlagen nach § 305 Abs. 1 Nr. 3 InsO von einer geeigneten Person oder Stelle erstellt, ermäßigt sich die Mindestvergütung nach § 2 Abs. 2 S. 1 InsVV von 1.000 EUR auf 800 EUR.

354 **dd) Vergütungsvereinbarung.** Eine Vergütungsvereinbarung des Insolvenzverwalters mit Gläubigern, Schuldnern oder Dritten ist de lege lata unzulässig. Sie kann die Unabhängigkeit des Verwalters gem. § 56 Abs. 1 InsO beeinträchtigen und ist daher nach § 134 BGB **nichtig**.[644]

355 **ee) Zu- bzw. Abschläge.** Weicht das Insolvenzverfahren von den Merkmalen eines Normalverfahrens ab, ist dem durch eine **Erhöhung oder Minderung** der Vergütung nach § 3 InsVV Rechnung zu tragen.[645] Dieses Korrektiv ist sowohl auf die Regelvergütung gem. § 2 Abs. 1 InsVV, als auch auf die Mindestvergütung nach § 2 Abs. 2 InsVV anwendbar.[646] Für Zuschläge auf die Mindestvergütung muss die Gläubigerzahl als Kriterium außer Betracht bleiben, da § 2 Abs. 2 InsVV die Zahl der Gläubiger bereits berücksichtigt.[647]

356 § 3 Abs. 1 InsVV regelt Fälle, in denen die Vergütung prozentual zu erhöhen ist. § 3 Abs. 2 InsVV bestimmt, wann Abschläge vorzunehmen sind. Beide Kataloge sind nicht abschließend.[648] Nicht jede Abweichung vom Normalverlauf einer Insolvenzverwaltung führt zu einer Erhöhung oder Reduzierung der Vergütung. Vielmehr ist davon auszugehen, dass erst eine **wesentliche Abweichung**, etwa in einer Einzelposition i.H.v. 20 % oder mehr, eine Änderung der Vergütung nach sich zieht.[649]

357 **Vergütungserhöhend** wirkt sich z.B. eine Unternehmensfortführung ohne Massezuwachs (§ 3 Abs. 1b) InsVV) oder die Ausarbeitung eines Insolvenzplans (§ 3 Abs. 1e) InsVV) aus. Ein Zuschlag kann bei § 3 Abs. 1e) InsVV auch dann gerechtfertigt sein, wenn die bloße Überarbeitung eines vom Schuldner selbst vorgelegten Insolvenzplans durch den Verwalter einen erheblichen Mehraufwand bedingt.[650] Ein genereller Zuschlag bei Erfüllung eines Erhöhungsmerkmals ist indes abzulehnen; entscheidend ist stets der Nachweis erheblich größerer bzw. schwierigerer Arbeitsleistungen des Verwalters.[651] Die Gewährung von Zuschlägen liegt nicht im Ermessen des Gerichts, sondern ist obligatorisch, wenn eine Abweichung vom Normalfall vorliegt.[652]

358 **Vergütungsmindernde** Faktoren (§ 3 Abs. 2 InsVV) sind etwa die vorzeitige Beendigung der Insolvenzverwaltung[653] oder ein Nachlassinsolvenzverfahren, bei dem der zuvor tätige Nachlassverwalter

---

642 *Eickmann*, NZI 2005, 205, 207; *Keller*, NZI 2005, 23, 25 m. zahlr. Berechnungsformeln und -bsp.
643 *Keller*, NZI 2005, 23, 25.
644 BGH NJW 1982, 185; *Eickmann*, NZI 2005, 205, 208; Gottwald/*Last*, Insolvenzrechts-Handbuch, 3. Aufl. 2006, § 127 Rn 13.
645 Römermann/Nerlich/*Madert*, InsO, § 2 InsVV Rn 1.
646 *Keller*, ZVI 2004, 569; *ders.*, NZI 2005, 23, 26; Blersch, ZIP 2004, 2311, 2312.
647 *Keller*, NZI 2005, 23, 27.
648 Gottwald/*Last*, Insolvenzrechts-Handbuch, 3. Aufl. 2006, § 127 Rn 14, 19.
649 MüKo/*Nowak*, InsO, § 2 InsVV Rn 4; Römermann/Nerlich/*Madert*, InsO, § 2 InsVV Rn 1.
650 BGH NZI 2007, 341 = RVGrepoert 2007, 320.
651 Gottwald/*Last*, Insolvenzrechts-Handbuch, 3. Aufl. 2006, § 127 Rn 15.
652 Kübler/Prütting/*Eickmann*, InsO, Vergütungsrecht, 2. Aufl., § 3 InsVV Rn 3.
653 BGH NJW-RR 2005, 485.

bzw. -pfleger die gesamte Nachlassmasse verwertet hatte, weshalb dem Insolvenzverwalter nach Insolvenzeröffnung nur noch die Verteilung der Masse oblag.[654]

Bei der Berechnung der Zu- und Abschläge hat die Prüfung der Angemessenheit dergestalt zu erfolgen, dass keine bloße Addition und Subtraktion der einzelnen Zu- und Abschläge erfolgt; vielmehr hat das Insolvenzgericht insoweit eine **Gesamtschau** aller Umstände vorzunehmen.[655]

ff) Checkliste Vergütungsberechnung. Als Checkliste für die Ermittlung der angemessenen Vergütung nach der InsVV kann nach alledem die Prüfung der folgenden Schritte gelten:
– Ermittlung der Insolvenzmasse (§ 1 InsVV)
– Ermittlung der Regelvergütung (§ 2 Abs. 1 InsVV)
– Ermittlung der Mindestvergütung (§ 2 Abs. 2 InsVV)
– Vergleichsberechnung Regelvergütung – Mindestvergütung
– Bestimmung der Zu- bzw. Abschläge (§ 3 InsVV)
– Berechnung der Gesamtvergütung

d) Auslagenersatzanspruch

Neben dem Vergütungsanspruch hat der Insolvenzverwalter auch einen **Anspruch auf Ersatz seiner Auslagen**. Die InsVV unterscheidet hier zwischen **allgemeinen Geschäftskosten** und **besonderen Kosten**.

aa) Allgemeine Geschäftskosten. Allgemeine Geschäftskosten werden nach § 4 Abs. 1 InsVV durch die Vergütung abgegolten. Besondere Kosten sind dagegen gem. § 4 Abs. 2 InsVV als Auslagen zu erstatten, soweit sie angemessen sind. **Allgemeine Geschäftskosten** sind solche Kosten, die beim Verwalter ohne Bezug auf ein bestimmtes Verfahren anfallen, also auch entstanden wären, hätte er dieses Verfahren nicht geführt.[656] Für die Gehälter von Angestellten stellt § 4 Abs. 1 S. 2 InsVV allerdings klar, dass diese auch dann als Geschäftskosten anzusehen sind, wenn die Angestellten anlässlich eines bestimmten Verfahrens eingestellt worden sind.

Zu den allgemeinen Geschäftskosten gehören ferner die Ausgaben für Büromiete, Strom, Heizung, Abfallentsorgung, EDV, Leasingkosten für Einrichtungsgegenstände, Fachliteratur usw.[657]

bb) Besondere Kosten. Besondere Kosten sind solche, die situationsbezogen anfallen,[658] also einem bestimmten Verfahren zuzuordnen sind und gerade deshalb aufgewandt wurden, weil der Verwalter in einem bestimmten Verfahren tätig ist.[659] Damit sind dem Verwalter diejenigen Kosten als Auslagen zu erstatten, die im Zusammenhang mit einem konkreten Verfahren für Telefon, Telefax, Kopien, Zustellungen, Fahrten usw. entstanden sind.[660] Die Entstehung der Kosten für das jeweilige Verfahren muss anhand von Rechnungen, Telefonlisten o.Ä. konkret nachgewiesen werden.[661] § 8 Abs. 3 InsVV räumt dem Verwalter jedoch ein **Wahlrecht** ein, anstelle der tatsächlich entstandenen Auslagen einen Pauschsatz zu fordern, dessen Höhe dort näher geregelt ist. Die Höhe des Pauschsatzes ist auf 30 % der Regelvergütung gedeckelt (§ 8 Abs. 3 S. 2 InsVV).

cc) Haftpflichtversicherung. § 4 Abs. 3 InsVV stellt klar, dass die Unterscheidung zwischen allgemeinen Geschäftskosten, die durch die Vergütung abgegolten werden, und erstattungsfähigen besonderen Kosten auch für die **Haftpflichtversicherung** gilt: Die Kosten für eine Haftpflichtversicherung gehören grds. zu den allgemeinen Geschäftskosten, sind jedoch in besonders „haftungsträchtigen" Fällen als Auslagen zu erstatten. Damit sind die Kosten einer allgemeinen Berufshaftpflichtversicherung oder einer allgemeinen Insolvenzverwalter-Haftpflichtversicherung nicht erstattungsfähig, wohl aber die Kosten einer speziellen, verfahrensbezogenen Zusatzhaftpflichtversicherung bei Fällen mit einem besonderen Haftungsrisiko.[662] Hier kommen insbesondere Fälle der Betriebsfortführung in

---

654 Gottwald/*Last*, Insolvenzrechts-Handbuch, 3. Aufl. 2006, § 127 Rn 19.
655 BGH ZInsO 2003, 790; *Graeber*, Vergütung in Insolvenzverfahren von A-Z, 2005, Rn 30.
656 Kübler/Prütting/*Eickmann*, InsO, Vergütungsrecht, 2. Aufl., § 4 InsVV Rn 2.
657 MüKo/*Nowak*, InsO, § 4 InsVV Rn 2; *Uhlenbruck*, InsO, § 63 Rn 27.
658 MüKo/*Nowak*, InsO, § 4 InsVV Rn 3.
659 Kübler/Prütting/*Eickmann*, InsO, Vergütungsrecht, 2. Aufl., § 4 InsVV Rn 5.
660 Römermann/Nerlich/*Madert*, InsO, § 4 InsVV Rn 4.
661 Gottwald/*Last*, Insolvenzrechts-Handbuch, 3. Aufl. 2006, § 127 Rn 31.
662 *Uhlenbruck*, InsO, § 63 Rn 29.

Betracht.⁶⁶³ In diesem Falle sind die Prämien als besondere Auslagen vom Gericht festzusetzen und der Masse zu entnehmen. Allerdings sollte der Insolvenzverwalter sicherheitshalber vor Abschluss der zusätzlichen Versicherung die Zustimmung des Gerichtes einholen.⁶⁶⁴

365 **dd) Angemessene Auslagen.** Die Auslagen sind nur zu erstatten, soweit sie **angemessen** sind. Für die Frage der Angemessenheit kann auf die Grundsätze zurückgegriffen werden, die im Zusammenhang mit §§ 670, 675 BGB gelten. Entscheidend ist also, ob der Verwalter sie zum Zeitpunkt ihrer Entstehung für erforderlich halten durfte.⁶⁶⁵

e) Festsetzung; Verjährung

366 Die Festsetzung der **Vergütung und Auslagen** des Insolvenzverwalters ist in § 8 Abs. 1 und 2 InsVV geregelt. Danach erfolgt die Festsetzung durch das Insolvenzgericht, wobei Vergütung und Auslagen gesondert festzusetzen sind. Die Vergütung für anwaltliche Tätigkeiten nach § 5 InsVV wird dagegen nicht festgesetzt. Diese kann vielmehr direkt der Masse entnommen werden. Solange die Vergütung nicht bestandskräftig festgesetzt ist, unterliegt der dahingehende Anspruch der **regelmäßigen Verjährung**.⁶⁶⁶

f) Vorschuss

367 § 9 InsVV räumt dem Verwalter die Möglichkeit ein, einen Vorschuss auf seine **Vergütung und Auslagen** aus der Insolvenzmasse zu entnehmen. Voraussetzung ist die Zustimmung des Insolvenzgerichts. Der neue S. 3 des § 9 InsVV regelt nun speziell den Vorschussanspruch des Insolvenzverwalters bei erfolgter Kostenstundung im Kleininsolvenzverfahren (§ 4a InsO).

g) Umsatzsteuer

368 Die auf die Vergütung erhobene Umsatzsteuer kann der Insolvenzverwalter ersetzt verlangen (§ 7 InsVV). Dies gilt nach § 18 Abs. 2 InsVV auch für die in Rechnung gestellten Auslagen.

11. Sonderinsolvenzverwalter

369 Ein **Sonderinsolvenzverwalter** erhält nach ständiger Rechtsprechung des BGH seine Vergütung danach in entsprechender Anwendung der InsVV.⁶⁶⁷ Bei der Bemessung der Vergütung des Sonderinsolvenzverwalters nach der InsVV ist dabei ist einem im Verhältnis zum Insolvenzverwalter verminderten Umfang der Tätigkeit durch Festlegung einer angemessenen Quote/eines angemessenen Bruchteils der Regelvergütung und/oder durch einen Abschlag Rechnung zu tragen.⁶⁶⁸ Darüber hinaus können entsprechend § 3 InsVV Zu- und Abschläge festgesetzt werden, um eine angemessene Vergütung zu erreichen. Die Regelung über die Mindestvergütung in § 2 Abs. 2 InsVV gilt dabei nicht.⁶⁶⁹

370 Hat der Sonderinsolvenzverwalter lediglich die Aufgabe, einzelne Ansprüche zu prüfen, zur Tabelle anzumelden oder gerichtlich zu verfolgen, kann seine Vergütung aber nicht höher festgesetzt werden

---

663 *Hess*, in: Hess/Weis/Wienberg, InsO, 2. Aufl. 2001, § 4 InsVV Rn 15; Kübler/Prütting/*Eickmann*, InsO, Vergütungsrecht, 2. Aufl., § 4 InsVV Rn 13.
664 *Uhlenbruck*, InsO, § 63 Rn 29.
665 MüKo/*Nowak*, InsO, § 4 InsVV Rn 4.
666 BGH NZI 2007, 397 = RVGreport 2007, 320.
667 BGH NJW-RR 2015, 1003 = Rpfleger 2015, 490 = JurBüro 2015, 494 = MDR 2015, 857; BGH ZIP 2008, 1294 = ZInsO 2008, 733 = NZI 2008, 485 = Rpfleger 2008, 520 = MDR 2008, 1124 = BGHRreport 2008, 991 = NJW-RR 208, 1580 = BB 2008, 1517 = RVGreport 2008, 360; BGH ZInsO 2010, 399; LG Braunschweig ZInsO 2012, 506 = ZIP 2012, 838.
668 BGH NJW-RR 2015, 1003 = Rpfleger 2015, 490 = JurBüro 2015, 494 = MDR 2015, 857.
669 BGH NJW-RR 2015, 1003 = Rpfleger 2015, 490 = JurBüro 2015, 494 = MDR 2015, 857; BGH ZIP 2008, 1294 = ZInsO 2008, 733 = NZI 2008, 485 = Rpfleger 2008, 520 = MDR 2008, 1124 = BGHRreport 2008, 991 = NJW-RR 208, 1580 = BB 2008, 1517 = RVGreport 2008, 360.

als die eines Anwalts nach dem RVG.[670] Die Gebühren für anwaltliche Tätigkeiten des Sonderinsolvenzverwalters sind aber nicht der **Gebührentabelle zu § 49 RVG** zu entnehmen, wenn keine Beiordnung im Wege der **Prozesskostenhilfe** erfolgt ist.[671] Ist ein Sonderinsolvenzverwalter, der als Rechtsanwalt zugelassen ist, für eine Tätigkeit bestellt, die ein nicht als Rechtsanwalt zugelassener Verwalter angemessenerweise einem Rechtsanwalt übertragen hätte, bemisst sich seine Vergütung unmittelbar nach dem RVG.[672] Es ist aber im Einzelfall zu prüfen, ob Zu- oder Abschläge zur Regelvergütung gerechtfertigt sind.[673] Die Vergütung setzt das **Insolvenzgericht** fest.[674]

12. Die Vergütung des Sachwalters (§ 270 InsO)

Gem. § 270 Abs. 1 S. 1 InsO ist der Schuldner berechtigt, unter der Aufsicht eines **Sachwalters** die Insolvenzmasse zu verwalten und über sie zu verfügen, wenn das Insolvenzgericht in dem Beschluss über die Eröffnung des Insolvenzverfahrens die **Eigenverwaltung** anordnet. Der Sachwalter im Insolvenzverfahren erhält gem. § 12 Abs. 1 InsVV regelmäßig eine **Vergütung** i.H.v. 60 % der Vergütung, die für den Insolvenzverwalter vorgesehen ist (vgl. Rdn 338 ff.). Berechnungsgrundlage ist wiederum die Insolvenzmasse.[675] Auch hier sind Zu- oder Abschläge vorzunehmen, wenn das Verfahren vom Leitbild eines sog. Normalverfahrens abweicht.[676] Nach § 12 Abs. 2 InsVV ist ein Zuschlag jedenfalls dann vorzunehmen, wenn das Gericht angeordnet hat, dass bestimmte Rechtsgeschäfte des Schuldners nur mit Zustimmung des Sachwalters wirksam sind. 371

Darüber hinaus hat der Sachwalter Anspruch auf Erstattung seiner **Auslagen**. Diese kann er entweder konkret berechnen oder aber eine Auslagenpauschale geltend machen (§§ 12 Abs. 3, 8 Abs. 3 InsVV) (siehe auch Rdn 361). Den Anspruch auf Auslagenersatz sowie seine Vergütung muss der Sachwalter im **Festsetzungsverfahren** gem. § 8 Abs. 1, 2 InsVV geltend machen (siehe Rdn 366). 372

Der **vorläufige Sachwalter** (§ 270a InsO) erhält eine Vergütung in Anwendung der Vorschriften über die Vergütung des (endgültigen) Sachwalters; die Vorschriften über die Vergütung des vorläufigen Insolvenzverwalters sind nicht entsprechend anwendbar. Die Vergütung des vorläufigen Sachwalters beträgt im Normalfall 25 v.H. der Regelvergütung des Insolvenzverwalters.[677] 373

13. Die Vergütung der Mitglieder des Gläubigerausschusses (§ 73 InsO)

Für die Mitglieder des Gläubigerausschusses (§ 67 InsO) ergibt sich der Anspruch auf **Vergütung** und Auslagenerstattung aus § 73 InsO i.V.m. § 17 InsVV. Nach § 17 InsVV beträgt die Vergütung je nach Umfang der erbrachten Tätigkeit zwischen 35 und 95 EUR pro Stunde, wobei insbesondere der Umfang der Tätigkeit zu berücksichtigen ist. Die Vergütung ist nicht zwingend als Zeitvergütung zu berechnen; auch andere, sachgerechte Kriterien kommen in Betracht.[678] Die Vergütung kann somit unter bestimmten Umständen auf einer anderen Grundlage festgesetzt werden, sei es als Bruchteil der Verwaltervergütung, Pauschale oder Festbetrag.[679] Den Anspruch auf Erstattung von **Auslagen** regelt § 18 InsVV. 374

---

670 BGH NJW-RR 2015, 1003 = Rpfleger 2015, 490 = JurBüro 2015, 494 = MDR 2015, 857; BGH ZIP 2008, 1294 = ZInsO 2008, 733 = NZI 2008, 485 = Rpfleger 2008, 520 = MDR 2008, 1124 = BGHRreport 2008, 991 = NJW-RR 208, 1580 = BB 2008, 1517 = RVGreport 2008, 360; BGH ZInsO 2010, 399; LG Braunschweig ZInsO 2012, 506 = ZIP 2012, 838.
671 AG Göttingen ZInsO 2014, 800.
672 BGH NJW-RR 2015, 1003 = Rpfleger 2015, 490 = JurBüro 2015, 494 = MDR 2015, 857.
673 BGH ZInsO 2010, 399; LG Braunschweig ZInsO 2012, 506 = ZIP 2012, 838.
674 BGH ZIP 2008, 1294 = ZInsO 2008, 733 = NZI 2008, 485 = Rpfleger 2008, 520 = MDR 2008, 1124 = BGRreport 2008, 991 = NJW-RR 2008, 1580 = BB 2008, 1517 = RVGreport 2008, 360.
675 Römermann/Nerlich/*Madert*, InsO, § 12 InsVV Rn 2.
676 Gottwald/*Last*, Insolvenzrechts-Handbuch, 3. Aufl. 2006, § 127 Rn 54; MüKo/*Nowak*, InsO, § 12 InsVV Rn 7.
677 BGH ZInsO 2016, 1637 = ZIP 2016, 1592.
678 So AG Duisburg NZI 2003, 502 zu § 17 a.F.
679 AG Braunschweig ZInsO 2005, 870.

§ 73 InsO Vergütung der Mitglieder des Gläubigerausschusses

(1) ¹Die Mitglieder des Gläubigerausschusses haben Anspruch auf Vergütung für ihre Tätigkeit und auf Erstattung angemessener Auslagen. ²Dabei ist dem Zeitaufwand und dem Umfang der Tätigkeit Rechnung zu tragen.

(2) ¹§ 63 Abs. 2 sowie die §§ 64 und 65 gelten entsprechend.

§ 17 InsVV Berechnung der Vergütung

(1) ¹Die Vergütung der Mitglieder des Gläubigerausschusses beträgt regelmäßig zwischen 35 und 95 Euro je Stunde. ²Bei der Festsetzung des Stundensatzes ist insbesondere der Umfang der Tätigkeit zu berücksichtigen.

(2) Die Vergütung der Mitglieder des vorläufigen Gläubigerausschusses für die Erfüllung der ihm nach § 56a und § 270 Absatz 3 der Insolvenzordnung zugewiesenen Aufgaben beträgt einmalig 300 Euro. Nach der Bestellung eines vorläufigen Insolvenzverwalters oder eines vorläufigen Sachwalters richtet sich die weitere Vergütung nach Absatz 1.

§ 18 InsVV Auslagen. Umsatzsteuer

(1) ¹Auslagen sind einzeln anzuführen und zu belegen.

(2) ¹Soweit Umsatzsteuer anfällt, gilt § 7 entsprechend.

14. Die Vergütung des Treuhänders (§ 293 InsO)

375 Ist der Schuldner eine natürliche Person, so wird er gem. § 286 InsO nach Maßgabe der §§ 287 bis 303 InsO von den im Insolvenzverfahren nicht erfüllten Verbindlichkeiten gegenüber den Insolvenzgläubigern befreit. § 292 InsO regelt die Rechtsstellung und die Aufgaben eines in diesem verfahren mitwirkenden Treuhänders.

376 Für den Treuhänder ergibt sich der Anspruch auf **Vergütung** und Auslagenerstattung aus § 292 InsO. Danach hat der Treuhänder hat Anspruch auf Vergütung für seine Tätigkeit und auf Erstattung angemessener Auslagen. Dabei ist dem Zeitaufwand des Treuhänders und dem Umfang seiner Tätigkeit Rechnung zu tragen. Die Vergütung ergibt sich aus §§ 14 ff. InsVV. Den Anspruch auf Erstattung von **Auslagen** regelt § 16 Abs. 1 S. 2, 3 InsVV.

§ 14 InsVV Grundsatz

(1) Die Vergütung des Treuhänders nach § 293 der Insolvenzordnung wird nach der Summe der Beträge berechnet, die aufgrund der Abtretungserklärung des Schuldners (§ 287 Abs. 2 der Insolvenzordnung) oder auf andere Weise zur Befriedigung der Gläubiger des Schuldners beim Treuhänder eingehen.

(2) Der Treuhänder erhält
1. von den ersten 25.000 Euro 5 vom Hundert,
2. von dem Mehrbetrag bis 50.000 Euro 3 vom Hundert und
3. von dem darüber hinausgehenden Betrag 1 vom Hundert.

(3) Die Vergütung beträgt mindestens 100 Euro für jedes Jahr der Tätigkeit des Treuhänders. Hat er die durch Abtretung eingehenden Beträge an mehr als 5 Gläubiger verteilt, so erhöht sich diese Vergütung je 5 Gläubiger um 50 Euro.

§ 15 InsVV Überwachung der Obliegenheiten des Schuldners

(1) Hat der Treuhänder die Aufgabe, die Erfüllung der Obliegenheiten des Schuldners zu überwachen (§ 292 Abs. 2 der Insolvenzordnung), so erhält er eine zusätzliche Vergütung. Diese beträgt regelmäßig 35 Euro je Stunde.

(2) Der Gesamtbetrag der zusätzlichen Vergütung darf den Gesamtbetrag der Vergütung nach § 14 nicht überschreiten. Die Gläubigerversammlung kann eine abweichende Regelung treffen.

§ 16 InsVV Festsetzung der Vergütung. Vorschüsse

(1) Die Höhe des Stundensatzes der Vergütung des Treuhänders, der die Erfüllung der Obliegenheiten des Schuldners überwacht, wird vom Insolvenzgericht bei der Ankündigung der Restschuldbefreiung festgesetzt. Im übrigen werden die Vergütung und die zu erstattenden Auslagen auf Antrag des Treuhänders bei der Beendigung seines Amtes festgesetzt. Auslagen sind einzeln anzuführen und zu belegen. Soweit Umsatzsteuer anfällt, gilt § 7 entsprechend.

(2) Der Treuhänder kann aus den eingehenden Beträgen Vorschüsse auf seine Vergütung entnehmen. Diese dürfen den von ihm bereits verdienten Teil der Vergütung und die Mindestvergütung seiner Tätigkeit nicht überschreiten. Sind die Kosten des Verfahrens nach § 4a der Insolvenzordnung gestundet, so kann das Gericht Vorschüsse bewilligen, auf die Satz 2 entsprechend Anwendung findet.

15. Die Vergütung des Treuhänders im vereinfachten Insolvenzverfahren (§ 313 InsO)

Im **vereinfachten Insolvenzverfahren** nach §§ 311 ff. InsO wurden die Aufgaben des Insolvenzverwalters gem. § 313 Abs. 1 S. 1 InsO von einem Treuhänder wahrgenommen. Da nach § 313 Abs. 1 S. 2 InsO die §§ 56 bis 66 InsO entsprechend galten, hatte der Treuhänder nach § 63 InsO einen Anspruch auf Vergütung. Die **Höhe der Vergütung** bestimmte sich nach § 13 InsVV. 377

§ 313 InsO ist durch das am 1.7.2014 in Kraft getretene Gesetz zur Verkürzung des Restschuldbefreiungsverfahrens und zur Stärkung der Gläubigerrechte aufgehoben und § 13 InsVV geändert worden. § 13 InsVV regelt seitdem die Mindestvergütung im **Verbraucherinsolvenzverfahren** (vgl. Rdn 353). Hinsichtlich der bis dahin entstandenen Vergütungsansprüche des Treuhänders wird auf die Erl. in der Vorauflage (§ 1 Rn 227 ff.) verwiesen. 378

16. Die Vergütung des Nachlassverwalters

a) Grundsätze

Der Nachlassverwalter hat gem. **§ 1987 BGB** einen **Anspruch** auf eine angemessene **Vergütung**. Damit unterscheidet er sich von den Nachlasspflegern nach §§ 1960, 1961 BGB, die die Pflegschaft grds. unentgeltlich zu führen haben, sowie vom Vormund und von anderen Pflegern. Der Grund für die Entgeltlichkeit der Amtsführung liegt darin, dass der Nachlassverwalter nicht in erster Linie im öffentlichen Interesse tätig wird, sondern eher im privaten Interesse. Die Übernahme des Amtes ist daher keine staatsbürgerliche Pflicht. Deshalb hat der Gesetzgeber eine Vergütung vorgesehen, um geeignete Personen zu motivieren, Nachlassverwaltungen zu übernehmen.[680] 379

Die Vergütung muss **angemessen** sein. Bei der Bemessung sind die Nachlassmasse, der Umfang und die Schwierigkeit der Verwaltungsgeschäfte, die Dauer der Verwaltung sowie das Maß der Verantwortung des Verwalters und der Erfolg seiner Tätigkeit zu berücksichtigen.[681] Ist der Nachlassverwalter für seine vorausgegangene Tätigkeit als Nachlasspfleger gesondert vergütet worden, kann sich dieser Umstand bei der Angemessenheitsprüfung vergütungsmindernd auswirken.[682] Wurde der Nachlassverwalter überhaupt nicht tätig oder wegen Pflichtwidrigkeit nach § 1886 BGB entlassen, entfällt die Vergütung ganz.[683] Einzelne Pflichtwidrigkeiten des Nachlassverwalters mindern den Anspruch nach § 1987 BGB nicht, können aber Schadensersatzansprüche auslösen, mit denen u.U. gegen den Vergütungsanspruch des Verwalters aufgerechnet werden kann.[684] 380

b) Vergütung

§ 1987 BGB enthält für die Bestimmung der angemessenen Vergütung eine **abschließende Regelung**.[685] Die Vorschriften der InsVV (siehe Rdn 338 ff.) oder die Gebührentaxe des Berufsverbandes, dem der Nachlassverwalter angehört, sind zur Bestimmung der angemessenen Vergütung daher nicht anwendbar, können jedoch als Orientierungshilfe dienen.[686] Die Anwendung der für Berufsbetreuer 381

---

[680] Staudinger/*Marotzke*, § 1987 Rn 1; MüKo/*Siegmann*, BGB, § 1987 Rn 1.
[681] MüKo/*Siegmann*, BGB, § 1987 Rn 2; Staudinger/*Marotzke*, § 1987 Rn 7.
[682] Staudinger/*Marotzke*, § 1987 Rn 3; MüKo/*Siegmann*, BGB, § 1987 Rn 2.
[683] Palandt/*Edenhofer*, § 1987 Rn 1; Staudinger/*Marotzke*, § 1987 Rn 6.
[684] MüKo/*Siegmann*, BGB, § 1987 Rn 2; Staudinger/*Marotzke*, § 1987 Rn 2.
[685] *Zimmermann*, Anwaltsvergütung außerhalb des RVG, 2007, Rn 292; Soergel/*Stein*, § 1987 Rn 5; MüKo/*Siegmann*, BGB, § 1987 Rn 2.
[686] Vgl. BayObLG Rpfleger 1985, 402; Rpfleger 1972, 252; *Zimmermann*, Anwaltsvergütung außerhalb des RVG, 2007, Rn 293; Palandt/*Edenhofer*, § 1986 Rn 2; Soergel/*Stein*, § 1987 Rn 5.

bzw. -vormünder geltenden Pauschalstundensätze nach dem VBVG (siehe Rdn 166 ff.) kommt ebenfalls nicht in Betracht.[687] Mangels Anwendbarkeit des § 1836 BGB auf die Vergütung des Nachlassverwalters scheidet eine zeitbasierte Vergütung auch im Übrigen aus.[688] In der Praxis hat sich vielmehr eine auf das Aktivvermögen bezogene **Pauschalvergütung** aus einem Rahmen von 3–5 % des Nachlasses bei kleineren Nachlässen und von 1–2 % bei größeren Nachlässen als üblich herausgebildet.[689]

c) Festsetzung

382 Die **Festsetzung** der Vergütung erfolgt auf Antrag des Verwalters durch das Nachlassgericht (§§ 1975, 1915, 1962 BGB); zuständig ist der Rechtspfleger (§§ 3 Nr. 2c, 16 Abs. 1 Nr. 1 RPflG). Eine Festsetzung gegen die Staatskasse nach den Regeln des VBVG ist wegen der Besonderheiten der Nachlassverwaltung ausgeschlossen.[690]

d) Aufwendungen

383 Neben dem Vergütungsanspruch hat der Nachlassverwalter einen Anspruch auf Erstattung seiner **Aufwendungen**, der sich aus §§ 1915 Abs. 1 S. 1, 1835 Abs. 1 S. 1, 670 BGB ergibt.[691] Auch die Erbringung anwaltlicher Leistungen kann eine erstattungsfähige Aufwendung sein, deren Wert sich dann nach dem RVG bemisst, Abs. 2 S. 2, § 1835 Abs. 3 BGB (vgl. Rdn 164).

17. Die Vergütung des Zwangsverwalters

a) Grundsätze

384 Die Vergütung des Zwangsverwalters ist in der **Zwangsverwalterverordnung (ZwVwV)** vom 19.12.2003 geregelt, die das Bundesjustizministerium aufgrund der Ermächtigung in § 152a ZVG erlassen hat. Der Zwangsverwalter hat nach § 17 ZwVwV Anspruch auf eine angemessene **Vergütung** für seine Geschäftsführung sowie auf Erstattung seiner **Auslagen**.

b) Anwendung des RVG

385 § 17 Abs. 3 ZwVwV stellt klar, dass der als **Rechtsanwalt** zugelassene Verwalter für solche Tätigkeiten die tarifliche Vergütung des RVG verlangen kann, die ein nicht als Rechtsanwalt zugelassener Zwangsverwalter einem Anwalt übertragen hätte.[692] Diese Regelung entspricht § 5 InsVV (siehe Rdn 339). Führt etwa der anwaltliche Zwangsverwalter einen Rechtsstreit mit den Mietern des zwangsverwalteten Objekts, kann er dafür nach dem RVG abrechnen.[693]

386 Auch wenn die Voraussetzung der fiktiven Anwaltseinschaltung erfüllt ist, hat der anwaltliche Zwangsverwalter ein **Wahlrecht**. Er kann nach dem RVG liquidieren oder die aufgewandte Zeit nach den Sätzen der ZwVwV nach Stunden abrechnen, sofern eine Stundenabrechnung zulässig ist.[694]

---

687 Staudinger/*Marotzke*, § 1987 Rn 3; MüKo/*Siegmann*, BGB, § 1987 Rn 2.
688 *Fromm*, ZEV 2006, 298, 301; Bamberger/Roth/*Lohmann*, BeckOK BGB (Stand 1.7.2006), § 1987 Rn 2; a.A. OLG München BeckRS 2006, 03103; Prütting/Wegen/Weinreich/*Tschichoflos*, BGB, 2. Aufl. 2007, § 1987 Rn 4; Palandt/*Edenhofer*, § 1987 Rn 2; eingehend *Zimmermann*, Anwaltsvergütung außerhalb des RVG, 2007, Rn 292.
689 Vgl. OLG Zweibrücken OLGR 1997, 205, 206; MüKo/*Siegmann*, BGB, § 1987 Rn 2; Bamberger/Roth/*Lohmann*, BeckOK BGB (Stand 1.7.2006), § 1987 Rn 2.
690 KG JurBüro 2006, 150.
691 Soergel/*Stein*, § 1987 Rn 4; Erman/*Schlüter*, § 1960 Rn 25.
692 Dazu BGH NJW 2004, 3429.
693 *Pape*, NZI 2004, 187.
694 BGH NJW 2004, 3429; *Zimmermann*, Anwaltsvergütung außerhalb des RVG, 2007, Rn 423.

Wählt er die Vergütung nach dem RVG, muss der Verwalter indes eine **Berechnung nach § 10** erstellen; anderenfalls ist die Vergütung nicht fällig.[695] Eine Vergütung nach der Zwangsverwalterverordnung steht dem Verwalter nur für solche (erforderlichen) Tätigkeiten zu, die er in Ausübung seines Amtes entfaltet hat. Bei Tätigkeiten, die er nach Zustellung des die Zwangsverwaltung aufhebenden Beschlusses erbracht hat, ist dies nur ausnahmsweise der Fall.[696]

387

c) Grundstücke mit Vermietung und Verpachtung

Hinsichtlich der **Vergütung** ist zu unterscheiden zwischen Grundstücken, die durch Vermietung und Verpachtung genutzt werden (§ 18 ZwVwV), und solchen, bei denen das nicht der Fall ist (§ 19 ZwVwV). Werden die Grundstücke durch Vermietung und Verpachtung genutzt, bemisst sich die Vergütung grds. nach den Beträgen, die der Verwalter vereinnahmt hat oder aber beizutreiben versucht hat: Er erhält regelmäßig 10 % des Bruttobetrages, der während des Verwaltungszeitraumes eingezogen wird. Sind Mieten uneinbringlich, erhält er 20 % des geschuldeten, aber nicht gezahlten Mietzinses. Bei diesen Beträgen handelt es sich um die **Regelvergütung**.

388

Von dieser kann nach oben oder unten abgewichen werden, wenn andernfalls ein Missverhältnis zwischen der Tätigkeit des Verwalters und der Vergütung bestünde (§ 18 Abs. 2 ZwVwV). Der **Mindestsatz** der Vergütung beträgt dann 5 % der eingezogenen Mieten, der Höchstsatz 15 %. Da eine Minderung oder Erhöhung der Regelvergütung nach dem eindeutigen Wortlaut des Gesetzes nur für den Teil der Vergütung vorgesehen ist, der sich anhand der eingezogenen Mieten berechnet, sind **Zu- oder Abschläge** nicht möglich für die Tätigkeit des Zwangsverwalters, die sich auf die Beitreibung von Mietzahlungen bezogen hat, die sich als uneinbringlich herausgestellt haben.

389

Für die **Fertigstellung von Bauvorhaben** erhält der Verwalter 6 % der Bausumme, die er verwaltet (§ 18 Abs. 3 ZwVwV). Da § 18 Abs. 2 ZwVwV nicht auf Absatz 3 verweist, sind auch hier Zu- oder Abschläge nicht möglich.

390

In Fällen, in denen die Vergütung, die sich anhand der eingezogenen Mietzinsen (bzw. der Beträge, deren Beitreibung vergeblich versucht worden ist) orientiert, offensichtlich unangemessen ist, kann der Zwangsverwalter seine Vergütung auch nach der aufgewandten Zeit bemessen (§ 19 Abs. 2 ZwVwV). Der Verwalter hat insofern ein **Wahlrecht**. Wählt er die **Zeitvergütung**, erhält er für jede Stunde der für die Verwaltung aufgewandten und erforderlichen Zeit einen Satz zwischen 35 und 90 EUR (§ 19 Abs. 1 ZwVwV); an die Vergütung von Berufsbetreuern (siehe Rdn 166 ff.) kann die Bemessung des Stundensatzes hingegen nicht angelehnt werden.[697] Der durchschnittliche Stundensatz des Zwangsverwalters beträgt 62,50 EUR.

391

Die Vergütung für die Verwaltung mehrerer nicht vermieteter Eigentumswohnungen ist nicht deshalb unterhalb dieses Mittelsatzes anzusetzen, weil die Wohnungen im selben Gebäude gelegen sind.[698] Während ein Abweichen von der Regelvergütung nach § 18 Abs. 1 S. 1 ZwVwV durch Zugrundelegung höherer oder niedrigerer Prozentsätze schon dann möglich ist, wenn ein Missverhältnis zwischen der Tätigkeit des Verwalters und seiner Vergütung bestehen würde, besteht die Möglichkeit der Abrechnung nach Stundensätzen nur im Falle **offensichtlicher Unangemessenheit**. Erforderlich ist insoweit ein besonders krasses Missverhältnis. Es liegt vor, wenn bei einer alternativen Betrachtung die Vergütung nach § 18 ZwVwV ungeachtet der Ausschöpfung des Höchstrahmens von 15 % erheblich, also um mehr als 25 bis 30 %, hinter einer Stundenvergütung nach § 19 ZwVwV zurückbleibt.[699]

392

d) Grundstücke ohne Vermietung und Verpachtung

Für die Zwangsverwaltung von Grundstücken, die nicht durch Vermietung oder Verpachtung genutzt werden, bemisst sich die Vergütung des Verwalters stets nach der aufgewandten Zeit (§ 19 Abs. 1 ZwVwV). Auch hier gelten Stundensätze zwischen 35 und 90 EUR.

393

---

695 BGH Rpfleger 2005, 152 = ZInsO 2005, 39.
696 BGH RVGreport 2008, 160.
697 BGH NZM 2004, 472.
698 BGH NZM 2007, 261 = RVGreport 2007, 320.
699 BGH RVGreport 2008, 240; *Pape*, NZI 2004, 187, 188 f.; *Haarmeyer*, ZInsO 2004, 21.

e) Mindestvergütung

394 § 20 ZwVwV sieht eine **Mindestvergütung** des Zwangsverwalters vor, die 600 EUR beträgt, wenn er das Grundstück bereits in Besitz genommen hat, 200 EUR, wenn die Inbesitznahme noch nicht erfolgt ist, der Verwalter aber in anderer Weise tätig geworden ist. Die Mindestvergütung darf auch dann nicht unterschritten werden, wenn der tatsächliche Verwaltungsaufwand geringer war.[700] Eine Kürzung ist weder nach § 19 Abs. 2, noch analog § 18 Abs. 2 ZwVwV zulässig.[701] Bei der Zwangsverwaltung mehrerer Grundstücke, die keine wirtschaftliche Einheit bilden, ist die Mindestvergütung auch dann für jedes Grundstück gesondert anzusetzen, wenn Mieteinnahmen erzielt wurden.[702]

f) Auslagen

395 aa) **Notwendige Auslagen.** Neben der Vergütung hat der Zwangsverwalter Anspruch auf Ersatz seiner **notwendigen Auslagen**. Erstattungsfähig sind aber nur solche Auslagen, die anlässlich einer bestimmten Zwangsverwaltung angefallen sind und dieser zugeordnet werden können. Die allgemeinen Geschäftskosten des Verwalters einschließlich der Gehälter seiner Angestellten werden durch die Vergütung mit abgegolten (§ 21 Abs. 1 ZwVwV). Zu erstatten sind nur solche Auslagen, die der Verwalter aus ex-ante-Sicht für erforderlich halten durfte („soweit sie angemessen sind").

396 Anstelle der konkreten Berechnung der entstandenen Auslagen kann der Verwalter auch eine **Pauschale** i.H.v. monatlich 10 % seiner Vergütung, maximal jedoch 40 EUR abrechnen. Welchen Abrechnungsmodus er wählt, muss der Verwalter für den jeweiligen Abrechnungszeitraum (zumeist ein Jahr) einheitlich festlegen.[703]

397 bb) **Haftpflichtversicherung.** § 21 Abs. 3 ZwVwV stellt klar, dass auch die Kosten für eine **Haftpflichtversicherung** grds. mit der Vergütung abgegolten sind. Eine Ausnahme gilt dann, wenn die Zwangsverwaltung mit einem besonderen Haftungsrisiko verbunden ist. In diesem Falle sind die Kosten für die Haftpflichtversicherung als notwendige Auslagen zu erstatten.

398 cc) **Umsatzsteuer.** Nach § 17 Abs. 2 ZwVwV hat der Zwangsverwalter auch den Anspruch auf die gesetzliche **Umsatzsteuer**. Vor der Festsetzung seiner Vergütung kann er mit Einwilligung des Gerichts den Einnahmen aus der Zwangsverwaltung einen **Vorschuss** auf seine Vergütung und die Auslagen entnehmen (§ 22 ZwVwV).

g) Festsetzung

399 Die Vergütung und die notwendigen Auslagen des Verwalters werden auf Antrag nach der Rechnungslegung **vom Gericht festgesetzt**.

18. Die Vergütung des Schiedsrichters

a) Vergütungsanspruch

400 Parteien, die ihre Streitigkeiten vor einem Schiedsgericht austragen wollen, wählen dafür in der Bundesrepublik Deutschland zumeist den institutionalisierten Rahmen einer **Schiedsorganisation**. Die bedeutendste Einrichtung dieser Art ist die Deutsche Institution für Schiedsgerichtsbarkeit (DIS), wo jährlich ca. 90 neue Verfahren eingeleitet werden.[704] Sie verfügt über eine eigene Schiedsgerichtsordnung.[705] Hinsichtlich der **Vergütung** des Schiedsrichters verweist § 40.5 der Schiedsgerichtsordnung auf eine eigene Vergütungstabelle als Anlage.[706] Unterwerfen sich die Parteien der Schiedsgerichtsordnung, ist mithin auch die Schiedsrichtervergütung nach dieser Tabelle vereinbart.

---

[700] *Pape*, NZI 2004, 187, 189.
[701] BGH Rpfleger 2006, 151; ebenso *Zimmermann*, Anwaltsvergütung außerhalb des RVG, 2007, Rn 417a.
[702] BGH NZM 2007, 300.
[703] *Pape*, NZI 2004, 187, 189.
[704] *Lachmann*, BRAK-Mitt. 2005, 217; *Zimmermann*, Anwaltsvergütung außerhalb des RVG, 2007, Rn 508.

[705] Aktuell ist derzeit weiterhin die Schiedsgerichtsordnung vom 1.7.1998, vgl. www.dis-arb.de. Abgedruckt findet sich die DIS-Schiedsgerichtsordnung etwa bei *Schiffer* (Hrsg.), Mandatspraxis Schiedsverfahren und Mediation, 2005, S. 188 ff.
[706] DIS-Kostenordnung i.d.F. vom 1.1.2005, vgl. www.dis-arb.de.

Abschnitt 1. Allgemeine Vorschriften § 1

Alternativ zu einem institutionalisierten Schiedsverfahren kommt für die Parteien die Vereinbarung 401
eines **Ad-hoc-Schiedsverfahrens** in Betracht. Auch die tatsächliche Verbreitung dieser Verfahren ist in Deutschland begrenzt; die Zahl der geführten Ad-hoc-Verfahren liegt bei etwa 1000 pro Jahr.[707] Der insoweit zu schließende Schiedsrichtervertrag sollte unbedingt eine Vergütungsregelung enthalten. Da das RVG nach § 1 Abs. 2 S. 1 keine Anwendung findet,[708] ist die Vergütung Vereinbarungsfrage. Die Parteien des Schiedsvertrages sind bei der Vereinbarung des Schiedsrichterhonorars frei. Die Vereinbarung fällt dabei nicht unter § 3a.[709] Möglich ist etwa die Vereinbarung eines **Pauschalhonorars** für jeden Schiedsrichter; im anglo-amerikanischen Rechtskreis ist hingegen eine **Zeitvergütung** verbreitet. Ein vom Schiedsgericht verlangter Stundensatz ist dabei keinesfalls zu beanstanden.[710] Wünschen die Parteien eine **streitwertabhängige** Vergütung, empfiehlt sich eine Orientierung an den Gebührensätzen des **RVG** oder denen der **DIS**.[711] Da das Schiedsgericht den Streitwert nicht selbst festsetzen kann, empfiehlt es sich, die Vereinbarung hierauf zu erstrecken.[712] Das Schiedsgericht darf den Beginn seiner Tätigkeit davon abhängig machen, dass ein ausreichender Vorschuss von beiden Parteien eingegangen ist.[713]

Ist die **Vereinbarung** der Vergütung **unterblieben**, so gilt nach § 612 Abs. 2 BGB die am Ort des 402
Schiedsverfahrens **übliche Vergütung** als vereinbart.[714] Hierunter ist nach Maßgabe des RVG das Honorar eines Rechtsanwalts in der Berufungsinstanz zu verstehen, wobei Termingebühren doppelt anfallen und der Vorsitzende (Obmann) eines Schiedsgerichts einen Zuschlag von 0,2 erhält.[715] Die Heranziehung der DIS-Kostenordnung ist für die Ermittlung der üblichen Vergütung hingegen abzulehnen.[716]

Schwab/Walter[717] sind hingegen der Meinung, nach dem RVG erhalte der Rechtsanwalt als Schieds- 403
richter nach § 36, VV 3100 ff. eine Verfahrens- und eine Termingebühr sowie u.U. eine Einigungsgebühr. Demgegenüber favorisiert *Elsing*[718] als übliche Taxe i.S.d. § 612 BGB das Gebührenstatut der DIS (siehe Rdn 401). Die Einzelheiten sind noch weitgehend ungeklärt, weshalb erneut der Abschluss einer Vergütungsvereinbarung zwischen den Parteien des Schiedsverfahrens dringend empfohlen werden muss. Ist eine Vergütungsvereinbarung unterblieben und lässt sich eine übliche Vergütung nicht feststellen, wird dem Schiedsrichter **nach billigem Ermessen** ein Selbstbestimmungsrecht (§§ 315 f. BGB) zuerkannt.[719]

Schuldner des Vergütungsanspruchs sind grds. sämtliche Parteien des Schiedsverfahrens als Gesamt- 404
schuldner gem. §§ 421, 427 BGB.[720] Dies gilt auch dann, wenn der Schiedsrichter nur von einer Partei ernannt wurde.[721]

b) **Aufwendungsersatzanspruch**

Neben seiner Vergütung hat der Schiedsrichter einen Anspruch auf Ersatz seiner Aufwendungen. 405
Art und Umfang des Aufwendungsersatzanspruchs bestimmen sich nach den Regeln des Schiedsrichtervertrags bzw. der Vergütungsvereinbarung. Mangels vertraglicher Einigung sind dem Schiedsrichter nach §§ 670, 675 BGB diejenigen Aufwendungen zu ersetzen, die er den Umständen nach **für**

---

707 *Lachmann*, BRAK-Mitt. 2005, 217.
708 OLG Dresden BRAK-Mitt. 2007, 131.
709 Gerold/Schmidt/*Müller-Rabe*, RVG, § 1 Rn 753.
710 OLG Dresden BRAK-Mitt. 2007, 131.
711 Eingehend dazu *Lachmann*, Handbuch für die Schiedsgerichtspraxis, 3. Aufl. 2008, Rn 4181 ff.; zu den verschiedenen Gestaltungsformen *Lörcher/Lörcher*, SchiedsVZ 2005, 179, 186 f.; *Bischof*, SchiedsVZ 2004, 252 ff.
712 BGH NJW 1985, 1903; BGH JZ 1977, 185; Gerold/Schmidt/*Müller-Rabe*, RVG, § 1 Rn 762.
713 OLG Dresden BRAK-Mitt. 2007, 131.
714 LG Mönchengladbach SchiedsVZ 2007, 104; MüKo/*Müller-Glöge*, BGB, § 611 Rn 138; *Lörcher/Lörcher*, SchiedsVZ 2005, 179, 187; *Zimmermann*, Anwaltsvergütung außerhalb des RVG, 2007, Rn 529.
715 LG Mönchengladbach SchiedsVZ 2007, 104, 106; ausf. *Bischof*, SchiedsVZ 2004, 252 ff.
716 So aber LG Arnsberg 7.8.2006 – 2 O 83/06 – DIS-Datenbank; skeptisch auch *Lachmann*, Handbuch für die Schiedsgerichtspraxis, 3. Aufl. 2008, Rn 4227–4229.
717 Schiedsgerichtsbarkeit, 7. Aufl. 2005, Kap. 12 Rn 12; ähnlich *Mayer/Kroiß*, § 1 Rn 211 ff.
718 DIS-Mat X (2005), 3, 9.
719 *Schwab/Walter*, Schiedsgerichtsbarkeit, 7. Aufl. 2005, Kap. 12 Rn 13; *Bandel*, in: Walz (Hrsg.), Formularbuch außergerichtliche Streitbeilegung, 2006, § 23 Rn 11.
720 BGHZ 55, 344, 347; *Schwab/Walter*, Schiedsgerichtsbarkeit, 7. Aufl. 2005, Kap. 12 Rn 10.
721 *Bandel*, in: Walz (Hrsg.), Formularbuch außergerichtliche Streitbeilegung, 2006, § 23 Rn 12.

erforderlich halten durfte.[722] Dazu zählen etwa Reisekosten, Kosten für die Anmietung eines Tagungsraumes oder für die spezielle Beschäftigung eines Dolmetschers sowie die Telekommunikationskosten.[723] Haben die Parteien der Schiedsrichtervergütung das RVG zugrunde gelegt, sind jedoch die allgemeinen Betriebskosten nicht gesondert erstattungsfähig, sondern mit den Gebühren abgegolten (VV Vorb. 7 Abs. 1).

c) Vorschussrecht

406 Gewähren die Vergütungsvereinbarung bzw. der Schiedsrichtervertrag kein Vorschussrecht, hat der Schiedsrichter nach den §§ 669, 675 BGB einen **Anspruch auf Vorschuss** für die zu erwartenden Auslagen.[724] Haben die Parteien die Geltung des § 9 vereinbart, erstreckt sich der Vorschussanspruch auf die entstandenen und voraussichtlich entstehenden Gebühren und Auslagen.[725] Mangels anderweitiger Vereinbarung darf der Vorschuss indes **nur anteilig** von den Parteien gefordert werden.[726] Während des laufenden Schiedsverfahrens ist der Vorschuss **nicht klagbar**; der Schiedsrichter ist auf ein Zurückbehaltungsrecht beschränkt.[727]

d) Umsatzsteuerpflicht

407 Der Schiedsrichter erbringt im umsatzsteuerlichen Sinn eine sonstige Leistung, weshalb **sämtliche Entgelte** für diese Leistung der Umsatzsteuer unterliegen (§§ 1 Abs. 1 Nr. 1, 3 Abs. 9, 16 Abs. 1, 20 UStG).[728] Unternehmer i.S.d. UStG ist nicht das Schiedsgericht, sondern **jeder Schiedsrichter**. Eine Steuerpflicht entfällt bei der Anwendbarkeit der Kleinunternehmerklausel (§ 19 UStG).

19. Ähnliche Tätigkeiten (Abs. 2 S. 2)

408 Durch die Formulierung „oder eine ähnliche Tätigkeit", wird deutlich, dass die **Aufzählung** der Tätigkeiten, auf die das RVG nicht anwendbar ist, **nicht abschließend** ist; sie hat lediglich exemplarischen Charakter. Es handelt sich um Tätigkeiten, die häufig ehrenamtlich oder in erheblichem Umfang von Nicht-Rechtsanwälten erledigt werden oder die nicht im Auftrag oder im Interesse einer Partei ausgeführt werden.[729] Ähnliche Tätigkeiten i.S.v. § 1 Abs. 2 liegen regelmäßig vor, wenn diese Kriterien bejaht werden können.[730]

409 So gilt das RVG bspw. nicht für den nach **GmbH-Recht** bestellten **Liquidator** oder den **Liquidator einer OHG**,[731] für den **Abwickler** gem. § 265 Abs. 2 AktG[732] oder eines aufgelösten Vereins (**Notabwickler**),[733] für den **Zustellungsbevollmächtigten**,[734] für die Vertreter von Gewerkschaften oder Arbeitgeberverbänden, von denen sich die Parteien in Verfahren vor dem Arbeits- oder Sozialgericht vertreten lassen können.[735] Auch auf den **Sequester** findet das RVG keine Anwendung; seine Vergütung außerhalb des RVG ist umstritten.[736] Überwiegend wird die **Zwangsverwalterverord-**

---

722 *Bandel*, in: Walz (Hrsg.), Formularbuch außergerichtliche Streitbeilegung, 2006, § 23 Rn 13.
723 *Schwab/Walter*, Schiedsgerichtsbarkeit, 7. Aufl. 2005, Kap. 12 Rn 21.
724 Vgl. auch OLG Dresden BRAK-Mitt. 2007, 131.
725 *Bandel*, in: Walz (Hrsg.), Formularbuch außergerichtliche Streitbeilegung, 2006, § 23 Rn 14; eingehend *Lachmann*, Handbuch für die Schiedsgerichtspraxis, 3. Aufl. 2008, Rn 4246 ff.
726 BGHZ 102, 199, 202 f. = NJW 1988, 1215.
727 BGHZ 55, 344, 347; BGHZ 94, 92, 95 = NJW 1985, 1903; *Bandel*, in: Walz (Hrsg.), Formularbuch außergerichtliche Streitbeilegung, 2006, § 23 Rn 14.
728 *Bandel*, in: Walz (Hrsg.), Formularbuch außergerichtliche Streitbeilegung, 2006, § 23 Rn 15.
729 Gerold/Schmidt/*Müller-Rabe*, RVG, § 1 Rn 767.
730 BGH AGS 1999, 3 = BGHZ 139, 309 = JurBüro 1999, 134 = NZI 1998, 77 = ZIP 1998, 1793 = NJW 1998,

3567 = MDR 1998, 1435 = Rpfleger 1999, 39 = AnwBl 1999, 121, noch zu § 1 BRAGO; Gerold/Schmidt/*Müller-Rabe*, RVG, § 1 Rn 767.
731 BGH AGS 1999, 3 = BGHZ 139, 309 = JurBüro 1999, 134 = NZI 1998, 77 = ZIP 1998, 1793 = NJW 1998, 3567 = MDR 1998, 1435 = Rpfleger 1999, 39 = AnwBl 1999, 121, noch zu § 1 BRAGO; OVG Berlin-Brandenburg 26.7.2010 – OVG 1 K 60.09, juris.
732 Gerold/Schmidt/*Müller-Rabe*, RVG, § 1 Rn 787.
733 LG Hamburg MDR 1971, 298; Gerold/Schmidt/*Müller-Rabe*, RVG, § 1 Rn 792.
734 Gerold/Schmidt/*Müller-Rabe*, RVG, § 1 Rn 794.
735 *Hartmann*, § 1 Rn 18. Zu weiteren, unbenannten Fällen des Abs. 2 S. 1 RMOLK RVG/*Baumgärtel*, 13. Aufl. 2007, § 1 Rn 17; Bischof/Jungbauer/Bräuer/*Bischof*, RVG, § 1 Rn 88 ff.
736 Ausf. *Zimmermann*, Anwaltsvergütung außerhalb des RVG, 2007, Rn 530 ff. m.w.N.

nung (ZwVwV) herangezogen (vgl. Rdn 384 ff.).[737] Da der Sequester seine Vergütung mit dem Antragsteller vereinbaren kann,[738] ist der Abschluss einer solchen Vereinbarung zu empfehlen.

Allerdings können auch die von § 1 Abs. 2 S. 2 erfassten ähnlichen Tätigkeiten (siehe Rdn 411) zu einem Vergütungsanspruch nach dem RVG führen, wenn solche Aufgaben wahrgenommen worden sind, zu deren sachgerechter Erledigung auch ein in dem jeweiligen Tätigkeitsbereich erfahrener Nichtjurist einen Rechtsanwalt hinzuziehen müsste (vgl. Rdn 164). Denn der in dieser Bestimmung enthaltene und originär nur für den Vormund geltende Rechtsgedanke ist nach der Rechtsprechung des BGH auf die übrigen von § 1 Abs. 2 S. 2 erfassten Tätigkeiten sinngemäß zu übertragen. Auf die Ausführungen in Rdn 164 ff. wird verwiesen. 410

20. Anwendbarkeit des § 1835 Abs. 3 BGB (Abs. 2 S. 3)

Zu § 1835 Abs. 3 BGB siehe Rdn 164 ff. und die Erl. zu den einzelnen in Abs. 2 S. 2 genannten Berufsgruppen (Betreuer, Rdn 166 ff.; Vormund, Rdn 226 ff.; Verfahrenspfleger, Rdn 261 ff.; Verfahrensbeistand, Rdn 281 ff.; Testamentsvollstrecker, Rdn 310 ff.; Insolvenzverwalter, Rdn 338 ff.; Nachlassverwalter, Rdn 379 ff.; Zwangsverwalter, Rdn 384 ff.). 411

IV. Erinnerungen und Beschwerden nach dem RVG (Abs. 3)

Der zum 1.8.2013 angefügte Abs. 3 stellt klar, dass sich Rechtsbehelfe und Rechtsmittel in den Kostenverfahren des RVG ausschließlich nach den Vorschriften dieses Gesetzes, also nach den Vorschriften des RVG, richten. Diese Ergänzung entspricht vergleichbaren Regelungen in anderen Kostengesetzen. Auch hier wurden mit dem 2. KostRMoG entsprechende Klarstellungen vorgenommen (so z.B. § 1 Abs. 6 GNotKG; § 1 Abs. 5 GKG; § 1 Abs. 2 FamGKG). 412

Das RVG kennt mehrere eigene Verfahren betreffend die Vergütung des Anwalts: 413
– das Vergütungsfestsetzungsverfahren nach § 11,
– das Verfahren auf Festsetzung des Gegenstandswerts nach § 33,
– das Verfahren auf Abhilfe bei Verletzung des Anspruchs auf rechtliches Gehör (§ 12a Abs. 1),
– das Verfahren auf Feststellung einer Pauschvergütung für den Wahlanwalt (§ 42),
– das Verfahren auf Feststellung der Notwendigkeit einer Reise des beigeordneten oder bestellten Anwalts (§ 46 Abs. 2),
– das Verfahren auf Feststellung einer Pauschvergütung für den gerichtlich bestellten oder beigeordneten Wahlanwalt (§ 51),
– das Verfahren auf Feststellung der Leistungsfähigkeit des Beschuldigten oder Betroffenen (§ 52 Abs. 2),
– das Verfahren auf Festsetzung der Vergütung eines gerichtlich bestellten oder beigeordneten Rechtsanwalts, insbesondere im Rahmen der Prozess- und Verfahrenskostenhilfe (§ 55),
– das Verfahren auf Ansatz übergegangener Ansprüche (§ 59).

Betroffen von der klarstellenden Neuregelung in Abs. 3 sind 414
– das Verfahren auf Festsetzung des Gegenstandswerts nach § 33,[739]
– das Verfahren auf Festsetzung der Vergütung eines gerichtlich bestellten oder beigeordneten Rechtsanwalts, insbesondere im Rahmen der Prozess- und Verfahrenskostenhilfe nach § 55.

Das Verfahren der Vergütungsfestsetzung nach § 11 bleibt von Abs. 3 unberührt, auch wenn dies in Abs. 3 nicht ausdrücklich geregelt ist. Nach § 11 Abs. 3 S. 2 richtet sich die Erinnerung weiterhin nach den für die jeweilige Gerichtsbarkeit geltenden Vorschriften. Für die Beschwerde gelten ebenfalls die Vorschriften der jeweiligen Verfahrensordnung (§ 11 Abs. 2 S. 3). Es wäre daher wünschenswert gewesen, wenn Abs. 3 klarstellend den Nachsatz enthalten hätte, „soweit in diesem Gesetz nichts anderes bestimmt ist". 415

---

737 *Zimmermann*, Anwaltsvergütung außerhalb des RVG, 2007, Rn 531.
738 BGH NJW-RR 2005, 1283; *Zimmermann*, Anwaltsvergütung außerhalb des RVG, 2007, Rn 531.
739 Vgl. BFH 15.12.2014 – VII S 37/14, juris.

416 Ebenfalls von Abs. 3 unberührt bleibt das Verfahren auf Feststellung der Leistungsfähigkeit des Beschuldigten oder Betroffenen (§ 52 Abs. 2), für das die Vorschriften der sofortigen Beschwerde nach §§ 304 bis 311a StPO weiterhin anwendbar bleiben (§ 52 Abs. 4).

417 Des Weiteren bleibt das Verfahren nach § 59 unberührt, für das § 59 Abs. 2 S. 1 auf die Vorschriften zur Erinnerung und Beschwerde auf das jeweilige Kostengesetz verweist.

418 Auch die übrigen Kostenverfahren des RVG bleiben unberührt, da dort weder Rechtsmittel noch Rechtsbehelfe vorgesehen sind.

419 Ebenfalls unberührt bleiben die Verfahren auf Festsetzung des Streit-, Verfahrens- oder Geschäftswerts nach den jeweiligen Gerichtskostengesetzen. Hier regelt das RVG das Verfahren ohnehin nicht selbst, sondern gewährt dem Anwalt nach § 32 Abs. 1 nur ein eigenes Festsetzungs- und Beschwerderecht. Hinsichtlich der Verfahrensvorschriften, insbesondere für die Beschwerde und ggf. die weitere Beschwerde, bleibt es bei den Vorschriften der jeweiligen Gerichtskostengesetze (§ 68 GKG, § 59 FamGKG, § 83 GKNotG).

420 In erster Linie richtet sich der neue Abs. 3 an die Sozialgerichtsbarkeit. Obwohl die gesetzliche Regelung an sich eindeutig ist und in den Kostenverfahren nach dem RVG auch nur die Regelung zu den Rechtsbehelfen und Rechtsmitteln des RVG gelten können, hat sich die Rechtsprechung – insbesondere in der Sozialgerichtsbarkeit – in verfassungswidriger Weise (Verstoß gegen Art. 19 Abs. 4, 20 GG) darüber hinweggesetzt und wendet Rechtsmittelbeschränkungen an, die sich aus der jeweiligen Prozessordnung ergeben.

421 Insbesondere die Landessozialgerichte einiger Bundesländer haben in Verfahren auf Festsetzung der Prozesskostenhilfevergütung die im Gesetz vorgesehene Beschwerde nach § 56 Abs. 2 S. 2 i.V.m. § 33 Abs. 3 für nicht statthaft erklärt, weil nach § 197 Abs. 2 SGG eine Beschwerde gegen die Kostenfestsetzung des Urkundsbeamten der Geschäftsstelle des Sozialgerichts ausgeschlossen ist und nach § 178 SGG gegen Entscheidungen des Urkundsbeamten ohnehin nur Erinnerung gegeben ist, aber keine Beschwerde.[740]

422 Diese Gesetzesauslegung war rechts- und verfassungswidrig, weil sie die vom Gesetz vorgesehenen Rechtsmittelmöglichkeiten willkürlich beschränkt hatte (vgl. § 56 Rdn 38 ff.). Nur wenige Gerichte haben zutreffend erkannt, dass die §§ 56 Abs. 2 S. 1 i.V.m. § 33 Abs. 3 bis 8 die spezielleren Vorschriften sind und das SGG in Verfahren auf Festsetzung der PKH-Vergütung gar nicht anwendbar ist.[741] Der Gesetzgeber hat für die Kostenverfahren nach dem RVG vielmehr eigenständige Regelungen getroffen. Diese Regelungen sind unabhängig davon, vor welcher Gerichtsbarkeit das zugrunde liegende Verfahren geführt worden ist. Die Verfahren nach dem RVG richten sich eben gerade nicht nach der jeweiligen Prozessordnung (ZPO, FamFG, StPO, SGG, FGO oder VwGO). Nur in den Fällen, in denen das RVG ausdrücklich auf die jeweilige Prozessordnung verweist, ist diese entsprechend heranzuziehen. Dieser Fall ist aber nur in § 11 Abs. 2 S. 3, Abs. 3 S. 2 und § 52 Abs. 4 vorgesehen, nicht in den sonstigen Festsetzungsverfahren.[742]

423 Um diese rechtswidrige Rechtsprechung für die Zukunft auszuschließen, sah sich der Gesetzgeber veranlasst in Abs. 3 ausdrücklich klarzustellen, dass sich Rechtsbehelfe und Rechtsmittel in diesen Kostenverfahren des RVG ausschließlich nach den Vorschriften des RVG richten und Besonderheiten der jeweiligen Prozessordnungen nicht herangezogen werden dürfen.

---

740 LSG Sachsen-Anhalt 27.6.2011 – L 3 R 234/10 B; 22.12.2010 – L 8 B 21/08 SO; 30.10.2009 – L 4 P 8/09 B; LSG Berlin-Brandenburg AGS 2011, 499 = NZS 2012, 120; NZS 2011, 800; 24.2.2009 – L 15 SF 9/09 B; 8.3.2011 – L 6 SF 236/09 B; RVGreport 2008, 420; LSG Schleswig 26.1.2011 – L 1 B 266/09 SF E; 23.7.2008 – L 18 B 76/08 SF; Sächsisches LSG NZS 2006, 612; LSG Nordrhein-Westfalen NZS 2011, 799; 13.7.2009 – L 7 B 2/09 SB; 26.9.2008 – L 8 B 123/08 AS; 23.7.2008 – L 19 B 170/07 AS; 12.7.2007 – L 2 B 18/06 KN P; LSG Saarbrücken AGS 2009, 195 = Jur-Büro 2009, 260; LSG Niedersachsen-Bremen 28.10.2008 – L 9 B 19/08 AS SF; NdsRpfl 2007, 136; RVGreport 2007, 99.

741 Hervorragend begründet: BayLSG AGS 2012, 584.

742 Zutr. LSG Mecklenburg-Vorpommern 17.7.2008 – L 6 B 93/07; LSG Berlin-Brandenburg 11.3.2011 – L 10 SF 295/10 B PKH; 16.8.2010 – L 18 SF 172/10 B PKH; LSG Nordrhein-Westfalen RVGreport 2010, 221; ASR 2008, 164 = NZA-RR 2008, 606; RVGreport 2008, 456; RVGreport 2008, 303; BayLSG ASR 2010, 270 = RVGreport 2010, 216; LSG Schleswig-Holstein ASR 2009, 65 = NZS 2009, 534 = RVGreport 2008, 421.

Beispiel: Der Anwalt hatte die Festsetzung seiner Vergütung i.H.v. insgesamt 714 EUR (Verfahrensgebühr 300 EUR, Terminsgebühr 280 EUR nebst 20 EUR Auslagen und Umsatzsteuer) beantragt. Das SG hat die Terminsgebühr i.H.v. 280 EUR nebst Umsatzsteuer abgesetzt. Die dagegen gem. § 56 Abs. 1 erhobene Erinnerung wurde zurückgewiesen.
Gegen diesen, die Erinnerung zurückweisenden Beschluss kann der Anwalt gem. § 56 Abs. 2 S. 1 i.V.m. § 33 Abs. 3 Beschwerde einlegen. Der erforderliche Beschwerdewert ist erreicht. Dass nach § 197 Abs. 2 SGG eine Beschwerde gegen eine Kostenfestsetzung des Urkundsbeamten ausgeschlossen ist, ist unerheblich, da sich die Beschwerde nicht nach dem SGG, sondern nach dem RVG richtet.

424

Damit wird klargestellt, dass im Rahmen der Festsetzung der Prozess- oder Verfahrenskostenhilfe einheitlich vor sämtlichen Gerichten aller Gerichtsbarkeiten folgendes Rechtsmittelgefüge gegeben ist.[743]

425

(1) Gegen die Festsetzung des Urkundsbeamten nach § 55 ist gem. § 56 Abs. 1 S. 1 die **Erinnerung** gegeben. Die Erinnerung ist **unbefristet** (siehe § 56 Rdn 11, zur etwaigen Verwirkung des Erinnerungsrechts vgl. § 56 Rdn 12 ff.).[744]

426

(2) Gegen die Entscheidung über die Erinnerung ist die **Beschwerde** zum nächst höheren Gericht – ausgenommen zu einem Gericht des Bundes (§ 56 Abs. 2 S. 1 i.V.m. § 33 Abs. 4 S. 3)[745] – gegeben, wenn der Wert der Beschwerde 200,00 EUR übersteigt oder die Beschwerde in der Entscheidung über die Erinnerung zugelassen worden ist (§§ 56 Abs. 2 S. 1, 33 Abs. 3). Die Beschwerde muss innerhalb von **zwei Wochen** eingelegt werden (§ 56 Abs. 2 i.V.m. § 33 Abs. 3 S. 3).

(3) Gegen eine Beschwerdeentscheidung des LG wiederum ist die **weitere Beschwerde** zum OLG möglich, wenn das LG diese wegen grundsätzlicher Bedeutung zugelassen hat (§§ 56 Abs. 2 S. 1, 33 Abs. 6). Die Beschwerde muss innerhalb von **zwei Wochen** eingelegt werden (§ 56 Abs. 2 i.V.m. § 33 Abs. 3 S. 3, Abs. 6 S. 4).

(4) Eine **Rechtsbeschwerde** ist nicht vorgesehen.

(5) Möglich wäre in Verfahren über die Erinnerung oder Beschwerde noch eine **Gehörsrüge** nach § 12a, sofern kein Rechtsmittel möglich ist. Im Festsetzungsverfahren selbst kommt die Gehörsrüge wegen der unbefristeten und wertunabhängigen Möglichkeit der Erinnerung nicht in Betracht, sondern erst im Verfahren der Beschwerde oder der weiteren Beschwerde.

§ 2 Höhe der Vergütung

(1) Die Gebühren werden, soweit dieses Gesetz nichts anderes bestimmt, nach dem Wert berechnet, den der Gegenstand der anwaltlichen Tätigkeit hat (Gegenstandswert).

(2) ¹Die Höhe der Vergütung bestimmt sich nach dem Vergütungsverzeichnis der Anlage 1 zu diesem Gesetz. ²Gebühren werden auf den nächstliegenden Cent auf- oder abgerundet; 0,5 Cent werden aufgerundet.

---

743 Vgl. auch LSG Sachsen-Anhalt 6.11.2015 – L 4 AS 427/15 B, juris; BayLSG 29.1.2016 – L 15 SF 386/13 E, juris; ThürLSG AGS 2015, 415 = RVGreport 2015, 421 = NJW-Spezial 2015, 604.
744 BGH NJW-RR 2012, 959 = RVGreport 2012, 302; OLG Brandenburg AGS 2011, 280 = StRR 2010, 113 = RVGreport 2010, 218; OLG Düsseldorf RVGreport 2016, 218; OLG Düsseldorf RVGreport 2008, 216; OLG Naumburg Rpfleger 2012, 155 = RVGreport 2012, 102; LSG Thüringen 21.8.2012 – L 6 SF 1037/12 B, juris; LAG München NZA-RR 2014, 612; OLG Brandenburg JurBüro 2010, 307; OLG Düsseldorf StRR 2010, 276; OLG Hamm MDR 2009, 294 = JurBüro 2009, 98; OLG Schleswig SchlHA 2008, 462 = OLGR Schleswig 2008, 718; LAG München JurBüro 2010, 26; OLG Frankfurt RVGreport 2007, 100; OLG Jena Rpfleger 2006, 434 = JurBüro 2006, 366; so auch für die bis zum 31.3.2005 geltende Rechtslage – Änderung von § 56 durch das JKomG v. 22.3.2005 KG 8.5.2008 – 1 Ws 134/08, JurionRS 2008, 38783; LG Itzehoe SchlHA 2008, 468, auch für die Rechtslage bis zur Änderung von § 56 zum 1.4.2005; AG Halle (Saale) AGS 2014, 292 = NJW-Spezial 2014, 284; Hansens, in: Hansens/Braun/Schneider, Teil 7, Rn 158; ders., RVGreport 2005, 1, 4.
745 So in Verfahren der Finanzgerichtsbarkeit oder erstinstanzlichen Verfahren vor einem OLG, LAG, VGH, OVG oder LSG; erst recht in erstinstanzlichen Verfahren vor einem Bundesgericht.

A. Allgemeines	1
B. Regelungsgehalt	6
I. Wertgebühren (Abs. 1)	6
1. Grundsatz	6
2. Grundsatz: Wertgebühren	8
3. Ausnahmen	12
a) Vergütungsvereinbarung	13
b) Festgebühr	15
c) Betragsrahmengebühr	16
d) „Angemessene Gebühr"	17
e) Vergütung nach BGB	18
f) Vergütung nach der StBVV	19
g) Mindest- und Höchstgebühr, Kappungsgrenze, Schwellengebühr . . .	20
II. Gegenstandswert	23
1. Gegenstand	23
2. Auftrag	27
3. Bewertungszeitpunkt	32
4. Wertänderung	34
5. Zusammenrechnung bei mehreren Gegenständen	38
6. Ermittlung für jede Gebühr gesondert	40
III. Auf- und Abrundung (Abs. 2)	42
1. Gebühren	42
2. Nach Anrechnung verbleibende Beträge . . .	45
3. Auslagen	48
C. Anhang: Hinweispflicht nach § 49b Abs. 5 BRAO	50
I. Allgemeines	50
II. Regelungsgehalt	53
1. Anwendungsbereich	53
a) Zu erhebende Gebühren	53
b) Ausrichtung nach Gegenstandswert . . .	56
2. Anwaltliche Hinweispflicht	58
a) Inhalt	58
b) Hinweisgeber	61
c) Adressat	65
d) Form	68
e) Zeitpunkt	71
f) Beweislast	78
3. Rechtsfolgen einer Verletzung der Hinweispflicht	79
a) Vergütungsrecht	79
b) Berufsrecht	81
c) Zivilrecht	82
aa) Anwendbarkeit und Anspruchsgrundlage . . .	82
bb) Haftung nach §§ 280 Abs. 1, 311 Abs. 2 BGB . . .	84
(1) Vorvertragliches Schuldverhältnis . . .	84
(2) Pflichtverletzung	85
(3) Verschulden	86
(4) Einwand rechtmäßigen Alternativverhaltens . . .	87
(5) Schaden	89
(6) Haftungsausfüllende Kausalität . . .	92
d) Strafrecht	93
aa) Betrug	93
bb) Untreue	96

A. Allgemeines

1 Die Vorschrift des § 2 normiert in **Abs. 1** den **Grundsatz**, dass sich die Gebühren des Rechtsanwalts nach dem Wert seiner Tätigkeit berechnen, soweit nichts anderes bestimmt ist. Sie enthält zudem die **Legaldefinition** des Begriffs des **Gegenstandswerts**.

2 In **Abs. 2 S. 1** wird zur Höhe der Vergütung auf das Vergütungsverzeichnis (VV) verwiesen, in dem die Vergütung des Anwalts (§ 1 Abs. 1 S. 1), also die einzelnen Gebührentatbestände und die Höhe der jeweiligen Gebühren sowie die einzelnen Auslagentatbestände und die Höhe der Auslagen geregelt sind.

3 Im Vergütungsverzeichnis finden sich darüber hinaus auch ergänzende Regelungen, so etwa zur Gebührenanrechnung (z.B. VV Vorb. 2.3 Abs. 3 bis 6, Vorb. 3 Abs. 3, Anm. Abs. 2 zu VV 4100) oder zum Umfang der Angelegenheit (z.B. VV Vorb. 4.3 Abs. 2 S. 3).

4 **Abs. 2 S. 2** wiederum enthält eine Rundungsvorschrift, die dem Wortlaut nach nur für die Gebühren gilt, aber auch auf Auslagen entsprechend anzuwenden ist.

5 Richten sich die Gebühren nach dem Gegenstandswert, so muss der Anwalt gemäß § 49b Abs. 5 BRAO vor Annahme des Mandats darauf hinweisen (siehe Rdn 50 ff.).

B. Regelungsgehalt

I. Wertgebühren (Abs. 1)

1. Grundsatz

6 In Abs. 1 wird der Grundsatz aufgestellt, dass sich die Gebühren des Anwalts nach dem **Wert seiner Tätigkeit** richten. Dieser Grundsatz wird jedoch sogleich wieder eingeschränkt, nämlich „soweit dieses Gesetz nichts anderes bestimmt" (vgl. Rdn 12 ff.).

Für die **Vergütungen außerhalb des RVG**, also für die Tätigkeiten des Rechtsanwalts in den Eigenschaften nach § 1 Abs. 2, gilt die Vorschrift des Abs. 1 selbstverständlich nicht. Insoweit sind die jeweiligen Vergütungsvorschriften für diese Tätigkeiten maßgebend (siehe § 1 Rdn 162 f.). 7

2. Grundsatz: Wertgebühren

Wertgebühren sind solche Gebühren, die sich aus den **Gebührenbeträgen des § 13 Abs. 1** oder im Falle der Prozess- oder Verfahrenskostenhilfe oder einer anderweitigen Bestellung oder Beiordnung bei Werten von über 4.000 EUR aus den **Beträgen des § 49** berechnen. Nach Ermittlung des Gegenstandswerts ist der sich aus der jeweiligen Tabelle ergebende Betrag für die Berechnung der Gebühr zugrunde zu legen. 8

Die Wertgebühren entstehen nach dem RVG nicht mehr als Bruchteilsgebühren, sondern ausschließlich als **Dezimalgebühren**. Diese Dezimalgebühren können bei 1,0 liegen und damit genau dem Tabellenbetrag entsprechen (z.B. VV 3334, 3335); sie können darüber liegen (z.B. VV 3104: 1,2; VV 3100: 1,3; VV 3200: 1,6) oder auch darunter (z.B. VV 3309: 0,3; VV 3500: 0,5). 9

Zum Teil sehen die Gebührentatbestände des VV auch gar keine festen Gebührensätze vor, sondern **Satzrahmen** (so z.B. in VV 2100: 0,5 bis 1,0; VV 2300: 0,5 bis 2,5). Auch in diesen Fällen berechnen sich die Gebühren nach dem Wert der anwaltlichen Tätigkeit. Dem Anwalt steht lediglich ein Ermessen (§ 14 Abs. 1) bei der Festlegung des von ihm zu fordernden Gebührensatzes zu. 10

Wertgebühren kommen in erster Linie in zivilrechtlichen und in verwaltungsrechtlichen Angelegenheiten vor, sind aber auch in Sozialsachen (§ 3 Abs. 1 S. 2) möglich. Sogar in Straf- und Bußgeldsachen können Wertgebühren anfallen (VV 4142, 4243 f.; VV 5116). 11

3. Ausnahmen

Die Vergütung berechnet sich nicht nach dem Wert der anwaltlichen Tätigkeit, wenn das RVG „etwas anderes" bestimmt (vgl. Abs. 1). Solche anderweitigen Bestimmungen kommen in verschiedener Form und an verschiedenen Stellen vor: 12

a) Vergütungsvereinbarung

Soweit die Parteien eine **Vergütungsvereinbarung** treffen, ist die vereinbarte Vergütung maßgebend; die Vorschrift des Abs. 1 gilt dann nicht. Möglich ist allerdings, dass sich die Vergütungsvereinbarung lediglich auf die Vereinbarung eines abweichenden Gegenstandswerts oder eines von der gesetzlichen Regelung abweichenden Gebührensatzes beschränkt (siehe § 3a).[1] Dann wiederum sind Wertgebühren nach Abs. 1 zu berechnen. 13

Ein vergleichbarer Fall liegt bei den **Abrechnungsgrundsätzen einzelner Haftpflichtversicherer für die Verkehrsunfallschadensregulierung** (mit Erl. abgedruckt in Anhang I) vor. Hier sind für die Erstattungsansprüche des Geschädigten feste Gebührensätze vorgesehen, während die übrigen Bestimmungen zum Gegenstandswert und zu den Gebührenbeträgen unberührt bleiben. 14

b) Festgebühr

Anstelle von Wertgebühren können auch **Festgebühren** maßgebend sein. Diese können wiederum betragsmäßig feststehen (z.B. bei der Beratungshilfe nach VV 2500 ff.: 15 EUR, 35 EUR, 85 EUR und 150 EUR, wobei es sich streng genommen nicht um Gebühren handelt; oder auch die Gebühren des bestellten oder beigeordneten Anwalts in Angelegenheiten nach Teil 4, 5 und 6). Andere Festgebühren enthalten die Bezugnahme auf den **Mindestbetrag** einer Gebühr (z.B. VV 2201), auf die **Verfahrensmittelgebühr** (VV 4141, 5115) oder auf die halbe „Schwellengebühr" (Anm. Abs. 1 S. 4 zu VV 1005). 15

---

[1] Siehe ausführlich auch *N. Schneider*, Vergütungsvereinbarung, Rn 897 ff.

c) Betragsrahmengebühr

16 Weiterhin sieht das RVG an zahlreichen Stellen **Betragsrahmengebühren** vor. Dies sind Gebühren, die nach einem Mindest- und einem Höchstbetrag festgelegt sind. Der Anwalt bestimmt dann nach § 14 Abs. 1 die in seinem Fall jeweils konkret angemessene Gebühr. Solche Gebühren kommen insbesondere in Straf- und Bußgeldsachen (VV Teil 4 und Teil 5), in den Angelegenheiten nach VV Teil 6 sowie in sozialrechtlichen Angelegenheiten nach § 3 Abs. 1 S. 1 vor.

d) „Angemessene Gebühr"

17 In VV 2103 a.F. war bis zum 30.6.2006 eine „**angemessene**" Gebühr vorgesehen. Diese ist mit Wegfall der Gebühren für Beratung und Gutachten zum 1.7.2006 abgeschafft worden.

Die Vereinbarung einer angemessenen Gebühr ist nach § 4 Abs. 3 S. 2 nicht möglich. Es gilt dann die gesetzliche Vergütung[2] (siehe § 4 Rdn 33).

e) Vergütung nach BGB

18 Darüber hinaus verweist das RVG in § 34 Abs. 1 S. 2 an Stelle einer Gebühr auf die Vorschriften des bürgerlichen Rechts. Es gilt dann § 612 BGB (für Mediation und Beratung) oder § 632 BGB (für Gutachten). Auch hier bestimmt der Anwalt die Höhe seiner Vergütung wiederum nach § 14 Abs. 1.

f) Vergütung nach der StBVV

19 Schließlich wird in § 35 für die Hilfeleistung bei der Erfüllung allgemeiner Steuerpflichten und bei der Erfüllung steuerlicher Buchführungs- und Aufzeichnungspflichten auf die §§ 23 bis 39 der StBVV i.V.m. den §§ 10 und 13 der StBVV verwiesen. Daher gilt hier § 2 Abs. 1 nicht. Allerdings sind in den Vorschriften der StBVV, auf die verwiesen wird, zum Teil auch wiederum Gebühren vorgesehen, die sich nach dem Wert richten (§ 10 StBVV). Diese Gebühren werden nach dem Wert berechnet, den der Gegenstand der beruflichen Tätigkeit hat (§ 10 Abs. 1 S. 2 StBVV). Dieser bestimmt sich wiederum nach dem Interesse (§ 10 Abs. 1 S. 3 StBVV). Möglich sind aber auch Zeitvergütungen (§ 14 StBVV).

g) Mindest- und Höchstgebühr, Kappungsgrenze, Schwellengebühr

20 Soweit das RVG von **Mindest- oder Höchstgebühren** spricht, handelt es sich nicht um selbstständige Gebühren, sondern lediglich um Mindest- oder Höchstgrenzen, innerhalb derer der Anwalt die Wahl hat, die konkrete Gebühr festzusetzen.

21 Das Gleiche gilt für die sog. Kappungsgrenze für Beratung und Gutachten gegenüber einem Verbraucher (250 EUR) und der sog. **Erstberatungsgebühr** (190 EUR) nach § 34 Abs. 1 S. 3. Auch hier handelt es sich nicht um eine Gebühr, sondern lediglich um einen gesetzlich vorgeschriebenen Höchstbetrag, den der Anwalt bei seiner Gebührenbemessung nach § 14 Abs. 1 nicht überschreiten darf (siehe § 34 Rdn 120 f.).

22 Mit dem RVG neu eingeführt wurde die sog. **Schwellengebühr**, die das VV sowohl bei Satzrahmen (Anm. zu VV 2300: 1,3) als auch bei Betragsrahmen (Anm. zu VV 2302: 300 EUR) kennt. Hierbei handelt es sich ebenfalls nicht um eine Gebühr, sondern um einen Höchstsatz, der nur unter bestimmten Voraussetzungen überschritten werden darf.

---

[2] Siehe ausführlich auch *N. Schneider*, Vergütungsvereinbarung, Rn 1047, 1049 sowie 1469.

II. Gegenstandswert

1. Gegenstand

Gegenstandswert ist der Wert, den der **Gegenstand der anwaltlichen Tätigkeit** hat (Abs. 1). Gegenstand i.S.d. Vorschrift wiederum ist „das Recht oder das Rechtsverhältnis, auf das sich auftragsgemäß die Tätigkeit des Rechtsanwalts bezieht".[3]

Abzugrenzen ist der Gegenstandswert vom
- **(Gebühren-)Streitwert** des GKG (§ 3 Abs. 1 GKG). Hierbei handelt es sich um den Wert, nach dem sich die Gerichtsgebühren bemessen. Dieser Wert kann mit dem Gegenstandswert identisch sein (§ 23 Abs. 1 S. 1), muss es aber nicht (arg. e § 33);
- **Verfahrenswert** des FamGKG (§ 3 Abs. 1 FamGKG). Auch hierbei handelt es sich um den Wert, nach dem sich die Gerichtsgebühren in bemessen. Dieser Wert kann wiederum mit dem Gegenstandswert identisch sein (§ 23 Abs. 1 S. 1), muss es aber nicht (arg. e § 33);
- **Geschäftswert** des GNotKG (§ 3 Abs. 1 GNotKG). Auch hierbei handelt es sich um den Wert, nach dem sich die Gerichtsgebühren bemessen. Dieser Wert kann wiederum mit dem Gegenstandswert identisch sein (§ 23 Abs. 1 S. 1), muss es aber nicht (arg. e § 33);
- **Zuständigkeitsstreitwert** der §§ 3 ff. ZPO. Hierbei handelt es sich um den Wert, der darüber entscheidet, ob die Zuständigkeit des Amts- oder Landgerichts gegeben ist, sofern keine besondere sachliche Zuständigkeit greift. Dieser Wert kann mit dem Streitwert für die Gerichtsgebühren und auch dem Gegenstandswert identisch sein, insbesondere in den Fällen, in denen sich der Wert der Gerichtsgebühren nach dem Zuständigkeitsstreitwert der ZPO richtet (§ 48 Abs. 1 S. 1 GKG). Es kann aber hier auch zu erheblichen Unterschieden kommen.

  Beispiel: Der Anwalt wird beauftragt, auf Räumung einer gewerblich genutzten Halle zu klagen (monatliche Miete 200 EUR).
  Der Streitwert der Gerichtsgebühren und damit auch der Gegenstandswert (§ 23 Abs. 1) richten sich nach der Jahresmiete (§ 41 Abs. 1, 2 GKG) und betragen damit 2.400 EUR.
  Der Zuständigkeitsstreitwert berechnet sich dagegen nach § 9 ZPO und bemisst sich nach dem dreieinhalbfachen Jahresbetrag der Miete und beläuft sich damit auf 8.400 EUR, sodass das LG zuständig ist.

- **Wert des Beschwerdegegenstands.** Hierbei handelt es sich um den Wert, der in bestimmten Fällen darüber entscheidet, ob ein Rechtsmittel gegeben ist. So sehen einige Verfahrensordnungen vor, dass eine Berufung oder Beschwerde gegen die Entscheidung in der Hauptsache nur zulässig ist, wenn der Wert des Beschwerdegegenstands den Betrag von 600 EUR übersteigt (z.B. § 511 Abs. 2 S. 1 ZPO). Der Wert des Beschwerdegegenstands bemisst sich i.d.R. nach den §§ 3 ff. ZPO (in Familiensachen fehlt eine gesetzliche Regelung). Er kann aber je nach Angriff im Rechtsmittelverfahren zu einer von der Vorinstanz abweichenden Bewertung führen.

  Beispiel: Der Kläger hatte erstinstanzlich auf Auskunft geklagt.
  a) Die Klage ist abgewiesen worden. Der Kläger legt Berufung ein.
  b) Der Beklagte ist zur Auskunft verurteilt worden und legt dagegen Berufung ein.
  Für den Kläger gilt nach wie vor das Interesse an der Auskunft, so dass seine Berufung i.d.R. zulässig ist. Für den Beklagten richtet sich der Wert des Beschwerdegegenstands dagegen nach dem Aufwand und den Kosten, die durch die Erteilung der Auskunft entstehen. i.d.R. wird dieser Wert den Betrag von 600 EUR nicht übersteigen, so dass seine Berufung unzulässig sein wird.

Der Wert der anwaltlichen Tätigkeit muss nicht mit dem Streitwert i.S.d. § 3 S. 1 GKG, dem Verfahrenswert i.S.d. § 3 Abs. 1 FamGKG oder dem Geschäftswert i.S.d. § 3 Abs. 1 GNotKG identisch sein. Der Wert der anwaltlichen Tätigkeit kann von dem Wert des Streit-, Verfahrens- oder Geschäftsgegenstands abweichend zu beurteilen sein, etwa bei einem vorzeitig erledigten Auftrag (z.B. einer Klageerweiterung oder Widerklage, die nicht mehr eingereicht worden ist), bei bloßem Verhandeln über nicht anhängige Forderungen,[4] einem widerrufenen Mehrwertvergleich, bei einer nicht beschiedenen Hilfsaufrechnung (str., siehe § 33 Rdn 15) oder einem nicht beschiedenen Hilfsantrag (str., siehe § 33 Rdn 12).

Der Wert kann ferner abweichen, wenn der Anwalt vorzeitig aus dem Mandat ausscheidet und es anschließend zu einer Klageerweiterung oder Widerklage kommt. Ebenso können sich Abweichun-

---

3 OLG München NJW 1965, 258.

4 AG Siegburg AGS 2008, 361 u. AGS 2008, 579.

gen ergeben, wenn der Anwalt nur einen von mehreren Verfahrensbeteiligten vertritt, der nicht am gesamten Gegenstand des Verfahrens beteiligt ist.

26 Die Bewertung ist nach **objektiven Kriterien** durchzuführen. Rein persönliche Interessen des Auftraggebers, etwa ein Affektionsinteresse, bleiben unberücksichtigt. Gleichwohl können auch subjektive Momente den Gegenstandswert beeinflussen, wenn sie objektivierbar sind. So kommt es insbesondere bei Abwehr- und Widerrufsansprüchen auch auf den „persönlichen Einschlag" an: Ein Abwehr- oder Widerrufsanspruch kann je nach Person des Anspruchstellers unterschiedlich zu bewerten sein. Maßgebend bleibt aber insoweit immer eine objektive Betrachtung. Auf die persönliche Einschätzung des Betroffenen selbst kommt es nicht an.

2. Auftrag

27 Entscheidendes Kriterium ist der **erteilte Auftrag**. Es kommt nicht darauf an, auf welche Rechte und Rechtsverhältnisse und Gegenstände sich die Tätigkeit des Anwalts tatsächlich bezogen hat. Es muss vielmehr auch ein Auftrag hierzu vorgelegen haben. Überschreitet der Anwalt seinen Auftrag, erweitert sich damit nicht der Gegenstandswert. Dieser kann sich immer nur in den Grenzen des Auftrags bewegen.

28 Wird der Anwalt in **Geschäftsführung ohne Auftrag** tätig (§§ 675 ff. BGB), so richtet sich der Gegenstandswert nach derjenigen Tätigkeit, die der Anwalt nach § 683 BGB für erforderlich halten durfte.[5]

29 Der Wert der anwaltlichen Tätigkeit ist in **EUR** zu beziffern.

30 In der **Gebührenrechnung** muss der Gegenstandswert der jeweiligen Gebühren **angegeben** werden (§ 10 Abs. 2 S. 1).

31 Wie die anwaltliche Tätigkeit im Einzelfall zu bewerten ist, bestimmt sich nach den Vorschriften der §§ 23 ff., die wiederum auf andere Gesetze, wie z.B. die das GKG, das FamGKG, die ZPO oder das GNotKG (bis zum 31.7.2013 die KostO) verweisen. Insoweit wird auf die Kommentierung zu diesen Vorschriften Bezug genommen.

3. Bewertungszeitpunkt

32 Maßgeblicher Bewertungszeitpunkt für die Wertberechnung ist grundsätzlich der Zeitpunkt, in dem der jeweilige Gebührentatbestand durch eine auftragsgemäße Tätigkeit des Anwalts ausgelöst worden ist. Dabei ist der Wert für jede Gebühr gesondert zu prüfen und festzulegen.

33 In gerichtlichen Verfahren kommt es dagegen nicht auf den Zeitpunkt der Auftragserteilung an, sondern gem. § 23 Abs. 1 S. 1 grundsätzlich auf den der Antragstellung (§ 40 GKG, § 34 S. 1 FamGKG, § 59 S. 1 GNotKG). Das gilt nach § 23 Abs. 1 S. 1 auch für den Anwalt (siehe Rdn 35). In Verfahren, die von Amts wegen eingeleitet werden, gilt abweichend der Zeitpunkt der Fälligkeit der Gerichtsgebühren (§ 34 S. 2 FamGKG, § 59 S. 2 GNotKG).

4. Wertänderung

34 Da viele Gebühren nicht nur durch eine einzige punktuelle Tätigkeit ausgelöst werden, sondern durch andauernde oder sich wiederholende Tätigkeiten, kommt es häufig nicht allein auf einen einzigen Zeitpunkt an, sondern auf einen Zeitraum. Es gilt dann der höchste Wert während des gesamten Zeitraums bzw. der gesamten Zeitpunkte, in dem oder denen die Gebühr ausgelöst worden ist. **Verändert** sich also der Wert des Gegenstandes während der anwaltlichen Tätigkeit, ohne dass sich der Gegenstand selbst ändert, also etwa bei Kurs- oder anderen Wertschwankungen, gilt stets der **höchste Wert**, den der Gegenstand im Verlaufe des Zeitraumes gehabt hat.

> **Beispiel:** Der Anwalt wird beauftragt, außergerichtlich vom Gegner ein Wertpapierdepot herauszuverlangen. Der Wert des Depots beläuft sich bei Auftragserteilung auf 3.000 EUR, steigt später auf 5.000 EUR und liegt bei Herausgabe schließlich nur noch bei 2.000 EUR.

---

[5] Gerold/Schmidt/*Mayer*, RVG, § 2 Rn 4.

Der Gegenstandswert für die Geschäftsgebühr beläuft sich auf den höchsten Wert während der Tätigkeit des Anwalts, also auf 5.000 EUR.

35 Eine **Ausnahme** davon, dass die Veränderung des Wertes bei gleich bleibendem Gegenstand zu berücksichtigen ist, gilt für **gerichtliche Verfahren**. Nach § 40 GKG, § 34 FamGKG und 59 GNotKG, auf die § 23 Abs. 1 S. 1 u. 2 Bezug nehmen, ist für die Berechnung des Gegenstandswerts in gerichtlichen Verfahren, in denen sich der Gegenstandswert nach dem GKG, dem FamGKG oder dem GNotKG bestimmt,

– entweder der **Zeitpunkt der die Instanz einleitenden Antragstellung** (also z.B. Klageerhebung, Antrag auf Erlass einer einstweiligen Verfügung, Einreichung des Scheidungsantrags) maßgebend. Spätere Wertschwankungen führen weder zu einer Erhöhung noch zu einer Minderung des Gegenstandswerts.

Beispiel: Wie oben (siehe Rdn 34); der Anwalt war jedoch beauftragt, auf Herausgabe zu klagen. Die Wertsteigerung und der anschließende Wertverfall bleiben jetzt außer Betracht. Maßgebend ist allein der Kurswert bei Einreichung der Klage.

– oder **der Zeitpunkt der Fälligkeit der Gerichtsgebühren** maßgebend. Frühere Wertschwankungen sind in diesem Fall unbeachtlich.

36 Insoweit ist es auch unerheblich, zu welchem Zeitpunkt der Anwalt beauftragt worden ist.

Beispiel: Der Beklagte wird auf Herausgabe eines Wertpapierdepots verklagt. Der Wert des Depots beläuft sich bei Klageerhebung auf 3.000 EUR. Der Beklagte beauftragt zunächst Rechtsanwalt A. Später kündigt er das Mandat und beauftragt Rechtsanwalt B. Zu diesem Zeitpunkt beträgt der Wert des Wertpapierdepots 5.000 EUR.
Die Wertsteigerung bleibt auch hier außer Betracht. Auch für Rechtsanwalt B gilt § 40 GKG. Maßgebend ist allein der Kurswert bei Einreichung der Klage.

37 Kommen allerdings im Verlaufe des Rechtsstreits weitere Gegenstände hinzu oder fallen nachträgliche Gegenstände oder Teile hiervon weg, führt dies selbstverständlich zu einer Änderung, da sich hier nicht der Wert, sondern der Gegenstand selbst ändert.

5. Zusammenrechnung bei mehreren Gegenständen

38 In **derselben Angelegenheit** sind die Werte mehrerer Gegenstände zusammenzurechnen. Das folgt
– aus § 23 Abs. 1 RVG i.V.m. §§ 39 Abs. 1, 45 Abs. 1 GKG, wenn sich die Werte nach dem GKG richten,
– aus § 23 Abs. 1 RVG i.V.m. §§ 33 Abs. 1, 39, 44, 52 FamGKG, wenn sich die Werte nach dem FamGKG richten,
– aus § 23 Abs. 1 RVG i.V.m. § 35 Abs. 1 S. 1 GNotKG, wenn sich die Werte nach dem GNotKG richten und
– aus § 22 Abs. 1 in allen übrigen Fällen.

Diese Zusammenrechnung ist letztlich die Konsequenz aus § 15 Abs. 2, wonach die Gebühren in derselben Angelegenheit grundsätzlich nur einmal entstehen können. Eine Zusammenrechnung unterbleibt allerdings, wenn diese gesetzlich ausgeschlossen ist, wie z.B. in §§ 43, 44, 45 Abs. 1 S. 3 GKG oder in §§ 33 Abs. 1 S. 2, 37, 38 FamGKG oder wenn eine Addition wegen wirtschaftlicher Identität ausgeschlossen ist. Zusammengerechnet wird auch dann nicht, wenn entgegen § 15 Abs. 1 S. 2 ausnahmsweise mehrere Teilgebühren entstehen. Die Zusammenrechnung ist dann nur für den Kontrollbetrag des § 15 Abs. 3 von Bedeutung (vgl. § 15 Rdn 213 ff.).

39 Zum Problem der Zusammenrechnung bei wechselnden Gegenständen wird auf die Kommentierung zu §§ 32, 33 verwiesen.

6. Ermittlung für jede Gebühr gesondert

40 Der Gegenstandswert muss nicht für sämtliche Gebühren in derselben Angelegenheit derselbe sein. Für **jede Gebühr** ist der Gegenstandswert vielmehr **gesondert** zu ermitteln. Es kann daher durchaus vorkommen, dass für jede Gebühr ein anderer Wert maßgebend ist.

Beispiel: Eingeklagt werden 10.000 EUR. Nach teilweiser Klagerücknahme i.H.v. 3.000 EUR wird über die restlichen 7.000 EUR verhandelt. Über einen Teilbetrag von 5.000 EUR einigen sich die Parteien. Über die restlichen 2.000 EUR wird entschieden
Die Verfahrensgebühr (VV 3100) berechnet sich nach dem Wert von 10.000 EUR, die Terminsgebühr (VV 3104) lediglich nach dem Wert von 7.000 EUR und für die Einigungsgebühr (VV 1000, 1003) ist nur ein Wert von 5.000 EUR maßgebend.

1. 1,3-Verfahrensgebühr, VV 3100
   (Wert: 10.000 EUR)   725,40 EUR
2. 1,2-Terminsgebühr, VV 3104
   (Wert: 7.000 EUR)   486,00 EUR
3. 1,0-Einigungsgebühr, VV 1000, 1003
   (Wert: 5.000 EUR)   303,00 EUR
4. Postentgeltpauschale, VV 7002   20,00 EUR
   Zwischensumme   1.534,40 EUR
5. 19 % Umsatzsteuer, VV 7008   291,54 EUR
   Gesamt   **1.825,94 EUR**

41 Sind nach § 15 Abs. 3 verschiedene Teilgebühren zu berechnen, so ist der Gegenstandswert für jede dieser Teilgebühren gesondert zu ermitteln. Eine Zusammenrechnung der Werte findet dann nicht statt. Die Zusammenrechnung ist dann nur für den Kontrollbetrag von Bedeutung.

Beispiel: Die Parteien einigen sich in der mündlichen Verhandlung über die Klageforderung i.H.v. 8.000 EUR sowie über jetzt nicht anhängige weitere 10.000 EUR.
Während sich der Wert der 1,3-Verfahrengebühr (VV 3100) und der 1,0-Einigungsgebühr nach VV 1000, 1003 aus dem Wert von 10.000 EUR berechnet, ist für die 0,8-Verfahrensdifferenzgebühr (VV 3100, 3101) sowie die 1,5-Einigungsgebühr nach VV 1000 der Wert von 8.000 EUR maßgebend. Insgesamt ist allerdings jeweils § 15 Abs. 3 zu beachten. Lediglich zu Kontrollzwecken ist eine Gebühr aus dem höchsten Gebührensatz nach den zusammengerechneten Werten zu ermitteln, da die Summe der beiden Einzelgebühren nicht höher liegen darf als eine Gebühr nach dem höchsten Gebührensatz aus den zusammengerechneten Werten (§ 15 Abs. 3). Für Terminsgebühr gilt dagegen einheitlich gemäß § 23 Abs. 1 GKG i.V.m. § 39 Abs. 1 GKG der Gesamtwert i.H.v. 18.000 EUR.

1. 1,3-Verfahrensgebühr, VV 3100
   (Wert: 10.000 EUR)   725,40 EUR
2. 0,8-Verfahrensgebühr, VV 3100, 3101
   (Wert: 8.000 EUR)   364,80 EUR
   gem. § 15 Abs. 3 nicht mehr als 1,3 aus 18.000 EUR   904,80 EUR
3. 1,2-Terminsgebühr, VV 3104
   (Wert: 18.000 EUR)   835,20 EUR
4. 1,0-Einigungsgebühr, VV 1000, 1003
   (Wert: 8.000 EUR)   456,00 EUR
5. 1,5-Einigungsgebühr, VV 1000
   (Wert: 10.000 EUR)   837,00 EUR
   gem. § 15 Abs. 3 nicht mehr als 1,5 aus 18.000 EUR   1.044,00 EUR
6. Postentgeltpauschale, VV 7002   20,00 EUR
   Zwischensumme   2.804,00 EUR
7. 19 % Umsatzsteuer, VV 7008   532,76 EUR
   Gesamt   **3.336,76 EUR**

III. Auf- und Abrundung (Abs. 2)

1. Gebühren

42 In **Abs. 2 S. 2** ist die **Rundungsvorschrift** des früheren § 11 Abs. 2 S. 2 BRAGO übernommen worden, wonach Beträge unter einem Cent (also auch die dritte Dezimalstelle) auf- oder abzurunden sind. Bei Mehrbeträgen von unter 0,5 Cent über einem vollen Cent wird abgerundet; bei Mehrbeträgen ab 0,5 Cent über einem vollen Cent (0,005 EUR) wird auf den nächsten Cent aufgerundet. Diese Rundungsregel entspricht der kaufmännischen Rundungsregelung, die im Geschäftsverkehr ohnehin üblich ist.

Da die Beträge in der Anlage 2 zu § 13 Abs. 1 (ebenso die PKH-Beträge nach § 49) auf volle EUR lauten und das Vergütungsverzeichnis nur Gebührensätze bis zur zweiten Dezimalstelle vorsieht, kann insoweit ein Fall des Abs. 2 S. 2 grundsätzlich nicht auftreten. Der Anwendungsbereich beschränkt sich daher auf Gebührensätze, die der Anwalt selbst bestimmen kann und bei denen er eine Gebühr bis zur dritten Dezimalstelle wählt, was wohl eher ein theoretischer Fall sein dürfte. **43**

Bedeutung hat Abs. 2 S. 2 daher eigentlich nur für die Hebegebühr (VV 1009). **44**

> **Beispiel:** Der Anwalt empfängt 1.234,56 EUR und leitet diese weiter.
> Die Hebegebühr (VV 1009) beliefe sich auf 12,3456 EUR und wird auf 12,35 EUR aufgerundet.

> **Beispiel:** Der Anwalt empfängt 1.234,46 EUR und leitet diese weiter.
> Die Hebegebühr (VV 1009) beliefe sich auf 12,3446 EUR und würde jetzt auf 12,34 EUR abgerundet. Aufgerundet wird erst ab 0,5 Cent. Unzulässig wäre es, hier erst die dritte Dezimalstelle auf 12,345 aufzurunden und dann die zweite auf 12,35 EUR.

2. Nach Anrechnung verbleibende Beträge

Analog Abs. 2 S. 2 ist in sonstigen Fällen zu verfahren, in denen es auf eine Auf- oder Abrundung ankommt, etwa bei der Anrechnung nach VV Vorb. 3 Abs. 4. **45**

> **Beispiel:** Der Anwalt hat eine 0,75-Gebühr nach VV 2300 aus 7.000 EUR verdient, also 303,75 EUR. Auf die Verfahrensgebühr ist hiervon an sich die Hälfte anzurechnen; die andere Hälfte bleibt anrechnungsfrei (VV Vorb. 3 Abs. 4). Die Hälfte beläuft sich auf 151,875 EUR.
> Dieser Betrag ist anzurechnen und der nach Anrechnung verbleibende Gebührenbetrag dann nach Abs. 2 S. 2 zu runden, hier also aufzurunden
>
> | | |
> |---|---:|
> | 1,3-Verfahrensgebühr, VV 3100 (Wert: 7.000 EUR) | 526,50 EUR |
> | gem. VV Vorb. 3 Abs. 4 anzurechnen, 0,375 aus 7.000 EUR | − 151,875 EUR |
> | Verbleibt | 374,625 EUR |
> | Nach Abs. 2 S. 2 aufzurunden auf | 374,63 EUR |

Gleiches kann vorkommen bei der „Drittel-Anrechnung" nach Anm. Abs. 2 zu VV 4143. **46**

> **Beispiel:** Der Anwalt hat im Adhäsionsverfahren eine 2,0-Gebühr aus 12.000 EUR verdient, also 1.208 EUR. Im nachfolgenden zivilrechtlichen Verfahren wird diese Gebühr zu einem Drittel angerechnet (Anm. Abs. 2 zu VV 4143. Das Drittel beläuft sich auf 402,66666… EUR
> Auch hier ist der nach Anrechnung verbleibende Gebührenbetrag dann nach Abs. 2 S. 2 zu runden, hier also abzurunden
>
> | | |
> |---|---:|
> | 1,3-Verfahrensgebühr, VV 3100 (Wert: 12.000 EUR) | 785,20 EUR |
> | gem. Anm. Abs. 2 zu VV 4143, ein Drittel aus 1.208,00 EUR | − 402,66… EUR |
> | Verbleibt | 382,533… EUR |
> | Nach Abs. 2 S. 2 abzurunden auf | 382,53 EUR |

Zum selben Ergebnis gelangt man, wenn man Anrechnungsbeträge bis einschließlich 0,005 EUR abrundet und Anrechnungsbeträge von mehr als 0,005 EUR aufrundet. **47**

3. Auslagen

Strittig ist, ob eine Aufrundung auch bei Auslagen vorzunehmen ist. Auch hier sind die Anwendungsfälle eher selten, da sich gewöhnlich immer Auslagenbeträge ergeben, die auf volle Cent lauten. Bei den Pkw-Fahrtkosten behilft man sich bereits im Tatbestand, indem man auf die gefahrene Strecke volle Kilometer aufrundet.[6] **48**

Zu Beträgen, die nicht glatt auf einen Cent ausgehen, kann es z.B. bei der nach VV 7007 anteilig zu berechnenden Versicherungsprämie kommen oder auch dann, wenn Reisekosten nach VV Vorb. 7 **49**

---

[6] LG Rostock StraFo 2009, 439 = NJW-Spezial 2009, 715.

Abs. 3 anteilig in Rechnung zu stellen sind. Hier dürfte Anm. Abs. 2 S. 2 analog anzuwenden sein.[7] Diese „Streitfrage" hat allerdings keine praktische Bedeutung, da die Rundungsregelung des Abs. 2 S. 2 ohnehin der üblichen kaufmännischen Rundung entspricht und üblich ist.

Beispiel: Der Anwalt fährt für insgesamt drei Gerichtstermine verschiedener Auftraggeber zum auswärtigen LG Die Reisekosten belaufen sich auf.

200 km x 0,30 EUR, VV 7003	60,00 EUR
Abwesenheitsentgelt, VV 7005 Nr. 2	40,00 EUR
Gesamt	100,00 EUR

Hiervon hat jetzt jeder Auftraggeber ein Drittel zu tragen, also 33,33333…. Dieser Betrag ist je Auftraggeber analog Abs. 2 S. 2 auf 33,33 EUR abzurunden.

C. Anhang: Hinweispflicht nach § 49b Abs. 5 BRAO

Literatur: *Burhoff*, RVG in Straf- und Bußgeldsachen, 2. Aufl. 2007, Teil B, Stichwort „Hinweispflicht"; *Hansens*, Die neue Hinweispflicht nach § 49b Abs. 5 BRAO, ZAP Nr. 9 vom 4.5.2005, Fach 24, S. 885 ff.; *Hartung*, Hinweispflicht des Anwalts bezüglich Wertgebühren, NJW 2004, 2484 ff.; *Hartung*, Die neue Aufklärungspflicht des Rechtsanwalts nach § 49b Abs. 5 BRAO – auch ein vergütungsrechtliches Problem?, MDR 2004, 1092 ff.; *Kindermann*, Rechtsanwaltsvergütung, in Ludovisy (Hrsg.), Praxis des Straßenverkehrsrechts, 3. Aufl. 2005, Teil 2, Rn 1 ff.; *Rick*, Die Hinweispflicht nach § 49b Abs. 5 BRAO, AnwBl 2006, 648 ff.; *Samimi*, Der Anwaltsvertrag: Nachweis des Auftragsgegenstands und des Handlungsauftrags – unter Berücksichtigung der Aufklärungsobliegenheit des § 49b Abs. 5 BRAO n.F., zfs 2005, 324 ff.; *Seltmann*, Hinweis- und Informationspflichten des Anwalts nach § 49b Abs. 5 BRAO, NJW-Spezial 2007, 285.

I. Allgemeines

50 Nach § 49b Abs. 5 BRAO, der durch Art. 4 Abs. 18 Nr. 1d) des Kostenrechtsmodernisierungsgesetzes vom 5.5.2004 mit Wirkung zum 1.7.2004 angefügt worden ist, hat der Anwalt vor der Annahme eines Mandats den (künftigen) Auftraggeber auf die Abhängigkeit seiner Vergütung nach dem Gegenstandswert hinzuweisen:

(1)-(4) …

(5) ¹Richten sich die zu erhebenden Gebühren nach dem Gegenstandswert, hat der Rechtsanwalt vor Übernahme des Auftrags hierauf hinzuweisen.

51 Diese Hinweispflicht findet sich im dritten Teil der Bundesrechtsanwaltsordnung, der u.a. die Rechte und Pflichten des Rechtsanwalts regelt. Aus der systematischen Stellung der Vorschrift folgt, dass § 49b Abs. 5 BRAO einen primär **berufsrechtlichen Regelungsgehalt** besitzt (zu der vergütungs-, zivil- und strafrechtlichen Dimension siehe Rdn 79 ff.). Die historische Auslegung bestätigt diesen Befund. Nach der Vorstellung des Gesetzgebers soll die Unterrichtungsverpflichtung die allgemeine Berufspflicht gemäß § 43a S. 1 BRAO[8] konkretisieren, die den Anwalt verpflichtet, seinen Beruf gewissenhaft auszuüben. Sie stellt eine besondere Berufspflicht im Zusammenhang mit der Annahme und Wahrnehmung des Auftrags dar und steht damit auch in einem Zusammenhang mit den Unterrichtungspflichten gemäß § 11 BORA.[9]

52 Für den **Auftraggeber** hat die Hinweispflicht zugleich eine **Verbraucherschutzfunktion.** Er soll sich bereits vor der Eingehung einer durch den Anwaltsvertrag begründeten Zahlungsverpflichtung näher informieren und so versuchen können, eine ihm günstigere Rechtsberatung bzw. -vertretung zu erreichen.[10]

---

7 A.A. *Hartung/Schons/Enders*, § 2 Rn 15; *Gerold/Schmidt/Mayer*, RVG, § 2 Rn 13; wohl auch *Bischof/Jungbauer/Bräuer/Curkovic/Mathias/Uher*, RVG, § 11 Rn 50.

8 Diese Norm existiert freilich nicht. Es handelt sich vermutlich um ein redaktionelles Versehen; gemeint ist wohl § 43 S. 1 BRAO.

9 BT-Drucks 15/1971, 232; kritisch dazu *Hartung*, MDR 2004, 1092.

10 *Hartmann*, NJW 2004, 2484; *Hartung/Römermann/Schons*, § 1 Rn 66.

II. Regelungsgehalt

1. Anwendungsbereich

a) Zu erhebende Gebühren

Die Hinweispflicht erstreckt sich nur auf Gebühren. Damit sind die im RVG geregelten **staatlichen** **53**
Tarife gemeint. Nur diese Gebühren werden i.S.d. Abs. 5 „erhoben".[11]

Darüber hinaus kommt eine Hinweispflicht auch für den Abschluss einer **Vergütungsvereinbarung** **54**
in Betracht, wenn sich die dort vereinbarte Vergütung zumindest auch nach den gesetzlichen Gebühren richten soll.[12] Dies ist insbesondere der Fall, wenn der Anwalt als Vergütung einen Aufschlag auf die gesetzlichen Gebühren oder ein Mehrfaches derselben vereinbaren möchte. Auch wenn neben den gesetzlichen Gebühren eine Zeit- oder Pauschalvergütung vereinbart werden soll, gilt die Hinweispflicht jedenfalls bezüglich der gesetzlichen Gebühren. Haben die Parteien in ihrer Vergütungsvereinbarung einen bestimmten – in der Regel höheren – Gegenstandswert zugrunde gelegt, erscheint ein zusätzlicher Hinweis nach § 49b Abs. 5 BRAO dagegen überflüssig. Der Auftraggeber wird bereits in der Vergütungsvereinbarung selbst darauf hingewiesen, dass sich die von ihm zu zahlende Vergütung nach einem bestimmten Gegenstandswert richtet. Ein gesonderter Hinweis ist daher entbehrlich.[13]

Die **Auslagen** nach Teil 7 VV werden von § 49b Abs. 5 BRAO schon deshalb nicht erfasst, weil **55**
ihre Erstattung pauschaliert ist. Unabhängig davon spricht die Vorschrift ausdrücklich nur von Gebühren; hätte der Gesetzgeber insoweit auch die Auslagen erfassen wollen, hätte er auf seine eigene Definition in § 1 Abs. 1 zurückgegriffen und den für Gebühren und Auslagen normierten Oberbegriff der Vergütung gewählt.

b) Ausrichtung nach Gegenstandswert

Erfasst von § 49b Abs. 5 BRAO sind die Gebühren, die sich nach dem Gegenstandswert richten. **56**
Nach der Legaldefinition des § 2 Abs. 1 ist damit der Wert gemeint, den der Gegenstand der anwaltlichen Tätigkeit hat (zum Begriff siehe Rdn 23 ff.). **Wertgebühren** finden sich vornehmlich in den Teilen 2 und 3 des VV. **Nicht** in den Anwendungsbereich des Abs. 5 fallen alle **Betragsrahmengebühren**, die überwiegend in den Teilen 4 bis 6 VV vorkommen. Sofern in diesen Teilen ausnahmsweise eine Wertgebühr vorgesehen ist (z.B. in VV 4142–4145), bezieht sich die Hinweispflicht indes auch auf die dort geregelten Angelegenheiten.[14]

Die Hinweispflicht trifft den Anwalt ohne Rücksicht auf die **Höhe** des Gegenstandswertes. Ausweislich **57**
der Motive des Gesetzgebers[15] zielt die Unterrichtung des Auftraggebers vornehmlich auf hohe Gegenstandswerte, weil es insoweit immer wieder zu Unzuträglichkeiten gekommen sein soll, wenn der Mandant von der Abrechnung „überrascht" wurde. Eine entsprechende Beschränkung lässt sich dem Normtext freilich nicht entnehmen.[16] **Verändert** sich der Gegenstandswert – und somit der Vergütungsanspruch – nach Hinweiserteilung, etwa infolge einer Widerklage oder Klageerweiterung, ist der Rechtsanwalt insoweit zu einer erneuten Belehrung verpflichtet.[17]

2. Anwaltliche Hinweispflicht

a) Inhalt

Der Inhalt der Belehrung ist nach § 49b Abs. 5 BRAO äußerst knapp. Ausreichend ist die **schlichte** **58**
Erklärung, dass sich die Gebühren nach dem Gegenstandswert richten. Zu weiter gehenden Hinweisen ist der Anwalt nicht verpflichtet. Er muss insbesondere nicht die Höhe des Gegenstandswertes

---

11 Vgl. BGH NJW 2006, 3219 = NStZ-RR 2007, 142 = JurBüro 2007, 531 = AnwBl 2006, 759.
12 Ludovisy/*Kindermann*, Teil 2 Rn 2; *N. Schneider*, Vergütungsvereinbarung, Rn 1540 ff.; *ders.*, in: Hansens/Braun/Schneider, Teil 2 Rn 294 f.
13 *N. Schneider*, Vergütungsvereinbarung, Rn 1546 ff.
14 *Hansens*, ZAP 2005, 885; *Hartung*, MDR 2004, 1092; Gerold/Schmidt/*Müller-Rabe*, § 1 Rn 148 f.
15 BT-Drucks 15/1971, 232.
16 Hansens/Braun/*Schneider*, Teil 1 Rn 111; *Hansens*, ZAP 2005, 885.
17 RMOLK RVG/*Baumgärtel*, 13. Aufl. 2007, § 1 Rn 28.

benennen oder seinem (künftigen) Mandanten die hieraus resultierende Vergütung berechnen (siehe § 1 Rdn 36 ff.). Anderes kann jedoch dann gelten, wenn der Mandant gezielt nach der Höhe der konkreten Vergütung fragt oder der Anwalt nach den Grundsätzen von Treu und Glauben verpflichtet ist, weitergehende Hinweise zu erteilen.[18]

59 Diese formale Betrachtungsweise ist indes kaum praktikabel. Ein auf den Inhalt des § 49b Abs. 5 BRAO beschränkter lapidarer Hinweis provoziert weitere Fragen des (künftigen) Auftraggebers. Diese – vom Gesetzgeber durchaus intendierte[19] – Situation zwingt den Rechtsanwalt bereits im Stadium der Vertragsanbahnung in ein **Vergütungsgespräch**; zu diesem Zeitpunkt sind ihm die seiner Vergütung zugrunde liegenden Tatsachen jedoch zumeist nicht bekannt.[20] Aus diesem Umstand bereits die Verfassungswidrigkeit des § 49b Abs. 5 BRAO herleiten zu wollen, erscheint indes verfehlt.[21]

60 Andererseits kann ein frühzeitig geführtes Gespräch auch einen Beitrag zu größerer Akzeptanz hinsichtlich der Vergütung des Anwalts und seiner dafür erbrachten Dienstleistung darstellen. Der Anwalt sollte daher die gesetzliche **Hinweispflicht als Chance** begreifen, seine Vergütung als Äquivalent einer hochwertigen Dienstleistung darzustellen und das lange verbrämte Thema der Anwaltsgebühren in einem offenen Dialog zu enttabuisieren. Der Mandant wird diese Fairness und Transparenz zu schätzen wissen.

b) Hinweisgeber

61 Die Erteilung des Hinweises obliegt dem Rechtsanwalt, der den Auftrag i.S.d. § 49b Abs. 5 BRAO übernimmt. Regelmäßig unproblematisch ist die Person des Hinweisgebers bei einer **Einzelkanzlei**.

62 Bei einer **gemeinschaftlichen Berufsausübung** von Rechtsanwälten ist hingegen zu differenzieren. Ist der übernehmende Anwalt in einer bloßen **Bürogemeinschaft** tätig, trifft ihn die Hinweispflicht persönlich; die Erteilung des Hinweises durch einen anderen Anwalt der Bürogemeinschaft erfüllt die Hinweispflicht dagegen nicht. Er wird nicht Partei des Mandatsvertrages; die Belehrung stammt daher von einem Dritten. Möglich bleibt jedoch die Vertretung durch einen anderen Bürogemeinschafter oder durch Kanzleipersonal.[22] Bei der Entgegennahme des Auftrags durch einen Sozius wird das Mandat im Regelfall der **Sozietät** als rechts- und parteifähiger Gesellschaft übertragen.[23] Ausreichend ist indes die Belehrung durch den sachbearbeitenden Anwalt, die im Zweifel ohnehin im Namen der Sozietät abgegeben wird; ein gesonderter Hinweis der anderen Gesellschafter bzw. der Gesellschaft als solcher ist nicht erforderlich. Entsprechendes gilt für die Übernahme des Mandats durch eine **Partnerschaftsgesellschaft**, die ebenfalls ein selbstständiges Rechtssubjekt ist (§ 7 Abs. 2 PartGG i.V.m. § 124 HGB) und die dem sachbearbeitenden Partner im Außenverhältnis gegenüber dem Mandanten eine Sonderstellung einräumt (arg. § 8 Abs. 2 PartGG).

63 Der **Verkehrsanwalt** (= Korrespondenzanwalt) wurde vom Mandanten beauftragt, mit dessen Verfahrensbevollmächtigten die Korrespondenz zu führen; hierfür verdient er nach VV 3400 eine Gebühr in Höhe der dem Verfahrensbevollmächtigten zustehenden Verfahrensgebühr nach VV 3100 (eingehend siehe dazu VV 3400 Rdn 1 ff.). Da die Verfahrensgebühr vom Gegenstandswert abhängt, trifft dies kraft der Verweisung in VV 3400 auch auf die Verkehrsanwaltsgebühr zu. Den Verkehrsanwalt trifft daher – unabhängig von der Verpflichtung des Verfahrensbevollmächtigten – eine **selbstständige Hinweispflicht** nach § 49b Abs. 5 BRAO. Das gilt erst recht, wenn der Verkehrsanwalt erkennt, dass ein Verfahrensbevollmächtigter noch nicht bestellt worden ist. In dem Dreiecksverhältnis Auftraggeber – Verkehrsanwalt – Verfahrensbevollmächtigter ist mithin eine Doppelbelehrung des Auftraggebers durch beide Anwälte grundsätzlich sinnvoll und erforderlich.

---

18 Vgl. Gerold/Schmidt/*Müller-Rabe*, § 1 Rn 143 ff. mit Fallbsp.

19 Siehe BT-Drucks 15/1971, 232: „Nach einem entsprechenden Hinweis wird ein Mandant, der die Folgen dieser Form der Gebührenberechnung nicht abschätzen kann, den Anwalt hierzu befragen".

20 Zutreffend *Hansens*, ZAP 2005, 885, 887; *Hartmann*, NJW 2004, 2484; so auch *Burhoff*, RVG Straf- und Bußgeldsachen, 2. Aufl. 2007, Teil B „Hinweispflicht" Rn 8.

21 So offenbar *Steike*, AnwBl 2008, 55, 56, der sich freilich auf die Darlegung bloßer Zweifel beschränkt und den Nachweis der Verfassungswidrigkeit im Ergebnis schuldig bleibt.

22 Vgl. auch *Hansens*, ZAP 2005, 885, 886.

23 Henssler/Prütting/*Hartung*, BRAO, § 59a BRAO Rn 35 m.w.N.; zu der Rechts- und Parteifähigkeit der GbR grundlegend BGH NJW 2001, 1056 = DB 2001, 423 m. Anm. *Römermann*; *K. Schmidt*, NJW 2001, 993 ff.

Nach dem Wortlaut des § 49b Abs. 5 BRAO gelten die vorstehenden Ausführungen für den **Terminsvertreter** entsprechend. Auch er erhält in Ausführung eines eigenen Auftrags nach VV 3401 eine von der Verfahrensgebühr des Verfahrensbevollmächtigten abhängige, letztlich also gegenstandswertabhängige Vergütung. Bei lebensnaher Betrachtungsweise trifft den Terminsvertreter eine separate Hinweispflicht jedoch nur dann, wenn er das Terminsmandat unmittelbar vom Auftraggeber erhält, mithin zwischen beiden Parteien eine **direkte Kontaktaufnahme** stattfindet. Erteilt dagegen der Verfahrensbevollmächtigte den Auftrag namens seines Mandanten an den Terminsvertreter, wäre eine gesonderte Belehrung durch Selbigen bloße Förmelei. Der Terminsvertreter wäre nämlich verpflichtet, vor der Bestätigung des Auftrags an den Verfahrensbevollmächtigten zunächst den Mandanten zu kontaktieren und ihn gesondert zu belehren. Insofern bedarf § 49b Abs. 5 BRAO einer einschränkenden Auslegung. Schaltet der Verfahrensbevollmächtigte mit Einverständnis des Mandanten einen Terminsvertreter ein, wird er seinen Mandanten dabei ohnehin über die entstehende Terminsvertretergebühr informieren (siehe auch § 1 Rdn 41).

c) Adressat

§ 49b Abs. 5 BRAO knüpft die Hinweispflicht an die „Übernahme des Auftrags". Sie richtet sich daher an den – künftigen – **Auftraggeber**. Dies gilt auch bei rechtsschutzversicherten Mandanten; eines Hinweises an den **Rechtsschutzversicherer** bedarf es daher nicht.[24] Auch **sonstige Dritte**, mit denen der Mandatsvertrag nicht geschlossen werden soll, sind keine Adressaten eines Hinweises nach Abs. 5.[25]

Die Hinweispflicht trifft den Rechtsanwalt gegenüber **jedem Auftraggeber**. Der individuelle Bildungs- und Verständnishorizont des potentiellen Mandanten ist insoweit irrelevant. Selbst ein Rechtsanwalt ist in seiner Eigenschaft als Auftraggeber zu belehren, auch wenn er nicht belehrungsbedürftig ist.[26]

Beauftragt eine Personenmehrheit einen **Vertreter** mit dem Abschluss eines Mandatsvertrages, obliegt dem Anwalt die Hinweispflicht nur gegenüber diesem. Die vertretene Personenmehrheit muss sich die Kenntnis des Vertreters i.S.d. § 49b Abs. 5 BRAO als eigene zurechnen lassen (arg. § 166 Abs. 1 BGB).

d) Form

Der Hinweis nach § 49b Abs. 5 BRAO bedarf **keiner Form**. Der Anwalt hat daher einen weiten Gestaltungsspielraum. Möglich ist etwa die Hinweiserteilung durch einen Aushang oder eine Dauer-ansage im Wartezimmer, an der Rezeption ausliegende Merkblätter, einen mündlichen Hinweis im Rahmen der ersten Besprechung oder ein – standardisiertes oder individuelles – Hinweisschreiben; außerdem kann sich der Anwalt insoweit durch seine Kanzleimitarbeiter vertreten lassen.[27] **Ungeeignet** erscheint hingegen die Aufnahme des Hinweises in das **Vollmachtsformular**; hiergegen könnte der Auftraggeber im Streitfall einwenden, es handele sich um eine überraschende Klausel i.S.d. § 305c Abs. 1 BGB bzw. um eine unzulässige Beweislastvereinbarung nach § 309 Nr. 12b BGB.[28]

Im Falle einer **Vergütungsvereinbarung** sind die Formvorschriften des § 3a Abs. 1 auf die Hinweispflicht nicht anwendbar, da es sich um einen Hinweis und nicht um eine Vereinbarung handelt und der Hinweis auch nicht Inhalt der Vergütungsvereinbarung sein muss.[29] Der Hinweis ist auch keine anderweitige Vereinbarung i.S.d. § 3a Abs. 1 S. 2, da dieser in Zusammenhang mit der vereinbarten Vergütung steht.

Empfehlenswert erscheint bereits mit Blick auf etwaige Haftungs- und Beweisfragen (siehe Rdn 78, 82) eine **schriftliche Hinweiserteilung** in einer **separaten Urkunde**, die auch vom Auftraggeber unterschrieben wurde. Ausreichend ist dabei folgender Text:[30]

---

24 *Hansens*, ZAP 2005, 885, 887; *Hartung*, MDR 2004, 1092, 1093.
25 *Hansens*, ZAP 2005, 885, 887; unentschlossen *Hartung*, MDR 2004, 1092, 1093.
26 OLG Hamm AGS 2009, 428; *Koch/Kilian*, Anwaltliches Berufsrecht, 2007, Rn B 371.
27 *Hansens*, ZAP 2005, 885, 886.
28 Ludovisy/*Kindermann*, Teil 2 Rn 4; *N. Schneider*, Vergütungsvereinbarung, Rn 1548.
29 *N. Schneider*, Vergütungsvereinbarung, Rn 1548.
30 Vgl. auch *Samimi*, zfs 2005, 324; *Hansens*, ZAP 2005, 885, 886.

Ich bin von Rechtsanwalt ... darauf hingewiesen worden, dass sich seine Gebühren (zum Teil) nach dem Gegenstandswert berechnen.
(Ort, Datum, Unterschrift des Auftraggebers)

e) Zeitpunkt

71 Nach dem ausdrücklichen Wortlaut des § 49b Abs. 5 BRAO ist der Hinweis auf die Abhängigkeit der Gebühren vom Gegenstandswert **„vor"** der Übernahme des Auftrags zu erteilen. Nach der Vorstellung des Gesetzgebers (siehe Rdn 52) soll der Mandant auf diese Weise noch vor dem rechtsverbindlichen Abschluss des Anwaltsvertrages in die Lage versetzt werden, die Höhe seiner daraus resultierenden finanziellen Verpflichtungen besser abschätzen und sich eventuell anderweitig entscheiden zu können.

72 Dieser Ansatz ist unter verbraucherschutzrechtlichen Aspekten verdienstvoll, wirkt sich für den Rechtsanwalt indes **problematisch** aus. Die Vorverlagerung der Hinweispflicht in das Stadium der Vertragsanbahnung ignoriert das Problem, dass der Anwalt zu diesem Zeitpunkt die Gegenstandswertabhängigkeit seiner Vergütung oftmals noch nicht zu erkennen vermag (siehe Rdn 59). Im anwaltlichen Berufsalltag erscheint der in § 49b Abs. 5 BRAO normierte Zeitpunkt überdies realitätsfremd. Wird der Anwalt **schriftlich beauftragt**, käme ein entsprechender Hinweis in dem die Annahmeerklärung darstellenden Bestätigungsschreiben bereits zu spät. Der Anwalt müsste daher zunächst eine Belehrung nach § 49b Abs. 5 BRAO erteilen und diese idealiter vom Auftraggeber unterzeichnen lassen (siehe Rdn 70), bevor er den Auftrag anzunehmen berechtigt wäre.[31] Jedenfalls in Fällen dieser Art würde eine starre, am Wortlaut haftende Normanwendung zu bloßer Förmelei erstarren. Im Lichte des Art. 12 Abs. 1 GG bedarf § 49b Abs. 5 BRAO daher einer **restriktiven Auslegung**; insbesondere bei der schriftlichen Mandatsannahme kann der Hinweis auch Gegenstand des anwaltlichen Mandatsbestätigungsschreibens sein.[32]

73 Auch muss es bei einer Vertretung in einer Vielzahl gleichartiger Angelegenheiten (Dauermandate) ausreichen, wenn der Anwalt seiner Hinweispflicht in Gestalt eines **„General-Hinweises"** nachkommt; einer gesonderten Belehrung in jedem Einzelfall bedarf es dann nicht.[33]

74 Eine Präventivbelehrung kann auch in solchen Fällen nicht gefordert werden, in denen sich erst **nach der Übernahme** des Mandats die Gegenstandswertabhängigkeit der Gebühren herausstellt. Übernimmt der Anwalt etwa nach der Klageerhebung durch den Auftraggeber ein vermeintliches Sozialrechtsmandat, das sich später qua Verweisung (§ 17a Abs. 2 GVG) als Verwaltungsrechtsstreit entpuppt, konnte der Anwalt den Hinweis nach § 49b Abs. 5 BRAO schlechterdings nicht vor Auftragsübernahme erteilen. In einem berufsaufsichtlichen Verfahren (siehe Rdn 81) oder einem zivilrechtlichen Haftungsprozess (siehe Rdn 82 ff.) würde es jedenfalls an einem diesbezüglichen Verschulden fehlen.

75 Der Vorwurf einer Verletzung der Hinweispflicht kann den Anwalt auch dann treffen, wenn sich erst nach der Übernahme des Auftrags herausstellt, dass eine geschlossene **Vergütungsvereinbarung nach § 4b unwirksam** ist. Gleiches gilt, wenn die Vergütungsvereinbarung zwar wirksam ist, nach dem **Ermessen eines Vertragsteils** aber nur die gesetzliche Vergütung als vereinbart gilt (§ 4 Abs. 3 S. 2). In beiden Varianten kann der Anwalt nur nach der gesetzlichen Vergütung abrechnen, es sei denn, das vereinbarte Honorar lag sogar noch darunter. Richtet sich die gesetzliche Vergütung nun nach dem Gegenstandswert, wäre – bei einer Betrachtung ex post – ein Hinweis nach § 49b Abs. 5 BRAO notwendig gewesen. Diesen Hinweis wird der Anwalt jedoch regelmäßig unterlassen haben, ging er doch davon aus, dass die Vergütungsvereinbarung wirksam und folglich auch nicht nach dem Gegenstandswert abzurechnen sei.

76 Zur Vermeidung berufs- und zivilrechtlicher Konsequenzen (siehe Rdn 82 ff.) sollte daher in die Vergütungsvereinbarung vorsorglich eine **„salvatorische Klausel"** aufgenommen werden, welche den Hinweis enthält, dass im Falle der Unwirksamkeit der Vergütungsvereinbarung nach den gesetzlichen Gebühren abzurechen ist und diese sich nach dem Gegenstandswert berechnen:

77 „Soweit die getroffene Vergütungsvereinbarung unwirksam sein sollte, ist die Vergütung nach den gesetzlichen Gebühren geschuldet, die sich nach dem Gegenstandswert berechnen."

---

31 Zutreffend *Hansens*, ZAP 2005, 885, 886.
32 *Hartung*, MDR 2004, 1092, 1093.
33 *Hansens*, ZAP 2005, 885, 886.

f) Beweislast

Die Darlegungs- und Beweislast obliegt dem **Mandanten**, wobei der Anwalt substantiiert darlegen und beweisen muss, in welcher Weise er belehrt haben will.[34] Die gegenteilige Auffassung, nach welcher für die Erteilung des Hinweises nach § 49b Abs. 5 BRAO allein der Rechtsanwalt darlegungs- und beweispflichtig ist,[35] vermag nicht zu überzeugen. Vielmehr muss dem Anwalt in einem berufsrechtlichen bzw. -gerichtlichen Verfahren der Verstoß nachgewiesen werden. Auch eine Beweislastumkehr oder eine Beweiserleichterung zugunsten des Auftraggebers ist abzulehnen, weil den Anwalt im Bereich des § 49b Abs. 5 BRAO keine Dokumentationsobliegenheit trifft.[36] Der Mandant muss also darlegen und ggf. beweisen, wie er auf eine allgemeine Information, dass der Anwalt nach dem Gegenstandswert abrechnen werde, reagiert hätte.[37]

3. Rechtsfolgen einer Verletzung der Hinweispflicht

a) Vergütungsrecht

Die Verletzung der Hinweispflicht hat keinen Einfluss auf die **Entstehung** und die **Fälligkeit** des anwaltlichen Vergütungsanspruchs.[38] Es entspricht nicht der primär berufsrechtlich motivierten ratio legis des § 49b Abs. 5 BRAO (siehe Rdn 51), den Vergütungsanspruch des Anwalts per se zu vereiteln. Diese Rechtsfolge käme der Wirkung eines gesetzlichen Verbotes nach § 134 BGB gleich, das § 49b Abs. 5 BRAO gerade nicht ist.[39]

Im **Kostenfestsetzungsverfahren** ist die Berufung des Auftraggebers auf eine Unterlassung der Hinweispflicht als außergebührenrechtlicher Einwand zu qualifizieren, der nach § 11 Abs. 5 S. 1 regelmäßig zu einer Ablehnung der Festsetzung in diesem Verfahren führt.[40]

b) Berufsrecht

Nach der systematischen Stellung des § 49b Abs. 5 BRAO zählt die streitgegenstandsbezogene Hinweispflicht des Rechtsanwalts zu seinen Berufspflichten (siehe Rdn 51). Die Verfolgung etwaiger Verstöße gegen diese Pflicht obliegt mithin der zuständigen **Rechtsanwaltskammer**. Sie kann in einem berufsaufsichtlichen Verfahren nach dem Grundsatz der Verhältnismäßigkeit eine **Belehrung** gemäß § 73 Abs. 2 Nr. 1 BRAO oder – namentlich im Wiederholungsfalle – eine **Rüge** nach § 74 Abs. 1 BRAO erteilen.[41] Eine gewisse „Planmäßigkeit" oder „Geschäftsmäßigkeit" von Verstößen ist für die Annahme eines Wiederholungsfalls nicht erforderlich.[42]

---

34 BGH NJW 2008, 371 = RVGreport 2008, 37 (*Hansens*) = AGS 2008, 9 m. Anm. *Schons* = AnwBl 2008, 68 = BRAK-Mitt. 2008, 14 (*Grams*); OLG Düsseldorf AGS 2009, 11 = AnwBl 2009, 70 = OLGR 2009, 123. So bereits *Brieske*, AnwBl 11/2006, S. XIV und *Hansens*, zfs 2007, 466 f.

35 So noch 4. Aufl. Rn 68; vgl. auch *Rick*, AnwBl 2006, 648, 650; Gerold/Schmidt/*Madert*, RVG, 17. Aufl., § 4 Rn 99. Die alleinige Beweispflicht des Rechtsanwalts entspricht auch der einhelligen Auffassung der Konferenz der Berufsrechtsreferenten der Rechtsanwaltskammern, vgl. *Kopp*, BRAK-Mitt. 2005, 176, 178.

36 BGH NJW 2008, 371 = RVGreport 2008, 37 (*Hansens*) = AGS 2008, 9 m. Anm. *Schons* = AnwBl 2008, 68 = BRAK-Mitt. 2008, 14 (*Grams*).

37 BGH NJW 2007, 2332; OLG Hamm AGS 2009, 428.

38 OLG Koblenz NJW-RR 2008, 269, 270; *Burhoff*, RVG Straf- und Bußgeldsachen, 2. Aufl. 2007, Teil B „Hinweispflicht" Rn 9; *Hansens*, ZAP 2005, 885, 888; zweifelnd *Samimi*, zfs 2005, 324 ff.

39 BGH NJW 2007, 2332 = AGS 2007, 386 ff. m. Anm. *Schons*; ebenso *Hartmann*, NJW 2004, 2484, der zutreffend darauf hinweist, dass § 49b Abs. 5 BRAO kein gesetzliches Verbot, sondern vielmehr ein berufsrechtliches Gebot statuiert.

40 *Hansens*, RVGreport 2004, 450; Ludovisy/*Kindermann*, Teil 2 Rn 7. Ebenso *Hartmann*, NJW 2004, 2484, der dort jedoch unzutreffend einen gebührenrechtlichen Einwand annimmt.

41 *Hartung*, MDR 2004, 1092, 1094; *Hansens*, ZAP 2005, 885, 887 f.

42 *Rick*, AnwBl 2006, 648, 650; a.A. *Hartmann*, NJW 2004, 2484, 2485.

c) Zivilrecht

82 **aa) Anwendbarkeit und Anspruchsgrundlage.** Die systematische und historische Auslegung des § 49b Abs. 5 BRAO belegt, dass die dort statuierte Hinweispflicht zunächst berufsrechtlicher Natur ist (siehe Rdn 51). Der primär berufsrechtliche Regelungsgehalt der Norm schließt indes nicht aus, dass dem Auftraggeber infolge der Verletzung der anwaltlichen Hinweispflicht ein materiellrechtlicher **Schaden** entsteht. Dann muss der Mandant aber auch die Möglichkeit haben, gegen den von ihm beauftragten Rechtsanwalt einen **Schadensersatzanspruch** geltend zu machen. Das **Berufsrecht** entfaltet dabei im Hinblick auf die zivilrechtlichen Haftungsansprüche des Auftraggebers **keine Sperrwirkung**.[43] Auch für andere Grundpflichten des Rechtsanwalts ist anerkannt, dass deren Verletzung Haftungsansprüche des Auftraggebers auslösen kann, beispielsweise für die Verletzung der in § 43a Abs. 5 BRAO, § 4 BORA geregelten Pflichten beim Umgang mit fremden Vermögenswerten.[44]

83 Die richtige **Anspruchsgrundlage** gibt der Wortlaut des § 49b Abs. 5 BRAO mittelbar vor. Danach hat der Anwalt seinen Hinweis „vor" der Übernahme des Auftrags zu erteilen. Unterlässt er dies, hat er eine Pflichtverletzung im Stadium der Vertragsverhandlungen, mithin vor Abschluss des Mandatsvertrages, begangen. Etwaige Schadensersatzansprüche des Auftraggebers richten sich daher nach den §§ 280 Abs. 1, 311 Abs. 2 BGB (c.i.c.).[45]

84 **bb) Haftung nach §§ 280 Abs. 1, 311 Abs. 2 BGB. (1) Vorvertragliches Schuldverhältnis.** Der zeitliche Anwendungsbereich eines Schadensersatzanspruchs nach den §§ 280 Abs. 1, 311 Abs. 2 BGB ist mit der **Aufnahme von Vertragsverhandlungen,** der Anbahnung eines Vertrages oder ähnlicher geschäftlicher Kontakte eröffnet (vgl. § 311 Abs. 2 BGB). Diese Voraussetzung wird in dem für die Erteilung des Hinweises maßgeblichen Zeitpunkt (siehe Rdn 71 ff.) regelmäßig erfüllt sein. Nach der Aufnahme von Vertragsverhandlungen zwischen dem Anwalt und seinem Auftraggeber – also im Regelfall mit dem zwischen Anwalt und potentiellem Auftraggeber geführtem Erstgespräch – ist regelmäßig ein Schuldverhältnis i.S.d. § 241 Abs. 2 BGB entstanden.[46]

85 **(2) Pflichtverletzung.** Auch die Geltendmachung einer anwaltlichen Pflichtverletzung wird den Auftraggeber in einem Schadensersatzprozess vor keine Probleme stellen. Den Rechtsanwalt treffen bereits im Stadium der Vertragsverhandlungen **zivilrechtliche Aufklärungspflichten**, die sich auch auf das für den Mandanten bestehende Kostenrisiko erstrecken können.[47] § 49b Abs. 5 BRAO statuiert eine spezielle vorvertragliche Hinweispflicht nunmehr ausdrücklich. Diese Vorschrift ver-

---

[43] Grundlegend BGH NJW 2007, 2332 = AnwBl 2007, 628 = RVGreport 2007, 316 (*Hansens*) = AGS 2007, 386 m. Anm. *Schons* = JurBüro 2007, 478 m. Anm. *Enders* = BRAK-Mitt. 2007, 175 m. Anm. *Grams*, a.a.O., S. 159; ebenso BGH AGS 2009, 495; OLG Hamm AGS 2009, 428 = AnwBl 2010, 143; LG Kiel AGS 2009, 264; OLG Brandenburg OLGR 2008, 930 = AGS 2009, 315 = JurBüro 2008, 364; LG Berlin AGS 2007, 390 m. Anm. *Schons*; *Henke*, AnwBl. 2007, 707; Hansens/*Braun/Schneider*, Teil 1 Rn 112; *Hansens*, ZAP 2005, 885, 888; Ludovisy/*Kindermann*, Teil 2 Rn 7; *Hartmann*, NJW 2004, 2484; anderer, aber nicht überzeugender Ansicht AG Charlottenburg AGS 2007, 232 m. Anm. *Schons* = BRAK-Mitt. 2007, 136 = AnwBl 2007, 377; dem folgend *von Seltmann*, NJW-Spezial 2007, 285; widersprüchlich Gerold/Schmidt/*Madert*, RVG, 17. Aufl., § 4 Rn 98; *Burhoff*, RVG Straf- und Bußgeldsachen, 2. Aufl. 2007, Teil B „Hinweispflicht" Rn 9.

[44] So ausdrücklich BGH AGS 2007, 386, 388 = NJW 2007, 2332, 2334 = AnwBl 2007, 628, 630 = JurBüro 2007, 478, 479 = BRAK-Mitt. 2007, 175, 176 unter Berufung auf *Hansens*, RVGreport 2004, 443, 448 und *Rick*, AnwBl 2006, 648, 650. Zu den berufsrechtlichen Pflichten des Anwalts beim Umgang mit Fremdgeldern Kilian/vom Stein/*Rick*, 2005, § 29 Rn 370 ff., 392 ff.

[45] BGH AGS 2007, 386, 388 = NJW 2007, 2332, 2334 = AnwBl 2007, 628, 629 = JurBüro 2007, 478, 479 = BRAK-Mitt. 2007, 175, 176; LG Berlin AGS 2007, 390; Koch/*Kilian*, Anwaltliches Berufsrecht, 2007, Rn B 373. Ebenso *Hansens*, ZAP 2005, 885, 888; *ders.*, RVGreport 2004, 183 und 443, 448, der eine Haftung nach c.i.c. annimmt. Unzutreffend dagegen *Bischof*, in: Bischof/Jungbauer/Bräuer/Curkovic/Mathias/Uher, RVG, § 1 Rn 48 und *Hartung*, MDR 2004, 1092, 1094, die von einem Anspruch aus positiver Forderungsverletzung ausgehen. Die dogmatische Einordnung ist mit Blick auf die unterschiedlichen Rechtsfolgen beider Anspruchsgrundlagen (Ersatz des negativen Interesses bei der c.i.c. = §§ 280, 311 BGB einerseits und des positiven Interesses bei der pVV = § 280 Abs. 1 BGB andererseits) auch von praktischer Relevanz.

[46] BGH NJW 2007, 2332 = AGS 2007, 386, 388 = AnwBl 2007, 628, 630 = JurBüro 2007, 478, 479 = BRAK-Mitt. 2007, 175, 176.

[47] *Vollkommer/Heinemann*, Anwaltshaftungsrecht, 2. Aufl. 2003, Rn 260 ff.; zur vorvertraglichen Aufklärungspflicht des Anwalts auch AG Neuss AnwBl. 1987, 284; *Greißinger*, AnwBl 1982, 288, 290; siehe allgemein auch Palandt/*Heinrichs*, BGB, § 280 Rn 30.

pflichtet den Anwalt auch zivilrechtlich; er hat die Belehrung nach § 49b Abs. 5 BRAO zur Vermeidung etwaiger Haftungsansprüche daher **ungefragt zu erteilen**.[48] Die berufs- und zivilrechtliche Pflichtenstellung des Anwalts ist insoweit identisch, zumal die Hinweispflicht neben ihrer berufsrechtlichen Intention auch dem Schutz der Dispositionsfreiheit des Mandanten dient (siehe Rdn 52).

(3) Verschulden. Verteidigungsmöglichkeiten des Anwalts in einem Regressverfahren eröffnen sich hingegen mit Blick auf das Erfordernis schuldhaften Verhaltens. Zu vertreten hat der Anwalt nach § 276 Abs. 1 BGB nur eine vorsätzliche oder fahrlässige Verletzung der Hinweispflicht. **Fahrlässig** hat er seine Hinweispflicht nach § 49b Abs. 5 BRAO nur verletzt, wenn er die im Verkehr erforderliche Sorgfalt außer Acht gelassen hat (§ 276 Abs. 2 BGB). Da der Gesetzgeber die Hinweispflicht in die Phase der Vertragsanbahnung vorverlagert hat (siehe Rdn 71), wird der Rechtsanwalt zu diesem Zeitpunkt auch bei Anwendung verkehrsüblicher Sorgfalt nicht immer erkennen können, dass sich die erst wesentlich später zu erhebenden Gebühren nach dem Gegenstandswert richten. Kann der Rechtsanwalt im Regressverfahren darlegen und beweisen, dass ihm vor Auftragserteilung nicht alle für die Erfüllung der Hinweispflicht maßgeblichen Tatsachen vorlagen, wird ein Schadensersatzanspruch seines Auftraggebers daher scheitern.

86

(4) Einwand rechtmäßigen Alternativverhaltens. Der einem Anspruch aus § 280 Abs. 1 BGB ausgesetzte Anwalt kann überdies einwenden, die Unterlassung des nach § 49b Abs. 5 BRAO gebotenen Hinweises sei für die Entscheidung seines Auftraggebers **nicht ursächlich** gewesen, weil dieser sich auch in Kenntnis der Abhängigkeit der anwaltlichen Vergütung vom Gegenstandswert für den Abschluss eines Mandatsvertrages mit demselben Rechtsanwalt entschieden hätte.

87

Der Einwand rechtmäßigen Alternativverhaltens kann durch den Auftraggeber freilich in zahlreichen Varianten entkräftet werden. So kann er vortragen, er hätte
– in einem gerichtlichen Verfahren ohne Anwaltszwang den Prozess selbst geführt;
– sich in einem Amtsgerichts- oder Landgerichtsprozess als Beklagter überhaupt nicht vertreten, sondern sich verurteilen lassen;
– die gegnerische Forderung sofort erfüllt und dadurch Gerichts- und Anwaltskosten erspart;
– als Gläubiger von der außergerichtlichen oder gerichtlichen Geltendmachung seines Anspruchs abgesehen.[49]

88

Ein schlüssiger Sachvortrag dieses Inhalts wird durch den beklagten Anwalt im Haftungsprozess kaum zu entkräften sein. Die Anforderungen an die Schlüssigkeit des Klagevortrags sind freilich hoch; den **Auftraggeber** trifft die **Darlegungs- und Beweispflicht** namentlich für den Einwand, er hätte bei Erteilung des Hinweises von einer Mandatierung des Anwalts abgesehen.[50] Der Auftraggeber muss darlegen, dass er auf den Hinweis des Anwalts nach § 49b Abs. 5 BRAO reagiert hätte und dass es damit zur Beauftragung des Anwalts zu den gesetzlichen Gebühren nicht gekommen wäre.[51]

(5) Schaden. Der geschädigte Auftraggeber ist nach § 249 BGB so zu stellen, wie er ohne das schädigende Verhalten des Anwalts gestanden hätte.[52] Er hat seinem Mandanten daher den durch die Unterlassung des Hinweises adäquat-kausal entstandenen Schaden zu ersetzen. Der Anspruch ist auf das negative Interesse gerichtet.[53] Als **Vertrauensschaden** in diesem Sinne kommen nicht nur die an den eigenen Anwalt bereits gezahlte Vergütung in Betracht, sondern auch die dem Gegner zu erstattenden Anwalts- und Gerichtskosten.[54]

89

Im Hinblick auf die Schadenshöhe sollte der Anwalt im Haftungsfall vorsorglich den **Einwand des Mitverschuldens** nach § 254 BGB erheben. Er kann vortragen, dass sich der Auftraggeber mit geringem Aufwand – etwa durch entsprechende Fragen an den Anwalt oder durch die Heranziehung anderer Erkenntnisquellen (Gesetzestext, dtv-Rechtsberater, Bundesgesetzblatt, Internet, Anfrage bei der Rechtsanwaltskammer) – selbst Gewissheit über die Abhängigkeit der Anwaltsvergütung nach dem Gegenstandswert hätte verschaffen können. Selbst die gesetzlichen Gebühren eines Rechtsan-

90

---

48 *Borgmann/Jungk/Grams*, Anwaltshaftung, 4. Aufl. 2005, Kap. IV Rn 99.
49 *Hansens*, ZAP 2005, 885, 888.
50 LG Berlin AGS 2007, 390.
51 BGH AGS 2010, 483.
52 Vgl. BGH NJW 1981, 1673; Palandt/*Grüneberg*, BGB, § 311 Rn 54 f.; MüKo/*Emmerich*, BGB, 5. Aufl. 2007, § 311 Rn 261.
53 Koch/*Kilian*, Anwaltliches Berufsrecht, 2007, Rn B 374.
54 *Hansens*, ZAP 2005, 885, 888.

walts sind überall zu erfahren.[55] Auch die Vorenthaltung der für die Erfüllung der Hinweispflicht maßgeblichen Informationen seitens des Auftraggebers kann dessen Mitverschulden begründen, wenn dadurch nicht bereits ein Verschulden des Anwalts ausscheidet (siehe Rdn 86). Ob diese Einwände greifen, ist freilich Tatfrage.

91 Den geltend gemachten Schaden muss der **Mandant** dem Grunde und der Höhe nach konkret **darlegen und beweisen;** ein Anscheinsbeweis kommt nicht in Betracht.[56] An die Erfüllung der Darlegungs- und Beweislast sind strenge Anforderungen zu stellen.[57]

92 **(6) Haftungsausfüllende Kausalität.** Schwierigkeiten wird dem Auftraggeber regelmäßig der Beweis der Ursächlichkeit zwischen der anwaltlichen Pflichtverletzung und dem geltend gemachten Schaden machen.[58] Im Zweifel hätte der Mandant den Auftrag auch bei gehöriger Erfüllung der Hinweispflicht erteilt; eine gegenstandswertabhängige Vergütung wäre dann in gleicher Höhe entstanden. Hinzu kommt, dass der Anwalt nach § 49b Abs. 5 BRAO nur verpflichtet ist, auf den Berechnungsmodus „Gegenstandswert" hinzuweisen; mit diesem Hinweis vermag der Auftraggeber indes regelmäßig wenig anzufangen. Auf die für ihn entscheidende Information zu der Höhe der so entstehenden Gebühren bezieht sich die anwaltliche Hinweispflicht jedoch gerade nicht (siehe Rdn 57). Einen direkten „Preisvergleich" zwischen verschiedenen Anwälten kann der Mandant daher zumeist nicht vornehmen.

Selbst wenn er vorträgt, er hätte bei Erfüllung der Hinweispflicht durch seinen Anwalt einen anderen Rechtsanwalt zu günstigeren Konditionen gefunden und beauftragt,[59] verfängt dieser Einwand allenfalls im Bereich der außerforensischen Tätigkeit. Denn günstigere Konditionen sind nach § 4 nur dort möglich; ansonsten existiert nach § 49b Abs. 1 BRAO ein gesetzliches Gebührenunterschreitungsverbot. Strebt der Auftraggeber den Abschluss einer Vergütungsvereinbarung an, ist jedoch die Gegenstandswertabhängigkeit der staatlichen Tarife für ihn irrelevant. Im Übrigen hätte auch der andere Anwalt den Auftraggeber nach § 49b Abs. 5 BRAO belehren müssen.

An die Darlegung und den Beweis der haftungsausfüllenden Kausalität durch den Mandanten sind **strenge Anforderungen** zu stellen.[60] Eine von der Rechtsprechung im Bereich der Verletzung zivilrechtlicher Aufklärungspflichten oftmals konstruierte **Kausalitätsvermutung**[61] ist für einen auf die Verletzung des § 49b Abs. 5 BRAO gerichteten Schadensersatzanspruch **abzulehnen**.

d) Strafrecht

93 **aa) Betrug.** Erstattet der Auftraggeber wegen der Verletzung der Hinweispflicht Strafanzeige, muss der Rechtsanwalt mit der Einleitung eines Ermittlungsverfahrens wegen des **Verdachts des Betruges** (§ 263 StGB) rechnen.[62]

94 Als erfolgsursächliches Verhalten des beschuldigten Anwalts kommt nur ein pflichtwidriges **Unterlassen** der nach § 49b Abs. 5 BRAO gebotenen Belehrung in Betracht. Voraussetzung für die strafrechtliche Verantwortlichkeit des Anwalts ist daher eine **Garantenstellung** gemäß § 13 StGB. Inwieweit sich eine Garantenpflicht unmittelbar aus einem außerstrafrechtlichen Gesetz, welches eine Mitteilungspflicht zum Inhalt hat, ergeben kann, ist im Einzelfall festzustellen; dabei kommt es maßgeblich darauf an, ob ein besonderes Vertrauensverhältnis vorliegt.[63] Die Hinweispflicht nach § 49b Abs. 5 BRAO konkretisiert die allgemeinen Berufspflichten des Rechtsanwalts als Organ der Rechtspflege (siehe Rdn 51), was die Annahme eines Vertrauensverhältnisses auch im vorvertraglichen Stadium durchaus nahe legt. Auch **Inhalt und Zielrichtung** der Garantenpflicht sind indes in

---

[55] *Borgmann/Jungk/Grams*, Anwaltshaftung, 4. Aufl. 2005, Kap. IV Rn 99.
[56] *Hartmann*, NJW 2004, 2484; Ludovisy/*Kindermann*, Teil 2 Rn 5.
[57] BGH NJW 2007, 2332 = AGS 2007, 386, 388 = AnwBl 2007, 628, 630.
[58] MüKo/*Emmerich*, BGB, 5. Aufl. 2007, § 311 Rn 267 f.; Bischof, in: Bischof/Jungbauer/Bräuer/*Uher*, RVG, § 1 Rn 48; *Hartung*, MDR 2004, 1092, 1094.
[59] Siehe dazu OLG Hamm AGS 2009, 428: Der Mandant, der eine Stundenhonorarvereinbarung behauptet, ist nicht verpflichtet, einen anderen Anwalt zu benennen, der hypothetisch bereit gewesen wäre, das Mandat zu dem geringeren Stundenhonorar abzurechnen; siehe auch *Völtz*, BRAK-Mitt. 2004, 103 f.
[60] Vgl. LG Berlin AGS 2007, 390 m. Anm. *Schons*.
[61] Dazu eingehend und kritisch MüKo/*Emmerich*, BGB, 5. Aufl. 2007, § 311 Rn 268 ff.
[62] *Hartmann*, NJW 2004, 2484, 2485.
[63] BGHSt 39, 392, 399; Schönke/Schröder/*Cramer-Peron*, StGB, 28. Aufl. 2010, § 263 Rn 21 m.w.N.

jedem Einzelfall zu berücksichtigen.⁶⁴ Die Hinweispflicht nach § 49b Abs. 5 BRAO soll im Sinne einer opferbezogenen Interpretation die Dispositionsfreiheit des Auftraggebers gewährleisten (siehe Rdn 52); diese ist durch § 263 StGB jedoch als solche nicht geschützt.⁶⁵ Schutzgut des § 263 StGB ist vielmehr ausschließlich das Vermögen des Geschädigten.⁶⁶ Insoweit hat der Anwalt indes keine umfassende Garantenstellung. Daher wird es in einem Ermittlungsverfahren wegen Betruges zumeist schon an der anwaltlichen Tathandlung durch ein nach § 13 StGB sanktioniertes Unterlassen fehlen.

Auch ein **Irrtum des Auftraggebers** i.S.d. § 263 StGB wird regelmäßig zu verneinen sein. Er setzt eine durch die Täuschungshandlung verursachte Fehlvorstellung des Geschädigten voraus, also die positive Vorstellung einer der Wirklichkeit widersprechenden Tatsache; das bloße Fehlen der Vorstellung einer wahren Tatsache ist hingegen nicht tatbestandsmäßig.⁶⁷ Die Unterlassung des Hinweises nach § 49b Abs. 5 BRAO erzeugt bei dem Auftraggeber eine schlichte Unkenntnis hinsichtlich der Abhängigkeit der anwaltlichen Vergütung vom Gegenstandswert. Eine konkrete Fehlvorstellung wird demnach nur beim Hinzutreten besonderer Umstände zu ermitteln sein, etwa wenn der Anwalt auf Nachfrage des Auftraggebers insoweit falsche Angaben macht. 95

bb) Untreue. Eine strafrechtliche Verfolgung des Rechtsanwalts wegen des Verdachts der Untreue (§ 266 StGB) sollte ebenfalls zu einer Verfahrenseinstellung nach § 170 Abs. 2 StPO führen. 96

Eine Verwirklichung des **Missbrauchstatbestands** (§ 266 Abs. 1 Alt. 1 StGB) kommt durch die schlichte Unterlassung des Hinweises nach § 49b Abs. 5 BRAO schon mangels Tathandlung des Rechtsanwalts nicht in Betracht. Sie besteht im Missbrauch der Verfügungs- oder Verpflichtungsbefugnis, d.h. darin, dass der Täter zwar wirksam, aber bestimmungswidrig über das fremde Vermögen verfügt bzw. dessen Inhaber verpflichtet.⁶⁸ Die erst durch den Mandatsvertrag als Rechtsverhältnis i.S.d. § 266 Abs. 1 Alt. 1 StGB eingeräumte Zugriffsmöglichkeit auf das Vermögen des Mandanten hat der Anwalt in dem für die Unterlassung maßgeblichen Zeitpunkt (vor Übernahme des Auftrags) (siehe Rdn 71) indes nicht. 97

Entsprechendes gilt für die Tathandlung des **Treuebruchtatbestandes** (§ 266 Abs. 1, 2. Alt. StGB); auch hier entsteht die rechtsgeschäftliche und tatsächliche Zugriffsmöglichkeit des Anwalts auf das Vermögen des Mandanten erst mit dem Abschluss des Mandatsvertrages. Unabhängig davon ist das durch den Mandatsvertrag vermittelte Rechtsverhältnis nur dann ein Treueverhältnis nach § 266 StGB, wenn nach der konkreten Ausgestaltung des Mandats die Vermögensbetreuungspflicht des Anwalts in den Rang einer selbstständigen Geschäftsbesorgung erhoben wurde und daher als vertragliche Hauptpflicht anzusehen ist.⁶⁹ Diese spezifische Pflichtenstellung bedarf der tatrichterlichen Feststellung im Einzelfall; ein strafrechtlich relevantes Treueverhältnis zwischen Anwalt und Mandant kann daher nicht allgemein angenommen werden. 98

Der **Versuch** der Untreue ist, wie sich aus dem Fehlen einer ausdrücklichen Regelung in § 266 StGB ergibt, **nicht strafbar** (§ 23 Abs. 1 StGB). Der Vorverlagerung der Hinweispflicht auf das Stadium der Vertragsverhandlungen kann daher auch nicht mit einer Versuchsstrafbarkeit begegnet werden. 99

---

64 BayObLG NStZ-RR 1998, 329; Schönke/Schröder/Lenckner/Eisele, StGB, 28. Aufl. 2010, § 13 Rn 14.
65 Lackner/*Kühl*, StGB, 26. Aufl. 2007, § 263 Rn 2; Schönke/Schröder/*Cramer-Peron*, StGB, 28. Aufl. 20010, § 263 Rn 81 m.w.N.
66 BGHSt 16, 220, 221; BGHSt 16, 321, 325; BGH StV 1995, 254.
67 BGHSt 2, 325; BGH wistra 1992, 141; AG Siegburg JuS 2005, 566, 567; Lackner/*Kühl*, StGB, 26. Aufl. 2007, § 263 Rn 20. Für die Tatbestandsmäßigkeit der sog. ignorantia facti *Puppe*, in: FS Lackner, 1987, S. 199, 203; speziell bei der Verletzung einer Aufklärungspflicht auch *Kindhäuser/Nikolaus*, JuS 2006, 193, 196.
68 Schönke/Schröder/*Perron*, StGB, 28. Aufl. 2010, § 266 Rn 14 m.w.N.
69 BGH NJW 1983, 461.

§ 3 Gebühren in sozialrechtlichen Angelegenheiten

(1) ¹In Verfahren vor den Gerichten der Sozialgerichtsbarkeit, in denen das Gerichtskostengesetz nicht anzuwenden ist, entstehen Betragsrahmengebühren. ²In sonstigen Verfahren werden die Gebühren nach dem Gegenstandswert berechnet, wenn der Auftraggeber nicht zu den in § 183 des Sozialgerichtsgesetzes genannten Personen gehört; im Verfahren nach § 201 Absatz 1 des Sozialgerichtsgesetzes werden die Gebühren immer nach dem Gegenstandswert berechnet. ³In Verfahren wegen überlanger Gerichtsverfahren (§ 202 Satz 2 des Sozialgerichtsgesetzes) werden die Gebühren nach dem Gegenstandswert berechnet.

(2) Absatz 1 gilt entsprechend für eine Tätigkeit außerhalb eines gerichtlichen Verfahrens.

A. Allgemeines	1
B. Regelungsgehalt	8
I. Verfahren, in denen das GKG nicht anwendbar ist (Abs. 1 S. 1)	8
1. Geltungsbereich (Abs. 1 S. 1)	8
2. Betragsrahmengebühren	22
3. Betragsrahmengebühren in Verfahren vor den Gerichten der Sozialgerichtsbarkeit (Abs. 1 S. 1)	30
a) Betragsrahmengebühr bei Einigung oder Erledigung, VV Teil 1	31
b) Betragsrahmengebühren im ersten Rechtszug, VV Teil 3 Abschnitt 1	36
c) Betragsrahmengebühren im Berufungsverfahren, VV Teil 3 Abschnitt 2 Unterabschnitt 1	41
d) Betragsrahmengebühren im Revisionsverfahren, VV Teil 3 Abschnitt 2 Unterabschnitt 2	44
e) Betragsrahmengebühren bei Nichtzulassungsbeschwerde, VV Teil 3 Abschnitt 5	45
f) Betragsrahmengebühren bei Beschwerde und Erinnerung, VV Teil 3 Abschnitt 5	47
g) Betragsrahmengebühren für Einzeltätigkeiten, VV Teil 3 Abschnitt 4	48
II. Verfahren, in denen das GKG anwendbar ist (Abs. 1 S. 2)	53
1. Geltungsbereich (Abs. 1 S. 2)	53
2. Wertgebühren in Verfahren vor den Gerichten der Sozialgerichtsbarkeit (Abs. 1 S. 2)	56
a) Mehrere Auftraggeber	57
b) Wertgebühr bei Einigung oder Erledigung, VV Teil 1	58
c) Wertgebühren im ersten Rechtszug, VV Teil 3 Abschnitt 1	63
d) Wertgebühren im Berufungsverfahren, VV Teil 3 Abschnitt 2 Unterabschnitt 1	71
e) Wertgebühren im Revisionsverfahren, VV Teil 3 Abschnitt 2 Unterabschnitt 2	75
f) Wertgebühren bei Nichtzulassungsbeschwerde, VV Teil 3 Abschnitt 5	79
g) Wertgebühren bei Beschwerde und Erinnerung, VV Teil 3 Abschnitt 5	82
h) Wertgebühren für Einzeltätigkeiten, VV Teil 3 Abschnitt 4	83
i) Wertgebühren für besondere Verfahren, VV Teil 3 Abschnitt 3	88
III. Gebühren für die Tätigkeit außerhalb eines gerichtlichen Verfahrens (Abs. 2)	90
1. Geltungsbereich (Abs. 2)	90
2. Betragsrahmengebühren für die Tätigkeit außerhalb eines gerichtlichen Verfahrens	91
a) Mehrere Auftraggeber	92
b) Betragsrahmengebühr bei Einigung oder Erledigung, VV Teil 1	93
c) Betragsrahmengebühr für die Prüfung der Erfolgsaussichten eines Rechtsmittels, VV Teil 2 Abschnitt 1	98
d) Betragsrahmengebühr bei außergerichtlicher Vertretung, VV Teil 2 Abschnitt 3	99
3. Wertgebühren für die Tätigkeit außerhalb eines gerichtlichen Verfahrens	102
a) Mehrere Auftraggeber	103
b) Wertgebühr bei Einigung oder Erledigung, VV Teil 1	104
c) Wertgebühr für die Prüfung der Erfolgsaussichten eines Rechtsmittels, VV Teil 2 Abschnitt 1	109
d) Wertgebühr bei außergerichtlicher Vertretung, VV Teil 2 Abschnitt 3	110
C. Erstattungsfragen	114
I. Bestimmung der Betragsrahmengebühr nach Abs. 1 S. 1	114
1. Bestimmung durch den Rechtsanwalt	114
2. Überprüfung der Bestimmung durch den Rechtsanwalt	123
II. Gegenstandswert	128
III. Kostengrundentscheidung	133
1. Verfahren, in denen das GKG nicht anwendbar ist	133
2. Verfahren, in denen das GKG anwendbar ist	138
IV. Kostenfestsetzung	142
V. Kostenerstattung	143
1. Verfahren, in denen das GKG nicht anwendbar ist	143
2. Verfahren, in denen das GKG anwendbar ist	146
3. Erstattung der Kosten für das isolierte Vorverfahren	153
a) Allgemeines	153
b) Notwendigkeit der Zuziehung eines Rechtsanwalts	156
c) Kostengrundentscheidung	158
d) Kostenfestsetzung	162
VI. Prozesskostenhilfe	165

A. Allgemeines

§ 3 Abs. 1 regelt die Gebühren in Verfahren vor den Sozialgerichten dem Grunde nach. Die Zuständigkeit der Sozialgerichte ist in § 51 SGG geregelt. Zu den Angelegenheiten der Sozialgerichtsbarkeit zählen seit dem 1.1.2005 gemäß § 51 Abs. 1 Nr. 6a SGG auch die Angelegenheiten der Sozialhilfe und des Asylbewerberleistungsgesetzes.

§ 51 SGG

(1) ¹Die Gerichte der Sozialgerichtsbarkeit entscheiden über öffentlich-rechtliche Streitigkeiten
1. in Angelegenheiten der gesetzlichen Rentenversicherung einschließlich der Alterssicherung der Landwirte,
2. in Angelegenheiten der gesetzlichen Krankenversicherung, der sozialen Pflegeversicherung und der privaten Pflegeversicherung (Elftes Buch Sozialgesetzbuch), auch soweit durch diese Angelegenheiten Dritte betroffen werden; dies gilt nicht für Streitigkeiten in Angelegenheiten nach § 110 des Fünften Buches Sozialgesetzbuch aufgrund einer Kündigung von Versorgungsverträgen, die für Hochschulkliniken oder Plankrankenhäuser (§ 108 Nr. 1 und 2 des Fünften Buches Sozialgesetzbuch) gelten,
3. in Angelegenheiten der gesetzlichen Unfallversicherung mit Ausnahme der Streitigkeiten aufgrund der Überwachung der Maßnahmen zur Prävention durch die Träger der gesetzlichen Unfallversicherung,
4. in Angelegenheiten der Arbeitsförderung einschließlich der übrigen Aufgaben der Bundesagentur für Arbeit,
4a. in Angelegenheiten der Grundsicherung für Arbeitsuchende,
5. in sonstigen Angelegenheiten der Sozialversicherung,
6. in Angelegenheiten des sozialen Entschädigungsrechts mit Ausnahme der Streitigkeiten aufgrund der §§ 25 bis 27j des Bundesversorgungsgesetzes (Kriegsopferfürsorge), auch soweit andere Gesetze die entsprechende Anwendung dieser Vorschriften vorsehen,
6a. in Angelegenheiten der Sozialhilfe und des Asylbewerberleistungsgesetzes,
7. bei der Feststellung von Behinderungen und ihrem Grad sowie weiterer gesundheitlicher Merkmale, ferner der Ausstellung, Verlängerung, Berichtigung und Einziehung von Ausweisen nach § 69 des Neunten Buches Sozialgesetzbuch,
8. die aufgrund des Aufwendungsausgleichsgesetzes entstehen,
9. (weggefallen)
10. für die durch Gesetz der Rechtsweg vor diesen Gerichten eröffnet wird.

(2) ¹Die Gerichte der Sozialgerichtsbarkeit entscheiden auch über privatrechtliche Streitigkeiten in Angelegenheiten der Zulassung von Trägern und Maßnahmen durch fachkundige Stellen nach dem Fünften Kapitel des Dritten Buches Sozialgesetzbuch und in Angelegenheiten der gesetzlichen Krankenversicherung, auch soweit durch diese Angelegenheiten Dritte betroffen werden. ²Satz 1 gilt für die soziale Pflegeversicherung und die private Pflegeversicherung (Elftes Buch Sozialgesetzbuch) entsprechend.

(3) ¹Von der Zuständigkeit der Gerichte der Sozialgerichtsbarkeit nach den Absätzen 1 und 2 ausgenommen sind Streitigkeiten in Verfahren nach dem Gesetz gegen Wettbewerbsbeschränkungen, die Rechtsbeziehungen nach § 69 des Fünften Buches Sozialgesetzbuch betreffen.

§ 3 Abs. 1 legt fest, dass der Rechtsanwalt in Verfahren vor den Gerichten der Sozialgerichtsbarkeit, in denen das GKG anwendbar ist, Wertgebühren (§ 3 Abs. 1 S. 2) und in Verfahren, in denen das GKG nicht anwendbar ist, Betragsrahmengebühren (§ 3 Abs. 1 S. 1) erhält. Welche Gebühren in welcher Höhe der Rechtsanwalt in Verfahren vor den Gerichten der Sozialgerichtsbarkeit erhalten kann, ergibt sich aus dem Vergütungsverzeichnis.[1]

Die Unterscheidung in § 3 Abs. 1 zwischen Verfahren vor den Gerichten der Sozialgerichtsbarkeit, in welchen das GKG anwendbar und solchen, in welchen es nicht anwendbar ist, beruht auf den Änderungen des SGG und des GKG durch das 6. SGGÄndG. Nach § 183 SGG a.F. war das Verfahren vor den Gerichten der Sozialgerichtsbarkeit kostenfrei, soweit nichts anderes bestimmt gewesen ist. Nach § 184 SGG a.F. hatten Körperschaften oder Anstalten des öffentlichen Rechts sowie Unternehmen der privaten Pflegeversicherung für jede Streitsache, an der sie beteiligt sind, nur eine Pauschgebühr zu entrichten. **§§ 183, 184 SGG** sind durch das 6. SGGÄndG **neu gefasst** und **§ 197a SGG eingefügt** worden.

Nach **§ 183 S. 1 SGG** ist das Verfahren vor den Gerichten der Sozialgerichtsbarkeit für Versicherte, Leistungsempfänger einschließlich Hinterbliebenenleistungsempfänger, Behinderte oder deren Sonderrechtsnachfolger nach § 56 SGB I weiterhin kostenfrei, soweit sie in dieser jeweiligen Eigenschaft

---

[1] BR-Drucks 830/03, S. 231.

als Kläger oder Beklagte beteiligt sind. Nimmt ein sonstiger Rechtsnachfolger einer Person des genannten Personenkreises das Verfahren auf, so bleibt das Verfahren nach **§ 183 S. 2 SGG** in dem Rechtszug, in welchem es aufgenommen worden ist, ebenfalls kostenfrei. Nach **§ 183 S. 3 SGG** stehen den in § 183 S. 1, 2 SGG genannten Personen die Personen gleich, die im Fall des Obsiegens zu diesen Personen gehören würden. Kosten für die Anfertigung von Abschriften (§ 93 S. 3 SGG), für die Anhörung eines bestimmten Arztes (§ 109 Abs. 1 S. 2 SGG), für die Erteilung von Abschriften (§ 120 Abs. 2 SGG) und Mutwillenkosten (§ 192 SGG) können nach **§ 183 S. 4 SGG in der Fassung des 6. SGGÄndG** weiterhin den Beteiligten auferlegt werden.

Kläger und Beklagte, die nicht zu den in § 183 SGG n.F. genannten Personen gehören, haben nach **§ 184 Abs. 1 S. 1 SGG** weiterhin für jede Streitsache nur eine Pauschgebühr zu entrichten, soweit es sich nicht um ein Verfahren nach § 197a SGG handelt. Die Höhe der Gebühr ist in **§ 184 Abs. 2 SGG** niedergelegt.

§ 183 SGG

[1]Das Verfahren vor den Gerichten der Sozialgerichtsbarkeit ist für Versicherte, Leistungsempfänger einschließlich Hinterbliebenenleistungsempfänger, behinderte Menschen oder deren Sonderrechtsnachfolger nach § 56 des Ersten Buches Sozialgesetzbuch kostenfrei, soweit sie in dieser jeweiligen Eigenschaft als Kläger oder Beklagte beteiligt sind. [2]Nimmt ein sonstiger Rechtsnachfolger das Verfahren auf, bleibt das Verfahren in dem Rechtszug kostenfrei. [3]Den in Satz 1 und 2 genannten Personen steht gleich, wer im Falle des Obsiegens zu diesen Personen gehören würde. [4]Leistungsempfängern nach Satz 1 stehen Antragsteller nach § 55a Absatz 2 Satz 1 zweite Alternative gleich. [5]§ 93 Satz 3, § 109 Abs. 1 Satz 2, § 120 Abs. 2 Satz 1 und § 192 bleiben unberührt. [6]Die Kostenfreiheit nach dieser Vorschrift gilt nicht in einem Verfahren wegen eines überlangen Gerichtsverfahrens (§ 202 Satz 2).

§ 184 SGG

(1) [1]Kläger und Beklagte, die nicht zu den in § 183 genannten Personen gehören, haben für jede Streitsache eine Gebühr zu entrichten. [2]Die Gebühr entsteht, sobald die Streitsache rechtshängig geworden ist; sie ist für jeden Rechtszug zu zahlen. [3]Soweit wegen derselben Streitsache ein Mahnverfahren (§ 182a) vorausgegangen ist, wird die Gebühr für das Verfahren über den Antrag auf Erlass eines Mahnbescheids nach dem Gerichtskostengesetz angerechnet.

(2) [1]Die Höhe der Gebühr wird für das Verfahren

vor den Sozialgerichten auf 150 Euro,

vor den Landessozialgerichten auf 225 Euro,

vor dem Bundessozialgericht auf 300 Euro

festgesetzt.

(3) [1]§ 2 des Gerichtskostengesetzes gilt entsprechend.

5 Nach dem durch das 6. SGGÄndG ebenso eingefügten **§ 197a Abs. 1 S. 1, 1. Hs. SGG** werden Kosten nach dem GKG erhoben, wenn in einem Rechtszug weder der Kläger noch der Beklagte zu den in § 183 SGG genannten Personen zählt. In diesem Fall sind nach **§ 197a Abs. 1 S. 1, 2. Hs. SGG** die §§ 184 bis 195 SGG nicht, vielmehr die §§ 154 bis 162 VwGO entsprechend anzuwenden. Bei Klagerücknahme findet nach **§ 197a Abs. 1 S. 2 SGG** § 161 Abs. 2 VwGO aber keine Anwendung.

§ 197a SGG

(1) [1]Gehört in einem Rechtszug weder der Kläger noch der Beklagte zu den in § 183 genannten Personen oder handelt es sich um ein Verfahren wegen eines überlangen Gerichtsverfahrens (§ 202 Satz 2), werden Kosten nach den Vorschriften des Gerichtskostengesetzes erhoben; die §§ 184 bis 195 finden keine Anwendung; die §§ 154 bis 162 der Verwaltungsgerichtsordnung sind entsprechend anzuwenden. [2]Wird die Klage zurückgenommen, findet § 161 Abs. 2 der Verwaltungsgerichtsordnung keine Anwendung.

(2) [1]Dem Beigeladenen werden die Kosten außer in den Fällen des § 154 Abs. 3 der Verwaltungsgerichtsordnung auch auferlegt, soweit er verurteilt wird (§ 75 Abs. 5). [2]Ist eine der in § 183 genannten Personen beigeladen, können dieser Kosten nur unter den Voraussetzungen von § 192 auferlegt werden. [3]Aufwendungen des Beigeladenen werden unter den Voraussetzungen des § 191 vergütet; sie gehören nicht zu den Gerichtskosten.

(3) [1]Die Absätze 1 und 2 gelten auch für Träger der Sozialhilfe, soweit sie an Erstattungsstreitigkeiten mit anderen Trägern beteiligt sind.

Abschnitt 1. Allgemeine Vorschriften § 3

Weiter wurde durch Art. 2 Nr. 1 des 6. SGGÄndG die Bestimmung des § 1 Abs. 1 GKG geändert. **6**
Nach **§ 1 Abs. 1 Buchst. d GKG i.d.F. des 6. SGGÄndG** sind Kosten (Gebühren und Auslagen) auch für Verfahren vor den Gerichten der Sozialgerichtsbarkeit erhoben worden, soweit nach dem SGG das GKG anzuwenden ist. Diese Regelung entspricht nunmehr **§ 1 Abs. 2 Nr. 3 GKG**.

§ 1 GKG Geltungsbereich

(1) ¹Für Verfahren vor den ordentlichen Gerichten
1. nach der Zivilprozessordnung, einschließlich des Mahnverfahrens nach § 113 Abs. 2 des Gesetzes über das Verfahren in Familiensachen und in den Angelegenheiten der freiwilligen Gerichtsbarkeit und der Verfahren nach dem Gesetz über das Verfahren in Familiensachen und in den Angelegenheiten der freiwilligen Gerichtsbarkeit, soweit das Vollstreckungs- oder Arrestgericht zuständig ist;
2. nach der Insolvenzordnung;
3. nach der Schifffahrtsrechtlichen Verteilungsordnung;
4. nach dem Gesetz über die Zwangsversteigerung und die Zwangsverwaltung;
5. nach der Strafprozessordnung;
6. nach dem Jugendgerichtsgesetz;
7. nach dem Gesetz über Ordnungswidrigkeiten;
8. nach dem Strafvollzugsgesetz, auch in Verbindung mit § 92 des Jugendgerichtsgesetzes;
9. nach dem Gesetz gegen Wettbewerbsbeschränkungen;
10. nach dem Wertpapiererwerbs- und Übernahmegesetz, soweit dort nichts anderes bestimmt ist;
11. nach dem Wertpapierhandelsgesetz;
12. nach dem Anerkennungs- und Vollstreckungsausführungsgesetz;
13. nach dem Auslandsunterhaltsgesetz, soweit das Vollstreckungsgericht zuständig ist;
14. für Rechtsmittelverfahren vor dem Bundesgerichtshof nach dem Patentgesetz, dem Gebrauchsmustergesetz, dem Markengesetz, dem Designgesetz, dem Halbleiterschutzgesetz und dem Sortenschutzgesetz (Rechtsmittelverfahren des gewerblichen Rechtsschutzes);
15. nach dem Energiewirtschaftsgesetz;
16. nach dem Kapitalanleger-Musterverfahrensgesetz;
17. nach dem EG-Verbraucherschutzdurchsetzungsgesetz;
18. nach Abschnitt 2 Unterabschnitt 2 des Neunten Teils des Gesetzes über die internationale Rechtshilfe in Strafsachen;
19. nach dem Kohlendioxid-Speicherungsgesetz;
20. nach Abschnitt 3 des Internationalen Erbrechtsverfahrensgesetzes vom 29. Juni 2015 (BGBl. I S. 1042) und
21. nach dem Zahlungskontengesetz

werden Kosten (Gebühren und Auslagen) nur nach diesem Gesetz erhoben. ²Satz 1 Nr. 1, 6 und 12 gilt nicht in Verfahren, in denen Kosten nach dem Gesetz über Gerichtskosten in Familiensachen zu erheben sind.

(2) ¹Dieses Gesetz ist ferner anzuwenden für Verfahren
1. vor den Gerichten der Verwaltungsgerichtsbarkeit nach der Verwaltungsgerichtsordnung;
2. vor den Gerichten der Finanzgerichtsbarkeit nach der Finanzgerichtsordnung;
3. vor den Gerichten der Sozialgerichtsbarkeit nach dem Sozialgerichtsgesetz, soweit nach diesem Gesetz das Gerichtskostengesetz anzuwenden ist;
4. vor den Gerichten für Arbeitssachen nach dem Arbeitsgerichtsgesetz und
5. vor den Staatsanwaltschaften nach der Strafprozessordnung, dem Jugendgerichtsgesetz und dem Gesetz über Ordnungswidrigkeiten.

(3) ¹Dieses Gesetz gilt auch für Verfahren nach
1. der Verordnung (EG) Nr. 861/2007 des Europäischen Parlaments und des Rates vom 11. Juli 2007 zur Einführung eines europäischen Verfahrens für geringfügige Forderungen,
2. der Verordnung (EG) Nr. 1896/2006 des Europäischen Parlaments und des Rates vom 12. Dezember 2006 zur Einführung eines Europäischen Mahnverfahrens und
3. der Verordnung (EU) Nr. 1215/2012 des Europäischen Parlaments und des Rates vom 12. Dezember 2012 über die gerichtliche Zuständigkeit und die Anerkennung und Vollstreckung von Entscheidungen in Zivil- und Handelssachen.

(4) ¹Kosten nach diesem Gesetz werden auch erhoben für Verfahren über eine Beschwerde, die mit einem der in den Absätzen 1 bis 3 genannten Verfahren im Zusammenhang steht.

(5) ¹Die Vorschriften dieses Gesetzes über die Erinnerung und die Beschwerde gehen den Regelungen der für das zugrunde liegende Verfahren geltenden Verfahrensvorschriften vor.

7   Mit § 3 Abs. 2 wird die bisher fehlende gesetzliche Regelung zur gebührenmäßigen Behandlung des sozialrechtlichen Verwaltungsverfahrens vorgenommen.[2] Diese war in Ermangelung einer gesetzlichen Regelung vom Bundessozialgericht[3] dahin gehend entschieden worden, dass in Angelegenheiten, in denen für das gerichtliche Verfahren Betragsrahmengebühren vorgesehen waren, im sozialrechtlichen Verwaltungsverfahren ebenfalls eine, wenn auch reduzierte Rahmengebühr angefallen ist. Abs. 2 überträgt nunmehr die für gerichtliche Verfahren geltende Abgrenzung zwischen Verfahren, in denen nach dem Wert abgerechnet wird, und solchen, in denen Betragsrahmengebühren anfallen, auf das Verwaltungsverfahren.[4] Welche Gebühren in welcher Höhe der Rechtsanwalt im sozialrechtlichen Verwaltungsverfahren erhalten kann, ergibt sich nunmehr aber aus dem Vergütungsverzeichnis.[5] Dadurch wird auch zugleich der Streit beseitigt, in welcher Höhe die Betragsrahmengebühr für die Tätigkeit im sozialrechtlichen Verwaltungsverfahren entsteht.

B. Regelungsgehalt

I. Verfahren, in denen das GKG nicht anwendbar ist (Abs. 1 S. 1)

1. Geltungsbereich (Abs. 1 S. 1)

8   Abs. 1 S. 1 findet nur Anwendung auf Verfahren vor den Gerichten der Sozialgerichtsbarkeit, in denen das GKG nicht anzuwenden ist. Nach § 1 Abs. 2 Nr. 3 GKG ist das GKG in Verfahren vor den Gerichten der Sozialgerichtsbarkeit anzuwenden, soweit dies im SGG bestimmt ist. Das SGG regelt in §§ 183, 197a SGG die Verfahren, in denen das GKG und mithin Abs. 1 S. 1 anwendbar ist.

9   Gehören in einem Rechtszug weder Kläger noch Beklagter zu den in § 183 SGG genannten Personen, so findet nach § 197a Abs. 1 S. 1, 1. Hs. SGG das GKG Anwendung. **Ausschlaggebend für die Anwendung des GKG ist mithin, ob eine in § 183 SGG genannte Person an dem Rechtsstreit im betreffenden Rechtszug beteiligt ist.** Damit findet das GKG gemäß § 183 S. 1 SGG keine Anwendung, wenn an einem Rechtsstreit im betreffenden Rechtszug ein **Versicherter**, ein **Leistungsempfänger**, ein **Hinterbliebenenleistungsempfänger** der gesetzlichen Sozialversicherung oder ein **behinderter Mensch** in dieser jeweiligen Eigenschaft als Kläger oder Beklagter beteiligt ist.

Versicherte i.S.d. § 183 SGG sind die in der **Sozialversicherung** einschließlich der Alterssicherung der Landwirte, der sozialen Pflegeversicherung und der Arbeitslosenversicherung versicherten Personen nach Maßgabe der besonderen einschlägigen Vorschriften (u.a. §§ 24 ff. SGB III, §§ 5 ff. SGB V, §§ 1 ff. SGB VI, §§ 2 ff. SGB VII) versicherten; dies gilt insbesondere dann, wenn der Streit um den Versichertenstatus als solchen geht. Versicherte sind aber auch die in der **privaten Pflegeversicherung** versicherten Personen (vgl. § 23 SGB XI), und zwar auch dann, wenn das Versicherungsverhältnis schon beendet ist und nur noch um Beiträge gestritten wird.[6] Leistungsempfänger sind neben den Versicherten genannt, um auch die Berechtigten einzubeziehen, die Leistungen nach SGB II und SGB XII sowie arbeitsförderungsrechtliche Leistungen an Arbeitgeber erhalten.

10 Auch **Arbeitgeber** sind in Bezug auf Streitigkeiten über die Umlagepflicht nach dem AAG als Versicherte anzusehen, weil in Bezug auf die Struktur und Zielrichtung des AAG als einer „Entgeltfortzahlungsversicherung" und die vom Gesetzgeber angenommene besondere Schutzbedürftigkeit von Kleinbetrieben insoweit vergleichbare Erwägungen für das Eingreifen des Kostenprivilegs gelten wie bei abhängig beschäftigten Versicherten. Arbeitgeberumlagen in der Entgeltfortzahlungsversicherung sind seit jeher in der Rechtsprechung des BSG materiell als Beitragszahlungen angesehen worden, sodass die betroffenen Zahlungspflichtigen und von den Zahlungen unmittelbar Begünstigten auch im prozessrechtlichen Sinne insoweit als Versicherte angesehen werden können. Die kostenmäßige Privilegierung als Versicherter ist – gleichermaßen für Arbeitgeber – auch dann einschlägig, wenn ein Rechtsstreit über den Versichertenstatus als solchen geführt wird. Dies gilt unabhängig davon, ob der Status als Versicherter angestrebt wird oder im Prozess vom Betroffenen selbst

---

2 BR-Drucks 830/03, S. 231.
3 BSG AnwBl 1984, 565; 1985, 652; USK 84259; VersorgB 1986, 11; RV 1986, 200.
4 BR-Drucks 830/03, S. 231.
5 BR-Drucks 830/03, S. 231.
6 BSG SozR 4–1500 § 184 Nr. 1.

verneint wird.⁷ Ein Arbeitgeber kann auch dann selbst Versicherter i.S.d. § 183 SGG sein, wenn er einen Streit in seiner Eigenschaft als Versicherter über Rechtsfragen im Zusammenhang mit seiner eigenen Versicherung, z.B. seine gesetzliche Unfallversicherung, führt.⁸ Der Rechtsstreit in einem Statusfeststellungsverfahren ist für den klagenden Auftraggeber auch dann kostenprivilegiert, wenn der (kostenprivilegierte) Auftragnehmer dem Rechtsstreit nach § 172 SGG beigeladen wurde. Versicherter i.S.v. § 183 Abs. 1 SGG ist auch der Selbstständige, im Rechtsstreit um seine Befreiung von der Rentenversicherungspflicht nach § 6 Abs. 1 SGB VI.⁹

Allerdings ist ein in seiner Eigenschaft als **landwirtschaftlicher Unternehmer** zur Beitragsentrichtung herangezogener Kläger kein Versicherter i.S.d. § 183 SGG.¹⁰ Bei einem Streit um die Befreiung nach § 3 ALG nimmt das LSG Rheinland-Pfalz dagegen das Kostenprivileg an.¹¹ Auch das Bay. LSG wendet § 183 SGG entsprechend an, da aufgrund der gesamtschuldnerischen Haftung des befreiten Landwirts und seiner Ehefrau eine Gesetzeslücke besteht und ansonsten die Möglichkeit gegeben ist, das Kostenprivileg durch Inanspruchnahme des jeweils andern Ehegatten auszuhebeln.¹² Die Privilegierung nach § 183 SGG greift auch dann, wenn die Versicherteneigenschaft nach dem zum 1.4.2007 durch Art 1 Nr. 2a) cc) GKV-WSG neu geregelten Auffangtatbestand für Nichtversicherte strittig ist.¹³

Ein **Arbeitnehmer**, der sich mit einer Klage gegen einen aufgrund von § 18 KSchG ergangenen Verwaltungsakt der Bundesagentur für Arbeit wendet, ist kein Versicherter i.S.d. § 183 SGG. Die Regelungen in §§ 17 ff. KSchG verfolgen primär einen arbeitsmarktpolitischen Zweck und dienen nicht dem Individualinteresse des von einer Kündigung bedrohten Arbeitnehmers. Der Arbeitnehmer ist daher nicht berechtigt, gerichtlich gegen Entscheidungen der Bundesagentur nach § 18 KSchG vorzugehen.¹⁴ Für eine Klage eines Arbeitnehmers gegen seinen Arbeitgeber auf Berichtigung einer Arbeitsbescheinigung ist der Rechtsweg zu den Sozialgerichten gegeben. Für dieses Verfahren besteht weder für Arbeitgeber noch für Arbeitnehmer Kostenfreiheit, da der Arbeitnehmer in seiner Eigenschaft als Arbeitnehmer gegenüber seinem Arbeitgeber die Klage vor dem Sozialgericht erhebt.¹⁵

Bei einem Rechtsstreit um den Beitragsbescheid der **Berufsgenossenschaft**, der allein die Unternehmereigenschaft des Betroffenen regelt, nicht jedoch dessen Status als Versicherter, besteht auch keine Privilegierung nach § 183 SGG.¹⁶ Nicht in ihrer Eigenschaft als Versicherte oder Leistungsempfänger am Verfahren beteiligt sind Personen, die sich als Adressaten von Zuständigkeitsbescheiden einer Berufsgenossenschaft gegen diese zur Wehr setzen oder Beitragsbescheide anfechten, durch die sie in ihrer Eigenschaft als Unternehmer zur Zahlung von Beiträgen zur gesetzlichen Unfallversicherung verpflichtet werden.¹⁷

Insolvenzverwalter unterfallen ebenfalls der Privilegierung des § 183 SGG, wenn sie – als gesetzlicher Prozessstandschafter¹⁸ – eine weiterhin im Eigentum des Versicherten und Leistungsempfängers befindliche Forderung z.B. auf Verletztenrentenabfindung oder Kurzarbeitergeld geltend macht.

---

7 BSG NZA-RR 2010, 368, 370.

8 LSG Hamburg, Beschl. v. 28.6.2005 – L 3 B 138/05 R (juris); LSG Koblenz, NZS 2010, 175, 176; Meyer-Ladewig/Keller/Leitherer, SGG, § 183 Rn 5a.

9 Meyer-Ladewig/Keller/Leitherer, SGG, § 183 Rn 5b; LSG Hamburg, Beschl. v. 28.6.2009 – L 3 B 138/05 R.

10 BSG, Beschl. v. 5.3.2008 – B 2 U 353/07 B; LSG Niedersachsen-Bremen, Beschl. v. 4.8.2010 – L 3 B 32/08 U; LSG Baden-Württemberg, Beschl. v. 15.3.2007 – L 10 U 900/07 ER und v. 9.2.2009 – 10 U 5616/08 NZB; LSG Berlin-Brandenburg, Beschl. v. 23.7.2008 – L 3 B 219/07; a.A. SG Dresden, Beschl. v. 15.7.2004 – S 5 U 114/04 LW (juris); LSG Rheinland-Pfalz, Beschl. v. 21.12.2004 – L 5 LW 13/04 (juris).

11 Meyer-Ladewig/Keller/Leitherer, SGG, § 183 Rn 5b; LSG Rheinland-Pfalz, Beschl. v. 21.12.2004 – L 5 LW 13/04.

12 LSG Bayern, Urt. v. 8.2.2012 – L 1 LW 32/09 (juris), Rn 63 ff.

13 LSG Bayern, Beschl. v. 3.11.2010 – L 1 SF 165/10 B E.

14 LSG Baden-Württemberg, Beschl. v. 8.1.2007 – L 8 AL 3242/06 AK-A.

15 BSG, Beschl. v. 21.7.2010 – B 7 AL 60/10 B; LSG Berlin-Brandenburg, Beschl. v. 14.8.2008 – L 16 B 426/07 AL und v. 12.8.2010 – L 8 AL 222/10 B; SG Hamburg, Beschl. 27.4.2006 – S 60 AL 2074/04.

16 LSG Berlin-Brandenburg, Beschl. v. 4.5.2007 – L 3 B 8/07 U; LSG Sachsen-Anhalt, Beschl. v. 26.1.2010 – L 10 U 64/08.

17 LSG Berlin-Brandenburg, Beschl. v. 5.11.2008 – L 3 B 1007/05 U und Beschl. v. 23.7.2008 – L 3 B 219/07 U; BSG; Beschl. v. 5.3.2008 – B 2 U 353/07.

18 BAG, Urt. v. 17.1.2002 – 2 AZR 57/01 m.w.N.

Andernfalls würde gerade die Insolvenzmasse und damit zumindest mittelbar der Versicherte und Leistungsempfänger mit Gerichtskosten belastet, der privilegiert werden soll.[19]

Wenn ein Kläger in seiner Eigenschaft als Schadensersatzberechtigter nach Bürgerlichem Recht Ansprüche beim Sozialgericht geltend macht, greift keine Kostenprivilegierung nach § 183 SGG.[20] Gleiches gilt bei der Anfechtung einer Anspruchsüberleitung nach § 93 SGB XII.[21]

13 **Leistungsempfänger** i.S.d. § 183 S. 1 SGG sind alle Personen, die **Sozialleistungen** i.S.d. § 11 SGB I beziehen, also Dienst-, Sach- und Geldleistungen, soweit sie in den besonderen Bestimmungen des SGB – aber auch in anderen sozialrechtlichen Gesetzen (etwa BEEG) – vorgesehen sind. Hierunter fallen z.B. auch Leistungen an **Arbeitgeber oder Träger nach den besonderen Vorschriften des SGB III**, d.h. auch ein Arbeitgeber oder Maßnahmeträger kann als „Leistungsempfänger" bei den Kosten privilegiert sein.[22] Dies gilt aber nur dann, wenn sie Sozialleistungen für sich oder andere geltend machen.[23] Danach sind z.B. Arbeitgeber in Streitigkeiten über die Erstattung von Aufwendungen für die Entgeltfortzahlung nach § 10 Abs. 1 LFZG Leistungsempfänger i.S.v. § 183 SGG.[24] Der Rechtsstreit eines beteiligten Arbeitgebers um die Bewilligung eines Eingliederungszuschusses ist ebenfalls gerichtskostenfrei. Zwar ist zuzugeben, dass der Gesetzgeber in der Gesetzesbegründung zum 6. SGG-ÄndG zum Ausdruck gebracht hat, dass sich die Kostenfreiheit des sozialgerichtlichen Verfahrens auf sozial Schutzbedürftige beschränken solle. Allerdings wird aus der Gesetzesbegründung nicht hinreichend deutlich, ob § 183 S. 1 SGG auch bei Streitigkeiten über Arbeitgeberleistungen einer einschränkenden Auslegung unterliegt. Denn § 183 S. 1 SGG stellt ausdrücklich auf die jeweilige Eigenschaft der Beteiligten ab. Abgesehen davon bezwecken Eingliederungszuschüsse nicht die Bereicherung von Arbeitgebern, sondern dienen der Eingliederung von förderungsbedürftigen Arbeitnehmern durch den Ausgleich von Minderleistungen. Vor diesem Hintergrund ist es gerechtfertigt, Arbeitgeber bei Streitigkeiten um Eingliederungszuschüsse nicht mit Gerichtskosten zu belasten.[25] Ebenso wird man annehmen müssen, dass der Arbeitgeber oder die Betriebsvertretung, der oder die im Wege gesetzlicher Prozessstandschaft Leistungsansprüche der Arbeitnehmer z.B. auf Kurzarbeitergeld, Leistungen zur Förderung der Teilnahme an Transfermaßnahmen und ergänzende Leistungen nach § 102 SGB III geltend macht (vgl. § 323 Abs. 2 SGB III), zu den Leistungsempfängern i.S.d. § 183 SGG zählt.[26] Im Sinne des § 183 SGG „Leistungsempfänger" ist auch ein Hospizdienst, der Fördermittel nach § 39a Abs. 2 SGB V von der Krankenkasse erhält. Dieser Anspruch dient „mittelbar der Finanzierung der ambulanten Sterbebegleitung von Versicherten, einer Sozialleistung im Sinne von § 11 Satz 1 SGB V".[27]

14 Dagegen sind nach dem ausdrücklichen Willen des Gesetzgebers „sonstige Rechtsnachfolger" von Leistungsempfängern nur begrenzt privilegiert. So ist der Arbeitnehmer nicht in seiner Eigenschaft als Leistungsempfänger i.S.v. § 183 S. 1 SGG am Rechtsstreit beteiligt, wenn er seinen **Insolvenzgeldanspruch** (§ 183 SGB III) bereits während des Vorverfahrens abgetreten hat und im Rechtsstreit also der Anspruch des Rechtsnachfolgers (und nicht der eines Sonderrechtsnachfolgers) eines Leistungsempfängers geltend gemacht wird. Auch die Tatsache, dass der Arbeitnehmer den Anspruch als gewillkürter Prozessstandschafter geltend macht, ändert hieran nichts.[28] Anders allerdings, wenn der Arbeitnehmer seine Ansprüche auf Arbeitsentgelt einem Dritten übertragen hat und der Zessionar kraft Gesetzes (§ 188 Abs. 1 SGB III) in die Rechtsstellung des Arbeitnehmers eintritt und daher kraft Gesetzes selbst unmittelbar einen Insolvenzgeldanspruch erwirbt.[29] Wurden Insolvenzgeldansprüche aber im Wege der Abtretung von einem Dritten nach § 398 BGB erworben, ist er wiederum nicht in seiner Eigenschaft als Leistungsempfänger am Rechtsstreit beteiligt und in kostenrechtlicher Hinsicht nicht privilegiert.[30]

15 Ein Arbeitgeber, der aus eigenem Recht gegen eine Krankenkasse um **Fragen des Leistungsumfangs nach § 17 Abs. 2 SGB V** nachsuchen würde, müsste als kostenprivilegierter Leistungsempfän-

---

19 LSG NRW, Beschl. v. 2.2.2006 – L 9 AL 76/05; LSG Baden-Württemberg, Beschl. v. 2.4.2009 – L 10 U 708/09 PKH-B, ASR 2010, 46, 47.
20 LSG NRW, Beschl. v. 9.11.2009 – L 16 B 7/09 SV.
21 LSG Bayern, Beschl. v. 22.6.2009 – L 18 SO 56/09 B.
22 Für Eingliederungszuschüsse nach 217 ff. SGB III: BSG AGS 2004, 491; SG Stuttgart, Urt. v. 29.1.2004 – S 3 AL 6332/02 (juris).
23 LSG Hessen, Beschl. v. 28.4.2009 – L 7 AL 118/08 B ER; BSG, Urt. v. 17.2.2010 – B 1 KR 15/09 R.
24 BSG SozR 4–1500 § 183 Nr. 3.
25 LSG NRW, Beschl. v. 23.7.2007 – L 1 B 18/07 AL.
26 *Meyer-Ladewig/Keller/Leitherer*, SGG, § 183 Rn 6; LSG NRW, Beschl. v. 2.2.2006 – L 9 AL 76/05.
27 BSG, Urt. v. 17.2.2010 – b 1 KR 15/09 R (juris), Rn 50.
28 BSG, Beschl. v. 4.6.2007 – B 11a AL 153/06 B.
29 BSG SozR 4–4300 § 183 Nr. 7.
30 BSG, Urt. v. 1.7.2010 – B 11 AL 6/09 R.

ger i.S.v. § 183 S. 1 und 3 SGG angesehen werden. Verfolgt anstatt des Arbeitgebers ein nach § 17 SGB V anspruchsberechtigter Familienangehöriger aus abgetretenem Recht die Ansprüche gegen die Krankenkasse, fehlt es zwar sowohl an einem Fall der Sonderrechtsnachfolge i.S.v. § 183 S. 1 SGG i.V.m. § 56 SGB I als auch an den Voraussetzungen des § 183 S. 2 SGG. Mit Blick auf die bei § 17 SGB V bestehende atypische Sonderkonstellation, in der Erstattungsansprüche des – nur als Durchgangsstation agierenden – Arbeitgebers gegen die Krankenkasse in gleicher Weise die Rechtssphäre des handelnden Familienangehörigen erfassen würden, ist es indessen gerechtfertigt, den Kläger selbst auch insoweit als „Leistungsempfänger" im prozessualen Sinne anzusehen.[31]

Die bestrittene Zugehörigkeit zu einer **Bedarfsgemeinschaft** nach dem SGB II rechtfertigt die Gleichstellung desjenigen, gegen den ein Auskunftsanspruch gemäß § 60 SGB II geltend gemacht wird, mit den in § 183 SGG genannten Personen, obwohl dieser als Dritter (noch) nicht Leistungsempfänger ist.[32]

Wendet sich ein Hilfebedürftiger gegen die **Überleitung eines Anspruchs** z.B. nach § 93 SGB XII, so ist er in seiner Eigenschaft als (früherer) Leistungsempfänger analog einem Kläger gemäß § 193 SGG an dem Verfahren beteiligt und nach § 183 S. 1 SGG privilegiert.[33] Für den Anspruch des Nothelfers gegen den Sozialhilfeträger auf Erstattung der ihm entstandenen Aufwendungen ist das Gerichtsverfahren kostenfrei; der Nothelfer ist Leistungsempfänger i.S.d. § 183 SGG. Zwar handelt es sich bei diesem Anspruch um eine spezielle sozialhilferechtliche Form der Geschäftsführung ohne Auftrag; gleichwohl ist die Geldleistung eine Sozialhilfeleistung im weiten Sinne. Zweck der Regelungen des § 25 SGB XII ist es, die Hilfsbereitschaft Dritter im Interesse in Not geratener Menschen zu erhalten und zu stärken und Hilfe in Fällen sicherzustellen, in denen Leistungen des Sozialhilfeträgers zu spät kämen oder wegen Zeitablaufs ins Leere gingen. Der **Anspruch des Nothelfers aus § 25 SGB XII** stellt sich auf diese Weise als Fortwirkung des ursprünglichen Sozialhilfeanspruchs des Hilfeempfängers dar. Der Zweck des § 183 SGG, typisierte schutzbedürftige Leistungsempfänger hinsichtlich der Kosten zu privilegieren, spricht deshalb dafür, auch den Nothelfer als Leistungsempfänger anzusehen.[34] Ein unterhaltsberechtigter Angehöriger, der die Befriedigung seines zivilrechtlichen Unterhaltsanspruchs im Wege der **Abzweigung** begehrt, gehört nicht zum Personenkreis des § 183 SGG. Er begehrt vielmehr die Befriedigung seines zivilrechtlichen Unterhaltsanspruchs im Wege der Abzweigung. Mit der Abzweigung wird auch kein eigenständiger, von dem bewilligten Leistungsanspruch zu unterscheidender Sozialleistungsanspruch geschaffen. Zwar knüpft der Begriff des Leistungsempfängers nicht zwingend an den Erhalt oder den Anspruch auf Sozialleistungen an. Mit der Abzweigung ist aber auch keine Leistung mit ähnlicher oder vergleichbarer Funktion wie bei den echten Sozialleistungen nach im Streit.[35]

Keine „Sozialleistungen" sind z.B. die **Geldzahlungen einer Kassenärztlichen Vereinigung** an einen Vertragsarzt[36] oder Leistungen, die zwischen Sozialleistungsträgern erbracht werden.[37] Kein Leistungsempfänger ist ein **Arbeitsvermittler**, weil er mit seinem Vermittlerhonorar keine Leistungen, sondern eine Vergütung aus wirtschaftlicher Betätigung begehrt.[38]

Für Streitigkeiten des allgemeinen Sozialverwaltungsrechts sind nicht die Gerichte der Sozialgerichtsbarkeit, sondern der Verwaltungsgerichtsbarkeit zuständig. Macht ein Kläger die **Befreiung von der Rundfunkgebührenpflicht** geltend, so hat der Rechtsstreit keinerlei Beziehung zum besonderen Sozialrecht. Wenn ein Kläger trotzdem auf einer Entscheidung des Sozialgerichts besteht, hat er die Nachteile eines abweisenden Beschlusses zu tragen. Weil er den Rechtsstreit als öffentlich-rechtlicher Gebührenschuldner und nicht in der Position eines Versicherten oder Grundsicherungsempfängers betreibt, ist er nicht nach § 183 SGG kostenfrei.[39]

Der Hinweis auf die **Hinterbliebenenleistungsempfänger** ist als Klarstellung zu verstehen, da es sich bei den Ansprüchen der Hinterbliebenen ohnehin um in besonderen Vorschriften geregelte

---

31 BSG, Urt. v. 28.9.2010 – B 1 KR 2/10 R.
32 LSG Sachsen-Anhalt, Beschl. v. 18.3.2010 – L 5 AS 487/09 B ER.
33 SG Freiburg, Beschl. v. 23.6.2008 – S 6 SO 2234/08 ER – ZFSH/SGB 2008, 488–495.
34 BSG, Beschl. v. 11.6.2008 – B 8 SO 45/07 B, SozR 4–0000.
35 BSG, Beschl. v. 17.3.2009 – 14 AS 34/07 R.
36 BSGE 56, 116, 117.
37 BSGE 49, 227, 228.
38 LSG NRW, Beschl. v. 20.11.2006 – L 19 B 34/06 AL; BSG, Urt. v. 6.4.2006 – B 7a AL 56/05 R.
39 LSG NRW, Beschl. v. 30.11.2009 – 16 B 10/09 SV.

gesetzliche Leistungsansprüche handelt.[40] Auch die Leistungen nach § 19 Abs. 6 SGB XII sind kostenrechtlich privilegierte Leistung.[41]

Mit dem Tod des Hilfeberechtigten geht dessen Leistungsanspruch auf die Einrichtung über, die die Leistung tatsächlich erbracht oder Pflege geleistet hat. Macht die Einrichtung den übergegangenen Anspruch gerichtlich geltend, so behält er seinen ursprünglichen privilegierten Charakter, mit der Folge, dass Kostenfreiheit auch zugunsten der klagenden Einrichtung besteht.[42]

Ebenfalls findet das GKG keine Anwendung, wenn an einem Rechtsstreit im betreffenden Rechtszug ein **behinderter Mensch** in dieser Eigenschaft als Kläger oder Beklagter beteiligt ist. Behinderte Menschen i.S.d. § 183 SGG sind Personen, bei denen die Voraussetzungen der Behinderung nach § 2 Abs. 1 S. 1 SGB IX erfüllt bzw. umstritten sind. Ein tatsächlich oder potentiell behinderter Mensch kann sich auf die Kostenprivilegierung aber auch beim Streit um sonstige Fragen nach dem SGB IX berufen (etwa Aufnahme in ein Integrationsprojekt oder eine Werkstatt für behinderte Menschen).[43]

18 Gleiches gilt für die in § 56 SGB I genannten **Sonderrechtsnachfolger** einer der vorstehend genannten Personen, also für den Ehegatten, den Lebenspartner, die Kinder, die Eltern oder den Haushaltsführer. Dies gilt unabhängig davon, ob sie von Beginn an Beteiligte waren oder erst nach Unterbrechung das Verfahren aufgenommen haben.[44] Machen allerdings Mitglieder einer Bedarfsgemeinschaft eigene Ansprüche in Verfahren nach § 33 SGB II geltend, obwohl sie nicht erb- bzw. pflichtteilsberechtigt sind, findet das GKG Anwendung.[45] Bei der Verfolgung von Ansprüchen aus der privaten Pflegeversicherung, die im Wege der Gesamtrechtsnachfolge auf einen Ehegatten übergegangen sind, findet die Privilegierung des § 183 S. 1 SGG für Sonderrechtsnachfolger entsprechende Anwendung.[46] Erben, die sich in dieser Funktion gegen eine vom Sozialhilfeträger geltend gemachte Kostenersatzpflicht zur Wehr setzen, gehören nicht zum Personenkreis des § 183 SGG, für den die Kostenfreiheit des Verfahrens vorgesehen ist.[47]

Keine Kostenprivilegierung genießen schließlich **Klagen** von Rechtsanwälten in eigenem Namen aus abgetretenem Recht oder bei der Gewährung von Beratungshilfe bei den Gerichten der Sozialgerichtsbarkeit **auf Erstattung der Kosten des Widerspruchsverfahrens** nach § 63 Abs. 1 SGB X.[48]

19 Weiter findet das GKG keine Anwendung, wenn ein **sonstiger Rechtsnachfolger der in § 183 S. 1, 2 genannten Personen** einen von einer der genannten Personenkreise in seiner jeweiligen Eigenschaft betriebenen Rechtsstreit aufnimmt.[49] Nach § 183 S. 2 SGG bleibt das Verfahren aber nur in dem Rechtszug kostenfrei, in welchem es aufgenommen worden ist. Im nächsten Rechtszug findet das GKG sodann auf diesen Rechtsstreit Anwendung, weshalb dieser Rechtsstreit in dem Rechtszug, der dem Rechtszug folgt, in welchem das Verfahren von einem sonstigen Rechtsnachfolger aufgenommen worden ist, dem Anwendungsbereich von Abs. 1 S. 1 entzogen wird.

20 Nach **§ 183 S. 3 SGG** findet das GKG schließlich keine Anwendung auf Personen, die im Falle des Obsiegens einer der in § 183 S. 1, 2 SGG genannten Personen gleichstehen würden. Mithin ist Abs. 1 S. 1 auch dann anwendbar, wenn erst die Zugehörigkeit zu der vorgenannten Personengruppe erstritten werden soll. Greift ein selbstständig Tätiger einen Statusbescheid der Deutschen Rentenversicherung Bund mit der Begründung an, er sei nicht versicherungspflichtig bzw. von der Versicherungspflicht befreit, so ist das Verfahren gemäß § 183 S. 1 SGG auch dann kostenfrei, wenn der Kläger im Falle des Obsiegens nicht zum Kreis der Versicherten gehört.[50] Für die Zugehörigkeit zum kostenfreien Personenkreis ist mithin die konkret umstrittene Eigenschaft als Versicherter maßgeblich, unabhängig davon, ob der jeweilige Kläger den Status als Versicherter anstrebt oder sich gegen die entsprechende Feststellung wehrt.[51] Auch ein Kläger, der sich eines Rechts als Sonderrechtsnachfolger nach einem verstorbenen Hilfebedürftigen berühmt, gehört damit zum kostenprivilegierten Personenkreis.[52]

---

40 *Meyer-Ladewig/Keller/Leitherer*, SGG, § 183 Rn 6d.
41 BSG, Beschl. v. 1.9.2008 – B 8 SO 12/08 B, SAR 2008, 122–124.
42 LSG NRW, Beschl. v. 30.10.2006 – L 20 B 94/06 SO.
43 *Meyer-Ladewig/Keller/Leitherer*, SGG, § 183 Rn 7.
44 *Meyer-Ladewig/Keller/Leitherer*, SGG, § 183 Rn 8.
45 LSG Bayern, Beschl. v. 23.4.2007 – L 11 B 818/06 AS ER.
46 BSG VersR 2007, 1074.
47 BSG NVwZ-RR 2010, 892, 895.
48 SG Dresden, Beschl. v. 5.6.2005 – S 23 AL 1751/03 (juris).
49 LSG NRW, Beschl. v. 21.4.2006 – L 14 B 3/06 R; LSG Berlin-Brandenburg, Beschl. v. 5.1.2009 – L 5 B 2240/08 AS.
50 LSG Hamburg ASR 2005, 133.
51 LSG NRW, Beschl. v. 11.7.2007 – L 5 B 71/06 KR.
52 BSG, Urt. v. 13.7.2010 – B 8 SO 13/09 R.

Die Kostenprivilegierung findet jedoch auch für den an sich privilegierten Personenkreis keine Anwendung in Verfahren wegen überlanger Verfahrensdauer nach §§ 202 S. 2 SGG, 198 ff. GVG – § 3 Abs. 1 S. 2 RVG.

2. Betragsrahmengebühren

Abs. 1 S. 1 regelt, dass der Rechtsanwalt in Verfahren vor den Gerichten der Sozialgerichtsbarkeit, in denen das GKG nicht anwendbar ist, Betragsrahmengebühren erhält. Die einzelnen Betragsrahmengebühren und ihre Höhe sind im Vergütungsverzeichnis niedergelegt.

Durch die Betragsrahmengebühren wird die **gesamte Tätigkeit des Rechtsanwalts** in derselben Angelegenheit (§ 16) vom Auftrag bis zur Erledigung der Angelegenheit **abgegolten** (§ 15 Abs. 1). Der Rechtsanwalt kann die Betragsrahmengebühr **in derselben Angelegenheit nur einmal** fordern (§ 15 Abs. 2). **In gerichtlichen Verfahren** kann er sie **in jedem Rechtszug** und den mit dem Rechtszug zusammenhängenden Tätigkeiten (§ 19) nur einmal fordern, da das Verfahren über ein Rechtsmittel und der vorhergehende Rechtszug verschiedene Angelegenheiten darstellen (§ 17 Nr. 1). Die bisherige Regelung in § 15 Abs. 2 S. 2 entfällt. Inhaltliche Änderungen ergeben sich daraus nicht. Aus systematischen Gründen ist diese Frage nunmehr in § 17 geregelt.[53]

Der zur Anwendung kommende Betragsrahmen ändert sich, soweit im Vergütungsverzeichnis nichts anderes bestimmt ist (z.B. VV 3405), nicht, wenn der **Auftrag** des Rechtsanwalts **vorzeitig endet** (§ 15 Abs. 4). Die vorzeitige Beendigung kann aber im Rahmen des § 14 Abs. 1 (siehe Rdn 113 ff.) zu berücksichtigen sein.

Unbeachtlich für den zur Anwendung kommenden Betragsrahmen ist auch der **Umfang der Tätigkeit in derselben Angelegenheit**. Der zur Anwendung kommende Betragsrahmen ändert sich nicht. Der unterschiedliche Umfang der Tätigkeit ist vielmehr bei der Bestimmung der Betragsrahmengebühr nach **§ 14 Abs. 1** zu berücksichtigen. Auf die nachfolgenden Ausführungen zur Bestimmung der Betragsrahmengebühr (siehe Rdn 113 ff.) wird verwiesen.

Vertritt der Rechtsanwalt in derselben Angelegenheit **mehrere Auftraggeber**, so erhält er die entstehenden Betragsrahmengebühren ebenfalls nur einmal (**§ 7 Abs. 1**). Nach **VV 1008** erhöht sich bei Betragsrahmengebühren aber bei einer anfallenden Verfahrens- oder Geschäftsgebühr für jeden weiteren Auftraggeber der Mindest- und Höchstbetrag um 30 %. Mehrere Erhöhungen dürfen bei Betragsrahmengebühren das Doppelte des Mindest- und Höchstbetrages nicht übersteigen.[54] Nach VV 3102 erhält der Rechtsanwalt in einem Verfahren vor den Sozialgerichten, in denen Betragsrahmengebühren entstehen, eine Verfahrensgebühr i.H.v. 50 EUR bis 550 EUR (Mittelgebühr 300 EUR). Vertritt er in diesem Angelegenheit 3 Auftraggeber, so erhöht sich der Mindestbetrag von 50 EUR auf 80 EUR (5 EUR + (50 EUR x 30 % x 2)), der Höchstbetrag auf 880 EUR (550 EUR + 550 EUR x 30 % x 2) und die Mittelgebühr entsprechend auf 480 EUR. Bei der Vertretung einer Bedarfsgemeinschaft erhöht sich danach die Betragsrahmengebühr um 30 % für jeden weiteren Auftraggeber, da der Anspruch auf Leistungen zur Sicherung des Lebensunterhalts nach dem SGB II ein Individualanspruch ist.[55] Im Falle einer Bedarfsgemeinschaft muss die Zahl der Mitglieder aber nicht automatisch der Zahl der Auftraggeber entsprechen. Dass ist nur dann der Fall, wenn aus dem Begehren ersichtlich wird, dass ein Anspruch auch für alle Mitglieder der Bedarfsgemeinschaft begehrt wird. Verfolgt ein einzelnes Mitglied der Bedarfsgemeinschaft ausschließlich seinen Individualanspruch, so handelt es sich dann auch nur um eine Einzelauftraggeber.[56] Hat danach der Vertreter einer Bedarfsgemeinschaft nach § 38 SGB II in der Übergangszeit bis zum 30.6.2007 einen Rechtsanwalt mit der zweckentsprechenden Rechtsverfolgung im Widerspruchsverfahren beauftragt und der Anwalt nach außen erkennbar nur die Geschäfte des Vertreters nach § 38 SGB II wahrgenommen, so liegt kein Auftragsverhältnis zwischen den übrigen Mitgliedern

---

53 *Schneider/Thiel*, Das neue Gebührenrecht, § 3 Rn 83, 62.
54 LSG NRW, Beschl. v. 28.5.2008 – L 20 B 7/08 AS; SG Fulda, Beschl. v. 13.3.2012 – S 4 SF 49/10, ASR 2012, 127 m. Anm. *Schafhausen*, ASR 2012, 129.
55 LSG Mecklenburg-Vorpommern AGS 2008, 286; SG Düsseldorf AGS 2007, 617; SG Duisburg AGS 2007, 42–43; SG Hildesheim, Urt. v. 27.1.2006 – S 12 SF 45/05.
56 LSG NRW, Urt. v. 28.7.2008 – L 19 AS 24/08.

der Bedarfsgemeinschaft und dem Anwalt vor, so dass eine Erhöhung der zu erstattenden Anwaltsgebühr ausscheidet.[57]

27 Bei der **Verbindung von Verfahren** bleiben die Verfahren bis zu ihrer Verbindung selbstständig. Der Rechtsanwalt erhält in jedem Verfahren die entsprechende Betragsrahmengebühr. Durch die Verbindung entsteht kein neuer Rechtszug. Die Betragsrahmengebühren, die in den bis zu ihrer Verbindung selbstständigen Verfahren entstanden sind, bleiben erhalten. Es entsteht aber keine weitere Betragsrahmengebühr durch die Tätigkeit im verbundenen Verfahren. Im verbundenen Verfahren fällt vielmehr eine einheitliche Betragsrahmengebühr an. Etwaige Mehrarbeit im verbundenen Verfahren ist bei der Bestimmung der Betragsrahmengebühr nach § 14 Abs. 1 für dieses Verfahren zu berücksichtigen.[58] Stellen sich mehrere von einem Rechtsanwalt eingeleitete Hauptsacheverfahren als „dieselbe Angelegenheit" i.S.v. § 15 Abs. 2 S. 1 dar, so kann der Rechtsanwalt die Gebühren nur einmal fordern.[59]

28 Bei der **Trennung von Verfahren** ist es umgekehrt. Bis zur Trennung ist nur eine Betragsrahmengebühr angefallen. Nach der Trennung bleibt es für ein Verfahren bei der bereits entstandenen Betragsrahmengebühr, für das abgetrennte Verfahren entsteht aber eine weitere Betragsrahmengebühr.[60]

29 Wird der **Rechtsstreit** an ein untergeordnetes Gericht **zurückverwiesen** (etwa nach § 170 Abs. 2 S. 2 SGG durch das Bundessozialgericht), so ist das weitere Verfahren vor diesem Gericht ein neuer Rechtszug, weshalb der Rechtsanwalt die Betragsrahmengebühr erneut erhält (§ 21 Abs. 1). Wird der Rechtsstreit an ein **untergeordnetes Gericht** zurückverwiesen, das mit der Sache **bereits befasst** war, ist die vor diesem Gericht bereits entstandene **Verfahrensgebühr** nach VV Vorb. 3 Abs. 6 auf die Verfahrensgebühr für das erneute Verfahren **anzurechnen**. Wird eine Sache von einem Gericht außerhalb der Sozialgerichtsbarkeit **an ein Gericht der Sozialgerichtsbarkeit verwiesen**, so sind die Verfahren vor dem verweisenden Gericht und vor dem Gericht der Sozialgerichtsbarkeit ein Rechtszug (§ 20 S. 1). Für das gesamte Verfahren gilt die nach Abs. 1 S. 1 i.V.m. dem Vergütungsverzeichnis anwendbare Betragsrahmengebühr, auch wenn in dem Verfahren vor dem verweisenden Gericht bereits Wertgebühren entstanden sind. Dass bereits Wertgebühren vor dem verweisenden Gericht entstanden waren, kann bei der Gebührenbestimmung nach § 14 Abs. 1 berücksichtigt werden.[61]

3. Betragsrahmengebühren in Verfahren vor den Gerichten der Sozialgerichtsbarkeit (Abs. 1 S. 1)

30 Die **Gebührentatbestände** und die Höhe der einzelnen Betragsrahmengebühren in Verfahren vor den Gerichten der Sozialgerichtsbarkeit sind im Vergütungsverzeichnis niedergelegt. Sie werden **nachstehend lediglich im Überblick dargestellt**, ohne umfassend behandelt zu werden. **Wegen Einzelheiten wird auf die Kommentierung der genannten Vorschriften des Vergütungsverzeichnisses verwiesen.**

a) Betragsrahmengebühr bei Einigung oder Erledigung, VV Teil 1

31 Nach **VV 1006** erhält der Rechtsanwalt für eine **Einigung** oder eine **Erledigung** im ersten Rechtszug eine **Betragsrahmengebühr in Höhe der Verfahrensgebühr**. Eine Erhöhung nach VV 1008 wird dabei nicht berücksichtigt (VV 1006 Anm. Abs. 1 S. 3). Betrifft die Einigung oder Erledigung nur einen Teil der Angelegenheit, ist der auf diesen Teil entfallende Anteil an der Verfahrensgebühr unter Berücksichtigung der in § 14 Abs. 1 genannten Kriterien zu schätzen. Nur in diesem Fall kommt es also zu einer eigenständigen Bemessung der Einigungs- oder Erledigungsgebühr, bei der die Kriterien des § 14 Abs. 1 zu berücksichtigen sind. Die Anbindung an die Verfahrensgebühr bleibt jedoch bestehen, wenn nicht anhängige Gegenstände mitverglichen werden (VV 1006 Anm. Abs. 1). Dies wird aber regelmäßig eine Erhöhung der Verfahrensgebühr rechtfertigen, da die Angelegenheit dann umfangreicher und schwieriger ist.[62] Entsprechendes gilt nach **VV 1005** auch bei der Einigung

---

57 LSG Thüringen, Urt. v. 13.1.2010 – L 7 AS 1439/07.
58 SG Münster AnwBl 1985, 387.
59 SG Berlin AGS 2009, 582.
60 LSG Schleswig-Holstein AGS 2007, 407; *Madert/Hellstab*, § 6 Rn 8.
61 *Madert/Hellstab*, § 6 Rn 9.
62 *Schneider/Thiel*, Das neue Gebührenrecht, § 3 Rn 478.

oder Erledigung in einer außergerichtlichen Angelegenheit. Mit dem 2. KostRMoG ist nunmehr auch klargestellt, dass bei einer Beratung, in der der Rechtsanwalt nur eine Gebühr nach § 34 erhält (Beratungshilfe), eine Einigungs- und Erledigungsgebühr in Höhe der halben Geschäftsgebühr nach VV 2303 also 150 EUR entsteht (VV 1005 Anm. Abs. 1 S. 4).

Nach **Anm. Abs. 1 S. 1 zu VV 1000** entsteht die **Einigungsgebühr** für die **Mitwirkung beim Abschluss eines Vertrags**, durch den der Streit oder die Ungewissheit der Parteien über ein Rechtsverhältnis beseitigt wird, es sei denn, der Vertrag beschränkt sich ausschließlich auf ein Anerkenntnis oder einen Verzicht. Diese Erläuterung stellt sowohl durch die Änderung der Bezeichnung „Vergleichsgebühr" in „Einigungsgebühr" wie auch durch die neu formulierten Voraussetzungen klar, dass es nicht mehr auf den Abschluss eines echten Vergleichs ankommt; vielmehr soll es genügen, wenn durch Vertrag der Streit oder die Ungewissheit der Parteien über ein Rechtsverhältnis beseitigt wird, es sei denn, der Vertrag beschränkt sich ausschließlich auf ein Anerkenntnis oder einen Verzicht.[63] Auf eine „besondere Mühewaltung" kommt es bei einem Vergleichsabschluss nicht an.[64]

32

Die **Einigungsgebühr** entsteht auch für die **Mitwirkung bei Vertragsverhandlungen**, es sei denn, dass diese für den Abschluss des Vertrags nicht ursächlich war (**Anm. Abs. 2 zu VV 1000**).

33

Für die **Mitwirkung bei einem unter einer aufschiebenden Bedingung oder unter dem Vorbehalt des Widerrufs geschlossenen Vertrag** entsteht die Gebühr, wenn die Bedingung eingetreten ist oder der Vertrag nicht mehr widerrufen werden kann (**Anm. Abs. 3 zu VV 1000**).

34

Nach **Anm. S. 1 zu VV 1002** entsteht die **Erledigungsgebühr**, wenn sich eine Rechtssache ganz oder teilweise nach Aufhebung oder Änderung des mit einem Rechtsbehelf angefochtenen Verwaltungsakts durch die anwaltliche Mitwirkung erledigt. Das Gleiche gilt, wenn sich eine Rechtssache ganz oder teilweise durch Erlass eines bisher abgelehnten Verwaltungsakts erledigt (**Anm. S. 2 zu VV 1002**).

35

b) Betragsrahmengebühren im ersten Rechtszug, VV Teil 3 Abschnitt 1

Nach **VV 3102** erhält der Rechtsanwalt für Verfahren vor den Sozialgerichten, in denen Betragsrahmengebühren entstehen, eine **Verfahrensgebühr** i.H.v. 50 EUR bis 550 EUR (Mittelgebühr 300 EUR). Ist wegen desselben Gegenstandes eine Geschäftsgebühr nach Teil 2 angefallen, wird diese Gebühr zur Hälfte, bei Betragsrahmengebühren höchstens mit 175 EUR angerechnet (Vorb. 3 Abs. 4). Die bisherige Regelung in VV 3103 entfällt.

36

Nach **VV 3106** erhält der Rechtsanwalt für **Verfahren vor den Sozialgerichten**, in denen Betragsrahmengebühren entstehen, eine **Terminsgebühr** i.H.v. 50 EUR bis 510 EUR (Mittelgebühr 280 EUR). Die Gebühr entsteht als **„fiktive" Terminsgebühr** nach der Anmerkung zu VV 3106 **auch**,
– wenn in einem Verfahren, für das mündliche Verhandlung vorgeschrieben ist, im Einverständnis mit den Parteien **ohne mündliche Verhandlung** entschieden wird oder in einem solchen Verfahren ein schriftlicher Vergleich geschlossen wird (Nr. 1) oder
– wenn nach **§ 105 Abs. 1 SGG** ohne mündliche Verhandlung **durch Gerichtsbescheid** entschieden wird, dies aber nach der Neuregelung nur, wenn nach § 105 Abs. 2 S. 1 SGG eine mündliche Verhandlung beantragt werden kann, also die Sache nicht berufungsfähig ist (Nr. 2) oder
– wenn in Verfahren, in denen die mündliche Verhandlung vorgeschrieben ist das Verfahren vor dem Sozialgericht **nach angenommenem Anerkenntnis** ohne mündliche Verhandlung **endet** (Nr. 3).

37

Nach § 105 Abs. 1 S. 1 SGG kann das Gericht nur dann ohne mündliche Verhandlung durch Gerichtsbescheid entscheiden, wenn die Sache keine besonderen Schwierigkeiten tatsächlicher oder rechtlicher Art aufweist und der Sachverhalt geklärt ist. Diese Voraussetzung liegt häufig nicht vor, obwohl durch Gerichtsbescheid entschieden wird. Die Beteiligten sind nach § 105 Abs. 1 SGG nur anzuhören, ihre Zustimmung ist nicht erforderlich. Die Neuregelung kann nun dazu führen, dass von dieser Möglichkeit der Erledigung ohne dass mündlich zu verhandeln wäre, auch aus einem

38

---

[63] BR-Drucks 830/03, S. 253.
[64] Vgl. hierzu *Schafhausen*, ASR 2012, 43 f. zu einer entgegenstehenden Entscheidung des SG Magdeburg.

vermeintlichen Gebührenanreiz durch die Sozialgerichte Gebrauch gemacht wird. Eine solche Praxis verkennt die Rechtsfrieden stiftende Funktion der mündlichen Verhandlung.

39 Die Terminsgebühr beträgt in den Fällen der Anm. zu VV 3106 90 % der in derselben Angelegenheit anfallenden Verfahrensgebühr ohne Berücksichtigung einer Erhöhung nach VV 1008. Eine Anrechnung der Geschäftsgebühr nach Vorb. 3 Abs. 4 ist dagegen unbeachtlich.

40 Für Verfahren im ersten Rechtszug vor den Gerichten der Sozialgerichtsbarkeit über die **Aussetzung oder Anordnung der sofortigen Vollziehung** nach § 86b Abs. 1 SGG sowie über den **Erlass einer einstweiligen Anordnung** nach § 86b Abs. 2 SGG finden die dargestellten Betragsrahmengebühren ebenfalls Anwendung. Eine pauschale Herabbemessung des Gebührenrahmens (etwa auf 2/3) ist dabei unzulässig.[65]

c) Betragsrahmengebühren im Berufungsverfahren, VV Teil 3 Abschnitt 2 Unterabschnitt 1

41 Nach **VV 3204** erhält der Rechtsanwalt für Verfahren vor den Landessozialgerichten, in denen Betragsrahmengebühren entstehen, eine **Verfahrensgebühr** i.H.v. 60 EUR bis 680 EUR (Mittelgebühr 370 EUR) und nach **VV 3205** eine **Terminsgebühr** i.H.v. 50 EUR bis 510 EUR (Mittelgebühr 280 EUR). Für die Terminsgebühr gilt die Anmerkung zu VV 3106 mit der Maßgabe entsprechend, dass die „fiktive" Terminsgebühr 75 % der Verfahrensgebühr entspricht

42 Ist das Landessozialgericht aber im Verfahren auf Wiederherstellung der aufschiebenden Wirkung, auf Aussetzung oder Aufhebung der Vollziehung oder Anordnung der sofortigen Vollziehung eines Verwaltungsakts und in Verfahren auf Erlass einer einstweiligen Anordnung als **Gericht der Hauptsache** (zur erstinstanzlichen Zuständigkeit der LSG vgl. § 28 Abs. 2 SGG) anzusehen, so bestimmen sich die Betragsrahmengebühren nach VV Teil 3 Abschnitt 1 (Betragsrahmengebühren im ersten Rechtszug). Beschwerdeverfahren vor den Landessozialgerichten gegen Entscheidungen der Sozialgerichte in Verfahren über die **Aussetzung oder Anordnung der sofortigen Vollziehung** nach § 86b Abs. 1 SGG sowie über den **Erlass einer einstweiligen Anordnung** nach § 86b Abs. 2 SGG werden nunmehr von den Gebührentatbeständen des VV Teil 3 Abschn. 2 erfasst. Die Beschwerde gegen Entscheidungen des (Verwaltungs-) und Sozialgerichts wegen des Hauptgegenstands in Verfahren des vorläufigen oder einstweiligen Rechtsschutzes wird nun ausdrücklich in der Vorb. 3.2.1 Nr. 3a) genannt.

43 Gleiches gilt für Beschwerdeverfahren wegen der Nichtzulassung der Berufung (siehe Rdn 44–46).

d) Betragsrahmengebühren im Revisionsverfahren, VV Teil 3 Abschnitt 2 Unterabschnitt 2

44 Nach **VV 3212** erhält der Rechtsanwalt für Verfahren vor dem Bundessozialgericht, in denen Betragsrahmengebühren entstehen, eine **Verfahrensgebühr** i.H.v. 80 EUR bis 880 EUR (Mittelgebühr 480 EUR) und nach **VV 3213** eine **Terminsgebühr** i.H.v. 80 EUR bis 830 EUR (Mittelgebühr 455 EUR). Für die Terminsgebühr gilt die Anmerkung zu VV 3106 entsprechend, mit der Einschränkung, dass eine „fiktive" Terminsgebühr bei einer Entscheidung durch Gerichtsbescheid nicht anfallen kann, da § 105 SGG im Revisionsverfahren nicht zur Anwendung kommt. Beschwerdeverfahren wegen der Nichtzulassung der Revision werden von diesen Gebührentatbeständen nicht erfasst.

e) Betragsrahmengebühren bei Nichtzulassungsbeschwerde, VV Teil 3 Abschnitt 5

45 Für Verfahren über die Beschwerde gegen die **Nichtzulassung der Berufung** nach § 145 SGG vor dem Landessozialgericht erhält der Rechtsanwalt, wenn Betragsrahmengebühren entstehen, nach **VV 3511** eine **Verfahrensgebühr** i.H.v. 60 EUR bis 680 EUR (Mittelgebühr 370 EUR) und nach **VV 3517** eine **Terminsgebühr** i.H.v. 50 EUR bis 510 EUR (Mittelgebühr 280 EUR). Die Terminsgebühr wird für die Fälle, in denen über eine Nichtzulassungsbeschwerde mündlich verhandelt wird,

---

[65] Bay. LSG, Beschl. v. 21.6.2016 – L 15 SF 39/14 E unter Hinw. auf die eigene Rspr. zur alten Rechtslage, Beschl. v. 11.4.2013 – L 15 SF 43/12 B.

deutlich angehoben und entspricht der Terminsgebühr des Berufungsverfahrens. Die Verfahrensgebühr wird auf die Verfahrensgebühr für ein nachfolgendes Berufungsverfahren angerechnet (Anm. zu VV 3511). Eine Anrechnung der Terminsgebühr auf eine Terminsgebühr des nachfolgenden Berufungsverfahrens findet dagegen nicht statt. Eine besondere Bedeutung hat die mündliche Verhandlung in solchen Nichtzulassungsbeschwerdeverfahren nicht.

Für Verfahren über die Beschwerde gegen die **Nichtzulassung der Revision** nach § 160a SGG vor dem Bundessozialgericht erhält der Rechtsanwalt, wenn Betragsrahmengebühren entstehen, nach **VV 3512** eine **Verfahrensgebühr** i.H.v. 80 EUR bis 880 EUR (Mittelgebühr 480 EUR) und nach **VV 3518** eine **Terminsgebühr** i.H.v. 60 EUR bis 660 EUR (Mittelgebühr 360 EUR). Die Terminsgebühr wird für die Fälle, in denen über eine Nichtzulassungsbeschwerde mündlich verhandelt wird, deutlich angehoben und entspricht der Terminsgebühr des Revisionsverfahrens. Die Verfahrensgebühr wird auf die Verfahrensgebühr für ein nachfolgendes Revisionsverfahren angerechnet (Anm. zu VV 3512). Eine Anrechnung der Terminsgebühr auf eine Terminsgebühr des nachfolgenden Revisionsverfahrens findet dagegen nicht statt. Eine besondere Bedeutung hat die mündliche Verhandlung in solchen Nichtzulassungsbeschwerdeverfahren nicht. 46

f) Betragsrahmengebühren bei Beschwerde und Erinnerung, VV Teil 3 Abschnitt 5

Für Verfahren vor den Gerichten der Sozialgerichtsbarkeit über eine (sonstige) **Beschwerde und Erinnerung** erhält der Rechtsanwalt, wenn in den Verfahren Betragsrahmengebühren entstehen, nach **VV 3501** eine **Verfahrensgebühr** i.H.v. 20 EUR bis 210 EUR (Mittelgebühr 115 EUR) und nach **VV 3515** eine **Terminsgebühr** i.H.v. 20 EUR bis 210 EUR (Mittelgebühr 115 EUR). Von diesen Gebührentatbeständen werden die Beschwerdeverfahren vor den Landessozialgerichten gegen Entscheidungen der Sozialgerichte in Verfahren über die **Aussetzung oder Anordnung der sofortigen Vollziehung** nach § 86b Abs. 1 SGG sowie über den **Erlass einer einstweiligen Anordnung** nach § 86b Abs. 2 SGG **nicht erfasst**. In der Vorb. 3.2.1 Nr. 3a) ist klargestellt, dass nunmehr die Gebühren anfallen, die für das Berufungsverfahren in der Hauptsache gelten. 47

g) Betragsrahmengebühren für Einzeltätigkeiten, VV Teil 3 Abschnitt 4

Beschränkt sich der Auftrag des Rechtsanwalts auf die **Führung des Verkehrs der Partei mit dem Verfahrensbevollmächtigten**, so erhält er nach **VV 3400** eine **Verfahrensgebühr** in Höhe der dem Verfahrensbevollmächtigten zustehenden Verfahrensgebühr, **höchstens** aber **420 EUR**. 48

Beschränkt sich der Auftrag des Rechtsanwalts auf die **Vertretung in einem Termin i.S.d. Vorb. 3 Abs. 3**, so erhält er nach **VV 3401** eine **Verfahrensgebühr** in Höhe der Hälfte der dem Verfahrensbevollmächtigten zustehenden Verfahrensgebühr. Zusätzlich erhält der Rechtsanwalt nach **VV 3402** eine **Terminsgebühr** in Höhe der einem Verfahrensbevollmächtigten zustehenden Terminsgebühr. 49

Endet der Auftrag vorzeitig, im Falle des VV 3400, bevor der Verfahrensbevollmächtigte beauftragt oder der Rechtsanwalt gegenüber dem Verfahrensbevollmächtigten tätig geworden ist (Nr. 1), und im Falle des VV 3401, bevor der Termin begonnen hat (Nr. 2), so betragen nach **VV 3405** die Verfahrensgebühren nach VV 3400 und VV 3401 **höchstens 210 EUR**. 50

Für **sonstige Einzeltätigkeiten** in Verfahren vor Gerichten der Sozialgerichtsbarkeit, in denen Betragsrahmengebühren entstehen, erhält der Rechtsanwalt nach **VV 3406** eine Betragsrahmengebühr i.H.v. 30 EUR bis 340 EUR (Mittelgebühr 185 EUR). 51

Ist eine **Tätigkeit im Verwaltungsverfahren** oder im weiteren, der Nachprüfung des Verwaltungsakts dienenden Verwaltungsverfahren einer der genannten Einzeltätigkeiten **vorausgegangen**, so **kommt es auch bei den Gebührentatbeständen der VV 3400, 3401, 3405 und 3406 zu einer Anrechnung der Geschäftsgebühr nach Vorb. 3 Abs. 4**. 52

II. Verfahren, in denen das GKG anwendbar ist (Abs. 1 S. 2)

1. Geltungsbereich (Abs. 1 S. 2)

53 Abs. 1 S. 2 findet nur Anwendung auf Verfahren vor den Gerichten der Sozialgerichtsbarkeit, in denen das GKG anzuwenden ist. Nach **§ 1 Abs. 2 Nr. 3 GKG** findet das GKG in Verfahren vor den Gerichten der Sozialgerichtsbarkeit Anwendung, soweit dies im SGG bestimmt ist. Nach § 197a Abs. 1 S. 1, 1. Hs. ist das GKG anzuwenden, wenn weder der Kläger noch der Beklagte (die in Betracht kommenden Auftraggeber) zu den in § 183 SGG genannten Personen gehören (zu der Frage, wer zu den in § 183 SGG genannten Personen gehört, siehe Rdn 8–20).

54 Das GKG findet nach § 202 S. 2 SGG auch in den Entschädigungsverfahren nach §§ 198 GVG Anwendung. Auch für an sich kostenfreie Kläger (§ 183 SGG) sind Entschädigungsklagen, die wegen einer überlangen Verfahrensdauer geführt werden, nicht gerichtskostenfrei, die Rechtsanwaltsgebühren bestimmen sich nach dem Streitwert.

55 Erst durch das 2. KostRMoG wurde durch eine Änderung des § 3 Abs. 1 S. 1 klargestellt, dass in Vollstreckungsverfahren nach § 201 SGG – Vollstreckung aus Verpflichtungs-, Grundurteilen usw. – für die das Gericht der Hauptsache zuständig ist, nach Streitwert abzurechnen ist. Der Streitwert bemisst sich nach § 25 Abs. 1 Nr. 3 nach dem Wert, den die zu erwirkende Handlung, Duldung oder Unterlassung für den Gläubiger hat. Auf die Höhe des anzudrohenden oder zu verhängenden Zwangsgeldes kommt es nicht an. Die Festsetzung erfolgt nur auf Antrag (§ 33 Abs. 1).[66] In den Vollstreckungsverfahren nach § 199 SGG, für die die Vollstreckungsgerichte zuständig sind, kommt es ebenso wenig zur Anwendung der Betragsrahmengebühren.

2. Wertgebühren in Verfahren vor den Gerichten der Sozialgerichtsbarkeit (Abs. 1 S. 2)

56 In Verfahren vor den Gerichten der Sozialgerichtsbarkeit, in denen das GKG anzuwenden ist, werden die Gebühren nach Abs. 1 S. 2 nach dem Gegenstandswert berechnet. Die Gebührentatbestände und die Höhe der einzelnen Wertgebühren nach dem Gegenstandswert sind ebenfalls im Vergütungsverzeichnis niedergelegt. Sie werden **nachstehend lediglich im Überblick dargestellt**, ohne umfassend behandelt zu werden. Wegen Einzelheiten wird auf die **Kommentierung der genannten Vorschriften des Vergütungsverzeichnisses** verwiesen.

a) Mehrere Auftraggeber

57 Vertritt der Rechtsanwalt in derselben Angelegenheit **mehrere Auftraggeber**, so erhält er die entstehenden Wertgebühren nur einmal (§ 7 Abs. 1). Nach **VV 1008** erhöht sich bei Wertgebühren aber eine anfallende Verfahrens- oder Geschäftsgebühr für jeden weiteren Auftraggeber um 0,3, soweit der Gegenstand der anwaltlichen Tätigkeit derselbe ist. Die Erhöhung wird nach dem Betrag berechnet, an welchem die Personen gemeinschaftlich beteiligt sind. Mehrere Erhöhungen dürfen bei Wertgebühren einen Gebührensatz von 2,0 nicht übersteigen. Nach der Rechtsprechung des Bundessozialgerichts[67] führt die Vertretung einer Gemeinschaftspraxis in Vertragsarztangelegenheiten nicht zur Anwendung von VV 1008. Das Bundessozialgericht begründet dies mit dem besonderen vertragsarztrechtlichen Status, mit dem eine Gemeinschaftspraxis an der vertragsärztlichen Versorgung teilnimmt. Dieser sei unteilbar. Er steht jedenfalls dann, wenn Ansprüche dieser Gemeinschaftspraxis verfolgt werden oder eine Gemeinschaftspraxis sich gegen Honorarkürzungen oder Arzneiregresse wehrt, einer Aufspaltung in mehrere einzelne Ärzte mit der Folge entgegen, dass diese dann gebührenrechtlich als mehrere Auftraggeber zu behandeln wären.

---

66 Zur bisherigen Rechtslage SG Fulda AGS 2012, 520 m. Anm. *Schneider*, AGS 2012, 520 f. auch zur Rechtslage de ferenda.

67 BSG, Urt. v. 20.10.2004 – B 6 KA 12/03 R (n.v.)

b) Wertgebühr bei Einigung oder Erledigung, VV Teil 1

Nach **VV 1003, 1000** erhält der Rechtsanwalt eine **1,0 Einigungsgebühr** und nach **VV 1003, 1002** eine **1,0-Erledigungsgebühr**. 58

Nach **Anm. Abs. 1 S. 1 Nr. 1 zu VV 1000** entsteht die **Einigungsgebühr** für die **Mitwirkung beim Abschluss eines Vertrags**, durch den der Streit oder die Ungewissheit der Parteien über ein Rechtsverhältnis beseitigt wird, es sei denn, der Vertrag beschränkt sich ausschließlich auf ein Anerkenntnis oder einen Verzicht. Diese Erläuterung stellt sowohl durch die Änderung der Bezeichnung „Vergleichsgebühr" in „Einigungsgebühr" wie auch durch die neu formulierten Voraussetzungen klar, dass es nicht mehr auf den Abschluss eines echten Vergleichs ankommt; vielmehr soll es genügen, wenn durch Vertrag der Streit oder die Ungewissheit der Parteien über ein Rechtsverhältnis beseitigt wird, es sei denn, der Vertrag beschränkt sich ausschließlich auf ein Anerkenntnis oder einen Verzicht.[68] 59

Nach Anm. Abs. 1 S. 1 Nr. 2 zu VV 1000 entsteht die Einigungsgebühr aber auch bei der Mitwirkung beim Abschluss eines Vertrags, durch den die Erfüllung des Anspruchs bei gleichzeitigem vorläufigem Verzicht auf die gerichtliche Geltendmachung und, wenn bereits ein zur Zwangsvollstreckung geeigneter Titel vorliegt, bei gleichzeitigem vorläufigen Verzicht auf Vollstreckungsmaßnahmen geregelt wird (**Zahlungsvereinbarung**).

Die Einigungsgebühr entsteht nach **Anm. Abs. 2 zu VV 1000** auch für die **Mitwirkung bei Vertragsverhandlungen**, es sei denn, dass diese für den Abschluss des Vertrags nicht ursächlich war. 60

Für die **Mitwirkung bei einem unter einer aufschiebenden Bedingung oder unter dem Vorbehalt des Widerrufs geschlossenen Vertrag** entsteht nach **Anm. Abs. 3 zu VV 1000** die Einigungsgebühr, wenn die Bedingung eingetreten ist oder der Vertrag nicht mehr widerrufen werden kann. 61

Nach **Anm. S. 1 zu VV 1002** entsteht die **Erledigungsgebühr**, wenn sich eine Rechtssache ganz oder teilweise nach Aufhebung oder Änderung des mit einem Rechtsbehelf angefochtenen Verwaltungsakts durch die anwaltliche Mitwirkung erledigt. Das Gleiche gilt, wenn sich eine Rechtssache ganz oder teilweise durch Erlass eines bisher abgelehnten Verwaltungsakts erledigt (**Anm. S. 2 zu VV 1002**). 62

c) Wertgebühren im ersten Rechtszug, VV Teil 3 Abschnitt 1

Nach **VV 3100** erhält der Rechtsanwalt im ersten Rechtszug eine **1,3 Verfahrensgebühr**. 63

Soweit wegen desselben Gegenstands eine **Geschäftsgebühr** nach VV 2300 bis 2302 entstanden ist, wird diese Gebühr nach **VV Vorb. 3 Abs. 4 S. 1** zur Hälfte, jedoch **höchstens mit einem Gebührenansatz von 0,75** auf die Verfahrensgebühr des gerichtlichen Verfahrens **angerechnet**. Sind **mehrere Geschäftsgebühren entstanden**, also im Verwaltungsverfahren und in einem weiteren, der Nachprüfung des Verwaltungsakts dienenden Verfahren, so ist für die Anrechnung die **zuletzt entstandene Gebühr maßgebend (VV Vorb. 3 Abs. 4 S. 3)**. Die Anrechnung erfolgt nach dem Wert des Gegenstands, der in das gerichtliche Verfahren übergegangen ist (**VV Vorb. 3 Abs. 4 S. 4**). 64

> **Beispiel 1:** Außergerichtlich ist nach VV 2300 eine 1,3 Geschäftsgebühr im Verwaltungsverfahren und nach Anm. zu VV 2300 eine 0,7 Geschäftsgebühr im Widerspruchverfahren angefallen. Auf das Gerichtsverfahren im ersten Rechtszug wird die Geschäftsgebühr des Widerspruchverfahrens zur Hälfte angerechnet, mithin im Umfang von 0,35. Die Verfahrensgebühr im Gerichtsverfahren des ersten Rechtszugs reduziert sich daher auf 0,95.
>
> **Beispiel 2:** Geht im Beispiel 1 von einem Gegenstandswert im Vorverfahren von 10.000 EUR nur ein Gegenstandswert von 5.000 EUR in das Gerichtsverfahren des ersten Rechtszugs über, so findet eine Anrechnung der Geschäftsgebühr des Widerspruchverfahrens auf die Verfahrensgebühr des Gerichtsverfahrens des ersten Rechtszugs nur im Umfang von 0,35 aus einem Gegenstandswert von 5.000 EUR statt.

Endigt der Auftrag vorzeitig, also bevor der Rechtsanwalt die Klage, den ein Verfahren einleitenden Antrag oder einen Schriftsatz, der Sachanträge, Sachvortrag, die Zurücknahme der Klage oder die Zurücknahme des Antrags enthält, eingereicht oder bevor er für seine Partei einen Termin wahrgenommen hat (**VV 3101 Nr. 1**) oder ist **lediglich** beantragt, eine **Einigung der Parteien** oder 65

---

[68] BR-Drucks 830/03, S. 253.

mit Dritten über in diesem Verfahren nicht rechtshängige Ansprüche **zu Protokoll** zu nehmen oder festzustellen (§ 278 Abs. 6 ZPO, § 101 Abs. 2 SGG), oder soweit lediglich Verhandlungen vor Gericht zur Einigung über solche Ansprüche geführt werden (**VV 3101 Nr. 2**), erhält der Rechtsanwalt nach **VV 3101** eine **0,8 Verfahrensgebühr**. Soweit in den Fällen von VV 3101 Nr. 2 der sich nach § 15 Abs. 3 ergebende Gesamtbetrag der Verfahrensgebühren die Gebühr nach VV 3100 übersteigt, wird der übersteigende Betrag auf eine Verfahrensgebühr angerechnet, die wegen desselben Gegenstands in einer anderen Angelegenheit entsteht (Anm. Abs. 1 zu VV 3101). Durch eine Änderung in Nr. 3101 Nr. 2 stellt der Gesetzgeber nun klar, dass es zu einer Ermäßigung auch dann kommt, wenn im Fall einer Verhandlung und Einigung nicht anhängige Gegenstände in die Einigung miteinbezogen werden.[69]

66 Nach **VV 3104** erhält der Rechtsanwalt im ersten Rechtszug eine **1,2 Terminsgebühr**. Die **Gebühr entsteht** nach **Anm. Abs. 1 zu VV 3104 auch**, wenn in einem Verfahren, für das mündliche Verhandlung vorgeschrieben ist, im Einverständnis mit den Parteien **ohne mündliche Verhandlung entschieden** oder in einem solchen Verfahren ein **schriftlicher Vergleich geschlossen** wird (**Nr. 1**) sowie wenn das Verfahren vor dem Sozialgericht, für das eine mündliche Verhandlung vorgeschrieben ist, **nach angenommenem Anerkenntnis** ohne mündliche Verhandlung **endet** (**Nr. 3**) oder wenn nach **§ 105 Abs. 1 SGG** ohne mündliche Verhandlung **durch Gerichtsbescheid** entschieden wird und die mündliche Verhandlung nach § 105 SGG beantragt werden kann (**Nr. 2**). Nach § 105 Abs. 1 S. 1 SGG kann das Gericht ohne mündliche Verhandlung durch Gerichtsbescheid entscheiden, wenn die Sache keine besonderen Schwierigkeiten tatsächlicher oder rechtlicher Art aufweist und der Sachverhalt geklärt ist. Diese Voraussetzung liegt häufig nicht vor, obwohl durch Gerichtsbescheid entschieden wird. Die Beteiligten sind nach § 105 Abs. 1 SGG nur anzuhören, ihre Zustimmung ist nicht erforderlich. Die Neuregelung kann nun dazu führen, dass von dieser Möglichkeit der Erledigung ohne dass mündlich zu verhandeln wäre, auch aus einem vermeintlichen Gebührenanreiz durch die Sozialgerichte Gebrauch gemacht wird. Eine solche Praxis verkennt die Rechtsfrieden stiftende Funktion der mündlichen Verhandlung.

67 Sind in dem Termin auch Verhandlungen zur Einigung über in diesem Verfahren nicht rechtshängige Ansprüche geführt worden, wird nach **Anm. Abs. 2 zu VV 3104** die Terminsgebühr, soweit sie den sich ohne Berücksichtigung der nicht rechtshängigen Ansprüche ergebenden Gebührenbetrag übersteigt, auf eine Terminsgebühr angerechnet, die wegen desselben Gegenstands in einer anderen Angelegenheit entsteht.

68 Die Terminsgebühr entsteht nach **Anm. Abs. 3 zu VV 3104** nicht, soweit lediglich beantragt ist, eine Einigung der Parteien oder mit Dritten über nicht rechtshängige Ansprüche zu Protokoll zu nehmen.

69 Nimmt der Rechtsanwalt nur einen Termin wahr, in dem **eine Partei nicht erschienen** oder nicht ordnungsgemäß vertreten ist **und lediglich ein Antrag zur Prozess- oder Sachleitung gestellt** wird, so erhält er nach **VV 3105** eine **0,5 Terminsgebühr**.

70 Für Verfahren im ersten Rechtszug vor den Gerichten der Sozialgerichtsbarkeit über die **Aussetzung oder Anordnung der sofortigen Vollziehung** nach § 86b Abs. 1 SGG sowie über **Erlass einer einstweiligen Anordnung** nach § 86b Abs. 2 SGG finden die dargestellten Wertgebühren ebenfalls Anwendung.

d) Wertgebühren im Berufungsverfahren, VV Teil 3 Abschnitt 2 Unterabschnitt 1

71 Nach **VV 3200** erhält der Rechtsanwalt im Berufungsverfahren eine **1,6 Verfahrensgebühr** und nach **VV 3202** eine **1,2 Terminsgebühr**.

72 **Endet der Auftrag** des Rechtsanwalts **vorzeitig**, so erhält er nach **VV 3201** eine **1,1 Verfahrensgebühr**. Eine vorzeitige Beendigung liegt nach der Anmerkung zu VV 3201 vor, wenn der Auftrag endigt, bevor der Rechtsanwalt das Rechtsmittel eingelegt oder einen Schriftsatz, der Sachanträge, Sachvortrag, die Zurücknahme der Klage oder die Zurücknahme des Rechtsmittels enthält, eingereicht oder bevor er für seine Partei einen Termin wahrgenommen hat (**Anm. S. 1 Nr. 1 zu VV 3201**), oder soweit lediglich beantragt ist, eine Einigung der Parteien oder mit Dritten über in diesem Verfahren nicht rechtshängige Ansprüche zu Protokoll zu nehmen oder festzustellen (§ 278 Abs. 6

---

[69] *Schneider/Thiel*, Das neue Gebührenrecht, § 3 Rn 826.

ZPO), oder soweit lediglich Verhandlungen zur Einigung über solche Ansprüche geführt werden (**Anm. S. 2 Nr. 2 zu VV 3201**). Soweit in den Fällen von VV 3201 Nr. 2 der sich nach § 15 Abs. 3 ergebende Gesamtbetrag der Verfahrensgebühren die Gebühr nach VV 3200 übersteigt, wird der übersteigende Betrag auf eine Verfahrensgebühr angerechnet, die wegen desselben Gegenstands in einer anderen Angelegenheit entsteht (Anm. S. 2 zu VV 3201).

Für die **Terminsgebühr** im Berufungsverfahren gilt nach Anm. Abs. 1 zu VV 3202 die Anm. zu VV 3104 entsprechend. Nimmt der Rechtsanwalt nur einen Termin wahr, in dem **eine Partei nicht erschienen** oder nicht ordnungsgemäß vertreten ist **und lediglich ein Antrag zur Prozess- oder Sachleitung gestellt** wird, so erhält er nach **VV 3203** eine **0,5 Terminsgebühr**.

73

Ist das Landessozialgericht im Verfahren auf Wiederherstellung der aufschiebenden Wirkung, auf Aussetzung oder Aufhebung der Vollziehung oder Anordnung der sofortigen Vollziehung eines Verwaltungsakts und in Verfahren auf Erlass einer einstweiligen Anordnung als **Gericht der Hauptsache** (zur erstinstanzlichen Zuständigkeit der LSG vgl. § 28 Abs. 2 SGG) anzusehen, so bestimmen sich die Wertgebühren nach VV Teil 3 Abschnitt 1 (Wertgebühren im ersten Rechtszug). Von diesen Gebührentatbeständen werden auch die Beschwerdeverfahren vor den Landessozialgerichten gegen Entscheidungen der Sozialgerichte in Verfahren über die **Aussetzung oder Anordnung der sofortigen Vollziehung** nach § 86b Abs. 1 SGG sowie über den **Erlass einer einstweiligen Anordnung** nach § 86b Abs. 2 SGG nicht erfasst. In der Vorb. 3.2.1 Nr. 3a) ist klargestellt, dass nunmehr die Gebühren anfallen, die für das Berufungsverfahren in der Hauptsache gelten.

74

e) Wertgebühren im Revisionsverfahren, VV Teil 3 Abschnitt 2 Unterabschnitt 2

Nach **VV 3206** erhält der Rechtsanwalt im Revisionsverfahren eine **1,6 Verfahrensgebühr**.

75

Endet der Auftrag des Rechtsanwalts **vorzeitig**, so erhält er nach **VV 3207** eine **1,1 Verfahrensgebühr**. Die Anmerkung zu VV 3201 gilt gemäß der **Anmerkung zu VV 3207** entsprechend.

76

Nach **VV 3210** erhält der Rechtsanwalt im Revisionsverfahren eine **1,5 Terminsgebühr**. Für die **Terminsgebühr** im Revisionsverfahren gilt gemäß der **Anmerkung zu VV 3210** die Anmerkung zu VV 3104 entsprechend.

77

Nimmt der Rechtsanwalt nur einen Termin wahr, in dem **eine Partei nicht erschienen** oder nicht ordnungsgemäß vertreten ist **und lediglich ein Antrag zur Prozess- oder Sachleitung gestellt** wird, so erhält er nach **VV 3211** eine **0,8 Terminsgebühr**.

78

f) Wertgebühren bei Nichtzulassungsbeschwerde, VV Teil 3 Abschnitt 5

Für Verfahren über die Beschwerde gegen die **Nichtzulassung der Berufung** nach § 145 SGG vor dem Landessozialgericht erhält der Rechtsanwalt nach **VV 3504** eine **1,6 Verfahrensgebühr** und nach **VV 3516** eine **1,2 Terminsgebühr**. Die Verfahrensgebühr wird auf die Verfahrensgebühr für ein nachfolgendes Berufungsverfahren angerechnet (**Anm. zu VV 3504**).

79

Endet der Auftrag des Rechtsanwalts **vorzeitig**, so erhält er nach **VV 3505** eine **1,1 Verfahrensgebühr**. Die Anmerkung zu VV 3201 gilt entsprechend (**Anm. zu VV 3505**).

80

Für Verfahren über die Beschwerde gegen die **Nichtzulassung der Revision** nach § 160a SGG vor dem Bundessozialgericht erhält der Rechtsanwalt nach **VV 3506** eine **1,6 Verfahrensgebühr** und nach **VV 3516** eine **1,2 Terminsgebühr**. Die Verfahrensgebühr wird auf die Verfahrensgebühr für ein nachfolgendes Revisionsverfahren angerechnet (Anmerkung zu VV 3506). **Endet der Auftrag** des Rechtsanwalts **vorzeitig**, so erhält er nach **VV 3507** eine **1,1 Verfahrensgebühr**. Die Anmerkung zu VV 3201 gilt entsprechend (**Anm. zu VV 3507**).

81

g) Wertgebühren bei Beschwerde und Erinnerung, VV Teil 3 Abschnitt 5

Für Verfahren vor den Gerichten der Sozialgerichtsbarkeit über eine (sonstige) **Beschwerde und Erinnerung** erhält der Rechtsanwalt nach **VV 3500** eine **0,5 Verfahrensgebühr** und nach **VV 3513** eine **0,5 Terminsgebühr**. Von diesen Gebührentatbeständen werden nunmehr die Beschwerdeverfahren vor den Landessozialgerichten gegen Entscheidungen der Sozialgerichte in Verfahren über die

82

Aussetzung oder Anordnung der sofortigen Vollziehung nach § 86b Abs. 1 SGG sowie über den Erlass einer einstweiligen Anordnung nach § 86b Abs. 2 SGG nicht mehr erfasst.

h) Wertgebühren für Einzeltätigkeiten, VV Teil 3 Abschnitt 4

83 Beschränkt sich der Auftrag des Rechtsanwalts auf die **Führung des Verkehrs der Partei mit dem Verfahrensbevollmächtigten**, so erhält er nach **VV 3400** eine **Verfahrensgebühr** in Höhe der dem Verfahrensbevollmächtigten zustehenden Verfahrensgebühr, **höchstens aber eine 1,0 Verfahrensgebühr**.

84 Beschränkt sich der Auftrag des Rechtsanwalts auf die **Vertretung in einem Termin**, so erhält er nach **VV 3401** eine **Verfahrensgebühr** in Höhe der Hälfte der dem Verfahrensbevollmächtigten zustehenden Verfahrensgebühr. Zusätzlich erhält der Rechtsanwalt nach **VV 3402** eine **Terminsgebühr** in Höhe der einem Verfahrensbevollmächtigten zustehenden Terminsgebühr.

85 **Endet der Auftrag vorzeitig**, im Falle der VV 3400, bevor der Verfahrensbevollmächtigte beauftragt oder der Rechtsanwalt gegenüber dem Verfahrensbevollmächtigten tätig geworden ist (**VV 3405 Nr. 1**), und im Falle der VV 3401, bevor der Termin begonnen hat (**VV 3405 Nr. 2**), so betragen nach **VV 3405** die Gebühren nach VV 3400 und VV 3401 **höchstens 0,5**.

86 Für **sonstige Einzeltätigkeiten** in Verfahren vor Gerichten der Sozialgerichtsbarkeit erhält der Rechtsanwalt nach **VV 3403** eine **0,8 Verfahrensgebühr**. Diese Gebühr entsteht, soweit nichts anderes bestimmt ist, für sonstige Tätigkeiten in einem gerichtlichen Verfahren, wenn der Rechtsanwalt nicht zum Prozess- oder Verfahrensbevollmächtigten bestellt ist (**Anm. zu VV 3403**).

87 Beschränkt sich der Auftrag auf ein **Schreiben einfacher Art**, erhält der Rechtsanwalt nach **VV 3404** eine **0,3 Verfahrensgebühr**. Die Gebühr entsteht insbesondere, wenn das Schreiben weder schwierige rechtliche Ausführungen noch größere sachliche Auseinandersetzungen enthält (**Anm. zu VV 3403**).

i) Wertgebühren für besondere Verfahren, VV Teil 3 Abschnitt 3

88 Für das erstinstanzliche Verfahren vor dem Bundessozialgericht oder dem Landessozialgericht erhält der Rechtsanwalt eine 1,6 Verfahrensgebühr, die sich bei einer vorzeitigen Beendigung des Auftrags auf 1,0 beschränkt.

89 Die Verfahren, in denen das Landessozialgericht erstinstanzlich zuständig ist, bestimmt § 29 Abs. 2–4 SGG.

III. Gebühren für die Tätigkeit außerhalb eines gerichtlichen Verfahrens (Abs. 2)

1. Geltungsbereich (Abs. 2)

90 Nach **Abs. 2** gilt Abs. 1 für eine Tätigkeit außerhalb eines gerichtlichen Verfahrens entsprechend. Damit wurde die bisher fehlende gesetzliche Grundlage für den Gebührenanspruch des Rechtsanwalts in sozialrechtlichen Angelegenheiten außerhalb eines gerichtlichen Verfahrens geschaffen. Durch die Vorschrift ist nun klargestellt, dass der Rechtsanwalt für seine Tätigkeit außerhalb eines gerichtlichen Verfahrens, die einen Gegenstand hat, bei welchem im gerichtlichen Verfahren das GKG nicht anwendbar ist, Betragsrahmengebühren i.S.v. Abs. 1 S. 1 und für seine Tätigkeit außerhalb eines gerichtlichen Verfahrens, die einen Gegenstand hat, bei welchem im gerichtlichen Verfahren das GKG anwendbar ist, Wertgebühren i.S.v. Abs. 1 S. 2 erhält. Damit wird die für gerichtliche Verfahren vollzogene Abgrenzung zwischen Verfahren, in denen nach dem Wert abgerechnet wird, und solchen, in denen Betragsrahmengebühren anfallen, auf das Verwaltungsverfahren übertragen.[70]

---

[70] BR-Drucks 830/03, S. 231.

2. Betragsrahmengebühren für die Tätigkeit außerhalb eines gerichtlichen Verfahrens

Die im **VV Teil 2 Abschnitt 1 „Beratung und Gutachten"** (VV 2100 bis VV 2103) bisher vorgesehenen Beratungsgebühren **sind zum 30.6.2006 weggefallen**. Sie sind durch die zum 1.7.2006 in Kraft getretene Neufassung von § 34 ersetzt worden. Danach soll der Rechtsanwalt für einen mündlichen oder schriftlichen Rat oder eine Auskunft (Beratung), die nicht mit einer anderen gebührenpflichtigen Tätigkeit zusammenhängen, für die Ausarbeitung eines schriftlichen Gutachtens und für die Tätigkeit als Mediator auf eine Gebührenvereinbarung hinwirken. Wenn keine Vereinbarung getroffen worden ist, erhält der Rechtsanwalt Gebühren nach den Vorschriften des bürgerlichen Rechts. Ist bei fehlender Gebührenvereinbarung der Auftraggeber Verbraucher, beträgt die Gebühr für die Beratung oder für die Ausarbeitung eines schriftlichen Gutachtens jeweils höchstens 250 EUR. § 14 Abs. 1 gilt hierbei entsprechend. Für ein erstes Beratungsgespräch beträgt die Gebühr jedoch höchstens 190 EUR. Wegen Einzelheiten wird auf die Erläuterungen zu § 34 verwiesen.

Die Gebührentatbestände und die Höhe der einzelnen Betragsrahmengebühren für die Tätigkeit außerhalb eines gerichtlichen Verfahrens sind im Vergütungsverzeichnis niedergelegt. Sie werden **nachstehend lediglich im Überblick dargestellt**, ohne umfassend behandelt zu werden. Wegen Einzelheiten wird auf die **Kommentierung der genannten Vorschriften des Vergütungsverzeichnisses** verwiesen.

a) Mehrere Auftraggeber

Vertritt der Rechtsanwalt in derselben Angelegenheit **mehrere Auftraggeber**, so erhält er die entstehenden Betragsrahmengebühren ebenfalls nur einmal (**§ 7 Abs. 1**). Nach **VV 1008** erhöht sich bei Betragsrahmengebühren aber bei einer anfallenden Verfahrens- oder Geschäftsgebühr für jeden weiteren Auftraggeber der Mindest- und Höchstbetrag um 30 %. Mehrere Erhöhungen dürfen bei Betragsrahmengebühren das Doppelte des Mindest- und Höchstbetrages nicht übersteigen.[71] Nach VV 2302 erhält der Rechtsanwalt in einem Verfahren vor den Sozialgerichten, in denen Betragsrahmengebühren entstehen, eine Verfahrensgebühr i.H.v. 50 EUR bis 640 EUR (Mittelgebühr 345 EUR). Vertritt er in diesem Verfahren in derselben Angelegenheit 3 Auftraggeber, so erhöht sich der Mindestbetrag der Geschäftsgebühr nach VV 2302 von 50 EUR auf 80 EUR (50 EUR + (50 EUR x 30 % x 2)), der Höchstbetrag auf 1.024 EUR (640 EUR + (640 EUR x 30 % x 2)) und die Mittelgebühr entsprechend auf 552 EUR. Anm. Abs. 4 zu VV 1008 stellt klar, dass sich auch die Schwellengebühr nach der Anm. zu VV 2300 und 2302 entsprechend erhöht. Bei der Vertretung einer Bedarfsgemeinschaft erhöht sich danach die Betragsrahmengebühr um 30 % für jeden weiteren Auftraggeber, da der Anspruch auf Leistungen zur Sicherung des Lebensunterhalts nach dem SGB II ein Individualanspruch ist.[72] Im Falle einer Bedarfsgemeinschaft muss die Zahl der Mitglieder aber nicht automatisch der Zahl der Auftraggeber entsprechen. Dass ist nur dann der Fall, wenn aus dem Begehren ersichtlich wird, dass ein Anspruch auch für alle Mitglieder der Bedarfsgemeinschaft begehrt wird. Verfolgt ein einzelnes Mitglied der Bedarfsgemeinschaft ausschließlich seinen Individualanspruch, so handelt es sich dann auch nur um einen Einzelauftraggeber.[73] Hat danach der Vertreter einer Bedarfsgemeinschaft nach § 38 SGB II in der Übergangszeit bis zum 30.6.2007 einen Rechtsanwalt mit der zweckentsprechenden Rechtsverfolgung im Widerspruchsverfahren beauftragt und der Anwalt nach außen erkennbar nur die Geschäfte des Vertreters nach § 38 SGB II wahrgenommen, so liegt kein Auftragsverhältnis zwischen den übrigen Mitgliedern der Bedarfsgemeinschaft und dem Anwalt vor, so dass eine Erhöhung der zu erstattenden Anwaltsgebühr ausscheidet.[74]

b) Betragsrahmengebühr bei Einigung oder Erledigung, VV Teil 1

Nach **VV 1005** erhält der Rechtsanwalt für eine **außergerichtliche Einigung** oder eine **außergerichtliche Erledigung** eine **Betragsrahmengebühr** in Höhe der Verfahrensgebühr. Betrifft die

---

71 LSG NRW, Beschl. v. 28.5.2008 – L 20 B 7/08 AS.
72 LSG Mecklenburg-Vorpommern AGS 2008, 286; SG Düsseldorf AGS 2007, 617; SG Duisburg AGS 2007, 42–43; SG Hildesheim, Urt. v. 27.1.2006 – S 12 SF 45/05.
73 LSG NRW, Urt. v. 28.7.2008 – L 19 AS 24/08.
74 LSG Thüringen, Urt. v. 13.1.2010 – L 7 AS 1439/07.

Einigung aber nur einen Teil der Angelegenheit, so ist der Gebühr unter Berücksichtigung der Kriterien des § 14 Abs. 1 zu schätzen; bei einem Mehrvergleich ist die Einigungs-/Erledigungsgebühr auf den Höchstbetrag der Verfahrensgebühr begrenzt. Eine Erhöhung nach VV 1008 ist dabei nicht zu berücksichtigen.

94 Nach **Anm. Abs. 1 S. 1 zu VV 1000** entsteht die **Einigungsgebühr** für die **Mitwirkung beim Abschluss eines Vertrags**, durch den der Streit oder die Ungewissheit der Parteien über ein Rechtsverhältnis beseitigt wird, es sei denn, der Vertrag beschränkt sich ausschließlich auf ein Anerkenntnis oder einen Verzicht. Diese Erläuterung stellt sowohl durch die Änderung der Bezeichnung „Vergleichsgebühr" in „Einigungsgebühr" als auch durch die neu formulierten Voraussetzungen klar, dass es nicht mehr auf den Abschluss eines echten Vergleichs ankommt; vielmehr soll es genügen, wenn durch Vertrag der Streit oder die Ungewissheit der Parteien über ein Rechtsverhältnis beseitigt wird, es sei denn, der Vertrag beschränkt sich ausschließlich auf ein Anerkenntnis oder einen Verzicht.[75]

95 Die **Einigungsgebühr** entsteht auch für die **Mitwirkung bei Vertragsverhandlungen**, es sei denn, dass diese für den Abschluss des Vertrags nicht ursächlich war (**Anm. Abs. 2 zu VV 1000**).

96 Für die **Mitwirkung bei einem unter einer aufschiebenden Bedingung oder unter dem Vorbehalt des Widerrufs geschlossenen Vertrag** entsteht die Gebühr, wenn die Bedingung eingetreten ist oder der Vertrag nicht mehr widerrufen werden kann (**Anm. Abs. 3 zu VV 1000**).

97 Nach **Anm. S. 1 zu VV 1002** entsteht die **Erledigungsgebühr**, wenn sich eine Rechtssache ganz oder teilweise nach Aufhebung oder Änderung des mit einem Rechtsbehelf angefochtenen Verwaltungsakts durch die anwaltliche Mitwirkung erledigt. Das Gleiche gilt, wenn sich eine Rechtssache ganz oder teilweise durch Erlass eines bisher abgelehnten Verwaltungsakts erledigt (**Anm. S. 2 zu VV 1002**).

c) Betragsrahmengebühr für die Prüfung der Erfolgsaussichten eines Rechtsmittels, VV Teil 2 Abschnitt 1

98 Nach **VV 2102** erhält der Rechtsanwalt für die **Prüfung der Erfolgsaussichten eines Rechtsmittels** in sozialrechtlichen Angelegenheiten, in denen im gerichtlichen Verfahren Betragsrahmengebühren entstehen, eine **Betragsrahmengebühr** i.H.v. 30 EUR bis 320 EUR (Mittelgebühr 175 EUR). Die Gebühr ist aber auf eine Gebühr für das Rechtsmittelverfahren anzurechnen. Ist die Prüfung der Erfolgsaussichten mit der Ausarbeitung eines **schriftlichen Gutachtens** verbunden, so beträgt nach **VV 2103** die Gebühr 50 EUR bis 550 EUR (Mittelgebühr 300 EUR).

d) Betragsrahmengebühr bei außergerichtlicher Vertretung, VV Teil 2 Abschnitt 3

99 Nach § 17 Nr. 1a stellen das **Verwaltungsverfahren** und das einem gerichtlichen Verfahren vorausgehende und der Nachprüfung des Verwaltungsakts dienende weitere Verfahren (**Widerspruchsverfahren, Vorverfahren, Einspruchsverfahren, Beschwerdeverfahren, Abhilfeverfahren**) verschiedene Angelegenheiten dar, in welchen jeweils die entsprechenden Betragsrahmengebühren anfallen. Unter Berücksichtigung dessen erhält der Rechtsanwalt nach **VV 2302** eine **Geschäftsgebühr** für die außergerichtliche Vertretung in sozialrechtlichen Angelegenheiten, in denen im gerichtlichen Verfahren Betragsrahmengebühren entstehen, i.H.v. 50 EUR bis 640 EUR, wobei nach Anm. zu VV 2302 eine Gebühr von mehr 300 EUR nur gefordert werden kann, wenn die Tätigkeit umfangreich oder schwierig war.

100 Ist eine **Tätigkeit im Verwaltungsverfahren vorausgegangen**, so wird nach Vorb. 2.3 Abs. 4 die hierfür vorgesehene Geschäftsgebühr zur Hälfte, jedoch höchstens 175 EUR, angerechnet.

101 Nach § 17 Nr. 1a stellen nunmehr auch das Verwaltungsverfahren auf **Aussetzung oder Anordnung der sofortigen Vollziehung** nach § 86a Abs. 3 SGG und das der Nachprüfung des Verwaltungsakts dienende Verwaltungsverfahren verschiedene Angelegenheiten dar, in welchen jeweils die entsprechenden Betragsrahmengebühren anfallen. Auf diese Verfahren finden die dargestellten Betragsrahmengebühren ebenfalls Anwendung.

---

75 BR-Drucks 830/03, S. 253.

3. Wertgebühren für die Tätigkeit außerhalb eines gerichtlichen Verfahrens

Die im **VV Teil 2 Abschnitt 1 „Beratung und Gutachten"** (VV 2100 bis VV 2103) bisher vorgesehenen Beratungsgebühren **sind zum 30.6.2006 weggefallen**. Sie sind durch die zum 1.7.2006 in Kraft getretene Neufassung von § 34 ersetzt worden. Danach soll der Rechtsanwalt für einen mündlichen oder schriftlichen Rat oder eine Auskunft (Beratung), die nicht mit einer anderen gebührenpflichtigen Tätigkeit zusammenhängen, für die Ausarbeitung eines schriftlichen Gutachtens und für die Tätigkeit als Mediator auf eine Gebührenvereinbarung hinwirken. Wenn keine Vereinbarung getroffen worden ist, erhält der Rechtsanwalt Gebühren nach den Vorschriften des bürgerlichen Rechts. Ist bei fehlender Gebührenvereinbarung der Auftraggeber Verbraucher, beträgt die Gebühr für die Beratung oder für die Ausarbeitung eines schriftlichen Gutachtens jeweils höchstens 250 EUR. § 14 Abs. 1 gilt hierbei entsprechend. Für ein erstes Beratungsgespräch beträgt die Gebühr jedoch höchstens 190 EUR. Wegen Einzelheiten wird auf die Erläuterungen zu § 34 verwiesen.

102

Die Gebührentatbestände und die Höhe der einzelnen Wertgebühren für die Tätigkeit außerhalb eines gerichtlichen Verfahrens sind im Vergütungsverzeichnis niedergelegt. Sie werden **nachstehend lediglich im Überblick dargestellt**, ohne umfassend behandelt zu werden. Wegen Einzelheiten wird auf die **Kommentierung der genannten Vorschriften des Vergütungsverzeichnisses** verwiesen.

a) Mehrere Auftraggeber

Vertritt der Rechtsanwalt in derselben Angelegenheit **mehrere Auftraggeber**, so erhält er die entstehenden Wertgebühren nur einmal (§ 7 Abs. 1). Nach **VV 1008** erhöht sich bei Wertgebühren aber eine anfallende Geschäftsgebühr für jeden weiteren Auftraggeber um 0,3, soweit der Gegenstand der anwaltlichen Tätigkeit derselbe ist. Die Erhöhung wird nach dem Betrag berechnet, an welchem die Personen gemeinschaftlich beteiligt sind. Mehrere Erhöhungen dürfen bei Wertgebühren einen Gebührensatz von 2,0 nicht übersteigen. Zur Frage der Anwendung von VV 1008 bei der Vertretung einer Gemeinschaftspraxis in Vertragsarztangelegenheiten siehe Rdn 57.

103

b) Wertgebühr bei Einigung oder Erledigung, VV Teil 1

Nach **VV 1000** erhält der Rechtsanwalt eine **1,5 Einigungsgebühr** und nach **VV 1002** eine **1,5 Erledigungsgebühr**.

104

Nach **Anm. Abs. 1 S. 1 zu VV 1000** entsteht die **Einigungsgebühr** für die **Mitwirkung beim Abschluss eines Vertrags**, durch den der Streit oder die Ungewissheit der Parteien über ein Rechtsverhältnis beseitigt wird, es sei denn, der Vertrag beschränkt sich ausschließlich auf ein Anerkenntnis oder einen Verzicht. Diese Erläuterung stellt sowohl durch die Änderung der Bezeichnung „Vergleichsgebühr" in „Einigungsgebühr" als auch durch die neu formulierten Voraussetzungen klar, dass es nicht mehr auf den Abschluss eines echten Vergleichs ankommt; vielmehr soll es genügen, wenn durch Vertrag der Streit oder die Ungewissheit der Parteien über ein Rechtsverhältnis beseitigt wird, es sei denn, der Vertrag beschränkt sich ausschließlich auf ein Anerkenntnis oder einen Verzicht.[76]

105

Die Einigungsgebühr entsteht nach **Anm. Abs. 2 zu VV 1000** auch für die **Mitwirkung bei Vertragsverhandlungen**, es sei denn, dass diese für den Abschluss des Vertrags nicht ursächlich war.

106

Für die **Mitwirkung bei einem unter einer aufschiebenden Bedingung oder unter dem Vorbehalt des Widerrufs geschlossenen Vertrag** entsteht nach **Anm. Abs. 3 zu VV 1000** die Gebühr, wenn die Bedingung eingetreten ist oder der Vertrag nicht mehr widerrufen werden kann.

107

Nach **Anm. S. 1 zu VV 1002** entsteht die **Erledigungsgebühr**, wenn sich eine Rechtssache ganz oder teilweise nach Aufhebung oder Änderung des mit einem Rechtsbehelf angefochtenen Verwaltungsakts durch die anwaltliche Mitwirkung erledigt. Das Gleiche gilt, wenn sich eine Rechtssache ganz oder teilweise durch Erlass eines bisher abgelehnten Verwaltungsakts erledigt (**Anm. S. 2 zu VV 1002**).

108

---

76 BR-Drucks 830/03, S. 253.

c) Wertgebühr für die Prüfung der Erfolgsaussichten eines Rechtsmittels, VV Teil 2 Abschnitt 1

109 Nach **VV 2100** erhält der Rechtsanwalt für die **Prüfung der Erfolgsaussichten eines Rechtsmittels** eine **0,5 bis 1,0 Wertgebühr (Mittelgebühr 0,75)**. Die Gebühr ist aber auf eine Gebühr für das Rechtsmittelverfahren anzurechnen. Ist die Prüfung der Erfolgsaussichten mit der Ausarbeitung eines **schriftlichen Gutachtens** verbunden, so beträgt nach **VV 2101** die Gebühr **1,3**.

d) Wertgebühr bei außergerichtlicher Vertretung, VV Teil 2 Abschnitt 3

110 Nach **§ 17 Nr. 1a** stellen das **Verwaltungsverfahren** und das einem gerichtlichen Verfahren vorausgehende und der Nachprüfung des Verwaltungsakts dienende weitere Verfahren (**Widerspruchsverfahren, Vorverfahren, Einspruchsverfahren, Beschwerdeverfahren, Abhilfeverfahren**) nunmehr **verschiedene Angelegenheiten** dar, in welchen jeweils die entsprechenden Wertgebühren anfallen. Unter Berücksichtigung dessen erhält der Rechtsanwalt nach **VV 2300** eine **0,5 bis 2,5 Geschäftsgebühr** für die außergerichtliche Vertretung, wobei eine Gebühr von mehr als 1,3 nur gefordert werden kann, wenn die Tätigkeit umfangreich oder schwierig war (VV 2301, 2302). Ist eine **Tätigkeit im Verwaltungsverfahren vorausgegangen**, wird nach Vorb. 2.3 Abs. 4 die hierfür vorgesehene Geschäftsgebühr zur Hälfte, jedoch höchstens bis zu einem Gebührensatz von 0,75 angerechnet.

111 Beschränkt sich der Auftrag auf ein **Schreiben einfacher Art**, so erhält der Rechtsanwalt eine **0,3 Geschäftsgebühr**. Es handelt sich um ein Schreiben einfacher Art, wenn dieses weder schwierige rechtliche Ausführungen noch größere sachliche Auseinandersetzungen enthält.

112 In **Verwaltungszwangverfahren** ist nach **VV Vorb. 2.3 Abs. 1** Teil 3 Abschnitt 3 Unterabschnitt 3 entsprechend anzuwenden.

113 Nach § 17 Nr. 1a) stellen nunmehr auch das Verwaltungsverfahren auf **Aussetzung oder Anordnung der sofortigen Vollziehung** nach § 86a Abs. 3 SGG und das der Nachprüfung des Verwaltungsakts dienende Verwaltungsverfahren verschiedene Angelegenheiten dar, in welchen jeweils die entsprechenden Wertgebühren anfallen. Auf diese Verfahren finden die dargestellten Wertgebühren ebenfalls Anwendung.

C. Erstattungsfragen

I. Bestimmung der Betragsrahmengebühr nach Abs. 1 S. 1

1. Bestimmung durch den Rechtsanwalt

114 Die Bestimmung der Betragsrahmengebühr nach Abs. 1 S. 1 erfolgt nach Maßgabe von **§ 14 Abs. 1 S. 1**. Danach hat der Rechtsanwalt die Rahmengebühr unter Berücksichtigung aller Umstände, insbesondere der Bedeutung der Angelegenheit, des Umfangs und der Schwierigkeiten der anwaltlichen Tätigkeit sowie der Vermögens- und Einkommensverhältnisse des Auftraggebers, nach billigem Ermessen zu bestimmen. Die Bestimmung ist für jede Betragsrahmengebühr gesondert vorzunehmen, denn die unterschiedliche Abgeltung der anwaltlichen Tätigkeit mit unterschiedlichen Gebühren verbietet es, die Bewertung einer Rahmengebühr auf eine andere Rahmengebühr zu übertragen.[77] Die Neuregelungen sehen bei der Erledigungsgebühr, der Einigungsgebühr (VV 1005, 1006) und der „fiktiven" Terminsgebühr (Anm. S. 2 zu VV 3106) nunmehr aber vor, dass diese Gebühren anteilig zur Höhe der jeweiligen Geschäfts- oder Verfahrensgebühr zu bestimmen ist.

115 Im **Normalfall**, also wenn die Bedeutung der Angelegenheit, der Umfang und die Schwierigkeit der anwaltlichen Tätigkeit sowie die Vermögens- und Einkommensverhältnisse des Auftraggebers durchschnittlich sind, ist die **Mittelgebühr** in Ansatz zu bringen.[78]

Bei der Bestimmung der Gebühren bei einer **Untätigkeitsklage**, muss aber die der Untätigkeitsklage eigene Minderung vorgenommen werden, denn die Untätigkeitsklage ist ein rein prozessuales Instru-

---

[77] LSG Thüringen AGS 2008, 508 m.w.N.
[78] BSG Behindertenrecht 1992, S. 142; AnwBl 1984, 565; SG Stuttgart AnwBl 1984, 569; AnwBl 1982, 209; SG Augsburg AnwBl 1982, 395; SG Düsseldorf AnwBl 1981, 80; SG Duisburg AnwBl 1980, 127; SG Kassel AnwBl 1979, 159; SG Konstanz AnwBl 1980, 293.

Abschnitt 1. Allgemeine Vorschriften § 3

ment zur Beschleunigung des Verfahrens und eröffnet – anders als insbesondere im verwaltungsgerichtlichen Verfahren – keinen unmittelbaren Weg zur Erlangung der begehrten Sozialleistung.[79] Dabei ist auch zu berücksichtigen, dass der Schwierigkeitsgrad der anwaltlichen Tätigkeit bei einer Untätigkeitsklage erheblich unterdurchschnittlich sein kann. Im Rahmen der Zulässigkeit der Klage muss – neben den üblichen Klagevoraussetzungen – lediglich untersucht werden, ob die Sperrfrist von sechs Monaten ab Antragstellung oder drei Monaten ab Widerspruchserhebung abgelaufen ist. Die Begründetheit der Klage hängt davon ab, ob ein zureichender Grund für das Ausbleiben der Widerspruchsentscheidung innerhalb der gesetzlichen Frist vorliegt. Insoweit ist lediglich zu prüfen, ob die Beklagte – ggf. auf Nachfrage hin – einen Grund für das bisherige Ausbleiben der Entscheidung vorgetragen hat und ob dieser ausreichend i.S.d. § 88 Abs. 1 S. 2, Abs. 2 SGG ist. Eine materiell-rechtliche Prüfung hinsichtlich des Inhalts des begehrten Bescheides ist im Rahmen der Untätigkeitsklage nicht vorzunehmen. Damit ist der Schwierigkeitsgrad der anwaltlichen Tätigkeit im Verhältnis zu den sonstigen Gerichtsverfahren in Sozialrechtsangelegenheiten, die typischerweise vertiefte Auseinandersetzungen mit Rechtsproblemen und medizinischen Fragestellungen voraussetzen, als unterdurchschnittlich anzusehen. Dies gilt auch für den Umfang der anwaltlichen Tätigkeit. Der anwaltliche Arbeitsaufwand beschränkt sich bei einer Untätigkeitsklage in der Regel auf die Überwachung der in § 88 SGG vorgesehenen Fristen, die Fertigung der Klageschrift und – nach Erteilung des begehrten Bescheides – die Abgabe der Erklärung, dass sich die Untätigkeitsklage erledigt habe (§ 88 Abs. 1 S. 3 SGG).[80] Ein Normalfall und der Ansatz der Mittelgebühr ist aber nur dann gerechtfertigt, wenn die Tätigkeit des Rechtsanwalts einen durchschnittlichen Aufwand erfordert hat. Dies ist z.B. nicht der Fall, wenn keine schriftliche Korrespondenz zwischen den Beteiligten und dem Gericht stattgefunden hat, wie sie üblicherweise in Verfahren vor der Sozialgerichtsbarkeit erfolgt.[81] Wird nach einer Untätigkeitsklage aber über das materiell-rechtliche Begehren positiv entschieden, ist die Bedeutung der Untätigkeitsklage mit der eines Klageverfahrens durchaus vergleichbar und entsprechend bei der Bestimmung der Gebühr zu berücksichtigen.[82]

116 Als durchschnittliches Verfahren ist aber ein Verwaltungsverfahren, das die **Feststellung der Schwerbehinderteneigenschaft** und die Anerkennung eines Merkzeichens zum Ziel hat, dann zu bewerten, wenn der Prozessbevollmächtigte Widerspruch einlegt, die Verwaltungsvorgänge zur Akteneinsicht anfordert, diese auswertet und sich mit denjenigen Befundberichten und/oder Gutachten inhaltlich auseinandersetzt, die anlässlich des laufenden Verwaltungsverfahrens eingeholt werden.[83] Einem solchen Verfahren ist aber zumindest bei der grundsätzlichen Anerkennung der Schwerbehinderteneigenschaft eine etwas über dem Durchschnitt liegende Bedeutung zuzumessen, so dass bei Hinzutreten weiterer Gesichtspunkte (z.B. Stellung eines Antrags nach § 109 SGG) ein Überschreiten der Mittelgebühr gerechtfertigt werden kann.[84] Ein Normalfall ist auch ein Verfahren zur **Feststellung der gesundheitlichen Voraussetzungen eines Nachteilsausgleichs** nach dem SGB IX anzunehmen, da es für einen Erfahrungssatz, dass der Schwierigkeitsgrad eines solchen Verfahrens unter dem der sonstigen sozialgerichtlichen Rechtsstreitigkeiten wie z.B. eines Rentenstreitverfahrens oder eines Verfahrens nach dem Recht der gesetzlichen Unfallversicherung liegt, keinen objektiven Ansatzpunkt gibt.[85] Bei **unterdurchschnittlichen Einkommensverhältnissen** des Auftraggebers, ist bei Bestehen einer Rechtsschutzversicherung dennoch von durchschnittlichen Einkommensverhältnissen des Auftraggebers auszugehen und der Ansatz der Mittelgebühr gerechtfertigt.[86]

117 Ein **Überschreiten der Mittelgebühr** bis zur Höchstgebühr ist in der Regel bei einem Rechtsstreit um **typische Dauerleistungen** (z.B. Gewährung einer Rente[87] oder Feststellung der Erwerbsminderung[88] oder auch Feststellung der Schwerbehinderung mit Blick auf eine vorgezogene Altersrente[89]) wegen der **Bedeutung der Angelegenheit für den Auftraggeber** gerechtfertigt. Irrelevant ist bei dem Merkmal der Bedeutung der Angelegenheit regelmäßig, welche Bedeutung das fragliche Verfah-

---

79 SG Aachen, Urt. v. 19.4.2005 – S 13 KR 15/05, BeckRS 2005, 41699; SG Lüneburg RVGreport 2007, 262 und Beschl. v. 2.3.2009 – S 12 SF 31/09 E; SG Aachen, Beschl. v. 16.6.2008 – S 4 R 89/07.
80 SG Duisburg, Beschl. v. 6.6.2008 – S 10 AS 67/06.
81 LSG NRW, Beschl. v. 15.1.2007 – L 19 B 13/06 AL.
82 VG Bremen, Beschl. v. 7.8.2009 – S 4 E 103609.
83 SG Lüneburg, Gerichtsbescheid v. 6.3.2006, S 15 SB 204/05 und Beschl. v. 1.7.2006 – S 19 SF 25/06.
84 SG Frankfurt ASR 2007, 95.
85 LSG NRW ASR 2007, 143.
86 SG Duisburg AGS 2006, 321–322.
87 LSG Thüringen JurBüro 1999, 473; LSG Rheinland-Pfalz NZS 1998, 207; SG Freiburg MDR 1999, 832; AnwBl 1983, 473; AnwBl 1984, 570; SG Saarbrücken AnwBl 1986, 211; SG Düsseldorf AnwBl 1984, 570; SG Karlsruhe AnwBl 1984, 571; SG Reutlingen ASR 2008, 225.
88 SG Detmold ASR 2005, 40.
89 SG Detmold ASR 2004, 148; SG Frankfurt ASR 2007, 95.

ren für die Allgemeinheit oder den Streitgegner hat. Entscheidend ist die Bedeutung für den Auftraggeber, wobei es wiederum nicht auf die subjektiv empfundene, sondern auf eine objektiv zu betrachtende Bedeutung ankommt. Bei **einstweiligen Rechtsschutzverfahren** kann die Annahme gerechtfertigt sein, dass die Bedeutung gegenüber einer Hauptsache geringer sei. Dies gilt insbesondere bei einstweiligen Rechtsschutzverfahren, in denen eine aufschiebende Wirkung von Widerspruch oder Anfechtungsklage begehrt wird, da dieser vorläufige Schutz deutlich gegenüber dem endgültigen Hauptsachebegehren zurücktritt. Aber auch bei einstweiligen Anordnungen, die auf eine Leistung gerichtet sind, kann die Bedeutung häufig geringer als die der Hauptsache sein, weil eben im Ergebnis keine endgültige Klärung stattfindet. Eine solche Bedeutungsherabsetzung dürfte allerdings in existenziellen einstweiligen Rechtsschutzverfahren im Grundsicherungs- und Sozialhilfebereich wiederum nicht anzunehmen sein, weil es in solchen Verfahren möglicherweise gerade nicht vorrangig darum geht, endgültig Geldleistungen zu erhalten, sondern gerade bedeutsam ist, dass die einstweilige Existenz schnellstmöglich abgesichert wird.[90] In solchen Verfahren wird nunmehr zu berücksichtigen sein, dass durch eine Änderung des § 41 Abs. 2 SGB II Leistungen zur Sicherung des Lebensunterhalts in der Regel für ein Jahr zu bewilligen sind. In **Verfahren nach dem SGB II und dem SGB XII** wird die Bedeutung der Angelegenheit darüber hinaus umso wichtiger, je geringer die jeweiligen Einkommens- und Vermögensverhältnisse des Leistungsempfängers sind. Bei Bestimmung der Rahmengebühr im Widerspruchsverfahren heben sich die Kriterien Einkommens- und Vermögensverhältnisse einerseits und Bedeutung der Angelegenheit für den Betroffenen andererseits daher grundsätzlich gegeneinander auf.[91]

Daneben führen am häufigsten der **Umfang und die Schwierigkeit der anwaltlichen Tätigkeit** zur Rechtfertigung des Überschreitens der Mittelgebühr.[92] Dabei ist davon auszugehen, dass es sich bei Umfang und Schwierigkeit der anwaltlichen Tätigkeit um zwei zu berücksichtigende Gesichtspunkte handelt, die nicht zwingend miteinander übereinstimmen müssen. Insoweit dürfte ein schwieriger Sachverhalt eher eine umfangreiche Tätigkeit bedingen (wegen umfangreichen Sachvortrages), während bei der Schwierigkeit eher die rechtliche Schwierigkeit des Falles zu prüfen sein dürfte. Unter dieser Prämisse sind Fälle durchaus denkbar, in denen die Tätigkeit sehr umfangreich ist, obwohl es sich um einen rein rechtlich sehr einfachen Fall handelt.[93] Der Umfang und die Schwierigkeit der anwaltlichen Tätigkeit gewinnt in **einstweiligen Rechtsschutzverfahren** besondere Bedeutung, da hier neben dem Anordnungsanspruch auch zum Anordnungsgrund (Eilbedürftigkeit) vorzutragen ist.

118 Danach ist der **Umfang der anwaltlichen Tätigkeit** in einem Rentenverfahren überdurchschnittlich, wenn schriftliche sachverständige Zeugenaussagen der behandelnden Ärzte sowie mindestens ein medizinisches Sachverständigengutachten eingeholt werden.[94] Eine Angelegenheit kann **auch** dann **überdurchschnittlich umfangreich** sein, **wenn kein Termin** stattgefunden hat, denn dies ist auch bei durchschnittlichen sozialgerichtlichen Verfahren durchaus keine Seltenheit.[95] Der Rechtsauffassung, wonach die Terminsgebühr generell die Teilnahme des Rechtsanwaltes an einem Termin vergütet und grundsätzlich nur die Mindestgebühr anfällt, wenn kein Termin stattfindet, ist nicht zu folgen.[96] Dem hat der Gesetzgeber bei der Neuregelung der „fiktiven" Terminsgebühr entsprochen, als vorgesehen wurde, dass die Terminsgebühr dabei 90 % der angefallenen Verfahrensgebühr beträgt. Die Tatbestände, die in Verfahren, in welchen das GKG anwendbar ist, wegen vorzeitiger Beendigung des Auftrags zu einer Ermäßigung der Wertgebühren führen (vgl. VV 3101, 3201, 3207, 3405, 3505, 3507) werden aber wohl auch bei der Bestimmung der Betragsrahmengebühren hinsichtlich des Umfangs der anwaltlichen Tätigkeit zu berücksichtigen sein.[97]

---

90 LSG Mecklenburg-Vorpommern, Beschl. v. 29.7.2008 – L 6 B 141/07.
91 SG Düsseldorf AGS 2007, 356–357.
92 SG Duisburg AnwBl 1989, 294; SG Reutlingen AnwBl 1986, 110; SG Osnabrück AnwBl 1985, 596; SG Münster AnwBl 1985, 387; SG Kiel AnwBl 1984, 571; SG Aachen AnwBl 1983, 474; SG Düsseldorf AnwBl 1981, 80; SG Hannover AnwBl 1980, 428; SG Stuttgart AnwBl 1980, 125.
93 LSG Mecklenburg-Vorpommern, Beschl. v. 29.7.2008 – L 6 B 141/07.
94 SG Reutlingen ASR 2008, 225; SG Frankfurt am Main, Beschl. v. 10.8.2011 – S 4 R 850/08, ASR 2011, 260: Deutliche Überschreitung der Mittelgebühr gerechtfertigt, wenn in einer Rentenangelegenheit zwei Gutachten und eine Vielzahl von Befundberichten eingeholt und überprüft werden müssen.
95 LSG NRW RVGreport 2008, 379.
96 So aber SG Aachen, Beschl. v. 18.2.2005 – S 3 SB 178/04.
97 *Straßfeld*, SGb 2005, 154.

Bei **Verfahren des einstweiligen Rechtsschutzes** rechtfertigt weder der ob der besonderen Verfahrenssituation anfallende Umfang der anwaltlichen Tätigkeit, noch die seitens des Gerichtes lediglich stattfindende summarische Rechtsprüfung, noch die zumeist angestrebte vorläufige Regelung, die Annahme einer unterdurchschnittlichen Tätigkeit oder eine pauschale Kürzung der Mittelgebühr der Verfahrensgebühr.[98] Vielmehr ist gerade bei Verfahren des einstweiligen Rechtsschutzes grundsätzlich nach Maßgabe von § 14 mindestens von einer durchschnittlichen Angelegenheit auszugehen.[99] Es ist auch zu berücksichtigen, dass der Umfang und die Schwierigkeit der anwaltlichen Tätigkeit in solchen Eilverfahren häufig größer sein wird, da durch die besondere Eilbedürftigkeit besonders umfangreich vorzutragen sein wird. Der Amtsermittlungsgrundsatz beschränkt sich in solchen Verfahren weitestgehend darauf, dass es ein „Unstreitigstellen" i.S.d. Zivilprozesses im eigentlichen Sinne nicht geben kann und die Rechtslage unter jedem denkbaren Gesichtspunkt von Amts wegen zu prüfen ist. Als zugrunde liegender Sachverhalt ist aber im Wesentlichen der gegenseitige Vortrag der Beteiligten zu würdigen, Ermittlungen von Amts wegen über diese Glaubhaftmachung hinaus finden allenfalls ausnahmsweise statt. Vor diesem Hintergrund wird der Anwalt in vielen einstweiligen Rechtsschutzverfahren in der Tat umfangreicher und substantiierter vortragen müssen als in Hauptsacheverfahren, in denen er zum einen die Amtsermittlung abwarten kann und zum anderen aber auch noch regelmäßig mündlich seinen Vortrag in einem Verhandlungstermin ergänzen kann. Nicht selten besteht in Eilverfahren keine Möglichkeit, Einsicht in die Verwaltungsakte zu nehmen. Die Glaubhaftmachung ist gegenüber dem erforderlichen schriftlichen Vortrag in Hauptsacheverfahren derart größer in den meisten Fällen, dass der Umstand, dass einstweilige Rechtsschutzverfahren regelmäßig in kürzerer Zeit als Hauptsacheverfahren erledigt werden, zurückstehen muss.[100] Verfehlt ist es daher auch, einen geringeren Umfang der Tätigkeit wegen Synergieeffekten, aus dem parallelen Betreiben des Hauptsacheverfahrens anzunehmen.[101] Eine pauschale Reduzierung der Verfahrensgebühr in Eilverfahren, etwa auf 2/3,[102] ist contra legem. Die gegen diese pauschale Reduzierung schon zur alten Rechtslage vorgetragene Kritik wird zu Recht wiederholt.[103]

119

Eine **überdurchschnittlich schwierige Tätigkeit** ist anzunehmen, wenn erhebliche, sich üblicherweise nicht stellende Probleme auftreten, die sowohl im tatsächlichen als auch im juristischen Bereich liegen können.[104] Abzustellen ist auf einen Rechtsanwalt, der sich bei Wahrnehmung des Mandats darauf beschränken kann und darf, den Fall mit den einschlägigen Rechtsvorschriften, gegebenenfalls unter Heranziehung von Rechtsprechung und Literatur, zu bearbeiten.[105] Bei der Einstufung einer Rechtsmaterie als schwierig kommt es für die Bewertung als schwierig also nicht auf **Vorkenntnisse des Rechtsanwalts** an und ob er sich schwerpunktmäßig mit der Rechtsmaterie befasst. Für einen hoch spezialisierten Rechtsanwalt werden regelmäßig Probleme aus dem Rechtsgebiet, auf das er sich spezialisiert hat, innerhalb kürzerer Zeit und unter gezieltem Zugriff auf die heranzuziehenden Rechtsquellen zu lösen sein als für einen Anwalt, der sich mit der Materie bisher noch nicht eingehend beschäftigt hat. Eine konkrete Betrachtungsweise hätte zur Folge, dass stets im Einzelfall geprüft werden müsste, welche Rechtskenntnisse ein Anwalt hat. Eine Aufgabe, die im Gerichts- und Verwaltungsalltag nicht zu leisten wäre. Eine weitere nicht akzeptable Konsequenz wäre, dass ein Rechtsanwalt mit nur geringen Kenntnissen regelmäßig einen höheren Vergütungsanspruch hätte als ein Anwalt mit sehr guten Rechtskenntnissen, der unbedarfte Anwalt also eine höhere Vergütung erhielte als der qualifizierte. Es ist deshalb der Auffassung der Vorzug zu geben, dass nicht auf die konkreten Vorkenntnisse des Anwaltes abzustellen ist, sondern auf die Schwierigkeiten, die typischerweise mit der Rechtsmaterie verbunden sind. Rechtsgebiete, die eine lange Einarbeitungszeit und eine Auseinandersetzung mit komplexen, vom Gesetzgeber in verschiedenen Rechtsvorschriften geregelten Materien verlangen (z.B. **Probleme des Kassenarztrechts sowie der Sonderbedarfszulassung**), sind somit als schwerer einzustufen, als die Rechtsstreitigkeiten, deren

120

---

98 Hess. LSG, Beschl. v. 26.10.2015 – L 2 SO 95/15 B; SG Duisburg, Beschl. v. 9.5.2008 – S 10 AS 142/07 ER und Beschl. v. 13.5.2008 – S 10 AS 88/06 ER, a.A. Bay. LSG, Beschl. v. 21.6.2016 – L 15 SF 39/14 E unter Hinw. auf Beschl. v. 11.4.2013 – L 15 SF 43/12 B
99 LSG Baden-Württemberg, Urt. v. 13.12.2006 – L 5 KA 5567/05; LSG Niedersachsen-Bremen, Beschl. v. 18.5.2004 – L 12 B 3/03 RJ; in der Tendenz auch *Otto*, NJW 2006,1472; a.A. *Klier*, NZS 2004, 469.
100 LSG Mecklenburg-Vorpommern, Beschl. v. 29.7.2008 – L 6 B 141/07.
101 A.A. SG Duisburg, Beschl. v. 14.7.2008 – S 10 AS 165/07 ER; SG Marburg, Beschl. v. 10.7.2008 – S 2 SF 18/06 R.
102 Hess. LSG, Beschl. v. 26.10.2015 – L 2 SO 95/15 B.
103 Vgl. nur Bay. LSG, Beschl. v. 21.6.2016 – L 15 SF 39/14 E unter Hinw. auf Beschl. v. 11.4.2013 – L 15 SF 43/12 B.
104 BSGE 104, 30.
105 BSG, Urt. v. 5.5.2010 – B 11 AL 14/09 R.

Kenntnis der Jurist bereits in der Ausbildung erworben hat.[106] Die **Einführung einer Fachanwaltschaft** für das Sozialrecht sowie die **Bildung von Fachkammern und Fachsenaten** gibt ebenfalls keinen Anhaltspunkt für die Einstufung eines Rechtsgebietes als schwierig. Abzustellen ist in jedem Rechtsgebiet auf den konkreten Einzelfall unter Berücksichtigung aller Umstände.[107] Eine substantiierte Klagebegründung und eine eingehende Auseinandersetzung mit dem durch das Gericht eingeholten Befundbericht und Gutachten eines Sachverständigen rechtfertigen insbesondere bei der **Feststellung des Pflegebedarfs eines minderjährigen Kindes** ebenfalls eine überdurchschnittliche Schwierigkeit.[108]

121 Eine das Überschreiten der Mittelgebühr rechtfertigende **Bedeutung der Angelegenheit** für den Auftraggeber hat z.B. eine Streitigkeit über die Zahlung von Pflegegeld wegen der erheblichen wirtschaftlichen Bedeutung, da es sich insoweit um eine existenzsichernde Dauerleistung handelt.[109] Bei der Gewährung von Leistungen nach SGB II kann die Beantwortung der Frage, ob Vermögensgegenstände der Antragsteller bei der Ermittlung der Hilfebedürftigkeit zu berücksichtigen und wie sie wertmäßig in Ansatz zu bringen sind, eine überdurchschnittliche Schwierigkeit begründen. Dies gilt beispielsweise für die Frage, ob der Rückkaufwert einer Lebensversicherung dem Vermögen der Antragsteller zuzuordnen ist oder als Firmendirektversicherung im Vermögen des früheren Arbeitgebers verblieben ist, oder hinsichtlich eines privaten Rentenversicherungsvertrages für die Frage, ob ein Verwertungsausschluss während des anhängigen Verfahrens wirksam vereinbart werden konnte mit der Folge, dass der Rückkaufwert bei der Ermittlung des Vermögens nicht zu berücksichtigen ist, oder bezüglich einer Eigentumswohnung für die Frage, ob eine Wohnung dieser Größenordnung unter die Vermögensschutzregelung des § 12 Abs. 3 S. 1 Nr. 4 SGB II fällt, oder für die Frage, ob bei Annahme der Verwertbarkeit einer Wohnung eine darlehensweise Gewährung von Leistungen zur Sicherung des Lebensunterhaltes in Betracht kommt, weil eine sofortige Verwertung nach § 9 Abs. 4 SGB II nicht möglich ist, oder für das Durchdringen von Einzelheiten der Berechnung des Einkommens aus selbstständiger Tätigkeit und der Ermittlung der berücksichtigungsfähigen Unterkunftskosten bei Eigentumswohnungen.[110] Eine durchschnittliche Bedeutung der Angelegenheit liegt in SGB II-Sachen nur dann vor, wenn das Jobcenter monatliche Euro-Beträge im einstelligen Bereich und für einen kurzen Zeitraum zurückfordert.[111] Eher unterdurchschnittlich schwierig ist eine Angelegenheit, bei der es im Wesentlichen um die Feststellung der medizinischen Voraussetzungen für die Zuerkennung von Merkzeichen geht. Gemessen an dem Schwierigkeitsgrad der sonstigen bei den Sozialgerichten zu verhandelnden Rechtsstreitigkeiten auch im Schwerbehindertenrecht, in dem im Termin medizinische Unterlagen und regelmäßig ein ausführliches schriftliches Sachverständigengutachten auszuwerten und zu erörtern sind sowie gegebenenfalls eine Anhörung der Beteiligten erforderlich ist, weicht die Schwierigkeit einer solchen Angelegenheit nach unten ab.[112]

122 Nach § 14 Abs. 1 S. 2 kann ein **besonderes Haftungsrisiko des Rechtsanwalts** bei der Bemessung der Rahmengebühr herangezogen werden. Gemäß § 14 Abs. 1 S. 3 ist bei Rahmengebühren, die sich nicht nach dem Gegenstandswert richten, das Haftungsrisiko zu berücksichtigen. Der Umstand, dass § 14 Abs. 1 S. 3 im Unterschied zu der Regelung in § 14 Abs. 1 S. 2 nicht ausdrücklich auf ein besonderes Haftungsrisiko des Rechtsanwalts abstellt, bedeutet nicht, dass in Verfahren, in denen Rahmengebühren anfallen, die sich nicht nach dem Gegenstandswert richten, diese generell um ein allgemeines Haftungsrisiko des Rechtsanwalts zu erhöhen sind. Soweit § 14 Abs. 1 S. 3 auf „das Haftungsrisiko" abstellt, ist damit das „besondere Haftungsrisiko des Rechtsanwalts" i.S.v. § 14 Abs. 1 S. 2 gemeint. Dies ergibt sich bereits aus der Gesetzesbegründung. Dort wird zu § 14 Abs. 1 ausgeführt, durch diese Norm sollten die bei der Bestimmung der Gebühr zu berücksichtigenden Kriterien erweitert werden. Bei der Bewertung anwaltlicher Tätigkeit spiele gerade aus der Sicht des verständigen Mandanten in besonderen Fällen das Haftungsrisiko, das ein Anwalt auf sich nimmt, eine Rolle. Ein in Einzelfällen gegebenes höheres Risiko solle demgemäß auch zu einer höheren Gebühr führen. Daraus wird deutlich, dass allein ein besonderes Haftungsrisiko, das über das hinausgeht, was mit der anwaltlichen Tätigkeit generell an Haftungsrisiken verbunden ist, durch eine entsprechende Erhöhung der Vergütung besonders berücksichtigt werden soll. Dass in § 14

---

106 LSG Bayern, Urt. v. 18.1.2007, L 15 B 224/06 AS KO; LSG Niedersachsen, Beschl. v. 24.4.2006 – L 4 B 4/05 KR SF; SG Frankfurt AGS 2006, 551; SG Lüneburg AGS 2007, 409; a.A. SG Hildesheim AGS 2006, 505–506.
107 BSG, Urt. v. 5.5.2010 – B 11 AL 14/09 R.
108 SG Dortmund AGS 2007, 247–248.
109 SG Dortmund AGS 2007, 247–248.
110 SG Duisburg, Beschl. v. 30.4.2008 – S 10 AS 129/07 ER.
111 BSG AGS 2010, 233 bis 238.
112 SG Lüneburg, Beschl. v. 24.1.2008 – S 15 SF 55/07.

Abs. 1 S. 3 eine besondere Regelung für Verfahren, in denen sich die Rahmengebühren nicht nach dem Gegenstandswert richten, getroffen worden ist, ist darauf zurückzuführen, dass das Haftungsrisiko des Rechtsanwalts im Allgemeinen mit dem Gegenstandswert derart verbunden ist, dass das Haftungsrisiko dem Umfang nach mit dem Gegenstandswert steigt. Liegt für den Rechtsanwalt allein deshalb ein besonderes – hohes – Haftungsrisiko vor, weil auch der Gegenstandswert besonders hoch ist, wird diesem Haftungsrisiko schon durch dem hohen Gegenstandswert entsprechende hohe Rahmengebühren ausreichend Rechnung getragen, so dass eine weitere Erhöhung der Gebühr im Einzelfall nicht zu erfolgen hat. Anders ist die Sachlage aber dann, wenn sich die Rahmengebühren nicht nach dem Gegenstandswert richten, denn dann muss ein wegen des Wertes der Sache bestehendes besonderes Haftungsrisiko gesondert berücksichtig werden können. Dies setzt aber in jedem Fall voraus, dass es sich um ein aufgrund des Wertes der Sache oder aus sonstigen Gründen den Normalfall übersteigendes und damit besonderes Haftungsrisiko handelt. Es ist hingegen nichts dafür ersichtlich, dass der Gesetzgeber mit der Einführung des RVG in Verfahren, in denen sich die dem Rechtsanwalt zustehenden Rahmengebühren nicht nach dem Gegenstandswert richten, die Gebühren generell um ein allgemeines Haftungsrisiko erhöhen wollte.[113] Das Haftungsrisiko des Rechtsanwalts rechtfertigt auch keine eigene Gebühr, sondern ist lediglich eines von mehreren Kriterien für deren Bemessung.[114]

Eine **Methode zur Berücksichtigung des Haftungsrisikos** wäre, zunächst die angemessene Gebühr ohne Haftungsrisiko zu bestimmen, wie beispielsweise die Mittelgebühr bei durchschnittlichen Angelegenheiten. Auf diese Gebühr ist ein Aufschlag für das Haftungsrisiko vorzunehmen. Bei durchschnittlichen Angelegenheiten und durchschnittlichem Haftungsrisiko kann dann die „angemessene Gebühr einschließlich des Haftungsrisikos" aus der Mittelgebühr von der angemessenen Gebühr und der Höchstgebühr bestimmt werden.[115]

Beispiel: Bestimmung der angemessenen Verfahrensgebühr vor dem Sozialgericht einschließlich des Haftungsrisikos bei einem Streit um eine Verhängung einer Sperrzeit durch das Arbeitsamt.
Lösung: Die Verfahrensgebühr nach VV 3102 beträgt in den Verfahren vor dem Sozialgericht 50 bis 550 EUR. Die Mittelgebühr ohne Berücksichtigung des Haftungsrisikos beträgt 300 EUR. Zur Berücksichtigung des durchschnittlichen Haftungsrisikos wird zu der ermittelten Mittelgebühr von 300 EUR die Höchstgebühr von 550 EUR addiert und die Summe von 880 EUR durch zwei geteilt. Dies ergibt eine angemessene durchschnittliche Gebühr unter Berücksichtigung eines durchschnittlichen Haftungsrisikos von 440 EUR.

2. Überprüfung der Bestimmung durch den Rechtsanwalt

Ist die Gebühr nach Abs. 1 S. 1 von einem **Dritten** zu ersetzen, so ist gemäß **§ 14 Abs. 1 S. 4** die vom Rechtsanwalt getroffene Bestimmung der Betragsrahmengebühr nicht verbindlich, wenn sie unbillig ist. Im Kostenfestsetzungsverfahren sind mithin der Urkundsbeamte der Geschäftsstelle und das Gericht auf die Prüfung beschränkt, ob die vom Rechtsanwalt bestimmte **Gebühr** sich innerhalb des Rahmens der zur Anwendung kommenden Betragsrahmengebühr bewegt und sie unter Berücksichtigung aller Umstände des Einzelfalles **nicht unbillig** ist.[116] Das Bundessozialgericht spricht von einem **„Entscheidungsvorrecht" des Rechtsanwalts**.[117] Im Festsetzungsverfahren muss also ausdrücklich festgestellt werden, dass die vom Rechtsanwalt bestimmte Gebühr unbillig hoch ist. Aus der negativen Fassung von § 14 Abs. 1 S. 4 ist zu schließen, dass die Unbilligkeit vom Urkundsbeamten der Geschäftsstelle oder vom Gericht dargetan werden muss.[118] Der BGH vertritt die Auffassung, dass der Gebührenschuldner die Darlegungs- und Beweislast dafür trägt, dass die Gebührenbestimmung durch den Rechtsanwalt unbillig ist.[119] Diese Entscheidung lässt sich ohne weiteres auch auf die sozialrechtliche Kostenfestsetzung, sei es im Widerspruchs- oder Gerichtsverfahren, übertragen.[120] Dem Rechtsanwalt ist zu raten, bereits im Kostenfestsetzungsgesuch nach § 14

---

113 LSG Berlin-Brandenburg, Beschl. v. 13.12.2006 – L 19 B 177/06 SF; LSG NRW JurBüro 2007, 419; so auch *Otto*, NJW 2006,1472.
114 BSG AGS 2009, 398, 400.
115 *Klier*, NZS 2004, 469.
116 SG Freiburg AnwBl 1981, 123; SG Stuttgart AnwBl 1979, 404.
117 BSG AGS 2010, 233 – 238; *Schafhausen*, jurisPR-SozR 10/2010 Anm. 6 (Anmerkung); dem folgend nunmehr auch ausdrücklich Bay. LSG AGS 2016, 220–224.
118 *Madert/Hellstab*, § 6 Rn 12.
119 BGH, Beschl. v. 20.2.2011 – V ZB 216/10, ASR 2011, m. Anm. *Hansens* AnwBl 2011, 567–572.
120 *Schafhausen*, ASR 2011, 212–213.

Abs. 1 S. 1, 3 die Gründe auszuführen, die für die Billigkeit der von ihm bestimmten Gebühr sprechen. Das Bay. LSG[121] kommt zu dem Ergebnis, dass abstrakte Rechtsausführungen ein Überschreiten der Mittelgebühr nicht rechtfertigen, es vielmehr erforderlich sei, diese auf den individuellen Fall zuzuschneiden.

124 Um die Abgrenzung der billigen von der unbillig hohen Gebühr praktikabel zu gestalten, ist in der Rechtsprechung ein **Toleranzrahmen** anerkannt. Danach ist die vom Rechtsanwalt bestimmte Gebühr in der Regel billig, wenn sie die vom Urkundsbeamten der Geschäftsstelle oder dem Gericht für angemessen erachtete Gebühr um nicht mehr als 20 vom Hundert übersteigt.[122] Allerdings darf aus dieser Rechtsprechung nicht geschlossen werden, dass eine Bestimmung der Betragsrahmengebühr bis zu einer Höhe von 20 vom Hundert über der Mittelgebühr durch den Rechtsanwalt stets billig ist. Vielmehr müssen Anhaltspunkte vorliegen, die nach § 14 Abs. 1 S. 1, 3 die Überschreitung der Mittelgebühr rechtfertigen.[123] Das grundsätzliche Gebührenbestimmungsrecht des Rechtsanwalts darf aber auch nicht dadurch ausgehöhlt werden, dass eine Gebührenbemessung schon dann als unbillig korrigiert wird, wenn sie lediglich „gut bemessen" ist. Jede Ermessensausübung bewegt sich innerhalb eines durch die Umstände bestimmten Rahmens. Eine Ermessensausübung ist auch dann noch billig, wenn sie an den oberen Rand des durch die Umstände bestimmten Rahmens geht. Erst dann, wenn sie diesen oberen Rand überschreitet, ist sie unbillig und damit ist für das Gericht der Weg frei, das anwaltliche Ermessen durch eigenes Ermessen zu ersetzen.[124]

125 Bei dem Streit um die Frage der Billigkeit der vom Rechtsanwalt bestimmten Gebühr ist nach Auffassung des Bundessozialgerichts durch das Gericht kein Gutachten des Vorstandes des Rechtsanwaltskammer nach § 14 Abs. 2 einzuholen, da ein solches Gutachten nur einzuholen sei, wenn diese Verpflichtung nur in einem Rechtsstreit zwischen Mandant und Rechtsanwalt bestehe. Vielmehr entscheidet das Gericht abschließend über die festzusetzende Gebühr.[125] Diese Auffassung überzeugt nicht, da der Erstattungsanspruch, über den in der gerichtlichen Kostenfestsetzung (oder einem isolierten Kostenverfahren) gestritten wird, dem Gebührenanspruch des Rechtsanwalts gegenüber seinem Mandanten folgt und nicht eigener Genese ist. Gerade in Kostenverfahren, in denen über grundsätzliche Fragen der Gebührenfestsetzung gestritten wird, sichert das bei der Rechtsanwaltskammer (als Selbstverwaltungsorgan der Rechtsanwaltschaft) einzuholende Gutachten das Entscheidungsvorrecht des Rechtsanwalts institutionell.

126 **Nicht Dritter** i.S.v. § 14 Abs. 1 S. 4 ist der **Auftraggeber** des Rechtsanwalts und die hinter dem Auftraggeber stehende **Rechtsschutzversicherung**. Bestreitet der Auftraggeber oder dessen Rechtschutzversicherung die Billigkeit der vom Rechtsanwalt bestimmten Gebühr, so ist der Rechtsanwalt darauf angewiesen, die Billigkeit der von ihm bestimmten Gebühr sowie seinen daraus folgenden Gebührenanspruch im Wege der **Klage vor dem Amtsgericht** durchzusetzen. Das über die Klage erkennende Amtsgericht hat nach § 14 Abs. 2 ein Gutachten des Vorstandes der Rechtsanwaltskammer einzuholen.

127 Eine Kostenfestsetzung nach § 11 Abs. 1, 3 gegen den Auftraggeber kommt nach **§ 11 Abs. 8** nur in Betracht, wenn der Rechtsanwalt die Mindestgebühren geltend macht oder der Auftraggeber der Höhe der Gebühren ausdrücklich zugestimmt hat und der Rechtsanwalt die Zustimmungserklärung des Auftraggebers mit dem Kostenfestsetzungsantrag vorlegt.

---

121 AGS 2016, 220–224.
122 BSG AGS 2010, 233–238; BSG Behindertenrecht 1992, S. 142; LSG NRW, Beschl. v. 21.11.2012 – L 19 AS 1878/12 B; Bay. LSG, Beschl. v. 28.12.2011 – L 15 SF 60/11; LSG Rheinland-Pfalz AnwBl 1990, 523; SG Nürnberg AnwBl 1992, 399; SG Fulda, Beschl. v. 11.12.2012 – S 4 SF 32/10, ASR 2013, 33 bis 39; SG Berlin, 16.1.2013 – S 165 SF 4810/11 E; SG Kassel, Beschl. v. 29.5.2012 – S 10 SF 41/12 E, ASR 2012, 170 bis 173; Bay. LSG AGS 2016, 220–224; LSG NRW, Beschl. v. 27.7.2016 – L 17 U 473/15 B; Sächs. LSG, Beschl. v. 14.7.2016 – L 8 AS 644/14 B KO; LSG Niedersachsen-Bremen, Beschl. v. 22.6.2016 – L 7 AS 152/15 B; Thür. LSG, Beschl. v. 18.1.2016 – L 6 SF 1366/15 B.
123 BSG Behindertenrecht 1992, S. 142.
124 SG Reutlingen ASR 2008, 224; Bay. LSG AGS 2016, 220–224; LSG NRW, Beschl. v. 27.7.2016 – L 17 U 473/15 B; LSG Niedersachsen-Bremen, Beschl. v. 22.6.2016 – L 7 AS 152/15 B; Thür. LSG, Beschl. v. 18.1.2016 – L 6 SF 1366/15 B.
125 BSG AGS 2010, 233–238.

Abschnitt 1. Allgemeine Vorschriften §3

II. Gegenstandswert

Durch das 6. SGGÄndG ist auch **§ 13 GKG geändert** worden. Dieser war in der Fassung des 6. SGGÄndG **auch auf Verfahren vor den Gerichten der Sozialgerichtsbarkeit**, in denen das GKG Anwendung fand, anwendbar. Die entsprechende Regelung findet sich nunmehr in § 52 GKG. Da mithin Wertvorschriften für Verfahren vor den Gerichten der Sozialgerichtsbarkeit nach Abs. 1 S. 2 vorhanden sind, bestimmen sich die Gebühren für den Rechtsanwalt in diesen Verfahren gemäß §§ 2 Abs. 1, 23 Abs. 1 nach den für die Gerichtsgebühren geltenden Wertvorschriften, mithin nach **§ 52 GKG**. § 52 GKG erfährt durch das 2. KostRMoG eine wesentliche Änderung. Bei der Wertbemessung kann nun in einem größeren Umfang berücksichtigt werden, dass sich im Hinblick auf zukünftige Leistungen höhere Werte ergeben und das wirtschaftliche Interesse des Klägers höher sein kann.[126] Dabei begrenzt § 52 Abs. 3 S. 3 GKG den Wert auf das Dreifache des Wertes nach S. 1. Dieser hat folgenden Wortlaut:

128

> **§ 52 GKG Verfahren vor Gerichten der Verwaltungs-, Finanz- und Sozialgerichtsbarkeit**
>
> (1) ¹In Verfahren vor den Gerichten der Verwaltungs-, Finanz- und Sozialgerichtsbarkeit ist, soweit nichts anderes bestimmt ist, der Streitwert nach der sich aus dem Antrag des Klägers für ihn ergebenden Bedeutung der Sache nach Ermessen zu bestimmen.
>
> (2) ¹Bietet der Sach- und Streitstand für die Bestimmung des Streitwerts keine genügenden Anhaltspunkte, ist ein Streitwert von 5.000 EUR anzunehmen.
>
> (3) ¹Betrifft der Antrag des Klägers eine bezifferte Geldleistung oder einen hierauf bezogenen Verwaltungsakt, ist deren Höhe maßgebend. ²Hat der Antrag des Klägers offensichtlich absehbare Auswirkungen auf künftige Geldleistungen oder auf noch zu erlassende, auf derartige Geldleistungen bezogene Verwaltungsakte, ist die Höhe des sich aus Satz 1 ergebenden Streitwerts um den Betrag der offensichtlich absehbaren zukünftigen Auswirkungen für den Kläger anzuheben, wobei die Summe das Dreifache des Werts nach Satz 1 nicht übersteigen darf. ³In Verfahren in Kindergeldangelegenheiten vor den Gerichten der Finanzgerichtsbarkeit ist § 42 Absatz 1 Satz 1 und Absatz 3 entsprechend anzuwenden; an die Stelle des dreifachen Jahresbetrags tritt der einfache Jahresbetrag.
>
> (4) ¹In Verfahren
> 1. vor den Gerichten der Finanzgerichtsbarkeit, mit Ausnahme der Verfahren nach § 155 Satz 2 der Finanzgerichtsordnung und der Verfahren in Kindergeldangelegenheiten, darf der Streitwert nicht unter 1.500 EUR,
> 2. vor den Gerichten der Sozialgerichtsbarkeit und bei Rechtsstreitigkeiten nach dem Krankenhausfinanzierungsgesetz nicht über 2.500.000 EUR und
> 3. vor den Gerichten der Verwaltungsgerichtsbarkeit über Ansprüche nach dem Vermögensgesetz nicht über 500.000 EUR angenommen werden.
>
> (5) ¹Solange in Verfahren vor den Gerichten der Finanzgerichtsbarkeit der Wert nicht festgesetzt ist und sich der nach den Absätzen 3 und 4 Nummer 1 maßgebende Wert auch nicht unmittelbar aus den gerichtlichen Verfahrensakten ergibt, sind die Gebühren vorläufig nach dem in Absatz 4 Nummer 1 bestimmten Mindestwert zu bemessen.
>
> (6) ¹In Verfahren, die die Begründung, die Umwandlung, das Bestehen, das Nichtbestehen oder die Beendigung eines besoldeten öffentlich-rechtlichen Dienst- oder Amtsverhältnisses betreffen, ist Streitwert
> 1. die Summe der für ein Kalenderjahr zu zahlenden Bezüge mit Ausnahme nicht ruhegehaltsfähiger Zulagen, wenn Gegenstand des Verfahrens ein Dienst- oder Amtsverhältnis auf Lebenszeit ist;
> 2. im Übrigen die Hälfte der für ein Kalenderjahr zu zahlenden Bezüge mit Ausnahme nicht ruhegehaltsfähiger Zulagen. ²Maßgebend für die Berechnung ist das laufende Kalenderjahr. ³Bezügebestandteile, die vom Familienstand oder von Unterhaltsverpflichtungen abhängig sind, bleiben außer Betracht. ⁴Betrifft das Verfahren die Verleihung eines anderen Amts oder den Zeitpunkt einer Versetzung in den Ruhestand, ist Streitwert die Hälfte des sich nach den Sätzen 1 bis 3 ergebenden Betrags.
>
> (7) ¹Ist mit einem in Verfahren nach Absatz 6 verfolgten Klagebegehren ein aus ihm hergeleiteter vermögensrechtlicher Anspruch verbunden, ist nur ein Klagebegehren, und zwar das wertmäßig höhere, maßgebend.
>
> (8) ¹Dem Kläger steht gleich, wer sonst das Verfahren des ersten Rechtszugs beantragt hat.

In Kindergeldsachen, die vor dem Finanzgericht zu führen sind, wird der Gegenstandswert auf 1.500 EUR begrenzt (§ 52 Abs. 4 Nr. 1 GKG).

129

---

[126] BT-Drucks 17/11471, S. 378.

130 § 52 Abs. 4 Nr. 2 GKG begrenzt den Gegenstandswert vor den Gerichten der Sozialgerichten und bei Rechtsstreitigkeiten nach dem Krankhausfinanzierungsgesetz auf 2.500.000 EUR.

131 Die Grundregeln nach § 52 Abs. 1, 2 GKG kommen nur zur Anwendung, wenn anderen Wertvorschriften (z.B. §§ 52 Abs. 2 bis 7, 42 GKG) nichts zur Wertbestimmung zu entnehmen ist. Dabei ist auch **§ 42 Abs. 2 GKG** zu beachten, der folgenden Wortlaut hat:

> **§ 42 GKG Wiederkehrende Leistungen**
>
> (1) [1]Bei Ansprüchen auf wiederkehrende Leistungen aus einem öffentlich-rechtlichen Dienst- oder Amtsverhältnis, einer Dienstpflicht oder einer Tätigkeit, die anstelle einer gesetzlichen Dienstpflicht geleistet werden kann, bei Ansprüchen von Arbeitnehmern auf wiederkehrende Leistungen sowie in Verfahren vor Gerichten der Sozialgerichtsbarkeit, in denen Ansprüche auf wiederkehrende Leistungen dem Grunde oder der Höhe nach geltend gemacht oder abgewehrt werden, ist der dreifache Jahresbetrag der wiederkehrenden Leistungen maßgebend, wenn nicht der Gesamtbetrag der geforderten Leistungen geringer ist. [2]Ist im Verfahren vor den Gerichten der Verwaltungs- und Sozialgerichtsbarkeit die Höhe des Jahresbetrags nicht nach dem Antrag des Klägers bestimmt oder nach diesem Antrag mit vertretbarem Aufwand bestimmbar, ist der Streitwert nach § 52 Abs. 1 und 2 zu bestimmen.
>
> (2)–(3) ...

132 Der Betrag von 5.000 EUR in § 52 Abs. 2 GKG ist kein Regelwert, sondern ein Hilfswert, der nur anzusetzen ist, wenn wegen fehlender tatsächlicher Schätzungsgrundlage keine nachvollziehbare Ermessensentscheidung möglich ist.

Zu beachten ist aber, dass für Verfahren nach § 197a SGG – in denen also weder der Kläger noch der Beklagte zu den nach § 183 SGG privilegierten Personen gehören – das neue Recht nur gilt, wenn das Verfahren ab Inkrafttreten (2.1.2002) rechtshängig geworden ist; für vorher rechtshängige Verfahren gilt – für alle Instanzen, auch wenn ein Rechtsmittel erst nach dem 1.1.2002 eingelegt worden ist – noch der alte § 183 SGG[127] (Kostenfreiheit, soweit nichts anderes bestimmt ist). Das RVG ist aber unabhängig hiervon seit dem 1.7.2004 anzuwenden. Deshalb hat in einem Verfahren, in dem das bis zum 1.1.2002 geltende Kostenrecht, aber das seit dem 1.7.2004 geltende Rechtsanwaltsvergütungsrecht gilt, die Wertfestsetzung für die anwaltlichen Gebühren auf der Grundlage des § 33 Abs. 1 zu erfolgen.[128] Für die Übergangszeit, in der sich die Anwaltsvergütung in solchen Verfahren nach dem RVG richtet, eine gerichtliche Wertfestsetzung nach § 63 GKG aber wegen der Fortdauer der Kostenfreiheit sozialgerichtlicher Verfahren aus Vertrauensschutzgründen nicht stattzufinden hat, erfolgt die Gegenstandswertfestsetzung auf der Grundlage des § 23 Abs. 3 S. 2, 2. Hs. Danach ist der Gegenstandswert nach billigem Ermessen zu bestimmen, soweit er sich aus bestimmten Vorschriften des RVG nicht ergibt und auch sonst nicht feststeht. Diese Vorschrift entspricht wörtlich § 8 Abs. 2 S. 2, 1. Hs. BRAGO in der bis zum 30.6.2004 geltenden Fassung. Deshalb können für die Auslegung des § 23 Abs. 3 S. 2, 2. Hs. die Grundsätze herangezogen werden, die die Rechtsprechung zu der früher geltenden Vorschrift entwickelt hat. Danach ist in erster Linie die sich aus dem Antrag des Rechtsuchenden für ihn ergebende Bedeutung der Sache maßgebend, d.h. in der Regel sein wirtschaftliches Interesse an der erstrebten Entscheidung und ihren Auswirkungen.[129] Dabei ist auf den wirtschaftlichen Wert des im Streit befindlichen Anspruchs abzustellen. Bietet der bisherige Sach- und Streitstand hierzu keine genügenden Anhaltspunkte, auch nicht für eine Schätzung, ist der Gegenstandswert gemäß § 23 Abs. 3 S. 2, 2. Hs. mit 5.000 EUR – je nach Lage des Falles niedriger oder höher – anzunehmen.

Eine systematische und den Anspruch auf Vollständigkeit erhebende Darstellung der bisherigen Streitwert-Rechtsprechung der Sozialgerichte ist im Rahmen dieser Kommentierung nicht möglich. Es wird vielmehr auf das vorliegende **Sonderschrifttum** zur Streitwert-Rechtsprechung der Sozialgerichte,[130] insbesondere auf den Streitwertkatalog der Sozialgerichtsbarkeit 2012[131] verwiesen.

---

127 *Meyer-Ladewig/Keller/Leitherer*, Vorb. zu §§ 183 ff. SGG Rn 12.
128 BSG, Beschl. v. 1.2.2005 – B 6 KA 70/04 B und Beschl. v. 8.4.2005 – B 6 KA 52/04 B (juris).
129 BSG SozR 3–1930 § 8 Nr. 2 S. 2 ff.; BSG SozR 3–1930 § 8 Nr. 1 S. 2 und Nr. 2 S. 8; BSG, Beschl. v. 1.2.2005 – B 6 KA 70/04 B und Beschl. v. 8.4.2005 – B 6 KA 52/04 B (juris).
130 *Hartmann*, § 3 RVG Rn 12 ff.; *Madert/Hellstab*, § 6 Rn 17; *Wenner/Bernard*, NZS 2003, 568 und NZS 2001, 57; *Harneit*, ZMGR 2005, 123, 126; *Straßfeld*, SGb 2008, 191.
131 Abrufbar z.B. unter http://www.lsg.nrw.de/infos/Streitwertkatalog/index.php; zu dem Streitwertkatalog 2009 und früher siehe NZS 2009, 427; NZS 2007, 472; NZS 2006, 350; AGS 2007, 2.

III. Kostengrundentscheidung

1. Verfahren, in denen das GKG nicht anwendbar ist

In Verfahren nach **Abs. 1 S. 1**, in welchen das GKG nicht anzuwenden ist, hat das Gericht gemäß § 193 Abs. 1 S. 1 SGG zu entscheiden, ob und in welchem Umfang die Beteiligten einander Kosten zu erstatten haben. Es entscheidet nach § 193 Abs. 1 S. 3 SGG auf Antrag durch Beschluss, wenn das Verfahren anders beendet worden ist. Eine versehentlich **unterbliebene Kostenentscheidung** ist auf **Antrag, der nach § 140 Abs. 1 SGG innerhalb eines Monats** zu stellen ist, zu ergänzen. Einer Kostenentscheidung bedarf es nicht bei einer Entscheidung in unselbstständigen Zwischenverfahren, bei der Verweisung des Rechtsstreits an ein anderes Gericht sowie bei Teil- und Zwischenurteilen.[132] Ebenfalls kann eine Kostengrundentscheidung nach Klagerücknahme unterbleiben, wenn feststeht, dass Gerichtsgebühren nicht zu erheben sind, sonstige zu erstattende Auslagen nicht anfielen und wenn die übrigen Beteiligten des Verfahrens eine Erstattung ihrer Aufwendungen nicht geltend machen (teleologische Reduktion von § 161 Abs. 1 VwGO).[133]

133

Wenn sowohl der Kläger als auch der ihn vertretende Rentenberater gegen den Ausschluss von der Vertretung Beschwerde einlegen, richtet sich die Kostenentscheidung einheitlich nach § 193 SGG und nicht nach § 197a SGG. Ein Ausspruch über die Kostenerstattung ergeht nur hinsichtlich des nicht am Hauptsacheverfahren beteiligten Rentenberaters. Es liegen insoweit nicht zwei verschiedene Beschwerdeverfahren, sondern nur ein einziges vor, da beide BF denselben Beschluss des SG mit identischem Ziel angreifen. Prozessual gleicht dies dem Sachverhalt, dass gegen ein Urteil mehrere Beteiligte Rechtsmittel einlegen, von denen einer zum kostenrechtlich begünstigten Personenkreis des § 183 SGG gehört und ein anderer nicht. Jedenfalls dann, wenn es sich in einem solchen Fall um einen unteilbaren Streitgegenstand handelt, richtet sich die Kostenentscheidung in einem Rechtszug für alle Beteiligten einheitlich nach § 193 SGG.[134]

Die Entscheidung des Gerichts über die Kostenerstattung steht im **Ermessen** des Gerichts. Es hat bei dieser Entscheidung alle Umstände des Einzelfalls zu berücksichtigen. In der Regel ist es aber billig, dass derjenige Beteiligte die Kosten trägt, der unterliegt, oder bei teilweisem Obsiegen und teilweisem Unterliegen eine Quotelung vorzunehmen.[135] Allerdings ist der Erfolgsgesichtspunkt nicht der allein entscheidende und es kann im Einzelfall eine vom Verfahrensausgang abweichende Kostenregelung aus Veranlassungsgesichtspunkten (Gründe für die Führung und die Erledigung des Rechtsstreits) geboten sein. Der Gesichtspunkt der Veranlassung zur Klageerhebung hat Vorrang vor dem der Erfolgsaussicht der Klage.[136] Erledigt sich ein Verfahren, das schwierige und noch offene Rechtsfragen aufwirft, deren Beantwortung bei der in der Kostenentscheidung alleine möglichen summarischen Prüfung ebenso offen erscheint wie die Erfolgsaussichten des erledigten Rechtsmittels, entspricht es billigem Ermessen, bei der Entscheidung nach § 193 SGG eine nur hälftige Verpflichtung des Leistungsträgers zur Erstattung der außergerichtlichen Kosten der Gegenseite auszusprechen.[137] Auch führt ein teilweises Obsiegen des Klägers nicht zwangsläufig zur Kostenquotelung. Auch bei einem nur überwiegenden Obsiegen können dem Beklagten die vollen außergerichtlichen Kosten des Klägers auferlegt werden.[138] Missachtet die Behörde § 13 Abs. 3 SGB X (Zustellung an den Bevollmächtigten) kann es billigem Ermessen entsprechen, ihr die Kosten nach § 193 Abs. 1 SGG aufzuerlegen, obgleich ein Eilantrag erst nach positiver Entscheidung bei Gericht eingeht.[139] Weiter ist zu berücksichtigen, dass nach **§ 193 Abs. 4 SGG** die Aufwendungen der in § 184 Abs. 1 SGG genannten Gebührenpflichtigen nicht erstattungsfähig sind. In § 184 Abs. 1 SGG

134

---

132 *Meyer-Ladewig/Keller/Leitherer*, SGG, § 193 Rn 2b.
133 SG Dresden, Beschl. v. 8.1.2003 – S 1 SF 12/02 (juris).
134 LSG Baden-Württemberg, Beschl. v. 4.10.2007 – L 6 SB 6134/06 B; BSG, Beschl. v. 29.5.2006 – SozR 4-1500 § 193 Nr. 3.
135 *Meyer-Ladewig/Keller/Leitherer*, SGG, § 193 Rn 12 ff. m.w.N.
136 LSG Berlin-Brandenburg, SAR 2009, 2 und Beschl. v. 26.2.2008 – L 21 B 927/07 R und Beschl. v. 24.1.2008 – L 28 B 2139/07 AS PKH; LSG NRW, Breith 2008, 277 und Beschl. v. 9.5.2007 – L 8 B 28/06 R; LSG Hessen, Beschl. v. 7.2.2003 – L 12 B 93/02 RJ; SG Lüneburg, Gerichtsbescheid v. 6.11.2007, S 2 U 173/04; LSG Baden-Württemberg, Urt. v. 12.2.2010 – L 4 R 803/09; BSG, Urt. v. 20.10.2010 – B 13 R 15/10 R.
137 LSG Niedersachsen-Bremen 5. Senat, Beschl. v. 19.12.2007 – L 5 B 1/07 BL; LSG NRW, Beschl. v. 18.2.2008 – L 19 B 174/07 AS und Beschl. v. 3.9.2004 – L 3 P 36/03 und Beschl. v. 12.12.2007 – L 19 B 124/07 AS ER; BSG Beschl. v. 10.8.1993 – 14 ArKa 12/92.
138 LSG Thüringen, Beschl. v. 11.9.2007 – L 1 B 110/07 SF.
139 LSG Berlin-Brandenburg, Beschl. v. 5.11.2007 – L 32 B 1758/07 AS

wird bestimmt, dass Kläger und Beklagte, die nicht zu den in § 183 SGG genannten privilegierten Personen gehören, für jede Streitsache eine Gebühr zu entrichten haben. § 184 SGG nennt damit ausdrücklich nicht die Beigeladenen gemäß § 75 SGG, sodass § 193 Abs. 4 SGG i.V.m. § 184 SGG folglich nicht die Kostenerstattung zugunsten von Beigeladenen, auch wenn es sich um juristische Personen handelt, ausschließt. Zwar mag dem Gesetzgeber, jedenfalls soweit juristische Personen des öffentlichen Rechts und die privaten Pflegeversicherungsunternehmen betroffen sind, in § 193 Abs. 4 SGG ein Fehler bei der Formulierung des Gesetzes unterlaufen sein, jedoch ist dieser Fehler vom Gesetzgeber selbst zu korrigieren.[140] Ist ein Mahnverfahren nach § 182a SGG vorausgegangen, so entscheidet das Gericht gemäß **§ 193 Abs. 1 S. 2 SGG** auch, welcher Beteiligter die Gerichtskosten zu tragen hat. Sind mehrere Beteiligte kostenpflichtig, so ist nach **§ 194 SGG** die Regelung in § 100 ZPO anwendbar. Die Kosten können ihnen als Gesamtschuldner auferlegt werden, wenn das Streitverhältnis ihnen gegenüber nur einheitlich entschieden werden kann. Kostengläubiger kann auch ein **Beigeladener** sein, ohne Rücksicht darauf, ob er Sachanträge gestellt hat oder nicht.[141] Das Gericht hat von Amts wegen zu entscheiden, ob Kosten des Beigeladenen erstattet werden.[142]

135 Nach § 192 SGG wird es dem Gericht ermöglicht, in Fällen, in denen Beteiligte oder ihre Vertreter bzw. Bevollmächtigte schuldhaft das Verfahren verzögert haben, ganz oder teilweise die dadurch verursachten Kosten aufzuerlegen. Entsprechendes gilt, wenn die Beteiligten auf die Aussichtslosigkeit des Rechtsstreites sowie auf eine mögliche Kostentragungspflicht durch den Vorsitzenden in einem Termin hingewiesen worden ist.[143] Ein solcher Missbrauch ist für das sozialgerichtliche Verfahren unter anderem dann zu bejahen, wenn eine Berufung offensichtlich unbegründet ist und sie von jedem Einsichtigen als völlig aussichtslos angesehen werden muss. Dabei ist die offensichtliche Aussichtslosigkeit für jedes Verfahren individuell zu prüfen; sie ist vor allem danach zu beurteilen, ob die Gesetzeslage einfach und eindeutig ist und ob die interessierenden Rechtsfragen durch höchstrichterliche Rechtsprechung des BSG geklärt sind.[144] Ein Missbrauch kann auch in der Weigerung des Anwalts des Antragstellers im gerichtlichen Verfahren liegen, der Auskunftspflicht nach § 117 SGB XII unter dem Hinweis darauf nicht Folge zu leisten, eine solche Auskunft sei einer anderen Behörde bereits erteilt worden.[145] Außerdem wird dem Gericht entsprechend § 34 BVerfGG die Möglichkeit eröffnet, einem Beteiligten Kosten aufzuerlegen, wenn die Erhebung der Klage oder sonstige Verfahrenshandlungen als Missbrauch des grundsätzlich kostenfreien sozialgerichtlichen Rechtsschutzes anzusehen sind (z.B. bei substanzlosen Klagen in Bagatellfällen).[146] Neu ist § 192 Abs. 4 SGG, wonach das Gericht durch gesonderten Beschluss der Behörde ganz oder teilweise Kosten auferlegen kann, die dadurch verursacht werden, dass die Behörde erkennbare und notwendige Ermittlungen im Verwaltungsverfahren unterlassen hat, die im gerichtlichen Verfahren nachgeholt wurden. Der aus dem geltenden Recht übernommene Kostenbegriff entspricht nicht dem der Legaldefinition in § 1 GKG. Diese Regelung trägt vielmehr dem Schadensersatzprinzip Rechnung. Kosten im Sinne dieser Vorschrift können deshalb vor allem die dem Gericht entstandenen Kosten für eine Beweisaufnahme, für das Absetzen eines schriftlichen Urteils oder die allgemeinen Gerichtshaltungskosten sein. Die Entscheidung über die Kostenauferlegung ist grundsätzlich endgültig; eine Aufhebung kann nur durch eine Kostenentscheidung im Rechtsmittelverfahren erfolgen.[147] Der Beschluss über Verschuldenskosten ist erst nach Beendigung des Rechtsstreites zulässig.[148]

136 Die **Kostenvorschriften der ZPO** (§§ 91 bis 107 ZPO) **gelten** grundsätzlich **nicht**, weil diese Vorschriften auf einem anderen Grundprinzip beruhen, welches das SGG nicht kennt, nämlich dass der unterliegende Beteiligte stets die Kosten zu tragen hat.[149] Die Berufung oder Revision nur wegen der Kosten des Verfahrens ist nach § 144 Abs. 4 SGG bzw. nach §§ 165, 144 Abs. 4 SGG ausgeschlossen. Dieser Ausschluss des Rechtsmittels allein wegen der Kostenfrage umfasst nicht nur die (allgemeine) Kostenentscheidung nach § 193 SGG, sondern auch die spezielle Kostenvorschrift des § 192 SGG. Der Ausschluss eines Rechtsmittels allein wegen der Kosten dient der

---

140 BSG NZS 2008, 493.
141 SG Freiburg, Beschl. v. 11.6.2008 – S 6 AS 2573/08 ER
142 Meyer-Ladewig/Keller/Leitherer, SGG, § 193 Rn 11a.
143 SG Braunschweig, Gerichtsbescheid v. 13.10.2008 – S 19 AS 2667/08.
144 LSG Thüringen, Urt. v. 29.5.2008 – L 2 R 1100/06; LSG Berlin-Brandenburg, Beschl. v. 23.5.2007 – L 8 B 1695/07 R
145 LSG NRW, Urt. v. 16.4.2008 – L 12 SO 4/07.
146 SG Dresden, Urt. v. 4.9.2003 – S 5 U 295/00 (juris); LSG Rheinland-Pfalz NZS 2005, 502; LSG Schleswig-Holstein NZS 2004 327 L; SG Frankfurt NZS 2005, 335.
147 BT-Drucks 14/5943, S. 28.
148 LSG Niedersachsen-Bremen, Beschl. v. 14.6.2007 – L 7 B 42/07 AS; a A. LSG Niedersachsen-Bremen, Beschl. v. 30.9.2003, NdsRpfl 2004, 140.
149 Meyer-Ladewig/Keller/Leitherer, SGG, § 193 Rn 1.

Prozessökonomie und soll stets das Rechtsmittel ausschließen, wenn es sich allein auf die Kosten des Verfahrens bezieht.[150] Auch die isolierte Beschwerde gegen eine Kostenentscheidung, die als Nebenentscheidung in einem Beschlussverfahren ergeht, ist in entsprechender Anwendung des § 144 Abs. 4 SGG ausgeschlossen und damit unzulässig.[151]

Gegen die Kostengrundentscheidung eines Sozialgerichts, die auf der Grundlage von § 193 SGG ergangen ist, war bis einschließlich 31.3.2008 nach § 172 SGG die Beschwerde statthaft. Nach § 18 Abs. 1 Nr. 3 ist das Beschwerdeverfahren eine besondere Angelegenheit. Nach VV 3501 ist für ein Beschwerdeverfahren in Fällen des § 3 Abs. 1 S. 2 daher eine eigene Gebühr (von 20 bis 210 EUR) angefallen. Damit entstand neben der Gebühr, die der prozessbevollmächtigte Rechtsanwalt für das gerichtliche Verfahren in der Hauptsache beanspruchen kann, eine gesonderte Gebühr für das Betreiben des Beschwerdeverfahrens. Angesichts dieser ausdrücklichen Regelung und der Schaffung einer eigenen Gebührenziffer im sozialgerichtlichen Verfahren durch das RVG, war **auch in der Beschwerdeentscheidung** im sozialgerichtlichen Verfahren bei Nichtanwendbarkeit des GKG **eine Kostengrundentscheidung zu treffen**.[152] Nach den SGG in der Fassung seit dem 1.4.2008 ist die Beschwerde gegen Kostengrundentscheidungen nach § 193 SGG nach § 172 Abs. 3 Nr. 3 SGG ausgeschlossen. Diese Vorschrift ist ohne Übergangsregelung am 1.4.2008 in Kraft getreten. Nach dem allgemeinen Grundsatz des intertemporalen Prozessrechts erfasst eine Änderung des Verfahrensrechts grundsätzlich auch anhängige Rechtsstreitigkeiten.[153] Nach dem 31.8.2008 eingelegte Beschwerden unterliegen deshalb dem ohne Übergangsregelung ab 1.4.2008 in Kraft getretenen Verfahrensrecht, wonach die Beschwerde gegen Kostengrundentscheidungen nach § 193 SGG nicht mehr statthaft ist.[154] Eine Einschränkung dieses Grundsatzes kann im Einzelfall nur aus Gründen des Vertrauensschutzes geboten sein, z.B. dann wenn eine nachträgliche Beschränkung von Rechtsmitteln zum Fortfall der Statthaftigkeit eines bereits eingelegten Rechtsmittels führen würde.[155]

Andere Beschwerdeverfahren, z.B. im Zusammenhang mit Entscheidungen nach § 109 SGG sind aber weiter statthaft. Dort wurde aber zu den außergerichtlichen Kosten eines Beschwerdeverfahrens gegen die eine Kostenübernahme nach § 109 SGG auf die Staatskasse ablehnende Entscheidung des SG erkannt, dass diese nicht zu erstatten sind. Dies folge aus § 67 Abs. 1 S. 2 i.V.m. § 66 Abs. 8 GKG. Diese Vorschriften sind auf diese Fallkonstellation entsprechend anwendbar. Nach § 10 GKG darf die Tätigkeit der Gerichte in weiterem Umfang als es die Prozessordnungen oder das GKG gestatten, nicht von der Zahlung der Kosten abhängig gemacht werden. Für diejenigen sozialgerichtlichen Verfahren, in denen das GKG Anwendung findet, regelt § 17 GKG eine Vorschusspflicht für Auslagen. Die Regelung in § 109 SGG gibt den Gerichten der Sozialgerichtsbarkeit ebenfalls das Recht, die Einholung des nach dieser Vorschrift beantragten Sachverständigengutachtens von der Zahlung eines Auslagenvorschusses abhängig zu machen. Beide Vorschriften – § 17 GKG für Verfahren nach § 197a SGG und § 109 SGG für Verfahren nach § 183 SGG – regeln demnach vergleichbare Sachverhalte. Während das Verfahren der Beschwerde gegen die Anordnung einer Vorauszahlung in den vom GKG erfassten Verfahren in § 67 GKG geregelt ist, gelten für Beschwerden gegen Entscheidungen auf der Grundlage des § 109 SGG die Vorschriften in §§ 172 ff. SGG. Im SGG ist jedoch keine Bestimmung enthalten, die die Kostentragung im Fall einer erfolgreichen Beschwerde bei der Entscheidung über die Anordnung des Kostenvorschusses oder die Übernahme der Kosten auf die Staatskasse regelt. Die Bestimmung des § 193 SGG ist nicht anwendbar, da das Verfahren, in dem zu entscheiden ist, ob die Kosten der Begutachtung auf die Staatskasse übernommen werden, kein Prozessverfahren, sondern ein parteieinseitiges Verfahren des Kostenrechts ist, in dem sich – wie bei der Prozesskostenhilfe – als Beteiligter nur der Antragsteller und das Gericht als Bewilligungsstelle gegenüberstehen. Daher ist es geboten, die Gesetzeslücke durch eine analoge Anwendung von § 67 Abs. 1 S. 2 i.V.m. § 66 Abs. 8 GKG zu schließen.[156]

---

150 BSG, Beschl. v. 5.8.2008 – B 13 R 153/08 B und Beschl. v. 13.7.2004 – B 2 U 84/04 B und Beschl. v. 23.10.2003 – B 11 AL 199/03 B und Beschl. v. 27.1.1999 – B 12 KR 56/98 B.
151 LSG NRW, Beschl. v. 22.4.2008 – L 19 B 78/08 AS ER und Beschl. v. 4.4.2007 – L 19 B 7/07 AS ER; LSG Berlin-Brandenburg, Beschl. v. 14.5.2007 – L 10 B 545/07 AS ER.
152 LSG Rheinland-Pfalz RVGreport 2007, 98; LSG Niedersachsen-Bremen, AnwBl 2006, 146 und RVGreport 2007, 262; LSG Baden-Württemberg, Beschl. v. 14.1.2009 – L13 AS 5633/08 B. LSG NRW, Beschl. v. 14.11.2007 – L 19 B 28/07 AL und Beschl. v. 18.2.2008 – L 19 B 174/07 AS; LSG Hamburg AGS 2008, 254; SG Reutlingen ASR 2008, 225.
153 BVerfGE 87, 48.
154 LSG Niedersachsen-Bremen, Beschl. v. 26.6.2008, L 8 B 1/08 KG; LSG Rheinland-Pfalz NZS 2009, 64.
155 BVerfGE 87, 48; LSG Berlin-Brandenburg, Beschl. v. 2.6.2008, L 32 B 758/08 AS.
156 LSG Baden-Württemberg, Beschl. v. 30.10.2008 – L 11 R 3757/08 KO-B.

2. Verfahren, in denen das GKG anwendbar ist

138 In Verfahren nach **Abs. 1 S. 2**, in welchen das GKG anwendbar ist, finden die §§ 184 bis 195 SGG nach dem durch das 6. SGGÄndG eingefügten **§ 197a Abs. 1 S. 1 SGG** keine Anwendung, auch dann nicht, wenn versehentlich die Beigabe bzw. Aushändigung des Entschädigungsantrages erfolgt.[157] Vielmehr sind die **§§ 154 bis 162 VwGO entsprechend** anzuwenden (§ 197a Abs. 1 S. 1, 2. Hs. SGG). Diese Vorschriften eignen sich dazu insbesondere, weil sie auch Bestimmungen über die Kosten des Vorverfahrens und über die Kostentragungspflicht der Beigeladenen enthalten. **§ 197a Abs. 1 S. 2 SGG** stellt klar, dass bei der Klagerücknahme, die nach § 102 S. 2 SGG den Rechtsstreit in der Hauptsache erledigt, die Kostenfolge des § 161 Abs. 2 VwGO ausgeschlossen ist und damit die des § 155 Abs. 2 VwGO Anwendung findet.[158]

§ 197a Abs. 1 S. 1 SGG greift aber nicht ein, wenn außer dem kostenrechtlich nicht begünstigten Beteiligten noch ein weiterer, zum Kreis der Versicherten, Leistungsempfänger oder Behinderten zählender Beteiligter Rechtsmittel einlegt. In einem solchen Fall gilt für alle Beteiligten des betreffenden Rechtszugs einheitlich das Kostenregime der §§ 184 bis 195 SGG mit der Folge, dass sich die zugunsten des einen Beschwerdeführers bestehende Kostenfreiheit auf den anderen, nicht privilegierten Beschwerdeführer erstreckt. Diese Rechtsfolge ist zwar im Gesetz nicht ausdrücklich angeordnet; sie ergibt sich aber aus der Systematik der Kostenvorschriften.[159] § 197a Abs. 1 S. 1 SGG erfasst ebenfalls den Fall nicht, dass ein Kläger einerseits als Versicherter auftritt und andererseits als Prozessstandschafter für einen nicht von § 183 SGG erfassten Dritten. Auch die sonstigen Vorschriften des SGG erbringen hierzu keine Klarheit. Insoweit ist das Gesetz unter Berücksichtigung der Systematik der sozialgerichtlichen Kostenvorschriften auszulegen. Danach ist eine kombinierte Kostenentscheidung nach § 197a SGG sowie nach § 193 SGG zutreffend und eine einheitliche Kostenentscheidung entweder nach § 193 SGG oder nach § 197a SGG nicht geboten. Die beiden unterschiedlichen Konzepte des SGG, nämlich die Kombination von Kostenfreiheit und Pauschgebührenpflicht auf der einen Seite sowie Gerichtskosten und Kostentragung durch die unterlegene Partei auf der anderen Seite, lassen sich nicht innerhalb einer Instanz widerspruchsfrei miteinander verbinden, wenn als Kläger oder Rechtsmittelkläger zwei Beteiligte auftreten, von denen nur einer i.S.d. § 183 SGG privilegiert ist, es aber nur um einen unteilbaren Streitgegenstand geht. Die unterschiedlichen kostenrechtlichen Konzepte des SGG sind jedoch ohne Weiteres miteinander vereinbar, wenn es um Fälle objektiver Klagehäufung (§ 56 SGG) geht, bei denen der eine Streitgegenstand von § 193 SGG und der andere von § 197a SGG erfasst wird. Bei einer objektiven Klagehäufung werden zwei oder mehr Klagen eines Klägers, die an sich in getrennten Verfahren behandelt und kostenmäßig abgerechnet werden könnten, in einem einheitlichen Verfahren verhandelt und entschieden. Fallen die Streitgegenstände unter verschiedene Kostenregelungen, besteht kein Anlass, einer Kostenregelung den Vorzug zu geben, sondern beide Kostenregelungen können nebeneinander angewandt werden, wie es auch bei getrennter Verfahrensführung zu geschehen hätte. Durch die verschiedenen Streitgegenstände gibt es – anders als bei einem einheitlichen Streitgegenstand – sowohl bei den Kosten des Gerichts, als auch bei den außergerichtlichen Kosten der Beteiligten differenzierbare Kosten, die den jeweiligen Streitgegenständen zugeordnet werden können. Gerichtliche und außergerichtliche Kosten werden insoweit nicht „doppelt", sondern separat abgegolten. Die Kombination von § 193 SGG und § 197a SGG in einer einheitlichen Kostenentscheidung zu einem Verfahren mit objektiver Klagehäufung ist aber nicht nur bei kumulativer Klagehäufung zulässig und angemessen, sondern auch bei einer Eventualklagehäufung, wenn über den Hauptanspruch und den Hilfsanspruch entschieden worden ist und die Streitgegenstände unterschiedlichen Kostenregelungen unterliegen. Denn auch hierbei gibt es abtrennbare, den jeweiligen Streitgegenständen zurechenbare Gerichtskosten und außergerichtliche Kosten.[160]

139 In **§ 197a Abs. 2 SGG** ist geregelt, inwieweit die VwGO in **Beiladungsfällen** angewandt wird. Nach § 154 Abs. 3 VwGO können dem Beigeladenen Kosten nur auferlegt werden, wenn er Anträge gestellt oder Rechtsmittel eingelegt hat. Damit wird sichergestellt, dass Beigeladene sich durch Anregungen und sonstige Beiträge am Verfahren beteiligen können, ohne ein Kostenrisiko einzugehen, solange sie keine förmlichen Anträge stellen. Eine Ausnahme soll für den Fall gelten, dass ein

---

157 LSG Bayern, Beschl. v. 29.9.2006 – L 3 U 311/05.Ko.
158 BT-Drucks 14/5943, S. 29.
159 BSG NZS 2007, 53; LSG Baden-Württemberg, Urt. v. 30.3.2012. Demgegenüber nimmt das Bay. LSG an, dass wegen der Einheitlichkeit der Kostenentscheidung auch dann Kostenfreiheit für das gesamte Gerichtsverfahren besteht, wenn ein Kläger kostenprivilegiert und ein anderer Kläger kostenpflichtig ist.
160 BSG NZS 2007, 440 und NZS 2007, 489.

nach § 75 Abs. 5 SGG Beigeladener verurteilt wird. Nach dieser Vorschrift kann ein Versicherungsträger oder in Angelegenheiten des sozialen Entschädigungsrechts ein Land nach Beiladung verurteilt werden. § 197a Abs. 2 S. 2 SGG stellt klar, dass den kostenrechtlich begünstigten Personen, auch wenn sie beigeladen worden sind, grundsätzlich keine Kosten auferlegt werden können. Die §§ 191 und 192 SGG sollen allerdings anwendbar sein. § 191 SGG enthält eine Rechtsgrundverweisung, mit der Folge, dass der Beigeladene nicht in jedem Fall, sondern nur im Fall seines persönlichen Erscheinens eine Entschädigung beanspruchen kann. Eine ihm gezahlte Entschädigung soll nicht zu den Gerichtskosten gehören und damit grundsätzlich von der Staatskasse erstattet werden. Verfahren, in denen Sozialhilfeträger als Kläger oder Beklagter beteiligt sind und die nicht Erstattungsstreitigkeiten mit anderen Sozialhilfeträgern zum Gegenstand haben, sind keine gerichtskostenfreien Verfahren. Nach § 197a Abs. 3 SGG wird klargestellt, dass die Träger der Sozialhilfe zwar grundsätzlich weiter gemäß § 64 Abs. 3 S. 2 SGB X von Gerichtskosten freigestellt sind, dies aber ausnahmsweise nicht in Erstattungsstreitigkeiten zwischen Sozialleistungsträgern gilt. Keineswegs ist aber der Umkehrschluss gerechtfertigt, dass Verfahren, in denen Sozialhilfeträger als Kläger oder Beklagter beteiligt sind, und die nicht Erstattungsstreitigkeiten mit anderen Sozialhilfeträgern zum Gegenstand haben, gerichtskostenfreie Verfahren sind, für die die Kostenentscheidung nach § 193 SGG und nicht nach § 197a SGG zu erfolgen hat.[161]

140 Nach § 161 Abs. 1 VwGO hat das Gericht im Urteil oder, wenn das Verfahren in anderer Weise beendet worden ist, durch Beschluss über die Kosten zu entscheiden. Eine versehentlich **unterbliebene Kostenentscheidung** ist auf **Antrag**, der nach § 120 Abs. 2 VwGO innerhalb von zwei Wochen zu stellen ist, zu ergänzen. Einer Kostenentscheidung bedarf es nicht bei einer Entscheidung in unselbstständigen Zwischenverfahren, bei der Verweisung des Rechtsstreits an ein anderes Gericht sowie bei Teil- und Endurteilen. Gemäß § 154 Abs. 1 VwGO trägt der unterliegende Teil die Kosten. Wenn ein Beteiligter teils obsiegt, teils unterliegt, so sind die Kosten nach § 155 Abs. 1 VwGO entweder gegeneinander aufzuheben oder verhältnismäßig zu teilen. Wer einen Antrag, eine Klage oder ein Rechtsmittel zurücknimmt, hat nach § 155 Abs. 2 VwGO die Kosten zu tragen. Hat der Beklagte durch sein Verhalten keine Veranlassung zur Klage gegeben, so fallen dem Kläger nach § 156 VwGO die Prozesskosten zur Last, wenn der Beklagte den Anspruch sofort anerkennt.

141 Einem **Beigeladenen** können nach § 154 Abs. 3 VwGO nur Kosten auferlegt werden, wenn er Anträge gestellt oder ein Rechtsmittel zurückgenommen hat. Nach § 162 Abs. 3 VwGO sind die außergerichtlichen Kosten des Beigeladenen nur dann erstattungsfähig, wenn sie durch das Gericht aus Billigkeit der Staatskasse oder der unterliegenden Partei auferlegt worden sind. Der Billigkeit wird die Auferlegung der außergerichtlichen Kosten des Beigeladenen gegenüber der unterliegenden Partei in der Regel nur dann entsprechen, wenn der Beigeladene erfolgreich Anträge gestellt oder ein Rechtsmittel geführt hat und damit selbst ein Kostenrisiko i.S.v. § 154 Abs. 3 VwGO übernommen hat. Diese Regel gilt nicht in den Fällen der **notwendigen Beiladung (§ 75 Abs. 2 SGG)**.[162] Im Nichtzulassungsstreit stellt es aber vor einer durch das erkennende Gericht selbst veranlassten Anhörung für die übrigen Verfahrensbeteiligten im Allgemeinen keine nahe liegende oder gar angemessene Rechtsverfolgung dar, sich bereits in diesem Stadium des Verfahrens anwaltlicher Vertretung zu bedienen. Es entspricht nicht billigem Ermessen, die außergerichtlichen Kosten des Beigeladenen der unterliegenden Partei aufzuerlegen, wenn der Beigeladene nur die Zurückweisung der Beschwerde beantragt hat und irgendwelche Ausführungen, welche die Erörterung des Streitstoffs wirklich fördern könnten, unterblieben sind.[163]

Umstritten war die Frage, ob die **isolierte Anfechtung der** Kostengrundentscheidung **nach § 158 VwGO unzulässig ist oder doch nach § 172 Abs. 1 SGG zu gestatten** ist, auch wenn das GKG auf das Verfahren anwendbar ist.[164] Da nach den SGG in der Fassung seit dem 1.4.2008 aber auch die Beschwerde gegen Kostengrundentscheidungen nach § 193 SGG nach § 172 Abs. 3 Nr. 3 SGG ausgeschlossen ist und diese Vorschrift ohne Übergangsregelung am 1.4.2008 in Kraft getreten ist,

---

161 LSG Baden-Württemberg KHR 2008, 46 und Urt. v. 18.10.2007 – L 7 SO 2737/06; LSG Essen FEVS 58, 513; LSG NRW, Beschl. v. 9.1.2007 – L 20 B 137/06 SO.
162 VGH Baden-Württemberg VBlBW 1996, 57 (für notwendig beigeladenen Bauherrn); VGH München AGS 2000, 130 (für notwendig beigeladenen Asylbewerber).
163 BVerwG AGS 1996, 91.
164 LSG Baden-Württemberg, Beschl. v. 22.5.2007 – L 8 AL 3833/06; LSG Berlin, Beschl. v. 28.4.2004 – L 6 B 44/03 AL ER; LSG NRW, Beschl. v. 25.8.2003 – L 5 SB 25/02 KR; *Breith*, 2003, 877; a.A. LSG Baden-Württemberg, Beschl. v. 17.10.2006 – L 5 KA 236/06 AK-B; LSG Berlin, Beschl. v. 20.12.2004 – L 9 B 290/04 KR; LSG Niedersachsen, Beschl. v. 6.10.2004 – L 3 SB 79/03 KA.

stellt sich diese Frage nicht mehr.[165] Vielmehr unterliegen nach dem 31.8.2008 eingelegte Beschwerden ohne Übergangsregelung dem ab 1.4.2008 in Kraft getretenen Verfahrensrecht, wonach die Beschwerde gegen Kostengrundentscheidungen nach § 193 SGG nicht mehr statthaft ist.[166] Eine Einschränkung dieses Grundsatzes kann im Einzelfall nur aus Gründen des Vertrauensschutzes geboten sein, z.B. dann wenn eine nachträgliche Beschränkung von Rechtsmitteln zum Fortfall der Statthaftigkeit eines bereits eingelegten Rechtsmittels führen würde.[167]

IV. Kostenfestsetzung

142 Zuständig für die Kostenfestsetzung ist nach § 197 Abs. 1 S. 1 SGG der **Urkundsbeamte der Geschäftsstelle des Gerichts des ersten Rechtszugs**. Nach § 197 Abs. 1 S. 2 SGG ist neben § 104 Abs. 2 ZPO auch § 104 Abs. 1 S. 2 ZPO entsprechend anzuwenden. Mithin sind die festgesetzten Kosten auf Antrag vom Eingang des Festsetzungsantrages an mit 5 Prozentpunkten über dem Basiszinssatz nach § 247 BGB zu verzinsen.

Eine Kostenfestsetzung (der Zinsen) kommt auch dann in Betracht, wenn der Kostenschuldner die Kosten erstattet hat.[168] Gegen die Entscheidung des Urkundsbeamten der Geschäftsstelle kann binnen eines Monats nach § 197 Abs. 2 SGG das Gericht angerufen werden, das endgültig entscheidet (§§ 178, 197 Abs. 2, 189 Abs. 2 SGG).[169] Wegen des abschließenden Normengefüges der §§ 172 ff. SGG[170] ist im Vergütungsfestsetzungsverfahren nach § 55 RVG die Beschwerde an das LSG gegen die Entscheidung des SG ausgeschlossen.[171] Nach der Systematik des SGG sind auf eine Erinnerung ergangene Beschlüsse des SG unanfechtbar. Neben der Regelung des § 178 S. 1 SGG sieht deshalb das SGG für das Kostenfestsetzungsverfahren in § 197 Abs. 2 SGG und in Verfahren zur Feststellung der Pauschgebühr in § 189 Abs. 2 SGG nur eine gerichtliche – endgültige – Entscheidung auf die Erinnerung gegen die Entscheidung des Urkundsbeamten vor, nicht aber eine Beschwerdemöglichkeit gegen den auf die Erinnerung hin ergangenen Beschluss. Die Beschwerdemöglichkeit nach § 56 Abs. 2 S. 1 i.V.m. § 33 Abs. 3 ist danach nur in der sozialgerichtlichen **PKH-Kostenfestsetzung** möglich. Für Fragen der Statthaftigkeit von Rechtsbehelfen ist das RVG das speziellere Gesetz, was nunmehr auch ausdrücklich in § 1 Abs. 3 klargestellt wird.

Auch bei der Entscheidung nach § 197 Abs. 2 SGG ist eine Kostengrundentscheidung zu treffen, da es sich um eine besondere Angelegenheit nach § 18 Abs. 1 Nr. 3 handelt.[172]

V. Kostenerstattung

1. Verfahren, in denen das GKG nicht anwendbar ist

143 Für die Kostenerstattung in Verfahren nach **Abs. 1 S. 1**, in denen das GKG nicht anzuwenden ist, sind die Regelungen in **§ 193 Abs. 2 bis 4 SGG** maßgeblich, die folgenden Wortlaut haben:

> **§ 193 SGG [Kostenerstattung]**
> (1) ...
> (2) ¹Kosten sind die zur zweckentsprechenden Rechtsverfolgung oder Rechtsverteidigung notwendigen Aufwendungen der Beteiligten.
> (3) ¹Die gesetzliche Vergütung eines Rechtsanwalts oder Rechtsbeistands ist stets erstattungsfähig.
> (4) ¹Nicht erstattungsfähig sind die Aufwendungen der in § 184 Abs. 1 genannten Gebührenpflichtigen.

144 Nach § 193 Abs. 2 SGG sind nur die **zur zweckentsprechenden Rechtsverfolgung notwendigen Aufwendungen** zu erstatten. Die Notwendigkeit einer Aufwendung beurteilt sich aus der Sicht einer

---

165 BVerfGE 87, 48.
166 LSG Niedersachsen-Bremen, Beschl. v. 26.6.2008 – L 8 B 1/08 KG; LSG Rheinland-Pfalz NZS 2009, 64.
167 BVerfGE 87, 48; LSG Berlin-Brandenburg, Beschl. v. 2.6.2008 – L 32 B 758/08 AS.
168 SG Frankfurt am Main AGS 2015, 352–355 m. Anm. *Asmalsky*; SG Berlin AGS 2015, 352; a.A. SG Berlin AGS 2015, 350; SG Schleswig AGS 2015, 350; SG Dresden AGS 2015, 351; SG Halle AGS 2015, 351; SG Würzburg AGS 2015, 351.
169 LSG Berlin-Brandenburg, Beschl. v. 18.6.2007 – L 18 B 732/07 AS.
170 LSG Berlin, Beschl. v. 28.2.2005 – L 9 B 166/02 KR.
171 LSG NRW, Beschl. v. 20.5.2008 – L 8 B6/08 R.
172 SG Berlin, Beschl. v. 10.9.2007 – S 48 SB 2223/05.

verständigen Partei, die bemüht ist, die Kosten so niedrig wie möglich zu halten. Dabei ist auf den Zeitpunkt der die Aufwendungen verursachenden Handlung abzustellen sowie darauf, ob die Partei im entscheidungserheblichen Zeitpunkt die Aufwendung für sachgerecht halten durfte.[173]

Die Gebühren und Auslagen eines Rechtsanwalts nach dem RVG aus der Tätigkeit vor den Gerichten der Sozialgerichtsbarkeit sind nach § 193 Abs. 3 SGG **stets erstattungsfähig**. Für die Bestimmung der Vergütung ist das RVG auch dann anzuwenden, wenn der Prozessbevollmächtigte kein Rechtsanwalt, sondern ein zugelassener Rentenberater oder Prozessagent ist.[174] Nicht gesondert geregelt ist in § 193 Abs. 2 bis 4 SGG die Erstattungsfähigkeit der Gebühren eines Rechtsanwalts aus dessen Tätigkeit in einem nach § 78 SGG zwingend vorgeschriebenen **Vorverfahren**. Nach h.M. gehören diese Kosten aber zu den Kosten des dem Vorverfahren nachfolgenden Gerichtsverfahrens und sind nach § 193 Abs. 2, 3 SGG zu erstatten.[175] Über die Frage der Notwendigkeit der Zuziehung eines Rechtsanwalts im Vorverfahren entscheidet in Ermangelung einer § 162 Abs. 2 S. 2 VwGO entsprechenden Regelung der Urkundsbeamte der Geschäftsstelle im Rahmen der Kostenfestsetzung. Dabei ist die Entscheidung über die Notwendigkeit der Zuziehung eines Rechtsanwalts in sozialgerichtlichen Vorverfahren **aus einer Sicht ex ante** zu beurteilen. Maßgeblicher Zeitpunkt ist die förmliche Vollmachtserteilung oder bei einer Beauftragung bereits im Verwaltungsverfahren der Auftrag zur Einlegung des Widerspruchs.[176] Maßgebend ist die **Sicht eines verständigen Beteiligten** unter Würdigung der gesamten Umstände.[177] Dabei darf die Erkenntnis und Urteilsfähigkeit des Bürgers nicht überschätzt werden; **die Beauftragung eines Rechtsanwalts ist das gute Recht eines Bürgers**.[178] Allerdings sind die wirtschaftliche Bedeutung[179] und der Schwierigkeitsgrad der Angelegenheit[180] zu berücksichtigen. Ebenfalls sind zu beachten neben dem Bildungs- und Kenntnisstand des Bürgers[181] die Schwierigkeit[182] und der Bekanntheitsgrad der einschlägigen Rechtsmaterie,[183] die Intensität der Rechtsbeziehung zwischen Bürger und Behörde[184] und die Frage, ob der Schwerpunkt eher im rechtlichen oder im tatsächlichen Bereich[185] liegt. In der **Regel** ist aber – **nicht nur bei schwierigen und umfangreichen Sachverhalten – die Notwendigkeit der Zuziehung eines Rechtsanwalts zu bejahen**.[186] Nur nach Maßgabe dieser Beurteilungsmaßstäbe ist auch zu bewerten, ob die Kosten eines **Rechtsanwalts**, der sich im Nachprüfungsverfahren **selbst vertritt**, erstattungsfähig sind.[187] Ebenfalls notwendig können nach den dargestellten Beurteilungsmaßstäben die Aufwendungen für eine anwaltliche Beratung im Nachprüfungsverfahren sein.[188] Ein Vergütungsanspruch für eine anwaltliche Tätigkeit im Rahmen der Zwangsvollstreckung kann nicht im Rahmen der gerichtlichen Kostenfestsetzung gemäß §§ 193, 197 SGG nach Abschluss des Erkenntnisverfahrens geltend gemacht werden.[189]

Nicht nach § 193 Abs. 2 SGG erstattungsfähig sind Fahrtkosten, die durch den Beteiligten nicht fristgemäß nach § 191 SGG geltend gemacht worden sind, da § 191, 1. Hs. SGG den Regelungen in § 193 SGG vorgeht.[190] Ebenfalls nicht erstattungsfähig sind nach § 193 Abs. 4 SGG die von einem Beteiligten nach § 184 SGG entrichteten Pauschgebühren.[191] Erstattungsfähig sind auch Kosten zur Vorbereitung eines Rechtsstreits, wozu ausnahmsweise auch Kosten für ein Privatgutachten zählen können, wenn das Gutachten nötig oder mindestens für den Ausgang des Rechtsstreits förderlich war. Dies ist beispielsweise dann der Fall, wenn der Kläger für die Begründung des Verfahrens sonst

---

173 BVerwG NJW 2000, 2832; VGH Baden-Württemberg VGHBW-Ls 2000, Beilage 9, B 4; OVG Münster AGS 2000, 224 und AGS 1999, 39; OVG Lüneburg NVwZ-RR 2000, 4; VGH Kassel NVwZ-RR 1999, 213.
174 SG Nürnberg AGS 2006, 597.
175 BSG AnwBl 1977, 248; SG München ArztuR 1992, Nr. 6, 16; SG Osnabrück NdsRpfl 1990, 31; SG Berlin MDR 1981, 260; SG Karlsruhe RV 1980, 237; SG Mainz RSpDienst 9000 §§ 193–195 SGG 9.
176 Stelkens/Bonk/Sachs/*Stelkens/Kallerhoff*, § 80 VwVfG Rn 80.
177 BVerwGE 17, 245; 88, 41; OVG Bremen NVwZ 1989, 75; OVG Sachsen-Anhalt AnwBl 2001, 578.
178 BVerwG DVBl 1978, 630, 632; BVerwGE 17, 245.
179 VGH Kassel NJW 1965, 1732.
180 VGH Kassel NVwZ-RR 1996, 615.
181 BVerwG BayVBl 1994, 285; JurBüro 1998, 34.
182 OVG Koblenz NVwZ 1998, 842.
183 VGH Baden-Württemberg JurBüro 1990, 1039.
184 OVG Sachsen-Anhalt AnwBl 2001, 578.
185 OVG Berlin NVwZ-RR 1990, 517.
186 BSG VersorgB 1988, 23; SG Berlin, Breithaupt 1990, 438; BVerwGE 17, 245; BVerwG DVBl 1978, 630; OVG Bremen NVwZ 1989, 75; OVG Münster NVwZ 1983, 355 und 356; VGH München BayVBl 1978, 378; VG Karlsruhe AnwBl 1978, 463; Stelkens/Bonk/Sachs/*Stelkens/Kallerhoff*, § 80 VwVfG Rn 81.
187 BVerwG AnwBl 1981, 244; VGH München BayVBl 1978, 411.
188 BVerwG NVwZ 1988, 721; OVG Berlin AnwBl 1985, 53; OVG Münster AnwBl 1988, 413.
189 SG Marburg, RVGreport 2008, 380.
190 SG Berlin, Beschl. v. 22.1.2004 – S 70 AL 2664/99 (juris).
191 LSG NRW NZS 2003, 552.

nicht zu schwierigen Fachfragen oder medizinischen Ausführungen der anderen Verfahrensbeteiligten sachkundig Stellung nehmen kann. Die Einholung eines Privatgutachtens ist im Klageverfahren regelmäßig nicht erforderlich, da das Gericht von Amts wegen ermittelt und der Kläger auch die Möglichkeit hat, einen Antrag nach § 109 SGG zu stellen. Im einstweiligen Rechtsschutz ist die Situation eine andere.[192]

2. Verfahren, in denen das GKG anwendbar ist

146 In Verfahren nach **Abs. 1 S. 2**, in denen das GKG anwendbar ist, bestimmt sich die Kostenerstattung gemäß § 197a Abs. 1 S. 1, 2. Hs. SGG nach **§ 162 VwGO**. Er hat folgenden Wortlaut:

§ 162 VwGO

(1) [1]Kosten sind die Gerichtskosten (Gebühren und Auslagen) und die zur zweckentsprechenden Rechtsverfolgung oder Rechtsverteidigung notwendigen Aufwendungen der Beteiligten einschließlich der Kosten des Vorverfahrens.

(2) [1]Die Gebühren und Auslagen eines Rechtsanwalts oder eines Rechtsbeistands, in Abgabenangelegenheiten auch einer der in § 67 Abs. 2 Satz 2 Nr. 3 genannten Personen, sind stets erstattungsfähig. [2]Soweit ein Vorverfahren geschwebt hat, sind Gebühren und Auslagen erstattungsfähig, wenn das Gericht die Zuziehung eines Bevollmächtigten für das Vorverfahren für notwendig erklärt. [3]Juristische Personen des öffentlichen Rechts und Behörden können an Stelle ihrer tatsächlichen notwendigen Aufwendungen für Post- und Telekommunikationsdienstleistungen den in Nummer 7002 der Anlage 1 zum Rechtsanwaltsvergütungsgesetz bestimmten Höchstsatz der Pauschale fordern.

(3) [1]Die außergerichtlichen Kosten des Beigeladenen sind nur erstattungsfähig, wenn sie das Gericht aus Billigkeit der unterliegenden Partei oder der Staatskasse auferlegt.

147 Nach § 162 Abs. 1 VwGO sind nur die **zur zweckentsprechenden Rechtsverfolgung notwendigen Aufwendungen** zu erstatten. Die Notwendigkeit einer Aufwendung beurteilt sich aus der Sicht einer verständigen Partei, die bemüht ist, die Kosten so niedrig wie möglich zu halten. Dabei ist auf den Zeitpunkt der die Aufwendungen verursachenden Handlung abzustellen sowie darauf, ob die Partei im entscheidungserheblichen Zeitpunkt die Aufwendung für sachgerecht halten durfte.[193]

148 Die **Gebühren und Auslagen eines Rechtsanwalts aus der Tätigkeit vor den Gerichten der Verwaltungsgerichtsbarkeit** sind nach § 162 Abs. 2 S. 1 VwGO **stets erstattungsfähig**.

149 Soweit ein **Vorverfahren** geführt wurde, sind nach § 162 Abs. 2 S. 2 VwGO **Gebühren und Auslagen eines Rechtsanwalts im Vorverfahren** nur dann **erstattungsfähig**, wenn das Gericht **die Zuziehung eines Bevollmächtigten für das Vorverfahren für notwendig** erklärt hat. Die Entscheidung des Gerichts über die Notwendigkeit der Zuziehung eines Bevollmächtigten für das Vorverfahren gehört nicht zu der Grundentscheidung über die Kostenfolge. Bei der Entscheidung nach § 162 Abs. 2 S. 2 VwGO geht es lediglich um die Frage, ob die im Vorverfahren durch die Zuziehung eines Bevollmächtigten entstandenen Kosten zu einer zweckentsprechenden Rechtsverfolgung notwendig waren. Ob und inwieweit Aufwendungen erstattungsfähig sind, ist eine im Kostenfestsetzungsverfahren zu entscheidende Frage. Die Entscheidung nach § 162 Abs. 2 S. 2 VwGO kann sowohl in das Urteil aufgenommen werden als auch durch besonderen Beschluss ergehen. § 162 Abs. 2 S. 2 VwGO schreibt nicht vor, in welcher Form die Entscheidung vom Gericht zu treffen ist.

Nimmt das Gericht die Entscheidung über die Notwendigkeit der Zuziehung eines Bevollmächtigten für das Vorverfahren in das Urteil auf, so ändert sich dadurch an dem rechtlichen Charakter der Entscheidung nichts. Sie wird nicht etwa Bestandteil der Kostenentscheidung, sondern bleibt ein das Kostenfestsetzungsverfahren betreffender Ausspruch des Gerichts. **§ 158 Abs. 1 VwGO** ist auf diesen Ausspruch **nicht anwendbar**; er kann vielmehr auch dann, wenn er im Urteil enthalten ist, selbstständig mit der Beschwerde nach § 146 VwGO angefochten werden.[194]

150 In **Verfahren des vorläufigen Rechtsschutzes** nach § 86b SGG, in denen das GKG anwendbar ist, kann nicht gemäß § 162 Abs. 2 S. 2 VwGO über die Notwendigkeit der Zuziehung eines Bevollmäch-

---

192 SG Gießen ASR 2008, 57.
193 BVerwG NJW 2000, 2832; VGH Baden-Württemberg VGHBW-Ls 2000, Beilage 9, B 4; OVG Münster AGS 2000, 224 und AGS 1999, 39; OVG Lüneburg NVwZ-RR 2000, 4; VGH Kassel NVwZ-RR 1999, 213.

194 BVerwGE 27, 39; BVerwG DÖV 1981, 343; OVG Weimar JurBüro 2001, 145; VGH Baden-Württemberg VBlBW 1996, 340; VGH Kassel NVwZ-RR 1996, 616.

tigten für das Vorverfahren entschieden werden. Vorverfahren im Sinne dieser Bestimmungen sind die in § 78 SGG i.S. einer Sachurteilsvoraussetzung vorgeschriebenen Widerspruchsverfahren, die vor Erhebung der Anfechtungs- oder Verpflichtungsklage erfolglos durchgeführt werden müssen. Eine Entscheidung des Gerichts nach § 162 Abs. 2 S. 2 VwGO setzt voraus, dass es im Anschluss an ein solches Vorverfahren zu einem gerichtlichen Hauptsacheverfahren gekommen ist. In Verfahren des vorläufigen Rechtsschutzes kommt daher die Entscheidung, die Zuziehung eines Bevollmächtigten für das Vorverfahren für notwendig zu erklären, nicht in Betracht.[195]

Auch bei Rechtsstreiten nach der Entscheidung der Schiedsstelle gemäß §§ 75 ff. SGB XII kann nicht gemäß § 162 Abs. 2 S. 2 VwGO über die Notwendigkeit der Zuziehung eines Bevollmächtigten für das Vorverfahren entschieden werden. Die Entscheidung der Schiedsstelle ist ein eigenständiger Verwaltungsakt gegen den nach § 77 Abs. 1 S. 4 SGB XII der Rechtsweg zu den Sozialgerichten gegeben ist, ohne dass es zuvor der Nachprüfung in einem Vorverfahren bedarf.[196]

Die Entscheidung über die Notwendigkeit der Zuziehung eines Rechtsanwalts im Vorverfahren ist aus einer **ex ante-Sicht** zu beurteilen. Maßgeblicher Zeitpunkt ist dabei die förmliche Vollmachtserteilung oder bei einer Beauftragung bereits im Verwaltungsverfahren der Auftrag zur Einlegung des Widerspruchs.[197] Maßgebend ist die **Sicht eines verständigen Beteiligten** unter Würdigung der gesamten Umstände.[198] Dabei dürfen die Erkenntnis und Urteilsfähigkeit des Bürgers nicht überschätzt werden; die **Beauftragung eines Rechtsanwalts ist das gute Recht eines Bürgers**.[199] Allerdings sind die wirtschaftliche Bedeutung[200] und der Schwierigkeitsgrad der Angelegenheit[201] zu berücksichtigen. Ebenfalls sind zu beachten neben dem Bildungs- und Kenntnisstand des Bürgers[202] die Schwierigkeit[203] und der Bekanntheitsgrad der einschlägigen Rechtsmaterie,[204] die Intensität der Rechtsbeziehung zwischen Bürger und Behörde[205] und die Frage, ob der Schwerpunkt eher im rechtlichen oder im tatsächlichen Bereich[206] liegt.[207] In der **Regel** ist aber – nicht nur bei schwierigen und umfangreichen Sachverhalten – die Notwendigkeit der Zuziehung eines Rechtsanwalts zu bejahen.[208] Die Auseinandersetzung[209] über die teilweise Anrechnung der Geschäftsgebühr für die außergerichtliche Vertretung auf die Verfahrensgebühr des gerichtlichen Verfahrens ist durch die **Einführung von § 15a** geklärt worden. Nach § 15a kann der Rechtsanwalt beide Gebühren, jedoch nicht mehr als den um den Anrechnungsbetrag verminderten Gesamtbetrag der beiden Gebühren fordern, wenn das RVG die Anrechnung einer Gebühr auf eine andere Gebühr vorsieht. § 15a Abs. 2 bestimmt, dass sich ein Dritter auf die Anrechnung nur dann berufen kann, soweit er den Anspruch auf eine der beiden Gebühren erfüllt hat, wegen eines dieser Ansprüche gegen ihn ein Vollstreckungstitel besteht oder beide Gebühren in demselben Verfahren gegen ihn geltend gemacht werden. § 15a Abs. 1 bestimmt damit als Regelung des Innenverhältnisses zwischen Rechtsanwalt und Auftraggeber, dass aufeinander anzurechnende Gebühren zunächst unabhängig voneinander in voller Höhe ungekürzt entstehen und der Anwalt grundsätzlich jede anzurechnende Gebühr in ihrer

---

195 VGH Baden-Württemberg VGHBW-Ls 2000, Beilage 11, B 2; OVG Weimar NVwZ-RR 2001, 205; VGH Kassel NVwZ-RR 1999, 346; OVG Rheinland-Pfalz DVBl 1989, 892; OVG Münster DVBl 1993, 889, 890; FG Baden-Württemberg EFG 1994, 262; EFG 1990, 438; FG Saarland EFG 1990, 589; FG Düsseldorf EFG 1984, 186; FG Kiel AnwBl 1985, 540.
196 Siehe § 77 Abs. 1 S. 6 SGB XII; LSG Saarland, Beschl. v. 4.12.2008 – L 11 B 10/08 SO.
197 Stelkens/Bonk/Sachs/*Stelkens/Kallerhoff*, § 80 VwVfG Rn 80.
198 BVerwGE 17, 245; 88, 41; OVG Bremen NVwZ 1989, 75; OVG Sachsen-Anhalt AnwBl 2001, 578.
199 BVerwG DVBl 1978, 630, 632; BVerwGE 17, 245.
200 VGH Kassel NJW 1965, 1732.
201 VGH Kassel NVwZ-RR 1996, 615.
202 BVerwG BayVBl 1994, 285; JurBüro 1998, 34.
203 OVG Koblenz NVwZ 1999, 842.
204 VGH Baden-Württemberg JurBüro 1990, 1039.
205 OVG Sachsen-Anhalt AnwBl 2001, 578.
206 OVG Berlin NVwZ-RR 1990, 517.
207 *Madert/Hellstab*, § 9 Rn 11 m.w.N. zu Einzelfällen.
208 BVerwGE 17, 245; BVerwG DVBl 1978, 630; OVG Bremen NVwZ 1989, 75; OVG Münster NVwZ 1983, 355 und 356; VGH München BayVBl 1978, 378; VG Karlsruhe AnwBl 1978, 463; Stelkens/Bonk/Sachs/*Stelkens/Kallerhoff*, § 80 VwVfG Rn 81.
209 Vgl. zum damaligen Meinungsstand: für eine teilweise Anrechnung: OVG Niedersachsen AGS 2008, 295 AuAS 2008, 108 mit umfassender Dokumentation der einschlägigen Rechtsprechung; OVG Koblenz, Beschl. v. 28.1.2008 – 6 E 11203/07; VGH München – Beschl. v. 6.3.2006 – 19 C 06.268; VGH Kassel NJW 2006, 1992; BGH NJW 2007, 2049 und NJW 2007, 2050; gegen eine teilweise Anrechnung: OVG Münster NJW 2006, 1991; VGH Mannheim, Beschl. v. 27.7.2006 – 8 S 1621/06; VGH München NJW 2007, 170; Beschl. v. 5.1.2007 – 24 C 06.2052; Beschl. v. 7.3.2007 – 19 C 06.2591; Beschl. v. 14.5.2007 – 25 C 07.754; Beschl. v. 9.10.2007 – 3 C 07.1903; Beschl. v. 16.1.2008 – 14 C 07.1808; OVG Weimar, Beschl. v. 5.12.2007 – 1 O 215/07; OVG NRW Beschl. v. 14.3.2008 – 2 E 1045/07 (juris).

vollen Höhe geltend machen kann. Allerdings bewirkt die Zahlung einer Gebühr, dass in dem Umfang der Anrechnung die andere Gebühr erlischt. Der Rechtsanwalt kann demnach nicht beide Gebühren verlangen, sondern insgesamt nur den um die Anrechnung verminderten Gesamtbetrag.[210] Aus den Gesetzesmaterialien zu § 15a ist zu folgern, dass der Gesetzgeber mit der Neuregelung nur eine in der Rechtsprechung entstandene Auslegung des RVG, die seiner ursprünglichen gesetzgeberischen Intention nicht entsprach, unterbinden wollte; er wollte durch eine Präzisierung des geltenden Rechts „den mit den Anrechnungsvorschriften verfolgten Gesetzeszweck" wahren. Denn der Gesetzgeber, der durch zahlreiche gesetzgeberische Vorhaben die außergerichtliche Streitbeilegung fördern möchte, hat erkannt, dass durch die Auslegung des RVG durch die Rechtsprechung eine obsiegende Prozesspartei eine geringere Kostenerstattung erhält, wenn sie ihrem Rechtsanwalt vor dem Prozessauftrag in derselben Sache bereits einen Auftrag zu einer außergerichtlichen Vertretung erteilt hatte. Diese Auslegung lief der Intention des Gesetzgebers, eine außergerichtliche Streitbeilegung zu fördern, entgegen. Diese Betonungen des Gesetzgebers lassen dann aber erkennen, dass es sich bei der Einführung des § 15a nur um eine Klarstellung des bisher gesetzgeberisch Gewollten und nicht etwa um eine Neuregelung handelt. Diese Erwägungen gebieten es, die durch **§ 15a** erfolgte Klarstellung auch **auf noch nicht rechtskräftig entschiedene Streitverfahren anzuwenden**.[211]

152 Nur nach Maßgabe dieser Beurteilungsmaßstäbe ist auch zu bewerten, ob die Kosten eines **Rechtsanwalts**, der sich im Nachprüfungsverfahren **selbst vertritt**, erstattungsfähig sind.[212] Ebenfalls notwendig können nach den dargestellten Beurteilungsmaßstäben die Aufwendungen für eine anwaltliche Beratung im Nachprüfungsverfahren sein.[213]

3. Erstattung der Kosten für das isolierte Vorverfahren

a) Allgemeines

153 Im isolierten Vorverfahren nach § 78 SGG bestimmt sich die Kostenerstattung gemäß **§ 63 SGB X**. Dieser hat folgenden Wortlaut:

§ 63 SBG X Erstattung von Kosten im Vorverfahren

(1) ¹Soweit der Widerspruch erfolgreich ist, hat der Rechtsträger, dessen Behörde den angefochtenen Verwaltungsakt erlassen hat, demjenigen, der Widerspruch erhoben hat, die zur zweckentsprechenden Rechtsverfolgung oder Rechtsverteidigung notwendigen Aufwendungen zu erstatten. ²Dies gilt auch, wenn der Widerspruch nur deshalb keinen Erfolg hat, weil die Verletzung einer Verfahrens- oder Formvorschrift nach § 41 unbeachtlich ist. ³Aufwendungen, die durch das Verschulden eines Erstattungsberechtigten entstanden sind, hat dieser selbst zu tragen; das Verschulden eines Vertreters ist dem Vertretenen zuzurechnen.

(2) ¹Die Gebühren und Auslagen eines Rechtsanwalts oder eines sonstigen Bevollmächtigten im Vorverfahren sind erstattungsfähig, wenn die Zuziehung eines Bevollmächtigten notwendig war.

(3) ¹Die Behörde, die die Kostenentscheidung getroffen hat, setzt auf Antrag den Betrag der zu erstattenden Aufwendungen fest; hat ein Ausschuss oder Beirat die Kostenentscheidung getroffen, obliegt die Kostenfestsetzung der Behörde, bei der der Ausschuss oder Beirat gebildet ist. ²Die Kostenentscheidung bestimmt auch, ob die Zuziehung eines Rechtsanwalts oder eines sonstigen Bevollmächtigten notwendig war.

154 § 63 SGB X gilt nur für **isolierte Vorverfahren des SGG** im Anwendungsbereich des SGB X, der in § 1 SGB X geregelt ist. Nicht anwendbar ist § 63 SGB X auf Kosten eines Verwaltungsverfahrens betreffend die Rücknahme eines Verwaltungsakts (Neufeststellungsverfahren) nach § 44 SGB X.[214] Weist der Berufungsausschuss den Widerspruch eines Arztes gegen die Zulassung eines Konkurrenten zurück, so stellt § 63 SGB X auch keine Rechtsgrundlage – es existiert auch sonst keine – für die Erstattung der Aufwendungen des Konkurrenten zur Rechtsverteidigung im isolierten Vorverfahren dar.[215]

---

210 BGH NJW 2009, 3101; VG Oldenburg, Beschl. v. 3.9.2009 – 5 A 273/08.
211 BGH NJW 2009, 3101; VG Oldenburg, Beschl. v. 3.9.2009 – 5 A 273/08.
212 BVerwG AnwBl 1981, 244; VGH München BayVBl 1978, 411.
213 BVerwG NVwZ 1988, 721; OVG Berlin AnwBl 1985, 53; OVG Münster AnwBl 1988, 413.
214 BSGE 55, 92.
215 BSG NZS 2007, 391.

§ 63 SGB X setzt für die Kostenerstattung einen **erfolgreichen Widerspruch** voraus. Ein Widerspruch ist erfolgreich, wenn die Ausgangsbehörde abhilft oder die Widerspruchsbehörde dem Widerspruch stattgibt. Dabei ist unerheblich, ob der Widerspruch auch nach objektiver Rechtslage Erfolg gehabt hätte, weil § 63 SGB X allein auf den äußeren Erfolg des Widerspruchs abstellt.[216] Die Ausgangsbehörde hat aber bei zulässigem und begründetem Widerspruch die Wahl, anstatt dem Widerspruch abzuhelfen, den angefochtenen Verwaltungsakt zurückzunehmen. Die **Rücknahme des Verwaltungsakts** ist aber kostenrechtlich nicht der Abhilfe des Widerspruchs gleichzustellen, mit der Folge, dass eine Kostenerstattung nicht zu erfolgen hat.[217] Die Ausgangsbehörde darf aber in diesem Fall dem Widerspruchsführer, der im Widerspruchsverfahren obsiegt hätte, nicht ohne tragfähigen Grund um den zu erwartenden Kostenanspruch bringen.[218] Dabei ist das Anliegen der Ausgangsbehörde, sich nur der Kostenlast zu entziehen, kein tragfähiger Grund.[219] **Erledigt sich der Widerspruch** auf andere Weise als durch Abhilfe oder Rücknahme durch die Ausgangsbehörde oder durch Stattgabe seitens der Widerspruchsbehörde, so kommt eine Kostenerstattung nicht in Betracht.[220] Ein Kostenerstattungsanspruch besteht aber auch dann, wenn ein Betroffener Widerspruch gegen einen Bescheid einlegt, der nach § 86 oder § 96 SGG in ein laufendes Verfahren einbezogen wurde, aber fälschlicherweise in seiner Rechtsbehelfsbelehrung auf den Widerspruch verwies, und der Betroffene den Widerspruch dann zurücknimmt, nachdem seine Unzulässigkeit erkannt wurde. Dies folgt aus einer erweiternden Auslegung des § 63 Abs. 1 S. 2 SGB X.[221]

155

b) Notwendigkeit der Zuziehung eines Rechtsanwalts

Die Gebühren und Auslagen eines Rechtsanwalts oder eines sonstigen Bevollmächtigten im Vorverfahren sind nach **§ 63 Abs. 2 SGB X** nur erstattungsfähig, wenn die Zuziehung eines Bevollmächtigten notwendig war.[222] Da § 63 SGB X dem gleichlautenden § 80 Abs. 1 S. 1 VwVfG nachgebildet worden ist, der wiederum an den weitgehend mit § 91 Abs. 1 ZPO, § 193 Abs. 2 SGG übereinstimmenden § 162 Abs. 1 Verwaltungsgerichtsordnung (VwGO) anknüpft, ist davon auszugehen, dass die Grenzen der Erstattungsfähigkeit von Kosten in § 63 SGB X grundsätzlich nicht weiter gezogen sind als in den genannten Regelungen der anderen Verfahrensordnungen. Mithin können die von der Rechtsprechung dazu entwickelten Grundsätze hier entsprechend angewandt werden.[223] Danach ist die Notwendigkeit aus einer **Sicht ex ante** zu beurteilen. Maßgeblicher Zeitpunkt ist dabei die förmliche Vollmachtserteilung.[224] Maßgebend ist die **Sicht eines verständigen Beteiligten** unter Würdigung der gesamten Umstände.[225] Dabei dürfen die Erkenntnis und Urteilsfähigkeit des Bürgers nicht überschätzt werden; die **Beauftragung eines Rechtsanwalts ist das gute Recht eines Bürgers**.[226] Allerdings sind die wirtschaftliche Bedeutung[227] und der Schwierigkeitsgrad der Angelegenheit[228] zu berücksichtigen. Ebenfalls sind zu beachten neben dem Bildungs- und Kenntnisstand des Bürgers[229] die Schwierigkeit[230] und der Bekanntheitsgrad der einschlägigen Rechtsmaterie,[231] die Intensität der Rechtsbeziehung zwischen Bürger und Behörde[232] und die Frage, ob der Schwerpunkt eher im rechtlichen oder im tatsächlichen Bereich[233] liegt. In der **Regel** ist aber – nicht nur bei schwierigen und umfangreichen Sachverhalten – die Notwendigkeit der Zuziehung eines Rechtsanwalts zu bejahen.[234]

156

---

216 BVerwG NVwZ 1997, 272; LSG NRW AGS 2005, 312.
217 BVerwG NVwZ 1997, 272.
218 BVerwG NVwZ 1997, 272.
219 BVerwG NVwZ 1997, 272.
220 BVerwG NJW 1992, 300; BVerwG NJW 1982, 1827.
221 LSG Baden-Württemberg, Beschl. v. 12.2.2010 – L 4 R 803/09, ASR 2010, 15–17.
222 *Madert/Hellstab*, § 9 Rn 11 m.w.N. zu Einzelfällen; *Straßfeld*, SGb 2013, 326 ff.
223 LSG Berlin-Brandenburg, Beschl. v. 5.9.2007 – L 3 B 1096/07 R PKH.
224 Stelkens/Bonk/Sachs/*Stelkens/Kallerhoff*, § 80 VwVfG Rn 80.
225 BVerwGE 17, 245; BVerwGE 88, 41; OVG Bremen NVwZ 1989, 75; OVG Sachsen-Anhalt AnwBl 2001, 578.
226 BVerwG DVBl 1978, 630, 632; BVerwGE 17, 245.
227 VGH Kassel NJW 1965, 1732.
228 VGH Kassel NVwZ-RR 1996, 615.
229 BVerwG BayVBl 1994, 285; JurBüro 1998, 34.
230 OVG Koblenz NVwZ 1998, 842.
231 VGH Baden-Württemberg JurBüro 1990, 1039.
232 OVG Sachsen-Anhalt AnwBl 2001, 578.
233 OVG Berlin NVwZ-RR 1990, 517.
234 BVerwGE 17, 245; BVerwG DVBl 1978, 630; OVG Bremen NVwZ 1989, 75; OVG Münster NVwZ 1983, 355, 356; VGH München BayVBl 1978, 378; VG Karlsruhe AnwBl 1978, 463; Stelkens/Bonk/Sachs/*Stelkens/Kallerhoff*, § 80 VwVfG Rn 81.

157 Nur nach Maßgabe dieser Beurteilungsmaßstäbe ist auch zu bewerten, ob die Kosten eines **Rechtsanwalts**, der sich im Nachprüfungsverfahren **selbst vertritt**, erstattungsfähig sind.[235] Ebenfalls notwendig können nach den dargestellten Beurteilungsmaßstäben die Aufwendungen für eine anwaltliche Beratung im Nachprüfungsverfahren sein.[236]

c) Kostengrundentscheidung

158 § 63 SGB X begründet keinen unmittelbaren Anspruch auf Erstattung der im Nachprüfungsverfahren entstandenen notwendigen Aufwendungen. Zunächst muss eine **Kostengrundentscheidung** ergehen.[237] Diese ist von der Ausgangsbehörde zu erlassen, wenn sie dem Widerspruch abhilft, oder von der Widerspruchsbehörde, wenn sie dem Widerspruch ganz oder teilweise stattgibt.[238] In der Kostengrundentscheidung muss auch über die Notwendigkeit der Zuziehung eines Rechtsanwalts entschieden werden.[239] Die Kostengrundentscheidung ist ein **Verwaltungsakt**.[240]

159 Fehlt dem Abhilfebescheid oder der stattgebenden Widerspruchsentscheidung eine Kostengrundentscheidung oder eine Entscheidung über die Notwendigkeit der Zuziehung eines Rechtsanwalts, so kann sie von Amts wegen oder auf Antrag nachgeholt werden.[241] Eine Frist für den Antrag oder die **Nachholung** besteht nicht.[242] Wird der Antrag abgelehnt, so ist bei einer Entscheidung der Ausgangsbehörde der Widerspruch und danach die Klage zulässig;[243] bei der Entscheidung der Widerspruchsbehörde ist sogleich der Klageweg eröffnet.[244] Wird der Antrag nicht beschieden, so kann Untätigkeitsklage erhoben werden.

160 Nimmt die Ausgangsbehörde den angefochtenen Bescheid zurück, obwohl sie nach zulässigem und begründeten Widerspruch keinen anderen tragfähigen Grund für diese Entscheidungsform hat, als sich der Kostenlast zu entziehen, so ist diese Vorgehensweise der Ausgangsbehörde **sachwidrig**.[245] Die Ausgangsbehörde ist so zu stellen, wie sie stehen würde, wenn sie nicht sachwidrig gehandelt hätte.[246] Hierzu kann der Widerspruchsführer wohl einmal Widerspruch gegen den Rücknahmebescheid einlegen. Dieser ist sachgemäß auf seine Beschwer zu beschränken. Diese besteht in der Entscheidungsform der Ausgangsbehörde (Rücknahme anstatt Abhilfebescheid) und in der daraus resultierenden Folge, der nicht notwendigen Kostenerstattung. Der Widerspruchsführer kann daneben aber wohl auch einen Antrag auf Ergänzung des Rücknahmebescheides um eine Kostengrundentscheidung stellen.[247] Sinnvoll ist es, diese beiden Handlungsalternativen des Widerspruchsführers innerhalb der Widerspruchsfrist gegen den Rücknahmebescheid zu kombinieren, so dass letztlich die Ausgangsbehörde entscheiden kann, auf welchem Weg sie ihre sachwidrige Entscheidung korrigiert.

161 Das Verfahren auf **Nachholung** der Kostenentscheidung bildet mit dem vorangegangenen Verfahren **nicht eine Angelegenheit**.[248] Dies hat zur Folge, dass der Rechtsanwalt nochmals die Gebühren für die außergerichtliche Vertretung verdienen kann. Diesen Gebühren sind als Gegenstandswert die zu erstattenden notwendigen Auslagen zugrunde zu legen. Entstehen können aber nur die Gebühren für ein Vorverfahren (VV 2302), da nach § 19 Abs. 1 S. 2 Nr. 14 die Kostenfestsetzung, mithin der Antrag auf Kostenerstattung, keine besondere Angelegenheit ist.[249]

---

235 BVerwG AnwBl 1981, 244; VGH München BayVbl 1978, 411.
236 BVerwG NVwZ 1988, 721; OVG Berlin AnwBl 1985, 53; OVG Münster AnwBl 1988, 413.
237 BVerwG NVwZ 1997, 272; OVG Koblenz NJW 1972, 222.
238 Stelkens/Bonk/Sachs/*Stelkens/Kallerhoff*, § 80 VwVfG Rn 33.
239 VGH Mannheim AnwBl 1980, 219; VG Düsseldorf AnwBl 1984, 321.
240 BVerwGE 77, 268; BVerwG NVwZ 1988, 941.
241 VGH Mannheim AnwBl 1980, 219; VG Düsseldorf AnwBl 1984, 321; VGH München BayVBl 1981, 634 und 636.
242 VGH München BayVBl 1981, 636.
243 VGH Mannheim AnwBl 1980, 219; VGH München NVwZ-RR 1989, 221.
244 VGH München BayVBl 1981, 634.
245 BVerwG NVwZ 1997, 272, 273.
246 BVerwG NVwZ 1997, 272, 274.
247 BVerwG NVwZ 1997, 272; LSG NRW AGS 2005, 312.
248 BVerwG, Urt. v. 4.10.1990 – 8 C 29/89 (n.v.).
249 *Hellstab*, AGS 2005, 314, 315.

d) Kostenfestsetzung

Nach Vorliegen einer unanfechtbaren Kostengrundentscheidung setzt die Behörde, die die Kostengrundentscheidung getroffen hat, auf **Antrag** gemäß **§ 63 Abs. 3 SGB X** den Betrag der zu erstattenden Aufwendungen fest. Hat ein Ausschuss oder Beirat die Kostengrundentscheidung getroffen, so obliegt die Kostenfestsetzung der Behörde, bei welcher der Ausschuss oder Beirat gebildet ist.

Die **Kostenfestsetzung** ist ein **Verwaltungsakt**, der selbstständig mit Widerspruch und Klage angefochten werden kann.[250] Gegen die Kostenfestsetzung steht dem **Rechtsanwalt**, der den Widerspruchsführer im Nachprüfungsverfahren vertreten hat, **aus eigenem Recht kein Rechtsbehelf** zu. Dies gilt auch für die der Kostenfestsetzung zugrunde gelegte Bestimmung des Gegenstandswertes.[251] In einem auf die Erstattung von Kosten des Widerspruchsverfahrens gerichteten Klageverfahren ist die Kostenentscheidung nach § 197a SGG zu treffen, wenn der Kläger von der Beklagten zwar zunächst als Versicherter angesehen worden war, im dagegen angestrengten Statusfeststellungsverfahren dann aber – auf seinen Widerspruch hin – obsiege. Im Zeitpunkt der Klageerhebung steht dann nämlich bestandskräftig fest, dass der Kläger nicht zum Kreis der Versicherten gehört.[252]

Bei der gerichtlichen Auseinandersetzung über einen Kostenfestsetzungsbescheid ist aber zu beachten, dass nach § 114 Abs. 1 S. 1 SGG eine **Berufung** in der Regel **nicht** in Betracht kommt, da der Verwaltungsakt sich auf eine einmalige Geldleistung bezieht und der Beschwerdewert (die zu erstattenden Aufwendungen) den Betrag i.H.v. 750 EUR in den seltensten Fällen überschreiten wird.

VI. Prozesskostenhilfe

Nach § 73a Abs. 1 S. 1 SGG gelten die Vorschriften der ZPO über die Prozesskostenhilfe (§§ 114 ff. ZPO) in Verfahren vor den Gerichten der Sozialgerichtsbarkeit entsprechend. In Verfahren, in denen das GKG keine Anwendung findet, erhält der im Wege der Prozesskostenhilfe beigeordnete Rechtsanwalt die ungekürzte billige Betragsrahmengebühr nach §§ 45, 3 Abs. 1 S. 1.[253] Ein **als Berufsbetreuer bestellter Rechtsanwalt** kann eine Betreuertätigkeit gemäß §§ 1835 Abs. 3, 1908i Abs. 1 S. 1 BGB nach anwaltlichem Gebührenrecht abrechnen, wenn sich die zu bewältigende Aufgabe als ein für den Beruf des Rechtsanwalts spezifische Tätigkeit darstellt. Dies folgt aus dem Grundsatz, dass der Betreute – und bei mittellosen Betroffenen die Staatskasse – keinen Vorteil daraus ziehen soll, dass sein Betreuer zufällig aufgrund einer besonderen beruflichen Qualifikation etwas verrichten kann, wozu ein anderer Betreuer berechtigterweise die entgeltlichen Dienste eines Dritten in Anspruch nehmen würde. Hat der Betreute in einem gerichtlichen Verfahren Anspruch auf die Bewilligung von Prozesskostenhilfe, ist sie ihm auch für die Verfahrensführung durch seinen Anwaltsbetreuer unter dessen Beiordnung als Prozessbevollmächtigter zu gewähren. Dabei entspricht es allgemeiner Auffassung, dass der Anwaltsbetreuer schon aus dem Gesichtspunkt einer Kosten sparenden Amtsführung verpflichtet ist, für die gerichtliche Vertretung des Betreuten Prozesskostenhilfe zu beantragen, so dass er im Falle der Bewilligung die entsprechenden Gebühren eines beigeordneten Rechtsanwalts gemäß § 49 erhält. Dieser Grundsatz gilt auch in einem Verfahren in dem kein Anwaltszwang besteht, es jedoch üblich oder förderlich ist einen Anwalt hinzuzuziehen.[254] Prozesskostenhilfe ist in sozialgerichtlichen Verfahren, in denen das GKG nicht anwendbar ist, bei nur **teilweiser Erfolgsaussicht** stets unbeschränkt zu bewilligen.[255] Denn in diesen Verfahren fallen nach § 3 Abs. 1 für die anwaltliche Tätigkeit Betragsrahmengebühren an, während sich im zivilgerichtlichen Verfahren die Anwaltsgebühren nach dem Gegenstandswert bemessen (vgl. § 2 Abs. 1). Der Vergütungsanspruch des Rechtsanwalts bestimmt sich nach den Beschlüssen, durch die Prozesskostenhilfe bewilligt und der Rechtsanwalt beigeordnet worden ist (§ 48 Abs. 1). Im zivilgerichtlichen Verfahren führt eine Beschränkung der Prozesskostenhilfe auf einen Teil des geltend gemachten Anspruchs dazu, dass sich der Vergütungsanspruch des beigeordneten Anwalts gegen die Staatskasse auch nur nach dem Teilgegenstandswert bemisst, hinsichtlich dessen die Prozesskostenhilfe bewilligt wurde. Demgegenüber fehlt es bei einer Betragsrahmengebühr an einem in entsprechender Weise eindeuti-

---

250 *Madert/Hellstab*, § 9 Rn 18.
251 BVerwG NJW 1986, 2128.
252 LSG Baden-Württemberg, Urt. v. 27.4.2006 – L 10 R 4913/05.
253 SG Oldenburg, Beschl. v. 11.7.2007 – S 10 SF 103/07; Gerold/Schmidt/*Madert*, BRAGO, § 116 Rn 10; *Hartmann*, § 116 BRAGO Rn 10; *Meyer-Ladewig/Keller/Leitherer*, SGG, § 73a Rn 13 ff.
254 LSG NRW BtPrax 2008, 271.
255 LSG Niedersachsen-Bremen NZS 2008, 336; LSG Mecklenburg-Vorpommern, Beschl. v. 21.2.2007 – L 7 B 189/06.

gen Anknüpfungspunkt für die Gebührenhöhe. Die Gebühr ist vielmehr im Einzelfall unter Berücksichtigung aller Umstände, vor allem des Umfangs und der Schwierigkeit der anwaltlichen Tätigkeit, der Bedeutung der Angelegenheit sowie den Einkommens- und Vermögensverhältnissen des Antragstellers nach billigem Ermessen zu bestimmen. Deshalb führt ein geringerer Wert des Verfahrensgegenstandes nicht notwendig zu einer geringeren Gebühr innerhalb des vorgesehenen Gebührenrahmens. Sachgerechte Kriterien dafür, wie sich eine Beschränkung der Gewährung von Prozesskostenhilfe auf einen nach Betragsrahmengebühren zu bemessenden Vergütungsanspruch des Rechtsanwalts auswirkt und wie dies im Rahmen der Kostenfestsetzung umzusetzen ist, existieren nicht. Eine derartige Beschränkung ist daher im sozialgerichtlichen Verfahren, soweit das GKG keine Anwendung findet, weder praktikabel noch sinnvoll. Vielmehr ist auch bei nur teilweiser hinreichender Erfolgsaussicht der Rechtsverfolgung Prozesskostenhilfe in vollem Umfang zu gewähren.[256] Prozesskostenhilfe im einstweiligen Rechtsschutz ist u.a. dann zu gewähren, wenn die Entscheidung in der Hauptsache von der Beantwortung einer schwierigen, bislang ungeklärten Rechtsfrage abhängt.[257] PKH ist auch ohne Beschränkung auf die Bedingungen eines ortsansässigen Rechtsanwalts zu bewilligen, wenn ein Rechtsanwalt seinen Sitz im Bezirk des Sozialgerichts hat, aber außerhalb der politischen Gemeinde, zu der das Sozialgericht gehört; die Fahrtkosten sind in einem solchen Fall regelmäßig „erforderlich" i.S.v. § 46 Abs. 1.[258] Hat im Zeitpunkt der PKH-Bewilligung bereits ein Termin stattgefunden und ist dort bereits eine Terminsgebühr angefallen, so ist wegen § 48 Abs. 4 S. 1 eine Terminsgebühr grds. von der Staatskasse zu übernehmen.[259] Dies gilt nicht, wenn in dem PKH-Beschluss etwas anderes bestimmt wird.

Die nachträgliche Bewilligung von PKH ist selbst dann möglich, wenn der Kostenschuldner bereits ein Kostengrundanerkenntnis abgegeben hat.[260] Diese Entscheidung gewinnt insb. Bedeutung in SGB II-Sachen, in denen das unterlegene Jobcenter vermeintliche Kostenerstattungsansprüche des Leistungsempfängers mit eigenen Erstattungsansprüchen aufrechnen möchte.[261]

166 Im PKH-Bewilligungsverfahren erhält der Rechtsanwalt Verfahrensgebühren nach VV 3335 (Wertgebühr). § 48 Abs. 4 bestimmt, dass in Angelegenheiten, die nach Betragsrahmengebühren abzurechnen sind, sich die Beiordnung auf die Tätigkeit ab Antragstellung erstreckt – es sei denn, das Gericht bestimmt ausdrücklich abweichendes. –, und die Beiordnung auch im gesamte Tätigkeit im Verfahren über die Bewilligung der Prozesskostenhilfe einschließlich der vorbereitenden Tätigkeit umfasst. Auf die Ausführungen zu VV 3335, 3337 und § 48 Abs. 4 wird verwiesen. Die Beschwerde gegen einen den Antrag auf Prozesskostenhilfe ablehnenden Beschluss ist eine besondere Angelegenheit i.S.d. § 18 Abs. 1 Nr. 3, so dass im Beschwerdeverfahren vom Landessozialgericht eine Kostenentscheidung zu treffen ist.[262] Im Beschwerdeverfahren erhält der Rechtsanwalt eine Verfahrensgebühr nach VV 3500 und VV 3501 (Betragsrahmengebühr) und soweit sie überhaupt anfällt eine Terminsgebühr nach VV 3513 (Wertgebühr) und VV 3515 (Betragsrahmengebühr). Nach **§ 172 Abs. 3 Nr. 2 SGG ist die Beschwerde gegen die Ablehnung von Prozesskostenhilfe ausgeschlossen**, wenn das Gericht ausschließlich die persönlichen oder wirtschaftlichen Voraussetzungen für die Prozesskostenhilfe verneint. Hiervon erfasst ist auch der Fall, dass die Gewährung von Prozesskostenhilfe abgelehnt wird, weil der Kläger die angeforderten Nachweise zu den persönlichen und wirtschaftlichen Verhältnisse nicht innerhalb einer vom Gericht gesetzten Frist erbracht hat (§ 73a Abs. 1 S. 1 SGG i.V.m. § 118 Abs. 2 S. 4 ZPO). Auch in diesem Fall liegt eine Verneinung der persönlichen und wirtschaftlichen Verhältnisse mangels deren Glaubhaftmachung vor und die Beschwerde ist nicht statthaft.[263] Ebenfalls erfasst ist der Fall, dass die Bedürftigkeit für die Bewilligung von Prozesskostenhilfe nur zum Teil dergestalt verneint wird, dass Prozesskostenhilfe zwar

---

256 LSG NRW, RVGreport 2008, 197.
257 LSG NRW, Beschl. v. 19.11.2007 – L 20 B 78/07 AY.
258 LSG Berlin-Brandenburg RVG-Letter 2007, 71 und Beschl. v. 10.9.2007 – L 3 B 700/07 R PKH; LSG Sachsen-Anhalt, Beschl. v. 23.8.2005 – L 2 B 36/05 AL; LSG Rheinland-Pfalz, Beschl. v. 12.2.2000 – L 6 B 355/06 R.
259 SG Köln m. Anm. *Enders*, JurBüro 2004, 535.
260 LSG NRW ASR 2016, 169–170.
261 Hierzu auch LSG Rheinland-Pfalz ASR 2015, 196–199 und 199–204 m. Anm. *Schafhausen*, ASR 2015, 204–206; LSG Berlin-Brandenburg, Urt. v. 21.1.2016 – L 31 AS 1671/15.
262 LSG Rheinland-Pfalz, Beschl. v. 6.8.2007 – L 3 B 307/06 AS.
263 LSG Baden-Württemberg, Beschl. v. 11.6.2008 – L 8 ALS 2733/08 PKH-B; LSG Schleswig-Holstein, Beschl. v. 8.8.2008 – L 11 B 173/08 AS PKH; LSG Sachsen, Beschl. v. 22.7.2008 – L 3 B 407/08 AS-PKH zum vergleichbaren Fall der fehlenden Vorlage des Vordrucks; LSG NRW, Beschl. v. 17.9.2008 – L 20 B 113/08 AS; a.A. LSG Berlin-Brandenburg, Beschl. v. 21.8.2008 – L 3 B 548/08 U PKH.

bewilligt wird, wegen der persönlichen oder wirtschaftlichen Voraussetzungen indes eine Verpflichtung zur Ratenzahlung festgestellt wird; denn auch insofern liegt eine teilweise Ablehnung der Gewährung von Prozesskostenhilfe allein aufgrund des umstrittenen Kriteriums der Bedürftigkeit vor.[264] Weiter vom Beschwerdeausschluss umfasst ist auch der Fall, in dem Prozesskostenhilfe abgelehnt worden ist, weil nach Auffassung des SG der erforderliche Vordruck nicht vorgelegt worden ist.[265] Hat das BSG aber ein Prozesskostenhilfegesuch mangels Erfolgsaussicht der beabsichtigten Nichtzulassungsbeschwerde abgelehnt, weil der Antragsteller die Erklärung über seine persönlichen und wirtschaftlichen Verhältnisse nach Ablauf der Beschwerdefrist vorgelegt hat, ist ein „Antrag auf Wiedereinsetzung", mit dem der Antragsteller die verspätete Vorlage zu entschuldigen sucht, als erneutes Prozesskostenhilfegesuch anzusehen und auf seine Erfolgsaussicht zu prüfen.[266] Die Beschwerde gegen die Versagung der Gewährung von Prozesskostenhilfe ist im Übrigen gemäß § 172 Abs. 1 SGG unabhängig davon statthaft, ob in der Hauptsache der Beschwerdewert des § 144 Abs. 1 S. 1 SGG erreicht wird oder die Voraussetzungen des § 144 Abs. 1 S. 2 SGG vorliegen. § 127 Abs. 2 S. 2, 2. Hs. ZPO i.V.m. § 511 ZPO ist im sozialgerichtlichen Verfahren nicht analog anwendbar.[267] Im Verfahren betreffend der Festsetzung der PKH-Anwaltsvergütung ist die Beschwerde an das LSG gegen die Entscheidung des Sozialgerichts nicht durch die Vorschriften des SGG ausgeschlossen. Etwas anderes ist auch aus §§ 178, 197 Abs. 2 SGG nicht abzuleiten, wonach gegen Entscheidungen des ersuchten oder beauftragten Richters oder des Urkundenbeamten binnen eines Monats nach Bekanntgabe das Gericht angerufen werden kann, das endgültig entscheidet. Denn hinsichtlich des Prozesskostenhilfeverfahrens verweist § 73a SGG auf die für bürgerliche Rechtsstreitigkeiten einschlägigen Vorschriften der ZPO. Von diesem Verweis werden nicht allein die Bestimmungen der §§ 114 ff. ZPO erfasst, sondern auch die Regelungen über die Festsetzung der aus der Staatskasse zu zahlenden Vergütungen und Vorschüsse gemäß §§ 45 f.[268]

Die Gewährung eines Vorschusses ist auch in diesen Verfahren nach § 47 Abs. 1 S. 1 möglich.[269] In Verfahren, in denen das GKG Anwendung findet, erhält der im Wege der Prozesskostenhilfe beigeordnete Rechtsanwalt die Gebühren nach § 49. Im Übrigen wird auf die Ausführungen zu §§ 12, 45 ff. verwiesen.

§ 3a Vergütungsvereinbarung

(1) ¹Eine Vereinbarung über die Vergütung bedarf der Textform. ²Sie muss als Vergütungsvereinbarung oder in vergleichbarer Weise bezeichnet werden, von anderen Vereinbarungen mit Ausnahme der Auftragserteilung deutlich abgesetzt sein und darf nicht in der Vollmacht enthalten sein. ³Sie hat einen Hinweis darauf zu enthalten, dass die gegnerische Partei, ein Verfahrensbeteiligter oder die Staatskasse im Falle der Kostenerstattung regelmäßig nicht mehr als die gesetzliche Vergütung erstatten muss. ⁴Die Sätze 1 und 2 gelten nicht für eine Gebührenvereinbarung nach § 34.

(2) ¹Ist eine vereinbarte, eine nach § 4 Abs. 3 Satz 1 von dem Vorstand der Rechtsanwaltskammer festgesetzte oder eine nach § 4a für den Erfolgsfall vereinbarte Vergütung unter Berücksichtigung aller Umstände unangemessen hoch, kann sie im Rechtsstreit auf den angemessenen Betrag bis zur Höhe der gesetzlichen Vergütung herabgesetzt werden. ²Vor der Herabsetzung hat das Gericht ein Gutachten des Vorstands der Rechtsanwaltskammer einzuholen; dies gilt nicht, wenn der Vorstand der Rechtsanwaltskammer die Vergütung nach § 4 Abs. 3 Satz 1 festgesetzt hat. ³Das Gutachten ist kostenlos zu erstatten.

---

264 LSG Baden-Württemberg, Beschl. v. 2.12.2008 – L 1 U 2913/08 PKH-B.
265 LSG Sachsen, Beschl. v. 26.11.2008 – L 3 B 571/08 AS-PKH.
266 BSG, Beschl. v. 24.10.2007 – B 5a R 340/07 B, SozR 4–1500 § 166 Nr. 4.
267 LSG Baden-Württemberg, Beschl. v. 2.1.2007 – L 13 AS 4100/06 PKH-B; LSG NRW, Beschl. v. 18.4.2007 – L 19 B 42/06 AL; OVG Bremen, Beschl. v. 7.9.2008 – S 3 S 355/08; LSG Rheinland-Pfalz, Beschl. v. 16.6.2008 – L 5 B 163/08 AS; LSG Niedersachsen-Bremen, Beschl. v. 6.5.2008 – L 6 B 48/08 AS; LSG Berlin-Brandenburg, Beschl. v. 16.7.2008 – L 29 B 1004/08 AS; a.A. LSG Niedersachsen-Bremen, Beschl. v. 13.9.2007, L 13 B 7/07 SF; LSG Baden-Württemberg, Beschl. v. 5.12.2008 – L 8 AS 4968/08 PKH-B und Beschl. v. 17.11.2008 – L 7 AS 2588/08 PKH-B.
268 LSG NRW RVGreport 2008, 303; a.A. LSG Niedersachsen-Bremen, Beschl. v. 28.10.2008 – L 9 B 19/08 AS SF.
269 LSG Baden-Württemberg JurBüro 1990, 883.

§ 3a

(3) ¹Eine Vereinbarung, nach der ein im Wege der Prozesskostenhilfe beigeordneter Rechtsanwalt für die von der Beiordnung erfasste Tätigkeit eine höhere als die gesetzliche Vergütung erhalten soll, ist nichtig. ²Die Vorschriften des bürgerlichen Rechts über die ungerechtfertigte Bereicherung bleiben unberührt.

(4) (weggefallen)

Literatur: *Brieske/Teubel/Scheungrab (Hrsg.)*, Münchener Anwaltshandbuch Vergütungsrecht, 2007, Teil E Vergütungsvereinbarungen (zit. MAH Vergütungsrecht); *Ernst*, Rechtsanwaltsvergütungsgesetz, 2005; *Feller/Ehlert*, Rhetorische Herausforderungen bei Abschluss von Vergütungsvereinbarungen, JurBüro 2006, 620; *Hansens*, Das Gutachten des Vorstandes der Rechtsanwaltskammer, ZAP Fach 24, S. 499; *Hansens/Braun/Schneider*, Praxis des Vergütungsrechts, 2. Aufl. 2007, Teil 2 (S. 95 ff.); *Hansens/Schneider*, Formularbuch Anwaltsvergütung im Zivilrecht, 2006, Teil 19; *Henssler*, Aktuelle Praxisfragen anwaltlicher Vergütungsvereinbarungen, NJW 2005, 1537; *Henssler/Deckenbrock*, Der (Teil-)Vergütungsanspruch des Rechtsanwalts im Falle vorzeitiger Mandatsbeendigung im Normgefüge des § 628 BGB, NJW 2005, 1; *dies.*, Kostenerstattung bei Beauftragung mehrerer Rechtsanwälte, MDR 2005, 1321; *Hinne/Klees/Teubel/Winkler*, Vereinbarungen mit Mandanten, 2006; *Hirtz*, Die sieben populärsten Irrtümer zur anwaltlichen Vergütungsvereinbarung, ZAP 18/2005, S. 929; *Hommerich/Kilian*, Vergütungsvereinbarungen deutscher Rechtsanwälte, 2006; *dies.*, Stundensätze der deutschen Anwaltschaft, NJW 2009, 1569; *Hommerich/Kilian/Jackmuth/Wolf*, Der Preis der Zeit – Stundensätze deutscher Rechtsanwälte, AnwBl 2006, 473; *dies.*, Abrechnungsmodalitäten beim Zeithonorar, AnwBl 2006, 569; *dies.*, Dokumentation bei Zeitvergütungen, AnwBl 2006, 654; *dies.*, Vergütungsvereinbarungen von Strafverteidigern – einige rechtstatsächliche Betrachtungen, StV 2007, 320; *Jungbauer*, Vergütungsvereinbarungen nach dem RVG in Familiensachen, FPR 2005, 396; *dies.*, Vergütungsvereinbarungen in der anwaltlichen Praxis, JurBüro 2006, 171; *Koch/Kilian*, Anwaltliches Berufsrecht, 2007, Rn B 483 ff.; *Krämer/Mauer/Kilian*, Vergütungsvereinbarung und -management, 2005; *Krämer/Wilger*, Preisgestaltung für Anwälte, AnwBl 2005, 447; *Leipold*, Anwaltsvergütung in Strafsachen, 2004; *Lutje*, judex non calculat – Das Fünffache der gesetzlichen Gebühren als verbindliche Honorargrenze für Strafverteidigungen?, NJW 2005, 2490; *Madert/Schons*, Die Vergütungsvereinbarung des Rechtsanwalts, 3. Auflage 2006; *Mayer*, Gebührenformulare, 2008; *Mitzkus/Klein*, § 7 – Anwaltliche Honorargestaltung, in Pepels/Steckler (Hrsg.), Anwalts-Marketing, 2003; *Onderka*, Die Vergütungsvereinbarung nach dem RVG (§ 4 RVG), RVG-Beratungspraxis 8/2005, 125; *Rick*, Vergütungsvereinbarung, in Kilian/vom Stein (Hrsg.), Praxishandbuch für Anwaltskanzlei und Notariat, 2005, § 29 Rn 216 ff.; *ders.*, Angemessenheit und Sittenwidrigkeit der vereinbarten Vergütung – eine Rechtsprechungsübersicht, RVGreport 2006, 441; *Schaefer*, Belehrungspflichten des Anwalts bei Abschluss einer Honorarvereinbarung, AGS 2003, 191; *ders.*, Die Notwendigkeit von Honorarvereinbarungen, AGS 2003, 237; *Schneider*, Die Vergütungsvereinbarung, 2006; *ders.*, Wegfall der Beratungsgebühren zum 1.7.2006 – Erforderlichkeit einer Gebührenvereinbarung, NJW 2006, 1905; *ders.*, Vergütungsvereinbarung bei Prozess- oder Verfahrenskostenhilfe, NJW-Spezial 2016, 91; *ders.*, Die Vergütungsvereinbarung des Rechtsanwalts – was Anwälte wissen sollten, AnwBl 2016, 178; *Schulz*, Anwaltliche Berufspflichtverletzung durch den Abschluss sittenwidriger Vergütungsvereinbarungen?, BRAK-Mitt. 2010, 112; *von Seltmann*, Die anwaltliche Vergütungsvereinbarung, 2006; *Tsambikakis*, Die Vergütungsvereinbarung in Strafsachen, StraFo 2005, 446.

A. Allgemeines 1	4. Erfolgshonorar 75
B. Regelungsgehalt 9	5. Sach- oder Naturalvergütung 77
I. Zulässigkeit und Verbindlichkeit 9	6. Mischformen 79
1. Zulässigkeit 9	**IV. Auslegung der Vergütungsvereinbarung** 81
2. Wirksamkeit und Verbindlichkeit ... 11	1. Allgemeine Auslegungsgrundsätze .. 81
a) Allgemeine Voraussetzungen 11	2. Einschaltung von Hilfspersonen 83
b) Gebührenunterschreitungsverbot (§ 49b Abs. 1 BRAO) 20	3. Vorzeitige Mandatsbeendigung 85
c) Pflichtverteidigungen 26	4. Auslagen 95
d) Empfangsbekenntnis 30	5. Umsatzsteuer 96
II. Formelle Erfordernisse (Abs. 1) 32	**V. Herabsetzung der vereinbarten Vergütung (Abs. 2)** 98
1. Textform (S. 1) 32	1. Verfahren 98
2. Bezeichnung (S. 2) 40	2. Gutachten der Rechtsanwaltskammer (Abs. 2 S. 2) 102
3. Absetzen von anderen Vereinbarungen (S. 2) 42	3. Rechtsfolgen der Herabsetzung 107
4. Trennung von Vollmacht (S. 2) 46	4. Unangemessenheit und Sittenwidrigkeit der Vergütung 109
5. Hinweis auf beschränkte Erstattungspflicht (S. 3) 49	a) Allgemeines 109
6. Gebührenvereinbarungen nach § 34 (S. 4) 54	b) Sittenwidrigkeit 111
III. Inhaltliche Gestaltung der Vergütungsvereinbarung 57	c) Angemessenheit 113
1. Modifizierung des Tarifgesetzes 58	aa) Quotientenrechtsprechung .. 114
2. Pauschalvergütung 60	bb) Stellungnahme 121
3. Zeitvergütung 63	cc) Prüfung 122
a) Zulässigkeit und Zweckmäßigkeit .. 63	d) Einzelfälle 125
b) Abrechnungsintervalle 65	e) Darlegungs- und Beweislast 126
c) Dokumentation 68	f) Steuerliche Aspekte 127
d) Stundensätze 70	**VI. Vergütungsvereinbarung und PKH/VKH (Abs. 3)** 128
e) Darlegungs- und Beweislast 73	1. Nichtigkeit der Vereinbarung (S. 1) ... 128

2. Verweis auf Bereicherungsrecht (S. 2) .. 132
VII. Vergütungsvereinbarung und Beratungshilfe 139
VIII. Gebührenteilungsvereinbarungen 145

C. Abrechnung 147
D. Kostenerstattung 150
E. Vergütungsfestsetzung 156
F. Rechtsschutzversicherung 159

A. Allgemeines

Die Vorschrift wurde durch das Gesetz zur Neuregelung des Verbots der Vereinbarung von Erfolgshonoraren vom 12.6.2008 eingefügt. Unter der Überschrift „Vergütungsvereinbarung" normiert sie die **allgemeinen Regeln für alle Vergütungsvereinbarungen**. § 3a gilt daher sowohl für Vereinbarungen über erfolgsunabhängige Vergütungen nach § 4 als auch für Erfolgshonorare nach § 4a. In § 3a hat der Gesetzgeber die für jede Vergütungsvereinbarung gültigen Vorschriften vor die Klammer gezogen; er ist insoweit lex generalis. **1**

Abs. 1 S. 1 ordnet für alle Vergütungsvereinbarungen einheitlich die **Textform** gemäß § 126b BGB an. Abs. 1 S. 2 statuiert die **formellen Erfordernisse** einer jeden Vereinbarung über die Vergütung. Sie muss als Vergütungsvereinbarung oder in vergleichbarer Weise bezeichnet werden, von anderen Vereinbarungen mit Ausnahme der Auftragserteilung deutlich abgesetzt sein und darf nicht in der Vollmacht enthalten sein. Die Formerfordernisse erfüllen zugunsten des Auftraggebers eine **Warn- und Schutzfunktion**.[1] Ein Verstoß reduziert den Anspruch des Rechtsanwalts gegen seinen Auftraggeber daher auf die gesetzliche Vergütung (§ 4b). Für Gebührenvereinbarungen nach § 34 gelten die Formerfordernisse des Abs. 1 S. 1 und 2 nicht (Abs. 1 S. 4). **2**

Nach Abs. 1 S. 3 hat die Vergütungsvereinbarung zudem einen Hinweis darauf zu enthalten, dass die gegnerische Partei, ein Verfahrensbeteiligter oder die Staatskasse im Falle der **Kostenerstattung** regelmäßig nicht mehr als die gesetzliche Vergütung erstatten muss. Die Vorschrift normiert zum Schutz des Mandanten eine **Hinweispflicht** des Anwalts. Ein Verstoß gegen Abs. 1 S. 3 führt nach § 4b nicht zu einer Absenkung des Vergütungsanspruchs auf die tarifliche Vergütung,[2] kann aber zivilrechtliche Schadensersatzansprüche des Auftraggebers nach sich ziehen, die dieser allerdings darlegen und beweisen muss.[3] **3**

Abs. 2 regelt die **Herabsetzung** einer unangemessen hohen Vergütung. **4**

Abs. 3 S. 1 ordnet die **Nichtigkeit** der Vergütungsvereinbarung an, sofern der Rechtsanwalt für die zu vergütende Tätigkeit im Wege der **Prozess-** oder **Verfahrenskostenhilfe** beigeordnet ist und eine höhere als die gesetzliche Vergütung vereinbart wird (siehe Rdn 128 ff.). S. 2 verweist hinsichtlich der Rückforderung bereits gezahlter Vergütungen auf die §§ 812 ff. BGB. **5**

Das bis zum 31.12.2013 in Abs. 4 a.F. i.V.m. § 8 BerHG geltende Verbot, im Falle der **Beratungshilfe** eine Vergütungsvereinbarung zu treffen, ist aufgehoben worden (siehe Rdn 139 ff.). **6**

Die Vergütungsvereinbarung ist in der Regel **Inhalt** oder **vertragliche Nebenabrede** des Anwaltsvertrags zwischen Anwalt und Auftraggeber. Vergütungsvereinbarungen kann der Anwalt aber auch mit **Dritten** treffen; dann ist der Auftraggeber im vergütungsrechtlichen Sinne personenverschieden vom Mandanten. In derartigen Fällen erfolgt die Tätigkeit des Anwalts im Rahmen eines Vertrages zugunsten Dritter.[4] Dreiecksverhältnisse dieser Art entstehen etwa bei der Mandatierung des Anwalts durch einen Arbeitgeber für ihre(n) Arbeitnehmer oder durch Familienangehörige für ihre Verwandten. **7**

---

1 Vgl. *N. Schneider*, Vergütungsvereinbarung, Rn 571, 582.
2 BGH MDR 2016, 915 = AnwBl 2016, 692 = VersR 2016, 1139 = BB 2016, 1537 = BRAK-Mitt 2016, 200 = FA 2016, 242 = RVGprof. 2016, 156; OLG Karlsruhe AGS 2015, 9 = AnwBl 2015, 182 = NJW 2015, 418 = DStR 2015, 383 = JurBüro 2015, 78 = FamRZ 2015, 782 = Justiz 2015, 36 = DStRE 2015, 764 = VRR 2014, 443 = StRR 2014, 463 = NJW-Spezial 2015, 28 = IBR 2015, 106 = RVGprof. 2015, 24 = FF 2015, 130 = StRR 2015, 155 = FamRB 2015, 182.
3 OLG Karlsruhe AGS 2015, 9 = AnwBl 2015, 182 = NJW 2015, 418 = DStR 2015, 383 = JurBüro 2015, 78 = FamRZ 2015, 782 = Justiz 2015, 36 = DStRE 2015, 764 = VRR 2014, 443 = StRR 2014, 463 = NJW-Spezial 2015, 28 = IBR 2015, 106 = RVGprof. 2015, 24 = FF 2015, 130 = StRR 2015, 155 = FamRB 2015, 182.
4 Krämer/Mauer/*Kilian*, Rn 513; *N. Schneider*, Vergütungsvereinbarung, Rn 258.

8 Die **tatsächliche Verbreitung** der Vergütungsvereinbarung ist erheblich. Nach einer im Jahr 2006 veröffentlichten repräsentativen Studie des Soldan-Instituts für Anwaltsmanagement[5] rechnen 74 % der deutschen Rechtsanwältinnen und Rechtsanwälte zumindest auch auf der Grundlage von Vergütungsvereinbarungen ab. Der Anteil der Mandate, die mittels einer Vereinbarung abgerechnet werden, hängt dabei von der Größe der Kanzlei ab. Liegt die Quote für Einzelkanzleien bei 22 %, beträgt sie bei Sozietäten mit mehr als 20 Anwälten nicht weniger als 67 %. Der **Umsatzanteil** von Vergütungsvereinbarungen am Gesamtumsatz einer Kanzlei liegt bei rund einem Drittel.[6] Der Umsatzanteil von Strafverteidigern liegt mit 30 % noch unter dieser Quote, obgleich sie ihre Mandate zu 96 % auf der Basis von Vergütungsvereinbarungen liquidieren.[7]

B. Regelungsgehalt

I. Zulässigkeit und Verbindlichkeit

1. Zulässigkeit

9 Die Zulässigkeit der Vergütungsvereinbarung als solcher ist im RVG nicht geregelt. Vielmehr implizieren die §§ 3a ff. die Zulässigkeit einer derartigen Vereinbarung. Sie folgt überdies aus dem zivilrechtlichen Grundsatz der Privatautonomie.

10 Eingeschränkt wird dieser Grundsatz durch die Regelungen in §§ 48, 49 und 49a BRAO. Ist der Anwalt im Wege der **Prozess-** oder **Verfahrenskostenhilfe** beigeordnet, muss er die Vertretung zu den Prozesskostenhilfe-Gebühren übernehmen (§ 48 BRAO). Eine damit kombinierte Vergütungsvereinbarung führt zur Nichtigkeit dieser Vereinbarung (Abs. 3), soweit die gesetzliche Vergütung überschritten wird (siehe Rdn 128 ff.). Ist der Anwalt zum **Pflichtverteidiger** bestellt, muss er die Verteidigung zu den Pflichtverteidigergebühren nach VV 4100 ff. übernehmen (§ 49 BRAO). Allerdings darf er eine Vergütungsvereinbarung treffen. Das liegt darin begründet, dass die Bestellung als Pflichtverteidiger nicht an die Bedürftigkeit anknüpft. Nach § 49a BRAO wiederum ist er zur Übernahme der **Beratungshilfe** zu den dort geregelten Gebühren (VV 2500 ff.) verpflichtet. Zur Möglichkeit, hier eine Vergütungsvereinbarung zu treffen, siehe Rdn 139 ff. In allen anderen Fällen ist er frei. Er ist insbesondere nicht verpflichtet, ein Mandat zu den gesetzlichen Gebühren zu übernehmen, sondern kann die Übernahme von der Vereinbarung einer höheren Vergütung abhängig machen.

2. Wirksamkeit und Verbindlichkeit

a) Allgemeine Voraussetzungen

11 Aus dem vertraglichen Charakter der Vergütungsvereinbarung folgt, dass zunächst zu prüfen ist, ob sie überhaupt den **allgemeinen Wirksamkeitsvoraussetzungen** entspricht. Sodann ist zu prüfen, ob für den Regelungsbereich der Vergütungsvereinbarung ein **gesetzliches Verbot** existiert (vgl. Rdn 20 ff.). Ergibt sich bereits insoweit die Nichtigkeit der Vereinbarung, kommt es auf die speziellen Voraussetzungen der §§ 3a ff. nicht mehr an. Auch eine Anpassung nach Abs. 2 ist obsolet.

12 Die **Wirksamkeit** einer Vergütungsvereinbarung setzt zunächst **Geschäftsfähigkeit** nach §§ 105 ff. BGB voraus. Für Geschäftsunfähige können allerdings deren gesetzliche Vertreter eine Vergütungsvereinbarung abschließen.

13 Die Vereinbarung darf nicht **sittenwidrig** sein. Ist sie es, etwa wegen Wuchers (§ 138 Abs. 2 BGB), so ist die Vereinbarung bereits nichtig, ohne dass es auf die Voraussetzungen des Abs. 1 ankommt; auch eine Anpassung nach Abs. 2 scheidet dann aus (zur Nichtigkeit nach § 138 BGB vgl. auch Rdn 18, 109 ff.).

---

[5] *Hommerich/Kilian*, Vergütungsvereinbarungen deutscher Rechtsanwälte, 2006, S. 29 f.

[6] *Hommerich/Kilian*, Vergütungsvereinbarungen deutscher Rechtsanwälte, 2006, S. 32. Nach der vom Institut für Freie Berufe (IFB) durchgeführten Erhebung

„Ein Jahr RVG" liegt der Umsatzanteil freilich nur bei 18 %, vgl. *Spengler/Oberlander*, BRAK-Mitt. 2006, 106, 107.

[7] *Hommerich/Kilian/Jackmuth/Wolf*, StV 2007, 320.

Die bloße **Anfechtbarkeit** der Vergütungsvereinbarung ist unbeachtlich. Wird die Vereinbarung freilich wirksam angefochten, so ist sie ex tunc nichtig (§ 142 BGB). Anfechtungsgründe können sich aus § 119 BGB ergeben (etwa bei einem Erklärungsmangel) oder aus § 123 BGB, wenn die Vergütungsvereinbarung durch Täuschung oder Drohung erwirkt worden ist. Eine Anfechtung nach § 123 BGB kommt etwa in Betracht, wenn der Strafverteidiger unmittelbar vor dem Hauptverhandlungstermin oder vor dem Plädoyer droht, das Mandat niederzulegen, falls der Mandant nicht eine Vergütungsvereinbarung abschließt.[8] Dies gilt erst recht bei einem inhaftierten Mandanten. Entsprechendes gilt, wenn der Anwalt anderweitig mit der Mandatsniederlegung droht und dem Auftraggeber damit verbundene Nachteile in Aussicht stellt.[9] Gleiches gilt, wenn der Rechtsanwalt den persönlich nicht haftenden Gesellschafter seiner Mandantin erstmals unmittelbar vor dem anberaumten Gerichtstermin mit dem Hinweis, anderenfalls das Mandat niederzulegen, zum Abschluss einer Haftungsübernahme, zum Abschluss einer Vergütungsvereinbarung drängt.[10] Ein solches **Honorarverlangen zur Unzeit** stellt in der Regel eine widerrechtliche Drohung i.S.d. § 123 BGB dar, die zur Anfechtung einer daraufhin abgeschlossenen Vergütungsvereinbarung berechtigt. Die bloße Androhung, das Mandat niederzulegen, wenn eine Gebührenvereinbarung nicht zustande komme, ist jedoch dann keine rechtswidrige Drohung, wenn der mit dem Mandat verbundene Aufwand die Höhe der gesetzlichen Vergütung übersteigt.[11]

14

Weiterhin ist erforderlich, dass die Vergütungsvereinbarung dem **Bestimmtheitsgebot** genügt. Zwar sind auch Vergütungsvereinbarungen nach §§ 133, 157 BGB auslegungsfähig.[12] Hier sind der Auslegung zum Schutz des Mandanten jedoch enge Grenzen gesetzt. Er muss zum einen wissen, mit welchen Vergütungsansprüchen er zu rechnen hat und muss sie berechnen können.

15

> **Beispiel:** Eine Vereinbarung etwa dergestalt, dass der Mandant in Abweichung von den gesetzlichen Regelungen ein „angemessenes" Honorar schulde, genügt dem Bestimmtheitserfordernis nicht; sie wäre unwirksam. Ebenso ist wegen Verletzung des Transparenzgebotes nach Ansicht des OLG Frankfurt a.M.[13] die Regelung „Für eine weitere beraterische Tätigkeit werden die anwaltlichen Gebühren nach dem deutschen Recht gem. der RVG-Tabelle (1,8-Gebühren) berechnet" unwirksam.

Für die Verbindlichkeit einer Honorarvereinbarung müssen die Parteien vielmehr einen Berechnungsschlüssel schaffen, der ohne Schwierigkeit und Unsicherheit die **ziffernmäßige Berechnung** der Vergütung ermöglicht.[14] Dieser Maßstab gilt indes nur für das aktuelle Mandat.

Die Vereinbarung einer Vergütung für „**zukünftige Mandate**" ist bestimmbar und somit zulässig.[15] Allerdings muss eindeutig feststehen, für welche Tätigkeiten der Auftraggeber eine höhere als die gesetzliche Vergütung zahlen soll. Eine pauschale Bezeichnung der anwaltlichen Tätigkeit lässt nicht den Schluss zu, dass die Vergütungsvereinbarung ohne jede zeitliche Beschränkung gelten soll.[16] Die Vergütungsvereinbarung wird auch nicht dadurch unbestimmt, dass bereits eine identische Vereinbarung mit einem anderen Anwalt besteht. Die Gefahr einer **Doppelabrechnung** ist unter Wirksamkeitsaspekten unbeachtlich.[17] Aus einer Vergütungsvereinbarung, die nur eine Regelung für

16

---

8 BGH AGS 2010, 267 m. Anm. *Schons* = NJW 2010, 1364 = BGHZ 184, 209 = WM 2010, 673 = NJW 2010, 1364 = MDR 2010, 529 = AnwBl 2010, 362 = StraFo 2010, 171 = StV 2010, 261 = StRR 2010, 123 = RVGprof. 2010, 91 = BRAK-Mitt 2010, 146 = StRR 2010, 236 = JurBüro 2010, 305 = NJ 2010, 392 = StBW 2011, 326; AG Butzbach JurBüro 1986, 1033.

9 LG Karlsruhe MDR 1991, 548.

10 BGH AGS 2013, 317 = NJW 2013, 1591 = MDR 2013, 747 = NJW-Spezial 2013, 383 = AnwBl 2013, 470 = RVGreport 2013, 265.

11 BGH AGS 2003, 15 m. Anm. *Madert* = AnwBl 2002, 660 = BGHReport 2002, 909 = DB 2002, 2714 = MDR 2002, 1182 = NJW 2002, 2774 = WM 2003, 89 = KostRsp. BRAGO § 3 Nr. 59; *Jungbauer*, FPR 2005, 396, 400; *dies.*, JurBüro 2006, 171, 175. Vgl. auch OLG Saarbrücken RVGreport 2012, 54 m. Anm. *Burhoff* zur Drohung des Anwalts, im bevorstehenden Termin nicht aufzutreten.

12 Vgl. BGH NJW 2005, 2142 = AnwBl 2005, 582 m. Anm. *Henke* = AGS 2005, 378 m. Anm. *Madert*, *Henke* und *N. Schneider* = BRAK-Mitt. 2005, 244 = MDR 2005, 1255; OLG Düsseldorf AGS 2006, 530 = RVGreport 2006, 420 = AnwBl 2006, 770.

13 OLG Frankfurt/M. AGS 2009, 471.

14 OLG Hamm AnwBl 1986, 452; Bischof/Jungbauer/Bräuer/*Bischof*, RVG, § 3a Rn 24. Ähnlich *Jungbauer*, JurBüro 2006, 171, 174.

15 OLG Düsseldorf AGS 2006, 530 = RVGreport 2006, 420 = AnwBl 2006, 770.

16 OLG Karlsruhe AGS 2015, 9 = AnwBl 2015, 182 = NJW 2015, 418 = DStR 2015, 383 = JurBüro 2015, 78 = FamRZ 2015, 782 = Justiz 2015, 36 = DStRE 2015, 764 = VRR 2014, 443 = StRR 2014, 463 = NJW-Spezial 2015, 28 = IBR 2015, 106 = RVGprof. 2015, 24 = FF 2015, 130 = StRR 2015, 155 = FamRB 2015, 182.

17 OLG Brandenburg, Urt. v. 27.2.2007 – 11 U 146/06, n.v.

die **Verteidigung in der Hauptverhandlung** enthält, kann kein Anspruch für das Verfahren außerhalb der Hauptverhandlung hergeleitet werden. Insoweit bedarf es vielmehr einer ausdrücklichen Regelung.[18] Der Ansicht des OLG Koblenz,[19] die Vereinbarung, dass zuzüglich eines konkret vereinbarten Pauschal- und Zeithonorars Spesen zu zahlen seien, wäre der Höhe nach nicht hinreichend bestimmt und damit unwirksam, kann hingegen nicht gefolgt werden. Das BVerfG[20] hat diese Entscheidung daher zu Recht kassiert.

17 Verwendet der Anwalt eine von ihm selbst vorformulierte Vergütungsvereinbarung, ist selbige zudem am Recht der **Allgemeinen Geschäftsbedingungen** (AGB) zu messen.[21] Ist der Mandant Verbraucher, begründet bereits die einmalige Verwendung des Textes die Anwendbarkeit der §§ 305 ff. BGB (§ 310 Abs. 3 Nr. 2 BGB). Eine als allgemeine Geschäftsbedingung zu qualifizierende Vereinbarung ist vor allem dann unwirksam, wenn sie gegen das **Transparenzgebot** des § 307 Abs. 2 BGB verstößt und für den Auftraggeber nicht erkennbar ist, mit welchem Gesamtaufwand er bis zur Erledigung des Mandats rechnen muss.[22]

18 Ist die **Vergütungsvereinbarung** nach allgemeinen zivilrechtlichen Grundsätzen (z.B. §§ 105, 134, 138, 306 Abs. 3 BGB) **unwirksam**, schuldet der Auftraggeber nur die gesetzliche Vergütung.[23] Der Anwalt muss daher auch nach den gesetzlichen Gebühren abrechnen und dabei eine ordnungsgemäße Berechnung nach § 10 Abs. 1 erteilen; anderenfalls ist die Vergütung nicht klagbar.[24] Nach Treu und Glauben bleibt der Anwalt allerdings an die Vereinbarung gebunden, wenn sich daraus eine geringere Vergütung ergibt. Die Unwirksamkeit der Vereinbarung nach § 134 BGB i.V.m. § 49b Abs. 1 BRAO hindert indes die Durchsetzbarkeit des Vergütungsanspruchs (vgl. Rdn 23). Zu den Rechtsfolgen des Formmangels nach Abs. 1 S. 1 siehe § 4b Rdn 7 ff.

19 Ein Strafverfahren wegen des Verdachts der **Gebührenüberhebung** (§ 352 StGB) hat der Rechtsanwalt auch dann nicht zu befürchten, wenn die mit seinem Mandanten getroffene Vergütungsvereinbarung nicht wirksam zustande gekommen ist. Denn rechnet der Anwalt aufgrund einer Vergütungsvereinbarung ab, „erhebt" er keine Vergütung i.S. des § 352 StGB (zu den Einzelheiten siehe auch § 2 Rdn 53). Dies gilt freilich nur dann, wenn sich aus dem RVG jedenfalls dem Grunde nach ein Vergütungsanspruch ergibt.[25]

b) Gebührenunterschreitungsverbot (§ 49b Abs. 1 BRAO)

20 Die Verbindlichkeit einer Vergütungsvereinbarung ist zivilrechtlich auch an dem **Gebührenunterschreitungsverbot** des § 49b Abs. 1 S. 1 BRAO zu messen. Es soll das RVG als staatliches Tarifgesetz schützen und einen „Preiswettbewerb um Mandate"[26] verhindern. Wegen seiner wettbewerbsbeschränkenden Funktion steht das Gebührenunterschreitungsverbot in der **Kritik**. Das 16. Hauptgutachten der Monopolkommission vom 5.7.2006[27] fordert die ersatzlose Streichung des § 49b Abs. 1 BRAO. Die Bundesregierung hat in ihrer Stellungnahme zu dem Gutachten der Monopolkommission[28] die hohe Bedeutung des gegenwärtigen Gebührensystems für den **Zugang zum Recht** betont

---

18 AG Spandau AGS 2003, 444 m. Anm. *Herrmann* und *N. Schneider*; KostRsp. BRAGO § 3 Nr. 63.

19 OLG Koblenz AGS 2002, 200 = KostRsp. BRAGO § 3 Nr. 58.

20 BVerfG AGS 2002, 266 = AnwBl 2002, 612 = BRAGOreport 2002, 165 = BRAK-Mitt 2002, 222 = FamRZ 2003, 25 = JurBüro 2003, 302 = NJW 2002, 3314 = KostRsp. BRAGO § 3 Nr. 60.

21 Abreden, die unmittelbar die Höhe der Vergütung festlegen, sind jedenfalls bei Existenz einer staatlichen Taxe (hier: RVG) kontrollfähig, vgl. BGH NJW-RR 2006, 597; NJW 1998, 1786; Palandt/*Heinrichs*, § 307 BGB Rn 59 m.w.N. Zu der Inhaltskontrolle der Vergütungsvereinbarung nach §§ 305 ff. BGB eingehend Hansens/Braun/*Schneider*, Teil 2 Rn 106 ff.; *N. Schneider*, Vergütungsvereinbarung, Rn 661 ff.; *von Seltmann*, Vergütungsvereinbarung, Rn 112 ff.; *Hinne/Klees/Teubel/Winkler*, Rn 290 ff.; *Teubel*, MAH Vergütungsrecht, § 33 Rn 150 ff.

22 OLG Frankfurt/M. NJW-RR 2000, 1367 = OLGR 2000, 97; a.A. *Hinne/Klees/Teubel/Winkler*, Rn 305.

23 Vgl. *N. Schneider*, Vergütungsvereinbarung, Rn 377, 1743, 1940 m.w.N.

24 AG Spandau AGS 2003, 444 m. Anm. *Herrmann* und *N. Schneider* = KostRsp. BRAGO § 3 Nr. 63; OLG Düsseldorf AGS 2004, 12 = JurBüro 2003, 584 = MDR 2003, 58 m. Anm. *N. Schneider*.

25 BGH NJW 2006, 3219 = NStZ-RR 2007, 142 = JurBüro 2007, 531 = AnwBl 2006, 759 = AGS 2007, 599 m. Anm. *Schons*.

26 Siehe die Gesetzesbegründung, BT-Drucks 12/4993 S. 31.

27 A.a.O Rn 988 ff. Das Gutachten findet sich unter www.monopolkommission.de.

28 BT-Drucks 16/5881 Rn 45.

und ihre Befürchtung geäußert, eine – nicht erwiesene – Senkung der Preise durch eine Aufhebung des § 49b Abs. 1 BRAO werde zu einer Qualitätseinbuße bei der anwaltlichen Mandatsbearbeitung führen. Nach dem Urteil des EuGH vom 5.12.2006 zu anwaltlichen Mindestgebühren[29] obliegt es indes den deutschen Gerichten, zu prüfen, ob das in § 49b Abs. 1 BRAO normierte Verbot durch **Belange des Allgemeinwohls**, etwa das Kostenerstattungsprinzip, gerechtfertigt ist. In diesem Sinne hat das BVerfG in seinem Beschl. v. 13.2.2007[30] – mithin in Kenntnis der EuGH-Entscheidung – die hohe Bedeutung von gesetzlichen Mindestgebühren für das Gemeinwohl unterstrichen. Sie schützten im Interesse der **Funktionsfähigkeit der Rechtspflege** die Anwaltschaft. Auch angesichts der starken Konkurrenz auf dem Rechtsberatungsmarkt solle kein Anreiz bestehen, die gesetzlich vorgesehenen Mindestgebühren zu unterschreiten. Überdies diene das gesetzliche Vergütungssystem dem **Schutz der Rechtsuchenden**. Ihnen sei es regelmäßig nicht möglich, den für die anwaltliche Tätigkeit erforderlichen Aufwand selbst zu beurteilen und danach die anfallende Vergütung des Anwalts selbst zu berechnen. Vor diesem Hintergrund dürfte das Gebührenunterschreitungsverbot des § 49b Abs. 1 BRAO weiterhin Bestand haben, zumal das deutsche Tarifsystem unlängst durch die ersatzlose Streichung der gesetzlichen Beratungsgebühren und die Möglichkeit der Vereinbarung eines Erfolgshonorars im Einzelfall in zwei Kernbereichen anwaltlicher Vergütung dereguliert wurde. Nach dem Inkrafttreten der EU-Dienstleistungsrichtlinie[31] wird sich gemäß Art. 15 Abs. 2g RL das deutsche Vergütungsrecht freilich dem **Normenscreening** stellen müssen; das zuständige BMWi hat bereits angekündigt, das RVG in dieser Hinsicht überprüfen zu wollen.[32]

21 Vereinbart der Anwalt mit dem Auftraggeber eine niedrigere als die gesetzliche Vergütung, so verstößt diese Vereinbarung gegen § 49b Abs. 1 S. 1 BRAO. Da diese Norm ein gesetzliches Verbot i.S.d. § 134 BGB darstellt, ist die **Vergütungsvereinbarung nichtig**.[33] Die Nichtigkeitsfolge lässt gemäß § 139 BGB die Wirksamkeit des Mandatsvertrages unberührt.[34] Neben der zivilrechtlichen Nichtigkeitsanordnung muss der Rechtsanwalt bei einem Verstoß gegen § 49b Abs. 1 BRAO auch mit **wettbewerbsrechtlichen Konsequenzen** rechnen. Die Vorschrift stellt eine Marktverhaltensregel i.S.d. § 4 Nr. 11 UWG dar.[35] Schließlich sanktioniert das anwaltliche **Berufsrecht** den Verstoß gegen § 49b Abs. 1 BRAO. Der betroffene Anwalt muss bei einem wissentlichen Verstoß zumindest mit einer Rüge nach § 74 Abs. 1 BRAO rechnen.

22 Ein Verstoß gegen das Gebührenunterschreitungsverbot kann sich für den Anwalt auch durch die Abrechnung nach den Gebührensätzen eines „**Rationalisierungsabkommens**" ergeben. Zahlreiche Rechtsschutzversicherer haben die Reform des anwaltlichen Vergütungsrechts im Jahr 2004 zum Anlass genommen, Rechtsanwälten Vorschläge für den Abschluss einer generellen Gebührenvereinbarung zu unterbreiten.[36] Gegenstand dieser Vereinbarung ist die Festlegung bestimmter Gebühren für den gesamten außergerichtlichen Bereich, sofern streitgegenstandswertabhängige Gebühren anfallen, sowie für Ordnungswidrigkeiten- und Strafverfahren. Sofern die vorgeschlagenen Gebühren für die forensische Tätigkeit unter den gesetzlichen Gebühren des RVG liegen, etwa bei der Verteidigung in Straf- und Bußgeldsachen, stellt die Unterzeichnung einer derartigen Gebührenvereinbarung für den Anwalt einen **berufsrechtlichen Verstoß** gegen § 49b Abs. 1 BRAO dar. Daraus folgt zugleich die **zivilrechtliche Nichtigkeit** der Vereinbarung gemäß § 134 BGB.[37]

23 Der **Vergütungsanspruch** des Anwalts sieht sich im Falle eines Verstoßes gegen § 49b Abs. 1 S. 1 BGB der **Einrede** des § 242 BGB ausgesetzt.[38] Denn könnte der Anwalt alternativ zu der – unwirksam vereinbarten – niedrigeren Vergütung nunmehr die taxmäßige Vergütung nach § 612 Abs. 2

---

[29] NJW 2007, 281 = NVwZ 2007, 679 = BRAK-Mitt 2007, 21 = DStR 2007, 130 – *Cipolla* und *Macrino*.
[30] NJW 2007, 2098, 2099. Dazu kritisch *Dahns*, NJW-Spezial 2007, 334.
[31] Richtlinie 2006/123/EG vom 12.12.2006, ABl EU Nr. L 376, S. 36 ff.
[32] Näher *Kühling/Müller*, BRAK-Mitt. 2008, 5, 9 f.
[33] OLG München NJW 2002, 3641; LG Kleve AnwBl 2000, 259; AG München AGS 2011, 530 m. Anm. *Schons*; Henssler/Prütting-*Dittmann*, BRAO, § 49b Rn 14.
[34] BGH NJW 1980, 2407; BGH JZ 1962, 369.
[35] BGH AnwBl 2007, 870, 871 – *JuraXX*; BGH WRP 2006, 1221 – *Gebührenvereinbarung II*; Hefermehl/Köhler/Bornkamm, Wettbewerbsrecht, 25. Aufl. 2007, § 4 UWG Rn 11.139 m.w.N.
[36] Dazu *Braun*, RVGReport 2004, 244 ff.
[37] Vgl. Kilian/vom Stein/*Rick*, § 29 Rn 319; Krämer/Mauer/*Kilian*, Rn 438; *Henssler*, NJW 2005, 1537, 1540; *Schons*, NJW 2004, 2942 f.; *ders.* in Madert/Schons, Vergütungsvereinbarung, Rn 141, 148; ohne ersichtliche Begründung a.A. Hering/*Buschbell*, Handbuch Rechtsschutzversicherung, 3. Aufl. 2007, § 27 Rn 16.
[38] BGH NJW 1980, 2407; OLG Düsseldorf NJOZ 2004, 3150; Henssler/Prütting-*Dittmann*, BRAO, § 49b Rn 14.

BGB verlangen, würde er exakt die gesetzlichen Gebühren geltend machen, auf die er ursprünglich unter Verstoß gegen das Gebührenunterschreitungsverbot verzichtet hatte.[39]

24 Eine **Durchbrechung** des Gebührenunterschreitungsverbots ist nach § 49b Abs. 1 S. 1 BRAO nur möglich, soweit das RVG dies ausdrücklich vorsieht. Die wichtigste Ausnahme in diesem Sinne findet sich in § 4 Abs. 1, wonach **im außergerichtlichen Bereich** Vergütungen vereinbart werden können, die niedriger sind als die gesetzlichen Gebühren (siehe § 4 Rdn 6 ff.). Eine weitere Ausnahmeregelung hat der Gesetzgeber für das **Erfolgshonorar** geschaffen: In gerichtlichen Verfahren darf nach § 4a Abs. 1 S. 2 für den Fall des Misserfolgs eine geringere als die gesetzliche Vergütung vereinbart werden, wenn für den Erfolgsfall ein angemessener Zuschlag auf die gesetzliche Vergütung vereinbart wird (siehe § 4a Rdn 24 ff.). Schließlich enthält § 49b Abs. 1 BRAO in seinem S. 2 eine Durchbrechung des in Satz 1 statuierten Verbots. Danach darf der Rechtsanwalt im Einzelfall **nach Mandatserledigung** durch eine Ermäßigung oder einen Erlass seiner Vergütung besonderen Umständen in der Person des Auftragsgebers Rechnung tragen. Exemplarisch wird in Satz 2 die fehlende finanzielle Leistungsfähigkeit des Mandanten genannt, die jedenfalls dann zu unterstellen ist, wenn er prozesskostenhilfeberechtigt (gewesen) wäre.[40]

25 In jüngster Zeit hatte sich die Rechtsprechung mehrfach mit dem Problem zu befassen, wie eine Vereinbarung zu bewerten ist, nach deren Wortlaut zwar ein Unterschreiten der gesetzlichen Vergütung möglich ist, die Abrechnung im konkreten Fall jedoch letztlich (weit) über der gesetzlichen Vergütung liegt. Im ersten Fall hatte das AG München[41] über eine Vergütungsvereinbarung zu urteilen, in der ein Stundensatz von 220 EUR vereinbart war. Ein Mindestbetrag war nicht vereinbart worden. Das Gericht ist davon ausgegangen, dass die Vereinbarung gegen § 49b Abs. 1 S. 1 BRAO verstoße, da sie kein Mindesthonorar in Höhe der gesetzlichen Gebühren vorsehe. Dem steht auch nicht entgegen, dass sich im konkreten Fall aufgrund der geleisteten Stunden eine höhere als die gesetzliche Vergütung ergibt. Ein vergleichbarer Fall kann auch dann auftreten, wenn anstelle eines Stundensatzes ein Pauschalhonorar vereinbart wird. Selbst dann, wenn das Pauschalhonorar nach der Kalkulation des Anwalts über den zu erwartenden gesetzlichen Gebühren liegen wird, kann er nie sicher sein, dass sich nicht durch spätere Erweiterung des Verfahrensgegenstands, z.B. eine Widerklage, auf die er keinen Einfluss hat, der Wert erhöht, so dass die gesetzliche Vergütung nunmehr über der vereinbarten liegt. In einem anderen Fall hatte sich das OLG München ebenfalls mit einer Stundensatzvereinbarung zu befassen, die keinen Mindestbetrag enthielt. Das OLG München[42] hatte keine Bedenken gegen die Wirksamkeit der Vereinbarung. Das OLG München ist allerdings salopp über das Problem hinweggegangen und hat lapidar erklärt, eine Unwirksamkeit bzw. Unverbindlichkeit liege jedenfalls dann nicht vor, wenn der Anwalt bei Abschluss der Vergütungsvereinbarung damit rechnen durfte, dass die vereinbarte Vergütung die gesetzliche übersteigen werde. Dies dürfte jedoch unzutreffend sein und mit dem Gesetz nicht zu vereinbaren sein. § 49b Abs. 1 BRAO verbietet generell das Unterschreiten der gesetzlichen Vergütung und nicht nur das „wahrscheinliche Unterschreiten". Abgesehen davon fragt es sich, was bei vorausschauender Sicht zu erwarten war und wer dies im Nachhinein beurteilt. Der Anwalt sollte daher in seine Vereinbarung stets eine Klausel aufnehmen, wonach in einem gerichtlichen Verfahren mindestens die gesetzliche Vergütung geschuldet ist. Mit diesem „Rettungsanker" sichert sich der Anwalt ab, dass ein Unterschreiten der gesetzlichen Vergütung unmöglich wird.

c) Pflichtverteidigungen

26 Im Gegensatz zu dem im Rahmen der Prozess- und Verfahrenskostenhilfe beigeordneten Rechtsanwalt kann der **Pflichtverteidiger** mit dem Auftraggeber eine Vergütungsvereinbarung schließen.[43] § 3a enthält insoweit **keinen Ausschlusstatbestand**, insbesondere nicht in Abs. 3 oder Abs. 4. Im Gegenteil ergab sich aus § 101 Abs. 1 BRAGO (jetzt: § 58 Abs. 3) die Zulässigkeit einer solchen Vergütungsvereinbarung. Dies gilt auch weiterhin, selbst wenn § 58 Abs. 3 RVG im Gegensatz zu

---

39 BGH NJW 1980, 2407, 2408; Kilian/vom Stein/*Rick*, § 29 Rn 253; Krämer/Mauer/*Kilian*, Rn 508.
40 Krämer/Mauer/*Kilian*, Rn 474.
41 AGS 2011, 530.
42 Urt. v. 10. 12. 2014 – 15 U 5006/12 Rae.
43 BGH Rpfleger 1979, 412 = MDR 1979, 1004 = JurBüro 1979, 1793 = NJW 1980, 1394 = AnwBl 1980,

465; Leipold, Rn 90; *Burhoff*, RVG Straf- und Bußgeldsachen, 2. Aufl. 2007, Teil B „Vergütungsvereinbarung" Rn 11; *von Seltmann*, Vergütungsvereinbarung, Rn 159; Madert/*Schons*, Vergütungsvereinbarung, Rn 128.

§ 101 Abs. 1 BRAGO das vereinbarte Honorar nicht mehr ausdrücklich erwähnt. Der Unterschied zu der Prozesskostenhilfe (Abs. 3) und der Beratungshilfe (Abs. 4 i.V.m. § 8 BerHG) ergibt sich daraus, dass die Pflichtverteidigung nicht an die Bedürftigkeit des Beschuldigten anknüpft, sondern der Verfahrenssicherung sowie der ordnungsgemäßen Verteidigung dient, mithin der Erfüllung staatlicher Pflichten (zu den Rechtsfolgen einer Vergütungsvereinbarung bei bewilligter Prozess- und Verfahrenskostenhilfe und zu **Beratungshilfeberechtigung** siehe Rdn 128 ff., 139 ff.).

Die Vergütungsvereinbarung muss von dem vertretenen Beschuldigten **freiwillig** eingegangen sein.[44] Gerade bei einem inhaftierten Auftraggeber, der sich naturgemäß in einer gewissen Zwangslage befindet, kann dieses Merkmal problematisch sein; diesbezügliche Beschwerden bei den Rechtsanwaltskammern sind keine Seltenheit. Die Freiwilligkeit sollte daher durch den Pflichtverteidiger mit Beweismitteln dokumentiert werden können, um nachfolgenden zivil- und berufsrechtlichen Einwänden seines Mandanten wirksam begegnen zu können.[45]

Um die vereinbarte Vergütung einzufordern, bedarf es nicht der Feststellung der Leistungsfähigkeit des Beschuldigten gemäß § 52 Abs. 2.[46] Zu beachten ist insoweit, dass aus einer Vergütungsvereinbarung bei bestehender Pflichtverteidigung **keine Vorschüsse** verlangt werden können (§ 52 Abs. 1 S. 1, 2. Hs.).

Legt der **Wahlverteidiger**, der eine Vergütungsvereinbarung abgeschlossen hatte, das Mandat nieder und lässt er sich sodann zum Pflichtverteidiger bestellen, so steht ihm nur der Teil der vereinbarten Vergütung zu, den er bis zu seiner Bestellung als Pflichtverteidiger verdient hat.[47] Will er auch für die weiter gehende Tätigkeit die vereinbarte Vergütung geltend machen, muss er eine **Abänderungsvereinbarung** schließen, die ihrerseits der Textform des Abs. 1 genügen muss.[48]

d) Empfangsbekenntnis

Kontrovers wurden die Auswirkungen eines in der Vergütungsvereinbarung enthaltenen Empfangsbekenntnisses diskutiert. Das OLG Düsseldorf[49] hatte dazu in ständiger Rechtsprechung die Auffassung vertreten, auch ein Empfangsbekenntnis („Von dieser Vereinbarung haben beide Vertragspartner je ein Exemplar erhalten") führe zur **Unwirksamkeit der gesamten Vergütungsvereinbarung**. Es liege hier ein Verstoß gegen § 309 Nr. 12 BGB (früher: § 11 Nr. 15 AGBG) vor, der zur Unwirksamkeit der gesamten Vereinbarung führe. Zutreffend ist wohl, dass ein vorformuliertes Empfangsbekenntnis gegen § 309 Nr. 12 Buchst. b BGB verstößt, da sich der Verwender vom anderen Vertragsteil eine Tatsache bestätigen lässt. Die Anwendung des § 309 Nr. 12 Buchst. b BGB ist nur dann ausgeschlossen, wenn das Empfangsbekenntnis gesondert unterschrieben wird (§ 309 Nr. 12 Buchst. b S. 2 BGB), was hier i.d.R. nicht der Fall sein wird. Folglich ist ein solches Empfangsbekenntnis unwirksam.

Eine andere Frage ist aber, ob diese Unwirksamkeit zur Nichtigkeit der gesamten Vergütungsvereinbarung führt. Insoweit gilt § 306 Abs. 1 BGB, wonach bei Nichtigkeit einer Klausel der Vertrag im Übrigen wirksam bleibt.[50] Auch aus § 139 BGB ergibt sich keine andere Rechtsfolge. Hier ist auch zu berücksichtigen, dass das Empfangsbekenntnis in einer Vergütungsvereinbarung vollkommen sinnlos ist. Es gibt keine Vorschrift, wonach dem Mandanten ein Exemplar der Vergütungsvereinbarung ausgehändigt werden muss. Es reicht aus, dass der Mandant die Vereinbarung unterschreibt. Durch eine unwirksame Klausel wird mithin eine sinnlose Tatsache bestätigt, die keinerlei rechtliche

---

44 BGH Rpfleger 1979, 412 = MDR 1979, 1004 = JurBüro 1979, 1793 = AnwBl 1980, 465; JurBüro 1983, 689.
45 Kilian/vom Stein/*Rick*, § 29 Rn 217.
46 BGH Rpfleger 1979, 412 = MDR 1979, 1004 = JurBüro 1979, 1793 = NJW 1980, 1394 = AnwBl 1980, 465.
47 KG KGR 1995, 156 = KostRsp. BRAGO § 3 Nr. 33.
48 Vgl. OLG Bremen StV 1987, 162.
49 MDR 2000, 420 = OLGR 2003, 228 = KostRsp. BRAGO § 3 Nr. 46; AGS 2004, 12 = JurBüro 2003, 584 = MDR 2003, 58 m. Anm. *N. Schneider*.
50 *N. Schneider*, Vergütungsvereinbarung, Rn 762.

Konsequenzen hat. Die **Wirksamkeit der Vergütungsvereinbarung** bleibt daher von der Nichtigkeit des Empfangsbekenntnisses unberührt, wie der BGH[51] zwischenzeitlich klargestellt hat.

II. Formelle Erfordernisse (Abs. 1)

1. Textform (S. 1)

32 Abs. 1 S. 1 ordnet für **alle** Vergütungsvereinbarungen die Textform an. Dieser Form unterliegen daher sämtliche Vergütungsmodelle (Zeit-, Pauschal- und Erfolgsvergütungen) ohne Rücksicht darauf, ob die vereinbarte Vergütung die gesetzlichen Tarife über- oder unterschreitet. Eine **Ausnahme** besteht nach Abs. 1 S. 4 nur für Gebührenvereinbarungen nach § 34 (siehe Rdn 54 ff.).

33 Der **Anwendungsbereich** des Abs. 1 S. 1 ist damit weiter gefasst als die bis zum 30.6.2008 geltenden Formvorschriften. Gemäß § 4 Abs. 1 S. 1 a.F. bestand das Formerfordernis nur dann, wenn eine höhere als die gesetzliche Vergütung vereinbart wurde. Die Vereinbarung einer niedrigeren als der gesetzlichen Vergütung „sollte" nach § 4 Abs. 2 S. 4 a.F. schriftlich getroffen werden. Diese Differenzierung erschien dem Gesetzgeber unzweckmäßig, weil bei Vertragsschluss häufig nicht absehbar sei, ob eine vereinbarte Vergütung, insbesondere bei Zeitvergütungen, über oder unter der gesetzlichen Vergütung liegen werde. Die generelle Geltung der Textform soll nunmehr Abgrenzungsprobleme vermeiden und Beweisschwierigkeiten des Auftraggebers vorbeugen.[52] Für den Abschluss der Vergütungsvereinbarung sind nicht die im Zeitpunkt der unbedingten Auftragserteilung, sondern die im Zeitpunkt des Zustandekommens der Vereinbarung geltenden rechtlichen Regelungen maßgeblich.[53]

34 **Formbedürftig** ist nach Abs. 1 S. 1 die **Vereinbarung**. Während § 4 Abs. 1 S. 1 a.F. nur das Honorarversprechen des Mandanten erfasste, gilt der Formzwang nunmehr für die Vereinbarung in toto. Die Form erstreckt sich demnach auf den Text, in dem die Parteien ihre Vergütung vertraglich fixieren. Besteht die Vergütungsvereinbarung aus mehreren Texten, so ist deren Verbindung für die Wahrung der Form jedenfalls dann nicht erforderlich, wenn die einzelnen Texte jeweils einen in sich geschlossenen Erklärungsinhalt aufweisen (hier: Staffelhonorarvereinbarung).[54]

35 Die Formvorschrift des Abs. 1 S. 1 erstreckt sich auf die „**Vergütung**" des Anwalts. Hierunter sind nach der Legaldefinition des § 1 Abs. 1 nicht nur Gebühren, sondern auch Auslagen zu verstehen. Eine **Auslagenvereinbarung** (vgl. Rdn 59) ist daher ebenfalls formbedürftig. Eine Ausnahme gilt bei Vereinbarungen über die Anzahl der zu fertigenden Kopien, da hier die Anfertigung im bloßen Einverständnis mit dem Auftraggeber genügt (VV 7000 Nr. 1 Buchst. d).

36 Die Formvorschrift des Abs. 1 S. 1 hat gegenüber der Vorgängernorm des § 4 a.F. **Vor- und Nachteile**. Einerseits ist die Einführung der Formbedürftigkeit der Willenserklärung auch des Rechtsanwalts unverständlich. Er ist insoweit nicht schutzbedürftig, weshalb es der Textform für ihn nicht bedarf. Ungeachtet dessen sanktioniert § 4b die Nichtbeachtung der auch für den Anwalt geltenden Form mit der Nichtigkeit der Vereinbarung und der Reduzierung seines Vergütungsanspruchs auf die Höhe der gesetzlichen Vergütung (siehe § 4b Rdn 7 ff.). Nach dem Gesetzgebungsauftrag des Bundesverfassungsgerichts (vgl. § 4a Rdn 2) bestand für die Einführung der beiderseitigen Form keine Notwendigkeit. Andererseits ist nicht zu verkennen, dass die Textform gemäß § 126b BGB gegenüber der nach § 4 a.F. notwendigen Schriftform des § 126 BGB den Formzwang deutlich lockert und dem Einsatz moderner Kommunikationsmittel Rechnung trägt.

---

51 AGS 2009, 430 m. Anm. *Schons* = MDR 2009, 1011= BGHReport 2009, 962 = NJW 2009, 3301 = FamRZ 2009, 1319 = BRAK-Mitt 2009, 189 = JurBüro 2009, 483 = WM 2009, 1379 = DStR 2009, 2171 = VersR 2010, 71 = DStRE 2009, 1535 = DB 2009, 1593 = FA 2009, 242.
52 So BT-Drucks 16/8384, S. 12.
53 BGH AGS 2012, 118 m. Anm. *Schons*.
54 So zu der Schriftform des § 3 BRAGO: BGH AGS 2003, 341 = AnwBl 2003, 593 = BGHR 2003, 911= FamRZ 2003, 1096 = MDR 2003, 836 = NJW-RR 2003, 1067 = ProzRB 2003, 313 = WM 2003, 1631 = ZEV 2003, 289 = KostRsp. BRAGO § 3 Nr. 62.

Die **Textform** ist die einfachste Form einer schriftlichen Erklärung. Sie bezweckt die Information der Vertragsbeteiligten und die Dokumentation des Vertragsinhalts.[55] Voraussetzung ist nach § 126b BGB, dass die Erklärung in einer Urkunde oder auf andere zur dauerhaften Wiedergabe in Schriftzeichen geeigneten Weise abgegeben wird, die Person des Erklärenden genannt wird und der Abschluss der Erklärung durch Nachbildung der Namensunterschrift oder anders erkennbar gemacht wird. Diese Anforderungen erfüllen alle mit **elektronischen Medien** übermittelten Erklärungen, die beim Adressaten dauerhaft gespeichert und von ihm am Bildschirm, im Display oder als Ausdruck gelesen werden können. Ausreichend ist mithin der Abschluss einer Vergütungsvereinbarung per **Computerfax, E-Mail**[56] oder **SMS**.[57] Auch eine per **Telefax** abgeschlossene Vergütungsvereinbarung ist nun zweifellos wirksam.[58] Eine eigenhändige Unterschrift auf der Urkunde oder eine sie ersetzende qualifizierte elektronische Signatur (§ 126a BGB) beim Einsatz von E-Mail ist entbehrlich. Die **Person des Erklärenden** setzt keine namentliche Nennung voraus; vielmehr genügt, wenn sich die Identität des Erklärenden dem Text zweifelsfrei entnehmen lässt. Für den **Abschluss der Erklärung** ist neben der Nachbildung der Unterschrift des Erklärenden (Faksimile etc.) auch jede andere Gestaltung zulässig, etwa durch eine Grußformel oder den Hinweis, dass diese Erklärung maschinell erstellt und nicht unterschrieben wurde.[59] Der Textform ist allerdings nicht genügt, wenn es infolge nachträglicher handschriftlicher Ergänzungen an einem räumlichen Abschluss der Vereinbarung fehlt.[60] Die Einhaltung **strengerer Formvorschriften**, namentlich der Schriftform nach § 126 BGB, bleibt selbstverständlich unbenommen.[61] 37

Für den **Zugang** der Willenserklärungen des Anwalts und des Mandanten gelten die Erfordernisse des § 130 BGB. Ihnen genügt die elektronische Übermittlung nur, wenn der Empfänger durch die Mitteilung seiner E-Mail-Adresse, Faxnummer oder Mobilnummer oder durch sein schlüssiges Verhalten zu erkennen gegeben hat, dass er mit einer telekommunikativen Übermittlung von rechtserheblichen Erklärungen auch einverstanden ist.[62] Der Rechtsanwalt sollte sich daher bei der Wahl elektronischer Kommunikationsmittel der **Zustimmung** seines Mandanten versichern, zumal er insofern die **Beweislast** trägt.[63] 38

Eine **mündliche Vereinbarung** reicht niemals aus, ebenso wenig die mündliche Bestätigung einer mündlichen Vereinbarung.[64] Des Weiteren genügt nicht die mündliche Zusage des Mandanten, er werde die von seiner Ehefrau unterzeichnete Vergütungsvereinbarung erfüllen.[65] 39

2. Bezeichnung (S. 2)

Nach dem Zitiergebot des Abs. 1 S. 2, 1. Teilsatz muss die Vergütungsvereinbarung als solche oder in vergleichbarer Weise bezeichnet werden. 40

Die Bezeichnung muss freilich nicht explizit auf „**Vergütungsvereinbarung**" lauten. Auch die Bezeichnung als „**Honorarvereinbarung**" oder eine sinngemäße Bezeichnung genügt, sofern sich aus ihr eindeutig entnehmen lässt, dass hier eine Vergütung abweichend von den gesetzlichen Gebühren vereinbart werden soll.[66] Die Titulierung als „**Gebührenvereinbarung**" ist hingegen 41

---

55 MüKoBGB/*Einsele*, 5. Aufl. 2006, § 126b Rn 1; Prütting/Wegen/Weinreich/*Ahrens*, BGB, 2. Aufl. 2007, § 126b Rn 1; speziell zu § 3a Abs. 1 S. 1 BT-Drucks 16/8916, S. 17.
56 LG Görlitz AGS 2013, 320 = AnwBl 2013, 939 = RVGprof. 2013, 58 = RVGreport 2013, 266 = NJW-Spezial 2013, 509.
57 LG Kleve NJW-RR 2003, 196; AnwKBGB/*Noack/Kremer*, 2005, § 126b Rn 15; Palandt/*Heinrichs*, BGB, § 126b Rn 3; Prütting/Wegen/Weinreich/*Ahrens*, BGB, 2. Aufl. 2007, § 126b Rn 4.
58 BGH RVGreport 2012, 21; *von Seltmann*, BRAK-Mitt. 2008, 99, 100. Zur umstrittenen Rechtslage bei § 4 a.F. siehe 5. Aufl., § 4 Rn 56 m.w.N.
59 MüKoBGB/*Einsele*, 5. Aufl. 2006, § 126b Rn 6; Prütting/Wegen/Weinreich/*Ahrens*, BGB, 2. Aufl. 2007, § 126b Rn 6.
60 BGH RVGreport 2012, 21.
61 Rechtsgedanke des § 126 Abs. 4 BGB, vgl. Prütting/Wegen/Weinreich/*Ahrens*, BGB, 2. Aufl. 2007, § 126b Rn 2. Ebenso AnwKBGB/*Noack/Kremer*, 2005, § 126b Rn 8; MüKoBGB/*Einsele*, 5. Aufl. 2006, § 126b Rn 8.
62 Palandt/*Heinrichs*, BGB, § 126b Rn 3; § 130 Rn 7a.
63 Palandt/*Heinrichs*, BGB, § 126b Rn 6.
64 OLG Hamburg MDR 1978, 936.
65 BGH NJW 1991, 3095 = MDR 1991, 801 = VersR 1991, 718.
66 OLG München AGS 2016, 214; AG Wolfratshausen AGS 2008, 11; AG Gemünden AnwBl 2007, 550 = AGS 2007, 340 m. Anm. *N. Schneider*; *ders.*, Vergütungsvereinbarung, Rn 573; *Henke*, AnwBl 2007, 611; *Jungbauer*, JurBüro 2006, 171, 174; *Hinne/Klees/Teubel/Winkler*, Rn 26; Hansens/Braun/*Schneider*, Teil 2 Rn 78; unklar *von Seltmann*, Vergütungsvereinbarung, Rn 76.

problematisch, da der Begriff der Gebühren nach der Legaldefinition der Vergütung in § 1 Abs. 1 die Auslagen nicht erfasst (vgl. § 34 Rdn 8). Ein als „Gebührenvereinbarung" überschriebenes Dokument, das eine Vereinbarung über die Zahlung von Gebühren und Auslagen enthält, bewirkt daher eine Irreführung des Auftraggebers und genügt dem Zitiergebot des Abs. 1 S. 2 nicht. Im Zweifel sollte sich der Anwalt daher strikt an den Wortlaut halten und die Vereinbarung als „Vergütungsvereinbarung" überschreiben.

3. Absetzen von anderen Vereinbarungen (S. 2)

42 Nach Abs. 1 S. 2, 2.Teilsatz muss die Vergütungsvereinbarung von anderen Vereinbarungen deutlich abgesetzt sein. **Deutlich abgesetzt** bedeutet, dass sie sich bereits optisch von anderweitigen Erklärungen abheben muss und damit für den Auftraggeber sofort erkennbar ist, dass hier eine gesonderte Vereinbarung getroffen wird. Erforderlich ist demnach eine **Zäsur zwischen den Texten**.[67] An diese Formalie dürfen indes keine überspannten Anforderungen gestellt werden. Ausreichend sind insoweit die Verwendung von Sperrschrift, Fett- oder Farbdruck, Versalschrift, Unterstreichungen, Rahmungen, Schattierungen oder drucktechnisch andersartigen Papiers.[68] Eine Trennlinie ist unzureichend, wenn bereits andere Textpassagen mit solchen Linien optisch abgegrenzt werden.[69]

43 Soweit das OLG Karlsruhe[70] für das Tatbestandsmerkmal des „deutlichen Absetzens" i.S.d. § 3a Abs. 1 S. 2 auf die Anforderungen abgestellt hat, die die Rechtsprechung an die äußere Gestaltung einer Widerrufsbelehrung nach Art. 246 Abs. 3 EGBGB (bzw. § 360 Abs. 1 S. 1 BGB a.F.) stellt, hat der BGH[71] diese Entscheidung auf die Revision hin relativiert. Eine Vergütungsvereinbarung soll von anderen Vereinbarungen mit Ausnahme der Auftragserteilung dann abgesetzt sein, wenn der Vertrag die Vergütungsvereinbarung in einem gesonderten und entsprechend gekennzeichneten Abschnitt oder Paragraphen regelt. Darüber hinaus müsse das deutlich sein. Das wiederum sei der Fall, wenn die Vergütungsvereinbarung optisch eindeutig von den anderen im Vertragstext enthaltenen Bestimmungen – mit Ausnahme der Auftragserteilung – abgegrenzt ist. Klarheit ist mit dieser Entscheidung allerdings immer noch nicht geschaffen.

44 Das Trennungsgebot dient dem **Schutz des Auftraggebers**. Er soll davor geschützt werden, dass sich die Vergütungsvereinbarung in anderen Vereinbarungen gleichsam versteckt. Ist dies der Fall, ist die Form nach Abs. 1 nicht gewahrt.

45 Eine **Ausnahme** gilt nach Abs. 1 S. 2 für die **Auftragserteilung**. Mit ihr darf die Vergütungsvereinbarung verbunden werden.[72] Es bleibt den Parteien daher unter formellen Gesichtspunkten unbenommen, die Erteilung und die Übernahme des Mandats schriftlich mit der Vereinbarung der insoweit geltenden Vergütung zu verknüpfen. Vorteilhaft erscheint diese Kombination vor allem bei einer schriftlichen Mandatserteilung. Voraussetzung ist freilich, dass sich die vereinbarte Vergütung auf das erteilte Mandat bezieht. Die Vereinbarung einer Vergütung für ein anderes Mandat führt daher zu einem Formverstoß. Die Zusammenfassung der Vergütungsvereinbarung mit einem **Beratungsvertrag** in einer Urkunde ist jedenfalls bei der Verwendung eines Vordrucks unzulässig.[73]

4. Trennung von Vollmacht (S. 2)

46 Nach Abs. 1 S. 2 darf die Vergütungsvereinbarung nicht in der Vollmacht enthalten sein. Diese Formulierung ist sprachlich ungenau; gemeint ist, dass die Vereinbarung nicht in einer **Vollmachtsur-**

---

[67] *Teubel*, MAH Vergütungsrecht, § 33 Rn 86; Gerold/Schmidt/*Mayer*, RVG, § 3a Rn 9 f.
[68] Bischof/Jungbauer/Bräuer/*Bischof*, RVG, § 3a Rn 26; Kilian/vom Stein/*Rick*, § 29 Rn 224; *Onderka*, RVG-B 2005, 125, 126; für eine weitgehende Gestaltungsfreiheit des Anwalts auch Hansens/Braun/*Schneider*, Teil 2 Rn 92.
[69] Vgl. BGH NJW 1996, 1964 f.
[70] AGS 2015, 1406 = AnwBl 2015, 350 = JurBüro 2015, 242= DStR 2015, 1406 = IBR 2015, 227 = RVGprof. 2015, 99 = RVGreport 2015, 297.

[71] AGS 2016, 56 = MDR 2016, 182 = ZInsO 2016, 267 = AnwBl 2016, 268 = zfs 2016, 164 = NJW 2016, 1596 = DStR 2016, 1183 = WM 2016, 1560 = RVGreport 2016, 91 = NZS 2016, 197 = IBR 2016, 189 = FamRZ 2016, 465 = MDR 2016, 378 = BRAK-Mitt 2016, 90 = RVGprof. 2016, 88 = ZIP 2016, 892.
[72] So bereits zu § 4 a.F. AG Wolfratshausen AGS 2008, 11.
[73] BGH AGS 2008, 60 m. Anm. *Schons* (zu § 3 Abs. 1 BRAGO).

kunde enthalten sein darf.[74] De facto müssen daher mindestens zwei Urkunden vorhanden sein, eine Vollmachtsurkunde und eine weitere Urkunde über die Vergütungsvereinbarung.

Eine in der Vergütungsvereinbarung enthaltene Auftragserteilung ist keine Bevollmächtigung. Es liegt deshalb kein Verstoß gegen die Vorschrift des § 4 Abs. 1 S. 1 vor.[75] **47**

Auch das Trennungsgebot dient dem **Schutz des Auftraggebers**. Er soll davor geschützt werden, dass sich die Vergütungsvereinbarung gleichsam in der Vollmacht „versteckt".[76] Ist dies der Fall, ist die Vergütungsvereinbarung gemäß § 4b fehlerhaft; der Anwalt ist auf die gesetzliche Vergütung beschränkt. **48**

5. Hinweis auf beschränkte Erstattungspflicht (S. 3)

Nach Abs. 1 S. 3 muss die Vergütungsvereinbarung einen Hinweis darauf enthalten, dass der Gegner im Fall des Unterliegens regelmäßig nur die **gesetzliche Vergütung** erstatten muss. Nach den Motiven[77] soll dem Rechtsuchenden damit verdeutlicht werden, dass er die Vergütung, soweit diese die gesetzliche Vergütung übersteigt, grundsätzlich selbst tragen muss. Auch diese neue Hinweispflicht hat daher eine **Warn- und Schutzfunktion** zugunsten des Auftraggebers. **49**

Zu einem Hinweis auf die beschränkte Erstattungspflicht des Gegners ist der Rechtsanwalt nach dem Wortlaut des Abs. 1 S. 3 nur bei einer **Überschreitung** der gesetzlichen Vergütung verpflichtet. Für die Vereinbarung einer untertariflichen Vergütung nach § 4 Abs. 1 gilt die Hinweispflicht daher nicht. Insoweit erscheint der Mandant auch nicht schutzbedürftig. **50**

Eine **berufsrechtliche Hinweispflicht** des Inhalts, dass die vereinbarte Vergütung die gesetzliche Vergütung übersteigt, trifft den Anwalt beim Abschluss einer Vergütungsvereinbarung auch im Anwendungsbereich des Abs. 1 S. 3 nicht.[78] Dies folgt mittelbar (arg. e contrario) aus § 49b Abs. 5 BRAO, der eine anwaltliche Aufklärungspflicht explizit bei einer Vergütung nach streitwertabhängigen gesetzlichen Gebühren statuiert (vgl. § 2 Rdn 50 ff.). Der Anwalt ist daher auch nicht verpflichtet, dem Mandanten ungefragt den Unterschied zwischen den gesetzlichen und den vereinbarten Gebühren auszurechnen.[79] **51**

Unabhängig davon sollte sich der Anwalt stets vergewissern, ob eine **zivilrechtliche Aufklärungspflicht** ihn zu der Mitteilung zwingt, dass die vereinbarte Vergütung über der gesetzlichen liegen werde. Nach § 242 BGB ergibt sich eine solche Belehrungspflicht namentlich bei einem rechtsschutzversicherten Mandanten, der erkennbar übersieht, dass die Kostenübernahmepflicht der Rechtsschutzversicherung auf die gesetzliche Vergütung beschränkt ist.[80] Die Nichterfüllung der Aufklärungspflicht kann **Schadensersatzansprüche** des Mandanten nach sich ziehen; die Höhe des Schadens liegt dabei in der Differenz zwischen der vereinbarten und der gesetzlichen Vergütung. Angesichts dieser haftungsrechtlichen Risiken ist dem Anwalt daher in allen Zweifelsfällen dringend zu empfehlen, eine schriftlich dokumentierte Belehrung seines Mandanten zu der Handakte zu nehmen. **52**

Der fehlende Hinweis hat weder die Unwirksamkeit noch die Unverbindlichkeit der Vereinbarung zur Folge.[81] Ein Verstoß gegen die Hinweispflicht kann allenfalls Schadensersatzansprüche auslösen. Derartige Ansprüche muss der Mandant schlüssig vortragen.[82] **53**

---

74 N. Schneider, Vergütungsvereinbarung, Rn 554.
75 AG Wolfratshausen AGS 2008, 11.
76 Kilian/vom Stein/*Rick*, § 29 Rn 223.
77 BT-Drucks 16/8384, S. 12.
78 Vgl. LG Köln AnwBl 1999, 703, 704; LG Düsseldorf JurBüro 1991, 530, 531; AG Gemünden AGS 2007, 340 m. Anm. N. Schneider; Krämer/Mauer/*Kilian*, Rn 540; a.A. Jungbauer, FPR 2005, 396, 401.
79 OLG Hamm AnwBl 1986, 452; LG Düsseldorf JurBüro 1991, 530, 531.
80 OLG Düsseldorf AGS 2008, 12; OLG Düsseldorf NJW 2000, 1650; Kilian/vom Stein/*Rick*, § 29 Rn 317; eingehend Krämer/Mauer/*Kilian*, Rn 542 ff.
81 BGH MDR 2016, 915 = AnwBl 2016, 692 = VersR 2016, 1139 = BB 2016, 1537 = BRAK-Mitt 2016, 200 = FA 2016, 242 = RVGprof. 2016, 156; OLG Karlsruhe AGS 2015, 9 = AnwBl 2015, 182 = NJW 2015, 418 = DStR 2015, 383 = JurBüro 2015, 782 = Justiz 2015, 36 = DStRE 2015, 764.
82 OLG Karlsruhe AGS 2015, 9 = AnwBl 2015, 182 = NJW 2015, 418 = DStR 2015, 383 = JurBüro 2015, 78 = FamRZ 2015, 782 = Justiz 2015, 36 = DStRE 2015, 764 = VRR 2014, 443 = StRR 2014, 463 = NJW-Spezial 2015, 28 = IBR 2015, 106 = RVGprof. 2015, 24 = FF 2015, 130 = StRR 2015, 155 = FamRB 2015, 182.

6. Gebührenvereinbarungen nach § 34 (S. 4)

54 Die Sätze 1 und 2 gelten nach Abs. 1 S. 4 nicht für eine Gebührenvereinbarung nach § 34. Sie ist **von der Textform befreit**, muss – und sollte (vgl. Rdn 41) – nicht als Vergütungsvereinbarung bezeichnet werden, bedarf keiner räumlichen Trennung von anderen Vereinbarungen und darf mit einer Vollmacht kombiniert werden.

55 Die Regelung des Abs. 1 S. 3 ist vom Anwendungsbereich für eine Gebührenvereinbarung dagegen nicht ausgenommen. Diese Auslassung ist indes konsequent. Der **Hinweis auf die beschränkte Erstattungspflicht** wäre im Geltungsbereich des § 34 entbehrlich, zählen die so vereinbarten Gebühren für die beratende, gutachtliche oder mediierende Tätigkeit doch im Regelfall ohnehin nicht zu den Kosten des Rechtsstreits i.S.d. § 91 Abs. 1 ZPO und der entsprechenden Kostenerstattungsvorschriften. Im Übrigen handelt es sich auch nicht um gesetzliche Gebühren i.S.d. § 91 Abs. 2 ZPO (vgl. § 34 Rdn 10).

56 Abs. 1 S. 4 hat primär eine **klarstellende Funktion**; materiell-rechtliche Änderungen sind mit dieser neuen Vorschrift kaum verbunden. Namentlich der Formzwang für eine Gebührenvereinbarung wurde bereits unter dem Regime des § 4 Abs. 1 a.F. mit guten Gründen abgelehnt.[83] Praktisch relevant ist daher die Möglichkeit, eine Gebührenvereinbarung optisch und textlich mit anderen Vereinbarungen zu kombinieren.

III. Inhaltliche Gestaltung der Vergütungsvereinbarung

57 Bei der inhaltlichen Konzeption der Vergütungsvereinbarung haben der Anwalt und sein Auftraggeber einen **breiten Gestaltungsspielraum**.[84] Schranken der Gestaltungsfreiheit ergeben sich freilich aus dem Erfordernis der Angemessenheit (vgl. Rdn 109 ff.) sowie aus § 134 (vgl. Rdn 18, 21) bzw. § 138 BGB (vgl. Rdn 111). Anzustreben ist stets diejenige Vereinbarung, die im Einzelfall ein ausgewogenes Ergebnis zwischen den – in monetärer Hinsicht naturgemäß gegenläufigen – Interessen beider Vertragsparteien widerspiegelt. Es verbietet sich daher jeder Schematismus. Dennoch kommen für die Bemessung der anwaltlichen Vergütung verschiedene **Vergütungsmodelle** in Betracht.

1. Modifizierung des Tarifgesetzes

58 Der Anwalt kann mit seinem Mandanten zunächst **Modifizierungen der gesetzlichen Gebührenregelungen** vereinbaren. In Betracht kommen dabei
- ein prozentualer Aufschlag auf die gesetzlichen Gebühren[85]
- die Vereinbarung eines Faktors für die gesetzlichen Gebühren[86]
- die Vereinbarung des mehrfachen Anfalls einer bestimmten Gebühr[87]
- die Vereinbarung einer Zusatzgebühr[88]
- die Vereinbarung eines zusätzlichen Festbetrages[89]

---

83 Bischof/Jungbauer/Bräuer/*Bischof*, RVG, § 3a Rn 18; Mayer/Kroiß/*Teubel/Winkler*, § 34 Rn 62 ff.; *Hansens*, RVGreport 2007, 323 f.; *Kilian*, BB 2006, 1509, 1514; *ders.*, NJW 2005, 3104, 3105 mit Fn 23; Krämer/Mauer/*Kilian*, Rn 630; *Onderka*, Anwaltsgebühren in Verkehrssachen, 3. Aufl. 2010, Rn 476 ff.; *Teubel*, MAH Vergütungsrecht, 2007, § 33 Rn 58; *Henke*, AnwBl 2006, 653; *Toussaint*, AnwBl 2007, 67; *Streck*, AnwBl 2006, 149, 150.

84 Ausführlich Krämer/Mauer/*Kilian*, Rn 1 ff., insb. Rn 554 ff.; *N. Schneider*, Vergütungsvereinbarung, Rn 765 ff. Zu der rhetorisch-kommunikativen Ebene *Feller/Ehlert*, JurBüro 2006, 620 ff.

85 *Hansens*, BRAGO, § 3 Rn 10. Eine Mustervereinbarung ist abgedr. bei Hansens/*Schneider*, Formularbuch, Teil 19 Rn 152. Vgl. dazu auch *Mayer*, Gebührenformulare, S. 98 ff.

86 OLG Düsseldorf GI aktuell 2010, 86; *Jungbauer*, FPR 2005, 396, 400. Eine entsprechende Mustervereinbarung findet sich bei Hansens/*Schneider*, Formularbuch, Teil 19 Rn 146.

87 Etwa der Terminsgebühr bei mehreren umfangreichen Beweisaufnahmen, vgl. *Jungbauer*, FPR 2005, 396, 400.

88 BGH AnwBl 1978, 227.

89 BGH NJW 1980, 1851.

- die Festlegung eines höheren Gegenstandswertes[90]
- die Festlegung auf den Höchstbetrag oder Höchstsatz bei einem Gebühren- oder Satzrahmen[91]
- der Ausschluss von Anrechnungsvorschriften oder abweichende Anrechnungsregelungen[92]
- die Vereinbarung mehrerer Angelegenheiten, obwohl nach dem RVG nur eine einzige Angelegenheit gegeben wäre[93]
- das Fingieren eines bestimmten Gebührentatbestandes des Vergütungsverzeichnisses[94]
- die Vereinbarung der Anwendung einer bestimmten Gesetzesfassung des RVG
- die nach Art. 6 EGBGB zulässige Vereinbarung der Anwendung ausländischen Gebührenrechts.

Da der in Abs. 1 S. 1 verwendete Begriff der Vergütung gemäß § 1 Abs. 1 auch die **Auslagen** umfasst, kann – alternativ oder kumulativ zu der Modifizierung der gesetzlichen Gebühren – auch die Erstattung höherer Auslagen nach VV 7000 ff. vereinbart werden (siehe Rdn 35). So empfiehlt es sich z.B. für den Anwalt, bei einem Umfangsverfahren an einem auswärtigen Gericht höhere Reisekosten und Abwesenheitspauschalen mit seinem Mandanten auszuhandeln. 59

2. Pauschalvergütung

Der Anwalt kann mit seinem Mandanten vereinbaren, dass seine Bemühungen mit einer Pauschalzahlung vergütet werden sollen.[95] Das Pauschalmodell ist bei der Vereinbarung sowohl bei einer über, als auch unter den gesetzlichen Gebühren liegenden Vergütung zulässig. Dieser Befund war auch vor dem Inkrafttreten des Gesetzes zur Neuregelung des anwaltlichen Erfolgshonorars unstreitig.[96] Die insoweit missverständliche Regelung in § 4 Abs. 2 S. 1 a.F. ist durch den Reformgesetzgeber zum 1.7.2008 indes gestrichen worden. Die §§ 3a ff. differenzieren nicht länger nach der vereinbarten Art der Vergütung. 60

Eine Pauschale kann für die Erledigung einer **bestimmten Angelegenheit** vereinbart werden, etwa die Strafverteidigung in einem Totschlagsverfahren, aber auch für **Dauerberatungsmandate**, also die Erledigung einer bestimmten Anzahl oder sämtlicher Rechtssachen des Mandanten. Rechnerisch kann es sich um Fall-, Stunden-, Wochen- oder Monatspauschalen handeln.[97] In der Praxis spielt das Pauschalmodell vor allem in den forensisch geprägten Bereichen eine Rolle. 61

Für den Mandanten ist ein Pauschalhonorar psychologisch von großem Vorteil, kann er sich bei Auftragserteilung doch auf einen bestimmten Fixbetrag einrichten.[98] Der **Anwalt** geht hingegen das **Risiko der Kostenüberschreitung** ein, da der Arbeits- und Zeitaufwand der Mandatsbearbeitung bei Annahme des Mandats oftmals kaum einzuschätzen ist.[99] Erweist sich die Pauschalvergütung im Ergebnis als unter den gesetzlichen Gebühren liegend, tritt neben die betriebswirtschaftliche Fehlkalkulation die Gefahr eines Verstoßes gegen das **Berufsrecht**. Jedenfalls in Fällen forensischer oder teilforensischer Tätigkeit kann es zu einer unzulässigen Unterschreitung der gesetzlichen Gebühren nach § 49b Abs. 1 BRAO kommen (siehe Rdn 20 ff.). Freilich ist für die Frage, ob es zu einer Gebührenunterschreitung oder -überschreitung gekommen ist, die Sicht ex ante maßgeblich.[100] Ist erwiesen, dass die Pauschalvereinbarung der Umgehung des § 49b Abs. 1 BRAO gedient hat, 62

---

90 OLG Hamm AnwBl 1986, 452; LG Düsseldorf JurBüro 1991, 530; *Jungbauer*, FPR 2005, 396, 400; *N. Schneider*, NJW 2006, 1905, 1907. Das Muster einer entsprechenden Vergütungsvereinbarung ist abgedr. bei Hansens/*Schneider*, Formularbuch, Teil 19 Rn 137.
91 *Hansens*, BRAGO, § 3 Rn 2; *Jungbauer*, FPR 2005, 396, 400; a.A. LG Landshut AnwBl 1967, 373. Ein passendes Muster findet sich bei Hansens/*Schneider*, Formularbuch, Teil 19 Rn 141 sowie bei *Mayer*, Gebührenformulare, S. 101.
92 *Jungbauer*, FPR 2005, 396, 400. Eine entsprechende Mustervereinbarung findet sich bei Hansens/*Schneider*, Formularbuch, Teil 19 Rn 149.
93 OLG Düsseldorf OLGR 1993, 160 = KostRsp. BRAGO § 3 Nr. 28 m. Anm. *Herget*.
94 *Henssler*, NJW 2005, 1537, 1540; *N. Schneider*, NJW 2006, 1905, 1907.
95 BGH NJW 1995, 1425, 1427; OLG München NJW 2002, 3641, 3642; OLG Düsseldorf AnwBl 1986, 408. Muster finden sich bei Hansens/*Schneider*, Formularbuch, Teil 19 Rn 130; *Mayer*, Gebührenformulare, S. 103 ff.
96 Siehe 4. Aufl. § 4 Rn 90.
97 So bereits 1995 *Hansens*, BRAGO, § 3 Rn 28.
98 Den großen Kundennutzen betonen auch *Krämer/Wilger*, AnwBl 2005, 447, 450. Nach *Hommerich/Kilian*, Vergütungsvereinbarungen deutscher Rechtsanwälte, 2006, S. 112, ist die Kundenfreundlichkeit für 58 % der Anwälte ein wichtiges Kriterium für die Wahl des Pauschalmodells.
99 *N. Schneider*, NJW 2006, 1905, 1908; *Vaagt*, AnwBl 2006, 571.
100 OLG München NJW 2002, 3641, 3642; dem folgend *Ernst*, § 4 Rn 3.

ist die Vergütungsvereinbarung ungeachtet dessen nach § 134 BGB nichtig.[101] Um die drohenden wirtschaftlichen und berufsrechtlichen Konsequenzen einer falsch kalkulierten, unterdurchschnittlichen Pauschalierung abzuwenden, sollte der Anwalt dieses Vergütungsmodell nur wählen, wenn er bereits bei Mandatsübernahme den Arbeits- und Zeitaufwand zuverlässig abschätzen kann. Ungeachtet dessen ist die **Akzeptanz** der Pauschalvergütung in der Anwaltschaft groß; nur 16 % der Anwälte lehnen dieses Modell grundsätzlich ab.[102]

3. Zeitvergütung

a) Zulässigkeit und Zweckmäßigkeit

63 Gegenüber dem Pauschalmodell bietet eine zeitabhängige Abrechnung den Vorteil, den **tatsächlichen Arbeitsaufwand** des Rechtsanwalts vergütungstechnisch exakt widerspiegeln zu können. Auch das Modell der Zeitvergütung ist unabhängig davon zulässig, ob eine unter oder über den gesetzlichen Gebühren liegende Vergütung vereinbart wird.[103] In der Praxis ist das Zeithonorar das **populärste Vergütungsmodell**; nur 27 % der deutschen Rechtsanwälte praktizieren dieses Modell nicht.[104]

64 Eine Zeitvergütung ist z.B. dann sinnvoll, wenn Probleme bei der Feststellung des Gegenstandswertes auftreten oder das übernommene Mandat in rechtlicher und/oder tatsächlicher Hinsicht einen hohen Arbeitsaufwand erfordert, etwa bei Fällen mit Auslandsbezug oder bei weitgehend ungeklärter Rechtslage. Gegenüber der Pauschalvergütung vorzugswürdig ist die Zeitvergütung überdies in allen Fällen, in denen der Arbeitsaufwand bei Übernahme des Mandats nicht überschaubar ist (vgl. Rdn 62). Für den Rechtsanwalt ist die zeitbasierte Vergütung ein risikoarmes Modell; das **Kostenrisiko** trägt der **Mandant**.[105] Er ist in besonderer Weise auf die Redlichkeit und Fairness des Anwalts angewiesen. Zwar ist der Anwalt als Ausfluss seiner vertraglichen Treuepflicht zu einer effektiven und zugleich Zeit schonenden Arbeitsweise verpflichtet; sein Mandant kann die Einhaltung dieses **Wirtschaftlichkeitsgebots** indes nicht kontrollieren.[106]

b) Abrechnungsintervalle

65 Für eine korrekte Rechnungserstellung sollte der Anwalt mit seinem Mandanten unbedingt eine **Zeiteinheit** festlegen, nach der abgerechnet wird. Vereinbart werden kann etwa eine Erfassung pro Tag oder pro Stunde. Bei der Taktung nach Stunden sollte ergänzend vereinbart werden, wie viele Minuten eine Stunde als Abrechnungseinheit beträgt und welche Zeiteinheit berechnet wird, wenn eine Tätigkeit entfaltet wird, die keine Stunde ausfüllt. Geklärt werden sollte auch, ob Auslagen und/oder Umsatzsteuer gesondert zu zahlen sind und in welchen Zeitabständen das Zeithonorar abzurechnen ist.

66 Als Zeitintervall dominiert in Deutschland eine **Abrechnung im Viertelstundentakt**. Diese Taktung favorisieren 80 % der Rechtsanwältinnen und Rechtsanwälte.[107] Ausgerechnet bei der Vereinbarung der 15-Minuten-Zeittaktklausel ist indes Vorsicht geboten. Nach Ansicht des OLG Düsseldorf[108] verstößt jedenfalls eine formularmäßige Klausel dieser Art wegen unangemessener Benachteiligung des Mandanten gegen § 307 BGB. Die Abrechnung jeder einzelnen Handlung nach einem Viertel-

---

101 OLG München NJW 2002, 3641.
102 *Hommerich/Kilian*, Vergütungsvereinbarungen deutscher Rechtsanwälte, 2006, S. 112.
103 So bereits zu § 4 a.F. *Henssler*, NJW 2005, 1537; *Hansens*, BRAGO, § 3 Rn 28. Das Muster einer Stundensatzvereinbarung findet sich etwa bei Hansens/*Schneider*, Formularbuch, Teil 19 Rn 133; *von Seltmann*, Vergütungsvereinbarung, S. 130 ff.; *Madert/Schons*, Vergütungsvereinbarung, S. 156 ff.
104 *Hommerich/Kilian*, Vergütungsvereinbarungen deutscher Rechtsanwälte, 2006, S. 62 = AnwBl 2006, 473.
105 *Vaagt*, AnwBl 2006, 571, 572.
106 *Henssler*, NJW 2005, 1537, 1538; Kilian/vom Stein/ *Rick*, § 29 Rn 235; *Hirtz*, ZAP 18/2005, 929, 930.
107 *Hommerich/Kilian/Jackmuth/Wolf*, AnwBl 2006, 569, 570.
108 OLG Düsseldorf AGS 2010, 109 m. Anm. *Schons*; OLG Düsseldorf AGS 2006, 530 = RVGreport 2006, 420 = AGS 2008, 12 m. Anm. *Schons* = AnwBl 2006, 770; dagegen Hansens/Braun/*Schneider*, Teil 2 Rn 195.

stundentakt führt nach Ansicht des OLG Düsseldorf seitens des Anwalts zu einer „eigensüchtigen Aufblähung des Zeitaufwands" ohne Rücksicht auf das Wirtschaftlichkeitsgebot.[109]

Dagegen hat sich das OLG Schleswig[110] dafür ausgesprochen, dass allein die Vereinbarung eines Zeittakts, nach dem der Anwalt je angefangene 15 Minuten abrechnen darf, nicht unangemessen sei. Zu überprüfen sei vielmehr im Einzelfall, ob ein Missbrauch des Anwalts bei der Anwendung der Zeittaktklausel vorliege (sog. Ausübungskontrolle). Der BGH[111] schließlich hat die Frage der generellen Unangemessenheit einer solchen Klausel offen gelassen, da es sich um eine Einzelfallentscheidung handele, die weder rechtsgrundsätzlich sei noch zu Sicherung einer einheitlichen Rechtsprechung allgemein beantwortet werden müsse.

Dennoch ist allgemein nicht zu verkennen, dass kurze Zeitintervalle zu erheblichen **Rundungseffekten** auf Seiten des Anwalts und somit zu einer Diskrepanz von tatsächlicher und berechneter Arbeitszeit führen. So können bei der Vereinbarung eines Stundensatzes von 200 EUR und eines Abrechnungsintervalls von 15 Minuten vier einminütige Telefonate theoretisch zu einem effektiven anwaltlichen Stundenlohn von 3.000 EUR führen; die Minute ist auf diese Weise 50 EUR wert.[112] Ängsten des Mandanten vor unkalkulierbaren Kosten und einer horrenden Schlussrechnung kann indes durch eine **Deckelung** der Vergütung auf eine Höchstsumme begegnet werden.[113]

Unabhängig davon, wie man zur Zulässigkeit einer Zeittaktung steht, erfordert eine solche jedenfalls eine entsprechende Vereinbarung. Der Anwalt darf nicht von sich aus einfach nach einer beliebigen Taktung abrechnen.[114]

67

c) Dokumentation

Um eine ordnungsgemäße und transparente Abrechnung vornehmen zu können, muss der Anwalt eine penible Zeiterfassung vornehmen, die auch eine externe Dokumentation ermöglicht. Sie sollte auch in der Handakte abgelegt werden. Als Zeiterfassungssystem bietet sich die Eintragung aller Arbeitseinheiten in einen tabellarischen **Stundenzettel** (timesheet) an.[115] 85 % der deutschen Rechtsanwältinnen und Rechtsanwälte dokumentieren ihre Tätigkeit schriftlich oder durch ein Computerprogramm; die verbleibenden 15 % lassen sich auf ein Vabanque-Spiel ein, das in dem Moment verloren ist, in dem es zu einer gerichtlichen Auseinandersetzung kommt (vgl. Rdn 73).[116]

68

Der Stundenzettel sollte genau dokumentieren, für welche Tätigkeiten vereinbarungsgemäß eine Zeitvergütung berechnet wurde. Diese **Leistungsbeschreibung** muss sprachlich und inhaltlich so abgefasst sein, dass sie dem Mandanten die Prüfung der anwaltlichen Tätigkeit ermöglicht. Bloße Worthülsen ohne nähere Konkretisierung und Zuordnung der einzelnen anwaltlichen Handlung („Aktenbearbeitung", „Diktat" etc.) genügen der Dokumentationspflicht nicht.[117] Mit einer detaillierten Auflistung der einzelnen Tätigkeiten im Sinne eines „**Leistungskatalogs**" vermeidet der Anwalt einen späteren Dissens mit seinem Auftraggeber und genügt zugleich seiner Darlegungs- und Beweislast (vgl. Rdn 73), wenn ein Vergütungsprozess denn unvermeidlich ist.

69

---

109 So wörtlich OLG Düsseldorf AGS 2006, 530, 533; ebenso: OLG Düsseldorf RVGreport 2012, 23. Dagegen sei eine Zeittaktklausel, die lediglich die Aufrundung der *an einem Tage* angefallenen Zeiten auf eine volle Viertelstunde vorsehe, nicht zu beanstanden (OLG Düsseldorf AGS 2012, 366 m. Anm. *N. Schneider*).

110 OLG Schleswig AGS 2009, 209 = zfs 2009, 345 (*Hansens*); ebenso LG München AGS 2010, 284.

111 BGH AGS 2009, 209 = AnwBl 2009, 554.

112 Siehe Hommerich/*Kilian*, Vergütungsvereinbarungen deutscher Rechtsanwälte, 2006, S. 84.

113 Krämer/Mauer/*Kilian*, Rn 601, weisen jedoch zutreffend darauf hin, dass ein vereinbarter Deckelungsbetrag in vielen Fällen ein verkapptes Pauschalhonorar mit den in Rdn 62 bereits beschriebenen berufsrechtlichen und betriebswirtschaftlichen Risiken darstellt.

114 OLG Karlsruhe AGS 2015, 9 = AnwBl 2015, 182 = NJW 2015, 418 = DStR 2015, 383 = JurBüro 2015, 78 = FamRZ 2015, 782 = Justiz 2015, 36 = DStRE 2015, 764 = VRR 2014, 443 = StRR 2014, 463 = NJW-Spezial 2015, 28 = IBR 2015, 106 = RVGprof. 2015, 24 = FF 2015, 130 = StRR 2015, 155 = FamRB 2015, 182.

115 Ein Muster findet sich bei *Krämer/Mauer/Kilian*, Rn 768; *Podlech-Trappmann*, § 18 Rn 11 und *N. Schneider*, Vergütungsvereinbarung, Rn 1021; vgl. auch *Mauer/Krämer/Becker*, Kanzleiführung für rechts- und wirtschaftsberatende Berufe, 2. Auflage 2000, S. 358.

116 Eingehend *Hommerich/Kilian/Jackmuth/Wolf*, AnwBl 2006, 654.

117 BGH AGS 2010, 267 m. Anm. *Schons* = NJW 2010, 1364 = BGHZ 184, 209; OLG Düsseldorf AGS 2006, 530 = RVGreport 2006, 420 = AnwBl 2006, 770.

d) Stundensätze

70 Die Höhe der Stundensätze variiert nach den Umständen des Einzelfalls und lässt daher keinen Raum für eine schematische Bewertung. Für die Ermittlung eines adäquaten Stundensatzes sollte der Anwalt keine „Bauchentscheidungen" treffen, sondern vielmehr unter besonderer Berücksichtigung betriebswirtschaftlicher Kriterien[118] entsprechende Preisbildungsmerkmale entwickeln. **Bemessungskriterien** sind etwa die Personal- und Sachkosten des Anwalts, seine Qualifikation und Erfahrung, sein Status als Partner oder angestellter Mitarbeiter, der Schwierigkeitsgrad der Sache sowie de facto die Zahlungsbereitschaft und Leistungsfähigkeit des Mandanten.[119]

71 Der **durchschnittliche Stundensatz** beläuft sich nach dem Ergebnis einer repräsentativen Studie des Soldan-Instituts für Anwaltsmanagement aus dem Jahr 2005[120] auf 182 EUR; bereinigt ergibt sich danach für die anwaltliche Arbeitsstunde ein Preis von 150 EUR. In der gesamten Bundesrepublik liegt der höchste vereinbarte feste Stundensatz bei 500 EUR, der niedrigste bei 25 EUR.[121] Einen festen Stundensatz von mehr als 200 EUR berechnen 28 %, mehr als 300 EUR nur 3 % der Anwälte.[122] Das Soldan Institut für Anwaltsmanagement veröffentlicht ein jährliches Vergütungsbarometer, das das Preisniveau anwaltlicher Vergütungsvereinbarungen empirisch untersucht. Das Vergütungsbarometer 2009 ergab einen durchschnittlichen bundesweiten Stundensatz von 182 EUR. Der flexible Stundensatz lag zwischen 136 EUR und 220 EUR.[123]

72 Im Übrigen widersprechen sich die veröffentlichten, zum Teil nicht repräsentativen Angaben erheblich: Das Branchenmagazin JUVE hat im Jahr 2005[124] für mittelgroße Kanzleien in Städten mit einer hohen Anwaltsdichte (z.B. München, Frankfurt, Hamburg, Berlin, Köln) Stundensätze von 277 bis 306 EUR bei Partnern und 200 EUR bis 220 EUR bei angestellten Rechtsanwälten recherchiert. Für die Wahrnehmung arbeitsrechtlicher Mandate liquidieren nach einem Ranking des Magazins *Focus* aus dem Jahr 2004[125] Spezialisten deutscher Top-Kanzleien einen durchschnittlichen Stundensatz von 260 EUR. Ebenfalls in 2004 will das Handelsblatt[126] für Partner der „TOP-50-Kanzleien" in Deutschland durchschnittliche Stundensätze von 400 EUR ermittelt haben; für dort tätige Associates sind immerhin noch 265 EUR fällig. Für das Gros der Anwälte stellen sich die Stundensätze hingegen weitaus geringer dar. *Krämer*[127] hat für tatsächlich erzielbarere Honorare auf dem westdeutschen Rechtsberatungsmarkt einen statistischen Mittelwert von nur 104 EUR recherchiert. Bei der Anfrage von Rechtsrat durch Verbraucher werden nach den Erkenntnissen von *Hirtz*[128] bei Allgemeinkanzleien auch Stundensätze vereinbart, die weit unter 100 EUR liegen können. Die **Untergrenze** bildet jedenfalls im forensischen und teilforensischen Bereich eine Zeitvergütung, die per saldo der gesetzlichen Vergütung entspricht (§ 49b Abs. 1 BRAO) (siehe dazu Rdn 20 ff.).

e) Darlegungs- und Beweislast

73 Die Darlegungs- und Beweislast für die der Zeitvergütungsvereinbarung zugrunde liegenden Tatsachen liegt beim **Anwalt**. Er trägt zunächst die Beweislast dafür, dass er eine über den gesetzlichen Gebühren liegende Vergütung beanspruchen kann.[129] Darüber hinaus muss er von der Vereinbarung umfassten Einzeltätigkeiten und die insoweit getroffenen Maßnahmen en detail darlegen; eine pauschale Beschreibung wäre unsubstantiiert. Erforderlich sind insbesondere **Stundenaufschriebe**,

---

118 Dazu eingehend *Krämer*/Mauer/Kilian, Rn 73 ff.; vgl. auch *Madert*, AGS 2005, 421 f.; *Podlech-Trappmann*, § 18 Rn 9.
119 Vgl. Pepels/Steckler-*Mitzkus/Klein*, § 7 Rn 50 ff. m.w.N.
120 *Hommerich/Kilian*, Vergütungsvereinbarungen deutscher Rechtsanwälte, 2006, S. 65 ff. = *Hommerich/Kilian/Jackmuth/Wolf*, AnwBl 2006, 473 ff.; *Hommerich/Kilian*, NJW 2009, 1569, 1570.
121 *Hommerich/Kilian*, NJW 2009, 1569, 1570.
122 *Hommerich/Kilian*, Vergütungsvereinbarungen deutscher Rechtsanwälte, 2006, S. 65 = *Hommerich/Kilian/Jackmuth/Wolf*, AnwBl 2006, 473, 474.
123 Vgl. auch *Hommerich/Kilian*, BRAK-Mitt. 2009, 223.
124 JUVE 11/2005, S. 14.
125 Heft 45/2004; vgl. auch *Krämer*/Mauer/Kilian, Rn 135.
126 *Lichter/Tödtmann*, Handelsblatt v. 25.11.2005, Nr. 229, S. K01.
127 *Krämer*/Mauer/Kilian, Rn 134; nach *Krämer/Wilger*, AnwBl 2005, 447 liegen die realen Sätze bei etwa 90–110 EUR.
128 ZAP 18/2005, 929, 931. Nach *Hommerich/Kilian*, Vergütungsvereinbarungen deutscher Rechtsanwälte, 2006, S. 65 sind dies immerhin 10 % der Anwälte.
129 OLG Naumburg NJW 1996, 426, 428.

die sich den konkreten Leistungen zuordnen lassen.[130] Derartige Zeitnotizen unterliegen als sonstige private Urkunden i.S.d. § 416 ZPO der freien Beweiswürdigung; ihnen kann ein erheblicher Beweiswert zukommen.[131]

Hat der Rechtsanwalt nachvollziehbar seinen tatsächlich erbrachten Zeitaufwand dargelegt, verlagert sich die Darlegungs- und Beweislast indes auf den **Auftraggeber**. Er muss nun den vorgetragenen Zeitaufwand des Rechtsanwalts widerlegen.[132]

4. Erfolgshonorar

Bis zum 30.6.2008 war die erfolgsbasierte Vergütung gemäß §§ 49b Abs. 2 S. 1 BRAO a.F., 134 BGB berufs- und zivilrechtlich sanktioniert, soweit die Vergütung oder ihre Höhe vom Ausgang der Sache oder vom Erfolg der anwaltlichen Tätigkeit abhängig gemacht wurde (Erfolgshonorar) oder soweit der Rechtsanwalt einen Teil des erstrittenen Betrags als Honorar erhielt (quota litis).[133]

Nach der durch das Urteil des BVerfG[134] bewirkten **Neuregelung zum 1.7.2008** ist die Vereinbarung eines Erfolgshonorars nunmehr im Einzelfall zulässig (eingehend dazu siehe § 4a Rdn 2 ff.).

5. Sach- oder Naturalvergütung

Die Vergütung des Rechtsanwalts muss nicht zwingend in Geld erfolgen. Als Gegenleistung für die anwaltliche Tätigkeit können auch **Sachleistungen** des Auftraggebers vereinbart werden, etwa die Übereignung von Sachen oder die Abtretung von Forderungen bzw. Gesellschaftsanteilen.[135] Denkbar sind auch **Naturalleistungen** des Auftraggebers, z.B. die Erbringung von Dienstleistungen.

Eine nicht-monetäre Vergütung ist freilich mit dem **Nachteil** verbunden, dass die Äquivalenz von Leistung und Gegenleistung oft nur schwer zu beurteilen ist. So müsste zunächst der Wert eines als Gegenleistung dem Anwalt übereigneten Orientteppichs durch einen Sachverständigen ermittelt werden, um zuverlässig prüfen zu können, ob der so ermittelte Wert dem Wert der anwaltlichen Dienstleitung entspricht. Dieses Prozedere ist mit weiteren Kosten und Mühen verbunden. Auch mit Blick auf die unterschiedlichen berufs- und vergütungsrechtlichen Rahmenbedingungen für untertarifliche Vergütungen einerseits und übertarifliche Vergütungen andererseits (§ 49b Abs. 1 BRAO) ist die Vereinbarung einer Sach- oder Naturalvergütung regelmäßig nicht zu empfehlen.

6. Mischformen

Einzelne Vergütungsmodelle können in einer Vergütungsvereinbarung auch kombiniert werden. Möglich ist insbesondere die Kombination eines **Pauschalhonorars** mit einem **Zeithonorar**.[136] Diese Variante bietet sich an, wenn die Pauschale als „Sockelbetrag" dienen soll, um die Einarbeitung abzugelten. So kann der routinierte und spezialisierte Anwalt, der infolge dessen auf eine umfangreiche Einarbeitung und Recherche verzichten kann, verhindern, dass er für seine Erfahrung und Kompetenz gleichsam bestraft wird.[137]

---

130 BGH AGS 2010, 267 m. Anm. *Schons* = NJW 2010, 1364 = BGHZ 184, 209; OLG Düsseldorf AGS 2006, 530 = RVGreport 2006, 420 = AnwBl 2006, 770; OLG Karlsruhe AGS 2001, 148 = 2002, 243 = OLGR 2001, 164 = KostRsp. BRAGO § 3 Nr. 55 = JurBüro 2002, 17 = Justiz 2002, 17; *Madert*/Schons, Vergütungsvereinbarung, Rn 170.

131 OLG Hamm AGS 2007, 550 m. Anm. *Schons* = BeckRS 2007, 09463; OLG Hamburg AGS 2001, 148 = MDR 2000, 115 = OLGR 1999, 499 = BRAK-Mitt 2000, 99; *Hommerich/Kilian/Jackmuth/Wolf*, AnwBl 2006, 654.

132 OLG Hamm AGS 2002, 268 = JurBüro 2002, 638; KostRsp. BRAGO § 3 Nr. 61.

133 Siehe dazu 4. Aufl. Rn 32 ff. m.w.N.

134 BVerfG BGBl I S. 459a = NJW 2007, 979 m. Anm. *Johnigk* = AGS 2007, 168 m. Anm. *Schons* = RVGreport 2007, 179 (*Hansens*) = BRAK-Mitt. 2007, 63 m. Anm. *Kirchberg* = AnwBl. 2007, 297 m. Anm. *Hamacher* = JurBüro 2007, 242 m. Anm. *Madert*.

135 Krämer/Mauer/*Kilian*, Rn 567; *von Seltmann*, Vergütungsvereinbarung, Rn 316 ff.

136 BGH NJW 2005, 2142, 2143; ebenso *N. Schneider*, Vergütungsvereinbarung, Rn 1026.

137 Krämer/Mauer/*Kilian*, Rn 592; *N. Schneider*, Vergütungsvereinbarung, Rn 1027.

80 Als weiteres Kombinationsmodell kommt die (modifizierte) Anwendung der **gesetzlichen Gebühren** in Verbindung mit einer Pauschal- oder Zeitvergütung in Betracht.[138]

IV. Auslegung der Vergütungsvereinbarung

1. Allgemeine Auslegungsgrundsätze

81 Häufig werden Vergütungsvereinbarungen nicht eindeutig und zweifelsfrei formuliert, weshalb sie der Auslegung bedürfen. Dies gilt insbesondere, wenn das Verfahren einen unvorhergesehenen Gang nimmt, etwa wenn es zu Verweisungen, Rückverweisungen, Verfahrensverbindungen, Verfahrenstrennungen oder anderen Abweichungen vom üblichen Verfahrensablauf kommt. Solche Auslegungsfragen sind zunächst nach allgemeinen zivilrechtlichen Grundsätzen (**§§ 133, 157 BGB**) zu klären. Ist eine Auslegung der Vergütungsvereinbarung nicht möglich, so geht dies zu Lasten des Anwalts. Im Zweifel gilt dann lediglich die gesetzliche Vergütung.

82 So kann aus einer Vergütungsvereinbarung, die nur eine Regelung für die Verteidigung in der Hauptverhandlung enthält, kein Anspruch für das Verfahren außerhalb der Hauptverhandlung hergeleitet werden. Insoweit bedarf es vielmehr einer ausdrücklichen Regelung.[139]

2. Einschaltung von Hilfspersonen

83 Eine häufige Streitfrage ist die, ob die vereinbarte Vergütung nur dann gilt, wenn der Anwalt selbst tätig geworden ist, oder auch dann, wenn er Hilfspersonen eingeschaltet hat. Die Vorschrift des § 5 greift grundsätzlich nur für die gesetzlichen Gebühren, nicht auch für ein vereinbartes Honorar. Die Interessenlage ist nicht vergleichbar. Ein vereinbartes Honorar wird in der Regel dem Anwalt in personam versprochen, weil der Auftraggeber sich gerade seiner **höchstpersönlichen Dienste** aufgrund seiner besonderen Fähigkeiten, Kenntnisse oder seiner Persönlichkeit versichern will. Der Auftraggeber knüpft in der Regel an die Tätigkeit des Anwalts besondere Erwartungen. Daher ist eine Vergütungsvereinbarung grundsätzlich dahin gehend auszulegen, dass der Anwalt, mit dem die Vergütungsvereinbarung geschlossen worden ist, die Dienste persönlich zu erbringen hat.[140] Soweit der Anwalt nicht persönlich tätig wird, hat er nur Anspruch auf die gesetzlichen Gebühren.

> **Beispiel:** Der Anwalt vereinbart mit dem Auftraggeber, dass ihm für das gerichtliche Verfahren und für jeden Hauptverhandlungstermin eine Vergütung in Höhe von 2.000 EUR zustehe. Der Anwalt wird daraufhin an den ersten drei Verhandlungstagen tätig. Am vierten und fünften Verhandlungstag lässt er sich durch einen anderen Anwalt seiner Kanzlei vertreten.
>
> Dem Anwalt steht die vereinbarte Vergütung nur für das Verfahren und die ersten drei Hauptverhandlungstermine zu. Für die beiden weiteren Termine kann er lediglich die gesetzliche Gebühr nach VV 4107, 4114, 4120 verlangen. Darüber hinaus kann sich unter Umständen die Frage stellen, ob sich der Anwalt nicht schadensersatzpflichtig gemacht hat, weil er die versprochene Leistung nicht vollständig erbracht hat.

84 Etwas anderes gilt, wenn die Vergütungsvereinbarung mit mehreren Anwälten geschlossen wurde, insbesondere mit einer **Sozietät**. Dies ist unschädlich, soweit ein Anwalt tätig wird, gegenüber dem das Honorarversprechen ebenfalls abgegeben worden ist. In Strafsachen ist allerdings zu beachten, dass die Vereinbarung nicht mit mehr als drei Verteidigern geschlossen werden darf (§ 137 Abs. 1 S. 2 StPO).

3. Vorzeitige Mandatsbeendigung

85 Auslegungsprobleme ergeben sich auch bei vorzeitiger Erledigung der Angelegenheit, wenn in der Vereinbarung nicht geregelt ist, **welche Vergütung oder Teilvergütung** dem Anwalt für diesen Fall zustehen soll. Ursache für eine vorzeitige Beendigung des Auftrags wird zumeist die Niederlegung des Mandats durch den Anwalt oder die Entziehung des Mandats durch den Mandanten sein. In

---

[138] Vgl. *Onderka*, RVG-B 2005, 125 f.; *Jungbauer*, FPR 2005, 396, 400.

[139] AG Spandau AGS 2003, 444 m. Anm. *Herrmann* und *N. Schneider*; KostRspr. BRAGO § 3 Nr. 63.

[140] BGH AGS 2010, 267 m. Anm. *Schons* = NJW 2010, 1364 = BGHZ 184, 209; KG AGS 2000, 143 = BRAGOreport 2001, 22 m. Anm. *Hansens* = KGR 2000, 111 = NStZ-RR 2000, 191.

Einzelfällen kann jedoch auch eine vorzeitige Beendigung aus berufsrechtlichen (z.B. Verlust der Zulassung, Tätigkeitsverbot nach § 43a Abs. 4 BRAO) oder persönlichen Gründen (schwere Erkrankung oder Tod des Einzelanwalts) in Betracht kommen.

Unproblematisch ist die Berechnung, wenn sich die vereinbarte Vergütung am **Leitbild des RVG** orientiert, wenn also lediglich höhere Gebührenbeträge oder höhere Gegenstandswerte vereinbart worden sind, sich an den Gebührentatbeständen jedoch strukturell nichts ändert. In diesem Fall kann nach der vergütungsrechtlichen Sonderregelung des **§ 15 Abs. 4** verfahren werden. 86

> **Beispiel:** In einem Verfahren auf Zugewinnausgleich vereinbaren die Parteien, nach einem Streitwert von 200.000 EUR abzurechnen. Vor der mündlichen Verhandlung kündigt der Auftraggeber das Mandat; eine Terminsgebühr ist auch nicht schon anderweitig ausgelöst worden.
> Der Anwalt kann hier die Verfahrensgebühr (VV 3100) aus dem Wert von 200.000 EUR verlangen. § 15 Abs. 4 ist hier entsprechend anwendbar. Die Terminsgebühr (VV 3104) erhält er dagegen nicht mehr.

Die Vorschrift des § 15 Abs. 4 ist dagegen nicht anwendbar, wenn sich die Vereinbarung wesentlich vom gesetzlichen Gebührentatbestand unterscheidet, also insbesondere bei **Zeit- oder Pauschalhonoraren**.[141] Bei diesen Vergütungsmodellen ist die vereinbarte Vergütung entsprechend § 628 Abs. 1 S. 1 BGB auf einen Teilbetrag herabzusetzen.[142] 87

> **Beispiel:** Die Parteien vereinbaren für die Auseinandersetzung einer Erbengemeinschaft ein Pauschalhonorar in Höhe von 20.000 EUR. Der Auftraggeber kündigt das Mandat vorzeitig.

Hier ist das Pauschalhonorar nach § 628 Abs. 1 S. 1 BGB auf den Teil der Vergütung zu reduzieren, der der bisherigen Tätigkeit des Anwalts entspricht.[143] Ist das so berechnete Teilhonorar immer noch unangemessen hoch, kommt **ergänzend** eine Herabsetzung nach Abs. 2 in Betracht.[144] 88

Wird die **Kündigung des Anwalts** durch ein vertragswidriges Verhalten des Auftraggebers veranlasst, ist § 628 Abs. 1 S. 1 BGB nicht anwendbar; dem Anwalt steht die vereinbarte Vergütung zu. Er muss sich jedoch ersparte Aufwendungen sowie die Möglichkeit, seine Arbeitszeit anderweitig gewinnbringend einzusetzen, anrechnen lassen. Hat der Anwalt das Mandat vorzeitig niedergelegt, ohne durch ein vertragswidriges Verhalten des Mandanten hierzu veranlasst worden zu sein, muss er hingegen nach den Grundsätzen des § 628 Abs. 1 S. 2 BGB eine Minderung seines Honoraranspruchs hinnehmen.[145] Dies gilt auch bei einem **Anwaltswechsel**. Beauftragt der Mandant nach der Mandatsbeendigung durch den zunächst beauftragten Anwalt einen neuen Anwalt, erfolgt die Reduktion des Vergütungsanspruchs des Erstbeauftragten in dem Umfang, in dem der Mandant einen anderen Anwalt beauftragen muss, für den die gleichen Gebühren nochmals entstehen.[146] 89

Hat umgekehrt der Anwalt durch sein pflichtwidriges Verhalten die **Kündigung des Mandanten** veranlasst, kann dieser den anwaltlichen Vergütungsanspruch kraft Gesetzes nicht kürzen. Eine Minderung der Vergütung wegen einer behaupteten Schlechterfüllung des Anwaltsvertrages scheidet mit Blick auf dessen Rechtsnatur (siehe § 1 Rdn 1) aus; dem Dienstvertragsrecht ist ein solcher Gewährleistungsanspruch fremd.[147] Vielmehr findet auch insoweit § 628 Abs. 1 S. 2 BGB Anwendung. Eine Veranlassung in diesem Sinne setzt allgemein eine vom Dienstverpflichteten nach §§ 276, 278 BGB zu vertretende Vertragsverletzung voraus.[148] Bei einem Anwaltsvertrag als einem Dienstverhältnis höherer Art kann freilich nicht jede Pflichtverletzung zu einer Anspruchskürzung nach § 628 Abs. 1 S. 2 BGB führen. Vielmehr kommt eine Minderung der Vergütung bei der gebotenen einschränkenden Auslegung des Merkmals „Vertretenmüssen" nur dann in Frage, wenn der Anwaltsvertrag auch nach § 626 BGB hätte gekündigt werden können und eine zu vertretende Vertragsverlet- 90

---

141 BGH NJW 1987, 315 = MDR 1987, 297 = JurBüro 1987, 373 = WM 1987, 265 = NJW-RR 1987, 309; BGHZ 86, 98; OLG Köln JurBüro 1972, 223 = AnwBl 1972, 159; *von Seltmann*, Vergütungsvereinbarung, Rn 203.
142 Dazu eingehend *Henssler/Deckenbrock*, NJW 2005, 1.
143 BGH NJW 1987, 315 = MDR 1987, 297 = JurBüro 1987, 373 = WM 1987, 265 = NJW-RR 1987, 309; BGHSt 27, 366 = NJW 1978, 2304; OLG Koblenz AGS 2014, 383 = JurBüro 2014, 532; OLG Düsseldorf AnwBl 1985, 201 = MDR 1985, 845; 1985, 259. Zu dieser pro rata temporis-Berechnung MüKo/*Henssler*, BGB, § 628 Rn 8 ff.
144 BGH NJW 1987, 315 = MDR 1987, 297 = JurBüro 1987, 373 = WM 1987, 265 = NJW-RR 1987, 309; OLG München, Urt. v. 25.11.2009 – 7 U 4007/09 (juris); OLG Zweibrücken AGS 1999, 26; OLG Düsseldorf AnwBl 1985, 201 = MDR 1985, 845; 1985, 259.
145 *Henssler/Deckenbrock*, NJW 2005, 1, 2; dies., MDR 2005, 1321, 1322.
146 Eingehend dazu *Henssler/Deckenbrock*, MDR 2005, 1321, 1322 f. m.w.N. aus der Rspr.
147 BGH NJW 2004, 2817; NJW 1981, 1211, 1212; OLG Koblenz NJW-RR 2003, 274.
148 BGH NJW 1995, 1954, 1955; BGH NJW 1985, 41.

zung i.S.d. §§ 276, 278 BGB vorliegt.[149] Entzieht der Mandant das Mandat ohne wichtigen Grund, muss sich der Anwalt eine Kürzung seiner Vergütung nach § 628 Abs. 1 S. 2 BGB auch dann nicht gefallen lassen, wenn seine Leistungen für den Mandanten ohne Interesse sind.[150] Unter diesen Umständen führt auch die Entstehung neuer Gebühren infolge der Beauftragung eines neuen Rechtsanwalts nicht zu einem Interessenwegfall.[151]

91 Strittig ist, ob die Vorschrift des § 628 Abs. 1 S. 1 BGB **abbedungen** werden kann.[152] Dies bedeutet, dass die Pauschalvergütung auch dann zu zahlen ist, wenn das Mandat vorzeitig endet. Eine solche Vereinbarung ist zulässig. Unzulässig ist eine solche Vereinbarung jedoch, wenn abzusehen ist, dass es kurzfristig zur vorzeitigen Beendigung des Mandats kommen wird.[153]

92 Soweit die Vergütung nach § 628 Abs. 1 S. 1 BGB gekürzt wird, darf dabei die **gesetzliche Vergütung nicht unterschritten** werden, die der Anwalt ohne Vergütungsvereinbarung verdient hätte.[154]

93 Grundsätzlich muss der Rechtsanwalt den seinen bisherigen Leistungen entsprechenden Teil der Vergütung durch substantiierten Tatsachenvortrag nachvollziehbar darlegen. Fehlt ein derartiger Prozessvortrag, kommt auch eine Vergütungsschätzung in entsprechender Anwendung von § 278 ZPO nicht in Betracht.[155]

94 Lässt sich der **Wahlverteidiger**, der eine Vergütungsvereinbarung geschlossen hatte, zum Pflichtverteidiger bestellen, so steht ihm nur der Teil der vereinbarten Vergütung zu, den er bis zu seiner Bestellung als Pflichtverteidiger verdient hat.[156] Will er auch für die weiter gehende Tätigkeit eine höhere Vergütung geltend machen, so muss er eine neue Vereinbarung schließen (siehe Rdn 29).

4. Auslagen

95 Ist ein Pauschalhonorar vereinbart, das sich nicht am Leitbild des Gebührensystems des RVG orientiert, so sind im Zweifel Auslagen nach VV 7000 **abgegolten**. Will der Anwalt solche Auslagen zusätzlich abrechnen, muss er dies ausdrücklich klarstellen.[157]

5. Umsatzsteuer

96 Auch aus einem vereinbarten Honorar muss der Anwalt Umsatzsteuer abführen. Hier ist durch Auslegung zu ermitteln, ob die Umsatzsteuer in dem vereinbarten Honorar enthalten ist, also ob es sich um eine Brutto-Vereinbarung handelt, oder ob Umsatzsteuer nach VV 7008 hinzukommen soll (Netto-Vereinbarung). **Im Zweifel** ist von einer **Brutto-Vergütung** auszugehen, so dass die Umsatzsteuer im vereinbarten Honorar enthalten ist.[158]

97 Der Anwalt sollte daher die Erstattung der **Umsatzsteuer gesondert** vereinbaren. Mit Blick auf mögliche Erhöhungen der Umsatzsteuer empfiehlt es sich dabei, keinen festen Steuersatz anzugeben. Vorzugswürdig ist vielmehr die Formulierung „zuzüglich der jeweils geltenden Umsatzsteuer, derzeit 19 %".[159]

---

149 OLG Brandenburg NJW-RR 2001, 137; dem folgend Hensseler/Deckenbrock, NJW 2005, 1, 2.
150 Hensseler/Deckenbrock, NJW 2005, 1, 2; dies., MDR 2005, 1321, 1322.
151 Vgl. KG NJW-RR 2002, 708; Dahns, NJW-Spezial 2007, 333, 334.
152 Bejahend OLG Düsseldorf AnwBl 1985, 201 = MDR 1985, 845; 1985, 259; verneinend für die vergleichbare Lage beim Steuerberater: AG Ludwigslust DStR 2015, 1775 = DStRE 2015, 1405.
153 BGHSt 27, 366 = NJW 1978, 2304.
154 OLG Köln JurBüro 1972, 223 = AnwBl 1972, 159; OLG Düsseldorf AnwBl 1985, 259.
155 OLG Koblenz AGS 2014, 383 = JurBüro 2014, 532 (die Revision wurde nach Hinweis zurückgenommen).
156 KG KGR 1995, 156 = KostRsp. BRAGO § 3 Nr. 33.
157 LG Koblenz AnwBl 1984, 206 m. Anm. *Madert* = JurBüro 1984, 1667 m. Anm. *Mümmler*; Hansens/Braun/Schneider, Teil 2 Rn 227; Onderka, Anwaltsgebühren in Verkehrssachen, 3. Aufl. 2010, Rn 458.
158 OLG Karlsruhe DB 1979, 447 = OLGZ 1979, 230 = KostRsp. BRAGO § 25 Nr. 7 m. Anm. *E. Schneider*; LG Koblenz AnwBl 1984, 206 m. Anm. *Madert* = JurBüro 1984, 1667 m. Anm. *Mümmler*; Onderka, Anwaltsgebühren in Verkehrssachen, 3. Aufl. 2010, Rn 458; Hansens/Braun/Schneider, Teil 2 Rn 231.
159 Zutreffend *Jungbauer*, FPR 2005, 396, 400.

Praxishinweis: Das LG München[160] hat die sehr allgemein gehaltene Vereinbarung, wonach die „gesetzliche Umsatzsteuer" zu zahlen ist, dahingehend ausgelegt, dass sie sich nur auf den zum Zeitpunkt des Abschlusses der Vereinbarung geltenden Steuersatz bezog. Eine nach Vertragsschluss eingetretene Erhöhung des Steuersatzes war daher für die Abrechnung mit dem Auftraggeber unbeachtlich. Im Hinblick auf diese Entscheidung empfiehlt sich die Vereinbarung, dass die Umsatzsteuer nach dem zum Zeitpunkt der Fälligkeit der Vergütung maßgeblichen Satz zu zahlen ist.

V. Herabsetzung der vereinbarten Vergütung (Abs. 2)

1. Verfahren

Nach Abs. 2 S. 1 kann eine nach Abs. 1 S. 1 vereinbarte, eine nach § 4 Abs. 3 S. 1 vom Vorstand der Rechtsanwaltskammer festgesetzte oder eine nach § 4a für den Erfolgsfall vereinbarte Vergütung, die unter Berücksichtigung aller Umstände **unangemessen hoch** ist, im Vergütungsrechtsstreit auf den angemessenen Betrag bis zur Höhe der gesetzlichen Gebühren herabgesetzt werden. Dieses **richterliche Moderationsrecht**, das in die Vertragsbeziehung zwischen Anwalt und Mandant eingreift, kann in einer Vergütungsvereinbarung weder durch entsprechende AGB, noch individualvertraglich abbedungen werden.[161] Im Verfahren nach Abs. 2 S. 1 hat das Gericht unter Berücksichtigung aller Umstände objektiv festzustellen, ob die vereinbarte Vergütung für die **konkret geleistete Tätigkeit** unangemessen hoch ist.[162] Erweist sich die vereinbarte Vergütung im Zuge dieser Prüfung als unangemessen niedrig, vermag sie der Richter dennoch nicht heraufzusetzen.[163]

Abs. 2 S. 1 ist auch anzuwenden, wenn der Anwalt unmittelbar mit dem ersatzpflichtigen Gegner eine höhere als die gesetzliche Vergütung vereinbart hat, die dieser zu ersetzen habe.[164]

Zuständig für die Herabsetzung der Vergütung ist das Gericht. Es gelten hier die allgemeinen Regeln[165] (zum Gerichtsstand einer Vergütungsklage siehe § 1 Rdn 91).

Verfahrensrechtlich sind verschiedene **Konstellationen** möglich:
- Klagt der **Anwalt** auf **Zahlung** seiner Vergütung, so kann die Herabsetzung auf die Einwendung des Auftraggebers erfolgen, die vereinbarte oder festgesetzte Vergütung sei zu hoch.
- Die Herabsetzung des Honorars kann aber auch im Wege der **Gestaltungsklage** vom **Auftraggeber** isoliert durchgesetzt werden. Er kann also das Gericht anrufen und beantragen, dass die nach seiner Auffassung überhöhte Vergütung auf das angemessene Maß herabgesetzt werde. Eines bezifferten Antrags bedarf es insoweit nicht.
- Hat der Auftraggeber bereits gezahlt, kann er auf **Rückzahlung** klagen und inzidenter die Herabsetzung der Vergütung verlangen.
- Entsprechend § 254 ZPO kann der Auftraggeber auch im Wege der **Stufenklage** vorgehen und zunächst auf der ersten Stufe die Herabsetzung verlangen und auf der zweiten die Rückzahlung des danach zu viel gezahlten Betrages.
- Möglich ist auch eine **Feststellungsklage** mit dem Antrag, dass ein bestimmtes Honorar angemessen und die über einen bestimmten Betrag hinausgehende vereinbarte Vergütung unangemessen hoch sei.
- Auch **Hilfsanträge** sind möglich, etwa die Klage auf Rückzahlung des gesamten Honorars wegen Unwirksamkeit der Vereinbarung und hilfsweise die Klage auf Herabsetzung der Vergütung auf den angemessenen Betrag.

---

160 LG München AGS 2010, 284 m. Anm. *N. Schneider.*
161 Krämer/Mauer/*Kilian*, Rn 727 m.w.N.
162 OLG Frankfurt/M. AGS 2006, 113 m. Anm. *Madert*; OLG Köln NJW 1998, 1961, 1962.
163 Krämer/Mauer/*Kilian*, Rn 729.
164 BGH AGS 1997, 111 = AnwBl 1997, 567 = BB 1997, 1440 = MDR 1997, 784 = NJW 1997, 2388 = VersR 1997, 1371 = zfs 1998, 30.
165 Zu der Anwendbarkeit des § 29 ZPO siehe BGH AGS 2004, 9 m. Anm. *Madert* = AnwBl 2004, 119 m. Anm. *N. Schneider.*

2. Gutachten der Rechtsanwaltskammer (Abs. 2 S. 2)

102 Nach Abs. 2 S. 2 hat das Gericht im Vergütungsrechtsstreit **von Amts wegen** ein Gutachten des Vorstands der Rechtsanwaltskammer einzuholen. Diese Verpflichtung besteht nur dann, wenn der Richter eine **Herabsetzung** beabsichtigt.[166] Sie besteht also nicht in der umfassenden Weise wie bei § 14 Abs. 2, wonach das Gutachten bei einem Streit über die Gebührenhöhe immer einzuholen ist. Will das Gericht die Klage des Anwalts bereits aus anderen Gründen abweisen, etwa weil das Gericht nach § 4b von einer formwidrigen und daher nichtigen Vereinbarung ausgeht oder weil der Vergütungsanspruch bereits verjährt ist, bedarf es keines Gutachtens. Es ist auch entbehrlich, wenn das Gericht die vereinbarte Vergütung bestätigen will. Erst recht bedarf es nicht der Einholung eines Gutachtens, wenn sich die Parteien vergleichen oder der Anwalt die Herabsetzung anerkennt. Dagegen muss auch vor Erlass eines herabsetzenden Versäumnisurteils ein Gutachten eingeholt werden.

103 **Zuständig** für die Erstellung des Gutachtens ist kammerintern nicht notwendig der Gesamtvorstand; es kann auch durch die Gebührenabteilung einer Rechtsanwaltskammer erstattet werden.[167] Sie besitzt insofern die Kompetenzen des Gesamtvorstandes (§ 77 Abs. 5 BRAO).

104 Hat der Kammervorstand nach § 4 Abs. 3 S. 1 die Vergütung festgesetzt, ist die Einholung eines Gutachtens nicht vorgeschrieben (Abs. 2 S. 2, 2. Hs.). Anderenfalls müsste der Vorstand seine eigene Festsetzung begutachten. In anderen Fällen ist das Gutachten des Vorstands der Rechtsanwaltskammer **zwingend** einzuholen. Zur Frage, ob die Nichteinholung einen Verfahrensmangel darstellt, der zur **Zurückverweisung** nach § 539 ZPO führt, siehe § 14 Rdn 122.

105 Wegen der Einzelheiten des Verfahrens auf Einholung und Erstattung des Gutachtens wird Bezug genommen auf die Kommentierung zu § 14 (siehe § 14 Rdn 97 ff.). Die dortigen Ausführungen gelten entsprechend. Das Gutachten ist auch hier **kostenlos** zu erstatten (Abs. 2 S. 3). Es stellt insbesondere keine Sachverständigenleistung i.S.d. JVEG dar, weshalb eine Entschädigung für Gutachtertätigkeit nach § 9 JVEG nicht in Betracht kommt.[168]

106 Das **Gericht** unterliegt **keiner Bindung** an das Kammergutachten; eine Abweichung vom Gutachteninhalt soll indes nur aus triftigen Gründen erfolgen[169] (siehe auch § 14 Rdn 119).

3. Rechtsfolgen der Herabsetzung

107 Hat das Gericht die Vergütung angepasst, so schuldet der Auftraggeber nur den vom Gericht reduzierten Betrag; die Vergütungsvereinbarung wird also durch **richterlichen Gestaltungsakt** modifiziert. Die Vergütungsvereinbarung als solche bleibt wirksam, gilt aber nur noch für den reduzierten Betrag.

108 Hat der Auftraggeber bereits mehr als den herabgesetzten Betrag gezahlt, steht ihm in Ansehung des Differenzbetrages ein **Bereicherungsanspruch** nach § 812 BGB zu. Die Berufung des Anwalts auf § 818 Abs. 3 BGB ist dabei regelmäßig ausgeschlossen; sie gilt insoweit als berufsrechtswidrig.[170] Auch § 814 BGB greift zugunsten des Anwalts nicht ein, setzt diese Vorschrift doch eine echte Nichtschuld voraus (siehe auch § 4b Rdn 16 ff.).

4. Unangemessenheit und Sittenwidrigkeit der Vergütung

a) Allgemeines

109 Abs. 2 definiert die Angemessenheit einer vereinbarten Vergütung nicht. Für eine Auslegung dieses unbestimmten Rechtsbegriffs bedarf es zunächst der Unterscheidung zwischen der **Angemessenheit** einer vereinbarten Vergütung im vergütungsrechtlichen Sinne und der **Sittenwidrigkeit** einer Vergütungsvereinbarung im zivilrechtlichen Sinne.[171] Diese Differenzierung ist bereits mit Blick auf die

---

166 OLG Köln AGS 1998, 66 = FamRZ 1998, 1030 = JMBlNW 1998, 33 = OLGR 1998, 19 = VersR 1998, 520; LG Karlsruhe AnwBl 1986, 178 = KostRsp. BRAGO § 3 Nr. 8 m. Anm. *Herget.*
167 LG Karlsruhe AnwBl 1983, 178, 179.
168 Vgl. LG Baden-Baden KostRsp. BRAGO § 3 Nr. 56 = Justiz 2001, 424 = Rpfleger 2001, 324.
169 Vgl. OLG Hamm AGS 2007, 550 m. Anm. *Schons* = BeckRS 2007, 09463; KG NJW 1965, 1602, 1604; Krämer/Mauer/*Kilian*, Rn 730.
170 *N. Schneider*, Vergütungsvereinbarung, Rn 1725 m.w.N.
171 Dazu eingehend *Rick*, RVGreport 2006, 441 ff.

unterschiedlichen **Rechtsfolgen** notwendig. Die unangemessene Vergütung führt zur Herabsetzung nach Abs. 2, die sittenwidrige Vergütung zur Nichtigkeit nach § 138 BGB. Maßgeblicher Zeitpunkt für die Beurteilung der Angemessenheit ist im Sinne einer ex-post-Betrachtung die Auftragserledigung oder Mandatsbeendigung i.S.d. § 8 Abs. 1 S. 1, die Sittenwidrigkeit ist hingegen ex ante festzustellen.[172]

Die **Abgrenzung** der vergütungsrechtlichen Angemessenheit von der zivilrechtlichen Sittenwidrigkeit erschließt sich aus der Normsystematik der §§ 3a ff. Danach kann die Höhe der Vergütung in **vier Kategorien** eingeteilt werden: **110**
– die gesetzliche Vergütung,
– die die gesetzliche Vergütung übersteigende angemessene vereinbarte Vergütung,
– die vereinbarte unangemessen hohe, aber noch nicht sittenwidrige Vergütung und
– die sittenwidrige Vergütung.

b) Sittenwidrigkeit

Ist die vereinbarte Vergütung derart hoch, dass sie **sittenwidrig**, insbesondere wucherisch (§ 138 Abs. 2 BGB) ist, ist die Vereinbarung insgesamt nichtig. Die **Nichtigkeit** gemäß § 138 Abs. 1 BGB erstreckt sich jedoch nicht auf den gesamten Anwaltsvertrag. Unwirksam ist nur die **Vergütungsvereinbarung** mit der Folge, dass dem Rechtsanwalt über § 612 Abs. 2 BGB lediglich die gesetzlichen Gebühren – oder in Ermangelung derselben die üblichen Gebühren (siehe § 34 Rdn 88 ff.) – zustehen.[173] Der Auftraggeber schuldet die vereinbarte Vergütung auch nicht insoweit, als sie noch im Bereich des Angemessenen liegt. Eine Herabsetzung ist daher entbehrlich. **111**

Da Abs. 2 die Herabsetzung einer überhöhten vereinbarten Vergütung vorsieht, ist die **Grenze zur Sittenwidrigkeit wesentlich höher** anzusetzen als bei sonstigen zivilrechtlichen Fallgestaltungen.[174] Die vom BGH zur Sittenwidrigkeit eines Austauschvertrags entwickelten allgemeinen Grundsätze sind insofern nicht anwendbar.[175] Eine Sittenwidrigkeit kommt daher nur ausnahmsweise in Betracht, wenn **objektiv** ein besonders krasses Missverhältnis zwischen dem Wert der anwaltlichen Dienstleistung und der hierfür vereinbarten Vergütung besteht und **subjektiv** der Anwalt die Unerfahrenheit oder Zwangslage des Mandanten ausgenutzt hat. Nach der Rechtsprechung des BGH[176] indiziert das auffällige Missverhältnis die verwerfliche Gesinnung des Anwalts i.S.d. § 138 Abs. 2 BGB. Eine **Indizwirkung** soll bei der Vereinbarung einer Stundensatzvergütung jedenfalls dann eintreten, wenn die gesetzlichen Gebühren um mehr als das 17fache überschritten wurden.[177] **112**

c) Angemessenheit

Erweist sich die Vergütungsvereinbarung nicht als sittenwidrig, ist die **Angemessenheit** der vereinbarten Vergütung nach Abs. 2 zu prüfen. Eine Schlüsselrolle kommt dabei den für die Angemessenheitsprüfung maßgeblichen **Kriterien** zu. **113**

aa) Quotientenrechtsprechung. Die **Rechtsprechung** zu der Beurteilung der Angemessenheit ist uneinheitlich und bei näherer Betrachtung inkonsequent. Methodisch basiert die Judikatur weitgehend auf der Ermittlung des **Quotienten** zwischen dem vereinbarten und dem gesetzlichen Gebüh- **114**

---

172 BGH NJW 2005, 2142, 2143 = AnwBl 2005, 582 = AGS 2005, 378 = BRAK-Mitt. 2005, 244; *von Seltmann*, Vergütungsvereinbarung, Rn 174; *Hinne/Klees/Teubel/Winkler*, Rn 239.
173 Vgl. BGH NJW 1980, 2407, 2408; BGH JZ 1962, 369; BGH NJW 1955, 1921, 1923; LG Frankfurt AnwBl 1989, 671; Kilian/vom Stein/*Rick*, § 29 Rn 251; *Jungbauer*, FPR 2005, 396, 401.
174 OLG Frankfurt/M. AGS 2006, 113; Kilian/vom Stein/*Rick*, § 29 Rn 250; Gerold/Schmidt/*Mayer*, RVG, § 3a Rn 21 ff.; *Jungbauer*, FPR 2005, 396, 401; a.A: Mayer/Kroiß/*Teubel*, § 3a Rn 64 ff.
175 Grundlegend OLG Köln AGS 1998, 66 = FamRZ 1998, 1030 = JMBlNW 1998, 33 = OLGR 1998, 19 = VersR 1998, 520; *Rick*, RVGreport 2006, 441, 442 Hinne/Klees/Teubel/Winkler, Rn 249.
176 BGH AGS 2000, 191 = BauR 2000, 1914 (LS) = BB 2000, 2124 (LS) = BGHZ 144, 343 = BRAK-Mitt 2000, 237 m. Anm. *Jungk* = DB 2000, 2473 (LS) = IBR 2000, 566 m. Anm. *Breiholt* = JurBüro 2000, 668 (LS) = MDR 2000, 1400 = NJW 2000, 2669 = NZM 2000, 912 = WM 2000, 1596 = ZMR 2000, 841 = KostRsp. BRAGO § 3 Nr. 53. Dazu *Rick*, RVGreport 2006, 441, 442 f.
177 BGH NJW 2003, 3486 = AnwBl 2003, 721.

rensatz[178] bzw. zwischen dem vereinbarten und dem gesetzlichen Streitwert[179] für die Gebührenberechnung. Modifiziert wird diese „Quotientenrechtsprechung" durch die Art der Vergütung, den betroffenen Rechtsbereich und die Höhe des Streitwerts:
- So soll eine die gesetzliche Vergütung um **mehr als das Fünffache** übersteigende vereinbarte Vergütung in **Zivilsachen** jedenfalls bei hohen Streitwerten unmittelbar die Nichtigkeit der Vereinbarung nach § 138 BGB begründen.[180]
- Bei kleinen und mittleren Streitwerten soll hingegen auch das Merkmal der Aufwandsbezogenheit Berücksichtigung finden.[181]
- Bei einer zeitbasierten Vergütung soll eine Sittenwidrigkeit nicht in Betracht kommen, sofern der Stundensatz vertretbar ist und die Gesamtvergütung nur aufwandsabhängig wächst.[182]
- Auch eine **Zeitvergütung** soll jedoch sittenwidrig sein, wenn sie den **neunfachen Wert** der gesetzlichen Gebühren übersteigt.[183]

115 Unabhängig von einer Quotientenbildung greift die Rechtsprechung bei der Angemessenheitsprüfung auch auf **allgemeine Billigkeitserwägungen** zurück. Eine Vergütung ist danach erst dann unangemessen hoch, wenn bei objektiver Betrachtung ein Festhalten des Auftraggebers an der Vergütungsvereinbarung unter Berücksichtigung aller Umstände gegen Treu und Glauben (§ 242 BGB) verstoßen würde.[184] Die Herabsetzung der vereinbarten Vergütung stellt nämlich einen Eingriff in die Vertragsfreiheit dar, von dem nur zurückhaltend Gebrauch gemacht werden sollte.[185]

116 Insbesondere in Strafsachen hat der BGH in den letzten Jahren diese Quotientenrechtsprechung praktiziert. Er hat zunächst vertreten, dass bei einer Vereinbarung des Verteidigers mit dem Mandanten über eine Vergütung, die **mehr als das Fünffache** über den gesetzlichen Höchstgebühren liege, eine tatsächliche Vermutung für die Unangemessenheit spreche. Diese Vermutung solle nur entkräftet werden können, wenn der Anwalt ganz ungewöhnliche, geradezu extreme einzelfallbezogene Umstände darlegt, die es möglich erscheinen lassen, bei Abwägung aller für die Herabsetzungsentscheidung maßgeblichen Aspekte die Vergütung nicht als unangemessen hoch anzusehen.[186] Auch die Vergütung der Tätigkeit eines Korrespondenzanwalts hat der BGH[187] als unangemessen hoch angesehen, wenn das vereinbarte Honorar die gesetzliche Vergütung um mehr als das Fünffache übersteigt.

---

178 Dazu BGH NJW 2005, 2142 = AnwBl 2005, 582 = AGS 2005, 378 = BRAK-Mitt. 2005, 244 (mehr als das 28fache der gesetzlichen Gebühren); BGH NJW-RR 2004, 1145, 1147 (das 4,5fache der gesetzlichen Gebühren); BGH NJW 2003, 3486 (mehr als das 17fache der gesetzlichen Gebühren); BGH NJW 2003, 2386, 2387 (weniger als das 5fache der gesetzlichen Gebühren); BGH NJW 2000, 2669 = BGHZ 144, 343 (das 5,5fache der gesetzlichen Gebühren); BGH NJW 1980, 1962, 1963 (fast das 10fache der gesetzlichen Gebühren); OLG Frankfurt/M. AGS 2006, 113 (fast das 30fache der gesetzlichen Gebühren); OLG Köln NJW 1998, 1960 (das 5- bzw. 6fache der gesetzlichen Gebühren); OLG Stuttgart JurBüro 2003, 585, 586 (das 3fache der gesetzlichen Gebühren); OLG Frankfurt/M. JurBüro 1988, 591 (das 7fache der gesetzlichen Gebühren); LG Braunschweig AnwBl 1973, 358 (das 5fache der gesetzlichen Gebühren). Zu der Angemessenheit von **Zeitvergütungen** siehe BVerfG NJW 2002, 3314 (Stundensatz von umgerechnet ca. 400 EUR); zu der Angemessenheit von **Pauschalvergütungen** OLG München NJW-RR 2004, 1573, 1574 (Pauschalhonorar von umgerechnet 35.000 EUR); OLG Hamm AGS 1998, 98, 99 (Pauschalhonorar von umgerechnet 50.000 EUR). Weitere Kasuistik bei Krämer/Mauer/*Kilian*, Rn 460.
179 LG Köln JurBüro 1999, 528, 529 (12facher Streitwert); LG Berlin JurBüro 1991, 530 (5facher Streitwert).
180 BGH AGS 2000, 191 = BauR 2000, 1914 (LS) = BB 2000, 2124 (LS) = BGHZ 144, 343 = BRAK-Mitt 2000, 237 m. Anm. *Jungk* = DB 2000, 2473 (LS) = IBR 2000, 566 m. Anm. *Breiholt* = JurBüro 2000, 668 (LS) = MDR 2000, 1400 = NJW 2000, 2669 = NZM 2000, 912 = WM 2000, 1596 = ZMR 2000, 841 = KostRsp. BRAGO § 3 Nr. 53.
181 BGH NJW 2002, 2774 = WM 2003, 89; OLG München AGS 2012, 377.
182 BGH NJW 2003, 2386; dazu *Rick*, RVGreport 2006, 441, 444.
183 BGH NJW 2003, 3486; dazu *Rick*, RVGreport 2006, 441, 444.
184 OLG Köln AGS 1998, 66 = FamRZ 1998, 1030 = JMBlNW 1998, 33 = OLGR 1998, 19 = VersR 1998, 520; OLG München NJW 1967, 1571 = AnwBl 1967, 198.
185 OLG Frankfurt/M. AGS 2006, 113, 115; *Hansens*, BRAGO, § 3 Rn 17.
186 BGH NJW 2005, 2142 mit Rezension von *Lutje*, NJW 2005, 2490 = AnwBl 2005, 582 m. Anm. *Henke* = AGS 2005, 378 m. Anm. *Madert, Henke* und *N. Schneider* = BRAK-Mitt. 2005, 244 = MDR 2005, 1255; ebenso BGH AGS 2009, 262 = RVGreport 2009, 135 = JurBüro 2009, 427 – der BGH hat in dieser zweiten Entscheidung seine Ansicht lediglich geringfügig dahingehend modifiziert, dass der Ansatz, die Vermutung der Unangemessenheit könne nur bei Darlegung ganz ungewöhnlicher Einzelfallumstände entkräftet werden, möglicherweise nicht aufrecht erhalten werde könne.
187 BGH BRAGOreport 2001, 23 m. Anm. *Hansens*.

Diese Rechtsprechung ist jedoch vom BVerfG überprüft worden, das einen Verstoß gegen das **Grundrecht der Berufsfreiheit** bejaht hat.[188] Die Verfassungsbeschwerde richtete sich gegen die Urteile des OLG Dresden vom 10.4.2007[189] und des LG Leipzig vom 27.9.2006.[190] Beide Gerichte hatten die Vergütungsklage des Beschwerdeführers unter ausdrücklichen Hinweis auf die Rechtsprechung des BGH überwiegend abgewiesen. In schematischer Anwendung der „Quotientenrechtsprechung" und entgegen der Feststellungen des Gutachtens der zuständigen Rechtsanwaltskammer kam namentlich das LG Leipzig zu der Auffassung, das vom Beschwerdeführer vereinbarte Stundenhonorar von 320 EUR netto betrage mehr als das 6,5fache der gesetzlichen Höchstvergütung und sei daher nach § 3 Abs. 3 BRAGO (= § 3a Abs. 2 RVG) auf einen angemessenen Betrag herabzusetzen. Für eine Zeitvergütung könne dabei nichts anderes gelten wie für eine Pauschalvergütung.

117

Als Reaktion auf die Entscheidung des BVerfG hat der BGH seine Quotientenrechtsprechung jedoch mitnichten aufgegeben. Die grundlegende These, dass eine über dem fünffachen Satz der gesetzlichen Vergütung liegende vereinbarte Vergütung die tatsächliche Vermutung der Unangemessenheit begründe, wird nämlich weiter vertreten.[191] Der BGH modifiziert lediglich seine Anforderungen daran, wie der Anwalt im konkreten Fall diese Vermutung entkräften kann. Wurde bislang gefordert, dass der Anwalt ganz ungewöhnliche, geradezu extrem einzelfallbezogene Umstände darlegt, reicht es nach der vorliegenden Entscheidung aus, dass der Anwalt den Nachweis führt, dass die vereinbarte Vergütung im konkreten Fall unter Berücksichtigung aller Umstände gleichwohl angemessen ist.

118

Diese Rechtsprechung des BGH bezieht sich nicht nur auf Pauschal-, sondern auch auf Stundenhonorare, da in der Entscheidung eben auch die Vereinbarung einer reinen **Zeitvergütung** auf ihre Angemessenheit hin überprüft wurde. Hier ist Maßstab allerdings nicht der Umfang, in welchem die gesetzliche Vergütung überschritten wird. Nach Ansicht des BGH ist eine Vergütung nach Maßgabe eines Stundenhonorars vielmehr dann nicht als unangemessen zu beanstanden, wenn diese Honorarform unter Würdigung der Umstände des Einzelfalls sachgerecht erscheint und die geltend gemachte Bearbeitungszeit sowie der ausgehandelte Stundensatz angemessen sind.[192]

119

Auch die herrschende Ansicht in der Literatur lehnt eine Anwendung der Quotientenrechtsprechung auf eine reine Zeitvergütung ab.[193] Denn anderenfalls müsste man auch eine zeitbasierte Vergütung, die an sich aufwandsangemessen ist, nach Abs. 2 herabsetzen, weil sie aufgrund der Überschreitung des gesetzlichen Gebührenaufkommens von den betreffenden Quotienten als unangemessen hoch zu bewerten wäre. Dies wäre ein nicht hinzunehmender Wertungswiderspruch.[194] Bei einer zeitabhängigen Vergütung findet eine Angemessenheitsprüfung daher allein im Hinblick auf die **Höhe des Stundensatzes** statt.[195] Ob die nach diesem Stundensatz errechnete Vergütung im Ergebnis die gesetzlichen Gebühren um mehr als das Fünffache übersteigt, ist daher ohne Belang, wenn der Stundensatz als solcher angemessen ist.

120

bb) Stellungnahme. Die „Quotientenrechtsprechung" ist **abzulehnen**. Sie nimmt nicht die gebotene Differenzierung zwischen der Angemessenheit im vergütungsrechtlichen Sinne und der Sittenwidrigkeit der Vergütung im zivilrechtlichen Sinne vor (siehe Rdn 109). Vielmehr verwendet namentlich der BGH beide Begriffe ungeachtet ihrer unterschiedlichen Rechtsfolgen synonym, ohne sich um eine dogmatisch tragfähige und praktisch brauchbare Abgrenzung zu bemühen.[196] Eine schematische Vergleichsberechnung nach Quotienten mit einer **Faustregel**, nach welcher die Grenze zur Sittenwidrigkeit bzw. Unangemessenheit in den Fällen überschritten wird, in denen mehr als das Fünffache der gesetzlichen Vergütung verlangt wird, findet in Abs. 2 keine Grundlage und ist daher rechtlich

121

---

188 BVerfG AGS 2009, 423 = NJW-RR 2010, 259 = RVGreport 2009, 299.
189 OLG Dresden –14 U 2049/06.
190 LG Leipzig – 3 O 6687/04.
191 BGH AGS 2010, 267 m. Anm. *Schons* = NJW 2010, 1364.
192 BGH AGS 2010, 267 m. Anm. *Schons* = NJW 2010, 1364.
193 So die Haltung der Gebührenreferenten der Rechtsanwaltskammern, vgl. *Ebert*, BRAK-Mitt. 2005, 271, 272; *von Seltmann*, RVGreport 2005, 406, 407; ebenso OLG Hamm BeckRS 2007, 09463; *Burhoff*, RVG Straf- und Bußgeldsachen, 2. Aufl. 2007, Teil B „Vergütungsvereinbarung" Rn 39 a.E.; *Tsambikakis*, StraFo 2005, 446, 447; *N. Schneider*, BGH-Report 2005, 1154, 1155; *Henke*, AGS 2005, 383, 385.
194 OLG Hamm BeckRS 2007, 09463; *Henke*, AnwBl 2008, 58, 59; *Tsambikakis*, StraFo 2005, 446, 447.
195 So die gemeinsame Auffassung der Gebührenreferenten der Rechtsanwaltskammern, vgl. *von Seltmann*, RVGreport 2006, 404; ebenso OLG Hamm BeckRS 2007, 09463; *Tsambikakis*, StraFo 2005, 446, 447; *Lutje*, NJW 2005, 2490, 2491; *Henke*, AnwBl 2008, 58, 59.
196 Eingehend *Rick*, RVGreport 2006, 441 ff.; vgl. auch *Hinne/Klees/Teubel/Winkler*, Rn 250; *Mayer/Kroiß/Teubel*, § 3a Rn 146 ff.

nicht zu begründen.[197] Der Vergleich zwischen den gesetzlichen und den vereinbarten Gebühren ist bereits im Ansatz methodisch verfehlt und läuft auf einen klassischen „Äpfel-Birnen-Vergleich"[198] hinaus. Für die Beratungstätigkeit, die seit dem 1.7.2006 keine gesetzlichen Gebühren als Vergleichsmaßstab mehr kennt (siehe § 34 Rdn 2), ist dieser Vergleich ohnehin nicht mehr praktikabel. Für die anderen Tätigkeitsbereiche des Anwalts erscheint eine Kappungsgrenze bei dem fünffachen – oder neunfachen? – Satz der gesetzlichen Gebühren **willkürlich**. Es leuchtet schlechterdings nicht ein, dass ausgerechnet bei diesem Faktor die Schwelle zur Unangemessenheit überschritten sein soll. So kann im Einzelfall bei der Rückforderung eines geringen Restguthabens aus einer Nebenkostenabrechnung mit umfangreicher und zeitaufwändiger Prüfung aller Betriebskostenpositionen auch das sechs- oder siebenfache der gesetzlichen Gebühren noch angemessen sein, während bei der bloßen Beantragung eines Mahnbescheides über eine Millionenforderung bereits das Doppelte oder Dreifache der gesetzlichen Gebühren unangemessen erscheinen mag.[199]

122 **cc) Prüfung.** Wann eine Vergütung unangemessen hoch ist, muss daher **im Einzelfall** ermittelt werden; eine pauschale Betrachtungsweise verbietet sich. Auch eine allgemein verbindliche Honorargrenze, deren Überschreitung eine Herabsetzung des Honorars erfordert, existiert nicht.[200] Für die einzelfallbezogene Angemessenheitsprüfung unter Berücksichtigung **aller** Umstände i.S.d. Abs. 2 können die **Bemessungskriterien des § 14 Abs. 1** entsprechend herangezogen werden.[201] Als Merkmale für die Beurteilung der Angemessenheit gelten daher vor allem
– der Umfang und die Schwierigkeit der anwaltlichen Tätigkeit[202]
– die Bedeutung der Sache für den Auftraggeber[203]
– die Einkommens- und Vermögenslage des Auftraggebers[204]
– die Reputation und Qualifikation des Anwalts[205]
– die Gemeinkosten des Anwalts[206]
– der Erfolg der anwaltlichen Bemühungen[207]
– die gesetzlichen Gebühren, soweit sie seit dem 1.7.2006 noch vorhanden sind.[208]

123 Die Äquivalenzkontrolle nach Abs. 2 gilt auch für **erfolgsbasierte Vergütungen** nach § 4a. Hier kommt zu den genannten Bemessungskriterien das vom Rechtsanwalt übernommene **Vergütungsrisiko** hinzu.[209] Allein dieser Umstand lässt es gerechtfertigt erscheinen, die gesetzliche Vergütung um ein Vielfaches und jedenfalls um ein Mehrfaches dessen zu überschreiten, was bei einer „normalen" Vergütungsvereinbarung möglich wäre.[210] Je höher das vom Anwalt zu tragende Risiko zu bewerten ist, desto weiter wird bei einem Erfolgshonorar die Grenze zu einer Unangemessenheit i.S.d. Abs. 2 zu ziehen sein.

---

197 OLG Hamm AnwBl 2007, 723 = BeckRS 2007, 09463; OLG Hamm, Urt. v. 13.3.2008 – 28U 71/07 (n.v.); Kilian/vom Stein/*Rick*, § 29 Rn 246; *Henssler*, NJW 2005, 1537, 1538; Koch/*Kilian*, Rn B 520; Krämer/Mauer/*Kilian*, Rn 459; *Lutje*, NJW 2005, 2490, 2491; kritisch auch OLG Frankfurt/M. AGS 2006, 113, 115.
198 So wörtlich Krämer/Mauer/*Kilian*, Rn 454; *ders.* in Koch/Kilian, Rn B 522; ebenso *Henssler*, NJW 2005, 1537, 1538; *N. Schneider*, Vergütungsvereinbarung, Rn 1340 ff.; *Lutje*, NJW 2005, 2490, 2491.
199 Das gesetzliche Honorar im Fall BGH NJW 2003, 2386 lag bei 50.345,15 DM, das vereinbarte Honorar bei 237.366,54 DM. Warum diese vereinbarte Vergütung ohne weiteres angemessen sein soll, während eine lediglich um mehr als 14.359,21 DM höhere Vergütung eo ipso unangemessen wäre, erscheint wenig plausibel.
200 OLG Hamm AGS 2002, 268 = JurBüro 2002, 638; *Jungbauer*, FPR 2005, 396, 402.
201 OLG Hamm AGS 2002, 268; OLG Düsseldorf OLGR 1996, 211, 212; LG Köln AnwBl 1999, 703, 704; *N. Schneider*, Vergütungsvereinbarung, Rn 1352 ff.; *Madert/Schons*, Vergütungsvereinbarung, Rn 187 ff.; *von Seltmann*, Vergütungsvereinbarung, Rn 175 ff.; *Rick*, RVGreport 2006, 441, 447.
202 OLG Frankfurt/M. AGS 2006, 113, 115; RMOLK/*Baumgärtel*, RVG, 13. Aufl. 2007, § 4 Rn 12.
203 OLG Frankfurt/M. AGS 2006, 113, 115; *Hinne/Klees/Teubel/Winkler*, Rn 288; RMOLK/*Baumgärtel*, RVG, 13. Aufl. 2007, § 4 Rn 12.
204 Vgl. BGH NJW-RR 2004, 1145; OLG Düsseldorf OLGR 1996, 211, 212; LG Köln AnwBl 1999, 703, 704.
205 OLG Hamm AGS 2002, 268; LG Köln AnwBl 1999, 703, 704; *Hartmann*, § 3a RVG Rn 31 f.
206 OLG Hamm AGS 2002, 268, 269; LG Köln AnwBl 1999, 703, 704; *Hartmann*, § 3a RVG Rn 29 f.
207 OLG Frankfurt/M. AGS 2006, 113, 116; RMOLK/*Baumgärtel*, RVG, 13. Aufl. 2007, § 4 Rn 12; *Hartmann*, § 3a RVG Rn 29.
208 *Rick*, RVGreport 2006, 441, 447, der darauf hinweist, dass die Tarife des RVG kein vorrangiges Merkmal, sondern nur eines von mehreren Merkmalen sind.
209 BT-Drucks 16/8384, S. 12 f.
210 So die gemeinsame Stellungnahme von BRAK und DAV vom Februar 2008, S. 5.

Zu beachten ist, dass eine Vereinbarung bei Abschluss durchaus als angemessen anzusehen sein und erst durch die **spätere Entwicklung** des Mandats unangemessen werden kann, insbesondere dann, wenn Pauschalbeträge vereinbart worden sind und es zu einer unvorhergesehenen vorzeitigen Beendigung des Mandats gekommen ist (siehe Rdn 60, 85 ff.).

d) Einzelfälle

In folgenden **Einzelfällen** ist die vereinbarte Vergütung noch **nicht** als sittenwidrig bzw. **unangemessen hoch** angesehen worden:
- ein Zeithonorar, das im Ergebnis über dem Dreifachen der gesetzlichen Gebühren liegt,[211]
- ein Honorar, das über dem Fünf- oder Sechsfache der gesetzlichen Gebühren liegt,[212]
- das Sechsfache der gesetzlichen Gebühren in BtM-Sachen[213]
- das Siebenfache der gesetzlichen Gebühren für die außergerichtliche Tätigkeit in einem Einbürgerungsverfahren[214]
- 80 DM (40 EUR) Stundenhonorar für die Vertretung in sämtlichen Rechtsangelegenheiten[215]
- das Zehnfache der gesetzlichen Vergütung in einem gerichtlichen Vergleichsverfahren zur Abwendung des Konkurses[216]
- ein Stundensatz in Höhe von 200 EUR[217]
- ein Stundensatz in Höhe von (umgerechnet) 200 EUR in einer Nachbarschaftssache, auch wenn das Gesamthonorar das Sechzehnfache der gesetzlichen Gebühren übersteigt[218]
- ein Stundensatz in Höhe von 250 EUR[219]
- ein Stundensatz in Höhe von 260 EUR bzw. 225 EUR für angestellte Anwälte[220]
- ein Stundensatz von (umgerechnet) 300 EUR zuzüglich Umsatzsteuer – mindestens jedoch die gesetzlichen Gebühren nach der BRAGO, ausgehend von dem dreifachen Jahresgehalt statt des dreifachen Monatsgehalts des Mandanten –, wenn der Anwalt oder die Sozietät auf Arbeitsrecht spezialisiert ist und die Angelegenheit besondere Bedeutung hat[221]
- ein Stundensatz von 400 EUR, wenn ein Zeitraum von sechs Wochen für die Abwägung des Für und Wider der Beauftragung des Anwalts zur Verfügung steht und der Mandant geschäftserfahren ist[222]
- ein Pauschalhonorar in Höhe von 3.000 DM (1.500 EUR) je Verhandlungstag in einer Strafsache[223]
- ein Pauschalhonorar in Höhe von 29.000 DM (14.500 EUR) für die Verteidigung in einer BtM-Sache[224]
- ein Pauschalhonorar in Höhe von 150.000 DM (75.000 EUR) für ein erstinstanzliches Verfahren bei Vorwurf des Abrechnungsbetruges gegen einen Arzt[225]
- ein Pauschalhonorar in Höhe von 70.000 DM (35.000 EUR) bei einem Ermittlungsverfahren wegen Betrugs und einem Aktenumfang von über 100 Leitzordnern[226]

e) Darlegungs- und Beweislast

Die **Darlegungs- und Beweislast** für die Unangemessenheit liegt grundsätzlich beim Auftraggeber. Allerdings hat der Anwalt darzulegen, welche Leistungen er erbracht hat.[227] Die pauschale Bezugnahme auf Ermittlungs- und Strafakten ohne Vorlage von Handakten oder Schriftsätzen besagt nichts

---

211 AG Lüdenscheid AGS 2000, 91; OLG München AGS 2012, 377.
212 OLG Köln AGS 1998, 66 = FamRZ 1998, 1030 = JMBlNW 1998, 33 = OLGR 1998, 19 = VersR 1998, 520.
213 LG Berlin AnwBl 1982, 262.
214 OLG München, Urt. v. 25.11.2009 – 7 U 4007/09 (juris).
215 LG München I AnwBl 1975, 63 (die Vereinbarung stammt aus dem Jahr 1971).
216 BGHZ 77, 250 = NJW 1980, 1962.
217 AG Hamburg AGS 2000, 81.
218 AG Hamburg AGS 2000, 81.
219 OLG Koblenz AGS 2010, 282 = JurBüro 2010, 416 = RVGreport 2010, 252 m. Anm. *Burhoff*.
220 OLG München RVGreport 2010, 376.
221 LG Köln AnwBl 1999, 703 = AGS 1999, 179 = BB 1999, 1929 = JurBüro 1999, 528 = BB 1999, 1929.
222 OLG Koblenz, Beschl. v. 10.3.2010 – 5 U 1409/09 (juris).
223 LG Karlsruhe AnwBl 1983, 178.
224 OLG Düsseldorf OLGR 1996, 211.
225 OLG Köln, Urt. v. 21.2.2001 – 17 U 17/00 (n.v.).
226 OLG München AGS 2004, 478 = NJW-RR 2004, 1573 = MDR 2005, 238.
227 LG Karlsruhe AnwBl 1983, 178.

über seine Arbeitsleistung.[228] Die Rechtsprechung des BGH (vgl. Rdn 118) bewirkt jedenfalls für den Anwalt, der ein Pauschalhonorar vereinbart hat, eine **Umkehr der Darlegungs- und Beweislast** zu dessen Lasten, wenn das Fünffache der gesetzlichen Gebühren überschritten ist und daher eine Vermutung für die Unangemessenheit der vereinbarten Vergütung spricht. Der Anwalt hat dann darzulegen und evtl. zu beweisen, dass im vorliegenden Fall ungewöhnliche Umstände vorliegen, wonach die Vermutung entkräftet wird und daher doch von einer angemessenen Vergütung auszugehen ist.[229]

f) Steuerliche Aspekte

127 In **steuerrechtlicher Hinsicht** sind Strafverteidigungskosten als Erwerbsaufwendungen zu qualifizieren, wenn der strafrechtliche Vorwurf, gegen den sich der Steuerpflichtige zur Wehr setzt, durch sein berufliches Verhalten veranlasst war.[230] Auf einer Vergütungsvereinbarung beruhende Kosten der Strafverteidigung führen jedoch nicht zu einer außergewöhnlichen Belastung i.S.d. § 33 EStG, soweit sie nach einem Freispruch des Steuerpflichtigen nicht der Staatskasse zur Last fallen.[231]

VI. Vergütungsvereinbarung und PKH/VKH (Abs. 3)

1. Nichtigkeit der Vereinbarung (S. 1)

128 Hinsichtlich der Möglichkeit, über die – mageren – Prozess- und Verfahrenskostenhilfegebühren hinaus eine Zusatzvergütung durch den Abschluss einer Vergütungsvereinbarung mit seinem Auftraggeber zu erlangen, sieht sich der Anwalt durch das Reformgesetz vom 12.6.2008 mit einer **veränderten Rechtslage** konfrontiert.

129 Nach § 4 Abs. 5 S. 1 a.F. war der Anspruch aus einer Vergütungsvereinbarung für eine anwaltliche Tätigkeit, die infolge der Bewilligung von Prozesskostenhilfe bereits Gegenstand der Beiordnung war, als **Naturalobligation** ausgestaltet. Die Vergütungsvereinbarung war wirksam, der aus ihr resultierende Vergütungsanspruch aber nicht justiziabel. Leistete der Auftraggeber ungeachtet dessen freiwillig und vorbehaltlos, konnte das gezahlte Honorar nach § 4 Abs. 5 S. 2 a.F. nicht kondiziert werden.[232]

130 Diese Regelung benachteiligte nach den Motiven des Reformgesetzgebers[233] den Mandanten in unangemessener Weise, weil entgegen den Grundsätzen des BGB eine Rückforderung selbst dann ausgeschlossen war, wenn der Mandant nicht wusste, dass keine Pflicht zur Zahlung bestand und es ihm infolge dessen gar nicht möglich war, die Zahlung unter einen Vorbehalt zu stellen. Abs. 3 S. 1 ordnet daher die **Nichtigkeit der Vergütungsvereinbarung** an, allerdings nur, soweit sie die gesetzliche Vergütung übersteigt. Im Übrigen bleibt die Vereinbarung wirksam, wobei allerdings fraglich ist, ob sie durchsetzbar ist (vgl. Rdn 134 ff.). Der Reformgesetzgeber hat die über die gesetzliche Vergütung hinausgehende Prozess- und Verfahrenskostenhilfe insoweit den damaligen Regelungen der Beratungshilfe gleichgestellt, die aber auch schon wieder geändert worden sind (siehe Rdn 139 ff.). Eine über den Gegenstand der Beiordnung getroffene Vereinbarung ist daher unwirksam, sofern der Anwalt eine **höhere als die gesetzliche Vergütung** erhalten soll. Bis zur Höhe der gesetzlichen Vergütung bleibt eine Vereinbarung mit dem PKH-Mandanten indes zulässig und wirksam; die Nichtigkeitsfolge erfasst nur weitergehende Vereinbarungen. Dennoch gezahlte Beträge sind dann zu erstatten, auch soweit sie die gesetzliche Vergütung nicht übersteigen.[234] § 139 BGB findet keine Anwendung.

131 Das Verbot, eine höhere als die gesetzliche Vergütung zu vereinbaren, erstreckt sich allerdings, soweit auch eine Beiordnung vorliegt. Soweit der Anwalt auch weitere Tätigkeiten erbringen soll, die nicht von der Beiordnung umfasst sind (z.B. Widerklage, Klageerweiterung, einzelne Folgesachen), kann er mit dem Mandanten eine Vergütung frei vereinbaren, da dann die Begrenzung des Abs. 3 nicht gilt.

---

228 OLG Frankfurt/M. AnwBl 1988, 120 = JurBüro 1988, 591.
229 *N. Schneider*, AGS 2005, 385.
230 BFHE 135, 449, BStBl II 1982, 467; BFH/NV 2004, 1639.
231 BFH NJW 2008, 1342 = DStR 2007, 2254 = RVGreport 2008, 80 (*Hansens*).
232 Eingehend 4. Aufl. Rn 153 ff. m.w.N.
233 BT-Drucks 16/8384, S. 13.
234 AGS Aktuell 5/2008, S. II.

2. Verweis auf Bereicherungsrecht (S. 2)

Abs. 3 S. 2 verweist hinsichtlich der Zahlungen, die der Auftraggeber auf die nichtige Vergütungsvereinbarung bereits geleistet hat, auf die Vorschriften des BGB über die ungerechtfertigte Bereicherung. Der Reformgesetzgeber hat die spezielle Kondiktionsregel des § 4 Abs. 5 S. 1 a.F. durch das allgemeine Bereicherungsrecht ersetzt. Der Rechtsanwalt kann sich daher seit dem 1.7.2008 nur noch auf den **Rückforderungsausschluss nach § 814 BGB** berufen.[235]

Abs. 3 S. 2 hat lediglich **deklaratorischen Charakter**. Es handelt sich nicht um eine Rechtsfolgenverweisung. Die Voraussetzungen der §§ 812 ff. BGB sind daher im Einzelfall darzulegen und zu beweisen. Dazu gehört nach § 814 BGB der Nachweis des Rechtsanwalts, dass sein Mandant die neben der PKH vereinbarte Vergütung in **Kenntnis der Nichtschuld** geleistet hat (dazu siehe § 4b Rdn 16 f.). Die allgemeine Kondiktionsregel des § 814 BGB bedarf jedoch bereits mit Blick auf die Entscheidung des BGH vom 8.6.2004[236] einer spezifisch **vergütungsrechtlichen Interpretation**. Die gleichlautenden Verweise in §§ 3a Abs. 3 S. 2 und 4b S. 2 sind danach wie folgt auszulegen:

> „Leistet der Mandant an den Rechtsanwalt in Kenntnis der Tatsache, dass die gesetzliche Vergütung überschritten wird, kann er das Geleistete später nicht deshalb zurückfordern, weil die Vergütungsvereinbarung unwirksam ist."[237]

Problematisch ist die Durchsetzbarkeit einer vereinbarten Vergütung bis zur Höhe der gesetzlichen Vergütung, also wenn der Anwalt mit dem Mandanten die „Zuzahlung" in Höhe der Differenz zwischen den Pflichtgebühren und den Wahlanwaltsgebühren vereinbart. Nach Abs. 3 ist eine solche Vereinbarung nicht zu beanstanden. Nach § 122 Abs. 1 Nr. 3 ZPO darf der beigeordnete Anwalt allerdings seine gesetzlichen Gebühren gegenüber den Mandanten nicht geltend machen. Diese Vorschrift enthält eine Forderungssperre für die Zeit der Beiordnung. Wird die Beiordnung später aufgehoben, fällt die Sperre weg und der Anwalt kann die volle gesetzliche Wahlanwaltsvergütung verlangen. Im Falle einer bloßen Abänderung (Ratenzahlung oder Einmalzahlung) kann der Anwalt die Differenz dagegen nicht verlangen (häufige Fehlerquelle). Der Anwalt muss hier den Weg über die Landeskasse gehen. Das heißt, er muss seine weitergehende Vergütung im Verfahren nach § 50 RVG anmelden. Die Landeskasse zieht dann die Raten oder eine Einmalzahlung bei der bedürftigen Partei ein und bezahlt daraus dann die weitergehende Vergütung des Anwalts, sofern die Zahlungen der bedürftigen Partei diese mit abdecken.

Fasst man beide Regelungen, also die des Abs. 3 und die des § 122 Abs. 1 Nr. 3 ZPO, zusammen, ergibt sich scheinbar ein Dilemma, da das RVG dem Anwalt erlaubt, etwas zu vereinbaren, von dem die ZPO es verbietet einzufordern. Wie dieser scheinbare Konflikt zwischen Abs. 3 und § 122 Abs. 1 Nr. 3 ZPO zu lösen ist, ist in der Rechtsprechung bisher – soweit ersichtlich – noch nicht entschieden. Die Kommentarliteratur ist, sofern sie das Problem überhaupt behandelt, uneins.

Nach der Auffassung von *Mayer*,[238] soll die Vereinbarung bis zur Höhe der gesetzlichen Vergütung zwar wirksam sein; nach § 122 Abs. 1 Nr. 3 ZPO soll der Anwalt allerdings für die Dauer seiner Beiordnung ausnahmslos gehindert sein, die Vergütung einzufordern. Werde allerdings die Prozess- und Verfahrenskostenhilfe aufgehoben, dann falle die Sperrwirkung weg und der Anwalt könne aus der Vereinbarung vorgehen. Gegen diese Auslegung spricht allerdings, dass Abs. 3 in diesem Falle sinnlos wäre. Wird die Beiordnung aufgehoben, dann stehe dem Anwalt gegen seinen Mandanten ohnehin die gesetzliche Vergütung zu, auch ohne dass er diese mit ihm vereinbart hat. Die Möglichkeit, nach Abs. 3 eine Vergütungsvereinbarung bis zur Höhe der gesetzlichen Vergütung zu schließen, wäre damit sinnlos, weil nur vereinbart werden könnte, was bereits gesetzlich gilt.

Des Weiteren wird vertreten, der Anwalt dürfe eine Vereinbarung nach Abs. 3 schließen; er sei jedoch nach § 122 Abs. 1 Nr. 3 ZPO daran gehindert, die Vergütung einzufordern; zahle der Mandant jedoch freiwillig und vorbehaltlos, dann dürfe der Anwalt diese Vergütung behalten. Der Mandant könne sie dann nicht zurückfordern.[239] Auch diese Auslegung ergibt wenig Sinn. Der Rückforderungsausschluss, wonach eine Zahlung nicht zurückgefordert werden kann, wenn der Zahlende in

---

235 BT-Drucks 16/8916, S. 17; *von Seltmann*, BRAK-Mitt. 2008, 99, 100.
236 BGH NJW 2004, 2818 ff.
237 So auch die Beschlussfassung der Tagung der Gebührenreferenten der Rechtsanwaltskammern am 26.4.2008, vgl. *von Seltmann*, RVGreport 2008, 210.
238 Gerold/Schmidt/*Mayer*, RVG, 22. Aufl. 2015, § 3a Rn 42.
239 *Mayer/Kroiß*, RVG, 6. Aufl. 2013, § 3a Rn 52.

Kenntnis seiner Nichtschuld zahlt, regelt bereits § 814 BGB. So würde ein Mandant, der in Kenntnis dessen, dass er nicht zur Zahlung verpflichtet ist und dem Anwalt ohne Vereinbarung freiwillig die gesetzlichen Gebühren zahlt, diese auch nicht zurückverlangen können (§ 814 BGB). Von daher fragt es sich, warum hierüber dann noch eine Vereinbarung getroffen werden muss.

138 Die zutreffende Lösung ergibt sich unmittelbar aus dem Gesetz. Das Dilemma ist nämlich nur ein scheinbares. Tatsächlich besteht gar kein Konflikt zwischen diesen beiden Regelungen. Nach § 122 Abs. 2 Nr. 3 ZPO ist der Anwalt nur gehindert, die **gesetzliche Vergütung** gegenüber seinem Mandanten geltend zu machen. Vereinbart der Anwalt mit seinem Mandanten jedoch, dass dieser ihm die Differenz zwischen den Pflicht- und den Wahlanwaltsgebühren zahlen soll, dann handelt es sich hierbei nicht mehr um die gesetzliche Vergütung, sondern um eine vereinbarte Vergütung. Mag die Höhe und auch die Berechnung der Vergütung die gleiche sein, ist die Grundlage jetzt jedoch eine andere. Die Höhe der Vergütung ergibt sich nämlich nicht mehr aus den gesetzlichen Vorschriften, sondern aus der vertraglichen Vereinbarung. Diese Differenzierung entspricht im Übrigen bereits schon lange der Auffassung der Rechtsprechung. So ist in der Rechtsprechung anerkannt, dass im Verfahren nach § 11 RVG nur gesetzliche Vergütungen festsetzbar sind. Die Rechtsprechung lehnt es hier – zu Recht – kategorisch ab, eine vereinbarte Vergütung festzusetzen, selbst wenn sie in gesetzlicher Höhe vereinbart worden ist. Legt man § 122 Abs. 1 Nr. 3 ZPO so aus, dass nur der gesetzliche Vergütungsanspruch gesperrt ist, ergeben sich keine Probleme. Soweit der Anwalt mit dem Mandanten vereinbart, dass dieser die Differenz zwischen den PKH- und Wahlanwaltsbeträgen zahlt, ist die Vereinbarung nach § 3a Abs. 3 RVG wirksam und verbindlich. Der Anwalt kann diese Vergütung einfordern und wird durch § 122 Abs. 1 Nr. 3 ZPO hieran nicht gehindert.

Der Mandant wird auch hinreichend geschützt. Zum einen schützt ihn Abs. 3 davor, dass von ihm eine höhere als die gesetzliche Vergütung verlangt werden kann. Vergütungsvereinbarungen, die darüber hinausgehen, sind insgesamt nichtig und lösen keinen Vergütungsanspruch aus.

Wird der Mandant vom Anwalt fehlerhaft beraten, etwa dahingehend, dass er die Vereinbarung abschließen müsse, oder wird der Mandant unter Androhung der Mandatsniederlegung o.Ä. zum Abschluss einer solchen Vereinbarung genötigt, dann ist dieses Problem nach allgemeinen vertragsrechtlichen Grundsätzen zu lösen, etwa durch eine Anfechtung oder die Geltendmachung von Schadenersatzansprüche wegen fehlerhafter oder unterlassener Beratung oder dadurch, dass man eine solche Vereinbarung bereits als sittenwidrig ansieht.[240]

Eines weitergehenden Schutzes bedarf es nicht. Der Mandant ist ja nicht gezwungen, eine Vergütungsvereinbarung abzuschließen. Ist dem Mandanten Prozess- oder Verfahrenskostenhilfe bewilligt und sein Anwalt beigeordnet worden, hat dieser keinen Anspruch darauf, dass eine weitergehende Vergütungsvereinbarung abgeschlossen wird. Diese ist nur auf rein freiwilliger Basis beider Vertragspartner möglich.

Dem Mandanten ist damit auch die Möglichkeit gegeben, mit seinem Anwalt eine Vereinbarung abzuschließen und ihm eine höhere Vergütung zuzusprechen, etwa weil er will, dass sein Anwalt genauso bezahlt wird wie der Gegenanwalt, damit sein Anwalt ebenso motiviert und engagiert auftritt wie der Gegner.

Nur mit dieser Auslegung ergibt das Nebeneinander des § 3a Abs. 3 RVG und des § 122 Abs. 1 Nr. 3 ZPO Sinn.

VII. Vergütungsvereinbarung und Beratungshilfe

139 Soweit dem Auftraggeber Beratungshilfe bewilligt worden ist, war eine für dieselbe Angelegenheit betreffende Vergütungsvereinbarung bis zum 31.12.2013 **nichtig** (§ 3a Abs. 4 RVG a.F. i.V.m. § 8 BerHG a.F.).

140 Zum 1.1.2014 ist die Rechtslage durch das Gesetz zur Änderung des Prozesskostenhilfe- und Beratungshilferechts geändert worden. Während bislang nach § 8 BerHG a.F. Vergütungsvereinbarungen mit dem Rechtsuchenden nichtig waren und es auch – im Gegensatz zur Verfahrens- und

---

[240] Siehe hierzu BGH NJW 2013, 1591; LG Karlsruhe MDR 1991, 548.

Prozesskostenhilfe – keine Möglichkeit gab, einen Rechtsuchenden, der im Nachhinein zu Vermögen gekommen ist, in Anspruch zu nehmen, bestehen diese Möglichkeiten seit dem 1.1.2014.

Ist dem Rechtsuchenden Beratungshilfe bewilligt worden, so erhält der Anwalt seine Vergütung aus der Landeskasse (§ 44) nach den Vorschriften der VV 2501 ff. (§ 8 Abs. 1 S. 1 BerHG). Eine unmittelbare Inanspruchnahme des Rechtsuchenden ist – mit Ausnahme der Gebühr nach VV 2500 – nach wie vor nicht möglich (§ 8 Abs. 2 BerHG). Nun kommt es aber mitunter vor, dass der Anwalt dem Rechtsuchenden nicht nur zu seinem Recht verhilft, sondern auch zu Vermögen, etwa indem er für ihn einen Anspruch aus einem Erbe oder einen Pflichtteils- oder Pflichtteilsergänzungsanspruch durchsetzt. Nach der bis zum 31.12.2013 geltenden gesetzlichen Regelung bestand in diesen Fällen keine Möglichkeit, den Rechtsuchenden im Nachhinein auf Gebühren in Anspruch zu nehmen. Während in PKH- und VKH-Fällen immer noch die Chance bestand, dass im Rahmen eines Überprüfungsverfahrens nach § 120 Abs. 4 ZPO der Mandant zu Ratenzahlungen oder Einmalzahlungen verpflichtet wurde und damit die Möglichkeit bestand, die Differenz zu den gesetzlichen Gebühren über die Landeskasse ratenweise beizutreiben (§ 50), gab es diese Möglichkeit in Beratungshilfesachen nicht. Es konnte also theoretisch vorkommen, dass der Anwalt seiner bedürftigen Partei zu einem Pflichtteil in Höhe von mehreren zehntausend EUR verhalf, dafür aber lediglich 85 EUR netto zuzüglich Auslagen und Umsatzsteuer abrechnen konnte.

Nach der Neuregelung der Beratungshilfevorschriften besteht seit dem 1.1.2014 die Möglichkeit, im Nachhinein bei Gericht die Aufhebung der Beratungshilfe zu beantragen und dann mit dem Mandanten die gesetzliche Vergütung abzurechnen. Die Beratungsperson, also der Anwalt, kann die Aufhebung der Beratungshilfe nach § 6a Abs. 2 S. 1 BerHG beantragen, wenn der Rechtsuchende aufgrund der Beratung oder Vertretung, für die ihm Beratungshilfe bewilligt worden war, etwas erlangt hat.

Dabei kann der Antrag allerdings nur gestellt werden, wenn die Beratungsperson
– noch keine Vergütung nach § 44 S. 1 beantragt hat und
– den Rechtsuchenden bei der Übernahme des Mandats auf die Möglichkeit der Antragstellung und der Aufhebung der Bewilligung sowie auf die sich für die Vergütung nach § 8a Abs. 2 BerHG ergebenden Folgen in Textform hingewiesen hat.

Die neue Vorschrift des § 6a Abs. 2 BerHG verschafft der Beratungsperson daher nunmehr die Möglichkeit, die gesetzlichen Gebühren auch vom Rechtsuchenden beanspruchen zu können. Wird die Beratungshilfebewilligung aus diesem Grunde aufgehoben, kann die Beratungsperson vom Rechtsuchenden Vergütung nach den allgemeinen Vorschriften verlangen (§ 8a Abs. 2 S. 1 BerHG), also die gesetzliche Vergütung nach dem RVG.

Eine bereits bezahlte Beratungshilfegebühr nach VV 2500 ist auf den Vergütungsanspruch anzurechnen.

Darüber hinaus kann der Anwalt mit dem Rechtsuchenden seit dem 1.1.2014 auch eine Vergütungsvereinbarung treffen. Das bisherige strikte Verbot des § 8 BerHG a.F. ist aufgehoben worden. Sobald allerdings Beratungshilfe bewilligt ist, kann diese Vergütung – zunächst – nicht mehr geltend gemacht werden (§ 8 Abs. 2 BerHG). Soweit die Beratungshilfebewilligung jedoch aufgehoben wird, kann die Beratungsperson den Rechtsuchenden aus der – dann auflebenden Vergütungsvereinbarung – in Anspruch nehmen, wobei die Aufhebung von der Beratungsperson selbst beantragt werden kann (§ 6a Abs. 2 S. 1 BerHG).

Voraussetzung für die Inanspruchnahme des Rechtsuchenden ist allerdings eine wirksame Vergütungsvereinbarung nach den §§ 3a ff.

Das gleiche gilt, wenn eine Vergütungsvereinbarung getroffen worden war und die Beratungshilfe im Nachhinein von Amts wegen aufgehoben worden ist.

VIII. Gebührenteilungsvereinbarungen

Bei **gemeinsamer Mandatsbearbeitung** ist eine Gebührenteilungsabrede zwischen den beteiligten Anwälten nach § 49b Abs. 3 S. 5 BRAO grundsätzlich **berufsrechtskonform**. Unzulässig ist nach § 49b Abs. 3 S. 1 BRAO hingegen die Vereinbarung einer Gebührenteilung für die Mandatsvermittlung. Für das Verbot einer solchen Auftragsprovision ist es gleichgültig, ob der Vermittler selbst

Rechtsanwalt, Notar oder ein berufsfremder Dritter, etwa eine Rechtsschutzversicherung, ist.[241] Wegen der Einzelheiten wird auf die einschlägigen Kommentierungen zu § 49b Abs. 3 BRAO verwiesen.

146 Gebührenteilungsvereinbarungen sind **keine Vergütungsvereinbarungen** i.S.d. §§ 3a ff.[242] Sie sind daher insbesondere nicht formbedürftig.

C. Abrechnung

147 Die Abrechnung der vereinbarten Vergütung hat grundsätzlich in Gestalt einer ordnungsgemäßen Berechnung nach § 10 zu erfolgen. Diese Vorschrift findet auch auf Vergütungsvereinbarungen Anwendung,[243] es sei denn, aus der Vereinbarung selbst ergibt sich etwas anderes. Die Berechnung nach § 10 hat sich freilich nach der inhaltlichen Gestaltung der Vereinbarung, namentlich den Besonderheiten des gewählten Vergütungsmodells (siehe Rdn 57 ff.), zu richten. Die Reichweite der Anwendbarkeit des § 10 hängt dabei davon ab, inwieweit sich die vereinbarte Vergütung am **Leitbild der gesetzlichen Vergütung** orientiert. So sind etwa bei der Vereinbarung eines Vielfachen der gesetzlichen Gebühren die einzelnen Gebührentatbestände mit ihrem (jeweiligen) Multiplikator anzugeben, während bei der Abrechnung einer vereinbarten Pauschal- oder Zeitvergütung für die Tätigkeitsbereiche des § 34 mangels gesetzlicher Gebühren die Angabe „Vergütung für Beratung/Gutachtenerstellung/Mediation" ausreicht. § 3a selbst muss als der Berechnung zugrunde liegende Vorschrift nicht genannt werden (zu den Einzelheiten der Abrechnung einer Vergütungsvereinbarung siehe eingehend § 10 Rdn 6 ff.).

148 Besonderheiten gelten bei Abrechnung eines Zeithonorars. Dieses ist erst dann einforderbar, wenn dem Mandanten eine schriftliche Berechnung mitgeteilt worden ist, die den Anforderungen für die Abrechnung gesetzlicher Vergütungen entspricht und knappe Leistungsbeschreibungen enthält, die dem Mandanten die Prüfung der anwaltlichen Tätigkeit ermöglichen.[244]

149 Ist der Anwalt nach der Vergütungsvereinbarung verpflichtet, monatlich die angefallenen Stunden abzurechnen, und hält er sich nicht daran, begeht er eine Vertragsverletzung. Diese Vertragsverletzung ist aber im Ergebnis unerheblich, wenn der Auftraggeber nicht darlegen und nachweisen kann, dass ihm hieraus ein Schaden entstanden ist.[245]

D. Kostenerstattung

150 Eine vereinbarte Vergütung ist grundsätzlich nicht erstattungsfähig. Im Falle des Obsiegens sind der Gegner oder im Falle des Freispruchs die Staatskasse nach § 91 Abs. 2 ZPO grundsätzlich lediglich verpflichtet, die vereinbarte Vergütung bis zur Höhe der **fiktiven gesetzlichen Gebühren**, die der Anwalt hätte beanspruchen können, zu erstatten.[246] Abs. 1 S. 3 statuiert insoweit nun eine gesetzliche **Hinweispflicht** des Anwalts (siehe Rdn 49 ff.).

151 Es ist allerdings nicht ausgeschlossen, dass eine Partei ausnahmsweise einmal die Notwendigkeit nach § 91 Abs. 1 ZPO darlegt und glaubhaft macht. Die einschränkende Regelung des § 91 Abs. 2 ZPO schließt die allgemeine Regelung des § 91 Abs. 1 ZPO nicht aus.

---

241 Madert/*Schons*, Vergütungsvereinbarung, Rn 238; Hartung/*Nerlich*, Anwaltliche Berufsordnung, 3. Aufl. 2006, § 49b BRAO Rn 72.
242 BGH AGS 2001, 51 = NJW 2001, 753 = BRAGOreport 2001, 29 m. Anm. *Wolf* = MDR 2001, 173; OLG Düsseldorf OLGR 1994, 227; eingehend *N. Schneider*, Vergütungsvereinbarung Rn 123 ff.
243 Mayer/Kroiß-*Mayer*, § 10 Rn 4; *ders.*, Gebührenformulare, S. 181 f.; Kilian/vom Stein/*Rick*, § 29 Rn 271; *N. Schneider*, Vergütungsvereinbarung Rn 1878; Hansens, BRAGO, § 18 Rn 8; Gerold/Schmidt/*Burhoff*, RVG § 10 Rn 12; einschränkend Krämer/Mauer/*Kilian*, Rn 694.
244 BGH AGS 2010, 267 = BGHZ 184, 209 = WM 2010, 673 = NJW 2010, 1364 = MDR 2010, 529 = AnwBl 2010, 362 = StraFo 2010, 171 = StV 2010, 261 = RVGprof. 2010, 19 = BRAK-Mitt 2010, 146 = JurBüro 2010, 305; OLG Düsseldorf AGS 2010, 109 = NJW-Spezial 2010, 187 = VRR 2010, 83 = AnwBl 2010, 296.
245 LG München AGS 2010, 284 = BRAK-Mitt 2010, 148.
246 KG AnwBl 2015, 627 = MDR 2015, 756 = GE 2015, 1030 = IBR 2015, 529; OLG München MDR 1961, 242 = JVBl 1962, 235; AG Frankfurt VersR 1967, 670; AG Hamburg VersR 1967, 364; AG Köln AnwBl 1979, 161 = VersR 1979, 145 = RuS 1978, 244.

Gleiches gilt für materiell-rechtliche **Schadensersatzansprüche**. Auch hier ist als Schadensersatz nur die gesetzliche Vergütung zu erstatten. Der Ersatzberechtigte verstößt gegen seine Schadensminderungspflicht (§ 254 BGB), wenn er eine höhere als die gesetzliche Vergütung vereinbart. Die vereinbarte Vergütung ist niemals zu erstatten.[247] Das gilt auch dann, „wenn ohne Sondervergütung ein dem Fall gewachsener Anwalt nicht zu haben war."[248] Eine **Ausnahme** bildet der Bereich des Amtshaftungsrechts; zum Schaden bei amtspflichtwidriger Strafverfolgung zählen unter Ausschluss des § 254 BGB auch Leistungen an den Verteidiger aufgrund einer Vergütungsvereinbarung.[249]

152

Der **arbeitsrechtliche Freistellungsanspruch** des Arbeitnehmers analog § 670 BGB beschränkt sich nur auf die gesetzliche Vergütung eines Rechtsanwalts. Trifft der Arbeitnehmer mit seinem Rechtsanwalt dennoch eine Vergütungsvereinbarung, darf er die überschießenden Kosten nicht für erforderlich i.S.d. § 670 BGB erhalten; ein Freistellungsanspruch gegenüber dem Arbeitgeber bleibt ihm versagt.[250] Auch soweit der Arbeitgeber nach § 40 Abs. 1 BetrVG verpflichtet ist, die Kosten eines vom Betriebsrat beauftragten Anwalts zu übernehmen, erstreckt sich diese Pflicht nicht auch auf eine höhere als die gesetzliche Vergütung, die der Betriebsrat ohne Zustimmung des Arbeitgebers mit dem Anwalt vereinbart hat.[251]

153

Ein besonderes Erstattungsproblem ergibt sich bei Anrechnung einer vereinbarten Vergütung für eine vorgerichtliche Tätigkeit. Eine auf die Verfahrensgebühr anrechenbare Geschäftsgebühr entsteht nämlich nicht, wenn die Partei mit ihrem Prozessbevollmächtigten für dessen vorgerichtliche Tätigkeit eine nach dem RVG zulässige Vergütungsvereinbarung getroffen hat.[252] Daher kann sich der Gegner auf eine solche Anrechnung nicht berufen, selbst wenn er die (vereinbarten) vorgerichtlichen Kosten des Gegners in Höhe der gesetzlichen Vergütung erstatten muss.[253]

154

Alleine daraus, dass nur die gesetzliche Vergütung eingeklagt und tituliert worden ist, folgt insoweit noch nichts, wenn der Erstattungsgläubiger im Kostenfestsetzungsverfahren eine vereinbarte Vergütung für die vorgerichtliche Tätigkeit vorträgt. Da er ohnehin nur die gesetzliche Vergütung erstattet verlangen kann, braucht er zu einer Vergütungsvereinbarung an sich im Erkenntnisverfahren nichts vorzutragen.[254]

155

E. Vergütungsfestsetzung

Eine vereinbarte Vergütung kann **nicht** nach § 11 festgesetzt werden, da es sich nicht um die gesetzliche Vergütung handelt.[255] Im Gegensatz zur Kostenfestsetzung kommt hier auch eine Festsetzung in der Höhe der fiktiven gesetzlichen Gebühren, die der Anwalt hätte beanspruchen können, nicht in Betracht.[256] Festsetzbar ist nach dem ausdrücklichen Wortlaut nur die gesetzliche Vergütung, die durch die Vereinbarung der Parteien gerade abbedungen ist.

156

Eine Vergütungsfestsetzung kommt daher nur dann in Betracht, wenn die Vergütungsvereinbarung unwirksam und damit die gesetzliche Vergütung geschuldet ist. Eine Festsetzung kommt dagegen

157

---

247 BGH WM 2015, 1622 = ZIP 2015, 1684 = AnwBl 2015, 718 = Stbg 2015, 373 = DB 2015, 2022 = MDR 2015, 1002 = RVGreport 2015, 384; KG AnwBl 2015, 627 = MDR 2015, 756 = GE 2015, 1030 = IBR 2015, 529; LG Hannover VersR 1975, 649; LG Koblenz VersR 1975, 649; LG Köln VersR 1974, 705; AG Mainz VersR 1972, 211; AG Köln AnwBl 1973, 365.
248 AG Frankfurt/M. VersR 1967, 670.
249 BGH NJW 2003, 3693, 3697; OLG München OLGR 2006, 35 = AGS 2006, 207; KG AGS 2015, 490 = AnwBl 2015, 627 = MDR 2015, 756 = GE 2015, 1030 = JurBüro 2015, 482 = IBR 2015, 529; RMOLK RVG/*Baumgärtel*, 13. Aufl. 2007, § 4 Rn 18.
250 BAG BAGE 79, 294; BAG NJW 1995, 2372; BAG VersR 1996, 219; Hansens/Braun/*Schneider*, Teil 2 Rn 515 f.
251 BAG AGS 2000, 171 = BB 2000, 515 = DB 2000, 254 = JurBüro 2000, 535 = NZA 2000, 556; LAG Kiel BRAK-Mitt 1998, 48 = DB 1999, 540 = NZA 1998,

1357; eingehend Hansens/Braun/*Schneider*, Teil 2 Rn 520 ff.
252 BGH FamRZ 2009, 2082 = NJW-RR 2010, 359 = RVGreport 2010, 32; AGS 2009, 523 = NJW 2009, 3364 = ZIP 2009, 2313 = BGHR 2009, 1234 = AnwBl 2009, 878 = Rpfleger 2010, 49 = JurBüro 2010, 22 = VersR 2010, 685 = FamRZ 2009, 1905 = RVGreport 2009, 433 = RVGprof. 2009, 199 = MDR 2009, 1417 = RVGprof. 2010, 23 = Schaden-Praxis 2010, 90; OLG Hamburg AGS 2015, 198 = zfs 2015, 226 = Rpfleger 2015, 303 = RVGreport 2015, 150; OLG Brandenburg AGS 2013, 41 = ZfBR 2012, 830.
253 BGH AGS 2015, 147 = zfs 2015, 105 = AnwBl 2015, 274 = RVGreport 2015, 72.
254 BAG AGS 2015, 147 = zfs 2015, 105 = AnwBl 2015, 274 = RVGreport 2015, 72.
255 So bereits EFH Rpfleger 1992, 82; OLG Frankfurt/M. Rpfleger 1989, 303; *Hansens*, BRAGO, § 3 Rn 19.
256 OLG Frankfurt/M. Rpfleger 1989, 303.

nicht in Betracht, wenn die vereinbarte Vergütung lediglich unverbindlich ist. Dann bleibt sie nämlich Grundlage des Vergütungsanspruchs, auch wenn sie nur bis zur Höhe der gesetzlichen Vergütung durchgesetzt werden kann (siehe § 4b).

158 Zu den Problemen bei einer **Zustimmungserklärung** nach § 11 Abs. 8 S. 1 siehe die Kommentierung zu § 11 (§ 11 Rdn 117 ff.).

F. Rechtsschutzversicherung

159 Vergütungsvereinbarungen sind gegenüber dem Rechtsschutzversicherer grundsätzlich unbeachtlich, soweit sie die gesetzlichen Gebühren übersteigen. Die Versicherer sind allerdings verpflichtet, die vereinbarte Vergütung bis zur Höhe der **gesetzlichen Gebühren** zu übernehmen (§ 2 Abs. 1a ARB 75; § 5 Abs. 1a ARB 1994/2000). Den überschießenden Teil muss der Mandant selbst begleichen, denn eine Erstattungspflicht für Kosten, die der Versicherungsnehmer ohne Rechtspflicht übernommen hat – und darum handelt es sich bei einer die gesetzlichen Gebühren übersteigenden Vergütung aus einer Vergütungsvereinbarung – ist nach § 5 Abs. 3a ARB 1994/2000 ausgeschlossen. Auf diese Kostenbelastung sollte der Anwalt seinen Mandanten im Rahmen der Belehrung nach Abs. 1 S. 3 unbedingt hinweisen.[257] Gegen eine Hinweiserteilung in einem Formular bestehen dabei keine Bedenken[258] (zu der Erstattung einer nach § 34 vereinbarten Gebühr siehe § 34 Rdn 71).

160 Die **besonderen Versicherungsbedingungen** einiger Versicherer bieten darüber hinaus Versicherungsprodukte an, die eine Erstattung in Höhe eines Vielfachen der gesetzlichen Vergütung oder gar in Höhe einer nach Abs. 2 noch angemessenen Vergütung vorsehen („**Managerrechtsschutz**").[259]

§ 4 Erfolgsunabhängige Vergütung

(1) ¹In außergerichtlichen Angelegenheiten kann eine niedrigere als die gesetzliche Vergütung vereinbart werden. ²Sie muss in einem angemessenen Verhältnis zu Leistung, Verantwortung und Haftungsrisiko des Rechtsanwalts stehen. ³Liegen die Voraussetzungen für die Bewilligung von Beratungshilfe vor, kann der Rechtsanwalt ganz auf eine Vergütung verzichten. ⁴§ 9 des Beratungshilfegesetzes bleibt unberührt.

(2) ¹Der Rechtsanwalt kann sich für gerichtliche Mahnverfahren und Zwangsvollstreckungsverfahren nach den §§ 802a bis 863 und 882b bis 882f der Zivilprozessordnung verpflichten, dass er, wenn der Anspruch des Auftraggebers auf Erstattung der gesetzlichen Vergütung nicht beigetrieben werden kann, einen Teil des Erstattungsanspruchs an Erfüllungs statt annehmen werde. ²Der nicht durch Abtretung zu erfüllende Teil der gesetzlichen Vergütung muss in einem angemessenen Verhältnis zu Leistung, Verantwortung und Haftungsrisiko des Rechtsanwalts stehen.

(3) ¹In der Vereinbarung kann es dem Vorstand der Rechtsanwaltskammer überlassen werden, die Vergütung nach billigem Ermessen festzusetzen. ²Ist die Festsetzung der Vergütung dem Ermessen eines Vertragsteils überlassen, gilt die gesetzliche Vergütung als vereinbart.

Literatur: *Braun*, Preiswerbung, in Bischof (Hrsg.), Festschrift für Wolfgang Madert zum 75. Geb., 2006, S. 43; *Büttner*, Freie Advokatur und staatliche Preisregulierung, in Henssler/Mattik/Nadler (Hrsg.), Festschrift für Felix Busse zum 65. Geb., 2006, S. 33; *Hommerich/Kilian*, Der Preis des Rechtsanwalts, AnwBl. 2008, 195; *Wedel*, Werbung des Anwalts mit dem Preis, JurBüro 2007, 623; siehe auch die Literaturhinweise bei § 3a.

---

257 So bereits zu § 4 a.F. Buschbell/*Hering*, Handbuch Rechtsschutzversicherung, 3. Aufl. 2007, § 10 Rn 106; Kilian/vom Stein/*Rick*, § 29 Rn 317; *Jungbauer*, JurBüro 2006, 171, 179; *von Seltmann*, Vergütungsvereinbarung, Rn 354; *N. Schneider*, NJW 2006, 1905, 1909.

258 OLG Düsseldorf AGS 2006, 530 = RVGreport 2006, 420 = AnwBl 2006, 770. Das Muster einer Belehrung findet sich bei Buschbell/*Hering*, Handbuch Rechtsschutzversicherung, 3. Aufl. 2007, § 10 Rn 107.

259 Siehe hierzu *N. Schneider*, Vergütungsvereinbarung, Rn 2218 ff.

Abschnitt 1. Allgemeine Vorschriften

§ 4

A.	Allgemeines	1	5. Form	14
B.	Regelungsgehalt	6	6. Angemessenheit; Dumpingpreise (S. 2)	15
I.	Unterschreitung der gesetzlichen Vergütung (Abs. 1)	6	7. Beweislast	19
			II. Verzicht im Falle von Beratungshilfe (Abs. 1 S. 3)	21
1.	Normsystematik	6	III. Beitreibungssachen (Abs. 2 S. 1)	25
2.	Außergerichtliche Angelegenheit	7	IV. Festsetzung durch den Kammervorstand oder einen Vertragsteil (Abs. 3)	33
3.	Vergütung	9		
4.	Keine Anrechnung	12		

A. Allgemeines

§ 4 schafft den rechtlichen Rahmen für die Vereinbarung einer **erfolgsunabhängigen Vergütung** im außergerichtlichen Bereich. Ergänzend sind die allgemeinen Erfordernisse des § 3a zu beachten (siehe § 3a Rdn 1). Für eine erfolgsabhängige Vereinbarung gelten hingegen die qualifizierten Voraussetzungen des § 4a. **1**

Abs. 1 übernimmt die bis 2008 geltende Altfassung des Abs. 2 S. 1. § 4 Abs. 1 S. 2 a.F. ging in § 3a Abs. 1 auf, die Regelungsinhalte der §§ 4 Abs. 4 bis 6 a.F. wurden – zum Teil in veränderter Form – in § 3a Abs. 2 bis 4 RVG eingestellt. Der Konditionsausschluss nach § 4 Abs. 1 S. 3 a.F. wurde durch einen Verweis auf die §§ 812 ff. BGB in § 4b S. 2 ersetzt (vgl. § 4b Rdn 16). Im Übrigen handelt es sich um Folgeänderungen. **2**

Nach Abs. 1 kann in **außergerichtlichen Angelegenheiten** eine niedrigere als die gesetzliche Vergütung vereinbart werden. Zwischen einzelnen Vergütungsmodellen, namentlich der Pauschal- und der Zeitvergütung, wird dabei nicht unterschieden. **3**

Abs. 2 trifft eine Regelung für die Vergütung des Anwalts in sog. Beitreibungssachen. **4**

Abs. 3 sieht die Möglichkeit vor, in einer Vereinbarung die Festsetzung der Vergütung dem Vorstand der Rechtsanwaltskammer zu überlassen; soll dagegen einer der Vertragspartner die Höhe der Vergütung bestimmen, gilt die gesetzliche Vergütung als vereinbart. **5**

B. Regelungsgehalt

I. Unterschreitung der gesetzlichen Vergütung (Abs. 1)

1. Normsystematik

Eine Vereinbarung, die gegenüber der gesetzlichen Vergütung geringere Gebühren oder Auslagen vorsieht, ist nach dem **Gebührenunterschreitungsverbot** des § 49b Abs. 1 BRAO unzulässig, soweit das RVG nichts anderes bestimmt (siehe § 3a Rdn 20 ff.). Eine anderweitige Bestimmung in diesem Sinne ist Abs. 1. Danach kann in außergerichtlichen Angelegenheiten eine niedrigere als die gesetzliche Vergütung zulässig vereinbart werden.[1] **6**

2. Außergerichtliche Angelegenheit

Abs. 1 findet nur Anwendung auf eine Vergütungsvereinbarung, die für eine außergerichtliche Angelegenheit geschlossen wird. Aus der Bezugsgröße der gesetzlichen Vergütung folgt zudem, dass für die Tätigkeit des Anwalts in dieser außergerichtlichen Angelegenheit **gesetzliche Gebühren** existieren müssen. **Keine Anwendung** findet Abs. 1 daher auf die Bereiche der außergerichtlichen Beratung, der Begutachtung und der Mediation. Für die beiden erstgenannten Tätigkeiten hat der Gesetzgeber bereits mit Wirkung zum 1.7.2006 die gesetzlichen Gebührentatbestände aufgehoben; für die Mediation gab es eine staatliche Tarifierung der anwaltlichen Vergütung nie.[2] Nach § 34 Abs. 1 **7**

---

[1] So für § 3 BRAGO bzw. § 4 RVG a.F. bereits BGH NJW 2003, 819 = AnwBl 2003, 231 (Anwalts-Hotline); NJW 2005, 1266 = BRAK-Mitt 2005, 139 = GRUR 2005, 433 (Telekanzlei).

[2] Siehe 4. Aufl. § 4 Rn 144 m.w.N.

können für alle drei Tätigkeitsbereiche **Gebührenvereinbarungen** ohne Rücksicht auf Abs. 1 getroffen werden; auch das Gebührenunterschreitungsverbot des § 49b Abs. 1 BRAO gilt insoweit nicht.[3]

8 Nachdem die Tätigkeitsbereiche des § 34 dem Anwendungsbereich des Abs. 1 nicht unterfallen (vgl. Rdn 7), verbleibt als praxisrelevante Fallgruppe die Vereinbarung einer untertariflichen Vergütung im Bereich der **außergerichtlichen Vertretung**. Insoweit hat eine Deregulierung zum 1.7.2006 nicht stattgefunden; die gesetzlichen Gebühren des RVG, namentlich die Geschäftsgebühr nach VV 2300, gelten fort (vgl. § 34 Rdn 5). Auch die Neuregelung des Rechts der Vergütungsvereinbarung durch das Gesetz vom 12.6.2008 hat an diesem Befund nichts geändert.

3. Vergütung

9 Dem Anwendungsbereich des Abs. 1 unterfällt die Vereinbarung einer Vergütung. Sie umfasst nach der Legaldefinition des § 1 Abs. 1 die Gebühren und Auslagen. Im **außergerichtlichen Bereich** ist daher nicht nur die Vereinbarung untertariflicher **Gebühren** möglich, sondern auch die Vereinbarung geringerer **Auslagen** nach den VV 7000 ff. Beide Vereinbarungen können auch kumuliert werden.

> **Beispiel:** Der Anwalt vertritt seinen Mandanten in einer mietrechtlichen Angelegenheit. Er wird beauftragt, den Mieter des Mandanten wegen wiederholter Verstöße gegen die Hausordnung schriftlich abzumahnen. Für diese außergerichtliche Tätigkeit (Schreiben einfacher Art) vereinbart der Auftraggeber mit seinem Anwalt in Unterschreitung der Gebühr des VV 2301 den Ansatz einer Geschäftsgebühr in Höhe von 0,2. Zugleich vereinbaren die Parteien die Reduzierung der Dokumentenpauschale gemäß VV 7000 auf 0,25 EUR ab der ersten Seite.

10 Nach dem Wortlaut des Abs. 1 erfasst die Vorschrift alle Vergütungsmodelle. In außergerichtlichen Angelegenheiten kann eine Unterschreitung der Vergütung daher in Gestalt einer **Pauschalvereinbarung** (vgl. § 3a Rdn 60 ff.), aber auch einer **Zeitvereinbarung** (vgl. § 3a Rdn 63 ff.), erfolgen. Wie die Überschrift – „Erfolgs*un*abhängige Vergütung" – verdeutlicht, regelt § 4 jedoch nicht abschließend die Voraussetzungen, unter denen eine **erfolgsbasierte Vergütung** vereinbart werden kann. Insoweit erweist sich § 4a als lex specialis.

11 Auf eine **Gebührenvereinbarung nach § 34** findet Abs. 1 keine Anwendung (siehe Rdn 7).

4. Keine Anrechnung

12 Hat der Anwalt für seine außergerichtliche Tätigkeit ein (Pauschal- oder Stunden-)Honorar aus einer Vergütungsvereinbarung erhalten, greift die Anrechnungsvorschrift der VV Vorb. 3 Abs. 4 nicht ein.[4] Denn die Anrechnung wird in VV Vorb. 3 Abs. 4 ausdrücklich auf „eine Geschäftsgebühr nach Teil 2" beschränkt. Schließt der Mandant mit seinem Anwalt eine Vergütungsvereinbarung, so kann eine „Geschäftsgebühr nach Teil 2" nicht entstehen und folglich auch nicht im Rahmen der Anrechnung berücksichtigt werden. Man kann die Regelung in VV Vorb. 3 Abs. 4 auch nicht dahingehend auslegen, dass sie auch fiktive Geschäftsgebühren erfassen will.[5] Denn dagegen spricht schon der klare Wortlaut der gesetzlichen Regelung („Soweit ... entsteht..."). Die in der Praxis untragbaren Auswirkungen dieser Ansicht werden deutlich, wenn man den Fall eines außergerichtlichen Pauschalhonorars untersucht, das unter den gesetzlichen Gebühren liegt: Will der Mandant dies vom Gegner erstattet erhalten, so kann er nach einhelliger Meinung nur seine tatsächlichen Aufwendungen und nicht eine (höhere) fiktive Geschäftsgebühr verlangen. Im Rahmen der Kostenerstattung nach

---

[3] So bereits zur Rechtslage vor dem 1.7.2008 AGH Berlin BRAK-Mitt. 2007, 173 = AnwBl 2006, 375 (zu kostenloser Beratung für Hartz-IV-Bezieher); OLG Stuttgart NJW 2007, 924 = AGS 2007, 59 = RVGreport 2007, 79 (*Hansens*) = GRUR-RR 2007, 211; a.A. LG Ravensburg NJW 2006, 2930 = RVGreport 2006, 355 (*Hansens*) als Vorinstanz; LG Freiburg NJW 2007, 160 = RVGreport 2007, 39 (*Hansens*) = AnwBl 2007, 376.
[4] BGH AGS 2009, 523 = ZGS 2009, 564 = MDR 2010, 13 = NJW 2010, 150 = VersR 2010, 256 = CR 2010, 109 = MMR 2010, 90; FamRZ 2009, 2082 = NJW-RR 2010, 359 = RVGreport 2010, 32; AGS 2015, 147 = zfs 2015, 105 = AnwBl 2015, 274 = RVGreport 2015, 72; OLG München AGS 2009, 379 = JurBüro 2009, 476; OLG Frankfurt AGS 2009, 157; OLG Köln AGS 2014, 488 = Rpfleger 2014, 340 = JurBüro 2014, 363 = RVGreport 2014, 199. KG AGS 2009, 213 m. Anm. *N. Schneider* = zfs 2009, 226 m. Anm. *Hansens*; OLG Bremen AGS 2009, 215.
[5] So: OLG Stuttgart AGS 2008, 510 m. abl. Anm. *Schons* und *N. Schneider* = RVGreport 2008, 468 m. abl. Anm. *Hansens*.

einem Rechtsstreit soll er sich dann aber im Rahmen der Anrechnung einen höheren Betrag entgegenhalten lassen?

Da es neben VV Vorb. 3 Abs. 4 auch an einer anderen Anrechnungsvorschrift fehlt, findet also eine Anrechnung der Pauschal- oder Zeitvergütungen auf die gesetzliche Vergütung einer nachfolgenden Angelegenheit nicht statt. Es ließe sich in der Regel auch kaum ermitteln, welcher Gebührenanteil der Pauschal- oder Zeitvergütung den außergerichtlichen gesetzlichen Gebühren entspricht, die anzurechnen wären.[6]

Eine **Ausnahme** bildet seit dem 1.7.2006 die Anrechnung der Beratungsgebühr auf nachfolgende zusammenhängende Tätigkeiten gemäß § 34 Abs. 2 (siehe § 34 Rdn 125 ff.).

5. Form

Eine Vereinbarung nach Abs. 1 bedarf nach § 3a Abs. 1 an sich der dort vorgeschriebenen Formen (siehe § 3a Rdn 32 ff.). Im Hinblick auf § 4b hat ein Formverstoß jedoch keine Auswirkungen. Da eine geringere Vergütung als die gesetzliche vereinbart ist, bleibt dies auch trotz Formverstoßes voll wirksam und verbindlich.[7]

6. Angemessenheit; Dumpingpreise (S. 2)

Abs. 1 S. 2 statuiert für untertarifliche Vergütungen im außerforensischen Bereich eine **Angemessenheitskontrolle**. Danach muss eine vereinbarte Vergütung, die für die anwaltliche Tätigkeit in außergerichtlichen Angelegenheiten eine niedrigere als die gesetzliche Vergütung vorsieht, in einem angemessenen Verhältnis zu Leistung, Verantwortung und Haftungsrisiko des Rechtsanwalts stehen. Bedeutung für die Praxis hat die Angemessenheitsklausel nicht.

Anwaltliche **Dumpingpreise** für eine außergerichtliche Beratung, für die es keine gesetzlichen Gebührenvorschriften gibt, waren danach schon vor dem 1.7.2008 rechtlich **nicht mehr zu beanstanden**. Dies galt etwa für eine Erstberatung im Arbeitsrecht zum Preis von 10 bis 50 EUR[8] oder eine Beratung zum Pauschalpreis von 20 EUR inklusive Umsatzsteuer.[9] Auch „ab-Preise" bei einer Preisspanne von 20 bis 40 EUR konnten wettbewerbsrechtlich nicht unterbunden werden.[10] Die entgegenstehende Rechtsprechung, die sich überwiegend auf die vor dem 1.7.2006 geltende Rechtslage bezog, war insoweit obsolet.[11]

Für ein Beratungshonorar, das gemäß § 34 Abs. 1 S. 1 auf einer **Gebührenvereinbarung** zwischen Rechtsanwalt und Mandant beruht, existiert in Ermangelung unterschreitungsfähiger gesetzlicher

---

6 *Hansens*, BRAGO, § 3 Rn 28; *von Eicken*, AGS 1994, 55.
7 BGH AGS 2014, 319 = WM 2014, 1351 = ZIP 2014, 1338 = AnwBl 2014, 758 = BB 2014, 1809 = MDR 2014, 931 = BRAK-Mitt. 2014, 220 = ZInsO 2014, 1663 = NJW 2014, 2653 = zfs 2014, 524 = JurBüro 2014, 524 = Rpfleger 2014, 628 = Mittdtsch-PatAnw 2014, 522 = VersR 2014, 1376 = DStR 2014, 2529 = BB 2014, 1666 = DB 2014, 1805 = RVGprof. 2014, 147 = RVGreport 2014, 340 = StRR 2014, 358 = FamRZ 2014, 1550 = FamRB 2014, 464.
8 BGH RVGreport 2008, 19 (*Hansens*) = AGS 2008, 7 m. Anm. *Schons* = BRAK-Mitt. 2008, 38 = AnwBl 2007, 870. Der BGH hat eine Unangemessenheit sogar für die Rechtslage vor dem 1.7.2006, mithin dem Zeitpunkt des Inkrafttretens des § 34 n.F., verneint.
9 OLG Stuttgart NJW 2007, 924 = AGS 2007, 59 = RVGreport 2007, 79 (*Hansens*) = GRUR-RR 2007, 211; zustimmend *Wedel*, JurBüro 2007, 623, 624.
10 OLG Naumburg AnwBl 2008, 142 = RVGReport 2008, 119 (*Hansens*).
11 Vgl. OLG Düsseldorf AnwBl 2006, 284 (Richtpreis von 20–45 EUR für Erstberatung im allg. Zivilrecht); OLG Hamm NJW 2004, 3269 (Erstberatung in einem bestimmten Rechtsgebiet mit einem Preis von 10–50 EUR); OLG Köln NJW 2006, 923 (Forderungseinzug bei Forderungen zwischen 5.000 und 1.500.000 EUR zu einem Pauschalpreis von 75 EUR pro Auftrag zuzüglich Mehrwertsteuer und Auslagen); LG Freiburg NJW 2007, 160 = RVGreport 2007, 39 (*Hansens*) = AnwBl 2007, 376 = JurBüro 2007, 646 (Erstberatung für Pauschalhonorar von 9,99 EUR); OLG Braunschweig RVGreport 2007, 359 (*Hansens*) (Beratung für Pauschalgebühr von 30 EUR gegen Vorlage der Werbeanzeige).

Gebühren keine Angemessenheitskontrolle (vgl. § 34 Rdn 11).[12] Daher scheidet insoweit auch ein Verstoß gegen das Gebührenunterschreitungsverbot des § 49b Abs. 1 BRAO aus.[13]

18 Ob anwaltliche Dumpingpreise betriebswirtschaftlich sinnvoll und berufspolitisch erstrebenswert sind, ist freilich eine andere Frage. **Betriebswirtschaftlich** lässt sich eine isolierte Beratung zu einem Preis von 10 oder 20 EUR nicht begründen, weshalb nur die Hoffnung auf einen nach RVG zu liquidierenden Folgeauftrag bleibt. Zudem erzeugt aggressive Preiswerbung beim Verbraucher den fatalen Eindruck, sein Anwalt koste heutzutage weniger als sein Friseur.[14] Dieser **Imageschaden** ist zunächst für den einschlägig werbenden Kollegen fatal. Er disqualifiziert sich gegenüber seinen Mandanten als Anbieter einer hochwertigen Dienstleistung und blockiert zugleich seine Preisverhandlungen bei anderen Mandaten, bei denen die Vereinbarung einer durchschnittlichen oder gar überdurchschnittlichen Vergütung angezeigt wäre. Überdies ist das aggressive Preisdumping einzelner Rechtsanwälte auf Dauer geeignet, in der rechtsuchenden Bevölkerung eine negative Wahrnehmung des anwaltlichen Berufsstandes insgesamt herbeizuführen. Discountpreise zählen nicht zu den typusbildenden Merkmalen des Freien Berufs, der sich in der Bevölkerung besonderer Wertschätzung erfreut.[15] Gerade vor dem Hintergrund der weiteren Öffnung des Rechtsberatungsmarktes durch das Rechtsdienstleistungsgesetz sollte die Anwaltschaft Stärke und Selbstbewusstsein demonstrieren und ihre „core values" positiv herausstellen. Wer die anwaltliche Dienstleistung als Ramschware bewirbt, erweist seinem Berufsstand einen Bärendienst. Ein Dumpingwettbewerb unter Kolleginnen und Kollegen führt sowohl die eigene Kanzlei als auch den Berufsstand in den Ruin.[16]

7. Beweislast

19 Nach § 4 Abs. 2 S. 4, 2. Hs.a.F. war der **Mandant**, der behauptete, mit seinem Anwalt eine die gesetzliche Vergütung unterschreitende Vereinbarung geschlossen zu haben, für dieses Vorbringen beweisbelastet.[17] Dies galt erst recht, wenn er behauptete, der Anwalt habe eine unentgeltliche Tätigkeit zugesagt.[18] Diese Beweislastverteilung wich von den allgemeinen Beweislastregeln im Dienst- und Werkvertragsrecht ab und folgte aus der Tatsache, dass die Höhe der Anwaltsvergütung gesetzlich (dispositiv) geregelt ist und diese gesetzlichen Gebühren nach § 612 Abs. 2 BGB beansprucht werden können, wenn die Parteien nichts anderes vereinbart haben.[19]

20 Die zum 1.7.2008 in Kraft getretene **Fassung des § 4** verzichtet auf eine gesetzliche Beweislastverteilung. Es besteht indes jedoch kein Grund, von der zuvor praktizierten Regelung abzuweichen; sie war angemessen und sachgerecht. Die ehedem in § 4 Abs. 2 S. 4, 2. Hs.a.F. normierte **Beweislastverteilung** gilt daher **unverändert** fort.

II. Verzicht im Falle von Beratungshilfe (Abs. 1 S. 3)

21 Die Vorschrift des Abs. 1 S. 2 ist zum 1.1.2014 durch das Gesetz zur Änderung des Prozesskostenhilfe- und Beratungshilferechts eingeführt worden. Diese Regelung soll dem Anwalt die Möglichkeit eröffnen, unentgeltlich (pro bono) für den Rechtsuchenden tätig zu werden, wenn die Voraussetzun-

---

12 OLG Stuttgart NJW 2007, 924 = AGS 2007, 59 = RVGreport 2007, 79 (*Hansens*) = GRUR-RR 2007, 211; a.A. LG Ravensburg, NJW 2006, 2930 = RVGreport 2006, 355 (*Hansens*) als Vorinstanz; LG Freiburg NJW 2007, 160 = RVGreport 2007, 39 (*Hansens*) = AnwBl 2007, 376= JurBüro 2007, 646. Vgl. auch OLG Düsseldorf AnwBl 2006, 284.
13 AGH Berlin BRAK-Mitt. 2007, 173 = AnwBl 2006, 375 (zu kostenloser Beratung für Hartz-IV-Bezieher); zustimmend *Wedel*, JurBüro 2007, 623, 624; LG Essen AGS 2014, 258 = RVG-RR 2014, 379 = BRAK-Mitt. 2014, 101 = AnwBl 2014, 275.
14 Vgl. *Hansens*, RVGreport 2007, 360: „für einen Apfel und ein Ei"; *Schons*, AGS 2008, 157 „Der lange Weg der Anwaltschaft zum Aal-Dieter".
15 Zu den typusbildenden Merkmalen des Freien Berufs aus anwaltsspezifischer Sicht eingehend *Rick*, Die verfassungsrechtliche Stellung des Rechtsanwalts, 1998, S. 62 ff.
16 *Dombek*, BRAK-Mitt. 2006, 241; vgl. auch BVerfG RVGreport 2008, 159 zur Versteigerung von anwaltlichen Beratungsleistungen im Internet.
17 Vgl. auch BGH NJW-RR 2001, 493; BGH NJW-RR 1997, 1285; OLG Saarbrücken AGS 2003, 180, 182.
18 OLG Düsseldorf OLGR 2001, 260.
19 Vgl. BGH NJW-RR 1997, 1285; OLG München MDR 1984, 844 = NJW 1984, 2537.

gen für die Bewilligung von Beratungshilfe vorliegen. Nach dem bis dahin geltenden Recht war dies allenfalls für Beratungstätigkeiten möglich, nicht aber auch für Vertretungstätigkeiten.

Unerheblich ist, ob ein Beratungshilfeschein bereits erteilt ist. Entscheidend ist nur, dass die Voraussetzungen für die Gewährung von Beratungshilfe vorliegen. 22

Ob der Anwalt auf seine Vergütung im Interesse des Mandanten verzichtet oder weil er den unverhältnismäßigen Aufwand der Antragstellung oder Abrechnung scheut und dem häufig zu erwartenden Streit mit dem Urkundsbeamten und dem Bezirksrevisor aus dem Weg gehen will, ist dabei unerheblich. Auf die Motivation des Anwalts kommt es nicht an. 23

Der erstattungspflichtige Gegner soll von dem Vergütungsverzicht allerdings nicht profitieren. Daher wird in Abs. 1 S. 3 die Vorschrift des § 9 BerHG auch bei einem Gebührenverzicht gegenüber dem Rechtsuchenden ausdrücklich für anwendbar erklärt. Der Anwalt kann also ungeachtet des Gebührenverzichts gegenüber dem Rechtsuchenden den Gegner aus eigenem Recht in Anspruch nehmen, sofern ein materiell-rechtlicher Kostenerstattungsanspruch besteht. Der Verzicht wirkt damit nur relativ. 24

III. Beitreibungssachen (Abs. 2 S. 1)

Nach Abs. 2 S. 1 kann der Anwalt in Beitreibungssachen für das gerichtliche Mahnverfahren und die anschließende Zwangsvollstreckung nach den §§ 802a bis 863 und 882b bis 882 f. ZPO vereinbaren, dass er einen Teil des Erstattungsanspruchs nach den §§ 91 ff., 788 ZPO an Erfüllungs statt annehmen werde. 25

Anwendbar ist Abs. 2 S. 1 damit auf folgende Verfahren: 26
- Mobiliarvollstreckung in das bewegliche Vermögen (§§ 803 ff. ZPO)
- Zwangsvollstreckung in Forderungen und andere Vermögenswerte (§§ 828 ff. ZPO)
- Verfahren auf Abgabe der Vermögensauskunft (§§ 802c ff. ZPO) einschließlich der Löschung im Schuldnerverzeichnis (§ 882e ZPO), der Verhaftung des Schuldners (§§ 802g f. ZPO) und der Auskunft aus dem Schuldnerverzeichnis (§ 882f f. ZPO)

Keine Anwendung findet Abs. 2 S. 1 hingegen auf 27
- die Vollstreckung in das unbewegliche Vermögen (§§ 864 ff. ZPO)
- das Verteilungsverfahren (§§ 872 ff. ZPO)
- die Zwangsvollstreckung gegen juristische Personen des öffentlichen Rechts (§§ 882a ff. ZPO)
- das Verfahren zur Erwirkung der Herausgabe von Sachen und zur Erwirkung von Handlungen oder Unterlassungen (§§ 883 ff. ZPO).

Mit der Vorausabtretung verzichtet der Anwalt auf einen Teil seines Honorars, wenn die Forderung uneinbringlich ist; er trägt insoweit das **Ausfallrisiko**.[20] 28

Aus Abs. 2 S. 2 folgt, dass eine Abtretung nur dann zulässig ist, wenn ein Teil der Arbeit gleichzeitig auf den Auftraggeber abgewälzt wird, wenn er also durch seine Buchhaltung oder sein Personal die Arbeit des Anwalts unterstützt. Hierzu zählt die Bearbeitung des Mahn- oder Vollstreckungsauftrages sowie insbesondere die Errechnung der Forderungsaufstellung, das Einreichen und Ausfüllen der Formulare, während die rechtliche Verantwortung und Prüfung beim Anwalt verbleibt.[21] Nach Abs. 2 S. 2 ist es nicht zulässig, gegen Abtretung der Erstattungsansprüche auf einen Teil des Honorars zu verzichten, wenn die wesentliche Arbeit und sämtliche Verantwortung beim Anwalt verbleibt. 29

Die Annahme an Erfüllungs statt (§ 364 BGB) muss in einem **angemessenen Verhältnis** zu Leistung, Verantwortung und Haftungsrisiko des Anwalts stehen. Je größer der Anteil des Auftraggebers im Mahnverfahren und in der Zwangsvollstreckung ist, desto höher kann der Anteil des an Erfüllungs statt abgetretenen Honorars sein. Je geringer der Anteil des Auftraggebers ist, desto geringer muss auch die Leistung an Erfüllungs statt ausfallen. Vergütungssätze, die Anwalt und Mandant ohne Rücksicht auf diese Kriterien schematisch vereinbaren, werden der Wertung des Abs. 2 S. 2 nicht gerecht. 30

---

20 *N. Schneider*, Vergütungsvereinbarung, Rn 290; Madert/Schons, Vergütungsvereinbarung, Rn 163.

21 *Hansens*, BRAGO, § 3 Rn 28.

31 Zwar sind an sich auch für eine solche Vereinbarung die Formvorschriften des § 3a RVG zu beachten. Bei Verstößen hat dies jedoch keine Folge, da keine höhere als die gesetzliche Vergütung vereinbart wird und die Vereinbarung daher trotz Formmangels wirksam und verbindlich bleibt.[22]

32 Die **Darlegungs- und Beweislast** für die Vereinbarung nach Abs. 2 liegt beim Auftraggeber.[23] Die grundsätzlich gegenteilige Rechtsprechung des BGH zum Dienst-, Werk- und Maklerrecht findet im Geltungsbereich des RVG keine Anwendung.[24]

IV. Festsetzung durch den Kammervorstand oder einen Vertragsteil (Abs. 3)

33 Soll die Festsetzung der Vergütung dem **Ermessen eines Vertragsteils** überlassen sein, ist diese Vereinbarung insoweit unwirksam; es gilt die gesetzliche Vergütung als vereinbart (Abs. 3 S. 2). Unzulässig sind insoweit auch Klauseln, mit denen es dem Anwalt vorbehalten sein soll, einseitig die Vergütung zu erhöhen, etwa Stundensätze anzuheben.

34 Auch im Übrigen ist es unzulässig, einem **Dritten** die Festsetzung der Vergütung zu überlassen. Eine **Ausnahme** gilt nach Abs. 3 S. 1 nur für den Vorstand der **Rechtsanwaltskammer**. Hieraus folgt im Umkehrschluss, dass die Festsetzung durch andere Dritte nicht zulässig sein soll.[25] Auch die Regelung in § 3a Abs. 2 spricht dagegen, dass einem anderen Dritten als dem Vorstand der Rechtsanwaltskammer die Festsetzung der Vergütung überlassen werden könnte, da anderenfalls keine Möglichkeit der Herabsetzung bestünde.

35 Ist dennoch einem Dritten die Festsetzung der Vergütung überlassen, so gilt Abs. 3 S. 2 entsprechend, so dass die Vergütungsvereinbarung unwirksam und somit von der gesetzlichen Vergütung auszugehen ist.

36 **Örtlich zuständig** für die Festsetzung nach Abs. 3 S. 1 ist der Vorstand derjenigen Rechtsanwaltskammer, der der Anwalt angehört bzw. im Zeitpunkt der Rechnungsstellung oder der Mandatsausführung angehörte. Die gesetzliche Aufgabenzuweisung der Kammer erstreckt sich nach § 73 Abs. 2 BRAO auf ihre „Mitglieder"; dies sind nach § 60 BRAO die im jeweiligen Oberlandesgerichtsbezirk zugelassenen Rechtsanwälte. Auch der Zusammenhang mit § 14 Abs. 2 spricht dafür, dass es sich um die Rechtsanwaltskammer handeln muss, der der Anwalt angehört (siehe auch § 14 Rdn 114).

§ 4a Erfolgshonorar

(1) ¹Ein Erfolgshonorar (§ 49b Abs. 2 Satz 1 der Bundesrechtsanwaltsordnung) darf nur für den Einzelfall und nur dann vereinbart werden, wenn der Auftraggeber aufgrund seiner wirtschaftlichen Verhältnisse bei verständiger Betrachtung ohne die Vereinbarung eines Erfolgshonorars von der Rechtsverfolgung abgehalten würde. ²In einem gerichtlichen Verfahren darf dabei für den Fall des Misserfolgs vereinbart werden, dass keine oder eine geringere als die gesetzliche Vergütung zu zahlen ist, wenn für den Erfolgsfall ein angemessener Zuschlag auf die gesetzliche Vergütung vereinbart wird. ³Für die Beurteilung nach Satz 1 bleibt die Möglichkeit, Beratungs- oder Prozesskostenhilfe in Anspruch zu nehmen, außer Betracht.

(2) Die Vereinbarung muss enthalten:
1. die voraussichtliche gesetzliche Vergütung und gegebenenfalls die erfolgsunabhängige vertragliche Vergütung, zu der der Rechtsanwalt bereit wäre, den Auftrag zu übernehmen, sowie
2. die Angabe, welche Vergütung bei Eintritt welcher Bedingungen verdient sein soll.

---

22 BGH AGS 2014, 319 = WM 2014, 1351 = ZIP 2014, 1338 = AnwBl 2014, 758 = BB 2014, 1809 = MDR 2014, 931 = BRAK-Mitt. 2014, 220 = ZInsO 2014, 1663 = NJW 2014, 2653 = zfs 2014, 524 = JurBüro 2014, 524 = Rpfleger 2014, 628 = Mittdtsch-PatAnw 2014, 522 = VersR 2014, 1376 = DStR 2014, 2529 = BB 2014, 1666 = DB 2014, 1805 = RVGprof. 2014, 147 = RVGreport 2014, 340 = StRR 2014, 358 = FamRZ 2014, 1550 = FamRB 2014, 464.

23 Vgl. bereits Hansens, BRAGO, § 3 Rn 3.

24 OLG München MDR 1984, 844 = NJW 1984, 2537.

25 Riedel/Sußbauer/*Fraunholz*, RVG, § 4 Rn 9; *Hansens*, BRAGO, § 3 Rn 13; a.A. Hartmann, § 4 RVG Rn 25, nach dessen Ansicht das Schweigen des Gesetzgebers nicht als Verbot auslegbar ist, weil Abs. 3 insoweit keine abschließende Regelung enthalte.

(3) ¹In der Vereinbarung sind außerdem die wesentlichen Gründe anzugeben, die für die Bemessung des Erfolgshonorars bestimmend sind. ²Ferner ist ein Hinweis aufzunehmen, dass die Vereinbarung keinen Einfluss auf die gegebenenfalls vom Auftraggeber zu zahlenden Gerichtskosten, Verwaltungskosten und die von ihm zu erstattenden Kosten anderer Beteiligter hat.

Literatur: *Gieseler*, Anwaltliches Erfolgshonorar – Berufsbild und Berufsethos, JR 2005, 221; *Grunewald*, Die Zukunft des Erfolgshonorars, AnwBl 2007, 469; *Hansens*, Erfolgshonorar- und Vergütungsvereinbarung ab 1.7.2008, RVGreport 2008, 282; *ders.*, Übergangsprobleme bei Erfolgshonorar- und Vergütungsvereinbarung, RVGreport 2008, 326; *Kilian*, Das Verbot des anwaltlichen Erfolgshonorars, JurBüro 1994, 641; *ders.*, Anwaltliche Erfolgshonorare und die bevorstehende Reform des Vergütungsrechts, ZRP 2003, 90; *ders.*, Der Erfolg und die Vergütung des Rechtsanwalts, Bonn 2003; *ders.*, Das künftige Erfolgshonorar für Rechtsanwälte, Steuerberater und Wirtschaftsprüfer – Detailprobleme der bevorstehenden Neufassungen, BB 2007, 1905; *Kleine-Cosack*, Vom regulierten zum frei vereinbaren (Erfolgs-)Honorar, NJW 2007, 1405; *Madert*, Zulässiges und unzulässiges Erfolgshonorar, AGS 2005, 536; *Mayer*, Das Erfolgshonorar – de lege lata und de lege ferenda, AnwBl 2007, 561; *Pohl*, Zulässigkeit des Erfolgshonorars de lege lata und unter rechtspolitischen Aspekten, BerlAnwBl 2005, 102; *Schons*, Willkommen in Las Vegas!, AnwBl 2008, 172; *von Seltmann*, Die Neuregelung des anwaltlichen Erfolgshonorars – und was sich sonst noch ändert, BRAK-Mitt. 2008, 99.

A. Allgemeines 1	II. Wirksamkeitsvoraussetzungen (Abs. 2) ... 29
B. Regelungsgehalt 7	1. Voraussichtliche gesetzliche bzw. vertragliche Vergütung (Nr. 1) 30
I. Zulässigkeit einer erfolgsbasierten Vergütung (Abs. 1) 7	2. Höhe der Vergütung bei Bedingungseintritt (Nr. 2) 34
1. Erfolgshonorar (S. 1) 7	III. Weitere Voraussetzungen (Abs. 3) 36
a) Definition 7	1. Bestimmende Gründe (S. 1) 37
b) Zulässigkeit der Vereinbarung 13	2. Kostenhinweis (S. 2) 39
aa) Einzelfall 13	3. Rechtsfolgen der Verletzung 43
bb) Zugang zum Recht 14	a) Berufsrecht 43
cc) Privilegierter Personenkreis 15	b) Zivilrecht 44
dd) Subjektiver Maßstab 21	aa) Schadensersatzansprüche nach Abs. 3 S. 1 46
ee) Möglichkeit der Inanspruchnahme von Prozess- und Verfahrenskostenhilfe sowie Beratungshilfe 23	bb) Schadensersatzansprüche nach Abs. 3 S. 2 50
2. Gerichtliche Verfahren (S. 2) 24	C. Abrechnung 54
	D. Kostenerstattung 56

A. Allgemeines

Nach der bis zum 30.6.2008 geltenden Rechtslage war eine Vergütungsvereinbarung gemäß § 134 BGB i.V.m. § 49b Abs. 2 S. 1 BRAO nichtig, wenn sich der Anwalt ein **Erfolgshonorar** oder einen Anteil am erstrittenen Betrag (**quota litis**) versprechen ließ. Das anwaltliche Berufsrecht statuierte insoweit ein umfassendes und rigides Verbot, das grundsätzlich keine Ausnahmen zuließ (aber vgl. Rdn 11 f.). Das strikte Verbot der Vereinbarung einer spekulativen Vergütung war in den vergangenen Jahren auf massive Kritik gestoßen.[1]

1

Das **BVerfG** hat das in § 49b Abs. 2 S. 1 BRAO normierte Totalverbot in seinem Beschl. v. 12.12.2006[2] als insoweit mit **Art. 12 Abs. 1 GG** unvereinbar qualifiziert, als es keine Ausnahme für den Fall zulässt, dass der Rechtsanwalt mit der Vereinbarung einer erfolgsbasierten Vergütung besonderen Umständen in der Person des Auftraggebers Rechnung trägt, die diesen sonst davon abhielten, seine Rechte überhaupt zu verfolgen. In diesen **Ausnahmefällen** erweise sich das Verbot anwaltlicher Erfolgshonorare als Hindernis für den Zugang zum Recht, wenn ein Rechtsuchender

2

---

1 Vgl. nur *Braun*, Preiswerbung, in FS Madert, 2006, S. 43, 48 ff.; *Gerold/Schmidt/Mayer*, § 4a Rn 1; *Madert*, AGS 2005, 243; *ders.*, AGS 2005, 536, 539 ff.; *Büttner* in: FS Busse, S. 33, 42 ff.; *Gieseler*, JR 2005, 221; *Undritz*, AnwBl 1996, 113 ff.; *Kleine-Cosack*, NJW 1988, 164, 172; *ders.*, BRAO, § 49b Rn 17; differenzierend *Pohl*, BerlAnwBl 2005, 102. Eingehend – und zugleich rechtsvergleichend – *Kilian*, Der Erfolg und die Vergütung des Rechtsanwalts, 2003, S. 1 ff.; *ders.*, ZRP 2003, 90 ff.

2 BVerfG BGBl I S. 459a = NJW 2007, 979 m. Anm. *Johnigk* = AGS 2007, 168 m. Anm. *Schons* = RVGreport 2007, 179 (*Hansens*) = BRAK-Mit. 2007, 63 m. Anm. *Kirchberg* = AnwBl 2007, 297 m. Anm. *Hamacher* = JurBüro 2007, 242 m. Anm. *Madert*. Dazu *Kleine-Cosack*, NJW 2007, 1405 ff.; *Grunewald*, AnwBl 2007, 469 ff.

aufgrund seiner wirtschaftlichen Verhältnisse das Risiko, im Misserfolgsfall mit den Kosten qualifizierter anwaltlicher Unterstützung belastet zu bleiben, nicht oder zumindest nicht vollständig zu tragen vermöge, und ihn dies davon abhalte, seine Rechts überhaupt zu verfolgen. Das BVerfG hat § 49b Abs. 2 S. 1 BRAO daher als **verfassungswidrig**[3] erklärt und den Gesetzgeber aufgefordert, bis zum 30.6.2008 eine verfassungskonforme **Neuregelung** zu treffen. Dabei hat es dem Gesetzgeber freigestellt, einen Ausnahmetatbestand zu einem weiterhin geltenden Verbot zu schaffen (kleine Lösung) oder das Verbot anwaltlicher Erfolgshonorare völlig aufzugeben (große Lösung).

3 Der Reformgesetzgeber hat sich rechtssystematisch für die von den anwaltlichen Berufsverbänden[4] empfohlene und vom Schrifttum[5] erwartete **kleine Lösung** entschieden. Er hält durch die Neufassung des § 49b Abs. 2 BRAO (vgl. Rdn 7) zum Schutz der Unabhängigkeit der Anwaltschaft und zum Schutz der Rechtsuchenden grundsätzlich an dem **Verbot** erfolgsbasierter Vergütungen fest, normiert jedoch einen Ausnahmetatbestand in § 4a.

4 **Abs. 1** S. 1 regelt, wann von dem nach § 49b Abs. 2 BRAO fortbestehenden Verbot der Vereinbarung eines Erfolgshonorars abgewichen werden darf. Satz 2 gestattet mit Blick auf das berufsrechtliche Gebührenunterschreitungsverbot in § 49b Abs. 1 BRAO (siehe § 3a Rdn 20 ff.) auch im gerichtlichen Verfahren die Unterschreitung der gesetzlichen Vergütung, wenn für den Erfolgsfall ein angemessener Zuschlag auf die Tarife des RVG vereinbart wird. Ein Verstoß gegen Abs. 1 führt zur Fehlerhaftigkeit der Vereinbarung (§ 4b).

5 **Abs. 2** zwingt die Parteien, die **kalkulatorischen Grundlagen** des Erfolgshonorars und die dafür geltenden Bedingungen in der Vergütungsvereinbarung schriftlich zu fixieren. Auf diese Weise soll dem Mandanten die Bedeutung der Vereinbarung einer erfolgsbasierten Vergütung unter besonderer Berücksichtigung des Zuschlags im Erfolgsfall verdeutlicht werden.[6] Die Angaben gemäß Abs. 2 sind zwingend („muss"); fehlt auch nur eine von ihnen, ist der Anwalt auch im Erfolgsfalle auf die gesetzliche Vergütung beschränkt (vgl. § 4b).

6 **Abs. 3** soll die **asymmetrische Informationsverteilung** zwischen Mandant und Anwalt hinsichtlich der Erfolgsaussichten der Rechtssache sowie des dafür erforderlichen Aufwandes kompensieren. Zugleich soll die Vorschrift etwaigen Beweisschwierigkeiten bei einem Streit über die vereinbarte Vergütung vorbeugen.[7] In der Vereinbarung sind daher nach Satz 1 die **bestimmenden Gründe** für die Bemessung des Erfolgshonorars anzugeben. Diese Aufgabe trifft regelmäßig den Anwalt. Satz 2 bestimmt ergänzend, dass der Mandant auf seine **Kostentragungspflicht** im Falle des Unterliegens hinzuweisen ist. Den Anwalt trifft damit eine weitere Hinweispflicht. Ein Verstoß gegen Abs. 3 begründet nach § 4b nicht die Fehlerhaftigkeit der Vereinbarung, kann aber zivilrechtliche Schadensersatzansprüche auslösen (siehe Rdn 46 ff.).

B. Regelungsgehalt

I. Zulässigkeit einer erfolgsbasierten Vergütung (Abs. 1)

1. Erfolgshonorar (S. 1)

a) Definition

7 Abs. 1 S. 1 verweist für eine Begriffsbestimmung auf die – zum 1.7.2008 neu gefasste – **Legaldefinition** in § 49b Abs. 2 S. 1 BRAO:

---

3 Die jüngere zivil- und berufsrechtliche Judikatur war zuvor anderer Ansicht, vgl. nur OLG Celle AGS 2005, 243 = BRAK-Mitt 2005, 94 = RVG professionell 2005, 79 = NJW-Spezial 2005, 239; BayAGH BRAK-Mitt 2005, 198. Ebenso die überwiegende berufsrechtliche Literatur, vgl. Henssler/Prütting-*Dittmann*, BRAO, § 49b Rn 16; Kilian/vom Stein/*Rick*, § 29 Rn 240; Feuerich/*Weyland*, BRAO, § 49b Rn 32; Hartung/*Nerlich*, § 49b BRAO Rn 48.

4 Stellungnahme des DAV vom 17.8.2007, abgedr. in NJW Heft 37/2007, S. XXXIII ff.; dazu *Henke*, AGS 2007, 489 f.; Gesetzgebungsvorschlag der BRAK vom 14.9.2007, BRAK-Mitt. 2007, 202 ff.

5 Vgl. *Hommerich/Kilian*, NJW 2007, 2308, 2314; *Johnigk*, NJW 2007, 986; *Kirchberg*, BRAK-Mitt. 2007, 74, 76 f.; *Zuck*, JZ 2007, 684 f.; eingehend zu den Gestaltungsmöglichkeiten des Gesetzgebers *Mayer*, AnwBl 2007, 561 ff.; *Kilian*, BB 2007, 1905 ff.; BB 2007, 1061 ff. Kritisch zu der Fortgeltungsanordnung bis zum 30.6.2008 *Roth*, NVwZ 2007, 754 ff.

6 BT-Drucks 16/8384, S. 14 f.

7 BT-Drucks 16/8384, S. 15.

§ 49b Abs. 2 BRAO

(2) ¹Vereinbarungen, durch die eine Vergütung oder ihre Höhe vom Ausgang der Sache oder vom Erfolg der anwaltlichen Tätigkeit abhängig gemacht wird oder nach denen der Rechtsanwalt einen Teil des erstrittenen Betrages als Honorar erhält (Erfolgshonorar), sind unzulässig, soweit das Rechtsanwaltsvergütungsgesetz nichts anderes bestimmt. ²Vereinbarungen, durch die der Rechtsanwalt sich verpflichtet, Gerichtskosten, Verwaltungskosten oder Kosten anderer Beteiligter zu tragen, sind unzulässig. ³Ein Erfolgshonorar im Sinne des Satzes 1 liegt nicht vor, wenn lediglich vereinbart wird, dass sich die gesetzlichen Gebühren ohne weitere Bedingungen erhöhen.

Ein Erfolgshonorar ist danach eine Vereinbarung, durch die eine Vergütung oder ihre Höhe vom Ausgang der Sache oder vom Erfolg der anwaltlichen Tätigkeit abhängig gemacht wird oder nach der der Rechtsanwalt einen Teil des erstrittenen Betrages als Honorar erhält. Die neue gesetzliche Definition entspricht weitgehend der Altfassung. Sie verzichtet indes auf den Begriff der **quota litis**. Streitanteilsvereinbarungen sind daher unter denselben Voraussetzungen erlaubt, wie sonstige erfolgsbasierte Vergütungen.[8] Eine **Differenzierung** zwischen den verschiedenen Formen von Erfolgshonoraren ist nunmehr **entbehrlich**. Mit der einheitlichen Beurteilung folgte der Reformgesetzgeber der Erkenntnis des BVerfG, dass maßgebende Unterschiede hinsichtlich beider Formen des Erfolgshonorars bei typisierender Betrachtung nicht erkennbar seien und sich eine unterschiedliche rechtliche Behandlung daher verbiete.[9] **8**

Auch die Neufassung des § 49b Abs. 2 S. 1 BRAO statuiert ein grundsätzliches **Verbot** der Vereinbarung einer erfolgsbasierten Vergütung. § 4a regelt als anderweitige Bestimmung i.S.d. § 49b Abs. 2 S. 1, 2. Hs. BRAO einen gesetzlichen **Ausnahmetatbestand**. **9**

Unzulässig sind nach § 49b Abs. 2 S. 2 BRAO in jedem Fall Vereinbarungen, durch die der Rechtsanwalt sich verpflichtet, **Gerichtskosten, Verwaltungskosten oder Kosten anderer Beteiligter** zu tragen. Solche Kosten können Gegenstand eines Prozessfinanzierungsvertrages sein, nicht jedoch Teil einer anwaltlichen Vergütungsvereinbarung.[10] **10**

Kein Erfolgshonorar i.S.d. § 49b Abs. 2 S. 1 BRAO liegt nach § 49b Abs. 2 S. 3 BRAO vor, wenn lediglich vereinbart wird, dass sich die gesetzlichen Gebühren ohne weitere Bedingungen erhöhen. Diese Negativdefinition knüpft an die Altfassung des § 49b Abs. 2 S. 2 BRAO an. Bereits diese Vorschrift erachtete Vereinbarungen über die **Erhöhung der gesetzlichen Gebühren** für zulässig. Ein geänderter Regelungsgehalt lässt sich der Neufassung daher nicht entnehmen. Vielmehr soll die geänderte Formulierung verdeutlichen, dass sich der Anwendungsbereich dieser Norm auf Gebührentatbestände beschränkt, die bereits nach dem Willen des Gesetzgebers an einen Erfolg anknüpfen. Als Gebühren mit Erfolgskomponenten gelten die Einigungsgebühr (VV 1000), die Aussöhnungsgebühr (VV 1001), die Erledigungsgebühren (VV 1002–1006) oder die Befriedungsgebühren (VV 4141, 5115).[11] Tritt etwa der mit VV 1000 bezweckte Erfolg ein, darf der Anwalt unter Berufung auf § 49b Abs. 2 S. 2 BRAO die gesetzliche Einigungsgebühr von 1,5 qua Vertrag auf 2,5 oder 3,0 erhöhen, ohne das Verdikt der Verbotswidrigkeit fürchten zu müssen.[12] Von weiteren Bedingungen, namentlich dem Ausgang der Sache, darf die Vereinbarung nach § 49b Abs. 2 S. 3 BRAO indes nicht abhängig gemacht werden. **11**

Zulässig ist weiterhin die Vereinbarung einer **nachträglichen Erfolgsprämie** (sog. honorarium). Erfolgt die Vereinbarung zeitlich nach Erbringung der anwaltlichen Tätigkeit, wird die Vergütung nicht vom Erfolg der Sache abhängig gemacht. Dieses Ergebnis folgt zwanglos aus einer an Wortlaut und Normzweck orientierten Auslegung des § 49b Abs. 2 BRAO. Es war selbst für das Totalverbot **12**

---

8 Zu den verschiedenen Arten des Erfolgshonorars eingehend *Kilian*, Der Erfolg und die Vergütung des Rechtsanwalts, S. 14 ff.; siehe auch *Mayer*, AnwBl 2007, 561; zum Palmarium OLG Düsseldorf RVGreport 2012, 255.

9 BVerfG NJW 2007, 979, 985. Kritisch dazu *Kilian*, BB 2007, 1061, 1066 f. unter Hinw. auf die fortbestehende Differenzierung in zahlreichen anderen europäischen Rechtsordnungen.

10 So BT-Drucks 16/8384, S. 11. Zu den Auswirkungen der Neuregelung des Erfolgshonorars auf Prozessfinanzierungsverträge siehe *Meyer*, AnwBl 2007, 520 ff.; *Henke*, AGS 2008, 265.

11 BT-Drucks 16/8384, S. 11; vgl. zu § 49b Abs. 2 S. 2 BRAO a.F. RMOLK RVG/*Baumgärtel*, 13. Aufl. 2007, § 4 Rn 16; *Henssler*, NJW 2005, 1537, 1539; Kilian/ vom Stein-*Rick*, § 29 Rn 230 mit Fn 168; *Notz*, NZA 2004, 681, 686. A.A. *Braun* (FS Madert, 2006, S. 43, 55), der jede Gebühr des RVG als multiplikationsfähig ansieht und den Begriff des Erfolgs zur Disposition der Parteien stellt.

12 Vgl. dazu den Formulierungsvorschlag von *Madert* in AGS 2005, 536, 538, der von einer Vervierfachung der Einigungsgebühr ausgeht.

des § 49b Abs. 2 BRAO a.F. anerkannt.[13] Durch die Neufassung der Vorschrift hat sich insoweit keine Änderung ergeben.

b) Zulässigkeit der Vereinbarung

13 **aa) Einzelfall.** Um den Ausnahmecharakter der Zulässigkeit der Vereinbarung erfolgsbasierter Vergütungen zu unterstreichen, fordert Abs. 1 S. 1 eine **Einzelfallprüfung**. Erforderlich ist aus anwaltlicher Sicht eine individuelle Befassung mit jedem einzelnen Auftrag und seinem Auftraggeber unter Berücksichtigung der mandatsspezifischen Besonderheiten. So soll eine leichtfertige, ausufernde oder gar schematische Vereinbarung von Erfolgshonoraren verhindert werden. **Unzulässig** ist daher z.B. die Vereinbarung einer erfolgsbasierten Vergütung durch allgemeine Mandatsbedingungen gegenüber allen Mandanten oder eine entsprechende Rahmenvereinbarung gegenüber einzelnen Mandanten im Zuge ihrer ständigen Beratung und Vertretung.

14 **bb) Zugang zum Recht.** Abs. 1 normiert den vom BVerfG[14] formulierten Ausnahmetatbestand für die Vereinbarung eines Erfolgshonorars. Auch Rechtsuchende, die aufgrund ihrer Einkommens- und Vermögensverhältnisse **keine Prozesskosten- oder Beratungshilfe** zu beanspruchen hätten, könnten vor der Entscheidung stehen, ob es ihnen die eigene wirtschaftliche Lage vernünftigerweise erlaube, die finanziellen Risiken einzugehen, die angesichts des unsicheren Ausgangs der Angelegenheit mit der Inanspruchnahme qualifizierter rechtlicher Betreuung und Unterstützung verbunden seien. Für diese Rechtsuchenden sei das Bedürfnis anzuerkennen, das geschilderte Risiko durch die Vereinbarung einer erfolgsbasierten Vergütung zumindest teilweise auf den vertretenden Rechtsanwalt zu verlagern.[15] Ein entgegenstehendes Verbot hielte diese Rechtsuchenden davon ab, ihre Rechte überhaupt zu verfolgen. Ein **Ausnahmetatbestand** müsse daher zumindest für die Fälle eröffnet werden, in denen aufgrund der wirtschaftlichen Situation des Auftraggebers bei verständiger Betrachtung erst die Vereinbarung einer erfolgsbasierten Vergütung die Inanspruchnahme qualifizierter anwaltlicher Hilfe – und damit die Inanspruchnahme von Rechtsschutz schlechthin – ermögliche.[16] Hier diene das Erfolgshonorar der Sicherung des **Zugangs zum Recht**.

15 **cc) Privilegierter Personenkreis.** Verfassungsrechtlich geboten ist mithin der Zugang zum Recht über das Erfolgshonorar für den **mittellosen Auftraggeber**, der von der Inanspruchnahme von Prozesskosten- und Beratungshilfe ausgeschlossen ist. Er ist auf die Vereinbarung einer erfolgsbasierten Vergütung zwingend angewiesen, um seine Rechte überhaupt geltend machen zu können. Der unbemittelte Rechtsuchende ohne Anspruch auf das staatliche Armenrecht ist daher der Prototyp der gesetzlichen Neuregelung; er kann sich daher stets auf Abs. 1 berufen.[17] Die Definition der Mittellosigkeit wird in der Praxis freilich zu erheblichen Abgrenzungsproblemen führen.[18]

16 Das bisherige Verbot, im Rahmen der **Beratungshilfe** Vereinbarungen und damit auch erfolgsabhängige Vereinbarungen zu schließen, ist zum 1.1.2014 durch das Gesetz zur Änderung des Prozesskostenhilfe- und Beratungshilferechts aufgehoben worden, so dass auch hier erfolgsabhängige Vereinbarungen möglich sind.

17 Das BVerfG hat den Anwendungsbereich eines zu schaffenden Ausnahmetatbestands ohnehin nicht explizit auf den bedürftigen Auftraggeber beschränkt. Nach dem Verständnis des Reformgesetzgebers sollen von der Möglichkeit der Vereinbarung eines Erfolgshonorars daher auch diejenigen Rechtsuchenden profitieren, die vermögend sind und deshalb keine Prozesskosten- oder Beratungshilfe erlangen können. Auch **vermögende Mandanten** oder **mittelständische Unternehmen** können vor der Entscheidung stehen, ob sie das finanzielle Risiko eingehen wollen, das ein Prozess mit unwägbarem Ausgang birgt. Auch sie sollen daher die Möglichkeit erhalten, mit der Vereinbarung

---

13 OLG Düsseldorf AGS 2006, 480 = JurBüro 2006, 594 = OLGR 2007, 20; Gerold/Schmidt/*Madert*, RVG, 17. Aufl., § 4 Rn 51; Hartung/*Nerlich*, § 49b BRAO Rn 34; Henssler/Prütting-*Dittmann*, BRAO, § 49b Rn 18; *N. Schneider*, Vergütungsvereinbarung, Rn 336.

14 BVerfG BGBl I S. 459a = NJW 2007, 979 m. Anm. *Johnigk* = AGS 2007, 168 m. Anm. *Schons* = RVGreport 2007, 179 (*Hansens*) = BRAK-Mit. 2007, 63 m. Anm. *Kirchberg* = AnwBl 2007, 297 m. Anm. *Hamacher* = JurBüro 2007, 242 m. Anm. *Madert*.

15 BVerfG NJW 2007, 979, 984 (sub Tz 100).

16 BVerfG NJW 2007, 979, 984 (sub Tz 100) und 985 (sub Tz 110).

17 Diese Konstellation lag auch der Verfassungsbeschwerde BVerfG NJW 2007, 979 ff. zu Grunde.

18 *Kilian*, BB 2007, 1061, 1064.

eines Erfolgshonorars ihr Kostenrisiko zu begrenzen.[19] Diese Möglichkeit soll nicht nur dem „armen Mann" eröffnet sein; auch der Mittelstand soll nach dem Verständnis des BVerfG von der Neuregelung profitieren.[20]

Entscheidend ist danach nicht die wirtschaftliche Leistungsfähigkeit des Auftraggebers, sondern das mit der Verfolgung seiner Rechte verbundene **wirtschaftliche Risiko**.[21] Je höher es ist, desto plausibler erscheint eine Berufung auf Abs. 1 S. 1. Dessen Voraussetzungen werden also namentlich dann erfüllt sein, wenn der Auftraggeber um Vermögensrechte streitet, die den **einzigen oder wesentlichen Bestandteil seines Vermögens** ausmachen.[22] In Betracht kommen dabei etwa
– ein hoher Erbanteil
– ein hoher Entschädigungsbetrag
– eine hohe, aber streitige Schmerzensgeldforderung
– der Kauf oder Verkauf eines Unternehmens
– ein riskanter Bauprozess.

Materiell-rechtlich erweist sich die Fassung des Abs. 1 damit als **weite Regelung**. Sie überlässt es letztlich dem argumentativen und sprachlichen Geschick der Vertragsparteien, unter Hinweis auf die wirtschaftlichen Verhältnisse des Mandanten und die wirtschaftlichen Risiken der Rechtsverfolgung einen Ausnahmetatbestand i.S.d. § 49b Abs. 2 BRAO i.V.m. § 4a zu definieren und sodann formgerecht zu dokumentieren. Die Motive sprechen diplomatisch von einem „flexiblen Maßstab".[23] Insgesamt wird der Rechtsanwalt mit jedem Mandanten, der nicht auf Prozesskosten- oder Beratungshilfe verwiesen werden kann, ein Erfolgshonorar zulässig vereinbaren können. Insofern wäre es konsequenter gewesen, das Erfolgshonorar freizugeben.[24]

Sofern es bei der Entscheidung über die Zulässigkeit eines Erfolgshonorars auf die **wirtschaftlichen Verhältnisse** ankommt, sind die **Angaben des Mandanten** im Zeitpunkt der Vereinbarung maßgeblich. Anderenfalls wäre der Anwalt verpflichtet, vor dem Abschluss der Vereinbarung die Einkommens- und Vermögensverhältnisse seines Auftraggebers einer umfassenden Prüfung zu unterziehen. Eine Prüfungspflicht diesen Inhalts und Umfangs könnte der Anwalt schon aus tatsächlichen Gründen schlechterdings nicht erfüllen. Auch rechtlich trifft den Anwalt grundsätzlich keine eigene, über die Befragung des Mandanten hinausgehende Ermittlungs- oder Nachforschungspflicht.[25]

dd) Subjektiver Maßstab. Entscheidend für die Beurteilung ist ein subjektiver Maßstab. Ausschlaggebend ist die einzelne rechtsuchende Person in ihrer **konkreten Lebenssituation** im Zeitpunkt des Abschlusses der Vereinbarung.

Ihre **Grenze** findet die subjektive Würdigung der individuellen Belange des Mandanten nach Abs. 1 S. 1 durch das Postulat der **verständigen Betrachtung**. Die Bewertung muss sich mithin noch im Rahmen dessen halten, was ein vernünftig denkender Mensch in der konkreten Situation des Mandanten entscheiden würde. Irrelevant ist hingegen, ob ein durchschnittlicher Rechtsuchender in einer bestimmten Rechtsangelegenheit in Ermangelung der Vereinbarung eines Erfolgshonorars davon abgehalten würde, seine Rechte zu verfolgen.[26]

ee) Möglichkeit der Inanspruchnahme von Prozess- und Verfahrenskostenhilfe sowie Beratungshilfe. Durch den ebenfalls zum 1.1.2014 eingefügten Abs. 1 S. 2 ist klargestellt, dass für die Beurteilung nach S. 1 die Möglichkeit, Beratungs- oder Prozesskostenhilfe in Anspruch zu nehmen, außer Betracht zu bleiben hat. Daher können unter Verweis auf die Möglichkeit der Beratungs-, Prozess- oder Verfahrenskostenhilfe nicht die Voraussetzungen des S. 1 verneint werden.

---

19 So BT-Drucks 16/8916, S. 17; BT-Drucks 16/8384, S. 9; Gegenäußerung Bundesregierung a.a.O., S. 7; *von Seltmann*, BRAK-Mitt. 2008, 99. Zu der schwierigen Bestimmung des Personenkreises nach Abs. 1 S. 1: *Mayer*, AnwBl 2007, 561, 565.
20 So der Verfassungsrichter *Dr. Gaier* anlässlich des 4. Hannoveraner ZPO-Symposions am 22.9.2007, vgl. *Lührig*, AnwBl 11/2007, S. VIII.
21 BT-Drucks 16/8916, S. 17.
22 Vgl. Plenarprotokoll 16/151 v. 13.3.2008, S. 15945; BT-Drucks 16/8384, S. 14.
23 BT-Drucks 16/8916, S. 17.
24 So etwa *Grunewald*, AnwBl 2007, 469 ff.; *M. Hartung*, AnwBl 2008, 396, 399.
25 *Henssler*, JZ 1994, 178; *Vollkommer/Heinemann*, Anwaltshaftungsrecht, 2. Aufl. 2003, Rn 180.
26 Siehe BT-Drucks 16/8384, S. 14.

2. Gerichtliche Verfahren (S. 2)

24 Nach Abs. 1 S. 2 darf für die anwaltliche Tätigkeit in einem **gerichtlichen Verfahren** für den Fall des Misserfolgs vereinbart werden, dass keine oder eine geringere als die gesetzliche Vergütung zu zahlen ist, wenn für den Erfolgsfall ein angemessener Zuschlag auf die gesetzliche Vergütung vereinbart wird. Diese ergänzende Bestimmung für das Erfolgshonorar ist im Kontext des § 49b Abs. 1 BRAO notwendig. Nach dem dort statuierten **Gebührenunterschreitungsverbot** darf der Anwalt keine geringere Vergütung vereinbaren, als es das RVG zulässt, sofern dieses nichts anderes bestimmt (siehe dazu § 3a Rdn 20 ff.). Abs. 1 S. 2 stellt eine anderweitige Bestimmung in diesem Sinne dar, sofern der Anwalt mit seinem Auftraggeber eine erfolgsbasierte Vergütung vereinbart, die bei einem Misserfolg keine („no win, no fee") oder nur eine geringere („no win, less fee") Vergütung vorsieht.

> **Beispiel:** Der Mandant beauftragt den Rechtsanwalt, für ihn Schadensersatzansprüche in Höhe von 12.000 EUR gerichtlich geltend zu machen. Als Vergütung vereinbaren die Parteien ein Erfolgshonorar dergestalt, dass der Anwalt 20 % des erstrittenen Betrages zuzüglich Umsatzsteuer erhalten soll. Bei vollem Erfolg soll die Quote bei 50 % liegen. Im Ergebnis wird die Klage zu 50 % abgewiesen.
>
> Nach den gesetzlichen Gebühren kann der Anwalt beanspruchen:
> **Gegenstandswert: 12.000 EUR**
> 1. 1,3 Verfahrensgebühr, VV 3100   785,20 EUR
> 2. 1,2 Terminsgebühr, VV 3104   724,80 EUR
> 3. Auslagenpauschale, VV 7002   20,00 EUR
>   Zwischensumme   1.530,00 EUR
> 4. 19 % Umsatzsteuer, VV 7008   290,70 EUR
> **Gesamt**   **1.820,70 EUR**
>
> Nach dem vereinbarten Erfolgshonorar kann der Anwalt fordern:
> **Erfolg: 6.000,00 EUR**
> 1. vereinbarte Vergütung, § 4a (quota litis 20 %)   1.200,00 EUR
> 2. Auslagenpauschale (VV 7002)   20,00 EUR
>   Zwischensumme   1.220,00 EUR
> 3. 19 % Umsatzsteuer, VV 7008   231,80 EUR
> **Gesamt**   **1.451,80 EUR**

25 Als Ausnahmetatbestand zu § 49b Abs. 1 BRAO verhindert Abs. 1 S. 2 in diesen Fällen ein berufsrechtswidriges Verhalten. Auch wenn sich nach dem Ausgang des gerichtlichen Mandats erweist, dass die nach der Erfolgshonorarvereinbarung geschuldete Vergütung die staatlichen Tarife des RVG unterschreitet, hat der Rechtsanwalt daher keine berufsrechtlichen Sanktionen zu erwarten. Voraussetzung für die Suspendierung des § 49b Abs. 1 BRAO ist freilich, dass Anwalt und Mandant für den Erfolgsfall einen **angemessenen Zuschlag** auf die gesetzliche Vergütung vereinbart haben. Die Angemessenheit des Zuschlags ist aus der Sicht der Vertragsparteien für den **Zeitpunkt des Vertragsschlusses** zu beurteilen. Entscheidend ist mithin die Sicht ex ante; eine rückwirkende Betrachtung nach dem Verlauf oder gar dem Ergebnis des gerichtlichen Verfahrens verbietet sich daher.

26 Zwischen dem vereinbarten Zuschlag im Erfolgsfall und der Unterschreitung der gesetzlichen Gebühren im (teilweisen) Misserfolgsfall besteht bei der Angemessenheitsprüfung nach Abs. 1 S. 2 eine **enge Korrelation**. Je weiter im Falle des Misserfolgs die staatlichen Tarife unterschritten werden sollen, desto höher muss der Erfolgszuschlag sein. Der Erfolgszuschlag ist daher zu maximieren, wenn der Anwalt das Vergütungsrisiko zu 100 % übernimmt („no win, no fee"). Erhält der Anwalt dagegen auch im Misserfolgsfall eine – wenn auch untertarifliche – Grundvergütung („no win, less fee"), kann der Zuschlag proportional geringer sein.[27]

27 Die Angemessenheit des Zuschlags richtet sich überdies nach den **Erfolgsaussichten**, die sich zumeist bei der Bestimmung der maßgeblichen Gründe im Sinne des Abs. 3 S. 1 einschätzen lassen (vgl. Rdn 37 f.). Je geringer die Erfolgswahrscheinlichkeit einzuschätzen ist, desto höher ist der Zuschlag im Erfolgsfalle anzusetzen. Beträgt etwa die Erfolgsprognose 50 %, ist regelmäßig ein Zuschlag angemessen, dessen Wert der Unterschreitung der gesetzlichen Mindestvergütung im Miss-

---

27 Vgl. BT-Drucks 16/8384, S. 14.

erfolgsfall entspricht. Sind die Erfolgsaussichten größer, genügt ein niedrigerer Zuschlag, sind umgekehrt die Erfolgsaussichten geringer, muss der Zuschlag entsprechend größer sein.[28]

Die Regelung des Abs. 1 S. 2 ist misslungen; sie erscheint **nicht praktikabel** und **extrem streitanfällig**.[29] Die Regelung ersetzt für die Vertragspartner gut verständliche und handhabbare Kriterien durch den unbestimmten Rechtsbegriff des angemessenen Zuschlags. Bei der gerichtlichen Überprüfung einer erfolgsbasierten Vergütung tritt neben die allgemeine Äquivalenzkontrolle des § 3a Abs. 2 (siehe § 3a Rdn 98 ff.) eine zweite, auf den Zuschlag nach Abs. 1 S. 2 bezogene Angemessenheitsprüfung. Die erste Prüfung ist ex post vorzunehmen (vgl. § 3a Rdn 109), die zweite Prüfung ex ante (vgl. Rdn 25). Eine unüberschaubare Kasuistik ist zu befürchten. Die Regelung des Abs. 1 S. 2 gibt Anwalt und Mandant daher nicht die notwendige Rechtssicherheit, sondern schafft einen neuen, zusätzlichen Konfliktherd für eine streitige Auseinandersetzung um das vereinbarte Honorar. 28

II. Wirksamkeitsvoraussetzungen (Abs. 2)

Abs. 2 zwingt die Parteien, die kalkulatorischen Grundlagen des Erfolgshonorars und die dafür geltenden Bedingungen in der Vergütungsvereinbarung schriftlich zu fixieren. So soll dem Mandanten die Bedeutung der Vereinbarung einer erfolgsbasierten Vergütung unter besonderer Berücksichtigung des Zuschlags im Erfolgsfall verdeutlicht werden.[30] Die Angaben gemäß Abs. 2 müssen **kumulativ** vorliegen („sowie") und sind **zwingend** („muss"); andernfalls ist der Anwalt auch im Erfolgsfalle auf die gesetzliche Vergütung beschränkt (§ 4b). 29

1. Voraussichtliche gesetzliche bzw. vertragliche Vergütung (Nr. 1)

Nach Abs. 2 Nr. 1 muss die Vereinbarung die voraussichtliche gesetzliche Vergütung **und gegebenenfalls** die erfolgsunabhängige vertragliche Vergütung enthalten, zu der der Rechtsanwalt bereit wäre, den Auftrag zu übernehmen. Anzugeben ist also die Vergütung, für die der Rechtsanwalt das konkrete Mandat übernehmen würde, wenn kein Erfolgshonorar vereinbart worden wäre.[31] 30

Nach § 4b stellt ein Verstoß gegen Abs. 2 Nr. 1 einen **Nichtigkeitsgrund** dar (vgl. § 4b Rdn 5). Diese Rechtsfolge erweist sich als unverhältnismäßig, ist doch die Höhe der **gesetzlichen Vergütung** im Zeitpunkt des Vertragsschlusses regelmäßig nicht zuverlässig kalkulierbar. Jedenfalls in allen Fällen, in denen nicht nur um einen einzigen, bezifferten Zahlungsanspruch gestritten wird, existieren vielfältige Umstände, die der Rechtsanwalt nicht beeinflussen kann.[32] So kann der Gegner den Streitwert durch Kosten steigernde Maßnahmen, etwa eine Widerklage, erhöhen (§ 45 GKG). In vielen Fällen kann das Gericht den Gegenstandswert nach freiem Ermessen höher oder niedriger festsetzen (§ 3 ZPO). Zwar müssen die Parteien nur die **voraussichtliche** gesetzliche Vergütung fixieren; welche Abweichungstoleranz dieser Begriff impliziert, bleibt indes völlig offen. In Anlehnung an die für Rahmengebühren geltende **Toleranzgrenze** (siehe § 14 Rdn 79 f.) wird eine Abweichung von bis zu 20 % in jedem Fall zu akzeptieren sein. 31

Als **erfolgsunabhängige vertragliche Vergütung** ist die Vergütung anzusehen, die der Rechtsanwalt in einem mit dem konkreten Mandat vergleichbaren Fall üblicherweise qua Vereinbarung zu fordern pflegt.[33] Entscheidend ist daher die **Üblichkeit** der eigenen Vergütung aus der Sicht des betreffenden Anwalts. Die Vergleichbarkeit setzt eine typisierende Betrachtungsweise durch den Anwalt voraus, da in der Praxis eine Sachverhaltsidentität bei verschiedenen Mandaten kaum vorkommen wird – jeder Fall ist bekanntlich anders. 32

---

28 BT-Drucks 16/8384, S. 14. Zu der Berechnung des Erfolgszuschlags nach der englischen „conditional fee" **Mayer**, AnwBl 2007, 561, 567.
29 So zutreffend die gemeinsame Stellungnahme von BRAK und DAV zum Regierungsentwurf vom Februar 2008, S. 9.
30 BT-Drucks 16/8384, S. 14 f.
31 BT-Drucks 16/8343, S. 15.
32 Gemeinsame Stellungnahme von BRAK und DAV zum Regierungsentwurf vom Februar 2008, S. 10.
33 BT-Drucks 16/8384, S. 15.

Beispiel: Der Mandant beauftragt den Anwalt mit der Durchsetzung von Schadensersatzansprüchen nach einem Verkehrsunfall mit Personen- und Sachschaden. Der Anwalt, ein angesehener Fachanwalt für Verkehrsrecht, pflegt für seine Bemühungen bei Mandaten dieser Art eine Zeitvergütung mit einem Stundensatz von 250 EUR netto zu vereinbaren. Diese Vergütung ist nach Abs. 2 Nr. 1 für die Vereinbarung eines Erfolgshonorars maßgeblich.

33 Mit seiner Terminologie der erfolgsunabhängigen vertraglichen Vergütung rekurriert der Gesetzgeber auf die Vorschrift des § 4. Diese Bezugnahme bedeutet indes nicht, dass Anwalt und Mandant nach § 4a Abs. 2 Nr. 1 i.V.m. § 4 Abs. 1 eine geringere als die gesetzliche Vergütung prognostizieren müssen. Maßgeblich ist allein die für Mandate dieser Art üblicherweise vereinbarte Vergütung **ohne Rücksicht auf die Höhe der gesetzlichen Gebühren**.

2. Höhe der Vergütung bei Bedingungseintritt (Nr. 2)

34 Nach Abs. 2 Nr. 2 müssen die Parteien beim Abschluss der Erfolgshonorarvereinbarung auch angeben, welche Vergütung bei Eintritt welcher Bedingungen verdient sein soll. Die Vertragsurkunde muss demnach eine **Definition des vereinbarten Erfolges** ausweisen. Die Vergütung steht insoweit unter der aufschiebenden Bedingung des Eintritts bestimmter, von den Parteien definierter Umstände, § 158 Abs. 1 BGB. Dabei kann es sich um künftige, ungewisse Ereignisse rechtlicher oder tatsächlicher Art handeln.[34] Anwalt und Mandant sollen einvernehmlich regeln und möglichst genau festhalten, **welche Bedingung** welche Zahlungsverpflichtung auslösen soll.

Beispiele: Rechtskräftige Verurteilung des Arbeitgebers zu einer Abfindung von mindestens 10.000 EUR; Räumung und Herausgabe der Mietwohnung durch den Mieter bis zum 31.12.2013; Freispruch als Angeklagter im Strafverfahren; Zuspruch eines Schmerzensgeldes von 5.000 EUR und mehr; Widerruf und Unterlassung der Behauptung, der Mandant habe seinem Arbeitskollegen seine Brieftasche gestohlen etc.

35 Ein **Verstoß** gegen Abs. 2 Nr. 2 macht die **Vereinbarung fehlerhaft**. Der Mandant schuldet in diesen Fällen eine Vergütung in Höhe der gesetzlichen Vergütung (§ 4b).

III. Weitere Voraussetzungen (Abs. 3)

36 Abs. 3 bezweckt den Ausgleich der zumeist **asymmetrischen Informationsverteilung** zwischen Anwalt und Mandant hinsichtlich der Einschätzung der Erfolgsaussichten der Rechtssache. Zugleich soll die Vorschrift etwaigen Beweisschwierigkeiten bei einem Streit über die vereinbarte Vergütung vorbeugen (siehe Rdn 6).[35]

1. Bestimmende Gründe (S. 1)

37 In der Vereinbarung sind nach Abs. 3 S. 1 die wesentlichen Gründe anzugeben, die für die Bemessung des Erfolgshonorars bestimmend sind. Ausweislich der Motive soll die Anwaltschaft insoweit nicht mit besonderen Recherche- oder Rechtsprüfungspflichten belastet werden; festgehalten werden muss in der Vereinbarung nur das, was im **Zeitpunkt des Vertragsschlusses** bekannt ist.[36] Nach seiner ratio legis soll Abs. 3 S. 1 die Geschäftsgrundlagen der Vereinbarung festhalten und dabei bewusst falschen Angaben beider Vertragsparteien vorbeugen.

38 **Inhaltlich** kann sich die Erklärung nach Abs. 3 S. 1 sowohl auf tatsächliche als auch auf rechtliche Gründe beziehen. Entscheidend sind dabei alle Kriterien, welche die Erfolgsbemessung wesentlich beeinflussen können.

Beispiele: Notwendigkeit und Inhalt eines Sachverständigengutachtens; Ergebnis einer notwendigen Zeugenbefragung; wirtschaftliche Realisierbarkeit von Zahlungsansprüchen bei drohender Insolvenz des Schuldners; Ausgang des Strafverfahrens für die Geltendmachung deliktischer Schadensersatzansprüche; ungeklärte Eigentumsverhältnisse an dem streitgegenständlichen Grundstück; komplizierte Verjährungsfragen.

---

34 Zu den verschiedenen Arten von Bedingungen Prütting/Wegen/Weinreich/*Brinkmann*, BGB, 2. Aufl. 2007, § 158 Rn 2 ff.; MüKo-BGB/*H.P. Westermann*, 5. Aufl. 2006, § 158 Rn 8 ff.

35 BT-Drucks 16/8384, S. 15.

36 Plenarprotokoll 151. Sitzung des Bundestages, S. 15949 (*Dr. Hartenbach*), BT-Drucks 16/8916, S. 18; BT-Drucks 16/8384, S. 15.

Nach ihrem **Umfang** kann die Erklärung nach Abs. 3 S. 1 kurz sein. Namentlich ein vorweg genommenes Rechtsgutachten des Anwalts zu den Erfolgsaussichten ist nicht erforderlich. Ausreichend sind vielmehr knappe Hinweise auf die nach Abs. 3 S. 1 relevanten Umstände.

2. Kostenhinweis (S. 2)

S. 2 bestimmt ergänzend, dass der Mandant auf seine Kostentragungspflicht im Falle des Unterliegens hinzuweisen ist. Diese neu begründete **Hinweispflicht** soll dem Auftraggeber vor Augen halten, dass die Vereinbarung keinen Einfluss auf die von ihm zu entrichtenden Gerichtskosten, Verwaltungskosten und die von ihm zu erstattenden Kosten anderer Beteiligter hat. So soll der Irrtum des Auftraggebers vermieden werden, er sei im Misserfolgsfall von sämtlichen Rechtsverfolgungskosten freigestellt.[37] Der Grundsatz, dass die Kostentragungspflicht der unterliegenden Partei (§ 91 ZPO) als allgemein bekannt vorauszusetzen ist und infolge dessen keiner Aufklärung von anwaltlicher Seite bedarf,[38] erfährt insoweit eine Ausnahme.

Hinweisgeber ist stets der Rechtsanwalt, der die Erfolgshonorarvereinbarung mit seinem Auftraggeber abschließt. Bei einer **gemeinschaftlichen Berufsausübung** von Rechtsanwälten ist hingegen zu differenzieren. Ist der übernehmende Anwalt in einer bloßen Bürogemeinschaft tätig, trifft ihn die Hinweispflicht persönlich; die Erteilung des Hinweises durch einen anderen Bürogemeinschafter erfüllt die Hinweispflicht dagegen nicht. Er wird nicht Vertragspartei; die Belehrung stammt daher von einem Dritten. Bei der Entgegennahme des Auftrags durch einen Sozius wird das Mandat im Regelfall der Sozietät als rechts- und parteifähiger Gesellschaft übertragen.[39] Ausreichend ist indes die Belehrung durch den sachbearbeitenden Anwalt, die im Zweifel ohnehin im Namen der Sozietät abgegeben wird; ein gesonderter Hinweis der anderen Gesellschafter bzw. der Gesellschaft als solcher ist nicht erforderlich. Entsprechendes gilt für die Übernahme des Mandats durch eine Partnerschaftsgesellschaft, die nach § 7 Abs. 2 PartGG i.V.m. § 124 HGB ebenfalls ein selbstständiges Rechtssubjekt ist und die dem sachbearbeitenden Partner im Außenverhältnis gegenüber dem Mandanten eine Sonderstellung einräumt (arg. § 8 Abs. 2 PartGG) (siehe auch § 2 Rdn 62).

Der Hinweis nach Abs. 3 S. 2 muss **gegenüber jedem Mandanten** erteilt werden. Dies gilt auch für den im Umgang mit Rechtsanwälten erfahrenen Mandanten. Der individuelle Bildungs- und Verständnishorizont ist insoweit irrelevant. Selbst ein Rechtsanwalt ist in seiner Eigenschaft als Auftraggeber belehrungsbedürftig.[40]

Beauftragt eine Personenmehrheit einen **Vertreter** mit dem Abschluss eines Mandatsvertrages, obliegt dem Anwalt die Hinweispflicht nur gegenüber diesem. Die vertretene Personenmehrheit muss sich die Kenntnis des Vertreters nach Abs. 3 S. 2 als eigene zurechnen lassen (arg. § 166 Abs. 1 BGB).

3. Rechtsfolgen der Verletzung

a) Berufsrecht

Ein Verstoß gegen die Pflichten des Abs. 3 hat für den Anwalt **keine berufsrechtlichen Konsequenzen**. Es handelt sich um vergütungsrechtliche Spezialpflichten, die nicht als berufliche Grundpflichten der §§ 43 ff. BRAO ausgestaltet sind. Dies ergibt sich bereits aus der systematischen Stellung der Vorschrift im RVG. Hätte der Gesetzgeber eine berufsrechtlich sanktionierte Pflichtstellung des Rechtsanwalts begründen wollen, hätte er eine dem § 49b Abs. 5 BRAO entsprechende Norm geschaffen (vgl. dazu § 2 Rdn 51 ff.).

---

[37] BT-Drucks 16/8384, S. 15.
[38] Vgl. Zugehör/Fischer/*Sieg*/Schlee, Handbuch der Anwaltshaftung, 2. Aufl. 2006, Rn 642 m.w.N.
[39] Henssler/Prütting/*Hartung*, BRAO, § 59a BRAO Rn 35 m.w.N.; zu der Rechts- und Parteifähigkeit der GbR grundlegend BGH NJW 2001, 1056 = DB 2001, 423 m. Anm. *Römermann*; K. Schmidt, NJW 2001, 993 ff.
[40] Koch/*Kilian*, Anwaltliches Berufsrecht, 2007, Rn B 371 (zu § 49b Abs. 5 BRAO). Lediglich eine ungeschriebene Hinweispflicht kann in diesen Fällen entfallen, vgl. BGH NJW 1969, 932, 933; Zugehör/Fischer/*Sieg*/Schlee, Handbuch der Anwaltshaftung, 2. Aufl. 2006, Rn 648.

b) Zivilrecht

44 Abs. 3 gehört nach dem Wortlaut des § 4b nicht zu den Vorschriften, welche die Fehlerhaftigkeit der Vereinbarung auslösen. Ein Verstoß gegen Abs. 3 lässt die **Wirksamkeit** der Vereinbarung nach § 4b daher unberührt (vgl. § 4b Rdn 4). Sie ist insbesondere nicht gemäß § 125 BGB formnichtig.[41]

45 Unter Hinweis auf das Grundsatzurteil des BGH vom 11.10.2007 zur Haftung des Anwalts bei Verletzung seiner Hinweispflicht nach § 49b Abs. 5 BRAO[42] (siehe § 2 Rdn 79 ff.) geht der Reformgesetzgeber indes davon aus, dass eine Verletzung des Abs. 3 zivilrechtliche **Schadensersatzansprüche** auslösen kann.

46 **aa) Schadensersatzansprüche nach Abs. 3 S. 1.** Verletzt der **Rechtsanwalt** die ihm nach Abs. 3 S. 1 obliegende Pflicht, die für die Bemessung des Erfolgshonorars bestimmenden Gründe anzugeben, kann er einem Schadensersatzanspruch seines Auftraggebers ausgesetzt sein. Als **Anspruchsgrundlage** kommt namentlich **§ 280 Abs. 1 BGB** in Betracht. Erfolgt die Pflichtverletzung im Stadium der Verhandlungen über die Vereinbarung eines Erfolgshonorars, resultiert die anwaltliche Haftung aus den §§ 241, 311 Abs. 2, 280 Abs. 1 BGB (siehe § 2 Rdn 79 ff.).

47 Als **Schuldverhältnis** i.S.d. § 280 Abs. 1 BGB ist die Erfolgshonorarvereinbarung selbst zu qualifizieren. Die §§ 3a ff. stellen nicht mehr auf das einseitige Honorarversprechen des Auftraggebers ab, sondern fordern nunmehr explizit eine rechtsgeschäftliche Vereinbarung (vgl. § 3a Rdn 34). Die **Pflichtverletzung** des Anwalts besteht in der Unterlassung der Angabe bestimmender Gründe für die Bemessung des Erfolgshonorars. Abs. 3 S. 1 statuiert insoweit eine vergütungsrechtliche Handlungspflicht mit zivilrechtlichen Haftungsfolgen (siehe § 2 Rdn 79). Ein **Verschulden** des Anwalts setzt seine Kenntnis oder fahrlässige Unkenntnis der Umstände voraus, die für die Bemessung des Erfolgshonorars wesentlich sind. Daran fehlt es, wenn der Mandant den der Vereinbarung zugrunde liegenden Sachverhalt falsch oder unvollständig schildert. In diesem Fall kann umgekehrt eine Haftung des Auftraggebers begründet sein (siehe Rdn 48). Der **Einwand rechtmäßigen Alternativverhaltens** kann geführt werden, wenn der Anwalt darlegen und beweisen kann, dass der Auftraggeber die Erfolgshonorarvereinbarung auch ohne die Benennung der bestimmenden Gründe abgeschlossen hätte, die Verletzung der Pflicht aus Abs. 3 S. 1 mithin nicht ursächlich war. Der ersatzpflichtige Rechtsanwalt hat seinem Mandanten nach § 249 BGB den **Schaden** zu ersetzen, der durch die unterlassene Benennung maßgeblicher Gründe adäquat-kausal entstanden ist. Als Vertrauensschaden in diesem Sinne kommt im Erfolgsfall (Abs. 2 Nr. 2) namentlich die Freistellung von der Pflicht zur Zahlung der vereinbarten Vergütung in Betracht (zu den Einzelheiten der Haftung nach § 280 BGB siehe § 2 Rdn 79 ff.).

48 Die Angabe der wesentlichen Gründe für die Bemessung des Erfolgshonorars ist keine Verpflichtung, die einseitig den Anwalt trifft. Abs. 3 S. 1 hat den Zweck, die Geschäftsgrundlagen der Vereinbarung festzuhalten und dabei bewusst falschen Angaben beider Vertragsparteien vorzubeugen (siehe Rdn 6, 36). Die Vorschrift begründet daher auch eine **Pflichtenstellung des Mandanten** insoweit, als er dem Anwalt alle für die Benennung nach Abs. 3 S. 1 maßgeblichen Tatsachen mitzuteilen hat. Umgekehrt besteht keine Verpflichtung des Anwalts, den Sachverhaltsangaben des Mandanten zu misstrauen und insoweit seinerseits Nachforschungen anzustellen.[43] Ohne besonderen Anlass muss der Anwalt auch nicht nachfragen, ob sich der rechtlich maßgebende Sachverhalt nachträglich geändert hat.[44]

49 Verletzt der Mandant seine Informationspflicht durch in wesentlichen Punkten unvollständige oder falsche Angaben, kann er sich einem **Schadensersatzanspruch des Rechtsanwalts** nach § 280 Abs. 1 BGB aussetzen. Zu vertreten hat der Mandant seine Pflichtverletzung indes nur, wenn er die Relevanz der falsch oder unvollständig geschilderten Tatsachen für die Angaben nach Abs. 3 S. 1 kannte oder hätte kennen müssen (§ 276 BGB). Zu ersetzen ist nach § 249 BGB der adäquat-kausale **Vertrauensschaden**.

---

[41] Vgl. OLG Düsseldorf RVGreport 2012, 255.
[42] BGH NJW 2007, 2332 = AnwBl 2007, 628 = RVGreport 2007, 316 (*Hansens*) = AGS 2007, 386 m. Anm. *Schons* = JurBüro 2007, 478 m. Anm. *Enders* = BRAK-Mitt. 2007, 175 m. Anm. *Grams*, a.a.O., S. 159.
[43] BGH NJW 1985, 1154; *Vollkommer/Heinemann*, Anwaltshaftungsrecht, 2. Aufl. 2003, Rn 155.
[44] *Borgmann/Jungk/Grams*, Anwaltshaftung, 4. Aufl. 2005, Kap. IV Rn 27 m.w.N.

> **Beispiel**: Der Mandant beauftragt den Anwalt mit der gerichtlichen Geltendmachung von Arzthaftungsansprüchen in Höhe von 50.000 EUR. Die Erfolgshonorarvereinbarung sieht vor, dass der Anwalt 50 % des erstrittenen Betrages als Bruttovergütung erhält. In der mündlichen Verhandlung stellt sich heraus, dass der Mandant eine einschlägige Vorerkrankung hatte, die den Behandlungsfehler mit verursacht hat. Diesen Umstand hatte der Mandant dem Anwalt verschwiegen. Die Klage wird zu 75 % abgewiesen.
> Der Vergütungsanspruch des Anwalts beträgt nach § 4a nur 6.250 EUR. Hätte der Auftraggeber nach Abs. 3 S. 1 auf seine Vorerkrankung hingewiesen, hätte der Anwalt sein Erfolgshonorar wegen der geringeren Erfolgsaussichten in Höhe von 75 % des erstrittenen Betrags bemessen. Seine Vergütung hätte dann 9.375 EUR betragen. Seinen Schaden in Höhe von 3.125 EUR kann er nach § 280 BGB gegenüber seinem Auftraggeber geltend machen.

bb) Schadensersatzansprüche nach Abs. 3 S. 2. Der nach Abs. 3 S. 2 aufzunehmende Hinweis auf die Irrelevanz der Vereinbarung für die gegebenenfalls vom Auftraggeber zu zahlenden Gerichtskosten, Verwaltungskosten und die von ihm zu erstattenden Kosten anderer Beteiligter ist als einseitige Hinweispflicht des Anwalts ausgestaltet (vgl. Rdn 6). Ihre Verletzung kann einen **Schadensersatzanspruch des Mandanten** nach § 280 Abs. 1 BGB auslösen (vgl. Rdn 45 ff.). Die anwaltliche Pflichtverletzung beruht dabei regelmäßig auf der Unterlassung des nach Abs. 3 S. 2 zu erteilenden und in der Vereinbarung zu dokumentierenden Hinweises. Die Vorschrift begründet eine für die haftungsrechtliche Zurechnung maßgebliche Handlungspflicht des Anwalts.[45] Die pflichtwidrige Unterlassung des Hinweises ist geeignet, beim Mandanten einen Irrtum über die Kostentragungspflicht im Falle des (teilweisen) Unterliegens zu erregen. Soweit dem Mandanten infolge dieser Fehlvorstellung ein adäquat-kausaler und zurechenbarer Schaden entsteht, hat der Anwalt diesen zu ersetzen. Nach § 249 BGB ist der Mandant so zu stellen, als sei er nach Abs. 3 S. 2 ordnungsgemäß belehrt worden. Der Anspruch ist auf das **negative Interesse** gerichtet.[46]

50

> **Beispiel**: Der Mandant beauftragt den Anwalt mit der klageweisen Durchsetzung einer streitigen Schmerzensgeldforderung vor dem LG. Das Gericht weist die Klage ab. Nach der Erfolgshonorarvereinbarung soll der Anwalt nur dann eine Vergütung erhalten, wenn ein Schmerzensgeldanspruch in Höhe von mindestens 5.000 EUR rechtskräftig festgestellt wird. Der Beklagte lässt seine anwaltlichen Kosten festsetzen und nimmt den Mandanten aus dem Kostenfestsetzungsbeschluss des LG in Höhe von 750 EUR in Anspruch. Auf diese Kostentragungspflicht war der Mandant in der Honorarvereinbarung nicht hingewiesen worden. Hier kann der Mandant nach § 280 Abs. 1 BGB die Erstattung der festgesetzten Kosten oder die Freistellung von diesen Kosten verlangen, wenn ihm der Nachweis gelingt, dass er bei gehöriger Belehrung nach Abs. 3 S. 2 von der gerichtlichen Verfolgung seiner Rechte abgesehen hätte.

Den geltend gemachten Schaden muss der **Mandant** dem Grunde und der Höhe nach konkret **darlegen und beweisen;** ein Anscheinsbeweis kommt nicht in Betracht.[47] Er greift bei anwaltlichen Aufklärungsfehlern nur, wenn bei zutreffender Auskunftserteilung allein *eine* Entscheidung möglich oder sinnvoll gewesen wäre.[48] Diese Prämisse ist bei der Entscheidung des Mandanten über die kostenpflichtige Rechtsverfolgung qua Erfolgshonorar regelmäßig nicht erfüllt. An die Erfüllung der Darlegungs- und Beweislast sind im Übrigen strenge Anforderungen zu stellen.[49]

51

Der einem Anspruch aus § 280 Abs. 1 BGB ausgesetzte Anwalt kann einwenden, die Unterlassung des nach Abs. 3 S. 2 gebotenen Hinweises sei für die Entscheidung seines Auftraggebers nicht ursächlich gewesen, weil dieser sich auch in Kenntnis seiner Kostenpflicht für den Abschluss der Vereinbarung entschieden hätte. Den **Einwand rechtmäßigen Alternativverhaltens** kann der Mandant freilich durch einen schlüssigen Sachvortrag entkräften. Ihn trifft insoweit eine substantiierte Darlegungs- und Beweispflicht. Dies gilt namentlich für den Einwand des Mandanten[50] er hätte bei Erteilung des Hinweises nach Abs. 3 S. 2 von der Verfolgung seiner Rechte abgesehen (siehe auch § 2 Rdn 87).

52

---

45 Vgl. *Borgmann/Jungk/Grams*, Anwaltshaftung, 4. Aufl. 2005, Kap. IV Rn 17.
46 Koch/*Kilian*, Anwaltliches Berufsrecht, 2007, Rn B 374 (zu § 49b Abs. 5 BRAO).
47 *Hartmann*, NJW 2004, 2484 (zu § 49b Abs. 5 BRAO).
48 BGH NJW 1993, 3259; *Borgmann/Jungk/Grams*, Anwaltshaftung, 4. Aufl. 2005, Kap. IX Rn 25.
49 BGH NJW 2007, 2332 = AGS 2007, 386, 388 = AnwBl 2007, 628, 630 (zu § 49b Abs. 5 BRAO).
50 Vgl. LG Berlin AGS 2007, 390 (zu § 49b Abs. 5 BRAO).

C. Abrechnung

54 Die Abrechnung des vereinbarten Erfolgshonorars hat grundsätzlich in Form einer **ordnungsgemäßen Berechnung** nach § 10 zu erfolgen. Diese Vorschrift findet auch auf Vergütungsvereinbarungen Anwendung,[52] es sei denn, aus der Vereinbarung selbst ergibt sich etwas anderes. Die Reichweite der Anwendbarkeit des § 10 hängt davon ab, inwieweit sich die vereinbarte Vergütung am **Leitbild der gesetzlichen Vergütung** orientiert. So sind etwa bei der Vereinbarung eines Vielfachen der gesetzlichen Gebühren im Erfolgsfall die einzelnen Gebührentatbestände mit ihrem (jeweiligen) Multiplikator anzugeben, während bei der Abrechnung eines nicht tarifgebundenen Erfolgshonorars die allgemeine Angabe „Vergütung für Beratung/Vertretung/Prozessführung in Sachen ... gemäß Vereinbarung vom ..." ausreicht. Die Angabe des Berechnungsmodus steigert indes die Transparenz der Abrechnung und somit die Akzeptanz beim Auftraggeber. § 4a selbst muss als der Berechnung zugrunde liegende Vorschrift nicht genannt werden (zu den Einzelheiten der Abrechnung einer Vergütungsvereinbarung siehe eingehend § 10 Rdn 6 ff.).

55 Zu der Abrechnung bei einer unverbindlichen Erfolgshonorarvereinbarung vgl. die Kommentierung zu § 4b (siehe § 4b Rdn 7 ff.).

D. Kostenerstattung

56 Eine vereinbarte erfolgsbasierte Vergütung ist nicht erstattungsfähig. Im Falle des Obsiegens ist der Gegner oder im Falle des Freispruchs die Staatskasse lediglich verpflichtet, die vereinbarte Vergütung bis maximal zur Höhe der **fiktiven gesetzlichen Gebühren**, die der Anwalt hätte beanspruchen können, zu erstatten.

57 Im Zuge der Neuregelung des Rechts der anwaltlichen Vergütungsvereinbarung hätte es nahe gelegen, die entsprechenden Kostenerstattungsvorschriften (§ 91 Abs. 2 ZPO, §§ 467 Abs. 1, 467a Abs. 1 StPO, § 162 Abs. 2 VwGO, § 139 Abs. 3 FGO) um folgenden klarstellenden Satz zu ergänzen:

> „Hat eine Partei mit ihrem Prozessbevollmächtigten die Vergütung vereinbart, sind für die Berechnung von Erstattungsansprüchen die gesetzlichen Gebühren und Auslagen zugrunde zu legen."

Dieser von den anwaltlichen Berufsverbänden unterbreitete Vorschlag[53] fand im Gesetzgebungsverfahren leider kein Gehör.

---

§ 4b   Fehlerhafte Vergütungsvereinbarung

¹Aus einer Vergütungsvereinbarung, die nicht den Anforderungen des § 3a Abs. 1 Satz 1 und 2 oder des § 4a Abs. 1 und 2 entspricht, kann der Rechtsanwalt keine höhere als die gesetzliche Vergütung fordern. ²Die Vorschriften des bürgerlichen Rechts über die ungerechtfertigte Bereicherung bleiben unberührt.

Literatur: *Kilian*, Die Leistung auf eine formwidrige Vergütungsvereinbarung, NJW 2005, 3104; *von Seltmann*, Die Neuregelung des anwaltlichen Erfolgshonorars – und was sich sonst noch ändert, BRAK-Mitt. 2008, 99.

---

[51] So zu § 49b Abs. 5 BRAO BGH NJW 2008, 371 = RVGreport 2008, 37 (*Hansens*) = AGS 2008, 9 m. Anm. *Schons* = AnwBl 2008, 68 = BRAK-Mitt. 2008, 14 (*Grams*).

[52] Kilian/vom Stein-*Rick*, § 29 Rn 271; *N. Schneider*, Vergütungsvereinbarung, Rn 1878; *Hansens*, BRAGO, § 18 Rn 8; Gerold/Schmidt/*Burhoff*, § 10 Rn 12; einschränkend Krämer/Mauer/*Kilian*, Rn 694.

[53] Gemeinsame Stellungnahme der BRAK und des DAV zum Regierungsentwurf vom Februar 2008, S. 15 f.

53 Die **Darlegungs- und Beweislast** für die Nichterfüllung der Hinweispflicht nach Abs. 3 S. 2 obliegt dem **Mandanten**. Der Anwalt muss jedoch substantiiert darlegen und beweisen, in welcher Weise er belehrt haben will.[51]

A. Allgemeines 1	2. Arglisteinrede 14
B. Regelungsgehalt 4	III. Rückforderung der überzahlten Vergütung 16
I. Fehlerhaftigkeit der Vergütungsvereinbarung 4	1. Aufhebung vergütungsrechtlicher Kondiktionsregeln 16
II. Beschränkung auf gesetzliche Vergütung .. 7	2. Kondiktion nach §§ 812 ff. BGB 17
1. Unverbindlichkeit der Vergütungsvereinbarung 7	

A. Allgemeines

Die Vorschrift wurde mit Wirkung zum 1.7.2008 durch das Gesetz zur Neuregelung des Verbots der Vereinbarung von Erfolgshonoraren eingefügt (siehe auch § 3a Rdn 1 ff., § 4 Rdn 1 ff. und § 4a Rdn 1 ff.). Sie regelt die **Rechtsfolgen** einer fehlerhaften Vergütungsvereinbarung. 1

Die **Fehlerhaftigkeit** der Vereinbarung ergibt sich aus einem Verstoß gegen die Erfordernisse der § 3a Abs. 1 S. 1 und 2 oder des § 4a Abs. 1 und 2 (zu Einzelheiten siehe Rdn 4 ff.). Ein Verstoß gegen die Hinweispflicht nach § 3a Abs. 3 S. 3 führt nicht zu einer „Sanktion" nach § 4b,[1] kann aber zivilrechtliche Schadensersatzansprüche des Auftraggebers nach sich ziehen, die dieser allerdings darlegen und beweisen muss.[2] 2

Hat der Mandant die vereinbarte Vergütung bereits entrichtet, kann er nach S. 2 i.V.m. § 812 BGB den die gesetzliche Vergütung übersteigenden Betrag von seinem Anwalt zurückfordern.[3] Der in § 4 Abs. 1 S. 3 a.F. normierte Ausschluss der Kondizierbarkeit gilt insoweit nicht mehr (siehe Rdn 16). Die Rückforderung kann allerdings nach Treu und Glauben ausgeschlossen sein. An die Treuwidrigkeit sind allerdings hohe Anforderungen zu stellen. Alleine dass der Mandant auf die Einhaltung der Schriftform verzichtet und erklärt hat, er werde die getroffene Vereinbarung nicht bestreiten, reicht für eine Treuwidrigkeit nicht aus.[4] 3

B. Regelungsgehalt

I. Fehlerhaftigkeit der Vergütungsvereinbarung

Die Fehlerhaftigkeit der Vereinbarung muss auf einem Verstoß gegen die Erfordernisse des § 3a Abs. 1 S. 1 und 2 oder des § 4a Abs. 1 und 2 beruhen. Diese **Aufzählung** ist **abschließend**. Nicht von der Rechtsfolge des § 4b erfasst sind daher Verstöße gegen § 3a Abs. 3[5] und 4, § 4 und § 4a Abs. 3. Auch für eine Gebührenvereinbarung nach § 34 gilt die Rechtsfolge des § 4b nicht, da sie von § 3a Abs. 1 S. 1 und 2 erst gar nicht erfasst ist (§ 3a Abs. 1 S. 3). 4

---

1 BGH MDR 2016, 915 = AnwBl 2016, 692 = VersR 2016, 1139 = BB 2016, 1537 = BRAK-Mitt 2016, 200 = FA 2016, 242 = RVGprof. 2016, 156; OLG Karlsruhe AGS 2015, 9 = AnwBl 2015, 182 = NJW 2015, 418 = DStR 2015, 383 = JurBüro 2015, 78 = FamRZ 2015, 782 = Justiz 2015, 36 = DStRE 2015, 764 = VRR 2014, 443 = StRR 2014, 463 = NJW-Spezial 2015, 28 = IBR 2015, 106 = RVGprof. 2015, 24 = FF 2015, 130 = StRR 2015, 155 = FamRB 2015, 182.

2 OLG Karlsruhe AGS 2015, 9 = AnwBl 2015, 182 = NJW 2015, 418 = DStR 2015, 383 = JurBüro 2015, 78 = FamRZ 2015, 782 = Justiz 2015, 36 = DStRE 2015, 764 = VRR 2014, 443 = StRR 2014, 463 = NJW-Spezial 2015, 28 = IBR 2015, 106 = RVGprof. 2015, 24 = FF 2015, 130 = StRR 2015, 155 = FamRB 2015, 182.

3 BGH AGS 2015, 557 = ZInsO 2015, 2481 = MDR 2015, 1445 = AnwBl 2016, 79 = WM 2016, 178 = NJW 2016, 1391 = VersR 2016, 661 = DStR 2016, 1437 = RVGprof. 2016, 12 = NJW-Spezial 2016, 28 = NZFam 2016, 81.

4 BGH AGS 2015, 557 = ZInsO 2015, 2481 = MDR 2015, 1445 = AnwBl 2016, 79 = WM 2016, 178 = NJW 2016, 1391 = VersR 2016, 661 = DStR 2016, 1437 = RVGprof. 2016, 12 = NJW-Spezial 2016, 28 = NZFam 2016, 81.

5 BGH MDR 2016, 915 = AnwBl 2016, 692 = VersR 2016, 1139 = BB 2016, 1537 = BRAK-Mitt 2016, 200 = FA 2016, 242 = RVGprof. 2016, 156; OLG Karlsruhe AGS 2015, 9 = AnwBl 2015, 182 = NJW 2015, 418 = DStR 2015, 383 = JurBüro 2015, 78 = FamRZ 2015, 782 = Justiz 2015, 36 = DStRE 2015, 764 = VRR 2014, 443 = StRR 2014, 463 = NJW-Spezial 2015, 28 = IBR 2015, 106 = RVGprof. 2015, 24 = FF 2015, 130 = StRR 2015, 155 = FamRB 2015, 182.

5 Der **Anwendungsbereich** des § 4b ist daher eröffnet bei einem Verstoß gegen
- das Textformerfordernis (§ 3a Abs. 1 S. 1),
- das Gebot der Bezeichnung als Vergütungsvereinbarung oder in vergleichbarer Weise (§ 3a Abs. 1 S. 2, 1. Alt.),
- das Gebot der deutlichen Absetzung der Vergütungsvereinbarung von anderen Vereinbarungen mit Ausnahme der Auftragserteilung (§ 3a Abs. 1 S. 2, 2. Alt.),
- das Verbot der Kombination von Vergütungsvereinbarung und Vollmacht (§ 3a Abs. 1 S. 2, 3. Alt.),
- die Voraussetzungen, unter denen ein Erfolgshonorar ohne Verstoß gegen § 49b Abs. 2 S. 1 BRAO vereinbart werden kann (§ 4a Abs. 1 S. 1),
- die Verpflichtung zur Vereinbarung eines angemessenen Zuschlags auf die gesetzliche Vergütung, wenn für ein erfolgloses gerichtliches Verfahren keine oder eine untertarifliche Vergütung vereinbart wurde (§ 4a Abs. 1 S. 2),
- die Verpflichtung zur Angabe der voraussichtlichen gesetzlichen Vergütung bzw. der erfolgsunabhängigen vertraglichen Vergütung, zu der der Rechtsanwalt bereit wäre, den Auftrag zu übernehmen (§ 4a Abs. 2 Nr. 1),
- die Verpflichtung zur Angabe, welche Vergütung bei Eintritt welcher Bedingungen verdient sein soll (§ 4a Abs. 2 Nr. 2).

6 Jede Vergütungsvereinbarung sieht sich daher vier potentiellen Fehlerquellen ausgesetzt; für die Vereinbarung eines Erfolgshonorars gelten weitere vier Fehlerquellen. Ist die Vergütungsvereinbarung nur aus einem dieser Gründe fehlerhaft, greift die Rechtsfolge des § 4b ein; der Anwalt ist auf die gesetzliche Vergütung beschränkt. Die **Vergütungsvereinbarung** ist daher **extrem fehleranfällig**, weshalb der Anwalt streng auf alle Formalia der §§ 3a Abs. 1 S. 1 und 2, 4a Abs. 1 und 2 achten sollte. Den **Nachweis** für die Fehlerhaftigkeit der Vergütungsvereinbarung muss freilich der **Auftraggeber** führen, der seine Vergütungsschuld auf die Höhe der gesetzlichen Vergütung reduziert sieht.

II. Beschränkung auf gesetzliche Vergütung

1. Unverbindlichkeit der Vergütungsvereinbarung

7 Eine **fehlerhafte Vergütungsvereinbarung** ist nicht gemäß § 125 BGB **nichtig**. Sie bleibt wirksam. Lediglich der Vergütungsanspruch des Anwalts ist auf die Höhe der gesetzlichen Vergütung beschränkt.[6] Die vereinbarte Vergütung ist also unverbindlich, soweit sich aus der Vereinbarung eine weitergehende Vergütung ergibt. Mit der vorgenannten Entscheidung ist der BGH von seiner bis dato geltenden Rechtsprechung abgerückt, wonach bei einem Verstoß gem. § 125 BGB die Vereinbarung nichtig war. Diese Änderung der Rechtsprechung hat weitreichende Konsequenzen.

8 Nach § 10 kann der Anwalt seine Vergütung nur aufgrund einer ordnungsgemäßen **Abrechnung** fordern. Nach der bisherigen Rechtsprechung musste eine ordnungsgemäße Berechnung der gesetzlichen Vergütung vorgelegt werden. Anderenfalls konnte der Anwalt seine Vergütung nicht einfordern. Nach der neuen Rechtsprechung ist aber nach wie vor die vereinbarte Vergütung geschuldet – nicht die gesetzliche. Die gesetzliche Vergütung ist lediglich eine Begrenzung. Das heißt also, dass der Anwalt hier so abrechnen muss, wie es vereinbart ist. Er muss dann gegebenenfalls kenntlich machen, dass er die vereinbarte Vergütung auf einen bestimmten Höchstbetrag (nämlich die gesetzliche Vergütung) begrenzt. Abgerechnet wird aber die vereinbarte Vergütung, nicht die gesetzliche. So muss er z.B. bei einer Stundenabrechnung dem Mandanten eine Auflistung über die geleisteten Stunden erteilen. Anderenfalls ist seine Vergütung nicht klagbar – auch nicht in Höhe der gesetzlichen Vergütung (siehe § 3a Rdn 147 f.).

---

6 BGH AGS 2014, 319 = WM 2014, 1351 = ZIP 2014, 1338 = AnwBl 2014, 758 = BB 2014, 1809 = MDR 2014, 931 = BRAK-Mitt. 2014, 220 = ZInsO 2014, 1663 = NJW 2014, 2653 = zfs 2014, 524 = JurBüro 2014, 524 = Rpfleger 2014, 628 = MittdtschPatAnw 2014, 522 = VersR 2014, 1376 = DStR 2014, 2529 = BB 2014, 1666 = DB 2014, 1805 = RVGprof. 2014, 147 = RVGreport 2014, 340 = StRR 2014, 358 = FamRZ 2014, 1550 = FamRB 2014, 464.

Mit der Entscheidung des BGH dürfte sich auch der Streit um die **Hinweispflicht des § 49b Abs. 5 BRAO** im Falle einer unzulässigen Vergütungsvereinbarung erledigt haben.[7] Ist nach der neuen Rechtsprechung nicht die gesetzliche Vergütung geschuldet, sondern die vereinbarte, dann braucht auch kein Hinweis nach § 49b Abs. 5 BRAO erteilt zu werden. Nicht die Vergütung richtet sich nach dem Gegenstandswert, sondern ihre Begrenzung. Das ist auch zutreffend. Ein Mandant, der eine höhere Vergütung als die gesetzliche vereinbart, bedarf keiner Warnung nach § 49b Abs. 5 BRAO.

Während nach der bisherigen Rechtsprechung aufgrund der Nichtigkeit der vereinbarten Vergütung die gesetzliche Vergütung geschuldet war und diese dann auch nach § 11 festgesetzt werden konnte, ist dieser Weg jetzt verschlossen. Auch wenn die vereinbarte Vergütung nur bis zur Höhe der gesetzlichen Vergütung geltend gemacht werden kann, bleibt es doch eine vereinbarte Vergütung, die folglich nicht nach § 11 festsetzungsfähig ist. Eine Festsetzung der vereinbarten Vergütung scheidet auch insoweit aus, als sie die gesetzliche Vergütung nicht übersteigt.[8] Dies gilt auch dann, wenn im Hinblick auf § 4b S. 1 nicht mehr als die gesetzliche Vergütung gefordert werden kann.

Bei der **Durchsetzung des Vergütungsanspruchs** ergeben sich im Ergebnis keine erheblichen Auswirkungen.

Liegt die vereinbarte Vergütung unter der gesetzlichen Vergütung, ergeben sich keine Probleme, weil die Vereinbarung insoweit nach der neuen Rechtsprechung wirksam und verbindlich ist. Nach der alten Rechtsprechung war die Vereinbarung zwar unwirksam, so dass die gesetzliche Vergütung geschuldet war. Nach Treu und Glauben war der Anwalt allerdings gehindert, eine höhere als die geringere vereinbarte Vergütung zu verlangen.[9]

Liegt die vereinbarte Vergütung über der gesetzlichen, war nach der bisherigen Rechtslage die Vereinbarung nichtig und nur die gesetzliche Vergütung geschuldet. Nach der neuen Rechtslage ist die vereinbarte Vergütung geschuldet, allerdings begrenzt auf die Höhe der gesetzlichen Vergütung. Auch hier ergibt sich also im Ergebnis ebenfalls kein Unterschied.

Ein Unterschied kann sich allerdings jetzt bei der Verteilung der **Darlegungs- und Beweislast** ergeben. Während nach der alten Rechtsprechung die vereinbarte Vergütung unwirksam war, so dass die gesetzliche Vergütung abgerechnet werden musste und demzufolge der Anwalt die volle Darlegungs- und Beweislast dafür hatte, welche gesetzliche Vergütung angefallen war, verhält es sich jetzt möglicherweise anders. Abgerechnet wird die vereinbarte Vergütung. Die Frage wird sein, ob der Anwalt die Verbindlichkeit beweisen muss oder der Auftraggeber die Unverbindlichkeit. Würde man die Beweislast dem Auftraggeber auferlegen und er damit beweisen müsste, dass die gesetzliche Vergütung unter der vereinbarten Vergütung liegt, so würden sich für ihn erhebliche Probleme ergeben, da er häufig gar nicht in der Lage sein wird, die gesetzliche Vergütung zu berechnen. Weitere Probleme ergeben sich, wenn Rahmengebühren geschuldet sind. Hier bedarf es nämlich zunächst einmal der Bestimmung des Anwalts (§ 315 Abs. 1 BGB) beruhend auf den Kriterien des § 14. Daher spricht alles dafür, dass der Anwalt die Verbindlichkeit wird darlegen und beweisen müssen. Er muss also darlegen und beweisen, dass die gesetzliche Vergütung mindestens in Höhe der vereinbarten Vergütung gelegen hätte. Dann müsste er bei einer formunwirksamen Vereinbarung oder einem unzulässigen Erfolgshonorar zunächst einmal fiktiv die gesetzliche Vergütung abrechnen und als Vergleichsberechnung vorlegen. Gegebenenfalls kann man hier auch aus dem Anwaltsvertrag als Nebenpflicht ableiten, dass bei einer unverbindlichen Vereinbarung der Anwalt verpflichtet ist, Rechenschaft zu legen, indem er eine solche gesetzliche (Parallel-)Abrechnung vorlegt, wie es bei einem Erfolgshonorar ja ohnehin vorgeschrieben ist (§ 4 Abs. 2 Nr. 1).

Problematischer wird es, wenn der Auftraggeber bereits gezahlt hat. Jetzt kann er sich nur auf Bereicherungsrecht stützen (§ 4b S. 2). Insoweit ergibt sich schon einmal das erste Problem, woraus der Auftraggeber seinen Anspruch herleiten will. Nach der neuen Rechtsprechung des BGH hätte der Auftraggeber nämlich auf eine wirksame – wenn auch unverbindliche Vereinbarung – gezahlt. Man muss also die Unverbindlichkeit als Nichtschuld ansehen. Dafür würde sprechen, dass in anderen Fällen der fehlenden Verbindlichkeit, etwa bei Spiel und Wette – der Rückforderungsausschluss ausdrücklich geregelt ist (§ 762 Abs. 1 S. 2 BGB). So hat der BGH[10] in einer weiteren

---

7 Siehe dazu OLG Koblenz AGS 2014, 58 = WM 2013, 946 = NJW-RR 2012, 1466.
8 OLG Frankfurt Rpfleger 1989, 303.
9 OLG München NJW 2012, 3454.
10 AGS 2015, 557 = MDR 2015, 1445 = AnwBl 2016, 79 = WM 2016, 178 = NJW 2016, 1391 = VersR 2016, 661 = DStR 2016, 1437 = RVGprof. 2016, 12 = NJW-Spezial 2016, 28 = NZFam 2016, 81 = IBR 2016, 120.

Entscheidung auch ohne weitere Begründung keine Bedenken gehabt, einen Bereicherungsanspruch anzunehmen.

Es stellt sich dann aber auch hier die Frage, wer die Darlegungs- und Beweislast dafür trägt, dass die gesetzliche Vergütung geringer ausgefallen wäre. Hier stellt sich also das gleiche Problem wie zuvor, wobei hier allerdings einiges dafür sprechen dürfte, dass jetzt der Auftraggeber darlegungs- und beweispflichtig ist, da er sich auf ungerechtfertigte Bereicherung beruft. Das erscheint auch nicht unbillig. Er hat ja die Möglichkeit vorher die Vereinbarung zu überprüfen und die Zahlung zu verweigern. Im Gegenzug wird man allerdings eine eingeschränkte Darlegungs- und Beweislast des Anwalts annehmen müssen, insbesondere auch im Hinblick auf sein Bestimmungsrecht nach § 315 BGB, § 14 RVG. Er wird also ansatzweise einmal darlegen müssen, wie er gesetzlich abgerechnet hätte. Insoweit könnte der Auftraggeber im Rückforderungsprozess gegebenenfalls im Wege der Stufenklage (§ 254 ZPO) vorgehen, also in erster Stufe Rechenschaft über die gesetzliche Vergütung verlangen und in zweiter Stufe Zahlung eines sich danach ergebenden überzahlten Betrags.

13 Für die **Kostenerstattung** ergeben sich keine Änderungen. Eine vereinbarte Vergütung war ohnehin grundsätzlich nicht erstattungsfähig, sondern nur die gesetzliche Vergütung. Ist allerdings die vereinbarte Vergütung niedriger als die gesetzliche, dann ist nur die vereinbarte Vergütung geschuldet. Dass im gerichtlichen Verfahren die Vereinbarung einer niedrigeren Vergütung unzulässig ist (§ 49b Abs. 1 BRAO), spielt insoweit keine Rolle. Schuldet der Auftraggeber nur eine geringere als die gesetzliche Vergütung, dann kann er auch nur diese geringere gesetzliche Vergütung erstattet verlangen. Ob der Anwalt sich dadurch berufswidrig verhalten hat, spielt für das Kostenfestsetzungsverfahren keine Rolle.

2. Arglisteinrede

14 Beruft sich der Mandant auf den Formmangel der Vergütungsvereinbarung (§ 4b i.V.m. § 3a Abs. 1 S. 1), kann sich der Anwalt auf die **Einrede nach § 242 BGB** berufen, um die vereinbarte Vergütung zu „retten".[11] Dies dürfte jedoch nur in Ausnahmefällen zum Erfolg führen, denn arglistiges Verhalten seines Auftraggebers wird der Anwalt regelmäßig nicht darlegen und beweisen können: Es setzt voraus, dass der Auftraggeber den Anwalt von der Wahrung der Form abgehalten hat, um sich später auf den Formmangel berufen zu können.[12] Das bloße Abhalten von der Schriftform, weil der Mandant erklärt, er werde die getroffene Vereinbarung nicht bestreiten, reicht für eine Treuwidrigkeit nicht aus.[13] Auch ein schlechthin unerträgbares Ergebnis ergibt sich für den Anwalt i.d.R. nicht. Er kann immerhin die gesetzliche Vergütung verlangen und durchsetzen.[14]

15 Hat der Anwalt eine erfolgsbasierte Vergütungsvereinbarung geschlossen, die gemäß § 4b S. 1 fehlerhaft ist, gilt hinsichtlich der Arglisteinrede Folgendes:
– Im **Erfolgsfall** erhält der Anwalt – in Anwendung von § 4b S. 1 – lediglich die gesetzliche Vergütung.[15] Den vereinbarten Erfolgszuschlag kann er wegen Formmangels dagegen nicht verlangen. Der Mandant kann ein bereits gezahltes Erfolgshonorar abzüglich der Höhe der gesetzlichen Gebühren zurückfordern.[16]
– Für den **Misserfolgsfall** wird diese Anwendung von § 4b S. 1 allerdings nicht konsequent durchgeführt. Zwar hat der Anwalt auch hier eigentlich Anspruch auf die gesetzliche Vergütung. Allerdings wird eine Anwendung von § 242 BGB zugunsten des Mandanten bejaht, wenn der Anwalt die Nichtigkeit der Vergütungsvereinbarung durch eine Umgehung der Voraussetzungen des § 4a erst herbeigeführt hat. Dann ist auch der gesetzliche Vergütungsanspruch des Anwalts nicht durchsetzbar.[17]

---

11 Zur Arglisteinrede gegen die Berufung auf den Formmangel nach Abs. 1 S. 1 siehe auch OLG Schleswig MDR 1956, 497; MDR 1957, 49 Gerold/Schmidt/*Mardert*, RVG, 17. Aufl., § 4 Rn 22.
12 BGH NJW 1969, 1167; NJW 1991, 3095.
13 BGH AGS 2015, 557 = ZInsO 2015, 2481 = MDR 2015, 1445 = AnwBl 2016, 79 = WM 2016, 178 = NJW 2016, 1391 = VersR 2016, 661 = DStR 2016, 1437 = RVGprof. 2016, 12 = NJW-Spezial 2016, 28 = NZFam 2016, 81.
14 OLG Hamm AGS 2006, 9, 14 m. Anm. *Rick*.
15 Wenn nicht ein Honorar unter den gesetzlichen Gebühren vereinbart wurde.
16 BGH NJW 2004, 1169, 1171.
17 Vgl. Krämer/Mauer/*Kilian*, Rn 506.

III. Rückforderung der überzahlten Vergütung

1. Aufhebung vergütungsrechtlicher Kondiktionsregeln

Der noch im Referentenentwurf enthaltene Satz 2 a.F., der als Entsprechung von § 4 Abs. 1 S. 3 a.F. den **Ausschluss der Kondizierbarkeit** bei freiwilliger und vorbehaltloser Leistung des Auftraggebers vorsah, ist im Laufe des späteren Gesetzgebungsverfahrens **gestrichen** worden.[18] Nach den Motiven des Gesetzgebers war diese Streichung mit Blick auf das weiterhin grundsätzlich geltende Verbot des Erfolgshonorars (siehe § 4a Rdn 3) notwendig. Anderenfalls könnte der Rechtsanwalt unter Umgehung der Schutzvorschriften des § 4a Abs. 1 ein Erfolgshonorar vereinnahmen, wenn der Auftraggeber im Vertrauen auf die Wirksamkeit der Vereinbarung einen nicht kondizierbaren Vorschuss geleistet habe.[19] Diese Argumentation überzeugt nicht, steht ein Vorschuss doch immer unter dem Vorbehalt der Abrechnung (§ 10 Abs. 2).[20] Vorschusszahlungen können daher ohnehin nach § 812 BGB kondiziert werden, weshalb es auf die Kondiktionsregel des § 4 Abs. 1 S. 3 a.F. gar nicht ankam. Auch in tatsächlicher Hinsicht ist die **Neuregelung fehlerhaft**. Ein Mandant, dem ohne die Vereinbarung eines Erfolgshonorars der Zugang zum Recht verwehrt wäre, ist zu einer Vorschusszahlung regelmäßig nicht in der Lage.[21] Umgekehrt muss der Anwalt mit Blick auf die Streichung dieser Vorschrift nun bis zum Eintritt der Verjährung des Kondiktionsanspruchs Rückzahlungsansprüche seines Auftraggebers fürchten. Erst nach drei Jahren kann er sicher sein, das vereinnahmte Honorar auch behalten zu dürfen (§ 195 BGB).[22] Die Streichung der Kondiktionsregel des § 4 Abs. 1 S. 3 a.F. bedeutet eine nicht hinnehmbare Schlechterstellung des Anwalts, ohne dem Auftraggeber hierdurch einen Vorteil zu verschaffen. Die Reform des Rechts der Vergütungsvereinbarung ist insoweit misslungen. Ungeachtet dessen ist eine **Rückforderung** der vom Mandanten überzahlten Vergütung seit dem 1.7.2008 auch dann möglich, wenn er **freiwillig und ohne Vorbehalt** geleistet hat.

16

2. Kondiktion nach §§ 812 ff. BGB

Satz 2 lässt die Vorschriften des bürgerlichen Rechts über die ungerechtfertigte Bereicherung unberührt. Diese Vorschrift ist überflüssig; sie hat lediglich deklaratorischen Charakter. Mit der Einfügung des S. 2 wollte der Gesetzgeber lediglich verdeutlichen, dass seit dem 1.7.2008 die §§ 812 ff. BGB an Stelle der bisherigen vergütungsrechtlichen Kondiktionsregel des § 4 Abs. 1 S. 3 a.F. Anwendung finden[23] (siehe dazu auch § 3a Rdn 132 ff.). Dass nach der neueren Rechtsprechung des BGH die Vereinbarung nicht unwirksam ist, sondern unverbindlich, ist insoweit unerheblich. Der BGH[24] behandelt die Unverbindlichkeit wie einen fehlenden Rechtsgrund.

17

Der Rückzahlungsanspruch des Auftraggebers ergibt sich regelmäßig aus **ungerechtfertigter Bereicherung (§ 812 BGB)**. Der bereicherungsrechtliche Leistungsbegriff erfasst jede zurechenbare Mehrung fremden Vermögens, die der Anwalt auf den Mandatsvertrag beziehen darf.[25] Als Leistung gilt zunächst jede Zahlung des Auftraggebers auf das vereinbarte Honorar, aber auch eine sonstige Leistung an Erfüllungs statt oder eine Aufrechnung.[26] Keine Leistung liegt dagegen in der Abgabe eines abstrakten Schuldanerkenntnisses[27] oder der Begebung eines Wechsels.[28]

18

---

18 Bereits der Regierungsentwurf vom 19.12.2007 sah diese spezielle Kondiktionsregel nicht mehr vor. Zu § 4 Abs. 1 S. 3 a.F. eingehend 4. Aufl. § 4 Rn 72 ff.
19 BT-Drucks 16/8384, S. 16. So schon die Begründung des Regierungsentwurfs vom 19.12.2007, S. 16.
20 *Schons* AnwBl 2008, 172; *N. Schneider*, Vergütungsvereinbarung Rn 2158; *ders.*, Anm. zu KG AGS 2005, 492; *ders.*, in Hansens/Braun/Schneider, Teil 2 Rn 433.
21 Zutreffend und mit pointierter Kritik *Schons*, AnwBl 2008, 172.
22 Vgl. BGH AGS 2008, 321 zur Rückforderung der vertraglichen Vergütung wegen Verstoßes gegen das Rechtsberatungsgesetz.
23 BT-Drucks 16/8916, S. 17 und 18.
24 AGS 2015, 557 = ZInsO 2015, 2481 = MDR 2015, 1445 = AnwBl 2016, 79 = WM 2016, 178 = NJW 2016, 1391 = VersR 2016, 661 = DStR 2016, 1437 = RVGprof. 2016, 12 = NJW-Spezial 2016, 28 = NZFam 2016, 81.
25 *Kilian*, NJW 2005, 3104, 3106.
26 Vgl. BGH BGHR BRAGO § 3 Abs. 1 S. 2 Leistung 1.
27 BGH NJW 1971, 2227, 2228.
28 OLG Köln NJW-RR 1993, 946, 948.

19 Die Leistung muss **aufgrund und in Erfüllung** der Vergütungsvereinbarung erbracht worden sein. Für das Merkmal der Zweckgerichtetheit in § 812 BGB reicht es nicht aus, wenn der Auftraggeber nach § 9 einen **Vorschuss** auf die gesetzlichen Gebühren gezahlt hat und die Parteien erst später bestimmen, dass der Vorschuss auf ein die gesetzliche Vergütung übersteigendes Honorar zu verrechnen sei.[29] Entsprechendes gilt für einen nicht verbrauchten Gerichtskostenvorschuss.[30] Hier fehlt es an der Zweckbestimmtheit der Leistung; sie kann infolge dessen nicht rückwirkend in eine Vorschusszahlung auf eine später fehlerhaft vereinbarte Vergütungsvereinbarung umgewandelt werden.[31] Ebenso wenig genügt eine Vereinbarung, wonach das (fehlerhaft) vereinbarte Honorar zu „gegebener Zeit" aus **Fremdgeldern**, die sich auf dem Konto des Anwalts befinden, entnommen werden soll. Auch insoweit fehlt es an einer Leistung i.S.d. § 812 BGB, selbst dann, wenn der Anwalt anschließend absprachegemäß den Honorarbetrag aus den Fremdgeldern entnimmt.[32]

20 Infolge der Unverbindlichkeit der Vergütungsvereinbarung, soweit die gesetzliche Vergütung überschritten ist, besteht der Kondiktionsanspruch nur in Höhe des die gesetzliche Vergütung übersteigenden Betrags.

21 Ob der Anwalt dem Bereicherungsanspruch des Auftraggebers den **Einwand aus § 814, 1. Alt. BGB** entgegensetzen kann, ist Tatfrage und hängt von den Umständen des Einzelfalls ab. Der Anwalt hat als Leistungsempfänger darzulegen und zu beweisen, dass sein Auftraggeber die vereinbarte Vergütung freiwillig und in **Kenntnis der Unverbindlichkeit** erbracht hat.[33] Erforderlich ist allgemein positive Kenntnis des Mandanten im Zeitpunkt der Leistung; selbst grob fahrlässige Unkenntnis reicht nicht aus.[34] Die allgemeine Kondiktionsregel des § 814 BGB bedarf jedoch bereits mit Blick auf die Entscheidung des BGH vom 8.6.2004[35] einer spezifisch **vergütungsrechtlichen Interpretation**. Die gleichlautenden Verweise in §§ 3a Abs. 3 S. 2 und 4b S. 2 sind danach wie folgt auszulegen:

> „Leistet der Mandant an den Rechtsanwalt in Kenntnis der Tatsache, dass die gesetzliche Vergütung überschritten wird, kann er das Geleistete später nicht deshalb zurückfordern, weil die Vergütungsvereinbarung unwirksam ist."[36]

22 **Freiwilligkeit** i.S.d. § 814 BGB setzt danach voraus, dass der Auftraggeber im Zeitpunkt der Leistung zumindest Kenntnis davon hatte, dass er mehr als die gesetzliche Vergütung leistet.[37] Voraussetzung ist das auf einer ausreichenden Informationsgrundlage basierende Bewusstsein des Auftraggebers, dass der Anwalt höhere Gebühren als die gesetzlichen beansprucht.[38] Für die Kenntnis seines Mandanten ist der Rechtsanwalt beweispflichtig.[39] **Keine Freiwilligkeit** liegt vor, wenn der Rechtsanwalt seinen Auftraggeber unter – nicht notwendig rechtswidrigen[40] – **Druck** setzt. Zahlt etwa der Auftraggeber erst, nachdem der Anwalt ihm eine Vergütungsklage angedroht hat, liegt keine freiwillige Leistung mehr vor.[41] Auch wenn der Anwalt seine (weitere) Tätigkeit von der Zahlung eines Vorschusses zu einem Zeitpunkt abhängig macht, zu welchem dem Mandanten ein Wechsel des Anwalts – insbesondere wegen drohenden Fristablaufs – nicht zugemutet werden kann (**Kündigung zur Unzeit**), mangelt es an der Freiwilligkeit der Leistung.[42]

23 Besonders problematisch erscheint das Merkmal der Freiwilligkeit für den **Strafverteidiger**. Für den Mandanten stellt sich die Konfrontation mit einem Strafverfahren zumeist als Zwangssituation dar, die nicht selten den späteren Einwand produziert, die Vergütungsvereinbarung mit dem Verteidiger sei unter Druck zustande gekommen.[43] Dies gilt vor allem für den inhaftierten Mandanten. Kritische Zeitpunkte für eine Kündigungsandrohung zur Unzeit (vgl. Rdn 22) sind namentlich die

---

29 OLG Hamm AGS 1996, 122 = OLGR 1996, 275 = zfs 1997, 70; OLG Frankfurt AnwBl 1983, 513 = JurBüro 1983, 1032.
30 *Kilian*, NJW 2005, 3104, 3106.
31 OLG Frankfurt AnwBl 1983, 513, 514.
32 OLG Düsseldorf MDR 2000, 420 = OLGR 2000, 228.
33 Siehe BGH NJW 2002, 3772; Gerold/Schmidt/*Mayer*, RVG, § 4b Rn 5; Palandt/*Sprau*, BGB, § 814 Rn 11.
34 Vgl. nur Palandt/*Sprau*, BGB, § 814 Rn 3 m.w.N.
35 BGH NJW 2004, 2818 ff.
36 So auch die Beschlussfassung der Tagung der Gebührenreferenten der Rechtsanwaltskammer am 26.4.2008, vgl. *von Seltmann*, RVGreport 2008, 210.
37 BGH NJW 2003, 819, 821; KG AGS 2005, 492; OLG Koblenz = GuT 2003, 234 (LS) = MDR 2004, 55 = WuM 2003, 657 (LS) = KostRsp. BRAGO § 3 Nr. 65; OLG Frankfurt JurBüro 1987, 1029 = AnwBl 1998, 661; OLG Köln VersR 1993, 887.
38 OLG Frankfurt JurBüro 1988, 591 = AnwBl 1988, 120; *Kilian*, NJW 2005, 3104, 3106.
39 BGH NJW 2004, 2818; OLG Koblenz = GuT 2003, 234 (LS) = MDR 2004, 55 = WuM 2003, 657 (LS) = KostRsp. BRAGO § 3 Nr. 65 = NJOZ 2003, 3493; *Jungbauer*, FPR 2005, 396, 399.
40 Vgl. OLG Düsseldorf NJW-RR 1998, 855; KG AGS 2005, 492.
41 *Hansens*, BRAGO, § 3 Rn 8.
42 KG NJOZ 2004, 2028 = KGReport 2004, 475, 476.
43 Zutreffend *Herrmann/Latz*, MAH Vergütungsrecht, § 34 Rn 54.

Verhaftung des Mandanten, die unmittelbar bevorstehende Hauptverhandlung und die Situation unmittelbar vor dem Plädoyer.[44] Diese Situationen sollte der Verteidiger für sein Vergütungsgespräch meiden (siehe auch § 3a Rdn 14).

Fordert der Auftraggeber Zahlungen auf ein vereinbartes Erfolgshonorar zurück, vermag sich der Anwalt dem Anspruch aus § 812 BGB nicht unter Hinweis auf den **Nichteintritt des Erfolgs** nach § 815 BGB zu entziehen. Der Regelungsgehalt dieser Vorschrift ist ungeachtet ihres insoweit missverständlichen Wortlauts nicht tangiert. Der Kondiktionsanspruch des Mandanten beruht nicht auf einer Zweckverfehlung der von ihm erbrachten Leistung, sondern infolge der Unverbindlichkeit der Vereinbarung (vgl. Rdn 7) auf dem anfänglichen Fehlen eines Rechtsgrundes.[45] 24

Den **Entreicherungseinwand** nach § 818 Abs. 3 BGB kann der Rechtsanwalt mit Blick auf seine Stellung als Organ der Rechtspflege (§ 1 BRAO) regelmäßig nicht geltend machen.[46] 25

Ausgeschlossen ist der Rückforderungsanspruch bei einem wirksamen **Verzicht des Mandanten** auf sein Rückforderungsrecht. Dies setzt aber voraus, dass sich der Mandant seiner Rückforderungsansprüche bewusst war, was in praxi kaum vorkommen dürfte. Die bloße – auch schriftliche – Erklärung des Mandanten, es bestünden keine Rückforderungsansprüche, reicht insoweit jedenfalls nicht aus.[47] Die Darlegungs- und Beweislast für einen wirksamen Verzicht auf das Rückforderungsrecht des Auftraggebers liegt beim Anwalt. 26

§ 5 Vergütung für Tätigkeiten von Vertretern des Rechtsanwalts

Die Vergütung für eine Tätigkeit, die der Rechtsanwalt nicht persönlich vornimmt, wird nach diesem Gesetz bemessen, wenn der Rechtsanwalt durch einen Rechtsanwalt, den allgemeinen Vertreter, einen Assessor bei einem Rechtsanwalt oder einen zur Ausbildung zugewiesenen Referendar vertreten wird.

Literatur: *Benkelberg*, Terminsvertretung namens und im Auftrag des Hauptbevollmächtigten, aber Rechnung an den Auftraggeber?, AGS 2008, 209; *Enders*, Gebührenteilungsabrede von Prozessbevollmächtigten und Terminsvertreter kann wettbewerbswidrig sein – Wie verfahre ich nach der Entscheidung des BGH (JurBüro 2007, 19) in der Praxis?, JurBüro 2007, 1; *Jungbauer*, Terminsgebühr für Erledigungsbesprechungen in Unfallsachen, DAR 2008 (Extra), 750; *dies.*, Der Rechtsfachwirt als Vertreter des Rechtsanwalts im Sinne des § 5 RVG?, JurBüro 2008, 228; *Lappe*, Der Bürovorsteher als Schadensregulierer, MDR 1984, 990; *Mümmler*, Entschädigung bei der Vertretung eines Anwalts durch seinen Bürovorsteher, JurBüro 1978, 1771; *Schnabl/Keller*, Die Vergütung des Anwalts für Tätigkeiten des Rechtsreferendars, AnwBl 2008, 131; *N. Schneider*, Abwesenheitsgeld auch für den Vertreter des Rechtsanwalts?, RVGreport 2007, 52.

A. Allgemeines 1	g) Übrige Personen 44
I. Anwendungsbereich 3	2. Höhe der Vergütung 52
II. Zulässigkeit der Stellvertretung 9	a) Festgebühren 53
1. Grundsatz 9	b) Satz- oder Betragsrahmengebühren,
2. Ausnahmen 10	§ 14 Abs. 1 54
3. Vergütungsvereinbarungen 18	c) Vergütungsvereinbarungen 55
III. Kosten der Stellvertretung 20	d) Auslagen 56
IV. Vergütungspflicht des Auftraggebers für	C. Höhe der Vergütung für sonstige Mitarbeiter 57
die Kosten des Stellvertreters 27	I. Anwendung des § 612 Abs. 2 BGB 57
B. Regelungsgehalt 31	II. Höhe der Vergütung 59
I. Anwendbarkeit 31	III. Vereinbarung der gesetzlichen Gebühren . . 66
II. Höhe der Vergütung 32	IV. Auslagen 67
1. Personenkreis des § 5 33	D. Prozesskostenhilfe, Beiordnung 72
a) Rechtsanwalt 34	E. Beratungshilfe 77
b) Allgemeiner Vertreter 36	F. Pflichtverteidiger 79
c) Assessor 37	I. Anspruch gegen die Staatskasse 80
d) Stationsreferendar 38	1. Vergütung 80
e) Zur Ausbildung zugewiesener Student 41	2. Auslagen 88
f) Rechtsbeistand 42	3. Festsetzung, § 55 89

---

44 *Herrmann/Latz*, MAH Vergütungsrecht, § 34 Rn 55; *Hinne/Klees/Teubel/Winkler*, Rn 242.
45 Siehe OLG Düsseldorf AnwBl 2008, 211, 212.
46 Vgl. EGH II 106; Hansens/Braun/*Schneider*, Teil 2 Rn 409; a.A. Gerold/Schmidt/*Mayer*, RVG, § 4b Rn 5, der diesen Einwand in Ausnahmefällen für zulässig hält.
47 OLG Frankfurt JurBüro 1988, 591 = AnwBl 1988, 120.

II. Anspruch gegen den Auftraggeber 90
G. Abrechnung 91
H. Vergütungsfestsetzung 93
I. Kostenerstattung 96

A. Allgemeines

1 Die Vorschrift des § 5 basiert auf dem früheren § 4 BRAGO. Erweitert wurde diese Vorschrift insoweit, als nach dem RVG auch der bei einem Anwalt beschäftigte Assessor zu den Hilfspersonen gehört, für die der Anwalt die volle gesetzliche Vergütung abrechnen kann. Die frühere Streitfrage[1] ist damit erledigt. Auf die dazu ergangene Rspr. kann daher nicht zurückgegriffen werden. Im Übrigen können die zu § 4 BRAGO ergangenen Entscheidungen entsprechend auf die Regelung des § 5 übertragen werden.

2 Der Anwendungsbereich der Vorschrift des § 4 BRAGO war früher gering und hatte im Wesentlichen lediglich Bedeutung in den Fällen, in denen der Anwalt wegen Terminkollisionen oder aus Gründen der Zeitersparnis einen Vertreter für die Wahrnehmung eines Termins beauftragen musste. Angesichts des Wegfalls des Postulationszwangs und der Rechtsprechung des BGH zur freien Vereinbarkeit einer Vergütung zwischen dem mandatierten Anwalt und einem von ihm selbst beauftragten Stellvertreter[2] hat die Einschaltung eines Stellvertreters für den Anwalt eine zusätzliche wirtschaftliche Dimension gewonnen. Er kann nach dieser Rechtsprechung auch für auswärtige Termine Stellvertreter beauftragen und mit ihnen eine geringere Vergütung als die eines Terminsvertreters vereinbaren, so dass ihm selbst ein höherer Gebührenanteil verbleibt als bei der herkömmlichen Einschaltung eines Unterbevollmächtigten (vgl. Rdn 27 f.).

I. Anwendungsbereich

3 Die Vorschrift des § 5 regelt die Vergütung des Anwalts, der im Rahmen der Ausführung seines Auftrags einen Stellvertreter einsetzt. Der Anwalt erhält danach auch dann die volle Vergütung nach dem RVG von seinem Auftraggeber, wenn er die geschuldete Tätigkeit nicht selbst in Person ausführt, sondern einem anderen überlässt.

4 Im Gegensatz zu einer Unterbevollmächtigung nach den VV 3401 ff. kommt dabei **kein Vertragsverhältnis zwischen dem Stellvertreter und dem Mandanten** zustande, sondern nur zwischen dem Anwalt und seinem Stellvertreter. In der Regel wird es sich bei unentgeltlicher Stellvertretung um einen Auftrag (§§ 662 ff. BGB) und bei Vereinbarung eines Entgelts um einen Geschäftsbesorgungsvertrag nach § 675 BGB handeln. Mangels vertraglicher Beziehung zum Mandanten erwirbt der Stellvertreter aber niemals einen Anspruch gegen den Auftraggeber, sondern allenfalls gegen den vertretenen Anwalt.

5 Bei der **Tätigkeit**, mit der der Stellvertreter betraut wird, muss es sich um eine solche handeln, die in den Auftragsbereich des mandatierten Anwalts fällt und nach dem zugrunde liegenden Auftrag von ihm zu erledigen wäre. **Abzugrenzen** hiervon sind folgende Fälle:
– Neben dem beauftragten Anwalt wird ein weiterer Anwalt zur gemeinschaftlichen Erledigung im Auftrag des Mandanten tätig. Dieser Fall richtet sich nach § 6: Jeder Anwalt hat Anspruch auf die volle Vergütung.

Beispiel: Der Beschuldigte beauftragt in einem Strafverfahren zwei Verteidiger. Jeder Verteidiger kann gem. § 6 die vollen Gebühren nach den VV 4100 ff. liquidieren.

– Der Mandant erteilt neben dem zunächst beauftragten Anwalt weiteren Anwälten zusätzliche Aufträge. Auch hier erwirbt jeder Anwalt den sich für seine Tätigkeit ergebenden Vergütungsanspruch gegen den Auftraggeber. Den Auftrag an weitere Anwälte (Verkehrsanwalt oder Termins-

---

1 Siehe hierzu AnwK-BRAGO/N. Schneider, § 4 Rn 41.
2 BGH AGS 2001, 51 = AnwBl 2001, 302 = MDR 2001, 173 = WM 2001, 167 = WRP 2001, 144 = NJW 2001, 753 = GRUR 2001, 256 = BRAK-Mitt 2006, 140 = BB 2000, 2544 = NJ 2001, 41 = DStZ 2001, 60 = BRAGO-report 2001, 26; AGS 2006, 471 = AnwBl 2006, 672 = FamRZ 2006, 1523 = NJW 2006, 3569 = JurBüro 2007, 19 = RVGreport 2006, 438 = WRP 2006, 1221 = BRAK-Mitt 2006, 229 = FamRZ 2006, 1523 = Schaden-Praxis 2006, 364 = BGHR 2006, 1372 = GRUR 2006, 955 = MDR 2007, 180 = WM 2007, 42 = NJW-Spezial 2006, 478 = RVGprof. 2006, 184 = DAR 2006, 717.

vertreter) muss dabei nicht der Mandant persönlich erteilen. Dies kann auch durch den Anwalt als Vertreter des Mandanten geschehen. Sogar ein Terminsvertreter kann u.U. im Namen des Mandanten einen weiteren Unterbevollmächtigten beauftragen (sog. zweistufige Unterbevollmächtigung).[3]

Beispiel: Neben dem Prozessbevollmächtigten wird ein Verkehrsanwalt, ein Terminsvertreter oder ein Anwalt für eine Einzeltätigkeit beauftragt.

Jeder Anwalt hat unmittelbar gegen den Auftraggeber einen Anspruch auf die Vergütung für seine Tätigkeit; der Prozessbevollmächtigte auf die Gebühren der VV 3100 ff., der Verkehrsanwalt auf die der VV 3400, der Terminsvertreter nach VV 3401, 3402 und der mit der Einzeltätigkeit beauftragte Anwalt nach VV 3403. Hierzu gehört auch der Fall, dass in einem Arrest- oder Verfügungsverfahren wegen der Dringlichkeit vor Ort ein weiterer Anwalt mit der Zustellung beauftragt wurde. Für den Prozessbevollmächtigten hätte die Zustellung mit zur Instanz gezählt. Durch den Auftrag an den weiteren Anwalt ist zusätzlich für diesen eine 0,3-Verfahrensgebühr nach VV 3309 entstanden, die auch erstattungsfähig ist.[4]

Kein Fall des § 5 liegt grundsätzlich dann vor, wenn ein **Sozius** mit der Ausführung des Mandats beauftragt wird. Bei Sozietäten werden, sofern nichts anderes vereinbart ist, sämtliche Sozien beauftragt (siehe § 6 Rdn 47 ff.), so dass jedes Mitglied der Sozietät beauftragter Anwalt ist und somit kein Fall der Stellvertretung vorliegt, auch dann nicht, wenn innerhalb der Sozietät Mandate zur Ausführung aufgeteilt und übertragen werden. Etwas anderes gilt allerdings, wenn nur bestimmten Mitgliedern der Sozietät der Auftrag erteilt worden ist. Dies wiederum wird in Strafverteidigungen häufig der Fall sein. Die Erteilung eines Auftrags an die gesamte Sozietät kann gegen § 136 StPO verstoßen, da der Angeklagte nur drei Verteidiger haben darf. Darüber hinaus wird auch bei Vergütungsvereinbarungen häufig nicht die gesamte Sozietät beauftragt, sondern nur ein bestimmtes Mitglied. Soweit in diesem Fall ein nicht mandatierter Sozius den Auftrag ausführt, gilt auch hier § 5, wobei die Anwendung dieser Vorschrift bei Vergütungsvereinbarungen gesondert geregelt sein muss (siehe Rdn 55).

Entsprechendes gilt bei Beauftragung einer **Partnerschaft** oder eines sonstigen Zusammenschlusses mehrerer Anwälte zu einer gemeinsamen juristischen Person.

Bei einem bloßen Zusammenschluss zu gemeinsamer Berufsausübung, etwa in Form einer **Bürogemeinschaft** oder bloßen **Kooperation** ist dagegen § 5 einschlägig.

II. Zulässigkeit der Stellvertretung

1. Grundsatz

Nach §§ 613 S. 1, 675 BGB hat der Rechtsanwalt seine Dienste **im Zweifel in Person** zu leisten. Er hat danach sowohl die Entgegennahme der Information, die Besprechungen mit dem Mandanten als auch die juristische Tätigkeit in Ausführung des Mandats persönlich zu leisten. Lediglich Hilfs- oder Zuarbeiten darf er anderen Personen oder Mitarbeitern übertragen.

2. Ausnahmen

Von diesem Grundsatz (vgl. Rdn 9) gibt es **zwei Ausnahmen**:

a) Eine Stellvertretung durch andere Personen ist immer dann zulässig, wenn dies mit dem Auftraggeber vereinbart ist.

b) Darüber hinaus ist eine Stellvertretung auch dann zulässig, wenn sich aus den Umständen ergibt, dass eine Stellvertretung erforderlich und ein erkennbares gegenläufiges Interesse des Auftraggebers nicht ersichtlich ist (§§ 675, 665 S. 1 BGB). Es dürfen also keine ernsthaften Zweifel daran bestehen, dass der Auftraggeber mit der Stellvertretung einverstanden gewesen wäre, wenn er ausdrücklich befragt worden wäre.

---

3 AG Bremen, Beschl. v. 8.5.2007 – 4 C 411/06 (juris).
4 OLG Celle AGS 2008, 283 = OLGR 2008, 454 = NJW-RR 2008, 1600 = RVGreport 2008, 224 = AnwBl 2008, 550; KG KGR 2009, 839 = MDR 2010, 55 = RVGreport 2009, 436.

13 Hierzu zählen die Fälle, in denen ein Vertreter den Termin zur mündlichen Verhandlung wahrnimmt, sofern dort keine weiteren Erörterungen der Sache stattfinden, wie etwa bei einem Durchlauftermin, bei einem Antrag auf Erlass eines Versäumnisurteils, bei Durchführung eines bloßen Protokollierungstermins o.Ä. Selbst dann, wenn in dem Termin Erörterungen der Sache stattfinden, kann eine Stellvertretung im mutmaßlichen Interesse des Mandanten liegen und zulässig sein, etwa wenn die Sache besonders dringend ist und der Anwalt anderenfalls wegen Verhinderung eine Terminsverlegung beantragen müsste. Hier ist das Interesse des Mandanten an einer zügigen Erledigung des Verfahrens mit dem Interesse, durch den Anwalt persönlich vertreten zu werden, gegeneinander abzuwägen.

14 In einfach gelagerten Fällen dürfte grundsätzlich von der Zulässigkeit einer Stellvertretung auszugehen sein. Hier wird man eine ausdrückliche gegenteilige Weisung des Auftraggebers fordern müssen, will man dem beauftragten Anwalt untersagen, einen Stellvertreter zu beauftragen. In Anbetracht der häufig auftretenden Terminsüberschneidungen ist es dem Anwalt häufig gar nicht möglich, sämtliche Termine selbst wahrzunehmen, zumal sich dann durch zahlreiche Verlegungsanträge die Erledigung der Mandate erheblich verzögern würde, was wiederum nicht im Interesse des Auftraggebers liegt.

15 Ein mutmaßliches Einverständnis des Auftraggebers wird ferner dann unterstellt werden können, wenn durch die persönliche Terminswahrnehmung erhebliche Kosten entstehen würden, insbesondere wenn diese Kosten auch bei einem Obsiegen nicht erstattungsfähig wären.

> **Beispiel:** Ein in Hamburg ansässiges Kreditinstitut beauftragt in einer einfachen Sache einen Hamburger Rechtsanwalt, vor dem AG Stuttgart Klage wegen eines Betrags in Höhe von 1.000 EUR zu erheben. Der Hamburger Anwalt führt diesen Auftrag aus und bestellt für die Wahrnehmung des Termins vor dem AG Stuttgart im eigenen Namen einen Kollegen als Stellvertreter (nicht einen Verhandlungsvertreter nach VV 3401, 3402), mit dem er ein Pauschalhonorar für die Terminswahrnehmung vereinbart.[5]
> Die Kosten einer persönlichen Terminswahrnehmung durch den prozessbevollmächtigten Hamburger Anwalt wären ebenso wie die Kosten eines Terminsvertreters nicht erstattungsfähig gewesen, da wegen der Einfachheit der Sache der Stuttgarter Anwalt schriftlich hätte unterrichtet werden können. Es lag daher im mutmaßlichen Interesse des Auftraggebers, hier für die Verhandlung einen Stellvertreter zu beauftragen und damit nicht erstattungsfähige Kosten zu vermeiden.

16 Zu beachten ist allerdings, dass hinsichtlich des **mutmaßlichen Interesses des Auftraggebers** eine allgemein gültige Regel nicht aufgestellt werden kann. Es sind jeweils die Interessen im Einzelfall gegeneinander abzuwägen. Wenn es dem Auftraggeber wegen der Besonderheit des Falles erkennbar darauf ankommt, dass ausschließlich der von ihm beauftragte Rechtsanwalt den Termin wahrnehmen soll, ist eine Stellvertretung nicht zulässig. Der Anwalt sollte den Auftraggeber in diesen Fällen allerdings auf die anfallenden Mehrkosten hinweisen, um sich später nicht Regressansprüchen ausgesetzt zu sehen.

17 Überträgt der Anwalt die Ausübung seiner Dienste auf Stellvertreter, so haftet er für deren Fehlverhalten nach § 278 BGB persönlich.[6]

3. Vergütungsvereinbarungen

18 Haben die Parteien eine Vergütungsvereinbarung getroffen, so ist zu prüfen, ob darin nicht gleichzeitig – zumindest konkludent – auch eine Vereinbarung zu sehen ist, dass eine Stellvertretung nicht zulässig sei. Auch hier kommt es auf den Einzelfall an. Es lässt sich nicht grundsätzlich sagen, dass jede Vergütungsvereinbarung zugleich auch die Vereinbarung enthalte, eine Stellvertretung solle

---

[5] Eine solche Vereinbarung unmittelbar zwischen den Anwälten verstößt nicht gegen Standes- oder Wettbewerbsrecht und ist zulässig, BGH AGS 2001, 51 = AnwBl 2001, 302 = MDR 2001, 173 = WM 2001, 167 = WRP 2001, 144 = NJW 2001, 753 = GRUR 2001, 256 = BRAK-Mitt 2001, 140 = BB 2000, 2544 = NJ 2001, 41 = DStZ 2001, 60 = BRAGOreport 2001, 26; AGS 2006, 471 = AnwBl 2006, 672 = FamRZ 2006, 1523 = NJW 2006, 3569 = JurBüro 2007, 19 = RVGreport 2006, 438 = WRP 2006, 1221 = BRAK-Mitt 2006, 229 = FamRZ 2006, 1523 = Schaden-Praxis 2006, 364 = BGHR 2006, 1372 = GRUR 2006, 955 = MDR 2007, 180 = WM 2007, 42 = NJW-Spezial 2006, 478 = RVGprof. 2006, 184 = DAR 2006, 717.

[6] BGH NJW 1981, 2741 = ZfBR 1981, 268 = VersR 1981, 982 = WM 1981, 1360 = DB 1981, 2535 = BauR 1981, 591 = MDR 1982, 131 = AnwBl 1981, 395 = RuS 1981, 213 = zfs 1981, 361.

unzulässig sein. Auch hier gelten zunächst einmal die gleichen Grundsätze wie zu den gesetzlichen Gebühren (vgl. Rdn 70 ff.).

Hiervon zu unterscheiden ist jedoch die Frage, ob der Anwalt die vereinbarte Vergütung auch dann verlangen kann, wenn (nur) ein Stellvertreter tätig geworden ist. Dies ist jedoch keine Frage der Zulässigkeit der Stellvertretung, sondern eine Frage der Höhe der Vergütung (vgl. Rdn 57). 19

> **Beispiel:** Der Auftraggeber hat mit dem Verteidiger für jeden Hauptverhandlungstag einschließlich eventueller Fortsetzungstermine jeweils ein Pauschalhonorar i.H.v. 2.000 EUR vereinbart. In einem der Fortsetzungstermine entsendet der Verteidiger wegen Verhinderung einen Vertreter.
> Die Stellvertretung kann hier ungeachtet der Honorarvereinbarung durchaus zulässig sein, etwa wenn anderenfalls mit der Hauptverhandlung hätte ausgesetzt und neu begonnen werden müssen. Mangels entsprechender Vereinbarung kann der Verteidiger für diesen Fortsetzungstermin jedoch nicht die vereinbarte Vergütung verlangen, sondern nur die gesetzliche.[7]

III. Kosten der Stellvertretung

Beauftragt ein Anwalt einen Stellvertreter, so erwirbt der Stellvertreter mangels vertraglicher Beziehungen zum Auftraggeber gegen diesen keinen unmittelbaren Anspruch. Den Vergütungsanspruch erwirbt über § 5 nur der beauftragende Anwalt. 20

Davon zu unterscheiden ist die Frage, ob der Stellvertreter einen Anspruch gegen den beauftragenden Anwalt erwirbt. Dies wiederum hängt von deren interner Vereinbarung ab. Die Vorschriften des RVG regeln diesen Fall nicht, da sie nur die Vergütungspflicht des Auftraggebers betreffen. 21

Die rechtliche Beziehung zwischen dem mandatierten Anwalt und seinem Stellvertreter ist bei unentgeltlicher Stellvertretung als Auftrag nach §§ 662 ff. BGB einzuordnen und bei Vereinbarung eines Entgelts als Geschäftsbesorgungsvertrag nach § 675 BGB. 22

Die Vergütung zwischen dem mandatierten Anwalt und seinem Stellvertreter kann frei vereinbart werden. Diese interne Vereinbarung unterliegt keinen Schranken, insbesondere sind § 49b BRAO und § 1 UWG nicht einschlägig.[8] Der Stellvertreter wird nur für den mandatierten Anwalt tätig. Die Gebührenvorschriften des RVG gelten daher nicht, so dass dessen Gebührensätze auch unterschritten werden können.[9] 23

In vielen Fällen ist eine **unentgeltliche** Stellvertretung unter Anwälten üblich. Es besteht weitgehend der Brauch, für einen Kollegen desselben Landgerichtsbezirks unentgeltlich bei Terminskollisionen aufzutreten. Angesichts des Wegfalls der Zulassungsschranken wird dieser Brauch auch zunehmend auf auswärtige Anwälte ausgedehnt. In Anbetracht dessen muss ein Anwalt, der als Vertreter nicht unentgeltlich für seinen Kollegen auftreten will, dies ausdrücklich erklären. Anderenfalls kann er keine Vergütung verlangen. 24

Wird ein Anwalt gebeten, „**kollegialiter**" in einem Termin aufzutreten, so liegt darin konkludent die Vereinbarung, unentgeltlich tätig zu werden. Kommt ein Anwalt der Bitte, „kollegialiter" aufzutreten, nach, ohne zu widersprechen und darauf hinzuweisen, dass er eine Vergütung verlangen werde, so liegt darin konkludent die Vereinbarung der unentgeltlichen Vertretung (§ 662 BGB). Anderenfalls würde es keinen Sinn machen, zusätzlich zu vereinbaren, dass der andere Anwalt „kollegialiter" auftrete. Dieser Zusatz hätte in diesem Fall überhaupt keine Bedeutung und wäre daher völlig überflüssig, wenn die üblichen Gebühren in Rechnung gestellt würden.[10] 25

---

7 KG AGS 2000, 143 = KGR 2000, 111 = BRAGOreport 2001, 22 m. Anm. *Hansens* = NStZ-RR 2000, 191; *N. Schneider*, Vergütungsvereinbarung, Rn 1498, 1519.

8 BGH AGS 2001, 51 = AnwBl 2001, 302 = MDR 2001, 173 = WM 2001, 167 = WRP 2001, 144 = NJW 2001, 753 = GRUR 2001, 256 = BRAK-Mitt 2001, 140 = BB 2000, 2544 = NJ 2001, 41 = DStZ 2001, 60 = BRAGOreport 2001, 26; AGS 2006, 471 = AnwBl 2006, 672 = FamRZ 2006, 1523 = NJW 2006, 3569 = JurBüro 2007, 19 = RVGreport 2006, 438 = WRP 2006, 1221 = BRAK-Mitt 2006, 229 = FamRZ 2006, 1523 = Schaden-Praxis 2006, 364 = BGHR 2006, 1372 = GRUR 2006, 955 = MDR 2007, 180 = WM 2007, 42 = NJW-Spezial 2006, 478 = RVGprof. 2006, 184 = DAR 2006, 717; *N. Schneider*, Vergütungsvereinbarung, Rn 139 ff.

9 *N. Schneider*, Vergütungsvereinbarung, Rn 139 ff.

10 AG Saarbrücken AGS 1999, 119; s. auch LAG Düsseldorf BRAGOreport 2000, 39 m. Anm. *N. Schneider* = AnwBl 2000, 631 = LAGE § 19 BRAGO Nr. 4 = EzA-SD 2000, Nr. 9, 15; a.A. LG Arnsberg NJW-RR 2001, 1144.

26 Vereinbart der mandatierte Anwalt mit seinem Stellvertreter ein Entgelt für dessen Tätigkeit, so schuldet der Anwalt dieses Entgelt persönlich. Zu der Frage, ob und in welchem Umfang er die Mehrkosten der Stellvertretung dem Auftraggeber in Rechnung stellen kann (siehe Rdn 27 ff.).

IV. Vergütungspflicht des Auftraggebers für die Kosten des Stellvertreters

27 Da zwischen dem Auftraggeber und dem Stellvertreter keine vertraglichen Beziehungen bestehen (vgl. Rdn 20 f.), haftet der Auftraggeber dem Stellvertreter niemals für dessen Vergütung. Insoweit muss sich der Stellvertreter an den Anwalt halten, der ihn beauftragt hat.

28 Der Anwalt, der sich vertreten lässt, muss die Kosten der Stellvertretung grundsätzlich aus seiner Vergütung bestreiten und kann diese Kosten nicht an seinen Mandanten weitergeben.

29 Eine Ausnahme von diesem Grundsatz gilt, soweit der Auftraggeber durch die Einschaltung eines Stellvertreters anderweitige Kosten erspart. Dieser Fall wird bei **auswärtigen Terminen** häufig auftreten. Der Anwalt kann dann die Mehrkosten der Stellvertretung dem Auftraggeber bis zur Höhe der anderweitig ersparten Kosten in Rechnung stellen.

> **Beispiel 1:** Der Bonner Anwalt erhält den Auftrag, einen Rechtsstreit in Höhe von 10.000 EUR vor dem LG Bielefeld zu führen. Für die Wahrnehmung des Termins beauftragt er im eigenen Namen einen Stellvertreter, der hierfür in Anlehnung an VV 3401, 3402 eine Vergütung in Höhe von 1,85-Gebühren nebst Auslagen erhält, also:
>
> | | |
> |---|---:|
> | 0,65-Verfahrensgebühr, VV 3401 | 362,70 EUR |
> | 1,2-Terminsgebühr, VV 3402, 3104 | 669,60 EUR |
> | Postentgeltpauschale, VV 7002 | 20,00 EUR |
> | **Gesamt (netto)** | **1.052,30 EUR** |
>
> Die Terminsgebühr in Höhe von 669,60 EUR kann der mandatierte Anwalt seinem Auftraggeber unmittelbar nach § 5 in Rechnung stellen. Die weiteren Kosten in Höhe von 382,70 EUR sind Mehrkosten, die nicht in den Anwendungsbereich des § 5 fallen. Diese Kosten kann der Anwalt aber insoweit in Rechnung stellen, als eigene Kosten (hier Reisekosten) erspart worden sind. Der Bonner Anwalt kann gegenüber seinem Auftraggeber daher berechnen:
>
> | | |
> |---|---:|
> | 1,3-Verfahrensgebühr, VV 3100 | 725,40 EUR |
> | 1,2-Terminsgebühr, § 5, VV 3104 | 669,60 EUR |
> | Postentgeltpauschale, VV 7002 | 20,00 EUR |
> | Mehrkosten des Stellvertreters (382,70 EUR) ersatzfähig in Höhe der ersparten Reisekosten: | |
> | – Fahrtkosten, VV 7003, 2 × 200 km × 0,30 EUR = | 120,00 EUR |
> | – Abwesenheitspauschale bis 6 Stunden, VV 7005 Nr. 2 | 40,00 EUR |
> | Zwischensumme Mehrkosten | 160,00 EUR |
> | Zwischensumme | 1.575,00 EUR |
> | 19 % Umsatzsteuer, VV 7008 | 299,25 EUR |
> | **Gesamt** | **1.874,25 EUR** |
>
> Erforderlich für eine solche Abrechnung ist, dass durch die Stellvertretung tatsächlich auch Mehrkosten angefallen sind. Der Stellvertreter muss also für seine Tätigkeit mehr verlangen, als der Anwalt nach § 5 für die Tätigkeit des Stellvertreters erhält. Ist das nicht der Fall, kann der Anwalt die ersparten Kosten nicht fiktiv in Ansatz bringen. Fiktive Kosten können niemals berechnet werden. Es können stets nur tatsächliche Kosten in Ansatz gebracht werden, deren Höhe dann auf die fiktiven geringeren Kosten der persönlichen Ausführung zu begrenzen ist.
>
> **Beispiel 2:** Wie voriges Beispiel, jedoch tritt der Bielefelder Anwalt kollegialiter unentgeltlich (vgl. Rdn 29) auf.
>
> Die Terminsgebühr in Höhe von 669,60 EUR kann der mandatierte Anwalt seinem Auftraggeber wiederum in Rechnung stellen. Dass der Stellvertreter hierfür nichts berechnet, ist nach § 5 unerheblich. Die ersparten Reisekosten können dagegen nicht berechnet werden, weil keine Mehrkosten beim Stellvertreter angefallen sind. Der Bonner Anwalt kann gegenüber seinem Auftraggeber daher nur berechnen:
>
> | | |
> |---|---:|
> | 1,3-Verfahrensgebühr, VV 3100 | 725,40 EUR |
> | 1,2-Terminsgebühr, § 5, VV 3104 | 669,60 EUR |
> | Postentgeltpauschale, VV 7002 | 20,00 EUR |
> | Zwischensumme | 1.415,00 EUR |
> | 19 % Umsatzsteuer, VV 7008 | 268,85 EUR |
> | **Gesamt** | **1.683,85 EUR** |

Unabhängig davon kann der Anwalt mit seinem Auftraggeber jederzeit auch vereinbaren, dass dieser die Mehrkosten der Stellvertretung übernehme, etwa zur Vermeidung höherer Kosten eines Terminsvertreters oder auch dann, wenn besondere Umstände dies erfordern. 30

> **Beispiel:** In einem Termin über den Erlass einer einstweiligen Verfügung ist der Anwalt verhindert. Um wegen der Dringlichkeit der Sache eine Terminsverlegung zu vermeiden, beauftragt der Anwalt einen Stellvertreter und vereinbart mit dem Auftraggeber, dass dieser die insoweit entstehenden Mehrkosten übernimmt.

Die entsprechende Vereinbarung bedarf nicht der Form des § 3a, da sie nicht das Honorar des mandatierten Anwalts betrifft, sondern nur die Übernahme von Kosten, die der Anwalt für den Stellvertreter verauslagt und abgesehen davon auch keine höhere als die gesetzliche Vergütung vereinbart wird.

B. Regelungsgehalt

I. Anwendbarkeit

Unabhängig von der Zulässigkeit einer Stellvertretung regelt § 5 die Höhe der Vergütung, die ein Anwalt verlangen kann, wenn er die Ausführung des Mandats oder Teile hiervon einem Stellvertreter überträgt. Ist eine Stellvertretung nicht zulässig gewesen und hat der Anwalt dennoch die Ausführung des Mandats einem Stellvertreter übertragen, so hat er gleichwohl Anspruch auf die nach § 5 zu berechnende Vergütung. Der Mandant kann dem Anwalt dann allerdings Schadensersatzansprüche entgegensetzen, sofern ihm infolge der Stellvertretung – etwa bei unzureichender Information des Bevollmächtigten – in der Sache selbst Nachteile entstanden sind. Der beauftragte Anwalt haftet insoweit persönlich.[11] 31

II. Höhe der Vergütung

§ 5 regelt nur die Höhe der Vergütung, die der Anwalt erhält, wenn er eine der in den Anwendungsbereich dieser Vorschrift fallenden Personen als Stellvertreter beauftragt. Ob und welche Vergütung der Anwalt erhält, der andere als die zu § 5 zählenden Personen beauftragt, ist im RVG nicht geregelt. Nach h.M. gelten dann die allgemeinen Vorschriften des BGB (vgl. Rdn 57 ff.). 32

1. Personenkreis des § 5

Die volle gesetzliche Vergütung erhält der Anwalt, wenn eine der nachfolgenden Personen mit der Ausführung des Mandats beauftragt wird: 33

a) Rechtsanwalt

Für die Vertretung durch einen anderen Rechtsanwalt erhält der Anwalt stets die volle Vergütung. 34

Dazu reicht es aus, dass sich der Anwalt einer Partei durch den Anwalt einer anderen Partei oder auch eines Streithelfers vertreten lässt.[12] Achtzugeben ist allerdings, dass hier kein Parteiverrat begangen wird. Es darf daher nur ein Anwalt beauftragt werden, der „im selben Lager" steht. 35

b) Allgemeiner Vertreter

Auch bei Wahrnehmung des Mandats durch einen allgemeinen Vertreter kann der Anwalt stets die volle Vergütung verlangen. Allgemeiner Vertreter kann ein Rechtsanwalt, eine andere Person mit 36

---

11 BGH NJW 1981, 2741 = ZfBR 1981, 268 = VersR 1981, 982 = WM 1981, 1360 = DB 1981, 2535 = BauR 1981, 591 = MDR 1982, 131 = AnwBl 1981, 395 = RuS 1981, 213 = zfs 1981, 361.

12 BGH AGS 2006, 486 = FamRZ 2006, 1373 = BGHR 2006, 1276 = NJW 2006, 3571 = VersR 2006, 1660 = JurBüro 2007, 27 = MDR 2007, 243 = RVGprof. 2006, 163 = RVGreport 2006, 421.

Befähigung zum Richteramt (§ 53 Abs. 4 S. 2, 1. Alt. BRAO) oder auch ein Referendar sein, der mindestens zwölf Monate im Vorbereitungsdienst tätig ist (§ 53 Abs. 4 S. 2, 2. Alt. BRAO).

c) Assessor

37 Beauftragt der Anwalt einen bei ihm angestellten Assessor, so kann er auch für dessen Tätigkeit die volle Vergütung nach dem RVG abrechnen. Die frühere Streitfrage ist damit geklärt. Im Vorläufer der Vorschrift des § 5 (dem § 4 BRAGO) war der Assessor nicht erwähnt. Daraus folgerte die ganz h.M., dass für Tätigkeiten eines Assessors nicht nach der BRAGO abgerechnet werden könne, und zwar selbst dann nicht, wenn der Assessor bereits den Antrag auf Zulassung zur Rechtsanwaltschaft gestellt hatte.[13] In diesen Fällen musste der Anwalt dann nach § 612 BGB abrechnen, wobei der BGH[14] u.U. die gleiche Vergütung wie für einen Rechtsanwalt als angemessen angesehen hat. Jetzt fällt der Assessor in den Anwendungsbereich des § 5. Dies gilt sowohl für den Assessor, dessen Antrag auf Zulassung zur Rechtsanwaltschaft läuft, als auch für sonstige angestellte Assessoren. Der Gesetzgeber hielt es insbesondere im Hinblick auf die höhere Qualifikation eines Assessors für nicht gerechtfertigt, dass der Rechtsanwalt zwar für die Vertretung durch einen Stationsreferendar die volle Vergütung erhalten solle, bei einer Vertretung durch den Assessor dagegen nicht.

Auch wenn der Gesetzgeber vor allem diejenigen Assessoren im Blickfeld hatte, die nach dem zweiten Staatsexamen bereits bei einem Anwalt tätig sind, während der Antrag auf Zulassung zur Rechtsanwaltschaft noch läuft, gilt die Vorschrift aber auch für alle anderen angestellten Assessoren. Der Wortlaut der Vorschrift ist insoweit eindeutig.

d) Stationsreferendar

38 Auch dann, wenn der Anwalt die Tätigkeit einem zur Ausbildung zugewiesenen Referendar überträgt, erhält er nach § 5 die volle Vergütung. Erforderlich hierzu ist, dass sich der Referendar entweder in der Wahl- oder Pflichtstation bei einem Rechtsanwalt befindet.[15]

39 Nicht erforderlich ist dagegen, dass der Referendar gerade dem Anwalt zugewiesen ist, für den er als Stellvertreter eine Tätigkeit ausübt.[16] Eine andere Auslegung würde nur eine unnötige Förmelei darstellen. Der zu vertretende Anwalt müsste dann zunächst seinen Kollegen, bei dem sich der Referendar in Stage befindet, beauftragen, woraufhin dieser dann seinen Referendar beauftragt. Infolge der doppelten Anwendung des § 5 wäre die Vergütung dann unstritig nach dem RVG zu berechnen. Als gegenteilige Auffassung, wonach der Referendar gerade diesem Anwalt zugewiesen sein müsse, wird vielfach die Entscheidung des OLG Hamburg[17] zitiert.[18] Diese Entscheidung betrifft jedoch einen anderen Fall, nämlich den, dass der Referendar selbst als Pflichtverteidiger beigeordnet und daher gerade nicht in Stellvertretung für den Anwalt tätig wird.

40 Für einen Nicht-Stationsreferendar ist § 5 dagegen nicht anwendbar (vgl. Rdn 51), es sei denn, er ist zum allgemeinen Vertreter bestellt (vgl. Rdn 33).

e) Zur Ausbildung zugewiesener Student

41 Die gleichen Grundsätze wie für einen zur Ausbildung zugewiesenen Referendar (vgl. Rdn 38) gelten auch für einen dem Anwalt nach der jeweiligen landesrechtlichen Justizausbildungsordnung zugewiesenen Studenten. Auch in diesem Falle ist der Anwalt verpflichtet, Zeit und Arbeit in die Ausbildung zu investieren und den Studenten mit ihm angemessenen Arbeiten zu beauftragen.

---

13 Zuletzt OLG Hamm AGS 2003, 297 m. ausf. Anm. *N. Schneider*.

14 AGS 2004, 237 = AnwBl 2004, 527 = JurBüro 2004, 482 = BRAK-Mitt 2004, 239 = MDR 2004, 1082 = VersR 2004, 1434 = FamRZ 2004, 1097 = RVGreport 2004, 272.

15 LG Frankfurt AnwBl 1978, 30.

16 OLG Karlsruhe JurBüro 1988, 74; LG Frankfurt AnwBl 1978, 30; LG Osnabrück JurBüro 1992, 798;

Hansens, BRAGO, § 4 Rn 4; a.A. OLG Düsseldorf AGS 2005, 487 m. abl. Anm. *N. Schneider* = JurBüro 2005, 364 = Rpfleger 2005, 487 = RVG-Letter 2005, 64 = RVG-B 2005, 132.

17 Rpfleger 1988, 584.

18 Gerold/Schmidt/*Mayer*, RVG, § 5 Rn 9.

Hierzu können je nach Kenntnisstand und Fähigkeiten des Studenten auch selbstständige Tätigkeiten gehören, die Gebühren auslösen, wie etwa einfache Terminswahrnehmungen (z.B. Antrag auf Erlass eines Versäumnis- oder Anerkenntnisurteils, Abgabe eines Anerkenntnisses, Verweisungsanträge). Auch Besprechungen mit Dritten (z.B. Behördengänge, Telefonate im Rahmen der Unfallschadensregulierung; Teilnahme an Vernehmungsterminen vor der Polizei) können hierzu zählen. Entscheidungen zu dieser Frage liegen bislang nicht vor. Die gerichtliche Praxis verfährt im Kostenfestsetzungsverfahren jedoch entsprechend.

f) Rechtsbeistand

42 Für die Übertragung der Sache auf einen Rechtsbeistand gilt § 5 ebenfalls. Der gegenteiligen Auffassung[19] kann nicht gefolgt werden, zumal sich die Entscheidungen, auf die sich die Gegenauffassung beruft, nur mit der Frage befassen, ob im Rahmen der Prozesskostenhilfe ein Rechtsbeistand als Vertreter nach § 5 beauftragt werden kann.

43 Es ist nicht nachzuvollziehen, warum ein Rechtsbeistand nicht als Vertreter nach § 5 in Betracht kommen soll, zumal er gemäß Art. IX Rpflege-AnpassungsG selbst unmittelbar nach dem RVG abrechnen kann. Diese Auffassung würde zu dem kuriosen Ergebnis führen, dass für den unmittelbar von der Partei beauftragten Rechtsbeistand eine höhere Vergütung zu zahlen wäre als für den mittelbar in Stellvertretung beauftragten Rechtsbeistand. Dies dürfte sowohl gegen Art. 3 GG als auch Art. 12 GG verstoßen.

g) Übrige Personen

44 Auf die nicht in § 5 genannten Personen – mit Ausnahme der in Rdn 41 f. genannten – ist die Vorschrift nicht anwendbar.

45 **Bürovorsteher/Büroangestellte.** Auch auf einen Bürovorsteher ist § 5 nicht anwendbar.[20] Erst recht gilt § 5 nicht für eine Büroangestellte.[21]

46 **Diplomjurist.** Auf einen Diplomjuristen ist § 5 nicht anwendbar.[22]

47 **Freier Mitarbeiter.** Auf einen freien Mitarbeiter – sofern es sich nicht um einen Rechtsanwalt handelt – ist § 5 ebenfalls nicht anzuwenden, selbst dann, wenn es sich um einen qualifizierten Juristen handelt, wie z.B. einen Professor an einer Fachhochschule.[23]

48 **Hochschullehrer.** Selbst wenn ein Hochschullehrer anwaltliche Tätigkeit ausüben darf, etwa als Verteidiger (§ 138 Abs. 1 StPO), ist § 5 auf ihn dennoch nicht anwendbar.[24] Der Vergütungsanspruch richtet sich auch hier nach dem BGB, es sei denn, er ist zugleich Rechtsanwalt.

49 **Rechtsfachwirt.** Auch auf einen Rechtsfachwirt ist § 5 nicht anwendbar. Siehe dazu ausführlich *Jungbauer*.[25]

50 **Referendar.** Für einen Referendar gilt § 5 ebenfalls nicht, es sei denn, er befindet sich in der **Anwalts-Pflicht- oder -Wahlstation** (vgl. Rdn 38 f.). Anwendbar ist § 5 allerdings wiederum, wenn der Referendar als **allgemeiner Vertreter** des Anwalts nach § 53 BRAO bestellt ist; dann kommt es auf seine Stationszugehörigkeit nicht an.

51 **Steuerberater.** Ein Steuerberater oder eine Gesellschaft bürgerlichen Rechts mit einem Steuerberater gehören nicht zu den Gesellschaften i.S.d. § 1. § 5 findet auf Steuerberater oder/und Rechtsbeistände ohne Kammermitgliedschaft keine Anwendung.[26]

---

19 LG Krefeld AnwBl 1974, 284.
20 OLG Köln JurBüro 1985, 888 = AnwBl 1985, 328; OLG Oldenburg JurBüro 1984, 387 m. abl. Anm. *Mümmler* = Rpfleger 1984, 35; LG Münster AnwBl 1996, 475 = Rpfleger 1996, 527; *Lappe*, MDR 1984, 990.
21 LG Gießen VersR 1981, 963.
22 LAG Sachsen-Anhalt NL 1996, 220.
23 VGH Mannheim NVwZ-RR 1990, 167.
24 OLG Düsseldorf NStZ 1996, 100 m. Anm. *Deumeland*; LG Gießen AnwBl 1987, 500; *Deumeland*, ZMR 1996, 386; *Herrmann*, AnwBl 1987, 501; *Hartmann*, § 5 RVG Rn 11.
25 JurBüro 2008, 228.
26 OLG Düsseldorf Rpfleger 2008, 206 = OLGR 2008, 228 = GuT 2008, 71 = RVGreport 2008, 216.

2. Höhe der Vergütung

52 Liegen die Voraussetzungen des § 5 vor, so erhält der Anwalt die volle Vergütung, die er auch erhalten würde, wenn er die entsprechende Tätigkeit selbst ausgeführt hätte.

a) Festgebühren

53 Bei den Festgebühren ergeben sich insoweit keine Probleme. Der Anwalt erhält nach § 5 die volle Vergütung.

b) Satz- oder Betragsrahmengebühren, § 14 Abs. 1

54 Bei Satz- oder Betragsrahmengebühren tritt regelmäßig die Frage auf, ob die Ausführung des Mandats „nur" durch eine der in § 5 genannten Personen ein bei der Gebührenbemessung nach § 14 Abs. 1 zu berücksichtigender Aspekt ist. Grundsätzlich wird man dies verneinen müssen.[27] Soweit es sich bei dem Vertreter um einen Volljuristen handelt, folgt dies schon daraus, dass er dieselbe Qualifikation wie der beauftragte Anwalt hat. Aber auch dann, wenn der Vertreter nur geringere fachliche Qualifikationen aufweist, etwa ein Student oder Referendar, ist grundsätzlich eine geringere Bemessung nicht angebracht. Der Anwalt ist im Rahmen seiner Tätigkeit verpflichtet, Studenten und Referendare auszubilden. Dies darf nicht zu Lasten seiner Gebühren gehen, zumal die Zeit- und Arbeitsersparnis in aller Regel durch den erhöhten Umfang der Unterrichtung, Ausbildung und Überwachung wieder **kompensiert** wird.

c) Vergütungsvereinbarungen

55 Anders verhält es sich dagegen bei Vergütungsvereinbarungen. Unabhängig davon, ob eine Stellvertretung zulässig ist oder nicht, ist die Frage zu beantworten, ob der Anwalt für Tätigkeiten seines Stellvertreters auch das volle vereinbarte Honorar verlangen kann. Nach zutreffender Ansicht kann der Anwalt im Zweifel die vereinbarte Vergütung nur dann verlangen, wenn er die Tätigkeit **in Person** leistet. Bei einer Vergütungsvereinbarung will der Auftraggeber in aller Regel, dass der beauftragte Anwalt persönlich tätig wird. Er sucht gerade diesen Anwalt wegen seiner besonderen Qualifikation und Erfahrung aus und verspricht ihm eine höhere als die gesetzliche Vergütung. Daher hat er auch einen Anspruch darauf, dass ausschließlich dieser Anwalt für ihn tätig wird.[28] Will der Anwalt die vereinbarte Vergütung auch dann abrechnen, wenn er einen Vertreter beauftragt, so muss er dies ausdrücklich mit dem Mandanten vereinbaren.[29] Anderenfalls kann er insoweit nur die gesetzliche Vergütung verlangen. Nach Auffassung von *Baldus*[30] ist die vereinbarte Vergütung dagegen lediglich zu reduzieren.

d) Auslagen

56 Auch die gesetzlichen Auslagen nach den VV 7000 ff. einschließlich Fahrtkosten und Abwesenheitspauschale kann der Anwalt für die in den Bereich des § 5 fallenden Personen in Rechnung stellen.[31]

C. Höhe der Vergütung für sonstige Mitarbeiter

I. Anwendung des § 612 Abs. 2 BGB

57 Beauftragt der Anwalt Personen, die nicht dem Anwendungsbereich des § 5 unterfallen, so kann er insoweit nicht nach dem RVG abrechnen. Nach einem Teil der Rechtsprechung soll im Umkehrschluss aus § 5 sogar zu folgern sein, dass insoweit überhaupt keine Vergütung verlangt werden

---

[27] LG Heidelberg AnwBl 1965, 184.
[28] KG AGS 2000, 143 = KGR 2000, 111 = BRAGOreport 2001, 22 m. Anm. *Hansens* = NStZ-RR 2000, 191; *N. Schneider*, Vergütungsvereinbarung, Rn 1498, 1519.
[29] *N. Schneider*, Vergütungsvereinbarung, Rn 1498, 1519; Rn 3013 mit Formulierungsvorschlägen.
[30] *Schmidt/Baldus*, Rn 94.
[31] OLG Karlsruhe JurBüro 1988, 74.

könne.³² Dies ist jedoch unzutreffend. Sinn und Zweck des § 5 ist es lediglich, positiv festzustellen, dass der Anwalt für die Einschaltung der dort genannten Personen die volle gesetzliche Vergütung nach dem RVG erhält. Eine negative Regelung dergestalt, dass im Übrigen jegliche Vergütungsansprüche ausgeschlossen und als allgemeine Geschäftskosten (VV Vorb. 7 Abs. 1) anzusehen seien, lässt sich der Vorschrift nicht entnehmen. Es gilt nach überwiegender Ansicht insoweit vielmehr § 612 Abs. 2 BGB, wonach dem Anwalt eine angemessene Vergütung zusteht.

Zu beachten ist jedoch, dass bei der Vertretung durch andere Personen Überschneidungen auftreten können, so dass der Anwalt zumindest noch teilweise nach den gesetzlichen Gebühren abrechnen kann. Es ist jeweils zu prüfen, wie weit der Anwalt den Gebührentatbestand noch selbst erfüllt hat, so weit kann er die gesetzliche Vergütung verlangen, nur im Übrigen muss er nach § 612 Abs. 2 BGB abrechnen.³³ **58**

> **Beispiel:** Der Anwalt wird in einer Strafsache vor dem AG mit der Verteidigung beauftragt. Im vorbereitenden Verfahren gibt er eine Einlassung gegenüber der Staatsanwaltschaft ab. Nach Eröffnung des Hauptverfahrens wendet er sich mit einem weiteren Schriftsatz an das Gericht. Die Vertretung in der Hauptverhandlung überlässt er einem Referendar, der sich nicht in der Anwaltsstation befindet.
> Für die Tätigkeit im vorbereitenden Verfahren erhält der Anwalt zunächst die Grundgebühr (VV 4100) sowie die Gebühr nach VV 4104, da ausschließlich er hier tätig war.
> Im gerichtlichen Verfahren war der Anwalt außerhalb der Hauptverhandlung tätig, so dass er hier zunächst einmal die Verfahrensgebühr nach VV 4106 erhält. Nur im Hauptverhandlungstermin selbst war der Referendar tätig, so dass der Anwalt nicht nach VV 4108 abrechnen kann. Nur diese Tätigkeit, also lediglich die Wahrnehmung des Hauptverhandlungstermins, richtet sich nach § 612 Abs. 2 BGB. Eine Abrechnung (ausgehend jeweils von einer Mittelgebühr) hätte dann wie folgt auszusehen, wobei von einem angemessenen Honorar nach § 612 Abs. 2 BGB für den Referendar in Höhe von 150 EUR ausgegangen werden soll:
>
> **I. Vorverfahren**
> 1. Grundgebühr, VV 4100 — 200,00 EUR
> 2. Verfahrensgebühr, VV 4104 — 165,00 EUR
> 3. Postentgeltpauschale, VV 7002 — 20,00 EUR
>
> **II. Gerichtliches Verfahren**
> 1. Verfahrensgebühr, VV 4106 — 165,00 EUR
> 2. Vergütung für die Vertretung in der Hauptverhandlung, § 612 Abs. 2 BGB — 150,00 EUR
> 3. Postentgeltpauschale, VV 7002 — 20,00 EUR
>   Zwischensumme — 720,00 EUR
> 4. 19 % Umsatzsteuer, VV 7008 — 136,80 EUR
> **Gesamt** — **856,80 EUR**

II. Höhe der Vergütung

Die Rechtsprechung zur Höhe der Vergütung, die der Anwalt bei Einschaltung von nicht in § 5 genannten Hilfspersonen verlangen kann, ist uneinheitlich und reicht von „nichts"[34] bis zu den vollen Gebühren eines Rechtsanwalts.[35] Neue Rechtsprechung zur Höhe der angemessenen Vergütung gibt es kaum. Im Wesentlichen kann nur auf ältere Entscheidungen – überwiegend zur BRAGO – zurückgegriffen werden. Im Einzelnen werden folgende Vergütungen von der Rechtsprechung zugebilligt: **59**

Büroangestellte: **60**
– keine Vergütung.[36]

Bürovorsteher: **61**
– keine Vergütung[37]
– keine Vergütung, sondern nur Auslagenersatz[38]

---

32 OLG Düsseldorf AnwBl 1991, 272.
33 Siehe hierzu OLG Hamm AGS 2003, 297 m. ausführlicher Anm. *N. Schneider* nebst Berechnungsbsp.
34 Z.B. OLG Düsseldorf JurBüro 1963, 341 und 481 = JMBlNRW 1963, 64; LG Gießen VersR 1981, 963; LG Trier AnwBl 1978, 350; LG Darmstadt AnwBl 2009, 463.
35 Z.B. OLG Frankfurt JurBüro 1995, 29 = MDR 1995, 103.
36 LG Gießen VersR 1981, 963.
37 OLG Oldenburg JurBüro 1984, 387 m. abl. Anm. *Mümmler*.
38 AG Hannover JurBüro 1965, 715 m. abl. Anm. *Tschischgale*.

- 1/3 der gesetzlichen Vergütung für Terminswahrnehmung im Zivilprozess[39]
- 35 % der gesetzlichen Vergütung für Terminswahrnehmung im Zivilprozess[40]
- 35 % der gesetzlichen Vergütung für Terminswahrnehmung und Vergleich im Zivilprozess[41]
- 35 % der gesetzlichen Vergütung für Besprechung mit Gegner, mindestens aber eine 3/10-Gebühr[42]
- 35 % der gesetzlichen Vergütung für Besprechung mit dem Versicherer in einer Verkehrsunfallsache[43]
- ebenso *Mümmler*,[44] der grundsätzlich 35 % der gesetzlichen Vergütung für den Bürovorsteher für angemessen hält
- voller Betrag der gesetzlichen Vergütung bei Regulierung einer Verkehrsunfallsache[45]
- ist der Bürovorsteher mit einer Unfallschadensregulierung befasst, für die das Regulierungsabkommen zwischen DAV und GdV noch gilt („DAV-Abkommen"),[46] sind die vollen Pauschsätze vom gegnerischen Versicherer zu erstatten. Durch die Pauschsätze soll jeglichem Streit über die Höhe der zu ersetzenden Gebühren vorgebeugt werden. Dem würde es widersprechen, bei der in der Praxis üblichen Einschaltung von Hilfspersonen über die Höhe der nach § 612 Abs. 2 BGB zu bemessenden Vergütung zu streiten.

62 Freier Mitarbeiter:
- Vergütung entsprechend § 9 JVEG (vormals § 3 ZSEG) für einen Professor an einer Fachhochschule.[47]

63 Rechtsbeistand (sofern nicht § 5 für anwendbar gehalten wird, vgl. Rdn 42):
- 2/3 der gesetzlichen Vergütung für Teilnahme an der Hauptverhandlung.[48]

64 Referendar (außerhalb der Pflicht- oder Wahlstation):
- keine Vergütung[49]
- keine Vergütung für Teilnahme an mündlicher Verhandlung[50]
- keine Vergütung für Vertretung im Sühnetermin[51]
- Auslagenersatz in Höhe der im RAK-Bezirk üblichen Vertretungspauschale[52]
- 50 % bei Verteidigung in der Hauptverhandlung einer Bußgeldsache[53]
- 50 % bei Vertretung des Nebenklägers in der Hauptverhandlung einer Strafsache[54]
- 50 % bei Verteidigung in der Hauptverhandlung einer Strafsache[55]
- 50 % für Wahrnehmung eines Verhandlungstermins in einer Zivilsache[56]
- *Mümmler*[57] ist der Auffassung, unabhängig von der Tätigkeit sei für einen Nicht-Stationsreferendar grundsätzlich 50 % der gesetzlichen Vergütung angemessen
- 2/3 der gesetzlichen Gebühren bei Verteidigung in der Hauptverhandlung einer Strafsache.[58]

65 Steuerfachangestellte
- keine Vergütung[59]

---

[39] LG Münster AnwBl 1996, 475 = Rpfleger 1996, 527.
[40] LG Essen JurBüro 1975, 466 m. Anm. *Mümmler*; LG Wuppertal JurBüro 1986, 1515.
[41] LG Düsseldorf JurBüro 1987, 1804.
[42] LG Saarbrücken JurBüro 1989, 628 m. Anm. *Mümmler*.
[43] OLG Köln JurBüro 1985, 888.
[44] JurBüro 1978, 1771.
[45] *Lappe*, MDR 1984, 990.
[46] Das „DAV-Abkommen" ist auf RVG-Gebühren nicht mehr anzuwenden. Die Regulierungsempfehlungen samt Kurzerläuterung sind abgedr. in AnwK-BRAGO, Anhang V, S. 1432 ff.
[47] VGH Mannheim NVwZ-RR 1999, 167.
[48] LG Krefeld AnwBl 1974, 284.
[49] OLG Düsseldorf JurBüro 1991, 671 m. abl. Anm. *Mümmler*.
[50] LG Heilbronn AnwBl 1995, 560.
[51] AG Mainz AnwBl 1981, 512 m. abl. Anm. *Schmidt*.
[52] LG Berlin JurBüro 1973, 124.
[53] LG Darmstadt JurBüro 1982, 73 m. zust. Anm. *Mümmler*.
[54] LG Braunschweig JurBüro 1986, 53.
[55] LG Aachen JurBüro 1978, 261; LG Bochum AnwBl 1971, 296; LG Heidelberg AnwBl 1978, 319.
[56] LG Düsseldorf JurBüro 1987, 1031.
[57] JurBüro 1991, 672.
[58] AG Freiburg AnwBl 1982, 264; LG Bochum AnwBl 1971, 296; LG Aschaffenburg JurBüro 1977, 1254 m. Anm. *Mümmler*.
[59] LG Darmstadt AnwBl 2009, 463.

III. Vereinbarung der gesetzlichen Gebühren

In Anbetracht der Bandbreite der Entscheidungen und der Unkalkulierbarkeit ist dringend anzuraten, bei Einschaltung von Hilfspersonen außerhalb des Anwendungsbereichs des § 5 eine **Vergütungsvereinbarung** dahin gehend zu treffen, dass der Anwalt auch bei Einschaltung anderer als der in § 5 genannten Personen die gesetzliche Vergütung berechnen darf.[60] Eine solche Honorarvereinbarung bedarf nicht der Textform nach § 3a Abs. 1 S. 1, da keine höhere als die gesetzliche Vergütung, sondern gerade die gesetzliche Vergütung vereinbart wird.[61]

66

IV. Auslagen

Für Auslagen bleibt es auch bei Einschaltung anderer als der zu § 5 gehörenden Personen grundsätzlich bei der gesetzlichen Regelung der VV 7000 ff.

67

Insbesondere kann der Anwalt die **Umsatzsteuer (VV 7008)** dem Auftraggeber in Rechnung stellen. Selbst dann, wenn die Hilfskraft dem Anwalt keine Umsatzsteuer in Rechnung stellt, muss der Anwalt seine Vergütung versteuern.

68

Die **Dokumentenpauschale (VV 7000)** entsteht in aller Regel ohnehin unmittelbar in der Person des Anwalts, da z.B. die Abschriften und Ablichtungen in seiner Kanzlei gefertigt werden. Aber auch im Übrigen kann er mit dem gesetzlichen Satz abrechnen.

69

Fahrtkosten (VV 7003 ff.) von Hilfspersonen können ebenfalls in Rechnung gestellt werden.[62] Zum Teil wird allerdings vertreten, die VV 7003 ff. seien auf Fahrten der Hilfspersonen außerhalb des § 5 nicht anwendbar.[63] Insoweit wird dann jedoch auf § 5 JVEG (bisher § 9 ZSEG) zurückgegriffen.[64] Soweit eine nicht unter § 5 fallende Person allerdings das Fahrzeug des Anwalts benutzt, gilt wiederum VV 7003 unmittelbar.

70

Die **Abwesenheitsgelder** nach VV 7005 können dagegen nur für Personen aus dem Bereich des § 5 berechnet werden, nicht auch für andere Hilfskräfte.[65] Insoweit kann der Anwalt allerdings **übliche Spesen** berechnen, soweit diese den Satz der VV 7005 nicht übersteigen. Zur Berechnung der Spesen kann auf § 6 JVEG zurückgegriffen werden.

71

D. Prozesskostenhilfe, Beiordnung

Ist der Anwalt im Wege der Prozesskostenhilfe oder anderweitig beigeordnet, so erhält er nach § 45 Abs. 1 die gesetzliche Vergütung aus der Staatskasse, also die nach dem RVG berechnete Vergütung. Soweit er sich durch eine der in § 5 genannten Personen vertreten lässt, erwirbt er den Vergütungsanspruch gegen die Staatskasse in voller Höhe, den er auch nach § 55 festsetzen lassen kann.[66] Antragsberechtigt ist nur der vertretene Anwalt, nicht auch der Vertreter selbst, da es nicht um seinen Anspruch geht.

72

Lässt sich der Anwalt dagegen durch andere, nicht zum Anwendungsbereich des § 5 zählende Personen vertreten, so erhält er gegen die Staatskasse keinen Vergütungsanspruch, auch nicht die Höhe einer geringeren Vergütung nach § 612 Abs. 2 BGB, da es sich insoweit nicht um die gesetzliche Vergütung handelt.

73

---

60 Siehe hierzu auch *N. Schneider*, Vergütungsvereinbarung, Rn 1498, 1519, 3013.
61 OLG Schleswig SchlHA 1990, 75; *Schmidt*, JurBüro 1964, 330; *N. Schneider*, Vergütungsvereinbarung, Rn 588.
62 OLG Zweibrücken JurBüro 1985, 543; Gerold/Schmidt/*Mayer*, BRAGO, § 5 Rn 10.
63 LG Wuppertal JurBüro 1989, 1718; LG Heilbronn AnwBl 1995, 560.
64 LG Düsseldorf JurBüro 1987, 1031; OLG Düsseldorf JurBüro 1991, 671.
65 OLG Zweibrücken JurBüro 1985, 543; Gerold/Schmidt/*Mayer*, RVG, § 5 Rn 10.
66 BayLSG AGS 2016, 94 = zfs 2015, 642 = RVGreport 2015, 416.
OLG Brandenburg AGS 2008, 194 = OLGR 2008, 316; OLG Köln AGkompakt 2010, 110.

74 In Prozesskostenhilfesachen ist die Rechtsprechung sehr streng. So löste die Vertretung durch einen Assessor gegenüber der Staatskasse nach ganz h.M. keinen Vergütungsanspruch aus.[67] Gleiches gilt erst recht bei Vertretung durch einen Nichtstationsreferendar. Will der Anwalt in diesen Fällen der Vertretung seinen Gebührenanspruch bewahren, muss er einen zugelassenen Kollegen beauftragen.

75 Auch wenn danach der Anwalt bei Einschaltung von Hilfspersonen über § 5 keine Gebühren verdienen kann, so kann er gegebenenfalls die von ihm an den Vertreter gezahlte Vergütung nach § 46 als Auslagen gegen die Staatskasse geltend machen.[68]

76 Im Rahmen der Prozesskostenhilfe soll es auch nicht ausreichen, einen **Rechtsbeistand** zu beauftragen.[69] Die Gleichstellung von Rechtsbeistand und Rechtsanwalt in Art. IX RpflegeEntlG helfe hier nicht weiter. Da ein Rechtsbeistand im Rahmen der Prozesskostenhilfe nicht beigeordnet werden dürfe, könne für ihn auch über § 5 kein Vergütungsanspruch gegen die Staatskasse entstehen. Diese Auffassung ist jedoch unzutreffend. Die Tätigkeit eines Rechtsbeistands ist gebührenrechtlich der eines Anwalts gleichgestellt (Art. IX RpflegeEntlG). Es ist daher nicht einzusehen, wieso sich der Anwalt nicht auch im Rahmen der Prozesskostenhilfe durch einen Rechtsbeistand vertreten lassen kann. Dass ein Rechtsbeistand nicht beigeordnet werden kann, ist unerheblich, da es hier nicht um die Vergütung des Rechtsbeistands geht, sondern um die des Anwalts.[70]

E. Beratungshilfe

77 Im Gegensatz zur Prozesskostenhilfe muss die Beratungshilfe nicht von einem Rechtsanwalt durchgeführt werden (§ 3 BerHG). Daher hat der Anwalt hier auch dann Anspruch auf die ohnehin reduzierte Vergütung nach VV 2501 ff., wenn die Beratung durch eine nicht in den Anwendungsbereich des § 5 fallende Person gewährt worden ist, etwa durch einen Nicht-Stationsreferendar.

78 Ein Rechtsanwalt, der im Rahmen der bewilligten Beratungshilfe in Untervollmacht eine staatlich anerkannte Beratungsstelle mit der Durchführung der außergerichtlichen Schuldenbereinigung beauftragt und selbst lediglich bei der Prüfung des Zahlungsplans sowie der Unterzeichnung eines Schriftsatzes, in dem das Scheitern des außergerichtlichen Einigungsversuchs bescheinigt wird, tätig wird, soll seine Gebühren nicht im Rahmen der Beratungshilfe nach den Bestimmungen der RVG abrechnen können. Die Vorgehensweise des Rechtsanwalts stelle insoweit eine unzulässige Umgehung der Vorschriften des BerHG dar.[71]

F. Pflichtverteidiger

79 Der Pflichtverteidiger muss seine Dienste in Person leisten.[72] Im Falle notwendiger Verteidigung muss bei seinem Ausbleiben das Gericht einen anderen Pflichtverteidiger bestellen (§ 145 StPO). Zulässig ist es allerdings auch für den Pflichtverteidiger, dass er sich vertreten lässt.[73] Ebenso wie bei der Beiordnung im Wege der Prozesskostenhilfe stellt sich hier die Frage, ob der Pflichtverteidiger in Fällen seiner Vertretung dennoch nach § 5 einen Vergütungsanspruch erwirbt. Dabei muss zwischen den Ansprüchen gegen die Staatskasse und denen gegen den Beschuldigten differenziert werden.

---

[67] LAG Düsseldorf JurBüro 1989, 796 m. zust. Anm. *Mümmler*; für beigeordneten Nebenklagevertreter: OLG Zweibrücken JurBüro 1985, 543; LG Frankenthal AnwBl 1985, 162.

[68] Für beigeordneten Nebenklagevertreter: LG Frankenthal AnwBl 1985, 162; siehe auch OLG Brandenburg MDR 2007, 1287 = AnwBl 2007, 728 = NJ 2007, 229.

[69] LG Kleve JurBüro 1984, 1022 m. abl. Anm. *Mümmler*; OLG Düsseldorf JurBüro 1985, 1496.

[70] *Mümmler*, JurBüro 1984, 1023.

[71] AG Leipzig InVo 2007, 107.

[72] BGH StV 1981, 393.

[73] *Meyer-Goßner*, § 145 Rn 6.

I. Anspruch gegen die Staatskasse

1. Vergütung

Lässt sich der Pflichtverteidiger vertreten, so muss er, um über § 5 einen Vergütungsanspruch gegen die Staatskasse zu erwerben, zuvor die **Zustimmung des Gerichts** einholen; anderenfalls steht ihm keine Vergütung zu,[74] auch nicht für die in § 5 genannten Personen.[75] Das ergibt sich letztlich daraus, dass der Pflichtverteidiger vom Gericht bestellt wird und es – im Gegensatz zur Prozesskostenhilfe – eines Auftrags des Mandanten nicht bedarf.

80

Die Rspr. differenziert hier häufig nicht und verwechselt die Bestellung des weiteren Anwalts als Vertreter mit der Bestellung zum weiteren Verteidiger. Zum Teil werden auch Entscheidungen mit missverständlichen Leitsätzen veröffentlicht, was zu weiteren Missverständnissen führt. Zutreffend hat dies das OLG Rostock[76] ausgedrückt: *„Die Beantwortung der Frage, ob der sogenannte ‚Terminvertreter' des verhinderten Pflichtverteidigers als weiterer ‚Vollverteidiger' oder aber nur als ‚Vertreter' bestellt wurde, hängt von der Formulierung des gerichtlichen Beschlusses ab. Hiernach richtet sich dann auch der Gebührenanspruch des Terminsvertreters."*

81

In Betracht kommen zwei Möglichkeiten:
– der (Ersatz-)Anwalt wird als weiterer Pflichtverteidiger beauftragt.
– der (Ersatz-)Anwalt wird als Vertreter des Pflichtverteidigers beauftragt.

82

Im ersten Fall – also im Falle einer echten weiteren Pflichtverteidigerbestellung – erwirbt der (Ersatz-)Anwalt gegenüber der Landeskasse einen Anspruch auf die Gebühren eines Vollverteidigers, da er für den Zeitraum der Beiordnung sämtliche Rechte und auch Pflichten eines Pflichtverteidigers hat. Er erhält daher, da er sich einarbeiten muss, zunächst eine Grundgebühr (VV 4100). Da er das Verfahren – zumindest zeitweise – betreibt, erhält er auch eine Verfahrensgebühr (VV Vorb. 4 Abs. 2). Hinzu kommt eine Terminsgebühr (VV Vorb. 4 Abs. 3) für jeden Tag der Hauptverhandlung.[77]

83

Im zweiten Fall, sofern man ihn nach der StPO überhaupt für zulässig hält,[78] – also bei Bestellung eines Anwalts als Vertreter des Pflichtverteidigers – wird der (Ersatz-)Anwalt nicht durch das Gericht zum weiteren Verteidiger beigestellt, sondern nur als Hilfsperson des Pflichtverteidigers. Als solche Hilfsperson erwirbt er aber keinen eigenen Anspruch gegen die Landeskasse, sondern nur einen Anspruch gegen den vertretenen Pflichtverteidiger. Der Vertretene wiederum kann mit der Landeskasse gemäß § 5 RVG abrechnen, und zwar so, als hätte er den Termin selbst wahrgenommen.[79]

84

Soweit ein Stellvertreter außerhalb des § 5 tätig geworden ist, kommt auch die Bewilligung einer **Pauschvergütung** nach § 51 nicht in Betracht.[80]

85

Kein Fall der Genehmigung liegt vor, wenn das Gericht nach Niederlegung des Mandats den bei dem Verteidiger in Stage befindlichen Referendar bestellt. Da der Anwalt nicht mehr bestellt ist, liegt kein Fall des § 5 vor. Ansprüche kann allenfalls der bestellte Referendar geltend machen. Seine Pflichtverteidigertätigkeit wird jedoch bereits durch die Referendarbezüge abgegolten.[81]

86

---

74 OLG Hamm AnwBl 1979, 236; OLG Braunschweig Rpfleger 1956, 114; OLG Düsseldorf Rpfleger 1973, 444.
75 OLG Hamm AnwBl 1979, 236; OLG Frankfurt NJW 1980, 1703.
76 StRR 2011, 447 = RVGreport 2012, 186.
77 OLG Stuttgart AGS 2011, 224 = Justiz 2011, 108 = StraFo 2011, 198 = Rpfleger 2011, 458 = RVGreport 2011, 141 = RVGprof. 2011, 106 = NJW-Spezial 2011, 412.
78 So OLG Celle NdsRpfl 2009, 141 = NStZ-RR 2009, 158 = RVGreport 2009, 226; KG AGS 2006, 177 = NStZ-RR 2005, 327 = JurBüro 2005, 536; AGS 2008, 387 = StraFo 2008, 349 = StRR 2008, 357 = RVGprof. 2008, 190 = RVGreport 2008, 462; OLG Brandenburg AGS 2011, 280 = StRR 2010, 113 = RVGprof. 2010, 83 = RVGreport 2010, 218; OLG Hamm, Beschl. v. 3.10.1983 – 1 Ws 144/83 (juris); OLG Frankfurt NJW 1980, 1703.
79 So zutreffend OLG Celle NdsRpfl 2009, 141 = NStZ-RR 2009, 158 = RVGreport 2009, 226; OLG Brandenburg AGS 2011, 280 = StRR 2010, 113 = RVGprof. 2010, 83 = RVGreport 2010, 218; AG Sinzig, Beschl. v. 11.7.2012 – 2090 Js 71483/10; OLG Koblenz, Beschl. v. 16.10.2012 – 2 Ws 759/12; LG Potsdam AGS 2012, 65 = JurBüro 2011, 417; OLG Stuttgart AGS 2011, 224 = Justiz 2011, 108 = StraFo 2011, 198 = Rpfleger 2011, 458 = OLGSt RVG § 5 Nr. 1 = RVGreport 2011, 141 = RVGprof. 2011, 106 = NJW-Spezial 2011, 412 = StRR 2011, 442; OLG Rostock StRR 2011, 447 = RVGreport 2012, 186; OLG Düsseldorf StRR 2008, 159 = RVGprof. 2008, 53.
80 AG Hamm AnwBl 1969, 65.
81 OLG Hamburg Rpfleger 1998, 548.

87 Eine Ausnahme gilt lediglich für den **bestellten allgemeinen Vertreter** nach § 53 BRAO. Bei dessen Tätigwerden erhält der Pflichtverteidiger seine Vergütung, und zwar ohne dass es einer Zustimmung des Gerichts bedarf.[82] Auch eine vorherige Anzeige an die Anwaltskammer ist nicht erforderlich.[83]

2. Auslagen

88 Auch wenn dem Anwalt nach § 5 kein Anspruch gegen die Staatskasse zusteht, kann er jedoch die an einen Dritten für Hilfsarbeiten – wozu auch eine Terminswahrnehmung gehört – gezahlte angemessene Vergütung als Auslagen nach § 46 geltend machen.[84] Nach dieser Vorschrift kann der Anwalt Auslagen, die zur sachgemäßen Wahrnehmung erforderlich waren, von der Staatskasse erstattet verlangen. Ebenso wie er die Kosten für einen Dolmetscher geltend machen kann, muss er auch die Kosten für Hilfskräfte ersetzt verlangen können, sofern diese angemessen sind und die Pflichtverteidigersätze dabei nicht überschritten werden. Erforderlich ist allerdings die konkrete Bezifferung der aufgewandten Kosten. Eine pauschale Abrechnung ist nicht zulässig.

3. Festsetzung, § 55

89 Soweit dem Pflichtverteidiger bei Tätigwerden eines Vertreters über § 5 ein Anspruch gegen die Staatskasse zusteht, ist dieser auch nach § 55 festsetzbar. Antragsberechtigt ist nur der Pflichtverteidiger, nicht auch der Vertreter, da es nicht um seinen Anspruch geht.[85]

II. Anspruch gegen den Auftraggeber

90 Auch wenn ein Vergütungsanspruch des Pflichtverteidigers wegen Einschaltung von Hilfspersonen gegenüber der Staatskasse ganz oder teilweise ausgeschlossen ist, schließt dies einen Vergütungsanspruch gegen den Auftraggeber nicht aus.[86] Soweit der Pflichtverteidiger nach § 52 vom Beschuldigten unmittelbar auch die Wahlanwaltsvergütung verlangen kann, gilt § 5 uneingeschränkt, so dass er auch für Vertreter i.S.d. § 5 die volle Vergütung abrechnen kann.

G. Abrechnung

91 Beauftragt der Anwalt Personen, die in den Anwendungsbereich des § 5 fallen, so braucht er dies in seiner Abrechnung nicht gesondert auszuweisen, insbesondere ist es nicht zwingende Voraussetzung des § 10 Abs. 2, die Hilfsnorm des § 5 zu zitieren. Zur Überprüfbarkeit der Abrechnung empfiehlt es sich allerdings, auch § 5 anzugeben.

92 Beauftragt der Anwalt dagegen Hilfspersonen, die nicht in den Anwendungsbereich des § 5 fallen, und rechnet er insoweit nach § 612 Abs. 2 BGB ab, muss er dies in seiner Abrechnung kenntlich machen. Er darf keineswegs die gesetzlichen Gebühren ausweisen, auch wenn diese im konkreten Fall mit der Vergütung des § 612 Abs. 2 BGB identisch sind. Insoweit gilt § 10 Abs. 2 zumindest analog. Der Auftraggeber muss in der Lage sein, die Abrechnung zu überprüfen und nachzuvollziehen, wie sich die Vergütung zusammensetzt (siehe hierzu das Abrechnungsbeispiel Rdn 58). In umfangreicheren Angelegenheiten kann dies dazu führen, dass der Anwalt die Vergütung aus § 612 Abs. 2 BGB nach Personen, Stunden etc. aufschlüsseln muss, da der Auftraggeber anderenfalls nicht in der Lage ist, die Rechnung zu prüfen.

---

[82] BGH NJW 1975, 2351; OLG Düsseldorf NJW 1994, 1296; AG Mettmann AGS 2014, 20.
[83] AG Mettmann AGS 2014, 20.
[84] LG Frankenthal AnwBl 1985, 1962 (100 DM für Terminswahrnehmung durch Assessor); LG Aachen JurBüro 1991, 1185; ebenso für Nebenklagevertreter:

OLG Zweibrücken JurBüro 1985, 543 (hier: Vertretung im Hauptverhandlungstermin); siehe auch OLG Brandenburg MDR 2007, 1287 = AnwBl 2007, 728 = NJ 2007, 229.
[85] OLG Düsseldorf NJW 1994, 1296.
[86] OLG Zweibrücken JurBüro 1985, 543.

H. Vergütungsfestsetzung

Soweit § 5 anwendbar ist, kann der Anwalt die Vergütung unter den Voraussetzungen des § 11 gegen den Auftraggeber festsetzen lassen, da es sich ungeachtet der Stellvertretung um den eigenen Vergütungsanspruch handelt. Zur Schlüssigkeit des Antrags gehört es gegebenenfalls, auf die Stellvertretung nach § 5 hinzuweisen, da sich diese nicht zwingend aus der Gerichtsakte ergeben muss. 93

Im Falle der Beiordnung oder der Bestellung als Pflichtverteidiger kommt eine Festsetzung nach § 55 in Betracht (Prozesskostenhilfe: siehe Rdn 72 ff.; Pflichtverteidiger: siehe Rdn 79 ff.). 94

Soweit § 5 nicht einschlägig ist und sich die Vergütung nach § 612 Abs. 2 BGB bestimmt, ist eine Vergütungsfestsetzung dagegen ausgeschlossen, da es sich nicht um die gesetzliche Vergütung nach dem RVG handelt.[87] Auch eine Festsetzung nach § 55 ist dann nicht möglich (siehe Rdn 72, 79 ff.). Ebenso wenig dürfte eine Festsetzung der an den Vertreter gezahlten Vergütung als verauslagte Kosten möglich sein. 95

I. Kostenerstattung

Soweit der Anwalt Personen beauftragt, die in den Anwendungsbereich des § 5 fallen, ist seine Vergütung ebenso zu erstatten, wie sie bei unmittelbarer Tätigkeit des Anwalts erstattungsfähig gewesen wäre (§ 91 Abs. 2 S. 1 ZPO, der gemäß § 464a Abs. 2 Nr. 2 StPO auch in Straf- und Bußgeldsachen gilt). 96

Lässt sich der Anwalt durch Personen vertreten, die nicht zu denen des § 5 gehören, bestimmt sich die Erstattungspflicht nach § 91 Abs. 1 ZPO. In Strafsachen gilt § 464a Abs. 2 StPO. Festzusetzen ist insoweit die angemessene Vergütung nach § 612 Abs. 2 BGB. Die Höhe der erstattungsfähigen Kosten ist dabei identisch mit dem Betrag, den die Rechtsprechung dem Anwalt nach § 612 Abs. 2 BGB zubilligt. Insoweit sei auf die Rechtsprechungsnachweise (siehe Rdn 59 ff.) verwiesen. Die dortige Rechtsprechung betrifft ohnehin überwiegend Entscheidungen im Rahmen der Kostenerstattung. 97

Vereinbart der Anwalt mit dem Mandanten, dass die gesetzliche Vergütung gelten soll, obwohl die Voraussetzungen des § 5 nicht gegeben sind, so soll nach einer Ansicht die volle gesetzliche Vergütung erstattungsfähig sein.[88] Dem kann jedoch nicht gefolgt werden. Durch eine Vereinbarung zwischen Anwalt und Auftraggeber kann grundsätzlich keine Erstattungspflicht begründet werden, soweit sie die gesetzliche Vergütung überschreitet. Das muss auch dann gelten, wenn sich die gesetzliche Vergütung nicht nach dem RVG berechnet, sondern nach § 612 Abs. 2 BGB.[89] 98

§ 6 Mehrere Rechtsanwälte

Ist der Auftrag mehreren Rechtsanwälten zur gemeinschaftlichen Erledigung übertragen, erhält jeder Rechtsanwalt für seine Tätigkeit die volle Vergütung.

A. Allgemeines 1	1. Grundsatz 25
B. Regelungsgehalt 5	2. Tod oder Erkrankung des Anwalts 26
I. Anwendungsbereich 5	3. Freiwilliges Ausscheiden aus der Anwaltschaft 29
II. Mehrere Anwaltsverträge gleichen Inhalts 7	4. Entzug der Zulassung 33
III. Höhe der Vergütung 12	5. Zeitablauf 34
C. Kostenerstattung 22	6. Wechsel der Zulassung 37
I. Grundsatz 22	7. Anwaltswechsel aus Gründen in der Person der Partei 39
II. Mehrere Anwälte nebeneinander 23	8. Anwaltswechsel in Anrechnungsfällen ... 40
III. Anwaltswechsel 25	

---

[87] LAG Hamm JurBüro 1994, 732 = MDR 1994, 1049 = Rpfleger 1995, 128; Göttlich/Mümmler/*Rehberg/Xanke*, RVG, „Hilfsarbeiter".

[88] LG Düsseldorf JurBüro 1981, 1341 (für Nicht-Stationsreferendar) m. abl. Anm. *Mümmler*; LG Berlin AnwBl 1968, 27 (für Nicht-Stationsreferendar); ebenso wohl auch LG Freiburg AnwBl 1974, 283.

[89] *Mümmler*, JurBüro 1981, 1341.

IV. Patentanwalt neben Prozessbevollmächtigtem 42	II. Gründung einer Sozietät 50
D. Anhang: Die Sozietät 43	III. Ausscheiden eines Sozius 51
I. Auftragnehmer 43	IV. Aktivlegitimation 52

A. Allgemeines

1 Die Vorschrift des § 6 betrifft diejenigen Fälle, in denen mehreren Rechtsanwälten jeweils eigene Aufträge erteilt worden sind und die Anwälte diese Aufträge **gemeinschaftlich** erledigen sollen.

Beispiele: Der Angeklagte bestellt im Strafverfahren drei Verteidiger.
In einem Zivilrechtsstreit zieht der Mandant zu seinem „Hausanwalt" einen „Spezialisten" hinzu.

2 In solchen Fällen wird mit jedem der Anwälte ein eigener Mandatsvertrag geschlossen, der die gleiche Tätigkeit zum Inhalt hat. Daraus folgt nach den allgemeinen Vorschriften des BGB, dass jeder Anwalt auch einen eigenen Vergütungsanspruch hat. Der Vorschrift des § 6 bedarf es hierzu nicht. Diese Vorschrift regelt lediglich, dass es auch bei einer gemeinschaftlichen Beteiligung bei der vollen Vergütung jedes einzelnen Anwalts verbleibt und die Gebührentatbestände nicht etwa deswegen reduziert werden, weil sich mehrere Anwälte die Arbeit teilen. Nicht ausgeschlossen ist allerdings, dass im Einzelfall die Arbeitsteilung zu einer geringeren Bemessung nach § 14 Abs. 1 führt (vgl. § 14 Rdn 21 ff.).

3 **Abzugrenzen** ist der Anwendungsbereich des § 6 von anderen Fällen, in denen mehrere Anwälte tätig werden:

4 – Ein Rechtsanwalt wird für einen anderen Anwalt als **Stellvertreter** tätig.

Beispiel: Der Rechtsanwalt bittet einen Kollegen, wegen einer Terminskollision für ihn einen Termin zur mündlichen Verhandlung wahrzunehmen.

– Dieser Fall richtet sich nach § 5. Nur der beauftragte Rechtsanwalt erhält die Vergütung – hier die Termingebühr. Der Stellvertreter hat keinerlei Vergütungsanspruch gegen den Mandanten. Er kann allenfalls einen Vergütungsanspruch gegen den beauftragten Anwalt haben (siehe § 5 Rdn 20 ff.).

– Verschiedene Anwälte sind mit **verschiedenen Tätigkeiten** beauftragt.

Beispiele: Der Auftraggeber beauftragt an seinem Wohnsitz einen Verkehrsanwalt und einen Prozessbevollmächtigten am auswärtigen Gerichtsort.
Der Angeklagte bestellt für die auswärtige Zeugenvernehmung vor dem ersuchten Richter einen Terminsvertreter.

– In diesen Fällen liegen mehrere Aufträge und somit mehrere Anwaltsverträge vor. Diese Verträge sind jedoch nicht auf eine gemeinschaftliche Ausführung gerichtet; jeder Anwalt hat vielmehr seinen eigenen Aufgabenbereich, auch wenn sich gewisse Überschneidungen ergeben. Die Anwälte werden daher auch nach verschiedenen Gebührenvorschriften entlohnt (Prozessbevollmächtigter VV 3100 ff. – Terminsvertreter VV 3401, 3402 – Verkehrsanwalt VV 3400; Verteidiger VV 4100 ff. – Verkehrsanwalt VV 4301 Nr. 3 – Terminsvertreter VV 4301 Nr. 4).

– Mehrere Anwälte werden **nacheinander** beauftragt.

Beispiele: Der Mandant kündigt seinem Anwalt das Mandat und beauftragt einen anderen Anwalt, den Rechtsstreit fortzusetzen.
Der Anwalt verstirbt; ein anderer Anwalt wird mit der Fortführung des Mandats beauftragt.
In einem Rechtsstreit vor dem LG Hamburg wird Rechtsanwalt A als Prozessbevollmächtigter bestellt; nach Verweisung an das LG München wird anstelle des A nunmehr der in München ansässige Anwalt B als Prozessbevollmächtigter bestellt.

– Auch in diesen Fällen liegen verschiedene Anwaltsverträge vor. Der Gegenstand der anwaltlichen Tätigkeit ist hier zwar der Gleiche, da beide Anwälte im selben Umfang tätig werden sollen. Ihnen ist jedoch nicht die gemeinschaftliche Ausführung übertragen. Vielmehr wird der zweite Anwalt erst tätig, nachdem die Arbeit des ersten Anwalts beendet ist.

– Mehrere Anwälte sind in einer **Sozietät** oder in anderer Form zusammengeschlossen.

Beispiel: Der Mandant beauftragt die Anwaltssozietät A & B mit seiner Vertretung.

- Vertragspartei des Anwaltsvertrags ist hier die Sozietät als GbR. Sämtliche Mitglieder der Sozietät handeln für diese, unabhängig davon, ob es sich um eine örtliche oder eine überörtliche Sozietät handelt. Der Gebührenanspruch steht der Sozietät insgesamt nur einmal zu. Unerheblich ist dabei, wer von den soziierten Anwälten tätig wird und ob sich die Anwälte die Arbeit teilen, da die Anwälte nicht nebeneinander beauftragt sind[1] (zu den Ausnahmen siehe Rdn 54 ff.).
- Mehrere Anwälte sind in einer **Bürogemeinschaft** verbunden. Bei einer bloßen Bürogemeinschaft kommt das Mandat nur mit dem betreffenden Anwalt zustande, nicht auch mit den übrigen Büromitgliedern, so dass § 6 ebenfalls nicht greift. Vertritt ein Mitglied einer Bürogemeinschaft ein anderes Mitglied, liegt ein Fall des § 5 vor.
- Die beauftragten Anwälte sind in einer **Partnerschaft** zusammengeschlossen. Bei der Beauftragung einer Partnerschaft nach dem PartGG ist ebenfalls kein Fall des § 6 gegeben, da die Partnerschaft als solche Vertragspartner wird und nicht das einzelne Mitglied, das die Sache bearbeitet.[2]
- Mehrere Anwälte sind zwar in demselben Verfahren tätig, allerdings hinsichtlich verschiedener Gegenstände.

    Beispiel: Der Mandant erhebt Klage auf Schadensersatz aus einem Verkehrsunfall und beauftragt den Anwalt A mit seiner Prozessvertretung. Die Gegenseite erhebt daraufhin Widerklage. Für die Widerklage bestellt der zuständige Haftpflichtversicherer den Anwalt B als Prozessbevollmächtigten.

- Ein Fall des § 6 liegt nicht vor, da jeder Anwalt hinsichtlich eines anderen Gegenstandes tätig wird und es somit an einer gemeinschaftlichen Ausführung fehlt.
- Neben dem Prozessbevollmächtigten wird ein **Patentanwalt** tätig. Auch hier liegt kein Fall des § 6 vor, da der Patentanwalt nicht nach dem RVG vergütet wird (zur Erstattung siehe Rdn 49).

B. Regelungsgehalt

I. Anwendungsbereich

Die Vorschrift gilt für alle **Rechtsanwälte**, soweit sie nach dem RVG abrechnen. Sie gilt darüber hinaus auch dann, wenn einem Rechtsanwalt und einem **Rechtsbeistand** ein gemeinschaftlicher Auftrag erteilt worden ist oder wenn gemeinschaftlich mehrere Rechtsbeistände beauftragt werden. 5

Die Vorschrift gilt für **alle Gebührentatbestände**, unabhängig von der Art der jeweiligen anwaltlichen Tätigkeit, also in Zivilsachen, Strafsachen, Verwaltungssachen etc. 6

II. Mehrere Anwaltsverträge gleichen Inhalts

Voraussetzung ist, dass **mehrere selbstständige Anwaltsverträge** geschlossen worden sind. Der Mandant muss also jedem Anwalt einen eigenen selbstständigen Auftrag erteilt haben. Die Aufträge müssen dabei nicht zeitgleich erteilt worden sein. Sie können auch sukzessive erteilt werden. 7

   Beispiel: Im Verlaufe des Strafprozesses beauftragt der Angeklagte einen weiteren Verteidiger. Beiden Anwälten steht die volle Vergütung nach VV 4100 ff. zu.

Darüber hinaus müssen die verschiedenen Aufträge die **gleiche Tätigkeit** zum Inhalt haben und **denselben Gegenstand** betreffen. 8

Daher ist es nicht ausreichend, wenn einer der beauftragten Anwälte nur mit Einzeltätigkeiten beauftragt ist, die nach anderen Vorschriften zu vergüten sind, etwa wenn neben dem Prozessbevollmächtigten ein Verkehrsanwalt oder ein Terminsvertreter beauftragt wird oder wenn ein anderer Anwalt begleitend zur Tätigkeit des Prozessbevollmächtigten den Mandanten beraten soll.). 9

Unerheblich ist es dagegen, wenn unter den verschiedenen Anwälten eine gewisse Arbeitsteilung vereinbart ist oder wenn der Schwerpunkt der anwaltlichen Tätigkeit jeweils anders gelagert ist. 10

   Beispiel: In einem umfangreichen Schadensersatzprozess beauftragt der Mandant neben seinem „Hausanwalt" einen Spezialisten, der sich vorwiegend um die steuerlichen Aspekte kümmern soll.

---

[1] BGH NJW 1963, 1301 = MDR 1963, 659. [2] VG Düsseldorf AGS 2011, 215.

11 Eine solche Arbeitsteilung steht der Anwendung des § 6 nicht entgegen. Beide Anwälte sind als Prozessbevollmächtigte bestellt und insoweit für die gesamte Prozessführung verantwortlich. Die Aufgabenverteilung im Innenverhältnis hat weder Einfluss auf den Gebührentatbestand noch auf die Höhe der Gebühren.

III. Höhe der Vergütung

12 Sind mehrere Anwälte gemeinschaftlich beauftragt, so steht jedem die volle Vergütung zu. Der Wortlaut der Vorschrift ist allerdings in mehrfacher Hinsicht missverständlich. Sinn und Zweck der Vorschrift ist es, klarzustellen, dass durch das gemeinschaftliche Tätigwerden mehrerer Anwälte in derselben Sache die anfallenden Gebühren nicht etwa auf die beteiligten Anwälte verteilt werden, etwa dass bei zwei Anwälten jeder nur die Hälfte der Gebühren verlangen kann oder dass Gesamtgläubigerschaft hinsichtlich der Gebühren besteht. Vielmehr soll jedem Anwalt ein eigener Gebührenanspruch auf die volle Vergütung zustehen. Voraussetzung ist allerdings, dass seine Tätigkeit die entsprechenden Gebührentatbestände auch selbst ausgelöst hat. Nach dieser Vorschrift werden also Tätigkeiten des einen Anwalts dem anderen – im Gegensatz zu den Fällen des § 5 – **nicht zugerechnet**.

> **Beispiel:** In einem Rechtsstreit beauftragt der Mandant zwei Prozessbevollmächtigte. Nur einer von ihnen nimmt an der mündlichen Verhandlung teil.
> Die Terminsgebühr erhält nur derjenige Anwalt, der an der Verhandlung teilgenommen hat; der andere erhält keine Terminsgebühr (sofern dieser den Tatbestand der VV 3104 nicht anderweitig, etwa durch außergerichtliche Besprechungen, verwirklicht hat). Das Verhandeln des einen Anwalts wird nicht dem anderen zugerechnet.

13 Sofern der eine Anwalt allerdings zugleich den anderen vertritt, greift § 5, so dass dann beide Anwälte die entsprechenden Gebühren verdienen.

> **Beispiel:** Der Mandant hat zwei Anwälte als Prozessbevollmächtigte A und B beauftragt. Zum Verhandlungstermin erscheint nur Anwalt A, dieser erklärt aber, auch für Anwalt B aufzutreten.
> A erhält die Terminsgebühr unmittelbar. Über § 5 erhält auch B die Terminsgebühr.

14 Auch im Übrigen ist die Vergütung für jeden der gemeinschaftlich tätigen Anwälte gesondert zu bestimmen. Dies bedeutet also, dass es für die Anwendung des **maßgeblichen Gebührenrechts** für jeden Anwalt gemäß §§ 60, 61 auf den Zeitpunkt des ihm erteilten Auftrags ankommt. Auch bei sonstigen individuellen Umständen ist jeweils auf den einzelnen Anwalt abzustellen. Die **Verjährung** kann unterschiedlich zu laufen beginnen, wenn die Tätigkeit des einen Anwalts früher endet als die des anderen.

15 Auch bei **Rahmengebühren** darf die Vorschrift des § 6 nicht wörtlich verstanden werden, also dass jeder der beauftragten Anwälte seine Vergütung in derselben Höhe erhält. Jeder Anwalt hat vielmehr nach § 14 Abs. 1 die Höhe seiner Vergütung individuell zu bestimmen, und zwar unabhängig von der Tätigkeit des anderen Anwalts. Hier kann sich also ausnahmsweise eine interne Arbeitsteilung auf die Höhe der Vergütung auswirken.

> **Beispiel:** In einer Strafsache beauftragt der Beschuldigte zwei Anwälte mit seiner Verteidigung. Der eine Anwalt führt mit der Staatsanwaltschaft eine umfangreiche Besprechung und erreicht, dass das Verfahren mit dem Erlass eines Strafbefehls abgeschlossen wird.
> Die Tätigkeit des einen Anwalts dürfte gemäß § 14 Abs. 1 im oberen Bereich anzusiedeln sein, während die Tätigkeit des anderen Anwalts eher im unteren Gebührenbereich liegen dürfte.

16 Unzutreffend ist jedoch die Auffassung, dass die Vertretung durch mehrere Verteidiger für jeden Anwalt zu einem geringeren Umfang führe, da die Möglichkeit der Arbeitsteilung bestehe.[3]

17 Gleiches gilt in Angelegenheiten, in denen Satzrahmengebühren anfallen, oder in Sozialsachen, deren Gebühren sich nicht nach dem Wert richten (§ 3 Abs. 1, Abs. 2).

18 Bei Wertgebühren kann sich eine unterschiedliche Vergütung auch aus **unterschiedlichen Gegenstandswerten** ergeben.

---

[3] So aber zur Pauschvergütung KG AGS 2006, 26 m. zutreffender abl. Anm. *Madert*.

Beispiel: In einem Schadensersatzprozess beauftragt der Mandant zwei Prozessbevollmächtigte mit der Klage. Hinsichtlich einer von der Gegenseite erhobenen Widerklage beauftragt er nur einen von ihnen. Während der eine Anwalt nur nach dem Wert der Klage abrechnen kann, richtet sich für den anderen der Gegenstandswert nach den addierten Beträgen von Klage und Widerklage (§ 23 Abs. 1 S. 3 i.V.m. § 45 Abs. 1 S. 1 GKG).

Darüber hinaus können bestimmte **besondere Gebühren nur für einen Anwalt** anfallen. 19

Beispiel 1: Von mehreren Prozessbevollmächtigten nimmt nur einer an der mündlichen Verhandlung teil. Jeder Anwalt erhält nach § 6 die volle Verfahrensgebühr; die Terminsgebühr erhält dagegen nur der Anwalt, der an der Verhandlung teilgenommen hat; der andere erhält keine Terminsgebühr (sofern dieser den Tatbestand der VV 3104 nicht anderweitig, etwa durch außergerichtliche Besprechungen verwirklicht hat) oder der eine für den anderen mit aufgetreten ist – dann gilt wiederum § 5.

Beispiel 2: In einer Strafsache sind mehrere Verteidiger beauftragt. Nur einer von ihnen erhält zusätzlich den Auftrag für das Adhäsionsverfahren.
Nur dieser Anwalt erhält zusätzlich die Vergütung nach VV 4143.

Beispiel 3: In einem Zivilprozess sind mehrere Prozessbevollmächtigte beauftragt. Nur einer von ihnen stellt einen Befangenheitsantrag und legt gegen die ablehnende Entscheidung des Gerichts Beschwerde ein.
Nur dieser Anwalt erhält zusätzlich die Vergütung nach VV 3500 für das Beschwerdeverfahren.

Das Gleiche gilt für **zusätzliche Gebühren**. 20

Beispiel: In einem strafrechtlichen Ermittlungsverfahren erreicht der eine Verteidiger die Einstellung des Verfahrens; der andere Verteidiger hat hieran nicht mitgewirkt.
Beide Anwälte erhalten die Vergütung nach VV 4104. Die zusätzliche Gebühr nach VV 4141 erhält nur der Verteidiger, der an der Einstellung mitgewirkt hat.

Ebenfalls kann eine zusätzliche Gebühr nach VV 4142 nur einem Anwalt zugute kommen. 21

C. Kostenerstattung

I. Grundsatz

Hinsichtlich der Kostenerstattung bei der Beauftragung mehrerer Anwälte gilt § 91 Abs. 1 S. 1 i.V.m. Abs. 2 S. 1 und 2 ZPO. Soweit der Mandant mehrere Anwälte in verschiedenen Funktionen beauftragt hat, also Prozessbevollmächtigter/Verkehrsanwalt, Prozessbevollmächtigter/Terminsvertreter o.Ä., wird auf die Kommentierung der entsprechenden Vergütungsvorschriften (VV 3400 ff.) verwiesen. 22

II. Mehrere Anwälte nebeneinander

Beauftragt der Mandant mehrere Anwälte nebeneinander, so sind die gegenüber einem Anwalt entstehenden **Mehrkosten** grundsätzlich nicht erstattungsfähig. Erstattungsfähig sind grundsätzlich nur die Kosten eines Anwalts. Nur in ganz seltenen Ausnahmefällen kann die Hinzuziehung eines weiteren Anwalts mit spezifischen Kenntnissen auf einem besonderen Sachgebiet erforderlich sein.[4] In Verfahren über eine Verfassungsbeschwerde können unter Umständen die Kosten mehrerer Anwälte erstattungsfähig sein.[5] 23

Auch in Strafsachen sind grundsätzlich nur die Kosten eines Verteidigers erstattungsfähig, auch wenn der Beschuldigte bis zu drei Verteidiger beanspruchen darf.[6] 24

---

[4] OLG Frankfurt JurBüro 1977, 947; OLG Düsseldorf Rpfleger 1975, 323 = JMBl NW 1975, 191 = WRP 1975, 452 (beide im konkreten Fall allerdings verneinend).

[5] BVerfG NJW 1978, 259 = MDR 1978, 292.

[6] *Meyer-Goßner*, § 464a Rn 13 mit umfangreichen Nachweisen zur Rspr.

III. Anwaltswechsel

1. Grundsatz

25 Werden im Verlauf eines Rechtsstreits infolge eines Anwaltswechsels mehrere Anwälte tätig, so sind ihre Kosten dann erstattungsfähig, wenn der **Anwaltswechsel notwendig** war (§ 91 Abs. 2 S. 2 ZPO). Eine solche Notwendigkeit wird in der Rechtsprechung in den **folgenden Fällen** bejaht bzw. verneint:

2. Tod oder Erkrankung des Anwalts

26 Beim Tod des Anwalts ist grundsätzlich von einem notwendigen Anwaltswechsel auszugehen.[7]

27 Unerheblich ist, ob der Verstorbene mit einem anderen Rechtsanwalt in **Bürogemeinschaft** verbunden war.[8] Beim Tode lediglich eines **Sozius** ist ein Anwaltswechsel dagegen nicht erforderlich, da die übrigen Mitglieder der Sozietät das Mandat fortführen können. Wechselt der Mandant in diesen Fällen, etwa weil er zu den übrigen Sozien kein Vertrauen hat, rechtfertigt dies keine doppelte Kostenerstattung.[9]

28 In Ausnahmefällen gelten diese Grundsätze auch bei einer **längeren Erkrankung**.[10]

3. Freiwilliges Ausscheiden aus der Anwaltschaft

29 Scheidet der Anwalt aus der Anwaltschaft aus, so ist der Wechsel ebenfalls stets notwendig. Zum Teil stellt die Rechtsprechung darauf ab, ob die Entscheidung, die Anwaltszulassung aufzugeben, aus beachtenswerten Gründen erfolgt ist,[11] was im Kostenfestsetzungsverfahren zu prüfen sei.[12] Dies dürfte in dieser Form nicht zutreffend sein, da die persönliche Entscheidung des Anwalts nicht der erstattungsberechtigten Partei angerechnet werden kann.[13] Keine Erstattungsfähigkeit ist aber dann gegeben, wenn der Praxisübernehmer mit dem vorherigen Anwalt vereinbart hat, dass die im Zeitpunkt der Praxisaufgabe anhängigen Mandate ohne Berechnung von Mehrkosten zu Ende geführt werden sollen.[14]

30 Es stellt sich in diesen Fällen allerdings die Frage, ob der freiwillig aus der Anwaltschaft ausscheidende Anwalt überhaupt einen Anspruch auf Vergütung hat oder ob der Vergütungsanspruch infolge Interessenwegfalls erloschen ist (§ 628 Abs. 1 S. 2, Abs. 2 BGB). Diese Frage ist aber grundsätzlich

---

7 OLG München Rpfleger 1962, 5; OLG Düsseldorf NJW 1963, 660; OLG Frankfurt AnwBl 1980, 517 = MDR 1980, 1026 = Rpfleger 1981, 29 = JurBüro 1981, 126; OLG Hamburg JurBüro 1985, 1870; OLG Hamm JurBüro 1969, 642 = Rpfleger 1969, 168 = AnwBl 1969, 349.

8 OLG Stuttgart Justiz 1969, 224.

9 OLG Hamburg JurBüro 1975, 773; OLG Frankfurt Rpfleger 1977, 259 = AnwBl 1977, 508 = JurBüro 1977, 1618.

10 OLG München Rpfleger 1970, 142 = JurBüro 1970, 320 = MDR 1970, 428 (im konkreten Fall allerdings verneinend).

11 BGH AGS 2012, 544 = MDR 2012, 1376 = zfs 2012, 644 = FamRZ 2012, 1868 = AnwBl 2012, 1010 = Schaden-Praxis 2012, 448 = NJW 2012, 3790 = VersR 2012, 1581 = RVGreport 2012, 422 = BRAK-Mitt 2012, 287; MDR 2012, 1436 = AnwBl 2012, 1009 = FamRZ 2012, 1936 = FamRB 2012, 374 = BRAK-Mitt 2012, 288 = FuR 2013, 39; OLG Naumburg AGS 2006, 45 m. abl. Anm. *Onderka*; OLG Frankfurt RPfleger 1986, 66; OLG Hamburg JurBüro 1993, 351; OLG Hamm NJW-RR 1996, 1343; OLG Koblenz MDR 1991, 1098; OLG Koblenz AGS 2006, 461 = 2006, 543 = FamRZ 2006, 1559 = OLGR 2006, 939 (Erstattungsfähigkeit bejaht bei Aufgabe aus gesundheitlichen Gründen); Zöller/*Herget*, § 91 ZPO Rn 13 „Anwaltswechsel".

12 BGH AGS 2012, 544 = MDR 2012, 1376 = zfs 2012, 644 = FamRZ 2012, 1868 = AnwBl 2012, 1010 = Schaden-Praxis 2012, 448 = NJW 2012, 3790 = VersR 2012, 1581 = RVGreport 2012, 422 = BRAK-Mitt 2012, 287.

13 Die Notwendigkeit der Kosten eines Anwaltswechsels haben bejaht: OLG Neustadt NJW 1961, 1777 = MDR 1961, 946; OLG München Rpfleger 1970, 96 = AnwBl 1970, 77; OLG Frankfurt Rpfleger 1986, 66 = JurBüro 1986, 453; OLG Hamburg MDR 1965, 395; OLG Koblenz JurBüro 1978, 1068; OLG Frankfurt JurBüro 1974, 1599; OLG Düsseldorf JurBüro 1978, 1877. Die Erstattungsfähigkeit verneint haben dagegen: KG Rpfleger 1962, 158; OLG Nürnberg JurBüro 1972, 518; OLG Hamburg AnwBl 1972, 129; OLG Braunschweig JurBüro 1973, 871.

14 OLG Celle Rpfleger 1969, 22 = NdsRpfl 1968, 284.

nicht im Kostenfestsetzungsverfahren auszutragen, sondern gegebenenfalls nachträglich im Wege der Vollstreckungsgegenklage.

Als nicht notwendig angesehen hat der BGH[15] einen Anwaltswechsel nach Rückgabe der Zulassung des ersten Anwalts wegen wirtschaftlicher Schwierigkeiten. 31

Als notwendig angesehen hat der BGH dagegen[16] einen Anwaltswechsel nach Rückgabe der Zulassung wegen Übernahme der Pflege der eigenen Mutter nach Ausfall der bisherigen Pflegeperson (hier Tod des Vaters). Die Übernahme der Pflegetätigkeit stelle einen anerkennenswerten Grund für die Aufgabe der Anwaltstätigkeit dar, auch unter Berücksichtigung dessen, dass übernommene Mandate nicht zu Ende geführt werden können. Hierdurch entstehende Mehrkosten eines Prozesses seien von den Betroffenen hinzunehmen. 32

4. Entzug der Zulassung

Wird dem bisherigen Anwalt die Zulassung entzogen und beauftragt der Mandant einen neuen Anwalt, soll die Erstattungsfähigkeit aus den gleichen Erwägungen (siehe Rdn 36) nicht gegeben sein.[17] Auch dies dürfte in dieser Form nicht zutreffend sein, da das Fehlverhalten des Anwalts der erstattungsberechtigten Partei nicht angerechnet werden darf. 33

5. Zeitablauf

Wird nach längerem Zeitablauf – sei es aufgrund einer Aussetzung, einer Unterbrechung o.Ä. – das Verfahren erst nach Jahren fortgeführt und ist der seinerzeit beauftragte Anwalt nicht mehr tätig, so ist zu differenzieren: 34

Liegen zwischen der Erledigung der früheren Angelegenheit und der Fortsetzung der Angelegenheit mehr als zwei Kalenderjahre, so würden sich auch für den früheren Anwalt nach § 15 Abs. 5 S. 2 neue Gebühren ergeben. Mehrkosten i.S.d. § 91 Abs. 2 S. 2 ZPO entstehen folglich nicht.[18] 35

Wird das Verfahren innerhalb von zwei Kalenderjahren fortgeführt, so gelten die Ausführungen in Rdn 32 ff. und 44 ff. entsprechend. 36

6. Wechsel der Zulassung

Bis zum Wegfall des Postulationszwangs vor den Land- und Familiengerichten stellte sich häufig die Frage der Kostenerstattung infolge eines Anwaltswechsels, wenn der Anwalt die Zulassung gewechselt hatte, also in einen anderen Bezirk verzogen war. Diese Frage stellt sich heute nicht mehr in dieser Form, da der Anwalt weiterhin in der Lage ist, das Mandat fortzuführen. Mehrkosten entstehen dem Mandanten nicht (VV Vorb. 7 Abs. 3 S. 2). Soweit also der Anwalt das Mandat weiterführt, dürfte ihm in Höhe der Mehrkosten kein Vergütungsanspruch zustehen, so dass sich hier die Frage der Erstattung von Mehrkosten nicht mehr stellen wird. 37

Lediglich dann, wenn der Wechsel der Zulassung zugleich bedingt, dass der bisherige Anwalt den Mandanten nicht mehr vertreten kann, können Mehrkosten entstehen, also bei einem Wechsel der LG- oder OLG-Zulassung zur BGH-Zulassung. In diesem Fall sind nach der Rechtsprechung die 38

---

15 MDR 2012, 1436 = AnwBl 2012, 1009 = FamRZ 2012, 1936 = FamRB 2012, 374 = BRAK-Mitt 2012, 288 = FuR 2013, 39.
16 AGS 2012, 544 = MDR 2012, 1376 = zfs 2012, 644 = FamRZ 2012, 1868 = AnwBl 2012, 1010 = Schaden-Praxis 2012, 448 = NJW 2012, 3790 = VersR 2012, 1581 = JurBüro 2013, 36 = Rpfleger 2013, 115 = RVGreport 2012, 422 = BRAK-Mitt 2012, 287.
17 OVG Mecklenburg-Vorpommern NordÖR 2007, 269 (Entzug wegen Nichtzahlung der Haftpflichtversicherungsprämie).
18 Siehe insoweit zur früheren Rechtslage bei Fortsetzung oder Wiederaufnahme nach sieben und zehn Jahren: OLG Düsseldorf Rpfleger 1963 = JMBl NW 1963, 73; KG JurBüro 1968, 130 = MDR 1968, 335.

Mehrkosten jedenfalls dann zu erstatten, wenn der Anwaltswechsel für die Partei nicht voraussehbar war.[19]

7. Anwaltswechsel aus Gründen in der Person der Partei

39 Liegt der Grund für den Wechsel des Anwalts in der Person der Partei, so sind die entstandenen Mehrkosten grundsätzlich nicht erstattungsfähig. Dies gilt insbesondere dann, wenn die Partei das Vertrauen zu ihrem Anwalt verloren hat,[20] oder dann, wenn er als Zeuge benannt worden ist.[21]

8. Anwaltswechsel in Anrechnungsfällen

40 Wechselt der Erstattungsberechtigte den Anwalt zwischen zwei gerichtlichen Verfahren, bei denen die Gebühren jedoch aufeinander angerechnet werden, so sollen die Mehrkosten, die sich aus der Nichtanrechnung ergeben, nach einem Teil der Rspr. nicht erstattungsfähig sein. Zu erstatten sollen die Kosten nur sein, soweit sie bei dem früheren Anwalt ebenfalls angefallen wären. Solche Konstellationen können auftreten bei einem Rechtsstreit nach einem selbstständigen Beweisverfahren,[22] bei einem Verfahren nach Zurückverweisung,[23] im Nachverfahren oder Verfahren nach Abstandnahme nach einem Urkunden-, Scheck- oder Wechselprozess oder im streitigen Verfahren nach einem Mahnverfahren. Dies ist bedenklich, weil es jeder Partei zustehen muss, in einem neuen Verfahren einen anderen Anwalt zu beauftragen, den sie für geeigneter hält, abgesehen davon, dass eine Anrechnung durch eine Vergütungsvereinbarung unterlaufen werden könnte (siehe § 15a Rdn 138 ff.).

41 Beauftragt eine Partei im gerichtlichen Verfahren einen anderen Anwalt als sie zuvor außergerichtlich beauftragt hatte, so sind die vollen Kosten des Rechtsstreits erstattungsfähig. Der Partei kann nicht entgegen gehalten werden, dass die Kosten im gerichtlichen Verfahren wegen der dann nach VV Vorb. 3 Abs. 4 vorzunehmenden Anrechnung geringer gewesen seien.[24] Ein Fall des § 91 Abs. 2 S. 2 ZPO liegt hier nicht vor. Dies folgt letztlich auch aus § 15a RVG.

In verwaltungsrechtlichen und finanzgerichtlichen Verfahren sieht die Rspr. dies zum Teil anders, wenn der Anwalt zwischen Nachprüfungsverfahren und Rechtsstreit gewechselt wird, da hier – im Gegensatz zu den Zivilsachen – die vorgerichtliche Tätigkeit zwingende Voraussetzung des gerichtlichen Verfahrens ist und hier auch eine prozessuale Kostenerstattung ausgesprochen wird. Hier werden daher die Kosten nur insoweit erstattet, als sie bei Beauftragung eines Anwalts angefallen wären.[25]

IV. Patentanwalt neben Prozessbevollmächtigtem

42 In bestimmten Fällen kann die Partei, soweit ein **Patentanwalt** in einem Rechtsstreit mitgewirkt hat, die Erstattung der Gebühren des Patentanwaltes verlangen. Die entsprechende Erstattungspflicht des unterlegenen Gegners richtet sich nicht nach § 91 ZPO, sondern nach § 143 Abs. 3 PatG, § 27 Abs. 3 GebrMG, § 140 Abs. 3 MarkenG. Nach der neueren Rspr. des BPatG[26] richtet sich die zu erstattende Vergütung nach dem RVG.

---

19 OLG Frankfurt AnwBl 1968, 232 = MDR 1967, 774; a.A. OLG Bamberg JurBüro 1984, 1562; OLG Hamburg JurBüro 1981, 515 = MDR 1981, 767.
20 OLG Celle Rpfleger 1964, 327; OLG Düsseldorf Rpfleger 1972, 457 = JurBüro 1972, 1106 = MDR 1973, 5; OLG Hamburg MDR 1970, 428; JurBüro 1972, 1081; JurBüro 1973, 448 = MDR 1973, 324; OLG Köln JurBüro 1974.
21 OLG Hamm AnwBl 1976, 438 = JurBüro 1976, 1687.
22 OLG Hamburg AGS 2008, 259 = RVGreport 2008, 392 = OLGR 2007, 275 = MDR 2007, 559.
23 OLG Celle AGS 2015, 492 = NJW-Spezial 2015, 668 = RVGprof. 2015, 200.
24 BGH AGS 2010, 52 = MDR 2010, 293 = zfs 2010, 220 = JurBüro 2010, 190 = RVGprof. 2010, 37 = FamRZ 2010, 370 = RVGreport 2010, 109 = BRAK-Mitt 2010, 83 = AnwBl 2010, 295; AG Saarbrücken AGS 2008, 365 = NJW-RR 2008, 1669 = NJW-Spezial 2008, 477; OLG Koblenz AGS 2009, 209 = OLGR 2009, 425 = JurBüro 2009, 309 = NJW-Spezial 2009, 219 = FamRZ 2009, 1244; OLG Köln AGS 2009, 461; a.A: AG Nürtingen AGS 2010, 306.
25 VGH Mannheim AGS 2011, 456 = NVwZ-RR 2011, 384 = NJW 2011, 2153 = NJW-Spezial 2011, 477 = DÖV 2011, 455; FG Köln AGS 2010, 288 = EFG 2009, 1857 = StE 2009, 698.
26 AGS 2006, 2005 = BPatGE 49, 26 = RVGreport 2005, 360 = MittdtschPatAnw 2005, 375 = BlPMZ 2005, 355.

D. Anhang: Die Sozietät

I. Auftragnehmer

Beauftragt der Mandant eine Anwaltsgemeinschaft, also eine Rechtsanwaltssozietät, so kommt der Auftrag mit allen Sozien zustande.[27] Das gilt auch bei Beauftragung einer überörtlichen Sozietät sowie dann, wenn mehrere Anwälte nur den Anschein einer Anwaltsgemeinschaft erwecken.[28]

Jeder Sozius ist berechtigt, für die gesamte Sozietät Mandate anzunehmen. Auftragnehmer wird aber grundsätzlich die Sozietät als solche (zu den Ausnahmen siehe Rdn 52).

Da die einzelnen Sozien in der Regel nicht nebeneinander tätig werden sollen, sondern jeweils nur einer von ihnen, liegt kein Fall des § 6 vor. Unerheblich ist es insoweit, wenn sich innerhalb der Sozietät mehrere Anwälte mit der Sache befassen, da jeder von ihnen nur anstelle des anderen tätig wird,[29] nicht aber neben ihm.

Ausnahmsweise kommt der Vertrag nicht mit allen Sozien zustande, wenn die Parteien sich bei Auftragserteilung einig sind, dass nur einer oder ein Teil der Sozien das Mandat übernehmen soll. Dies wird dann der Fall sein, wenn der Mandant zu diesem Anwalt ein besonderes Vertrauen hat oder wenn es sich um einen Spezialisten handelt, dessen Dienste sich der Mandant sichern will. Das Gleiche gilt in Strafsachen, da der Auftraggeber hier nach § 137 Abs. 1 S. 2 StPO nicht mehr als drei Verteidiger bestellen darf, so dass die Beauftragung einer Sozietät mit mehr als drei Mitgliedern schon aus Rechtsgründen ausscheidet. In solchen Fällen kommt der Vertrag nur mit dem oder den betreffenden Sozien zustande.

Ausnahmsweise gilt § 6 bei Beauftragung einer Sozietät, wenn der Mandant will, dass **mehrere Sozien nebeneinander** tätig werden. Dies sind folgende Fälle:

– Der Mandant will, dass er von **mehreren Sozien zugleich** vertreten wird.

  Beispiel: Der Mandant beauftragt die Sozien A und B, ihn in einer Strafsache gemeinsam zu verteidigen.

– Der Mandant will, dass einer der Sozien die Prozessführung übernimmt und zusätzlich daneben noch ein weiterer Sozius als Spezialanwalt tätig wird.

  Beispiel: Der Mandant beauftragt die Sozietät, die Prozessführung zu übernehmen. Später erweitert er den Auftrag dahin gehend, dass neben dem Prozessanwalt der auf Steuerrecht spezialisierte Sozius B zusätzlich tätig wird und auch neben dem anderen Sozius an der mündlichen Verhandlung teilnehmen soll.

– Der Mandant beauftragt eine **überörtliche Sozietät**, wobei ein Anwalt des ortsansässigen Büros als Verkehrsanwalt tätig werden soll und ein Anwalt des gerichtsansässigen Büros als Prozessbevollmächtigter.

  Beispiel: Der in Mainz wohnende Mandant beauftragt eine überörtliche Sozietät A & Partner (Mainz – Berlin), die Prozessführung eines Rechtsstreits vor dem LG Berlin zu übernehmen. Ein Mainzer Sozius soll das Berliner Büro unterrichten und ein Berliner Sozius soll vor Ort als Prozessbevollmächtigter tätig werden.

Nach wohl einhelliger Rspr.[30] werden der Sozietät in dem vorgenannten Fall nur die Gebühren als Prozessbevollmächtigter (VV 3100 ff.) zugesprochen, nicht aber auch die des Verkehrsanwalts (VV 3400). Diese Rechtsprechung ist unzutreffend. Im Gegensatz zur Beauftragung einer örtlichen Sozietät will der Mandant hier nicht nur einen Anwalt beauftragen, wobei er damit einverstanden ist, dass ein Sozius den anderen vertritt. Der Mandant will vielmehr, dass zwei Anwälte der überörtlichen Sozietät gemeinschaftlich – und zwar nebeneinander! – tätig werden, nämlich der eine, der den Verkehr führt, und der andere, der den Rechtsstreit führt. Damit liegt aber ein Fall des § 6 vor, so

---

27 BGHZ 56, 355, 359 = NJW 1972, 1801; BGHZ 70, 247, 248; OLG Hamburg JurBüro 1975, 773; OLG Karlsruhe NJW-RR 1987, 868.
28 OLG Celle JurBüro 1992, 93.
29 BGH NJW 1963, 1301 = JurBüro 1963, 43.
30 OLG München JurBüro 1996, 139 = MDR 1995, 752 = NJW-RR 1996, 51 = OLGR 1995, 131; OLG Karlsruhe AGS 1995, 55 m. krit. Anm. *von Eicken* = JurBüro 1995, 31; KG JurBüro 1996, 140 = KGR 1995, 117 = Rpfleger 1995, 433; OLG Brandenburg AnwBl 1999, 413 = JurBüro 1999, 362 = KostRsp. BRAGO § 52 Nr. 31 m. abl. Anm. *N. Schneider*; auch für den Fall der Beauftragung einer internationalen überörtlich tätigen Anwaltssozietät mit Kanzleisitzen im Bereich des ausländischen Sitzes der Partei und am Ort des Prozessgerichts: KG AGS 2000, 97 = KGR 2000, 93 = JurBüro 2000, 86.

dass auch die überörtliche Sozietät zumindest in entsprechender Anwendung des § 6 beide Aufträge abrechnen können muss. Wäre die von der h.M. vertretene Rechtsprechung zutreffend, müsste man aus kostenerstattungsrechtlichen Gesichtspunkten von einer Partei, die einen auswärtigen Rechtsstreit führt, verlangen, dass sie eine überörtliche Kanzlei mit Sitz am Wohnort und am Ort des Prozessgerichts beauftragt, um die Kosten eines Verkehrsanwalts und einer Informationsreise zu sparen. So weit ist die Rechtsprechung aus guten Gründen bislang jedoch noch nicht gegangen.

II. Gründung einer Sozietät

50 Bei Gründung einer Sozietät verbleiben die den einzelnen Sozien zuvor erteilten Aufträge bei jedem von ihnen. Sie können nur aufgrund einer – möglicherweise stillschweigenden – Vereinbarung in die Sozietät eingebracht werden.[31]

III. Ausscheiden eines Sozius

51 Scheidet ein Sozius aus der Sozietät aus, so bleibt das Auftragsverhältnis mit der Sozietät bestehen. Das Auftragsverhältnis beschränkt sich fortan auf die verbliebenen Sozien. Die Gebührenansprüche stehen nur ihnen zu.[32] Anders liegt es, wenn dem ausscheidenden Sozius ein Einzelmandat erteilt war.[33] Insoweit bleibt er allein Vertragspartner und Gebührengläubiger.

IV. Aktivlegitimation

52 **Jeder Sozius** ist berechtigt, eine Vergütungsforderung der Sozietät **in eigenem Namen** geltend zu machen. Die Honorarforderungen stehen den Sozien zur gesamten Hand zu[34] – nicht als Gesamtgläubiger.[35] Ein Sozius kann allerdings nicht die Zahlung an sich verlangen, sondern nur Zahlung an alle oder an die Sozietät.

53 Möglich ist auch, dass **alle Sozien gemeinsam** Klage erheben. Insoweit ist allerdings umstritten, ob der Sozietät auch die nach VV 1008 erhöhten Verfahrensgebühren zu erstatten sind. Nach früher überwiegender Meinung war gemäß § 91 Abs. 2 S. 4 ZPO a.F. auch der Erhöhungsbetrag nach § 6 Abs. 1 S. 2 BRAGO zuzusprechen.[36] Nach a.A. war die Erhöhung nicht erstattungsfähig.[37] Im Hinblick auf die jetzt eröffnete Möglichkeit, im Namen der GbR zu klagen, hat diese Streitfrage keine Bedeutung mehr.

54 Seit der BGH seine Rechtsprechung geändert und die Rechts- und Parteifähigkeit der GbR bejaht hat,[38] kann die **Anwaltssozietät** Gebührenforderungen nunmehr auch **in eigenem Namen** geltend machen. Hierzu ist sie erstattungsrechtlich verpflichtet,[39] da sie dadurch die Erhöhung der Verfahrensgebühr nach VV 1008 vermeidet.[40] A.A. ist das OLG Hamburg, wonach eine Obliegenheit der Gesellschafter, im Namen der Sozietät vorzugehen, nicht besteht.[41]

Hierzu sowie zur Kostenerstattung im Passivprozess ausführlich siehe § 7 Rdn 70 ff. und VV 1008 Rdn 138 ff.

---

31 BGH NJW 1988, 1973; OLG München JurBüro 1989, 238.
32 OLG Hamburg JurBüro 1975, 773.
33 OLG Düsseldorf JurBüro 1987, 901.
34 BGH AnwBl 1996, 543 = MDR 1996, 1070 = NJW 1996, 2859 = Rpfleger 1996, 525.
35 So noch BGH NJW 1963, 1301 = MDR 1963, 659.
36 OLG München KostRsp. BRAGO § 6 Nr. 263 = BRAGOreport 2001, 57 m. Anm. *von Heimendahl*; OLG Frankfurt AnwBl 2000, 629; LG Wiesbaden AnwBl 2001, 183; KG AGS 1999, 78 = Rpfleger 1999, 291; LG Berlin JurBüro 2000, 364.
37 OLG Düsseldorf AGS 2000, 167 = AnwBl 2000, 629 = OLGR 2000, 333 = Rpfleger 2000, 427; für Zwangsvollstreckung: AG Höxter DGVZ 2000, 174; so schließlich auch der BGH AGS 2004, 143.
38 MDR 2001, 459 = NJW 2001, 1056.
39 *Hansens*, BRAGOreport 2001, 99; LG Berlin BRAGOreport 2001, 128 m. Anm. *N. Schneider*.
40 BGH AGS 2004, 143; OLG Karlsruhe MDR 2001, 596 = NJW-RR 2001, 1072.
41 A.A. OLG Hamburg MDR 2001, 773.

§ 7 Mehrere Auftraggeber

(1) Wird der Rechtsanwalt in derselben Angelegenheit für mehrere Auftraggeber tätig, erhält er die Gebühren nur einmal.

(2) ¹Jeder der Auftraggeber schuldet die Gebühren und Auslagen, die er schulden würde, wenn der Rechtsanwalt nur in seinem Auftrag tätig geworden wäre; die Dokumentenpauschale nach Nummer 7000 des Vergütungsverzeichnisses schuldet er auch insoweit, wie diese nur durch die Unterrichtung mehrerer Auftraggeber entstanden ist. ²Der Rechtsanwalt kann aber insgesamt nicht mehr als die nach Absatz 1 berechneten Gebühren und die insgesamt entstandenen Auslagen fordern.

	Rn.
A. Allgemeines	1
I. Überblick	1
1. Mehrfachvertretung	1
2. Angelegenheit	2
II. Angelegenheit und Gegenstand (Abs. 1)	3
III. Haftung (Abs. 2)	4
B. Regelungsgehalt	5
I. Tätigkeit für mehrere Auftraggeber	5
1. Mandant und Vertragspartner	5
2. Begriff des Auftraggebers	7
a) Bei § 7	7
b) Bei VV 1008	10
3. Bedeutung der Anzahl von Auftraggebern	11
a) Ein Auftraggeber	11
b) Mehrere Auftraggeber	12
c) Fremdnützige Beauftragung	13
d) Eigennützige Beauftragung und Kappungsgrenze nach § 22 Abs. 2 S. 2	14
4. Ein oder mehrere Auftraggeber?	16
5. Personenmehrheit mit eigener Rechtssubjektivität	18
II. Mehrere Auftraggeber in derselben Angelegenheit	19
1. Dieselbe Angelegenheit	19
a) Begriff der Angelegenheit	19
b) Angelegenheit und Rechtszug	22
c) Angelegenheit und Gegenstand	24
2. Identität der Angelegenheit bei mehreren Auftraggebern	26
a) Anzahl der Angelegenheiten hängt nicht von der Anzahl der Auftraggeber ab	26
b) Parteiwechsel/aufeinander folgende Tätigkeit für verschiedene Auftraggeber	30
c) Verschiedene Auftragsverhältnisse	33
III. Die Vergütungsregelung nach Abs. 1	35
1. Anknüpfung an Gerichtskosten	35
2. Anknüpfung an Anzahl der Angelegenheiten	36
3. Mehraufwand durch mehrere Auftraggeber	37
4. Gesamtvergütung	38
a) Obere Forderungsgrenze im Innenverhältnis	38
b) Verhältnis von Abs. 1 zu Abs. 2	39
c) Gesamtvergütung: Tätigkeit betrifft denselben Gegenstand	40
aa) Zwei Auftraggeber vorhanden	41
bb) Mehr als zwei Auftraggeber vorhanden	42
d) Gesamtvergütung: Tätigkeit betrifft verschiedene Gegenstände	43
IV. Haftung der Auftraggeber gegenüber ihrem Anwalt (Abs. 2)	44
1. Grundsatz der vertretungsbezogenen Haftung	44
2. Gesonderte Rechnungen für die Auftraggeber	45
3. Haftung der Auftraggeber	48
a) Regeln	48
b) Anwendungsbereich	49
c) Eigenartiges Gesamtschuldverhältnis	50
d) Berechnung der eigenartigen Gesamtschuld und der alleinigen Haftung	52
aa) Derselbe Gegenstand und zwei Auftraggeber	53
bb) Derselbe Gegenstand und mehr als zwei Auftraggeber	55
cc) Verschiedene Gegenstände	56
4. Befriedigung des Anwalts/Zahlungen der Auftraggeber	58
5. Gesamtschuldnerausgleich, § 426 BGB	60
6. Haftung bei Zusammentreffen verschiedener Gegenstände und mehreren Auftraggebern	63
7. Ausnahme: Dokumentenpauschale, VV 7000 Nr. 1 Buchst. c	64
8. Innenverhältnis der Auftraggeber	65
C. Erstattungsfragen	70
I. Einheitliche Kostenquote für alle Streitgenossen	70
1. Erstattungsanspruch des Gegners	70
2. Erstattungsanspruch bei unechter Streitgenossenschaft (verschiedene Gegenstände)	72
a) Echte und unechte Streitgenossenschaft	72
b) Uneingeschränkte Kostentragungspflicht des Gegners	73
aa) Gegner unterliegt vollständig	73
bb) Anmeldung der Kostenerstattungsansprüche durch die Streitgenossen	74
cc) Anmeldung nach Zahlung des Haftungsanteils durch einen Streitgenossen	76
dd) Nachträgliche Anmeldung eines Streitgenossen bei bereits erfolgter Erstattung an einen anderen Streitgenossen	77
ee) Nachträgliche Anmeldung eines Streitgenossen bei noch nicht erfolgter Erstattung an einen anderen Streitgenossen	78
ff) Gleichzeitige Anmeldung nur durch einen Teil der Streitgenossen	79
c) Teilweise Kostentragungspflicht des Gegners	80

aa) Erstattungsquote der Streitgenossen	80
bb) Anmeldung nur durch einen Streitgenossen	81
cc) Zahlung an den Anwalt übersteigt Erstattung	83
3. Kostenausgleichung	84
II. Unterschiedliche Kostenquoten	86
1. Spezielle Problematik	86
2. Gemeinsames Erstattungsinteresse der Streitgenossen	87
a) Streitgenosse mit dem höchsten Erstattungsanspruch	87
b) Kopf- oder wertteilige Erstattung	88
3. Einwendungen des Gegners gegen Erstattung des Haftungsanteils nach Abs. 2	89
a) Freiwillige Verpflichtung zur Zahlung des Haftungsanteils	89
b) Keine dauerhafte Vermögensbelastung	91
4. Einzelne Fallgruppen	92
a) Ein Streitgenosse obsiegt, der andere unterliegt	92
aa) Echte Streitgenossenschaft	92
bb) Unechte Streitgenossenschaft	93
b) Die Streitgenossen obsiegen nur teilweise sowie unterschiedlich	96
aa) Baumbach'sche Formel	96
bb) Keine Verknüpfung der gerichtlichen Kostenverteilung mit der Verteilung der Anwaltskosten der Streitgenossen	97
cc) Aufteilung der nach gegnerischer Erstattung verbleibenden restlichen Anwaltskosten	99
III. Umsatzsteuererstattung bei Mehrfachvertretung	100
1. Ausgangslage	100
2. Einheitliche Erstattungsansprüche bei teilweiser Vorsteuerabzugsberechtigung	104
a) Reihenfolge bei Erstattung im Umfang der Haftungsanteile nach Abs. 2	104
b) Streitgenosse mit dem höchsten Erstattungsanspruch	105
c) Ein Streitgenosse ist nicht vorsteuerabzugsberechtigt	106
d) Mindestens zwei Streitgenossen sind nicht vorsteuerabzugsberechtigt	107
3. Verschiedene Erstattungsansprüche bei teilweiser Vorsteuerabzugsberechtigung	108
IV. PKH/VKH nur für einen Teil der Streitgenossen	110
D. Praxisempfehlungen	111
I. Mehrfachvertretung oder mehrere Einzelvertretungen	111
1. Vorüberlegungen	111
2. Getrennte Rechtswahrnehmung durch denselben Anwalt	113
3. Einzelvertretungen durch verschiedene Anwälte	117
II. Abrechnung der Mehrfachvertretung im Kostenfestsetzungsverfahren	120
1. Vertragliche Voraussetzungen schaffen	120
2. Geltendmachung im Kostenfestsetzungsverfahren	122

A. Allgemeines

I. Überblick

1. Mehrfachvertretung

1 Die Vorschrift regelt die **Rechtsbeziehungen des Anwalts im Mehrpersonenverhältnis** und damit insbesondere auch die sog. **Mehrfachvertretung** (mehrere Mandanten in derselben Angelegenheit), die in der zivilrechtlichen Praxis häufig, aber z.B. auch in strafrechtlichen Angelegenheiten[1] anzutreffen ist. Sie hat verschiedene typische Fallgestaltungen zum Gegenstand (siehe Rdn 3), welche sämtlich dem Grunde nach einheitlich erfasst werden. § 7 gilt sowohl für die **echte Streitgenossenschaft** (gemeinsame Vertretung wegen desselben Streitgegenstands) als auch die **unechte Streitgenossenschaft** (gemeinsame Vertretung wegen verschiedener Streitgegenstände). Während § 7 die Vergütung bei mehreren Auftraggebern regelt, bestimmt § 6, welche Vergütung bei einem Auftrag für mehrere Rechtsanwälte anfällt.

2. Angelegenheit

2 Bei den Mehrpersonenverhältnissen nehmen sowohl in tatsächlicher als auch in rechtlicher Hinsicht diejenigen eine Sonderstellung ein, bei denen die **Vertragspartner des Anwalts mit seinen Mandanten identisch** sind. Dann gilt der Grundsatz, dass **jeder zusätzliche Mandant** auch eine **zusätzliche Vergütung** bringt, obwohl Abs. 1 dem zu widersprechen scheint, weil der Anwalt auch in allen Fällen der Mehrfachvertretung die **Gebühren nur einmal** erhält, wenn der insoweit in **derselben gebührenrechtlichen Angelegenheit** tätig ist (§ 15 Abs. 2). Diese Regelung steht jedoch der Mehr-

---

[1] Siehe bspw. OLG Düsseldorf StRR 2015, 196; OLG Düsseldorf AGS 2010, 71 = Rpfleger 2010, 47 = JurBüro 2010, 33; OLG Celle RVGreport 2008, 144; OLG Koblenz AGS 2005, 504 = AnwBl 2006, 148, je zum Beistand für mehrere Zeugen in einer Hauptverhandlung.

vergütung nicht entgegen, weil selbige auf besondere Art und Weise zustande kommt. Die bei der Einzelvertretung anfallenden Gebühren werden bei einer Mehrfachvertretung **nicht vervielfacht**, sondern (teilweise) **angehoben**; die **Anzahl** der Gebühren bleibt somit **unverändert**.

II. Angelegenheit und Gegenstand (Abs. 1)

Das Gesetz definiert die für den Anwalt im Mehrpersonenverhältnis **typischerweise anfallende Mehrarbeit** über die Begriffe „**Angelegenheit**" und „**Gegenstand**", mit denen das **Auftragsvolumen** erfasst werden soll. Hiernach lässt sich bei **Wertgebühren** (§ 13) eine **dreistufige Vergütungsregelung** aufzeigen: 3

1. Verteilt sich die in Auftrag gegebene Vertretung auf **verschiedene Angelegenheiten** und wird in jeder dieser Angelegenheiten **nur eine Person** vertreten, so fallen die Gebühren – ungeachtet der Person des jeweils Vertretenen (also auch bei Personenidentität) – für jede Angelegenheit gesondert an. Es handelt sich um **mehrere Einzelvertretungen**, die abrechnungstechnisch getrennt zu erfassen sind (§ 15 Abs. 1, 2). § 7 Abs. 1 findet keine Anwendung.
2. Betrifft die Vertretung **mehrere Mandanten**, beschränkt sie sich jedoch auf **eine Angelegenheit** (Mehrfachvertretung), allerdings **mit verschiedenen Gegenständen** (unechte Streitgenossenschaft), so fallen die Gebühren zwar gem. §§ 15 Abs. 2, 7 Abs. 1 nur einmal an,[2] aber nach dem **zusammengerechneten Wert aller Gegenstände (§ 22)**.[3] Durch jeden weiteren Mandanten erhöht sich der Gegenstandswert **jeder Gebühr**, soweit jeweils ein neuer Gegenstand hinzutritt. Nur die Gegenstandsverschiedenheit wirkt gebührenerhöhend, nicht die Personenverschiedenheit der Mandanten.
3. Betrifft die Mehrfachvertretung in derselben Angelegenheit **mehrere Auftraggeber** und **denselben Gegenstand**, so wird **nur eine Gebühr** (Verfahrens- oder Geschäftsgebühr) nach VV 1008 abhängig vom Gebührentyp erhöht (z.B. eine Wertgebühr mit 0,3).[4] Für jeden weiteren Auftraggeber erhält der Anwalt jeweils **nur eine** weitere **Erhöhung**, die insgesamt maximal das Doppelte der einfachen Gebühr erreichen kann (VV 1008). Entscheidend für die Anhebung der Verfahrens- oder Geschäftsgebühr ist die Personenverschiedenheit der Auftraggeber.

In der Praxis ist die **Stufe 3 besonders häufig** vertreten (siehe VV 1008 Rdn 34). Dabei bereitet die Berechnung der Erhöhung kaum Probleme, wohl aber gelegentlich die **Abgrenzung zur Stufe 2**, nämlich die Frage, ob es sich bei der anwaltlichen Vertretung der Mandanten um **verschiedene** (lediglich – äußerlich – gleiche) **oder** um **identische Gegenstände** handelt (siehe VV 1008 Rdn 51 ff.). Das ist für die Höhe der Vergütung des Anwalts genauso bedeutsam wie die Unterscheidung, ob er in nur einer oder in mehreren Angelegenheiten tätig war (siehe Rdn 19 ff.). Die Erhöhung nach VV 1008 sowie die Wertaddition gem. § 22 schließen sich grds. aus (zu Ausnahmen vgl. VV 1008 Rdn 123 ff.).[5]

III. Haftung (Abs. 2)

Abs. 2 regelt die Haftung mehrerer Auftraggeber für die Vergütung des gemeinsamen Rechtsanwalts. Auf Rdn 44 ff. wird verwiesen. 4

---

2 OLG Stuttgart AGS 2013, 324 = NJW-RR 2013, 63.
3 BGH AGS 2014, 263 = RVGreport 2014, 388 = NJW 2014, 2126; BGH AGS 2012, 142 = RVGreport 2012, 395 = NJW-Spezial 2012, 91; OLG Köln, Beschl. v. 20.5.2010 – 17 W 80/10, juris; LG Mannheim AGS 2012, 324 = RVGreport 2012, 414 = AnwBl 2013, 149; OLG Köln, Beschl. v. 11.6.2014 – 17 W 59/14, juris.
4 BGH AGS 2014, 263 = RVGreport 2014, 388 = NJW 2014, 2126.
5 OLG Köln, Beschl. v. 11.6.2014 – 17 W 59/14, juris.

B. Regelungsgehalt

I. Tätigkeit für mehrere Auftraggeber

1. Mandant und Vertragspartner

5 Der Anwalt ist Interessenvertreter. Er besorgt die Geschäfte eines anderen (§ 675 BGB). Gegenstand seiner beruflichen Tätigkeit ist der Einsatz zugunsten eines Trägers von Rechten und Pflichten (Mandanten). Dazu bedarf es nicht notwendig eines Rechtsgeschäfts und insbesondere nicht stets eines Auftrages durch den Vertretenen. Der **Mandant** eines Anwalts, dessen Belange dieser wahrnimmt, **und** sein **Vertragspartner**, in dessen Auftrag er handelt, **können personenverschieden sein**. Das wird in der Praxis häufig nicht beachtet, kann aber für die Höhe der verdienten Gebühr entscheidend sein (siehe VV 1008 Rdn 6 ff.).

6 Soll der Anwalt die **Interessen seines Vertragspartners** verfolgen, handelt es sich aus dessen Sicht um eine **eigennützige Beauftragung**. Sind **Mandant und Vertragspartner nicht identisch**, liegt eine **fremdnützige Beauftragung** vor.[6]

> **Beispiele:** Eltern beauftragen den Anwalt mit der Verteidigung ihres Sohnes vor dem Jugendrichter; der Alleingesellschafter einer maroden GmbH beauftragt den Anwalt mit der Einziehung von GmbH-Außenständen; der WEG-Verwalter beauftragt in Prozessstandschaft den Anwalt mit der Vertretung der Gemeinschaft gegenüber einem einzelnen Mitglied.

2. Begriff des Auftraggebers

a) Bei § 7

7 Als **Auftraggeber** wird im Allgemeinen der **Vertragspartner des Beauftragten** bezeichnet, so, wie er sich direkt oder im Wege der Auslegung aus der Vereinbarung ergibt. Das ist bei einem **Geschäftsbesorgungsvertrag** mit einem Rechtsanwalt zwar in der Regel, aber **nicht stets** auch derjenige, dem der **Einsatz des Anwalts letztlich zugute kommen** soll (Mandant, siehe Rdn 5 f.). Entscheidend ist insoweit, **wem gegenüber** sich der Anwalt verpflichtet hat. Nur im Verhältnis zu dieser Person besteht auch ein vertraglicher Vergütungsanspruch.[7]

8 Soweit das **RVG** und speziell **§ 7** den **Begriff des Auftraggebers** verwendet, lässt sich nichts dafür aufzeigen, dass er hier anders verstanden werden soll oder muss als im sonstigen Zivilrecht (vgl. §§ 662 ff. BGB).[8] Vielmehr gebieten Rechtsklarheit und das Prinzip der Rechtssicherheit eine einheitliche Gesetzessprache, weshalb als Auftraggeber des Rechtsanwalts einzig und allein seine Vertragspartner, hingegen nicht ohne weiteres die von ihm vertretenen Personen angesehen werden können.[9] Entscheidend für die Anwendung von § 7 ist damit nicht, ob der Anwalt bei Beauftragung durch einen Dritten einen oder mehrere Mandanten vertritt, sondern allein die **Zahl der Vertragspartner des Rechtsanwalts**.[10] Ob es einen oder mehrere Auftraggeber gibt, hängt also nicht davon ab, wer dem Rechtsanwalt persönlich den Auftrag erteilt hat.[11] Erteilt eine Person für eine Personenmehrheit den Auftrag, sind die mehreren Personen Auftraggeber des Rechtsanwalts.[12]

---

6 Vgl. BGH AGS 2014, 46 = AGS 2014, 248 = JurBüro 2014, 140 = NJW-RR 2014, 186; BGH Rpfleger 1987, 387; OLG Düsseldorf StRR 2015, 196; OLG Hamm AnwBl 1990, 523 = JurBüro 1990, 856 = Rpfleger 1990, 225; OLG Düsseldorf AnwBl 1988, 71 = JurBüro 1987, 1871; LG Aurich MDR 1987, 333; OLG Koblenz MDR 1985, 857; OLG Stuttgart JurBüro 1983, 381; vgl. auch OLG München JurBüro 1990, 1156 (ein Nachlasspfleger führt für – mehrere – unbekannte Erben einen Rechtsstreit).

7 OLG Koblenz NJW 2003, 1130 = AnwBl 2003, 182; Gerold/Schmidt/*Müller-Rabe*, RVG, VV 1008 Rn 35.

8 Vgl. BVerwG NJW 2000, 2288; BGH MDR 1994, 413; NJW 1987, 2240 = AnwBl 1987, 555 = JurBüro 1988, 64; Riedel/Sußbauer/*Ahlmann*, RVG, § 7 Rn 11; **a.A.** OLG Köln JurBüro 1980, 542 und OLG Köln JurBüro 1985, 66; offengelassen von BGH Rpfleger 1987, 387.

9 OLG München, Beschl. v. 27.5.2011 – 15 U 4940/10, juris.

10 OLG München, Beschl. v. 27.5.2011 – 15 U 4940/10, juris.

11 BGH AGS 2014, 46 = AGS 2014, 248 = JurBüro 2014, 140 = NJW-RR 2014, 186; BGH NJW 2011, 3723 = NZM 2012, 31 = ZMR 2012, 203 = RVGreport 2011, 459.

12 BGH AGS 2014, 46 = AGS 2014, 248 = JurBüro 2014, 140 = NJW-RR 2014, 186; BGH NJW 2011, 3723 = NZM 2012, 31 = ZMR 2012, 203 = RVGreport 2011, 459; OLG München, Beschl. v. 27.5.2011 – 15 U 4940/10, juris.

Diese **Verknüpfung** ergibt sich auch aus **Abs. 2 S. 1, 1. Hs.** der Vorschrift. Da hiernach ein Auftraggeber des Anwalts die angefallenen Gebühren nur **im Umfang seiner Auftragserteilung** schuldet, kann für eine **darüber hinaus** gehende Vergütung nur ein **weiterer Vertragspartner** als Schuldner in Betracht kommen (siehe Rdn 44 ff.) (zur Ausnahme nach Abs. 2 S. 1, 2. Hs. bei der Dokumentenpauschale siehe Rdn 64 ff.). Fehlt ein solcher, scheidet eine höhere Vergütung infolge Auftragserteilung aus. Dass ein Auftraggeber für die Mehrarbeit eines Anwalts auch dann einstehen müsste, wenn dieser neben der von ihm in Auftrag gegebenen Vertretung zugleich auch einen von der Geschäftsbesorgung nicht begünstigten Dritten vertritt (**Mithaftung für Dritte**), sieht das Gesetz nicht vor.

b) Bei VV 1008

Im Rahmen von VV 1008 kommt es dagegen nicht auf die Zahl der Vertragspartner des Rechtsanwalts, sondern darauf an, ob Auftraggeber in derselben Angelegenheit mehrere Personen sind. Vertragspartner und Auftraggeber i.S.v. VV 1008 können jedoch auch unterschiedliche Personen sein.[13] Eine Mehrheit von Auftraggebern liegt nach dem weiten Anwendungsbereich dieser Regelung bereits dann vor, wenn derselbe Rechtsanwalt für verschiedene natürliche Personen tätig wird. Es kommt insoweit nicht darauf an, wer persönlich dem Anwalt den Auftrag erteilt hat.[14] Wer Auftraggeber für die Verpflichtung zur Zahlung der Vergütung und wer Auftraggeber für die Gebührenerhöhung nach VV 1008 ist, beantwortet sich damit nicht einheitlich.[15]

3. Bedeutung der Anzahl von Auftraggebern

a) Ein Auftraggeber

Hat der Anwalt **nur einen Vertragspartner (Auftraggeber)**, so findet § 7 insgesamt **keine Anwendung**, ungeachtet des Inhalts seiner Tätigkeit (Auftragserteilung namens einer GbR) (siehe Rdn 18).[16] Vertritt er **in dessen Auftrag mehrere** (vertraglich nicht gebundene) **Personen gemeinschaftlich**, so fallen **sämtliche Gebühren nur einfach** an; ein „**Mehrvertretungs-Zuschlag**", wie er nach VV 1008 bei gemeinschaftlich beteiligten Auftraggebern (eigennützige Beauftragung) vorgesehen ist, **scheidet aus**, weil der Anwalt **nur einen Auftraggeber** hat (vgl. VV 1008 Rdn 13 f.).[17] Wird er für ihn in **mehreren Angelegenheiten** (zugunsten desselben oder verschiedener Mandanten) tätig, entstehen die Gebühren jeweils erneut (§ 15). Handelt es sich nur um eine Angelegenheit, aber um mehrere Gegenstände (z.B. verschiedene Forderungen, die einheitlich geltend gemacht werden), so bestimmen sich die Gebühren des Anwalts – ungeachtet der Anzahl seiner Mandanten – allein nach dem zusammengerechneten Wert dieser Gegenstände (§ 22).

b) Mehrere Auftraggeber

Handelt der Rechtsanwalt für **mehrere Auftraggeber**, greift § 7 in jedem Fall ein, und zwar selbst dann, wenn er in deren Auftrag **lediglich eine einzelne (auch: dritte) Person vertritt** (z.B. Eltern beauftragen ihn im eigenen Namen mit der Vertretung ihres Kindes).[18] Der Anwalt kann die **Gebühren nur einmal** verlangen (Abs. 1), **aber jeden Auftraggeber auf sämtliche Gebühren und Auslagen in Anspruch nehmen**, die dieser schulden würde, wenn er alleiniger Auftraggeber wäre (Abs. 2).

---

13 BSG AGS 2012, 69 = RVGreport 2012, 57 = NJW 2012, 877; BGH Rpfleger 1987, 38; Riedel/Sußbauer/*Ahlmann*, RVG, § 7 Rn 12.

14 BGH AG 2014, 46 = AGS 2014, 248 = JurBüro 2014, 140 = NJW-RR 2014, 186; BSG AGS 2012, 69 = RVGreport 2012, 57 = NJW 2012, 877.

15 Gerold/Schmidt/*Müller-Rabe*, VV 1008 Rn 35.

16 BGH RVGreport 2004, 471 = NJW-RR 2004, 1006; OLG Düsseldorf AGS 2004, 279 (Eltern vertreten ihr minderjähriges Kind bei der Auftragserteilung); OLG München MDR 1993, 582 (Mandant ist Partei und Streithelfer zugleich), ebenso OLG Koblenz AGS 2004, 386 und OLG Hamm, Beschl. v. 8.7.2002 – 23 W 192/02 (n.v.).

17 Vgl. OLG Braunschweig AGS 2001, 224 – a.A. OLG Köln RVGreport 2008, 300 für den Fall, dass zwar nur eine Person den (eigennützigen) Auftrag erteilt hat, diese aber in verschiedenen Funktionen betroffen ist (dort: als Privatperson und als Insolvenzverwalter).

18 LSG Nordrhein-Westfalen, Beschl. v. 14.5.2012 – L 19 AS 1992/11, juris; Gerold/Schmidt/*Müller-Rabe*, VV 1008 Rn 38.

c) Fremdnützige Beauftragung

13 Bei einer **fremdnützigen Beauftragung** (siehe Rdn 6) erschöpft sich die Bedeutung von mehreren Auftraggebern grundsätzlich in der Regelung des § 7 (**Gebühren- und Haftungsbeschränkung**). **Besonderheiten** gelten indes bei einer Mehrfachvertretung mit identischem Gegenstand (**echte Streitgenossenschaft**) oder auch mit verschiedenen Gegenständen (**unechte Streitgenossenschaft**), falls die Vergütung **nicht** nach **Wertgebühren** erfolgt. Dann bedarf es der **Beauftragung** des Anwalts **durch mindestens zwei Auftraggeber**, damit die Erhöhungsregelung nach VV 1008 eingreifen kann (siehe VV 1008 Rdn 9 ff.).

d) Eigennützige Beauftragung und Kappungsgrenze nach § 22 Abs. 2 S. 2

14 Eine **eigennützige Beauftragung** (siehe Rdn 6) durch mehrere Auftraggeber in derselben Angelegenheit führt **mindestens** zu einer **Erhöhung** der Vergütung nach **VV 1008**. Sind die Auftraggeber **unechte Streitgenossen** (verschiedene Gegenstände) und erhält der Anwalt **Wertgebühren**, verdient er ebenso viel **wie bei einer Einzelvertretung** mit verschiedenen Gegenständen; auf die Personenmehrheit kommt es hier nicht an. Die Werte der einzelnen Beteiligungen sind nach § 22 **zusammenzurechnen**, ohne Rücksicht auf die Anzahl der vertretenen Personen.[19]

15 Allerdings gilt bei mehreren Auftraggebern eine **höhere Kappungsgrenze** (§ 22 Abs. 2). Der **Höchstwert** beträgt für jede Person 30 Mio. EUR, insgesamt bei Wertaddition jedoch nicht mehr als 100 Mio. EUR. Zu einer **Wertzusammenrechnung** kommt es auch hier nur, wenn die anwaltliche Tätigkeit für die mehreren Auftraggeber in derselben Angelegenheit erfolgt und **verschiedene Gegenstände** betrifft (vgl. dazu ausführlich § 22 Rdn 34 ff.).[20] Das ist durch eine Ergänzung von § 22 Abs. 2 S. 2 durch die Wörter „**wegen verschiedener Gegenstände**" im Rahmen des **2. KostRMoG** zum 1.8.2013 klargestellt worden. Nur wenn in derselben Angelegenheit mehrere Personen **wegen verschiedener Gegenstände** Auftraggeber sind, beträgt der Wert für jede Person höchstens 30 Mio. EUR, jedoch nicht mehr als 100 Mio. EUR. Die Erhöhung der Wertgrenze bei mehreren Auftraggebern kommt aufgrund dieser gesetzlichen Klarstellung entsprechend der Rechtsprechung des BGH[21] zu § 22 Abs. 2 S. 2 in der bis zum 31.7.2013 geltenden Fassung nur in Betracht, wenn der Anwalt in derselben Angelegenheit für mehrere Auftraggeber wegen verschiedener Gegenstände beauftragt war.

4. Ein oder mehrere Auftraggeber?

16 Nach den allgemeinen Auslegungsregeln des Zivilrechts wird im Zweifel ein **Eigengeschäft vermutet** (vgl. § 164 Abs. 2 BGB). Dieser Grundsatz gilt auch **zugunsten der eigennützigen Beauftragung** (vgl. Rdn 6). Falls keine gegenteiligen Anhaltspunkte aus der Vereinbarung oder den Vertragsumständen ersichtlich sind, darf davon ausgegangen werden, dass der **Mandant eines Anwalts zugleich auch sein Auftraggeber** (Vertragspartner) ist.

17 Diese Vermutung findet ebenso bei einer **Mehrheit von Mandanten** in dem Umfang Anwendung, wie ein jeder von ihnen an der Geschäftsbesorgungstätigkeit des Anwalts beteiligt ist, also **jeweils eine eigennützige Beauftragung** angenommen werden kann. Sie besagt allerdings nur, dass es (im Vertragsverhältnis mit dem Anwalt) mehrere Auftraggeber gibt, nichts hingegen dazu, wie diese im **Innenverhältnis** (vgl. Rdn 33) zueinander stehen. Gegenstand und Bedeutung der Rechtsbeziehungen unter mehreren Auftraggebern sind stark umstritten und rechtlich problematisch.

---

19 BGH AGS 2014, 263 = RVGreport 2014, 388 = NJW 2014, 2126; BGH AGS 2012, 142 = RVGreport 2012, 395 = NJW-Spezial 2012, 91; OLG Köln, Beschl. v. 20.5.2010 – 17 W 80/10, juris; LG Mannheim AGS 2012, 324 = RVGreport 2012, 414 = AnwBl 2013, 149.
20 BGH AGS 2010, 213 = RVGreport 2010, 272 = NJW 2010, 1373 = zfs 2010, 342 = MDR 2010, 718; BGH AGS 2012, 142 = RVGreport 2012, 395 = NJW-Spezial 2012, 91; OLG Hamm AGS 2010, 394 = RVGreport 2010, 273; N. Schneider, AGS 2009, 455; a.A. OLG Köln AGS 2009, 454 = RVGreport 2009, 399 = JurBüro 2009, 485 = NJW 2009, 3586; OLG Dresden AGS 2007, 521: Wertzusammenrechnung auch bei identischen Gegenständen).
21 BGH AGS 2010, 213 = RVGreport 2010, 272 = NJW 2010, 1373 = zfs 2010, 342 = MDR 2010, 718; OLG Hamm AGS 2012, 142 = NJW-Spezial 2012, 91.

5. Personenmehrheit mit eigener Rechtssubjektivität

Für die Praxis weitgehend geklärt ist die Frage, wer als Auftraggeber des Anwalts anzusehen ist, wenn dieser die Interessen einer **Personenmehrheit** vertritt, der **eigene Rechtssubjektivität** zukommt. Nachdem der **BGH**[22] seit dem Jahr 2001 der **(Außen-)Gesellschaft bürgerlichen Rechts (GbR)** die **Rechtsfähigkeit** zugebilligt hat, soweit sie durch Teilnahme am Rechtsverkehr eigene Rechte und Pflichten begründet, ist in diesen Fällen regelmäßig von nur einem Auftraggeber auszugehen.[23] Darüber hinaus verbleibende Abgrenzungsfragen sind vor allem für die Erhöhung der Verfahrens- oder Geschäftsgebühr nach VV 1008 von Belang und werden deshalb dort behandelt (siehe VV 1008 Rdn 17 ff.).

18

II. Mehrere Auftraggeber in derselben Angelegenheit

1. Dieselbe Angelegenheit

a) Begriff der Angelegenheit

Der Begriff der Angelegenheit hat für die Geschäftsbesorgung des Anwalts zentrale Bedeutung, weil hierdurch der mit dem Auftrag individuell festgelegte **Rahmen der Interessenvertretung** beschrieben wird (vgl. § 15 Rdn 22 ff.). Er braucht nicht von vornherein bestimmt zu werden, sondern unterliegt einer zeitnahen nachträglichen Erweiterung. Gem. § 15 Abs. 5 S. 2 gilt die weitere Tätigkeit als neue Angelegenheit und in diesem Gesetz bestimmte Anrechnungen von Gebühren entfallen, wenn der frühere Auftrag seit mehr als zwei Kalenderjahren erledigt ist.

19

Da **jede Angelegenheit gebührenrechtlich** eine **eigene Abrechnungseinheit** darstellt (§ 15 Abs. 1), ist das Gesetz bestrebt, diesen Rahmenbegriff gegenständlich möglichst klar auszufüllen. Eine allgemein gültige Definition des sachlichen Gehalts wird aber angesichts der vielfältigen Variationsmöglichkeiten gar nicht erst versucht.[24] Weisungsgemäß erbrachte anwaltliche Leistungen betreffen in der Regel dieselbe Angelegenheit, wenn zwischen ihnen ein innerer Zusammenhang besteht und sie sowohl inhaltlich als auch in der Zielsetzung so weitgehend übereinstimmen, dass von einem einheitlichen Rahmen der anwaltlichen Tätigkeit gesprochen werden kann.[25] Der Begriff soll sich insbesondere durch die **Fallgruppenbeispiele** in §§ 16 ff. erschließen. Methodisch geschieht das in der Weise, dass einzelne Angelegenheiten konkretisiert und von anderen abgegrenzt werden. So zählt § 16 innerhalb einer durchnummerierten Liste eine Anzahl von **Aufgaben** des Anwalts auf, die jeweils **als eine Angelegenheit zusammengehören** sollen. Das ist allerdings keineswegs erschöpfend gemeint, sondern will nur praktisch bedeutsame Tätigkeitsfelder aufzeigen, soweit eine gesetzliche Verknüpfung jedenfalls angebracht erscheint.

20

Neben der **positiven Zuordnung** unterschiedlicher Tätigkeiten des Anwalts zu ein und derselben Angelegenheit, wie sie in § 16 stattfindet, bedient sich das Gesetz **auch der negativen Abgrenzung**, indem § 17 festlegt, welche Aufgaben des Anwalts als **verschiedene** Angelegenheiten zu qualifizieren sind. So bildet das **Strafverfahren** in jedem Rechtszug dieselbe Angelegenheit,[26] allerdings mit der Besonderheit, dass das Ermittlungsverfahren und das Hauptverfahren gem. § 17 Nr. 10a ebenfalls

21

---

22 BGH NJW 2002, 1207; BGH NJW 2001, 1056 = MDR 2001, 459 = Rpfleger 2001, 246; BGH MDR 2002, 1216; BGH NJW 2002, 1207; Zur Entscheidungsfindung siehe auch *Hansens*, BRAGOreport 2002, 49; vgl. auch OLG Stuttgart NJW-RR 2006, 1005; OLGR Frankfurt 2004, 394; KG RVGreport 2005, 154.

23 Mandantin soll allein die GbR selbst dort sein, wo zunächst die Gesellschafter als notwendige Streitgenossen geklagt haben; BGH NJW 2003, 1043.

24 OLG Köln, Beschl. v. 11.6.2014 – 17 W 59/14, juris; Siehe aber die abstrakte Begriffsausfüllung durch die Rspr.: eine Angelegenheit liegt vor, wenn innerlich zusammengehörende Gegenstände in einem einheitlichen Rahmen bearbeitet und von einem einheitlichen Auftrag umfasst werden (vgl. BGH AGS 2014, 263 = RVGreport 2014, 388 = NJW 2014, 2126; BGH NJW 2011, 782; BGH AGS 2008, 164; BVerwG AGS 2001, 246; OLG Düsseldorf AGS 2015, 128 = NStZ-RR 2014, 359 = RVGreport 2015, 64; OLG Stuttgart AGS 2013, 324 = NJW-RR 2013, 63).

25 BGH AGS 2016, 61 = RVGreport 2016, 94; BGH AGS 2014, 263 = RVGreport 2014, 388 = NJW 2014, 2126; OLG Düsseldorf AGS 2011, 534 = JurBüro 2011, 592, Tz. 40; *N. Schneider*, NJW 2015, 998.

26 Vgl. OLG Düsseldorf StRR 2015, 196; OLG Brandenburg AGS 2009, 325 = RVGReport 2009, 341; ausf. Burhoff/*Volpert*, RVG Straf- und Bußgeldsachen, 4. Aufl., Rn 1458 ff. m.w.N.

verschiedene Angelegenheiten sind. Darüber hinaus bestimmt § 18, welche Interessenwahrnehmung des Anwalts als **besondere** Angelegenheit zählt, und § 19, welche Tätigkeiten zu dem gebührenrechtlichen Rechtszug oder dem Verfahren gehören.

b) Angelegenheit und Rechtszug

22 Der Begriff der **Angelegenheit** ist **nicht** die **einzige Bezugsgröße für den Abgeltungsbereich der Gebühren**. Daneben kommt auch dem **Begriff des Rechtszuges** eine bestimmende Funktion zu, vgl. z.B. §§ 17 Nr. 1, 20 und 21. Allerdings regelt der Gesetzgeber durch die Streichung von § 15 Abs. 2 S. 2 (Gebühren entstehen in jedem Rechtszug) zum 1.8.2013 durch das 2. KostRMoG nicht mehr ausdrücklich, dass ein neuer Rechtszug zu einer neuen gebührenrechtlichen Angelegenheit führt. § 17 Nr. 1 hilft hier nicht weiter, weil dort nur bestimmt wird, dass das Rechtsmittelverfahren und das vorausgegangene Verfahren verschiedene Angelegenheiten sind.[27] **Beide Zuordnungskriterien** stehen in keinem inneren Zusammenhang, da Inhalt und Dauer einer Angelegenheit vornehmlich durch den Geschäftsbesorgungsauftrag festgelegt werden, während der zeitliche wie gegenständliche Umfang eines Rechtszuges durch den Gesetzgeber zu bestimmen ist. Die konkrete **Angelegenheit** kann **sowohl rechtszugübergreifend** sein **als auch nur** einen **Teil desselben** abdecken.

23 Eine **Verknüpfung** der Begriffe stellt § 19 her. **Soweit** Angelegenheit und Rechtszug sich **überlagern**, gilt hiernach der **Grundsatz: Alles was zum Rechtszug gehört, gehört auch zur Angelegenheit**, es sei denn, die Tätigkeiten des Anwalts stellen eine **besondere Angelegenheit nach § 18** dar. Das ist etwa der Fall bei Vollstreckungsmaßnahmen gegen mehrere Schuldner. Dann ist die Vertretung eines jeden Schuldners eine besondere Angelegenheit (§ 18 Abs. 1 Nr. 1).[28]

c) Angelegenheit und Gegenstand

24 Die Angelegenheit ist nicht identisch mit dem gebührenrechtlichen Begriff des Gegenstands und von diesem abzugrenzen.[29] Während die Angelegenheit den für den Einzelfall definierten Rahmen zur konkreten Interessenvertretung bezeichnet,[30] umschreibt der Begriff des **Gegenstandes** inhaltlich das konkrete Recht, Rechtsverhältnis oder die **Rechtsposition**,[31] **für deren Wahrnehmung** die **Angelegenheit** den **äußeren Rahmen** abgibt.[32] Gegenstand und Angelegenheit verhalten sich **ähnlich** zueinander **wie** das **Begriffspaar Streitgegenstand** und **Rechtsstreit**. Einerseits wird die Sache als solche angesprochen und zum anderen der Vorgang, in dem sie dargelegt wird. Die Angelegenheit bildet den Rahmen, der eine Vielzahl von anwaltlichen Tätigkeiten in einer gebührenrechtlichen Einheit zusammenschließt.[33]

25 Aufgrund dieser verschiedenen Ansatzpunkte besteht zwischen Gegenstand und Angelegenheit **keine begriffliche Rangordnung**. Es können nicht nur **mehrere Gegenstände zu einer Angelegenheit** zusammengeschlossen sein (§ 22),[34] sondern auch **mehrere Angelegenheiten aus ursprünglich einem Gegenstand** hervorgehen (z.B. Gesamtschuldner werden zunächst gemeinsam in Anspruch genommen, dann aber getrennt verklagt). Für die Annahme eines einheitlichen Rahmens der anwaltli-

---

27 Das übersieht OVG Münster JurBüro 2006, 27: Entgegen der dort vertretenen Ansicht sind getrennte Klageverfahren verschiedener Personen stets getrennt abzurechnen, es sei denn, das wäre rechtsmissbräuchlich. Siehe dazu auch VG Minden AGS 2008, 602 und LG Hamburg AGS 2008, 545 (verschiedene Ermittlungsverfahren); LG Landau AGS 2008, 263 (mehrere Vorpfändungen) sowie LSG Schleswig-Holstein AGS 2007, 407 (verschiedene Verfahren vor dem Sozialgericht).

28 Vgl. BGH AnwBl 2006, 856 = RVGreport 2006, 461.

29 BGH AGS 2014, 263 = RVGreport 2014, 388 = NJW 2014, 2126; BGH NJW 2011, 3167 = RVGreport 2011, 339 = JurBüro 2011, 522; OLG Köln, Beschl. v. 20.5.2010 – 17 W 80/10, juris; OLG Köln, Beschl. v. 11.6.2014 – 17 W 59/14, juris.

30 BGH MDR 2005, 1376 = RVGreport 2005, 339 = Rpfleger 2005, 629; NJW 2004, 1043 = MDR 2004, 715 = JurBüro 2004, 562; NJW 1995, 1431 = MDR 1995, 641; OLG Köln, Beschl. v. 11.6.2014 – 17 W 59/14, juris.

31 BGH AGS 2014, 263 = RVGreport 2014, 388 = NJW 2014, 2126; BGH NJW 2011, 3167 = RVGreport 2011, 339 = JurBüro 2011, 522; BGH AGS 2010, 213 = RVGreport 2010, 272 = NJW 2010, 1373 = zfs 2010, 342 = MDR 2010, 718; OLG Köln, Beschl. v. 11.6.2014 – 17 W 59/14, juris.

32 BGH AnwBl 1984, 501.

33 BGH AGS 2014, 263 = RVGreport 2014, 388 = NJW 2014, 2126; OLG Köln, Beschl. v. 20.5.2010 – 17 W 80/10, juris.

34 BGH AGS 2014, 263 = RVGreport 2014, 388 = NJW 2014, 2126.

chen Tätigkeit ist es grundsätzlich ausreichend, wenn die verschiedenen Gegenstände in dem Sinne einheitlich vom Anwalt bearbeitet werden können, dass sie verfahrensrechtlich zusammengefasst oder in einem einheitlichen Vorgehen geltend gemacht werden können. Ein innerer Zusammenhang ist zu bejahen, wenn die verschiedenen Gegenstände bei objektiver Betrachtung und unter Berücksichtigung des mit der anwaltlichen Tätigkeit nach dem Inhalt des Auftrags erstrebten Erfolgs zusammengehören.[35]

2. Identität der Angelegenheit bei mehreren Auftraggebern

a) Anzahl der Angelegenheiten hängt nicht von der Anzahl der Auftraggeber ab

Für die Angelegenheit als zusammenfassende Bezeichnung und formelle Klammer der anwaltlichen Tätigkeit ist die **Anzahl** der in diesem Rahmen **vertretenen Personen unerheblich**.[36] Ein einheitlicher Auftrag kann nämlich auch dann vorliegen, wenn der Anwalt von mehreren Mandanten beauftragt wird, wobei ggf. durch Auslegung ermittelt werden muss, ob der Anwalt für die verschiedenen Auftraggeber gemeinsam oder für jeden von ihnen gesondert tätig werden soll.[37] Auch bei mehreren Auftraggebern liegt solange nur eine Angelegenheit vor, wie das Verfahren oder der Verfahrensabschnitt als dieselbe Angelegenheit definiert wird (vgl. § 16). Mehrere Angelegenheiten sind hingegen gegeben, wenn die Verfahren oder Verfahrensabschnitte, in denen die Vertretung erfolgt, als verschiedene Angelegenheiten definiert werden (vgl. § 17). Das gilt stets unabhängig von den Beteiligten; eine **subjektive Abgrenzung findet nicht statt**, auch wenn – wie im **Mahnverfahren** – für jeden Streitgenossen ein **gesondertes Aktenzeichen** vergeben wird.[38]

26

Kommt es etwa infolge **Prozesstrennung** nach § 145 ZPO zu verschiedenen Verfahren vor demselben Gericht oder zur Vertretung vor verschiedenen Gerichten, gehen aus der ursprünglich einen Angelegenheit so viele hervor, wie selbstständige Verfahren begründet werden.[39]

27

Mehrere Aufträge bzw. die Begehren mehrerer Auftraggeber betreffen regelmäßig auch dann **dieselbe Angelegenheit**, wenn zwischen ihnen ein innerer Zusammenhang besteht und sie sowohl inhaltlich als auch in der Zielrichtung so weitgehend übereinstimmen, dass von einem einheitlichen Rahmen der Tätigkeit gesprochen werden kann und insbesondere die innerlich zusammengehörenden Gegenstände von dem Rechtsanwalt einheitlich bearbeitet werden können.[40]

28

Nach Personen unterscheiden sich jedoch die **Rechtsbeziehungen** des Anwalts zu seinen **Mandanten**. Ein **Auftrag** wird nicht nur durch die übertragene Geschäftstätigkeit, sondern auch **durch** den oder die **Auftraggeber festgelegt**. Ob hinsichtlich derselben Angelegenheit nur ein Auftrag vorliegt – womöglich mit mehreren Auftraggebern – oder ob verschiedene Aufträge vorliegen, beurteilt sich nach dem Inhalt der getroffenen Vereinbarungen. Für die Charakterisierung der anwaltlichen Tätigkeit als eine Angelegenheit ist das belanglos.

29

---

35 BGH AGS 2014, 263 = RVGreport 2014, 388 = NJW 2014, 2126; BGH NJW 2011, 3167 = RVGreport 2011, 339 = JurBüro 2011, 522.

36 Vgl. BGH AGS 2014, 263 = RVGreport 2014, 388 = NJW 2014, 2126; BGH MDR 2011, 949 = JurionRS 2011, 19396; BGH NJW 2010, 3035 = JurBüro 2010, 638 = RVGreport 2011, 16; BGH AGS 2008, 164 = NJW-RR 2008, 656 = RVGreport 2008, 96; VG Düsseldorf AGS 2011, 215.

37 BGH AGS 2014, 263 = RVGreport 2014, 388 = NJW 2014, 2126; OLG Celle AGS 2015, 64 = RVGreport 2015, 95 = JurBüro 2015, 306: Beauftragung durch Kläger und Drittwiderbeklagten; AGS 2014, 116 = MDR 2014, 117.

38 Siehe AG Kamen AGS 2007, 26 (m. Anm. *N. Schneider*): Es bleibt selbst dann bei nur einer Angelegenheit, wenn das einheitliche Verfahren beim Streitgericht (versehentlich) nicht zusammen, sondern getrennt weitergeführt wird.

39 Vgl. BGH AGS 2014, 498 = RVGreport 2014, 465 = NJW-RR 2015, 189; BVerwG RVGreport 2010, 60; OLG Brandenburg AGS 2011, 217; LSG Schleswig-Holstein AGS 2007, 407.

40 BVerfG RVGreport 2014, 303; BGH AGS 2014, 263 = RVGreport 2014, 388 = NJW 2014, 2126: BGH NJW 2011, 3167 = RVGreport 2011, 339 = JurBüro 2011, 522; BGH AGS 2008, 164 = NJW-RR 2008, 656 = RVGreport 2008, 96; OLG Düsseldorf AGS 2011, 534 = JurBüro 2011, 592, Tz. 40; *N. Schneider*, NJW 2015, 998.

b) Parteiwechsel/aufeinander folgende Tätigkeit für verschiedene Auftraggeber

30 Auch wenn der Anwalt **getrennt und erst nach und nach beauftragt** wird, mehrere Mandanten in einem Verfahren zu vertreten, bleibt dieses für ihn **dieselbe Angelegenheit**.[41] Deshalb liegt bei einem **Parteiwechsel im Prozess** gebührenrechtlich stets nur eine Angelegenheit vor, auch wenn der Anwalt die **Vertretung des neuen Mandanten erst übernommen hat, nachdem der alte Mandant aus dem Verfahren bereits ausgeschieden** war.[42]

31 Wird der Anwalt **nacheinander** für **verschiedene Auftraggeber** in derselben Angelegenheit tätig, sind diese **keine Streitgenossen** im eigentlichen Sinne, sondern **verschiedene Parteien**. Ein solcher **Parteiwechsel** wird **gebührenrechtlich** ebenso behandelt wie die gemeinsame **Vertretung von Streitgenossen**.[43] Ob das auch zu gelten hat, wenn die **Beteiligung des ersten Mandanten** an dem Verfahren bereits **vollständig**, insbesondere auch kostenrechtlich **abgewickelt** ist, erscheint fraglich[44] und sachlich nicht gerechtfertigt.

32 Bei einem Parteiwechsel wegen **fehlender Passivlegitimation** ist die Fortsetzung der Angelegenheit in der Regel wirtschaftlich unvernünftig, weil der Anwalt nur noch die 0,3-Erhöhung gemäß VV 1008 verdienen kann und sein erster Mandant einen vollen Erstattungsanspruch hat (Ausnahme: die Rechtsverteidigung hat sich mit dem erfolgreichen Streiten der Passivlegitimation erschöpft). Die Nichtanwendung des § 7 würde allerdings voraussetzen, **§ 15 Abs. 5 S. 1 einschränkend** so zu lesen, dass der Auftrag für die weitere Tätigkeit von demselben Auftraggeber stammt.

c) Verschiedene Auftragsverhältnisse

33 Will der Anwalt „in derselben Angelegenheit für mehrere Auftraggeber" **gleichzeitig** tätig werden, **bedarf** es der **Zustimmung aller**, sie gemeinsam zu vertreten. Er ist nicht berechtigt, ohne Absprache von sich aus verschiedene Auftragsverhältnisse in einer Angelegenheit zu begründen.[45] Daran ist er schon aufgrund der **geschuldeten Vertraulichkeit** gehindert. Anderseits kann er gehalten sein, für eine gemeinsame Vertretung zu „werben".[46]

34 Kommt es zu einer gemeinsamen **Rahmenvereinbarung** oder zu einem gemeinsamen Auftrag, so kann sich daraus eine ausdrückliche oder auch nur stillschweigende **Regelung** ergeben, **welcher Auftraggeber** mit welchem Anteil eine von jedem dem Anwalt geschuldete **Vergütung** im Innenverhältnis **letztlich soll tragen müssen**. Auch insoweit gelten die allgemeinen Auslegungsgrundsätze zum rechtsgeschäftlichen Verhalten (§§ 133, 157 BGB). Das **Innenverhältnis** steht **neben dem gesetzlichen Ausgleichungsverhältnis** von **Gesamtschuldnern** (§ 426 BGB) und **geht** diesem bei einer davon abweichenden Bestimmung **im Range vor**. Während jedoch im Allgemeinen ein solches Innenverhältnis auch **Außenwirkung** für sich beanspruchen kann, soll das nach **Auffassung des BGH** dann **nicht gelten**, wenn und soweit es um die **Verpflichtung eines Dritten zur Kostentragung** geht. Diesem gegenüber sollen die **Auftraggeber** des gemeinsamen Anwalts untereinander **verpflichtet** sein zu einer **Aufteilung** der gesamten Kosten **nach Wertanteilen**. Im Gegensatz dazu hält allerdings der VI. ZS des BGH in Haftpflichtsachen an der Außenwirkung einer gewillkürten Kostenverteilung der Auftraggeber im Innenverhältnis fest.[47]

---

41 BGH NJW 2011, 3167 = RVGreport 2011, 339 = JurBüro 2011, 522; OLG Düsseldorf AGS 2008, 207 = OLGR 2008, 196 = JurBüro 2008, 208 (LS)

42 BGH NJW 2007, 769 = MDR 2007, 365 = JurBüro 2007, 76 = AGS 2006, 582 (Bestätigung von OLG Koblenz AGS 2005, 194) m. krit. Anm. *N. Schneider*, AGS 2006, 587.

43 BGH NJW 2007, 769 = MDR 2007, 365 = AGS 2006, 582; OLG Nürnberg AGS 2010, 167 = MDR 2010, 532.

44 Bejahend wohl OLG Nürnberg AGS 2010, 167 = MDR 2010, 532; offengelassen von OLG Koblenz AGS 2007, 342 = JurBüro 2007, 320 = RVGreport 2007, 222 (zur sukzessiven Vertretung von zwei Mandanten im Berufungsverfahren) m. Anm. *N. Schneider*, MDR 2007, 684 (LS).

45 BGH AGS 2014, 263 = RVGreport 2014, 388 = NJW 2014, 2126, für eine Sammelklage der Gesellschafter eines geschlossenen Immobilienfonds; LG Flensburg JurBüro 1975, 764 m. Anm. *Meyer*.

46 So ArbG München AGS 2009, 38.

47 BGH NJW 2006, 774 = MDR 2006, 476 = AGS 2006, 92 = VersR 2006, 241.

III. Die Vergütungsregelung nach Abs. 1

1. Anknüpfung an Gerichtskosten

Der Aufbau des RVG mit seinem Vergütungsverzeichnis und die Struktur der Regelgebühren unterstreichen den hergebrachten **Grundgedanken des Gesetzgebers**, die **Vergütung des Anwalts** möglichst **daran zu orientieren, wie die Justiz** für ihre Leistungen **entschädigt** wird.[48] Diesem Ziel dient Abs. 1, der im Kontext zu § 15 Abs. 1 vergleichbar mit dem Gerichtskostengesetz bzw. dem Familiengerichtskostengesetz (vgl. §§ 34 ff. GKG, §§ 28 ff. FamGKG) regelt, dass sich die Gebühren **allein nach dem sachlichen Gegenstand** oder der Anzahl der Gegenstände (§ 22) einer Angelegenheit richten, **nicht** hingegen nach der **Anzahl der daran beteiligten Personen**.[49]

35

2. Anknüpfung an Anzahl der Angelegenheiten

Zugleich bestärkt Abs. 1 das **Prinzip**, dass die **Angelegenheit** als solche den **Abgeltungsbereich der Gebühren** umschreibt, also jede Angelegenheit die Regelgebühren erneut anfallen lässt. Deren Anzahl richtet sich allein nach der Zahl der Angelegenheiten, soweit jeweils ein Gebührentatbestand verwirklicht wurde. Deshalb ist es für die **Vergütung des Anwalts** in erster Linie von Bedeutung, um **wie viele Angelegenheiten** es geht. Das kann er insbesondere bei mehreren Auftraggebern mit beeinflussen, weil er als deren Vertragspartner auch darüber zu entscheiden hat, ob er für sie **zusammen oder in getrennten Vorgängen** tätig werden will.[50]

36

3. Mehraufwand durch mehrere Auftraggeber

Das Konzept, die Vergütung für eine Tätigkeit nur nach ihrem sachlichen Gehalt auszurichten, lässt etwaige **Mehrarbeit unberücksichtigt**, die lediglich darauf zurückzuführen ist, dass an derselben Sache **mehrere Personen beteiligt** sind. Soweit es um Gerichtsgebühren geht, wird das hingenommen. Kostenrechtlich macht es dort keinen Unterschied, ob eine Partei aus einer oder mehreren Personen besteht; das GKG kennt keinen Gebührentatbestand speziell für Streitgenossen, sondern nur eine dem § 7 vergleichbare Haftungsbestimmung (§ 32 GKG). Bei den Anwaltsgebühren ist der Gesetzgeber aber einen anderen Weg gegangen. Zwar **bleibt** es auch hier bei dem **Grundsatz**, dass die **Anzahl der Gebühren** allein von der **Anzahl der Angelegenheiten** abhängig ist. Jedoch wird der vermutete **zusätzliche Aufwand** und das **erhöhte Haftungsrisiko** für den Anwalt, soweit er nicht mittels Zusammenrechnung von Gegenstandswerten (§ 22) berücksichtigt wird, dadurch ausgeglichen, dass die **Verfahrens- oder Geschäftsgebühr höher** ausfällt (VV 1008).[51]

37

4. Gesamtvergütung

a) Obere Forderungsgrenze im Innenverhältnis

Abs. 1 enthält (i.V.m. § 15 Abs. 2) die Regel, dass der Rechtsanwalt in derselben Angelegenheit bei Tätigkeit für mehrere Auftraggeber die Gebühren nur einmal erhält. Er erhält also pro Angelegenheit insbesondere nur eine Geschäftsgebühr oder eine Verfahrensgebühr, die als **Wertgebühr** (§§ 13, 49) und bei **Gegenstandsidentität** ggf. nach VV 1008 zu erhöhen ist. Betrifft die Tätigkeit in derselben Angelegenheit mehrere Auftraggeber und **verschiedene Gegenstände**, werden die je nur einmal anfallenden Gebühren aus den gem. § 22 Abs. 1 zusammengerechneten Werten berechnet. § 7 Abs. 1 gilt also nicht nur bei Gegenstandsidentität und Gebührenerhöhung nach VV 1008, sondern auch bei Gegenstandsverschiedenheit. Die Vergütung, die der Rechtsanwalt im Innenverhältnis für die

38

---

48 Auf die Spitze getrieben wird dieser Versuch der Gleichschaltung, indem die Entlohnung des Anwalts in Gebühren ausgedrückt wird, obwohl der Begriff dem Verwaltungsrecht zugehörig ist und inhaltlich mit einem Verdienst als vertraglicher Gegenleistung nichts gemein hat.

49 BGH AGS 2014, 263 = RVGreport 2014, 388 = NJW 2014, 2126.

50 BGH AGS 2014, 263 = RVGreport 2014, 388 = NJW 2014, 2126.

51 Vgl. hierzu BGH AGS 2014, 263 = RVGreport 2014, 388 = NJW 2014, 2126; BGH AGS 2014, 46 = AGS 2014, 248 = JurBüro 2014, 140 = NJW-RR 2014, 186; BGH NJW 2011, 3723 = NZM 2012, 31 = ZMR 2012, 203 = RVGreport 2011, 459.

Tätigkeit für alle Auftraggeber insgesamt erhält, wird als **Gesamtvergütung** bezeichnet.[52] Der Gesamtvergütungsanspruch bildet die **obere Forderungsgrenze**.[53]

b) Verhältnis von Abs. 1 zu Abs. 2

39 Aus der Gesamtvergütung bzw. der oberen Forderungsgrenze ergibt sich noch nicht, welcher der mehreren Auftraggeber dem gemeinsamen Rechtsanwalt die Vergütung in welcher Höhe schuldet. Die gesamtschuldnerische Haftung aller Auftraggeber sowie deren Einzelhaftungen sind nach § 7 Abs. 2 zu ermitteln.

c) Gesamtvergütung: Tätigkeit betrifft denselben Gegenstand

40 Vertritt der Rechtsanwalt in derselben Angelegenheit mehrere Auftraggeber und ist der Gegenstand der anwaltlichen Tätigkeit derselbe, erhält der Rechtsanwalt eine nach VV 1008 erhöhte Geschäfts- oder Verfahrensgebühr. Die Erhöhung wird nach dem Betrag berechnet, an dem die Personen gemeinschaftlich beteiligt sind.

aa) Zwei Auftraggeber vorhanden.

41 **Beispiel 1 (Anwalt vertritt zwei Auftraggeber):**
Rechtsanwalt R klagt für seine beiden Auftraggeber A und B einen Anspruch i.H.v. 5.000 EUR ein, der diesen gemeinschaftlich zusteht. Die Klage wird kostenpflichtig abgewiesen.
R ermittelt seinen Gesamtvergütungsanspruch (obere Forderungsgrenze):

1,6 Verfahrensgebühr VV 3100, 1008, Wert 5.000 EUR:	484,80 EUR
1,2 Terminsgebühr VV 3104, Wert 5.000 EUR:	363,60 EUR
Auslagenpauschale VV 7002:	20,00 EUR
Summe netto:	868,40 EUR

Auf die Erhöhung nach VV 1008 entfällt ein Betrag i.H.v. 90,90 EUR netto. Insgesamt ist der Anspruch des R auf 868,40 EUR netto begrenzt.

bb) Mehr als zwei Auftraggeber vorhanden.

42 **Beispiel 2 (Anwalt vertritt mehr als zwei Auftraggeber):**
Rechtsanwalt R klagt für seine vier Auftraggeber einen gemeinschaftlichen Zahlungsanspruch i.H.v. 5.000 EUR ein. Die Klage wird kostenpflichtig abgewiesen.
Die Gesamtvergütung beträgt:

2,2 Verfahrensgebühr VV 3100, 1008, Wert 5.000 EUR:	666,60 EUR
1,2 Terminsgebühr VV 3104, Wert 5.000 EUR:	363,60 EUR
Auslagenpauschale VV 7002:	20,00 EUR
Summe netto:	1.050,20 EUR

Auf die Erhöhung nach VV 1008 entfällt ein Betrag i.H.v. 272,70 EUR netto. Insgesamt ist der Anspruch des R auf 1.050,20 EUR netto begrenzt.

d) Gesamtvergütung: Tätigkeit betrifft verschiedene Gegenstände

43 Vertritt der Rechtsanwalt in derselben Angelegenheit mehrere Auftraggeber wegen verschiedener Gegenstände, ist eine Gebührenerhöhung nach VV 1008 ausgeschlossen. Die Werte der Gegenstände werden gem. § 22 Abs. 1 zusammengerechnet.

Beispiel 3:
Rechtsanwalt R klagt für den Fahrzeughalter A auf Schadensersatz i.H.v. 5.000 EUR und für den Fahrer B auf Schmerzensgeld i.H.v. 1.000 EUR.
Die Gesamtvergütung beträgt:

1,3 Verfahrensgebühr VV 3100, Wert 6.000 EUR:	460,20 EUR
1,2 Terminsgebühr VV 3104, Wert 6.000 EUR:	424,80 EUR
Auslagenpauschale VV 7002:	20,00 EUR
Summe netto:	905,00 EUR

---

[52] OLG Düsseldorf AGS 2011, 534 = JurBüro 2011, 592, Tz. 40; *N. Schneider*, NJW 2015, 998.
[53] Riedel/Sußbauer/*Ahlmann*, RVG, § 7 Rn 4.

IV. Haftung der Auftraggeber gegenüber ihrem Anwalt (Abs. 2)

1. Grundsatz der vertretungsbezogenen Haftung

§ 7 Abs. 1 regelt die Gesamtvergütung oder obere Forderungsgrenze des Rechtsanwalts, der in derselben Angelegenheit mehrere Auftraggeber vertritt. § 7 Abs. 2 regelt die Haftung der Auftraggeber im Innenverhältnis zum Rechtsanwalt,[54] und zwar die gesamtschuldnerische Haftung aller Auftraggeber sowie deren Einzelhaftungen.[55] Es wird bestimmt, in welcher Höhe der Rechtsanwalt seine Vergütung gegen einzelne seiner mehreren Auftraggeber geltend machen kann (zur Haftung der Auftraggeber untereinander vgl. Rdn 48 ff.).[56] Kein Auftraggeber schuldet eine Vergütung für Tätigkeiten, die der gemeinsame Anwalt nicht auch in seinem Auftrag erbracht hat.[57] Diese klare Aussage des Abs. 2 S. 1, 1. Hs. trägt dem **Charakter des entgeltlichen Geschäftsbesorgungsvertrages** Rechnung, der sich als **gegenseitiges Rechtsgeschäft** versteht mit **synallagmatischer Verknüpfung von Leistung und Gegenleistung**.[58] Danach ist die Höhe der Zahlungsverpflichtung des jeweiligen Auftraggebers begrenzt durch die von ihm selbst veranlasste eigen- oder fremdnützige Interessenvertretung. Als Schuldner steht er dem Anwalt gegenüber **weder besser noch schlechter** dar, **als wenn er alleiniger Auftraggeber** wäre.[59]

44

2. Gesonderte Rechnungen für die Auftraggeber

Um den **Haftungsbetrag** für den einzelnen Auftraggeber zu ermitteln, bedarf es regelmäßig einer besonderen Rechnungsstellung, die nur die **gebührenpflichtigen Tätigkeiten speziell für diesen Auftraggeber** zum Gegenstand hat. Bei den gegenstandswertabhängigen Gebühren (**Wertgebühren**) einschließlich der Satzrahmengebühren ist für die Berechnung der **einfache Wert der Beteiligung** anzusetzen, bei den Betragsrahmengebühren der **nicht erhöhte Rahmen** zugrunde zu legen. War der Auftraggeber an einzelnen gebührenpflichtigen Tätigkeiten nicht beteiligt, so sind diese in seiner Abrechnung auszusparen. Die gegenüber einem jeden Auftraggeber ansetzbare **Postentgeltpauschale** (VV 7002) ist allein anhand der gesetzlichen Gebühren zu ermitteln, für die nur er haftet.

45

Jedem Auftraggeber muss durch **gesonderte Rechnung** (§ 10) bekannt gegeben werden, welchen Betrag der Vergütung er allein schuldet und wie hoch der Gesamtvergütungsanspruch ist. Aus einer Gesamtrechnung lediglich mit dem Betrag der Gesamtvergütung (Rdn 38) können die Auftraggeber nicht erkennen, wer welchen Betrag schuldet (§ 10 Rdn 19). Werden keine entsprechenden ordnungsgemäßen Rechnungen erteilt, ist die Vergütung nicht einforderbar, nicht durchsetzbar und wäre eine Honorarklage abzuweisen.[60] Die Ausübung des Zurückbehaltungsrechts gem. § 50 Abs. 3 S. 1 BRAO wäre nicht zulässig.[61] Die richtige Rechnungsstellung ist außerdem für die Vergütungsfestsetzung gegen den eigenen Auftraggeber gem. § 11 von Bedeutung (§ 11 Rdn 249 ff.).

46

Eine **Gesamtrechnung** an alle Auftraggeber gemeinsam kann aber dann ausreichend sein, wenn die Anwaltsvergütung von den Auftraggebern aus einem **gemeinsamen Vermögen** beglichen wird. Dies kann etwa bei einer GbR, einer Erbengemeinschaft oder bei Eheleuten der Fall sein (§ 10 Rdn 19).[62]

47

---

54 OLG Koblenz AGS 2015, 238.
55 OLG Koblenz AGS 2015, 238.
56 Gerold/Schmidt/*Müller-Rabe*, RVG, VV 1008 Rn 288.
57 Riedel/Sußbauer/*Ahlmann*, RVG, § 7 Rn 45.
58 Vgl. Palandt/*Heinrichs*, BGB, Einf. v. § 320 Rn 4, 12 ff.
59 Eine vergleichbare Regelung findet sich für die Gerichtskosten in § 32 Abs. 1 GKG (siehe OLG Hamm, Beschl. v. 18.9.2003 – 23 W 393/01, n.v.).

60 Vgl. LG Mannheim AGS 2012, 324 = RVGreport 2012, 414 = AnwBl 2013, 149; *N. Schneider*, NJW 2015, 998; *N. Schneider*, RVGreport 2012, 322; Gerold/Schmidt/*Müller-Rabe*, RVG, § 7 Rn 307; *Hansens*, Anm. zu LG Mannheim RVGreport 2012, 414.
61 LG Mannheim AGS 2012, 324 = RVGreport 2012, 414 = AnwBl 2013, 149.
62 Vgl. *N. Schneider*, RVGreport 2012, 322; *Hansens*, Anm. zu LG Mannheim RVGreport 2012, 414.

3. Haftung der Auftraggeber

a) Regeln

48 Aus dem Zusammenspiel der Regelungen in § 7 Abs. 1 und § 7 Abs. 2 ergeben sich folgende Regeln:[63]
1. Der Rechtsanwalt kann in derselben Angelegenheit für die Tätigkeit für mehrere Auftraggeber die Vergütung insgesamt nur einmal fordern (Gesamtvergütung, obere Forderungsgrenze, siehe Rdn 38).
2. Jeder einzelne der mehreren Auftraggeber schuldet dem gemeinsamen Rechtsanwalt die Vergütung, die im Falle einer Beauftragung nur durch ihn allein angefallen wäre.
3. Hat der Rechtsanwalt Sondertätigkeiten nur für einen einzelnen Auftraggeber erbracht hat, schuldet die darauf entfallende Vergütung nur dieser. Diese Sondertätigkeiten müssen aber gebührenrechtlich eigenständig bestimmt werden können.
4. Der Rechtsanwalt kann aber insgesamt nicht mehr als die nach § 7 Abs. 1 berechnete Gesamtvergütung (obere Forderungsgrenze, siehe Rdn 38) fordern.

b) Anwendungsbereich

49 Abs. 2 regelt die Haftung der mehreren Auftraggeber gegenüber ihrem Rechtsanwalt (vgl. Rdn 44). Die Haftung der Auftraggeber untereinander und etwaige Ausgleichsansprüche bestimmen sich dagegen nach den Bestimmungen des bürgerlichen Rechts.[64] Abs. 2 legt allerdings nicht nur die Höchst-, sondern andererseits auch die **Mindestgrenze der Haftung** des einzelnen Auftraggebers fest, indem er zugunsten des Anwalts **keine Teilschuldnerschaft** (§ 420 BGB), sondern die **volle Einstandspflicht** eines jeden Auftraggebers für die Bezahlung der von ihm veranlassten Tätigkeit und damit eine **Gesamtschuldnerschaft** (§ 421 BGB) normiert. Entgegen dieser klaren gesetzlichen Regelung ist jedoch bei **Streitgenossen in einem gerichtlichen Verfahren** dem gemeinsamen Anwalt gegenüber von **faktischer Teilschuldnerschaft** auszugehen, weil der BGH in nunmehr ständiger Rechtsprechung als Regelfall postuliert, dass der **Anwalt** von seinen Mandanten **jeweils nur anteilige Vergütung** verlangen kann (Fundstellen und Zitate siehe Rdn 74).[65] Auf Abs. 2 S. 1 soll der Anwalt lediglich ausnahmsweise und nur dann zurückgreifen können, wenn ein Mandant zahlungsunfähig ist. **Hintergrund** dieser Rechtsprechung sind **Fragen der Kostenerstattung** insbesondere dort, wo Streitgenossen unterschiedlich am Verfahren und dessen Ausgang beteiligt sind (dazu und auch zur Kritik an dieser Rechtsprechung siehe Rdn 87 ff.). Deshalb ist die **Anwendbarkeit** der **Gesamtschuldnerregelung** in der Praxis **beschränkt** auf solche Mandate, die keiner gerichtlichen Kostenregelung unterliegen.

c) Eigenartiges Gesamtschuldverhältnis

50 Bei einer gemeinsamen **fremdnützigen Beauftragung** des Anwalts zugunsten eines Mandanten (ggf. mit mehreren Gegenständen) haften die Auftraggeber **für alle Gebühren gesamtschuldnerisch**, weil der Anwalt von ihnen die nämliche Vergütung einfordern kann. Diese Fallgestaltung ist jedoch in der Praxis nur selten anzutreffen. Hingegen findet sich häufig eine gemeinsame **eigennützige Auftragserteilung**. Dann haften nach dem Gesetz die Auftraggeber zwar ebenfalls **als Gesamtschuldner**, aber **nur teilweise**, soweit sich die Einzelforderungen überschneiden. Die **Gesamtforderung** (Gesamtvergütung, obere Forderungsgrenze, siehe Rdn 38) des Anwalts ist höher als die einzelnen Haftungsbeträge, jedoch stets **niedriger als die Summe der Haftungsbeträge aller Auftraggeber**.

51 Anders als beim Regelfall der Gesamtschuld (§ 421 S. 1 BGB) ist kein Auftraggeber verpflichtet, die ganze Leistung zu bewirken. Vielmehr „liegt ein **eigenartiges Gesamtschuldverhältnis** vor",[66] das erst einsetzt, wenn der Anwalt hinsichtlich der „Gebührenspitze", die den Betrag der gemeinsa-

---

[63] Vgl. *N. Schneider*, NJW 2015, 998; vgl. auch OLG Düsseldorf AGS 2011, 534 = JurBüro 2011, 592.
[64] Gerold/Schmidt/*Müller-Rabe*, RVG, VV 1008 Rn 288.
[65] Vgl. auch OLG Koblenz MDR 2007, 686 = AGS 2007, 544 = JurBüro 2007, 370.
[66] OLG Düsseldorf AGS 2011, 534 = JurBüro 2011, 592, Tz. 40; *N. Schneider*, NJW 2015, 998; OLG Koblenz BRAGOreport 2002, 56; Riedel/Sußbauer/*Ahlmann*, RVG, § 7 Rn 46.

men Haftung mehrerer Auftraggeber übersteigt, befriedigt ist (zur Problematik siehe Rdn 58).[67] Eine eigenartiges Gesamtschuldverhältnis liegt deshalb vor, weil die jeweiligen **Einzelhaftungen** der Auftraggeber gem. § 7 Abs. 2 S. 1 zusammen die Vergütung übersteigen, die der Anwalt insgesamt nach § 7 Abs. 1 (Gesamtvergütung) erhält. Deshalb besteht für einen Teil dieser Gesamtvergütung ein Gesamtschuldverhältnis der Auftraggeber.[68]

d) Berechnung der eigenartigen Gesamtschuld und der alleinigen Haftung

Die Berechnung dieser eigenartigen Gesamtschuld hängt davon ab, ob der Rechtsanwalt für die mehreren Auftraggeber wegen desselben oder wegen verschiedener Gegenstände tätig ist.

52

aa) Derselbe Gegenstand und zwei Auftraggeber.

Beispiel 1 (Anwalt vertritt zwei Auftraggeber):
Rechtsanwalt R klagt für seine beiden Auftraggeber A und B einen Anspruch i.H.v. 5.000 EUR ein, der diesen gemeinschaftlich zusteht. Die Klage wird kostenpflichtig abgewiesen.
Im **ersten Schritt** ist zunächst die Gesamtvergütung (obere Forderungsgrenze) zu ermitteln.
Der Gesamtvergütungsanspruch beträgt 868,40 EUR, wobei auf die Erhöhung nach VV 1008 ein Betrag i.H.v. 90,90 EUR entfällt (vgl. Rdn 41).
Anschließend ist im **zweiten Schritt** zu berechnen, welche Vergütung jeder der beiden Auftraggeber schulden würde, wenn dem Anwalt der Auftrag allein erteilt worden wäre:

53

1,3 Verfahrensgebühr VV 3100, 1008, Wert 5.000 EUR:	393,90 EUR
1,2 Terminsgebühr VV 3104, Wert 5.000 EUR:	363,60 EUR
Auslagenpauschale VV 7002:	20,00 EUR
Summe netto:	777,50 EUR

Die Erhöhung nach VV 1008 ist nicht zu berücksichtigen, weil sie bei alleiniger Auftragserteilung nicht angefallen wäre. Jeder Auftraggeber schuldet die Auslagenpauschale VV 7002, da sie in voller Höhe auch bei einem alleinigen Auftrag angefallen wäre.
Die beiden Auftraggeber haften für die Einzelvergütungen i.H.v. 777,50 EUR nicht gesamtschuldnerisch. Im Falle der Zahlung dieses Betrages durch einen der Auftraggeber müsste der andere Auftraggeber die Gebührenerhöhung nach VV 1008 über 90,90 EUR nicht mehr zahlen, weil die Zahlung auch für ihn befreiend wirkt (§ 422 Abs. 1 BGB).
Weil keiner der Auftraggeber die volle Vergütung i.H.v. 868,40 EUR schuldet, liegt kein echtes, sondern ein eigenartiges Gesamtschuldverhältnis vor. Die gesamtschuldnerische Haftung der Auftraggeber wird deshalb durch folgende Berechnung ermittelt:
1. Addition der Einzelhaftungen der Auftraggeber
2. Abzug der Gesamtvergütung
   Differenzbetrag = gesamtschuldnerische Haftung
In Beispiel 1 ergibt sich folgende gesamtschuldnerische Haftung:

1. Einzelhaftungen der beiden Auftraggeber, 777,50 EUR x 2:	1.555,00 EUR
2. abzgl. Gesamtvergütung:	– 868,40 EUR
gesamtschuldnerische Haftung:	686,60 EUR

Die alleinige Haftung der Auftraggeber ergibt sich durch den Abzug der gesamtschuldnerischen Haftung von der Einzelhaftung. Jeder der Auftraggeber schuldet deshalb:

Einzelhaftung jedes Auftraggebers:	777,50 EUR
abzgl. gesamtschuldnerische Haftung:	– 686,60 EUR
alleinige Haftung:	90,90 EUR

Durch Erstellung von Rechnungen, die eine gesamtschuldnerische Haftung über 686,60 EUR und Einzelhaftungen über je 90,90 EUR ausweisen (Rdn 45 ff.), kann der Festsetzungsantrag gem. § 11 oder der Klageantrag richtig gestellt werden. Die Summe der Beträge (686,60 EUR + zweimal 90,90 EUR) ergibt die Gesamtvergütung über 868,40 EUR.
Zahlungen darf der Rechtsanwalt gem. § 366 Abs. 2 BGB zunächst auf die von den Auftraggebern allein geschuldeten Beträge i.H.v. 90,90 EUR verrechnen. Erste die alleinige Haftung übersteigende Zahlungen muss der Rechtsanwalt auf die gesamtschuldnerische Haftung anrechnen.[69]

---

[67] A.A. LG Kaiserslautern AGS 2007, 43 m. Anm. *Schneider* (Gesamtschuld in Höhe des Betrags, den der Anwalt gleichermaßen von allen Auftraggebern einfordern kann).

[68] OLG Düsseldorf AGS 2011, 534 = JurBüro 2011, 592.

[69] OLG Düsseldorf AGS 2011, 534 = JurBüro 2011, 592.

54 **Beispiel 2:**
Auftraggeber A zahlt an R im Beispiel 1 (Rdn 53) 500 EUR.
Die Zahlung darf R i.H.v. 90,90 EUR auf die alleinige Haftung von A verrechnen. Die restliche Zahlung über 409,10 EUR ist auf die gesamtschuldnerische Haftung i.H.v. 686,60 EUR geleistet. R darf A daher noch für den Restbetrag i.H.v. 277,50 EUR in Anspruch nehmen.

55 **bb) Derselbe Gegenstand und mehr als zwei Auftraggeber.** Sind mehr als zwei Auftraggeber vorhanden, kann das zu einer vollständigen gesamtschuldnerischen Haftung der Auftraggeber führen.

Beispiel 3 (Anwalt vertritt mehr als zwei Auftraggeber):
Rechtsanwalt R klagt für seine vier Auftraggeber einen gemeinschaftlichen Zahlungsanspruch i.H.v. 5.000 EUR ein. Die Klage wird kostenpflichtig abgewiesen.
Der Gesamtvergütungsanspruch beträgt 1.050,20 EUR, wobei auf die Erhöhung nach VV 1008 ein Betrag i.H.v. 272,70 EUR entfällt (vgl. Rdn 42).
Die Einzelhaftungen der Auftraggeber betragen wie im Beispiel 1.777,50 EUR.
Die gesamtschuldnerische Haftung der Auftraggeber wird durch folgende Berechnung ermittelt:[70]

1. Einzelhaftungen der vier Auftraggeber, 777,50 EUR x 4:	3.110,00 EUR
2. abzgl. Gesamthaftung:	− 1.050,20 EUR
gesamtschuldnerische Haftung:	2.059,80 EUR

Die gesamtschuldnerische Haftung kann aber nicht höher sein als die insgesamt geschuldete Vergütung i.H.v. 1.050,20 EUR. Die vier Auftraggeber haften deshalb gesamtschuldnerisch für die Gesamtvergütung i.H.v. 1.050,20 EUR.
Weil gesamtschuldnerische Haftung für die Gesamtvergütung i.H.v. 1.050,20 EUR besteht, kommen Zahlungen einzelner Auftraggeber wegen § 422 Abs. 1 BGB unmittelbar den anderen zugute.

cc) Verschiedene Gegenstände.

56 **Beispiel (Zwei Auftraggeber):**
Rechtsanwalt R klagt für den Fahrzeughalter A auf Schadensersatz i.H.v. 5.000,00 EUR und für den Fahrer B auf Schmerzensgeld i.H.v. 1.000,00 EUR.
Die Gesamtvergütung beträgt 905,00 EUR.
Anschließend ist zu berechnen, welche Vergütung jeder der beiden Auftraggeber schulden würde, wenn dem R der Auftrag allein erteilt worden wäre:

Haftung des A, Wert 5.000 EUR:

1,3 Verfahrensgebühr VV 3100:	393,90 EUR
1,2 Terminsgebühr VV 3104:	363,60 EUR
Auslagenpauschale VV 7002:	20,00 EUR
Summe netto:	777,50 EUR

Haftung des B, Wert 1.000 EUR:

1,3 Verfahrensgebühr VV 3100:	104,00 EUR
1,2 Terminsgebühr VV 3104:	96,00 EUR
Auslagenpauschale VV 7002:	20,00 EUR
Summe netto:	220,00 EUR

Weil keiner der Auftraggeber die volle Vergütung i.H.v. 905,00 EUR schuldet, liegt wiederum kein echtes, sondern ein sog. eigenartiges Gesamtschuldverhältnis vor. Die gesamtschuldnerische Haftung der Auftraggeber beträgt 92,50 EUR:[71]

1. Einzelhaftungen der beiden Auftraggeber, 777,50 EUR + 220,00 EUR:	997,50 EUR
2. Abzüglich Gesamtvergütung:	− 905,00 EUR
gesamtschuldnerische Haftung:	92,50 EUR

Für die Feststellung der alleinigen Haftung der Auftraggeber ist die gesamtschuldnerische Haftung von der Einzelhaftung abzuziehen:

Einzelhaftung von A:	777,50 EUR
abzgl. gesamtschuldnerische Haftung:	− 92,50 EUR
alleinige Haftung:	685,00 EUR
Einzelhaftung von B:	220,00 EUR
abzgl. gesamtschuldnerische Haftung:	− 92,50 EUR
alleinige Haftung:	127,50 EUR

57 Zu weiteren Berechnungsbeispielen vgl. § 11 Rdn 258.

---

[70] OLG Düsseldorf AGS 2011, 534 = JurBüro 2011, 592.   [71] OLG Düsseldorf AGS 2011, 534 = JurBüro 2011, 592.

4. Befriedigung des Anwalts/Zahlungen der Auftraggeber

Überschneiden sich die jeweiligen Haftungsanteile der gemeinsamen Auftraggeber, ergibt sich die Tilgung ihrer Schulden mangels gegenteiliger Bestimmung aus einer entsprechenden **Anwendung des § 366 Abs. 2 BGB**. Da die **Gesamtschuld** dem Anwalt eine **größere Sicherheit** bietet **als eine Einzelschuld**, darf er so lange wie möglich davon ausgehen, dass ein **Auftraggeber zunächst nur die eigene Schuld tilgt** und nicht auch auf den Haftungsanteil eines anderen Auftraggebers zahlt (§ 11 Rdn 259).[72]

58

> **Beispiel:** Der Gesamtvergütungsanspruch des Anwalts beträgt 1.000 EUR, die Einzelhaftung von A und B beläuft sich jeweils auf 800 EUR. A hat 300 EUR, B 200 EUR an Vorschuss gezahlt.
> Der restliche Vergütungsanspruch beträgt aber lediglich 500 EUR. A und B haften insoweit als Gesamtschuldner, weil ihre Einzelhaftungsbeträge gleich hoch sind (bei A: Restschuld 500 EUR) bzw. darüber lägen (bei B: Restschuld an sich 600 EUR, aber der Höhe nach begrenzt durch die restliche Gesamtforderung des Anwalts auf 500 EUR).
> Zahlt A 300 EUR, entfallen 200 EUR auf die Differenz zwischen seiner Einzelhaftung

Solange der Einzelhaftungsbetrag eines Auftraggebers dem Betrage nach unterhalb des (restlichen) Gesamtvergütungsanspruchs des Anwalts liegt, kann durch die **Zahlung eines** (Dritten auf die Schuld eines) **anderen Auftraggebers keine befreiende Wirkung** für ihn eintreten.

59

> **Beispiel:** Der restliche Gesamtvergütungsanspruch des Anwalts beträgt noch 500 EUR, die Einzelhaftung des A noch 500 EUR, die des B noch 200 EUR. A zahlt weitere 100 EUR.
> Der Restanspruch des Anwalts beläuft sich nunmehr gegenüber A auf 400 EUR und gegenüber B unverändert auf 200 EUR. Zahlt hingegen B auch 100 EUR, verringert sich sowohl dessen Schuld (auf dann noch 100 EUR) als auch die Schuld des A um diesen Betrag auf restliche 300 EUR, da der Einzelhaftungsbetrag des A begrenzt ist durch die restliche Gesamtforderung des Anwalts.

5. Gesamtschuldnerausgleich, § 426 BGB

Zahlt ein Auftraggeber zugleich auf die Schuld eines anderen Auftraggebers, so stellt sich die Frage, ob er diesen ganz oder teilweise in **Rückgriff** nehmen kann. Das gesetzliche Schuldrecht normiert insoweit einen Interessenausgleich, der sich **in erster Linie** nach den konkreten Rechtsbeziehungen der Schuldner zueinander (**Innenverhältnis**) richten soll und **hilfsweise** – soweit jeder andere Verteilungsmaßstab fehlt – **nach Kopfteilen** durchzuführen ist, § 426 Abs. 1 S. 1 BGB.

60

Der **Innenausgleich zu gleichen Teilen** ist nicht mehr als eine **bloße Hilfsregel**,[73] die verdrängt wird, sobald sich Anhaltspunkte für eine anderweitige Ausgleichung finden.[74] Sie erstreckt sich auf die Forderung, für die nach außen (nur teilweise) gehaftet wird, in voller Höhe und unabhängig davon, wie eingehende Zahlungen zu verrechnen sind (siehe Rdn 58 f.). Die **Ausgleichungsverpflichtung** der Auftraggeber untereinander entsteht auch nicht erst mit vollständiger oder teilweiser Befriedigung des Anwalts, sondern **bereits mit der gemeinsamen Beauftragung**.[75]

61

> **Beispiel:** A, B und C beauftragen gemeinsam den Anwalt mit der Besorgung desselben Gegenstandes. Die Vergütung beträgt 1.200 EUR, der einzelne Haftungsanteil 1.000 EUR.
> A, B und C sind zu gleichen Anteilen verpflichtete Gesamtschuldner. Mangels besonderer Umstände haften sie im Innenverhältnis jeweils auf 400 EUR (1/3), auch wenn der Anwalt die ersten 200 EUR als Zahlung auf nur einen Haftungsanteil verrechnen darf (siehe Rdn 58).

Gleichsam als Sicherheit für den internen Ausgleichsanspruch geht bis zu dessen Höhe die Forderung des Anwalts auf den zahlenden Auftraggeber über, § 426 Abs. 2 S. 1 BGB (**bestärkende Legalzession**). Diese Forderung kann dann **von dem Auftraggeber** selbstständig geltend gemacht werden,[76] allerdings **nicht zum Nachteil des Anwalts**, § 426 Abs. 2 S. 2 BGB. Mithin wird der

62

---

[72] OLG Düsseldorf AGS 2011, 534 = JurBüro 2011, 592. Das übersieht *N. Schneider* in seinen krit. Anm. zum Urt. des OLG Koblenz v. 24.3.2000, BRAGOreport 2002, 56.

[73] OLG Hamm JurBüro 1994, 420 gegen OLG Stuttgart JurBüro 1990, 625 und KG JurBüro 1984, 1090; Palandt/*Heinrichs*, BGB, § 426 Rn 7.

[74] Siehe etwa OLG Koblenz RVGreport 2008, 270 (Anwalt vertritt zugleich Eltern und deren mittelloses Kind).

[75] BGH NJW 1981, 1666 m.w.N.

[76] BGH NJW 1991, 97 m.w.N.

Anspruchsübergang nur insoweit ausgelöst, als auf den Haftungsanteil eines anderen Auftraggebers gezahlt wurde.

> **Beispiel:** Im vorstehenden Fall zahlt A 500 EUR.
> Die ersten 200 EUR sind auf die „Gebührenspitze" des Anwalts zu verrechnen, reduzieren also nicht die Haftungsanteile der anderen Auftraggeber und bewirken daher auch keinen Anspruchsübergang. Die nächsten 300 EUR werden hingegen auch auf die Schulden von B und C gezahlt. Damit geht insoweit der Vergütungsanspruch des Anwalts auf A über, und zwar jeweils i.H.v. 100 EUR (1/3). Den Anwalt belastet das nicht, weil sein restlicher Vergütungsanspruch von 700 EUR durch die entsprechenden Haftungsanteile von B und C voll abgedeckt bleibt.

6. Haftung bei Zusammentreffen verschiedener Gegenstände und mehreren Auftraggebern

63 Treffen verschiedene Gegenstände, deren Werte gemäß § 22 Abs. 1 zusammenzurechnen sind, und mehrere Auftraggeber, die nicht zu einer Gebührenerhöhung nach VV 1008 führen, zusammen, ist es bei bestimmten Streitwertkonstellationen denkbar, dass keine Haftung der Auftraggeber für Vergütungsteile besteht.

> **Beispiel:** A wird wegen einer Forderung i.H.v. 125.000 EUR verklagt und B wegen einer (anderen) Forderung i.H.v. 500 EUR. Der Anwalt vertritt A und B gemeinsam.
> Welche Verfahrensgebühr steht dem Anwalt zu?
> A schuldet nach § 7 Abs. 1 eine 1,3 Verfahrensgebühr aus 125.000 EUR: 2.064,40 EUR
> B schuldet nach § 7 Abs. 1 eine 1,3 Verfahrensgebühr aus 500 EUR: 58,50 EUR
> Summe: 2.122,90 EUR
> Insgesamt kann R eine 1,3 Verfahrensgebühr aus den zusammengerechneten Werten i.H.v. 125.500 EUR verlangen: 2.174,90 EUR
> Nicht gesetzlich geregelt ist, wer für die Differenz i.H.v. 52 EUR zwischen 2.174,90 EUR (Gesamtgebühr) und der Summe der Haftungen von A und B i.H.v. 2.122,90 EUR haftet.
> Denkbar ist z.B. davon auszugehen, dass der Rechtsanwalt die Gebühren nach § 7 Abs. 1 nur einmal erhält, aber nicht mehr als die Summe der Einzelgebühren.

7. Ausnahme: Dokumentenpauschale, VV 7000 Nr. 1 Buchst. c

64 **Abs. 2 S. 1, 2. Hs durchbricht** das **Gegenseitigkeitsverhältnis**, soweit es um die **Dokumentenpauschale** im Falle von VV 7000 Nr. 1 Buchst. c geht. Für diese soll ein Auftraggeber auch dann einstehen müssen, wenn die Herstellung oder Überlassung von Dokumenten nicht seiner, sondern ausschließlich der Unterrichtung anderer Auftraggeber dient.

8. Innenverhältnis der Auftraggeber

65 Finden sich mehrere Auftraggeber zusammen, um gemeinsam einen Anwalt mit der Durchführung einer Angelegenheit zu betrauen, so bilden sie eine **Zweckgemeinschaft**, der es in aller Regel darum geht, die **Geschäftsbesorgungskosten möglichst gering** zu halten. Die gemeinsame Beauftragung nur eines Anwalts ist stets preisgünstiger als seine Beauftragung mit verschiedenen Angelegenheiten oder die getrennte Interessenvertretung durch verschiedene Anwälte. Der damit einhergehende **Verlust an Vertraulichkeit** wird angesichts des Vorteils einer Kostenreduzierung hingenommen.

66 Nach der Lebenserfahrung kann unterstellt werden, dass alle Auftraggeber **gleichermaßen** von der Kostenersparnis **profitieren** wollen. Das Interesse eines jeden ist es, bei der Endabrechnung besser zu stehen, als wenn nur eine Einzelvertretung stattgefunden hätte. Daraus folgt der Grundsatz, dass – abweichend von der Hilfsregel des § 426 Abs. 1 S. 1 BGB – **im Innenverhältnis** der Auftraggeber zueinander der Einzelne eine nach Wertgebühren (§ 13) begründete Gesamtforderung des Anwalts **entsprechend seinem wertmäßigen Anteil an allen vertretenen Gegenstandsinteressen** befriedigen soll, falls Anhaltspunkte für eine besondere Verteilung nicht ersichtlich sind.

67 Eine **Besonderheit** ist etwa gegeben, wenn die Tätigkeit des Anwalts in einem Verfahren stattfindet, wo **Kostenerstattung** in Betracht kommt (z.B. § 91 ZPO). Dann besteht zwischen den Auftraggebern auch eine **Risikogemeinschaft**. Ihre endgültige Kostenlast im Verhältnis zum eigenen Anwalt hängt letztlich davon ab, inwieweit ihnen Erstattungsansprüche zustehen, um die Vergütung des Anwalts damit abdecken zu können. Der Umfang dieser Erstattungsansprüche ist von dem jeweiligen Erfolg der Interessenvertretung abhängig. So tragen alle Auftraggeber zusammen ein **erfolgsabhängiges Verfahrenskostenrisiko.**

In Verbindung mit dem Zweck der Gemeinschaft, die Verfahrenskosten möglichst gering zu halten, folgt „aus der Natur der Sache" unter Berücksichtigung der Grundsätze von Treu und Glauben[77] die jedenfalls stillschweigende **Übereinkunft,** dass intern **in erster Linie derjenige Auftraggeber** dem Anwalt gegenüber **verpflichtet** sein soll, **dessen Haftungsanteil durch einen Erstattungsanspruch gedeckt** ist. Bei mehreren Auftraggebern mit unterschiedlichen Erstattungsansprüchen ergibt sich daraus die einvernehmliche **Rangordnung,** den Anwalt zunächst mit Hilfe **der einzelnen Erstattungsansprüche – gestaffelt nach Höhe –** zu befriedigen. Diese natürliche Betrachtungsweise will der BGH allerdings nicht gelten lassen. Ob das Interesse der Streitgenossen auch dann außer Acht bleiben soll, wenn sie die Kostenverteilung ausdrücklich so geregelt haben, bleibt offen.[78] **68**

Nach der neuen Rechtsprechung des **BGH** soll der einzelne Streitgenosse grundsätzlich **nicht** auf seinen **gesetzlichen Haftungsanteil** gemäß Abs. 2 S. 1 dem gemeinsamen Anwalt gegenüber **zurückgreifen dürfen.**[79] Vielmehr soll der Ersatzpflichtige in der Regel davon ausgehen können, dass ihm gegenüber der einzelne Streitgenosse nur den Anteil geltend machen darf, der von den gesamten gemeinsamen Anwaltskosten der Streitgenossen **wertanteilig** auf diesen entfällt.[80] Dem steht jedoch entgegen, dass Auftraggeber bei einer **internen Festlegung der Zahlungspflicht** dem gemeinsamen Anwalt gegenüber **keine Rücksicht** auf die Belange eines kostentragungspflichtigen Gegners nehmen müssen. Vielmehr sind sie ohne jede Einschränkung berechtigt, eine Verteilung zu wählen, die **einzig und allein** ihren **eigenen Vermögensinteressen** bestens gerecht wird. Deshalb können sie **jedwede Verabredung zur Kostenlast** treffen. Das ist **wirksam,** für die Kostenfestsetzung erheblich und wird vom **BGH** in einem **Sonderfall** auch **akzeptiert,** nämlich in Haftpflichtprozessen für den Kostenerstattungsanspruch des Versicherers.[81] **Im Außenverhältnis zum Gegner** ist eine solche Regelung allerdings **nur in dem Umfang verbindlich, wie** der einzelne Streitgenosse dem gemeinsamen Anwalt gegenüber **kraft Gesetzes haftet.** Obergrenze seines Erstattungsanspruchs ist seine Verpflichtung gemäß Abs. 2. Das scheint der BGH zu übersehen, wenn – zutreffend – davon ausgegangen wird, dass der Versicherte neben dem Versicherer ebenfalls Auftraggeber des Anwalts ist (wäre nur der Versicherer Auftraggeber, fiele eine Erhöhung der Verfahrensgebühr nicht an, siehe VV 1008 Rdn 13). Die Übereinkunft einer weiter gehenden Verpflichtung des Gegners wäre ein unzulässiger Vertrag zu Lasten Dritter. Das träfe etwa auf die Vereinbarung der Streitgenossen zu, einer von ihnen solle alle gemeinsamen Kosten allein übernehmen und dem Gegner gegenüber ansetzen dürfen. **69**

C. Erstattungsfragen

I. Einheitliche Kostenquote für alle Streitgenossen

1. Erstattungsanspruch des Gegners

Für den erstattungsberechtigten Gegner ist es unerheblich, ob die zur Erstattung verpflichteten Streitgenossen gemeinsam oder einzeln vertreten werden. Der Gegner kann seine notwendigen Kosten **gegenüber sämtlichen Streitgenossen** gleichermaßen – entweder anteilig oder in voller Höhe – geltend machen. Diese haften im Rahmen der Belastungsquote **grundsätzlich kopfteilig** (§ 100 Abs. 1 ZPO), falls die Kostengrundentscheidung keine andere Zuordnung trifft (§ 100 Abs. 2 **70**

---

[77] BGH NJW 1992, 2286 (zur Bestimmung des Innenverhältnisses von Gesamtschuldnern).
[78] Vgl. BGH MDR 2006, 1193 = AGS 2006, 620.
[79] Grundlegend BGH MDR 2003, 1140.
[80] Zur Kritik siehe OLG Hamm JurBüro 2005, 91 = AGS 2005, 34 = OLGR 2005, 142, zurückgewiesen durch Beschluss des BGH (II. ZS) vom 20.2.2006 (MDR 2006, 1193 = AGS 2006, 620) – Wie sich dieser Grundsatz auf die Vergütungsfestsetzung nach § 11 auswirkt, ist bislang höchstrichterlich nicht entschieden (zur herkömmlichen Abrechnung siehe LG Kaiserslautern AGS 2007, 43).
[81] BGH NJW 2006, 774 = MDR 2006, 476 = VersR 2006, 241 = AGS 2006, 92.

ZPO),[82] oder **ausnahmsweise als Gesamtschuldner** (§ 100 Abs. 4 ZPO) oder – bei erfolglosen Einzelangriffen – **hinsichtlich eines Teils der Kosten allein** (§ 100 Abs. 3 ZPO).

> **Beispiel:** Die Kosten des Rechtsstreits tragen beide Beklagten mit Ausnahme der Kosten der Beweisaufnahme; diese trägt B 1 allein. Die Kosten des Klägers belaufen sich für die Beweisaufnahme auf 300 EUR und im Übrigen auf 1.200 EUR.
> Sind die Beklagten als Gesamtschuldner verurteilt, haften B 1 i.H.v. 1.500 EUR und B 2 i.H.v. 1.200 EUR. Ansonsten haften B 1 i.H.v. 900 EUR (1/2 von 1.200 EUR zzgl. 300 EUR) und B 2 i.H.v. 600 EUR (1/2 von 1.200 EUR). – Sähe die Kostengrundentscheidung auf Seiten der Beklagten eine Quotierung von 3/4 für B 1 und 1/4 für B 2 vor, so trügen B 1 1.200 EUR (3/4 von 1.200 EUR zzgl. 300 EUR) und B 2 300 EUR (1/4 von 1.200 EUR).

71 Der Grundsatz der **kopfteiligen Haftung** begünstigt den einzelnen Streitgenossen, weil er – gemessen an den von ihm verursachten Verfahrenskosten – jeweils nur für einen Bruchteil aufzukommen braucht. In der Praxis wird das aber **häufig missachtet**, indem die gesamten Kosten einheitlich gegen alle Streitgenossen festgesetzt werden. Darauf sollte der Anwalt der Streitgenossen im Interesse seiner anderen Mandanten insbesondere dann sein Augenmerk richten, wenn bei einem von ihnen ein **Ausfallrisiko** droht. Erkennt der Kostenfestsetzungsbeschluss fälschlich auf gesamtschuldnerische Haftung der Streitgenossen, könnte der Gegner alle Kosten von einem zahlungskräftigen Streitgenossen einfordern und so der **Gefahr einer erfolglosen Vollstreckung** gegenüber einem anderen Streitgenossen zu Lasten des zahlungskräftigen Streitgenossen begegnen. Um das zu verhindern, ist sofortige Beschwerde geboten.

2. Erstattungsanspruch bei unechter Streitgenossenschaft (verschiedene Gegenstände)

a) Echte und unechte Streitgenossenschaft

72 Die Rechte von gemeinsam vertretenen Streitgenossen gegenüber dem erstattungspflichtigen Gegner erweisen sich als **zentrales Problem der Kostenerstattung**. Sie sind selbst dann umstritten, wenn die Streitgenossen voll obsiegen und der Gegner ihnen sämtliche Kosten zu erstatten hat. Teilweise wird ihnen nach überlieferter Meinung kostenrechtlich sogar verwehrt, Ansprüche als **echte Streitgenossen (gemeinsame Vertretung wegen desselben Streitgegenstands)** gemeinsam zu verfolgen mit dem Argument, einer von ihnen hätte ja **als Prozessstandschafter für alle** auftreten können.[83] **Besonders unklar** ist die Rechtslage **bei echten Streitgenossen, die teils obsiegen und teils unterliegen**. Diese spezielle Problematik gehört zum Gebührentatbestand VV 1008 und wird dort erörtert (siehe VV 1008 Rdn 138 ff.). Hier sollen die allgemeinen Grundsätze vornehmlich anhand der **unechten Streitgenossenschaft (gemeinsame Vertretung wegen verschiedener Streitgegenstände)** aufgezeigt werden.

b) Uneingeschränkte Kostentragungspflicht des Gegners

73 aa) Gegner unterliegt vollständig. Hat der Gegner sämtliche Verfahrenskosten zu tragen, so können die Streitgenossen ihre **Anwaltskosten voll** zur Erstattung anmelden. Einer **Aufteilung und Zuordnung nach Personen** bedarf es in der Regel **nicht** (zur Ausnahme bei teils gegebener und teils fehlender Vorsteuerabzugsberechtigung siehe Rdn 105). Sie wird in der Regel auch nicht vorgenommen. Ob die Streitgenossen **Teilgläubiger oder (teilweise) Gesamtgläubiger** sind,[84] ist nur von geringer praktischer Bedeutung (nach OLG Hamm sind Streitgenossen Gesamtgläubiger, wenn sie ihre vollen Haftungsanteile anmelden. Dann haftet der Gegner ihnen ebenso, wie sie selbst dem gemeinsamen Anwalt gegenüber haften,[85] erweist sich aber als Grundsatzfrage des gesamten Erstattungsrechts. Es geht darum, ob der **einzelne Streitgenosse** den Gegner nur auf den (gegenständ-

---

[82] OLG Koblenz Rpfleger 1995, 381. Eine abweichende Verteilung muss durch den Kostenausspruch erkennbar zum Ausdruck gebracht werden, OLG Hamm, Beschl. v. 21.8.2000 – 23 W 404/00 (n.v.).

[83] So allerdings auch noch BGH AGS 2004, 143 = RVGreport 2004, 189 mit zutr. abl. Anm. von *N. Schneider*.

[84] Nach BGH gilt wohl beides: Grundsätzlich sollen sie wertanteilige Teilgläubiger sein, es sei denn, ein Streitgenosse hat mehr als seinen wertanteiligen Anteil zu tragen, weil ein anderer Streitgenosse „ausgefallen" ist.

[85] Palandt/*Heinrichs*, BGB, Überblick vor § 420 Rn 1 f.; OLG Hamm, Beschl. v. 2.9.2002 – 23 W 260/02.

lichen oder personenbezogenen) **Bruchteil** der Anwaltskosten in Anspruch nehmen kann, den seine **Beteiligung an der Streitgenossenschaft** ausmacht,[86] **oder ob** sein Anspruch prinzipiell **in Höhe des Haftungsanteils nach Abs. 2** besteht.[87]

> **Beispiel:** G verklagt in einem Prozess A auf Zahlung von 10.000 EUR und B auf Zahlung von 15.000 EUR. A und B lassen sich gemeinsam vertreten. Die Klage wird kostenpflichtig abgewiesen.
> Die gemeinsamen Anwaltskosten von A und B betragen insgesamt 2.368,10 EUR (2,5 Regelgebühren à 788 EUR zzgl. Nebenkosten zzgl. USt). Bei Teilgläubigerschaft nach Kopfteilen (§ 426 Abs. 1 S. 1 BGB) stünden A und B jeweils 1.184,05 EUR zu. Bei Teilgläubigerschaft nach Wertteilen entfielen auf A 947,24 EUR (2/5-Anteil am Gesamtwert) und auf B 1.420,86 EUR (3/5-Anteil am Gesamtwert). Wäre G entsprechend den Haftungsanteilen von A und B gemäß Abs. 2 verpflichtet, hätte A einen Erstattungsanspruch von 1.683,85 EUR (2,5 Regelgebühren à 558 EUR zzgl. Nebenkosten zzgl. USt) und B einen solchen von 1.957,55 EUR (2,5 Regelgebühren à 650 EUR zzgl. Nebenkosten zzgl. USt). Sie wären teilweise Gesamtgläubiger, weil G insgesamt nicht mehr als 2.368,10 EUR erstatten muss.

bb) Anmeldung der Kostenerstattungsansprüche durch die Streitgenossen. Streitgenossen sind **nicht verpflichtet**, ihre Kostenerstattungsansprüche **gemeinsam anzumelden**.[88] Betreibt **ein Streitgenosse allein** die Festsetzung (**Einzelanmeldung**),[89] so kommt es darauf an, von welcher Kostenlast der Gegner ihn freizustellen hat. Der **BGH**[90] vertritt unter Aufgabe einer früheren Rechtsprechung des BGH[91] hierzu die Auffassung, dass der einzelne Streitgenosse grundsätzlich nur in Höhe des **Bruchteils**, der **seiner wertmäßigen Beteiligung** entspricht, mit den gemeinsamen Anwaltskosten belastet ist.[92] Wenn der Gegner diesen Betrag erstatte, bleibe der Streitgenosse im Allgemeinen „auf Dauer und vollständig von außergerichtlichen Kosten befreit."[93] Das werde „durch den für den Regelfall gesetzlich vorgeschriebenen Ausgleich im Innenverhältnis der Gesamtschuldner erreicht (§ 426 Abs. 1 S. 1 BGB)".[94] **Ausnahmsweise** – soweit der Innenausgleich an der Zahlungsunfähigkeit eines ausgleichungspflichtigen Streitgenossen scheitere – habe er einen weiter gehenden Erstattungsanspruch **bis zur Höhe seines Haftungsanteils**[95] (siehe dazu auch § 48 Rdn 107 ff.).[96]

74

Dieser Ansicht des BGH liegt die Prämisse zugrunde, die Freistellung des Streitgenossen von Anwaltskosten über den Bruchteil seiner wertmäßigen Beteiligung hinaus erfolge durch einen gesetzlich vorgeschriebenen Ausgleich. Eine **derartige Ausgleichungspflicht** ist jedoch **weder gesetzlich vorgeschrieben noch für den Regelfall anzunehmen**. Die interne Haftungsverteilung nach Wertteilen, der der BGH für die externe Haftung zu Lasten des Gegners annimmt, stellt bereits eine Abweichung von der (gesetzlichen) kopfteiligen Zuordnung nach der bloßen Hilfsregel des § 426 Abs. 1 S. 1 BGB dar. Sie entspricht zwar grundsätzlich den Belangen der nach Abs. 2 haftenden Auftraggeber, greift aber dann nicht ein, wenn eine andere Verteilung in ihrem Sinne liegt. Hier würde die **Regulierung nach Wertanteilen** den **Interessen der Streitgenossen zuwider** laufen.

75

---

86 So etwa OLG Frankfurt AGS 2012, 250; OVG NRW AGS 2010, 235 = NJW-Spezial 2012, 252; Zöller/*Herget*, ZPO, § 100 Rn 4 und § 91 Rn 13 unter „Streitgenossen" 3b).
87 Vgl. OLG Hamm OLGR 2002, 380.
88 OLG München JurBüro 1988, 1187.
89 Praktisch bedeutsam ist der Fall, dass nach einem Zerwürfnis ein oder mehrere Streitgenossen den Anwalt gewechselt haben (OLG Hamm, Beschl. v. 31.1.2000 – 23 W 506/99, n.v.) oder dass ein Streitgenosse vorzeitig aus dem Verfahren ausgeschieden ist (OLG Hamm, Beschl. v. 16.9.2002 – 23 W 274/02, n.v.) oder dass einer insolvent geworden ist (OLG Hamm, Beschl. v. 8.9.2003 – 23 W 163/03, n.v.).
90 MDR 2006, 1193 = AGS 2006, 620 = NJW 2006, 3571 = RVGreport 2006, 235 = Rpfleger 2006, 339; MDR 2003, 1140 = NJW-RR 2003, 1217 = JurBüro 2004, 197 und (nur Leitsatz) NJW 2003, 3419 (VIII. ZS); ebenso der I. ZS NJW-RR 2003, 1507 = FamRZ 2003, 144 = JurBüro 2004, 199; abweichend jedoch in Haftpflichtsachen (AGS 2006, 92 = MDR 2006, 476 = VersR 2006, 241); so auch OLGR Köln 2009, 526; OLG Koblenz JurBüro 2008, 428; OLG Koblenz AGS 2007, 544 = RVGreport 2008, 270 = JurBüro 2007, 370 = MDR 2007, 686; KG RVGreport 2008, 138; OLG Düsseldorf NJW-RR 2005, 509; a.A. OLG Hamm AGS 2005, 34 = JurBüro 2005, 91.
91 BGH NJW 1954, 1451 = JurBüro 1969, 941.
92 Zu diesem Verteilerschlüssel siehe auch BGH NJW 2007, 1869 für das Verhältnis von Wohnungseigentümern zueinander.
93 BGH MDR 2003, 1142.
94 BGH MDR 2003, 1142.
95 OLG Koblenz AGS 2007, 544 = RVGreport 2008, 270 = JurBüro 2007, 370 = MDR 2007, 686.
96 Das OLG Koblenz (RVG-Letter 2004, 84) nimmt einen derartigen Ausnahmefall auch an, wenn dem Streitgenossen PKH gewährt wurde. Dem liegt die unrichtige Annahme zugrunde, der Anwalt könne von der Staatskasse nur die Erhöhung der Verfahrensgebühr verlangen.

76 **cc) Anmeldung nach Zahlung des Haftungsanteils durch einen Streitgenossen.** Sollte der **anmeldende Streitgenosse** seinen **Haftungsanteil nach Abs. 2** dem Anwalt **bereits gezahlt** haben, so ist ihm – wie die Anmeldung zeigt – daran gelegen, **diesen vom Gegner zu erhalten**. Das ist sowohl in seinem als auch i.S.d. anderen Streitgenossen, weil diesen dann interne Ausgleichungsleistungen erspart bleiben. Nach einer **neuen Ansicht des BGH**[97] soll er sich indes mit einer **wertanteiligen Erstattung begnügen** müssen; hinsichtlich des überschießenden Betrages würden seine **Streitgenossen zu Hauptschuldnern**, obwohl auch sie gewonnen haben, und erlangte der kostentragungspflichtige Gegner eine nachrangige bürgenähnliche Position.[98] Ist die **Anwaltsvergütung noch nicht reguliert**, so kommt es allen Streitgenossen zugute, wenn eine **möglichst hohe Erstattungsforderung** geltend gemacht wird, um die Verpflichtungen dem eigenen Anwalt gegenüber schnell und ohne Eigenbelastung (kostenneutral) zurückführen zu können. Nach der besprochenen Ansicht des BGH wären sie jedoch an einer solchen Abwicklung gehindert und könnte der **Gegner** stets **verlangen**, dass jeder Einzelne von ihnen **lediglich** seinen **wertanteiligen Betrag** geltend macht. Für dieses Diktat zu Lasten der privaten Gestaltungsfreiheit innerhalb des Gemeinschaftsverhältnisses der Streitgenossen gibt es jedoch keinen sachlichen Grund und insbesondere **kein schutzwürdiges Interesse des Gegners**, der schließlich deshalb voll haftet, weil er sich den Streitgenossen gegenüber eine Rechtsposition angemaßt hat, die ihm nicht zusteht. Schutzbedürftig bei der Kostenregulierung sind allein die Streitgenossen, weshalb es richtig ist, wenn der Einzelne den erstattungspflichtigen Gegner ohne weiteres auf seinen **Haftungsanteil nach Abs. 2** in Anspruch nehmen darf.

> **Beispiel:** Im Ausgangsfall (siehe Rdn 73) hat B dem Anwalt das Mandat entzogen, weil er sich in der mündlichen Verhandlung schlecht vertreten fühlte. Er kümmert sich nicht mehr um die Angelegenheit. Der Anwalt rechnet mit A 1.683,85 EUR (nach Abs. 2) ab und dieser verlangt den Betrag erstattet.
> Die Kosten sind antragsgemäß festzusetzen, weil es nach den Umständen im beiderseitigen Interesse von A und B liegt, dass der kostenpflichtige Gegner den vom Anwalt geltend gemachten Anspruch bedient. Darauf ist das Innenverhältnis auch ohne ausdrückliche Regelung ausgerichtet. Nach BGH (siehe Rdn 74) hätte der Gegner dem A allerdings nur 947,24 EUR zu erstatten, es sei denn, A könnte darlegen und glaubhaft machen (§ 104 Abs. 2 S. 1 ZPO), dass von B nichts zu holen ist.

77 **dd) Nachträgliche Anmeldung eines Streitgenossen bei bereits erfolgter Erstattung an einen anderen Streitgenossen.** Meldet ein **weiterer Streitgenosse nachträglich** seine Kosten zur Festsetzung an, kann der erstattungspflichtige Gegner ihm sämtliche **(Teil-)Leistungen entgegenhalten**, die er auf eine frühere Anmeldung hin **bereits erbracht** hat. Entscheidend ist die Zahlung auf den Nettobetrag der Vergütung. Die darauf entfallende USt. ist damit erledigt, auch wenn der kostentragungspflichtige Gegner insoweit von der Zahlung befreit gewesen ist, weil der erstattungsberechtigte Streitgenosse sie als Vorsteuer hat in Abzug bringen können. Zusammen mit diesen Leistungen dürfen die geltend gemachten Kosten den Gesamtbetrag der Anwaltsvergütung nicht übersteigen.

> **Beispiel:** G hat an A die angemeldeten 1.683,85 EUR gezahlt. Nunmehr verlangt auch B Kostenerstattung, weil der Anwalt ihn auf Restzahlung drängt. B kann nur noch diesen Betrag (684,25 EUR; gemeinsame Anwaltskosten i.H.v. 2.368,10 EUR abzgl. bereits erstatteter 1.683,85 EUR), hingegen nicht mehr einen weiter gehenden Anteil oder seinen Haftungsanteil nach Abs. 2 einfordern.

78 **ee) Nachträgliche Anmeldung eines Streitgenossen bei noch nicht erfolgter Erstattung an einen anderen Streitgenossen.** Hat der Gegner auf die Kostenfestsetzung der früheren Anmeldung **noch nichts gezahlt**, darf auch der nachträglich anmeldende Streitgenosse seinen **Haftungsanteil nach Abs. 2** geltend machen, **soweit** er sich noch einer **Forderung des Anwalts ausgesetzt** sieht **oder** aber diese **bereits erfüllt** hat. Für ihn gilt ebenfalls, dass ihm nach den konkreten Umständen **Ausgleichsansprüche** gegenüber einem anderen obsiegenden Streitgenossen **nicht zustehen** sollen, er sich vielmehr **beim Gegner erholen** soll. Hier ist aber zu berücksichtigen, dass der weitere Haftungsanteil zusammen mit dem bereits festgesetzten Anteil die gemeinsamen Kosten aller Streitgenossen (erheblich) übersteigen könnte. Dann darf zu seinen Gunsten **keine unbeschränkte Titulierung** erfolgen. Deshalb sollte beantragt werden, den **vollen Haftungsanteil** des weiteren Streitgenossen festzusetzen **mit der Einschränkung**, dass der Gegner **an beide Streitgenossen zusammen**

---

[97] A.A. wohl BGH AGS 2006, 92.
[98] Was dem Streitgenossen zur Durchsetzung seines Erstattungsanspruchs gegen die eigene Seite zugemutet werden soll, lässt der BGH offen. Verweigern die anderen Streitgenossen eine wertanteilige Ausgleichung mit der Begründung, dass auch sie gewonnen hätten und der Gegner erstattungspflichtig sei, muss er nach Auffassung des BGH womöglich einen Rechtsstreit gegen sie führen. Dann wäre der an sich erstattungspflichtige Gegner nur noch „Ausfallbürge".

nicht mehr als den **Gesamtbetrag der Anwaltskosten** zu erstatten hat. Soweit die Streitgenossen sämtlich oder teilweise vorsteuerabzugsberechtigt sind, ist das bei der Höhe des Gesamtbetrages zu berücksichtigen. Damit spiegelt die Verpflichtung des Gegners im Verhältnis zu den erstattungsberechtigten Streitgenossen nach Art und Umfang genau jene der Streitgenossen im Verhältnis zu ihrem gemeinsamen Anwalt wider. Das muss auch so sein, weil der Gegner sie exakt von dieser Verpflichtung entlasten soll.[99]

ff) Gleichzeitige Anmeldung nur durch einen Teil der Streitgenossen. Melden zwar **mehrere Streitgenossen zugleich**, aber nicht sämtliche Streitgenossen ihre Kosten an, reicht es für die **Festsetzung der Gesamtkosten** des gemeinsamen Anwalts nach der hier vertretenen Meinung[100] aus, wenn die **Haftungsanteile** der anmeldenden Streitgenossen **zusammen diesen Betrag erreichen** oder übersteigen. Dann ist es nicht erforderlich, dass noch weitere Streitgenossen Erstattung verlangen können oder das Festsetzungsverfahren betreiben.

79

> **Beispiel:** Die Gesamtkosten des gemeinsamen Anwalts von drei Streitgenossen betragen netto 220.000 EUR. Der Haftungsanteil eines jeden Streitgenossen beläuft sich auf netto 180.000 EUR. Der Gegner muss die Verfahrenskosten tragen. Der Anwalt meldet für S1 und S2 die vollen Kosten (netto) an. S1 und S2 haben jeweils Anspruch auf Erstattung bis zur Höhe ihres Haftungsanteils, begrenzt durch die Höhe der Gesamtkosten. Da ihre beiden Anteile (netto) zusammen die Gesamtkosten übersteigen, sind diese festzusetzen.[101]

c) Teilweise Kostentragungspflicht des Gegners

aa) Erstattungsquote der Streitgenossen. Ergeht eine Kostengrundentscheidung, wonach sowohl der Gegner als auch die **Streitgenossen selbst** jeweils zu einem Bruchteil die **Verfahrenskosten** zu tragen haben (§ 92 Abs. 1 ZPO), bezieht sich **deren Erstattungsquote** auf die Summe ihrer gemeinsamen Anwaltskosten. Das ist der Nettobetrag, wenn alle Streitgenossen vorsteuerabzugsberechtigt sind, und der Bruttobetrag, wenn sie es nicht sind. Bei teils gegebener und teils nicht gegebener Vorsteuerabzugsberechtigung geht es um einen „Mischbetrag", der nach Kopf-, Wert- oder Haftungsanteilen zu bilden ist. Auf den Anteil des Einzelnen daran und auf den Erfolg speziell seiner anwaltlich vertretenen Rechtsposition kommt es grundsätzlich nicht an.

80

> **Beispiel:** Im Ausgangsfall (vgl. Rdn 73) hat die Klage auf Zahlung von 25.000 EUR i.H.v. 15.000 EUR Erfolg, weil A 5.000 EUR und B 10.000 EUR schulden. Die Kosten werden zu 2/5 dem Kläger und zu 3/5 den Beklagten auferlegt.
> A und B steht gemeinsam ein Erstattungsanspruch von 947,24 EUR (2/5 von 2.368,10 EUR) zu. Dass die Verteidigung von B nicht so erfolgreich war wie die von A (A hat zur Hälfte und B nur zu einem Drittel obsiegt) und dass B höhere Anwaltskosten als A verursacht hat, ist nur für das Innenverhältnis erheblich.

bb) Anmeldung nur durch einen Streitgenossen. Meldet nur ein Streitgenosse seine Kosten an, richtet sich die Höhe seines Erstattungsanspruchs bei Zugrundelegung der oben (vgl. Rdn 74) zitierten Rechtsprechung des BGH **zunächst** danach, mit welchem **Wertanteil** er an den gemeinsamen Anwaltskosten beteiligt ist. Nur von diesem Anteil könnte er **dann** die **Erstattungsquote** verlangen. Bei einer solchen Abrechnung besteht die **Gefahr einer doppelten Belastung**: Einerseits wird dem Streitgenossen das Risiko eines ungestörten Innenausgleichs aufgebürdet und zum anderen muss er damit rechnen, durch die Erstattung weniger entlastet zu werden, als er nach dem Erfolg seiner Rechtswahrnehmung an sich erwarten könnte.

81

> **Beispiel:** Im vorstehenden Fall würde A nur 2/5 von 947,24 EUR Wertanteil an den gemeinsamen Anwaltskosten anmelden dürfen und demnach 378,90 EUR erhalten. Gewonnen hat er mit seiner Rechtsverteidigung zur Hälfte, müsste jedoch im günstigsten Fall selbst 3/5 seiner Kosten aufbringen, so dass er sich im Verhältnis zu B schlechter als dieser stünde (B hat zu 2/3 verloren, müsste aber nur 3/5 seines Wertanteils selbst bezahlen). Um diese Unbilligkeit zu vermeiden, ist der durch eine Erstattungsforderung nicht gedeckte Restbetrag intern stets so abzurechnen wie unten dargestellt.

Bei **interessengerechter Haftungsverteilung** zwischen dem Gegner und den Streitgenossen untereinander muss auch hier – ebenso wie bei einem vollen Erstattungsanspruch der Streitgenossen (vgl.

82

---

99 Siehe OLG Hamm, Beschl. v. 2.9.2002 – 23 W 260/02 (n.v.).
100 Bei einer kopf- oder wertanteiligen Zuordnung bedarf es der Anmeldung aller Streitgenossen.
101 Vgl. OLG Hamm OLGR 2002, 380.

Rdn 53) – gelten, dass einer Einzelanmeldung **grundsätzlich der Haftungsanteil nach Abs. 2** zugrunde gelegt werden kann.

> **Beispiel:** Im vorstehenden Fall hat A dem gemeinsamen Anwalt seinen Haftungsanteil von 1.683,85 EUR (Beispiel zur Berechnung siehe Rdn 74) im Voraus bezahlt. Er begehrt anteilige Erstattung, ohne dass der Gegner die Ausgleichung betreibt (§ 106 ZPO).
> Auf den Antrag des A sind 673,54 EUR festzusetzen (2/5 Erstattungsquote nach dem Haftungsanteil von 1.683,85 EUR). Wird dieser Betrag gezahlt und meldet alsdann B weitere Kosten an, verbleiben für ihn noch 273,70 EUR (2/5 der Gesamtkosten von 2.368,10 EUR mit 947,24 EUR abzüglich erledigter 673,54 EUR). Hat G noch nicht gezahlt, sind für B als Teil-Gesamtgläubiger neben A 779,02 EUR (2/5 seines Haftungsanteils von 1.957,55 EUR) festzusetzen, wobei die Höhe des Haftungsbetrages insgesamt auf 947,24 EUR (2/5 von 2.368,10 EUR) zu begrenzen ist.

83 **cc) Zahlung an den Anwalt übersteigt Erstattung.** Soweit ein Streitgenosse dem Anwalt **mehr gezahlt** hat, **als ihm erstattet** worden ist, hat er intern einen **Ausgleichsanspruch gegen die anderen,** der nach den Umständen zu ermitteln ist, soweit eine besondere Regelung nicht vorliegt. Das gilt gleichermaßen für die anderen Streitgenossen.

> **Beispiel:** Bei einer Konstellation wie im Beispiel oben liegt es nahe, die interne Verteilung nach Wertanteilen und Teilunterliegen durchzuführen. Die Streitgenossen bleiben auf einem ungedeckten Restbetrag von 1.420,86 EUR hängen (2.368,10 EUR Gesamtkosten abzüglich 947,24 EUR Erstattungsbetrag). A ist mit 40 % beteiligt und hat 50 % verloren (2.000 Verteilerpunkte), B ist mit 60 % beteiligt und hat 66,66 % verloren (4.000 Verteilerpunkte). Demnach entfallen auf A 1/3 (2.000 von insgesamt 6.000 Verteilerpunkten) und auf B 2/3 des ungedeckten Restbetrages. A hätte also 473,62 EUR selbst aufzubringen. Sollte er seinen Haftungsanteil von 947,24 EUR bereits gezahlt haben, könnte er 473,62 EUR (947,24 EUR abzüglich Eigenanteil 473,62 EUR) als weiteren Ausgleich im Innenverhältnis von B verlangen.

3. Kostenausgleichung

84 Bei der Kostenausgleichung auf der Basis einer Kostengrundentscheidung, die für beide Parteien **einheitliche Kostenquoten** enthält, ist die **Saldierung** grundsätzlich so vorzunehmen, **als wäre** auf beiden Seiten **jeweils nur eine Person** beteiligt. Die gegenseitigen Erstattungsforderungen können nicht nur dort verrechnet werden, wo die Streitgenossen einerseits als Gesamtschuldner haften und zum anderen als Gesamtgläubiger fordern können. In die Saldierung sind auch solche **Erstattungsforderungen der Gegenseite** einzustellen, die sich nur **gegen einzelne Streitgenossen** richten (vgl. § 100 Abs. 3 ZPO), soweit diese ihrerseits alleine oder als Gesamtgläubiger mit anderen Streitgenossen erstattungsberechtigt sind.

85 Teilweise wird davon ausgegangen, dass **sämtliche Forderungen der Streitgenossen mit Ansprüchen der Gegenseite ausgeglichen** werden müssen, soweit jeweils mindestens ein (Gesamt-)Schuldner mit einem (Gesamt-)Gläubiger identisch ist (§ 106 ZPO).[102] Hierdurch sollen gegenläufige Vollstreckungstitel und die damit verbundenen Ausfallrisiken vermieden werden. Teilweise wird auch vertreten, dass der Rechtspfleger nach Eingang eines Kostenausgleichungsantrages lediglich verpflichtet ist, die Gegenseite zur Geltendmachung ihrer Kosten aufzufordern.[103] Der Rechtspfleger muss eine Ausgleichung der Kosten beider Parteien nur vornehmen und einen einheitlichen Kostenfestsetzungsbeschluss erlassen, wenn beide Parteien ihre Kosten zur Ausgleichung angemeldet haben.[104] Falls die Streitgenossen **nur kopfteilig haften**, sind allerdings **Einzelsalden** zu bilden, um die Haftungsbeschränkungen einzuhalten.

> **Beispiel:** Nach der Kostengrundentscheidung fallen dem Gegner 1/4 und den beiden Streitgenossen 3/4 der Kosten zur Last. Der Gegner hat 1.000 EUR an Kosten, die Streitgenossen haben zusammen 1.200 EUR und der Streitgenosse S1 allein weitere 400 EUR an Kosten. Beide Seiten melden ihre Ansprüche zur Ausgleichung an.
> Der Gegner trägt 300 EUR der gemeinsamen Kosten beider Streitgenossen und 100 EUR der weiteren Kosten des S1. Den Streitgenossen stehen also zusammen 400 EUR zu, andererseits dem Gegner allein 750 EUR (bzw. 2 x 375 EUR bei kopfteiliger Haftung). Nach § 106 ZPO ist zu saldieren: Bei gesamtschuld-

---

[102] Vgl. OLG Brandenburg JurBüro 2007, 259; OLG Hamm, Beschl. v. 12.2.2002 – 23 W 511/01 (n.v.); siehe auch Zöller/*Herget*, ZPO, § 106 Rn 1; a.A., gegen zwingende Ausgleichung: LG Frankfurt RVGreport 2011, 391; *N. Schneider*, RVGreport 2011, 362).

[103] OLG Naumburg AGS 2008, 99.

[104] LG Bonn Rpfleger 1984, 33.

nerischer Haftung der Streitgenossen ergibt sich ein einheitlicher Aktivsaldo des Gegners von 350 EUR (750 EUR Forderung des Gegners abzüglich 400 EUR Forderung der Streitgenossen). Bei kopfteiliger Haftung der Streitgenossen ist zunächst ihre gemeinsame Forderung gegen den Gegner von dessen Kosten abzuziehen. Zu ihren Lasten verbleibt ein Passivsaldo von 450 EUR (750 EUR Erstattungsforderung des Gegners abzgl. 300 EUR eigene Erstattungsforderung). Dieser ist nach Köpfen aufzuteilen in 2 x 225 EUR zugunsten des Gegners. Sodann ist die Einzelgegenforderung des S1 von dessen Haftungsanteil in Abzug zu bringen. Festzusetzen sind demnach gegen S1 125 EUR und gegen S2 225 EUR.

II. Unterschiedliche Kostenquoten

1. Spezielle Problematik

Während sich die Rechtsfrage, was der einzelne Streitgenosse erstatten verlangen kann, bei einer **einheitlichen Kostenquote** praktisch als **ergebnisneutral** erweist, weil sie die Höhe der insgesamt den Streitgenossen zustehenden Erstattungsforderung nicht berührt, bestimmt sie bei einer **unterschiedlichen Beteiligung** der einzelnen Streitgenossen an den Verfahrenskosten den **Anspruchsumfang**. Deshalb wird sie in diesem Zusammenhang vielfältig diskutiert.[105]

86

2. Gemeinsames Erstattungsinteresse der Streitgenossen

a) Streitgenosse mit dem höchsten Erstattungsanspruch

Für den Fall eines unterschiedlichen Verfahrensausgangs ist den Streitgenossen besonders daran gelegen, dass derjenige mit dem **höchsten Erstattungsanspruch** einen **möglichst hohen Teil** der gemeinsamen Anwaltskosten **anmelden** kann, um so die Kostenlast zugunsten aller zu minimieren. Dieses Interesse ist nach Auffassung des BGH allerdings nicht geschützt, weil jeder Streitgenosse nur seine wertanteilige Beteiligung an den gemeinsamen Anwaltskosten in die Ausgleichung soll einstellen können. Aus dem Zusammenschluss der Streitgenossen zur **Zweck- und Risikogemeinschaft** folgt indes ihr Bestreben, die Regulierung der Anwaltskosten intern so zu verteilen, dass der Streitgenosse mit dem besten Ergebnis nach außen voll in Höhe seines **Haftungsanteils nach Abs. 2** einstandspflichtig ist, um diese Verpflichtung **als Kostenlast** dem Gegner gegenüber **anmelden** zu können.

87

> **Beispiel:** Im Ausgangsfall (siehe Rdn 74) hat die Klage gegen A (10.000 EUR) Erfolg und die Klage gegen B (15.000 EUR) wird abgewiesen. A trägt 2/5 der Gerichtskosten und der außergerichtlichen Kosten des G sowie seine eigenen Kosten voll. G trägt 3/5 der Gerichtskosten und seiner eigenen außergerichtlichen Kosten sowie die außergerichtlichen Kosten des B voll.
> Kann B seinen Haftungsanteil nach Abs. 2 als eigene Verfahrenskosten anmelden, beträgt sein Erstattungsanspruch 1.957,55 EUR. Für A blieben nur noch restliche Anwaltskosten von 410,55 EUR. Lediglich in Höhe dieses Betrages hätte sich das gemeinsame Verfahrenskostenrisiko realisiert. – Bei einer wertanteiligen Kostenverteilung könnte B nur 1.420,86 EUR (3/5 von 2.368,10 EUR Gesamtkosten) erstattet verlangen und betrüge der ungedeckte Rest 947,24 EUR (Beispiel siehe Rdn 74).

b) Kopf- oder wertteilige Erstattung

Ist der gemeinsame Anwalt für einen allein obsiegenden Streitgenossen nur in geringem Umfang tätig gewesen, so kann allerdings das **Interesse** der Streitgenossen auf eine **kopf- oder wertteilige Erstattung** gerichtet sein. Für ein solches Begehren **fehlt** es jedoch an der erforderlichen **Anspruchsgrundlage**. Mehr als die gesetzlichen Gebühren und Auslagen des Anwalts für die zu seinen Gunsten erbrachten Leistungen, also **mehr als** seinen **Haftungsanteil nach Abs. 2**, kann der obsiegende Streitgenosse **nicht** als **notwendige Kosten** des Verfahrens in Ansatz bringen; § 91 Abs. 2 S. 1 ZPO.

88

> **Beispiel:** Im Ausgangsfall (siehe Rdn 74) hat G die Klage gegen A (Wert: 10.000 EUR) noch vor Beginn der Verhandlung zurückgenommen und im Verhältnis zu B (Wert: 15.000 EUR) gewonnen. Ihm werden (u.a.) die Kosten des A auferlegt.

---

105 Vgl. Übersicht bei Zöller/*Herget*, ZPO, § 91 Rn 13 unter „Streitgenossen" zu 3.

Den Streitgenossen wäre daran gelegen, dass A die gesamten Anwaltskosten kopfteilig mit 1.184,05 EUR (gemäß der Hilfsregel des § 426 Abs. 1 S. 1 BGB) oder jedenfalls (gemäß der neuen BGH-Rechtsprechung) wertteilig mit 947,24 EUR (2/5) anmelden kann, weil sein Haftungsanteil nach Abs. 2 nur 887,03 EUR (1,3-Regelgebühren VV 3100 à 558 EUR zzgl. Nebenkosten zzgl. USt.) beträgt. Dem steht jedoch entgegen, dass ein solcher Rückgriff vom Gesetz nicht gewollt ist.

3. Einwendungen des Gegners gegen Erstattung des Haftungsanteils nach Abs. 2

a) Freiwillige Verpflichtung zur Zahlung des Haftungsanteils

89 Einem **Erstattungsverlangen** auf der Grundlage des **Haftungsanteils nach Abs. 2** wird im Einzelfall entgegen gehalten, dass eine Kostenbelastung des erstattungsberechtigten Streitgenossen in dieser Höhe grundsätzlich **nicht notwendig** sei (§ 91 Abs. 1 S. 1 ZPO). Soweit er sich im Innenverhältnis dazu verpflichte, dem Anwalt mehr als seine wertanteilige Beteiligung zu zahlen, sei das **freiwillig** und **für den Gegner unverbindlich**.[106] Dieser Argumentation liegt letztlich der Gedanke zugrunde, dass die Streitgenossen im Interesse des Gegners daran gehindert sein sollen, von einer im Außenverhältnis gesetzlich möglichen Regelung Gebrauch zu machen. Sie sollen ihre **eigenen Vermögensinteressen** hinter dasjenige des Gegners **zurückstellen** und sich auf eine vorgegebene Kostenverteilung beschränken.

90 Das lässt sich jedoch weder mit dem **Gebot zur sparsamen Prozessführung** noch **bereicherungsrechtlich** noch mit **allgemeinen Grundsätzen von Treu und Glauben** begründen. Keine Partei muss sich zugunsten des Gegners dafür einzusetzen, dass ihre anwaltliche Vertretung weniger als die gesetzlichen Gebühren und Auslagen kostet (§ 91 Abs. 2 S. 1 ZPO). Wenn sie diese als Haftungsanteil nach Abs. 2 aufzubringen hat und zur Erstattung anmeldet, liegt darin keine „Bereicherung einer Partei auf Kosten des Gegners".[107] Dem Gegner wird lediglich die **Möglichkeit genommen**, von dem **Kostenvorteil** einer Mehrfachvertretung **zu profitieren**, die er weder veranlasst hat noch in seinem Interesse verlangen kann. Das belastet ihn auch nicht unbillig, weil die dadurch bedingten Ersparnisse in erster Linie den Streitgenossen selbst zugute kommen sollen. **Mit einer Inanspruchnahme in Höhe der gesetzlichen Gebühren und Auslagen** des Anwalts der obsiegenden Gegenpartei **muss er stets rechnen**. Ein etwaiges **Vertrauen** darauf, dass diese **Kosten geringer** ausfallen könnten, **nur weil** dessen **Streitgenosse erfolglos** bleibt, wäre nicht schutzwürdig.

b) Keine dauerhafte Vermögensbelastung

91 Eine **Berechnung** des Erstattungsanspruchs **auf der Grundlage des Haftungsanteils nach Abs. 2** wird zudem mit dem Argument **abgelehnt**, dass unter **Kosten i.S.d. § 91 Abs. 1 S. 1 ZPO** „zwanglos" nur eine **dauerhafte Vermögensbelastung** zu verstehen sei; da der obsiegende Streitgenosse seinen vollen Haftungsanteil im Regelfall letztendlich nicht zu tragen brauche, müsse die nach der Ausgleichung im Innenverhältnis verbleibende Belastung als Berechnungsgrundlage dienen.[108] Dieser Argumentation ist jedoch schon im Ansatz zu begegnen. Würde allein auf den Gesichtspunkt einer dauerhaften Vermögensbelastung abgestellt, stünde einer obsiegenden Partei mit Rechtsschutzversicherung keinerlei Erstattungsanspruch zu. Entscheidend ist nicht, ob sich der erstattungsberechtigte Streitgenosse noch anderweitig erholen kann, sondern ob die **Zahlung eines Dritten** dem Gegner zugute kommen, nämlich seine **Erstattungspflicht verkürzen soll**. Davon kann bei einem Ausgleich im Verhältnis der Streitgenossen zueinander nicht ausgegangen werden. Sie beruht auf der gemeinsamen Übernahme des Verfahrenskostenrisikos. Die Zweckrichtung ist vergleichbar einer externen Risikoübernahme,[109] wo der Partei für den Fall, dass sie unterliegt, Kostenfreistellung zugesagt wird. **Ausgleichszahlungen** von Streitgenossen sollen nicht die Erstattungspflicht des Gegners verkürzen, sondern allein das **Restkostenrisiko des Erstattungsberechtigten abdecken**.[110]

---

106 BGH MDR 2003, 1140.
107 So aber BGH MDR 2003, 1140, 1141; *Baumbach u.a.*, ZPO, § 100 Rn 7 m.w.N.
108 BGH MDR 2003, 1140.
109 Z.B. auch durch Kostendeckungszusage eines Verbandes in einem Grundsatzverfahren.
110 Zur Kritik der Rspr. des BGH siehe auch OLG Hamm JurBüro 2005, 91 = AGS 2005, 34 = OLGR 2005, 142.

4. Einzelne Fallgruppen

a) Ein Streitgenosse obsiegt, der andere unterliegt

aa) Echte Streitgenossenschaft. Diese Variante ist in der Praxis **häufig bei Gegenstandsidentität** anzutreffen, etwa bei einem gestaffelten **Parteiwechsel auf der Beklagtenseite** (vgl. Rdn 30). Sie betrifft die Anwaltsvergütung nach VV 1008 und wird dort erörtert (siehe VV 1008 Rdn 142 ff.). 92

bb) Unechte Streitgenossenschaft. Soweit die Streitgenossen verschiedener Gegenstände wegen gemeinsam vertreten werden (**unechte Streitgenossenschaft**), kann ihre **wertanteilige Beteiligung** an den Gesamtkosten der anwaltlichen Vertretung **erheblich differieren**. Wird sie gleichwohl – mit der Rechtsprechung des BGH[111] – dem Erstattungsanspruch des obsiegenden Streitgenossen zugrunde gelegt, so muss darauf geachtet werden, dass die **Festsetzung nicht dessen Haftungsanteil nach Abs. 2 übersteigt**. Denn für mehr als für diesen Anteil hat der Gegner unter keinen Umständen einzustehen. Denkbar wäre bspw., **jede Anwaltsgebühr einzeln** zu betrachten und jeweils die wertanteilige Beteiligung der Streitgenossen zu prüfen. Das erscheint indes **wenig praktikabel**. 93

Bei unechter Streitgenossenschaft im Zivilprozess ist die Kostenregelung, dass ein Streitgenosse einen vollen Erstattungsanspruch und der andere keinen hat, eher selten. Neben dem Fall der teilweisen Klagerücknahme findet sich noch gelegentlich die Konstellation, dass **ein Streitgenosse** sich **versäumen** lässt, während die **Klage gegen den anderen abgewiesen** wird. 94

> **Beispiel:** B (Wert: 15.000 EUR) hält eine Rechtsverteidigung für aussichtslos und lässt sich im Termin nicht vertreten. Der Anwalt beantragt nur für A (Wert: 10.000 EUR) Klageabweisung und hat damit Erfolg. G werden u.a. die außergerichtlichen Kosten des A auferlegt.
> Für die Vertretung des A gebühren dem Anwalt 1.683,85 EUR (Ausgangsfall, siehe Rdn 74). Insoweit haftet A nach Abs. 2. Darauf geht das Erstattungsinteresse beider Streitgenossen, so dass B noch 684,25 EUR aufbringen müsste (2.368,10 EUR Gesamtkosten abzgl. 1.683,85 EUR Erstattungsforderung).

Auch in diesen Fällen ließe sich ein **wertanteiliger Erstattungsanspruch** des obsiegenden Streitgenossen, wie ihn der BGH zugrunde legt, hinsichtlich der gemeinsamen Anwaltskosten **sinnvoll nur darstellen, wenn** die **Gebühren** den Streitgenossen **einzeln zugeordnet** würden. Dass auf diese Weise die Kostengrundentscheidungen ausgefüllt werden müssten, wird jedoch – soweit ersichtlich – bislang nicht vertreten. 95

> **Beispiel:** Könnte im vorstehenden Fall A nur seinen Wertanteil an den Gesamtkosten erstattet verlangen, stünden ihm lediglich 947,24 EUR zu. Für die Terminsgebühr von 796,82 EUR (1,2-Gebühr zzgl. USt.) haftet er dem Anwalt allein, so dass sein unterer Beitrag zur Verfahrensgebühr nur 150,42 EUR betrüge. Für den Rest von 1.068,62 EUR (1.219,04 EUR – 1,3-Verfahrensgebühr nach 25.000 EUR – abzgl. 150,42 EUR) müsste entweder B einstehen, obwohl er bei einer Einzelvertretung nur 1.029,35 EUR (1,3-Regelgebühren nach 15.000 EUR à 650 EUR zzgl. Nebenkosten zzgl. USt.) aufzubringen hätte, oder A würde trotz seines vollen Erstattungsanspruchs zusätzlich herangezogen. Die Wahl des gemeinsamen Anwalts brächte stets eine Verschlechterung, für die es keine Grundlage gäbe.

b) Die Streitgenossen obsiegen nur teilweise sowie unterschiedlich

aa) Baumbach'sche Formel. Zur **Verteilung der Verfahrenskosten** analog § 92 ZPO (im Einzelnen siehe VV 1008 Rdn 139) wird hier ebenfalls durchweg auf die „Baumbach'sche Formel" zurückgegriffen, die mit der Quotierung auf die **Wertanteile der Streitgenossen am gesamten Streitwert** abstellt. Die Anwendung der Formel soll „folgerichtig"[112] dazu führen, dass ein (teilweise) siegreicher Streitgenosse der Erstattungsquote an gemeinsamen Anwaltskosten nur einen seinem Kopf-[113] oder Wertteil[114] entsprechenden Kostenanteil zugrunde legen könne (vgl. VV 1008 Rdn 123 ff.).[115] Tatsächlich besteht jedoch **kein innerer Zusammenhang zwischen** einerseits der **Quotierung** danach, in welchem Umfang der einzelne Streitgenosse obsiegt hat oder unterlegen ist (Anspruchs- 96

---

111 MDR 2003, 1140 = NJW-RR 2003, 1217; NJW-RR 2003, 1507 = FamRZ 2003, 144.
112 Zöller/*Herget*, ZPO, § 91 Rn 13 unter „Streitgenossen" 3c).
113 Zöller/*Herget*, ZPO, § 91 Rn 13 unter „Streitgenossen" 3b).
114 BGH MDR 2003, 1141.
115 Zum Sonderfall einer nur teilweisen Streitgenossenschaft siehe OLG Koblenz AGS 2008, 408, allerdings mit unrichtiger Gebührenermittlung.

grund), **und** zum anderen dem **Kostenumfang**, von dem der Bruchteil zu bilden ist (Anspruchshöhe).[116]

> **Beispiel:** Im Ausgangsfall werden A zur Zahlung von 2.420 EUR und B zur Zahlung von 11.678 EUR verurteilt. Die Kostenverteilung nach der Baumbach'schen Formel gestaltet sich wie folgt:
> Von den Gerichtskosten tragen G 43 % (er unterliegt gegenüber A mit 7.580 EUR und gegenüber B mit 3.322 EUR, also insgesamt mit 10.902 EUR bei 25.000 EUR Streitwert), A 10 % (er unterliegt mit 2.420 EUR von insgesamt 25.000 EUR) und B 47 % (er unterliegt mit 11.678 EUR von 25.000 EUR). Die gleiche Quotierung gilt für die außergerichtlichen Kosten des G, weil er am gesamten Streitwert beteiligt ist.
> Von den außergerichtlichen Kosten des A trägt G 76 % (er unterliegt insoweit mit abgewiesenen 7.580 EUR bei einem Teilwert von 10.000 EUR) und von denen des B trägt er 22 % (er unterliegt insoweit mit abgewiesenen 3.322 EUR bei einem Teilwert von 15.000 EUR). Im Übrigen tragen die Parteien ihre außergerichtlichen Kosten selbst.
> Für diese Quotierung ist es unerheblich, welche Kosten bei G und den einzelnen Streitgenossen entstanden sind. Auch wenn etwa A herausragend hohe Parteiauslagen gehabt haben sollte (bspw. durch ein prozessnotwendiges Privatgutachten oder eine kostenträchtige Anreise zum Gerichtstermin) hätte das auf die Kostenverteilung keinerlei Einfluss.

97 **bb) Keine Verknüpfung der gerichtlichen Kostenverteilung mit der Verteilung der Anwaltskosten der Streitgenossen.** Die Verknüpfung der Kostenverteilung des Verfahrens mit der Verteilung von gemeinsamen Anwaltskosten beruht auf der **Vorstellung**, ein erstattungspflichtiger Gegner dürfe darauf **vertrauen**, bei einem jeden Streitgenossen einen **verhältnismäßig gleichartigen Kostenumfang vorzufinden**. Deshalb würde es ihn unbillig belasten, wenn Streitgenossen wählen könnten, wer welchen Haftungsanteil nach Abs. 2 seinem Erstattungsanspruch zugrunde legt.

> **Beispiel:** Im vorstehenden Fall dürften A und B nach dieser Meinung im Interesse des G ihre Erstattungsquote von 76 % bzw. 22 % jeweils nur aus ihrer wertanteiligen Beteiligung von 947,24 EUR bzw. 1.420,86 EUR an den gesamten Anwaltskosten von 2.368,10 EUR (siehe Rdn 74) ziehen. G sei schutzwürdig, da bei der Abrechnung des Verfahrens auf erstattungsberechtigte Streitgenossen nicht mehr als ihr Wertanteil an den Anwaltskosten entfalle. Hiernach müssten sich A und B zusammen mit 1.032,49 EUR (76 % von 947,24 EUR zzgl. 22 % von 1.420,86 EUR) begnügen.

98 **Warum** der erstattungspflichtige Gegner insoweit **Vertrauensschutz** soll genießen dürfen, wird **nicht hinterfragt**. Grundsätzlich kann keine Partei damit rechnen, dass sich die Kosten der Gegenseite in einem bestimmten Rahmen bewegen, soweit sie nicht konkret begrenzt sind. **Sämtliche Anwaltskosten**, die **nach § 91 Abs. 2 ZPO** zur Abrechnung gestellt werden können, **gehören von vornherein zum Prozesskostenrisiko**. Sie teilweise aus diesem Risiko herauszunehmen, nur weil eine aus mehreren Personen bestehende Gegenpartei sich einen gemeinsamen Anwalt genommen hat, würde dazu führen, dass die **Vorteile der Mehrfachvertretung** den Streitgenossen, die sie vereinbart haben entzogen und stattdessen **dem Gegner zuflößen** würden. Das wäre ein **Eingriff in die Privatautonomie**, der einer **gesetzlichen Ermächtigung** bedürfte, sich aber auf eine solche nicht stützen könnte. Auch der Grundsatz von Treu und Glauben vermag dafür nicht herzuhalten (siehe VV 1008 Rdn 144).

> **Beispiel:** Nach der Interessenlage der Streitgenossen ist im vorstehenden Fall so abzurechnen, dass A 76 % seines Haftungsanteils von 1.683,85 EUR und B 22 % von 684,25 EUR (restliche Anwaltskosten, die ihm als Streitgenosse mit dem geringeren Erstattungsanspruch zugeordnet werden: 2.368,10 EUR abzgl. Haftungsanteil des A i.H.v. 1.683,85 EUR) in die Ausgleichung einstellen können. Damit stehen ihnen extern zusammen 1.430,26 EUR (76 % von 1.683,85 EUR zzgl. 22 % von 684,25 EUR) zu und sind intern nur noch 937,84 EUR (2.368,10 EUR abzgl. 1.430,26 EUR) auszugleichen.

99 **cc) Aufteilung der nach gegnerischer Erstattung verbleibenden restlichen Anwaltskosten.** Die **Aufteilung des Restbetrages** der gemeinsamen Anwaltskosten, der **nach Ausschöpfung aller Erstattungsansprüche** für unechte Streitgenossen mit verschiedenen Wertanteilen und unterschiedlichen Erstattungsquoten verbleibt, berechnet sich ebenso wie die Aufteilung bei gleichen Erstattungsquoten nach dem jeweiligen **Wertanteil und Teilunterliegen**.

> **Beispiel:** Im vorstehenden Fall ist A mit 40 % beteiligt und mit 24 % unterlegen (960 Verteilerpunkte), B mit 60 % beteiligt und mit 78 % unterlegen (4.680 Verteilerpunkte). Demnach entfallen von dem ungedeckten Restbetrag der gemeinsamen Anwaltskosten auf A 17 % (960 von insgesamt 5.640 Verteilerpunkten)

---

116 OLG Hamm, Beschl. v. 29.12.1999 – 23 W 654/99 (n.v.).

und auf B 83 % (4.680 von 5.640 Punkten). Diese Quoten sind identisch mit dem prozentualen Anteil des Einzelnen am Gesamtunterliegen aller Streitgenossen und lassen sich auch so ermitteln: A hat mit 2.420 EUR und B mit 11.678 EUR verloren. Insgesamt unterliegen A und B mit 14.098 EUR. Davon entfallen auf A 17 % (2.420 EUR ./. 14.098 EUR) und auf B 83 % (11.678 EUR ./. 14.098 EUR).

Bei einer Abrechnung gemäß Beispiel (vgl. Rdn 97) mit verbleibenden 1.335,61 EUR (2.368,10 EUR Gesamtkosten abzüglich 1.032,49 EUR Erstattung) hätten davon A 227,05 EUR und B 1.108,56 EUR zu übernehmen. Bei einer Abrechnung gemäß Beispiel (vgl. Rdn 98) verblieben nur restliche 937,84 EUR, von denen A 159,43 EUR und B 778,41 EUR aufzubringen hätten.

III. Umsatzsteuererstattung bei Mehrfachvertretung

1. Ausgangslage

Bei erfolgreicher Prozessführung rechnen Anwälte häufig nicht mit ihren Auftraggebern, sondern **direkt mit** dem (teilweise) **unterlegenen Gegner** ab. Das bringt regelmäßig deutliche Erleichterungen, bedarf aber hinsichtlich der Umsatzsteuer insbesondere bei einer Mehrfachvertretung zusätzlicher Aufmerksamkeit. **100**

Sind die Streitgenossen **allesamt nicht vorsteuerabzugsberechtigt**, so genügt ebenso wie bei einer Einzelvertretung die **schlichte Erklärung nach § 104 Abs. 2 S. 3 ZPO**, um die Umsatzsteuerschuld der Mandanten dem Anwalt gegenüber (VV 7008) im Umfang der Erstattungspflicht des Gegners von diesem einfordern zu können. Sind die Auftraggeber hingegen **vorsteuerabzugsberechtigt**, so können sie ihre Steuerschuld dem gemeinsamen Anwalt gegenüber zwar nicht vom Kostenschuldner, wohl aber stets – ungeachtet der Kostenentscheidung – **in voller Höhe vom Fiskus** erstattet verlangen. Diese klare Regelung bereitet bei einer Mehrfachvertretung dann **Anwendungsprobleme**, wenn die Auftraggeber **teils vorsteuerabzugsberechtigt** sind und teils nicht. **101**

Die Erklärung nach § 104 Abs. 2 S. 3 ZPO, es bestehe keine Vorsteuerabzugsberechtigung, ist (formelle) **Anspruchsvoraussetzung für die Erstattung** von Umsatzsteuer. Soweit sie **nicht abgegeben** wird, **haftet der Gegner nur auf die Nettobeträge** und muss sich der Anwalt zur Erlangung der darauf entfallenden Umsatzsteuer direkt an seine Auftraggeber wenden. **102**

Hinter dem lediglich formellen Erklärungserfordernis steht gedanklich der sachliche Vorgang, dass die Partei mit **Umsatzsteuer real belastet** ist, weil überhaupt **nur dann** ein **Vorsteuerabzug** in Betracht kommen kann. Deshalb ist § 104 Abs. 2 S. 3 ZPO so auszulegen, dass geltend gemachte Umsatzsteuerbeträge bei der anmeldenden Partei **tatsächlich** als **Ausgabenposten** anfallen müssen oder von ihr bereits gezahlt sind, um einen erstattungsfähigen Kostenfaktor darstellen zu können.[117] Eine bloß **hypothetische Abrechnung** des Anwalts den Streitgenossen gegenüber, die nicht wirklich zu einer Steuerzahlung führen soll, **reicht zur Darlegung eines Kostentatbestandes nicht aus**. Deshalb ist es **bei gesamtschuldnerischer Haftung** der Streitgenossen für die Vergütung des eigenen Anwalts **erforderlich**, dass ein nicht vorsteuerabzugsberechtigter Streitgenosse bei seiner Kostenanmeldung vorträgt, mit der geltend gemachten Umsatzsteuer werde ein vorsteuerabzugsberechtigter Streitgenosse nicht belastet. Das gilt **unabhängig von der Berechnung der Erstattungsforderung** nach Kopf-, Wert- oder Haftungsanteilen. **103**

2. Einheitliche Erstattungsansprüche bei teilweiser Vorsteuerabzugsberechtigung

a) Reihenfolge bei Erstattung im Umfang der Haftungsanteile nach Abs. 2

Wird – wie hier – die Auffassung vertreten, dass die **Anwaltskosten** von Streitgenossen **im Umfang der jeweiligen Haftungsanteile nach Abs. 2** – begrenzt durch die Höhe der Gesamtkosten – **erstattungsfähig** sind, so bedarf es der Festlegung einer Reihenfolge dieser Anteile, wenn erstattungsberechtigte Streitgenossen teils vorsteuerabzugsberechtigt sind und teils nicht. Die Vertreter der Ansicht, dass Streitgenossen nur wertanteilig Erstattung verlangen können, bilden für jeden Einzelnen einen entsprechenden Bruchteil von den voll oder mit einem Bruchteil erstattungsfähigen Nettogesamtkosten und schlagen darauf die Umsatzsteuer auf, soweit keine Vorsteuerabzugsberechti- **104**

---

117 OLG Brandenburg AGS 2011, 155; OLG Nürnberg MDR 2007, 1457 = JurBüro 2007, 649; OLG Hamm OLGR 2004, 12 und Beschl. v. 14.11.2002 – 23 W 285/02 (n.v.).

gung besteht, im Übrigen belassen sie es bei dem Nettobetrag. Diese Ansicht verfolgt der BGH aber nicht konsequent, da er Haftpflichtprozesse gänzlich anders abrechnen will. Dann gilt für sie die nämliche **Auswahlfreiheit** untereinander wie für die Festlegung der Reihenfolge bei unterschiedlichen Erstattungsquoten: Die Streitgenossen können **unabhängig von den Kosteninteressen des Gegners** selbst entscheiden, **in welcher Reihenfolge sie ihre Haftungsanteile als Erstattungsforderung anmelden wollen**. Diese Wahlfreiheit erlangt besonders in Haftpflichtprozessen Bedeutung, wenn der mitverklagte Versicherte vorsteuerabzugsberechtigt ist.[118]

> **Beispiel**: Die gegen den vorsteuerabzugsberechtigten Halter und den Versicherer als Gesamtschuldner gerichtete Zahlungsklage i.H.v. 12.500 EUR wird abgewiesen. Der Kläger hat die Kosten des Rechtsstreits zu tragen.
> Haben beide Beklagten den gemeinsamen Anwalt beauftragt, sind für diesen angefallen:
> 1. 1,6-Verfahrensgebühr (VV 3100 + VV 1008)   966,40 EUR
> 2. 1,2-Terminsgebühr (VV 3104)   724,80 EUR
> 3. Postentgeltpauschale (VV 7002)   20,00 EUR
>   Zwischensumme   1711,20 EUR
> 4. 19 % Umsatzsteuer (VV 7008)   325,13 EUR
> **Gesamtbetrag**   2.036,33 EUR
>
> Erstattungsfähig gemäß Abs. 2 sind für den Versicherer 1.530 EUR (2,5 Regelgebühren + PEP) zzgl. 19 % USt, weil er im Innenverhältnis alle Kosten trägt und also auch mit der Umsatzsteuer hinsichtlich seines Haftungsanteils belastet ist. Insgesamt stehen ihm damit 1.820,70 EUR zu. Darüber hinaus besteht eine Erstattungsforderung des Halters i.H.v. 181,20 EUR (0,3-Erhöhung VV 1008), so dass der Kläger insgesamt 2.001,90 EUR aufzubringen hat. Den verbleibenden Rest von 34,43 EUR (19 % von 181,20) trägt im Wege der Vorsteuererstattung der Fiskus bei.

b) Streitgenosse mit dem höchsten Erstattungsanspruch

105 Wird keine ausdrückliche Bestimmung getroffen, gilt auch hier die Vermutung, dass der **Streitgenosse mit der höheren Erstattungsforderung an erster Stelle** stehen soll. Sie greift selbst dann ein, wenn die Streitgenossen jeweils **gleich hohe Nettokosten** zur Erstattung anmelden können. Zwar macht es in diesen Fällen – wirtschaftlich betrachtet – letztlich keinen Unterschied, ob ein vorsteuerabzugsberechtigter Streitgenosse nur diese einfordert und die Umsatzsteuer beim Fiskus zur Erstattung anmeldet oder ob ein nicht vorsteuerabzugsberechtigter Streitgenosse seine Bruttokosten vom Gegner verlangt. Sie erhalten jeweils den gesamten Rechnungsbetrag erstattet. Gleichwohl ist auch hier davon auszugehen, dass der Nettobetrag des **nicht vorsteuerabzugsberechtigten** Streitgenossen **vorrangig** bedient werden soll.[119] Das liegt zumindest in ihrem **Abrechnungsinteresse** dem gemeinsamen Anwalt gegenüber, der dann von seinem vorsteuerabzugsberechtigten Mandanten allenfalls noch eine verhältnismäßig geringe Umsatzsteuerforderung einzufordern hätte.

c) Ein Streitgenosse ist nicht vorsteuerabzugsberechtigt

106 Ist **nur ein Streitgenosse nicht vorsteuerabzugsberechtigt**, wie das häufig in Kfz-Haftpflichtsachen mit gewerblichen Fahrzeugen vorkommt, kann der **Gegner unter keinen Umständen** den **vollen Umsatzsteueranteil** der gemeinsamen Anwaltskosten **schulden**. Diese Steuer steht in einem direkten (prozentualen) Verhältnis zur abgerechneten Leistung, so dass sie maximal auf den jeweiligen **Haftungsanteil** erhoben werden darf, für den der Streitgenosse haftet.[120] Sollte einer **Kostenzusage** wegen der (nicht vorsteuerabzugsberechtigte) Streitgenosse (**Versicherer**) an den gemeinsamen Anwalt **mehr als seinen Haftungsanteil gezahlt** haben, kann das **nicht zu Lasten des** kostentragungspflichtigen **Gegners** gehen.[121] Dass ein (nicht vorsteuerabzugsberechtigter) Streitgenosse allein sämtliche Kosten des gemeinsamen Anwalts zur Erstattung anmelden könnte, sieht das Gesetz selbst dann nicht vor, wenn er im Innenverhältnis alle Kosten zu tragen verpflichtet ist und aufgebracht

---

118 Der Kfz-Haftpflichtversicherer ist gemäß § 15 Abs. 2 Nr. 1 i.V.m. § 4 Nr. 10 UStG vom Vorsteuerabzug ausgeschlossen.
119 Vgl. OLG Hamm JurBüro 1992, 395.
120 KG AnwBl 2015, 99.
121 OLG Hamm JurBüro 1992, 395; OLG Düsseldorf MDR 1995, 474; OLG Hamburg MDR 1991, 797.

hat.[122] Der **interne Freistellungsanspruch** des Versicherten gegenüber dem Haftpflichtversicherer ist eine vertragliche Leistung **vergleichbar** der Kostentragungspflicht eines **Rechtsschutzversicherers**, die keinen eigenständigen Erstattungsanspruch des Leistenden gegen den Kostenschuldner im Prozess zu begründen vermag.[123]

d) Mindestens zwei Streitgenossen sind nicht vorsteuerabzugsberechtigt

Sind hingegen **mindestens zwei Streitgenossen nicht vorsteuerabzugsberechtigt**, kann der Anwalt die Bruttogesamtkosten so lange zur Festsetzung anmelden, wie deren Bruttohaftungsanteile zusammen jedenfalls gleich hoch sind. Voraussetzung ist allerdings auch hier die **Erklärung**, dass ein (weiterer) **vorsteuerabzugsberechtigter Streitgenosse** mit den angemeldeten Steueranteilen **nicht belastet** wird.[124] Nur so wird der **Gefahr einer „Doppelerstattung"**, die der Gesetzgeber mit dem formellen Erfordernis des § 104 Abs. 2 S. 3 ZPO vermeiden wollte, wirksam begegnet. 107

> **Beispiel:** Die Klage des G i.H.v. 30.000 EUR wird kostenpflichtig abgewiesen, weil die erhobenen Ansprüche gegen A (Wert: 10.000 EUR), B (Wert: 15.000 EUR) und C (Wert: 5.000 EUR) allesamt nicht bestehen. A ist vorsteuerabzugsberechtigt, B und C sind es nicht. Der Anwalt meldet die Bruttogesamtkosten von 2.591,23 EUR (2,5-Regelgebühren à 863 EUR zzgl. Nebenkosten zzgl. USt.) zur Erstattung an.
> Die Streitgenossen können die Gesamtkosten von 2.591,23 EUR erstattet verlangen, wenn sie erklären, dass der vorsteuerabzugsberechtigte A mit der in dem Gesamtbetrag enthaltenen Umsatzsteuer nicht belastet wird. Denn die Bruttohaftungsanteile von B (1.957,55 EUR) und C (925,23 EUR) decken die Bruttogesamtkosten voll ab.
> Bei wertanteiligen Erstattungsansprüchen wären zunächst von den Nettogesamtkosten (2.177,50 EUR) die prozentualen Anteile zu ermitteln und sodann bei B und C die entsprechenden Umsatzsteuerbeträge aufzuschlagen. Danach entfielen auf A 725,83 EUR (2/6 von 2.177,50 EUR), auf B 1.295,61 EUR (3/6 von 2.177,50 EUR zzgl. USt.) und auf C 431,87 EUR (1/6 von 2.177,50 EUR zzgl. USt.). An Gesamtkosten könnten die Streitgenossen 2.453,31 EUR erstattet verlangen unter der Voraussetzung, dass A erklärt, mit den Umsatzsteuerbeträgen, die in den Wertanteilen von B und C enthalten sind, nicht belastet zu sein.

3. Verschiedene Erstattungsansprüche bei teilweiser Vorsteuerabzugsberechtigung

Wird den Streitgenossen zugestanden, die Erstattung im Rahmen ihrer Haftungsanteile nach Abs. 2 zu betreiben, kann sich bei **unterschiedlichen Kostenquoten** die Konstellation ergeben, dass der Bruttohaftungsanteil eines nicht vorsteuerabzugsberechtigten Streitgenossen höher ist als der Nettohaftungsanteil eines vorsteuerabzugsberechtigten Streitgenossen und dass es gleichwohl im Interesse aller Streitgenossen liegt, den niedrigeren Nettoanteil vorzustellen. Denn letztlich soll insgesamt ein möglichst hoher Erstattungsbetrag erzielt werden, um dadurch den Eigenanteil der Prozesskosten gering zu halten. Deshalb ist bei der **vergleichenden Betrachtung verschiedener Haftungsanteile** unter dem Gesichtspunkt, welcher zur Erreichung des gemeinsamen Ziels der bessere ist, die Möglichkeit einer teilweisen **Kostenerstattung durch den Fiskus mit zu berücksichtigen**. 108

> **Beispiel:** Der Erstattungsanspruch des vorsteuerabzugsberechtigten Gesamtschuldners S1 beläuft sich auf 25 %, derjenige des nicht vorsteuerabzugsberechtigten Gesamtschuldners S2 auf 30 %. Der Nettohaftungsanteil beträgt jeweils 1.000 EUR, die Bruttogesamtforderung des Anwalts 1.428 EUR (1.200 EUR zzgl. 19 % USt.).
> Wird der Haftungsanteil des S1 von dem gemeinsamen Anwalt vorrangig dem Gegner in Rechnung gestellt, errechnet sich ein erstattungsfähiger Betrag von 250 EUR (25 % von 1.000 EUR) plus 190 EUR vom Finanzamt. Der erstattungsfähige Haftungsanteil des S2 betrüge demgegenüber 357 EUR (30 % von 1.000 EUR zzgl. 19 % USt.). Der Anteil des S1 ist zwar im Kostenfestsetzungsverfahren geringer (250 EUR statt 357 EUR). Ihn vorrangig geltend zu machen, erscheint aber unter Berücksichtigung der Umsatzsteuer-

---

[122] Deshalb insoweit unrichtig: BGH NJW 2006, 774 = MDR 2006, 476 = VersR 2006, 241 = AGS 2006, 92; OLG Köln JurBüro 2001, 428 (m. abl. Anm. *Schulte*) und LG Hagen JurBüro 2001, 369; OLG Stuttgart Rpfleger 2001, 566.

[123] Abgesehen von der materiellen Rechtslage erweist sich die kostenrechtliche Abwicklung über den Versicherer bei einem vorsteuerabzugsberechtigten Versicherten zudem als unwirtschaftlich; rechnet der Anwalt soweit als möglich mit dem Versicherten ab, trägt in diesem Umfang die nach VV 7008 angefallene USt stets der Fiskus. Der Versicherer braucht dann ungeachtet des Prozessausgangs jeweils nur von dem Erhöhungsbetrag VV 1008 die USt aufzubringen.

[124] Vgl. OLG Hamm OLGR 2004, 12.

erstattung des Finanzamtes sinnvoll. Also sind auf den Rest von netto 200 EUR zugunsten des S2 brutto weitere 71,40 EUR (30 % von 200 EUR zzgl. USt.), mithin insgesamt 321,40 EUR zu erstatten. Das ergibt einschließlich der Umsatzsteuererstattung einen Gesamtbetrag von 511,40 EUR. Andernfalls ergäben sich 445 EUR (357 EUR auf den vollen Haftungsanteil des S2 zzgl. 25 % netto auf den Erhöhungsbetrag von 200 EUR für S1 zzgl. 38 EUR Umsatzsteuererstattung des Finanzamtes hierauf).

109 Bei den Überlegungen, wie die Kostenschuld der (teilweise) obsiegenden Streitgenossen zweckmäßigerweise zu verteilen ist, darf jedoch keinesfalls außer Acht gelassen werden, dass sich die **Erstattungspflicht** des Gegners nur insoweit auf die Umsatzsteuer erstreckt, als auf den jeweiligen Nettobetrag **Umsatzsteuer** einerseits **tatsächlich anfällt** und zum anderen von dem Steuerschuldner mit vereinnahmten Umsatzsteuern **nicht verrechnet** werden kann. Für den Regelfall der **Besteuerung nach vereinbarten Entgelten** (§ 16 Abs. 1 S. 1 UStG) besteht **kein Anspruch auf Erstattung von Umsatzsteuer** im Kostenfestsetzungsverfahren, **falls der Anwalt seine Leistungen** mittels Rechnungserteilung dem Kostengläubiger (noch) **nicht konkret zugeordnet** hat oder aber die Zuordnung zu Lasten eines anderen (vorsteuerabzugsberechtigten) Auftraggebers vorgenommen hat. Das ist bei der Kostenanmeldung zu berücksichtigen. Es ist unzulässig und kann **strafrechtliche Folgen** haben, wenn **einerseits** die **Umsatzsteuer zur Kostenerstattung** von einem nicht vorsteuerabzugsberechtigten Streitgenossen **angemeldet** und zum anderen die **nämliche Umsatzsteuerforderung** des Anwalts von einem vorsteuerabzugsberechtigten Streitgenossen **beim Finanzamt geltend gemacht** wird.

IV. PKH/VKH nur für einen Teil der Streitgenossen

110 Auf § 48 Rdn 107 ff. und VV 1008 Rdn 145 ff. wird verwiesen.

D. Praxisempfehlungen

I. Mehrfachvertretung oder mehrere Einzelvertretungen

1. Vorüberlegungen

111 Die **Mehrfachvertretung** hat gegenüber mehreren Einzelvertretungen für die Mandanten einen grundsätzlichen Vorteil: Sie **reduziert das Kosten- und Liquiditätsrisiko**. Das wirkt sich insbesondere dann aus, wenn entweder die vertretenen Rechtspositionen zweifelhaft erscheinen oder aber wenn diese zwar als stark eingeschätzt werden, jedoch die **finanzielle Situation des Gegners Anlass zur Besorgnis** gibt. In solchen Fällen ist es in der Regel angezeigt, ein besonderes Augenmerk auf die Kostenseite zu legen und im Rahmen der anwaltlichen Beratung zur Mehrfachvertretung auf deren Vorteile besonders hinzuweisen.

112 Andere Überlegungen stellen sich allerdings ein, wenn das Kostenrisiko – aus welchen Gründen auch immer – weitgehend vernachlässigt werden kann. Dann sollte der Anwalt erwägen, ob statt einer Mehrfachvertretung **mehrere Einzelvertretungen** durch ihn selbst oder durch verschiedene Anwälte angezeigt sind. Diese Möglichkeit gewinnt dadurch **besondere Aktualität**, dass nach der neuen Rechtsprechung des BGH (vgl. Rdn 74) der **wirtschaftliche Vorteil einer Mehrfachvertretung erheblich geringer** ausfällt, weil hiernach den Streitgenossen verwehrt wird, im Rahmen ihrer Haftungsanteile nach Abs. 2 den ihnen günstigsten Innenausgleich zu wählen.

2. Getrennte Rechtswahrnehmung durch denselben Anwalt

113 Bei der **Rechtsverfolgung für mehrere Gläubiger** hat der Anwalt rechtlich die Möglichkeit, die Ansprüche eines jeden Gläubigers einzeln geltend zu machen, soweit keine notwendige Streitgenossenschaft (§ 62 ZPO)[125] vorliegt. Antragsteller sind „**grundsätzlich frei in der Wahl**, ob sie mehrere aus einem einheitlichen wirtschaftlichen Lebensvorgang erwachsene Ansprüche gegen mehrere Personen oder auch gegen eine Person in einem verbundenen Verfahren oder in getrennten Prozessen

---

125 Siehe dazu Zöller/*Vollkommer*, ZPO, § 62 Rn 13.

verfolgen."[126] Die **Anspruchserhebung** kann auch **zeitlich gestaffelt** sein. Der Anwalt muss nicht für sämtliche in Betracht kommende Gläubiger gleichzeitig tätig werden. So kann er zunächst für einen von ihnen vorgehen und dieses Verfahren abschließen, falls sich ergeben sollte, dass die Aktivlegitimation fehlt, bevor er zugunsten eines anderen in derselben Sache tätig wird. Bei einer **Vertretung von Schuldnern** hat der Anwalt nach der Rechtsprechung des BGH[127] mit dem jeweiligen Mandanten zu erörtern, ob eine **gemeinsame Rechtsverteidigung** aller Schuldner angezeigt erscheint, weil Interessenkonflikte zwischen ihnen weder bestehen noch zu erwarten sind. (Kommt es gleichwohl zu Einzelvertretungen, sollen die Mehrkosten gegenüber einer gemeinsamen Vertretung nicht erstattungsfähig sein, was sich allerdings mit einem Pflichtverstoß im Prozessrechtsverhältnis nicht begründen lässt.)

Getrennte Anspruchserhebungen mehrerer Gläubiger[128] – insbesondere Klagen – sind nicht nur zulässig, sondern u.U. die **Methode der Wahl** (z.B. zeitliche Staffelung, um einen **Pilotprozess** durchzuführen; parallele Klagen, um **verschiedene Richter** damit befassen zu können oder um die **Verfahren überschaubarer** zu halten; oder aus **organisatorischen Gründen** bei schwierigen Verhältnissen/Abstimmungsproblemen der Mandanten untereinander; oder **zur beschleunigten Abhandlung einzelner Ansprüche**). Der Anwalt braucht insoweit nur die Belange der eigenen Mandanten, nicht hingegen auch das Interesse der Gegenseite an einer Geringhaltung der Kosten zu berücksichtigen. Eine Besonderheit ergibt sich allerdings für das Wettbewerbsrecht. 114

Mehrere Mandanten können ein **persönliches Interesse** daran haben, einen gemeinsamen **Gegner mit getrennten Klagen zu überziehen**. Diese **Freiheit in der Auseinandersetzung** räumt das Gesetz ihnen ein. Das **Gebot zur sparsamen Prozessführung** (§ 91 ZPO) ist Ausfluss des Prozessrechtsverhältnisses und gilt daher nicht auch für die Entscheidung, auf welche Weise die Partei angreifen will.[129] Im Verfahrensrecht besteht ebenso wie im materiellen Recht prinzipiell **Koalitionsfreiheit**; grundsätzlich ist niemand verpflichtet, sich zur Durchführung eines Verfahrens mit einem anderen zusammenzuschließen. Die **Grenze der Prozesstaktik** ist jedoch das allgegenwärtige **Verbot des Rechtsmissbrauchs** (§ 242 BGB).[130] Erscheint das Vorgehen nicht prozessökonomisch, so hat das **Gericht** allerdings eine **Korrekturmöglichkeit**, indem es die Sachen **nachträglich verbindet** (§ 147 ZPO). 115

Vermag der Anwalt **für eine differenzierte Handhabung nichts** anzuführen, sollte er den Gesichtspunkt einer **getrennten Rechtsverfolgung** aus erstattungsrechtlicher Sicht vorsichtig handhaben. Zwar treffen ihn im Verhältnis zum Gegner grundsätzlich keinerlei Fürsorgepflichten.[131] Mit kostenrechtlichen Nachteilen aus einer getrennten Anspruchsverfolgung muss er aber dann rechnen, wenn das prozessrechtlich zulässige Verhalten der Streitgenossen „**außerhalb des Verständigen**" liegt,[132] was von der Gegenseite darzulegen wäre, falls es sich nicht schon anhand der Aktenlage ergibt.[133] Der Sache nach geht es um den **Vorwurf**, durch das Unterlassen der Bündelung sämtlicher Ansprüche in einem Prozess **sittenwidrig schädigen zu wollen** (§ 826 BGB).[134] Das setzt den **Nachweis vorsätzlichen Verhaltens** voraus. Der Anwalt kann jedoch nicht immer davon ausgehen, dass diese Grundsätze tatsächlich Anwendung finden, sondern hat durchaus zu erwägen, dass er sich womöglich 116

---

126 OLG München MDR 2001, 652 = AGS 2001, 135; siehe auch BVerfG NJW 1990, 2124.
127 BGH AGS 2007, 541 = RVGreport 2007, 309 = NJW 2007, 2257 = MDR 2007, 1160; OLG Koblenz MDR 2010, 1158 = JurBüro 2010, 599 = AGkompakt 2010, 104; OLG Karlsruhe MDR 2000, 235; OLG Naumburg Rpfleger 2005, 482.
128 Zur Interessenlage bei getrennter Anspruchserhebung durch denselben Gläubiger siehe BGH NJW 2004, 1043 = AnwBl 2004, 251 = AGS 2004, 145 = Rpfleger 2004, 246; OLG Koblenz AGS 2004, 38; OLG Stuttgart MDR 2002, 117.
129 Vgl. KG MDR 2008, 653 (zur Wahl des Gerichtsstandes); LG Kassel JurBüro 2008, 362 (zum taktischen Vorgehen); AG München AGS 2008, 205 (zum Recht auf Anspruchsverfolgung im eigenen Namen).
130 So kann etwa die grundlose Aufspaltung einer Forderung in mehrere Teilbeträge zwecks Führung gesonderter Prozesse rechtsmissbräuchlich sein.
131 Anders etwa im Wettbewerbsrecht (§ 13 Abs. 5 UWG), wo der BGH „gesteigerte Rücksichtnahmepflichten" postuliert, wenn gegen einen Mitbewerber wegen desselben Wettbewerbsverstoßes durch zeitlich versetzte Mehrfachverfolgung koordiniert vorgegangen wird (vgl. BGH NJW 2002, 2250). Bei mehreren gleichartigen Verstößen ist gegen getrennte Klagen jedoch grundsätzlich nichts einzuwenden (BGH NJW 2004, 290).
132 OLG Frankfurt JurBüro 1986, 97.
133 Vgl. OLG Koblenz MDR 2010, 1158 = JurBüro 2010, 599 = AGkompakt 2010, 104, bei erkennbar gleichgerichtetem Interesse und Prozesskonzept der Streitgenossen.
134 Als Einwand im Kostenfestsetzungsverfahren kann der Vorwurf nur Beachtung finden, wenn er sich ohne Weiteres feststellen lässt, da materiell-rechtliche Fragen grundsätzlich nicht zu prüfen sind (BGH NJW-RR 2007, 422 = RVGreport 2007, 110).

einem **Rechtfertigungsdruck** ausgesetzt sieht[135] oder dass schlicht die Darlegungslast umgekehrt wird.[136]

3. Einzelvertretungen durch verschiedene Anwälte

117 Kommt eine getrennte Rechtswahrnehmung von zusammenhängenden Mandaten nicht in Betracht oder hängen – wie beim Parteiwechsel – die Mandate nicht zusammen, kann sich für den Anwalt die Frage stellen, ob er **in derselben Angelegenheit** einen oder mehrere Kollegen – auch Sozii – einschaltet und **selbst nur ein Mandat** übernimmt.

Eine solche **externe Trennung** ist zwar ebenfalls zulässig und hinsichtlich der Kosten grundsätzlich erstattungsfähig,[137] sollte aber insbesondere **auch formal zweifelsfrei** erfolgen, um dem Einwand begegnen zu können, sie sei nur äußerlich und allein aus gebührenrechtlichen Erwägungen zustande gekommen, eine selbstständige Bearbeitung durch mehrere Anwälte liege ihr nicht zugrunde. Schon der bloße **Verdacht** einer derartigen Konstellation, etwa **infolge gleich lautender Schriftsätze**, führt in vielen Fällen dazu, dass die Gerichte eine Erstattungsfähigkeit von Mehrkosten im Verhältnis zu einer gemeinsamen Vertretung nicht anerkennen.[138] Zudem muss die **Trennung von Anfang an** vorgenommen werden, bevor irgendeine Tätigkeit entfaltet wird, die als Wahrnehmung einer Mehrfachvertretung (falsch) verstanden werden könnte. Ansonsten stünde die Erstattungsfähigkeit der Mehrkosten durch Einschaltung des Kollegen schon deshalb in Frage, weil sich auch der Wechsel von einer anfänglichen Mehrfachvertretung zu einer Einzelvertretung durch einen anderen Anwalt als nicht notwendiger **Anwaltswechsel** i.S.d. § 91 Abs. 2 S. 2 ZPO qualifiziert.[139] In **Kfz-Haftpflichtprozessen** werden **Einzelverteidigungen** von Halter, Fahrzeugführer und Versicherer im Allgemeinen als dem Geschädigten kostenrechtlich unzumutbar angesehen, falls nicht ausnahmsweise eine Interessenkollision zwischen den Streitgenossen ersichtlich ist.[140] Ein derartiger Sonderfall wird etwa angenommen, wenn Halter oder Fahrzeugführer im Wege der Widerklage ihrerseits Ansprüche verfolgen.[141]

118 Auch in anderen Fällen einer **echten Streitgenossenschaft** können sich mehrere Einzelvertretungen anstelle einer Mehrfachvertretung bei der **Kostenerstattung** gegenüber dem unterlegenen Gegner vor allem dann als problematisch erweisen, wenn es um **Einzelvertretungen durch Anwälte** geht, die **in einer Sozietät verbunden** sind. Dann ist schnell von Rechtsmissbrauch die Rede. Dieser setzt allerdings auch hier die Feststellung voraus, dass sachliche Gründe für die praktizierten Einzelvertretungen ausscheiden oder gänzlich hinter einem als sittenwidrig zu qualifizierenden Vergütungsstreben der Anwälte, welches die Mandanten sich zurechnen lassen müssten, zurückstehen. Insoweit ist der Gegner darlegungs- und beweisbelastet,[142] falls nicht ohne weiteres aufgrund der Aktenlage von einem solchen Sittenverstoß ausgegangen werden kann. Dagegen spricht jedoch grundsätzlich das **Argument des Kollegialprinzips**, wonach eine Vertretung durch mehrere Juristen schon deshalb einen sachlichen Vorteil bietet, weil sie nicht nur einer sein Fachwissen in den Fall einbringt.

„Auch wenn die erforderliche Rechtsverteidigung beider Beklagten wesentliche Gemeinsamkeiten zeigt, blieb es doch jedem Beklagten grundsätzlich überlassen, einen eigenen Anwalt des Vertrauens zu beauftragen. Es ist nicht ersichtlich, dass der Beklagte oder die Beklagte ausnahmsweise gehalten gewesen wären, ihr entsprechendes Interesse dem entsprechenden Interesse des jeweils anderen unterzuordnen. Im Übrigen ist auch nicht von vornherein von der Hand zu weisen, dass eine zweifache Bearbeitung des Streitstoffes

---

135 OLG München MDR 2001, 652 = AGS 2001, 135 („Die Rechtfertigung eines getrennten Vorgehens muss sich aufgrund konkreter Umstände ergeben.").

136 KG MDR 2000, 1277 = AGS 2001, 46 („Vorliegend sind sachliche Gründe für ein getrenntes Vorgehen ... weder dargelegt noch sonst ersichtlich.").

137 VG Potsdam NJW 2004, 3443; OLG Saarbrücken JurBüro 1988, 1699. Zur Ausnahme siehe etwa OLG Hamm JurBüro 1978, 1399 (getrennte Vertretung einer verklagten GmbH & Co. KG).

138 Vgl. BGH NJW 2007, 2257; OLG Naumburg Rpfleger 2005, 482.

139 OLG Hamm AGS 2007, 476; siehe auch OLG Hamm v. 31.1.2000 – 23 W 506/99, n.v. („Mit der Beauftragung eines gemeinsamen Anwalts haben Streitgenossen ihre Möglichkeit, einen eigenen Anwalt frei zu wählen, verbraucht.").

140 KG JurBüro 2008, 480; BGH NJW-RR 2004, 536 = JurBüro 2004, 323 = AGS 2004, 188 = Rpfleger 2004, 314; OLG München MDR 1995, 263; OLG Koblenz JurBüro 1994, 230; OLG Hamm MDR 1990, 1019 = JurBüro 1990, 1480; OLG Saarbrücken JurBüro 1988, 1699; OLG Hamburg JurBüro 1988, 762; OLG Stuttgart JurBüro 1987, 1080; OLG Köln AnwBl 1985, 534; OLG Bamberg AnwBl 1985, 214.

141 LG Mönchengladbach AGS 2008, 208.

142 OLG Hamm OLGR 2003, 39; VG Potsdam NJW 2004, 3443.

eine Vielfalt in der Rechtsverteidigung bringt, die – jedenfalls aus der Sicht der Beklagten – von Vorteil sein konnte. Schließlich war auch nicht auszuschließen, dass jedenfalls der Prozessverlauf zeigen oder dazu führen konnte, dass die Interessen der Beklagten nicht vollständig gleich gelagert waren und blieben. Nach allem konnte der Kläger, der zwei Beklagte verklagt hat, hier nicht etwa damit rechnen, dass die Rechtsverteidigung von einem Anwalt durchgeführt werden würde."[143]

Das Recht eines jeden Streitgenossen, einen eigenen **Anwalt seines Vertrauens** und seiner freien Wahl mit der Geschäftsbesorgung zu beauftragen,[144] gilt ebenso für mehrere **Sozii einer Anwaltsgemeinschaft**, so dass diese sich auch **jeweils selbst vertreten** können, falls es um ihre persönliche Haftung geht (siehe VV 1008 Rdn 17).[145] Allerdings fordert der BGH einen besonderen sachlichen Grund („**Interessengegensatz**"), weil ansonsten der **Anschein** des **Rechtsmissbrauchs** gegeben sei.[146]

II. Abrechnung der Mehrfachvertretung im Kostenfestsetzungsverfahren

1. Vertragliche Voraussetzungen schaffen

Entscheidet sich der Anwalt für die Interessenvertretung von mehreren Personen, sollte er **mit jeder** einen **eigenen Geschäftsbesorgungsvertrag** schließen. Zum einen schuldet der **Vertretene** für die zu seinen Gunsten erbrachten anwaltlichen Leistungen grundsätzlich **nur als Auftraggeber** eine Vergütung, zum anderen **haftet der Anwalt nur einem Vertragspartner** wegen Schlechterfüllung oder bei sonstigen Störungen, falls nicht für den Vertretenen die Grundsätze des Vertrages (mit Schutzwirkung) zugunsten Dritter eingreifen.

Die **Beauftragung** des Anwalts **durch alle Mandanten** qualifiziert sich **nicht** etwa schon deshalb als **unnötig kostentreibend** i.S.v. § 91 Abs. 1 S. 1 ZPO, weil sämtliche Personen eine von ihnen mit der Wahrnehmung aller Interessen beauftragen könnten und der Anwalt dann nur mit dieser einen Vertrag schließen müsste. Diese Ansicht wurde früher gelegentlich geäußert, soweit es um mehrere Forderungsinhaber ging, damit die Erhöhung der Gebühr nach § 6 BRAGO vermieden wurde (vgl. VV 1008 Rdn 13),[147] und ist sogar vom BGH (II. ZS) aufgegriffen worden. Ihr steht allerdings die Erwägung entgegen, dass grundsätzlich **niemand ohne seinen Willen verpflichtet** sein kann, ein **eigenes Recht** – und sei es auch nur zur Ausübung – **auf einen Dritten** zu übertragen. Zudem gilt das **Gebot der sparsamen Prozessführung** nur für die **Art und Weise** der **Rechtswahrnehmung**, nicht hingegen vermag es diese schon dem Grunde nach zu erschweren, indem die eigennützige Beauftragung eines Anwalts als erstattungsrechtlich zweifelhaft dargestellt wird. Lediglich bei **besonderen Fallkonstellationen**, die sich aus der materiellen Rechtslage ergeben (das Vertreterbestimmungsrecht liegt allein beim Versicherer) oder als missbräuchliche Rechtsausübung qualifizieren, besteht eine **Pflicht** der Streitgenossen **zur Anwaltskoalition**.

2. Geltendmachung im Kostenfestsetzungsverfahren

Zu den **Geschäftsbesorgungspflichten** eines Anwalts gehört es auch, die durch seine Tätigkeit entstandenen **Kosten bestmöglich** von den eigenen Mandanten **auf die Gegenseite** zu verlagern. Deshalb muss er bei der Mehrfachvertretung Folgendes beachten:

Sind seine Mandanten als Streitgenossen im Prozess **unterschiedlich erfolgreich**, so stellt sich im Rahmen der Kostenerstattung die Frage, welchem Streitgenossen welcher Anteil an den gemeinsamen Anwaltskosten zuzurechnen ist. Das hängt entscheidend von der Rechtsprechung des jeweiligen Gerichts ab. Droht insoweit eine Aufteilung der gemeinsamen Anwaltskosten der Streitgenossen

---

143 OLG Hamm v. 26.10.2000 – 23 W 478/00 (n.v.).
144 OLG Hamm MDR 1990, 1019 und JurBüro 1981, 925.
145 OLG Köln MDR 2006, 896; OLG Hamm OLGR 2003, 39; vgl. auch OLG Naumburg (Rpfleger 2005, 482), das im konkreten Fall den Missbrauchseinwand durchgreifen lässt (ebenso OLG Hamm v. 13.10.2005 – 23 W 115/05 (n.v.)).
146 BGH AGS 2007, 541 = RVGreport 2007, 309 = MDR 2007, 1160 = NJW 2007, 2257 – ebenso etwa OLG Düsseldorf OLGR 2007, 326; OLG Köln MDR 2006, 896.
147 OLG Hamm JurBüro 1981, 696 und 1983, 225 – auf diese Weise ist auch heute noch eine Vermeidung der Erhöhung nach VV 1008 möglich, weil der Tatbestand mindestens zwei Auftraggeber voraussetzt.

nach Kopf- oder Wertanteilen, kann es – auch zur Vermeidung einer Eigenhaftung des Anwalts – geboten erscheinen, schon im Voraus eine **Absprache der Streitgenossen** herbeizuführen, wonach im Innenverhältnis derjenige den vollen Haftungsanteil nach Abs. 2 zu tragen hat, dem **die bessere Erstattungsquote** zukommt, und dass für die anderen – womöglich gestaffelt – nur der Rest verbleiben soll.

123 Eine **Klarstellung** in diesem Sinne sollte auch dort erwogen werden, wo die **Rechtsprechung des Gerichts in dieser Frage nicht bekannt** ist. Im Zweifel ist es daher zweckmäßig, bei der Kostenausgleichung sofort alle Kosten gemäß Abs. 2 für den Streitgenossen mit der besseren Quote anzumelden und zur **Begründung** hierfür auszuführen, dass die Streitgenossen diese Verteilung als die ihnen günstigste **im Innenverhältnis so vereinbart** haben. Wird dann gleichwohl **nach wertanteiliger Beteiligung** des jeweiligen Streitgenossen an den gemeinsamen Anwaltskosten festgesetzt mit der Begründung, nach einer neueren Rechtsprechung des BGH könne die Vereinbarung der Streitgenossen untereinander im Verhältnis zum Gegner keine Wirksamkeit für sich beanspruchen, sollte erwogen werden, dagegen mit der **Erinnerung oder Beschwerde** vorzugehen. Denn nach anderer Rechtsprechung des BGH (6. Zivilsenat) soll eine **Sonderregelung der Streitgenossen** im Innenverhältnis über die Kostentragung den **Umfang ihres Kostenerstattungsanspruchs** im Verhältnis zum Gegner nicht nur **maßgeblich bestimmen**, sondern im Außenverhältnis selbst gesetzliche Haftungsregeln verdrängen können.

124 Ob der **BGH** bei erneuter Anrufung als Rechtsbeschwerdegericht eine ausdrückliche **Vereinbarung von Streitgenossen** mit dem Inhalt, dass die Regulierung der Vergütung des gemeinsamen Anwalts bei unterschiedlicher Erfolgsquote nach Haftungsanteilen gestaffelt durchgeführt werden soll, letztlich **im Verhältnis zum Gegner wird gelten lassen**, erscheint gegenwärtig **nicht vorhersehbar**.[148] Zur Bedeutung des Innenverhältnisses der Streitgenossen für die Kostenerstattung liegen konträre höchstrichterliche Entscheidungen vor. Hierdurch ist die Rechtslage noch unübersichtlicher, als wenn unterschiedliche Obergerichte verschiedene Ansichten vertreten, weil der Anwalt sich auf eine gefestigte „bezirkliche" Rechtsprechung einstellen kann, nicht aber auf wechselnde Entscheidungen derselben Instanz. Für die Kostenerstattung von Streitgenossen ist eine **einheitliche Linie nicht ansatzweise erkennbar**. Insbesondere **fehlen** bislang eine **grundsätzliche Betrachtung** und systematische Erfassung des **Zusammenspiels von gesetzlicher Haftung** einerseits **der Streitgenossen** als Kostenschuldner im Verhältnis zu ihrem gemeinsamen Anwalt (Abs. 2) **und** zum anderen **des Gegners** als Kostenschuldner im Verhältnis zu den Streitgenossen.

§ 8 Fälligkeit, Hemmung der Verjährung

(1) ¹Die Vergütung wird fällig, wenn der Auftrag erledigt oder die Angelegenheit beendet ist. ²Ist der Rechtsanwalt in einem gerichtlichen Verfahren tätig, wird die Vergütung auch fällig, wenn eine Kostenentscheidung ergangen oder der Rechtszug beendet ist oder wenn das Verfahren länger als drei Monate ruht.

(2) ¹Die Verjährung der Vergütung für eine Tätigkeit in einem gerichtlichen Verfahren wird gehemmt, solange das Verfahren anhängig ist. ²Die Hemmung endet mit der rechtskräftigen Entscheidung oder anderweitigen Beendigung des Verfahrens. ³Ruht das Verfahren, endet die Hemmung drei Monate nach Eintritt der Fälligkeit. ⁴Die Hemmung beginnt erneut, wenn das Verfahren weiter betrieben wird.

Literatur: *Goebel*, Die Hemmung der Verjährung anwaltlicher Vergütungsansprüche, RVG-B 2005, 105; *Hansens*, Die Fälligkeit der Anwaltsvergütung, JurBüro 1988, 689; *ders.*, Fälligkeit der Anwaltsvergütung und Umsatzsteuererhöhe im Mahnverfahren, RVGreport 2007, 411; *N. Schneider*, Fragen zum Verjährungsbeginn für den anwaltlichen Vergütungsanspruch nach Einstellung des Verfahrens gemäß § 153a StPO, AGS 2008, 430; *ders.*, Verjährungsfallen im Verbundverfahren, NJW-Spezial 2009, 251; *ders.*, Verjährungsfalle Verbundverfahren, NZFam 2015, 57.

---

148 Offengelassen in BGH MDR 2006, 1193 = AGS 2006, 620 = RVGreport 2006, 235 = NJW-RR 2006, 1508; vgl. auch BGH FamRZ 2006, 1028.

A. Allgemeines	1
B. Rechtsfolgen der Fälligkeit	10
C. Eintritt der Fälligkeit	11
I. Vereinbarungen	11
II. Die gesetzlichen Fälligkeitstatbestände	15
1. Allgemeines	15
2. Generelle Fälligkeitstatbestände (Abs. 1 S. 1)	18
a) Erledigung des Auftrags (Abs. 1 S. 1, 1. Alt.)	19
aa) Kenntnis von der Erledigung	19
bb) Vollständige Erfüllung	20
cc) Niederlegung des Mandats, Aufhebung oder Kündigung des Anwaltsvertrags	22
dd) Aufhebung der Beiordnung oder Bestellung	23
ee) Unmöglichkeit des Anwalts zur weiteren Vertragserfüllung	25
ff) Unmöglichkeit aus tatsächlichen oder rechtlichen Gründen	26
gg) Tod des Anwalts	27
hh) Tod des Auftraggebers	28
b) Beendigung der Angelegenheit (Abs. 1 S. 1, 2. Alt.)	29
3. Fälligkeitstatbestände für gerichtliche Verfahren (Abs. 1 S. 2)	62
a) Allgemeines	62
b) Kostenentscheidung (Abs. 1 S. 2, 1. Var.)	64
c) Aufschub der Kostenentscheidung	79
aa) Die Kostenregelung bleibt einer späteren Entscheidung vorbehalten	80
bb) Die Kostenverteilung soll der Entscheidung eines anderen Verfahrens folgen	81
d) „Mehrkosten"-Entscheidungen	82
e) Beendigung des Rechtszugs (Abs. 1 S. 2, 2. Var.)	84
f) Ruhen des Verfahrens (Abs. 1 S. 2, 3. Var.)	95
D. Verjährung	107
I. Überblick	107
II. Verjährungsfrist	109
III. Hemmung, Unterbrechung und Neubeginn der Verjährung	114
1. Überblick	114
2. Übergangsfälle	120
3. Verjährungshemmung durch gerichtliche Geltendmachung	124
4. Hemmung der Verjährung nach Abs. 2	128
a) Regelungsgehalt	128
b) Voraussetzungen	129
aa) Gerichtliches Verfahren	129
bb) Anhängigkeit	130
c) Umfang des gerichtlichen Verfahrens	131
d) Rechtsfolge: Hemmung (Abs. 2 S. 1)	133
e) Beendigung der Hemmung (Abs. 2 S. 2 und 3)	134
aa) Rechtskräftige Entscheidung (Abs. 2 S. 2, 1. Alt.)	134
bb) Anderweitige Beendigung des Verfahrens (Abs. 2 S. 2, 2. Alt.)	135
cc) Ruhen des Verfahrens (Abs. 2 S. 3)	137
f) Erneute Hemmung (Abs. 2 S. 4)	140
5. Anerkenntnis	142
6. Änderung der Streitwertfestsetzung	145
7. Hemmung der Verjährung der Wahlvergütung des PKH-Anwalts	152
8. Hemmung der Verjährung der Vergütung des Pflichtverteidigers	153
9. Teilweise Verjährung	155
IV. Wiederaufleben verjährter Forderungen	157
V. Verwirkung	161
VI. Verjährung von Ansprüchen gegen den Anwalt	162
1. Schadensersatzansprüche	162
2. Rückzahlung zuviel vereinnahmter Vergütung	163
VII. Verjährung von Kostenerstattungsansprüchen	167
VIII. Erstattung verjährter Forderungen	174
IX. Prozesskostenhilfe, Pflichtverteidiger	176
X. Vergütungsvereinbarungen	179
1. Gesetzliche Regelung	179
2. Vertragliche Fälligkeitsvereinbarungen	183
a) Zulässigkeit	183
b) AGB-Prüfung	193
c) Formvorschriften	196

A. Allgemeines

Während in den jeweiligen Gebühren- und Auslagentatbeständen geregelt ist, welche Vergütung der Anwalt für seine Tätigkeit erhält, also wann und unter welchen Voraussetzungen der Vergütungsanspruch entsteht, bestimmt Abs. 1, wann die Vergütung **fällig** wird, also wann der Anwalt mit dem Auftraggeber abrechnen kann. Die Vorschrift des **Abs. 1** ist damit **lex specialis** zu § 271 BGB, wonach die Leistung jederzeit verlangt werden kann. Bis zum Eintritt der Fälligkeit kann der Anwalt lediglich nach § 9 angemessene Vorschüsse in Höhe der zu erwartenden Vergütung verlangen. 1

Die Regelung des § 8 Abs. 1 entspricht inhaltsgleich dem früheren § 16 BRAGO, so dass die dazu ergangene Rechtsprechung weiterhin Gültigkeit hat. 2

Die Fälligkeit ist für jede Angelegenheit i.S.d. § 15 Abs. 1 gesondert zu betrachten, u.U. sogar für Teile der Angelegenheit (Abs. 1 S. 2). Die gesamte Vergütung für ein Mandat wird nicht einheitlich fällig. Vielmehr wird die Vergütung für jede gebührenrechtliche Angelegenheit dieses Mandats gesondert fällig. Unter den Voraussetzungen des Abs. 1 S. 2 können sogar Teile der Vergütung aus 3 derselben Angelegenheit gesondert fällig werden. Lediglich für die Hemmung der Verjährung ist eine übergreifende Regelung in Abs. 2 vorgesehen.

> **Beispiel:** Der Anwalt vertritt den Auftraggeber zunächst außergerichtlich. Anschließend erhält er den Auftrag zum Mahnverfahren und hiernach für das streitige Verfahren.
> Es sind drei Angelegenheiten gegeben (außergerichtliche Vertretung, Mahnverfahren und Rechtsstreit). Daher sind auch drei Fälligkeiten gegeben. Ebenso laufen drei unterschiedliche Verjährungsfristen, auch wenn die Verjährung der Vergütung für das Mahnverfahren solange gehemmt wird, bis das streitige Verfahren rechtskräftig abgeschlossen ist (§ 8 Abs. 2).

4 Die Vorschrift des Abs. 1 gilt für sämtliche Vergütungen, soweit sie nach dem RVG zu berechnen sind, also auch für **vereinbarte Vergütungen** (§§ 3a ff.) und **Auslagen**, soweit Letztere im RVG geregelt sind (VV 7000 ff.). Sie gilt auch im Verhältnis zu Dritten, die sich neben oder anstelle des Auftraggebers für die Vergütung des Anwalts verpflichtet haben, z.B. im Wege des Schuldbeitritts oder im Falle der Rechtsschutzversicherung bei einer Direktversicherung.

5 Auch für den **Pflichtverteidiger** und den im Rahmen der **Prozesskostenhilfe** oder anderweitig **gerichtlich beigeordneten** oder **bestellten Anwalt** bestimmt sich die Fälligkeit seiner Vergütung grundsätzlich nach Abs. 1 (zur Ausnahme bei der nach § 42 oder § 51 zu bewilligenden Pauschvergütung siehe § 51 Rdn 128 ff., § 42 Rdn 51).

6 **Keine Anwendung** findet dagegen Abs. 1 auf solche Auslagen, die sich nicht nach dem RVG berechnen, also z.B. **vorgelegte Gerichtskosten, Gerichtsvollzieherkosten, Sachverständigen- und Dolmetscherkosten**. Diese Auslagen kann der Anwalt nach §§ 675, 670 BGB erstattet verlangen. Insoweit gilt die allgemeine Vorschrift des § 271 BGB, wonach die Erstattungsforderung sofort fällig wird. Ebenfalls gilt Abs. 1 selbstverständlich auch nicht für den **Vorschuss** nach § 9.[1]

7 Zum Teil wird in Anm. Abs. 2 S. 2 zu VV 1009 ein Sondertatbestand zur Fälligkeit gesehen.[2] Dies ist jedoch unzutreffend, da dies auch zur Folge hätte, dass bereits schon durch die bloße Möglichkeit, die **Hebegebühr** dem Fremdgeld zu entnehmen, die Verjährung in Gang gesetzt würde. Bei der Anm. Abs. 2 S. 2 zu VV 1009 dürfte es sich lediglich um eine besondere Ausgestaltung des Rechts auf Vorschuss handeln. Abgesehen davon hat die Frage keine Bedeutung, wenn man zutreffenderweise jeden Auszahlungsvorgang als selbstständige Angelegenheit ansieht (siehe VV 1009 Rdn 7).

8 Ebenso wird die Auffassung vertreten, dass die **Vollstreckungsvergütung**, die nach § 788 Abs. 1 S. 1 ZPO zugleich mit der Hauptsache beigetrieben wird, mit ihrer Einziehung fällig werde, auch wenn die Zwangsvollstreckung noch nicht beendet sei.[3] Auch diese Auffassung ist nicht richtig, da auch hier die Verjährungsfrist vorzeitig zu laufen begänne und die Honorarforderung des Anwalts verjährt sein könnte, bevor die Angelegenheit beendet wäre.

9 Die Vorschrift des § 8 Abs. 1 ist **dispositiv**. Die Fälligkeit kann daher von den Parteien abweichend geregelt werden. Die Vereinbarung einer vorzeitigen Fälligkeit bedarf keiner Form, da dadurch keine höhere als die gesetzliche Vergütung vereinbart wird.[4] Abweichende Fälligkeitsvereinbarungen kommen insbesondere in Vergütungsvereinbarungen vor. Sie können auch **konkludent** geschlossen werden, etwa wenn eine Stundensatzvereinbarung getroffen worden ist und die Parteien regelmäßige Zwischenabrechnungen vereinbart haben.

B. Rechtsfolgen der Fälligkeit

10 Der Eintritt der Fälligkeit hat für den Anwalt und Auftraggeber gleichermaßen Bedeutung:

a) Der Anwalt kann seine **Vergütung abrechnen und einfordern**.

Das gilt auch, soweit er im Rahmen der Verfahrens- oder Prozesskostenhilfe beigeordnet ist (arg. e § 47 RVG).

---

1 OVG Hamburg KostRsp. BRAGO § 16 Nr. 39.
2 Gerold/Schmidt/*Mayer*, RVG, § 8 Rn 28.
3 Gerold/Schmidt/*Mayer*, RVG, § 8 Rn 28.
4 *N. Schneider*, Die Vergütungsvereinbarung, Rn 1810.

Gleiches gilt bei Abrechnung der Beratungshilfe. Gerade hier wird häufig zu Unrecht versucht, den Vergütungsanspruch des Anwalts mangels Fälligkeit zurückzuweisen.[5]

b) Soweit der Auftraggeber nicht freiwillig zahlt, kann der Anwalt die Vergütung nach **§ 11 festsetzen lassen** (§ 11 Abs. 2 S. 1) oder **einklagen**.

c) Nach Eintritt der Fälligkeit hat der Anwalt die Möglichkeit, aus eigenem Recht die **Festsetzung des Gegenstandswerts** zu beantragen (§ 33 Abs. 2 S. 1) und gegen eine ihm ungünstige Wertfestsetzung **Beschwerde** einzulegen (§ 33 Abs. 3). Ein Prozessbevollmächtigter kann Wertfestsetzung nur verlangen, wenn der Vergütungsanspruch fällig ist. Der Anspruch auf Vorschuss reicht hierfür noch nicht aus.[6] Die Zulässigkeit des Antrags setzt allerdings nur voraus, dass die Vergütung fällig ist. Das Verfahren muss noch nicht beendet sein. Legt der Anwalt z.B. das Mandat nieder, tritt Fälligkeit ein, so dass ihm die Rechte nach § 33 zustehen.[7]

d) Darüber hinaus soll mit Eintritt der Fälligkeit das **Recht auf Vorschuss enden.**[8] Diese Aussage ist nur eingeschränkt richtig. Wie im gesamten Zivilrecht gilt auch im RVG der Grundsatz, dass ein Vorschuss dann nicht mehr verlangt werden kann, wenn eine Abrechnung möglich ist. Eine solche Abrechnung ist zwar grundsätzlich nach Eintritt der Fälligkeit möglich (§ 10), zwingend ist dies jedoch nicht. Es sind durchaus Fälle denkbar, in denen der Anwalt trotz Eintritts der Fälligkeit ohne eigenes Verschulden gehindert ist, abzurechnen, etwa, wenn bislang eine gerichtliche Wertfestsetzung, die nach § 32 Abs. 1 für den Anwalt bindend ist, fehlt und der Streitwert auch nicht offensichtlich ist. In außergerichtlichen Angelegenheiten kann die Streitwertfestsetzung unter Umständen von Angaben des Mandanten oder des Gegners abhängen, die noch nicht vorliegen. In solchen Fällen kann der Anwalt nicht rechtlos gestellt sein. Ihm muss die Möglichkeit erhalten bleiben, so lange einen Vorschuss zu fordern, bis ihm eine Abrechnung möglich ist. Anders verhält es sich, wenn eine lediglich fehlerhafte Streitwertfestsetzung vorliegt. Dann tritt die Fälligkeit der Vergütung ein. Sie ist jedoch gehemmt, solange und soweit der Anwalt aufgrund der fehlerhaften Streitwertfestsetzung nach §§ 32 Abs. 1, 33 Abs. 1 gehindert ist, seine Vergütung einzufordern (ausführlich dazu siehe Rdn 145 ff.).

e) Mit Eintritt der Fälligkeit entsteht dem Auftraggeber aus dem Anwaltsvertrag ein Anspruch auf eine **ordnungsgemäße Abrechnung**. Diese kann er nach § 10 Abs. 3 sogar dann noch verlangen, wenn er bereits gezahlt hat.

f) Des Weiteren kann auch der Auftraggeber nach Eintritt der Fälligkeit gemäß § 11 Abs. 1 S. 1 die **Vergütungsfestsetzung** beantragen, wenn Streit über die Höhe der Vergütung besteht. Auch für den Auftraggeber ist der Antrag nach § 11 Abs. 2 S. 1 erst zulässig, wenn die Vergütung fällig geworden ist.

g) Die Fälligkeit hat weiterhin zur Folge, dass mit Ende des Kalenderjahres (§ 199 BGB) der Ablauf der **Verjährungsfrist** in Gang gesetzt wird, und zwar nach § 195 BGB die regelmäßige Verjährungsfrist von drei Jahren. Der Gesetzeswortlaut (§ 199 Abs. 1 Nr. 1 BGB) spricht zwar vom „Entstehen" der Forderung. Gemeint ist damit aber nicht schon der Anfall der Gebühren, sondern erst ihre Fälligkeit i.S.d. Abs. 1. Auf den späteren Zeitpunkt der Klagbarkeit (§ 10) kommt es dagegen nicht an.

h) Der Zeitpunkt der Fälligkeit bestimmt auch die **Höhe der Umsatzsteuer.** Das UStG stellt auf den Zeitpunkt oder Zeitraum der Leistung ab. Da es sich bei der anwaltlichen Tätigkeit in der Regel um eine Dauertätigkeit handelt, ist das Ende des Leistungszeitraumes maßgebend. Dieser Zeitpunkt entspricht grundsätzlich dem Zeitpunkt der Fälligkeit i.S.d. Abs. 1.[9]

---

5 Siehe AG Düsseldorf, Beschl. v. 10.6.2013 – 2 II 627/13; AG Düsseldorf, Beschl. 21.3.2013 – 2 II 1650/12 BerH; AG Lichtenberg GE 2012, 1045; OLG München, Beschl. v. 20.5.2015 – 11 W 663/15; LG Wuppertal, Beschl. v. 3.11.2014 – 16 T 191/14; LG München I, Beschl. v. 4.3.2015 – 13 T 22917/14; AG Halle (Saale), AGS 2011, 300 = RVGreport 2012, 38; Urt. v. 23.9.2011 – 93 C 1239/11.

6 OLG Schleswig NZA 2006, 1007 = NZA-RR 2006, 320.

7 OLG Zweibrücken OLGR 2007, 299 = FamRZ 2007, 1112.

8 Gerold/Schmidt/*Mayer*, RVG, § 8 Rn 32.

9 OLG Schleswig NordÖR 2007, 91.

C. Eintritt der Fälligkeit

I. Vereinbarungen

11 Anwalt und Auftraggeber können über die Fälligkeit der Vergütung eine Vereinbarung treffen. Diese geht dann der Vorschrift des Abs. 1 vor.

12 Eine **vorzeitige Fälligkeit** muss nicht den Formerfordernissen des § 3a Abs. 1 entsprechen. Die Vereinbarung einer vorzeitigen Fälligkeit führt nicht zu einer höheren Vergütung,[10] da nach wie vor die gesetzliche Vergütung geschuldet bleibt, wenn auch zu einem früheren Zeitpunkt. Zwar ergibt sich für den Anwalt ein Zinsgewinn durch die vorzeitige Zahlung. Dies ist jedoch unbeachtlich, zumal der Anwalt ohnehin jederzeit einen Vorschuss in Höhe der bereits angefallenen und der voraussichtlichen weiteren Vergütung verlangen könnte, was im Ergebnis auf das gleiche hinauslaufen würde.

13 Die Vereinbarung einer **späteren Fälligkeit** als der gesetzlichen ist jederzeit formlos möglich. Berufsrechtliche Bedenken bestehen nicht, es sei denn, das Hinausschieben der Fälligkeit kommt einem Verzicht oder der Vereinbarung eines unzulässigen Erfolgshonorars gleich.

14 Vereinbart werden können auch **bedingte Fälligkeiten**, etwa, dass die Fälligkeit an die Zahlung des Gegners oder einen anderen Geldeingang geknüpft wird. Insoweit muss allerdings für den Fall des Nichteintritts der Fälligkeitsbedingung ein endgültiger Zahlungstermin vereinbart sein, da dies anderenfalls einem bedingten Erlass oder einer Unterschreitung der gesetzlichen Vergütung gleich käme und damit berufswidrig wäre.

> **Beispiel:** In einem Rechtsstreit auf Rückzahlung eines Darlehens stundet der Anwalt dem Mandanten die Honorarforderung bis zum Eingang der Darlehenssumme.
> Würde der Mandant den Prozess verlieren oder wäre der Beklagte zahlungsunfähig, würde die Honorarforderung dem Wortlaut nach nie fällig. Ein solcher Fälligkeitsaufschub wäre als Erfolgshonorarvereinbarung berufswidrig.

II. Die gesetzlichen Fälligkeitstatbestände

1. Allgemeines

15 Abs. 1 enthält ebenso wie die Vorgängervorschrift des § 16 BRAGO fünf Fälligkeitstatbestände. Für den Eintritt der Fälligkeit genügt es, dass einer dieser Tatbestände erfüllt ist.

16 Es können selbstverständlich auch kumulativ **mehrere Fälligkeitstatbestände** ausgelöst werden. Maßgebend ist dann der Fälligkeitstatbestand, der als **erster** verwirklicht worden ist.[11]

17 Möglich auch, dass die Vergütung nicht einheitlich fällig wird, sondern **sukzessive** verschiedene Teile der Vergütung durch verschiedene Tatbestände nacheinander fällig werden (siehe Rdn 62).

2. Generelle Fälligkeitstatbestände (Abs. 1 S. 1)

18 In **Abs. 1 S. 1** sind **zwei** generelle Fälligkeitstatbestände aufgestellt, die für **alle Vergütungen** nach dem RVG gelten, nämlich
– die Erledigung des Auftrags (Abs. 1 S. 1, 1. Alt.) und
– die Beendigung der Angelegenheit (Abs. 1 S. 1, 2. Alt).

---

[10] BGH AGS 2004, 440 = WM 2004, 981 = FamRZ 2004, 933 = BGHR 2004, 1101 = NJW-RR 2004, 1145 = VersR 2005, 648 = BRAK-Mitt 2004, 184 = MDR 2004, 845.

[11] BGH AnwBl 1985, 257 = WM 1984, 1318; NJW-RR 1992, 255; OLG Braunschweig NdsRpfl 1987, 132.

a) Erledigung des Auftrags (Abs. 1 S. 1, 1. Alt.)

aa) Kenntnis von der Erledigung. Die Vergütung wird nach **Abs. 1 S. 1, 1. Alt.** fällig, wenn der Auftrag erledigt ist. Voraussetzung hierfür ist, dass der Anwalt von der Erledigung **Kenntnis** erlangt.[12]

> **Beispiel:** Der Anwalt war im Jahr 2012 mit der rechtlichen Betreuung und Vorbereitung eines Wohnungsverkaufs beauftragt worden. Während des Mandats hat der Auftraggeber im November 2013 ohne Beteiligung des Anwalts die Wohnung verkauft. Hiervon hat der Anwalt erst im Februar 2014 erfahren.
> Die Vergütung ist erst mit Kenntniserlangung, also im Februar 2014, fällig geworden, nicht schon bereits mit Abschluss des Kaufvertrages im Jahr 2013, so dass die Verjährung nach § 195 BGB erst mit Ablauf des Jahres 2017 eintreten wird.[13]

bb) Vollständige Erfüllung. Der Auftrag ist erledigt, wenn der Rechtsanwalt seinen Verpflichtungen aus dem Anwaltsdienstvertrag vollständig nachgekommen ist.

Besteht der Auftrag darin, einen **Vertrag notariell beurkunden** zu lassen, dann ist der Auftrag erst beendet, wenn der Anwalt die Möglichkeit hatte, den beurkundeten Vertrag daraufhin zu prüfen, ob er das von seiner Partei Gewollte richtig wiedergibt. Ob der Anwalt dieser Verpflichtung tatsächlich nachgekommen ist, ist unerheblich.[14]

cc) Niederlegung des Mandats, Aufhebung oder Kündigung des Anwaltsvertrags. Die Erledigung kann vorzeitig eintreten, nämlich dann, wenn der Anwalt das Mandat niederlegt, der Auftraggeber den Anwaltsvertrag **kündigt** oder beide Parteien den Vertrag **einvernehmlich aufheben**.[15] Übernimmt der Anwalt zu einem späteren Zeitpunkt die Vertretung erneut, werden die frühere Fälligkeit und die bereits laufende Verjährungsfrist nicht beseitigt[16] (zum Wiederaufleben verjährter Forderungen siehe Rdn 157 ff.).

dd) Aufhebung der Beiordnung oder Bestellung. War der Anwalt im Rahmen der Prozesskostenhilfe oder anderweitig beigeordnet und kündigt die bedürftige Partei das Mandat, so erledigt sich für ihn der Auftrag i.S.d. Abs. 1 erst mit der **Aufhebung seiner Beiordnung**.[17]

Für den **Pflichtverteidiger** erledigt sich der Auftrag i.S.d. Abs. 1, wenn das Gericht seine Bestellung aufhebt. Der Vergütungsanspruch nach § 45 Abs. 3 gegen die Staatskasse wird damit fällig.[18] Ob dies auch für eine **Pauschvergütung** i.S. § 51 gilt, ist umstritten. Nach einhelliger Meinung ist zur Bewilligung einer Pauschvergütung eine Gesamtschau erforderlich. Daraus wird von einigen Gerichten gefolgert, dass eine Pauschvergütung erst nach Abschluss der Instanz bewilligt werden könne. Konsequenterweise soll daher die Fälligkeit noch nicht mit der Aufhebung der Bestellung eintreten, sondern erst mit Abschluss der Instanz[19] oder gar erst mit rechtskräftigem Abschluss des Verfahrens.[20] Nach anderer Auffassung[21] kann dagegen ausnahmsweise bereits ab der Aufhebung der Bestellung eine Pauschvergütung bewilligt werden, so dass damit bereits Fälligkeit eintritt (siehe auch § 51 Rdn 128 ff.). Der Unterschied ist bedeutsam, da nach der zweiten Auffassung der Anspruch auf eine Pauschvergütung schon vor rechtskräftigem Abschluss des Verfahrens oder der Instanz verjährt sein kann.

ee) Unmöglichkeit des Anwalts zur weiteren Vertragserfüllung. Auch in anderen Fällen, in denen dem Anwalt die Fortsetzung seiner geschuldeten Tätigkeit **unmöglich** wird, erledigt sich der Auftrag, also etwa bei Rückgabe oder Entzug der Zulassung oder dem Wechsel der Zulassung, wenn in dem Verfahren Postulationszwang besteht und der Anwalt nach dem **Wechsel** oder der **Aufgabe seiner Zulassung** nicht mehr über die erforderliche Postulationsfähigkeit verfügt.[22] In diesen Fällen muss allerdings geprüft werden, ob der Anwalt nicht ausnahmsweise ohne die am Prozessgericht erforderliche Zulassung noch eine weitere sinnvolle Tätigkeit, etwa als Verkehrsanwalt, ausführen kann.

---

12 AG Waiblingen AnwBl 1999, 705.
13 AG Waiblingen AnwBl 1999, 705.
14 BGH AnwBl 1985, 257 = WM 1984, 1318.
15 *Hansens*, § 16 Rn 3.
16 OLG Schleswig JurBüro 1980, 68 = SchlHA 1980, 223.
17 *Hansens*, § 16 Rn 3.
18 Gerold/Schmidt/*Mayer*, RVG, § 8 Rn 10.
19 OLG Hamburg JurBüro 1991, 233.
20 OLG Hamm JurBüro 1984, 1843 = AnwBl 1985, 155; AnwBl 1996, 478; OLG Bamberg JurBüro 1990, 1281.
21 OLG Düsseldorf JurBüro 1980, 392; OLG Hamm JurBüro 2001, 309 = BRAGOreport 2001, 170 m. Anm. *N. Schneider*; *Mümmler*, in: Anm. zu OLG Hamburg JurBüro 1989, 1555; OLG Düsseldorf MDR 1993, 389; im Ergebnis wohl auch OLG Nürnberg JurBüro 1987, 245.
22 *Hansens*, § 16 Rn 3.

26 **ff) Unmöglichkeit aus tatsächlichen oder rechtlichen Gründen.** Der Auftrag kann sich ferner auch dann erledigen, wenn er anderweitig aus tatsächlichen oder rechtlichen Gründen nicht mehr durchführbar ist, etwa im Scheidungsverfahren durch den Tod des Ehegatten, bei Herausgabeverlangen durch den Untergang der Sache.

27 **gg) Tod des Anwalts.** Der Auftrag erledigt sich ferner durch den Tod des Anwalts, es sei denn, er war Mitglied einer Sozietät und der Auftrag war der Sozietät erteilt,[23] was im Zweifel anzunehmen ist (siehe § 6 Rdn 50 f.). Der Tod des Anwalts führt auch dann nicht zur Erledigung, wenn für ihn ein **Abwickler** nach § 55 BRAO bestellt ist.[24] In diesem Fall setzt sich das Auftragsverhältnis kraft Gesetzes mit dem Abwickler fort bis zur Beendigung der Angelegenheit, zur Kündigung des Auftrags oder zur Abberufung des Abwicklers. Bei Bestellung eines Abwicklers erledigt sich die Angelegenheit jedoch dann, wenn der Mandant anderweitig für seine Vertretung gesorgt hat (§ 55 Abs. 2 S. 4 BRAO).

28 **hh) Tod des Auftraggebers.** Durch den Tod des Auftraggebers erledigt sich der Auftrag im Zweifel nicht (§ 672 S. 1 BGB).[25] Sofern das Mandatsverhältnis jedoch höchstpersönlicher Natur war oder gar materiell-rechtlich sich mit dem Tode des Auftraggebers erledigt, etwa bei einem Scheidungsverfahren oder in einer Strafverteidigung, erledigt sich auch der Auftrag, so dass damit die Fälligkeit eintritt.

b) Beendigung der Angelegenheit (Abs. 1 S. 1, 2. Alt.)

29 Die Vergütung wird nach **Abs. 1 S. 1, 2. Alt.** auch dann fällig, wenn die gebührenrechtliche Angelegenheit i.S.d. § 15 Abs. 1 beendet ist. Mitunter wird dieser Zeitpunkt mit der Erledigung des Auftrags zusammenfallen. Dies muss jedoch nicht sein. Ein einheitlicher Auftrag kann durchaus mehrere Angelegenheiten im gebührenrechtlichen Sinne umfassen.

> **Beispiel:** Der Anwalt erhält den Auftrag, für den Mandanten dessen Verkehrsunfallschaden zu regulieren. Da den Mandanten ein hälftiges Mitverschulden trifft, soll der Anwalt sowohl mit dem gegnerischen Haftpflichtversicherer als auch mit dem eigenen Kaskoversicherer die Regulierung durchführen. Der Kaskoversicherer zahlt die Versicherungsleistung; die Korrespondenz mit dem Haftpflichtversicherer dauert noch an.
> Die Regulierung mit dem gegnerischen Haftpflichtversicherer sowie die Abwicklung mit dem eigenen Kaskoversicherer stellen gebührenrechtlich zwei verschiedene Angelegenheiten i.S.d. § 15 Abs. 1 dar.[26]
> – Mit der Zahlung des Kaskoversicherers ist diese Angelegenheit erledigt. Die daraus resultierende Vergütung wird fällig.
> – Die Abwicklung mit dem gegnerischen Haftpflichtversicherer dauert dagegen noch an. Insoweit ist daher weder der Auftrag erledigt noch die Angelegenheit beendigt, so dass auch noch keine Fälligkeit der Gebühren eingetreten ist.

30 Erhält der Anwalt den Auftrag, Hauptsacheklage zu erheben und zugleich den Erlass einer **einstweiligen Verfügung** oder die Anordnung eines **Arrests** zu beantragen, so handelt es sich zwar um einen einheitlichen Auftrag, aber um verschiedene Angelegenheiten (§ 17 Nr. 4 Buchst. a und b). Auch hier kann also die Fälligkeit zu verschiedenen Zeitpunkten eintreten.

31 Gleiches gilt für **einstweilige Anordnungen**, soweit diese eine eigene Angelegenheit darstellen (§ 17 Nr. 4 Buchst. b; § 19 Abs. 1 S. 2 Nr. 11 bei abgesonderter Verhandlung). Auch hier tritt die Fälligkeit hinsichtlich der einstweiligen Anordnung unabhängig von der Fälligkeit der Hauptsache (etwa des Verbundverfahrens) ein.[27]

32 Gleiches gilt für Beschwerdeverfahren, sofern diese gesonderte Gebühren auslösen (§ 17 Nr. 1; § 18 Abs. 1 Nr. 3).[28]

---

23 *Hansens*, § 16 Rn 3.
24 *Hansens*, § 16 Rn 3.
25 OLG Hamm JurBüro 1977, 350.
26 OLG Hamm AnwBl 1983, 141; AG Erfurt zfs 1999, 31.
27 KG AnwBl 1984, 625 = JurBüro 1985, 76; JurBüro 1986, 724; OLG Düsseldorf JurBüro 1983, 1037 m. zust. Anm. *Mümmler*; AnwBl 1990, 324 = JurBüro 1990, 860 = FamRZ 1990, 1130; OLG Frankfurt OLGR 2005, 516.
28 OLG Hamm AnwBl 1992, 400 = JurBüro 1992, 94 = OLGR 1992, 114.

> **Beispiel:** Gegen die Aussetzung des Verfahrens durch das LG legt der Anwalt für seinen Mandanten Beschwerde ein. Der Beschwerde wird vom OLG stattgegeben; der Aussetzungsbeschluss wird aufgehoben, so dass das Verfahren vor dem LG fortgesetzt wird.
> Die Vergütung für das Beschwerdeverfahren (VV 3500) ist mit dem Beschluss des Beschwerdegerichts nach Abs. 1 S. 1, 2. Alt. fällig geworden. Die Vergütung für das Verfahren vor dem LG ist dagegen noch nicht fällig.

Die Fälligkeit der Vergütung nach Abs. 1 S. 1, 2. Alt. tritt immer dann ein, wenn sich ein Auftrag aus **mehreren Angelegenheiten** zusammensetzt.[29] Zu dem eigenständigen Anwendungsbereich des Abs. 1 S. 1, 2. Alt. zählen daher insbesondere die Fälle, in denen das Gesetz für zeitlich aufeinander folgende Tätigkeiten des Anwalts innerhalb eines einheitlichen Auftrags jeweils eigene Angelegenheiten vorsieht. Hierzu zählen insbesondere die **Anrechnungsfälle** (z.B. Anm. zu VV 2100; VV Vorb. 2.3 Abs. 4 bis 6; VV Vorb. 3 Abs. 4, 5 und 6; Anm. Abs. 2 zu VV 3100; Anm. zu VV 3305; Anm. zu VV 3307). Mit Erledigung der anzurechnenden Angelegenheit ist diese beendet, ungeachtet der weiteren Tätigkeit des Anwalts in der nachfolgenden Angelegenheit, so dass die Vergütung der anzurechnenden Angelegenheit fällig wird.[30]   **33**

> **Beispiel:** Der Anwalt erhält den Auftrag, eine Forderung geltend zu machen und beizutreiben. Er schickt ein außergerichtliches Mahnschreiben und beantragt anschließend den Erlass eines Mahnbescheids. Nach Widerspruch geht die Sache in das streitige Verfahren über.
> Insgesamt liegt zwar ein einheitlicher Auftrag vor, nämlich die Beitreibung der Forderung. Gebührenrechtlich handelt es sich jedoch um drei verschiedene Angelegenheiten i.S.d. § 15 Abs. 1, nämlich außergerichtliche Vertretung (VV 2300), Mahnverfahren (VV 3305 ff.) und Rechtsstreit (VV 3100 ff.; § 17 Nr. 2). In jeder dieser Angelegenheiten erhält der Anwalt eine eigene Vergütung, die jeweils nach Beendigung der einzelnen Angelegenheit fällig wird.[31]

Auch dann, wenn keine Anrechnung vorgesehen ist, können bei einem einheitlichen Auftrag mehrere gebührenrechtliche Angelegenheiten gegeben sein, so dass für die einzelnen Vergütungen verschiedene Fälligkeiten eintreten.   **34**

> **Beispiel 1:** Geht einem Rechtsstreit vor dem ArbG ein Verfahren vor dem Integrationsamt zwecks Zustimmung zur Kündigung voraus, so wird die durch dieses Verfahren ausgelöste Vergütung nach VV 2300 mit Abschluss des Zustimmungsverfahrens nach Abs. 1 S. 1, 2. Alt. fällig, unabhängig davon, wann die Vergütung einer späteren Kündigungsschutzklage nach VV 3100 ff. fällig wird.
> **Beispiel 2:** Der Anwalt erhält den Auftrag, eine Forderung gerichtlich durchzusetzen. Nach Klageabweisung in der ersten Instanz wird Berufung eingelegt. Die Vergütung für das erstinstanzliche Verfahren wird nach Abs. 1 S. 1, 2. Alt. fällig, obwohl der Auftrag zur Durchsetzung der Forderung noch nicht erledigt ist.
> **Beispiel 3:** Der Anwalt vertritt den Mandanten im sozialrechtlichen Widerspruchsverfahren und im anschließenden Verfahren vor dem Sozialgericht. Mit Abschluss des Widerspruchsverfahrens wird die Vergütung aus VV 2302 Nr. 1 nach Abs. 1 S. 1, 2. Alt. fällig.

Neben den vorgenannten Fällen gilt Abs. 1 S. 1, 2. Alt. auch für alle anderen Fälle, in denen nach dem RVG eine neue Angelegenheit beginnt, z.B. bei einer **Verweisung** an das Gericht eines niedrigeren Rechtszugs. So wird die Vergütung für die Tätigkeit vor dem angerufenen Gericht fällig, wenn die Sache an ein Gericht eines niedrigeren Rechtszugs verwiesen wird, da dann eine neue Angelegenheit beginnt (§ 20 S. 2).   **35**

> **Beispiel:** Das LG als Berufungsgericht verweist das Verfahren an das AG als FamG.
> Es gilt § 20 S. 2. Das Verfahren vor dem FamG bildet eine neue Angelegenheit. Mit dem Erlass des Verweisungsbeschlusses ist die Vergütung des Verfahrens vor dem LG fällig geworden.

Die Verweisung löst allerdings dann keine Fälligkeit aus, wenn damit nicht nach § 20 S. 2 zugleich eine neue Angelegenheit beginnt.[32]   **36**

> **Beispiel:** Der Rechtsstreit wird vom LG als erstinstanzlichem Gericht an das ArbG verwiesen.
> Es gilt § 20 S. 1. Das Verfahren vor und nach Verweisung bildet nur eine einzige Angelegenheit. Die Vergütung ist nicht fällig geworden.[33]

---

29 AG Halle (Saale) VkBl 2012, 687 = VuR 2011, 478.
30 *Hansens*, § 16 Rn 4.
31 KG JurBüro 1985, 76; KG JurBüro 1986, 724; OLG Düsseldorf AnwBl 1990, 324; AG Halle (Saale) VkBl 2012, 687 = VuR 2011, 478.
32 OLG Hamburg MDR 1964, 515 = KostRsp. BRAGO § 18 Nr. 1 m. Anm. *E. Schneider*.
33 OLG Hamburg MDR 1964, 515 = KostRsp. BRAGO § 18 Nr. 1 m. Anm. *E. Schneider*.

37 Wann die Beendigung der Angelegenheit eintritt, kann im Einzelfall zweifelhaft sein. Für gerichtliche Verfahren ist diese Frage ohne Bedeutung, da insoweit Abs. 1 S. 2 besondere Fälligkeitstatbestände aufstellt (siehe Rdn 62 ff.), so dass es auf die Frage der Beendigung hier in aller Regel nicht ankommen wird. Bedeutung hat die Frage daher letztlich nur für außergerichtliche Angelegenheiten.

38 Eine Angelegenheit ist beendet, wenn der Anwalt das **Rechtsschutzziel** des Mandanten **verwirklicht** hat oder wenn feststeht, dass sich das **Ziel nicht erreichen** lässt, z.B. wenn der Gegner endgültig erklärt, zu einer außergerichtlichen Einigung nicht bereit zu sein.[34] Denkbar ist auch eine Kombination.

> **Beispiel:** Auf die Forderung von 3.000 EUR zahlt der Gegner 2.000 EUR und lehnt jegliche weitere Zahlung endgültig ab.
> Die außergerichtliche Angelegenheit ist beendet. Die Vergütung nach VV 2300 ist fällig.

39 Eine **teilweise Erledigung** reicht grundsätzlich nicht aus, auch nicht um einen Teilanspruch der Vergütung fällig werden zu lassen.

> **Beispiel:** Auf die Forderung in Höhe von 4.000 EUR zahlt der Gegner 3.000 EUR und macht im Übrigen ein Zurückbehaltungsrecht geltend.
> Die Angelegenheit ist hier noch nicht beendet, da die restlichen 1.000 EUR noch nicht bezahlt sind und der Gegner die Zahlung auch nicht endgültig verweigert hat. Auch hinsichtlich der Gebühren aus dem bisher gezahlten Teilwert von 3.000 EUR ist keine Fälligkeit eingetreten, da es im Rahmen des Abs. 1 S. 1 keine Teilfälligkeiten gibt (anders bei Abs. 1 S. 2, siehe Rdn 62 ff.).

40 Die in diesem Zusammenhang als gegenteilige Ansicht zitierte Entscheidung[35] des AG Simmern[36] betrifft in Wirklichkeit einen anderen Fall:

> **Beispiel:** In einer Verkehrsunfallsache macht der Geschädigte eine Forderung in Höhe von 6.000 EUR geltend. Der Versicherer zahlt einen Teilbetrag in Höhe von 4.000 EUR. Wegen des restlichen Betrages wird Klage erhoben.
> Die Vergütung nach VV 2300 aus dem vollen Wert von 6.000 EUR ist fällig geworden, da die Angelegenheit der außergerichtlichen Interessenwahrnehmung mit der Teilzahlung und Erfüllungsverweigerung im Übrigen abgeschlossen war.

Eine völlig andere Frage – und nur damit hatte sich das AG Simmern zu befassen – war die, ob der Versicherer aus dem bisherigen Erledigungswert zum Ersatz der Anwaltskosten verpflichtet und ob dieser Schadensersatzanspruch bereits fällig war. Das hat das AG Simmern zutreffend bejaht, wobei es sich allerdings in seiner Begründung fälschlicherweise auf § 16 BRAGO (jetzt: § 8 Abs. 1) gestützt hat.

41 Lediglich bei mehreren Auftraggebern kann eine Teilfälligkeit eintreten.

> **Beispiel:** In einer Verkehrsunfallsache beauftragen die Geschädigten A und B denselben Anwalt, Schmerzensgeld in Höhe von jeweils 4.000 EUR geltend zu machen. Der gegnerische Versicherer zahlt für A die geforderten 4.000 EUR. Für B muss zunächst noch ein Gutachten eingeholt werden.
> Der Vergütungsanspruch gegen A aus dem Wert von 4.000 EUR (§ 7 Abs. 2) wird fällig, der Vergütungsanspruch gegen B noch nicht.

42 Die **Beratungstätigkeit** (§ 34) ist beendet, wenn der Anwalt den erbetenen Rat erteilt hat. Sofern sich hieran weitere Fragen des Auftraggebers anschließen, die in unmittelbarem Zusammenhang stehen, endet die Angelegenheit erst mit Beantwortung der weiteren Fragen.

43 Hat der Anwalt ein **schriftliches Gutachten** zu erstellen, so wird die Vergütung mit Eingang des Gutachtens beim Auftraggeber fällig.

44 Das Gleiche gilt, wenn der Anwalt einen **Vertrag**, ein **Schreiben** oder sonstige **Urkunden entwerfen** soll.

45 Die **außergerichtliche Tätigkeit** ist beendet, wenn die Ansprüche des Mandanten durchgesetzt sind oder wenn feststeht, dass deren Durchsetzung außergerichtlich nicht zu erreichen ist. Dies gilt insbesondere bei der Regulierung von Verkehrsunfallschäden. Die Regulierung ist beendet, wenn

---

34 LG Mannheim MDR 1965, 920 = AnwBl 1966, 30.
35 So Riedel/Sußbauer/*Fraunholz*, § 8 Rn 8.
36 AnwBl 1968, 361.

der Versicherer eindeutig zu erkennen gibt, dass eine außergerichtliche Einigung über die geltend gemachten Forderungen nicht in Betracht komme.[37]

Die außergerichtliche Vertretung für einen in Anspruch genommenen Auftraggeber ist immer dann beendet, wenn die Ansprüche der Gegenseite endgültig zurückgewiesen werden.[38] So reicht es z.B. aus, dass der Rechtsanwalt eines Mieters die Nachzahlungsforderung aus einer Betriebskostenabrechnung des Vermieters wegen formeller Fehler zurückzuweist.[39]

Die außergerichtliche Vertretung ist auch dann erledigt, wenn der Anwalt für seinen Mandanten eine (modifizierte) Unterlassungserklärung abgegeben und die gegen ihn erhobenen Ansprüche im Übrigen zurückgewiesen hat. Eine endgültige Klärung der Ansprüche ist nicht erforderlich.[40] Daher ist in diesem Fall die Fälligkeit selbst dann eingetreten, wenn der Gegner sein Schadensersatzbegehren automatisiert weiterverfolgt.[41]

Eine außergerichtliche Vertretung ist jedenfalls immer dann beendet, wenn sie in ein gerichtliches Verfahren übergeht.[42]

In **gerichtlichen Verfahren** endet die Angelegenheit mit dem **Erlass einer gerichtlichen Endentscheidung**. Die Fälligkeit tritt dabei bereits mit dem Erlass der Entscheidung, nicht erst mit deren Zustellung ein.[43] Im schriftlichen Verfahren tritt die Fälligkeit allerdings erst mit der Zustellung ein, da diese an die Stelle der Verkündung tritt.

Darüber hinaus endet das gerichtliche Verfahren mit der **Rücknahme des Antrags** oder mit dem **Abschluss einer das Verfahren beendenden Einigung**.

Im Fall der **übereinstimmenden Erledigungserklärung** der Hauptsache endet die Angelegenheit noch nicht mit der Erledigungserklärung. Zwar endet dann bereits die Rechtshängigkeit, das Gericht muss jedoch noch von Amts wegen über die Kosten entscheiden (§ 308 Abs. 2 ZPO), so dass das Verfahren erst mit Erlass der Kostenentscheidung nach § 91a ZPO oder einer Kosteneinigung endet.[44] Die Gegenauffassung[45] verkennt, dass die Kosten im Folgenden zur Hauptsache werden. Zudem können aus den Kosten noch gesonderte Gebühren anfallen.

> **Beispiel 1:** Das Gericht ordnet nach übereinstimmender Erledigungserklärung einen Verhandlungstermin oder das schriftliche Verfahren gemäß § 128 Abs. 2 ZPO an.[46]
>
> **Beispiel 2:** Die Parteien schließen zu einem späteren Zeitpunkt eine Einigung über die Kosten.
> **Lösung:** Es wäre nicht einzusehen, warum die Verfahrensgebühr mit der übereinstimmenden Erledigungserklärung fällig werden soll, die Termins- oder Einigungsgebühr dagegen erst später.

Wird in einem Verfahren zunächst **nur über die Hauptsache durch Teilurteil** entschieden, nicht aber auch über die Kosten, so tritt damit zwar keine Fälligkeit nach Abs. 1 S. 1 ein, da weder die Angelegenheit noch der Auftrag erledigt ist. Die Fälligkeit tritt aber nach Abs. 1 S. 2, 3. Var. ein (siehe Rdn 95 ff.).

Ebenso verhält es sich, wenn das Verfahren ausschließlich durch **Rücknahme** der Klage, des Rechtsmittels oder eines anderen Antrags endet. Unabhängig davon, ob das Gericht die Kostenfolge (§§ 269 Abs. 3, 516 Abs. 3 ZPO) ausspricht, endet das Verfahren bereits mit Abgabe der Rücknahmeerklärung für den Anwalt des Zurücknehmenden und mit deren Zustellung für den Anwalt des Gegners.[47]

> **Beispiel:** Der Kläger hatte am 15.12.2015 im Verhandlungstermin die Klage zurückgenommen. Im Januar 2016 erging der Kostenbeschluss nach § 269 Abs. 3 ZPO.
> Die Vergütung ist mit Klagerücknahme fällig geworden, da die Angelegenheit damit beendet ist.

---

37 LG Mannheim AnwBl 1966, 30 = MDR 1965, 920; LG Hannover NdsRpfl 1968, 33.
38 AG Düsseldorf, Beschl. v. 10.6.2013 – 2 II 627/13; AG Düsseldorf, Beschl. 21.3.2013 – 2 II 1650/12 BerH.
39 AG Lichtenberg GE 2012, 1045.
40 OLG München, Beschl. v. 20.5.2015 – 11 W 663/15; LG Wuppertal, Beschl. v. 3.11.2014 – 16 T 191/14.
41 LG München I, Beschl. v. 4.3.2015 – 13 T 22917/14.
42 AG Halle (Saale), AGS 2011, 300 = RVGreport 2012, 38; Urt. v. 23.9.2011 – 93 C 1239/11.
43 OLG Düsseldorf OLGR 1999, 298.
44 Gerold/Schmidt/*Mayer*, RVG, § 8 Rn 16.
45 *Hansens*, § 16 Rn 6.
46 Siehe hierzu OLG Karlsruhe Justiz 1999, 17 = NJW-RR 1998, 1692 = KostRsp. BRAGO § 35 Rn 24 m. Anm. *N. Schneider*.
47 LG Bonn AnwBl 1992, 239; a.A. Gerold/Schmidt/*Mayer*, RVG, § 8 Rn 16.

Würde man auch hier auf die Kostenentscheidung abstellen, hätte es die Partei in der Hand, die Fälligkeit drei Monate hinauszuzögern (Abs. 1 S. 2, 3. Var.), indem sie keinen Kostenantrag stellen lässt.

54 In **Strafsachen außerhalb eines gerichtlichen Verfahrens** wird die Vergütung fällig, wenn das Verfahren nicht nur vorläufig eingestellt wird, also z.B. nach § 170 Abs. 2 StPO oder § 154 StPO. Im Falle der Einstellung nach § 153a StPO wird die Vergütung erst fällig, wenn die Geldbuße gezahlt wird. Die Einstellung mit der Auflage, innerhalb einer bestimmten Frist eine Geldbuße zu zahlen, reicht noch nicht aus, um die Fälligkeit herbeizuführen, da es sich nur um eine vorläufige Einstellung handelt. Erst die Einstellung nach Zahlung der Geldbuße löst die Fälligkeit der Vergütung aus.[48]

55 In **Bußgeldsachen** tritt die Fälligkeit ebenfalls mit der Einstellung des Verfahrens ein, sofern diese nicht nur vorläufig ist. Darüber hinaus wird die Vergütung fällig, wenn der Bußgeldbescheid erlassen wird und der Betroffene gegenüber dem Verteidiger erklärt, keinen Einspruch einlegen zu wollen. Wird der Einspruch eingelegt, dann aber später wieder zurückgenommen, wird die Vergütung ebenfalls fällig.

56 In **Verwaltungsverfahren** endet die Angelegenheit entweder mit Erlass des beantragten Bescheides oder Vornahme der beantragten Maßnahme oder mit deren Ablehnung, sofern der Auftraggeber gegen die Ablehnung nicht weiter vorgehen will. Wird zunächst Widerspruch eingelegt und dieser dann später zurückgenommen, tritt damit die Fälligkeit ein.

57 Unerheblich für die Fälligkeit der Gebühren ist in allen Fällen, ob noch **Abwicklungstätigkeiten** vorzunehmen sind. Solche Abwicklungstätigkeiten zählen zwar gebührenrechtlich noch zur Angelegenheit (§§ 16, 19) und werden durch die dort verdienten Gebühren abgegolten. Sie sind für die Beendigung der Angelegenheit i.S.d. Abs. 1 S. 1, 2. Alt. jedoch unerheblich[49] und haben lediglich Bedeutung bei der Hemmung der Verjährung (siehe Rdn 124 ff.). Zu diesen Abwicklungstätigkeiten gehören insbesondere Berichtigungsanträge,[50] die Kostenfestsetzung,[51] die Einforderung der von der Gegenseite eventuell zu erstattenden Kosten, der Austausch vereinbarter Leistungen und Gegenleistungen, die Erteilung einer vollstreckbaren Ausfertigung etc. Diese Konstellation tritt häufig nach Abschluss einer Einigung auf. Mit Abschluss der Einigung ist die Angelegenheit beendet. Der spätere Austausch der einigungsweise übernommenen Leistungen ist unerheblich.[52]

Beispiel: Die Parteien stritten außergerichtlich über den Fortbestand eines Dienstverhältnisses und einigen sich schließlich im Oktober 2012 über die Beendigung. Der Dienstherr verpflichtete sich, eine Abfindung zu zahlen; der Dienstverpflichtete hatte noch Unterlagen herauszugeben. Die Abfindung wurde schließlich im Januar 2013 Zug um Zug gegen Übergabe der Unterlagen gezahlt. Erst 2016 machte der Anwalt seine Vergütung geltend.
Die Angelegenheit war mit Abschluss der Einigung (Oktober 2012) beendet und die Vergütung damit fällig geworden. In 2016 war die Vergütung damit verjährt (§ 196 Nr. 15 BGB a.F.).[53]

58 Ist der Austausch der Leistungen dagegen Bedingung für die Einigung (§ 158 BGB), wird die Vergütung erst mit Austausch der Leistungen fällig.

Beispiel: Die Parteien einigen sich außergerichtlich, dass die streitige Forderung erledigt sei, wenn die Gegenseite innerhalb von vier Monaten einen Betrag in Höhe von 5.000 EUR zahle.
Hier ist die Zahlung Wirksamkeitsvoraussetzung der Einigung, so dass auch erst mit der Zahlung die Vergütung fällig wird. Dies ergibt sich im Übrigen schon aus Anm. Abs. 3 zu VV 1000, da die Einigungsgebühr erst mit Wirksamkeit der Einigung entsteht.

59 Ebenso hängt die Fälligkeit der Vergütung von der Leistung des Auftraggebers ab, wenn ein Strafverfahren nach **§ 153a StPO** gegen Zahlung einer Geldbuße oder gegen Wiedergutmachung des angerichteten Schadens eingestellt wird. Das Verfahren wird nach § 153a StPO zunächst nur vorläufig

---

48 LG Koblenz AGS 2008, 431 m. Anm. *N. Schneider*; *N. Schneider*, AGS 2008, 430; *Mayer/Kroiß*, RVG, § 8 Rn 30; *Burhoff*, § 8 Rn 7.
49 OLG Naumburg JurBüro 1998, 81.
50 OLG Koblenz AGS 2007, 302 = JurBüro 2007, 316 = AnwBl 2007, 550 = OLGR 2007, 686 = RVGreport 2007, 191.
51 LG Karlsruhe RVGreport 2008, 26 = VersR 2008, 815.
52 AG Köln AnwBl 1999, 487 = JurBüro 1999, 528 = VersR 2008, 815; OLG Koblenz AGS 2007, 302 = Jur-

Büro 2007, 316 = AnwBl 2007, 550 = OLGR 2007, 686 = RVGreport 2007, 191; LAG Rheinland Pfalz, Beschl. v. 5.1.2007 – 10 Ta 248/06 (juris); OLG Düsseldorf AGS 2008, 535 = OLGR 2009, 63.
53 AG Köln AnwBl 1999, 487 = JurBüro 1999, 528; OLG Koblenz AGS 2007, 302 = JurBüro 2007, 316 = AnwBl 2007, 550 = OLGR 2007, 686 = RVGreport 2007, 191; LAG Rheinland Pfalz, Beschl. v. 5.1.2007 – 10 Ta 248/06 (juris).

eingestellt. Erst mit Erfüllung der Auflagen wird es endgültig eingestellt, so dass die Angelegenheit erst dann beendet ist.[54]

Nach *Mayer*[55] soll eine Angelegenheit immer dann beendet sein, wenn die weitere Tätigkeit bereits zu einer neuen Angelegenheit gehört.

60

Beispiel 1: Die Beratungstätigkeit (§ 34 Abs. 1) endet spätestens dann, wenn der Anwalt den Gegner anschreibt, da dann VV 2300 gilt.

Beispiel 2: Die außergerichtliche Tätigkeit ist beendet, wenn der Anwalt einen Mahnbescheid beantragt.

Für die Beratungstätigkeit gilt dies wegen der Einschränkung in § 34 Abs. 1, wonach die Beratung mit einer anderen Tätigkeit nicht in Zusammenhang stehen darf, uneingeschränkt, nicht aber für die außergerichtliche Tätigkeit. Alleine, dass der Anwalt auftragsgemäß einen **Mahnbescheid** beantragt, beendet noch nicht die außergerichtliche Tätigkeit. Es sind durchaus Fälle denkbar, in denen die außergerichtliche Angelegenheit fortdauert, obwohl bereits ein Mahnbescheid beantragt oder auch Klage erhoben worden ist.

61

Beispiel 1: In einer Pflichtteilsangelegenheit verhandeln die Parteien über die Höhe des Pflichtteilsanspruchs. Da der Eintritt der Verjährung droht, soll zur Verjährungsunterbrechung ein Mahnbescheid beantragt werden. Gleichzeitig soll der Anwalt weiterhin außergerichtlich verhandeln und versuchen, eine Einigung herbeizuführen.

Beispiel 2: In einer Zugewinnsache verhandeln die Parteien außergerichtlich. Da der Scheidungstermin unmittelbar bevorsteht und der Zugewinn, sofern es nicht doch noch zu einer Einigung kommt, noch im Verbund anhängig gemacht werden soll, reicht der Anwalt im Verbundverfahren vor dem FamG auftragsgemäß Klage auf Zahlung des Zugewinnausgleichs ein. Er soll jedoch weiterhin versuchen, außergerichtlich eine Einigung zu erzielen.

Lösung: In beiden Fällen dauert die außergerichtliche Interessenwahrnehmung fort, so dass die Vergütung insoweit noch nicht fällig wird.

3. Fälligkeitstatbestände für gerichtliche Verfahren (Abs. 1 S. 2)

a) Allgemeines

Für gerichtliche Verfahren stellt **Abs. 1 S. 2** eine Sonderregelung auf. Neben den allgemeinen Fälligkeitsvoraussetzungen des Abs. 1 S. 1 tritt in gerichtlichen Verfahren die Fälligkeit auch dann ein, wenn
– eine Kostenentscheidung ergeht (Abs. 1 S. 2, 1. Var.),
– der Rechtszug beendet ist (Abs. 1 S. 2, 2. Var.) oder
– das Verfahren länger als drei Monate ruht (Abs. 1 S. 2, 3. Var.).

62

Diese Fälligkeitstatbestände brauchen sich im Gegensatz zur Erledigung des Auftrags oder Beendigung der Angelegenheit nach Abs. 1 S. 1 nicht auf die gesamte Vergütung zu erstrecken. Hier kommt auch die **Fälligkeit einer Teilvergütung** in Betracht.

63

b) Kostenentscheidung (Abs. 1 S. 2, 1. Var.)

Mit dem Erlass einer Kostenentscheidung wird die Vergütung fällig. Unter **Kostenentscheidung** ist jegliche Entscheidung zu verstehen, die darüber befindet, wer die Kosten des Verfahrens zu tragen hat, unabhängig davon, ob nur über die außergerichtlichen Kosten oder nur über die Gerichtskosten entschieden wird.[56] Insoweit reicht der deklaratorische Ausspruch, wenn die Kostenfolge bereits unmittelbar aus dem Gesetz folgt.[57]

64

---

54 LG Koblenz AGS 2008, 431 m. Anm. *N. Schneider*; *N. Schneider*, AGS 2008, 430; *Mayer/Kroiß*, RVG, § 8 Rn 30; *Burhoff*, § 8 Rn 7.
55 Gerold/Schmidt/*Mayer*, RVG, § 8 Rn 12.
56 *Hansens*, § 16 Rn 5.
57 Gerold/Schmidt/*Mayer*, RVG, § 8 Rn 16; Riedel/Sußbauer/*Fraunholz*, § 8 Rn 9; a.A. *Hartmann*, § 18 RVG Rn 12.

65 Keine Kostenentscheidung beinhaltet der **Mahnbescheid**,[58] wohl aber der **Vollstreckungsbescheid**, da er in einer der Rechtskraft fähigen Entscheidung nicht nur über den Grund, sondern auch über die Höhe der zu erstattenden Kosten befindet.[59]

66 Die Entscheidung muss dabei nicht über sämtliche Verfahrenskosten ergehen. Auch **Teilkostentscheidungen** genügen. Sie führen dann allerdings nur zur Fälligkeit hinsichtlich derjenigen Gebühren, die von der Teilkostenentscheidung erfasst sind.[60]

67 Solche Teilkostenentscheidungen kommen insbesondere bei Teilurteilen (§ 301 ZPO) vor. Ein Teilurteil darf zwar keine Kostenentscheidung enthalten, weil der weitere Verlauf des Verfahrens Einfluss auf die Kostenentscheidung haben kann. Die Rechtsprechung macht von diesem Grundsatz (zu Unrecht) jedoch dann eine Ausnahme, wenn durch das Teilurteil ein Streitgenosse aus dem Rechtsstreit ausscheidet.[61] Über dessen Kosten soll dann bereits entschieden werden dürfen. Diese Handhabung ist zwar unzutreffend, entspricht aber der Praxis.

> **Beispiel:** Der Anwalt wird von zwei Klägern beauftragt, eine Forderung in Höhe von 10.000 EUR als Gesamtgläubiger geltend zu machen. Die Klage des einen Klägers wird mangels Aktivlegitimation durch Teilurteil abgewiesen; gleichzeitig werden ihm die eigenen außergerichtlichen Kosten auferlegt. Im Übrigen wird der Rechtsstreit durch eine Beweisaufnahme fortgesetzt und die abschließende Kostenentscheidung dem Schlussurteil vorbehalten.
> Der Vergütungsanspruch des Anwalts gegen den abgewiesenen Kläger wird nach Abs. 1 S. 2, 1. Var. fällig.[62] Sein Anwalt kann von ihm eine 1,3-Verfahrensgebühr und eine 1,2-Terminsgebühr verlangen (§ 7 Abs. 2 S. 1).

68 In diesen Fällen ist es unerheblich, ob die ausgeschiedene Partei mit einer anderen gesamtschuldnerisch haftet. Der **Gesamtschuldnerausgleich** zwischen den Auftraggebern richtet sich nach dem Innenverhältnis und ist vorzunehmen, wenn auch hinsichtlich der Vergütung gegen den anderen Gesamtschuldner Fälligkeit eingetreten ist. Die Bedeutung des Abs. 1 S. 2, 1. Var. ist in diesem Fall allerdings nur von untergeordneter Bedeutung, da mit Erlass des Teilurteils gegen einen Streitgenossen gleichzeitig die Angelegenheit ihm gegenüber beendet und sein Auftrag erledigt und somit nach Abs. 1 S. 1 bereits die Fälligkeit eingetreten ist. Abgesehen davon tritt auch Fälligkeit nach Abs. 1 S. 2, 2. Var. ein.

69 Auch dann, wenn ein **Teilurteil unzulässigerweise** eine **Kostenentscheidung** enthält, löst dies die Fälligkeit aus. Für den Tatbestand des Abs. 1 S. 2, 1. Var. kommt es nicht darauf an, ob die Kostenentscheidung prozessual zulässig war.

70 Zu den Teilkostenentscheidungen zählt auch die **Vorabentscheidung nach § 140 FamFG (früher § 628 ZPO a.F.)**. Rechtlich handelt es sich auch hier um eine Teilentscheidung, die allerdings systemwidrig eine Kostenentscheidung enthalten soll (§ 150 FamFG; § 93a Abs. 1 ZPO a.F.). Ergeht eine Kostenentscheidung, so wird die Vergütung nach Abs. 1 S. 2, 1. Var. im Umfang der Kostenentscheidung fällig.[63] Auch hier tritt allerdings daneben eine Fälligkeit nach Abs. 1 S. 2, 2. Var. ein, so dass es letztlich gar nicht auf die Kostenentscheidung ankommt (siehe Rdn 92).

71 Im Gegensatz zur Kostenerstattung gilt für die Fälligkeit nicht die Differenzmethode. Vielmehr wird die Vergütung nach denjenigen Werten fällig, über die eine Kostenentscheidung ergangen ist.

> **Beispiel:** Im Scheidungsverbundverfahren wird über die Ehesache (6.000 EUR) und das Sorgerecht (3.000 EUR) entschieden. Der Versorgungsausgleich (1.200 EUR) wird „abgetrennt".
> Da das Verbundverfahren eine einzige Angelegenheit bildet (§ 16 Nr. 4) und der Versorgungsausgleich nach § 137 Abs. 5 FamFG auch bei Abtrennung weiterhin Folgesache bleibt, tritt keine Fälligkeit nach Abs. 1 S. 1 ein. Die Vergütung des Anwalts wird vielmehr nach Abs. 1 S. 2, 1. Var. aus denjenigen Teilgegenständen fällig, über die eine Kostenentscheidung ergangen ist. Fällig wird daher:
>
> | | |
> |---|---:|
> | 1. 1,3-Verfahrensgebühr, VV 3100 (Wert: 9.000 EUR) | 659,10 EUR |
> | 2. 1,2-Terminsgebühr, VV 3104 (Wert: 9.000 EUR) | 608,40 EUR |
> | 3. Postentgeltpauschale, VV 7002 | 20,00 EUR |
> | Zwischensumme | 1.287,50 EUR |

---

[58] Hansens, § 16 Rn 5.
[59] Riedel/Sußbauer/*Fraunholz*, § 8 Rn 9, 13; *Lappe*, Rpfleger 1981, 341; a.A. Hansens, § 16 Rn 5.
[60] Hansens, § 16 Rn 5.
[61] OLG Naumburg JurBüro 1998, 81.
[62] OLG Naumburg JurBüro 1998, 81.
[63] OLG München AnwBl 1998, 178 = OLGR 1998, 383 = Rpfleger 1998, 489 = AGS 1998, 187 = NJW-RR 1999, 146; OLG Braunschweig NdsRpfl 1985, 15; SG Detmold, Beschl. v. 7.1.2009 – S 2 RJ 197/02.

4. 19 % Umsatzsteuer, VV 7008	244,63 EUR
Gesamt	**1.532,13 EUR**

Die restliche Vergütung kann der Anwalt erst fordern, wenn auch hinsichtlich des Versorgungsausgleichsverfahrens die Fälligkeit eintritt.

1. 1,3-Verfahrensgebühr, VV 3100 (Wert: 10.200 EUR)		785,20 EUR
2. 1,2-Terminsgebühr, VV 3104 (Wert: 10.200 EUR)		724,80 EUR
3. Postentgeltpauschale, VV 7002		20,00 EUR
Bereits abgerechnet (netto)		– 1.287,50 EUR
Zwischensumme	242,50 EUR	
4. 19 % Umsatzsteuer, VV 7008		46,08 EUR
Gesamt		**288,58 EUR**

Bei einer **Vorwegentscheidung nach § 140 FamFG (früher § 627 ZPO a.F.)** kann eine Fälligkeit nach Abs. 1 S. 2, 1. Var. nicht eintreten, da keine Kostenentscheidung ergeht. Die Fälligkeit tritt auch nicht nach Abs. 1 S. 1, 2. Var. ein, da das Verbundverfahren noch nicht erledigt ist und es nach Abs. 1 S. 1 keine Teilfälligkeiten gibt (vgl. Rdn 39). Wohl tritt aber eine Fälligkeit nach Abs. 1 S. 2, 3. Var. ein. **72**

Erlassen ist die Kostenentscheidung mit ihrer Verkündung[64] und bei Anordnung eines schriftlichen Verfahrens mit ihrer Zustellung.[65] Auf die Rechtskraft oder vorläufige Vollstreckbarkeit der Kostenentscheidung kommt es nicht an.[66] Kostenbeschlüsse, die ohne mündliche Verhandlung ergehen, sind i.S.d. Abs. 1 erst dann ergangen, wenn der Rechtsanwalt in die Lage versetzt ist, von ihnen Gebrauch zu machen, wenn sie ihm also zugegangen sind. **73**

Einigen sich die Parteien und regeln sie in der Einigung auch die Kostenerstattung, so steht dies einer gerichtlichen Kostenentscheidung gleich. Voraussetzung ist allerdings, dass die Einigung rechtswirksam ist.[67] Bei einer Einigung unter einer Bedingung oder unter einem Widerrufsvorbehalt tritt die Fälligkeit nach Abs. 1 S. 2, 1. Var. daher erst mit Eintritt der Bedingung oder dem Ablauf der Widerrufsfrist ein. Besondere Bedeutung kommt Abs. 1 S. 2, 1. Var. in diesem Fall allerdings ebenfalls nicht zu, da mit Abschluss einer Einigung bereits Fälligkeit nach Abs. 1 S. 1 eintritt (siehe Rdn 57). **74**

Der eigenständige Anwendungsbereich des Abs. 1 S. 2, 1. Var. ist gering, da in aller Regel bereits eine Fälligkeit nach Abs. 1 S. 1 eingetreten ist oder gleichzeitig nach Abs. 1 S. 2, 2. Var. eintritt. Eigenständige Bedeutung kommt Abs. 1 S. 2, 1. Var. nur dann zu, wenn ausnahmsweise mit Erlass der Kostenentscheidung weder die Angelegenheit noch der Rechtszug beendet ist. **75**

Ergeht gegen eine Partei ein **Versäumnisurteil** mit einer Kostenentscheidung, gegen das dann aber Einspruch eingelegt wird, so ist weder nach Abs. 1 S. 1 die Angelegenheit beendet, der Auftrag erledigt, noch ist der Rechtszug beendet (Abs. 1 S. 2, 2. Var.). Die bis zum Erlass des Versäumnisurteils entstandene Vergütung ist dann aber nach Abs. 1 S. 2, 1. Var. fällig geworden. **76**

> **Beispiel:** Der Prozessbevollmächtigte des Klägers erscheint im ersten Termin nicht, so dass die Klage durch Versäumnisurteil abgewiesen wird. Anschließend legt er Einspruch ein. Über die Sache wird nunmehr verhandelt.
> Insgesamt liegt nur eine einzige Angelegenheit vor. Die Vergütung, die bis zum Erlass der Kostenentscheidung des Versäumnisurteils entstanden ist, also die 1,3-Verfahrensgebühr (VV 3100) sowie die 0,5-Terminsgebühr der VV 3105 nebst Auslagen und Umsatzsteuer, ist somit vorzeitig fällig geworden. Die weitere Vergütung (also die Differenz zwischen der 1,2-Terminsgebühr nach VV 3104 und der bereits verdienten 0,5-Terminsgebühr nach VV 3105, gegebenenfalls auch eine Einigungsgebühr) wird dagegen erst mit Abschluss des Rechtsstreits fällig.

Gleiches gilt in Familiensachen im Falle eines **Versäumnisbeschlusses**. **77**

Ebenso verhält es sich bei Erlass eines Strafbefehls. Da auch der Strafbefehl eine Kostenentscheidung enthält, wird die bis dahin angefallene Vergütung auch dann fällig, wenn Einspruch eingelegt und das Verfahren fortgesetzt wird. **78**

---

64 OLG Düsseldorf OLGR 1999, 298 = KostRsp. BRAGO § 16 Nr. 30.
65 LG Weiden KostRsp. BRAGO § 16 Nr. 2.
66 *Hansens*, § 16 Rn 5.
67 *Hansens*, § 16 Rn 5.

Beispiel: Gegen den Beschuldigten ergeht vor dem AG ein Strafbefehl, gegen den er durch seinen Verteidiger Einspruch einlegen lässt.
Mit dem Eingang des Antrags auf Erlass des Strafbefehls endet das vorbereitende Verfahren, so dass die Gebühren nach VV 4100, 4104 nebst Auslagen fällig werden (Abs. 1 S. 1, 2. Alt.). Mit Erlass des Strafbefehls und entsprechender Kostenentscheidung wird die weitere Vergütung nach VV 4106 nebst Auslagen und Umsatzsteuer nach Abs. 1 S. 2, 1. Var. fällig.

c) Aufschub der Kostenentscheidung

79 In der Literatur wird weiterhin kontrovers die Frage diskutiert, ob die gerichtliche Entscheidung oder die Regelung der Parteien ausreicht, dass die Kosten eines Verfahrens der Kostenentscheidung eines zu einem späteren Zeitpunkt zu entscheidenden Verfahrens folgen sollen. Die Entscheidung dieser Streitfrage ist letztlich unerheblich, da immer eine Fälligkeit nach Abs. 1 S. 2, 2. Var. eintritt (siehe Rdn 84 ff.). **Zwei Fallgruppen** sind dabei auseinanderzuhalten:

80 **aa) Die Kostenregelung bleibt einer späteren Entscheidung vorbehalten.** Wird in einem Verfahren zunächst nur über die Hauptsache entschieden und bleibt die Kostenregelung einer späteren Entscheidung vorbehalten, so liegt damit gerade noch keine Kostenentscheidung vor.[68]

Beispiel: Das LG erlässt ein Teil-Anerkenntnis- und Teil-Verzichtsurteil; die Kostenentscheidung behält es dem Schlussurteil vor.
Es tritt in diesen Fällen auch keine Fälligkeit nach Abs. 1 S. 1 ein (siehe Rdn 39), wohl aber nach Abs. 1 S. 2, 2. Var.

81 **bb) Die Kostenverteilung soll der Entscheidung eines anderen Verfahrens folgen.** Umstritten ist die Frage der Fälligkeit nach Abs. 1 S. 2, 1. Var., wenn die Verteilung der Kosten der Entscheidung eines anderen Verfahrens folgen soll, ohne dass es noch einer gesonderten Entscheidung über die Kosten bedarf.

Beispiel 1:[69] Anlässlich eines Scheidungsverfahrens waren zwischen den Parteien mehrere einstweilige Anordnungsverfahren geführt worden. Das Gericht hat hierüber entschieden und bestimmt, dass die Kosten der Anordnungsverfahren den Kosten der Hauptsache folgen sollen. Mit der gleichen Kostenregelung ist in einem Anordnungsverfahren eine Einigung geschlossen worden.

Beispiel 2: Die Parteien einigen sich in einem einstweiligen Verfügungsverfahren dahin, dass die Kostenverteilung der Kostenentscheidung des bereits anhängigen Hauptsacheverfahrens folgen soll.

Das KG hat in der Begründung seiner Entscheidung[70] zutreffend ausgeführt, eine Kostenentscheidung i.S.d. Abs. 1 S. 2, 1. Var. habe damit noch nicht vorgelegen. Unabhängig von der Frage, ob dies überhaupt eine ausreichende Kostenentscheidung ist oder nach Abschluss des Hauptverfahrens noch eine Kostenentscheidung nachgeholt werden muss, reicht dies jedenfalls nicht aus, um die Fälligkeit nach Abs. 1 S. 2, 1. Var. herbeizuführen, da über den Umfang der Kostentragungspflicht gerade nicht entschieden worden ist.[71] Es handelt sich nicht um eine Kostenentscheidung, sondern lediglich um deren Aufschub, indem die Entscheidung des anderen Verfahrens auch die Kosten dieses Verfahrens mitregeln soll.

Auch die Entscheidung dieser Streitfrage ist letztlich jedoch vollkommen irrelevant, da bereits die gerichtliche Entscheidung oder der Vergleich zur Hauptsache die Fälligkeit nach Abs. 1 S. 1 und Abs. 1 S. 2, 2. Var. auslösen. Darauf, ob auch der Tatbestand des Abs. 1 S. 2, 1. Var. gegeben ist, kann es also letztlich nie ankommen.[72]

d) „Mehrkosten"-Entscheidungen

82 Keine Fälligkeit tritt ein, wenn sich aus der Kostenentscheidung nicht der Umfang der jeweiligen Kosten ergibt, wenn also nur über einen zunächst **nicht ausscheidbaren Teil** der Kosten entschieden wird.

---

68 *Hansens*, § 16 Rn 5.
69 KG Rpfleger 1984, 625.
70 Rpfleger 1984, 625.
71 KG AnwBl 1984, 625.
72 Gerold/Schmidt/*Mayer*, RVG, § 8 Rn 24.

Beispiel: In einem Strafverfahren vor dem AG entzieht das Gericht dem Angeklagten gemäß § 111a StPO vorläufig die Fahrerlaubnis. Hiergegen legt der Verteidiger Beschwerde ein. Das LG hebt den Beschluss des AG auf und legt die Kosten des Beschwerdeverfahrens und die dem Angeklagten entstandenen notwendigen Auslagen der Staatskasse auf.

Das Beschwerdeverfahren in Strafsachen ist keine eigene Angelegenheit und löst auch keine eigenen Gebühren aus; es ist lediglich im Rahmen des § 14 Abs. 1 gebührenerhöhend zu berücksichtigen (siehe VV Vorb. 4.1 Rdn 5). Die von der Staatskasse zu erstattenden Kosten sind nach der Differenzmethode zu berechnen.[73] Streng genommen müsste die Verjährung dieser Gebührendifferenz mit dem Erlass der Kostenentscheidung im Beschwerdeverfahren beginnen. Eine Fälligkeit dieser Gebühren kann jedoch nicht eintreten. Voraussetzung für die Fälligkeit von Gebühren ist nach allgemeinen zivilrechtlichen Grundsätzen, dass die Forderung bestimmbar und berechenbar ist. Gerade daran fehlt es hier jedoch. Eine Forderung, die mangels Berechnungsfähigkeit nicht geltend gemacht werden kann, kann auch nicht fällig werden. 83

e) Beendigung des Rechtszugs (Abs. 1 S. 2, 2. Var.)

Mit der Beendigung des Rechtszugs ist der **prozessuale** Rechtszug gemeint, nicht der gebührenrechtliche. Die Beendigung des Gebührenrechtszugs, nämlich der Angelegenheit, ist bereits in Abs. 1 S. 1, 2. Var. geregelt.[74] 84

Der Rechtszug endet mit einer gerichtlichen Entscheidung, mit einem Vergleich, einer Einigung, der Rücknahme der Klage, des Rechtsmittels oder der Anklage oder eines sonstigen Antrags. 85

Die gerichtliche Entscheidung muss die Instanz abschließen. Zwischenentscheidungen führen daher noch nicht zur Fälligkeit, wie etwa ein **Zwischenurteil** nach § 303 ZPO. 86

Ebenso wenig reicht ein **Grundurteil** aus, da dieses nicht die Instanz beendet. Wird allerdings gegen ein Grundurteil Rechtsmittel eingelegt und das Verfahren i.S.d. § 21 Abs. 1 zurückverwiesen, wird die Vergütung nach Abs. 1 S. 1, 2. Var. fällig. 87

Vorbehaltsurteile lösen ebenfalls keine Fälligkeit nach Abs. 1 S. 2, 2. Var. aus, da auch sie die Instanz nicht abschließen. Ein Vorbehaltsurteil nach § 599 ZPO beendet allerdings die Angelegenheit (§ 17 Nr. 5), so dass die Fälligkeit hier nach Abs. 1 S. 1, 2. Var. eintritt. Möglich ist auch, dass ein Vorbehaltsurteil eine Kostenentscheidung enthält und damit die Fälligkeit herbeiführt. 88

Eine gerichtliche Entscheidung beendet bereits mit ihrer **Verkündung** den Rechtszug, nicht erst mit ihrer Zustellung,[75] es sei denn, die Zustellung tritt an die Stelle der Verkündung. Ergeht die gerichtliche Entscheidung im schriftlichen Verfahren, dann endet der Rechtszug erst mit **Zugang der Entscheidung**.[76] 89

Auch hier kommen Teilfälligkeiten in Betracht, nämlich dann, wenn Teilentscheidungen ergehen, die im Umfang ihrer Entscheidung den Rechtszug beenden. 90

Beispiel 1: Über eine Klage in Höhe von 20.000 EUR erlässt das Gericht ein Teilurteil über 15.000 EUR. Die Vergütung nach dem Gegenstandswert von 15.000 EUR wird mit Erlass des Teilurteils fällig.

Beispiel 2: Der Kläger nimmt seine ursprüngliche Klage über 10.000 EUR in Höhe von 4.000 EUR zurück. Die Vergütung nach dem Gegenstandswert von 4.000 EUR wird mit Klagerücknahme fällig.

Zum Anwendungsfall einer Teilfälligkeit nach Abs. 1 S. 2, 2. Var. zählt auch die Vorwegentscheidung im Verbundverfahren. 91

Beispiel: Das FamG entscheidet im Scheidungsverbundverfahren gemäß § 140 FamFG (früher § 627 ZPO a.F.) vorweg über das Sorgerecht.
Die Vergütung nach dem Wert des Sorgerechtsverfahrens wird mit Erlass der Vorwegentscheidung fällig, da insoweit der Rechtszug beendet ist.

Bei **Vorabentscheidungen nach § 140 FamFG (früher § 628 ZPO a.F.)** wird die Fälligkeit in aller Regel bereits nach Abs. 1 S. 2, 1. Var. eintreten, da diese nach § 150 FamFG (früher § 93a ZPO a.F.) eine Kostenentscheidung enthalten sollen (siehe Rdn 70). Daneben tritt aber auf jeden Fall die 92

---

73 BGH JurBüro 1973, 512; LG Göttingen JurBüro 1990, 876; Schmidt/*Baldus*, Rn 521.
74 *Hansens*, § 16 Rn 5.
75 OLG Düsseldorf OLGR 1999, 298 = KostRsp. BRAGO § 16 Nr. 30.
76 LG Weiden KostRsp. BRAGO § 16 Nr. 2.

Fälligkeit nach Abs. 1 S. 2, 2. Var. ein, da die Vorabentscheidung den Rechtszug der Ehesache und eventuell mitentschiedener Folgesachen beendet.

93 Dass der Anwalt nach Beendigung des Rechtszuges noch mit nachfolgenden Abwicklungstätigkeiten befasst ist, ist insoweit unerheblich. Insbesondere steht daher das noch anstehende Kostenfestsetzungsverfahren der Fälligkeit nicht entgegen (siehe Rdn 57).

94 Entscheidet das Gericht zunächst nur über die Hauptsache und behält es die Entscheidung über die Kosten der **Schlussentscheidung** vor, tritt die Fälligkeit der Gebühren aus dem Wert der Hauptsache ein. Soweit aus dem Wert der Kosten weitere Gebühren anfallen, werden diese erst mit der Schlussentscheidung über die Kosten fällig (ausführlich siehe Rdn 79 ff.). Gleiches gilt bei Klage- oder Rechtsmittelrücknahme; auf die Kostenentscheidung kommt es hier nicht mehr an; lediglich eventuelle Gebühren aus dem Kostenwert werden erst mit der Kostenentscheidung fällig. Im Falle der übereinstimmenden Erledigungserklärung tritt die Fälligkeit insgesamt erst mit der Kostenentscheidung nach § 91a ZPO ein (ausführlich siehe Rdn 51).

f) Ruhen des Verfahrens (Abs. 1 S. 2, 3. Var.)

95 Ruht das Verfahren **länger als drei Monate**, tritt ebenfalls die Fälligkeit des Vergütungsanspruchs ein. Diese Bestimmung wird häufig übersehen. Sinn und Zweck dieser Vorschrift ist es, dem Anwalt einen fälligen Vergütungsanspruch zu verschaffen, wenn die Sache nicht mehr weiter betrieben wird. Die Kehrseite hiervon ist jedoch, dass damit auch der Verjährungsablauf der Vergütung beginnt, was häufig nicht beachtet wird (siehe Rdn 109 f.).

96 Die 3. Var. des Abs. 1 S. 2 gilt grundsätzlich für alle gerichtlichen Verfahren, unabhängig davon, ob der Amtsermittlungsgrundsatz gilt oder die Dispositionsmaxime. Auf schiedsrichterliche Verfahren findet Abs. 1 S. 2, 3. Var. dagegen keine Anwendung.[77]

97 Das „**Ruhen**" des Verfahrens i.S.d. Abs. 1 S. 2, 3. Var. ist nicht streng prozessual zu verstehen. Es ist also nicht erforderlich, dass das Gericht z.B. nach § 251 ZPO das Ruhen des Verfahrens anordnet.[78] Vielmehr reicht es aus, dass in der Angelegenheit tatsächlich länger als drei Monate nichts mehr geschieht.[79]

98 Voraussetzung ist, dass das Gericht durch sein Verhalten zu erkennen gibt, in der Sache zunächst nichts Weiteres zu veranlassen. Daher ist nicht von einem Ruhen i.S.d. Abs. 1 S. 2 auszugehen, wenn das Gericht auf einen Zeitraum von über drei Monaten hinaus terminiert, eine Stellungnahmefrist von mehr als drei Monaten setzt, die Berufungsbegründungsfrist auf einen Zeitraum von über drei Monaten verlängert oder für einen Zeitraum von über drei Monaten keine verfahrensleitenden Maßnahmen trifft.[80] Auch wenn sich faktisch über drei Monate hinweg in dieser Sache nichts tut, ruht das Verfahren nicht, sondern wird weiter betrieben.

99 Werden die **Akten an ein anderes Gericht** verschickt, so kann ebenfalls nicht von einem Ruhen des Verfahrens ausgegangen werden, es sei denn, das Empfangsgericht lässt die Sache dort liegen und bearbeitet sie länger als drei Monate nicht weiter. Die Untätigkeit eines ersuchten oder beauftragten Richters reicht aus. Werden die Akten dagegen an einen Sachverständigen verschickt und lässt dieser die Sache liegen, ist ein Ruhen des Verfahrens i.S.d. Abs. 1 S. 2, 3. Var. nicht gegeben, da dessen Untätigkeit nicht dem Gericht zuzurechnen ist.

100 Auch die **Aussetzung** (z.B. §§ 148 ff. ZPO; §§ 138c Abs. 4, 228, 246, 265 Abs. 3 und 4, 416, 145, 217 ff. StPO) sowie die **Unterbrechung** (§§ 239 ff. ZPO) gelten als Ruhen i.S.d. Abs. 1 S. 2, 3. Var., da auch in diesen Fällen das Gericht zu erkennen gibt, bis auf weiteres nichts zu veranlassen.[81] Gleiches gilt im Falle des § 140 FamFG (früher § 627 ZPO a.F.), wenn gegen die Vorwegentscheidung Beschwerde eingelegt wird und das Gericht im Hinblick auf § 140 FamFG (früher § 627 Abs. 2 ZPO a.F.) das Verfahren zunächst nicht weiter betreibt.

---

[77] OLG Köln JurBüro 1993, 354.
[78] LAG Köln, Beschl. v. 17.11.2011 – 7 Ta 30/11.
[79] LAG Köln, Beschl. v. 17.11.2011 – 7 Ta 30/11; OVG Bremen JurBüro 1991, 929, das sich allerdings auf eine anderweitige Erledigung gemäß § 63 GKG beruft; Gerold/Schmidt/*Mayer*, RVG, § 8 Rn 29.
[80] OLG Karlsruhe AGS 2008, 61 = RVGreport 2008, 54 = NJW-Spezial 2008, 92.
[81] Gerold/Schmidt/*Mayer*, RVG, § 8 Rn 30; a.A. Riedel/Sußbauer/*Fraunholz*, § 8 Rn 15.

In Strafsachen führt auch eine **vorläufige Einstellung** nach § 205 StPO zur Fälligkeit der Vergütung, da das Gericht zu erkennen gibt, in der Sache zunächst nichts Weiteres zu veranlassen. Dies gilt allerdings nicht für eine Pauschvergütung nach §§ 42, 51, da für deren Bewilligung eine Gesamtschau erforderlich ist, die erst nach Abschluss der Instanz vorgenommen werden kann.[82] Der Fall liegt hier anders als bei der Aufhebung der Bestellung (siehe Rdn 23), da dort für den ausgeschiedenen Pflichtverteidiger eine abschließende Betrachtung angestellt werden kann. Im Fall einer vorläufigen Einstellung nach § 205 StPO ist dies jedoch weder für den Wahlanwalt noch für den Pflichtverteidiger möglich, da noch mit weiteren Tätigkeiten des Anwalts zu rechnen ist. Eine Fälligkeit der Pauschvergütung tritt daher nicht ein.[83] Der Pflichtverteidiger muss hier also auf Vorschüsse verwiesen werden (§ 47 Abs. 1); ebenso der Wahlanwalt (§ 9). 101

Tritt infolge der **Eröffnung eines Insolvenzverfahrens** eine Unterbrechung des Verfahrens ein (§ 240 ZPO), ist damit das Verfahren nicht beendet. Die Fälligkeit tritt daher auch hier erst ein, wenn innerhalb von drei Monaten ab der Unterbrechung in dem Verfahren nichts Weiteres geschieht.[84] 102

Auch bei der Alternative des Ruhens des Verfahrens kommen Teilfälligkeiten in Betracht. Ergeht ein **Teil-, Grund- oder Vorbehaltsurteil** und wird hiergegen **Berufung** eingelegt, so wird die übrige Vergütung, also soweit sie nicht von der Entscheidung des Grund- oder Teilurteils erfasst ist, fällig, wenn das Gericht die Sache mehr als drei Monate nicht bearbeitet. 103

> **Beispiel:** In einem Rechtsstreit über 30.000 EUR erlässt das LG ein Teilurteil über 20.000 EUR. Hiergegen wird Berufung eingelegt. Das LG bearbeitet das anhängig gebliebene Verfahren nicht weiter, sondern will den Ausgang des Berufungsverfahrens abwarten.
> Mit dem Teilurteil wird die Vergütung aus den 20.000 EUR fällig. Nach Ablauf von drei Monaten ab Erlass des Teilurteils wird auch die Vergütung hinsichtlich der restlichen 10.000 EUR fällig.

Das Gleiche gilt, wenn das Gericht z.B. eine **Widerklage** oder **Klageerweiterung** nicht weiter betreibt, weil die angeforderten Gerichtskosten nicht eingezahlt werden. Auch in Verbundverfahren kann nach Abs. 1 S. 2, 3. Var. eine Teilfälligkeit eintreten, wenn eine Folgesache über drei Monate nicht mehr betrieben wird.[85] 104

> **Beispiel:** In einem Scheidungsverbundverfahren wird der Zugewinnausgleich im Wege des Stufenantrags geltend gemacht. Nachdem die Antragsgegnerin die geforderten Auskünfte zum Endvermögen erteilt hat, veranlasst der Antragsteller über drei Monate lang nichts Weiteres, sondern betreibt nur die Ehesache und die anderen Folgesachen.
> Nur die Gebühren aus der Folgesache Zugewinn werden nach Ablauf der drei Monate fällig, nicht auch die übrige Vergütung.

Die einmal eingetretene Fälligkeit nach Abs. 1 S. 1, 3. Var. wird dadurch nicht beseitigt, dass das Verfahren später wieder aufgenommen und fortgeführt wird.[86] Allerdings können durch die weiteren Tätigkeiten die Gebühren erneut ausgelöst werden, so dass die Verjährung erst später eintritt (siehe Rdn 157 ff.). 105

Nicht zu verwechseln ist die Frage, ob Fälligkeit eintritt, mit der Frage, ob damit auch die Frist des § 15 Abs. 5 S. 2 ausgelöst wird (siehe dazu § 15 Rdn 289 ff.). 106

D. Verjährung

I. Überblick

Die Verjährung der anwaltlichen Vergütung ist nicht unmittelbar im RVG geregelt, sondern im BGB (Ausnahme: Hemmung nach Abs. 2). Mittelbar stützt sich die Verjährung jedoch auf Abs. 1, da der Beginn des Ablaufs der Verjährungsfrist vom Eintritt der Fälligkeit abhängig ist. Nach Ablauf der 107

---

82 OLG Düsseldorf JurBüro 1980, 392; OLG Hamm JurBüro 1984, 1843 = AnwBl 1985, 155; OLG Bamberg JurBüro 1990, 1281.
83 OLG Düsseldorf MDR 1991, 1000.
84 Gerold/Schmidt/*Mayer*, RVG, § 8 Rn 30; a.A. Riedel/Sußbauer/*Fraunholz*, § 8 Rn 5; *Schumann/Geißinger*, § 16 Rn 5.
85 OLG Düsseldorf AnwBl 1990, 324 = FamRZ 1990, 1130 = JurBüro 1990, 860.
86 OLG Schleswig JurBüro 1980, 68.

Verjährungsfrist steht dem Auftraggeber die Einrede der Verjährung zu, so dass der Anwalt seinen Vergütungsanspruch faktisch verliert, wenn diese Einrede erhoben wird (§ 214 Abs. 1 BGB).

108 Die Verjährung gilt für alle Vergütungsansprüche des Anwalts, also sowohl für die gesetzlichen Gebühren als auch für vereinbarte Vergütungen[87] sowie für Auslagen, die nach VV Vorb. 7 Abs. 1 S. 2 i.V.m. §§ 675, 670 BGB zu erstatten sind.

II. Verjährungsfrist

109 Die Verjährungsfrist beträgt **drei Jahre** (regelmäßige Verjährungsfrist § 195 BGB) und **beginnt mit dem Ablauf des Kalenderjahres**, in dem der Anspruch fällig geworden ist (§ 199 Abs. 1 BGB).

Soweit § 191 Abs. 1 Nr. 1 BGB vom Entstehen des Anspruchs spricht, gilt dies nicht für das RVG, da dort etwas anderes bestimmt ist. Der Anwalt kann hier seine Forderung nicht schon mit Entstehen geltend machen, sondern erst mit der Erteilung einer Rechnung (§ 10). Diese wiederum kann er aber erst nach Fälligkeit erstellen, sodass die Verjährungsfrist hier erst ab Ende des Kalenderjahres laufen kann, in dem der Vergütungsanspruch fällig geworden ist.[88]

110 Der Ablauf der Verjährungsfrist ist gemäß § 10 Abs. 1 S. 1 von der **Mitteilung der Berechnung** der Vergütung nicht abhängig.[89] Die Verjährung beginnt daher auch dann bei Fälligkeit, wenn noch keine oder keine ordnungsgemäße Rechnung erteilt worden ist. Die Forderung kann somit auch verjähren, ohne dass jemals eine Abrechnung erteilt worden ist und ohne dass die Vergütung damit überhaupt jemals geltend gemacht werden konnte (siehe § 10 Rdn 106 ff.).

111 Ebenso ist die Verjährung einer weiteren Vergütung nach § 52 Abs. 1 nicht von einer Entscheidung des Gerichts über die Leistungsfähigkeit des Beschuldigten abhängig (§ 52 Abs. 5 S. 1). Allerdings wird während der Anhängigkeit eines Antrags nach § 53 Abs. 2 S. 1 der Ablauf der Verjährung gehemmt.

112 Nach § 390 S. 2 BGB kann mit einer verjährten Forderung zwar **aufgerechnet** werden, wenn die Aufrechnungslage bereits zu nicht verjährter Zeit bestand. Die Aufrechnung mit einer verjährten Vergütungsforderung ist ungeachtet der Vorschrift des § 390 S. 2 BGB jedoch dann nicht möglich, wenn dem Auftraggeber nicht auch schon zum Zeitpunkt der Aufrechnungslage eine ordnungsgemäße Berechnung nach § 10 zugegangen war, weil keine Aufrechnungslage zu unverjährter Zeit bestand.[90]

113 Da die Parteien die Fälligkeit der Vergütung durch eine Vereinbarung selbst regeln können, können sie damit auch den Beginn der Verjährungsfrist beeinflussen.[91] Durch Vereinbarung, können die Vertragsparteien zudem die Verjährungsfrist verlängern, allerdings nicht über 30 Jahre hinaus (§ 202 Abs. 2 BGB).

III. Hemmung, Unterbrechung und Neubeginn der Verjährung

1. Überblick

114 Nach der **bis zum 31.12.2001 geltenden Fassung** des BGB konnte die Verjährung **unterbrochen** werden (§§ 208 ff. BGB a.F.). Nach Beendigung der Unterbrechung lief eine neue Verjährungsfrist. Diese begann sofort und nicht erst mit Ablauf des Kalenderjahres, in dem die Verjährung unterbrochen worden war.

115 Die **ab dem 1.1.2002 geltende Fassung** des BGB spricht nicht mehr von „Unterbrechung", sondern nur noch von dem **Neubeginn der Verjährung** (§ 212 BGB); in der Sache macht dies jedoch keinen Unterschied.

---

[87] BGH = NJW 1983, 1047 = JurBüro 1983, 689 = Rpfleger 1983, 293 = AnwBl 1983, 219.
[88] OLG Düsseldorf MDR 2012, 436 = AnwBl 2012, 372 = FamRZ 2012, 1763; LAG Köln, Beschl. v. 17.11.2011 – 7 Ta 30/11.
[89] *Hansens*, § 16 Rn 10.
[90] BGH AnwBl 1985, 257.
[91] *Hansens*, § 16 Rn 10.

Eine bloße **Hemmung** der Verjährung ist dagegen sowohl nach der bisherigen als auch nach der neuen Fassung vorgesehen. Die Hemmung der Verjährung löst keine neue Frist aus, sondern bewirkt lediglich, dass der Zeitraum, währenddessen die Verjährung gehemmt ist, nicht mitgerechnet wird (§ 209 BGB n.F.).

116

Nach der früheren Fassung des BGB wurde die Verjährung durch gerichtliche Maßnahmen unterbrochen (Klage, Mahnantrag oder auch Antrag auf Vergütungsfestsetzung, § 11 Abs. 7). Diese Maßnahmen führen jetzt nur noch zu einer Hemmung.

117

Bei einem Anerkenntnis des Schuldners (§ 208 BGB a.F.) sowie der Vornahme einer Vollstreckungshandlung (§ 209 Abs. 2 Nr. 5 BGB a.F.) ist die Rechtslage dagegen die gleiche geblieben. Nach einem Anerkenntnis und einer vorgenommenen oder beantragten gerichtlichen oder behördlichen Vollstreckungshandlung beginnt auch jetzt die Verjährungsfrist erneut (§ 212 Abs. 1 Nr. 1 und 2 BGB n.F.).

118

Die früheren Tatbestände der Verjährungshemmung führen auch jetzt nur zu einer Hemmung und nicht zu einem Neubeginn; hier hat sich im Grunde kaum etwas geändert. Neu ist jetzt die unmittelbar im RVG geregelte Vorschrift zur Hemmung der Verjährung in Abs. 2.

119

2. Übergangsfälle

Für Übergangsfälle ist die Überleitungsvorschrift zum Verjährungsrecht nach dem Gesetz zur Modernisierung des Schuldrechts (Art. 229 § 6 EGBGB) zu beachten. Danach gilt Folgendes:

120

a) Soweit der Anspruch **bis zum 31.12.2001 entstanden und nach altem Recht verjährt** ist, bleibt es bei der Verjährung nach altem Recht (Umkehrschluss aus Art. 229 § 6 Abs. 1 S. 1 EGBGB). Der Zeitpunkt des Entstehens ist hier gleichzusetzen mit dem Zeitpunkt der Fälligkeit.

121

> **Beispiel:** Die Vergütung des Rechtsanwalts ist am 11.9.1999 fällig geworden. Am 20.1.2000 hatte er einen Vergütungsfestsetzungsantrag eingereicht, den er am 15.5.2000 wieder zurückgenommen hat.
> Anzuwenden ist ausschließlich altes Recht. Die Unterbrechung der Verjährung durch Einreichung des Vergütungsfestsetzungsantrags gilt als nicht erfolgt (§ 19 Abs. 7 BRAGO i.V.m. §§ 209, 212 Abs. 1 BGB a.F.). Die Forderung ist daher mit Ablauf des 31.12.2001 verjährt.
> Nach neuem Recht hätte der Vergütungsfestsetzungsantrag dagegen eine Hemmung sechs Monate über die Rücknahme des Festsetzungsantrags hinaus bewirkt (§ 11 Abs. 7 RVG, § 204 Abs. 1 Nr. 1 BGB n.F.), so dass die Verjährung vom 20.1.2000 bis zum 15.11.2000 unterbrochen gewesen (§ 204 Abs. 2 BGB n.F.) und somit keine Verjährung eingetreten wäre.

b) Soweit der Anspruch **bis zum 31.12.2001 entstanden und nach altem Recht noch nicht verjährt** ist, bleibt es für den Zeitraum bis zum 31.12.2001 hinsichtlich des Beginns, der Hemmung und der Unterbrechung bei der Anwendung des alten Rechts (Art. 229 § 6 Abs. 1 S. 1 EGBGB). Für den Zeitraum ab dem 1.1.2002 gilt hinsichtlich der Hemmung und des Neubeginns allerdings neues Recht.

122

> **Beispiel:** Die Vergütung des Rechtsanwalts ist am 11.9.1999 fällig geworden. Am 20.1.2000 hatte er einen Vergütungsfestsetzungsantrag eingereicht, der wegen nichtgebührenrechtlicher Einwendungen am 8.8.2001 rechtskräftig als unzulässig abgewiesen worden ist.
> Anzuwenden ist für die Unterbrechung altes Recht. Der Vergütungsfestsetzungsantrag hat die Verjährung nach (§ 19 Abs. 7 BRAGO, § 209 BGB a.F.) unterbrochen. Diese Wirkung ist nach § 212 Abs. 1 BGB a.F. durch die rechtskräftige Abweisung entfallen. Sie lebt aber nach altem Recht wieder auf, wenn der Anwalt binnen sechs Monaten Klage erhebt (§ 212 Abs. 2 BGB a.F.). Durch eine erneute Klageerhebung wird die neue Verjährungsfrist, die ab dem 9.8.2001 läuft, dagegen nicht mehr nach bisherigem Recht unterbrochen (§ 209 Abs. 1 BGB a.F.), sondern lediglich nach neuem Recht gehemmt (§ 204 Abs. 1 BGB n.F.).

Die Verjährungsfrist bemisst sich in diesen Fällen immer auf zwei Jahre (Art. 229 § 6 Abs. 1 S. 1 EGBGB). Sie verlängert sich daher auch dann nicht auf drei Jahre, wenn sie nach dem 1.1.2002 gemäß § 212 BGB n.F. erneut beginnt. Hinsichtlich der Frist bleibt es immer bei der kurzen Frist des § 196 Abs. 1 Nr. 15 BGB a.F., wenn die Forderung vor dem 1.1.2002 fällig geworden ist.

c) Soweit der Anspruch **nach dem 1.1.2002 entstanden** ist, gilt ausschließlich neues Recht (Art. 229 § 6 Abs. 1 S. 1 EGBGB). Es gelten also sowohl die dreijährige Verjährungsfrist des § 195 BGB n.F. als auch die neuen Vorschriften zur Hemmung und zum Neubeginn der Verjährung.

123

3. Verjährungshemmung durch gerichtliche Geltendmachung

124 Der Ablauf der Verjährung wird gehemmt durch:
- Klageerhebung (§ 204 Abs. 1 Nr. 1 BGB)
- Zustellung des Mahnbescheides (§ 204 Abs. 1 Nr. 3 BGB)
- Antrag vor einer Schlichtungsstelle nach § 15a EGZPO (§ 204 Abs. 1 Nr. 4 BGB)
- Anmeldung im Insolvenzverfahren (§ 204 Abs. 1 Nr. 10 BGB)
- Aufrechnung im Prozess (§ 204 Abs. 1 Nr. 5 BGB)
- Streitverkündung (§ 204 Abs. 1 Nr. 6 BGB)
- Vornahme einer Vollstreckungshandlung (§ 212 Abs. 1 Nr. 2 BGB)
- Antrag auf Bewilligung von Prozesskosten- oder Verfahrenskostenhilfe (§ 204 Abs. 1 Nr. 14 BGB).

Neben den allgemeinen Möglichkeiten wird der Verjährungsablauf auch durch die Einreichung eines **Vergütungsfestsetzungsantrags** nach § 11 bei Gericht gehindert. Der Festsetzungsantrag steht einer Klageerhebung gleich (§ 11 Abs. 7). Insoweit genügt es, dass der Festsetzungsantrag bei Gericht eingeht. Einer Zustellung bedarf es nicht. Nimmt der Anwalt den Festsetzungsantrag zurück, wird der Antrag rechtskräftig als unzulässig abgewiesen oder wird die Festsetzung nach § 11 Abs. 5 wegen nichtgebührenrechtlicher Einwände abgelehnt, so muss der Anwalt innerhalb von sechs Monaten erneut eine verjährungshindernde Maßnahme treffen; anderenfalls endet die Hemmung der Verjährung (§ 204 Abs. 2 BGB).

125 Steht die Vergütungsforderung einer Sozietät oder einer Partnerschaft zu, führt die Erhebung der Vergütungsklage durch einen Sozius oder Partner ohne Hinweis auf eine Prozessstandschaft nicht zu einer Hemmung der Verjährung, weil er nicht Inhaber der geltend gemachten Forderung ist und nur die Klage eines Berechtigten den Lauf der Verjährung hemmt.[92]

126 Umstritten ist, ob es zur Unterbrechung oder Hemmung der Verjährung durch die der vorgenannten Maßnahmen erforderlich ist, dass der Anwalt seinem Auftraggeber zuvor eine **Abrechnung** erteilt hat, oder ob es ausreicht, dass nach Ablauf der Verjährungsfrist noch eine Berechnung nachgereicht wird.

> **Beispiel:** Die Angelegenheit war am 11.9.2013 beendet. Am 22.11.2015 erhob der Anwalt Klage. Am 18.1.2016 teilte er im Verfahren auf Hinweis des Gerichts erstmals dem Beklagten eine ordnungsgemäße Kostenberechnung nach § 10 mit.
> Die Rechnung ist damit erst nach Ablauf der der Verjährungsfrist vorgelegt worden. Es stellt sich jetzt die Frage, ob das wegen der bereits erhobenen Klage ausreicht.

Zum Teil wird vertreten, einer nachgereichten Kostenrechnung komme keine Rückwirkung zu.[93] Ausgehend hiervon wäre die Gebührenforderung also nach Ablauf von drei Kalenderjahren endgültig verjährt. Dies ist jedoch unzutreffend. Unabhängig davon, ob man die Mitteilung der Kostennote als Zulässigkeitsvoraussetzung oder als materiell-rechtliche Anspruchsvoraussetzung ansieht (siehe § 10 Rdn 88 ff.), wirkt die Heilung des Mangels, also hier der Vorlage der Kostenrechnung, nach allgemeinen prozessualen Grundsätzen zurück. Auch eine unzulässige Klage unterbricht nämlich den Ablauf der Verjährung jedenfalls dann, wenn der Zulässigkeitsmangel im Laufe des Rechtsstreits geheilt wird. Die Heilung tritt dann ex nunc ein. Fasst man die Mitteilung der Kostennote als materiell-rechtliche Anspruchsvoraussetzung auf, gilt dies erst recht, da die Begründetheit einer Klage zum Zeitpunkt der letzten mündlichen Verhandlung zu beurteilen ist und nicht zum Zeitpunkt ihrer Erhebung.[94]

127 Die Verjährung der Vergütung eines im Wege der **Prozesskosten- oder Verfahrenskostenhilfe** oder anderweitig beigeordneten oder bestellten Anwalts wird analog § 11 Abs. 7 durch Einreichung eines Festsetzungsantrags nach § 55 unterbrochen bzw. gehemmt. Ebenso unterbricht der Antrag nach §§ 42 Abs. 1, 51 Abs. 1 auf Festsetzung einer Pauschgebühr (§§ 42 und 51) den Verjährungsablauf hinsichtlich der Pauschgebühr, nicht aber auch hinsichtlich der sonstigen Vergütung, insbesondere der Gebühren nach VV Teil 4 bis 6. Hier kommt gegebenenfalls allerdings Abs. 2 zum Zuge (siehe

---

92 OLG Düsseldorf MDR 2012, 436 = AnwBl 2012, 372 = FamRZ 2012, 1763.
93 KG ZZP 1955, 447; 1955, 272; LG Berlin AnwBl 1992, 240 = MDR 1992, 524; OLG Köln AnwBl 1994, 471 = OLGR 1994, 103.
94 BGH AGS 1998, 177 = LM § 675 BGB Nr. 256 m. Anm. *Lauda* = MDR 1998, 1313 = NJW 1998, 3466 = NJW-RR 1999, 934 = Rpfleger 1998, 538 = ZIP 1998, 1801.

Rdn 128 ff.). Ebenfalls verjährungshemmende Wirkung hat jetzt der Antrag nach § 52 Abs. 1 S. 1 (früher: § 100 Abs. 2 BRAGO, der nach § 100 Abs. 3 S. 2 BRAGO keine verjährungshindernde Wirkung hatte).

4. Hemmung der Verjährung nach Abs. 2

a) Regelungsgehalt

Abs. 2 enthält eine spezielle Regelung zur Hemmung der Vergütung in gerichtlichen Verfahren. Es handelt sich also hier um eine spezielle Regelung in Ergänzung des § 204 BGB. Sinn und Zweck dieser Vorschrift ist es, den Ablauf der Verjährung so lange zu hemmen, als das Verfahren noch anhängig ist. Diese Regelung schafft zahlreiche Unklarheiten, die bei gehöriger Sorgfalt hätten vermieden werden können. Über den Sinn und Zweck dieser Vorschrift kann man ohnehin geteilter Auffassung sein. Ein Anwalt, der sorgfältig arbeitet und bei Fälligkeit (Abs. 1) abrechnet, wird des Schutzes des Abs. 2 S. 1 nicht bedürfen. **128**

b) Voraussetzungen

aa) Gerichtliches Verfahren. Voraussetzung für die Anwendung des Abs. 2 S. 1 ist, dass die Vergütung aus einem **gerichtlichen Verfahren** stammt. In welcher Eigenschaft der Anwalt dort tätig geworden ist, ist dabei unerheblich. Die Vorschrift gilt insbesondere für den Prozessbevollmächtigten, aber auch für den Verkehrsanwalt, den Terminsvertreter oder einen mit sonstigen Einzeltätigkeiten beauftragten Anwalt, wie etwa den sog. Fluranwalt. Nicht ausreichend sind außergerichtliche Tätigkeiten, etwa im Schlichtungsverfahren nach § 15a EGZPO (VV 2303 Nr. 4) oder in einem Schiedsverfahren (§ 36) oder auch die Beratung über die Erfolgsaussicht eines Rechtsmittels (VV 2100 ff.). **129**

bb) Anhängigkeit. Das Verfahren muss anhängig sein bzw. anhängig geblieben sein. Was unter „Anhängigkeit" zu verstehen sein soll, ist unklar. Der Wortlaut erscheint eindeutig und lässt an § 253 ZPO denken. Der Begriff der Anhängigkeit soll nach dem Willen des Gesetzgebers aber nicht im strengen prozessualen Sinne zu verstehen sein. Auch die „Anhängigkeit" von Nebenverfahren, wie Kostenfestsetzungsverfahren, Streitwertbeschwerdeverfahren u.a., soll ausreichen. Solange der Anwalt noch mit solchen Abwicklungs- und Nebentätigkeiten befasst ist, soll er nicht Gefahr laufen, dass seine Vergütung verjähren kann. **130**

c) Umfang des gerichtlichen Verfahrens

Gehemmt wird der Ablauf der Verjährung für die Vergütung des noch anhängigen gerichtlichen Verfahrens. Auch diese Regelung ist insoweit unklar, als sie nicht auf die Angelegenheit abstellt, sondern auf das „gerichtliche Verfahren". Abzustellen sein dürfte aber wohl auch hier auf die Angelegenheit. Sofern innerhalb eines gerichtlichen Verfahrens eine gesonderte Angelegenheit stattgefunden hat, wie z.B. ein Beschwerdeverfahren, beginnt hier die Verjährungsfrist wohl auch für die Gebühren des Beschwerdeverfahrens auch dann zu laufen, wenn die Hauptsache noch nicht endgültig abgeschlossen ist; da jedenfalls das Beschwerdeverfahren als solches rechtskräftig abgeschlossen ist und dies nach dem Wortlaut des Abs. 2 ausreicht. **131**

> **Beispiel:** Gegen die Aussetzung des Rechtsstreits durch das LG legt der Kläger gemäß § 252 ZPO Beschwerde ein. Die Beschwerde wird vom OLG kostenpflichtig zurückgewiesen.
> Die Verjährung in der Hauptsache läuft nicht, da kein Fälligkeitstatbestand nach Abs. 1 gegeben ist. Die Verjährung für die Gebühren des Beschwerdeverfahrens (VV 3500, 3513) läuft dagegen ungehemmt, da diese Angelegenheit (§ 18 Abs. 1 Nr. 3) rechtskräftig abgeschlossen ist. Lediglich ein Kostenfestsetzungsverfahren o.Ä. über die Kosten des Beschwerdeverfahrens würde nach Abs. 2 die Vergütung für dieses Verfahren hemmen.

> **Beispiel:** Gegen das erstinstanzliche Urteil wird Berufung eingelegt. Zwischenzeitlich werden jedoch bereits die Kosten festgesetzt. Gegen die Festsetzung wird Beschwerde erhoben, über die das Beschwerdegericht entscheidet.
> Die Verjährung in der Hauptsache läuft wiederum nicht. Zwar sind Fälligkeitstatbestände nach Abs. 1 S. 1 und S. 2 gegeben; die Berufung hemmt jedoch den Ablauf der Verjährung. Die Verjährung für die Gebühren

des Beschwerdeverfahrens (VV 3500, 3513) läuft dagegen wiederum ungehemmt, da diese Angelegenheit (§ 18 Abs. 1 Nr. 3) rechtskräftig abgeschlossen ist. Lediglich ein Kostenfestsetzungsverfahren über die Kosten des Beschwerdeverfahrens würde nach Abs. 2 die Vergütung für dieses Beschwerdeverfahren hemmen.

132 Gleiches gilt erst recht für **einstweilige Anordnungen in Familiensachen**. Auch diese Verfahren stellen eigene Angelegenheiten dar (§ 17 Nr. 4 Buchst. b).

> **Beispiel:** Der Anwalt war im August 2011 beauftragt worden, die Scheidung einzureichen. Gleichzeitig hatte er den Auftrag erhalten, eine einstweilige Anordnung betreffend Ehegattenunterhalt zu beantragen. Im September 2011 war über die einstweilige Anordnung verhandelt und dort eine Einigung geschlossen worden. Die Scheidung wurde schließlich im Dezember 2013 ausgesprochen und sofort rechtskräftig. Hieran schloss sich aber noch das Kostenfestsetzungsverfahren sowie ein Streitwertbeschwerdeverfahren an, die jeweils erst am 18.1.2014 abgeschlossen wurden.
> Hinsichtlich des Scheidungsverfahrens begann die Verjährungsfrist mit Ablauf des Dezember 2013 zu laufen beginnen. Sie war jedoch zunächst gehemmt, so dass die dreijährige Frist dann erst ab 21.1.2014 zu laufen begann. Die Verjährung tritt somit ein mit Ablauf des 18.1.2017.
> Hinsichtlich der einstweiligen Anordnung verhält es sich jedoch anders. Sie ist eine eigene Angelegenheit (§ 17 Nr. 4 Buchst. b). Die Anhängigkeit der Hauptsache, also des Verbundverfahrens, hemmt hier den Ablauf der Verjährungsfrist nicht,[95] ebenso nicht die noch nachfolgenden Tätigkeiten auf Streitwertbeschwerde und Kostenfestsetzung in der Hauptsache. Die Verjährungsfrist beginnt also mit dem Ende des Kalenderjahres 2011 und endet somit zum 31.12.2014. Das bedeutet, dass die Verjährungsfrist für die Vergütung des einstweiligen Anordnungsverfahrens bereits abgelaufen war, bevor die Verjährungsfrist für die Vergütung in der Hauptsache zu laufen begonnen hatte.

Damit wird sich in einem Großteil der früheren Verjährungsfällen nichts ändern.

d) Rechtsfolge: Hemmung (Abs. 2 S. 1)

133 Die Vorschrift des Abs. 2 S. 1 hindert nicht den Lauf bzw. den Beginn der Verjährungsfrist. Sie **hemmt** lediglich den Ablauf. Die Verjährung beginnt also nicht erneut. Lediglich der Zeitraum, in dem noch Nebenverfahren betrieben worden sind, wird bei der Verjährungsfrist nicht mitgerechnet.

> **Beispiel:** Am 11.9.2012 erging ein Urteil. Am selben Tage reichte der Anwalt einen Kostenfestsetzungsantrag ein, der erst später beschieden und am 18.1.2013 rechtskräftig wurde.
> Die Vergütung ist fällig geworden am 11.9.2012. Die Verjährungsfrist hätte also an sich am 1.1.2013 zu laufen begonnen. Wegen des Kostenfestsetzungsverfahrens war der Ablauf jedoch gehemmt. Die Ablaufhemmung wiederum endete mit dem 18.1.2013. Unzutreffend wäre es, jetzt zum Jahresende (§ 199 BGB) die dreijährige Frist zu berechnen, so dass die Verjährung dann zum 31.12.2016 eintreten würde. Vielmehr beginnt die Verjährung nach wie vor mit dem Ablauf des Jahres 2012, also hier mit dem 1.1.2013; die Hemmung führt nur dazu, dass die Zeit vom 1.1.2013 bis zum 18.1.2013 nicht in die Verjährungsfrist mitgerechnet wird, so dass sich an den Ablauf des 18.1.2013 nunmehr die drei Jahre anschließen und die Vergütung folglich mit Ablauf des 19.1.2016 verjährt ist.

Eine nachfolgende Abwicklungstätigkeit i.S.d. Abs. 2 führt also nicht zu einem Neubeginn der Verjährung (siehe § 212 BGB) dergestalt, dass die Verjährungsfrist erst mit Ablauf des Jahres zu laufen beginnt, in dem das Kostenfestsetzungsverfahren abgeschlossen wird.

e) Beendigung der Hemmung (Abs. 2 S. 2 und 3)

134 **aa) Rechtskräftige Entscheidung (Abs. 2 S. 2, 1. Alt.).** Ist nach Abs. 1 S. 1 eine Hemmung der Verjährung eingetreten, so endet sie mit der rechtskräftigen Entscheidung des Verfahrens. Auch hier sind wieder die §§ 16 und 19 im Auge zu behalten. Solange der Anwalt Neben- und Abwicklungstätigkeiten nach diesen Vorschriften vornimmt, bleibt die Verjährung gehemmt. Erst wenn sämtliche dieser Tätigkeiten durch rechtskräftige Entscheidung abgeschlossen sind, endet die Hemmung. Soweit die Verjährungsfrist noch nicht begonnen hatte, schließt sich hieran also die dreijährige Verjährungsfrist an. Hierbei ist das Ende des Kalenderjahres, in dem die Fälligkeit eingetreten ist, zu beachten.

---

95 AG Linz AGS 2005, 445 m. Anm. *N. Schneider.*

Beispiel: Das rechtskräftige Urteil war am 4.11.2012 ergangen. Die Kostenfestsetzung und sämtliche Abwicklungstätigkeiten waren
a) mit dem 30.11.2012
b) mit dem 18.1.2013
erledigt.
Im Falle a) spielt Abs. 2 S. 2 keine Rolle. Die Verjährungsfrist hatte noch nicht begonnen, da das Ende des Kalenderjahres noch nicht erreicht war. Die Verjährungsfrist beginnt also auch hier erst mit Ablauf des 31.12.2012.
Im Falle b) war die Fälligkeit bereits mit Ablauf des 31.12.2012 eingetreten. Der Fristablauf war allerdings gehemmt bis zum 18.1.2013. Die Verjährungsfrist begann somit mit dem 21.1.2013 und nicht etwa mit dem Ende des Kalenderjahres 2013. Die Verjährung trat also ein mit Ablauf des 18.1.2016.

bb) Anderweitige Beendigung des Verfahrens (Abs. 2 S. 2, 2. Alt.). Die gleichen Grundsätze gelten, wenn das Verfahren nicht durch eine rechtskräftige Entscheidung endet, sondern anderweitig, also etwa durch Rücknahme des Kostenfestsetzungsantrags, Einigung, Erledigung, Kündigung oder Niederlegung des Mandats. Hier kann auf die Grundsätze des Abs. 1 zugegriffen werden (siehe Rdn 18 ff.).

135

Auch hier können Abwicklungstätigkeiten verjährungshemmend zu berücksichtigen sein, etwa ein Beschwerdeverfahren nach § 269 Abs. 5 S. 1 ZPO oder ein Kostenfestsetzungs- oder Streitwertbeschwerdeverfahren.

136

cc) Ruhen des Verfahrens (Abs. 2 S. 3). Ist eine Hemmung nach Abs. 2 S. 1 eingetreten, so endet diese auch dann, wenn das Verfahren ruht, allerdings erst nach Ablauf von drei Monaten.[96] Zum Begriff des Ruhens des Verfahrens kann auf die Grundsätze des Abs. 1 S. 2 zurückgegriffen werden (siehe Rdn 95 ff.).

137

Die Regelung des Abs. 2 S. 3 ist unklar und widersprüchlich. Der Gesetzgeber meint hier offenbar etwas anderes, als er angeordnet hat. Ruht das Verfahren, so soll die Hemmung nach Abs. 1 S. 1 enden und zwar drei Monate nach Eintritt der Fälligkeit. Gemeint ist hier vielmehr drei Monate nach Ruhen des Verfahrens. Die wörtliche Anwendung würde zu kuriosen Ergebnissen führen.

138

Beispiel: Am 4.8.2012 erging ein rechtskräftiges Urteil. Damit trat die Fälligkeit nach Abs. 1 S. 2 ein. Anschließend wurde das Kostenfestsetzungsverfahren eingeleitet, das am 10.2.2014 zum Ruhen gebracht wurde.
Bei wörtlicher Anwendung des Gesetzes würde die Hemmung drei Monate nach Eintritt der Fälligkeit enden, also am 5.11.2014, und damit rückwirkend.

Dies könnte bei wörtlicher Anwendung im Extremfall dazu führen, dass die Forderung nachträglich und rückwirkend verjähren würde.

139

Beispiel: Das Mahnverfahren war am 20.12.2012 durch Widerspruch und Abgabe an das Streitgericht beendet worden. Das Urteil erster Instanz erging im Januar 2014. Hiergegen wurde Berufung eingelegt. Das Berufungsgericht bringt das Verfahren sodann am 18.1.2015 zum Ruhen.
Die Vergütung für das Mahnverfahren wurde gemäß Abs. 1 S. 1, 2 mit Ablauf des 20.12.2012 fällig. An dem Eintritt der Fälligkeit ändert Abs. 2 nichts.
Durch den Übergang in das streitige Verfahren blieb die Sache anhängig, so dass nach Abs. 2 der Ablauf der Verjährung gehemmt war.
Nach dem Wortlaut des Abs. 2 S. 3 würde nach Ablauf von drei Monaten seit Ruhen des Verfahrens (also am 18.4.2015) für die Vergütung des Mahnverfahrens die Hemmung der Verjährung enden, und zwar (rückwirkend) drei Monate nach Eintritt der Fälligkeit. Da die Vergütung des Mahnverfahrens am 21.12.2009 fällig geworden ist, würde die Hemmung (rückwirkend) mit dem 21.3.2015 enden. Am 22.3.2015 wäre die Forderung also (rückwirkend) verjährt.

f) Erneute Hemmung (Abs. 2 S. 4)

Ist nach Abs. 2 S. 1 die Verjährung gehemmt worden und ist nach Abs. 2 S. 3 die Hemmung der Vergütung infolge Ruhens des Verfahrens beendet, so beginnt die Hemmung erneut, wenn das Verfahren weiter betrieben wird.

140

---

[96] LAG Köln, Beschl. v. 17.11.2011 – 7 Ta 30/11.

> **Beispiel:** Am 5.8.2012 erging das rechtskräftige Urteil. Hiernach wurde die Kostenfestsetzung betrieben. Das Kostenfestsetzungsverfahren wurde am 18.1.2013 ausgesetzt. Am 10.9.2013 wurde das Kostenfestsetzungsverfahren dann wieder aufgenommen.
> Fällig geworden ist die Vergütung nach Abs. 1 S. 2 mit Erlass des rechtskräftigen Urteils, also im August 2012. Die Verjährungsfrist hätte somit mit Ablauf des 31.12.2012 begonnen. Ihr Ablauf war jedoch nach Abs. 2 S. 1 gehemmt. Die Hemmung endete nach Ablauf der drei Monate seit Ruhen des Verfahrens, also mit Ablauf des 19.4.2013 (der 18. war ein Sonntag).
> Mit Fortsetzung des Verfahrens am 10.9.2013 wurde die Verjährung dann auch nach Abs. 2 S. 3 erneut gehemmt. Mit rechtskräftigem Abschluss des Festsetzungsverfahrens schließt sich dann die restliche Verjährungsfrist an.

141 Mit dem FamFG hat der Gesetzgeber den Wortlaut der Vorschrift korrigiert. Bislang hieß es, dass die Hemmung erneut beginne, wenn „eine der Parteien" das Verfahren weiter betreibe. Durch die geänderte Fassung soll klar gestellt werden, dass die Hemmung auch dann erneut ausgelöst wird, wenn das Gericht – etwa in einem Amtsverfahren – die Sache von sich aus weiter betreibt. Zudem heißen die Parteien in Familiensachen jetzt „Beteiligte". Mit der neutraleren Formulierung soll klargestellt werden, dass in allen Fällen der Fortsetzung des Verfahrens die Hemmung erneut eintritt.

5. Anerkenntnis

142 Ein Anerkenntnis des Auftraggebers hindert ebenfalls den Ablauf der Verjährung. Insoweit tritt allerdings nicht lediglich eine Hemmung ein, sondern nach § 212 Nr. 1 BGB ein Neubeginn der Verjährung.

143 Von einem verjährungshindernden Anerkenntnis ist auszugehen, wenn der Auftraggeber dem Anwalt gegenüber die Vergütungsforderung bestätigt. Dies kann auch durch schlüssiges Handeln geschehen. So ist in der Vereinbarung einer **Ratenzahlung** konkludent ein Anerkenntnis hinsichtlich der Gesamtforderung enthalten. Ein solches Anerkenntnis bei **Teilzahlungen** erfasst jedoch nur diejenige Vergütung, die zu diesem Zeitpunkt abgerechnet ist. Eventuelle spätere Nachforderungen aufgrund einer Neuberechnung werden nicht erfasst, so dass der Auftraggeber insoweit die Verjährungseinrede erheben kann.[97]

144 Die Voraussetzungen, die die Rechtsprechung an ein verjährungsunterbrechendes Anerkenntnis stellt, sind teilweise recht hoch, so dass dem Anwalt nur geraten werden kann, sich ein ausdrückliches schriftliches Anerkenntnis geben zu lassen oder anderweitige Maßnahmen zur Hinderung des Verjährungsablaufs herbeizuführen. Ein Schreiben des Mandanten, in dem er bittet, von Zwangsmaßnahmen wegen der Anwaltsgebühren gegen ihn abzusehen, und in dem er gleichzeitig ankündigt, unaufgefordert auf den Anwalt zurückzukommen, soll nach LG Oldenburg[98] nicht als Anerkenntnis ausreichen; die Verjährungseinrede des Mandanten sei in diesem Falle auch nicht rechtsmissbräuchlich.[99]

6. Änderung der Streitwertfestsetzung

145 Darüber hinaus wird der Ablauf der Verjährungsfrist nach Abs. 2 gehemmt, solange die Vergütung wegen eines entgegenstehenden Streitwertbeschlusses gemäß §§ 32 Abs. 1, 33 Abs. 1 nicht geltend gemacht werden kann. Da im Falle einer nachfolgenden Streitwertfestsetzung und eines eventuellen Beschwerdeverfahrens kein rechtskräftiger Abschluss des Verfahrens i.S.d. Abs. 2 vorliegt, bleibt der Ablauf der Verjährung gehemmt, bis über die Streitwertfestsetzung rechtskräftig entschieden ist.

> **Beispiel:** Im Urteil setzt das LG den Gegenstandswert auf 10.000 EUR fest. Das Urteil wurde im November 2012 zugestellt. Hiergegen legt der Anwalt aus eigenem Recht Streitwertbeschwerde nach § 33 Abs. 3 ein. Im Januar 2013 setzte das OLG den Streitwert auf 15.000 EUR fest.

146 Die Frage, ob und wann hier die Fälligkeit eintritt, war lange umstritten. Zum Teil wurde vertreten, der Lauf der Verjährung könne insgesamt erst mit Erlass des endgültigen Streitwertbeschlusses beginnen, weil sich anderenfalls die Höhe der dem Anwalt zustehenden Vergütung nicht berechnen

---

[97] OLG Köln OLGR 1993, 126.
[98] LG Oldenburg AnwBl 2001, 248; anders noch die Vorinstanz: AG Bracke AnwBl 2001, 248.
[99] LG Oldenburg AnwBl 2001, 248; anders noch die Vorinstanz: AG Bracke AnwBl 2001, 248.

ließe.[100] Andere Gerichte wollten differenzieren: Soweit sich die Vergütung aus dem zu niedrig festgesetzten Gegenstandswert ergab, sollte diese sofort fällig werden. Die Fälligkeit des Differenzbetrages der Vergütung, der sich aus der höheren Wertfestsetzung ergab, sollte dagegen erst mit Erlass des weiteren Streitwertbeschlusses zu laufen beginnen, so dass der Anwalt den weiteren Teil seiner Vergütung auch dann noch einfordern konnte, wenn die nach dem bisherigen Wert berechnete Vergütung bereits verjährt war.[101]

Der BGH hatte diese Frage zwischenzeitlich geklärt und beide der vorgenannten Auffassungen abgelehnt.[102] Diese Entscheidung hat nach wie vor Gültigkeit, auch wenn sie wegen des neu eingeführten Abs. 2 geringere Bedeutung hat.

147

Der BGH weist zu Recht darauf hin, dass die Fälligkeit der Vergütung eindeutig in Abs. 1 geregelt und an die dortigen Tatbestände geknüpft ist.[103] Weder der Erlass eines Streitwertbeschlusses noch seine Änderung sind dort erwähnt. Daher hat weder die erstmalige Festsetzung des Streitwertes noch die nachträgliche Änderung Einfluss auf die Fälligkeit. Einzelne Teile des Vergütungsanspruchs können zwar zu unterschiedlichen Zeitpunkten fällig werden. Das allein rechtfertige jedoch keine Anknüpfung der Fälligkeit des Vergütungsanspruchs an die Streitwertfestsetzung. Dies wäre trotz der sich aus §§ 32 Abs. 1, 33 Abs. 1 ergebenden Abhängigkeit in manchen Fällen ohnehin nicht durchzuhalten und würde in vielen Fällen auch zu unangemessenen Ergebnissen führen.

148

> **Beispiel:** Das LG setzt in seinem Urteil den Streitwert auf 12.000 EUR fest. Der Beschwerde des Gegners wird vom LG abgeholfen und der Streitwertbeschluss auf 8.000 EUR abgeändert. Nunmehr legt der Anwalt hiergegen Beschwerde ein. Das OLG setzt den Streitwert wieder auf 12.000 EUR fest.

Würde man die Fälligkeit uneingeschränkt mit dem ersten zutreffenden Streitwertbeschluss des LG beginnen lassen, so könnte der Fall eintreten, dass der Anwalt aufgrund des zweiten Beschlusses des LG gemäß § 32 Abs. 1 gehindert wäre, seinen Vergütungsanspruch durchzusetzen. Zum Zeitpunkt der Korrektur des Streitwertbeschlusses – möglicherweise erst nach Abschluss des Berufungsverfahrens – hätte der Vergütungsanspruch – vorbehaltlich des jetzt eingeführten Abs. 2 – dann bereits verjährt sein können. Dieses Ergebnis hätte man zwar vermeiden können, indem man die Fälligkeit mit Erlass des neuen Streitwertbeschlusses erneut beginnen ließe. Für eine solche Konstruktion gibt es jedoch keine gesetzliche Grundlage. Nach alledem erweist sich der Erlass eines Streitwertbeschlusses als ein ungeeigneter Anknüpfungspunkt für den Verjährungsbeginn. Es muss daher dabei bleiben, dass allein die in Abs. 1 geregelten Tatbestände für den Eintritt der Fälligkeit maßgebend sind.

Einwendungen, die sich aus der Bindungswirkung des Festsetzungsbeschlusses ergeben (§ 32 Abs. 1), berühren daher nicht die Fälligkeit des Anspruchs, sondern nur dessen gerichtliche Durchsetzbarkeit. Solche Hinderungsgründe wurden nach der bisherigen Rechtslage durch § 202 BGB a.F. und werden jetzt durch § 205 BGB n.F. ausreichend erfasst. Danach ist der Ablauf der Verjährungsfrist gehemmt, solange der Verpflichtete vorübergehend zur Verweigerung der Leistung berechtigt ist. Hiermit sind nicht nur Einreden im rechtstechnischen Sinne zu verstehen, sondern alle Fallgestaltungen, in denen der Durchsetzung des Anspruchs vorübergehend ein rechtliches Hindernis entgegensteht.[104] Zu diesen Fällen zählt es auch, wenn und solange ein anwaltlicher Gebührenanspruch wegen zu niedriger Festsetzung nach § 32 Abs. 1 nicht geltend gemacht werden kann. Dies wiederum bedeutet, dass die Verjährung des höheren Anspruchs nach einer gerichtlichen Festsetzung des Gegenstandswertes gehemmt ist, soweit sich der Anspruch aus dem höheren (zutreffenden) Wert ergibt, bis dieser zutreffende Wert aufgrund eines späteren Beschlusses festgesetzt wird.

149

Wird der Gegenstandswert zunächst richtig festgesetzt, anschließend herab- und später wieder heraufgesetzt, dann ist nur während der Gültigkeitsdauer des herabgesetzten Beschlusses der Ablauf der Verjährungsfrist gehemmt, so dass die Verjährungsfrist nach Heraufsetzung weiter läuft.

150

---

100 OLG Koblenz AnwBl 1983, 172; OVG Lüneburg Jur-Büro 1990, 606.
101 KG JW 1920, 576; OLG Oldenburg AnwBl 1976, 134; so auch noch BGH JurBüro 1978, 357 = AnwBl 1978, 229 = MDR 1978, 475 m. Anm. *E. Schneider* = KostRsp. BRAGO § 16 Nr. 4 m. Anm. *E. Schneider*; OLG Koblenz AnwBl 1983, 172.
102 AnwBl 1998, 666 = AGS 1998, 129 = NJW 1998, 2670 = LM BGB § 202 Nr. 28 = BGHR BGB § 202 Abs. 1 Anwaltsvergütung 1 = BGHR BRAGO § 9 Abs. 1 Wertfestsetzung 1 = BGHR BRAGO § 16 Wertfestsetzung 1 = BRAK-Mitt 1998, 208.
103 So schon AnwBl 1978, 229 = MDR 1978, 475.
104 BGH WM 1998, 355 = MDR 1998, 490.

Beispiel: Das AG hatte in seinem Urteil am 1.12.2013 den Streitwert auf 3.000 EUR festgesetzt. Auf die Beschwerde des Gegners hin wurde der Streitwert vom AG am 1.2.2014 auf 2.000 EUR herabgesetzt. Auf die Beschwerde des Anwalts setzte das LG den Streitwert am 1.8.2014 wieder auf 3.000 EUR fest.
Der Ablauf der Verjährungsfrist war für die Vergütung, die sich aus der Wertdifferenz zwischen 2.000 EUR und 3.000 EUR ergibt, für insgesamt sechs Monate (1.2.–31.7.) gehemmt.

151 Nach der jetzigen Gesetzeslage hat diese Streitfrage nur noch eine geringe Bedeutung, da der Ablauf der Verjährungsfrist solange gehemmt ist, als noch ein Verfahren über die Streitwertfestsetzung oder ein Beschwerdeverfahren hierüber anhängig ist (Abs. 2). Die Verjährung kann daher nicht zu laufen beginnen, bevor das Streitwertfestsetzungsverfahren abgeschlossen ist. Es kann allerdings zu gestaffelten Fälligkeiten kommen.

Beispiel: Das AG hatte in seinem Urt. v. 1.12.2013 den Streitwert auf 4.000 EUR festgesetzt. Das LG hatte dann im Berufungsurteil am 20.6.2014 den Streitwert sowohl für die erste Instanz als auch für das Berufungsverfahren auf 2.000 EUR festgesetzt. Hiergegen wird Beschwerde zum OLG eingelegt, das den Streitwert am 14.11.2014 auf 3.000 EUR festgesetzt hat.
Die erstinstanzliche Vergütung ist am 1.12.2013 fällig geworden. Der Ablauf der Verjährungsfrist war insoweit aber nach Abs. 2 bis zum rechtskräftigen Abschluss des Streitwert-Beschwerdeverfahrens gehemmt, so dass die dreijährige Verjährungsfrist mit dem 15.11.2014 zu laufen begann.
Die Vergütung für das Berufungsverfahren wurde am 20.6.2014 fällig. Der Ablauf der Verjährung begann hier erst mit dem Jahresende (§ 199 BGB); Abs. 2 hat insoweit keine Bedeutung. Abs. 2 hat insoweit erst Recht keine Bedeutung.

7. Hemmung der Verjährung der Wahlvergütung des PKH-Anwalts

152 Ist der Anwalt im Rahmen der **Prozesskostenhilfe** beigeordnet, so kann er den Auftraggeber für die Dauer der Bewilligung nicht wegen seiner Wahlanwaltsvergütung in Anspruch nehmen (§ 122 Abs. 1 Nr. 3 ZPO). Dies ist erst nach Aufhebung der Bewilligung möglich. Daher ist die Verjährung der Wahlanwaltsvergütung gegen den Auftraggeber gemäß § 202 Abs. 1 S. 1 BGB a.F., § 205 BGB n.F. so lange gehemmt, wie die Prozesskostenhilfebewilligung Bestand hat.[105]

8. Hemmung der Verjährung der Vergütung des Pflichtverteidigers

153 Beim Pflichtverteidiger stellt sich die Situation anders dar. Er kann den Auftraggeber nach § 52 Abs. 1 S. 1 jederzeit wegen der zuvor verdienten Wahlverteidigergebühren in Anspruch nehmen, sofern die Voraussetzungen des § 52 Abs. 2 gegeben sind. Die Verjährung seiner Ansprüche richtet sich daher nach § 52 Abs. 5 S. 1; allerdings hemmt der Antrag nach § 55 Abs. 2 S. 1 den Ablauf der Verjährung.

154 Hat der Pflichtverteidiger mit dem Beschuldigten eine Honorarvereinbarung getroffen, so kann er für die Dauer seiner Pflichtverteidigerbestellung einen über die gesetzliche Vergütung hinausgehenden Anspruch nicht geltend machen. Daher ist die Verjährung seines Vergütungsanspruchs insoweit ebenfalls nach § 205 BGB gehemmt.[106]

9. Teilweise Verjährung

155 Ebenso wie die Vergütung nur teilweise fällig werden kann, kann auch die Verjährung nur hinsichtlich eines Teils eintreten. Dies wird oft bei **Teilurteilen** oder **Vorabentscheidungen nach § 137 FamFG** (§ 628 ZPO a.F.) übersehen.

Beispiel 1: Auf die Klage in Höhe von 25.000 EUR erging im Jahr 2012 ein Teilurteil über 20.000 EUR. Das Schlussurteil wurde erst in 2012 verkündet.
Die Fälligkeit der Gebühren aus dem Teilwert von 20.000 EUR trat bereits in 2012 ein, da in diesem Jahr der Rechtszug insoweit beendet worden war. Die dreijährige Verjährungsfrist endete zum 31.12.2015, so dass insoweit Verjährung eingetreten ist. Nur die aus 5.000 EUR berechneten Gebühren sind noch nicht verjährt.

---

105 *Hansens*, § 16 Rn 10.   106 *Hansens*, § 16 Rn 10.

Beispiel 2: Die Scheidung ist am 11.9.2012 ausgesprochen worden. Die Kosten des Scheidungsverfahrens (Wert Ehesache: 12.000 EUR; Wert Versorgungsausgleich: 2.400 EUR) wurden gegeneinander aufgehoben. Das Verfahren über den nachehelichen Unterhalt (Wert: 6.000 EUR) ist nach Verhandlung abgetrennt worden. Eine Entscheidung hierüber erging erst im Januar 2010.
Die Fälligkeit der Gebühren hinsichtlich der Ehesache und des Versorgungsausgleichsverfahrens trat bereits mit Ablauf des Jahres 2012 ein, da in diesem Jahr insoweit eine Kostenentscheidung ergangen ist. Die dreijährige Verjährungsfrist endete zum 31.12.2015, so dass die Vergütung, soweit sie die Ehesache und den Versorgungsausgleich betrifft, zum 1.1.2016 verjährt ist. Hinsichtlich des abgetrennten Unterhaltsverfahrens ist dagegen zum 1.1.2016 noch keine Verjährung eingetreten. Nur die hieraus berechneten Gebühren kann der Anwalt daher noch geltend machen,[107] wenn sich der Auftraggeber auf die Einrede der Verjährung beruft.

Eine teilweise Verjährung kann aber auch darauf beruhen, dass die Verjährung nur hinsichtlich eines Teils der Vergütung unterbrochen oder gehemmt worden ist. **156**

Beispiel: Der Anwalt war außergerichtlich mit der Beitreibung einer Forderung in Höhe von 5.000 EUR beauftragt. Der Schuldner zahlt freiwillig 3.000 EUR. Wegen der weiteren 2.000 EUR erstreitet der Anwalt ein Urteil für seinen Mandanten. Da der Mandant anschließend die Vergütung nicht zahlt, leitet der Anwalt ein Vergütungsfestsetzungsverfahren nach § 11 hinsichtlich der Vergütung für den Rechtsstreit ein.
Durch den Vergütungsfestsetzungsantrag ist die Verjährung wie durch eine Klageerhebung gehemmt worden. Dies betrifft aber nur die Vergütung für den Rechtsstreit. Da hinsichtlich der außergerichtlichen Tätigkeit kein Vergütungsfestsetzungsantrag gestellt worden ist und auch zulässigerweise nicht gestellt werden kann, ist insoweit auch die Verjährung nicht unterbrochen oder gehemmt worden.

IV. Wiederaufleben verjährter Forderungen

Nach der BRAGO konnte es häufiger vorkommen, dass im Laufe eines Verfahrens die Vergütung aus einzelnen Gebührentatbeständen bereits verjährt war und dann später aber wieder erneut ausgelöst wurde. Solche Fälle sind nach dem RVG infolge der Einführung des Abs. 2 seltener, aber dennoch denkbar. **157**

Hierbei ist allerdings zu beachten, dass es sich noch um dieselbe Angelegenheit handeln muss. Die weitere Tätigkeit darf nicht aufgrund eines **neuen Auftrags** erfolgen. Dann gilt vielmehr § 15 Abs. 5 S. 2. **158**

Beispiel: Der Anwalt wird beauftragt, außergerichtlich eine Forderung geltend zu machen. Nach kurzer Zeit, im Oktober 2011, erklärte der Mandant, die Sache nicht weiter verfolgen zu wollen; der Anwalt solle die Sache abschließen und ihm die Rechnung schicken. Im Januar 2015 beauftragte der Mandant den Anwalt erneut mit der außergerichtlichen Durchsetzung seiner Forderung, da er zwischenzeitlich neue Unterlagen aufgefunden habe.
Die außergerichtliche Tätigkeit war beendet, so dass die Vergütung hierfür (VV 2300 nebst Auslagen) im Oktober 2011 fällig wurde und mit Ablauf des Jahres 2014 verjährt war. Dadurch, dass der Anwalt nach Ablauf von drei Kalenderjahren einen neuen Auftrag erhalten hat, gilt das weitere Verfahren nach § 15 Abs. 5 S. 2 als neue Angelegenheit. Der Anwalt erhält daher die Vergütung für die außergerichtliche Tätigkeit (VV 2300 nebst Auslagen) erneut.
Da es sich um zwei verschiedene Angelegenheiten handelt, ergeben sich hier hinsichtlich der Verjährung keine Besonderheiten. Die Fälligkeit und Verjährung der jeweiligen Vergütungen sind unabhängig voneinander gesondert zu bestimmen.
Die Vergütung der ersten außergerichtlichen Vertretung ist und bleibt bei erneutem Auftrag verjährt.

Anders verhält es sich dagegen, wenn immer noch **dieselbe Angelegenheit** vorliegt. **159**

Beispiel: Das LG hat das Verfahren im November 2010 zum Ruhen gebracht. Im Oktober 2014 ist das Verfahren wieder aufgenommen worden. Die Parteien erklären den Rechtsstreit schriftsätzlich in der Hauptsache übereinstimmend für erledigt, worauf das Gericht im schriftlichen Verfahren eine Kostenentscheidung erlässt.
Die bis zum Ruhen des Verfahrens entstandene Vergütung ist nach Abs. 1 S. 2, 3. Var. im Februar 2011 fällig geworden. Gleichzeitig lief nach zutreffender Auslegung die Verjährung nach weiteren drei Monaten, so dass im Juli 2011 die Verjährung zu laufen begann und im Juli 2014 abgelaufen ist. Damit wäre vor Fortsetzung des Verfahrens im Oktober 2014 die bisher entstandene Vergütung verjährt. Infolge der Fortsetzung des Verfahrens würde die 1,3-Verfahrensgebühr nach VV 3100 jedoch wieder erneut ausgelöst. Die Terminsgebühr nach VV 3104 würde dagegen nicht mehr ausgelöst werden.

---

107 OLG München JurBüro 1998, 644.

160 In solchen Fällen gilt Folgendes:
- Hinsichtlich sämtlicher Vergütungsansprüche, die über drei Kalenderjahren fällig geworden sind und deren Verjährung nicht gehemmt ist, tritt Verjährung ein, so dass sich der Auftraggeber auf die Einrede der Verjährung berufen kann.[108]
- Hinsichtlich derjenigen Vergütungsansprüche, deren Gebührentatbestände nach Ablauf der Verjährungsfrist erneut ausgelöst worden sind, kann der Anwalt die Vergütung fordern, da die Vergütung mit Verwirklichung des Gebührentatbestandes jederzeit wieder erneut ausgelöst wird.[109]

Fortsetzung zu Beispiel Rdn 158: Die Verfahrensgebühr nebst Auslagen ist nach Fortsetzung erneut ausgelöst worden, so dass der Anwalt diese Gebühr nebst Auslagen (wieder) fordern kann. Die Terminsgebühr kann er dagegen nicht mehr geltend machen, wenn der Auftraggeber die Einrede der Verjährung erhebt, da dieser Tatbestand nicht erneut ausgelöst worden ist.[110]

V. Verwirkung

161 In Anbetracht der kurzen Verjährungsfrist des früheren § 196 Abs. 1 Nr. 15 BGB a.F. von zwei Kalenderjahren kam eine Verwirkung grundsätzlich nicht in Betracht.[111] Nur dann, wenn ganz besondere Umstände vorlagen, konnte von einer Verwirkung ausgegangen werden. Obwohl die Verjährungsfrist seit dem 1.1.2002 jetzt drei Kalenderjahre beträgt, dürfte auch jetzt nur bei der Schaffung eines besonderen Vertrauenstatbestandes von einer Verwirkung auszugehen sein.

VI. Verjährung von Ansprüchen gegen den Anwalt

1. Schadensersatzansprüche

162 Ansprüche des Auftraggebers gegen den Anwalt auf **Schadensersatz wegen Schlechterfüllung** des Anwaltsvertrags verjähren nach § 51 BRAO in drei Jahren. Hier kommt u.U. eine Verlängerung der Verjährungsfrist aufgrund der sog. Sekundärhaftung in Betracht.[112]

2. Rückzahlung zuviel vereinnahmter Vergütung

163 Ansprüche aus **ungerechtfertigter Bereicherung** gegen den Anwalt wegen zuviel gezahlter Vergütung verjährten nach früherem Recht gemäß § 196 Nr. 16 BGB a.F. innerhalb von zwei Jahren zum Jahresende.[113] Ausnahmsweise kam auch eine 30-jährige Frist in Betracht, wenn aufgrund einer sittenwidrigen Honorarvereinbarung gezahlt worden war.[114] Nach der neuen Fassung des BGB gilt jetzt in allen Fällen die regelmäßige Verjährungsfrist von drei Jahren (§ 195 BGB). Für Übergangsfälle gilt Art. 229 § 6 EGBGB.

164 Die Verjährung der Ansprüche des Auftraggebers auf **Rückzahlung** beginnt nach h.M. analog Abs. 1 S. 1 mit der Erledigung des Auftrags oder der Beendigung der Angelegenheit, unabhängig davon, ob zuvor eine den Anforderungen des § 10 genügende Abrechnung erteilt worden ist.[115] Diese Auffassung ist jedoch unzutreffend, da der Mandant ohne Abrechnung gar nicht wissen kann, welche Rückforderungsansprüche ihm zustehen. Die Verjährung kann daher erst mit Abrechnung zu laufen beginnen (siehe § 9 Rdn 94 ff.).

165 Hat der Rechtsanwalt es trotz Aufforderung des Mandanten pflichtwidrig und schuldhaft unterlassen, über das Mandat und insbesondere über den erhaltenen Vorschuss abzurechnen, kann er sich gegenüber dem Anspruch des Mandanten auf Abrechnung und Rückzahlung des nicht verbrauchten

---

108 OLG Köln JurBüro 1993, 345 = OLGR 1992, 344.
109 OLG Köln JurBüro 1993, 345 = OLGR 1992, 344.
110 OLG Köln JurBüro 1993, 345 = OLGR 1992, 344.
111 Gerold/Schmidt/*Mayer*, RVG, § 8 Rn 37; BGH VersR 1969, 38.
112 Siehe hierzu ausführlich *Feuerich/Weyland*, § 52 Rn 30 ff.
113 OLG Düsseldorf OLGR 1992, 75.
114 AGS 2000, 191 = BauR 2000, 1914 (LS) = BB 2000, 2124 (LS) = BGHZ 144, 343 = BRAK-Mitt 2000, 237 m. Anm. *Jungk* = DB 2000, 2473 (LS) = IBR 2000, 566 m. Anm. *Breiholt* = JurBüro 2000, 668 (LS) = MDR 2000, 1400 = NJW 2000, 2669 = NZM 2000, 912 = WM 2000, 1596 = ZMR 2000, 841 = KostRsp. BRAGO § 3 Nr. 53.
115 OLG Düsseldorf OLGR 1992, 75.

Vorschusses jedenfalls nach dem Grundsatz von Treu und Glauben nicht auf die Einrede der Verjährung berufen.[116]

Für den Verjährungsbeginn nach § 199 Abs. 1 Nr. 2 BGB reicht die Kenntnis oder grob fahrlässige Unkenntnis von den anspruchsbegründenden Umständen und der Person des Schuldners aus. Der Verjährungsbeginn setzt dagegen grundsätzlich keine zutreffende rechtliche Würdigung voraus. Das gilt auch für Bereicherungsansprüche nach den §§ 812 ff. BGB.[117]

166

VII. Verjährung von Kostenerstattungsansprüchen

Für die Verjährung des Kostenerstattungsanspruchs gegen den erstattungspflichtigen Gegner gilt die regelmäßige Verjährungsfrist (§ 195 BGB).[118] Nach der früheren Fassung des BGB verjährte der Anspruch erst nach 30 Jahren, unabhängig davon, ob er tituliert war oder nicht (§ 195 BGB a.F.). Seit dem 1.1.2002 verjährt der Erstattungsanspruch nunmehr ebenfalls nach Ablauf von drei Jahren (§ 195 BGB). War der Anspruch schon vor dem 1.1.2002 entstanden, reduziert sich die Verjährungsfrist auf drei Jahre (§ 195 BGB). Dies ergibt sich aus Art. 229 § 6 Abs. 3 S. 1 EGBGB. Die Drei-Jahres-Frist beginnt allerdings erst mit dem 1.1.2002. Sollten die 30 Jahre jedoch vor dem 31.12.2004 abgelaufen sein, bleibt die 30-Jahres-Frist maßgebend (Art. 229 § 6 Abs. 3 S. 2 EGBGB).

167

Ist der Kostenerstattungsanspruch dagegen rechtskräftig tituliert, so beträgt die Verjährungsfrist 30 Jahre (§ 197 Abs. 1 Nr. 3 bis 5 BGB). Diese Frist beginnt mit Rechtskraft der entsprechenden Entscheidung (§ 201 BGB). Beim prozessualen Kostenerstattungsanspruch sind dabei mehrere Konstellationen zu beachten:

168

Kostenerstattungsanspruch ohne Kostengrundentscheidung. In den meisten Fällen entsteht der prozessuale Kostenerstattungsanspruch erst durch eine entsprechende Kostengrundentscheidung des Gerichts, z.B. nach den §§ 91 ff. ZPO. Es gibt aber auch Fälle, in denen der Kostenerstattungsanspruch kraft Gesetzes entsteht. Eine Kostengrundentscheidung ist dann nur noch deklaratorischer Natur und dient dazu, die Festsetzung nach §§ 103 ff. ZPO zu ermöglichen. Hauptanwendungsfälle des Kostenerstattungsanspruchs ohne Kostenentscheidung sind die Klagerücknahme und die Rücknahme eines Mahnantrags, bei denen sich die Kostenpflicht des Zurücknehmenden aus dem Gesetz ergibt (§ 269 Abs. 3 ZPO) und eine Kostenentscheidung nur auf Antrag ergeht. Hier entsteht der Erstattungsanspruch mit der Rücknahme der Klage bzw. des Mahnantrags. Folglich beginnt die dreijährige Verjährungsfrist des § 195 BGB mit Ende des Kalenderjahres, in dem die Klage oder der Mahnantrag zurückgenommen worden ist. Wird versäumt, eine Kostengrundentscheidung zu beantragen, so tritt nach Ablauf von drei Kalenderjahren Verjährung ein, so dass eine Kostenfestsetzung dann ausscheidet, wenn die Verjährungseinrede erhoben wird.[119]

169

Auch für **Zwangsvollstreckungskosten** gilt die kurze dreijährige Verjährungsfrist, wenn die Vollstreckungskosten nicht tituliert worden sind. Dem kann allerdings abgeholfen werden, indem der Anwalt angefallene Vollstreckungskosten vor Ablauf der Verjährung nach §§ 788 Abs. 2, 103 ff. ZPO festsetzen lässt oder deswegen vollstreckt (§ 212 Abs. 1 Nr. 2 BGB).

170

Kostengrundentscheidung ergangen, aber noch keine Festsetzung. Ist über den Kostenerstattungsanspruch bereits eine Kostengrundentscheidung ergangen, sind die Kosten aber noch nicht festgesetzt, so beträgt die Verjährungsfrist 30 Jahre (§ 197 Abs. 1 Nr. 3 BGB). Die Kostengrundentscheidung reicht als rechtskräftige Entscheidung über den Kostenerstattungsanspruch aus.[120] Mit Erlass der Kostengrundentscheidung beginnt die dreißigjährige Verjährungsfrist des § 197 BGB, nicht die dreijährige Verjährungsfrist des § 195 BGB. Das bedeutet, dass ein Kostenfestsetzungsan-

171

---

116 LG Karlsruhe AGS 2012, 322 m. Anm. *Schons* = JurBüro 2012, 484.

117 BGH AGS 2008, 321 = WM 2008, 1077 = ZfIR 2008, 332 = MDR 2008, 615 = ZGS 2008, 233 = BGHR 2008, 625 = ZIP 2008, 1538 = VersR 2008, 1121 = NJW-RR 2008, 1237 = DB 2008, 927 = IBR 2008, 318 = MittdtschPatAnw 2008, 286 = BRAK-Mitt 2008, 114 = GuT 2008, 232 = sj 2008, 40 = JurBüro 2008, 443 = JA 2008, 730 (hier: Rückforderung der vertraglichen Vergütung wegen Verstoßes gegen das Rechtsberatungsgesetz).

118 OLG München AnwBl 1988, 249; OLG Hamm JurBüro 1982, 1726 = Rpfleger 1982, 481; OLG Schleswig JurBüro 1991, 1208.

119 OLG Hamburg AGS 2009, 146 = JurBüro 2008, 479 = OLGR 2008, 956 = VersR 2009, 657; AG Siegburg AGS 2009, 563.

120 OLG Naumburg AGS 2009, 147 u. 200 = OLGR 2008, 847.

trag aufgrund einer bereits ergangenen Kostengrundentscheidung innerhalb von 30 Jahren noch gestellt werden kann, ohne dass dem die Einrede der Verjährung entgegen gesetzt werden kann.

172 **Die Kosten sind festgesetzt.** Sind die Kosten darüber hinaus aufgrund der Kostengrundentscheidung im Verfahren nach den §§ 103 ff. ZPO festgesetzt worden, so beginnt damit eine neue dreißigjährige Verjährungsfrist (§ 197 Abs. Nr. 3 BGB).

173 Auch wenn nach den vorstehenden Ausführungen für die Verjährung des Kostenerstattungsanspruchs die dreißigjährige Verjährungsfrist gilt, ist zu beachten, dass sich die Verjährung der festgesetzten Zinsen als wiederkehrende Leistungen nach § 197 Abs. 2 BGB richtet. Die Zinsen aus einem Kostenerstattungsanspruch verjähren also innerhalb von drei Jahren, unabhängig davon, ob der Kostenerstattungsanspruch selbst rechtskräftig festgesetzt worden ist oder nicht. Darauf sollte der Mandant hingewiesen werden. Die Verjährung kann hier durch eine Vollstreckungsmaßnahme, die sich aus Kostengründen ggf. ausschließlich auf die Zinsen beschränken kann, unterbrochen werden (§ 212 Abs. 1 Nr. 2 BGB).

VIII. Erstattung verjährter Forderungen

174 Unerheblich ist für einen Kostenerstattungsanspruch, ob die zugrunde liegende Vergütungsforderung im Verhältnis Anwalt/Mandant verjährt ist. Die erstattungspflichtige Gegenpartei kann nie mit Erfolg einwenden, der Vergütungsanspruch gegen den Auftraggeber sei bereits verjährt.[121] Den Verjährungseinwand kann nur der Auftraggeber erheben.

175 Eine Pflicht des Kostenerstattungsgläubigers, unter dem Gesichtspunkt der Kostengeringhaltungspflicht zugunsten des Prozessgegners eine Verjährungseinrede gegenüber seinem Anwalt zu erheben, besteht nicht.[122]

IX. Prozesskostenhilfe, Pflichtverteidiger

176 Auch für die Fälligkeit des Vergütungsanspruchs des im Wege der Prozesskostenhilfe beigeordneten Anwalts,[123] des Pflichtverteidigers[124] und des dem Nebenkläger beigeordneten Anwalts[125] gilt die Vorschrift des Abs. 1. Die Ansprüche gegen die Staatskasse verjähren ebenfalls nach § 195 BGB in drei Jahren. Das gilt auch für die Pauschvergütung nach §§ 42, 51[126] (zur Frage, wann die Pauschvergütung bei vorzeitiger Entpflichtung fällig wird, siehe Rdn 24).

177 Ob sich die Staatskasse auf die Einrede der Verjährung beruft, liegt in ihrem Ermessen. Sowohl die Belange des Anwalts[127] als auch die der bedürftigen Partei sind dabei angemessen zu berücksichtigen.[128]

178 Zur Verjährung der Ansprüche des beigeordneten Anwalts und des Pflichtverteidigers gegen den Auftraggeber siehe Rdn 152 ff.

---

121 OLG Koblenz MDR 2008, 1179 = OLGR 2008, 823 = JurBüro 2008, 543; OLG München NJW 1971, 1755 = AnwBl 1971, 321; OLG Frankfurt AnwBl 1989, 106; a.A. OVG Münster NJW 1971, 1676 m. abl. Anm. *Schmidt.*

122 OLG Koblenz NJW-RR 2011, 499 = BauR 2011, 306; MDR 2008, 1179 = OLGR 2008, 823 = JurBüro 2008, 543; unzutreffend SG Nordhausen, Urt. v. 26.10.2015 – S 31 AS 818/14.

123 OLG Celle JurBüro 1983, 699 = NdsRpfl 1983, 94; OLG München JurBüro 1984, 1830; AnwBl 1985, 596; OLG Schleswig JurBüro 1990, 763 = SchlHA 1990, 57; OLG Frankfurt/M. AnwBl 1989, 177 = JurBüro 1988, 1010.

124 OLG Celle JurBüro 1983, 699 = NdsRpfl 1983, 94; OLG Hamm AnwBl 1996, 478; KG JurBüro 1999, 26.

125 OLG Braunschweig JurBüro 2000, 475.

126 OLG Hamburg JurBüro 1991, 233; *Hansens*, § 16 Rn 10; OLG Braunschweig JurBüro 2001, 308 = KostRsp. BRAGO § 16 Nr. 37.

127 OLG Frankfurt/M. AnwBl 1989, 177 = JurBüro 1988, 1010.

128 OLG Frankfurt/M. AnwBl 1992, 1210 m. Anm. *Herget.*

X. Vergütungsvereinbarungen

1. Gesetzliche Regelung

Auch für Vergütungsvereinbarungen gilt die gesetzliche Regelung des § 8. Die Vorschrift gehört zu den Allgemeinen Vorschriften des RVG und gilt daher grundsätzlich für sämtliche Vergütungsarten. Sie ist nicht auf die gesetzliche Vergütung beschränkt.[129]

179

Andererseits ist Abs. 1 S. 1 **dispositives Recht**. Auch insoweit gilt der Grundsatz der Vertragsfreiheit. Die Parteien können in ihrer Vergütungsvereinbarung Abweichendes regeln. Dann gehen diese den individuellen Regelungen der gesetzlichen Bestimmung vor.[130] Es handelt sich insoweit nicht um anderweitige Vereinbarungen nach § 3a Abs. 1 S. 2, so dass ein deutliches Absetzen nicht erforderlich ist.[131]

180

Möglich ist auch, eine **isolierte Fälligkeitsvereinbarung** zu treffen, die die Höhe der gesetzlichen Vergütung unberührt lässt.[132]

181

Nur dann und soweit die Vergütungsvereinbarung selbst keine Regelungen zur Fälligkeit der Vergütung enthält, ist auf Abs. 1 zurückzugreifen.

182

2. Vertragliche Fälligkeitsvereinbarungen

a) Zulässigkeit

Vertragliche Fälligkeitsvereinbarungen sind **grundsätzlich zulässig**. So ist insbesondere die Vereinbarung einer gegenüber Abs. 1 **vorzeitigen Fälligkeit** möglich.[133]

183

Zulässig ist es sogar, entsprechend dem gesetzlichen Leitbild des § 271 Abs. 1 BGB die **sofortige Fälligkeit** zu vereinbaren.[134]

184

Möglich sind auch **gestaffelte Fälligkeitsvereinbarungen**, dass also Fälligkeiten nach Zeitabschnitten oder Verfahrensabschnitten bemessen werden.

185

> **Beispiel:** In einer Strafsache werden Pauschalen vereinbart. Die Pauschale für das vorbereitende Verfahren soll mit Erhalt der Ermittlungsakten fällig werden. Die Pauschale für das erstinstanzliche gerichtliche Verfahren außerhalb der Hauptverhandlung soll mit Abgabe an das Gericht fällig werden und eine Pauschale für jeden Hauptverhandlungstermin jeweils mit Ablauf des Verhandlungstages.
> Jede Pauschale wird also mit Fortschritt des Verfahrens gesondert fällig.

Ebenso wenig bestehen Bedenken, dass die Fälligstellung einer Vergütung für geleistete Tätigkeiten in das **Ermessen des Anwalts** gestellt wird. Wenn die sofortige Fälligkeit dem Leitbild des Gesetzes (§ 271 BGB) entspricht, bestehen keine Bedenken, dem Anwalt vorzubehalten, einseitig spätere Fälligkeiten zu bestimmen.[135]

186

Fälligkeitsvereinbarungen können auch **konkludent** geschlossen werden, etwa wenn eine Stundensatzvereinbarung getroffen worden ist und die Parteien regelmäßige Zwischenabrechnungen vereinbart haben.[136]

187

Bedenklich wird eine „Fälligkeitsvereinbarung", wenn sie einer Erfolgshonorarvereinbarung gleichkommt, wenn es sich also faktisch gar nicht um eine Fälligkeitsvereinbarung, sondern um eine unzulässige erfolgsabhängige Vergütungsvereinbarung handelt.[137]

188

---

129 *N. Schneider*, Die Vergütungsvereinbarung, Rn 1809.
130 *N. Schneider*, Die Vergütungsvereinbarung, Rn 1810; Krämer/Maurer/*Kilian*, Vergütungsvereinbarung, Rn 572.
131 OLG Düsseldorf AGS 2008, 536 = MDR 2008, 1265 = OLGR 2009, 62.
132 *N. Schneider*, Die Vergütungsvereinbarung, Rn 1811.
133 *N. Schneider*, Die Vergütungsvereinbarung, Rn 1822.
134 *N. Schneider*, Die Vergütungsvereinbarung, Rn 1824.
135 *N. Schneider*, Die Vergütungsvereinbarung, Rn 1828.
136 BGH AGS 2013, 573 = zfs 2014, 47 = StRR 2013, 403 = VRR 2013, 403 = RVGreport 2014, 65.
137 *N. Schneider*, Die Vergütungsvereinbarung, Rn 1829.

Beispiel: Der Anwalt vereinbart mit seinem Mandanten, dass dieser das Doppelte der gesetzlichen Gebühren zahle. Für den Fall, dass der Anwalt die vom Auftraggeber geltend gemachten Ansprüche durchsetze, soll darüber hinaus noch
a) ein weiterer Betrag in Höhe von 10 % der durchgesetzten Summe
b) eine zusätzliche Vergütung in Höhe von 10.000 EUR
„fällig" werden.

189 In diesen Fällen handelt es sich tatsächlich gar nicht um eine Fälligkeitsvereinbarung, sondern im Fall a) um die Vereinbarung einer Beteiligung (quota litis)[138] und im Fall b) um eine Erfolgshonorarvereinbarung.[139] Beide sind grundsätzlich unzulässig und kommen nur unter den engen Voraussetzungen des § 4a in Betracht.[140]

190 Unbedenklich ist es dagegen, Fälligkeiten an das Entstehen bestimmter Gebührentatbestände zu knüpfen.

Beispiel: Die Parteien vereinbaren, dass mit Abschluss einer Einigung ein Zusatzhonorar in Höhe von 2.000 EUR fällig sein soll.

191 Zwar ist in diesem Falle die Vergütung auch an einen Erfolg geknüpft, nämlich daran, dass der Anwalt eine Einigung herbeiführt. Die Höhe der Vergütung richtet sich aber nicht nach Erfolg der Tätigkeit. Die ist unabhängig davon, wie die Einigung inhaltlich aussehen wird. Auch nach dem gesetzlichen Leitbild steht dem Anwalt bei einer Einigung eine gesonderte „Erfolgs"-Gebühr, nämlich die Einigungsgebühr nach VV 1000 zu.[141]

192 Gleiches gilt für eine Erledigungsgebühr (VV 1002) oder eine Aussöhnungsgebühr (VV 1001).

b) AGB-Prüfung

193 Dass eine sofortige Fälligkeit in mehrfach verwendeten Vertragsbedingungen (§ 305 Abs. 1 S. 1 BGB) **überraschend i.S.d. § 305c Abs. 1 BGB** sei, wird man wohl nicht annehmen können. Zwar würde eine solche Vereinbarung dem Grundsatz des § 8 Abs. 1 widersprechen; andererseits entspricht sie dem Grundsatz des BGB in § 271 Abs. 1 BGB.[142]

194 Zu berücksichtigen sein kann allerdings **§ 308 Nr. 1 BGB**, wenn die sofortige Fälligkeit vereinbart wird, der Anwalt sich aber für die Erbringung seiner Leistung eine unangemessen lange Frist ausbedingt.[143]

195 Des Weiteren ist an **§ 309 Abs. 1 Nr. 2 BGB** zu denken, wenn durch eine vorzeitige Fälligkeit das Leistungsverweigerungsrecht des Auftraggebers ausgeschlossen oder eingeschränkt wird.[144]

c) Formvorschriften

196 Die Vereinbarung einer von Abs. 1 abweichenden, insbesondere **vorzeitigen Fälligkeit** beinhaltet nicht die Vereinbarung einer höheren Vergütung, so dass diese Vereinbarung nicht nach § 3a Abs. 1 S. 1 der Textform bedarf.[145]

197 Problematisch sein kann die Frage der vorzeitigen Fälligkeitsvereinbarung, wenn eine höhere als die gesetzliche Vergütung vereinbart ist, es jedoch an der Textform des § 3a Abs. 1 S. 1 oder an der Form des § 3a Abs. 1 S. 2 fehlt. Insoweit dürfte im Zweifel gemäß § 139 BGB die Fälligkeitsvereinbarung wirksam bleiben.

---

138 Siehe hierzu *N. Schneider*, Die Vergütungsvereinbarung, Rn 323 ff.
139 Siehe hierzu *N. Schneider*, Die Vergütungsvereinbarung, Rn 368 ff.
140 Ausdrücklich zu diesem Problem der „Fälligkeit" *Krämer/Maurer/Kilian*, Rn 361; *N. Schneider*, Die Vergütungsvereinbarung, Rn 1831.
141 Siehe hierzu *N. Schneider*, Die Vergütungsvereinbarung, Rn 1834.
142 *N. Schneider*, Die Vergütungsvereinbarung, Rn 1837.
143 *N. Schneider*, Die Vergütungsvereinbarung, Rn 1838.
144 *N. Schneider*, Die Vergütungsvereinbarung, Rn 1839.
145 BGH AGS 2004, 440 = WM 2004, 981 = FamRZ 2004, 933 = BGHR 2004, 1101 = NJW-RR 2004, 1145 = VersR 2005, 648 = BRAK-Mitt 2004, 184 = MDR 2004, 845.

Beispiel: Die Parteien vereinbaren das Doppelte der gesetzlichen Gebühren. Sie vereinbaren ferner, dass jede Gebühr sofort fällig werde, sobald der entsprechende Gebühren- oder Auslagentatbestand erfüllt sei. Der Vereinbarung fehlt es jedoch an der Textform des § 3a Abs. 1 S. 1.
Nach § 3a Abs. 1 S. 1 kann der Anwalt keine höhere Vergütung als die gesetzliche verlangen. Er kann also lediglich die einfachen Gebühren verlangen, nicht die doppelten.
Da es sich bei der vorzeitigen Fälligkeitsvereinbarung jedoch nicht um eine Vereinbarung einer höheren Vergütung handelt,[146] ist diese Vereinbarung auch ohne Schriftform durchsetzbar, so dass der Anwalt sich auf die vorzeitige Fälligkeit berufen kann.

Da es sich – wie bereits ausgeführt – nicht um die Vereinbarung einer höheren gesetzlichen Vergütung handelt, ist es insoweit unerheblich, ob die vorzeitige Fälligkeitsvereinbarung gemäß § 3a Abs. 1 S. 2 als *„Vergütungsvereinbarung"* bezeichnet ist und ob sie von sonstigen Vereinbarungen deutlich abgesetzt ist. Hinzu kommt, dass es sich bei der Fälligkeitsvereinbarung, ebenso wie bei Stundungsvereinbarungen ohnehin **nicht um anderweitige Vereinbarungen** handelt, sondern um Bestandteile der Vergütungsvereinbarung selbst, so dass eine Trennung ohnehin nicht erforderlich wäre.[147]

198

§ 9 Vorschuss

Der Rechtsanwalt kann von seinem Auftraggeber für die entstandenen und die voraussichtlich entstehenden Gebühren und Auslagen einen angemessenen Vorschuss fordern.

Literatur: *Assmann*, Zufluss von Anwaltsvorschüssen nach § 18 BRAGO für Einnahme-Überschuss-Rechner, ZAP Fach 20, S. 11; *van Bühren*, Rechtliche Probleme in der Zusammenarbeit mit Rechtsschutzversicherern, NJW 2007, 3606; *Burhoff*, Vorschuss vom Auftraggeber (§ 9 RVG), RVGreport 2011, 365; *Jungbauer*, Vorschussforderung gegenüber dem rechtsschutzversicherten Mandanten, DAR 2008, 764 (Sonderheft); *Madert*, Das Recht auf Vorschuss, AGS 1992, 6, 14; *ders.*, Das Recht des Anwalts, Vorschuss zu fordern, AGS 2003, 286; *Meyer*, Zur Frage der ordnungsgemäßen Abrechnung von Gebührenvorschüssen auf Honorarforderungen des Rechtsanwalts, JurBüro 2009, 633; *Pfeiffer*, Zur sogenannten Mittelgebühr im Bußgeldverfahren aus Sicht eines Rechtsschutzversicherers, DAR 2007, 653; *J. Schneider*, Liquiditätsplanung – Vorschuss als Steuerungsmittel, AGS 2003, 137; *N. Schneider*, Das Recht auf Vorschuss nach 9 RVG, ZAP Fach 24 S. 1119; *ders.*, Abrechnung und Rückzahlung nicht verbrauchter Vorschüsse, NJW-Spezial 2013, 347; *ders.*, Zur Höhe eines angemessenen Vorschusses, DAR 2015, 355; *ders.*, Anforderung eines Vorschusses auf die Geschäftsgebühr, ErbR 2016, 254.

	Rn
A. Allgemeines	1
B. Regelungsgehalt	8
I. Persönlicher und sachlicher Anwendungsbereich	8
II. Recht auf Vorschuss	24
III. Schuldner	35
IV. Zeitpunkt der Vorschussanforderung	37
V. Höhe des Vorschusses	44
1. Überblick	44
2. Gebühren	45
3. Pauschgebühr	56
4. Auslagen	58
5. Höhe des Vorschusses	61
VI. Umsatzsteuer, VV 7008	73
VII. Berechnung	74
VIII. Durchsetzung	77
IX. Erfüllungswirkung	80
X. Bindungswirkung einer Vorschussanforderung	81
XI. Rechtsfolgen bei Nichtzahlung des Vorschusses	82
XII. Abrechnung und Rückforderung	87
XIII. Entnahmerecht	97
1. Hebegebühren	97
2. Vollstreckungskosten	98
C. Vereinbarte Vergütung	99
D. Übergangsrecht	100
E. Rechtsschutzversicherung	101
F. Der Vorschuss bei Insolvenz des Auftraggebers	114
I. Vor Insolvenzeröffnung entstandener Anspruch auf Vorschuss	115
II. Nach Insolvenzeröffnung entstandener Anspruch auf Vorschuss	116
III. Das rechtliche Schicksal des erhaltenen Vorschusses nach Insolvenzeröffnung	117

---

146 BGH AGS 2004, 440 = WM 2004, 981 = FamRZ 2004, 933 = BGHR 2004, 1101 = NJW-RR 2004, 1145 = VersR 2005, 648 = BRAK-Mitt 2004, 184 = MDR 2004, 845.

147 *N. Schneider*, Die Vergütungsvereinbarung, Rn 1844.

A. Allgemeines

1 Nach § 9 kann der Anwalt von seinem Auftraggeber eine Vorauszahlung auf die zu erwartende Vergütung (§ 1 Abs. 1) verlangen. Diese Vorschrift erweitert das allgemeine Vorschussrecht nach §§ 675, 669 BGB, das nur für Aufwendungen nach § 670 BGB gilt. Das Vorschussrecht nach § 9 besteht nur insoweit, als sich die Vergütung nach dem **RVG** richtet. Der Anwalt kann danach von seinem Auftraggeber einen **angemessenen** Vorschuss auf die zu erwartende Vergütung verlangen. Damit hat der Anwalt die Möglichkeit, seine an sich nach § 320 BGB gegebene Vorleistungspflicht abzuwenden.

2 Für Ansprüche **außerhalb des RVG** besteht ein Recht auf Vorschuss nur nach den allgemeinen Vorschriften. So kann der Anwalt für Aufwendungen (z.B. vorzulegende Gerichtskosten, Zustellungskosten) einen Vorschuss nach **§§ 675, 669 BGB** verlangen.

3 Soweit sich die Vergütung nach § 35 i.V.m. der StBVV richtet, gilt ebenfalls § 9, da in § 35 nicht auch auf § 8 StBVV verwiesen wird, der aber ohnehin mit § 9 inhaltsgleich ist.

4 Entsprechend anzuwenden ist die Vorschrift des § 9 auch dann, wenn das RVG selbst keine Gebühren vorsieht, wie in den Fällen des § 34 Abs. 1.

5 Spezielle Vorschriften zum Vorschuss enthalten:

6
§ 39 Abs. 1 S. 1	Vorschuss des in Scheidungs- und Lebenspartnerschaftssachen beigeordneten Rechtsanwalts gegen den Vertretenen,
§ 40	Vorschuss des nach § 67a Abs. 1 S. 2 VwGO als gemeinsamer Vertreter bestellten Rechtsanwalts gegen die Vertretenen,
§ 41	Vorschuss des nach §§ 57 oder 58 ZPO bestellten Prozesspflegers gegen die Staatskasse,
§ 47 S. 1	Vorschuss des bestellten oder beigeordneten Anwalts,
§ 47 S. 2	Vorschuss des nach § 625 ZPO a.F. = § 138 FamFG beigeordneten oder nach § 67a Abs. 1 S. 2 VwGO bestellten Anwalts gegen die Staatskasse,
§ 47 Abs. 2	kein Vorschuss bei Beratungshilfe,
§ 51 Abs. 1 S. 5	Vorschuss auf eine Pauschgebühr,
§ 52 Abs. 1 S. 1, 2. Hs.	kein Anspruch auf Vorschuss bei Inanspruchnahme des Beschuldigten oder des Betroffenen.

7 Ob § 9 unmittelbar auch auf **vereinbarte Vergütungen** anzuwenden ist, erscheint fraglich (siehe Rdn 99).[1] Es empfiehlt sich daher, auf jeden Fall in einer Vergütungsvereinbarung auch die Frage der Vorschüsse zu regeln.

B. Regelungsgehalt

I. Persönlicher und sachlicher Anwendungsbereich

8 Die Vorschrift des § 9 gilt grundsätzlich für jeden **Rechtsanwalt** und jeden, der **nach § 1 Abs. 1 einem Rechtsanwalt gleichsteht** und damit nach dem **RVG** abrechnen kann.

9 Die Vorschrift gilt auch dann, wenn der Anwalt für die **Hilfeleistung bei der Erfüllung allgemeiner Steuerpflichten** und bei der Erfüllung steuerlicher Buchführungs- und Aufzeichnungspflichten gemäß § 35 nach der StBVV abrechnet.

10 Sie gilt auch für den Anwalt, der lediglich **Beratungs- und Gutachtentätigkeiten** ausübt oder der als **Mediator** tätig wird (§ 34 Abs. 1). Auch wenn das RVG hier selbst keine Gebühren vorsieht und der Anwalt entweder nach einer Gebührenvereinbarung abrechnen muss oder nach dem BGB, muss § 9 entsprechend anzuwenden sein. Soweit man anderer Auffassung ist, würde sich der Vorschuss wiederum nach §§ 675, 669 BGB richten, so dass sich im Ergebnis nichts ändern würde.

11 Soweit sich die Vergütung des Anwalts gemäß § 1 Abs. 2 **nicht nach dem RVG** bestimmt, sondern nach anderen Vorschriften, kommt unter Umständen eine Vorschusspflicht nach diesen Gesetzen in

---

[1] Siehe auch ausführlich *N. Schneider*, Vergütungsvereinbarung, Rn 1769 ff.

Betracht. So kann der Rechtsanwalt als Vormund (§ 1835 Abs. 1 S. 1 BGB), als Gegenvormund (§ 1835 Abs. 1 S. 2 BGB) oder als Pfleger (§ 1915 BGB) einen **Vorschuss nach Auftragsrecht** verlangen, also nach §§ 670, 669 BGB. Er darf den Vorschuss sogar dem von ihm verwalteten Vermögen entnehmen (§§ 1795 Abs. 2, 181 BGB).

Der nach § 78b ZPO bestellte **Notanwalt** kann ebenfalls einen Vorschuss verlangen, und zwar unmittelbar von der Partei, der er beigeordnet worden ist: **12**

> **§ 78c ZPO Auswahl des Rechtsanwalts**
> (1) ...
> (2) ¹Der beigeordnete Rechtsanwalt kann die Übernahme der Vertretung davon abhängig machen, dass die Partei ihm einen Vorschuss zahlt, der nach dem Rechtsanwaltsvergütungsgesetz zu bemessen ist.
> (3) ...

Nach dem Wortlaut des § 78c Abs. 2 ZPO muss der Vorschuss vor Übernahme der Vertretung geltend gemacht werden. Der Notanwalt muss jedoch auch noch nach Übernahme einen Vorschuss verlangen können. Dies gilt umso mehr, wenn sich durch Klageerweiterung o.Ä. die Berechnungsgrundlage für den Vorschuss ändert. Der Vorschuss kann sowohl für bereits entstandene als auch für voraussichtlich noch entstehende Gebühren und Auslagen geltend gemacht werden.² Die Höhe des Vorschusses richtet sich nach § 9.³

Der im Rahmen der **Prozess- oder Verfahrenskostenhilfe beigeordnete**[4] oder nach §§ 57, 58 ZPO **zum Prozesspfleger bestellte** Rechtsanwalt kann ebenfalls einen Vorschuss verlangen. Vorschusspflichtig ist in diesem Fall ausschließlich die **Staatskasse** (§§ 45 Abs. 1 S. 1, 47 Abs. 1). Der Vertretene selbst ist nicht zum Vorschuss verpflichtet (§ 41 S. 2) (zum Umfang des Vorschusses in diesem Fall siehe Rdn 54). **13**

Von der **bedürftigen Partei** darf der Anwalt dagegen im Rahmen seiner Beiordnung keinen Vorschuss verlangen (vgl. § 122 Abs. 1 Nr. 3 ZPO). Das gilt selbst dann, wenn die Voraussetzungen des § 50 gegeben sind. Hat der Anwalt allerdings **vor seiner Beiordnung** einen Vorschuss erhalten oder hat der Mandant trotz bewilligter Prozess- oder Verfahrenskostenhilfe freiwillige Vorschüsse erbracht, so ist der Anwalt auch nach Beiordnung nicht zur Rückzahlung verpflichtet, sondern kann sie behalten.⁵ Er muss eventuell erhaltene Vorschüsse allerdings gegenüber der Staatskasse später in Anrechnung bringen (§ 58 Abs. 1); jedoch steht dem Anwalt insoweit ein Vorrecht zu, als er die Vorschüsse zunächst auf die von der Prozess- oder Verfahrenskostenhilfe nicht gedeckten Wahlanwaltsvergütung verrechnen darf (§ 58 Abs. 2) (zur Verrechnung des Vorschusses in diesem Fall siehe § 58 Rdn 34, 36 ff.). **14**

Ist der Partei nur **teilweise Prozess- oder Verfahrenskostenhilfe** bewilligt worden, so kann der Anwalt hinsichtlich des nicht bewilligten Teils einen Vorschuss verlangen (zur Berechnung siehe Rdn 55). **15**

Im Gegensatz zur früheren Regelung des § 36a Abs. 1, 2. Hs. BRAGO kann der nach **§ 138 FamFG (früher 625 ZPO) beigeordnete Anwalt** nunmehr von der Partei einen Vorschuss verlangen (§ 39 S. 1). Aus der Staatskasse kann er ebenfalls einen Vorschuss verlangen, wenn der Verpflichtete mit der Zahlung des Vorschusses in Verzug ist (§ 47 Abs. 1 S. 2). **16**

Der nach § 67a VwGO bestellte **allgemeine Vertreter** kann nach (§ 47 Abs. 1 S. 2) ebenfalls einen Vorschuss von der Staatskasse verlangen, wenn sich der Verpflichtete mit der Zahlung in Verzug befindet. **17**

Der **Pflichtverteidiger** sowie jeder Anwalt, der einem Privat- oder Nebenkläger oder einem Antragsteller im Klageerzwingungsverfahren beigeordnet ist, oder ein anderweitig in einem Straf-, Bußgeld- oder Auslieferungsverfahren beigeordneter Anwalt kann vom Mandanten hinsichtlich der gesetzlichen Vergütung keinen Vorschuss verlangen (§ 52 Abs. 1). Jedoch kann er einen Vorschuss gegenüber der Staatskasse geltend machen (§ 47). **18**

---

2 Zöller/*Vollkommer*, § 78c Rn 9.
3 Zöller/*Vollkommer*, § 78c Rn 9.
4 AG Koblenz AGS 2005, 352 m. Anm. *N. Schneider*.
5 Gerold/Schmidt/*Mayer*, § 9 Rn 6.

19 Soweit der Pflichtverteidiger dagegen mit dem Auftraggeber eine Vergütungsvereinbarung getroffen hat, gilt nicht § 52 Abs. 1, so dass dem Anwalt hinsichtlich der vereinbarten Vergütung ein Recht auf Vorschuss zusteht.[6]

20 Ein Vorschuss auf **Beratungshilfegebühren nach VV 2501 ff.** ist dagegen auch gegenüber der Staatskasse ausgeschlossen (§ 47 Abs. 2).

21 Ein Vorschuss auf die **Beratungshilfegebühren nach VV 2500**, die der Auftraggeber schuldet, kann dagegen verlangt werden. Die Vorschrift des § 47 Abs. 2 steht dem nicht entgegen. Abgesehen davon fragt es sich, ob die Fälligkeit der Gebühr nach VV 2500 nicht ohnehin sofort eintritt (§ 271 BGB).

22 Ein Vorschuss auf eine zu erwartende **Pauschgebühr** nach § 42 ist im Gesetz – im Gegensatz zu der Pauschgebühr nach § 51 Abs. 1 S. 5 – nicht vorgesehen. Daraus kann jedoch nicht gefolgert werden, dem Wahlanwalt stünde kein Vorschussrecht auf eine zu erwartende Pauschgebühr zu. Das Recht ergibt sich für ihn unmittelbar aus § 9, wenn eine Pauschgebühr voraussichtlich zu erwarten ist (siehe Rdn 56).

23 Zur Anwendung des § 9 auf **vereinbarte Vergütungen** siehe Rdn 99.

II. Recht auf Vorschuss

24 Die Vorschrift des § 9 gewährt dem Anwalt ein **Recht auf Vorschuss**. Er ist dagegen nicht verpflichtet, Vorschuss zu verlangen. Ob und in welcher Höhe er einen Vorschuss fordert, liegt vielmehr in seinem **Ermessen**. Grundsätzlich sollte der Anwalt von seinem Recht auf Vorschuss Gebrauch machen. Er sichert damit seine Gebührenansprüche sowohl gegen eine mögliche spätere Insolvenz des Auftraggebers als auch gegen dessen sinkende Zahlungsbereitschaft. Auf die Dauer des Mandats lässt sich nie absehen, welche Unwägbarkeiten eintreten, ob Differenzen entstehen, ob der Mandant Einwendungen gegen die Führung des Mandats erhebt, ob er verstirbt o.Ä. Gerade bei Verfahren – insbesondere in Strafprozessen –, in denen sich die Erfolgsaussichten mit zunehmender Dauer des Mandats reduzieren, sinkt gleichzeitig häufig auch die Zahlungsbereitschaft des Auftraggebers. Durch die rechtzeitige Anforderung eines Vorschusses sichert sich der Anwalt gegen diese Risiken ab.

25 Bei unsicheren Mandanten empfiehlt es sich sogar, die **Annahme des Mandats** von der Zahlung eines Vorschusses **abhängig** zu machen, um erst gar keine vertraglichen Bindungen und Haftungsrisiken ohne äquivalente Vergütung einzugehen. In diesem Fall kommt der Anwaltsvertrag gemäß § 158 BGB erst mit Eingang des Vorschusses zustande.

26 Abgesehen davon muss der Anwalt auch **betriebswirtschaftlich** denken. Ein Mandat kann sich u.U. über lange Zeit hinziehen. Die laufenden Kosten des Anwalts für Büro und Personal fallen dagegen sofort an. Durch ein bewusstes Ausnutzen seines Vorschussrechts kann er daher auch für kontinuierliche Umsätze und damit für Liquidität sorgen.

27 Darüber hinaus belasten mehrere einzelne Vorschüsse den Mandanten nicht so sehr, als wenn er den Gesamtbetrag auf einmal zahlen muss.

28 Zwischen Anwalt und Auftraggeber kann das Recht auf Vorschuss **vertraglich abbedungen** werden. Dies kann auch **konkludent** geschehen. Probleme ergeben sich insoweit bei Vergütungsvereinbarungen, wenn die Frage des Vorschusses nicht ausdrücklich geregelt ist (siehe Rdn 99).

29 In dem bloßen **Nichterheben** von Vorschüssen kann noch **kein Verzicht** auf das Vorschussrecht gesehen werden. Das Gleiche gilt, wenn der Anwalt zunächst einen Vorschuss einfordert, dann aber nachträglich darauf verzichtet. In diesem Falle liegt lediglich ein Verzicht auf die konkrete Vorschussanforderung vor, nicht aber auch auf das generelle Vorschussrecht. Auch kann in der Anforderung eines geringen Vorschusses grundsätzlich kein Verzicht auf weitere Vorschüsse gesehen werden.

30 Im Rechtsstreit trägt nach allgemeinen Grundsätzen der Auftraggeber die Darlegungs- und Beweislast für das Vorliegen des ihn begünstigenden Ausnahmetatbestandes, dass mit dem beauftragten Rechtsanwalt in Abweichung von dem gesetzlich statuierten Anspruch auf einen angemessenen

---

[6] *N. Schneider*, Vergütungsvereinbarung, Rn 1767.

Vorschuss die Vereinbarung bestanden habe, dass keine oder nur eine reduzierte Vorschusszahlung geleistet werden sollte.[7]

Selbst dann, wenn der Anwalt auf sein Vorschussrecht verzichtet hat, kann er diesen **Verzicht** nach **§ 321 BGB widerrufen**, wenn sich die Vermögenssituation des Auftraggebers nachträglich so wesentlich verschlechtert, dass die Vergütung gefährdet wird. 31

Das Recht auf Vorschuss kann auch nicht dadurch **verwirken**, dass es für längere Zeit nicht ausgeübt wird, da der Vorschuss „jederzeit" verlangt werden kann und der Auftraggeber folglich auch jederzeit damit rechnen muss, dass er zu einem Vorschuss herangezogen wird. 32

Einen Anspruch auf **Sicherheiten** hat der Anwalt dagegen nicht. Diese benötigt er auch nicht, da er sich durch Vorschüsse genügend absichern kann. Der Anwalt kann sich aber selbstverständlich anstelle von Vorschüssen auch entsprechende Sicherheiten gewähren lassen.[8] Hierzu zählt insbesondere die Abtretung von Erstattungsforderungen gegen Dritte. Zu beachten ist dabei jedoch, dass dem Anwalt berufsrechtliche Grenzen gesetzt sind. Von der Möglichkeit, sich Sicherheiten gewähren zu lassen, sollte daher nur zurückhaltend Gebrauch gemacht werden. 33

Das Recht auf Vorschuss ist nicht einmalig. Der Anwalt kann jederzeit weitere Vorschüsse anfordern (siehe Rdn 71). 34

III. Schuldner

Schuldner des Vorschusses nach § 9 ist der **Auftraggeber**, der nicht unbedingt mit dem Mandanten identisch sein muss. **Dritte**, die kraft Gesetzes oder kraft vertraglicher Vereinbarung für die Vergütung des Anwalts haften, können ebenfalls auf Vorschuss in Anspruch genommen werden. Voraussetzung ist jedoch, dass diese unmittelbar gegenüber dem Anwalt haften. Eine Ersatz- oder Vorschusspflicht gegenüber dem Auftraggeber reicht dagegen nicht aus, wie etwa die Prozesskostenvorschusspflicht des Ehegatten nach § 1360a Abs. 4 BGB. Ebenso wenig haftet der gesetzliche Vertreter.[9] Auch ein Rechtsschutzversicherer haftet dem Anwalt grundsätzlich nicht unmittelbar. Er zahlt lediglich gemäß § 267 BGB für den Versicherten, muss insoweit allerdings auch von Vorschüssen freistellen (siehe Rdn 101). Eine **Partei kraft Amtes** ist nicht Dritter, sondern haftet unmittelbar auf die Vergütung und damit auch auf Vorschuss.[10] 35

In Fällen, in denen keine unmittelbaren Ansprüche gegen einen Dritten bestehen, empfiehlt es sich, mit dem Dritten dahin gehende Vereinbarungen zu schließen, dass er sich gegenüber dem Anwalt vertraglich bindet. *Hansens*[11] und *Mayer*[12] empfehlen dieses Vorgehen insbesondere dann, wenn der Anwalt **Minderjährige** vertritt, etwa in Strafsachen oder in Unterhaltsprozessen. Der Anwalt sollte sich dann von den Eltern schriftlich geben lassen, dass diese für die Vergütung des Kindes aufkommen. In diesen Fällen kann der Anwalt dann auch von den Eltern einen Vorschuss verlangen. 36

IV. Zeitpunkt der Vorschussanforderung

Ein Vorschuss kann grundsätzlich **jederzeit** angefordert werden. Das Vorschussrecht entsteht mit Auftragserteilung.[13] 37

Eine vor Eintritt der Fälligkeit erstellte Vergütungsrechnung ist in der Regel in eine Vorschussanforderung umzudeuten, da vor Eintritt der Fälligkeit die Vergütung nicht abgerechnet werden kann (§ 10 Abs. 1).[14] 38

Der Vorschuss wird mit seiner Anforderung fällig (§ 271 BGB). Die Vorschrift des § 8 gilt hier nicht.[15] 39

---

7 OLG Düsseldorf FamRZ 2012, 746.
8 BGH AnwBl 1989, 228; OLG Braunschweig NdsRpfl 1962, 83.
9 *Hartmann*, KostG, § 9 RVG Rn 10.
10 *Hartmann*, KostG, § 9 RVG Rn 11.
11 *Hansens*, § 9 Rn 3.
12 Gerold/Schmidt/*Mayer*, § 9 Rn 16.
13 BGH AnwBl 1989, 228; *Hartmann*, KostG, § 9 RVG Rn 7.
14 *Hartmann*, KostG, § 9 RVG Rn 7; a.A. OLG Köln AGS 2009, 525 = RVGreport 2010, 138 = RVG prof. 2014, 102.
15 OVG Hamburg BRAGOreport 2003, 10 = PersV 2002, 420 = ZfPR 2002, 337.

40 Auch eine Anforderung des Vorschusses zur „**Unzeit**" ist wirksam. Hier kann der Anwalt bei Ausbleiben der Zahlung allenfalls gehindert sein, sofort Konsequenzen zu ergreifen, wenn der Vorschuss nicht eingeht (vgl. Rdn 81 ff.).

41 Dem Anwalt kann grundsätzlich nur empfohlen werden, den Vorschuss so frühzeitig wie möglich anzufordern, um seine Gebühren abzusichern und damit nicht in die Gefahr zu geraten, dass er den Vorschuss zu spät, also zur Unzeit, einfordert und dann aus der ausbleibenden Zahlung keine Konsequenzen mehr herleiten kann. Auch kann sich der Anwalt strafrechtlicher und berufsrechtlicher Bedenken aussetzen, wenn er mit dem Einfordern oder Besichern eines Vorschusses abwartet, bis der Auftraggeber in wirtschaftliche Schwierigkeiten geraten ist.[16]

42 Ist der Anwalt gerichtlich bestellt oder beigeordnet worden, sollte auch er sich nicht scheuen, von der Staatskasse Vorschüsse nach § 47 zu fordern. Laufende Vorschüsse sichern auch hier die Liquidität. Zudem kann sich die endgültige Festsetzung der PKH-Vergütung durch Rechtsmittelverfahren o.Ä. verzögern. So können sich z.B. Schwierigkeiten ergeben, wenn die Prozess- oder Verfahrenskostenhilfe aufgehoben wird.[17] Auch, wenn dies die Vergütungsansprüche des Anwalts letztlich nicht berührt, führt dies zu Verzögerungen und unnötigem Aufwand, der leicht umgangen werden kann, wenn rechtzeitig Vorschüsse erhoben werden. Zudem ist die Staatskasse in den jetzigen Zeiten auch nicht mehr der sichere Schuldner, der er einmal war. So können Haushaltssperren eine spätere Auszahlung verzögern.

43 Nach überwiegender Ansicht soll das Recht auf **Vorschuss erlöschen**, wenn die Vergütung **fällig** geworden ist (siehe § 8 Rdn 10).[18] Dies ist in dieser uneingeschränkten Form nicht richtig. Es gilt vielmehr der allgemeine Grundsatz, dass ein Vorschuss dann nicht mehr gefordert werden kann, wenn die zu bevorschussende Forderung abgerechnet werden kann.[19] Denkbar sind jedoch Fälle, in denen trotz Fälligkeit der Honorarforderung diese noch nicht abschließend berechnet werden kann, etwa weil noch Angaben des Mandanten zum Gegenstandswert fehlen, eine gerichtliche Wertfestsetzung noch aussteht und die Parteien selbst den Wert nicht ermitteln können oder wenn bei einer Vergütungsvereinbarung noch nicht sämtliche Berechnungsunterlagen vorliegen. In diesen Fällen muss dem Anwalt das Recht auf Vorschuss erhalten bleiben. Er kann insoweit durch die eingetretene Fälligkeit nicht schutzlos gestellt werden.[20]

V. Höhe des Vorschusses

1. Überblick

44 Die Höhe des Vorschusses richtet sich nicht nur nach den bereits entstandenen, sondern auch nach den voraussichtlich noch entstehenden Gebühren und Auslagen. Das Gesetz spricht insoweit nur davon, dass der Anwalt einen „**angemessenen**" Vorschuss fordern kann. Eine rechtlich überprüfbare Bedeutung kommt diesem Tatbestandsmerkmal kaum zu. Insbesondere eine Einschränkung auf bestimmte Gebühren oder auf eine bestimmte Quote ist dieser Vorschrift nicht zu entnehmen. Der Anwalt ist vielmehr berechtigt, in Höhe der voraussichtlich anfallenden Gebühren und Auslagen einen uneingeschränkten Vorschuss zu berechnen.

2. Gebühren

45 Der Anwalt ist berechtigt, seinen Vorschuss nach der Höhe aller voraussichtlich anfallender Gebühren zu berechnen. Die Berechnung der möglicherweise anfallenden Gebühren muss also die Kalkulationsgrundlage für den Vorschuss sein.

---

[16] Siehe hierzu BGH NJW 1989, 1167 = AnwBl 1989, 227 = MDR 1989, 368 = Rpfleger 1989, 124.
[17] Siehe hierzu zuletzt OLG Köln AGS 2006, 39 m. Anm. *Mock.*
[18] KG AnwBl 1982, 71 m. abl. Anm. *Schmidt*; so wohl auch BGH BGHZ 167, 190 = ZIP 2006, 1261 = DB 2006, 1485 = ZInsO 2006, 712 = NZI 2006, 469 = WM 2006, 1159 = BGHR 2006, 1133 = NJW 2006, 2701 = ZVI 2006, 456 = InvO 2006, 466 = MDR 2007, 113 = FamRZ 2006, 1196 = BRAK-Mitt 2006, 231 = RVGprof. 2006, 199.
[19] Siehe auch AG Berlin-Lichtenberg AGS 2013, 274 = RVGprof. 2013, 77 u. 117, 2104, 104 = NJW-Spezial 2013, 379 = RVGreport 2013, 306.
[20] So wohl auch *Hartmann*, KostG, § 9 RVG Rn 7 und *Schmidt*, AnwBl 1982, 72.

Soweit Gebühren bereits angefallen sind, also soweit deren Tatbestände erfüllt, aber noch nicht fällig sind, kann in deren Höhe immer ein Vorschuss verlangt werden. Dies ist auf jeden Fall angemessen, wie sich bereits aus dem Wortlaut des § 9 ergibt. **46**

Vorschüsse in Höhe von Gebühren, die gar nicht anfallen können, dürfen selbstverständlich auch nicht erhoben werden. Darüber hinaus wird man ein Recht auf Vorschuss wohl auch für solche Gebühren ablehnen müssen, die zwar theoretisch möglich sind, für deren späteren Anfall aber (noch) gar kein Anhaltspunkt besteht. **47**

So dürfte für einen Rechtsstreit nach VV Teil 3 ein Vorschuss in Höhe von 2,5 Gebühren (1,3-Verfahrensgebühr + 1,2-Terminsgebühr) angemessen sein. Für eine außergerichtliche Vertretung ist es angemessen, die Geschäftsgebühr (siehe VV 2300) vorschussweise abzurechnen. Entsprechendes gilt in sozialrechtlichen Angelegenheiten. **48**

Ob es auch angemessen ist, schon zu Beginn des Mandates eine eventuelle Einigungs- oder Erledigungsgebühr als Vorschuss anzufordern, erscheint fraglich. Soweit der Mandant bereits auf eine einvernehmliche Regelung hinstrebt oder eine solche erfahrungsgemäß zu erwarten ist, wie z.B. bei einem Kündigungsschutzprozess, dürften keine Bedenken bestehen. Sofern eine Einigung noch nicht in Sicht ist, erscheint es fraglich, ob insoweit bereits ein Vorschuss verlangt werden kann, zumal der Anwalt das Recht hat, jederzeit einen weiteren Vorschuss zu fordern. **49**

In einer Strafsache bestehen keine Bedenken, die Grundgebühr, die entsprechende Verfahrensgebühr und auch bereits Terminsgebühren nach VV 4102 und Gebühren für die Hauptverhandlungstermine vorschussweise anzufordern. Soweit sich in Straf- und Bußgeldverfahren die Anzahl der möglicherweise anfallenden Terminsgebühren nicht absehen lässt, wird man sich an der voraussichtlichen Zahl der Hauptverhandlungstage orientieren. Dauert das Verfahren länger, kann auch hier nachgefordert werden. **50**

Erhöhungen (wie etwa den Haftzuschlag nach VV Vorb. 4 Abs. 4) oder zusätzliche Gebühren (wie etwa nach VV 4142 bei Einziehung) wird der Anwalt dagegen wohl nur dann zugrunde legen dürfen, wenn konkrete Anhaltspunkte dafür vorhanden sind, dass diese Erhöhungen oder zusätzliche Gebühren auch anfallen. Dagegen ist der Anfall einer Gebühr nach VV 4141 oder VV 5115 so häufig, dass hier keine Bedenken bestehen, die Gebühr beim Vorschuss zu berücksichtigen,[21] zumal hier im Gegensatz z.B. zu Terminsgebühren häufig keine Möglichkeit besteht, die Tätigkeit von der Zahlung eines Vorschusses abhängig zu machen, wenn sich die Verwirklichung des Gebührentatbestandes abzeichnet. **51**

Da das RVG grundsätzlich in Angelegenheiten „denkt", dürfte sich der Vorschuss auch nur auf die Gebühren erstrecken, die in der betreffenden Angelegenheit entstehen, zumal für eine sich anschließende Angelegenheit noch gar kein unbedingter Auftrag vorliegt. **52**

Sofern allerdings bereits ein bedingter Auftrag für eine Folgeangelegenheit erteilt ist, bestehen keine Bedenken, auch für diese Angelegenheit bereits einen Vorschuss zu verlangen, sofern zu erwarten ist, dass es hierzu kommt. **53**

> **Beispiel:** Gegen den Betroffenen wird in einer Bußgeldsache ermittelt. Er beauftragt den Anwalt als Verteidiger. Dieser soll gegen den Bußgeldbescheid Einspruch einlegen und den Mandanten auch im späteren gerichtlichen Verfahren vor dem Amtsgericht vertreten. Der Verteidiger beantragt vorschussweise neben der Grundgebühr sowohl die Verfahrensgebühr für das Verfahren vor der Verwaltungsbehörde als auch die Verfahrensgebühr für das gerichtliche Verfahren vor dem Amtsgericht.
> Das Verfahren vor dem Amtsgericht ist eine neue Angelegenheit. Hierfür liegt aber bereits ein bedingter Auftrag vor, so dass keine Bedenken bestehen, auch insoweit bereits einen Vorschuss anzufordern, „zumal Einsprüche bei der Verwaltungsbehörde regelmäßig nicht einmal gelesen werden, so dass die Einleitung eines gerichtlichen Verfahrens und das Anfallen – mindestens – der gerichtlichen Verfahrensgebühr ganz überwiegend wahrscheinlich ist."[22]

Soweit dem Anwalt eine Vergütung gegen die Staatskasse zusteht, sei er im Rahmen der **Prozess- oder Verfahrenskostenhilfe** oder nach § 138 FamFG beigeordnet, nach §§ 57, 58 ZPO, § 67a VwGO, als Pflichtverteidiger oder anderweitig bestellt, steht ihm ein Recht auf Vorschuss gegen die **54**

---

21 AG Darmstadt AGS 2006, 212 = zfs 2006, 169 = RVGreport 2007, 60 u. 220.

22 AG Chemnitz AGS 2005, 431 m. Anm. *N. Schneider* = AGS 2006, 213; ebenso AG Stuttgart AGS 2008, 78 =

VRR 2008, 80 = zfs 2008, 106 = RVGreport 2008, 21 = NJW-Spezial 2008, 61.

Staatskasse zu (§ 47; siehe Rdn 12 ff.). Hier gilt allerdings eine Einschränkung: **Vorschüsse auf Gebühren** können nur verlangt werden, soweit die Gebühren **bereits entstanden** sind, und zwar lediglich in Höhe der für den bestellten oder beigeordneten Anwalt vorgesehenen Vergütung (siehe hierzu § 47 Rdn 1 ff.).

55 Ist dem Mandanten nur **teilweise** Prozess- oder Verfahrenskostenhilfe bewilligt, kann der Anwalt, soweit er nicht beigeordnet ist, nach der Differenz zu den Wahlanwaltsgebühren abrechnen (siehe § 15 Rdn 223 ff.) und auch insoweit einen Vorschuss nach den Wahlanwaltsgebühren verlangen.

> **Beispiel:** Gegen den Beklagten wird eine Klage in Höhe von 6.000 EUR erhoben. Ihm wird zur Abwehr der Klage in Höhe von 4.000 EUR Prozesskostenhilfe bewilligt. Dennoch beauftragt er den Anwalt, ihn hinsichtlich der gesamten Klageabwehr zu vertreten.
> Nach einem Wert in Höhe von 4.000 EUR kann der Anwalt Vorschüsse aus der Staatskasse verlangen, und zwar auch nur, soweit die Gebühren bereits angefallen sind.
> In Höhe des voraussichtlich anfallenden Differenzbetrags der Wahlanwaltsgebühren aus den Werten zwischen 4.000 EUR und 6.000 EUR kann der Anwalt nur von der bedürftigen Partei einen Vorschuss verlangen (zur Berechnung des Differenzbetrags in diesem Fall siehe § 15 Rdn 223 ff.).

3. Pauschgebühr

56 Eine ausdrückliche Regelung des Vorschusses für die Pauschgebühr nach § 42 fehlt im Gegensatz zu § 51 Abs. 1 S. 5. Daraus kann jedoch nicht im Umkehrschluss gefolgert werden, dass ein Vorschuss hier nicht in Betracht käme. Die Regelung in § 51 Abs. 1 S. 5 ist erforderlich, weil sich für den bestellten Anwalt aus § 47 keine Vorschusspflicht ergibt. Beim Wahlanwalt verhält es sich jedoch anders, da er auch auf voraussichtliche Gebühren einen Vorschuss erheben kann. Insoweit gilt also § 9 uneingeschränkt.[23] Der Anwalt kann auch in Höhe der zu erwartenden Pauschgebühr einen Vorschuss verlangen. Auch die Pauschgebühr nach § 42 ist eine Gebühr i.S.d. § 1 Abs. 1 S. 1, so dass nach § 9 darauf ein angemessener Vorschuss verlangt werden kann. Nur diese Auslegung ist sachgerecht, da dem Wahlanwalt auch hinsichtlich der Pauschgebühr die Möglichkeit gegeben sein muss, sich durch rechtzeitige Vorschüsse abzusichern. Die beste nachträgliche Festsetzung nutzt ihm nichts, wenn er dann das Geld beim Beschuldigten nicht mehr beitreiben kann. Gerade in Strafsachen kommt der Anforderung hinreichender Vorschüsse eine besondere Bedeutung zu, da nach einer Verurteilung die Zahlungsbereitschaft des Mandanten drastisch abnimmt.

57 Wird die Pauschgebühr später nicht oder geringer festgesetzt, muss der Anwalt zurückzahlen. Der Auftraggeber ist also hinreichend geschützt.

4. Auslagen

58 Auch für Auslagen (VV 7000 ff.) gilt nichts anderes. Sämtliche sich voraussichtlich verwirklichenden Auslagentatbestände können für die Bemessung des Vorschusses herangezogen werden. Da Post- und Telekommunikationsentgelte fast immer anfallen, wird ein Vorschuss auf Auslagen nach den VV 7001, 7002 grundsätzlich nie zu beanstanden sein. Gleiches dürfte für die Dokumentenpauschale (VV 7000) gelten. Bei Vorschüssen auf Reisekosten wird man wohl gewisse Anhaltspunkte dafür fordern dürfen, dass es überhaupt zu einer Geschäftsreise kommen wird. Vorschüsse auf die Haftpflichtversicherungsprämie (VV 7007) setzen voraus, dass ein entsprechend hoher Gegenstandswert zu erwarten bzw. bereits eingetreten ist (zur Umsatzsteuer, die nach VV 7008 einen Auslagentatbestand darstellt, siehe Rdn 73).

59 Möglich sind auch Vorschüsse auf zu verauslagende Kosten. Die Vorschusspflicht richtet sich hier nach §§ 675, 669 BGB und setzt ebenfalls voraus, dass mit dem Anfall solcher Kosten zu rechnen ist. Voraussetzung ist, dass die Kosten den Anwalt treffen, wie z.B. die Aktenversendungspauschale nach Nr. 9003 GKG-KostVerz.[24] Auf Kosten, die den Anwalt nicht treffen, kann er auch keinen Vorschuss verlangen, da der Mandant zahlungspflichtig ist.

---

23 *Hartmann*, KostG, § 42 RVG Rn 18; *Hartung/Römermann*, § 42 Rn 5.

24 Zuletzt VG Meiningen AGS 2005, 565.

Beispiel: Der Anwalt verlangt vom Mandanten u.a. einen Vorschuss in Höhe der einzuzahlenden 3,0-Gebühr nach Nr. 1210 GKG-KostVerz.
Da nicht der Anwalt, sondern der Mandant Kostenschuldner ist (§ 22 GKG), besteht keine Notwendigkeit, dass der Anwalt diese Kosten einzahlt. Folglich besteht auch kein Anspruch auf Vorschuss. Der Mandant kann den Vorschuss mit der Begründung verweigern, er werde die Gerichtskosten selbst einzahlen.

Soweit dem Anwalt eine Vergütung gegen die Staatskasse zusteht, kann er auch einen Vorschuss auf Auslagen geltend machen. Eine Einschränkung, dass die Auslagen bereits angefallen sein müssen, findet sich hier – im Gegensatz zu den Gebühren (siehe Rdn 54) – nicht. Vorschüsse auf Auslagen können daher sowohl für bereits entstandene als auch für voraussichtlich noch entstehende Auslagen verlangt werden. Das gilt sowohl für Reisekosten als auch für andere Kosten, etwa Kosten für ein privates Gutachten, soweit dies erforderlich ist.[25]   **60**

5. Höhe des Vorschusses

Nicht nur für die Frage, welche Gebühren- und Auslagentatbestände bei der Bemessung des Vorschusses herangezogen werden dürfen, sondern auch bei der Höhe der Gebühren und Auslagen, ist nach dem Voraussichtlichen zu fragen.   **61**

Die strikte Bindung an die voraussichtlichen Gebühren und Auslagen darf nicht zu eng betrachtet werden. Daher darf der Vorschuss durchaus zu einer Übersicherung führen, die verhindert, dass der Anwalt später Restbeträgen „hinterherlaufen" muss. Zuviel berechnete Vorschüsse sind nach Eintritt der Fälligkeit ohnehin umgehend abzurechnen und zurückzuzahlen. Allerdings ist das Augenmaß zu beachten. Sinn des Vorschusses ist es nicht, dass der Anwalt sich übersichert und sich damit faktisch auf Kosten des Mandanten ein Darlehen verschafft.   **62**

Bei **festen Wertgebühren** ist es insoweit üblich, einen Vorschuss in Höhe der voraussichtlich anfallenden Gebühren anzufordern. Insoweit ist es unbedenklich, in einem Zivilprozess die volle Verfahrens- und Terminsgebühr (1,3 + 1,2; in der Berufung 1,6 + 1,2) anzufordern (zur Einigungsgebühr siehe Rdn 49).   **63**

Steht der Gegenstandswert bereits fest, so ist dieser zugrunde zu legen. Ist noch kein Wert festgesetzt, dann ist dieser zu schätzen. Dabei dürfen durchaus auch zu erwartende Veränderungen berücksichtigt werden, etwa Streitwerterhöhungen durch Klageerweiterungen, Widerklagen, Hilfsaufrechnungen etc. Ein Anspruch nach § 32 oder § 33 auf vorläufige Wertfestsetzung zur Berechnung eines Vorschusses besteht nicht.[26] Der Anwalt muss vielmehr bei fehlender Wertfestsetzung den Wert selbst schätzen.[27]   **64**

Nach zutreffender Ansicht ist der Anwalt bei der Anforderung eines Vorschusses nicht an die vorläufige Wertfestsetzung des Gerichts gebunden. Dies gilt erst recht, soweit man dem Anwalt kein Recht zur Streitwertbeschwerde nach §§ 32, 33 gegen eine vorläufige Wertfestsetzung zubilligt.[28] Lediglich dann, wenn man dem Anwalt zugesteht, gegen eine vorläufige Wertfestsetzung Beschwerde einzulegen,[29] könnte man eine Bindung annehmen. Diese würde sich aber nur auf die anhängigen Gegenstände beziehen, nicht auf weiter gehende zukünftige Anträge und mögliche Veränderungen.   **65**

Beispiel: Der Kläger hat eine Forderung in Höhe von 10.000 EUR eingeklagt und erwägt noch eine Klageerweiterung. Der Beklagte verteidigt sich mit einer Hilfsaufrechnung in Höhe von 8.000 EUR. Das Gericht setzt den Streitwert der Klage vorläufig auf 10.000 EUR fest.
Eine Bindungswirkung kann allenfalls hinsichtlich der Klageforderung eintreten. Da im Falle einer Entscheidung oder eines Vergleichs über die Hilfsaufrechnung sich der Wert um 8.000 EUR erhöhen wird (§ 45 Abs. 3, 4 GKG), darf der Anwalt dies selbstverständlich ebenso beim Vorschuss berücksichtigen, wie die zu erwartende Widerklage.

---

25 OLG Hamm AGS 2013, 348 = AnwBl 2013, 771 = RVGprof. 2013, 132 = RVGreport 2013, 307.
26 LAG Schleswig-Holstein NZA-RR 2006, 320 = NZA 2006, 1007; Beschl. v. 11.12.2013 – 3 Ta 204/13.
27 OVG Lüneburg JurBüro 1991, 1348 m. Anm. *Mümmler*.
28 So z.B. OLG Köln, 11. Senat, AGS 2005, 79.
29 So z.B. OLG Köln, 25. Senat, AGS 2005, 80 m. Anm. *E. Schneider*.

66 Bei **Satz- oder Betragsrahmengebühren** muss sich der Anwalt zum einen an den zu erwartenden Gebühren orientieren und zum anderen an der voraussichtlichen Bemessung der Gebühren (§ 14 Abs. 1).

67 Grundsätzlich ist es hier unbedenklich, jeweils von der **Mittelgebühr** auszugehen.[30] Bei der Geschäftsgebühr (VV 2300) ist zumindest von der sog. Schwellengebühr (VV 2301) auszugehen.[31] Das bedeutet jedoch nicht, dass der Anwalt im Einzelfall nicht auch einen höheren Vorschuss geltend machen kann, etwa, wenn sich bereits abzeichnet, dass die Sache ein überdurchschnittliches Ausmaß an Umfang und Schwierigkeit annehmen wird.[32]

68 Unangemessen ist es dagegen, einen Vorschuss im Umfang der Höchstgebühr(en) zu verlangen, wenn sich nicht schon bei Anforderung des Vorschusses abzeichnet, dass der Anwalt später in dieser Höhe auch wird abrechnen können.[33] Ein solcher umfangreicher Sicherungszweck besteht nicht, zumal der Anwalt sich auch hier durch weitere sukzessive Vorschüsse jederzeit erneut absichern kann, wenn er merkt, dass die bisherigen Vorschüsse nicht kostendeckend sein könnten (siehe Rdn 71). Zeichnet sich aber ab, dass die Höchstgebühren angemessen sein werden, etwa in Vergabesachen oder in Arzthaftungssachen,[34] dann können auch entsprechend hohe Vorschüsse verlangt werden.

69 Bei **Auslagen** ist danach zu fragen, in welcher Höhe die Auslagen voraussichtlich anfallen werden. Da es hier in der Regel um geringe Beträge geht, ist eine großzügige Betrachtung angebracht.

70 Der Anwalt braucht sich auf **Ratenzahlungen** nicht einzulassen;[35] gegebenenfalls muss der Auftraggeber Prozess- oder Verfahrenskostenhilfe beantragen.[36]

71 Soweit sich erst im Laufe des Verfahrens weitere oder höhere Gebühren abzeichnen, mit denen vorher nicht zu rechnen war, ist der Anwalt nicht gehindert, nachträglich **weitere Vorschüsse** zu verlangen;[37] ebenso, wenn sich im Verlaufe des Verfahrens der Gegenstandswert erhöht oder weitere Gebühren hinzukommen. Es gilt hier keineswegs § 315 BGB, wonach der Anwalt an die Ausübung seines Ermessens gebunden ist.

72 Eine konkrete Empfehlung für alle Fälle lässt sich nicht geben. Letztlich muss der Anwalt dies in seinem Einzelfall stets selbst beurteilen. Eine falsche Bescheidenheit ist jedoch unangebracht und wird dem Anwalt häufig nicht gelohnt.

VI. Umsatzsteuer, VV 7008

73 Der Vorschuss unterliegt der Umsatzsteuer, soweit die Tätigkeit des Anwalts umsatzsteuerpflichtig ist[38] (im Einzelnen siehe VV 7008 Rdn 46). Soweit der Anwalt Umsatzsteuer abführen muss, kann

---

30 BGH AGS 2004, 145 m. Anm. *N. Schneider* = NJW 2004, 1043 = BGHR 2004, 487 m. Anm. *N. Schneider* = AnwBl 2004, 251 = Rpfleger 2004, 246 = WM 2004, 1792 = FamRZ 2004, 535 = BRAK-Mitt 2004, 75 = MDR 2004, 715 = JurBüro 2004, 562; AG Dieburg AGS 2004, 282 m. Anm. *N. Schneider* = zfs 2004, 277 m. Anm. *Madert* = AnwBl 2004, 664 = IVH 2004, 126 = RVG-Letter 2004, 71 = NJW-RR 2004, 932; AG Saarlouis AGS 2014, 216 =NJW-Spezial 2014, 348; AG Darmstadt DAR 2000, 151 (soweit das Gericht nur die halbe Mittelgebühr zugesprochen hat, ist dies darauf zurückzuführen, dass nach der BRAGO für die Tätigkeit im vorbereitenden Verfahren nur die halbe Mittelgebühr anfiel); AG München AGS 2005, 430 m. Anm. *N. Schneider* = 2006, 213 = RVGreport 2005, 381 = RVGprof. 2005, 188 = RVG-B 2005, 180; AG Chemnitz AGS 2005, 431 m. Anm. *N. Schneider* = AGS 2006, 213; AG Darmstadt AGS 2006, 212 = RVGreport 2007, 60 u. 2007, 220 = zfs 2006, 169; AG Stuttgart AGS 2008, 78 = VRR 2008, 80 = zfs 2008, 106 = RVGreport 2008, 21 = NJW-Spezial 2008, 61.

31 LG Düsseldorf AGS 2014, 115 = RuS 2014, 102; AG München AGS 2007, 234.

32 Siehe AG Köln VersR 2015, 1002; Vorschuss in Höhe einer 2,1-Gebühr in einer Arzthaftungssache.

33 BGH AGS 2004, 145 m. Anm. *N. Schneider* = BGHR 2004, 487 m. Anm. *N. Schneider* = NJW 2004, 1043 = BGHR 2004, 487 = AnwBl 2004, 251 = Rpfleger 2004, 246 = WM 2004, 1792 = FamRZ 2004, 535 = BRAK-Mitt 2004, 75 = MDR 2004, 715 = JurBüro 2004, 562.

34 AG Düsseldorf AnwBl 2003, 58.

35 OLG Hamm, Beschl. v. 13.6.1978 – 2 WF 210/78 (juris Nr: BORE104377908).

36 OLG Düsseldorf FamRZ 1973, 32.

37 BGH AGS 2004, 145 m. Anm. *N. Schneider* = NJW 2004, 1043 = BGHR 2004, 487 m. Anm. *N. Schneider* = AnwBl 2004, 251 = Rpfleger 2004, 246 = WM 2004, 1792 = FamRZ 2004, 535 = BRAK-Mitt 2004, 75 = MDR 2004, 715 = JurBüro 2004, 562.

38 BFH BStBl III 1954 S. 413; BStBl II 1982 S. 593; ausführlich *Assmann*, ZAP Fach 20, S. 11.

er diese auch nach VV 7008 auf den Vorschuss berechnen. Da es für die Bemessung des Steuersatzes auf die Fälligkeit der Vergütung (§ 8 Abs. 1) ankommt, müssen Vorschüsse nachversteuert werden, wenn sich nach Zahlung des Vorschusses, aber vor Fälligkeit (§ 8 Abs. 1) der Umsatzsteuersatz erhöht. Der Anwalt kann dann beim Auftraggeber noch nachliquidieren.

Beispiel: Der Anwalt hatte nach Einreichung der Klageschrift (Wert: 10.000 EUR) im November 2006 vorschussweise eine Verfahrensgebühr wie folgt abgerechnet:

I. Vorschuss
1. 1,3-Verfahrensgebühr, VV 3100 (Wert: 10.000 EUR) — 631,80 EUR
2. Postentgeltpauschale, VV 7002 — 20,00 EUR
   Zwischensumme — 651,80 EUR
3. 19 % Umsatzsteuer, VV 7008 — 123,84 EUR

Gesamt — **775,64 EUR**

Ein Urteil erging nach mündlicher Verhandlung im Februar 2007.
Die Verfahrensgebühr war zwar entstanden, da der Anwalt einen Schriftsatz eingereicht hatte (VV 3101 Nr. 1); sie war jedoch noch nicht fällig, da keiner der in § 8 Abs. 1 aufgeführten Fälligkeitstatbestände eingetreten war. Der Anwalt war allerdings berechtigt, die Verfahrensgebühr als Vorschuss (§ 9) abzurechnen. Eine Teilleistung i.S.d. UStG liegt aber insoweit nicht vor. Daher ist nachzuversteuern.

II. Schlussrechnung (1. Alt)
1. 1,3-Verfahrensgebühr, VV 3100 (Wert: 10.000 EUR) — 631,80 EUR
2. 1,2-Terminsgebühr, VV 3104 (Wert: 10.000 EUR) — 583,20 EUR
3. Postentgeltpauschale, VV 7002 — 20,00 EUR
   Zwischensumme — 1.235,00 EUR
4. 19 % Umsatzsteuer, VV 7008 — 234,65 EUR

Gesamt — **1.469,65 EUR**

5. ./. gezahlter — − 756,09 EUR

Restbetrag — **713,56 EUR**

(in der Vorschusszahlung enthalten sind 104,29 EUR Umsatzsteuer; in dem Restbetrag enthalten sind 130,36 EUR Umsatzsteuer)[39]

II. Schlussrechnung (2. Alt.)
1. 1,3-Verfahrensgebühr, VV 3100 (Wert: 10.000 EUR) — 631,80 EUR
2. 1,2-Terminsgebühr, VV 3104 (Wert: 10.000 EUR) — 583,20 EUR
3. Postentgeltpauschale, VV 7002 — 20,00 EUR
   Zwischensumme — 1.235,00 EUR
4. 19 % Umsatzsteuer, VV 7008 — 234,65 EUR

Gesamt — **1.469,65 EUR**

5. ./. gezahlter netto — − 651,80 EUR
6. ./. gezahlter Umsatzsteuer — − 104,29 EUR

Restbetrag — **713,56 EUR**

Der Auftraggeber hat einen Anspruch darauf, dass die nachträglich höhere Umsatzsteuer ausgewiesen wird, da er diese gegebenenfalls im Wege des Vorsteuerabzugs geltend machen kann (zur Berechnung siehe Rdn 74).

VII. Berechnung

Für das Einfordern des Vorschusses gilt die Vorschrift des § 10 Abs. 1 nicht.[40] Der Vorschuss kann nach dem RVG vielmehr **formlos**, also auch mündlich, angefordert werden. Es ist insoweit auch noch nicht einmal erforderlich, die Berechnung der Vorschusshöhe zu erläutern. Mit dem Gesetz nicht in Einklang zu bringen ist die Auffassung des AG München,[41] die Vorschussanforderung müsse vom Anwalt unterschrieben sein. Eine **formelle Berechnung nach § 10** ist für die Anforderung des Vorschusses gerade nicht erforderlich und wäre auch gar nicht möglich, da die Abrechnung nach § 10 die Fälligkeit voraussetzt. Erst nach Fälligkeit der Vergütung ist der Anwalt verpflichtet, eine Abrechnung zu erteilen. Diese umfasst dann allerdings auch die gezahlten Vorschüsse (§ 10 Abs. 2).

---

[39] Dieser Hinweis ist erforderlich, da anderenfalls der Rechnungsempfänger die volle Umsatzsteuer i.H.v. 234,65 EUR zum Vorsteuerabzug anmelden könnte, obwohl er aus dem Vorschuss bereits davon 104,29 EUR zum Vorsteuerabzug angemeldet hatte. Der Anwalt würde für einen solchen Missbrauch haften.
[40] *Hartmann*, KostG, § 9 Rn 7.
[41] AGS 2006, 588.

75 Auch wenn es nach dem Gesetz nicht erforderlich ist, sollte der Anwalt den Vorschuss zu Beweiszwecken schriftlich anfordern und seine Berechnung erläutern. Dies erspart Rückfragen des Mandanten und gibt sowohl dem Anwalt als auch dem Auftraggeber einen Überblick, welcher Teil der Vergütung bereits abgerechnet und mit welcher weiteren Vergütung noch zu rechnen ist.

76 Von der Formfreiheit des RVG unberührt bleiben die allgemeinen Vorschriften, insbesondere die des BGH, die den Auftraggeber zu einem Zurückbehaltungsrecht berechtigen. So kann der Mandant nach § 368 BGB eine Quittung über den Vorschuss verlangen. Er kann auch eine ordnungsgemäße Berechnung fordern, in der die Umsatzsteuer ausgewiesen ist, damit er diese zum Vorsteuerabzug anmelden kann. Bietet der Anwalt dies nicht an, kann der Auftraggeber die Vorschusszahlung verweigern.

VIII. Durchsetzung

77 Ein Vorschuss ist **nicht** nach § 11 **festsetzbar**. Zwar handelt es sich auch insoweit um die gesetzliche Vergütung des Anwalts. Ein Festsetzungsantrag ist nach § 11 Abs. 2 S. 1 jedoch erst zulässig, wenn die Vergütung fällig und nach § 10 abgerechnet ist.

78 Ein Vorschuss kann **klageweise** geltend gemacht werden. Dies ist nach überwiegender Auffassung berufswidrig,[42] steht der Zulässigkeit der Klage jedoch nicht entgegen.[43] Will der Anwalt sich diesen berufsrechtlichen Bedenken nicht aussetzen, muss er das Mandat niederlegen und damit die Fälligkeit herbeiführen (siehe § 8 Rdn 22), um anschließend die Vergütung festsetzen zu lassen oder einklagen zu können. Allerdings muss dann zuvor eine Schlussrechnung nach § 10 gestellt werden. Aus einer Vorschussanforderung kann nicht geklagt werden, selbst wenn sie als „Rechnung" deklariert wird.[44]

79 Zahlt der Mandant den Vorschuss nicht innerhalb von 30 Tagen nach schriftlicher Aufforderung (§ 286 Abs. 3 S. 1, 1. Hs. BGB)[45] und Belehrung (§ 286 Abs. 3 S. 1, 2. Hs. BGB) oder gerät er durch eine Mahnung in Verzug, schuldet er hierauf Zinsen nach §§ 286, 288 BGB.[46] Die Verzinsungspflicht setzt sich an der später abzurechnenden Vergütung fort.

> **Beispiel:** Der Anwalt fordert beim Mandanten schriftlich am 1.8. einen Vorschuss in Höhe von 1.000 EUR an. Am 1.9. mahnt er den Mandanten. Am 1.12. legt er das Mandat nieder und rechnet insgesamt 1.500 EUR ab.
> Aus einem Teilbetrag der Vergütung in Höhe der Vorschussanforderung (1.000 EUR) schuldet der Mandant Verzugszinsen seit dem 1.9.

IX. Erfüllungswirkung

80 Die Zahlung des Vorschusses hat keine Erfüllungswirkung nach § 362 BGB.[47] Die Vergütung des Anwalts erlischt also nicht schon mit Eingang des Vorschusses, sondern erst mit dessen Verrechnung, auch wenn die Zahlung schon vorher endgültig in das Vermögen des Anwalts übergeht und nicht nur als Sicherheit verwahrt wird.[48] Daher bleibt die Darlegungs- und Beweislast für die entstandene Vergütung – anders als bei vorbehaltloser Zahlung auf eine Rechnung – beim Anwalt.

---

[42] Keine berufsrechtlichen Bedenken bestehen dagegen, wenn ein Freistellungs- oder Erstattungsanspruch auf Vorschuss (z.B. gegen einen Rechtsschutzversicherer) eingeklagt wird.
[43] Siehe LG Berlin AGS 2013, 112; AG Wetzlar AGS 2013, 116, jeweils m. Anm. *N. Schneider*.
[44] AG Lichtenberg AGS 2013, 274 = RVGprof. 2013, 77, 117 = VRR 2013, 163 = NJW-Spezial 2013, 379 = RVGreport 2013, 306.
[45] Gegenüber einem Verbraucher i.S.d. § 13 BGB ist eine Belehrung der Rechtsfolgen erforderlich (§ 286 Abs. 3 S. 1, 2. Hs. BGB).
[46] OVG Hamburg BRAGOreport 2003, 10 = PersV 2002, 420 = KostRsp. BRAGO § 17 Nr. 3 m. Anm. *N. Schneider*.
[47] OLG Celle NJW 1958, 157.
[48] BGH LM § 767 ZPO Nr. 44; LG Krefeld JurBüro 1976, 65.

Probleme können sich bei Vorschuss-Zahlungen in fremder Währung ergeben. Unabhängig davon, dass die Erfüllungswirkung erst mit Abrechnung eintritt, werden solche Vorschüsse mit dem Kurs des Tages der Zahlung umgerechnet und nicht mit dem Kurswert zum Zeitpunkt der Verrechnung.[49]

X. Bindungswirkung einer Vorschussanforderung

Eine Vorschussanforderung führt nicht zu einer Bindungswirkung nach § 315 ff. BGB, § 14 Abs. 1, da die Kriterien des § 14 Abs. 1 RVG erst bei Fälligkeit feststehen und daher bei Anforderung des Vorschusses vor Fälligkeit noch nicht abschließend berücksichtigt werden können. Davon zu unterscheiden ist aber eine vor Fälligkeit gestellte Rechnung. Das OLG Köln[50] geht davon aus, dass eine Rechnung auch schon vor Fälligkeit gestellt werden kann und bejaht dann konsequenterweise auch eine Bindungswirkung, wenn der Anwalt dabei eine Rahmengebühr anfordert. Er soll dann bei seiner Schlussrechnung grundsätzlich an den abgerechneten Gebührensatz gebunden bleiben. Um einer solchen Bindungswirkung zu entgehen, sollte der Anwalt daher ausdrücklich klarstellen, dass es sich nur um einen Vorschuss handelt, und eine Vorschussanforderung nicht als „Rechnung" bezeichnen, sondern ausdrücklich als Vorschuss.

81

XI. Rechtsfolgen bei Nichtzahlung des Vorschusses

Zahlt der Auftraggeber den angeforderten Vorschuss nicht, darf der Anwalt grundsätzlich seine weitere Tätigkeit einstellen.[51] Die Ausübung des Zurückbehaltungsrechts kann allerdings im Einzelfall gegen Treu und Glauben verstoßen, etwa bei widersprüchlichem eigenen Verhalten.[52]

82

Der Anwalt muss die Einstellung seiner Tätigkeit grundsätzlich ankündigen. Hat er nicht angekündigt, seine Tätigkeit bei Ausbleiben des Vorschusses **einzustellen**, so muss er unaufschiebbare und fristwahrende Handlungen noch vornehmen. Das gilt erst recht, wenn der Anwalt den Vorschuss zur Unzeit angefordert hat.

83

> **Beispiel:** Der Anwalt fordert in einer Strafsache erst zwei Tage vor dem Hauptverhandlungstermin einen Vorschuss an. Er darf die Vertretung der Hauptverhandlung nicht vom Eingang des Vorschusses abhängig machen.

Dem Auftraggeber muss genügend Zeit bleiben, den Vorschuss beizubringen. Dies gilt umso mehr, als der Anwalt bereits zu Beginn des Mandates oder sogar vor Beginn einen Vorschuss verlangen kann und damit nicht abzuwarten braucht, bis ein Termin ansteht oder eine Frist abzulaufen droht. Dies ergibt sich letztlich aus § 320 BGB. Stellt der Anwalt seine Tätigkeit ein, weil der Vorschuss nicht eingeht, dann macht er ein Zurückbehaltungsrecht nach § 320 BGB geltend. Ein solches Zurückbehaltungsrecht darf nicht zur Unzeit ausgeübt werden.[53] Eine solche Unzeit liegt vor, wenn für den Auftraggeber dadurch die Gefahr besteht, Fristen zu versäumen, weil keine angemessene Zeit zur Leistung des Vorschusses mehr bestand. Dem Auftraggeber muss jeweils eine ausreichende Gelegenheit verbleiben, seine Rechte noch selber wahrzunehmen oder einen anderen Anwalt zu beauftragen.[54]

84

Der Anwalt ist auch berechtigt, das Mandat zu **kündigen**, wenn der angeforderte Vorschuss nicht eingeht. Die bis dahin ausgelösten Gebühren werden mit Kündigung des Mandats fällig (§ 8 Abs. 1). Der Anwalt verliert in diesem Fall auch nicht nach § 628 Abs. 1 S. 2 BGB einen Teil seiner Vergütung, sondern kann diese in voller Höhe verlangen, unter Umständen sogar Schadensersatz nach § 628 Abs. 2 BGB.

85

Der Anwalt darf auch von vornherein die **Annahme des Mandates** von der vorherigen Zahlung eines Vorschusses **abhängig** machen. Das Mandat kommt dann erst mit Eingang des Vorschusses zustande (§ 158 BGB).

86

---

49 Siehe zu dem vergleichbaren Fall der Währungsumstellung DDR-Mark/DM: KG KGR 1993, 132.
50 AGS 2009, 525 = VRR 2010, 43 = RVGreport 2010, 138.
51 OLG Hamm RVGreport 2011, 238; OLG Karlsruhe StB 1989, 41 = BRAK-Mitt 1989, 115.
52 OLG Hamm RVGreport 2011, 238.
53 OLG Karlsruhe BRAK-Mitt 1969, 115 = StB 1989, 41 m. Anm. *Späth*; Gerold/Schmidt/*Mayer*, § 9 Rn 19.
54 OLG Karlsruhe BRAK-Mitt 1969, 115 = StB 1989, 41 m. Anm. *Späth*; Gerold/Schmidt/*Mayer*, § 9 Rn 19.

XII. Abrechnung und Rückforderung

87 Mit Eintritt der Fälligkeit sind Vorschüsse abzurechnen (§ 10 Abs. 2). Der Mandant hat hierauf einen vertraglichen Anspruch.

88 Hatte der Rechtsanwalt für eine gesondert abrechenbare Angelegenheit i.S.d. § 15 einen Vorschuss erhalten, so hat er nach Erledigung dieser Angelegenheit aufgrund des Anwaltsvertrages den Vorschuss unverzüglich abzurechnen und den gegebenenfalls nicht verbrauchten Vorschuss ganz oder teilweise zurückzuzahlen (§ 23 BORA). Dies gilt auch dann, wenn das Mandat fortbesteht, weil es noch weitere Angelegenheiten umfasst.[55] Der Anwalt kann dann lediglich in der weiteren Angelegenheit einen weiteren Vorschuss verlangen und gegen den Rückzahlungsanspruch mit seinem Anspruch auf weiteren Vorschuss aufrechnen.

89 Zweckmäßig ist es, die Verrechnung auf **Netto-Basis** vorzunehmen, also die Nettobeträge der Vorschüsse von der Nettovergütung abzuziehen und dann erst die Umsatzsteuer auszuweisen.[56] Werden dagegen die Brutto-Vorschüsse erst von der Brutto-Summe abgezogen, wird die auf die Vorschüsse entfallende Mehrwertsteuer zu Unrecht doppelt ausgewiesen und muss dann vom Anwalt auch doppelt abgeführt werden (§ 14 Abs. 2 UStG), obwohl er sie nur einmal vereinnahmt hat (siehe § 10 Rdn 50).

Beispiel: Der Anwalt hatte eine 1,5-Geschäftsgebühr abgerechnet. Er hatte bereits einen Vorschuss in Höhe von 500 EUR zuzüglich 19 % Umsatzsteuer erhalten.

1. 1,5-Geschäftsgebühr, VV 2300 (Wert: 25.000 EUR)	1.182,00 EUR
2. Postentgeltpauschale, VV 7002	20,00 EUR
3. ./. Vorschuss vom ... (netto)	– 500,00 EUR
Zwischensumme 702,00 EUR	
4. 19 % Umsatzsteuer, VV 7008	133,38 EUR
Gesamt	**835,38 EUR**

90 Werden Vorschüsse auf Bruttobasis abgerechnet,[57] muss in der Rechnung ausgewiesen sein, in welcher Höhe der Brutto-Vorschuss Umsatzsteuer enthält.[58]

Beispiel: Wie Beispiel Rdn 89.

1. 1,5-Geschäftsgebühr, VV 2300 (Wert: 25.000 EUR)	1.182,00 EUR
2. Postentgeltpauschale, VV 7002	20,00 EUR
Zwischensumme 1.202,00 EUR	
3. 19 % Umsatzsteuer, VV 7008	228,38 EUR
Summe:	**1.430,38 EUR**
./. Vorschuss	595,00 EUR
Endsumme:	**835,38 EUR**
In der Endsumme enthaltene Umsatzsteuer 133,38 EUR aus	835,38 EUR
In der Vorschusszahlung enthaltene Umsatzsteuer: 95,00 EUR aus	595,00 EUR

91 Vorschüsse dürfen nur mit den Gebühren desjenigen Auftrags oder derjenigen Angelegenheit verrechnet werden, für die sie angefordert worden sind. Dies ergibt sich aus der Zweckbestimmung des Vorschusses.

92 Soweit der Vorschuss die Vergütung des Anwalts übersteigt und sich ein entsprechender **Rückerstattungsanspruch des Mandanten** (zur Rechtsschutzversicherung siehe Rdn 101) ergibt, kann der Anwalt allerdings zur **Aufrechnung** mit anderen fälligen Vergütungsforderungen berechtigt sein. Dies kommt jedoch auf den Einzelfall an. Aus der Natur des Mandatsverhältnisses und aus Berufsrecht können sich Aufrechnungsverbote ergeben.[59]

93 Ergibt sich nach Abrechnung (§ 10 Abs. 2), dass die Vorschüsse die tatsächliche Vergütung übersteigen, so steht dem Auftraggeber ein Rückforderungsanspruch kraft Vertrages und nicht nur nach

---

55 LG Gießen VersR 1995, 216.
56 Ausführlich *Hansens/Schneider*, Kostenformulare, Teil 2 Rn 117 ff.
57 Das muss zwingend in den Übergangsfällen geschehen, da der Vorschuss nachzuversteuern ist (vgl. Rdn 73 f.).
58 Ausführlich *Hansens/Schneider*, Kostenformulare, Teil 2 Rn 117 ff.
59 OLG Düsseldorf OLGR 1992, 75; 1998, 435.

Bereicherungsrecht zu. Der Anwalt kann sich also nie auf Entreicherung (§ 818 Abs. 3 BGB) berufen.[60]

Für den Anspruch auf Rückzahlung eines nicht verbrauchten Vorschusses gilt die regelmäßige Verjährungsfrist von drei Jahren (§§ 195, 199 BGB). **94**

Nach OLG Düsseldorf[61] soll die Verjährung des Rückzahlungsanspruchs mit Ablauf des Kalenderjahres **beginnen**, in dem die Vergütung des Anwalts fällig geworden ist. Auf die Erteilung einer Abrechnung durch den Anwalt nach § 10 soll es nicht ankommen. Dies ist unzutreffend. Solange der Anwalt seine Vergütung einschließlich der Vorschüsse nicht abgerechnet hat, weiß der Auftraggeber gar nicht, welche Vorschüsse unverbraucht geblieben sind. Solange er aber seine Rückzahlungsansprüche nicht beziffern kann, können diese nicht fällig sein und damit auch nicht verjähren. Zutreffenderweise ist hier zu unterscheiden zwischen dem **Anspruch auf Abrechnung** und dem **Anspruch aus der Abrechnung**. Erst mit Ablauf des Jahres, in dem der Anwalt seine Berechnung erteilt, beginnt somit die Verjährung der Rückzahlungsansprüche, spätestens allerdings mit Ablauf der Frist des § 10 Abs. 3. Der Mandant muss also gegebenenfalls stufenweise vorgehen und zunächst innerhalb der Frist des § 10 Abs. 3 Abrechnung verlangen und hiernach Rückzahlung. **95**

Zum gleichen Ergebnis kommt das LG Karlsruhe,[62] das in diesem Fall der Verjährungseinrede den Einwand von Treu und Glauben entgegensetzt. Wenn der Anwalt es trotz Aufforderung des Mandanten pflichtwidrig und schuldhaft unterlässt, über das Mandat und insbesondere über den erhaltenen Vorschuss abzurechnen, kann er sich gegenüber dem Anspruch des Mandanten auf Abrechnung und Rückzahlung des nicht verbrauchten Vorschusses nach dem Grundsatz von Treu und Glauben nicht auf die Einrede der Verjährung berufen. **96**

XIII. Entnahmerecht

1. Hebegebühren

Ein spezielles Recht auf Vorschuss ist in VV 1009 geregelt. Danach ist der Anwalt berechtigt, seine Hebegebühren vor Ablieferung von Zahlungen an den Auftraggeber zu entnehmen. Zum Teil wird in dieser Vorschrift ein Sondertatbestand zur Fälligkeit der Vergütung gesehen.[63] Dies ist jedoch unzutreffend, da dies auch zur Folge hätte, dass bereits schon durch die bloße Möglichkeit, die **Hebegebühr** dem Fremdgeld zu entnehmen, die Verjährung in Gang gesetzt würde. Bei der Vorschrift der Anm. Abs. 2 S. 2 zu VV 1009 handelt es sich daher lediglich um eine besondere Ausgestaltung des Rechts auf Vorschuss, was sich schon daraus ergibt, dass der Anwalt **vor der Ablieferung**, also vor Erledigung des Auftrags, seine Vergütung entnehmen darf und eine Abrechnung nach § 10 nicht erforderlich ist. Diese ist allerdings nachzureichen. **97**

2. Vollstreckungskosten

Ein weiteres Vorschussrecht in der Form des Entnahmerechts ergibt sich in Zwangsvollstreckungssachen. Hier können nach § 788 Abs. 1 S. 1, 2.Hs. ZPO die Kosten der Vollstreckung zusammen mit der Hauptforderung beigetrieben werden. Geschieht dies, so darf der Anwalt seine beigetriebene Vergütung entnehmen und vereinnahmen. Auch hier wird zum Teil angenommen, das Entnahmerecht nach § 788 Abs. 1 S. 1, 2. Hs. ZPO bewirke den Eintritt der Fälligkeit.[64] Dies ist unzutreffend, da dann auch hier schon durch die bloße Möglichkeit, die Vollstreckungskosten dem Fremdgeld zu entnehmen, die Verjährung in Gang gesetzt würde. Im Gegensatz zur Ablieferung von Geldern kommt hier hinzu, dass mit dem Einzug der beigetriebenen Gelder die Vollstreckung noch nicht abgeschlossen sein muss, so dass folglich auch keine Fälligkeit eintreten kann. **98**

> **Beispiel:** Der Anwalt wird beauftragt, die durch Urteil titulierte Forderung in Höhe von 8.000 EUR beizutreiben. Er erwirkt daraufhin eine Gehaltspfändung, wonach der Arbeitgeber des Schuldners beginnend mit Dezember 2007 monatlich den pfändungsfreien Betrag i.H.v. 100 EUR abführt.

---

60 OVG Lüneburg JurBüro 1991, 1348 m. Anm. *Mümmler*.
61 OLGR 1992, 75.
62 AGS 2012, 322 m. Anm. *Schons* = JurBüro 2012, 484.
63 Gerold/Schmidt/*Mayer*, § 8 Rn 28.
64 Gerold/Schmidt/*Mayer*, § 8 Rn 27.

Der Anwalt darf seine Vergütung bereits aus der ersten Rate entnehmen, da die Teilzahlungen zunächst auf die Kosten zu verrechnen sind (§ 367 Abs. 1 BGB). Da die Vollstreckungsangelegenheit aber bis zur Befriedigung des Gläubigers fortdauert (§ 18 Abs. 1 Nr. 1), wird der Vergütungsanspruch erst mit Zahlung der letzten Rate fällig. Sofern der Anwalt also von seinem Entnahmerecht keinen Gebrauch macht, kann er auch später noch seine Vergütung einfordern. Würde man der Gegenauffassung von *Hansens* und *Mayer*[65] folgen, wäre zum 1.1.2010 Verjährung eintreten, obwohl die Vollstreckung noch andauert.

C. Vereinbarte Vergütung

99 Auch für **vereinbarte Vergütungen** gilt grundsätzlich § 9. Diese Vorschrift ist in Abschnitt 1 des RVG „Allgemeine Vorschriften" enthalten und gilt daher für sämtliche Vergütungen, nicht nur für die gesetzliche Vergütung.[66] Auch im Falle einer Vergütungsvereinbarung können daher grundsätzlich Vorschüsse vom Auftraggeber verlangt werden.

Zweifelhaft ist allerdings, ob sich die Vorschusspflicht in allen Fällen aus § 9 ergibt oder ob die Zahlung von Vorschüssen gegebenenfalls in der Vereinbarung ausdrücklich geregelt sein muss.[67]

Bedenken ergeben sich insoweit, als nach § 9 der Anwalt von seinem Auftraggeber für die entstandenen und die voraussichtlich entstehenden „Gebühren und Auslagen" einen angemessenen Vorschuss verlangen kann.

Soweit die Vergütungsvereinbarung derart gestaltet ist, dass anstelle der gesetzlichen Gebühren und Auslagen andere – nämlich zwischen den Parteien vereinbarte – Gebühren und Auslagen geschuldet werden, etwa das Doppelte der gesetzlichen Gebühren oder die gesetzlichen Gebühren nach einem höheren Streitwert oder zwar die gesetzlichen Gebühren aber entgegen den §§ 15, 16 ff. mehrere Angelegenheiten vereinbart sind, bestehen gegen die Anwendung des § 9 grundsätzlich keine Bedenken.

Anders verhält es sich dagegen, wenn die Parteien von dem Gebühren- und Auslagensystem des RVG völlig abgerückt sind, also wenn sie z.B. Pauschalen oder Zeitvergütungen vereinbart haben. Dann gibt es keine „Gebühren" und gegebenenfalls auch keine Auslagen, so dass die Vorschrift des § 9 vom Wortlaut her nicht anzuwenden ist.

Das gleiche Problem stellt sich, wenn zusätzlich zur gesetzlichen Vergütung ein „Zuschlag" oder ein „Zusatzhonorar" vereinbart worden ist.

Der Anwalt sollte sich erst gar nicht auf diese Auslegungsfrage einlassen und unabhängig davon, welche Art der Vergütung vereinbart wird, ausdrücklich auch die Vorschusspflicht in der Vereinbarung regeln. Insoweit bietet sich folgende Klausel an: „Der Anwalt ist jederzeit berechtigt, für die bereits angefallene Vergütung sowie die voraussichtlich noch anfallende weitere Vergütung einen angemessenen Vorschuss zu fordern."

Die Formulierung des „angemessenen Vorschusses" ist nicht zu unbestimmt, da sie der gesetzlichen Regelung entspricht und insoweit auf die Rechtsprechung zu den gesetzlichen Gebühren und Auslagen zurückgegriffen werden kann.[68]

Wer hier ganz sicher gehen will, vereinbart betragsmäßig bezifferte Vorschüsse und regelt zugleich die Zeitpunkte, zu denen die Vorschüsse fällig sein sollen. Diese Zeitpunkte können nach Datum angegeben oder an den Fortschritt der Angelegenheit geknüpft werden.

In manchen Fällen kann bei vereinbarten Vergütungen zweifelhaft sein, ob Vorschüsse verlangt werden können. Es ist dann durch Auslegung zu ermitteln, ob die Vorschrift des § 9 abbedungen sein soll. Hiervon wird dann auszugehen sein, wenn die Vergütungsvereinbarung selbst konkrete Abschlags- oder Teilzahlungen vorsieht; dann dürften darüber hinausgehende Vorschusszahlungen als vertraglich ausgeschlossen anzusehen sein. Enthält die Vergütungsvereinbarung keine ausdrückliche Regelung, dürfte das Vorschussrecht nach § 9 bestehen, es sei denn, aus Sinn und Zweck der Vereinbarung ergibt sich etwas anderes.

---

65 Gerold/Schmidt/*Mayer*, § 8 Rn 27.
66 Ausführlich *N. Schneider*, Vergütungsvereinbarung, Rn 1766; Krämer/Maurer/Kilian, Rn 577; Madert/Schons, Vergütungsvereinbarung, Rn B 285 ff.
67 Offenbar keine Bedenken, in diesem Fall § 9 RVG anzuwenden: Madert/Schons, Vergütungsvereinbarung, Rn B 285 ff.; *Brieske*, S. 158.
68 *N. Schneider*, Vergütungsvereinbarung, Rn 1776.

Beispiel: In der Vergütungsvereinbarung ist geregelt, dass der Anwalt seine vereinbarte Vergütung nach Auseinandersetzung der Erbengemeinschaft aus dem Erbteil entnehmen soll.
Aus der Regelung, dass das Honorar aus dem Erbteil gezahlt werden soll, ergibt sich eine Stundungsvereinbarung, die unterlaufen würde, wenn der Anwalt einen Vorschuss verlangen könnte.

Zu beachten ist, dass Vorschüsse keine Leistung auf die Vergütung[69] darstellen. Freiwillig und vorbehaltlos geleistete Vorschusszahlungen bewirken also keine „Heilung" und schließen daher einen Rückforderungsanspruch auch nicht aus.[70]

D. Übergangsrecht

Die §§ 60, 61 enthalten keine besonderen Bestimmungen für Vorschüsse in Übergangsfällen. Hatte der Mandant Vorschüsse in DM erbracht und ist später kraft Gesetzes in EUR abzurechnen oder hat der Mandant Vorschüsse in EUR gebracht, obwohl noch nach DM-Beträgen abzurechnen ist, so ist nach dem Kurswert umzurechnen.

E. Rechtsschutzversicherung

Nur in Ausnahmefällen besteht ein Direktanspruch des Anwalts gegen den Rechtsschutzversicherer. In den übrigen Fällen hat lediglich der Auftraggeber einen Freistellungsanspruch aus dem Versicherungsvertrag.[71] In beiden Fällen hat aber der Rechtsschutzversicherer auch für einen **Vorschuss** des Anwalts **einzustehen**. Verlangt der Rechtsanwalt gemäß § 9 von seinem Auftraggeber einen Vorschuss, fordert er damit einen Teil seiner gesetzlichen Vergütung i.S.v. § 2 Abs. 1 Buchst. a und b ARB 75.[72] Der Versicherer ist daher zahlungspflichtig, sobald der Versicherte auf Vorschuss in Anspruch genommen wird.[73]

Zu beachten ist, dass mit der Vorschussabrechnung der Kostenbefreiungsanspruch des Versicherungsnehmers fällig wird und gleichzeitig die Verjährungsfrist des § 12 Abs. 1 VVG für diesen Teil der Leistung des Rechtsschutzversicherers in Gang gesetzt wird.[74]

Der Rechtsschutzversicherer, dem der Versicherungsnehmer eine Frist zur Zahlung eines Vorschusses gemäß § 9 auf die Anwaltsvergütung gesetzt hat, gibt Anlass zur Klageerhebung, wenn er nicht innerhalb einer angemessenen Frist gezahlt hat. Die Abgabe einer Deckungszusage ändert am Eintritt des Verzuges nichts.[75]

Der Einholung eines Gutachtens des Vorstands der Rechtsanwaltskammer nach § 14 Abs. 2 bedarf es jedenfalls bei Vorschussklagen gegen einen Rechtsschutzversicherer nicht.[76]

---

69 Zu den früheren Rechtslagen siehe § 4 Abs. 1 S. 3 oder Abs. 5 S. 2 a.F.
70 *N. Schneider*, Vergütungsvereinbarung, Rn 1797; OLG Düsseldorf AGS 2009, 14 = OLGR 2009, 226 = MDR 2009, 65 = AnwBl 2009, 312; a.A. LG Düsseldorf AGS 2008, 108 (aufgehoben durch OLG Düsseldorf, s. vorst.); a.A. offenbar auch KG AGS 2005, 492 m. abl. Anm. *N. Schneider* = KGR 2004, 475 = MDR 2005, 58 = RVG-Letter 2004, 71.
71 AG Saarlouis AGS 2014, 216 = NJW-Spezial 2014, 348.
72 *Harbauer/Bauer*, § 2 ARB 75 Rn 38 und 158.
73 *Harbauer*, § 2 ARB 75 Rn 38; AG Dieburg AGS 2004, 282 m. Anm. *N. Schneider* = zfs 2004, 277 m. Anm. *Madert* = AnwBl 2004, 664 = IVH 2004, 126 = RVG-Letter 2004, 71 = NJW-RR 2004, 932; AG Düsseldorf AnwBl 2003, 58, AnwBl 2003, 598; AG Gelsenkirchen BRAGOreport 2003, 40 = NZV 2002, 180; AG Köln AnwBl 2003, 598, AnwBl 2003, 60; AG Saarlouis AGS 2014, 216 = NJW-Spezial 2014, 348; AG Köln VersR 2015, 1002.
74 BGH AGS 2006, 571 = VersR 2006, 404 = NJW 2006, 1281 = BGHR 2006, 567 = MDR 2006, 871 = RVG-Letter 2006, 46 = VuR 2006, 206 = SVR 2006, 182.
75 AG Köln AnwBl 2003, 598; AG Düsseldorf AnwBl 2003, 598.
76 AG Stuttgart AGS 2008, 78 = VRR 2008, 80 = zfs 2008, 106 = RVGreport 2008, 21 = NJW-Spezial 2008, 61.

105 Der Rechtsschutzversicherer muss in der Höhe freistellen, in der der Auftraggeber zum Vorschuss verpflichtet ist, also grundsätzlich in Höhe der Mittelgebühr (siehe Rdn 67)[77] oder auch höher.[78] Auch wenn die Versicherer regelmäßig versuchen, die Höhe der Vorschusszahlung herabzusetzen, besteht dafür keine Grundlage. Insbesondere ist ein Rechtsschutzversicherer nicht berechtigt, die vorschussweise geltend gemachten Gebühren eigenmächtig zu kürzen.[79]

106 Ist der Versicherungsnehmer vorsteuerabzugsberechtigt, schuldet der Rechtsschutzversicherer keine Umsatzsteuerbeträge auf die Vorschüsse.[80] Diese muss der Mandant zahlen.

107 Häufig wird von Rechtsschutzversicherern in einer Standardformulierung darum gebeten, von Vorschussanforderungen Abstand zu nehmen. Nach *Matzen*[81] soll darin ein Garantieversprechen des Versicherers zu sehen sein, später auch dann noch die Kosten des Rechtsanwalts zu übernehmen, wenn die Einstandspflicht nach dem Versicherungsvertrag entfallen ist. Diese Auffassung dürfte zu weit gehen.[82]

108 Der Anwalt sollte daher auch bei Bestehen einer Rechtsschutzversicherung tunlichst von seinem Recht auf Vorschuss Gebrauch machen, auch wenn ein Insolvenzrisiko hier nicht drohen kann. Es ist zu Beginn eines Mandates nie abzusehen, wie dieses weiter verläuft. Kündigt der rechtsschutzversicherte Auftraggeber das Mandat und beauftragt er einen anderen Anwalt, so kann er seinen Rechtsschutzversicherer anweisen, nicht mehr an den bisherigen Anwalt zu zahlen, sondern an den neuen. Abgesehen davon können spätere Probleme im Vertragsverhältnis dazu führen, dass der Rechtsschutzversicherer nicht mehr zur Zahlung bereit ist, so z.B. wenn der Versicherungsnehmer im weiteren Verlauf Versicherungsprämien nicht zahlt und der Versicherer die Aufrechnung erklärt. Es kann sich auch im Verlauf des Rechtsstreits herausstellen, dass ein Ausschlussgrund vorlag, der anfangs noch nicht erkennbar war, etwa wegen falscher Angaben des Mandanten. Alles dies spricht dafür, zur Absicherung des Gebührenanspruchs rechtzeitig auch beim Rechtsschutzversicherer einen Vorschuss einzufordern.

109 Hinzu kommt, dass der Rechtsschutzversicherer nicht mehr zur Zahlung verpflichtet ist, sobald der Gegner in die Kosten verurteilt worden ist; die Zahlungspflicht setzt erst wieder ein, wenn der Gegner erfolglos zur Zahlung aufgefordert worden ist (§ 2 Abs. 3c ARB 75 = § 5 Abs. 3g ARB 1994/2000). Dies kann dazu führen, dass nach erfolgreichem Abschluss eines Rechtsstreits zunächst einmal der Rechtsschutzversicherer nicht in Anspruch genommen werden kann bis feststeht, ob der Gegner zahlt. Ob der Anwalt dann den Mandanten in Anspruch nehmen kann oder ob er sich nicht entgegenhalten lassen muss, er hätte seine Gebühren rechtzeitig als Vorschuss anfordern können, ist fraglich. Jedenfalls wird der rechtsschutzversicherte Mandant kein Verständnis dafür aufbringen, in diesem Fall mit den Kosten in Vorlage zu treten.

110 Unbedingt zur Anforderung eines Vorschusses beim Rechtsschutzversicherer ist zu raten, wenn dem Mandanten ein **verkehrsrechtliches Vergehen** vorgeworfen wird und eine Verurteilung wegen Vorsatzes möglich erscheint. In diesen Fällen besteht nämlich dann kein Versicherungsschutz mehr, wenn **rechtskräftig festgestellt** wird, dass der Versicherungsnehmer **vorsätzlich** gehandelt hat (§ 2i aa ARB 1994/2000 = § 4 Abs. 3b ARB 1975). Gleiches gilt, wenn dem Mandanten die **fahrlässige Begehung** eines **anderen Vergehens** vorgeworfen wird, aber die Möglichkeit des **Vorwurfs oder einer Verurteilung wegen Vorsatzes** in Betracht kommt (§ 2i bb ARB 1994/2000 = § 4 Abs. 3a S. 2 ARB 1975). Der Anwalt kann in diesen Fällen jederzeit Vorschüsse anfordern.[83] Sobald aber eine Verurteilung wegen Vorsatzes erfolgt bzw. in nichtverkehrsrechtlichen Vergehen der Vorwurf auf Vorsatz geändert wird, erlischt der Versicherungsschutz und damit auch die Möglichkeit, den

---

[77] AG Dieburg AGS 2004, 282 m. Anm. *N. Schneider* = zfs 2004, 277 m. Anm. *Madert* = AnwBl 2004, 664 = IVH 2004, 126 = RVG-Letter 2004, 71 = NJW-RR 2004, 932; AG München AGS 2005, 430 u. 2006, 213 = RVGreport 2005, 381 = RVGprof. 2005, 188 = RVG-B 2005, 180; AG Stuttgart AGS 2008, 78 = VRR 2008, 80 = zfs 2008, 106 = RVGreport 2008, 21 = NJW-Spezial 2008, 61; AG Chemnitz AGS 2005, 431 m. Anm. *N. Schneider* = AGS 2006, 213; AG Darmstadt AGS 2006, 212 = RVGreport 2007, 60 u. 2007, 220 = zfs 2006, 169; noch zur BRAGO: AG Darmstadt DAR 2000, 141.

[78] AG Düsseldorf AnwBl 2003, 58 (10/10 in einer Arzthaftungssache).
[79] AG Saarlouis AGS 2014, 216 = NJW-Spezial 2014, 348.
[80] LG München I r+s 1994, 261.
[81] AnwBl 1976, 242.
[82] Ausführlich *Harbauer*, § 2 ARB 75 Rn 39.
[83] AG Gelsenkirchen BRAGOreport 2003, 40 = NZV 2002, 180.

Rechtsschutzversicherer auf Vorschuss in Anspruch zu nehmen. Eventuell zuvor gezahlte Vorschüsse kann der Anwalt dagegen behalten und braucht sie erst nach Abschluss des Mandats abzurechnen. Für die Rückzahlungsansprüche des Versicherers wegen Wegfalls des Versicherungsschutzes haftet nur der Mandant, nicht auch der Anwalt.

Soweit bei sonstigen Vergehen Versicherungsschutz nur besteht, wenn eine Verurteilung wegen Vorsatzes unterbleibt, kommt eine Vorschusspflicht des Rechtsschutzversicherers nicht in Betracht, da der Versicherungsschutz erst mit Einstellung des Verfahrens oder Verurteilung aus Fahrlässigkeit eintritt. 111

Nimmt ein Rechtsanwalt widerspruchslos die Vorschusszahlungen des Rechtsschutzversicherers seines Mandanten entgegen, dann besteht für ihn auch die Pflicht, den Kostenanteil wiederum unmittelbar an die Rechtsschutzversicherung zurückzuzahlen, zu dessen Übernahme diese nicht verpflichtet war. Dies gilt erst recht, wenn der Versicherungsnehmer rechtlich nicht mehr existent ist.[84] 112

Zu beachten ist, dass mit Zahlung eines Vorschusses an den Anwalt ein eventueller Kostenerstattungsanspruch des Mandanten nach § 67 VVG sogleich auf den Rechtsschutzversicherer übergeht und nicht mehr dem Auftraggeber zusteht. Der Anwalt kann daher, wenn er die Kostenerstattung einzieht mangels einer Aufrechnungslage mit Honoraransprüchen aus einem anderen Verfahren, für das der Rechtsschutzversicherer keinen Deckungsschutz gewährt hat, gegenüber dem Rückzahlungsanspruch aufrechnen. Dies gilt auch dann, wenn die (Passiv-)Forderung auf Auskehrung der Kostenerstattung erst nach der (Aktiv-)Forderung auf Vergütung fällig geworden ist, weil die Anwendung des § 406, 2. Alt. BGB in diesen Fällen zu unbilligen Ergebnissen führen würde.[85] 113

F. Der Vorschuss bei Insolvenz des Auftraggebers

Nach entsprechenden Studien ist es um das Forderungsmanagement der Anwälte schlecht bestellt, gerade auch bei kleineren Kanzleien.[86] Umso ärgerlicher ist es, wenn vor Realisierung der offen stehenden Forderungen der Auftraggeber in Insolvenz fällt. Die richtig genutzte Möglichkeit des Anwalts auf Zahlung eines Vorschusses kann insoweit manchen Forderungsverlust verhindern. 114

I. Vor Insolvenzeröffnung entstandener Anspruch auf Vorschuss

Sämtliche vor der Eröffnung des Insolvenzverfahrens entstandenen anwaltlichen Gebührenansprüche gegen den Mandanten als Insolvenzschuldner werden mit der Eröffnung des Insolvenzverfahrens zu gewöhnlichen Insolvenzforderungen; dazu gehört auch der Anspruch des Anwalts auf Zahlung eines Vorschusses, weil dieser mit der Erteilung des Auftrags in der jeweiligen Angelegenheit i.S.v. § 38 InsO begründet worden ist.[87] Diese – selbst titulierten – Ansprüche können mit der Eröffnung nicht mehr gegen den Mandanten (Insolvenzschuldner) geltend gemacht, sondern nur noch als Insolvenzforderungen zur Insolvenztabelle angemeldet werden. 115

II. Nach Insolvenzeröffnung entstandener Anspruch auf Vorschuss

Wird der Anwalt erst nach Eröffnung des Insolvenzverfahrens vom Insolvenzschuldner beauftragt, ist dies zwar wirksam, weil der Übergang der Verfügungsbefugnis vom Insolvenzschuldner auf den Insolvenzverwalter gemäß § 81 InsO nur Verfügungsgeschäfte betrifft, nicht aber auch Verpflichtungsgeschäfte. Für die Gebühren des Anwalts, der insoweit Neugläubiger ist, haftet jedoch nicht die Insolvenzmasse, sondern nur der Schuldner persönlich. Die Erfüllung seiner Gebührenforderung wird der Anwalt aufgrund der Bestimmungen der §§ 81, 91 InsO allerdings nur aus dem insolvenzfreien Vermögen des Schuldners erhalten können. 116

---

84 LG München I r+s 1994, 261.
85 LG München AGS 2006, 258 = VersR 2006, 257; AG Erfurt AGS 2003, 183 = zfs 2003, 93.
86 Soldan Institut: Forderungsausfälle in der deutschen Anwaltschaft, AnwBl 2006, 344 f.

87 H.M., vgl. MüKo-InsO/*Ehricke*, § 39 Rn 17; HK-InsO/ *Eickmann*, § 39 Rn 8.

III. Das rechtliche Schicksal des erhaltenen Vorschusses nach Insolvenzeröffnung

117 Hat der Anwalt vor Insolvenzeröffnung einen Vorschuss für seine Tätigkeit erhalten, stellt sich die Frage, ob er diesen Vorschuss nach Eröffnung des Insolvenzverfahrens über das Vermögen seines Mandanten behalten oder aufgrund der vom Insolvenzverwalter gemäß §§ 129 ff. InsO geltend gemachten Insolvenzanfechtung gemäß § 143 InsO zur Masse zurückgewähren muss.

118 Nach der nunmehr als gefestigt anzusehenden Rechtsprechung des BGH[88] wird der Anwalt nur insoweit geschützt, als der Vorschuss eine Vergütung für wertäquivalente Tätigkeiten darstellt, die der Anwalt in der Zeit vor Erhalt des Vorschusses bereits erbracht hatte oder die er innerhalb von 30 Tagen nach Erhalt des Vorschusses erbracht hat. Nur unter diesen Voraussetzungen liegt ein kongruentes Rechtsgeschäft vor, das die Voraussetzungen eines **Bargeschäfts** i.S.v. § 142 InsO erfüllt und deswegen nicht über § 130 InsO angefochten werden kann.

119 Dabei ist allerdings zu beachten, dass selbst bei derartig kongruenten Leistungen eine Anfechtung gemäß § 133 Abs. 1 S. 1 InsO (vorsätzliche Benachteiligung) nicht ausgeschlossen ist

120 Verlangt der Anwalt einen Vorschuss in einer Höhe, der die wertäquivalente Vergütung für die nächsten 30 Tage überschreitet, handelt es sich nicht mehr um ein Bargeschäft, so dass auch eine Anfechtung gemäß § 131 InsO wegen inkongruenter Leistungen in Betracht kommt.

Inkongruent ist die Vorschussleistung des Insolvenzschuldners (Mandanten) immer dann, wenn
– ein Vorschuss erst nach Beendigung der Angelegenheit geltend gemacht und geleistet wird, weil mit der Beendigung der Angelegenheit[89] der Vergütungsanspruch fällig und damit der Vorschussanspruch erloschen ist;[90]
– in einer noch nicht beendigten Angelegenheit, die innerhalb von 30 Tagen nach Erhalt des Vorschusses oder auch davor erfolgte, anwaltliche Tätigkeit dem gezahlten Vorschuss nicht gleichwertig ist;
– in einer noch nicht beendigten Angelegenheit der Vorschuss Tätigkeiten für die Zeit nach Ablauf von 30 Tagen nach Erhalt des Vorschusses abdecken soll, und zwar selbst dann, wenn die nach den 30 Tagen liegende Tätigkeit und der darauf entfallende Teil des Vorschusses gleichwertig wären.

121 **Hinweis**
Aus insolvenzrechtlicher Sicht ist der Anwalt daher gut beraten, wenn er jeweils Vorschüsse in Höhe einer wertäquivalenten Höhe für die nächsten 30 Tage fordert oder/und vereinbart, Teilleistungen gegen entsprechende Vergütung[91] zu erbringen.

§ 10 Berechnung

(1) ¹Der Rechtsanwalt kann die Vergütung nur aufgrund einer von ihm unterzeichneten und dem Auftraggeber mitgeteilten Berechnung einfordern. ²Der Lauf der Verjährungsfrist ist von der Mitteilung der Berechnung nicht abhängig.

(2) ¹In der Berechnung sind die Beträge der einzelnen Gebühren und Auslagen, Vorschüsse, eine kurze Bezeichnung des jeweiligen Gebührentatbestands, die Bezeichnung der Auslagen sowie die angewandten Nummern des Vergütungsverzeichnisses und bei Gebühren, die nach dem Gegenstandswert berechnet sind, auch dieser anzugeben. ²Bei Entgelten für Post- und Telekommunikationsdienstleistungen genügt die Angabe des Gesamtbetrags.

(3) Hat der Auftraggeber die Vergütung gezahlt, ohne die Berechnung erhalten zu haben, kann er die Mitteilung der Berechnung noch fordern, solange der Rechtsanwalt zur Aufbewahrung der Handakten verpflichtet ist.

---

88 BGH NJW 2006, 2701= ZInsO 2006, 712; BGH ZInsO 2008, 101 = BB 2008, 298 m. Anm. *Hörmann*.
89 Diese muss nicht identisch mit der des Auftrags sein, weil ein Auftrag mehrere gebührenrechtliche Angelegenheiten umfassen kann.
90 BGH NJW 2006, 2701 = ZInsO 2006, 712, Rn 25.
91 BGH NJW 2006, 2701= ZInsO 2006, 712; BGH ZInsO 2008, 101 = BB 2008, 298.

Abschnitt 1. Allgemeine Vorschriften § 10

Literatur: *Enders*, Die anwaltliche Honorarabrechnung in EUR, JurBüro 2001, 561; *Hansens*, Die Sicherung und Durchsetzung des Honoraranspruchs des Rechtsanwalts gegen den eigenen Mandanten, JurBüro Sonderheft 1999; *ders.*, Neue Formerfordernisse für anwaltliche Kostenberechnungen – Praktische Auswirkungen des Steueränderungsgesetzes 2003, RVGreport 2004, 43; *ders.*, Mitteilung der Kostenberechnung als Voraussetzung für die Vergütungsfestsetzung gem. § 11 RVG, RVGreport 2012, 47; *ders.*, Die Durchsetzung des anwaltlichen Vergütungsanspruchs, RVGreport 2015, 87; *Henke*, Dürfen Anwälte Gebührenansprüche mit Fremdgeld verrechnen, AnwBl 2007, 290; *Otto*, Anwaltsrechnungen, BRAK-Magazin 2004, 12; *Ribbrock*, Die Rechnungsstellung zwischen Haupt- und Unterbevollmächtigtem, AnwBl 2008, 184; *J. Schneider*, Neue und höhere Anforderungen an die Rechnungsstellung, AGS 2004, 39; *ders.*, Steueränderungsgesetz 2003, AGS 2004, 86; *N. Schneider*, Hinweise zur richtigen Abrechnung nach Inkrafttreten des KostREuroUG, BRAGOreport 2002, 1; *ders.*, Anforderungen an eine anwaltliche Kostenberechnung und die Folgen einer fehlerhaften Abrechnung (Teil 1), BRAGOreport 2002, 33; (Teil 2) BRAGOreport 2002, 50; *ders.*, Anforderungen an eine ordnungsgemäße Abrechnung nach dem RVG, AnwBl 2004, 510; *ders.*, Anforderungen an eine ordnungsgemäße Abrechnung der anwaltlichen Vergütung, RVGreport 2012, 322; *ders.*, Ordnungsgemäße Abrechnung bei mehreren Auftraggebern, AnwBl 2013, 113; *ders.*, Das Zitiergebot des § 10 RVG, ErbR 2015, 307; *Wrede*, Die gescannte Unterschrift, AGS 1998, 23.

A. Allgemeines 1	15. Begleitschreiben 77
B. Regelungsgehalt 5	16. Muster: Abrechnung 78
I. Anwendungsbereich 5	a) Muster: Einfache Abrechnung (einheitliche Angelegenheit, einheitlicher Gegenstandswert) 78
II. Form der Abrechnung 13	
1. Zeitpunkt der Abrechnung 13	
2. Schriftform 14	b) Muster: Umfangreiche Abrechnung (mehrere Angelegenheiten, wechselnder Gegenstandswert) 79
3. Rechnungsadressat 16	
a) Auftraggeber 16	
b) Dritte 17	III. Mitteilung 80
c) Mehrere Auftraggeber 19	IV. Kosten der Abrechnung 86
4. Bezeichnung der Angelegenheit 21	V. Verzicht auf ordnungsgemäße Abrechnung 87
5. Gebührentatbestände 22	
6. Gebührensatz 25	VI. Fehlen einer ordnungsgemäßen Abrechnung 88
7. Gebührenbeträge 29	
8. Gegenstandswert 32	1. Allgemeines 88
9. Gebührenvorschriften (Nummern des Vergütungsverzeichnisses) 34	2. Keine Zahlungspflicht 89
	3. Abtretung 90
10. Auslagen 47	4. Keine Klagbarkeit 91
11. Vorschüsse und anzurechnende Beträge 50	5. Aufrechnung 96
	a) Keine Aufrechnungslage 96
12. Eigenhändige Unterschrift 51	b) Keine Rückwirkung der Aufrechnung 97
13. Weitere Angaben 60	
14. Vergütungsvereinbarungen 65	c) Rückwirkung bei Beschlagnahme .. 98
a) Anforderungen an die Berechnung 65	6. Kein Zurückbehaltungsrecht 99
	7. Verjährungshemmung durch Klageerhebung, § 204 Abs. 1 Nr. 1 BGB 100
b) Probleme bei Abrechnung nach einer unwirksamen oder unverbindlichen Vereinbarung 70	
	8. Antrag auf Streitwertfestsetzung 102
aa) Die Vergütungsvereinbarung ist unwirksam 71	VII. Unrichtige Berechnung 103
	VIII. Verjährung, §§ 194 ff. BGB 106
bb) Die Vergütung ist aufgrund eines Formfehlers nach § 4 Abs. 1 S. 2 a.F. unverbindlich und damit nicht einforderbar 72	IX. Anspruch auf Abrechnung 107
	X. Rückforderung 108
	C. Kostenfestsetzung 110
	D. Materiell-rechtliche Kostenerstattungsansprüche 112
cc) Es ist unklar, ob die Vergütungsvereinbarung wirksam ist 74	E. Rechtsschutzversicherung 113
	F. Übergangsrecht 114
	G. Steuerliche Anforderungen an die anwaltliche Rechnung 118

A. Allgemeines

Das RVG unterscheidet zwischen **1**
– dem **Entstehen** der Vergütung,
– der **Fälligkeit** der Vergütung und
– der **Einforderbarkeit** der Vergütung.

Die Vergütung **entsteht** mit der ersten Tätigkeit des Anwalts, also in der Regel mit der Entgegennahme der Information (vgl. VV Vorb. 3 Abs. 2; VV Vorb. 2.3 Abs. 3; VV Vorb. 4 Abs. 2). **Fällig** wird die Vergütung dagegen erst mit der Erledigung des Auftrags oder der Beendigung der Angelegenheit (§ 8 Abs. 1 S. 1) und in einem gerichtlichen Verfahren darüber hinaus unter den Voraussetzungen des § 8 Abs. 1 S. 2. **Einforderbar** ist die Vergütung wiederum erst, wenn der Anwalt dem Auftraggeber eine formell ordnungsgemäße Berechnung nach § 10 erteilt hat. Auf den Ablauf der **Verjährung** hat die Mitteilung der Berechnung keinen Einfluss (Abs. 1 S. 2).

2 Welche **Anforderungen** eine formell ordnungsgemäße Abrechnung erfüllen muss, ergibt sich im Einzelnen aus **Abs. 2**.

3 **Abs. 3** stellt klar, dass der Auftraggeber auch noch nach Zahlung einen Anspruch auf Abrechnung behält, und zwar so lange, wie der Anwalt zur Aufbewahrung seiner Handakten verpflichtet ist.

4 Die Vorschrift entspricht inhaltsgleich dem früheren **§ 18 BRAGO** mit der Abweichung, dass in Abs. 2 S. 1 an Stelle der Bezeichnung der angewandten Kostenvorschrift nunmehr die angewandte Nummer des Vergütungsverzeichnisses getreten ist. Auf die frühere Rechtsprechung zu § 18 BRAGO kann daher grundsätzlich zurückgegriffen werden.

B. Regelungsgehalt

I. Anwendungsbereich

5 Die Vorschrift des § 10 gilt nur dann, wenn der Anwalt eine nach dem RVG berechnete Vergütung einfordert. Sie gilt also nicht, wenn der Anwalt in **anderer Funktion** tätig geworden ist, z.B. in den Fällen des § 1 Abs. 2. Da die **Mediation** jetzt anwaltliche Tätigkeit ist, gilt § 10 auch für sie. Das Gleiche gilt für eine **Beratungs- und Gutachtentätigkeit**, die gemäß § 34 Abs. 1 nach den Vorschriften des bürgerlichen Rechts abzurechnen ist oder für **Hilfeleistungen in Steuersachen** nach § 35.

6 Auf **Vergütungsvereinbarungen** findet § 10 grundsätzlich ebenfalls Anwendung;[1] es sei denn, aus der Vergütungsvereinbarung ergibt sich etwas anderes. Die Vorschrift des § 10 ist in Abschnitt 1 des RVG „Allgemeine Vorschriften" enthalten und gilt daher nicht nur für die Abrechnung der gesetzlichen Vergütung, sondern auch für die Abrechnung einer vereinbarten Vergütung, unabhängig davon, wie die vereinbarte Vergütung zu berechnen ist.[2] Einschränkend *Krämer/Maurer/Kilian*,[3] die eine Berechnung nach § 10 bei Abrechnung von Pauschalen und Auslagen für nicht erforderlich halten, wenn auch keine Vorschüsse abzurechnen sind. Dies dürfte aber nicht richtig sein, da auch in diesem Fall der Auftraggeber einen Anspruch auf eine Rechnung hat und zumindest die Umsatzsteuer ausgewiesen werden muss, selbst wenn sie in der Pauschale enthalten ist.

7 Hinsichtlich des **Inhalts** gelten grundsätzlich die gleichen Anforderungen wie bei Abrechnung einer gesetzlichen Vergütung, wobei sich allerdings aus den Besonderheiten der Vergütungsvereinbarung Abweichungen ergeben können. Dies wiederum hängt davon ab, inwieweit sich die vereinbarte Vergütung am Leitbild der gesetzlichen Vergütung orientiert.

8 Die Vorschrift des § 10 gilt nicht für **Auslagen, die nicht nach dem RVG** abzurechnen sind, sondern nach § 670 BGB. Diese können nach den allgemeinen Vorschriften des BGB **formlos** abgerechnet und eingefordert werden. Die Abrechnung muss allerdings auch hier nachvollziehbar und verständlich sein. Der Auftraggeber hat im Übrigen lediglich einen Anspruch auf eine **Quittung** (§ 368 BGB).

9 Auch für **Vorschussanforderungen** gelten die strengen Voraussetzungen des § 10 nicht (siehe § 9 Rdn 74).[4]

10 Für die Abrechnung der Vergütung gegenüber der Staatskasse bei Prozesskosten- und Beratungshilfe oder bei Abrechnung der Pflichtverteidigervergütung gilt § 10 ebenfalls nicht. Die Abrechnung bestimmt sich nach den jeweiligen speziellen Vorschriften der §§ 55 ff.

11 Auch im **Kostenfestsetzungsverfahren** nach §§ 103 ff. ZPO braucht eine formelle Gebührenberechnung nicht vorgelegt zu werden, da hier keine Vergütung geltend gemacht wird, sondern ein Erstattungsanspruch.[5]

---

1 *N. Schneider*, Die Vergütungsvereinbarung, Rn 1878; Gerold/Schmidt/*Burhoff*, RVG, § 10 Rn 12.
2 *N. Schneider*, Die Vergütungsvereinbarung, Rn 1879.
3 *Krämer/Maurer/Kilian*, Rn 694; ebenso *Hartmann*, KostG, § 10 RVG Rn 1 für Festhonorare.
4 Gerold/Schmidt/*Burhoff*, RVG, § 10 Rn 3; völlig abwegig daher AG München AGS 2006, 588 m. abl. Anm. *N. Schneider*.
5 OLG Brandenburg AnwBl 2001, 306.

Das Gleiche gilt bei **materiell-rechtlichen Kostenersatzansprüchen**. Der Schuldner kann sich auch nicht darauf berufen, dem Ersatzpflichtigen sei noch keine Kostennote nach § 10 erteilt worden.[6]

Ebenso wenig muss dem **Rechtsschutzversicherer** eine nach § 10 ordnungsgemäße Kostenberechnung vorgelegt werden. Nicht er, sondern der Versicherte ist Auftraggeber und dieser kann auf eine Berechnung verzichten. Der Rechtsschutzversicherer kann jedoch verlangen, dass ihm eine nachvollziehbare Aufstellung der Gebühren und Auslagen vorgelegt wird.

II. Form der Abrechnung

1. Zeitpunkt der Abrechnung

Die Berechnung muss nach Fälligkeit erteilt werden. Eine vor Fälligkeit erteilte „Rechnung" ist der Sache nach ein Vorschuss, so dass darauf keine Klage gestützt werden kann. Das gilt selbst dann, wenn sich der Anwalt im Prozess darauf beruft, die streitgegenständliche Rechnung sei als Endabrechnung i.S.d. § 10 zu verstehen.[7]

2. Schriftform

Die Abrechnung der Vergütung muss **schriftlich** (§ 126 BGB) erfolgen.[8] Die Rechnung muss allerdings nicht auf einem gesonderten Rechnungsblatt erteilt werden. Sie kann vielmehr auch in ein Anschreiben gefasst oder an das Ende eines Anschreibens an den Mandanten gesetzt werden. Aus Gründen der Übersichtlichkeit empfiehlt es sich jedoch, stets ein gesondertes Rechnungsformular zu verwenden. Insbesondere für Mandanten, die die gezahlte Vergütung steuerlich geltend machen können, ist ein solches Rechnungsformular vorteilhafter. Das gilt insbesondere im Hinblick auf die steuerlichen Anforderungen an eine ordnungsgemäße Kostenrechnung (siehe Rdn 119 ff.).

Auch wenn dies nicht zwingend vorgeschrieben ist, sollte der Anwalt jede Angelegenheit i.S.d. § 15 gesondert abrechnen. Dies ist schon deshalb geboten, weil für jede Angelegenheit ein anderes Gebührenrecht gelten kann (§§ 60, 61) oder ein anderer Steuersatz. Zudem muss für jede Angelegenheit auch ein eigener Leistungszeitraum angegeben werden (siehe Rdn 119 ff.).

3. Rechnungsadressat

a) Auftraggeber

Die Rechnung muss an den Auftraggeber gerichtet sein. Dieser muss nicht unbedingt mit dem Vertretenen identisch sein. So kann z.B. im Haftpflichtprozess der Versicherer gemäß § 10 AKB den Auftrag auch im Namen des Fahrers und Halters erteilen. Rechnungsadressat bleibt dann der Haftpflichtversicherer. Name und Anschrift des Auftraggebers müssen genau bezeichnet sein.[9]

b) Dritte

Übernimmt ein Dritter kraft Vereinbarung oder im Einverständnis mit dem Auftraggeber die Vergütung des Anwalts und wünscht er deshalb eine auf sich ausgestellte Rechnung, darf der Anwalt dem nicht ohne weiteres nachkommen. Vergütungsschuldner ist allein der Auftraggeber, nicht ein Dritter. Wenn der Anwalt also der Bitte nachkommt, die Rechnung auf einen Dritten auszustellen, muss er nach § 379 Abs. 1 Nr. 1 AO den tatsächlichen Leistungsempfänger, also den Auftraggeber, in der

---

6 OLG München AGS 2006, 540 = zfs 2007, 48 = VersR 2007, 267 = OLGR München 2007, 499 = RVGprof. 2006, 196 u. 2007, 3 = RVGreport 2006, 467; LG Berlin ZMR 2010, 527; AG Düsseldorf AGS 2004, 191 m. Anm. *N. Schneider*; LG Frankfurt/M. RuS 2011, 43; LG Hagen AGS 2012, 593 = RVGreport 2012, 353 = SVR 2012, 463; unzutreffend LG Bonn AGS 2006, 19 m. abl. Anm. *N. Schneider*.

7 AG Lichtenberg AGS 2013, 274 = RVGprof. 2013, 77 u. 117 = VRR 2013, 163 = NJW-Spezial 2013, 379 = RVGreport 2013, 306.

8 *Hartmann*, KostG, § 10 RVG Rn 6.

9 *Hartmann*, KostG, § 10 RVG Rn 18.

Rechnung ausdrücklich aufführen (§ 14 Abs. 1 S. 2 Nr. 2 UStG). Unterlässt der Anwalt dies, haftet er nach § 14 Abs. 3 UStG, wenn der Dritte zu Unrecht den Vorsteuerabzug geltend macht.

18 Ist ein Dritter aufgrund von Schadensersatzansprüchen (Verzug, Delikt o.Ä.) nach § 249 BGB verpflichtet, den Auftraggeber von seinen Anwaltskosten freizustellen, steht ihm ein Anspruch auf eine auf ihn ausgestellte Rechnung nicht zu.

> **Beispiel:** Nachdem der Gegner gezahlt hat, gibt ihm der Anwalt die entstandenen Kosten auf, für die dieser aus Verzug haftet. Der Gegner meldet sich beim Anwalt und teilt mit, er werde sofort zahlen, sobald er eine auf ihn ausgestellte Rechnung erhalten habe (in aller Regel wird damit bezweckt, die Vorsteuer aus der Rechnung geltend zu machen).
> Dem Gegner steht kein Anspruch auf eine Abrechnung zu, da er vom Anwalt keine Leistung bezogen hat. Der Gegner haftet lediglich auf Schadensersatz in Form der Freistellung (§ 249 BGB). Soweit der Mandant allerdings selbst zum Vorsteuerabzug berechtigt ist, kann Ersatz nur in Höhe der Nettovergütung verlangt werden (siehe VV 7008 Rdn 112 ff.).

c) Mehrere Auftraggeber

19 Bei einer Mehrheit von Auftraggebern müssen diese einzeln in der Rechnung aufgeführt, zumindest in ihrer Gesamtheit bezeichnet werden. Wird die Rechnung von den Auftraggebern aus einem gemeinsamen Vermögen beglichen, wie etwa bei einer Gesellschaft bürgerlichen Rechts oder in der Regel bei Eheleuten, dann kann es ausreichen, eine Gesamtrechnung zu erstellen. Sofern jeder Auftraggeber aus seinem eigenen Vermögen zahlt, muss in der Rechnung auch angegeben werden, in Höhe welchen Anteils der einzelne Auftraggeber nach § 7 Abs. 2 S. 1 haftet.[10] Zur Berechnung siehe § 11 Rdn 249 ff.[11] Zweckmäßig dürfte es dann ohnehin sein, für jeden Auftraggeber eine eigene Rechnung zu erstellen und in einem Begleitschreiben darauf hinzuweisen, wie sich die Gesamtvergütung berechnet und wie hoch der Anteil ist, der auf den Einzelnen entfällt, verbunden mit dem Hinweis, dass die Haftung nach § 7 Abs. 2 S. 1 bei Nichtzahlung der anderen Auftraggeber durchaus höher liegen kann und dass für diesen Fall eine Nachforderung vorbehalten bleibt.[12]

> **Beispiel:** Der Anwalt klagt für zwei Gläubiger eine Forderung in Höhe von jeweils 35.000 EUR ein. Es kommt zu einem Vergleich.
> Abzurechnen ist insgesamt wie folgt:
> 1. 1,3-Verfahrensgebühr, VV 3100
>   (Wert: 70.000 EUR) — 1.732,90 EUR
> 2. 1,2-Terminsgebühr, VV 3104
>   (Wert: 70.000 EUR) — 1.599,60 EUR
> 3. 1,0-Einigungsgebühr VV 1000, 1003
>   (Wert: 70.000 EUR) — 1.333,00 EUR
> 4. Postentgeltpauschale, VV 7002 — 20,00 EUR
>   Zwischensumme — 4.685,50 EUR
> 5. 19 % Umsatzsteuer — 890,25 EUR
>   **Gesamt** — **5.575,75 EUR**
>
> Jeder der beiden Auftraggeber haftet aber nur nach einem Gegenstandswert von 35.000,00 EUR, also in Höhe von:
> 1. 1,3-Verfahrensgebühr, VV 3100
>   (Wert: 35.000 EUR) — 1.219,40 EUR
> 2. 1,2-Terminsgebühr, VV 3104
>   (Wert: 35.000 EUR) — 1.125,60 EUR
> 3. 1,0-Einigungsgebühr VV 1000, 1003
>   (Wert: 35.000 EUR) — 938,00 EUR

---

10 LG Mannheim AGS 2012, 324 = AnwBl. 2013, 149 = NJW-Spezial 2012, 444 = ErbR 2012, 244 = RVGprof. 2012, 149 = RVGreport 2012, 414; AG Kerpen AGS 2014, 375 = zfs 2014, 588 = NJW-Spezial 2014, 508 = StRR 2014, 323 = RVGprof. 2015, 2; *Hartmann*, KostG, § 10 RVG Rn 5.

11 Ausführlich *Hansens/Schneider*, Kostenformulare Teil 2 Rn 372 ff.

12 Ausführlich *Hansens/Schneider*, Kostenformulare Teil 2 Rn 387.

4. Postentgeltpauschale, VV 7002	20,00 EUR
Zwischensumme	3.303,00 EUR
5. 19 % Umsatzsteuer	627,57 EUR
Gesamt	**3.930,57 EUR**

Da jeder Auftraggeber erst zahlungspflichtig ist, wenn ihm eine ordnungsgemäße Rechnung erteilt worden ist, muss der Anwalt jedem Auftraggeber die von ihm geschuldete Vergütung gesondert in Rechnung stellen. Die Gesamtabrechnung reicht nicht aus, um die Durchsetzbarkeit der anwaltlichen Vergütung herbeizuführen, da sich aus dieser Rechnung nicht ergibt, wer was zu zahlen hat.

Zu berücksichtigen ist allerdings jetzt noch, dass die Summe der beiden Einzelrechnungen (3.930,57 EUR + 3.930,57 EUR = 7.861,14 EUR), höher liegt als der Gesamtbetrag (5.575,75 EUR), den der Anwalt fordern darf. Zwar kann der Anwalt jeden der beiden Auftraggeber in voller Höhe der jeweiligen Schuld in Anspruch nehmen; insgesamt darf er aber nicht mehr als den Gesamtbetrag i.H.v. 5.575,75 EUR verlangen. Dies muss zumindest in einem Anschreiben zum Ausdruck gebracht werden.

Zweckmäßig ist es die Rechnungen von Vornherein so anzupassen, dass insgesamt nicht mehr verlangt wird als der Gesamtbetrag, dass also jedem der beiden Mandanten die anteilige Mithaftung des anderen Auftraggebers hälftig gutgeschrieben wird. Auf diese Art und Weise erreicht der Anwalt, dass er trotz zweier Einzelrechnungen insgesamt nicht mehr in Rechnung stellt als er insgesamt verlangen kann. In einem Anschreiben sollte dann allerdings klargestellt werden, dass der Abzug der hälftigen Mithaftung des anderen Auftraggebers unter dem Vorbehalt erfolgt, dass der andere Auftraggeber seine Rechnung ebenfalls voll bezahlt und dass sich der Anwalt anderenfalls insoweit noch die Nachforderung vorbehält.

Zum Abfassen dieser Rechnungen ist zunächst die Gesamtschuld zu berechnen. Dies geschieht nach folgender Formel:

Einzelhaftung Auftraggeber 1
+ Einzelhaftung Auftraggeber 2
– Gesamthaftung
Gesamtschuld

Ausgehend von den Nettobeträgen ergibt dies im Beispiel einen jeweils gutzuschreibenden Betrag in Höhe von:

1. Einzelhaftung Auftraggeber 1	3.303,00 EUR
2. Einzelhaftung Auftraggeber 2	3.303,00 EUR
3. ./. Gesamthaftung	– 4.685,50 EUR
4. Differenz	1.920,50 EUR
Hiervon $^1/_2$	**960,25 EUR**

Dies ergibt dann folgende Einzelabrechnungen:

1. 1,3-Verfahrensgebühr, VV 3100	
(Wert: 35.000 EUR)	1.219,40 EUR
2. 1,2-Terminsgebühr, VV 3104	
(Wert: 35.000 EUR)	1.125,60 EUR
3. 1,0-Einigungsgebühr VV 1000, 1003	
(Wert: 35.000 EUR)	938,00 EUR
4. Postentgeltpauschale, VV 7002	20,00 EUR
5. ./. anteilige Mithaftung weiterer Auftraggeber	– 960,25 EUR
Zwischensumme	2.342,75 EUR
6. 19 % Umsatzsteuer	445,12 EUR
Gesamt	**2.787,87 EUR**

Zahlen beide Auftraggeber jeweils ihre Rechnungen (2.787,87 EUR + 2.787,87 EUR), hat der Anwalt seine Gesamtvergütung (5.575,75 EUR) erhalten. Zahlt einer der beiden Auftraggeber nicht, dann kann der Anwalt bei dem anderen Auftraggeber den zunächst gutgeschriebenen Betrag in Höhe von 960,25 EUR zuzüglich Umsatzsteuer noch nachliquidieren und erhält zumindest von diesem Auftraggeber die volle Vergütung aus dessen Teilwert. Hinsichtlich des Mehrbetrages darf er dann allerdings nur den anderen Auftraggeber in Anspruch nehmen. Zahlt dieser nicht, fällt der Anwalt insoweit aus. Er kann den Fehlbetrag nicht von dem Auftraggeber verlangen, der seinen Anteil bereits gezahlt hat.

Möglich ist es auch, jedem Auftraggeber eine Rechnung über den ihn nach § 7 Abs. 2 betreffenden Betrag zu übermitteln mit dem Hinweis, dass alle Auftraggeber zusammen nicht mehr als einen bestimmten Betrag zu zahlen haben. Dann ist es Sache der Auftraggeber, im Rahmen ihrer Gesamtschuld zu klären, wie sie die Zahlungen aufteilen. Der Nachteil dieses Vorgehens liegt darin, das der Anwalt dann im Nachhinein die Rechnungen wieder teilweise stornieren muss und es sogar zu Überzahlungen kommen kann, die dann wieder zurückgezahlt werden müssen, wobei dann wiederum unklar sein kann, wer die Rückzahlungen erhalten soll.

20

4. Bezeichnung der Angelegenheit

21 In der Kostenrechnung müssen die abgerechneten **Angelegenheiten** genau bezeichnet werden. Hierzu genügt grundsätzlich die Angabe der Parteien zur Konkretisierung, also „Rechtsstreit A./.B". Sind bei dem Anwalt allerdings mehrere Verfahren derselben Parteien anhängig, was insbesondere in Miet- oder Familiensachen häufig vorkommen wird, so sind weitere Angaben zur Konkretisierung erforderlich. Hier wird eine kurze Bezeichnung der Sache, etwa „Kündigung, Nebenkostenabrechnung etc." oder „Kindesunterhalt, Umgangsrecht etc." zur Unterscheidung ausreichen. Wichtig ist jedoch, dass für den Auftraggeber stets klar erkennbar ist, welche Angelegenheit abgerechnet wird. Bei mehreren Instanzen oder mehreren gebührenrechtlichen Angelegenheiten muss zur Klarheit auch die jeweilige Gebühreninstanz angegeben werden. Zweckmäßig ist es hier ohnehin, für jede Angelegenheit eine gesonderte Rechnung zu verwenden.

Ausnahmsweise muss die Kostenrechnung des Rechtsanwalts nicht die Bezeichnung der jeweils abgerechneten Angelegenheit oder des Gegenstandes enthalten, wenn der Mandant ohnehin genau erkennen kann, welche Leistung er bezahlen soll.[13]

> **Beispiel:** Der Anwalt wird beauftragt, einen Anspruch aus einem nicht eingelösten Scheck geltend zu machen. Er erhebt Klage im Scheckverfahren, die dann in das ordentliche Verfahren übergeht. Gegen das Urteil wird anschließend Berufung eingelegt.
> Zweckmäßigerweise sollten hier drei Einzelrechnungen erteilt werden, nämlich über das Scheckverfahren, das Nachverfahren (§ 17 Nr. 5) und die Berufung. Wird nur eine Rechnung verwendet, so muss aus ihr zumindest klar erkennbar sein, welche Gebühren zu welcher Angelegenheit gehören.

5. Gebührentatbestände

22 Die angewandten Gebührentatbestände müssen durch eine **„kurze Bezeichnung"** angeführt werden. Hier reicht z.B. die Angabe „Verfahrensgebühr, Terminsgebühr, Geschäftsgebühr, Einigungsgebühr etc.".

23 Soweit das Gesetz keine Gebührentatbestände im Vergütungsverzeichnis vorsieht, wie z.B. bei der Mediation, der Beratung und der Gutachtentätigkeit, ist die Angabe eines Gebührentatbestandes nicht möglich, da es einen solchen nicht gibt. Der Anwalt sollte jedoch als Bezeichnung „Gebühr für Mediation", „Gebühr für Beratung", „Beratungsgebühr" oder „Gebühr für Gutachtentätigkeit" anführen, damit der Auftraggeber nachvollziehen kann, welche Tätigkeit der Anwalt abrechnet.

24 Wird eine vereinbarte Vergütung abgerechnet und liegen ihr Gebührentatbestände zugrunde, also z.B. das Doppelte der gesetzlichen Gebühren, abweichende Beträge an Stelle der gesetzlichen Gebührenbeträge, Gebührenbeträge nach höheren Gegenstandswerten o.Ä., müssen die **Gebührentatbestände** wiederum angegeben werden.[14]

6. Gebührensatz

25 Die Angabe des Gebührensatzes ist nach dem Wortlaut des § 10 nicht zwingend vorgeschrieben.

Die Angabe wird jedoch bei **Satzrahmengebühren**, wie z.B. bei VV 2100 oder VV 2300 zu verlangen sein.[15] Gibt der Anwalt bei Satzrahmengebühren nur den Endbetrag an, könnte anderenfalls der Auftraggeber anhand der Rechnung und dem Gesetz nicht überprüfen, ob der Gebührenbetrag zutreffend ist, da er nicht weiß, von welchem Gebührensatz der Anwalt ausgegangen ist.

26 Nicht erforderlich, aber zweckmäßig ist es, in einem Anschreiben zu erläutern, wie der Anwalt zu dem jeweiligen Gebührensatz gelangt ist. Bei einer Mittelgebühr wird man unter Umständen auf Ausführungen verzichten können. Weicht der Anwalt jedoch von der Mittelgebühr ab und verlangt er einen höheren Betrag, sollte er dies in seinem Anschreiben kurz begründen. Dies erspart ihm – insbesondere bei der Korrespondenz mit Rechtsschutzversicherern – spätere Nachfragen oder Kürzungen seines Honorars.

---

13 OLG Düsseldorf FamRZ 2009, 2029 = OLGR 2009, 853 = AGkompakt 2011, 29 = FamRkompakt 2009, 191.

14 *N. Schneider*, Die Vergütungsvereinbarung, Rn 1890.

15 LG Freiburg AGS 2012, 222.

Gleiches gilt in den Fällen, in denen eine sog. **Schwellengebühr** vorgesehen ist (VV 2301), aber überschritten wird. In der Rechnung selbst bedarf es insoweit zwar keiner zusätzlichen Angaben. In einem Begleitschreiben sollte gegebenenfalls jedoch ausgeführt werden, wieso die Angelegenheit schwierig oder umfangreich war. 27

Soweit **feste Gebührensätze** abzurechnen sind, ist die Angabe nicht unbedingt erforderlich, da sich der Gebührensatz in diesem Fall unmittelbar aus dem Gesetz ergibt. Gleichwohl sollte der Anwalt auch in diesem Fall nicht darauf verzichten, da die Berechnung dadurch übersichtlicher und leichter nachzuvollziehen ist. Der Mandant hat zudem einen Anspruch darauf, dass er auch als Laie leicht nachvollziehen kann, wie der Anwalt seine Vergütung berechnet hat. 28

7. Gebührenbeträge

Jeder einzelne Gebührenbetrag zu jeder einzelnen Gebühr muss gesondert ausgewiesen werden. Es genügt also nicht, mehrere Gebühren zusammenzufassen und das Gesamtergebnis anzugeben. 29

Werden **Betragsrahmengebühren** abgerechnet, reicht es nach § 10 aus, lediglich den Endbetrag anzugeben. Zweckmäßig ist es jedoch, in einem Anschreiben zu erläutern, wie der Anwalt zu dem jeweiligen Betrag gelangt ist. Auch hier wird man bei einer Mittelgebühr unter Umständen auf Ausführungen verzichten können. Weicht der Anwalt jedoch von der Mittelgebühr ab und verlangt er einen höheren Betrag, sollte er dies in seinem Anschreiben kurz begründen. Dies erspart ihm – insbesondere bei der Korrespondenz mit Rechtsschutzversicherern – spätere Nachfragen oder Kürzungen seines Honorars. 30

Gleiches gilt in den Fällen, in denen eine sog. **Schwellengebühr** vorgesehen ist (VV 2304). In der Rechnung selbst bedarf es insoweit zwar keiner zusätzlichen Angaben. In einem Begleitschreiben sollte gegebenenfalls jedoch ausgeführt werden, wieso die Angelegenheit schwierig oder umfangreich war. 31

8. Gegenstandswert

Bei Gebühren, die sich nach dem Gegenstandswert richten (§§ 2 Abs. 1, 3 Abs. 1 S. 2, Abs. 2), muss der Gegenstandswert angegeben werden, aus dem sich die jeweilige Gebühr berechnet. Dies kann dergestalt geschehen, dass zu Beginn der Kostenrechnung der Gegenstandswert angegeben wird, wenn sich alle Gebühren nach demselben Wert richten (Berechnungsbeispiel a), siehe Rdn 78). Sind dagegen für einzelne Gebühren nur Teilwerte oder geringere Werte maßgebend, so müssen auch diese angegeben werden (Berechnungsbeispiel b), siehe Rdn 79). Zweckmäßig ist es dann, bei jeder Gebühr einzeln anzuführen, nach welchem Wert sich diese berechnet. 32

Wird bei einer vereinbarten Vergütung nach dem Gegenstandswert abgerechnet, muss dieser ebenfalls angegeben werden. Das gilt auch dann, wenn die Vertragsparteien einen abweichenden höheren Gegenstandswert individuell vereinbart haben.[16] 33

9. Gebührenvorschriften (Nummern des Vergütungsverzeichnisses)

Die angewandten Gebührenvorschriften müssen **zitiert** werden. Hierunter fallen die einzelnen Nummern des Vergütungsverzeichnisses. An sich ist auch die Gesetzesangabe erforderlich, wobei die Gesetzesangabe auch vorangestellt werden kann, etwa „berechnet nach den Vorschriften des RVG" (Berechnungsbeispiel b), siehe Rdn 79). 34

Soweit eine Nummer mehrere Gebührentatbestände enthält (z.B. VV 2305, 4141, 5115), müssen auch **Absätze, Sätze und Nummern** angegeben werden.[17] Anderenfalls ist nicht erkennbar, von welcher Gebühr der Anwalt ausgeht. 35

An mehreren Stellen kommt es vor, dass in einer Nummer der Grundtatbestand einer Gebühr enthalten ist und in den folgenden Nummern nur noch eine abweichende Gebührenhöhe geregelt wird (so z.B. bei der Einigungsgebühr: VV 1000 ff.). Ob in diesen Fällen die Nummer der Grundge-

---

[16] *N. Schneider*, Die Vergütungsvereinbarung, Rn 1899.   [17] *Hartmann*, KostG, § 10 RVG Rn 7.

bühr, die Nummer des Modifizierungstatbestandes oder beide zu zitieren sind, ergibt sich aus § 10 nicht. Um hier kein Risiko einzugehen, sollte die gesamte Nummern-Kette zitiert werden, zumal dies für Transparenz sorgt und eine Überprüfung der Rechnung erleichtert.

> **Beispiele:** Bei einer Einigung über erstinstanzlich anhängige Gegenstände sollten die „Nrn. 1000, 1003 VV" zitiert werden. Würde nur VV 1003 zitiert, könnte dies auch auf eine Erledigungsgebühr oder Aussöhnungsgebühr hinweisen.
> Bei einer Verfahrensgebühr im Revisionsverfahren vor dem BGH sollten die „Nrn. 3206, 3208 VV" zitiert werden. Bei einer Einstellung vor dem LG – Strafkammer – sollten für die zusätzliche Gebühr die „Nrn. 4141, 4112 VV" zitiert werden.

36 Soweit das RVG oder das VV auf Gebührentatbestände verweist, sind auch diese Verweisungen mit zu zitieren. So ist für ein Verfahren vor dem BVerfG sowohl der entsprechende Absatz des § 37 zu zitieren als auch der sich hieraus ergebende Gebührentatbestand, also etwa „§ 37 Abs. 2 S. 1 RVG, Nr. 3206 VV RVG".

37 Gleiches gilt, wenn sich die Verweisung aus einer Vorbemerkung ergibt. So sollte bei der Vertretung eines Zeugen „Vorbemerkung 3 Abs. 1 des Vergütungsverzeichnisses" oder „Vorbemerkung 4 Abs. 1 des Vergütungsverzeichnisses" mit zitiert werden.

38 **Hilfsnormen** müssen nach dem Wortlaut des § 10 nicht angegeben werden. Gleichwohl empfiehlt sich dies. Wenn also z.B. nach einem Urkunden-, Scheck- oder Wechselprozess das Nachverfahren durchgeführt wird, sollte § 17 Nr. 5 mit angeführt werden, bei einer Zurückverweisung sollte § 21 Abs. 1 mitzitiert werden. Der Mandant kann anderenfalls nicht nachvollziehen, warum derselbe Gebührentatbestand mehrmals in Rechnung gestellt wird. Auch sonstige Hilfsnormen, insbesondere VV 1008 zur Erhöhung der Gebühr bei mehreren Auftraggebern, sollten der Klarheit halber immer angegeben werden.

39 Gleiches gilt z.B., wenn eine Gebühr für einen ausgefallenen Termin geltend gemacht wird und sich erst aus der Vorbemerkung ergibt, dass dennoch eine Gebühr anfällt (z.B. VV Vorb. 4 Abs. 3 S. 2).

40 Soweit der Anwalt einzelne Tätigkeiten durch **Vertreter nach § 5** hat ausführen lassen, bietet es sich an, diese Vorschrift mit zu zitieren. Zwingend erforderlich ist dies jedoch nicht. Werden vom Anwalt **sonstige Hilfspersonen** hinzugezogen, die nicht in den Anwendungsbereich des § 5 fallen, so dass sich die Vergütung des Anwalts nach § 612 BGB richtet, muss diese Vorschrift zitiert werden (vgl. § 5 Rdn 92).

41 Zu den jeweils angewandten Vorschriften über die Bestimmung des Gegenstandswerts brauchen die Paragraphen grundsätzlich nicht zitiert zu werden. *Hartmann*[18] hält dies allerdings dann für erforderlich, wenn der Auftraggeber den Gegenstandswert anderenfalls nur schwer nachvollziehen könnte. Unabhängig davon bietet sich die Angabe der Wertvorschriften jedenfalls dann an, wenn spezielle Regelungen bestehen, etwa im Mietrecht (§ 41 GKG). Die zusätzliche Angabe dieser Vorschriften erleichtert dem Auftraggeber das Verständnis und die Nachvollziehbarkeit der Abrechnung und bewahrt den Anwalt vor unnötigen Rückfragen. Zumindest sollte im Anschreiben zur Rechnung der Gegenstandswert unter Angabe der Wertvorschrift erläutert werden.

42 Soweit das Gesetz keine Gebührentatbestände vorsieht, wie z.B. bei der **Mediation**, der **Beratung** und der **Gutachtentätigkeit**, ist die Angabe der Nummer einer Gebührenvorschrift nicht möglich, da es eine solche nicht gibt. Der Anwalt, der keine Gebührenvereinbarung geschlossen hat und daher nach BGB abrechnen muss, sollte jedoch zumindest die Vorschrift des § 34 Abs. 1 zitieren, damit der Auftraggeber nachvollziehen kann, wie der Anwalt zu der Bemessung seiner Vergütung gelangt ist. Das AG Remscheid[19] verlangt daneben auch, die Vorschriften des BGB (§§ 675, 612) zu zitieren.

43 Auch wenn das RVG in § 34 Abs. 1 keine Gebühren vorsieht und das bürgerliche Recht für anwendbar erklärt, bleibt hinsichtlich der Auslagen das VV anwendbar, so dass insoweit die Vorschrift des § 10 uneingeschränkt gilt (siehe Rdn 48 f.).

---

18 KostG, § 10 RVG Rn 12.
19 AGS 2015, 219 = NZFam 2015, 523 = RVGreport 2015, 298 = RVGprof. 2015, 131 = NJW-Spezial 2015, 315.

Soweit sich eine vereinbarte Vergütung an der gesetzlichen Vergütung orientiert, sei es also, dass nach einem Vielfachen der gesetzlichen Gebühren und Auslagen abgerechnet wird oder zusätzlich zu den gesetzlichen Gebühren ein Zuschlag zu zahlen ist oder nach den gesetzlichen Gebühren zu einem höheren Gegenstandswert abzurechnen ist, müssen die jeweiligen Nummern des Vergütungsverzeichnisses mit aufgeführt werden.[20]

44

Soweit sich die gesetzliche Vergütung völlig **von den gesetzlichen Gebührentatbeständen löst**, ist die Angabe der Gebührenvorschriften, also der Nummern des Vergütungsverzeichnisses, nicht möglich und daher auch nicht erforderlich.

45

Die Vorschriften der §§ 3a ff. brauchen in keinem Fall zitiert zu werden, da es sich nicht um eine Gebühren- oder Auslagenvorschrift i.S.d. Abs. 2 handelt.

46

10. Auslagen

Auslagen müssen konkret bezeichnet und einzeln ausgewiesen werden.

47

Bei den **Entgelten für Post- und Telekommunikationsdienstleistungen** reicht ein Hinweis auf die Postentgeltpauschale der VV 7002, wenn der Anwalt pauschal abrechnet. Bei konkreter Abrechnung genügt zunächst die Angabe des Gesamtbetrags (Abs. 2 S. 2); eine detaillierte Aufstellung ist nur auf Nachfrage des Mandanten erforderlich. Insoweit kann zur Abrechnung im Einzelnen auf die Kommentierung in VV 7001 (siehe VV 7001 Rdn 14) nebst Abrechnungsbeispiel verwiesen werden.

48

Auch **Reisekosten** sind nachvollziehbar abzurechnen (m. Abrechnungsbeispiel siehe VV 7003 ff. Rdn 49).

49

11. Vorschüsse und anzurechnende Beträge

Weiterhin ist nach Abs. 2 S. 1 vorgeschrieben, dass der Anwalt bereits erhaltene Vorschüsse oder Zahlungen Dritter und auch anzurechnende Beträge (z.B. nach VV Vorb. 2.3 Abs. 4 u. 5; VV Vorb. 3 Abs. 4, Abs. 5; § 34 Abs. 2) in die Abrechnung aufzunehmen hat. Insoweit ist es zweckmäßig, die Nettobeträge der Vorschüsse von der Nettovergütung abzuziehen und dann erst die Umsatzsteuer auszuweisen. Werden die Brutto-Vorschüsse erst von der Brutto-Summe abgezogen, wird die auf die Vorschüsse entfallende Umsatzsteuer zu Unrecht doppelt ausgewiesen und muss dann vom Anwalt auch doppelt abgeführt werden (§ 14 Abs. 2 UStG), obwohl er sie nur einmal vereinnahmt hat.[21] Zur Besonderheit bei einem Wechsel des Steuersatzes zwischen Vorschuss und Abrechnung siehe VV 7008 Rdn 92).

50

Beispiel: In einem Rechtsstreit mit einem Gegenstandswert in Höhe von 3.000 EUR hat der Anwalt einen Vorschuss angefordert und vereinnahmt in Höhe von

1. Vorschuss, § 9	300,00 EUR
2. 19 % Umsatzsteuer, VV 7008	57,00 EUR
Gesamt	**357,00 EUR**

Würde der Anwalt den Brutto-Vorschuss erst von der Brutto-Vergütung abziehen,

1. 1,3-Verfahrensgebühr, VV 3100		261,30 EUR
2. 1,2-Termingebühr, VV 3104		241,20 EUR
3. Postentgeltpauschale, VV 7002		20,00 EUR
Zwischensumme	522,50 EUR	
4. 19 % Umsatzsteuer, VV 7008		99,28 EUR
Zwischensumme		**621,78 EUR**
5. abzüglich Vorschuss		– 357,00 EUR
Gesamt		**264,78 EUR**

so würden insgesamt (57,00 EUR + 99,28 EUR =) 156,28 EUR an Umsatzsteuer ausgewiesen, obwohl insgesamt nur 99,28 EUR Umsatzsteuer angefallen sind. Der Anwalt müsste nach § 14 Abs. 2 UStG die gesamten 156,28 EUR an das Finanzamt abführen; davon gingen 57 EUR von seiner Vergütung ab; er könnte diesen Betrag nicht einmal beim Vorsteuerabzug geltend machen.

---

20 *N. Schneider*, Die Vergütungsvereinbarung, Rn 1903.
21 Siehe ausführlich *Hansens/Schneider*, Formularbuch,
   Teil 2 Rn 364 ff.

Entweder muss also in der Schlussrechnung ausgewiesen werden, wie viel Umsatzsteuer bereits im Vorschuss enthalten war und wie viel Umsatzsteuer in dem Schlussbetrag noch enthalten sind oder die Abrechnung erfolgt auf Netto-Basis:[22]

1.	1,3-Verfahrensgebühr, VV 3100	261,30 EUR
2.	1,2-Terminsgebühr, VV 3104	241,20 EUR
3.	Postentgeltpauschale, VV 7002	20,00 EUR
4.	abzgl. Vorschuss (netto)	– 300,00 EUR
	Zwischensumme	222,50 EUR
5.	19 % Umsatzsteuer, VV 7008	42,28 EUR
Gesamt		**264,78 EUR**

12. Eigenhändige Unterschrift

51 Weitere zwingende Voraussetzung, die häufig übersehen wird, ist die Unterschrift des Anwalts. Auf dieses Erfordernis kann nicht verzichtet werden. Mit der Unterschrift übernimmt der Anwalt die strafrechtliche (§ 352 StGB), zivilrechtliche und auch berufsrechtliche Verantwortung für den Inhalt der Berechnung.[23] Die Unterschrift muss **eigenhändig** sein. Ein Faksimilestempel genügt nicht,[24] ebenso wenig eine eingescannte Unterschrift, da diese letztlich nichts anderes ist als ein auf EDV umgesetzter Faksimilestempel.[25] Auch die Unterschriften des Bürovorstehers[26] oder eines Kostenfachmanns[27] genügen nicht.

52 Die von dem Rechtsanwalt unterzeichnete Kostenrechnung muss eine Unterschrift erkennen lassen, d.h. einen der Identität des Unterschreibenden ausreichend kennzeichnenden Schriftzug, der individuelle und entsprechende charakteristische Merkmale aufweist, die der Nachahmung erschweren, sich als Wiedergabe eines Namens darstellt und die Absicht einer vollen Unterschriftsleistung erkennen lässt.[28]

53 Die Unterschrift des **Praxisnachfolgers** reicht dagegen aus.[29] Das Gleiche gilt, wenn der Anwalt seine Zulassung verloren hat und nunmehr der von ihm beauftragte prozessbevollmächtigte Anwalt die Kostenberechnung unterschreibt.[30]

54 Ist die Honorarforderung zum Inkasso **abgetreten**, so muss der abtretende Anwalt die Kostennote unterzeichnet haben. Falls es sich bei dem Abtretungsempfänger allerdings ebenfalls um einen Anwalt handelt, soll dessen Unterschrift genügen.[31]

55 Die Unterschrift muss **unter die Gebührennote** gesetzt werden. Insoweit hält es das OLG Hamburg[32] jedoch für ausreichend, dass sich aus einem vom Anwalt unterzeichneten **Begleitschreiben** ergibt, dass dieser die Verantwortung für die Kostenrechnung übernehmen will.[33] Nach AG Gießen[34] soll es sogar ausreichen, wenn der Anwalt seinem Mandanten eine **Durchschrift** seines Schreibens an den Rechtsschutzversicherer zur Kenntnisnahme übermittelt.

56 Im **Honorarprozess** wiederum soll es genügen, wenn die Klageschrift selbst die Anforderungen des Abs. 2 erfüllt[35] oder wenn einem vom Anwalt unterzeichneten Schriftsatz eine **Kopie der**

---

22 Zur Besonderheit bei einem Wechsel des Steuersatzes zwischen Vorschuss und Abrechnung siehe VV 7008 Rdn 92.
23 Riedel/Sußbauer/*Fraunholz*, RVG, § 10 Rn 10.
24 OLG Hamburg AnwBl 1970, 233; Gerold/Schmidt/*Burhoff*, RVG, § 10 Rn 7.
25 *Wrede*, AGS 1998, 34.
26 Gerold/Schmidt/*Burhoff*, RVG, § 10 Rn 7; *Hartmann*, KostG, § 10 RVG Rn 16; a.A. OLG München MDR 1962, 63.
27 Gerold/Schmidt/*Burhoff*, RVG, § 10 Rn 7.
28 OLG Düsseldorf AGS 2012, 513 = zfs 2012, 527 = DStR 2012, 2148 = JurBüro 2012, 586 = RVGprof. 2012, 150 = VRR 2012, 323 = RVGreport 2012, 337 = IBR 2012, 681 = StRR 2012, 323.

29 *Fischer-Dorp*, AnwBl 1991, 89; a.A. AG Waiblingen AnwBl 1989, 400 = AnwBl 1991, 54 m. abl. Anm. *Madert* = KostRsp. BRAGO § 18 Nr. 6 m. abl. Anm. *Herget*.
30 OLG Düsseldorf MDR 2000, 360 = KostRsp. BRAGO § 18 Nr. 12 m. Anm. *N. Schneider* = BRAGOreport 2000, 8 m. Anm. *N. Schneider*.
31 *Bork*, NJW 1992, 2449.
32 AnwBl 1970, 223.
33 Gerold/Schmidt/*Burhoff*, RVG, § 10 Rn 7.
34 AnwBl 1967, 443.
35 OLG Nürnberg JurBüro 1973, 956.

Kostenrechnung als Anlage beifügt wird und der Anwalt in seinem Schriftsatz auf die anliegende Abrechnung Bezug nimmt, sofern der Beklagte eine unterzeichnete oder beglaubigte Ausfertigung des Schriftsatzes nebst Anlage erhält.[36] Das OLG Düsseldorf[37] geht noch einen Schritt weiter und lässt auch dann die einem Schriftsatz beigefügte Rechnungskopie ausreichen, wenn nicht der abrechnende Anwalt selbst seinen Honorarprozess führt, sondern er einen **anderen Anwalt** mit der Prozessführung beauftragt und dieser den Schriftsatz unterzeichnet hat. Das Gericht geht davon aus, dass auch die Unterschrift „eines bevollmächtigten Vertreters" den Anforderungen des § 10 genüge. Mit dem Wortlaut des Abs. 1 S. 1, der ausdrücklich die Unterschrift des abrechnenden Anwalts verlangt, ist diese Auslegung nicht mehr vereinbar. Die Vorschrift des Abs. 1 S. 1 fordert, dass der abrechnende Rechtsanwalt eine **von ihm** unterzeichnete Berechnung übermittelt.

Ist der Anwalt verstorben, so reicht eine von dem Prozessbevollmächtigten des Alleinerben unterzeichnete Gebührenrechnung, wenn sich der wesentliche Inhalt der Gebührenrechnung jedenfalls aus einem zur Erläuterung übersandten Vermerk des verstorbenen Anwalts ergibt.[38] 57

Das Gleiche gilt im Vergütungsfestsetzungsverfahren. Eine durch den Rechtsanwalt gefertigte Berechnung i.S.d. § 10 erhält der Mandant auch, wenn ihm vom Gericht das Vergütungsfestsetzungsgesuch seines Prozessbevollmächtigten zugesandt wird.[39] 58

Ungeachtet dieser teils sehr weiten Auslegung des Abs. 1 S. 1 sollte sich der Anwalt auf diese Rechtsprechung nicht verlassen, sondern vor Klageerhebung sicherstellen, dass dem Mandanten eine eigenhändig unterzeichnete Abrechnung zugegangen ist. 59

13. Weitere Angaben

Die Aufzählung in Abs. 2 ist nicht abschließend. Soweit weitere Angaben dort nicht gefordert werden, heißt dies nicht, dass diese stets entbehrlich sind.[40] Allerdings werden weitere Angaben nur in Ausnahmefällen erforderlich sein.[41] 60

Im Falle einer Vergütungsvereinbarung können sich aus dem Inhalt der Vereinbarung u.U. weitere Angaben als erforderlich herausstellen. 61

So ist bei einer **Abrechnung nach Stunden oder anderen Zeiteinheiten** erforderlich, dass sich aus der Rechnung die Anzahl der geleisteten Stunden ergibt und eine kurze Aufstellung der einzelnen Stunden (siehe Rdn 67). 62

Wird eine vom **Vorstand der Rechtsanwaltskammer** nach § 4 Abs. 3 S. 1 **bestimmte Vergütung** abgerechnet, so dürfte ein Hinweis auf die Bestimmung des Vorstands der Rechtsanwaltskammer erforderlich sein. Des Weiteren dürfte es hier auf jeden Fall erforderlich sein, dass dem Auftraggeber vorher auch die Bestimmung der Rechtsanwaltskammer zugegangen ist. Soweit also der Vorstand der Rechtsanwaltskammer die Bestimmung gegenüber dem Auftraggeber erklärt hat (siehe § 318 Abs. 1 BGB), muss darauf Bezug genommen werden. Diese Bestimmung muss dann in schriftlicher Form spätestens der Rechnung beigefügt werden. Die bloße Bezugnahme auf eine dem Auftraggeber nicht bekannt gegebene Bestimmung dürfte der Vorschrift des § 10 Abs. 2 nicht genügen. 63

Nicht erforderlich ist es, dass zugleich mit der vereinbarten Vergütung dem Auftraggeber mitgeteilt wird, wie sich die gesetzliche Vergütung berechnet. Diese Angaben schuldet der Anwalt allenfalls auf Nachfrage. 64

---

36 OLG Hamburg AnwBl 1970, 233; Gerold/Schmidt/*Burhoff*, RVG, § 10 Rn 7.
37 OLG Düsseldorf MDR 2000, 360 = KostRsp. BRAGO § 18 Nr. 12 m. Anm. *N. Schneider* = BRAGOreport 2000, 8 m. Anm. *N. Schneider*.
38 OLG Schleswig AGS 2012, 381 = SchlHA 2012, 425 = MDR 2012, 1259 = NJW-RR 2012, 1339 = RVGreport 2012, 338.
39 JurBüro 1998, 599 = OLGR 1999, 203 (damals noch § 18 BRAGO).
40 *Hartmann*, KostG, § 10 RVG Rn 17.
41 *Hartmann*, KostG, § 10 RVG Rn 17.

14. Vergütungsvereinbarungen

a) Anforderungen an die Berechnung

65 Für Vergütungsvereinbarungen gilt die Vorschrift des § 10 grundsätzlich ebenfalls.[42] Welche Angaben die Kostenrechnung dann enthalten muss, ist der jeweiligen Vergütungsvereinbarung zu entnehmen. Beschränkt sich z.B. die Vergütungsvereinbarung lediglich auf die Vereinbarung eines höheren Gegenstandswertes, dann ist § 10 uneingeschränkt anwendbar.

66 Ist ein **Festhonorar** vereinbart, braucht nur dieses in der Kostenrechnung angegeben zu werden.

67 Ist eine **Abrechnung nach Stunden oder anderen Zeiteinheiten** vereinbart, ist es zunächst erforderlich, dass sich aus der Rechnung die Anzahl der geleisteten und abgerechneten Stunden bzw. Zeiteinheiten ergibt sowie der jeweils zugrunde gelegte Stundensatz bzw. Abrechnungssatz einer anderweitigen vereinbarten Zeiteinheit.[43]

Nach OLG Düsseldorf[44] ist ein vereinbartes Zeithonorar ist erst dann einforderbar, wenn dem Mandanten eine schriftliche Berechnung mitgeteilt worden ist, die zumindest eine knappe Leistungsbeschreibung enthält, welche dem Mandanten die Prüfung der anwaltlichen Tätigkeit ermöglicht. Diese Entscheidung hat der BGH[45] bestätigt und ergänzend klargestellt, dass die Angabe der Gesamtzahl und der jeweiligen Tage ohne weitere Spezifizierung nicht ausreichend ist. Eine nähere Auflistung nach einzelnen Tätigkeitsfeldern ist aber in der Kostennote nicht geboten. Angesichts dieser Rechtsprechung ist es zweckmäßig, in die Rechnung oder eine Anlage, auf die Bezug genommen wird, dem Mandanten eine Stundenaufstellung mitzuliefern, die ihm eine Prüfung der abgerechneten Stunden und ihrer Notwendigkeit ermöglicht.

68 Stets angegeben werden muss in einer Vergütungsvereinbarung allerdings die **Umsatzsteuer**. Diese ist immer gesondert auszuweisen.

69 Auch muss die Abrechnung des vereinbarten Honorars **eigenhändig unterzeichnet** sein und **Vorschüsse** und **Zahlungen Dritter** ausweisen.

b) Probleme bei Abrechnung nach einer unwirksamen oder unverbindlichen Vereinbarung

70 Probleme ergeben sich bei einer Vergütungsvereinbarung, wenn sich im Nachhinein herausstellt, dass die vereinbarte Vergütung nicht voll wirksam vereinbart worden ist. Hier ist zu differenzieren.

71 **aa) Die Vergütungsvereinbarung ist unwirksam.** Ist eine Vergütungsvereinbarung unwirksam, also nicht nur eine Naturalobligation – wie bei den Verstößen gegen §§ 3a und 4 –, sondern vollends nichtig, etwa wegen Sittenwidrigkeit, Verstoßes gegen ein gesetzliches Verbot i.V.m. § 134 BGB, nach § 306 Abs. 3 BGB o.Ä., ist nur die gesetzliche Vergütung geschuldet. In einem solchen Fall kann der Anwalt die vereinbarte Vergütung nicht abrechnen. Er muss vielmehr nach den gesetzlichen Vorschriften abrechnen. Die Wirksamkeit dieser Abrechnung richtet sich dann unmittelbar nach § 10. Die Abrechnung der infolge der Unwirksamkeit der Vereinbarung nicht geschuldeten Vergütung reicht nicht aus.[46]

72 **bb) Die Vergütung ist aufgrund eines Formfehlers nach § 4 Abs. 1 S. 2 a.F. unverbindlich und damit nicht einforderbar.** In diesem Fall bleibt die Vergütungsvereinbarung wirksam. Der Anwalt kann jedoch nicht mehr als die gesetzliche Vergütung verlangen; gleichwohl kann der Auftraggeber die vereinbarte Vergütung zahlen und insoweit keine Rückforderung geltend machen.

---

[42] LG Wuppertal AGS 2013, 381; *N. Schneider*, Die Vergütungsvereinbarung, Rn 1878; *Hartmann*, KostG § 10 RVG Rn 1; Gerold/Schmidt/*Burhoff*, RVG, § 10 Rn 12; a.A. *Schumann/Geißinger*, § 18 Rn 3.
[43] *N. Schneider*, Die Vergütungsvereinbarung, Rn 1918.
[44] AGS 2010, 109 = BRAK-Mitt 2010, 90 = FamRZ 2010, 1184 = NJW-Spezial 2010, 187 = AnwBl 2010, 296.
[45] AGS 2011, 9 = MDR 2011, 73 = AnwBl 2011, 148 = GI aktuell 2011, 35 = BRAK-Mitt 2011, 92.
[46] AG Spandau AGS 2003, 440 m. Anm. *Herrmann* und *N. Schneider* = KostRsp. BRAGO § 3 Nr. 63; OLG Düsseldorf AGS 2004, 12 = JurBüro 2003, 584 = MDR 2003, 58 m. Anm. *N. Schneider*.

Im Gegensatz zur Unwirksamkeit der Vergütungsvereinbarung, bei der der Anwalt darauf angewiesen ist, erst einmal eine ordnungsgemäße Berechnung der gesetzlichen Gebühren vorzulegen (siehe Rdn 71), braucht er dies nicht, wenn lediglich ein Formverstoß vorliegt, der nicht zur Unwirksamkeit, sondern nur zur Unverbindlichkeit der Vereinbarung führt, soweit die vereinbarte Vergütung die gesetzliche Vergütung übersteigt.[47] Die gegenteilige Ansicht des KG[48] sowie des OLG Düsseldorf[49] ist durch die vorgenannte Entscheidung des BGH überholt. Bei einem Verstoß gegen § 3a oder § 4 bleibt die Vergütungsvereinbarung wirksam. Der Anwalt kann daher gar nicht eine ordnungsgemäße Berechnung der gesetzlichen Gebühren vorlegen. Eine solche Berechnung wäre unzutreffend und würde der Vorschrift des § 10 nicht entsprechen, weil die gesetzliche Vergütung nicht vereinbart ist, auch wenn der Anwalt nicht mehr als diese verlangen kann. Die Höhe der gesetzlichen Vergütung ist lediglich ein Maßstab für die geschuldete vereinbarte Vergütung, so dass es keiner Berechnung nach § 10 über die gesetzlichen Vergütung bedarf. Der Anwalt muss vielmehr entsprechend der getroffenen Vergütungsvereinbarung abrechnen und dann in einem Begleitschreiben oder in der Rechnung selbst alternativ die gesetzlichen Gebühren berechnen,[50] so dass der Auftraggeber ersehen kann, in welcher Höhe er die vereinbarte Vergütung begleichen muss.

cc) Es ist unklar, ob die Vergütungsvereinbarung wirksam ist. Probleme treten auf, wenn die Parteien darüber streiten, ob die Vergütungsvereinbarung nichtig ist. Der Anwalt gerät dann in ein Dilemma. Er läuft Gefahr, dass er im Rechtsstreit später völlig unterliegt, nämlich
– hinsichtlich der vereinbarten Vergütung, weil diese nicht vereinbart ist, und
– hinsichtlich der gesetzlichen Vergütung, weil es an einer ordnungsgemäßen Berechnung nach § 10 fehlt.

Die Abrechnung nach einer Vergütungsvereinbarung ist nämlich keine inhaltlich falsche Berechnung der gesetzlichen Vergütung, sondern etwas völlig anderes. Während inhaltliche Fehler, etwa ein unzutreffender Gebührentatbestand oder eine unzutreffende Streitwertannahme, ohne weiteres korrigiert werden können, verhält es sich bei Abrechnung einer Vergütungsvereinbarung anders. Der Auftraggeber weiß hier nämlich gar nicht, was von ihm stattdessen an gesetzlichen Gebühren geschuldet wird. Dies gilt erst recht, wenn bei gesetzlicher Abrechnung Rahmengebühren abzurechnen sind. Der Anwalt muss dann nämlich zunächst einmal sein Bestimmungsrecht nach §§ 315 ff. BGB, § 14 Abs. 1 ausüben.

Der Anwalt muss daher bei Streit darüber, ob eine Vereinbarung besteht, rechtzeitig vorsorglich und hilfsweise die gesetzlichen Gebühren abrechnen und als Sockelbetrag geltend machen.[51] Der Anwalt vermeidet den völligen Prozessverlust, falls das Gericht die Vereinbarung als nichtig ansehen sollte.

15. Begleitschreiben

Fehlen einzelne der vorgenannten Anforderungen an die Gebührennote, so kann es u.U. ebenso wie bei der Unterschrift (vgl. Rdn 55 ff.) genügen, wenn sich die entsprechenden Angaben aus einem Begleitschreiben zur Rechnung ergeben, wenn also der Anwalt in dem Anschreiben an den Rechnungsadressaten Ausführungen zum Gegenstandswert oder zu den Gebührentatbeständen gemacht hat. Verlassen sollte sich der Anwalt darauf jedoch nicht. Die formalen Anforderungen, die die Gerichte an Kostenrechnungen stellen, sind teilweise sehr streng.

---

47 BGH AGS 2014, 310 = BGHZ 201, 334 = WM 2014, 1351 = ZIP 2014, 1338 = AnwBl 2014, 758 = BB 2014, 1809 = MDR 2014, 931 = BRAK-Mitt 2014, 220 = ZInsO 2014, 1663 = NJW 2014, 2653 = zfs 2014, 524 = JurBüro 2014, 524 = Rpfleger 2014, 628 = MittdtschPatAnw 2014, 522 = VersR 2014, 1376 = DStR 2014, 2529 = DStRE 2015, 379 = DB 2014, 1805 = RVGprof. 2014, 147 = RVGreport 2014, 340 = FamRZ 2014, 1550.
48 AGS 2005, 492 m. abl. Anm. *N. Schneider*.
49 AGS 2009, 14 = GI aktuell 2009, 8 = OLGR 2009, 226 = MDR 2009, 654 = AnwBl 2009, 312.
50 BGH AGS 2003, 15.
51 BGH AGS 2003, 15.

16. Muster: Abrechnung

a) Muster: Einfache Abrechnung (einheitliche Angelegenheit, einheitlicher Gegenstandswert)

78 **Beispiel:** Unfallschadenregulierung mit Besprechung, Wert: 3.000 EUR.
Rechnung
Herrn
(...) (Name, Adresse)
In Sachen (...) ./. (...)
Rechnungsdatum: (...)[52]
Rechnungsnummer: (...)[53]
Steuernummer: (...)[54]
Leistungszeitraum: (...)[55]
Gegenstandswert: 3.000 EUR

1. 1,5-Geschäftsgebühr, VV 2300	301,50 EUR
2. Postentgeltpauschale, VV 7002	20,00 EUR
Zwischensumme	321,50 EUR
3. 19 % Umsatzsteuer, VV 7008	61,09 EUR
Gesamt	**382,59 EUR**

(...)
(Unterschrift Rechtsanwalt)

b) Muster: Umfangreiche Abrechnung (mehrere Angelegenheiten, wechselnder Gegenstandswert)

79 **Beispiel:** Es war ein Mahnverfahren über 10.000 EUR vorangegangen, das bereits abgerechnet ist. Nach Widerspruch wird das streitige Verfahren nur noch wegen eines Betrages in Höhe von 6.000 EUR durchgeführt. Dort ergeht vor dem LG ein Versäumnisurteil im schriftlichen Vorverfahren. Es wird Einspruch in Höhe von 4.000 EUR eingelegt. Anschließend einigen sich die Parteien über die verbliebenen 4.000 EUR. Es war zudem ein Vorschuss in Höhe von 595 EUR brutto (500 EUR + 19 % USt.) gezahlt.
**Rechnung nach den Vorschriften des Rechtsanwaltsvergütungsgesetzes
Rechtsanwalt** ...[56]
Herrn
(...) (Name, Adresse)
In Sachen (...) ./. (...)
(Gericht (...), Az. (...))
Rechnungsdatum: (...)[57]
Rechnungsnummer: (...)[58]
Steuernummer: (...)[59]
Leistungszeitraum: (...)[60]

1. 1,3-Verfahrensgebühr, VV 3100 (Wert: 6.000 EUR)	460,20 EUR
2. gem. Anm. zu Nr. 3305 VV anzurechnen, 1,0-Gebühr aus 6.000 EUR	– 354,00 EUR
3. 0,5-Terminsgebühr, VV 3104, 3105 (Wert: 2.000 EUR)	75,00 EUR
4. 1,2-Terminsgebühr, VV 3104 (Wert: 4.000 EUR)	302,40 EUR
5. 1,0-Einigungsgebühr, VV 1000, 1003 (Wert: 2.000 EUR)	150,00 EUR
6. Dokumentenpauschale, VV 7001 Nr. 1 Buchst. a, 2 × 15 Seiten x 0,50 EUR/Seite	15,00 EUR

---

52 Siehe Rdn 119 ff.
53 Siehe Rdn 119 ff.
54 Siehe Rdn 119 ff.
55 Siehe Rdn 119 ff.
56 Siehe Rdn 119 ff.

57 Siehe Rdn 119 ff.
58 Siehe Rdn 119 ff.
59 Siehe Rdn 119 ff.
60 Siehe Rdn 119 ff.

7. Fahrtkosten zum Termin vom 22.7.2016, VV 7003, 2 × 15 km × 0,30 EUR	9,00 EUR
8. Abwesenheitspauschale bis zu 4 Stunden, VV 7005 Nr. 1	25,00 EUR
9. Postentgeltpauschale, VV 7002	20,00 EUR
10. Vorschuss vom 4.7.2016 (netto)	– 500,00 EUR
Zwischensumme	202,60 EUR
11. 19 % Umsatzsteuer, VV 7008	38,49 EUR
Gesamt	**241,09 EUR**
12. Vorgelegte Gerichtskosten für streitiges Verfahren	595,00 EUR
Gesamt	**836,09 EUR**

(...)
(Unterschrift Rechtsanwalt)

III. Mitteilung

80 Voraussetzung ist weiterhin, dass dem Auftraggeber die Berechnung auch mitgeteilt worden ist. Das Original muss dem Mandanten daher **zugegangen** sein (§ 130 BGB). Eine förmliche Zustellung ist dagegen nicht erforderlich.[61]

81 Die Übersendung per **Telefax** dürfte wohl ebenfalls nicht ausreichen.[62]

82 Die bloße Mitteilung des Anwalts an seinen Mandanten, dass er die Kosten dem Gegner zur Bezahlung aufgegeben habe, reicht nicht aus.[63]

83 Gegebenenfalls kann aber die Mitteilung an **Dritte** ausreichen, etwa wenn diese vom Auftraggeber bevollmächtigt sind. Die Übersendung an den Rechtsschutzversicherer genügt allerdings nicht, da dieser nicht Vertreter des Mandanten ist. Zahlt der Rechtsschutzversicherer nicht, muss dem Auftraggeber zunächst die Berechnung mitgeteilt werden, bevor der Anwalt die Vergütung fordern kann. Etwas anderes mag gelten, wenn der Anwalt dem Mandanten eine Kopie seines Abrechnungsschreibens an den Rechtsschutzversicherer, aus dem sich die Berechnung ergibt, zur Kenntnis übermittelt.[64]

84 Die Übersendung der Kostenrechnung als Schriftsatzanlage im **Prozess** oder im **Vergütungsfestsetzungsverfahren**[65] erfüllt dagegen die Anforderungen an eine Mitteilung i.S.d. § 10, gegebenenfalls auch schon die Klageschrift selbst (siehe Rdn 56). Voraussetzung dürfte jedoch sein, dass der Anwalt zur Weiterleitung an den Beklagten bzw. an den Antragsgegner ein von ihm unterschriebenes Exemplar des Schriftsatzes bzw. der Anlage beifügt. Besonders in den häufiger auftretenden Fällen der Vergütungsfestsetzung dürfte es für den Anwalt zweckmäßig sein, regelmäßig darauf zu achten, dass seinem Antrag die für den Antragsgegner bestimmte – übliche – beglaubigte Abschrift beiliegt. Die Unterschrift unter dem Beglaubigungsvermerk dürfte wohl auch ausreichen, wenn sie von dem Anwalt stammt, der auch die Berechnung erstellt hat. Als einfache Praxisempfehlung sei auch darauf hingewiesen, dass so viele beglaubigte Abschriften beizufügen sind, wie Antragsgegner vorhanden sind. Der Anwalt vermeidet so überflüssige Rückfragen und Anforderungen. Nach LG Bochum[66] genügt sogar eine vom Rechtsanwalt selbst unterzeichnete beglaubigte Abschrift seines Vergütungsfestsetzungsantrags nach § 11, wenn dieser die nach Abs. 2 erforderlichen Angaben zu den einzelnen Gebühren und Auslagen enthält.

85 In begründeten Fällen kann der Auftraggeber **mehrere Exemplare** der Berechnung fordern, etwa für seine Steuererklärung oder um Ersatz- oder Erstattungsansprüche gegenüber Dritten geltend zu machen.[67]

---

[61] *Hartmann*, KostG, § 10 RVG Rn 15.
[62] Siehe hierzu zu dem vergleichbaren Fall des § 154 Abs. 1 KostO: KG AGS 2005, 491 m. Anm. *N. Schneider*.
[63] OLG Köln AnwBl 1994, 471 = OLGR 1994, 103.
[64] AG Gießen AnwBl 1967, 433; Gerold/Schmidt/*Burhoff*, RVG, § 10 Rn 7.
[65] OLG Brandenburg AnwBl 2001, 306.
[66] AGS 2014, 60 = JurBüro 2013, 638 = NJW-Spezial 2014, 123.
[67] *Hartmann*, KostG, § 10 RVG Rn 18.

IV. Kosten der Abrechnung

86 Die Kosten der Abrechnung selbst sind allgemeine Geschäftskosten i.S.d. VV Vorb. 7 Abs. 1. Der Anwalt kann hierfür weder eine Vergütung (§ 19 Abs. 1 S. 2 Nr. 14) noch Auslagen verlangen. Insbesondere erzeugt weder das Anfertigen der Kostenrechnung die Dokumentenpauschale nach VV 7000,[68] noch löst die Versendung der Kostenrechnung Postentgelte nach VV 7001 oder gar die Postentgeltpauschale nach VV 7002 aus (so jetzt ausdrücklich geregelt in Anm. zu VV 7001).[69]

V. Verzicht auf ordnungsgemäße Abrechnung

87 Der Auftraggeber kann auf eine ordnungsgemäße Berechnung nach § 10 verzichten. Die Beweislast hierfür liegt beim Anwalt.[70] Ein solcher Verzicht liegt jedoch noch nicht schon dann vor, wenn der Mandant ohne Erhalt einer Rechnung zahlt. Der Auftraggeber verzichtet in diesem Fall nur darauf, die Zahlung von der Mitteilung der Berechnung abhängig zu machen.[71] Gleichwohl kann er nach Abs. 3 noch bis zum Ablauf der Frist zur Aufbewahrung der Handakten eine Abrechnung nachfordern (siehe Rdn 107).[72]

VI. Fehlen einer ordnungsgemäßen Abrechnung

1. Allgemeines

88 Entspricht die Kostenberechnung nicht den formellen Anforderungen des § 10, ist die Vergütung nicht einforderbar. Dies wiederum bedeutet Folgendes:

2. Keine Zahlungspflicht

89 Der Mandant braucht trotz Aufforderung die Vergütung nicht zu bezahlen. Der Auftraggeber kann sich passiv verhalten und braucht nichts zu veranlassen. Er kann insbesondere nicht in Zahlungsverzug geraten;[73] eine Verzinsung kann nicht eintreten.

Zahlt der Mandant allerdings ohne ordnungsgemäße Mitteilung der Kostenberechnung, kann er seine Leistung nicht nach § 812 BGB zurückverlangen (§ 814 BGB), es sei denn, er hat unter Vorbehalt einer Abrechnung gezahlt.[74]

3. Abtretung

90 Nach Auffassung des LAG Hamm[75] ist eine Vergütungsforderung auch nicht abtretbar, solange keine ordnungsgemäße Rechnung vorliegt. Das dürfte allerdings zu weit gehen, jedenfalls dann, wenn der Abtretende auf eine ordnungsgemäße Rechnung verzichtet hat. Daran ist dann auch der Abtretungsempfänger gebunden.

4. Keine Klagbarkeit

91 Die Vergütung kann nicht eingeklagt werden. Zum Teil wird insoweit die Auffassung vertreten, die Mitteilung der Kostenberechnung sei eine Zulässigkeitsvoraussetzung (Prozessvoraussetzung), die von Amts wegen zu prüfen sei.[76] Zutreffend dürfte es dagegen sein, die Mitteilung der Berechnung

---

68 RGZ 103, 145; *Hansens*, BRAGO, § 18 Rn 11.
69 Zum bisherigen Recht: AG Nürtingen AGS 1998, 116 m. Anm. *Madert* = KostRsp. BRAGO § 26 Nr. 19; a.A. *Hartmann*, KostG, § 10 RVG Rn 1; *Kronenbitter/Kaiser*, Teil 2/6.3 S. 4.
70 *Hartmann*, KostG, § 10 RVG Rn 9.
71 Gerold/Schmidt/*Burhoff*, RVG, § 10 Rn 14.
72 Gerold/Schmidt/*Burhoff*, RVG, § 10 Rn 16.
73 Riedel/Sußbauer/*Fraunholz*, RVG, § 10 Rn 2.
74 OLG Frankfurt AnwBl 1975, 163.
75 Beschl. v. 7.8.2015 – 13 TaBV 18/15.
76 OLG Frankfurt/M. AnwBl 1975, 163; NJW 1988, 910; LG Berlin MDR 1992, 524; so auch zur vergleichbaren Vorschrift des § 9 StBerGebVO: LG Gera AGS 2005, 238 m. Anm. *N. Schneider*; *Hartmann*, KostG, § 10 RVG Rn 21.

als eine materiell-rechtliche Anspruchsvoraussetzung anzusehen. Solange die Berechnung fehlt, befindet sich der Vergütungsanspruch im Zustand einer Naturalobligation;[77] im Ergebnis ebenso OLG Köln,[78] das allerdings von einer fehlenden Fälligkeit ausgeht. Das ist jedoch unzutreffend. Auch ohne Rechnung wird die Forderung fällig; anderenfalls könnte sie nicht verjähren.

Letztlich darf die Entscheidung dieser Frage nicht überbewertet werden. Bei einer unzulässigen Klage tritt in der Hauptsache keine Rechtskraft ein, so dass die zugrunde liegende anwaltliche Vergütungsforderung jederzeit wieder neu eingeklagt werden kann. Wird die Klage als „derzeit" unbegründet abgewiesen, kann der Anwalt nach Erteilung einer neuen – jetzt ordnungsgemäßen – Kostenrechnung aufgrund des neuen Sachverhalts wiederum erneut klagen. Der Einwand der Rechtskraft steht dem nur entgegen, wenn der Anwalt aus derselben Rechnung erneut vorgehen will. Probleme ergeben sich, wenn die Klage als unbegründet abgewiesen wird und sich weder aus dem Tenor noch aus den Gründen ergibt, dass der Anspruch des Anwalts nur mangels Klagbarkeit abgewiesen worden ist. Bei einer erneuten Klage kann der Anwalt dann Probleme bekommen und möglicherweise am Einwand der Rechtskraft scheitern. 92

Ungeachtet der geringen Unterschiede halte ich die Auffassung, die eine Unzulässigkeit annimmt, für unzutreffend. Die Erteilung einer ordnungsgemäßen Kostenberechnung ist keine Frage der Zulässigkeit einer Klage. Eine solche Prozessvoraussetzung kennt die ZPO nicht. Es handelt sich vielmehr um eine materiell-rechtliche Frage, nämlich ob der Anwalt eine ordnungsgemäße Kostenrechnung erteilt hat und ob diese überhaupt erforderlich war. Die Parteien können nämlich einvernehmlich das Erfordernis einer Kostenrechnung abbedingen; der Beklagte kann darauf verzichten (siehe Rdn 87). Gerade das zeigt aber, dass es sich nicht um eine Prozessvoraussetzung handeln kann. Auch bei anderen Naturalobligationen werden Klagen nicht als unzulässig, sondern als unbegründet abgewiesen. 93

Keinesfalls darf die Klage aber als insgesamt unbegründet abgewiesen werden. Sie muss – ähnlich wie eine Klage auf eine noch nicht fällige Leistung – als derzeit unbegründet abgewiesen werden mit der Folge, dass einer neuen Klage aufgrund einer ordnungsgemäßen Kostenabrechnung der Einwand der Rechtskraft nicht entgegen gehalten werden kann. Diese Einschränkung muss sich aus Tenor oder Gründen ergeben, da anderenfalls Probleme mit dem Einwand der Rechtskraft auftreten können, wenn der Anwalt später erneut klagen muss. 94

Zum schlüssigen Klagevortrag gehört also die Behauptung des Klägers, eine ordnungsgemäße Berechnung erteilt zu haben. Anderenfalls ist die Klage als **unbegründet** zurückzuweisen. Gleiches gilt für einen Vergütungsfestsetzungsantrag nach § 11. Ausreichend ist jedoch, dass mit der Klage oder dem Vergütungsfestsetzungsantrag die Kostennote übermittelt wird, sofern der beklagte Auftraggeber mit den für ihn bestimmten Ausfertigungen eine unterzeichnete Kostennote erhält.[79] Der Anwalt riskiert allerdings dann die Kostenfolge des § 93 ZPO, wenn der Auftraggeber daraufhin sofort anerkennt.[80] 95

5. Aufrechnung

a) Keine Aufrechnungslage

Eine Aufrechnung – sei es außergerichtlich oder als Prozessaufrechnung – ist ebenfalls nicht möglich, solange keine Kostennote mitgeteilt worden ist.[81] Eine Aufrechnung ist nach § 387 BGB nämlich nur dann möglich, wenn der Aufrechnende die ihm gebührende Leistung fordern darf. Daran mangelt es aber, solange keine Kostennote erteilt ist. 96

---

77 Riedel/Sußbauer/*Fraunholz*, RVG, § 10 Rn 2.
78 OLG Köln MDR 2000, 910 = OLGR 2000, 214.
79 OLG Dresden JurBüro 1998, 599 = OLGR 1999, 203; a.A. *Hansens*, BRAGO, § 18 Rn 3; OLG Düsseldorf StB 1990, 312 zur vergleichbaren Lage bei der Vergütungsberechnung eines Steuerberaters.
80 Riedel/Sußbauer/*Fraunholz*, § 10 Rn 2.
81 BGH AnwBl 1985, 257; KG AnwBl 1982, 71; OLG Köln AnwBl 1994, 471; OLG Frankfurt/M. AnwBl 1975, 163; OLG Düsseldorf AGS 2009, 12 = AnwBl 2009, 66 = OLGR 2009, 159 = MDR 2009, 535.

Die Aufrechnungslage muss bei Verrechnung bereits bestanden haben. So ist es treuwidrig und unzulässig, wenn die Aufrechnungslage erst durch nachträgliche Erstellung einer Kostennote geschaffen wird.[82]

b) Keine Rückwirkung der Aufrechnung

97 Nach Eintritt der Verjährung ist eine Aufrechnung auch dann nicht mehr möglich, wenn nachträglich noch eine Kostenberechnung erteilt wird. Eine Aufrechnungserklärung nach Eintritt der Verjährung entfaltet nach § 215 BGB (§ 390 S. 2 BGB a.F.) nur dann Wirkung, wenn innerhalb der nichtverjährten Zeit eine Aufrechnungslage bestand.[83] Daran fehlt es aber, wenn die Kostennote erst nach Ablauf der Verjährung erteilt worden ist. Es genügt also nicht, dass der Anspruch des Anwalts in nichtverjährter Zeit entstanden und fällig geworden ist. Dadurch wird noch keine Aufrechnungslage geschaffen.

> **Beispiel:** Der Auftrag war am 14.11.2012 erledigt. Am 20.1.2016 erteilt der Anwalt seine Abrechnung und erklärt die Aufrechnung gegen Rückforderungsansprüche aus einem anderen Mandat.
> Die dreijährige Verjährung der Vergütung nach § 195 BGB ist am 31.12.2015 abgelaufen. Bis dato war keine Abrechnung erteilt, so dass innerhalb der nichtverjährten Zeit keine Aufrechnungslage bestanden hat. Die Aufrechnung ist unzulässig.

c) Rückwirkung bei Beschlagnahme

98 Bei einer Beschlagnahme der Gegenforderung verhält es sich dagegen anders. Hier kommt es nicht auf die Aufrechnungslage an, sondern nur auf den Erwerb und den Eintritt der Fälligkeit (§ 392 BGB). Der Anwalt kann daher auch noch nach Beschlagnahme aufrechnen, wenn er eine Kostenrechnung nachträglich erteilt.[84]

> **Beispiel:** Der Anwalt hat für seinen Mandanten nach Abschluss des Rechtsstreits die Urteilssumme in Empfang genommen. Der Anspruch auf Auszahlung des Geldes wird anschließend von einem Gläubiger des Mandanten gepfändet, noch bevor der Anwalt eine Kostennote erteilt hat.
> Die Pfändung des Auszahlungsanspruchs bewirkte die Beschlagnahme. Damit war die Aufrechnung durch den Anwalt mit seiner Vergütungsforderung gegenüber dem Pfändungsgläubiger nur noch unter den Voraussetzungen des § 392 BGB wirksam. Hierzu zählt aber nur, dass die Gegenforderung dem Aufrechnenden vor Beschlagnahme zustand und bereits fällig war. Die Fälligkeit wiederum beurteilt sich alleine nach § 8 Abs. 1, nicht nach § 10. Der Anwalt konnte also nach Mitteilung der Kostennote noch aufrechnen.

6. Kein Zurückbehaltungsrecht

99 Die Ausübung eines Zurückbehaltungsrechts vor Erteilung einer ordnungsgemäßen Kostenberechnung ist nicht zulässig.[85]

7. Verjährungshemmung durch Klageerhebung, § 204 Abs. 1 Nr. 1 BGB

100 Solange keine ordnungsgemäße Abrechnung erteilt ist, kann der Anwalt selbst den Ablauf der Verjährung, der von der Erteilung der Rechnung unabhängig ist (Abs. 1 S. 2), nicht hindern. Weder eine Klage noch ein Antrag auf Erlass eines Mahnbescheides noch ein Vergütungsfestsetzungsantrag haben nach § 11 Abs. 7 RVG, § 204 Abs. 1 Nr. 1 BGB verjährungshemmende Wirkung.[86]

---

82 OLG Düsseldorf AGS 2009, 12 = AnwBl 2009, 66 = OLGR 2009, 159 = MDR 2009, 535 (Erteilung der Berechnung 1 1/2 Jahre nach dem Einbehalt).
83 LG Aschaffenburg KostRsp. BRAGO § 18 Nr. 5 m. abl. Anm. *E. Schneider*; OLG Köln OLGR 1997, 362: OLG Düsseldorf VersR 2008, 1347 = JurBüro 2008, 437 = RVGprof. 2008, 185.
84 AG Bad Dürkheim KostRsp. BRAGO § 18 Nr. 4 m. Anm. *E. Schneider*.
85 LG Mannheim AGS 2012, 324 = AnwBl. 2013, 149 = NJW-Spezial 2012, 444 = ErbR 2012, 244 = RVGprof. 2012, 149 = RVGreport 2012, 414; RG JW 1890, 306; Riedel/Sußbauer/*Fraunholz*, RVG, § 10 Rn 2.
86 KG ZZP 55, 272; LG Berlin AnwBl 1992, 400; *Hansens*, BRAGO, § 18 Rn 4; a.A. BGH ZIP 1995, 118; NJW 1998, 3486; WM 1995, 1962.

Umstritten ist allerdings, ob eine nach Ablauf der Verjährung im Prozess nachgereichte Berechnung in der Lage ist, diesen Mangel zu heilen.

Beispiel: Die Angelegenheit war am 11.9.2012 beendet. Am 22.11.2015 hatte der Anwalt Klage erhoben. Am 20.1.2016 teilte er im Verfahren auf Hinweis des Gerichts erstmals dem Beklagten eine ordnungsgemäße Kostenberechnung mit.

Zum Teil wird vertreten, einer nachgereichten Kostenrechnung komme keine Rückwirkung zu.[87] Ausgehend hiervon wäre die Gebührenforderung also nach Ablauf von drei Kalenderjahren (ausführlich zur Verjährung nach bisherigem und nach neuem Recht, siehe § 8 Rdn 109 ff.) endgültig verjährt. Dies ist jedoch unzutreffend. Unabhängig davon, ob man die Mitteilung der Kostennote als Zulässigkeitsvoraussetzung oder als materiell-rechtliche Anspruchsvoraussetzung ansieht (vgl. Rdn 91), wirkt die Heilung des Mangels, also hier die Vorlage der Kostenrechnung, nach allgemeinen prozessualen Grundsätzen zurück. Auch eine unzulässige Klage unterbricht nämlich den Ablauf der Verjährung jedenfalls dann, wenn der Zulässigkeitsmangel im Laufe des Rechtsstreits geheilt wird. Die Heilung tritt dann ex nunc ein. Fasst man die Mitteilung der Kostennote als materiell-rechtliche Anspruchsvoraussetzung auf, gilt dies erst recht, da die Begründetheit einer Klage zum Zeitpunkt der letzten mündlichen Verhandlung zu beurteilen ist und nicht zum Zeitpunkt ihrer Erhebung.[88]

8. Antrag auf Streitwertfestsetzung

Ein Antrag auf Streitwertfestsetzung nach §§ 32 Abs. 1, 33 Abs. 1, ebenso eine Beschwerde nach §§ 32 Abs. 2, 33 Abs. 3 sind schon vor Erteilung einer Rechnung zulässig. Die Wertfestsetzung durch das Gericht soll ja gerade eine zutreffende Abrechnung erst ermöglichen und ist daher insoweit eine Vorbereitungshandlung. Erforderlich für einen Antrag des Anwalts ist im Falle des § 33 Abs. 1 allerdings gemäß § 33 Abs. 2 der Eintritt der Fälligkeit der Vergütung (§ 8 Abs. 1).

VII. Unrichtige Berechnung

Ist die Berechnung **inhaltlich falsch**, hat also der Anwalt versehentlich nach einem überhöhten Streitwert abgerechnet oder hat er irrtümlich falsche Gebührentatbestände angewendet, so ist dies unschädlich. In Höhe der tatsächlich berechtigten Forderung ist die Vergütung dann dennoch einforderbar.[89] Soweit der Anwalt allerdings eine zu geringe Vergütung abgerechnet hat, wird der Mehrbetrag erst einforderbar, wenn eine ordnungsgemäße Berechnung erteilt worden ist.[90]

Beispiel: Der Anwalt rechnet versehentlich eine 1,0-Einigungsgebühr nach VV 1000, 1003 ab. Tatsächlich hätte eine 1,5-Einigungsgebühr nach VV 1000 abrechnen können.
Die abgerechnete Vergütung kann eingefordert werden. Den sich aus dem höheren Gegenstandswert ergebenden Mehrbetrag kann der Anwalt dagegen erst nach Erteilung einer neuen Rechnung einfordern.[91]

Zu beachten ist allerdings, dass bei der Festsetzung von Rahmengebühren das einmal ausgeübte Ermessen bindend ist und nicht mehr abgeändert werden kann. Das gilt auch dann, wenn der Anwalt von einem unzutreffenden Gegenstandswert ausgegangen ist.

Eine unzutreffende Kostenrechnung kann unter Umständen auch **Schadensersatzpflichten** auslösen,[92] und zwar dann, wenn sie zu hoch oder zu niedrig ausgefallen ist. Zahlt der Mandant eine überhöhte Rechnung, kann ihm z.B. ein Zinsschaden entstehen, für den der Anwalt aus § 280 Abs. 1 BGB haftet. Rechnet der Anwalt zu niedrig ab und ist z.B. ein Dritter zur Übernahme der Kosten verpflichtet, bei dem die Nachforderung aber wegen Insolvenz nicht mehr zu realisieren ist, so kann der Anwalt insoweit seine Nachforderung nicht mehr geltend machen; der Auftraggeber kann der

---

87 KG ZZP 195, 272, 447; LG Berlin AnwBl 1992, 240; OLG Köln AnwBl 1994, 471 = OLGR 1994, 103.
88 BGH AGS 1998, 177 = LM § 675 BGB Nr. 256 m. Anm. *Lauda* = MDR 1998, 1313 = NJW 1998, 3466 = NJW-RR 1999, 934 = Rpfleger 1998, 538 = ZIP 1998, 1801.
89 OLG München AnwBl 1974, 355; OLG Nürnberg JurBüro 1973, 956; LG Nürnberg-Fürth AnwBl 1984, 94; OLG Düsseldorf AGS 2008, 432 = OLGR 2008, 747 = AnwBl 2008, 718.
90 KG JurBüro 1971, 1029; *Hartmann*, KostG, § 10 RVG Rn 21.
91 OLG Düsseldorf AGS 2008, 432 = OLGR 2008, 747 = AnwBl 2008, 718.
92 RGZ 130, 101; *Hansens*, BRAGO, § 18 Rn 9.

Vergütungsforderung wiederum seinen Schadensersatzanspruch aus § 280 Abs. 1 BGB entgegenhalten.

VIII. Verjährung, §§ 194 ff. BGB

106 Die Vorschrift des **Abs. 1 S. 2** stellt darüber hinaus klar, dass die Abrechnung auf den Ablauf der Verjährung keinen Einfluss hat. Auch dann, wenn der Anwalt nicht abrechnet, beginnt also die Verjährung zu laufen. Es kann daher vorkommen, dass die Vergütung des Anwalts verjährt ist, bevor sie jemals einforderbar war.

> **Beispiel:** Der Auftrag war am 22.11.2012 erledigt. Am 20.1.2016 erteilt der Anwalt seine Abrechnung. Die Vergütung war fällig mit Ablauf des Jahres 2012 (§ 8 Abs. 1 S. 1). Die Verjährungsfrist lief also am 31.12.2015 ab, unabhängig davon, dass bis dahin noch keine Abrechnung vorlag. Die Vergütung ist daher verjährt.

Dies soll nach h.M. auch für Ansprüche des Auftraggebers gegen den Anwalt aus ungerechtfertigter Bereicherung auf Rückzahlung zu viel gezahlter Vergütung gelten. Die Verjährung der Ansprüche des Auftraggebers auf Rückzahlung soll analog § 8 Abs. 1 S. 1 mit der Erledigung des Auftrags oder der Beendigung der Angelegenheit beginnen, unabhängig davon, ob zuvor eine den Anforderungen des § 10 genügende Abrechnung erteilt worden ist.[93] Dies dürfte unzutreffend sein (siehe ausführlich § 9 Rdn 95 ff.).

IX. Anspruch auf Abrechnung

107 Dass dem Auftraggeber aus dem Anwaltsvertrag ein Anspruch auf eine ordnungsgemäße Abrechnung zusteht, ergibt sich bereits unmittelbar aus dem Anwaltsvertrag selbst (§§ 675, 666 BGB).[94] Das RVG gibt hierzu keine eigene Anspruchsgrundlage, sondern setzt diese als bestehend voraus. In Abs. 3 ist nur geregelt, wie lange der Auftraggeber seinen Anspruch auf Abrechnung noch geltend machen kann, nämlich so lange, wie der Rechtsanwalt zur Aufbewahrung seiner Handakten verpflichtet ist. Dies wiederum ergibt sich aus Abs. 2 des § 50 BRAO.

> **§ 50 BRAO Handakten des Rechtsanwalts**
>
> (1) ¹Der Rechtsanwalt muß durch Anlegung von Handakten ein geordnetes Bild über die von ihm entfaltete Tätigkeit geben können.
>
> (2) ¹Der Rechtsanwalt hat die Handakten auf die Dauer von fünf Jahren nach Beendigung des Auftrags aufzubewahren. ²Diese Verpflichtung erlischt jedoch schon vor Beendigung dieses Zeitraumes, wenn der Rechtsanwalt den Auftraggeber aufgefordert hat, die Handakten in Empfang zu nehmen, und der Auftraggeber dieser Aufforderung binnen sechs Monaten, nachdem er sie erhalten hat, nicht nachgekommen ist.
>
> (3)–(5) ...

Zur Bedeutung und Auslegung der Vorschrift wird auf die einschlägigen Kommentare verwiesen.[95]

X. Rückforderung

108 Ergibt sich nach Abrechnung oder nach Korrektur einer ursprünglich zu hoch ausgestellten Rechnung, dass der Auftraggeber zu viel gezahlt hat, steht ihm ein Anspruch aus § 812 BGB zu.[96] Hinsichtlich nicht verbrauchter Vorschüsse hat der Auftraggeber sogar einen vertraglichen Anspruch. Dieser Unterschied kann im Hinblick auf § 818 Abs. 2 BGB von Bedeutung sein. Allerdings kann auch in diesem Fall die Berufung auf Entreicherung berufswidrig sein.[97]

109 Ein solcher Rückzahlungsanspruch verjährt innerhalb von drei Jahren. Die für den Verjährungsbeginn nach § 199 Abs. 1 Nr. 2 BGB erforderliche Kenntnis oder grob fahrlässige Unkenntnis von den

---

[93] OLG Düsseldorf OLGR 1992, 75.
[94] Riedel/Sußbauer/*Fraunholz*, RVG, § 10 Rn 7.
[95] *Feuerich/Braun*, § 50 Rn 9 ff.; *Jessnitzer/Blumenberg*, BRAO, § 50 Rn 2 ff.
[96] Gerold/Schmidt/*Burhoff*, RVG, § 10 Rn 18.
[97] EGH II 106.

anspruchsbegründenden Umständen und der Person des Schuldners setzt grundsätzlich keine zutreffende rechtliche Würdigung voraus.[98]

C. Kostenfestsetzung

Im **Kostenfestsetzungsverfahren** nach §§ 103 ff. ZPO braucht eine formelle Gebührenberechnung nicht vorgelegt zu werden, da hier keine Vergütung geltend gemacht wird, sondern ein Erstattungsanspruch. Der Erstattungsschuldner kann sich daher nicht darauf berufen, dem Ersatzpflichtigen sei keine formell ordnungsgemäße Kostennote nach § 10 erteilt worden oder die Kostenrechnung sei nicht vom Anwalt unterschrieben.[99] Es muss lediglich eine geordnete Darstellung der zur Festsetzung angemeldeten Beträge eingereicht werden, in der die einzelnen Gebühren und Auslagen nachvollziehbar bezeichnet sind.[100] Gleichwohl empfiehlt es sich, auch hier zur Nachvollziehbarkeit – insbesondere bei mehreren Anwälten (Verkehrsanwalt, Terminsvertreter u.Ä.) – Abschriften der einzelnen Kostenrechnungen beizufügen. **110**

Eine scheinbare Ausnahme soll für die Kosten eines Terminsvertreters gelten. Hintergrund ist, dass die Vertretung durch einen anderen Anwalt sowohl im Auftrag des Hauptbevollmächtigten als auch im Auftrag der Partei möglich ist und dies zu unterschiedlich hohen Vergütungsansprüchen führen kann: **111**
- Ist der Unterbevollmächtigte im Namen der Partei beauftragt worden, richtet sich seine Vergütung nach VV Teil 3 Abschnitt 4. Schuldner ist in diesem Fall die Partei selbst.
- Ist der Unterbevollmächtigte dagegen vom Rechtsanwalt selbst in eigenem Namen beauftragt worden, richtet sich dessen Vergütungsanspruch nach der getroffenen Vereinbarung zwischen den Anwälten. Schuldner ist in diesem Fall der Anwalt und nicht die Partei.

Daher soll hier die Vorlage einer Rechnung des Terminsvertreters erforderlich sein.[101] Dies ist aber keine Frage des § 10, sondern eine Frage der Abrechnung der Terminsvertretung (siehe VV Vorb. 3.4 Rdn 1 ff.) und eine Frage, welche Anforderungen an die Glaubhaftmachung im Kostenfestsetzungsverfahren gelten. Dazu bedarf es aber nicht unbedingt der Vorlage einer Rechnung des Unterbevollmächtigten, obwohl dies die einfachste Möglichkeit der Glaubhaftmachung ist. Nach § 294 ZPO, der im Kostenfestsetzungsverfahren ebenfalls anwendbar ist, kommen m.E. auch andere Mittel der Glaubhaftmachung in Betracht.

D. Materiell-rechtliche Kostenerstattungsansprüche

Macht der Auftraggeber einen materiell-rechtlichen Schadensersatzanspruch auf Ersatz seiner Anwaltskosten geltend, so kann sich der Schuldner nicht darauf berufen, ihm oder dem Anspruchsteller sei noch keine ordnungsgemäße Kostenrechnung nach § 10 erteilt worden.[102] **112**

---

98 BGH AGS 2008, 321 = WM 2008, 1077 = MDR 2008, 615 = ZGS 2008, 233 = BGHR 2008, 625 = NJW-RR 2008, 1237 = BRAK-Mitt 2008, 114.
99 OLG Brandenburg AnwBl 2001, 306; unzutreffend LSG Nordrhein Westfalen, Beschl. v. 24.4.2012 – L 19 AS 26/12 B u. v. 2.4.2012 – L 19 AS 312/12 B.
100 OLG Brandenburg AnwBl 2001, 306.
101 BGH AGS 2011, 568 = JurBüro 2012, 29 = zfs 2011, 582 = AnwBl 2011, 787 = VersR 2012, 737 = RVGreport 2011, 389 = RVGprof. 2012, 39 = VRR 2012, 158.
102 BSG AGS 2015, 356 = zfs 2015, 346 = ASR 2015, 143 = RVGreport 2015, 222; SG Berlin, Urt. v. 25.1.2016 – S 136 AS 24642/12; LG Frankfurt/M.

RuS 2011, 43; LG Hagen AGS 2012, 593 = RVGreport 2012, 353 = SVR 2012, 463; OLG München AGS 2006, 540 = AnwBl 2006, 768 = JurBüro 2006, 634 = zfs 2007, 48 = OLGR München 2007, 499 = RVGprof. 2006, 196 u. 2007, 3 = RVGreport 2006, 467; LG Berlin ZMR 2010, 527; LG Frankfurt/M. RuS 2011, 43; AG Rüsselsheim AGS 2012, 259 = RRa 2012, 26; AG Düsseldorf AGS 2004, 191 m. abl. Anm. *N. Schneider* noch zu der Vorgängervorschrift des § 18 BRAGO; unzutreffend LG Bonn AGS 2006, 19 m. Abl. Anm. *N. Schneider*; AG Kehl AGS 2012, 6 = SVR 2011, 459.

E. Rechtsschutzversicherung

113 Gegenüber dem Rechtsschutzversicherer des Mandanten ist § 10 nicht anzuwenden, es sei denn, es besteht ausnahmsweise ein Direktanspruch. Der Versicherer kann allerdings die Zahlung verweigern, solange ihm nicht nachgewiesen ist, dass dem Auftraggeber eine Berechnung vorgelegt worden ist,[103] es sei denn, dieser hat auf eine Rechnung verzichtet. Der Versicherer schuldet nämlich die Freistellung des versicherten Mandanten nur dann, wenn die Vergütung auch vom Mandanten gefordert werden kann (§ 5 Abs. 2a ARB 1994/2000 = § 2 Abs. 2 ARB 1975). In der Praxis geben sich die Rechtsschutzversicherer allerdings mit einer formlosen Berechnung zufrieden, sofern sie nachvollziehbar ist.

F. Übergangsrecht

114 Richtet sich die Vergütung noch nach dem bis zum 31.7.2013 geltenden Recht, ergeben sich grundsätzlich keine Besonderheiten. Abzurechnen ist nach den bis dahin geltenden Vorschriften und Beträgen.

Bei Mandaten, zu denen der Anwalt den Auftrag vor dem 1.7.2004 erhalten hat, ist § 61 zu berücksichtigen. Hier ist nach der BRAGO abzurechnen. Das ist auch bei der Form der Abrechnung nach § 10 RVG/§ 18 BRAGO zu beachten.[104] Schon aus der Natur der Sache heraus kann auf eine BRAGO-Vergütung selbstverständlich nur § 18 BRAGO angewandt werden und auf eine RVG-Vergütung nur § 10 RVG. Es wäre wohl auch kaum möglich, für BRAGO-Gebühren eine VV-Nummer anzugeben.

115 Soweit noch die BRAGO in der Fassung vor 2002 anzuwenden ist, also vor der Euro-Umstellung, muss jede einzelne Gebühr zunächst in DM ausgewiesen sein. Auch der Gesamtbetrag ist zunächst in DM zu ermitteln und erst anschließend in Euro auszuweisen.

116 Unzutreffend wäre es, jede einzelne Gebühr in Euro auszuweisen.[105] Dies würde gegen Abs. 2 verstoßen, wonach die einzelnen Beträge in der Rechnung auszuweisen sind. Solange sich die Beträge noch nach DM richten, müssen diese folglich auch in DM ausgewiesen sein. Anderenfalls wäre die Rechnung für den Auftraggeber nicht mehr ohne Weiteres nachvollziehbar und überprüfbar, was durch Abs. 2 gerade sichergestellt werden soll. Unterlässt es der Anwalt, die DM-Beträge auszuweisen, so riskiert er, dass seine Honorarforderung mangels ordnungsgemäßer Rechnung nicht klagbar ist (Abs. 1).[106]

117 Soweit nach Euro abzurechnen ist und in DM bereits gezahlte Beträge **zu verrechnen** oder **anzurechnen** sind, dürfte es dagegen genügen, die zu verrechnenden oder anzurechnenden Beträge nur in Euro auszuweisen. Dem besseren Verständnis dient es allerdings, die DM-Beträge ebenfalls anzugeben, damit der Auftraggeber die Rechnung besser nachvollziehen kann.[107]

G. Steuerliche Anforderungen an die anwaltliche Rechnung

118 Auf der Grundlage der Richtlinie 2001/115/EG des Rates werden seit dem 1.1.2004 (mit teilweiser Schonfrist zum 1.7.2004) strengere Anforderungen an die anwaltliche Rechnung gestellt. Die Richtlinie ist zum 1.1.2004 in nationales Recht umgesetzt worden. Ziel war es u.a., die **Rechnungsform** genauer vorzugeben, um Missbrauch besser zu verhindern. Rechnungen sollen in **Papierform** oder – vorbehaltlich der Zustimmung des Rechnungsempfängers – auf **elektronischem Weg** übermittelt werden.

119 Rechnungsdokumente müssen alle Pflichtangaben des Gesetzes enthalten. Eine Rechnung in diesem Sinne, die nicht alle Pflichtangaben enthält oder Pflichtangaben unzutreffend darstellt, wird nicht zum Vorsteuerabzug berechtigen. Es wird aber die Möglichkeit geben, durch ein ergänzendes Doku-

---

103 *Hartmann*, KostG, § 10 RVG Rn 1.
104 *N. Schneider*, BRAGOreport 2002, 1.
105 So aber *Enders*, JurBüro 2001, 561.
106 *N. Schneider*, BRAGOreport 2002, 1.
107 Zur Anrechnung in Übergangsfällen siehe ausführlich *N. Schneider*, BRAGOreport 2002, 1; unzutreffend insoweit *Enders*, JurBüro 2001, 546 und *Madert*, AGS 2001, 266.

ment, das die berichtigenden Angaben enthält, solche Fehler ohne Nachteil zu beheben. Das ist bedeutsam, weil eine unzureichende Rechnung den Vorsteuerabzug ausschließt und auch noch dazu führen kann, dass der dargestellte Aufwand einkommensteuerlich nicht zum Betriebsausgabenabzug zugelassen wird.

Die vollständige Rechnung muss folgende Pflichtangaben enthalten (§ 14 Abs. 4 UStG): **120**

§ 14 UStG Ausstellung von Rechnungen

(1)–(3) ….

(4) ¹Eine Rechnung muss folgende Angaben enthalten:
1. den vollständigen Namen und die vollständige Anschrift des leistenden Unternehmers und des Leistungsempfängers,
2. die dem leistenden Unternehmer vom Finanzamt erteilte Steuernummer oder die ihm vom Bundeszentralamt für Steuern erteilte Umsatzsteuer-Identifikationsnummer,
3. das Ausstellungsdatum,
4. eine fortlaufende Nummer mit einer oder mehreren Zahlenreihen, die zur Identifizierung der Rechnung vom Rechnungsaussteller einmalig vergeben wird (Rechnungsnummer),
5. die Menge und die Art (handelsübliche Bezeichnung) der gelieferten Gegenstände oder den Umfang und die Art der sonstigen Leistung,
6. den Zeitpunkt der Lieferung oder sonstigen Leistung; in den Fällen des Absatzes 5 Satz 1 den Zeitpunkt der Vereinnahmung des Entgelts oder eines Teils des Entgelts, sofern der Zeitpunkt der Vereinnahmung feststeht und nicht mit dem Ausstellungsdatum der Rechnung übereinstimmt,
7. das nach Steuersätzen und einzelnen Steuerbefreiungen aufgeschlüsselte Entgelt für die Lieferung oder sonstige Leistung (§ 10) sowie jede im Voraus vereinbarte Minderung des Entgelts, sofern sie nicht bereits im Entgelt berücksichtigt ist,
8. den anzuwendenden Steuersatz sowie den auf das Entgelt entfallenden Steuerbetrag oder im Fall einer Steuerbefreiung einen Hinweis darauf, dass für die Lieferung oder sonstige Leistung eine Steuerbefreiung gilt,
9. in den Fällen des § 14b Abs. 1 Satz 5 einen Hinweis auf die Aufbewahrungspflicht des Leistungsempfängers und
10. in den Fällen der Ausstellung der Rechnung durch den Leistungsempfänger oder durch einen von ihm beauftragten Dritten gemäß Absatz 2 Satz 2 die Angabe „Gutschrift".

²In den Fällen des § 10 Abs. 5 sind die Nummern 7 und 8 mit der Maßgabe anzuwenden, dass die Bemessungsgrundlage für die Leistung (§ 10 Abs. 4) und der darauf entfallende Steuerbetrag anzugeben sind. ³Unternehmer, die § 24 Abs. 1 bis 3 anwenden, sind jedoch auch in diesen Fällen nur zur Angabe des Entgelts und des darauf entfallenden Steuerbetrags berechtigt.

(5)–(7) …

Auch **Kleinbetragsrechnungen** müssen die Steuernummer enthalten. Im Übrigen bleibt es beim Betrag von 100 EUR und der bisherigen Regelung (Angabe des Bruttobetrages sowie des anzuwendenden Steuersatzes) sowie Anschrift und Adresse des leistenden Unternehmers und Ausstellungsdatum. **121**

Die Ausgestaltung der Rechnung i.S.d. Gesetzes ist zwingend, um die Versagung des Vorsteuerabzugs zu vermeiden. Wird tatsächlich der Anspruch des Leistungsempfängers (soweit er Unternehmer ist) auf eine Rechnung zwingend ausgestaltet, dann ergibt sich natürlich die Verpflichtung des Rechnungsausstellers, eine ordnungsgemäße Rechnung vorzulegen. Die setzt nach den § 14 Abs. 4 S. 1 Nr. 1 bis 8 UStG Folgendes voraus: **122**
1. vollständiger **Name und Anschrift** des **leistenden Unternehmers und** des **Leistungsempfängers**,
2. die dem leistenden Unternehmer vom Finanzamt erteilte **Steuernummer**, besser die **USt-ID-Nr.**,
3. das **Ausstellungsdatum**,
4. eine **fortlaufende Nummer** mit einer oder mehreren Zahlenreihen, die zur Identifizierung der Rechnung vom Rechnungsaussteller einmalig vergeben wird (Rechnungsnummer),
5. die **Menge und die Art** (handelsübliche Bezeichnung) der gelieferten Gegenstände oder den **Umfang und die Art** der sonstigen Leistung,
6. den **Zeitpunkt der Lieferung** oder **sonstigen Leistung** oder der Vereinnahmung des Entgelts oder eines Teils des Entgelts in den Fällen des Abs. 5 S. 1, sofern dieser Zeitpunkt feststeht und nicht mit dem Ausstellungsdatum der Rechnung identisch ist,

7. das **nach Steuersätzen und einzelnen Steuerbefreiungen aufgeschlüsselte Entgelt** für die Lieferung oder sonstige Leistung (§ 10) sowie jede im Voraus vereinbarte Minderung des Entgelts, sofern sie nicht bereits im Entgelt berücksichtigt ist und
8. den **anzuwendenden Steuersatz** sowie den auf das Entgelt entfallenden Steuerbetrag oder im Fall einer Steuerbefreiung einen Hinweis darauf, dass für die Lieferung oder sonstige Leistung eine Steuerbefreiung gilt.

123 Für den Anwalt bedeutet das, dass ein **Rechnungsausgangsbuch** geführt werden muss, in dem fortlaufend nummeriert die erstellten Rechnungen erfasst sind. Die Rechnungsnummer des Rechnungsausgangsbuches muss natürlich auf die entsprechende Rechnung, die dem Mandanten erteilt wird, aufgebracht werden.

124 Das Rechnungsausgangsbuch wird in den meisten Anwaltsprogrammen, mit denen Kostenrechnungen erstellt werden, im System geführt. Es ist zwingend für den Anwalt, das auch wirklich zu überprüfen. Dabei muss bedacht werden, dass die Aufzeichnungen (Rechnungsausgangsbuch) Gegenstand von steuerlichen Betriebsprüfungen sind und entsprechend zehn Jahre lang aufbewahrt werden müssen. Wird das Rechnungsausgangsbuch digital im EDV-System geführt (was beim Einsatz von Anwaltsprogrammen eigentlich selbstverständlich sein sollte), dann gelten nach §§ 146, 147 AO die Vorschriften für die EDV-Steuerprüfung auch insoweit. Hier wird sehr genau zu prüfen sein, ob die Programme in ausreichender Weise den wegen der steuerlichen Verpflichtungen erforderlichen Aufbewahrungsvorkehrungen und Vorlageverpflichtungen gegenüber der Betriebsprüfung und zugleich (!) der Pflicht zur Verschwiegenheit genügen.

125 Der **Aufbau der Rechnung** selbst sollte wie folgt sein:
- Nettoentgelt mit Bezeichnung der Lieferung oder sonstigen Leistung
- Angewendeter Steuersatz und ermittelte Umsatzsteuer
- Zur Kontrolle (nicht verpflichtend) Gesamtbetrag (Bruttobetrag).

Letzterer wird schon im Interesse des Rechnungsausstellers notwendigerweise in der Rechnung erscheinen müssen, damit man nicht durch Rechenfehler des Mandanten Einbußen erleiden muss.

126 Die Angabe der Steuernummer ist nun Voraussetzung dafür, dass die Rechnung für den Vorsteuerabzug zugelassen wird. Die Angabe der **Umsatzsteuer-Identifikationsnummer (USt-ID-Nr.)** soll jetzt die Angabe der Steuernummer entbehrlich zu machen. Zumindest diejenigen Anwälte, die auch nur die Vorstellung haben, in Geschäftsbeziehungen mit Mandanten oder Lieferanten in anderen EU-Staaten zu treten, sollten sich diese daher umgehend besorgen und (zusätzlich) verwenden. Sie hat zudem einen weiteren unschätzbaren Vorteil: Man kann (per E-Mail vorab und mit „besonderer" Vollmacht ausführlich) die USt-ID-Nr. auf Richtigkeit prüfen lassen. Sie ist auch deutlich neutraler als die Steuernummer gerade des Einzelanwalts.

127 Wichtig ist auch die Angabe des Leistungszeitraums. Dabei ist es erforderlich, für jede einzelne Leistung i.S.d. UStG, also in der Regel für jede Angelegenheit i.S.d. § 15 den Leistungszeitraum anzugeben. Dazu wiederum bietet es sich an, für jede Angelegenheit eine gesonderte Rechnung zu schreiben.

128 Dem Leistungsempfänger bleibt der Vorsteuerabzug versagt, wenn die Rechnung keine laufende Rechnungsnummer enthält. Das gilt ebenso für die anderen Pflichtangaben nach § 14 Abs. 4 UStG.

129 Soweit die Rechnung nicht für den Mandanten verwendet wird, bedarf es der vorgenannten strengen Anforderungen nicht, also insbesondere nicht
- bei Kostenfestsetzungsanträgen nach §§ 103, 104 ZPO,
- bei Vergütungsfestsetzungsanträgen nach § 11. Allerdings muss hier dem Auftraggeber zuvor eine ordnungsgemäße Rechnung erteilt worden sein. Anderenfalls ist er nicht zahlungspflichtig und auf seinen Einwand hin die Festsetzung abzulehnen (§ 11 Abs. 5),
- bei PKH-Abrechnungen, Abrechnungen des Pflichtverteidigers oder sonstigen Abrechnungen eines bestellten oder beigeordneten Anwalts gegenüber der Staatskasse.[108]

---

[108] KG AGS 2014, 405 = zfs 2014, 408 = NStZ-RR 2014, 328 = JurBüro 2015, 25 = NJW-Spezial 2014, 540 = RVGreport 2014, 391 = RVGprof. 2014, 189.

- Inrechnungstellung der Kosten gegenüber einem ersatz- oder erstattungspflichtigen Dritten, da dieser nicht Auftraggeber und auch nicht zum Vorsteuerabzug berechtigt ist (etwa bei der Verkehrsunfallschadenregulierung der gegnerische Haftpflichtversicherer),
- bei der Abrechnung unmittelbar mit dem Rechtsschutzversicherer des Auftraggebers.

§ 11 Festsetzung der Vergütung

(1) ¹Soweit die gesetzliche Vergütung, eine nach § 42 festgestellte Pauschgebühr und die zu ersetzenden Aufwendungen (§ 670 des Bürgerlichen Gesetzbuchs) zu den Kosten des gerichtlichen Verfahrens gehören, werden sie auf Antrag des Rechtsanwalts oder des Auftraggebers durch das Gericht des ersten Rechtszugs festgesetzt. ²Getilgte Beträge sind abzusetzen.

(2) ¹Der Antrag ist erst zulässig, wenn die Vergütung fällig ist. ²Vor der Festsetzung sind die Beteiligten zu hören. ³Die Vorschriften der jeweiligen Verfahrensordnung über das Kostenfestsetzungsverfahren mit Ausnahme des § 104 Abs. 2 Satz 3 der Zivilprozessordnung und die Vorschriften der Zivilprozessordnung über die Zwangsvollstreckung aus Kostenfestsetzungsbeschlüssen gelten entsprechend. ⁴Das Verfahren vor dem Gericht des ersten Rechtszugs ist gebührenfrei. ⁵In den Vergütungsfestsetzungsbeschluss sind die von dem Rechtsanwalt gezahlten Auslagen für die Zustellung des Beschlusses aufzunehmen. ⁶Im Übrigen findet eine Kostenerstattung nicht statt; dies gilt auch im Verfahren über Beschwerden.

(3) ¹Im Verfahren vor den Gerichten der Verwaltungsgerichtsbarkeit, der Finanzgerichtsbarkeit und der Sozialgerichtsbarkeit wird die Vergütung vom Urkundsbeamten der Geschäftsstelle festgesetzt. ²Die für die jeweilige Gerichtsbarkeit geltenden Vorschriften über die Erinnerung im Kostenfestsetzungsverfahren gelten entsprechend.

(4) Wird der vom Rechtsanwalt angegebene Gegenstandswert von einem Beteiligten bestritten, ist das Verfahren auszusetzen, bis das Gericht hierüber entschieden hat (§§ 32, 33 und 38 Abs. 1).

(5) ¹Die Festsetzung ist abzulehnen, soweit der Antragsgegner Einwendungen oder Einreden erhebt, die nicht im Gebührenrecht ihren Grund haben. ²Hat der Auftraggeber bereits dem Rechtsanwalt gegenüber derartige Einwendungen oder Einreden erhoben, ist die Erhebung der Klage nicht von der vorherigen Einleitung des Festsetzungsverfahrens abhängig.

(6) ¹Anträge und Erklärungen können ohne Mitwirkung eines Bevollmächtigten schriftlich eingereicht oder zu Protokoll der Geschäftsstelle abgegeben werden. ²§ 129a der Zivilprozessordnung gilt entsprechend. ³Für die Bevollmächtigten gelten die Regelungen der für das zugrunde liegende Verfahren geltenden Verfahrensordnung entsprechend.

(7) Durch den Antrag auf Festsetzung der Vergütung wird die Verjährung wie durch Klageerhebung gehemmt.

(8) ¹Die Absätze 1 bis 7 gelten bei Rahmengebühren nur, wenn die Mindestgebühren geltend gemacht werden oder der Auftraggeber der Höhe der Gebühren ausdrücklich zugestimmt hat. ²Die Festsetzung auf Antrag des Rechtsanwalts ist abzulehnen, wenn er die Zustimmungserklärung des Auftraggebers nicht mit dem Antrag vorlegt.

Literatur: *Claßen*, Einwendungen im Sinne des § 11 Abs. 5 RVG, EFG 2010, 1250; *v. Eicken/Hellstab/Lappe/Madert/Mathias*, Die Kostenfestsetzung, 20. Aufl. 2011; *Engels*, Festsetzungsverfahren nach § 19 BRAGO – Schnelle Durchsetzung anwaltlicher Vergütungsansprüche, MDR 2001, 372; *Hansens*, Die Vergütungsfestsetzung nach § 19 BRAGO, JurBüro 1988, 401; *ders.*, Die gerichtliche Durchsetzung des Vergütungsanspruchs des Rechtsanwalts gegen den eigenen Mandanten, NJW 1989, 1131; *ders.*, Die Sicherung und Durchsetzung des Honoraranspruchs des Rechtsanwalts gegen den eigenen Mandanten, JurBüro Sonderheft 1999, 12; *ders.*, Vergütungsfestsetzung von Rahmengebühren, BRAGOreport 2001, 6; *ders.*, Kosten- und Vergütungsfestsetzung nach der ZPO-Reform aus der Sicht des Rechtsanwalts, AnwBl 2002, 11; *ders.*, Zuständigkeitsprobleme der Vergütungsfestsetzung, RVGreport 2004, 82; *Kurtz*, Festsetzung der Patentanwaltsgebühr nach § 11 RVG, MittdtschPatAnw 2009, 507; *Lemaire*, Vergütungsfestsetzung und Kostenfestsetzung, AO-StB 2007, 159; *Mankowski*, Vergütungsfestsetzung bei Mandaten aus dem EU- und Nicht-EU-Ausland, AnwBl 2009, 124; *Mümmler*, Die Kostenfestsetzung nach § 19 BRAGO, JurBüro 1981, 641; *Reinelt*, Vergütungsklage versus Kostenfestsetzung nach § 11 RVG, ZAP Fach 24, 1123 ff.; *N. Schneider*, Die Haftung mehrerer Auftraggeber nach § 7 Abs. 2 RVG, ZAP Fach 24, 1107.

§ 11

A. Allgemeines 1
B. Regelungsgehalt 11
   I. Verfahrensbeteiligte 11
      1. Antragsteller 11
         a) Allgemeines 11
         b) Antragsberechtigung 13
            aa) Prozess- oder Verfahrensbevollmächtigter 13
            bb) Einzeltätigkeiten 14
            cc) Beistand 15
            dd) Unterbevollmächtigter 16
            ee) Verkehrsanwalt, VV 3400 17
            ff) Rechtsbeistand 18
            gg) Steuerberater 19
            hh) Prozess- oder Verfahrenspfleger 20
            ii) Beigeordneter Rechtsanwalt in Ehesachen 21
         c) Keine Antragsberechtigung 22
            aa) Patentanwälte 23
            bb) Bevollmächtigter im schiedsrichterlichen Verfahren, § 36 24
            cc) Betreuer 25
            dd) Verfahrensbevollmächtigter in Verfahren wegen Verletzung einer Berufspflicht, VV 6200 ff. 26
            ee) Einvernehmensanwalt, VV 2200 ff. 27
            ff) Nachlasspfleger 28
            gg) Vormund 29
            hh) Ausländischer Rechtsanwalt 30
            ii) Insolvenzverwalter, Liquidator 31
            jj) Bevollmächtigter im Güteverfahren, VV 2303, ohne nachfolgendes gerichtliches Verfahren 32
         d) Rechtsnachfolger des Anwalts 33
         e) Auftraggeber 34
         f) Rechtsnachfolger des Auftraggebers 37
         g) Sonstige Personen 39
      2. Antragsgegner 40
         a) Festsetzungsantrag des Anwalts 40
         b) Festsetzungsantrag des Auftraggebers 48
      3. Vertretung der Verfahrensbeteiligten 49
   II. Gegenstand der Festsetzung 51
      1. Allgemeines 51
      2. Gesetzliche Vergütung 53
         a) Gebühren 53
            aa) Grundsatz 53
            bb) Einzelfälle 54
            cc) Rahmengebühren (Abs. 8) 117
               (1) Allgemeines 117
               (2) Festsetzung der Mindestgebühr oder des Mindestbetrages (Abs. 8 S. 1, 1. Alt.) 121
               (3) Schriftliche Zustimmungserklärung (Abs. 8 S. 1, 2. Alt., S. 2) 125
               (4) Überschreiten des Gebührenrahmens 130
         b) Auslagen nach VV 7000 ff. 132
      3. Vergütung nach § 612 BGB 134
      4. Vereinbarte Vergütung 135
      5. Auslagen nach § 670 BGB 136
      6. Zinsen 143

   III. Verfahren 144
      1. Zuständigkeit 144
         a) Grundsatz 144
         b) Verweisung 147
         c) Mahnverfahren 148
         d) Urheberrechtsverfahren 149
         e) Güteverfahren 150
         f) Zwangsvollstreckung 151
         g) Prozess-/Verfahrenskostenhilfeprüfungsverfahren 154
      2. Antrag 155
         a) Form 155
         b) Antrag des Anwalts 156
         c) Antrag des Auftraggebers 171
      3. Zustellungskostenvorschuss 175
      4. Rechtliches Gehör 176
      5. Begründetheit 178
         a) Keine Einwendungen des Auftraggebers 178
         b) Einwendungen des Auftraggebers ... 181
            aa) Einwendungen zum Gegenstandswert 181
            bb) Gebührenrechtliche Einwände .. 187
            cc) Nichtgebührenrechtliche Einwände 188
            dd) Teilweise nichtgebührenrechtliche Einwände 197
            ee) Einzelfälle 200
      6. Festsetzung bei mehreren Auftraggebern 249
         a) Allgemeines 249
         b) Gemeinschaftliche Forderung 253
         c) Einzelne Forderungen 257
         d) Teilweise gemeinschaftliche Forderungen 258
         e) Zahlung eines Gesamtschuldners 259
      7. Entscheidung 261
      8. Zustellung 268
   IV. Rechtsbehelfe 272
      1. Allgemeines 272
      2. Rechtsbehelfe in der ordentlichen Gerichtsbarkeit 276
      3. Rechtsbehelfe in Verfahren vor dem Familiengericht 292
      4. Rechtsbehelfe in Verfahren der Arbeitsgerichtsbarkeit 293
      5. Rechtsbehelfe in verwaltungsgerichtlichen Verfahren 294
      6. Rechtsbehelfe in finanzgerichtlichen Verfahren 302
      7. Rechtsbehelfe in sozialgerichtlichen Verfahren 305
   V. Umfang der Rechtskraft 307
   VI. Neufestsetzung nach § 107 ZPO 316
   VII. Rückfestsetzung 320
   VIII. Zwangsvollstreckung 324
   IX. Hemmung der Verjährung (Abs. 7) 329
   X. Gebühren und Auslagen 332
      1. Festsetzungsverfahren 332
         a) Gebühren und Auslagen 332
         b) Gegenstandswert 336
            aa) Antrag des Anwalts 336
            bb) Antrag des Gebührenschuldners 339
            cc) Beschwerde- und Erinnerungsverfahren 340
            dd) Rechtsbeschwerde 341

    2. Erinnerungs- und Beschwerdeverfahren 342
XI. Kosten des Gerichts 344
C. Kostenerstattung 350
D. Übergangsrecht 355
E. Rechtsschutz 356
F. Verhältnis des Vergütungsfestsetzungsverfahrens zum Vergütungsprozess 357

A. Allgemeines

Die Vorschrift des § 11, die dem früheren § 19 BRAGO entspricht, regelt die Festsetzung der Vergütung gegen den **eigenen Auftraggeber**. Ermöglicht wird damit dem in einem gerichtlichen Verfahren tätig gewesenen Rechtsanwalt, seinen Vergütungsanspruch gegen den Mandanten ohne einen Rechtsstreit festsetzen zu lassen. Zuständig ist das Gericht des ersten Rechtszugs (Abs. 1 S. 1). Das Festsetzungsverfahren stellt zwar ein eigenes Verfahren dar, findet jedoch in den Gerichtsakten des Ausgangsverfahrens statt.   **1**

Das Verfahren bietet den Vorteil, dass es weitaus schneller und kostengünstiger vonstatten geht als eine **Vergütungsklage**. Daher soll einer Vergütungsklage i.d.R. auch das **Rechtsschutzbedürfnis** fehlen, solange eine Vergütungsfestsetzung in Betracht kommt (siehe Rdn 357 ff.).   **2**

Voraussetzung für einen **Vergütungsfestsetzungsantrag** ist, dass die Vergütung in einem **gerichtlichen Verfahren** entstanden ist, zumindest als Vorbereitungskosten zu einem gerichtlichen Verfahren. Anderenfalls kommt eine Festsetzung nicht in Betracht. So scheidet z.B. die Festsetzung einer Geschäftsgebühr nach VV 2300 grundsätzlich aus.[1]   **3**

Eine Festsetzung ist allerdings nur dann möglich, wenn der Auftraggeber gegen die Rechnung des Rechtsanwalts keine Einwendungen erhebt oder nur solche, die ihren Grund im Gebührenrecht haben. Erhebt er Einwendungen außerhalb des Gebührenrechts, so übersteigt dies die Kompetenz des Festsetzungsbeamten. Dieser hat die Festsetzung abzulehnen (Abs. 5 S. 1) und den Anwalt auf das Klageverfahren zu verweisen.   **4**

Soweit das Gericht in der Sache entscheidet, also Gebühren fest- oder absetzt, erwächst seine Entscheidung in **Rechtskraft**. Beträge, die das Gericht im Festsetzungsverfahren abgesetzt hat, können daher nachträglich nicht mehr im ordentlichen Verfahren nochmals eingeklagt werden. Umgekehrt kann sich der Auftraggeber gegen rechtskräftig festgesetzte Gebühren nachträglich nicht mit dem Einwand zur Wehr setzen, die Gebühren seien nicht angefallen. Unbenommen bleibt es ihm dagegen, aus anderen, später entstandenen Gründen, etwa nachträglicher Aufrechnung oder Erfüllung, gegen die festgesetzten Gebühren anzugehen, etwa im Wege der Vollstreckungsabwehrklage.   **5**

Auch der **Auftraggeber** kann einen Vergütungsfestsetzungsantrag nach § 11 stellen, wenn er die Kostenrechnung des Anwalts überprüft wissen möchte.   **6**

Aus dem Vergütungsfestsetzungsbeschluss kann die **Zwangsvollstreckung** betrieben werden wie aus einem Kostenfestsetzungsbeschluss.   **7**

Ebenso wie bei Klageerhebung wird durch den Antrag auf Vergütungsfestsetzung der Ablauf der **Verjährung gehemmt** (Abs. 7).   **8**

Mit dem **Kostenfestsetzungsverfahren nach §§ 103 ff. ZPO** hat das Vergütungsfestsetzungsverfahren nichts zu tun. Im Kostenfestsetzungsverfahren nach §§ 103 ff. ZPO wird über den **prozessualen Kostenerstattungsanspruch** der erstattungsberechtigten Partei gegen die erstattungspflichtige Partei entschieden. Dieses Verfahren findet zwischen den Prozessparteien statt.   **9**

Das **Vergütungsfestsetzungsverfahren** findet dagegen zwischen dem Anwalt und seinem eigenen Auftraggeber statt. Grundlage ist der **materiell-rechtliche Vergütungsanspruch** aus dem **Anwaltsvertrag**. Beide Verfahren sind unabhängig voneinander. Es besteht keine Bindungswirkung, so dass es durchaus zu unterschiedlichen Festsetzungen kommen kann. Insbesondere können daher Gebühren und Auslagen festgesetzt werden, die mangels Erstattungsfähigkeit nicht im Verfahren nach §§ 103 ff. ZPO festgesetzt werden könnten. Im Verhältnis des Anwalts zu seinem Auftraggeber spielt die   **10**

---

[1] LAG Hamburg AGS 2006, 449 = RVGreport 2006, 61 und 340.

Erstattungsfähigkeit keine Rolle. Denkbar ist auch, dass eine Gebühr im Kostenfestsetzungsverfahren nach § 103 ZPO abgesetzt wird, während sie im Verfahren nach § 11 festgesetzt wird.

Beispiel: Im Verfahren nach §§ 103 ff. ZPO setzt der Rechtspfleger die Einigungsgebühr ab, weil nach seiner Auffassung keine Einigung zustande gekommen ist. Der Beschluss wird rechtskräftig. Im späteren Vergütungsfestsetzungsverfahren ändert der Rechtspfleger seine Auffassung, oder das Beschwerdegericht ist anderer Ansicht und setzt die Einigungsgebühr fest. Weder kann jetzt das Festsetzungsverfahren nach §§ 103 ff. ZPO wieder aufgenommen werden, noch hindert die rechtskräftige Absetzung der Einigungsgebühr im Kostenfestsetzungsverfahren die Festsetzung dieser Gebühr im Verfahren nach § 11.[2]

B. Regelungsgehalt

I. Verfahrensbeteiligte

1. Antragsteller

a) Allgemeines

11 Im Regelfall wird der Vergütungsfestsetzungsantrag vom Rechtsanwalt gestellt. Dieser muss im gerichtlichen Verfahren als Bevollmächtigter tätig geworden sein. Welche Funktion er dort ausgeübt hat, ist grundsätzlich unerheblich. Im Gegensatz zum früheren § 19 BRAGO verzichtet § 11 auf eine ausdrückliche exemplarische Aufzählung verschiedener anwaltlicher Funktionen, aus denen sich das Recht auf Festsetzung ergibt. Eine inhaltliche Änderung ist damit nicht verbunden (zur Auflistung der einzelnen Antragsberechtigten siehe Rdn 13 ff.).

12 Die Frage, ob der Anwalt antragsberechtigt ist, besagt noch nichts darüber, in welchem Umfang die Vergütung festsetzbar ist (siehe Rdn 51 ff.). Es ist also durchaus denkbar, dass der Anwalt zwar nach Abs. 1 S. 1 antragsberechtigt, seine Vergütung aber nur zum Teil festsetzbar ist.

Beispiel: Der Prozessbevollmächtigte war vom Beklagten zunächst außergerichtlich beauftragt worden und später mit der Vertretung in einem Rechtsstreit. Die Vergütung hinsichtlich des gerichtlichen Verfahrens (VV 3100 ff.) ist festsetzbar; die außergerichtliche Vergütung (VV 2300) dagegen nicht, da es insoweit an einem gerichtlichen Verfahren fehlt und die Geschäftsgebühr nach VV 2300 nach ganz h.M. nicht zu den Kosten eines gerichtlichen Verfahrens zählt.

b) Antragsberechtigung

13 **aa) Prozess- oder Verfahrensbevollmächtigter.** Dieser Begriff ist nicht wörtlich zu verstehen. Gemeint ist damit nicht nur der Rechtsanwalt, der mit der Vertretung in einem Rechtsstreit beauftragt worden ist, sondern jeder Rechtsanwalt, der mit der Gesamtvertretung des Auftraggebers in einem gerichtlichen Verfahren beauftragt war. Hierzu zählen also insbesondere (nicht abschließend):
– der Prozessbevollmächtigte in einem Zivilprozess sowie in einem verwaltungs- oder finanzgerichtlichen Verfahren,
– der Verfahrensbevollmächtigte eines Nebenintervenienten, Beigeladenen etc.,
– der Prozessbevollmächtigte in einem sozialgerichtlichen Verfahren, sofern sich die Gebühren nach dem Gegenstandswert berechnen oder eine Zustimmung des Auftraggebers vorliegt (Abs. 8),
– der Verfahrensbevollmächtigte im Mahnverfahren, und zwar sowohl als Antragsteller- als auch als Antragsgegnervertreter,
– der Verfahrensbevollmächtigte im selbstständigen Beweisverfahren,
– der nur im Prozess- oder Verfahrenskostenhilfe-Prüfungsverfahren tätige Anwalt,[3]
– der Verfahrensbevollmächtigte in einer Familiensache oder einem Verfahren der freiwilligen Gerichtsbarkeit,
– der Verfahrensbevollmächtigte in einem Verfassungsbeschwerdeverfahren,
– der mit der Zwangsvollstreckung beauftragte Anwalt,

---

[2] Zur fehlenden Bindungswirkung: BGH NJW 1991, 2048; JurBüro 1993, 26.

[3] OLG Koblenz JurBüro 1979, 1315; OLG München AnwBl 1979, 441 = Rpfleger 1979, 392 = JurBüro 1979, 1508 = KG AnwBl 1982, 375 = Rpfleger 1982, 310 = JurBüro 1982, 1185; OLG Koblenz JurBüro 2002, 588 = MDR 2003, 1457 = Rpfleger 2003, 46; a.A. OLG Hamm JurBüro 1967 896.

- der Verfahrensbevollmächtigte in Zwangsversteigerungs-, Zwangsverwaltungs-[4] oder Insolvenzverfahren,[5]
- der Verteidiger oder anderweitige Vertreter in einer Straf- oder Bußgeldsache, soweit das Verfahren anhängig geworden ist hinsichtlich der Verteidigergebühren (allerdings ist die Zustimmung nach Abs. 8 erforderlich),
- der nur im Adhäsionsverfahren beauftragte Anwalt (VV Vorb. 4.3 Abs. 2) hinsichtlich der Gebühren nach VV 4143 ff.,
- der Verteidiger in einer Straf- oder Bußgeldsache hinsichtlich der im Verfahren über die Beschwerde, Erinnerung oder gerichtliche Entscheidung gegen einen Kostenfestsetzungsbeschluss entstandenen Vergütung (VV Vorb. 4 Abs. 5 Nr. 1 i.V.m. VV 3500),
- der Vertreter des Verletzten oder des Beschuldigten, der im strafrechtlichen Adhäsionsverfahren tätig wird.

bb) Einzeltätigkeiten. Auch dann, wenn dem Anwalt nicht die Vertretung des Auftraggebers im gesamten Verfahren übertragen worden war, kommt eine Festsetzung nach § 11 in Betracht, also z.B. für den Terminsvertreter nach VV 3403,[6] insbesondere für den sog. **Fluranwalt**, der nur einen Vergleich protokollieren oder einen Rechtsmittelverzicht abgeben soll.[7] 14

cc) Beistand. Antragsberechtigt ist ferner der **Beistand**, also derjenige Anwalt, der neben der Partei oder ihrem Prozessbevollmächtigten aufgetreten ist, oder auch der Beistand eines Zeugen (VV Vorb. 3 Abs. 1). 15

dd) Unterbevollmächtigter. Zum Begriff des Unterbevollmächtigten (siehe VV Vor 3400 ff. Rdn 10 f.). Bei dem **Unterbevollmächtigten** muss es sich um einen Anwalt handeln, der im Namen des Auftraggebers beauftragt worden ist. Hat dagegen der prozess- oder verfahrensbevollmächtigte Anwalt den weiteren Anwalt im eigenen Namen beauftragt, so handelt es sich nicht um einen Unterbevollmächtigten, da dieser nicht für die Partei, sondern für den Hauptbevollmächtigten tätig wird. Dieses Vergütungsverhältnis richtet sich dann auch nicht nach dem RVG, so dass eine Festsetzung nach § 11 nicht in Betracht kommt. Möglich ist allerdings, dass der Hauptbevollmächtigte, der den Unterbevollmächtigten im eigenen Namen beauftragt hat, sich die von ihm an den Unterbevollmächtigten gezahlte Vergütung als Auslagen nach § 670 BGB gegen den Auftraggeber festsetzen lässt.[8] 16

ee) Verkehrsanwalt, VV 3400. Ebenfalls antragsberechtigt wegen seiner Gebühren ist der **Verkehrsanwalt**. Festsetzbar sind auf jeden Fall die Gebühren nach VV 3400 sowie eventuelle weitere Gebühren nach VV 3401, 3402 oder VV 1000 ff. Die Festsetzung einer Gebühr nach Anm. zu VV 3400 müsste m.E. ebenfalls zulässig sein, obwohl die zugrunde liegende Tätigkeit des Anwalts nicht im gerichtlichen Verfahren entfaltet wird. 17

ff) Rechtsbeistand. Die Vergütung eines Rechtsbeistands ist festsetzbar. Für ihn gelten die Vorschriften des RVG entsprechend. 18

gg) Steuerberater. Steuerberater, Steuerberatungsgesellschaften und Steuerbevollmächtigte können ihre in einem Finanzgerichtsverfahren entstandene Vergütung ebenfalls gegen den Auftraggeber festsetzen lassen.[9] 19

hh) Prozess- oder Verfahrenspfleger. Dem nach § 57 ZPO als Prozesspfleger tätigen Anwalt steht ein gesetzlicher Gebührenanspruch gegen den Beklagten zu. Er kann daher die Gebührenfestsetzung nach § 11 beantragen. 20

ii) Beigeordneter Rechtsanwalt in Ehesachen. Auch der in einer Ehesache nach § 138 FamFG beigeordnete Rechtsanwalt, kann die Festsetzung gegen den Antragsgegner, dem er beigeordnet worden ist, betreiben (siehe § 39). 21

---

4 OLG Köln JurBüro 1981, 54.
5 *Hansens*, JurBüro Sonderheft 1999, 18.
6 OLG München JurBüro 1974, 1388; OLG Brandenburg BRAGOreport 2002, 71 m. Anm. *N. Schneider* = KostRsp. BRAGO § 19 Nr. 207.
7 OLG München JurBüro 1974, 1388; OLG Brandenburg BRAGOreport 2002, 71 m. Anm. *N. Schneider* = KostRsp. BRAGO § 19 Nr. 207.
8 OLG Zweibrücken Rpfleger 1994, 477; OVG Münster Rpfleger 1986, 70; *Hansens*, JurBüro Sonderheft 1999, 19.
9 FG Berlin EFG 1985, 197 = KostRsp. BRAGO § 19 Nr. 76; FG Hamburg EFG 1984, 630 = KostRsp. BRAGO § 19 Nr. 71; FGH Hessen EFG 1987, 532 = KostRsp. BRAGO § 19 Nr. 101.

c) Keine Antragsberechtigung

22 Eine Festsetzung kommt dagegen in folgenden Fällen **nicht** in Betracht:

23 **aa) Patentanwälte.** Die Festsetzung der Vergütung von Patentanwälten ist im Verfahren nach § 11 nicht möglich, da sich die Vergütung der Patentanwälte nicht nach dem RVG richtet.[10] Dass die Vergütung eines Patentanwalts im gerichtlichen Verfahren erstattungsfähig und gegen den Gegner festsetzbar ist, ändert hieran nichts.

24 **bb) Bevollmächtigter im schiedsrichterlichen Verfahren, § 36.** Da es sich bei dem schiedsrichterlichen Verfahren nicht um ein gerichtliches Verfahren handelt, kommt insoweit eine Vergütungsfestsetzung nicht in Betracht.[11]

25 **cc) Betreuer.** Ein als Betreuer (Pfleger) tätiger Anwalt, dem gegen den Betreuten ein Anspruch auf eine Anwaltsvergütung zusteht (siehe § 1 Rdn 166 ff.), kann diese Vergütung nicht nach § 11 festsetzen lassen.[12] Dies gilt auch dann, wenn der zum Pfleger bestellte Rechtsanwalt eine Anwaltssozietät beauftragt, der er selbst angehört.[13]

26 **dd) Verfahrensbevollmächtigter in Verfahren wegen Verletzung einer Berufpflicht, VV 6200 ff.** Auch in Verfahren wegen Verletzung einer Berufspflicht kommt eine Vergütungsfestsetzung nach § 11 nicht in Betracht.

27 **ee) Einvernehmensanwalt, VV 2200 ff.** Eine Vergütungsfestsetzung nach § 11 ist ausgeschlossen, da der deutsche Rechtsanwalt nicht in einem gerichtlichen Verfahren tätig wird (Abs. 1).

28 **ff) Nachlasspfleger.** Auch ein zum Nachlasspfleger bestellter Rechtsanwalt kann seine Vergütung gegenüber den von ihm vertretenen Personen nicht im Verfahren nach § 11 festsetzen lassen.[14]

29 **gg) Vormund.** Auch der Vormund kann seine Vergütung gegen den Auftraggeber nicht festsetzen lassen.[15]

30 **hh) Ausländischer Rechtsanwalt.** Ein ausländischer Rechtsanwalt kann ebenfalls seine Vergütung nicht im Verfahren nach § 11 festsetzen lassen, da sich sein Vergütungsanspruch nach ausländischem Recht richtet. Auch dann, wenn die Abrechnung nach dem RVG vereinbart ist, kommt eine Festsetzung nicht in Betracht, da es sich dann nicht um die gesetzliche, sondern um eine vereinbarte Vergütung handelt (siehe Rdn 135).[16]

31 **ii) Insolvenzverwalter, Liquidator.** Auch der Insolvenzverwalter kann seine Vergütung nicht nach § 11 festsetzen lassen.[17] Gleiches gilt für den Liquidator einer Genossenschaft.[18]

32 **jj) Bevollmächtigter im Güteverfahren, VV 2303, ohne nachfolgendes gerichtliches Verfahren.** Des Weiteren kommt eine Festsetzung nicht in Betracht, wenn der Anwalt lediglich in einem Verfahren nach VV 2303 tätig war. Hier kommt eine Festsetzung nach § 11 erst dann in Betracht, wenn es anschließend auch zu einem gerichtlichen Verfahren gekommen ist. Endet das Verfahren jedoch vor der Gütestelle, ist dort eine Festsetzung nicht möglich.[19]

---

[10] BGH AGS 2015, 516 = MDR 2015, 1206= MittdtschPatAnw 2015, 475 = GRUR 2015, 1253 = JurBüro 2015, 641 = NJW-Spezial 2015, 668 = RVGreport 2015, 417 = CIPR 2015, 115 = RVGprof. 2016, 22; GRUR-Prax 2015, 419 = CIPR 2015, 115; OLG München JurBüro 2001, 372 = MDR 2001, 353 = OLGR 2001, 243; OLG Düsseldorf InstGE 10, 57 = GRUR-RR 2009, 240.

[11] KG AGS 1998, 75 = Rpfleger 1998, 171 = JurBüro 1978, 307 = KGR 1998, 111 = MDR 1998, 739 = NJW-RR 1998, 864.

[12] OLG Frankfurt NJW 1966, 554; OLG Hamm NJW 1966, 2129; OLG München MDR 1974, 413; OLG Düsseldorf JurBüro 1980, 69 = AnwBl 1980, 156 = KostRsp. BRAGO § 19 Nr. 17 m. Anm. *E. Schneider*.

[13] LG Düsseldorf JurBüro 1986, 726 = Rpfleger 1986, 280.

[14] OLG FamRZ 1993, 460.

[15] LG München I JurBüro 1963, 778.

[16] *Hansens*, JurBüro Sonderheft 1999, 19.

[17] OLG Schleswig JurBüro 1975, 475 (damals noch Konkursverwalter); *Hansens*, JurBüro Sonderheft 1999, 18.

[18] LAG Halle JurBüro 1998, 308 = Rpfleger 1998, 172 = AnwBl 1998, 668.

[19] OLG München Rpfleger 1994, 316; LAG Hamm JurBüro 1989, 197 = AnwBl 1989, 625.

d) Rechtsnachfolger des Anwalts

Der Rechtsnachfolger des Rechtsanwalts kann den Antrag nach § 11 ebenfalls stellen. Dies gilt insbesondere dann, wenn er den Vergütungsanspruch durch Forderungsabtretung im Rahmen eines Praxisübernahmevertrages erworben hat.[20] 33

e) Auftraggeber

Antragsberechtigt ist auch der Auftraggeber, was in der Praxis häufig übersehen wird. Dieser kann die Berechtigung der vom Anwalt geltend gemachten Vergütung im Festsetzungsverfahren nach § 11 überprüfen lassen. Auftraggeber ist derjenige, der den Anwaltsvertrag mit dem Rechtsanwalt abgeschlossen hat und ihm die Vergütung schuldet. Dies muss nicht zwingend die vertretene Partei sein[21] (siehe dazu Rdn 48 ff.). 34

Die Vergütungsfestsetzung nach § 11 kommt für den Auftraggeber auch dann in Betracht, wenn er bereits gezahlt oder Vorschüsse geleistet hat, die den vom Anwalt geforderten Betrag erreichen oder übersteigen. Das Festsetzungsverfahren dient dann der Feststellung, ob der Vergütungsanspruch tatsächlich bestand oder sich nicht aufgrund einer geringeren Vergütung Rückzahlungsansprüche des Auftraggebers ergeben. 35

Zur Rückfestsetzung siehe Rdn 91. 36

f) Rechtsnachfolger des Auftraggebers

Auch der Rechtsnachfolger des Auftraggebers kann den Vergütungsfestsetzungsantrag nach § 11 stellen, also insbesondere sein **Erbe**.[22] 37

Nach LAG Nürnberg[23] ist auch der **Rechtsschutzversicherer** antragsberechtigt, soweit er nach den ARB Rechtsnachfolger des Auftraggebers ist, insbesondere soweit Rückzahlungsansprüche nach Zahlung auf ihn übergegangen sind oder ausnahmsweise eine Direktversicherung besteht. 38

g) Sonstige Personen

Sonstige Personen sind grundsätzlich nicht antragsberechtigt, auch wenn sie ein eigenes Interesse am Ausgang des Verfahrens haben, etwa wegen einer Mithaftung (siehe auch Rdn 46 f.). 39

2. Antragsgegner

a) Festsetzungsantrag des Anwalts

Beantragt der Anwalt die Festsetzung seiner Vergütung, so ist der Festsetzungsantrag **gegen den Auftraggeber** zu richten. Dieser muss nicht notwendigerweise Partei des Rechtsstreits gewesen sein. Die Festsetzung kommt daher auch gegen nicht am Prozess beteiligte Personen in Betracht.[24] 40

Dass der **Auftraggeber im Ausland wohnt**, steht einer Festsetzung nach § 11 nicht entgegen, jedenfalls dann nicht, wenn der Festsetzungsantrag nach Art. 27 Nr. 2, 46 Nr. 2 EuGVÜ förmlich zugestellt werden kann.[25] 41

Soweit der **Auftraggeber verstorben** ist, ist die Festsetzung gegen die **Erben** möglich.[26] Diese können allerdings die beschränkte Erbenhaftung einwenden (siehe Rdn 210). 42

---

20 KG JurBüro 1986, 220.
21 OLG München AGS 1998, 190 = AnwBl 1999, 56 = JurBüro 1998, 598 = MDR 1998, 1373 = OLGR 1998, 317 = Rpfleger 1998, 540.
22 OLG Köln JurBüro 1982, 76; OLG Schleswig JurBüro 1984, 1517.
23 JurBüro 1996, 263.
24 OLG Köln AnwBl 1978, 65 m. Anm. *Schmidt* = NJW 1978, 896 = JurBüro 1978, 221.
25 OLG Hamm AGS 1995, 127 = JurBüro 1995, 363 = Rpfleger 1995, 382.
26 OLG Köln JurBüro 1982, 76; JurBüro 1984, 1517.

43 Wird der Anwalt von einer **Personengesellschaft**, also einer BGB-Gesellschaft, einer OHG oder KG beauftragt, so kann er den Vergütungsfestsetzungsantrag nach der zwischenzeitlich vom BGH[27] bestätigten Rspr. **nicht** gegen die **persönlich haftenden Gesellschafter** richten.[28] Die Gegenauffassung[29] hat jedoch die besseren Gründe für sich. Die h.M. verkennt, dass der nach materiellem Recht einstandspflichtige Auftraggeber nicht unbedingt Prozesspartei sein muss.

44 Eine Festsetzung ist auch gegen eine **GmbH in Gründung** möglich, wenn sie als solche verklagt werden kann; die Festsetzung gegen den nach § 11 Abs. 2 GmbHG haftenden Geschäftsführer kommt in diesem Fall allerdings nicht in Betracht.[30]

45 Gegen sonstige Personen kann der Anwalt seine Vergütung nicht festsetzen lassen, also insbesondere **nicht gegen** den **Rechtsschutzversicherer** des Auftraggebers, da zwischen dem Anwalt und dem Versicherer kein unmittelbares Vertragsverhältnis besteht; etwas anderes gilt dann, wenn der Rechtsschutzversicherer den Anwalt unmittelbar beauftragt hat oder eine Direktversicherung besteht.

46 Auch gegen sonstige Personen, die lediglich mithaften, kommt eine Vergütungsfestsetzung nicht in Betracht, also insbesondere nicht gegen einen **Bürgen**.[31]

47 Ebenso wenig kommt die Vergütungsfestsetzung gegen einen **Betriebsrat** in Betracht. Zwar kann sich der Betriebsrat in einem arbeitsgerichtlichen Beschlussverfahren anwaltlich vertreten lassen. Eine Festsetzung gegen den Betriebsrat ist jedoch wegen dessen fehlender Rechtsfähigkeit ausgeschlossen.[32] Festsetzbar ist die Vergütung allerdings gegen die einzelnen Mitglieder des Betriebsrats, die den Auftrag erteilt haben.[33] Ebenfalls nicht festsetzbar ist die Vergütung gegen ein dem Betriebsrat oder Personalrat vergleichbares Organ.[34]

b) Festsetzungsantrag des Auftraggebers

48 Stellt der Auftraggeber den Festsetzungsantrag, so ist derjenige Anwalt oder diejenige Sozietät (gegebenenfalls auch eine überörtliche Sozietät) Antragsgegner, dessen oder deren Vergütungsanspruch der Auftraggeber überprüft wissen will.

3. Vertretung der Verfahrensbeteiligten

49 Die Beteiligten im Vergütungsfestsetzungsverfahren können sich anwaltlich vertreten lassen. Ist ein solcher Vertreter bestellt, sind Zustellungen an ihn zu bewirken.[35]

50 Erforderlich ist eine **ausdrückliche Bestellung**. Hierzu reicht es nicht aus, dass sich nach Niederlegung des Mandats im Ausgangsverfahren ein neuer Anwalt bestellt. Dieser ist kraft der ihm erteilten Prozessvollmacht nicht auch automatisch für das Vergütungsfestsetzungsverfahren bestellt. Zustel-

---

27 AGS 2004, 480 = AnwBl 2004, 729 = Rpfleger 2005, 51 = NJW 2005, 156 = MDR 2005, 103 = JurBüro 2005, 35 = DStR 2005, 531 = VersR 2005, 1102 = RuS 2005, 353 = BGHR ZPO § 319 Abs. 1 Rechtsbeschwerde 1 = BGHR ZPO § 574 Abs. 1 Nr. 2 Rechtsbeschwerde 1 = BGHR BRAGO § 19 Auftraggeber 1 = BGHR RVG § 11 Auftraggeber 1 = EBE/BGH 2004, BGH-Ls 884/04 = BB 2004, 2378 = RVG-Letter 2004, 128 = FamRZ 2004, 1962 m. Anm. *Kieserling* = RVGreport 2004, 471 = ZIP 2005, 86 = ProzRB 2005, 126.

28 OLG Bamberg JurBüro 1983, 1194 = KostRsp. BRAGO § 19 Nr. 52 m. abl. Anm. *Lappe*; OLG Hamburg MDR 1984, 593 = JurBüro 1984, 1180; OLG Schleswig JurBüro 1984, 1178 = SchlHA 1985, 30; OLG Koblenz AGS 2003, 104 m. abl. Anm. *N. Schneider* = AnwBl 2003, 182 = BRAGOreport 2003, 136 m.

Anm. *Hansens* = JurBüro 2003, 201 = NJW 2003, 1130 = NZG 2003, 216 = OLGR 2003, 313.

29 KG NJW 1970, 1612 = JurBüro 1970, 773; OLG Frankfurt AnwBl 1971, 318; *Hansens*, JurBüro Sonderheft 1999, 19.

30 LAG Kiel AnwBl 1997, 568.

31 *Hansens*, JurBüro Sonderheft 1999, 19.

32 LAG Hamm MDR 1990, 186; ArbG Siegen AnwBl 1990, 100; LAG Düsseldorf AGS 1998, 176 = JurBüro 1999, 32 = NZA 1998, 180 = KostRsp. BRAGO § 19 Nr. 170 m. Anm. *N. Schneider*.

33 LAG Düsseldorf AGS 1998, 176 = JurBüro 1999, 32 = NZA 1998, 180 = KostRsp. BRAGO § 19 Nr. 170 m. Anm. *N. Schneider*.

34 LAG Düsseldorf JurBüro 1995, 363 (hier: Betriebsvertretung einer britischen Einheit).

35 OLG Frankfurt KostRsp. BRAGO § 19 Nr. 1.

lungen sind daher unmittelbar an die Partei vorzunehmen, solange sich der neue Prozessbevollmächtigte nicht auch im Vergütungsfestsetzungsverfahren bestellt.[36]

II. Gegenstand der Festsetzung

1. Allgemeines

Nach Abs. 1 S. 1 ist nur die **gesetzliche Vergütung** festsetzbar. Mit „gesetzlicher" Vergütung ist die nach dem RVG bzw. in Altfällen die nach der BRAGO gemeint. Die Festsetzung anderweitiger Vergütungen scheidet aus, insbesondere also die Festsetzung einer vereinbarten Vergütung (siehe Rdn 135), die Vergütung nach anderen Verfahrensordnungen (siehe Rdn 22 ff.) sowie eine Vergütung nach § 612 BGB (siehe Rdn 134; zur Festsetzung von Auslagen nach § 670 BGB siehe Rdn 124 ff.). 51

Auch nach Eröffnung des Insolvenzverfahrens gegen den Auftraggeber ist ein Festsetzungsverfahren möglich, allerdings nicht mit dem Ziel der Kostenfestsetzung, sondern nur mit dem Antrag auf Feststellung des Vergütungsanspruchs zur Insolvenztabelle.[37] 52

2. Gesetzliche Vergütung

a) Gebühren

aa) Grundsatz. Soweit der Anwalt antragsberechtigt ist, soweit er also in einem gerichtlichen Verfahren tätig geworden ist, kann er die gesetzlichen Gebühren festsetzen lassen. Festsetzbar sind danach grundsätzlich alle gesetzlichen Gebühren, soweit sie im Verfahren angefallen sind. Auf die Erstattungsfähigkeit der Gebühren kommt es nicht an. 53

bb) Einzelfälle. Abrategebühr. Nach ganz h.M. war die Festsetzung einer Abrategebühr nach § 20 Abs. 2 BRAGO nicht möglich, da diese Gebühr nicht in einem gerichtlichen Verfahren entstanden sei.[38] Dies wird zu den Nachfolgern des § 20 Abs. 2 BRAGO (den VV 2100 ff.) wohl entsprechend vertreten werden. Diese Auffassung ist m.E. jedoch zu eng. Unstritttig muss die Tätigkeit des Anwalts, der die Festsetzung betreibt, nicht gegenüber dem Gericht entfaltet worden sein. Daher kann z.B. die reduzierte Verfahrensgebühr festgesetzt werden, wenn der Anwalt vom Beklagten mit der Abwehr der Klage beauftragt worden ist (siehe Rdn 90 ff.) oder wenn Besprechungen i.S.d. VV Vorb. 3 Abs. 3 S. 3 Nr. 2 außerhalb des Gerichts stattgefunden haben. Für die Festsetzung kann es aber keinen Unterschied machen, ob der abratende Anwalt bereits einen Prozessauftrag hatte und das Rechtsmittel mangels Erfolgsaussicht nicht mehr eingelegt hat (und dann nach Anm. S. 1 Nr. 1 zu VV 3201 abrechnet) oder ob er ohne Prozessauftrag von dem Rechtsmittel abgeraten hat (und nach VV 2100 abrechnet). Dem Zweck des § 11, die Gerichte zu entlasten und zügig einen Titel zu schaffen, widerspricht es, hier die Festsetzung auszuschließen. In diese Richtung geht die Entscheidung des OLG Köln,[39] das die Festsetzung einer Abrategebühr[40] jedenfalls dann zulässt, wenn die Berufung anhängig geworden ist. Dabei verkennt das OLG Köln allerdings, dass damals die Gebühr nach § 20 Abs. 2 BRAGO erst gar nicht entstehen konnte, wenn der Anwalt das Rechtsmittel eingelegt hat. 54

Adhäsionsverfahren. Die Gebühren eines Adhäsionsverfahrens (VV 4143 ff.) sind immer festsetzbar. Da es sich nicht um Rahmengebühren, sondern um Wertgebühren handelt, gilt hier keine Einschränkung nach Abs. 8. Die Festsetzung kann sowohl vom Vertreter des Verletzten als auch vom Vertreter des Beschuldigten beantragt werden. 55

---

36 OLG Bamberg JurBüro 1994, 160; OLG München Rpfleger 1984, 74 = JurBüro 1984, 394 m. Anm. *Mümmler*; OLG Hamm Rpfleger 1983, 366 = JurBüro 1983, 1816 m. Anm. *Mümmler* = MDR 1983, 1033; a.A. OLG München Rpfleger 1980, 158 = KostRsp. BRAGO § 19 Nr. 20 m. Anm. *E. Schneider*.
37 OLG Karlsruhe AGS 2007, 95 = OLGR 2006, 843 = FamRZ 2007, 231; OLG München OLGR 2004, 185 = ZIP 2003, 2318 = Rpfleger 2004, 125 = RVGreport 2004, 40.
38 OLG Düsseldorf MDR 1954, 625; MDR 1990, 453 = JurBüro 1990, 604; *Hansens*, JurBüro Sonderheft 1999, 19.
39 OLGR 2000, 143; AGS 2000, 145 = JurBüro 2001, 308 = BRAGOreport 2001, 24 m. Anm. *N. Schneider*.
40 Damals noch nach § 20 Abs. 2 BRAGO.

56 Arrestverfahren. Die Gebühren eines Arrestverfahrens sind festsetzbar. Das gilt auch dann, wenn hinsichtlich der Hauptsache nicht gebührenrechtliche Einwände erhoben werden, da es sich bei Arrest- und Hauptsacheverfahren um verschiedene Gebührenangelegenheiten handelt (§ 17 Nr. 4).

57 Beratungshilfe. Die Beratungshilfegebühr nach VV 2500 (früher § 8 Abs. 1 BerHG) ist nicht im Verfahren nach § 11 festsetzbar.[41]

58 Beschwerdeverfahren. Die Gebühren eines einfachen Beschwerdeverfahrens (VV 3500) sind festsetzbar. Das gilt auch in Straf- und Bußgeldsachen, soweit die VV 3500 f. anzuwenden sind (VV Vorb. 4 Abs. 5; VV Vorb. 5 Abs. 4). Erst recht sind die Gebühren eines Beschwerdeverfahrens nach VV Vorb. 3.2.1 festsetzbar.

59 Einigungsgebühr. Die Einigungsgebühr, die im Rahmen eines gerichtlichen Verfahrens entsteht, ist stets festsetzbar. Dies gilt auch dann, wenn in die Einigung nicht anhängige Ansprüche einbezogen worden sind.

60 Es ist nicht erforderlich, dass die Einigung vor Gericht geschlossen oder als gerichtlicher Vergleich protokolliert worden ist. Für die Festsetzbarkeit einer Einigungsgebühr reicht es aus, dass glaubhaft gemacht wird, dass die Parteien eine Vereinbarung i.S.v. Anm. Abs. 1 S. 1 VV 1000 geschlossen haben.[42] Die gegenteilige Auffassung[43] dürfte angesichts der Rspr. des BGH[44] nicht mehr vertretbar sein. Die Protokollierung eines als Vollstreckungstitel tauglichen Vergleichs nach § 794 Abs. 1 Nr. 1 ZPO ist nicht erforderlich. An seiner früheren gegenteiligen Auffassung[45] hält der BGH nicht mehr fest.

61 Schließen die Parteien **außergerichtlich** eine Einigung, so kann die Einigungsgebühr nach § 11 festgesetzt werden, wenn der Gegenstand der Einigung zumindest teilweise mit dem Gegenstand des Verfahrens identisch ist.[46]

62 Einspruch. Ist der Anwalt in einem finanzgerichtlichen Einspruchsverfahren tätig geworden, so ist diese Vergütung ebenfalls nach § 11 festsetzbar, vorausgesetzt, es ist anschließend zu einem gerichtlichen Verfahren gekommen. Fehlt es an einem gerichtlichen Verfahren, ist die Vergütung im Einspruchsverfahren nicht nach § 11 festsetzbar. Probleme ergeben sich allerdings insoweit, als es sich um eine Rahmengebühr handelt (siehe Rdn 118 ff.).

63 Einstweilige Anordnung. Die Gebühren eines einstweiligen Anordnungsverfahrens sind festsetzbar. Das gilt auch dann, wenn hinsichtlich der Hauptsache nicht gebührenrechtliche Einwände erhoben werden, da es sich bei einstweiligem Anordnungs- und Hauptsacheverfahren um verschiedene Gebührenangelegenheiten handelt (§ 17 Nr. 4).

64 Einvernehmensanwalt. Ist der Anwalt als Einvernehmensanwalt beauftragt und richten sich seine Gebühren nach den VV 2200 ff., kann er die Festsetzung betreiben, allerdings nur, soweit keine Rahmengebühren gelten.

65 Einzeltätigkeiten. Ist der Anwalt mit Einzeltätigkeiten beauftragt, so kann er seine Vergütung nach VV 3403 ebenfalls gemäß § 11 festsetzen lassen. Dies gilt insbesondere für den sog. **Fluranwalt**, der in Ehesachen lediglich einen Rechtsmittelverzicht erklärt[47] oder lediglich an der Protokollierung eines Vergleichs mitwirkt.

66 Erhöhung. Siehe „Mehrere Auftraggeber" (Rdn 75).

67 Erinnerungsverfahren. Die Gebühren eines Erinnerungsverfahrens (VV 3500 f.) sind festsetzbar. Das gilt auch in Strafsachen, soweit VV 3500 f. anzuwenden sind (VV Vorb. 4 Abs. 5; VV Vorb. 5 Abs. 4).

68 Fluranwalt. Siehe „Einzeltätigkeiten" (Rdn 65).

---

[41] AG Mainz Rpfleger 1985, 324.
[42] KG AGS 2009, 33 = JurBüro 2009, 35 = KGR 2009, 77 = Rpfleger 2009, 275 = RVGreport 2009, 60.
[43] Z.B. OLG München AGS 2007, 462 = OLGR 2007, 824 = MDR 2007, 1226 = JurBüro 2007, 585 = RVG-Letter 2007, 27 = RVGreport 2007, 140 = FamRZ 2007, 2000.
[44] AGS 2007, 366 = RVG-Letter 2007, 62 = FamRZ 2007, 1096 = WM 2007, 1145 = AnwBl 2007, 551 = NJW 2007, 2187 = BB 2007, 1302 = NJW-Spezial 2007, 336 = RVGreport 2007, 275.
[45] BGH AGS 2006, 403 = NJW 2006, 1523.
[46] OLG München JurBüro 1987, 385 = AnwBl 1987, 99; OLG Stuttgart JurBüro 1985, 817; OLG Frankfurt JurBüro 1987, 1799; OLG Hamm AGS 2005, 13 = AGS 2005, 58 = AnwBl 2005, 76 = OLGR 2005, 42 = JurBüro 2005, 87.
[47] OLG München JurBüro 1974, 1388.

Freiwillige Gerichtsbarkeit. Auch die Vergütung in Verfahren der freiwilligen Gerichtsbarkeit ist festsetzbar, zumal hier keine Rahmengebühren mehr vorgesehen sind. 69

Gehörsrüge. Ist der Anwalt nur mit der Gehörsrüge beauftragt, ist seine Vergütung nach VV 3330, 3331 festsetzbar, da die Gehörsrüge im gerichtlichen Verfahren erhoben wird. 70

Geschäftsgebühr. Eine Geschäftsgebühr ist grundsätzlich nicht festsetzbar, da diese außerhalb eines gerichtlichen Verfahrens entsteht.[48] Ausnahmen gelten für ein obligatorisches Schlichtungsverfahren, ein Widerspruchsverfahren oder ein anderweitig gesetzlich vorgeschriebenes Vorverfahren. 71

Güteverfahren. Die nach VV 2303 Nr. 1 anfallenden Gebühren sind nach § 11 festsetzbar. Voraussetzung hierfür ist allerdings, dass es zu einem nachfolgenden gerichtlichen Verfahren gekommen ist.[49] Fehlt es daran, ist eine Festsetzung nach § 11 nicht möglich. 72

Hilfspersonen. Soweit der Anwalt Hilfspersonen eingeschaltet hat, die in den Anwendungsbereich des § 5 fallen, ist seine Vergütung in vollem Umfang festsetzbar (zur Festsetzung der Vergütung für anderweitige Hilfspersonen siehe Rdn 134). 73

Mahnverfahren. Die im Mahnverfahren entstehenden Gebühren der VV 3305 ff. sind immer festsetzbar, auch dann, wenn es nicht zur Durchführung des streitigen Verfahrens gekommen ist (zur Zuständigkeit siehe Rdn 148). 74

Mehrere Auftraggeber. Vertritt der Anwalt mehrere Auftraggeber, so ist jeweils nur die Vergütung festsetzbar, die ein jeder von ihnen nach § 7 Abs. 2 schuldet. Die Erhöhung selbst ist nicht festsetzbar[50] (zur Festsetzung der Gebühren bei mehreren Auftraggebern siehe Rdn 249 ff.). 75

Nichtzulassungsbeschwerde. Die Vergütung eines Nichtzulassungsbeschwerdeverfahrens ist festsetzbar. 76

Pauschgebühr. Auch eine nach § 42 festgestellte Pauschgebühr kann nach § 11 festgesetzt werden. Im Verfahren nach § 42 erhält der Anwalt keinen Vollstreckungstitel, sondern lediglich den Feststellungsbeschluss über die Höhe seines Honorars. Ob der Auftraggeber diese Vergütung auch schuldet, wird in diesem Verfahren nicht geprüft. Der Anwalt muss sich daher erst einen Vollstreckungstitel verschaffen. Das ist nach Abs. 1 auch im Vergütungsfestsetzungsverfahren möglich. Einwendungen zur Höhe kann der Auftraggeber in diesem Verfahren nicht mehr erheben, da die Feststellung nach § 42 Abs. 4 bindend ist. Der Auftraggeber kann allerdings sonstige Einwendungen erheben. Sofern diese außerhalb des Gebührenrechts liegen, wie z.B. eine streitige Aufrechnung, ist die Festsetzung nach Abs. 5 abzulehnen und der Anwalt auf den ordentlichen Rechtsweg zu verweisen. 77

Eine Pauschvergütung kann auch zugunsten eines **bestellten oder beigeordneten Anwalts** festgesetzt werden, und zwar u.U. auch dann, wenn zwischen ihm und dem Vertretenen kein Auftragsverhältnis besteht. Sofern der Anwalt einen Beschluss nach §§ 52, 53 dahin gehend erwirkt, dass er den Vertretenen auf Zahlung der Wahlanwaltsgebühren in Anspruch nehmen darf, kann er auch die Feststellung einer Pauschvergütung nach § 42 beantragen (§ 42 Abs. 2 S. 2) und diese dann nach § 11 festsetzen lassen. 78

Protokollierung einer Einigung oder eines Rechtsmittelverzichts. Siehe „Einzeltätigkeiten" (Rdn 65). 79

Prozesskostenhilfe. Soweit dem Auftraggeber Prozesskostenhilfe bewilligt ist, kommt eine Vergütungsfestsetzung nach § 11 nicht in Betracht, da keine Vergütungsansprüche gegen den Auftraggeber bestehen, soweit die Bewilligung reicht (§ 122 Abs. 1 Nr. 3 ZPO). 80

Wird die Prozesskostenhilfe später aufgehoben, entfällt damit gleichzeitig die Sperre nach § 122 Abs. 1 Nr. 3 ZPO, so dass dann auch die Festsetzung gegen den Auftraggeber möglich wird.[51] 81

Auch bei bestehender Prozesskostenhilfe kann eine Festsetzung nach § 11 in Betracht kommen, nämlich dann, wenn dem Anwalt gegen den Auftraggeber weiter gehende Ansprüche zustehen, die 82

---

[48] LAG Hamburg AGS 2006, 449 = RVGreport 2006, 61 und 340.
[49] LAG Hamm JurBüro 1989, 197 = AnwBl 1989, 625 = MDR 1989, 186 (Verfahren nach § 111 Abs. 2 ArbGG); OLG München JurBüro 1994, 604 = Rpfleger 1994, 316 = OLGR 1994, 167 (Verfahren vor Patentamt).
[50] OLG Bremen JurBüro 1987, 698; LG Berlin JurBüro 1983, 1033 m. Anm. *Mümmler*.
[51] KG AGS 2011, 332 = MDR 2011, 627 = NJW-Spezial 2011, 380 = RVGreport 2011, 230.

von der Sperrwirkung des § 122 Abs. 1 Nr. 3 ZPO nicht erfasst werden. Diese Ansprüche kann er festsetzen lassen.[52] Eine solche Fallkonstellation ergibt sich i.d.R. dann, wenn dem Auftraggeber nur hinsichtlich eines Teils des Streitgegenstandes Prozesskostenhilfe bewilligt worden ist, wenn der Auftraggeber neben dem beigeordneten Anwalt einen weiteren Anwalt, etwa als Terminsvertreter o.Ä., beauftragt

> **Beispiel 1:** In einem Rechtsstreit über 20.000 EUR ist dem Auftraggeber hinsichtlich eines Teils des Streitgegenstandes von 12.000 EUR Prozesskostenhilfe bewilligt und der Anwalt beigeordnet worden. Im Übrigen ist der Antrag auf Prozesskostenhilfebewilligung zurückgewiesen worden.
> In Höhe der Vergütung aus dem Gegenstandswert von 12.000 EUR greift die Sperre des § 122 Abs. 1 Nr. 3 ZPO, so dass insoweit eine Festsetzung nicht in Betracht kommt. Nur in Höhe der Differenz zwischen der Wahlanwaltsvergütung nach dem Gesamtstreitwert und der Wahlanwaltsvergütung nach dem Wert, für den der Anwalt beigeordnet worden ist, kommt eine Festsetzung in Betracht:[53]
>
> 1. 1,3-Verfahrensgebühr, VV 3100 (Wert: 20.000 EUR)   964,60 EUR
> 2. ./. 1,3-Verfahrensgebühr, VV 3100 (Wert: 12.000 EUR)   – 785,20 EUR
> 3. 1,2-Terminsgebühr, VV 3104 (Wert: 20.000 EUR)   890,40 EUR
> 4. ./. 1,2-Terminsgebühr, VV 3104 (Wert: 12.000 EUR)   – 724,80 EUR
> 5. Postentgeltpauschale, VV 7002 (nach dem Gesamtwert)   20,00 EUR
> 6. Postentgeltpauschale, VV 7002 (nach dem Wert der PKH-Bewilligung) – 20,00 EUR
>   Zwischensumme   345,00 EUR
> 7. 19 % Umsatzsteuer, VV 7008   65,55 EUR
>   **Gesamt**   **410,55 EUR**
>
> Dieser Betrag kann zugunsten des Anwalts festgesetzt werden.
>
> **Beispiel 2:** Die bedürftige Partei, der ein Rechtsanwalt als Prozessbevollmächtigter beigeordnet worden ist, beauftragt zusätzlich einen Verkehrsanwalt, für den sie keine Prozesskostenhilfe erhält.
> Der Verkehrsanwalt kann seine Gebühren nach VV 3400 in voller Höhe nach § 11 festsetzen lassen.

83 Wird nach einem Anwaltswechsel eingeschränkte Prozesskostenhilfe bewilligt, also mit der Maßgabe, dass die durch den Anwaltswechsel entstehenden Mehrkosten nicht aus der Staatskasse übernommen werden, kommt eine Vergütungsfestsetzung hinsichtlich dieser Mehrkosten ebenfalls in Betracht.[54]

> **Beispiel:** Der zunächst beigeordnete Anwalt war im Prozess tätig geworden, hatte aber noch keinen Termin wahrgenommen. Hiernach wird die Beiordnung aufgehoben und ein neuer Anwalt beigeordnet mit der Maßgabe, dass die Mehrkosten des Anwaltswechsels nicht aus der Staatskasse zu übernehmen seien.
> Da der zweite Anwalt die Verfahrensgebühr nicht gegen die Staatskasse geltend machen kann, greift insoweit die Sperre des § 122 Abs. 1 Nr. 3 ZPO für ihn nicht. Der Anwalt kann diese Vergütung nach § 11 festsetzen lassen. Die Festsetzung einer eventuellen Terminsgebühr scheitert dagegen an § 122 Abs. 1 Nr. 3 ZPO.

84 Solche Fälle können insbesondere auch in einem Scheidungsverfahren auftreten, wenn einem Ehegatten Verfahrenskostenhilfe für Scheidung und Versorgungsausgleich bewilligt worden ist, mangels hinreichender Erfolgsaussicht aber für weitere Folgesachen nicht. Der Anwalt kann dann die Festsetzung seiner Vergütung in Höhe der Differenz verlangen, die sich nach Abzug der Wahlanwaltsgebühr aus dem von der VKH-Bewilligung umfassten Teil von der Wahlanwaltsgebühr für den Gesamtwert aus Scheidung und Folgesache ergibt.[55]

85 **Prozesskostenhilfeprüfungsverfahren.** Ist der Anwalt im Prozesskostenhilfeprüfungsverfahren tätig geworden, so kann er seine dort verdienten Gebühren nach VV 3335, Vorb. 3.3.6 S. 2 gegen den Mandanten festsetzen lassen, soweit keine Prozesskostenhilfe bewilligt worden ist.[56] Anderenfalls

---

[52] OLG Düsseldorf AGS 2005, 457 m. Anm. *N. Schneider* = Rpfleger 2005, 267 = JurBüro 2005, 321 = RVG-Letter 2005, 47.
[53] OLG Düsseldorf AGS 1999, 108.
[54] OLG Düsseldorf AGS 2008, 245 = FamRZ 2008, 1767 = OLGR 2008, 261 = JurBüro 2008, 209.
[55] OLG Celle NdsRpfl 2011, 44 = FamRZ 2011, 666.
[56] OLG Koblenz JurBüro 1979, 1315; AGS 2003, 105 m. Anm. *N. Schneider*; OLG München AnwBl 1979, 441 = Rpfleger 1979, 392 = JurBüro 1979, 1508 = KG AnwBl 1982, 375 = Rpfleger 1982, 310 = JurBüro 1982, 1185; OLG Koblenz JurBüro 2002, 588 = MDR 2003, 1457 = Rpfleger 2003, 46; a.A. OLG Hamm JurBüro 1967, 896.

steht der Festsetzung § 122 Abs. 1 Nr. 3 ZPO entgegen (siehe „Prozesskostenhilfe", Rdn 80). Gleiches gilt für den Fall, dass es nicht zum Hauptsacheverfahren gekommen ist.[57]

Rahmengebühren. Siehe Rdn 117 ff. 86

Ratsgebühr. Eine Ratsgebühr nach § 34 Abs. 1 ist grundsätzlich nicht festsetzbar, da diese Gebühr dem Anwalt gerade nicht als Verfahrens- oder Prozessbevollmächtigten entsteht. 87

Rechtsmittelverzicht. Siehe „Einzeltätigkeiten" (Rdn 65). 88

Rechtsstreit. Die im Rechtsstreit angefallenen Gebühren sind sämtlich festsetzbar, soweit das Verfahren anhängig war. Ist der Anwalt mit der Abwehr einer Klage beauftragt worden und endete das Mandat, bevor er gegenüber dem Gericht tätig werden konnte, so ist die Vergütung gleichwohl festsetzbar, da die Sache bereits anhängig war.[58] 89

Reduzierte Verfahrensgebühr. Bei der reduzierten 0,8-Verfahrensgebühr nach VV 3101 Nr. 1 und 2 und vergleichbarer Vorschriften (Anm. Nr. 1 zu VV 3201 u.a.) ist zu **differenzieren**: 90

VV 3101 Nr. 1 u.a.:
- War eine Klage oder ein vergleichbarer Antrag eingereicht und der Anwalt vom Beklagten beauftragt, als Verfahrensbevollmächtigter tätig zu werden, endet das Mandat jedoch, bevor er bei Gericht einen Antrag stellt, einen Schriftsatz mit Sachvortrag einreicht oder einen Termin wahrnimmt, so ist seine 0,8-Verfahrensgebühr festsetzbar. Das gilt erst Recht, wenn er sich lediglich bestellt, ohne einen Zurückweisungsantrag zu stellen. Ein solcher Fall wird insbesondere in Rechtsmittelverfahren vorkommen.
Beispiel: Der Anwalt bestellt sich für den Berufungsbeklagten, ohne schon den Antrag auf Zurückweisung zu stellen, da noch kein Berufungsantrag gestellt und noch keine Begründung eingereicht ist. Vor Ablauf der Begründungsfrist nimmt der Berufungskläger seine Berufung zurück.
Angefallen ist nur eine 1,1-Verfahrensgebühr nach VV 3201 Nr. 1. Diese Gebühr ist festsetzbar.
- Erhält der Anwalt die reduzierte Verfahrensgebühr dagegen, weil sich der Prozessauftrag vor Klageeinreichung erledigt hat, so kommt eine Festsetzung nicht in Betracht, da insoweit ein gerichtliches Verfahren nicht anhängig war.[59]
Beispiel: Der Anwalt sollte eine Klage einreichen. Bevor dies geschieht, einigen sich die Parteien. Die Vergütung ist mangels gerichtlichen Verfahrens nicht festsetzbar.
- Soweit dagegen ein Verfahren bereits anhängig ist und die Gebühr der VV 3100 Nr. 1 hinsichtlich einer beabsichtigten, aber nicht mehr eingereichten Klageerweiterung, Widerklage o.Ä. beauftragt wird, kommt nur eine Festsetzung in Betracht.
Beispiel: Der Anwalt war für den Beklagten in einem Rechtsstreit über 10.000 EUR tätig. Er hatte den Auftrag, i.H.v. 5.000 EUR Widerklage zu erheben. Zur Einreichung der Widerklage kam es jedoch nicht mehr.
Der Anwalt kann die Festsetzung seiner gesamten Gebühren beantragen.

(2) VV 3101 Nr. 2 u.a.:

War bereits ein Verfahren anhängig und wird eine Vergütung für das bloße Protokollieren einer Einigung oder das bloße Verhandeln über nicht anhängige Gegenstände verlangt, kann problemlos festgesetzt werden, weil diese Vergütung in einem gerichtlichen Verfahren angefallen ist.

Rückzahlung. Eine Rückzahlung zu viel geleisteter Beträge kann grundsätzlich im Festsetzungsverfahren nicht geltend gemacht werden.[60] 91

Nur dann wenn auf einen Festsetzungsbeschluss nach § 11 gezahlt worden ist und dieser später aufgehoben oder abgeändert wurde, kann der gezahlte Betrag, soweit die Zahlung unstreitig ist, in entsprechender Anwendung des § 91 Abs. 4 ZPO rückfestgesetzt werden (siehe dazu Rdn 320 f.). 92

Schiedsgerichtliche Verfahren. Die Vergütung in schiedsgerichtlichen Verfahren ist nicht festsetzbar, da es insoweit an einem gerichtlichen Verfahren fehlt (siehe Rdn 24). 93

Schiedsstelle. Siehe „Güteverfahren" (Rdn 72). 94

---

57 FG Sachsen Anhalt AGS 2015, 330 = EFG 2015, 1306 = NJW-Spezial 2015, 540 = RVGreport 2015, 335.
58 OLG Koblenz AnwBl 1982, 247.
59 Hansens, JurBüro Sonderheft 1999, 19.
60 OLG Brandenburg AGS 2007, 461 = OLGR 2008, 46 = RVGreport 2007, 382.

95 **Schlichtungsverfahren.** Siehe „Güteverfahren" (Rdn 72).

96 **Schutzschrift.** Nach h.M. ist die 1,3-Verfahrensgebühr, die dem Anwalt für die Einreichung einer Schutzschrift entsteht, nicht festsetzbar, wenn es nicht zum Verfahren kommt, weil der Verfügungsantrag nicht eingereicht wird.[61] M.E. muss auch hier eine Festsetzung zugelassen werden. Die Einreichung einer Schutzschrift führt zwar nicht zur Anhängigkeit im prozessualen Sinne. Sie führt jedoch zu einem gerichtlichen Verfahren, da die Schutzschrift bei Gericht verwahrt werden muss. Der Anwalt, der eine Schutzschrift einreicht, wird als Prozessbevollmächtigter tätig und auch als solcher vergütet. Im Übrigen entspricht die Zulassung der Festsetzung dem Sinn und Zweck des § 11, ein vereinfachtes Verfahren zur Entlastung der Gerichte zu schaffen.

97 **Streithelfer.** Ist der Anwalt für einen Streithelfer tätig gewesen, so kann ebenfalls die Festsetzung nach § 11 betrieben werden, vorausgesetzt der Streithelfer hat seinen Beitritt erklärt, da es anderenfalls insoweit an einem gerichtlichen Verfahren fehlt.

98 **Terminsgebühr.** Eine Terminsgebühr ist auch dann festsetzbar, wenn sie durch außergerichtliche Verhandlungen entstanden ist.[62] Sie muss nicht aktenkundig sein, sondern nur glaubhaft gemacht werden.[63]

Das gilt auch dann, wenn die Terminsgebühr vor Anhängigkeit des Verfahrens ausgelöst worden ist;[64] erforderlich ist allerdings, dass es hiernach noch zum Verfahren gekommen ist.

99 **Terminsvertreter.** Ist der Anwalt nach VV 3403 als Terminsvertreter (also für die Wahrnehmung eines Termins nach VV Vorb. 3 Abs. 3) beauftragt worden, kann er seine Vergütung ebenfalls nach § 11 festsetzen lassen. Siehe auch „Einzeltätigkeiten" (Rdn 65).

100 **Vereinfachtes Verfahren.** Die Vergütung aus einem vereinfachten Verfahren auf Festsetzung des Unterhalts Minderjähriger ist festsetzbar, da es sich um ein gerichtliches Verfahren handelt.

101 **Verfahrenskostenhilfe.** Siehe „Prozesskostenhilfe" (Rdn 80).

102 **Verfahrenskostenhilfeprüfungsverfahren.** Siehe „Prozesskostenhilfeprüfungsverfahren" (Rdn 85).

103 **Verhandlungsvertreter.** Auch der Verhandlungsvertreter nach VV 3401, 3402 kann seine Vergütung nach § 11 festsetzen lassen.

104 **Verkehrsanwalt.** Der Verkehrsanwalt (VV 3400) kann seine Vergütung nach § 11 grundsätzlich festsetzen lassen. Hierbei ist allerdings zu **differenzieren**:

105 Uneingeschränkt festsetzbar ist die Vergütung nach VV 3400 sowie eine eventuelle weitere Vergütung für die Teilnahme an der mündlichen Verhandlung oder an Beweisterminen (VV 3402); des Weiteren auch eine Einigungsgebühr (VV 1000 ff.).

106 Eine Festsetzung der Vergütung nach Anm. zu VV 3400 für die **Übersendung der Handakten** verbunden mit gutachtlichen Äußerungen sollte m.E. auch zugelassen werden, obwohl die zugrunde liegende Tätigkeit des Anwalts nicht vor Gericht ausgeführt wird. Da jedoch auch im Fall der Anm. zu VV 3400 die Sache anhängig sein muss, entsteht die Gebühr folglich immer innerhalb eines gerichtlichen Verfahrens, was neben der Verfahrensökonomie für eine Festsetzung spricht. Abgesehen davon sind die Rechte des Auftraggebers gewahrt. Bestreitet er den Auftrag oder rügt er eine Belehrung über die zusätzlichen nicht erstattungsfähigen Kosten, ist die Festsetzung ohnehin nach Abs. 5 S. 1 abzulehnen.

107 **Vermittlungsverfahren.** Auch die Vergütung aus einem Vermittlungsverfahren nach § 165 FamFG ist festsetzbar, und zwar unabhängig davon, ob es anschließend noch zu einem gerichtlichen Umgangsrechtsverfahren gekommen ist.

---

61 KG JurBüro 1998, 30 = KGR 1997, 284 = KostRsp. BRAGO § 19 Nr. 160 m. abl. Anm. *N. Schneider* u. zust. Anm. *von Eicken*.

62 BGH AGS 2007, 322 = BGHR 2007, 633 = AnwBl 2007, 552 = JurBüro 2007, 365 = RVGprof. 2007, 109 = RVGreport 2007, 274; AGS 2007, 549 = BGHR 2007, 846 = NJW 2007, 2859 = Rpfleger 2007, 575 = MDR 2007, 1160 = JurBüro 2007, 533 = FamRZ 2007, 1322 = RVGprof. 2007, 166 = RVGreport 2007, 394; VG München, Beschl. v. 5.11.2012 – H M 16 M 12.3908.

63 VG München, Beschl. v. 5.11.2012 – H M 16 M 12.3908.

64 LAG Nürnberg AGS 2011, 221 = RVGprof. 2011, 63 = ArbuR 2011, 182 = AA 2011, 81 = RVGreport 2011, 180.

Verteidiger. Die Vergütung des Verteidigers ist grundsätzlich ebenfalls festsetzbar, da Rahmengebühren nach Abs. 8 jetzt festsetzbar sind. 108

Unabhängig von den Voraussetzungen des Abs. 8 sind die Gebühren nach VV 4143 ff. und VV Vorb. 4 Abs. 5, VV Vorb. 5 Abs. 4 jeweils i.V.m. VV 3500, 3309 jedenfalls festsetzbar, da es sich um Wertgebühren handelt. 109

Vorläufiges Zahlungsverbot (Vorpfändung). Die für eine Vorpfändung zur Vollstreckung eines Zahlungsurteils anfallende Gebühr nach VV 3309 kann durch das Vollstreckungsgericht festgesetzt werden.[65] 110

Vorverfahren. Ist der Anwalt im verwaltungsrechtlichen oder sozialgerichtlichen Vorverfahren (Widerspruchs- oder Einspruchsverfahren) tätig geworden, so ist diese Vergütung ebenfalls nach § 11 festsetzbar, vorausgesetzt, es ist anschließend zu einem gerichtlichen Verfahren gekommen.[66] Fehlt es an einem gerichtlichen Verfahren, ist die Vergütung im Vorverfahren nicht nach § 11 festsetzbar.[67] 111

Die Festsetzung hat unabhängig davon zu erfolgen, ob die Hinzuziehung eines Bevollmächtigten gemäß § 162 Abs. 1 u. 2 VwGO für notwendig erklärt wurde.[68] Problematisch ist die Festsetzung hier allerdings insoweit, als es sich um Rahmengebühren handelt (siehe Rdn 117).[69] 112

Widerklage. Siehe „Reduzierte Verfahrensgebühr" (Rdn 90). 113

Zulassungsverfahren. Die Vergütung in einem Verfahren auf Zulassung eines Rechtmittels ist festsetzbar.[70] 114

Zwangsverwaltung. Die in einem Zwangsverwaltungsverfahren anfallenden Gebühren sind festsetzbar.[71] 115

Zwangsvollstreckung. Auch die im Rahmen der Zwangsvollstreckung (VV 3309 f.) anfallenden Gebühren sind festsetzbar. Erforderlich ist allerdings, dass ein Vollstreckungsverfahren vor Gericht oder einem anderen Vollstreckungsorgan anhängig war. Hierzu reicht bereits der Pfändungsauftrag an den Gerichtsvollzieher oder auch ein vorläufiges Zahlungsverbot (siehe Rdn 110). Dagegen sind die Kosten einer Vollstreckungsandrohung nicht gegen den eigenen Auftraggeber festsetzbar (wohl aber nach § 788 ZPO gegen den Schuldner). Nach Auffassung des LG Berlin[72] soll die Vergütung für die Vollstreckung aus einer notariellen Urkunde ohne gerichtliches Vollstreckungsverfahren dagegen nicht festsetzbar sein. 116

cc) Rahmengebühren (Abs. 8). **(1) Allgemeines.** Nach § 19 Abs. 8 BRAGO war die Festsetzung von Rahmengebühren unzulässig. Nach dem RVG ist dagegen die Festsetzung von Rahmengebühren jetzt unter den Voraussetzungen des Abs. 8 möglich. Schon nach der bisherigen Rechtslage hatte die Rspr. Ausnahmen gemacht und die Festsetzung von Rahmengebühren zugelassen, wenn der Anwalt lediglich die Mindestgebühr zur Festsetzung angemeldet und dabei verbindlich erklärt hatte, dass er auch nur die Mindestgebühr geltend machen werde. 117

Nach dem RVG sind sämtliche Rahmengebühren grundsätzlich festsetzbar. Dies gilt zum einen für **Satzrahmengebühren**, wobei allerdings zurzeit solche Satzrahmengebühren im gerichtlichen Verfahren nicht vorgesehen sind, sondern nur bei den Kosten eines Vorverfahrens (siehe Rdn 111) und beim Einvernehmensanwalt vorkommen (siehe Rdn 64). 118

Die Vorschrift des Abs. 8 gilt auch für **Betragsrahmengebühren**, also für die Vergütung in sozialgerichtlichen Angelegenheiten, in denen sich die Gebühren nicht nach dem Wert richten (§ 3 Abs. 1), oder auch in Straf- und Bußgeldsachen sowie in Verfahren nach Teil 6 des VV. 119

---

65 LG Freiburg AGS 2012, 340 = JurBüro 2012, 442 = RVGreport 2012, 295 = NJW-Spezial 2012, 507 = Vollstreckung effektiv 2012, 199.
66 Hessischer VGH AGS 2010, 440 = NJW 2010, 3466 = JurBüro 2010, 648 = RVGreport 2010, 413 = DÖV 2010, 948.
67 Hansens, JurBüro Sonderheft 1999, 18.
68 Hessischer VGH AGS 2010, 440 = NJW 2010, 3466 = JurBüro 2010, 648 = RVGreport 2010, 413 = DÖV 2010, 948.
69 Siehe Hessischer VGH AGS 2010, 440 = NJW 2010, 3466 = JurBüro 2010, 648 = RVGreport 2010, 413 = DÖV 2010, 948.
70 OVG Baden-Württemberg RVGreport 2008, 98.
71 OLG Köln JurBüro 1981, 84.
72 LG Berlin JurBüro 1978, 221.

120 Die Festsetzung einer Rahmengebühr kommt in zwei Fällen in Betracht:
- Es wird nur Festsetzung der Mindestgebühr oder des Mindestbetrages (Abs. 8 S. 1, 1. Alt.) beantragt oder
- es liegt eine schriftliche Zustimmungserklärung des Auftraggebers zur Höhe der Gebühren vor (Abs. 8 S. 1, 2. Alt., S. 2).

Sind diese Voraussetzungen nicht gegeben, ist die Festsetzung gänzlich abzulehnen; es darf dann nicht etwa die Mindestgebühr festgesetzt werden.[73]

121 **(2) Festsetzung der Mindestgebühr oder des Mindestbetrages (Abs. 8 S. 1, 1. Alt.).** Stets festsetzbar ist eine Rahmengebühr, wenn der Anwalt lediglich die Mindestgebühr oder den Mindestbetrag geltend macht. Dies galt bereits der überwiegenden Rspr. zufolge schon nach dem bisherigen Recht.

122 Voraussetzung ist allerdings, dass der Anwalt gemäß § 315 BGB **verbindlich** erklärt, dass er nur die Mindestgebühr geltend mache. Die Mindestgebühr kann daher keinesfalls als Sockelbetrag festgesetzt werden, so dass wegen eines eventuellen darüber hinausgehenden Restbetrages der Anwalt doch noch klagen könnte. Hat der Anwalt sein Bestimmungsrecht nach § 315 BGB ausgeübt, so bleibt dies verbindlich. Er kann seine Bestimmung nachträglich nicht mehr abändern. Soweit der Anwalt also die Mindestgebühr hat festsetzen lassen, kann er insoweit keine weitere Vergütung mehr verlangen.

123 Eine Ausnahme hiervon gilt lediglich dann, wenn sich nach Festsetzung das Hauptsacheverfahren fortsetzt. Dann kann der Anwalt wegen seiner weiter gehenden Tätigkeit auch eine weitere Vergütung verlangen, die über die Mindestgebühr hinausgeht.

> **Beispiel:** Der Anwalt ist in einem Strafverfahren vor dem AG tätig. Das Strafverfahren wird unmittelbar nach der Bestellung des Anwalts eingestellt. Der Anwalt beantragt daraufhin die Festsetzung der Mindestgebühr, die auch antragsgemäß festgesetzt wird. Wenig später wird das Strafverfahren wieder aufgenommen. Der Anwalt investiert erhebliche Zeit und Arbeit in die Verteidigung.
> An seine Bestimmung ist der Anwalt jetzt nicht mehr gebunden. Für die weitere Tätigkeit kann er eine zusätzliche Vergütung abrechnen. Die frühere Festsetzung der Mindestgebühr steht der weiteren Abrechnung jetzt nicht entgegen.

124 Eine Festsetzung der weiteren Vergütung über die bereits festgesetzte Mindestgebühr oder den bereits festgesetzten Mindestbetrag kommt allerdings nur bei schriftlicher Zustimmung des Auftraggebers in Betracht (siehe Rdn 125 ff.).

125 **(3) Schriftliche Zustimmungserklärung (Abs. 8 S. 1, 2. Alt., S. 2).** Darüber hinaus sind nach **Abs. 8 S. 1, 2. Alt.** Rahmengebühren auch dann festsetzbar, wenn der Auftraggeber der Höhe der Gebühren ausdrücklich zugestimmt hat. Nach **Abs. 8 S. 2** ist die schriftliche Zustimmungserklärung **dem Festsetzungsantrag beizufügen**. Anderenfalls ist der Festsetzungsantrag **abzulehnen**, und zwar als **unzulässig**. Die Ablehnung führt also nicht zum Verlust des Vergütungsanspruchs.

126 M.E. muss es ausreichen, wenn die Zustimmungserklärung des Auftraggebers **nachgereicht** wird. Dem Rechtsanwalt muss insoweit rechtliches Gehör gewährt werden. Denkbar ist z.B., dass die Zustimmungserklärung des Auftraggebers versehentlich seinem Antrag nicht beigefügt war oder bei Gericht abhanden gekommen ist. Es darf dann nicht ohne Weiteres die Festsetzung abgelehnt werden. Daher muss es grundsätzlich auch ausreichen, wenn der Antragsteller erklärt, die Zustimmungserklärung nachzureichen oder wenn der **Auftraggeber die Zustimmungserklärung im Verlaufe des Festsetzungsverfahrens selbst abgibt**. Nur eine solche Auslegung ist praktikabel. Dem Vergütungsschuldner muss Gelegenheit gegeben werden, der Höhe der zur Festsetzung angemeldeten Gebühr zuzustimmen, um damit ein für ihn kostenintensiveres Gerichtsverfahren zu vermeiden. Abgesehen davon könnte jederzeit ein erneuter Festsetzungsantrag mit einer solchen Zustimmungserklärung gestellt werden.

127 Ein **Nichtbestreiten** der Höhe der Vergütung gemäß § 138 Abs. 3 ZPO wird dagegen nicht ausreichen. Erforderlich ist eine ausdrückliche Erklärung des Auftraggebers.

---

[73] Hessischer VGH AGS 2010, 440 = NJW 2010, 3466 = JurBüro 2010, 648 = RVGreport 2010, 413 = DÖV 2010, 948.

Zu beachten ist, dass die Zustimmung **nach Fälligkeit** der Gebühr abgegeben worden sein muss. Anderenfalls handelt es sich nicht um eine Zustimmung. Hat der Auftraggeber in einer Mandatsvereinbarung, die vor Beendigung der Angelegenheit bzw. vor Erledigung des Auftrags geschlossen wurde, der Abrechnung auf der Basis der jeweiligen Mittelgebühr zugestimmt, liegt damit keine ausdrückliche Zustimmung i.S.d. Abs. 8 vor, die es dem Rechtsanwalt ermöglichen würde, die Mittelgebühr gegen seinen Auftraggeber festsetzen zu lassen. Da zu diesem Zeitpunkt die gesetzlich vorgegebenen Erwägungen für den Ansatz einer Rahmengebühr noch nicht möglich sind und mithin die Höhe des gesetzlichen Vergütungsanspruchs noch nicht feststeht, kann der Auftraggeber zu diesem Zeitpunkt noch nicht ausdrücklich der Geltendmachung einer höheren Gebühr als der gesetzlichen Mindestgebühr zustimmen.[74]

128

Fraglich ist, ob sich die Zustimmungserklärung des Auftraggebers nach Abs. 8 an den Vorschriften der §§ 3a ff. messen lassen muss. Sofern Anwalt und Auftraggeber sich verbindlich über die Höhe des im Einzelfall angemessenen Gebührensatzes oder Gebührenbetrages einigen, liegt die getroffene Bestimmung zwar noch im gesetzlichen Gebührenrahmen; die gesetzliche Gebühr ergibt sich jedoch letztlich erst aus der bestimmungsgemäßen Ausübung des Ermessens nach § 14 Abs. 1. Soweit danach ein Gebührensatz oder ein Gebührenbetrag festgelegt wird, der außerhalb des Ermessensspielraums des Anwalts liegt, kann darin eine formbedürftige Vergütungsvereinbarung liegen.[75] Erforderlich ist m.E. daher, dass die Zustimmungserklärung auf jeden Fall nach Abschluss der Angelegenheit datiert. Die Zustimmung muss sich auf die Ermessensausübung nach § 14 Abs. 1 beziehen. Diese wiederum ist aber erst nach Beendigung der Angelegenheit möglich.

129

(4) Überschreiten des Gebührenrahmens. Unzulässig ist die Festsetzung von Rahmengebühren, wenn der gesetzliche Rahmen überschritten ist und zwar auch dann, wenn eine schriftliche Zustimmungserklärung des Auftraggebers vorliegt und auch diese den Voraussetzungen des § 3a genügt. Der Wortlaut des Abs. 1 S. 1 ist eindeutig: Festgesetzt werden kann nur die gesetzliche Vergütung, nicht auch ein vereinbartes Honorar.

130

Hier wäre zu überlegen, ob man den Anwendungsbereich des Abs. 8 zukünftig nicht auch dahin gehend erweitert, dass ein vereinbartes Honorar festgesetzt werden kann. Eine schriftliche Erklärung des Auftraggebers muss nach Abs. 8 ohnehin vorliegen. Sofern der Auftraggeber Einwendungen erhebt, wäre die Festsetzung abzulehnen (Abs. 5). Soweit der Auftraggeber allerdings keine Einwendungen erhebt, besteht kein Grund, die Parteien zu einem kostenintensiveren Rechtsstreit oder Mahnverfahren zu zwingen.

131

b) Auslagen nach VV 7000 ff.

Auslagen nach VV 7000 ff. sind festsetzbar, da diese einen Teil der Vergütung bilden (vgl. § 1 Abs. 1). Insbesondere ist die **Umsatzsteuer** (VV 7008) festzusetzen, sofern die Tätigkeit des Anwalts umsatzsteuerpflichtig ist. Eine Erklärung nach § 104 Abs. 2 S. 3 ZPO muss der Anwalt nicht abgeben. Auf seine Vorsteuerabzugsberechtigung kommt es nämlich nicht an, da es hier um materiell-rechtliche Vergütungsansprüche geht und nicht um Erstattungsansprüche.[76] Dies ist jetzt durch Abs. 2 S. 3 ausdrücklich geregelt.

132

Ist der Partei **Prozesskostenhilfe** bewilligt worden, so kommt eine Festsetzung von Auslagen nach § 122 Abs. 1 Nr. 3 ZPO grundsätzlich nicht in Betracht. Etwas anderes gilt jedoch, wenn die Auslagen von der Staatskasse nicht zu übernehmen sind.[77]

133

> **Beispiel:** Ein auswärtiger Anwalt ist nur eingeschränkt beigeordnet worden.
> Der Anwalt erhält seine Reisekosten (VV 7003 ff.) aus der Staatskasse nur im Umfang der Beschränkung erstattet. Hinsichtlich des darüber hinaus gehenden Betrages greift die Sperre des § 122 Abs. 1 Nr. 3 ZPO nicht. Insoweit kommt ist eine Festsetzung daher möglich.

---

74 LG Zweibrücken AGS 2010, 238 = JurBüro 2010, 140 = RVGreport 2010, 180; LG Cottbus AGS 2013, 18 = zfs 2013, 107 = NJW-Spezial 2013, 60 = RVGreport 2013, 52.

75 Ausführlich *N. Schneider*, Die Vergütungsvereinbarung Rn 817 ff.; *Hansens*, § 3 Rn 2; a.A. AG Landshut AnwBl 1967, 373.

76 LAG Nürnberg JurBüro 1999, 89 = Rpfleger 1999, 99.

77 OLG Nürnberg JurBüro 2001, 481; a.A. AG Ludwigsburg JurBüro 1984, 194 m. Anm. *Mümmler*; OLG Brandenburg AGS 2010, 327 = JurBüro 2010, 434; LAG Mainz KostRsp. BRAGO § 19 Nr. 227 m. abl. Anm. *N. Schneider* (Festsetzung nur, wenn Reisekosten vor Beiordnung angefallen sind).

3. Vergütung nach § 612 BGB

134 Vergütungsansprüche, die der Anwalt aus § 612 BGB herleitet, insbesondere Ansprüche für die Tätigkeit von Hilfspersonen außerhalb des Anwendungsbereichs des § 5, sind nicht nach § 11 festsetzbar.[78]

4. Vereinbarte Vergütung

135 Eine nach § 3a vereinbarte Vergütung ist nie festsetzbar, da es sich nicht um die in Abs. 1 S. 1 geforderte „gesetzliche Vergütung" handelt.[79] Eine Festsetzung der vereinbarten Vergütung scheidet auch insoweit aus, als sie die gesetzliche Vergütung nicht übersteigt.[80] Dies gilt auch dann, wenn nach § 4b S. 1 nicht mehr als die gesetzliche Vergütung geschuldet ist.[81] Festsetzbar ist nur die gesetzliche Vergütung; denn ist ein Honorar vereinbart, haben die Parteien gerade die gesetzliche Vergütung abbedungen.

5. Auslagen nach § 670 BGB

136 Ob neben den Auslagen auch sonstige Aufwendungen, insbesondere für vorgelegte **Gerichts- und Gerichtsvollzieherkosten** oder für vorgeschossene Kosten an Sachverständige etc., festgesetzt werden konnten, war zur BRAGO umstritten. Ein Teil der Rspr. berief sich auf den Wortlaut des § 19 Abs. 1 S. 1 BRAGO, wonach nur die „gesetzliche Vergütung", also die nach der damaligen BRAGO, festsetzbar sei, nicht aber auch lediglich nach § 670 BGB geschuldete Auslagen.[82] Ein anderer Teil der Rspr. ließ dagegen die Festsetzung aus prozessökonomischen Gründen zu.[83] Zum Teil wurde in der Rspr. danach differenziert, ob sich die Vorlage der Kosten und ihre Höhe aus den Gerichtsakten ergebe, was i.d.R. bei der Zahlung von Gerichtskosten, Sachverständigenvorschüssen o.Ä. der Fall war. Der BGH hatte zuletzt in einer stark kritisierten Entscheidung die Festsetzung verauslagter Kosten abgelehnt.[84] Der Gesetzgeber hat hierauf reagiert und die Festsetzung jetzt ausdrücklich für zulässig erklärt (**Abs. 1 S. 1**). Ältere Rspr. zur BRAGO ist daher nicht mehr verwertbar.

137 Eingeschränkt wird die Festsetzbarkeit nach Abs. 1 S. 1 allerdings dadurch, dass diese Aufwendungen „**zu den Kosten des gerichtlichen Verfahrens gehören**" müssen. Das Festsetzungsverfahren soll ausweislich der Begründung „auf solche Aufwendungen beschränkt bleiben, die zu den Kosten des gerichtlichen Verfahrens gehören, weil das Gericht nur insoweit die für eine Festsetzung erforderliche Sachkenntnis besitzt." Diese Formulierung gibt Anlass zu Auslegungsfragen.

138 Eindeutig dürfte sein, dass vom Anwalt **vorgelegte Gerichtskosten**, auch die des Mahnverfahrens, festsetzbar sind. Dasselbe wird für **Zustellungskosten** gelten, soweit Schriftsätze, Vergleiche oder gerichtliche Entscheidungen, wie z.B. eine einstweilige Verfügung oder ein Arrest, im Parteibetrieb zugestellt werden. Gleiches dürfte auch für **Handelsregisterauskünfte** und **Kosten für Grundbuchauszüge** gelten, wenn diese zur Vorbereitung oder im Rechtsstreit eingeholt werden müssen.

---

78 LAG Hamm JurBüro 1994, 732 = MDR 1994, 1049 = Rpfleger 1995, 128.
79 EFH Rpfleger 1992, 82; OLG Frankfurt Rpfleger 1989, 303; *Hansens*, JurBüro Sonderheft 1999, 19; *N. Schneider*, Die Vergütungsvereinbarung, Rn 2381 ff.; *von Eicken/Hellstab/Lappe/Madert/Mathias*, Rn I 16.
80 OLG Frankfurt Rpfleger 1989, 303.
81 *N. Schneider*, Die Vergütungsvereinbarung, Rn 2387.
82 OLG Köln (unter Aufgabe der bisherigen Rspr.) JurBüro 1986, 558 = KostRsp. BRAGO § 19 Nr. 83 m. Anm. *Lappe*; OLGR 1999, 99; OLGR 1993, 250 = Rpfleger 1993, 462; OLG Karlsruhe OLGR 1998, 344; OLG Koblenz AnwBl 1995, 266; Koblenz MDR 1995, 104; Rpfleger 1988, 80 = KostRsp. BRAGO § 19 Nr. 103 m. Anm. *Herget*; KG JurBüro 1993, 417 = KGR 1993, 30 = MDR 1993, 483 = Rpfleger 1993, 304; OLG Frankfurt JurBüro 1989, 1545; OLG Düsseldorf JurBüro 1987, 697 m. Anm. *Mümmler*; OLG Hamm MDR 1987, 243 = AnwBl 1987, 196 = JurBüro 1987, 542; LG Bremen KostRsp. BRAGO § 19 Nr. 2 m. Anm. *Lappe*; LG Landau JurBüro 1991, 1639 = Rpfleger 1991, 341.
83 OLG Brandenburg JurBüro 2001, 372; LG Berlin JurBüro 1998, 30 = Rpfleger 1998, 40; OLG Nürnberg Rpfleger 1995, 433; OLG Frankfurt MDR 1989, 751; OLG München AnwBl 1988, 252 m. Anm. *Madert* = JurBüro 1987, 386 = Rpfleger 1987, 176 = MDR 1987, 418; LG Würzburg JurBüro 1986, 1827; LG Koblenz AnwBl 1985, 269 = KostRsp. BRAGO § 19 Nr. 73 m. Anm. *Lappe*; LG Frankfurt Rpfleger 1984, 433; OLG Köln JurBüro 1991, 1063 (das OLG hat seine Rspr. aber zwischenzeitlich geändert); LG Aachen JurBüro 1992, 29 = Rpfleger 1991, 390; LG Halle AnwBl 1998, 514.
84 AGS 2003, 391 m. Anm. *N. Schneider*.

Schwieriger wird die Frage schon bei **Meldeamtsauskünften** oder **Recherchekosten**, z.B. Kosten einer Datenbankrecherche, Detektivkosten, aufgewandte Kosten für Testkäufe in wettbewerbsrechtlichen Verfahren. Aus Gründen der Prozessökonomie sollte man den Rahmen hier sehr weit stecken. Jedenfalls dann, wenn der Auftraggeber weder die Ersatzpflicht nach § 670 BGB dem Grunde nach in Frage stellt noch die abgerechneten Positionen zur Höhe, sollte nach § 11 festgesetzt werden können. 139

Problematisch sind auch **vereinbarte Auslagen**. 140

> **Beispiel:** Der Anwalt kauft in Absprache mit dem Mandanten ein medizinisches Fachbuch, oder er vereinbart mit dem Mandanten die Übernahme von Übernachtungskosten, obwohl eine Übernachtung nicht erforderlich ist.
> Die Kosten für ein **Fachbuch** zählen nach VV Vorb. 7 Abs. 1 S. 1 zu den allgemeinen Geschäftskosten und sind durch die Gebühren abgegolten.
> Die **Übernachtungskosten** zählen, soweit sie nicht angemessen waren, nicht zu den nach VV 7006 zu ersetzenden Reisekosten. Diese Kosten können daher nur nach § 3a vereinbart werden. Damit sind sie dann aber nicht nach § 670 BGB zu ersetzen, so dass eine Festsetzung nach § 11 ausscheiden muss (zur Festsetzbarkeit eines vereinbarten Honorars siehe Rdn 135).

Ebenfalls problematisch wird es sein, ob der Anwalt Auslagen, die er im **Schlichtungsverfahren nach § 15a EGZPO** vorgelegt hat, nach § 11 festsetzen lassen kann. Die kontroverse Rspr. zur Festsetzung nach §§ 103 ff. ZPO[85] wird sich wohl auf das Vergütungsfestsetzungsverfahren übertragen. Da allerdings die Kosten des Güte- oder Schlichtungsverfahrens nach § 91 Abs. 3 ZPO zu den Kosten des Rechtsstreits zählen, dürften hinsichtlich dieser Kosten keine Bedenken bestehen. 141

Unabhängig von den bestehenden Unklarheiten sollte der Anwalt ohnehin niemals Gerichtskosten, Gerichtsvollzieherkosten o.Ä. vorlegen. Er sollte vielmehr dem Auftraggeber die entsprechenden Rechnungen oder Zahlungsanforderungen mit der Aufforderung übersenden, die angeforderten Kosten selbst unmittelbar einzuzahlen. Der Anwalt vermeidet damit nicht nur das Insolvenzrisiko, sondern auch überflüssigen Buchungsaufwand in seinem eigenen Betrieb. 142

6. Zinsen

Nach Abs. 2 S. 3 i.V.m. § 104 Abs. 1 S. 2 ZPO sind auch Zinsen auf die zugesprochene Vergütung festsetzbar.[86] Der Zinssatz beläuft sich auf fünf Prozentpunkte über dem Basiszins nach § 247 BGB. 143

> **§ 247 BGB Basiszinssatz**
>
> (1) ¹Der Basiszinssatz beträgt 3,62 Prozent. ²Er verändert sich zum 1. Januar und 1. Juli eines jeden Jahres um die Prozentpunkte, um welche die Bezugsgröße seit der letzten Veränderung des Basiszinssatzes gestiegen oder gefallen ist. ³Bezugsgröße ist der Zinssatz für die jüngste Hauptrefinanzierungsoperation der Europäischen Zentralbank vor dem ersten Kalendertag des betreffenden Halbjahrs.
>
> (2) ¹Die Deutsche Bundesbank gibt den geltenden Basiszinssatz unverzüglich nach den in Absatz 1 Satz 2 genannten Zeitpunkten im Bundesanzeiger bekannt.

III. Verfahren

1. Zuständigkeit

a) Grundsatz

Nach Abs. 1 S. 1 ist das Gericht des **ersten Rechtszuges** zuständig. Danach kommt also die Festsetzung nicht nur vor den ordentlichen Gerichten in Betracht, sondern auch – wie sich aus Abs. 3 ergibt – vor den Gerichten der **Verwaltungs-, der Finanz- und der Sozialgerichtsbarkeit**. In Arbeitsgerichtssachen ist das **Arbeitsgericht** zuständig, in Familiensachen das FamG. 144

---

85 Für eine Erstattung: OLG Hamburg MDR 2002, 115; LG Nürnberg-Fürth WM 2003, 340 = NJW 2003, 615; gegen eine Erstattung: LG München I Rpfleger 1997, 408.

86 Ausführlich *Hansens*, AnwBl 2002, 11.

145 Soweit das erstinstanzliche Verfahren vor einem OLG, OVG/VGH, LSG oder dem BVerwG stattfindet, ist dieses Gericht zuständig.

> **Beispiel:** Der Anwalt war in einem Arrestverfahren vor dem OLG als Gericht der Hauptsache (§ 943 Abs. 1 ZPO) tätig.
> Soweit der Anwalt die Festsetzung der Vergütung für das Arrestverfahren beantragt, ist das OLG zuständig. Für die Festsetzung der Vergütung des Hauptsacheverfahrens – auch für das Berufungsverfahren – ist dagegen das LG zuständig.

146 Funktionell zuständig ist grundsätzlich der **Rechtspfleger** (§ 21 Nr. 2 RPflG). In Verfahren vor der Verwaltungs-, der Finanz- und der Sozialgerichtsbarkeit ist der **Urkundsbeamte der Geschäftsstelle** zuständig (Abs. 3 S. 1).

b) Verweisung

147 Ist der Rechtsstreit verwiesen worden, so ist für die gesamte Vergütung, auch dann, wenn der Anwalt nur vor dem verweisenden Gericht tätig geworden ist, das Gericht zuständig, das letztlich erstinstanzlich zur Entscheidung berufen war;[87] dies gilt auch bei einer Verweisung zwischen den Rechtswegen.[88]

c) Mahnverfahren

148 Für die im Mahnverfahren entstandenen Kosten ist nach Auffassung des BGH (noch zu § 19 BRAGO) das Gericht des ersten Rechtszuges im streitigen Verfahren zuständig, und zwar auch dann, wenn das streitige Verfahren nicht durchgeführt worden ist, und nicht das Mahngericht.[89] Im Falle einer Urheberrechtssache siehe Rdn 149. A.A. ist das OLG Naumburg, das das Mahngericht als zuständig ansieht, wenn es nicht zum streitigen Verfahren kommt und sich ausdrücklich gegen die vorgenannte Entscheidung des BGH wendet.[90] Kommt es zum streitigen Verfahren, dann ist immer das erstinstanzliche Prozessgericht zuständig.

d) Urheberrechtsverfahren

149 Die Zuständigkeit für die Festsetzung der Rechtsanwaltsvergütung in urheberrechtlichen Streitigkeiten liegt bei dem Rechtspfleger des Gerichts, bei dem die Zuständigkeit für Urheberrechtssachen in der Hauptsache konzentriert ist. Das gilt auch, wenn sich die Hauptsache erledigt hat, bevor es zur Abgabe der Sache vom Mahngericht an das Prozessgericht gekommen ist.[91]

e) Güteverfahren

150 Die Vergütung für die Tätigkeit in einem Güteverfahren (VV 2303 Nr. 1) ist von dem Gericht festzusetzen, das mit dem anschließenden Rechtsstreit befasst ist.[92] Kommt es allerdings nicht zu einem anschließenden gerichtlichen Verfahren, scheidet eine Festsetzung aus.[93]

---

[87] LAG Düsseldorf JurBüro 1995, 649; *Hansens*, JurBüro Sonderheft 1999, 21.
[88] *Hansens*, JurBüro Sonderheft 1999, 21.
[89] BGH AnwBl 1991, 600 = MDR 1991, 998 = NJW 1991, 2084 = Rpfleger 1991, 389 = KostRsp. BRAGO § 19 Nr. 123 m. abl. Anm. *Lappe*; LG Hagen, Beschl. v. 10.9. 2008 – 7 ZustG 1/08 (juris).
[90] AGS 2008, 186 = NJW 2008, 1238 = NJW-Spezial 2008, 220 = NJ 2008, 128 = OLGR 2008, 437 = RVGreport 2008, 215.
[91] OLG Frankfurt AGS 2015, 277.
[92] LAG Hamm JurBüro 1989, 197 = AnwBl 1989, 625.
[93] OLG München Rpfleger 1994, 316; LAG Hamm JurBüro 1989, 197 = AnwBl 1989, 625.

Abschnitt 1. Allgemeine Vorschriften § 11

f) Zwangsvollstreckung

Umstritten war früher die Zuständigkeit in Zwangsvollstreckungssachen. Hier wurde früher zum Teil die Auffassung vertreten, zuständig sei das **Prozessgericht**.[94] Demgegenüber hat die wohl h.M. das **Vollstreckungsgericht** auch in Verfahren nach § 11 als zuständig angesehen.[95] Seitdem § 788 Abs. 2 S. 1 ZPO geändert worden ist und für die Festsetzung von zu erstattenden Vollstreckungskosten jetzt kraft gesetzlicher Regelung ausschließlich das Vollstreckungsgericht zuständig ist, wird diese Zuständigkeit auch auf das Vergütungsfestsetzungsverfahren übertragen.[96] **Örtlich** zuständig ist danach das Gericht, in dessen Bezirk die letzte Vollstreckungshandlung vorgenommen worden ist, und zwar für sämtliche bislang in dieser Sache angefallenen Vollstreckungsvergütungen.[97] Dies hat der BGH in einer Grundsatzentscheidung zwischenzeitlich klargestellt.[98] 151

In ihrer Begründung und in ihren Auswirkungen überzeugt die Entscheidung des BGH nicht. Siehe hierzu *Hansens*,[99] der zu Recht darauf hinweist, dass sich die Zuständigkeit ausschließlich nach Abs. 1 S. 1 richtet, der anderenfalls überflüssig wäre. Er weist zudem darauf hin, dass es an einer entsprechenden Regelung für Vollstreckungsverfahren in der VwGO, FGO und im SGG fehlt, so dass es dort bei der Zuständigkeit des Prozessgerichts bleibt, etwa dann, wenn die Vergütung aus einem Verfahren des Verwaltungszwangs zur Festsetzung angemeldet werde. Im Übrigen ist es äußerst unpraktikabel, wenn der Anwalt seine Vergütung aus dem Erkenntnisverfahren vor dem Prozessgericht festsetzen lassen muss und seine Vergütung in der Zwangsvollstreckung vor dem Vollstreckungsgericht.[100] 152

Die Problematik, die sich im Rahmen des § 788 ZPO ergibt, wenn es an einem gerichtlichen Verfahren fehlt, etwa bei der Festsetzung der Kosten einer Vollstreckungsandrohung oder bei der Vollstreckung aus notariellen Urkunden, stellt sich im Rahmen des § 11 nicht, da hier nur die Vergütung aus einem gerichtlichen Verfahren festsetzbar ist. 153

g) Prozess-/Verfahrenskostenhilfeprüfungsverfahren

Gericht des ersten Rechtszugs i.S.v. § 11 Abs. 1 S. 1 ist bei einem isolierten Prozesskostenhilfeantrag das Gericht, bei dem das Prozesskostenhilfegesuch eingereicht wurde.[101] 154

2. Antrag

a) Form

Erforderlich ist ein Antrag, der schriftlich oder zu Protokoll der Geschäftsstelle gegeben werden kann (Abs. 6). Der Antrag unterliegt nicht dem Anwaltszwang, auch dann nicht, wenn das Verfahren vor dem LG oder dem OLG oder einem obersten Bundesgericht stattfindet (Abs. 6). 155

---

94 OLG Stuttgart AGS 2005, 65 = NJW 2005, 759 = Rpfleger 2005, 217 = OLGR 2005, 264 = Justiz 2005, 245; OLG Hamm JurBüro 1983, 1656 = MDR 1983, 1034 = Rpfleger 1983, 499; AnwBl 1985, 221; OLG Köln JurBüro 1981, 54 (Zwangsversteigerung); LG Düsseldorf JurBüro 1987, 65.

95 OLG München Rpfleger 1985, 324 = MDR 1985, 682 = JurBüro 1985, 1191; OLG Celle AGS 2015, 451 = NdsRpfl 2015, 328 = JurBüro 2016, 19 = RVGreport 2015, 418.

96 OLG Köln MDR 2000, 1276 = Rpfleger 2001, 296 = BRAGOreport 2001, 56 m. Anm. *Hansens*; OLG Koblenz BRAGOreport 2002, 136 m. Anm. *Hansens* = JurBüro 2002, 199; LG Dortmund Rpfleger 2000, 40; BayObLG AGS 2003, 270; OLG Stuttgart AGS 2005, 65 m. Anm. *Mock* u. *N. Schneider* = NJW 2005, 759 = Rpfleger 2005, 217 = OLGR 2005, 264 = Justiz 2005, 245 = RVG-Letter 2005, 22 = RVGreport 2005, 67 = Prozessrecht aktiv 2005, 47 = RVG-B 2005, 104 m.

Anm. *N. Schneider*; a.A. LAG Hamm AGS 2001, 284 = BRAGOreport 2002, 57 m. Anm. *Hansens* = MDR 2002, 59.

97 OLG Köln MDR 2000, 1276 = Rpfleger 2001, 296.

98 AGS 2005, 208 m. Anm. *Mock* = NJW 2005, 1273 = Rpfleger 2005, 322 = FamRZ 2005, 883 = InVo 2005, 292 = BGHReport 2005, 883 = MDR 2005, 832 = JurBüro 2005, 421 m. Anm. *Enders* = EBE/BGH 2005, BGH-Ls 342/05 = RVGreport 2005, 184 = RVG-Letter 2005, 50 = Vollstreckung effektiv 2005, 101 = RVG-B 2005, 123 m. Anm. *Mock* = ProzRB 2005, 229 m. Anm. *Riedel*.

99 JurBüro Sonderheft 1999, 21; BRAGOreport 2001, 57; RVGreport 2004, 83.

100 So im Ergebnis AG Erding KostRsp. BRAGO § 19 Nr. 13.

101 FG Sachsen Anhalt AGS 2015, 330 = EFG 2015, 1306 = NJW-Spezial 2015, 540 = RVGreport 2015, 335.

b) Antrag des Anwalts

156 Reicht der Anwalt den Vergütungsfestsetzungsantrag nach § 11 ein, so muss er einen **bestimmten und bezifferten Antrag** stellen. Er muss also angeben, welche Vergütung und in welcher Höhe er festzusetzen beantragt. Darüber hinaus ist die **Verzinsung** nach § 104 Abs. 1 S. 2 ZPO zu beantragen, sofern sie begehrt wird.

157 Auch nach Eröffnung des Insolvenzverfahrens gegen den Auftraggeber ist ein Festsetzungsverfahren möglich, allerdings nicht mit dem Ziel der Vergütungsfestsetzung, sondern nur mit dem Antrag auf Feststellung des Vergütungsanspruchs zur Insolvenztabelle.[102]

158 Sofern die Festsetzung einer Rahmengebühr beantragt wird, ist die Zustimmungserklärung des Auftraggebers beizufügen (Abs. 8), es sei denn, es wird nur die Festsetzung der Mindestgebühr beantragt (zum Nachreichen der Erklärung siehe Rdn 126). Fehlt die Erklärung, ist der Antrag als unzulässig abzuweisen (siehe Rdn 125 f.).

159 Der Antrag ist erst zulässig, wenn die Vergütung **fällig** (§ 8) und dem Auftraggeber eine **Kostenrechnung** (§ 10) erteilt worden ist oder ihm spätestens im Festsetzungsverfahren übermittelt wird.[103]

160 Wird eine Vergütungsfestsetzung trotz bewilligter Prozesskostenhilfe beantragt, so ist der Antrag erst zulässig, wenn über die Prozesskostenhilfevergütung abschließend entschieden worden ist.[104]

161 Eine Kostenberechnung muss der Anwalt nicht beifügen.[105] Zwar ist Voraussetzung für eine Festsetzung, dass dem Auftraggeber eine Berechnung mitgeteilt worden ist (§ 10 Abs. 1); diese muss im Vergütungsfestsetzungsverfahren jedoch nicht erneut vorgelegt werden. Hat der Mandant die Kostenberechnung bereits erhalten, so ist die erneute Vorlage einer Kostenrechnung im Vergütungsfestsetzungsverfahren nicht erforderlich. Gleichwohl ist sie zweckmäßig, um die abgerechneten Gebühren darzustellen. Auf jeden Fall hat der Antrag eine nachvollziehbare Berechnung zu enthalten, da auch feststehen muss, über welche Beträge rechtskräftig entschieden wird.

162 Hat der Auftraggeber bislang noch keine Kostenrechnung nach § 10 erhalten, so muss diese spätestens mit dem Vergütungsfestsetzungsantrag übersandt oder nachgereicht werden, und zwar in der nach § 10 vorgeschriebenen Form, also insbesondere vom Anwalt unterzeichnet. Die üblicherweise beizufügende beglaubigte Abschrift des Antrags dürfte hierfür ausreichen, wenn die Unterschrift von dem beauftragten Anwalt stammt (siehe § 10 Rdn 56 ff.).

163 Soweit der Anwalt bereits **Zahlungen** oder **Vorschüsse** erhalten hat, sind diese anzugeben, da getilgte Beträge nach **Abs. 1 S. 2** abzusetzen sind.

164 Anzugeben sind auch anderweitig gezahlte Gebühren, die **anzurechnen** sind und daher nach § 15a Abs. 1 zu einer Verringerung der Vergütung führen. So muss der Anwalt, wenn er die Festsetzung einer Verfahrensgebühr beantragt, angeben, dass er bereits Zahlungen auf die nach VV Vorb. 3 Abs. 4 anzurechnende Geschäftsgebühr nach VV 2300 erhalten hat.

165 Problematisch ist die Lage, wenn der Mandant Zahlungen oder Vorschüsse ohne einen konkreten Tilgungszweck geleistet hat.

Beispiel: Dem Anwalt stehen folgende Gebühren nach einem Gegenstandswert von 3.000 EUR zu:
Außergerichtliche Tätigkeit:
1. 1,8-Geschäftsgebühr, VV 2300   361,80 EUR
2. Postentgeltpauschale, VV 7002   20,00 EUR
     Zwischensumme   381,80 EUR
3. 19 % Umsatzsteuer, VV 7008   72,54 EUR
Gesamt   **454,34 EUR**

---

102 OLG Karlsruhe AGS 2007, 95 = OLGR 2006, 843 = FamRZ 2007, 231; OLG München OLGR 2004, 185 = ZIP 2003, 2318 = Rpfleger 2004, 125 = RVGreport 2004, 40.
103 OLG Düsseldorf AnwBl 1988, 252 = JurBüro 1988, 867 = Rbeistand 1988, 89 = KostRsp. BRAGO § 19 Nr. 106 m. Anm. *Herget*.
104 OLG Schleswig OLGR 2002, 466 = KostRsp. § 19 BRAGO Nr. 218 m. Anm. *N. Schneider*.
105 So aber *Hansens*, JurBüro Sonderheft 1999, 20.

Rechtsstreit:
1. 1,3-Verfahrensgebühr, VV 3100 — 261,30 EUR
2. anzurechnen gem. VV Vorb. 3 Abs. 4, 0,75 aus 3.000 EUR — – 150,75 EUR
3. 1,2-Terminsgebühr, VV 3104 — 241,20 EUR
4. Postentgeltpauschale, VV 7002 — 20,00 EUR
   Zwischensumme — 371,75 EUR
5. 19 % Umsatzsteuer, VV 7008 — 70,63 EUR
Gesamt — **442,38 EUR**

Der Auftraggeber zahlt ohne nähere Angaben nach Erhalt der beiden Rechnungen einen Betrag i.H.v. 600 EUR. Der Anwalt meldet daraufhin die Vergütung für den Rechtsstreit zur Festsetzung an, da er die Zahlung auf die außergerichtliche Vergütung verrechnet.

166 Nach einer Auffassung kommt eine Festsetzung der Vergütung nur in Betracht, wenn der Mandant sich ausdrücklich damit einverstanden erklärt, dass der gezahlte Betrag auf die außergerichtlichen Gebühren zu verrechnen sei; anderenfalls scheide eine Festsetzung aus.[106] Ebenso wohl OLG Karlsruhe,[107] wenn der Auftraggeber einen Vorschuss ausdrücklich auf verauslagte Gerichtskosten gezahlt hat. Nach anderer Auffassung ist die vom Anwalt vorgenommene Verrechnungsbestimmung unbeachtlich und der Zahlbetrag auf die zur Festsetzung angemeldete Vergütung zu verrechnen.[108] Nach einer dritten Auffassung ist die Verrechnungsweise des Rechtsanwalts im Festsetzungsverfahren nicht zu überprüfen. Soweit der Mandant keine Einwendungen erhebt, ist die Verrechnung so hinzunehmen. Erhebt der Mandant Einwendungen, so ist die Festsetzung insoweit wegen außergebührenrechtlicher Einwendungen nach Abs. 5 S. 1 zurückzuweisen.[109]

167 Zutreffend dürfte es m.E. sein, § 366 BGB anzuwenden. Soweit der Anwalt eine Tilgungsbestimmung vorträgt – nicht schon, wenn er selbst eine Verrechnung eigenmächtig vornimmt –, ist diese maßgebend. Ist die Verrechnungsbestimmung nicht vorgetragen, gilt die Reihenfolge des § 366 Abs. 2 BGB. Bestreitet der Auftraggeber die vom Anwalt vorgetragene Tilgungsbestimmung oder behauptet der Auftraggeber eine von § 366 Abs. 2 BGB abweichende Verrechnungsbestimmung, so ist die Festsetzung wegen außergebührenrechtlicher Einwendungen nach Abs. 5 S. 1 abzulehnen.

168 Der Anwalt hat den Ansatz der von ihm zur Festsetzung angemeldeten Gebühren **glaubhaft** zu machen (§ 294 ZPO). Für Auslagen nach VV 7002 (Post- und Telekommunikationsdienstleistungen) genügt die Versicherung des Anwalts, dass die Auslagen entstanden sind.

169 Eine Erklärung nach § 104 Abs. 2 S. 3 ZPO braucht der Anwalt nicht abzugeben, da es im Vergütungsfestsetzungsverfahren nicht auf eine Vorsteuerabzugsberechtigung ankommt. Festgesetzt wird kein Erstattungsanspruch, sondern ein materiell-rechtlicher Anspruch.[110] Dies ist jetzt in Abs. 2 S. 3 klargestellt.

170 Hat der Auftraggeber die Vergütung bereits gezahlt, kommt eine Festsetzung nicht mehr in Betracht. Ein entsprechender Antrag wäre unzulässig;[111] anders allerdings beim Antrag des Auftraggebers (siehe Rdn 171 f.).

c) Antrag des Auftraggebers

171 Auch der **Auftraggeber** kann einen Antrag auf Vergütungsfestsetzung stellen. Hier ist ein bezifferter Antrag nicht erforderlich. Der Antrag auf Feststellung ist dahin gehend zu richten, dass dem Rechtsanwalt die von ihm berechnete Vergütung ganz oder teilweise nicht zusteht.[112] Der Auftraggeber muss allerdings konkret angeben, für welches Verfahren er die Festsetzung der Vergütung beantragt, damit das Gericht dem Anwalt aufgeben kann, die Berechnung seiner Vergütung einzureichen. In aller Regel wird sich der Auftraggeber auf eine ihm bereits vorliegende Rechnung berufen und beantragen, dass die in dieser Rechnung ausgewiesene Vergütung in rechtmäßiger Höhe festgesetzt werde.

---

106 OLG München JurBüro 1974, 1136; OLG Hamm JurBüro 1976, 1657.
107 OLGR 1998, 344.
108 OLG Schleswig SchlHA 1975, 201.
109 KG JurBüro 1978, 534 = Rpfleger 1978, 33.
110 LAG Nürnberg JurBüro 1999, 89 = Rpfleger 1999, 99.
111 OLG Schleswig SchlHA 1980, 204; Hansens, JurBüro Sonderheft 1999, 21.
112 OLG Köln, Beschl. v. 15.6.2015 – 17 W 330/14; OLG Nürnberg AGS 2006, 346 = JurBüro 2006, 257 = OLGR 2006, 496; LAG Nürnberg JurBüro 1996, 263; OLG Köln JurBüro 1984, 1356.

172 Im Gegensatz zum Festsetzungsantrag des Anwalts ist es unschädlich, wenn der Auftraggeber bereits gezahlt hat. Er muss sich insoweit nicht auf eine Bereicherungsklage verweisen lassen. Insbesondere ist daher der Festsetzungsantrag zulässig, wenn der Auftraggeber bislang nur Vorschüsse gezahlt,[113] aber auch dann, wenn er die Rechnung bereits ausgeglichen hat. Zulässig ist auch der Antrag, dass dem Anwalt über die bereits gezahlte Vergütung hinaus keine weitere Vergütung mehr zustehe.[114]

173 Einen Vollstreckungstitel erhält der Auftraggeber allerdings nicht. Er kann nicht die Festsetzung mit dem Ziel der Rückzahlung zu viel gezahlter Vorschüsse oder einer zu viel gezahlten Vergütung betreiben. Allerdings ist ein Gericht im späteren Rückzahlungsprozess an die rechtskräftige Festsetzung gebunden, so dass der Auftraggeber hier die Voraussetzungen für eine Rückzahlungsklage schaffen kann.

174 Möglich ist auch eine **Rückfestsetzung** (siehe Rdn 320 ff.).

3. Zustellungskostenvorschuss

175 Strittig ist, ob der Antragsteller einen **Vorschuss** für die **Zustellungskosten** zu leisten hat (zur Erhebung von Zustellungskosten siehe Rdn 344 ff.). Unabhängig davon, ob Zustellungskosten zu erheben sind, besteht keine Vorschusspflicht, da diese gesetzlich nicht normiert und eine Analogie zu Lasten des Kostenschuldners nicht möglich ist.[115] Nach wohl überwiegender Auffassung ist die Erhebung eines Kostenvorschusses zulässig.[116] Unzulässig ist es jedoch, den Erlass des Festsetzungsbeschlusses von der Einzahlung des Vorschusses abhängig zu machen. Nur die Zustellung des Beschlusses, nicht aber auch sein Erlass, dürfen von der Einzahlung des Kostenvorschusses abhängig gemacht werden.[117]

4. Rechtliches Gehör

176 Nach **Abs. 2 S. 2** sind die Beteiligten zu hören. Dem jeweiligen Antragsgegner ist also der Antrag durch Übersendung einer Abschrift zuzusenden. Eine formlose Anhörung reicht aus. In Zweifelsfällen, insbesondere dann, wenn nicht feststeht, ob der Auftraggeber eine Rechnung erhalten hat, sollte der Antrag zugestellt werden.[118] Ist der Antragsteller unbekannten Aufenthalts, so kommt die öffentliche Zustellung zum Zwecke der Anhörung in Betracht.[119]

177 Beabsichtigt das Gericht, den Antrag als unbegründet abzuweisen oder die Vergütungsfestsetzung nach Abs. 5 S. 1 als unzulässig abzulehnen, soll rechtliches Gehör nicht gewährt werden müssen.[120] Ich halte dies für bedenklich, da dem Antragsgegner zumindest die Möglichkeit gegeben werden muss, von seinen nichtgebührenrechtlichen Einwendungen Abstand zu nehmen, um einen kostspieligen Honorarprozess zu vermeiden. Gleiches muss gelten, wenn einem Antrag auf Festsetzung von Rahmengebühren die Zustimmungserklärung des Auftraggebers (vgl. Abs. 8) nicht beigefügt war.

5. Begründetheit

a) Keine Einwendungen des Auftraggebers

178 Erhebt der Auftraggeber gegen die zur Festsetzung angemeldete Vergütung keine Einwendungen, so ist der Antrag des Anwalts begründet, wenn er schlüssig ist, d.h. wenn die zur Festsetzung angemeldeten Gebühren und Auslagen nach dem Vortrag des Anwalts in dieser Höhe entstanden sind. Soweit dem Anwalt nach seinem eigenen Vorbringen der Vergütungsanspruch nicht zusteht, ist der Antrag als unbegründet zurückzuweisen.

---

113 LAG Nürnberg JurBüro 1996, 263.
114 OLG Köln JurBüro 1984, 1356.
115 LG Berlin Rpfleger 1986, 73; *Hartmann*, § 68 GKG Rn 8; *Hansens*, JurBüro Sonderheft 1999, 21.
116 OLG Köln AGS 2000, 208 m. Anm. *Baronin von König* = KostRsp. BRAGO § 19 Nr. 189 m. abl. Anm. *N. Schneider*; LG Bonn AGS 2000, 210; LG Köln AGS 2000, 209.
117 OLG Köln AGS 2000, 208 m. Anm. *Baronin von König* = KostRsp. BRAGO § 19 Nr. 189 m. abl. Anm. *N. Schneider*.
118 OLG Frankfurt JurBüro 1983, 1517.
119 OLG Hamburg JurBüro 1976, 60; LG Berlin NJW 1959, 1374; a.A. LG Bielefeld NJW 1960, 1817; 1961, 148.
120 *Hansens*, JurBüro Sonderheft 1999, 21.

Auch im Verfahren vor den Verwaltungs-, Sozial- oder Finanzgerichten gilt der Beibringungsgrundsatz. Der Sachverhalt ist nicht von Amts wegen zu ermitteln oder zu prüfen.[121] **179**

Nach Auffassung des BayVGH[122] sind die Beauftragung und die Vollmacht des antragstellenden Rechtsanwalts im Festsetzungsverfahren von Amts wegen zu prüfen. **180**

b) Einwendungen des Auftraggebers

aa) Einwendungen zum Gegenstandswert. Bestreitet der Auftraggeber den vom Rechtsanwalt angesetzten **Gegenstandswert**, so darf das Gericht hierüber nicht entscheiden. Es muss vielmehr nach **Abs. 4** das Festsetzungsverfahren aussetzen und die Sache an das jeweilige Prozessgericht abgeben, das dann nach §§ 32 Abs. 1, 33 Abs. 1, 38 Abs. 1 die Höhe des Gegenstandswerts festsetzt.[123] Nach rechtskräftiger Festsetzung ist das Vergütungsfestsetzungsverfahren weiter zu betreiben. Das Gericht ist im Vergütungsfestsetzungsverfahren an die Streitwertentscheidung gebunden. **181**

Es handelt sich keineswegs um einen nichtgebührenrechtlichen Einwand, der nach Abs. 5 zur Unzulässigkeit der Vergütungsfestsetzung führen würde. **182**

Hat zwar keiner der Beteiligten, aber das Festsetzungsorgan Bedenken gegen die Richtigkeit des angesetzten Gegenstandswertes, so kann es – wenn die Wertfestsetzung nach **§ 32 Abs. 1 GKG** bindend ist – die **erstmalige Wertfestsetzung** oder eine **amtswegige Korrektur** beantragen.[124] Es kann dagegen nicht **Erinnerung oder Beschwerde** gegen die Wertfestsetzung einlegen. **183**

Richtet sich die Wertfestsetzung in dem zugrunde liegenden Verfahren dagegen **ausschließlich nach § 33 Abs. 1**, steht nur dem Anwalt und dem Gebührenschuldner das Antragsrecht zu. Der Festsetzungsbeamte darf dann weder die **erstmalige Wertfestsetzung** oder eine **amtswegige Korrektur** beantragen.[125] Erst recht kann er nicht **Erinnerung oder Beschwerde** gegen die Wertfestsetzung einlegen. **184**

Eine während des Vergütungsfestsetzungsverfahrens ergehende **Abänderung der Festsetzung** ist stets zu beachten. **185**

Wird der Gegenstandswert erst **nach Abschluss** des Vergütungsfestsetzungsverfahren gerichtlich abgeändert, so gilt § 107 ZPO entsprechend (Abs. 2 S. 3) (siehe Rdn 316). **186**

bb) Gebührenrechtliche Einwände. Erhebt der Mandant gebührenrechtliche Einwände, so hat das Gericht diese in vollem Umfang zu überprüfen. Zu solchen gebührenrechtlichen Einwänden gehört der Vortrag, **187**
– der Tatbestand einer bestimmten Gebührenvorschrift sei nicht erfüllt,[126]
– der Anwalt habe nach einer unzutreffenden Vorschrift abgerechnet,
– es liege eine unzulässige Nachliquidation vor,[127]
– die Mitwirkung des Anwalts an einer außergerichtlichen Einigung sei nicht für den Abschluss ursächlich gewesen,[128]
– die Vergütung sei noch nicht fällig,[129]

---

121 Hessischer VGH = NJW 2007, 3738 = RVGreport 2008, 20; VGH München, Beschl. v. 2. 4. 2009 – 13 M 09.322.
122 BayVBl 1985, 542.
123 OLG Brandenburg AGS 2014, 65; LAG Rheinland-Pfalz AGkompakt 2012, 120 = NZA-RR 2012, 657 = NJW-Spezial 2012, 637 =RVGreport 2012, 416; FG Sachsen Anhalt AGS 2014, 222 = EFG 2013, 1608; so auch zum Kostenfestsetzungsverfahren nach den §§ 103 ff. ZPO: BGH AGS 2014, 246 = ZInsO 2014, 855 = MDR 2014, 566 = ZIP 2014, 1047 = NZI 2014, 473 = NJW-RR 2014, 765 = WM 2014, 1238 = Rpfleger 2014, 450 = AnwBl 2014, 564 = RVGreport 2014, 240 = NJW-Spezial 2014, 380 = JurBüro 2014, 364 = RVGprof. 2014, 131.
124 *Von Eicken/Hellstab/Lappe/Madert/Mathias*, Die Kostenfestsetzung, Rn I 25.
125 *Von Eicken/Hellstab/Lappe/Madert/Mathias*, Die Kostenfestsetzung, Rn I 25.
126 VG München, Beschl. v. 5.11.2012 – H M 16 M 12.3908 (hier Terminsgebühr sei tatbestandlich nicht entstanden); OLG Köln MDR 2012, 1498 = JurBüro 2013, 87 (Einigungsgebühr sei tatbestandlich nicht entstanden).
127 KG JurBüro 1971, 1029 = Rpfleger 1972, 66 = AnwBl 1972, 24.
128 *Hansens*, JurBüro Sonderheft 1999, 22; a.A. KG JurBüro 1980, 72; OLG Frankfurt JurBüro 1987, 1799 (außergerichtlicher Einwand).
129 *Hansens*, JurBüro Sonderheft 1999, 22.

- die Beiordnung des Anwalts erstrecke sich gemäß § 624 Abs. 2 ZPO a.F. = § 149 FamFG auch auf Folgesachen,[130]
- die Vergütung sei verjährt, weil der Festsetzungsantrag nicht rechtzeitig eingegangen sei (str., siehe Rdn 240).

Vgl. im Einzelnen Rdn 200 ff.

188 **cc) Nichtgebührenrechtliche Einwände.** Erhebt der Auftraggeber Einwände, die ihren Grund **außerhalb des Gebührenrechts** haben, muss das Gericht die Festsetzung nach **Abs. 5 S. 1** ablehnen. Der Anwalt hat dann nur die Möglichkeit, seine Vergütung im Mahn- oder Klageverfahren geltend zu machen.

189 Zu berücksichtigen ist, dass die Festsetzung nur insoweit abgelehnt werden darf, als die Einwendungen überhaupt durchgreifen können. Wenn sich also die Einwendungen nur gegen einen Teil der Vergütung richten oder lediglich zu einer Reduzierung der Gebühren führen würden, ist in Höhe des verbleibenden Betrags festzusetzen. Der Anwalt ist dann nach Abs. 5 S. 1 nur hinsichtlich des Mehrbetrags auf den ordentlichen Rechtsweg zu verweisen (siehe Rdn 261 ff.).

190 Auch führt nicht jeglicher Einwand zu einer Ablehnung nach Abs. 5 S. 1. Einwände, die **offensichtlich unbegründet**,[131] **halt- oder substanzlos**[132] oder vorgeschoben[133] sind, können unberücksichtigt bleiben. Allerdings findet **keine Schlüssigkeitsprüfung** statt. Auch dann, wenn der Auftraggeber unschlüssige Einwendungen erhebt, ist die Festsetzung abzulehnen; es ist nicht Aufgabe des Rechtspflegers oder des Urkundsbeamten der Geschäftsstelle, materiell-rechtliche Schlüssigkeitsprüfungen anzustellen.[134]

191 Die beachtlichen Einwendungen müssen allerdings nicht substantiiert vorgetragen werden[135] und einer Schlüssigkeitsprüfung standhalten. Es genügt vielmehr, wenn sie erkennen lassen, dass die Partei sie aus konkreten Umständen herleitet, die ihren Grund nicht im Gebührenrecht haben.[136]

192 Unbeachtlich bleiben Einwendungen auch dann, wenn sie sich aus dem zu den Akten gereichten Schriftwechsel zwischen Anwalt und Partei **offensichtlich widerlegen** lassen.[137] So ist der Einwand des Auftraggebers, er habe dem Rechtsanwalt keinen Auftrag erteilt, unbeachtlich, wenn sich aus aktenkundigen Schreiben des Mandanten zweifelsfrei ergibt, dass er den Anwalt beauftragt hat.[138]

193 Darüber hinaus ist ungeachtet außergebührenrechtlicher Einwendungen die Festsetzung vorzunehmen, wenn die Einwände „**aus der Luft gegriffen**" sind[139] und offenkundig auf der Hand liegt, dass der Einwand oder die Einrede unter keinem denkbaren Gesichtspunkt Bestand haben kann.[140] Um einen solchen nicht zu berücksichtigenden Einwand handelt es sich z.B., wenn die Partei vorträgt, der Anwalt habe die Erstattungsforderung vom Gegner nicht mit dem notwendigen Nachdruck beigetrieben[141] oder der Anwalt habe es unterlassen, gegen eine Kostenentscheidung Rechtsmittel

---

130 OLG Hamburg JurBüro 1995, 426.
131 LAG Berlin-Brandenburg NZA-RR 2008, 205 = RVGreport 2007, 420 = NZA 2008, 430; OLG Frankfurt JurBüro 1984, 869 m. Anm. *Mümmler*; VGH Baden-Württemberg KostRsp. BRAGO § 19 Nr. 30.
132 OLG Brandenburg BRAGOreport 2003, 199 m. Anm. *Hansens* = MDR 2003, 1202 = Rpfleger 2003, 536.
133 LAG Berlin RVGreport 2006, 301.
134 OLG Frankfurt/M AGS 2006, 557; OLG Düsseldorf AGS 2007, 628 = OLGR 2008, 99 = JurBüro 2008, 91 = BRAK-Mitt 2007, 274; KG Rpfleger 2007, 616 = KGR 2007, 926 = MDR 2008, 43 = VRR 2007, 363 = RVGreport 2007, 419; OLG München JurBüro 1978, 1810; OLG Zweibrücken OLGR 2003, 290 = KostRsp. BRAGO § 19 Nr. 225; OLG Naumburg OLGR 2003, 360 = KostRsp. BRAGO § 19 Nr. 223; OVG Lüneburg NVwZ-RR 2010, 662 = AGS 2010, 493 = RVGreport 2011, 13; LG Potsdam Rpfleger 2010, 396.
135 OVG Berlin-Brandenburg JurBüro 2010, 307 = NJW 2010, 2378; OLG Koblenz AGS 2013, 66 = Rpfleger 2012, 589 = MDR 2012, 1062 = JurBüro 2012, 476 = FamRZ 2012, 1415.
136 OLG Naumburg, Beschl. v. 28.12.2007 – 8 WF 278/07 (juris).
137 OLG Frankfurt OLGR 1994, 24; OLG Köln FamRZ 2010, 1187; JurBüro 2013, 198 = RVGreport 2013, 143.
138 OLG Koblenz AGS 2004, 443 m. Anm. *N. Schneider* = JurBüro 2004, 593 = RVG-B 2005, 6 m. Anm. *Goebel* = AnwBl 2005, 76 = RVG-Letter 2004, 129 = RVGreport 2004, 432 = RVGprofessionell 2005, 102.
139 OLG Frankfurt/M. OLGR 2006, 940 = RVGreport 2006, 303 = RVG-Letter 2006, 111; FG Schleswig-Holstein AGS 2007, 248 = EFG 2007, 384 = StE 2007, 92 = RVGreport 2007, 261; OLG Koblenz AGS 1997, 43 = MDR 1996, 862; HessFG EFG 1988, 388; OLG Frankfurt JurBüro 1984, 869 m. Anm. *Mümmler*; OLG Schleswig OLGR 2002, 466 = KostRsp. § 19 BRAGO Nr. 218 m. Anm. *N. Schneider*; OLG Sachsen-Anhalt JurBüro 2011, 136.
140 OLG Saarbrücken OLGR 2009, 422 = RVGreport 2009, 214.
141 OLG Koblenz AGS 1995, 128 m. Anm. *von Eicken*.

einzulegen, die Kostenentscheidung aber gar nicht anfechtbar war;[142] der Rechtsanwalt habe den Prozess vor dem Gericht „gestoppt".[143] Auch Einwendungen, die ersichtlich ein anderes Verfahren betreffen, sind unbeachtlich.[144] Ebenso unerheblich ist die Einwendung, der Prozess sei vollmachtlos geführt worden und eine etwaige Vergütungsforderung sei verjährt, wenn dies ganz offenkundig gemäß § 89 Abs. 2 ZPO und § 8 Abs. 2 S. 1 RVG unbegründet ist.[145]

194 Alleine ein in sich widersprüchliches Vorbringen des Antragsgegners kann allerdings noch nicht als offensichtlich unbegründet angesehen werden und schließt die Annahme einer wirksamen Erhebung nicht gebührenrechtlicher Einwendungen nicht zwingend aus.[146]

195 Darüber hinaus ist eine Festsetzung ungeachtet außergebührenrechtlicher Einwendungen vorzunehmen, wenn diese **vollkommen unsubstantiiert** sind. Hierzu gehören Einwendungen wie „ich fühle mich schlecht beraten".[147] Das Gleiche gilt für den Einwand, die Kostenrechnung sei im Verhältnis zu den Rechnungen vorangegangener Verfahren zu hoch ausgefallen.[148] Unsubstantiiert sind Einwendungen des Mandanten auch dann, wenn sie widersprüchlich sind.[149] Zur erforderlichen Substantiierung gehört sicherlich nicht die Schlüssigkeit des Vortrages. Die Einwendungen müssen jedoch gewisse „konkrete" oder „tatsächliche" Umstände erkennen lassen, aus denen der Einwand hergeleitet wird.[150] Formelhafte Angaben, etwa eine Berufung auf „Schlechterfüllung", reicht für sich nicht.[151] Die Mindestanforderungen an solche Einwendungen sind jedenfalls dann nicht erfüllt, wenn es sich bei den geltend gemachten Einwendungen um rein formelhaftes Vorbringen handelt, das nicht erkennen lässt, aus welchen konkreten, tatsächlichen Umständen diese hergeleitet werden und da nicht ansatzweise prüfen lässt, ob die Einwendungen nicht völlig aus der Luft gegriffen sind, da nicht einmal angegeben wird, aus welchem Grund Gegenansprüche gegen den Erinnerungsführer bestehen sollen.[152] Ebenso unbeachtlich ist daher auch der nicht näher begründete Einwand, der Anwalt habe den Verlust des Prozesses verschuldet.[153] Die Einwendung muss auf die Besonderheiten des konkreten Falles bezogen sein und jedenfalls im Ansatz die Möglichkeit erkennen lassen, dass der Anspruch des Antragstellers aus materiell-rechtlichen Gründen unbegründet sein könnte. Die bloße Wiederholung des Gesetzestextes reicht daher nicht aus.[154]

196 Unerheblich ist, wann der Auftraggeber die Einwendungen erhebt. Sie sind auch dann noch zu berücksichtigen und führen zur Ablehnung der Festsetzung, wenn sie im Erinnerungs- oder Beschwerdeverfahren vorgebracht werden. Eine Präklusion wegen verspäteten Vorbringens ist hier nicht möglich.[155] Unzureichendes Bestreiten im ersten Rechtszug kann daher auch noch in der Beschwerdeinstanz substantiiert werden und ist dann zu berücksichtigen (siehe auch Rdn 290).[156]

197 **dd) Teilweise nichtgebührenrechtliche Einwände.** Denkbar ist auch, dass der Auftraggeber **zum Teil** Einwände erhebt, die **außerhalb des Gebührenrechts** liegen. In diesem Fall ist die Vergütung insoweit festzusetzen, als hiergegen keine außergebührenrechtlichen Einwände erhoben werden. Nur im Übrigen ist die Festsetzung abzulehnen.[157]

> **Beispiel:** In einem Rechtsstreit, in dem die Kosten gegeneinander aufgehoben worden sind, hat das Gericht den Streitwert auf 5.000 EUR festgesetzt. Hiernach rechnet der Anwalt seine Gebühren ab. Der Auftraggeber wendet ein, der Anwalt habe ihn falsch beraten. Er habe fest zugesagt, dass der Gegenstandswert des Verfahrens bei lediglich 3.000 EUR liege.

---

142 FG Schleswig-Holstein AGS 2007, 248 = EFG 2007, 384 = StE 2007, 92 = RVGreport 2007, 261.
143 VG Darmstadt AGS 2016, 81.
144 OLG Naumburg FamRZ 2006, 1473 = RVGreport 2006, 302 = OLGR 2006, 736.
145 OLG Köln JurBüro 2013, 198 = RVGreport 2013, 143.
146 VGH München DÖV 2008, 424.
147 OLG München MDR 1997, 597 = OLGR 1997, 140, ebenso wenn die Partei einwendet, sie habe sich nicht gut vertreten gefühlt (OLG Karlsruhe OLGR 2000, 353).
148 LG Bonn KostRsp. BRAGO § 19 Nr. 193.
149 OLG Hamburg JurBüro 2000, 144 = MDR 1999, 1091 = OLGR 2000, 86.
150 KG KGR 1996, 36; LAG Düsseldorf JurBüro 1992, 680; JurBüro 1992, 800 m. Anm. *Mümmler*; OLG München FamRZ 1998, 1381; OLG Bamberg FamRZ 2000, 505 = OLGR 2001, 140.
151 OLG Frankfurt NJW-RR 1993, 1276 = OLGR 1993, 154 = Rpfleger 1984, 82; OLG Düsseldorf OLGR 1993, 315; OLG Hamburg JurBüro 1995, 649.
152 FG Köln EFG 2010, 1249 = DStRE 2010, 1221.
153 LG Berlin JurBüro 1996, 88.
154 KG KGR 2007, 382 = RVGreport 2007, 62.
155 VGH München, Beschl. v. 30.1.2008 – 10 C 07.2676 (juris).
156 OLG Düsseldorf AGS 2011, 494 = JurBüro 2011, 643 = RVGreport 2011, 455.
157 OLG Köln AGS 2013, 176 = JurBüro 2013, 88 = FamRZ 2013, 729.

Die Gebühren sind aus dem Wert von 3.000 EUR festzusetzen, da insoweit keine Einwendungen erhoben werden. Die weiter gehende Differenz der Gebühren aus dem Wert zwischen 3.000 und 5.000 EUR kann dagegen nicht festgesetzt werden. Insoweit ist die Festsetzung nach Abs. 5 abzulehnen.[158]
Festsetzbar sind also (Wert 3.000 EUR):

1. 1,3-Verfahrensgebühr, VV 3100	261,30 EUR
2. 1,2-Terminsgebühr, VV 3104	241,20 EUR
3. Postentgeltpauschale, VV 7002	20,00 EUR
Zwischensumme	522,50 EUR
4. 19 % Umsatzsteuer, VV 7008	99,28 EUR
Gesamt	**621,78 EUR**

Wegen der weiter gehenden Vergütung ist der Anwalt nach Abs. 5 S. 1 auf den Klageweg zu verweisen:

1. 1,3-Verfahrensgebühr, VV 3100 (Wert 5.000 EUR)	393,90 EUR
2. 1,2-Terminsgebühr, VV 3104 (Wert 5.000 EUR)	363,60 EUR
3. Postentgeltpauschale, VV 7002	20,00 EUR
4. abzüglich aus 3.000 EUR festgesetzter (netto)	− 522,50 EUR
Zwischensumme	255,00 EUR
5. 19 % Umsatzsteuer, VV 7008	48,45 EUR
Gesamt	**303,45 EUR**

Beispiel: Der Anwalt beantragt die Festsetzung seiner Vergütung für ein Scheidungsverbundverfahren sowie für seine Tätigkeit im Verfahren einer von der Gegenseite eingelegten Beschwerde gegen die Entscheidung über den Versorgungsausgleich. Der Auftraggeber bestreitet, dem Anwalt einen Auftrag für das Beschwerdeverfahren erteilt zu haben.
Die Vergütung für das erstinstanzliche Verbundverfahren ist festsetzungsfähig, die Vergütung für das Beschwerdeverfahren dagegen nicht.[159]

198 Behauptet der Auftraggeber, er sei sich mit dem Anwalt einig gewesen, dass er selbst die Vergleichsverhandlungen mit dem Prozessgegner führen soll, so dass der Anwalt mangels Auftrags keine Terminsgebühr für geführte Telefonate mit der Gegenseite geltend machen kann, so ist nur die Verfahrensgebühr festsetzbar, nicht aber die Terminsgebühr.[160]

199 Eine teilweise Festsetzung kommt auch dann in Betracht, wenn der Antrag gegen **mehrere Auftraggeber** gerichtet ist und nur einer von ihnen Einwendungen erhebt, die nicht im Gebührenrecht ihren Grund haben. Die Festsetzung ist dann nur hinsichtlich dieses Auftraggebers abzulehnen. Gegen den oder die anderen Auftraggeber ist festzusetzen.[161]

200 **ee) Einzelfälle. Anfechtung der Zustimmungserklärung.** Hat der Auftraggeber eine Zustimmungserklärung abgegeben, erklärt er aber im Verfahren nach § 11, diese angefochten zu haben, so ist dies eine außergerichtliche Einwendung, die die Festsetzung hindert.

201 **Anrechnung.** Wendet der Auftraggeber ein, die zur Festsetzung angemeldete Berechnung sei insoweit unzutreffend, als es der Anwalt unterlassen habe, Gebühren anzurechnen, die der Mandant bereits bezahlt habe, so ist zu differenzieren:

Ist die **Bezahlung** der Gebühren, die nach Ansicht des Auftraggebers anzurechnen sind, **unstreitig**, handelt es sich um einen gebührenrechtlichen Einwand, der im Festsetzungsverfahren zu beachten ist.[162]

Beispiel: Der Mandant wendet ein, er habe die Geschäftsgebühr bereits gezahlt. Da diese nach VV Vorb. 3 Abs. 4 auf die Verfahrensgebühr anzurechnen sei, müsse dieser Betrag abgesetzt werden. Die Zahlung auf die Geschäftsgebühr wird vom Anwalt nicht bestritten.

Bei unstreitiger Zahlung hat der Festsetzungsbeamte zu prüfen, ob eine Gebührenanrechnung vorzunehmen ist oder ob eine Anrechnung ausscheidet, etwa weil seit Abschluss der vorangegangenen Angelegenheit mehr als zwei Kalenderjahre verstrichen sind (§ 15 Abs. 5 S. 2).

Bestreitet der Anwalt dagegen, die **anzurechnenden Gebühren erhalten** zu haben, so ist wiederum zu unterscheiden: Ist der Festsetzungsbeamte der Auffassung, eine Anrechnung komme aus gebüh-

---

158 OLG Düsseldorf AGS 2001, 66 = MDR 2001, 57 = OLGR 2000, 388.
159 OLG Köln AGS 2013, 176 = JurBüro 2013, 88 = FamRZ 2013, 729.
160 OLG Köln MDR 2012, 1498 = JurBüro 2013, 87.
161 LG Kaiserslautern AGS 2007, 43 = JurBüro 2006, 479.
162 BGH AGS 1998, 146 = MDR 1997, 397 = NJW 1997, 743 = Rpfleger 1997, 231 = WM 1997, 324; OLG Celle JurBüro 1968, 888.

renrechtlichen Gründen nicht in Betracht (siehe oben), dann kommt es auf die Zahlung nicht an; die Einwendung ist im Festsetzungsverfahren zurückzuweisen. Ist der Festsetzungsbeamte dagegen der Auffassung, eine Anrechnung komme in Betracht, dann wird der Einwand des Auftraggebers durch das Bestreiten der Zahlung seitens des Anwalts zu einem Erfüllungseinwand, der im Festsetzungsverfahren nicht geprüft werden darf. Die Festsetzung ist dann nach Abs. 5 zurückzuweisen.

Die bisherige Rspr., wonach ein anzurechnender Betrag im Vergütungsfestsetzungsverfahren immer abzuziehen sei, wenn eine anzurechnende Gebühr angefallen ist, lässt sich nach dem neuen § 15a RVG nicht mehr aufrecht erhalten. 202

Beispiel: Der Anwalt hatte nach einem Gegenstandswert von 8.000 EUR eine 1,5-Geschäftsgebühr (VV 2300) verdient und anschließend im gerichtlichen Verfahren eine 1,3-Verfahrensgebühr (VV 3100).
a) Die Geschäftsgebühr war unstreitig nicht gezahlt.
b) Die Geschäftsgebühr war unstreitig gezahlt.
c) Der Auftraggeber behauptet, die Geschäftsgebühr gezahlt zu haben. Der Anwalt bestreitet dies.

Nach § 15a Abs. 1 entstehen beiden Gebühren zunächst einmal unabhängig voneinander, insgesamt kann allerdings nicht mehr beansprucht werden als der um die Anrechnung gekürzte Betrag. Insgesamt steht dem Anwalt also zu: 1,5 + 1,3 – 0,75 = 2,05.

a) Im Fall a) kann der Anwalt die Verfahrensgebühr in voller Höhe festsetzen lassen. Dann verringert sich die Geschäftsgebühr um 0,75, so dass er insoweit lediglich noch restliche 0,75 verlangen kann.

I. Festsetzungsfähig sind:
1. 1,3-Verfahrensgebühr, VV 3100
   (Wert 8.000 EUR)   592,80 EUR
2. 1,2-Terminsgebühr, VV 3104
   (Wert 8.000 EUR)   547,20 EUR
3. Postentgeltpauschale, VV 7002   20,00 EUR
   Zwischensumme   1.160,00 EUR
4. 19 % Umsatzsteuer, VV 7008   220,40 EUR
   Gesamt   **1.380,40 EUR**

II. Nicht festsetzbar verbleiben:
1. 1,5-Geschäftsgebühr, Nr. 2300 VV RVG
   (Wert: 8.000 EUR)   684,00 EUR
2. gem. VV Vorb. 3 Abs. 4 anzurechnen,
   0,75 aus 8.000 EUR   – 342,00 EUR
3. Postentgeltpauschale, VV 7002   20,00 EUR
   Zwischensumme   362,00 EUR
4. 19 % Umsatzsteuer, VV 7008   68,78 EUR
   Gesamt   **430,78 EUR**

III. Gesamt   **1.811,18 EUR**

b) Im Fall b) hat der Anwalt die Geschäftsgebühr in voller Höhe bereits erhalten:
1. 1,5-Geschäftsgebühr, VV 2300
   (Wert: 8.000 EUR)   684,00 EUR
2. Postentgeltpauschale, VV 7002   20,00 EUR
   Zwischensumme   704,00 EUR
3. 19 % Umsatzsteuer, VV 7008   133,76 EUR
   Gesamt   **837,76 EUR**

Festsetzbar sind nur noch:
1. 1,3-Verfahrensgebühr, VV 3100   592,80 EUR
2. gem. VV Vorb. 3 Abs. 4 anzurechnen,
   0,75 aus 8.000 EUR   – 342,00 EUR
3. 1,2-Terminsgebühr, VV 3104   547,20 EUR
4. Postentgeltpauschale, VV 7002   20,00 EUR
   Zwischensumme   818,00 EUR
5. 19 % Umsatzsteuer, VV 7008   155,42 EUR
   Gesamt   **973,42 EUR**

c) Im Fall c) handelt es sich hinsichtlich der Zahlung auf die anzurechnende Gebühr um einen nicht gebührenrechtlichen Einwand, so dass nur die nach Anrechnung verbleibende Verfahrensgebühr festzusetzen ist, also:
1. 1,3-Verfahrensgebühr, VV 3100   592,80 EUR
2. gem. VV Vorb. 3 Abs. 4 anzurechnen,
   0,75 aus 8.000 EUR   – 342,00 EUR

3. 1,2-Terminsgebühr, VV 3104		547,20 EUR
4. Postentgeltpauschale, VV 7002		20,00 EUR
Zwischensumme	818,00 EUR	
5. 19 % Umsatzsteuer, VV 7008		155,42 EUR
Gesamt		**973,42 EUR**

Den weitergehenden Betrag i.H.v.:

1. 1,5-Geschäftsgebühr, VV 2300 (Wert: 8.000 EUR)		684,00 EUR
2. Postentgeltpauschale, VV 7002		20,00 EUR
Zwischensumme	704,00 EUR	
3. 19 % Umsatzsteuer, VV 7008		133,76 EUR
Gesamt		**837,76 EUR**

muss der Anwalt auf dem Klageweg verfolgen.

203 **Anteilige Haftung.** Wendet der Auftraggeber ein, er sei von der Vertretung beider Parteien durch denselben Rechtsanwalt ausgegangen, so dass er nur anteilig hafte, so soll es sich nach dem OLG Naumburg[163] um einen nichtgebührenrechtlichen Einwand handeln, so dass die Festsetzung abzulehnen sei. Dies dürfte allerdings nicht zutreffen. Der Einwand ist ein gebührenrechtlicher, da sich die Lösung aus § 7 Abs. 2 ergibt. Ausgehend vom Vortrag des Auftraggebers würde er nach § 7 Abs. 2 zumindest insoweit haften, als er bei einem alleinigen Auftrag haften würde. Insoweit ist daher festzusetzen. Etwas anderes gilt nur dann, wenn der Auftraggeber behauptet, es sei vereinbart, dass er auch im Außenverhältnis dem Anwalt gegenüber nur anteilig hafte.

204 **Aufrechnung.** Erklärt der Auftraggeber die Aufrechnung mit Gegenansprüchen, so ist dies ein außergebührenrechtlicher Einwand, der zur Ablehnung der Festsetzung führen muss.[164]

205 **Auftrag.** Leugnet der Auftraggeber, dem Anwalt einen Auftrag erteilt zu haben, ist dies ein nichtgebührenrechtlicher Einwand. Dies gilt auch dann, wenn der Auftraggeber die „Vollmacht" bestreitet. Dieses Bestreiten enthält eine doppeltrelevante Tatsache, die auch im Gebührenrecht ihren Grund hat, so dass hierüber im Kostenfestsetzungsverfahren entschieden werden kann.[165] Zwar ist der Einwand, dem Anwalt keine Vollmacht erteilt zu haben, unerheblich, weil es nicht auf die Vollmacht, sondern auf den Auftrag ankommt. Gemeint ist i.d.R. jedoch dasselbe. Daher hindern solche Einwendungen die Festsetzung. Insbesondere zu berücksichtigen ist der Einwand, überhaupt keinen Auftrag erteilt zu haben.[166] Das Bestreiten des Auftrags kann auch dann erheblich sein, wenn zwar eine Vollmacht vorliegt, der Auftraggeber aber abweichende Vereinbarungen behauptet.[167]

206 Zu berücksichtigen sind in diesem Zusammenhang auch die Einwände, der Berufungsanwalt sei nicht beauftragt worden, weil der erstinstanzliche Anwalt nicht bevollmächtigt gewesen sei, den Berufungsanwalt zu bestellen;[168] oder der Auftraggeber sei aus der betreffenden BGB-Gesellschaft, von der der Auftrag erteilt worden sei, bereits zum Zeitpunkt der Auftragserteilung ausgeschieden.[169]

207 Auch dann, wenn nicht der Auftrag als solcher in Abrede gestellt wird, sondern lediglich der **Umfang des Auftrags**, ist die Festsetzung abzulehnen.[170] Ebenso ist der Einwand zu berücksichtigen, die Partei habe keinen Auftrag erteilt, im Verhandlungstermin einen anderen Kollegen auftreten zu lassen.[171] Auch der Einwand, Anwalt und Mandant seien sich einig gewesen, dass der Mandant selbst die Vergleichsverhandlungen mit dem Prozessgegner führen soll, so dass der Anwalt mangels Auftrags keine Terminsgebühr für geführte Telefonate mit der Gegenseite geltend machen kann, ist als nicht gebührenrechtlicher Einwand zu berücksichtigen.[172]

---

163 OLG Naumburg AGS 2002, 40 = MDR 2002, 238 = OLGR 2001, 513.
164 OLG Koblenz KostRsp. BRAGO § 19 Nr. 105; AGS 2000, 37 = JurBüro 2000, 33.
165 OLG Saarbrücken AGS 2009, 490 = OLGR 2009, 547 = MDR 2009, 1135 = RVGreport 2009, 381.
166 VG Düsseldorf Rpfleger 1983, 125; BayVGH KostRsp. BRAGO § 19 Nr. 122 = BayVBl 1991, 221; OLG Koblenz AGS 2004, 443 m. Anm. *N. Schneider* = JurBüro 2004, 593 = RVG-B 2005, 6 m. Anm. *Goebel* = AnwBl 2005, 76 = RVG-Letter 2004, 129 = RVGreport 2004,
432 = RVGprofessionell 2005, 102; LAG Köln, Beschl. v. 15.12.2010 – 7 Ta 411/09; VG München, Beschl. v. 14.10.2015 – M 2 M 15.3854.
167 BVerfG RVGreport 2016, 253.
168 OLG Frankfurt JurBüro 1982, 227.
169 OLG Koblenz AnwBl 2000, 261 = Rpfleger 2000, 40.
170 OLG Düsseldorf JurBüro 1994, 425.
171 LAG Düsseldorf AnwBl 2000, 631 = KostRsp. BRAGO § 19 Nr. 185 m. Anm. *N. Schneider* = BRAGOreport 2001, 39 m. Anm. *N. Schneider*.
172 OLG Köln MDR 2012, 1498 = JurBüro 2013, 87.

Bedingter Auftrag. Die Festsetzung ist abzulehnen, wenn ein bedingter Auftrag behauptet wird und die Bedingung nicht eingetreten ist oder dies zumindest behauptet wird.[173] Dies gilt insbesondere dann, wenn die Partei erklärt, den Auftrag nur unter der Bedingung erteilt zu haben, dass ihr Prozesskostenhilfe gewährt werde.[174]

208

Belehrung. Wendet der Auftraggeber ein, nicht hinreichend über die Gebühren- oder Erstattungspflicht aufgeklärt worden zu sein, so ist das eine Einwendung, die ihren Grund nicht im Gebührenrecht hat. Die Festsetzung ist abzulehnen.[175]

209

Dürftigkeitseinrede. Erhebt der Erbe im Vergütungsfestsetzungsverfahren die Einrede der Dürftigkeit des Nachlasses (§ 1990 BGB), so ist dies ein nichtgebührenrechtlicher Einwand, der allerdings nicht zur Ablehnung der Festsetzung führt, sondern lediglich zur Aufnahme des Vorbehalts der beschränkten Erbenhaftung.[176] Das gilt auch dann, wenn der Erbe geltend macht, der Nachlass bestehe nur aus Schulden.[177] Macht der Anwalt allerdings geltend, der Erbe hafte unbeschränkt, ist die Festsetzung abzulehnen, da die Berechtigung der Einrede der beschränkten Erbenhaftung nicht im Vergütungsfestsetzungsverfahren geprüft werden kann.

210

Einigung. Wendet die Partei ein, der Anwalt habe an der Einigung nicht mitgewirkt, so soll dies nach OLG Frankfurt ein nichtgebührenrechtlicher Einwand sein.[178] Um einen gebührenrechtlichen Einwand soll es sich dagegen dann handeln, wenn die zugrunde liegenden Tatsachen, die zum Abschluss der Einigung geführt haben, unstreitig oder offenkundig sind und nur darüber zu entscheiden ist, ob der Gebührentatbestand erfüllt ist.[179]

211

Erfüllung. Der Einwand der Erfüllung ist ein nicht gebührenrechtlicher Einwand, der die Festsetzung hindert.[180] Das gilt auch dann, wenn Teilzahlungen behauptet werden und die Verrechnung streitig ist.[181] Wenn sich aus den zum Beweis vorgelegten Unterlagen allerdings eindeutig ergibt, dass die Zahlungen an den Anwalt mit Sicherheit nicht auf den angemeldeten Vergütungsanspruch geleistet worden sind, soll der Einwand unbeachtlich bleiben.[182] Das erscheint bedenklich, da die Beweiswürdigung gerade nicht dem Festsetzungsorgan, sondern dem erkennenden Gericht obliegt.

212

Fälligkeit. Der Einwand, die Vergütung sei noch nicht fällig, ist ein gebührenrechtlicher Einwand, der die Festsetzung nicht hindert.[183] Anders verhält es sich dagegen, wenn eine abweichende Fälligkeitsvereinbarung bzw. Stundung eingewandt wird.

213

Fehlender Hinweis auf Abrechnung nach Gegenstandswert. Wendet der Auftraggeber ein, der Anwalt habe entgegen § 49b Abs. 5 BRAO nicht darauf hingewiesen, dass sich die Gebühren nach dem Gegenstandswert richten, liegt ein Einwand außerhalb des Gebührenrechts vor, da der fehlende Hinweis Schadensersatzforderungen nach sich ziehen kann.[184]

214

Gebührenteilungsvereinbarung. Der Einwand, zwischen dem Prozess- und Verkehrsanwalt sei eine Gebührenteilungsabrede getroffen worden, ist für sich genommen unbeachtlich, weil er nicht das Verhältnis zwischen Anwalt und Auftraggeber betrifft. Soweit dem Einwand jedoch zugleich entnommen werden soll, dass diese Gebührenteilungsabrede auch zugunsten des Auftraggebers wirke, etwa dergestalt, dass er insgesamt nur geringere Gebühren als die zweier Anwälte zu zahlen habe, ist der Einwand erheblich, so dass die Festsetzung abzulehnen ist.[185] Gleiches gilt, wenn aus der Abrede folgt, dass der Auftraggeber jeden Anwalt nur zur Hälfte zu zahlen habe.[186]

215

---

173 OVG Lüneburg NdsRpfl 1995, 219 = KostRsp. BRAGO § 19 Nr. 149.
174 OLG Koblenz JurBüro 1994, 732; KG AnwBl 1982, 375 = Rpfleger 1982, 310 = JurBüro 1982, 1185 m. Anm. *Mümmler*.
175 LAG Hamburg MDR 1987, 962.
176 OLG Schleswig JurBüro 1984, 1517 = SchlHA 1984, 152.
177 OLG Düsseldorf MDR 1981, 944 = Rpfleger 1981, 409 = JurBüro 1981, 1346.
178 OLG Frankfurt JurBüro 1987, 1799; ebenso KG JurBüro 1990, 72 m. Anm. *Mümmler*.
179 OLG Frankfurt KostRsp. BRAGO § 19 Nr. 86.
180 OLG Köln AGS 2013, 19 = JurBüro 2012, 654 = RVGreport 2012, 297.
181 *Hansens*, JurBüro Sonderheft 1999, 22.
182 OVG Hamburg DÖV 2016, 228.
183 *Hansens*, JurBüro Sonderheft 1999, 22.
184 OLG Schleswig AGS 2007, 573 = SchlHA 2007, 40 = NJW 2007, 2204.
185 OLG Schleswig SchlHA 1983, 176 = JurBüro 1983, 1516; OLG Karlsruhe AnwBl 1992, 453 = JurBüro 1992, 740 = MDR 1992, 616; OLG Koblenz AnwBl 1992, 284 = JurBüro 1992, 339 = MDR 1992, 309 = Rpfleger 1992, 84 = VersR 1992, 1277; OLG Koblenz JurBüro 1991, 220; KostRsp. BRAGO § 19 Nr. 81.
186 OLG Hamm AGS 2002, 131 = BRAGOreport 2002, 89.

216 Gesamtschuldner. Erhebt nur einer von mehreren Auftraggebern Einwendungen, die nichtgebührenrechtlicher Art sind, so ist die Festsetzung nur diesem gegenüber abzulehnen. Im Übrigen ist gegen den oder die weiteren Auftraggeber antragsgemäß festzusetzen.[187]

217 Geschäftsführerhaftung. Macht der Geschäftsführer einer GmbH geltend, er sei mangels Eintragung im Handelsregister nicht wirksam zum Geschäftsführer bestellt worden, so soll dies kein gebührenrechtlicher Einwand sein.[188]

218 Haftung des Arbeitgebers. Wendet ein in Anspruch genommenes Vorstandsmitglied des Betriebsrats ein, dass der Arbeitgeber die Kosten nach § 20 BetrVG zu erstatten habe und vom Anwalt unmittelbar in Anspruch genommen werde müsse, so ist die Festsetzung abzulehnen.[189]

219 Kostenobergrenze. Wendet der Auftraggeber ein, es sei ein bestimmter Betrag als Kostenobergrenze genannt worden, handelt es sich um einen die Festsetzung hindernden Einwand, sofern die Behauptung nicht ersichtlich jeder tatsächlichen Grundlage entbehrt.[190] Soweit das Gericht hier allerdings auch die Festsetzung des zugestandenen Höchstbetrages abgelehnt hat, ist dies unzutreffend. Unstreitige (Teil-)Beträge sind festzusetzen.

220 Kostenübernahme durch den erstattungspflichtigen Dritten. Trägt der Auftraggeber vor, der Anwalt habe zugesagt, den Auftraggeber nicht in Anspruch zu nehmen, wenn ein erstattungspflichtiger Dritter vorhanden sei, so ist dieser Einwand als nichtgebührenrechtlich zu berücksichtigen. Faktisch handelt es sich um eine Stundung.[191]

221 Kostenverursachung. Wendet die Partei ein, der Anwalt habe vermeidbare Kosten verursacht, so führt dies zur Ablehnung der Festsetzung.[192] Dies gilt unabhängig davon, ob der Auftraggeber mit seinem Einwand geltend machen will, dass dem Anwalt die Gebühren bereits dem Grunde nach nicht zustünden, oder ob er erklären will, mit Schadensersatzansprüchen aufzurechnen.

222 So ist die Festsetzung abzulehnen, wenn der Auftraggeber einwendet, der Anwalt habe die gebotene Verjährungsunterbrechung auch auf kostengünstigere Weise als durch ein gerichtliches Verfahren herbeiführen können.[193]

223 Prozesskostenhilfe. Häufig wird dem Anwalt vorgeworfen, er hätte Prozesskostenhilfe beantragen müssen. Dies kann in unterschiedlicher Form geschehen:

224 Wird dem Anwalt vorgeworfen, er habe den Auftraggeber nicht darüber belehrt, dass dieser um Prozesskostenhilfe hätte nachsuchen können, ist dies ein nichtgebührenrechtlicher Einwand, der zur Ablehnung der Festsetzung führt.[194]

225 Wendet die Partei ein, der Anwalt habe gewusst, dass sie arm sei und das Verfahren nur dann betreiben könne und werde, wenn sie Prozesskostenhilfe bewilligt erhalte, so ist dieser Einwand ebenfalls nichtgebührenrechtlicher Art, der zur Ablehnung der Festsetzung nach Abs. 5 S. 1 führt.[195]

226 Beruft sich der Auftraggeber darauf, er habe den Auftrag nur unter der Bedingung erteilt, dass Prozesskostenhilfe bewilligt werde, handelt es sich um das Bestreiten eines Auftrages (siehe Rdn 208). Die Festsetzung ist daher abzulehnen.[196]

227 Allerdings ist in diesen Fällen zu prüfen, ob die angemeldete Vergütung in diesem Fall nicht zumindest in Höhe der Vergütung für das Prozesskostenhilfeprüfungsverfahren festzusetzen ist.

---

187 LG Kaiserslautern AGS 2007, 43 = JurBüro 2006, 479.
188 OLG Hamburg MDR 1985, 774 = JurBüro 1985, 1190 = KostRsp. BRAGO § 19 Nr. 80 m. Anm. *Lappe*.
189 LAG Hamm MDR 1985, 789.
190 OLG Koblenz AGS 2016, 80 = NJW-RR 2016, 380 = JurBüro 2016, 137 = Rpfleger 2016, 375 = RVGreport 2016, 56 = IBR 2016, 253 = FamRZ 2016, 660.
191 OLG Düsseldorf Rpfleger 1994, 82.
192 OLG Koblenz MDR 1986, 1037 = JurBüro 1986, 1661; AnwBl 1989, 678 = JurBüro 1990, 45 = Rpfleger 1989, 477.
193 OLG Koblenz AGkompakt 2011, 128 = JurBüro 2011, 596.
194 OLG Bamberg JurBüro 1987, 386; OLG Brandenburg OLG-NL 1995, 187 = OLGR 1995, 152 = Rpfleger 1996, 41; OLG Koblenz MDR 1986, 1038 = JurBüro 1986, 1668 = KostRsp. BRAGO § 19 Nr. 95 m. Anm. *Lappe*; OLG Schleswig OLGR 2008, 802 = AGS 2008, 603.
195 OLG Koblenz AGS 1998, 75 = AnwBl 1998, 543 = JurBüro 1998, 308 = NJW-RR 1998, 864; JurBüro 1988, 1663 = VersR 1988, 1164; LAG Köln, Beschl. v. 2.10.2007 – 7 Ta 226/07 (juris).
196 OLG Koblenz JurBüro 1994, 732; LAG Köln AE 2007, 182.

> **Beispiel:** Der Anwalt war für den Beklagten im gerichtlichen Verfahren tätig und hatte auftragsgemäß Prozesskostenhilfe für diesen beantragt, die jedoch abgelehnt wurde. Er hat den Rechtsstreit daraufhin auch ohne PKH-Bewilligung weitergeführt und meldet eine Verfahrensgebühr (VV 3100) und eine Terminsgebühr (VV 3104) zur Festsetzung an. Der Auftraggeber verteidigt sich damit, er habe einen unbedingten Auftrag nur für ein Prozesskostenhilfeverfahren erteilt. Das Hauptsacheverfahren hätte der Anwalt nur im Falle der PKH-Bewilligung durchführen sollen.
> Festsetzbar ist die Verfahrensgebühr in Höhe der 1,0-Gebühr nach VV 3335, da insoweit unstreitig ein Auftrag vorlag. Die Terminsgebühr ist festsetzbar, wenn sie auch im PKH-Prüfungsverfahren angefallen ist.

Auch dann, wenn nur eingewandt wird, der Auftraggeber habe mit seinem Anwalt zu Beginn des Mandatsverhältnisses vereinbart, dieser solle für das Verfahren PKH beantragen, ist der Einwand nicht gebührenrechtlicher Art, weil sich daraus ein Schadensersatzanspruch ergeben kann. Auch dies führt folglich nach Abs. 5 S. 1 dazu, dass die Festsetzung abzulehnen ist.[197]

Um einen gebührenrechtlichen Einwand handelt es sich dagegen, wenn der Auftraggeber einwendet, die Beiordnung des Anwalts erstrecke sich auch auf Folgesachen, so dass insoweit § 122 Abs. 1 Nr. 3 ZPO greife.[198] Dieser Einwand ist im Festsetzungsverfahren abzuhandeln.

Rechtsmittel, unterlassenes. Macht der Auftraggeber Schadensersatzansprüche geltend, weil ein Rechtsmittel nicht eingelegt worden sei, ist die Festsetzung abzulehnen. Steht allerdings fest, dass ein Rechtsmittel gar nicht gegeben war, z.B. bei einer unanfechtbaren Kostenentscheidung, ist der Einwand „offensichtlich aus der Luft gegriffen" und damit unbeachtlich.[199]

Rechtsschutzversicherung. Wendet der Auftraggeber ein, es bestehe eine Rechtsschutzversicherung, handelt es sich zwar nicht um einen gebührenrechtlichen Einwand. Dieser Einwand ist jedoch offensichtlich unerheblich, da das Bestehen einer Rechtsschutzversicherung keinen Einfluss auf den Gebührenanspruch des Anwalts hat.[200] Etwas anderes gilt jedoch dann, wenn dem Vortrag des Auftraggebers entnommen werden soll, dass zwischen ihm und dem Anwalt vereinbart sei, dass dieser zunächst mit dem Rechtsschutzversicherer abrechne und ihn unmittelbar nicht in Anspruch nehme. In diesem Fall wird eine Stundung vorgetragen, die als nichtgebührenrechtlicher Einwand zu berücksichtigen ist.[201]

Gleiches gilt, wenn der Auftraggeber geltend macht, der Auftrag sei nur unter der Bedingung erteilt worden, dass der Rechtsschutzversicherer Deckungsschutz gewähre. Damit wird ein mangels Bedingungseintritt (§ 158 BGB) wirksamer Auftrag bestritten, so dass die Festsetzung abzulehnen ist.

Schadensersatz. Macht der Auftraggeber Schadensersatzansprüche geltend, ist die Festsetzung abzulehnen.[202]

Schlechterfüllung. Wendet der Auftraggeber Schlechterfüllung ein, so ist die Vergütungsfestsetzung abzulehnen,[203] unabhängig davon, ob der Auftraggeber damit den Gebührenanspruch dem Grunde nach angreifen will oder ob er Schadensersatzansprüche geltend macht, die er zur Aufrechnung stellen will. So ist insbesondere der Einwand zu beachten, der Anwalt habe eine unzulässige Klage eingereicht;[204] ebenso der Vortrag, der Anwalt habe auf Schriftsätze der Gegenseite nicht reagiert und damit dem Gericht entscheidungserheblichen Tatsachenstoff vorenthalten.[205] Auch der Einwand, der Anwalt habe die Verteidigungsbereitschaft zu spät angezeigt, ist zu berücksichtigen, da er Schadensersatzansprüche nach sich ziehen kann,[206] ebenso die Versäumung einer Begründungsfrist.[207]

Stundung. Der Einwand der Stundung hindert die Festsetzung.[208]

Tilgungsbestimmung. Wendet bei unstreitiger Zahlung der Auftraggeber eine abweichende Tilgungsbestimmung ein, so ist insoweit die Festsetzung abzulehnen.

---

197 LAG Köln, Beschl. v. 2.10.2007 – 7 Ta 226/07 (juris).
198 OLG Hamburg JurBüro 1995, 426.
199 FG Schleswig-Holstein AGS 2007, 248 = EFG 2007, 384 = StE 2007, 92 = RVGreport 2007, 261.
200 AG Köln AGS 2008, 35; LAG Baden-Württemberg Rpfleger 1982, 485.
201 OVG Lüneburg NdsRpfl 1995, 219.
202 OVG Lüneburg NdsRpfl 1995, 219.
203 OLG Schleswig AGS 2003, 160.
204 VG Hannover NdsRpfl 1996, 170.
205 OLG Koblenz KostRsp. BRAGO § 19 Nr. 172.
206 OLG Düsseldorf AGS 2007, 628 = OLGR 2008, 99 = JurBüro 2008, 91 = BRAK-Mitt 2007, 274.
207 LAG Hamburg NZA-RR 2012, 493.
208 OLG Hamm JurBüro 1963, 777.

236 Unentgeltlichkeit. Der Einwand, der Anwalt habe zugesagt, unentgeltlich tätig zu werden, ist zu berücksichtigen. Dies gilt auch dann, wenn eingewandt wird, ein zusätzlich eingeschalteter Anwalt habe zugesagt, „kollegialiter" aufzutreten.[209]

237 Unzulässige Nachliquidation. Der Einwand, es liege eine unzulässige Nachliquidation vor, ist ein gebührenrechtlicher Einwand, der die Festsetzung nicht hindert.[210]

238 Verfahrenskostenhilfe. Siehe „Prozesskostenhilfe" (Rdn 223).

239 Vergütungsvereinbarung. Wendet der Auftraggeber ein, es sei eine Vergütungsvereinbarung geschlossen worden, so ist die Festsetzung abzulehnen.[211] Der Einwand einer Vergütungsvereinbarung ist immer zu berücksichtigen, da eine vereinbarte Vergütung nicht festgesetzt werden kann (siehe Rdn 135). Es kommt daher nicht darauf an, ob der Auftraggeber eine höhere oder geringere vereinbarte Vergütung vorträgt, so dass auch die Festsetzung eines angeblich vereinbarten geringeren Betrages ausscheidet.[212] Um den Einwand einer Vergütungsvereinbarung handelt es sich auch dann, wenn der Auftraggeber vorträgt, dass zwischen dem Prozess- und dem Verkehrsanwalt eine Gebührenteilung vereinbart worden sei, die auch ihn begünstige, etwa weil auf nicht erstattungsfähige Mehrkosten verzichtet worden sei. Das gilt auch dann, wenn sich anderweitige Absprachen aus dem Gebührenteilungsabkommen unmittelbar mit dem Auftraggeber ergeben.[213]

240 Verjährung. Nach fast einhelliger Meinung ist der Einwand der Verjährung ein nichtgebührenrechtlicher Einwand, der zur Ablehnung der Festsetzung führt.[214] Ausgehend von dem Grundsatz, dass ein Einwand jedoch dann nicht zu berücksichtigen ist, wenn er offensichtlich unbegründet oder „aus der Luft gegriffen" ist (siehe Rdn 190 ff.), wird von der Rspr. ungeachtet der erhobenen Verjährungseinrede dennoch häufig die Vergütung festgesetzt. **Faktisch** führen die Gerichte hier eine **Schlüssigkeitsprüfung** durch, die an sich nicht zulässig ist. So hat die **Rspr.** die Einrede der Verjährung unberücksichtigt gelassen,
– wenn „sich aus dem Akteninhalt eindeutig ergibt, dass der Antrag auf Festsetzung der Vergütung vor Ablauf der Verjährung beim Arbeitsgericht eingegangen ist",[215]
– wenn die Verjährungseinrede „nach Aktenlage offensichtlich unbegründet" ist,[216]
– wenn der Einwand „aus der Luft gegriffen ist und keinerlei Zweifel daran bestehen können, dass eine Verjährung nicht eingetreten" ist,[217]
– wenn „sich aus den aus der Akte ersichtlichen unstreitigen Daten seine offensichtliche Unbegründetheit" ergebe.[218]

241 Demgegenüber will das LAG Düsseldorf[219] die Festsetzung nicht zulassen, wenn die Verjährungsfrage allein davon abhängt, ob der Festsetzungsantrag entgegen dem Eingangsstempel früher bei Gericht eingegangen ist.

242 Tatsächlich handelt es sich bei dem Einwand der Verjährung in aller Regel um einen gebührenrechtlichen Einwand. Die Frage des Verjährungseintritts sowie die Berechnung der Verjährungsfrist ergibt sich zwar aus dem BGB, so dass insoweit von einem nichtgebührenrechtlichen Einwand ausgegangen werden könnte; diese Argumentation ist jedoch nur vordergründig. Zu prüfen ist stets, worüber die Parteien im Kern streiten. Besteht der Streit – wie häufig – darin, ob der Eingang des Festsetzungsantrags bereits die Verjährung unterbricht oder ob eine demnächstige Zustellung erforderlich ist, dann

---

209 LAG Düsseldorf AnwBl 2000, 631 = KostRsp. BRAGO § 19 Nr. 185 m. Anm. *N. Schneider* = BRAGOreport 2001, 39 m. Anm. *N. Schneider*.
210 KG JurBüro 1971, 1029 = Rpfleger 1972, 66 = AnwBl 1972, 24.
211 OLG Celle AnwBl 1985, 650 = MDR 1986, 157; OLG Bamberg JurBüro 1988, 1335; OLG Koblenz AnwBl 1985, 43 = JurBüro 1985, 220; OLG Jena, Beschl. v. 10.2.2014 – 3 W 599/13.
212 OLG Frankfurt Rpfleger 1989, 303.
213 OLG Koblenz AnwBl 1985, 43 = JurBüro 1985, 220.
214 OLG Hamburg JurBüro 1995, 426; OLG Köln OLGR 1997, 343; LAG Bremen AuR 1999, 319; LAG Frankfurt JurBüro 1981, 1517; OLG Stuttgart MDR 1983, 502 = Justiz 1983, 121 = Rpfleger 1983, 175 = JurBüro 1983, 700; OLG Köln JurBüro 1986, 1525; LAG Düsseldorf JurBüro 1992, 799; LAG Bremen AuR 1999, 319 = JurBüro 2000, 362; LG Saarbrücken AGS 2009, 280 = RVGreport 2009, 215; OLG Saarbrücken, Beschl. v. 17.11.2010 – 9 W 257/10 – 31.
215 LAG Bremen AuR 1999, 319.
216 OLG Köln OLGR 1997, 343 = KostRsp. BRAGO § 19 Nr. 162 m. Anm. *N. Schneider*; JurBüro 2013, 198 = RVGreport 2013, 143; ebenso OLG Hamburg JurBüro 1995, 426.
217 LAG Köln RVGreport 2016, 135; OVG Nordrhein Westfalen RVGreport 2016, 210; OLG Köln JurBüro 1986, 1525; LG Saarbrücken AGS 2009, 280 = RVGreport 2009, 215.
218 LAG Bremen AuR 1999, 319 = JurBüro 2000, 362.
219 JurBüro 1992, 799.

handelt es sich tatsächlich um einen gebührenrechtlichen Einwand. Die Frage der Verjährung ist dann allein nach den Vorschriften des RVG zu entscheiden, nämlich durch Auslegung des Abs. 7 (siehe Rdn 329 ff.). Sofern hierauf also der Streit beruht, darf eine Festsetzung nicht mit der Begründung abgelehnt werden, dass es sich um einen nichtgebührenrechtlichen Einwand handelt.[220] Tatsächlich sind sich die Gerichte dieser Tatsache auch weitgehend bewusst, was dazu führt, dass unter dem Deckmantel der offensichtlichen Unbegründetheit eine Festsetzung doch durchgeführt wird.

Verrechnung. Behauptet der Auftraggeber, die Vergütungsforderung sei durch eine Verrechnung mit Gegenansprüchen erloschen, liegt ein nicht gebührenrechtlicher Einwand vor, der die Festsetzung hindert.[221] 243

Vollmacht. Siehe „Auftrag" (Rdn 205). 244

Vorschuss. Wendet der Mandant ein, er habe einen Vorschuss gezahlt, so ist dieser Einwand wie eine Zahlung (siehe Rdn 247) zu berücksichtigen.[222] Er hindert die Festsetzung aber nur in Höhe des betreffenden Betrages. Soweit die Vergütung den angeblichen Vorschuss übersteigt, ist festzusetzen. 245

Nichtgebührenrechtlicher Art ist der Einwand des Mandanten, er habe den Vorschuss in einer anderen Sache gezahlt, dieser sei aber überhöht gewesen, so dass sich ein zu viel gezahlter Betrag ergebe, der nunmehr auf die Vergütung dieses Verfahrens anzurechnen sei; die Festsetzung ist zurückzuweisen.[223] 246

Zahlung. Wendet die Partei ein, gezahlt zu haben, so ist dieser Einwand zu berücksichtigen und die Festsetzung abzulehnen.[224] Nach Auffassung des OLG Frankfurt ist der Einwand allerdings nur zu berücksichtigen, wenn er hinreichend substantiiert ist. Ebenso zu berücksichtigen ist der Einwand, nicht an den Anwalt, sondern an einen anderen gezahlt zu haben, der aber für den Prozessbevollmächtigten empfangsberechtigt gewesen sei.[225] 247

Auch der Einwand, die Partei habe anderweitige Gebühren beglichen, die aber anzurechnen seien, ist zu berücksichtigen (siehe Rdn 201 zum Stichwort „Anrechnung"). 248

6. Festsetzung bei mehreren Auftraggebern

a) Allgemeines

Ist der Anwalt von mehreren Auftraggebern in **verschiedenen Angelegenheiten** beauftragt worden, ergeben sich keine Probleme. Die Vergütung gegen einen jeden von ihnen wird getrennt festgesetzt. 249

Ist der Anwalt dagegen in **derselben Angelegenheit** von mehreren Auftraggebern beauftragt worden, so ergeben sich insoweit Probleme, als zwar jeder die volle Vergütung hinsichtlich seines Auftrags schuldet, der Anwalt insgesamt jedoch nicht alle Auftraggeber in voller Höhe in Anspruch nehmen darf, da er anderenfalls mehr erhielte, als ihm insgesamt zusteht. In den Festsetzungsbeschlüssen muss daher ausgewiesen sein, inwieweit die einzelnen Auftraggeber mit dem oder den anderen Auftraggebern gesamtschuldnerisch haften. 250

Jeder Auftraggeber schuldet nach § 7 Abs. 2 S. 1 diejenigen Gebühren, die er schulden würde, wenn der Anwalt nur in seinem Auftrag tätig geworden wäre. Da diese jeweiligen Einzelhaftungen nach § 7 Abs. 2 S. 1 in der Summe die Gebühren übersteigen, die der Anwalt insgesamt erhält, haften die Auftraggeber teilweise als Gesamtschuldner. Der Regelfall der Gesamtschuld (§ 421 S. 1 BGB) ist allerdings nicht gegeben, weil kein Auftraggeber die ganze Leistung zu bewirken verpflichtet ist. Vielmehr liegt ein „eigenartiges Gesamtschuldverhältnis" vor.[226] Diese gesamtschuldnerische Haftung muss im Festsetzungsbeschluss zum Ausdruck kommen. 251

Die Berechnung der gesamtschuldnerischen Haftung und der alleinigen Haftung der jeweiligen Auftraggeber bereitet in der Praxis erhebliche Schwierigkeiten. Die Frage dieser Berechnung wird in den meisten Kommentaren und Anleitungsbüchern nicht erwähnt, obwohl sie insbesondere für 252

---

220 Siehe hierzu auch *N. Schneider* in Anm. zu OLG Köln KostRsp. § 19 Nr. 162.
221 Sächsisches OVG AGS 2103, 237.
222 LG Potsdam Rpfleger 2010, 396.
223 VG Köln KostRsp. BRAGO § 19 Nr. 45.
224 OLG Frankfurt AnwBl 1983, 568; OLG Saarbrücken = AGS 2005, 210 m. Anm. *N. Schneider* = OLGR 2005,
154 = MDR 2005, 779 = RVGreport 2005, 67; LG Potsdam Rpfleger 2010, 396; OLG Köln FamRZ 2010, 1187.
225 OLG Düsseldorf JurBüro 1985, 1819.
226 Riedel/Sußbauer/*Fraunholz*, RVG, § 7 Rn 47 ff.

die Vergütungsfestsetzung und die Honorarklage des Anwalts praxisrelevant ist, da bei einer falschen Berechnung des Gesamtschuldverhältnisses der Klageantrag unzutreffend ist und der Anwalt aus diesem Grunde mit seiner Honorarklage teilweise unterliegt.[227] Lediglich *Hansens*[228] und *Engels*[229] weisen ansatzweise auf die zutreffende Berechnung hin.[230] Völlig unzutreffend ist dagegen die Berechnungsmethode von *Fraunholz*.[231]

b) Gemeinschaftliche Forderung

253 Haben mehrere Auftraggeber den Anwalt wegen einer gemeinschaftlichen Forderung beauftragt, so steht dem Anwalt die Vergütung aus dem Wert insgesamt nur einmal zu, wobei sich die Verfahrensgebühr nach VV 1008 erhöht. Jeder Auftraggeber haftet gemäß § 7 Abs. 2 auf die vollen Gebühren (ausgenommen die Erhöhung nach VV 1008). Abzurechnen ist auf der Netto-Basis. Die Umsatzsteuer ist dann hinzuzurechnen. Das ist schon deshalb erforderlich, weil es ansonsten zu Rundungsdifferenzen kommen kann. Abgesehen davon kann die Steuerschuld unterschiedlich sein, etwa wenn einer von mehreren Auftraggebern im Nicht-EU-Ausland wohnt.

> **Beispiel:** A und B haben eine gemeinschaftliche Forderung i.H.v. 1.000 EUR eingeklagt.
> Die Gesamtvergütung des Anwalts berechnet sich wie folgt:
> 1. 1,6-Verfahrensgebühr, VV 3100, 1008   128,00 EUR
> 2. 1,2-Terminsgebühr, VV 3104   96,00 EUR
> 3. Postentgeltpauschale, VV 7002   20,00 EUR
> **Gesamt (netto)**   **244,00 EUR**
>
> Die Einzelhaftung der jeweiligen Auftraggeber ergibt sich aus § 7 Abs. 2 S. 1 wie folgt:
> **Haftung des A** (Wert 1.000 EUR):
> 1. 1,3-Verfahrensgebühr, VV 3100   104,00 EUR
> 2. 1,2-Terminsgebühr, VV 3104   96,00 EUR
> 3. Postentgeltpauschale, VV 7002   20,00 EUR
> **Gesamt (netto)**   **220,00 EUR**
> **Haftung des B:** ebenfalls   **220,00 EUR**
>
> Um die **gesamtschuldnerische Haftung** zu berechnen, ist nunmehr wie folgt vorzugehen:
> 1. Die jeweiligen Einzelhaftungen nach § 7 Abs. 2 S. 1 sind zu addieren.
> 2. Hiervon ist die Gesamthaftung abzuziehen.
> 3. Der danach verbleibende Differenzbetrag ergibt dann denjenigen Betrag, für den beide Parteien als Gesamtschuldner haften.
>
> Im Beispiel beläuft sich die gesamtschuldnerische Haftung somit auf:
> Einzelhaftung des A: 220,00 EUR
> Einzelhaftung des B: 220,00 EUR
> Gesamtvergütung: – 244,00 EUR
> **Gesamtschuld**   **196,00 EUR**

254 Die alleinige Haftung der einzelnen Auftraggeber ergibt sich nunmehr daraus, dass man von der jeweiligen Einzelhaftung nach § 7 Abs. 2 S. 1 den Gesamtschuldbetrag abzieht. Demnach haften die Auftraggeber allein, also nicht gesamtschuldnerisch, i.H.v.:

> **Alleinige Haftung des A:**
> Haftung nach § 7 Abs. 2 S. 1   220,00 EUR
> Gesamtschuld   – 196,00 EUR
> **Alleinige Haftung**   **24,00 EUR**
> **Alleinige Haftung des B:** ebenfalls   **24,00 EUR**
> **Insgesamt erhält der Anwalt somit:**
> gesamtschuldnerisch von A und B   196,00 EUR
> von A allein   24,00 EUR
> von B allein   24,00 EUR
> **Gesamt**   **244,00 EUR**

---

[227] Zum Muster einer Honorarklage bei teilweiser Gesamtschuld siehe Vorwerk/*Schneider*, Prozessformularbuch, 6. Aufl. 2000, Kap. 42 Muster 42.72.
[228] BRAGO, § 6 Rn 21.
[229] MDR 2001, 377.
[230] Siehe auch OLG Düsseldorf AGS 2011, 534 = JurBüro 2011, 592.
[231] *Riedel/Sußbauer*, RVG, § 7 Rn 47 ff.; ebenso OLG Frankfurt NJW 1970, 2115; OLG Koblenz JurBüro 1988, 1662.

Hansens[232] und *Engels*[233] rechnen im Ergebnis ebenso, indem sie die Erhöhung nach VV 1008 von der Gesamtforderung so viele Male abziehen, wie Auftraggeber vorhanden sind. Diese Berechnungsmethode funktioniert aber nicht mehr bei unterschiedlichen Beteiligungen (siehe Rdn 258). 255

Nach der Berechnung von *Fraunholz*[234] würde sich demgegenüber die Gesamtschuld nach dem Betrag richten, den der Anwalt gleichmäßig von jedem einzelnen Auftraggeber zu fordern hätte; danach bestünde eine Gesamtschuld in Höhe der Verfahrens- und der Terminsgebühr aus dem Wert von 1.000 EUR sowie der Postentgeltpauschale, insgesamt also: 256

1. 1,3-Verfahrensgebühr, VV 3100	104,00 EUR
2. 1,2-Terminsgebühr, VV 3104	96,00 EUR
3. Postentgeltpauschale, VV 7002	20,00 EUR
Gesamt (netto)	**220,00 EUR**

Diese Berechnung ist jedoch unzutreffend. Das zeigt sich schon an Folgendem: Die Zahlung eines Gesamtschuldners auf die Gesamtschuld wirkt auch zugunsten der anderen Gesamtschuldner (§ 422 Abs. 1 S. 1 BGB). Würde also A einen Betrag von 220 EUR netto zahlen, dann würde dieser Betrag nach der Auffassung von *Fraunholz* in voller Höhe auf die Gesamtschuld gezahlt. Damit würde aber auch B nach § 422 Abs. 1 S. 1 BGB frei und nichts mehr schulden. Der Anwalt erhielte dann insgesamt nur 220 EUR netto. Den ihm aber unstrittig zustehenden weiteren Betrag bis zur Gesamtvergütung i.H.v. 244 EUR netto könnte er von niemandem verlangen. Bei dem von *Fraunholz* errechneten Betrag handelt es sich daher nicht um die Gesamtschuld, sondern lediglich um die Höhe desjenigen Betrages, auf den jeder Auftraggeber haftet, also quasi der „kleinste gemeinsame Nenner". Diese Rechengröße ist aber rechtlich irrelevant.

c) Einzelne Forderungen

Haben die verschiedenen Auftraggeber den Anwalt zwar in derselben Sache, aber wegen verschiedener Gegenstände beauftragt, ist ähnlich zu rechnen. Die Gebühren berechnen sich jetzt aus dem zusammengerechneten Wert (§ 22 Abs. 1); eine Erhöhung nach § 7 Abs. 1 kommt nicht in Betracht. 257

Beispiel: In einer Verkehrsunfallsache klagt der Fahrzeugeigentümer A auf Schadensersatz i.H.v. 4.000 EUR, der Fahrer B auf Schmerzensgeld i.H.v. 1.000 EUR.
Die Gesamtvergütung (netto) des Anwalts berechnet sich aus dem Wert von 5.000 EUR (§ 7 Abs. 2) wie folgt:

1. 1,3-Verfahrensgebühr, VV 3100	393,90 EUR
2. 1,2-Terminsgebühr, VV 3104	363,60 EUR
3. Postentgeltpauschale, VV 7002	20,00 EUR
Gesamt netto	**777,50 EUR**

Die Einzelhaftung der jeweiligen Auftraggeber ergibt sich aus § 7 Abs. 2 S. 1 wie folgt:
Haftung des A (Wert: 4.000 EUR):

1. 1,3-Verfahrensgebühr, VV 3100	327,60 EUR
2. 1,2-Terminsgebühr, VV 3104	302,40 EUR
3. Postentgeltpauschale, VV 7002	20,00 EUR
Gesamt netto	**650,00 EUR**

Haftung des B (Wert: 1.000 EUR):

1. 1,3-Verfahrensgebühr, VV 3100	104,00 EUR
2. 1,2-Terminsgebühr, VV 3104	96,00 EUR
3. Postentgeltpauschale, VV 7002	20,00 EUR
Gesamt netto	**220,00 EUR**

Die gesamtschuldnerische Haftung beläuft sich somit auf:

Einzelhaftung des A	650,00 EUR
Einzelhaftung des B	220,00 EUR
Gesamtvergütung	– 777,50 EUR
Gesamtschuld netto	**92,50 EUR**

---

232 BRAGO, § 6 Rn 21.
233 MDR 2001, 372 (377).

234 *Riedel/Sußbauer*, RVG, § 7 Rn 47 ff.; ebenso OLG Frankfurt NJW 1970, 2115; OLG Koblenz JurBüro 1988, 1662.

Demnach haften die Auftraggeber allein, also nicht gesamtschuldnerisch, i.H.v.:

Alleinige Haftung des A:	
Haftung nach § 7 Abs. 2 S. 1	650,00 EUR
Gesamtschuld netto	– 92,50 EUR
Alleinige Haftung netto	**557,50 EUR**
Alleinige Haftung des B netto:	
Haftung nach § 7 Abs. 2 S. 1	220,00 EUR
Gesamtschuld	– 92,50 EUR
Alleinige Haftung netto	**127,50 EUR**
Insgesamt erhält der Anwalt somit:	
gesamtschuldnerisch von A und B	92,50 EUR
von A allein	557,50 EUR
von B allein	127,50 EUR
Gesamt	**777,50 EUR**

Nach der Berechnung von *Fraunholz*[235] würde sich die Gesamtschuld dagegen nach dem Betrag richten, den der Anwalt gleichmäßig von jedem einzelnen Auftraggeber zu fordern hätte; danach bestünde eine Gesamtschuld i.H.v. 220,00 EUR, was – wie oben ausgeführt (siehe Rdn 255 ff.) – nicht zutreffend ist.

d) Teilweise gemeinschaftliche Forderungen

258 Haben die Auftraggeber den Anwalt zum Teil gemeinschaftlich beauftragt und zum Teil allein, ist ebenso zu rechnen wie in den vorstehenden Fällen.

Beispiel:[236] A und B sind als Gesamtschuldner auf Zahlung von 10.000 EUR verklagt worden, B alleine außerdem auf Zahlung weiterer 6.000 EUR. Über die gesamten Forderungen wird mündlich verhandelt.
Die Gesamtvergütung (netto) des Anwalts berechnet sich wie folgt:

1. 1,6-Verfahrensgebühr, VV 3100, 1008	
(Wert: 10.000 EUR)	892,80 EUR
2. 1,3-Verfahrensgebühr, VV 3100	
(Wert: 6.000 EUR)	460,20 EUR
gem. § 15 Abs. 3 nicht mehr als 1,6	
aus 16.000 EUR	1.040,00 EUR
3. 1,2-Terminsgebühr, VV 3104	
(Wert: 16.000 EUR)	780,00 EUR
4. Postentgeltpauschale, VV 7002	20,00 EUR
Gesamt (netto)	**1.840,00 EUR**

Die Einzelhaftung der jeweiligen Auftraggeber ergibt sich aus § 7 Abs. 2 S. 1 wie folgt:

Haftung des A (Wert: 10.000 EUR):	
1. 1,3-Verfahrensgebühr, VV 3100	725,40 EUR
2. 1,2-Terminsgebühr, VV 3104	669,60 EUR
3. Postentgeltpauschale, VV 7002	20,00 EUR
Gesamt (netto)	**1.415,00 EUR**
Haftung des B (Wert: 6.000 EUR):	
1. 1,3-Verfahrensgebühr, VV 3100	460,20 EUR
2. 1,2-Terminsgebühr, VV 3104	424,80 EUR
3. Postentgeltpauschale, VV 7002	20,00 EUR
Gesamt (netto)	**905,00 EUR**

Im Beispiel beläuft sich die gesamtschuldnerische Haftung somit auf:

Einzelhaftung des A	1.415,00 EUR
Einzelhaftung des B	905,00 EUR
Gesamtvergütung	– 1.840,00 EUR
Gesamtschuld	**480,00 EUR**

---

235 Riedel/Sußbauer/*Fraunholz*, RVG, § 7 Rn 47 ff.; ebenso OLG Frankfurt NJW 1970, 2115; OLG Koblenz Jur-Büro 1988, 1662.

236 Nach Riedel/Sußbauer/*Fraunholz*, RVG, § 7 Rn 47 ff.

Die alleinige Haftung der einzelnen Auftraggeber ergibt sich nunmehr dadurch, dass man von der jeweiligen Einzelhaftung nach § 7 Abs. 2 S. 1 den Gesamtschuldbetrag abzieht. Demnach haften die Auftraggeber alleine, also nicht gesamtschuldnerisch, i.H.v.:

Alleinige Haftung des A:	
Haftung nach § 7 Abs. 2 S. 1	1.415,00 EUR
Gesamtschuld	– 480,00 EUR
Alleinige Haftung (netto)	**935,00 EUR**
Alleinige Haftung des B:	
Haftung nach § 7 Abs. 2 S. 1	905,00 EUR
Gesamtschuld	– 480,00 EUR
Alleinige Haftung	**425,00 EUR**
Insgesamt erhält der Anwalt somit:	
gesamtschuldnerisch von A und B	480,00 EUR
von A allein	935,00 EUR
von B allein	425,00 EUR
Gesamt	**1.840,00 EUR**

Nach der Berechnung von *Fraunholz*[237] würde sich die Gesamtschuld dagegen nach dem Betrag richten, den der Anwalt gleichmäßig von jedem einzelnen Auftraggeber zu fordern hätte; danach bestünde eine Gesamtschuld in Höhe der Prozess- und der Verhandlungsgebühr aus dem Wert von 10.000 EUR sowie der Postentgeltpauschale, insgesamt also:

1. 1,6-Verfahrensgebühr, VV 3100, 1008	892,80 EUR
2. 1,2-Terminsgebühr, VV 3104	669,60 EUR
3. Postentgeltpauschale, VV 7002	20,00 EUR
Gesamt	**1.582,40 EUR**

Diese Berechnung ist jedoch unzutreffend (siehe Rdn 255 ff.).

e) Zahlung eines Gesamtschuldners

259 Zahlt einer der als Gesamtschuldner haftenden Auftraggeber, so ist die Zahlung zunächst auf die Einzelhaftung zu verrechnen und erst dann, wenn dieser Anteil getilgt ist, auf die Gesamtschuld. Dies ergibt sich aus § 366 Abs. 2 BGB, wonach die Verrechnung zunächst auf die weniger sichere Forderung zu erfolgen hat.[238] Weniger sicher ist aber diejenige Forderung, für die nur ein Auftraggeber allein haftet.[239] Die Tilgung der Gesamtschuld setzt danach also erst ein, wenn der Auftraggeber mehr als einen Betrag in Höhe seiner alleinigen Haftung gezahlt hat.[240]

Beispiel: Im obigen Beispiel (siehe Rdn 258) zahlt A einen Betrag i.H.v. 150 EUR (netto) und B i.H.v. 200 EUR (netto).
Der restliche Vergütungsanspruch des Anwalts beträgt:

Gesamtvergütung	1.840,00 EUR
abzgl. Zahlung A	– 150,00 EUR
abzgl. Zahlung B	– 200,00 EUR
Restbetrag	**1.490,00 EUR**

A und B haften nach wie vor in vollem Umfang in Höhe der Gesamtschuld. Lediglich ihre Einzelhaftung hat sich reduziert. Insgesamt erhält der Anwalt somit noch:

gesamtschuldnerisch von A und B	480,00 EUR
von A allein	785,00 EUR
von B allein	225,00 EUR
Gesamt	**1.490,00 EUR**

---

[237] Riedel/Sußbauer/*Fraunholz*, RVG, § 7 Rn 47 ff.; ebenso OLG Frankfurt NJW 1970, 2115; OLG Koblenz JurBüro 1988, 1662; *Engels*, MDR 2001, 372.
[238] So im Ergebnis auch Göttlich/Mümmler/*Rehberg*/ *Braun*, „Mehrere Auftraggeber", 7.
[239] BGH 1993, 322; OLG Düsseldorf NJW 1995, 2565.
[240] OLG Düsseldorf AGS 2011, 534 = JurBüro 2011, 592.

260 Erst wenn ein Auftraggeber mehr als seinen Einzelhaftungsbetrag zahlt, wirkt dies auch zugunsten des anderen Auftraggebers.

> **Beispiel:** Im vorangegangenen Beispiel zahlt A einen Betrag i.H.v. 150 EUR und B einen Betrag i.H.v. 600 EUR.
> Der restliche Vergütungsanspruch des Anwalts beträgt:
>
> | | |
> |---|---:|
> | Gesamtvergütung | 1.840,00 EUR |
> | abzgl. Zahlung A | – 150,00 EUR |
> | abzgl. Zahlung B | – 600,00 EUR |
> | **Restbetrag** | **1.090,00 EUR** |
>
> B hat mit 600 EUR mehr als seine Einzelhaftung (425 EUR) gezahlt, so dass die weiter gehenden 175 EUR auf die Gesamtschuld zu verrechnen sind. Die Zahlung des B ist dagegen nur auf seine Einzelhaftung zu verrechnen, da diese höher liegt als der gezahlte Betrag. Insgesamt erhält der Anwalt somit:
>
> | | |
> |---|---:|
> | gesamtschuldnerisch von A und B (480,00 EUR – 175,00 EUR) | 305,00 EUR |
> | von A alleine | 0,00 EUR |
> | von B alleine | 785,00 EUR |
> | **Gesamt** | **1.090,00 EUR** |

7. Entscheidung

261 Die Entscheidung des Rechtspflegers oder des Urkundsbeamten der Geschäftsstelle ergeht durch **Beschluss**:
– Soweit der Festsetzungsantrag begründet ist, wird die Vergütung festgesetzt.
– Soweit der Festsetzungsantrag unbegründet oder unzulässig ist, wird er zurückgewiesen.
– Werden Einwendungen erhoben, die nicht im Gebührenrecht ihren Grund haben, wird die Festsetzung nach Abs. 5 S. 1 abgelehnt.

262 Möglich ist, dass in derselben Entscheidung ein Teil der Vergütung festgesetzt, der Antrag zum Teil zurückgewiesen und zum Teil die Festsetzung wegen außergebührenrechtlicher Einwendungen abgelehnt wird.

263 Soweit die Vergütung festgesetzt wird und der Anwalt die **Verzinsung** der festgesetzten Vergütung beantragt hat, wird zudem ausgesprochen, dass die festgesetzte Vergütung ab Antragseingang mit dem Zinssatz des § 104 Abs. 1 S. 2 ZPO zu verzinsen ist.[241] Dies gilt kraft ausdrücklicher Verweisung jetzt auch in sozialgerichtlichen Verfahren (§ 197 Abs. 1 S. 2 SGG i.V.m. § 104 Abs. 1 S. 2 ZPO) und in Straf- und Bußgeldsachen (§ 464b S. 2 und 3 StPO i.V.m. § 104 Abs. 1 S. 2 ZPO).

264 Der Beschluss des Rechtspflegers oder des Urkundsbeamten der Geschäftsstelle ist zu **begründen**, insbesondere soweit der Antrag zurückgewiesen worden ist oder soweit das Gericht einen Einwand des Antragsgegners für unbeachtlich hält. Auch bei antragsgemäßer Festsetzung sollte kurz begründet werden, dass die geltend gemachten Gebühren und Auslagen zutreffend sind.

265 Sowohl der Urkundsbeamte der Geschäftsstelle als auch der Rechtspfleger sind an den Antrag des Anwalts **gebunden** (§ 308 Abs. 1 S. 1 ZPO). Es darf also keine höhere Vergütung festgesetzt werden als beantragt ist. Zulässig ist es allerdings, Positionen auszutauschen.

> **Beispiel:** Der Anwalt beantragt die Festsetzung einer Erledigungsgebühr (VV 1002). Das Gericht geht von einer Einigung aus und setzt stattdessen eine Einigungsgebühr fest.

266 Ob der Beschluss eine **Kostenentscheidung** zu enthalten hat, ist strittig. Zum Teil wird vertreten, diese sei nicht erforderlich, da das Verfahren **gerichtsgebührenfrei** (Abs. 2 S. 4) ist, Kosten der Zustellung bereits in den Festsetzungsbeschluss aufzunehmen sind Abs. 2 S. 5 und im Übrigen eine Kostenerstattung ausgeschlossen ist. (Abs. 2 S. 6).[242] Ohne Kostenentscheidung könnten jedoch eventuelle weitere Zustellungskosten nicht dem Antragsgegner auferlegt werden; vielmehr müsste sie der Antragsteller nach § 22 Abs. 1 GKG, § 21 FamGKG selbst tragen.[243]

267 Unabhängig davon, ob eine Kostenentscheidung ergeht, bleibt jedenfalls eine **Kostenerstattung** eventuell angefallener Anwaltskosten ausgeschlossen (Abs. 2 S. 6).

---

241 Ausführlich *Hansens*, AnwBl 2002, 11.
242 Gerold/Schmidt/*Müller-Rabe*, § 11 Rn 273.
243 LG Berlin JurBüro 1986, 418 = Rpfleger 1986, 63.

8. Zustellung

Wird dem Festsetzungsantrag ganz oder teilweise entsprochen, so ist der Festsetzungsbeschluss dem Antragsgegner **förmlich zuzustellen**. Wird die Festsetzung ganz oder teilweise zurückgewiesen oder nach Abs. 5 S. 1 abgelehnt, ist der Beschluss dem Anwalt zuzustellen. In beiden Fällen werden Rechtsbehelfsfristen in Gang gesetzt. Unter Umständen ist daher beiden Parteien zuzustellen. 268

Soweit die Vergütung antragsgemäß festgesetzt worden ist, kann dem Anwalt der Beschluss **formlos mitgeteilt** werden. Gleiches gilt für den Auftraggeber, wenn die Festsetzung zurückgewiesen oder wegen außergebührenrechtlicher Einwendungen abgelehnt worden ist. 269

Die Zustellung hat grundsätzlich an den **Antragsgegner persönlich** zu erfolgen. Das gilt selbst dann, wenn er in dem Ausgangsverfahren einen neuen Prozessbevollmächtigten bestellt hat. Dessen Auftrag erstreckt sich nicht auch ohne Weiteres auf das Vergütungsfestsetzungsverfahren.[244] 270

Nur dann, wenn sich ausdrücklich im Vergütungsfestsetzungsverfahren ein Verfahrensbevollmächtigter bestellt hat, ist an diesen zuzustellen. 271

IV. Rechtsbehelfe

1. Allgemeines

Die Entscheidung des Rechtspflegers oder des Urkundsbeamten der Geschäftsstelle kann von jeder der Parteien angefochten werden, soweit sie beschwert ist. Der **Auftraggeber** kann einen Festsetzungsbeschluss sowohl mit der Begründung anfechten, dass der Festsetzungsantrag als unbegründet hätte zurückgewiesen werden müssen, als auch mit der Begründung, dass die Festsetzung nach Abs. 5 S. 1 hätte abgelehnt werden müssen. 272

Der **Anwalt** wiederum kann den Beschluss sowohl anfechten, soweit das Gericht seinen Festsetzungsantrag zurückgewiesen hat, als auch insoweit, als das Gericht seinen Festsetzungsantrag nach Abs. 5 S. 1 abgelehnt hat. 273

Das Beschwerdegericht kann im Vergütungsfestsetzungsverfahren die Sache an die Vorinstanz zurückverweisen, wenn es den Kostenansatz eines Anwalts dem Grunde nach für gerechtfertigt hält und noch gebührenrechtliche Einwendungen erstmals zu prüfen sind.[245] 274

Hinsichtlich der Rechtsbehelfe ist gemäß **Abs. 3 S. 2** danach zu differenzieren, in welcher Gerichtsbarkeit die Vergütungsfestsetzung erfolgt. 275

2. Rechtsbehelfe in der ordentlichen Gerichtsbarkeit

In der ordentlichen Gerichtsbarkeit (auch in Strafsachen, § 464b S. 3 StPO, und in Bußgeldsachen, § 108a i.V.m. § 464b Abs. 3 StPO) ist nach § 104 Abs. 3 ZPO i.V.m. § 11 Abs. 1 RPflG gegen die Entscheidung des Rechtspflegers dasjenige Rechtsmittel gegeben, das nach den allgemeinen verfahrensrechtlichen Vorschriften zulässig ist, also die sofortige Beschwerde. 276

Nur in denjenigen Fällen, in denen nach den allgemeinen Verfahrensvorschriften ein Rechtsmittel nicht gegeben ist, findet nach § 11 Abs. 2 S. 1 RPflG die befristete **Erinnerung** statt. Die Erinnerung ist nicht nur dann befristet, wenn eine Vergütung festgesetzt worden ist, sondern auch dann, wenn die Festsetzung nach Abs. 5 S. 1 abgelehnt worden ist.[246] Dies bedeutet, dass dann, wenn der Beschwerdegegenstand den Wert von 200 EUR (§ 567 Abs. 2 S. 2 ZPO, § 304 Abs. 3 StPO) nicht übersteigt, die Beschwerde unzulässig und damit die **Erinnerung** gegeben ist. Gleiches gilt, wenn die Berichtigung des Vergütungsfestsetzungsbeschlusses abgelehnt worden ist.[247] Ebenso ist nur die 277

---

[244] OLG München JurBüro 1984, 394 = Rpfleger 1984, 74; OLG Hamm JurBüro 1992, 394.
[245] OVG Hamburg DÖV 2016, 228.
[246] OLG Köln Rpfleger 1980, 444 = JurBüro 1980, 1662; OLG Hamm MDR 1988, 870 = JurBüro 1988, 1336 m. abl. Anm. *Lappe*; OLG Schleswig JurBüro 1983, 1330 = SchlHA 1983, 176 m. abl. Anm. *Lappe*; OLG Koblenz VersR 1988, 1164; OLG Hamburg MDR 1988, 416 = JurBüro 1988, 627; OLG München Rpfleger 1981, 244 = JurBüro 1981, 704 m. Anm. *E. Schneider*; a.A. OLG Nürnberg KostRsp. BRAGO § 19 Nr. 4; OLG Frankfurt JurBüro 1990, 340 = Rpfleger 1990, 109; KG JurBüro 1984, 1673.
[247] LG Berlin JurBüro 1999, 539.

Erinnerung gegeben, wenn ein höheres Gericht im ersten Rechtszug entschieden hat, gegen dessen Entscheidung – unabhängig vom Wert – eine Beschwerde nicht gegeben ist, also bei erstinstanzlicher Festsetzung eines OLG oder des BGH.

278 Der erforderliche **Wert des Beschwerdegegenstands** ergibt sich für den Anwalt aus der Differenz zwischen der zuletzt beantragten Vergütung und den im Festsetzungsbeschluss festgesetzten Kosten.[248] Für den Antragsgegner berechnet sich die Beschwer nach den Kosten, die nach seiner Auffassung zu Unrecht festgesetzt worden sind.

279 Die Erinnerung muss **innerhalb von zwei Wochen** eingelegt werden. Der Ablauf der Zwei-Wochen-Frist wird nicht dadurch gehemmt, dass dem Auftraggeber noch keine Kostenrechnung zugegangen ist.[249] Eine Wiedereinsetzung ist möglich.

280 Der Erinnerungsgegner kann **Anschlusserinnerung** einlegen.

281 Der Rechtspfleger kann der Erinnerung **abhelfen**. Geschieht dies nicht, so legt er die Sache gemäß § 11 Abs. 2 S. 3 RPflG dem Richter vor, der über die Erinnerung abschließend entscheidet. Ein Rechtsmittel gegen die Entscheidung des Richters ist nach § 567 Abs. 2 ZPO nicht gegeben. Es besteht hier auch keine Möglichkeit der Zulassung einer Beschwerde.

282 Übersteigt der Beschwerdewert den Betrag von 200 EUR, ist nach **Abs. 2 S. 3** i.V.m. §§ 104 Abs. 3 S. 1, 577 ZPO die **sofortige Beschwerde** gegeben, sofern eine Beschwerde überhaupt möglich ist, also nicht bei einer erstinstanzlichen Festsetzung des OLG oder des BAG. Es besteht **kein Anwaltszwang (Abs. 6)**. Die Beschwerde ist ebenso wie die Erinnerung innerhalb einer **Notfrist von zwei Wochen** ab Zustellung des Beschlusses einzulegen (§ 577 Abs. 2 S. 1 ZPO), und zwar auch dann, wenn die Festsetzung nach Abs. 5 S. 1 abgelehnt worden ist (siehe Rdn 273). Eine **Anschlussbeschwerde** ist **unabhängig vom Beschwerdewert** möglich.

283 In Strafsachen ist umstritten, ob hier die Zwei-Wochen-Frist nach § 464b StPO i.V.m. § 577 Abs. 2 S. 1 ZPO gilt[250] oder die Wochenfrist des § 311 Abs. 2 StPO.[251] Diese Streitfrage stellte sich bisher nur im Kostenfestsetzungsverfahren nach § 464b StPO, da eine Festsetzung von Rahmengebühren bislang nicht in Betracht kam. Diese Streitfrage wird sich zukünftig aber auch im Rahmen der Vergütungsfestsetzung nach § 11 stellen.

284 Die Beschwerde ist auch dann gegeben, wenn in der Hauptsache kein Rechtsmittel möglich ist. Das Vergütungsfestsetzungsverfahren ist ein eigenes, von der Hauptsache losgelöstes Verfahren. Es gilt hier nichts anderes als im Kostenfestsetzungsverfahren, in dem auch eine Beschwerde oder Rechtsbeschwerde möglich ist, selbst wenn in der Hauptsache kein Rechtsmittel gegeben ist.[252]

285 Für die Beschwerde besteht **kein Anwaltszwang**. Das folgt aus § 569 Abs. 2 S. 2 Nr. 1 ZPO. Unter „Rechtsstreit" i.d.S. ist das Festsetzungsverfahren vor dem Rechtspfleger zu verstehen. Da hier Anträge zu Protokoll erklärt werden können, gilt der Anwaltszwang auch dann nicht, wenn im Ausgangsverfahren Anwaltszwang bestand.

286 Über die **Beschwerde** entscheidet das Beschwerdegericht. In Landwirtschaftssachen ist das OLG zuständig.

---

248 OVG Nordrhein-Westfalen, Beschl. v. 15.1.2013 – 12 E 373/12.
249 OLG Koblenz AGS 1997, 105 m. Anm. *von Eicken*.
250 LG Würzburg Rpfleger 1972, 222; OLG München Rpfleger 1972, 181; LG Regensburg JurBüro 1974, 211 m. Anm. *Mümmler*; OLG Düsseldorf JurBüro 1979, 398 m. Anm. *Mümmler*; OLG München AnwBl 1986, 107 = JurBüro 1985, 1515 m. Anm. *Mümmler* = Rpfleger 1985, 253; OLG Koblenz Rpfleger 2000, 126; OLG Hamm, 3. Strafsenat, Beschl. v. 7.3.2000 – 3 Ws 773/99 – und v. 21.12.2000 – 3 Ws 364/2000.
251 LG Nürnberg-Fürth JurBüro 1973, 1077; LG Zweibrücken MDR 1994, 844; OLG Düsseldorf Rpfleger 1999, 527; OLG Karlsruhe AGS 2000, 132 = AnwBl 2000, 133 = JurBüro 2000, 203 = Rpfleger 2000, 124.
252 Std. Rspr. des BGH: AGS 2004, 310 = WRP 2004, 1169 = BGHR 2004, 1325 = Rpfleger 2004, 587 = MDR 2004, 1136 = GRUR 2004, 886 = NZV 2004, 516 = JurBüro 2004, 548 = NJW-RR 2004, 1500 = RVGreport 2004, 316 = FamRZ 2004, 1363 = GuT 2004, 189 = VersR 2005, 997; AGS 2005, 413 = Rpfleger 2005, 481 = NJW 2005, 2233 = BGHR 2005, 1150 = MDR 2005, 1016 = RVGreport 2005, 275 = FamRZ 2005, 1563 = JurBüro 2005, 482; AGS 2008, 366 = GuT 2008, 225 = WRP 2008, 947 = NJW 2008, 2040 = GRUR 2008, 639 = MDR 2008, 833 = Rpfleger 2008, 445 = BGHR 2008, 831 = JurBüro 2008, 426 = ZIP 2008, 1200 = RVGreport 2008, 272.

Der Rechtspfleger kann der Beschwerde **abhelfen**. Soweit er abhilft, ist gegen seine Entscheidung wiederum die sofortige Beschwerde möglich. 287

Gegen die Entscheidung des Beschwerdegerichts kommt je nach Verfahren ein weiteres Rechtsmittel in Betracht. 288
- In Zivilsachen und in Verfahren der freiwilligen Gerichtsbarkeit ist eine **weitere Beschwerde** nicht möglich.[253] Allerdings kann das Beschwerdegericht die **Rechtsbeschwerde** nach § 574 ZPO zulassen, so dass die Sache dem BGH vorzulegen ist. Der BGH ist an die Zulassung der Rechtsbeschwerde gebunden. Eine **Anschlussrechtsbeschwerde** ist ohne Zulassung möglich (§ 574 Abs. 4 ZPO).
- In Strafsachen ist eine Rechtsbeschwerde nicht möglich.
- In Bußgeldsachen ist ebenfalls eine Rechtsbeschwerde nicht vorgesehen.

Neue Vergütungspositionen können nach OLG Hamm[254] im Erinnerungs- oder Beschwerdeverfahren nicht berücksichtigt werden; insoweit sei vielmehr ein neues Verfahren (Nachfestsetzung) einzuleiten. Dies dürfte unzutreffend sein: Ebenso wie bei einer Berufung die Klage erweitert werden kann, muss auch der Festsetzungsantrag im Erinnerungs- oder Beschwerdeverfahren erweitert werden können, vorausgesetzt, die Erinnerung oder Beschwerde ist ohne die Erweiterung zulässig.[255] 289

Unstrittig können dagegen im Erinnerungs- oder Beschwerdeverfahren neue Einwendungen auch außerhalb des Gebührenrechts erhoben werden.[256] Werden solche nicht gebührenrechtlichen Einwendungen erstmals im Erinnerungs- oder Beschwerdeverfahren erhoben, ist er damit nicht ausgeschlossen. Weder enthält Abs. 5 eine entsprechende Regelung noch wäre ein Ausschluss der Einwände mit § 571 Abs. 2 S. 1 ZPO zu vereinbaren.[257] Unzureichendes Bestreiten im ersten Rechtszug kann daher auch noch in der Beschwerdeinstanz substantiiert werden und ist dann zu berücksichtigen.[258] 290

Eine **Kostenentscheidung** nach den §§ 91 ff. ZPO ist – im Gegensatz zum früheren Recht der BRAGO – im Erinnerungs- und Beschwerdeverfahren nicht zu treffen, da eine **Kostenerstattung** nach Abs. 2 S. 6 ausgeschlossen ist. 291

3. Rechtsbehelfe in Verfahren vor dem Familiengericht

Die Rechtsbehelfe und Rechtsmittel gegen den Vergütungsfestsetzungsbeschluss richten sich nach den Vorschriften der jeweiligen Verfahrensordnung (Abs. 2 S. 2). Anwendbar sind also in Familiensachen die Vorschriften der ZPO, sei es über § 85 FamFG oder § 113 Abs. 1 S. 2 FamFG. Zuständig für die Beschwerde ist das OLG.[259] 292

4. Rechtsbehelfe in Verfahren der Arbeitsgerichtsbarkeit

In arbeitsgerichtlichen Verfahren gilt das Gleiche wie für die ordentliche Gerichtsbarkeit. Auch hier kommt eine Rechtsbeschwerde nach § 574 ZPO in Betracht (§§ 78, 72 ArbGG). 293

5. Rechtsbehelfe in verwaltungsgerichtlichen Verfahren

Entscheidet im verwaltungsgerichtlichen Verfahren der Urkundsbeamte der Geschäftsstelle über den Festsetzungsantrag, so ist gemäß §§ 165, 151 VwGO binnen einer Frist von zwei Wochen die Stellung eines Antrages **auf gerichtliche Entscheidung** (Erinnerung) möglich. Die Frist beginnt mit der Bekanntgabe des Beschlusses. Fehlt eine Rechtsbehelfsbelehrung, so ist die Anfechtung noch innerhalb eines Jahres nach Bekanntgabe möglich (§ 58 Abs. 2 VwGO).[260] 294

---

253 BayObLG JurBüro 1989, 67.
254 OLG Hamm KostRsp. BRAGO § 19 Nr. 7 m. abl. Anm. *Lappe*.
255 *Lappe* in Anm. zu OLG Hamm KostRsp. BRAGO § 19 Nr. 7.
256 OLG Bamberg JurBüro 1982, 1513; OVG Münster Rpfleger 1986, 320; a.A. Gerold/Schmidt/*Müller-Rabe*, RVG, § 11 Rn 311.
257 LAG Nürnberg AGS 2011, 179 = JurBüro 2011, 201 = NJW-Spezial 2011, 189 = ArbuR 2011, 181 = JurBüro 2011, 186 = AE 2011, 145 = RVGreport 2011, 217.
258 OLG Düsseldorf AGS 2011, 494 = JurBüro 2011, 643 = RVGreport 2011, 455.
259 KG Rpfleger 1994, 42.
260 VG Darmstadt AGS 2016, 81; OVG Münster DÖV 1970, 102.

295 Der Antrag auf Entscheidung des VG gegen einen Kostenfestsetzungsbeschluss über die Vergütungsfestsetzung kann nach § 129a ZPO i.V.m. § 11 Abs. 6 S. 2 RVG fristwahrend auch bei jedem Amtsgericht gestellt werden.[261]

296 Dem Antrag auf gerichtliche Entscheidung darf der Urkundsbeamte **abhelfen**. Hilft er nicht ab, hat er die Sache dem Gericht vorzulegen, das durch **Beschluss** entscheidet.

297 Dieser Beschluss ist wiederum nach §§ 146 ff. VwGO mit der **Beschwerde** anfechtbar.

298 Die Beschwerde muss **innerhalb von zwei Wochen** eingelegt werden (§ 147 Abs. 1 S. 1 VwGO). Erforderlich ist, dass die **Beschwer** den Wert von 200 EUR übersteigt (§ 146 Abs. 3 VwGO). Einer Zulassung nach § 146 Abs. 4 VwGO durch das OVG bedarf die Beschwerde nicht.[262] Das Erstgericht ist berechtigt, der Beschwerde **abzuhelfen** (§ 148 Abs. 1 VwGO). Geschieht dies nicht, ist die Sache dem Beschwerdegericht zur Entscheidung vorzulegen.

299 Die Einlegung einer Beschwerde, die sich gegen einen Beschluss des VG über einen Antrag auf gerichtliche Entscheidung gegen einen Festsetzungsbeschluss nach § 11 richtet, unterliegt dem Vertretungszwang aus § 67 Abs. 4 VwGO.[263] Die Gegenauffassung[264] beruft sich zu Unrecht auf Abs. 6 S. 1. Diese Regelung gilt nur für Anträge und Erklärungen, nicht aber für Beschwerden. Eine dem § 569 Abs. 2 S. 2 ZPO vergleichbare Vorschrift fehlt in der VwGO.

300 Die Beschwerde zum OVG ist auch dann gegeben, wenn das VG gar nicht zuständig war (hier Festsetzung von Vollstreckungskosten), aber dennoch entschieden hatte.[265]

301 In Asylrechtsstreitigkeiten soll eine Beschwerde gemäß § 80 AsylVfG (jetzt AsylG) ausgeschlossen sein.[266] Gleiches soll gelten, wenn aufgrund anderweitiger Rechtsvorschriften eine Beschwerde unzulässig ist, etwa nach § 34 S. 1 WPflG oder nach § 37 Abs. 2 S. 1 VermG. Dies erscheint fraglich, da das Vergütungsfestsetzungsverfahren ein eigenes, von der Hauptsache losgelöstes Verfahren darstellt und die Beschwerde gegen eine Kostenfestsetzung – anders als die Beschwerde gegen eine Kostengrundentscheidung – keine fiktive Rechtsmittelfähigkeit in der Hauptsache erfordert.

6. Rechtsbehelfe in finanzgerichtlichen Verfahren

302 In finanzgerichtlichen Verfahren kann die Entscheidung des Urkundsbeamten über den Festsetzungsantrag durch Erinnerung angefochten werden (§ 53 Abs. 1 FGO). Die Erinnerung ist binnen einer Frist von zwei Wochen ab Bekanntgabe zu erheben, d.h. ab Zustellung. Fehlt die Rechtsbehelfsbelehrung, so ist die Erinnerung noch innerhalb eines Jahres seit Bekanntgabe zulässig (§ 55 Abs. 2 FGO). Auch hier ist eine **Anschlusserinnerung** zulässig.[267]

303 Der Urkundsbeamte der Geschäftsstelle kann der Erinnerung abhelfen. Geschieht dies nicht, legt er die Sache dem Gericht gemäß § 149 Abs. 4 FGO vor, das in voller Besetzung entscheidet;[268] die Entscheidung ergeht durch Beschluss. Dieser ist unanfechtbar (§ 128 Abs. 4 FGO). Erledigt sich die Erinnerung, so ist das Verfahren nach § 72 Abs. 2 FGO einzustellen.[269]

304 Während des Erinnerungsverfahrens kann nach § 149 Abs. 3 FGO die Zwangsvollstreckung aus einem bereits ergangenen Festsetzungsbeschluss ausgesetzt werden.[270]

---

[261] VG Darmstadt AGS 2016, 81.
[262] VGH Mannheim JurBüro 1997, 643.
[263] OVG Hamburg AGS 2009, 182 = NVwZ-RR 2009, 452 = DVBl 2009, 399 = DÖV 2009, 340 = NJW-Spezial 2009, 283 = NordÖR 2009, 178 = RVGreport 2009, 216.
[264] Hessischer VGH RVGreport 2011, 216 = DÖV 2012, 123; NVwZ-RR 2009, 902 = NJW 2009, 3529; VGH Mannheim = NVwZ-RR 2003, 689 = Justiz 2003, 645 = BRAGOreport 2003, 199; Bayerischer VGH BayVBl 2003, 762 = NVwZ-RR 2004, 158.
[265] OVG Baden-Württemberg RVGreport 2008, 98.
[266] OVG Nordrhein-Westfalen, Beschl. v. 9.5.2016 – 1 E 298/16.A; OVG Hamburg JurBüro 1994, 103; OVG Münster JurBüro 1995, 650.
[267] FG Berlin EFG 1981, 581.
[268] FG Bremen EFG 1994, 162; a.A. FG Baden-Württemberg EFG 1994, 897: Vorsitzender oder Berichterstatter.
[269] FG Bremen EFG 1994, 581.
[270] FG Bremen EFG 1994, 583.

7. Rechtsbehelfe in sozialgerichtlichen Verfahren

Gegen die Entscheidung des Urkundsbeamten der Geschäftsstelle im sozialgerichtlichen Verfahren ist die Erinnerung gegeben (§ 178 SGG). Diese muss **innerhalb eines Monats** ab Bekanntgabe des Bescheides eingereicht werden. Bei fehlender Rechtsbehelfsbelehrung ist die Anfechtung noch innerhalb eines Jahres zulässig (§ 66 Abs. 2 SGG). 305

Der Urkundsbeamte kann der Erinnerung **abhelfen**; anderenfalls legt er sie dem Gericht vor, das nach § 197 Abs. 2 SGG unanfechtbar[271] entscheidet. Die Entscheidung des Gerichts ergeht ohne Mitwirkung der ehrenamtlichen Richter. 306

V. Umfang der Rechtskraft

Die Beschlüsse im Vergütungsfestsetzungsverfahren erwachsen in Rechtskraft.[272] Soweit der Vergütungsfestsetzungsantrag des Anwalts zurückgewiesen worden ist, ist er gehindert, diese Vergütung später anderweitig – etwa in einem Klageverfahren – erneut geltend zu machen. 307

Soweit das Gericht die Vergütung festgesetzt hat, ist diese Entscheidung für den Auftraggeber endgültig. Auch er kann diese Entscheidung nicht mehr anfechten. Er kann auch später keine außergebührenrechtlichen Einwände mehr erheben, die er im Vergütungsfestsetzungsverfahren bereits hätte vorbringen können. 308

Soweit das Gericht die Festsetzung nach Abs. 5 S. 1 abgelehnt oder den Antrag mangels Fälligkeit oder Klagbarkeit (§ 10) als unzulässig zurückgewiesen hat, ist in der Sache selbst keine Entscheidung getroffen worden, die der Rechtskraft fähig wäre. Hier bleibt es dem Anwalt unbenommen, seine Ansprüche im ordentlichen Rechtsweg weiter zu verfolgen. 309

Gleiches gilt, wenn der Antrag auf Festsetzung von Rahmengebühren mangels Zustimmungserklärung des Auftraggebers als unzulässig zurückgewiesen worden ist (Abs. 8 S. 2). 310

Ist der Antrag nach Abs. 5 S. 1 wegen außergebührenrechtlicher Einwände abgelehnt worden, kann er nicht mehr erneut gestellt werden. Das gilt auch dann, wenn der Auftraggeber später seine Einwände zurücknimmt.[273] 311

Ungeachtet der Rechtskraft des Festsetzungsbeschlusses können Einwendungen, die im Festsetzungsverfahren nicht berücksichtigt werden konnten, im Wege der Vollstreckungsgegenklage nach § 767 ZPO geltend gemacht werden. Hierzu zählen aber nur solche Einwendungen, die nach Abschluss des Festsetzungsverfahrens entstanden sind. Die **Präklusionsvorschrift** des § 767 Abs. 2 ZPO ist entsprechend anzuwenden.[274] 312

Mit der Vollstreckungsgegenklage kann insbesondere geltend gemacht werden, dass die Forderung nach Festsetzung bezahlt worden ist. 313

Wird gegen einen Festsetzungsbeschluss des **Finanzgerichts** Vollstreckungsgegenklage erhoben, so ist hierfür der Rechtsweg zu den ordentlichen Gerichten gegeben.[275] Gegen Festsetzungsbeschlüsse des **Verwaltungsgerichts** ist dagegen die Vollstreckungsgegenklage beim Verwaltungsgericht zu erheben.[276] 314

In Ausnahmefällen kann die Rechtskraft eines Festsetzungsbeschlusses durch eine **Klage nach § 826 BGB** durchbrochen werden.[277] 315

---

[271] LSG NW JurBüro 1991, 817.
[272] BGH JurBüro 1976, 1188 = Rpfleger 1976, 354 = AnwBl 1976, 339; AGS 1998, 146 = NJW 1997, 743 = MDR 1997, 397 = InVo 1997, 96 = Rpfleger 1997, 231 = VersR 1997, 899 = AnwBl 1999, 131 = zfs 1999, 180.
[273] OLG Köln JurBüro 1980, 1662 = Rpfleger 1980, 444; a.A. OLG Schleswig JurBüro 1985, 219 = SchlHA 1985, 47.
[274] BGH Rpfleger 1997, 231; OVG Münster KostRsp. BRAGO § 19 Nr. 125 m. Gründen u. Anm. *Lappe*;
VGH München, Beschl. v. 14.12.2007 – 13 S 07.2791 (juris).
[275] FG Baden-Württemberg EFG 1991, 554.
[276] VGH München, Beschl. v. 14.12.2007 – 13 S 07.2791 (juris); VGH München DVWL 1969, 614; OVG Münster NJW 1986, 1190; a.A. (Zuständigkeit der Zivilgerichte): OVG Lüneburg NJW 1984, 2485 = Rpfleger 1984, 331 = AnwBl 1984, 562.
[277] ArbG Düsseldorf JurBüro 1991, 216 = Rpfleger 1991, 81 = VersR 1990, 1370 = KostRsp. BRAGO § 120 Nr. 120 m. Anm. *Lappe*.

VI. Neufestsetzung nach § 107 ZPO

316 Wird nach Rechtskraft des Vergütungsfestsetzungsbeschlusses der **Gegenstandswert**, der der festgesetzten Vergütung zugrunde liegt, **anderweitig festgesetzt**, so ist nach **§ 107 Abs. 1 ZPO** ein **Antrag auf Abänderung** möglich (Abs. 2 S. 3).

317 Jeder Beteiligte kann innerhalb der Monatsfrist des § 107 Abs. 2 S. 1 ZPO den Antrag auf Änderung des Vergütungsfestsetzungsbeschlusses stellen. Das Gericht berechnet dann auf der Basis des neuen Gegenstandswertes den Vergütungsanspruch neu und setzt entsprechend neu fest. Der ursprüngliche Kostenfestsetzungsbeschluss wird gleichzeitig aufgehoben. Soweit aufgrund des ursprünglichen Vergütungsfestsetzungsbeschlusses unstreitig gezahlt worden ist, kann insoweit auch ein zurückzuzahlender Betrag festgesetzt werden (§ 91 Abs. 4 ZPO; siehe Rdn 320).

318 Nach Ablauf der nicht verlängerbaren (§ 224 Abs. 2 ZPO) Frist kommt eine Änderung der Festsetzung nach § 107 ZPO nicht mehr in Betracht. Damit sind die Beteiligten jedoch nicht rechtlos gestellt.
- Soweit sich ein höherer Vergütungsanspruch ergibt, ist ohnehin jederzeit eine Nachfestsetzung aufgrund des höheren Verfahrenswertes möglich. Es ergeht dann lediglich kein einheitlicher Beschluss, sondern ein getrennter Festsetzungsbeschluss über den sich nach dem höheren Wert ergebenden Mehrbetrag.
- Soweit sich ein geringerer Vergütungsanspruch ergibt, kann der Auftraggeber nach allgemeinen Vorschriften (i.d.R. Bereicherungsrecht) zu viel gezahlte Beträge zurückverlangen. Er muss allerdings klagen, wenn der zu viel gezahlte Betrag nicht freiwillig zurückgezahlt wird.[278] Eine vereinfachte Festsetzung ist nach Fristablauf nicht mehr möglich.

319 Gegen die Entscheidung im Verfahren nach § 107 ZPO ist gemäß der Verweisung auf § 104 Abs. 3 ZPO die Beschwerde oder die Erinnerung gegeben, gegebenenfalls auch die Rechtsbeschwerde

VII. Rückfestsetzung

320 Hat der Auftraggeber aufgrund eines vorangegangenen Vergütungsfestsetzungsbeschlusses bereits gezahlt, kann er in entsprechender Anwendung des § 91 Abs. 4 ZPO auch die Rückfestsetzung beantragen, wenn der ursprüngliche Festsetzungsbeschluss auf eine Erinnerung oder Beschwerde hin aufgehoben wird.

321 **Beispiel:** Der Anwalt hatte einen Vergütungsfestsetzungsbeschluss in Höhe von 1.860 EUR erwirkt. Der Auftraggeber zahlt diesen Betrag zur Abwendung der Zwangsvollstreckung und legt gleichzeitig Beschwerde ein. Auf die Beschwerde hin wird die Festsetzung dahingehend abgeändert, dass nur 1.000 EUR geschuldet sind.
Der Auftraggeber kann jetzt die überzahlten 860 EUR beantragen, wenn der Anwalt diesen Betrag nicht freiwillig zurückzahlt.

322 Ebenso kommt eine Rückfestsetzung in Betracht, wenn nachträglich eine abweichende Streitwertfestsetzung erfolgt. Hier ist allerdings die Monatsfrist des § 107 ZPO zu beachten.

Beispiel: Der Anwalt hatte einen Vergütungsfestsetzungsbeschluss ausgehend von einem festgesetzten Streitwert i.H.v. 20.000 EUR erwirkt, den der Auftraggeber bezahlt hat. Später wird der Streitwert auf 15.000 EUR abgeändert.
Der Auftraggeber kann jetzt Rückfestsetzung beantragen, soweit die gezahlte Vergütung die aus 15.000 EUR geschuldete Vergütung übersteigt.

323 Eine Rückfestsetzung kommt dagegen nicht in Betracht, wenn der Auftraggeber die Vergütung auf eine überhöhte Rechnung hin gezahlt hat und die Vergütung im Verfahren nach § 11 geringer festgesetzt wird. Insoweit muss der Auftraggeber auf Rückzahlung klagen, wenn der Anwalt nicht freiwillig zurückzahlt.

---

278 Zöller/Herget, § 107 Rn 3.

VIII. Zwangsvollstreckung

324 Aus einem Vergütungsfestsetzungsbeschluss kann die Zwangsvollstreckung betrieben werden (Abs. 2 S. 3 i.V.m. § 794 Abs. 1 Nr. 2 ZPO). Andere Anwälte als die im Festsetzungsbeschluss genannten können nur vollstrecken, wenn ihnen eine Klausel nach § 727 ZPO erteilt worden ist.[279]

325 Ist zugunsten einer Rechtsanwalts-GbR ein Vergütungsfestsetzungsbeschluss ergangen, der die Namen ihrer Gesellschafter ausweist, bedarf es über die Vorlage des vollstreckbaren Titels hinaus grundsätzlich keiner weiteren Nachweise zum Gesellschafterbestand und zu den Vertretungsverhältnissen.[280]

326 Zulässig ist die Zwangsvollstreckung allerdings erst nach Ablauf der **Wartefrist des § 798 ZPO**, also zwei Wochen nach Zustellung des Beschlusses.

327 Ein Vergütungsfestsetzungsbeschluss ist nach dem EuGVÜ auch im **Ausland** vollstreckbar, und zwar auch dann, wenn die Vergütung in einem verwaltungs-, finanz-, verfassungs- oder sozialgerichtlichen Verfahren festgesetzt worden ist.[281]

328 **Zuständig** für die Zwangsvollstreckung sind die Amtsgerichte. Dies gilt nach zutreffender Ansicht auch dann, wenn aus einem Vergütungsfestsetzungsbeschluss eines Verwaltungsgerichts vollstreckt wird.[282]

Nach a.A. soll in diesem Fall dagegen das Verwaltungsgericht als titulierendes Gericht zuständig sein; aus der Titulierungsbefugnis folge die Vollstreckungsbefugnis des Verwaltungsgerichts, das insoweit zuständiges Vollstreckungsgericht i.S.d. § 167 Abs. 1 S. 1 VwGO sei.[283]

IX. Hemmung der Verjährung (Abs. 7)

329 Nach Abs. 7 wird der Ablauf der Verjährung durch den Antrag auf Vergütungsfestsetzung wie durch eine Klageerhebung gehemmt. Aus der Formulierung „Durch den Antrag" folgt, dass bereits der Eingang des Antrags bei Gericht zur Hemmung der Verjährung führt.[284] Im Gegensatz zur Klageerhebung ist eine demnächstige Zustellung (§ 270 Abs. 3 ZPO) an den Auftraggeber nicht erforderlich.[285] Es ist noch nicht einmal erforderlich, dass der Auftraggeber von dem Eingang des Festsetzungsgesuchs Kenntnis erhält. In der Praxis kommt dies häufig vor, nämlich dann, wenn die Akten nicht abkömmlich sind oder sich beim Rechtsmittelgericht befinden. Die Hemmung wirkt dann so lange fort, bis über den Antrag entschieden wird. Wenn allerdings das Gericht das Vergütungsfestsetzungsverfahren zunächst aussetzt, etwa bis zum rechtskräftigen Abschluss des Hauptsacheverfahrens oder bis zum Rückgang der Akten vom Berufungsgericht, endet die Hemmungswirkung nach Ablauf von sechs Monaten (§ 204 Abs. 2 S. 2 BGB), so dass die Verjährung danach weiterläuft.

330 Der Eintritt der Verjährung wird nur in dem Umfang gehemmt, in dem die Festsetzung beantragt wird. Übersieht der Anwalt im Festsetzungsantrag einzelne Gebühren, so läuft die Verjährungsfrist hinsichtlich dieses Teils der Vergütung weiter.

> **Beispiel:** Der Anwalt beantragt die Festsetzung seiner Gebühren für einen Rechtsstreit. Dabei übersieht er die Einigungsgebühr und meldet versehentlich nur eine Verfahrens- und eine Terminsgebühr an. Hinsichtlich der Einigungsgebühr wird die Verjährung nicht gehemmt. Die Hemmung tritt erst mit Eingang des Nachfestsetzungsantrags ein.

---

279 AG Wedding DGVZ 1978, 32 = KostRsp. BRAGO § 19 Nr. 10 m. Anm. *E. Schneider*.
280 OLG Schleswig, Beschl. v. 16.3.2011 – 2 W 119/10.
281 OLG Hamm JurBüro 1995, 363 = Rpfleger 1995, 382.
282 OVG Lüneburg AnwBl 1984, 562 = NJW 1984, 2485 = Rpfleger 1984, 331 = SchlHA 1984, 331 = KostRsp. BRAGO § 19 Nr. 64 m. abl. Anm. *Noll* (Pfändungs- und Überweisungsbeschl.); OVG Münster AGS 2002, 59 = Rpfleger 2001, 251 = NJW 2001, 3141; KostRsp. BRAGO § 19 Nr. 77 m. Anm. *Noll* u. *Lappe*; Rpfleger 2001, 251; OLG Koblenz NJW 1980, 1541.
283 Hessischer VGH NJW 2011, 1468; OVG Münster Rpfleger 1980 395 = NJW 1980, 2372; JMBl NW 1984, 191 = JurBüro 1984, 1426 = NJW 1984, 2484 = DÖV 1984, 945 = NVwZ 1984, 737; NJW 1986, 1190 = NVwZ 1986, 393 = KostRsp. BRAGO § 19 Nr. 90 m. Anm. *Noll*; NJW 2011, 1468; LG Bonn NJW 1977, 814; LG Bochum Rpfleger 1978, 426.
284 LAG Düsseldorf JurBüro 1992, 799.
285 BGH AnwBl 1982, 66 = JurBüro 1981, 369 = WM 1981, 226; OLG Köln OLGR 1997, 343; LAG Bremen AuR 1999, 319; a.A. noch OLG Köln KostRsp. BRAGO § 19 Nr. 6; LG Stuttgart MDR 1979, 240 = AnwBl 1979, 24 m. abl. Anm. *Chemnitz* = JurBüro 1979, 202.

331 Wird der Festsetzungsantrag zurückgenommen oder als unzulässig verworfen oder wird gemäß Abs. 5 S. 1 die Festsetzung abgelehnt, endet die Hemmung der Verjährungsfrist nach Ablauf von sechs Monaten (§ 204 Abs. 2 S. 2 BGB). Die Verjährung läuft dann weiter und wird erst wieder durch Klageerhebung gehemmt.

X. Gebühren und Auslagen

1. Festsetzungsverfahren

a) Gebühren und Auslagen

332 In § 19 Abs. 2 S. 5 BRAGO hieß es, dass der Anwalt im Verfahren über den Antrag keine Gebühr erhält. Diese Vorschrift war zum Teil sinnlos, zum Teil falsch und ist nunmehr aufgehoben worden. Soweit der Anwalt sich im Festsetzungsverfahren selbst vertritt, kann selbstverständlich keine Gebühr entstehen, da der Anwalt mit sich selbst keinen Anwaltsvertrag schließen kann. Es fehlt folglich an einem Auftraggeber, der Gebührenschuldner sein kann. Abgesehen davon gehört das Einfordern der Vergütung mit zum Rechtszug (§ 19 Abs. 1 S. 2 Nr. 14). Da zudem eine Kostenerstattung in allen Instanzen ausgeschlossen ist (Abs. 2 S. 6), kommt auch § 91 Abs. 2 S. 3 ZPO nicht zum Tragen.

333 Beauftragt der Anwalt einen anderen Anwalt, für ihn das Festsetzungsverfahren zu betreiben, so erhält dieser Anwalt selbstverständlich dafür eine Vergütung, nämlich eine Gebühr nach VV 3403.

334 Ebenso erhält der Anwalt, der den Auftraggeber im Vergütungsfestsetzungsverfahren vertritt, eine Vergütung. Auch diese richtet sich nach VV 3403. Diese Vergütung erhält der Anwalt auch dann, wenn er Prozessbevollmächtigter ist. Die Vorschrift des § 19 Abs. 1 S. 2 Nr. 14 greift insoweit nicht, da es sich nicht um die eigene Vergütung des Anwalts handelt.

> **Beispiel:** Anwalt A legt das Mandat nieder und beantragt, die Vergütung gegen den Auftraggeber festzusetzen. Der Auftraggeber bestellt für den Rechtsstreit Anwalt B als neuen Prozessbevollmächtigten und beauftragt ihn, auch im Vergütungsfestsetzungsverfahren tätig zu werden.
> Anwalt B erhält für den Rechtsstreit die Gebühren nach VV 3100 ff. Für das Vergütungsfestsetzungsverfahren erhält er zusätzlich die Vergütung nach VV 3403.

335 Im Beschwerdeverfahren erhält der Anwalt eine 0,5-Verfahrensgebühr nach VV 3500 und im Rechtsbeschwerdeverfahren eine 1,0-Verfahrensgebühr nach VV 3502.

b) Gegenstandswert

336 **aa) Antrag des Anwalts.** Beantragt der Anwalt die Vergütungsfestsetzung, richtet sich der Wert gem. § 23 Abs. 1 S. 2, S. 1 RVG i.V.m. § 48 Abs. 1 S. 1 GKG, § 3 ZPO bzw. § 42 FamGKG und bemisst sich nach dem Betrag, der zur Festsetzung angemeldet wird.

337 Dies wird in aller Regel der volle Vergütungsanspruch sein. Auslagen nach den VV 7000 ff. sind voll zu bewerten, gleichfalls vorgelegte Kosten, die nach § 675 BGB i.V.m. VV Vorb. 7 Abs. 1 S. 1 eingefordert werden. Es handelt sich nicht um Nebenforderungen i.S.d. § 43 Abs. 1 GKG, § 37 FamGKG.

338 Wird nur ein Teil der Vergütung angemeldet, etwa wegen bereits geleisteter Teilzahlungen des Auftraggebers, ist der zur Festsetzung angemeldete Teilwert maßgebend.

> **Beispiel:** Der Anwalt beantragt die Festsetzung einer Einigungsgebühr nebst Umsatzsteuer; die Verfahrens- und Termingebühr hatte der Mandant bereits bezahlt.
> Maßgebender Gegenstandswert ist nur der Betrag der Einigungsgebühr nebst Umsatzsteuer.

Wird zwar einerseits die volle Vergütung zur Festsetzung angemeldet, andererseits aber eine Vorschusszahlung abgesetzt, so ist dennoch der volle Wert der Vergütungsforderung maßgebend. Da der Vorschuss keine Erfüllungswirkung hat, ist die gesamte Vergütungsforderung Gegenstand der gerichtlichen Prüfung und Festsetzung, so dass daher auch der gesamte Wert anzusetzen ist.

> **Beispiel:** Der Anwalt rechnet ausgehend von einem Streitwert i.H.v. 10.000 EUR eine 1,3-Verfahrensgebühr (VV 3100), eine 1,2-Termingebühr (VV 3104) und eine 1,0-Einigungsgebühr (VV 1000) nebst Auslagen und Umsatzsteuer (2.347,87 EUR) ab und beantragt diese Vergütung festzusetzen, abzüglich eines gezahlten Vorschusses i.H.v. 580 EUR.

Der Gegenstandswert beläuft sich auf 2.347,87 EUR. Der gezahlte Vorschuss mindert den Gegenstandswert nicht.

Erhebt der Antragsgegner **nicht gebührenrechtliche** Einwände, so erhöhen diese den Gegenstandswert nicht. Nicht gebührenrechtliche Einwände werden im Festsetzungsverfahren nicht geprüft, sondern führen nur dazu, dass die Vergütungsfestsetzung abgelehnt wird (Abs. 5). Sie werden nicht Gegenstand des Verfahrens und bleiben daher außer Ansatz.

Lediglich dann, wenn nicht gebührenrechtliche Einwände unstreitig sind, wie z.B. eine unstreitige Erfüllung, werden sie im Verfahren berücksichtigt. Eine Erhöhung des Gegenstandswertes tritt dann aber nicht ein. Ein Fall des § 45 Abs. 3, Abs. 4 GKG kann im Vergütungsfestsetzungsverfahren nicht auftreten, da dieser eine streitige Gegenforderung voraussetzt.

bb) Antrag des Gebührenschuldners. Beantragt der Gebührenschuldner die Vergütungsfestsetzung, wozu er nach Abs. 1 berechtigt ist, richtet sich der Gegenstandswert nach seinem Interesse. Es kommt dann auf die Vergütungsforderung an, deren sich der Anwalt (noch) berühmt. Geleistete Zahlungen sind abzuziehen. 339

> **Beispiel:** Der Anwalt stellt dem Mandanten 3.000 EUR in Rechnung. Der Mandant ist der Auffassung, er schulde nur 2.000 EUR und zahlt diese. Im Übrigen beantragt er die Vergütungsfestsetzung. Gegenstandswert ist nur der Betrag i.H.v. 1.000 EUR. Unerheblich ist insoweit, ob der Anwalt im Festsetzungsverfahren seinen vermeintlichen Anspruch i.H.v. 1.000 EUR weiter verfolgt. Es verhält sich hier ähnlich wie bei einer negativen Feststellungsklage.

Zahlt der Auftraggeber den unstreitigen Teil der Vergütungsforderung nicht, dann ist die volle Forderung maßgebend.

> **Beispiel:** Der Anwalt stellt dem Auftraggeber 3.000 EUR in Rechnung. Der Auftraggeber bestreitet, mehr als 2.000 EUR zu schulden, und beantragt die Vergütungsfestsetzung ohne den unstreitigen Teilbetrag zu zahlen.
> Jetzt sind die vollen 3.000 EUR maßgebend, da die vollen 3.000 EUR zum Gegenstand des Verfahrens werden und das Gericht diesen vollen Betrag auch festsetzt, unabhängig davon, ob er streitig ist oder nicht.

Beantragt der Auftraggeber die Rückfestsetzung, so ist der beantragte Rückzahlungsbetrag maßgebend, unabhängig davon, ob die Rückfestsetzung statthaft ist oder nicht. Das Streitwertrecht fragt nicht nach Zulässigkeit.

cc) Beschwerde- und Erinnerungsverfahren. Der Gegenstandswert richtet sich in der Beschwerde nach § 23 Abs. 2 S. 1 und im Erinnerungsverfahren nach § 23 Abs. 2 S. 3 i.V.m. S. 1. Maßgebend ist der mit der Beschwerde oder Erinnerung per Saldo geltend gemachte Mehr- oder Minderbetrag. Wer die Beschwerde führt, ist unerheblich. 340

dd) Rechtsbeschwerde. Der Wert richtet sich nach § 23 Abs. 2 S. 1. Maßgebend ist die mit der Rechtsbeschwerde verfolgte Abänderung. 341

2. Erinnerungs- und Beschwerdeverfahren

Im Erinnerungsverfahren erhält ein beauftragter Anwalt die Gebühr nach VV 3500, im Beschwerdeverfahren ebenfalls nach VV 3500. Auch hier kann der Anwalt in eigener Sache keine Gebühren verdienen, da es an einem Auftraggeber fehlt. Eine Kostenerstattung nach § 91 Abs. 2 S. 3 ZPO scheidet nach der Neufassung jetzt aus (siehe Rdn 350 f.). 342

Strittig war, ob dem Anwalt auch dann eine Vergütung zusteht, wenn sich die Erinnerung nicht gegen eine Entscheidung des Rechtspflegers richtet, sondern gegen eine Entscheidung des Urkundsbeamten der Geschäftsstelle. Mit der Neufassung des § 18 Abs. 1 Nr. 3 ist die Streitfrage dahingehend geklärt, dass der Anwalt auch in diesem Fall eine gesonderte Vergütung erhält. 343

XI. Kosten des Gerichts

344 Das **Festsetzungsverfahren** und das **Erinnerungsverfahren** sind gerichtsgebührenfrei (**Abs. 2 S. 4**).[286]

345 Nach überwiegender Auffassung sind allerdings Auslagen zu erheben, und zwar die Pauschale für die Zustellung (Nr. 9002 GKG-KostVerz.; Nr. 2002 FamGKG-KostVerz.; Nr. 31001 GNotKG-KostVerz.). Begründet wird dies damit, dass das Vergütungsfestsetzungsverfahren nach § 11 nicht zum Rechtszug i.S. dieser Auslagentatbestände zähle.[287]

346 Im **Beschwerdeverfahren** entsteht eine Festgebühr nach Nr. 1812 GKG-KostVerz. bzw. Nr. 1912 FamGKG-KostVerz., Nr. 19111 GNotKG-KostVerz. i.H.v. 60 EUR, soweit die Beschwerde verworfen oder zurückgewiesen worden ist.[288] Bei nur teilweiser Zurückweisung oder Verwerfung können die Gebühren ermäßigt werden oder ganz entfallen. Im Übrigen ist auch das Beschwerdeverfahren gerichtsgebührenfrei.[289]

347 Die Kosten eines erfolglosen Beschwerdeverfahrens trägt der Beschwerdeführer, ohne dass es eines Kostenausspruchs bedarf.[290]

348 Im **Verfahren über die Rechtsbeschwerde** entsteht eine Festgebühr nach Nr. 1824 GKG-KostVerz. bzw. Nr. 1923 FamGKG-KostVerz., Nr. 19122 GNotKG-KostVerz. i.H.v. 100 EUR, soweit die Beschwerde verworfen oder zurückgewiesen worden ist. Bei Rücknahme ermäßigt sich die Gebühr nach Nr. 1825 GKG-KostVerz. bzw. Nr. 1924 FamGKG-KostVerz. bzw. Nr. 19123 GNotGK-KostVerz. auf 90 EUR. Im Übrigen ist auch das Rechtsbeschwerdeverfahren gerichtsgebührenfrei.

349 **Auslagen** werden jedoch erhoben, jedoch nur bei erfolgloser Beschwerde (Vorb. 9 Abs. 1 GKG-KostVerz.; Vorb. 2 Abs. 1 FamGKG-KostVerz., Vorb. 3.1 Abs. 1 GNotKG-KostVerz.). Erhoben werden insbesondere Zustellungsauslagen (Nr. 9002 GKG-KostVerz.; Nr. 2002 FamGKG-KostVerz., Nr. 31001 GNotKG-KostVerz.). Die Anm. zu Nr. 9002 GKG-KostVerz., die Anm. zu Nr. 2002 FamGKG-KostVerz. und die Anm. zu Nr. 31001 GNotKG-KostVerz. finden keine Anwendung.[291]

C. Kostenerstattung

350 Eine Erstattung der außergerichtlichen Kosten kommt im **Vergütungsfestsetzungsverfahren** nicht in Betracht.[292] Das gilt auch dann, wenn der Festsetzungsantrag des Anwalts abgelehnt wird.[293] Auslagen, insbesondere vorgelegte Zustellungskosten, sind jedoch zu erstatten. Sie werden sogleich mit festgesetzt (Abs. 2 S. 5). Nach Auffassung des LG Lübeck[294] ist allerdings nur die Pauschale für die Zustellung des Vergütungsfestsetzungsbeschlusses zu erstatten, nicht aber die Pauschale für die Zustellung des Antrags.

351 Im **Erinnerungs- als auch im Beschwerdeverfahren** wurde nach der Fassung des § 19 BRAGO eine Erstattung der außergerichtlichen Kosten der Beteiligten, insbesondere ihrer Anwaltskosten, von einem Teil der Rspr. befürwortet.[295] Dies galt über § 91 Abs. 2 S. 4 ZPO a.F. auch für den sich selbst vertretenden Anwalt. Nach **Abs. 2 S. 6** ist jetzt ausdrücklich angeordnet, dass neben den vom Anwalt gezahlten Zustellungskosten auch für das Erinnerungs- und Beschwerdeverfahren eine Kostenerstattung ausgeschlossen ist.

---

[286] OLG Frankfurt AnwBl 1984, 514 = Rpfleger 1981, 31 = JurBüro 1981, 81; OLG Koblenz JurBüro 1980, 70.

[287] LG Lübeck AGS 2014, 558 = SchlHA 2015, 278 = JurBüro 2015, 83.

[288] OLG Köln AnwBl 1981, 285 = Rpfleger 1981, 245 = JurBüro 1981, 896 m. Anm. *E. Schneider*; OVG Bremen KostRsp. BRAGO § 19 Nr. 50 m. Gründen und Anm. *Lappe*; OLG Frankfurt AnwBl 1984, 514 = Rpfleger 1981, 31 = JurBüro 1981, 81.

[289] OVG Münster Rpfleger 1986, 320; OLG Koblenz JurBüro 1980, 70.

[290] LAG Schleswig-Holstein, Beschl. v. 16.2.2006 – 1 Ta 271/05 (juris).

[291] OLG Köln AGS 2000, 208 m. Anm. *Baronin von König* = KostRsp. BRAGO § 19 Nr. 189 m. abl. Anm. *N. Schneider*; LG Bonn AGS 2000, 210; LG Köln AGS 2000, 209.

[292] BVerfG NJW 1977, 145 = JurBüro 1977, 333; OLG Koblenz JurBüro 1980, 70; *Hansens*, JurBüro Sonderheft 1999, 27.

[293] OLG Frankfurt MDR 2000, 544 = OLGR 2000, 42.

[294] AGS 2014, 558 = SchlHA 2015, 278 = JurBüro 2015, 83.

[295] KG JurBüro 1982, 77; OLG Frankfurt AnwBl 1980, 514; LG Berlin JurBüro 1980, 1341 = AnwBl 1980, 361 = Rpfleger 1980, 311 = KostRsp. BRAGO § 19 Nr. 16 m. Anm. *E. Schneider*.

352 Ergeht dennoch eine Kostenentscheidung, so ist strittig, ob diese Wirkung entfaltet oder wegen Gesetzeswidrigkeit unbeachtlich ist.

353 Nach KG[296] entfaltet eine offenkundig gesetzwidrige Kostenentscheidung nach Abs. 2 S. 6 trotz ihrer Bestandskraft keine Bindungswirkung für das Kostenfestsetzungsverfahren. Allerdings lässt das Gericht offen, ob dies auch dann gilt, wenn es die durch die gesetzwidrige Kostenentscheidung belastete Partei unterlassen hat, durch Einlegung von Rechtsmitteln auf eine Korrektur der Entscheidung hinzuwirken (im entschiedenen Fall war kein gesetzliches Rechtsmittel statthaft).

354 Diese Auffassung ist jedoch abzulehnen. Kostenentscheidungen sind, auch wenn sie falsch sind, hinzunehmen. Das Gesetz geht sogar so weit, dass es die isolierte Anfechtung von (falschen) Kostenentscheidungen nicht zulässt (§ 99 Abs. 1 ZPO). Das bedeutet, dass eine Kostenentscheidung, die ein Gericht getroffen hat, grundsätzlich für alle Parteien bindend ist, mag die Kostenentscheidung richtig oder falsch sein. Die Festsetzungsinstanzen sind an die Kostengrundentscheidungen gebunden. Im Sinne der Rechtssicherheit ist es daher dann auch hinzunehmen, dass einmal eine Kostenentscheidung ergeht, die nicht hätte ergehen dürfen. Ebenso häufig kommt es vor, dass Kostenentscheidungen nicht ergehen, die aber hätten ergehen müssen, z.B. bei den Kosten eines Nebenintervenienten (§ 101 ZPO). Werden hier die zutreffenden Rechtsbehelfe nicht ergriffen, dann tritt Rechtskraft ein und der Nebenintervenient ist mit seiner Kostenerstattung ausgeschlossen. Im Fall des KG kommt hinzu, dass die Kostenentscheidung zumindest im Wege der Gehörsrüge hätte angegriffen werden können. Das Gericht hätte darauf hinweisen müssen, dass es beabsichtigt, eine Kostenentscheidung zu treffen, die nach dem Gesetz ausgeschlossen ist. Da es das versäumt hat, hätte es auf seine Gehörsrüge hin seine Kostenentscheidung wieder aufheben müssen. Nachdem dies aber nicht geschehen ist, und der Kostenschuldner die ihm zustehenden Rechtsbehelfe unterlassen hat, kann dies nicht im Kostenfestsetzungsverfahren geheilt werden. Die Rechtskraft einer gerichtlichen Kostenentscheidung würde völlig unterlaufen, wenn künftig der Rechtspfleger festsetzen könnte, wie er will, mit der Begründung, die Kostenentscheidung sei ersichtlich falsch und daher für ihn nicht bindend.

D. Übergangsrecht

355 Da die Neufassung des § 11 durch das 1. KostRMoG zum 1.7.2004 in Kraft getreten ist, gilt also auch hierfür die Übergangsvorschrift nach § 61. Im Gegensatz zu der Übergangsvorschrift des § 60, die nur für die Vergütungsvorschriften gilt, nicht aber auch für die Verfahrensvorschriften, gilt § 61 für sämtliche Regelungen. Daher ist noch § 19 BRAGO anzuwenden, wenn der Auftrag vor dem 1.7.2004 erteilt worden ist, also wenn sich die Vergütung nach der BRAGO richtet.[297]

E. Rechtsschutz

356 Lässt sich der Auftraggeber im Festsetzungsverfahren anwaltlich vertreten, so besteht im Rahmen des Vertragsrechtsschutzes Versicherungsschutz. Auf den Gegenstand des Rechtsstreits kommt es insoweit nicht an. Daher kann für das Festsetzungsverfahren auch dann Versicherungsschutz bestehen, wenn für den Hauptsacheprozess Versicherungsschutz ausgeschlossen ist. Gegenstand des Festsetzungsverfahrens ist nämlich nur der zivilrechtliche Anspruch aus dem Anwaltsvertrag.

> **Beispiel:** Der Anwalt beantragt die Festsetzung der Vergütung aus einem Bauprozess. Der Auftraggeber lässt sich in diesem Vergütungsfestsetzungsverfahren anwaltlich vertreten.
> Die Ausschlussklausel des § 4 Abs. 1k ARB 1975 = § 3 Abs. 1d ARB 1994 = ARB 2000 gilt nur für den Hauptprozess, nicht für das Festsetzungsverfahren.

---

296 AGS 2012, 45 = zfs 2011, 346 = RVGreport 2011, 183.
297 OLG Frankfurt/M. AGS 2006, 557; OLG Saarbrücken = AGS 2005, 210 m. Anm. *N. Schneider* = OLGR 2005, 154 = MDR 2005, 779 = RVGreport 2005, 67; LVerfG Brandenburg AGS 2005, 186.

F. Verhältnis des Vergütungsfestsetzungsverfahrens zum Vergütungsprozess

357 Soweit eine Vergütungsfestsetzung in Betracht kommt, soll nach überwiegender Auffassung eine Vergütungsklage grundsätzlich gem. § 11 Abs. 5 S. 2 unzulässig sein, da es insoweit an einem Rechtsschutzbedürfnis fehle.[298] Das Vergütungsfestsetzungsverfahren biete eine einfachere und kostengünstigere Möglichkeit, zum begehrten Rechtsschutzziel zu gelangen. Eine Vergütungsklage sei daher so lange unzulässig, wie eine Vergütungsfestsetzung nach § 11 in Betracht komme. Sei dagegen die Vergütungsklage erforderlich, weil der Auftraggeber zum Teil nichtgebührenrechtliche Einwände erhebt, dann brauche sich der Anwalt im Übrigen nicht auf das Vergütungsfestsetzungsverfahren verweisen zu lassen. Er kann dann die gesamte Vergütung einklagen und muss sich nicht darauf verweisen lassen, zwei getrennte Verfahren zu führen.

358 Zumindest in dieser pauschalen Form dürfte die Auffassung der h.M. nicht zutreffend sein.[299] So kann z.B. im Vergütungsfestsetzungsverfahren nur eine Verzinsung i.H.v. 5 Prozentpunkten über dem Basiszinssatz verlangt werden, und das auch nur ab Antragseingang. Bei einer Vergütungsklage kann aber ein höherer Zinssatz und ein früherer Zinsbeginn geltend gemacht werden, insbesondere bei Unternehmern können 9 Prozentpunkte über dem Basiszinssatz ab 30 Tage nach Rechnungserhalt geltend gemacht werden.

359 Unklar ist die Rechtslage bei Rahmengebühren. Der Gesetzgeber hat diesen Fall offenbar nicht bedacht. In Abs. 5 S. 2 fehlt eine entsprechende Regelung. M.E. geht es zu weit, vom Anwalt zu verlangen, er müsse bei Rahmengebühren den Mandanten zunächst auffordern, der Gebührenbestimmung zuzustimmen; erst wenn diese nicht erteilt werde, bestehe ein Rechtsschutzbedürfnis für die Klage. Es ist Sache des Auftraggebers, wenn er die Vergütung schon nicht bezahlt, jedenfalls eine Zustimmungserklärung abzugeben, um ein vereinfachtes Verfahren nach § 11 zu ermöglichen. Wer hier als Anwalt kein Risiko eingehen will, wird allerdings den Auftraggeber vorsorglich zur Zustimmung auffordern.

360 Zum schlüssigen Klagevortrag einer Honorarklage gehört es, darzulegen, warum eine Vergütungsfestsetzung nicht in Betracht kommt.

361 Rügt der Auftraggeber im Honorarprozess zunächst lediglich, dass die Klage unzulässig sei, weil eine Vergütungsfestsetzung möglich sei, so ist er im anschließenden Vergütungsfestsetzungsverfahren nicht gehindert, dennoch außergebührenrechtliche Einwendungen zu erheben.

362 Nicht erforderlich ist es dagegen, stets ein Verfahren nach § 11 durchzuführen. Soweit der Auftraggeber schriftsätzlich bereits außergebührenrechtliche Einwendungen erhoben hat, wäre es unnötige Förmelei, zuvor noch ein aussichtsloses Verfahren nach § 11 durchzuführen. Unter Vorlage der schriftsätzlichen Einwendungen kann der Anwalt nachweisen, dass außergebührenrechtliche Einwendungen erhoben worden sind und somit ein Rechtsschutzbedürfnis für die Honorarklage besteht.

363 Hatte der Auftraggeber dem Rechtsanwalt vorgerichtlich wegen des Vorwurfs der arglistigen Täuschung das Mandat entzogen, so bedarf es nach AG Bergisch-Gladbach des vorherigen Versuchs eines Vergütungsfestsetzungsverfahren nicht mehr.[300]

364 Auch für die Durchführung eines **Mahnverfahrens** fehlt das Rechtsschutzbedürfnis, solange eine Vergütungsfestsetzung in Betracht kommt.[301] Es ist daher erforderlich, im Mahnantrag anzugeben, dass eine Festsetzung wegen außergebührenrechtlicher Einwendungen nicht in Betracht kommt. Fehlt die Angabe, ist der Mahnantrag als unzulässig zurückzuweisen. Das Mahngericht ist allerdings nicht befugt, weitere Ermittlungen anzustellen, ob die Angabe, dass ein Festsetzungsverfahren wegen außergebührenrechtlicher Einwendungen nicht in Betracht komme, zutrifft.[302]

365 Hatte der Anwalt einen Vergütungsfestsetzungsantrag eingereicht und ist die Festsetzung wegen außergebührenrechtlicher Einwendungen abgelehnt worden, so ist m.E. ein eventuelles **obligatorisches Schlichtungsverfahren** gemäß § 15a EGZPO entbehrlich.[303] Wenn bereits im Vergütungsfestsetzungsverfahren Einwände erhoben worden sind und die Parteien sich hierüber nicht verständigen

---

298 *Hansens*, JurBüro Sonderheft 1999, 27.
299 Siehe hierzu auch *Reinelt*, ZAP Fach 24, 1123.
300 AG Bergisch-Gladbach AGS 2006, 119 und 412.
301 *Hansens*, JurBüro Sonderheft 1999, 27.
302 BGH AnwBl 1981, 284 = JZ 1981, 104 = NJW 1981, 875 = Rpfleger 1981, 143 = JurBüro 1981, 533 = MDR 1981, 390; LG Karlsruhe AnwBl 1983, 178.
303 *N. Schneider*, AnwBl 2001, 327.

konnten, wird auch das Schlichtungsverfahren nicht zum Erfolg führen. Es wäre für den Anwalt unzumutbar, wegen geringfügiger Forderungen erst einmal zwei vorgeschaltete Verfahren durchzuführen, um überhaupt seine Vergütung einklagen zu können.

§ 12 Anwendung von Vorschriften für die Prozesskostenhilfe

¹Die Vorschriften dieses Gesetzes für im Wege der Prozesskostenhilfe beigeordnete Rechtsanwälte und für Verfahren über die Prozesskostenhilfe sind bei Verfahrenskostenhilfe und im Fall des § 4a der Insolvenzordnung entsprechend anzuwenden. ²Der Bewilligung von Prozesskostenhilfe steht die Stundung nach § 4a der Insolvenzordnung gleich.

A. Allgemeines 1	II. Verfahren über die Prozesskostenhilfe 8
B. Vorschriften des RVG für im Wege der Prozesskostenhilfe beigeordnete Anwälte und für Verfahren über die Prozesskostenhilfe .. 3	III. Vorschriften des RVG 11
	1. Allgemein 11
	2. Gebührenregelungen im RVG 12
I. Im Wege der Prozesskostenhilfe beigeordnete Anwälte 3	C. Gleichstellung durch § 12 15
	I. Verfahrenskostenhilfe 16
1. Ausgangspunkt: §§ 114 ff. ZPO 3	1. FamFG-Sachen 16
2. Abgrenzungen 5	2. Vertretergebühren-Erstattungsgesetz 20
a) Beiordnung ohne Prozesskostenhilfe .. 6	II. § 4a InsO 22
b) Bestellung eines Anwalts 7	

A. Allgemeines

§ 12 ist eine **Generalklausel**. Sie erweitert die im RVG ausdrücklich geregelten Vorschriften für 1
– die im Wege der Prozesskostenhilfe beigeordneten Anwälte und
– die Verfahren über die Prozesskostenhilfe
auf die Fälle
– der Verfahrenskostenhilfe und
– des § 4a InsO.

§ 12 erspart durch die Gleichstellung ständige Wiederholungen in den zahlreichen Vorschriften des RVG, die Regelungen für die Prozesskostenhilfe, die Verfahrenskostenhilfe und die Stundung nach § 4a InsO enthalten.[1] Der Regelungsbereich ist zutreffend im Abschnitt 1 über die allgemeinen Vorschriften zugeordnet und nicht im Abschnitt 8 (Beigeordneter oder bestellter Rechtsanwalt, Beratungshilfe). So ist deutlich, dass die Gleichstellung alle §§ und Nr. des RVG bzw. VV RVG erfasst.

Die Vorschrift hat in der BRAGO kein Vorbild. Allerdings setzte schon § 121 BRAGO die Beiordnungen nach § 4a InsO und § 11a ArbGG der Beiordnung nach § 121 ZPO gleich, soweit es um den Vergütungsschuldner des Rechtsanwalts ging. Diese Teilregelung ist aus § 121 BRAGO herausgenommen worden und in § 12 zu einer Generalklausel erweitert worden. Mit dem FGG-Reformgesetz vom 17.12.2008 ist die Verfahrenskostenhilfe ausdrücklich in § 12 aufgenommen worden. Durch das PKH-Änderungsgesetz vom 31.8.2013 ist in § 12 die Gleichstellung mit den Fällen des § 11a ArbGG entfallen. Hierbei handelt es sich um eine Folgeänderung zur Aufhebung der Beiordnung eines Rechtsanwalts nach § 11a Abs. 1, 2 ArbGG a.F. Eines Verweises auf § 11a ArbGG bedurfte es dann nicht mehr, weil die Vorschrift nunmehr nur noch Bestimmungen zur Prozesskostenhilfe enthält. 2

---

1 Vgl. BT-Drucks 15/1971, S. 189.

B. Vorschriften des RVG für im Wege der Prozesskostenhilfe beigeordnete Anwälte und für Verfahren über die Prozesskostenhilfe

I. Im Wege der Prozesskostenhilfe beigeordnete Anwälte

1. Ausgangspunkt: §§ 114 ff. ZPO

3 § 12 spricht solche Beiordnungen eines Rechtsanwalts an, die im Rahmen der Prozesskostenhilfe ergehen. Für bürgerliche Rechtsstreitigkeiten ist die Prozesskostenhilfe einschließlich Beiordnung und Prozesskostenhilfeprüfungsverfahren in den §§ 114 ff. ZPO geregelt. § 121 ZPO ist die gesetzliche Grundlage für die Beiordnung. Wie die Bewilligung von Prozesskostenhilfe erfolgt auch die Beiordnung durch Beschluss.

4 Darüber hinaus findet die Prozesskostenhilfe nach den §§ 114 ff. ZPO in zahlreichen anderen Verfahren statt, indem diese Vorschriften dort jeweils ausdrücklich für entsprechend anwendbar erklärt werden. Das ist kraft Gesetzes namentlich der Fall in Arbeitsgerichtsverfahren (§ 11a Abs. 1 ArbGG), Finanzgerichtsverfahren (§ 142 Abs. 1 FGO), Sozialgerichtsverfahren (§ 73a Abs. 1 S. 1 SGG), Verwaltungsgerichtsverfahren (§ 166 VwGO) sowie in Strafverfahren (§ 379 Abs. 3, § 397a Abs. 2, 3, § 406g Abs. 3 Nr. 2, § 172 Abs. 3 S. 2 StPO). Die §§ 114 ff. ZPO gelten auch ohne Verweisungsvorschrift entsprechend im Verfassungsbeschwerdeverfahren vor dem Bundesverfassungsgericht.[2]

Kommt es in diesen Verfahren zur Beiordnung eines Rechtsanwalts, erfolgt auch diese „im Wege der Prozesskostenhilfe".

2. Abgrenzungen

5 Die im Wege der Prozesskostenhilfe erfolgte Beiordnung ist abzugrenzen von anderweitigen Beiordnungen oder Bestellungen eines Rechtsanwalts. Die Beiordnung unter Bewilligung von Prozesskostenhilfe hat ihren Ansatzpunkt darin, dass eine Vertretung der Partei durch einen Rechtsanwalt erforderlich ist, die Partei aber nach ihren persönlichen und wirtschaftlichen Verhältnissen nicht dazu in der Lage ist, den Rechtsanwalt zu vergüten.

a) Beiordnung ohne Prozesskostenhilfe

6 Mit Beiordnungen im Wege der Prozesskostenhilfe sachlich nicht vergleichbar sind solche Beiordnungen, bei denen die Sicherung der anwaltlichen Vertretung im Vordergrund steht und die Befriedigung des anwaltlichen Vergütungsanspruchs lediglich nachrangig Berücksichtigung findet. Das ist etwa der Fall bei der Beiordnung eines Notanwalts gemäß §§ 78b, 78c ZPO oder als Beistand eines Zeugen (§ 68b StPO) oder wenn das Gericht dem Antragsgegner in Scheidungssachen einen Anwalt nach § 138 FamFG beiordnet.

Dem Zweck dieser Bestimmungen zufolge erscheint die Begriffswahl missglückt. Geht es mit der hoheitlichen Einbindung des Anwalts darum, für eine interessengerechte Vertretung der Partei Sorge zu tragen, so spricht das Gesetz für gewöhnlich von der Bestellung eines Anwalts (vgl. Rdn 7). Das wäre aus Gründen der Rechtsklarheit auch hier angezeigt. Entsprechend trägt § 39 dem Charakter der Beiordnung nach § 138 FamFG Rechnung, indem der Mandant so behandelt wird, als sei der Anwalt zum Prozessbevollmächtigten bestellt.

b) Bestellung eines Anwalts

7 Schon durch die begriffliche Abgrenzung zur Beiordnung wird deutlich, dass eine andere Art von Hoheitstätigkeit vorliegt. Wird ein Anwalt zum Verteidiger (§ 140 StPO), Prozesspfleger (§§ 57, 58 ZPO) oder zum gemeinsamen Vertreter (§ 67a VwGO) bestellt, geschieht das aus verfahrensgrundsätzlichen Erwägungen ungeachtet der Frage, ob die Leistungsfähigkeit der Partei hinreicht, den Anwalt zu bezahlen. Mit der Bestellung werden Prinzipien wie Fairness, Transparenz und Durchführbarkeit eines Verfahrens zur Geltung gebracht. Ist die hierdurch begünstigte Partei in der Lage, die

---

[2] BVerfG NJW 1952, 457.

damit verbundenen Kosten zu tragen, kann der Anwalt sie auch in Anspruch nehmen (§§ 40, 41, 52 Abs. 1). Die Einrede des § 122 Abs. 1 Nr. 3 ZPO, wie sie bei der Bewilligung von Prozesskostenhilfe gegen eine Vergütungsforderung des Anwalts besteht, findet hier nicht statt. Allerdings ist der Anspruch eines zum Verteidiger bestellten Anwalts an die Feststellung des Gerichts geknüpft, dass die Partei zahlungsfähig ist (§ 52 Abs. 2).

II. Verfahren über die Prozesskostenhilfe

Das Verfahren über die Bewilligung von Prozesskostenhilfe für den Auftraggeber ist in den §§ 114 ff. ZPO geregelt. Die Vorschriften der Prozesskostenhilfe gelten unmittelbar für sämtliche bürgerlichen Rechtsstreitigkeiten. Andere Verfahrensordnungen verweisen auf diese Vorschriften (näher siehe Rdn 4).

Das Verfahren über Prozesskostenhilfe wird durch einen Antrag eingeleitet. Im Prozesskostenhilfeprüfungsverfahren klärt das Gericht, ob die Voraussetzung der Bewilligung von Prozesskostenhilfe nach § 114 Abs. 1 S. 1 ZPO vorliegen. Das Verfahren ist ein eigenes, wenn ein Verfahren wegen des Hauptgegenstands noch nicht anhängig ist, ansonsten ein Nebenverfahren zum Verfahren wegen des Hauptgegenstands. Das Verfahren schließt mit einem Beschluss über die Bewilligung von Prozesskostenhilfe oder mit deren Versagung. Die Bewilligung der Prozesskostenhilfe kann mit einer Ratenzahlungsanordnung oder der Anordnung zum Einsatz eines Vermögensanteils einhergehen. Die Bewilligung kann auch mit der Beiordnung eines Rechtsanwalts verbunden sein.

Bestandteil des Prozesskostenhilfeverfahrens ist aber auch das Überprüfungsverfahren nach §§ 120, 124 ZPO. Hat der Anwalt bereits eine Verfahrensgebühr für die Vertretung im Prozesskostenhilfeverfahren verdient, erhält er keine weitere Verfahrensgebühr für die Vertretung im Überprüfungsverfahren. Denn das Prozesskostenhilfeverfahren mitsamt dem Überprüfungsverfahren ist eine Angelegenheit (vgl. § 16 Nr. 3). Verfahrensrechtlich ist zu beachten, dass Zustellungen im Überprüfungsverfahren wegen § 172 ZPO an den bevollmächtigten Anwalt erfolgen müssen.[3]

III. Vorschriften des RVG

1. Allgemein

Vorschriften des RVG für die im Wege der Prozesskostenhilfe beigeordneten Anwälte finden sich vornehmlich in Abschnitt 8 des RVG und dort speziell in den §§ 45 bis 57 sowie § 59. Es handelt sich um Vorschriften sowohl von materiell-rechtlicher (z.B. § 49 Gebührenhöhe) als auch verfahrensrechtlicher Art (z.B. § 55 Gebührenfestsetzung). Vereinzelt finden sich aber auch an anderer Stelle Regelungen (z.B.: § 3a Abs. 3 oder eben § 12).

Vorschriften im RVG für das Verfahren über die Prozesskostenhilfe sind vornehmlich Regelungen über die Vergütung eines Rechtsanwalts, der mit der Vertretung des Auftraggebers im Prozesskostenhilfeprüfungsverfahrens beauftragt ist (siehe Rdn 12 ff.).

2. Gebührenregelungen im RVG

Das RVG befasst sich nur unter gebührenrechtlichen Aspekten mit dem Verfahren über die Prozesskostenhilfe. Die Anspruchsvoraussetzungen sowie der jeweilige Gang des Bewilligungsverfahrens sind in den jeweiligen Prozessordnungen geregelt. Die einschlägigen Gebührentatbestände finden sich in VV 3335 und VV 3337, soweit es um die Verfahrensgebühr geht. Außerdem sind nach Vorb. 3.3.6 S. 2 die Regelungen zur Terminsgebühr anwendbar. Der Gegenstandswert ist in § 23a bestimmt.

Für die Vertretung im Prozesskostenhilfeprüfungsverfahren erster Instanz erhält der Anwalt nach VV 3335 eine **Verfahrensgebühr** in Höhe der Verfahrensgebühr für das Verfahren, für das die Prozesskostenhilfe beantragt wird, höchstens 1,0. Die Verfahrensgebühr VV 3335 im Verfahrenskostenhilfeprüfungsverfahren entsteht gleichermaßen für die Vertretung des Antragstellers beziehungsweise des Antragsgegners. Endet der Auftrag vorzeitig, beträgt die Verfahrensgebühr nach VV 3337

---

3 Vgl. BGH FamRZ 2011, 463.

lediglich 0,5. Für die Wahrnehmung eines Termins erhält der Anwalt zusätzlich eine **Terminsgebühr** in Höhe der Terminsgebühr für das Verfahren, für das die Prozesskostenhilfe beantragt ist (VV Vorb. 3.3.6 S. 2). Die Terminsgebühr kann nach VV Vorb. 3 Abs. 3 S. 3 Nr. 2 auch für außergerichtliche Besprechungen entstehen. Zudem kann der Rechtsanwalt eine 1,0-**Einigungsgebühr** nach VV 1003 verdienen. Der **Gegenstandswert** bemisst sich für die Gebühren nach dem Wert der Hauptsache (§ 23a Abs. 1).[4] Im Übrigen erhält der Rechtsanwalt die Auslagen nach VV Teil 7.

14 Wird Prozesskostenhilfe bewilligt und ist der Rechtsanwalt weiterhin tätig, gehen die bereits entstandenen Gebühren in den entsprechenden Gebühren des Hauptsacheverfahrens auf, da das Prozesskostenhilfeprüfungsverfahren und das nachfolgende Hauptsacheverfahren **eine Angelegenheit** darstellen (§ 16 Nr. 2).

Zu den umstrittenen Berechnungen, wenn der Partei nur teilweise Prozesskostenhilfe bewilligt ist, vgl. die Erläuterungen bei VV 3335 (siehe VV 3335 Rdn 19 ff.).

C. Gleichstellung durch § 12

15 Den Fällen der Prozesskostenhilfe sind die Fälle der Verfahrenskostenhilfe und des § 4a InsO gleichgestellt.

I. Verfahrenskostenhilfe

1. FamFG-Sachen

16 Seit dem FGG-Reformgesetz erfasst § 12 auch die Gleichstellung bei Verfahrenskostenhilfe.

17 Das FGG-Reformgesetz hat für Familiensachen und Angelegenheiten der freiwilligen Gerichtsbarkeit ein gemeinsames Gesetz, das FamFG geschaffen. Die Verfahrenskostenhilfe wird im FamFG AT in den §§ 76 bis 78 FamFG geregelt. Dabei verweist § 76 Abs. 1 FamFG grundlegend auf die Vorschriften der ZPO über die Prozesskostenhilfe, nämlich auf §§ 114 bis 127 ZPO.[5] Die §§ 76 Abs. 2, 77, 78 FamFG enthalten dann einzelne Abweichungen für die FamFG-Sachen.

18 Anders liegt es bei den Ehesachen und den Familienstreitsachen. Die §§ 76 bis 78 FamFG sind nämlich nach § 113 Abs. 1 S. 1 FamFG überhaupt nicht anzuwenden. Für diese Sachen verweist § 113 Abs. 1 S. 2 FamFG uneingeschränkt auf die §§ 114 bis 127 ZPO.

19 Der BGH zur Auslegung des § 78 Abs. 2 FamFG folgende Grundsätze aufgestellt und hierbei im Wege einer verfassungskonformen Auslegung den Anwendungsbereich der Vorschrift ausgedehnt:[6]
– Ist eine Vertretung durch einen Rechtsanwalt nicht vorgeschrieben, ist dem Beteiligten im Rahmen der bewilligten Verfahrenskostenhilfe ein Rechtsanwalt beizuordnen, wenn dies wegen der Schwierigkeit der Sach- und Rechtslage erforderlich ist. Entscheidend dabei ist, ob ein bemittelter Rechtssuchender in der Lage des Unbemittelten vernünftigerweise einen Rechtsanwalt mit der Wahrnehmung seiner Interessen beauftragt hätte.
– Die gebotene einzelfallbezogene Prüfung lässt eine Herausbildung von Regeln, nach denen der mittellosen Partei für bestimmte Verfahren immer oder grundsätzlich ein Rechtsanwalt beizuordnen ist, regelmäßig nicht zu. Ein Regel-Ausnahme-Verhältnis ist nach der gebotenen individuellen Bemessung deswegen nicht mit dem Gesetz vereinbar.
– Die Schwere des Eingriffs soll nach der gesetzlichen Neuregelung kein Kriterium für eine Anwaltsbeiordnung bilden. Sie rechtfertigt auch nicht den Schluss, dass sich ein bemittelter Rechtssuchender bei Umgangsstreitigkeiten vernünftigerweise stets oder doch nahezu ausnahmslos anwaltlichen Beistands versichert hätte. Daraus lässt sich weder generell noch als Regel herleiten, dass Umgangsstreitigkeiten besondere Schwierigkeiten tatsächlicher oder rechtlicher Art mit sich bringen und deshalb ausnahmslos oder doch im Regelfall die Beiordnung eines Rechtsanwalts erfordern.

---

4 Dieser Gegenstandswert gilt auch für die Beschwerdeinstanz und die Rechtsbeschwerdeinstanz (BGH FamRZ 2010, 1892 m.w.N.).

5 Vgl. zum Umfang des Verweises: BT-Drucks 16/6308, S. 212–215; BT-Drucks 16/9733, S. 291.

6 BGH NJW 2010, 3029.

- Das Verfahren kann sich für einen Beteiligten auch allein wegen einer schwierigen Sachlage oder allein wegen einer schwierigen Rechtslage so kompliziert darstellen, dass auch ein bemittelter Beteiligter einen Rechtsanwalt hinzuziehen würde. Jeder der genannten Umstände kann also die Beiordnung eines Rechtsanwalts erforderlich machen.
- Die Erforderlichkeit zur Beiordnung eines Rechtsanwalts beurteilt sich auch nach den subjektiven Fähigkeiten des betroffenen Beteiligten.
- Auch wenn der Grundsatz der Waffengleichheit kein allein entscheidender Gesichtspunkt für die Beiordnung eines Rechtsanwalts im Rahmen der Verfahrenskostenhilfe mehr ist, kann der Umstand der anwaltlichen Vertretung anderer Beteiligter ein Kriterium für die Erforderlichkeit zur Beiordnung eines Rechtsanwalts wegen der Schwierigkeit der Sach- oder Rechtslage sein.

Ohne nähere Anhaltspunkte besteht für das Gericht jedenfalls kein Anlass, auf diese Aspekte konkreter einzugehen und ggf. eine weitere Aufklärung zu veranlassen.[7]

Eine Regel bildet der BGH dennoch heraus: In einem Vaterschaftsanfechtungsverfahren ist dem antragstellenden Beteiligten im Rahmen der Verfahrenskostenhilfe beizuordnen. weil die Rechtslage im Vaterschaftsanfechtungsverfahren regelmäßig schwierig im Sinne von § 78 Abs. 2 FamFG sei.[8]

2. Vertretergebühren-Erstattungsgesetz

Die Verfahrenskostenhilfe nach den §§ 129 ff. PatG, § 21 Abs. 2 GebrMG, § 24 DesignG, § 36 SortenSchG ist zwar mit der Prozesskostenhilfe nach den §§ 114 ff. ZPO vergleichbar. Eine daraus hervorgehende **Beiordnung eines Rechtsanwalts** (§ 133 PatG),[9] auf den § 21 Abs. 2 GebrMG, § 24 S. 3 DesignG und § 36 SortenSchG verweisen, unterliegt indes dem Vertretergebühren-Erstattungsgesetz[10] (vgl. § 1) und damit **speziellen Regeln**. Allerdings werden die insoweit geltenden Vorschriften teilweise durch Einzelverweisungen herangezogen (vgl. §§ 7 bis 9 VertrGebErstG).[11]

Das VertrGebErstG erwähnt nicht den in Markensachen im Rahmen der Verfahrenskostenhilfe beigeordneten Rechtsanwalt. Hierbei dürfte es sich um einen redaktionellen Fehler handeln.

Das Verfahren über die Verfahrenskostenhilfe wird über § 12 von VV 3335 erfasst. Denn das VertrGebErstG kommt nur die Erstattung der Vergütung „im Falle der Bewilligung von Verfahrenskostenhilfe" zur Anwendung (vgl. § 1). VV 3335 vergütet aber nicht den für die Hauptsache beigeordneten Rechtsanwalt, sondern den Rechtsanwalt für das der Beiordnung vorausgehenden Verfahrenskostenhilfeprüfungsverfahren.

---

7 *Schürmann*, FamRB 2010, 267.
8 BGH NJW 2012, 2586.
9 Wird ein Patentanwalt beigeordnet, richtet sich dessen Vergütung aus der Staatskasse nach dem Gesetz über die Beiordnung von Patentanwälten bei Prozesskostenhilfe.
10 Gesetz über die Erstattung von Gebühren des beigeordneten Vertreters in Patent-, Gebrauchsmuster-, Design-, Topographieschutz- und Sortenschutzsachen.
11 Das Patentrecht kennt zur Unterstützung der Partei außerdem noch die Reduzierung des Streitwertes (§ 144 PatG). Vergleichbare Regelungen bestehen in § 26 GebrMG, § 142 MarkenG, § 11 Abs. 2 Halbleiterschutz, § 54 DesignG, § 247 AktG, § 12 Abs. 4, 5 UWG, § 89 GWB, § 105 EnWG. Hintergrund derartiger Regelungen ist, dass das Kostenrisiko in diesen Sachen regelmäßig hoch ist und die Streitwertabsetzung auch der wirtschaftlich schwächeren Partei eine Prozessführung ermöglichen soll. Diese Regelungen sind verfassungsrechtlich nicht zu beanstanden (vgl. BVerfG NJW-RR 1991, 1134). Wird einer Partei Prozesskostenhilfe bewilligt und darüber hinaus zu ihren Gunsten der Streitwert herabgesetzt, so hat die Streitwertabsetzung auf die Höhe der aus der Staatskasse zu zahlenden Vergütung keinen Einfluss; diese Vergütung ist vielmehr nach dem vollen Streitwert zu berechnen (vgl. BGH GRUR 1953, 250).

II. § 4a InsO

22 § 4a InsO lautet:

§ 4a Stundung der Kosten des Insolvenzverfahrens

(1) ¹Ist der Schuldner eine natürliche Person und hat er einen Antrag auf Restschuldbefreiung gestellt, so werden ihm auf Antrag die Kosten des Insolvenzverfahrens bis zur Erteilung der Restschuldbefreiung gestundet, soweit sein Vermögen voraussichtlich nicht ausreichen wird, um diese Kosten zu decken. ²Die Stundung nach Satz 1 umfasst auch die Kosten des Verfahrens über den Schuldenbereinigungsplan und des Verfahrens zur Restschuldbefreiung. ³Der Schuldner hat dem Antrag eine Erklärung beizufügen, ob ein Versagungsgrund des § 290 Absatz 1 Nummer 1 vorliegt. ⁴Liegt ein solcher Grund vor, ist eine Stundung ausgeschlossen.

(2) ¹Werden dem Schuldner die Verfahrenskosten gestundet, so wird ihm auf Antrag ein zur Vertretung bereiter Rechtsanwalt seiner Wahl beigeordnet, wenn die Vertretung durch einen Rechtsanwalt trotz der dem Gericht obliegenden Fürsorge erforderlich erscheint. ²§ 121 Abs. 3 bis 5 der Zivilprozessordnung gilt entsprechend.

(3) ¹Die Stundung bewirkt, dass
1. die Bundes- oder Landeskasse
   a) die rückständigen und die entstehenden Gerichtskosten,
   b) die auf sie übergegangenen Ansprüche des beigeordneten Rechtsanwalts
   nur nach den Bestimmungen, die das Gericht trifft, gegen den Schuldner geltend machen kann;
2. der beigeordnete Rechtsanwalt Ansprüche auf Vergütung gegen den Schuldner nicht geltend machen kann.

²Die Stundung erfolgt für jeden Verfahrensabschnitt besonders. ³Bis zur Entscheidung über die Stundung treten die in Satz 1 genannten Wirkungen einstweilig ein. ⁴§ 4b Abs. 2 gilt entsprechend.

23 Im Insolvenzverfahren wird einem Schuldner nicht Prozesskostenhilfe bewilligt, sondern ihm werden die Kosten des Insolvenzverfahrens gestundet. Dies beruht darauf, dass der Schuldner nur einstweilen (bis zur Erteilung der Restschuldbefreiung) von den Kosten des Insolvenzverfahrens freigestellt wird (§ 4a Abs. 1 InsO). Werden dem Schuldner die Verfahrenskosten gestundet, wird ihm auf Antrag ein Rechtsanwalt beigeordnet (§ 4a Abs. 2 InsO).

24 Verfahrensrechtlich ist auch die Stundung in den §§ 4a ff. InsO den einschlägigen Vorschriften der ZPO über die Prozesskostenhilfe nachgebildet. Inhaltlich gilt das allerdings nicht für sämtliche Regelungen. So unterscheidet § 4a Abs. 1 S. 1 InsO entgegen der (§§ 114, 115 Abs. 1 und 3 ZPO) bei den Zugangsvoraussetzungen nicht zwischen Einmalzahlungen und Ratenzahlungen, weshalb die Stundung auch zu gewähren ist, wenn der Schuldner die Kosten nur ratenweise aufbringen könnte.[12] Ferner wird die Kostenvorschusspflicht von Verwandten für das Insolvenzverfahren zurückhaltend beurteilt[13] und finden die im Rahmen der Prozesskostenhilfe entwickelten Grundsätze zur herbeigeführten Vermögenslosigkeit hier keine Anwendung.[14] Diese Eigenarten hindern jedoch nicht die Vergleichbarkeit der Stundung nach der Insolvenzordnung mit der Prozesskostenhilfe nach der Zivilprozessordnung. Deshalb gilt nach der Rechtsprechung des BGH auch hier, dass für das Stundungsverfahren selbst – ebenso wie für das Prozesskostenhilfeprüfungsverfahren – ein Anwalt grundsätzlich nicht beigeordnet werden kann.[15] In allen Fällen richtet sich die Vergütung des beigeordneten Anwalts stets nach dem RVG.

25 Lässt der Schuldner den Stundungsantrag nach § 4a InsO durch einen Anwalt stellen oder wirkt dieser anderweitig als Vertreter des Schuldners im Stundungsverfahren mit, so greift über § 12 die Vergütungsregelung nach VV 3335 ein. Der Anwalt erhält eine volle Wertgebühr (§ 13) nach dem Wert der Insolvenzmasse, wie sie sich zur Zeit der Beendigung des Verfahrens darstellt (§ 58 Abs. 1 GKG, § 23; vgl. auch § 28 Abs. 1). Das Stundungsverfahren und der Verfahrensabschnitt des Insolvenzverfahrens, für das die Stundung der Verfahrenskosten beantragt worden ist, bilden dieselbe Angelegenheit (§ 16 Nr. 2 i.V.m. § 12), so dass der Rechtsanwalt die Gebühren insgesamt nur einmal (nach dem höheren Gebührensatz) erhält.

---

12 BGH NJW 2003, 3780.
13 Vgl. LG Duisburg NJW 2004, 299.
14 BGH JurBüro 2007, 95.
15 BGH AGS 2007, 463.

Anhang zu § 12 – Prozesskostenhilfe (§§ 114 ff. ZPO)

A. Kurzerläuterungen zu §§ 114 ff. ZPO 1
B. § 114 ZPO 4
  I. Beabsichtigte Rechtsverfolgung oder Rechtsverteidigung 6
  II. Erfolgsaussichten 8
  III. Mutwilligkeit 11
  IV. Grenzüberschreitende Prozesskostenhilfe 13
C. § 115 ZPO 14
  I. Überblick 15
  II. Einzusetzendes Einkommen 16
    1. Allgemeines 16
    2. Fahrtkosten 17
    3. Freibeträge 19
    4. Ratenzahlungshöhe 20
  III. Einzusetzendes Vermögen 21
  IV. Übertragung der Prüfung auf den Rechtspfleger durch Landesrecht 28
D. § 116 ZPO 29
E. § 117 ZPO 32
F. Prozesskostenhilfeformularverordnung – PKHFV 42
G. § 118 ZPO 43
  I. Anhörung des Gegners 45
  II. Mündliche Erörterung 46
  III. Glaubhaftmachung 47
  IV. Ablehnung von Prozesskostenhilfe bei ungenügender Mitwirkung 49
H. § 119 ZPO 51
I. § 120 ZPO 58
J. § 120a ZPO 61
  I. Abänderung der Bewilligungsentscheidung 62
    1. Voraussetzungen 62
    2. Wesentliche Änderung der Einkommens- und Vermögensverhältnisse 63
  II. Verfahren 70
K. § 121 ZPO 73
  I. Allgemeines 74
  II. Beiordnungszwang 75
  III. Erforderlichkeit der Beiordnung bzw. Herstellung der Waffengleichheit 76
  IV. Mehrkostenverbot 78
    1. Keine Niederlassung des Rechtsanwalts im Bezirk 78
    2. Einschränkung des Mehrkostenverbots durch Umstände im Sinne von § 121 Abs. 4 ZPO 87
    3. Einverständnis des Rechtsanwalts zur eingeschränkten Beiordnung 90
    4. Berechnung von aus der Staatskasse festzusetzenden Reisekosten im Falle der Beiordnung zu den Bedingungen eines im Bezirk des Prozessgerichts niedergelassenen Anwalts 92
L. § 122 ZPO 94
M. § 123 ZPO 96
N. § 124 ZPO 98
O. § 125 ZPO 104
P. § 126 ZPO 105
Q. § 127 ZPO 107

A. Kurzerläuterungen zu §§ 114 ff. ZPO

Prozesskostenhilfe ist eine staatliche Fürsorgeleistung.[1] Sie wird als Sozialhilfe in besonderen Lebenslagen angesehen.[2] Verfassungsrechtlich fußt die Prozesskostenhilfe auf Art. 3 GG, Art. 19 Abs. 4 GG, dem Rechtsstaats- und dem Sozialstaatsprinzip.[3] Dieser verfassungsrechtliche Hintergrund ist bei der Auslegung der einfachgesetzlichen Vorschriften über die Prozesskostenhilfe und bei der Verfahrensweise unbedingt zu berücksichtigen. Die Prozesskostenhilfe muss aber nicht zu einer vollständigen Angleichung der Situation eines Bedürftigen mit der Situation eines Unbedürftigen führen. Das GG verlangt nur, dass dem bedürftigen Beteiligten die Verfahrensführung nicht unmöglich gemacht wird.

Die Prozesskostenhilfe wird für gerichtliche Verfahren gewährt. Sie ist in den verschiedenen Prozessordnungen geregelt, so insbesondere in den §§ 114 ff. ZPO, auf die Vorschriften der anderen Prozessordnungen ganz oder teilweise Bezug nehmen. Für die außergerichtliche Rechtsverfolgung kann hingegen nur Beratungshilfe nach dem Beratungshilfegesetz in Betracht kommen. Das Prozesskostenhilfeprüfungsverfahren ist formell ein Nebenverfahren zu dem Verfahren wegen des Hauptgegenstands (z.B. bürgerliche Rechtsstreitigkeit), inhaltlich ist es ein Verwaltungsverfahren zwischen Antragsteller und Gericht bzw. Staatskasse unter Anhörung des Antragsgegners, der so gesehen nicht Beteiligter des Verfahrens ist.[4]

Die Prozesskostenhilfevorschriften sind in letzter Zeit durch das Gesetz zur Änderung des Prozesskostenhilfe- und Beratungshilferechts[5] vom 31.8.2013 geändert worden. Die Änderungen sind zum

---

1 Musielak/Voit/*Fischer*, Vor § 114 ZPO Rn 1.
2 BVerfG NJW 1974, 229.
3 Vgl. näher zu den verfassungsrechtlichen Grundlagen: Zöller/*Geimer*, Vor § 114 ZPO Rn 1; BVerfG NJW 1974, 229; BVerfG NJW 1988, 2231; BVerfG NJW 1991, 413.

4 BGH NJW 2002, 3554.
5 Vgl. aus dem Gesetzgebungsverfahren BT-Drucks 17/11472; BT-Drucks 17/13538; siehe hierzu auch *Timme*, NJW 2013, 3057; *Nickel*, MDR 2013, 890; *Giers*, FAMRZ 2013, 1341.

1.1.2014 in Kraft getreten. Eine Übergangsvorschrift ist in § 40 EGZPO vorgesehen. Hat eine Partei vor dem Inkrafttreten der Änderungen für einen Rechtszug Prozesskostenhilfe beantragt, sind für diesen Rechtszug die bisherigen Vorschriften anzuwenden.

Das Gesetz zur Änderung des Prozesskostenhilfe- und des Beratungshilferechts enthält im Wesentlichen folgende Neuerungen:
- Definition des Mutwillens (§ 114 Abs. 2 ZPO)
- Mehrbedarf als Abzugsposten (§ 115 Abs. 1 S. 3 Nr. 4 ZPO)
- Ratenzahlungshöhe (§ 115 Abs. 2 ZPO)
- Belehrung über Pflicht zur Mitteilung bei wesentlicher Verbesserung der wirtschaftlichen Verhältnisse nach Bewilligung von Prozesskostenhilfe (§ 117 Abs. 3 S. 2 ZPO)
- Gelegenheit des Gegners zur Äußerung auch zu den persönlichen und wirtschaftlichen Verhältnissen des Antragstellers (§ 118 Abs. 1 S. 1 ZPO)
- Regelung der Änderung der Prozesskostenhilfebewilligung in eigener Vorschrift, die als Soll-Vorschrift ausgestaltet ist (§ 120a ZPO)
- Aufhebung von Prozesskostenhilfe, wenn wesentliche Verbesserung der finanziellen Verhältnisse unrichtig oder nicht unverzüglich mitgeteilt wird (§ 124 Abs. 1 Nr. 4 ZPO)
- Teilaufhebung von Prozesskostenhilfe (§ 124 Abs. 2 ZPO)

B. § 114 ZPO

4 ### § 114 ZPO [Voraussetzungen]

(1) ¹Eine Partei, die nach ihren persönlichen und wirtschaftlichen Verhältnissen die Kosten der Prozessführung nicht, nur zum Teil oder nur in Raten aufbringen kann, erhält auf Antrag Prozesskostenhilfe, wenn die beabsichtigte Rechtsverfolgung oder Rechtsverteidigung hinreichende Aussicht auf Erfolg bietet und nicht mutwillig erscheint. ²Für die grenzüberschreitende Prozesskostenhilfe innerhalb der Europäischen Union gelten ergänzend die §§ 1076 bis 1078.

(2) ¹Mutwillig ist die Rechtsverfolgung oder Rechtsverteidigung, wenn eine Partei, die keine Prozesskostenhilfe beansprucht, bei verständiger Würdigung aller Umstände von der Rechtsverfolgung oder Rechtsverteidigung absehen würde, obwohl eine hinreichende Aussicht auf Erfolg besteht.

5 Voraussetzungen einer Bewilligung von Prozesskostenhilfe sind
- Antrag (vgl. auch § 117 ZPO)
- hinreichende Aussicht auf Erfolg für die beabsichtigte Rechtsverfolgung bzw. Rechtsverteidigung
- kein Mutwillen
- persönlich und wirtschaftlich ganz oder teilweise nicht in der Lage, zu den Kosten der Verfahrensführung beizutragen (vgl. § 115 ZPO)

I. Beabsichtigte Rechtsverfolgung oder Rechtsverteidigung

6 Die Bewilligung von Prozesskostenhilfe setzt voraus, dass die Partei eine Rechtsverfolgung oder Rechtsverteidigung beabsichtigt. Es muss der Partei also um die Geltendmachung von **Rechten** oder ggf. rechtsähnlichen Interessen gehen. Macht die Partei kraft Abtretung oder Verfahrensstandschaft ein fremdes Recht geltend, kann Prozesskostenhilfe in Betracht kommen.

7 Sehr umstritten ist, in welchem Umfang Prozesskostenhilfe für eine Stufenklage zu bewilligen ist.[6]

II. Erfolgsaussichten

8 Die Bewilligung von Prozesskostenhilfe setzt voraus, dass die beabsichtigte Rechtsverfolgung oder Rechtsverteidigung hinreichende Aussicht auf Erfolg bietet (§ 114 Abs. 1 S. 1 ZPO).

9 Hinreichende Aussicht auf Erfolg heißt nicht Erfolgsgewissheit.[7] Die Anforderungen an die Erfolgsaussichten dürfen aus verfassungsrechtlichen Erwägungen heraus nicht überspannt werden.[8] Das Prozesskostenhilfeverfahren soll nicht den Rechtsschutz selbst bieten, sondern den Zugang dazu

---

6 Vgl. nur Musielak/Voit/*Fischer*, § 114 ZPO Rn 10–12.
7 Musielak/Voit/*Fischer*, § 114 ZPO Rn 19.

8 Z.B.: BVerfG NJW-RR 1993, 1090; BVerfG NJW 2003, 3190; BGH NJW 1994, 1160.

ermöglichen.⁹ Es ist daher verfassungsrechtlich unzulässig, schwierige und nicht geklärte Rechtsfragen bereits im Prozesskostenhilfeprüfungsverfahren zu entscheiden.¹⁰

Hinreichende Erfolgsaussichten bestehen, wenn der vom Antragsteller eingenommene tatsächliche und rechtliche Standpunkt zumindest vertretbar erscheint und eine Beweisführung möglich ist.¹¹ Es muss bei summarischer Prüfung eine gewisse Wahrscheinlichkeit dafür bestehen, dass der Antragsteller mit seinem Begehren durchdringen kann.¹² Eine vorweggenommene Beweiswürdigung ist allenfalls in Grenzen möglich.¹³ Das Verbot der Beweisantizipation gilt in Prozesskostenhilfeprüfungsverfahren nur begrenzt.¹⁴ Die Erfolgsprognose bezieht sich nämlich auch auf eine Beweisbarkeit.¹⁵ Bei gegnerischen Beteiligten können hinreichende Erfolgsaussichten gleichzeitig bestehen. [10]

Bei der Beurteilung der Erfolgsaussicht soll das Gericht grundsätzlich an die inzwischen eingetretene Rechtskraft der Hauptsacheentscheidung gebunden sein.¹⁶ Ausnahmen würden dann gelten wenn eine zweifelhafte Rechtsfrage in das Prozesskostenhilfeprüfungsverfahren verlagert worden sei oder wenn das Gericht die Entscheidung verzögert hat und die Erfolgsaussicht inzwischen entfallen sei.¹⁷

III. Mutwilligkeit

Die beabsichtigte Rechtsverfolgung oder Rechtsverteidigung darf nach § 114 Abs. 1 S. 1 ZPO nicht mutwillig erscheinen. Die Mutwilligkeit wird in § 114 Abs. 2 ZPO definiert. Mutwillig ist eine Rechtsverfolgung oder Rechtsverteidigung, wenn eine Partei, die keine Prozesskostenhilfe beansprucht, bei verständiger Würdigung aller Umstände von der Rechtsverfolgung oder Rechtsverteidigung absehen würde, obwohl eine hinreichende Aussicht auf Erfolg besteht. Das hypothetische Verhalten einer selbstzahlenden Partei, die sich in der Situation des Antragstellers befindet, ist folglich der Maßstab, der bei der Beurteilung der Mutwilligkeit anzulegen ist.¹⁸ Verfassungsrechtlich ist lediglich geboten, den Unbemittelten hinsichtlich seiner Zugangsmöglichkeiten zum Gericht einem solchen Bemittelten gleichzustellen, der seine Prozessaussichten vernünftig abwägt und dabei auch das Kostenrisiko berücksichtigt.¹⁹ Die Mutwillensdefinition in § 114 Abs. 2 ist durch das Gesetz zur Änderung des Prozesskostenhilfe- und des Beratungshilferechts eingefügt worden. [11]

Eine Mutwilligkeit kann etwa dann angenommen werden, wenn eine Klage gegen einen Prozessgegner beabsichtigt ist, dessen dauerhafte Vermögenslosigkeit erkennbar ist und deshalb keinerlei Aussichten bestehen, einen titulierten Anspruch erfolgreich vollstrecken zu können.²⁰ Mutwillig ist eine Rechtsverfolgung auch, wenn die aufzuwendenden Kosten in keinem vernünftigen Verhältnis zum erstrebten Erfolg stehen, wenn also die voraussichtlichen Kosten den einzuklagenden Betrag um ein Mehrfaches übersteigen würden.²¹ Eine Mutwilligkeit liegt auch dann vor, wenn Prozesskostenhilfe für eine gesonderte Klage beantragt wird, obwohl die Erweiterung einer bereits anhängigen Klage in Betracht kommt.²² Der Antragsgegner handelt nicht mutwillig, wenn er im Prozesskostenhilfeprüfungsverfahren für den Antragsteller keine sachlichen Einwände gegen den Anspruch des Antragstellers vorbringt.²³ Aus § 118 Abs. 1 S. 1 ZPO lässt sich nicht ableiten, dass den Antragsgegner auch eine Verpflichtung zur Abgabe einer Stellungnahme trifft.²⁴ [12]

---

9 BVerfG NJW 1991, 413; BVerfG NJW-RR 1993, 1090; BVerfG NJW 2000, 1936.
10 BVerfG NJW 1991, 413; BVerfG NJW 2000, 1936; BVerfG NJW-RR 2005, 500; BVerfG NJW 2005, 1567; BVerfG NJW 2012, 2722; BVerfG FamRZ 2013, 605; BVerfG FamRZ 2013, 685.
11 BGH NJW 1994, 1160.
12 OLG München FamRZ 1989, 199; OLG Karlsruhe FamRZ 1996, 1288.
13 BGH NJW 1994, 1160.
14 BVerfG NJW 1997, 2745; BVerfG NJW-RR 2005, 140.
15 OLG Köln MDR 1987, 62; vgl. auch: BVerfG NJW-RR 2005, 140: keine Verlagerung der Beweiserhebung in das Bewilligungsverfahren.
16 BGH NJW 2012, 1964.
17 BGH NJW 2012, 1964.
18 BT-Drucks 17/11472, S. 29.
19 Vgl. BVerfG NJW 1991, 413; BVerfG NJW 2010, 988.
20 OLG Koblenz JurBüro 2001, 99; OLG Köln MDR 1990, 1020.
21 A.A. BT-Drucks 17/11472, S. 29; vgl. hierzu auch BVerfG NJW 2013, 2013.
22 OLG Braunschweig NJW 2013, 2442.
23 OLG Hamm BeckRS 2014, 17205; str.
24 OLG Hamm BeckRS 2014, 17205; str.

IV. Grenzüberschreitende Prozesskostenhilfe

13 Für die grenzüberschreitende Prozesskostenhilfe innerhalb der EU trifft § 114 Abs. 1 S. 2 i.V.m. §§ 1076–1078 ZPO nähere Regelungen.

C. § 115 ZPO

14 **§ 115 ZPO [Einsatz von Einkommen und Vermögen]**

(1) ¹Die Partei hat ihr Einkommen einzusetzen. ²Zum Einkommen gehören alle Einkünfte in Geld oder Geldeswert. ³Von ihm sind abzusetzen:
1. a) die in § 82 Abs. 2 des Zwölften Buches Sozialgesetzbuch bezeichneten Beträge;
   b) bei Parteien, die ein Einkommen aus Erwerbstätigkeit erzielen, ein Betrag in Höhe von 50 vom Hundert des höchsten Regelsatzes, der für den alleinstehenden oder alleinerziehenden Leistungsberechtigten gemäß der Regelbedarfsstufe 1 nach der Anlage zu § 28 des Zwölften Buches Sozialgesetzbuch festgesetzt oder fortgeschrieben worden ist;
2. a) für die Partei und ihren Ehegatten oder ihren Lebenspartner jeweils ein Betrag in Höhe des um 10 vom Hundert erhöhten höchsten Regelsatzes, der für den alleinstehenden oder alleinerziehenden Leistungsberechtigten gemäß der Regelbedarfsstufe 1 nach der Anlage zu § 28 des Zwölften Buches Sozialgesetzbuch festgesetzt oder fortgeschrieben worden ist;
   b) bei weiteren Unterhaltsleistungen aufgrund gesetzlicher Unterhaltspflicht für jede unterhaltsberechtigte Person jeweils ein Betrag in Höhe des um 10 vom Hundert erhöhten höchsten Regelsatzes, der für eine Person ihres Alters gemäß den Regelbedarfsstufen 3 bis 6 nach der Anlage zu § 28 des Zwölften Buches Sozialgesetzbuch festgesetzt oder fortgeschrieben worden ist;
3. die Kosten der Unterkunft und Heizung, soweit sie nicht in einem auffälligen Missverhältnis zu den Lebensverhältnissen der Partei stehen;
4. Mehrbedarfe nach § 21 des Zweiten Buches Sozialgesetzbuch und nach § 30 des Zwölften Buches Sozialgesetzbuch;
5. weitere Beträge, soweit dies mit Rücksicht auf besondere Belastungen angemessen ist; § 1610a des Bürgerlichen Gesetzbuchs gilt entsprechend.

⁴Maßgeblich sind die Beträge, die zum Zeitpunkt der Bewilligung der Prozesskostenhilfe gelten. ⁵Das Bundesministerium der Justiz und für Verbraucherschutz gibt bei jeder Neufestsetzung oder jeder Fortschreibung die maßgebenden Beträge nach Satz 3 Nummer 1 Buchstabe b und Nummer 2 im Bundesgesetzblatt bekannt. ⁶Diese Beträge sind, soweit sie nicht volle Euro ergeben, bis zu 0,49 Euro abzurunden und von 0,50 Euro an aufzurunden. ⁷Die Unterhaltsfreibeträge nach Satz 3 Nr. 2 vermindern sich um eigenes Einkommen der unterhaltsberechtigten Person. ⁸Wird eine Geldrente gezahlt, so ist sie anstelle des Freibetrages abzusetzen, soweit dies angemessen ist.

(2) ¹Von dem nach den Abzügen verbleibenden Teil des monatlichen Einkommens (einzusetzendes Einkommen) sind Monatsraten in Höhe der Hälfte des einzusetzenden Einkommens festzusetzen; die Monatsraten sind auf volle Euro abzurunden. ²Beträgt die Höhe einer Monatsrate weniger als 10 Euro, ist von der Festsetzung von Monatsraten abzusehen. ³Bei einem einzusetzenden Einkommen von mehr als 600 Euro beträgt die Monatsrate 300 Euro zuzüglich des Teils des einzusetzenden Einkommens, der 600 Euro übersteigt. ⁴Unabhängig von der Zahl der Rechtszüge sind höchstens 48 Monatsraten aufzubringen.

(3) ¹Die Partei hat ihr Vermögen einzusetzen, soweit dies zumutbar ist. ²§ 90 des Zwölften Buches Sozialgesetzbuch gilt entsprechend.

(4) ¹Prozesskostenhilfe wird nicht bewilligt, wenn die Kosten der Prozessführung der Partei vier Monatsraten und die aus dem Vermögen aufzubringenden Teilbeträge voraussichtlich nicht übersteigen.

I. Überblick

15 Prozesskostenhilfe erhält nur, wer nach seinen persönlichen und wirtschaftlichen Verhältnissen die Kosten der Verfahrensführung nicht, nur zum Teil oder nur in Raten aufbringen kann (§ 114 Abs. 1 S. 1 ZPO). Ob und inwieweit ein Beteiligter sein Einkommen und Vermögen für die Kosten einzusetzen hat, ergibt sich aus § 115 ZPO. Hierzu muss das Gericht eine Prognose treffen, in welcher Höhe die Kosten der Verfahrensführung in dem betroffenen Rechtszug liegen. Zu den zu prognostizierenden Kosten gehören die Gerichtskosten sowie die Kosten des vom Beteiligten beauftragten Rechtsanwalts.

II. Einzusetzendes Einkommen

1. Allgemeines

Soweit ein Beteiligter sein **Einkommen** einzusetzen hat, ist wie folgt zu rechnen: Zunächst wird das Einkommen bestimmt. Hierzu gehören alle Einkünfte in Geld oder Geldeswert (§ 115 Abs. 1 S. 2 ZPO). Dazu gehören Einkünfte aus nichtselbstständiger und selbstständiger Arbeit, Renten, Einkünfte aus Kapitalvermögen und aus Vermietung und Verpachtung, Unterhalt, Wohngeld, Arbeitslosengeld I und II,[25] Kindergeld,[26] nicht aber Hilfe zum Lebensunterhalt.[27] Hiervon werden abgezogen: 16

- Einkommensteuern, Versicherungsbeträge, Werbungskosten (§ 115 Abs. 1 S. 3 Nr. 1a ZPO i.V.m. § 82 Abs. 2 SGB XII); Fahrtkosten als Werbungskosten können in aller Regel lediglich mit 5,20 EUR je Entfernungskilometer zwischen Wohnsitz und Arbeitsstätte pro Monat angesetzt werden (vgl. § 3 Abs. 6 Nr. 2a DVO zu § 82 SGB XII; siehe näher bei Rdn 17 f.),
- Freibeträge für selbstständig und unselbstständig Erwerbstätige (§ 115 Abs. 1 S. 3 Nr. 1b ZPO, siehe näher bei Rdn 19),
- Beträge, die der Beteiligte für seinen Lebensbedarf und den Lebensbedarf der Familie benötigt (§ 115 Abs. 1 S. 3 Nr. 2a, b ZPO, siehe näher bei Rdn 19),
- Kosten der Unterkunft und Heizung (§ 115 Abs. 1 S. 3 Nr. 3 ZPO):
  - Zu den Kosten der Unterkunft gehören der Nettokaltmietzins und die Betriebskosten. Die Stromkosten hingegen sind bereits bei dem Freibetrag aus § 115 Abs. 1 S. 3 Nr. 2a ZPO erfasst und werden nicht noch einmal bei den Kosten der Unterkunft aufgenommen, soweit sie nicht den Strom für die Heizung betreffen.[28] Kosten der Wasserversorgung und Abwasserentsorgung sind dagegen nicht mehr im Freibetrag aus § 115 Abs. 1 S. 3 Nr. 2a ZPO enthalten und sind deshalb als Kosten der Unterkunft anzuerkennen.[29] Nicht zu den Kosten der Unterkunft gehören die Kosten für Telefon, Garage, Rundfunkgeräte und Kabelanschluss.
- Mehrbedarfe (§ 115 Abs. 1 S. 3 Nr. 4 ZPO i.V.m. § 21 SGB II, § 30 SGB XII),[30]
- Notwendige Belastungen (§ 115 Abs. 1 S. 3 Nr. 5 ZPO):
  - Besondere Belastungen sind vom Einkommen absetzbar, soweit die Beträge angemessen sind und nicht bereits über die Nr. 1–4 berücksichtigt wurden. Bei Nr. 5 handelt es sich um eine Härteklausel, die verhindern soll, dass sich die Partei in seiner bisherigen Lebensführung wegen des Verfahrens wesentlich einschränken muss.[31] Die Angemessenheit ist nach pflichtgemäßem Ermessen zu beurteilen.[32]

2. Fahrtkosten

Die Höhe des Ansatzes von **Fahrtkosten** als Werbungskosten (§ 115 Abs. 1 S. 3 Nr. 1a ZPO i.V.m. § 82 Abs. 2 SGB XII) wird unterschiedlich beurteilt. Vertreten wird u.a.: 17

- 5,20 EUR je Entfernungskilometer zwischen Wohnsitz und Arbeitsstätte pro Monat bei maximal 40 Entfernungskilometern (vgl. § 3 Abs. 6 Nr. 2a DVO zu § 82 SGB XII).[33]
- Berechnung nach den Bestimmungen in den unterhaltsrechtlichen Leitlinien[34]
- 0,25 EUR pro Kilometer[35]
- 0,30 EUR pro Kilometer[36]
- Keine Fahrtkosten, weil diese Bestandteil des Erwerbstätigenfreibetrags seien.

---

25 BGH NJW-RR 2008, 595.
26 BGH NJW 2005, 2393.
27 OLG Düsseldorf JurBüro 1994, 480; a.A. BVerfG NJW 1988, 2231.
28 BGH NJW-RR 2008, 595.
29 OLG Brandenburg FamRZ 2013, 1596 unter Hinw. auf den seit dem 1.1.2011 geltenden § 5 RBEG; a.A. noch zur früheren Rechtslage BGH NJW-RR 2008, 595.
30 Vgl hierzu BT-Drucks 17/11472, S. 30.
31 Thomas/Putzo/*Reichold*, § 115 ZPO Rn 13.
32 Thomas/Putzo/*Reichold*, § 115 ZPO Rn 13.
33 OLG Stuttgart FamRZ 2012, 649; OLG Bremen FamRZ 2012, 48; OVG Lüneburg FamRZ 2011, 311; OLG Karlsruhe NJW-RR 2009, 1233; OLG Düsseldorf FamRZ 2007, 644.
34 OLG Schleswig FamRZ 2011, 1159; OLG Zweibrücken FamRZ 2006, 437; OLG Nürnberg FamRB 2009, 11.
35 OLG Hamm FamRZ 2006, 1553; OLG Koblenz FPR 2002, 540.
36 OLG Celle BeckRS 2009, 8805; OLG Nürnberg FamRZ 2008, 1961.

Der BGH vertritt die Ansicht, dass es aus Rechtsgründen nicht zu beanstanden ist, wenn im Rahmen der Verfahrenskostenhilfebewilligung die berufsbedingten Fahrtkosten in Anlehnung an § 3 Abs. 6 Nr. 2a DVO zu § 82 SGB XII ermittelt werden.[37] § 3 Abs. 6 DVO zu § 82 SGB XII lautet:

§ 3 DVO zu § 82 SGB XII [Einkünfte aus nichtselbstständiger Arbeit]

[...]

(6) Wird für die Fahrt zwischen Wohnung und Arbeitsstätte (Absatz 4 Nr. 2) ein eigenes Kraftfahrzeug benutzt, gilt folgendes:
1. Wäre bei Nichtvorhandensein eines Kraftfahrzeuges die Benutzung eines öffentlichen Verkehrsmittels notwendig, so ist ein Betrag in Höhe der Kosten der tariflich günstigsten Zeitkarte abzusetzen.
2. Ist ein öffentliches Verkehrsmittel nicht vorhanden oder dessen Benutzung im Einzelfall nicht zumutbar und deshalb die Benutzung eines Kraftfahrzeuges notwendig, so sind folgende monatliche Pauschbeträge abzusetzen:
   a) bei Benutzung eines Kraftwagens
      5,20 Euro,
   b) bei Benutzung eines Kleinstkraftwagens (drei- oder vierrädriges Kraftfahrzeug, dessen Motor einen Hubraum von nicht mehr als 500 Kubikzentimeter hat)
      3,70 Euro,
   c) bei Benutzung eines Motorrades oder eines Motorrollers
      2,30 Euro
   d) bei Benutzung eines Fahrrades mit Motor
      1,30 Euro

für jeden vollen Kilometer, den die Wohnung von der Arbeitsstätte entfernt liegt, jedoch für nicht mehr als 40 Kilometer. Bei einer Beschäftigungsdauer von weniger als einem Monat sind die Beträge anteilmäßig zu kürzen.

18 Der BGH meint, dass der Einkommensbegriff des § 115 ZPO an denjenigen des Sozialhilferechts anknüpfe.[38] Zwar verweise § 115 Abs. 1 S. 3 Nr. 1a ZPO allein auf § 82 Abs. 2 SGB X und nicht auch auf die auf der Grundlage von § 96 Abs. 1 SGX II erlassene DVO.[39] Jedoch könne die DVO den Gerichten einen Anhaltspunkt für die Bemessung der Fahrtkosten geben.[40] Das SGB XII werde durch den Grundsatz geprägt, dass lediglich eine Mindestsicherung garantiert werden solle. Familienrechtliche Grundsätze bzw. unterhaltsrechtliche Leitlinien mit dem Einkommensbegriff des BGB könnten daher nicht unbesehen auf den sozialrechtlichen Einkommensbegriff in § 115 ZPO übernommen werden.[41] Der BGH betont, dass
– Beiträge zur Haftpflichtversicherung,
– Beiträge zur Kaskoversicherung sowie
– notwendige Anschaffungskosten

nicht von den Fahrtkosten im Sinne von § 3 Abs. 6 Nr. 2a DVO zu § 82 SGB XII umfasst seien.[42]

Die in der DVO enthaltene Beschränkung auf 40 Entfernungskilometer ist **nicht** auf § 115 ZPO übertragbar.[43] Die im Sozialhilferecht angelegte Beschränkung auf 40 km findet ihre Rechtfertigung darin, einem Beschäftigen anzuhalten, eine nähere zur Arbeitsstätte gelegene Wohnung zu nehmen und dadurch unnötige Fahrtkosten zu vermeiden.[44] Bei einer punktuellen Unterstützung wie der Verfahrenskostenhilfe wäre ein Verlangen, anlässlich der anstehenden Verfahrensführung eine näher zur Arbeitsstätte gelegene Wohnung zu nehmen, um für die Verfahrenskosten selbst aufkommen zu können, im Hinblick auf den Zweck der Prozesskostenhilfe, den Zugang zu den Gerichten jedermann in gleicher Weise zu eröffnen, nicht angemessen.[45]

3. Freibeträge

19 Durch das Gesetz zur Ermittlung von Regelbedarfen und zur Änderung des Zweiten und Zwölften Buches Sozialgesetzbuch[46] wurden einzelne Freibeträge des § 115 Abs. 1 ZPO neu ausgerichtet. Bezugsgröße der Freibeträge nach § 115 Abs. 1 ZPO ist der höchste Regelsatz, der nach der Anlage

---

37 BGH NJW-RR 2012, 1089.
38 Vgl. BGH NJW-RR 2012, 1089.
39 Vgl. BGH NJW-RR 2012, 1089.
40 Vgl. BGH NJW-RR 2012, 1089.
41 Vgl. BGH NJW-RR 2012, 1089.
42 Vgl. BGH NJW-RR 2012, 1089.
43 BGH NJW-RR 2012, 1282.
44 BGH NJW-RR 2012, 1282.
45 BGH NJW-RR 2012, 1282.
46 Vgl. BT-Drucks 17/3404; BT-Drucks 17/3958; BT-Drucks 17/3982; BT-Drucks 17/4032; BT-Drucks 17/4095.

zu § 28 SGB XII festgesetzt oder fortgeschrieben worden ist. Die höchsten Regelsätze ergeben sich 2016 nicht aus der bundesweiten Festsetzung. Höhere Beträge der Regelbedarfsstufen gibt es nämlich für die Stadt München. Der höchste Regelsatz beträgt dort 425 EUR.

- Der Erwerbstätigenfreibetrag (§ 115 Abs. 1 S. 3 Nr. 1b ZPO) beträgt 50 % des höchsten Regelsatzes, der für den alleinstehenden oder alleinerziehenden Leistungsberechtigten gemäß der Regelbedarfsstufe 1 nach der Anlage zu § 28 SGB XII festgesetzt oder fortgeschrieben worden ist. Dies ergibt **213 EUR**.
- Der Freibetrag für die Partei (§ 115 Abs. 1 S. 3 Nr. 2a ZPO) beträgt 110 % des höchsten Regelsatzes, der für den alleinstehenden oder alleinerziehenden Leistungsberechtigten gemäß der Regelbedarfsstufe 1 nach der Anlage zu § 28 SGB XII festgesetzt oder fortgeschrieben worden ist. Dies ergibt **468 EUR**.
- Der Freibetrag für den Ehepartner oder Lebenspartner der Partei (§ 115 Abs. 1 S. 3 Nr. 2b ZPO) beträgt 110 % des höchsten Regelsatzes, der für den alleinstehenden oder alleinerziehenden Leistungsberechtigten gemäß der Regelbedarfsstufe 1 nach der Anlage zu § 28 SGB XII festgesetzt oder fortgeschrieben worden ist. Dies ergibt **468 EUR**.
- Der Freibetrag für unterhaltsberechtigte Personen (§ 115 Abs. 1 S. 3 Nr. 2c ZPO) beträgt 110 % des höchsten Regelsatzes, der für eine Person ihres Alters gemäß den Regelbedarfsstufen 3 bis 6 nach der Anlage zu § 28 SGB XII festgesetzt oder fortgeschrieben worden ist. Dieser beträgt
    - für eine erwachsene leistungsberechtigte Person, die weder einen eigenen Haushalt führt noch als Ehegatte, Lebenspartner oder in eheähnlicher oder lebenspartnerschaftsähnlicher Gemeinschaft einen gemeinsamen Haushalt führt, (Stufe 3) **374 EUR**,
    - für einen leistungsberechtigten Jugendlichen vom Beginn des 15. bis zur Vollendung des 18. Lebensjahres (Stufe 4) **353 EUR**,
    - für ein leistungsberechtigtes Kind vom Beginn des 7. bis zur Vollendung des 14. Lebensjahres (Stufe 5) **309 EUR**,
    - für ein leistungsberechtigtes Kind bis zur Vollendung des 6. Lebensjahres (Stufe 6) **272 EUR**.

4. Ratenzahlungshöhe

Steht das monatliche, einzusetzende Einkommen fest, hat die antragstellende Partei 50 % dieses Einkommens als monatliche Raten aufzubringen (§ 115 Abs. 2 S. 1 ZPO). Die Bewilligung von Prozesskostenhilfe erfolgt dann unter Anordnung der Ratenzahlung (vgl. auch § 120 Abs. 1 S. 1 ZPO). Bei einer Monatsrate von weniger als 10 EUR entfällt eine Ratenzahlungsanordnung (§ 115 Abs. 2 S. 2 ZPO). Bei einem einzusetzenden Einkommen von mehr als 600 EUR hat die antragstellende Partei als monatliche Rate 300 EUR zuzüglich des Teils des einzusetzenden Einkommens, der 600 EUR übersteigt, zu zahlen (§ 115 Abs. 2 S. 3 ZPO). Die Partei hat höchstens 72 Monatsraten aufzubringen (§ 115 Abs. 2 S. 4 ZPO). Das selbstständige Beweisverfahren und der Rechtsstreit bilden eine Einheit bei der Ermittlung der Höchstzahl der zu zahlenden Raten, wenn die Streitgegenstände beider Verfahren übereinstimmen.[47] Übersteigen die Kosten der Verfahrensführung des Beteiligten vier Monatsraten nicht, wird Prozesskostenhilfe nicht bewilligt (§ 115 Abs. 4 ZPO).

Eine Tabelle zur Ermittlung der Ratenzahlungshöhe gibt es nicht mehr. Sie ist durch das Gesetz zur Änderung des Prozesskostenhilfe- und des Beratungshilferechts vom 31.8.2013 abgeschafft worden.

III. Einzusetzendes Vermögen

Vermögen hat der Beteiligte einzusetzen, soweit ihm dies zumutbar ist (§ 115 Abs. 3 S. 1 ZPO). Für die Bestimmung des Vermögens gilt § 90 SGB XII entsprechend (§ 115 Abs. 3 S. 2 ZPO). Vermögen ist danach das gesamte **verwertbare** Vermögen. § 90 Abs. 2 SGB XII benennt katalogartig nicht verwertbare Vermögensgegenstände. Zum Vermögen gehören alle beweglichen und unbeweglichen Sachen, Forderungen und sonstigen Vermögensrechte. Unverwertbar sind zum Beispiel kleinere Barbeträge (§ 90 Abs. 2 Nr. 9 SGB XII). Die Schongrenze liegt derzeit bei 2.600 EUR zuzüglich 256 EUR je Unterhaltsberechtigtem. Auch selbstgenutzte angemessene Hausgrundstücke o.Ä. sowie angemessener Hausrat sind unverwertbar (§ 90 Abs. 2 Nr. 8, 4 SGB XII). Nach dem Schutzzweck

---

47 OLG Celle NJW 2015, 3108.

der Vorschrift ist aber nur eine Verwertung im Sinne einer Veräußerung ausgeschlossen, nicht aber eine Belastung zum Zwecke der Kreditaufnahme, soweit dadurch die Funktion des Hauses als Familienheim nicht beeinträchtigt wird und noch Spielraum für eine dingliche Belastung besteht.

22 Wer kein Vermögen hat, darf nicht darauf verwiesen werden, einen **Kredit** für die Kosten der Prozessführung aufzunehmen.[48] Jedoch wird von einem vermögenden Antragsteller verlangt, dass er seine Kreditmöglichkeiten ausschöpft.[49]

23 Besteht eine **Rechtsschutzversicherung**, die für das konkrete Verfahren eine Deckungszusage – ohne Selbstbeteiligung – gegeben hat, liegt eine Hilfebedürftigkeit des Antragstellers nicht vor.[50]

24 Ansprüche gegen Dritte auf Vorleistung rechnen ebenfalls zum Vermögen. Insbesondere gehört hierzu ein **Anspruch auf Prozesskostenvorschuss** gegen Ehegatten, Lebenspartner oder Eltern (vgl. §§ 1360a Abs. 4 S. 1, 1610 BGB, § 3 LPartG). Der Anspruch entsteht, wenn der Ehegatte, Lebenspartner bzw. das Kind nicht in der Lage ist, die Kosten der Verfahrensführung zu tragen, die eine persönliche Angelegenheit betrifft. Dann ist der andere Ehegatte, Lebenspartner bzw. sind die Eltern verpflichtet, ihm diese Kosten vorzuschießen, soweit dies der Billigkeit entspricht. Kein Prozesskostenvorschuss kann verlangt werden, wenn der Zahlungspflichtige durch den Vorschuss den eigenen angemessenen Unterhalt gefährden würde.[51] Dabei ist dem Antragsteller Prozesskostenhilfe nur mit Ratenzahlung zu bewilligen, wenn auch der Zahlungspflichtige Prozesskostenhilfe mit Ratenzahlung erhalten würde.[52]

25 Prozesskostenhilfe darf nicht mit der Erwägung verweigert werden, dass der Beteiligte sein **Vermögen** zu einer Zeit **ausgegeben** hat, zu der er noch nicht mit dem konkreten Verfahren rechnen musste.[53] Wird aber das Vermögen veräußert, obwohl der Beteiligte weiß, dass ein Gerichtsverfahren bevorsteht, kommt eine Bewilligung von Verfahrenskostenhilfe nicht in Betracht.[54] Eine Pflicht zur Rücklagenbildung für Gerichtsverfahren besteht aber nicht.[55]

26 Der Einsatz des sich daraus ergebenden verwertbaren Vermögens muss **zumutbar** sein. Geht es um die Verwertung von Sachen, so kommt es auf die Dringlichkeit der Verfahrensführung und die Zeit an, die die Verwertung voraussichtlich dauern wird.[56] Die Verwertung von Forderungen scheidet aus, wenn sie noch nicht tituliert oder nicht realisierbar sind.[57] Der Einsatz von Schmerzensgeld ist nicht zumutbar,[58] der Einsatz von Arbeitgeberabfindungen bei Verlust des Arbeitsplatzes – soweit die Schongrenze (siehe Rdn 21) übersteigend – dagegen schon.[59]

27 Ist der Einsatz von Vermögen zumutbar und reicht dies für die voraussichtlichen Kosten der Verfahrensführung aus, ist keine Prozesskostenhilfe zu bewilligen (vgl. § 115 Abs. 4 ZPO). Kann ein Teil der Kosten der Verfahrensführung aus dem Vermögen bestritten werden, ist Verfahrenskostenhilfe zu bewilligen, verbunden mit der Anordnung im Beschlusstenor, dass und in welcher Höhe der Beteilige einen Kostenanteil aus dem Vermögen zu zahlen hat (vgl. auch § 120 Abs. 1 S. 1 ZPO).

IV. Übertragung der Prüfung auf den Rechtspfleger durch Landesrecht

28 Nach § 20 Abs. 2, 3 RPflG ist ein Bundesland ermächtigt, durch Rechtsverordnung zu bestimmen, dass ein Rechtspfleger die Prüfung der persönlichen und wirtschaftlichen Verhältnisse vornimmt, wenn der vorsitzende Richter das Verfahren insoweit dem Rechtspfleger überträgt. Diese Möglichkeit ist durch das Gesetz zur Änderung des Prozesskostenhilfe- und des Beratungshilferechts eröffnet worden.

---

[48] OLG Karlsruhe FamRZ 2004, 1499.
[49] Vgl. BGH NJW-RR 1990, 450; OLG Karlsruhe FamRZ 2004, 1499; OLG Köln FamRZ 2004, 1121.
[50] BGH NJW 1991, 109; so auch für den Rechtsschutz durch eine Gewerkschaft: BAG NJW 2013, 493.
[51] OLG Köln FamRZ 1994, 1409; OLG Brandenburg FamRZ 2002, 1414.
[52] BGH NJW-RR 2004, 1662.
[53] OLG Hamm MDR 2002, 1208.
[54] Vgl. etwa OLG Koblenz FamRZ 1985, 301; OLG Hamm MDR 2002, 1208; OLG Bamberg NJW-RR 1986, 5; dazu auch BGH NJW 2008, 953.
[55] OLG Celle FamRZ 2007, 485.
[56] Zöller/*Geimer*, § 115 ZPO Rn 49.
[57] OLG Hamm FamRZ 1984, 724; OLG Bamberg FamRZ 1985, 504.
[58] BVerwG NJW 1995, 3001; OLG Stuttgart FamRZ 2007, 1661; vgl. auch BGH NJW 2006, 1068 zur Geldentschädigung für Persönlichkeitsrechtsverletzungen.
[59] BAG NJW 2006, 2206.

D. § 116 ZPO

§ 116 ZPO [Partei kraft Amtes; juristische Person; parteifähige Vereinigung]

¹Prozesskostenhilfe erhalten auf Antrag
1. eine Partei kraft Amtes, wenn die Kosten aus der verwalteten Vermögensmasse nicht aufgebracht werden können und den am Gegenstand des Rechtsstreits wirtschaftlich Beteiligten nicht zuzumuten ist, die Kosten aufzubringen;
2. eine juristische Person oder parteifähige Vereinigung, die im Inland, in einem anderen Mitgliedstaat der Europäischen Union oder einem anderen Vertragsstaat des Abkommens über den Europäischen Wirtschaftsraum gegründet und dort ansässig ist, wenn die Kosten weder von ihr noch von den am Gegenstand des Rechtsstreits wirtschaftlich Beteiligten aufgebracht werden können und wenn die Unterlassung der Rechtsverfolgung oder Rechtsverteidigung allgemeinen Interessen zuwiderlaufen würde.

²§ 114 Absatz 1 Satz 1 letzter Halbsatz und Absatz 2 ist anzuwenden. ³Können die Kosten nur zum Teil oder nur in Teilbeträgen aufgebracht werden, so sind die entsprechenden Beträge zu zahlen.

Besondere zusätzliche Voraussetzungen für die Bewilligung von Prozesskostenhilfe bestehen für Partei kraft Amtes, juristische Personen und parteifähige Vereinigungen (vgl. § 116 ZPO). Einem Beteiligten kraft Amtes (z.B. Insolvenzverwalter, Testamentsvollstrecker, Nachlassverwalter) kann Prozesskostenhilfe gewährt werden, wenn die Kosten aus der verwalteten Vermögensmasse nicht aufgebracht werden können und dem am Verfahren wirtschaftlich Beteiligten (z.B. Gläubiger, Erben, Pflichtteilsberechtigte) nicht zuzumuten ist, die Kosten aufzubringen (§ 116 S. 1 Nr. 1 ZPO). Eine juristische Person oder parteifähige Vereinigung, die im Inland, in einem anderen EU-Mitgliedstaat oder in einem Vertragsstaat des EWR-Abkommens gegründet worden oder dort ansässig ist, kann Prozesskostenhilfe nur erhalten, wenn die Kosten weder von ihr noch von am Gegenstand des Verfahrens wirtschaftlich Beteiligten (z.B. Gesellschafter, deren Angehörige, Gläubiger, Mitglieder des Aufsichtsrats, Mitglieder des Vorstands) aufgebracht werden können und wenn die Unterlassung der Rechtsverfolgung oder Rechtsverteidigung allgemeinen Interessen zuwiderlaufen würde (§ 116 S. 1 Nr. 2 ZPO).

Der Gewährung von Prozesskostenhilfe zugunsten eines Insolvenzverwalters für die Verfolgung einer Forderung des Schuldners steht eine Massekostenarmut dann nicht entgegen, wenn sie im Fall der Beitreibung des Klagebegehrens abgewendet würde.[60]

Prozesskostenhilfe kann grundsätzlich nur für Verfahren bewilligt werden, die bei deutschen staatlichen Gerichten anhängig sind oder anhängig werden sollen.[61] Gewährt wird die Prozesskostenhilfe allen natürlichen Personen, auch Staatenlosen und Ausländern, selbst wenn sie im Ausland leben.[62] Dies gilt auch für europäische juristische Personen und Vereinigungen unter den zusätzlichen Voraussetzungen des § 116 ZPO.[63] Andere ausländische juristische Personen erhalten keine Prozesskostenhilfe.[64]

E. § 117 ZPO

§ 117 ZPO [Antrag]

(1) ¹Der Antrag auf Bewilligung der Prozesskostenhilfe ist bei dem Prozessgericht zu stellen; er kann vor der Geschäftsstelle zu Protokoll erklärt werden. ²In dem Antrag ist das Streitverhältnis unter Angabe der Beweismittel darzustellen. ³Der Antrag auf Bewilligung von Prozesskostenhilfe für die Zwangsvollstreckung ist bei dem für die Zwangsvollstreckung zuständigen Gericht zu stellen.

(2) ¹Dem Antrag sind eine Erklärung der Partei über ihre persönlichen und wirtschaftlichen Verhältnisse (Familienverhältnisse, Beruf, Vermögen, Einkommen und Lasten) sowie entsprechende Belege beizufügen. ²Die Erklärung und die Belege dürfen dem Gegner nur mit Zustimmung der Partei zugänglich gemacht werden; es sei denn, der Gegner hat gegen den Antragsteller nach den Vorschriften des bürgerlichen Rechts einen Anspruch auf Auskunft über Einkünfte und Vermögen des Antragstellers. ³Dem Antragsteller ist vor der Übermittlung seiner Erklärung an den Gegner Gelegenheit zur Stellungnahme zu geben. ⁴Er ist über die Übermittlung seiner Erklärung zu unterrichten.

---

60 BGH NJW-RR 2013, 422.
61 Musielak/Voit/*Fischer*, Vor § 114 ZPO Rn 8; Zöller/*Geimer*, § 114 ZPO Rn 1.
62 OLG Düsseldorf MDR 1994, 301.
63 OLG Düsseldorf MDR 1994, 301.
64 OLG Düsseldorf MDR 1994, 301.

(3) ¹Das Bundesministerium der Justiz und für Verbraucherschutz wird ermächtigt, zur Vereinfachung und Vereinheitlichung des Verfahrens durch Rechtsverordnung mit Zustimmung des Bundesrates Formulare für die Erklärung einzuführen. ²Die Formulare enthalten die nach § 120a Absatz 2 Satz 4 erforderliche Belehrung.

(4) ¹Soweit Formulare für die Erklärung eingeführt sind, muss sich die Partei ihrer bedienen.

33 Die Bewilligung von Prozesskostenhilfe erfolgt nur auf Antrag (§ 114 Abs. 1 S. 1 ZPO). Die Vorschrift des § 117 ZPO trifft nähere Bestimmungen zum Antrag. Grundsätzlich bedarf es eines ausdrücklichen Antrags.[65] Das Prozesskostenhilfegesuch kann vor der Geschäftsstelle des Prozessgerichts (§ 117 Abs. 1 S. 1 ZPO) zu Protokoll erklärt werden. Natürlich kann der Antrag auch schriftlich gestellt werden. Dann muss er aber unterschrieben sein.[66] Ein Anwaltszwang besteht nicht[67] (vgl. § 117 Abs. 1 S. 1 i.V.m. § 78 Abs. 3 ZPO), auch nicht vor dem BGH.

34 Das Prozesskostenhilfegesuch ist bei dem **Prozessgericht der Hauptsache** zu stellen (§ 117 Abs. 1 S. 1 ZPO). Das Prozessgericht der Hauptsache ist dasjenige Gericht, welches zurzeit in der ersten Instanz oder im Rechtsmittelzug mit der Hauptsache befasst ist oder befasst werden soll (vgl. § 127 Abs. 1 S. 2 ZPO).

35 Prozesskostenhilfe kann auch während eines schon laufenden Hauptsacheverfahrens beantragt werden. Nach (rechtskräftigem) Abschluss des Hauptsacheverfahrens kann Prozesskostenhilfe aber nicht mehr beantragt werden, weil dann eine beabsichtigte Rechtsverfolgung oder -verteidigung nicht mehr möglich ist.[68] Befindet sich das Hauptsacheverfahren in der Rechtsmittelinstanz, kann Prozesskostenhilfe auch nicht mehr für die Vorinstanz beantragt werden.

36 In dem Antrag ist das „Streitverhältnis" unter Angabe der Beweismittel **darzustellen** (§ 117 Abs. 1 S. 2 ZPO). Die Notwendigkeit der Darstellung bezieht sich auf die Bewilligungsvoraussetzungen der hinreichenden Aussicht auf Erfolg sowie der mangelnden Mutwilligkeit. Der Antrag muss neben der tatsächlichen Begründung und der Angabe zum Strengbeweis- oder Freibeweismitteln die Angabe des **erstrebten Verfahrensziels** bzw. des **beabsichtigten Antrags in der Hauptsache** enthalten. Eine formgerechte Antragsschrift zur Hauptsache muss mit dem Prozesskostenhilfeantrag noch nicht vorgelegt werden.

37 Dem Antrag sind eine **Erklärung** des Beteiligten über seine **persönlichen und wirtschaftlichen Verhältnisse** (Familienverhältnisse, Beruf, Vermögen, Einkommen und Lasten) sowie entsprechende Belege beizufügen (§ 117 Abs. 2 S. 1 ZPO). Es besteht nach § 117 Abs. 4, 3 ZPO **Formularzwang**. Das amtlichen Formular müssen aber nur natürliche Personen verwenden, nicht die in § 116 ZPO genannten (vgl. § 1 PKHFV). Der Formularzwang ist jedoch keine prozessuale oder materielle Entscheidungsvoraussetzung.[69] Er dient der Gerichtsentlastung.[70] Unter besonderen Umständen kann also auch auf das vollständig ausgefüllte Formular verzichtet werden, wenn sich etwaig bestehende Lücken im Vordruck durch beigefügte Belege schließen lassen.[71] Auch muss das Formular nicht zwingend gesondert unterschrieben werden, wenn sich auf andere Weise ergibt, dass der Beteiligte für die Angaben einsteht.[72] Eine Zurückweisung des Antrags wegen nicht oder nicht vollständig ausgefülltem Vordruck ist nur zulässig, wenn der Antragsteller vorher unter Fristsetzung zur Vervollständigung aufgefordert wurde (vgl. § 118 Abs. 2 S. 4 ZPO).[73]

38 Die Partei ist in dem amtlichen Formular über Ihre Pflicht zur Mitteilung einer wesentlichen Verbesserung der wirtschaftlichen Verhältnisse sowie einer Änderung der Anschrift und die Folgen eines Verstoßes (Aufhebung der Bewilligung) zu belehren (§ 120a Abs. 2 S. 4 ZPO).

39 Die Erklärung des Antragstellers über seine persönlichen und wirtschaftlichen Verhältnisse sowie die Belege dürfen dem Gegner grundsätzlich nur mit Zustimmung des Antragstellers zugänglich gemacht werden (§ 117 Abs. 2 S. 2, 1. Hs. ZPO). Seit dem FGG-Reformgesetz vom 17.12.2008 besteht hierzu in § 117 Abs. 2 S. 2, 2. Hs. ZPO eine Ausnahme. Der neu eingefügte § 117 Abs. 2 S. 2, 2. Hs. ZPO erlaubt, dass das Gericht dem Gegner die Erklärung über die persönlichen und wirtschaftlichen Verhältnisse dann zur Stellungnahme zugänglich machen kann, wenn der Gegner gegen den Antragsteller einen materiell-rechtlichen Anspruch auf Auskunft über Einkünfte und

---

65 Musielak/Voit/*Fischer*, § 117 ZPO Rn 3.
66 BGH NJW 1994, 2097.
67 Musielak/Voit/*Fischer*, § 117 ZPO Rn 3.
68 BAG NZA-RR 2014, 382.
69 Musielak/Voit/*Fischer*, § 117 ZPO Rn 18.
70 Musielak/Voit/*Fischer*, § 117 ZPO Rn 18.
71 BGH NJW 1983, 2145; BGH FamRZ 2005, 2062; BGH NJW 1986, 62.
72 BGH NJW 1986, 62; BGH FamRZ 1985, 1018.
73 BVerfG NJW 2000, 275.

Vermögen des Antragstellers hat. Die Vorschrift enthält in ihrem Wortlaut keine Maßgabe, dass der besagte materiell-rechtliche Auskunftsanspruch auch Gegenstand des betreffenden Hauptsacheverfahrens sein muss.[74] Der im Vollstreckungsrecht niedergelegte Auskunftsanspruch aus § 836 Abs. 3 ZPO ist allerdings kein materiell-rechtlicher Auskunftsanspruch im Sinne des § 117 Abs. 2 S. 2, 2. Hs. ZPO.[75] Es kommt hinzu, dass der in § 836 Abs. 3 ZPO geregelte Auskunftsanspruch keine zureichende Anspruchsgrundlage für ein Recht auf umfassende Auskunft zu den gegenwärtigen persönlichen und wirtschaftlichen Verhältnissen ist.[76]

Der Antragsteller ist insoweit vorab zu hören und über eine erfolgte Übermittlung zu unterrichten (§ 117 Abs. 2 S. 3, 4 ZPO).[77]

40

Unterlässt aber das Gericht eine Weiterleitung an den Gegner, auch wenn die Voraussetzungen gegeben wären, steht dem Gegner ein Beschwerderecht nicht zu.[78] Denn er ist formell gesehen, nicht Beteiligter des Verfahrenskostenhilfeprüfungsverfahrens.[79] Durch die Bewilligung von Verfahrenskostenhilfe an den Antragsteller wird der Gegner nicht in eigenen Rechten verletzt.

41

F. Prozesskostenhilfeformularverordnung – PKHFV

Verordnung zur Verwendung eines Formulars für die Erklärung über die persönlichen und wirtschaftlichen Verhältnisse bei Prozess- und Verfahrenskostenhilfe (Prozesskostenhilfeformularverordnung – PKHFV)

42

§ 1 Formular

(1) Für die Erklärung der Partei über ihre persönlichen und wirtschaftlichen Verhältnisse nach § 117 Absatz 2 Satz 1 oder nach § 120a Absatz 1 Satz 3 der Zivilprozessordnung ist das in der Anlage bestimmte Formular zu verwenden.

(2) Absatz 1 gilt nicht für die Erklärung einer Partei kraft Amtes, einer juristischen Person oder einer parteifähigen Vereinigung.

§ 2 Vereinfachte Erklärung

(1) Ein minderjähriges unverheiratetes Kind, das in einer Abstammungssache nach § 169 des Gesetzes über das Verfahren in Familiensachen und in den Angelegenheiten der freiwilligen Gerichtsbarkeit oder in einem Verfahren über den Unterhalt seine Rechte verfolgen oder verteidigen oder das einen Unterhaltsanspruch vollstrecken will, kann die Erklärung gemäß § 117 Absatz 2 Satz 1 oder § 120a Absatz 1 Satz 3 der Zivilprozessordnung ohne Benutzung des in der Anlage bestimmten Formulars abgeben, wenn es über Einkommen und Vermögen, das nach § 115 der Zivilprozessordnung einzusetzen ist, nicht verfügt. Die Erklärung des Kindes muss in diesem Fall enthalten:
1. Angaben darüber, wie es seinen Lebensunterhalt bestreitet, welche Einnahmen es im Monat durchschnittlich hat und welcher Art diese sind;
2. die Erklärung, dass es über Vermögen, das nach § 115 der Zivilprozessordnung einzusetzen ist, nicht verfügt; dabei ist, soweit das Kind oder sein gesetzlicher Vertreter davon Kenntnis hat, anzugeben,
    a) welche Einnahmen die Personen im Monat durchschnittlich brutto haben, die dem Kind auf Grund gesetzlicher Unterhaltspflicht Unterhalt gewähren;
    b) ob die Personen gemäß Buchstabe a über Vermögensgegenstände verfügen, deren Einsatz oder Verwertung zur Bestreitung eines dem Kind zu leistenden Prozesskostenvorschusses in Betracht kommt; die Gegenstände sind in der Erklärung unter Angabe ihres Verkehrswertes zu bezeichnen.

Die vereinfachte Erklärung im Antragsvordruck für das vereinfachte Verfahren zur Abänderung von Unterhaltstiteln ist weiterhin möglich; sie genügt auch, wenn die Verfahren maschinell bearbeitet werden.

---

[74] OLG Koblenz NJW-RR 2011, 509. Zu einem anderen Auslegungsergebnis kommt indes *Schürmann*, FamRB 2009, 58 (59) und FuR 2009, 130 (132), der meint, dass der Auskunftsanspruch auch Gegenstand des (beabsichtigten) Hauptverfahrens sein muss, damit eine Zuleitung statthaft ist.

[75] OLG Brandenburg FamRZ 2011, 125.

[76] OLG Brandenburg FamRZ 2011, 125.

[77] Es ist zu erwägen, ob die Unterrichtung über die beabsichtigte Weiterleitung durch Beschluss mit einer Rechtsbehelfsbelehrung (§ 232 ZPO) zu erfolgen hat; vgl. in diesem Zusammenhang auch: OLG Brandenburg FamRZ 2011, 125; OLG Koblenz NJW-RR 2011, 509.

[78] So auch: OLG Bremen FamRZ 2012, 649; OLG Nürnberg BeckRS 2014, 20909; OLG Schleswig BeckRS 2015, 2616; vgl. auch BGH NJW 2015, 1827.

[79] So auch: OLG Bremen FamRZ 2012, 649; OLG Nürnberg BeckRS 2014, 20909; OLG Schleswig BeckRS 2015, 2616; vgl. auch BGH NJW 2015, 1827.

Das Kind kann sich auf die Formerleichterungen nicht berufen, wenn das Gericht die Benutzung des in der Anlage bestimmten Formulars anordnet.

(2) Eine Partei, die nach dem Zwölften Buch Sozialgesetzbuch laufende Leistungen zum Lebensunterhalt bezieht, muss die Abschnitte E bis J des in der Anlage bestimmten Formulars nicht ausfüllen, wenn sie der Erklärung den zum Zeitpunkt der Antragstellung aktuellen Bewilligungsbescheid des Sozialamtes beifügt, es sei denn, das Gericht ordnet dies ausdrücklich an.

§ 3 Zulässige Abweichungen

(1) Folgende Abweichungen von dem in der Anlage bestimmten Formular und dem Hinweisblatt zu dem Formular sind zulässig:
1. Ergänzungen oder Änderungen, die auf einer Änderung von Rechtsvorschriften beruhen;
2. Ergänzungen oder Änderungen des Hinweisblattes zu dem Formular, die mit Rücksicht auf Besonderheiten des Verfahrens in den einzelnen Gerichtszweigen oder Behörden erforderlich sind.

(2) Der Bund und die Länder dürfen jeweils für ihren Bereich Anpassungen und Änderungen von dem in der Anlage bestimmten Formular zulassen, die es, ohne den Inhalt zu verändern oder dessen Verständnis zu erschweren, ermöglichen, das Formular in elektronischer Form auszufüllen und dem Gericht als strukturierten Datensatz zu übermitteln. Diese Befugnis kann durch Verwaltungsabkommen auf eine zentrale Stelle übertragen werden.

(3) Wird das Hinweisblatt zu dem Formular nach Absatz 1 Nummer 2 in einer abweichenden Fassung verwendet, so ist die Bezeichnung „Allgemeine Fassung" unten auf der ersten Seite des Hinweisblattes und des Formulars durch eine Bezeichnung des Gerichtszweiges und des Bundeslandes oder durch eine Bezeichnung der Behörde zu ersetzen, in dem oder der die abweichende Fassung des Hinweisblattes verwendet wird.

§ 4 Inkrafttreten, Außerkrafttreten

Diese Verordnung tritt am Tag nach der Verkündung in Kraft. Gleichzeitig tritt die Prozesskostenhilfevordruckverordnung vom 17. Oktober 1994 (BGBl. I S. 3001), die zuletzt durch Artikel 36 des Gesetzes vom 27. Dezember 2003 (BGBl. I S. 3022) geändert worden ist, außer Kraft.

Abschnitt 1. Allgemeine Vorschriften § 12 Anhang

Anlage

Bezeichnung, Ort und Geschäftsnummer des Gerichts:

Erklärung über die persönlichen und wirtschaftlichen Verhältnisse bei Prozess- oder Verfahrenskostenhilfe
— Belege sind in Kopie durchnummeriert beizufügen —

A Angaben zu Ihrer Person

Name, Vorname, ggf. Geburtsname | Beruf, Erwerbstätigkeit | Geburtsdatum | Familienstand

Anschrift (Straße, Hausnummer, Postleitzahl, Wohnort) | Tagsüber tel. erreichbar unter Nummer

Sofern vorhanden: Gesetzlicher Vertreter (Name, Vorname, Anschrift, Telefon)

B Rechtsschutzversicherung/Mitgliedschaft

1. Trägt eine Rechtsschutzversicherung oder eine andere Stelle/Person (z. B. Gewerkschaft, Mieterverein, Sozialverband) die Kosten Ihrer Prozess- oder Verfahrensführung?   Beleg Nummer

☐ Nein   ☐ Ja:

In welcher Höhe? Wenn die Kosten in voller Höhe von einer Versicherung oder anderen Stelle/Person getragen werden, ist die Bewilligung von Prozess- oder Verfahrenskostenhilfe nicht möglich und damit die Beantwortung der weiteren Fragen nicht erforderlich.

2. **Wenn nein:** Besteht eine Rechtsschutzversicherung oder die Mitgliedschaft in einem Verein/einer Organisation (z. B. Gewerkschaft, Mieterverein, Sozialverband), der/die die Kosten der beabsichtigten Prozess- oder Verfahrensführung tragen oder einen Prozessbevollmächtigten stellen könnte?   Beleg Nummer

☐ Nein   ☐ Ja:

Bezeichnung der Versicherung/des Vereins/der Organisation. Klären Sie möglichst vorab, ob die Kosten getragen werden. Bereits vorhandene Belege über eine (Teil-)Ablehnung seitens der Versicherung/des Vereins/der Organisation fügen Sie dem Antrag bei.

C Unterhaltsanspruch gegenüber anderen Personen

Haben Sie Angehörige, die Ihnen gegenüber gesetzlich zur Leistung von Unterhalt verpflichtet sind (auch wenn tatsächlich keine Leistungen erfolgen)? z. B. Mutter, Vater, Ehegatte/Ehegattin, eingetragene(r) Lebenspartner/Lebenspartnerin   Beleg Nummer

☐ Nein   ☐ Ja:

Name des Unterhaltsverpflichteten. Bitte geben Sie auf einem weiteren Exemplar dieses Formulars seine persönlichen und wirtschaftlichen Verhältnisse an, sofern diese nicht bereits vollständig aus den folgenden Abschnitten ersichtlich sind.

D Angehörige, denen Sie Bar- oder Naturalunterhalt gewähren

Name, Vorname, Anschrift (sofern sie von Ihrer Anschrift abweicht)	Geburtsdatum	Verhältnis (z. B. Ehegatte, Kind, Mutter)	Monatsbetrag in EUR, soweit Sie den Unterhalt nur durch Zahlung gewähren	Haben diese Angehörigen eigene Einnahmen? z. B. Ausbildungsvergütung, Unterhaltszahlung vom anderen Elternteil usw.	Beleg Nummer
1				☐ Nein ☐ Ja: mtl. EUR netto	
2				☐ Nein ☐ Ja: mtl. EUR netto	
3				☐ Nein ☐ Ja: mtl. EUR netto	
4				☐ Nein ☐ Ja: mtl. EUR netto	
5				☐ Nein ☐ Ja: mtl. EUR netto	

- Allgemeine Fassung -

§ 12 Anhang

Abschnitt 1. Allgemeine Vorschriften

Wenn Sie laufende Leistungen zum Lebensunterhalt nach dem Zwölften Buch Sozialgesetzbuch (Sozialhilfe) beziehen und den aktuellen Bescheid einschließlich des Berechnungsbogens vollständig beifügen, müssen Sie die <u>Abschnitte E bis J</u> nicht ausfüllen, es sei denn, das Gericht ordnet dies an.

E Bruttoeinnahmen

Belege (z. B. Lohnbescheinigung, Steuerbescheid, Bewilligungsbescheid mit Berechnungsbogen) müssen in Kopie beigefügt werden

1. Haben Sie Einnahmen aus (bitte die monatlichen Bruttobeträge in EUR angeben)

			Beleg Nummer				Beleg Nummer
Nichtselbständiger Arbeit?	☐ Nein	☐ Ja: _____ mtl. EUR brutto		Unterhalt?	☐ Nein	☐ Ja: _____ mtl. EUR brutto	
Selbständiger Arbeit/ Gewerbebetrieb/ Land- und Forstwirtschaft?	☐ Nein	☐ Ja: _____ mtl. EUR brutto		Rente/Pension?	☐ Nein	☐ Ja: _____ mtl. EUR brutto	
Vermietung und Verpachtung?	☐ Nein	☐ Ja: _____ mtl. EUR brutto		Arbeitslosengeld?	☐ Nein	☐ Ja: _____ mtl. EUR brutto	
Kapitalvermögen?	☐ Nein	☐ Ja: _____ mtl. EUR brutto		Arbeitslosengeld II?	☐ Nein	☐ Ja: _____ mtl. EUR brutto	
Kindergeld/ Kinderzuschlag?	☐ Nein	☐ Ja: _____ mtl. EUR brutto		Krankengeld?	☐ Nein	☐ Ja: _____ mtl. EUR brutto	
Wohngeld?	☐ Nein	☐ Ja: _____ mtl. EUR brutto		Elterngeld?	☐ Nein	☐ Ja: _____ mtl. EUR brutto	

2. Haben Sie andere Einnahmen? auch einmalige oder unregelmäßige

Wenn Ja, bitte Art, Bezugszeitraum und Höhe angeben
z.B. Weihnachts-/Urlaubsgeld jährlich, Steuererstattung jährlich, BAföG mtl.

☐ Nein ☐ Ja

	Beleg Nummer
_____ EUR brutto	
_____ EUR brutto	

3. Hat Ihr Ehegatte/eingetragener Lebenspartner bzw. Ihre Ehegattin/eingetragene Lebenspartnerin Einnahmen aus
(bitte die monatlichen Bruttobeträge in EUR angeben)

			Beleg Nummer				Beleg Nummer
Nichtselbständiger Arbeit?	☐ Nein	☐ Ja: _____ mtl. EUR brutto		Unterhalt?	☐ Nein	☐ Ja: _____ mtl. EUR brutto	
Selbständiger Arbeit/ Gewerbebetrieb/Land- und Forstwirtschaft?	☐ Nein	☐ Ja: _____ mtl. EUR brutto		Rente/Pension?	☐ Nein	☐ Ja: _____ mtl. EUR brutto	
Vermietung und Verpachtung?	☐ Nein	☐ Ja: _____ mtl. EUR brutto		Arbeitslosengeld?	☐ Nein	☐ Ja: _____ mtl. EUR brutto	
Kapitalvermögen?	☐ Nein	☐ Ja: _____ mtl. EUR brutto		Arbeitslosengeld II?	☐ Nein	☐ Ja: _____ mtl. EUR brutto	
Kindergeld/ Kinderzuschlag?	☐ Nein	☐ Ja: _____ mtl. EUR brutto		Krankengeld?	☐ Nein	☐ Ja: _____ mtl. EUR brutto	
Wohngeld?	☐ Nein	☐ Ja: _____ mtl. EUR brutto		Elterngeld?	☐ Nein	☐ Ja: _____ mtl. EUR brutto	

4. Hat Ihr Ehegatte/eingetragener Lebenspartner bzw. Ihre Ehegattin/eingetragene Lebenspartnerin andere Einnahmen? auch einmalige oder unregelmäßige

Wenn Ja, bitte Art, Bezugszeitraum und Höhe angeben
z.B. Weihnachts-/Urlaubsgeld jährlich, Steuererstattung jährlich, BAföG mtl.

☐ Nein ☐ Ja

	Beleg Nummer
_____ EUR brutto	
_____ EUR brutto	

5. Falls zu den Einnahmen alle Fragen verneint werden: Auf welche Umstände ist dies zurückzuführen? Wie bestreiten Sie Ihren Lebensunterhalt? Angaben hierzu sind auf einem gesonderten Blatt beizufügen!

Abschnitt 1. Allgemeine Vorschriften   § 12 Anhang

F Abzüge
Art der Abzüge bitte kurz bezeichnen (z. B. Lohnsteuer, Pflichtbeiträge, Lebensversicherung). Belege müssen in Kopie beigefügt werden.

1. Welche Abzüge haben Sie?		Beleg Nummer	2. Welche Abzüge hat Ihr Ehegatte/eing. Lebenspartner bzw. Ihre Ehegattin/eingetragene Lebenspartnerin?		Beleg Nummer
Steuern/Solidaritätszuschlag	EUR mtl.		Steuern/Solidaritätszuschlag	EUR mtl.	
Sozialversicherungsbeiträge	EUR mtl.		Sozialversicherungsbeiträge	EUR mtl.	
Sonstige Versicherungen	EUR mtl.		Sonstige Versicherungen	EUR mtl.	
Fahrt zur Arbeit (Kosten für öffentliche Verkehrsmittel oder einfache Entfernung bei KFZ-Nutzung)	EUR mtl./KM		Fahrt zur Arbeit (Kosten für öffentliche Verkehrsmittel oder einfache Entfernung bei KFZ-Nutzung)	EUR mtl./KM	
Sonstige Werbungskosten/Betriebsausgaben	EUR mtl.		Sonstige Werbungskosten/Betriebsausgaben	EUR mtl.	

G Bankkonten/Grundeigentum/Kraftfahrzeuge/Bargeld/Vermögenswerte

Verfügen Sie oder Ihr Ehegatte/Ihre Ehegattin bzw. Ihr eingetragener Lebenspartner/Ihre eingetragene Lebenspartnerin allein oder gemeinsam über …

1. Bank-, Giro-, Sparkonten oder dergleichen? Angaben zu allen Konten sind auch bei fehlendem Guthaben erforderlich.   Beleg Nummer

☐ Nein   ☐ Ja:

Art des Kontos, Kontoinhaber, Kreditinstitut — Kontostand in EUR

2. Grundeigentum? z. B. Grundstück, Haus, Eigentumswohnung, Erbbaurecht   Beleg Nummer

☐ Nein   ☐ Ja:

Größe, Anschrift/Grundbuchbezeichnung, Allein- oder Miteigentum, Zahl der Wohneinheiten — Verkehrswert in EUR

3. Kraftfahrzeuge?   Beleg Nummer

☐ Nein   ☐ Ja:

Marke, Typ, Baujahr, Anschaffungsjahr, Allein- oder Miteigentum, Kilometerstand — Verkehrswert in EUR

4. Bargeld oder Wertgegenstände? z. B. wertvoller Schmuck, Antiquitäten, hochwertige elektronische Geräte   Beleg Nummer

☐ Nein   ☐ Ja:

Bargeldbetrag in EUR, Bezeichnung der Wertgegenstände, Allein- oder Miteigentum — Verkehrswert in EUR

5. Lebens- oder Rentenversicherungen?   Beleg Nummer

☐ Nein   ☐ Ja:

Versicherung, Versicherungsnehmer, Datum des Vertrages/Handelt es sich um eine zusätzliche Altersvorsorge gem. Einkommensteuergesetz, die staatlich gefördert wurde („Riester-Rente")? — Rückkaufswert in EUR

6. sonstige Vermögenswerte? z. B. Bausparverträge, Wertpapiere, Beteiligungen, Forderungen   Beleg Nummer

☐ Nein   ☐ Ja:

Bezeichnung, Allein- oder Miteigentum — Verkehrswert in EUR

§ 12 Anhang

Abschnitt 1. Allgemeine Vorschriften

H Wohnkosten
Belege sind in Kopie beizufügen (z. B. Mietvertrag, Heizkostenabrechnung, Kontoauszüge) — Beleg Nummer

1. Gesamtgröße des Wohnraums, den Sie allein oder gemeinsam mit anderen Personen bewohnen:
(Angabe in Quadratmeter)

2. Zahl der Zimmer:

3. Anzahl der Personen, die den Wohnraum insgesamt bewohnen:

4. Nutzen Sie den Raum als Mieter oder in einem ähnlichen Nutzungsverhältnis? Wenn ja, bitte die nachfolgenden Angaben in EUR pro Monat ergänzen
☐ Nein ☐ Ja

Miete ohne Nebenkosten	Heizungskosten	Übrige Nebenkosten	Gesamtbetrag	Ich allein zahle davon

5. Nutzen Sie den Raum als Eigentümer, Miteigentümer oder Erbbauberechtigter? Wenn ja, bitte die nachfolgenden Angaben in EUR pro Monat ergänzen
☐ Nein ☐ Ja

Zinsen und Tilgung	Heizungskosten	Übrige Nebenkosten	Gesamtbetrag	Ich allein zahle davon

6. Genaue Einzelangaben zu der Belastung aus Fremdmitteln bei Nutzung als (Mit-)Eigentümer usw.
z. B. Datum des Darlehensvertrages, Darlehensnehmer, Kreditinstitut, Darlehensrate pro Monat, Zahlungen laufen bis ... — Beleg Nummer

	Restschuld in EUR	Zinsen und Tilgung mtl.
	Restschuld in EUR	Zinsen und Tilgung mtl.

I Sonstige Zahlungsverpflichtungen
Angabe, an wen, wofür, seit wann und bis wann die Zahlungen geleistet werden
z. B. Ratenkredit der ... Bank vom ... für ..., Raten laufen bis ... / Belege (z. B. Darlehensvertrag, Zahlungsnachweise) sind in Kopie beizufügen — Beleg Nummer

	Restschuld in EUR	Gesamtbelastung mtl.	Ich allein zahle davon
	Restschuld in EUR	Gesamtbelastung mtl.	Ich allein zahle davon
	Restschuld in EUR	Gesamtbelastung mtl.	Ich allein zahle davon

J Besondere Belastungen
Angaben sind zu belegen,
z. B. Mehrausgaben für körperbehinderten Angehörigen und Angabe des GdB/Mehrbedarfe gemäß § 21 SGB II und § 30 SGB XII — Beleg Nummer

	Ich allein zahle davon
	Ich allein zahle davon

K
Ich versichere hiermit, dass meine Angaben vollständig und wahr sind. Das Hinweisblatt zu diesem Formular habe ich erhalten und gelesen.

Mir ist bekannt, dass unvollständige oder unrichtige Angaben die Aufhebung der Bewilligung von Prozess- oder Verfahrenskostenhilfe und eine Strafverfolgung nach sich ziehen können. Das Gericht kann mich auffordern, fehlende Belege nachzureichen und meine Angaben an Eides statt zu versichern.

Mir ist auch bekannt, dass ich während des Gerichtsverfahrens und innerhalb eines Zeitraums von vier Jahren seit der rechtskräftigen Entscheidung oder der sonstigen Beendigung des Verfahrens verpflichtet bin, dem Gericht wesentliche Verbesserungen meiner wirtschaftlichen Lage oder eine Änderung meiner Anschrift unaufgefordert und unverzüglich mitzuteilen. Bei laufenden Einkünften ist jede nicht nur einmalige Verbesserung von mehr als 100 Euro (brutto) im Monat mitzuteilen. Reduzieren sich geltend gemachte Abzüge, muss ich dies ebenfalls unaufgefordert und unverzüglich mitteilen, wenn die Entlastung nicht nur einmalig 100 Euro im Monat übersteigt. Ich weiß, dass die Bewilligung der Prozess- oder Verfahrenskostenhilfe bei einem Verstoß gegen diese Pflicht aufgehoben werden kann, und ich dann die gesamten Kosten nachzahlen muss.

Anzahl der beigefügten Belege:

Ort, Datum	Unterschrift der Partei oder Person, die sie gesetzlich vertritt	Aufgenommen:
		Unterschrift/Amtsbezeichnung

G. § 118 ZPO

§ 118 ZPO [Bewilligungsverfahren]

(1) ¹Dem Gegner ist Gelegenheit zur Stellungnahme zu geben, ob er die Voraussetzungen für die Bewilligung von Prozesskostenhilfe für gegeben hält, soweit dies aus besonderen Gründen nicht unzweckmäßig erscheint. ²Die Stellungnahme kann vor der Geschäftsstelle zu Protokoll erklärt werden. ³Das Gericht kann die Parteien zur mündlichen Erörterung laden, wenn eine Einigung zu erwarten ist; ein Vergleich ist zu gerichtlichem Protokoll zu nehmen. ⁴Dem Gegner entstandene Kosten werden nicht erstattet. ⁵Die durch die Vernehmung von Zeugen und Sachverständigen nach Absatz 2 Satz 3 entstandenen Auslagen sind als Gerichtskosten von der Partei zu tragen, der die Kosten des Rechtsstreits auferlegt sind.

(2) ¹Das Gericht kann verlangen, dass der Antragsteller seine tatsächlichen Angaben glaubhaft macht, es kann insbesondere die Abgabe einer Versicherung an Eides statt fordern. ²Es kann Erhebungen anstellen, insbesondere die Vorlegung von Urkunden anordnen und Auskünfte einholen. ³Zeugen und Sachverständige werden nicht vernommen, es sei denn, dass auf andere Weise nicht geklärt werden kann, ob die Rechtsverfolgung oder Rechtsverteidigung hinreichende Aussicht auf Erfolg bietet und nicht mutwillig erscheint; eine Beeidigung findet nicht statt. ⁴Hat der Antragsteller innerhalb einer von dem Gericht gesetzten Frist Angaben über seine persönlichen und wirtschaftlichen Verhältnisse nicht glaubhaft gemacht oder bestimmte Fragen nicht oder ungenügend beantwortet, so lehnt das Gericht die Bewilligung von Prozesskostenhilfe insoweit ab.

(3) ¹Die in Absatz 1, 2 bezeichneten Maßnahmen werden von dem Vorsitzenden oder einem von ihm beauftragten Mitglied des Gerichts durchgeführt.

Das Gericht hat zu prüfen, ob die Voraussetzungen für eine Bewilligung der Verfahrenskostenhilfe vorliegen.

I. Anhörung des Gegners

Dem Antragsgegner ist im Prozesskostenhilfeprüfungsverfahren rechtliches Gehör zu gewähren, auch wenn er formal gesehen nicht Beteiligter dieses Verfahrens ist. § 118 Abs. 1 S. 1 ZPO sieht vor, dass dem Antragsgegner Gelegenheit zur Stellungnahme gegeben werden muss, wenn dies nicht aus besonderen Gründen unzweckmäßig ist. Unzweckmäßig ist die Anhörung beispielsweise dann, wenn die Bewilligung von Prozesskostenhilfe schon nach dem Vorbringen des Antragstellers ausgeschlossen ist.[80] Sie kann auch dann unzweckmäßig sein, wenn die vorherige Anhörung die beabsichtigte Rechtsverfolgung vereiteln würde, was etwa in einem Verfahren auf Erlass eines Arrests oder einer einstweiligen Verfügung denkbar ist.

Das Anhörungsrecht des Antragsgegners bezieht sich nicht nur auf die Erfolgsaussichten, sondern aufgrund einer Klarstellung durch das Gesetz zur Änderung des Prozesskostenhilfe- und des Beratungshilferechts in § 118 Abs. 1 S. 1 ZPO auch auf die persönlichen und wirtschaftlichen Verhältnisse des Antragstellers.[81] Die Zuleitung der Erklärung über die persönlichen und wirtschaftlichen Verhältnisse bleibt aber nur unter den Voraussetzungen des § 117 Abs. 2 S. 2 ZPO zulässig.

II. Mündliche Erörterung

Das Gericht kann die Beteiligten zur mündlichen Erörterung laden, wenn eine Einigung zu erwarten ist (§ 118 Abs. 1 S. 3 ZPO); ansonsten ist eine mündliche Verhandlung nicht vorgeschrieben (§ 127 Abs. 1 S. 1 ZPO). Ein im Prozesskostenhilfeprüfungsverfahren geschlossener Vergleich ist vollstreckungsfähig. Kommt es zu einem solchen Vergleich, so wird streitig diskutiert, ob, auf welchen Zeitpunkt bezogen und in welchem Umfang Verfahrenskostenhilfe zu bewilligen ist (siehe näher bei Rdn 52).

III. Glaubhaftmachung

Das Gericht kann im Rahmen der Prüfung nach § 118 Abs. 2 S. 1 ZPO verlangen, dass der Antragsteller seine tatsächlichen Angaben glaubhaft macht. Mittel der Glaubhaftmachung ist auch die Versiche-

---

80 Zöller/*Philippi*, § 118 ZPO Rn 3.   81 Vgl. BT-Drucks 17/11472, S. 31.

rung an Eides statt. Das Gericht kann Erhebungen anstellen (§ 118 Abs. 2 S. 2 ZPO). Insbesondere kann es die Vorlegung von Urkunden anordnen und Auskünfte einholen. Dagegen dürfen Zeugen und Sachverständige in der Regel nicht vernommen werden, es sei denn, es kann auf andere Weise nicht geklärt werden, ob die Rechtsverfolgung oder Rechtsverteidigung hinreichende Aussicht auf Erfolg bietet und nicht mutwillig erscheint (vgl. § 118 Abs. 2 S. 3 ZPO).[82]

48 Aufgrund dieser Bestimmung ist ein Gericht beispielsweise befugt, auch ohne konkreten Anlass die Vorlage von Bankkontoauszügen von dem Antragsteller zu verlangen.[83] Es entspricht einer für § 118 Abs. 2 S. 2 ZPO ausreichenden Ermessensausübung, wenn das Gericht die Bankkontoauszüge der letzten drei Monate anfordert.[84] Dieses ist für den Antragsteller nicht unzumutbar und steht auch nicht außer Verhältnis. Bezogen auf diesen Regelfall muss die Anordnung keine nähere Ermessensausübung erkennen lassen.[85]

IV. Ablehnung von Prozesskostenhilfe bei ungenügender Mitwirkung

49 Hat der Antragsteller innerhalb der von dem Gericht gesetzten Frist Angaben über seine persönlichen und wirtschaftlichen Verhältnisse nicht glaubhaft gemacht oder bestimmte Fragen nicht oder ungenügend beantwortet, so lehnt das Gericht gemäß § 118 Abs. 2 S. 4 ZPO die Bewilligung von Prozesskostenhilfe insoweit ab. Die Frist ist aber keine Ausschlussfrist.[86] Die Angaben und Glaubhaftmachungen können im Beschwerdeverfahren grundsätzlich noch nachgeholt werden.[87] Dies gilt auch dann, wenn zum Zeitpunkt des ergänzenden Beschwerdevorbringens (§ 571 Abs. 2 ZPO) die Hauptsache beendet ist.[88]

50 Die Ablehnung von Prozesskostenhilfe wegen fehlender Mitwirkung reicht aber nur so weit, wie sich gerade wegen der fehlenden Angaben eine Aussage über die Voraussetzungen der Bewilligung nicht treffen lässt. Soweit die Voraussetzungen gleichwohl bejaht werden können, ist Prozesskostenhilfe zu bewilligen.[89]

H. § 119 ZPO

51 **§ 119 ZPO [Bewilligung]**

(1) ¹Die Bewilligung der Prozesskostenhilfe erfolgt für jeden Rechtszug besonders. ²In einem höheren Rechtszug ist nicht zu prüfen, ob die Rechtsverfolgung oder Rechtsverteidigung hinreichende Aussicht auf Erfolg bietet oder mutwillig erscheint, wenn der Gegner das Rechtsmittel eingelegt hat.

(2) ¹Die Bewilligung von Prozesskostenhilfe für die Zwangsvollstreckung in das bewegliche Vermögen umfasst alle Vollstreckungshandlungen im Bezirk des Vollstreckungsgerichts einschließlich des Verfahrens auf Abgabe der eidesstattlichen Versicherung.

52 Prozesskostenhilfe kann im Grundsatz für jedes gerichtliche Verfahren gewährt werden. Aus § 114 Abs. 1 S. 1 ZPO ergeben sich unmittelbar keine Einschränkungen, dass bestimmte Verfahrensarten ausgeschlossen wären. Für das Prozesskostenhilfeprüfungsverfahren selbst kann grundsätzlich keine

---

82 Vgl. auch OLG Brandenburg BeckRS 2002, 302715.
83 OLG Celle FamRZ 2010, 1751 = BeckRS 2010, 11046 m. Verweis auf BSG NVwZ-RR 2009, 1005; vgl. auch BVerfG v. 13.8.2009 – 1 BvR 1737/09; a.A. LG Kiel v. 11.2.2009 – 1 T 10/09: Wenn der Antragsteller Leistungen zur Sicherung des Lebensunterhalts nach dem SGB II bezieht und der dem Gericht vorgelegte Leistungsbescheid die finanziellen Verhältnisse vollständig ausweist, darf das Gericht ohne konkreten Anlass die ausreichende Glaubhaftmachung der Bedürftigkeit nicht zusätzlich an die Vorlage von Kontoauszügen knüpfen; a.A. auch LAG Kiel SchlHA 2012, 114: Die gerichtliche Auflage, ungeschwärzt alle Kontoauszüge mit allen Kontobewegungen aller Konten der letzten drei Monate vorzulegen, überschreitet das Übermaßverbot und stellt eine unverhältnismäßige Ausforschung der persönlichen Lebensverhältnisse dar.
84 OLG Celle BeckRS 2010, 11046 m. Verweis auf BSG NVwZ-RR 2009, 1005.
85 OLG Celle BeckRS 2010, 11046 m. Verweis auf BSG NVwZ-RR 2009, 1005.
86 OLG Celle MDR 2013, 364; LAG Rheinland-Pfalz BeckRS 2015, 67902; VGH Kassel NJW 2014, 1322; OVG Lüneburg NJW 2014, 169.
87 BAG MDR 2004, 415; OLG Celle MDR 2013, 364; LAG Rheinland-Pfalz BeckRS 2015, 67902; VGH Kassel NJW 2014, 1322; OLG Hamm BeckRS 2014, 10191 im Überprüfungsverfahren; a.A. OVG Lüneburg NJW 2014, 169.
88 A.A. BAG MDR 2004, 415; OLG Celle MDR 2013, 364.
89 Vgl OLG Nürnberg FamRZ 2007, 159; OLG Karlsruhe FamRZ 2006, 1852.

Prozesskostenhilfe bewilligt werden.[90] Schließen die Parteien im Prozesskostenhilfeprüfungsverfahren einen Vergleich, so ist m.E. bei Vorliegen der weiteren Voraussetzungen ausnahmsweise Prozesskostenhilfe für das gesamte Prozesskostenhilfeprüfungsverfahren zu bewilligen.[91] Dann ist dem beigeordneten Rechtsanwalt aus der Staatskasse eine 1,0-Verfahrensgebühr (VV 3335), bei Wahrnehmung eines Termins eine 1,2-Terminsgebühr (VV 3104) sowie eine 1,0-Einigungsgebühr (VV 1003) zuzüglich Auslagen zu vergüten. Eine gerichtsinterne Güteverhandlung vor dem nicht entscheidungsbefugten Güterichter (§ 278 Abs. 5 ZPO) ist von einer Verfahrenskostenhilfebewilligung umfasst. Auf eine durch das Gericht vorgeschlagene außergerichtliche Mediation (vgl. § 278a ZPO) erstreckt sich Prozesskostenhilfe jedenfalls seit Geltung des Mediationsgesetzes vom 21.7.2012 nicht mehr.[92]

53 Die Bewilligung erfolgt **für jeden Rechtszug** besonders (§ 119 Abs. 1 S. 1 ZPO). Der Begriff Rechtszug ist kostenrechtlich zu verstehen.[93] Ein Rechtszug ist jeder Verfahrensabschnitt, der besondere Kosten verursacht.[94] Mehrere kostenrechtlich selbstständige Verfahrensabschnitte bilden einen einheitlichen Rechtszug i.S.d. § 119 Abs. 1 S. 1 ZPO nur, soweit sie nach ihrem Sinn und Zweck nicht getrennt werden können.[95] Die Bewilligung der Prozesskostenhilfe umfasst demnach das gesamte Erkenntnisverfahren in einer Instanz, auch das Abänderungsverfahren nach § 323 ZPO und das Verfahren über die Anhörungsrüge nach § 321a ZPO, ebenso die Fortsetzung des Verfahrens nach Anfechtung eines gerichtlichen Vergleichs. Nicht zum Rechtszug der Hauptsache gehört der selbstständige einstweilige Rechtsschutz nach §§ 916 ff. ZPO. Insoweit ist jeweils gesondert über die Bewilligung von Prozesskostenhilfe zu entscheiden.

54 Ein Prozesskostenhilfebeschluss wird formell **wirksam** mit seiner Verkündung oder Mitteilung an den Beteiligten. Inhaltlich kann das Gericht eine Rückwirkung der Bewilligung auf den Zeitpunkt belegen, in dem ihm der Antrag nebst den erforderlichen Erklärungen und Unterlagen vorlag.[96] Die Rückwirkung muss nicht ausdrücklich in den Beschluss aufgenommen werden.[97] Liegt ein Antrag nebst den erforderlichen Erklärungen und Unterlagen rechtzeitig vor, ist eine Bewilligung von Prozesskostenhilfe auch nach einer Klagerücknahme,[98] einem Vergleich oder nach rechtskräftiger Entscheidung noch möglich.[99] Prozesskostenhilfe kann auch bewilligt werden, wenn das Gericht nach oder bei einem Vergleichsabschluss eine Frist zur Nachreichung von Unterlagen setzt (§ 118 Abs. 2 S. 4 ZPO) und die Unterlagen fristgerecht nachgereicht werden.[100] Wird die Frist nicht eingehalten und Prozesskostenhilfe abgelehnt, können die Angaben und Glaubhaftmachungen im Beschwerdeverfahren noch nachgeholt werden, auch wenn zum Zeitpunkt des ergänzenden Beschwerdevorbringens die Hauptsache bereits durch den Vergleich beendet ist.[101]

55 **Maßgebender Zeitpunkt** für die **Beurteilung** der Voraussetzungen ist grundsätzlich derjenige der Beschlussfassung.[102] Im Fall einer Verzögerung durch das Gericht ist der Beurteilungszeitpunkt der Zeitpunkt der Entscheidungsreife.[103]

56 Nach § 119 Abs. 1 S. 2 ZPO ist bei der Bewilligung von Prozesskostenhilfe in einem höheren Rechtszug nicht zu prüfen, ob die Rechtsverfolgung oder Rechtsverteidigung hinreichende Aussicht auf Erfolg bietet oder mutwillig erscheint, wenn der Gegner das Rechtsmittel zur Hauptsache eingelegt hat. Einschränkend ist in der Rechtsprechung zu § 119 Abs. 1 S. 2 ZPO die ungeschriebene Voraussetzung anerkannt, dass dem Rechtsmittelgegner Prozesskostenhilfe erst bewilligt wird, wenn feststeht, dass eine Rechtsmittelverteidigung **„notwendig"** ist.[104] Jedenfalls einem in der Vorinstanz anwaltlich vertretenen Rechtsmittelgegner kann Prozesskostenhilfe deshalb erst dann bewilligt wer-

---

90 BGH NJW 1984, 2106; anders für die Rechtsbeschwerde im Prozesskostenhilfeprüfungsverfahren: BGH NJW 2013, 1192.
91 Im Einzelnen sehr str. Wie hier: Musielak/Voit/*Fischer*, § 118 ZPO Rn 6; Zöller/*Geimer*, § 118 ZPO Rn 8; a.A. BGH NJW 2004, 2595; insoweit verfassungsrechtlich nicht zu beanstanden: BVerfG NJW 2012, 3293.
92 A.A. zur Rechtslage vor Geltung des Mediationsgesetzes OLG Köln AGS 2011, 500.
93 BGH NJW 2004, 3260.
94 BGH NJW 2004, 3260.
95 BGH NJW 2004, 3260.
96 BGH NJW 1982, 446; BGH NJW 1985, 921; str.
97 BGH NJW 1982, 446.
98 BGH NJOZ 2010, 2687; BGH NJW 2013, 3793.
99 Vgl. BGH NJW 1982, 446.
100 BAG MDR 2004, 415; OLG Celle MDR 2013, 364; LAG Rheinland-Pfalz BeckRS 2015, 67902; VGH Kassel NJW 2014, 1322; OLG Hamm BeckRS 2014, 10191 im Überprüfungsverfahren; a.A. OVG Lüneburg NJW 2014, 169.
101 A.A. BAG MDR 2004, 415; OLG Celle MDR 2013, 364.
102 Musielak/Voit/*Fischer* § 119 ZPO Rn 14; Zöller/*Geimer*, § 119 ZPO Rn 44; str.
103 Musielak//Voit/*Fischer*, § 119 ZPO Rn 14; Zöller/*Geimer*, § 119 ZPO Rn 45 f.
104 BGH FamRZ 1988, 942; BGH NJW-RR 2001, 1009; Musielak/Voit/*Fischer*, § 119 ZPO Rn 16; Zöller/*Geimer*, § 119 ZPO Rn 55.

den, wenn das Rechtsmittel begründet worden ist und die Voraussetzungen für eine Verwerfung des Rechtsmittels nicht gegeben sind.[105]

57 **Hinweis**
In diesem Zusammenhang hat der BGH entschieden, dass dem Berufungsbeklagten nach Eingang der Berufungsbegründung Prozesskostenhilfe zur Verteidigung gegen die Berufung nicht mit der Begründung versagt werden könne, dass eine Entscheidung über die Zurückweisung der Berufung nach § 522 Abs. 2 ZPO a.F. noch ausstehe.[106]
Seit dem 27.10.2011 hat § 522 Abs. 2, 3 ZPO folgenden neuen Wortlaut:
„(2) Das Berufungsgericht soll die Berufung durch Beschluss unverzüglich zurückweisen, wenn es einstimmig davon überzeugt ist, dass
1. die Berufung offensichtlich keine Aussicht auf Erfolg hat,
2. die Rechtssache keine grundsätzliche Bedeutung hat,
3. die Fortbildung des Rechts oder die Sicherung einer einheitlichen Rechtsprechung
eine Entscheidung des Berufungsgerichts nicht erfordert und
4. eine mündliche Verhandlung nicht geboten ist.
Ein anfechtbarer Beschluss hat darüber hinaus eine Bezugnahme auf die tatsächlichen Feststellungen im angefochtenen Urteil mit Darstellung etwaiger Änderungen oder Ergänzungen zu enthalten.
(3) Gegen den Beschluss nach Absatz 2 Satz 1 steht dem Berufungsführer das Rechtsmittel zu, das bei einer Entscheidung durch Urteil zulässig wäre."

I. § 120 ZPO

58 **§ 120 ZPO [Festsetzung von Zahlungen]**
(1) ¹Mit der Bewilligung der Prozesskostenhilfe setzt das Gericht zu zahlende Monatsraten und aus dem Vermögen zu zahlende Beträge fest. ²Setzt das Gericht nach § 115 Absatz 1 Satz 3 Nummer 5 mit Rücksicht auf besondere Belastungen von dem Einkommen Beträge ab und ist anzunehmen, dass die Belastungen bis zum Ablauf von vier Jahren ganz oder teilweise entfallen werden, so setzt das Gericht zugleich diejenigen Zahlungen fest, die sich ergeben, wenn die Belastungen nicht oder nur in verringertem Umfang berücksichtigt werden, und bestimmt den Zeitpunkt, von dem an sie zu erbringen sind.
(2) ¹Die Zahlungen sind an die Landeskasse zu leisten, im Verfahren vor dem Bundesgerichtshof an die Bundeskasse, wenn Prozesskostenhilfe in einem vorherigen Rechtszug nicht bewilligt worden ist.
(3) ¹Das Gericht soll die vorläufige Einstellung der Zahlungen bestimmen,
1. wenn die Zahlungen der Partei die voraussichtlich entstehenden Kosten decken;
2. wenn die Partei, ein ihr beigeordneter Rechtsanwalt oder die Bundes- oder Landeskasse die Kosten gegen einen anderen am Verfahren Beteiligten geltend machen kann.
(4) (weggefallen)

59 § 120 ZPO regelt die Einzelheiten der Anordnung von Zahlungen nach § 115 ZPO auf die Kosten der Verfahrensführung. Die Anordnung von Zahlungen ist grundsätzlich in dem Beschluss über die Bewilligung von Prozesskostenhilfe zu treffen (§ 120 Abs. 1 S. 1 ZPO). In gewissem Umfang kann das Gericht absehbare Änderungen in dem Bewilligungsbeschluss berücksichtigen. § 120 Abs. 2 ZPO bestimmt, an welche Stelle Zahlungen zu erfolgen haben. Unter welchen Voraussetzungen das Gericht die vorläufige Einstellung von Zahlungen bestimmen kann, regelt § 120 Abs. 3 ZPO.

60 Das Gesetz zur Änderung des Prozesskostenhilfe- und des Beratungshilferechts hat § 120 Abs. 4 ZPO aufgehoben und die Änderung der Bewilligung von Prozesskostenhilfe in einer eigenen Vorschrift, dem § 120a ZPO geregelt.

---

105 Vgl. BGH NJOZ 2013, 761; Musielak/Voit/*Fischer*, § 119 ZPO Rn 16; Zöller/*Geimer*, § 119 ZPO Rn 55.

106 BGH NJOZ 2011, 150 m.w.N. zu den bisher gegenteiligen Auffassungen.

J. § 120a ZPO

§ 120a ZPO [Änderung der Bewilligung]

(1) ¹Das Gericht soll die Entscheidung über die zu leistenden Zahlungen ändern, wenn sich die für die Prozesskostenhilfe maßgebenden persönlichen oder wirtschaftlichen Verhältnisse wesentlich verändert haben. ²Eine Änderung der nach § 115 Absatz 1 Satz 3 Nummer 1 Buchstabe b und Nummer 2 maßgebenden Beträge ist nur auf Antrag und nur dann zu berücksichtigen, wenn sie dazu führt, dass keine Monatsrate zu zahlen ist. ³Auf Verlangen des Gerichts muss die Partei jederzeit erklären, ob eine Veränderung der Verhältnisse eingetreten ist. ⁴Eine Änderung zum Nachteil der Partei ist ausgeschlossen, wenn seit der rechtskräftigen Entscheidung oder der sonstigen Beendigung des Verfahrens vier Jahre vergangen sind.

(2) ¹Verbessern sich vor dem in Absatz 1 Satz 4 genannten Zeitpunkt die wirtschaftlichen Verhältnisse der Partei wesentlich oder ändert sich ihre Anschrift, hat sie dies dem Gericht unverzüglich mitzuteilen. ²Bezieht die Partei ein laufendes monatliches Einkommen, ist eine Einkommensverbesserung nur wesentlich, wenn die Differenz zu dem bisher zugrunde gelegten Bruttoeinkommen nicht nur einmalig 100 Euro übersteigt. ³Satz 2 gilt entsprechend, soweit abzugsfähige Belastungen entfallen. ⁴Hierüber und über die Folgen eines Verstoßes ist die Partei bei der Antragstellung in dem gemäß § 117 Absatz 3 eingeführten Formular zu belehren.

(3) ¹Eine wesentliche Verbesserung der wirtschaftlichen Verhältnisse kann insbesondere dadurch eintreten, dass die Partei durch die Rechtsverfolgung oder Rechtsverteidigung etwas erlangt. ²Das Gericht soll nach der rechtskräftigen Entscheidung oder der sonstigen Beendigung des Verfahrens prüfen, ob eine Änderung der Entscheidung über die zu leistenden Zahlungen mit Rücksicht auf das durch die Rechtsverfolgung oder Rechtsverteidigung Erlangte geboten ist. ³Eine Änderung der Entscheidung ist ausgeschlossen, soweit die Partei bei rechtzeitiger Leistung des durch die Rechtsverfolgung oder Rechtsverteidigung Erlangten ratenfreie Prozesskostenhilfe erhalten hätte.

(4) ¹Für die Erklärung über die Änderung der persönlichen oder wirtschaftlichen Verhältnisse nach Absatz 1 Satz 3 muss die Partei das gemäß § 117 Absatz 3 eingeführte Formular benutzen. ²Für die Überprüfung der persönlichen und wirtschaftlichen Verhältnisse gilt § 118 Absatz 2 entsprechend.

I. Abänderung der Bewilligungsentscheidung

1. Voraussetzungen

Wesentliche Änderungen der Einkommens- und Vermögensverhältnisse sollen nach § 120a Abs. 1 S. 1 ZPO zur Abänderung des Bewilligungsbeschlusses führen. Die Änderung kann zugunsten oder zu Lasten des Beteiligten erfolgen. Die Abänderungsentscheidung entfaltet keine Rückwirkung, sondern gilt grundsätzlich nur mit Wirkung für die Zukunft.[107] Zum Vorteil des Beteiligten darf die Abänderungsentscheidung jedoch auf den Zeitpunkt des Antrags oder der Anzeige über die veränderten Verhältnisse zurückbezogen werden, im Ausnahmefall sogar auf den Zeitpunkt des Eintritts der Verschlechterung der Verhältnisse.[108]

2. Wesentliche Änderung der Einkommens- und Vermögensverhältnisse

Die Änderung der maßgebenden Einkommens- und Vermögensverhältnisse muss nach § 120a Abs. 1 S. 1 ZPO wesentlich sein. Sie muss nachhaltig und darf nicht nur vorübergehend sein. **Wesentlich** ist eine Veränderung der Einkommens- und Vermögensverhältnisse, wenn sich der Lebensstandard des Beteiligten spürbar verändert hat, wobei auf den jeweiligen Einzelfall abzustellen ist. Pauschale Betrachtungen, etwa dergestalt, dass eine Änderung der Einkommens- und Vermögensverhältnisse von 10 % wesentlich sei, dürften demgegenüber abzulehnen sein.[109]

Die in § 120a Abs. 2 S. 2, 3 ZPO bestimmte feste Wertgrenze im Fall der Einkommensverbesserung bzw. der Verminderung abzugsfähiger Belastungen von jeweils 100 EUR brutto gilt nicht für die Voraussetzung der Änderung der zu leistenden Zahlungen. Die feste Wertgrenze gilt nur für die Mitteilungspflicht nach § 120a Abs. 2 S. 1 ZPO. Dies wird deutlich anhand der Gesetzesbegründung,[110] aus der sich ergibt, dass wegen einer mitgeteilten Erhöhung des Einkommens von 100 EUR

---

107 A.A. BT-Drucks 17/11472, S. 34.
108 Vgl. zu dieser Besonderheit: Musielak/Voit/*Fischer*, § 120a ZPO Rn 4.
109 Im Einzelnen str.
110 Vgl. BT-Drucks 17/11472, S. 33 f.

brutto nicht auch eine Änderung der zu leistenden Zahlungen veranlasst sein muss. Bruttoeinkommen und einzusetzendes Einkommen (§ 115 Abs. 2 S. 1 ZPO) sind auseinanderzuhalten.

64 Eine Änderung zum Nachteil der Partei ist ausgeschlossen, wenn seit der rechtskräftigen Entscheidung oder sonstigen Beendigung des Verfahrens vier Jahre vergangen sind (§ 120a Abs. 1 S. 4 ZPO). Bei einer Änderung zugunsten der Partei wegen Verschlechterung der Verhältnisse gilt die Zeitgrenze des § 120a Abs. 1 S. 4 ZPO nicht.

65 Nach § 120a Abs. 3 ZPO kann auch das durch die Rechtsverfolgung bzw. Rechtsverteidigung Erlangte zu einer wesentlichen Verbesserung der wirtschaftlichen Verhältnisse führen. Dazu heißt es in der Gesetzesbegründung:[111]

> In Absatz 3 Satz 1 ist klarstellend das durch den Prozess Erlangte als Beispiel für eine mögliche Verbesserung der Einkommens- und Vermögensverhältnisse benannt. Dadurch soll die Bedeutung des Prozessausgangs und seiner wirtschaftlichen Folgen für die Bewilligung der Prozesskostenhilfe betont werden. Wenn aufgrund eines rechtskräftigen Urteils oder eines Vergleichs größere Geldzahlungen an die Partei fließen, kann und soll sie auch an den Prozesskosten beteiligt werden. Sie muss das nach der PKH-Bewilligung erhaltene Vermögen und Einkommen zur Prozessfinanzierung einsetzen (BGH, Beschl. v. 18.7.2007, FamRZ 2007, 1720), wobei die Freibeträge nach § 115 und insbesondere das Schonvermögen, das der Partei nach § 115 Absatz 3 Satz 2 in Verbindung mit § 90 SGB XII zusteht, vorgehen. Wenn der Partei Unterhalt für einen zurückliegenden Zeitraum zugesprochen wird, so ist der Einsatz dieses Erlangten nur zumutbar, soweit die Partei den Unterhalt auch bei rechtzeitiger Leistung für die Prozesskosten hätte einsetzen müssen (OLG Karlsruhe, Beschl. v. 26.9.2011, FamRZ 2012, 385; Geimer in: Zöller, ZPO, 28. Auflage, § 115 Rn 58a).
>
> Gemäß Absatz 3 Satz 2 sind die Gerichte gehalten, nach rechtskräftigem Abschluss des Verfahrens zu prüfen, ob sich infolge des Prozessausgangs die wirtschaftlichen Verhältnisse der Partei wesentlich geändert haben und folglich die Entscheidung über die Bewilligung der Prozesskostenhilfe zu ändern ist. Eine Verbesserung wird regelmäßig nur auf Seiten des Klägers zu erwarten sein, kann aber in Einzelfällen, etwa bei einer Abfindung im Rahmen einer gütlichen Beilegung einer Räumungsrechtsstreitigkeit, auch auf Beklagtenseite eintreten.

§ 120a Abs. 3 S. 3 ZPO stellt klar, dass eine Änderung der Prozesskostenhilfebewilligung ausgeschlossen ist, wenn die Partei auch bei rechtzeitiger Leistung des nunmehr durch die Rechtsverfolgung oder Rechtsverteidigung Erlangten ratenfreie Prozesskostenhilfe erhalten hätte.

66 § 120a ZPO kann nicht angewendet werden, wenn sich nachträglich herausstellt, dass **schon im Zeitpunkt der Bewilligung** die Voraussetzungen für die Verfahrenskostenhilfe nicht vorgelegen haben.

67 Denn die Vorschrift spricht ausdrücklich von einer Änderung der Verhältnisse.[112] Aus demselben Grund kommt eine Änderung des Bewilligungsbeschlusses nach § 120a ZPO nicht in Betracht, wenn das Gericht die Sach- und Rechtslage anders als im Zeitpunkt der Bewilligung beurteilt.

68 § 120a ZPO erlaubt nicht die vollständige Aufhebung der Bewilligung von Verfahrenskostenhilfe. Es dürfen nach dieser Regelung ausschließlich die zu leistenden **Zahlungen geändert** werden.[113] Jedoch ist die Anordnung der sofortigen Zahlung aller Kosten aus dem Vermögen beziehungsweise der Festsetzung höherer Monatsraten möglich.[114]

69 Da auch die Bewilligung von Prozesskostenhilfe ohne **Ratenzahlungsanordnung** eine Entscheidung über die zu leistenden Zahlungen enthält, nämlich dass keine Monatsraten zu leisten sind, kann nach § 120a ZPO auch erstmals eine Ratenzahlungsanordnung ergehen.[115]

II. Verfahren

70 Das Gericht kann von der Partei jederzeit die Erklärung **verlangen**, ob eine Veränderung der persönlichen und wirtschaftlichen Verhältnisse eingetreten ist (§ 120a Abs. 1 S. 3 ZPO). Das Erklärungsverlangen hat auch nach dem formellen Abschluss des Hauptsacheverfahrens jedenfalls dann gemäß § 172 Abs. 1 ZPO an den Prozessbevollmächtigten der Partei zu erfolgen, wenn dieser den

---

111 Vgl. BT-Drucks 17/11472, S. 34.
112 OLG Koblenz NJW-RR 2003, 1163; OLG Celle FamRZ 1991, 207.
113 BGH NJW 1994, 3292.
114 Vgl. BGH NJW 1994, 3292.
115 Musielak/Voit/*Fischer*, § 120 ZPO Rn 12.

Beteiligten im Verfahrenskostenhilfebewilligungsverfahren vertreten hat.[116] Dies gilt ebenso für formlose Mitteilungen (z.B. Übersendung einer Zahlungserinnerung nebst Aufhebungsandrohung).[117]

Unaufgefordert hat sich die Partei gegenüber dem Gericht zu erklären, wenn sich ihre wirtschaftlichen Verhältnisse wesentlich verbessern (§ 120a Abs. 2 S. 1 ZPO). Weiterhin ist die Partei verpflichtet, das Gericht auch über einen Wechsel der Anschrift zu informieren (§ 120a Abs. 2 S. 1 ZPO). Diese Pflichten sind zeitlich beschränkt auf sechs Jahre seit der rechtskräftigen Entscheidung oder der sonstigen Beendigung des Verfahrens (§ 120a Abs. 2 S. 1 ZPO), weil auch nur binnen dieser Frist eine Änderung zum Nachteil der Partei festgesetzt werden kann (§ 120a Abs. 1 S. 4 ZPO).

Zur Erfüllung seiner Erklärungsverpflichtung muss die Partei das **amtliche Formular** verwenden (§ 120a Abs. 4 ZPO).

§ 120a Abs. 2 S. 2, 3 ZPO bestimmt feste Wertgrenzen von jeweils 100 EUR brutto für eine wesentliche Einkommensverbesserung sowie für eine wesentliche Verminderung abzugsfähiger Belastungen. Die Wertgrenzen gelten nicht für die Voraussetzung der Änderung der zu leistenden Zahlungen. Dies ist aus den Ausführungen in der Gesetzesbegründung[118] zu folgern. Darin heißt es:

> Der bedürftigen Partei ist die anlassbezogene Mitteilungspflicht auch zumutbar. Sie knüpft an den in Absatz 1 Satz 1 (bisher § 120 Absatz 4 Satz 1) enthaltenen unbestimmten Rechtsbegriff der Wesentlichkeit an. Die Bestimmung des neuen Absatzes 2 Satz 2 gibt für den besonders relevanten Fall der Einkommensverbesserung eine feste Wertgrenze für das Vorliegen einer wesentlichen Veränderung vor. Danach ist eine Einkommensverbesserung erst ab einer Erhöhung von monatlich 100 EUR mitteilungspflichtig. Maßgeblich ist der Bruttobetrag, da er für die Partei anders als ein Nettobetrag einfach und ohne weitere Rechenschritte zu ermitteln ist. Inwieweit wegen dieser Erhöhung des Bruttoeinkommens auch eine Änderung der Bewilligungsentscheidung gemäß Absatz 1 veranlasst ist, hat das Gericht in einem zweiten Schritt nach Berechnung des gemäß § 115 Absatz 1 einzusetzenden Einkommens zu entscheiden. Der neue Absatz 2 Satz 3 bestimmt, dass die 100-Euro-Schwelle auch für den Wegfall oder die Verminderung abzugsfähiger Belastungen gilt, etwa PKH-Raten aus früheren Verfahren, abzugsfähige Darlehensraten oder geringere Wohnungskosten nach einem Umzug.

Das Gericht hat die Partei vor einer Abänderung des Bewilligungsbeschlusses **anzuhören**. Die Abänderung ergeht durch Beschluss. Der Beschluss ist zu begründen und mit einer Rechtsbehelfsbelehrung zu versehen. Er ist mit der Beschwerde und sodann mit der Rechtsbeschwerde anfechtbar. Wird der Wert des Beschwerdegegenstands nicht erreicht, ist die Rechtspflegererinnerung nach § 11 Abs. 2 RPflG gegeben.

K. § 121 ZPO

§ 121 ZPO [Beiordnung eines Rechtsanwalts]

(1) ¹Ist eine Vertretung durch Anwälte vorgeschrieben, wird der Partei ein zur Vertretung bereiter Rechtsanwalt ihrer Wahl beigeordnet.

(2) ¹Ist eine Vertretung durch Anwälte nicht vorgeschrieben, wird der Partei auf ihren Antrag ein zur Vertretung bereiter Rechtsanwalt ihrer Wahl beigeordnet, wenn die Vertretung durch einen Rechtsanwalt erforderlich erscheint oder der Gegner durch einen Rechtsanwalt vertreten ist.

(3) ¹Ein nicht in dem Bezirk des Prozessgerichts niedergelassener Rechtsanwalt kann nur beigeordnet werden, wenn dadurch weitere Kosten nicht entstehen.

(4) ¹Wenn besondere Umstände dies erfordern, kann der Partei auf ihren Antrag ein zur Vertretung bereiter Rechtsanwalt ihrer Wahl zur Wahrnehmung eines Termins zur Beweisaufnahme vor dem ersuchten Richter oder zur Vermittlung des Verkehrs mit dem Prozessbevollmächtigten beigeordnet werden.

(5) ¹Findet die Partei keinen zur Vertretung bereiten Anwalt, ordnet der Vorsitzende ihr auf Antrag einen Rechtsanwalt bei.

---

116 BGH FamRZ 2011, 463 m.w.N. zu den streitigen Auffassungen.
117 LAG Berlin-Brandenburg BeckRS 2015, 70313.
118 Vgl. BT-Drucks 17/11472, S. 33 f.

I. Allgemeines

74 § 121 ZPO regelt die Beiordnung eines Rechtsanwalts im Rahmen der Bewilligung von Prozesskostenhilfe. Die aus fünf Absätzen bestehende Vorschrift befasst sich mit der Frage, wann bei bewilligter Prozesskostenhilfe nicht nur eine Gerichtskostenbefreiung beziehungsweise Zahlungserleichterung eintritt, sondern in welchen Fällen darüber hinaus der bedürftige Beteiligte auf Kosten der Staatskasse einen Rechtsanwalt beigeordnet bekommt.[119] Beigeordnet werden kann ein einzelner Rechtsanwalt, aber auch eine Rechtsanwaltsgesellschaft wie die Sozietät in der Form der Gesellschaft bürgerlichen Rechts.[120] Eine Beiordnung setzt die Bewilligung von Prozesskostenhilfe voraus. § 121 Abs. 1, 2 ZPO beschreiben die Voraussetzungen einer Beiordnung in Verfahren mit oder ohne Anwaltszwang. § 121 Abs. 3 ZPO enthält das sogenannte Mehrkostenverbot. § 121 Abs. 4 ZPO beschreibt die Voraussetzungen für die Beiordnung eines Beweis- beziehungsweise eines Verkehrsanwalts. § 121 Abs. 5 ZPO gestattet die Anordnung eines Rechtsanwalts durch das Gericht, wenn der Beteiligte keinen zur Vertretung bereiten Rechtsanwalt findet.

Eine bestandskräftige Beiordnung ist grundsätzlich bindend. Ein – unschwer erkennbarer – Verstoß des Rechtsanwalts gegen das Vertretungsverbot gemäß § 43a Abs. 4, § 3 Abs. 1 BORA kann aber die rückwirkende Aufhebung der Beiordnung rechtfertigen.[121]

II. Beiordnungszwang

75 § 121 Abs. 1 ZPO enthält den **Beiordnungszwang**, wenn im Verfahren die Vertretung durch einen Rechtsanwalt vorgeschrieben ist. Ein gesonderter Beiordnungsantrag ist im Fall des Beiordnungszwangs des § 121 Abs. 1 ZPO nicht notwendig. Das Gericht muss die Beiordnung aussprechen, wenn es auf den Prozesskostenhilfeantrag Prozesskostenhilfe bewilligt. § 78 ZPO enthält die allgemeine Regelung, in welchen Verfahren sich die Beteiligten durch einen Rechtsanwalt vertreten lassen müssen. Dies betrifft lediglich Verfahren vor dem BGH.

III. Erforderlichkeit der Beiordnung bzw. Herstellung der Waffengleichheit

76 Nach § 121 Abs. 2 ZPO ist in einem Verfahren ohne Anwaltszwang ein Rechtsanwalt beizuordnen, wenn
– ein Antrag gestellt wird
– und
  – die Vertretung durch einen Rechtsanwalt erforderlich erscheint oder
  – der Gegner durch einen Rechtsanwalt vertreten ist.

77 Erforderlich erscheint eine Vertretung dann, wenn Umfang, Schwierigkeit und Bedeutung der Sache Anlass zu der Befürchtung geben, dass die hilfebedürftige Partei nach ihren persönlichen Fähigkeiten nicht imstande ist, ihre Rechte sachgerecht wahrzunehmen und die notwendigen Maßnahmen zu ergreifen.[122]

IV. Mehrkostenverbot

1. Keine Niederlassung des Rechtsanwalts im Bezirk

78 § 121 Abs. 3 ZPO ist durch das Gesetz zur Stärkung der Selbstverwaltung der Rechtsanwaltschaft vom 26.3.2007 neu gefasst worden. Das Gesetz hat in der Vorschrift die Wörter „bei dem Prozessgericht zugelassener" durch die Wörter „in dem Bezirk des Prozessgerichts niedergelassener" ersetzt. Für das **Mehrkostenverbot** des § 121 Abs. 3 ZPO kommt es auf die sogenannte **Bezirksansässigkeit** an,[123] nicht auf eine Ortsansässigkeit. Der Gesetzgeber hat gleichzeitig das berufsrechtliche Lokalisationsprinzip vollständig aufgehoben. Es entfiel nicht nur die Zulassung bei einem Gericht überhaupt, sondern vor allem auch die Zulassung bei einem bestimmten, örtlichen Gericht. Die Zulassung

---

119 Vgl. Musielak/Voit/*Fischer*, § 121 ZPO Rn 1.
120 BGH NJW 2009, 440.
121 Vgl. BGH NJW 2013, 1247.
122 BGH NJW 2003, 3136.
123 *Fölsch*, NZA 2007, 418; zustimmend: LAG Köln v. 26.7.2007 – 11 Ta 166/07.

nimmt nunmehr die Rechtsanwaltskammer bezogen auf ihren Bezirk vor. Für die Beiordnung eines Anwalts unter Beachtung des Mehrkostenverbots des § 121 Abs. 3 ZPO ergeben sich daraus Folgerungen:

Rechtsanwälte, die innerhalb des Bezirks des Prozessgerichts niedergelassen sind, müssen ohne Einschränkungen beigeordnet werden.[124] Denn § 121 Abs. 3 ZPO erfasst nach dessen Voraussetzungen diese Rechtsanwälte nicht. 79

Hinweis 80
Einem Rechtsanwalt sind die Auslagen nach VV Teil 7, die für eine Reise innerhalb des Gerichtsbezirks zum Termin des Verfahrensgerichts anfallen, voll aus der Staatskasse zu vergüten.[125]

Bei Rechtsanwälten, die ihren Kanzleisitz nicht innerhalb des Bezirks des Gerichts haben, kann eine dem Mehrkostenverbot entsprechende Einschränkung der Beiordnung nur „zu den Bedingungen eines im Bezirk des Prozessgerichts niedergelassenen Rechtsanwalts" ausgesprochen werden.[126] Der im Bezirk des Prozessgerichts nicht niedergelassene und deshalb nur „zu den Bedingungen eines im Bezirk des Prozessgerichts niedergelassenen Rechtsanwalts" beigeordnete Rechtsanwalt kann dann die Vergütung von Reisekosten nur insoweit verlangen, als es sich im Vergleich zu Reisekosten bei einem im Bezirk des Prozessgerichts niedergelassenen Rechtsanwalts nicht um Mehrkosten handelt (zur Berechnung vgl. Rdn 92).[127] 81

Hinweis 82
Wird dagegen mit der Einschränkung „ortsansässig" oder „Sitz des Verfahrensgerichts" beigeordnet, so geht diese Einschränkung über die gesetzlichen Maßgaben hinaus und ist mit der sofortigen Beschwerde anfechtbar.

Können überhaupt keine höheren Mehrkosten durch die Beiordnung des nicht in dem Bezirk des Prozessgerichts niedergelassenen Rechtsanwalts entstehen, so hat die Beiordnung uneingeschränkt und ohne den Zusatz „zu den Bedingungen eines im Bezirk des Prozessgerichts niedergelassenen Rechtsanwalts" zu erfolgen.[128] Siehe zu einem Mehrkostenvergleich bezüglich der Reisekosten näher bei Rdn 92. 83

Eine das Mehrkostenverbot beachtende, einschränkende Beiordnung für den nicht im Bezirk des Prozessgerichts niedergelassenen Rechtsanwalt kommt aber nur in Betracht, wenn 84
– nicht die Voraussetzungen des § 121 Abs. 4 ZPO für eine zusätzliche Beiordnung eines Verkehrsanwalts vorliegen[129] (vgl. näher bei Rdn 87) und
– der Rechtsanwalt sein Einverständnis konkludent erklärt hat (vgl. näher bei Rdn 90).[130]

Hinweis 85
Will der auswärtige Rechtsanwalt sein Einverständnis nicht konkludent erklären, so muss er ausdrücklich die „uneingeschränkte" Beiordnung beantragen. In diesem Fall ist das Gericht zu einer Rückfrage für ein Einverständnis zu einer nur eingeschränkten Beiordnung verpflichtet.

Die eingeschränkte Beiordnung hat eine teilweise Ablehnung des Beiordnungsantrags zum Inhalt. Es ist deshalb über das Rechtsmittel der sofortigen Beschwerde zu belehren (vgl. § 232 ZPO[131] bzw. § 127 Abs. 2–4 ZPO). Beschwerdebefugt sind die Partei[132] und der Rechtsanwalt.[133] 86

---

124 *Fölsch*, NZA 2007, 418; Musielak/Voit/*Fischer*, § 121 ZPO Rn 19; LAG Düsseldorf JurBüro 2010, 263; LAG Düsseldorf v. 1.7.2010 – 3 Ta 359/10; LAG Düsseldorf v. 13.7.2010 – 3 Ta 382/10; LSG Baden-Württemberg v. 9.3.2012 – L 12 AS 478/12 B.
125 *Fölsch*, NZA 2007, 418; Musielak/Voit/*Fischer*, § 121 ZPO Rn 19.
126 *Fölsch*, NZA 2007, 418; Musielak/Voit/*Fischer*, § 121 ZPO Rn 19; LSG Essen v. 5.6.2008 – L 8 B 7/08 R; LAG Düsseldorf v. 1.7.2010 – 3 Ta 359/10; LAG Düsseldorf v. 13.7.2010 – 3 Ta 382/10; LAG München v. 4.12.2008 – 8 Ta 473/08.
127 Vgl. *Fölsch*, NZA 2007, 418; Musielak/Voit/*Fischer*, § 121 ZPO Rn 19; LSG Essen v. 5.6.2008 – L 8 B 7/08 R; LAG Düsseldorf v. 1.7.2010 – 3 Ta 359/10; LAG Düsseldorf v. 13.7.2010 – 3 Ta 382/10; VG Oldenburg v. 12.5.2009 – 11 A 48/08, BeckRS 2009, 34548; LAG Köln NZA-RR 2013, 311; LAG München v. 4.12.2008 – 8 Ta 473/08; OLG Frankfurt AGS 2014, 139; OLG Bamberg AGS 2014, 529; LSG Essen AGS 2015, 92.
128 LAG München v. 4.12.2008 – 8 Ta 473/08; OLG Frankfurt AGS 2014, 139; OLG Bamberg AGS 2014, 529; LSG Essen AGS 2015, 92.
129 Vgl. BGH NJW 2004, 2749.
130 Vgl. BGH NJW 2006, 3783 m. Anm. *Fölsch*.
131 Inkrafttreten: 1.1.2014.
132 LAG München v. 4.12.2008 – 8 Ta 473/08; VGH Mannheim NVwZ-RR 2015, 839; str.
133 BAG NJW 2005, 3083; LAG München v. 4.12.2008 – 8 Ta 473/08; str.

2. Einschränkung des Mehrkostenverbots durch Umstände im Sinne von § 121 Abs. 4 ZPO

87 Das Einverständnis zur eingeschränkten Beiordnung darf das Gericht von dem Rechtsanwalt erst und nur dann verlangen, wenn für das Gericht feststeht, dass keine besonderen Umstände vorliegen, die die Beiordnung eines Verkehrsanwalts nach § 121 Abs. 4 ZPO ermöglichen würden. Bei der Prüfung der besonderen Umstände ist auf die rechtlichen und tatsächlichen Schwierigkeiten des Prozesses und die subjektiven Fähigkeiten der Partei abzustellen.[134] Liegen derartige besondere Umstände vor, so ist der nicht im Bezirk niedergelassene Rechtsanwalt von dem Verfahrensgericht uneingeschränkt beizuordnen.[135] Zwar soll nach **Sinn und Zweck des § 121 Abs. 3 ZPO** die Beiordnung eines nicht im Bezirk des Gerichts niedergelassenen Anwalts unterbleiben, wenn dadurch Mehrkosten drohen. **Weitere Kosten** im Sinne dieser Vorschrift entstehen allerdings **nicht, wenn** zumindest **in Höhe der Reisekosten**, die mit der Tätigkeit des nicht im Bezirk des Gerichts niedergelassenen Anwalts verbunden sind, **andere Kosten eingespart werden**, etwa weil sich die Notwendigkeit der Beiordnung eines **Verkehrsanwalts erübrigt** hat.[136] Andernfalls kommt eine Beiordnung zu den Bedingungen eines im Bezirk des Gerichts niedergelassenen Anwalts in Betracht.[137]

88 Umstände i.S.v. § 121 Abs. 4 ZPO können in folgenden Fällen zu bejahen sein:
– Die Partei ist nicht schreibgewandt und eine Informationsreise zu einem Rechtsanwalt am Verfahrensgericht ist ihr nicht zuzumuten.[138]
– Umfang, Bedeutung oder Schwierigkeit der Sache machen eine schriftliche Information unzumutbar und eine mündliche Information verursacht unverhältnismäßigen Aufwand.[139]
– Nach Ansicht des BGH[140] soll ein besonderer Umstand auch darin liegen, dass die Kosten des weiter beizuordnenden Verkehrsanwalts die sonst entstehenden Reisekosten des nicht im Bezirk des Prozessgerichts niedergelassenen Rechtsanwalts nicht wesentlich übersteigen würden.[141]
– Auch in dem besonderen Vertrauensverhältnis zwischen der Partei und seinem Rechtsanwalt kann ein besonderer Umstand liegen.[142]

89 Wird in Anwendung von § 121 Abs. 4 ZPO ein auswärtiger Rechtsanwalt ohne die Einschränkung aus § 121 Abs. 3 ZPO beigeordnet, so kann es vertretbar sein, in den Bewilligungsbeschluss aufzunehmen, dass Mehrkosten nur bis zur Höhe der zusätzlichen Kosten eines Verkehrsanwalts am Wohnort des Verfahrenskostenhilfe antragstellenden Beteiligten erstattungsfähig sind.[143]

3. Einverständnis des Rechtsanwalts zur eingeschränkten Beiordnung

90 Ein nicht im Bezirk des Prozessgerichts beigeordneter Anwalt kann unter Beachtung des Mehrkostenverbots beigeordnet werden, wenn er bereit ist, sich unter Ausschluss der Vergütung von Mehrkosten (im Wesentlichen Reisekosten) beiordnen zu lassen. Der von dem Mehrkostenverbot betroffene, nicht im Bezirk des Prozessgerichts niedergelassene Anwalt kann also nur mit seinem **Einverständnis** eingeschränkt „zu den Bedingungen eines im Bezirk des Verfahrensgerichts niedergelassenen Anwalts" beigeordnet werden.[144] Dem Beiordnungsantrag eines nicht im Bezirk des Prozessgerichts niedergelassenen Anwalts kann regelmäßig dessen **konkludentes** Einverständnis mit einer dem Mehrkostenverbot entsprechenden Einschränkung der Beiordnung entnommen werden.[145] Will der

---

134 BGH NJW 2004, 2749.
135 Vgl. BGH NJW 2004, 2749.
136 Vgl. in diesem Zusammenhang auch: BGH NJW 2006, 3783 = FamRZ 2007, 37 = AGS 2007, 16; BGH NJW 2004, 2749 = MDR 2004, 1373 = AGS 2004, 349 = Rpfleger 2004, 707; OLG Hamm OLGR 2007, 360; LAG Hamburg AGS 2007, 203; OLG Zweibrücken JurBüro 2006, 432 = FamRZ 2006, 1137 = AGS 2006, 350; OLG Stuttgart AGS 2006, 351; OLG Saarbrücken JurBüro 2006, 96; OLG Oldenburg JurBüro 2004, 324; LAG Köln MDR 1999, 1469; LAG Nürnberg AGS 2013, 135.
137 Vgl. OLG Braunschweig AGS 2007, 581 m. Anm. N. Schneider.
138 BGH NJW 2004, 2749.
139 BGH NJW 2004, 2749; vgl. auch LAG Nürnberg AGS 2013, 135.
140 Vgl. BGH NJW 2004, 2749; vgl. auch OLG Rostock JurBüro 2011, 372.
141 Krit. Musielak/Voit/*Fischer*, § 121 ZPO Rn 18.
142 OLG Schleswig OLGReport 2007, 32.
143 Vgl. z.B. LAG Hamm BeckRS 2010, 75814; OLG Naumburg BeckRS 2011, 29326; OLG Bamberg NJW-RR 2012, 200.
144 Str.
145 BGH NJW 2006, 3783 m. Anm. *Fölsch*.

auswärtige Rechtsanwalt sein Einverständnis nicht konkludent erklären, so muss er ausdrücklich die „uneingeschränkte" Beiordnung beantragen.[146] In diesem Fall ist das Gericht zu einer Rückfrage für ein Einverständnis zu einer nur eingeschränkten Beiordnung verpflichtet.

Mit der Erteilung des Einverständnisses **verzichtet** der Anwalt im Verhältnis zur Staatskasse ganz oder teilweise **auf die Vergütung von Geschäftsreisekosten**, die ihm zustünde, falls er ohne Einschränkung beigeordnet würde. Ein solcher **Verzicht auf eine Vergütung** ist zulässig. Insbesondere verstößt er nicht gegen § 49b BRAO, da er nicht gegenüber der Partei erklärt wird, sondern die Einstandspflicht der Staatskasse für die Vergütung des Anwalts begrenzt.

4. Berechnung von aus der Staatskasse festzusetzenden Reisekosten im Falle der Beiordnung zu den Bedingungen eines im Bezirk des Prozessgerichts niedergelassenen Anwalts

Der nicht im Bezirk des Prozessgerichts niedergelassene und „zu den Bedingungen eines im Bezirk des Prozessgerichts niedergelassenen Rechtsanwalts" beigeordnete Rechtsanwalt kann Reisekosten gegen die Staatskasse festsetzen lassen, etwa für die Reise zum Termin am Sitz des Prozessgerichts. In welcher Höhe dem Rechtsanwalt Kosten für die Reise zwischen dem Kanzleisitz des nicht im Bezirk des Prozessgerichts niedergelassenen Rechtsanwalts und dem Sitz des Prozessgerichts aus der Staatskasse zu vergüten sind, ist durch einen Mehrkostenvergleich festzustellen. Dabei sind die tatsächlich Fahrtkosten des Rechtsanwalts **den Kosten für eine Fahrt vom größtmöglichen** von einem im Gerichtsbezirk gelegenen Ort bis zum Gerichtssitz gegenüberzustellen. Kosten **für eine Fahrt vom größtmöglichen** von einem im Gerichtsbezirk gelegenen Ort bis zum Gerichtssitz sind nämlich keine Mehrkosten im Sinne des § 121 Abs. 3 ZPO, weil sie nämlich aus der Staatskasse auch für einen im Bezirk des Prozessgerichts niedergelassenen Rechtsanwalt in voller Höhe zu vergüten wären.[147]

Sind die tatsächlichen Fahrtkosten geringer, sind die Kosten in voller Höhe zu vergüten. Das Prozessgericht kann in einem solchen Fall bereits bei der Beiordnung von einer Einschränkung absehen.[148] Sind die tatsächlichen Fahrtkosten höher, sind die Fahrtkosten bis zur Höhe der **Kosten für eine Fahrt vom größtmöglichen** von einem im Gerichtsbezirk gelegenen Ort bis zum Gerichtssitz aus der Staatskasse zu vergüten. Bei den darüber hinausgehenden Fahrtkosten handelt es sich um Mehrkosten, die die Staatskasse aufgrund der eingeschränkten Beiordnung „zu den Bedingungen eines im Bezirk des Prozessgerichts niedergelassenen Rechtsanwalts" nicht zu vergüten hat.

> **Beispiel**: Der Anwalt beantragt bei dem AG Kiel die Bewilligung von Prozesskostenhilfe. Der Mandant wohnt im Bezirk des AG Kiel. Der Anwalt hat seinen Sitz in Lübeck. Die Entfernung zwischen Kiel und Lübeck beträgt 90 km. Bei der Fahrtstrecke Lübeck nach Kiel tritt der Anwalt 10 km vom Sitz des AG Kiel entfernt in den Bezirk des AG Kiel ein. Die Entfernung zwischen dem Sitz des AG Kiel und dem Ort, der im Gerichtsbezirk am weitesten vom Sitz des AG Kiel entfernt liegt, beträgt 40 km. Der Anwalt wird zu den Bedingungen eines im Bezirk des AG Kiel niedergelassenen Anwalts beigeordnet. Der Anwalt begehrt die Festsetzung von Reisekosten für die Wahrnehmung eines Gerichtstermins (Abwesenheitsdauer: 4 Stunden). In welcher Höhe hat die Staatskasse Reisekosten zu vergüten?
> Dem Anwalt stehen Fahrtkosten nach VV 7003 und ein Abwesenheitsgeld nach VV 7005 Nr. 1 i.V.m. § 46 Abs. 1 zu. Größtmögliche Entfernung innerhalb des Bezirks des AG Kiel sind 40 km. Die tatsächliche Fahrstrecke liegt höher, nämlich 90 km. Fahrtkosten für die Strecke von 40 km sind keine Mehrkosten und aus der Staatskasse zu vergüten (jeweils für Hin- und Rückfahrt). Die weiteren 50 km je Richtung sind nicht aus der Staatskasse zu vergütende Mehrkosten.

---

[146] *Fölsch*, NJW 2006, 3784.
[147] LAG München v. 4.12.2008 – 8 Ta 473/08; VG Oldenburg BeckRS 2009, 34548; LAG Hessen BeckRS 2010, 69092; LAG Köln NZA-RR 2013, 311 (auch zur Ablehnung einer streckenmäßigen Eingrenzung aufgrund von Gerichtstagen); OLG Frankfurt AGS 2014, 139; OLG Bamberg AGS 2014, 529; LSG Essen AGS 2015, 92.
[148] LAG München v. 4.12.2008 – 8 Ta 473/08; OLG Frankfurt AGS 2014, 139; OLG Bamberg AGS 2014, 529; LSG Essen AGS 2015, 92.

L. § 122 ZPO

94   § 122 ZPO [Wirkung der Prozesskostenhilfe]

(1) ¹Die Bewilligung der Prozesskostenhilfe bewirkt, dass
1. die Bundes- oder Landeskasse
   a) die rückständigen und die entstehenden Gerichtskosten und Gerichtsvollzieherkosten,
   b) die auf sie übergegangenen Ansprüche der beigeordneten Rechtsanwälte gegen die Partei nur nach den Bestimmungen, die das Gericht trifft, gegen die Partei geltend machen kann,
2. die Partei von der Verpflichtung zur Sicherheitsleistung für die Prozesskosten befreit ist,
3. die beigeordneten Rechtsanwälte Ansprüche auf Vergütung gegen die Partei nicht geltend machen können.

(2) ¹Ist dem Kläger, dem Berufungskläger oder dem Revisionskläger Prozesskostenhilfe bewilligt und ist nicht bestimmt worden, dass Zahlungen an die Bundes- oder Landeskasse zu leisten sind, so hat dies für den Gegner die einstweilige Befreiung von den in Absatz 1 Nr. 1 Buchstabe a bezeichneten Kosten zur Folge.

95   Die Wirkungen der Prozesskostenhilfe ergeben sich primär aus § 122 ZPO. Die Bewilligung der Prozesskostenhilfe bewirkt, dass die Staatskasse Gerichtskosten und die auf sie übergegangene Ansprüche des beigeordneten Rechtsanwalts gegen den Beteiligten nur nach den Bestimmungen, die das Gericht trifft, geltend machen kann (§ 122 Abs. 1 Nr. 1a, b ZPO). Des Weiteren kann ein beigeordneter Rechtsanwalt Ansprüche auf Vergütung gegen den Beteiligten nicht geltend machen (§ 122 Abs. 1 Nr. 3 ZPO). Diese sogenannte Forderungssperre gilt aber nur im Umfang der Beiordnung.[149] Ist Prozesskostenhilfe ohne Ratenzahlungsanordnung bewilligt, so hat dies für den Verfahrensgegner die einstweilige Befreiung von Gerichtskosten zur Folge (§ 122 Abs. 2 ZPO). Die einstweilige Befreiung endet, wenn er rechtskräftig die Verfahrenskosten zu tragen hat (§ 125 ZPO).

M. § 123 ZPO

96   § 123 ZPO [Kostenerstattung]

¹Die Bewilligung der Prozesskostenhilfe hat auf die Verpflichtung, die dem Gegner entstandenen Kosten zu erstatten, keinen Einfluss.

97   Keinen Einfluss hat die Bewilligung von Verfahrenskostenhilfe auf die Verpflichtung, die dem Gegner entstandenen Kosten zu erstatten (§ 123 ZPO). Ob dem Gegner Kosten zu erstatten sind, ergibt sich aus dem Kostenausspruch zur Hauptsache nach den §§ 91 ff. ZPO.

N. § 124 ZPO

98   § 124 ZPO [Aufhebung der Bewilligung]

(1) ¹Das Gericht soll die Bewilligung der Prozesskostenhilfe aufheben, wenn
1. die Partei durch unrichtige Darstellung des Streitverhältnisses die für die Bewilligung der Prozesskostenhilfe maßgebenden Voraussetzungen vorgetäuscht hat;
2. die Partei absichtlich oder aus grober Nachlässigkeit unrichtige Angaben über die persönlichen oder wirtschaftlichen Verhältnisse gemacht oder eine Erklärung nach § 120a Absatz 1 Satz 3 nicht oder ungenügend abgegeben hat;
3. die persönlichen oder wirtschaftlichen Voraussetzungen für die Prozesskostenhilfe nicht vorgelegen haben; in diesem Fall ist die Aufhebung ausgeschlossen, wenn seit der rechtskräftigen Entscheidung oder sonstigen Beendigung des Verfahrens vier Jahre vergangen sind;
4. die Partei entgegen § 120a Absatz 2 Satz 1 bis 3 dem Gericht wesentliche Verbesserungen ihrer Einkommens- und Vermögensverhältnisse oder Änderungen ihrer Anschrift absichtlich oder aus grober Nachlässigkeit unrichtig oder nicht unverzüglich mitgeteilt hat;
5. die Partei länger als drei Monate mit der Zahlung einer Monatsrate oder mit der Zahlung eines sonstigen Betrages im Rückstand ist.

---

[149] Vgl. hierzu auch BGH NJW-RR 2007, 285: Zahlungspflicht des bedürftigen Mandanten in Bezug auf die Umsatzsteuer bei Vorsteuerabzugsberechtigung.

(2) ¹Das Gericht kann die Bewilligung der Prozesskostenhilfe aufheben, soweit die von der Partei beantragte Beweiserhebung aufgrund von Umständen, die im Zeitpunkt der Bewilligung der Prozesskostenhilfe noch nicht berücksichtigt werden konnten, keine hinreichende Aussicht auf Erfolg bietet oder der Beweisantritt mutwillig erscheint.

Die vollständige Aufhebung der Bewilligung von Prozesskostenhilfe regelt allein § 124 ZPO. Eine Entziehung von Prozesskostenhilfe aus anderen Gründen ist nicht gestattet. § 120 ZPO erlaubt lediglich die Abänderung der Bewilligung von Prozesskostenhilfe hinsichtlich der nach § 115 ZPO zu leistenden Zahlungen im Falle einer nachträglichen Verbesserung der Einkommens- oder Vermögensverhältnisse.

In § 124 Abs. 1 ZPO sind **fünf Aufhebungstatbestände** vorgesehen, bei deren Vorliegen regelmäßig („soll") die Entziehung der Prozesskostenhilfe angezeigt ist:
- Der Beteiligte hat durch unrichtige Darstellung des Sachverhältnisses die für die Bewilligung der Prozesskostenhilfe maßgebenden Voraussetzungen vorgetäuscht (Nr. 1).
- Die Partei hat absichtlich oder aus grober Nachlässigkeit unrichtige Angaben über die persönlichen oder wirtschaftlichen Verhältnisse gemacht oder eine Erklärung nach § 120a Abs. 1 S. 3 ZPO nicht oder ungenügend abgegeben (Nr. 2). Die Aufhebung setzt nicht voraus, dass die falschen Angaben des Antragstellers zu einer objektiv unrichtigen Bewilligung geführt haben, diese mithin auf den Falschangaben beruht.[150] Die Regelung ist im Bewilligungsverfahren nicht analog anzuwenden.[151] Im laufenden Bewilligungsverfahren steht bereits ein differenziertes Instrumentarium zur Verfügung, um den Antragsteller zur erforderlichen Mitwirkung anzuhalten (§ 118 Abs. 2 ZPO).[152] Die Versagung des Zugangs zum Rechtsschutz kann auch nicht im Wege der Analogie zu einer Vorschrift hergeleitet werden, die nicht das Ziel der Versagung des Rechtsschutzes verfolgt, sondern den Rechtsgrund für das Behaltendürfen einer bereits bewilligten Sozialleistung beseitigt.[153]
- Die persönlichen oder wirtschaftlichen Voraussetzungen haben nicht vorgelegen (Nr. 3). In diesem Fall ist die Aufhebung ausgeschlossen, wenn seit der rechtskräftigen Entscheidung oder sonstigen Beendigung des Verfahrens vier Jahre vergangen sind.
- Die Partei hat absichtlich oder aus grober Nachlässigkeit unrichtige Angaben zu einer wesentlichen Verbesserung der Einkommens- und Vermögensverhältnisse oder eine Erklärung nach § 120a Abs. 2 S. 1 ZPO nicht unverzüglich abgegeben (Nr. 4). Eine Aufhebung der Bewilligung der Prozesskostenhilfe gemäß § 124 Abs. 1 Nr. 4 ZPO i.V.m. § 120 Abs. 2 S. 1, 1. Alt. ZPO wegen unterlassener Mitteilung der Änderung der Anschrift kommt auch dann nicht in Betracht, wenn die Partei den Wohnortwechsel dem Gericht absichtlich oder aufgrund grober Nachlässigkeit nicht „unverzüglich" angezeigt hat.[154]
- Der Beteiligte ist länger als drei Monate mit der Zahlung einer Monatsrate oder mit der Zahlung eines sonstigen Betrages im Rückstand (Nr. 5).

Das Gesetz zur Änderung des Prozesskostenhilfe- und des Beratungshilferechts führt in § 124 Abs. 2 ZPO die Möglichkeit einer Teilaufhebung von Prozesskostenhilfe ein. Zur Begründung führt die Gesetzesbegründung[155] an:

> Im neuen Absatz 2 wird im Prozesskostenhilferecht die Möglichkeit einer Teilaufhebung der Bewilligung für bestimmte Beweiserhebungen eingeführt. Ist einer Partei Prozesskostenhilfe bewilligt worden, besteht nach bisherigem Recht keine Möglichkeit, die gemäß § 122 Absatz 1 Nummer 1 Buchstabe a eintretende Befreiung von der Vorschusspflicht (§§ 10 bis 18 des Gerichtskostengesetzes [GKG]) davon abhängig zu machen, dass ein einzelnes aufgebotenes Beweismittel hinreichend Erfolg versprechend und nicht mutwillig ist. Die Entscheidung des OLG Hamm vom 19.11.1991 (vgl. FamRZ 1992, 455), einem seine Vaterschaft anfechtenden, Prozesskostenhilfe beanspruchenden Kläger die Befreiung von der Vorschusspflicht für ein DNA-Gutachten zu versagen, weil ein eingeholtes Blutgruppengutachten seine Vaterschaft bereits mit einer Sicherheit von 99,93 Prozent bestätigt hat, ist jedenfalls vereinzelt geblieben. Eine verständige, selbstzahlende Partei, die vom Bundesverfassungsgericht zum Vergleichsmaßstab für die Ermittlung des verfassungsrechtlich gebotenen Umfangs der Prozesskostenhilfe herangezogen wird, wägt ihre Prozessaussichten jedoch nicht nur zu Beginn des Verfahrens ab, sondern überprüft sie auch während des laufenden Prozesses. Ergibt sich am Maßstab des § 114 Absatz 2 – neu – im Einzelfall, dass eine solche Partei

---

150 BGH BeckRS 2012, 23010.
151 BGH BeckRS 2015, 15695.
152 BGH BeckRS 2015, 15695.
153 BGH BeckRS 2015, 15695.
154 LAG Köln BeckRS 2015, 70908; a.A. LAG Kiel BeckRS 2015, 72561.
155 BT-Drucks 17/11472, S. 35.

von einem bestimmten Beweisantritt absehen würde, besteht kein Grund dafür, die Beweiserhebung der bedürftigen Partei auf Kosten des Steuerzahlers zu ermöglichen.

Der neue Absatz 2 ermöglicht eine Teilaufhebung nicht nur hinsichtlich mutwilliger Beweisantritte, sondern auch dann, wenn die beantragte Beweiserhebung keine hinreichende Aussicht auf Erfolg hat. Die bei der Beurteilung der Erfolgsaussichten notwendige Beweisantizipation ist zulässig (BVerfG, Beschl. v. 7.5.1997, NJW 1997, 2745). Eine Ablehnung der PKH-Bewilligung ist nach der verfassungsgerichtlichen Rechtsprechung dann zulässig, wenn konkrete und nachvollziehbare Anhaltspunkte dafür vorliegen, dass die Beweisaufnahme mit großer Wahrscheinlichkeit zum Nachteil des Antragstellers ausgehen würde. Ein entsprechend strenger Maßstab hat auch für die Teilaufhebung gemäß Absatz 2 wegen nicht hinreichender Erfolgsaussichten einer beantragten Beweiserhebung zu gelten.

Zur Vermeidung von Widersprüchen bei der Bewilligung von Prozesskostenhilfe und bei der Entscheidung über deren teilweise Aufhebung ist zum einen derselbe Maßstab anzuwenden; zum anderen können nur solche Umstände zur teilweisen Aufhebung der Prozesskostenhilfe führen, die im Zeitpunkt ihrer Bewilligung noch nicht berücksichtigt werden konnten. Die Entscheidung über die Teilaufhebung kann ebenso wie die vollständige Aufhebung gemäß Absatz 1 mit der sofortigen Beschwerde gemäß § 127 Absatz 2 Satz 2 angefochten werden.

102 Hat ein vor einer Bewilligung von Prozesskostenhilfe gestellter Beweisantrag keine Aussicht auf Erfolg oder ist dieser mutwillig, stellt sich die Frage, ob vergleichbar zu der in § 124 Abs. 2 ZPO geregelten Teilaufhebung auch die Teilbewilligung unter Ausnehmung bereits beantragter Beweiserhebungen zulässig ist. Dies ist zu verneinen. Denn § 119 Abs. 1 S. 1 ZPO sieht nur die Bewilligung von Prozesskostenhilfe für den gesamten Rechtszug vor. Eine Bewilligung von Prozesskostenhilfe unter gleichzeitiger Zurückweisung von Prozesskostenhilfe für einzelne Verfahrensabschnitte ist nicht gesetzlich geregelt.

103 Wird die Prozesskostenhilfebewilligung aufgehoben, bedeutet dies für den Antragsteller, dass alle in § 122 ZPO genannten Wirkungen rückwirkend entfallen, und zwar bezogen auf den Zeitpunkt der Bewilligung.[156] Der Antragsteller kann somit von der Staatskasse für alle Gerichtskosten und alle sonstigen bereits von der Staatskasse erstatteten Kosten in Anspruch genommen werden.[157] Die Beiordnung des Rechtsanwalts entfällt jedoch in aller Regel nicht rückwirkend. Sind also vor der Aufhebung bereits Gebührenansprüche des beigeordneten Rechtsanwalts gegen die Staatskasse entstanden, bleiben diese unberührt,[158] es sei denn, der Rechtsanwalt hat selbst an der Täuschung des Gerichts mitgewirkt.[159]

O. § 125 ZPO

104 § 125 ZPO [Einziehung der Kosten]

(1) ¹Die Gerichtskosten und die Gerichtsvollzieherkosten können von dem Gegner erst eingezogen werden, wenn er rechtskräftig in die Prozesskosten verurteilt ist.

(2) ¹Die Gerichtskosten, von deren Zahlung der Gegner einstweilen befreit ist, sind von ihm einzuziehen, soweit er rechtskräftig in die Prozesskosten verurteilt oder der Rechtsstreit ohne Urteil über die Kosten beendet ist.

(einstweilen ohne Kommentierung)

P. § 126 ZPO

105 § 126 ZPO [Beitreibung der Rechtsanwaltskosten]

(1) ¹Die für die Partei bestellten Rechtsanwälte sind berechtigt, ihre Gebühren und Auslagen von dem in die Prozesskosten verurteilten Gegner im eigenen Namen beizutreiben.

(2) ¹Eine Einrede aus der Person der Partei ist nicht zulässig. ²Der Gegner kann mit Kosten aufrechnen, die nach der in demselben Rechtsstreit über die Kosten erlassenen Entscheidung von der Partei zu erstatten sind.

---

156 OLG Karlsruhe FamRZ 1990, 1120.
157 OLG Karlsruhe FamRZ 1990, 1120.
158 OLG Köln JurBüro 2005, 544.
159 LAG Düsseldorf JurBüro 1990, 763.

§ 126 ZPO räumt dem für die Partei beigeordneten Rechtsanwalt ein Beitreibungsrecht im eigenen Namen gegen den Prozessgegner ein. Es geht also um den Kostenerstattungsanspruch des von ihm vertretenen Beteiligten gegen dessen Gegner. Das Beitreibungsrecht umfasst die volle gesetzliche Vergütung eines Wahlanwalts. Der Kostenerstattungsanspruch des Beteiligten und das Beitreibungsrecht des Rechtsanwalts bestehen grundsätzlich nebeneinander.[160]

Q. § 127 ZPO

§ 127 ZPO [Entscheidungen]

(1) ¹Entscheidungen im Verfahren über die Prozesskostenhilfe ergehen ohne mündliche Verhandlung. ²Zuständig ist das Gericht des ersten Rechtszuges; ist das Verfahren in einem höheren Rechtszug anhängig, so ist das Gericht dieses Rechtszuges zuständig. ³Soweit die Gründe der Entscheidung Angaben über die persönlichen und wirtschaftlichen Verhältnisse der Partei enthalten, dürfen sie dem Gegner nur mit Zustimmung der Partei zugänglich gemacht werden.

(2) ¹Die Bewilligung der Prozesskostenhilfe kann nur nach Maßgabe des Absatzes 3 angefochten werden. ²Im Übrigen findet die sofortige Beschwerde statt; dies gilt nicht, wenn der Streitwert der Hauptsache den in § 511 genannten Betrag nicht übersteigt, es sei denn, das Gericht hat ausschließlich die persönlichen oder wirtschaftlichen Voraussetzungen für die Prozesskostenhilfe verneint. ³Die Notfrist beträgt einen Monat.

(3) ¹Gegen die Bewilligung der Prozesskostenhilfe findet die sofortige Beschwerde der Staatskasse statt, wenn weder Monatsraten noch aus dem Vermögen zu zahlende Beträge festgesetzt worden sind. ²Die Beschwerde kann nur darauf gestützt werden, dass die Partei nach ihren persönlichen und wirtschaftlichen Verhältnissen Zahlungen zu leisten hat. ³Die Notfrist beträgt einen Monat und beginnt mit der Bekanntgabe des Beschlusses. ⁴Nach Ablauf von drei Monaten seit der Verkündung der Entscheidung ist die Beschwerde unstatthaft. ⁵Wird die Entscheidung nicht verkündet, so tritt an die Stelle der Verkündung der Zeitpunkt, in dem die unterschriebene Entscheidung der Geschäftsstelle übermittelt wird. ⁶Die Entscheidung wird der Staatskasse nicht von Amts wegen mitgeteilt.

(4) ¹Die Kosten des Beschwerdeverfahrens werden nicht erstattet.

Das Gericht hat über die Bewilligung durch Beschluss zu entscheiden.

Die Verfahrenskostenhilfebewilligung braucht deshalb nicht begründet zu werden. Die Ablehnung der Verfahrenskostenhilfe ist dagegen begründungspflichtig. Soweit die Entscheidung in den Gründen Angaben über die persönlichen und wirtschaftlichen Verhältnisse des Beteiligten enthält, darf sie dem gegnerischen Beteiligten nur mit Zustimmung des Antragstellers zugänglich gemacht werden (§ 127 Abs. 1 S. 2 ZPO). Eine zu § 117 Abs. 2 S. 2 ZPO vergleichbare Ausnahme enthält § 127 Abs. 1 S. 2 ZPO nicht.

Der Beschluss muss mit einer Rechtsbehelfsbelehrung versehen sein (vgl. § 232 ZPO[161]). Die Belehrung muss Angaben über das statthafte Rechtsmittel, über das Gericht, bei dem der Rechtsbehelf einzulegen ist, über den Sitz des Gerichts, über die einzuhaltende Form und Frist und über den Wert des Beschwerdegegenstands enthalten. Eine Belehrung ist nicht etwa mit Blick auf § 232 S. 2 ZPO entbehrlich.[162] Nach dieser Regelung gilt die Belehrungspflicht nicht in Verfahren, in denen sich die Parteien durch einen Rechtsanwalt vertreten lassen müssen. Im Prozesskostenhilfeprüfungsverfahren besteht jedoch kein solcher Anwaltszwang (vgl. Rdn 35). Zu belehren ist über die sofortige Beschwerde (§§ 127 Abs. 2–4, 567 ff. ZPO) bzw. über die Rechtsbeschwerde (§§ 574 ff. ZPO).

Wird in der mündlichen Verhandlung über Prozesskostenhilfe entschieden, ist der Beschluss zu verkünden. Wird Prozesskostenhilfe uneingeschränkt und ohne Ratenzahlungsanordnung bewilligt, ist der Beschluss formlos mitzuteilen. Anderenfalls ist der Beschluss dem Antragsteller zuzustellen. Ist der Gegner angehört worden, ist ihm der Beschluss formlos zu übersenden. Der Staatskasse ist der Beschluss nicht mitzuteilen (vgl. § 127 Abs. 3 S. 5 ZPO).

---

160 BGH NJW 1994, 3292; vgl. in diesem Zusammenhang auch: OLG Celle OLGReport 2008, 881.
161 Eingeführt durch das Gesetz zur Einführung einer Rechtsbehelfsbelehrung im Zivilprozess und zur Änderung anderer Vorschriften mit Inkrafttreten zum 1.1.2014.
162 *Fölsch*, NJW 2013, 970, 974.

112 Ein Beschluss, der im Prozesskostenhilfeverfahren ergeht, ist gemäß § 127 Abs. 2 bis 4 ZPO mit der sofortigen Beschwerde (§§ 567–572 ZPO) anfechtbar. Das bedeutet im Einzelnen:

– Die **Statthaftigkeit** der sofortigen Beschwerde folgt aus § 567 Abs. 1, § 127 Abs. 2, 3 ZPO. Für den Antragsteller ist die sofortige Beschwerde gegen jede ungünstige Prozesskostenhilfeentscheidung des Amts- oder Landgerichts in erster Instanz statthaft. Dem Antragsgegner steht kein eigenes Anfechtungsrecht zu, da er nicht beschwert ist.[163] Die Staatskasse hat ein Beschwerderecht nur dann, wenn bei der Bewilligung von Prozesskostenhilfe weder Monatsraten noch aus dem Vermögen zu zahlende Beträge festgesetzt wurden und sie die Beschwerde darauf stützt, dass die Partei nach ihren persönlichen und wirtschaftlichen Verhältnissen Zahlungen zu leisten hat (§ 127 Abs. 3 S. 1, 2 ZPO). Das Beschwerderecht der Staatskasse besteht auch gegen Entscheidungen nach § 120 Abs. 4 ZPO, durch die eine Änderung der zuvor ratenfrei bewilligten Prozesskostenhilfe durch Anordnung von Zahlungen abgelehnt wird.[164]

– Die Zulässigkeit der sofortigen Beschwerde folgt entsprechend § 127 Abs. 2 S. 2 ZPO dem Konvergenzgedanken, falls nicht das Gericht ausschließlich die persönlichen und wirtschaftlichen Voraussetzungen für die Prozesskostenhilfe verneint hat. Eine sofortige Beschwerde gegen Entscheidungen in Prozesskostenhilfeverfahren ist nicht zulässig, wenn gegen einen Beschluss in der Hauptsache die Beschwerde wegen Nichterreichens der Beschwerdesumme (im Sinne von § 511 Abs. 2 Nr. 1 ZPO) von über 600 EUR unzulässig wäre. Für das Verfahren über die Prozesskostenhilfe soll kein weitergehender Instanzenzug zur Verfügung stehen als in der Hauptsache, um die Gefahr widersprüchlicher Entscheidungen zu vermeiden.

– Für die Anfechtung der Prozesskostenhilfeentscheidung gilt nicht das weitere Erfordernis nach **§ 567 Abs. 2 ZPO**, dass der Wert des Gegenstandes der sofortigen Beschwerde 200 EUR übersteigen muss. Es muss also nicht um einen Nachteil von nicht bewilligten Gerichts- und Rechtsanwaltskosten gehen, der den Betrag von 200 EUR übersteigt. § 567 Abs. 2 ZPO bezieht den **Beschwerdewert** nur auf **Kostenentscheidungen**. Entscheidungen zur Prozesskostenhilfe sind aber keine Kostenentscheidungen in diesem Sinne.[165]

– Die **Frist** zur Einlegung der sofortigen Beschwerde in Prozesskostenhilfesachen beträgt einen Monat ab Bekanntgabe des Beschlusses. Die sofortige Beschwerde der Staatskasse, der die Entscheidung nicht von Amts wegen mitgeteilt wird (vgl. § 127 Abs. 3 S. 6 ZPO), ist binnen 3 Monaten seit Verkündung bzw. Übergabe des Beschlusses an die Geschäftsstelle statthaft (§ 127 Abs. 3 S. 4, 5 ZPO).

– Die sofortige Beschwerde ist bei dem Gericht, dessen Entscheidung angefochten wird, oder bei dem Beschwerdegericht einzulegen (**§ 569 Abs. 1 ZPO**). Zuständiges Beschwerdegericht ist das Landgericht (§ 72 GVG) oder das Oberlandesgericht (§ 119 GVG).

– **Form und Inhalt** der Beschwerdeschrift beziehungsweise der Erklärung der Beschwerde zu Protokoll der Geschäftsstelle ergeben sich aus §§ 569 Abs. 2, 3 ZPO. Die sofortige Beschwerde soll gem. § 571 Abs. 1 ZPO begründet werden. Eine fehlende Begründung macht die sofortige Beschwerde jedoch nicht unzulässig, da das Erfordernis der **Begründung** nicht zwingend vorgeschrieben ist.

– Der **Gang des Beschwerdeverfahrens** folgt § 572 ZPO. Das Gericht, dessen Entscheidung angefochten wird, entscheidet über eine Abhilfe. Hilft das Gericht nicht ab, hat es die Beschwerde unverzüglich dem Beschwerdegericht vorzulegen. Das Beschwerdegericht entscheidet dann über die sofortige Beschwerde durch Beschluss.

– Über die sofortige Beschwerde entscheidet am Beschwerdegericht der **originäre Einzelrichter**, der institutionell beim Landgericht (§ 122 GVG) und beim Oberlandesgericht (§ 75 GVG) vorgesehen ist.[166] Voraussetzung ist, dass die angefochtene Entscheidung von einem Einzelrichter oder einem Rechtspfleger erlassen wurde. Der Einzelrichter beim Beschwerdegericht überträgt das Verfahren auf das vollbesetzte Kollegium zur Entscheidung, wenn die Sache besondere Schwierigkeiten aufweist oder die Rechtssache grundsätzliche Bedeutung im weiteren Sinne hat.

– Eine aufschiebende Wirkung der sofortigen Beschwerde sowie einstweilige Anordnungen können entsprechend § 570 ZPO beschlossen werden.

– Den **Ausschluss der Kostenerstattung** im Beschwerdeverfahren regelt § 127 Abs. 4 ZPO.

---

163 BGH NJW 2002, 3554.
164 BGH NJW 2013, 2289.
165 Musielak/Voit/*Ball*, § 567 ZPO Rn 20.
166 So auch: *Schürmann*, FamRB 2009, 58 (60).

Beschwerdebefugt ist der beigeordnete Rechtsanwalt, soweit seine Beiordnung aufgehoben wird oder sein Antrag auf Aufhebung der Beiordnung zurückgewiesen wird. Seine Beschwerdebefugnis besteht auch, soweit er die Beiordnungsbeschluss mit Einschränkungen versehen ist (z.B zu den Bedingungen eines „ortsansässigen" oder eines im Bezirk des Prozessgerichts niedergelassenen Rechtsanwalts).[167] Er hat jedoch kein Beschwerderecht, wenn ein Wegfall einer laufenden Ratenzahlungsverpflichtung angeordnet wird (§ 120a ZPO)[168] oder wenn die Einstellung der Ratenzahlungen wegen Kosten angeordnet wird (§ 120 Abs. 3 Nr. 1 ZPO).[169] **113**

Gegen die Entscheidung über die sofortige Beschwerde ist die Rechtsbeschwerde statthaft (§ 574 Abs. 1 ZPO). Sie ist nur zulässig, wenn sie durch das Beschwerdegericht zugelassen wurde (§ 574 Abs. 1 ZPO). **114**

Das Prozesskostenhilfeprüfungsverfahren in der ersten Instanz ist **gerichtsgebührenfrei**. Die Tenorierung im Beschluss „Das Verfahren ist gerichtsgebührenfrei" ist in der Praxis zwar üblich, aber rechtlich nicht geboten.[170] Schuldner von gerichtlichen Auslagen ist der Antragsteller (§ 28 Abs. 3 S. 1 GKG). Wird Prozesskostenhilfe bewilligt, so erstreckt sich die Gerichtskostenbefreiung auch auf die Auslagen des Prozesskostenhilfeprüfungsverfahrens. Sie sind nunmehr Kosten des Verfahrens über die Hauptsache. Als Gerichtskosten trägt sie nach Abschluss des Verfahrens über die Hauptsache derjenige, zu dessen Lasten die Kostengrundentscheidung nach den §§ 91 ff. ZPO ergangen ist (vgl. für die Kosten der Vernehmung ausdrücklich: § 118 Abs. 4 S. 3 ZPO). **115**

Zur Vergütung für die Vertretung im Prozesskostenhilfeprüfungsverfahren erster Instanz vergleiche die Kommentierung in § 12 (siehe § 12 Rdn 12 ff.). **116**

Wird Prozesskostenhilfe bewilligt und ist der Anwalt weiterhin tätig, gehen die bereits entstandenen Gebühren in den entsprechenden Gebühren des Hauptsacheverfahrens auf, da das Verfahrenskostenhilfeprüfungsverfahren und das nachfolgende Hauptsacheverfahren **eine Angelegenheit** darstellen (§ 16 Nr. 2). Zu den umstrittenen Berechnungen, wenn der Partei nur teilweise Prozesskostenhilfe bewilligt ist, vgl. die Darstellung bei VV 3335 Rdn 21 ff. **117**

Soweit dem Mandanten **Prozesskostenhilfe bewilligt** worden ist, erhält der Anwalt seine **gesetzliche Vergütung aus der Landeskasse** nach Maßgabe insbesondere der §§ 45–50. Genau wie der Wahlanwalt erhält der im Rahmen der Prozesskostenhilfe beigeordnete Anwalt seine Vergütung wertbezogen bis zu dem Gegenstandswert von 4.000 EUR nach der Tabelle zu § 13 (§ 49). Erst bei einem Gegenstandswert von über 4.000 EUR steht der im Wege der Prozesskostenhilfe beigeordnete Anwalt schlechter. Die Tabelle des § 49 sieht im Vergleich geringere Gebührenbeträge vor. Bei einem Gegenstandswert über 40.000 EUR erhält der im Wege der Prozesskostenhilfe beigeordnete Anwalt in Bezug auf die jeweils verdiente Gebühr eine Festgebühr in Höhe von 447 EUR, die mit dem jeweiligen Satz der verdienten Gebühr zu multiplizieren ist. Auslagen werden gemäß § 46 Abs. 1 nicht vergütet, wenn sie zur sachgemäßen Durchführung der Angelegenheit nicht erforderlich waren. **118**

Zur Anrechnung einer außergerichtlich verdienten Geschäftsgebühr (VV 2300) auf die Prozesskostenhilfevergütung vgl. unten (siehe § 58 Rdn 13 ff.). **119**

Die von der Staatskasse an den Rechtsanwalt zu zahlende Vergütung wird im **Vergütungsfestsetzungsverfahren** gemäß § 55 festgesetzt. Die Vergütungsfestsetzungsentscheidung ist mit Erinnerung nach § 56 anfechtbar, ohne dass es der Einhaltung einer Zulässigkeitsfrist oder des Erreichens einer Mindestbeschwer bedarf. Gegen die Erinnerungsentscheidung ist die Beschwerde nach § 56 statthaft, wenn der Wert des Beschwerdegegenstandes 200 EUR übersteigt oder wenn die Beschwerde zugelassen wurde. Die Beschwerde ist nur binnen einer Frist von zwei Wochen zulässig. **120**

Soweit dem Mandanten **keine Prozesskostenhilfe** bewilligt worden ist, erhält der Anwalt die Vergütung für die Vertretung in der Hauptsache von dem **Mandanten** selbst. Ist für einen Streitgegenstand teilweise keine Verfahrenskostenhilfe bewilligt worden, so gilt für diesen Teil des Streitgegenstandes die Forderungssperre des § 122 Abs. 1 Nr. 3 ZPO (Ansprüche im Verhältnis des Rechtsanwalts zum Mandanten) nicht.[171] Gleiches kann gelten, wenn der Beschluss des Gerichts über die Bewilligung von Prozesskostenhilfe und über die Beiordnung besondere Begrenzungen zum Umfang enthält. **121**

---

167 BAG NJW 2005, 3083; str.
168 So auch OLG Celle AGS 2014, 481.
169 AA OLG Celle NJW-RR 2013, 1082.
170 Musielak/*Fischer*, § 118 ZPO Rn 16.
171 Zöller/*Geimer*, § 121 ZPO Rn 45 f.

Sind zum Beispiel Reisekosten von der Beiordnung ausdrücklich ausgenommen, so kann der Anwalt den Mandanten wegen dieser Kosten in Anspruch nehmen.[172]

122 § 118 Abs. 1 S. 4 ZPO schließt eine Kostenerstattung im Prozesskostenhilfeprüfungsverfahren aus. Entsprechendes gilt nach § 127 Abs. 4 ZPO im Verfahren über die sofortige Beschwerde gegen eine Prozesskostenhilfeentscheidung.

Kommt es zu einem Hauptsacheverfahren, so ist umstritten, ob die Vorschriften im Fall der den Antragsteller **belastenden** Kostengrundentscheidung (§§ 91 ff. ZPO) die Erstattung der Kosten des Prozesskostenhilfeprüfungsverfahrens ausschließt.[173] Des Weiteren ist streitig, ob der Antragsteller, dem Prozesskostenhilfe bewilligt worden ist, bei einer für ihn **günstigen** Kostengrundentscheidung in der Hauptsache Kosten des Prozesskostenhilfeprüfungsverfahrens erstattet verlangen kann.[174] Lediglich hinsichtlich der Kosten der Vernehmung ist in § 118 Abs. 1 S. 5 ZPO geregelt, dass sie als Gerichtskosten von derjenigen Partei zu tragen sind, der die Kosten des Rechtsstreits auferlegt sind. Materiell-rechtliche Kostenerstattungsansprüche sind durch §§ 118 Abs. 1 S. 4, 127 Abs. 4 ZPO nicht ausgeschlossen.[175]

§ 12a Abhilfe bei Verletzung des Anspruchs auf rechtliches Gehör

(1) Auf die Rüge eines durch die Entscheidung nach diesem Gesetz beschwerten Beteiligten ist das Verfahren fortzuführen, wenn
1. ein Rechtsmittel oder ein anderer Rechtsbehelf gegen die Entscheidung nicht gegeben ist und
2. das Gericht den Anspruch dieses Beteiligten auf rechtliches Gehör in entscheidungserheblicher Weise verletzt hat.

(2) ¹Die Rüge ist innerhalb von zwei Wochen nach Kenntnis von der Verletzung des rechtlichen Gehörs zu erheben; der Zeitpunkt der Kenntniserlangung ist glaubhaft zu machen. ²Nach Ablauf eines Jahres seit Bekanntmachung der angegriffenen Entscheidung kann die Rüge nicht mehr erhoben werden. ³Formlos mitgeteilte Entscheidungen gelten mit dem dritten Tage nach Aufgabe zur Post als bekannt gemacht. ⁴Die Rüge ist bei dem Gericht zu erheben, dessen Entscheidung angegriffen wird; § 33 Abs. 7 Satz 1 und 2 gilt entsprechend. ⁵Die Rüge muss die angegriffene Entscheidung bezeichnen und das Vorliegen der in Absatz 1 Nr. 2 genannten Voraussetzungen darlegen.

(3) Den übrigen Beteiligten ist, soweit erforderlich, Gelegenheit zur Stellungnahme zu geben.

(4) ¹Das Gericht hat von Amts wegen zu prüfen, ob die Rüge an sich statthaft und ob sie in der gesetzlichen Form und Frist erhoben ist. ²Mangelt es an einem dieser Erfordernisse, so ist die Rüge als unzulässig zu verwerfen. ³Ist die Rüge unbegründet, weist das Gericht sie zurück. ⁴Die Entscheidung ergeht durch unanfechtbaren Beschluss. ⁵Der Beschluss soll kurz begründet werden.

(5) Ist die Rüge begründet, so hilft ihr das Gericht ab, indem es das Verfahren fortführt, soweit dies aufgrund der Rüge geboten ist.

(6) Kosten werden nicht erstattet.

---

172 OLG Brandenburg Rpfleger 2000, 279; OLG Nürnberg FamRZ 2001, 1157; Enders, Vorschuss von PKH-Mandanten, JurBüro 2003, 225, 228; a.A.: Musielak/Voit/*Fischer*, § 122 ZPO Rn 8; Zöller/*Geimer*, § 122 ZPO Rn 11.

173 Vgl. Zöller/*Geimer*, § 118 ZPO Rn 27; OLG Düsseldorf MDR 1987, 941; OLG München MDR 1989, 267.

174 Vgl. Zöller/*Geimer*, § 118 ZPO Rn 27; OLG Düsseldorf MDR 1987, 941; OLG München MDR 1989, 267.

175 Zöller/*Geimer*, § 118 ZPO Rn 26.

A. Allgemeines 1	2. Fortsetzung des Verfahrens auf die Anhörungsrüge 45
B. Regelungsgehalt 4	C. Kosten des Verfahrens über die Anhörungsrüge 48
I. Statthaftigkeit und Zulässigkeit 4	
1. Unanfechtbarkeit der Entscheidung (Nr. 1) 5	D. Praxisempfehlungen: Die Anhörungsrüge als „Notbremse" 50
2. Beschwer 10	E. Weitere außerordentliche Rechtsbehelfe 53
3. Form und Adressat 11	I. Außerordentliche Beschwerde 54
4. Frist 12	II. Gegenvorstellung 56
5. Begründungspflicht 17	III. Rechtsschutz bei überlanger Verfahrensdauer 60
II. Begründetheit 24	
III. Gang des Rügeverfahrens (Abs. 3, 4) 32	
IV. Entscheidung 38	
1. Verwerfung oder Zurückweisung der Anhörungsrüge 38	

A. Allgemeines

Seit dem 1.1.2005 gilt das **Anhörungsrügengesetz**. Wesentlicher Bestandteil des Gesetzes ist die Erweiterung des Anwendungsbereichs der Anhörungsrüge (bisher: „Gehörsrüge") nach § 321a ZPO innerhalb des Zivilverfahrens und die Einführung der Anhörungsrüge als außerordentlichem Rechtsbehelf in anderen Verfahrensordnungen. So wurde auch mit § 12a eine entsprechende Vorschrift für die die Rechtsanwaltsvergütung betreffenden RVG-Verfahren eingeführt. Hintergrund des Anhörungsrügengesetzes ist eine Entscheidung des BVerfG[1] vom 30.4.2003, wonach es gegen das Rechtsstaatsprinzip in Verbindung mit Art. 103 Abs. 1 GG verstoße, wenn eine Verfahrensordnung keine fachgerichtliche Abhilfemöglichkeit für den Fall vorsieht, dass ein Gericht in entscheidungserheblicher Weise den Anspruch auf rechtliches Gehör verletzt. Der allgemeine Justizgewährungsanspruch fordere eine zumindest einmalige gerichtliche Kontrolle für die Einhaltung des Anspruchs auf rechtliches Gehör.[2]   **1**

Die Anhörungsrüge ist ein eigenständiger, wiedereinsetzungs- und wiederaufnahmeähnlich ausgestalteter Rechtsbehelf zur Geltendmachung von Gehörsverletzungen gegenüber dem Ausgangsgericht.[3] Als außerordentlicher Rechtsbehelf ist die Anhörungsrüge typisiert mit dem Ziel einer weitest gehenden Vereinheitlichung.[4] Das ermöglicht dem Rechtsanwender, bei Zweifelsfällen hilfsweise auf die Praxis in anderen Verfahrensordnungen zugreifen zu können. Insbesondere zu § 321a ZPO bestehen eine umfangreiche Literatur, Rechtsprechung und Kommentierung.[5]   **2**

Der Gesetzgeber hat nur die spezielle Fallgestaltung der entscheidungserheblichen Verletzung rechtlichen Gehörs als regelungsbedürftig angesehen.[6] Damit ist der Problembereich aber nur teilweise kodifiziert. Offen und umstritten bleibt, wie zu verfahren ist, wenn unanfechtbare Entscheidungen gegen andere Verfahrensgrundrechte verstoßen, willkürlich oder sonst wie gravierend falsch sind, ohne dass mit diesen Verstößen gleichzeitig eine Gehörsverletzung verbunden ist (siehe Rdn 53 ff.).   **3**

B. Regelungsgehalt

I. Statthaftigkeit und Zulässigkeit

§ 12a Abs. 1 Nr. 1 bestimmt die Statthaftigkeit der Anhörungsrüge. § 12a Abs. 2 regelt Form, Inhalt, Frist und Adressat der Anhörungsrüge.   **4**

---

1 BVerfG NJW 2003, 1924.
2 BVerfG NJW 2003, 1924, 1926 f.
3 BT-Drucks 15/3706, S. 13 f.
4 Im Bereich der Kostengesetze vgl. auch § 69a GKG, § 61 FamGKG, § 84 GNotKG, § 4a JVEG.

5 Eingehend und übersichtlich insbes. Zöller/*Vollkommer*, ZPO, § 321a Rn 1 ff.
6 BT-Drucks 15/3706, S. 14.

1. Unanfechtbarkeit der Entscheidung (Nr. 1)

5 Der Anwendungsbereich der Anhörungsrüge erfasst Beschlüsse in jeder Instanz.[7] Die Vorschrift eröffnet damit den Gerichten im Falle der gerügten entscheidungserheblichen Verletzung des Anspruchs auf rechtliches Gehör (Art. 103 Abs. 1 GG) die Möglichkeit der Selbstkorrektur bei **unanfechtbaren Beschlüssen**.[8]

6 In § 12a ist allerdings keine ausdrückliche, dem § 321a Abs. 1 S. 2 ZPO vergleichbare Regelung enthalten. § 321a Abs. 1 S. 2 ZPO regelt, dass die Anhörungsrüge gegen eine der Endentscheidung vorausgehende Entscheidung nicht stattfindet.

Soweit die entsprechende Anwendung einer solchen Regelung für die Anhörungsrüge nach § 12a erwogen wird, muss gleichzeitig die verfassungskonforme Auslegung dieser Regelung beachtet werden. Denn die Unstatthaftigkeit der Anhörungsrüge ist dann auf solche Zwischenentscheidungen zu begrenzen, die im Hinblick auf mögliche Gehörsverletzungen im weiteren fachgerichtlichen Verfahren noch überprüft und korrigiert werden können, ohne dass es zur Erlangung des verfassungsrechtlich gebotenen fachgerichtlichen Rechtsschutzes der Erhebung einer Anhörungsrüge bedürfte.[9] Im Bereich des § 321a Abs. 1 ZPO ist deshalb z.B. auch eine unanfechtbare Richterablehnungsentscheidung[10] oder die unanfechtbare Gewährung der Wiedereinsetzung mit der Anhörungsrüge angreifbar.[11]

7 Als **subsidiärer Rechtsbehelf** kommt die Anhörungsrüge nur dann zum Zuge, wenn der Anhörungsverstoß nicht im Rahmen anderer zur Überprüfung der Entscheidung gegebener Rechtsbehelfe oder Rechtsmittel behoben werden kann. Bei der Verletzung ist also zunächst das zulässige Rechtsmittel bzw. der zulässige Rechtsbehelf einzulegen. Gemeint ist mit der Formulierung „nicht gegeben ist", dass ein Rechtsmittel nicht statthaft oder ein statthaftes Rechtsmittel wegen des Nichterreichens der Rechtsmittelsumme nicht zulässig sein darf. Auch anderweitig nicht (mehr) zu erreichende Voraussetzungen für die Zulässigkeit eines Rechtsmittels oder Rechtsbehelfs können die Statthaftigkeit der Anhörungsrüge begründen.[12] Bei der Gegenvorstellung und der außerordentlichen Beschwerde handelt es sich nicht um gegenüber der Anhörungsrüge vorrangige Rechtsbehelfe. Auch stellt die Möglichkeit der Verfassungsbeschwerde keinen Rechtsbehelf im Sinne des Abs. 1 Nr. 1 dar, weil die Anhörungsrüge gerade dazu dienen soll, die Verfassungsgerichte zu entlasten, und weil die Verfassungsbeschwerde ihrerseits die Erschöpfung sämtlicher Anfechtungsmöglichkeiten voraussetzt, also nur subsidiär statthaft ist.

8 Gegenstand der Anhörungsrüge nach dem RVG können insbesondere sein:
– abschließende Beschlüsse des erstinstanzlichen Gerichts, soweit eine Beschwerde z.B. mangels Überschreitens des Wertes des Beschwerdegegenstands nicht gegeben ist,
– abschließende Beschlüsse des erstinstanzlichen Richters über eine Erinnerung gegen die Entscheidung des Rechtspflegers oder des Urkundsbeamten der Geschäftsstelle, soweit eine Beschwerde z.B. mangels Überschreitens des Wertes des Beschwerdegegenstands nicht gegeben ist,
– das Beschwerdeverfahren abschließende Beschlüsse des Beschwerdegerichts, soweit eine weitere Beschwerde nicht zugelassen ist,
– das Verfahren der weiteren Beschwerde abschließende Beschlüsse des Gerichts der weiteren Beschwerde (OLG; vgl. § 33 Abs. 6),
– Entscheidungen über die Bewilligung einer Besonderen Gebühr nach § 41a,
– Entscheidungen über die Festsetzung einer Pauschgebühr (§§ 42, 51).

9 Keine Anwendung findet § 12a auf Entscheidungen im Vergütungsfestsetzungsverfahren (§ 11), weil insoweit die Verfahrensordnungen der Gerichtsbarkeiten gelten (§ 11 Abs. 2 S. 3, Abs. 3 S. 2). Die Anhörungsrüge richtet sich dann nach den Verfahrensordnungen der Gerichtsbarkeiten (z.B. § 321a ZPO).

Soweit es um ein Verfahren nach dem RVG geht und der Rechtspfleger oder der Urkundsbeamte der Geschäftsstelle entschieden hat, ist die Vorschrift ebenfalls unanwendbar. Denn gegen diese

---

[7] BT-Drucks 15/3706, S. 15.
[8] BT-Drucks 15/3706, S. 15.
[9] BVerfG NZA 2008, 1201; BVerfG NJW 2009, 833.
[10] BVerfG NZA 2008, 1201; BVerfG NJW 2009, 833.
[11] Vgl. BGH NJW-RR 2009, 642.
[12] Vgl. z.B.: Zöller/*Vollkommer*, ZPO, § 321a Rn 5: Als Folge des unterschiedlichen Anknüpfungspunktes des Fristbeginns ist die Rüge auch nach Ablauf der Rechtsmittelfrist zulässig, wenn die Notfrist des § 321a Abs. 2 S. 1 ZPO gewahrt ist.

Entscheidungen ist stets die Erinnerung gegeben, deren Bearbeitung die Abhilfeprüfung und damit die Fortsetzung des Verfahrens unter Beachtung des Anspruchs auf rechtliches Gehör umfasst.

2. Beschwer

Die Anhörungsrüge ist nur zulässig, wenn der Verfahrensbeteiligte durch die Entscheidung beschwert ist. Dies kommt in § 12a Abs. 1 S. 1 mit den Worten „durch die Entscheidung beschwerten Beteiligten" zum Ausdruck. Bei der Beschwer handelt es sich um den rechtlichen Nachteil, der sich aus dem Umfang ergibt, in dem das Rechtsschutzbegehren eines Verfahrensbeteiligten hinter der gerichtlichen Entscheidung zurückbleibt.[13]

3. Form und Adressat

Die Rüge ist **bei dem Gericht zu erheben, dessen Entscheidung angegriffen** wird (§ 12a Abs. 2 S. 4). Die Erklärung ist **schriftlich oder zu Protokoll** der Geschäftsstelle abzugeben; § 129a ZPO gilt entsprechend (§ 12a Abs. 2 S. 4 i.V.m. § 33 Abs. 7 S. 1, 2). Ein Anwaltszwang besteht nicht (vgl. § 12a Abs. 2 S. 4 i.V.m. § 33 Abs. 7 S. 1, 2).[14] § 33 Abs. 7 S. 1 hat in diesem Sinne eine Klarstellung („… ohne Mitwirkung eines Bevollmächtigten …") durch das „FamFG-Berichtigungsgesetz" vom 30.9.2009 erfahren.

4. Frist

Die Rüge muss binnen einer Frist von **zwei Wochen** ab Kenntnis von der Verletzung des rechtlichen Gehörs erhoben werden; der Zeitpunkt der Kenntniserlangung ist glaubhaft zu machen (§ 12a Abs. 2 S. 1). Zur Kenntnis gehört auch das Kennenmüssen.[15] Auf die Zustellung einer Entscheidung kommt es nicht an. Der Zugang einer Entscheidung ist nicht aus sich heraus mit der Kenntnis bzw. dem Kennenmüssen von einer Gehörsverletzung gleichzusetzen, mögen gleichwohl die Zeitpunkte auch oftmals zusammenfallen können. Denn die erstmalige Kenntnis von der Gehörsverletzung wird sich in aller Regel aus den Entscheidungsgründen ergeben.[16]

Nach Ablauf eines Jahres seit Bekanntgabe der angegriffenen Entscheidung kann die Rüge nicht mehr erhoben werden (§ 12a Abs. 2 S. 2; Ausschlussfrist). Formlos mitgeteilte Entscheidungen gelten mit dem dritten Tage nach Aufgabe zur Post als bekannt gegeben (§ 12a Abs. 2 S. 3). Die Bekanntgabefiktion ist nicht widerlegbar.[17] Indes definiert das RVG eine Aufgabe zur Post nicht. Zudem ist die formlose Übersendung nicht mit einer Aufgabe zur Post gleichzusetzen.

Die Bekanntgabefiktion des § 12a Abs. 2 S. 3 gilt nicht auch für die Zwei-Wochen-Frist des § 12a Abs. 2 S. 1. Die Zwei-Wochen-Frist beginnt allein mit der subjektiven Kenntnis.[18] Ein gegenteiliges Verständnis verstößt nach Ansicht des BVerfG gegen das Recht auf effektiven Rechtsschutz in Verbindung mit dem Rechtsstaatsprinzip und dem Anspruch auf Gewährung rechtlichen Gehörs.[19]

Ist die zugegangene Entscheidung nicht mit Gründen versehen oder bieten diese keine greifbaren Anhaltspunkte für eine Gehörsverletzung, kommt es für den Fristbeginn zunächst darauf an, wann der Betroffene die Umstände, auf die er seine Gehörsrüge stützt, erstmalig in Erfahrung gebracht hat oder in zumutbarer Weise hätte in Erfahrung bringen können. Auch das ist glaubhaft zu machen (vgl. Abs. 2 S. 1). Sowohl wegen denkbarer Informationshindernisse als auch zur Durchführung eigener Nachforschungen des Betroffenen wird diesem mit Abs. 2 S. 2 die Möglichkeit eingeräumt, derartige Umstände bis zum Ablauf eines Jahres seit Bekanntmachung der Entscheidung zu ermitteln. Erlangt er seine Kenntnis erst innerhalb der letzten 14 Tage des laufenden Jahres, verkürzt sich

---

13 Musielak/Voit/*Ball*, Vorbem. zu §§ 511 ff. ZPO Rn 20.
14 Vgl. BT-Drucks 16/11385, S. 56.
15 *Treber*, NJW 2005, 97, 99; *Bepler*, RdA 2005, 65, 66; krit. die Stellungnahme des Bundesrats in: BT-Drucks 15/3966, S. 6, unter Hinweis darauf, dass neuere Vorschriften wie z.B. § 199 BGB zwischen Kenntnis und Kennenmüssen ausdrücklich differenzieren; a.A.: BAG NJW 2006, 2346; *Rensen*, MDR 2005, 181, 183; *Guckelberger*, NVwZ 2005, 11, 14.
16 Vgl. BGH FamRZ 2006, 1029.
17 Vgl. *Treber*, NJW 2005, 97, 99; *Piekenbrock*, AnwBl. 2005, 125, 126; *Rensen*, MDR 2005, 181, 184.
18 BVerfG NJW 2007, 2242.
19 BVerfG NJW 2007, 2242.

allerdings seine Rügefrist entsprechend, weil eine Rüge nach Ablauf der absoluten Jahresfrist in jedem Fall unzulässig ist.

16 Für den Beginn der Rügefrist ist nicht die Kenntnis oder das Kennenmüssen eines Sachverhalts entscheidend, sondern (auch) die rechtliche Schlussfolgerung des Betroffenen, dass sich aus den bekannt gewordenen Umständen eine Verletzung des Anspruchs auf rechtliches Gehör ergebe.

5. Begründungspflicht

17 Aus der Anhörungsrügeschrift muss hervorgehen, welche Entscheidung mit der Rüge angegriffen wird und aus welchen Umständen sich die entscheidungserhebliche Verletzung des Anspruchs auf rechtliches Gehör ergibt (§ 12a Abs. 2 S. 5). Die Anhörungsrüge muss Ausführungen enthalten, aus welchen Umständen sich die entscheidungserhebliche Verletzung des Anspruchs auf rechtliches Gehör durch das Gericht ergeben soll.[20]

Die Anhörungsrügeschrift muss auch den Zeitpunkt der Kenntniserlangung von der Gehörsverletzung darlegen (vgl. § 12a Abs. 2 S. 1; siehe auch Rdn 12).

18 Den die Anhörungsrüge erhebenden Verfahrensbeteiligten trifft mit dieser Vorschrift zugleich eine Darlegungslast, nicht aber eine Glaubhaftmachungs- oder Beweislast.[21] Dem Gericht obliegt dementsprechend eine ergänzende Aufklärungs- und Amtsermittlungspflicht.[22]

19 Zur Erfüllung der Begründungspflicht hinsichtlich einer entscheidungserheblichen Gehörsverletzung im Sinne von § 12a Abs. 1 Nr. 2 hat der die Anhörungsrüge erhebende Verfahrensbeteiligte gemäß Abs. 2 S. 5 vorzutragen und ggf. glaubhaft zu machen, wobei er zusätzlich noch im Zweifel den Zeitpunkt glaubhaft machen muss, wann er erstmalig zu dieser Betrachtung Veranlassung gesehen hat (Abs. 2 S. 1). Mit Erhebung der Rüge ist auszuführen,
- was das Gericht zur Sicherstellung des Anspruchs auf rechtliches Gehör hätte beachten müssen, jedoch zu Lasten der Rügenden unbeachtet gelassen hat (Gehörsverletzung),
- inwieweit die Entscheidung für den Rügenden günstiger hätte ausfallen können, falls das Gericht seinen Anspruch auf rechtliches Gehör beachtet hätte (Entscheidungserheblichkeit),
- wann er die Erkenntnis gewonnen hat, dass gegen seinen Anspruch auf rechtliches Gehör verstoßen worden ist, falls die Rüge mehr als 14 Tage nach dem vermuteten Zugang der angegriffenen Entscheidung erhoben wird (Glaubhaftmachung erforderlich).

20 Bei einer Entscheidung, die sich auf Gesichtspunkte stützt, welche im Verfahren nicht (zureichend) zur Sprache gekommen sind (vgl. Rdn 26 f.), hat der Betroffene neben dem (vermeintlichen) Verstoß gegen die Hinweispflicht mit dieser Rüge zugleich vorzutragen, was er schon im Verfahren ergänzend zur Sache ausgeführt haben würde, wenn das Gericht der Hinweispflicht nachgekommen wäre. Insoweit erhält er die Gelegenheit, bislang in das Verfahren noch nicht eingeführte Vorbringen nachzuholen.

Nach Ablauf der Rügefrist darf neues Vorbringen keine Berücksichtigung mehr finden. Zulässig ist dann lediglich eine Konkretisierung des Vortrags, der bereits zum Gegenstand der Anhörungsrüge gemacht worden war.

21 Bei einer Entscheidung, die vorgetragene Gesichtspunkte gar nicht oder unverständlich gewichtet, muss der Betroffene entweder darlegen, dass kein tragender Grund vorgelegen hat, ihn mit seinem Vorbringen auszuschließen (fehlerhafte Präklusion),[23] oder aber aufzeigen, dass die Entscheidungsfindung unter Missachtung allgemeiner Erkenntnisgrundsätze abgelaufen ist. Eine Gehörsverletzung wegen nicht erschöpfender Würdigung des Streitstoffes (Subsumtionsfehler) ist gelegentlich schwer abzugrenzen von einer zureichenden Würdigung auf der Grundlage einer zweifelhaften Rechtsauffassung (vgl. Rdn 26 f.) zum Regelungsgehalt der angewandten Norm (Rechtsanwendungsfehler).[24] In diesen Fällen hat der Betroffene auch vorzutragen, welches Rechtsverständnis des Gerichts, das als (noch) vertretbar angesehen werden könne, er seiner Anhörungsrüge zugrunde lege und dass hiernach sein Vorbringen nicht hinreichend in den Entscheidungsprozess Eingang gefunden habe.[25]

---

20 BGH NJW 2009, 1609.
21 Zöller/Vollkommer, ZPO, § 321a Rn 17.
22 Zöller/Vollkommer, ZPO, § 321a Rn 17.
23 BVerfG NJW 2000, 945; BGH MDR 2005, 1365.
24 Vgl. etwa BAG NJW 2007, 1773 (einseitige Deutung von Verhaltensweisen zu entscheidungserheblichen Tatsachenfragen als Gehörsverletzung).
25 BAG NJW 2006, 2346; BGH 2006, 3786.

Die Gehörsverletzung muss zum Nachteil des Betroffenen auch in der Entscheidungsformel ihren Niederschlag gefunden haben. Ansonsten fehlt es an einem „beschwerten Beteiligten" (Abs. 1 S. 1). Allein eine nachteilige Darstellung des eigenen Vortrages in den Entscheidungsgründen reicht dafür nicht aus. Der erforderliche Kausalzusammenhang zwischen Gehörsverletzung und Entscheidungsformel lässt sich praxisnah in der Weise aufzeigen, dass der Betroffene gedanklich die Rolle des Gerichts einnimmt und selbst die Entscheidung herausarbeitet, zu der seiner Meinung nach das Gericht nach dessen vertretbarer oder – bei fehlender Erkennbarkeit der gerichtlichen Rechtsauffassung (siehe Rdn 26 f.) – unter Zugrundelegung einer vertretbaren Rechtsauffassung ohne die Gehörsverletzung gelangt wäre (vgl. Rdn 29). Wird dazu nicht vorgetragen, ist die Rüge als unzulässig zu verwerfen[26] (siehe auch Rdn 38). Die Gegenüberstellung dieser hypothetischen Betrachtung mit der angegriffenen Entscheidung muss im Ergebnis zu einer Besserstellung des Betroffenen führen.[27] 22

Ob die Konstruktion eines mutmaßlichen Verlaufs des Verfahrens unter Beachtung des Anspruchs auf rechtliches Gehör in sich schlüssig ist und einer Überprüfung durch das Gericht standhält, ist keine Frage der Begründungspflicht, sondern eine solche der Begründetheit des Angriffs. Ebenso wie in Klage- oder Rechtsmittelverfahren erweist sich auch hier ein unschlüssiges Vorbringen für eine zulässige Antragsbegründung als ausreichend, es sei denn, selbige erscheint sachfremd und derart unverständlich, dass von einer nachvollziehbaren Argumentation im Sinne des Begehrens nicht gesprochen werden kann. 23

II. Begründetheit

Die Anhörungsrüge ist nach § 12a Abs. 1 Nr. 2 begründet, wenn das Gericht den Anspruch des die Anhörungsrüge erhebenden Verfahrensbeteiligten auf rechtliches Gehör in entscheidungserheblicher Weise verletzt hat. 24

Mit der Anhörungsrüge nach § 12a Abs. 1 Nr. 2 kann nur **die Verletzung rechtlichen Gehörs** gerügt werden. Der Anspruch auf rechtliches Gehör entspringt als „prozessuales Urrecht des Menschen"[28] dem Verfassungsrecht (Art. 103 Abs. 1 GG), hat aber einfachgesetzlich eine weitergehende Ausgestaltung im Verfahrensrecht gefunden, indem er das Recht auf Teilhabe am Entscheidungsprozess einschließt.[29] 25

Der Anspruch auf rechtliches Gehör gibt den Beteiligten ein Recht zur Äußerung über Tatsachen, Beweisergebnisse und die Rechtslage.[30] Das Gebot rechtlichen Gehörs verpflichtet ein Gericht darüber hinaus, die Ausführungen der Prozessbeteiligten zur Kenntnis zu nehmen und in Erwägung zu ziehen.[31] Art. 103 Abs. 1 GG ist erst verletzt, wenn sich im Einzelfall klar ergibt, dass das Gericht dieser Pflicht nicht nachgekommen ist.[32] Die Gerichte sind dabei nicht verpflichtet, sich mit jedem Vorbringen in den Entscheidungsgründen ausdrücklich zu befassen.[33] 26

Vollkommer[34] schlägt die Bildung folgender Fallgruppen für typische Verstöße gegen den Anspruch auf Verletzung rechtlichen Gehörs vor:
- Pannenfälle (unbeabsichtigter Verstoß gegen den Anspruch auf rechtliches Gehör)
- Präklusionsfälle (Ausschluss des Äußerungsrechts aus Gründen, die im Prozessrecht keine Stütze finden)
- Hinweisfälle (insbesondere: Entscheidung ohne Vorankündigung/Hinweis oder bei Erteilung unklarer, sachlich unrichtiger und rechtlich verfehlter Hinweise)
- Nichtberücksichtigungsfälle (insbesondere: evidente Verfehlung des Sachverhalts, willkürliche Verfahrensgestaltung, Übergehen wesentlichen Parteivorbringens).

Stützt das Gericht seine Entscheidung auf Gesichtspunkte, die nicht Gegenstand des Verfahrens gewesen sind, oder lässt es Gesichtspunkte unbeachtet, die Gegenstand des Verfahrens gewesen sind, liegt jeweils eine Gehörsverletzung vor. Geht das Gericht in seinen Entscheidungsgründen auf den wesentlichen Kern des Vortrags einer Partei zu einer Frage nicht ein, die für das Verfahren von 27

---

26 BGH NJW 2008, 378.
27 Vgl. BGH NJW 2006, 3786.
28 BVerfG NJW 1980, 2698.
29 Siehe im Einzelnen Zöller/*Vollkommer*, ZPO, § 321a Rn 7.
30 BVerfG NVwZ 2009, 580.

31 BVerfG NVwZ 2009, 580.
32 BVerfG NVwZ 2009, 580.
33 BVerfG NVwZ 2009, 580.
34 Vgl. die einzelnen Fallgruppen bei Zöller/*Vollkommer*, ZPO, § 321a Rn 9–11.

zentraler Bedeutung ist, so lässt dies auf die Nichtberücksichtigung des Vortrags schließen, sofern er nicht nach dem Rechtsstandpunkt des Gerichts unerheblich oder offensichtlich unsubstantiiert war.[35] Hingegen ist der Anspruch auf rechtliches Gehör in der Regel nicht verletzt, wenn die vorgetragenen Gesichtspunkte zutreffend erfasst wurden und auch in die Entscheidung eingeflossen sind, jedoch in ihrer rechtlichen Bedeutung verkannt wurden. Von einer Verletzung des rechtlichen Gehörs ist nicht schon dann auszugehen, wenn bei einem nicht berücksichtigten und nicht zur Akte gelangten Schriftsatz unaufklärbar bleibt, ob er in die Verfügungsgewalt des Gerichts gelangt und dort außer Kontrolle geraten oder ob er bereits auf dem Postweg dorthin verlorengegangen ist.[36]

28 Aus welchen Gründen es zur Verletzung des rechtlichen Gehörs gekommen ist und ob diese mit Verschulden erfolgte, ist weder für die Statthaftigkeit noch für die Begründetheit der Anhörungsrüge von Bedeutung.

29 Die Verletzung des Anspruchs auf rechtliches Gehör muss **entscheidungserheblich** sein. Davon ist immer dann auszugehen, wenn nicht ausgeschlossen werden kann, dass das Gericht ohne Verletzung des Anspruchs auf rechtliches Gehör zu einer anderen Entscheidung gekommen wäre.[37] **Ausreichend ist damit, dass eine dem Rügeführer günstigere Entscheidung nicht ausgeschlossen werden kann; nicht erforderlich ist**, dass die Entscheidung bei der Gehörsgewährung für ihn tatsächlich günstiger ausgefallen wäre.[38]

30 Nach der Rechtsprechung muss sich die Anhörungsrüge gegen eine „neue und eigenständige" Verletzung des rechtlichen Gehörs durch das mit der Anhörungsrüge angerufene Gericht selbst richten.[39] Nur bei einer „neuen und eigenständigen" Gehörsverletzung ist die Entscheidungserheblichkeit gegeben. Der BGH[40] geht bereits von der Unzulässigkeit einer Anhörungsrüge aus, wenn es an einer „neuen und eigenständigen" Gehörsverletzung mangelt, was auch das BVerfG[41] verfassungsrechtlich nicht beanstandet. Das Rechtsstaatsprinzip verlangt lediglich, für jede „neue und eigenständige" Verletzung des Art. 103 Abs. 1 GG durch eine gerichtliche Entscheidung die einmalige Möglichkeit gerichtlicher Kontrolle zu gewährleisten.[42] War ein Rechtsmittel gegen die auf der gerügten Verletzung beruhende Entscheidung gegeben, das zur Überprüfung dieser Verletzung führen konnte, so ist den Anforderungen des Art. 103 Abs. 1 GG hinreichend Rechnung getragen.[43] Die verfassungsrechtliche Garantie eines fachgerichtlichen Rechtsbehelfs zur Geltendmachung von Gehörsverstößen erstreckt sich nicht auf Fälle, in denen lediglich geltend gemacht wird, das Fachgericht habe zu Unrecht einen angeblichen Gehörsverstoß der Vorinstanz in dem durchgeführten Rechtsbehelfsverfahren nicht geheilt, ohne dass dabei ein eigenständiger, über die bloße Nichtheilung des behaupteten Gehörsverstoßes hinausgehender Gehörsverstoß gerügt würde.[44] Die Erfolglosigkeit eines Rechtsmittels gegen einen behaupteten Gehörsverstoß der Vorinstanz begründet, für sich genommen, keine neue Gehörsverletzung durch das über das Rechtsmittel entscheidende Gericht.[45]

31 Eine **Heilung eines Gehörsverstoßes** durch ergänzende Erwägungen in einer die Anhörungsrüge als unbegründet zurückweisenden Entscheidung ist statthaft.[46] Diese Voraussetzung der Heilung ist im Rahmen des Anhörungsrügeverfahrens jedenfalls dann als erfüllt anzusehen, wenn das Gericht einem Gehörsverstoß durch bloße Rechtsausführungen im Anhörungsrügebeschluss zum Vorbringen des Betroffenen in der Anhörungsrüge abhelfen kann.[47] Etwas anderes gilt in Fällen, in denen das Gericht den Gehörsverstoß durch bloß ergänzende Erwägungen zum Vorbringen in der Anhörungsrüge nicht zu heilen vermag, wie etwa bei der Übergehung eines erheblichen Glaubhaftmachungsantrags.

---

35 BVerfG NVwZ 2009, 580.
36 OLG Hamm NJW-RR 2011, 139; a.A. OLG Koblenz OLG-Report 2008, 566.
37 BT-Drucks 15/3706, S. 16.
38 Zöller/*Vollkommer*, ZPO, § 321a Rn 12; Musielak/Voit/ *Musielak*, ZPO, § 321a Rn 7; *Zuck*, NJW 2005, 1226, 1228.
39 BGH NJW 2008, 923; BGH NJW 2008, 2126.
40 Vgl. BGH NJW 2008, 923; BGH NJW 2008, 2126.
41 BVerfG NJW 2008, 2635 m. zust. Anm. *Zuck*.

42 BGH NJW 2008, 923 unter Verweis auf BVerfG NJW 2003, 1924.
43 BGH NJW 2008, 923 unter Verweis auf BVerfG NJW 2003, 1924.
44 BVerfG NJW 2008, 2635 m. zust. Anm. *Zuck*.
45 BVerfG NJW 2008, 2635 m. zust. Anm. *Zuck*.
46 BVerfG NVwZ 2009, 580, 581; vgl. BVerfG BeckRS 2008, 41127; offengelassen bei: BVerfG NVwZ 2007, 688; BVerfG NJW 2009, 1584.
47 BVerfG NVwZ 2009, 580, 581.

III. Gang des Rügeverfahrens (Abs. 3, 4)

Das Rügeverfahren ist als kontradiktorisches Verfahren konzipiert. Zwar geht es um den Streit des betroffenen Verfahrensbeteiligten, der seinen Anspruch auf rechtliches Gehör verletzt wähnt, mit dem Entscheidungsträger, dessen Handeln angegriffen wird (siehe auch Rdn 37). Verfahrensrechtlich ist aber nicht das Gericht sein Gegner, sondern wird ein anderer Beteiligter des Ausgangsverfahrens in die Rolle der Gegenpartei versetzt,[48] auch wenn er weder den Anspruch auf rechtliches Gehör zu gewähren hat noch ihm im Falle der Verletzung dieses Anspruchs ein Mitverursachungsbeitrag angelastet werden könnte. — 32

Verfahrensbeteiligte des Anhörungsrügeverfahrens sind die Beteiligten des Ausgangsverfahrens. Beteiligte des Ausgangsverfahrens (RVG-Verfahren) können sein: der Rechtsanwalt, sein Auftraggeber, ein erstattungspflichtiger Gegner oder die Staatskasse. — 33

Beabsichtigt das Gericht, die Anhörungsrüge zu verwerfen oder zurückzuweisen, so ist eine Anhörung des Gegners nicht erforderlich (vgl. § 12a Abs. 3: „soweit erforderlich"). Denn in diesem Fall steht für den Gegner keine Verschlechterung seiner Rechtsposition in Aussicht. Zu bedenken ist jedoch – was die Anhörungsrüge als solche offenbart –, dass die Atmosphäre des Ausgangsverfahrens belastet ist. Dieser Gesichtspunkt kann Veranlassung geben, auch bei einer scheinbar aussichtslosen Rüge andere Verfahrensbeteiligte gleichwohl anzuhören, insbesondere wenn konstruktive Beiträge möglich erscheinen, die einer Entspannung dienen könnten. — 34

Grundsätzlich ist dem Gegner Gelegenheit zur Stellungnahme zu geben (§ 12a Abs. 3). Bevor sich das Gericht zu einer Fortsetzung des Verfahrens auf die Anhörungsrüge hin entscheidet, haben nämlich sämtliche Verfahrensbeteiligten einen Anspruch auf rechtliches Gehör. — 35

Über eine Anhörungsrüge entscheidet das Gericht, dessen Entscheidung angegriffen wird, in seiner regulären Besetzung.[49] Das Gericht muss deshalb nicht in derselben Besetzung wie in der angegriffenen Entscheidung entscheiden.[50] § 12a enthält keine Bestimmung darüber, wer an der Entscheidung mitzuwirken hat. — 36

Die ganz h.M. geht davon aus, dass über die Anhörungsrüge derselbe Richter entscheiden darf, der die angefochtene Entscheidung erlassen hat. — 37

Meines Erachtens verletzt es aber das Gebot des gesetzlichen Richters (Art. 101 Abs. 1 S. 2 GG), wenn über die Zulässigkeit und Begründetheit einer Anhörungsrüge derjenige Richter, der die Anhörungsverletzung begangen hat, entscheidet.[51] Denn niemand darf Richter in eigener Sache sein und ein zur Entscheidung berufenes Gericht nicht zugleich Partei in einem von ihm zu entscheidenden Rechtsstreit.[52] Zum Wesen der richterlichen Tätigkeit nach dem Grundgesetz gehört, dass sie durch einen „nichtbeteiligten Dritten" in persönlicher und sachlicher Unabhängigkeit ausgeübt wird.[53] Im Anhörungsrügeverfahren ist der Richter aber nicht mehr unbeteiligter Dritter. Denn die Anhörungsrüge stellt die einfachgesetzliche Ausformung des durch den allgemeinen Justizgewährungsanspruch eröffneten Rechtsschutzes **gegen** den Richter dar.[54] Verfahrensgegenstand ist allein die Frage, ob der entscheidende Richter selbst den Anspruch einer Partei auf Gewährung rechtlichen Gehörs verletzt hat. Der den Anspruch auf rechtliches Gehör verletzende Richter nimmt in dem Verfahren über den Rechtsschutz gegen ihn – dem Anhörungsrügeverfahren – formell und materiell die Stellung einer Partei ein. Gegen das Gebot des gesetzlichen Richters (Art. 101 Abs. 1 S. 2 GG) verstößt aber nicht § 12a selbst, sondern nur die jeweilige Anwendung im Einzelfall. Die Vorschrift gibt nämlich nicht zwingend vor, dass über die Anhörungsrüge derjenige Richter entscheiden muss, der selbst den Anspruch auf Gewährung rechtlichen Gehörs verletzt hat. § 12a lässt vielmehr die Möglichkeit offen, dass durch Geschäftsverteilungsplan vorgesehen werden kann, dass über die Anhörungsrüge ein anderer als der den Anspruch auf rechtliches Gehör verletzende Richter entscheidet. Zwar muss zugegeben werden, dass dieser Weg umständlich und wenig pragmatisch erscheint, gleichwohl hat sich diese Verfahrensweise schon bei der Ablehnung eines Richters (§§ 41 ff. ZPO) bewährt. Ein derartiger Ablauf würde jedenfalls die Verfassungsmäßigkeit des Anhörungsrügeverfahrens sichern.

---

48 Vgl. Zöller/*Vollkommer*, ZPO, § 321a Rn 15.
49 BGH NJW-RR 2006, 63, 64.
50 BGH NJW-RR 2006, 63, 64.
51 Vgl. auch: *Voßkuhle*, NJW 2003, 2193 (2197); *Fölsch*, SchlHA 2005, 68; *Gravenhorst*, NZA 2005, 24 f.
52 Vgl. zuletzt BVerfG NJW 2001, 1048 (1053).
53 Vgl. zuletzt BVerfG NJW 2001, 1048 (1053).
54 Vgl. BVerfG NJW 2003, 1924 (1925 f.).

Wird die Anhörungsrüge mit einer Richterablehnung verbunden, ist die Ablehnung unzulässig.[55] Eine Richterablehnung kann im Anhörungsrügeverfahren erst erfolgen, wenn die Anhörungsrüge Erfolg hat und das Verfahren insoweit in die frühere Lage zurückversetzt wird.[56] Denn im Zeitpunkt der Anhörungsrüge ist die angefochtene Entscheidung bereits rechtskräftig.[57] Der Rechtsbehelf der Anhörungsrüge hemmt nämlich den Eintritt der formellen Rechtskraft nicht.[58] Ein Ablehnungsgesuch ist aber nun unzulässig, wenn das Verfahren durch unanfechtbaren Beschluss erledigt ist.[59]

IV. Entscheidung

1. Verwerfung oder Zurückweisung der Anhörungsrüge

38 Das Gericht prüft zunächst die Zulässigkeit der Anhörungsrüge, d.h. ihre Statthaftigkeit, Form, Frist, Begründung, Beschwer. Entspricht die Anhörungsrüge diesen Erfordernissen nicht, ist sie durch Beschluss zu **verwerfen** (vgl. § 12a Abs. 4 S. 2).

39 Führt die Zulässigkeitsprüfung zu dem Ergebnis, dass die Anhörungsrüge zulässig ist, begründet das die Befugnis des Gerichts, nunmehr in eine Sachprüfung über die Anhörungsrüge einzutreten. Ist die Anhörungsrüge allerdings unbegründet, ist sie durch Beschluss zurückzuweisen (vgl. § 12a Abs. 4 S. 3).

40 Die Voraussetzung einer **entscheidungserheblichen Gehörsverletzung** (Abs. 1 Nr. 2) ist Bestandteil sowohl der Zulässigkeits- als auch der Sachprüfung. Einerseits ist darüber zu befinden, ob eine entscheidungserhebliche Gehörsverletzung formell rechtmäßig geltend gemacht wurde. Hierbei handelt es sich um die Zulässigkeitsprüfung, ob die Anhörungsrüge statthaft ist und der rügende Verfahrensbeteiligte die Anhörungsrüge hinreichend begründet hat. Andererseits ist darüber zu befinden, ob die geltend gemachte entscheidungserhebliche Gehörsverletzung auch tatsächlich vorliegt. Dies gehört zur Sachprüfung.

Fehlt es an der Geltendmachung der entscheidungserheblichen Gehörsverletzung, ist die Anhörungsrüge zu verwerfen. Genügt der Vortrag einer entscheidungserheblichen Gehörsverletzung der Begründungspflicht, tritt das Gericht in die Sachprüfung ein. Gelangt das Gericht zu dem Ergebnis, dass die Anhörungsrüge nicht schlüssig ist, weil der von dem Verfahrensbeteiligten vorgetragene Sachverhalt keine entscheidungserhebliche Gehörsverletzung hergibt, ist diese als unbegründet zurückzuweisen (Abs. 4 S. 3).[60] Gleiches gilt, wenn der Angriff zwar schlüssig vorgetragen wird, das weitere Verfahren aber eine Tatsachengrundlage ergibt, der zufolge eine entscheidungserhebliche Gehörsverletzung ausgeschlossen werden kann.[61]

41 Sowohl die Verwerfung als unzulässig wie auch die Zurückweisung als unbegründet ergehen durch Beschluss, der eine kurze Begründung enthalten soll (Abs. 4 S. 4, 5). Die Begründung soll für den Verfahrensbeteiligten nachvollziehbar machen, warum das Gericht die Anhörungsrüge für unzulässig oder unbegründet hält. Das Fehlen der Gründe macht die Entscheidung nicht nichtig oder sonst wie unwirksam. Der Beschluss braucht keinen Kostenausspruch zu enthalten, weil Kosten nicht zu erstatten sind (Abs. 6; siehe auch Rdn 48 f.). Die ablehnende Entscheidung ist den Beteiligten des Rügeverfahrens formlos mitzuteilen.

42 Kann ein – möglicher oder vorhandener – Gehörsverstoß im Anhörungsrügeverfahren geheilt werden (vgl. Rdn 31),[62] muss die die Anhörungsrüge zurückweisende Entscheidung **die zur Heilung führenden ergänzenden Erwägungen** enthalten.

---

55 VGH Mannheim BeckRS 2016, 47708; str.
56 VGH Mannheim BeckRS 2016, 47708; str.
57 VGH Mannheim BeckRS 2016, 47708; str.
58 VGH Mannheim BeckRS 2016, 47708; str.
59 VGH Mannheim BeckRS 2016, 47708; str.
60 Vgl. BGH NJW 2006, 3786.
61 Vgl. Zöller/*Vollkommer*, ZPO, § 321a Rn 17.
62 Vgl. BVerfG NVwZ 2009, 580, 581; vgl. BVerfG BeckRS 2008, 41127; offengelassen bei: BVerfG NVwZ 2007, 688; BVerfG NJW 2009, 1584.

Muster: Zurückweisung der Anhörungsrüge mit Heilung der möglichen Gehörsverletzung   43

Gericht [...]

In dem Verfahren [...]

hat [...] beschlossen:

Die Anhörungsrüge wird zurückgewiesen.

Gründe

Die Anhörungsrüge ist unbegründet.

Es kann offenbleiben, ob die geltend gemachte Verletzung des Anspruchs auf rechtliches Gehör vorliegt. Denn jedenfalls ist der geltend gemachte Anhörungsverstoß durch die Erwägungen in diesem Beschluss geheilt.

Nach Auffassung des Bundesverfassungsgerichts ist die Heilung eines Gehörsverstoßes durch ergänzende Erwägungen in der die Anhörungsrüge als unbegründet zurückweisenden Entscheidung statthaft (vgl. BVerfG NVwZ 2009, 580; BVerfG v. 12.11.2008 – 1 BvR 2788/08). Die Voraussetzung der Heilung ist jedenfalls dann als erfüllt anzusehen, wenn das Gericht einem Gehörsverstoß durch bloße Rechtsausführungen im Anhörungsrügebeschluss zum Vorbringen der rügenden Partei aus der Anhörungsrüge abhelfen kann (vgl. BVerfG NVwZ 2009, 580). Etwas anderes gilt in den Fällen, in denen das Gericht den Gehörsverstoß durch bloß ergänzende Ausführungen nicht zu heilen vermag, wie etwa bei der Übergehung eines erheblichen Beweisantrags (vgl. BVerfG NVwZ 2009, 580).

Die Heilung des geltend gemachten Anhörungsverstoßes ist auf die Anhörungsrüge in diesem Rechtsstreit statthaft, weil die Abhilfe durch die *nachfolgenden Rechtsausführungen* erfolgen kann.

[...]

Unterschrift des Richters

Der Beschluss ist unanfechtbar (§ 12a Abs. 4 S. 4). Eine Rechtsbehelfsbelehrung hierüber muss die   44
Entscheidung nicht enthalten (vgl. § 12c). Die Erhebung einer Verfassungsbeschwerde bleibt dem
Verfahrensbeteiligten unbenommen.[63]

2. Fortsetzung des Verfahrens auf die Anhörungsrüge

Hält das Gericht die Rüge für begründet, weil eine dem Rügeführer günstigere Entscheidung ohne   45
Verletzung rechtlichen Gehörs nicht ausgeschlossen werden kann, hilft es der Anhörungsrüge ab,
indem es das Verfahren fortsetzt (§ 12a Abs. 5). Einer förmlichen Entscheidung zur Fortsetzung des
Verfahrens bedarf es nicht. Das Gericht sollte aber, um Missverständnisse zu vermeiden, die Fortsetzung des Verfahrens mitteilen oder anderweitig klar zum Ausdruck bringen. Das Verfahren wird in
den Zustand vor der angefochtenen Entscheidung zurückversetzt.[64] Alsdann ist das Gericht in seiner
Entscheidung frei.[65] Das gilt auch, wenn die Abänderung der rügenden Verfahrensbeteiligten
schlechter stellt als die angefochtene Entscheidung. Das Verbot der reformatio in peius gilt im
Fortsetzungsverfahren nach erfolgter Anhörungsrüge nicht.[66] Die erfolgreiche Rüge eröffnet lediglich
die ergebnisoffene Fortsetzung des Verfahrens.

Durch die Fortsetzung des Verfahrens wird die Rechtskraft der angegriffenen Entscheidung beseitigt,
im Übrigen bleibt die Entscheidung aber wirksam.

Das Verfahren wird nur in dem Umfang fortgesetzt, soweit dies aufgrund der Rüge geboten ist (§ 12a   46
Abs. 5). Im Fortsetzungsverfahren wird nur über den abgrenzbaren Teil des Verfahrensgegenstands
verhandelt und entschieden, der von der Anhörungsrüge in entscheidungserheblicher Weise betroffen
ist.[67] Eine Neubeurteilung des Verfahrensgegenstands insgesamt findet dann nicht statt.[68]

Endet das fortgeführte Verfahren mit einer anderen Erkenntnis als die angegriffene Entscheidung,   47
ist diese entsprechend abzuändern. Der Tenor der Entscheidung lautet dann einleitend: „Auf die

---

63 Vgl. *Zuck*, NJW 2005, 1226, 1228.
64 BGH NJW-RR 2012, 977.
65 BGH NJW-RR 2012, 977.
66 BGH NJW-RR 2012, 977.
67 OLG Koblenz BeckRS 2010, 15757.
68 OLG Koblenz BeckRS 2010, 15757.

Anhörungsrüge des/der [...] wird der Beschl. v. [...] abgeändert." Sodann folgt die neue Entscheidungsformel zu dem Verfahrensgegenstand.

Schließt das Fortsetzungsverfahren – wenn auch auf neuer Grundlage – mit der gleichen Erkenntnis ab, ist die angegriffene Entscheidung zu bestätigen. Der Tenor der Entscheidung lautet dann: „Der Beschl. v. [...] wird aufrechterhalten."

C. Kosten des Verfahrens über die Anhörungsrüge

48 Nach § 12a Abs. 6 werden Kosten nicht erstattet. Der verwerfende oder zurückweisende Beschluss über die Anhörungsrüge bedarf daher keiner Kostenentscheidung. Wird das Verfahren auf die Anhörungsrüge fortgesetzt und im Fortsetzungsverfahren die angefochtene Entscheidung bestätigt oder abgeändert, so erfasst auch die dabei getroffene Kostenentscheidung über die Kosten des Verfahrens keine die Anhörungsrüge betreffenden Kosten, weil § 12a Abs. 6 auch insoweit gilt.

49 Die Entscheidung ergeht zudem gerichtsgebührenfrei. Denn im GKG-KostVerz., FamGKGKostVerz. bzw. GNotKG-KostVerz. ist eine Gebührenpflicht für eine Anhörungsrüge nach § 12a nicht vorgesehen. Gebührentatbestände wie z.B. Nr. 1700 GKG-KostVerz. sind nicht einschlägig, weil sie lediglich die Anhörungsrüge aus den dem Kostenverfahren zugrunde liegenden Verfahren (z.B. § 321a ZPO) betreffen.[69] Legt der Rechtsanwalt für seinen Auftraggeber die Anhörungsrüge ein, entsteht die Verfahrensgebühr VV 3330. War er bereits im Rechtszug (RVG-Verfahren) tätig, erhält er die Gebühr nicht gesondert. Erhebt der Rechtsanwalt die Anhörungsrüge in eigenem Namen, bekommt er hierfür keine Vergütung.

D. Praxisempfehlungen: Die Anhörungsrüge als „Notbremse"

50 Die Alltagserfahrung mit rechtsanwendenden Institutionen umfasst den Problembereich, dass selbst nach Ausschöpfung aller Instanzenzüge gelegentlich Entscheidungen im Raume stehen, die einem dadurch Beschwerten inhaltlich nicht vermittelbar sind. In einer solchen Situation ist der Rechtsanwalt vor allem als Berater besonders gefordert. Er muss seinem Mandanten nicht nur die Rechtslage und deren Bedeutung, sondern insbesondere auch die nachhaltigen Auswirkungen der vermeintlichen Fehlentscheidung nahe bringen. Dabei wird er auch die Frage aufwerfen müssen, ob es im Einzelfall nicht besser ist, mit dem gefühlten Unrecht zu leben, als dem gewollten Recht weiter hinterher zu laufen.

51 Erscheint eine Endentscheidung auch bei großzügiger Betrachtung unannehmbar, etwa weil sie grobe Fehler enthält und mit dem Billigkeitsempfinden nicht zu vereinbaren ist, kann der Rechtsanwalt im wohlverstandenen Interesse seines Mandanten gefordert sein, nach Wegen zu suchen, die rechtsverletzende Entscheidung anzugreifen, obwohl der Rechtsweg erschöpft ist. Dafür bietet sich nun in erster Linie die Anhörungsrüge an. Sie hat jedenfalls eine „Ventilwirkung" hat, selbst wenn die Erfolgsaussichten gering sein sollten.

52 **Hinweis**
Der Anspruch auf rechtliches Gehör gibt den Beteiligten ein Recht zur Äußerung über Tatsachen, Beweisergebnisse und die Rechtslage.[70] Das Gebot rechtlichen Gehörs verpflichtet ein Gericht darüber hinaus, die Ausführungen der Prozessbeteiligten zur Kenntnis zu nehmen und in Erwägung zu ziehen.[71] Art. 103 Abs. 1 GG ist erst verletzt, wenn sich im Einzelfall klar ergibt, dass das Gericht dieser Pflicht nicht nachgekommen ist.[72] Die Gerichte sind dabei nicht verpflichtet, sich mit jedem Vorbringen in den Entscheidungsgründen ausdrücklich zu befassen.[73] Geht das Gericht in seinen Entscheidungsgründen auf den wesentlichen Kern des Vortrags einer Partei zu einer Frage nicht ein, die für das Verfahren von zentraler Bedeutung ist, so lässt dies auf die Nichtberücksichtigung des Vortrags schließen, sofern er nicht nach dem Rechtsstandpunkt des Gerichts unerheblich oder offensichtlich unsubstantiiert war.[74]

---

69 Vgl. OLG Celle MDR 2012, 1067 zur Kostenpflicht der Anhörungsrüge nach § 12a GKG.
70 BVerfG NVwZ 2009, 580.
71 BVerfG NVwZ 2009, 580.
72 BVerfG NVwZ 2009, 580.
73 BVerfG NVwZ 2009, 580.
74 BVerfG NVwZ 2009, 580.

E. Weitere außerordentliche Rechtsbehelfe

§ 12a beschränkt sich auf den Schutz vor Verstößen gegen den Anspruch auf Gewährung rechtlichen Gehörs.[75] Denn nur diese Fallgestaltung sah der Gesetzgeber als regelungsbedürftig an.[76] Die Vorschrift eröffnet keine Möglichkeit der Selbstkorrektur bei anderen Verletzungen gegen Verfahrensgrundrechte.[77] Verstoßen unanfechtbare Entscheidungen gegen andere Verfahrensgrundrechte, besteht in der Rechtsprechung keine einheitliche Handhabung, ob die beschwerte Partei durch Erhebung einer Gegenvorstellung oder einer außerordentlichen Beschwerde eine Abhilfe erreichen kann oder ob ihr letztlich nur die Alternative der Verfassungsbeschwerde zum BVerfG verbleibt. Wird der Anspruch auf Rechtsschutz innerhalb angemessener Zeit verletzt, ist hiergegen kein Rechtsbehelf gegeben, sondern besteht ein Schadensersatzanspruch nach § 198 GVG.

I. Außerordentliche Beschwerde

Die außerordentliche Beschwerde steht der Praxis nur noch in äußerst seltenen – auch vom BGH anerkannten – Ausnahmefällen zur Verfügung. Allerdings folgerte der BGH bereits aus der Einführung des § 321a ZPO (entspricht § 12a) durch das Zivilprozessreformgesetz, dass die außerordentliche Beschwerde **generell unstatthaft** sei.[78] Von seiner Auffassung wich der BGH auch nach dem Anhörungsrügengesetz nicht ab; er bestätigte vielmehr, dass eine außerordentliche Beschwerde generell unstatthaft ist.[79] Auch das BVerfG meinte, dass es gegen die verfassungsrechtliche Anforderung der Rechtsmittelklarheit verstoße, wenn von der Rechtsprechung außerordentliche Rechtsbehelfe außerhalb des geschriebenen Rechts geschaffen werden, um tatsächliche oder vermeintliche Lücken im bisherigen Rechtsschutzsystem zu schließen.[80]

Ausnahmsweise sieht der BGH die außerordentliche Beschwerde aber dann als **zulässig** an, wenn ein Beweisbeschluss über die Erstellung eines Gutachtens zur Klärung der Prozessfähigkeit einer Prozesspartei erlassen wird und das Gericht hierbei den Anspruch auf Gewährung rechtlichen Gehörs dieser Partei hat.[81]

II. Gegenvorstellung

In einem grundlegenden Beschl. v. 12.1.2009 hat das BVerfG ausgesprochen, dass eine **Gegenvorstellung weder aus verfassungsrechtlichen Gründen als generell unzulässig** anzusehen ist, **noch** dass eine **offensichtliche Unzulässigkeit** aus der Rechtsprechung der Fachgerichte auf der Grundlage des einfachen Rechts folgt.[82] Das BVerfG stellt insbesondere klar, dass sich aus den Erwägungen des Plenums des BVerfG in seinem Beschl. v. 30.4.2003[83] **nicht herleiten lässt**, dass eine Gegenvorstellung gegen gerichtliche Entscheidungen von Verfassungs wegen unzulässig sei.[84] Das Gebot der Rechtsmittelklarheit schließe lediglich aus, dass mit rechtsstaatlichen Defiziten behaftete außerordentliche Rechtsbehelfe (nämlich: fehlende gesetzliche Regelung) es ausschließen würden, ihre vorherige erfolglose Einlegung zur Voraussetzung für die Zulässigkeit einer Verfassungsbeschwerde zu machen.[85]

Des Weiteren stellt das BVerfG in rechtstatsächlicher Hinsicht fest, dass die Rechtsprechung zur einfachrechtlichen Zulässigkeit der Gegenvorstellung zwischen den Bundesgerichten und auch innerhalb dieser Gerichte uneinheitlich ist, so dass die Gegenvorstellung jedenfalls **nicht als offensichtlich unzulässig angesehen** werden kann.[86] Wichtig ist in diesem Zusammenhang auch, dass für das BVerfG die **Gegenvorstellung keine Voraussetzung für die Einlegung der Verfassungsbe-**

---

75 BGH NJW 2008, 2126.
76 Vgl. BT-Drucks 15/3706, S. 14.
77 BGH NJW 2008, 2126.
78 Vgl. nur BGH NJW 2002, 1577.
79 Vgl. nur BGH NJW-RR 2007, 1654; BGH NJW-RR 2007, 1295; siehe aber den Ausnahmefall in BGH NJW-RR 2009, 1223.
80 BVerfG NJW 2007, 2538.
81 BGH NJW-RR 2009, 1223.
82 Vgl. BVerfG NJW 2009, 829.
83 Vgl. BVerfG NJW 2003, 1924.
84 Vgl. BVerfG NJW 2009, 829, Rn 34.
85 Vgl. BVerfG NJW 2009, 829, Rn 34; BVerfG NJW 2003, 1924.
86 BVerfG NJW 2009, 829, Rn 37; vgl. auch frühere Entscheidungen des BVerfG, z.B.: BVerfG NJW 2007, 2538; BVerfG NJW 2006, 2907, 2908.

schwerde ist, weder für die Zulässigkeitsvoraussetzung der Erschöpfung des Rechtswegs noch für die Zulässigkeitsvoraussetzung des Subsidiaritätsgrundsatzes.[87]

57 Die Entscheidung des BVerfG besagt aber noch nicht, ob die Gegenvorstellung **einfachrechtlich statthaft und zulässig** ist. Die eine Gegenvorstellung als außerordentlichen Rechtsbehelf bejahende Rechtsprechung nimmt eine Statthaftigkeit in der Regel nur dann an, wenn die **Verletzung grundlegender Verfahrensrechte** oder eine **willkürliche Behandlung materiell-rechtlicher Vorschriften** geltend gemacht wird. Zur Gewährleistung der Rechtssicherheit ist eine Gegenvorstellung dagegen nicht statthaft, wenn die einfachrechtliche Verletzung materiellen Rechts behauptet wird. Für die Zulässigkeit der Gegenvorstellung lassen sich die Vorschriften über die Anhörungsrüge analog heranziehen.[88]

58 Bei einer sachlichen Entscheidung über die Gegenvorstellung ist das Gericht nach Auffassung des BVerfG nicht davon befreit, Bindungen an seine eigenen Entscheidungen (z.B. § 318 ZPO) ohne gegenläufige gesetzliche Grundlage zu übergehen.[89] Dies gilt insbesondere für Entscheidungen, die ungeachtet etwaiger Rechtsfehler in materielle Rechtskraft erwachsen.[90]

In RVG-Verfahren besteht eine Bindung des Gerichts an seine eigenen Entscheidungen nicht. Auch erwachsen die Entscheidungen nicht in materielle Rechtskraft. Sie sind deshalb auf eine Gegenvorstellung hin abänderbar,[91] wenn die weiteren Zulässigkeits- und Begründetheitsvoraussetzungen für eine Gegenvorstellung vorliegen.

59 Es sollte nicht verkannt werden, dass der Gegenvorstellung die Bedeutung eines Befriedungsfaktors für die Rechtspflege zukommen kann. Qualitätsverbesserungen lassen sich insbesondere durch offene Fehleranalyse gewinnen. Das gilt auch für die Justiz. Jedenfalls die Gegenvorstellung bietet insoweit eine geeignete Plattform, wenn es darum geht, so genannte „Ausreißer" direkt und möglichst kostenneutral aktenkundig zu machen, um eine Korrektur zu erreichen oder doch zumindest eine Wiederholung zu vermeiden.

III. Rechtsschutz bei überlanger Verfahrensdauer

60 Der Gesetzgeber verabschiedete 2011 ein Gesetz über den Rechtsschutz bei überlangen Gerichtsverfahren und strafrechtlichen Ermittlungsverfahren. Der in diesem Gesetz vorgesehene Entschädigungsanspruch gegen den Staat schließt eine Rechtsschutzlücke, die sowohl den Anforderungen des Grundgesetzes (GG) als auch denen der Konvention zum Schutz der Menschenrechte und Grundfreiheiten (EMRK) widersprach.[92] Das deutsche Verfassungsrecht und das Konventionsrecht garantieren einen gerichtlichen Rechtsschutz in angemessener Zeit.[93] Der EGMR stellte zur vorherigen Rechtslage indes fest, dass die Rechtsschutzmöglichkeiten in Deutschland bei überlanger Verfahrensdauer nicht den Anforderungen der Art. 6 Abs. 1, Art. 13 EMRK entsprachen.[94]

61 Der Gesetzgeber hat sich für eine **Entschädigungslösung** entschieden und sich dagegen ausgesprochen, statt der Gewährung einer Entschädigung einen Rechtsbehelf bei unangemessener Verfahrensdauer einzuführen.[95] Die Entschädigungslösung ist in den §§ 198–201 GVG für die ordentliche Gerichtsbarkeit geregelt. Durch Verweisvorschriften (z.B.: § 173 S. 2 VwGO) werden auch die anderen Gerichtsbarkeiten erfasst.

62 Nach § 198 Abs. 1 GVG werden einem betroffenen Verfahrensbeteiligten die aus der Verletzung des Rechts auf angemessene Verfahrensdauer resultierenden Nachteile ersetzt.[96] Ein von überlanger Verfahrensdauer Betroffener kann und **muss zunächst beim Ausgangsgericht die Dauer des Verfahrens rügen** (Verzögerungsrüge), bevor er beim Entschädigungsgericht einen Anspruch geltend

---

[87] BVerfG NJW 2009, 829, Rn 39 f.
[88] Anders zur Frist indes bei Gegenvorstellungen gegen die Festsetzung des Streitwerts: BGH BeckRS 2011, 20156; BGH BeckRS 2012, 21655.
[89] BVerfG NJW 2009, 829, Rn 39.
[90] BVerfG NJW 2009, 829, Rn 39.
[91] Vgl. etwa als Beispiel BGH BeckRS 2015, 12755 zur Streitwertfestsetzung (GKG).
[92] BT-Drucks 17/3802, S. 15.
[93] BT-Drucks 17/3802, S. 15.
[94] Vgl. EGMR NJW 2006, 2389.
[95] BT-Drucks 17/3802, S. 15 f. Ausnahme nunmehr: §§ 155b, 155c FamFG i.d.F. des Gesetzes zur Änderung des Sachverständigenrechts und zur weiteren Änderung des Gesetzes über das Verfahren in Familiensachen und in den Angelegenheiten der freiwilligen Gerichtsbarkeit.
[96] Zu Einzelheiten vgl. den Erfahrungsbericht der Bundesregierung in BT-Drucks 18/2950.

machen kann (§ 198 Abs. 3 S. 1 GVG).[97] Da Gerichte auf entsprechende Rügen mit Abhilfe reagieren können und in begründeten Fällen auch regelmäßig abhelfen werden, hat die Regelung eine konkret-präventive Beschleunigungswirkung.[98]

Auch bei einem überlangen RVG-Verfahren kann ein Entschädigungsanspruch denkbar sein. Allerdings gibt es – anders als in den Verfahrensordnungen – im RVG keinen Verweis auf die §§ 198 bis 201 GVG.

§ 12b Elektronische Akte, elektronisches Dokument

¹In Verfahren nach diesem Gesetz sind die verfahrensrechtlichen Vorschriften über die elektronische Akte und über das elektronische Dokument für das Verfahren anzuwenden, in dem der Rechtsanwalt die Vergütung erhält. ²Im Fall der Beratungshilfe sind die entsprechenden Vorschriften des Gesetzes über das Verfahren in Familiensachen und in den Angelegenheiten der freiwilligen Gerichtsbarkeit anzuwenden.

Literatur: *Enders*, Die Dokumentenpauschale für die Überlassung elektronisch gespeicherter Dateien, JurBüro 2005, 393.

A. Allgemeines	1	III. Elektronisches Dokument	4
B. Begriffsbestimmung	2	C. Regelungsgehalt	5
I. Elektronische Akte	2	I. Anwendungsbereich	5
II. Gerichtliches elektronisches Dokument	3	II. Auslagen	14

A. Allgemeines

Die Regelung des § 12b wurde erstmals durch das Justizkommunikationsgesetz zum 1.4.2005 eingefügt. Hierdurch werden der Zivilprozess und die Fachgerichtsbarkeiten für eine elektronische Aktenbearbeitung geöffnet. Die Verfahrensbeteiligten – Richter, Rechtsanwälte, Bürger – sollen die Möglichkeit erhalten, elektronische Kommunikationsformen gleichberechtigt neben der – herkömmlich papiergebundenen – Schriftform oder der mündlichen Form rechtswirksam zu verwenden. Die bisherigen Formerfordernisse sollen jedoch auch bei der Nutzung eines elektronischen Übertragungswegs qualitativ unverändert bleiben. Um sie auf die elektronische Arbeit zu übertragen, differenziert das Gesetz zwischen einfacher, fortgeschrittener, qualifizierter oder einer elektronischen Signatur, die auf einem dauerhaft überprüfbaren Zertifikat beruht. Eine einfache Signatur, also z.B. der Namenszusatz, ist dann ausreichend, wenn das Gesetz bisher bereits keine besondere Form vorschreibt und keine Gewähr für die Identität des Signierenden oder die Authentizität des Inhalts erforderlich ist. Soweit gesetzliche Schriftform i.S.d. § 126 BGB vorgeschrieben ist, wird die qualifizierte elektronische Signatur vorgeschrieben. Diese erfordert einen öffentlichen und einen persönlichen Signaturschlüssel, die von einer Zertifizierungsstelle ausgegeben werden. Der Inhaber dieser Schlüssel erhält eine Smartcard, welche beide Schlüssel enthält und mit einer persönlichen PIN nur durch den Inhaber berechtigt verwendet werden kann. Dadurch werden beim Signieren die Identität des Adressaten und die Authentizität des Inhalts des Dokumentes sichergestellt. Möglich ist weiterhin eine Verschlüsselung des Dokumentes und damit eine Sicherung der Vertraulichkeit.

B. Begriffsbestimmung

I. Elektronische Akte

Hierunter versteht man, dass anstelle einer aus Papier bestehenden Verfahrens- bzw. Prozessakte nur noch eine solche als elektronisches Dokument geführt wird. Diese kann dann auf einem Bildschirm sichtbar gemacht werden.

Die elektronische Akte ist – außer in der Strafgerichtsbarkeit – in allen Gerichtsbarkeiten zugelassen. Insofern entstehen hier die Gebühren im herkömmlichen Sinn. Es gelten in den jeweiligen Gerichts-

---

97 Vgl. auch BT-Drucks 17/3802, S. 16.   98 BT-Drucks 17/3802, S. 16.

barkeiten die Bestimmungen der jeweiligen Verfahrensordnung über die elektronische Akte auch im Rahmen des RVG.[1]

II. Gerichtliches elektronisches Dokument

3   Hierunter fallen sämtliche Dokumente, die von **Angehörigen des Gerichts** (Richter, Rechtspfleger, Urkundsbeamte der Geschäftsstelle, Gerichtsvollzieher[2]) verfasst sind. Regelungen hierzu finden sich in § 130b ZPO, § 14 FamFG, § 46c ArbGG, § 41a Abs. 1 StPO, § 110c OWiG, § 55a Abs. 3 VwGO, § 65a Abs. 3 SGG.

III. Elektronisches Dokument

4   Darunter ist jede potenziell dauerhafte Fixierung von Daten auf einem Datenträger unter Einsatz elektronischer Signalverarbeitung zu verstehen. Es ist eingereicht, sobald die für den Empfang bestimmte Einrichtung des Gerichts es aufgezeichnet – nicht ausgedruckt – hat. Risiken liegen also beim Anwalt.[3]

C. Regelungsgehalt

I. Anwendungsbereich

5   Durch das am 1.7.2004 in Kraft getretene 1. Kostenrechtsmodernisierungsgesetz sind die Rechtsbehelfsvorschriften in den Kostengesetzen vereinheitlicht und gleichzeitig weitestgehend von den Verfahrensvorschriften des jeweiligen Hauptsacheverfahrens, in dem die Gebühren anfallen, abgekoppelt worden. Dies macht es im Hinblick auf die Bestimmungen der Verfahrensordnungen über das elektronische Dokument, das gerichtliche elektronische Dokument und in die elektronische Akte notwendig, entsprechende Regelungen für die Kostengesetze vorzusehen. Es kommen demnach unterschiedliche Verfahrensregelungen zur Anwendung wie z.B. §§ 130b, 298a ZPO, §§ 46c, 46d ArbGG, §§ 55a Abs. 3, 55b VwGO, §§ 52a Abs. 3, 52b FGO, §§ 65a Abs. 3, 65b SGG; §§ 100b, 110c OWiG.

Die Vorschriften über die elektronische Akte und das gerichtliche elektronische Dokument für das Verfahren, in dem der Rechtsanwalt die Vergütung erhält, sind anzuwenden. Im Fall der Beratungshilfe (§§ 44, 55, 56) sind die entsprechenden Vorschriften des Gesetzes über das Verfahren in Familiensachen und in den Angelegenheiten der freiwilligen Gerichtsbarkeit anzuwenden, somit § 14 FamFG i.V.m. §§ 130a Abs. 1, 2, 298 ZPO.

6   Gemäß § 130a Abs. 2 ZPO bestimmen die Bundesregierung und die Landesregierungen für ihren Bereich durch Rechtsverordnung den Zeitpunkt, von dem an elektronische Dokumente bei den Gerichten eingereicht werden können, sowie die für die Bearbeitung der Dokumente geeignete Form. Die Landesregierungen können die Ermächtigung durch Rechtsverordnung auf die Landesjustizverwaltungen übertragen. Hierbei kann die Zulassung der elektronischen Form auf einzelne Gerichte oder Verfahren beschränkt werden.

7   Insofern ist es zunächst erforderlich, dass die elektronische Akte bzw. das elektronische Dokument, durch eine Verordnungsermächtigung zugelassen ist. Eine solche Ermächtigung muss den Zeitpunkt, von dem an elektronische Dokumente bei Gericht eingereicht werden können, die geeignete Form der als elektronisches Dokument aufgezeichneten Dateien und die ordnungsgemäßen Grundsätze für eine elektronische Archivierung i.S.d. § 299a ZPO enthalten.

---

1 Gerold/Schmidt/*Müller-Rabe*, RVG, § 12b Rn 4.
2 Gerold/Schmidt/*Müller-Rabe*, RVG, § 12b Rn 5.
3 *Mayer/Kroiß*, § 12b Rn 6.

Folgende Verordnungen sind bisher ergangen: 8
Bund:
- Verordnung über den elektronischen Rechtsverkehr beim Bundesgerichtshof (Elektronische Rechtsverkehrsverordnung – ERVVOBGH) (BGBl I 2001 S. 3225–3226)
- Verordnung über den elektronischen Rechtsverkehr im gewerblichen Rechtsschutz (ERvGewRV) (BGBl I 2003 S. 1558–1559)
- Bekanntmachung über das Inkrafttreten von § 2 Abs. 2 der Verordnung über den elektronischen Rechtsverkehr im gewerblichen Rechtsschutz (BGBl I 2004 S. 331)
- Verordnung über das Deutsche Patent- und Markenamt (DPMA-Verordnung – DPMAV) (BGBl I 2004 S. 514–521)
- Verordnung über den elektronischen Rechtsverkehr beim Bundesverwaltungsgericht und beim Bundesfinanzhof (BGBl I 2004 S. 3091–3092)
- Verordnung über den elektronischen Rechtsverkehr in Revisionsstrafsachen zwischen dem Generalbundesanwalt beim Bundesgerichtshof und den Strafsenaten des Bundesgerichtshofs (BGBl I 2005 S. 3191–3192)
- Verordnung über den elektronischen Rechtsverkehr beim Bundesarbeitsgericht (BGBl I 2006 S. 519–520)
- Verordnung über den elektronischen Rechtsverkehr beim Bundesgerichtshof und Bundespatentgericht (BGH/BPatGERVV) (BGBl I 2007 S. 2130–2132)

Baden-Württemberg:
- Verordnung des Justizministeriums zur Einführung des Elektronischen Rechtsverkehrs (GBl 2004 S. 590–592)

Berlin:
- Erste Verordnung zur Änderung der Verordnung über den elektronischen Rechtsverkehr mit der Justiz im Land Berlin (GVBl 2007 S. 539)
- Verordnung zur Einführung eines automatisierten Abrufverfahrens bei dem zentralen Schuldnerverzeichnis (GVBl 2008 S. 99)

Brandenburg:
- Verordnung über den elektronischen Rechtsverkehr in finanzgerichtlichen Verfahren (GVBl II 2003 S. 463)
- Verordnung über den elektronischen Rechtsverkehr in der ordentlichen Gerichtsbarkeit (GVBl II 2004 S. 887–888)
- Erste Verordnung zur Änderung der Verordnung über den elektronischen Rechtsverkehr in der ordentlichen Gerichtsbarkeit (GVBl II 2005 S. 522)
- Erste Verordnung zur Änderung der Verordnung über den elektronischen Rechtsverkehr im Land Brandenburg (GVBl II 2007 S. 137 ff.)
- Zweite Verordnung zur Änderung der Verordnung über den elektronischen Rechtsverkehr im Land Brandenburg (GVBl II 2007 S. 425 f.)

Bremen:
- Verordnung über den elektronischen Rechtsverkehr mit den Gerichten und Staatsanwaltschaften im Land Bremen (GBl 2005 S. 579–580)

Hamburg:
- Verordnung über den elektronischen Rechtsverkehr in gerichtlichen Verfahren (GVBl I 2002 S. 41–42)
- Verordnung über den elektronischen Rechtsverkehr bei dem Amtsgericht Hamburg in Handelsregister- und Genossenschaftsregistersachen (GVBl 2006 S. 497 f.)
- Verordnung über den elektronischen Rechtsverkehr bei dem Handels- und Genossenschaftsregister sowie zur Weiterleitung von Ermächtigungen im elektronischen Rechtsverkehr (GVBl 2007 S. 1 ff.)
- Verordnung über den elektronischen Rechtsverkehr in Hamburg (GVBl 2008 S. 51 f.)

Hessen:
- Verordnung über den elektronischen Rechtsverkehr bei den in der Stadt Frankfurt am Main ansässigen Gerichten und Staatsanwaltschaften (GVBl I 2005 S. 794–795)
- Verordnung über den elektronischen Rechtsverkehr bei hessischen Gerichten und Staatsanwaltschaften (GVBl 2007 S. 699 ff.)

Mecklenburg-Vorpommern:
- Verordnung über den elektronischen Rechtsverkehr in Mecklenburg-Vorpommern (ERVVO M-V) (GVBl 2007 S. 24 ff.)
- Verordnung über den elektronischen Rechtsverkehr in Mecklenburg-Vorpommern (ERVVO M-V) (GVBl 2009 S. 53 ff.)

Niedersachsen:
- Verordnung über den elektronischen Rechtsverkehr mit Gerichten (ElekRVVO) (GVBl 2004 S. 154–155)
- Verordnung über den elektronischen Rechtsverkehr in der Justiz (ERVVOJust) (GVBl 2006 S. 247–249)
- Verordnung über den elektronischen Rechtsverkehr in Registersachen (ERVVO-Register) (Nds.GVBl 2007 S. 134 f.)

Nordrhein-Westfalen:
- Verordnung über den elektronischen Rechtsverkehr in gerichtlichen Verfahren (GVBl 2003 S. 759–761)
- Verordnung über den elektronischen Rechtsverkehr bei dem Amtsgericht Olpe (Elektronische Rechtsverkehrsverordnung Amtsgericht Olpe – ERVVOAGOlpe) (GVBl 2005 S. 693 – 695)
- Verordnung über den elektronischen Rechtsverkehr bei den Amtsgerichten im Lande Nordrhein-Westfalen in Handelsregister- und Genossenschaftsregistersachen (Elektronische Rechtsverkehrsverordnung Amtsgerichte – ERVVO AG) (GVBl 2006 S. 148–149)
- Erste Verordnung zur Änderung der Verordnung über den elektronischen Rechtsverkehr bei dem Amtsgericht Olpe (Elektronische Rechtsverkehrsverordnung Amtsgericht Olpe – ERVVOA-GOlpe) (GVBl 2008 S. 542)

Rheinland-Pfalz:
- Landesverordnung über den elektronischen Rechtsverkehr bei dem Oberverwaltungsgericht Rheinland-Pfalz (GVBl 2004 S. 36–37)
- Erste Landesverordnung zur Änderung der Landesverordnung über den elektronischen Rechtsverkehr bei dem Oberverwaltungsgericht Rheinland-Pfalz (GVBl 2004 S. 542)
- Dritte Landesverordnung zur Änderung der Landesverordnung über den elektronischen Rechtsverkehr (GVBl 2006 S. 50)
- Erste Landesverordnung zur Änderung der Landesverordnung über den elektronischen Rechtsverkehr mit den für die Führung der Handels-, Genossenschafts- und Partnerschaftsregister zuständigen Amtsgerichten (GVBl 2007 S. 94)
- Landesverordnung über den elektronischen Rechtsverkehr mit den öffentlich-rechtlichen Fachgerichtsbarkeiten (GVBl 2008 S. 33 ff.)
- Berichtigung der Landesverordnung über den elektronischen Rechtsverkehr mit den öffentlich-rechtlichen Fachgerichtsbarkeiten (GVBl 2008 S. 109)

Sachsen:
- Verordnung der Sächsischen Staatsregierung über den elektronischen Rechtsverkehr in Sachsen (SächsERVerkVO) (GVBl 2006 S. 544 ff.)

Sachsen-Anhalt:
- Verordnung über den elektronischen Rechtsverkehr bei den Gerichten und Staatsanwaltschaften des Landes Sachsen-Anhalt (ERVVO LSA) (GVBl 2007 S. 330 ff.)
- Verordnung zur Änderung der Verordnung über den elektronischen Rechtsverkehr bei den Gerichten und Staatsanwaltschaften des Landes Sachsen-Anhalt (GVBl 2009 S. 44)

Schleswig-Holstein:
- Landesverordnung über elektronische Aktenführung in Bußgeldverfahren (GVBl 2006 S. 112)
- Landesverordnung zur Umsetzung des Gesetzes über elektronische Handelsregister und Genossenschaftsregister sowie die Unternehmensregister (GVBl 2006 S. 361)
- Landesverordnung zur Änderung der Landesverordnung über den elektronischen Rechtsverkehr mit den Gerichten und Staatsanwaltschaften (GVBl 2009 S. 158 f.)

9   Die Norm orientiert sich inhaltlich – nicht mehr wie nach a.F. vom Gesetzeswortlaut her – an § 130a Abs. 1 ZPO, an den sich auch die vorgesehenen Regelungen in den Verfahrensordnungen anlehnen. Insofern sind die Vorschriften über die elektronische Akte und das gerichtliche elektronische Dokument für das Verfahren in dem der Rechtsanwalt die Vergütung erhält, für anwendbar. Im Fall der

Beratungshilfe sind die entsprechenden Vorschriften des Gesetzes über Verfahren in Familiensachen und in den Angelegenheiten der freiwilligen Gerichtsbarkeit anzuwenden. Dies hat zur Folge, dass z.B. in zivilrechtlichen Verfahren die Regelung des § 130a ZPO Anwendung findet. Diese Regelung beinhaltet die Einführung des elektronischen Dokumentes.

Die elektronische Form ersetzt die gesetzliche Schriftform. Sie besteht in der Übermittlung eines elektronischen Dokuments, d.h. einer Datei (E-Mail), die auf Datenträgern aufgezeichnet werden kann. Der Begriff des elektronischen Dokuments entspricht dem der „nur maschinell lesbaren" Aufzeichnung i.S.d. § 690 Abs. 3 ZPO. Die übermittelte Datei muss – vergleichbar mit § 690 Abs. 3 ZPO – für eine Bearbeitung durch das Gericht geeignet sein.[4]

10

Durch Behörden können Verfügungen, Bescheide und andere Verwaltungsakte statt in schriftlicher auch in elektronischer Form erlassen und elektronisch zugestellt werden. Das elektronische Dokument ist damit zentrales Instrument zur Umsetzung des sogenannten E-Justice. Voraussetzung ist, dass derjenige, der ein elektronisches Dokument erhalten soll, mit dieser Form der Kommunikation einverstanden ist und einen entsprechenden Zugang für das elektronische Dokument eingerichtet hat.

11

Ein elektronisches Dokument wird in der Regel nur dann als wirksam behandelt, wenn der Aussteller eine qualifizierte elektronische Signatur angefügt hat, die ihn zweifelsfrei als Urheber des Dokuments legitimiert und die mit den übermittelten Daten so verknüpft ist, dass eine nachträgliche Veränderung des Dokuments erkannt werden kann. Fortgeschrittene Signaturen können den Nachweis erbringen, dass bestimmte Angriffe gegen die Echtheit des Dokuments nicht zutreffend sind, und können so den Beweiswert faktisch erhöhen. Der vorlegende Empfänger muss, bei Zweifeln an der technischen oder organisatorischen Sicherheit dieses Signaturverfahrens, die erforderlichen Details zu seiner Sicherheit und Leistungsfähigkeit behaupten und beweisen. Regelmäßig wird es ihm hierzu an Informationen und Beweismitteln mangeln, so dass er oft den Beweis auch nicht mit Hilfe elektronisch signierter Dokumente wird führen können – zumindest nicht ohne eine Beweiserleichterung. So wären Beweiserleichterungen durch Anschein oder Vermutung immer dann gerechtfertigt, wenn die Sicherheit des Signaturverfahrens gewährleistet und überprüft worden ist. Der 2005 neu eingefügte § 371a ZPO gewährt nun ebendiese Beweiserleichterungen; allerdings nicht für einfache oder fortgeschrittene, sondern eben nur für qualifizierte Signaturen nach § 2 Nr. 3 SigG (Abs. 2 S. 2) und hier auch für private und öffentliche unterschiedlich. Sie ersetzt damit den früheren § 292a ZPO, der damit entfallen ist.

12

Das elektronische Dokument ist nicht erst im Zeitpunkt seines Ausdrucks, sondern bereits mit Aufzeichnung in der für den Empfang bestimmten Einrichtung des Gerichts eingereicht.[5]

13

II. Auslagen

Für die pauschale Herstellung und Überlassung von Dokumenten entsteht für den Rechtsanwalt der Auslagentatbestand der VV 7000 Nr. 2. Hiernach entsteht für die Überlassung von elektronisch gespeicherten Dateien anstelle der den VV 7000 Nr. 1 Buchst. d genannten Ablichtungen und Ausdrucke **je Datei** eine Auslage i.H.v. **1,50 EUR**, vergleiche auch die Kommentierung zu VV 7000. Für die in einem Arbeitsgang überlassenen, bereitgestellten oder in einem Arbeitsgang auf denselben Datenträger übertragenen Dokumente betragen die Auslagen insgesamt höchstens 5,00 EUR.

14

§ 12c Rechtsbehelfsbelehrung

Jede anfechtbare Entscheidung hat eine Belehrung über den statthaften Rechtsbehelf sowie über das Gericht, bei dem dieser Rechtsbehelf einzulegen ist, über dessen Sitz und über die einzuhaltende Form und Frist zu enthalten.

Literatur (zu § 39 FamFG bzw. § 232 ZPO): *Fölsch*, Formulierungshilfen zur Rechtsbehelfsbelehrung im Zivilprozess, NJW 2013, 970; *Götz*, Die Rechtsbehelfsbelehrung, FPR 2011, 1; *Hartmann*, Die neue Rechtsbehelfsbelehrung im Zivilprozess MDR 2013, 61; *H. Schneider*, Die Rechtsbehelfsbelehrung in den kostenrechtlichen Verfahren, AGS 2014, 106; *Vogel*, Die Rechtsbehelfsbelehrung, FPR 2012, 294; *Volpert*, Die Rechtsbehelfsbelehrung gem. § 12c RVG, RVGreport 2013, 210;

---

4 Zöller/*Greger*, § 130a Rn 2.   5 BT-Drucks 14/4987.

Zippel, Das Gesetz zur Einführung einer Rechtsbehelfsbelehrung im Zivilprozess und zur Änderung anderer Vorschriften vom 5.12.2012 und seine Auswirkungen auf die Insolvenzrechtspraxis, NZI 2013, 865.

A. Allgemeines 1	II. Belehrung über die Rechtspflegererinnerung nach § 11 RPflG 23
B. Anfechtbare Entscheidungen und Rechtsbehelfe 3	III. Belehrung über die Beschwerde nach § 33 bzw. §§ 56, 33 24
C. Form der Belehrung 8	IV. Belehrung über die weitere Beschwerde nach § 33 Abs. 6 bzw. §§ 56 Abs. 2 S. 1, 33 Abs. 6 gegen Beschluss des Landgerichts (Beschwerdegericht) 25
D. Inhalt der Belehrung 10	
I. Einzelne Bestandteile der Belehrung 10	
II. Verständlichkeit der Belehrung 16	
III. Abstrakte oder konkrete Belehrung 17	
E. Folgen unterbliebener oder fehlerhafter Belehrung 20	V. Belehrung über die sofortige Beschwerde nach § 11 Abs. 2 S. 3 i.V.m. §§ 567 ff. ZPO gegen amtsgerichtlichen Beschluss 26
F. Formulierungshilfen/Muster 22	
I. Belehrung über die Erinnerung nach § 56 22	

A. Allgemeines

1 Nach § 12c muss ein Gericht in **seiner Entscheidung** eine **Rechtsbehelfsbelehrung** erteilen, soweit die Entscheidung grundsätzlich anfechtbar ist. Die Vorschrift ist dem § 39 FamFG, der durch das FGG-Reformgesetz vom 17.12.2008[1] geschaffen wurde, nachgebildet worden. Rechtsbehelfsbelehrungspflichten sind auch – seit dem 1.1.2014 – in den weiteren Kostengesetzen (u.a. § 5b GKG, § 8a FamGKG), in § 232 ZPO (im Grundsatz auf Verfahren ohne Anwaltszwang beschränkt) sowie – schon seit längerem – in § 9 Abs. 5 ArbGG, § 35a StPO, § 66 SGG, § 58 VwGO, §§ 55, 105 Abs. 2 Nr. 6 FGO vorgeschrieben.

2 Die Rechtsbehelfsbelehrung soll den Bürgern die Orientierung im gerichtlichen Instanzenzug erleichtern und soll der Vermeidung unzulässiger Rechtsbehelfe dienen, weil die Belehrung Form, Frist und zuständiges Gericht enthalten muss.[2]

B. Anfechtbare Entscheidungen und Rechtsbehelfe

3 Die Belehrungspflicht gilt umfassend für **jede anfechtbare Entscheidung** im RVG-Verfahren, wobei es nicht darauf ankommt, ob sie als Entscheidung im Beschlusswege erfolgt oder in sonstiger Weise.[3] Die Belehrung ist durch dasjenige Gericht zu erteilen, das die Entscheidung erlässt. Auch Entscheidungen im Rechtsbehelfsverfahren müssen eine Belehrung enthalten, soweit die Entscheidungen anfechtbar sind.

4 Die Belehrungspflicht bei jeder anfechtbaren Entscheidung gilt generell. Die Belehrungspflicht besteht auch gegenüber Rechtsanwälten. Die Belehrung ist **unabhängig davon** zu erteilen, ob in dem Verfahren ein **Anwaltszwang** besteht. Eine derartige Einschränkung, wie es sie in § 232 S. 2 ZPO gibt, ist für das RVG-Verfahren nicht vorgesehen. Denn das Schutzbedürfnis des Mandanten entfällt in den RVG-Verfahren mit Anwaltszwang nicht. Zwar ist der Rechtsanwalt gleichermaßen in der Lage, eine auf den konkreten Einzelfall zugeschnittene Beratung und Belehrung über die statthaften Rechtsbehelfe zu erteilen. Jedoch können in Kostenverfahren die Interessen des Rechtsanwalts und seines Mandanten auseinanderfallen.[4]

5 Beispiele anfechtbarer erstinstanzlicher Entscheidungen sind:
- Vergütungsfestsetzung gegenüber der Staatskasse (§ 55),
- Vergütungsfestsetzung gegenüber Mandaten (§ 11),
- Gegenstandswertfestsetzung (§ 33 Abs. 1),
- Ablehnung der Wiedereinsetzung (§ 33 Abs. 5).

---

1 Vgl. aus dem Gesetzgebungsverfahren: BT-Drucks 16/6308; BT-Drucks 16/9733.
2 Vgl. BT-Drucks 17/10490, S. 11; zur Frage einer verfassungsrechtlichen Notwendigkeit einer Rechtsbehelfsbelehrungspflicht vgl. BVerfG NJW 1995, 3171; BGH NJW-RR 2009, 890.
3 Vgl. BT-Drucks 17/10490, S. 22 zu § 5b GKG.
4 Vgl. BT-Drucks 17/10490, S. 11.

Zu belehren ist über **sämtliche Rechtsbehelfe**, insbesondere also über die 6
- Erinnerung,
- Rechtspflegererinnerung (§ 11 RPflG),
- Beschwerde,
- weitere Beschwerde,
- sofortige Beschwerde (§ 11 Abs. 2 S. 3 RVG, § 567 ZPO),
- Rechtsbeschwerde (§ 11 Abs. 2 S. 3 RVG, § 574 ZPO).

Da der Wortlaut der Vorschrift nur anfechtbare Entscheidungen erfasst, muss nicht belehrt werden, wenn kein Rechtsmittel und keiner der genannten Rechtsbehelfe statthaft ist. Eine Negativbelehrung, dass ein Rechtsbehelf nicht gegeben ist, ist nicht geboten, kann aber „Dienst am Kunden" sein. Nicht erfasst werden von der Rechtsbehelfsbelehrungspflicht außerordentliche Rechtsbehelfe wie der Antrag auf Wiedereinsetzung in den vorigen Stand (§ 33 Abs. Abs. 5 S. 1) oder die Anhörungsrüge (§ 12a). Ebenso wenig ist über die Möglichkeit zur Verfassungsbeschwerde zu belehren.

Ist gegen die Entscheidung eines LG die zulassungsabhängige Beschwerde gegeben, muss über sie 7
auch dann belehrt werden, wenn sie nicht zugelassen ist.[5] Die Erteilung einer Rechtsbehelfsbelehrung erlaubt allerdings nicht den Schluss, dass die weitere Beschwerde als zugelassen gelten soll.[6] Die Rechtsbehelfsbelehrung dient nicht der Ergänzung oder Interpretation der Entscheidung, sondern allein der Information der Beteiligten über einen bestehenden Rechtsbehelf.[7]

C. Form der Belehrung

In § 12c wurde auf die ausdrückliche Anordnung einer Form der Belehrung verzichtet. Allerdings 8
muss die anfechtbare Entscheidung nach dem Wortlaut der Vorschrift die Rechtsbehelfsbelehrung enthalten. Daraus ist zu folgern, dass bei schriftlichen Entscheidungen die Rechtsbehelfsbelehrung von der **Unterschrift der Richter** umfasst sein muss.[8]

Zu verkündeten Beschlüssen, bei denen keine Schriftform vorgeschrieben ist, heißt es in der Gesetzesbegründung: „Bei verkündeten Beschlüssen ..., bei denen keine Schriftform vorgeschrieben ist, bietet sich entsprechend der Praxis im Strafprozess eine kurze mündliche Belehrung unter Aushändigung eines Merkblatts an. ..."[9] Dies ist indes mit dem Wortlaut von § 12c nicht vereinbar. Vorzuziehen ist deshalb, den verkündeten Beschluss schriftlich abzufassen und mit einer Rechtsbehelfsbelehrung zu versehen. Im Übrigen bietet sich an, auf eine Verkündung von Beschlüssen nach dem RVG zu verzichten, da sie nicht vorgeschrieben ist. 9

D. Inhalt der Belehrung

I. Einzelne Bestandteile der Belehrung

Nach dem Wortlaut des § 12c muss eine Rechtsbehelfsbelehrung Angaben enthalten über: 10
- die Anfechtbarkeit der Entscheidung,
- den „ordentlichen" Rechtsbehelf,
- die Statthaftigkeit[10] des Rechtsbehelfs,
- das Gericht, bei dem der Rechtsbehelf einzulegen ist,
- den Sitz des Gerichts (vollständige Anschrift[11]),

---

5 A.A.: Zöller/*Feskorn*, § 39 FamFG, Rn 4; wohl auch BGH NJW-RR 2011, 1569, Rn 16 f.; BGH BeckRS 2012, 15045, Rn 3; vgl. hingegen zum Begriff der (generellen) Statthaftigkeit: GMS-OGB NJW 1984, 1027; BGH NJW-RR 1990, 323; BGH NJW-RR 2008, 1673.

6 BGH NJW-RR 2011, 1569, Rn 16 f.; BGH BeckRS 2012, 15045, Rn 3; BGH NJW 2014, 2879.

7 BGH NJW 2014, 2879; vgl. hierzu auch BGH NJW-RR 2014, 1025; BGH NJW-RR 2014, 1027.

8 Vgl. BT-Drucks 17/10490, S. 13.

9 BT-Drucks 17/10490, S. 13 zu verkündeten Beschlüssen gem. § 329 ZPO.

10 Zum Begriff der (generellen) Statthaftigkeit: GMS-OGB NJW 1984, 1027; BGH NJW-RR 1990, 323; BGH NJW-RR 2008, 1673; vgl. indes Zöller/*Feskorn*, § 39 FamFG, Rn 4 zur Statthaftigkeit einer zulassungsabhängigen Rechtsbeschwerde.

11 BGH NJW 2011, 2887 zu § 39 FamFG; BGH NJW-RR 2010, 1297 zu § 39 FamFG, Rn 14; a.A. Zöller/*Greger*, § 232 ZPO, Rn 13; Zöller/*Feskorn*, § 39 FamFG, Rn 13.

- die einzuhaltende Form und
- die einzuhaltende Frist.

11 Zum Inhalt einer Belehrung gehört auch die Belehrung über einen bestehenden Anwaltszwang.[12]

12 Weiterhin muss eine Rechtsbehelfsbelehrung Angaben zu den Zulässigkeitsvoraussetzungen einer Beschwer, eines Wert des Beschwerdegegenstands bzw. einer Zulassung des Rechtsmittels, einer Begründung sowie einer diesbezüglich einzuhaltenden Frist machen.[13]

13 Bei der Belehrung über eine Frist muss klargestellt sein, dass nur der rechtzeitige Eingang des Rechtsbehelfs die Rechtsbehelfsfrist wahrt.[14]

14 Zur Belehrung über eine Schriftform gehört auch, dass die Schrift zu unterzeichnen ist.[15]

15 Hat die Partei – wie hier bei der sofortigen Beschwerde – ein Wahlrecht zwischen mehreren Gerichten (vgl. § 569 Abs. 1 S. 1 ZPO), so sind alle Gerichte in der Belehrung anzugeben.[16]

II. Verständlichkeit der Belehrung

16 Adressaten der Belehrung sind stets diejenigen Personen, an die sich die gerichtliche Entscheidung richtet. Mit dem zwingenden Inhalt muss eine Rechtsbehelfsbelehrung **aus sich heraus** für sie **verständlich sein**.[17] Eine **nicht anwaltlich vertretene Partei muss in den Stand** gesetzt werden, **allein** anhand der Rechtsbehelfsbelehrung ohne Mandatierung eines Rechtsanwalts **einen formrichtigen Rechtsbehelf einzulegen**.[18] Die Anforderungen an die inhaltliche Ausgestaltung der Rechtsbehelfsbelehrung sind auch dann nicht geringer, wenn eine Partei im Verfahren durch einen Rechtsanwalt vertreten ist oder wenn über einen Rechtsbehelf, für den ein Anwaltszwang besteht, zu belehren ist.[19]

III. Abstrakte oder konkrete Belehrung

17 Dem Zweck der Rechtsbehelfsbelehrung, die rechtsunkundige Partei ohne weiteres in die Lage zu versetzen, einen formrichtigen Rechtsbehelf einzulegen, widerspricht es nicht, wenn die **Belehrung zu einzelnen Zulässigkeitsvoraussetzungen des Rechtsbehelfs abstrakt und damit nicht konkret** erteilt wird.[20] Indes muss die Rechtsbehelfsbelehrung den gegen die gerichtliche Entscheidung konkret statthaften Rechtsbehelf benennen. Sind mehrere Rechtsbehelfe statthaft, wie z.B. gegen gemischte Entscheidungen, sind alle Rechtsbehelfsmöglichkeiten anzugeben. Auch das Gericht, an das der Rechtsbehelf zu adressieren ist, sowie dessen Sitz sind konkret zu bezeichnen. Dagegen ist für die einzelnen Zulässigkeitsvoraussetzungen (Beschwer, Wert des Beschwerdegegenstands, Zulassung des Rechtsmittels, Form, Frist, Anwaltszwang) eine abstrakte Belehrung, gegebenenfalls anhand der gesetzestextlichen Formulierungen, ausreichend.[21] Die rechtsunkundige Partei erfährt durch die insoweit abstrakte Belehrung, dass der Rechtsbehelf von bestimmten Zulässigkeitsvoraussetzungen abhängt. Allerdings wird die Partei anhand dieser Belehrung nicht feststellen können, ob ein Rechtsbehelf gegeben ist, und daher auch nicht wissen, ob es sinnvoll ist, einen Anwalt aufzusuchen oder nicht.[22] Jedoch ist es kaum möglich, in einer Rechtsbehelfsbelehrung auf alle Modalitäten der einzelnen Zulässigkeitsvoraussetzungen eines Rechtsbehelfs hinzuweisen.

---

12 BT-Drucks 17/10490, S. 13; zu § 39 FamFG: BGH NJW-RR 2010, 1297, Rn 14; BGH NJW-RR 2012, 1025, Rn 7; BGH NJW-RR 2012, 1473, Rn 5.

13 Im einzelnen str.; nach Auffassung des BGH NJW 2011, 2887, Rn 6 verlangt § 39 FamFG keine Belehrung über Form und Frist einer Rechtsmittelbegründung.

14 Vgl. Zöller/*Feskorn*, § 39 FamFG, Rn 15.

15 Vgl. OLG Dresden FGPrax 2011, 103 zu § 39 FamFG.

16 BT-Drucks 17/10490, S. 13.

17 BGH NJW-RR 2010, 1297, Rn 14 zu § 39 FamFG.

18 BGH NJW-RR 2010, 1297, Rn 14 zu § 39 FamFG.

19 Folgerung aus BGH NJW-RR 2010, 1297, Rn 14 zu § 39 FamFG über eine Belehrung über eine Rechtsbeschwerde, die dem Anwaltszwang unterliegt; so auch: Zöller/*Feskorn*, § 39 FamFG, Rn 14.

20 Vgl. BVerfG NJW 1971, 2217 zu § 35a StPO; a.A. Germelmann/Matthes/Prütting/*Prütting*, 8. Aufl. (2013), § 9 ArbGG, Rn 37–40; MüKo/*Ulrici*, 2. Aufl. (2013), § 39 FamFG, Rn 3, 8.

21 Vgl. auch BGH NJW-RR 2014, 1027, Rn 20.

22 Vgl. Germelmann/Matthes/Prütting/*Prütting*, 8. Aufl. (2013), § 9 ArbGG, Rn 40, der deshalb die konkrete Belehrung bei § 9 ArbGG befürwortet.

So muss beispielsweise ausreichen, dass die **Frist** des Rechtsbehelfs und ihr Beginn in der Belehrung angegeben werden.[23] Einen Hinweis, wie Fristen berechnet werden oder sich verlängern, ist dagegen nicht erforderlich.[24]

Weiterhin genügt es, wenn in der Rechtsbehelfsbelehrung die Erfordernisse der **Beschwer** sowie des **Mindestwerts des Beschwerdegegenstands** bzw. der **Zulassung** des Rechtsmittels angegeben werden. Das Gericht muss keine eigenständige Prüfung des Beschwerdewerts vornehmen.[25] Denn die Entscheidung über die Zulässigkeit, insbesondere auch den Wert der Beschwer bzw. des Beschwerdegegenstands, trifft allein das Rechtsbehelfsgericht.[26] Einer Beurteilung des Ausgangsgerichts kommt insoweit keinerlei bindende Wirkung zu. Eine abschließende Prüfung ist dem Ausgangsgericht in der Regel auch nicht möglich, weil der Wert der Beschwer sowie der Wert des Beschwerdegegenstands von dem Ausgangsgericht nicht bekannten Umständen abhängen.[27]

E. Folgen unterbliebener oder fehlerhafter Belehrung

Ist der Rechtsbehelf gegen eine Entscheidung im RVG-Verfahren fristgebunden (z.B.: Beschwerde nach § 33 Abs. 3), ist für Fälle der Fristversäumnis bei unterlassener beziehungsweise fehlerhafter Rechtsbehelfsbelehrung eine „Wiedereinsetzungslösung" vorgesehen, um einerseits die Bestandskraft kostenrechtlicher Maßnahmen nicht unnötig hinauszuzögern, andererseits aber einen effektiven Rechtsschutz zu gewährleisten.[28] Dazu ist in § 33 Abs. 5 S. 1 eine gesetzliche Vermutung normiert, nach der die unterbliebene bzw. fehlerhafte Rechtsbehelfsbelehrung ursächlich für ein Fristversäumnis ist.

Erteilt das Gericht eine unrichtige oder unvollständige Rechtsbehelfsbelehrung, kann eine Wiedereinsetzung in den vorigen Stand gewährt werden. Nach dem neu eingefügten § 33 Abs. 5 S. 1 wird das Fehlen des Verschuldens vermutet, wenn eine Rechtsbehelfsbelehrung unterblieben oder fehlerhaft ist. Die Vermutung erfordert aber einen **ursächlichen Zusammenhang** zwischen **Belehrungsmangel** und **Fristsäumnis**.[29] Erteilt das Gericht **überhaupt keine** oder eine nur **unvollständige** Rechtsbehelfsbelehrung, wird es bei einer anwaltlich vertretenen Partei in der Regel an diesem ursächlichen Zusammenhang fehlen, weil die anwaltlich vertretene Partei für die zutreffende Information über seine Rechtsbehelfsmöglichkeiten keiner Unterstützung durch eine Rechtsbehelfsbelehrung bedarf.[30] In den Fällen einer **unrichtigen** Rechtsbehelfsbelehrung kann es bei einer anwaltlich vertretenen Partei an der Ursächlichkeit fehlen, wenn die durch das Gericht erteilte Rechtsbehelfsbelehrung offenkundig falsch gewesen ist und deshalb nicht einmal den Anschein der Richtigkeit zu erwecken vermochte.[31] Grundsätzlich kann aber auch ein Rechtsanwalt auf die Richtigkeit einer durch das Gericht erteilten Rechtsbehelfsbelehrung vertrauen.[32] Da aber gleichwohl von ihm erwartet werden kann, dass er die Grundzüge des Verfahrensrechts und das Rechtsmittelsystem in der jeweiligen Verfahrensart kennt, kann er das Vertrauen in die Richtigkeit einer Rechtsbehelfsbelehrung nicht uneingeschränkt, sondern nur in den Fällen in Anspruch nehmen, in denen die inhaltlich fehlerhafte Belehrung zu einem unvermeidbaren, zumindest aber nachvollziehbaren und daher verständlichen Rechtsirrtum des Rechtsanwalts geführt hat.[33]

---

23 Vgl. BVerfG NJW 1971, 2217 zu § 35a StPO, so auch Hartmann, MDR 2013, 61, 64 zu § 232 ZPO.

24 Vgl. BVerfG NJW 1971, 2217 zu § 35a StPO, so auch Hartmann, MDR 2013, 61, 64 zu § 232 ZPO.

25 Zöller/*Greger*, § 232 ZPO, Rn 3; Zöller/*Feskorn*, § 39 FamFG, Rn 11, 4; a.A. Germelmann/Matthes/Prütting/ *Prütting*, 8. Aufl. (2013), § 9 ArbGG, Rn 37–40; MüKo/*Ulrici*, 2. Aufl. (2013), § 39 FamFG Rn 3, 8.

26 Zöller/*Greger*, § 232 ZPO, Rn 3; Zöller/*Feskorn*, § 39 FamFG, Rn 4.

27 Zöller/*Greger*, § 232 ZPO, Rn 3; Zöller/*Feskorn*, § 39 FamFG, Rn 11, 4.

28 BT-Drucks 17/10490, S. 22 zu § 68 GKG.

29 Zu § 39 FamFG: BGH NJW-RR 2010, 1297, Rn 11; BGH NJW-RR 2012, 1025, Rn 8; BGH NJW 2013, 1308, Rn 7; BGH NJW-RR 2014, 517; vgl. auch: BGH NJW 2002, 2171; vgl. auch BGH NStZ 2001, 45; BGH NJW-RR 2008, 1084; BGH NJW-RR 2009, 890; BayObLG NJW-RR 2001, 444; vgl. aber auch BVerfG NJW 1991, 2277.

30 Zu § 39 FamFG: BGH NJW-RR 2014, 517; BGH NJW-RR 2012, 1025, Rn 8; BGH NJW-RR 2010, 1297, Rn 11; entsprechend für Behörden bei Vertretung durch Beschäftigten mit Befähigung zum Richteramt: BGH NJW 2013, 1308, Rn 8.

31 Zu § 39 FamFG: BGH NJW-RR 2014, 517, Rn 20; BGH NJW-RR 2012, 1025, Rn 9; vgl. auch zur Rechtsbehelfsbelehrung in WEG-Sachen: BGH NJW 2012, 2443, Rn 10 f.

32 Zu § 39 FamFG: BGH NJW-RR 2014, 517, Rn 20; BGH NJW-RR 2012, 1025, Rn 9.

33 Zu § 39 FamFG: BGH NJW-RR 2014, 517, Rn 20; BGH NJW-RR 2012, 1025, Rn 9.

F. Formulierungshilfen/Muster

I. Belehrung über die Erinnerung nach § 56

22

Muster: Belehrung über die Erinnerung nach § 56

Rechtsbehelfsbelehrung

Gegen den Beschluss über die Festsetzung der Vergütung ist der Rechtsbehelf der Erinnerung für jeden zulässig, der durch diesen Beschluss in seinen Rechten benachteiligt ist.

Die Erinnerung ist nicht an eine Frist gebunden. Sie muss schriftlich oder durch Erklärung zu Protokoll der Geschäftsstelle beim **Amtsgericht Kiel, Deliusstraße 22, 24114 Kiel** eingegangen sein. Die Erinnerungsschrift ist zu unterzeichnen. Die Erklärung über die Erinnerung kann auch zu Protokoll der Geschäftsstelle eines jeden anderen Amtsgerichts abgegeben werden, wobei die Erklärung erst dann wirksam wird, wenn die Erklärung bei dem Amtsgericht Kiel eingeht.

Die Erinnerungsschrift muss die Bezeichnung der Entscheidung, gegen die die Erinnerung gerichtet wird, sowie die Erklärung, dass gegen diese Entscheidung Erinnerung eingelegt werde, enthalten. Die Gerichtssprache ist deutsch.

II. Belehrung über die Rechtspflegererinnerung nach § 11 RPflG

23

Muster: Belehrung über die Rechtspflegererinnerung nach § 11 RPflG

Rechtsbehelfsbelehrung

Gegen den Beschluss ist der Rechtsbehelf der Erinnerung für jeden zulässig, der durch diesen Beschluss in seinen Rechten benachteiligt ist.

Die Erinnerung muss binnen zwei Wochen nach Zustellung dieses Beschlusses schriftlich oder durch Erklärung zu Protokoll der Geschäftsstelle beim **Amtsgericht Kiel, Deliusstraße 22, 24114 Kiel** eingegangen sein. Die Erinnerungsschrift ist zu unterzeichnen. Die Erklärung über die Erinnerung kann auch zu Protokoll der Geschäftsstelle eines jeden anderen Amtsgerichts abgegeben werden, wobei die Erinnerungsfrist nur dann als gewahrt gilt, wenn die Erklärung rechtzeitig bei dem Amtsgericht Kiel eingeht.

Die Erinnerungsschrift muss die Bezeichnung der Entscheidung, gegen die die Erinnerung gerichtet wird, sowie die Erklärung, dass gegen diese Entscheidung Erinnerung eingelegt werde, enthalten. Die Gerichtssprache ist deutsch.[34]

III. Belehrung über die Beschwerde nach § 33 bzw. §§ 56, 33

24

Muster: Belehrung über die Beschwerde nach § 33 bzw. §§ 56, 33

Rechtsbehelfsbelehrung

Gegen den Beschluss ist das Rechtsmittel der Beschwerde für jeden zulässig, der durch diesen Beschluss in seinen Rechten benachteiligt ist,
– wenn der Wert des Beschwerdegegenstandes 200 EUR übersteigt oder
– wenn die Beschwerde in dem Beschluss durch das Amtsgericht Kiel zugelassen worden ist.

Die Beschwerde muss binnen zwei Wochen nach Zustellung dieses Beschlusses schriftlich oder durch Erklärung zu Protokoll der Geschäftsstelle beim **Amtsgericht Kiel, Deliusstraße 22, 24114 Kiel** eingegangen sein. Die Beschwerdeschrift ist zu unterzeichnen. Die Erklärung über die Beschwerde kann auch zu Protokoll der Geschäftsstelle eines jeden anderen Amtsgerichts abgegeben werden, wobei die Beschwerdefrist nur dann als gewahrt gilt, wenn die Erklärung rechtzeitig bei dem Amtsgericht Kiel eingeht.

---

[34] § 11 Abs. 2 RPflG ist durch das Gesetz zur Einführung einer Rechtsbehelfsbelehrung im Zivilprozess und zur Änderung anderer Gesetze zum 1.1.2014 neu gefasst worden.

Die Beschwerdeschrift muss die Bezeichnung der Entscheidung, gegen die die Beschwerde gerichtet wird, sowie die Erklärung, dass gegen diese Entscheidung Beschwerde eingelegt werde, enthalten. Die Gerichtssprache ist deutsch.

IV. Belehrung über die weitere Beschwerde nach § 33 Abs. 6 bzw. §§ 56 Abs. 2 S. 1, 33 Abs. 6 gegen Beschluss des Landgerichts (Beschwerdegericht)

Muster: Belehrung über die weitere Beschwerde nach § 33 Abs. 6 bzw. §§ 56 Abs. 2 S. 1, 33 Abs. 6   25

Rechtsbehelfsbelehrung

Gegen den Beschluss ist das Rechtsmittel der weiteren Beschwerde für jeden zulässig, der durch diesen Beschluss in seinen Rechten benachteiligt ist, wenn die Beschwerde in dem Beschluss durch das Landgericht Kiel zugelassen worden ist.

Die weitere Beschwerde muss binnen zwei Wochen nach Zustellung dieses Beschlusses schriftlich oder durch Erklärung zu Protokoll der Geschäftsstelle beim **Landgericht Kiel, Schützenwall 31–35, 24114 Kiel** eingegangen sein. Die Beschwerdeschrift ist zu unterzeichnen. Die Erklärung über die weitere Beschwerde kann auch zu Protokoll der Geschäftsstelle eines jeden Amtsgerichts abgegeben werden, wobei die Beschwerdefrist nur dann als gewahrt gilt, wenn die Erklärung rechtzeitig bei dem Landgericht Kiel eingeht.

Die Beschwerdeschrift muss die Bezeichnung der Entscheidung, gegen die die weitere Beschwerde gerichtet wird, sowie die Erklärung, dass gegen diese Entscheidung weitere Beschwerde eingelegt werde, enthalten. Die Gerichtssprache ist deutsch.

Die weitere Beschwerde kann nur darauf gestützt werden, dass der Beschluss auf einer Verletzung des Rechts beruht.

V. Belehrung über die sofortige Beschwerde nach § 11 Abs. 2 S. 3 i.V.m. §§ 567 ff. ZPO gegen amtsgerichtlichen Beschluss

Muster: Belehrung über die sofortige Beschwerde nach § 11 Abs. 2 S. 3 i.V.m. §§ 567 ff. ZPO   26

Rechtsbehelfsbelehrung

Gegen den Beschluss ist das Rechtsmittel der sofortigen Beschwerde für jeden zulässig, der durch diesen Beschluss in seinen Rechten benachteiligt ist, wenn der Wert des Beschwerdegegenstandes 200 EUR übersteigt.

Die sofortige Beschwerde muss binnen einer Notfrist von zwei Wochen nach Zustellung dieses Beschlusses schriftlich oder durch Erklärung zu Protokoll der Geschäftsstelle beim **Amtsgericht Kiel, Deliusstraße 22, 24114 Kiel** eingegangen sein. Die Beschwerdeschrift ist zu unterzeichnen. Die Einlegung beim **Landgericht Kiel, Schützenwall 31–35, 24114 Kiel**, wahrt die Frist. Die Erklärung über die sofortige Beschwerde kann auch zu Protokoll der Geschäftsstelle eines jeden anderen Amtsgerichts abgegeben werden, wobei die Beschwerdefrist nur dann als gewahrt gilt, wenn die Erklärung rechtzeitig bei dem Amtsgericht Kiel oder dem Landgericht Kiel eingeht.

Die Beschwerdeschrift muss die Bezeichnung der Entscheidung, gegen die die Beschwerde gerichtet wird, sowie die Erklärung, dass gegen diese Entscheidung Beschwerde eingelegt werde, enthalten. Die Gerichtssprache ist deutsch.

Die Beschwerde soll begründet werden. Die Beschwerde kann auf neue Tatsachen gestützt werden.

Abschnitt 2
Gebührenvorschriften

§ 13 Wertgebühren

(1) ¹Wenn sich die Gebühren nach dem Gegenstandswert richten, beträgt die Gebühr bei einem Gegenstandswert bis 500 Euro 45 Euro. ²Die Gebühr erhöht sich bei einem

Gegenstandswert bis ... Euro	für jeden angefangenen Betrag von weiteren ... Euro	um ... Euro
2 000	500	35
10 000	1 000	51
25 000	3 000	46
50 000	5 000	75
200 000	15 000	85
500 000	30 000	120
über 500 000	50 000	150.

³Eine Gebührentabelle für Gegenstandswerte bis 500 000 Euro ist diesem Gesetz als Anlage 2 beigefügt.

(2) Der Mindestbetrag einer Gebühr ist 15 Euro.

Literatur: *Hansens*, Gebührenerhöhung nach Nr. 1008 VV RVG bei Mindestgebühren, RVGreport 2005, 372; *N. Schneider*, Wie berechnet sich die Mindestgebühr bei mehreren Auftraggebern?, AGS 2003, 284; *ders.*, Anrechnung der Mindestgebühr, AGS 2005, 325; *ders.*, Erhöhung des Mindestbetrags bei mehreren Auftraggebern?, NJW-Spezial 2010, 731; *Volpert*, Zwangsvollstreckungsverfahren – Die Vergütung in der Zwangsvollstreckung (Teil 1), RVGreport 2004, 450.

A. Allgemeines 1	III. Gebührentabelle (Abs. 1 S. 3; Anlage 2) ... 17
B. Regelungsgehalt 9	IV. Mindestbetrag (Abs. 2) 18
I. „Volle Gebühr" (Abs. 1 S. 1 und 2) 9	V. Höchstbeträge 27
II. Berechnung der Dezimalgebühren 13	VI. Anrechnung der Mindestgebühr 28

A. Allgemeines

In **Abs. 1** sind die Beträge festgelegt, aus denen die Wertgebühren zu ermitteln sind, also diejenigen Gebühren, die sich nach dem Gegenstandswert der anwaltlichen Tätigkeit (§§ 2 Abs. 1, 3 Abs. S. 2 u 3, Abs. 2) berechnen.

Die Gebührenbeträge der Tabelle des Abs. 1 sind zuletzt mit dem 2. KostRMoG angepasst worden. Zu Übergangsfällen siehe § 60.

Die Vorschrift gilt für sämtliche **Wertgebühren**, unabhängig davon, ob es sich handelt um:
- **(volle) 1,0-Gebühren** (z.B. VV 1000, 3305)
- **geringere Gebühren** (z.B. VV 3309: 0,3; VV 3307: 0,5)
- **höhere Gebühren** (z.B. VV 3104: 1,2; VV 3200: 1,6)
- Gebühren mit **Satzrahmen** (z.B. VV 2300: 0,5 bis 2,5).

3   In Angelegenheiten, in denen **Betragsrahmengebühren** vorgesehen sind, gilt § 13 dagegen grundsätzlich nicht. Dies gilt insbesondere
    – für sozialgerichtliche Verfahren, in denen das GKG keine Anwendung findet (§ 3 Abs. 1 S. 1) und die entsprechenden außergerichtlichen Tätigkeiten (§ 3 Abs. 2 i.V.m. Abs. 1 S. 2) sowie
    – in Verfahren nach VV Teil 4 bis VV Teil 6. Hier kommen allenfalls **zusätzliche Wertgebühren** in Betracht (z.B. VV 4142, 4143 ff., VV 5116), für die dann wiederum § 13 gilt.

4   Ebenso wenig ist § 13 auf die **Hebegebühr** anwendbar, für die in VV 1009 eine spezielle Regelung enthalten ist.

5   Des Weiteren findet § 13 keine Anwendung auf die Vergütung nach § 34 Abs. 1 für Mediation, Beratung oder Gutachten. Die im Einzelfall abzurechnende Gebühr kann sich hier nach § 14 Abs. 1 allerdings an einer Wertgebühr orientieren (siehe § 34 Abs. 1 S. 3).

6   Auch auf eine nach den §§ 3a ff. **vereinbarte Vergütung** ist § 13 nicht unmittelbar anwendbar. Hier kann allerdings eine Wertgebühr vereinbart werden, etwa wenn nach einem höheren Gebührensatz oder einem höheren Gegenstandswert abgerechnet werden soll.[1] Dann gilt auch insoweit wiederum § 13.

7   Nur eingeschränkt anwendbar ist § 13, soweit der Anwalt im Rahmen der **Prozess-/Verfahrenskostenhilfe oder anderweitig beigeordnet** worden oder er gerichtlich bestellt worden ist. Bis zum Wert von 4.000 EUR gilt auch für den Pflichtanwalt die Tabelle des Abs. 1. Bei höheren Werten ergeben sich die geringeren Beträge der Tabelle des § 49.

8   In **Abs. 2** ist der **Mindestbetrag** einer Wertgebühr festgelegt. Er beläuft sich auf 15 EUR. Eine Ab- und Aufrundungsregelung findet sich in § 2 Abs. 2 S. 2.

B. Regelungsgehalt

I. „Volle Gebühr" (Abs. 1 S. 1 und 2)

9   In Abs. 1 S. 1 und 2 sind die Beträge einer Gebühr festgelegt. Gemeint ist damit die frühere „**volle Gebühr**", also eine **1,0-Gebühr**. Der jeweilige Betrag, nach dem sich die Gebühr bemisst, ist von dem zugrunde liegenden **Gegenstandswert** abhängig (§ 2 Abs. 1).

10 Die volle Gebühr (1,0) beginnt mit einem Betrag in Höhe von 40 EUR. Mit zunehmendem Gegenstandswert erhöht sich stufenweise auch der Betrag einer vollen Gebühr. Dabei ist in die Erhöhungen eine **Degression** eingearbeitet worden. Die Wertstufen, nach denen jeweils ein Gebührensprung stattfindet, vergrößern sich mit steigendem Gegenstandswert von anfangs 500 EUR auf schließlich 50.000 EUR. Gleichzeitig verringern sich die Gebührensprünge, so dass die Degression bei hohen Streitwerten erheblich ist.

11 Ist der Anwalt im Rahmen der **Prozess-/Verfahrenskostenhilfe** oder anderweitig **beigeordnet oder bestellt** worden, kann er gegenüber der Staatskasse ab einem Gegenstandswert von mehr als 4.000 EUR nicht mehr nach den Gebührenbeträgen des Abs. 1 S. 1 und 2 abrechnen. Die §§ 44 ff. enthalten insoweit in § 49 eine Spezialregelung, die der des Abs. 1 S. 1 und 2 vorgeht (§ 45).

12 Soweit der beigeordnete Anwalt dagegen die **weitere Vergütung nach § 50** erhält oder er seine Vergütung nach **§ 126 Abs. 1 ZPO** gegen den **erstattungspflichtigen Gegner** geltend machen kann, sind auch für ihn insoweit die Beträge nach Abs. 1 maßgebend.

II. Berechnung der Dezimalgebühren

13 Ausgewiesen sind in Abs. 1 S. 2, 3 i.V.m. Anlage 2 (zu § 13 Abs. 1 S. 3) die vollen Beträge, also die Beträge, die einem Satz von 1,0 entsprechen.

14 Soweit dem Anwalt eine **1,0-Gebühr** zusteht, braucht er den jeweiligen Betrag nur aus der Gebührentabelle des Abs. 1 S. 2, 3 abzulesen.

---

1 Siehe hierzu auch ausführlich *N. Schneider*, Vergütungsvereinbarung, Rn 897 ff.

Soweit **abweichende Dezimalgebühren** vorgesehen sind, also Gebühren unterhalb der 1,0-Gebühr (0,3; 0,5; 0,75 o.Ä.) oder höhere Gebühren (1,2; 1,3; 2,5 o.Ä.), errechnen sich diese, indem der Tabellenbetrag der vollen Gebühr mit der jeweiligen Dezimalzahl multipliziert wird.

> **Beispiel:** Eine 0,3-Gebühr aus dem Wert von 5.000 EUR (Tabellenbetrag 303 EUR) berechnet sich wie folgt: 0,3 x 303 EUR = 90,90 EUR. Eine 1,6-Gebühr berechnet sich folgendermaßen: 1,6 x 303 EUR = 484,40 EUR.

Eine anschließende **Auf-** oder **Abrundung** der Gebührenbeträge, ist nur ab der dritten Dezimalstelle, also bei Beträgen unter einem Cent vorgesehen. Diese Rundungsregelung findet sich in § 2 Abs. 2 S. 2 (siehe § 2 Rdn 42 f.).

III. Gebührentabelle (Abs. 1 S. 3; Anlage 2)

Eine Gebührentabelle für volle Gebühren bis zu einem Gegenstandswert von 500.000 EUR ist dem Gesetz bereits als Anlage 2 beigefügt (vgl. Abs. 1 S. 3).

IV. Mindestbetrag (Abs. 2)

Nach **Abs. 2** beläuft sich der **Mindestbetrag** einer Gebühr auf 15 EUR. Die Anwendung dieser Vorschrift kommt nur für Gebührensätze unter 0,4 und auch dort nur bei niedrigen Gegenstandswerten zum Tragen.

> **Beispiel:** Der Anwalt ist mit einem einfachen Schreiben oder einer Vollstreckungsmaßnahme beauftragt. Der Gegenstandswert beträgt 250 EUR.
> Der Gebührensatz beläuft sich in beiden Fällen auf 0,3 (Einfaches Schreiben VV 2301, Zwangsvollstreckung VV 3309). Die Gebühr würde sich demnach auf 0,3 x 45 EUR = 13,50 EUR belaufen. Die Gebühr wird daher nach Abs. 2 auf 15 EUR angehoben.

Die Vorschrift des Abs. 2 gilt nur für Gebühren, nicht auch für **Erhöhungen**. Daher ist diese Vorschrift nicht auf die Gebührenerhöhung nach VV 1008 anwendbar (siehe VV Vorb. 3.3.3, VV 3309 Rdn 153),[2] da es sich bei dieser Erhöhung nicht um eine Gebühr handelt.

> **Beispiel:** Der Anwalt erhebt für zwei Auftraggeber gemeinschaftlich Klage nach einem Wert von 300 EUR. Die Verfahrensgebühr beläuft sich auf 1,3, also 58,50 EUR. Diese Gebühr erhöht sich nach VV 1008 um 0,3 auf 1,6, also auf 72 EUR. Die Erhöhung beträgt demnach 13,50 EUR. Dennoch kommt eine Heraufsetzung der Erhöhung nach Abs. 2 auf 15 EUR nicht in Betracht.

Ebenfalls nicht anwendbar ist Abs. 2 auf das nach einer **Gebührenanrechnung** verbleibende Aufkommen, da es sich insoweit nur um einen rechnerischen Differenzbetrag handelt, nicht aber um eine eigene Gebühr.[3] Abs. 2 ist auch nicht auf **Auslagen** (z.B. Schreibgebühren, Telekommunikationsentgelte) anwendbar.[4]

Für die **Hebegebühr** gilt Abs. 2 ebenfalls nicht, da VV 1009 eine spezielle Regelung enthält und eine eigene Mindestgebühr (1 EUR) vorsieht.[5]

Umstritten war die Gebührenberechnung bei **mehreren Auftraggebern** nach § 6 Abs. 1 S. 2 BRAGO, wenn die nicht erhöhte Gebühr unter dem Mindestbetrag lag.[6] Diese Streitfrage stellt sich nach VV 1008 weiterhin.[7]

---

2 LG Berlin AGS 2006, 484 = RVGreport 2006, 306; AG Hohenschönhausen AGS 2006, 117 m. Anm. N. Schneider = RVGreport 2006, 143; AG Stuttgart AGS 2005, 331; so auch schon zu § 6 Abs. 1 BRAGO: AG München DGVZ 1978, 414; N. Schneider, AGS 2005, 325; Hansens, RVGreport 2005, 372; Volpert in: Hansens/Braun/Schneider, Praxis des Vergütungsrechts, Teil 18 Rn 21 f. und Teil 6 Rn 219 f.

3 A.A. – allerdings noch auf Basis der überholten Anrechnungsrechtsprechung des BGH – Gerold/Schmidt/Mayer, RVG, § 15 Rn 13; Mayer/Kroiß, RVG, § 13 Rn 36.

4 Gerold/Schmidt/Mayer, RVG, § 13 Rn 13.

5 Gerold/Schmidt/Mayer, RVG, § 13 Rn 13.

6 Ausführlich N. Schneider, AGS 2003, 284.

7 Siehe hierzu N. Schneider, AGS 2005, 325; Hansens, RVGreport 2005, 372.

Beispiel: Der Anwalt erhält von zwei Auftraggebern gemeinschaftlich den Auftrag, wegen einer Forderung von 250 EUR zu vollstrecken. Ohne die Anwendung der VV 1008 würde sich die 0,3-Verfahrensgebühr für die Vollstreckung nach VV 3309 auf 13,50 EUR belaufen.

23 Nach einer Auffassung[8] ist zunächst einmal die jeweilige Gebühr ohne Erhöhung zu ermitteln und gegebenenfalls auf die Mindestgebühr heraufzusetzen. Erst hiernach ist dann die Erhöhung um 0,3 vorzunehmen.

Danach wäre also im Beispiel zunächst der Betrag von 13,50 EUR auf 15 EUR aufzurunden und anschließend um 0,3 auf 28,50 EUR zu erhöhen.[9]

24 Denkbar wäre auch, zunächst einmal die jeweilige Gebühr auf die Mindestgebühr heraufzusetzen. Sodann würde auch die 0,3-Erhöhung auf 15 EUR angehoben.[10]

Danach wäre also im Beispiel zunächst der Betrag von 13,50 EUR auf 15 EUR aufzurunden und anschließend auch die 0,3-Erhöhung ebenfalls auf 15 EUR, so dass sich ein Gesamtbetrag i.H.v. 30 EUR ergeben würde.

25 Beide Berechnungsmethoden sind jedoch unzutreffend. Ausgangspunkt dieses „Scheinproblems" ist der häufig anzutreffende Irrtum, bei dem Tatbestand der VV 1008 handele es sich um eine eigene Gebühr. Das ist aber nicht richtig. Zwar ist VV 1008 in VV Teil 1 enthalten, der mit „Allgemeine Gebühren" überschrieben ist; es handelt sich bei der Erhöhung nach VV 1008 jedoch nicht um eine eigene Gebühr. Der Wortlaut ist insoweit eindeutig. Es wird kein neuer Gebührentatbestand geschaffen; vielmehr wird eine Geschäfts- oder Verfahrensgebühr erhöht. Daraus folgt schon aus dem Wortlaut, dass die Erhöhung lediglich Teil einer einheitlichen Gebühr ist. Dies ist inzwischen auch ganz einhellige Auffassung.[11]

Bei mehreren Auftraggebern fällt von vornherein die erhöhte Gebühr an, indem der Gebührensatz der Ausgangsgebühr um 0,3 erhöht wird (siehe VV 1008). Nur wenn die erhöhte Gebühr selbst unter dem Mindestbetrag liegt, darf sie nach Abs. 2 heraufgesetzt werden (siehe VV Vorb. 3.3.3, VV 3309 Rdn 153).[12]

Danach ergibt sich im Beispiel also eine 0,6-Gebühr in Höhe von 27 EUR, die keiner Anhebung nach Abs. 2 mehr bedarf.

26 Ein solcher Fall, in dem die nach VV 1008 erhöhte Gebühr gemäß Abs. 2 anzuheben ist, kann nach dem derzeitigen Vergütungsverzeichnis allerdings nicht vorkommen, da sich selbst bei einer Ausgangsgebühr von 0,1 schon bei einer Erhöhung nach VV 1008 ein Gebührensatz von 0,4 ergibt und danach schon bei der untersten Wertstufe der Mindestbetrag von 15 EUR erreicht ist.

V. Höchstbeträge

27 Ein genereller Höchstbetrag ist – im Gegensatz zum Mindestbetrag – zwar nicht vorgesehen. Mittelbar ergibt er sich jedoch aus § 22 Abs. 2 sowie aus § 23 Abs. 1 i.V.m. § 39 Abs. 2 GKG und § 30 Abs. 2 FamGKG. Danach kann der für die Gebühren maßgebende Gegenstandswert nicht über 30 Mio. EUR liegen. Bei mehreren Auftraggebern erhöht sich die Grenze um jeweils 30 Mio. EUR je weiteren Auftraggeber, höchstens jedoch auf 100 Mio. EUR (§ 22 Abs. 2 S. 2; § 23 Abs. 1 S. 4). Damit kann also ein 1,0-Betrag nie höher liegen als

---

8 AG München DGVZ 1978, 414.
9 So Gerold/Schmidt/*Mayer*, RVG, § 13 Rn 11 (aufgegeben in der 18. Aufl.).
10 Vgl. hierzu die Darstellung von *Volpert*, in: Hansens/Braun/Schneider, Praxis des Vergütungsrechts, Teil 18 Rn 22 und Teil 6 Rn 220.
11 KG AGS 2009, 4 = Rpfleger 2008, 669 = KGR 2008, 968 = JurBüro 2008, 585 = RVGreport 2008, 391 = NJW-Spezial 2009, 92; Niedersächsisches FG, AGS 2010, 749.

12 LG Berlin AGS 2006, 484 = RVGreport 2006, 306; AG Hohenschönhausen AGS 2006, 117 m. Anm. *N. Schneider* = RVGreport 2006, 143; AG Stuttgart AGS 2005, 331 m. Anm. *N. Schneider*; *N. Schneider*, AGS 2003, 284; Meyer/*Kroiß*, RVG, § 13 Rn 33; *N. Schneider*, AGS 2005, 325; *Hansens*, RVGreport 2005, 372; so jetzt auch Gerold/Schmidt/*Mayer*, RVG, § 13 Rn 11 ff.; *Volpert* in: Hansens/Braun/Schneider, Praxis des Vergütungsrechts, Teil 6 Rn 220 und Teil 18 Rn 22; Burhoff/*Volpert*, Teil A Rn 1684.

– bei einem Auftraggeber   91.713,00 EUR
– bei zwei Auftraggebern   181.713,00 EUR
– bei drei Auftraggebern   271.713,00 EUR
– bei mehr als drei Auftraggebern   301.713,00 EUR

VI. Anrechnung der Mindestgebühr

Probleme können sich bei der Anrechnung der Mindestgebühr ergeben.

28

Beispiel: Nachdem der Gläubiger den Schuldner selbst mehrfach zur Zahlung aufgefordert hat, beauftragt er einen Anwalt, in einem einfachen Schreiben den Schuldner letztmalig zur Zahlung eines Betrages in Höhe von 250 EUR aufzufordern und für den Fall, dass keine Zahlung erfolge, Klage zu erheben.
Für die außergerichtliche Vertretung erhält der Anwalt die Geschäftsgebühr der Nr. 2300 VV lediglich in Höhe von 0,3, da er nur den Auftrag zu einem einfachen Schreiben hatte (VV 2301).
Zu berücksichtigen ist allerdings, dass sich die 0,3-Gebühr auf lediglich 12 EUR belaufen würde; die Mindestgebühr nach Abs. 2 beträgt dagegen 15 EUR. Folglich ist die Gebühr auf 15 EUR heraufzusetzen.
Abzurechnen ist also wie folgt:

1. 0,3-Geschäftsgebühr, VV 2300, 2301 (Wert: 250 EUR)   15,00 EUR
2. Postentgeltpauschale, VV 7002   3,00 EUR
   Zwischensumme   18,00 EUR
3. 19 % Umsatzsteuer, VV 7008   3,42 EUR
   Gesamt   **21,42 EUR**

Im nachfolgenden Mahnverfahren erhält der Anwalt eine 1,0-Verfahrensgebühr (VV 3305), also 40 EUR zuzüglich Auslagen und Umsatzsteuer. Die zuvor verdiente Geschäftsgebühr ist nach VV Vorb. 3 Abs. 4 zur Hälfte anzurechnen. Die Anrechnungsbestimmung gilt auch dann, wenn VV 2301 greift. Der Anwalt erhält keine gesonderte Gebühr nach VV 2301; es handelt sich vielmehr um die Geschäftsgebühr der VV 2300, die lediglich zu einem geringeren Gebührensatz entsteht. Folglich erstreckt sich die Anrechnungsbestimmung der VV Vorb. 3 Abs. 4 auch auf diese Gebühr.
Ausgehend von der herkömmlichen Formel und den von den meisten Berechnungsprogrammen verwandten Formeln würde die Geschäftsgebühr mit dem halben Gebührensatz, also hier mit 0,15 angerechnet. Danach ergäbe sich aber nur eine Anrechnung von 6 EUR. Rechnet man dagegen die Mindestgebühr zur Hälfte an, so würden 7,50 EUR angerechnet.

Nach VV Vorb. 3 Abs. 4 wird die Geschäftsgebühr zur Hälfte angerechnet. Dies spricht für eine betragsmäßige Anrechnung. Andererseits ordnet diese Vorschrift gleichzeitig an, dass maximal nach einem Gebührensatz von 0,75 angerechnet wird. Dies wiederum spricht dafür, dass nach dem halben Gebührensatz anzurechnen ist. So wird in der Praxis – schon aus Praktikabilitätsgründen – auch verfahren.

29

Letztlich kann m.E. offen bleiben, ob eine Anrechnung auf der Betragsebene oder auf der Gebührensatzebene erfolgt. Soweit man auf der Gebührensatzebene anrechnet, muss man m.E. die Vorschrift des Abs. 2 analog anwenden, also nach dem halben Gebührensatz anrechnen, wenigstens aber die halbe Mindestgebühr, also 7,50 EUR.[13]

Zu rechnen ist also wie folgt:

Beispiel:
1. 1,0-Verfahrensgebühr, VV 3305 (Wert: 250 EUR)   45,00 EUR
2. Postentgeltpauschale, VV 7002   9,00 EUR
3. gem. VV Vorb. 3 Abs. 4 anzurechnen, 0,15 aus
   250,00 EUR, § 13 Abs. 2   – 7,50 EUR
   Zwischensumme   46,50 EUR
4. 19 % Umsatzsteuer, VV 7008   8,84 EUR
   Gesamt   **55,34 EUR**

---

[13] *N. Schneider*, AGS 2005, 325; ebenso Gerold/Schmidt/ *Mayer*, RVG, § 13 Rn 13; VG Minden, Beschl. v. 3.4.2007 – 9 L 328/06 (allerdings ohne Begründung).

§ 14 Rahmengebühren

(1) ¹Bei Rahmengebühren bestimmt der Rechtsanwalt die Gebühr im Einzelfall unter Berücksichtigung aller Umstände, vor allem des Umfangs und der Schwierigkeit der anwaltlichen Tätigkeit, der Bedeutung der Angelegenheit sowie der Einkommens- und Vermögensverhältnisse des Auftraggebers, nach billigem Ermessen. ²Ein besonderes Haftungsrisiko des Rechtsanwalts kann bei der Bemessung herangezogen werden. ³Bei Rahmengebühren, die sich nicht nach dem Gegenstandswert richten, ist das Haftungsrisiko zu berücksichtigen. ⁴Ist die Gebühr von einem Dritten zu ersetzen, ist die von dem Rechtsanwalt getroffene Bestimmung nicht verbindlich, wenn sie unbillig ist.

(2) ¹Im Rechtsstreit hat das Gericht ein Gutachten des Vorstands der Rechtsanwaltskammer einzuholen, soweit die Höhe der Gebühr streitig ist; dies gilt auch im Verfahren nach § 495a der Zivilprozessordnung. ²Das Gutachten ist kostenlos zu erstatten.

Literatur: *Burhoff*, Gebührenbemessung im straßenverkehrsrechtlichen OWi-Verfahren, RVGreport 2007, 252; *ders.*, Gebührenbemessung im OWi-Verfahren, RVGreport 2005, 361; *Fölsch*, Kombination von Regelgebühr und Toleranzbereich, NJW 2012, 267; *Hansens*, Das Gutachten des Vorstands der Rechtsanwaltskammer, ZAP Fach 24, S. 499; *Madert*, Die Bestimmung einer Rahmengebühr durch den Rechtsanwalt gem. § 12 BRAGO, AnwBl 1994, 379 und 445; *Meyer*, Verbindlichkeit der Bestimmung einer Rahmengebühr (§ 14 RVG) gegenüber dem Auftraggeber, JurBüro 2007, 472; *Mümmler*, Zur Gutachteneinholung nach § 12 Abs. 2 BRAGO, JurBüro 1995, 9; *Otto*, Die angemessene Rahmengebühr nach dem RVG, NJW 2006, 1472; *ders.*, Die Angemessenheit der Vergütung (Rahmengebühren i.S.v. § 14 RVG und Kappungsgrenzen), in Brieske/Teubel/Scheungrab (Hrsg.), Münchener Anwaltshandbuch Vergütungsrecht, 2007, § 5 (zit. MAH Vergütungsrecht); *N. Schneider*, Die Bemessung der Geschäftsgebühr – Abrechnung und Vorschuss, KammerForum 2005, 236; *ders.*, Bemessung der Verteidigergebühren in Verkehrs-Bußgeldsachen, ZAP Fach 24, S. 429; *ders.*, Gutachten des Vorstands der Rechtsanwaltskammer im Honorarprozess, MDR 2002, 1295; *ders.*, Fehler bei Einholung eines Gebührengutachtens des Kammervorstands nach § 12 Abs. 2 BRAGO, NJW 2004, 193; *ders.*, Gebührenbestimmung unter Vorbehalt?, NJW-Spezial 2014, 91; *Schons*, Die ersten Entscheidungen zur Geschäftsgebühr Nr. 2400 VV RVG, NJW 2005, 1024; *ders.*, Ein Jahr RVG – Versuch einer Bestandsaufnahme, NJW 2005, 3089; *Sonderkamp*, Die Geschäftsgebühr nach dem RVG in Verkehrsunfallsachen im Lichte der Rechtsprechung, NJW 2006, 1477; *Winkler*, Die Bedeutung der Angelegenheit in § 14 Abs. 1 RVG, AGS 2010, 579.

A. Allgemeines	1
B. Regelungsgehalt	5
I. Gebührenbestimmung (Abs. 1)	5
1. Anwendungsbereich	5
a) Satzrahmengebühren	5
b) Betragsrahmengebühren	8
c) Beratungs- oder Gutachtengebühr (§ 34 Abs. 1 S. 3)	10
d) Vergütungsvereinbarung	12
e) Vorschuss	13
f) Sonstige Fälle	15
aa) Tage- und Abwesenheitsgelder	16
bb) Beratung, Gutachten und Mediation	17
g) Bestimmung des Gegenstandswerts	18
aa) Grundsatz	18
bb) Verfahren vor den Verfassungsgerichten gemäß § 37	20
2. Die Bemessungskriterien	21
a) Allgemeines	21
b) Umfang der anwaltlichen Tätigkeit	30
c) Schwierigkeit der anwaltlichen Tätigkeit	34
d) Bedeutung der Angelegenheit	38
e) Einkommensverhältnisse des Auftraggebers	42
f) Vermögensverhältnisse des Auftraggebers	43
g) Haftungsrisiko des Rechtsanwalts	47
aa) Wertgebühren (Abs. 1 S. 2)	48
bb) Betragsrahmengebühren (Abs. 1 S. 3)	53
h) Unbenannte Merkmale	54
3. Die Abwägung	56
a) Allgemeines	56
b) Mittelgebühr; Kompensation	61
c) Mindestgebühr	65
d) Höchstgebühr	66
e) Sonstige Gebührensätze	68
f) Begrenzungen	70
aa) Allgemeines	70
bb) Verbraucherberatung (§ 34 Abs. 1 S. 3)	71
cc) Schwellenwert	72
4. Ausübung und Begründung der Bestimmung	75
5. Verbindlichkeit der Bestimmung	78
a) Verbindlichkeit gegenüber dem Auftraggeber oder der Staatskasse	78
b) Toleranzbereich	79
aa) Erweiterung des Toleranzbereichs	81
bb) Toleranzbereich bei Schwellenwert	86
cc) Rechtsfolgen	88
c) Verbindlichkeit gegenüber einem ersatzpflichtigen Dritten	90
d) Nachträgliche Änderung der Ermessensausübung durch den Anwalt	93
6. Vergütungsfestsetzung gemäß § 11 Abs. 8	96
II. Gutachten des Vorstands der Rechtsanwaltskammer (Abs. 2)	97
1. Notwendigkeit	97
2. Zuständigkeit	114

3. Verfahren ... 115	6. Verstoß gegen Abs. 2 S. 1 ... 122
4. Weiteres Verfahren vor dem Prozessgericht ... 118	**III. Gebührenbemessung bei verkehrsrechtlichen Mandaten** ... 124
5. Kosten (Abs. 2 S. 2) ... 120	

A. Allgemeines

Die Vorschrift des § 14 regelt in **Abs. 1**, wie der Rechtsanwalt die Höhe seiner Gebühr im Einzelfall bestimmt, wenn für seine Tätigkeit ein Gebührenrahmen vorgesehen ist. Er selbst hat die Höhe der Gebühr **nach billigem Ermessen** unter Berücksichtigung der in Abs. 1 S. 1 und 2 genannten Kriterien zu bestimmen. Diese Bestimmung ist grundsätzlich verbindlich, und zwar für beide Seiten. Der Anwalt kann von einer einmal getroffenen Bestimmung grundsätzlich nicht mehr abrücken. Umgekehrt kann der Auftraggeber die getroffene Bestimmung, solange sie im Rahmen der Billigkeit liegt, nicht mit der Begründung angreifen, nach seiner Auffassung hätte eine geringere Vergütung bestimmt werden müssen. Die Bestimmung des Anwalts ist gemäß § 315 Abs. 3 BGB nur dann unverbindlich, wenn sie nicht der Billigkeit entspricht. Im Verhältnis zwischen Anwalt und Auftraggeber muss der Anwalt die Billigkeit darlegen und notfalls beweisen. Ist ein Dritter zum Ersatz der Vergütung verpflichtet, so liegt die Darlegungs- und Beweislast bei diesem (vgl. Abs. 1 S. 4). 1

Der Referentenentwurf zum 2. KostRMoG vom 11.11.2011 sah noch eine Änderung von § 14 Abs. 1 dahingehend vor, dass bei der Gebührenbestimmung im Regelfall auf die Merkmale „Umfang" und „Schwierigkeit" der Angelegenheit abzustellen sei, während andere Umstände nur „im Einzelfall" angemessen berücksichtigt werden sollten.[1] Dieser Vorschlag konnte sich letztlich jedoch nicht durchsetzen, so dass es bei der Bestimmung der Gebühr gleichrangig anhand sämtlicher in Abs. 1 genannten Kriterien verbleibt.

Auf den **Pflichtverteidiger** ist Abs. 1 dagegen nicht anwendbar. Er erhält nach dem Vergütungsverzeichnis Festgebühren. Soweit ihm eine Pauschvergütung nach § 51 zu bewilligen ist, liegt das Bestimmungsrecht nicht bei ihm, sondern bei dem bewilligenden Gericht. 2

Die Vorschrift des **Abs. 2** schreibt vor, dass im Vergütungsprozess grundsätzlich ein **Gutachten** des Vorstands der zuständigen **Rechtsanwaltskammer** über die Billigkeit der vom Anwalt getroffenen Bestimmung einzuholen ist, soweit die Höhe der Gebühr streitig ist. Damit sind – entgegen des missverständlichen Wortlauts – alle Fälle gemeint, in denen die Angemessenheit der Gebühr(en) bestritten wird. Mit dieser Vorschrift soll eine Beteiligung der berufsständischen Selbstverwaltung mit ihrer zusätzlichen Erfahrung gewährleistet werden[2] (zu der Rechtsnatur eines Kammergutachtens siehe Rdn 116). 3

Die Vorschrift des Abs. 2 gilt nur im Vergütungsrechtsstreit zwischen **Anwalt und Auftraggeber**. Sie gilt hingegen nicht im Erstattungsprozess gegen einen Dritten (siehe Rdn 101). 4

B. Regelungsgehalt

I. Gebührenbestimmung (Abs. 1)

1. Anwendungsbereich

a) Satzrahmengebühren

Die Vorschrift des Abs. 1 gilt insbesondere für Satzrahmengebühren. Dabei handelt es sich um gegenstandswertabhängige Gebühren, für die kein fester Gebührensatz vorgeschrieben ist. In erster Linie können hier die **Geschäftsgebühr** nach VV 2300 sowie die Gebühr für die Prüfung der Erfolgsaussicht eines Rechtsmittels nach VV 2100 genannt werden. Bei diesen Gebühren hat der Anwalt unter Berücksichtigung der Kriterien des Abs. 1 den Gebührensatz festzulegen, der nach 5

---

[1] Vgl. *Hansens*, RVGreport 2012, 4.
[2] KG NJW 1965, 1602, 1604; Krämer/Mauer/*Kilian*, Rn 730; *Hartmann*, § 14 RVG Rn 27.

seiner Auffassung der Billigkeit entspricht. Nach diesem Satz ist dann der Dezimalbetrag einer Gebühr nach § 13 Abs. 1 zu bestimmen.

6 Der jeweilige Gebührenrahmen ist in dem entsprechenden Gebührentatbestand vorgegeben. Der Anwalt muss sich an diesen Gebührenrahmen halten. Er darf ihn unter keinen Umständen überschreiten.

7 Vertritt der Anwalt **mehrere Auftraggeber** gemeinschaftlich wegen desselben Gegenstands, so ist der ihm zur Verfügung stehende Gebührenrahmen entsprechend VV 1008 zu erhöhen. Hinsichtlich der Einzelheiten wird auf die Ausführungen bei VV 1008 verwiesen.

b) Betragsrahmengebühren

8 Die Vorschrift des Abs. 1 gilt weiterhin für Betragsrahmengebühren. Das sind solche Gebühren, die sich nicht nach dem Wert der Sache richten und in denen folglich ein bestimmter Mindest- sowie ein bestimmter Höchstbetrag angegeben sind. **Hauptanwendungsfall** sind die straf- und bußgeldrechtlichen Gebührentatbestände der VV 4100 ff. und VV 5100 ff. sowie die Gebührentatbestände in sozialrechtlichen Angelegenheiten, in denen das GKG nicht gilt (§ 3 Abs. 1 S. 1).

9 Auch hier bestimmt der Anwalt nach Abs. 1 die im Einzelfall angemessene Gebühr unter Berücksichtigung der dort genannten Kriterien nach billigem Ermessen. Seine Bestimmung muss sich innerhalb des vorgegebenen Betragsrahmens halten. Eine Überschreitung ist unzulässig. Hinsichtlich der Berechnung bei der Vertretung mehrerer Auftraggeber wird wiederum auf die Ausführungen bei VV 1008 verwiesen.

c) Beratungs- oder Gutachtengebühr (§ 34 Abs. 1 S. 3)

10 Nach § 34 Abs. 1 S. 2 erhält der Anwalt für die Beratung, Gutachtenerstellung oder die Tätigkeit als Mediator seine Vergütung nach den Vorschriften des BGB, wenn keine Gebührenvereinbarung getroffen wurde. Die Beratungs- und Gutachtengebühr ist nach § 34 Abs. 1 S. 3 gegenüber einem Verbraucher als Auftraggeber indes bei 250 EUR gekappt, die Erstberatungsgebühr darf höchstens 190 EUR betragen (siehe § 34 Rdn 117 ff.). Hinsichtlich der **Beratungs- und Gutachtengebühr** verweist § 34 Abs. 1 S. 3 auf § 14 Abs. 1; der Anwalt hat sich daher bei der Bestimmung der Gebührenhöhe an den einschlägigen Bemessungskriterien zu orientieren und eine Einzelfallbestimmung zu treffen.

11 Die **Erstberatungsgebühr** (§ 34 Abs. 1 S. 3, 3. Hs.) wird nach der systematischen Stellung des Verweises in § 34 Abs. 1 S. 3, 2. Hs. vom Anwendungsbereich des § 14 Abs. 1 ausgenommen. Diese Ausklammerung entbehrt einer plausiblen Begründung; auch der Gesetzgeber schweigt sich in den Motiven dazu aus. Da der Rechtsanwalt auch für die Bestimmung der Höhe der Erstberatungsgebühr gegenüber einem Verbraucher auf die Heranziehung objektivierbarer Kriterien angewiesen ist, muss der Verweis in § 34 Abs. 1 S. 3, 2. Hs. auf § 14 Abs. 1 auch insoweit gelten.[3]

d) Vergütungsvereinbarung

12 In einer Vergütungsvereinbarung können die Parteien einen von den gesetzlichen Gebühren abweichenden Betrags- oder Satzrahmen festlegen oder einen abweichenden Gegenstandswert vereinbaren (siehe § 3a). Auch sofern durch eine Vergütungsvereinbarung der gesetzliche Satz- oder Betragsrahmen einer Gebühr modifiziert wird, hat der Rechtsanwalt die konkrete Gebühr unter Berücksichtigung der Kriterien des Abs. 1 zu bestimmen.

---

[3] Zutreffend *Hartung*/Römermann/Schons, § 34 Rn 91; vgl. auch *Hansens*/Braun/Schneider, Teil 8 Rn 75.

e) Vorschuss

Auch bei der Anforderung eines Vorschusses ist bei Rahmengebühren Abs. 1 zu berücksichtigen.[4] Freilich gilt Abs. 1 nicht unmittelbar; vielmehr steht dem Anwalt nach § 9 ein „**angemessener**" Vorschuss zu. Die Höhe des Vorschusses richtet sich dabei nach den voraussichtlich anfallenden Gebühren (siehe § 9 Rdn 44). Im Rahmen des Voraussichtlichen ist dann wiederum Abs. 1 einzubeziehen.[5] Die Höhe des Vorschusses richtet sich also nicht danach, inwieweit die Kriterien des Abs. 1 bereits verwirklicht sind, sondern vielmehr danach, inwieweit sie im Verlauf des Mandats verwirklicht werden können.[6] Der Anwalt hat insoweit eine **Prognoseentscheidung** zu treffen.

Unbillig ist es, die Rahmengebühren bereits in voller Höhe als Vorschuss anzufordern, wenn sich noch nicht übersehen lässt, ob die erforderliche Tätigkeit des Rechtsanwalts die Höchstgebühr rechtfertigt. Ist es mindestens ebenso gut möglich, dass für Rahmengebühren nach dem tatsächlichen Aufwand der Mandatserfüllung am Ende nur die Mittelgebühr oder die Mindestgebühr verdient ist, so darf auch nur der jeweils vorhersehbare Gebührensatz in die Vorschussbemessung einbezogen werden; eine **Mittelgebühr** kommt aber stets in Betracht.[7] In dieser Höhe hat ein Rechtsschutzversicherer den Mandanten als Versicherungsnehmer auch freizustellen.[8] Nach Klärung der Umstände kann dann eventuell ein weiterer Vorschuss angefordert werden. Der Anwalt ist andererseits auch nicht schutzlos gestellt, wenn er zunächst nur einen Gebührenvorschuss in Höhe der Mittelgebühr verlangt. Ihm steht das Recht zu, jederzeit weitere Vorschüsse zu verlangen, wenn sich abzeichnet, dass die bisher geleisteten Vorschüsse die tatsächlich anfallenden Kosten nicht decken werden.[9] Umgekehrt entbindet die Anforderung eines Vorschusses den Anwalt nicht von einer ordnungsgemäßen Abrechnung. Soweit sich dabei ein gegenüber der Vorschussberechnung reduzierter Satz ergibt, ist dem Auftraggeber der Differenzbetrag zu erstatten.

f) Sonstige Fälle

Darüber hinaus ist auch an anderer Stelle vorgesehen, dass dem Anwalt bei der Bestimmung seiner Vergütung ein Spielraum zur Verfügung steht.

aa) Tage- und Abwesenheitsgelder. Bei den Tage- und Abwesenheitsgeldern für einen **Termin im Ausland** kann der Anwalt die für das Inland vorgesehene Abwesenheitspauschale um bis zu 50 % überschreiten (Anm. zu VV 7005). Auch hier hat er also unter Berücksichtigung des Abs. 1 die Höhe der Pauschale zu bestimmen (siehe VV 7003–7006 Rdn 33 ff.).

bb) Beratung, Gutachten und Mediation. Trifft der Anwalt im Rahmen einer Beratung, einer Gutachtenerstattung oder einer Tätigkeit als Mediator keine Gebührenvereinbarung, bestimmt sich gemäß § 34 Abs. 1 S. 2 seine Vergütung nach den Vorschriften des bürgerlichen Rechts. Die allgemeinen vergütungsrechtlichen Vorschriften werden durch die Verweisung auf das BGB indes nicht verdrängt; anwendbar bleibt namentlich die Vorschrift des Abs. 1. Die übliche Vergütung des Anwalts lässt sich daher nach den Kriterien des Abs. 1 **im Einzelfall** bestimmen, sofern eine orts- und branchenspezifische Üblichkeit nicht zu ermitteln ist (siehe § 34 Rdn 94 ff.).

g) Bestimmung des Gegenstandswerts

aa) Grundsatz. Nach § 23 Abs. 3 S. 2 ist der **Gegenstandswert** der anwaltlichen Tätigkeit in bestimmten Fällen nach billigem Ermessen zu bestimmen. Für diese Bestimmung ist Abs. 1 **nicht anwendbar**, da es nicht um die Bestimmung der Gebührenhöhe geht und das Bestimmungsrecht nicht beim Anwalt liegt. Dies folgt zum einen aus dem Wortlaut des § 14 Abs. 1, der von „Gebühr" spricht, die der Anwalt aus einem gesetzlich vorgegebenen Rahmen bestimmt. Dies folgt zum anderen aus dem Umstand, dass der Gegenstandswert für die anwaltliche Tätigkeit nicht

---

[4] BGH AGS 2004, 145 m. Anm. *N. Schneider* = BGHR 2004, 487 m. Anm. *N. Schneider* = KostRsp. BRAGO § 17 Nr. 5.
[5] *N. Schneider*, KammerForum 2005, 236, 240.
[6] AG München AGS 2005, 430 m. Anm. *N. Schneider*; AG Chemnitz AGS 2005, 431 m. Anm. *N. Schneider*.
[7] BGH AGS 2004, 145 m. Anm. *N. Schneider* = BGHR 2004, 487 m. Anm. *N. Schneider* = KostRsp. BRAGO

§ 17 Nr. 5. Zu der entsprechenden Rechtslage für die Gebühren in Bußgeldsachen vgl. AG Dieburg AGS 2004, 282 = NJW-RR 2004, 932; AG Chemnitz AGS 2005, 431; AG München AGS 2005, 430.
[8] AG Saarlouis AGS 2014, 276 = NJW-Spezial 2014, 348; AG München AGS 2007, 234 m. Anm. *N. Schneider* bzgl. einer Geschäftsgebühr von 1,3.
[9] Vgl. schon 1. Aufl., § 17 Rn 25.

nach den Kriterien des § 14 Abs. 1, sondern gemäß § 23 nach den Vorschriften des Gerichts- und Notarkostengesetzes bzw. gemäß § 23 Abs. 3 S. 2 nach billigem Ermessen zu bestimmen ist.

19 Der Anwalt trifft daher auch keine verbindliche Bestimmung, sondern er legt seiner Gebührenabrechnung lediglich den aus seiner Sicht zutreffenden Gegenstandswert zugrunde. Ist der Auftraggeber damit nicht einverstanden, so ist der Gegenstandswert im Streitfall **vom Gericht** zu überprüfen und nach objektiven Kriterien festzusetzen.

20 **bb) Verfahren vor den Verfassungsgerichten gemäß § 37.** § 37 Abs. 2 S. 2 legt fest, dass sich der Gegenstandswert unter Berücksichtigung aller Umstände der Angelegenheit nach billigem Ermessen bestimmt und mindestens 5.000 EUR beträgt. Während in der Vorgängernorm des § 113 Abs. 2 S. 3 BRAGO noch die einzelnen Umstände aufgeführt waren, erfolgt nunmehr ein **pauschaler Verweis** auf die Umstände nach Abs. 1. Insoweit dürfte es sich allerdings nur um eine Verweisung auf die Umstände handeln. Die Bestimmung des Gegenstandswerts steht nicht im Ermessen des Anwalts. Ihm steht insoweit auch kein Toleranzbereich zu. Die Bestimmung des Gegenstandswerts ist **voll gerichtlich überprüfbar**. Auch die Frage der Beweislast für die Billigkeit oder Unbilligkeit ist § 14 nicht zu entnehmen; sie richtet sich vielmehr nach allgemeinen Grundsätzen.

2. Die Bemessungskriterien

a) Allgemeines

21 Die Bestimmung der Gebühr im Einzelfall richtet sich nach den Kriterien des Abs. 1. Die dort aufgeführten sechs Merkmale sind nicht abschließend, erfordert doch die Bestimmung nach dem eindeutigen Wortlaut der Vorschrift die Berücksichtigung **aller Umstände**. Auch in Abs. 1 nicht explizit genannte Umstände können daher bei der Bestimmung der Gebühr berücksichtigt werden. Wie die Verwendung der Worte „vor allem" – im Gegensatz zu der Formulierung der Vorgängernorm des § 12 BRAGO („insbesondere") – verdeutlicht, haben diese unbenannten Umstände eine potentiell geringere Bedeutung als die Kriterien, die in Abs. 1 genannt sind.[10]

22 Gegenüber § 12 BRAGO ist auch die **Reihenfolge** der einzelnen Kriterien des Abs. 1 S. 1 umgestellt worden. Materiell-rechtliche Änderungen sind damit nicht verbunden. Die Umplatzierung der Merkmale des Umfangs und der Schwierigkeit der anwaltlichen Tätigkeit an die erste Stelle sollte jedoch zum Ausdruck bringen, dass auf diesen Kriterien ein Bemessungsschwerpunkt liegt.[11] Die Auffassung, dass die angemessene Gebühr zunächst ausschließlich nach Umfang und Schwierigkeit zu bemessen ist und den übrigen Merkmalen des Abs. 1 in einem zweiten Prüfungsschritt lediglich die Funktion eines Korrektivs zukommt, dürfte indes zu weit gehen.[12] De facto mag sich die Bemessung in vielen Fällen dergestalt vollziehen; für eine gebührenrechtliche „2-Stufen-Theorie" dieses Inhalts findet sich in Abs. 1 indes kein Anhalt. Dies gilt umso mehr vor dem Hintergrund, dass die im Referentenentwurf zum 2. KostRMoG vorgesehene Vorrangstellung der Kriterien „Umfang" und „Schwierigkeit" letztlich nicht in den Gesetzestext übernommen wurde.

23 Die Bemessungskriterien gelten grundsätzlich für **sämtliche Gebühren**, also sowohl für Satz- als auch für Betragsrahmengebühren, für die angemessene Gebühr und die Vergütung nach § 34 Abs. 1 S. 2 RVG i.V.m. § 612 BGB (siehe Rdn 17).

24 **Generelle Erwägungen** haben bei der Gebührenbestimmung **unberücksichtigt** zu bleiben. Insbesondere muss der Anwalt nach Abs. 1 seine Gebühren nicht schon deshalb niedriger bemessen, weil es sich bei bestimmten Tätigkeiten generell um Angelegenheiten von geringerer Bedeutung handelt. In diesem Zusammenhang sind insbesondere die (straßenverkehrsrechtlichen) Bußgeldsachen und die (zivilrechtlichen) Verkehrsunfallsachen zu nennen.

25 Während unter Geltung des § 105 BRAGO straßenverkehrsrechtliche **Bußgeldverfahren** im Hinblick auf die im Regelfall verhältnismäßig geringen Geldbußen von der überwiegenden Meinung generell als gebührenrechtlich unterdurchschnittlich eingestuft wurden, wird dies seit Einführung des RVG vermehrt kritisiert. Insbesondere das AG Viechtach vertritt die Ansicht, dass nicht pauschal

---

10 Zutreffend Hartung/*Römermann*/Schons, § 14 Rn 17; Hansens/*Braun/Schneider*, Teil 1 Rn 141; a.A. *Burhoff*, RVGreport 2005, 361, der von einer Gleichwertigkeit ausgeht.

11 LSG NRW NJW-RR 2008, 87, 88; *Otto*, NJW 2006, 1472; *Frense*, BerlAnwBl 2005, 293, 295.

12 So aber *Otto*, NJW 2006, 1472, 1473; *ders*., MAH Vergütungsrecht, § 5 Rn 9.

von einer unterhalb der Mittelgebühr liegenden Gebühr ausgegangen werden könne. Ausgangspunkt für die Festsetzung der Vergütung des Verteidigers sei vielmehr die jeweilige Mittelgebühr. Sodann müssten zur Bestimmung der Gebühren alle Umstände des Falles berücksichtigt werden.[13] Nach anderer Ansicht ist neben den Kriterien des § 14 und dem Maße der Mitwirkung der Verteidigung die Höhe der Geldbuße ein entscheidendes Kriterium für die Bewertung.[14] Nach einer dritten Ansicht schließlich sind verkehrsrechtliche Bußgeldverfahren auch unter Geltung des RVG grundsätzlich als unterdurchschnittlich einzustufen. Die pauschale Bejahung einer Mittelgebühr für den Fall, dass ein Fahrverbot oder Eintragungen in das Verkehrszentralregister in Frage stünden, sei unzulässig.[15] Eine Ausnahme wird nur dann anerkannt, wenn das Fahrverbot bzw. etwaige Punkte für den Betroffenen eine größere Bedeutung haben als für andere Kraftfahrer – beispielsweise weil er als Taxifahrer existenziell auf die Fahrerlaubnis angewiesen ist.

26 Der ersten Meinung, wonach die Mittelgebühr der maßgebliche Anknüpfungspunkt ist und allein die geringe Höhe der Geldbuße keine generelle Bewertung der Angelegenheit als unterdurchschnittlich zu rechtfertigen vermag, ist zu folgen. Dies gilt schon aus dem Grunde, dass die Höhe einer Geldbuße in straßenverkehrsrechtlichen Bußgeldverfahren regelmäßig nicht viel über die Bedeutung der Angelegenheit aussagt. Denn Geldbußen sind hier von Gesetzes wegen im unteren Bereich angesiedelt, da sich der Höchstbetrag nach § 17 Abs. 1 OWiG auf 1.000 EUR beläuft, soweit das Gesetz nichts anderes bestimmt. Darüber hinaus ist zu berücksichtigen, dass VV Teil 5 für Bußgeldsachen bereits eigenständige, zum Teil niedrigere Gebührenrahmen enthält, die jedenfalls mit dem Pauschalargument der geringeren Bedeutung nicht erneut reduziert werden dürfen. Diese Methode verstieße gegen das „gebührenrechtliche Doppelverwertungsverbot".[16]

Der eher dogmatische Streit, ob in verkehrsrechtlichen Bußgeldverfahren generell an die Mittelgebühr als Ausgangspunkt anzuknüpfen ist oder an eine geringere Gebühr, hat im konkreten Fall auch nur recht begrenzte Auswirkungen. Denn es wird nur wenig zur Überzeugungsbildung des Gerichts beitragen, eine Vielzahl von Entscheidungen vorzulegen, in denen Gerichte in anderen Fällen eine bestimmte Gebührenhöhe zugebilligt haben. Vielmehr sollte der Anwalt detailliert vortragen, warum in dem konkreten, von ihm bearbeiteten Mandat die Mittelgebühr bzw. eine darüber liegende Gebühr angemessen ist.[17] Denn nur anhand der konkreten Umstände des Einzelfalls kann das Gericht beurteilen, ob die Angelegenheit durchschnittlich ist oder nicht – mag die Beurteilung der einzelnen Komponenten dann auch wieder subjektiv geprägt sein.

27 Im Rahmen der Abrechnung von **Verkehrsunfallsachen** kann die Höhe der Geschäftsgebühr nach VV 2300 nicht allein mit der allgemeinen Begründung erläutert werden, es handele sich um einen „normalen" oder „durchschnittlichen" Verkehrsunfall. Den typischen „durchschnittlichen" Verkehrsunfall und eine übliche 1,3-Geschäftsgebühr für dessen außergerichtliche Regulierung gibt es nicht.[18] Da die Regelung des § 14 Abs. 1 nicht allein auf die vom Anwalt zu bearbeitende Materie, sondern auf verschiedene Einzelkriterien abstellt, darf sich der Anwalt bei der Gebührenforderung – schon aus Gründen der Vorsicht – nicht schlicht auf die Darlegung beschränken, dass er eine Unfallschadenregulierung vorgenommen habe. Denn der Rahmen der Geschäftsgebühr beginnt auch für diese Tätigkeit bei 0,5. Es gibt nämlich auch im Bereich der Verkehrsunfallsachen durchaus Fälle, in denen lediglich eine Gebühr im Bereich von 0,8 bis 1,0 abgerechnet werden kann, weil die Abwä-

---

13 AG Viechtach RVGprof. 2006, 150 m. Anm. *Burhoff*; AG Viechtach JurBüro 2006, 79; AG Viechtach AGS 2007, 308 m. Anm. *N. Schneider*; so auch: LG Leipzig RVGreport 2009, 61 m. Anm. *Burhoff*; AG Rotenburg a.d. Fulda AGS 2006, 342 m. Anm. *Madert*; AG Saarbrücken AGS 2006, 126 = zfs 2006, 343 m. Anm. *Madert*; AG München AGS 2007, 81.

14 Vgl. LG Deggendorf RVGreport 2006, 341 m. Anm. *Burhoff*; a.A.: AG Viechtach RVGprof. 2006, 150; AG Fürstenwalde JurBüro 2007, 418.

15 Vgl. LG Leipzig RVGreport 2010, 182; LG Kiel AGS 2007, 140; LG Koblenz, Beschl. v. 18.7.2006 – 9 Qs 77/06; LG Göttingen RVGprof. 2006, 66; AG Saarlouis AGS 2006, 127 für den Fall, dass es außer der verhängten Geldbuße für den Betroffenen keine weiteren Auswirkungen gibt.

16 So *Burhoff*, RVGreport 2005, 361, 362; vgl. auch AG Pinneberg AGS 2005, 552; a.A. offenbar LG Göttingen RVGreport 2007, 454 (*Burhoff*).

17 So zutreffend LG Leipzig RVGreport 2009, 61 m. Anm. *Burhoff*.

18 So auch AG Herne AGS 2005, 149; AG Mainz JurBüro 2005, 308; AG Chemnitz RVGreport 2005, 108 sowie der Beschluss der 49. Gebührenreferentenkonferenz (RVGprof. 2005, 27), wonach die konkreten Gebühren nach § 14 RVG aus dem vollen Gebührenrahmen bestimmt werden müssen und aus diesem Grunde eine substantiierte Darlegung der maßgeblichen Gesichtspunkte des Einzelfalls bereits mit der Gebührenrechnung empfohlen wird.

gungsmerkmale insgesamt eine nur unterdurchschnittliche Angelegenheit ergeben.[19] Damit wird auch kein weiterer Gebührenrahmen von 0,5 bis 1,3 geschaffen oder für die Unfallregulierung eine weitere Mittelgebühr von 0,9 begründet. Vielmehr bleibt es – auch in Verkehrsunfallsachen – dabei, dass die Einzelumstände für die Gebührenbestimmung dargetan werden müssen.[20]

Der BGH hat es in seiner Entscheidung vom 31.10.2006[21] zwar **nicht für unbillig** gehalten, dass der Anwalt für die Regulierung eines durchschnittlichen Verkehrsunfalls eine 1,3-Geschäftsgebühr berechnet. Diese Entscheidung im Rahmen einer Billigkeitsüberprüfung bedeutet jedoch im Umkehrschluss nicht, dass der Anwalt auf die Darlegung der Einzelumstände verzichten kann. Gleiches gilt für die Abrechnung einer Abmahnung in Wettbewerbssachen, wo der BGH ebenfalls in einem „durchschnittlichen Fall" eine 1,3-Geschäftsgebühr gebilligt hat.[22]

28 Schließlich darf für den Vertreter eines **Nebenklägers** nicht grundsätzlich von einem geringeren Rahmen ausgegangen werden, weil der Nebenklägervertreter „nur" neben dem Staatsanwalt tätig wird. Der Gesetzgeber hat dem Anwalt in beiden Angelegenheiten – Verteidigung und Nebenklage – den gleichen Gebührenrahmen zugestanden.

29 Die **Höhe des Gegenstandswerts** hat bei der Gebührenbestimmung grundsätzlich außer Betracht zu bleiben, da dieser Umstand bereits nach § 13 bei der Höhe des Gebührenbetrags berücksichtigt wird.[23] Andererseits ist es durchaus zulässig, im Rahmen des Abs. 1 auch die Relation des tatsächlichen Aufwands zum Gegenstandswert einzubeziehen, weshalb es bei geringen Gebührenstreitwerten gerechtfertigt sein kann, die Gebühr anzuheben.

b) Umfang der anwaltlichen Tätigkeit

30 Beim ersten Kriterium des Abs. 1 ist im Wesentlichen der mit der Ausführung des Mandats verbundene **zeitliche Aufwand** zu berücksichtigen. Abzustellen ist auf die **tatsächlich erbrachte**, nicht auf die vertraglich geschuldete Tätigkeit des Anwalts.[24] Relevant sind dabei nicht nur die effektiven Bearbeitungszeiträume für die Aktenbearbeitung, die Wahrnehmung von außergerichtlichen oder gerichtlichen Terminen, Gespräche mit dem Mandanten etc. Vielmehr ist auch der unproduktive Zeitaufwand des Anwalts in die Bemessung einzustellen, etwa Reise- oder Wartezeiten sowie (Verhandlungs-)Pausen.[25] Gleiches gilt für die Abwicklung der Sache, also für eventuelle Probleme bei der Abrechnung oder der Kostenfestsetzung oder dem Bemühen, überhaupt erst einmal eine Kostenentscheidung zu erhalten. Von einem überdurchschnittlichen Zeitaufwand ist auszugehen, wenn die Mandatsbearbeitung insgesamt **drei Stunden** übersteigt.[26]

31 Insbesondere sind beim **Umfang** der anwaltlichen Tätigkeit zu berücksichtigen:
- Aktenstudium und -umfang, Studium von Rechtsprechung und Literatur[27]
- die Kürze oder Länge der Ausführungen des Anwalts[28]

---

[19] Vgl. LG Coburg VersR 2005, 1101; AG Arnstadt Schaden-Praxis 2005, 252; AG Berlin-Mitte Schaden-Praxis 2005, 104; AG Bayreuth RVGreport 2005, 112; AG Karlsruhe RVGreport 2005, 269; AG Ettlingen Schaden-Praxis 2005, 250; AG Gronau JurBüro 2005, 194; AG Hamburg-St. Georg RVGreport 2005, 228; AG Gütersloh JurBüro 2005, 363; AG Duisburg-Hamborn VersR 2005, 853; AG Duisburg-Ruhrort Schaden-Praxis 2005, 250; AG Osnabrück JurBüro 2005, 308.
[20] Schons, NJW 2005, 1024. Dabei reicht es – entgegen der Ansicht des OLG München (AGS 2006, 540) – auch nicht aus, dass der Anwalt das Vorliegen eines „üblichen Verkehrsunfalls" konkret behauptet.
[21] BGH AGS 2007, 28.
[22] BGH WRP 2010, 1495 = GRUR 2010, 1120.
[23] Hansens, BRAGO, § 12 Rn 9.
[24] Otto, MAH Vergütungsrecht, § 5 Rn 16; ders., NJW 2006, 1472, 1473.
[25] KG AGS 2006, 278, 280; Otto, NJW 2006, 1472, 1473; Burhoff, RVGreport 2005, 361, 362; a.A. SG Berlin AGS 2012, 470, wonach Warte- und Vorhaltezeiten, wie sie durch Pausen und Unterbrechungen während der Verhandlung entstehen, nicht zu berücksichtigen sind, da sie typische Begleiterscheinungen der anwaltlichen Tätigkeit darstellen.
[26] Vgl. die Berechnung von Otto, NJW 2006, 1472, 1474.
[27] Hansens/Braun/Schneider, Teil 1 Rn 170 mit umfangreicher Kasuistik; Hartung/Römermann/Schons, § 14 Rn 22.
[28] OLG Köln JurBüro 1998, 540; RMOLK RVG/Baumgärtel, § 14 Rn 7.

- die Dauer der Vorarbeiten,[29] etwa die besondere Einarbeitung in entlegene Ordnungswidrigkeitentatbestände[30]
- die auswärtige Beweisaufnahme an der Unfallstelle[31]
- die Inaugenscheinnahme der Unfallstelle[32]
- die Dauer der Hauptverhandlung[33]
- die Dauer des Verfahrens[34]
- die Dauer von Vertragsverhandlungen[35]
- die Verweisung an ein anderes Gericht, ohne dass eine neue Angelegenheit beginnt (§ 20 S. 1)[36]
- die Anzahl der gehörten Zeugen[37]
- eine Tätigkeit gegenüber mehreren Gegnern, etwa Vertretung des Nebenklägers gegenüber mehreren Angeklagten
- Wartezeiten vor Beginn der Hauptverhandlung[38]
- die Vorbereitung der Hauptverhandlung[39]
- die Vorbereitung des Plädoyers[40]
- Besprechungen mit dem Auftraggeber[41] und die ihm gegenüber erbrachte Beratungsleistung[42]
- in Strafsachen insbesondere Zusatztätigkeiten, die zur Instanz zählen, also Beschwerdeverfahren,[43] Beratung über ein einzulegendes Rechtsmittel oder die Einlegung des Rechtsmittels selbst
- hoher Sachschaden oder sich lange hinziehende Regulierungsverhandlungen in Verkehrsunfallsachen (speziell zu der Bemessung der Geschäftsgebühr bei Verkehrsunfallsachen siehe VV 2300 Rdn 24 ff.)
- Auswertung von Sachverständigengutachten[44]
- besonderer Umfang des Kostenfestsetzungsverfahrens[45]
- besonderer Aufwand, um eine Kostenentscheidung zu erlangen[46]
- eine Widerklage nach § 388 StPO, die gemäß § 16 Nr. 12 keine zusätzlichen Gebühren auslöst (siehe § 16 Rdn 364 f.)
- zusätzliche Dienstaufsichtsbeschwerden[47]
- zusätzliches Verfahren auf Zulassung eines Rechtsmittels (§ 16 Nr. 11)
- schwierige Verjährungsfragen.[48]

Mindernd soll zu berücksichtigen sein, wenn dem **Verteidiger in der Rechtsmittelinstanz** die Sache bereits aus der ersten Instanz bekannt ist und daher die Vorbereitung und Einarbeitung gegenüber einem erstmals beauftragten Verteidiger geringer ist.[49] Diese Auffassung erscheint zweifelhaft und findet im Gesetz keine Stütze, zumal diese Fälle unter dem Regime des RVG durch die neu eingeführten Grundgebühren der VV 4100 und VV 5100 reguliert werden. Da im Normalfall

32

---

29 LG Ravensburg AnwBl 1985, 160; LG Wuppertal AnwBl 1985, 160; LG Flensburg JurBüro 1985, 1204; Hansens/*Braun/Schneider*, Teil 1 Rn 185.
30 So LG Kiel RVGreport 2007, 24 (*Hansens*) bezüglich der Überschreitung des zulässigen Gesamtgewichts einer Sattelzugmaschine.
31 LG Lüneburg AnwBl 1966, 29; Hansens/*Braun/Schneider*, Teil 1 Rn 171.
32 LG Cottbus AGS 2006, 129.
33 KG AGS 2012, 392; OLG Hamm, Beschl. v. 3.12.2009 – 2 Ws 270/09 (juris); OLG Bamberg JurBüro 1977, 1103; OLG Hamm JurBüro 1979, 552; OLG Bremen JurBüro 1981, 1193; LG Flensburg JurBüro 1984, 1039; AG Baden-Baden AGS 2006, 120; AG Koblenz JurBüro 2006, 533; AG Koblenz AGS 2006, 191 m. Anm. *N. Schneider*.
34 OLG Hamm, Beschl. v. 25.4.2007 – 3 Ws 179/07, www.burhoff.de.
35 RMOLK RVG/*Baumgärtel*, § 14 Rn 7; Gerold/Schmidt/*Mayer*, § 14 Rn 15.
36 BVerwG AnwBl 1981, 191; Hansens/*Braun/Schneider*, Teil 1 Rn 185.
37 OLG Oldenburg JurBüro 2007, 528; Mayer/Kroiß/*Winkler*, § 14 Rn 17; Hansens/*Braun/Schneider*, Teil 1 Rn 187.
38 OLG Hamm AGS 1998, 136; OLG Karlsruhe AGS 1993, 77; LG Mönchengladbach KostRsp. BRAGO § 12 Nr. 6; LG Ravensburg AnwBl 1985, 160.
39 LG Wuppertal DAR 1985, 94; LG Bochum StV 1984, 293; LG Freiburg AnwBl 1998, 213; *Burhoff*, RVGreport 2005, 361, 363.
40 OLG Bamberg JurBüro 1984, 1191; OLG Bremen AnwBl 1975, 449; LG Wuppertal AnwBl 1985, 160.
41 OLG Hamm, Beschl. v. 25.4.2007 – 3 Ws 179/07, www.burhoff.de; AG Altenburg RVGreport 2006, 182 = AGS 2006, 128; Hansens/*Braun/Schneider*, Teil 1 Rn 171; Hartung/*Römermann*/Schons, § 14 Rn 22.
42 AG Meiningen AGS 2006, 20.
43 LG Flensburg JurBüro 1985, 1348.
44 LG Kiel JurBüro 1992, 606; *Burhoff*, RVGreport 2005, 361, 363.
45 SG Düsseldorf AnwBl 1983, 40.
46 LG Köln BRAGO-Report 2001, 74 m. Anm. *N. Schneider*.
47 LG Köln BRAGO-Report 2001, 74 m. Anm. *N. Schneider*.
48 *Burhoff*, RVGreport 2005, 361, 363.
49 LG Flensburg JurBüro 1984, 1039.

der Verteidiger in der Berufungsinstanz derselbe ist, dürfte dieser Aspekt zudem bereits im Gebührenrahmen berücksichtigt sein. Sofern der Anwalt sich im Berufungs- oder Revisionsverfahren erstmals einarbeiten muss, rechtfertigt dies eine erhöhte Grundgebühr, führt aber nicht zur Herabsetzung der Verfahrens- oder Terminsgebühren. Ebenso wenig kann es mindernd zu berücksichtigen sein, wenn schon die Staatsanwaltschaft auf **Freispruch** plädiert.[50] Dieser Umstand dürfte im Gegenteil ein Indiz für die besondere Mühewaltung des Anwalts sein, der es geschafft hat, entlastende Momente vorzubringen, und dem es sogar gelungen ist, die Staatsanwaltschaft von der Unschuld des Mandanten zu überzeugen. Wenn die Unschuld offensichtlich war, hätte die Staatsanwaltschaft den Beschuldigten nicht angeklagt (arg. § 170 Abs. 2 StPO).

33 Die fehlende Einlassung im Einspruch gegen den **Bußgeldbescheid** rechtfertigen eine Minderung der Gebühren nach VV 5100, 5103 ebenso wenig, wie eine fehlende Einspruchsbegründung.[51] Eine bloße **Untätigkeitsklage** im sozialrechtlichen Verfahren erreicht hingegen regelmäßig keinen durchschnittlichen Umfang.[52] Insgesamt ist die Minderung einer Satzrahmengebühr über Abs. 1 nur in eng begrenzten **Ausnahmefällen** zulässig.[53]

c) Schwierigkeit der anwaltlichen Tätigkeit

34 Bei diesem Merkmal ist die **Intensität der Arbeit** des Anwalts zu berücksichtigen.[54] Objektiver Maßstab für die Beurteilung der Schwierigkeit ist die **Sicht des Allgemeinanwalts**.[55] Entscheidend ist dabei, ob es sich allgemein um eine schwierige Materie handelt. Auf die individuellen Fähigkeiten und Kenntnisse des Anwalts kommt es nicht an. Deshalb ist die Schwierigkeit auch dann nach Abs. 1 zu berücksichtigen, wenn es sich bei dem Anwalt um einen Spezialisten auf dem betreffenden Gebiet handelt, für den die Sache aufgrund seiner Spezialkompetenz weniger schwierig ist als für einen Allgemeinanwalt.[56] Umgekehrt wirkt sich die **Fachanwaltseigenschaft** des Rechtsanwalts nicht gebührenerhöhend aus.[57] Die Schwierigkeit beurteilt sich daher nach einem **objektiv-generellen Maßstab**.

35 **Schwierig** ist eine Tätigkeit dann, wenn der Anwalt erheblich über dem Durchschnitt liegende Probleme zu lösen hat.[58] Dabei kann es sich um Schwierigkeiten rechtlicher und tatsächlicher Art handeln.[59] Hierbei sind insbesondere zu berücksichtigen:
– rechtliche Probleme[60]
– hohe inhaltliche Anforderungen einer Abmahnung in Mietsachen[61]
– Tätigkeit in Spezialgebieten,[62] und zwar unabhängig davon, ob sich der Rechtsanwalt auf dieses Gebiet spezialisiert hat und ob er auf Kenntnisse eines vorangegangenen oder parallelen Verfahrens zurückgreifen konnte;[63] eine höhere Gebühr kommt danach z.B. in Betracht für die Tätigkeit

---

50 So aber LG München I JurBüro 1982, 1182 m. Anm. *Mümmler* = KostRsp. BRAGO § 12 Nr. 19 m. Anm. *Herget*. Wie hier *Burhoff*, in: Burhoff (Hrsg.), RVG Straf- und Bußgeldsachen, 2. Aufl. 2007, „Rahmengebühren (§ 14)" Rn 17.
51 AG Rotenburg AGS 2006, 288 m. Anm. *Madert*; *Burhoff*, RVGreport 2007, 252, 256; s. aber LG Düsseldorf JurBüro 2007, 85.
52 SG Lüneburg RVGreport 2007, 262 (*Hansens*).
53 LG Dortmund AGS 2006, 370, 371.
54 LG Bochum NJOZ 2005, 3716, 3717; *Otto*, NJW 2006, 1472, 1473; *Hansens*, BRAGO § 12 Rn 10; Hansens/Braun/Schneider, Teil 1 Rn 143; Gerold/Schmidt/Mayer, § 14 Rn 16.
55 SG Marburg AGS 2008, 451 = RVGreport 2008, 181; LG Karlsruhe AnwBl 1973, 367; LG Freiburg AnwBl 1965, 184; AG Köln AnwBl 1978, 63.
56 OLG Jena RVGreport 2005, 145; LG Karlsruhe AnwBl 1973, 367; SG Marburg AGS 2008, 451 = RVGreport 2008, 181; *Burhoff*, RVGreport 2005, 361, 363; *Otto*, NJW 2006, 1472, 1473; unzutreffend dagegen LG Köln AGS 2008, 378 m. abl. Anm. *Schons*.
57 AG München RVGreport 2007, 23 (*Burhoff*) = AGS 2007, 81 = AnwBl 2007, 90.
58 Gerold/Schmidt/*Mayer*, § 14 Rn 16; a.A. *Burhoff*, RVGreport 2005, 361, 363.
59 Mayer/Kroiß/*Winkler*, § 14 Rn 20; *Otto*, NJW 2006, 1472, 1473; RMOLK RVG/*Baumgärtel*, § 14 Rn 9.
60 OLG München AnwBl 1975, 252; LG Karlsruhe AnwBl 1980, 121.
61 AG Frankfurt/M. AGS 2003, 223 = AnwBl 2003, 373 = JurBüro 2003, 361 = Rpfleger 2003, 385 = KostRsp. BRAGO § 12 Nr. 66.
62 LG Karlsruhe JurBüro 1973, 740; AnwBl 1980, 121.
63 VGH Kassel MDR 1992, 910; SG Marburg AGS 2008, 451; Hansens/Braun/Schneider, Teil 1 Rn 184.

in Wettbewerbssachen,[64] Vergabesachen,[65] Urheberrechtssachen,[66] Arzthaftungssachen,[67] Kartellrechtsverfahren,[68] europarechtlichen Mandaten,[69] Steuersachen[70]
- Tätigkeit auf entlegenem Spezialgebiet[71]
- erforderliche Fremdsprachenkenntnisse des Rechtsanwalts[72]
- Notwendigkeit der Hinzuziehung eines Dolmetschers[73]
- Vertretung mehrerer Auftraggeber, ohne dass ein Fall des VV 1008 gegeben ist[74]
- besondere buchhalterische oder steuerrechtliche Probleme[75]
- Hinzuziehung eines psychiatrischen Sachverständigen[76]
- Prüfung medizinischer Gutachten[77]
- Verwertung psychiatrischer Sachverständigengutachten[78]
- Auswertung eines Fachgutachtens auf nicht alltäglichem Gebiet[79]
- Schwierigkeiten im Umgang mit dem Mandanten aufgrund dessen Persönlichkeitsstruktur[80]
- Verständigungsprobleme mit dem Auftraggeber wegen dessen hochgradiger Schwerhörigkeit[81] oder Sehbehinderung[82]
- Verständigungsprobleme mit der ausländischen Ehefrau des Auftraggebers, die der deutschen Sprache nur bedingt mächtig ist.[83]

Mindernd kann zu berücksichtigen sein, wenn sich das Verfahren auf einzelne Punkte beschränkt, etwa bei der Beschränkung einer Berufung auf das Strafmaß[84] oder bei bloßer Einlegung eines Rechtsmittels oder Rechtsbehelfs ohne Begründung.[85] Als unterdurchschnittlich schwierig gelten allgemein auch die Durchsetzung des Kaufpreises beim Kauf von beweglichen Sachen, die Kündigung von Wohnungsmietverträgen bei Mietrückständen oder die bloße Durchsetzung unstreitiger Ansprüche.[86]

36

Die Schwierigkeit der anwaltlichen Tätigkeit ist **für jede Instanz** gesondert zu berücksichtigen.[87] Sind die rechtlichen oder tatsächlichen Schwierigkeiten in erster Instanz beseitigt worden, so dürfen diese im Rechtsmittelverfahren nicht mehr herangezogen werden. Bleiben die rechtlichen oder tatsächlichen Schwierigkeiten in den weiteren Instanzen bestehen, so sind sie auch dort zu berücksichtigen.[88]

37

---

64 Vgl. LG Köln AGS 2007, 499 m. Anm. *Schons*; LG München I AGS 2007, 288 m. Anm. *N. Schneider*; AG Dortmund KostRsp. BRAGO § 12 Nr. 48 m. Anm. *N. Schneider*; AG Lüneburg AGS 2004, 146 m. Anm. *N. Schneider* = KostRsp. BRAGO § 12 Nr. 65 m. Anm. *N. Schneider* = JurBüro 2003, 250.
65 KG AGS 2010, 544; OLG Frankfurt MDR 2010, 897; OLG München, Beschl. v. 25.1.2010 – Verg 11/09 (juris); OLG München VergabeR 2010, 294; BKartA AGS 2008, 82; OLG München AGS 2006, 171; OLG Düsseldorf AGS 2005, 505; OLG Jena AGS 2005, 201; RMOLK RVG/*Baumgärtel*, § 14 Rn 9.
66 *Otto*, NJW 2006, 1472, 1475.
67 AG Aue RVGreport 2008, 301 (2,3-fache Gebühr); *N. Schneider*, KammerForum 2005, 236, 238.
68 Hansens/*Braun*/Schneider, 1. Aufl., Teil 1 Rn 178.
69 *Enders*, JurBüro 2004, 515, 516.
70 FG Köln AGS 2010, 610.
71 BVerwGE 1962, 169.
72 LG Nürnberg-Fürth AnwBl 1969, 208 = KostRsp. BRAGO § 12 Nr. 4 m. Anm. *E. Schneider*; LG Karlsruhe AnwBl 1980, 121; AG Krefeld AnwBl 1980, 303; Hansens/*Braun*/Schneider, Teil 1 Rn 143; RMOLK RVG/*Baumgärtel*, § 14 Rn 9; a.A OLG Düsseldorf AnwBl 1999, 704 = JurBüro 2000, 78 = KostRspr BRAGO § 12 Nr. 50m. abl. Anm. *N. Schneider*.
73 OLG Hamm, Beschl. v. 25.4.2007 – 3 Ws 179/07, www.burhoff.de; OLG Hamm AnwBl 1998, 416; AG Brühl AGS 2004, 287; Mayer/Kroiß/*Winkler*, § 14 Rn 21; Hansens/*Braun/Schneider*, Teil 1 Rn 172; RMOLK RVG/*Baumgärtel*, § 14 Rn 9.
74 Mayer/Kroiß/*Winkler*, § 14 Rn 21.
75 So auch Mayer/Kroiß/*Winkler*, § 14 Rn 21.
76 LG Bochum AnwBl 1985, 151.
77 BVerwG NVwZ 1983, 607.
78 LG Bochum AnwBl 1985, 151.
79 LG Kiel JurBüro 1992, 603.
80 LG Karlsruhe AnwBl 1987, 338.
81 KG AGS 2006, 278, 279; AGS 2006, 73, 74 f., beide m. Anm. *Madert. Jungbauer* (in: Bischof/Jungbauer/Bräuer/Corkovic/Mathias/Uher, § 14 Rn 13) qualifiziert dieses Erschwernis als unbenanntes Merkmal.
82 SG Aachen RVGreport 2005, 353; Mayer/Kroiß/*Winkler*, § 14 Rn 21.
83 AG Altenburg AGS 2006, 128.
84 LG Bayreuth JurBüro 1981, 546.
85 FG Berlin EFG 1983, 575 = KostRsp. BRAGO § 12 Nr. 23.
86 So *Otto*, NJW 2006, 1472, 1475.
87 Mayer/Kroiß/*Winkler*, § 14 Rn 22.
88 LG Würzburg AnwBl 1966, 272 m. Anm. *Chemnitz*.

d) Bedeutung der Angelegenheit

38 Die Bedeutung der Angelegenheit ist als **subjektives Merkmal** aus der Sicht des Auftraggebers zu ermitteln.[89] Dabei ist neben der tatsächlichen und rechtlichen Bedeutung auch auf die wirtschaftlichen, gesellschaftlichen und ideellen Auswirkungen des Ausgangs der Angelegenheit abzustellen. Es kommt auf die individuelle Bedeutung für den Auftraggeber an, da der Anwalt für diesen tätig wird. Die Bedeutung der Angelegenheit für den Rechtsanwalt ist hingegen ebenso irrelevant, wie die Bedeutung für die Allgemeinheit. Eine Relevanz der Angelegenheit für Dritte ist nur insoweit erheblich, als dies die Bedeutung für den Mandanten erhöht.[90]

39 Von besonderer Bedeutung ist eine Angelegenheit insbesondere dann, wenn sie für den Mandanten zu **beruflichen Konsequenzen** oder gar zum Verlust der beruflichen Existenz führen kann.[91] Dazu zählen etwa der Führerscheinentzug für einen Berufskraftfahrer[92] oder einen Handelsvertreter,[93] die Einberufung eines Arztes zum Wehrdienst[94] oder berufliche Nachteile für einen Rechtsreferendar.[95] Aber auch **allgemeine Sanktionen** können für den Mandanten eine gesteigerte Bedeutung besitzen, so etwa ein drohendes Fahrverbot[96] oder die drohende Eintragung in das Verkehrszentralregister[97] bzw. das Gewerbezentralregister.[98] Ob für einen **Beamten** nachfolgende Disziplinarmaßnahmen eine höhere Bedeutung der Angelegenheit ergeben, ist umstritten; die h.M. bejaht dies.[99] Auch ein großes öffentliches Interesse am Verfahren (**Medienwirksamkeit**) rechtfertigt die besondere Bedeutung der Angelegenheit.[100] Sie kann für bestimmte rechtliche Konstellationen, etwa eine wettbewerbsrechtliche Abmahnung, auch typisch sein.[101]

40 Besondere Konsequenzen einer Verurteilung können ebenfalls zu berücksichtigen sein, etwa bei einer **Vielzahl von Vorstrafen**, die eine erhebliche Freiheitsstrafe befürchten lassen.[102] Unberücksichtigt sollen Vorstrafen dagegen bleiben, wenn sie wegen Zeitablaufs keinen Einfluss mehr haben können.[103] Auch die besondere Bedeutung einer **Vorstrafe** für einen **bislang nicht verurteilten Beschuldigten** kann von Bedeutung sein.[104] Berücksichtigungsfähig ist auch die Beeinträchtigung der **gesellschaftlichen Stellung** durch eine drohende Verurteilung.[105] Abzulehnen ist dagegen die Ansicht, wonach die Angelegenheit keine hohe Bedeutung für den Auftraggeber hat, wenn er von einem Freispruch hätte ausgehen können.[106] Denn der Ausgang eines gerichtlichen Verfahrens – ob für den Mandanten nun positiv oder negativ – kann für die Frage der Bedeutung der Angelegenheit nach § 14 Abs. 1 keine Rolle spielen. Dies würde zum einen in unzulässiger Weise eine Erfolgskomponente in die Bewertung der anwaltlichen Arbeit bringen und zum anderen auch den Belangen des Mandanten nicht gerecht werden: Nimmt man die Entscheidung des AG Pirmasens ernst, dann ist jeder Freispruch im Strafverfahren und jedes Obsiegen im Zivilprozess für den Mandanten von nicht hoher Bedeutung, denn er hat ja „bekommen, was er wollte".

---

89 LSG NRW NJW-RR 2008, 87, 88; Mayer/Kroiß/*Winkler*, § 14 Rn 24; Hansens/*Braun/Schneider*, Teil 1 Rn 144; kritisch: *Winkler*, AGS 2010, 579.
90 RMOLK RVG/*Baumgärtel*, § 14 Rn 10.
91 LG Flensburg JurBüro 1984, 138; Mayer/Kroiß/*Winkler*, § 14 Rn 25.
92 AG Frankfurt zfs 1992, 209; LG Flensburg JurBüro 1976, 1216; RMOLK RVG/*Baumgärtel*, § 14 Rn 10; *Burhoff*, RVGreport 2007, 252, 255 m.w.N.
93 LG Heidelberg AnwBl 1965, 184; Hansens/*Braun/Schneider*, Teil 1 Rn 174.
94 BVerwG NWZ 1983, 607; Mayer/Kroiß/*Winkler*, § 14 Rn 25.
95 AG Homburg zfs 1997, 388; Hansens/*Braun/Schneider*, Teil 1 Rn 183.
96 AG Viechtach AGS 2007, 308 m. Anm. *N. Schneider*; AG Leipzig AGS 2007, 355 m. Anm. *N. Schneider*; AG Saarlouis AGS 2006, 127; AG Pinneberg AGS 2005, 552; AG Frankenthal RVGreport 2005, 271 m. Anm. *Burhoff*.
97 AG Viechtach AGS 2007, 308 m. Anm. *N. Schneider*; AG Darmstadt RVGreport 2007, 220 (*Burhoff*); AG Leipzig AGS 2007, 355 m. Anm. *N. Schneider*; AG Rotenburg AGS 2006, 288; AG Viechtach AGS 2006, 239 m. Anm. *Madert*; AG Saarlouis AGS 2006, 127; AG Pinneberg AGS 2005, 552; AG Frankenthal RVGreport 2005, 271 m. Anm. *Burhoff*; AG Frankfurt zfs 1992, 209.
98 AG Düsseldorf zfs 2004, 86; *Burhoff*, RVGreport 2007, 252, 256.
99 LG Hanau AnwBl 1982, 388; LG Zweibrücken zfs 1992, 172; Hansens/*Braun/Schneider*, Teil 1 Rn 172; a.A. LG Flensburg JurBüro 1977, 1089 = KostRsp. BRAGO § 12 Nr. 2 m. Anm. *E. Schneider*.
100 OLG Hamm AnwBl 2002, 664; Hansens/*Braun/Schneider*, Teil 1 Rn 180; Mayer/Kroiß/*Winkler*, § 14 Rn 25 f.
101 So etwa das LG Köln AGS 2007, 499 m. Anm. *Schons*, das bei einer wettbewerbsrechtlichen Abmahnung generell von einer 1,8-Geschäftsgebühr ausgeht.
102 LG Flensburg JurBüro 1984, 548; RMOLK RVG/*Baumgärtel*, § 14 Rn 10.
103 LG München I JurBüro 1982, 1182 m. Anm. *Mümmler*.
104 AG Hannover AnwBl 1980, 311; Mayer/Kroiß/*Winkler*, § 14 Rn 25.
105 LG Kaiserslautern AnwBl 1964, 289 = KostRsp. BRAGO § 12 Nr. 2 m. Anm. *E. Schneider*; Hansens/*Braun/Schneider*, Teil 1 Rn 175.
106 So aber AG Pirmasens RVGreport 2012, 55.

Die besondere Bedeutung der Angelegenheit kann auch aus dem Umstand resultieren, dass das betreffende Verfahren ein **Präjudiz** für weitere Verfahren darstellt. Dies wird häufig im Strafverfahren der Fall sein, wenn eine Verurteilung **Schadensersatzforderungen** präjudiziert.[107] Auch in Bußgeldverfahren kann die präjudizielle Wirkung für einen nachfolgenden Schadensersatzprozess von besonderer Bedeutung sein.

41

e) Einkommensverhältnisse des Auftraggebers

Auch die Einkommensverhältnisse des Auftraggebers sind bei der Gebührenbestimmung zu berücksichtigen. Auszugehen ist dabei von den **durchschnittlichen Einkommensverhältnissen** in der BRD, wie sie das Statistische Bundesamt jährlich feststellt.[108] Der Einkommensdurchschnitt liegt heute bei ca. 2.300 EUR brutto in den alten Bundesländern und bei 2.000 EUR brutto in den neuen Bundesländern.[109] Bereinigt um die Personen, die kein Einkommen beziehen und die auf öffentlich-rechtliche Leistungen (Hartz IV etc.) angewiesen sind, wird man ab einem Bruttobetrag von ca. **1.500 EUR** von einem Durchschnittseinkommen ausgehen können. Bei einem überdurchschnittlichen Einkommen ist eine höhere Gebühr gerechtfertigt, bei einem unterdurchschnittlichen Einkommen eine geringere Gebühr. Nicht jede Abweichung vom deutschen Durchschnittseinkommen ist allerdings bemessungsrelevant; vielmehr muss die Differenz erheblich sein. Die Erheblichkeitsgrenze wird bei einer Differenz von 20 % überschritten sein. Innerhalb einer Einkommensspanne von 1.200 EUR bis 1.800 EUR sind die Einkommensverhältnisse des Mandanten nach Abs. 1 daher irrelevant.[110]

42

f) Vermögensverhältnisse des Auftraggebers

Als Maßstab für dieses Merkmal sind die **durchschnittlichen Vermögensverhältnisse** in der Bundesrepublik anzulegen. Der übliche Hausrat und ein kleineres Sparguthaben gelten daher als Normalfall.[111] Bei **minderjährigen Kindern** sind die Vermögensverhältnisse der Eltern zu berücksichtigen.[112] Überdurchschnittliche Vermögensverhältnisse des Auftraggebers rechtfertigen eine Erhöhung der Gebühren. Auch hier muss die Abweichung vom Vermögensdurchschnitt signifikant sein; ein angemessenes, vom Mandanten und seinen Angehörigen selbst bewohntes Ein- oder Zweifamilienhaus wird regelmäßig keinen Aufschlag rechtfertigen.[113] Umgekehrt sind unterdurchschnittliche Vermögensverhältnisse mindernd zu berücksichtigen. In Betracht kommt nur eine erhebliche Verschuldung.[114]

43

Bei der Feststellung der Vermögensverhältnisse kann durchaus auch der **Ausgang des Verfahrens** zu berücksichtigen sein. Erhält der Auftraggeber aufgrund des erfolgreichen Abschlusses der Angelegenheit eine höhere Summe, etwa eine Abfindung, so ist diese auch bei der Bemessung der Gebühren zu berücksichtigen.[115]

44

Auf die Vermögensverhältnisse eines **erstattungspflichtigen Dritten** kommt es nicht an.[116] Dieser ist nicht Vergütungsschuldner des Anwalts, sondern hat lediglich diejenige Vergütung zu erstatten, die nach den Verhältnissen des Auftraggebers angemessen ist. Das Bestehen einer **Rechtsschutzversicherung** ist dagegen zu berücksichtigen.[117] Sie ist ein Vermögenswert, den sich der Mandant durch Prämienzahlungen erkauft hat.

45

---

107 LG München I AnwBl 1982, 263; LG Freiburg AnwBl 1970, 243.
108 Mayer/Kroiß/*Winkler*, § 14 Rn 28.
109 LSG NRW NJW-RR 2008, 87, 88; Hansens/*Braun/Schneider*, Teil 1 Rn 146; vgl. auch *Burhoff*, RVGreport 2005, 361, 364; *Otto*, NJW 2006, 1472, 1476.
110 *Otto* (NJW 2006, 1472, 1476) betrachtet Abweichungen des Mandanteneinkommens in einem Rahmen von der Hälfte des Durchschnittsbetrages bis zu einem um 50 % erhöhten Betrag als für die Bemessung irrelevant. Dieser Rahmen dürfte indes zu weit gezogen sein.
111 Vgl. *Onderka*, RVGprof. 2004, 57; *Burhoff*, RVGreport 2005, 361, 364.
112 LG Mönchengladbach KostRsp. BRAGO § 12 Nr. 8 m. Gründen.
113 So *Otto* (NJW 2006, 1472, 1476) unter Verw. auf § 90 Abs. 2 Nr. 8 SGB XII.
114 *Otto*, NJW 2006, 1472, 1476.
115 LG Bayreuth JurBüro 1985, 1187.
116 LG Paderborn MDR 1990, 1137 m. Anm. *Herget*; RMOLK RVG/*Baumgärtel*, § 14 Rn 11.
117 LG Kaiserslautern AnwBl 1984, 289; a.A. AG Bonn JurBüro 1981, 1051.

46 Abzustellen ist grundsätzlich auf die wirtschaftlichen Verhältnisse zum **Zeitpunkt der Abrechnung**.[118] Erst zu diesem Zeitpunkt muss der Auftraggeber die Vergütung aus seinem Vermögen begleichen. Die Entwicklung der Vermögensverhältnisse ist freilich während der gesamten Bearbeitungszeit zu berücksichtigen.[119] Hingegen ist es verfehlt, auf die Vermögensverhältnisse zum Zeitpunkt der Auftragserteilung abzustellen.[120]

g) Haftungsrisiko des Rechtsanwalts

47 Das Haftungsrisiko des Rechtsanwalts stellt ein weiteres, im Gegensatz zu der Vorgängernorm des § 12 Abs. 1 BRAGO ausdrücklich genanntes Bemessungskriterium dar. Dabei unterscheidet der Gesetzgeber zwischen Satzrahmengebühren und Betragsrahmengebühren. Bei Satzrahmengebühren *kann* nach Abs. 1 S. 2 ein besonderes Haftungsrisiko des Rechtsanwalts herangezogen werden, bei Betragsrahmengebühren *ist* es nach Abs. 1 S. 3 zu berücksichtigen. Das Haftungsrisiko ist als eines von mehreren Bemessungskriterien zu berücksichtigen, woraus sich jedoch keine eigenständige Gebühr im Sinne einer Haftungsgebühr ergibt.[121]

48 **aa) Wertgebühren (Abs. 1 S. 2).** Bei einer Satzrahmengebühr, etwa der Geschäftsgebühr nach VV 2300, findet das Haftungsrisiko des Anwalts regelmäßig bereits über den Gegenstandswert Eingang in die Bemessung der Gebührenhöhe. Eine haftungsbedingte Anhebung des Gebührensatzes kommt daher nur in Betracht, wenn für den Anwalt im Einzelfall ein besonderes Haftungsrisiko hinzutritt, das über den eigentlichen Gegenstand des Auftrags hinausgeht. Dies gilt etwa dann, wenn die Wertvorschriften Begrenzungen enthalten, wie z.B. in § 41 Abs. 1, Abs. 2, Abs. 5 GKG oder § 42 Abs. 1, Abs. 2 GKG oder auch dann, wenn die **Wertgrenzen** der § 22 Abs. 2 RVG, § 39 S. 2 GKG überschritten werden.[122]

> **Beispiel:** Der Anwalt ist mit einem Räumungsrechtsstreit beauftragt. Der Gegenstandswert beläuft sich nach § 41 Abs. 2 GKG auf den Jahresmietwert.

49 Das Haftungsrisiko kann jedoch weit höher liegen, etwa wenn der Mandant infolge des verlorenen Räumungsrechtsstreits über mehrere Jahre an eine für ihn ungünstige Vermietung gebunden bleibt oder wenn er das nunmehr weiterhin vermietete Objekt nur zu einem geringeren Preis veräußern kann.

50 Insbesondere in **Unterhaltssachen** kann das besondere Haftungsrisiko heranzuziehen sein.[123]

> **Beispiel:** Eingefordert wird laufender Unterhalt i.H.v. 500 EUR monatlich. Nach § 51 Abs. 1 FamGKG bemisst sich der Gegenstandswert auf den Jahresbetrag, also auf 6.000 EUR.

51 Infolge eines verlorenen Unterhaltsverfahrens kann der Schaden des Mandanten jedoch weit über den Jahresbetrag hinausgehen. Dies gilt erst recht bei Schadensersatzrenten, die nach § 42 Abs. 2 GKG zu bewerten sind. Hier kann die Haftung des Anwalts unter Umständen lebenslang sein.

52 Auch in **sonstigen Angelegenheiten** kann das Haftungsrisiko des Anwalts in Relation zum Gegenstandswert weitaus höher liegen. In Betracht kommen etwa
- die steuerrechtliche Beratung
- die kautelarjuristische Tätigkeit (Vertragsgestaltung), z.B. bei Eheverträgen,[124] letztwilligen Verfügungen[125] oder im Gesellschaftsrecht
- der Entwurf von Allgemeinen Geschäftsbedingungen[126]

---

118 So auch Mayer/Kroiß/*Winkler*, § 14 Rn 29 f.; Hansens/*Braun/Schneider*, Teil 1 Rn 147; RMOLK RVG/*Baumgärtel*, § 14 Rn 11.
119 LG Bayreuth JurBüro 1985, 1187; Hansens/*Braun/Schneider*, Teil 1 Rn 147.
120 So aber LG Krefeld AnwBl 1976, 136 = JurBüro 1976, 642; s. auch LG Nürnberg-Fürth JurBüro 1985, 869 m. Anm. *Mümmler*.
121 BSG AGS 2009, 398 = RVGreport 2009, 180 m. Anm. *Hansens*.
122 Vgl. RMOLK RVG/*Baumgärtel*, § 14 Rn 12; Mayer/Kroiß/*Winkler*, § 14 Rn 31 ff.
123 Vgl. OLG Karlsruhe NJW 2004, 3431; AnwBl 2003, 115.
124 Vgl. BVerfG NJW 2001, 957; NJW 2001, 2248; BGH NJW 2005, 1194; NJW 2005, 1370; NJW 2004, 930.
125 Vgl. BGH NJW 1995, 51.
126 *Otto*, NJW 2006, 1472, 1476; *ders.*, MAH Vergütungsrecht, § 5 Rn 38.

- die Betreuung von Rechtsgeschäften, die Grundlage für den Abschluss von Folgegeschäften sind, z.B. der für die Erschließung eines größeren Bauabschnitts notwendige Grundstückserwerb[127]
- die Übernahme eines Mandats unmittelbar vor Verjährungseintritt.[128]

bb) Betragsrahmengebühren (Abs. 1 S. 3). Bei Betragsrahmengebühren ist das Haftungsrisiko nach dem Wortlaut des Abs. 1 S. 3 stets zu berücksichtigen, da hier der Wert der Angelegenheit unmittelbar keinen Einfluss auf die Gebühren hat. Die obligatorische Berücksichtigung führt indes nicht automatisch zu einer Gebührenerhöhung. Sie tritt vielmehr nur dann ein, wenn im Einzelfall tatsächlich ein **objektiv höheres Risiko** vorliegt.[129] So kann in sozialrechtlichen Angelegenheiten die rechtzeitige Stellung eines Rentenantrags ebenso wie die korrekte Berechnung der Rente darüber entscheiden, ob für einen bestimmten Zeitraum überhaupt eine Rente gezahlt wird.[130] In Straf- und Bußgeldsachen und in berufsgerichtlichen Verfahren sind die vom Verfahrensausgang abhängigen wirtschaftlichen Folgen zu berücksichtigen, soweit aus diesem Umstand ein qualifiziertes Haftungsrisiko resultiert.[131] Lediglich dann, wenn zusätzliche Wertgebühren gewährt werden, wie etwa in VV 4142, ist bei der Gewichtung des Merkmals des Haftungsrisikos Zurückhaltung geboten.

h) Unbenannte Merkmale

Die Aufzählung der Bemessungskriterien in Abs. 1 ist **nicht abschließend**. Auch weitere, nicht explizit genannte Merkmale können daher in die Bestimmung der Gebühr einfließen. Das Gewicht eines solchen Merkmals ist nicht per se geringer, als das eines ausdrücklich in Abs. 1 genannten Merkmals. Auch dort unerwähnte Kriterien können im Einzelfall ein überragendes Gewicht bei der Gebührenbemessung haben.[132]

Als unbenannte Merkmale gelten etwa
- der **Erfolg** der anwaltlichen Tätigkeit[133]
- die **Reputation** des Anwalts, zumal sich der Anwalt seinen Ruf durch Fortbildung und Spezialisierung in der Regel kostenaufwändig erwerben muss; das Merkmal der Reputation ist daher auch ein Parameter der Bestimmung der angemessenen Vergütung nach § 3a (siehe dort)
- die Arbeit an **Samstagen**, **Sonntagen** und **Feiertagen** oder in der **Nacht**;[134] empfohlen wird ein Zuschlag von 0,2 bis 0,3 für die Arbeit an Samstagen, von 0,3 bis 0,4 für die Arbeit an Sonntagen und von 0,4 bis 0,5 für die Arbeit an Feiertagen[135]
- die durch die besonderen Umstände des Falles (drohende Verjährung, Fristablauf etc.) und/oder die Weisungen des Auftraggebers veranlasste besonders schnelle Mandatsbearbeitung (**extremer Zeitdruck**)[136]
- die Interessenvertretung des Mandanten in der **Öffentlichkeit**, namentlich gegenüber der Presse[137]
- die Bedrohung des Rechtsanwalts durch den/die Gegner[138]
- die Kostenstruktur der Anwaltskanzlei[139]
- **nicht** aber die unterbliebene Anpassung der Anwaltsgebühren in der Vergangenheit.[140]

---

127 *Otto*, NJW 2006, 1472, 1476; *ders.*, MAH Vergütungsrecht, § 5 Rn 38.
128 Mayer/Kroiß/*Winkler*, § 14 Rn 35.
129 LSG NRW RVGreport 2007, 218 (*Hansens*); Mayer/Kroiß/*Winkler*, § 14 Rn 36.
130 *Otto*, NJW 2006, 1472, 1476.
131 *Otto*, NJW 2006, 1472, 1476.
132 *Otto*, NJW 2006, 1472, 1477.
133 Ausführlich Hansens/*Braun*/Schneider, Teil 1 Rn 153.
134 *Otto*, MAH Vergütungsrecht, § 5 Rn 42; *ders.*, NJW 2006, 1472, 1477; Hansens/*Braun*/Schneider, Teil 1 Rn 150 f.
135 Vgl. Gerold/Schmidt/*Mayer*, § 14 Rn 20; Hansens/*Braun*/Schneider, Teil 1 Rn 150; Bischof/*Jungbauer*, § 14 Rn 13.
136 Bischof/*Jungbauer*, § 14 Rn 13; Hansens/*Braun*/Schneider, Teil 1 Rn 151.
137 Bischof/*Jungbauer*, § 14 Rn 13; Hansens/*Braun*/Schneider, Teil 1 Rn 152 m.w.N.
138 Zutreffend Bischof/*Jungbauer*, § 14 Rn 13.
139 Hansens/*Braun*/Schneider, Teil 1 Rn 154 m.w.N.
140 OLG München RVGreport 2004, 31 = MDR 2004, 176 = FamRZ 2004, 964.

3. Die Abwägung

a) Allgemeines

56 Nach der Feststellung der vorstehend dargestellten Kriterien hat der Anwalt in einem zweiten Schritt **abzuwägen**, welche Gebühr im **konkreten Fall** angemessen ist.

57 Ausnahmsweise müssen dabei bestimmte Kriterien kraft gesetzlicher Anordnung **außer Betracht** bleiben. Eine gesonderte Regelung zur Gebührenhöhe enthält insoweit Vorb. 2.3 Abs. 4 für das weitere, der Nachprüfung eines Verwaltungsakts dienende **Verwaltungsverfahren**, sofern der Anwalt bereits im vorangegangenen Verwaltungsverfahren tätig war. Danach wird die Geschäftsgebühr des Verwaltungsverfahrens in einem bestimmten Umfang auf die Geschäftsgebühr für das Nachprüfungsverfahren angerechnet (VV Vorb. 2.3 Abs. 4 S. 1 und 2). Im Gegenzug darf dann bei der Gebührenbemessung nach Abs. 1 nicht mehr berücksichtigt werden, dass der Anwalt bereits im vorangegangenen Verwaltungsverfahren tätig war. Dieses Kriterium ist bereits durch die Anrechnung auf die im Nachprüfungsverfahren entstehenden Gebühren berücksichtigt worden und darf im Rahmen des Abs. 1 S. 1 nicht nochmals herangezogen werden (Vorb. 2.3. Abs. 4 S. 3).

58 Ähnliches gilt in **Bußgeldsachen**, in denen – je nach Höhe des drohenden Bußgeldes – ein eigener Gebührenrahmen vorgesehen ist (VV 5101 ff.; VV 5107 ff.). Auch hier hat die Höhe des drohenden Bußgeldes grundsätzlich außer Betracht zu bleiben, da dies bereits beim Gebührenrahmen berücksichtigt ist (siehe auch Rdn 28, 60).

59 Ebenso wird bereits beim Gebührenrahmen berücksichtigt, wenn sich der Beschuldigte nicht auf freiem Fuß befindet. Der Anwalt erhält jetzt stets die Gebühr mit Zuschlag (VV Vorb. 4 Abs. 4). Daher rechtfertigt die **Inhaftierung des Mandanten** grundsätzlich keine höhere Gebühr; diese ist nur gerechtfertigt bei überdurchschnittlichem Aufwand gegenüber anderen Verfahren, in denen sich der Beschuldigte nicht auf freiem Fuß befindet.

60 Bei der Abwägung ist zunächst von der **Mittelgebühr** auszugehen und dann zu prüfen, inwieweit die nach Abs. 1 maßgeblichen Kriterien eine Gebühr oberhalb oder unterhalb der Mittelgebühr rechtfertigen.[141] Für straßenverkehrsrechtliche **OWi-Verfahren** kann nichts anderes gelten.[142] Sofern die Abwägung von der Mittelgebühr abweicht, sollte sie dargelegt und begründet werden. Das FG Berlin[143] geht insoweit von einer Notwendigkeit aus, das ausgeübte Ermessen darzulegen. Das dürfte zu weit gehen. Insbesondere ist im Rahmen des § 10 keine nähere Begründung der angesetzten Gebühr erforderlich, wenn auch sicher hilfreich (siehe Rdn 77).

b) Mittelgebühr; Kompensation

61 Bei **Betragsrahmen** wird die Mittelgebühr dadurch ermittelt, dass die Mindest- und die Höchstgebühr addiert und sodann halbiert werden.[144] Dies ergibt folgende Formel:

$$\frac{\text{Mindestgebühr} + \text{Höchstgebühr}}{2} = \text{Mittelgebühr}$$

62 Bei **Satzrahmengebühren** sind der Mindestsatz und der Höchstsatz zu addieren und dann die Summe zu halbieren. Dies ergibt folgende Formel:

$$\frac{\text{Mindestsatz} + \text{Höchstsatz}}{2} = \text{Mittelgebühr}$$

---

141 BVerwG AnwBl 1981, 191; Gerold/Schmidt/*Mayer*, § 14 Rn 10; Riedel/Sußbauer/*Fraunholz*, § 14 Rn 12 f.
142 AG Darmstadt RVGreport 2007, 220 (*Burhoff*); AG Rotenburg AGS 2006, 288; AG Viechtach AGS 2006, 239 m. Anm. *Madert*; AGS 2006, 308 m. Anm. *N. Schneider*; AG Saarbrücken JurBüro 2006, 195; *Burhoff*, RVGreport 2007, 252; *ders.*, RVGreport 2005, 361, 364; *ders.*, in: Burhoff (Hrsg.), RVG Straf- und Bußgeldsachen, „Rahmengebühren (§ 14)" Rn 38; a.A. LG Göttingen RVGreport 2007, 454 (*Burhoff*); LG Berlin VRS 111, 434 (in der Regel unterdurchschnittlich); AG Saarlouis AGS 2007, 127 (Mittelgebühr nur bei Hinzutreten besonderer Umstände).
143 FG Berlin JurBüro 1981, 723.
144 OLG Köln AnwBl 1962, 74 = JMBl.NW 1962, 73 = MDR 1962, 595 = NJW 1962, 830 = Rpfleger 1962, 11; Hansens/Braun/*Schneider*, Teil 1 Rn 135; Gerold/Schmidt/*Mayer*, § 14 Rn 10.

Die Mittelgebühr gilt für alle **durchschnittlichen Fälle**, in denen die zu berücksichtigenden Umstände jeweils durchschnittlich sind (Normalfälle). 63

Darüber hinaus ist die Mittelgebühr aber auch dann gerechtfertigt, wenn einzelne Merkmale eine Erhöhung der Gebühr rechtfertigen würden, andere Bemessungsfaktoren wiederum eine Minderung, so dass diese sich gegenseitig aufheben, sog. **Kompensation**.[145] Bereits ein einziger Umstand des Abs. 1 kann dabei ein Abweichen von der Mittelgebühr rechtfertigen.[146] 64

c) Mindestgebühr

Auf die Mindestgebühr muss sich der Anwalt nur verweisen lassen, wenn **alle Kriterien unterdurchschnittlich** sind, wenn also die Sache keine besondere Bedeutung hat, weder schwierig noch umfangreich ist und auch die Einkommens- und Vermögensverhältnisse des Auftraggebers unter dem Durchschnitt liegen.[147] In Ausnahmefällen kann auch bereits ein Kriterium so durchschlagend sein, dass nur die Mindestgebühr angemessen ist, etwa wenn sich die Sache unmittelbar nach Auftragserteilung wieder erledigt und der Anwalt in der Sache noch nichts veranlasst hat. 65

d) Höchstgebühr

Die Höchstgebühr kommt nicht nur dann in Betracht, wenn sämtliche Umstände **überdurchschnittlich** sind. Bereits ein außergewöhnliches Merkmal kann den Ansatz der Höchstgebühr rechtfertigen, auch wenn die übrigen Umstände nur durchschnittlich sind.[148] 66

In der Regel wird die Annahme der Höchstgebühr allerdings erfordern, dass mehrere Umstände überdurchschnittlich sind.[149] Unzutreffend ist dagegen die Prämisse, dass sämtliche Umstände überdurchschnittlich sein müssen.[150] Ebenso geht die Auffassung des OLG Osnabrück[151] zu weit, nicht schon erheblich überdurchschnittliche Merkmale würden die Höchstgebühr rechtfertigen, sondern nur „extreme Umstände". 67

e) Sonstige Gebührensätze

Der Anwalt ist nicht an die vorgenannten drei Einteilungen (Mindest-, Mittel- und Höchstgebühr) gebunden. Er kann vielmehr innerhalb des **gesamten Betrags- oder Satzrahmens** seine Bestimmung treffen. 68

So wird in **Strafsachen** häufig die Mittelgebühr bei größerer Bedeutung oder größerem Aufwand um 20 % erhöht[152] oder umgekehrt um 20 % ermäßigt, wenn Bedeutung und Aufwand unterdurchschnittlich sind. 69

---

145 BFH RVGreport 2006, 20; BVerwG RVGreport 2006, 21; LSG Jena AGS 2002, 223 = JurBüro 2002, 420 = MDR 2002, 606 = KostRsp. BRAGO § 12 Nr. 57; OLG Düsseldorf JurBüro 2012, 358; Hansens/*Braun/Schneider*, Teil 1 Rn 156; Gerold/Schmidt/*Mayer*, § 14 Rn 11; a.A. insoweit *Otto*, NJW 2006, 1472 ff.

146 LSG Thüringen JurBüro 2004, 82; Hansens/*Braun/Schneider*, Teil 1 Rn 157.

147 VG Düsseldorf AnwBl 1984, 322; LG Lübeck MDR 1984, 487; Hansens/*Braun/Schneider*, Teil 1 Rn 156 (Hinw.); *Burhoff*, in: Burhoff (Hrsg.), RVG Straf- und Bußgeldsachen, „Rahmengebühren (§ 14)" Rn 42.

148 OLG Köln RVGreport 2012, 98 unter Hinw. darauf, dass dies Extremfällen vorbehalten bleiben sollte; LG Berlin JurBüro 1979, 1012 = Rpfleger 1979, 275; KG JurBüro 1980, 1022; OLG Zweibrücken Rpfleger 1972, 71; OLG Schleswig JurBüro 1989, 489.

149 OLG München AnwBl 1980, 469; Gerold/Schmidt/*Mayer*, § 14 Rn 13 mit umfassenden Rechtsprechungsnachweisen; *Burhoff*, in: Burhoff (Hrsg.), RVG Straf- und Bußgeldsachen, „Rahmengebühren (§ 14)" Rn 43.

150 So aber OLG Nürnberg JurBüro 1973, 400; OLG Bamberg JurBüro 1165; LG Kleve JurBüro 1995, 34 = KostRsp. BRAGO § 12 Nr. 35 m. abl. Anm. *Herget*.

151 JurBüro 1995, 83 = NdsRpfl 1995, 23 = KostRsp. BRAGO § 12 Nr. 36 m. Anm. *Herget*.

152 LG Kiel zfs 2001, 83 = KostRsp. BRAGO § 12 Nr. 51.

f) Begrenzungen

70 **aa) Allgemeines.** Bei der Gebührenbestimmung sind gesetzliche Schranken zu beachten. Insoweit wird das Ermessen des Anwalts nach Abs. 1 i.V.m. § 315 BGB eingeschränkt. Das RVG kennt zwei Anwendungsfälle:

71 **bb) Verbraucherberatung (§ 34 Abs. 1 S. 3).** Hat der Rechtsanwalt für seine **Beratung** keine Gebührenvereinbarung getroffen, bestimmt sich gemäß § 34 Abs. 1 S. 2 seine Vergütung nach den Vorschriften des bürgerlichen Rechts. S. 3 dieser Vorschrift kappt den Vergütungsanspruch gegenüber einem **Verbraucher** bei 250 EUR; die Vergütung für die **Erstberatung** darf 190 EUR nicht übersteigen. Abs. 1 ist in beiden Fällen anwendbar (siehe Rdn 10 f.). Kommt der Anwalt nun aufgrund der Kriterien des Abs. 1 an sich zu einer höheren Vergütung, ist selbige auf einen Höchstbetrag von 250 EUR bzw. 190 EUR begrenzt. Diese Beträge stellen die Höchstgrenze der Gebühren nach den Vorschriften des bürgerlichen Rechts i.S.d. § 34 Abs. 1 S. 2 dar; der Anwalt darf sie nicht überschreiten (siehe die Kommentierung zu § 34).

72 **cc) Schwellenwert.** Für die Geschäftsgebühren nach VV 2300 und 2302 ist ein sog. Schwellenwert vorgesehen (vgl. Anm. zu VV 2300 und Anm. zu VV 2302). Durch das 2. KostRMoG war ursprünglich vorgesehen, die Regelungen zu den Schwellenwerten jeweils in eine eigene Gebührennummer zu fassen. Damit sollte dem Grundsatz Rechnung getragen werden, dass in allen Kostenverzeichnissen eine bei einem besonderen Sachverhalt von der grundsätzlichen Regelung abweichende Gebührenhöhe stets in einer besonderen Nummer des Vergütungsverzeichnisses als besondere Gebühr geregelt ist. Darüber hinaus wollte der Gesetzgeber auch klarstellen, dass die Frage des überdurchschnittlichen Umfangs und der überdurchschnittlichen Schwierigkeit als Tatbestandsvoraussetzung der vollen gerichtlichen Nachprüfung unterliegt.[153] Im Laufe des Gesetzgebungsverfahrens ist davon jedoch wieder Abstand genommen worden.

73 Weiterhin verbleibt es also dabei, dass das **Ermessen** des Anwalts **begrenzt** ist, wenn die Sache nicht umfangreich oder schwierig war. Auf die übrigen Kriterien des Abs. 1 S. 1, S. 2 kommt es dann nicht mehr an. Ist die Sache weder umfangreich noch schwierig, sind als Schwellenwert Höchstsätze bzw. Höchstbeträge vorgesehen, die der Anwalt nicht überschreiten darf. Dies gilt auch dann, wenn die gesamten Kriterien des Abs. 1 an sich eine höhere Gebühr rechtfertigen würden (siehe die Kommentierungen der jeweiligen VV-Nr.). Folgende Begrenzungen sind vorgesehen:

74 – Anm. zu VV 2300: höchstens 1,3
– Anm. zu VV 2302: höchstens 300 EUR

4. Ausübung und Begründung der Bestimmung

75 Die **Ausübung** der Bestimmung nach Abs. 1 erfolgt durch **Erklärung** gegenüber dem Mandanten, indem der nach Ansicht des Anwalts angemessene Gebührensatz (bei Satzrahmengebühren) oder Gebührenbetrag (bei Betragsrahmengebühren) gemäß § 10 abgerechnet wird. Tritt der Anwalt mit wirksamer Zustimmung seines Mandanten Vergütungsansprüche an einen Dritten ab, so kann er an diesen jedenfalls nicht ohne Einverständnis des Mandanten die Ermessensausübung zur Bestimmung einer Rahmengebühr delegieren.[154]

76 Unzulässig ist eine Bestimmung unter Vorbehalt. Kann der Anwalt sein Bestimmungsrecht noch nicht ausüben, weil die Sache noch nicht erledigt ist, dann kann er einen Vorschuss anfordern, der keine Bindungswirkung kennt. Ist die Sache dagegen erledigt, muss er die Bestimmung treffen, und zwar endgültig und verbindlich.[155]

77 Eine besondere **Begründung** der Bestimmung ist **keine Wirksamkeitsvoraussetzung**. Sie erübrigt sich bei dem Ansatz der Mittelgebühr auch regelmäßig. Bei einem Abweichen von der Mittelgebühr oder dem Überschreiten des Schwellenwertes kann dem Anwalt dagegen nur dringend angeraten werden, seine Vergütungsforderung mit besonderer Sorgfalt zu begründen und in einem etwaigen Vergütungsprozess **substantiiert zu allen Bewertungskriterien des Abs. 1 vorzutragen**.[156] Auch

---

153 Vgl. Begr. des Regierungsentwurfs, S. 429.
154 BGH AGS 2009, 107.
155 Siehe N. Schneider, NJW-Spezial 2014, 91 ff.
156 Zutreffend Schons, NJW 2005, 1024, 1025; N. Schneider, KammerForum 2005, 236, 240. Vgl. auch BVerwG RVGreport 2006, 21, wonach die Toleranzgrenze von 20 % bei fehlender Begründung zu reduzieren sein kann.

unkonventionelle Methoden sind effektiv. So kann der Umfang einer Angelegenheit durch das Vorzeigen der Handakte im Prozess oder durch eine Berechnung der gesamten Bearbeitungszeit nachgewiesen werden.[157] Umgekehrt provoziert ein Schweigen des Anwalts zu den Kriterien des Abs. 1 Rückfragen und Beschwerden seines Mandanten oder erstattungspflichtiger Dritter, die nicht selten einen Streit eskalieren lassen und eine u.U. wertvolle Mandantenbeziehung ohne Not gefährden. Die Anforderungen an den anwaltlichen Vortrag zu den Einkommens- und Vermögensverhältnissen (siehe Rdn 42 ff.) des Mandanten dürfen indes nicht überspannt werden; insbesondere ist keine detaillierte Einnahmen- und Ausgabenaufstellung wie im PKH-Bewilligungsverfahren erforderlich.[158]

5. Verbindlichkeit der Bestimmung

a) Verbindlichkeit gegenüber dem Auftraggeber oder der Staatskasse

Die Bestimmung des Anwalts muss der **Billigkeit** entsprechen. Eine Gebühr ist nicht mehr billig, wenn sie nicht mehr hinnehmbar ist.[159] Voraussetzung dafür ist, dass die angesetzte Gebühr die in vergleichbaren Fällen angemessene **deutlich übersteigt**.[160] Dagegen will das OLG Koblenz die Unbilligkeitsregelung des § 14 Abs. 1 S. 4 auch dann anwenden, wenn der Rechtsanwalt seinem eigenen Mandanten eine **zu geringe Gebühr** in der Absicht berechnet, dadurch eine höhere Kostenerstattung von dem im Rechtsstreit unterlegenen Prozessgegner zu erlangen.[161] Hintergrund dieser Entscheidung war die umstrittene und durch die Neuregelung in § 15a erledigte Rechtsprechung des BGH zur Anrechnung der Geschäftsgebühr. Um dem eigenen Mandanten einen höheren Erstattungsanspruch gegen den unterlegenen Prozessgegner zu verschaffen – so unterstellte das OLG Koblenz im betreffenden Fall – hätten die Anwälte für ihre vorgerichtliche Tätigkeit eine zu geringe Geschäftsgebühr in Rechnung gestellt, um den Umfang der Anrechnung im Kostenfestsetzungsverfahren zu vermindern.

78

Unabhängig davon, dass es solchen Unterstellungen an einer tatsächlichen Grundlage fehlt, ist die Entscheidung jedenfalls mit § 14 Abs. 1 nicht zu begründen. Sinn und Zweck der Vorschrift ist es, den Mandanten (§ 14 Abs. 1 S. 1 i.V.m. § 315 Abs. 3 BGB) bzw. einen erstattungspflichtigen Dritten (§ 14 Abs. 1 S. 4) vor einer unbilligen Gebührenbestimmung zu schützen. Dass damit nur eine vom Anwalt zu hoch angesetzte Gebühr gemeint sein kann, hat außer dem OLG Koblenz noch niemand angezweifelt. Denn die Unbilligkeit einer Gebührenbestimmung folgt daraus, dass die Kriterien des § 14 Abs. 1 S. 1 bis 3 nicht zutreffend bewertet bzw. gewichtet wurden. Ob jedoch die Gebührenbestimmung in einem nachfolgenden Rechtsstreit dazu führt, dass eine gesetzlich vorgesehene Anrechnung zu einem anderen Ergebnis kommt, spielt bei § 14 überhaupt keine Rolle.

b) Toleranzbereich

Welche **Rechtsfolgen** eintreten, wenn die **Bestimmung unbillig** ist, regelt das RVG nicht. Insoweit gilt § 315 Abs. 3 BGB.[162] Danach ist die vom Anwalt getroffene Bestimmung verbindlich, wenn sie der Billigkeit entspricht. Entspricht sie nicht der Billigkeit, so wird die Bestimmung durch Urteil getroffen (§ 315 Abs. 3 S. 2, 1. Hs. BGB).

79

Im Verhältnis zum Auftraggeber ist daher die Bestimmung der **Billigkeit** in vollem Umfang **überprüfbar**. Dies bedeutet aber nicht, dass die Bestimmung der Gebühr im Einzelfall bis auf den Cent zu überprüfen ist. Vielmehr steht dem Anwalt ein gewisser Ermessensspielraum („Toleranzbereich") zu; innerhalb dieses Rahmens ist seine Entscheidung auch gerichtlich nicht überprüfbar.[163] Nach der bereits zur **BRAGO** entwickelten Rechtsprechung[164] betrug der **Toleranzbereich 20 %**. Sofern die

80

---

157 Vgl. AG Coburg AGS 2007, 188 m. Anm. *Schons.*
158 AG München AGS 2007, 81.
159 LG Flensburg JurBüro 1978, 863.
160 *Schons*, NJW 2005, 1024, 1025 unter Hinw. auf AG Helmstedt AnwBl 1984, 275.
161 OLG Koblenz AGS 2009, 217 m. Anm. *Schons.*
162 Zum Anwendungsbereich des § 315 BGB auf Rahmengebühren nach § 14 RVG Bamberger/Roth/*Gehrlein*, BeckOKBGB, Stand 1.6.2007, § 315 Rn 2, 4.
163 *Hansens*, BRAGO, § 12 Rn 15; Hansens/*Braun/Schneider*, Teil 1 Rn 159 m.w.N.
164 LG Zweibrücken MDR 1992, 196 = KostRsp. BRAGO § 12 Nr. 33 m. Anm. *Herget*; a.A. BVerwG Rpfleger 2002, 98 = KostRsp. BRAGO § 12 Nr. 58.

Bestimmung des Anwalts die nach Ansicht des Gerichts angemessene Gebühr um nicht mehr als 20 % überstieg, war noch keine Unbilligkeit i.S.d. § 315 Abs. 3 BGB gegeben.[165]

81 **aa) Erweiterung des Toleranzbereichs.** Für den Geltungsbereich des **RVG** hat die Rechtsprechung die Toleranzgrenze von 20 % **unverändert** übernommen.[166] Das gilt auch für das Festsetzungsverfahren.[167] Dagegen wird im Schrifttum[168] geltend gemacht, dass gegenüber § 118 BRAGO, der einen Gebührenrahmen von 5/10 bis 10/10 vorsah, unter der Geltung des RVG der Rahmen der Gebührenbemessung bei der außergerichtlichen Vertretung mit ihrem Gebührenrahmen von 0,5 bis 2,5 erheblich vergrößert worden sei. Diese Wertentscheidung des Reformgesetzgebers müsse konsequenterweise eine **Erhöhung des Toleranzbereiches auf 30 %** zur Folge haben.

82 Diese Forderung nach einer Erweiterung des Toleranzbereichs begegnet allerdings Bedenken. Man mag gegen einen prozentualen Aufschlag im Bereich einer Ermessensüberprüfung schon grundsätzlich Einwände haben – diese können jedoch nicht darüber hinweghelfen, dass die Praxis ein brauchbares Instrumentarium zur Überprüfung der Gebührenbestimmung (noch) nicht gefunden hat. Sie wird also weiter mit einem Toleranzbereich arbeiten, ohne nachvollziehbar begründen zu können, warum eine um 20 % höhere Gebühr noch billig ist, eine um 28 % oder 30 % erhöhte Gebühr dagegen nicht mehr. Allerdings stellt sich die Frage, ob – wie von der oben dargestellten Literaturmeinung gefordert – gerade aufgrund der Einführung des RVG der Toleranzbereich erweitert werden darf. Dabei ist zunächst zwischen den zivil- und verwaltungsrechtlichen Angelegenheiten nach VV Teil 2 sowie den straf- und bußgeldrechtlichen Angelegenheiten nach VV Teil 4 und 5 zu unterscheiden.

83 Bei den Betragsrahmengebühren in straf- und bußgeldrechtlichen Angelegenheiten ist eine Erweiterung des Toleranzbereiches aufgrund eines vergrößerten Gebührenrahmens nicht zu rechtfertigen. Denn das Verhältnis von Höchst- zu Mindestgebühr, also die Spannweite des Gebührenrahmens, hat sich durch die Einführung des RVG im Vergleich zur BRAGO nicht wesentlich verändert. Zwar ist das Gebührensystem – insbesondere in Bußgeldsachen – weitgehend neu gestaltet worden. Die maßgeblichen Betragsrahmengebühren weisen jedoch in ihrer Spannweite keine relevanten Unterschiede auf.

84 Bei den zivil- und verwaltungsrechtlichen Angelegenheiten kann im Hinblick auf die Satzrahmengebühr des VV 2300 dagegen durchaus eine erhebliche Erweiterung des Gebührenrahmens festgestellt werden. *Jungbauer*[169] lehnt eine daraus abgeleitete Erweiterung des Toleranzbereiches schon aus dem Grund ab, dass sich der Toleranzbereich von 20 % nicht auf den Rahmen beziehe, sondern vielmehr auf die vom Anwalt nach seinem Ermessen festgelegte Gebühr. Dem ist zuzustimmen, da es beim Toleranzbereich um die Frage geht, wie stark die vom Anwalt aus einem Rahmen bestimmte Gebühr von einer Gebühr abweichen darf, die ein Gericht bei objektiver Überprüfung der Gebührenbestimmung gerade aus diesem Gebührenrahmen für billig hält. Da es bei § 14 Abs. 1 (auch) um

---

165 OLG München JurBüro 1991, 1485 = Rpfleger 1991, 464; OLG Düsseldorf AnwBl 1983, 875 (offen gelassen, jedenfalls keine Unbilligkeit bei 17,5 %); OLG Düsseldorf AnwBl 1999, 704; OLG Düsseldorf NStZ 1990, 287; OLG Düsseldorf JurBüro 2000, 359; LG Düsseldorf AnwBl 1983, 41; OLG Köln JurBüro 1994, 31; SG Stuttgart AnwBl 1984, 569; SG Karlsruhe AnwBl 1984, 571; SG Kiel AnwBl 1984, 571; LG Köln MDR 1996, 645; SG Nürnberg AnwBl 1992, 399; OLG Oldenburg Rpfleger 1999, 566; LG Zweibrücken MDR 1992, 196 = KostRsp. BRAGO § 12 Nr. 33 m. Anm. *Herget*; OLG Düsseldorf BRAGOreport 2002, 95 = KostRsp. BRAGO § 12 Nr. 55; AG Diez AGS 2003, 74; AG Hof AGS 2003, 245; AG Duisburg AGS 2003, 492.

166 BGH NJW-RR 2007, 420, 421; OLG Köln AGS 2008, 33; OLG Jena RVGreport 2008, 56 (*Hansens*); KG AGS 2006, 278, 279; AGS 2006, 73, 74, beide m. Anm. *Madert*; OLG Hamm, Beschl. v. 25.4.2007 – 3 Ws 179/07, www.burhoff.de; OLG Koblenz, Beschl. v. 10.9.2007 – 1 Ws 191/07, www.burhoff.de; LG Fulda JurBüro 2006, 25; LSG NRW RVGreport 2007, 218; AG Völklingen AGS 2007, 235. Vgl. auch AG Kelheim RVGreport 2005, 62 m. Anm. *Hansens*; AG Aachen AGS 2005, 107 m. Anm. *N. Schneider* = RVGreport 2005, 60 m. Anm. *Hansens* = AnwBl 2005, 223 m. Anm. *Henke*; LG Saarbrücken AGS 2005, 245. Eingehend dazu auch Bischof/*Jungbauer*, § 14 Rn 52 ff.

167 OLG Köln AGS 2008, 76; RVGreport 2008, 55 (*Burhoff*) = AGS 2008, 32.

168 AnwK-RVG/*Rick*, 4. Auflage, § 14 Rn 76; *Braun*, RVGreport 2004, 287; Mayer/Kroiß/*Teubel*, Das neue Gebührenrecht, § 4 Rn 95; RMOLK RVG/*Baumgärtel*, § 14 Rn 16; AG Limburg, Urt. v. 28.10.2008 – 4 C 1293/08 für ein straßenverkehrsrechtliches Bußgeldverfahren. Dagegen halten Gerold/Schmidt/*Mayer*, § 14 Rn 12; Bischof/*Jungbauer*, § 14 Rn 60 und Hartung/Römermann/Schons/*Römermann*, § 14 Rn 91 weiterhin einen Toleranzbereich von 20 bis 25 % für angemessen.

169 In: Bischof/*Jungbauer*, 2. Auflage, § 14 Rn 60; ebenso KG JurBüro 2011, 414 = RVGreport 2011, 347.

subjektive Wertungen geht, gibt es regelmäßig nicht nur eine einzige „angemessene Gebühr", sondern einen gewissen Spielraum für die Gebührenbestimmung des Anwalts. Die vom Gericht bzw. vom Erstattungspflichtigen zu tolerierende Abweichung kann aber nicht deshalb noch höher festgesetzt werden, weil der Anwalt nunmehr die Geschäftsgebühr aus einem weiteren Rahmen bestimmen kann.

Zwar ist zuzugeben, dass bei einer Spannweite des Gebührenrahmens von 0,5 bis 2,5 das Risiko des Anwalts, bei der Gebührenbestimmung „daneben zu liegen", zunächst einmal höher erscheint als bei einem Gebührenrahmen von 5/10 bis 10/10. Auch diese Überlegung verfängt jedoch letztlich nicht, da bei der Frage, ob die Erweiterung des Toleranzbereichs gerechtfertigt ist, auch die Entstehungsgeschichte des neuen Gebührenrahmens nach VV 2300 sowie dessen konkrete Ausgestaltung berücksichtigt werden muss: Nach § 118 Abs. 1 BRAGO konnte der Anwalt für die außergerichtliche Vertretung des Auftraggebers eine Geschäfts-, Besprechungs- und Beweisaufnahmegebühr i.H.v. jeweils 5/10 bis 10/10 der vollen Gebühr verdienen. Da im RVG nicht mehr drei verschiedene Gebührentatbestände, sondern nur noch eine einheitliche Geschäftsgebühr existiert, musste diese zwangsläufig einen entsprechend weiteren Rahmen aufweisen, um den unterschiedlichsten anwaltlichen Tätigkeiten Raum zu bieten. Im Unterschied zur früheren Regelung ist darüber hinaus in der Anmerkung zu VV 2300 zusätzlich ein Schwellenwert eingeführt worden, der die Geschäftsgebühr auf maximal 1,3 begrenzt, soweit die Angelegenheit weder umfangreich noch schwierig war. Dies spiegelt die frühere Rechtslage wieder: Ohne Durchführung einer Besprechung oder einer Beweisaufnahme, welche die Angelegenheit regelmäßig zeitaufwendig bzw. schwierig werden ließen, musste der Anwalt nach der BRAGO seine Gebühr aus einem Rahmen von 5/10 bis 10/10 bestimmen.

Auch der nun nach dem RVG abrechnende Anwalt ist durch den Schwellenwert bei Angelegenheiten, die weder umfangreich noch schwierig sind, auf eine Gebührenbestimmung innerhalb eines Rahmens von 0,5 bis 1,3 beschränkt. In den sonstigen Fällen (schwierige oder umfangreiche Angelegenheit) spielt sich die Gebührenbestimmung dagegen regelmäßig im oberen Bereich des Gebührenrahmens von 1,3 bis 2,5 ab. Im Ergebnis kann man daher festhalten, dass es nach dem RVG zwar einen weiteren Gebührenrahmen für die außergerichtliche Vertretung gibt, dem Anwalt auf der anderen Seite vom Gesetz aber auch mehr „Anhaltspunkte" zur Verfügung gestellt werden, an denen er die konkrete Gebührenbestimmung orientieren kann. Daher stellt die Erweiterung des Gebührenrahmens in VV 2300 keinen durchgreifenden Grund für einen auf 30 % angehobenen Toleranzbereich dar.

bb) Toleranzbereich bei Schwellenwert. Auch im Hinblick auf diesen Ermessensspielraum, den die Rechtsprechung dem Anwalt mit der Zubilligung des Toleranzbereiches eingeräumt hat, kann jedoch eine höhere Geschäftsgebühr als nach dem Schwellenwert nur verlangt werden, wenn die Tätigkeit entweder umfangreich oder schwierig war.[170] Abweichend davon hatten der IX. Senat[171] und der VI. Senat[172] des BGH die Ansicht vertreten, dass dem Anwalt auch hinsichtlich der Überschreitung des Schwellenwertes nach der Anm. zu VV 2300 dieser Toleranzbereich zustehe, wodurch eine Gebührenforderung von mehr als 1,3 auch dann nicht zu beanstanden sei, wenn die Tätigkeit zwar weder umfangreich noch schwierig war, jedoch keine Überschreitung der angemessenen Gebühr um mehr als 20 % vorlag. Diese Rechtsprechung war abzulehnen, was nunmehr auch durch die Begründung zum 2. KostRMoG unterstützt wird: Bei der Frage, ob eine Tätigkeit umfangreich oder schwierig war, handelt es sich nicht um eine Ermessensentscheidung des Anwalts – die er in einem bestimmten Toleranzbereich selbst zu treffen hat – sondern vielmehr um Tatbestandsmerkmale des Gebührentatbestandes. Diese sind in vollem Umfang gerichtlich überprüfbar.

Inzwischen hat der VIII. Senat des BGH[173] diese Rechtsprechung auch korrigiert und zutreffend ausgeführt, dass die Frage des Umfangs bzw. der Schwierigkeit der Angelegenheit umfassend gerichtlich überprüfbar ist. Die in einem solchen Fall eigentlich erforderliche Anrufung des Großen Senates hatte sich erübrigt, da der IX. und der VI. Senat auf entsprechende Anfrage mitgeteilt hatten, ebenfalls diese Auffassung zu teilen.[174]

cc) Rechtsfolgen. Die Darlegung der konkreten Gebühr durch den Anwalt darf sich allerdings nicht auf die Aussage beschränken, dass bei einer insgesamt durchschnittlichen Angelegenheit allein

---

170 OLG Koblenz AGS 2011, 536; AG Düsseldorf AGS 2012, 61; AG Halle AGS 2011, 421; AG Kehl AGS 2012, 6; *Fölsch*, NJW 2012, 267.
171 BGH AGS 2011, 120.
172 BGH AGS 2012, 220 m. Anm. *N. Schneider*.
173 BGH AGS 2012, 373 m. Anm. *Schons*.
174 Eine schon erstaunliche Aussage, wenn man bedenkt, dass ihre anderslautenden Entscheidungen gerade einmal zwei Monate bzw. 1½ Jahre alt waren.

aufgrund des Toleranzbereiches eine um 20 % über der Mittelgebühr liegende Gebühr verlangt werden könne. Dies ist eine Überschreitung des dem Anwalt eingeräumten Ermessensspielraums, da der Toleranzbereich lediglich die anwaltliche Gebührenbestimmung schützt, nicht jedoch als (gebührenerhöhendes) Bewertungskriterium herangezogen werden kann. Ist die Bestimmung unbillig, so ist sie nach § 315 Abs. 3 S. 2, 1. Hs. BGB durch **Urteil** zu treffen.

89 Hat der Anwalt die Gebühr unbillig bestimmt, ist die Bestimmung insgesamt unverbindlich. Das **Gericht** setzt die Gebühr daher nicht herab, sondern vollständig neu fest, wobei es seinen **eigenen Maßstab** anlegen darf und nicht etwa gezwungen ist, den höchsten, gerade noch nicht unbilligen Betrag anzunehmen.[175]

> **Beispiel:** In einer außergerichtlichen Angelegenheit rechnet der Anwalt gegenüber dem Mandanten eine 2,0-Geschäftsgebühr nach VV 2300 ab. Nach Auffassung des Gerichts ist lediglich eine Mittelgebühr i.H.v. 1,5 angemessen. Die Bestimmung des Anwalts ist somit unbillig. Maßgebend ist jetzt die Mittelgebühr und nicht etwa eine um 20 % erhöhte Mittelgebühr (1,8), die gerade noch als billig anzusehen gewesen wäre.

c) Verbindlichkeit gegenüber einem ersatzpflichtigen Dritten

90 Als ersatzpflichtige Dritte kommen insbesondere der **unterlegene Prozessgegner** in Betracht, aber auch sonstige Dritte, die kraft Vertrages haften, wie etwa der Arbeitgeber, der aus dem Arbeitsverhältnis auf Freistellung von Anwaltskosten haftet oder der **Rechtsschutzversicherer**.[176] Die Auffassung von *Madert*[177] und *Hartmann*,[178] ein Rechtsschutzversicherer sei insoweit nicht als Dritter anzusehen, ist nicht nachvollziehbar. Der Rechtsschutzversicherer ist niemals Auftraggeber; dies gilt selbst dann, wenn die Beauftragung des Anwalts unmittelbar durch die Versicherung erfolgt (siehe § 1 Rdn 25).[179] Dass er die Gebühr zu „ersetzen" und nicht zu „erstatten" habe, ist dabei irrelevant. Zudem widerspricht *Madert* sich selbst, indem er im Rahmen des Abs. 2 S. 1 den Rechtsschutzversicherer als Dritten ansieht und die Einholung eines Gutachtens für entbehrlich hält.[180] Dritter kann aufgrund gesetzlicher Kostenhaftung, z.B. nach § 467 Abs. 1 StPO, auch die **Staatskasse** sein.[181]

91 Soweit ein Dritter die Gebühren ersetzen oder erstatten muss, liegt die **Darlegungs- und Beweislast** für die Unbilligkeit beim Dritten (**Abs. 1 S. 4**). Dies gilt namentlich, wenn der Dritte einen Ermessensmissbrauch einwendet.[182] Das **bloße Bestreiten** der vom Anwalt für die Gebührenbestimmung vorgebrachten Kriterien **genügt nicht**; diesen Angaben ist vielmehr grundsätzlich zu folgen.[183] Die Unbilligkeit muss daher vom Dritten substantiiert dargelegt und im Bestreitensfall bewiesen werden. Ist der erstattungspflichtige Dritte im Kostenfestsetzungsverfahren der vom Rechtsanwalt der erstattungsberechtigten Partei getroffenen Bestimmung nicht entgegengetreten, kann die getroffene Bestimmung vom Gericht nicht als unbillig bezeichnet werden. Das Gericht hat dann die geltend gemachte Rahmengebühr festzusetzen.[184]

92 Hinsichtlich des **Ermessensspielraums** gelten die gleichen Grundsätze wie bei der Abrechnung gegenüber dem Auftraggeber.

> **Beispiel:** Nach Freispruch beantragt der Anwalt in einer Strafsache für den Mandaten gegenüber der Staatskasse jeweils um 20 % erhöhte Mittelgebühren. Nach Auffassung des Gerichts ist lediglich eine Mittelgebühr angemessen. Die Bestimmung des Anwalts liegt nach h.M. noch im Toleranzbereich, so dass die Gebühr festzusetzen ist.

---

175 Riedel/Sußbauer/*Fraunholz*, § 14 Rn 4.
176 AG Dieburg DAR 1999, 382 = JurBüro 1998, 641 = zfs 1999, 32 = KostRsp. BRAGO § 12 Nr. 49 m. Anm. *N. Schneider*; Bischof/*Jungbauer*, § 14 Rn 121.
177 Gerold/Schmidt/*Madert*, 17. Aufl., § 14 Rn 7; nunmehr anders vertreten von *Mayer* (Gerold/Schmidt, § 14 Rn 9) in der 19. Aufl.
178 *Hartmann*, § 14 RVG Rn 23.
179 Kilian/vom Stein/*Rick*, § 29 Rn 282 m.w.N.
180 Gerold/Schmidt/*Madert*, 17. Aufl., § 14 Rn 36.
181 LG Cottbus AGS 2006, 129 m. Anm. *N. Schneider*; *Hartmann*, § 14 RVG Rn 23; Gerold/Schmidt/*Mayer*, § 14 Rn 7.
182 LG Bochum NJOZ 2005, 3716, 3718.
183 LG Cottbus AGS 2006, 129 m. Anm. *N. Schneider*.
184 BGH RVGreport 2011, 145 m. Anm. *Hansens*.

d) Nachträgliche Änderung der Ermessensausübung durch den Anwalt

Hat der Anwalt einmal die Bestimmung nach Abs. 1 getroffen, ist er an den gewählten Gebührensatz grundsätzlich **gebunden**.[185]

Ausnahmen sind nur in folgenden Fällen anzuerkennen:
- der Anwalt hat sich eine Erhöhung ausdrücklich und erkennbar vorbehalten[186]
- der Anwalt hat einen gesetzlichen Gebührentatbestand übersehen (Berechnungsirrtum)[187]
- der Auftraggeber hat den Anwalt über die Bemessungsfaktoren getäuscht[188]
- der Anwalt bestimmt die Gebührenhöhe neu, da er nach der Abrechnung erneut tätig wird.[189]

Die Erhöhung des Gebührensatzes oder des Gebührenbetrags kann bei der letzten Variante indes nur auf Umstände gestützt werden, die nach Erledigung des ersten Auftrags entstanden sind. Die Vorschrift des § 15 Abs. 5 S. 1 steht dem nicht entgegen, da der Anwalt keine Gebühren erneut erhält, sondern lediglich einen höheren Betrag oder einen höheren Satz.

> **Beispiel:** In einer außergerichtlichen Angelegenheit teilt der Mandant dem Anwalt mit, die Sache habe sich erledigt. Der Anwalt rechnet daraufhin eine 1,5-Geschäftsgebühr (Mittelgebühr) ab, die auch bezahlt wird. Später erhält der Anwalt den Auftrag, in dieser Sache weiter tätig zu werden. Für die weitere Tätigkeit erhält der Anwalt keine neuen Gebühren. Wohl kann er für die weitere Tätigkeit den restlichen Gebührenrahmen (bis zu 2,5) noch ausschöpfen.

Rechnet der Anwalt eine Vergütung nach Satzrahmengebühren ab (z.B. die Geschäftsgebühr nach VV 2300), so muss er für die Berechnung nicht nur die konkrete Gebühr, sondern auch den Gegenstandswert bestimmen. An diese **Bestimmung des Gegenstandswertes** ist er jedoch nicht gebunden, so dass er diesen nachträglich (d.h. nach Abrechnung der Angelegenheit) noch korrigieren kann.[190] Diese fehlende Bindung an die Gegenstandswertbestimmung ergibt sich aus zwei Aspekten:

Zum einen folgt die Bestimmung des Gegenstandswertes nicht aus § 14 Abs. 1, welcher dem Anwalt ein nach Ausübung bindendes Ermessen einräumt,[191] sondern aus § 23 i.V.m. den Bewertungsvorschriften des GNotKG. Soweit *Mayer*[192] aus der Regelung in § 23 Abs. 3 S. 2 den Schluss ziehen will, auch hier handele es sich um eine nur beschränkt überprüfbare Ermessensentscheidung des Anwalts, halte ich dies für zweifelhaft. Denn die betreffende Formulierung ist zum einen eher den sonstigen Bestimmungen über die Festsetzung des Gegenstandswertes (vgl. z.B. § 3 ZPO oder § 48 GKG) entnommen, als dass sie ein besonders Ausübungsermessen des Anwalts begründen soll.

Zum anderen ist die Festsetzung des Gegenstandswertes durch den Anwalt für keinen der sonstigen Beteiligten bindend, sondern unterliegt der vollen gerichtlichen Kontrolle. Es ist Aufgabe des Gerichts – im Rahmen der Hauptsacheentscheidung oder auch isoliert im Beschwerdeverfahren – die Wertfestsetzung im eigenen Ermessen und eigener Zuständigkeit festzusetzen. Soweit das OLG Brandenburg[193] eine Bindung des Anwalts an die Wertfestsetzung bejaht, bleibt der Senat eine Begründung schuldig. Andererseits darf auch nicht verkannt werden, dass der Anwalt nachträglich versucht sein könnte, seine Vergütung bei bindender Gebührenbestimmung durch Anhebung des Gegenstandswertes zu „retten". Dies ist jedoch eine Frage des Einzelfalls, bei dem die jeweiligen Umstände festgestellt werden müssen.

---

185 BGH AnwBl 1987, 489; OLG Köln AGS 2009, 525 m. Anm. *N. Schneider* (in dem betreffenden Fall bejahte der Senat sogar eine Bindung an die Gebührensätze einer Vorschussanforderung, weil der Anwalt nicht ausreichend deutlich gemacht hatte, dass es sich um eine solche handelte); LG Köln DAR 1988, 392; OLG Koblenz AGS 2000, 88; *Hansens*, BRAGO, § 6 Rn 3; Gerold/Schmidt/*Mayer*, § 14 Rn 4.

186 Hansens/*Braun/Schneider*, Teil 1 Rn 134; Gerold/Schmidt/*Mayer*, § 14 Rn 4.

187 Gerold/Schmidt/*Mayer*, § 14 Rn 4; *Baldus*, DAR 1988, 392; Hansens/*Braun/Schneider*, Teil 1 Rn 134; a.A. *Meyer*, JurBüro 2007, 472, 473; *Hansens*, BRAGO, § 6 Rn 3; 4. Aufl. Rn 82.

188 *Meyer*, JurBüro 2007, 472, 473; Gerold/Schmidt/*Mayer*, § 14 Rn 4; Hansens/*Braun/Schneider*, Teil 1 Rn 134; Bischof/*Jungbauer*, § 14 Rn 115.

189 Hansens/*Braun/Schneider*, Teil 1 Rn 134.

190 A.A. Gerold/Schmidt/*Mayer*, § 14 Rn 4 für solche Fälle, in denen die Bestimmung des Gegenstandswertes nach billigem Ermessen erfolgt, wie z.B. in § 23 Abs. 3 S. 2.

191 Mangels Anwendbarkeit von § 14 verneint der BGH (AGS 2009, 569) auch die Notwendigkeit bzw. Möglichkeit, zur Überprüfung des Gegenstandswertes ein Gutachten der Rechtsanwaltskammer gemäß § 14 Abs. 2 einzuholen.

192 In: Gerold/Schmidt, § 14 Rn 4.

193 OLG Brandenburg AGS 2009, 315.

6. Vergütungsfestsetzung gemäß § 11 Abs. 8

96 Nach § 11 Abs. 8 S. 1 können auch Rahmengebühren gegen den Auftraggeber festgesetzt werden. Voraussetzung ist allerdings, dass lediglich die **Mindestgebühr** angemeldet wird **oder** der Auftraggeber der Bestimmung des festsetzenden Anwalts **ausdrücklich zugestimmt** hat. Aus § 11 Abs. 8 S. 2 ergibt sich mittelbar, dass die Zustimmungserklärung durch den Auftraggeber schriftlich zu erteilen ist (zu Einzelheiten siehe § 11 Rdn 125 ff.).

II. Gutachten des Vorstands der Rechtsanwaltskammer (Abs. 2)

1. Notwendigkeit

97 Nach Abs. 2 S. 1 ist im Rechtsstreit ein Gutachten des Vorstands der Rechtsanwaltskammer einzuholen, wenn Betrags- oder Satzrahmengebühren geltend gemacht werden und die **Höhe der Gebühr** streitig ist. Bei einem Streit über die Höhe des Gegenstandswertes ist die Einholung eines Gutachtens hingegen entbehrlich.[194]

98 Im Falle einer Beratungsgebühr nach § 34 ist die Einholung eines **Gutachtens der Rechtsanwaltskammer** nicht erforderlich, da es sich nicht um eine Rahmengebühr handelt.[195] Ungeachtet dessen kann das Gericht die zuständige Rechtsanwaltskammer um ein Gutachten ersuchen, das diese nach § 73 Abs. 2 Nr. 8 BRAO zu erstatten hat.

99 Entgegen des missverständlichen Wortlauts muss nicht die „Gebühr" streitig sein. Gemeint ist, dass die **Angemessenheit der Bestimmung** i.S.d. Abs. 1 bestritten wird. Soweit die Parteien also darüber streiten, ob eine Einigungsgebühr angefallen ist, ob diese sich zu 1,5 (VV 1000) oder zu 1,0 (VV 1003, 1000) bemisst, bedarf es selbstverständlich keines Gutachtens, weil dies keine Frage des Abs. 1 ist.

100 Die Regelung des Abs. 2 S. 1 betrifft nur den **Rechtsstreit** zwischen **Anwalt und Auftraggeber**.[196] Dies ergibt sich bereits aus der Stellung der Vorschrift im RVG, das naturgemäß nur das Vergütungsverhältnis zwischen beiden Parteien regelt. Anzuwenden ist die Vorschrift allerdings auch dann, wenn die Gebührenforderung gegen den Rechtsnachfolger des Auftraggebers oder von dem Rechtsnachfolger des Anwalts geltend gemacht wird.

101 In anderen Prozessrechtsverhältnissen, die nicht zwischen Anwalt und Auftraggeber begründet werden, ist Abs. 2 **nicht** anzuwenden. Die Einholung eines Gutachtens scheidet daher aus, wenn der Anwalt im Namen des Mandanten einen materiell-rechtlichen Kostenerstattungsanspruch **gegen einen Dritten** geltend macht,[197] z.B. aus §§ 280, 286 BGB oder aus §§ 823 ff. BGB.[198] Auch in den Fällen, in denen ein Dritter kraft Vertrages zur Übernahme der Kosten verpflichtet ist, findet Abs. 2 keine Anwendung. Dies gilt vor allem dann, wenn der Mandant von seinem **Rechtsschutzversicherer** Freistellung oder Kostenerstattung verlangt.[199] Gleiches gilt, wenn ein arbeitsrechtlicher Freistellungsanspruch besteht und der Auftraggeber von seinem Arbeitgeber die ihm entstandenen Kosten erstattet verlangt oder in einem Rechtsstreit zwischen dem Kläger und der erstattungspflichtigen Familienkasse.[200] In diesen Fällen entscheidet das Gericht ohne Einholung eines Gutachtens nur

---

194 BGH AGS 2009, 569 (keine analoge Anwendung von § 14 Abs. 2 auf die Überprüfung des Gegenstandswertes); Hansens/Braun/Schneider, Teil 1 Rn 164.

195 AG Brühl AGS 2014, 387 = NJW-Spezial 2014, 509 = RVGprof. 2014, 157; a.A. Kilian/vom Stein/Kilian, § 33 Rn 7.

196 BFH RVGreport 2006, 20 (Hansens); BVerwG RVGreport 2006, 21 (Hansens); BVerwG JurBüro 1982, 857; LSG NRW 2007, 218 (Hansens); AG Völklingen AGS 2007, 235; AG Mainz AGS 2006, 371; AG Köln AGS 2006, 71; Otto, MAH Vergütungsrecht, § 5 Rn 7; N. Schneider, MDR 2002, 1295 ff.; ders., NJW 2004, 193 ff.; Mayer/Kroiß/Winkler, § 14 Rn 49; Gerold/Schmidt/Mayer, § 14 Rn 57 ff.; Hansens/Braun/Schneider, Teil 1 Rn 165; a.A. Schons, NJW 2005, 1024,

1025; ders., NJW 2005, 3089, 3091; ders., AGS 2007, 501.

197 BSG AGS 2010, 373; BGH DVBl 1969, 204; BVerwG JurBüro 1982, 857 m. Anm. Mümmler; Hansens, ZAP Fach 24, S. 499; Gerold/Schmidt/Mayer, § 14 Rn 36; eingehend N. Schneider, MDR 2002, 1295 ff.; ders., NJW 2004, 193 ff.

198 OLG Hamm zfs 1992, 24.

199 OLG Düsseldorf JurBüro 2009, 139; AG Stuttgart AGS 2008, 78; AG Saarbrücken AGS 2006, 377; RMOLK RVG/Baumgärtel, § 14 Rn 18; Hansens/Braun/Schneider, Teil 1 Rn 165; Hansens, ZAP Fach 24, S. 499; ders., BRAGO, § 12 Rn 19; Gerold/Schmidt/Mayer, § 14 Rn 36; Mayer/Kroiß/Winkler, § 14 Rn 60.

200 BFH RVGreport 2012, 340.

Abschnitt 2. Gebührenvorschriften § 14

inzidenter darüber, ob die der Ersatz- oder Erstattungsforderung zugrunde liegende Anwaltsvergütung zutreffend berechnet ist.

Umstritten ist, ob im **Erstattungsprozess** gegen den Haftpflichtversicherer nach einer **Unfallschadenregulierung** hinsichtlich der Angemessenheit der geltend gemachten Geschäftsgebühr ein Kammergutachten einzuholen ist.[201] Die h.M.[202] verneint die Notwendigkeit einer Gutachteneinholung, da auch in diesem Verfahren der Rechtsstreit i.S.d. Abs. 1 nur das Rechtsverhältnis zwischen Anwalt und Auftraggeber betreffe. Die Gegenansicht[203] erstreckt die Definition des Rechtsverhältnisses auf die Durchsetzung der Gebührenansprüche gegen den Versicherer als Dritten. Nach der hier vertretenen Auffassung ist das Gericht **nicht** zu der Einholung eines Kammergutachtens **verpflichtet**, weshalb die gerichtliche Unterlassung der Gutachteneinholung keinen Verfahrensmangel (siehe Rdn 122) begründet. Gleichwohl **kann** das Gericht ein Gutachten einholen, um sich diese oftmals wertvolle Erkenntnisquelle bei seiner Entscheidungsfindung nutzbar zu machen.[204] **102**

Anwendung findet Abs. 2 auch auf Vergütungsansprüche von **Rechtsbeiständen**, die gemäß § 209 BRAO Mitglied einer Rechtsanwaltskammer sind. Auf nicht „verkammerte" Rechtsbeistände ist Abs. 2 dagegen nicht anzuwenden.[205] **103**

In welcher **Art und Weise** die Satz- oder Betragsrahmengebühren in den Rechtsstreit eingebracht werden, ist unerheblich. Die Vorschrift des Abs. 2 S. 1 gilt daher nicht nur für den klassischen Vergütungsprozess, sondern auch dann, wenn der Vergütungsanspruch vom Anwalt im Wege der Aufrechnung gegen anderweitige Ansprüche, etwa gegen Ansprüche auf Herausgabe vereinnahmter Beträge, erhoben wird. Ebenso ist die Vorschrift anwendbar, wenn der Mandant vermeintlich überzahltes Honorar nach § 812 BGB kondizieren möchte. **104**

Im **Kostenfestsetzungsverfahren** nach den §§ 103 ff. ZPO, § 464b StPO ist die Einholung eines Gutachtens nach Abs. 2 nicht geboten.[206] Das Gericht kann aber ungeachtet dessen ein Gutachten einholen.[207] Auch im **Vergütungsfestsetzungsverfahren** nach § 11 bedarf es der Einholung eines Gutachtens nicht, da hier nach § 11 Abs. 8 nur die Festsetzung der Mindestgebühr in Betracht kommt oder die Festsetzung einer höheren Gebühr, wenn der Auftraggeber der Bestimmung schriftlich zugestimmt hat. Über die Höhe der Gebühr kann daher kein Streit bestehen. **105**

Zu der Notwendigkeit einer Gutachteneinholung im Falle einer Streitigkeit über die Höhe der nach § 34 Abs. 1 S. 2 geschuldeten **üblichen Vergütung** siehe die Kommentierung zu § 34. **106**

Nach Einführung des § 495a ZPO war zunächst umstritten, ob auch in **Bagatellverfahren** ein Gebührengutachten einzuholen sei.[208] Diese Streitfrage hat der Reformgesetzgeber durch Abs. 2 S. 1, 2. Hs. nunmehr dahin gehend entschieden, dass auch das Verfahren nach § 495a ZPO gutachtenpflichtig ist. Im **Mahnverfahren** ist dagegen kein Gutachten einzuholen.[209] **107**

Nach dem Wortlaut des § 12 Abs. 2 S. 1 BRAGO war ein Gutachten immer einzuholen. Jetzt ist das Gutachten nur noch erforderlich, wenn die **Höhe der Gebühr** streitig ist. Infolge dieser tatbestandlichen Restriktion bedarf es daher keines Gutachtens, **108**

---

201 Wohl offengelassen von BGH AGS 2008, 539 = MDR 2009, 112.
202 AG Jülich AGS 2009, 528; AG Völklingen AGS 2007, 235; AG Mainz AGS 2006, 371; AG Köln AGS 2005, 287; AG Essen RVGreport 2005, 346 m. Anm. *Hansens*; AG Kaufbeuren RVGreport 2005, 347 m. Anm. *Hansens*; AG Chemnitz AGS 2005, 252; AG Gelsenkirchen AGS 2005, 250 m. Anm. *Madert*; AG Aachen AGS 2005, 107 m. Anm. *N. Schneider* = RVGreport 2005, 60 m. Anm. *Hansens* = AnwBl 2005, 223 m. Anm. *Henke*; AG Delbrück AGS 2005, 248; AG Würzburg AGS 2005, 247; AG Worms RVGreport 2005, 229 m. Anm. *Hansens*.
203 *Madert*, zfs 2005, 255 f.; *Schons*, NJW 2005, 1024, 1025; *ders.*, NJW 2005, 3089, 3091.
204 *N. Schneider*, Anm. zu AG Aachen AGS 2005, 107; vgl. auch *Madert*, Anm. zu AG Gelsenkirchen AGS 2005, 250. So auch Mayer/Kroiß/*Winkler*, § 14 Rn 59.
205 OLG Düsseldorf Rbeistand 1986, 83.
206 BVerwG JurBüro 1982, 857; BSG JurBüro 1984, 1511; LG Berlin JurBüro 1982, 1028 = Rpfleger 1982, 234 = MDR 1982, 499; LG Nürnberg-Fürth JurBüro 1985, 869 m. Anm. *Mümmler*; *Hansens*, ZAP Fach 24, 499; *Mümmler*, JurBüro 1985, 9.
207 *Hansens*, ZAP Fach 24, S. 499; *Madert*, AnwBl 1994, 448.
208 Siehe z.B. AG Elmshorn AGS 1994, 38.
209 RMOLK RVG/*Baumgärtel*, § 14 Rn 16; unklar: *Hartmann*, § 14 RVG Rn 28 Stichwort „Mahnverfahren".

- wenn der Auftraggeber lediglich seine Haftung leugnet, gegen die getroffene Bestimmung zur Höhe der Vergütung jedoch **keine Einwände** erhebt;[210]
- wenn der Auftraggeber gegen die Höhe des Gebührenanspruchs Einwendungen erhebt, die nicht ihren Grund im Vergütungsrecht haben, z.B. **Erfüllung**;[211]
- wenn der Anwalt lediglich die **Mindestgebühr** abrechnet, da eine geringere Bestimmung durch das Gericht ohnehin nicht in Betracht kommt.[212]

109 Unabhängig von der Frage, ob ein Gutachten einzuholen ist, ist das Gericht stets berechtigt, dem Anwalt schon vor Einholung des Gutachtens den Vergütungsanspruch dem Grunde nach durch ein **Grundurteil** zuzusprechen.[213] Ebenso kann das Gericht ein **Teilurteil** in Höhe der Mindestgebühr erlassen.[214]

110 Voraussetzung der Einholung eines Kammergutachtens ist **Streit** über die Höhe der Gebühr. Anzuwenden ist auf jeden Fall § 138 Abs. 3 ZPO. Sofern der Gegner sich zur Höhe der Gebühr überhaupt nicht erklärt, bedarf es keines Gutachtens. Gleiches gilt,
- wenn der Auftraggeber die Klageforderung **anerkennt**;[215]
- wenn die Parteien einen **Vergleich** schließen;[216]
- wenn der Gegner nicht erscheint und der Erlass eines **Versäumnisurteils** beantragt wird.[217]

Im Übrigen dürfte es nach der ratio legis des Abs. 2 ausreichen, wenn der Auftraggeber auch ohne weitere Begründung schlichtweg die **Angemessenheit bestreitet**. Einer weiteren Substantiierung bedarf es nicht. Man wird vom Auftraggeber nicht erwarten können, dass er konkrete Einwände gegen die Bemessung erhebt. Ein anwaltlicher Vertreter sollte freilich so substantiiert wie möglich bestreiten.

111 Aus der Einschränkung, dass die Einholung eines Gutachtens nur erforderlich ist, wenn die **Höhe** bestritten wird, darf allerdings nicht geschlossen werden, dass das Gericht bei Nichtbestreiten per se von der Angemessenheit der anwaltlich bestimmten Gebühr auszugehen hat. Das Gericht ist nach wie vor gehalten, im Rahmen der **Schlüssigkeitsprüfung** die Bemessung der Gebühr zu überprüfen und kann, wenn es die abgerechnete Gebühr für unbillig hält, die Vergütungsklage teilweise abweisen, auch wenn der Gegner die Höhe der Gebühr nicht bestreitet.

112 Selbstverständlich muss der Streit über die Höhe **entscheidungserheblich** sein. Daher bedarf es eines Gutachtens nach wie vor nicht, wenn die Honorarklage des Anwalts bereits **aus anderen Gründen abzuweisen** ist, etwa
- wegen Eintritts der Verjährung,[218]
- mangels Schlüssigkeit[219] oder
- mangels Vorlage einer ordnungsgemäßen Kostenrechnung (§ 10).[220]

113 Daher ist ein Gutachten auch dann nicht erforderlich, wenn die Klage durch unechtes Versäumnisurteil abgewiesen wird.[221]

2. Zuständigkeit

114 Die Zuständigkeit der Rechtsanwaltskammer ist in Abs. 2 nicht normiert. Die gesetzliche Grundlage für die Gutachtenerstattung findet sich neben Abs. 2 in § 73 Abs. 1 S. 1, Abs. 2 Nr. 8 BRAO.

---

210 So schon nach § 12 Abs. 2 BRAGO OLG Köln JurBüro 1972, 223; OLG Düsseldorf AnwBl 1985, 259.
211 Hansens/Braun/*Schneider*, Teil 1 Rn 164; zu § 12 Abs. 2 BRAGO ebenso *Hansens*, BRAGO, § 12 Rn 18; *ders.*, ZAP Fach 24, S. 499.
212 Hansens/Braun/*Schneider*, Teil 1 Rn 164; so auch zu § 12 Abs. 2 BRAGO OLG Köln AnwBl 1972, 223 = JurBüro 1972, 223; *Hansens*, ZAP Fach 24, S. 499.
213 So auch schon nach § 12 Abs. 2 BRAGO OLG Düsseldorf AnwBl 1984, 443; *Hansens*, ZAP Fach 24, S. 499.
214 Ebenso zu § 12 Abs. 2 BRAGO *Hansens*, ZAP Fach 24, S. 499.
215 Gerold/Schmidt/*Mayer*, § 14 Rn 36; so zu § 12 Abs. 2 BRAGO schon *Hansens*, ZAP Fach 24, S. 499.
216 Hartung/Römermann/Schons, § 14 Rn 99; so bereits zu § 12 Abs. 2 BRAGO *Hansens*, ZAP Fach 24, S. 499.
217 Hartung/Römermann/Schons, § 14 Rn 100; Gerold/Schmidt/*Mayer*, § 14 Rn 36.
218 Mayer/Kroiß/*Winkler*, § 14 Rn 65; *Hansens*, ZAP Fach 24, S. 499.
219 Hartung/Römermann/Schons, § 14 Rn 100; *Hansens*, ZAP Fach 24, S. 499, beide m.w.N.
220 Mayer/Kroiß/*Winkler*, § 14 Rn 65.
221 LG Kempten AnwBl 1969, 27; *Mümmler*, JurBüro 1985, 9.

Danach hat der Vorstand einer Rechtsanwaltskammer in Erfüllung der ihm gesetzlich zugewiesenen Aufgaben Gutachten zu erstatten, die u.a. ein Gericht anfordert. Für eine Gebührenabteilung gilt Entsprechendes (§ 77 Abs. 5 BRAO). Zuständig ist eine Regionalkammer, wie sich bereits aus dem Katalog des § 73 Abs. 2 BRAO ergibt, dies freilich nur **für ihre Mitglieder**, nicht auch für Mitglieder anderer Rechtsanwaltskammern. Für die Erstellung eines Gebührengutachtens zuständig ist mithin ausschließlich der Vorstand derjenigen Rechtsanwaltskammer, dessen Bezirk der Anwalt zum **Zeitpunkt der Abrechnung** angehörte.[222] Bei einer bezirksübergreifend tätigen Anwaltsgesellschaft, insbesondere einer Anwalts-GmbH mit einem bundesweiten Filialsystem, ist dabei auf die Kammer abzustellen, der der sachbearbeitende Rechtsanwalt angehört.[223]

3. Verfahren

115 Ist nach Abs. 2 ein **Gutachten** einzuholen, hat das Gericht der zuständigen Rechtsanwaltskammer die Akten mit der Bitte um die Erstellung eines Gutachtens zuzuleiten. Eines Antrags der Parteien bedarf es dazu nicht. Das Gutachten ist **von Amts wegen** einzuholen. Die Parteien können der Verwendung auch nicht widersprechen.[224]

116 Ein Gutachten i.S.d. Abs. 2 ist als **amtliche Auskunft** zu qualifizieren, welche das Gericht in die Lage versetzen soll, den Rechtsstreit unter Berücksichtigung der sachkundigen Auffassung der Berufsvertretung zu entscheiden.[225] Da es sich gerade **nicht** um ein **Sachverständigengutachten** i.S.d. § 411 ZPO handelt,[226] sind die Vorschriften der ZPO über die Beweiserhebung durch Sachverständigengutachten nicht anwendbar; insbesondere eine mündliche Erläuterung des Gutachteninhalts durch den Verfasser ist nicht erzwingbar.[227] Um eine Beweisaufnahme i.S.d. ZPO handelt es sich auch dann nicht, wenn das Prozessgericht einen förmlichen Beweisbeschluss absetzt.[228] Auch **Ordnungsmittel** gegenüber dem Vorstand der Rechtsanwaltskammer nach §§ 409 Abs. 1, 411 Abs. 2 ZPO sind nicht möglich.[229] Wohl können die Parteien den Gutachter wegen der Besorgnis der **Befangenheit** ablehnen.[230]

117 Bei der Erstellung des Gutachtens hat sich der Vorstand der Anwaltskammer auf die **Frage der Gebührenhöhe** zu beschränken. Es ist nicht seine Aufgabe, die Schlüssigkeit der Klage zu prüfen oder sonstige Gebührenfragen, etwa nach dem zutreffenden Gebührentatbestand, zu beantworten. Auch mit der Frage des Gegenstandswerts hat sich der Vorstand der Rechtsanwaltskammer nicht zu befassen, da dessen Festsetzung allein dem Gericht obliegt. Ebenso wenig hat der Kammervorstand den Sachvortrag (weiter) auszuforschen. Lässt sich anhand der vorgetragenen Tatsachen die Frage der Gebührenhöhe nicht feststellen, muss der Vorstand die Sache vielmehr dem Gericht zurückgeben. Dieses hat dann die erforderlichen Tatsachen festzustellen, um dem Vorstand der Rechtsanwaltskammer eine Beurteilungsgrundlage an die Hand zu geben. Ist umgekehrt das Gutachten ungeachtet einer zureichenden Beurteilungsgrundlage mangelhaft oder unvollständig, kann das Gericht vom Kammervorstand Korrektur bzw. Ergänzung verlangen.[231]

---

222 *N. Schneider*, MDR 2002, 1295; a.A. Feuerich/*Weyland*, BRAO, § 73 Rn 55 (Zeitpunkt der Vornahme der gebührenpflichtigen Tätigkeiten); differenzierend Hansens/*Braun*/*Schneider*, Teil 1 Rn 163 (Zeitpunkt der Mandatsbearbeitung, bei Kammerwechsel Zeitpunkt der Mandatsbeendigung).

223 Einstimmiger Beschluss der Gebührenreferenten der Rechtsanwaltskammern vom 24.9.2005.

224 *Hansens*, ZAP Fach 24, S. 499; Gerold/Schmidt/*Mayer*, § 14 Rn 37.

225 OLG München MDR 1989, 922; Hansens/*Braun*/*Schneider*, Teil 1 Rn 161; *Hartmann*, § 14 RVG Rn 27; ähnlich Henssler/Prütting/*Hartung*, BRAO, § 73 Rn 41 („Informationsmittel"); a.A. LG Baden-Baden KostRsp. BRAGO § 3 Nr. 56 = Justiz 2001, 424 = Rpfleger 2001, 324 zu § 3 ZSEG.

226 OLG Düsseldorf JurBüro 1990, 872; OLG München MDR 1989, 922; OLG Frankfurt JurBüro 1983, 865; *Hansens*, ZAP Fach 24, S. 499.

227 OLG Frankfurt MDR 1983, 327; OLG Celle NJW 1973, 203 = JurBüro 1972, 1090 = MDR 1973, 147; Zöller/*Greger*, ZPO, § 411 Rn 5e m.w.N. Nach BGHZ 62, 93 soll stellvertretend der Autor des Gutachtens geladen und angehört werden können; diese Entscheidung betraf indes den Gutachterausschuss nach §§ 192 ff. BauGB und ist daher auf den Bereich der Rechtsanwaltskammern nicht übertragbar.

228 Zutreffend Mayer/Kroiß/*Winkler*, § 14 Rn 76.

229 KG RVGreport 2012, 341; *Hansens*, ZAP Fach 24, S. 499; Gerold/Schmidt/*Mayer*, § 14 Rn 37; Hansens/*Braun*/*Schneider*, Teil 1 Rn 162.

230 *Hansens*, ZAP Fach 24, S. 499; Gerold/Schmidt/*Mayer*, § 14 Rn 37.

231 So auch Hartung/*Römermann*/Schons, § 14 Rn 106.

4. Weiteres Verfahren vor dem Prozessgericht

118 Nach Eingang des Gutachtens muss dieses beiden Parteien zur Kenntnis gebracht werden. Nach dem Grundsatz des rechtlichen Gehörs muss für beide Parteien **Gelegenheit zur Stellungnahme** bestehen. Sodann muss mündlich oder schriftlich verhandelt werden.

119 Auf der Basis des Gutachtens hat das **Gericht** dann seine Entscheidung zu treffen. Das Gericht ist an das Gutachten **nicht gebunden**;[232] es soll von seinem Inhalt indes nur aus triftigen Gründen abweichen und seine abweichende Entscheidung ausführlich begründen.[233] Die Vergütungsklage des Rechtsanwalts kann daher sogar ungeachtet eines ihn bestätigenden Kammergutachtens mit der Begründung abgewiesen werden, die Gebührenbestimmung sei überhöht.

5. Kosten (Abs. 2 S. 2)

120 Nach **Abs. 2 S. 2** ist das Gutachten **kostenlos** zu erstatten. Die Rechtsanwaltskammer erhält also keine Vergütung. Auch Auslagen werden nicht erstattet. Das Kammergutachten nach Abs. 2 stellt insbesondere keine Sachverständigenleistung i.S.d. JVEG dar, so dass eine Entschädigung für Gutachtertätigkeit nach § 8 JVEG nicht in Betracht kommt.[234]

121 Erfolgt die Gutachtenerstellung hingegen nach der Allgemeinvorschrift des **§ 73 Abs. 2 Nr. 8 BRAO**, ist die Kostenfreiheit nicht gewährleistet. Eine Rechtsanwaltskammer hat das Recht, für die gutachtliche Tätigkeit nach dieser Vorschrift eine **Verwaltungsgebühr** zu erheben.[235] Im Zweifel sollte daher bei einer Gutachtenanforderung nach § 73 Abs. 2 Nr. 8 BRAO eine entsprechende Auskunft des örtlich zuständigen Kammervorstands eingeholt werden.

6. Verstoß gegen Abs. 2 S. 1

122 Nach Ansicht der Rechtsprechung[236] stellt die Nichteinholung eines nach Abs. 2 gebotenen Gutachtens einen **schweren Verfahrensmangel** nach § 539 ZPO dar, aufgrund dessen der Rechtsstreit regelmäßig an die Vorinstanz zurückzuverweisen sei. Zwar könne das Berufungsgericht als Tatsacheninstanz das Gutachten selbst einholen und entscheiden. Dies sei jedoch regelmäßig nicht angezeigt, da den Parteien bei der Entscheidung durch das Berufungsgericht eine Tatsacheninstanz verloren gehe.[237] M.E. geht diese Auffassung in ihrem pauschalen Aussagegehalt allerdings zu weit: Allein die fehlende Einholung eines Gutachtens nach § 14 Abs. 2 dürfte die Aufhebung und Zurückverweisung nach § 538 Abs. 2 Nr. 1 ZPO nicht rechtfertigen, da die Berufungsgerichte durch das ZPO-Reformgesetz stärker als bisher Aufgaben einer Tatsacheninstanz wahrnehmen sollen. Insofern ist der Verlust einer Tatsacheninstanz durch eigene Entscheidung des Berufungsgerichts nur dann ausschlaggebendes Kriterium, wenn das Verfahren im ersten Rechtszug an einem wesentlichen Mangel leidet und aufgrund dieses Mangels eine umfangreiche oder aufwändige Beweisaufnahme erforderlich ist.[238] Sofern nicht weitere Umstände gegeben sind, hat das **Berufungsgericht** daher selbst das Gutachten einzuholen und die **Sache zu entscheiden**.

---

232 *Hansens*, ZAP Fach 24, S. 499; Krämer/Mauer/*Kilian*, Rn 730; Hartung/*Römermann*/Schons, § 14 Rn 108.
233 KG NJW 1965, 1602, 1604; *Hansens*, ZAP Fach 24, S. 499.
234 Vgl. LG Baden-Baden KostRsp. BRAGO § 3 Nr. 56 = Justiz 2001, 424 = Rpfleger 2001, 324 zu § 3 ZSEG.
235 Mayer/Kroiß/*Winkler*, § 14 Rn 98; a.A. LG Baden-Baden KostRsp. BRAGO § 3 Nr. 56 = Justiz 2001, 424 = Rpfleger 2001, 324 zu § 3 ZSEG; *Binz*/Dörndorfer/Petzold/Zimmermann, GKG JVEG, § 1 JVEG Rn 11.
236 Vgl. BVerfG AGS 2002, 148 m. Anm. *Madert* = NJW-RR 2002, 786 = KostRsp. BRAGO § 12 Nr. 56; OLG Frankfurt AnwBl 1998, 484 = OLGR 1998, 268 = KostRsp. BRAGO § 12 Nr. 46 m. Anm. *N. Schneider* = MDR 1998, 800 = JurBüro 1998, 410; OLG Bamberg OLGZ 1976, 351.
237 OLG Frankfurt AnwBl 1998, 484 = OLGR 1998, 268 = KostRsp. BRAGO § 12 Nr. 46 m. Anm. *N. Schneider* = MDR 1998, 800 = JurBüro 1998, 410.
238 Vgl. in diesem Zusammenhang die Entscheidung des OLG Brandenburg (AGS 2009, 315 = JurBüro 2008, 364 = OLGR Brandenburg 2008, 930), wo es neben der unterlassenen Gutachteneinholung durch das LG noch eine Vielzahl weiterer streitiger Fragen zwischen den Parteien gab, zu denen ein ergänzender Vortrag bzw. eine Beweisaufnahme erforderlich gewesen wäre.

Das Gutachten einer **unzuständigen Rechtsanwaltskammer** ist **unverwertbar**. Das Gericht muss daher ein neues Gutachten der zuständigen Rechtsanwaltskammer einholen. Wird dies versäumt, stellt der Fehler des Gerichts einen Verfahrensmangel dar, der mit Berufung und Revision angefochten werden kann.

123

III. Gebührenbemessung bei verkehrsrechtlichen Mandaten

Für die Praxis ist – soweit der Anwalt sich nicht an angebotene Abrechnungsgrundsätze der Versicherer gebunden hat – folgendes zu beachten: Soweit die Gerichte teilweise eine nicht näher begründete 1,3-Geschäftsgebühr unbeanstandet lassen, nur weil sich die Tätigkeit auf einen Verkehrsunfall bezog, wird dies im Wesentlichen damit begründet, dass Verkehrsunfälle ein Massenphänomen darstellen, die man schematisch handhaben müsse und das RVG trotz der Wegfalls von Besprechungs- und Beweisaufnahmegebühr keine Gebühreneinbuße zur Folge haben sollte.[239]

124

Für den schematischen Ansatz einer 1,3-Geschäftsgebühr bei Unfallregulierungen sind beide Thesen nicht recht überzeugend. Die Regelung zur Bestimmung der Rahmengebühr in § 14 Abs. 1 basiert auf einer Abwägung aller Umstände des Einzelfalls. Warum gerade die Abwicklung von Verkehrsunfällen – mögen sie auch ein Massenphänomen darstellen – diesem Abwägungsgebot nicht unterfallen soll, ist nicht ersichtlich. Eine pauschale Abrechnung in bestimmten Rechtsgebieten sieht § 14 Abs. 1 RVG nicht vor. Die weiter aufgestellte These, die Abwicklung eines Verkehrsunfalls sei deshalb generell eine durchschnittlich schwierige und umfangreiche Angelegenheit, da das RVG nicht zu Gebühreneinbußen führen sollte, vermag ebenfalls nicht zu überzeugen. Durch den Wegfall der Besprechungs- und Beweisaufnahmegebühr ergibt sich insofern keine Gebührenminderung für den Anwalt, als er den konkret erhöhten Aufwand bei der Gebührenbestimmung aus dem Rahmen von VV 2300 geltend machen kann. Soweit dieser Aufwand allerdings nicht vorliegt, weil es keine Besprechung, keine Ortsbesichtigung etc. gegeben hat, war weder nach der BRAGO noch ist nach dem RVG eine im Bereich von 1,3 liegende Gebühr gerechtfertigt.

125

Auch wenn eine Vielzahl von Entscheidungen dies suggeriert:[240] Den **typischen „durchschnittlichen" Verkehrsunfall** und eine typische Geschäftsgebühr in Höhe von 1,3 für dessen außergerichtliche Regulierung gibt es nicht.[241] Da die Regelung des § 14 Abs. 1 nicht allein auf die vom Anwalt zu bearbeitende Materie abstellt, sondern auf verschiedene Einzelkriterien, bleibt es dabei, dass sich der Anwalt bei der Gebührenforderung – schon aus Gründen der Vorsicht – nicht schlicht auf die Darlegung beschränken sollte, dass er eine Unfallschadensregulierung vorgenommen habe.

126

Geht man von einem in jeder Hinsicht **unterdurchschnittlichen** Verkehrsunfall aus, nämlich einem Unfall mit folgenden Merkmalen:
- Unfallverlauf unstreitig,
- Schäden eindeutig feststellbar,
- keine Rückfragen an Gutachter erforderlich,
- einfaches Anspruchsschreiben an Versicherer,
- Versicherer erkennt Haftung zu 100 % an,

127

---

239 Vgl. AG Brilon RVG-Letter 2005, 53; AG Köln JurBüro 2005, 307; AG Bad Neustadt AGS 2005, 254; AG Gießen RVG-Letter 2005, 33; AG München DAR 2005, 299; AG Landstuhl AGS 2005, 62; AG Bremen AnwBl 2005, 588; AG Würzburg AGS 2005, 247; im Ergebnis auch *Meyer*, AGS 2004, 468; *Sonderkamp*, NJW 2006, 1477, 1479.

240 Vgl. AG Bremen AnwBl 2005, 588; AG Hagen AGS 2005, 62; AG Hamburg-Barmbek JurBüro 2005, 307; AG Heidelberg JurBüro 2005, 254; AG Essen AnwBl 2005, 508; AG Gießen RVGreport 2005, 149; AG Greifswald MDR 2005, 659; AG Würzburg AGS 2005, 247; AG Chemnitz AGS 2005, 252; vgl. die umfassende Zusammenstellung von *Sonderkamp*, NJW 2006, 1477, 1479 (dort Fn 22).

241 So auch AG Herne AGS 2005, 149; AG Mainz JurBüro 2005, 308; AG Chemnitz RVGreport 2005, 108 sowie der Beschluss der 49. Gebührenreferentenkonferenz (RVGprof. 2005, 27), wonach die konkreten Gebühren nach § 14 RVG aus dem vollen Gebührenrahmen bestimmt werden müssen und aus diesem Grunde eine substantiierte Darlegung der maßgeblichen Gesichtspunkte des Einzelfalls bereits mit der Gebührenrechnung empfohlen wird.

- Regulierung erfolgt unproblematisch und innerhalb kurzer Zeit (1 bis 2 Wochen),
- keine weiteren Probleme des Mandanten (z.B. Differenzbesteuerung, Mietwagen, Totalschaden etc.),

der höchstens mit einer 0,8 bis 0,9-Geschäftsgebühr abzurechnen sein dürfte,[242] so können weitere Umstände dazu führen, dass der Anwalt eine Gebühr **von bis zu 1,3** verlangen kann.

128 Eine Gebühr **in Höhe von 1,3** kann gefordert werden, wenn ein regelmäßiger und durchschnittlicher Arbeitsumfang vorliegt.[243] Dies ist zu bejahen, wenn:
- ein persönliches oder telefonisches Erstgespräch mit dem Mandanten geführt wird,
- in diesem Erstgespräch der Sachverhalt, Haftungsgrund und Schadenshöhe festgestellt werden,
- die sich daraus ergebene Beurteilung der Rechtslage erfolgt,
- der Anwalt die Schadenregulierung steuernde tatsächliche Hinweise oder rechtliche Ratschläge an den Mandanten erteilt,
- das Anspruchsschreiben an den gegnerischen Haftpflichtversicherer mit der Darlegung von Haftungsgrund und Schadenspositionen mit Dokumentation fertigt,
- die Reaktion des Haftpflichtversicherers überwacht und dem Mandanten bewertend weiterleitet,
- seine Vergütung unter Anwendung der Vorschriften des RVG abrechnet und den Vollzug der Vergütungsberechnung überwacht.

Liegt ein solcher durchschnittlicher Arbeitsumfang vor, ist zu prüfen, ob die Angelegenheit darüber hinaus umfangreich oder schwierig war und damit die Schwellengebühr nach der Anm. zu VV 2300 überschritten werden darf.

129 Ein **abschließender** Katalog von Umständen, bei deren Vorliegen die Angelegenheit regelmäßig als umfangreich bzw. schwierig einzustufen ist, kann in diesem Zusammenhang sicherlich nicht aufgestellt werden. Dazu ist die anwaltliche Tätigkeit in diesem Bereich einfach zu vielschichtig. Jedoch kann man einen **beispielhaften** Katalog von Einzelumständen aufstellen, der in der Praxis als Orientierung dient. Solche Einzelumstände können beispielsweise sein:[244]
- Einkommens- und Vermögensverhältnisse des Geschädigten sowie Bedeutung der Angelegenheit für ihn,[245] insbesondere im Hinblick auf die Höhe des Sachschadens;
- mehrere Besprechungen mit dem Mandanten oder Besprechungen außerhalb der Bürozeiten;[246]
- erhöhter Beratungs- und Besprechungsaufwand wegen Unfallflucht des Gegners;[247]
- schwierige Besprechung mangels Sprachkenntnissen des Mandanten;[248]
- schwere Verletzungen des Mandanten und Prüfung von Verdienstausfallansprüchen;[249]
- zusätzlicher Aufwand durch Einziehung von zu Unrecht einbehaltenen Fremdgeldern;[250]
- zusätzlicher Aufwand durch Korrespondenz mit dem Mietwagenunternehmen;[251]
- zusätzlicher Aufwand durch Vereinbarung mit dem Gutachter, um Finanzierungsengpass des Mandanten abzuwenden;[252]
- erforderliche Rücksprache mit Zeugen zum genauen Unfallverlauf;[253]
- Eingehen auf Einwendungen des Versicherers zu Schadenspositionen;[254]

---

242 Vgl. LG Mannheim AnwBl 2006, 573; LG Dortmund AGS 2006, 370; LG Coburg VersR 2005, 1101; AG Nürnberg JurBüro 2007, 414; AG Arnstadt Schaden-Praxis 2005, 252; AG Berlin-Mitte Schaden-Praxis 2005, 104; AG Bayreuth RVGreport 2005, 112; AG Karlsruhe RVGreport 2005, 269; AG Ettlingen Schaden-Praxis 2005, 250; AG Gronau JurBüro 2005, 194; AG Hamburg-St. Georg RVGreport 2005, 228; AG Gütersloh JurBüro 2005, 363; AG Duisburg-Hamborn VersR 2005, 853; AG Duisburg-Ruhrort Schaden-Praxis 2005, 250; AG Osnabrück JurBüro 2005, 308; unzutreffend insofern AG Lüdenscheid (JurBüro 2005, 196), wonach der Anwalt nicht verpflichtet sei, den Gebührenrahmen nach unten hin „auszuschöpfen".

243 Die RAK Kassel spricht in einem Gebührengutachten im Rechtsstreit 5 S 37/06 (LG Marburg, n.v.) vom sog. Tätigkeitskern.

244 Bei den zitierten Entscheidungen ist zu beachten, dass es sich jeweils um eine Billigkeitsüberprüfung handelte. Es kann also nicht gefolgert werden, dass die Gerichte die entsprechende Gebührenhöhe ebenfalls angesetzt hätten. Sie haben sie aber jedenfalls unter Berücksichtigung der Toleranzgrenze nicht beanstandet.

245 AG Hamburg AnwBl 2005, 588; AG Aachen AGS 2005, 109.

246 AG Mannheim AGS 2008, 538; AG Wuppertal JurBüro 2005, 363; AG Freiburg RVG prof. 2007, 116.

247 AG Karlsruhe zfs 2007, 583.

248 AG Essen zfs 2005, 513; AG München RVG prof. 2008, 6.

249 LG Saarbrücken JurBüro 2005, 306; AG Mannheim AGS 2008, 538; Enders, JurBüro 2004, 515, 516.

250 AG Düsseldorf AGS 2004, 192.

251 AG Karlsruhe RVG prof. 2007, 39.

252 AG St. Ingbert AGS 2005, 334.

253 AG Aachen Schaden-Praxis 2005, 284.

254 AG Jülich JurBüro 2005, 194; AG Aachen JurBüro 2005, 253.

- Nachfragen beim Sachverständigen[255] oder Teilnahme an Begutachtung des Fahrzeugs;[256]
- ungerechtfertigte Kürzung sachverständig geschätzter Beträge, die eine Rückfrage beim Sachverständigen und weitere Korrespondenz erforderlich macht;[257]
- Termin mit dem Sachverständigen, um Altschäden von Unfallschäden abzugrenzen;[258]
- vertiefte Befassung mit Schadensersatzrecht einschließlich Rechtsprechungsrecherche;[259]
- extremer Lebenseinschnitt durch stärksten unfallbedingten Personenschaden, Heilungskomplikationen mit Dauerschaden, weit überdurchschnittliche Gesamtbearbeitungszeit, überlange Bearbeitungszeit mit der Notwendigkeit wiederholten Einarbeitens, nicht regulierender Haftpflichtversicherer, streitiger Haftungsgrund, erforderliche Spezialkenntnisse;[260]
- gesonderte Ermittlung des Nutzungsausfallschadens mangels Listenwert;[261]
- Erstattung Gutachterkosten bzw. Totalschaden zu prüfen;[262]
- ausführliche Erörterung der Sach- und Rechtslage mit dem Sachbearbeiter des Versicherers;[263]
- Verzögerungsverhalten des gegnerischen Versicherers und dadurch erhöhter Arbeitsaufwand;[264]
- Verkehrsunfall mit Todesfolge, Prüfung von Schmerzensgeld-, Haushaltsführungs- und Unterhaltsansprüchen.[265]

Liegen mehrere dieser Umstände vor, kann eine Geschäftsgebühr in Höhe der Mittelgebühr **von 1,5 oder darüber hinaus** als angemessen angesehen werden.[266] Die Verwendung von Textbausteinen/Formularschreiben wirkt sich nicht gebührenmindernd aus, da der Aufwand zu berücksichtigen ist, den die Erstellung solcher Textbausteine und die Prüfung ihrer Anwendung im Einzelfall erfordert.[267] Die entsprechenden Umstände sind schon in der Korrespondenz mit dem Versicherer **darzulegen**, um diesen zur Erstattung der vollen Gebühr zu bewegen. Wird der Klageweg erforderlich, so sollte – da die streitigen Beträge im Regelfall unter 600 EUR liegen dürften – stets erwogen werden, einen Antrag auf Zulassung der Berufung zu stellen.

130

§ 15 Abgeltungsbereich der Gebühren

(1) Die Gebühren entgelten, soweit dieses Gesetz nichts anderes bestimmt, die gesamte Tätigkeit des Rechtsanwalts vom Auftrag bis zur Erledigung der Angelegenheit.

(2) Der Rechtsanwalt kann die Gebühren in derselben Angelegenheit nur einmal fordern.

(3) Sind für Teile des Gegenstands verschiedene Gebührensätze anzuwenden, entstehen für die Teile gesondert berechnete Gebühren, jedoch nicht mehr als die aus dem Gesamtbetrag der Wertteile nach dem höchsten Gebührensatz berechnete Gebühr.

(4) Auf bereits entstandene Gebühren ist es, soweit dieses Gesetz nichts anderes bestimmt, ohne Einfluss, wenn sich die Angelegenheit vorzeitig erledigt oder der Auftrag endigt, bevor die Angelegenheit erledigt ist.

(5) ¹Wird der Rechtsanwalt, nachdem er in einer Angelegenheit tätig geworden ist, beauftragt, in derselben Angelegenheit weiter tätig zu werden, erhält er nicht mehr an Gebühren, als er erhalten würde, wenn er von vornherein hiermit beauftragt worden wäre. ²Ist der frühere Auftrag seit mehr als zwei Kalenderjahren erledigt, gilt die weitere Tätigkeit als neue Angelegenheit und in diesem Gesetz bestimmte Anrechnungen von Gebühren entfallen. ³Satz 2 gilt entsprechend, wenn ein Vergleich mehr als zwei Kalenderjahre nach seinem Abschluss angefochten wird oder wenn mehr als zwei Kalenderjahre nach Zustellung eines Beschlusses nach § 23 Absatz 3 Satz 1 des Kapitalanleger-Musterverfahrensgesetzes der Kläger einen Antrag

---

255 AG Aachen AGS 2005, 109.
256 AG Saarbrücken zfs 2008, 228; AG Ansbach AGS 2007, 237.
257 AG St. Ingbert AGS 2005, 334; AG Köln AGS 2005, 287.
258 AG Ansbach MittArgeVerkR 2008, 40; AG Saarbrücken zfs 2008, 228; AG Essen zfs 2005, 513.
259 AG Köln AGS 2005, 287.
260 AG Mannheim AGS 2008, 538 – für diesen Fall wurde die Höchstgebühr von 2,5 als angemessen erachtet.
261 AG Aachen AGS 2005, 109.
262 AG München AGS 2005, 109; AG Aachen JurBüro 2005, 253; AG Nettetal RVGreport 2005, 228.
263 AG Gießen RVGreport 2005, 149.
264 AG Ettlingen VersR 1982, 1157; *N. Schneider*, zfs 2004, 396, 397.
265 LG Zweibrücken zfs 2008, 708 (Höchstgebühr von 2,5).
266 Vgl. AG Mannheim AGS 2008, 538 (zum Ansatz der Höchstgebühr); AG Köln AGS 2005, 287.
267 AG Magdeburg RVGreport 2005, 268.

nach § 23 Absatz 4 des Kapitalanleger-Musterverfahrensgesetzes auf Wiedereröffnung des Verfahrens stellt.

(6) Ist der Rechtsanwalt nur mit einzelnen Handlungen oder mit Tätigkeiten, die nach § 19 zum Rechtszug oder zum Verfahren gehören, beauftragt, erhält er nicht mehr an Gebühren als der mit der gesamten Angelegenheit beauftragte Rechtsanwalt für die gleiche Tätigkeit erhalten würde.

Literatur: *Enders,* Kündigung des Mietverhältnisses und anschließender Räumungsprozess – zwei gebührenrechtliche Angelegenheiten?, JurBüro 1997, 617; *ders.,* Kündigung des Mietverhältnisses – Anwaltsgebührenwert und Gebühren, JurBüro 1998, 1; *Hansens,* Kostensparende Durchführung des gewillkürten Parteiwechsels, BRAGOreport 2000, 5; *Mock,* Gesonderte Abrechnung einer Einwohnermeldeamtsanfrage, AGS 2003, 528; *Monschau,* Gesonderte Gebühren für außergerichtliche Kündigung des Mietverhältnisses, AGS 2003, 194; *Naundorf,* Die Anwaltsvergütung bei der Durchsetzung je eigener Ansprüche in aktiver Streitgenossenschaft, AGS 2016, 105; *Pabst,* Gebührenrechtliche Folgen der Kündigung des Mandats, MDR 1978, 449; *N. Schneider,* Berechnung der Prozessgebühr bei mehreren Auftraggebern mit unterschiedlicher Beteiligung, BRAGOreport 2000, 21; *ders.,* Vergütung des Verteidigers bei Verbindung mehrerer Ermittlungs- oder Strafverfahren, BRAGOreport 2001, 49; *ders.,* Gebührenberechnung bei teilweiser Prozesskostenhilfe-Bewilligung, BRAGOreport 2001, 1; *ders.,* Schriftliche Kündigung eines Mietverhältnisses durch den Anwalt – Gebührentatbestand, Gegenstandswert und Streitwert, MDR 2000, 685; *ders.,* Der Umfang der Angelegenheit (§ 13 BRAGO) in Mietsachen, MDR 2003, 1162; *ders.,* Gebührenanrechnung bei Zurückverweisung nach Ablauf von zwei Kalenderjahren, MDR 2003, 727; *ders.,* Keine Gebührenanrechnung nach Ablauf von zwei Kalenderjahren, AGS 2003, 240; *ders.,* Haftpflicht- und Kaskoabrechnung – zwei verschiedene Angelegenheiten, AGS 2003, 292; *ders.,* Gebührenberechnung bei Verbindung mehrerer Strafsachen im gerichtlichen Verfahren, AGS 2003, 432; *ders.,* Einstweilige Anordnungen in selbstständigen Familiensachen, AGS 2000, 50; *ders.,* Gesonderte Gebühren im Verfahren auf Bestimmung des zuständigen Gerichts, NJW 2003, 2436; *ders.,* Gebührenberechnung und Kostenerstattung bei Fortsetzung des Rechtsstreits nach Prozessvergleich, MDR 2005, 19; *ders.,* Weiter gehende Ansprüche gegen die Partei bei teilweise bewilligter Prozesskostenhilfe, AGS 2005, 137; *ders.,* Vergütung des Anwalts im Verfahren der sofortigen Beschwerde bei Aufhebung des Nichtabhilfebeschlusses und anschließender erneuter Vorlage an das Beschwerdegericht, AGS 2005, 187; *ders.,* Vergütung für eine „Verlängerungsverfügung" nach dem Gewaltschutzgesetz, AGS 2008, 492; *ders.,* Abrechnung bei Inanspruchnahme des Kaskoversicherers aufgrund des Verweisungsprivilegs nach § 117 Abs. 3 S. 2 VVG (§ 158 Abs. 4 VVG a.F.), DAR 2008, 743 ff.; *ders.,* Übergang vom Bußgeldins Strafverfahren, DAR 2008, 754; *ders.,* Einstellung des Strafverfahrens und Abgabe an die Verwaltungsbehörde, DAR 2008, 756; *ders.,* Anrechnungsprobleme im Zusammenhang mit einstweiligen Verfügungsverfahren NJW 2009, 2017.

A. Allgemeines 1	4. Anträge zur Prozess- und Sachleitung und spätere Verhandlung 222
B. Regelungsgehalt 11	5. Teilweise Prozesskostenhilfe-Bewilligung 223
I. Einmaligkeit der Gebühren 11	a) Streitfälle 223
1. Grundsatz 11	b) Die Partei führt den Rechtsstreit, obwohl Prozesskostenhilfe nur teilweise bewilligt worden ist 224
2. Ausnahmen 19	
a) Übersicht 19	
b) Ausnahme des Abs. 3 21	c) Nach teilweiser Prozesskostenhilfe-Bewilligung wird der Rechtsstreit nur im Rahmen der bewilligten Prozesskostenhilfe durchgeführt 227
II. Begriff der Angelegenheit 22	
1. Außergerichtliche Angelegenheiten 22	
a) Abgrenzungskriterien 22	
b) Einheitlicher Auftrag 24	6. Unterschiedliche Beteiligung mehrerer Auftraggeber 229
c) Gleicher Rahmen 31	
d) Innerer Zusammenhang 36	7. Gleichartige Gebührensätze 232
e) Einzelfälle 37	8. Kürzung und Anrechnung 234
2. Gerichtliche Angelegenheiten 85	IV. Vorzeitige Beendigung (Abs. 4) 239
a) Grundsatz 85	1. Überblick 239
b) Mehrere Angelegenheiten innerhalb desselben prozessualen Rechtszugs 86	a) Grundsatz 239
	b) Einschränkungen 242
c) Mehrere nebeneinander laufende Verfahren 89	2. Vorzeitige Beendigung infolge Kündigung des Anwaltsvertrages 247
d) Einzelfälle 93	a) Überblick 247
3. Schadensersatzpflicht des Anwalts bei sachwidriger Trennung 204	b) Kündigung durch den Anwalt .. 248
	aa) Vertragswidriges Verhalten des Auftraggebers 248
4. Vergütungsvereinbarungen 211	
III. Unterschiedliche Gebührensätze (Abs. 3) 213	bb) Kündigung ohne vertragswidriges Verhalten des Auftraggebers 252
1. Allgemeines 213	
a) Die Berechnung (Abs. 3, 1. Hs.) 213	
aa) Derselbe Gegenstand 214	c) Kündigung durch den Auftraggeber .. 260
bb) Verschiedene Gegenstände ... 215	aa) Kündigung wegen vertragswidrigen Verhaltens des Rechtsanwalts 260
b) Die Begrenzung (Abs. 3, 2. Hs.) ... 217	
2. Einigung unter Einbeziehung nicht anhängiger Ansprüche 218	
3. Teil-Versäumnisurteil und Verhandlung über den Rest 219	

bb) Kündigung ohne vertragswidriges Verhalten des Rechtsanwalts 265
3. Unmöglichkeit 266
4. Schadensersatzansprüche wegen grundloser Kündigung 269
   a) Kündigung durch den Anwalt 269
      aa) Vertragswidriges Verhalten des Auftraggebers 269
      bb) Grundlose Kündigung 270
      cc) Wichtiger Grund 271
   b) Kündigung durch den Auftraggeber .. 275
      aa) Vertragswidriges Verhalten des Anwalts 275
      bb) Grundlose Kündigung 277
5. Einvernehmliche Aufhebung 278
6. Vorzeitige Beendigung im Falle einer Honorarvereinbarung 279
V. Erneuter Auftrag in derselben Angelegenheit (Abs. 5 S. 1) 282
VI. Erneuter Auftrag nach Ablauf von zwei Kalenderjahren (Abs. 5 S. 2) 289
VII. Anrechnungsausschluss nach Ablauf von zwei Kalenderjahren (Abs. 5 S. 2) 298
VIII. Begrenzung bei Einzelaufträgen (Abs. 6) 300
1. Begrenzung bei mehreren Einzelaufträgen (1. Var.) 300
2. Begrenzung bei einem Einzelauftrag (2. Var.) 305

A. Allgemeines

Die Vorschrift des § 15 bildet die **wesentliche** Grundlage für das Gebührensystem des RVG. Das Gesetz teilt die einzelnen anwaltlichen Tätigkeiten in **gebührenrechtliche Angelegenheiten** auf, in denen dann die jeweiligen Gebühren entstehen. Von der Einordnung in eine bestimmte Angelegenheit hängt es ab, welche Gebühren der Anwalt erhält. Die Bestimmung der Angelegenheit ist daher immer Ausgangspunkt der Gebührenberechnung. Ohne Klarheit, in welcher Angelegenheit der Anwalt tätig geworden ist, kann eine richtige Berechnung der Vergütung oft gar nicht erstellt werden. **1**

In **Abs. 2** ist der Grundsatz der **Einmaligkeit der Gebühren** niedergelegt. In derselben Angelegenheit kann jede Gebühr grundsätzlich nur einmal anfallen. Lediglich in einigen Ausnahmefällen kann die gleiche Gebühr in derselben Angelegenheit mehrmals ausgelöst werden. **2**

Aus dem Grundsatz der Einmaligkeit der Gebühren folgt konsequenterweise, dass die Gebühren die gesamte Tätigkeit des Anwalts von der Erteilung des Auftrags bis zur Erledigung der Angelegenheit abgelten (**Pauschalcharakter der Gebühren**). Dies ist in **Abs. 1** ausdrücklich festgehalten. **3**

Welchen Umfang jeweils eine Angelegenheit hat und wann mehrere Angelegenheiten vorliegen, war lediglich teilweise in **Abs. 2 S. 2 a.F.** geregelt. Danach stellt in gerichtlichen Verfahren jeder Rechtszug eine eigene Angelegenheit dar. Diese Regelung findet sich jetzt in § 17 Nr. 1. Damit ergibt sich unmittelbar aus § 15 selbst keine Abgrenzung mehr. Abzustellen ist auf die §§ 16 bis 19 und §§ 20, 21 sowie weitere spezielle Regelungen (z.B. VV Vor. 4.3 Abs. 3 S. 2). Im Übrigen ergibt sich der Umfang der Angelegenheit aus den Umständen des Einzelfalles. **4**

Eine Ausnahme von dem Grundsatz, dass in derselben Angelegenheit jede Gebühr nur einmal entstehen kann, enthält **Abs. 3**. Soweit es nach den Gebührenvorschriften möglich ist, dass hinsichtlich desselben Gebührentatbestandes aus verschiedenen Teilwerten unterschiedliche Gebührensätze anfallen, erhält der Anwalt aus den Teilwerten jeweils einzelne Gebühren. Insgesamt darf das Gebührenaufkommen jedoch nicht den Betrag einer Gebühr aus dem Gesamtwert nach dem höchsten Gebührensatz übersteigen. **5**

Die Vorschrift des **Abs. 4** ist wiederum Ausdruck des Pauschalcharakters. Danach ist es auf das Entstehen der Gebühren ohne Einfluss, wenn sich die Angelegenheit **vorzeitig erledigt** oder der **Auftrag endigt, bevor die Angelegenheit erledigt** ist. Diese Vorschrift betrifft allerdings nur den Gebührentatbestand, nicht die Höhe der Gebühren. So ist die vorzeitige Beendigung des Auftrags oder der Angelegenheit durchaus im Rahmen des § 14 Abs. 1 zu berücksichtigen; sie kann auch zu einem geringeren Gebührensatz führen (z.B. VV 3101). **6**

Die Vorschrift des **Abs. 5 S. 1** wiederholt nochmals den Grundsatz der Einmaligkeit der Gebühren. Danach erhält auch der Anwalt, der **in derselben Angelegenheit** erneut beauftragt wird, nachdem sich der erste Auftrag erledigt hat, nicht mehr an Gebühren, als wenn er von vornherein einen Gesamtauftrag erhalten hätte. **7**

Eine Ausnahme von dem vorangegangenen Grundsatz schafft allerdings die im Zuge des KostRÄndG 1994 schon in den damaligen § 13 BRAGO eingeführte Vorschrift des **Abs. 5 S. 2**. Danach wird eine neue Angelegenheit fingiert und eine Anrechnung ausgeschlossen, wenn der Anwalt erneut **8** beauftragt wird, nachdem der frühere Auftrag seit **mehr als zwei Kalenderjahren erledigt** ist. Gleichzeitig wird jetzt auch ausdrücklich in diesen Fällen eine **Anrechnung ausgeschlossen**.

9   Die Vorschrift des **Abs. 6** schließlich schafft eine Gebührenbegrenzung. Sie will verhindern, dass ein Anwalt, der mehrere Einzelaufträge erhält, hierdurch eine höhere Vergütung bekommt als derjenige Anwalt, der von vornherein einen Gesamtauftrag erhält.

10 Der Wortlaut des **Abs. 6** ist zuletzt erweitert worden (durch das 2. JuMoG, in Kraft getreten am 31.12.2006). Die Wörter „*oder mit Tätigkeiten, die nach § 19 zum Rechtszug oder zum Verfahren gehören*", sind zur Klarstellung eingefügt worden. Mit dieser Regelung soll gewährleistet werden, dass ein Anwalt, der nur mit Einzeltätigkeiten beauftragt worden ist, keine höheren Gebühren erhält, als ein Anwalt, der mit dem gesamten Verfahren beauftragt worden wäre. An sich war die Ergänzung überflüssig, weil die wohl einhellige Auffassung Abs. 6 bereits in diesem Sinne ausgelegt hat. Die Erweiterung dient daher lediglich der Klarstellung. Erfasst werden diejenigen Fälle, in denen das Gesetz für bestimmte Einzeltätigkeiten eine höhere Vergütung vorsieht als in der Hauptsache.

B. Regelungsgehalt

I. Einmaligkeit der Gebühren

1. Grundsatz

11 Die Vorschrift des Abs. 1 stellt im Zusammenhang mit der des Abs. 2 den Grundsatz der Einmaligkeit der Gebühren auf. In derselben Angelegenheit kann jede Gebühr grundsätzlich nur einmal ausgelöst werden. Die Konsequenz hieraus ist, dass den Gebühren ein **Pauschalcharakter** zukommt, dass sie also innerhalb derselben Angelegenheit im Rahmen ihres Abgeltungsbereiches sämtliche Tätigkeiten erfassen. Die Gebühren entstehen daher auch dann nur einmal, wenn der Tatbestand mehrmals verwirklicht wird.

> **Beispiel 1:** In einem Rechtsstreit finden mehrere Verhandlungstermine statt.
> Die Terminsgebühr nach VV 3104 fällt nur einmal an.

> **Beispiel 2:** Der Anwalt erteilt dem Mandanten mehrere Ratschläge in einer Unterhaltsangelegenheit.
> Der Anwalt erhält die Beratungsgebühr nach § 34 Abs. 1 S. 1 nur einmal.

> **Beispiel 3:** Die Parteien schließen unter Mitwirkung ihrer Anwälte zunächst eine teilweise Einigung. Später einigen sie sich auch über den Rest.
> Es entsteht insgesamt nur eine Einigungsgebühr nach VV 1000 (str., siehe Rdn 213 f.).

12 Der gleiche Grundsatz der Einmaligkeit der Gebühren ist in § 18 Abs. 1 Nr. 1 für **Zwangsvollstreckungssachen** gesondert geregelt. Hinsichtlich der zwangsvollstreckungsrechtlichen Angelegenheiten sei daher auf die Kommentierung zu § 18 Abs. 1 Nr. 1 verwiesen.

13 In **Strafsachen** war früher eine entsprechende Regelung in § 87 BRAGO enthalten. Diese findet sich jetzt in VV Vorb. 4.1 Abs. 2. Im Übrigen gilt ergänzend auch hier § 15, so dass für strafrechtliche Angelegenheiten auf die Kommentierung zu dieser Vorschrift verwiesen werden kann.

14 Eine vergleichbare Vorschrift enthält VV Vorb. 6.2 Abs. 1 für die Tätigkeit des Anwalts in Disziplinarverfahren und berufsgerichtlichen Verfahren wegen Verletzung einer Berufspflicht.

15 Obwohl in derselben Angelegenheit die Gebühren grundsätzlich nur einmal entstehen können, kann die weitere Tätigkeit nach erstmaligem Auslösen des Gebührentatbestandes aber durchaus für die Höhe der Gebühren Bedeutung haben.

16 Für **Satz- und Betragsrahmengebühren** haben der Umfang und die Dauer der anwaltlichen Tätigkeit Auswirkungen auf die Höhe der Gebühren. Der Anwalt kann zwar die Gebühr insgesamt nur einmal verlangen; er kann jedoch innerhalb des Rahmens gemäß § 14 Abs. 1 die Höhe der Gebühr bestimmen, so dass hier ein gewisser Ausgleich geschaffen wird und die Höhe der Gebühr dem tatsächlichen Aufwand angepasst werden kann.

17 Bei den Wertgebühren nach festen Sätzen, insbesondere den Gebühren nach VV Teil 3, ist eine solche Anpassung nicht möglich. Hier schaffen allerdings § 22 Abs. 1 RVG; § 23 Abs. 1 S. 1 RVG i.V.m. § 39 GKG, §§ 33 Abs. 1 S. 1, 44 Abs. 1 FamGKG einen Ausgleich. Wird der Anwalt hinsichtlich mehrerer Gegenstände tätig, werden die einzelnen Werte addiert.

Beispiel: In einem Rechtsstreit wird zunächst über 3.000 EUR verhandelt, später über weitere 5.000 EUR. Der Anwalt erhält die Terminsgebühr zwar insgesamt nur einmal. Sie berechnet sich nach § 23 Abs. 1 S. 1 RVG i.V.m. § 39 Abs. 1 GKG jedoch aus dem Gesamtwert von 8.000 EUR.

Darüber hinaus ist es ausnahmsweise auch bei Festgebühren möglich, dass sich infolge der weiteren Tätigkeit der Gebührensatz von einem Bruchteil auf eine volle Gebühr erhöht. 18

Beispiel 1: Im ersten Termin wird nur Vertagung beantragt, weil der Gegner und sein Anwalt nicht erscheinen; im zweiten Termin wird verhandelt.
Der Anwalt erhält für den Vertagungsantrag die Terminsgebühr der VV 3104 nur zu einem ermäßigten Satz von 0,5 nach VV 3105. Diese Gebühr erwächst durch die streitige Verhandlung dann zu einer 1,2-Gebühr aus VV 3104.

Beispiel 2: Der Anwalt bestellt sich im Berufungsverfahren zunächst nur für den Berufungsbeklagten. Später wird die Berufung begründet. Daraufhin beantragt der Anwalt die Zurückweisung der Berufung.
Für die bloße Bestellung erhält der Anwalt zunächst die Verfahrensgebühr der VV 3200 zunächst nur zu einem Gebührensatz von 1,1 nach VV 3201 Nr. 1. Mit Stellung des Zurückweisungsantrags erhöht sich diese Gebühr auf eine 1,6-Gebühr nach VV 3200.

Der Grundsatz der Einmaligkeit der Gebühren bleibt auch dann erhalten, wenn sich der Auftrag zunächst erledigt hat, der Anwalt in derselben Angelegenheit aber erneut beauftragt wird. Nach Abs. 5 S. 1 erhält der Anwalt auch hier die Gebühren nur einmal, und zwar in der Höhe, in der er sie erhalten hätte, wenn er von vornherein einen Gesamtauftrag erhalten hätte (im Einzelnen siehe hierzu Rdn 282 ff.).

2. Ausnahmen

a) Übersicht

Von dem Grundsatz der Einmaligkeit der Gebühren (Abs. 1, Abs. 2) gibt es nur noch eine Ausnahme (nämlich Abs. 3), nachdem die Regelung des § 38 Abs. 2 BRAGO weggefallen ist und auch die Regelungen für die erneute Hauptverhandlung nach den §§ 83 Abs. 2, 85 Abs. 2 und 86 Abs. 2, 109 Abs. 4, 109a Abs. 2 BRAGO nicht mehr gelten. 19

Soweit in den Kommentaren auch die § 17 Nr. 4, Nr. 5, Nr. 9, § 21 u.a. angeführt werden, ist dies nicht zutreffend. Diese Vorschriften schaffen oder fingieren eine neue Gebührenangelegenheit. Der Grundsatz des Abs. 1 i.V.m. Abs. 2 wird also nicht durchbrochen, da dieser nur für dieselbe Angelegenheit gilt. In verschiedenen Angelegenheiten können sämtliche Gebühren dagegen mehrmals entstehen. 20

b) Ausnahme des Abs. 3

Die jetzt noch einzige Ausnahme von dem Grundsatz der Einmaligkeit der Gebühren enthält Abs. 3. Sofern nach **verschiedenen Teilwerten unterschiedliche Gebührensätze** anfallen, erhält der Anwalt die Gebühren nach den einzelnen Teilwerten gesondert. Insgesamt darf er jedoch nicht mehr als eine Gebühr aus dem Gesamtwert nach dem höchsten Gebührensatz erhalten. Dieses Korrektiv sichert, dass der Anwalt auch bei mehreren Teilgebühren keine höhere Vergütung erhalten kann als bei umfassenderer Tätigkeit (im Einzelnen siehe Rdn 213 ff.). 21

II. Begriff der Angelegenheit

1. Außergerichtliche Angelegenheiten

a) Abgrenzungskriterien

In § 15 ist der Umfang der Angelegenheit selbst nicht geregelt. In Anbetracht der Vielfalt der Lebenssachverhalte ist eine gesetzliche Abgrenzung kaum möglich.[1] Die Abgrenzung soll daher 22

---

1 *Hansens*, BRAGO, § 13 Rn 7.

vielmehr im Einzelfall der Rechtsprechung überlassen bleiben.[2] Das OLG Köln[3] hat den Begriff der **Angelegenheit** zusammenfassend in einem Leitsatz zum damaligen § 13 BRAGO wie folgt definiert:

„Unter einer Angelegenheit im gebührenrechtlichen Sinne von § 13 Abs. 2 S. 1 [BRAGO] ist das gesamte Geschäft zu verstehen, das der Rechtsanwalt für den Auftraggeber besorgen soll. Ihr Inhalt bestimmt den Rahmen, innerhalb dessen der Rechtsanwalt tätig wird. Für die Frage, wann von einer einzigen Angelegenheit auszugehen ist oder wann mehrere Angelegenheiten vorliegen, ist insbesondere der Inhalt des dem Anwalt erteilten Auftrages maßgebend. In der Regel betreffen die weisungsgemäß erbrachten anwaltlichen Leistungen ein und dieselbe Angelegenheit, wenn zwischen ihnen ein innerer Zusammenhang besteht und sie sowohl inhaltlich als auch in der Zielsetzung so weitgehend übereinstimmen, dass von einem einheitlichen Rahmen der anwaltlichen Mühewaltung gesprochen werden kann."

23 Dies entspricht ganz einhelliger Ansicht in Rechtsprechung und Literatur.[4] **Drei Kriterien** sind danach maßgebend. Der Tätigkeit des Anwalts
– muss ein **einheitlicher Auftrag** zugrunde liegen,
– sie muss sich im **gleichen Rahmen** halten und
– zwischen den einzelnen Handlungen und oder Gegenständen der anwaltlichen Tätigkeit muss ein **innerer Zusammenhang** bestehen.[5]

Ungeachtet dieser Kriterien muss sich der Anwalt bewusst sein, dass diese keine verlässliche Prognose geben, wie ein Gericht im Streitfall die Sache beurteilen wird. Auch das vom BGH herangezogene Kriterium der „einheitlichen Prüfungsaufgabe" darf nicht darüber hinwegtäuschen, dass es hier immer um Einzelfallentscheidungen geht. Zudem drängt sich bei näherer Lektüre vieler Entscheidungen, insbesondere im Verwaltungs- und Sozialrecht, der Verdacht auf, dass hier ergebnisorientiert argumentiert wird, je nachdem, ob man dem Anwalt die Vergütung gönnt oder nicht, und je nachdem, ob und von wem die Vergütung zu erstatten ist. Anders lässt sich die zum Teil schon fast gesetzeswidrige Rechtsprechung der Verwaltungs- und Sozialgerichte nicht erklären.

b) Einheitlicher Auftrag

24 Erste Voraussetzung, die Tätigkeit des Anwalts einer einzigen Angelegenheit zuzuordnen, ist, dass ein einheitlicher Auftrag vorliegt. Das wiederum ist jedenfalls immer dann gegeben, wenn der Anwalt von einem Mandanten einen konkreten Auftrag erhält, hinsichtlich eines bestimmten Gegenstandes tätig zu werden. Darüber hinaus kann aber auch dann noch ein einheitlicher Auftrag vorliegen, wenn der Anwalt nacheinander mehrere (Teil-)Aufträge erhält. Insoweit muss allerdings Einigkeit darüber bestehen, dass die nacheinander erteilten Aufträge gemeinsam behandelt werden sollen.[6] Es muss sich also um sukzessive Erweiterungen des ursprünglichen Auftrags handeln, nicht um völlig neue Aufträge, die mit dem ersten nicht in Zusammenhang stehen.

Beispiel 1: In einer Mietsache wird der Anwalt laufend beauftragt, weitere Mietrückstände geltend zu machen.

Beispiel 2: Der Anwalt wird zunächst nur mit der Regulierung eines Fahrzeugschadens beauftragt. Später erhält er den Auftrag, auch noch ein Schmerzensgeld zu verlangen.

Beispiel 3: Der Anwalt erhält zunächst den Auftrag, einen Pflichtteilsanspruch geltend zu machen. Später erweitert der Mandant den Auftrag dahin, auch einen Pflichtteilsergänzungsanspruch durchzusetzen.
In sämtlichen Fällen versteht sich der Folgeauftrag nur als Erweiterung des ursprünglichen Auftrags, so dass insgesamt ein einheitlicher Auftrag zugrunde liegt.

25 Voraussetzung dafür, einen einheitlichen Auftrag anzunehmen, ist, dass bei Erteilung des weiter gehenden Auftrags der ursprüngliche **Auftrag noch nicht erledigt** ist. Wird der weitere Auftrag erst erteilt, nachdem der erste bereits vollständig erledigt ist, liegen immer zwei verschiedene Angelegenheiten vor. Die Regelung des Abs. 5 S. 1 greift dann nicht, da diese Vorschrift gerade voraussetzt, dass der weitere Auftrag in derselben Angelegenheit erteilt wird.

---

2 *Hansens*, BRAGO, § 13 Rn 7; BGH JurBüro 1976, 749 = AnwBl 1976, 337; OLG Frankfurt Rpfleger 1978, 109.
3 OLGR 1999, 220.
4 BGH JurBüro 1976, 749 = AnwBl 1976, 337; JurBüro 1984, 537 = AnwBl 1984, 501; JurBüro 1972, 684;
OLG Köln JurBüro 1984, 97; *Hansens*, BRAGO, § 13 Rn 7.
5 So ausdrücklich auch OLG München OLGR 2003, 206 = KostRsp. BRAGO § 13 Nr. 166.
6 OLG Frankfurt JurBüro 1978, 697 = Rpfleger 1978, 109.

> **Beispiel:** Der Anwalt wird vom Vermieter beauftragt, die rückständige Miete für den Monat März außergerichtlich beizutreiben. Auf das Mahnschreiben hin zahlt der Mieter. Der Betrag wird an den Auftraggeber ausgekehrt. Hiernach erteilt der Vermieter den Auftrag, die nunmehr rückständig gewordene Miete für den Monat April geltend zu machen.
> Da der erste Auftrag (Miete März) erledigt war, liegt somit hinsichtlich der Miete April ein neuer Auftrag vor. Es beginnt folglich auch eine neue Angelegenheit.

Will der Auftraggeber dagegen, dass der weitere Auftrag gesondert behandelt wird, ist dies als ein neuer selbstständiger Auftrag zu verstehen, so dass dann auch zwingend eine neue Angelegenheit beginnt. **26**

Ein einheitlicher Auftrag kann auch dann vorliegen, wenn der Anwalt von **mehreren Mandanten** beauftragt wird. Hier muss gegebenenfalls durch Auslegung ermittelt werden, ob der Anwalt für die verschiedenen Auftraggeber gemeinsam oder ob er für jeden von ihnen gesondert tätig werden soll. **27**

Soweit die verschiedenen Auftraggeber hinsichtlich des Streitgegenstandes gemeinsam beteiligt sind, etwa als Gesamtgläubiger, Gesamthandsgläubiger, Gesamtschuldner o.Ä., wird man in der Regel von einem einheitlichen Auftrag ausgehen müssen. **28**

> **Beispiel:** Die Erbengemeinschaft beauftragt den Anwalt, vom Erbschaftsbesitzer Gegenstände herauszuverlangen.
> Hier ist von einem einheitlichen Auftrag auszugehen. Den Auftraggebern kann nicht unterstellt werden, dass jeder Auftraggeber den Anwalt gesondert mit der Durchsetzung seines eigenen Anspruchs auf Leistung an die Erbengemeinschaft beauftragen will.

Soweit hinsichtlich der Gegenstände und des Rechtsverhältnisses der Auftraggeber untereinander kein unmittelbarer rechtlicher Zusammenhang besteht, kommt es auf die Umstände des Einzelfalles an. **29**

> **Beispiel:** Nach einem Verkehrsunfall beauftragen sowohl der Halter als auch der Fahrer den Anwalt mit der Durchsetzung ihrer Ansprüche.
> Hier kann durchaus der Wille der Parteien dahin gehen, die Aufträge getrennt durchzuführen: Der Halter möchte möglicherweise nicht, dass der Fahrer erfährt, welche Werte reguliert werden. Der Fahrer wiederum möchte unter Umständen nicht, dass der Halter Informationen über seine Verletzungen erhält oder Einblick in seine Krankenunterlagen betreffend Vorerkrankungen oder Vorschäden.

Im Zweifel dürfte davon auszugehen sein, dass mehrere Auftraggeber, die den Anwalt zeitgleich aufgrund eines einheitlichen Rechtsverhältnisses beauftragen, ihm auch einen einheitlichen Auftrag erteilen wollen, zumal dies infolge der Gebührendegression für sie günstiger ist. Im Zweifel sollte der Anwalt vor Annahme des Mandats die Auftragsverhältnisse ausdrücklich klarstellen. **30**

Maßgeblich wird es bei der Frage, ob noch ein einheitlicher Auftrag vorliegt, auf den Einzelfall ankommen. Insoweit sei auf die zusammenfassende alphabetische Darstellung (siehe Rdn 37 ff.) Bezug genommen.

c) Gleicher Rahmen

Die Tätigkeit des Anwalts muss den gleichen Rahmen einhalten. Dies wiederum ist dann der Fall, wenn das Mandat einheitlich bearbeitet werden kann.[7] Der gleiche Rahmen wird in der Regel dann gegeben sein, wenn der Anwalt nur hinsichtlich eines einzigen Gegenstandes tätig wird. Liegen der Tätigkeit des Anwalts mehrere Gegenstände zugrunde, so wird auch dann noch von dem gleichen Rahmen auszugehen sein, wenn der Gegner der gleiche ist und ein gewisser Zusammenhang zwischen den Gegenständen besteht. **31**

> **Beispiel:** Der Anwalt wird beauftragt, mehrere rückständige Mietforderungen gegen denselben Mieter geltend zu machen.

Ebenso wird von einem gleichen Rahmen auch dann noch auszugehen sein, wenn es sich um verschiedene Gegenstände handelt, die aber in einem einheitlichen Vorgehen geltend gemacht werden können. **32**

---

7 *Hansens*, BRAGO, § 13 Rn 9.

> **Beispiel:** Der Anwalt wird beauftragt, gegen denselben Gegner eine Darlehensforderung sowie eine Kaufpreisforderung geltend zu machen.
> Auch hier dürfte noch von dem gleichen Rahmen auszugehen sein, da die Sache mit einem einheitlichen Mahnschreiben erledigt werden kann.

33 Sofern die Tätigkeiten allerdings sachlich erheblich voneinander abweichen, dürfte der gleiche Rahmen nicht mehr gegeben sein.

> **Beispiel:** Der Anwalt wird von dem Ehemann beauftragt, Unterhaltsansprüche der Ehefrau abzuwehren. Gleichzeitig wird er beauftragt, ein der Ehefrau gewährtes Darlehen zu kündigen und beizutreiben.
> Hier ist nicht nur die Anspruchsrichtung entgegengesetzt, sondern auch die Gegenstände der anwaltlichen Tätigkeit sind grundverschieden. Zum einen geht es um eine familienrechtliche Zahlungspflicht, zum anderen um die Gestaltung eines Rechtsverhältnisses, so dass nicht mehr von dem gleichen Rahmen auszugehen sein dürfte.

34 Gegen einen gleichen Rahmen spricht es insbesondere, wenn die Rechtsschutzziele im gerichtlichen Verfahren in verschiedenen Rechtszügen oder gar Rechtswegen geltend zu machen wären. Das gilt insbesondere in Familiensachen für Gegenstände, die gerichtlich als Familiensachen der freiwilligen Gerichtsbarkeit geltend zu machen sind, und Gegenstände, die Familienstreitsachen wären.

35 Der gleiche Rahmen ist in der Regel auch dann nicht mehr gegeben, wenn Ansprüche gegen verschiedene Gegner geltend zu machen sind, mögen die Ansprüche auch aus einem gleichen Lebenssachverhalt resultieren.

> **Beispiel:** Der Anwalt wird beauftragt, mit dem Haftpflichtversicherer des Unfallgegners den Haftpflichtschaden zu regulieren. Darüber hinaus wird er beauftragt, den Kaskoschaden mit dem Kaskoversicherer abzurechnen.
> Es fehlt am gleichen Rahmen, so dass mehrere Angelegenheiten vorliegen (vgl. Rdn 74).

Auch bei der Beurteilung des gleichen Rahmens wird es stets auf den Einzelfall ankommen. Insoweit sei auf die zusammenfassende alphabetische Darstellung zu den Einzelfällen (siehe Rdn 37 ff.) Bezug genommen.

d) Innerer Zusammenhang

36 Soweit der Anwalt lediglich hinsichtlich eines Gegenstands beauftragt ist, ist ein innerer Zusammenhang immer gegeben. Wird er hinsichtlich mehrerer Gegenstände beauftragt, müssen diese einem einheitlichen Lebensvorgang entstammen und im Falle der gerichtlichen Durchsetzung in einem Verfahren gleichzeitig verfolgt werden können.

> **Beispiel 1:** Mehrere Geschädigte aus einem Verkehrsunfall beauftragen den Anwalt gemeinsam, ihre Ansprüche geltend zu machen, und zwar gegen Fahrer, Halter und Haftpflichtversicherer.
> Obwohl sowohl auf Seiten des Auftraggebers als auch auf Seiten des Gegners mehrere Personen beteiligt sind und der Tätigkeit mehrere Gegenstände zugrunde liegen, resultieren diese doch aus demselben Lebenssachverhalt, so dass der innere Zusammenhang zu bejahen ist, vorausgesetzt, es liegt ein einheitlicher Auftrag vor. Hat dagegen jeder der Geschädigten dem Anwalt einen eigenen Auftrag erteilt, sind mehrere Angelegenheiten gegeben (siehe Rdn 74).
>
> **Beispiel 2:** Die geschiedene Ehefrau macht gegen ihren geschiedenen Ehemann nachehelichen Unterhalt für sich geltend sowie Kindesunterhalt für die beiden gemeinsamen Kinder.
> Auch hier entstammen die Ansprüche demselben Lebenssachverhalt, so dass der innere Zusammenhang noch gegeben ist.

Auch bei der Beurteilung des inneren Zusammenhangs wird es stets auf den Einzelfall ankommen. Insoweit wird daher auch hier auf die zusammenfassende alphabetische Darstellung (siehe Rdn 37 ff.) Bezug genommen.

e) Einzelfälle

37 Bei der Frage, ob die außergerichtliche Tätigkeit des Anwalts **eine oder mehrere Angelegenheiten** darstellt, sind sämtliche drei Voraussetzungen (siehe Rdn 23) zu prüfen. Soweit die Rechtsprechung mehrere Angelegenheiten annimmt, kommt häufig nicht zum Ausdruck, ob es am einheitlichen Auftrag, dem gleichen Rahmen oder dem inneren Zusammenhang fehlt. Letztlich ist dies auch

nicht erforderlich, da bereits das Fehlen einer der genannten Voraussetzungen dazu führt, mehrere Angelegenheiten anzunehmen. Im Einzelnen gilt Folgendes:

Abmahnung. Abmahnungen wegen Unterlassungsansprüchen für Text- und Bildveröffentlichung sind eine Angelegenheit.[8] 38

Abmahnung und Abschlussschreiben sind dieselbe Angelegenheit.[9] Siehe auch „Wettbewerbssachen".

Abschlussschreiben. Siehe „Wettbewerbssachen" (Rdn 82). 39

Anlagestreitigkeiten. Siehe „Kapitalanlage" (Rdn 61). 40

Arbeitslosengeld, Arbeitslosenhilfe. Wird der Anwalt sowohl wegen der Ablehnung von Arbeitslosenhilfe als auch wegen der Rückforderung von vermeintlich zu viel gezahltem Arbeitslosengeld tätig, liegt nur eine Angelegenheit vor.[10] 41

Arbeitsverhältnis. Ist der Anwalt mit der Abwehr der Kündigung des Arbeitgebers beauftragt sowie mit den Bemühungen um eine einvernehmliche Auflösung des Arbeitsverhältnisses, liegt nur eine Angelegenheit vor.[11] 42

Arzthaftungssachen. Soll der Anwalt mehrere nacheinander tätig gewordene Ärzte wegen ärztlicher Fehlbehandlungen in kurzer zeitlicher Abfolge bei gleichem Krankheitsbild in Anspruch nehmen, liegt nur eine Angelegenheit i.S.d. Abs. 2 vor. Dies gilt auch dann, wenn ihnen jeweils selbstständige Behandlungsfehler vorgeworfen werden. Dass sie aufgrund jeweils separat geschlossener Behandlungsverträge (auch) vertraglich haften, ändert daran nichts.[12] 43

Wird ein Rechtsanwalt allerdings zunächst mit der Ermittlung und Geltendmachung des erstattungsfähigen Schadens aufgrund eines ärztlichen Behandlungsfehlers und später gesondert mit der Berechnung des Verdienstausfalls für mehrere Jahre beauftragt, so liegt darin keine Fortsetzung der bisherigen Tätigkeit, sondern es handelt sich dabei um einen neuen Auftrag und damit gebührenrechtlich um eine andere Angelegenheit.[13]

Asylverfahren. Die Vertretung mehrerer Familienmitglieder im Asylverfahren stellt jeweils eine eigene besondere Angelegenheit dar.[14] Zutreffend muss man wohl danach differenzieren, ob die Verwaltungsbehörde mehrere getrennte Verfahren führt. Dann liegen verschiedene Angelegenheiten vor. Führt die Verwaltungsbehörde dagegen ein gemeinsames Verfahren, so erhält der Anwalt die Gebühren nur einmal, allerdings aus den addierten Werten (§ 23 Abs. 1 S. 3 RVG i.V.m. § 39 Abs. 1 GKG).[15] 44

Werden mehrere Asylanträge in verschiedenen Verfahren behandelt, liegen auch verschiedene Angelegenheiten vor. Dies gilt sowohl, wenn ein Bewerber mehrere Anträge gestellt hat und hieraus mehrere Verfahren resultieren, als auch dann, wenn der Anwalt mehrere Bewerber vertritt, die eigene Asylanträge gestellt haben und die in getrennten Verfahren behandelt werden.[16]

Ist der Anwalt für mehrere Asylbewerber tätig, deren Asylanträge in einem einheitlichen Verfahren bearbeitet werden, insbesondere bei gemeinsamen Anträgen mehrerer Familienangehöriger, liegt nur eine Angelegenheit vor.[17]

Auftragserweiterung. Hat der Auftraggeber dem Anwalt zunächst nur für einen bestimmten Teilbereich einen Auftrag erteilt und erweitert er den Auftrag später, so liegt insgesamt nur eine Angelegenheit vor.[18] 45

---

8 BGH AGS 2008, 164 = WRP 2008, 364 = VersR 2008, 413 = GRUR 2008, 367 = BGHR 2008, 412; WRP 2009, 992 = BGHReport 2009, 960 = MDR 2009, 1073 = VersR 2009, 1269 = AGS 2009, 472; WRP 2011, 1192 = AfP 2011, 362 = MDR 2011, 1013 = NJW 2011, 3657 = GRUR-RR 2012, 90.
9 N. Schneider, NJW 2009, 2017.
10 AG Mainz Rpfleger 1990, 213.
11 AG Mettmann JurBüro 1992, 321.
12 OLG Köln JurBüro 2010, 301; OLG Düsseldorf JurBüro 2009, 587.
13 LG Nürnberg-Fürth JurBüro 2010, 592; OLG Stuttgart RuS 2005, 92 = zfs 2005, 201.
14 AG Köln AnwBl 1985, 335.
15 *Lappe*, in: Anm. zu AG Köln KostRsp. BRAGO § 13 Nr. 68.
16 LG Berlin Rpfleger 1984, 162.
17 LG Berlin Rpfleger 1996, 464; LG Osnabrück JurBüro 1999, 248.
18 OLG Frankfurt OLGR 1995, 107.

46 Auskunft. Auskunftsverlangen und anschließende Aufforderung zur Leistung sind eine Angelegenheit, wenn der Auftrag von vornherein zum stufenweisen Vorgehen erteilt worden war. War der Anwalt dagegen zunächst nur mit dem Auskunftsbegehren beauftragt und wird er erst nach Erteilung der Auskünfte mit der Einforderung der Leistung beauftragt, liegen zwei Angelegenheiten vor, da dann der erste Auftrag bereits erledigt war, bevor der weitere Auftrag erteilt worden ist (vgl. Rdn 25).

47 Baugenehmigung. Ist der Anwalt damit beauftragt, die Baugenehmigung für ein Vorhaben zu beantragen und gleichzeitig mit beteiligten Dritten, etwa Nachbarn, wegen Zustimmungserklärungen oder Verzichten auf eine Grunddienstbarkeit zu verhandeln, liegt nur eine Angelegenheit vor.[19]

48 Beratungshilfe. Zum Begriff der Angelegenheit in der Beratungshilfe vgl. VV Vor 2.5 Rdn 150 ff.

49 Bußgeldverfahren. Bußgeld- und Strafverfahren sind immer zwei verschiedene Angelegenheiten, da sie in verschiedenen Teilen des VV geregelt sind. Für den Fall der Einstellung des Bußgeldverfahrens und anschließender weiterer Verfolgung als Straftat ist dies ausdrücklich gesetzlich geregelt in § 17 Nr. 10.

Die gleichzeitige Terminierung verschiedener Bußgeldsachen bewirkt noch keine Verfahrensverbindung. Nicht formell verbundene oder getrennte Verfahren sind kostenrechtlich getrennt zu behandeln und stellen verschiedene Angelegenheiten dar, für die der Rechtsanwalt Gebühren geltend machen kann.[20]

50 Darlehensbeschaffung. Siehe „Vermögensauseinandersetzung" (Rdn 78).

51 Deckungsschutzzusage. Siehe „Rechtsschutzversicherer" (Rdn 71).

52 Erbauseinandersetzung. Ist der Anwalt mit der Vertretung im Erbscheinverfahren und der anschließenden Auseinandersetzung der Miterbengemeinschaft beauftragt, liegen zwei Angelegenheiten vor.[21] Gleiches gilt bei einem Auftrag im Erbscheinverfahren und dem Auftrag, Pflichtteilsansprüche geltend zu machen.

Ist der Anwalt beauftragt, den Nachlass auseinander zu setzen, die Nachlassverbindlichkeiten zu erfüllen, rückständige Steuererklärungen abzugeben und die Erbschaftssteuer zu begleichen, so soll nur eine Angelegenheit vorliegen.[22] Dies erscheint bedenklich. Zumindest die Abgabe der Steuererklärung dürfte eine gesonderte Angelegenheit sein, zumal diese gar nicht nach dem RVG abzurechnen ist (§ 35).

53 Erbschein. Siehe „Erbauseinandersetzung" (Rdn 52).

54 Ermittlungsverfahren. Jedes von der Polizei, Staatsanwaltschaft oder Verwaltungsbehörde geführte Ermittlungsverfahren ist eine eigene Angelegenheit, solange die Verfahren nicht verbunden worden sind.[23]

Wird ein Bußgeldverfahren eingestellt und die Sache an die Staatsanwaltschaft zur weiteren Verfolgung als Straftat abgegeben oder wird im Strafverfahren eingestellt und an die Verwaltungsbehörde zur weiteren Verfolgung als Ordnungswidrigkeit abgegeben, liegen zwei verschiedene Angelegenheiten vor. Dies ist jetzt ausdrücklich gesetzlich geregelt in § 17 Nr. 10.

Dass das vorbereitenden Verfahren bzw. das Verfahren vor der Verwaltungsbehörde und das nachfolgende gerichtliche Verfahren gesonderte Angelegenheiten darstellen, ist jetzt in § 17 Nr. 10 und 11 geregelt.

55 Erziehungsgeld. Hatte der Anwalt den Auftrag erhalten, die Rechtsfrage betreffend die Gewährung von Erziehungsgeld für zwei Kinder zu klären und durchzusetzen, handelt es sich um eine einzige Angelegenheit.[24]

56 Familiensachen. In Ehe- und Familiensachen wird häufig unter Berufung auf § 16 Nr. 4 (früher: § 7 Abs. 3 BRAGO) auch außergerichtlich lediglich eine Angelegenheit angenommen, wenn der

---

[19] Hartmann, § 13 BRAGO, Rn 26.
[20] LG Postdam JurBüro 2013, 587 = RVGprof 2013, 129 u. RVGreport 2104, 6 = RVGprof 2014, 68.
[21] LG Hannover MDR 1995, 1076 = NdsRpfl 1995, 249 = NJW-RR 1996, 762.
[22] Mümmler, JurBüro 1987, 1326; Hansens, BRAGO, § 13 Rn 10.
[23] LG Bonn AGS 2012, 176 = Rpfleger 2012, 649 = RVGprof. 2012, 62 = NJW-Spezial 2012, 253 = RVGreport 2012, 219; LG Braunschweig StraFo 2010, 513 = VRR 2010, 359 = StRR 2010, 323 = RVGreport 2010, 422 = RVGprof. 2010, 214.
[24] LG Münster Rpfleger 2000, 220.

Anwalt den Mandanten in der Ehe- und verschiedenen Folgesachen (also solchen, die später gemäß § 137 FamFG als Folgesachen anhängig zu machen wären) vertritt.[25] Dieser Ansatzpunkt ist unzutreffend. Bei der Vorschrift des § 16 Nr. 4 handelt es sich um eine Fiktion. Ehe- und Folgesachen sind nach § 15 betrachtet selbstständige Angelegenheiten; anderenfalls wäre die Vorschrift des § 16 Nr. 4 überflüssig. Die Fiktion des § 16 Nr. 4 gilt – wie der Wortlaut bereits zeigt – nur für gerichtliche Verfahren. Nur bei Anhängigkeit der Ehesache gibt es ein Verbundverfahren, nicht auch schon bei außergerichtlicher Tätigkeit. Daher liegen bei außergerichtlicher Tätigkeit mehrere Angelegenheiten vor.[26]

57 Verschiedene Angelegenheiten sind gegeben, wenn einerseits die Vermögensauseinandersetzung betrieben und andererseits Zugewinn geltend gemacht werden soll.[27]

58 Mehrere Angelegenheiten liegen auf jeden Fall vor, wenn nur ein Teil der Gegenstände im Verbund geltend gemacht werden könnte.

Beispiel: Der Anwalt wird mit der Durchsetzung des Zugewinns beauftragt sowie damit, Trennungsunterhalt geltend zu machen.
Da der Trennungsunterhalt nicht im Verbundverfahren geltend gemacht werden kann, sind auch nach der Ansicht, die auf § 16 Nr. 4 abstellt, zwei Angelegenheiten gegeben.

59 **Gesamtschuldner.** Die Tätigkeit für und gegen Gesamtschuldner ist stets dieselbe Angelegenheit, wenn und soweit sich die darauf abzielenden Tätigkeiten im Rahmen des Auftrags halten.[28]

60 **Hebegebühr.** Die Entgegennahme und Weiterleitung von Geldern ist stets eine gesonderte Angelegenheit für sich (vgl. VV 1009 Rdn 1). Darüber hinaus ist auch jeder Auszahlungsvorgang eine gesonderte Angelegenheit (vgl. VV 1009 Rdn 8).

61 **Kapitalanlage.** Soll der Anwalt Schadensersatzansprüche aus einem Kapitalanlagegeschäft gegen mehrere Anspruchsgegner (Vermittler, Anlagevertreiber, finanzierende Bank) geltend machen, so handelt es sich gebührenrechtlich um eine Angelegenheit.[29]

62 **Kaufvertrag.** Wird der Anwalt mit der Veräußerung bestimmter Gegenstände beauftragt und verhandelt der Anwalt mit mehreren Kaufinteressenten, so wird zum Teil nur eine Angelegenheit angenommen.[30] Nach anderer Auffassung sind dagegen verschiedene Angelegenheiten anzunehmen.[31] Zutreffend ist es, auf den erteilten Auftrag abzustellen und nicht auf die eventuelle Vielschichtigkeit der tatsächlichen anwaltlichen Tätigkeit. Solange sich der Anwalt innerhalb des Auftrags bewegt, betreffen alle seine Tätigkeiten dieselbe Angelegenheit. Dies entspricht auch der Rechtsprechung des BGH, wonach die Inanspruchnahme mehrerer Schädiger grundsätzlich eine Angelegenheit darstellt.[32] Sofern allerdings die Reaktionen der Schädiger nicht einheitlich ausfallen und deshalb eine differenzierte Bearbeitung durch den Rechtsanwalt erfordern, können aus einer ursprünglich einheitlichen

---

25 LG Göttingen JurBüro 1986, 1843; LG Kleve JurBüro 1986, 734, 1384; 1987, 75, 77; LG Dortmund AnwBl 1985, 334 = Rpfleger 1985, 78 = JurBüro 1985, 1034 m. Anm. *Mümmler*; OLG München MDR 1988, 330 = JurBüro 1988, 593 = VersR 1988, 727; LG Hannover NdsRpfl 1987, 256; LG Bad Kreuznach KostRsp. BRAGO § 132 Nr. 86; AG Steinfurt Rpfleger 1988, 489; LG Hildesheim NdsRpfl 1990, 292; OLG Düsseldorf JurBüro 1989, 1400 = MDR 1989, 923; LG Bayreuth JurBüro 1990, 1274; AG Steinfurt Rpfleger 1989, 289; AG Osnabrück JurBüro 1996, 377; LG Kassel FamRZ 2000, 1380 = Rpfleger 2000, 1380; AG Koblenz FamRZ 2000, 296 = Rpfleger 2000, 398; LG Berlin JurBüro 1995, 1665; LG Aurich NdsRpfl 1986, 6 = JurBüro 1986, 239 m. Anm. *Mümmler*; LG Braunschweig NdsRpfl 1986, 102; LG Landau JurBüro 1991, 805 = Rpfleger 1991, 127; LG Kleve Rpfleger 2003, 303 = KostRsp. BRAGO § 13 Nr. 164 m. abl. Anm. *N. Schneider*; AG Mönchengladbach AGS 2003, 76 m. Anm. *Madert*.
26 LG Münster JurBüro 1990, 333 = Rpfleger 1990, 78; OLG Düsseldorf MDR 1986, 157 = JurBüro 1986, 299 = AnwBl 1986, 162 = Rpfleger 1986, 109 = KostRsp. BRAGO § 132 Nr. 55; AG Köln AnwBl 1986, 414; LG Tübingen Rpfleger 1986, 239; LG Detmold JurBüro 1992, 536 = Rpfleger 1992, 202; AG Detmold Rpfleger 1994, 29; LG Frankenthal JurBüro 1993, 348; OLG Braunschweig AnwBl 1984, 514 = JurBüro 1985, 250 m. Anm. *Mümmler*.
27 OLG Saarbrücken AGS 2011, 123.
28 OLG Köln OLGR 1999, 220.
29 OLG Stuttgart JurBüro 2011, 84 = AGS 2011, 271 = RVGreport 2011, 105; LG Düsseldorf AGS 2011, 271 = JurBüro 2011, 84 = RVGreport 2011, 105.
30 OLG Frankfurt – 9. Zivilsenat, OLGR 2007, 35; Riedel/Sußbauer/*Fraunholz*, § 15 Rn 22.
31 OLG Frankfurt – 1. Zivilsenat, NJW-RR 2005, 67.
32 BGH WRP 2011, 77 = AGS 2010, 587 = NJW 2011, 782 = Rpfleger 2011, 237 = BRAK-Mitt 2011, 42; WRP 2010, 1259 = MDR 2010, 1156 = NJW 2010, 3035 = VersR 2011, 771 = RVGreport 2011, 16.

Angelegenheit mehrere Angelegenheiten erwachsen.[33] In diesem Sinne können auch „differenzierte" Verhandlungen mit Kaufinteressenten als mehrere Angelegenheit anzusehen sein.[34] Das OLG Hamm hat im konkreten Fall nur eine Angelegenheit angenommen, in der der Anwalt von den Erben pauschal mit der Veräußerung von Geschäftsanteilen an einer GmbH beauftragt worden war und mit mehreren Kaufinteressenten und Mietern der zu veräußernden Objekte verhandelt hat.

63 **Kasko-Regulierung.** Siehe „Unfallschadenregulierung" (Rdn 74).

64 **Kündigung.** Siehe „Mietsachen" (Rdn 66 f.) und „Arbeitsverhältnis" (Rdn 42).

65 **Mehrheit von Forderungen.** Ist der Anwalt mit der Abwehr eines „Bündels von Ansprüchen der Gegenseite" beauftragt und wird er anschließend nochmals hinsichtlich eines dieser Ansprüche tätig, so liegt ungeachtet dessen nur eine einzige Angelegenheit vor.[35]

66 **Mietsachen.**[36] Wird der Anwalt beauftragt, ein Mietverhältnis wegen Zahlungsverzuges zu **kündigen** und anschließend die **Räumung** durchzusetzen, so handelt es sich um verschiedene Angelegenheiten.[37] Die Kündigung zielt darauf ab, ein Rechtsverhältnis zu gestalten. Das Räumungsverlangen wiederum dient der Durchsetzung eines schuldrechtlichen und dinglichen Anspruchs, der erst aus der Umgestaltung des Rechtsverhältnisses infolge der Kündigung resultiert und der voraussetzt, dass der Mieter nach der Kündigung nicht freiwillig auszieht. Es wird daher in der Regel bereits an einem einheitlichen Auftrag fehlen, da der Auftrag, die Räumung durchzusetzen, vernünftigerweise erst erteilt werden kann, nachdem der Auftrag, das Mietverhältnis zu beenden, abgeschlossen ist. Zudem dürfte es am gleichen Rahmen und inneren Zusammenhang fehlen.

67 Der BGH sieht dies anders. Danach sind Kündigung und anschließendes außergerichtliches Räumungsverlangen dieselbe Angelegenheit.[38] Kommt es nach einer Kündigung zum Räumungsrechtsstreit, ist dies zwar eine neue Angelegenheit; allerdings ist die für die Kündigung angefallene Geschäftsgebühr dann auf die Verfahrensgebühr des Rechtsstreits nach VV Vorb. 3 Abs. 4 anzurechnen.[39]

Aufforderung zur Zahlung rückständiger Miete und Androhung der fristlosen Kündigung sind nach LG Detmold[40] nur eine Angelegenheit. Dem ist wohl zuzustimmen, da die Androhung selbst rechtlich irrelevant ist und lediglich als Druckmittel verstanden werden soll, um die Zahlungsbereitschaft des Mieters zu fördern.

Kündigung und Mieterhöhungsverlangen sind wiederum verschiedene Angelegenheiten. Zwar zielen beide Tätigkeiten auf die Umgestaltung des Mietverhältnisses ab. Das Mieterhöhungsverlangen setzt jedoch den Fortbestand des Mietverhältnisses voraus, während die Kündigung gerade die Beendigung des Mietverhältnisses herbeiführen soll.[41]

Wird der Anwalt hinsichtlich der **Mieterhöhung aus verschiedenen Mietverträgen** gegenüber verschiedenen Mietern tätig, so handelt es sich um mehrere Angelegenheiten, unabhängig davon, ob der Anwalt den Vermieter oder den Mieter vertritt.[42]

68 **Nachlassauseinandersetzung.** Siehe „Erbauseinandersetzung" (Rdn 52).

---

33 BGH AfP 2011, 184 = CR 2011, 396 = MMR 2011, 419 = Rpfleger 2011, 401; WRP 2011, 353; MDR 2011, 263 = GRUR 2011, 271 = NJW 2011, 784 =AfP 2011, 162 = Rpfleger 2011, 294; WRP 2011, 79 = AGS 2010, 590 = NJW 2011, 155 = JurBüro 2011, 82 = BRAK-Mitt 2011, 40; WRP 2010, 1255 = MDR 2010, 1155 = NJW 2010, 3037 = JurBüro 2010, 636 = RVGreport 2011, 15.
34 BGH AGS 2007, 65 = NJW 2005, 2927 = Rpfleger 2005, 629 = BGHR 2005, 1493 = MDR 2005, 1376.
35 OLG Köln JurBüro 1995, 470 = KostRsp. BRAGO § 13 Nr. 108 m. Anm. *Herget.*
36 Siehe ausführlich: *N. Schneider,* Der Umfang der Angelegenheit (§ 13 BRAGO) in Mietsachen, MDR 2003, 1162.
37 LG Köln MDR 2000, 730 = NZM 1999, 1053 = BRAGOreport 2000, 47 m. Anm. *N: Schneider; ders.,* MDR 2000, 685; *Enders,* JurBüro 1997, 617; 1998, 1; a.A. AG Hamburg MDR 1980, 588.
38 AGS 2007, 289 = NJW 2007, 2050 = BGHR 2007, 737 = MDR 2007, 982 = MietPrax-AK § 23 RVG; AGS 2008, 158 = NJW 2008, 1323 = FamRZ 2008, 878 = AnwBl 2008, 378 = RVGprof. 2008, 55.
39 BGH AGS 2007, 289 = NJW 2007, 2050 = BGHR 2007, 737 = MDR 2007, 982 = MietPrax-AK § 23 RVG; AGS 2008, 158 = NJW 2008, 1323 = FamRZ 2008, 878 = AnwBl 2008, 378 = RVGprof. 2008, 55.
40 JurBüro 1981, 214 m. Anm. *Mümmler.*
41 Unzutreffend daher LG Koblenz JurBüro 1995, 201 = Rpfleger 1995, 219.
42 LG München Rpfleger 1968, 293 m. Anm. *Schumann.*

Neuberechnung und Rückforderung. Wendet sich ein Beamter gegen die Neuberechnung von beamtenrechtlichen Bezügen für die Vergangenheit und gegen die Rückforderung der in diesem Zusammenhang errechneten Überzahlung, so liegt nur eine Angelegenheit vor.[43]

Presserecht. Wird der Rechtsanwalt beauftragt, gegen eine unrichtige Presseberichterstattung vorzugehen, so liegt eine Angelegenheit auch dann vor, wenn sich die für den Betroffenen ausgesprochenen Abmahnungen sowohl gegen den für das Printprodukt verantwortlichen Verlag und den verantwortlichen Redakteur als auch gegen die für die Verbreitung der Berichterstattung im Internet Verantwortlichen richten.[44]

Rechtsschutzversicherer. Die Einholung einer Deckungsschutzzusage beim Rechtsschutzversicherer ist ein gesonderter Auftrag, der eine eigene Angelegenheit auslöst.[45] Allerdings nimmt die Rechtsprechung eine Verpflichtung des Anwalts an, auf die zusätzlichen Gebühren hinzuweisen. Versäumt der Anwalt diesen Hinweis, macht er sich schadensersatzpflichtig mit der Folge, dass er seine Vergütung nicht einfordern kann.[46]

Schuldenregulierung. Ist der Anwalt mit der außergerichtlichen Schuldenregulierung beauftragt, liegt nur eine Angelegenheit vor, unabhängig davon, mit wie vielen Gläubigern der Anwalt verhandelt.[47]

Strafsachen. Straf- und Bußgeldverfahren sind immer zwei verschiedene Angelegenheiten, da sie in verschiedenen Teilen des VV geregelt sind. Für den Fall der Einstellung des Bußgeldverfahrens und anschließender weiterer Verfolgung als Straftat ist dies ist jetzt ausdrücklich gesetzlich geregelt in § 17 Nr. 10.

Unfallschadenregulierung. Die auf einem einheitlichen Auftrag beruhende außergerichtliche Regulierung eines Unfallschadens ist gebührenrechtlich auch dann nur eine einzige Angelegenheit, wenn sie sich über mehrere Jahre hinzieht und sich auf die jeweils hinzukommenden Schadensbeträge erstreckt.[48]

Dagegen bilden die anwaltliche Unfallschadenregulierung und die **jährliche Neuberechnung der Unterhaltsrente** in den folgenden Jahren verschiedene Angelegenheiten;[49] es kommt dabei nicht darauf an, ob der Auftrag zu dieser Tätigkeit dem Anwalt von Beginn an erteilt worden ist oder jedes Jahr neu erteilt wird.[50]

Beauftragt der Geschädigte den Anwalt, Ansprüche gegen **Halter, Fahrer und Versicherer** desselben Fahrzeugs geltend zu machen, liegt nur eine Angelegenheit vor.[51] Mehrere Angelegenheiten sind dagegen gegeben, wenn sich der Anwalt an Halter, Fahrer und Versicherer **verschiedener unfallbeteiligter Fahrzeuge** wendet.

Mehrere Angelegenheiten sind wiederum gegeben, wenn mehrere Fahrzeuge beschädigt worden sind – sei es auch aufgrund desselben Ereignisses – und die Regulierung getrennt (hier sukzessive Aufträge – gesonderte Schreiben) erfolgt.[52]

---

43 OVG Münster KostRsp. BRAGO § 13 Nr. 64.
44 BGH AfP 2011, 184 = CR 2011, 396 = MMR 2011, 419 = Rpfleger 2011, 401; WRP 2011, 353; MDR 2011, 263 = GRUR 2011, 271 = NJW 2011, 784 = AfP 2011, 162 = Rpfleger 2011, 294; WRP 2011, 79 = AfP 2010, 573 = AGS 2010, 590 = NJW 2011, 155 = MMR 2011, 137; WRP 2010, 1255 = MDR 2010, 1155 = NJW 2010, 3037 = JurBüro 2010, 636 = GRUR 2010, 1040.
45 AG Ahaus JurBüro 1976, 57 m. Anm. *Meyer* = AnwBl 1976, 171; AG Hannover zfs 2001, 85; LG Berlin BRAGOreport 2001, 43 m. Anm. *Hansens* = zfs 2001, 85; OLG Schleswig JurBüro 1979, 1321; LG Amberg AGS 1993, 58 m. Anm. *Chemnitz* = zfs 1993, 353; a.A. LG München JurBüro 1993, 163 m. abl. Anm. *Mümmler* = zfs 1993, 209 m. abl. Anm. *Madert*; AG Berlin-Charlottenburg BlnAnwBl 1984, 293; AG Stadthagen BRAK-Mitt 1991, 64; AG Karlsruhe AGS 2009, 355.
46 AG Brühl AnwBl 2011, 151.
47 LG Bielefeld Rpfleger 1989, 375; AG Bayreuth Jur-Büro 1991, 543.
48 BGH AnwBl 1995, 377 = BB 1995, 796 = DAR 1995, 266 = JurBüro 1995, 362 = MDR 1995, 641 = NJW 1995, 1431 = NZV 1995, 229 = Rpfleger 1995, 431 = VersR 1995, 980 = zfs 1995, 191.
49 AG Siegburg AGS 2003, 345 m. Anm. *N. Schneider* = zfs 2003, 465 = VersR 2004, 396 = JurBüro 2003, 530 = MDR 2003, 143 = KostRsp. BRAGO § 13 Nr. 166 = NZV 2004, 150 = VersR 2004, 396.
50 LG Kleve AnwBl 1981, 509 = AnwBl 1982, 219 m. Anm. *Klimke*.
51 LG Flensburg JurBüro 1975, 763.
52 AG Herborn AGS 2003, 447 m. Anm. *N. Schneider* = zfs 2003, 361.

Vertritt der Anwalt **mehrere Unfallopfer** aufgrund desselben Unfalls, so kommt es auf den Auftrag an. Wird ein gemeinsamer Auftrag erteilt, dann ist nur eine Angelegenheit gegeben.[53] Erteilt dagegen jeder der Geschädigten dem Anwalt einen eigenen Auftrag, dann sind mehrere Angelegenheiten gegeben.[54] Das gilt auch dann, wenn der Anwalt von Eheleuten beauftragt wird.[55]

Nach Auffassung des AG München[56] muss der Anwalt, wenn er von mehreren Verkehrsunfallgeschädigten beauftragt ist, diese darauf hinweisen, dass bei einer getrennten Durchführung der beiden Aufträge erhöhte Gebührenansprüche entstehen. Unterlässt er dies, soll eine zum Schadenersatz verpflichtende positive Vertragsverletzung des Mandatsverhältnisses vorliegen. Anderes soll nur dann gelten, wenn zwingende oder zweckmäßige Gesichtspunkte erkennbar vorliegen, die eine getrennte Behandlung der Mandate rechtfertigen.

Die außergerichtliche Schadensregulierung mit dem Haftpflichtversicherer des Unfallgegners und die Regulierung mit dem **Kaskoversicherer** des Geschädigten sind dagegen zwei verschiedene Angelegenheiten.[57]

Gleiches gilt für die Regulierung und Verhandlungen mit dem **Mietwagenunternehmer** über die Höhe der Mietwagenkosten oder mit dem **Sachverständigen** über die Höhe seines Honorars. Ebenso sind Verhandlungen mit anderen Versicherern, **Kranken- oder Unfallversicherer**, eine gesonderte Angelegenheit.

75 **Unterhalt.** Wird der Anwalt von der Kindesmutter beauftragt, für mehrere Kinder gegenüber demselben Vater Unterhalt geltend zu machen, so liegt eine einzige Angelegenheit vor.[58]

Anders verhält es sich, wenn die Unterhaltsansprüche gegenüber verschieden Vätern geltend gemacht werden oder wenn die Kinder von verschiedenen Müttern stammen.[59]

76 **Unterlassungsansprüche.** Wird ein Rechtsanwalt beauftragt, gegen eine unrichtige Presseberichterstattung vorzugehen, so ist nur eine Angelegenheit gegeben, wenn sich die für den Betroffenen ausgesprochenen Abmahnungen sowohl gegen den für das Printprodukt verantwortlichen Verlag und den verantwortlichen Redakteur als auch gegen die für die Verbreitung der Berichterstattung im Internet Verantwortlichen richten.[60]

Gleiches gilt für die Durchsetzung von Unterlassungsansprüchen gegen den Autor einerseits und den Verlag andererseits.[61]

Dagegen soll die Durchsetzung von Unterlassungs-, Gegendarstellungs- und Richtigstellungsansprüchen verschiedene Angelegenheiten darstellen.[62]

77 **Unterlassungs- und Vertragsstrafeanspruch.** Es handelt sich um verschiedene gebührenrechtliche Angelegenheiten, in denen jeweils eine gesonderte Geschäftsgebühr nach VV 2300 anfällt, wenn

---

53 AG München VersR 1973, 954; *Hansens*, § 13 Rn 10.
54 AG Mülheim AGS 2012, 375 = NJW-Spezial 2012, 507 = DV 2012, 139 = VRR 2012, 360 = Verkehrsrecht aktuell 2012, 167; LG Hagen AnwBl 1978, 67 = RuS 1978, 71; AG Aichach AGS 2016, 205 = zfs 2016, 347 = RVGreport 2016, 176; AG Landshut AGS 2015, 542 = SVR 2015, 220; AG Passau AGS 2016, 2 = NJW-Spezial 2016, 60; LG Passau AGS 2012, 375 = NJW-Spezial 2012, 507; AG Bochum zfs 2016, 349 = RVGreport 2016, 217; LG Hagen AnwBl 1978, 67 = RuS 1978, 71; LG Flensburg JurBüro 1975, 764; *Berz/Burmann/N. Schneider*, Handbuch des Straßenverkehrsrechts, Teil 23 Rn 22.
55 LG Passau AGS 2012, 375 = NJW-Spezial 2012, 507.
56 AGS 1993, 42 = zfs 1993, 279.
57 AG Limburg AGS 2006, 267 = NZV 2006, 605 = SP 2007, 409 = RVGreport 2006, 220 = RVGprof. 2007, 25; OLG Zweibrücken AnwBl 1968, 363; OLG Hamm AnwBl 1983, 141; LG Flensburg JurBüro 1986, 723; AG Lippstadt AnwBl 1966, 405; 1967, 67; AG Erfurt zfs 1999, 31; a.A. AG Bad Homburg zfs 1987, 173; ausführlich *N. Schneider*, AGS 2003, 292.
58 AG Koblenz KostRsp. BRAGO § 13 Nr. 134.
59 AGS 2009, 510.
60 BGH AfP 2011, 184 = CR 2011, 396 = MMR 2011, 419 = Rpfleger 2011, 401; WRP 2011, 353; MDR 2011, 263 = NJW 2011, 784 = Rpfleger 2011, 294 = JurBüro 2011, 194 = Schaden-Praxis 2011, 198; WRP 2011, 79 = AGS 2010, 590 = NJW 2011, 155 = JurBüro 2011, 82 = BRAK-Mitt 2011, 40; WRP 2010, 1255 = MDR 2010, 1155 = NJW 2010, 3037 = JurBüro 2010, 636 = RVGreport 2011, 15.
61 BGH WRP 2011, 77 = AfP 2010, 571 = AGS 2010, 587 = AnwBl 2011, 74 = MDR 2010, 1492; WRP 2010, 1259 = MDR 2010, 1156 = NJW 2010, 3035 = JurBüro 2010, 638 = RVGreport 2011, 16.
62 BGH AGS 2016, 114 = AnwBl 2016, 173 = MDR 2016, 110 = GRUR 2016, 318 = VersR 2016, 412 = NJW 2016, 1245 = Rpfleger 2016, 311 = RVGreport 2016, 95 = BRAK-Mitt 2016, 90 = RVGprof. 2016, 115; MDR 2010, 1155 = NJW 2010, 3037 = GRUR-RR 2010, 451 = CR 2010, 668 = AfP 2010, 472 = JurBüro 2010, 636 = VersR 2011, 896 = RVGreport 2011, 15.

der Rechtsanwalt außergerichtlich zur Erwirkung einer Unterlassungserklärung mit Vertragsstrafeversprechen tätig wird und nachfolgend die verwirkte Vertragsstrafe außergerichtlich geltend macht.[63]

Vermögensauseinandersetzung. Die Auseinandersetzung des Vermögens geschiedener Eheleute sowie die Beschaffung eines Darlehens sind gebührenrechtlich verschiedene Angelegenheiten.[64]

Ebenso liegen verschiedene Angelegenheiten vor, wenn der Anwalt neben dem Zugewinnausgleich auch mit der Auseinandersetzung des gemeinsamen Grundvermögens der Eheleute beauftragt wird.[65]

Nur eine Angelegenheit ist dagegen gegeben, wenn kein gesonderter Auftrag zur Auseinandersetzung der Eigentumsgemeinschaft bestand und die Übertragung des (Mit-)Eigentums vergleichsweise anstelle der Zahlung einer Ausgleichsforderung erfolgt (§ 346 BGB).

Ebenso liegt nur eine Angelegenheit vor, wenn im Rahmen eines Vergleichs/einer Einigung über den Zugewinnausgleich im Wege der Gesamtbereinigung das gemeinsame Miteigentum gleichzeitig auseinander gesetzt wird. Allerdings erhöht sich dann der Gegenstandswert des Vergleichs/der Einigung um den Wert des Miteigentumsanteils.[66]

Vertragsstrafe- und Unterlassungsanspruch. Siehe „Unterlassungs- und Vertragsstrafeanspruch" (Rdn 77).

Vormundschaftsgerichtliche Genehmigung. Ist der Anwalt als Betreuer beigeordnet und wird er dann im Zusammenhang mit einer vormundschaftsgerichtlichen Genehmigung tätig, ist dies eine gesonderte Angelegenheit.[67]

Überprüfungsverfahren nach § 67e StGB. Jedes jährliche Überprüfungsverfahren nach § 67e StGB ist eine eigene Angelegenheit.[68]

Wettbewerbssachen. Abmahn- und Abschlussschreiben in Wettbewerbssachen sind dieselbe Angelegenheit, da sie beide die Durchsetzung des Hauptsacheanspruchs betreffen.[69] Die Geschäftsgebühr für die Abmahnung und das Abschlussschreiben ist zur Hälfte auf die Verfahrensgebühr eines folgenden Hauptsacheprozesses anzurechnen (VV Vorb. 3 Abs. 4), nicht aber auf die Verfahrensgebühr eines Verfügungsverfahrens.[70]

Werden rechtlich selbstständige Unternehmen eines Konzerns wegen einer gleichartigen Wettbewerbsverletzung durch gleich lautende Schreiben abgemahnt, liegt nur eine Angelegenheit vor.[71]

Widerspruchsverfahren. Sind mehrere getrennte Bescheide ergangen und wird hiergegen jeweils Widerspruch eingelegt, so liegen verschiedene Angelegenheiten vor, unabhängig davon, welche Gegenstände und Sachverhalte den Verwaltungsverfahren zugrunde liegen. Es liegt an der Verwaltungsbehörde, gleichartige Sachverhalte zu einem gemeinsamen Verwaltungsverfahren zusammenzufassen und einen einheitlichen Bescheid zu erlassen, gegen den dann einheitlich Widerspruch erhoben werden kann. Solange das nicht geschieht, ist von verschiedenen Angelegenheiten auszugehen.[72] Die Verwaltungs- und Sozialgerichtsbarkeit verfährt überwiegend anders und nimmt bei gleichgelagertem Sachverhalt nur eine Angelegenheit an.[73] Bei verschiedenen Auftraggebern ist dann allerdings gegebenenfalls VV 1008 anzuwenden.

Zeugnis. Bei der Beauftragung eines Rechtsanwalts mit der Einforderung eines qualifizierten Arbeitszeugnisses und dem anschließenden Verlangen, das Zeugnis abzuändern bzw. zu berichtigen,

---

63 LG Duisburg RVGreport 2005, 308.
64 OLG Nürnberg AnwBl 1974, 327.
65 OLG Saarbrücken AGS 2011, 123.
66 OLG Frankfurt JurBüro 1979, 1195.
67 LG Stade AnwBl 1998, 668; AG Hanau AGS 2003, 350 m. Anm. *Madert.*
68 KG AGS 2005, 393 = NStZ-RR 2005, 127 = JurBüro 2005, 251 = RVGreport 2005, 102 = NJ 2005, 321 = RVG-B 2005, 148.
69 *N. Schneider,* NJW 2009, 2017.
70 *N. Schneider,* NJW 2009, 2017; OLG Hamburg WRP 1981, 470 = MDR 1981, 944.
71 OLG Düsseldorf JurBüro 1983, 1508 = AnwBl 1983, 31.
72 Zum vergleichbaren Fall verschiedener Ordnungswidrigkeitenverfahren wegen gleichartiger Verstöße siehe LG Bonn AGS 2016, 274 = RVGreport 2016, 255; AGS 2012, 176 = Rpfleger 2012, 649 = RVGprof. 2012, 62 = NJW-Spezial 2012, 253 = RVGreport 2012, 219.
73 LSG Berlin-Brandenburg, Urt. v. 19.11.2014 – L 18 AS 2523/14 WA; SG Duisburg, Urt. v. 24.6.2015 – S 33 AL 620/14; SG Cottbus, Urt. v. 17.3.2014 – S 32 AS 436/13; SG Berlin NZS 2012, 600.

handelt es sich um dieselbe Angelegenheit i.S.d. § 15. Der Rechtsanwalt kann für seine Tätigkeit daher nur eine Geschäftsgebühr abrechnen.[74]

2. Gerichtliche Angelegenheiten

a) Grundsatz

85 Für gerichtliche Verfahren war bislang von der Bestimmung des **Abs. 2 S. 2 a.F.** auszugehen. Diese Regelung findet sich jetzt in § 17 Nr. 1, ohne, dass sich inhaltlich etwas geändert hätte. Danach gilt **jeder Rechtszug** als eine besondere Angelegenheit. Gemeint ist damit der prozessuale Rechtszug. Jede gesonderte gerichtliche Instanz ist grundsätzlich auch eine eigene gebührenrechtliche Angelegenheit. Daraus folgt, dass
- grundsätzlich jede neue prozessuale Instanz (also Berufung, Revision, Beschwerde) eine neue Gebührenangelegenheit auslöst (**vertikale Aufteilung**). Ausnahmen sind allerdings möglich. So zählen in Verfahren nach VV Teil 4, 5 oder 6 die Einlegung eines Rechtsmittels nach § 19 Abs. 1 S. 2 Nr. 10 oder ein Beschwerdeverfahren noch zur Ausgangsangelegenheit;
- auch dann mehrere Angelegenheiten vorliegen, wenn mehrere prozessuale Verfahren nebeneinander geführt werden, solange sie nicht miteinander verbunden sind (**horizontale Aufteilung**). Ausnahmen sind auch hier möglich, etwa im Falle des § 16 Nr. 10 (mehrere Erinnerungen/ mehrere Beschwerden).

Umgekehrt liegt dagegen immer eine einzige Angelegenheit vor, wenn mehrere Gegenstände im selben Verfahren geltend gemacht werden, sei es, dass ein Kläger mehrere Klageanträge stellt, dass derselbe Anwalt in demselben Verfahren mehrere Kläger vertritt, selbst wenn sie unterschiedliche Ansprüche geltend machen;[75] ebenso bei Klage und Widerklage oder Drittwiderklage.[76]

b) Mehrere Angelegenheiten innerhalb desselben prozessualen Rechtszugs

86 Mit der Vorschrift des § 17 Nr. 1 ist der Begriff der Angelegenheit in gerichtlichen Verfahren nur in einer Richtung zum Teil festgelegt: Jedes prozessuale Verfahren ist eine eigene Angelegenheit. Andererseits ist es aber durchaus möglich, dass innerhalb desselben prozessualen Rechtszugs mehrere Angelegenheiten vorliegen.

87 Der Umfang des Gebührenrechtszugs i.S.d. RVG, also der Umfang der Angelegenheit, unterscheidet sich von dem Rechtszug im prozessrechtlichen Sinne mitunter erheblich. Ein einheitlicher prozessualer Rechtszug kann gebührenrechtlich aus mehreren Rechtszügen (Angelegenheiten) bestehen.

Beispiel: Die Forderung wird zunächst im Urkundenmahnverfahren geltend gemacht. Nach Widerspruch schließt sich der Urkundenprozess an. Nach Erlass eines Vorbehaltsurteils wird die Sache im Nachverfahren fortgesetzt.
Prozessual liegt ein einziger Rechtszug vor. Nach dem **RVG** liegen dagegen drei Rechtszüge vor:
- das Mahnverfahren (§ 17 Nr. 2; VV 3305),
- das streitige (Urkunden-)Verfahren (§ 17 Nr. 4; Anm. Abs. 2 zu VV 3100) und
- das Nachverfahren (§ 17 Nr. 4; Anm. Abs. 2 zu VV 3100).
Nach dem **GKG** wiederum sind zwei Rechtszüge gegeben:
- das Mahnverfahren (GKG-KostVerz. 1110) sowie
- das Prozessverfahren erster Instanz (GKG-KostVerz. 1210).

88 Umgekehrt können mehrere prozessuale Rechtszüge eine einzige Angelegenheit darstellen.

Beispiel: Gegen die vorläufige Entziehung der Fahrerlaubnis nach § 111a StPO lässt der Beschuldigte durch seinen Verteidiger Beschwerde einlegen.
Gebührenrechtlich liegt nur eine einzige Angelegenheit vor. Prozessual handelt es sich jedoch um zwei Rechtszüge. Die vorläufige Entziehung nach § 111a StPO wird vom AG ausgesprochen; über die Beschwerde entscheidet das LG.

---

74 LG Frankfurt AGS 2014, 510 = JurBüro 2014, 636 = NJW-Spezial 2014, 763.
75 BGH, Beschl. v. 24.3.2016 – III ZB 116/15.
76 BGH AGS 2016, 61 = zfs 2016, 225 = RVGreport 2016, 94.

c) Mehrere nebeneinander laufende Verfahren

Werden mehrere Verfahren nebeneinander geführt, so liegen stets verschiedene Angelegenheiten vor. Soweit teilweise die Auffassung vertreten wird, mehrere Gerichtsverfahren seien als eine Angelegenheit anzusehen, wenn ihnen ein einheitlicher Auftrag zugrunde liege, die Tätigkeit des Anwalts den gleichen Rahmen habe und ein innerer Zusammenhang bestehe, ist dies unzutreffend, da die drei vorgenannten Kriterien lediglich für die außergerichtlichen Angelegenheiten gelten. In gerichtlichen Angelegenheiten stellen mehrere parallele Verfahren stets auch verschiedene Angelegenheiten i.S.d. § 17 Nr. 1 dar.[77]

89

> **Beispiel 1:** Der Mandant beauftragt seinen Anwalt, vor dem Sozialgericht drei Untätigkeitsklagen wegen dreier nicht beschiedener Widersprüche zu erheben.
> Das LSG Mainz[78] hat insoweit eine einzige Angelegenheit angenommen. Dies ist unzutreffend. Da hier drei Klagen eingereicht worden sind, liegen auch drei Angelegenheiten vor. Eine andere Frage mag sein, ob die Partei die entstandenen Kosten in voller Höhe erstattet verlangen kann oder ob sie sich im Rahmen der Kostenerstattung entgegenhalten lassen muss, dies sei nicht notwendig gewesen; es sei vielmehr günstiger gewesen, die Klagen in einem Verfahren zusammenzufassen. Auf das Entstehen der Gebühren hat dies jedoch keinen Einfluss. Der Grundsatz, dass verschiedene gerichtliche Verfahren auch jeweils eigene Gebühren auslösen, gilt uneingeschränkt, und zwar sowohl in Angelegenheiten des VV Teil 3 als auch in Angelegenheiten nach VV Teil 4 bis 6.

> **Beispiel 2:** Die Staatsanwaltschaft ermittelt in zwei getrennten Verfahren gegen den Beschuldigten wegen des Verdachts mehrerer BtM-Verstöße.
> Auch wenn hier der strafrechtliche Vorwurf der gleiche ist, handelt es sich um zwei verschiedene Angelegenheiten, da zwei Ermittlungsverfahren eröffnet worden sind. Solange sie nicht verbunden werden, liegen getrennte Angelegenheiten vor.[79]

Wird ein Rechtsanwalt in mehreren gleichartigen **Bußgeldverfahren** für einen Betroffenen tätig, so handelt es sich bei jedem einzelnen Verfahren um eine Angelegenheit i.S.d. § 15, für welche die Gebühren und Auslagenpauschale jeweils gesondert anfallen. Dies gilt auch dann, wenn der Rechtsanwalt seine Ausführungen unter Bezugnahme auf die einzelnen Bußgeldverfahren in jeweils einem Schriftsatz zusammengefasst hat.[80]

Es liegen sogar dann verschiedene Angelegenheiten vor, wenn der Gegenstand der verschiedenen gerichtlichen Verfahren identisch ist. Erhebt ein Kläger unzulässigerweise dieselbe Klage zweimal, so liegen zwei verschiedene Angelegenheiten vor. Ob der Anwalt des Klägers die Gebühren geltend machen kann, mag dahinstehen. Der Anwalt des Beklagten, der sich für seinen Mandanten in beiden Verfahren gegen die erhobenen Ansprüche verteidigen muss, kann auf jeden Fall beide Angelegenheiten abrechnen.

90

Erst dann, wenn verschiedene Verfahren miteinander **prozessual verbunden** werden, liegt auch gebührenrechtlich eine Angelegenheit vor (siehe Rdn 179 ff.).

91

Die **einzige Ausnahme** zu diesem Grundsatz enthält § 16 Nr. 10. Werden gegen denselben Kostenfestsetzungsbeschluss mehrere Erinnerungen oder Beschwerden erhoben, liegt jeweils nur eine Angelegenheit vor; die Werte werden nach § 22 Abs. 1 addiert. Das Gleiche gilt, wenn gegen den Kostenansatz mehrere Erinnerungen erhoben werden. Werden dagegen zugleich Erinnerungen gegen den Kostenansatz und gegen den Kostenfestsetzungsbeschluss erhoben, liegen zwei verschiedene Angelegenheiten vor (im Einzelnen siehe § 16 Rdn 155 ff.).

92

---

77 OVG Lüneburg AGS 2009, 226 = NdsRpfl 2009, 174 = JurBüro 2009, 251; a.A. LSG Mainz KostRsp. BRAGO § 13 Nr. 146 m. Anm. *N. Schneider*; OVG Münster bei mehreren Parallelverfahren aus einem Baunachbarstreit BauR 2001, 1402 = KostRsp. BRAGO § 13 Nr. 158 m. abl. Anm. *N. Schneider*; OVG Münster AGS 2006, 16 m. abl. Anm. *N. Schneider*; VGH München RVGreport 2009, 263.

78 KostRsp. BRAGO § 13 Nr. 146 m. Anm. *N. Schneider*.

79 LG Braunschweig StraFo 2010, 513 = RVGreport 2010, 422 = RVGprof. 2010, 214.

80 LG Bonn AGS 2016, 274 = RVGreport 2016, 255; AGS 2012, 176 = Rpfleger 2012, 649 = RVGprof. 2012, 62 = NJW-Spezial 2012, 253 = RVGreport 2012, 219.

d) Einzelfälle

93 In zahlreichen Fällen ordnet das RVG selbst an, dass innerhalb eines Verfahrens mehrere Angelegenheiten gegeben sind. Andererseits wird an mehreren Stellen, insbesondere in §§ 16 und 19, angeordnet, dass bestimmte Tätigkeiten des Anwalts noch zur Gebühreninstanz zählen und keine gesonderte Angelegenheit auslösen. Im Einzelnen gilt Folgendes:

94 **Abänderungsverfahren nach § 80 Abs. 7.** Bei dem Abänderungsverfahren nach § 80 Abs. 7 VwGO und dem vorangegangenen Aussetzungsverfahren nach § 80 Abs. 5 VwGO handelt es sich gemäß § 16 Nr. 5 um eine Angelegenheit.[81]

95 **Abgabe.** Siehe „Verweisung" (Rdn 193).

96 **Ablehnung eines Richters oder Sachverständigen.** Siehe „Befangenheitsantrag" (Rdn 109).

97 **Abraten von einem Rechtsmittel.** Rät der Anwalt von einem Rechtsmittel ab, so handelt es sich gegenüber dem Ausgangsverfahren um eine eigene Angelegenheit.

Rät der Anwalt nur **teilweise** von einem Rechtsmittel ab und führt er es im Übrigen durch, so bilden die Prüfung (VV 2100 f.) und das Rechtsmittelverfahren zwei verschiedene Angelegenheiten. Voraussetzung ist allerdings, dass der Anwalt zunächst den Auftrag zur Prüfung hatte. Soweit der Anwalt von vornherein den Rechtsmittelauftrag hatte und im Rahmen dieses Auftrags dem Mandanten von einem Rechtsmittel abgeraten hat, liegt nur eine Angelegenheit vor, die durch die Verfahrensgebühren des jeweiligen Rechtsmittelverfahrens abgegolten wird.

98 **Abtrennung.** Siehe „Trennung" (Rdn 171 ff.).

99 **Adhäsionsverfahren.** Strafverfahren und Adhäsionsverfahren sind eine Angelegenheit i.S.d. § 15.[82] Ebenso liegt nur eine Angelegenheit vor, wenn der Anwalt mehrere Nebenkläger zur Durchsetzung jeweils eigener Schadensersatz- und Schmerzensgeldansprüche innerhalb desselben Strafverfahrens vertritt.[83]

100 **Akteneisicht und Hauptsacheklage.** Bei einer Klage auf Gewährung von Akteneinsicht im Verwaltungsverfahren und einer Anfechtungsklage in der Hauptsache handelt es sich nicht um eine Angelegenheit i.S.v. § 15.[84]

101 **Anfechtung eines Prozessvergleichs.** Schließen die Parteien in einem Rechtsstreit einen Vergleich und beruft sich eine der Parteien später auf die Unwirksamkeit des Vergleichs, etwa wegen Sittenwidrigkeit (§ 138 Abs. 1 BGB) oder wegen einer zwischenzeitlich erklärten Irrtums- oder Täuschungsanfechtung (§ 142 Abs. 1 BGB), dann wird der Streit über die Wirksamkeit des Vergleichs im selben Verfahren ausgetragen.[85] Kommt das Gericht zu dem Ergebnis, dass der Vergleich unwirksam ist, so wird das Verfahren fortgesetzt; gegebenenfalls kann hierüber ein Zwischenurteil ergehen.[86] Kommt das Gericht zum Ergebnis, dass der Vergleich wirksam sei, so stellt es dessen Fortbestand durch Urteil fest.[87]

102 Nach ganz einhelliger Auffassung stellen das Verfahren bis zum Abschluss des Prozessvergleichs und das weitere Verfahren nach Anfechtung gebührenrechtlich insgesamt eine einzige Angelegenheit

---

81 VG Koblenz KostRsp. BRAGO § 13 Nr. 142; VGH Baden-Württemberg, Beschl. v. 8.11.2011 – 22 M 07.40006; BayVGH BayVBl 2008, 7002; Beschl. v. 26.1.2012 – 9 C 11.3040; VG Ansbach, Beschl. v. 19.5.2016 – AN 9 M 16.50100.
82 OLG Brandenburg AGS 2009, 325 = RVGreport 2009, 341; OLG Düsseldorf AGS 2014, 176 = RVGreport 2014, 227 = RVGprof. 2014, 115.
83 OLG Brandenburg AGS 2009, 325 = RVGreport 2009, 341; OLG Düsseldorf AGS 2014, 176 = RVGreport 2014, 227 = RVGprof. 2014, 115.
84 LSG Sachsen-Anhalt, Beschl. v. 5.7.2016 – L 6 KR 176/15 B.
85 Zöller/*Stöber*, § 794 Rn 15 ff. m.w.N.
86 Zöller/*Stöber*, § 794 Rn 15a m.w.N.
87 Zöller/*Stöber*, § 794 Rn 15a m.w.N.

i.S.d. Abs. 1 dar.[88] Dies gilt unabhängig davon, ob das Gericht die Wirksamkeit des Vergleichs feststellt, oder ob es von dessen Unwirksamkeit ausgeht und in der Hauptsache entscheidet.

Hieraus wiederum folgt für die beteiligten Anwälte, dass sie ihre Gebühren insgesamt **nur ein einziges Mal** erhalten können (Abs. 1, Abs. 2). Soweit also Gebührentatbestände bereits in dem Verfahren bis zum Abschluss des Vergleichs angefallen sind, können diese für das Verfahren nach Abschluss des Vergleichs nicht nochmals geltend gemacht werden. Auch die **Postentgeltpauschale** nach VV 7002 entsteht nicht erneut.[89] 103

Liegen zwischen Abschluss des Vergleichs und Anfechtung **mehr als zwei Kalenderjahre**, ist nach Abs. 5 S. 2 allerdings eine gesonderte Angelegenheit gegeben, wie sich aus der Neufassung des Abs. 5 S. 2 ergibt.[90] 104

Antrag auf gerichtliche Entscheidung. Anträge auf gerichtliche Entscheidung in Bußgeldsachen lösen keine neue Angelegenheit aus, sondern gehören noch zum Verfahren vor der Verwaltungsbehörde. Lediglich dann, wenn gegen die Kostenfestsetzung oder den Kostenansatz ein Antrag auf gerichtliche Entscheidung gestellt wird, wird nach VV Vorb. 5 Abs. 4 Nr. 1 i.V.m. § 18 Abs. 1 Nr. 3 eine gesonderte Angelegenheit ausgelöst. 105

Arrest. Arrestverfahren bilden stets eigene Angelegenheiten (§ 17 Nr. 4 Buchst. a). Zur Angelegenheit gehört auch die Einreichung einer **Schutzschrift** (siehe Rdn 163), sie löst keine gesonderte Angelegenheit aus. Ebenso zählt das Verfahren über einen Widerspruch nach § 924 ZPO noch zur Angelegenheit. Auch Verfahren auf **Abänderung oder Aufhebung** lösen keine gesonderten Angelegenheiten aus (§ 16 Nr. 5).[91] 106

Aufhebung der Ehe. Geht der Kläger vom Antrag auf Aufhebung der Ehe zum Scheidungsantrag über, so liegt dieselbe Angelegenheit vor.[92] Allerdings sind die Werte der Scheidungssache und der Aufhebung zusammenzurechnen, da es sich um verschiedene Gegenstände handelt. 107

Aussetzung des Verfahrens. Das Verfahren vor und nach Aussetzung ist eine Angelegenheit. Auf die Dauer der Aussetzung kommt es nicht an. Die Vorschrift des Abs. 5 S. 2 greift hier nicht, da der Auftrag mit Aussetzung nicht endet (siehe Rdn 289). 108

Befangenheitsantrag. Anträge auf Ablehnung eines Richters oder Sachverständigen wegen der Besorgnis der Befangenheit gehören zum Rechtszug (§ 19 Abs. 1 S. 2 Nr. 3).[93] Lediglich das Beschwerdeverfahren löst nach VV 3500 eine neue Angelegenheit aus. 109

Beitritt zum Zwecke des Vergleichsabschlusses. Soll der Anwalt einer Partei für einen bisher nicht Beteiligten dem Rechtsstreit zum Zwecke des Vergleichsschlusses beitreten, so wird er für beide Auftraggeber in derselben Angelegenheit tätig.[94] 110

Beklagtenwechsel. Siehe „Parteiwechsel" (Rdn 153). 111

Berufungsverfahren. Das Berufungsverfahren löst als neuer Rechtszug gegenüber dem erstinstanzlichen Verfahren stets eine neue Angelegenheit aus (§ 17 Nr. 1). 112

Wird gegen dasselbe Urteil von derselben Partei **mehrmals Berufung** eingelegt, so ist zu differenzieren:

---

88 OLG Hamm AnwBl 1980, 154 = JurBüro 1980, 550 = Rpfleger 1980, 162; OLG Bamberg JurBüro 1980, 1515; OLG Frankfurt/M. Rpfleger 1981, 367 = MDR 1981, 856 = JurBüro 1981, 1345; AnwBl 1985, 263 m. Anm. *Chemnitz* = JurBüro 1984, 1671 m. Anm. *Mümmler*; LG Bonn Rpfleger 1990, 39; OLG Schleswig SchlHA 2000, 23; SchlHA 1997, 95 = SchlHA 1997, 98; OLG Hamm AGS 2000, 170 = JurBüro 2000, 469; OLG Stuttgart Justiz 1978, 407 = JurBüro 1978, 1654 m. Anm. *E. Schneider*; OLG Düsseldorf AGS 2005, 56 m. Anm. *N. Schneider*; AGS 2005, 286 m. Anm. *N. Schneider*; ausführlich hierzu auch *N. Schneider*, Gebührenberechnung und Kostenerstattung bei Fortsetzung des Rechtsstreits nach Prozessvergleich, MDR 2005, 19.
89 OLG Schleswig SchlHA 2000, 23 = OLGR 1999, 448.
90 So schon zum früheren Recht: BGH AGS 2010, 477 = MDR 2010, 1218 = FamRZ 2010, 1723 = VersR 2010, 1664 = JurBüro 2010, 640.
91 KG KGR Berlin 2009, 516.
92 OLG München JurBüro 1995, 138 = MDR 1994, 948 = OLGR 1994, 154; KG AGS 2011, 65 = FamFR 2010, 544 = FamRZ 2011, 667.
93 Ausführlich *N. Schneider*, MDR 2001, 130.
94 OLG Nürnberg AGS 2008, 279 = MDR 2008, 352 = OLGR 2008, 391 = RVGreport 2008, 259 = RVGprof. 2008, 131.

Ist die erste Berufung rechtskräftig verworfen worden oder hat sie der Berufungsführer zurückgenommen und legt er sodann erneut Berufung ein (etwa weil mangels Zustellung die Berufungsfrist immer noch läuft), so liegen zwei verschiedene Angelegenheiten vor.[95]

Wird die Berufung zunächst beim falschen Berufungsgericht eingelegt, dort zurückgenommen und dann beim zuständigen Gericht erneut eingereicht, soll nur eine einzige Gebührenangelegenheit vorliegen.[96] Zutreffend dürfte es sein, ebenso wie bei mehreren nacheinander bei demselben Gericht eingelegten Berufungen zwei Angelegenheiten anzunehmen.

Anders verhält es sich dagegen, wenn von derselben Partei eine weitere Berufung eingelegt wird, bevor über die erste Berufung entschieden oder sie zurückgenommen worden ist. Hier liegt nur eine Angelegenheit vor.

Wird die Berufung, nachdem sie verworfen oder zurückgenommen worden ist, nunmehr als unselbstständige Anschlussberufung zur Berufung der Gegenseite eingelegt, liegt nur eine Angelegenheit vor.[97]

Legen die Parteien **wechselseitig Berufung** ein und werden die Berufungen in einem gemeinsamen Prozess verhandelt, so liegt nur eine Angelegenheit vor. Das Gleiche gilt, wenn mehrere Streitgenossen nacheinander gegen dasselbe Urteil Berufung einlegen, solange nicht zum Zeitpunkt der zweiten Berufung die erste Berufung bereits verworfen oder zurückgenommen worden ist.[98]

Richten sich die Berufungen gegen verschiedene Urteile, etwa die eine Berufung gegen ein Zwischenurteil, die andere gegen das Endurteil, liegen mehrere Rechtszüge vor.[99]

Mehrere Angelegenheiten sind gegeben, soweit die Berufungsverfahren zwischen verschiedenen Parteien stattfinden.

> **Beispiel:** Der Kläger legt Berufung gegen die Abweisung seiner Klage gegen den Beklagten zu 1) ein. Der Beklagte zu 2) legt Berufung gegen seine Verurteilung ein.[100]
> Anders dagegen, wenn beide Berufungen von vornherein, also schon bei ihrer Einlegung, gemeinsam behandelt (also faktisch verbunden) werden.[101]

Werden die Berufungen von Kläger und Beklagtem in getrennten Prozessen verhandelt, so liegen verschiedene Angelegenheiten vor. Werden die Berufungen erst im Laufe des Verfahrens miteinander verbunden, so liegen bis zur Verbindung verschiedene Angelegenheiten vor; erst nach der Verbindung ist eine einzige Angelegenheit gegeben. Unschädlich ist es allerdings, wenn das Berufungsgericht in Unkenntnis der bereits vorliegenden gegnerischen Berufung zunächst ein eigenes Aktenzeichen vergibt, bevor es die Verfahren zusammenführt.

113 Beschwerde. In Angelegenheiten nach VV Teil 3 eröffnet die Beschwerde eine neue Angelegenheit (§ 17 Nr. 1), da es sich um einen neuen Rechtszug handelt. Unerheblich ist, wer über die Beschwerde entscheidet. Daher liegt auch bereits dann eine neue Angelegenheit vor, wenn das Ausgangsgericht der Beschwerde abhilft und die Sache nicht in die nächst höhere Instanz gelangt.[102]

114 Wird die Nichtabhilfeentscheidung aufgehoben und die Sache zur erneuten Entscheidung über die Nichtabhilfeentscheidung zurückgegeben, bleibt das gesamte Beschwerdeverfahren eine Angelegenheit. Insbesondere gilt nicht § 21 Abs. 1. Faktisch ist die Nichtabhilfeentscheidung nur eine „Durchgangsentscheidung". Die Beschwerde richtet sich nach wie vor gegen den zugrunde liegenden ursprünglichen Kostenfestsetzungsbeschluss, so dass damit kein neues zweites Beschwerdeverfahren vorliegt.[103]

---

[95] OLG Bamberg JurBüro 1989, 1544; OLG Hamburg JurBüro 1995, 31 = MDR 1994, 948; LG Berlin JurBüro 1986, 389 m. abl. Anm. *Lappe*; a.A. OLG Hamburg MDR 1972, 877; OLG Bremen KostRsp. BRAGO § 13 Nr. 27 m. Anm. *E. Schneider*.
[96] BGH AGS 2007, 392 = BGHR 2007, 280 = MDR 2007, 558 = NJW-RR 2007, 1000 = FamRZ 2007, 211.
[97] OLG München AnwBl 1978, 108 = JurBüro 1978, 532 m. Anm. *E. Schneider*; OLG Bamberg JurBüro 1981, 281 m. Anm. *Mümmler*.
[98] LG Berlin JurBüro 1988, 462 = MDR 1988, 329 m. Anm. *Herget*.
[99] OLG Düsseldorf JurBüro 1988, 865 = AnwBl 1988, 414.
[100] LG Berlin JurBüro 1986, 389.
[101] KG BRAGOreport 2003, 71 = KGR 2003, 313 = KostRsp. BRAGO § 13 Nr. 167.
[102] A.A. LG Hannover Rpfleger 1989, 376 = JurBüro 1990, 336 = KostRsp. BRAGO § 13 Nr. 86 m. abl. Anm. *Lappe*.
[103] *N. Schneider*, Vergütung des Anwalts im Verfahren der sofortigen Beschwerde bei Aufhebung des Nichtabhilfebeschlusses und anschließender erneuter Vorlage an das Beschwerdegericht, AGS 2005, 187.

In **Strafsachen** löst die Beschwerde dagegen keine neue Angelegenheit aus (§ 19 Abs. 1 S. 2 Nr. 10a). Das Beschwerdeverfahren gehört vielmehr noch zur Instanz. Zusätzliche Beschwerdeverfahren können hier lediglich Einfluss auf die Höhe der im Einzelfall abzurechnenden Gebühr nach § 14 Abs. 1 haben. Nur ausnahmsweise lösen auch Beschwerden in Strafsachen gesonderte Gebühren aus, nämlich im Falle der VV Vorb. 4 Abs. 5 Nr. 1 für Beschwerden gegen den Kostenansatz, gegen einen Kostenfestsetzungsbeschluss sowie Beschwerden in Zwangsvollstreckungssachen (VV Vorb. 4 Abs. 5 Nr. 1, Nr. 2).

Gleiches gilt in **Bußgeldsachen** (VV Vorb. 5 Abs. 4 Nr. 1, Nr. 2) und Verfahren nach VV Teil 6 (VV Vorb. 6.2 Abs. 3 Nr. 1, Nr. 2).

Bestimmung des zuständigen Gerichts. Gerichtsstandsbestimmungsverfahren zählen mit zum Rechtszug (§ 16 Nr. 3a) und zwar unabhängig davon, ob es zur Bestimmung gekommen ist oder nicht, ob das Bestimmungsverfahren vor oder während des Rechtsstreits eingeleitet worden ist. Nur dann, wenn der Anwalt seinen Auftraggeber nur im Gerichtstandbestimmungsverfahren vertreten hat, handelt es sich um eine gesonderte Angelegenheit als Einzeltätigkeit.

Beweisverfahren. Siehe „Selbstständiges Beweisverfahren" (Rdn 164).

Deckungsschutzanfrage bei Rechtsschutzversicherer. Siehe „Rechtsschutzversicherer" (Rdn 71).

Drittwiderklage. Wird eine Drittwiderklage erhoben und vertritt der Anwalt sowohl den Kläger als auch den Drittwiderkläger wegen verschiedener Gegenstände, so handelt es sich gleichwohl insgesamt um eine Angelegenheit. Die Gebühren werden aus den zusammengerechneten Werten berechnet (§ 23 Abs. 1 S. 1 RVG i.V.m. § 45 Abs. 1 S. 1 GKG).[104]

Ehelichkeitsanfechtung. Wird die Anfechtung der Ehelichkeit mehrerer Kinder in einem Verfahren anhängig gemacht, so handelt es sich um eine Angelegenheit.[105]

Eilanträge. Wird in einem Normenkontrollverfahren ein erneuter Eilantrag gestellt, nachdem ein früherer Antrag aus formell-rechtlichen Gründen zurückgenommen oder abgewiesen worden ist, so stellt der neue Antrag auch eine neue Angelegenheit dar.[106]

Einspruch. Ist bei einheitlicher Anfechtung mehrerer Steuerbescheide nur eine Einspruchsentscheidung ergangen und wird diese durch eine einheitliche Klage angefochten, so liegt nur eine Angelegenheit vor. Nach dem BFH[107] soll auch dann nur eine Angelegenheit vorliegen, wenn gegen eine einheitliche Einspruchsentscheidung gesonderte Klagen erhoben werden. Dies dürfte nicht zutreffend sein: Werden mehrere Klagen eingereicht, so liegen auch gesonderte Angelegenheiten vor; die Mehrkosten dieser Aufspaltung in getrennte Prozesse dürften allerdings nicht erstattungsfähig sein.

Einstweilige Anordnungen. Einstweilige Anordnungen stellen grundsätzlich gesonderte Angelegenheiten dar (§ 17 Nr. 4 Buchst. b). Die frühere Einschränkung, dass mehrere Verfahren, die unter einem bestimmten Buchstaben des § 18 Nr. 1 a.F. zusammengefasst waren, insgesamt nur eine einzige Angelegenheit darstellen, so dass der Anwalt hier die Gebühren nur einmal aus den zusammengerechneten Werten (§ 22 Abs. 1 i.V.m. § 18 Nr. 1, 3. Hs.a.F.) entstehen konnte, ist mit dem 1.9.2009 weggefallen.

Einstweilige Verfügungen. Einstweilige Verfügungen sind stets eigene Angelegenheiten (§ 17 Nr. 4 Buchst. b). Zur Angelegenheit zählen auch das Einreichen einer Schutzschrift (siehe Rdn 163), das Widerspruchsverfahren nach § 924 ZPO sowie das Aufhebungsverfahren (§ 16 Nr. 5).

Mehrere, dieselbe einstweilige Verfügung betreffende **Aufhebungsverfahren** stellen innerhalb derselben Instanz ebenfalls nur eine einzige Angelegenheit dar.[108] Dies gilt auch dann, wenn die

---

[104] BGH AGS 2016, 61 = zfs 2016, 225 = RVGreport 2016, 94; OLG München AnwBl 1995, 47 = JurBüro 1995, 138 = OLGR 1995, 12 = KostRsp. BRAGO § 13 Nr. 105 m. Anm. *Herget*; OLG Köln AGS 2015, 284 = NJW-Spezial 2015, 476 = RVGprof. 2015, 201 = RVGreport 2015, 458; OLG Celle AGS 2015, 64 = MDR 2015, 245 = zfs 2015, 286 = JurBüro 2015, 306 = NJW-Spezial 2015, 125 = RVGreport 2015, 95 = MittdtschPatAnw 2015, 196; LG Düsseldorf AGS 2010, 321; OLG Stuttgart, Beschl. v. 3.5.2016 – 8 W 396/14 (unter Aufgabe der bisherigen Rspr. AGS 2013, 324 = NJW-RR 2013, 63 = JurBüro 2013, 136 = Justiz 2013, 147 = ZIP 2013, 648).

[105] OLG Hamm Rpfleger 1966, 97.

[106] OVG Lüneburg AGS 2001, 9.

[107] KostRsp. BRAGO § 13 Nr. 18 = BFHE 112, 119.

[108] KG JurBüro 1969, 1175; KGR 2009, 516.

Aufhebungsverfahren erstinstanzlich teils bei dem Gericht erster Instanz als Gericht der Hauptsache und teils bei dem Berufungsgericht als Gericht der Hauptsache stattgefunden haben.[109]

125 Wird einem anwaltlichen Antrag auf Erlass einer Gewaltschutzmaßnahme befristet entsprochen (hier: befristete Zuweisung der Ehewohnung) und stellt der Rechtsanwalt einen weiteren Antrag auf Verlängerung der Befristung, handelt es sich um zwei unabhängige Angelegenheiten.[110]

126 **Einzeltätigkeiten.** Ist der Anwalt mit mehreren Einzeltätigkeiten beauftragt, so liegen auch mehrere Angelegenheiten vor (VV Vorb. 4.3 Abs. 3 S. 1). Zu beachten ist allerdings gegebenenfalls Abs. 6: Der Anwalt darf insgesamt nicht mehr an Gebühren erhalten, als wenn er von vornherein einen Gesamtauftrag erhalten hätte. Eine entsprechende Verweisung findet sich in VV Vorb. 4.3 Abs. 3 S. 2 für Einzeltätigkeiten in Strafsachen.

127 **Erben.** Es handelt sich um dieselbe Angelegenheit, wenn die Erben den vom Erblasser begonnenen Rechtsstreit fortsetzen. Unerheblich ist, ob der Rechtsstreit unterbrochen war; Ausnahme Abs. 5 S. 2, siehe hierzu „Unterbrechung".

128 **Erinnerung.** Hier ist zu differenzieren (siehe hierzu auch § 18 Rdn 85 ff., VV 3500 Rdn 55 ff.):
– **Erinnerungen nach § 573 ZPO** lösen keine neue Angelegenheit aus (§ 19 Abs. 1 S. 2 Nr. 5). Solche Verfahren zählen vielmehr zum jeweiligen Ausgangsverfahren.
– **Erinnerungen gegen Entscheidungen des Rechtspflegers** in Angelegenheiten, in denen sich die Gebühren nach VV Teil 3 richten, sind dagegen selbstständige Angelegenheiten (§ 18 Nr. 3, 3. Var.), ausgenommen die Vollstreckungserinnerung nach § 766 ZPO (§ 19 Abs. 2 Nr. 2).
– **Erinnerungen gegen einen Kostenfestsetzungsbeschluss,** auch wenn dieser nicht vom Rechtspfleger erlassen worden ist, also insbesondere in der Verwaltungs- und Sozialgerichtsbarkeit in denen der Urkundsbeamte die Kosten festsetzt (§ 18 Abs. 1 Nr. 3, 2. Var.).

129 Insoweit schränkt § 16 Nr. 10 Buchst. a) allerdings den Umfang der Angelegenheit wiederum ein. Werden gegen denselben Kostenfestsetzungsbeschluss mehrere Erinnerungen erhoben, liegt nur eine Angelegenheit vor; die Werte werden nach § 22 Abs. 1 addiert. Das Gleiche gilt, wenn gegen den Kostenansatz mehrere Erinnerungen erhoben werden. Wird dagegen zugleich Erinnerung gegen den Kostenansatz und gegen den Kostenfestsetzungsbeschluss erhoben, liegen zwei verschiedene Angelegenheiten vor (im Einzelnen siehe § 16 Rdn 155 ff.).

Auch in Verfahren nach VV Teil 4, 5 und 6 Abschnitt 2 zählt die Erinnerung gegen den Kostenansatz oder gegen einen Kostenfestsetzungsbeschluss ebenfalls als gesonderte Angelegenheit (VV Vorb. 4 Abs. 5 Nr. 1; VV Vorb. 5 Abs. 4 Nr. 1; VV Vorb. 6.2 Abs. 3 Nr. 1 jeweils i.V.m. § 16 Nr. 3, 2. Alt).

130 **Erneuter Auftrag.** Erhält der Anwalt in demselben Verfahren, nachdem er in einer Angelegenheit tätig war, erneut den Auftrag, tätig zu werden, so liegt nur eine Angelegenheit vor (Abs. 5 S. 1). Etwas anderes gilt lediglich dann, wenn nach Erledigung des ersten Auftrags mehr als zwei Kalenderjahre verstrichen sind (Abs. 5 S. 2). Im Einzelnen siehe Rdn 282 ff.

131 **Freiheitsentziehungsverfahren.** Verschiedene Angelegenheiten bilden das Verfahren auf Freiheitsentziehung, auf Unterbringung und auf deren Aufhebung (Anm. zu VV 6302).

132 **Gehörsrüge.** Wird der Anwalt mit der Gehörsrüge nach § 321a ZPO, § 44 FamFG beauftragt, zählt dies noch zum Ausgangsverfahren (§ 19 Abs. 1 S. 2 Nr. 5).[111] Es handelt sich nicht um ein Rechtsmittel, das einen neuen Gebührenrechtszug eröffnet. Auch das weitere Verfahren nach erfolgreicher Gehörsrüge ist noch dieselbe Angelegenheit. Ist der Anwalt allerdings nur mit der Gehörsrüge beauftragt, ohne Prozessbevollmächtigter zu sein, ist dies für ihn eine eigene Angelegenheit, die nach VV 3330 zu vergüten ist.

133 **Grundstücksveräußerung.** Bei der Tätigkeit eines Rechtsanwalts im Rahmen freihändiger Erwerbsverhandlungen sowie in dem nachfolgenden Besitzeinweisungs- und Enteignungsverfahren handelt es sich nicht um die dieselbe Angelegenheit i.S.d. Abs. 2.[112]

---

[109] KG JurBüro 1969, 1175.
[110] OLG Frankfurt FamRZ 2007, 849; AG Bad Kreuznach AGS 2009, 64 = NJW-Spezial 2009, 124; OLG Zweibrücken AGS 2012, 461 = JurBüro 2012, 523 = MDR 2012, 1438 = FamRZ 2013, 324 = NJW 2012, 3045.
[111] OLG Brandenburg AGS 2008, 223 m. Anm. *N. Schneider.*
[112] KG, Beschl. v. 1.7.2009 – 11 U 59/08 (n.v.).

Güteverfahren. Güteverfahren und ähnliche Verfahren (VV 2303) sowie nachfolgender Rechtsstreit sind zwei verschiedene Angelegenheiten (§ 17 Nr. 7). Allerdings ist die Geschäftsgebühr zur Hälfte anzurechnen (VV Vorb. 3 Abs. 4). **134**

Gutachten. Die Erstellung eines Gutachtens über die Erfolgsaussicht eines Rechtsmittels ist eine eigene Angelegenheit. Die Vergütung richtet sich nach VV 2101, 2103. Die Gutachtergebühr ist allerdings nach Anm. zu VV 2100, Anm. zu VV 2012 auf die Verfahrensgebühr des nachfolgenden Rechtsmittelverfahrens anzurechnen. **135**

Hilfsantrag. Wird über Haupt- und Hilfsantrag entschieden, liegt eine einzige Angelegenheit vor. Die jeweiligen Gegenstandswerte werden zusammengerechnet (§ 45 Abs. 1 S. 2 GKG n.F. = § 19 Abs. 1 S. 2 GKG a.F.). **136**

Hilfsaufrechnung. Die Hilfsaufrechnung stellt keine eigene Angelegenheit dar. Sie erhöht lediglich den Streitwert, sofern über sie entschieden oder ein Vergleich geschlossen wird (§ 45 Abs. 3, 4 GKG). **137**

Hinterlegung. Wird der Anwalt mit der Hinterlegung der zur Einleitung oder Abwendung der Zwangsvollstreckung erforderlichen Sicherheit beauftragt, so stellt dies neben dem Rechtsstreit eine neue Angelegenheit dar, die die Gebühr nach VV 2300 auslöst.[113] **138**

Dagegen liegt lediglich dieselbe Angelegenheit vor, wenn zunächst auf Zahlung geklagt und später auf Herausgabe des hinterlegten Betrages übergegangen wird.[114]

Klageerweiterung. Die Erweiterung der Klage stellt keine neue Angelegenheit dar, sondern gehört vielmehr zur bisherigen Angelegenheit.[115] **139**

Klägerwechsel. Siehe „Parteiwechsel" (Rdn 153). **140**

Kostenfestsetzung. Das Kostenfestsetzungsverfahren gehört zur Hauptsache und löst keine gesonderte Angelegenheit aus (§ 19 Abs. 1 S. 2 Nr. 14). Eine neue Angelegenheit löst allerdings die Erinnerung oder die Beschwerde gegen einen Kostenfestsetzungsbeschluss aus (§ 18 Abs. 1 Nr. 3). **141**

Leistungsklage nach Feststellungsklage. Erhebt der Kläger zunächst Feststellungsklage und später – nach rechtskräftigem Abschluss des Rechtsstreits über die Feststellungsklage – eine Leistungsklage, so handelt es sich um zwei verschiedene Angelegenheiten.[116] **142**

Mahnverfahren. Das Mahnverfahren (VV 3305 ff.) stellt gegenüber dem streitigen Verfahren eine eigene Angelegenheit dar (§ 17 Nr. 2). Allerdings sind die Verfahrensgebühren (VV 3305, 3307) auf die Verfahrensgebühr des nachfolgenden Rechtsstreits anzurechnen (VV Vorb. 3 Abs. 4); gleiches gilt für eine eventuelle Terminsgebühr (Anm. Abs. 4 zu VV 3104) **143**

Werden nach einheitlichem Mahnverfahren gegen mehrere Gesamtschuldner und Abgabe der Sache an das einheitlich zuständige streitige Gericht aus Gründen, die der Kläger nicht veranlasst hat, gesonderte streitige Verfahren gegen jeden Beklagten eingeleitet, werden diese aber vor der mündlichen Verhandlung wieder miteinander verbunden, so liegt insgesamt nur eine Angelegenheit vor.[117] Das Gleiche gilt, wenn sich die Abgabe des einen Verfahrens gegen mehrere Schuldner wegen unrichtiger Angabe der Wohnanschrift verzögert und es damit zu einer verspäteten Überleitung in das streitige Verfahren kommt, so dass das später abgegebene Verfahren zunächst ein anderes Aktenzeichen erhält.[118] Entscheidend ist, dass auch im Mahnverfahren eine subjektive Klagenhäufung zulässig ist und hier gewollt war. Die – versehentliche – Zuteilung eines weiteren Aktenzeichens führt noch nicht zu einer Trennung i.S.d. § 145 Abs. 1 ZPO. Hierzu bedarf es vielmehr eines weiteren Beschlusses.[119]

---

113 OLG Karlsruhe AGS 1997, 115 = JurBüro 1997, 306 = MDR 1997, 509 = Rpfleger 1997, 232 = VersR 1997, 983.
114 OLG Hamburg NZM 1999, 806.
115 OLG Schleswig JurBüro 1985, 394 = SchlHA 1985, 164.
116 OLG Koblenz JurBüro 1991, 72.
117 OLG Düsseldorf AnwBl 1997, 624 = JMBlNW 1997, 251 = JurBüro 1998, 82; OLG Frankfurt, Beschl. v. 5.11.2008 – 12 W 97/08.
118 OLG Düsseldorf AnwBl 1993, 192 = JurBüro 1992, 799 = KostRsp. BRAGO § 13 Nr. 93 m. Anm. *Herget*.
119 *Herget*, Anm. zu OLG Düsseldorf KostRsp. BRAGO § 13 Nr. 93.

144 Mediation. Tätigkeiten im Rahmen der sog. gerichtsnahen Mediation zählen nach § 19 Abs. 1 S. 1 zum Rechtszug und werden durch die dortigen Gebühren mit abgegolten.[120]

> **Beispiel:** In einem Rechtsstreit (Wert: 10.000 EUR) wird zunächst der Versuch einer gerichtlichen Mediation eingeleitet und dort ein Mediationsgespräch durchgeführt. Der Versuch scheitert, so dass das Gericht schließlich durch Urteil entscheidet.
> Es liegt nur eine Angelegenheit vor. Die zusätzliche Tätigkeit im Mediationsverfahren löst keine gesonderte Vergütung aus.
> 1. 1,3-Verfahrensgebühr, VV 3100
>   (Wert: 10.000 EUR)   725,40 EUR
> 2. 1,2-Terminsgebühr, VV 3104
>   (Wert: 10.000 EUR)   669,60 EUR
> 3. Postentgeltpauschale, VV 7002   20,00 EUR
>   Zwischensumme   1.415,00 EUR
> 4. 19 % Umsatzsteuer, VV 7008   268,85 EUR
>   **Gesamt**   **1.683,85 EUR**

Auch wenn die Tätigkeit im Mediationsverfahren keine neue Angelegenheit und keine gesonderte Vergütung auslöst, können dort jedoch einzelne Gebührentatbestände entstehen, die im gerichtlichen Verfahren noch nicht entstanden waren. Auch zusätzliche Auslagen nach VV 7000 ff. können anfallen.[121]

> **Beispiel:** In einem Rechtsstreit (Wert: 10.000 EUR) wird zunächst der Versuch einer gerichtlichen Mediation eingeleitet und dort ein Mediationsgespräch durchgeführt. Dort wird eine Einigung erzielt.
> Im gerichtlichen Verfahren war nur die Verfahrensgebühr entstanden. Die Teilnahme an dem Mediationstermin hat zusätzlich eine Terminsgebühr ausgelöst und die dort getroffene Einigung auch eine 1,0-Einigungsgebühr.
> 1. 1,3-Verfahrensgebühr, VV 3100
>   (Wert: 10.000 EUR)   725,40 EUR
> 2. 1,2-Terminsgebühr, VV 3104
>   (Wert: 10.000 EUR)   669,60 EUR
> 3. 1,0-Einigungsgebühr, VV 1000, 1003
>   (Wert: 10.000 EUR)   558,00 EUR
> 4. Postentgeltpauschale, VV 7002   20,00 EUR
>   Zwischensumme   1.973,00 EUR
> 5. 19 % Umsatzsteuer, VV 7008   374,87 EUR
>   **Gesamt**   **2.347,87 EUR**

145 Meldeamtsanfragen. Wird ein Rechtsanwalt bei der Fertigung von Schreiben zur Aufenthaltsermittlung im Rahmen eines Prozessauftrages tätig, ist dies mit der Verfahrensgebühr nach VV 3100 abgegolten.[122] Es liegt keine neue Angelegenheit vor.

146 Nachverfahren. Das Nachverfahren stellt gegenüber dem Urkunden-, Wechsel- oder Scheckverfahren eine eigene Angelegenheit dar (§ 17 Nr. 5). Lediglich die Verfahrensgebühr des Urkunden-, Scheck- oder Wechselprozesses ist anzurechnen (Anm. Abs. 2 zu VV 3100).

147 Nebenintervention. Siehe „Streithelfer" (Rdn 168).

148 Nebenkläger. Auch dann, wenn der Anwalt mehrere Nebenkläger in demselben Verfahren vertritt, liegt nur eine Angelegenheit vor.[123]

149 Nichtvorlagebeschwerde. Legen sowohl der Antragsteller als auch der Antragsgegner gegen eine teilweise stattgegebene Normenkontrollentscheidung Nichtvorlagebeschwerde ein und entscheidet

---

120 OLG Rostock AGS 2007, 126 = OLGR 2007, 336 = JurBüro 2007, 194 = NJ 2007, 230; AGS 2007, 124 u. 343 = RVGreport 2007, 28 = OLGR 2007, 159 = NJ 2007, 76; OLG Braunschweig AGS 2007, 127 u. 393; Rpfleger 2007, 114 = OLGR 2007, 162 = AnwBl 2007, 88 = JurBüro 2007, 196 = MDR 2007, 684.

121 OLG Rostock AGS 2007, 126 = OLGR 2007, 336 = JurBüro 2007, 194 = NJ 2007, 230.

122 BGH AGS 2004, 151 (noch zu §§ 31 Abs. 1 Nr. 1, 37 BRAGO).

123 OLG Düsseldorf JurBüro 1991, 70.

das BVerwG hierüber in (auch zeitlich) getrennten Verfahren, so handelt es sich um verschiedene Angelegenheiten.[124]

Nichtzulassungsbeschwerde. Die Nichtzulassungsbeschwerde ist gegenüber dem Verfahren, in dem das Rechtsmittel nicht zugelassen worden ist, eine gesonderte Angelegenheit (§ 17 Nr. 1). Wird auf die Nichtzulassungsbeschwerde das Rechtsmittel zugelassen, so ist das zugelassene Rechtsmittel ein neuer Rechtszug (§ 17 Nr. 9). Allerdings ist die Verfahrensgebühr des Beschwerdeverfahrens auf die des nachfolgenden Rechtsmittelverfahrens anzurechnen (Anm. zu VV 3504; Anm. zu VV 3506; Anm. zu VV 3511; Anm. zu VV 3512). Siehe auch „Zulassung eines Rechtsmittels" (Rdn 201).

150

Die Empfangnahme einer nicht begründeten Nichtzulassungsbeschwerde und des gleichzeitigen Zurückweisungsbeschlusses des BGH seitens des gegnerischen Prozessbevollmächtigten zweiter Instanz sowie das Weiterleiten dieser Schriftstücke an den Mandanten sind dagegen keine neue Gebührenangelegenheit.[125]

151

Normenkontrollverfahren. Das Normenkontrollverfahren nach § 47 Abs. 1 VwGO und das Vorlageverfahren nach § 57 Abs. 5 VwGO bilden nur eine einzige Angelegenheit.[126]

152

Parteiwechsel. Im Falle eines Parteiwechsels ist insgesamt nur eine Angelegenheit gegeben. Allerdings erhöht sich die Verfahrensgebühr nach VV 1008.[127]

153

> **Beispiel:** Der Kläger klagt zunächst gegen den A auf Zahlung von 10.000 EUR. Später stellt sich heraus, dass die Klage gegen den B hätte gerichtet werden müssen. Er nimmt die Klage gegen den A zurück und richtet sie nunmehr gegen den B.
> Es entstehen für den **Anwalt des Beklagten**, der die Vertretung des A und des B übernommen hat, die Gebühren nur einmal, da nur eine Angelegenheit i.S.d. § 15 gegeben ist. Die Verfahrensgebühr erhöht sich allerdings nach VV 1008.
> 1. 1,6-Verfahrensgebühr, VV 3100, 1008
>   (Wert: 10.000 EUR)   892,80 EUR
> 2. 1,2-Terminsgebühr, VV 3104
>   (Wert: 10.000 EUR)   669,60 EUR
> 3. Postentgeltpauschale, VV 7002   20,00 EUR
>   Zwischensumme   1.582,40 EUR
> 4. 19 % Umsatzsteuer, VV 7008   300,66 EUR
> **Gesamt**   **1.883,06 EUR**

Prozesskostenhilfe-Prüfungsverfahren. Das Prozesskostenhilfe-Prüfungsverfahren ist keine eigene Angelegenheit. Das Verfahren zählt zur Hauptsache (§ 16 Nr. 2). Soweit es zur Hauptsache mangels Prozesskostenhilfe-Bewilligung nicht kommt, entstehen hier allerdings geringere Gebühren nach VV 3335, 3336.

154

Mehrere Prozesskostenhilfeverfahren in demselben Rechtszug sind nach § 16 Nr. 3 eine Angelegenheit.

155

Räumungsfristverfahren. Das Verfahren über die Bewilligung einer Räumungsfrist gilt nur dann als gesonderte Angelegenheit, wenn es mit dem Verfahren über die Hauptsache nicht verbunden ist. Der Anwalt erhält dann die Gebühren nach VV 3334. Siehe im Einzelnen die Kommentierung zu VV 3334.

156

Rechtsschutzversicherer, Deckungsschutzanfrage. Siehe „Rechtsschutzversicherer" (Rdn 71).

157

Revision. Die Revision stellt eine eigene Angelegenheit dar (§ 17 Nr. 1). Werden mehrere Revisionen eingelegt, so gilt das Gleiche wie bei der Berufung (siehe Rdn 112).

158

---

[124] VGH Mannheim KostRsp. BRAGO § 13 Nr. 112 mit Gründen und Anm. *Lappe.*

[125] OLG Hamburg AGS 2005, 388 m. Anm. *Onderka* = OLGR 2005, 218 = MDR 2005, 1018 = RVG-B 2005, 145 m. Anm. *N. Schneider.*

[126] OVG Bremen JurBüro 1988, 865 – das Gericht hat offengelassen, ob es sich bei der Vorlage an das BVerwG um eine neue Gebührenangelegenheit handelt.

[127] BGH 2006, 583 = BGHR 2007, 41 = JurBüro 2007, 76 = NJW 2007, 769 = zfs 2007, 226; OLG Nürnberg AGS 2010, 167 = MDR 2010, 532; OLG Stuttgart AGS 2010, 7 = MDR 2010, 356 = Rpfleger 2010, 241 = FamRZ 2010, 831.

159 Ruhen des Verfahrens. Das Verfahren vor und nach Anordnung des Ruhens ist eine Angelegenheit. Auf die Dauer des Ruhens kommt es nicht an. Die Vorschrift des Abs. 5 S. 2 greift hier nicht, da der Auftrag mit Ruhen nicht endet (siehe Rdn 289).

160 Sammelklage. Eine Sammelklage ist eine Angelegenheit. Das gilt auch in der Berufungsinstanz.[128] Zur Verpflichtung, eine Sammelklage zu erheben, siehe Rdn 204 ff.

161 Scheckverfahren. Scheck- und Nachverfahren bilden zwei verschiedene Angelegenheiten (§ 17 Nr. 5). Lediglich die Verfahrensgebühr des Scheckverfahrens wird auf die des Nachverfahrens angerechnet (Anm. Abs. 2 zu VV 3100).

162 Schlichtungsverfahren. Das obligatorische Streitschlichtungsverfahren (VV 2303 Nr. 4) stellt gegenüber dem nachfolgenden Rechtsstreit eine eigene Angelegenheit dar. Allerdings ist die Geschäftsgebühr des Schlichtungsverfahrens nach VV Vorb. 3 Abs. 4 zur Hälfte auf die Verfahrensgebühr des nachfolgenden Rechtsstreits oder Mahnverfahrens anzurechnen.

163 Schutzschrift. Reicht der Anwalt eine Schutzschrift ein, zählt diese bereits zum Arrest- oder einstweiligen Verfügungsverfahren und löst eine 1,3-Verfahrensgebühr aus. Kommt es anschließend zum Arrest- oder Verfügungsverfahren entsteht die Verfahrensgebühr nicht erneut. Das Verfügungsverfahren bildet insgesamt eine einzige Angelegenheit. Die Einreichung der Schutzschrift ist keine gesonderte Angelegenheit i.S.d. Abs. 1.

164 Selbstständiges Beweisverfahren. Das selbstständige Beweisverfahren zählt entgegen der früheren Regelung nach § 37 Nr. 3 BRAGO nicht mehr zum Rechtszug, sondern stellt eine eigene Angelegenheit dar.[129] Der Anwalt erhält also im selbstständigen Beweisverfahren und im nachfolgenden Rechtsstreit die Gebühren gesondert. Allerdings sind die Verfahrensgebühren aufeinander anzurechnen (VV Vorb. 3 Abs. 5).

Voraussetzung für die Anrechnung ist allerdings, dass der Gegenstand des Beweisverfahrens und die beteiligten Parteien mit dem Gegenstand und den beteiligten Parteien des Hauptsacheverfahrens identisch sind. Daher werden nach wie vor **verschiedene Angelegenheiten** vorliegen, wenn:
- der Anwalt seinen Mandanten im selbstständigen Beweisverfahren als Streitverkündeten vertritt und im nachfolgenden Hauptsacheprozess als Partei;[130]
- das Beweisverfahren andere Gegenstände betrifft als das spätere Hauptsacheverfahren.

Eine Angelegenheit liegt dagegen dann noch vor, wenn:
- nur die Parteirolle wechselt, also wenn der Antragsteller des Beweisverfahrens Beklagter des Hauptsacheverfahrens wird;[131]
- nur der Gegenstandswert von Beweisverfahren und Hauptsacheverfahren divergiert;[132]
- in dem Hauptsacheverfahren weitere Parteien beteiligt werden, die nicht am Beweisverfahren beteiligt waren;

  Beispiel: Der Anwalt ist von seinem Mandanten beauftragt, gegen A ein Beweisverfahren einzuleiten. Nach Abschluss des Beweisverfahrens wird Klage gegen A und B erhoben.
  Sowohl für den Anwalt des Antragstellers/Klägers als auch für den Anwalt des A liegt insgesamt nur eine Angelegenheit vor. Für den Anwalt des A gilt dies auch dann, wenn er zusätzlich mit der Vertretung des B beauftragt wird.

- der Gegenstand des Beweisverfahrens zunächst auch Gegenstand des Hauptsacheverfahrens war, anschließend aber dann die Klage geändert worden ist und nur über den neuen Streitgegenstand entschieden wird.[133]

---

128 BGH AGS 2014, 263 = WM 2014, 1082 = ZIP 2014, 1144 = NJW 2014, 2126 = MDR 2014, 866 = Rpfleger 2014, 554 = JurBüro 2014, 471 = NZG 2015, 312–314 = ZfIR 2014, 492 = RVGreport 2014, 388 = AnwBl 2014, 963; siehe aber auch *Naundorf*, AGS 2016, 105.
129 OLG Koblenz AGS 2006 61 m. Anm. *Hansens*; OLG Hamm AGS 2006, 62 m. Anm. *Hansens*.
130 OLG Koblenz AGS 1998, 67 = AnwBl 1998, 668 = JurBüro 1998, 359; a.A. OLG München AGS 2000, 183
m. Anm. *N. Schneider* = JurBüro 2000, 484 = MDR 2000, 603.
131 OLG Köln NJW-RR 2000, 361 = OLGR 1999, 323 = Rpfleger 1999, 508.
132 OLG München AGS 2000, 38 = JurBüro 2000, 39 = MDR 1999, 1347 = OLGR 2000, 133.
133 OLG München AGS 2000, 184 = MDR 2000, 726 = OLGR 2000, 244 = Rpfleger 2000, 353.

Ungeachtet des Gegenstands des Beweisverfahrens wird nicht angerechnet, wenn sich das Hauptsacheverfahren erst anschließt, nachdem das Beweisverfahren seit mehr als zwei Kalenderjahren erledigt ist. In diesem Falle gilt jetzt Abs. 5 S. 2, 2. Hs.[134]

Sicherheitsleistung. Das Verfahren auf Stellung und Rückgabe einer Sicherheit nach §§ 109 Abs. 1 und 2, 715 ZPO stellt gegenüber dem Hauptsacheverfahren keine neue Angelegenheit dar (§ 19 Abs. 1 S. 2 Nr. 7). **165**

Sorgerecht. Werden in getrennten Verfahren von den Eltern widerstreitende Sorgerechtsanträge gestellt, so handelt es sich nach OLG Köln[135] dennoch um eine einzige Angelegenheit. Auch dies dürfte unzutreffend sein: Werden getrennte Verfahren eingeleitet, liegen – ungeachtet der späteren Erstattungsfähigkeit der Kosten – mehrere Angelegenheiten vor. Dass über die widerstreitenden Anträge prozessual nur einheitlich entschieden werden darf, ist für das Gebührenrecht unerheblich. Auf die Zulässigkeit des prozessualen Vorgehens kommt es nicht an. Erst mit Verbindung der Verfahren werden sie zu einer Angelegenheit. **166**

Ergeben sich im Verlaufe eines Sorgerechtsverfahrens verschiedene Regelungsbedürfnisse, so liegt ungeachtet dessen eine einzige Angelegenheit vor. Allein die Veränderung des Gegenstands führt nicht zu einer neuen Angelegenheit.[136]

Sprungrevision. Siehe „Zulassung eines Rechtsmittels". **167**

Streithelfer. Nimmt der Streithelfer den Beitritt auf Seiten der zunächst unterstützten Partei zurück und tritt er zugleich der anderen Partei bei, so handelt es sich bei der Tätigkeit seines Anwalts vor und nach dem Beitrittswechsel nur um eine Angelegenheit.[137] Das gilt auch dann, wenn die gegen die unterstützte Partei geltend gemachten Ansprüche sowie die angekündigten Ansprüche gegenüber dem Streithelfer nicht auf einem einheitlichen, von dem Anwalt zu prüfenden Lebenssachverhalt beruhen, sondern die Vorwürfe gegen die Partei und den Streithelfer auf unterschiedlichen, sowohl inhaltlich als auch zeitlich und örtlich auseinanderfallenden Schädigungsvorwürfen beruhen. Die gegenteilige Auffassung des OLG Hamm,[138] die in diesem Fall von verschiedenen gebührenrechtlichen Angelegenheiten ausgehen will, verkennt den Grundsatz, dass Vertretung in einem Verfahren immer eine Angelegenheit ist. Tritt eine aus dem Verfahren – etwa durch Teilurteil – ausgeschiedene Partei später dem Rechtsstreit als Streithelfer bei, so handelt es sich ebenfalls insgesamt um nur eine Angelegenheit.[139] **168**

Streitiges Verfahren. Das streitige Verfahren stellt gegenüber dem vorausgegangenen Mahnverfahren eine eigene Angelegenheit dar (§ 17 Nr. 2). Allerdings sind die Verfahrensgebühren des Mahnverfahrens aus VV 3305 und VV 3307 auf die Verfahrensgebühr des nachfolgenden streitigen Verfahrens anzurechnen (Anm. zu VV 3305; Anm. zu VV 3307). **169**

Stufenklage. Bei der Stufenklage handelt es sich insgesamt um eine Angelegenheit. Eine Ausnahme gilt lediglich dann, wenn gegen die Entscheidung zur ersten Stufe ein Rechtsmittel eingelegt worden ist und das Rechtsmittelgericht das Verfahren zurückverwiesen hat. In diesem Fall gilt § 21 Abs. 1 S. 1: Das Verfahren nach Zurückverweisung kann dann eine neue Angelegenheit darstellen, allerdings mit der Maßgabe der Anrechnung der Verfahrensgebühr (VV Vorb. 3 Abs. 6; siehe auch § 21 Rdn 32). **170**

Trennung. Wird ein Verfahren in mehrere einzelne Verfahren getrennt (z.B. nach § 145 ZPO), so sind ab dem Zeitpunkt der Trennung mehrere selbstständige Angelegenheiten i.S.d. § 17 Nr. 1 gegeben. Bis zur Trennung bleibt es dagegen bei einer Angelegenheit. **171**

Das ursprüngliche gemeinsame Verfahren bildet allerdings keine dritte Angelegenheit neben den beiden getrennten Verfahren. Es verhält sich vielmehr so, dass das ursprüngliche Verfahren fortbesteht und sich hier lediglich – ähnlich wie bei einer Teilklagerücknahme – der Gegenstandswert verringert. Welches Verfahren fortgeführt wird, ergibt sich aus dem jeweiligen Trennungsbeschluss, wonach ein Teil des Verfahrens als neue Sache fortzuführen ist.

---

[134] Bislang wurden diese Fälle über § 13 Abs. 5 S. 2 BRAGO gelöst: OLG Zweibrücken AGS 2000, 64 m. Anm. *von Eicken.*

[135] KostRsp. BRAGO § 13 Nr. 91 m. Gründen und Anm. *Lappe.*

[136] A.A. OLG Köln JurBüro 1984, 97.

[137] OLG Celle AGS 2014, 116 = MDR 2014, 117 = BauR 2014, 593 = NJW-Spezial 2014, 187; KG Rpfleger 1983, 125 = JurBüro 1983, 1098; OLG Hamm JurBüro 1989, 401 = Rpfleger 1989, 127.

[138] AGS 2015, 322.

[139] OLG Stuttgart Justiz 1983, 121 = JurBüro 1983, 857.

Im Verhältnis der abgetrennten Verfahren zum Ursprungsverfahren handelt es sich um dieselbe Angelegenheit; im Verhältnis der abgetrennten Verfahren zueinander handelt es sich dagegen um verschiedene Angelegenheiten.[140]

172 In Angelegenheiten des **VV Teil 3** fallen die Gebühren vor der Trennung nur ein einziges Mal an (Abs. 1, Abs. 2), und zwar aus dem Gesamtwert der Gegenstände (§ 23 Abs. 1 S. 1 RVG i.V.m. § 39 Abs. 1 GKG). Nach Trennung entstehen die Gebühren dagegen gesondert aus dem jeweiligen Wert der einzelnen Verfahren. **Drei Fallkonstellationen** sind dabei zu unterscheiden:

173 (1) Soweit die Gebühren **nur nach der Trennung** anfallen, ergeben sich keine Probleme. Es entstehen nur die Gebühren aus den Einzelwerten.

> **Beispiel:** Nach einer Trennung findet in beiden Verfahren erstmals ein Termin i.S.d. VV Vorb. 3 Abs. 3 statt.
> Die Terminsgebühren entstehen jeweils einzeln, und zwar aus den jeweiligen Werten der Verfahren nach der Trennung.

174 (2) Sind allerdings die Gebührentatbestände **sowohl vor als auch nach der Trennung** ausgelöst worden, ist die Abrechnung schwieriger. Dieses Problem stellt sich stets bei der Verfahrensgebühr, die immer sowohl vor als auch nach der Trennung ausgelöst wird. Aber auch andere Gebühren können sowohl vor als auch nach der Trennung anfallen. Ausgangspunkt der Berechnung ist wiederum § 17 Nr. 1, wonach der Anwalt in jedem Rechtszug die Gebühren nur einmal erhalten kann. Es ist daher nicht zulässig, die Gebühren sowohl aus dem gemeinsamen Wert vor der Trennung als auch zusätzlich aus den Einzelwerten nach der Trennung zu liquidieren. Andererseits besteht keine Pflicht, nur die getrennten Gebühren zu berechnen oder nur eine Gebühr aus dem Gesamtwert. Der Anwalt ist vielmehr frei zu entscheiden, ob er seine Gebühren einzeln nach Trennung oder insgesamt aus dem Gesamtwert vor Trennung berechnet.[141]

In aller Regel ist es in diesem Fall – bei Wertgebühren schon aufgrund der Gebührendegression – für den Anwalt günstiger, die getrennte Berechnung zu wählen.

> **Beispiel:** A klagt in demselben Verfahren (Az. 100/16) gegen B auf Zahlung einer Kaufpreisforderung in Höhe von 2.000 EUR sowie auf Zahlung einer **Darlehensforderung** in Höhe von 4.000 EUR. Nach mündlicher Verhandlung wird das Verfahren wegen der Darlehensforderung abgetrennt und als neue Sache (Az. 101/16) geführt. Anschließend wird erneut verhandelt.
>
> Bei **gemeinsamer Berechnung** erhält der Anwalt folgende Gebühren:
> **Ursprungsverfahren 100/16 (Gegenstandswert: 6.000 EUR)**
> 1. 1,3-Verfahrensgebühr, VV 3100 — 460,20 EUR
> 2. 1,2-Terminsgebühr, VV 3104 — 424,80 EUR
> 3. Postentgeltpauschale, VV 7002 — 20,00 EUR
>   Zwischensumme — 905,00 EUR
> 4. 19 % Umsatzsteuer, VV 7008 — 171,95 EUR
>   **Gesamt — 1.076,95 EUR**
>
> Bei **getrennter Abrechnung** erhält der Anwalt dagegen folgende Gebühren:
> **Verfahren 100/16 nach Trennung (Wert: 2.000 EUR)**
> 1. 1,3-Verfahrensgebühr, VV 3100 — 195,00 EUR
> 2. 1,2-Terminsgebühr, VV 3104 — 180,00 EUR
> 3. Postentgeltpauschale, VV 7002 — 20,00 EUR
>   Zwischensumme — 395,00 EUR
> 4. 19 % Umsatzsteuer, VV 7008 — 75,05 EUR
>   **Gesamt — 470,05 EUR**
>
> **Verfahren 101/16 nach Trennung (Wert: 4.000 EUR)**
> 1. 1,3-Verfahrensgebühr, VV 3100 — 327,60 EUR
> 2. 1,2-Terminsgebühr, VV 3104 — 302,40 EUR
> 3. Postentgeltpauschale, VV 7002 — 20,00 EUR
>   Zwischensumme — 650,00 EUR
> 4. 19 % Umsatzsteuer, VV 7008 — 123,50 EUR
>   **Gesamt — 773,50 EUR**
>
> **Gesamt (100/16 + 101/16) — 1.243,55 EUR**
> Die getrennte Berechnung ist daher günstiger.

---

140 Ausführlich und anschaulich: LG Saarbrücken MDR 2001, 1442.

141 OLG Düsseldorf AGS 2000, 84 = JurBüro 2001, 136 = Rpfleger 2001, 136.

Nur in seltenen Fällen werden die Gebühren vor der Trennung höher liegen als nach der Trennung. Möglich ist auch, dass hinsichtlich eines Gebührentatbestandes die getrennte Berechnung günstiger ist, während hinsichtlich eines anderen Gebührentatbestandes die gemeinsame Berechnung günstiger ist. Ein solcher Fall kann sich ergeben, wenn einzelne Gebühren nur nach Teilwerten anfallen. Zu Einzelheiten wird insoweit auf die Ausführungen zur Verbindung und die dortigen Berechnungsbeispiele verwiesen (siehe Rdn 179 ff.).

175 (3) Soweit einzelne Gebühren **nur vor der Trennung** entstanden sind, nicht aber auch nach der Trennung nochmals ausgelöst werden, ergeben sich bei der Berechnung keine Besonderheiten. Hier können nur die Gebühren aus dem gemeinsamen Verfahren berechnet werden.[142]

Probleme können sich bei der Kostenerstattung ergeben, wenn hinsichtlich der getrennten Verfahren unterschiedliche Kostenentscheidungen ergehen. Soweit Gebühren nur vor der Trennung angefallen sind oder der Anwalt die höhere Gebühr vor der Trennung berechnet, ist dies entsprechend der anteiligen Gegenstandswerte auf die getrennten Verfahren zu verteilen.

Beispiel: Nach mündlicher Verhandlung wird das Verfahren 100/16 (Wert: 9.000 EUR) hinsichtlich einer Teilforderung von 3.000 EUR abgetrennt und insoweit als neues Verfahren 101/16 fortgeführt. Es wird in beiden Verfahren verhandelt. Die Kosten des Verfahrens 100/16 trägt der Kläger, die des Verfahrens 101/16 trägt der Beklagte.
Im Verfahren 100/16 kann der Beklagte zur Festsetzung seine Gebühren nur anteilig nach dem Verhältnis der Streitwerte anmelden:

1. 1,3-Verfahrensgebühr, VV 3100
   (Wert: 6.000 EUR)   460,20 EUR
2. 1,2-Terminsgebühr, VV 3104
   (Wert: 9.000 EUR)   608,40 EUR
   hiervon 2/3   405,60 EUR
3. Postentgeltpauschale, VV 7002   20,00 EUR
   Zwischensumme   885,80 EUR
4. 19 % Umsatzsteuer, VV 7008   168,30 EUR
   Gesamt   **1.054,10 EUR**

Im Verfahren 101/16 wiederum kann der Kläger aus dem Wert von 3.000 EUR zur Festsetzung anmelden:
1. 1,3-Verfahrensgebühr, VV 3100   261,30 EUR
2. 1,2-Terminsgebühr, VV 3104[143]   241,20 EUR
3. Postentgeltpauschale, VV 7002   20,00 EUR
   Zwischensumme   522,50 EUR
4. 19 % Umsatzsteuer, VV 7008   99,28 EUR
   Gesamt   **621,78 EUR**

176 **Unterbrechung.** Wird ein unterbrochener Rechtsstreit wieder aufgenommen, liegt nur eine einzige Angelegenheit vor. Auf die Dauer der Unterbrechung kommt es nicht an. Insbesondere gilt Abs. 5 S. 2 nicht, da der Auftrag mit Unterbrechung nicht endet.[144]

177 **Unterlassungsansprüche.** Werden in einem Rechtsstreit Unterlassungsansprüche mehrerer Kläger gegen denselben Beklagten geltend gemacht, so handelt es sich sowohl auf Kläger- als auch auf Beklagtenseite um eine einzige Angelegenheit.[145] Das Gleiche gilt, wenn ein Kläger Unterlassungsansprüche gegen mehrere Beklagte geltend macht.

178 **Urkundenverfahren.** Das Urkundenverfahren stellt gegenüber dem Nachverfahren eine eigene Angelegenheit dar (§ 17 Nr. 5). Lediglich die Verfahrensgebühr des Urkundenverfahrens wird auf die des Nachverfahrens angerechnet (Anm. Abs. 2 zu VV 3100).

179 **Verbindung.** Werden mehrere Verfahren miteinander verbunden, so liegt ab dem Zeitpunkt der Verbindung nur noch eine einzige Angelegenheit i.S.d. § 17 Nr. 1 vor. Bis zur Verbindung bleiben die Verfahren dagegen selbstständige Angelegenheiten.[146]

---

142 So zum umgekehrten Fall der Verbindung: BGH AGS 2010, 317 = RVGprof. 2010, 109 = MDR 2010, 776 = zfs 2010, 402 = Rpfleger 2010, 446.
143 Da hier erneut verhandelt worden ist, kann eine volle Gebühr aus dem Wert von 3.000 EUR berechnet werden. Diese liegt höher als 3.000/9.000 einer Gebühr aus 9.000 EUR (179,60 EUR).
144 FG Saarland AGS 2008, 290.
145 OLG Hamm JurBüro 1996, 312.
146 OLG Koblenz JurBüro 1986, 1523.

Das verbundene Verfahren bildet allerdings keine dritte Angelegenheit neben den beiden getrennten Verfahren. Es verhält sich vielmehr so, dass eines der zuvor getrennt geführten Verfahren fortbesteht und ihm der Gegenstandswert des anderen Verfahrens – ähnlich wie bei einer Klageerweiterung – zugeschlagen wird. Welches Verfahren fortgeführt wird, ergibt sich aus dem jeweiligen Verbindungsbeschluss, in dem eines der Verfahren als führend, also als fortbestehend, bestimmt wird.

180 In Angelegenheiten des VV Teil 3 fallen die Gebühren vor der Verbindung aus dem jeweiligen Wert der einzelnen Verfahren (§ 2 Abs. 1) an, da es sich um verschiedene Angelegenheiten handelt.[147] Nach Verbindung entstehen die Gebühren dagegen nur ein einziges Mal (Abs. 1, Abs. 2), und zwar aus dem Gesamtwert der Gegenstände (§ 23 Abs. 1 S. 1 RVG i.V.m. § 39 Abs. 1 GKG). Auch hier sind wiederum **drei Fallkonstellationen** möglich:

(1) Soweit einzelne Gebühren **nur vor der Verbindung**, nicht aber auch nach der Verbindung nochmals ausgelöst werden, ergeben sich keine Besonderheiten. Hier können nur die Gebühren aus den getrennten Verfahren berechnet werden.

(2) Soweit die Gebühren **nur nach der Verbindung** anfallen, ergeben sich ebenfalls keine Probleme. Es entsteht nur eine Gebühr nach dem Gesamtwert (§ 23 Abs. 1 S. 1 RVG i.V.m. § 39 Abs. 1 GKG) des verbundenen Verfahrens.[148]

(3) Werden allerdings die Gebührentatbestände **sowohl vor als auch nach der Verbindung** ausgelöst, ist die Abrechnung schwieriger. Dieses Problem stellt sich insbesondere stets bei der Verfahrensgebühr, die immer sowohl vor als auch nach der Verbindung ausgelöst wird. Aber auch sämtliche anderen Gebühren können sowohl vor als auch nach der Verbindung anfallen. Ausgangspunkt der Berechnung ist in diesen Fällen wiederum Abs. 2, wonach der Anwalt in jedem Rechtszug die Gebühren nur einmal erhalten kann. Es ist daher nicht zulässig, die Gebühren sowohl aus dem gemeinsamen Wert nach Verbindung als auch zusätzlich aus den Einzelwerten vor Verbindung zu liquidieren. Andererseits besteht keine Pflicht, nur die getrennten Gebühren zu berechnen oder nur eine Gebühr aus dem Gesamtwert. Der Anwalt ist vielmehr frei zu wählen, ob er seine Gebühren aus den Einzelwerten vor Verbindung oder aus dem Gesamtwert nach Verbindung berechnet.[149]

181 Für die **Postentgeltpauschale** nach VV 7002 ist Abs. 4 entsprechend anzuwenden. Die vor Verbindung in dem verbundenen Verfahren entstandene Postentgeltpauschale bleibt dem Anwalt auch dann erhalten, wenn er die gemeinsame Abrechnung wählt und daher aus dem Verfahren vor Verbindung keine Gebühren abrechnen kann.

In aller Regel ist es aufgrund der Gebührendegression für den Anwalt günstiger, die getrennte Berechnung zu wählen.

Beispiel: A klagt gegen B auf Zahlung von 6.000 EUR (Az. 100/16). B erhebt gleichzeitig Klage gegen A auf Zahlung von 4.000 EUR (Az. 101/16). Nachdem in beiden Verfahren mündlich verhandelt worden ist, wird die Klage des B als Widerklage zum Verfahren 100/16 verbunden. Anschließend wird erneut verhandelt.

Bei **gemeinsamer Berechnung** erhält der Anwalt folgende Gebühren:
Verbundenes Verfahren 100/16 (Wert: 10.000 EUR)

1. 1,3-Verfahrensgebühr, VV 3100	725,40 EUR
2. 1,2-Terminsgebühr, VV 3104	669,60 EUR
3. Postentgeltpauschale, VV 7002	20,00 EUR
Zwischensumme	1.415,00 EUR
4. 19 % Umsatzsteuer, VV 7008	268,85 EUR
Gesamt	**1.683,85 EUR**

Bei **getrennter Abrechnung** erhält der Anwalt dagegen folgende Gebühren:
Verfahren 100/16 vor Verbindung (Wert: 6.000 EUR)

1. 1,3-Verfahrensgebühr, VV 3100	460,20 EUR
2. 1,2-Terminsgebühr, VV 3104	424,80 EUR

---

147 OLG Koblenz JurBüro 1986, 1523.
148 BGH AGS 2010, 317 = RVGprof. 2010, 109 = MDR 2010, 776 = zfs 2010, 402 = Rpfleger 2010, 446 = VersR 2010, 1198 = JurBüro 2010, 414 = NJW 2010, 3377 = DAR 2010, 358 = RVGreport 2010, 214 = FamRZ 2010, 1071 = VRR 2010, 278 = AnwBl 2010, 627 = RuS 2010, 536.
149 VGH Kassel JurBüro 1987, 1360.

3. Postentgeltpauschale, VV 7002		20,00 EUR
Zwischensumme	905,00 EUR	
4. 19 % Umsatzsteuer, VV 7008		171,95 EUR
Gesamt		**1.076,95 EUR**

Verfahren 101/16 vor Verbindung (Wert: 4.000 EUR)

1. 1,3-Verfahrensgebühr, VV 3100		327,60 EUR
2. 1,2-Terminsgebühr, VV 3104		302,40 EUR
3. Postentgeltpauschale, VV 7002		20,00 EUR
Zwischensumme	650,00 EUR	
4. 19 % Umsatzsteuer, VV 7008		123,50 EUR
Gesamt		**773,50 EUR**
Gesamt (100/16 + 101/16)		**1.850,45 EUR**

Die getrennte Berechnung ist daher günstiger.

182 Nur in seltenen Fällen werden die Gebühren nach der Verbindung höher liegen als vor der Verbindung.

Beispiel: Eine Räumungsklage (Az. 100/16 – Wert: 50.000 EUR) wird mit der Klage auf Nachforderung aus einer Nebenkostenabrechnung (Az. 101/16 – Wert: 250 EUR) verbunden, nachdem in beiden Verfahren verhandelt worden ist. Führend ist das Verfahren 100/16.

Bei **getrennter Abrechnung** erhält der Anwalt folgende Gebühren:

Verfahren 100/16 vor Verbindung (Wert: 50.000 EUR)

1. 1,3-Verfahrensgebühr, VV 3100		1.511,90 EUR
2. 1,2-Terminsgebühr, VV 3104		1.395,60 EUR
3. Postentgeltpauschale, VV 7002		20,00 EUR
Zwischensumme	2.927,50 EUR	
4. 19 % Umsatzsteuer, VV 7008		556,23 EUR
Gesamt		**3.483,73 EUR**

Verfahren 101/16 vor Verbindung (Wert: 250 EUR)

1. 1,3-Verfahrensgebühr, VV 3100		58,50 EUR
2. 1,2-Terminsgebühr, VV 3104		54,00 EUR
3. Postentgeltpauschale, VV 7002		20,00 EUR
Zwischensumme	132,50 EUR	
4. 19 % Umsatzsteuer, VV 7008		25,18 EUR
Gesamt		**157,68 EUR**
Gesamt (Verfahren 100/16 + 101/16)		**3.641,41 EUR**

Bei **gemeinsamer Berechnung** erhält der Anwalt dagegen folgende Gebühren:

Verbundenes Verfahren 100/16 (Wert: 50.250 EUR)

1. 1,3-Verfahrensgebühr, VV 3100		1.622,40 EUR
2. 1,2-Terminsgebühr, VV 3104		1.497,60 EUR
3. Postentgeltpauschale, VV 7002		20,00 EUR
Zwischensumme	3.140,00 EUR	
4. 19 % Umsatzsteuer, VV 7008		596,60 EUR
Gesamt		**3.736,60 EUR**

Die gemeinsame Abrechnung ist daher günstiger.

183 Möglich ist auch, dass hinsichtlich eines Gebührentatbestandes die getrennte Berechnung günstiger ist, während hinsichtlich eines anderen Gebührentatbestandes die gemeinsame Berechnung günstiger ist. Ein solcher Fall kann sich ergeben, wenn einzelne Gebühren nur nach Teilwerten anfallen.

Beispiel: A klagt gegen B auf Zahlung von 50.000 EUR (Az. 100/16). B erhebt gleichzeitig Klage gegen A auf Zahlung von 20.000 EUR (Az. 101/16), die dann vor der mündlichen Verhandlung bis auf 250 EUR zurückgenommen wird. Nach mündlicher Verhandlung in beiden Verfahren wird verbunden und erneut verhandelt.

Hinsichtlich der Verfahrensgebühr ist die getrennte Abrechnung günstiger.
Hinsichtlich der Terminsgebühr ist die verbundene Abrechnung dagegen günstiger, da die Gebühr aus dem Gesamtwert (50.250 EUR) mit 1.497,60 EUR über der Summe der Einzelgebühren aus den Teilwerten (50.000 EUR und 250 EUR) liegt: 1.395,60 EUR + 54 EUR = 1.449,60 EUR.

Die günstigste Berechnung sieht also folgendermaßen aus:
Verfahren 100/16

1. 1,3-Verfahrensgebühr, VV 3100
 (Wert: 50.000 EUR)   1.511,90 EUR
2. 1,2-Terminsgebühr, VV 3104
 (Wert: 50.250 EUR)   1.497,60 EUR
3. Postentgeltpauschale, VV 7002   20,00 EUR
 Zwischensumme   3.029,50 EUR
4. 19 % Umsatzsteuer, VV 7008   575,61 EUR
Gesamt   **3.605,11 EUR**

Verfahren 101/16 (Wert: 20.000 EUR)
1. 1,3-Verfahrensgebühr, VV 3100   964,60 EUR
2. Postentgeltpauschale, VV 7002   20,00 EUR
 Zwischensumme   984,60 EUR
3. 19 % Umsatzsteuer, VV 7008   187,07 EUR
Gesamt   **1.171,67 EUR**
Gesamt (Verfahren 100/16 + 101/16)   **4.776,78 EUR**

184 **Verändert sich der Gegenstandswert** nach der Verbindung, so ist zu differenzieren. Eine Ermäßigung ist unproblematisch, da nach Abs. 4 bereits verdiente Gebühren nachträglich nicht entfallen können. Probleme bereitet nur die Erhöhung des Gegenstandswertes.

Beispiel:[150] A klagt gegen B auf Zahlung von 7.000 EUR (Az. 100/16). B erhebt gleichzeitig Klage gegen A auf Zahlung von 5.000 EUR (Az. 101/16). Nach Verhandlung in beiden Verfahren werden diese verbunden. Anschließend wird die Klage um 8.000 EUR auf 15.000 EUR erhöht. Nach erneuter Verhandlung vergleichen sich die Parteien.

Hier ist dem Anwalt das Wahlrecht genommen, da vor der Verbindung nicht bereits sämtliche Gegenstände anhängig waren. Er muss daher diejenigen Gebühren, die aus dem Wert der Klageerweiterung angefallen sind, in dem verbundenen Verfahren abrechnen. Da nach Abs. 4 andererseits aber bereits entstandene Gebühren nicht entfallen können, erhält der Anwalt zusätzlich den Mehrbetrag der Gebühren aus der Zeit vor Verbindung.[151]

Zu rechnen ist daher wie folgt:

1. Schritt: Berechnung des Mehrbetrags
Zunächst ist der Mehrbetrag der Einzelgebühren aus den getrennten Verfahren gegenüber der einer Gebühr aus den addierten Werten (§ 23 Abs. 1 S. 1 RVG i.V.m. § 39 Abs. 1 GKG) zu ermitteln:

1,3-Verfahrensgebühr, VV 3100
(Wert: 7.000 EUR)   526,50 EUR
1,3-Verfahrensgebühr, VV 3100
(Wert: 5.000 EUR)   393,90 EUR
abzgl. 1,3-Verfahrensgebühr, VV 3100
(Wert: 12.000 EUR)   – 785,20 EUR
Mehrbetrag   **135,20 EUR**

2. Schritt: Berechnung der Gebühr
Dieser ermittelte Mehrbetrag, der nach Abs. 4 nicht untergehen darf, ist nunmehr der Verfahrensgebühr aus dem Wert des verbundenen Verfahrens hinzuzurechnen:

1,3-Verfahrensgebühr, VV 3100
(Wert: 20.000 EUR)   964,60 EUR
Mehrbetrag   135,20 EUR
Gesamt   **1.099,80 EUR**

Ebenso ist hinsichtlich der Terminsgebühr zu verfahren.
1,2-Terminsgebühr, VV 3104
(Wert: 7.000 EUR)   486,00 EUR
1,2-Terminsgebühr, VV 3104
(Wert: 5.000 EUR)   363,60 EUR
abzgl. 1,2-Terminsgebühr, VV 3104
(Wert: 12.000 EUR)   – 724,80 EUR
Mehrbetrag   **124,80 EUR**

---

[150] Nach Gerold/Schmidt/*Müller-Rabe*, RVG, VV 3100 Rn 82.

[151] Gerold/Schmidt/*Müller-Rabe*, RVG, VV 3100 Rn 82.

Die Einigungsgebühr ist dagegen nur nach Verbindung entstanden. Hier erhält der Anwalt keinen zusätzlichen Betrag. Die Postentgeltpauschale wiederum erhält er zweimal.
Die Berechnung sieht daher insgesamt wie folgt aus:

1. 1,3-Verfahrensgebühr, VV 3100
   (Wert: 20.000 EUR)   964,60 EUR
2. Mehrbetrag Verfahrensgebühr   135,20 EUR
3. 1,2-Terminsgebühr, VV 3104
   (Wert: 20.000 EUR)   890,40 EUR
4. Mehrbetrag Terminsgebühr   124,80 EUR
5. 1,0-Einigungsgebühr, VV 1000, 1003
   (Wert: 20.000 EUR)   742,00 EUR
6. Postentgeltpauschale Verfahren 100/16, VV 7002   20,00 EUR
7. Postentgeltpauschale Verfahren 101/16, VV 7002   20,00 EUR
   Zwischensumme   2.897,00 EUR
8. 19 % Umsatzsteuer, VV 7008   550,43 EUR
   Gesamt   **3.447,43 EUR**

Unzutreffend wäre es, nur eine Gebühr aus dem verbundenen Wert abzurechnen, sofern diese Gebühr höher liegt als die Gebühren aus den Einzelwerten.[152] Dies würde – wie ausgeführt – gegen Abs. 4 verstoßen. Ebenso unzutreffend wäre es, aus dem Gegenstandswert der Erweiterung eine zusätzliche Gebühr zuzubilligen.[153] Abgesehen davon, dass Gebühren nicht nach Differenzbeträgen anfallen, sondern nur nach dem Wert der Gegenstände, würde diese Berechnung gegen das in § 13 niedergelegte Prinzip der Gebührendegression verstoßen.

Verbundverfahren. Bei Ehe- und Folgesachen handelt es sich eigentlich um verschiedene Gegenstände. Dennoch sollen die Gebühren nur einmal entstehen. Daher fingiert § 16 Nr. 4, dass die Scheidungssache sowie die Folgesachen nach § 137 FamFG (§ 623 Abs. 1 bis 3, 5; § 621 Abs. 1 Nr. 1 bis 9 ZPO a.F.) als dieselbe Angelegenheit i.S.d. Gesetzes gelten.   185

Bei einer Angelegenheit bleibt es grundsätzlich auch, wenn eine Folgesache abgetrennt wird, da dies nicht den Verbund auflöst (§ 137 Abs. 5 S. 1 FamFG). Nur bei Abtrennung von Kindschaftssachen wird der Verbund aufgelöst, so dass das abgetrennte Verfahren eine neue Angelegenheit bildet (§ 137 Abs. 5 S. 2 FamFG).

Folgesachen werden ferner dann zu gesonderten Angelegenheiten, wenn sie nach Rücknahme des Scheidungsantrags fortgeführt werden (§ 141 S. 3 FamFG).

Im Falle einer Zurückverweisung ist § 21 Abs. 2 zu beachten. Wird der Scheidungsantrag in erster Instanz abgewiesen und hebt das Berufungsgericht das Urteil des Familiengerichts auf und verweist es die Sache an das Familiengericht, so liegt abweichend von § 21 Abs. 1 S. 1 nur eine Angelegenheit vor.

Verfahren auf Vollstreckbarerklärung. Das Verfahren auf Vollstreckbarerklärung des nicht angefochtenen Teils eines Urteils ist grundsätzlich eine eigene Angelegenheit, die nach VV 3329 zu vergüten ist. Das Verfahren zählt lediglich dann nach § 19 Abs. 1 S. 2 Nr. 9 zur Hauptsache, wenn der nicht angefochtene Teil des Urteils ursprünglich Gegenstand des Rechtsmittelverfahrens war oder später geworden ist, wenn also   186
– das ursprünglich unbeschränkte Rechtsmittel nachträglich beschränkt worden ist,
– das ursprünglich beschränkte Rechtsmittel erweitert worden ist oder
– sich nach beschränktem Rechtsmittel die Parteien insgesamt, also auch hinsichtlich des nicht angefochtenen Teils des Urteils, verglichen haben.[154]

Verfahrenskostenhilfe. Siehe „Prozesskostenhilfe" (Rdn 154).   187

Verfassungsbeschwerden. Verbindet das BVerfG mehrere gleich gelagerte Verfassungsbeschwerden und entscheidet es über sie gemeinsam, so werden sie dadurch nicht zu derselben Angelegenheit.[155]   188

---

152 So aber OLG München JurBüro 1986, 556; OLG Stuttgart JurBüro 1982, 1671.
153 So aber OLG Koblenz JurBüro 1986, 1523 = KostRsp. BRAGO § 13 Nr. 74 m. abl. Anm. *Lappe*.
154 Siehe ausführlich *N. Schneider*, ZAP Fach 24, S. 137; ders., AGS 1996, 85.
155 BVerfG AnwBl 1976, 163.

189 Vergleich oder Einigung über nicht anhängige Ansprüche. Vergleichen oder einigen sich die Parteien in einem Rechtsstreit auch über nicht anhängige Ansprüche, so löst dies nicht keine neue Angelegenheit aus. Die nicht anhängigen Ansprüche werden vielmehr Gegenstand des Verfahrens. Sie sind daher lediglich beim Gegenstandswert (§ 23 Abs. 1 S. 1 RVG i.V.m. § 39 Abs. 1 GKG) zu berücksichtigen.[156]

Etwas anderes gilt dann, wenn der Anwalt hinsichtlich der nicht anhängigen Ansprüche bereits einen anderweitigen Auftrag hatte. Dann liegen verschiedene Angelegenheiten vor. Die Einigungsgebühr entsteht allerdings nur im gerichtlichen Verfahren.

190 Vergütungsfestsetzung. Das Vergütungsfestsetzungsverfahren nach § 11 ist eine eigene Angelegenheit. Der Anwalt, der hiermit beauftragt wird, kann daher für das Vergütungsfestsetzungsverfahren die Gebühr nach VV 3403 neben der Verfahrensgebühr verlangen.

> **Beispiel:** Anwalt A legt das Mandat nieder. Nunmehr bestellt sich B als Prozessbevollmächtigter. Er wird gleichzeitig beauftragt, in dem von Rechtsanwalt A eingeleiteten Vergütungsfestsetzungsverfahren tätig zu werden.
> Es liegen zwei verschiedene Angelegenheiten vor.

Die scheinbar anders lautende Vorschrift des § 19 Abs. 1 S. 2 Nr. 14 steht dem nicht entgegen. Diese Vorschrift soll zum Ausdruck bringen, dass der Anwalt, der in eigener Sache einen Vergütungsfestsetzungsantrag stellt, hierfür keine gesonderten Gebühren erhält. Dies ist jedoch eine Selbstverständlichkeit, da der Anwalt in eigener Sache tätig wird und es insoweit bereits an einem Auftraggeber fehlt, den er in Anspruch nehmen könnte.

191 Verhandlungsvertreter. Wird der Prozessbevollmächtigte später als Verhandlungsvertreter beauftragt, liegt nur eine Angelegenheit vor:[157] Es ist ein Fall des Abs. 5 S. 1 gegeben. Selbst wenn man verschiedene Angelegenheiten annehmen würde, könnte der Anwalt nicht mehr an Gebühren verlangen, als er als Prozessbevollmächtigter verdienen würde (Abs. 6).

192 Versäumnisurteil. Ergeht ein Versäumnisurteil und wird hiergegen Einspruch eingelegt, so war bisher zu differenzieren: Wurde nach Einspruch verhandelt, lag nur eine Angelegenheit vor. Die Gebühren entstanden nur einmal. Lediglich die Verhandlungsgebühr für das Versäumnisurteil erhielt der Anwalt gesondert (§ 38 Abs. 2 BRAGO). Wurde der Einspruch hingegen verworfen oder zurückgenommen, bevor über die Hauptsache verhandelt worden war, stellte das Verfahren über den Einspruch eine eigene Angelegenheit dar, in der der Anwalt die Gebühren erneut erhalten konnte. Lediglich die Prozessgebühr des vorangegangenen Verfahrens wurde angerechnet (§ 38 Abs. 1 BRAGO). Diese Regelungen sind abgeschafft. Das Verfahren nach Einspruch gehört jetzt immer zur Angelegenheit und löst keine gesonderten Gebühren mehr aus.[158]

193 Verweisung. Die Verweisung an ein anderes Gericht löst grundsätzlich keine neue Angelegenheit aus (§ 20 Abs. 1 S. 1). Anders verhält es sich, wenn an ein Gericht eines niedrigeren Rechtszugs verwiesen oder abgegeben wird (§ 20 Abs. 1 S. 2). Siehe im Einzelnen die Vorbemerkung zu §§ 20, 21.

194 Vollstreckungsabwehrklage. Die Vollstreckungsabwehrklage ist gegenüber dem Verfahren, in dem der Titel, gegen den sich die Vollstreckungsgegenklage richtet, eine eigene Angelegenheit. Die Gebühren nach VV 3100 ff. fallen erneut an.

195 Vorläufige Einstellung der Zwangsvollstreckung. Das Verfahren über die vorläufige Einstellung, Beschränkung oder Aufhebung der Zwangsvollstreckung zählt grundsätzlich zur Hauptsache (§ 19 Abs. 1 S. 2 Nr. 11). Etwas anderes gilt jedoch dann, wenn über den Antrag eine **abgesonderte mündliche Verhandlung** stattfindet. Dann handelt es sich um eine gesonderte Angelegenheit, die nach VV 3328 zu vergüten ist (Anm. S. 1 zu VV 3328). Wird der Antrag sowohl vor dem Prozessgericht als auch vor dem Vollstreckungsgericht gestellt, liegt nur eine Angelegenheit vor (Anm. S. 2 zu VV 3328).

196 Wechsel des Klägers oder des Beklagten. Siehe „Parteiwechsel".

---

[156] OLG Schleswig JurBüro 1980, 1516.
[157] OLG Hamburg MDR 1986, 596 = JurBüro 1986, 870.
[158] OLG Celle AGS 2016, 318 = NJW-Spezial 2016, 444 = RVGreport 2016, 298.

Wechselverfahren. Wechselverfahren und Nachverfahren bilden zwei verschiedene Angelegenheiten (§ 17 Nr. 5). Lediglich die Verfahrensgebühr des Wechselverfahrens wird auf die des Nachverfahrens angerechnet (Anm. Abs. 2 zu VV 3100).

Widerklage. Die Widerklage löst keine eigene Gebührenangelegenheit aus, sondern gehört zum Klageverfahren.[159] Das gilt auch in Strafsachen für die Widerklage im Privatklageverfahren (§ 16 Nr. 12).

Wiederaufnahmeverfahren. Wiederaufnahmeverfahren sind eigene Angelegenheiten. Dies gilt sowohl für Verfahren nach VV Teil 3 als auch für Verfahren nach VV Teil 4 bis 6 (VV 4136 ff.; VV Vorb. 6.2.3). In Verfahren nach VV Teil 3 erhält der Anwalt im Wiederaufnahmeverfahren die Gebühren der VV 3100 ff. Für Strafsachen sind eigene Gebührentatbestände in VV 4136 ff. vorgesehen.

Wiedereinsetzung. Das Verfahren über den Antrag auf Wiedereinsetzung stellt keine eigene Angelegenheit dar, sondern zählt gebührenrechtlich zum jeweiligen Verfahren.

Zulassung eines Rechtsmittels. Das Verfahren über die Zulassung eines Rechtsmittels stellt gegenüber dem Verfahren, in dem die anzufechtende Entscheidung ergangen ist, eine eigene Angelegenheit dar, auch dann, wenn die Zulassung vor dem Ausgangsgericht beantragt wird (§ 17 Nr. 1). Das Zulassungsverfahren ist bereits Teil des Rechtsmittelverfahrens.[160]

Wird das Rechtsmittel anschließend zugelassen, so gehört die Tätigkeit im Zulassungsverfahren allerdings zum Rechtsmittelverfahren. Insoweit liegt daher insgesamt nur eine Angelegenheit vor (§ 16 Nr. 11, 1. Hs.).

Anders verhält es sich nur, wenn das Zulassungsverfahren als Beschwerdeverfahren ausgestaltet wird. Dann gilt § 16 Nr. 11, 2. Hs., § 17 Nr. 9. Das Beschwerdeverfahren über die Nichtzulassung stellt eine eigene Angelegenheit dar (siehe auch „Nichtzulassungsbeschwerde").

Zurückverweisung. Die Zurückverweisung löst stets eine neue Angelegenheit aus (§ 21 Abs. 1); Ausnahme: Zurückverweisung der erstinstanzlich abgewiesenen Ehesache (§ 21 Abs. 2). In Verfahren nach VV Teil 3 wird allerdings die Verfahrensgebühr angerechnet, wenn an ein Gericht zurückverwiesen wird, das bereits mit der Sache befasst war (§ 21 Abs. 1 S. 2), es sei denn, es sind zwischenzeitlich zwei Kalenderjahre vergangen (siehe § 21 Rdn 8 f.).

Zuständigkeitsstreit. Wie Verfahren über die Bestimmung des zuständigen Gerichts (§§ 36, 37 ZPO) zu behandeln sind, ist strittig. Nach § 19 Abs. 1 S. 2 Nr. 3 gehören solche Verfahren an sich zum Rechtszug.
– Nach zutreffender Auffassung gilt das allerdings nur dann, wenn es auch zu einer Zuständigkeitsbestimmung kommt.

Wird der Antrag auf Bestimmung eines gemeinsamen Gerichts als unbegründet zurückgewiesen oder zurückgenommen, handelt es sich bei diesem Verfahren dagegen gebührenrechtlich um eine eigene Angelegenheit, die eine gesonderte Vergütung auslöst.[161] Der Gegenstandswert ist mit einem Zehntel der Hauptsache anzusetzen.[162]
– Zum Teil wird differenziert. Danach gilt das Bestimmungsverfahren nur dann als gesonderte Angelegenheit, wenn es vor Anhängigkeit der Hauptsache betrieben wird. Wir das Verfahren dagegen während der Hauptsache betreiben soll es nach § 19 Abs, 1 S. 2 Nr. 3 zur Hauptsache zählen.[163]

---

159 OLG Bamberg JurBüro 1978, 866; LG Düsseldorf AGS 2010, 321; unzutreffend OLG Stuttgart AGS 2013, 324 = NJW-RR 2013, 63 = JurBüro 2013, 136 = Justiz 2013, 147 = ZIP 2013, 648.
160 VG Dresden, Beschl. v. 23.3.2016 – 2 O 16/16 (zu 2 K 1028/10).
161 OLG Bamberg JurBüro 1979, 720; BGH MDR 1987, 735 = BGHWarn 1987, Nr. 44 = NJW-RR 1987, 757; OLG Köln AGS 2003, 205 m. Anm. *N. Schneider* = ProzRB 2003, 260; AGS 2007, 229 = JurBüro 2007, 302 = MDR 2007, 921 = OLGR 2007, 495; BayObLG AnwBl 1999, 354 = Rpfleger 1999, 321 = NJW-RR 2000, 141 = BayObLGR 1999, 47; OLG Koblenz OLGR 2000, 419; OLG Karlsruhe AGS 2008, 223 = OLGR 2008, 280 = MDR 2008, 473; OLG Celle OLGR 2009, 626.
162 OLG Köln AGS 2003, 205 m. Anm. *N. Schneider.*
163 Differenzierend OLG Köln AGS 2008, 114 u. AGS 2007, 607; OLG Köln AGS 2007, 67.

– Nach anderer Auffassung gehört das Verfahren auf Bestimmung des zuständigen Gerichts immer zum Rechtszug.[164]

3. Schadensersatzpflicht des Anwalts bei sachwidriger Trennung

204 Bearbeitet der Anwalt verschiedene Gegenstände in getrennten Angelegenheiten, obwohl er sie auch in einer einzigen Angelegenheit zusammenfassen könnte, verstößt er gegen die Interessen des Mandanten, der dadurch mit zusätzlichen vermeidbaren Kosten belastet wird. Grundsätzlich besteht die Verpflichtung des Anwalts, ein Mandat kostengünstig zu bearbeiten. Hieraus wiederum folgt, dass er – soweit möglich – mehrere Gegenstände in einem einheitlichen Verfahren, also in einer einheitlichen Gebührenangelegenheit verfolgen muss.[165]

> **Beispiel:**[166] Der Anwalt erhebt in einer Mietsache gesonderte Klagen auf Räumung und Zahlung. Die Gebühren entstehen jetzt zweimal, einmal aus dem Wert der Räumung und einmal aus dem Wert der Mietrückstände. Hätte der Anwalt Räumung und Zahlung im Wege der Klagenhäufung (§ 260 ZPO) geltend gemacht, wären die Gebühren nur einmal angefallen. Zwar wäre der Gegenstandswert gemäß § 23 Abs. 1 S. 1 RVG i.V.m. § 39 Abs. 1 GKG höher gewesen. Infolge der Gebührendegression hätte sich insgesamt aber ein geringeres Gebührenaufkommen ergeben.

205 Will der Anwalt davon abweichen, muss er den Mandanten über die Kostennachteile aufklären und sich von ihm die Einwilligung einholen, die Sachen (kostenintensiver) getrennt zu behandeln.

206 Der Anwalt, der hiergegen verstößt, kann seine Gebühren im Ergebnis nur einmal aus den zusammengerechneten Werten erhalten. Dies ergibt sich entweder bereits daraus, dass mangels gegenteiligen ausdrücklichen Auftrags nur ein Mandat zu einer einheitlichen Angelegenheit vorgelegen hat; dann entsteht von vornherein nur ein Gebührenanspruch aus den zusammengerechneten Werten.[167] Hat sich der Anwalt dagegen ausdrücklich einen Auftrag für mehrere Angelegenheiten erteilen lassen, ohne den Mandanten jedoch über die Kostennachteile zu belehren, dann stehen dem Anwalt zwar einerseits mehrere Gebühren zu. Er ist aufgrund des gegen ihn gerichteten Schadensersatzanspruches des Mandanten aber gehindert, diese geltend zu machen, soweit diese Gebühren den Betrag übersteigen, den der Anwalt bei einheitlichem Tätigwerden erhalten hätte.[168] Das Ergebnis bleibt also dasselbe.

> **Beispiel:** Wie oben. Gegenstandswert Räumung (12.000 EUR), Zahlung (6.000 EUR).
> Bei getrennter Abrechnung erhält der Anwalt:
>
> **I. Räumung (Wert: 12.000 EUR)**
> 1. 1,3-Verfahrensgebühr, VV 3100 — 785,20 EUR
> 2. 1,2-Terminsgebühr, VV 3104 — 724,80 EUR
> 3. Postentgeltpauschale, VV 7002 — 20,00 EUR
>   Zwischensumme — 1.530,00 EUR
> 4. 19 % Umsatzsteuer, VV 7008 — 290,70 EUR
>   **Gesamt** — **1.820,70 EUR**
>
> **II. Zahlungsklage (Wert: 6.000 EUR)**
> 1. 1,3-Verfahrensgebühr, VV 3100 — 460,20 EUR
> 2. 1,2-Terminsgebühr, VV 3104 — 424,80 EUR
> 3. Postentgeltpauschale, VV 7002 — 20,00 EUR
>   Zwischensumme — 905,00 EUR
> 4. 19 % Umsatzsteuer, VV 7008 — 171,95 EUR
>   **Gesamt** — **1.076,95 EUR**
>   **Gesamt I + II** — **2.897,65 EUR**
>
> **Klagenhäufung (Wert: 18.000 EUR)**
> 1. 1,3-Verfahrensgebühr, VV 3100 — 904,80 EUR
> 2. 1,2-Terminsgebühr, VV 3104 — 835,20 EUR
> 3. Postentgeltpauschale, VV 7002 — 20,00 EUR

---

164 OLG Düsseldorf MDR 1983, 846 = AnwBl 1983, 526; OLG Dresden AGS 2006, 272 = Rpfleger 2006, 44 = OLGR 2006, 233 = NJ 2005, 564; OLG München AGS 2008, 276 = FamRZ 2008, 627.
165 BGH AGS 2004, 145 m. Anm. *N. Schneider*; OLG Koblenz AGS 2004, 38.
166 Nach OLG Koblenz AGS 2004, 38.
167 So im Falle des OLG Koblenz AGS 2004, 38.
168 So im Fall des BGH AGS 2004, 145 m. Anm. *N. Schneider*.

Zwischensumme	1.760,00 EUR
4. 19 % Umsatzsteuer, VV 7008	334,40 EUR
Gesamt	**2.094,40 EUR**

Es wäre also erheblich günstiger gewesen, im Wege der Klagenhäufung vorzugehen. Daher kann der Anwalt vom Mandanten nur 2.094,40 EUR verlangen.

207 Sicherlich gibt es Ausnahmen von dem Grundsatz des einheitlichen Vorgehens. So kann es trotz höherer Kosten durchaus sinnvoll sein, getrennt vorzugehen. Dies kann prozesstaktische Gründe haben oder auch im Hinblick auf die Zwangsvollstreckung von Bedeutung sein, etwa dass man zwei Titel erhalten will, mit denen besser und schneller agiert werden kann o.Ä. Letztlich muss die Entscheidung, ob zusammenhängende Gegenstände in getrennten Angelegenheiten verfolgt werden sollen, jedoch dem Mandanten nach gehöriger Belehrung überlassen bleiben.

208 Ein Verstoß gegen die Belehrungspflichten kann nicht nur dazu führen, dass der Anwalt lediglich eine einheitliche Angelegenheit aus den zusammengerechneten Werten abrechnen kann, sondern kann auch zur Folge haben, dass der Anwalt den Mandanten von einer hierdurch bedingten höheren **Kostenerstattung** des Gegners freistellen muss.

209 Der Grundsatz, einheitlich vorzugehen, gilt auch in **Vollstreckungssachen**. Auch hier kann es u.U. missbräuchlich sein, mehrere Titel gegen denselben Schuldner einzeln zu vollstrecken, anstatt diese in einer einheitlichen Vollstreckungsmaßnahme zusammenzufassen. Ein solches Vorgehen ist u.U. nicht notwendig i.S.d. § 788 ZPO und führt damit nur zu einer eingeschränkten Kostenerstattung.

210 In arbeitsgerichtlichen Verfahren wird zum Teil sogar eine Obliegenheit angenommen, Verfahren mehrerer Auftraggeber zu einer Angelegenheit zusammenzufassen. Zwar sei ein Rechtsanwalt in der Regel nicht verpflichtet, zur Kostenersparnis mehrere Kündigungsklagen im Wege der subjektiven Klagehäufung (Sammelklage) zu verfolgen; die Erhebung einer Sammelklage sei hingegen geboten, wenn es sich um identische Kündigungssachverhalte handelt, Besonderheiten bei der Bearbeitung einer bestehenden Klage nicht zu erwarten sind und der Rechtsanwalt die Mandate aufgrund einer gemeinsamen Besprechung mit den vertretenen Arbeitnehmern erhält.[169] Dies erscheint bedenklich. Es ist Sache der Mandanten, ob sie dem Anwalt einen gemeinsamen Auftrag erteilen oder gesonderte Aufträge. Vom Anwalt kann daher nur verlangt werden, dass er über die verschiedenen Möglichkeiten und ihre kostenrechtlichen Konsequenzen berät. Die Entscheidung ist Sache des Mandanten, der gegebenenfalls Nachteile bei einer Kostenerstattung haben kann.

4. Vergütungsvereinbarungen

211 Zulässig ist es, die Abrechnung nach mehreren Angelegenheiten zu vereinbaren, obwohl nach dem RVG nur eine einzige Angelegenheit gegeben wäre, dass also eine nach dem RVG einheitliche Angelegenheit in verschiedene Angelegenheiten aufgeteilt wird und diese verschiedenen vereinbarten Angelegenheiten dann in sich wieder gesetzlich oder anderweitig abgerechnet werden.[170]

> **Beispiel:** Der Anwalt wird beauftragt, die Räumung eines gekündigten Mietverhältnisses durchzusetzen und gleichzeitig auch die rückständigen Mieten und Nutzungsentschädigungen sowie die laufenden Nutzungsentschädigungen bis zur vollständigen Räumung geltend zu machen.
> Nach der Rechtsprechung[171] ist der Anwalt gehalten, diese Sache einheitlich als eine Angelegenheit zu bearbeiten. Im Zweifel liegt der Auftrag zu einem einheitlichen Mandat vor.
> Hier können die Parteien jedoch vereinbaren, dass Räumung und Durchsetzung der Zahlungsansprüche als zwei gesonderte Angelegenheiten anzusehen und damit getrennt abzurechnen sind.

212 Da es sich insoweit um die Vereinbarung einer höheren als der gesetzlichen Vergütung handelt, muss die Form der §§ 3a ff. beachtet werden.[172]

---

169 KG NZA-RR 2006, 432 = MDR 2006, 1438 = NJW 2006, 1998 = NJ 2006, 480 = DB 2006, 2412.
170 *N. Schneider*, Die Vergütungsvereinbarung, Rn 853 ff. mit Formulierungsmuster.
171 OLG Koblenz AGS 2004, 38 = MDR 2004, 55 = WuM 2003, 657 = MietRB 2004, 6; siehe auch BGH AGS 2004, 145.
172 OLG Düsseldorf OLGR 1993, 160 = KostRsp. BRAGO § 3 Nr. 28 m. Anm. *Herget*; *N. Schneider*, Die Vergütungsvereinbarung, Rn 853 ff.

III. Unterschiedliche Gebührensätze (Abs. 3)

1. Allgemeines

a) Die Berechnung (Abs. 3, 1. Hs.)

213 Mitunter kann es vorkommen, dass innerhalb derselben Angelegenheit gleichartige Gebühren nach verschiedenen Gebührensätzen anfallen. Zu unterscheiden ist dabei, ob die unterschiedlichen Gebührensätze hinsichtlich desselben Gegenstandes oder hinsichtlich verschiedener Gegenstände anfallen.

214 **aa) Derselbe Gegenstand.** Entsteht eine Gebühr hinsichtlich desselben Gegenstandes nach unterschiedlichen Gebührensätzen, ist dies unerheblich; in diesem Fall gilt der höchste Gebührensatz.

> **Beispiel 1:** Die Parteien verhandeln zunächst nur zur Prozess- und Sachleitung, so dass lediglich eine 0,8-Terminsgebühr nach VV 3105 anfällt. In einem späteren Termin wird zur Hauptsache verhandelt, so dass nunmehr die volle 1,2-Terminsgebühr anfällt.
> Insgesamt ist nur eine Terminsgebühr angefallen (Abs. 1 S. 1). Diese berechnet sich aus dem höchsten Satz: 1,2.
>
> **Beispiel 2:** Der Anwalt reicht zunächst eine Gehörsrüge ein. Hierüber wird verhandelt. Anschließend wird der Rechtsstreit fortgesetzt und in der Hauptsache ebenfalls verhandelt.
> Im Verfahren über die Gehörsrüge ist lediglich eine 0,5-Verfahrensgebühr (VV 3330) sowie eine 0,5-Terminsgebühr (VV 3331) angefallen. Für das weitere Verfahren erhält der Anwalt keine zusätzlichen Gebühren (§ 19 Abs. 1 S. 2 Nr. 5). Die Verfahrens- und Terminsgebühr erhöhen sich vielmehr auf 1,3 und 1,2 (VV 3100, 3104).

215 **bb) Verschiedene Gegenstände.** Anders verhält es sich, wenn gleichartige Gebühren mit unterschiedlichen Gebührensätzen nach verschiedenen Teilgegenständen anfallen. In diesem Fall gilt nicht automatisch der höchste Gebührensatz. Vielmehr greift jetzt Abs. 3. Danach erhält der Anwalt ausnahmsweise mehrere Gebühren, und zwar aus den Werten der jeweiligen Teilgegenstände.

> **Beispiel:** In einem Rechtsstreit über 8.000 EUR ergeht zunächst ein Teil-Versäumnisurteil im schriftlichen Verfahren über 2.000 EUR. In Höhe von 6.000 EUR wird verhandelt. Die Terminsgebühr aus dem Teilwert von 2.000 EUR entsteht nur zu 0,5 (VV 3105). Die Terminsgebühr aus 6.000 EUR entsteht dagegen in voller Höhe (1,2; VV 3104), da hierüber streitig verhandelt worden ist. Es ergibt sich folgende Berechnung:
>
> | | |
> |---|---:|
> | 1. 1,3-Verfahrensgebühr, VV 3100 (Wert: 8.000 EUR) | 592,80 EUR |
> | 2. 0,5-Terminsgebühr, VV 3105 (Wert: 2.000 EUR) | 75,00 EUR |
> | 3. 1,2-Terminsgebühr, VV 3104 (Wert: 6.000 EUR) | 424,80 EUR |
> | 4. Postentgeltpauschale, VV 7002 | 20,00 EUR |
> | Zwischensumme | 1.112,60 EUR |
> | 5. 19 % Umsatzsteuer, VV 7008 | 211,39 EUR |
> | **Gesamt** | **1.323,99 EUR** |

216 Voraussetzung für die Anwendung des Abs. 3 ist, dass die Gebühren in derselben Angelegenheit entstehen. Daher gilt Abs. 3 nicht, wenn das Gesetz anordnet, dass zwei verschiedene Angelegenheiten vorliegen, etwa bei Urkunden- und Nachverfahren (§ 17 Nr. 5), beim Verfahren nach Zurückverweisung (§ 21 Abs. 1 S. 1).

b) Die Begrenzung (Abs. 3, 2. Hs.)

217 Zu beachten ist, dass die **Summe der Einzelgebühren** niemals den Wert einer Gebühr nach dem höchsten Gebührensatz aus dem Gesamtwert übersteigen darf (Abs. 3, 2. Hs.). Übersteigt die Summe der Einzelgebühren einen Betrag nach dem höchsten Satz aus dem Gesamtwert, so sind die Einzelgebühren auf diesen Betrag zu begrenzen.

2. Einigung unter Einbeziehung nicht anhängiger Ansprüche

Hauptanwendungsfall des Abs. 3 ist die Einigung, in die nicht anhängige Ansprüche einbezogen werden. Hier ist Abs. 3 auf jeden Fall hinsichtlich der Einigungsgebühr zu berücksichtigen, gegebenenfalls auch hinsichtlich der Verfahrensgebühr. Der Anwalt erhält für die rechtshängigen Ansprüche eine 1,0-Einigungsgebühr (VV 1000, 1003). Für die nicht anhängigen Ansprüche erhält er eine 1,5-Einigungsgebühr (VV 1000).[173] Für die Verfahrensgebühr kommt es darauf an, ob die Ermäßigung der VV 3101 greift oder nicht.

218

> **Beispiel:** In einem Rechtsstreit werden 10.000 EUR eingeklagt. Die Parteien einigen sich in der mündlichen Verhandlung über die gesamte Klageforderung sowie über weitere 6.000 EUR, die bislang nicht anhängig waren.
> Die Verfahrensgebühr entsteht in voller Höhe, da kein Ermäßigungstatbestand nach VV 3101 gegeben ist. Hinsichtlich der Einigungsgebühr ist Abs. 3 zu beachten.
>
> 1. 1,3-Verfahrensgebühr, VV 3100
>   (Wert: 16.000 EUR)   845,00 EUR
> 2. 1,2-Terminsgebühr, VV 3104
>   (Wert: 16.000 EUR)   780,00 EUR
> 3. 1,0-Einigungsgebühr, VV 1000, 1003
>   (Wert: 10.000 EUR)   558,00 EUR
> 4. 1,5-Einigungsgebühr, VV 1000
>   (Wert: 6.000 EUR)   531,00 EUR
>   gem. § 15 Abs. 3 nicht mehr als 1,5 aus 16.000 EUR   975,00 EUR
> 5. Postentgeltpauschale, VV 7002   20,00 EUR
>   Zwischensumme   2.620,00 EUR
> 6. 19 % Umsatzsteuer, VV 7008   497,80 EUR
>   **Gesamt**   **3.117,80 EUR**

> **Beispiel:** In einem Rechtsstreit werden 10.000 EUR eingeklagt. Die Parteien einigen sich außerhalb der mündlichen Verhandlung in einem Telefonat über die gesamte Klageforderung sowie über weitere 6.000 EUR, die bislang nicht anhängig waren.
> Jetzt liegt hinsichtlich der weiteren 6.000 EUR eine Ermäßigung nach VV 3101 Nr. 1 vor (vorzeitige Erledigung), so dass insoweit nur eine 0,8-Verfahrensgebühr anfällt und jetzt auch hier Abs. 3 zu Zuge kommt. Am Ergebnis ändert sich allerdings nichts.
>
> 1. 1,3-Verfahrensgebühr, VV 3100
>   (Wert: 10.000 EUR)   725,40 EUR
> 2. 0,8-Verfahrensgebühr, VV 3101 Nr. 2
>   (Wert: 6.000 EUR)   283,20 EUR
>   gem. § 15 Abs. 3 nicht mehr als 1,3 aus 16.000 EUR   845,00 EUR
> 3. 1,2-Terminsgebühr, VV 3104
>   (Wert: 16.000 EUR)   780,00 EUR
> 4. 1,0-Einigungsgebühr, VV 1000, 1003
>   (Wert: 10.000 EUR)   558,00 EUR
> 5. 1,5-Einigungsgebühr, VV 1000
>   (Wert: 6.000 EUR)   531,00 EUR
>   gem. § 15 Abs. 3 nicht mehr als 1,5 aus 16.000 EUR   975,00 EUR
> 6. Postentgeltpauschale, VV 7002   20,00 EUR
>   Zwischensumme   2.620,00 EUR
> 7. 19 % Umsatzsteuer, VV 7008   497,80 EUR
>   **Gesamt**   **3.117,80 EUR**

---

[173] OLG Hamburg AnwBl 1963, 55 = NJW 1963, 664; OLG Nürnberg JurBüro 1963, 223; OLG Schleswig Rpfleger 1962, 364; OLG Hamm MDR 1962, 913; OLG Celle AnwBl 1962, 261; OLG Zweibrücken JurBüro 1966, 675; OLG Düsseldorf AnwBl 1962, 98 = MDR 1961, 1025 = JurBüro 1961, 552; OLG Schleswig SchlHA 1961, 292.

3. Teil-Versäumnisurteil und Verhandlung über den Rest

219 Abs. 3 ist ebenfalls anzuwenden, wenn zunächst ein Versäumnisurteil ergeht und später verhandelt wird. Es entstehen dann zwei Terminsgebühren nach VV 3104 und VV 3105.

Beispiel: In dem Rechtsstreit über 13.000 EUR wird die Verteidigungsanzeige nur in Höhe von 3.000 EUR angezeigt. Es ergeht im schriftlichen Verfahren ein Teil-Versäumnisurteil in Höhe von 3.000 EUR. Im Übrigen wird mündlich verhandelt.
Die Terminsgebühr aus dem Teilwert von 3.000 EUR entsteht zu 0,5, also in Höhe von 100,50 EUR; die Terminsgebühr aus 10.000 EUR entsteht dagegen in voller Höhe zu 1,2, also in Höhe von 669,60 EUR.
Die Summe der beiden Terminsgebühren (100,50 EUR + 669,60 EUR =) 770,10 EUR liegt über einer 1,2-Gebühr aus 13.000 EUR (724,80 EUR). Es greift daher Abs. 3.
Zu rechnen ist wie folgt:

1. 1,3-Verfahrensgebühr, VV 3100 (Wert: 13.000 EUR)	785,20 EUR
2. 0,5-Terminsgebühr, VV 3105 (Wert: 3.000 EUR)	100,50 EUR
3. 1,2-Terminsgebühr, VV 3104 (Wert: 10.000 EUR) gem. § 15 Abs. 3 nicht mehr als 1,2 aus 13.000 EUR	669,60 EUR 724,80 EUR
4. Postentgeltpauschale, VV 7002	20,00 EUR
Zwischensumme	1.530,00 EUR
5. 19 % Umsatzsteuer, VV 7008	290,70 EUR
Gesamt	**1.820,70 EUR**

Ebenso zu rechnen ist, wenn in der mündlichen Verhandlung der Gegner nicht erscheint, aber das Gericht über einen Teil der Gegenstände erörtert.[174]

220 Beispiel: In dem Rechtsstreit über 13.000 EUR erscheint der Beklagte nicht. Der Kläger beantragt Versäumnisurteil. In Höhe von 3.000 EUR hat das Gericht keine Bedenken; über die 10.000 EUR wird erörtert. Anschließend ergeht das Versäumnisurteil aus 13.000.
Die Terminsgebühr aus dem Teilwert von 3.000 EUR entsteht wiederum zu 0,5; die Terminsgebühr aus 13.000 EUR entsteht dagegen in voller Höhe zu 1,2. Zu rechnen ist ebenso wie im vorangegangenen Beispiel.

Ebenfalls nach Abs. 3 ist vorzugehen, wenn das Versäumnisurteil zunächst in voller Höhe ergeht, später aber nach Einspruch nur über einen Teil verhandelt wird. Die 0,5-Gebühr erstarkt dann nur zum Teil zu einer vollen 1,2-Terminsgebühr. Zu beachten ist wiederum Abs. 3.

Beispiel: In dem Rechtsstreit über 10.000 EUR ergeht im schriftlichen Verfahren ein Versäumnisurteil. Nach (Teil-)Einspruch in Höhe von 8.000 EUR wird verhandelt. Die Terminsgebühr aus 10.000 EUR entsteht zunächst nur zu 0,5 (VV 3105); aus 8.000 EUR erstarkt die Terminsgebühr zur vollen Höhe von 1,2 (VV 3104). Zu beachten ist Abs. 3.
Zu rechnen ist wie folgt:

1. 1,3-Verfahrensgebühr, VV 3100 (Wert: 10.000 EUR)	725,40 EUR
2. 0,5-Terminsgebühr, VV 3105 (Wert: 2.000 EUR)	75,00 EUR
3. 1,2-Terminsgebühr, VV 3104 (Wert: 8.000 EUR)[175] gem. § 15 Abs. 3 nicht mehr als 1,2 aus 10.000 EUR	547,20 EUR 669,60 EUR
4. Postentgeltpauschale, VV 7002	20,00 EUR
Zwischensumme	1.367,60 EUR
5. 19 % Umsatzsteuer, VV 7008	259,84 EUR
Gesamt	**1.627,44 EUR**

---

[174] OLG Köln AGS 2006, 224 = JurBüro 2006, 254 = RVGreport 2006, 104 = JMBlNW 2006, 144.

[175] OLG Köln AGS 2006, 224 = JurBüro 2006, 254 = RVGreport 2006, 104 = JMBlNW 2006, 144.

Abschnitt 2. Gebührenvorschriften § 15

221 Gleiches gilt auch, wenn der unterschiedliche Gebührensatz nur eine Nebenforderung betrifft.

> **Beispiel:** Im Termin zur mündlichen Verhandlung weist das Gericht darauf hin, dass die Klage in Höhe von 10.000 EUR zwar schlüssig sei, nicht jedoch der Zinsantrag (Streitwert 500 EUR). Nach Erörterung wird der Zinsantrag zurückgenommen. Der Kläger beantragt ein Versäumnisurteil.
> Angefallen ist eine 0,5-Terminsgebühr aus der Hauptsache (10.000 EUR) und eine 1,2-Terminsgebühr aus dem Wert der Zinsen (500 EUR). Insgesamt darf nicht mehr abgerechnet werden, als eine 1,2-Terminsgebühr aus dem Gesamtwert (10.000 EUR).
>
> 1. 1,3-Verfahrensgebühr, VV 3100
>   (Wert: 10.000 EUR)   725,40 EUR
> 2. 1,2-Terminsgebühr, VV 3104
>   (Wert: 500 EUR)   54,00 EUR
> 3. 0,5-Terminsgebühr, VV 3104, 3105
>   (Wert: 10.000 EUR)   279,00 EUR
>   gem. § 15 Abs. 3 nicht mehr als
>   1,2 aus 10.000 EUR   669,60 EUR
> 4. Postentgeltpauschale, VV 7002   20,00 EUR
>   Zwischensumme   1.078,40 EUR
> 5. 19 % Umsatzsteuer, VV 7008   204,90 EUR
>   **Gesamt**   **1.283,30 EUR**

4. Anträge zur Prozess- und Sachleitung und spätere Verhandlung

222 Gleiches (vgl. Rdn 218 f.) gilt, wenn über einen Teil nur Anträge zur Sach- und Prozessleitung gestellt werden und im Übrigen verhandelt wird.

> **Beispiel:** In einem Rechtsstreit über 2.000 EUR wird bei Nichterscheinen des Beklagten auf Antrag des Klägers vertagt. Anschließend wird Widerklage über 18.000 EUR erhoben. Die Klage erledigt sich oder wird zurückgenommen. Verhandelt wird nur über die Widerklage.
> Zu rechnen ist ebenso wie oben (siehe Rdn 218).

5. Teilweise Prozesskostenhilfe-Bewilligung

a) Streitfälle

223 Umstritten ist die Anwendung des Abs. 3 in den Fällen, in denen einer Partei teilweise Prozesskostenhilfe bewilligt worden ist.[176]

b) Die Partei führt den Rechtsstreit, obwohl Prozesskostenhilfe nur teilweise bewilligt worden ist

224 Häufig kommt es vor, dass das Gericht der Partei Prozesskostenhilfe nur für einen Teil der beabsichtigten Prozessführung bewilligt. Soweit die beabsichtigte Rechtsverfolgung oder Rechtsverteidigung nämlich nur teilweise Aussicht auf Erfolg bietet, hat das Gericht die Bewilligung auf denjenigen Teil zu beschränken, der hinreichende Erfolgsaussichten bietet. Im Übrigen ist der Antrag auf Bewilligung von Prozesskostenhilfe zurückzuweisen. Soweit die Prozesskostenhilfe danach abgelehnt wird, greift die Sperre des § 122 Abs. 1 Nr. 3 ZPO nicht. Der Anwalt kann insoweit die Wahlanwaltsvergütung unmittelbar gegen seinen Auftraggeber geltend machen. Die Berechnung dieser Vergütung bereitet in der Praxis Schwierigkeiten und wird zum Teil über eine entsprechende Anwendung des Abs. 3 gelöst.[177]

> **Beispiel:** Der Beklagte will seinen Anwalt mit der Abwehr einer gegen ihn gerichteten Klage in Höhe von 20.000 EUR beauftragen und bittet den Anwalt zunächst, hierfür Prozesskostenhilfe zu beantragen. Dem Beklagten wird Prozesskostenhilfe lediglich zur Abwehr eines Teilbetrages in Höhe von 12.000 EUR bewilligt. Im Übrigen wird die Prozesskostenhilfe mangels hinreichender Erfolgsaussichten abgelehnt. Die

---

[176] Ausführlich *Hansens*, JurBüro 1988, 145; *N. Schneider*, BRAGOreport 2001, 1.

[177] So OLG München JurBüro 1969, 514 m. abl. Anm. *E. Schneider*; JurBüro 1983, 1205.

bedürftige Partei beauftragt den Anwalt ungeachtet dessen, das Verfahren in voller Höhe durchzuführen. Nach mündlicher Verhandlung ergeht ein Urteil.
Nach Ansicht des OLG München[178] ist wie folgt zu rechnen:

1. 1,3-Verfahrensgebühr, VV 3100, § 49
   (Wert: 12.000 EUR)   417,30 EUR
2. 1,3-Verfahrensgebühr, VV 3100, § 13
   (Wert: 8.000 EUR)   592,80 EUR
   gem. § 15 Abs. 3 nicht mehr als
   1,3 nach § 13 Abs. 1 S. 1, 2 aus 20.000 EUR   964,60 EUR
3. 1,2-Terminsgebühr, VV 3104, § 49
   (Wert: 12.000 EUR)   385,20 EUR
4. 1,2-Terminsgebühr, VV 3104, § 13
   (Wert: 8.000 EUR)   547,20 EUR
   gem. § 15 Abs. 3 nicht mehr als
   1,2 nach § 13 Abs. 1 S. 1, 2 aus 20.000 EUR   890,40 EUR
5. Postentgeltpauschale, VV 7002   20,00 EUR
   Zwischensumme   1.875,00 EUR
6. 19 % Umsatzsteuer, VV 7008   356,25 EUR
   Gesamt   **2.231,25 EUR**

Diese Berechnung ist unzutreffend. Die Vorschrift des Abs. 3 ist hier gar nicht anwendbar, da es nicht um verschiedene Gebührensätze, sondern um verschiedene Gebührenbeträge geht. Ebenso unzutreffend wäre es, von den Wahlanwaltsgebühren lediglich die Prozesskostenhilfegebühren abzuziehen.[179] Auf diese Art und Weise würde die bedürftige Partei doch wieder mit der Wahlanwaltsvergütung belastet. Auch eine Quotelung nach Streitwertanteilen kommt nicht in Betracht.

225 Der Anwalt erhält vielmehr zunächst die volle Prozesskostenhilfe-Vergütung:

1. 1,3-Verfahrensgebühr, VV 3100, § 49
   (Wert: 12.000 EUR)   417,30 EUR
2. 1,2-Terminsgebühr, VV 3104, § 49
   (Wert: 12.000 EUR)   385,20 EUR
3. Postentgeltpauschale, VV 7002   20,00 EUR
   Zwischensumme   822,50 EUR
4. 19 % Umsatzsteuer, VV 7008   156,28 EUR
   Gesamt   **978,78 EUR**

226 Darüber hinaus erhält er die Differenz zwischen der Wahlanwaltsvergütung aus dem vollen Wert (20.000 EUR) und aus dem Wert der Prozesskostenhilfe-Bewilligung (12.000 EUR):[180]

1. 1,3-Verfahrensgebühr, VV 3100, § 13
   (Wert: 20.000 EUR)   964,60 EUR
2. abzgl. 1,3-Verfahrensgebühr, VV 3100, § 13
   (Wert: 12.000 EUR)   − 785,20 EUR
3. 1,2-Terminsgebühr, VV 3104, § 13
   (Wert: 20.000 EUR)   890,40 EUR
4. abzgl. 1,2-Terminsgebühr, VV 3104, § 13
   (Wert: 12.000 EUR)   − 724,80 EUR
   Zwischensumme   345,00 EUR
5. 19 % Umsatzsteuer, VV 7008   65,55 EUR
   Gesamt   **410,55 EUR**

---

178 JurBüro 1969, 514 m. abl. Anm. *E. Schneider* (allerdings noch zur BRAGO); JurBüro 1983, 1205; JurBüro 1995, 203 = MDR 1995, 208 = Rpfleger 1995, 219 = OLGR 1995, 11.
179 So aber OLG Köln JurBüro 1981, 1011.
180 KG Rpfleger 1988, 204 = JurBüro 1988, 728; OLG Düsseldorf AGS 1999, 108; AGS 2001, 66 = MDR 2001, 57 = OLGR 2000, 388; ausführlich *Hansens*, JurBüro 1988, 145; *N. Schneider*, BRAGOreport 2001, 1; OLG Düsseldorf AGS 2005, 457 m. Anm. *N. Schneider* = Rpfleger 2005, 267 = JurBüro 2005, 321 = RVG-Letter 2005, 47; ausführlich *N. Schneider*, Weiter gehende Ansprüche gegen die Partei bei teilweise bewilligter Prozesskostenhilfe, AGS 2005, 137.

Insgesamt erhält der Anwalt also:
PKH-Vergütung aus der Staatskasse: 978,78 EUR
Wahlanwaltsgebühren vom Mandanten: 410,55 EUR
Gesamt **13.898,33 EUR**

c) Nach teilweiser Prozesskostenhilfe-Bewilligung wird der Rechtsstreit nur im Rahmen der bewilligten Prozesskostenhilfe durchgeführt

Beispiel: Der Anwalt wird von der bedürftigen Partei beauftragt, für eine beabsichtigte Klage in Höhe von 25.000 EUR Prozesskostenhilfe zu beantragen. Das Gericht ordnet einen Termin im Prozesskostenhilfe-Prüfungsverfahren an und bewilligt nach mündlicher Verhandlung im Prüfungsverfahren Prozesskostenhilfe lediglich in Höhe von 20.000 EUR; in Höhe der weiteren 5.000 EUR sieht das Gericht keine hinreichenden Erfolgsaussichten und lehnt den Antrag ab. Der Anwalt wird daraufhin beauftragt, das Verfahren lediglich nach einem Wert von 20.000 EUR durchzuführen, nach dem dann anschließend auch verhandelt wird. 227
Aus der Staatskasse erhält der Anwalt seine Vergütung nach den §§ 45 ff. aus dem Wert der Beiordnung, also aus 20.000 EUR, und zwar nach den Gebührenbeträgen des § 49:

1. 1,3-Verfahrensgebühr, VV 3100, § 49   471,90 EUR
2. 1,2-Terminsgebühr, VV 3104, § 49   435,60 EUR
3. Postentgeltpauschale, VV 7002   20,00 EUR
   Zwischensumme   927,50 EUR
4. 19 % Umsatzsteuer, VV 7008   176,23 EUR
Gesamt   **1.103,73 EUR**

Auch hier kann der Anwalt den Mandanten wegen der weiter gehenden Vergütung in Anspruch nehmen, nämlich insoweit, als der Anwalt im Prüfungsverfahren tätig geworden ist, ohne dass der Auftraggeber die beantragte Prozesskostenhilfe bewilligt erhalten hat. Hier ist zunächst die tatsächliche Wahlanwaltsvergütung unter Berücksichtigung von Abs. 3 zu berechnen und dann die Wahlanwaltsvergütung nach dem Wert, zu dem Prozesskostenhilfe bewilligt worden ist, wieder abzuziehen: 228

1. 1,3-Verfahrensgebühr, VV 3100
   (Wert: 20.000 EUR)   964,60 EUR
2. 1,0-Verfahrensgebühr, VV 3335
   (Wert: 5.000 EUR)   303,00 EUR
   gem. § 15 Abs. 3 nicht mehr als
   1,3 aus 25.000 EUR   1.024,40 EUR
3. abzgl. 1,3-Verfahrensgebühr, VV 3100
   (Wert: 20.000 EUR)   – 964,60 EUR
4. 1,2-Terminsgebühr, VV 3104, VV Vorb. 3.3.6
   (Wert: 25.000 EUR)   945,60 EUR
5. abzgl. 1,2-Terminsgebühr, VV 3104
   (Wert: 20.000 EUR)   – 890,40 EUR
6. Postentgeltpauschale, VV 7002   20,00 EUR
   Zwischensumme   135,00 EUR
7. 19 % Umsatzsteuer, VV 7008   25,65 EUR
Gesamt   **160,65 EUR**

Insgesamt erhält der Anwalt also:
PKH-Vergütung aus der Staatskasse: 1.103,73 EUR
Wahlanwaltsgebühren vom Mandanten: 160,65 EUR
Gesamt   **1.264,38 EUR**

6. Unterschiedliche Beteiligung mehrerer Auftraggeber

Des Weiteren ist ein Fall des Abs. 3 gegeben, wenn mehrere Auftraggeber nur hinsichtlich eines Teils des Streitgegenstandes gemeinschaftlich beteiligt sind: 229

Beispiel: Der aus einem Verkehrsunfall Geschädigte erhebt eine Schadensersatzklage (2.000 EUR) gegen den gegnerischen Fahrer, Halter und Haftpflichtversicherer. Der verklagte Halter erhebt daraufhin Widerklage gegen den Kläger und dessen Haftpflichtversicherer in Höhe von 10.000 EUR.
Beide Anwälte sind hier nach einem Gegenstandswert von 12.000 EUR tätig geworden, da Klage und Widerklage addiert werden (§ 23 Abs. 1 i.V.m. § 45 Abs. 1 GKG n.F. = § 19 Abs. 1 GKG a.F.). Der Anwalt

des Klägers ist dabei nach einem Gegenstandswert von 2.000 EUR für einen Auftraggeber (Kläger) tätig geworden und nach einem Gegenstandswert in Höhe von 10.000 EUR für zwei Auftraggeber (Kläger und drittwiderbeklagter Haftpflichtversicherer). Der Anwalt des Beklagten wiederum ist nach einem Gegenstandswert von 2.000 EUR für drei Auftraggeber (drei Beklagte) tätig geworden und nach einem Gegenstandswert von 10.000 EUR für einen Auftraggeber (Widerkläger). Wie sich nun diese unterschiedlichen Beteiligungen auf die Gebührenerhöhung auswirken, ist umstritten.

230 Nach einer Ansicht ist aus dem Gesamtwert eine 1,3-Verfahrensgebühr zu berechnen und aus dem Wert der gemeinschaftlichen Beteiligung eine „Erhöhungsgebühr" nach VV 1008.[181]

Anwalt Kläger:
1. 1,3-Verfahrensgebühr, VV 3100
   (Wert: 12.000 EUR) — 785,20 EUR
2. 0,3-Erhöhungsgebühr, VV 1008
   (Wert: 10.000 EUR) — 167,40 EUR
3. 1,2-Terminsgebühr, VV 3104
   (Wert: 12.000 EUR) — 724,80 EUR
4. Postentgeltpauschale, VV 7002 — 20,00 EUR
   Zwischensumme — 1.697,40 EUR
5. 19 % Umsatzsteuer, VV 7008 — 322,51 EUR
Gesamt — 2.019,91 EUR

Anwalt Beklagter:
1. 1,3-Verfahrensgebühr, VV 3100
   (Wert: 12.000 EUR) — 785,20 EUR
2. 0,6-Erhöhungsgebühr, VV 1008
   (Wert: 2.000 EUR) — 90,00 EUR
3. 1,2-Terminsgebühr, VV 3104
   (Wert: 12.000 EUR) — 724,80 EUR
4. Postentgeltpauschale, VV 7002 — 20,00 EUR
   Zwischensumme — 1.620,00 EUR
5. 19 % Umsatzsteuer, VV 7008 — 307,80 EUR
Gesamt — 1.927,80 EUR

231 Diese Ansicht ist unzutreffend, da es keine „Erhöhungsgebühren" gibt. Die richtige Berechnung in diesen Fällen ergibt sich vielmehr aus der entsprechenden Anwendung des Abs. 3. Für jeden Teilstreitwert sind gesonderte Gebühren zu berechnen, wobei die Summe der Einzelgebühren nicht höher liegen darf als eine nach dem höchsten angefallenen Gebührensatz berechnete Gebühr aus dem Gesamtstreitwert.[182] Im Beispiel ergibt dies folgende Berechnung:

Anwalt Kläger:
1. 1,6-Verfahrensgebühr, VV 3100, 1008
   (Wert: 10.000 EUR) — 892,80 EUR
2. 1,3-Verfahrensgebühr, VV 3100
   (Wert: 2.000 EUR) — 195,00 EUR
   gem. § 15 Abs. 3 nicht mehr als
   1,6 aus 12.000 EUR — 966,40 EUR
3. 1,2-Terminsgebühr, VV 3104
   (Wert: 12.000 EUR) — 724,80 EUR
4. Postentgeltpauschale, VV 7002 — 20,00 EUR
   Zwischensumme — 1.711,20 EUR
5. 19 % Umsatzsteuer, VV 7008 — 325,13 EUR
Gesamt — 2.036,33 EUR

---

[181] So OLG Köln Rpfleger 1987, 175; OLG Frankfurt MDR 1983, 764; OLG Saarbrücken JurBüro 1988, 189; LG Berlin Rpfleger 1981, 123; LG Freiburg Rpfleger 1982, 393.

[182] LG Saarbrücken AGS 2012, 56 = DAR 2012, 177 = NJW-Spezial 2012, 27; AG Augsburg AGS 2008,

434 = DAR 2008, 673 = NJW-Spezial 2008, 636 = VRR 2008, 479; OLG Hamburg MDR 1978, 767; LG Bonn Rpfleger 1995, 384 m. Anm. *N. Schneider*; *Lappe*, Rpfleger 1981, 94; *N. Schneider*, BRAGOreport 2000, 21.

Anwalt Beklagter:
1. 1,9-Verfahrensgebühr, VV 3100, 1008
(Wert: 2.000 EUR)   285,00 EUR
2. 1,3-Verfahrensgebühr, VV 3100
(Wert: 10.000 EUR)   725,40 EUR
gem. § 15 Abs. 3 nicht mehr als
1,9 aus 12.000 EUR   1.147,60 EUR
3. 1,2-Terminsgebühr, VV 3104
(Wert: 12.000 EUR)   724,80 EUR
4. Postentgeltpauschale, VV 7002   20,00 EUR
Zwischensumme   1.755,20 EUR
5. 19 % Umsatzsteuer, VV 7008   333,49 EUR
Gesamt   **2.088,69 EUR**

Die gegenteilige Berechnungsmethode käme also für den Kläger zu einem um 16,42 EUR und für den Beklagten um 160,89 EUR ungünstigeren Ergebnis.

7. Gleichartige Gebührensätze

Keine Anwendung findet Abs. 3 bei gleichartigen Gebührensätzen. In diesem Fall entsteht nach Abs. 1 vielmehr von vornherein nur eine einzige Gebühr.   **232**

> **Beispiel:** In einem Rechtsstreit über 7.000 EUR schließen die Parteien zunächst eine Einigung über 3.000 EUR und später über die restlichen 4.000 EUR.
> Es entsteht eine einzige Einigungsgebühr aus dem Gegenstandswert von 7.000 EUR.

Der Gegenansicht, die hier mehrere Teilgebühren annimmt,[183] kann nicht gefolgt werden. Sie würde auch zu einer Benachteiligung des Anwalts führen, wenn die Summe der Einzelgebühren hinter der Gebühr aus dem Gesamtbetrag zurückbliebe: **233**

> **Beispiel:** In einem Rechtsstreit über eine Forderung von 80.500 EUR vergleichen sich die Parteien zunächst über eine Teilforderung von 500 EUR, später über die restlichen 80.000 EUR.
> Die Gegenansicht würde hinsichtlich der Einigungsgebühr(en) wie folgt rechnen:
> 1,0-Einigungsgebühr, VV 1000, 1003
> (Wert: 500 EUR)   45,00 EUR
> 1,0-Einigungsgebühr, VV 1000, 1003
> (Wert: 80.000 EUR)   1.333,00 EUR
> **Gesamt**   **1.378,00 EUR**
> Obwohl sich die Parteien über die gesamte Klageforderung geeinigt haben, würden sie weniger erhalten als eine Einigungsgebühr aus dem Gesamtwert:
> 1,0-Einigungsgebühr, VV 1000
> (Wert: 80.500 EUR)   1.418,00 EUR

8. Kürzung und Anrechnung

Probleme bereitet die Abrechnung, wenn im gerichtlichen Verfahren eine Kürzung nach Abs. 3 vorzunehmen ist und der Anwalt zuvor außergerichtlich tätig war. In diesem Fall ist nämlich die vorgerichtlich entstandene Geschäftsgebühr der VV 2300 gemäß VV Vorb. 3 Abs. 4 hälftig anzurechnen.   **234**

> **Beispiel 1:** Eingeklagt wird eine Forderung in Höhe von 20.000 EUR. Auf Vorschlag des Gerichts schließen die Parteien einen Vergleich über die Klageforderung sowie weitere nicht anhängige Forderungen in Höhe von 10.000 EUR.
> Die Verfahrensgebühr entsteht jetzt aus 30.000 EUR, allerdings in voller Höhe (1,3 nach VV 3100) nur aus 20.000 EUR und im Übrigen (10.000 EUR) nur zu 0,8 (VV 3101 Nr. 1). Das Gebührenaufkommen der Verfahrensgebühr ist anschließend nach Abs. 3 zu begrenzen auf eine 1,3-Gebühr aus dem Gesamtwert von 30.000 EUR.

---

183 OLG München NJW 1960, 1958; *Hansens*, § 13 Rn 15.

Die Terminsgebühr entsteht dagegen gemäß VV Anm. Abs. 1 zu Nr. 3104 aus dem Gesamtwert, da hier ein Ermäßigungstatbestand nicht vorgesehen ist.[184]
Abzurechnen ist wie folgt:
1. 1,3-Verfahrensgebühr, VV 3100
   (Wert: 20.000 EUR)   964,60 EUR
2. 0,8-Verfahrensgebühr, VV 3100, 3101
   (Wert: 10.000 EUR)   446,40 EUR
   gem. § 15 Abs. 3 nicht mehr als
   1,3 aus 30.000 EUR   1.121,90 EUR
3. 1,2-Terminsgebühr, VV 3104
   (Wert: 30.000 EUR)   1.035,60 EUR
4. Postentgeltpauschale, VV 7002   20,00 EUR
   Zwischensumme   2.177,50 EUR
5. 19 % Umsatzsteuer, VV 7008   413,73 EUR
   Gesamt   **2.591,23 EUR**

235 War der Anwalt zuvor außergerichtlich tätig, kommt jetzt noch eine Anrechnung der Geschäftsgebühr (VV 2300) gemäß VV Vorb. 3 Abs. 4 hinzu.

Beispiel 2: Wie Beispiel 1; hinsichtlich der 20.000 EUR war der Anwalt jedoch bereits vorgerichtlich tätig und hat insoweit eine 1,3-Geschäftsgebühr nach VV 2300 verdient.

Die 1,3-Geschäftsgebühr aus 20.000 EUR ist jetzt zu einem Gebührensatz von 0,65 anzurechnen. Es stellt sich die Frage, ob diese Anrechnung bereits auf die Gebühr der VV 3100 erfolgt oder erst auf das nach Abs. 3 ermittelte Gesamtergebnis.

Rechnet man die Geschäftsgebühr erst nach der gemäß Abs. 3 vorzunehmenden Kürzung an, ergibt sich folgende Berechnung:
1. 1,3-Verfahrensgebühr, VV 3100
   (Wert: 20.000 EUR)   964,60 EUR
2. 0,8-Verfahrensgebühr, VV 3100, 3101
   (Wert: 10.000 EUR)   446,40 EUR
   gem. § 15 Abs. 3 nicht mehr als
   1,3 aus 30.000 EUR   1.121,90 EUR
3. gem. VV Vorb. 3 Abs. 4 anzurechnen,
   0,65 aus 20.000 EUR   – 482,30 EUR
4. 1,2-Terminsgebühr, VV 3104
   (Wert: 30.000 EUR)   1.035,60 EUR
5. Postentgeltpauschale, VV 7002   20,00 EUR
   Zwischensumme   1.695,20 EUR
6. 19 % Umsatzsteuer, VV 7008   322,09 EUR
   Gesamt   **2.017,29 EUR**

Rechnet man die Geschäftsgebühr dagegen auf die 1,3-Verfahrensgebühr an, ergibt sich folgende Berechnung:
1. 1,3 Verfahrensgebühr, VV 3100
   (Wert: 20.000 EUR)   964,60 EUR
2. gem. VV Vorb. 3 Abs. 4 anzurechnen,
   0,65 aus 20.000 EUR   – 482,30 EUR
3. 0,8-Verfahrensgebühr, VV 3100, 3101
   (Wert: 10.000 EUR)   446,40 EUR
4. 1,2-Terminsgebühr, VV 3104
   (Wert: 30.000 EUR)   1.035,60 EUR
5. Postentgeltpauschale, VV 7002   20,00 EUR
   Zwischensumme   1.984,30 EUR
6. 19 % Umsatzsteuer, VV 7008   377,02 EUR
   Gesamt   **2.361,32 EUR**

In diesem Fall liegt das Gesamtaufkommen der Verfahrensgebühr unter der Grenze des Abs. 3, so dass es nicht mehr zur Kürzung kommt.
Bei dieser Variante ergibt sich also ein um 344,03 EUR höheres Gebührenaufkommen.

---

[184] OLG Zweibrücken AGS 2010, 161 = ErbR 2010, 162 = MDR 2010, 720 = JurBüro 2010, 302 = NJW-Spezial 2010, 188.

Die Rechtsprechung folgt der zweiten Variante. Danach ist erst anzurechnen und dann zu kürzen.[185] **236**

Ebenso wäre zu rechnen gewesen, wenn der Anwalt nicht hinsichtlich der 20.000 EUR vorgerichtlich **237**
tätig gewesen wäre, sondern nur hinsichtlich der 10.000 EUR.

> **Beispiel 3:** Wie Beispiel 1; jedoch war der Anwalt hinsichtlich der nicht anhängigen 10.000 EUR bereits vorgerichtlich tätig und hat insoweit eine 1,3-Geschäftsgebühr nach VV 2300 verdient.
> Danach wäre wie folgt zu rechnen:
> 1. 1,3-Verfahrensgebühr, VV 3100
>   (Wert: 20.000 EUR)   964,60 EUR
> 2. 0,8-Verfahrensgebühr, VV 3100, 3101
>   (Wert: 10.000 EUR)   446,40 EUR
> 3. gem. Vorb. 3 Abs. 4 anzurechnen,
>   0,65 aus 10.000 EUR   – 362,70 EUR
> 4. 1,2-Terminsgebühr, VV 3104 (Wert: 30.000 EUR)   1.035,60 EUR
> 5. Postentgeltpauschale, VV 7002   20,00 EUR
>   Zwischensumme   2.103,90 EUR
> 6. 19 % Umsatzsteuer, VV 7008   399,74 EUR
>   **Gesamt**   **2.503,64 EUR**

War der Anwalt sowohl wegen der anhängigen und auch der nicht anhängigen Gegenstände außerge- **238**
richtlich tätig gewesen, müsste nach Auffassung des OLG Stuttgart, des OLG Karlsruhe und des
OLG München zunächst jeweils gesondert angerechnet werden.

> **Beispiel 4:** Wie Beispiel 1; jedoch war der Anwalt sowohl hinsichtlich der anhängigen 20.000 EUR als auch der nicht anhängigen 10.000 EUR bereits vorgerichtlich tätig und hat insoweit jeweils eine 1,3-Geschäftsgebühr nach VV 2300 verdient.
> 1. 1,3 Verfahrensgebühr, VV 3100
>   (Wert: 20.000 EUR)   964,60 EUR
> 2. gem. VV Vorb. 3 Abs. 4 anzurechnen,
>   0,65 aus 20.000 EUR   – 482,30 EUR
> 3. 0,8-Verfahrensgebühr VV 3100, 3101
>   (Wert: 10.000 EUR)   446,40 EUR
> 4. gem. VV Vorb. 3 Abs. 4 anzurechnen,
>   0,65 aus 10.000 EUR   – 362,70 EUR
> 5. 1,2-Terminsgebühr VV 3104
>   (Wert: 30.000 EUR)   1.035,60 EUR
> 6. Postentgeltpauschale, VV 7002   20,00 EUR
>   Zwischensumme   1.621,60 EUR
> 7. 19 % Umsatzsteuer, VV 7008   308,10 EUR
>   **Gesamt**   **1.929,70 EUR**

IV. Vorzeitige Beendigung (Abs. 4)

1. Überblick

a) Grundsatz

Nach Abs. 4 ist es – soweit das Gesetz nichts anderes bestimmt – ohne Einfluss, wenn sich die **239**
Angelegenheit vorzeitig erledigt oder der Auftrag endet, bevor die Angelegenheit erledigt ist. Diese
Vorschrift zieht damit die Konsequenz aus dem Pauschalcharakter der Gebühren (Abs. 1, Abs. 2).
Ebenso wie eine Gebühr mit der ersten Tätigkeit entsteht, entfällt sie nicht, wenn es nicht mehr zu
weiteren Tätigkeiten kommt.

Eine **vorzeitige Erledigung der Angelegenheit** liegt vor, wenn der Auftrag gegenstandslos wird, **240**
bevor der Anwalt ihn vollständig ausgeführt hat. Hierzu zählen die Fälle, dass der Gegner seine

---

[185] OLG Stuttgart AGS 2009, 56 = OLGR 2009, 224 = JurBüro 2009, 246 = RVGreport 2009, 103 = RVGprof. 2009, 94; OLG Karlsruhe AGS 2011, 165 = NJW-Spezial 2011, 285; AGS 2013, 436; OLG München AGS 2012, 231 = NJW-RR 2012, 767 = JurBüro 2012, 355 = NJW-Spezial 2012, 219 = RVGprof. 2012, 73.

Klage oder sein Rechtsmittel zurücknimmt, die Parteien sich ohne Zutun der Anwälte einigen, der Gegner vor Klageerhebung erfüllt o.Ä.

241 Der **Auftrag endet, bevor die Angelegenheit erledigt** ist, wenn das Mandat vorzeitig endet, bevor der Anwalt es vollständig erfüllt hat, also wenn der Anwaltsvertrag gekündigt, einvernehmlich aufgehoben wird oder Unmöglichkeit der Erfüllung eintritt.

b) Einschränkungen

242 Erledigt sich oder endet der Auftrag vorzeitig, so erhält der Anwalt grundsätzlich sämtliche bis dahin verdienten Gebühren.

243 Die Gebühren bleiben bei vorzeitiger Erledigung nach Abs. 4 zwar immer bestehen; dies betrifft jedoch nur den Gebührentatbestand als solchen. Die Vorschrift des Abs. 4 regelt dagegen nicht die Höhe der Gebühr. Die vorzeitige Beendigung kann daher für die Höhe der Gebühr im Einzelfall durchaus Bedeutung haben.

244 Dies gilt zum einen insbesondere für **Satz- oder Betragsrahmengebühren**, deren Höhe nach § 14 Abs. 1 im Einzelfall zu bestimmen ist. Hier ist die vorzeitige Beendigung ein wesentliches Kriterium für die Höhe der Gebühr. Sie führt in der Regel zur Bestimmung einer geringeren Gebühr.

245 Bei **Wertgebühren** kann die vorzeitige Beendigung für die Höhe von Bedeutung sein. In mehreren Fällen ordnet das Gesetz bei vorzeitiger Beendigung an, dass keine volle Gebühr anfällt, sondern nur ein Bruchteil, so in VV 3101 Nr. 1 für die Terminsgebühr, in VV 2201 für die Einvernehmensgebühr oder in VV 3405 für den Verkehrsanwalt.

246 Darüber hinaus kann in den Fällen der §§ 23 Abs. 2 S. 1, 37 Abs. 2 S. 2 bei vorzeitiger Beendigung ein **geringerer Gegenstandswert** anzusetzen sein.

Zur Ermäßigung der Vergütung bei vorzeitiger Beendigung einer **Vergütungsvereinbarung** vgl. Rdn 279.

2. Vorzeitige Beendigung infolge Kündigung des Anwaltsvertrages

a) Überblick

247 Der Anwaltsvertrag ist ein Dienstvertrag, der eine Geschäftsbesorgung zum Gegenstand hat (§§ 627, 675 BGB). Er ist daher jederzeit ohne Grund oder Einhaltung einer Frist von beiden Parteien kündbar. Die Rechtsfolgen einer vorzeitigen Kündigung sind in § 628 BGB geregelt, der wiederum durch Abs. 4 ergänzt wird. Zu unterscheiden ist danach, wer den Anwaltsvertrag gekündigt hat, sowie danach, ob die Kündigung durch vertragswidriges Verhalten eines Teils veranlasst worden ist oder ob ein wichtiger Grund zur Kündigung vorlag.

> **§ 628 BGB Teilvergütung und Schadensersatz bei fristloser Kündigung**
>
> (1) ¹Wird nach dem Beginn der Dienstleistung das Dienstverhältnis aufgrund des § 626 oder des § 627 gekündigt, so kann der Verpflichtete einen seinen bisherigen Leistungen entsprechenden Teil der Vergütung verlangen. ²Kündigt er, ohne durch vertragswidriges Verhalten des anderen Teiles dazu veranlasst zu sein, oder veranlasst er durch sein vertragswidriges Verhalten die Kündigung des anderen Teiles, so steht ihm ein Anspruch auf die Vergütung insoweit nicht zu, als seine bisherigen Leistungen infolge der Kündigung für den anderen Teil kein Interesse haben. ³Ist die Vergütung für eine spätere Zeit im Voraus entrichtet, so hat der Verpflichtete sie nach Maßgabe des § 346 oder, wenn die Kündigung wegen eines Umstands erfolgt, den er nicht zu vertreten hat, nach den Vorschriften über die Herausgabe einer ungerechtfertigten Bereicherung zurückzuerstatten.
>
> (2) ¹Wird die Kündigung durch vertragswidriges Verhalten des anderen Teiles veranlasst, so ist dieser zum Ersatz des durch die Aufhebung des Dienstverhältnisses entstehenden Schadens verpflichtet.

b) Kündigung durch den Anwalt

248 **aa) Vertragswidriges Verhalten des Auftraggebers.** Kündigt der Anwalt wegen vertragswidrigen Verhaltens des Auftraggebers, so gilt § 628 Abs. 1 S. 1 BGB. Diese Vorschrift wird durch Abs. 4

ergänzt. Danach kann der Anwalt einen seinen bisherigen Leistungen entsprechenden Teil der Vergütung verlangen. Insoweit ergibt sich aus Abs. 4, dass er sämtliche Gebühren, deren Tatbestände ausgelöst worden sind, in voller Höhe liquidieren kann.

Soweit der Anwalt über die ihm zustehende Teilvergütung hinausgehende **Vorschüsse** erhalten hat, muss er diese nach § 628 Abs. 1 S. 3 i.V.m. §§ 812 ff. BGB herausgeben. Auf den Wegfall der Bereicherung nach § 818 Abs. 3 BGB kann sich der Anwalt berufen. In der Praxis hat dies jedoch keine Bedeutung. 249

Ein **vertragswidriges Verhalten des Auftraggebers** liegt dann vor, wenn dieser schuldhaft das Vertrauensverhältnis zum Anwalt derart zerstört hat, dass dem Anwalt eine weitere Tätigkeit nicht mehr zugemutet werden kann.[186] Ein Verschulden ist nicht erforderlich.[187] Objektive Gegebenheiten können insoweit bereits ausreichen.[188] Ein vertragswidriges Verhalten ist insbesondere dann gegeben, wenn: 250
– der Mandant einen angeforderten Vorschuss trotz Mahnung und Ankündigung der Mandatsniederlegung nicht zahlt;[189] der bloße Verzug reicht dagegen noch nicht aus,[190] dies ist lediglich ein wichtiger Grund i.S.d. § 626 BGB (vgl. Rdn 271 f.);
– der Auftraggeber den Anwalt bewusst unrichtig und fehlerhaft unterrichtet;[191]
– der Auftraggeber unbegründete und unangemessene Vorwürfe gegen den Anwalt erhebt, insbesondere, wenn er unberechtigte Schadensersatzansprüche ankündigt;[192]
– der Auftraggeber unzumutbare Anforderungen stellt, etwa wenn er auf sachlich nicht notwendige Umformulierungen, Ergänzungen oder weitere Ausführungen in Schriftsätzen besteht;[193]
– der Mandant trotz gegenteiliger Belehrung auf seiner offensichtlich unbegründeten Rechtsposition besteht und darauf beharrt, dass der Anwalt versucht, diese Position durchzusetzen.[194]

Die **Beweislast** für das vertragswidrige Verhalten des Auftraggebers liegt beim Anwalt.[195]

Bei der Feststellung eines vertragswidrigen Verhaltens ist grundsätzlich Zurückhaltung geboten. Der Auftraggeber hat durchaus das Recht, auf die Gestaltung der anwaltlichen Schriftsätze Einfluss zu nehmen. Er hat auch das Recht darauf, dass seine unbegründete Rechtsposition vom Gericht festgestellt wird;[196] er muss sich nicht auf die Aussage seines Anwalts verlassen. Daher ist ein vertragswidriges Verhalten nur in Ausnahmefällen anzunehmen, etwa wenn übertriebene Anforderungen an die Gestaltung der Schriftsätze gestellt werden oder wenn es für den Anwalt unzumutbar ist, unsinnige Rechtspositionen zu vertreten. 251

bb) Kündigung ohne vertragswidriges Verhalten des Auftraggebers. Kündigt der Anwalt, ohne durch ein vertragswidriges Verhalten des Auftraggebers hierzu veranlasst worden zu sein, so richten sich die Rechtsfolgen nach § 628 Abs. 1 S. 1 und 2 BGB. Das gilt auch dann, wenn der Anwalt aus wichtigem Grund gekündigt hat. § 628 Abs. 1 S. 1 BGB verweist auch auf die Kündigung nach § 626 BGB. 252

Auch hier gilt zunächst der Grundsatz des § 628 Abs. 1 S. 1 BGB i.V.m. Abs. 4. Der Anwalt kann also seine Vergütung zunächst einmal insoweit verlangen, als sie bis zur Kündigung entstanden ist. 253

Nach § 628 Abs. 1 S. 2 BGB verliert der Anwalt allerdings seinen Vergütungsanspruch, soweit die bisherige Tätigkeit für den Auftraggeber nicht mehr von Interesse ist. Insoweit bedarf es keiner Erklärung oder Aufrechnung durch den Auftraggeber. Bereits der Wegfall des Interesses führt zum Untergang der Gebührenforderung.[197] 254

Der Hauptanwendungsfall des Wegfalls der Gebühren ist dann gegeben, wenn der Auftraggeber einen **zweiten Anwalt** beauftragen und bezahlen muss. Soweit der zweite Anwalt zu vergüten ist, erlischt der Vergütungsanspruch des ersten Anwalts. Dies kann im Extremfall dazu führen, dass 255

---

186 *Hansens*, § 13 Rn 25.
187 *Papst*, MDR 1974, 449.
188 *Papst*, MDR 1974, 449.
189 OLG Düsseldorf AGS 1993, 74 m. Anm. *Madert*; sofern der Vorschuss angemessen ist, siehe § 9 Rdn 44 ff. m. Nachw. zur Rspr. des BGH.
190 *Papst*, MDR 1974, 449.
191 OLG Düsseldorf AGS 1993, 74 m. Anm. *Madert*; *Hansens*, § 13 Rn 25.
192 *Madert*, XV Rn 5.
193 OLG Köln AnwBl 1972, 159; OLG Hamm AGS 1996, 16 m. Anm. *Madert*; *Madert*, XV Rn 5.
194 LG Hamburg AnwBl 1985, 261; AG Köln AnwBl 1989, 624.
195 OLG Düsseldorf AGS 1993, 74 m. Anm. *Madert*.
196 *Madert*, XV Rn 5.
197 BGH NJW 1982, 437; JurBüro 1984, 1659; NJW 1985, 41; OLG Hamm JurBüro 1960, 529 = Rpfleger 1961, 257.

der erste Anwalt überhaupt keine Vergütung mehr verlangen kann, weil sämtliche Gebühren und Auslagentatbestände, die beim ersten Anwalt entstanden sind, beim zweten Anwalt in gleicher Höhe erneut ausgelöst werden.

> **Beispiel:** In einem Rechtsstreit hatte der Anwalt das Mandat nach mündlicher Verhandlung und Beweisaufnahme am 21.6.2004 gekündigt. Der Auftraggeber beauftragte am 24.6.2004 einen neuen Anwalt. Nach nochmaliger Verhandlung erging ein Urteil.
> Bei dem zweiten Anwalt sind sämtliche Gebühren erneut entstanden. Der Anspruch des ersten Anwalts entfällt daher gemäß § 628 Abs. 1 S. 2 BGB. Auch die Postentgeltpauschale nach VV 7002 kann der erste Anwalt nicht verlangen, da diese ebenfalls erneut entsteht.
> **Abwandlung:** Der Auftraggeber hat den neuen Anwalt am 6.7.2004 beauftragt.
> Auch hier sind beim zweiten Anwalt sämtliche Gebühren erneut angefallen. Die Gebühren berechnen sich jetzt jedoch nach RVG und liegen mit insgesamt 2,5 unter den Gebühren des ersten Anwalts (30/10). Der Anspruch des ersten Anwalts bleibt daher in Höhe der Differenz (einer 5/10- oder 0,5-Gebühr zuzüglich 19 % Umsatzsteuer) bestehen.

256 Denkbar ist aber auch, dass beim zweiten Anwalt nicht alle Gebühren erneut anfallen, so dass der erste Anwalt einen Teil seiner Vergütung behält. Solche Fälle treten insbesondere dann auf, wenn Gebührentatbestände, die beim ersten Anwalt bereits entstanden sind, nicht mehr erneut ausgelöst werden.[198]

> **Beispiel:** Nach mündlicher Verhandlung kündigt der Anwalt. Der Auftraggeber beauftragt einen neuen Anwalt. Ohne erneuten Termin i.S.d. VV Vorb. 3 Abs. 3 ergeht das Urteil.
> Bei dem zweiten Anwalt ist nur die Verfahrensgebühr erneut entstanden. Die Terminsgebühr verbleibt daher dem ersten Anwalt.

257 Auch bei einer **Änderung des Gegenstandswerts** kann dem Anwalt eine Teilvergütung verbleiben.

> **Beispiel:** Der Anwalt ist vom Beklagten mit der Abwehr einer Klage in Höhe von 20.000 EUR beauftragt worden. Der Kläger nimmt die Klage in Höhe von 10.000 EUR zurück. Hiernach kündigt der Anwalt des Beklagten das Mandat. Der Auftraggeber beauftragt nunmehr einen anderen Anwalt.
> Die Differenz aus der Verfahrensgebühr nach 20.000 EUR und 10.000 EUR verbleibt dem ersten Anwalt.

258 Bei **Betrags- oder Satzrahmengebühren** ist darauf abzustellen, welche Gebühren angefallen wären, wenn das gesamte Verfahren von dem ersten Anwalt durchgeführt worden wäre. Soweit die von dem zweiten Anwalt bestimmte Gebühr unter diesem Betrag bleibt, kann der erste Anwalt noch einen Differenzbetrag verlangen.

> **Beispiel:** In einer Strafsache vor dem AG war der Verteidiger zunächst im vorbereitenden Verfahren tätig. Im gerichtlichen Verfahren war er außerhalb der Hauptverhandlung umfangreich tätig und hat mehrere Einlassungen und Stellungnahmen abgegeben, so dass eine um 20 % erhöhte Mittelgebühr angemessen ist. Drei Tage vor der Hauptverhandlung kündigt er das Mandat. Der Auftraggeber beauftragt einen neuen Verteidiger.
> Dem zweiten Anwalt stehen eine Grundgebühr (VV 4100), eine Verfahrensgebühr nach VV 4106 sowie für die Teilnahme an der Hauptverhandlung eine Terminsgebühr (VV 4108) zu. Da der Anwalt erst unmittelbar vor der Hauptverhandlung beauftragt wurde, dürfte die Verfahrensgebühr nach VV 4106 unterdurchschnittlich anzusetzen sein, etwa 20 % unter der Mittelgebühr.
> Dem ersten Verteidiger verbleiben daher neben der Verfahrensgebühr für das vorbereitende Verfahren (VV 4104), die der zweite Anwalt nicht verdient hat, weitere 40 % aus der Verfahrensgebühr des gerichtlichen Verfahrens (VV 4106).

259 Schaltet der Auftraggeber keinen neuen Anwalt ein, sondern führt er die Angelegenheit selbst zu Ende, soll nach h.M. der Anwalt seinen Vergütungsanspruch in voller Höhe behalten dürfen.[199] Zutreffend dürfte es sein, dem Anwalt gemäß § 628 Abs. 1 S. 2 BGB die Vergütung insoweit zu kürzen, als der Auftraggeber durch die weitere Fortführung der Sache eigene Aufwendungen hatte (Zeitversäumnis, etc.).

---

198 OLG Karlsruhe AGS 2011, 320 = NJW-Spezial 2011, 380; LG Baden-Baden AGS 2011, 256.

199 LG Kempten NJW 1954, 725 m. abl. Anm. *Gerold*; *Schumann/Geißinger*, § 13 Rn 94; offengelassen von *Madert*, XV Rn 3.

c) Kündigung durch den Auftraggeber

aa) Kündigung wegen vertragswidrigen Verhaltens des Rechtsanwalts.
Kündigt der Auftraggeber wegen vertragswidrigen Verhaltens des Rechtsanwalts, gilt wiederum zunächst § 628 Abs. 1 S. 1 BGB i.V.m. Abs. 4, wonach der Anwalt die seiner bisherigen Tätigkeit entsprechende Vergütung behält. Eingeschränkt wird dieser Grundsatz jedoch wiederum durch § 628 Abs. 1 S. 2 BGB, wonach der Anspruch entfällt, soweit der Auftraggeber an der bisherigen Tätigkeit des Rechtsanwalts kein Interesse hat (siehe Rdn 253 ff.).

260

Von einem vertragswidrigen Verhalten des Rechtsanwalts ist auszugehen, wenn er bei Ausführung seines Auftrags Fehler begeht, die nicht mehr zu beseitigen sind. Soweit sich die Fehler beseitigen lassen, etwa durch einen Wiedereinsetzungsantrag, Nachreichen von Schriftsätzen, ohne dass es zur Anwendung von Verspätungsrecht kommt, o.Ä., dürfte ein vertragswidriges Verhalten noch nicht vorliegen.

261

Unerheblich ist es insoweit, ob der Anwalt den Mandanten in dieser Sache unsachgemäß vertreten hat. Auch dann, wenn der Anwalt in einer anderen Sache des Auftraggebers Fehler begangen hat, ist das Vertrauensverhältnis zerstört, so dass eine Kündigung wegen vertragswidrigen Verhaltens möglich ist.[200]

262

Ein **vertragswidriges Verhalten** liegt vor, wenn der Anwalt
- nach Annahme des Auftrags zu den gesetzlichen Gebühren ein Sonderhonorar fordert und davon seine weitere Tätigkeit abhängig macht;[201]
- Tatsachen vorträgt, die dem Auftraggeber schaden;[202]
- ohne Zustimmung des Auftraggebers eine durch Vertragsstrafe abgesicherte Unterlassungserklärung abgibt;[203]
- den Mandanten nicht hinreichend über einen bestehenden oder potentiellen Interessenkonflikt aufklärt.[204] Zwar ist noch kein Parteiverrat gegeben, wenn der Anwalt den Gegner in einer anderen Sache vertritt. Das Vertrauen in den Anwalt ist jedoch erschüttert, da der Auftraggeber damit rechnen muss, dass der Anwalt im Hinblick auf das anderweitig bestehende Mandatsverhältnis mit dem Dritten die eigene Sache nicht mit dem notwendigen Nachdruck betreibt. Unterlässt es der Anwalt, den Auftraggeber auf die bestehende Situation hinzuweisen, so handelt er vertragswidrig, so dass der Auftraggeber aus diesem Grunde kündigen kann.

263

Kündigt der Auftraggeber wegen vertragswidrigen Verhaltens des Anwalts, so sind **Vorschüsse**, die über die dem Anwalt letztlich zustehende Vergütung hinausgehen, abzurechnen und nach § 628 Abs. 1 S. 3 i.V.m. §§ 347, 987 ff. BGB zurückzuzahlen. Der Anwalt kann sich in diesem Falle nicht auf Entreicherung (§ 818 Abs. 3 BGB) berufen.

264

bb) Kündigung ohne vertragswidriges Verhalten des Rechtsanwalts.
Kündigt der Auftraggeber, ohne dass ein vertragswidriges Verhalten des Anwalts vorgelegen hat, bleibt es bei § 628 Abs. 1 S. 1 BGB i.V.m. Abs. 4. Der Anwalt behält die volle Vergütung, die er bis zu diesem Zeitpunkt verdient hat.

265

3. Unmöglichkeit

Wird die Vertragserfüllung dem Anwalt unmöglich, so ist § 628 BGB nicht anwendbar. Es gelten vielmehr die Regelungen des allgemeinen Schuldrechts (§§ 323 ff. BGB n.F.). Nach früherem Recht waren die §§ 323, 324 BGB a.F. anzuwenden.[205] Hatte der Anwalt die Unmöglichkeit der Vertragserfüllung nicht verschuldet, dann galt nach § 323 Abs. 1 BGB a.F. i.V.m. § 13 Abs. 4 BRAGO, dass der Anwalt bereits verdiente Gebühren behalten durfte, auch wenn der Auftraggeber sie für einen neuen Anwalt nochmals aufwenden musste.[206]

266

Hat der Anwalt dagegen die Unmöglichkeit zu vertreten, so gilt wiederum § 628 Abs. 1 S. 2 BGB.[207]

267

---

200 OLG Düsseldorf NJW 1972, 2311 = JurBüro 1972, 1106 = Rpfleger 1972, 457; *Madert*, XV Rn 3.
201 LG Karlsruhe MDR 1991, 548.
202 *Hansens*, BRAGO, § 13 Rn 13.
203 BGH AnwBl 1977, 162; OLG München MDR 1974, 753.
204 BGH NJW 1985, 41 = JurBüro 1984, 1659.
205 *Madert*, XV Rn 8.
206 *Madert*, XV Rn 8.
207 OLG Köln JurBüro 1980, 551.

268 Zur Unmöglichkeit der Ausführung führen insbesondere Interessenkollisionen infolge der Eingehung einer Sozietät, des Todes des Anwalts oder der Aufgabe oder des Verlustes der Zulassung.

4. Schadensersatzansprüche wegen grundloser Kündigung

a) Kündigung durch den Anwalt

269 **aa) Vertragswidriges Verhalten des Auftraggebers.** Wird die Kündigung des Anwaltsvertrags durch vertragswidriges Verhalten des Auftraggebers veranlasst, so steht dem Anwalt neben der Vergütung nach § 628 Abs. 2 BGB auch ein Anspruch auf **Schadensersatz** zu.[208] Die Vorschrift spielt in der Praxis allerdings kaum eine Rolle.

270 **bb) Grundlose Kündigung.** Kündigt der Anwalt grundlos, so ist § 628 Abs. 2 BGB nicht anwendbar. Dem Auftraggeber können allerdings Schadensersatzansprüche aus § 280 Abs. 1 BGB (frühere positive Vertragsverletzung) zustehen. Darüber hinaus kommt ein Schadensersatzanspruch nach § 671 Abs. 2 S. 1 BGB in Betracht, wenn der Anwalt zur Unzeit kündigt.

> **Beispiel:** Der Anwalt kündigt einen Tag vor dem Verhandlungstermin. Es ergeht daraufhin ein Versäumnisurteil gegen den Auftraggeber, aus dem sofort vollstreckt wird. Nach Einspruch wird erneut verhandelt und eine Einigung getroffen.
> Der Anwalt haftet nach § 672 Abs. 2 S. 2 BGB auf Schadensersatz, und zwar auf Ersatz der an die Gegenseite zu erstattenden Kosten der Säumnis (§ 344 ZPO); darüber hinaus haftet der Anwalt auch auf Ersatz des Vollstreckungsschadens, soweit dieser beim Gegner nicht nach § 717 Abs. 2 ZPO realisiert werden kann. Darüber hinaus haftet der Anwalt auf die nach GKG-KostVerz. 1211 nicht zurückerstattbaren zwei Gerichtsgebühren, da das Versäumnisurteil der Ermäßigung nach GKG-KostVerz. 1211 jetzt entgegensteht (GKG-KostVerz. 1211 a.E.).

271 **cc) Wichtiger Grund.** Kündigt der Anwalt aus wichtigem Grund, so gilt ebenfalls § 628 Abs. 1 S. 1 und S. 2 BGB. Der Auftraggeber macht sich allerdings nicht nach § 628 Abs. 2 BGB schadensersatzpflichtig.

272 Der wichtige Grund setzt im Gegensatz zum vertragswidrigen Verhalten des Auftraggebers kein Verschulden voraus. Ein wichtiger Grund liegt daher auch dann schon vor, wenn der Mandant trotz Aufforderung den Vorschuss nicht zahlt, obwohl die Niederlegung des Mandats noch nicht angedroht worden ist.[209] Ein wichtiger Grund ist dagegen noch nicht gegeben, wenn der Auftraggeber zu einer Besprechung nicht erscheint.[210]

273 Der wichtige Grund kann auch in der Person des Anwalts liegen, etwa gesundheitliche Gründe des Anwalts, die ihn an einer Fortsetzung der Tätigkeit hindern.[211]

274 Auch bei wichtigem Grund darf der Anwalt nicht zur Unzeit kündigen; anderenfalls haftet er auf Schadensersatz (§ 671 Abs. 2 S. 2 BGB).

b) Kündigung durch den Auftraggeber

275 **aa) Vertragswidriges Verhalten des Anwalts.** Kündigt der Auftraggeber wegen vertragswidrigen Verhaltens des Anwalts, so kann er nach § 628 Abs. 2 BGB Schadensersatz geltend machen, insbesondere also Mehrkosten, die ihm durch die Beauftragung eines weiteren Anwalts entstanden sind. Solche Mehrkosten können sich aus einer zwischenzeitlichen Änderung des Gebührenrechts und einer damit verbundenen Anhebung der Gebühren ergeben.

276 Ansonsten dürften Mehrkosten durch einen weiteren Anwalt nicht als Schaden entstehen, da in Höhe der Mehrkosten bereits nach § 628 Abs. 1 S. 2 BGB der Anspruch des ersten Anwalts erlischt.

277 **bb) Grundlose Kündigung.** Kündigt der Auftraggeber ohne Grund oder aus wichtigem Grund, ohne dass ein vertragswidriges Verhalten des Anwalts gegeben ist, scheiden Schadensersatzansprüche aus.

---

208 *Madert*, XV Rn 7; *Hansens*, BRAGO, § 13 Rn 25; Gerold/Schmidt/*von Eicken*, RVG, § 15 Rn 77.
209 *Hansens*, BRAGO, § 13 Rn 24.
210 BGH VersR 1960, 637.
211 BGH VersR 1985, 542.

5. Einvernehmliche Aufhebung

Anwalt und Auftraggeber können den Anwaltsvertrag auch einvernehmlich aufheben. Ob und inwieweit der Anwalt dann seine Vergütung verlangen kann, wird sich zunächst nach den Vereinbarungen richten, die die Parteien anlässlich der Vertragsaufhebung getroffen haben. Fehlen Vereinbarungen und ist eine Auslegung des Aufhebungsvertrages unergiebig, so ist Abs. 4 entsprechend heranzuziehen.

6. Vorzeitige Beendigung im Falle einer Honorarvereinbarung

Haben Anwalt und Auftraggeber eine Honorarvereinbarung getroffen, so soll Abs. 4 nicht anwendbar sein.[212] In dieser Pauschalform ist die Aussage unzutreffend: Soweit sich Anwalt und Auftraggeber bei der Honorarvereinbarung am gesetzlichen Leitbild orientieren, kann Abs. 4 sehr wohl anzuwenden sein. Dies gilt insbesondere dann, wenn die Honorarvereinbarung lediglich darin besteht, einen höheren Gegenstandswert zu vereinbaren, oder wenn die Parteien ein Vielfaches der gesetzlichen Gebühren vereinbaren. In diesen Fällen orientiert sich das vereinbarte Honorar nach wie vor an den gesetzlichen Gebührentatbeständen. Daher ist im Zweifel anzunehmen, dass auch die Regelung des Abs. 4 entsprechend gelten soll. Wenn die Parteien nichts anderes vereinbaren, ist diese Vorschrift daher in solchen Fällen entsprechend heranzuziehen.

Soweit die Parteien dagegen eine vom System der RVG abweichende Honorarvereinbarung getroffen haben, etwa ein **Festhonorar** oder ein **Zeithonorar**, ist Abs. 4 nicht anzuwenden. Insoweit ist zunächst nach § 628 Abs. 1 BGB vorzugehen: Der Anwalt hat bei vorzeitiger Beendigung nur einen Anspruch auf den seiner geleisteten Tätigkeit entsprechenden Teil der Vergütung, es sei denn, die Parteien haben für den Fall der vorzeitigen Beendigung eine ausdrückliche Regelung getroffen (siehe § 3a Rdn 85 ff.).[213]

Eine Kürzung nach § 3a Abs. 2 n.F. = § 4 Abs. 4 a.F. ist allein wegen der vorzeitigen Beendigung nicht möglich. Zunächst ist § 628 Abs. 1 BGB vorrangig. Nur soweit auch nach Kürzung des Honorars gemäß § 628 Abs. 1 S. 1 BGB dieses immer noch unangemessen hoch bleibt, kommt anschließend eine Herabsetzung nach § 3a Abs. 2 n.F. = § 4 Abs. 4 a.F. in Betracht.[214]

V. Erneuter Auftrag in derselben Angelegenheit (Abs. 5 S. 1)

Wird der Anwalt in derselben Angelegenheit, in der er bereits tätig gewesen ist, erneut beauftragt, so erhält er nach Abs. 5 S. 1 nicht mehr an Gebühren, als wenn er von vornherein auch mit der weiteren Tätigkeit beauftragt gewesen wäre. Voraussetzung für die Anwendung des Abs. 5 S. 1 ist, dass ungeachtet des weiteren Auftrags immer noch dieselbe Angelegenheit vorliegt. Daher fallen unter Abs. 5 S. 1 nicht diejenigen Fälle, in denen kraft Gesetzes der weitere Auftrag eine neue Angelegenheit darstellt, also z.B. der Auftrag zum streitigen Verfahren nach Durchführung des Mahnverfahrens (§ 16 Nr. 2) oder der Auftrag, nach einer gewährten Beratung (§ 34 Abs. 1) den Gegner anzuschreiben. In diesen Fällen werden vielmehr neue Gebühren ausgelöst, die allerdings gegebenenfalls anzurechnen sind (§ 34 Abs. 2; Anm. zu VV 2100 a.F.; VV Vorb. 3 Abs. 4; Anm. zu VV 3305, Anm. zu VV 3307).

Die bisherige Angelegenheit darf auch **nicht vollständig erledigt** sein,[215] anderenfalls löst der neue Auftrag eine neue Angelegenheit aus.

> **Beispiel:** Der Anwalt erhält von einem Vermieter den Auftrag, die offene Januar-Miete vom Mieter beizutreiben. Der Anwalt verfasst ein Mahnschreiben, woraufhin die Miete gezahlt wird. Hiernach beauftragt der Vermieter den Anwalt, die nunmehr rückständig gewordene Miete für den Monat März beizutreiben.
> Es liegt kein Fall des Abs. 5 S. 1 vor. Der erste Auftrag war bereits abgeschlossen. Es liegt vielmehr eine neue Angelegenheit nach Abs. 1, Abs. 2 vor.

---

212 *Madert*, XV Rn 6; *Hansens*, BRAGO, § 13 Rn 16; *Papst*, MDR 1974, 449.
213 BGH MDR 1978, 949 = NJW 1978, 2304 = KostRsp. BRAGO § 13 Nr. 28 m. Anm. *E. Schneider*.
214 OLG Düsseldorf MDR 1985, 845; OLG München NJW 1967, 1571.
215 *Hansens*, BRAGO, § 13 Rn 31.

284 Die Anwendung des Abs. 5 S. 1 kann dazu führen, dass der Anwalt für die weitere Tätigkeit keine weitere Vergütung erhält.

> **Beispiel:** Der Verhandlungsvertreter (VV 3401) erhält den Auftrag, an einem weiteren Verhandlungstermin teilzunehmen, nachdem die mündliche Verhandlung wieder eröffnet worden ist.
> Hier entstehen keine zusätzlichen Gebühren, sofern sich nicht der Gegenstandswert verändert hat (siehe Rdn 286).

285 Soweit der **weitere Auftrag umfassender** ist, können dagegen auch weitere oder höhere Gebühren entstehen.

> **Beispiel:** Der Verhandlungsvertreter wird später zum Prozessbevollmächtigten bestellt.
> Er kann jetzt insgesamt nur die Vergütung eines Prozessbevollmächtigten abrechnen (VV 3100 ff.).

286 Ergeben sich **Änderungen des Gegenstandswerts** durch die weitere Tätigkeit, so ist dies zu berücksichtigen. Verringert sich der Gegenstandswert, ist dies unbeachtlich. Erhöht sich der Gegenstandswert, so berechnen sich die erneut anfallenden Gebühren nach dem höheren Wert.[216]

287 Soweit **Betrags- oder Satzrahmengebühren** anzuwenden sind, ist die weitere Tätigkeit im Rahmen des § 14 Abs. 1 zu berücksichtigen. Der zusätzliche Aufwand und die zusätzliche Arbeit durch den erneuten Auftrag sind Gebühren erhöhend zu berücksichtigen.

> **Beispiel:** Nach Einstellung des Strafverfahrens gemäß § 170 Abs. 2 StPO rechnet der Anwalt eine Verfahrensgebühr nach VV 4104 als Mittelgebühr ab. Später wird das Verfahren wieder aufgenommen und erneut eingestellt.
> Der Verteidiger kann jetzt insgesamt eine über der Mittelgebühr liegende Verfahrensgebühr nach VV 4104 fordern.

288 Die Vorschrift des Abs. 5 S. 1 ist auch dann anzuwenden, wenn der Anwalt zunächst als **Kanzleiabwickler** tätig geworden ist und nach Beendigung seiner Abwicklertätigkeit später als Prozessbevollmächtigter beauftragt wird.[217] Der Abwickler tritt gebührenrechtlich an die Stelle des verstorbenen Anwalts (§ 55 Abs. 3 BRAO). Mit der Beendigung der Abwicklertätigkeit endet diese Gleichstellung. Ab dann kann der Abwickler-Anwalt, wenn er selbstständig mandatiert wird, alle Gebühren neu verdienen, ist in seinem Vergütungsanspruch allerdings durch Abs. 5 S. 1 begrenzt.

VI. Erneuter Auftrag nach Ablauf von zwei Kalenderjahren (Abs. 5 S. 2)

289 Bereits durch das KostRÄndG 1994 war die jetzt in Abs. 5 S. 2 enthaltene Regelung in die BRAGO eingeführt worden. Der in Abs. 5 S. 1 niedergelegte Grundsatz (vormals: § 13 Abs. 5 S. 1 BRAGO) war in vielen Fällen als unbillig angesehen worden. Bis zur Einführung der erweiterten Regelung nach S. 2 konnte der Anwalt bei erneuter Beauftragung nie neue Gebühren verlangen, obwohl er sich wieder vollkommen neu in die Sache einarbeiten musste. Zum Teil hatte die Rechtsprechung nach Ablauf längerer Zeiträume zwar eine neue Angelegenheit angenommen; eine klare Regelung existierte jedoch nicht. Um hier Klarheit zu schaffen, hatte der Gesetzgeber bereits in § 13 Abs. 5 S. 2 BRAGO einen Zeitraum von zwei Kalenderjahren festgelegt, nach dessen Ablauf immer eine neue Angelegenheit ausgelöst wird, wenn der Anwalt in der gleichen Sache erneut beauftragt wird. Liegt also zwischen der Erledigung des ersten Auftrags und der Erteilung des Auftrags, in der gleichen Sache weiter tätig zu werden, ein Zeitraum von mehr als zwei Kalenderjahren, so handelt es sich kraft der Fiktion in Abs. 5 S. 2 um eine neue Angelegenheit, so dass der Anwalt sämtliche Gebühren erneut verlangen darf.

Da die entsprechende Regelung bereits in § 13 Abs. 5 S. 2 BRAGO enthalten war, ist sie also auch dann zu beachten, wenn der neue Auftrag erst nach dem 1.7.2004 erteilt wird. Auch dann gilt der neue Auftrag nach Ablauf von zwei Kalenderjahren als neue Angelegenheit. Zu berücksichtigen ist in diesem Fall allerdings, dass nach § 61 für die neue Angelegenheit bereits das RVG anzuwenden ist. Im Übrigen ist die Übergangsregelung des § 60 zu beachten. Ändert sich das RVG zwischen Beendigung der ersten Angelegenheit und dem erneuten Auftrag nach Ablauf von zwei Kalenderjahren, dann ist das neue Gebührenrecht anzuwenden.

---

216 Hansens, BRAGO, § 13 Rn 34.
217 KG AnwBl 1976, 441 = JurBüro 1977, 200 = MDR 1977, 238 = Rpfleger 1977, 111; OLG Koblenz JurBüro 1979, 1314; OLG Frankfurt/M. AnwBl 1980, 71 = MDR 1980, 239 = JurBüro 1980, 614 m. Anm. E. Schneider.

Die **Zweijahresfrist** des Abs. 5 S. 2 **beginnt** mit Ablauf des Kalenderjahres, in dem der vorangegangene Auftrag erledigt worden ist.

> **Beispiel:** Der Anwalt hatte im August 2013 auftragsgemäß den Scheidungsantrag eingereicht. Im November 2013 hatte der Mandant mitgeteilt, die Sache habe sich zunächst erledigt, die Eheleute wollten einen Versöhnungsversuch unternehmen; falls dieser scheitere, solle das Verfahren fortgesetzt werden. Der Anwalt teilt dies dem Gericht mit und schließt die Akte ab. Im August 2016 teilt der Mandant mit, dass der Versöhnungsversuch gescheitert sei, das Verfahren solle fortbetrieben werden.
> Der ursprüngliche Auftrag war im November 2013 erledigt. Mit Ablauf des Jahres 2012 begann somit die Zweijahresfrist, die zum 31.12.2015 abgelaufen war. Der weitere Auftrag gilt somit gemäß Abs. 5 S. 2 als neue Angelegenheit. Der Anwalt kann sämtliche Gebühren erneut abrechnen.

Nach Abs. 5 S. 2 muss die vorangegangene Angelegenheit **erledigt** gewesen sein. Insoweit kann auf die Definition der Erledigung in § 8 Abs. 1 zurückgegriffen werden.

Unzutreffend ist es dagegen, auf die gesamte Fälligkeit der Gebühren des vorangegangenen Auftrags i.S.d. § 8 Abs. 1 abzustellen.[218] Diese Rechtsprechung verkennt, dass die Fälligkeit nur in einem Fall an die Erledigung anknüpft, aber auch unter anderen Voraussetzungen eintreten kann, obwohl die Angelegenheit noch nicht erledigt ist, etwa bei Ruhen des Verfahrens, bei Erlass einer Kostenentscheidung etc.

Insbesondere bei Ruhen, Aussetzung oder Unterbrechung des Verfahrens liegt kein Fall des Abs. 5 S. 2 vor, weil der Anwalt während des Ruhens, der Aussetzung und der Unterbrechung weiterhin beauftragt bleibt und weiterhin tätig werden muss. Er muss regelmäßig prüfen, ob die Voraussetzungen der Unterbrechung der Aussetzung und des Ruhens noch gegeben sind.[219]

Ebenso liegt kein Fall des Abs. 5 S. 2 vor, wenn ein Strafverfahren gemäß § 205 StPO vorläufig eingestellt worden ist und dann nach mehr als zwei Kalenderjahren wieder fortgesetzt wird. Die vorläufige Einstellung stellt dies keine Erledigung des anwaltlichen Auftrags i.S.d. Abs. 5 S. 2 dar, sodass bei Fortsetzung des Verfahrens die Gebühren und Auslagen nicht erneut anfallen.[220]

Dagegen liegt ein Fall des Abs. 5 S. 2 vor, wenn ein Prozessvergleich mehr als zwei Kalenderjahre nach seinem Abschluss angefochten und das Verfahren daraufhin fortgesetzt wird.[221]

Abs. 5 S. 2 ist auch in **Übergangsfällen** zu berücksichtigen. Richtet sich eine vorangegangene Angelegenheit nach der BRAGO und ist nach dem 1.7.2004 ein neuer Auftrag erteilt worden, so gilt der neue Auftrag nach Abs. 5 S. 2 als neue Angelegenheit, wenn zwei Kalenderjahre seit Erledigung der ersten Angelegenheit verstrichen sind, da insoweit das RVG anzuwenden ist (§ 61 Abs. 1 S. 1).[222]

Ein Fall des Abs. 5 S. 2 kann auch bei einem PKH- oder VKH-Überprüfungsverfahren vorliegen. Zwar gehört das Verfahren zur Überprüfung der bewilligten Verfahrenshilfe noch zu dem Rechtszug,

---

218 So aber OLG Karlsruhe JurBüro 1998, 26 = AnwBl 1998, 217; OLG Saarbrücken, Beschl. v. 19.1.2005 – 2 W 6/05; VG Dresden, Beschl. v. 15.6.2016 – 2 O 20/16; Beschl. v. 30.6.2016 – 2 O 22/16.

219 BGH AGS 2006, 323 = FamRZ 2006, 861 = Rpfleger 2006, 437 = MDR 2006, 1316 = BGHReport 2006, 939 = RVGreport 2006, 219 = BauR 2006, 1035 = JurBüro 2006, 424; OLG Nürnberg AGS 2004, 280 m. Anm. *N. Schneider* = Rpfleger 2004, 378 = OLGR 2004, 221 = JurBüro 2004, 317 m. Anm. *Enders* = RVG-B 2005, 3 m. Anm. *Goebel* = RVG-Letter 2004, 59; BayVGH AGS 2015, 62 = NJW 2015, 648 = zfs 2015, 225 = NJW-Spezial 2015, 124 = RVGreport 2015, 96 = RVGprof. 2015, 62; a.A. OLG Stuttgart AGS 2003, 19 m. Anm. *N. Schneider* = OLGR 2002, 345 = Justiz 2002, 510 = JurBüro 2002, 526 = Rpfleger 2002, 574 = MDR 2003, 117 = BRAGOreport 2002, 183; OLG Oldenburg AGS 2011, 125 = NdsRpfl 2011, 129 = FamRZ 2011, 665 = JurBüro 2011, 192 = RVGreport 2011, 107 = FamFR 2011, 82; OLG Köln, Beschl. v. 24.9.2010 – 17 W 190/10.

220 LG München I AGS 2013, 406 = RVGreport 2013, 346 = NJW-Spezial 2013, 605 = StRR 2013, 311 = RVGprof. 2013, 137.

221 BGH, der allerdings Abs. 5 S. 2 nur analog anwendet, AGS 2010, 1723 = MDR 2010, 1218 = FamRZ 2010, 1723 = VersR 2010, 1664 = JurBüro 2010, 640 = AnwBl 2010, 804 = FamRB 2010, 335 = FuR 2010, 687 = BRAK-Mitt 2010, 274 = FF 2010, 508 = RVGreport 2011, 17 = RVGprof. 2011, 40 = FamFR 2010, 442; OLG Frankfurt/M. Beschl. v. 18. 2. 2008 – 3 WF 281/07.

222 BGH, der allerdings Abs. 5 S. 2 nur analog anwendet, AGS 2010, 1723 = MDR 2010, 1218 = FamRZ 2010, 1723 = VersR 2010, 1664 = JurBüro 2010, 640 = AnwBl 2010, 804 = FamRB 2010, 335 = FuR 2010, 687 = BRAK-Mitt 2010, 274 = FF 2010, 508 = RVGreport 2011, 17 = RVGprof. 2011, 40 = FamFR 2010, 442; OLG Frankfurt/M., Beschl. v. 18.2.2008 – 3 WF 281/07.

für den die Prozesskostenhilfe bewilligt worden war (§ 16 Nr. 2, 3). Ist allerdings das frühere Verfahren seit mehr als zwei Kalenderjahren erledigt, so ist das Verfahren zur Überprüfung eine neue von der Landeskasse zu vergütende Angelegenheit.[223]

VII. Anrechnungsausschluss nach Ablauf von zwei Kalenderjahren (Abs. 5 S. 2)

298 Eine Regelung für Anrechnungsfälle fehlte in der Vorgängervorschrift (§ 13 Abs. 5 S. 2 BRAGO). Daher war umstritten, ob nach Ablauf von zwei Kalenderjahren die Anrechnung ausgeschlossen war. Konsequenterweise musste man dies bejahen. Wenn schon in derselben Sache die Gebühren erneut anfielen, dann musste dies erst recht in verschiedenen Angelegenheiten gelten, bei denen die Gebühren nur untereinander anzurechnen war. Eine Anrechnung hatte daher zu unterbleiben, wenn zwischen der neuen Angelegenheit und der anzurechnenden Angelegenheit mehr als zwei Kalenderjahre vergangen waren.[224]

Nunmehr ist in Abs. 5 S. 2 ausdrücklich geregelt, dass eine Anrechnung nach Ablauf von zwei Kalenderjahren ausgeschlossen ist. Ein solcher Fall ergibt sich insbesondere beim Übergang vom Mahnverfahren ins streitige Verfahren[225] oder auch bei einer Zurückverweisung.[226]

Beispiel: Auf die Klage i.H.v. 12.000 EUR war ein zusprechendes Urteil ergangen. Hiergegen hatte der Beklagte am 30.11.2013 Berufung eingelegt. Das OLG hat das Urteil
a) am 5.1.2015
b) am 5.1.2016
aufgehoben und die Sache an das Landgericht zurückverwiesen.

I. Ausgangsverfahren
1. 1,3-Verfahrensgebühr, VV 3100
(Wert: 12.000 EUR)   785,20 EUR
2. 1,2-Terminsgebühr, VV 3104
(Wert: 12.000 EUR)   724,80 EUR
3. Postentgeltpauschale, VV 7002   20,00 EUR
Zwischensumme   1.530,00 EUR
4. 19 % Umsatzsteuer, VV 7008   290,70 EUR
Gesamt   **1.820,70 EUR**

II. Verfahren nach Zurückverweisung Fall a)
1. 1,3-Verfahrensgebühr, VV 3100
(Wert: 12.000 EUR)   785,20 EUR
2. gem. VV Vorb. 3 Abs. 6 anzurechnen   – 785,20 EUR
3. 1,2-Terminsgebühr, VV 3104
(Wert: 12.000 EUR)   724,80 EUR
4. Postentgeltpauschale, VV 7002   20,00 EUR
Zwischensumme   744,80 EUR
5. 19 % Umsatzsteuer, VV 7008   141,51 EUR
Gesamt   **886,31 EUR**

III. Verfahren nach Zurückverweisung Fall b)
1. 1,3-Verfahrensgebühr, VV 3100
(Wert: 12.000 EUR)   785,20 EUR
2. 1,2-Terminsgebühr, VV 3104
(Wert: 12.000 EUR)   724,80 EUR

---

[223] AG Trier AGS 2015, 24 = AnwBl 2015, 351; a.A. AG Weilburg AGS 2015, 25 (zwei Entscheidungen).
[224] OLG München AGS 2001, 51 = AnwBl 2000, 698 = BRAGOreport 2000, 26 m. Anm. *Hansens* = OLGreport 2000, 200 = KostRsp. BRAGO § 43 Nr. 58; *N. Schneider*, AGS 2003, 240; a.A. FG Baden-Württemberg AGS 2004, 102 m. abl. Anm. *Hansens*.
[225] AG Siegburg AGS 2016, 268 = NJW-Spezial 2016, 413.
[226] OLG München AGS 2006, 369 = OLGR 2006, 681 = AnwBl 2006, 588 = FamRZ 2006, 1561 = RVG-Letter 2006, 87; OLG Düsseldorf, Beschl. v. 18.2.2010 – I-24 W 2/10; AGS 2009, 212 = OLGR 2009, 455 = NJW-Spezial 2009, 220 = RVGprof. 2009, 93 = RVGreport 2009, 181; OLG Köln OLGR 2009, 601 = MDR 2009, 1365.

3. Postentgeltpauschale, VV 7002   20,00 EUR
Zwischensumme   1.530,00 EUR
4. 19 % Umsatzsteuer, VV 7008   290,70 EUR
Gesamt   **1.820,70 EUR**

Eine Anrechnung nach VV Vorb. 3 Abs. 6 unterbleibt jetzt wegen Abs. 5 S. 2.

Strittig ist, ob der es für die Zweijahresfrist nach Abs. 5 S. 2 im Falle der Zurückverweisung eines Rechtsstreits auf die Verkündung des Rechtsmittelurteils ankommt oder auf den Zeitpunkt der Kenntnisnahme des Rechtsanwalts von der Zurückverweisung. Nach Auffassung des OLG Hamburg[227] soll es für die Berechnung der Zweijahresfrist auf den Zeitpunkt der Kenntnisnahme des Rechtsanwalts ankommen. Dies ist jedoch – jedenfalls in der Begründung – unzutreffend. Es fehlen bereits die erforderlichen Feststellungen zum Sachverhalt, nämlich zur Auftragslage. Insoweit kommt es nämlich darauf an, ob der Anwalt bereits bedingt für den Fall der Zurückverweisung mit der Durchführung des Verfahrens nach Zurückverweisung beauftragt war oder nicht: 299

– War dem Anwalt nicht der bedingte Auftrag zur Vertretung im erneuten Berufungsverfahren erteilt, dann kommt es weder auf die Zurückverweisung noch auf die Kenntnis davon an, sondern ausschließlich auf das Datum der Auftragserteilung für die Vertretung im erneuten Berufungsverfahren.
– War dem Anwalt dagegen bereits vorab der Auftrag erteilt worden, im Falle der Zurückverweisung auch im weiteren Berufungsverfahren für den Auftraggeber tätig zu werden, so gilt allgemeines BGB, und zwar § 158 BGB. Mit Eintritt der Bedingung kommt das Rechtsgeschäft zustande.

VIII. Begrenzung bei Einzelaufträgen (Abs. 6)

1. Begrenzung bei mehreren Einzelaufträgen (1. Var.)

Ist der Anwalt mit mehreren einzelnen Handlungen beauftragt, so erhält er insgesamt nicht mehr an Gebühren, als ein mit der gesamten Angelegenheit beauftragter Rechtsanwalt erhalten hätte. 300

Soweit ein Anwalt nur mit Einzeltätigkeiten beauftragt ist, erhält er in der Regel geringere Gebühren als der Anwalt, der mit der Vertretung im gesamten Verfahren beauftragt ist (z.B. VV 3403; VV 4300 ff.; VV 5200). Wird der Anwalt mit mehreren Einzeltätigkeiten nacheinander beauftragt, so könnte dies dazu führen, dass er durch die Addition der einzelnen Gebühren insgesamt eine höhere Vergütung erhielte als derjenige Anwalt, der mit der Vertretung im Verfahren insgesamt beauftragt worden wäre. Diese Konsequenz will Abs. 6, 1. Var. verhindern, indem er, ähnlich wie Abs. 3, das Gesamtgebührenaufkommen des nur mit Einzeltätigkeiten beauftragten Anwalts begrenzt. 301

> **Beispiel:** Der Anwalt wird beauftragt, in einem Scheidungsverfahren einen bereits ausgehandelten Unterhaltsvergleich zu protokollieren (Wert 6.000 EUR). Nach Protokollierung und Ausspruch des Scheidungsurteils wird er beauftragt, in der Ehesache (Wert 9.000 EUR) einen Rechtsmittelverzicht zu erklären.
> Für die Protokollierung des Unterhaltsvergleichs erhält der Anwalt eine Gebühr nach VV 3404 aus 6.000 EUR. Für den weiteren Auftrag zur Abgabe des Rechtsmittelverzichts erhält er eine weitere Gebühr nach VV 3404 aus dem Wert von 9.000 EUR.

Wäre der Anwalt von vornherein mit der Protokollierung und dem Rechtsmittelverzicht beauftragt worden, so wäre ihm nur eine einzige Gebühr nach VV 3404 entstanden, allerdings aus dem Gesamtwert von 15.000 EUR (§ 22 Abs. 1). Insgesamt erhält der Anwalt daher lediglich diese Gebühr. 302

War der Anwalt zunächst nur mit Einzeltätigkeiten beauftragt und wird er anschließend mit der Vertretung im Gesamten beauftragt, liegt kein Fall des Abs. 6 vor, sondern ein Fall des Abs. 1, da es sich nicht um verschiedene Einzelaufträge handelt, sondern der Auftrag erweitert wird. Das Ergebnis ist jedoch dasselbe. 303

---

227 AGS 2014, 267 = zfs 2014, 410 = MDR 2014, 808 = JurBüro 2014, 412 = NJW-Spezial 2014, 412 = RVGreport 2014, 265.

Beispiel: Der Anwalt ist als Verhandlungsvertreter (VV 3401, 3402) beauftragt. Später wird er als Prozessbevollmächtigter bestellt.
Es gilt nunmehr Abs. 1. Der Anwalt erhält die Gebühren insgesamt nur einmal. Die halbe Verfahrensgebühr nach VV 3401 erhöht sich auf eine volle 1,3-Verfahrensgebühr. Hinsichtlich der Terminsgebühr ergeben sich ohnehin keine Unterschiede.

304 Die Vorschrift des Abs. 6 gilt auch in **Strafsachen** (VV Vorb. 4.3 Abs. 3 S. 2).

Beispiel: Der Anwalt wird beauftragt, eine Berufungsbegründung zu entwerfen. Später erhält er den Auftrag, den Verkehr mit dem auswärtigen Verteidiger zu führen.
Der Anwalt erhält zwei Gebühren nach VV 4301 Nr. 1 und VV 4301 Nr. 3. Gemäß VV Vorb. 4.3 Abs. 3 S. 2 i.V.m. § 15 Abs. 6 erhält er jedoch nicht mehr als eine Gebühr nach VV 4124 zuzüglich Grundgebühr nach VV 4100.

2. Begrenzung bei einem Einzelauftrag (2. Var.)

305 Eine weitere Begrenzung ist durch das Zweite Justizmodernisierungsgesetz eingefügt worden. Mit dieser Regelung soll gewährleistet werden, dass ein Anwalt, der nur mit einer Einzeltätigkeit beauftragt worden ist, keine höheren Gebühren erhält, als ein Anwalt, der mit dem gesamten Verfahren beauftragt worden wäre. An sich war diese Regelung überflüssig, weil die wohl einhellige Auffassung Abs. 6 bereits in diesem Sinne ausgelegt hat.[228] Die Änderung des Gesetzes dient aber der Klarstellung. Erfasst werden diejenigen Fälle, in denen das Gesetz für bestimmte Einzeltätigkeiten eine höhere Vergütung vorsieht als in der Hauptsache.

Beispiel: Der Anwalt wird ausschließlich mit der Erinnerung nach § 766 ZPO gegen eine Maßnahme des Gerichtsvollziehers beauftragt, ohne auch im zugehörigen Zwangsvollstreckungsverfahren beauftragt zu sein (Wert: 3.000 EUR).
Die Erinnerung ist in VV 3500 geregelt und löst eine 0,5-Verfahrensgebühr aus. Die Hauptsache, nämlich das Zwangsvollstreckungsverfahren, ist in VV 3309 geregelt und löst lediglich eine 0,3-Verfahrensgebühr aus. Da die Erinnerung hier (auch nach der früheren Fassung des RVG – keine Erinnerung gegen eine Entscheidung des Rechtspflegers – siehe dazu auch unten II. 2.) mit zum Verfahren zählt (§ 19 Abs. 1 S. 1, arg. e § 18 Nr. 1 a.F.), kann es nicht angehen, dass der Anwalt höhere Gebühren verdient als in der Hauptsache. Es entsteht zwar die Verfahrensgebühr nach VV 3500; diese ist jedoch zu kürzen. Zu rechnen ist wie folgt:

1. 0,3-Verfahrensgebühr, VV 3500
   (Wert: 3.000 EUR)
   (gekürzt nach § 15 Abs. 6 i.V.m. VV 3309)   60,30 EUR
2. Postentgeltpauschale, VV 7002   12,06 EUR
   Zwischensumme   72,36 EUR
3. 19 % Umsatzsteuer, VV 7008   13,75 EUR
   Gesamt   **86,11 EUR**

306 Die Begrenzung gilt nicht nur für Verfahrensgebühren, sondern auch für Terminsgebühren.

Beispiel: Der Anwalt wird ausschließlich mit der Erinnerung nach § 766 ZPO gegen eine Maßnahme des Gerichtsvollziehers beauftragt, ohne auch im zugehörigen Zwangsvollstreckungsverfahren beauftragt zu sein (Wert: 3.000 EUR). Über die Erinnerung wird vor Gericht mündlich verhandelt.
Auch die Terminsgebühr ist jetzt nach Abs. 6 zu reduzieren.[229] Zu rechnen ist wie folgt:

1. 0,3-Verfahrensgebühr, VV 3500
   (Wert: 3.000 EUR)
   (gekürzt nach § 15 Abs. 6 i.V.m. VV 3309)   60,30 EUR
2. 0,3-Terminsgebühr, VV 3513
   (Wert: 3.000 EUR)
   (gekürzt nach § 15 Abs. 6 i.V.m. VV 3310)   60,30 EUR
3. Postentgeltpauschale, VV 7002   20,00 EUR
   Zwischensumme   140,60 EUR
4. 19 % Umsatzsteuer, VV 7008   26,71 EUR
   Gesamt   **167,31 EUR**

---

[228] AG Koblenz AGS 2007, 72 m. Anm. *Mock*.
[229] So schon zum bisherigen Recht AG Koblenz AGS 2007, 72 m. Anm. *Mock*.

Unklar ist hier, ob die Begrenzung nach Abs. 6 auch zum Ausschluss der VV Vorb. 3 Abs. 3, 3. Var. in Zwangsvollstreckungsverfahren führt. 307

> **Beispiel:** Der Anwalt wird ausschließlich mit der Erinnerung nach § 766 ZPO gegen eine Maßnahme des Gerichtsvollziehers beauftragt, ohne auch im zugehörigen Zwangsvollstreckungsverfahren beauftragt zu sein (Wert: 3.000 EUR). Die Anwälte verhandeln außergerichtlich zur Erledigung der Sache.
> An sich würde durch die Besprechung eine Termingebühr nach VV Vorb. 3 Abs. 3, 3. Var. i.V.m. VV 3513 anfallen. Wäre der Anwalt dagegen auch im Vollstreckungsverfahren tätig, so läge nur eine Angelegenheit der Zwangsvollstreckung vor (§ 19 Abs. 2 Nr. 2). Da in der Zwangsvollstreckung eine Termingebühr aber nur bei gerichtlichen Terminen anfällt (VV 3310), würde die außergerichtliche Besprechung für diesen Anwalt keine Termingebühr auslösen. Nach Abs. 6 dürfte folglich auch im isolierten Erinnerungsverfahren keine Termingebühr ausgelöst werden.

Ähnliche Begrenzungsfälle können auftreten, wenn der Anwalt lediglich mit einer **Gehörsrüge** 308 beauftragt ist. Ist der Anwalt zugleich mit der Hauptsache beauftragt, zählt die Gehörsrüge zum Rechtszug (§ 19 Abs. 1 S. 2 Nr. 5). Als isolierte Tätigkeit lässt sie nach VV 3330 eine 0,5-Verfahrensgebühr und gegebenenfalls eine 0,5-Termingebühr entstehen. Sofern in der Hauptsache allerdings geringere Gebühren entstehen würden, bleibt es dann bei der geringeren Gebühr, etwa bei einer Gehörsrüge in der Zwangsvollstreckung (VV 3309), bei einer Gehörsrüge im Verfahren nach § 655 ZPO (VV 3331) o.Ä.

Insbesondere die 0,8-Auffanggebühr für nicht gesondert geregelte **Einzeltätigkeiten** (VV 3403) 309 kann nach Abs. 6 zu kürzen sein.

> **Beispiel:** Der Anwalt wird in einem Beschwerdeverfahren lediglich mit der Wahrnehmung einer Einzeltätigkeit beauftragt.
> Eine Einzeltätigkeit ist nach VV 3403 zu vergüten ist und löst eine 0,8-Verfahrensgebühr aus. Eine Einzeltätigkeit kann nach Abs. 6 jedoch keine höhere Vergütung auslösen als ein Gesamtvertretungsauftrag. Für die Gesamtvertretung im Beschwerdeverfahren wäre aber nur eine 0,5-Verfahrensgebühr nach VV 3500 angefallen (siehe VV 3500 Rdn 30 ff.). Es verbleibt daher auch für den mit der Einzeltätigkeit beauftragten Anwalt nur bei einer 0,5-Verfahrensgebühr:
>
> 1. 0,5-Verfahrensgebühr, VV 3403
>   (Wert: 3.000 EUR)
>   (gekürzt nach § 15 Abs. 6 i.V.m. VV 3500)   100,50 EUR
> 2. Postentgeltpauschale, VV 7002   20,00 EUR
>   Zwischensumme   120,50 EUR
> 3. 19 % Umsatzsteuer, VV 7008   22,90 EUR
>   **Gesamt**   **143,40 EUR**

Nicht unter Abs. 6 fallen solche Tätigkeiten, die besondere Angelegenheiten sind, also z.B. die 310 Prüfung der Erfolgsaussicht eines Rechtsmittels. Ob hier in analoger Anwendung eine Begrenzung anzunehmen ist, erscheint fraglich.

> **Beispiel:** Der Anwalt ist beauftragt, zu prüfen, ob Aussicht besteht, gegen die Erteilung eines Erbscheins sofortige Beschwerde einzulegen (Geschäftswert: 50.000 EUR).
> Für die Prüfung der Erfolgsaussicht steht dem Anwalt eine Gebühr in Höhe von 0,5 bis 1,0 zu; die Mittelgebühr beträgt 0,75. Für die Beschwerde erhält der Anwalt jedoch nur eine 0,5-Verfahrensgebühr nach VV 3500 (siehe VV Vorb. 3.2.1 Rdn 2), auf die die Prüfungsgebühr anzurechnen wäre (Anm. zu VV 2100). Es erscheint auf den ersten Blick seltsam, dass ein Anwalt für die Prüfung der Erfolgsaussicht eines Rechtsmittels höhere Gebühren erhalten soll als für das Rechtsmittelverfahren selbst. Zwar greift Abs. 6 nicht unmittelbar, da die Prüfung der Erfolgsaussicht gegenüber dem Rechtsmittel eine eigene Angelegenheit darstellt. Andererseits wäre im Falle des sofortigen Rechtsmittelauftrags die Prüfungstätigkeit mit abgegolten (§ 19 Abs. 1 S. 1). Dies spricht dafür, jedenfalls im Rahmen des § 14 Abs. 1 zu berücksichtigen, dass im Rechtsmittelverfahren nur eine 0,5-Verfahrensgebühr abgerechnet werden darf, so dass die Prüfungstätigkeit hier auf die Mindestgebühr zu begrenzen wäre.
>
> **I. Prüfung der Erfolgsaussicht**
> 1. 0,5-Prüfungsgebühr, VV 2100
>   (Wert: 50.000 EUR)   581,50 EUR
> 2. Postentgeltpauschale, VV 7002   20,00 EUR
>   Zwischensumme   601,50 EUR
> 3. 19 % Umsatzsteuer, VV 7008   114,29 EUR
>   **Gesamt**   **715,79 EUR**

II. Rechtsmittelverfahren
1. 0,5-Verfahrensgebühr, VV 3500
   (Wert: 50.000 EUR) ... 581,50 EUR
2. gem. Anm. zu VV 2100 anzurechnen,
   0,5 aus 50.000 EUR ... − 581,50 EUR
3. Postentgeltpauschale, VV 7002 ... 20,00 EUR
   Zwischensumme ... 20,00 EUR
4. 19 % Umsatzsteuer, VV 7008 ... 3,80 EUR
Gesamt ... **23,80 EUR**

§ 15a Anrechnung einer Gebühr

(1) Sieht dieses Gesetz die Anrechnung einer Gebühr auf eine andere Gebühr vor, kann der Rechtsanwalt beide Gebühren fordern, jedoch nicht mehr als den um den Anrechnungsbetrag verminderten Gesamtbetrag der beiden Gebühren.

(2) Ein Dritter kann sich auf die Anrechnung nur berufen, soweit er den Anspruch auf eine der beiden Gebühren erfüllt hat, wegen eines dieser Ansprüche gegen ihn ein Vollstreckungstitel besteht oder beide Gebühren in demselben Verfahren gegen ihn geltend gemacht werden.

Literatur: *Hansens*, Drei berichtigende Absätze des Gesetzgebers zur Gebührenanrechnung, AnwBl 2009, 535; *ders.*, Gebührenberechnung bei Mehrfach-Anrechnung, RVGreport 2009, 81; *ders.*, Die Gebührenanrechnung nach §§ 15a, 55 Abs. 5 Satz 2 und 3 RVG – Teil 1, RVGreport 2009, 201, Teil 2, RVGreport 2009, 241; *ders.*, Gesetzgebungsvorhaben zur Anrechnung der Geschäftsgebühr RVGreport 2008, 293; *Kallenbach*, Bundestag entschärft mit neuem § 15a Anrechnungsproblem, AnwBl 2009, 442; *N. Schneider*, Anrechnung nach dem neuen § 15a, AGS 2009, 361; *ders.*, Über den Un-Sinn, die halbe Geschäftsgebühr mit einzuklagen, NJW 2007, 2001; *Schons*, Zur Frage der Anrechnung einer vereinbarten Vergütung AGS 2009, 216.

A. Entstehung der Vorschrift	1	
B. Die Anrechnungsvorschriften des RVG	11	
I. Überblick	11	
II. Die Anrechnungsvorschriften	21	
1. Überblick	21	
2. Beratung und Gutachten	22	
3. Steuerliche Hilfeleistungen	23	
4. Prüfung der Erfolgsaussicht eines Rechtsmittels	24	
5. Geschäftsgebühr	25	
a) Wertgebühren	25	
b) Rahmengebühren in sozialrechtlichen Verfahren	26	
c) Rahmengebühren in Verfahren nach der WBO	27	
6. Beratungshilfe	28	
7. Verfahren nach VV Teil 3	29	
a) Mahnverfahren	29	
b) Vereinfachtes Verfahren über den Unterhalt Minderjähriger	30	
c) Vermittlungsverfahren nach § 165 FamFG	31	
d) Selbstständiges Beweisverfahren	32	
e) Urkunden- oder Wechselprozess	33	
f) Erkenntnisverfahren erster Instanz	34	
g) Beschwerde gegen die Nichtzulassung der Berufung	35	
h) Berufungsverfahren	36	
i) Beschwerde gegen die Nichtzulassung der Revision	37	
j) Revisionsverfahren	38	
k) Beschwerde gegen die Nichtzulassung der Rechtsbeschwerde	39	
l) Verkehrsanwalt	40	
m) Terminsvertreter	41	
8. Strafsachen	42	
9. Bußgeldverfahren	43	
10. Verfahren nach VV Teil 6	44	
a) Disziplinarverfahren und berufsgerichtliche Verfahren wegen der Verletzung einer Berufspflicht	44	
b) Verfahren nach der Wehrbeschwerdeordnung und der Wehrdisziplinarordnung	45	
c) Einzeltätigkeiten	46	
III. Sinn und Zweck der Anrechnung	47	
C. Die Abrechnung mit dem Auftraggeber	48	
I. Selbstständigkeit der Gebühren	48	
II. Wahlrecht bei der Einforderung	52	
III. Die Berechnung	55	
IV. Postentgeltpauschale	58	
V. Verjährung	59	
VI. Schadensersatz	60	
VII. Durchführung der Anrechnung	61	
1. Überblick	61	
2. Abrechnung bei Wertgebühren	62	
a) Überblick	62	
b) Normalfall	63	
c) Mehrfache hintereinander folgende Anrechnungen	64	
d) Unterschiedliche Gegenstände	65	
aa) Überblick	65	
bb) Der Gegenstand der nachfolgenden Angelegenheit ist umfangreicher	67	
cc) Der Gegenstand der nachfolgenden Angelegenheit ist geringer	68	
dd) Wechselnde Gegenstände	69	
ee) Anrechnung eines überschießenden Anrechnungsbetrags auf nachnachfolgende Angelegenheit	70	

e) Geringerer Gebührensatz in nachfolgender Angelegenheit 71	III. Titulierung (Abs. 2, 2. Var.) 92
aa) Überblick 71	1. Grundsatz 92
bb) Begrenzung der Anrechnung .. 72	2. Anrechnung im Rechtsmittelverfahren 101
cc) Anrechnung des Restbetrages auf nachnachfolgende Angelegenheit 73	3. Abtretungsfälle 105
	4. Titulierung der Verfahrensgebühr 108
f) Anrechnung mehrerer Gebühren ... 74	5. Gesamtvergleich 109
aa) Überblick 74	a) Grundsatz 109
bb) Mehrere Auftraggeber 75	b) Eindeutige Regelung 112
cc) Klage und Widerklage 76	c) Fehlende Regelung 114
dd) Mehrere Beweisverfahren 77	d) Titulierung der Geschäftsgebühr lässt sich im Wege der Auslegung ermitteln 116
ee) Anrechnung im Verbundverfahren 78	
g) Anrechnung auf mehrere Gebühren 79	IV. Zeitgleiches Geltendmachen (Abs. 2, 3. Var.) 117
h) § 34 Abs. 2 80	E. Prozesskostenhilfe/Verfahrenskostenhilfe ... 125
VIII. Mehrere Auftraggeber 81	I. Anrechnung 125
1. Anrechnung auch der Gebührenerhöhung 81	II. Berücksichtigung von Zahlungen auf anzurechnende Beträge 128
2. Anrechnung auf verschiedene Verfahrensgebühren 82	III. Erweiterung der Mitteilungspflichten (§ 55) 129
3. Anrechnung auf mehrere Gebühren ... 83	IV. Anrechnung nachträglicher Zahlungen ... 130
IX. Anrechnungsausschluss nach mehr als zwei Kalenderjahren 84	F. Rechtsschutzversicherung 131
	G. Anwendbarkeit in „Altfällen" 133
X. Anrechnung und Kürzung nach § 15 Abs. 3 85	H. Nachfestsetzung in „Altfällen" 136
	I. Keine entsprechende Anwendung in sozialgerichtlichen Verfahren nach altem Recht . 137
D. Kostenerstattung 86	
I. Grundsatz 86	J. Keine Anrechnung vereinbarter Vergütungen 138
II. Erfüllung (Abs. 2, 1. Var.) 88	K. Anrechnung bei Anwaltswechsel 139

A. Entstehung der Vorschrift

In seiner Entscheidung vom 27.3.2007[1] hatte der BGH zu Recht klargestellt, dass die Geschäftsgebühr (VV 2300) im Rechtsstreit in voller Höhe geltend gemacht werden kann und dass eine Partei nicht darauf beschränkt ist, nur den anrechnungsfreien Teil der Geschäftsgebühr einzuklagen, wie es bis dato unverständlicherweise Praxis war. Der materiell-rechtliche Kostenerstattungsanspruch auf Ersatz einer Geschäftsgebühr ist ein eigener selbstständiger Schadensersatzanspruch. Ob die Geschäftsgebühr später gegebenenfalls anzurechnen ist oder nicht, ändert nichts daran, dass der Partei zunächst einmal der entsprechende Schaden in Höhe einer Geschäftsgebühr entstanden ist und dieser eingeklagt werden kann. Die Frage der Anrechnung der Geschäftsgebühr stellt sich erst im nachfolgenden Kostenfestsetzungsverfahren. Das gilt auch weiterhin. Der neue § 15a sollte daher nicht veranlassen, in überwundene alte Zeiten zurückzufallen und nur den nicht anzurechnenden Teil der Geschäftsgebühr einzuklagen.[2]

1

Wann und wie diese Anrechnung im nachfolgenden Kostenfestsetzungsverfahren vorzunehmen sei, konnte der BGH in seinen ersten Entscheidungen noch offen lassen. Erst in seiner späteren Entscheidung vom 22.1.2008[3] hatte er entschieden, dass die Anrechnung einer Geschäftsgebühr im Kostenfestsetzungsverfahren stets zu beachten sei. Infolge der Anrechnung der Geschäftsgebühr vermindere sich die Verfahrensgebühr der VV 3100 von vornherein um den anzurechnenden Betrag, sodass nur die verminderte Verfahrensgebühr zu den Kosten des Rechtsstreits gehöre und nicht die volle Verfahrensgebühr vor Anrechnung. Mithin, so der BGH, könne im Falle der vorgerichtlichen Tätigkeit des späteren Prozessbevollmächtigten im nachfolgenden Rechtsstreit nur noch die gekürzte

2

---

[1] AGS 2007, 283 = NZM 2007, 397 = zfs 2007, 344 = NJW 2007, 2049 = BRAK-Mitt 2007, 178 = Rpfleger 2007, 505 = AnwBl 2007, 630 = RVGreport 2007, 226 = NJW-Spezial 2007, 339.

[2] Siehe dazu N. Schneider, NJW 2007, 2001, so aber jetzt wieder OLG Düsseldorf AGS 2012, 543 = MDR 2012, 522 = NJW-RR 2012, 716 = NZS 2012, 466 = RVGreport 2012, 226.

[3] DAR 2008, 295 = AGS 2008, 158 = NJW 2008, 1323 = AnwBl 2008, 378 = zfs 2008, 288; BGHR 2008, 622 = JurBüro 2008, 302 = NJW-Spezial 2008, 251 = RVGreport 2008, 148 = NJ 2008, 271 = Schaden-Praxis 2008, 341.

Verfahrensgebühr festgesetzt werden. Dies gelte unabhängig davon, ob die Geschäftsgebühr vom Gegner zu erstatten sei oder nicht. Damit stellte sich der BGH gegen die bis dahin überwiegende Rechtsprechung der Oberlandesgerichte, die nur anrechnen wollte, wenn die Geschäftsgebühr vom Erstattungspflichtigen bereits gezahlt oder gegen ihn bereits in der Hauptsache tituliert worden war.

3   Mit dieser Entscheidung vom 22.1.2008, die von ihm im Folgenden mehrfach bestätigt wurde,[4] hatte der BGH die bisherige jahrzehntelange Rechtsprechung auf den Kopf gestellt und das Abrechnungsverhältnis zwischen Anwalt und Auftraggeber mit dem Erstattungsverhältnis zwischen Auftraggeber und Drittem unzulässigerweise vermengt. Diese unsägliche Rechtsprechung hatte für die Praxis derart katastrophale Folgen, dass sich der Gesetzgeber gezwungen sah, einzuschreiten.

4   Die Situation war insbesondere für den Beklagten nachteilig, weil dieser im Gegensatz zum Kläger in aller Regel keinen materiell-rechtlichen Kostenerstattungsanspruch auf Ersatz seiner vorgerichtlichen Kosten hatte und daher nicht nur auf seiner Geschäftsgebühr „sitzen blieb", sondern im anschließenden gerichtlichen Verfahren auch nur einen Teil seiner Verfahrensgebühr erstattet erhielt.

5   Wie zu erwarten war, führte die Rechtsprechung des BGH auch zu einer erheblichen Belastung und Ausweitung der Kostenfestsetzungsverfahren und zu zahlreichen ungeahnten neuen Problemen, so z.B. zu der Frage, ob eine fiktive Geschäftsgebühr im Falle eines Anwaltswechsels anzurechnen sei[5] oder ob eine vorgerichtlich vereinbarte Vergütung in Höhe einer fiktiven Geschäftsgebühr angerechnet werden müsse.[6]

6   Vorprogrammiert waren Streitigkeiten im Kostenfestsetzungsverfahren über die Höhe der anzurechnenden Geschäftsgebühr. Während der Erstattungsverpflichtete daran interessiert war, dass die Geschäftsgebühr möglichst hoch ausfiel, damit auch ein entsprechend höherer Betrag anzurechnen sei, war der Erstattungsberechtigte daran interessiert, dass die Geschäftsgebühr gering ausfiel, damit weniger angerechnet werde. Der BGH hatte in einer Entscheidung zur Darlegungs- und Beweislast in diesen Fällen Stellung genommen und ausgeführt, dass grundsätzlich von einer 1,3-Geschäftsgebühr auszugehen sei. Es sei Sache des Erstattungspflichtigen darzulegen und zu beweisen, dass auf der Gegenseite eine höhere Vergütung angefallen sei und Sache des Erstattungsberechtigten, dass eine geringere Gebühr angefallen sei und daher auch nur ein geringerer Betrag angerechnet werden könne.

7   Ungeachtet dessen sah sich das OLG Koblenz[7] veranlasst, eine außergerichtliche Kostenote von Amts wegen von 0,8 auf 1,3 heraufzusetzen, um damit im Rahmen der Kostenfestsetzung einen höheren Betrag anrechnen zu können.

8   Auch im Rahmen der Prozesskostenhilfe blieb die Entscheidung des BGH vom 22.1.2008 nicht folgenlos und hatte zu einer Flut von nicht mehr überschaubaren Entscheidungen geführt. Strittig war bis zuletzt, ob und unter welchen Voraussetzungen eine vom Anwalt vorgerichtlich verdiente Geschäftsgebühr auf die Vergütungsansprüche gegen die Staatskasse anzurechnen sei, ob sie auch dann anzurechnen sei, wenn die bedürftige Partei die Geschäftsgebühr gar nicht gezahlt hat, in welcher Höhe anzurechnen ist (in Höhe der Beratungshilfegebühren, der Gebühren nach der Tabelle des § 49 oder der Tabelle des § 13). Es wurde sogar vertreten, dass Anwälte bereits von der Landeskasse gezahlte Vergütungen, nachträglich wieder zurückzahlen sollten, weil sie nicht angegeben hätten, zuvor außergerichtlich tätig gewesen zu sein.

9   Um diese verfehlte Rspr. zu beseitigen und für die Zukunft auszuschließen, hat der Gesetzgeber die Vorschrift des § 15a in das RVG eingefügt, die am 5.8.2009 in Kraft getreten ist. Die Vorschrift hat einschneidende Änderungen der bisherigen Praxis mit sich gebracht, die zwischenzeitlich fast ausnahmslos umgesetzt worden sind. Dies betrifft zum einen die Abrechnung mit dem Auftraggeber (siehe Rdn 48 ff.), vor allem aber die Kostenerstattung (siehe Rdn 86 ff.). Darüber hinaus hat diese Vorschrift aber auch für die Abrechnung der Prozess- und Verfahrenskostenhilfevergütung einschnei-

---

4 AGS 2008, 574 = RVGreport 2008, 436; RVGreport 2009, 27 = VRR 2009, 39; RVGreport 2008, 468; WRP 2009, 75 = RVGreport 2008, 470.
5 OLG Koblenz AGS 2009, 105 = NJW-Spezial 2009, 157 = RVGreport 2009, 151; AGS 2009, 166.
6 Bejahend zunächst OLG Stuttgart AGS 2008, 510 = RVGreport 2008, 468, das seine Rspr. allerdings aufgegeben hat, AGS 2009, 214; verneinend OLG Frankfurt AGS 2009, 157 = AnwBl 2009, 310; OLG Bremen AGS 2009, 215; KG AGS 2009, 213; OLG München AGS 2009, 379.
7 AGS 2009, 217 m. abl. Anm. *Schons*.

dende Änderungen gebracht (siehe Rdn 125 ff.). Auch das Abrechnungsverhalten der Rechtsschutzversicherer ist davon betroffen (siehe Rdn 131 ff.).

Durch das 2. KostRMoG hat sich der Anwendungsbereich des § 15a erheblich erweitert, da das Vergütungsverzeichnis jetzt über die bereits bestehenden Anrechnungsregelungen weitere Anrechnungsfälle vorsieht, in denen die Regelung des § 15a anzuwenden ist, nämlich die Anrechnung
- der Gebühren nach der StBVV in steuerrechtliche Angelegenheiten auf die Geschäfts- oder Verfahrensgebühren nach dem RVG (§ 35 Abs. 2),
- der Geschäftsgebühr im verwaltungsrechtlichen Nachprüfungsverfahren (VV Vorb. 2.3 Abs. 3),
- der Geschäftsgebühr im sozialrechtlichen Nachprüfungsverfahren (VV Vorb. 2.3 Abs. 4),
- der Geschäftsgebühr im Beschwerdeverfahren nach der WBO (VV Vorb. 2.3 Abs. 5),
- der Verfahrensgebühr im Nichtzulassungsbeschwerdeverfahren nach § 92a ArbGG (Anm. zu VV 3506),
- der Verfahrensgebühr im Nichtzulassungsbeschwerdeverfahren in personalvertretungsrechtlichen Angelegenheiten nach dem BPersVG und den jeweiligen landesrechtlichen Personalvertretungsgesetzen i.V.m. § 92a ArbGG (Anm. zu VV 3506),
- der Verfahrensgebühr im Nichtzulassungsbeschwerdeverfahren nach § 75 GWB (Anm. zu VV 3506),
- der Verfahrensgebühr im Nichtzulassungsbeschwerdeverfahren nach § 87 EnWG (Anm. zu VV 3506),
- der Verfahrensgebühr im Verfahren über die Beschwerde gegen die Nichtzulassung der Revision in Disziplinarverfahren und berufsgerichtlichen Verfahren wegen der Verletzung einer Berufspflicht (Anm. zu VV 6215),
- der Verfahrensgebühr im Verfahren über die Beschwerde gegen die Nichtzulassung der Rechtsbeschwerde vor dem BVerwG in Verfahren nach der WBO oder WDO (Anm. zu VV 6402).

B. Die Anrechnungsvorschriften des RVG

I. Überblick

In zahlreichen Fällen sieht das RVG vor, dass bestimmte Gebühren einer Angelegenheit auf Gebühren einer anderen Angelegenheit anzurechnen sind. Einen allgemeinen Anrechnungsgrundsatz gibt es nicht. Die Anrechnung ist die **Ausnahme** und muss daher ausdrücklich gesetzlich geregelt sein.

Zum Teil finden sich die Anrechnungsvorschriften – wenn sie nur konkrete Gebühren betreffen – in den Anmerkungen zum jeweiligen Gebührentatbestand (z.B. Anm. Abs. 1 bis 3 zu VV Nr. 3100). Zum Teil finden sich die Anrechnungsvorschriften – wenn sie generell für bestimmte Angelegenheiten gelten – auch in den Vorbemerkungen (z.B. VV Vorb. 3 Abs. 4 bis 6). Darüber hinaus sind Anrechnungsvorschriften auch unmittelbar im RVG geregelt (z.B. § 34 Abs. 2).

Anzurechnen sind nur gesetzliche Gebühren. Eine **vereinbarte Vergütung** (§§ 3a ff.) ist – wenn dies zwischen den Vertragsparteien nicht vereinbart ist – nicht anzurechnen, auch wenn die vereinbarte Vergütung an die Stelle einer gesetzlichen Vergütung tritt, die anzurechnen wäre.[8] Anders verhält es sich bei der Vereinbarung einer Beratungsgebühr, da es sich hier nicht um eine Vergütungsvereinbarung, sondern um eine Gebührenvereinbarung handelt (§ 34 Abs. 2).

Eine Anrechnung ist nicht nur bei **Wertgebühren** vorgesehen, sondern auch bei **Betragsgebühren**, und zwar sowohl in sozialrechtlichen Angelegenheiten, in Straf- und Bußgeldsachen als auch in Verfahren nach VV Teil 6. Auch für **Festgebühren** wie in der Beratungshilfe sind Anrechnungen vorgesehen.

---

8 BGH AGS 2009, 523 = NJW 2009, 3364 = ZIP 2009, 2313 = BGHReport 2009, 1234 = AnwBl. 2009, 878 = FamRZ 2009, 1905 = RVGreport 2009, 433 = MDR 2009, 1417.

15 Zu beachten ist, dass eine Anrechnung immer dann ausgeschlossen ist, wenn seit Erledigung der vorangegangenen Angelegenheit, aus der die Gebühren anzurechnen sind, **mehr als zwei Kalenderjahre** vergangen sind (§ 15 Abs. 5 S. 2).[9]

16 **Grundsätzlich** werden die anzurechnenden Gebühren **voll** auf die Gebühren einer nachfolgenden Angelegenheit **angerechnet**. Das Gesetz kennt hiervon allerdings Ausnahmen:
- Nach VV Vorb. 3 Abs. 4 bis 6 sind die Geschäftsgebühren der VV 2300 und 2302 nur **zur Hälfte** anzurechnen, höchstens zu 0,75 bzw. höchstens zu 175 EUR.
- Ebenfalls nur **zur Hälfte**, höchstens zu 0,75, anzurechnen ist die Geschäftsgebühr der VV 2503 auf die Geschäfts- oder Verfahrensgebühr eines nachfolgenden gerichtlichen oder behördlichen Verfahrens (Anm. Abs. 2 S. 1 zu VV 2503).
- Nach Anm. Abs. 2 zu VV 4143 wiederum ist eine Anrechnung der Gebühr nach Nr. 4143 nur **zu einem Drittel** auf die Gebühren eines bürgerlichen Rechtsstreits vorgesehen.
- Nach Anm. Abs. 2 S. 2 zu VV 2503 ist die Geschäftsgebühr der VV 2503 nur **zu einem Viertel** auf ein Verfahren auf Vollstreckbarerklärung eines Vergleichs nach den §§ 796a, 796 b und 796 c Abs. 2 S. 2 ZPO anzurechnen.
- Nach Anm. Abs. 1 zu VV 3101 und Anm. Abs. 2 zu VV 3104 wiederum ist nur ein **rechnerischer Differenzbetrag** auf eine nachfolgende Verfahrensgebühr anzurechnen (siehe VV 3101 Rdn 126 ff.).

17 Angerechnet werden **nur Gebühren, nicht auch Auslagen**. Insbesondere wird die Postentgeltpauschale der VV 7002 nicht angerechnet. Sie berechnet sich in der nachfolgenden Angelegenheit nach den vollen gesetzlichen Gebühren vor Anrechnung und nicht etwa nach einem rechnerischen Differenzbetrag, der nach Anrechnung noch verbleibt (ausführlich siehe dazu Rdn 58).

18 Ist eine Gebühr einmal angerechnet, so ist damit die Anrechnung verbraucht. Ein und dieselbe Gebühr kann nicht mehrmals angerechnet werden.

19 Soweit eine Anrechnung allerdings nicht verbraucht ist, weil das Gebührenaufkommen in der nachfolgenden Angelegenheit zu gering ist, kann auf eine nachnachfolgende Angelegenheit anzurechnen sein (siehe Rdn 73).

20 Soweit sich die vorangegangene Angelegenheit noch nach der BRAGO richtet, sind die Anrechnungsvorschriften der BRAGO maßgebend. Die Anrechnung richtet sich immer nach demjenigen Gebührenrecht, aus dem die anzurechnende Gebühr stammt.

II. Die Anrechnungsvorschriften

1. Überblick

21 Mit Ausnahme von VV Teil 1 sind Anrechnungsvorschriften in allen Teilen des Vergütungsverzeichnisses vorgesehen. Sogar der Paragrafenteil enthält Anrechnungsvorschriften (§§ 34 Abs. 2, 35 Abs. 2).

---

[9] Siehe dazu OLG Köln OLGR 2009, 601 = MDR 2009, 1365; OLG Düsseldorf AGS 2009, 212 = OLGR 2009, 455 = NJW-Spezial 2009, 220 = RVGreport 2009, 181; OLG München AGS 2006, 369 = OLGR 2006, 681 = AnwBl. 2006, 588 = FamRZ 2006, 1561.

2. Beratung und Gutachten

anzurechnende Gebühr	Anrechnungsvorschrift	Gebühren, auf die angerechnet wird
vereinbarte Gebühr für Beratung und Gutachten (§ 34 Abs. 1 S. 1)	§ 34 Abs. 2	alle Geschäfts- oder Verfahrensgebühren einer nachfolgenden Angelegenheit[10]
übliche Gebühr nach bürgerlichem Recht (§ 34 Abs. 1 S. 2)	§ 34 Abs. 2	alle Geschäfts- oder Verfahrensgebühren einer nachfolgenden Angelegenheit

22

3. Steuerliche Hilfeleistungen

anzurechnende Gebühr	Anrechnungsvorschrift	Gebühren, auf die angerechnet wird
Gebühr nach StBVV	§ 35 Abs. 2 i.V.m. VV Vorb. 2.3 Abs. 4	Geschäftsgebühr im Einspruchsverfahren
Gebühr nach StBVV	§ 35 Abs. 2 i.V.m. VV Vorb. 3 Abs. 4	Verfahrensgebühr im finanzgerichtlichen Verfahren

23

4. Prüfung der Erfolgsaussicht eines Rechtsmittels

anzurechnende Gebühr	Anrechnungsvorschrift	Gebühren, auf die angerechnet wird
VV 2100	Anm. zu VV 2100	VV 3200, 3206, 3500, 3502, 3504, 3506, 3509 (auch wenn der Anwalt in diesen Verfahren Verkehrsanwalt nach VV 3400 oder Terminsvertreter nach VV 3401 wird)
VV 2100, 2101	Anm. zu VV 2100	VV 3200, 3206, 3500, 3502, 3504, 3506, 3509 (auch wenn der Anwalt in diesen Verfahren Verkehrsanwalt nach VV 3400 oder Terminsvertreter nach VV 3401 wird)
VV 2102	Anm. zu VV 2102	VV 3204, 3212, 3500, 3511, 3512 (auch wenn der Anwalt in diesen Verfahren Verkehrsanwalt nach VV 3400 oder Terminsvertreter nach VV 3401 wird)
VV 2012, 2103	Anm. zu VV 2102	VV 3204, 3212, 3500, 3511, 3512 (auch wenn der Anwalt in diesen Verfahren Verkehrsanwalt nach VV 3400 oder Terminsvertreter nach VV 3401 wird)

24

---

10 Eine Beschränkung der Anrechnung auf die Betriebsgebühr (Geschäfts- oder Verfahrensgebühr) ist hier zwar ausdrücklich nicht vorgesehen; dennoch ergibt sich aus dem Zusammenhang, dass nur auf Betriebsgebühren, nicht auch auf sonstige Gebühren, wie Terminsgebühren oder Einigungsgebühren anzurechnen ist (Gerold/Schmidt/*Madert*, RVG, § 34 Rn 65).

5. Geschäftsgebühr

a) Wertgebühren

anzurechnende Gebühr	Anrechnungsvorschrift	Gebühren, auf die angerechnet wird
VV 2300	VV Vorb. 2.3 Abs. 4	VV 2300 (hälftige Anrechnung höchstens 0,75)
VV 2300	VV Vorb. 2.3 Abs. 6	VV 2303 (hälftige Anrechnung höchstens 0,75)
VV 2300 (nicht jedoch, wenn danach noch eine weitere Geschäftsgebühr nach § 17 Nr. 1a i.V.m. VV 2300 oder nach § 17 Nr. 7 i.V.m. VV 2302 anfällt; VV Vorb. 3 Abs. 4 S. 2)	VV Vorb. 3 Abs. 4	jede Verfahrensgebühr nach VV Teil 3 eines nachfolgenden gerichtlichen Verfahrens hälftige Anrechnung höchstens 0,75); str. ob auch auf die Gebühr der VV 4143 anzurechnen ist[11]
VV 2302	VV Vorb. 3 Abs. 4	jede Verfahrensgebühr nach VV Teil 3 eines nachfolgenden gerichtlichen Verfahrens

25

b) Rahmengebühren in sozialrechtlichen Verfahren

anzurechnende Gebühr	Anrechnungsvorschrift	Gebühren, auf die angerechnet wird
VV 2302 Nr. 1	VV Vorb. 2.3 Abs. 4	VV 2302 Nr. 1 (hälftige Anrechnung höchstens 175 EUR)
VV 2302 Nr. 1 (nicht jedoch, wenn danach noch eine weitere Geschäftsgebühr nach § 17 Nr. 1a i.V.m. VV 2302 Nr. 1 anfällt; VV Vorb. 3 Abs. 4 S. 2)	VV Vorb. 3 Abs. 4	jede Verfahrensgebühr nach VV Teil 3 eines nachfolgenden gerichtlichen Verfahrens (hälftige Anrechnung höchstens 175 EUR)

26

c) Rahmengebühren in Verfahren nach der WBO

anzurechnende Gebühr	Anrechnungsvorschrift	Gebühren, auf die angerechnet wird
VV 2302 Nr. 2	VV Vorb. 2.3 Abs. 5	VV 2302 Nr. 2 (hälftige Anrechnung höchstens 175 EUR)
VV 2302 Nr. 2 (nicht jedoch, wenn danach noch eine weitere Geschäftsgebühr nach § 17 Nr. 1a i.V.m. VV 2302 Nr. 2 anfällt; VV Vorb. 6.4 Abs. 2 S. 2)	VV Vorb. 6.4 Abs. 2 S. 1	VV 6400 und 6402 in erstinstanzlichen Verfahren (hälftige Anrechnung höchstens 175 EUR)

27

---

11 Siehe VV 4143 Rdn 56 ff.

6. Beratungshilfe

anzurechnende Gebühr	Anrechnungsvorschrift	Gebühren, auf die angerechnet wird
VV 2501	Anm. zu VV 2501	alle Geschäfts- oder Verfahrensgebühren einer nachfolgenden Angelegenheit[12]
VV 2503	Anm. Abs. 2 S. 1 zu VV 2503	alle Verfahrens- oder Geschäftsgebühren einer nachfolgenden Angelegenheit[13] (hälftige Anrechnung)
VV 2503	Anm. Abs. 2 S. 2 zu VV 2503	VV 3100 im Verfahren nach §§ 796a ff. ZPO (Anrechnung zu einem Viertel)

28

7. Verfahren nach VV Teil 3

a) Mahnverfahren

anzurechnende Gebühr	Anrechnungsvorschrift	Gebühren, auf die angerechnet wird
VV 3305 (auch i.V.m. VV 3306)	Anm. zu VV 3305	Verfahrensgebühr des streitigen Verfahrens
VV 3307	Anm. zu VV 3307	Verfahrensgebühr des streitigen Verfahrens
VV 3104 (Vorb. 3.3.2)	Anm. Abs. 4 zu VV 3104	Terminsgebühr des streitigen Verfahrens

29

b) Vereinfachtes Verfahren über den Unterhalt Minderjähriger

anzurechnende Gebühr	Anrechnungsvorschrift	Gebühren, auf die angerechnet wird
VV 3100 im vereinfachten Verfahren über den Unterhalt Minderjähriger	Anm. Abs. 1 zu VV 3100	Verfahrensgebühr im nachfolgenden gerichtlichen Verfahren vor dem FamG
VV 3104	Anm. Abs. 4 zu VV 3104	Terminsgebühr im nachfolgenden gerichtlichen Verfahren vor dem FamG

30

---

[12] Eine Beschränkung der Anrechnung auf die Betriebsgebühr (Geschäfts- oder Verfahrensgebühr) ist hier zwar ausdrücklich nicht vorgesehen; dennoch ergibt sich aus dem Zusammenhang, dass nur auf Betriebsgebühren, nicht auch auf sonstige Gebühren, wie Terminsgebühren oder Einigungsgebühren anzurechnen ist.

[13] Eine Beschränkung auf Gebühren nach VV Teil 3 ist hier im Gegensatz zu VV Vorb. 3 Abs. 4 nicht vorgesehen, was für eine entsprechende Anwendung der VV Vorb. 3 Abs. 4 auch auf VV Teil 4, also auch auf VV 4143 sprechen könnte.

c) Vermittlungsverfahren nach § 165 FamFG

31

anzurechnende Gebühr	Anrechnungsvorschrift	Gebühren, auf die angerechnet wird
VV 3100 im Vermittlungsverfahren nach § 156 FGG	Anm. Abs. 3 zu VV 3100	Verfahrensgebühr im nachfolgenden gerichtlichen Verfahren vor dem FamG

d) Selbstständiges Beweisverfahren

32

anzurechnende Gebühr	Anrechnungsvorschrift	Gebühren, auf die angerechnet wird
VV 3100 im selbstständigen Beweisverfahren	VV Vorb. 3 Abs. 5	VV 3100 im nachfolgenden Hauptsacheverfahren; im Falle eines Mahnverfahrens auf die VV 3305, 3307
VV 3102 im selbstständigen Beweisverfahren[14]	VV Vorb. 3 Abs. 5	VV 3102 im nachfolgenden Hauptsacheverfahren
VV 3200 im selbstständigen Beweisverfahren[15]	VV Vorb. 3 Abs. 5	VV 3200 im nachfolgenden Hauptsacheverfahren
VV 3204 im selbstständigen Beweisverfahren	VV Vorb. 3 Abs. 5	VV 3204 im nachfolgenden Hauptsacheverfahren

e) Urkunden- oder Wechselprozess

33

anzurechnende Gebühr	Anrechnungsvorschrift	Gebühren, auf die angerechnet wird
VV 3100 im Urkunden- Scheck- oder Wechselprozess	Anm. Abs. 2 zu VV 3100	VV 3100 im ordentlichen Verfahren nach Abstandnahme oder nach Vorbehaltsurteil

f) Erkenntnisverfahren erster Instanz

34

anzurechnende Gebühr	Anrechnungsvorschrift	Gebühren, auf die angerechnet wird
VV 3100 im Hauptsacheverfahren	VV Vorb. 3 Abs. 5	VV 3100 im nachfolgenden selbstständigen Beweisverfahren
VV 3100 im Verfahren vor Zurückverweisung	VV Vorb. 3 Abs. 6	VV 3100 im Verfahren nach Zurückverweisung[16]

---

14 Das selbstständige Beweisverfahren ist auch in sozialrechtlichen Angelegenheiten möglich (§ 76 SGG).
15 Das selbstständige Beweisverfahren kann auch vor dem Berufungsgericht als Gericht der Hauptsache stattfinden.
16 Gem. § 15 Abs. 5 S. 2 jedoch nicht, wenn zwei Kalenderjahre vergangen sind (OLG Köln OLGR 2009, 601 = MDR 2009, 1365; OLG Düsseldorf AGS 2009, 212 = OLGR 2009, 455 = NJW-Spezial 2009, 220 = RVGreport 2009, 181; OLG München AGS 2006, 369 = OLGR 2006, 681 = AnwBl. 2006, 588 = FamRZ 2006, 1561).

anzurechnende Gebühr	Anrechnungsvorschrift	Gebühren, auf die angerechnet wird
VV 3101 Nr. 2 (gegebenenfalls nur der nach Kürzung gem. § 15 Abs. 3 verbleibende Anteil)	Anm. Abs. 1 zu VV 3101	Verfahrensgebühr eines im nachfolgenden gerichtlichen Verfahren
VV 3102	VV Vorb. 3 Abs. 5	VV 3102 im nachfolgenden selbstständigen Beweisverfahren
VV 3102 im Verfahren vor Zurückverweisung	VV Vorb. 3 Abs. 6	VV 3102 im Verfahren nach Zurückverweisung[17]
VV 3104 in Höhe der Differenz zwischen Gebühr aus anhängigen und nicht anhängigen Gegenständen	Anm. Abs. 2 zu VV 3104	VV 3104 im nachfolgenden Verfahren

g) Beschwerde gegen die Nichtzulassung der Berufung

anzurechnende Gebühr	Anrechnungsvorschrift	Gebühren, auf die angerechnet wird
VV 3504	Anm. zu VV 3504	VV 3200
VV 3511	Anm. zu VV 3511	VV 3204

35

h) Berufungsverfahren[18]

anzurechnende Gebühr	Anrechnungsvorschrift	Gebühren, auf die angerechnet wird
VV 3200 im Hauptsacheverfahren	VV Vorb. 3 Abs. 5	VV 3200 im nachfolgenden selbstständigen Beweisverfahren
VV 3200 im Verfahren vor Zurückverweisung	VV Vorb. 3 Abs. 6	VV 3200 im Verfahren nach Zurückverweisung[19]
VV 3201 Nr. 2 (gegebenenfalls nur der nach Kürzung gem. § 15 Abs. 3 verbleibende Anteil)	Anm. zu VV 3201	Verfahrensgebühr eines nachfolgenden Verfahrens
VV 3202 in Höhe der Differenz zwischen Gebühr aus anhängigen und nicht anhängigen Gegenständen	VV 3202 i.V.m. Anm. Abs. 2 zu VV 3104	Terminsgebühr eines nachfolgenden Verfahrens
VV 3204 im Hauptsacheverfahren[20]	VV Vorb. 3 Abs. 5	VV 3204 im nachfolgenden selbstständigen Beweisverfahren

36

---

17 Gem. § 15 Abs. 5 S 2 jedoch nicht, wenn zwei Kalenderjahre vergangen sind (OLG Köln OLGR 2009, 601 = MDR 2009, 1365; OLG Düsseldorf AGS 2009, 212 = OLGR 2009, 455 = NJW-Spezial 2009, 220 = RVGreport 2009, 181; OLG München AGS 2006, 369 = OLGR 2006, 681 = AnwBl. 2006, 588 = FamRZ 2006, 1561).

18 Siehe auch Selbstständiges Beweisverfahren.

19 Gem. § 15 Abs. 5 S. 2 jedoch nicht, wenn zwei Kalenderjahre vergangen sind (OLG Köln OLGR 2009, 601 = MDR 2009, 1365; OLG Düsseldorf AGS 2009, 212 = OLGR 2009, 455 = NJW-Spezial 2009, 220 = RVGreport 2009, 181; OLG München AGS 2006, 369 = OLGR 2006, 681 = AnwBl. 2006, 588 = FamRZ 2006, 1561).

20 Das selbstständige Beweisverfahren ist auch in sozialrechtlichen Angelegenheiten möglich (§ 76 SGG).

anzurechnende Gebühr	Anrechnungsvorschrift	Gebühren, auf die angerechnet wird
VV 3204 im Verfahren vor Zurückverweisung	VV Vorb. 3 Abs. 6	VV 3204 im Verfahren nach Zurückverweisung[21]

i) Beschwerde gegen die Nichtzulassung der Revision

37

anzurechnende Gebühr	Anrechnungsvorschrift	Gebühren, auf die angerechnet wird
VV 3506	Anm. zu VV 3506	VV 3206
VV 3506, 3508	Anm. zu VV 3508	VV 3206, 3208
VV 3512	Anm. zu VV 3512	VV 3212

j) Revisionsverfahren

38

anzurechnende Gebühr	Anrechnungsvorschrift	Gebühren, auf die angerechnet wird
Anm. zu VV 3207 i.V.m. VV 3201 Nr. 2 (gegebenenfalls nur der nach Kürzung gem. § 15 Abs. 3 verbleibende Anteil)[22]	Anm. zu VV 3209 i.V.m. Anm. zu VV 3201	Verfahrensgebühr eines nachfolgenden Verfahrens
VV 3210 in Höhe der Differenz zwischen Gebühr aus anhängigen und nicht anhängigen Gegenständen	Anm. zu VV 3210 i.V.m. Anm. Abs. 2 zu VV 3104	Terminsgebühr eines nachfolgenden Verfahrens

k) Beschwerde gegen die Nichtzulassung der Rechtsbeschwerde

39

anzurechnende Gebühr	Anrechnungsvorschrift	Gebühren, auf die angerechnet wird
VV 3506	Anm. zu VV 3506	VV 3206
VV 3506, 3508	Anm. zu VV 3508 i.V.m. VV 3506	VV 3206, 3208

l) Verkehrsanwalt

40

anzurechnende Gebühr	Anrechnungsvorschrift	Gebühren, auf die angerechnet wird
VV 3400, soweit die Verfahrensgebühr des Hauptbevollmächtigten anzurechnen ist	VV 3400 i.V.m. der Anrechnungsvorschrift für den Hauptbevollmächtigten	VV 3400 oder eine Verfahrensgebühr, wenn der Verkehrsanwalt im nachfolgenden Verfahren die Vertretung übertragen erhält

---

21 Gem. § 15 Abs. 5 S. 2 jedoch nicht, wenn zwei Kalenderjahre vergangen sind (OLG Köln OLGR 2009, 601 = MDR 2009, 1365; OLG Düsseldorf AGS 2009, 212 = OLGR 2009, 455 = NJW-Spezial 2009, 220 = RVGreport 2009, 181; OLG München AGS 2006, 369 = OLGR 2006, 681 = AnwBl. 2006, 588 = FamRZ 2006, 1561).

22 Zur Berechnung siehe VV 3201 Rdn 35 f.

m) Terminsvertreter

Gebühr	Anrechnungsvorschrift	Gebühren, auf die angerechnet wird	
VV 3401, soweit die Verfahrensgebühr des Hauptbevollmächtigten anzurechnen ist	VV 3401 i.V.m. der Anrechnungsvorschrift für den Hauptbevollmächtigten	VV 3401 oder eine Verfahrensgebühr, wenn der Verkehrsanwalt im nachfolgenden Verfahren die Vertretung übertragen erhält	41

8. Strafsachen

anzurechnende Gebühr	Anrechnungsvorschrift	Gebühren, auf die angerechnet wird	
VV 4143	Anm. Abs. 2 zu VV 4143	VV 3100 eines nachfolgenden zivilrechtlichen Verfahrens; VV 3305, wenn die Ansprüche im Mahnverfahren geltend gemacht werden	42
VV 4300	VV Vorb. 4.3 Abs. 4	Verfahrensgebühr nach VV Teil 4 bei nachträglichem Auftrag zur Gesamtvertretung	
VV 4301	VV Vorb. 4.3 Abs. 4	Verfahrensgebühr nach VV Teil 4 bei nachträglichem Auftrag zur Gesamtvertretung	
VV 4302	VV Vorb. 4.3 Abs. 4	Verfahrensgebühr nach VV Teil 4 bei nachträglichem Auftrag zur Gesamtvertretung	

9. Bußgeldverfahren

Gebühr	Anrechnungsvorschrift	Gebühren, auf die angerechnet wird	
VV 5100	Anm. Abs. 2 zu VV 4100	VV 4100 (strafrechtliche Grundgebühr)	43
VV 5200	Ann. Abs. 3 zu VV 5200	Verfahrensgebühr nach VV Teil 5 bei nachträglichem Auftrag zur Gesamtvertretung	

10. Verfahren nach VV Teil 6

a) Disziplinarverfahren und berufsgerichtliche Verfahren wegen der Verletzung einer Berufspflicht

44

anzurechnende Gebühr	Anrechnungsvorschrift	Gebühren, auf die angerechnet wird
VV 6215	Anm. zu VV 6215	VV 6211 (volle Anrechnung)
VV 6500	Anm. Abs. 3 zu VV 6500	Verfahrensgebühr nach VV Teil 6 bei nachträglichem Auftrag zur Gesamtvertretung

b) Verfahren nach der Wehrbeschwerdeordnung und der Wehrdisziplinarordnung

45

anzurechnende Gebühr	Anrechnungsvorschrift	Gebühren, auf die angerechnet wird
VV 2302 Nr. 2	VV Vorb. 2.3 Abs. 5	VV 2302 Nr. 2 (hälftige Anrechnung höchstens 175 EUR)
VV 2302 Nr. 2 (nicht jedoch, wenn danach noch eine weitere Geschäftsgebühr nach § 17 Nr. 1a i.V.m. VV 2302 Nr. 2 anfällt; VV Vorb. 3 Abs. 5 i.V.m. Abs. 4 S. 2)	VV Vorb. 6.4 Abs. 2 S. 1	VV 6400 und 6402 in erstinstanzlichen Verfahren (hälftige Anrechnung, höchstens 175 EUR)
VV 6402 für des Verfahren über die Nichtzulassung der Rechtsbeschwerde	Anm. zu VV 6402	VV 6402 für die Rechtsbeschwerde (volle Anrechnung)

c) Einzeltätigkeiten

46

anzurechnende Gebühr	Anrechnungsvorschrift	Gebühren, auf die angerechnet wird
VV 6500	Anm. Abs. 3 zu VV 6500	jede Verfahrensgebühr nach VV Teil 6 (volle Anrechnung)

III. Sinn und Zweck der Anrechnung

47 Die Anrechnung einer Gebühr auf eine andere Gebühr soll das Gesamtaufkommen der Gebühren in den Fällen begrenzen, in denen sich nach den Vorstellungen des Gesetzgebers die Tätigkeit in einer Angelegenheit erheblich verringert, weil der Anwalt in einer anderen Angelegenheit bereits vorbefasst war. Besonders deutlich wird dies bei den Anrechnungsvorschriften der VV Vorb. 2.3 Abs. 4 und Vorb. 3 Abs. 4, soweit Rahmengebühren betroffen sind. Danach darf nämlich in der nachfolgenden Angelegenheit bei der Gebührenbemessung nach § 14 Abs. 1 nicht berücksichtigt werden, „dass der Umfang der Tätigkeit infolge der vorangegangenen Tätigkeit geringer ist". Gerade dieser geringere Umfang soll durch die Anrechnung in den Gebühren ausgeglichen werden.

C. Die Abrechnung mit dem Auftraggeber

I. Selbstständigkeit der Gebühren

Mit Abs. 1 hat der Gesetzgeber klargestellt, dass Gebühren, die aufeinander anzurechnen sind, zunächst einmal völlig unabhängig voneinander selbstständig entstehen, und zwar in voller Höhe. **48**

Ist zunächst eine Gebühr entstanden und entsteht später eine weitere Gebühr, auf die die erste Gebühr anzurechnen ist, dann führt dies also entgegen der früheren Rspr. des BGH nicht dazu, dass die zweite Gebühr nur in verminderter Höhe, nämlich um den Anrechnungsbetrag reduziert, entsteht; vielmehr entsteht die zweite Gebühr zunächst einmal in voller Höhe und kann unbeschadet einer Anrechnung geltend gemacht werden. **49**

Die Anrechnung führt gegenüber dem Auftraggeber nur dazu, dass insgesamt nicht mehr verlangt werden kann als das um die Anrechnung verminderte Gesamtaufkommen. **50**

Diese Selbstständigkeit der aufeinander anzurechnenden Gebühren hat zahlreiche Konsequenzen. **51**

II. Wahlrecht bei der Einforderung

Der Anwalt kann nach Abs. 1 frei wählen, welche der aufeinander anzurechnenden Gebühren er in voller Höhe einfordert und welche vermindert. Er kann selbstverständlich nicht beide Gebühren unvermindert einfordern. **52**

> **Beispiel:** Der Anwalt hatte nach einem Gegenstandswert von 8.000 EUR eine 1,5-Geschäftsgebühr (VV 2300) verdient und anschließend im gerichtlichen Verfahren eine 1,3-Verfahrensgebühr (VV 3100). Nach Abs. 1 entstehen diese beiden Gebühren zunächst einmal unabhängig voneinander, insgesamt kann allerdings nicht mehr beansprucht werden als der um die Anrechnung gekürzte Betrag. Insgesamt steht dem Anwalt also zu: 1,5 + 1,3 – 0,75 = 2,05.
> Fordert der Anwalt die Geschäftsgebühr in voller Höhe ein, dann darf er von der Verfahrensgebühr lediglich noch 0,55 verlangen.
>
> **I. Außergerichtliche Vertretung (Wert: 8.000 EUR)**
> 1. 1,5-Geschäftsgebühr, VV 2300   684,00 EUR
> 2. Postentgeltpauschale, VV 7002   20,00 EUR
>   Zwischensumme   704,00 EUR
> 3. 19 % Umsatzsteuer, VV 7008   133,76 EUR
>   **Gesamt**   **837,76 EUR**
>
> **II. Gerichtliches Verfahren (Wert: 8.000 EUR)**
> 1. 1,3-Verfahrensgebühr, VV 3100   592,80 EUR
> 2. gem. VV Vorb. 3 Abs. 4 anzurechnen, 0,75 aus 8.000 EUR   – 342,00 EUR
> 3. 1,2-Terminsgebühr, VV 3104   547,20 EUR
> 4. Postentgeltpauschale, VV 7002   20,00 EUR
>   Zwischensumme   818,00 EUR
> 5. 19 % Umsatzsteuer, VV 7008   155,42 EUR
>   **Gesamt**   **973,42 EUR**
>   **Gesamt I. + II.**   **1.811,18 EUR**
>
> Fordert der Anwalt dagegen die Verfahrensgebühr in voller Höhe ein, dann verringert sich die Geschäftsgebühr um 0,75, sodass er insoweit lediglich noch restliche 0,75 verlangen kann.
>
> **I. Gerichtliches Verfahren (Wert: 8.000 EUR)**
> 1. 1,3-Verfahrensgebühr, VV 3100   592,80 EUR
> 2. 1,2-Terminsgebühr, VV 3104   547,20 EUR
> 3. Postentgeltpauschale, VV 7002   20,00 EUR
>   Zwischensumme   1.060,00 EUR
> 4. 19 % Umsatzsteuer, VV 7008   220,04 EUR
>   **Gesamt**   **1.380,40 EUR**
>
> **II. Außergerichtliche Vertretung (Wert: 8.000 EUR)**
> 1. 1,5-Geschäftsgebühr, VV 2300   684,00 EUR
> 2. gem. § 15a, VV Vorb. 3 Abs. 4 anzurechnen, 0,75 aus 8.000 EUR   – 342,00 EUR
> 3. Postentgeltpauschale, VV 7002   20,00 EUR

§ 15a

Zwischensumme		362,00 EUR
4. 19 % Umsatzsteuer, VV 7008		68,78 EUR
Gesamt		**430,78 EUR**
Gesamt I. + II.		**1.811,18 EUR**

Auf das Gesamtergebnis hat es also keinen Einfluss, welche Gebühr auf welche angerechnet wird.

53 Besonders einprägsam lässt sich dies an einem Schaubild darstellen:

Beispiel: Der Anwalt hatte außergerichtlich eine 1,3-Geschäftsgebühr (VV 2300) verdient und im gerichtlichen Verfahren eine 1,3-Verfahrensgebühr (VV 3100).
Er kann beide Gebühren verlangen, insgesamt aber nicht mehr als 1,95.

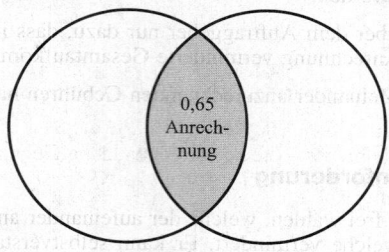

Gesamt: 1,95

Beide Gebühren entstehen selbstständig. Bei der Schnittmenge von 0,65 handelt es sich sowohl um Geschäfts- als auch um Verfahrensgebühr, die nur einmal verlangt werden kann, wobei der Anwalt frei ist, ob er sie als Teil der Geschäftsgebühr einfordert oder als Teil der Verfahrensgebühr. Auf das Gesamtergebnis hat das keinen Einfluss, da er in keinem Fall mehr als 1,95 erhält.

54 Das gilt auch dann, wenn Betragsrahmengebühren nach § 3 Abs. 1 S. 1 anzurechnen sind.

Beispiel: Der Anwalt hatte im sozialrechtlichen Verwaltungs- und Nachprüfungsverfahren jeweils eine Geschäftsgebühr (Mittelgebühr) verdient.
Wird die Geschäftsgebühr des Verwaltungsverfahrens auf die Geschäftsgebühr des Widerspruchsverfahrens angerechnet, ergibt sich folgende Abrechnung:

I. Verwaltungsverfahren		
1. Geschäftsgebühr, VV 2302 Nr. 1		345,00 EUR
2. Postentgeltpauschale, VV 7002		20,00 EUR
Zwischensumme	365,00 EUR	
3. 19 % Umsatzsteuer, VV 7008		69,35 EUR
Gesamt		**434,35 EUR**
II. Widerspruchsverfahren		
1. Geschäftsgebühr, VV 2302 Nr. 1		345,00 EUR
2. gem. VV Vorb. 2.3 Abs. 4 S. 1 anzurechnen		– 172,50 EUR
3. Postentgeltpauschale, VV 7002		20,00 EUR
Zwischensumme	192,50 EUR	
4. 19 % Umsatzsteuer, VV 7008		36,58 EUR
Gesamt		**229,08 EUR**
Gesamt I. + II.		**663,43 EUR**

Wird dagegen die Anrechnung der Geschäftsgebühr des Verwaltungsverfahrens bereits dort berücksichtigt, ergibt sich folgende Abrechnung:

I. Verwaltungsverfahren		
1. Geschäftsgebühr, VV 2302 Nr. 1		345,00 EUR
Gem. VV Vorb. 2.3 Abs. 4 S. 1 anzurechnen		– 172,50 EUR
2. Postentgeltpauschale, VV 7002		20,00 EUR
Zwischensumme	192,50 EUR	
3. 19 % Umsatzsteuer, VV 7008		36,58 EUR
Gesamt		**229,08 EUR**
II. Widerspruchsverfahren		
1. Geschäftsgebühr, VV 2302 Nr. 1		345,00 EUR
2. Postentgeltpauschale, VV 7002		20,00 EUR

Zwischensumme	365,00 EUR
3. 19 % Umsatzsteuer, VV 7008	69,35 EUR
Gesamt	**434,35 EUR**
Gesamt I. + II.	**663,43 EUR**

Auf das Gesamtergebnis hat es also auch hier keinen Einfluss, welche Gebühr auf welche angerechnet wird.

III. Die Berechnung

Aus der Selbstständigkeit der beiden Gebühren folgt, dass der Anwalt an sich beide Gebühren auch gesondert ungekürzt in Rechnung stellen kann. Soweit die eine Gebühr gezahlt wird, erlischt damit die andere Gebühr in Höhe des Anrechnungsbetrages. Insoweit müsste dann die zweite Rechnung teilweise wieder storniert werden. Um diesen Buchhaltungsaufwand zu vermeiden, sollte der Anwalt sich von Vornherein überlegen, welche Gebühr er in voller Höhe geltend macht und wo er die Anrechnung berücksichtigt. Dies erspart es ihm, später Gutschriften erteilen oder Rechnungen stornieren zu müssen. 55

Zweckmäßig wird es sein, – wie bisher – die zuerst entstandene Gebühr in voller Höhe abzurechnen und die Anrechnung dann bei der zeitlich nachfolgenden Gebühr zu berücksichtigen. Dies macht die Abrechnung übersichtlicher. Zudem kann der Anwalt die zuerst entstandene Gebühr, die früher fällig wird (§ 8 Abs. 1), auch früher abrechnen. Darüber hinaus steht bei Fälligkeit der ersten Gebühr häufig noch gar nicht fest, ob und inwieweit es zur Anrechnung kommen wird. Insoweit hat sich also an der früheren Rechtslage nicht viel geändert. 56

Beispiel: Der Anwalt war zunächst außergerichtlich tätig und hiernach im selbstständigen Beweisverfahren (Wert: 30.000 EUR). Es findet ein Sachverständigentermin statt, an dem er teilnimmt. Anschließend kommt es zum Hauptsacheverfahren, in dem nach mündlicher Verhandlung ein Urteil ergeht.
Die Geschäftsgebühr ist auf die Verfahrensgebühr des Beweisverfahrens hälftig anzurechnen (VV Vorb. 3 Abs. 4). Die (volle, nicht die um die Anrechnung verminderte) Verfahrensgebühr ist wiederum auf die Verfahrensgebühr des Rechtsstreits anzurechnen (VV Vorb. 3 Abs. 5).

I. Außergerichtliche Tätigkeit (Wert: 30.000 EUR)
1. 1,3-Geschäftsgebühr, VV 2300	1.121,90 EUR
2. Postentgeltpauschale, VV 7002	20,00 EUR
Zwischensumme	1.141,90 EUR
3. 19 % Umsatzsteuer, VV 7008	216,96 EUR
Gesamt	**1.358,86 EUR**

II. Selbstständiges Beweisverfahren (Wert: 30.000 EUR)
1. 1,3-Verfahrensgebühr, VV 3100	1.121,90 EUR
2. gem. VV Vorb. 3 Abs. 4 anzurechnen, 0,65 aus 30.000 EUR	– 560,95 EUR
3. 1,2-Terminsgebühr, VV 3104	1.035,60 EUR
4. Postentgeltpauschale, VV 7002	20,00 EUR
Zwischensumme	1.616,55 EUR
5. 19 % Umsatzsteuer, VV 7008	307,15 EUR
Gesamt	**1.923,70 EUR**

III. Rechtsstreit (Wert: 30.000 EUR)
1. 1,3-Verfahrensgebühr, VV 3100	1.121,90 EUR
2. gem. VV Vorb. 3 Abs. 5 anzurechnen, 1,3 aus 30.000 EUR	– 1.121,90 EUR
3. 1,2-Terminsgebühr, VV 3104	1.035,60 EUR
4. Postentgeltpauschale, VV 7002	20,00 EUR
Zwischensumme	1.055,60 EUR
5. 19 % Umsatzsteuer, VV 7008	200,56 EUR
Gesamt	**1.256,16 EUR**

Diese Art der chronologischen Abrechnung schafft Transparenz, abgesehen davon, dass in einer Angelegenheit häufig nie abzusehen ist, inwieweit die dort entstandene Gebühr später in einem nachfolgenden Verfahren anzurechnen sein wird, etwa, wenn sich die Gegenstandswerte verändern. 57

IV. Postentgeltpauschale

58 Die Selbstständigkeit der aufeinander anzurechnenden Gebühren hat auch Auswirkungen auf die Berechnung der Postentgeltpauschale der VV 7002.

In Anrechnungsfällen war bislang streitig, ob sich die Postentgeltpauschale aus dem Gebührenaufkommen vor oder nach Anrechnung ermittelt (zur Rspr. siehe VV 7002 Rdn 38 ff.).

> **Beispiel:** Außergerichtlich streiten sich die anwaltlich vertretenen Parteien über eine Forderung in Höhe von 3.000 EUR. Angemessen ist eine 1,0-Geschäftsgebühr. Anschließend ergeht gegen den Mandanten ein Mahnbescheid, gegen den der Anwalt Widerspruch einlegt.
> Die angefallene Geschäftsgebühr ist zur Hälfte anzurechnen (VV Vorb. 3 Abs. 4 S. 1). Dies bedeutet, dass der Anwalt des Antragsgegners im Mahnverfahren nach Anrechnung keine restlichen Gebühren mehr erhält. Ungeachtet dessen berechnet sich die Postentgeltpauschale nach dem Gebührenaufkommen vor Anrechnung, also aus einer 0,5-Gebühr. Das ergibt sich jetzt unstreitig aus Abs. 1.
>
> **I. Außergerichtliche Tätigkeit**
> 1. 1,0-Geschäftsgebühr, VV 2300 (Wert: 3.000 EUR)   201,00 EUR
> 2. Postentgeltpauschale, VV 7002   20,00 EUR
>   Zwischensumme   221,00 EUR
> 3. 19 % Umsatzsteuer, VV 7008   41,99 EUR
>   **Gesamt**   **262,99 EUR**
>
> **II. Mahnverfahren**
> 1. 0,5-Mahnverfahrensgebühr, VV 3305 (Wert: 3.000 EUR)   100,50 EUR
> 2. anzurechnen gem. VV Vorb. 3 Abs. 4, 0,5 aus 3.000 EUR   – 100,50 EUR
> 3. Postentgeltpauschale, VV 7002 (Wert: 105,50 EUR)   20,00 EUR
>   Zwischensumme   20,00 EUR
> 4. 19 % Umsatzsteuer, VV 7008   3,80 EUR
>   **Gesamt**   **23,80 EUR**

V. Verjährung

59 Auch für die Frage der Verjährung spielt die neue gesetzliche Regelung eine Rolle, weil jede Gebühr selbstständig zu behandeln ist.

> **Beispiel:** Der Anwalt war außergerichtlich tätig und hatte hierfür eine 1,5-Geschäftsgebühr abgerechnet. Hiernach wurde ihm der Auftrag zur Klageerhebung erteilt. Nach vier Jahren ist der Rechtsstreit rechtskräftig abgeschlossen. Der Anwalt rechnet nunmehr seine außergerichtliche Vertretung sowie die gerichtliche Vertretung ab. Der Auftraggeber beruft sich auf die Einrede der Verjährung.
> Die außergerichtliche Vergütung ist verjährt (§ 197 BGB), da seit der Fälligkeit der Geschäftsgebühr (§ 8 Abs. 1 S. 1) zwischenzeitlich mehr als drei Kalenderjahre vergangen sind. Der Anwalt kann also die Geschäftsgebühr nebst Auslagen und Umsatzsteuer nicht mehr geltend machen.
> Würde man der früheren Rspr. des BGH folgen, dann wäre die Verfahrensgebühr von Vornherein lediglich um den Anrechnungsbetrag vermindert entstanden, also lediglich in Höhe von 0,55, sodass dem Anwalt nur noch diese Gebühr verbliebe. Der „Verjährungsverlust" würde sich also auf 1,5-Gebühren belaufen. Da nach dem neuen Abs. 1 jedoch beide Gebühren unabhängig voneinander entstehen, hat die Verjährung der Geschäftsgebühr nur zur Folge, dass diese Gebühr nicht mehr verlangt werden kann. Die hat jedoch keinen Einfluss auf die Verfahrensgebühr. Da der Auftraggeber die Geschäftsgebühr wegen Eintritts der Verjährung nicht zahlt, braucht der Anwalt sich diese auch nicht anrechnen zu lassen. Er kann also die 1,3-Verfahrensgebühr ungekürzt verlangen. Sein „Verjährungsverlust" beläuft sich somit nur auf 0,75.

VI. Schadensersatz

60 Auch dann, wenn Schlechterfüllung eingewandt wird oder der Mandant aus anderen Gründen Schadensersatz verlangt, wirkt sich der neue Abs. 1 ebenso aus wie bei der Verjährung.

> **Beispiel:** Der Anwalt war außergerichtlich und anschließend im gerichtlichen Verfahren tätig. Außergerichtlich rechnet er eine 1,5-Geschäftsgebühr (VV 2300) ab; im Rechtsstreit erhält er eine 1,3-Verfahrensgebühr (VV 3100). Der Mandant wendet ein, außergerichtlich sei er schlecht vertreten worden, sodass er die Geschäftsgebühr nicht schulde.

Dringt der Auftraggeber mit diesem Einwand durch, kann der Anwalt die Geschäftsgebühr nicht geltend machen. Da die Verfahrensgebühr jedoch rechtlich selbstständig ist, kann er diese unbeschadet einer Anrechnung in voller Höhe verlangen.[23]

Nach der früheren Rspr. des BGH könnte der Anwalt dagegen auch in diesem Fall lediglich von der Verfahrensgebühr noch den Restbetrag in Höhe von 0,55 verlangen.

VII. Durchführung der Anrechnung

1. Überblick

Anrechnungsvorschriften gibt es sowohl für Gebühren, deren Höhe sich gem. § 2 Abs. 1 nach dem Gegenstandswert richtet, als auch für Gebühren, deren Höhe sich nach Betragsrahmen richtet. Ausnahmsweise ist auch eine vereinbarte Gebühr anzurechnen (§ 34 Abs. 2). Auch bei Festgebühren ist eine Anrechnung vorgesehen.

61

2. Abrechnung bei Wertgebühren

a) Überblick

Probleme bei der Anrechnung können sich hier vor allem dann ergeben, wenn unterschiedliche Gegenstände zugrunde liegen. Weitere Probleme ergeben sich bei Anrechnung mehrerer Gebühren aus Teilwerten auf eine Gebühr aus dem Gesamtwert und umgekehrt. Geklärt ist dagegen zwischenzeitlich die Anrechnung bei mehreren Auftraggebern. Im Einzelnen gilt Folgendes, wobei auf die besonderen Probleme bei der Anrechnung der Geschäftsgebühr auf die Kommentierung zu VV Vorb. 3 Abs. 4 verwiesen wird:

62

b) Normalfall

Sind die Gegenstände der aufeinander anzurechnenden Angelegenheiten identisch, ergeben sich keine Probleme. Herkömmlicherweise wird die zuerst entstandene Gebühr voll abgerechnet und dann der Anrechnungsbetrag bei der zweiten Rechnung wie ein Vorschuss netto in Abzug gebracht. Der Anwalt kann allerdings auch umgekehrt vorgehen (siehe Rdn 52). Am Ergebnis ändert sich dabei nichts. Bedeutung hat dies lediglich für die Kostenerstattung und die Abrechnung mit dem Rechtsschutzversicherer. Im Folgenden soll hier immer von der chronologischen Methode ausgegangen werden. Zu dem abweichenden Vorgehen bei der Kostenerstattung siehe Rdn 86 ff., bei der Abrechnung mit dem Rechtsschutzversicherer Rdn 131 ff.

63

Beispiel: Außergerichtlich war nach einem Gegenstandswert von 8.000 EUR eine 1,5-Geschäftsgebühr (VV 2300) angefallen. Anschließend kommt es zum Rechtsstreit über die 8.000 EUR.

I. **Außergerichtliche Vertretung (Wert: 8.000 EUR)**
1. 1,5-Geschäftsgebühr, VV 2300 — 684,00 EUR
2. Postentgeltpauschale, VV 7002 — 20,00 EUR
   Zwischensumme — 704,00 EUR
3. 19 % Umsatzsteuer, VV 7008 — 133,76 EUR
   Gesamt — **837,76 EUR**

II. **Gerichtliches Verfahren (Wert: 8.000 EUR)**
1. 1,3-Verfahrensgebühr, VV 3100 — 592,80 EUR
2. gem. VV Vorb. 3 Abs. 4 anzurechnen, 0,75 aus 8.000 EUR — − 342,00 EUR
3. 1,2-Terminsgebühr, VV 3104 — 547,20 EUR
4. Postentgeltpauschale, VV 7002 — 20,00 EUR
   Zwischensumme — 818,00 EUR
5. 19 % Umsatzsteuer, VV 7008 — 155,42 EUR
   Gesamt — **973,42 EUR**

---

23 So zur BRAGO bereits OLG Nürnberg JurBüro 1963, 149 = Rpfleger 1963, 15.

c) Mehrfache hintereinander folgende Anrechnungen

64 Folgen mehrere Anrechnungsvorgänge hintereinander, wird zum Teil die Auffassung vertreten, anzurechnen sei nur das nach Anrechnung verbleibende Gebührenaufkommen, da ja nicht mehr angerechnet werden könne, als der Anwalt erhalten habe. Dies ist jedoch unzutreffend und widerspricht dem eindeutigen Wortlaut des § 15a Abs. 1, wonach jede Gebühr selbstständig ist und der Anwalt nicht als das um die Anrechnung verminderte Gesamtaufkommen verlangen kann.[24]

> **Beispiel:** Der Anwalt ist zunächst in einer Baumängelsache außergerichtlich tätig (Gegenstandswert: 30.000 EUR). Die Sache ist sehr umfangreich, sodass eine 2,0-Gebühr angemessen sei. Anschließend führt der Anwalt das selbstständige Beweisverfahren durch. Es findet ein Sachverständigentermin statt, an dem er teilnimmt. Hiernach kommt es zum Hauptsacheverfahren, in dem nach mündlicher Verhandlung ein Urteil ergeht.
>
> Die 2,0-Geschäftsgebühr ist auf die Verfahrensgebühr des selbstständigen Beweisverfahrens mit dem Höchstsatz von 0,75 anzurechnen (VV Vorb. 3 Abs. 4), da das selbstständige Beweisverfahren das erste nachfolgende gerichtliche Verfahren nach VV Teil 3 ist.[25]
>
> Im Hauptsacheverfahren ist dann nach VV Vorb. 3 Abs. 5 die volle – und nicht nur die um die Anrechnung verminderte – Verfahrensgebühr des selbstständigen Beweisverfahrens auf die Verfahrensgebühr des Rechtsstreits anzurechnen.[26]
>
> **I. Außergerichtliche Vertretung (Wert: 30.000 EUR)**
> 1. 2,0-Geschäftsgebühr, VV 2300 — 1.726,00 EUR
> 2. Postentgeltpauschale, VV 7002 — 20,00 EUR
>   Zwischensumme — 1.746,00 EUR
> 3. 19 % Umsatzsteuer, VV 7008 — 331,74 EUR
>   **Gesamt — 2.077,74 EUR**
>
> **II. Selbstständiges Beweisverfahren (Wert: 30.000 EUR)**
> 1. 1,3-Verfahrensgebühr, VV 3100 — 1.121,90 EUR
> 2. gem. VV Vorb. 3 Abs. 4 anzurechnen, 0,75 aus 30.000 EUR — – 647,25 EUR
> 3. 1,2-Terminsgebühr, VV 3104 — 1.035,60 EUR
> 4. Postentgeltpauschale, VV 7002 — 20,00 EUR
>   Zwischensumme — 1.510,25 EUR
> 5. 19 % Umsatzsteuer, VV 7008 — 286,95 EUR
>   **Gesamt — 1.797,20 EUR**
>
> **III. Rechtsstreit (Wert: 30.000 EUR)**
> 1. 1,3-Verfahrensgebühr, VV 3100 — 1.121,90 EUR
> 2. gem. VV Vorb. 3 Abs. 5 anzurechnen, 1,3 aus 30.000 EUR — – 1.121,90 EUR
> 3. 1,2-Terminsgebühr, VV 3104 — 1.035,60 EUR
> 4. Postentgeltpauschale, VV 7002 — 20,00 EUR
>   Zwischensumme — 1.055,60 EUR
> 5. 19 % Umsatzsteuer, VV 7008 — 200,56 EUR
>   **Gesamt — 1.256,16 EUR**
>
> **Beispiel:** Der Anwalt macht für seinen Mandanten außergerichtlich eine Forderung in Höhe von 10.000 EUR geltend. Hiernach wird ein Mahnbescheid erwirkt, gegen den der Antragsgegner Widerspruch einlegt, sodass das streitige Verfahren folgt.
> Außergerichtlich war eine 1,3-Geschäftsgebühr VV 2300 aus 10.000 EUR angefallen.
> Im Mahnverfahren ist eine 1,0-Verfahrensgebühr (VV 3305) entstanden, auf die die Geschäftsgebühr hälftig anzurechnen ist.

---

[24] BGH AGS 2010, 621 = MDR 2011, 137 = ZfBR 2011, 139 = BRAK-Mitt. 2011, 37 = Rpfleger 2011, 180 = JurBüro 2011, 80 = NJW 2011, 1368 = FamRZ 2011, 105 = RVGprof. 2011, 116; OLG Hamm AGS 2014, 453 = zfs 2015, 167 = NJW-Spezial 2014, 637 = RVGreport 2015, 101.

[25] OLG Stuttgart AGS 2008, 383.

[26] OLG Hamm AGS 2014, 453 = zfs 2015, 167 = NJW-Spezial 2014, 637 = RVGreport 2015, 101; so im Ergebnis, wenn auch mit anderer Anrechnungsreihenfolge: OLG Stuttgart AGS 2008, 384 = JurBüro 2008, 526 = OLGR 2008, 893 = Justiz 2009, 9 = BauR 2008, 1500 = NJW-Spezial 2008, 603 = AnwBl 2008, 719 = RVGreport 2009, 100; OLG München AGS 2009, 438 = JurBüro 2009, 475 = NJW-Spezial 2009, 588.

Im streitigen Verfahren ist eine 1,3-Verfahrensgebühr (VV 3100) angefallen, auf die wiederum die Verfahrensgebühr des Mahnverfahrens anzurechnen ist (Anm. zu VV 3305), und zwar in voller Höhe und nicht nur in Höhe des verbleibenden Betrags nach Anrechnung.

I. Außergerichtliche Vertretung (Wert: 10.000 EUR)
1. 1,3-Geschäftsgebühr, VV 2300   725,40 EUR
2. Postentgeltpauschale, VV 7002   20,00 EUR
    Zwischensumme   745,40 EUR
3. Umsatzsteuer, VV 7008   141,63 EUR
Gesamt   **887,03 EUR**

II. Mahnverfahren (Wert: 10.000 EUR)
1. 1,0-Verfahrensgebühr, VV 3305   558,00 EUR
2. anzurechnen gem. VV Vorb. 3 Abs. 4, 0,65 aus 10.000 EUR   – 362,70 EUR
3. Postentgeltpauschale, VV 7002   20,00 EUR
    Zwischensumme   215,30 EUR
4. Umsatzsteuer, VV 7008   40,91 EUR
Gesamt   **256,21 EUR**

III. Rechtsstreit (Wert: 10.000 EUR)
1. 1,3-Verfahrensgebühr, VV 3100   725,40 EUR
2. anzurechnen gem. Anm. zu VV 3305, 1,0 aus 10.000 EUR   – 558,00 EUR
3. 1,2-Terminsgebühr, VV 3104   669,60 EUR
4. Postentgeltpauschale, VV 7002   20,00 EUR
    Zwischensumme   857,30 EUR
5. Umsatzsteuer, VV 7008   162,88 EUR
Gesamt   **1.020,19 EUR**

d) Unterschiedliche Gegenstände

aa) Überblick. Sind die Gegenstände der aufeinander folgenden Angelegenheiten nicht identisch, so ist nur anzurechnen, soweit sich die Gegenstände decken. Für die Geschäftsgebühr ist dieser allgemeine Grundsatz in VV Vorb. 3 Abs. 4 S. 3 ausdrücklich geregelt. Dieser Grundsatz gilt aber auch für andere Anrechnungsfälle.

Der Gegenstand des nachfolgenden Verfahrens kann sich gegenüber dem vorangegangenen Verfahren dabei erweitern (bb) oder verringern (cc). Möglich ist auch beides (dd). Darüber hinaus kann sich der Gegenstand in der ersten nachfolgenden Angelegenheit zunächst verringern, dann aber in einer nachfolgenden Angelegenheit wieder erhöhen (ee).

bb) Der Gegenstand der nachfolgenden Angelegenheit ist umfangreicher. Ist der Gegenstand des nachfolgenden Verfahrens umfangreicher, wird dennoch nur die Gebühr aus dem geringeren Wert angerechnet, da der Anwalt nur insoweit vorher tätig war.

Beispiel: Der Anwalt macht außergerichtlich für den Auftraggeber eine Forderung in Höhe von 8.000 EUR geltend. Die Sache ist umfangreich und schwierig. Der Schuldner zahlt nicht. Der Anwalt erhebt daraufhin auftragsgemäß Klage. Der Beklagte erhebt eine Widerklage in Höhe von 4.000 EUR. Über Klage und Widerklage wird verhandelt.

Der Wert der außergerichtlichen Tätigkeit beläuft sich auf 8.000 EUR; der Wert des gerichtlichen Verfahrens auf 12.000 EUR, da die Werte von Klage und Widerklage zusammengerechnet werden (§ 45 Abs. 1 GKG). Angerechnet wird jetzt nur nach dem Wert, der außergerichtlicher Tätigkeit und Rechtsstreit gemeinsam ist (VV Vorb. 3 Abs. 4 S. 3), also nach 8.000 EUR.

I. Außergerichtliche Vertretung (Wert: 8.000 EUR)
1. 1,5-Geschäftsgebühr, VV 2300   684,00 EUR
2. Postentgeltpauschale, VV 7002   20,00 EUR
    Zwischensumme   704,00 EUR
3. 19 % Umsatzsteuer, VV 7008   133,76 EUR
Gesamt   **837,76 EUR**

II. Gerichtliches Verfahren (Wert: 12.000 EUR)
1. 1,3-Verfahrensgebühr, VV 3100   785,20 EUR
2. gem. Vorb. 3 Abs. 4 S. 3 VV anzurechnen, 0,75 aus 8.000 EUR   – 342,00 EUR

3. 1,2-Terminsgebühr, VV 3104	724,80 EUR
4. Postentgeltpauschale, VV 7002	20,00 EUR
Zwischensumme	1.188,00 EUR
5. 19 % Umsatzsteuer, VV 7008	225,72 EUR
Gesamt	**1.413,72 EUR**

68   cc) Der Gegenstand der nachfolgenden Angelegenheit ist geringer. Ist der Gegenstand der nachfolgenden Angelegenheit geringer, wird auch nur eine Gebühr aus dem geringeren Wert angerechnet, da der Anwalt nur insoweit auch nachher tätig war.

Beispiel: Der Anwalt erhält einen Auftrag für ein Mahnverfahren über 7.500 EUR. Der Antragsgegner legt fristgerecht Widerspruch ein. Das streitige Verfahren wird nur wegen einer Forderung von 5.000 EUR durchgeführt, da zwischenzeitlich 2.500 EUR gezahlt worden sind.
Angerechnet wird analog VV Vorb. 3 Abs. 4 S. 3 nur, soweit sich der Gegenstand der außergerichtlichen Tätigkeit im Rechtsstreit fortsetzt, also in Höhe von 5.000 EUR.

I. Mahnverfahren (Wert: 7.500 EUR)

1. 1,0-Verfahrensgebühr, VV 3305	456,00 EUR
2. Postentgeltpauschale, VV 7002	20,00 EUR
Zwischensumme	476,00 EUR
3. 19 % Umsatzsteuer, VV 7008	90,44 EUR
Gesamt	**566,44 EUR**

II. Streitiges Verfahren (Wert: 5.000 EUR)

1. 1,3-Verfahrensgebühr, VV 3100	393,90 EUR
2. anzurechnen gem. Anm. zu VV 3305, 1,0 aus 5.000 EUR	– 303,00 EUR
3. 1,2-Terminsgebühr, VV 3104	363,30 EUR
4. Postentgeltpauschale, VV 7002	20,00 EUR
Zwischensumme	474,20 EUR
5. 19 % Umsatzsteuer, VV 7008	90,10 EUR
Gesamt	**564,30 EUR**

69   dd) Wechselnde Gegenstände. Ist der Gegenstand des nachfolgenden Verfahrens einerseits geringer, andererseits aber auch weitergehend, wird wiederum nur eine Gebühr aus dem Wert der Gegenstände angerechnet, der beiden Verfahren gemeinsam ist.

Beispiel: Der Anwalt erhält einen Auftrag für ein Mahnverfahren über 7.500 EUR für rückständige Mieten Januar, Februar und März zu je 2.500 EUR. Der Antragsgegner legt fristgerecht Widerspruch ein und zahlt die Mieten für Januar und Februar. Allerdings sind jetzt die Mieten für April und Mai rückständig geworden, sodass das streitige Verfahren wegen dieser Forderungen in Höhe von insgesamt wiederum 7.500 EUR durchgeführt wird.
Angerechnet wird auch jetzt (analog VV Vorb. 3 Abs. 4 S. 3) nur, soweit sich der Gegenstand der außergerichtlichen Tätigkeit im Rechtsstreit fortsetzt, also nur in Höhe von 2.500 EUR, da nur die Miete März Gegenstand beider Verfahren war.

I. Mahnverfahren (Wert: 7.500 EUR)

1. 1,0-Verfahrensgebühr, VV 3305	456,00 EUR
2. Postentgeltpauschale, VV 7002	20,00 EUR
Zwischensumme	476,00 EUR
3. 19 % Umsatzsteuer, VV 7008	90,44 EUR
Gesamt	**566,44 EUR**

II. Streitiges Verfahren (Wert: 7.500 EUR)

1. 1,3-Verfahrensgebühr, VV 3100	592,80 EUR
2. anzurechnen gem. Anm. zu VV 3305, 1,0 aus 2.500 EUR	– 201,00 EUR
3. 1,2-Terminsgebühr, VV 3104	547,20 EUR
4. Postentgeltpauschale, VV 7002	20,00 EUR
Zwischensumme	959,00 EUR
5. 19 % Umsatzsteuer, VV 7008	182,21 EUR
Gesamt	**1.141,21 EUR**

70   ee) Anrechnung eines überschießenden Anrechnungsbetrags auf nachnachfolgende Angelegenheit. Kommt die Anrechnung der ersten Gebühr bei der unmittelbar nachfolgenden Angelegenheit nicht voll zum Tragen, weil der Gegenstandswert der nachfolgenden Angelegenheit geringer ist (siehe Rdn 68 f.), kommt es dann aber zu einer nachnachfolgenden Angelegenheit, auf die auch anzurechnen ist, so wird der bisher nicht angerechnete Restbetrag nunmehr angerechnet.[27]

Beispiel: Der Anwalt war zunächst nach einem Wert von 12.000 EUR außergerichtlich tätig. Anschließend wurde ein selbstständiges Beweisverfahren über einen Teilbetrag in Höhe von 6.000 EUR geführt, da nur insoweit Beweisbedürftigkeit bestand. Im Rechtsstreit werden wiederum die vollen 12.000 EUR geltend gemacht.
Die Geschäftsgebühr ist auf die Verfahrensgebühr des selbstständigen Beweisverfahrens anzurechnen, allerdings nur nach einem Wert von 6.000 EUR (siehe Rdn 68 f.). Der nach Anrechnung im Beweisverfahren verbliebene Restbetrag der Geschäftsgebühr ist anschließend im Rechtsstreit anzurechnen.

I. **Außergerichtliche Vertretung (Wert: 12.000 EUR)**
1. 1,3-Geschäftsgebühr, VV 2300 — 785,20 EUR
2. Postentgeltpauschale, VV 7002 — 20,00 EUR
   Zwischensumme — 805,20 EUR
3. 19 % Umsatzsteuer, VV 7008 — 152,99 EUR
   Gesamt — 958,19 EUR

II. **Selbstständiges Beweisverfahren (Wert: 6.000 EUR)**
1. 1,3-Verfahrensgebühr, VV 3100 — 460,20 EUR
2. anzurechnen gem. VV Vorb. 3 Abs. 4, 0,65 aus 6.000 EUR — − 230,10 EUR
3. Postentgeltpauschale, VV 7002 — 20,00 EUR
   Zwischensumme — 250,10 EUR
4. 19 % Umsatzsteuer, VV 7008 — 47,52 EUR
   Gesamt — 297,62 EUR

III. **Rechtsstreit**
1. 1,3-Verfahrensgebühr, VV 3100 (Wert: 12.000 EUR) — 785,20 EUR
2. anzurechnen gem. VV Vorb. 3 Abs. 5, 1,3 aus 6.000 EUR — − 460,20 EUR
3. anzurechnen gem. VV Vorb. 3 Abs. 4,
   0,65 aus 12.000 EUR — − 392,60 EUR
   ./. bereits im Beweisverfahren angerechneter — 230,10 EUR
   — − 162,50 EUR
4. Terminsgebühr, VV 3104 (Wert: 12.000 EUR) — 724,80 EUR
5. Postentgeltpauschale, VV 7002 — 20,00 EUR
   Zwischensumme — 907,30 EUR
6. 19 % Umsatzsteuer, VV 7008 — 172,39 EUR
   Gesamt — 1.079,69 EUR

e) Geringerer Gebührensatz in nachfolgender Angelegenheit

aa) Überblick. Möglich ist, dass der anzurechnende Gebührensatz in der nachfolgenden Angelegenheit geringer ist als der anzurechnende Gebührensatz. Dann ist die Anrechnung zu begrenzen, da nicht mehr angerechnet werden kann, als an Gebühren entsteht (siehe bb), Rdn 72). Möglich ist auch hier, dass es anschließend zu einer weiteren Angelegenheit kommt, auf die wiederum anzurechnen ist. Dann kann der nicht verbrauchte Betrag in der nachnachfolgenden Angelegenheit anzurechnen sein (cc), siehe Rdn 73 ff.). **71**

bb) Begrenzung der Anrechnung. Kommt die Anrechnung der Geschäftsgebühr bei dem ersten nachfolgenden gerichtlichen Verfahren nicht voll zum Tragen, weil der Gebührensatz der ersten nachfolgenden Angelegenheit unterhalb des anzurechnenden Gebührensatzes liegt, so ist die Anrechnung zu beschränken. Es kann nicht mehr angerechnet werden, als der Anwalt in der nachfolgenden Angelegenheit erhält. Die Anrechnung kann allenfalls zu einer rechnerischen Null führen, aber nicht zu einem negativen Betrag. **72**

Beispiel: Der Anwalt wehrt außergerichtlich für den Auftraggeber eine Forderung in Höhe von 8.000 EUR ab. Die Sache ist umfangreich aber durchschnittlich. Der Gegner erwirkt daraufhin einen Mahnbescheid, gegen den der Anwalt Widerspruch einlegt.

---

[27] So im Ergebnis OLG München AGS 2009, 438 m. Anm. *N. Schneider* = NJW-Spezial 2009, 588 = JurBüro 2009, 475.

Ausgehend von einer 1,5-Geschäftsgebühr wäre diese zu einem Gebührensatz von 0,75 anzurechnen. Da der Anwalt im Mahnverfahren aber nur 0,5 erhält (VV 3307), kann nicht mehr angerechnet werden.

I. Außergerichtliche Vertretung (Wert: 8.000 EUR)
1. 1,5-Geschäftsgebühr, VV 2300   684,00 EUR
2. Postgeltpauschale, VV 7002   20,00 EUR
    Zwischensumme   704,00 EUR
3. 19 % Umsatzsteuer, VV 7008   133,76 EUR
Gesamt   **837,76 EUR**

II. Mahnverfahren (Wert: 8.000 EUR)
1. 0,5-Verfahrensgebühr, Nr. 3307 VV   228,00 EUR
2. gem. VV Vorb. 3 Abs. 4 anzurechnen, 0,5 aus 8.000 EUR   − 228,00 EUR
3. Postgeltpauschale, VV 7002   20,00 EUR
    Zwischensumme   20,00 EUR
4. 19 % Umsatzsteuer, VV 7008   3,80 EUR
Gesamt   **23,80 EUR**

73 cc) Anrechnung des Restbetrages auf nachnachfolgende Angelegenheit. Kommt die Anrechnung der Geschäftsgebühr bei dem ersten nachfolgenden gerichtlichen Verfahren nicht voll zum Tragen, weil der Gebührensatz der ersten nachfolgenden Angelegenheit unterhalb der Hälfte des anzurechnenden Gebührensatzes liegt, so ist der nicht verbrauchte Anrechnungsbetrag auf ein anschließendes weiteres Verfahren anzurechnen, wenn die Verfahrensgebühr des nachfolgenden Verfahrens auf die des weiteren Verfahrens ihrerseits anzurechnen ist.[28]

Beispiel: Der Anwalt wehrt außergerichtlich für den Auftraggeber eine Forderung in Höhe von 8.000 EUR ab. Die Sache ist umfangreich aber durchschnittlich. Der Gegner erwirkt daraufhin einen Mahnbescheid, gegen den der Anwalt Widerspruch einlegt. Hiernach kommt es zum streitigen Verfahren, in dem verhandelt wird.

Ausgehend von einer 1,5-Geschäftsgebühr wäre diese zu einem Gebührensatz von 0,75 anzurechnen. Da der Anwalt im Mahnverfahren aber nur 0,5 erhält (VV 3307), kann nicht mehr angerechnet werden. Der nicht verbrauchte Anrechnungsbetrag i.H.v. 0,25 ist jetzt auf das streitige Verfahren zu „übertragen" und dort anzurechnen. Daneben ist auch die 0,5-Verfahrensgebühr der VV 3307 anzurechnen.

I. Außergerichtliche Vertretung (Wert: 8.000 EUR)
1. 1,5-Geschäftsgebühr, VV 2300   684,00 EUR
2. Postgeltpauschale, VV 7002   20,00 EUR
    Zwischensumme   704,00 EUR
3. 19 % Umsatzsteuer, VV 7008   133,76 EUR
Gesamt   **837,76 EUR**

II. Mahnverfahren (Wert: 8.000 EUR)
1. 0,5-Verfahrensgebühr, VV 3307   228,00 EUR
2. gem. VV Vorb. 3 Abs. 4 anzurechnen, 0,5 aus 8.000 EUR   − 228,00 EUR
3. Postgeltpauschale, VV 7002   20,00 EUR
    Zwischensumme   20,00 EUR
4. 19 % Umsatzsteuer, VV 7008   3,80 EUR
Gesamt   **23,80 EUR**

III. Gerichtliches Verfahren (Wert: 8.000 EUR)
1. 1,3-Verfahrensgebühr, VV 3100   592,80 EUR
2. gem. Anm. zu VV 3307 anzurechnen, 0,5 aus 8.000 EUR   − 228,00 EUR
3. gem. VV Vorb. 3 Abs. 4 anzurechnen,
    0,75 aus 8.000,00 EUR   − 342,00 EUR
    abzgl. bereits angerechneter 0,5 aus 8.000 EUR   226,00 EUR
        − 116,00 EUR
4. 1,2-Terminsgebühr, VV 3104   547,20 EUR
5. Postgeltpauschale, VV 7002   20,00 EUR
    Zwischensumme   816,00 EUR
6. 19 % Umsatzsteuer, VV 7008   155,04 EUR
Gesamt   **971,04 EUR**

---

[28] OLG Köln AGS 2009, 476 = OLGR Köln 2009, 853 = NJW-Spezial 2009, 716.

f) Anrechnung mehrerer Gebühren

aa) Überblick. Besondere Anrechnungsprobleme ergeben sich, wenn mehrere Gebühren aus verschiedenen einzelnen außergerichtlichen Angelegenheiten auf eine einheitliche Verfahrensgebühr anzurechnen sind. In diesem Fall ist jede Gebühr anzurechnen. In analoger Anwendung des § 15 Abs. 3 darf jedoch nicht mehr angerechnet werden als ein Betrag nach dem höchsten anzurechnenden Satz aus dem Gesamtwert der einzelnen Angelegenheiten. Solche Konstellationen können in verschiedenen Fällen auftreten.

bb) Mehrere Auftraggeber. Vertritt der Anwalt zunächst mehrere Auftraggeber gesondert, kommt es dann aber zu einer einheitlichen nachfolgenden Angelegenheit, sind alle Gebühren anzurechnen, analog § 15 Abs. 3 jedoch nicht mehr als eine Gebühr aus dem Gesamtwert, berechnet nach dem höchsten anzurechnenden Gebührensatz.[29]

> **Beispiel:** Der Anwalt wird beauftragt, für den Mandanten A eine angebliche Forderung des V in Höhe von 5.000 EUR außergerichtlich abzuwehren. Später erhält er von B den Auftrag ebenfalls eine angebliche Forderung des C gegen ihn in Höhe von 10.000 EUR abzuwehren. Anschließend werden A und B von C in einem gemeinsamen Prozess verklagt. Der Anwalt wird in diesem Prozess von A und B beauftragt.
> Angefallen sind zwei Geschäftsgebühren, eine gegenüber dem A aus 5.000 EUR und eine gegenüber dem B aus 10.000 EUR. Im gerichtlichen Verfahren entsteht dagegen einheitlich nur eine 1,3-Verfahrensgebühr aus dem Gesamtwert von 15.000 EUR (§ 23 Abs. 1 S. 1 RVG i.V.m. § 39 Abs. 1 GKG).
> Anzurechnen sind jetzt zwar beide Geschäftsgebühren zur Hälfte, jedoch in analoger Anwendung des § 15 Abs. 3 nicht mehr als die halbe Geschäftsgebühr aus dem Gesamtwert.
>
> **I. Außergerichtliche Tätigkeit (Wert: 8.000 EUR)**
> 1. 1,3-Geschäftsgebühr, VV 2300   592,80 EUR
> 2. Postentgeltpauschale, VV 7002   20,00 EUR
>   Zwischensumme   612,80 EUR
> 3. 19 % Umsatzsteuer, VV 7008   116,43 EUR
> **Gesamt**   **729,23 EUR**
>
> **II. Außergerichtliche Tätigkeit (Wert: 10.000 EUR)**
> 1. 1,3-Geschäftsgebühr, VV 2300   725,40 EUR
> 2. Postentgeltpauschale, VV 7002   20,00 EUR
>   Zwischensumme   745,40 EUR
> 3. 19 % Umsatzsteuer, VV 7008   141,63 EUR
> **Gesamt**   **887,03 EUR**
>
> **III. Rechtsstreit (Wert: 18.000 EUR)**
> 1. 1,3-Verfahrensgebühr, VV 3100   904,80 EUR
> 2. gem. VV Vorb. 3 Abs. 4 anzurechnen
>   – 0,65 aus 8.000 EUR   – 296,40 EUR
>   – 0,65 aus 10.000 EUR   – 362,70 EUR
>   analog § 15 Abs. 3 RVG nicht mehr als 0,65 aus 18.000 EUR   – 452,40 EUR
> 3. 1,2-Terminsgebühr, VV 3104   835,20 EUR
> 4. Postentgeltpauschale, VV 7002   20,00 EUR
>   Zwischensumme   1.307,60 EUR
> 5. 19 % Umsatzsteuer, VV 7008   248,44 EUR
> **Gesamt**   **1.556,04 EUR**

cc) Klage und Widerklage. Das gleiche Problem kann bei Klage und Widerklage auftreten. Auch dann können vorgerichtlich mehrere Geschäftsgebühren angefallen sein, die im Rechtsstreit anzurechnen sind. Auch dann ist § 15 Abs. 3 zu beachten.

> **Beispiel:** Der Anwalt wird beauftragt, für den Mandanten eine Forderung von 5.000 EUR außergerichtlich gegen den B geltend zu machen. Später erhält er den Auftrag eine Forderung des B gegen den Mandanten in Höhe von 10.000 EUR abzuwehren. Anschließend werden die 5.000 EUR eingeklagt. Der B erhebt Widerklage auf Zahlung der 10.000 EUR.
> Angefallen sind zwei Geschäftsgebühren, eine aus 5.000 EUR und eine aus 10.000 EUR. Im gerichtlichen Verfahren entsteht dagegen einheitlich eine 1,3-Verfahrensgebühr aus dem Gesamtwert von 15.000 EUR

---

[29] OLG Koblenz AGS 2009, 167 m. Anm. *N. Schneider* = OLGR 2009, 463 = JurBüro 2009, 304 = NJW-Spezial 2009, 252 = FamRZ 2009, 1089.

(§ 23 Abs. 1 S. 1 RVG i.V.m. § 45 Abs. 1 S. 1 GKG). Anzurechnen sind die beiden Geschäftsgebühren, jedoch in analoger Anwendung des § 15 Abs. 3 nicht mehr als die halbe Geschäftsgebühr aus dem Gesamtwert.

I. Außergerichtliche Tätigkeit (Wert: 8.000 EUR)
1. 1,3-Geschäftsgebühr, VV 2300 — 592,80 EUR
2. Postentgeltpauschale, VV 7002 — 20,00 EUR
   Zwischensumme — 612,80 EUR
3. 19 % Umsatzsteuer, VV 7008 — 116,43 EUR
Gesamt — 729,23 EUR

II. Außergerichtliche Tätigkeit (Wert: 10.000 EUR)
1. 1,3-Geschäftsgebühr, VV 2300 — 725,40 EUR
2. Postentgeltpauschale, VV 7002 — 20,00 EUR
   Zwischensumme — 745,40 EUR
3. 19 % Umsatzsteuer, VV 7008 — 141,63 EUR
Gesamt — 887,03 EUR

III. Rechtsstreit (Wert: 18.000 EUR)
1. 1,3-Verfahrensgebühr, VV 3100 — 904,80 EUR
2. gem. VV Vorb. 3 Abs. 4 anzurechnen
   – 0,65 aus 8.000 EUR — – 296,40 EUR
   – 0,65 aus 10.000 EUR — – 362,70 EUR
   analog § 15 Abs. 3 nicht mehr als 0,65 aus 18.000 EUR — – 452,40 EUR
3. 1,2-Terminsgebühr, VV 3104 — 835,20 EUR
4. Postentgeltpauschale, VV 7002 — 20,00 EUR
   Zwischensumme — 1.307,60 EUR
5. 19 % Umsatzsteuer, VV 7008 — 248,44 EUR
Gesamt — 1.556,04 EUR

77 **dd) Mehrere Beweisverfahren.** Möglich ist eine Anrechnung mehrerer Gebühren auch bei mehreren selbstständigen Beweisverfahren zur selben Hauptsache.[30] Es entstehen dann im den jeweiligen Beweisverfahren die Verfahrensgebühren gesondert. Anzurechnen ist aber wiederum nach § 15 Abs. 3 nicht mehr als eine Gebühr aus dem Gesamtwert.

Beispiel: Der Anwalt führt zunächst wegen eines Teilgewerkes ein selbstständiges Beweisverfahren durch (Wert: 10.000 EUR). Später kommt es wegen eines weiteren Teilgewerkes (Wert 15.000 EUR) zu einem weiteren selbstständigen Beweisverfahren. Anschließend kommt es zum Rechtsstreit über das gesamte Objekt (Wert: 100.000 EUR).
In den Beweisverfahren sind die Verfahrensgebühren jeweils aus den Einzelwerten (10.000 EUR und 15.000 EUR) angefallen. Im gerichtlichen Verfahren sind diese Gebühren nach VV Vorb. 3 Abs. 5 anzurechnen, allerdings nicht mehr als 1,3 aus dem Gesamtwert von 25.000 EUR.

I. Erstes Beweisverfahren (Wert: 10.000 EUR)
1. 1,0-Verfahrensgebühr, VV 3100 — 558,00 EUR
2. Postentgeltpauschale, VV 7002 — 20,00 EUR
   Zwischensumme — 578,00 EUR
3. 19 % Umsatzsteuer, VV 7008 — 109,82 EUR
Gesamt — 687,82 EUR

II. Zweites Beweisverfahren (Wert: 15.000 EUR)
1. 1,0-Verfahrensgebühr, VV 3100 — 650,00 EUR
2. Postentgeltpauschale, VV 7002 — 20,00 EUR
   Zwischensumme — 670,00 EUR
3. 19 % Umsatzsteuer, VV 7008 — 129,30 EUR
Gesamt — 797,30 EUR

III. Gerichtliches Verfahren (Wert: 100.000 EUR)
1. 1,3-Verfahrensgebühr, VV 3100 — 1.953,90 EUR
2. gem. VV Vorb. 3 Abs. 5 VV anzurechnen,
   1,0 aus 10.000 EUR — – 558,00 EUR

---

30 Siehe dazu auch OLG Frankfurt AGS 2013, 163.

Abschnitt 2. Gebührenvorschriften § 15a

3.	gem. VV Vorb. 3 Abs. 5 anzurechnen,		
	1,0 aus 15.000 EUR	– 650,00 EUR	
	gem. § 15 Abs. 3 jedoch nicht mehr als 1,0 aus		
	25.000 EUR		– 788,00 EUR
4.	1,2-Terminsgebühr, VV 3104		1.803,60 EUR
5.	Postentgeltpauschale, VV 7002		20,00 EUR
	Zwischensumme	2.989,50 EUR	
6.	19 % Umsatzsteuer, VV 7008		568,01 EUR
Gesamt			**3.557,51 EUR**

ee) Anrechnung im Verbundverfahren. Schließlich kann es auch insbesondere in Familiensachen vorkommen, dass der Anwalt vorgerichtlich hinsichtlich verschiedener Gegenstände gesondert beauftragt wird und diese Gegenstände dann in ein einheitliches Verfahren, nämlich ein Verbundverfahren, münden.

Beispiel: Der Anwalt war außergerichtlich jeweils gesondert tätig hinsichtlich des Zugewinns (Wert: 20.000 EUR), der Auseinandersetzung der Ehewohnung (4.000 EUR) sowie wegen Kindesunterhalt (3.600 EUR).
Abgerechnet hatte der Anwalt insoweit wie folgt:

I. Zugewinn (Wert: 20.000 EUR)
1. 1,0-Geschäftsgebühr, VV 2300   742,00 EUR
2. Postentgeltpauschale, VV 7002   20,00 EUR
    Zwischensumme   762,00 EUR
3. 19 % Umsatzsteuer, VV 7008   144,78 EUR
Gesamt   **906,78 EUR**

II. Ehewohnung (Wert: 4.000 EUR)
1. 1,5-Geschäftsgebühr, VV 2300   378,00 EUR
2. Postentgeltpauschale, VV 7002   20,00 EUR
    Zwischensumme   398,00 EUR
3. 19 % Umsatzsteuer, VV 7008   75,62 EUR
Gesamt   **473,62 EUR**

III. Unterhalt (Wert: 3.600 EUR)
1. 1,3-Geschäftsgebühr, VV 2300   327,60 EUR
2. Postentgeltpauschale, VV 7002   20,00 EUR
    Zwischensumme   347,60 EUR
3. 19 % Umsatzsteuer, VV 7008   66,04 EUR
Gesamt   **413,64 EUR**

Es kommt hiernach zum Scheidungsverfahren (Werte: Ehesache 6.000 EUR; Versorgungsausgleich 1.200 EUR). Zugewinn, Kindesunterhalt und Ehewohnung werden als Folgesachen anhängig gemacht.
Es wird jeweils die vorgerichtlich entstandene Geschäftsgebühr hälftig, höchstens zu 0,75 angerechnet, jedoch nicht mehr als ein Betrag nach dem höchsten hälftigen Gebührensatz (also 0,75) aus dem Gesamtwert von 27.600 EUR:

IV. Verbundverfahren (Wert: 34.800 EUR)

1.	1,3-Verfahrensgebühr, VV 3100		1.219,40 EUR
2.	gem. VV Vorb. 3 Abs. 4 anzurechnen		
	– 0,5 aus 20.000 EUR	– 371,00 EUR	
	– 0,75 aus 4.000 EUR	– 189,00 EUR	
	– 0,65 aus 3.600 EUR	– 163,80 EUR	
	analog § 15 Abs. 3 nicht mehr als 0,75 aus		
	27.600,00 EUR		– 647,25 EUR
3.	1,2-Terminsgebühr, VV 3104		1.125,60 EUR
4.	Postentgeltpauschale, VV 7002		20,00 EUR
	Zwischensumme	1.717,75 EUR	
5.	19 % Umsatzsteuer, VV 7008		326,37 EUR
Gesamt			**2.044,12 EUR**

g) Anrechnung auf mehrere Gebühren

Geht eine einheitliche Angelegenheit in verschiedene gerichtliche Verfahren über, so ist in jedem Verfahren die Gebühr anzurechnen; zu beachten ist aber auch hier, dass die Summe der anzurechnenden Beträge analog § 15 Abs. 3 nicht mehr ausmachen darf, als eine Gebühr nach dem höchsten anzurechnenden Satz aus dem Gesamtwert. Es ist dann entweder auf die erste Angelegenheit voll anzurechnen und auf die weitere Angelegenheit der dann noch verbleibende Restbetrag oder – insbesondere, wenn beide nachfolgenden Angelegenheiten gleichzeitig eingeleitet werden – verhältnismäßig anzurechnen.

Beispiel: Der Anwalt macht außergerichtlich für den Auftraggeber gegen den Schuldner eine Forderung in Höhe von 8.000 EUR geltend (Kaufpreisforderung 6.000 EUR sowie Mietforderung – Wohnraummiete – in Höhe von 2.000 EUR). Die außergerichtlichen Verhandlungen scheitern. Der Anwalt erhebt daraufhin auftragsgemäß Klage in Höhe von 6.000 EUR vor dem LG und später in Höhe von 2.000 EUR vor dem AG. Über beide Klagen wird verhandelt.

Auf das gerichtliche Verfahren wegen der Kaufpreisforderung ist voll anzurechnen. Auf das weitere Verfahren wegen der Mietforderung ist nur noch der restliche Betrag der hälftigen Geschäftsgebühr anzurechnen.

I. Außergerichtliche Vertretung (Wert: 8.000 EUR)
1. 1,5-Geschäftsgebühr, VV 2300 — 684,00 EUR
2. Postentgeltpauschale, VV 7002 — 20,00 EUR
   Zwischensumme — 704,00 EUR
3. 19 % Umsatzsteuer, VV 7008 — 133,76 EUR
Gesamt — 837,76 EUR

II. Gerichtliches Verfahren, Kaufpreisforderung (Wert: 6.000 EUR)
1. 1,3-Verfahrensgebühr, VV 3100 — 460,20 EUR
2. gem. VV Vorb. 3 Abs. 4 anzurechnen, 0,75 aus 6.000 EUR — – 265,50 EUR
3. 1,2-Terminsgebühr, VV 3104 — 424,80 EUR
4. Postentgeltpauschale, VV 7002 — 20,00 EUR
   Zwischensumme — 639,40 EUR
5. 19 % Umsatzsteuer, VV 7008 — 121,49 EUR
Gesamt — 760,89 EUR

III. Gerichtliches Verfahren, Mietzinsforderung (Wert: 2.000 EUR)
1. 1,3-Verfahrensgebühr, VV 3100 — 195,00 EUR
2. gem. VV Vorb. 3 Abs. 4 anzurechnen, 0,75 aus 2.000 EUR — – 112,50 EUR
   – davon bereits durch die vorangegangene Anrechnung verbraucht:
   – 0,75 aus 8.000 EUR — 342,00 EUR
   – abzüglich bereits angerechneter 0,75 aus 6.000 EUR — – 265,50 EUR
   — 76,50 EUR
   — – 36,00 EUR
3. 1,2-Terminsgebühr, VV 3104 — 180,00 EUR
4. Postentgeltpauschale, VV 7002 — 20,00 EUR
   Zwischensumme — 359,00 EUR
5. 19 % Umsatzsteuer, VV 7008 — 68,21 EUR
Gesamt — 427,21 EUR

h) § 34 Abs. 2

80 Nach § 34 Abs. 2 ist eine Beratungsgebühr – unabhängig davon, ob es sich um eine vereinbarte Gebühr (§ 34 Abs. 1 S. 1) oder um eine Gebühr nach BGB (§ 34 Abs. 1 S. 2) handelt – auf die Vergütung einer nachfolgenden Angelegenheit anzurechnen. Die Anrechnung ist grundsätzlich in voller Höhe vorzunehmen (zu den hier auftretenden Problemen siehe § 34 Rdn 125 ff.).

Beispiel: Der Mandant hatte sich wegen Unterhalt vom Anwalt beraten lassen. Die Parteien hatten für die Beratung eine pauschale Gebühr i.H.v. 400 EUR zuzüglich Auslagen und Umsatzsteuer vereinbart. Nachdem Unterhaltsklage erhoben wurde, beauftragte der Mandant den Anwalt, ihn im gerichtlichen Verfahren zu vertreten (Wert: 6.000 EUR).

Da nichts Abweichendes vereinbart worden ist, wird die Beratungsgebühr in voller Höhe auf die Vergütung im Rechtsstreit angerechnet.

I.	**Beratung**	
1.	Beratungsgebühr, § 34 Abs. 1 S. 1	400,00 EUR
2.	Postentgeltpauschale, VV 7002	20,00 EUR
	Zwischensumme	420,00 EUR
3.	19 % Umsatzsteuer, VV 7008	79,80 EUR
Gesamt		**499,80 EUR**
II.	**Gerichtliche Vertretung**	
1.	1,3-Verfahrensgebühr, VV 3100 (Wert: 6.000 EUR)	460,20 EUR
2.	gem. § 34 Abs. 2 anzurechnen	– 400,00 EUR
3.	1,2-Terminsgebühr, VV 3104 (Wert: 6.000 EUR)	424,80 EUR
4.	Postentgeltpauschale, VV 7002	20,00 EUR
	Zwischensumme	505,00 EUR
5.	19 % Umsatzsteuer, VV 7008	95,95 EUR
Gesamt		**600,95 EUR**

VIII. Mehrere Auftraggeber

1. Anrechnung auch der Gebührenerhöhung

Strittig war lange Zeit, wie bei mehreren Auftraggebern vorzugehen ist. Nach jetzt einheilliger Rspr. führt die Erhöhung nach VV 1008 nicht zu einer eigenen Gebühr, sondern führt nur zur Erhöhung einer bereits anderweitig entstandenen Gebühr. Daher nimmt auch die Erhöhung an der Anrechnung teil.[31]

2. Anrechnung auf verschiedene Verfahrensgebühren

Hat der Anwalt außergerichtlich mehrere Auftraggeber in derselben Sache vertreten, kommt es dann aber zu verschiedenen gerichtlichen Verfahren, ist zwar auf beide Verfahrensgebühren anzurechnen, insgesamt jedoch nicht mehr als die Hälfte der Geschäftsgebühr. Was im Einzelnen anzurechnen ist, richtet sich danach, was den einzelnen Auftraggebern in Rechnung gestellt worden ist, bzw. was sie tatsächlich gezahlt haben.

> **Beispiel:** Der Anwalt ist von zwei Mandanten mit der außergerichtlichen Abwehr einer gegen sie gesamtschuldnerisch geltend gemachten Forderung in Höhe von 6.000 EUR beauftragt worden. Die Sache war umfangreich. Anschließend kommt es zuerst zum Rechtsstreit gegen den einen Mandanten, später zum Rechtsstreit gegen den anderen.
> Ausgehend von einer Mittelgebühr ist unter Beachtung der VV 1008 eine 1,8-Geschäftsgebühr abzurechnen. Ausgehend davon, dass beide die Hälfte dieser Gebühr zu zahlen haben, ist auch der Anrechnungsbetrag hälftig aufzuteilen.
>
> | | | |
> |---|---|---|
> | **I.** | **Außergerichtliche Vertretung (Wert: 6.000 EUR)** | |
> | 1. | 1,8-Geschäftsgebühr, VV 2300, 1008 | 637,20 EUR |
> | 2. | Postentgeltpauschale, VV 7002 | 20,00 EUR |
> | | Zwischensumme | 657,20 EUR |
> | 3. | 19 % Umsatzsteuer, VV 7008 | 124,87 EUR |
> | **Gesamt** | | **782,07 EUR** |
> | **II.** | **Gerichtliches Verfahren – Auftraggeber 1 (Wert: 6.000 EUR)** | |
> | 1. | 1,3-Verfahrensgebühr, VV 3100 | 460,20 EUR |

---

[31] LG Düsseldorf AGS 2007, 381 = MDR 2007, 1164 = JurBüro 2007, 480 = Rpfleger 2007, 629 = RVGreport 2007, 298; AG Stuttgart AGS 2007, 385 = MDR 2007, 1107 = ZMR 2007, 737 = JurBüro 2007, 522 = NJW-RR 2007, 1725; LG Ulm AGS 2008, 163 = AnwBl. 2008, 73 = NJW-Spezial 2008, 155; KG AGS 2009, 4 = NJ 2008, 461 = Rpfleger 2008, 669 = KGR 2008, 968 = JurBüro 2008, 585 = RVGreport 2008, 391 = NJW-Spezial 2009, 92.

2. gem. VV Vorb. 3 Abs. 4 anzurechnen, 0,75 aus 6.000 EUR (50 %)		– 132,75 EUR
3. 1,2-Terminsgebühr, VV 3104		424,80 EUR
4. Postentgeltpauschale, VV 7002		20,00 EUR
Zwischensumme	772,25 EUR	
5. 19 % Umsatzsteuer, VV 7008		146,73 EUR
Gesamt		**918,98 EUR**

III. Gerichtliches Verfahren – Auftraggeber 2 (Wert: 6.000 EUR)

1. 1,3-Verfahrensgebühr, VV 3100		460,20 EUR
2. gem. VV Vorb. 3 Abs. 4 anzurechnen, 0,75 aus 6.000 EUR (50 %)		– 132,75 EUR
3. 1,2-Terminsgebühr, VV 3104		424,80 EUR
4. Postentgeltpauschale, VV 7002		20,00 EUR
Zwischensumme	772,25 EUR	
5. 19 % Umsatzsteuer, VV 7008		146,73 EUR
Gesamt		**918,98 EUR**
Gesamt I + II + III		**2.620,03 EUR**

Dass nicht mehr als einmal angerechnet werden darf, zeigt sich daran, dass der Anwalt die Anrechnung der Geschäftsgebühr gem. § 15a Abs. 1 auch bei der Geschäftsgebühr selbst hätte vornehmen können. Dann wäre wie folgt zu rechnen gewesen:

I. Außergerichtliche Vertretung (Wert: 6.000 EUR)

1. 1,8-Geschäftsgebühr, VV 2300, 1008		637,20 EUR
2. gem. VV Vorb. 3 Abs. 4 anzurechnen, 0,75 aus 6.000 EUR		– 265,50 EUR
3. Postentgeltpauschale, VV 7002		20,00 EUR
Zwischensumme	391,70 EUR	
4. 19 % Umsatzsteuer, VV 7008		74,43 EUR
Gesamt		**466,13 EUR**

II. Gerichtliches Verfahren – Auftraggeber 1 (Wert: 6.000 EUR)

1. 1,3-Verfahrensgebühr, VV 3100		460,20 EUR
2. 1,2-Terminsgebühr, VV 3104		424,80 EUR
3. Postentgeltpauschale, VV 7002		20,00 EUR
Zwischensumme	905,00 EUR	
4. 19 % Umsatzsteuer, VV 7008		171,95 EUR
Gesamt		**1.076,95 EUR**

III. Gerichtliches Verfahren – Auftraggeber 2 (Wert: 6.000 EUR)

1. 1,3-Verfahrensgebühr, VV 3100		460,20 EUR
2. 1,2-Terminsgebühr, VV 3104		424,80 EUR
3. Postentgeltpauschale, VV 7002		20,00 EUR
Zwischensumme	905,00 EUR	
4. 19 % Umsatzsteuer, VV 7008		171,95 EUR
Gesamt		**1.076,95 EUR**
Gesamt I + II + III		**2.620,03 EUR**

3. Anrechnung auf mehrere Gebühren

83 Auch der umgekehrte Fall ist denkbar, nämlich, dass die Auftraggeber außergerichtlich getrennt vertreten worden sind, im gerichtlichen Verfahren dagegen gemeinsam (siehe hierzu Rdn 75 ff.).

IX. Anrechnungsausschluss nach mehr als zwei Kalenderjahren

84 Liegen zwischen der Erledigung der Angelegenheit, deren Gebühr anzurechnen ist, und dem Auftrag zur nachfolgenden Angelegenheit, in der anzurechnen ist, mehr als zwei Kalenderjahre, so ist nach § 15 Abs. 5 S. 2 eine Gebührenanrechnung ausgeschlossen.[32] Der Anwalt erhält dann in der nachfolgenden gerichtlichen Angelegenheit die Gebühren, ohne dass er sich die vorangegangene Gebühr hierauf anrechnen lassen muss.

> **Beispiel:** Der Anwalt hatte außergerichtlich für den Auftraggeber im September 2008 eine Forderung in Höhe von 8.000 EUR geltend gemacht. Im Januar 2011 hat der Anwalt den Auftrag zur Klage erhalten, über die verhandelt wird.
> Da der Auftrag zur außergerichtlichen Vertretung seit mehr als zwei Kalenderjahren erledigt ist, kommt gem. § 15 Abs. 5 S. 2 eine Gebührenanrechnung nicht mehr in Betracht. Die Verfahrensgebühr entsteht vielmehr anrechnungsfrei.
>
> **I. Außergerichtliche Vertretung (Wert: 8.000 EUR)**
> 1. 1,3-Geschäftsgebühr, VV 2300   592,80 EUR
> 2. Postentgeltpauschale, VV 7002   20,00 EUR
>   Zwischensumme   612,80 EUR
> 3. 19 % Umsatzsteuer, VV 7008   116,43 EUR
> **Gesamt**   **729,23 EUR**
>
> **II. Gerichtliches Verfahren (Wert: 8.000 EUR)**
> 1. 1,3-Verfahrensgebühr, VV 3100   592,80 EUR
> 2. 1,2-Terminsgebühr, VV 3104   547,20 EUR
> 3. Postentgeltpauschale, VV 7002   20,00 EUR
>   Zwischensumme   1.060,00 EUR
> 4. 19 % Umsatzsteuer, VV 7008   201,40 EUR
> **Gesamt**   **1.261,40 EUR**

X. Anrechnung und Kürzung nach § 15 Abs. 3

Problematisch ist die Abrechnung, wenn im gerichtlichen Verfahren die Verfahrensgebühr zu unterschiedlichen Sätzen anfällt, sodass eine Kürzung nach § 15 Abs. 3 vorzunehmen wäre, die Geschäftsgebühr aber nur aus einem Teilwert anzurechnen ist. Es stellt sich dann die Frage, ob erst zu kürzen ist und dann anzurechnen oder ob umgekehrt vorzugehen ist.

> **Beispiel:** Der Anwalt war für den Kläger nach einem Gegenstandswert von 120.000 EUR außergerichtlich tätig geworden und hatte dafür eine Mittelgebühr (1,5) abgerechnet.
> 1. 1,5-Geschäftsgebühr, VV 2300 (Wert: 120.000 EUR)   2.382,00 EUR
> 2. Postentgeltpauschale, VV 7002   20,00 EUR
>   Zwischensumme   2.402,00 EUR
> 3. 19 % Umsatzsteuer, VV 7008   456,38 EUR
> **Gesamt**   **2.858,38 EUR**
>
> Hiernach kam es zum Rechtsstreit, der durch einen nach § 278 Abs. 6 ZPO festgestellten Vergleich erledigt wurde. In diesen Vergleich wurde auch eine weitere nicht anhängige Forderung in Höhe von 23.452 EUR mit aufgenommen.
>
> **a) Anrechnung der Geschäftsgebühr bei vorheriger Kürzung**
> 1. 1,3-Verfahrensgebühr, VV 3100 (Wert: 120.000 EUR)   2.064,00 EUR
> 2. 0,8-Verfahrensgebühr, VV 3100, 3101
>   (Wert: 23.452 EUR)   630,40 EUR
>   gem. § 15 Abs. 3 nicht mehr als 1,3 aus 143.452 EUR   2.285,40 EUR
> 3. gem. VV Vorb. 3 Abs. 4 anzurechnen, 0,75 aus
>   120.000 EUR   – 1.191,00 EUR
> **Gesamt**   **1.094,20 EUR**

---

[32] BayVGH AGS 2015, 62 = NJW 2015, 648 = zfs 2015, 225 = NJW-Spezial 2015, 124 = RVGreport 2015, 96 = RVGprof. 2015, 62; AG Siegburg AGS 2016, 268 = NJW-Spezial 2016, 413; OLG Köln AGkompakt 2009, 54 = OLGR 2009, 601; OLG Düsseldorf AGS 2009, 212 = OLGR 2009, 455 = NJW-Spezial 2009, 220 = RVGprof. 2009, 93 = RVGreport 2009, 181; OLG München AGS 2006, 369 = OLGR 2006, 681 = AnwBl. 2006, 588 = FamRZ 2006, 1561; noch zur vergleichbaren Lage nach der BRAGO: OLG München AGS 2001, 151 = MDR 2000, 785 = OLGR 2000, 200 = JurBüro 2000, 469 = Rpfleger 2000, 516 = AnwBl. 2000, 698 = NJW-RR 2000, 1727 = AGS 2001, 151.

Die Rechtsprechung verfährt anders.[33] Danach ist erst anzurechnen und dann gegebenenfalls nach § 15 Abs. 3 zu kürzen. Dies ergibt folgende Berechnung:

b) Anrechnung der Geschäftsgebühr ohne vorherige Kürzung

1.	1,3-Verfahrensgebühr, VV 3100 (Wert: 120.000 EUR)	2.064,00 EUR
2.	gem. VV Vorb. 3 Abs. 4 anzurechnen, 0,75 aus 120.000 EUR	– 1.191,00 EUR
		873,00 EUR
3.	0,8-Verfahrensgebühr, VV 3100, 3101 (Wert: 23.452 EUR)	630,40 EUR
Gesamt		**1.503,40 EUR**

Die Höchstgrenze des § 15 Abs. 3, nicht mehr als 1,3 aus 143.452 EUR (2.285,40 EUR) ist nicht erreicht.

D. Kostenerstattung

I. Grundsatz

86 Die Regelung des Abs. 2 besagt, dass sich ein Dritter grundsätzlich nicht auf eine Anrechnung berufen kann. Dies hat vor allem Bedeutung für die Kostenerstattung. Da jede Gebühr selbstständig ist, kann die im Rechtsstreit obsiegende Partei also grundsätzlich die Festsetzung der vollen Verfahrensgebühr verlangen und zwar unbeschadet der Anrechnung einer eventuell zuvor entstandenen Geschäftsgebühr.

Der Erstattungspflichtige kann also vor allem nicht mehr – wie früher – einwenden, es sei auf Seiten des Erstattungsberechtigten zuvor eine Geschäftsgebühr entstanden, daher seien die Kosten des Rechtsstreits um den anzurechnenden Betrag vermindert. Nur dann, wenn der Erstattungspflichtige selbst die anzurechnende Gebühr bereits gezahlt oder anderweitig erfüllt hat oder diese gegen ihn bereits tituliert ist, kann er sich nach Abs. 2 auf die Anrechnung berufen.

Beispiel: Der Beklagte war vorgerichtlich in Höhe von 8.000 EUR Anspruch genommen worden und ließ durch seinen Anwalt die Forderung abwehren lassen. Angefallen war insoweit eine 1,3-Geschäftsgebühr. Es kam hiernach zum Rechtsstreit. Die Klage wurde abgewiesen. Die Kosten des Rechtsstreits hatte der Kläger zu tragen.
Während nach der Rechtsprechung des BGH der Beklagte im Kostenfestsetzungsverfahren nur noch die Verfahrensgebühr abzüglich der hälftig anzurechnenden Geschäftsgebühr (also 1,3 – 0,65 = 0,65) verlangen konnte, kann sich der Erstattungspflichtige nach dem neuen Abs. 2 auf diese Anrechnung nicht mehr berufen. Gegen ihn muss die volle 1,3-Verfahrensgebühr festgesetzt werden:

1.	1,3-Verfahrensgebühr, VV 3100 (Wert: 8.000 EUR)	592,80 EUR
3.	1,2-Terminsgebühr, VV 3100 (Wert: 8.000 EUR)	547,20 EUR
4.	Postentgeltpauschale, VV 7002	20,00 EUR
	Zwischensumme	1.160,00 EUR
5.	19 % Umsatzsteuer, VV 7008	220,40 EUR
Gesamt		**1.380,40 EUR**

87 Dieser Grundsatz des Abs. 2 hält mit dem 2. KostRMoG jetzt auch Einzug in verwaltungs-, sozial- und steuerrechtlichen Angelegenheiten[34] sowie in Verfahren nach der WBO und WDO. Das gilt hier nicht nur im gerichtlichen Verfahren, sondern auch bei einer Erstattung im Nachprüfungsverfahren.

Beispiel (verwaltungsrechtliches Nachprüfungsverfahren): Der Anwalt wird im Verwaltungsverfahren vor der Behörde beauftragt (Wert: 6.000 EUR). Gegen den Bescheid der Behörde legt er Widerspruch ein, der erfolgreich ist, sodass die Behörde die Kosten des Widerspruchsverfahrens erstatten muss. Sowohl im Verwaltungsverfahren als auch im Widerspruchsverfahren war die Sache umfangreich und schwierig, aber durchschnittlich.

---

33 OLG Stuttgart AGS 2009, 56 = OLGR 2009, 224 = Jur-Büro 2009, 246 = Justiz 2009, 195 = NJW-Spezial 2009, 124 = RVGreport 2009, 103 = RVGprof. 2009, 94; OLG Karlsruhe AGS 2011, 165 = NJW-Spezial 2011, 285 = FamRB 2011, 247 = zfs 2011, 468 m. Anm. *Hansens*; AGS 2013, 436; OLG München AGS 2012, 231 = NJW-RR 2012, 767 = JurBüro 2012, 355 = FamRZ 2012, 1413 = Rpfleger 2012, 411 = NJW-Spezial 2012, 219 = RVGprof. 2012, 73 = RVGreport 2012, 176.

34 Sächsisches FG StE 2016, 405.

Gegenüber dem Mandanten rechnet der Anwalt – ausgehend von den Mittelgebühren – wie folgt ab:

I. Verwaltungsverfahren
1. 1,5-Geschäftsgebühr, VV 2300 (Wert: 6.000 EUR)   531,00 EUR
2. Postentgeltpauschale, VV 7002   20,00 EUR
    Zwischensumme   551,00 EUR
3. 19 % Umsatzsteuer, VV 7008   104,69 EUR
Gesamt   **655,69 EUR**

II. Widerspruchsverfahren
1. 1,5-Geschäftsgebühr, VV 2300 (Wert: 6.000 EUR)   531,00 EUR
2. gem. VV Vorb. 2.3 Abs. 4 S. 1 anzurechnen, 0,75 aus 6.000 EUR   – 265,50 EUR
3. Postentgeltpauschale, VV 7002   20,00 EUR
    Zwischensumme   285,50 EUR
4. 19 % Umsatzsteuer, VV 7008   54,25 EUR
Gesamt   **339,75 EUR**
Gesamt I. + II.   **995,44 EUR**

Zu erstatten ist jedoch unter Berücksichtigung des Abs. 2 die volle Geschäftsgebühr unbeschadet der Anrechnung:
1. 1,5-Geschäftsgebühr, VV 2300 (Wert: 6.000 EUR)   531,00 EUR
2. Postentgeltpauschale, VV 7002   20,00 EUR
    Zwischensumme   551,00 EUR
3. 19 % Umsatzsteuer, VV 7008   104,69 EUR
Gesamt   **655,69 EUR**

Beispiel (sozialrechtliches Nachprüfungsverfahren): Der Anwalt wird im Verwaltungsverfahren vor der Sozialbehörde beauftragt. Gegen den Bescheid der Behörde legt er Widerspruch ein, der erfolgreich ist, sodass die Behörde die Kosten des Widerspruchsverfahrens erstatten muss. Sowohl im Verwaltungsverfahren als auch im Widerspruchsverfahren war die Sache umfangreich und schwierig, aber durchschnittlich. Gegenüber dem Mandanten rechnet der Anwalt jeweils ausgehend von der Mittelgebühr wie folgt ab:

I. Verwaltungsverfahren
1. Geschäftsgebühr, VV 2302 Nr. 1   345,00 EUR
2. Postentgeltpauschale, VV 7002   20,00 EUR
    Zwischensumme   365,00 EUR
3. 19 % Umsatzsteuer, VV 7008   69,35 EUR
Gesamt   **434,35 EUR**

II. Widerspruchsverfahren
1. Geschäftsgebühr, VV 2302 Nr. 1   345,00 EUR
2. gem. VV Vorb. 2.3 Abs. 4 S. 1 anzurechnen   – 172,50 EUR
3. Postentgeltpauschale, VV 7002   20,00 EUR
    Zwischensumme   192,50 EUR
4. 19 % Umsatzsteuer, VV 7008   36,58 EUR
Gesamt   **229,08 EUR**
Gesamt I. + II.   **663,43 EUR**

Zu erstatten ist unter Berücksichtigung des Abs. 2 die volle Geschäftsgebühr, unbeschadet der Anrechnung:[35]
1. Geschäftsgebühr, VV 2302 Nr. 1   345,00 EUR
2. Postentgeltpauschale, VV 7002   20,00 EUR
    Zwischensumme   365,00 EUR
3. 19 % Umsatzsteuer, VV 7008   69,35 EUR
Gesamt   **434,35 EUR**

Beispiel (verwaltungsgerichtliches Verfahren): Der Anwalt wird im Verfahren vor der Verwaltungsbehörde beauftragt. Gegen den Bescheid der Behörde erhebt er Klage, die Erfolg hat, sodass die Behörde die Kosten des Klageverfahrens erstatten muss.
Die Behörde kann sich jetzt nicht auf die Anrechnung berufen, sondern muss die volle Verfahrensgebühr der VV 3100 ungeachtet einer Anrechnung erstatten.

---

[35] SG Dresden AGS 2016, 35 = NJW-Spezial 2016, 59; unzutreffend SG Gießen AGS 2015, 203 = NZS 2015, 320 = ASR 2015, 101.

Beispiel (sozialgerichtliches Verfahren): Der Anwalt wird im Verfahren vor der Verwaltungsbehörde beauftragt. Gegen den Bescheid der Behörde erhebt er Klage, die Erfolg hat, sodass die Behörde die Kosten des Klageverfahrens erstatten muss.
Die Behörde kann sich jetzt nicht auf die Anrechnung berufen, sondern muss die volle Verfahrensgebühr der VV 3102 ungeachtet einer Anrechnung erstatten.

II. Erfüllung (Abs. 2, 1. Var.)

88 Die Anrechnung einer Gebühr ist nach Abs. 2, 1. Var. entgegen dem Grundsatz dann im Kostenfestsetzungsverfahren zu berücksichtigen, wenn die erstattungspflichtige Partei die anzurechnende Gebühr bereits gezahlt oder anderweitig erfüllt hat.

89 Hauptanwendungsfall ist hier die Anrechnung einer vorgerichtlich entstandenen Geschäftsgebühr, die als Schadensersatz mit eingeklagt wird.

Beispiel: Im Rechtsstreit klagt der Kläger die Hauptforderung in Höhe von 8.000 EUR sowie eine vorgerichtlich entstandene 1,3-Geschäftsgebühr ein. Der Gegner zahlt während des Rechtsstreits sowohl die Hauptforderung als auch die Kosten. Daraufhin wird der Rechtsstreit übereinstimmend in der Hauptsache für erledigt erklärt. Die Kosten wurden dem Beklagten auferlegt (§ 91a ZPO).
Da der Beklagte die Geschäftsgebühr bereits gezahlt hat, kann er sich jetzt im Kostenfestsetzungsverfahren auf die Anrechnung berufen. Es dürfen lediglich noch 1,3 – 0,65 = 0,65 gegen ihn festgesetzt werden.

1. 1,3-Verfahrensgebühr, VV 3100 (Wert: 8.000 EUR)   592,80 EUR
2. gem. VV Vorb. 3 Abs. 4 anzurechnen, 0,65 aus
   8.000 EUR   – 296,40 EUR
3. 1,2-Terminsgebühr, VV 3100 (Wert: 8.000 EUR)   547,20 EUR
4. Postentgeltpauschale, VV 7002   20,00 EUR
   Zwischensumme   863,60 EUR
5. 19 % Umsatzsteuer, VV 7008   164,08 EUR
   Gesamt   **1.027,68 EUR**

90 Bei der Erfüllung muss es sich nicht um eine Zahlung handeln. Jede andere Erfüllung reicht auch aus, etwa eine Aufrechnung.[36]

Beispiel: Der Kläger klagt die Hauptforderung in Höhe von 8.000 EUR sowie eine vorgerichtlich entstandene 1,3-Geschäftsgebühr ein. Der Beklagte bestreitet die Klageforderung nicht, rechnet gegen die Hauptforderung und den materiell-rechtlichen Kostenerstattungsanspruch jedoch mit einer diese Beträge übersteigenden Gegenforderung auf. Der Rechtsstreit wird daraufhin übereinstimmend für erledigt erklärt. Die Kosten werden dem Beklagten auferlegt (§ 91a ZPO).
Abzurechnen ist wie im vorangegangenen Beispiel. Auch jetzt dürfen lediglich noch 1,3 – 0,65 = 0,65 festgesetzt werden, da die Geschäftsgebühr des Klägers durch Aufrechnung erfüllt worden ist.

91 Der Erfüllungseinwand kann aber auch andere anzurechnende Gebühren betreffen, etwa die Verfahrensgebühr eines Mahnverfahrens.

Beispiel: Der Kläger hatte zunächst ein Mahnverfahren wegen einer Forderung i.H.v. 8.000 EUR eingeleitet. Dagegen hatte der Beklagte Widerspruch erhoben, sodass die Sache an das Streitgericht abgegeben wurde. Zwischenzeitlich hatte der Beklagte die Forderung einschließlich der Kosten des Mahnverfahrens ausgeglichen. Daraufhin wird der Rechtsstreit in der Hauptsache für erledigt erklärt. Dem Beklagten werden die Kosten des Verfahrens nach § 91a ZPO auferlegt.
Der Kläger muss sich jetzt die Verfahrensgebühr des Mahnverfahrens anrechnen lassen, da diese bereits vom Beklagten bezahlt worden ist. Festzusetzen sind daher noch:

1. 1,3-Verfahrensgebühr, VV 3100 (Wert: 8.000 EUR)   592,80 EUR
2. gem. Anm. zu VV 3305 anzurechnen, 1,0 aus 8.000 EUR   – 456,00 EUR
3. Postentgeltpauschale, VV 7002   20,00 EUR
   Zwischensumme   1.068,80 EUR
4. 19 % Umsatzsteuer, VV 7008   203,07 EUR
   Gesamt   **1.271,87 EUR**

---

[36] OLG Köln AGS 2011, 619 = JurBüro 2012, 22 = NJW-Spezial 2011, 764 = RVGreport 2012, 33.

III. Titulierung (Abs. 2, 2. Var.)

1. Grundsatz

Des Weiteren ist die Anrechnung einer Gebühr nach Abs. 2, 2. Var. im Kostenfestsetzungsverfahren zu berücksichtigen, wenn und soweit sie bereits gegen die erstattungspflichtige Partei tituliert ist. Rechtskraft ist insoweit nicht erforderlich. 92

Hauptanwendungsfall ist auch hier wieder die Geschäftsgebühr. 93

> **Beispiel:** Der Beklagte ist verurteilt worden, die Klageforderung i.H.v. 8.000 EUR zu zahlen sowie die vorgerichtlich daraus entstandene 1,3-Geschäftsgebühr.
> Der Beklagte kann sich auf die Anrechnung berufen. Er ist in der Hauptsache bereits zur Zahlung der Geschäftsgebühr verurteilt worden, muss also die 1,3-Geschäftsgebühr zahlen. Dann kann von ihm aber im Kostenfestsetzungsverfahren nicht noch einmal die 1,3-Verfahrensgebühr verlangt werden. Hier sind im Ergebnis lediglich noch 1,3 – 0,65 = 0,65 festzusetzen.
> 1. 1,3-Verfahrensgebühr, VV 3100 (Wert: 8.000 EUR)   592,80 EUR
> 2. gem. VV Vorb. 3 Abs. 4 anzurechnen, 0,65 aus
>   8.000 EUR   – 296,40 EUR
> 3. 1,2-Terminsgebühr, VV 3104 (Wert: 8.000 EUR)   547,20 EUR
> 4. Postentgeltpauschale, VV 7002   20,00 EUR
>   Zwischensumme   863,60 EUR
> 5. 19 % Umsatzsteuer, VV 7008   164,08 EUR
> **Gesamt**   **1.027,68 EUR**

Wird die eingeklagte Geschäftsgebühr nur teilweise zugesprochen, so wird sie auch nur insoweit angerechnet als sie gezahlt oder zugesprochen worden ist. 94

Wird die Geschäftsgebühr lediglich zu einem **geringeren Gebührensatz** zugesprochen als eingeklagt, dann wird die Geschäftsgebühr im Kostenfestsetzungsverfahren auch nur nach dem Gebührensatz hälftig angerechnet, der zugesprochen worden ist. 95

> **Beispiel:** Der Anwalt klagt neben der Hauptsache (8.000 EUR) eine 1,5-Geschäftsgebühr (VV 2300) daraus ein. Das Gericht spricht neben den 8.000 EUR nur eine 1,3-Gebühr daraus zu und weist die Klage im Übrigen ab.
> Anzurechnen ist die Geschäftsgebühr nur in Höhe der Hälfte des zugesprochenen Satzes, also in Höhe von 0,65.
> Der Mandant erhält als **materiell-rechtlicher Kostenerstattungsanspruch** erstattet:
> 1. 1,3-Geschäftsgebühr, VV 2300 (Wert: 8.000 EUR)   592,80 EUR
> 2. Postentgeltpauschale, VV 7002   20,00 EUR
>   Zwischensumme   612,80 EUR
> 3. 19 % Umsatzsteuer, VV 7008   116,43 EUR
> **Gesamt**   **729,23 EUR**
> Im Wege der **Kostenfestsetzung/-ausgleichung** sind zu berücksichtigen:
> 1. 1,3-Verfahrensgebühr, VV 3100 (Wert: 8.000 EUR)   592,80 EUR
> 2. gem. VV Vorb. 3 Abs. 4 anzurechnen, 0,65 aus
>   8.000 EUR   – 296,40 EUR
> 3. 1,2-Terminsgebühr, VV 3104 (Wert: 8.000 EUR)   547,20 EUR
> 4. Postentgeltpauschale, VV 7002   20,00 EUR
>   Zwischensumme   863,60 EUR
> 5. 19 % Umsatzsteuer, VV 7008   164,08 EUR
> **Gesamt**   **1.027,68 EUR**

Wird die Geschäftsgebühr zwar nach dem vollen Gebührensatz zugesprochen, jedoch nach einem **geringeren Gegenstandswert**, wird die Geschäftsgebühr im Kostenfestsetzungsverfahren hälftig nach dem Wert angerechnet, nach dem sie zugesprochen worden ist. 96

> **Beispiel:** Der Anwalt klagt neben der Hauptsache (8.000 EUR) eine 1,5-Geschäftsgebühr (VV 2300) daraus ein. Das Gericht spricht lediglich 4.000 EUR sowie eine 1,5-Gebühr daraus zu und weist die Klage im Übrigen ab.
> Anzurechnen ist die Geschäftsgebühr nur in Höhe der Hälfte des zugesprochenen Satzes, also in Höhe von 0,75, allerdings nur aus dem zugesprochenen Wert.

Der Mandant erhält daher als **materiell-rechtlicher Kostenerstattungsanspruch** erstattet:
1. 1,5-Geschäftsgebühr, VV 2300 (Wert: 4.000 EUR)   378,00 EUR
2. Postentgeltpauschale, VV 7002   20,00 EUR
   Zwischensumme   398,00 EUR
3. 19 % Umsatzsteuer, VV 7008   75,62 EUR
Gesamt   **473,62 EUR**

Im Wege der **Kostenfestsetzung/-ausgleichung** sind zu berücksichtigen:
1. 1,3-Verfahrensgebühr, VV 3100 (Wert: 8.000 EUR)   592,80 EUR
2. gem. VV Vorb. 3 Abs. 4 anzurechnen, 0,75 aus
   4.000 EUR   – 189,00 EUR
3. 1,2-Terminsgebühr, VV 3104 (Wert: 8.000 EUR)   547,20 EUR
4. Postentgeltpauschale, VV 7002   20,00 EUR
   Zwischensumme   971,00 EUR
5. 19 % Umsatzsteuer, VV 7008   184,49 EUR
Gesamt   **1.155,49 EUR**

97 Möglich sind auch **Kombinationen**. Wird vom Gericht sowohl der Gebührensatz gekürzt als auch lediglich ein geringerer Gegenstandswert zugestanden, dann ist die Geschäftsgebühr hälftig nach dem zugesprochenen geringeren Gebührensatz und Gegenstandswert anzurechnen.

Beispiel: Der Anwalt klagt neben der Hauptsache (8.000 EUR) eine 1,5-Geschäftsgebühr (VV 2300) daraus ein. Das Gericht spricht lediglich 4.000 EUR sowie eine 1,3-Gebühr daraus zu und weist die Klage im Übrigen ab.
Anzurechnen ist die Geschäftsgebühr nur in Höhe der Hälfte des zugesprochenen Satzes, also in Höhe von 0,75, allerdings nur aus dem zugesprochenen Wert.
Der Mandant erhält daher als **materiell-rechtlicher Kostenerstattungsanspruch** erstattet:
1. 1,3-Geschäftsgebühr, VV 2300 (Wert: 4.000 EUR)   327,60 EUR
2. Postentgeltpauschale, VV 7002   20,00 EUR
   Zwischensumme   347,60 EUR
3. 19 % Umsatzsteuer, VV 7008   66,04 EUR
Gesamt   **413,64 EUR**

Im Wege der **Kostenfestsetzung/-ausgleichung** sind zu berücksichtigen:
1. 1,3-Verfahrensgebühr, VV 3100 (Wert: 8.000 EUR)   592,80 EUR
2. gem. VV Vorb. 3 Abs. 4 anzurechnen, 0,65 aus
   4.000 EUR   – 163,80 EUR
3. 1,2-Terminsgebühr, VV 3104 (Wert: 8.000 EUR)   547,20 EUR
4. Postentgeltpauschale, VV 7002   20,00 EUR
   Zwischensumme   996,20 EUR
5. 19 % Umsatzsteuer, VV 7008   189,28 EUR
Gesamt   **1.185,48 EUR**

98 Möglich ist auch eine quotale Anrechnung, wenn die Parteien die Geschäftsgebühr im Vergleich in Höhe einer Quote tituliert haben.[37]

Beispiel: Der Anwalt klagt neben der Hauptsache (8.000 EUR) eine 1,3-Geschäftsgebühr (VV 2300) daraus ein, also
1. 1,3-Geschäftsgebühr, VV 2300 (Wert: 8.000 EUR)   592,80 EUR
2. Postentgeltpauschale, VV 7002   20,00 EUR
   Zwischensumme   612,80 EUR
3. 19 % Umsatzsteuer, VV 7008   116,43 EUR
Gesamt   **729,23 EUR**

Die Parteien schließen sodann einen Vergleich, wonach der Beklagte 7.856,31 EUR zahle, nämlich 90 % der Klageforderung (also 7.200 EUR auf die Hauptforderung und 656,31 EUR auf die Kosten). Jetzt ist die Geschäftsgebühr mit der Hälfte der 90 % anzurechnen.
1. 1,3-Verfahrensgebühr, VV 3100 (Wert: 8.000 EUR)   592,80 EUR
2. gem. VV Vorb. 3 Abs. 4 anzurechnen,
   90 % einer 0,65-Gebühr aus 8.000 EUR   – 266,76 EUR
3. 1,2-Terminsgebühr, VV 3104 (Wert: 8.000 EUR)   547,20 EUR

---

[37] OLG Düsseldorf AGS 2012, 357 = JurBüro 2012, 141 = NJW-Spezial 2012, 316.

4. Postentgeltpauschale, VV 7002		20,00 EUR
Zwischensumme	893,24 EUR	
5. 19 % Umsatzsteuer, VV 7008		169,72 EUR
Gesamt		**1.062,96 EUR**

Der Titulierungseinwand kann aber auch andere anzurechnende Gebühren betreffen, etwa die Verfahrensgebühr eines Mahnverfahrens.[38] **99**

Beispiel: Der Kläger hatte zunächst ein Mahnverfahren wegen einer Forderung i.H.v. 8.000 EUR eingeleitet und einen Vollstreckungsbescheid erwirkt. Dagegen hatte der Beklagte Einspruch erhoben, sodass die Sache an das Streitgericht abgegeben wurde. Dort wurde der Vollstreckungsbescheid aufrechterhalten und die Kosten des Rechtsstreits wurden dem Beklagen auferlegt.
Da die Verfahrensgebühr der VV 3305 bereits durch den Vollstreckungsbescheid tituliert ist, muss der Kläger sich diese Gebühr bei der Kostenfestsetzung anrechnen lassen.[39] Festzusetzen sind daher nur noch:

1. 1,3-Verfahrensgebühr, VV 3100 (Wert: 8.000 EUR)		592,80 EUR
2. gem. Anm. zu VV 3305 anzurechnen, 1,0 aus 8.000 EUR		– 456,00 EUR
3. 1,2-Terminsgebühr, VV 3104 (Wert: 8.000 EUR)		547,20 EUR
4. Postentgeltpauschale, VV 7002		20,00 EUR
Zwischensumme	704,00 EUR	
5. 19 % Umsatzsteuer, VV 7008		133,76 EUR
Gesamt		**837,76 EUR**

Eine Anrechnung findet selbstverständlich nicht statt, wenn im Rahmen des gerichtlichen Verfahrens die Geschäftsgebühr für eine andere vorgerichtliche Tätigkeit eingeklagt und tituliert worden ist. Zwischen den Gegenständen der vorgerichtlichen Tätigkeit und des gerichtlichen Verfahrens muss Identität bestehen.[40] **100**

2. Anrechnung im Rechtsmittelverfahren

Nach der Rechtsprechung des BGH[41] soll eine Anrechnung auch noch in der Kostenfestsetzung für das Rechtsmittelverfahren möglich sein, wenn die Anrechnung in erstinstanzlichen Verfahren übersehen worden ist. Diese Auffassung ist jedoch unzutreffend. Eine Geschäftsgebühr ist auf die Verfahrensgebühr eines nachfolgenden gerichtlichen Verfahrens anzurechnen und nicht auf die eines späteren Verfahrens. Soweit der BGH sich dabei auf die Entscheidungen diverser Finanzgerichte beruft, trägt das nicht. Der BGH übersieht, dass in finanzgerichtlichen Verfahren die Gebühr der VV 3200 die erstinstanzliche Verfahrensgebühr ist (siehe VV Vorb. 3.2.1 Nr. 1). Diese Entscheidungen belegen also gerade nicht die These des BGH, sondern widersprechen ihr. Weder in Rspr. noch in der Lit. ist bislang jemand auf die Idee gekommen, eine vorgerichtliche Geschäftsgebühr im Rechtsmittelverfahren anzurechnen, wenn der Anwalt auch erstinstanzlich tätig geworden ist. Der BGH sieht auch gar nicht, welche „Büchse der Pandora" er damit geöffnet hat. Dazu zwei Beispiele: **101**

Beispiel 1: Der Kläger klagt 10.000 EUR nebst einer Geschäftsgebühr daraus ein. Der Beklagte verteidigt sich mit einer die Klageforderungen übersteigenden Hilfsaufrechnung. Das Gericht hält beide Forderungen für begründet und weist demzufolge die Klage im Hinblick auf die Hilfsaufrechnung ab. Die Kosten werden gegeneinander aufgehoben. Der Beklagte legt nunmehr Berufung ein und erstrebt die Abweisung der Klage mit der Begründung, schon die Klageforderung bestehe nicht. Die Berufung hat keinen Erfolg. Die Kosten des Berufungsverfahrens trägt der Beklagte.
Nach der Logik des BGH könnte sich der Beklagte hinsichtlich der Kostenfestsetzung für die zweite Instanz auf die Anrechnung der erstinstanzlich titulierten Geschäftsgebühr berufen, was er in erster Instanz mangels Kostenerstattungsanspruchs des Gegners nicht könnte.

Beispiel 2: Der Kläger klagt 10.000 EUR nebst einer Geschäftsgebühr daraus ein. Die Klage wird abgewiesen. Dagegen legt er Berufung ein, die er aufgrund neuen Sachvortrags, den er bereits erstinstanzlich hätte

---

[38] BGH AGS 2010, 621 = MDR 2011, 137 = ZfBR 2011, 139 = BRAK-Mitt 2011, 37 = Rpfleger 2011, 180 = JurBüro 2011, 80 = NJW 2011, 1368 = FamRZ 2011, 105 = RVGprof. 2011, 116.

[39] BGH AGS 2010, 621 = MDR 2011, 137 = ZfBR 2011, 139 = BRAK-Mitt 2011, 37 = Rpfleger 2011, 180 = JurBüro 2011, 80 = NJW 2011, 1368 = FamRZ 2011, 105 = RVGprof. 2011, 116.

[40] AG Berlin Mitte JurBüro 2015, 576.

[41] AGS 2012, 223 = NJW-RR 2012, 313 = FamRZ 2012, 366 = ZfBR 2012, 238 = Rpfleger 2012, 285 = JurBüro 2012, 190 = MDR 2012, 313 = RVGreport 2012, 118 = BRAK-Mitt 2012, 88.

vorbringen können, gewinnt. Der Klage wird also in zweiter Instanz stattgegeben. Die Kosten der ersten Instanz trägt der Beklagte; die Kosten des Berufungsverfahrens werden dagegen dem Kläger gem. § 97 Abs. 2 ZPO auferlegt.
Jetzt wäre es am Kläger, sich darauf zu berufen, dass die Anrechnung der Geschäftsgebühr im Rechtsmittelverfahren vorzunehmen sei, wo sie ihm nicht schaden tun würde.

102 Zu denken wäre auch an den Fall, dass in erster und in zweiter Instanz unterschiedliche Kostenquoten ausgeworfen werden. Auch dann kann es für beide Parteien entscheidend sein, ob in erster oder zweiter Instanz angerechnet wird.

103 Wie diese Fälle zu lösen sein sollen, also wer sich auf die ihm jeweils günstiger Instanz soll berufen können, wird der BGH vermutlich demnächst erklären müssen.

104 Für eine solche ausdehnende Auslegung besteht keine Veranlassung. Wenn der Anwalt des Beklagten eine fehlerhafte erstinstanzliche Kostenfestsetzung (Nichtberücksichtigung der Anrechnung) rechtskräftig werden lässt, so ist das hinzunehmen. Dann muss er für seinen Fehler einstehen. Er muss die Anrechnung erstinstanzlich einwenden.

3. Abtretungsfälle

105 Nach Auffassung des BGH[42] soll eine Anrechnung der Geschäftsgebühr auch dann vorzunehmen sein, wenn der Anwalt außergerichtlich zunächst den Zedenten vertritt und im gerichtlichen Verfahren dann den Zessionar. Auch dies ist unzutreffend. Schuldner der vorgerichtlich entstandenen Geschäftsgebühr ist in diesem Fall der Zedent. Schuldner der gerichtlichen Verfahrensgebühr ist dagegen der Zessionar. Die Schuld des einen auf die des anderen anzurechnen, hieße „Äpfel mit Birnen zu vergleichen". Zwischen Anwalt und Zedent einerseits und Anwalt und Zessionar andererseits werden zwei verschiedene Anwaltsverträge geschlossen. Eine Anrechnung ist hier nicht möglich. Anders verhält es sich nur dann, wenn der Anwaltsvertrag insgesamt übergeht, etwa im Wege der Gesamtrechtsnachfolge nach einer Erbschaft. Das ist bei einer Forderungsabtretung aber nicht der Fall.

106 Es besteht auch keine Notwendigkeit, hier systemwidrig eine Anrechnung anzunehmen. Das gewünschte Ergebnis lässt sich ohne Weiteres im Rahmen der Erstattung nach den Grundsätzen des notwendigen Anwaltswechsels lösen. Wechselt eine Partei den Anwalt, so sind die dadurch entstehenden Mehrkosten nur dann erstattungsfähig, wenn sie notwendig waren. Gleiches kann man auf die durch eine Abtretung entstehenden Mehrkosten übertragen. Sie sind nur dann erstattungsfähig, wenn die Abtretung notwendig war.

107 Notwendig ist die Abtretung nur dann, wenn sie zum einen sachlich geboten war. Das kann man hier annehmen, wenn der Zedent als Zeuge benannt werden soll. Hinzukommen muss aber auch, dass eine Abtretung vor Beginn der außergerichtlichen Tätigkeit nicht möglich war. Wäre die Forderung nämlich von Vornherein im Hinblick auf eine mögliche Zeugenbenennung im Rechtsstreit abgetreten worden, wären keine Mehrkosten entstanden.

4. Titulierung der Verfahrensgebühr

108 Möglich ist auch, dass die Verfahrensgebühr tituliert wird, bevor über die Geschäftsgebühr rechtskräftig entschieden ist. Soweit dies geschieht, kann die Geschäftsgebühr nicht mehr in voller Höhe weiter verfolgt werden, sondern nur noch in Höhe des nach Anrechnung verbleibenden Betrages.[43]

> **Beispiel:** Der Kläger hatte 8.000 EUR eingeklagt sowie eine daraus vorgerichtlich entstandene 1,5-Geschäftsgebühr (VV 2300). Das LG hat der Klage stattgegeben und die Kosten des Rechtsstreits dem Beklagten auferlegt, der gegen das Urteil Berufung einlegt. Zwischenzeitlich wird die 1,3-Verfahrensgebühr (VV 3100) gegen den Beklagten festgesetzt.
> Im Berufungsverfahren kann der Kläger nicht mehr die volle 1,5-Geschäftsgebühr weiter geltend machen, sondern nur noch den nach Anrechnung verbleibenden Betrag.

---

[42] AGS 2012, 223 = NJW-RR 2012, 313 = FamRZ 2012, 366 = ZfBR 2012, 238 = Rpfleger 2012, 285 = JurBüro 2012, 190 = MDR 2012, 313 = RVGreport 2012, 118 = BRAK-Mitt 2012, 88.

[43] OLG Karlsruhe AGS 2011, 356.

1. 1,5-Geschäftsgebühr, VV 2300		684,00 EUR
2. gem. § 15a, VV Vorb. 3 Abs. 4 anzurechnen, 0,75 aus 8.000 EUR		– 342,00 EUR
3. Postentgeltpauschale, VV 7002		20,00 EUR
Zwischensumme	362,00 EUR	
4. 19 % Umsatzsteuer, VV 7008		68,78 EUR
Gesamt		**430,78 EUR**

Im Übrigen muss er den Rechtsstreit in der Hauptsache für erledigt erklären.

5. Gesamtvergleich

a) Grundsatz

Sind neben der Hauptsache auch vorgerichtlich anzurechnende Kosten mit eingeklagt und schließen die Parteien einen Vergleich über Hauptsache und vorgerichtliche Kosten, dann können sich Probleme bei der Anrechnung ergeben. Es kommt dann auf den Inhalt des Vergleichs bzw. seine Auslegung an. 109

Soll in einem Vergleich die Geschäftsgebühr berücksichtigt werden, so empfiehlt es sich, diese auszurechnen und zu beziffern oder anderweitig klarzustellen, in welcher Höhe die Geschäftsgebühr in der Vergleichssumme enthalten sein soll. 110

Aus dem Vergleich muss sich eindeutig ergeben, inwieweit die Geschäftsgebühr in der Vergleichssumme enthalten sein soll. Anderenfalls kommt eine Anrechnung nicht in Betracht. Im Einzelnen gilt Folgendes. 111

b) Eindeutige Regelung

Unproblematisch ist die Rechtslage, wenn sich aus dem Vergleich eindeutig ergibt, inwieweit die vorgerichtliche Geschäftsgebühr vom Vergleich erfasst und tituliert sein soll. 112

Beispiel: Der Kläger hatte 8.000 EUR eingeklagt sowie eine daraus vorgerichtlich entstandene Geschäftsgebühr (VV 2300) in Höhe von

1. 1,5-Geschäftsgebühr, VV 2300 (Wert: 8.000 EUR)		684,00 EUR
2. Postentgeltpauschale, VV 7002		20,00 EUR
Zwischensumme	704,00 EUR	
3. 19 % Umsatzsteuer, VV 7008		133,76 EUR
Gesamt		**837,76 EUR**

Im Termin schließen die Parteien einen Vergleich, wonach sich der Beklagte verpflichtet, zum Ausgleich der Klageforderung einen Betrag in Höhe von 6.000 EUR zu zahlen sowie vorgerichtliche Kosten in Höhe von:

1. 1,5-Geschäftsgebühr, VV 2300 (Wert: 6.000 EUR)		684,00 EUR
2. Postentgeltpauschale, VV 7002		20,00 EUR
Zwischensumme	704,00 EUR	
3. 19 % Umsatzsteuer, VV 7008		133,76 EUR
Gesamt		**837,76 EUR**

Da sich aus dem Vergleich eindeutig ergibt, dass eine 1,5-Geschäftsgebühr aus 6.000 tituliert ist, sind folglich 0,75 aus 6.000 EUR anzurechnen, sodass wie folgt festzusetzen ist:

1. 1,3-Verfahrensgebühr, VV 3100 (Wert: 8.000 EUR)		592,80 EUR
2. gem. VV Vorb. 3 Abs. 4 anzurechnen, 0,75 aus 6.000 EUR		– 265,50 EUR
3. 1,2-Terminsgebühr, VV 3104 (Wert: 8.000 EUR)		547,20 EUR
4. Postentgeltpauschale, VV 7002		20,00 EUR
Zwischensumme	894,50 EUR	
5. 19 % Umsatzsteuer, VV 7008		169,95 EUR
Gesamt		**1.064,46 EUR**

Beispiel: Der Kläger hatte 8.000 EUR eingeklagt sowie eine daraus vorgerichtlich entstandene 1,5-Geschäftsgebühr (VV 2300). Im Termin schließen die Parteien einen Vergleich, wonach sich der Beklagte verpflichtet, zum Ausgleich der Klageforderung einen Betrag in Höhe von 6.000 EUR sowie vorgerichtliche Kosten in Höhe von

1.	1,3-Geschäftsgebühr, VV 2300 (6.000 EUR)	460,20 EUR
2.	Postentgeltpauschale, VV 7002	20,00 EUR
	Zwischensumme	480,20 EUR
3.	19 % Umsatzsteuer, VV 7008	91,24 EUR
	Gesamt	**571,44 EUR**

In der Kostenfestsetzung anzurechnen sind jetzt nur 0,65 aus 6.000 EUR.

113 Ist lediglich vereinbart, dass der Gegner dem Grunde nach eine bestimmte Geschäftsgebühr zahlen solle, dann ist die Gebühr nicht tituliert, da keine vollstreckbare Vereinbarung vorliegt, die aber Abs. 2 voraussetzt. Jetzt kann anrechnungsfrei festgesetzt werden. Allerdings kann dann später die Geschäftsgebühr nicht mehr voll verlangt werden, da nachträglich ein Anrechnungstatbestand eingetreten ist.

Beispiel: Der Kläger hatte 8.000 EUR eingeklagt sowie eine daraus vorgerichtlich entstandene 1,5-Geschäftsgebühr (VV 2300). Im Termin schließen die Parteien einen Vergleich, wonach sich der Beklagte verpflichtet, zum Ausgleich der Klageforderung einen Betrag in Höhe von 6.000 EUR zu zahlen „sowie eine 1,5-Geschäftsgebühr aus 6.000 EUR".

Jetzt ist die Geschäftsgebühr nicht tituliert. Der Kläger hat daher zwei Möglichkeiten:
– Er berechnet die Geschäftsgebühr und fordert diese beim Gegner ein. Dann kann er nur noch den um die Anrechnung verminderten Betrag festsetzen lassen.

1.	1,3-Verfahrensgebühr, VV 3100 (Wert: 8.000 EUR)	592,80 EUR
2.	gem. VV Vorb. 3 Abs. 4 anzurechnen, 0,75 aus 6.000 EUR	– 342,80 EUR
3.	1,2-Terminsgebühr, VV 3104 (Wert: 8.000 EUR)	547,20 EUR
4.	Postentgeltpauschale, VV 7002	20,00 EUR
	Zwischensumme	817,20 EUR
5.	19 % Umsatzsteuer, VV 7008	155,27 EUR
	Gesamt	**972,47 EUR**

– Er lässt die Verfahrensgebühr anrechnungsfrei festsetzen. Dann kann er die Geschäftsgebühr nur noch in der um den Anrechnungsbetrag verminderten Höhe einfordern.

1.	1,3-Geschäftsgebühr, VV 2300 (6.000 EUR)	460,20 EUR
2.	gem. VV Vorb. 3 Abs. 4 anzurechnen, 0,75 aus 6.000 EUR (6.000 EUR)	– 230,10 EUR
3.	Postentgeltpauschale, VV 7002	20,00 EUR
	Zwischensumme	250,10 EUR
4.	19 % Umsatzsteuer, VV 7008	47,52 EUR
	Gesamt	**297,62 EUR**

c) Fehlende Regelung

114 Schließen die Parteien einen Vergleich über Hauptsache und vorgerichtliche Kosten und ergibt sich aus dem Vergleich nicht eindeutig, inwieweit die Geschäftsgebühr dabei in der Vergleichssumme enthalten sein soll, kommt eine Anrechnung im Kostenfestsetzungsverfahren nicht in Betracht.[44] Das gilt auch dann, wenn der Vergleich eine umfassende Abgeltungsklausel enthält.[45]

---

[44] BGH AGS 2011, 6 = MDR 2011, 135 = AnwBl 2011, 226 = NJW 2011, 861 = JurBüro 2011, 188 = NJW-Spezial 2011, 59 = RVGprof. 2011, 20 = RVGreport 2011, 65 = BRAK-Mitt 2011, 92 = VRR 2011, 196; OLG Koblenz AGS 2014, 43 = Rpfleger 2014, 109 = JurBüro 2014, 134 = NJW-RR 2014, 768 = NJW-Spezial 2014, 28 = RVGprof. 2014, 57.
OLG Karlsruhe AGS 2010, 209 = NJW-Spezial 2010, 379 = RVGreport 2010, 227; AGS 2010, 211 = JurBüro 2010, 299; AGS 2010, 212 = JurBüro 2010, 470 = AnwBl 2010, 533 = RVGprof. 2010, 127; a.A. OLG Saarbrücken AGS 2010, 60 = JurBüro 2010, 194 = NJW-Spezial 2010, 92 = RVGreport 2010, 229; AG Bremen AGS 2009, 566 = RVGreport 2009, 432.

[45] OLG Bamberg Rpfleger 2014, 108 = JurBüro 2014, 132 = AGkompakt 2014, 17.

Beispiel: Der Kläger hatte 8.000 EUR eingeklagt sowie eine daraus vorgerichtlich entstandene 1,5-Geschäftsgebühr (VV 2300) in Höhe von:

1. 1,5-Geschäftsgebühr, VV 2300		684,00 EUR
2. Postentgeltpauschale, VV 7002		20,00 EUR
Zwischensumme	704,00 EUR	
3. 19 % Umsatzsteuer, VV 7008		133,76 EUR
Gesamt		**837,76 EUR**

Im Termin schließen die Parteien einen Vergleich, wonach sich der Beklagte verpflichtet, zum Ausgleich der Klageforderung einen Betrag in Höhe von 6.000 EUR zu zahlen.
Da sich aus dem Vergleich nicht ergibt, inwieweit die Geschäftsgebühr tituliert sein soll, kommt eine Anrechnung im Kostenfestsetzungsverfahren nicht in Betracht.

Dieses Ergebnis ist für den Beklagten nachteilig, da er sich jetzt nicht auf die Anrechnung der Geschäftsgebühr berufen kann. Für den Kläger ist dies zunächst einmal vorteilhaft. Probleme ergeben sich jedoch, wenn der Kläger rechtsschutzversichert ist. Der Anspruch auf Ersatz der Geschäftsgebühr ist dann nämlich gem. § 86 Abs. 1 VVG auf den Rechtsschutzversicherer übergegangen. Dieser wird nicht ohne weiteres damit einverstanden sein, dass im Wege des Gesamtvergleichs auf den vorprozessualen Kostenerstattungsanspruch verzichtet worden ist.

d) Titulierung der Geschäftsgebühr lässt sich im Wege der Auslegung ermitteln

Anzurechnen ist auch dann, wenn sich im Wege der Auslegung entnehmen lässt, inwieweit die Geschäftsgebühr in dem Vergleichsbetrag enthalten sein soll.[46]

IV. Zeitgleiches Geltendmachen (Abs. 2, 3. Var.)

Schließlich kann sich ein Erstattungspflichtiger auch dann auf die Anrechnung berufen, wenn gleichzeitig zwei Gebühren gegen ihn geltend gemacht werden, die aufeinander anzurechnen sind.

Dabei ist erforderlich, dass beide Gebühren entweder im Erkenntnisverfahren oder beide Gebühren im Kostenfestsetzungsverfahren geltend gemacht werden. Es reicht nicht aus, dass eine Gebühr im Erkenntnisverfahren und die andere im Festsetzungsverfahren geltend gemacht wird. Vielmehr müssen beide Gebühren im Erkenntnisverfahren oder beide im Festsetzungsverfahren geltend gemacht werden.

Zeitgleiche Geltendmachung im Erkenntnisverfahren kommt vor, wenn die Kosten eines vorangegangenen gerichtlichen Verfahrens nebst vorausgegangener Geschäftsgebühr geltend gemacht werden.

Beispiel: Der Kläger hatte zur Feststellung von Mietmängeln (Wert: 8.000 EUR) zunächst ein selbstständiges Beweisverfahren eingeleitet. Nach Abschluss des Beweisverfahrens werden die Mängel beseitigt. Der Kläger klagt nunmehr als Schadensersatz die Kosten des Beweisverfahrens sowie die dazu gehörige vorgerichtliche 1,3-Geschäftsgebühr ein.
Auch jetzt muss der Kläger die Anrechnung gegen sich gelten lassen; er kann insgesamt nur verlangen:

I. Vorgerichtliche Vertretung

1. 1,3-Geschäftsgebühr, VV 2300 (Wert: 8.000 EUR)		592,80 EUR
2. Postentgeltpauschale, VV 7002		20,00 EUR
Zwischensumme	612,80 EUR	
3. 19 % Umsatzsteuer, VV 7008		116,43 EUR
Gesamt		**729,23 EUR**

II. Beweisverfahren

1. 1,3-Verfahrensgebühr, VV 3100 (Wert: 8.000 EUR)	592,80 EUR
2. gem. VV Vorb. 3 Abs. 4 anzurechnen, 0,75 aus 8.000 EUR	– 296,40 EUR
3. 1,2-Terminsgebühr, VV 3100 (Wert: 8.000 EUR)	547,20 EUR

---

[46] OLG Koblenz AGS 2010, 465 = JurBüro 2010, 585 = MDR 2010, 1426 = Rpfleger 2011, 118 = NJW-RR 2011, 431; OLG Düsseldorf AGS 2012, 357 = JurBüro 2012, 141 = NJW-Spezial 2012, 316.

4. Postentgeltpauschale, VV 7002		20,00 EUR
Zwischensumme	863,60 EUR	
5. 19 % Umsatzsteuer, VV 7008		164,08 EUR
Gesamt		**1.027,68 EUR**
Gesamt I + II		**1.756,91 EUR**

120 Ein zeitgleiches Geltendmachen im Kostenfestsetzungsverfahren kommt insbesondere in Verwaltungs- oder Sozialsachen vor, da hier die Geschäftsgebühr eines Vorverfahrens festsetzbar ist.

Beispiel: Der Kläger beauftragt seinen Anwalt im Verwaltungsverfahren (Wert: 8.000 EUR), im anschließenden Widerspruchsverfahren und im nachfolgenden Rechtsstreit vor dem VG. Die Kosten des Verfahrens einschließlich des Widerspruchsverfahrens werden der beklagten Behörde auferlegt.

Die Geschäftsgebühr für das Verwaltungsverfahren (VV 2300) ist nicht erstattungsfähig. Zu erstatten sind dagegen die Geschäftsgebühr des Widerspruchsverfahrens (VV 2300) und die Verfahrensgebühr des Rechtsstreits (VV 3100). Während der Kläger im Nachprüfungsverfahren die Anrechnung der vorangegangenen Geschäftsgebühr nicht gegen sich gelten lassen muss (siehe Rdn 87), ist die Geschäftsgebühr des Nachprüfungsverfahrens im Rechtsstreit anzurechnen, da sie zeitgleich geltend gemacht wird. Der Kläger kann – ausgehend jeweils von der Mittelgebühr – insgesamt zur Festsetzung anmelden:

I. Widerspruchsverfahren

1. 1,5-Geschäftsgebühr, VV 2300 (Wert: 8.000 EUR)		684,00 EUR
2. Postentgeltpauschale, VV 7002		20,00 EUR
Zwischensumme	704,00 EUR	
3. 19 % Umsatzsteuer, VV 7008		133,76 EUR
Gesamt		**837,76 EUR**

II. Rechtsstreit

1. 1,3-Verfahrensgebühr, VV 3100 (Wert: 8.000 EUR)		592,80 EUR
2. gem. VV Vorb. 3 Abs. 4 anzurechnen, 0,75 aus 8.000 EUR		– 342,00 EUR
3. 1,2-Terminsgebühr, VV 3104 (Wert: 8.000 EUR)		547,20 EUR
4. Postentgeltpauschale, VV 7002		20,00 EUR
Zwischensumme	818,00 EUR	
5. 19 % Umsatzsteuer, VV 7008		155,42 EUR
Gesamt		**973,42 EUR**
Gesamt I + II		**1.811,18 EUR**

Beispiel: Der Kläger beauftragt seinen Anwalt im sozialrechtlichen Verwaltungsverfahren, im anschließenden Widerspruchsverfahren und im nachfolgenden Rechtsstreit vor dem SG. Die Kosten des Verfahrens einschließlich des Widerspruchsverfahrens werden der beklagten Behörde auferlegt.

Die Geschäftsgebühr für das Verwaltungsverfahren (VV 2302 Nr. 1) ist nicht erstattungsfähig. Zu erstatten sind dagegen die Geschäftsgebühr des Widerspruchsverfahrens (VV 2302 Nr. 1) und die Verfahrensgebühr des Rechtsstreits (VV 3102). Während der Kläger im Nachprüfungsverfahren die Anrechnung der vorangegangenen Geschäftsgebühr nicht gegen sich gelten lassen muss (siehe Rdn 54, 120), ist die Geschäftsgebühr des Nachprüfungsverfahrens im Rechtsstreit anzurechnen, da sie zeitgleich geltend gemacht wird. Der Kläger kann – ausgehend jeweils von der Mittelgebühr – insgesamt zur Festsetzung anmelden:

I. Widerspruchsverfahren

1. Geschäftsgebühr, VV 2302 Nr. 1		370,80 EUR
2. Postentgeltpauschale, VV 7002		20,00 EUR
Zwischensumme	390,80 EUR	
3. 19 % Umsatzsteuer, VV 7008		74,25 EUR
Gesamt		**465,05 EUR**

II. Rechtsstreit

1. Verfahrensgebühr, VV 3102		592,80 EUR
2. gem. VV Vorb. 3 Abs. 4 anzurechnen		– 185,40 EUR
3. 1,2-Terminsgebühr, VV 3106		547,20 EUR
4. Postentgeltpauschale, VV 7002		20,00 EUR
Zwischensumme	863,60 EUR	
5. 19 % Umsatzsteuer, VV 7008		164,08 EUR
Gesamt		**1.027,68 EUR**
Gesamt I + II		**1.395,87 EUR**

121 Zeitgleiche Geltendmachung im Kostenfestsetzungsverfahren kommt in Zivilsachen bei der Geschäftsgebühr selten vor, da die Geschäftsgebühr grundsätzlich nicht festsetzungsfähig ist. Soweit sie in Betracht kommt, etwa nach einem obligatorischen Güte- oder Schlichtungsverfahren (siehe § 17 Rdn 390 ff.), ist die Anrechnung zu berücksichtigen.

Beispiel: Der Anwalt wird in einer Nachbarschaftssache (Wert 2.000 EUR) zunächst außergerichtlich tätig, anschließend im Schlichtungsverfahren und hiernach im Rechtsstreit. 122
Die Geschäftsgebühr für die außergerichtliche Vertretung (VV 2300) ist nach VV Vorb. 2.3 Abs. 6 hälftig auf die des Schlichtungsverfahrens (VV 2303) anzurechnen und diese wiederum hälftig auf die des gerichtlichen Verfahrens (VV Vorb. 3 Abs. 4).
Festgesetzt werden kann nur die Geschäftsgebühr für das Schlichtungsverfahren nach VV 2303 (siehe § 17 Rdn 442 ff.), nicht auch die vorgerichtliche Geschäftsgebühr der VV 2300. Dafür kann sich der Gegner aber auch nicht auf die Anrechnung nach VV Vorb. 2 Abs. 6 berufen (Abs. 2). Die Anrechnung nach VV Vorb. 3 Abs. 4 muss dagegen nach Abs. 2 berücksichtigt werden. Zur Festsetzung angemeldet werden kann daher:

I. Schlichtungsverfahren
1. 1,5-Geschäftsgebühr, VV 2303 (Wert: 2.000 EUR)   225,00 EUR
2. Postentgeltpauschale, VV 7002   20,00 EUR
 Zwischensumme   245,00 EUR
3. 19 % Umsatzsteuer, VV 7008   46,55 EUR
Gesamt   **291,55 EUR**

II. Rechtsstreit
1. 1,3-Verfahrensgebühr, VV 3100 (Wert: 2.000 EUR)   195,00 EUR
2. gem. VV Vorb. 2.3 Abs. 6 anzurechnen, 0,75 aus 2.000 EUR   – 112,50 EUR
3. 1,2-Terminsgebühr, VV 3104 (Wert: 2.000 EUR)   180,00 EUR
4. Postentgeltpauschale, VV 7002   20,00 EUR
 Zwischensumme   282,50 EUR
5. 19 % Umsatzsteuer, VV 7008   53,68 EUR
Gesamt   **336,18 EUR**
Gesamt I + II   **627,73 EUR**

Zeitgleiches Geltendmachen kann sich in Zivilsachen auch bei einem Beweisverfahren oder einem Mahnverfahren oder nach einem Verfahren nach Zurückverweisung ergeben, da hier eine Anrechnung gerichtlicher Verfahrensgebühren vorgesehen ist (VV Vorb. 3 Abs. 5 u. 6; Anm. zu VV 3305, Anm. zu VV 3307). 123

Beispiel: Der Kläger hatte zunächst ein Mahnverfahren wegen einer Forderung i.H.v. 8.000 EUR eingeleitet. Dagegen hatte der Beklagte Widerspruch erhoben, sodass die Sache an das Streitgericht abgegeben wurde. Dort wurde der Klage abgewiesen und die Kosten des Rechtsstreits wurden dem Kläger auferlegt. Da die Verfahrensgebühr der VV 3307 nach Anm. zu VV 3307 auf die nachfolgende Verfahrensgebühr anzurechnen ist, muss der Beklagte sich diese Gebühr bei der Kostenfestsetzung anrechnen lassen. Festzusetzen sind daher:

I. Mahnverfahren
1. 0,5-Verfahrensgebühr, VV 3307 (Wert: 8.000 EUR)   228,80 EUR
2. Postentgeltpauschale, VV 7002   20,00 EUR
 Zwischensumme   248,80 EUR
3. 19 % Umsatzsteuer, VV 7008   47,27 EUR
Gesamt   **296,07 EUR**

II. Rechtsstreit
1. 1,3-Verfahrensgebühr, VV 3100 (Wert: 8.000 EUR)   592,80 EUR
2. gem. Anm. zu VV 3307 anzurechnen, 0,5 aus 8.000 EUR   – 228,00 EUR
3. 1,2-Terminsgebühr, VV 3104 (Wert: 8.000 EUR)   547,20 EUR
4. Postentgeltpauschale, VV 7002   20,00 EUR
 Zwischensumme   932,00 EUR
5. 19 % Umsatzsteuer, VV 7008   177,08 EUR
Gesamt   **1.109,08 EUR**
Gesamt I + II   **1.405,15 EUR**

Zu beachten ist, dass die Kostenentscheidung hinsichtlich verschiedener Verfahrensabschnitte unterschiedlich ausfallen kann. Dann kann sich die erstattungsberechtigte Partei auf die ihr günstige Variante berufen. 124

Beispiel: Die Anwälte sind zunächst in einem selbstständigen Beweisverfahren tätig (Wert: 6.000 EUR). Hiernach wird Hauptsacheklage in Höhe von 10.000 EUR erhoben. Das Gericht gibt der Klage in Höhe von 6.000 EUR statt. Die Kosten des Beweisverfahrens legt das Gericht dem Beklagten insgesamt auf, die Kosten des Rechtsstreits hat der Beklagte dagegen nur zu 60 % zu tragen. Die weiteren 40 % trägt der Kläger selbst.

Jetzt haben beide Parteien ein Wahlrecht, wie sie anmelden.

Für den Kläger ist es günstiger, das Beweisverfahren voll abzurechnen und die Anrechnung im Rechtsstreit vorzunehmen. Das ergäbe folgende Abrechnung:

I. Selbstständiges Beweisverfahren
1. 1,3-Verfahrensgebühr, VV 3100 (Wert: 6.000 EUR) — 460,20 EUR
2. Postentgeltpauschale, VV 7002 — 20,00 EUR
   Zwischensumme — 480,20 EUR
3. 19 % Umsatzsteuer, VV 7008 — 91,23 EUR
Gesamt — 571,44 EUR

II. Rechtsstreit
1. 1,3-Verfahrensgebühr, VV 3100 (Wert: 10.000 EUR) — 725,40 EUR
2. gem. VV Vorb. 3 Abs. 6 anzurechnen, 1,3 aus 6.000 EUR — − 460,20 EUR
3. 1,2-Terminsgebühr, VV 3104 (Wert: 10.000 EUR) — 669,60 EUR
4. Postentgeltpauschale, VV 7002 — 20,00 EUR
   Zwischensumme — 954,80 EUR
5. 19 % Umsatzsteuer, VV 7008 — 181,41 EUR
Gesamt — 1.136,21 EUR

Dies ergibt für den Kläger
Beweisverfahren (100 %) — 571,44 EUR
Rechtsstreit (60 %) — 681,73 EUR
Gesamt — 1.253,17 EUR

Für den Beklagten ist es günstiger, den Rechtsstreit voll abzurechnen und die Anrechnung im Beweisverfahren vorzunehmen. Das ergäbe folgende Abrechnung:

I. Selbstständiges Beweisverfahren
1. 1,3-Verfahrensgebühr, VV 3100 (Wert: 6.000 EUR) — 460,20 EUR
2. gem. VV Vorb. 3 Abs. 6 anzurechnen, 1,3 aus 6.000 EUR — − 460,20 EUR
3. Postentgeltpauschale, VV 7002 — 20,00 EUR
   Zwischensumme — 20,00 EUR
4. 19 % Umsatzsteuer, VV 7008 — 3,80 EUR
Gesamt — 23,80 EUR

II. Rechtsstreit
1. 1,3-Verfahrensgebühr, VV 3100 (Wert: 10.000 EUR) — 725,40 EUR
2. 1,2-Terminsgebühr, VV 3104 (Wert: 10.000 EUR) — 669,60 EUR
3. Postentgeltpauschale, VV 7002 — 20,00 EUR
   Zwischensumme — 1.414,80 EUR
4. 19 % Umsatzsteuer, VV 7008 — 268,81 EUR
Gesamt — 1.683,61 EUR

Dies ergibt für den Kläger
Beweisverfahren (0 %) — 0,00 EUR
Rechtsstreit (40 %) — 673,45 EUR
Gesamt — 673,45 EUR

E. Prozesskostenhilfe/Verfahrenskostenhilfe

I. Anrechnung

125 Die Regelung des Abs. 2 hat auch Bedeutung für die Abrechnung mit der Landeskasse in Prozesskostenhilfemandaten. Die Landeskasse ist ebenfalls Dritter i.S.d. Abs. 2. Auch sie kann sich also zunächst einmal nur auf Zahlungen berufen, die sie selbst geleistet hat.

Abschnitt 2. Gebührenvorschriften § 15a

Soweit die Landeskasse Beratungshilfegebühren nach den VV 2501, 2503 gezahlt hat, sind diese gem. § 58 Abs. 1 auf die PKH-Vergütung ganz (VV Nr. 2501) oder hälftig (Anm. Abs. 2 zu VV 2503) anzurechnen. Insoweit hat sich nichts geändert. Das steht auch in Einklang mit dem neuen Abs. 2. 126

Beispiel: Der Anwalt vertritt den Rechtsuchenden außergerichtlich im Rahmen der Beratungshilfe. Anschließend kommt es zum Rechtsstreit (Streitwert 1.500 EUR), in dem Prozesskostenhilfe bewilligt und der Anwalt beigeordnet wird.
Die Geschäftsgebühr der außergerichtlichen Vertretung ist gem. Anm. Abs. 2 S. 1 zu VV 2503 zur Hälfte auf die Gebühren des Rechtsstreits anzurechnen.

I. Außergerichtliche Vertretung
1. Geschäftsgebühr, VV 2503   85,00 EUR
2. Postentgeltpauschale, VV 7002   17,00 EUR
  Zwischensumme   102,00 EUR
3. 19 % Umsatzsteuer, VV 7008   19,38 EUR
  Gesamt   **121,38 EUR**

II. Vertretung im Rechtsstreit
1. 1,3-Verfahrensgebühr, VV 3100 (Wert: 1.500 EUR)   149,50 EUR
2. gem. Anm. Abs. 1 S. 2 zu VV 2503 anzurechnen   – 42,05 EUR
3. 1,2-Terminsgebühr, VV 3104 (Wert: 1.500 EUR)   138,00 EUR
4. Postentgeltpauschale, VV 7002   20,00 EUR
  Zwischensumme   264,45 EUR
5. 19 % Umsatzsteuer, VV 7008   50,25 EUR
  Gesamt   **314,70 EUR**

Im Übrigen kann sich die Landeskasse aber nicht mehr auf eine Anrechnung berufen. Sie kann also insbesondere nicht – wie bislang von der Rechtsprechung vertreten – geltend machen, der Anwalt sei außergerichtlich als Wahlanwalt tätig gewesen, sodass der Bedürftige dem Anwalt eine Geschäftsgebühr schulde und die Landeskasse daher nur noch die um die Anrechnung verminderte Verfahrensgebühr zu zahlen habe. 127

II. Berücksichtigung von Zahlungen auf anzurechnende Beträge

Nur soweit die bedürftige Partei tatsächlich auf die vorgerichtliche Geschäftsgebühr Zahlungen geleistet hat, kann sich die Landeskasse mittelbar auf die Anrechnung berufen, nämlich insoweit, als Zahlungen der bedürftigen Partei im Rahmen des § 58 Abs. 2 zu berücksichtigen sind. Das bedeutet, dass tatsächlich geleistete Zahlungen der bedürftigen Partei auf anzurechnende Gebühren zwar grundsätzlich berücksichtigt werden, dass diese Zahlungen aber zunächst einmal auf die nicht gedeckte Differenz zwischen Pflicht- (§ 13) und Wahlanwaltsgebühren (§ 49) zu verrechnen bzw. anzurechnen sind und nur dann, wenn dieser Differenzbetrag gedeckt ist, auf die PKH-Gebühren angerechnet wird. 128

Beispiel: Außergerichtlich war der Anwalt wegen einer Forderung in Höhe von 3.000,00 EUR als Wahlanwalt tätig. Angemessen sei dafür eine 1,5-Geschäftsgebühr:
1. 1,5-Geschäftsgebühr, VV 2300 (Wert: 3.000 EUR)   301,50 EUR
2. Postentgeltpauschale, VV 7002   20,00 EUR
  Zwischensumme   321,50 EUR
3. 19 % Umsatzsteuer, VV 7008   61,09 EUR
  Gesamt   **382,59 EUR**

Im nachfolgenden gerichtlichen Verfahren wird der Anwalt im Rahmen der Prozesskostenhilfe beigeordnet. Der Gegenstandswert beträgt jeweils 3.000 EUR.
a) Der Mandant hat die Geschäftsgebühr nicht gezahlt.
b) Der Mandant hat die Geschäftsgebühr gezahlt.
Im Fall a) ist nichts anzurechnen, da der Anwalt auf die anzurechnende Gebühr keine Zahlung erhalten hat. Die Landeskasse muss die volle Verfahrensgebühr zahlen.
1. 1,3-Verfahrensgebühr, VV 3100 (Wert: 3.000 EUR)   261,30 EUR
2. 1,2-Terminsgebühr, VV 3104 (Wert: 3.000 EUR)   241,20 EUR
3. Postentgeltpauschale, VV 7002   20,00 EUR
  Zwischensumme   522,50 EUR
4. 19 % Umsatzsteuer, VV 7008   99,28 EUR
  Gesamt   **621,78 EUR**

Im Fall b) ist die Zahlung auf die Geschäftsgebühr dagegen nach § 58 Abs. 2 zu berücksichtigen. Da sich hier keine Differenz zwischen Wahlanwalts- und Pflichtanwaltsgebühren ergibt, ist die Anrechnung nach VV Vorb. 3 Abs. 4 in voller Höhe vorzunehmen. Der Anwalt erhält aus der Landeskasse im Ergebnis lediglich noch 0,55 der Verfahrensgebühr.

1. 1,3-Verfahrensgebühr, VV 3100   261,30 EUR
2. gem. § 58 Abs. 2 i.V.m. VV Vorb. 3 Abs. 4 anzurechnen,
    0,75 aus 3.000 EUR   – 150,75 EUR
3. 1,2-Terminsgebühr, VV 3104   241,20 EUR
4. Postentgeltpauschale, VV 7002   20,00 EUR
   Zwischensumme   371,75 EUR
5. 19 % Umsatzsteuer, VV 7008   70,64 EUR
   Gesamt   **442,38 EUR**

Beispiel: Der Anwalt wird für den Auftraggeber wegen einer Forderung in Höhe von 10.000 EUR als Wahlanwalt tätig. Beratungshilfe war nicht beantragt worden. Angemessen sei dafür wiederum eine 1,5-Geschäftsgebühr:

1. 1,5-Geschäftsgebühr, VV 2300 (Wert: 10.000 EUR)   837,00 EUR
2. Postentgeltpauschale, VV 7002   20,00 EUR
   Zwischensumme   857,00 EUR
3. 19 % Umsatzsteuer, VV 7008   162,83 EUR
   Gesamt   **1.019,83 EUR**

Hiernach wird der Anwalt im Rechtsstreit tätig. Der Partei wird Prozesskostenhilfe bewilligt und der Anwalt beigeordnet.
a) Der Mandant hat die Geschäftsgebühr nicht gezahlt.
b) Der Mandant hat die Geschäftsgebühr gezahlt.

Im Fall a) ist nichts anzurechnen, da der Anwalt auf die anzurechnende Gebühr keine Zahlung erhalten hat (Abs. 2). Die Landeskasse muss die volle Verfahrensgebühr aus den Beträgen des § 49 zahlen:

1. 1,3-Verfahrensgebühr, VV 3100, § 49   399,10 EUR
2. 1,2-Terminsgebühr, VV 3104, § 49   236,40 EUR
3. Postentgeltpauschale, VV 7002   20,00 EUR
   Zwischensumme   787,50 EUR
4. 19 % Umsatzsteuer, VV 7008   149,63 EUR
   Gesamt   **937,13 EUR**

Im Fall b) ist die Zahlung, die der Anwalt von der bedürftigen Partei auf die Geschäftsgebühr erhalten hat, im Rahmen des § 58 Abs. 2 zu berücksichtigen. Und zwar ist der nach VV Vorb. 3 Abs. 4 anzurechnende Teil der Geschäftsgebühr jetzt zunächst auf die nicht gedeckten Wahlanwaltsgebühren des § 13 anzurechnen und erst hiernach auf die PKH-Vergütung des § 49.[47] Dies ergibt folgende Berechnung:

1. 1,3-Verfahrensgebühr, VV 3100, § 49   399,10 EUR
2. anrechnungsfähig nach VV Vorb. 3 Abs. 4:
    0,75 aus 10.000 EUR nach § 13   – 418,50 EUR
    davon nach § 58 Abs. 2 anrechnungsfrei
    (725,40 EUR – 399,10 EUR)   326,30 EUR   – 92,20 EUR
3. 1,2-Terminsgebühr, VV 3104, § 49   368,40 EUR
4. Postentgeltpauschale, VV 7002   20,00 EUR
   Zwischensumme   695,30 EUR
5. 19 % Umsatzsteuer, VV 7008   132,11 EUR
   Gesamt   **827,41 EUR**

Die Rechtsprechung geht in diesem Fall sogar noch einen Schritt weiter und nimmt auch die Differenz der weiteren PKH-Beträge zu den Wahlanwaltsbeträgen aus. Danach wäre im Fall b) wie folgt zu rechnen:

1. 1,3-Verfahrensgebühr, VV 3100, § 49   399,10 EUR
2. anrechnungsfähig nach VV Vorb. 3 Abs. 4:
    0,75 aus 10.000 EUR nach § 13   – 364,50 EUR
    davon nach § 58 Abs. 2 anrechnungsfrei
    (725,40 EUR + 669,60 EUR – 399,10 EUR –
    368,40 EUR)   627,50 EUR   – 0,00 EUR

---

[47] OLG Zweibrücken AGS 2010, 329 = zfs 2010, 518 = RVGreport 2010, 297 = FamRB 2010, 271; OLG Braunschweig RVGreport 2011, 254 = RVGprof. 2011, 151; OLG Oldenburg, Beschl. v. 1.9.2011 – 13 W 29/11; OLG Brandenburg, Beschl. v. 25.7.2011- 6 W 55/10.

3. 1,2-Terminsgebühr, VV 3104, § 49		368,40 EUR
4. Postentgeltpauschale, VV 7002		20,00 EUR
Zwischensumme	787,50 EUR	
5. 19 % Umsatzsteuer, VV 7008		149,63 EUR
Gesamt		**937,13 EUR**

III. Erweiterung der Mitteilungspflichten (§ 55)

Damit Zahlungen des Bedürftigen, die dieser vorgerichtlich auf die Geschäftsgebühr oder andere anzurechnende Gebühren geleistet hat, berücksichtigt werden können, ist gleichzeitig in § 55 Abs. 5 S. 2 die Mitteilungspflicht des Anwalts dahingehend erweitert worden, dass er auch Zahlungen auf anzurechnende Gebühren anzugeben hat. **129**

IV. Anrechnung nachträglicher Zahlungen

Zu beachten ist, dass auch nachträgliche eingehende Zahlungen der Landeskasse anzuzeigen sind. Diese berechnet dann, ob sich aufgrund dieser eingegangenen Zahlung Rückzahlungsansprüche zugunsten der Landeskasse ergeben. Das kann dazu führen, dass von nachträglich eingehenden Geldern Beträge an die Landeskasse abzuführen sind. **130**

> **Beispiel:** Außergerichtlich war der Anwalt wegen einer Forderung i.H.v. 3.000 EUR als Wahlanwalt tätig. Angemessen sei dafür eine 1,5-Geschäftsgebühr:
>
> | | | |
> |---|---:|---:|
> | 1. 1,5-Geschäftsgebühr, VV 2300 (Wert: 3.000 EUR) | | 301,50 EUR |
> | 2. Postentgeltpauschale, VV 7002 | | 20,00 EUR |
> | Zwischensumme | 321,50 EUR | |
> | 3. 19 % Umsatzsteuer, VV 7008 | | 61,09 EUR |
> | **Gesamt** | | **382,59 EUR** |
>
> Im nachfolgenden gerichtlichen Verfahren werden die 3.000 EUR eingeklagt und auch die vorgerichtlichen Kosten. Der Anwalt wird im Rahmen der Prozesskostenhilfe beigeordnet. Der Mandant hat die Geschäftsgebühr nicht gezahlt.
> Wie in Beispiel Rdn 128 ausgeführt, ist zunächst nichts anzurechnen, da der Anwalt auf die anzurechnende Gebühr keine Zahlung erhalten hat. Die Landeskasse muss zunächst die volle Verfahrensgebühr zahlen.
> Nunmehr gelingt es dem Anwalt nach erfolgreichem Prozess, die Geschäftsgebühr, zu deren Zahlung der Gegner verurteilt worden war, im Wege der Zwangsvollstreckung beizutreiben.
> Der Anwalt muss diese Zahlung jetzt der Landeskasse mitteilen (§ 55), die nunmehr folgende Nachberechnung durchführen wird:
>
> | | | |
> |---|---:|---:|
> | 1. 1,3-Verfahrensgebühr, VV 3100, § 49 | | 261,30 EUR |
> | 2. gem. § 58 Abs. 2 i.V.m. VV Vorb. 3 Abs. 4 anzurechnen, 0,75 aus 3.000 EUR | | – 150,75 EUR |
> | | | 241,20 EUR |
> | 3. 1,2-Terminsgebühr, VV 3104, § 49 | | 20,00 EUR |
> | 4. Postentgeltpauschale, VV 7002 | | |
> | Zwischensumme | 371,75 EUR | |
> | 5. 19 % Umsatzsteuer, VV 7008 | | 70,64 EUR |
> | Gesamt | | 442,39 EUR |
> | abzgl. hierauf bereits gezahlt | – 621,78 EUR | |
> | **Überzahlung** | | **179,39 EUR** |
>
> Diesen Betrag wird der Anwalt von den eingegangenen Beträgen daher an die Landeskasse abführen müssen. Rechnerisch handelt es sich um die hälftige Geschäftsgebühr (150,75 EUR zuzüglich 19 % Umsatzsteuer).

F. Rechtsschutzversicherung

131 Auch ein Rechtsschutzversicherer ist Dritter i.S.d. Abs. 2. Auch er kann sich auf eine Anrechnung der Geschäftsgebühr nur dann berufen, wenn er die Geschäftsgebühr gezahlt hat.

Beispiel: Der rechtsschutzversicherte Mandant beauftragt den Anwalt außergerichtlich wegen einer Forderung in Höhe von 8.000 EUR. Hiernach kommt es zum Rechtsstreit über diesen Betrag. Für den Rechtsstreit erteilt der Rechtsschutzversicherer Deckungsschutz; für die außergerichtliche Vertretung lehnt er den Deckungsschutz bedingungsgemäß ab.
Rechnet der Anwalt die volle Geschäftsgebühr mit dem Mandanten ab, dann kann er vom Rechtsschutzversicherer lediglich noch den Restbetrag einfordern. Es ergäbe sich also folgende Abrechnung:

I. Abrechnung mit dem Mandanten (Wert: 8.000 EUR)
1. 1,5-Geschäftsgebühr, VV 2300 ..... 684,00 EUR
2. Postentgeltpauschale, VV 7002 ..... 20,00 EUR
   Zwischensumme ..... 704,00 EUR
3. 19 % Umsatzsteuer, VV 7008 ..... 133,76 EUR
   Gesamt ..... **837,76 EUR**

II. Abrechnung mit dem Rechtsschutzversicherer (Wert: 8.000 EUR)
1. 1,3-Verfahrensgebühr, VV 3100 ..... 592,80 EUR
2. gem. VV Vorb. 3 Abs. 4 anzurechnen, 0,75 aus 8.000 EUR ..... − 342,00 EUR
3. 1,2-Terminsgebühr, VV 3104 ..... 547,20 EUR
4. Postentgeltpauschale, VV 7002 ..... 20,00 EUR
   Zwischensumme ..... 818,00 EUR
5. 19 % Umsatzsteuer, VV 7008 ..... 155,42 EUR
   Gesamt ..... **973,42 EUR**

III. Gesamt ..... **1.811,18 EUR**

Dagegen kann der Anwalt aber auch zunächst einmal vom Rechtsschutzversicherer die volle Verfahrensgebühr verlangen. Der vom Mandanten zu zahlende Eigenanteil verringert sich dann um den Anrechnungsbetrag.

I. Abrechnung mit dem Rechtsschutzversicherer (Wert: 8.000 EUR)
1. 1,3-Verfahrensgebühr, VV 3100 ..... 592,80 EUR
2. 1,2-Terminsgebühr, VV 3104 ..... 547,20 EUR
3. Postentgeltpauschale, VV 7002 ..... 20,00 EUR
   Zwischensumme ..... 1.060,00 EUR
4. 19 % Umsatzsteuer, VV 7008 ..... 220,04 EUR
   Gesamt ..... **1.380,40 EUR**

II. Abrechnung mit dem Mandanten (Wert: 8.000 EUR)
1. 1,5-Geschäftsgebühr, VV 2300 ..... 684,00 EUR
2. gem. VV Vorb. 3 Abs. 4 anzurechnen, 0,75 aus 8.000 EUR ..... − 342,00 EUR
3. Postentgeltpauschale, VV 7002 ..... 20,00 EUR
   Zwischensumme ..... 362,00 EUR
4. 19 % Umsatzsteuer, VV 7008 ..... 68,78 EUR
   Gesamt ..... **430,78 EUR**

III. Gesamt ..... **1.811,18 EUR**

Auf den Gesamtbetrag der Vergütung hat es keinen Einfluss, wo angerechnet wird. Das Ergebnis ist immer dasselbe. Die zweite Variante ist für den Mandanten allerdings die günstigere, weil seine eigene Zahlungspflicht dann geringer ausfällt.

Der Versicherer kann sich in diesem Fall nicht auf die Anrechnung der Geschäftsgebühr berufen, da auch für ihn Abs. 2 gilt. Auch er ist Dritter i.S.d. Vorschrift.

132 Dies kann sich auch auf die Kostenerstattung auswirken, nämlich wenn der Mandant einerseits zur Zahlung der Geschäftsgebühr verurteilt wurde und er andererseits die Kosten des Verfahrens zu tragen hat. Von Kosten, die der Versicherungsnehmer aus materiellem Recht schuldet (vorgerichtliche Geschäftsgebühr des Gegners etwa Verzug, Delikt o.Ä.), muss der Rechtsschutzversicherer diesen nicht freistellen.[48] Lediglich von prozessualen Kostenerstattungsansprüchen muss der Rechtsschutzversicherer den Versicherungsnehmer befreien. Dabei muss jedoch beachtet werden, dass sich materiell-rechtlicher Kostenersatzanspruch und prozessualer Kostenerstattungsanspruch teilweise decken. Im Bereich dieser Deckungsgleichheit bleibt der Versicherer zur Leistung bzw. Freistellung verpflichtet.[49]

Beispiel: Der rechtsschutzversicherte Beklagte wird verurteilt, 8.000 EUR zu zahlen sowie eine daraus angefallene 1,5-Geschäftsgebühr (VV 2300), also:

1.	1,5-Geschäftsgebühr, VV 2300	684,00 EUR
2.	Postentgeltpauschale, VV 7002	20,00 EUR
	Zwischensumme	704,00 EUR
3.	19 % Umsatzsteuer, VV 7008	133,76 EUR
	Gesamt	**837,76 EUR**

Festgesetzt wird anschließend die um die Anrechnung verminderte Verfahrensgebühr:

1.	1,3-Verfahrensgebühr, VV 3100	592,80 EUR
2.	gem. VV Vorb. 3 Abs. 4 anzurechnen, 0,75 aus 8.000 EUR	– 342,00 EUR
3.	1,2-Terminsgebühr, VV 3104	547,20 EUR
4.	Postentgeltpauschale, VV 7002	20,00 EUR
	Zwischensumme	818,00 EUR
5.	19 % Umsatzsteuer, VV 7008	155,42 EUR
	Gesamt	**973,42 EUR**

Der Rechtsschutzversicherer muss die im Urteil zugesprochene Geschäftsgebühr nicht zahlen, da es sich um einen materiell-rechtlichen Schadensersatzanspruch handelt und er insoweit bedingungsgemäß keine Freistellung schuldet.[50]
Der Rechtsschutzversicherer muss aber von der Verfahrensgebühr freistellen, und zwar in voller Höhe und nicht nur in der festgesetzten Höhe. Die Titulierung der Geschäftsgebühr gegen den Versicherungsnehmer entlastet ihn nicht.[51] Er hat also den Versicherungsnehmer freizustellen in Höhe von:

1.	1,3-Verfahrensgebühr, VV 3100	592,80 EUR
2.	1,2-Terminsgebühr, VV 3104	547,20 EUR
3.	Postentgeltpauschale, VV 7002	20,00 EUR
	Zwischensumme	1.060,00 EUR
4.	19 % Umsatzsteuer, VV 7008	220,04 EUR
	Gesamt	**1.380,40 EUR**

Damit wird der Versicherungsnehmer also auch von einem Teil seiner materiell-rechtlichen Kostenschuld befreit (1.380,40 EUR – 973,42 EUR =) 406,98 EUR. Das entspricht im Ergebnis dem Anrechnungsbetrag von 342 EUR zuzüglich 19 % Umsatzsteuer i.H.v. 64,98 EUR.

G. Anwendbarkeit in „Altfällen"

Strittig war zunächst, inwieweit die neue Regelung des § 15a auch auf Mandate anzuwenden sei, in denen der Anwalt schon vor dem 5.8.2009 beauftragt worden war. 133

Diese Streitfrage hat sich für die Zivilgerichtsbarkeit durch die Entscheidung des II. Senats des BGH[52] erledigt, der klargestellt hat, dass die bisherige Rechtsprechung des VIII. Senats unzutreffend war und daher auch rückwirkend so abzurechnen ist, wie es der Gesetzgeber jetzt in § 15a klargestellt 134

---

48 AG Düsseldorf AGkompakt 2010, 54; AG Hamburg-Sankt Georg, Urt. v. 8.2.2007 – 914 C 606/06; *Harbauer*, ARB 2000, § 5 Rn 150; *Prölls/Martin*, ARB, 28. Aufl. 2010, ARB 2008/II, § 5 Rn 41; *Buschbell/Hering*, 3. Aufl. 2007, § 9 Rn 60.
49 AG München AGS 2011, 414 m. Anm. *Henke* = RVGreport 2011, 318.
50 AG Düsseldorf AGkompakt 2010, 54; AG Hamburg-Sankt Georg, Urt. v. 8.2.2007 – 914 C 606/06; *Harbauer*, ARB 2000, § 5 Rn 150; *Prölls/Martin*, ARB, 28. Aufl. 2010, ARB 2008/II, § 5 Rn 41; *Buschbell/Hering*, 3. Aufl. 2007, § 9 Rn 60.
51 AG München AGS 2011, 414 m. Anm. *Henke* = RVGreport 2011, 318.
52 AGS 2009, 466 = ZIP 2009, 1927 = NJW 2009, 3101 = DStR 2009, 2062 = RVGreport 2009, 387 = WM 2009, 2099 = = AnwBl 2009, 798 = FamRZ 2009, 1822 = Schaden-Praxis 2009, 410 = MDR 2009, 1311 = zfs 2009, 646 = Rpfleger 2009, 646 = BGHR 2009, 1233 = BRAK-Mitt 2009, 294 = VersR 2009, 1682 = JurBüro 2009, 638 = NJW-Spezial 2009, 683 = VRR 2009, 397 = RVG professionell 2009, 184 = IBR 2009, 687 = FamRB 2009, 343 = FF 2009, 513.

hat. Daher sind die klarstellenden Regelungen des § 15a in allen noch nicht abgeschlossenen Altfällen anzuwenden. Andere Senate des BGH sind ausnahmslos gefolgt.[53]

135 Die Rechtsprechung der Verwaltungs- und Finanzgerichtsbarkeit ist überwiegend anderer Auffassung und begreift § 15a als echte Gesetzesänderung, sodass sie darauf § 60 anwendet und auf den das Datum des Auftrags abstellt. Dabei ist auf den Auftrag des gerichtlichen Verfahrens abzustellen, nicht auf den zur vorgerichtlichen Tätigkeit.

H. Nachfestsetzung in „Altfällen"

136 Soweit man § 15a nicht als Gesetzesänderung, sondern nur als Klarstellung begreift (siehe Rdn 134), folgt nach den vorstehenden Ausführungen daraus, dass in „Altfällen" daher auch noch eine Nachfestsetzung in Betracht kommt. Die Rechtskraft einer Entscheidung im Kostenfestsetzungsverfahren über einen Antrag, mit dem eine Verfahrensgebühr unter hälftiger Anrechnung der Geschäftsgebühr geltend gemacht worden ist, steht einer Nachfestsetzung der restlichen Verfahrensgebühr nicht entgegen.[54] Nur dann, wenn die Verfahrensgebühr anteilig abgesetzt worden ist, scheidet eine Nachfestsetzung aus.

> **Beispiel:** Der Beklagte war verurteilt worden, 8.000 EUR sowie eine daraus berechnete 1,5-Geschäftsgebühr (VV 2300) zu zahlen. Anschließend hatte der Kläger zur Festsetzung angemeldet:
> a) die volle Verfahrensgebühr, die der Rechtspfleger teilweise abgesetzt und nur in Höhe von 0,55 festgesetzt hat.
> b) 0,55 der Verfahrensgebühr.
> c) die volle Verfahrensgebühr, die er auf Hinweis des Rechtspflegers um die anzurechnenden 0,75 zurückgenommen hat.
> Im Fall a) scheidet wegen der Rechtskraft des Kostenfestsetzungsbeschlusses eine Festsetzung aus.
> Im Fall b) war der weitergehende Betrag von 0,75 erst gar nicht angemeldet, sodass insoweit auch keine Rechtskraft eingetreten sein kann.
> Im Fall c) kann auch noch nachträglich festgesetzt werden, da über die restlichen 0,75 nicht entschieden worden ist, sodass insoweit wiederum keine Rechtskraft eingetreten sein kann.

I. Keine entsprechende Anwendung in sozialgerichtlichen Verfahren nach altem Recht

137 Eine entsprechende Anwendung des § 15a in sozialgerichtlichen Angelegenheiten, in denen sich die Gebühren nicht nach dem Wert richten (§ 3 Abs. 1) und die noch nach dem bis zum 31.7.2013 geltenden Recht abzurechnen sind, kommt nicht in Betracht. Bei den ermäßigten Gebührenrahmen der VV 2401 a.F. und VV 3103 a.F. handelt es sich nicht um Anrechnungstatbestände, sondern um

---

53 AGS 2010, 54 = FamRZ 2010, 456 = MDR 2010, 471 = ZIP 2010, 854 = Rpfleger 2010, 290 = NJW 2010, 1375 = JurBüro 2010, 239 = NJW-Spezial 2010, 156 = RVGreport 2010, 110 = RVGprof. 2010, 55 = FamRB 2010, 111 = BRAK-Mitt 2010, 84 = AnwBl 2010, 295 = FF 2010, 218; AGS 2010, 106 = FamRZ 2010, 806 = JurBüro 2010, 420 = NJW-Spezial 2010, 251 = RVGreport 2010, 190 = FF 2010, 333; AGS 2010, 159 = JurBüro 2010, 358 = RVGreport 2010, 190 = VRR 2010, 199 = AnwBl 2010, 448; FamRZ 2010, 1068 = FF 2010, 333; AGS 2010, 256; AGS 2010, 263 = FamRZ 2010, 1248 = DAR 2010, 554 = JurBüro 2010, 471 = RVGreport 2010, 265; AGS 2010, 459 = RVGreport 2010, 343 = NJW-Spezial 2010, 605; FamRZ 2010, 1431 = zfs 2010, 521; AGS 2010, 460; Rpfleger 2011, 48 = JurBüro 2011, 22 = AnwBl 2010, 878 = VersR 2011, 283 = RVGreport 2010, 424 = ZIP 2010, 2268 = MDR 2010, 1426 = BRAK-Mitt 2010, 274 = FamRZ 2011, 104; AGS 2010, 473; VRR 2011, 78; RVGreport 2010, 423; AGS 2010, 475 = JurBüro 2011, 21; AGS 2010, 474 = VersR 2011, 412; RVGreport 2010, 425; RVGreport 2010, 464; JurBüro 2011, 78; AGS 2010, 580 = MDR 2011, 136 = AnwBl 2011, 149 = zfs 2011, 101 = ZfBR 2011, 140 = Rpfleger 2011, 178 = ErbR 2011, 82 = JurBüro 2011, 78 = NJW 2011, 1367 = BB 2010, 3034 = FamRZ 2011, 104 = RVGreport 2011, 28 = NJW-Spezial 2011, 28 = ZIP 2011, 304 = BRAK-Mitt 2011, 37 = RVGprof. 2011, 38; RVGreport 2011, 27; Schaden-Praxis 2011, 158.

54 BGH AGS 2010, 580 = MDR 2011, 136 = AnwBl 2011, 149 = zfs 2011, 101 = ZfBR 2011, 140 = Rpfleger 2011, 178 = ErbR 2011, 82 = JurBüro 2011, 78 = NJW 2011, 1367 = BB 2010, 3034 = FamRZ 2011, 104 = RVGreport 2011, 28 = NJW-Spezial 2011, 28 = ZIP 2011, 304 = BRAK-Mitt 2011, 37 = RVGprof. 2011, 38.

besondere Gebührenrahmen bei Vorbefassung des Anwalts im Verwaltungs- oder Nachprüfungsverfahren. Die Vorschrift des § 15a ist daher weder unmittelbar noch analog anwendbar.[55]

J. Keine Anrechnung vereinbarter Vergütungen

Vereinbarte Vergütungen sind nicht anzurechnen, da es an einer dahingehenden Anrechnungsvorschrift fehlt.[56] Das gilt auch im Rahmen der Kostenerstattung,[57] selbst wenn die vereinbarte Vergütung in Höhe einer (fiktiven) Geschäftsgebühr geltend gemacht worden ist.[58] Lediglich im Fall des § 34 ist eine Anrechnung vorgesehen (§ 34 Abs. 2). **138**

K. Anrechnung bei Anwaltswechsel

Wechselt der Auftraggeber zwischen zwei Angelegenheiten seinen Anwalt ist nicht anzurechnen. Ein Anwalt muss sich nicht die Vergütung eines anderen Anwalts anrechnen lassen. Lediglich im Falle einer Vertragsübernahme durch einen neuen Anwalt (etwa bei Ausscheiden eines Sozius) ist anzurechnen. **139**

Eine kostenerstattungsberechtigte Partei muss sich bei einem Wechsel des Anwalts zwischen zwei Angelegenheiten auch nicht so behandeln lassen, als wäre anzurechnen. Es steht einer Partei frei, nach Beendigung der Angelegenheit mit der neuen Angelegenheit einen anderen Anwalt zu beauftragen.[59] Zum Teil wird hier jedoch im Rahmen der Kostenerstattung eine Anrechnung nach den Grundsätzen des notwendigen Anwaltswechsels bejaht.[60] **140**

---

55 LSG Thüringen, Beschl. v. 4.3.2011 – L 6 SF 184/11 B; SG Berlin AGS 2010, 433; SG Chemnitz, Beschl. v. 5.1.2011 – S 3 AS 5094/10; SG Stuttgart AGkompakt 2011, 16 = AGS 2011, 492.

56 BGH AGS 2009, 523 = NJW 2009, 3364 = ZIP 2009, 2313 = BGHR 2009, 1234 = AnwBl 2009, 878 = Rpfleger 2010, 49 = JurBüro 2010, 22 = VersR 2010, 685 = FamRZ 2009, 1905 = RVGreport 2009, 433 = RVGprof. 2009, 199 = MDR 2009, 1417.

57 BGH AGS 2015, 147 = zfs 2015, 105 = AnwBl 2015, 274 = RVGreport 2015, 72; OLG Hamburg AGS 2015, 198 = zfs 2015, 226 = Rpfleger 2015, 303 = RVGreport 2015, 150.

58 OLG Köln AGS 2014, 488 = Rpfleger 2014, 340 = JurBüro 2014, 363 = RVGreport 2014, 199.

59 OLG München AGS 2016, 256 = JurBüro 2016, 295 = zfs 2016, 344 = NJW-Spezial 2016, 284 = RVGreport 2016, 225 (Revision ist noch anhängig).

60 Siehe *Klüsener*, JurBüro 2016, 337.

Abschnitt 3
Angelegenheit

§ 16   Dieselbe Angelegenheit

Dieselbe Angelegenheit sind
1. das Verwaltungsverfahren auf Aussetzung oder Anordnung der sofortigen Vollziehung sowie über einstweilige Maßnahmen zur Sicherung der Rechte Dritter und jedes Verwaltungsverfahren auf Abänderung oder Aufhebung in den genannten Fällen;
2. das Verfahren über die Prozesskostenhilfe und das Verfahren, für das die Prozesskostenhilfe beantragt worden ist;
3. mehrere Verfahren über die Prozesskostenhilfe in demselben Rechtszug;
3a. das Verfahren zur Bestimmung des zuständigen Gerichts und das Verfahren, für das der Gerichtsstand bestimmt werden soll; dies gilt auch dann, wenn das Verfahren zur Bestimmung des zuständigen Gerichts vor Klageerhebung oder Antragstellung endet, ohne dass das zuständige Gericht bestimmt worden ist;
4. eine Scheidungssache oder ein Verfahren über die Aufhebung einer Lebenspartnerschaft und die Folgesachen;
5. das Verfahren über die Anordnung eines Arrests, über den Erlass einer einstweiligen Verfügung oder einstweiligen Anordnung, über die Anordnung oder Wiederherstellung der aufschiebenden Wirkung, über die Aufhebung der Vollziehung oder die Anordnung der sofortigen Vollziehung eines Verwaltungsakts und jedes Verfahren über deren Abänderung oder Aufhebung;
6. das Verfahren nach § 3 Abs. 1 des Gesetzes zur Ausführung des Vertrages zwischen der Bundesrepublik Deutschland und der Republik Österreich vom 6. Juni 1959 über die gegenseitige Anerkennung und Vollstreckung von gerichtlichen Entscheidungen, Vergleichen und öffentlichen Urkunden in Zivil- und Handelssachen in der im Bundesgesetzblatt Teil III, Gliederungsnummer 319–12, veröffentlichten bereinigten Fassung, das zuletzt durch Artikel 23 des Gesetzes vom 27. Juli 2001 (BGBl I S. 1887) geändert worden ist, und das Verfahren nach § 3 Abs. 2 des genannten Gesetzes;
7. das Verfahren über die Zulassung der Vollziehung einer vorläufigen oder sichernden Maßnahme und das Verfahren über einen Antrag auf Aufhebung oder Änderung einer Entscheidung über die Zulassung der Vollziehung (§ 1041 der Zivilprozessordnung);
8. das schiedsrichterliche Verfahren und das gerichtliche Verfahren bei der Bestellung eines Schiedsrichters oder Ersatzschiedsrichters, über die Ablehnung eines Schiedsrichters oder über die Beendigung des Schiedsrichteramts, zur Unterstützung bei der Beweisaufnahme oder bei der Vornahme sonstiger richterlicher Handlungen;
9. das Verfahren vor dem Schiedsgericht und die gerichtlichen Verfahren über die Bestimmung einer Frist (§ 102 Abs. 3 des Arbeitsgerichtsgesetzes), die Ablehnung eines Schiedsrichters (§ 103 Abs. 3 des Arbeitsgerichtsgesetzes) oder die Vornahme einer Beweisaufnahme oder einer Vereidigung (§ 106 Abs. 2 des Arbeitsgerichtsgesetzes);
10. im Kostenfestsetzungsverfahren und im Verfahren über den Antrag auf gerichtliche Entscheidung gegen einen Kostenfestsetzungsbescheid (§ 108 des Gesetzes über Ordnungswidrigkeiten) einerseits und im Kostenansatzverfahren sowie im Verfahren über den Antrag auf gerichtliche Entscheidung gegen den Ansatz der Gebühren und Auslagen (§ 108 des Gesetzes über Ordnungswidrigkeiten) andererseits jeweils mehrere Verfahren über
    a) die Erinnerung,
    b) den Antrag auf gerichtliche Entscheidung,
    c) die Beschwerde in demselben Beschwerderechtszug;
11. das Rechtsmittelverfahren und das Verfahren über die Zulassung des Rechtsmittels; dies gilt nicht für das Verfahren über die Beschwerde gegen die Nichtzulassung eines Rechtsmittels;
12. das Verfahren über die Privatklage und die Widerklage und zwar auch im Fall des § 388 Abs. 2 der Strafprozessordnung und
13. das erstinstanzliche Prozessverfahren und der erste Rechtszug des Musterverfahrens nach dem Kapitalanleger-Musterverfahrensgesetz.

A.	Allgemeines	1
B.	Regelungsgehalt	2
I.	Verwaltungsverfahren des vorläufigen Rechtsschutzes (Nr. 1)	2
1.	Allgemeines	2
2.	Regelungsgehalt	4
3.	Gebühren	8
4.	Erstattungsfragen	10
II.	Verfahren über die Prozesskostenhilfe (Nr. 2)	15
1.	Allgemeines	15
2.	Gebühren	16
3.	Prozesskostenhilfe-Beschwerdeverfahren	21
III.	Mehrere Verfahren über die Prozesskostenhilfe in demselben Rechtszug (Nr. 3)	22
IV.	Gerichtsstandsbestimmungsverfahren (Nr. 3a)	26
V.	Scheidungs- und Folgesachen (Nr. 4)	36
1.	Überblick	36
2.	Gebührenrechtliche Folgen des Verbunds	44
3.	Die Gebühren	51
4.	Die Auslagen	52
	a) Telekommunikationsentgelte, VV 7002	52
	b) Dokumentenpauschale, VV 7000	54
5.	Einstweilige Anordnungen	56
6.	Gerichtsgebühren	57
7.	Verfahrenswerte	58
8.	Kostenentscheidung	60
9.	Kostenerstattung und -festsetzung	63
10.	Verfahrenskostenhilfe	64
11.	Abtrennung aus dem Verbund	68
	a) Überblick	68
	b) Grundsatz: Keine Lösung aus dem Verbund	70
	aa) Überblick	70
	bb) Anwaltsgebühren	71
	cc) Gerichtsgebühren	73
	dd) Verfahrenswert	74
	ee) Kostenentscheidung	75
	ff) Verfahrenskostenhilfe	76
	c) Ausnahme: Lösung aus dem Verbund	77
	aa) Überblick	77
	bb) Anwaltsgebühren	79
	cc) Auslagen	81
	dd) Gerichtsgebühren	82
	ee) Gegenstandswert	83
	ff) Kostenentscheidung	85
	gg) Kostenerstattung/Festsetzung	86
	hh) Verfahrenskostenhilfe	87
12.	Aufnahme in den Verbund	88
	a) Überblick	88
	b) Anwaltsgebühren	89
	c) Gerichtsgebühren	92
	d) Verfahrenswert	93
	e) Kostenentscheidung	94
	f) Kostenerstattung/Festsetzung	95
	g) Verfahrenskostenhilfe	96
VI.	Gerichtsverfahren des vorläufigen Rechtsschutzes (Nr. 5)	97
1.	Überblick	97
2.	Zivilrechtliche Angelegenheiten	98
	a) Abgrenzungen	98
	aa) Anordnungs- und Abänderungsverfahren	98
	bb) Abänderungsverfahren und Hauptsache	99
	cc) Widerspruchs- und Abänderungsverfahren	100
	dd) Anordnungs- und Verlängerungsverfahren	101
	ee) Mehrere Aufhebungsverfahren	102
	b) Überblick	104
	aa) Erstinstanzliche Abänderungsverfahren	104
	bb) Berufungsverfahren	110
	c) Verfahren auf Aufhebung nach § 926 Abs. 2 ZPO	111
	d) Verfahren auf Aufhebung wegen veränderter Umstände nach § 927 ZPO	117
	e) Verfahren auf Aufhebung gegen Sicherheitsleistung (§ 939 ZPO)	122
	f) Aufhebungsverfahren nach § 942 Abs. 3 ZPO	123
	g) Anhang: Kostenentscheidung und -festsetzung bei gegenläufigen Kostenentscheidungen im Anordnungs- und Abänderungsverfahren	125
	h) Anhang: Aufhebung der Kostenentscheidung nach abweichender Entscheidung in der Hauptsache	127
3.	Familiensachen	128
	a) Arrestverfahren	128
	b) Einstweilige Anordnungen	129
	c) Verlängerungsverfahren	132
4.	Öffentlich-rechtliche Angelegenheiten	133
	a) Allgemeines	133
	b) Regelungsgehalt	134
	c) Gebühren	135
VII.	Vertrag mit Österreich (Nr. 6)	136
1.	Angelegenheit	136
2.	Gebühren	139
	a) Erste Instanz	139
	b) Beschwerdeverfahren	140
VIII.	Verfahren über die Zulassung der Vollziehung (Nr. 7)	141
1.	Überblick	141
2.	Anordnungs- und Zulassungsverfahren	142
3.	Angelegenheit	143
	a) Mehrere Maßnahmen innerhalb des Zulassungsverfahrens	143
	b) Verhältnis des Anordnungs- und Zulassungsverfahrens zum Schiedsverfahren	144
4.	Gebühren	145
IX.	Verfahren über die Bestellung eines Schiedsrichters (Nr. 8)	146
X.	Verfahren nach §§ 102 Abs. 3, 103 Abs. 3 und 106 Abs. 2 ArbGG (Nr. 9)	153
XI.	Kostenfestsetzungsverfahren (Nr. 10)	155
1.	Allgemeines	155
	a) Überblick	155
	b) Kostenfestsetzungsverfahren	158
	aa) Überblick	158
	bb) Kostenfestsetzungsverfahren nach §§ 103 ff. ZPO	159
	cc) Kostenfestsetzungsverfahren nach § 464b StPO	161
	dd) Kostenfestsetzungsverfahren nach § 164 VwGO	163
	ee) Kostenfestsetzungsverfahren nach § 197 SGG	168

Abschnitt 3. Angelegenheit § 16

  ff) Kostenfestsetzungsverfahren nach § 149 FGO 172
  gg) Verfahren auf Kostenfestsetzung nach § 46 OwiG i.V.m. § 464a StPO 176
  hh) Verfahren auf Kostenfestsetzung nach § 106 OWiG 177
  ii) Sonstige Verfahren 180
 c) Vergütungsfestsetzungsverfahren ... 181
 d) Kostenansatzverfahren 182
  aa) Überblick 182
  bb) Kostenansatzverfahren nach den Gerichtskostengesetzen 183
  cc) Kostenansatzverfahren nach § 107 OWiG 188
  dd) Verfahren nach § 199 BRAO .. 190
  ee) Sonstige Verfahren 192
2. Verhältnis zum Hauptsacheverfahren .. 193
 a) Kostenfestsetzung und Hauptsache 193
 b) Kostenansatzverfahren und Hauptsache 195
 c) Erinnerung 196
  aa) Kostenfestsetzung 196
  bb) Kostenansatz 197
 d) Antrag auf gerichtliche Entscheidung 198
 e) Beschwerde 199
 f) Rechtsbeschwerde 200
3. Die Vergütung 201
4. Mehrere Erinnerungen oder Beschwerden oder Anträge auf gerichtliche Entscheidung 208

XII. Zulassung des Rechtsmittels und Rechtsmittelverfahren (Nr. 11) 218
1. Gesetzliche Regelungen 218
2. Überblick über die verschiedenen Verfahrensstadien 220
 a) Tätigkeiten vor dem Gericht, dessen Entscheidung angefochten werden soll 220
 b) Tätigkeiten im Verfahren auf Zulassung des Rechtsmittels vor dem Rechtsmittelgericht 221
 c) Tätigkeiten im Verfahren über die Nichtzulassungsbeschwerde 222
 d) Tätigkeiten im Verfahren über das zugelassene Rechtsmittel 225
3. Regelungen im Zivilprozess 227
 a) Berufung, § 511 Abs. 2 Nr. 2 ZPO .. 227
 b) Revision, § 543 ZPO 230
  aa) Verfahren 230
  bb) Die Tätigkeit des Anwalts vor dem Berufungsgericht 231
  cc) Die Tätigkeit des Anwalts im Verfahren der Nichtzulassungsbeschwerde 232
   (1) Eigene Angelegenheit 232
   (2) Gebühren 233
  dd) Die Tätigkeit des Anwalts im zugelassenen Revisionsverfahren 235
   (1) Angelegenheit 235
   (2) Gebühren 236
   (3) Anrechnung 237
 c) Sprungrevision, § 566 ZPO 240
  aa) Verfahren 240
  bb) Umfang der Angelegenheit 242
  cc) Gebühren 244

  dd) Verfahren nach Zulassung der Sprungrevision 248
 d) Rechtsbeschwerde, § 574 ZPO 249
4. Regelungen im Familienrecht 250
 a) Beschwerde, § 58 FamFG 250
 b) Rechtsbeschwerde, § 70 FamFG ... 253
 c) Sprungrechtsbeschwerde, § 75 FamFG 255
5. Arbeitsgerichtsverfahren 256
 a) Überblick 256
 b) Urteilsverfahren 257
  aa) Berufung, § 64 ArbGG 257
  bb) Revision, §§ 72 ff. ArbGG 260
  cc) Sprungrevision, § 76 ArbGG .. 265
  dd) Sofortige Beschwerde wegen verspäteter Absetzung des Berufungsurteils, § 72b ArbGG 268
  ee) Revisionsbeschwerde, § 77 ArbGG 270
 c) Beschlussverfahren 271
  aa) Beschwerde, § 87 ArbGG 271
  bb) Rechtsbeschwerde, § 92 ArbGG 272
  cc) Nichtzulassungsbeschwerde, § 92a ArbGG 273
  dd) Sofortige Beschwerde wegen verspäteter Absetzung der Beschwerdeentscheidung 275
  ee) Sprungrechtsbeschwerde, § 96 ArbGG 276
6. Verwaltungsgerichtliche Verfahren 279
 a) Berufung, §§ 124 ff. VwGO 279
 b) Revision, §§ 132 ff. VwGO 283
 c) Nichtzulassungsbeschwerde, § 133 Abs. 1 VwGO 284
 d) Beschwerde, § 146 VwGO 289
 e) Sprungrevision, § 134 VwGO 293
 f) Zulassungsrevision bei ausgeschlossener Berufung, § 135 VwGO 296
7. Berufung in Asylverfahren, §§ 78 ff. AsylG 299
8. Finanzgerichtsverfahren 301
 a) Revision, § 115 FGO 301
 b) Nichtzulassungsbeschwerde, § 115 Abs. 3 FGO 302
9. Sozialgerichtsverfahren 306
 a) Berufung, §§ 143 ff. SGG 306
 b) Nichtzulassungsbeschwerde, § 145 SGG 307
 c) Revision, § 160 ff. SGG 312
 d) Nichtzulassungsbeschwerde, § 160a SGG 315
 e) Sprungrevision, § 161 SGG 320
10. Strafprozess 323
11. Ordnungswidrigkeitenverfahren 326
12. Verfahren nach dem GWB 330
 a) Rechtsbeschwerde nach § 74 GWB 330
 b) Nichtzulassungsbeschwerde, § 75 Abs. 1 GWB 332
13. Verfahren nach dem EnWG 336
 a) Rechtsbeschwerde, § 86 EnWG ... 336
 b) Nichtzulassungsbeschwerde, § 87 EnWG 338
14. Rechtsbeschwerde nach dem KSpG ... 341
 a) Rechtsbeschwerde, § 35 Abs. 4 S. 1 KSpG 341
 b) Nichtzulassungsbeschwerde, § 35 Abs. 4 S. 2 KSpG 343

15. Rechtsbeschwerde nach dem VSchDG 346	21. Nichtzulassungsbeschwerde in Verfahren nach der Wehrdisziplinarordnung .. 362
a) Rechtsbeschwerde, § 24 VSchDG .. 346	22. Gerichtliche Verfahren bei Freiheitsentziehung und in Unterbringungssachen 363
b) Nichtzulassungsbeschwerde, § 25 VSchDG 348	XIII. Privatklage und Widerklage (Nr. 12) 364
16. Rechtsbeschwerde nach § 116 StVollzG 351	1. Regelungsgehalt 364
17. Rechtsbeschwerde nach dem KapMuG 352	2. Wechselseitige Klagen 368
18. Verfahren nach dem PatG 354	XIV. Musterverfahren nach dem Kapitalanleger-Musterverfahrensgesetz (Nr. 13) ... 371
a) Rechtsbeschwerde, § 100 PatG .. 354	1. Verfahren nach dem KapMuG 373
b) Berufung, § 110 PatG 356	2. Zweck der Vorschrift 375
19. Nichtzulassungsbeschwerde in Disziplinarverfahren und berufsgerichtlichen Verfahren wegen Verletzung einer Berufspflicht 358	3. Prozess- und Musterverfahren bilden dieselbe Angelegenheit 378
20. Nichtzulassungsbeschwerde in Verfahren nach der Wehrbeschwerdeordnung 360	4. Mehrere Auftraggeber 384

A. Allgemeines

1 Nach § 15 Abs. 2 kann der Rechtsanwalt die Gebühren in derselben Angelegenheit nur einmal fordern. Klarstellend hierzu zählt § 16 in einem langen Katalog auf, welche einzelnen Tätigkeiten jeweils einer Angelegenheit zugeordnet werden, bei denen es ohne diese Vorschrift zumindest zweifelhaft wäre, ob sie eine gemeinsame Angelegenheit bilden würden.[1]

B. Regelungsgehalt

I. Verwaltungsverfahren des vorläufigen Rechtsschutzes (Nr. 1)

1. Allgemeines

2 Nr. 1 ist im Zusammenhang mit der Regelung in § 17 Nr. 1a zu sehen. Nach § 17 Nr. 1a sind
– das Verwaltungsverfahren,
– das einem gerichtlichen Verfahren vorausgehende und der Nachprüfung des Verwaltungsakts dienende weitere Verwaltungsverfahren (Vorverfahren, Einspruchsverfahren, Beschwerdeverfahren, Abhilfeverfahren),
– das Verwaltungsverfahren auf Aussetzung oder Anordnung der sofortigen Vollziehung sowie über einstweilige Maßnahmen zur Sicherung der Rechte Dritter
gegenüber einem gerichtlichen Verfahren (drei) **verschiedene Angelegenheiten**.

3 Demgegenüber stellt Nr. 1 klar, dass das Verwaltungsverfahren auf Aussetzung oder Anordnung der sofortigen Vollziehung sowie über einstweilige Maßnahmen zur Sicherung der Rechte Dritter und jedes Verwaltungsverfahren auf Abänderung oder Aufhebung einer insoweit durch eine Behörde getroffenen Entscheidung weiterhin **dieselbe Angelegenheit** sind.

2. Regelungsgehalt

4 Nr. 1 betrifft **Verwaltungsverfahren zu Entscheidungen nach §§ 80 Abs. 4, 80a Abs. 1, 2 VwGO, § 69 Abs. 2 FGO, § 86a Abs. 3 SGG.** Unter einem Verwaltungsverfahren ist dabei die nach außen wirkende Tätigkeit der Behörden, die auf die Prüfung der Voraussetzungen, die Vorbereitung und den Erlass eines Verwaltungsaktes oder auf den Abschluss eines öffentlich-rechtlichen Vertrages gerichtet ist (§ 9 VwVfG, § 8 SGB X), zu verstehen. Das Verwaltungsverfahren beginnt mit dem Tätigwerden der Verwaltungsbehörde von Amts wegen oder auf Antrag eines Bürgers und endet mit Erlass eines Verwaltungsaktes. Zu den einzelnen Verfahren wird auf die Ausführungen zu § 17 Nr. 1a verwiesen (siehe § 17 Rdn 3 ff.).

---
1 BR-Drucks 830/03, S. 234.

Die genannten Verwaltungsverfahren stellen gemäß § 17 Nr. 1a **im Verhältnis zu einem nachfolgenden gerichtlichen Verfahren nach §§ 80 Abs. 5, 7, 80a Abs. 3 i.V.m. § 80 Abs. 5, 7 VwGO, § 69 Abs. 3, 6 FGO, § 86b SGG** gebührenrechtlich verschiedene und damit **eigene gebührenrechtliche Angelegenheiten** dar. Nr. 1 betrifft lediglich diejenigen Verwaltungsverfahren, in welchen die **Änderung oder Aufhebung der Entscheidung** einer Behörde angestrebt wird, die in einem Verwaltungsverfahren nach §§ 80 Abs. 4, 80a Abs. 1, 2 VwGO, § 69 Abs. 2 FGO, § 86a Abs. 3 SGG bereits ergangen ist. Dies kann ein weiteres Verwaltungsverfahren sein, mit welchem die Abänderung oder Aufhebung der ergangenen Entscheidung angestrebt wird oder in welchem die Abänderung oder Aufhebung der ergangenen Entscheidung von Amts wegen durch die Behörde streitgegenständlich ist. Für diese weiteren Verwaltungsverfahren nach einem Verwaltungsverfahren, in welchem eine Entscheidung nach §§ 80 Abs. 4, 80a Abs. 1, 2 VwGO, § 69 Abs. 2 FGO, § 86a Abs. 3 SGG ergangen ist, stellt Nr. 1 klar, dass sie im Verhältnis zu dem Verwaltungsverfahren, in welchem die Entscheidung nach §§ 80 Abs. 4, 80a Abs. 1, 2 VwGO, § 69 Abs. 2 FGO, § 86a Abs. 3 SGG ergangen ist, gebührenrechtlich dieselbe Angelegenheit sind.

Der Rechtsanwalt kann mithin in diesen weiteren Verwaltungsverfahren die entstehenden Gebühren und Auslagen insgesamt nur einmal erhalten.

Auch bei dem Verfahren vor dem Berufungsausschuss über die Zulassung im Wege der Sonderbedarfszulassung und bei der Entscheidung über den Sofortvollzug des getroffenen Beschlusses, handelt es sich um dieselbe Angelegenheit i.S.v. § 16. Der Fall der Anordnung des Sofortvollzuges nach § 97 Abs. 4 SGB V im Zusammenhang mit einer Verwaltungsentscheidung wird zwar von § 16 nicht ausdrücklich geregelt. Maßgeblich ist daher letztendlich der Umstand, dass zwischen der Hauptsacheentscheidung und der Entscheidung über den Sofortvollzug nach § 97 Abs. 4 SGB V ein enger Zusammenhang besteht, der sich darin äußert, dass die Entscheidung als einheitliches Verwaltungsverfahren ergeht, bei dem der Verwaltungsablauf identisch und die Entscheidungsvoraussetzungen weitgehend gleich sind. Der Anspruch auf eine Sonderbedarfszulassung hängt im Wesentlichen davon ab, ob eine Lücke in der Versorgung der krankenversicherten Bevölkerung besteht. Ist dies der Fall, wird zur Schließung dieses Mangels regelmäßig der Sofortvollzug anzuordnen sein. Die Entscheidung in der Hauptsache und die Anordnung des Sofortvollzugs hängen somit von der Erfüllung derselben Voraussetzungen ab, weswegen auch im gleichen Verfahren entschieden werden kann. Die Aufteilung in verschiedene Angelegenheiten ergibt sich in diesem Fall nicht aus äußerlich erkennbaren Umständen, sondern allein aus einer juristischen Fiktion.[2]

3. Gebühren

In den Verwaltungsverfahren nach Nr. 1 erhält der Rechtsanwalt nach **VV 2300** eine **Geschäftsgebühr i.H.v. 0,5 bis 2,5**, wobei eine Gebühr von mehr als 1,3 nur gefordert werden kann, wenn die Tätigkeit umfangreich oder schwierig war (Anm. zu VV 2300). Hieran ist zu denken, wenn der Rechtsanwalt im Verwaltungsverfahren tätig wird, in welchem die Abänderung oder Aufhebung der ergangenen Entscheidung streitgegenständlich ist, wenn er bereits in dem Verwaltungsverfahren tätig gewesen ist, in welchem die Entscheidung ergangen ist. In sozialrechtlichen Angelegenheiten, in denen das GKG nicht anwendbar ist (§ 3), erhält der Rechtsanwalt nach **VV 2302 Nr. 1** eine **Geschäftsgebühr i.H.v. 50 EUR bis 640 EUR**, wobei eine Gebühr von mehr 300 EUR nur gefordert werden kann, wenn die Tätigkeit umfangreich oder schwierig war (Anm. zu VV 2302).

Zur Frage der Anrechnung der Geschäftsgebühr auf ein nachfolgendes Gerichtsverfahren nach §§ 80 Abs. 5, 7, 80a Abs. 3 i.V.m. § 80 Abs. 5, 7 VwGO, § 69 Abs. 3, 6 FGO, § 86b SGG sowie zu weiteren Gebühren, die in den Verwaltungsverfahren nach Nr. 1 entstehen können, wird auf die Ausführungen zu § 17 Nr. 1a, 4 verwiesen (siehe § 17 Rdn 20 ff., 158).

4. Erstattungsfragen

Eine **Erstattung der Kosten** für die Tätigkeit eines Rechtsanwalts in Verwaltungsverfahren nach §§ 80 Abs. 4, 80a Abs. 1, 2 VwGO, § 69 Abs. 2 FGO, § 86a Abs. 3 SGG **erfolgt nicht**. Dies insbesondere vor dem Hintergrund, dass außergerichtlich Rechtsmittel gegen die Entscheidung der

---

2 LSG Baden-Württemberg, Urt. v. 13.12.2006 – L 5 KA 5567/05.

Behörde auf Aussetzung oder Anordnung der sofortigen Vollziehung sowie über einstweilige Maßnahmen zur Sicherung der Rechte Dritter und auf Abänderung oder Aufhebung einer insoweit getroffenen Entscheidung nicht gegeben sind[3] und mithin keine Entscheidung nach § 80 VwVfG oder § 63 SGB X erreicht werden kann. Da mithin eine gesetzliche Vorschrift zur Kostenerstattung nicht existiert, kommt diese auch nicht in Betracht.[4] Dies gilt für finanzrechtliche Verwaltungs- und Vorverfahren in Ermangelung einer gesetzlichen Vorschrift zur Kostenerstattung ohnehin.[5] Einen allgemeinen Erstattungsanspruch hinsichtlich der Kosten gibt es nicht.[6] Die Regelungen in den einzelnen Gerichtsordnungen zur Kostenerstattung sind nicht, auch nicht ergänzend oder analog, für die Kostenerstattung im isolierten Vorverfahren heranzuziehen.[7] Aus der öffentlich-rechtlichen Folgenbeseitigung resultiert ebenfalls kein Anspruch auf Ersatz durch einen rechtswidrigen Verwaltungsakt entstandener Verfahrenskosten.[8]

11 Der von einer Entscheidung einer Behörde nach §§ 80 Abs. 4, 80a Abs. 1, 2 VwGO, § 69 Abs. 2 FGO, § 86a Abs. 3 SGG Benachteiligte ist in Ermangelung eines außergerichtlichen Rechtsmittels auf die Weiterverfolgung der Angelegenheit in Gerichtsverfahren nach §§ 80 Abs. 5, 7, 80a Abs. 3 i.V.m. § 80 Abs. 5, 7 VwGO, § 69 Abs. 3, 6 FGO, § 86b SGG angewiesen. In den Entscheidungen in diesen Gerichtsverfahren des vorläufigen Rechtsschutzes ist nach § 162 Abs. 2 S. 2 VwGO, § 193 Abs. 2, 3 SGG,[9] § 139 Abs. 3 S. 3 FGO über die **Notwendigkeit der Zuziehung eines Bevollmächtigten für das Vorverfahren** zu entscheiden. Eine Erstattung der Kosten für die Tätigkeit eines Rechtsanwalts in Verwaltungsverfahren nach §§ 80 Abs. 4, 80a Abs. 1, 2 VwGO, § 69 Abs. 2 FGO, § 86a Abs. 3 SGG ist nach der Rechtsprechung nicht möglich. Vorverfahren im Sinne dieser Bestimmungen sollen nur die in § 68 VwGO, § 78 SGG und in § 44 FGO im Sinne einer Sachurteilsvoraussetzung vorgeschriebenen Widerspruchsverfahren sein, die vor Erhebung der Anfechtungs- oder Verpflichtungsklage erfolglos durchgeführt werden müssen. Eine Entscheidung des Gerichts nach § 162 Abs. 2 S. 2 VwGO, § 193 Abs. 2, 3 SGG, § 139 Abs. 3 S. 3 FGO setze voraus, dass es im Anschluss an ein solches Vorverfahren zu einem gerichtlichen Hauptsacheverfahren gekommen ist. In Verfahren des vorläufigen Rechtsschutzes komme daher die Entscheidung, die Zuziehung eines Bevollmächtigten für das Vorverfahren für notwendig zu erklären, nicht in Betracht.[10]

12 Diese Auffassung dürfte aber bedenklich sein. Aus dem Gesetz ergibt sich nicht, dass es sich bei dem Vorverfahren zwingend um ein Widerspruchsverfahren handeln muss. Wenn das Gesetz ein anderes Vorverfahren vorsieht, muss die Vorschrift entsprechend anzuwenden sein. So verhält es sich in Verfahren auf Aussetzung der Vollziehung. Hier findet zunächst ein Verfahren vor der Behörde statt. Je nach Verfahrensordnung ist ein solches „Vorverfahren" auch zwingend erforderlich. So ist in finanzgerichtlichen Streitigkeiten ein Aussetzungsantrag bei dem FG grundsätzlich nur zulässig, wenn zuvor der Aussetzungsantrag bei der Behörde erfolglos gestellt worden ist (§ 69 Abs. 4 FGO). Wenn aber das Gesetz vorgibt bzw. sogar zwingend vorschreibt, dass zunächst ein Verfahren vor der Behörde vorzuschalten ist, dann muss auch eine entsprechende Kostenerstattung erfolgen.

13 Wenn man die Lösung nicht über § 162 VwGO sucht, dann wären solche Kosten jedenfalls als Vorbereitungskosten erstattungsfähig. Wenn das Gesetz ein solches behördliches Verfahren vorsieht oder gar zwingend vorschreibt, dann dient dieses behördliche Verfahren der Vorbereitung des gerichtlichen Verfahrens, das es an sich vermeiden soll. In der Rspr. ist aber anerkannt, dass Vorbereitungskosten ebenfalls zu den Kosten des Rechtsstreits zählen und erstattungsfähig sind.[11] Dies ist in

---

3 BayVGH NVwZ-RR 1988, 127; *Schoch*, in: Schoch/Schmidt-Aßmann/Pietzner, § 80 VwGO Rn 216.
4 VGH München NVwZ-RR 1999, 347.
5 BFH BStBl II 1973, 760; FG Köln AnwBl 1981, 207; FG Hessen EFG 1988, 80.
6 BVerwGE 40, 313.
7 BVerwGE 70, 58; BVerwGE 40, 313; VGH Mannheim NJW 1968, 1299.
8 BVerwGE 40, 313.
9 BSG AnwBl 1977, 248; SG München ArztR 1992, Nr. 6, 16; SG Osnabrück NdsRpfl 1990, 31; SG Berlin MDR 1981, 260; SG Karlsruhe RV 1980, 237; SG Mainz RSpDienst 9000 §§ 193–195 SGG 9.
10 OVG Sachsen-Anhalt AGS 2012, 499; VG Cottbus AGS 2012, 497 = JurBüro 2012, 431; VGH Baden-Württemberg VGHBW-Ls 2000, Beilage 11, B 2; OVG Weimar NVwZ-RR 2001, 205; VGH Kassel NVwZ-RR 1999, 346; OVG Rheinland-Pfalz DVBl 1989, 892; OVG Münster DVBl 1993, 889 f.; FG Baden-Württemberg EFG 1994, 262 und EFG 1990, 438; FG Saarland EFG 1990, 589; FG Düsseldorf EFG 1984, 186; FG Kiel AnwBl 1985, 540.
11 *Schneider/Thiel*, ABC der Kostenerstattung 2013 zum Stichwort „Prozessvorbereitungskosten", S. 224.

Zivilsachen für die vorgeschalteten Güte- und Schlichtungsverfahren anerkannt,[12] ebenso in der Arbeitsgerichtsbarkeit für die vorgeschalteten Verfahren nach § 111a ArbGG, auch wenn dort eine Erstattung der Anwaltskosten und der Parteikosten für Zeitversäumnis ausgeschlossen ist (nicht aber z.B. für Fahrtkosten).

Diese Auffassung entspricht letztlich auch der Ansicht des BVerwG, das in einem Verfahren nach der WBO nach erfolgreichem Abschluss des Verfahrens auch die Erstattung der Kosten eines Verfahrens auf Aussetzung der Vollziehung zugesprochen hat.[13]

II. Verfahren über die Prozesskostenhilfe (Nr. 2)

1. Allgemeines

Das Verfahren über die Prozesskostenhilfe (zur Gleichstellung von Verfahrenskostenhilfe und der Stundung nach § 4a InsO vgl. die Erläuterung zu § 12, siehe § 12 Rdn 1 ff.) gehört zu dem Rechtszug des Verfahrens, für das der Prozess- bzw. Verfahrenskostenhilfe beantragt wurde. Das Prozesskostenhilfeverfahren ist verfahrensrechtlich ein eigenständiges (Neben-)Verfahren. Deshalb bestimmt Nr. 2 gebührenrechtlich, dass das Prozesskostenhilfeverfahren mit dem Hauptsacheverfahren dieselbe Angelegenheit bildet. § 16 Nr. 2 gilt für alle Instanzen der Hauptsache. § 16 Nr. 2 gilt aber **nicht** für das **Prozesskostenhilfe-Beschwerdeverfahren**. Somit sind das **Prozesskostenhilfe-Beschwerdeverfahren** und das zugehörige Hauptsacheverfahren nicht dieselbe Angelegenheit im Sinne von § 16 Nr. 2. Dies hat zur Folge, dass für das **Prozesskostenhilfe-Beschwerdeverfahren** eine gesonderte 0,5-Verfahrensgebühr nach VV 3500 anfällt.[14]

Als zeitliche Grenze bestimmt § 15 Abs. 5 S. 2, dass wenn zwischen der Hauptsache und dem Prozesskostenhilfeverfahren mehr als zwei Kalenderjahre verstrichen sind, die Tätigkeit nach Ablauf der zwei Jahre als neue Tätigkeit gilt. Die Zwei-Jahres-Frist beginnt mit der Erledigung des früheren Auftrags. Praktische Bedeutung hat dies vor allem, wenn der Rechtsanwalt zwei Jahre nach Erledigung der Hauptsache, für das Prozesskostenhilfe bewilligt wurde, im Überprüfungsverfahren (§§ 120a, 124 ZPO) tätig wird.

2. Gebühren

Für die Vertretung im Prozesskostenhilfeprüfungsverfahren erster Instanz erhält der Anwalt nach VV 3335 eine **Verfahrensgebühr** in Höhe der Verfahrensgebühr für das Verfahren, für das die Prozesskostenhilfe beantragt wird, höchstens 1,0. Die Verfahrensgebühr VV 3335 im Verfahrenskostenhilfeprüfungsverfahren entsteht gleichermaßen für die Vertretung des Antragstellers beziehungsweise des Antragsgegners. Endigt der Auftrag vorzeitig, beträgt die Verfahrensgebühr nach VV 3337 lediglich 0,5. Für die Wahrnehmung eines Termins erhält der Anwalt zusätzlich eine **Terminsgebühr** in Höhe der Terminsgebühr für das Verfahren, für das die Prozesskostenhilfe beantragt ist (VV Vorbem. 3.3.6 S. 2). Die Terminsgebühr kann nach VV Vorbem. 3 Abs. 3 S. 3 Nr. 2 auch für außergerichtliche Besprechungen entstehen. Zudem kann der Rechtsanwalt eine 1,0-**Einigungsgebühr** nach VV 1003 verdienen. Der **Gegenstandswert** bemisst sich für die Gebühren nach dem Wert der Hauptsache (§ 23a Abs. 1).[15] Im Übrigen erhält der Rechtsanwalt die Auslagen nach VV Teil 7.

Da das Verfahren über die Prozesshilfe im Umfang der späteren Bewilligung zum gebührenrechtlichen Rechtszug gehört, hat dies zur Folge, dass die im Prozesskostenhilfeprüfungsverfahren bereits entstandenen Gebühren in den Gebühren, die für die Hauptsache entstehen, aufgehen (z.B. die 1,0-Verfahrensgebühr VV 3335 in der 1,3-Verfahrensgebühr VV 3100).[16] Dies gilt unabhängig davon,

---

12 OLG Karlsruhe AGS 2009, 98 = JurBüro 2008, 538 = OLGR 2008, 761 = Justiz 2009, 7; LG Freiburg AGS 2009, 99; OLG Köln AGS 2010, 46 = Rpfleger 2010, 164 = MDR 2010, 295 = JurBüro 2010, 206 = NJW-RR 2010, 431 = RVGreport 2010, 191; OLG Düsseldorf AGS 2009, 352 = JurBüro 2009, 366 = OLGR 2009, 520 = GuT 2009, 131; AG Schwäbisch Gmünd AGS 2010, 45 = NJW 2009, 3441.
13 AGS 2012, 337 m. Anm. *N. Schneider*.
14 BayVGH AGS 2007, 48; ebenso BayVGH, Beschl. v. 21.2.2006 – 12 CE 05.2338 (n.v.).
15 Dieser Gegenstandswert gilt auch für die Beschwerdeinstanz und die Rechtsbeschwerdeinstanz (BGH FamRZ 2010, 1892 m.w.N.).
16 Nach BGH AGS 2008, 435 m.w.N. und m. Anm. *N. Schneider* = FamRZ 2008, 982 entfällt die Verfahrensgebühr VV 3335 im Nachhinein.

ob das Prozesskostenhilfe-/Verfahrenskostenhilfeprüfungsverfahren dem Prozess vorgeschaltet ist oder zusammen mit der Klage behandelt wird.

18 **Beispiel:** Der Anwalt reicht auftragsgemäß für den Mandanten Klage ein und beantragt zugleich unter seiner Beiordnung Prozesskostenhilfe. Nach Prüfung der Voraussetzungen lehnt das Gericht mangels Erfolgsaussicht die Prozesskostenhilfe ab. Der Rechtsanwalt führt das Mandat aufgrund dessen nicht weiter fort.
Dem Anwalt steht eine 1,3-Verfahrensgebühr nach VV 3100 zu. Das Verfahren über die Bewilligung der Prozesskostenhilfe gehört zum Rechtszug und ist nicht zu vergüten, da dem Rechtsanwalt der unbedingte Klageauftrag erteilt wurde.

19 In Verfahren betreffend die Prozesskostenhilfe bezüglich der Tätigkeiten vor den Sozialgerichten, wenn im gerichtlichen Verfahren Betragsrahmengebühren entstehen (§ 3), erhält der Rechtsanwalt einen Gebührenrahmen bis höchstens 420 EUR für die Verfahrensgebühr (VV 3335). Für die Wahrnehmung eines Termins erhält der Anwalt zusätzlich eine **Terminsgebühr** in Höhe der Terminsgebühr für das Verfahren, für das die Prozesskostenhilfe beantragt ist (VV Vorb. 3.3.6 S. 2).

20 Wird von dem erstinstanzlichen Prozessbevollmächtigten einer Partei ein Antrag auf Bewilligung von Prozesskostenhilfe für das **Berufungsverfahren** gestellt, gehört diese Tätigkeit nicht mehr zum ersten Rechtszug und die Gebühren entstehen erneut. Im Übrigen kommt auch im Rechtsmittelverfahren der Hauptsache § 16 Nr. 2 zur Anwendung mit der Folge, dass das Prozesskostenhilfeverfahren und das Rechtsmittelverfahren wegen des Hauptgegenstands, für das Prozesskostenhilfe beantragt ist, dieselbe Angelegenheit bilden.

3. Prozesskostenhilfe-Beschwerdeverfahren

21 Anders als das Verfahren über die Prozesskostenhilfe und das Verfahren für das die Prozesskostenhilfe beantragt worden ist, sind das Prozesskostenhilfe-Beschwerdeverfahren und das zugehörige Hauptsacheverfahren nicht dieselbe Angelegenheit. Für das Prozesskostenhilfe-Beschwerdeverfahren fällt deshalb eine gesonderte 0,5 Verfahrensgebühr VV 3500 an. Der **Gegenstandswert** bemisst sich nach dem Wert der Hauptsache (§ 23a Abs. 1).[17]

III. Mehrere Verfahren über die Prozesskostenhilfe in demselben Rechtszug (Nr. 3)

22 Nach Nr. 3 erhält der Rechtsanwalt auch bei Durchführung mehrerer Prozesskostenhilfeverfahren (zur Gleichstellung von Verfahrenskostenhilfe und der Stundung nach § 4a InsO vgl. die Erläuterung zu § 12, siehe § 12 Rdn 1 ff.) in demselben Rechtszug die Gebühren je Rechtszug nur einmal. Gemeint sind damit die Prozesshilfeverfahren **innerhalb derselben Instanz** und nicht die im Beschwerdeverfahren.[18]

23 Mit **Rechtszug** i.S.d. der **Nr. 3** ist derjenige Rechtszug i.S.d. § 119 Abs. 1 S. 1 ZPO gemeint, für den die bewilligte Prozesskostenhilfe gilt. Soweit nach § 119 Abs. 1 S. 1 ZPO für eine neue Instanz ein neuer Antrag gestellt werden muss, löst dieser daher eine neue Angelegenheit aus, die allerdings nach § 16 Nr. 2 wiederum mit der Hauptsache eine Angelegenheit bildet. Bedeutsam wird dies etwa, wenn für ein Rechtsmittel Prozesskostenhilfe beantragt wird, das Gericht die Bewilligung ablehnt und es daher nicht zur Einlegung des Rechtsmittels kommt.

Beispiel: Nach erstinstanzlicher Verurteilung beantragt der Anwalt für seine Partei zur Durchführung der Berufung PKH, die nicht bewilligt wird.
Neben den Gebühren für das erstinstanzliche Verfahren erhält der Anwalt für den PKH-Antrag im Berufungsverfahren die Verfahrensgebühr nach VV 3335.

24 Dies kommt etwa dann in Betracht, wenn in der gleichen Angelegenheit ein Antrag auf Bewilligung von Prozesskostenhilfe erneut gestellt wird, nachdem der inhaltsgleiche Antrag zuvor abgelehnt worden war.

---

17 Dieser Gegenstandswert gilt auch für die Beschwerdeinstanz und die Rechtsbeschwerdeinstanz (BGH FamRZ 2010, 1892 m.w.N.).

18 LSG Rheinland-Pfalz NZS 2007, 672.

Zu derselben Angelegenheit i.S.d. Nr. 3 zählen das Verfahren über 25
- die Bewilligung der Prozesskostenhilfe (§ 118 ZPO),
- die Aufhebung der Prozesskostenhilfe (§ 124 ZPO) oder
- die nachträgliche Abänderung bzw. Festsetzung der Prozesskostenhilferaten (§ 120a ZPO)

in **demselben Rechtszug**. Der Anwalt erhält die Gebühren also insgesamt nur einmal.

Eine **Ausnahme** gilt nach **§ 15 Abs. 5 S. 2**, wenn seit Erledigung des vorangegangenen Verfahrens **mehr als zwei Kalenderjahre** vergangen sind. In diesem Fall entstehen die **Gebühren erneut**.

> **Beispiel:** Im November 2013 war ein Verfahren abgeschlossen worden. Im August 2016 schrieb das Gericht den Mandanten zum Zwecke der Überprüfung der wirtschaftlichen Verhältnisse an. Der Mandant beauftragt seinen früheren Prozessbevollmächtigten.
> Da zwischenzeitlich zwei Kalenderjahre vergangen sind, gilt der neue Auftrag nach § 15 Abs. 5 S. 2 als neue Angelegenheit. Der Anwalt erhält für das Abänderungsverfahren die Vergütung nach VV 3335.

IV. Gerichtsstandsbestimmungsverfahren (Nr. 3a)

Nach der bisherigen Fassung des RVG war strittig, unter welchen Voraussetzungen ein Gerichtsstandsbestimmungsverfahren mit zur Hauptsache zählt und wann es eine gesonderte Vergütung auslöst. 26

Unstrittig war der Fall, 27
- dass es im Gerichtsstandsbestimmungsverfahren auch zur Bestimmung eines Gerichts kam und
- dann vor diesem Gericht das Verfahren eingeleitet bzw. fortgesetzt wurde.

In diesem Fall galt unstrittig § 19 Abs. 1 S. 2 Nr. 3 a.F., wonach das Gerichtsstandsbestimmungsverfahren zum Rechtszug gehörte und weder eine gesonderte Angelegenheit noch gesonderte Gebühren ausgelöst werden.

Wurde dagegen der Antrag auf Bestimmung als unzulässig verworfen, als unbegründet zurückgewiesen oder zurückgenommen, bevor das Gericht eine Bestimmung hatte treffen können, so war die Rechtslage strittig. Ausgangspunkt war die Entscheidung des BGH,[19] wonach ein erfolgloses Gerichtsstandsbestimmungsverfahren eine gesonderte Angelegenheit darstellte und eine gesonderte Vergütung auslöste. Dabei wurden verschiedene Konstellationen unterschiedlich beurteilt. 28
- Nach einer Auffassung war in diesen Fällen immer von einer gesonderten Angelegenheit auszugehen und zwar auch dann, wenn das Bestimmungsverfahren während des bereits anhängigen Hauptsacheverfahrens eingeleitet worden war.[20]
- Nach a.A. galt ein erfolgloses Bestimmungsverfahren nur dann als gesonderte Angelegenheit, wenn es vor Anhängigkeit der Hauptsache durchgeführt worden war, nicht aber, wenn es erst nach deren Anhängigkeit eingeleitet wurde.[21]
- Nach einer weiteren Auffassung sollte dagegen auch ein erfolgloses Verfahren nie eine gesonderte Angelegenheit sein.[22]

Soweit die Rechtsprechung von einer gesonderten Angelegenheit ausging, sah sie die Tätigkeit des Anwalts als Einzeltätigkeit an, die mit einer 0,8-Verfahrensgebühr nach VV 3403 zu vergüten war.[23] Lediglich das OLG Karlsruhe[24] ging von einer 1,3-Verfahrensgebühr nach VV 3100 aus. 29

Mit der neuen Nr. 3a wird jetzt klargestellt, dass ein Gerichtsstandsbestimmungsverfahren immer zum Rechtszug zählt und keine gesonderte Vergütung auslöst, unabhängig davon, ob es zur Bestimmung gekommen ist oder nicht. 30

---

19 BGH MDR 1987, 735 = NJW-RR 1987, 757.
20 OLG Köln AGS 2007, 229 = JurBüro 2007, 302 = MDR 2007, 921 = OLGR Köln 2007, 495 = NJW-RR 2007, 1721 = Rpfleger 2007, 577 = NJW 2008, 385.
21 OLG Köln AGS 2007, 67; AGS 2007, 607 = OLGR 2008, 100; AGS 2008, 114 und 406; OLG München AGS 2008, 276 = FamRZ 2008, 627 = OLGR 2008, 462.
22 OLG Dresden AGS 2006, 272 = Rpfleger 2006, 44 = OLGR 2006, 233 = NJ 2005, 564; OLG München AGS 2007, 607 = OLGR 2007, 783 = MDR 2007, 1153 = Rpfleger 2007, 577.
23 BayObLG AnwBl 1999, 354 = Rpfleger 1999, 321 = NJW-RR 2000, 141 = BayObLGR 1999, 47; OLG Koblenz OLGR 2000, 419; OLG 2006, 701 = NJW-RR 2007, 425.
24 OLG Karlsruhe AGS 2008, 223 = OLGR 2008, 280 = MDR 2008, 473 = Justiz 2008, 141.

Beispiel 1: Der Kläger möchte den in Köln ansässigen A und den in Bonn ansässigen B gemeinsam vor einem Landgericht verklagen. Sein Anwalt beantragt daraufhin beim OLG Köln die Bestimmung eines gemeinsamen Gerichts. Das Gericht bestimmt das LG Köln als gemeinsames Gericht. Dort reicht der Anwalt sodann die Klage ein.
Dieser Fall war immer schon unstrittig. Das Gerichtsstandsbestimmungsverfahren gehört nach allen Auffassungen gemäß § 19 Abs. 1 S. 2 Nr. 3 a.F. zur Hauptsache.

Beispiel 2: Der Kläger möchte den in Köln ansässigen A und den in Bonn ansässigen B gemeinsam vor einem Landgericht verklagen. Sein Anwalt beantragt daraufhin beim OLG Köln die Bestimmung eines gemeinsamen Gerichts. Das OLG weist den Antrag zurück, da ein gemeinsamer Gerichtsstand vor dem LG Köln bereits aus dem Gesichtspunkt der unerlaubten Handlung bestehe. Daraufhin wird die Klage vor dem LG Köln erhoben.
Nach einem Teil der bisherigen Rechtsprechung konnte der Anwalt in diesem Fall für das Gerichtsstandsbestimmungsverfahren eine gesonderte Vergütung verlangen, weil es nicht in den Rechtsstreit mündete. Nach neuem Recht ist die Tätigkeit im Gerichtsstandsbestimmungsverfahren mit den Gebühren in der Hauptsache abgegolten. Gleiches würde gelten, wenn auf Hinweis des Gerichts der Bestimmungsantrag zurückgenommen worden wäre.

Beispiel 3: Der Anwalt reicht für den Kläger gegen zwei Beklagte vor dem LG Bonn Klage ein. Einer der Beklagten rügt die örtliche Zuständigkeit des Gerichts, da er seinen Wohnsitz in München habe. Daraufhin beantragt der Anwalt vor dem OLG Köln die Bestimmung eines gemeinsamen Gerichts. Das OLG weist den Antrag zurück, da ein gemeinsamer Gerichtsstand bereits aus dem Gesichtspunkt der unerlaubten Handlung bestehe. Hiernach wird das Verfahren vor dem LG Bonn fortgesetzt.
Nach einem Teil der bisherigen Rechtsprechung konnte der Anwalt auch in diesem Fall für das Gerichtsstandsbestimmungsverfahren eine gesonderte Vergütung verlangen, weil es nicht zu einer Bestimmung gekommen ist. Nach neuem Recht ist die Tätigkeit im Gerichtsstandsbestimmungsverfahren gemäß Nr. 3a mit den Gebühren in der Hauptsache abgegolten. Gleiches würde gelten, wenn auf Hinweis des Gerichts der Bestimmungsantrag zurückgenommen worden wäre.

Beispiel 4: Der Anwalt reicht für den Kläger gegen zwei Beklagte vor dem LG Bonn Klage ein. Einer der Beklagten rügt die örtliche Zuständigkeit des Gerichts, da er seinen Wohnsitz in München habe. Das daraufhin vom Anwalt angerufene OLG Köln bestimmt das LG München als gemeinsames Gericht. Dorthin wird der Rechtsstreit sodann verwiesen.
Unabhängig davon, ob der Anwalt weiterhin als Prozessbevollmächtigter tätig bleibt, zählt das Bestimmungsverfahren mit zum Rechtszug und löst neben den Gebühren in der Hauptsache keine gesonderte Vergütung aus. Dieser Fall ist auch nach bisherigem Recht unstrittig.

31 Eine gesonderte Vergütung für das Gerichtstandsbestimmungsverfahren erhält der Anwalt nach neuem Rechts daher nur noch dann, wenn es nicht zu einem Hauptsacheverfahren kommt oder der Anwalt dort nicht beauftragt wird.

Beispiel 5: Die in München wohnende Partei möchte den in Berlin wohnenden A und den in München wohnenden B gemeinsam verklagen und beauftragt einen Berliner Anwalt, Klage einzureichen. Dieser beantragt zunächst vor dem KG die Bestimmung eines gemeinsamen Gerichts. Das KG bestimmt daraufhin wider Erwarten das LG München als gemeinsames Gericht. Zur Einreichung der Klage durch den Anwalt kommt es nicht mehr, sei es, weil sich die Sache vor Klageerhebung doch noch erledigt oder weil der Kläger jetzt die Klage von einem Münchener Anwalt einreichen lässt.
Der Berliner Anwalt hatte bereits Klageauftrag, sodass er die Verfahrensgebühr nach VV Vorb. 3 Abs. 2, 3100 verdient hat, allerdings wegen der vorzeitigen Erledigung nur in Höhe von 0,8 (VV 3101 Nr. 1). Durch diese Gebühr ist auch das Bestimmungsverfahren mit abgegolten.

Beispiel 6: Die Partei möchte den in München wohnenden A und den in Berlin wohnenden B gemeinsam verklagen und beauftragt einen Berliner Anwalt, zunächst nur vor dem KG die Bestimmung eines gemeinsamen Gerichts zu beantragen. Das KG bestimmt daraufhin das LG München als gemeinsames Gericht. Zu einem Klageauftrag an den Anwalt kommt es nicht mehr, sei es, weil die Sache sich vorher erledigt oder der Klageauftrag einem Münchener Anwalt erteilt wird.
In diesem Fall hatte der Anwalt noch keinen Auftrag für das Klageverfahren, sondern lediglich einen isolierten Auftrag für eine Einzeltätigkeit im Gerichtsstandsbestimmungsverfahren. Der Anwalt erhält jetzt eine 0,8-Gebühr nach VV 3403.

32 Vertritt der Anwalt den Beklagten oder den potentiellen Beklagten, gelten die vorstehenden Ausführungen entsprechend.

33 Die Bemessung des **Gegenstandswerts** wird dagegen weiterhin strittig bleiben. Da im gerichtlichen Verfahren keine Gerichtsgebühren anfallen und im Beschwerdeverfahren Festgebühren vorgesehen sind, kommt eine Wertfestsetzung nach den Vorschriften der Gerichtskostengesetze (§ 63 Abs. 2

GKG; § 55 Abs. 1, 2 FamGKG; § 79 Abs. 1 GNotKG) nicht in Betracht. Der Gegenstandswert der anwaltlichen Tätigkeit ist vielmehr auf Antrag nach § 33 gesondert festzusetzen.

Der Gegenstandswert richtet sich nach § 23 Abs. 1 S. 2 RVG i.V.m. § 48 Abs. 1 S. 1 GKG, § 3 ZPO und ist nach dem Interesse des Antragstellers, die Antragsgegner bei demselben Gericht verklagen zu können, zu bemessen. Dieses Interesse entspricht in der Regel einem Bruchteil des Werts der Hauptsache. Vertreten wird insoweit ein Viertel,[25] ein Fünftel[26] oder ein Zehntel.[27]

Kommt es gem. § 567 Abs. 1 Nr. 2 ZPO zur Beschwerde (zulässig nur gegen die Ablehnung einer Bestimmung des LG), dann gilt § 23 Abs. 2 S. 1. Maßgebend ist das Interesse des Beschwerdeführers, das ebenso wie im Bestimmungsverfahren anzusetzen sein dürfte. Im Verfahren der Rechtsbeschwerde, die allerdings nach überwiegender Auffassung nicht statthaft ist,[28] wäre ebenso zu bewerten.[29]

V. Scheidungs- und Folgesachen (Nr. 4)

Literatur: *Groß*, Anwaltsgebühren in Ehe- und Familiensachen, 3. Aufl. 2011, § 7 Rn 2 ff.; *N. Schneider*, Abrechnung in abgetrennten Versorgungsausgleichsverfahren, AGS 2009, 517; *ders.*, Gebühren in Familiensachen, 1. Aufl. 2010, Rn 2257 ff.; *ders.*, Abrechnung bei Abtrennung einer Folgesache aus dem Verbund, NJW-Spezial 2008, 635; *ders.*, Die Abtrennung von Folgesachen, ZAP Fach 24, S. 671; *ders.*, Besondere Berechnungsprobleme bei Abtrennung von Kindessachen aus dem Verbund und der Aufnahme in den Verbund, ZFE 2007, 265; *ders.*, Probleme der Gebührenberechnung bei Verbindung, Abtrennung und isolierter Anfechtung von Kindessachen im Verbund, ZFE 2006, 146; *N. Schneider/Thiel*, Gegenstandswert einer Folgenvereinbarung über Kindschaftssachen, FamFR 2010, 529.

1. Überblick

Das Verbundverfahren, also die Scheidungssache (§ 121 Nr. 1 FamFG) und Folgesachen (§ 137 Abs. 1, 2, 3 FamFG), gelten nach Nr. 4 als **eine Angelegenheit** i.S.d. § 15 Abs. 1. Die Gebühren berechnen sich jeweils aus dem Gesamtwert (§ 23 Abs. 1 S. 1 i.V.m. § 44 Abs. 2 FamGKG). Insoweit *Enders*[30] und *Bischof*[31] die Wertaddition aus § 22 Abs. 1 herleiten, ist dem aus dogmatischen Gründen deshalb nicht zu folgen, weil die sich aus der Verweisung des § 23 Abs. 1 S. 1 auf § 44 Abs. 2 FamGKG ergebende gleichlautende Regelung vorrangig gegenüber § 22 Abs. 1 ist (vgl. § 22 Rdn 3). Zu beachten ist, dass ein Verfahren über eine an sich verbundfähige Folgesache, das nicht spätestens zwei Wochen vor der mündlichen Verhandlung in der Scheidungssache anhängig gemacht wird, nicht mehr Teil des Verbundes wird (§ 137 Abs. 2 S. 1 FamFG). Das gilt auch für ein Umgangsrechtsverfahren selbst dann, wenn nach Vorabentscheidung über die Ehesache noch ein Verfahren hinsichtlich des Sorgerechts anhängig geblieben ist.[32] Es gilt dann nicht § 16 Nr. 4. Das neue Verfahren ist vielmehr ein isoliertes Verfahren und damit eine selbstständige Angelegenheit i.S.d. § 15 Abs. 1, selbst wenn das Gericht sie irrtümlich als Folgesache behandelt. Für Versorgungsausgleichssachen ist in den Fällen der §§ 6 bis 19 VersAusglG und § 28 VersAusglG kein Antrag notwendig, sodass die Zweiwochenfrist des § 137 Abs. 2 S. 1 FamFG für Verfahren nach § 217 FamFG selbst dann nicht gilt, wenn die Ehezeit nur bis zu drei Jahren angedauert hat (§ 3 Abs. 3 VersAusglG), mit der Folge, dass ein Antrag nach § 3 Abs. 3 VersAusglG noch bis zum rechtskräftigen Abschluss in der Scheidungssache gestellt werden kann.[33]

Auch die **Gerichtsgebühren** entstehen nur einmal (§ 44 Abs. 1 FamGKG). Sie berechnen sich ebenfalls aus dem Gesamtwert (§ 44 Abs. 2 S. 2 FamGKG).

Auch die **Kostenentscheidung** ist einheitlich zu treffen (§ 150 Abs. 1 FamFG) und zwar auch dann, wenn über eine oder mehrere Folgesache(n) infolge einer Abtrennung gesondert zu entscheiden ist (§ 150 Abs. 5 S. 1 FamFG).

---

25 BayObLG IBR 2002, 584 m. Anm. *Mandelkow*; ebenso vgl. BayObLG v. 30.8.1988 – 1Z AR 30/88.
26 OLG Karlsruhe AGS 2008, 223 = OLGR 2008, 280 = MDR 2008, 473 = Justiz 2008, 141.
27 OLG Koblenz NJW 2006, 3723 = NZG 2006, 902 = VuR 2006, 487; OLG Köln AGS 2003, 205.
28 Siehe Zöller/*Vollkommer*, § 37 Rn 4.
29 Schneider/*Herget*, Rn 2547.
30 Hartung/Schons/*Enders* § 16 Rn 24.
31 Bischof/Jungbauer/Bräuer/*Jungbauer*, § 16 Rn 13a.
32 OLG München AGS 2004, 253 m. Anm. *N. Schneider* = FamRB 2004, 223 = OLGR 2004, 194.
33 MüKo/*Heiter*, FamFG, § 137 Rn 41.

39 Die **Bewilligung von Verfahrenskostenhilfe** erfolgt dagegen grundsätzlich für Ehe- und jede Folgesache gesondert. Lediglich die Folgesache Versorgungsausgleich (§ 217 FamFG) ist bereits von der Bewilligung der Verfahrenskostenhilfe in der Ehesache mit erfasst, sofern dies nicht ausdrücklich ausgeschlossen worden ist (§ 149 FamFG). Darüber hinaus erstreckt sich die Bewilligung der Verfahrenskostenhilfe nach § 48 Abs. 3 auch auf Einigungen über bestimmte weitere Gegenstände. Dabei stellt der durch das 2. KostRMoG geänderte Wortlaut des § 48 Abs. 3 klar, dass bei Abschluss eines Vertrags über die in § 48 Abs. 3 Nrn. 1 bis 6 aufgenommenen Regelungsgegenstände, durch die Erstreckung der Verfahrenskostenhilfe alle anfallenden Gebühren, d.h. neben der Einigungsgebühr, auch die Verfahrens(differenz)gebühr und die Terminsgebühr, erfasst werden (siehe § 48 Rdn 87).

40 Wird eine Folgesache aus dem Verbund **abgetrennt** (§§ 140 ff. FamFG), so bleibt sie grundsätzlich weiterhin Folgesache (§ 137 Abs. 5 S. 1 FamFG), sodass sich keine Besonderheiten ergeben. Wird die abgetrennte Folgesache dagegen zu einer selbstständigen Familiensache (§§ 137 Abs. 5 S. 2, 141 S. 3, 142 Abs. 2 S. 3 FamFG), so wird der Verbund damit aufgelöst. Das abgetrennte Verfahren ist gesondert abzurechnen (zu den Besonderheiten bei Abtrennung einer Folgesache aus dem Verbund siehe Rdn 68 ff.).

41 Zu den Besonderheiten bei abgetrennten Verfahren in Übergangsfällen nach Art. 111 Abs. 4 FGG-ReformG siehe § 21 Rdn 102 ff.

42 Zur **Aufnahme** einer selbstständigen Familiensache als Folgesache in den Verbund siehe Rdn 88 ff.

43 Die gleichen Regelungen gelten auch für ein **Verfahren über die Aufhebung der Lebenspartnerschaft** (§ 269 FamFG) und die Folgesachen. Im Gegensatz zur früheren Fassung wird dies jetzt in Nr. 4 einheitlich geregelt. Die frühere Nr. 5 ist daher überflüssig geworden.

2. Gebührenrechtliche Folgen des Verbunds

44 Daraus, dass Scheidungs- und Folgesachen gemäß § 16 Nr. 4 eine einzige Angelegenheit bilden, ergeben sich zahlreiche Besonderheiten, die zu beachten sind.

45 Die Zusammenfassung des Verbunds nach § 16 Nr. 4 hat zunächst zur Folge, dass der Anwalt nach § 15 Abs. 2 die **Gebühren und Auslagen** im gesamten Verbundverfahren nur einmal fordern kann. Die Gebühren entgelten die gesamte Tätigkeit des Anwalts im Verbundverfahren vom Anfang bis zur Erledigung (§ 15 Abs. 1).

46 Hinsichtlich der **Verfahrenswerte** gilt § 23 Abs. 1 S. 1 RVG i.V.m. § 44 Abs. 2 S. 2 FamGKG. Die Werte aus Ehesache und Folgesachen werden zusammengerechnet, wobei für Kindschaftssachen eine von den selbstständigen Verfahren abweichende Wertvorschrift gilt (§ 44 Abs. 2 S. 1 FamGKG). Im Übrigen gelten im Verbundverfahren die gleichen Verfahrenswerte wie in isolierten Verfahren.

47 Des Weiteren sind auch die §§ 60, 61 i.V.m. Art. 111 FGG-ReformG zu beachten. Tritt während des Verbundverfahrens eine **Änderung des Gebührenrechts** ein, so gilt für das gesamte Verbundverfahren einschließlich sämtlicher Folgesachen das Gebührenrecht, das bei Beginn des Verbundverfahrens maßgeblich war (Ausnahme Art. 111 Abs. 5 FGG-ReformG) (siehe hierzu § 60 Rdn 113 ff.). Dies gilt auch für Folgesachen, die erst nach Inkrafttreten der Gebührenänderung anhängig gemacht worden sind.[34] Durch die Übergangsregelungen der §§ 60, 61 ist sichergestellt, dass die durch das FGG-ReformG eingeführten und durch das 2. KostRMoG geänderten, für Scheidungs- und Folgesachen heranzuziehenden, Wertvorschriften der §§ 42 Abs. 3, 43 Abs. 1 S. 2 FamGKG einheitlich nur und erst dann gelten, wenn sie bereits bei Beginn des Verbundverfahrens maßgeblich waren.

> **Beispiel 1:** Dem Anwalt war der Auftrag für das Scheidungsverbundverfahren vor dem 1.8.2013 erteilt worden ist. Später sind noch weitere Folgesachen anhängig gemacht worden, zu denen der Anwalt den Auftrag allerdings erst nach dem 31.7.2013 erhalten hat.
> Nach § 60 Abs. 1 gilt das bisherige Gebührenrecht, also das RVG i.d.F. bis zum 31.7.2013, und zwar für das gesamte Verbundverfahren einschließlich aller Folgesachen.

> **Beispiel 2:** Der Anwalt hatte auftragsgemäß das Scheidungsverbundverfahren im Juli 2009 eingeleitet. Im November 2009 werden weitere Folgesachen eingeleitet.
> Nach Art. 111 FGG-ReformG richten sich die Gebühren noch nach der in der bis zum 1.9.2009 geltenden Fassung. Die Werte richten sich nach dem GKG; das FamGKG ist nicht anwendbar.

---

34 OLG Düsseldorf JurBüro 1996, 253.

Beispiel 3: Der Anwalt hatte auftragsgemäß das Scheidungsverbundverfahren im Juli 2009 eingeleitet. Über den Versorgungsausgleich war bis zum 31.8.2010 erstinstanzlich noch nicht entschieden.
Nach Art. 111 Abs. 5 FGG-ReformG richten sich die Gebühren jetzt insgesamt nach dem durch das FGG-ReformG eingeführten Recht. Die Werte richten sich nach dem FamGKG.

Beispiel 4: Der Anwalt hatte auftragsgemäß das Scheidungsverbundverfahren im Juni 2013 eingeleitet. Im September 2013 werden weitere Folgesachen, insbesondere die Folgesache GÜ als Stufenverfahren anhängig gemacht, wobei das Stufenverfahren unbeziffert abgeschlossen und mit dem Auffangwert bemessen wird (§ 42 Abs. 3 FamGKG).
Nach § 60 Abs. 1 richten sich die Gebühren noch nach der in der bis zum 31.7.2013 geltenden Fassung. Auch die Werte richten sich nach dem FamGKG in der bis zum 31.7.2013 geltenden Fassung mit der Folge, dass auf die durch das 2. KostRMoG erhöhten Werte für Ehesache und Auffangwert nicht abgestellt werden darf.

Hinsichtlich der **Fälligkeit der Gebühren** gilt zwar auch hier grundsätzlich § 8 Abs. 1 S. 1, 2. Var., wonach die Gebühren insgesamt erst fällig werden, wenn die Angelegenheit beendet ist. Hieraus darf jedoch nicht vorschnell der Schluss gezogen werden, dass erst mit Abschluss des Verbundverfahrens die gesamte Vergütung fällig werde. Vielmehr ist § 8 Abs. 1 S. 2 zu berücksichtigen, wonach es in gerichtlichen Verfahren auch zu Teilfälligkeiten kommen kann. Solche Teilfälligkeiten treten insbesondere in Verbundverfahren auf, da häufig Folgesachen vorzeitig enden oder unter Umständen auch längere Zeit ruhen (siehe § 8 Rdn 70 ff.). 48

Beispiel 1: Im Verbundverfahren wird der Antrag auf nachehelichen Unterhalt zurückgenommen.
Mit Rücknahme des Antrags ist die Folgesache nachehelicher Unterhalt beendet. Die Gebühren, soweit sie sich aus dem Wert der Folgesache – nachehelicher Unterhalt – berechnen, sind nach § 8 Abs. 1 S. 2, 1. Var. fällig geworden.

Beispiel 2: Über die Scheidung wird vorab entschieden. Das Verfahren über den Versorgungsausgleich wird abgetrennt. Das Gericht hebt die Kosten des Verfahrens gegeneinander auf.
Mit Erlass des Beschlusses in der Ehesache ist insoweit der Rechtszug beendet. Darüber hinaus ist auch eine Kostenentscheidung ergangen, sodass auch der Fall des § 8 Abs. 1 S. 2, 2. Var. gegeben ist. Die Gebühren, soweit sie sich aus dem Wert der Ehesache berechnen, sind fällig geworden.

Beispiel 3: Im Verbundverfahren wird die Folgesache Zugewinn zum Ruhen gebracht, weil die Beteiligten sich in Vergleichsverhandlungen befinden und eine einvernehmliche Regelung erzielen wollen.
Mit Ablauf von drei Monaten seit Anordnung des Ruhens wird die Vergütung aus der Folgesache Zugewinn fällig (§ 8 Abs. 1 S. 2, 3. Var.).

Auch wenn nach § 8 Abs. 1 S. 2 für eine Folgesache vorzeitig die Fälligkeit eintreten kann, droht eine Verjährung zunächst nicht. Hier steht die Vorschrift des § 8 Abs. 2 entgegen, wonach der Ablauf der Verjährung gehemmt ist, solange das gerichtliche Verfahren noch anhängig bleibt. 49

In den vorangegangenen Beispielen ist die jeweilige Teilvergütung zwar vorzeitig fällig geworden. Die damit mit jeweiligen Jahresende beginnende dreijährige Verjährungsfrist des § 195 BGB ist jedoch gemäß § 8 Abs. 2 solange gehemmt, bis das Verbundverfahren endgültig abgeschlossen ist.

Die Hemmung der Verjährung darf jedoch nicht zu dem Trugschluss verleiten, dass damit die Verjährung einheitlich eintrete. Die früher fällig gewordene Vergütung verjährt in der Regel ungeachtet der Hemmung nach § 8 Abs. 2 zu einem früheren Zeitpunkt. 50

Beispiel: Das FamG entscheidet in einem Verbundverfahren (Ehesache 6.000 EUR, Versorgungsausgleich 1.200 EUR und elterliche Sorge 1.200 EUR) am 11.11.2015 gemäß § 140 Abs. 2 Nr. 4 FamFG vorab über die Ehesache. Über die Folgesachen Versorgungsausgleich und elterliche Sorge wird erst am 20.3.2016 entschieden.
Da die Vorabentscheidung über die Ehesache den Rechtszug insoweit beendet, ist die Vergütung aus der Ehesache vorzeitig fällig geworden (§ 8 Abs. 1 S. 2, 2. Var.). Gegebenenfalls ist sogar eine Kostenentscheidung ergangen, sodass auch (§ 8 Abs. 1 S. 2, 1. Var.) greift. Abzurechnen ist also zunächst wie folgt:

I. Ehesache
1. 1,3-Verfahrensgebühr, VV 3100
   (Wert: 6.000 EUR)   460,20 EUR
2. 1,2-Terminsgebühr, VV 3104
   (Wert: 6.000 EUR)   424,80 EUR

3. Postentgeltpauschale, VV 7002   20,00 EUR
Zwischensumme   905,00 EUR
4. 19 % Umsatzsteuer, VV 7008   171,95 EUR
Gesamt   **1.076,95 EUR**

Die weitere Vergütung wird erst mit der Entscheidung über die Folgesachen fällig (§ 8 Abs. 1 S. 1), also am 20.3.2016. Abzurechnen sind jetzt nicht etwa Verfahrens- und Terminsgebühr aus 2.400 EUR, sondern die Gebühren aus dem Gesamtwert. Darauf ist dann die bereits abgerechnete Vergütung anzurechnen.

II. Verbundverfahren (Schlussrechnung)
1. 1,3-Verfahrensgebühr, VV 3100
   (Wert: 8.400 EUR)   659,10 EUR
2. 1,2-Terminsgebühr, VV 3104
   (Wert: 8.400 EUR)   608,40 EUR
3. Postentgeltpauschale, VV 7002   20,00 EUR
4. ./. bereits abgerechneter (netto)   – 905,00 EUR
Zwischensumme   382,50 EUR
5. 19 % Umsatzsteuer, VV 7008   72,68 EUR
Gesamt   **455,18 EUR**

Die Vergütung aus der Schlussrechnung wird erst in 2016 fällig und verjährt nach Ablauf von drei Jahren zum Kalenderjahresende, also mit Ablauf des 31.12.2019.
Die Vergütung aus der Ehesache wird dagegen bereits zum 11.11.2015 fällig. Die Verjährungsfrist beginnt folglich mit Ablauf des 31.12.2015. Ihr Ablauf wird aber zunächst gehemmt. Diese Hemmung fällt mit Ablauf des 20.3.2016 weg, sodass dann die Verjährungsfrist aus der Ehesache wieder in Gang gesetzt wird (§ 209 BGB) und mit dem 31.12.2018 abläuft.

3. Die Gebühren

51 Die Gebühren im erstinstanzlichen Verbundverfahren richten sich nach Teil 3 Abschnitt 1 VV. Daneben kommen die Allgemeinen Gebühren nach Teil 1 VV (Einigungs- und Aussöhnungsgebühr) in Betracht.

4. Die Auslagen

a) Telekommunikationsentgelte, VV 7002

52 Auch die Postentgeltpauschale nach VV 7002 entsteht im gesamten Verbundverfahren nur ein einziges Mal, da es sich insgesamt nur um eine einzige Angelegenheit handelt. Dies gilt auch im Falle einer Abtrennung. Der Anwalt kann in diesen Fällen daher keine zweite Pauschale verlangen.[35] Ausnahme sind wiederum nach § 15 Abs. 5 S. 2 diejenigen Fälle, in denen Folgesachen nach ihrer Abtrennung als selbstständiges Verfahren fortgeführt werden.

53 Bemerkt der Anwalt in einem Verfahren nach Abtrennung, dass er mit der Pauschale der VV 7002 nicht auskommt, kann er allerdings noch zur **konkreten Abrechnung** übergehen (siehe VV 7001, 7002 Rdn 11 f.). Er muss dann aber das gesamte Scheidungsverbundverfahren konkret abrechnen. Es wäre also z.B. unzulässig, für die Ehesache die Postentgeltpauschale nach VV 7002 zu berechnen und für die verbliebene Folgesache dann nach VV 7001 konkret abzurechnen.

b) Dokumentenpauschale, VV 7000

54 Auch für Dokumentenpauschalen (VV 7000) ist § 15 Abs. 2 zu beachten. Der Anwalt erhält nach VV 7000 je Auftraggeber für die ersten 50 Fotokopien jeweils 0,50 EUR (1 EUR Farbkopien) und für jede weitere Kopie 0,15 EUR (0,30 EUR Farbkopien). Da Verbund- und Folgesache als eine Angelegenheit gelten, ist insgesamt durchzuzählen. Dies gilt auch im Falle der Vorweg- oder Vorabentscheidung. Sind in dem vorab entschiedenen Verfahren also bereits 50 Kopien angefallen, kann der Anwalt in den abgetrennten Folgesachen nur noch 0,15 EUR (Farbkopie 0,30 EUR) je Seite

---

[35] OLG Schleswig SchHA 1979, 58; OLG Braunschweig NdsRpfleger 1979, 243; OLG Celle NdsRplfeger 1979, 182; OLG Düsseldorf AnwBl 1983, 556 = JurBüro 1984, 223; AGS 2001, 27 m. Anm. *Müller-Rabe* = JMBl NW 2000, 262 = OLGR 2000, 288 = JurBüro 2000, 413.

berechnen (Ausnahme wiederum § 15 Abs. 5 S. 2 und die Fortführung abgetrennter Folgesachen als selbstständige Verfahren; zur Abrechnung von Schwarzweiß- und/oder Farbkopien siehe VV 7000 Rdn 43 f.).

Soweit nach VV 7000 Nr. 1 Buchst. b) oder c) jeweils die ersten 100 Kopien vergütungsfrei sind, wird für das gesamte Verbundverfahren durchgezählt: 55

> **Beispiel:** Im Verbundverfahren fertigt der Anwalt zur Unterrichtung des Auftraggebers folgende Schwarz-Weiß-Kopien:
> – in der Ehesache   70 Seiten
> – in der Folgesache Versorgungsausgleich   30 Seiten
> – in der Folgesache Sorgerecht   120 Seiten
> – in der Folgesache Kindesunterhalt   130 Seiten
>
> Es wird jetzt zusammengerechnet. Unzulässig ist es, in der Ehe- und den Folgesachen jeweils die Begrenzung der VV 7000 Nr. 1 Buchst. c auf 100 freie Ablichtungen anzuwenden. Da insgesamt nur eine Angelegenheit gegeben ist, wird durchgezählt; angefallen sind 350 Seiten, sodass (350 – 100 =) 250 Seiten abzurechnen sind.
> Andererseits ist es unzulässig, in der Ehe- und jeder Folgesache die ersten 50 Seiten voll mit 0,50 EUR abzurechnen. Auch hier ist durchzuzählen, sodass der Anwalt abrechnen kann
> (VV 7000 Nr. 1 Buchst. c):
> – 50 Seiten x 0,50 EUR   25,00 EUR
> – 200 Seiten x 0,15 EUR   30,00 EUR

5. Einstweilige Anordnungen

Einstweilige Anordnungsverfahren anlässlich eines Scheidungsverbundverfahrens sind nach § 17 Nr. 4 Buchst. b) gesonderte Angelegenheiten. Eine Zusammenfassung mehrerer einstweiliger Anordnungen, wie noch nach früherem Recht vor dem 1.9.2009 (§ 18 Nr. 1 a.F.) ist nicht mehr vorgesehen, sodass jede einstweilige Anordnung gesondert abzurechnen ist. 56

6. Gerichtsgebühren

Auch die Gerichtsgebühren fallen im gesamten Verbundverfahren nur einmal an. Insoweit enthält § 44 Abs. 1 FamGKG eine vergleichbare Vorschrift. Die Gebühren sind in Teil 1 Abschnitt 1 des FamGKG für Verbundverfahren gesondert geregelt. 57

7. Verfahrenswerte

Der Verfahrenswert eines Scheidungsverbundverfahrens bemisst sich nach der Summe der Werte von Ehe- und Folgesachen (§ 23 Abs. 1 S. 1 RVG i.V.m. § 44 Abs. 2 S. 2 FamGKG). Die Werte von Ehe- und Folgesachen sind zunächst gesondert zu bewerten und dann zusammenzurechnen. Für die Ehesache und die einzelnen Folgesachen gelten dabei die Wertvorschriften, die für die isolierten Verfahren gelten. Lediglich für die Kindschaftssachen ist im Verbundverfahren ein von den isolierten Verfahren abweichender Wert vorgesehen (§ 44 Abs. 2 S. 1 FamGKG). 58

Ehesachen (§ 121 FamFG)	§ 43 Abs. 1 FamGKG	Umstände des Einzelfalls, insbesondere Umfang und Bedeutung der Sache, Vermögens- und Einkommensverhältnisse der Ehegatten; mindestens 3.000 EUR, höchstens 1 Mio. EUR.
Versorgungsausgleichssachen (§ 217 FamFG, §§ 6–19 Vers-AusglG)	§ 50 Abs. 1 S. 1 1. Hs. FamGKG	je Anrecht 10 % des Drei-Monats-Nettoeinkommens beider Ehegatten,[1] insgesamt mindestens 1.000 EUR
Versorgungsausgleichssachen (§ 217 FamFG, §§ 20 ff. Vers-AusglG)	§ 50 Abs. 1 S. 1 2. Hs. FamGKG	je Anrecht 20 % des Drei-Monats-Nettoeinkommens beider Ehegatten,[1] insgesamt mindestens 1.000 EUR

59

Elterliche Sorge (Kindschaftssache nach § 151 Nr. 1 FamFG)	§ 44 Abs. 2 S. 1 FamGKG	20 % der Ehesache, höchstens 3.000 EUR[2]
Umgangsrecht (Kindschaftssache nach § 151 Nr. 2 FamFG)	§ 44 Abs. 2 S. 1 FamGKG	20 % der Ehesache, höchstens 3.000 EUR[2]
Kindesherausgabe (Kindschaftssache nach § 151 Nr. 3 FamFG)	§ 44 Abs. 2 S. 1 FamGKG	20 % der Ehesache, höchstens 3.000 EUR[2]
Ehewohnungssachen (§ 200 Abs. 1 FamFG)	§ 48 Abs. 1 FamGKG	4.000 EUR[3]
Haushaltssachen (§ 200 Abs. 2 FamFG)	§ 48 Abs. 2 FamGKG	3.000 EUR[3]
Ehegattenunterhalt (Unterhaltssache nach § 231 Abs. 1 Nr. 2 FamFG)	§§ 35, 51 Abs. 1 FamGKG	Wert der für die ersten zwölf Monate nach Scheidung geforderten Beträge; fällige Beträge sind im Verbund nicht möglich
Kindesunterhalt (Unterhaltssache nach § 231 Abs. 1 Nr. 1 FamFG)	§§ 35, 51 Abs. 1, 2 FamGKG	Wert der für die ersten zwölf Monate nach Einreichung des Antrags geforderten Beträge; fällige Beträge sind im Verbund nicht möglich
Zugewinn (Güterrechtssache nach § 261 Abs. 1 FamFG)	§ 35 FamGKG	verlangter Betrag
Zugewinn, Antrag und Widerantrag	§ 39 Abs. 1 S. 1 FamGKG	Werte von Antrag und Widerantrag werden zusammen gerechnet (OLG Stuttgart AGS 2007, 47 = FamRZ 2006, 1055; OLG Köln FamRZ 2001, 1386; OLG Hamburg AGS 2000, 230; a.A. OLG Hamm OLGR 2007, 38)
Zugewinn und Stundungsantrag (Güterrechtssachen nach § 261 Abs. 1, 2 FamFG)	§§ 35, 42, 52 FamGKG	Wert des Stundungsantrags (§ 42 Abs. 1 FamGKG) wird dem Wert des Zahlungsantrags (§ 35 FamGKG) hinzugerechnet, wenn darüber entschieden wird
Zugewinn und Antrag auf Übertragung bestimmter Gegenstände (Güterrechtssachen nach § 261 Abs. 1, 2 FamFG)	§§ 35, 42, 52 FamGKG	Wert des Zuweisungsantrags (§ 42 Abs. 1 FamGKG) wird dem Wert des Zahlungsantrags (§ 35 FamGKG) hinzugerechnet, wenn darüber entschieden wird
Stufenantrag (möglich bei Unterhalt und Zugewinn)	§ 38 FamGKG	Zahlung: (s.o.); Auskunft; Bruchteil des erwarteten Anspruchs (§ 42 FamGKG); Eidesstattliche Versicherung: Bruchteil des Auskunftsanspruchs (§ 42 Abs. 1 FamGKG); insgesamt gilt aber nur der höhere Wert

[1] Wobei der Wert herauf- oder herabgesetzt werden kann, wenn er nach den Umständen des Einzelfalls unbillig wäre (§ 50 Abs. 3 FamGKG).

[2] Wobei der Wert herauf- oder herabgesetzt werden kann, wenn er nach den Umständen des Einzelfalls unbillig wäre (§ 44 Abs. 3 FamGKG).

³ Wobei der Wert herauf- oder herabgesetzt werden kann, wenn er nach den Umständen des Einzelfalls unbillig wäre (§ 48 Abs. 3 FamGKG).

Die Werte gelten grundsätzlich auch dann, wenn im Verbundverfahren über die vorgenannten Gegenstände ein Mehrwertvergleich geschlossen wird. Lediglich für die Kindschaftssachen gilt dann nicht der Wert des § 44 Abs. 2 FamGKG, sondern der Regelwert des § 45 Abs. 1 FamGKG.[36]

8. Kostenentscheidung

Grundsätzlich gelten die §§ 91 ff. ZPO (§ 113 Abs. 1 S. 2 FamFG), soweit im FamFG keine Sonderregelungen enthalten sind. Die §§ 80 bis 84 FamFG sind unanwendbar (§ 113 Abs. 1 S. 1 FamFG). 60

Sonderregelungen ergeben sich aus § 150 FamFG, der nicht nur für die Scheidung, sondern auch für die Folgesachen gilt, auch für abgetrennte Verfahren, die nach § 137 Abs. 5 S. 1 FamFG Folgesachen bleiben. 61
- Wird die **Scheidung der Ehe ausgesprochen**, sind die Kosten der Scheidungssache einschließlich der Folgesachen gegeneinander aufzuheben (§ 150 Abs. 1 FamFG).
- Wird der **Scheidungsantrag abgewiesen oder zurückgenommen**, trägt nach § 150 Abs. 2 S. 1 FamFG der Antragsteller die Kosten.
- Werden **wechselseitige Scheidungsanträge abgewiesen oder zurückgenommen**, so sind die Kosten nach § 150 Abs. 2 S. 2 FamFG gegeneinander aufzuheben (§ 113 Abs. 1 S. 2 FamFG i.V.m. § 92 Abs. 1 S. 2 ZPO).
- Haben die Beteiligten eine **Vereinbarung über die Kosten** getroffen, soll das Gericht sie seiner Entscheidung zugrunde legen (§ 150 Abs. 4 S. 3 FamFG).
- Bei **Unbilligkeiten** kann das Gericht die Kosten nach § 150 Abs. 4 S. 1 und 2 FamFG anderweitig verteilen.

Auch bei der **Aufhebung der Ehe** sind nach § 132 Abs. 1 S. 1 FamFG die Kosten grundsätzlich gegeneinander aufzuheben, wobei sie bei Unbilligkeit nach § 132 Abs. 1 S. 2 FamFG nach billigem Ermessen anderweitig zu verteilen sind. Dies gilt nicht, wenn eine Ehe auf Antrag der zuständigen Verwaltungsbehörde oder bei Verstoß gegen § 1306 BGB (Doppelehe) aufgehoben wird (§ 132 Abs. 2 FamFG). Eine Kostenentscheidung ist dann auf der Grundlage des § 113 Abs. 1 S. 2 FamFG i.V.m. den §§ 91 ff. ZPO zu treffen. 62

9. Kostenerstattung und -festsetzung

Der Umfang der Kostenpflicht richtet sich nach § 113 Abs. 1 S. 2 i.V.m. § 91 ZPO, das Kostenfestsetzungsverfahren nach § 113 Abs. 1 S. 2 FamFG i.V.m. den §§ 103 bis 107 ZPO. 63

10. Verfahrenskostenhilfe

Für eine Ehesache ist grundsätzlich Verfahrenskostenhilfe zu bewilligen. Das Bewilligungsverfahren richtet sich nach § 113 Abs. 1 S. 2 FamFG i.V.m. den Vorschriften der §§ 114 ff. ZPO. 64

Die Bewilligung der Verfahrenskostenhilfe in der Ehesache erstreckt sich auch auf einen Widerantrag zur Ehesache (arg. e § 48 Abs. 5 S. 2 Nr. 4). Sie erstreckt sich darüber hinaus grundsätzlich auch auf eine Versorgungsausgleichsfolgesache, es sei denn, die Erstreckung wird ausdrücklich ausgeschlossen ist (§ 149 FamFG). 65

Schließlich erstreckt sich die Bewilligung der Verfahrenskostenhilfe in der Ehesache nach § 48 Abs. 3 S. 1 auch auf den Abschluss eines Vertrags i.S.d. VV 1000 über bestimmte Folgesachen und zwar auf alle mit der Herbeiführung erforderlichen Tätigkeiten, soweit der Vertrag einen in § 48 Abs. 3 Nr. 1–6 genannten Regelungsgegenstand enthält (siehe § 48 Rdn 66 ff.). 66

---

36 OLG Karlsruhe AGS 2015, 456 = NJW-Spezial 2015, 669 = NZFam 2015, 1021.

67 Die Bewilligung von Verfahrenskostenhilfe im Verbundverfahren erstreckt sich nicht auch auf einstweilige Anordnungsverfahren, die „anlässlich" des Verbundverfahrens eingeleitet werden. Hier bedarf es eines gesonderten Antrags auf Bewilligung von Verfahrenskostenhilfe. Wegen des Wegfalls der Akzessorietät zur Hauptsache können Verfahren, die einen Antrag auf Erlass einer einstweiligen Anordnung zum Gegenstand haben, nur noch selbstständig und nicht mehr im Verbund mit der Scheidungssache geführt werden (§ 51 Abs. 3 S. 1 FamFG).

11. Abtrennung aus dem Verbund

a) Überblick

68 Wird eine Folgesache aus dem Verbund abgetrennt (§ 140 FamFG), so kann dies zur Auflösung des Verbunds führen, sodass das abgetrennte Verfahren seine Eigenschaft als Folgesache verliert und als isolierte selbstständige Familiensache fortgeführt wird. § 16 Nr. 4 gilt dann ebenso wenig wie § 44 Abs. 1 FamGKG. Eine Verfahrenstrennung nach § 20 FamFG ist allerdings nicht möglich; § 20 FamFG ist wegen § 113 Abs. 1 S. 1 FamFG in Ehesachen nicht anwendbar. Die Anwendung würde auch dem Prinzip des Verbundverfahrens widersprechen.

69 Die Abtrennung kann kostenrechtliche Konsequenzen haben.
– Bleibt das abgetrennte Verfahren unbeschadet seiner Abtrennung **weiterhin Folgesache** (§ 137 Abs. 5 S. 1 FamFG), hat dies gebührenrechtlich keine Konsequenzen. Der Verbund bleibt erhalten, § 16 Nr. 4 und § 44 Abs. 1 FamGKG gelten weiter. Es kann nur einheitlich abgerechnet werden, wobei hier dann allerdings Teilfälligkeiten nach § 8 Abs. 1 S. 2 und § 11 Abs. 1 FamGKG in Betracht kommen (siehe § 8 Rdn 72 ff.).
– Führt die Abtrennung dagegen dazu, dass die abgetrennte Folgesache fortan zur **selbstständigen Familiensache** wird, dass also der Verbund durch die Abtrennung (teilweise) aufgelöst wird, so kann sie auch gesondert abgerechnet werden. Für das abgetrennte Verfahren gelten § 16 Nr. 4 und § 44 Abs. 1 FamGKG nicht mehr. Das abgetrennte Verfahren wird eine selbstständige Angelegenheit i.S.d. § 15. Allerdings sind das fortgeführte Verfahren und das frühere Verfahren gebührenrechtlich dieselbe Angelegenheit (§ 21 Abs. 3; § 6 Abs. 2 FamGKG).

b) Grundsatz: Keine Lösung aus dem Verbund

70 **aa) Überblick.** Grundsätzlich erfolgt im Falle der Abtrennung keine Lösung aus dem Verbund. Das abgetrennte Verfahren bleibt, insofern es sich um eine Versorgungsausgleichssache (§ 137 Abs. 2 S. 1 Nr. 1 FamFG), eine Unterhaltssache (§ 137 Abs. 2 S. 1 Nr. 2 FamFG), Ehewohnungs- und/oder Haushaltssache (§ 137 Abs. 2 S. 1 Nr. 3) oder eine Güterrechtssache (§ 137 Abs. 2 S. 1 Nr. 4 FamFG) handelt, Folgesache (§ 137 Abs. 5 S. 1 FamFG). Kostenrechtlich hat die Abtrennung in diesen Fällen also keine Auswirkungen, abgesehen davon, dass Teilfälligkeiten eintreten können.

71 **bb) Anwaltsgebühren.** Für die Anwaltsgebühren gilt unbeschadet einer Abtrennung, die keine Lösung aus dem Verbund zur Folge hat, weiterhin § 16 Nr. 4. Das gesamte Verbundverfahren ist eine Angelegenheit und kann nur einheitlich abgerechnet werden.

Beispiel: Während des Scheidungsverfahrens wird, nachdem bereits verhandelt worden war, die Folgesache Kindesunterhalt nach § 140 Abs. 1 S. 1 FamFG wegen Eintritts der Volljährigkeit abgetrennt (Werte: Ehesache 6.000 EUR; Versorgungsausgleich 1.200 EUR; Kindesunterhalt 4.008 EUR).
Es gilt § 137 Abs. 2, Abs. 5 S. 1 FamFG. Die Unterhaltssache bleibt Folgesache. Es besteht kein Wahlrecht. Es ist insgesamt abzurechnen wie bei einer einheitlichen Entscheidung.

1. 1,3-Verfahrensgebühr, VV 3100 (Wert: 11.208 EUR)	785,20 EUR
2. 1,2-Terminsgebühr, VV 3104 (Wert: 11.208 EUR)	724,80 EUR
3. Postentgeltpauschale, VV 7002	20,00 EUR
Zwischensumme	1.530,00 EUR
4. 19 % Umsatzsteuer, VV 7008	290,70 EUR
Gesamt	**1.820,70 EUR**

Da im Falle einer Abtrennung in der Regel die Entscheidungen über die abgetrennte Folgesache und den verbliebenen Verbund zu unterschiedlichen Zeitpunkten ergehen, kann dies allerdings Auswirkungen auf die Fälligkeit und damit auch auf die Verjährung haben (siehe Rdn 49).

cc) Gerichtsgebühren. Hinsichtlich der Gerichtsgebühren ergeben sich keine Besonderheiten. Es gilt § 29 FamGKG. Die Gebühren werden nur einmal aus dem Gesamtwert (§ 44 Abs. 2 S. 2 FamGKG) erhoben.

dd) Verfahrenswert. An dem Verfahrenswert ändert sich nichts. Es bleibt bei der einheitlichen Bewertung nach § 44 Abs. 2 FamGKG.

ee) Kostenentscheidung. Die Kostenentscheidung richtet sich nach wie vor nach § 150 FamFG. Das gilt auch für die abgetrennten Folgesachen (§ 150 Abs. 1 FamFG). Unklar ist, ob die Kostenentscheidung bei einer Vorabentscheidung über die Ehesache – wie nach früherem Recht (§ 93a ZPO) – bereits mit dem Scheidungsausspruch zu erfolgen hat oder erst mit der abschließenden Entscheidung über die abgetrennte(n) Folgesache(n). Die Formulierung des § 150 FamFG spricht dafür, erst in der abschließenden Entscheidung auch über die Kosten zu entscheiden, da die Fälle der „Vorweg-" oder „Vorab-"entscheidung – im Gegensatz zum früheren § 93a ZPO – nicht gesondert erwähnt sind. Dies entspricht auch der Regelung des § 82 FamFG.

ff) Verfahrenskostenhilfe. Eine im Verbundverfahren bewilligte Verfahrenskostenhilfe sowie eine Beiordnung bleiben auch im Falle der nicht den Verbund auflösenden Abtrennung bestehen. Das gilt grundsätzlich sowohl für den verbleibenden Verbund als auch für die abgetrennten Folgesachen.

c) Ausnahme: Lösung aus dem Verbund

aa) Überblick. Kommt es im Falle einer Abtrennung zur Auflösung des Verbunds, wird die abgetrennte Folgesache also zu einer selbstständigen Familiensache, hat dies auch kostenrechtliche Konsequenzen. Der gebührenrechtliche Verbund (§ 16 Nr. 4; § 44 Abs. 1 FamGKG) wird aufgelöst. Die Gebühren des Anwalts entstehen gesondert. Auch die Gerichtsgebühren berechnen sich gesondert (§ 6 Abs. 2 FamGKG). Es ist ferner eine gesonderte Kostenentscheidung zu treffen (§ 150 Abs. 5 S. 2 FamFG). Auch die Verfahrenskostenhilfe wirkt nicht fort.[37]

Eine Lösung aus dem Verbund folgt nur
– bei Abtrennung einer **Kindschaftssache** nach § 140 Abs. 2 Nr. 3 FamFG (§ 137 Abs. 3, Abs. 5 S. 2 FamFG),
– bei einer Fortführung einer Folgesache nach § 141 FamFG (**Vorbehalt bei Rücknahme des Scheidungsantrags**),
– bei Fortführung einer Folgesache nach § 142 FamFG (**Vorbehalt bei Abweisung des Scheidungsantrags**)
– mit Eintritt des 1.9.2009 bei einer zuvor **nach altem Recht abgetrennten Versorgungsausgleichssache** (Art. 111 Abs. 4 S. 1 FGG-ReformG).
– Abtrennung einer **Versorgungsausgleichssache** nach dem 1.9.2009 in einem Verbundverfahren nach altem Recht (Art. 111 Abs. 4 S. 1 FGG-ReformG), und zwar für das Verfahren auf Versorgungsausgleich und alle mit ihm im Restverbund stehenden Folgesachen (Art. 111 Abs. 4 S. 2 FGG-ReformG),

bb) Anwaltsgebühren. Kommt es zu einer solchen Abtrennung, sodass das abgetrennte Verfahren zur selbstständigen Familiensache wird, gilt § 16 Nr. 4 hinsichtlich des abgetrennten Verfahrens nicht mehr. Das abgetrennte Verfahren ist vielmehr eine selbstständige Angelegenheit i.S.d. § 15. Allerdings sind das fortgeführte Verfahren und das frühere Verfahren dieselbe Angelegenheit (§ 21 Abs. 3). Die Gebühren entstehen also aus dem Wert des abgetrennten Verfahrens nicht zweimal – einmal im Verbund und einmal im isolierten Verfahren; der Anwalt hat vielmehr ein Wahlrecht wie er abrechnet, wobei die getrennte Abrechnung in der Regel die günstigere ist.[38]

---

[37] A.A. Bischof/Jungbauer/Bräuer/*Bischof*, § 16 Rn 14, der davon ausgeht, dass die für Scheidungssache und Folgesachen bewilligte „Prozesskostenhilfe" nach Abtrennung und Aussetzung des Versorgungsausgleichs bei Wiederaufnahme des Verfahrens fortwirkt.

[38] *Hartung/Schons/Enders*, § 16 Rn 30.

Beispiel: In einem Verbundverfahren (Ehesache 6.000 EUR, Versorgungsausgleich 1.200 EUR, elterliche Sorge 1.200 EUR) wird nach mündlicher Verhandlung gemäß § 140 Abs. 2 Nr. 3 FamFG die Folgesache elterliche Sorge abgetrennt. Sowohl im Verbund als auch im isolierten Verfahren wird nach der Abtrennung erneut verhandelt.

Es gilt § 137 Abs. 3 S. 1, Abs. 5 S. 2 FamFG. Die Kindschaftssache wird nach der Abtrennung als selbstständiges Verfahren fortgeführt. Der Anwalt kann wählen, ob er gemeinsam oder getrennt abrechnet, wobei hier zu beachten ist, dass mit der Abtrennung der Kindschaftssache diese zu einer selbstständigen Familiensache wird und daher nicht mehr der Wert des § 44 Abs. 2 S. 1 FamGKG gilt, sondern der höhere Ausgangswert des § 45 Abs. 1 FamGKG.

I. Gemeinsame Abrechnung Verbundverfahren

1. 1,3-Verfahrensgebühr, VV 3100 (Wert: 8.400 EUR)	659,10 EUR
2. 1,2-Terminsgebühr VV 3104 (Wert: 8.400 EUR)	608,40 EUR
3. Postentgeltpauschale, VV 7002	20,00 EUR
Zwischensumme	1.287,50 EUR
4. 19 % Umsatzsteuer, VV 7008	244,63 EUR
Gesamt	**1.532,13 EUR**

II. Getrennte Abrechnung

a) Verbundverfahren ohne elterliche Sorge

1. 1,3-Verfahrensgebühr, VV 3100 (Wert: 7.200 EUR)	592,80 EUR
2. 1,2-Terminsgebühr VV 3104 (Wert: 7.200 EUR)	547,20 EUR
3. Postentgeltpauschale, VV 7002	20,00 EUR
Zwischensumme	1.160,00 EUR
4. 19 % Umsatzsteuer, VV 7008	220,40 EUR
Gesamt	**1.380,40 EUR**

b) Isoliertes Verfahren über elterliche Sorge

1. 1,3-Verfahrensgebühr, VV 3100 (Wert: 3.000 EUR)	261,30 EUR
2. 1,2-Terminsgebühr VV 3104 (Wert: 3.000 EUR)	241,20 EUR
3. Postentgeltpauschale, VV 7002	20,00 EUR
Zwischensumme	522,50 EUR
4. 19 % Umsatzsteuer, VV 7008	99,28 EUR
Gesamt	**621,78 EUR**
Gesamt II. a) + b)	**2.002,18 EUR**

Die getrennte Abrechnung ist günstiger.

80 Ebenso zu rechnen ist bei einer Abtrennung nach §§ 140 oder 141 FamFG.

Beispiel: Der Scheidungsantrag wird zurückgenommen, nachdem bereits verhandelt worden war. Die Antragstellerin beantragt jedoch nach § 141 S. 2 FamFG, die Folgesache Kindesunterhalt fortzuführen (Ehesache 6.000 EUR; Versorgungsausgleich 1.200 EUR; Unterhalt 4.008,00 EUR).

I. Gemeinsame Abrechnung – Verbundverfahren mit Unterhalt

1. 1,3-Verfahrensgebühr, VV 3100 (Wert: 11.208 EUR)	785,20 EUR
2. 1,2-Terminsgebühr, VV 3104 (Wert: 11.208 EUR)	724,80 EUR
3. Postentgeltpauschale, VV 7002	20,00 EUR
Zwischensumme	1.530,00 EUR
4. 19 % Umsatzsteuer, VV 7008	290,70 EUR
Gesamt	**1.820,70 EUR**

II. Getrennte Abrechnung

a) Verbundverfahren ohne Unterhalt

1. 1,3-Verfahrensgebühr, VV 3100 (Wert: 7.200 EUR)	592,80 EUR
2. 1,2-Terminsgebühr VV 3104 (Wert: 7.200 EUR)	547,20 EUR

3. Postentgeltpauschale, VV 7002		20,00 EUR
Zwischensumme	1.160,000 EUR	
4. 19 % Umsatzsteuer, VV 7008		220,40 EUR
Gesamt		**1.380,40 EUR**

b) Unterhaltsverfahren nach Fortführung (Wert: 4.008 EUR)

1. 1,3-Verfahrensgebühr, VV 3100 (Wert: 4.008 EUR)		393,90 EUR
2. 1,2-Terminsgebühr VV 3104 (Wert: 4.008 EUR)		363,60 EUR
3. Postentgeltpauschale, VV 7002		20,00 EUR
Zwischensumme	777,50 EUR	
4. 19 % Umsatzsteuer, VV 7008		147,73 EUR
Gesamt		**925,23 EUR**
Gesamt a) + b)		**2.305,63 EUR**

Der Anwalt steht sich also auch hier bei getrennter Berechnung günstiger.

cc) Auslagen. Im Falle einer echten Abtrennung kann der Anwalt auch seine Auslagen gesondert abrechnen. Er erhält daher insbesondere auch eine neue Postentgeltpauschale nach VV 7002. Auch die Kopiekosten werden gesondert gezählt. 81

dd) Gerichtsgebühren. Hinsichtlich der Gerichtsgebühren gilt § 6 Abs. 3 FamGKG. Das frühere Verfahren als Folgesache im Verbund gilt als Teil des abgetrennten Verfahrens. Die Gerichtsgebühren dürfen daher nur einmal erhoben werden (§ 29 FamGKG) und zwar im abgetrennten Verfahren. 82

ee) Gegenstandswert. Am Gegenstandswert der Folgesache ändert sich grundsätzlich nichts, da die Wertvorschriften für Verbund und selbstständiges Verfahren in der Regel dieselben sind. Unterschiede ergeben sich nur für Kindschaftssachen, für die ab der Abtrennung nicht mehr der Wert des § 44 Abs. 2 S. 1 FamGKG, sondern der des § 45 Abs. 1 FamGKG gilt. 83

Eine Besonderheit besteht noch unter den Voraussetzungen des Art. 111 Abs. 4 FGG-ReformG. In diesen Fällen richten sich nach der Abtrennung der Folgesache Versorgungsausgleich auch die übrigen abgetrennten Verfahren nach neuem Kostenrecht, obwohl sie vor dem 1.9.2009 eingeleitet worden waren und zu diesem Zeitpunkt das bis zum 31.8.2009 maßgebende Recht galt. Durch die Übergangsvorschrift des Art. 111 Abs. 4 FGG-ReformG ändert sich bei Abtrennung der Folgesache Versorgungsausgleich nicht nur der Wert der Kindschaftssache (ursprünglich Festwert nach § 48 Abs. 3 S. 3 GKG a.F. in Höhe von 900 EUR – jetzt im Verbund 20 % des Werts der Ehesache nach § 44 Abs. 2 S. 1 FamGKG), sodass nach dem für selbstständige Verfahren geltenden höheren Wert des § 45 Abs. 1 FamGKG zu bemessen ist, sondern auch der Wert für die Versorgungsausgleichssache. Bis zum 31.8.2009 galt gemäß § 49 GKG a.F. ein Festwert in Höhe von 1.000 EUR bzw. 2.000 EUR. Seit dem 1.9.2009 ergibt sich der Verfahrenswert aus § 50 FamGKG und beträgt 10 % des in drei Monaten erzielten Nettoeinkommens der beteiligten Eheleute je Anrecht, wobei Ausgangspunkt für die Bemessung des Nettoeinkommens stets der Zeitpunkt der Einleitung der Scheidungssache und entgegen *Enders*[39] nicht der Zeitpunkt der Beendigung der abgetrennten Folgesache ist (ausführlich siehe § 21 Rdn 102 ff.). 84

ff) Kostenentscheidung. Wird eine Folgesache als selbstständige Familiensache fortgeführt, sind für das abgetrennte Verfahren die hierfür jeweils geltenden Kostenvorschriften anzuwenden (§ 150 Abs. 5 S. 2 FamFG). Es gilt also nicht mehr § 150 FamFG, sondern die jeweilige Kostenvorschrift für das betreffende isolierte Verfahren. Insoweit wird auf die jeweiligen Ausführungen zu den entsprechenden isolierten Verfahren Bezug genommen. 85

gg) Kostenerstattung/Festsetzung. Auch hinsichtlich der Kostenerstattung gilt § 150 Abs. 5 S. 2 FamFG, wonach für das abgetrennte Verfahren die hierfür jeweils geltenden Kostenvorschriften (§ 113 Abs. 1 S. 2 FamFG i.V.m. § 91 ZPO oder § 80 FamFG) anzuwenden sind. Das gilt auch für die Kostenfestsetzung. 86

hh) Verfahrenskostenhilfe. Nicht eindeutig geregelt ist, ob für das abgetrennte Verfahren ein gesonderter Verfahrenskostenhilfeantrag und eine gesonderte Bewilligung und Beiordnung erforderlich ist oder ob eine für das Verbundverfahren bewilligte Verfahrenskostenhilfe sich auf das abge- 87

---

[39] *Hartung/Schons/Enders* § 16 Rn 43.

trennte Verfahren erstreckt. Die Rechtsprechung lehnt eine Erstreckung grundsätzlich ab.[40] Eine neuerliche Prüfung der Bewilligungsvoraussetzungen auf entsprechenden Antrag hin sei insbesondere deshalb geboten, weil die Führung einer selbstständigen Familiensache mit erheblich höheren Kosten verbunden sei als bei einer Verhandlung und Entscheidung im Verbund, sodass geprüft werden müsse, ob Verfahrenskostenhilfe nicht wegen unnötig teurer und deshalb mutwilliger Verfahrensführung zu verweigern sei. Diese Gründe können allerdings nur zutreffen, wenn der bedürftige Beteiligte die Abtrennung beantragt oder verursacht hat. Verfahrensrechtliche Gründe sprechen aber dafür, dass sich die einmal bewilligte Verfahrenskostenhilfe auf abgetrennte Folgesachen dann nicht (mehr) erstrecken kann, wenn die Folgesache als selbstständiges Verfahren fortgeführt wird. Abgetrennte Folgesachen, die als selbstständige Verfahren fortgeführt werden, erhalten ein neues gerichtliches Aktenzeichen, sodass Verfahrenskostenhilfe für das „neue" Verfahren erneut bewilligt werden muss. Der ursprüngliche Bewilligungsbeschluss kann bereits insoweit nicht mehr maßgeblich sein. Es muss daher stets ein neuer Antrag gestellt und ein neuer Bewilligungsbeschluss ergehen, um die Festsetzung der Vergütung aus der Landeskasse zu erreichen. Eine abweichende Auffassung ist – entgegen Bischof[41] – nach der grundlegenden Beantwortung dieser Frage durch den BGH[42] nicht mehr haltbar: Wer mit der Landeskasse abrechnen und Gebühren erhalten will, muss zwingend einen neuen Antrag stellen. Auf die vor dem 16.2.2011 zu dieser Frage ergangene Rechtsprechung sollte deshalb nicht (mehr) abgestellt werden.

12. Aufnahme in den Verbund

a) Überblick

88 Wird eine selbstständig geführte Familiensache infolge Verweisung oder Abgabe durch Anhängigkeit einer Scheidungssache kraft Gesetzes Folgesache gemäß § 137 Abs. 4 FamFG, so gelten ab diesem Zeitpunkt § 16 Nr. 4, § 44 Abs. 1 FamGKG. Während für den Anwalt einmal entstandene Gebühren nicht entfallen können, werden im gerichtlichen Verfahren die Gebühren nur im Verbundverfahren nach den dortigen Vorschriften erhoben (§ 6 Abs. 1 FamGKG).

b) Anwaltsgebühren

89 Gerät eine isolierte Familiensache durch Anhängigkeit einer Scheidungssache kraft Gesetzes gemäß § 137 Abs. 4 FamFG in den Verbund, so gilt ab dann § 16 Nr. 4. Die Gebühren entstehen ab diesem Zeitpunkt nur einmal aus dem Gesamtwert (§ 23 Abs. 1 S. 1 RVG i.V.m. § 44 Abs. 1 FamGKG). Für die Zeit bis zur Aufnahme in den Verbund bleibt die Angelegenheit dagegen gesondert abrechenbar. Die Berechnung der mehrfach – also vor und nach Aufnahme – ausgelösten Gebührentatbestände ist nach dem Grundsatz einer Prozessverbindung zu behandeln, wobei bereits einmal entstandene Gebühren nicht durch die nachträgliche prozessuale Veränderung in Wegfall geraten können, andererseits aus dem bereits berücksichtigten Wert nicht noch einmal neu anfallen können.[43]

> **Beispiel:** Der Anwalt war zunächst vom Mandanten in einem isolierten Verfahren auf Kindesunterhalt vor dem AG Köln beauftragt worden (Wert: 3.660 EUR – § 51 Abs. 1 FamGKG). Nach Umzug der Kindesmutter nach München wurde dort die Scheidung eingereicht (Werte: Ehesache 6.000 EUR – § 43 FamGKG; Versorgungsausgleich 1.200 EUR – § 50 Abs. 1 FamGKG). Das isolierte Unterhaltsverfahren wurde daraufhin an das AG München als Gericht der Ehesache (§ 122 FamFG) abgegeben und gemäß § 137 Abs. 4 FamFG als Folgesache in das Verbundverfahren übernommen. Anschließend wurde erstmals verhandelt. Im isolierten Unterhaltsverfahren ist vor dem AG Köln folgende Vergütung angefallen:
> **I. Isoliertes Verfahren über Kindesunterhalt**
> 1. 1,3-Verfahrensgebühr, VV 3100   327,60 EUR
>   (Wert: 3.660 EUR)

---

[40] OLG Braunschweig AGS 2003, 167 m. abl. Anm. N. Schneider = OLGR 2003, 5 = ZFE 2003, 56; OLG Naumburg FamRZ 2001, 1469 = BRAGOreport 2001, 189 = EzFamR aktuell 2001, 269 = FamRB 2002, 44.
[41] Bischof/Jungbauer/Bräuer/*Bischof*, § 16 Rn 14.
[42] BGH AGS 2011, 167 = NJW 2011, 1141 = FamRZ 2011, 635 = MDR 2011, 442 = FF 2011, 205.
[43] OLG Frankfurt/M. AGS 2006, 193; OLG Zweibrücken AGS 2006, 303.

2. Postentgeltpauschale, VV 7002   20,00 EUR
   Zwischensumme   347,60 EUR
3. 19 % Umsatzsteuer, VV 7008   66,04 EUR
Gesamt   **413,64 EUR**

Diese Vergütung kann nachträglich nicht entfallen, sondern bleibt dem Anwalt erhalten. Nur die weiteren Gebühren richten sich jetzt nach den Regelungen des Verbundverfahrens. Allerdings muss der Wert der Unterhaltssache jetzt im Verbundverfahren bei der Berechnung der Verfahrensgebühr außer Ansatz gelassen werden. Der Anwalt kann die Gebühren aus der Unterhaltssache nicht zweimal abrechnen. Lediglich bei der Terminsgebühr besteht kein Wahlrecht, weil diese Gebühr nicht isoliert angefallen ist, sondern nur im Verbund.

II. Verbundverfahren
1. 1,3-Verfahrensgebühr, VV 3100   592,80 EUR
   (Wert: 7.200 EUR – ohne Kindesunterhalt)
2. 1,2-Terminsgebühr VV 3104   724,80 EUR
   (Wert: 10.860 EUR – mit Kindesunterhalt)
3. Postentgeltpauschale, VV 7002   20,00 EUR
   Zwischensumme   1.337,60 EUR
4. 19 % Umsatzsteuer, VV 7008   254,14 EUR
Gesamt   **1.591,74 EUR**
Gesamt I. + II.   **2.005,38 EUR**

Stattdessen kann der Anwalt aber auch nur die Gebühren des Verbundverfahrens abrechnen. Dann darf er den Wert der Kindschaftssache im Verbund mit berücksichtigen. Im diesem Fall würde der Anwalt erhalten:

Gemeinsame Abrechnung Verbundverfahren
1. 1,3-Verfahrensgebühr, VV 3100   785,20 EUR
   (Wert: 10.860 EUR)
2. 1,2-Terminsgebühr VV 3104   724,80 EUR
   (Wert: 10.860 EUR)
3. Postentgeltpauschale, VV 7002   20,00 EUR
   Zwischensumme   1.530,00 EUR
4. 19 % Umsatzsteuer, VV 7008   290,70 EUR
Gesamt   **1.820,70 EUR**

Diese Berechnung wäre für den Anwalt also ungünstiger.
Nach anderer Auffassung[44] ist anzurechnen. Danach würde sich im isolierten Verfahren nichts ändern. Im Verbund wäre wie folgt zu rechnen:
1. 1,3-Verfahrensgebühr, VV 3100   785,20 EUR
   (Wert: 10.860 EUR)
2. anzurechnen 1,3-Verfahrensgebühr aus 3.660 EUR   – 327,60 EUR
3. 1,2-Terminsgebühr VV 3104   724,80 EUR
   (Wert: 10.860 EUR)
4. Postentgeltpauschale, VV 7002   20,00 EUR
   Zwischensumme   1.202,40 EUR
5. 19 % Umsatzsteuer, VV 7008   228,46 EUR
Gesamt   **1.430,86 EUR**

Diese Auffassung ist jedoch abzulehnen. Abgesehen davon, dass es im RVG keine diesbezügliche Anrechnungsvorschrift und damit keine gesetzliche Grundlage gibt, kann die Anrechnungsmethode in bestimmten Konstellationen zu abweichenden Berechnungen führen.

Handelt es sich bei dem aufgenommenen Verfahren um eine Kindschaftssache ist zudem zu beachten, dass sich der Wert der Kindschaftssache mit der Aufnahme in den Verbund ändert.   90

> **Beispiel:** Der Anwalt war zunächst vom Mandanten in einem isolierten Umgangsrechtsverfahren vor dem AG Köln beauftragt worden (Wert: 3.000 EUR – § 45 Abs. 1 FamGKG). Nach Umzug der Kindesmutter nach München wurde dort die Scheidung eingereicht (Werte: Ehesache 6.000 EUR – § 43 FamGKG; Versorgungsausgleich 1.200 EUR – § 50 Abs. 1 FamGKG). Das isolierte Umgangsrechtsverfahren wurde daraufhin gemäß § 153 S. 1 FamFG an das AG München als Gericht der Ehesache (§ 122 FamFG) abgegeben und dort gemäß § 137 Abs. 4 FamFG als Folgesache in das Verbundverfahren übernommen. Im isolierten Verfahren war bereits verhandelt worden. Im Verbundverfahren wird eine Einigung der Beteiligten über das Umgangsrecht getroffen und gerichtlich gebilligt (156 Abs. 2 S. 2 FamFG).

---

44 OLG Köln AGS 2008, 116 = OLGR 2007, 231 = FamRZ 2007, 647 = FamRB 2007, 76.

Im isolierten Kindschaftsverfahren ist vor dem AG Köln folgende Vergütung angefallen:

I. Isoliertes Verfahren über elterliche Sorge
1. 1,3-Verfahrensgebühr, VV 3100   261,30 EUR
(Wert: 3.000 EUR)
2. 1,2-Terminsgebühr, VV 3104   241,20 EUR
(Wert: 3.000 EUR)
3. Postentgeltpauschale, VV 7002   20,00 EUR
Zwischensumme   522,50 EUR
4. 19 % Umsatzsteuer, VV 7008   99,28 EUR
Gesamt   **621,78 EUR**

Diese Vergütung kann nachträglich nicht entfallen, sondern bleibt dem Anwalt erhalten. Nur die weiteren Gebühren richten sich jetzt nach den Regelungen des Verbundverfahrens, sodass jetzt für die Kindschaftssache der Wert des § 44 Abs. 2 S. 1 FamGKG gilt (20 % des Werts der Ehesache = 1.200 EUR). Allerdings muss der Wert der Kindschaftssache jetzt im Verbundverfahren bei der Berechnung der Verfahrens- und Terminsgebühr außer Ansatz gelassen werden. Der Anwalt kann die Gebühren aus der Kindschaftssache nicht zweimal abrechnen. Lediglich die Einigungsgebühr kann im Verbundverfahren gesondert erhoben werden.

II. Verbundverfahren
1. 1,3-Verfahrensgebühr, VV 3100   592,80 EUR
(Wert: 7.200 EUR – ohne elterliche Sorge)
2. 1,2-Terminsgebühr VV 3104   547,20 EUR
(Wert: 7.200 EUR – ohne elterliche Sorge)
3. 1,0-Einigungsgebühr, VV 1000, 1003   115,00 EUR
(Wert: 1.200 EUR)
4. Postentgeltpauschale, VV 7002   20,00 EUR
Zwischensumme   1.275,00 EUR
5. 19 % Umsatzsteuer, VV 7008   242,25 EUR
Gesamt   **1.517,25 EUR**
Gesamt I. + II.   **2.139,03 EUR**

Stattdessen kann der Anwalt aber auch nur die Gebühren des Verbundverfahrens abrechnen. Dann darf er den Wert der Kindschaftssache im Verbund mit berücksichtigen. Dann würde der Anwalt erhalten:

Gemeinsame Abrechnung Verbundverfahren
1. 1,3-Verfahrensgebühr, VV 3100   659,10 EUR
(Wert: 8.400 EUR)
2. 1,2-Terminsgebühr VV 3104   608,40 EUR
(Wert: 8.400 EUR)
3. 1,0-Einigungsgebühr, VV 1000, 1003   115,00 EUR
(Wert: 1.200 EUR)
4. Postentgeltpauschale, VV 7002   20,00 EUR
Zwischensumme   1.402,50 EUR
5. 19 % Umsatzsteuer, VV 7008   266,48 EUR
Gesamt   **1.668,98 EUR**

Diese Berechnung wäre für den Anwalt wiederum ungünstiger.

91 Nach der Anrechnungsmethode müsste im Verbundverfahren die vorausgegangene 1,3-Gebühr insoweit angerechnet werden, als sie aus dem Wert der Kindschaftssache im Verbund angefallen wäre, also aus einem Wert von 1.200 EUR. Im Ergebnis käme dies jedoch wiederum auf dasselbe Ergebnis heraus.

c) Gerichtsgebühren

92 Hinsichtlich der Gerichtsgebühren ergeben sich keine Besonderheiten. Es gilt § 6 Abs. 1 FamGKG. Die im selbstständigen Verfahren angefallenen Gebühren gelten als Teil der Gebühren des Verfahrens vor dem übernehmenden Gericht. Die Gebühren werden nur einmal erhoben (§ 29 FamGKG) und zwar aus dem Gesamtwert des § 44 Abs. 1 FamGKG.

d) Verfahrenswert

Bis zur Aufnahme in den Verbund richtet sich der Wert im isolierten Verfahren und im Verbundverfahren jeweils nach den dort geltenden Werten. Nach Aufnahme richtet sich der Verfahrenswert nach dem Gesamtwert der für das Verbundverfahren geltenden Werte. Unterschiede ergeben sich hier nur bei den Kindschaftssachen, die isoliert nach § 45 Abs. 1 FamGKG zu bewerten sind (Regelwert 3.000 EUR) und im Verbund nach § 44 Abs. 2 S. 1 FamGKG (20 % des Werts der Ehesache). 93

e) Kostenentscheidung

Die Kostenentscheidung richtet sich nach § 150 FamFG. Diese erfasst auch die aufgenommenen Folgesachen (§ 150 Abs. 1 FamFG), und zwar auch dann, wenn die Folgesache von einem anderen Gericht abgegeben worden ist (§§ 153 S. 2, 202 S. 2, 233 S. 2, 263 S. 2 und 268 S. 2 FamFG i.V.m. § 281 Abs. 3 S. 1 ZPO). Eine gesonderte Kostenentscheidung für die aufgenommene Folgesache ist daher nicht zu treffen. Eine Kostentrennung, wonach die vor dem unzuständigen Gericht angefallenen Kosten dem Antragsteller vorab auferlegt werden können, auch wenn er obsiegt, ist ausgeschlossen, da die §§ 153 S. 2, 202 S. 2, 233 S. 2, 263 S. 2 und 268 S. 2 FamFG nur auf § 281 Abs. 2 und 3 S. 1 ZPO verweisen, nicht aber auch auf § 281 Abs. 3 S. 2 ZPO. 94

f) Kostenerstattung/Festsetzung

Der Umfang der Kostenpflicht richtet sich nach § 113 Abs. 1 S. 2 i.V.m. § 91 ZPO, das Kostenfestsetzungsverfahren nach § 113 Abs. 1 S. 2 FamFG i.V.m. den §§ 103 bis 107 ZPO. 95

g) Verfahrenskostenhilfe

Die für das isolierte Verfahren bewilligte Verfahrenskostenhilfe sowie eine Beiordnung dürften im Falle der Aufnahme in den Verbund aus verfahrensrechtlichen Gründen nicht erhalten bleiben können. Eine gesonderte Bewilligung ist deshalb erforderlich, weil auch das Verbundverfahren ein anderes gerichtliches Aktenzeichen trägt als das selbstständig geführte, aufgenommene Verfahren. Es sollte deshalb auch im Falle der Aufnahme eines zuvor selbstständig geführten Verfahrens stets ein neuer Antrag gestellt und eine gesonderte Bewilligung herbeigeführt werden. 96

VI. Gerichtsverfahren des vorläufigen Rechtsschutzes (Nr. 5)

1. Überblick

Die Norm enthält eine Spezialregelung für verschiedene Abschnitte der dort genannten Eilverfahren; der Anwalt soll danach für eine Tätigkeit in den einzelnen Abschnitten desselben Eilverfahrens seine Vergütung nur einmal erhalten. Wirtschaftlicher Hintergrund der Regelung ist der Umstand, dass der Rechtsanwalt in Abänderungs- und Aufhebungsverfahren im Hinblick auf Verfahren, in denen er vorher tätig war, in der Regel keine besondere Einarbeitungszeit benötigt, sondern vielmehr ohne Weiteres auf seine frühere Arbeit zurückgreifen kann.[45] Die jeweiligen vorausgegangenen Anordnungsverfahren hängen eng mit den sich daraus entwickelnden Abänderungs- oder Aufhebungsverfahren zusammen. Eine Veränderung der Umstände kann nur bei vergleichender Heranziehung der früheren Lage im Anordnungsverfahren festgestellt werden. Der Rechtsanwalt kann also im Aufhebungsverfahren zu einem sehr großen Teil auf die Arbeit zurückgreifen, die er im Anordnungsverfahren bereits geleistet hat. Daher soll der Rechtsanwalt die gleichartigen Gebühren und Auslagen nur einmal fordern können, soweit diese in derselben Instanz entstehen. Es entsteht somit 97

---

[45] BayVGH AGS 2007, 567 = NJW 2007, 2715; vgl. Hartmann, § 16 RVG Rn 9.

lediglich einmal eine Verfahrens-, Termins- bzw. Einigungsgebühr.[46] Auch die Auslagen fallen nur einmal an. In verschiedenen Instanzen entstehen die Gebühren und Auslagen dagegen gesondert (§ 17 Nr. 1).

2. Zivilrechtliche Angelegenheiten

a) Abgrenzungen

98 **aa) Anordnungs- und Abänderungsverfahren.** Verfahren auf Abänderung und Aufhebung einer einstweiligen Verfügung oder eines Arrests zählen nach Nr. 5 zum **Anordnungsverfahren**, bilden mit ihm also eine **Einheit**. Entsprechendes gilt ab dem 18.1.2017 in Verfahren zur Erwirkung eines Europäischen Beschlusses zur vorläufigen Kontenpfändung.[47] Auch hier werden Erwirkungsverfahren und Widerruf dieselbe Angelegenheit sein.

99 **bb) Abänderungsverfahren und Hauptsache.** Abzugrenzen sind die Anordnungsverfahren zur **Hauptsache**. Hier gilt 17 Nr. 4. Gegenüber der Hauptsache sind sie **eigene Angelegenheiten**.

100 **cc) Widerspruchs- und Abänderungsverfahren.** Abzugrenzen sind die Verfahren auf Abänderung und Aufhebung ferner zu einem **Widerspruchsverfahren** nach den §§ 924, 925 ZPO und einem **Rechtfertigungsverfahren** nach § 942 ZPO. Beide „Nachverfahren" sind noch keine Abänderungs- oder Aufhebungsverfahren nach Nr. 5, sondern Teile des Anordnungsverfahrens.

101 **dd) Anordnungs- und Verlängerungsverfahren.** Wird ein Antrag gestellt, eine **zeitlich begrenzte einstweilige Verfügung** zu **verlängern**, wird damit ein neues Verfügungsverfahren eingeleitet, wenn das frühere einstweilige Verfügungsverfahren durch ein Urteil oder einen Beschluss seinen erstinstanzlichen Abschluss gefunden hatte; Nr. 5 findet keine Anwendung, sodass gesonderte Gebühren entstehen.[48] Bei einem Verlängerungsantrag handelt es sich um eine neue eigene Angelegenheit. Der Antrag auf Verlängerung stellt gerade keine „Änderung" der ursprünglichen Verfügung im Sinne der Nr. 5 dar. Vielmehr hat das ursprüngliche einstweilige Verfügungsverfahren durch den früheren Beschluss oder das frühere Urteil seinen erstinstanzlichen Abschluss gefunden. Die begehrte Verlängerung der Geltungsdauer der in dieser einstweiligen Verfügung getroffenen Anordnungen stellt sich inhaltlich nicht anders dar als eine neuerliche einstweilige Verfügung mit dem Inhalt, dieselben Anordnungen für einen anderen, sich an die ursprüngliche Befristung anschließenden Zeitraum zu treffen (zur vergleichbaren Lage in Familiensachen siehe Rdn 132).

102 **ee) Mehrere Aufhebungsverfahren.** Werden mehrere Aufhebungsverfahren beantragt, stehen dem Rechtsanwalt, wenn sie denselben Arrest oder dieselbe einstweilige Verfügung betreffen, die Gebühren im selben Rechtszug nur einmal zu (Nr. 5 i.V.m. § 15 Abs. 2). In verschiedenen Instanzen befinden sich mehrere Aufhebungsverfahren nur, wenn sie selbst als Verfahren in unterschiedlichen Instanzen anhängig sind.[49]

103 Damit ist jedoch nicht gemeint, dass das in der Berufungsinstanz anhängige Anordnungsverfahren und das erstinstanzliche Aufhebungsverfahren eine Angelegenheit im Sinne von Nr. 5 darstellen. Liegt der Fall so, fallen die Gebühren für die zweite Instanz des Anordnungsverfahrens und die Gebühren für das Aufhebungsverfahren der ersten Instanz jeweils gesondert an.[50]

b) Überblick

104 **aa) Erstinstanzliche Abänderungsverfahren.** In Verfahren über die **Abänderung oder Aufhebung eines Arrests oder einer einstweiligen Verfügung** erhält der Anwalt erstinstanzlich ebenfalls die Gebühren der VV 3100 ff., und zwar auch hier gesondert neben den Gebühren der Hauptsache (§ 17 Nr. 4 Buchst. d). Diese Gebühren entstehen aber nicht, soweit der Anwalt die Gebühren bereits

---

[46] OLG Dresden JurBüro 2000, 139; OLG Koblenz VersR 1987, 595; OLG Braunschweig JurBüro 1995, 642 = KostRsp. BRAGO § 40 Nr. 20.
[47] Zur geplanten Gesetzesänderung siehe den Entwurf zum EuKoPfVODG (BR-Drs 633/15, BT-Drs 18/7560).
[48] OLG Hamburg JurBüro 1991, 1084; AG Bad Kreuznach AGS 2009, 64.
[49] KG JurBüro 1969, 1176 = KostRsp. BRAGO § 40 Nr. 3.
[50] OLG Celle AnwBl 1963, 139 = NJW 1963, 306 = NdsRpfl 1963, 34 = KostRsp. BRAGO § 40 Nr. 2.

im Anordnungsverfahren verdient hat, da das Verfahren über einen Antrag auf Anordnung eines Arrests oder Erlass einer einstweiligen Verfügung einerseits und jedes Verfahren auf deren Abänderung oder Aufhebung andererseits als eine Angelegenheit gelten (Nr. 5). Zu den Abänderungs- und Aufhebungsverfahren nach Nr. 5 gehören
- das Verfahren auf Aufhebung wegen nicht fristgemäßer Klageerhebung (§ 926 Abs. 2 ZPO),
- das Verfahren auf Aufhebung wegen veränderter Umstände (§ 927 ZPO),
- das Verfahren auf Aufhebung gegen Sicherheitsleistung (§ 939 ZPO),
- das Verfahren auf Aufhebung der einstweiligen Verfügung wegen Nichteinhaltung der Ladungsfrist (§ 942 Abs. 3 ZPO).

Soweit der Anwalt also **bereits im Anordnungsverfahren tätig** war, erhält er die dort bereits verdienten Gebühren und Auslagen nicht erneut (§ 15 Abs. 2). 105

Es können allerdings weitere Gebühren und Auslagen, die bisher noch nicht entstanden waren, ausgelöst werden, insbesondere eine Terminsgebühr oder eine Einigungsgebühr. Auch kann sich durch Einbeziehung weiter gehender Gegenstände, etwa im Rahmen einer Einigung auch über die Hauptsache oder andere Gegenstände, der Streitwert erhöhen. 106

Zu beachten ist, dass der Gegenstandswert eines Aufhebungs- oder Abänderungsverfahrens geringer sein kann als der des Anordnungsverfahrens, etwa wenn die beantragte Verfügung oder der beantragte Arrest nur zum Teil erlassen worden ist oder wenn nur teilweise Abänderung oder Aufhebung beantragt wird. Daher ist ggf. eine gesonderte Wertfestsetzung erforderlich. 107

Des Weiteren zu beachten ist, dass Anordnungs- und Aufhebungs- bzw. Abänderungsverfahren auch dann nach Nr. 5 RVG eine Angelegenheit sind, wenn zwischenzeitlich das Berufungs- oder Beschwerdegericht mit der Sache befasst war, selbst wenn erst das Berufungs- oder Beschwerdegericht den Arrest oder die einstweilige Verfügung erlassen hat. 108

Für den Anwalt, der **erstmals im Abänderungs- und Aufhebungsverfahren** tätig wird, entstehen die Gebühren jetzt erstmalig. Auch hier ist zu berücksichtigen, dass eventuell ein gegenüber dem Anordnungsverfahren geringerer Wert gelten kann, insbesondere, wenn dem Antrag auf Anordnung des Arrests oder auf Erlass der einstweiligen Verfügung nur teilweise stattgegeben worden ist oder wenn nur wegen eines Teils die Aufhebung oder Abänderung beantragt worden ist. 109

bb) Berufungsverfahren. Wird gegen eine in einem **Abänderungs- oder Aufhebungsverfahren** ergangene Entscheidung Berufung eingelegt, gelten die gewöhnlichen Gebühren eines Berufungsverfahrens nach den VV 3200 ff. Hier bestehen keine Besonderheiten. Berufungsverfahren sind immer eigene Angelegenheiten (§ 17 Nr. 1). 110

c) Verfahren auf Aufhebung nach § 926 Abs. 2 ZPO

Nach § 926 Abs. 2 ZPO sind ein Arrest oder eine einstweilige Verfügung aufzuheben, wenn der Antragsteller der Fristsetzung zur Hauptsacheklage (§ 926 Abs. 1 ZPO) nicht nachkommt. 111

Das Verfahren über den Antrag auf Fristsetzung zählt noch mit zum Anordnungsverfahren und wird durch die dort verdienten Gebühren abgegolten (§ 19 Abs. 1 S. 1).[51] 112

Die Entscheidung über den Aufhebungsantrag ergeht durch Urteil und setzt damit eine mündliche Verhandlung voraus. Auch hier sind Anordnungs- und Aufhebungsverfahren nach Nr. 5 eine Angelegenheit. 113

Der Anwalt kann daher Verfahrens- und Terminsgebühr insgesamt nur einmal verlangen. Sofern die Terminsgebühr im Anordnungsverfahren noch nicht angefallen war, entsteht sie jetzt im Aufhebungsverfahren. Soweit sie bereits im Anordnungsverfahren entstanden ist, erhält der Anwalt keine weiteren Gebühren, es sei denn, es wird im Aufhebungsverfahren eine Einigung geschlossen, so dass dort noch die Einigungsgebühr nach VV 1000, 1003 entsteht. 114

Beispiel: Antrag auf Aufhebung wegen Verstreichens der Frist zur Hauptsacheklage 115
Gegen den Antragsgegner ist nach mündlicher Verhandlung eine einstweilige Verfügung ergangen (Streitwert: 50.000 EUR). Er lässt dem Antragsteller eine Frist zur Hauptsacheklage setzen, die dieser nicht

---

51 OLG Karlsruhe WRP 1985, 40.

einhält. Daraufhin beantragt der Antragsteller die Aufhebung der einstweiligen Verfügung nach § 926 Abs. 2 ZPO. Das Gericht hebt nach mündlicher Verhandlung die einstweilige Verfügung durch Urteil auf. Unabhängig davon, welche Gebühren bereits im Anordnungsverfahren entstanden sind, erhalten die beteiligten Anwälte insgesamt nur eine 1,3-Verfahrensgebühr (VV 3100) sowie die 1,2-Terminsgebühr nach VV 3104.

1. 1,3-Verfahrensgebühr, VV 3100 (Wert: 50.000 EUR)	1.511,90 EUR
2. 1,2-Terminsgebühr, VV 3104 (Wert: 50.000 EUR)	1.395,60 EUR
3. Postentgeltpauschale, VV 7002	20,00 EUR
Zwischensumme	2.927,50 EUR
4. 19 % Umsatzsteuer, VV 7008	556,23 EUR
Gesamt	**3.483,73 EUR**

116 Da nach § 926 Abs. 2 ZPO durch Urteil zu entscheiden und damit eine mündliche Verhandlung vorgeschrieben ist, würde die Terminsgebühr auch dann anfallen, wenn im Einverständnis der Beteiligten im schriftlichen Verfahren entschieden oder ein schriftlicher Vergleich geschlossen wird (Anm. Abs. 1 Nr. 1 zu VV 3104).

d) Verfahren auf Aufhebung wegen veränderter Umstände nach § 927 ZPO

117 Nach § 927 ZPO kann ein Arrest oder eine einstweilige Verfügung wegen veränderter Umstände aufgehoben werden. Auch in diesem Fall ist das Anordnungs- und das Abänderungsverfahren eine Angelegenheit i.S.d. Nr. 5, und zwar unabhängig davon, ob das Arrest- oder Verfügungsgericht oder gemäß § 927 Abs. 2, 2. Hs. ZPO ein davon abweichendes Gericht der Hauptsache entscheidet (§ 20 S. 1).

118 Der Anwalt kann daher Verfahrens- und Terminsgebühr insgesamt nur einmal fordern. Sofern die Terminsgebühr im Anordnungsverfahren noch nicht angefallen war,[52] entsteht sie jetzt im Aufhebungsverfahren. Soweit sie bereits im Anordnungsverfahren entstanden ist, erhält der Anwalt keine weiteren Gebühren, es sei denn, es wird im Aufhebungsverfahren eine Einigung geschlossen, so dass dort noch die Einigungsgebühr nach VV 1000, 1003 entsteht.

Beispiel: Antrag auf Aufhebung wegen veränderter Umstände nach § 927 ZPO
Gegen den Antragsgegner ist nach mündlicher Verhandlung eine einstweilige Verfügung ergangen (Streitwert 50.000 EUR). Später beantragt er gemäß § 927 ZPO die Aufhebung wegen veränderter Umstände. Das Gericht weist den Antrag nach mündlicher Verhandlung zurück.
Im Anordnungsverfahren hatten die beteiligten Anwälte bereits die 1,3-Verfahrensgebühr (VV 3100) sowie die 1,2-Terminsgebühr nach VV 3104 verdient:
Das Verfahren auf Abänderung wegen veränderter Umstände löst nach Nr. 5 keine neue Angelegenheit aus, so dass die beteiligten Anwälte keine weitere Vergütung erhalten.

1. 1,3-Verfahrensgebühr, VV 3100 (Wert: 50.000 EUR)	1.511,90 EUR
2. 1,2-Terminsgebühr, VV 3104 (Wert: 50.000 EUR)	1.395,60 EUR
3. Postentgeltpauschale, VV 7002	20,00 EUR
Zwischensumme	2.927,50 EUR
4. 19 % Umsatzsteuer, VV 7008	556,23 EUR
Gesamt	**3.483,73 EUR**

119 War der Arrest oder die einstweilige Verfügung ohne mündliche Verhandlung ergangen und ist zunächst gemäß § 924 ZPO Widerspruch eingelegt und durch Urteil zurückgewiesen worden und wird dann später nach § 927 ZPO Abänderung beantragt, zählen alle drei Verfahren als eine Angelegenheit, in der die Gebühren nur einmal entstehen können.

120 Gesonderte Gebühren können dann anfallen, wenn zwischen Anordnung und Abänderungsantrag mehr als zwei Kalenderjahre vergangen sind (§ 15 Abs. 5 S. 2). Die Regelung des § 15 Abs. 5 S. 2 geht der des Nr. 5 vor.

---

52 Dieser Fall ist praktisch kaum denkbar, da das Verfahren nach § 927 ZPO gegenüber dem Widerspruch subsidiär ist und die Anwälte daher die Terminsgebühr bereits verdient haben müssen.

Beispiel: Abänderungsantrag nach mehr als zwei Kalenderjahren
Nach mündlicher Verhandlung war im Dezember 2010 eine einstweilige Verfügung ergangen (Wert: 50.000 EUR). Im August 2013 beauftragt der Antragsgegner die Aufhebung der einstweiligen Verfügung wegen veränderter Umstände. Das Gericht beraumt Termin zur mündlichen Verhandlung an, an der die Anwälte teilnehmen.

Für beide Anwälte war im Anordnungsverfahren bereits eine 1,3-Verfahrensgebühr nach VV 3100 sowie eine 1,2-Terminsgebühr nebst Auslagen und Umsatzsteuer entstanden. Das nachfolgende Verfahren über den Abänderungsantrag zählt für sie gemäß § 15 Abs. 5 S. 2 als neue Angelegenheit, da seit dem Erlass der einstweiligen Anordnung mehr als zwei Kalenderjahre vergangen sind. Die Regelung des Nr. 5 tritt insoweit zurück. Die Anwälte erhalten daher eine weitere 1,3-Verfahrensgebühr sowie eine 1,2-Terminsgebühr nebst Auslagen. Zu beachten ist in diesem Zusammenhang noch, dass sich das Anordnungsverfahren nach altem Recht richtet, während für das Abänderungsverfahren gemäß § 60 Abs. 1 S. 1 bereits die ab dem 1.8.2013 geltenden neuen Gebührenbeträge anzuwenden sind.

I. Anordnungs- und Widerspruchsverfahren (nach den bis zum 31.7.2013 geltenden Beträgen)
1. 1,3-Verfahrensgebühr, VV 3100 .... 1.359,80 EUR
   (Wert: 50.000 EUR)
2. 1,2-Terminsgebühr, VV 3104 .... 1.255,20 EUR
   (Wert: 50.000 EUR)
3. Postentgeltpauschale, VV 7002 .... 20,00 EUR
   Zwischensumme .... 2.635,00 EUR
4. 19 % Umsatzsteuer, VV 7008 .... 500,65 EUR
   Gesamt .... 3.135,65 EUR

II. Abänderungsverfahren (nach den ab dem 1.8.2013 geltenden Beträgen)
1. 1,3-Verfahrensgebühr, VV 3100 .... 1.511,90 EUR
   (Wert: 50.000 EUR)
2. 1,2-Terminsgebühr, VV 3104 .... 1.395,60 EUR
   (Wert: 50.000 EUR)
3. Postentgeltpauschale, VV 7002 .... 20,00 EUR
   Zwischensumme .... 2.927,50 EUR
4. 19 % Umsatzsteuer, VV 7008 .... 556,23 EUR
   Gesamt .... 3.483,73 EUR

Anordnungs- und Aufhebungs- bzw. Abänderungsverfahren sind auch dann nach Nr. 5 eine Angelegenheit, wenn zwischenzeitlich das Berufungs- oder Beschwerdegericht mit der Sache befasst war, selbst wenn erst das Berufungs- oder Beschwerdegericht den Arrest oder die einstweilige Verfügung erlassen hat.

121

Beispiel: Abänderungsverfahren nach Berufung
Das LG hatte aufgrund mündlicher Verhandlung die beantragte einstweilige Verfügung erlassen (Wert: 50.000 EUR). Dagegen wird Berufung zum OLG eingelegt, die jedoch zurückgewiesen wurde. Später wird nach § 927 ZPO vom Antragsgegner die Aufhebung der einstweiligen Verfügung wegen veränderter Umstände beantragt. Das Gericht beraumt Termin zur mündlichen Verhandlung an, an der die Anwälte teilnehmen.
Das Berufungsverfahren ist nach § 17 Nr. 1 gesondert abzurechnen. Im Anordnungs- und Abänderungsverfahren entstehen die Gebühren und Auslagen nach Nr. 5 nur einmal. Das zwischenzeitliche Berufungsverfahren schafft keine Zäsur.[53]
Beide Anwälte erhalten daher folgende Vergütung:

I. Anordnungs- und Abänderungsverfahren
1. 1,3-Verfahrensgebühr, VV 3100 .... 1.511,90 EUR
   (Wert: 50.000 EUR)
2. 1,2-Terminsgebühr, VV 3104 .... 1.395,60 EUR
   (Wert: 50.000 EUR)
3. Postentgeltpauschale, VV 7002 .... 20,00 EUR
   Zwischensumme .... 2.927,50 EUR
4. 19 % Umsatzsteuer, VV 7008 .... 556,23 EUR
   Gesamt .... 3.483,73 EUR

II. Berufungsverfahren
1. 1,6-Verfahrensgebühr, VV 3200 .... 1.860,80 EUR
   (Wert: 50.000 EUR)

---

53 OLG München JurBüro 1988, 474.

2. 1,2-Terminsgebühr, VV 3202 (Wert: 50.000 EUR)	1.395,60 EUR
3. Postentgeltpauschale, VV 7002	20,00 EUR
Zwischensumme	3.276,40 EUR
4. 19 % Umsatzsteuer, VV 7008	622,52 EUR
Gesamt	**3.898,92 EUR**

Beispiel: Abänderung einer erst im Berufungsverfahren ergangenen einstweiligen Verfügung
Das LG hatte aufgrund mündlicher Verhandlung den Erlass der beantragten einstweiligen Verfügung abgelehnt (Wert: 50.000 EUR). Dagegen wird Berufung zum OLG eingelegt, die Erfolg hatte. Das OLG erlässt die einstweilige Verfügung.
Später wird nach § 927 ZPO vom Antragsgegner die Aufhebung der einstweiligen Verfügung wegen veränderter Umstände beantragt. Das Gericht beraumt Termin zur mündlichen Verhandlung an, an der die Anwälte teilnehmen.
Auch hier ist das Berufungsverfahren nach § 17 Nr. 1 gesondert abzurechnen. Das Anordnungsverfahren vor dem LG und das Abänderungsverfahren, die ebenfalls vor dem LG stattfinden,[54] sind nach Nr. 5 wiederum nur eine Angelegenheit, so dass die Gebühren nach § 17 Nr. 1 nur einmal entstehen. Dass die einstweilige Verfügung hier erst vom Berufungsgericht erlassen worden ist, ist dabei unerheblich.
Beide Anwälte erhalten daher die gleiche Vergütung wie im vorangehenden Beispiel.

e) Verfahren auf Aufhebung gegen Sicherheitsleistung (§ 939 ZPO)

122 Unter besonderen Umständen kann nach § 939 ZPO eine einstweilige Verfügung gegen Sicherheitsleistung aufgehoben werden. Auch dieses Verfahren zählt zusammen mit den Anordnungsverfahren gemäß Nr. 5 als eine Angelegenheit. Das Verfahren richtet sich nach § 924 ZPO oder nach § 927 ZPO, so dass auf die dortigen Ausführungen Bezug genommen wird.

f) Aufhebungsverfahren nach § 942 Abs. 3 ZPO

123 Setzt das Gericht der belegenen Sache auf Antrag nach § 942 Abs. 2 S. 3 ZPO eine Frist nach § 942 Abs. 1 ZPO zur Ladung vor dem Gericht der Hauptsache fest und wird innerhalb dieser Frist keine Hauptsacheklage erhoben, dann wird von dem Amtsgericht der belegenen Sache die einstweilige Verfügung durch Beschluss aufgehoben. Hierüber wird ohne mündliche Verhandlung durch Beschluss entschieden (§ 942 Abs. 4 ZPO). Dieses Verfahren auf Aufhebung wegen Fristablaufs nach § 942 Abs. 3 ZPO und das vorangegangene Anordnungsverfahren sind gemäß Nr. 5 eine Angelegenheit, so dass die Gebühren nur einmal entstehen.

124 Eine Termingebühr entsteht grundsätzlich nicht, da das Gericht ohne mündliche Verhandlung entscheidet. Die Termingebühr kann hier allenfalls anfallen, wenn zuvor zwischen den Anwälten Besprechungen i.S.d. VV Vorb. 3 Abs. 3, 3. Var. geführt worden sind.

Beispiel: Einstweilige Verfügung vor dem Gericht der belegenen Sache mit anschließendem Aufhebungsverfahren
Vor dem Gericht der belegenen Sache wird eine einstweilige Verfügung erwirkt (Wert: 10.000 EUR). Das Gericht setzt auf Antrag des Gegners dem Antragsteller eine Frist, innerhalb der die Ladung zur mündlichen Verhandlung vor dem Gericht der Hauptsache zu beantragen ist. Vor dem zuständigen Gericht wird die Ladung fristgerecht beantragt und über die Rechtmäßigkeit der einstweiligen Verfügung verhandelt. Der Streitwert wird auf 9.000 EUR festgesetzt.
Da das Anordnungs- und das Aufhebungsverfahren nach Nr. 5 eine Angelegenheit darstellen, entsteht die Verfahrensgebühr nur einmal. Eine Termingebühr entsteht im einstweiligen Verfügungsverfahren nicht, da nach § 942 Abs. 4 ZPO die Entscheidung ohne mündliche Verhandlung ergangen und damit die Voraussetzungen der Anm. Abs. 1 Nr. 1 zu VV 3104 nicht erfüllt sind, wohl aber im Aufhebungsverfahren.

1. 1,3-Verfahrensgebühr, VV 3100 (Wert: 9.000 EUR)	659,10 EUR
2. 1,2-Terminsgebühr, VV 3104 (Wert: 9.000 EUR)	608,40 EUR

---

54 OLG Hamm MDR 2987, 593 = OLGZ 1987, 492.

3. Postentgeltpauschale, VV 7002		20,00 EUR
Zwischensumme	1.287,50 EUR	
4. 19 % Umsatzsteuer, VV 7008		244,63 EUR
Gesamt		**1.532,13 EUR**

g) Anhang: Kostenentscheidung und -festsetzung bei gegenläufigen Kostenentscheidungen im Anordnungs- und Abänderungsverfahren

Sind im Anordnungs- und Aufhebungsverfahren ganz oder teilweise gegenläufige Kostenentscheidungen ergangen, so kann jede Partei aus der ihr günstigen Kostenentscheidung die ihr erwachsenen Kosten erstattet verlangen.[55] **125**

Beispiel: Gegenläufige Kostenentscheidungen in Anordnungs- und Aufhebungs- bzw. Abänderungsverfahren

Der Antragsteller hatte durch seinen Anwalt eine einstweilige Verfügung ohne mündliche Verhandlung erwirkt. Im Verfahren auf Aufhebung wegen Verstreichens der Klagefrist wird die einstweilige Verfügung nach mündlicher Verhandlung aufgehoben.

Jetzt ergehen für das Anordnungs- und das Aufhebungsverfahren gesonderte Kostenentscheidungen. Während der Antragsgegner die Kosten des Anordnungsverfahrens zu tragen hat, muss der Antragsteller die Kosten des Aufhebungsverfahrens tragen.

Der Antragsteller kann also eine 1,3-Verfahrensgebühr nebst Auslagen und Umsatzsteuer aus dem Wert des Anordnungsverfahrens erstattet verlangen. Der Antragsgegner kann eine 1,3-Verfahrensgebühr und eine 1,2-Terminsgebühr aus dem Wert des Aufhebungsverfahrens erstattet verlangen. Dass die 1,3-Verfahrensgebühr für den Anwalt des Antragsgegners schon im Anordnungsverfahren angefallen ist, ist unerheblich. Anderer Ansicht ist das OLG Frankfurt,[56] das wohl nur die Mehrkosten, also die Terminsgebühr als erstattungsfähig ansieht.

I. Kostenerstattung Antragsteller

1. 1,3-Verfahrensgebühr, VV 3100		725,40 EUR
(Wert: 10.000 EUR)		
2. Postentgeltpauschale, VV 7002		20,00 EUR
Zwischensumme	745,40 EUR	
3. 19 % Umsatzsteuer, VV 7008		141,63 EUR
Gesamt		**887,03 EUR**

II. Kostenerstattung Antragsgegner

1. 1,3-Verfahrensgebühr, VV 3100		725,40 EUR
(Wert: 10.000 EUR)		
2. 1,2-Terminsgebühr, VV 3104		180,00 EUR
(Wert: 1.860 EUR)		
3. Postentgeltpauschale, VV 7002		20,00 EUR
Zwischensumme	925,40 EUR	
4. 19 % Umsatzsteuer, VV 7008		175,83 EUR
Gesamt		**1.101,23 EUR**

Zu beachten ist, dass keine Partei nach § 15 Abs. 2 mehr als 100 % der ihr insgesamt in beiden Verfahren erwachsenen Kosten verlangen kann.[57] **126**

Beispiel: Unterschiedliche Kostenentscheidungen in Anordnungs- und Aufhebungs- bzw. Abänderungsverfahren

Der Antragsteller hatte durch seinen Anwalt den Erlass einer einstweiligen Verfügung beantragt. Nach mündlicher Verhandlung ist die beantragte Verfügung überwiegend erlassen worden. Die Kosten sind zu 75 % dem Antragsgegner und zu 25 % dem Antragsteller auferlegt worden. Die Kostenausgleichung wurde durchgeführt. Später wird die einstweilige Verfügung im Verfahren nach § 927 ZPO aufgehoben. Die Kosten des Aufhebungsverfahrens werden dem Antragsteller auferlegt.

Im Aufhebungsverfahren sind eine 1,3-Verfahrensgebühr und eine 1,2-Terminsgebühr angefallen, die grundsätzlich nach der Kostenentscheidung im Aufhebungsverfahren zu erstatten sind. Zu beachten ist

---

[55] OLG Hamburg MDR 1974, 150.
[56] KG AGS 2012, 513 = KGR 2009, 516 = JurBüro 2009, 423 = NJW-RR 2009, 1438.
[57] KG AGS 2009, 513 = KGR 2009, 516 = JurBüro 2009, 423 = NJW-RR 2009, 1438; OLG Hamburg JurBüro 1981, 277; OLG Schleswig AGS 1995, 67 = JurBüro 1995, 308; OLG Koblenz JurBüro 1978, 1823; a.A. KG JurBüro 1974, 1395.

§ 16

jetzt allerdings, dass im Anordnungsverfahren bereits 25 % dieser Kosten im Rahmen der Ausgleichung berücksichtigt worden sind. Es können daher nur noch restliche 75 % der Kosten des Aufhebungsverfahrens berücksichtigt und festgesetzt werden.

Kostenerstattung Antragsgegner im Aufhebungsverfahren

1. 1,3-Verfahrensgebühr, VV 3100 (Wert: 10.000 EUR)	725,40 EUR
2. 1,2-Terminsgebühr, VV 3104 (Wert: 1.860 EUR)	180,00 EUR
3. Postentgeltpauschale, VV 7002	20,00 EUR
Zwischensumme	925,40 EUR
4. 19 % Umsatzsteuer, VV 7008	175,83 EUR
Gesamt	**1.101,23 EUR**
Hiervon 75 %	**825,92 EUR**

h) Anhang: Aufhebung der Kostenentscheidung nach abweichender Entscheidung in der Hauptsache

127 Wurde die Klage in der Hauptsache anders entschieden als das vorausgegangene Eilverfahren und dadurch festgestellt, dass die einstweilige Verfügung von Anfang an unberechtigt war, kann die im Hauptsacheverfahren obsiegende Partei die Verfügungskosten von der unterlegenen Partei erstattet verlangen. Die im Hauptsacheverfahren obsiegende Partei kann die dem Gegner erstatteten Verfügungskosten nach einem obiter dictum des BGH als Vollziehungsschaden nach § 945 ZPO (erweiterte Auslegung) geltend machen[58] und hinsichtlich der eigenen Kosten des Verfügungsverfahrens ein Aufhebungsverfahren nach § 927 ZPO einleiten mit dem Ziel einer isolierten Aufhebung der Kostenentscheidung.[59]

3. Familiensachen

a) Arrestverfahren

128 Arrestverfahren sind auch in Familiensachen möglich, allerdings nur in Familienstreitsachen (§ 119 Abs. 2 FamFG). Insoweit wird auf die Ausführungen zu den Zivilsachen (siehe Rdn 98 ff.) Bezug genommen.

b) Einstweilige Anordnungen

129 Wird die Abänderung einer einstweiligen Anordnung beantragt, so ist Nr. 5 zu beachten. Insgesamt liegt nur eine Angelegenheit vor; eine Addition der Werte von Anordnung und Abänderung kommt nicht in Betracht. Die früher vertretene Gegenauffassung[60] ist nach Wegfall des § 18 Nr. 1 und 2 a.F. nicht mehr haltbar.

> **Beispiel: Einstweilige Anordnung auf Übertragung der elterlichen Sorge und späteres Abänderungsverfahren**
> Der Anwalt erwirkt eine einstweilige Anordnung zur Übertragung der elterlichen Sorge (Wert: 1.500 EUR). Später wird die Abänderung beantragt (Wert: ebenfalls 1.500 EUR). Sowohl über den Antrag als auch über die Abänderung war verhandelt worden.
> Es gilt Nr. 5. Die Gebühren entstehen nur einmal aus 1.500 EUR.
>
> **Einstweiliges Anordnungs- und Abänderungsverfahren (Wert: 1.500 EUR)**
>
> | | |
> |---|---:|
> | 1. 1,3-Verfahrensgebühr, VV 3100 | 149,50 EUR |
> | 2. 1,2-Terminsgebühr, VV 3104 | 138,00 EUR |

---

58 BGHZ 45, 251.
59 *Hees*, MDR 1994, 438 m.w.N.
60 OLG München AGS 2007 424 = NJW-RR 2006, 357 = OLGR 2006, 283 = FuR 2006, 229 = FamRZ 2006, 1218 = NJW 2006, 2196; OLG Koblenz AGS 2007, 425 = JurBüro 2007, 203 = MDR 2007, 745 = FamRZ 2007, 1114 = OLGR 2007, 474.

3. Postentgeltpauschale, VV 7002	20,00 EUR
Zwischensumme	307,50 EUR
4. 19 % Umsatzsteuer, VV 7008	58,43 EUR
Gesamt	**365,93 EUR**

Bedeutung hat das Abänderungsverfahren daher nur, wenn der Anwalt dort erstmals tätig wird oder dort weitere Gebühren anfallen.

130

> **Beispiel: Einstweilige Anordnung auf Unterhalt und späteres Abänderungsverfahren**
> Im Januar 2013 hatte der Anwalt für seine Mandantin eine einstweilige Anordnung auf Unterhaltszahlungen ab Februar 2013 in Höhe von 600 EUR beantragt. Es war ein entsprechender Beschluss ergangen. Im September 2013 beantragt der Ehemann eine Abänderung der einstweiligen Anordnung auf 300 EUR, da sich seine Einkommensverhältnisse verschlechtert haben. Hierüber wird mündlich verhandelt. Die Werte werden wie folgt festgesetzt: Anordnungsverfahren 3.600 EUR; Abänderungsverfahren 1.800 EUR.
> Es gilt Nr. 5. Es liegt nur eine Angelegenheit vor. Daher bleibt es hier auch bei dem bisherigen Recht, also den Gebührenbeträgen des RVG i.d.F. bis zum 31.7.2013.
> Die Gebühren richten sich nach dem höchsten Wert, aus dem sie angefallen sind. Während sich die Verfahrensgebühr aus dem Wert des Anordnungsverfahrens berechnet, entsteht die Terminsgebühr nur aus dem Wert der Abänderung.
>
> **Einstweiliges Anordnungs- und Abänderungsverfahren**
>
> | | |
> |---|---|
> | 1. 1,3-Verfahrensgebühr, VV 3100 | 318,50 EUR |
> | (Wert: 3.600 EUR) | |
> | 2. 1,2-Terminsgebühr, VV 3104 | 159,60 EUR |
> | (Wert: 1.800 EUR) | |
> | 3. Postentgeltpauschale, VV 7002 | 20,00 EUR |
> | Zwischensumme | 498,10 EUR |
> | 4. 19 % Umsatzsteuer, VV 7008 | 94,64 EUR |
> | **Gesamt** | **592,74 EUR** |

> **Beispiel: Auftrag nur im Abänderungsverfahren**
> Wie vorangegangenes Beispiel (siehe Rdn 130). Der Anwalt war nur im Abänderungsverfahren beauftragt. Jetzt erhält der Anwalt die Gebühren nur aus dem geringeren Wert von 1.800 EUR und zwar diesmal aus den neuen Gebührenbeträgen, da ihm der Auftrag erstmalig nach dem 31.7.2013 erteilt worden ist.
>
> | | |
> |---|---|
> | 1. 1,3-Verfahrensgebühr, VV 3100 | 195,00 EUR |
> | (Wert: 1.800 EUR) | |
> | 2. 1,2-Terminsgebühr, VV 3104 | 180,00 EUR |
> | (Wert: 1.800 EUR) | |
> | 3. Postentgeltpauschale, VV 7002 | 20,00 EUR |
> | Zwischensumme | 395,00 EUR |
> | 4. 19 % Umsatzsteuer, VV 7008 | 75,05 EUR |
> | **Gesamt** | **470,05 EUR** |

131

c) Verlängerungsverfahren

Nr. 5 gilt nicht für Verlängerungsverfahren, insbesondere nach § 2 Abs. 2 S. 3 GewSchG. Insoweit wird vielmehr ein neuer eigenständiger Anspruch geltend gemacht, der nicht von Nr. 5 erfasst wird und deshalb gesondert zu vergüten ist.[61]

132

4. Öffentlich-rechtliche Angelegenheiten

a) Allgemeines

Nr. 5 ist im Zusammenhang mit den Regelungen in § 17 Nr. 1 Buchst. a, 4 zu sehen. Nach § 17 Nr. 1 Buchst. a sind nunmehr das Verwaltungsverfahren, das einem gerichtlichen Verfahren vorausgehende und der Nachprüfung des Verwaltungsakts dienende weitere Verwaltungsverfahren (Vorverfahren, Einspruchsverfahren, Beschwerdeverfahren, Abhilfeverfahren), das Verwaltungsverfahren auf Aussetzung oder Anordnung der sofortigen Vollziehung sowie über einstweilige Maßnahmen zur

133

---

[61] OLG Zweibrücken AGS 2012, 461 = NJW-RR 2012, 1094 = JurBüro 2012, 523 = MDR 2012, 1438 = FamRZ 2013, 324 = NJW 2012, 3045 = NJW-Spezial 2012, 636 = RVGreport 2012, 377.

Sicherung der Rechte Dritter und ein gerichtliches Verfahren ebenso **verschiedene Angelegenheiten**, wie nach § 17 Nr. 4 das Verfahren in der Hauptsache und ein Verfahren über einen Antrag auf Erlass einer einstweiligen Anordnung (§ 17 Nr. 4 Buchst. b), auf Anordnung oder Wiederherstellung der aufschiebenden Wirkung, auf Aufhebung der Vollziehung oder Anordnung der sofortigen Vollziehung eines Verwaltungsaktes (§ 17 Nr. 4 Buchst. c) sowie auf Abänderung oder Aufhebung einer entsprechenden Entscheidung (§ 17 Nr. 4 Buchst. d). Demgegenüber stellt **Nr. 5** klar, dass das Gerichtsverfahren auf Erlass einer einstweiligen oder vorläufigen Anordnung sowie auf Aussetzung oder Anordnung der sofortigen Vollziehung eines Verwaltungsakts und jedes Gerichtsverfahren auf Abänderung oder Aufhebung einer solchen Entscheidung weiterhin **dieselbe Angelegenheit** sind.

b) Regelungsgehalt

134 Mit Nr. 5 wurde die Regelung des § 114 Abs. 6 BRAGO, der auf § 40 Abs. 2 BRAGO verwiesen hat, für die einstweilige Anordnung nach § 123 VwGO i.V.m. § 927 ZPO, § 114 FGO i.V.m. § 927 ZPO, § 86b Abs. 2 SGG i.V.m. § 927 ZPO und für Verfahren nach §§ 80 Abs. 5, 7, 80a Abs. 3 i.V.m. § 80 Abs. 5, 7 VwGO, § 69 Abs. 3, 5 S. 3, 6 FGO, § 86b Abs. 1 SGG vor den Gerichten der öffentlich-rechtlichen Gerichtsbarkeiten übernommen. Zu den einzelnen Verfahren wird auf die Ausführungen zu § 17 Nr. 4 verwiesen (siehe § 17 Rdn 113 ff.). Die mit diesen gerichtlichen Verfahren vergleichbaren außergerichtlichen Verfahren vor der Behörde nach §§ 80 Abs. 4, 80a Abs. 1, 2 VwGO, § 69 Abs. 2 FGO, § 86a Abs. 3 SGG fallen nicht in den Anwendungsbereich von Nr. 5, sondern unterfallen Nr. 1. Die benannten **Gerichtsverfahren** stellen gemäß § 17 Nr. 1, 4 im Verhältnis zu einem gerichtlichen Verfahren in der Hauptsache gebührenrechtlich verschiedene und damit **eigene gebührenrechtliche Angelegenheiten** dar. **Nr. 5** betrifft lediglich diejenigen Gerichtsverfahren, in welchen die **Änderung oder Aufhebung der Entscheidung** eines Gerichts in einem der benannten Verfahren angestrebt wird. Dies sind insbesondere die Verfahren nach § 80 Abs. 7 VwGO,[62] § 123 VwGO i.V.m. § 927 ZPO, § 69 Abs. 6 FGO, § 114 FGO i.V.m. § 927 ZPO, § 86b Abs. 4 SGG i.V.m. S. 4 SGG oder nach § 86b Abs. 2 SGG i.V.m. § 927 ZPO. Wird der Rechtsanwalt in solch einem Änderungsverfahren tätig, so erhält er die bereits im ersten Verfahren entstandenen Gebühren im Abänderungsverfahren nicht erneut.[63] Dabei ist unerheblich, ob dasselbe Gericht sowohl im Anordnungs- als auch im Abänderungsverfahren tätig wurde oder ob der Antrag auf Abänderung noch bei einem anderen Gericht zu stellen war, weil dieses inzwischen mit der Hauptsache befasst.[64] Etwas anderes gilt aber für einen **erneuten Eilantrag im Normenkontrollverfahren** gegen einen Bebauungsplan nach § 47 Abs. 6 VwGO, nachdem ein früherer Antrag aus formell-rechtlichen Gründen zurückgenommen worden ist. Dieser stellt vielmehr eine neue Angelegenheit im Sinne von § 15 Abs. 2 dar, für welche der Rechtsanwalt die entstehenden Gebühren erneut erhält.[65] Ebenso ist ein Verfahren, die sofortige Vollziehung eines Beschlusses auszusetzen, keines der in Nr. 5 aufgezählten Verfahren. Dort ist lediglich ein Verfahren über die Aussetzung der Vollziehung eines Verwaltungsakts geregelt. Um die Aussetzung der Vollziehung eines Verwaltungsakts geht es jedoch nicht, wenn die Aussetzung der Vollziehung eines Beschlusses verfolgt wird. Es ist auch keine andere Ziffer aus § 16 einschlägig. Kostenrechtlich ist vielmehr weitestgehend anerkannt, dass das Verfahren auf Aussetzung der Vollstreckung eines erstinstanzlichen Urteils unabhängig vom Verfahren der Hauptsache einen eigenständigen prozessualen Kostenerstattungsanspruch der Beteiligten gegeneinander auslöst.[66]

c) Gebühren

135 Zu den in Gerichtsverfahren nach Nr. 5 entstehenden Gebühren wird auf die Ausführungen zu § 17 Nr. 4 verwiesen (siehe § 17 Rdn 113 ff.).

---

62 Bayerischer VGH, Beschl. v. 26.1.2012 – 9 C 11.3040; VG Sigmaringen AGS 2011, 230 = NJW-Spezial 2011, 315; VGH Baden-Württemberg AGS 2012, 17 = JZ 2012, 421 = DÖV 2012, 164 = NVwZ-RR 2012, 88.
63 VGH München NJW 2007, 2715.
64 VGH Bayern AGS 2007, 567.
65 OVG Lüneburg AGS 2001, 9.
66 SG Aachen ASR 2008, 161.

VII. Vertrag mit Österreich (Nr. 6)

1. Angelegenheit

Gemäß **Nr. 6** bilden die Verfahren nach § 3 Abs. 1 und nach § 3 Abs. 2 des Gesetzes zur Ausführung des Vertrages zwischen der Bundesrepublik Deutschland und der Republik Österreich vom 6.6.1959 über die gegenseitige Anerkennung und Vollstreckung von gerichtlichen Entscheidungen, Vergleichen und öffentlichen Urkunden in Zivil- und Handelssachen (**ZPVtrAUTAG**) **dieselbe Angelegenheit**, sodass die Gebühren gemäß § 15 Abs. 2 nur einmal anfallen.

Am 1.3.2002 ist die „Verordnung (EG) Nr. 44/2001 des Rates vom 22.12.2000 über die gerichtliche Zuständigkeit und die Anerkennung und Vollstreckung von Entscheidungen in Zivil- und Handelssachen (EUGVVO)" in Kraft getreten, die mit Wirkung vom 10.1.2015 durch die Verordnung (EU) Nr. 1215/2012 des Europäischen Parlaments und des Rates vom 12.12.2012 neu gefasst worden ist. Die Verordnung (EG) Nr. 44/2001 hat den am 6.6.1959 in Wien unterzeichneten deutsch-österreichischen Vertrag über die gegenseitige Anerkennung und Vollstreckung von gerichtlichen Entscheidungen, Vergleichen und öffentlichen Urkunden in Zivil- und Handelssachen zwar weitgehend ersetzt (Art. 69 EuGVVO). Allerdings ist der deutsch-österreichische Vertrag weiterhin anwendbar.[67] (Zu den Übergangsvorschriften der Verordnung 1215/12 vgl. dort Art. 66 ff.)

§ 3 Abs. 1 und Abs. 2 des Vertrages haben folgenden Wortlaut:

§ 3 ZPVtrAUTAG

(1) ¹Ist eine noch nicht rechtskräftige Entscheidung eines österreichischen Gerichts, hinsichtlich deren die Exekution zur Sicherstellung für zulässig erklärt worden ist, für vollstreckbar zu erklären (Artikel 8, 9 des Vertrages), so ist in dem Beschluß auszusprechen, daß die Entscheidung nur zur Sicherung der Zwangsvollstreckung für vollstreckbar erklärt wird.

(2) ¹Erlangt die Entscheidung des österreichischen Gerichts, die nach Absatz 1 zur Sicherung der Zwangsvollstreckung für vollstreckbar erklärt worden ist, später die Rechtskraft, so ist der Beschluß über die Vollstreckbarerklärung auf Antrag des Gläubigers dahin zu ändern, daß die Entscheidung ohne Beschränkung für vollstreckbar erklärt wird. ²Das gleiche gilt für den Fall, daß die Entscheidung des österreichischen Gerichts bereits die Rechtskraft erlangt hat, bevor der Beschluß über die Vollstreckbarerklärung erlassen wird, sofern der Eintritt der Rechtskraft in dem Verfahren nicht geltend gemacht worden ist. ³Über den Antrag ist ohne mündliche Verhandlung zu entscheiden; vor der Entscheidung ist der Gegner zu hören. ⁴Für das Verfahren gelten im übrigen § 1064 Abs. 2 der Zivilprozeßordnung und § 2 Abs. 2 und 4 entsprechend.

2. Gebühren

a) Erste Instanz

Nr. 6 betrifft den Fall, dass eine vorläufige Vollstreckbarkeit (§ 3 Abs. 1 ZPVtrAUTAG) auf Antrag des Gläubigers in eine endgültige Vollstreckbarkeit (§ 3 Abs. 2 ZPVtrAUTAG) umgewandelt werden soll. Das Verfahren über die endgültige Vollstreckbarkeit bildet mit dem Verfahren über die vorläufige Vollstreckbarkeit gebührenrechtlich **dieselbe Angelegenheit**. Insofern können dem Rechtsanwalt lediglich einmal die Verfahrens- bzw. Termingebühr entstehen, die sich nach VV Teil 3 Abschnitt 1 richten (VV 3100 ff.).[68] Eine Termingebühr VV 3104 wird wohl eher selten in Betracht kommen, da regelmäßig ohne mündliche Verhandlung durch Beschluss entschieden wird. War der Rechtsanwalt bereits im Verfahren über die vorläufige Vollstreckbarkeit tätig, so entstehen ihm für das weitere Verfahren keine erneuten Gebühren.

---

[67] Vgl. Riedel/Sußbauer/*Pankatz*, RVG, § 16 Rn 34; BGH NJW 1993, 1270 = MDR 1993, 907 = IPRax 1993, 321; OLG Düsseldorf FamRZ 2007, 841; OLG Naumburg, Beschl. v. 5.10.2000 – 14 AR 3/00, juris; Oberster Gerichtshof Wien, Urt. v. 28.4.2011 – 1 Ob 44/11v, juris = IPRax 2013, 182 = BeckRS 2013, 80505, zur Anerkennung und Vollstreckung von gerichtlichen Entscheidungen im nachehelichen Aufteilungsverfahren im Verhältnis zwischen Österreich und der Bundesrepublik Deutschland.

[68] Gerold/Schmidt/*Müller-Rabe*, RVG, § 16 Rn 105; Riedel/Sußbauer/*Pankatz*, RVG, § 16 Rn 34.

b) Beschwerdeverfahren

140 Der Beschluss, mit dem die Vollstreckbarkeit angeordnet wird, unterliegt gem. § 2 Abs. 4 ZPVtrAUTAG der Beschwerde nach den §§ 567 bis 577 ZPO. Beschwerdegericht ist entweder das LG oder das OLG (vgl. § 1 Abs. 1 ZPVtrAUTAG). Im **Beschwerdeverfahren** erhält der Rechtsanwalt die erhöhten Gebühren nach VV 3200 (VV Vorb. 3.2.1 Nr. 2a; vgl. dazu VV Vorb. 3.2.1 Rdn 46).

VIII. Verfahren über die Zulassung der Vollziehung (Nr. 7)

1. Überblick

141 Für das schiedsrichterliche Verfahren sind folgende Bestimmungen im RVG zu berücksichtigen:
- § 16 Nr. 7–9: dieselbe Angelegenheit
- § 17 Nr. 6: verschiedene Angelegenheiten
- § 36: Gebühren im schiedsrichterlichen Verfahren und Verfahren vor dem Schiedsgericht
- VV 3326, 3332: Gebühren im schiedsrichterlichen Verfahren beim Arbeitsgericht
- VV 3327, 3332: Gebühren bei gerichtlichen Maßnahmen im schiedsrichterlichen Verfahren

Auf die Erläuterungen zu diesen Bestimmungen wird daher ergänzend verwiesen.

2. Anordnungs- und Zulassungsverfahren

142 Es ist bei § 1041 ZPO zwischen folgenden Verfahren zu unterscheiden:
- Nach § 1041 **Abs. 1** ZPO kann das **Schiedsgericht** auf Antrag einer Partei vorläufige oder sichernde Maßnahmen anordnen, die es in Bezug auf den Streitgegenstand für erforderlich hält (**Anordnungsverfahren**).
- Gem. § 1041 **Abs. 2** ZPO kann das **staatliche Gericht** (nicht das Schiedsgericht) auf Antrag einer Partei die **Vollziehung** einer Maßnahme nach § 1041 Abs. 1 ZPO zulassen, sofern nicht schon eine entsprechende Maßnahme des einstweiligen Rechtsschutzes bei einem Gericht beantragt worden ist (**Zulassungsverfahren**).

Die Aufhebung oder Änderung des Beschlusses über die Zulassung nach § 1041 Abs. 2 ZPO erfolgt gem. § 1041 Abs. 3 ZPO auf Antrag. § 16 Nr. 7 regelt nur das Verhältnis des Zulassungsverfahrens nach § 1041 Abs. 2 ZPO zum Verfahren auf Aufhebung oder Abänderung nach § 1041 Abs. 3 ZPO. § 1041 ZPO lautet:

> **§ 1041 Maßnahmen des einstweiligen Rechtsschutzes**
>
> (1) ¹Haben die Parteien nichts anderes vereinbart, so kann das Schiedsgericht auf Antrag einer Partei vorläufige oder sichernde Maßnahmen anordnen, die es in Bezug auf den Streitgegenstand für erforderlich hält. ²Das Schiedsgericht kann von jeder Partei im Zusammenhang mit einer solchen Maßnahme angemessene Sicherheit verlangen.
>
> (2) ¹Das Gericht kann auf Antrag einer Partei die Vollziehung einer Maßnahme nach Absatz 1 zulassen, sofern nicht schon eine entsprechende Maßnahme des einstweiligen Rechtsschutzes bei einem Gericht beantragt worden ist. ²Es kann die Anordnung abweichend fassen, wenn dies zur Vollziehung der Maßnahme notwendig ist.
>
> (3) ¹Auf Antrag kann das Gericht den Beschluss nach Absatz 2 aufheben oder ändern.
>
> (4) ¹Erweist sich die Anordnung einer Maßnahme nach Absatz 1 als von Anfang an ungerechtfertigt, so ist die Partei, welche ihre Vollziehung erwirkt hat, verpflichtet, dem Gegner den Schaden zu ersetzen, der ihm aus der Vollziehung der Maßnahme oder dadurch entsteht, dass er Sicherheit leistet, um die Vollziehung abzuwenden. ²Der Anspruch kann im anhängigen schiedsrichterlichen Verfahren geltend gemacht werden.

3. Angelegenheit

a) Mehrere Maßnahmen innerhalb des Zulassungsverfahren

143 **Nr. 7** regelt, wie das Verfahren über die Zulassung der Vollziehung einer vorläufigen oder sichernden Maßnahme gemäß § 1041 Abs. 2 ZPO (Zulassungsentscheidung) und das Verfahren über einen Antrag auf Aufhebung oder Änderung einer Entscheidung über die Zulassung der Vollziehung

(§ 1041 Abs. 3 ZPO) gebührenrechtlich zu werten ist. Diese Verfahren bilden nach Nr. 7 **gebührenrechtlich dieselbe Angelegenheit**. Treffen im **Zulassungsverfahren** die verschiedenen Maßnahmen nach § 1041 Abs. 2 und 3 ZPO bei **demselben Rechtsanwalt** für **denselben Auftraggeber** zusammen, so liegt nur eine Angelegenheit i.S.d. § 15 Abs. 2 vor.[69]

b) Verhältnis des Anordnungs- und Zulassungsverfahrens zum Schiedsverfahren

Das Schiedsverfahren und das Anordnungsverfahren gem. § 1041 Abs. 1 ZPO (siehe Rdn 142) bilden dieselbe Angelegenheit.[70] Das Schiedsverfahren (einschließlich Anordnungsverfahren) einerseits und das Zulassungsverfahren gemäß § 1041 Abs. 2 ZPO und das Abänderungs- und Aufhebungsverfahren gemäß § 1041 Abs. 3 ZPO andererseits bilden gem. § 17 Nr. 6 verschiedene Angelegenheiten (vgl. § 17 Rdn 382 ff.).[71]

144

4. Gebühren

Die Gebühren des Rechtsanwalts werden in Nr. 7 nicht geregelt. Die Gebühren im Zulassungsverfahren gemäß § 1041 Abs. 2 ZPO sowie im Verfahren auf deren Abänderung oder Aufhebung gem. § 1041 Abs. 3 ZPO richten sich nach **VV 3327** (0,75 Verfahrensgebühr) und **VV 3332** (0,5 Terminsgebühr).[72] Im Zulassungsverfahren gemäß § 1041 Abs. 2, 3 ZPO geht es um die Vornahme einer sonstigen richterlichen Handlung anlässlich eines schiedsrichterlichen Verfahrens i.S.v. VV 3327. Mit einer sonstigen richterlichen Handlung anlässlich eines schiedsrichterlichen Verfahrens sind nicht nur Handlungen nach § 1050 ZPO gemeint. VV 3327 ist vielmehr weit auszulegen. Im Zulassungsverfahren gem. § 1041 Abs. 2 ZPO geht es im Übrigen noch nicht um die Vollziehung, sondern um deren Vorbereitung, so dass VV 3309 f. nicht anwendbar sind (VV 3309 Rdn 12).[73] Im schiedsrichterlichen Verfahren gem. §§ 1025 ff. ZPO entstehen gem. § 36 die Gebühren nach VV 3100 ff.

145

IX. Verfahren über die Bestellung eines Schiedsrichters (Nr. 8)

Dieselbe Angelegenheit i.S.d. **Nr. 8** sind auch das schiedsrichterliche Verfahren das **gerichtliche Verfahren**
- bei der Bestellung eines Schiedsrichters (§§ 1034 Abs. 2, 1035 Abs. 3 ZPO) oder Ersatzschiedsrichters (§ 1039 ZPO),
- über die Ablehnung eines Schiedsrichters (§ 1037 Abs. 3 ZPO),
- über die Beendigung des Schiedsrichteramtes (§ 1038 Abs. 1 S. 2 ZPO),
- zur Unterstützung der Beweisaufnahme oder bei der Vornahme sonstiger richterlicher Handlungen nach § 1050 ZPO anlässlich eines schiedsrichterlichen Verfahrens.

146

Der Rechtsanwalt erhält eine **Verfahrensgebühr** i.H.v. **0,75** (VV 3327) und eine **Terminsgebühr** i.H.v. **0,5** (VV 3332). Bei den in der Nr. 8 neben dem schiedsrichterlichen Verfahren aufgeführten Tätigkeiten handelt es sich nicht um schiedsrichterliche, sondern um besondere gerichtliche Verfahren, die die Gebühren des VV Teil 3 Abschnitt 3 auslösen. Weil es sich um originäre gerichtliche Verfahren handelt, auf die VV Teil 3 Abschnitt 3 unmittelbar anwendbar ist, bedurfte es keiner Aufnahme der Gebührentatbestände in § 36 Abs. 1 Nr. 1, der folgerichtig nur auf VV Teil 3 Abschnitte 1, 2 und 4 verweist.

147

Ohne die Regelung der Nr. 8 könnte es zweifelhaft sein, ob die Tätigkeiten im schiedsrichterlichen Verfahren neben den in VV 3327 genannten Einzeltätigkeiten dieselbe Angelegenheit darstellen, mit der Folge, dass die Gebührentatbestände der VV 3327, 3332 verdrängt, vielmehr neben den Gebühren nach Teil 3 Abschnitte 1, 2 und 4 (§ 36 Abs. 1 Nr. 1) entstehen würden. Durch die Regelung in Nr. 8 ist sichergestellt, dass die Gebühren nur einmal entstehen.[74] Die Tatbestände der VV 3327, 3332 werden insoweit verdrängt, wenn der Anwalt bei der Beauftragung im schiedsrichterlichen Verfahren bereits die Gebühren der VV 3100, 3104 verdient hat.

148

---

69 Gerold/Schmidt/*Müller-Rabe*, RVG, § 16 Rn 108.
70 Gerold/Schmidt/*Müller-Rabe*, RVG, § 17 Rn 99; a.A. *Enders*, JurBüro 1998, 281.
71 Gerold/Schmidt/*Müller-Rabe*, RVG, § 17 Rn 98.
72 Gerold/Schmidt/*Müller-Rabe*, RVG, § 17 Rn 104, VV 3327 Rn 3 f.; Zöller/*Geimer*, ZPO, § 1041 Rn 11.
73 Gerold/Schmidt/*Müller-Rabe*, RVG, VV 3327 Rn 4.
74 BT-Drucks 15/1971 S. 190.

149 Die in der Vorschrift aufgezählten Tätigkeiten gehören folgerichtig zur selben Angelegenheit, lösen somit nach § 15 Abs. 2 die Gebühren insgesamt nur einmal aus.

150 Für das Entstehen der Gebühren ist es aber nicht erforderlich, dass der Rechtsanwalt „ausschließlich" mit den hier genannten Verfahren beauftragt ist. Insoweit kann der im schiedsrichterlichen Verfahren beauftragte Rechtsanwalt eine Terminsgebühr nach VV 3332 verdienen, falls die Gebühr nach VV 3104 im schiedsrichterlichen Verfahren nicht ausgelöst worden ist.[75]

151 Entgegen *Mock* (siehe VV 3327 Rdn 7) erhält der Rechtsanwalt in Verfahren über die Vollstreckbarerklärung eines Schiedsspruchs hingegen keine Verfahrensgebühr nach VV 3327. Das Verfahren über die Vollstreckbarerklärung von Schiedssprüchen ist eine besondere Angelegenheit, für die die Gebühren nach VV Teil 3 Abschnitt 1, 2 beansprucht werden können. VV 3327 findet insoweit keine Anwendung.[76]

152 Diejenigen Tätigkeiten, die die Gebühr nach VV 3327 auslösen, sind abschließend aufgeführt. Eine entsprechende Anwendung auf andere „besondere" Verfahren kommt daher nicht in Betracht.

X. Verfahren nach §§ 102 Abs. 3, 103 Abs. 3 und 106 Abs. 2 ArbGG (Nr. 9)

153 Die Regelung hat die frühere Vorschrift aus § 62 Abs. 3 BRAGO übernommen. Danach erhielt der Rechtsanwalt in Arbeitssachen für seine Tätigkeit, die eine gerichtliche Entscheidung über die Bestimmung einer Frist (§ 102 Abs. 3 ArbGG), die Ablehnung eines Schiedsrichters (§ 103 Abs. 2 ArbGG) oder die Vornahme einer Beweisaufnahme oder einer Vereidigung (§ 106 Abs. 2 ArbGG) betrifft, nur dann eine Vergütung, wenn seine Tätigkeit auf diese Verfahren beschränkt war. Auch hier ergibt sich aus dem Gesetzeswortlaut – entgegen der BRAGO-Rechtslage – nicht mehr, dass eine ausschließliche Beauftragung vorliegen muss.

154 Bei den genannten Verfahren handelt es sich um **dieselbe** gebührenrechtliche **Angelegenheit**, sodass die Gebühren nur einmal insgesamt anfallen (§ 15 Abs. 2). Die Gebührentatbestände ergeben sich aus VV 3326 (Verfahrensgebühr i.H.v. 0,75) und aus VV 3332 (Terminsgebühr i.H.v. 0,5); insoweit wird auf die dortige Kommentierung verwiesen.

XI. Kostenfestsetzungsverfahren (Nr. 10)

1. Allgemeines

a) Überblick

155 Ergänzend zu der Bestimmung des § 18 Abs. 1 Nr. 3 regelt die Vorschrift der Nr. 10, wann mehrere Erinnerungs- und Beschwerdeverfahren sowie Verfahren über einen Antrag auf gerichtliche Entscheidung gegen die Kostenfestsetzung und den Kostenansatz untereinander eine Angelegenheit bilden und wann mehrere Angelegenheiten gegeben sind.

156 Die Regelung der Nr. 10 betrifft vier verschiedene Verfahren, nämlich
– das Kostenfestsetzungsverfahren nach den §§ 103 ff. ZPO, § 464b Abs. 1 StPO; § 108a i.V.m. § 464b Abs. 1 StPO; § 164 VwGO; § 197 SGG; § 149 FGO etc., das mit einem Kostenfestsetzungsbeschluss endet;
– das Verfahren auf Kostenfestsetzung nach § 106 OWiG, das mit einem Kostenfestsetzungsbescheid endet;
– das Verfahren über den Kostenansatz nach § 19 GKG; § 18 FamGKG, § 18 GNotKG, § 199 BRAO etc., das mit einer Kostenrechnung endet;
– das Verfahren auf Ansatz der Kosten nach § 107 OWiG, das mit einem Kostenbescheid endet.

157 Um hier die Regelung der Nr. 10 zu verstehen, muss man zunächst den Ablauf der einzelnen Verfahren kennen.

---

[75] Gerold/Schmidt/*Müller-Rabe*, RVG, § 16 Rn 90.
[76] OLG Koblenz AGS 2010, 323 = zfs 2010, 401 = MDR 2010, 777; Gerold/Schmidt/*Mayer*, RVG, § 36 Rn 9.

b) Kostenfestsetzungsverfahren

aa) Überblick. Gegen einen Kostenfestsetzungsbeschluss kommt sowohl der Rechtsbehelf der Erinnerung als auch die sofortige Beschwerde in Betracht. Insoweit bestehen zwischen den einzelnen Verfahrensordnungen erhebliche Unterschiede. **158**

bb) Kostenfestsetzungsverfahren nach §§ 103 ff. ZPO. Nach den §§ 103 ff. ZPO richtet sich das Kostenfestsetzungsverfahren in **159**
- bürgerlichen Rechtsstreitigkeiten vor den ordentlichen Gerichten,
- Familiensachen und Verfahren der freiwilligen Gerichtsbarkeit (§ 85 FamFG),
- Verfahren vor den Arbeitsgerichten (§ 46 ArbGG),
- sonstigen besonderen Verfahren, die insoweit auf die ZPO verweisen (z.B. § 78 S. 2 GWB; § 90 S. 2 EnWG).

Zuständig ist der Rechtspfleger (§ 103 Abs. 2 S. 1 ZPO, § 21 Nr. 1 RPflG).

Gegen den Kostenfestsetzungsbeschluss nach § 103 ZPO können die Parteien bzw. Beteiligten und sonstige Verfahrensbeteiligte (Streithelfer o.Ä.) **Erinnerung oder Beschwerde** einlegen. **160**
- Grundsätzlich ist gegen Festsetzungen des AG oder LG nach § 567 Abs. 1 ZPO die **sofortige Beschwerde** gegeben. Sie ist allerdings nur zulässig, wenn der Wert des Beschwerdegegenstands **200 EUR übersteigt** (§ 567 Abs. 2 ZPO).
- Ist der erforderliche Wert des Beschwerdegegenstands nicht erreicht oder ist aus anderen Gründen eine Beschwerde nicht möglich (etwa gegen erstinstanzliche Festsetzungen des OLG oder des BGH bzw. des LAG oder des BAG), so ist gemäß § 11 Abs. 2 RPflG die **Erinnerung** gegeben, über die der Richter endgültig entscheidet, sofern ihr der Festsetzungsbeamte nicht zuvor abhilft. Eine Möglichkeit der Zulassung der Beschwerde besteht nicht.
- Wird Beschwerde eingelegt und hilft ihr der Festsetzungsbeamte teilweise ab, sodass der Beschwerdegegenstand nicht mehr den erforderlichen Wert von über 200 EUR erreicht, so wird die Beschwerde zur Erinnerung und ist dem Richter vorzulegen. Insgesamt handelt es sich jedoch nur um ein einziges Verfahren und damit um **eine Angelegenheit** i.S.d. § 15 Abs. 1.
- Gegen die Entscheidung über die sofortige Beschwerde ist nach § 574 ZPO die **Rechtsbeschwerde** gegeben, wenn sie das Beschwerdegericht oder das OLG als erstinstanzliches Gericht in seiner Beschwerdeentscheidung zugelassen hat.

cc) Kostenfestsetzungsverfahren nach § 464b StPO. In Strafsachen setzt das Gericht des ersten Rechtszugs – zuständig ist der Rechtspfleger – nach § 464b S. 1 StPO die Kosten fest. Auf das Verfahren finden die Vorschriften der ZPO entsprechende Anwendung (§ 464b S. 3 StPO). Daher sind je nach Wert des Beschwerdegegenstands Erinnerung oder Beschwerde gegeben (siehe Rdn 160). Auch hier ist die Beschwerde nur zulässig, wenn der Wert des Beschwerdegegenstands den Betrag von 200 EUR übersteigt (§ 304 Abs. 3 StPO). Strittig ist, ob für die Beschwerde die Wochenfrist des § 311 Abs. 2 StPO gilt oder die Zweiwochenfrist des § 567 Abs. 2 ZPO. **161**

Eine Rechtsbeschwerde ist nicht vorgesehen.[77] **162**

dd) Kostenfestsetzungsverfahren nach § 164 VwGO. In der Verwaltungsgerichtsbarkeit setzt der Urkundsbeamte der Geschäftsstelle die zu erstattenden Kosten fest (§ 164 VwGO). **163**

Gegen seine Entscheidung ist unabhängig vom Wert immer die Erinnerung gegeben, die auch als Antrag auf Entscheidung des Gerichts bezeichnet wird (§§ 165, 151 VwGO). Über die Erinnerung entscheidet der Richter, sofern ihr der Urkundsbeamte nicht abhilft. **164**

Soweit über die Festsetzung der Urkundsbeamte beim VG entschieden hat, ist gegen die Entscheidung des Richters über die Erinnerung die Beschwerde nach § 146 VwGO gegeben, die keine Mindestbeschwer vorsieht. Der Richter kann der Beschwerde abhelfen. Anderenfalls liegt er die Sache dem OVG/VGH vor, das abschließend entscheidet. **165**

In allen anderen Fällen kann die Entscheidung über die Erinnerung nicht angefochten werden, also bei erstinstanzlicher Festsetzung durch das OVG/den VGH oder das BVerwG. **166**

Eine Rechtsbeschwerde oder weitere Beschwerde kennt die VwGO nicht. **167**

---

[77] BGH AGS 2003, 177 = BGHSt 48, 106 = NJW 2003, 763 = StraFo 2003, 67 = Rpfleger 2003, 209 = wistra 2003, 152 = JurBüro 2003, 261 = NStZ 2003, 322 = StV 2003, 176 = BRAGOreport 2003, 56.

168 **ee) Kostenfestsetzungsverfahren nach § 197 SGG.** In der Sozialgerichtsbarkeit setzt ebenfalls der Urkundsbeamte der Geschäftsstelle die zu erstattenden Kosten fest (§ 197 SGG).

169 Gegen seine Entscheidung ist ausschließlich die Erinnerung (Anrufung des Gerichts) gegeben. Die Erinnerungsfrist beträgt einen Monat. Der Urkundsbeamte kann abhelfen. Anderenfalls entscheidet der Vorsitzende endgültig (§ 197 Abs. 2 SGG).

170 Eine Beschwerde ist nach § 172 SGG ausgeschlossen (§ 197 Abs. 2 SGG).

171 Eine Rechtsbeschwerde kennt das SGG ohnehin nicht.

172 **ff) Kostenfestsetzungsverfahren nach § 149 FGO.** In der Finanzgerichtsbarkeit setzt ebenfalls der Urkundsbeamte der Geschäftsstelle die zu erstattenden Kosten fest (§ 149 Abs. 1 FGO).

173 Gegen dessen Entscheidung ist ausschließlich die befristete Erinnerung binnen zwei Wochen gegeben (§ 149 Abs. 2 FGO). Über die Erinnerung entscheidet das Gericht, sofern ihr der Urkundsbeamte nicht abhilft.

174 Eine Beschwerde nach § 128 Abs. 1 FGO gegen die Kostenfestsetzung ist nicht statthaft (§ 128 Abs. 4 S. 1 FGO).

175 Eine Rechtsbeschwerde kennt die FGO nicht.

176 **gg) Verfahren auf Kostenfestsetzung nach § 46 OWiG i.V.m. § 464a StPO.** Soweit eine Kostenentscheidung im gerichtliches Verfahren ergeht, richtet sich die Kostenfestsetzung in Ordnungswidrigkeitenverfahren gem. § 46 StPO nach § 464b StPO. Es gilt das Gleiche wie in Strafsachen (siehe Rdn 161).

177 **hh) Verfahren auf Kostenfestsetzung nach § 106 OWiG.** Hat sich ein eine Bußgeldsache im Verfahren vor der Verwaltungsbehörde erledigt und sind die Kosten von der Behörde zu tragen, so setzt die Verwaltungsbehörde die Kosten nach § 106 OWiG durch einen Kostenfestsetzungsbescheid fest.

178 Gegen den **Kostenfestsetzungsbescheid** der Verwaltungsbehörde kann der Betroffene nach § 62 OWiG Antrag auf gerichtliche Entscheidung stellen. Zuständig ist das erstinstanzliche Gericht, das im Falle eines Einspruchs zuständig wäre (§ 68 OWiG). Das kann auch ein OLG sein. Die §§ 297 bis 300, 302, 306 bis 309 und 311a der StPO sowie die Vorschriften über die Auferlegung der Kosten des Beschwerdeverfahrens gelten sinngemäß.

179 Gegen die Entscheidung des AG kann sofortige Beschwerde erhoben werden, wenn der Wert des Beschwerdegegenstands 200 EUR übersteigt (§ 108 Abs. 1, 2. Hs. OWiG). Entscheidungen eines OLG sind dagegen unanfechtbar.

180 **ii) Sonstige Verfahren.** Auch in sonstigen Verfahren kommt eine Kostenfestsetzung in Betracht, die gegebenenfalls gesondert geregelt ist, oder für die es an einer gesetzlichen Regelung fehlt (so z.B. in Verfahren vor den Verfassungsgerichten). Auf eine Darstellung dieser Verfahren wird hier verzichtet.

c) Vergütungsfestsetzungsverfahren

181 Für das Vergütungsfestsetzungsverfahren nach § 11 gilt Nr. 10 entsprechend (zu den hier gegebenen Rechtsbehelfen und Rechtsmitteln siehe § 11 Rdn 272 ff.).

d) Kostenansatzverfahren

182 **aa) Überblick.** Die Gerichtskosten in gerichtlichen Verfahren richten sich nach den Gerichtskostengesetzen des GKG (§ 1 GKG), des FamGKG (§ 1 FamGKG), des GNotKG (§ 1 GNotKG) oder eventueller spezialgesetzlicher Regelungen.

183 **bb) Kostenansatzverfahren nach den Gerichtskostengesetzen.** Die in gerichtlichen Verfahren anfallenden Kosten in Verfahren nach dem GKG, FamGKG oder dem GNotKG werden vom Urkundsbeamten der Geschäftsstelle angesetzt (§ 19 GKG; § 18 FamGKG, § 18 GNotKG). Gegen dessen Kostenrechnung ist stets zunächst nur die **Erinnerung** möglich (§ 66 Abs. 1 GKG; § 57 Abs. 1 FamGKG; § 81 Abs. 1 GNotKG).

Erst gegen die Entscheidung über die Erinnerung ist die **Beschwerde** gegeben, sofern das AG oder das LG die Kosten angesetzt hat (§ 66 Abs. 2 GKG; § 57 Abs. 2 FamGKG; § 81 Abs. 2 GNotKG). Erforderlich ist, dass der Wert des Beschwerdegegenstands den Betrag i.H.v. 200 EUR übersteigt (§ 66 Abs. 2 S. 1 GKG; § 57 Abs. 2 S. 1 FamGKG; § 81 Abs. 2 S. 1 GNotKG) oder die in der Entscheidung über die Beschwerde zugelassen worden ist (§ 66 Abs. 2 S. 2 GKG; § 57 Abs. 2 S. 2 FamGKG; § 81 Abs. 2 S. 2 GNotKG). 184

Gegen den erstinstanzlichen Kostenansatz des OLG, des LAG, des OVG/VGH, des LSG und des FG ist eine Beschwerde ausgeschlossen (§ 66 Abs. 3 S. 2 GKG; § 57 Abs. 3 S. 2 FamGKG; § 81 Abs. 3 S. 2 GNotKG). 185

Gegen den erstinstanzlichen Kostenansatz des BGH, LAG, BVerwG, BSG oder BFH kommt eine Beschwerde schon mangels Beschwerdegericht nicht in Betracht. 186

Eine Rechtsbeschwerde ist nach den Gerichtskostengesetzen nicht vorgesehen, selbst dann, wenn sie irrtümlich zugelassen worden ist.[78] 187

cc) Kostenansatzverfahren nach § 107 OWiG. Gegen den Ansatz der Kosten bei der Verwaltungsbehörde (§ 107 OWiG) kann der Betroffene nach § 62 OWiG Antrag auf gerichtliche Entscheidung zum erstinstanzlichen Gericht (§ 68 OWiG) stellen. 188

Die Entscheidung des Gerichts ist unanfechtbar (§ 62 Abs. 2 S. 2 OWiG). 189

dd) Verfahren nach § 199 BRAO. Nach § 199 Abs. 1 BRAO werden die Kosten, die der Rechtsanwalt in dem Verfahren vor dem Anwaltsgericht zu tragen hat, von dem Vorsitzenden der Kammer des Anwaltsgerichts durch Beschluss festgesetzt. Gegen den Festsetzungsbeschluss kann der Rechtsanwalt binnen zwei Wochen Erinnerung einlegen (§ 199 Abs. 2 S. 1 BRAO). Über die Erinnerung entscheidet das Anwaltsgericht, dessen Vorsitzender den Beschluss erlassen hat. 190

Gegen die Entscheidung des Anwaltsgerichts kann der Rechtsanwalt sofortige Beschwerde zum Anwaltsgerichtshof einlegen. 191

ee) Sonstige Verfahren. Zu sonstigen Verfahren sei auf die jeweiligen Verfahrensordnungen hingewiesen. 192

2. Verhältnis zum Hauptsacheverfahren

a) Kostenfestsetzung und Hauptsache

Die **Kostenfestsetzung** selbst gehört nach § 19 Abs. 1 S. 2 Nr. 14 stets zur jeweiligen Instanz und löst noch keine neue Angelegenheit aus. Das gilt unabhängig davon, ob die Kostenfestsetzung vor Gericht nach den §§ 103 ff. ZPO, § 464b Abs. 1 StPO; § 108a i.V.m. § 464b Abs. StPO; § 164 VwGO; § 197 SGG; § 149 FGO, etc. oder nach § 108 OWiG vor der Verwaltungsbehörde betrieben wird. 193

Nur dann, wenn der Anwalt ausschließlich im Kostenfestsetzungsverfahren beauftragt wird, liegt für ihn eine selbstständige Angelegenheit vor, die als Einzeltätigkeit nach VV 3403, 3408, 4302 Nr. 3, 5200 oder 6404 vergütet wird. 194

b) Kostenansatzverfahren und Hauptsache

Die Tätigkeit des Anwalts im **Kostenansatzverfahren** ist im RVG dagegen nicht ausdrücklich geregelt. Insoweit greift der Auffangtatbestand des § 19 Abs. 1 S. 1, wonach Tätigkeiten im Verfahren über den Kostenansatz als Neben- und Abwicklungstätigkeit zum Gebührenrechtszug der Hauptsache gehören und mit den Gebühren des Rechtszugs abgegolten sind. Das gilt auch im Verfahren auf Ansatz der Kosten nach § 108 OWiG. Als Einzeltätigkeit wird die Tätigkeit auch hier wieder nach VV 3403, 3408, 4302 Nr. 3, 5200 oder 6404 vergütet. 195

---

[78] BGH AGS 2013, 194 = MDR 2013, 560 = NJW-Spezial 2013, 252 = RVGprof. 2013, 74 = FamRZ 2013, 697.

c) Erinnerung

196 **aa) Kostenfestsetzung.** Die Erinnerung gegen den Kostenfestsetzungsbeschluss ist gegenüber der Hauptsache immer gesonderte Angelegenheiten, unabhängig davon, ob die Kostenfestsetzung vom Rechtspfleger oder vom Urkundsbeamten durchgeführt wird. Dies ist durch die Neufassung der § 18 Abs. 1 Nr. 3 jetzt klargestellt worden. Nicht abgestellt werden darf auf § 19 Abs. 1 S. 2 Nr. 5, da diese Vorschrift nur die Erinnerung nach § 573 ZPO erfasst, nicht aber die Erinnerung nach § 11 RPflG oder nach §§ 165, 161 VwGO, § 197 SGG oder 149 Abs. 2 FGO.

197 **bb) Kostenansatz.** Die Erinnerung gegen den Kostenansatz ist dagegen gegenüber der Hauptsache keine gesonderte Angelegenheit, da der Kostenansatz vom Urkundsbeamten durchgeführt wird und eine Sonderregelung – wie für die Kostenfestsetzung – fehlt. Es gilt insoweit § 19 Abs. 1 S. 1, wonach sonstige Tätigkeiten mit den Gebühren der Hauptsache abgegolten sind.

d) Antrag auf gerichtliche Entscheidung

198 Ebenso der Antrag auf gerichtliche Entscheidung nach § 62 OWiG eine gesonderte Angelegenheit, wie jetzt durch § 18 Abs. 1 Nr. 3 klargestellt worden ist.

e) Beschwerde

199 Beschwerden im Rahmen der Kostenfestsetzung und des Kostenansatzverfahren sind nach § 18 Abs. 1 Nr. 3 immer gesonderte Angelegenheiten. Das gilt auch in den Verfahren, in denen Beschwerden ansonsten durch die Gebühren in der Hauptsache mit abgegolten werden (z.B. in Straf- und Bußgeldsachen sowie in Verfahren nach VV Teil 6; siehe § 19 Abs. 1 Nr. 10a).

f) Rechtsbeschwerde

200 Rechtsbeschwerden sind ebenfalls gesonderte Angelegenheiten (§ 17 Nr. 1).

3. Die Vergütung

201 Die Vergütung für **Erinnerungen, Anträge auf gerichtliche Entscheidung, Beschwerden** und **sofortige Beschwerden** im Kostenfestsetzungsverfahren sowie im Verfahren gegen den Kostenansatz sind in **VV Teil 3 Abschnitt 5** geregelt (VV 3500 ff.). Das gilt auch in den Verfahren, in denen Beschwerden ansonsten durch die Gebühren in der Hauptsache abgegolten werden, z.B. in Straf- und Bußgeldsachen sowie in Verfahren nach VV Teil 6; siehe § 19 Abs. 1 Nr. 10a, da insoweit ausdrücklich auf VV Teil 3 verwiesen wird (VV Vorb. 4 Abs. 5 Nr. 1; VV Vorb. 5 Abs. 4 Nr. 1; VV Vorb. 6.2 Abs. 3 Nr. 1). Vorgesehen sind sowohl Wert- als auch Betragsrahmengebühren.

202 Diese Gebühren gelten allerdings nur, wenn
- die Erinnerung oder Beschwerde nach den vorstehenden Ausführungen eine eigene Angelegenheit darstellt
- oder der Anwalt ausschließlich in einem solchen Verfahren beauftragt worden ist.

203 **Wertgebühren**, also eine 0,5-Verfahrensgebühr nach VV 3500 und gegebenenfalls eine 0,5-Terminsgebühr nach VV 3513, erhält der Anwalt in
- bürgerlichen Rechtsstreitigkeiten,
- Verfahren vor den Arbeitsgerichten,
- Familiensachen,
- verwaltungsgerichtlichen Verfahren,
- Finanzgerichtsverfahren,
- Sozialgerichtsverfahren, wenn sich Gebühren in der Hauptsache nach dem Wert richten (§ 3 Abs. 1 S. 2),
- Strafsachen (VV Vorb. 4 Abs. 5 Nr. 1),
- Bußgeldsachen (VV Vorb. 5 Abs. 4 Nr. 1) und
- Disziplinarverfahren und berufsgerichtlichen Verfahren wegen der Verletzung einer Berufspflicht (VV Vorb. 6.2 Abs. 3 Nr. 1).

Da in den Beschwerdeverfahren und in den Erinnerungsverfahren entweder keine Gerichtsgebühren erhoben werden oder Festgebühren, enthalten die Kostengesetze insoweit auch keine Wertvorschriften. Der Gegenstandswert für die Anwaltsgebühren ist daher im RVG geregelt und richtet sich in Beschwerdeverfahren nach § 23 Abs. 2 S. 1. Gem. § 23 Abs. 2 S. 3 gilt diese Vorschrift auf für Erinnerungen und – obwohl nicht ausdrücklich genannt – auch für Anträge auf gerichtliche Entscheidung gegen den Kostenfestsetzungsbescheid nach § 108 OWiG.

Betragsrahmengebühren nach VV 3501, 3514 erhält der Anwalt in Sozialgerichtsverfahren, wenn sich die Gebühren in der Hauptsache nicht nach dem Wert richten (§ 3 Abs. 1 S. 1).

Da Erinnerungs- und Beschwerdeverfahren sowie Verfahren über einen Antrag auf gerichtliche Entscheidung jeweils eigene Angelegenheiten sind (§ 18 Abs. 1 Nr. 3), erhält der Anwalt auch gesonderte Auslagen, insbesondere eine **eigene Postentgeltpauschale** nach VV 7002.

Auch die Frage des **anzuwendenden Rechts** ist nach § 60 gesondert zu prüfen (siehe § 60 Rdn 52).

4. Mehrere Erinnerungen oder Beschwerden oder Anträge auf gerichtliche Entscheidung

Wird der Anwalt in mehreren Erinnerungs- und Beschwerdeverfahren sowie Verfahren über einen Antrag auf gerichtliche Entscheidung gegen den Kostenansatz und die Kostenfestsetzung tätig, so können diese zwar gegenüber der Hauptsache nach § 18 Abs. 1 Nr. 3 eine gesonderte Angelegenheit darstellen. Damit ist aber noch nicht das Verhältnis der Erinnerungen, Beschwerden und Anträgen auf gerichtliche Entscheidung untereinander geregelt. Das wiederum ergibt sich aus Nr. 10.

Geklärt ist mit Inkrafttreten des RVG durch Nr. 10 die frühere Streitfrage, ob auch eine Erinnerung gegen die Kostenfestsetzung sowie eine Erinnerung gegen den Kostenansatz als eine Angelegenheit gelten.[79] Die h.M. hatte dies früher befürwortet, allerdings zu Unrecht.[80] Klargestellt ist nunmehr, dass nach Nr. 10 nur zusammengefasst werden können:
– mehrere Erinnerungsverfahren gegen den Kostenansatz,
– mehrere Beschwerdeverfahren gegen die Entscheidung über die Erinnerung im Kostenansatzverfahren,
– mehrere Verfahren über einen Antrag auf gerichtliche Entscheidung gegen den Kostenansatz,
– mehrere Erinnerungsverfahren gegen denselben Kostenfestsetzungsbeschluss,
– mehrere Verfahren über einen Antrag auf gerichtliche Entscheidung gegen die Kostenfestsetzung,
– mehrere Beschwerdeverfahren gegen denselben Kostenfestsetzungsbeschluss,
– Erinnerungsverfahren und Beschwerdeverfahren gegen denselben Kostenfestsetzungsbeschluss.

Eine weiter gehende Zusammenfassung ist nicht (mehr) möglich. So bilden also die Erinnerung gegen die Kostenfestsetzung und die Erinnerung gegen den Kostenansatz jetzt immer verschiedene Angelegenheiten i.S.d. § 15.

Wechselseitig eingelegte Erinnerungen und Beschwerden gegen denselben Kostenfestsetzungsbeschluss sind auch dann, wenn sie in getrennten Verfahren behandelt werden, eine Angelegenheit. Darüber hinaus gelten auch sukzessiv eingelegte Erinnerungen oder Beschwerden als eine Angelegenheit, sofern sie sich gegen denselben Festsetzungsbeschluss richten.

> **Beispiel:** Gegen den Kostenfestsetzungsbeschluss legen Kläger und Beklagter Erinnerung oder sofortige Beschwerde ein.
> Insgesamt liegt nur eine Angelegenheit nach Nr. 10 Buchst. a) oder c) vor.

Soweit mehrere Beschwerden oder Erinnerungen danach als eine Angelegenheit gelten, werden die verschiedenen Werte gemäß § 22 Abs. 1 **zusammengerechnet**. Eine Zusammenrechnung unterbleibt, soweit die Werte identisch sind.

> **Beispiel:** Die Rechtspflegerin hatte die Reisekosten (160 EUR) und Kopiekosten (50 EUR) des Klägers zunächst antragsgemäß festgesetzt. Auf die sofortige Beschwerde des Beklagten sind beide Positionen abgesetzt worden. Gegen die Absetzung der Reisekosten legt nunmehr der Beklagte Erinnerung ein. Eine Zusammenrechnung findet jetzt nicht statt, da der Gegenstand der Erinnerung bereits Gegenstand des Beschwerdeverfahrens war.

---

79 Zur Berechnung in diesen Fällen siehe ausführlich *N. Schneider*, Fälle und Lösungen, § 20 Rn 46 ff.

80 Zu Nachw. zu beiden Ansichten siehe AnwK-BRAGO/ *N. Schneider*, 1. Aufl. 2002, § 61 Rn 86.

213 Mehrere Erinnerungen, die verschiedenen Rechtszügen zuzuordnen sind, gelten dagegen als verschiedene Angelegenheiten, sofern sie nicht verbunden sind.

> **Beispiel:** Im Juli 2016 werden die Kosten erster Instanz festgesetzt, im August 2016 die Kosten zweiter Instanz. Gegen beide Kostenfestsetzungsbeschlüsse legt der Kläger jeweils Erinnerung ein.
> Es liegen jetzt zwei verschiedene Angelegenheiten vor. Die Regelung in Nr. 10 greift nicht, weil es sich um verschiedene Rechtszüge handelt.

214 Anders verhält es sich dagegen, wenn die Kosten einheitlich festgesetzt werden.

> **Beispiel:** Über die Kosten erster und zweiter Instanz ergeht nach Abschluss des Berufungsverfahrens ein einheitlicher Kostenfestsetzungsbeschluss. Hiergegen wird Erinnerung eingelegt und zwar sowohl mit der Begründung, dass die erst- als auch die zweitinstanzlichen Kosten fehlerhaft berechnet seien.
> In diesem Fall liegt nur eine Angelegenheit vor.

215 Sofern in derselben Instanz mehrere Festsetzungsbeschlüsse erlassen werden und hiergegen jeweils Erinnerung oder Beschwerde eingelegt wird, handelt es sich wiederum um verschiedene Angelegenheiten.

> **Beispiel:** Über die Kosten erster Instanz ergeht ein Kostenfestsetzungsbeschluss nach Kostenausgleichung und ein gesonderter Kostenfestsetzungsbeschluss über die Kosten der Säumnis. Der Beklagte legt gegen beide Beschlüsse sofortige Beschwerde ein.
> In diesem Fall sind zwei Angelegenheiten gegeben, solange die Beschwerdeverfahren nicht verbunden werden.

216 Auch in Verfahren gegen den Kostenansatz bilden mehrere Erinnerungen und mehrere Beschwerden sowie mehrere Verfahren über einen Antrag auf gerichtliche Entscheidung eine **einzige Angelegenheit** (Nr. 10). Im Gegensatz zur Erinnerung und Beschwerde gegen den Kostenfestsetzungsbeschluss sind Erinnerung und Beschwerde gegen den Kostenansatz dagegen immer verschiedene Angelegenheiten, da sie zu unterschiedlichen Rechtszügen gehören (§ 17 Nr. 1).

217 Soweit sich verschiedene Erinnerungen oder Beschwerden gegen verschiedene Kostenrechnungen verschiedener Instanzen richten, gilt Nr. 10 nicht, da es dann an demselben Rechtszug fehlt.

> **Beispiel:** Der Beklagte wendet sich mit der Erinnerung sowohl gegen die Gerichtskostenrechnung erster Instanz als auch gegen die des Berufungsverfahrens.
> Es liegen zwei Erinnerungsverfahren vor.

XII. Zulassung des Rechtsmittels und Rechtsmittelverfahren (Nr. 11)

1. Gesetzliche Regelungen

218 Zahlreiche Gesetzesänderungen in den vergangenen Jahren haben in sämtlichen Prozess- und Verfahrensordnungen die Verfahren auf Annahme und Zulassung von Rechtsmitteln komplizierter gemacht, so etwa die Einführung der Zulassungsberufung und der Zulassungsrevision in der ZPO durch das ZPO-Reformgesetz, die Einführung der Zulassungsberufung in den §§ 124, 124a VwGO oder die Änderungen des § 166 SGG. Mit diesen Änderungen einhergegangen sind gleichzeitig auch Änderungen im Vergütungsrecht (Einführung des § 61a Abs. 2 BRAGO; Änderung der §§ 114 und 116 BRAGO). Eine einheitliche Linie ließ sich zuletzt nicht mehr finden. Im Gegenteil – die Berechnung der anwaltlichen Vergütung war durch zahlreiche, an verschiedene Stellen verstreute Vorschriften, die zum Teil unklar formuliert, die zum Teil sogar überflüssig waren (§ 31a BRAGO), noch unübersichtlicher geworden. Weitere verfahrensrechtliche Besonderheiten haben sich durch die Einführung des FamFG mit dem FGG-ReformG zum 1.9.2009 ergeben.

219 Im Gegensatz zur BRAGO, die zahlreiche einzelne Vorschriften an den verschiedensten Stellen enthielt, sind nunmehr im RVG einheitliche Regelungen getroffen worden. Vier Vorschriften sind maßgebend:
– **§ 19 Abs. 1 S. 1:** Abgegoltene Tätigkeiten im Hinblick auf die Zulassung des Rechtsmittels vor dem Gericht, dessen Entscheidung angefochten werden soll,
– **§ 16 Nr. 11:** Verfahren auf Zulassung des Rechtsmittels vor dem Rechtsmittelgericht,
– **§ 17 Nr. 1:** Rechtsmittelverfahren,
– **§ 17 Nr. 9:** Verfahren der Nichtzulassungsbeschwerde.

2. Überblick über die verschiedenen Verfahrensstadien

a) Tätigkeiten vor dem Gericht, dessen Entscheidung angefochten werden soll

Die auf Zulassung eines Rechtsmittels gerichtete anwaltliche Tätigkeit vor dem Gericht, dessen Entscheidung angefochten werden soll, wird stets durch die dort verdienten Gebühren abgegolten. Auch wenn die dahin gehende anwaltliche Tätigkeit ausdrücklich nicht im Gesetz erwähnt ist, ergibt sich dies aus § 19 Abs. 1 S. 1. Dies gilt nach § 19 Abs. 1 S. 2 Nr. 6 auch dann, wenn die Zulassung im Wege der Urteilsergänzung nach § 321 ZPO[81] oder Urteilsberichtigung nach § 319 ZPO[82] beantragt wird.

220

b) Tätigkeiten im Verfahren auf Zulassung des Rechtsmittels vor dem Rechtsmittelgericht

Die Tätigkeit des Anwalts auf Zulassung des Rechtsmittels vor dem Rechtsmittelgericht gehört nach § 17 Nr. 1 bereits zum Rechtsmittelverfahren und wird durch die dortigen Gebühren ausgelöst. Das Verfahren auf Zulassung und das zugelassene Rechtsmittel bilden nach Nr. 11 eine einzige Angelegenheit, sodass die Gebühren insgesamt nur einmal verdient werden können (§ 15 Abs. 2).

221

c) Tätigkeiten im Verfahren über die Nichtzulassungsbeschwerde

Ist die Zulassung von dem Gericht auszusprechen, dessen Entscheidung angefochten werden soll, und lässt dieses Gericht das Rechtsmittel nicht zu, so ist hiergegen in zahlreichen Fällen die **Nichtzulassungsbeschwerde** gegeben. Diese Beschwerdeverfahren stellen gegenüber dem Verfahren, in dem die angefochtene Entscheidung ergangen ist, eine eigene Angelegenheit dar. Das wiederum folgt aus § 17 Nr. 1. Danach kann der Rechtsanwalt in jedem Rechtszug die Gebühren gesondert fordern.

222

Werden mehrere Nichtzulassungsbeschwerden miteinander verbunden, ist nur eine Angelegenheit gegeben.[83]

223

Für diese Nichtzulassungsbeschwerden sieht das Gesetz **besondere Gebühren** vor (VV 3504 ff.; VV 6215; VV 6402).

224

d) Tätigkeiten im Verfahren über das zugelassene Rechtsmittel

Wird auf die Nichtzulassungsbeschwerde hin das Rechtsmittel zugelassen, so stellt dieses Rechtsmittelverfahren wiederum eine weitere Angelegenheit dar. Dies folgt aus § 17 Nr. 9. Der Anwalt kann dann also im Rechtsmittelverfahren sämtliche Gebühren neben denen im Nichtzulassungsbeschwerdeverfahren erneut verdienen.

225

Das Gesetz sieht insoweit allerdings eine **Anrechnung** der Gebühren vor (Anm. zu VV 3504; Anm. zu VV 3506; Anm. zu VV 3511; Anm. zu VV 3512, Anm. zu VV 6215; Anm. zu VV 6402).

226

3. Regelungen im Zivilprozess

a) Berufung, § 511 Abs. 2 Nr. 2 ZPO

Nach § 511 Abs. 2 Nr. 2 ZPO kann das erstinstanzliche Gericht die Berufung zulassen, wenn die Beschwer von mehr als 600 EUR nicht erreicht ist, die Rechtssache aber grundsätzliche Bedeutung hat oder die Fortbildung des Rechts oder die Sicherung einer einheitlichen Rechtsprechung eine Entscheidung des Berufungsgerichts erfordert.

227

---

81 Die aber wohl unzulässig ist (Zöller/*Gummer*, § 511 Rn 39).

82 Zu den Voraussetzungen der Urteilsberichtigung: Zöller/*Gummer*, § 511 Rn 39.

83 BFH BFH/NV 2005, 379.

228 Die Tätigkeit des Anwalts im erstinstanzlichen Verfahren auf Zulassung der Berufung wird durch die dort verdienten Gebühren abgegolten. Dies folgt aus § 19 Abs. 1 S. 1, auch wenn diese Tätigkeit dort nicht ausdrücklich erwähnt ist.

229 Eine Nichtzulassungsbeschwerde wie im Revisionsrecht (§ 544 ZPO) ist hier nicht vorgesehen. Möglich ist allenfalls eine Verfassungsbeschwerde, wenn in der Nichtzulassung des Rechtsmittels ein Verstoß gegen den gesetzlichen Richter liegt.[84]

b) Revision, § 543 ZPO

230 **aa) Verfahren.** Mit Inkrafttreten des ZPO-Reformgesetzes vom 27.7.2001 ist die Wertrevision (§ 546 ZPO a.F.) abgeschafft worden. Die Revision zum BGH (§ 133 Nr. 1 GVG) ist jetzt wertunabhängig nur noch gegeben, wenn sie zugelassen wird. Über die Zulassung entscheidet zunächst das Berufungsgericht (§ 543 Abs. 1 Nr. 1 ZPO). Lässt das Gericht die Revision zu, so ist der BGH daran gebunden (§ 543 Abs. 2 S. 2 ZPO). Lässt das Berufungsgericht die Revision nicht zu, kann hiergegen Nichtzulassungsbeschwerde nach § 544 ZPO erhoben werden. Eine Abhilfemöglichkeit des Berufungsgerichts besteht nicht. Der BGH entscheidet über die Beschwerde durch Beschluss (§ 544 Abs. 4 S. 1 ZPO). Weist er die Nichtzulassungsbeschwerde zurück, wird das Berufungsurteil damit rechtskräftig (§ 544 Abs. 5 S. 3 ZPO). Gibt der BGH der Nichtzulassungsbeschwerde statt, so wird das Beschwerdeverfahren als Revisionsverfahren fortgesetzt (§ 544 Abs. 6 S. 1 ZPO). Die Beschwerde gilt in diesem Fall als Einlegung der Revision (§ 544 Abs. 6 S. 2 ZPO).

231 **bb) Die Tätigkeit des Anwalts vor dem Berufungsgericht.** Die Tätigkeit des Anwalts vor dem Berufungsgericht betreffend die Zulassung der Revision zählt noch zum Berufungsverfahren und wird durch die dort verdienten Gebühren der VV 3100 ff. abgegolten. Dies folgt wiederum aus § 19 Abs. 1 S. 1, auch wenn diese Tätigkeit dort nicht ausdrücklich erwähnt wird.

232 **cc) Die Tätigkeit des Anwalts im Verfahren der Nichtzulassungsbeschwerde. (1) Eigene Angelegenheit.** Das Verfahren über die Nichtzulassungsbeschwerde nach § 544 ZPO stellt gegenüber dem Berufungsverfahren eine **eigene Angelegenheit** dar. Dies folgt aus § 17 Nr. 1, wonach der Anwalt die Gebühren in jedem Rechtszug fordern kann.

233 **(2) Gebühren.** Der Anwalt erhält im Verfahren über die Nichtzulassungsbeschwerde nach § 544 ZPO die 1,6-Gebühr der VV 3506, wobei sich die Gebühr für den BGH-Anwalt auf 2,3 beläuft (VV 3508).

234 **Erledigt** sich die Nichtzulassungsbeschwerde vor ihrer Einreichung, so gilt VV 3507 (1,1-Gebühr), für den BGH-Anwalt VV 3509 (1,8-Gebühr).

235 **dd) Die Tätigkeit des Anwalts im zugelassenen Revisionsverfahren. (1) Angelegenheit.** Das Verfahren über die Nichtzulassungsbeschwerde und das auf die Zulassung hin folgende **Revisionsverfahren** sind gebührenrechtlich ebenfalls **zwei verschiedene Angelegenheiten**. Dies folgt aus § 17 Nr. 9. Danach stellt das auf die Beschwerde gegen seine Nichtzulassung hin zugelassene Rechtsmittel einen neuen Rechtszug dar.

236 **(2) Gebühren.** Der Anwalt kann daher im Revisionsverfahren sämtliche Gebühren nach VV 3206 ff. einschließlich der Postentgeltpauschale nach VV 7002 verdienen.

237 **(3) Anrechnung.** Die Verfahrensgebühr im Verfahren über die Nichtzulassungsbeschwerde wird nach Anm. zu VV 3506 auf die Prozessgebühr des nachfolgenden Revisionsverfahrens **angerechnet**. Im Ergebnis kann der Anwalt die Verfahrensgebühr also nicht zweimal liquidieren. Die Terminsgebühr kann dagegen anrechnungsfrei gesondert entstehen und verbleiben.

238 Soweit die Revision auf die Beschwerde nur **teilweise zugelassen** wird, ist auch nur teilweise anzurechnen.

239 Zu Einzelheiten siehe die Kommentierung zu VV 3506 ff.

---

[84] Siehe hierzu *E. Schneider*, ZPO-Reform, Rn 340 ff.

c) Sprungrevision, § 566 ZPO

aa) Verfahren. Gegen die im ersten Rechtszug erlassenen Endurteile – also auch gegen Urteile der Amtsgerichte (!) – findet unter Übergehung der Berufungsinstanz unmittelbar die Revision (Sprungrevision) statt (§ 566 Abs. 1 S. 1 ZPO). Voraussetzung hierfür ist ein entsprechender Antrag der beschwerten Partei sowie die Einwilligung des Gegners (§ 566 Abs. 1 S. 1 Nr. 1 ZPO). Ebenso wie die Revision ist auch die Sprungrevision nur statthaft, wenn das Revisionsgericht sie zulässt (§ 566 Abs. 1 S. 1 Nr. 2 ZPO). **240**

Der Antrag auf Zulassung der Sprungrevision ist durch Einreichung eines Schriftsatzes beim Revisionsgericht zu stellen (§ 566 Abs. 2 S. 1 ZPO). Dem Antrag ist die schriftliche Einwilligungserklärung der Gegenpartei beizufügen (§ 566 Abs. 2 S. 2 ZPO). Über den Antrag auf Zulassung der Sprungrevision entscheidet das Revisionsgericht ohne mündliche Verhandlung durch Beschluss (§ 566 Abs. 5 S. 1 ZPO). Wird die Revision nicht zugelassen, endet das Verfahren; das erstinstanzliche Urteil wird rechtskräftig (§ 566 Abs. 6 ZPO). Wird die Sprungrevision dagegen zugelassen, so wird das Verfahren als Revisionsverfahren fortgesetzt (§ 566 Abs. 7 S. 1 ZPO). Der Antrag auf Zulassung gilt dann als Einlegung der Revision (§ 566 Abs. 7 S. 2 ZPO). **241**

bb) Umfang der Angelegenheit. Wird der Anwalt als Prozessbevollmächtigter im Verfahren auf Zulassung der Sprungrevision tätig, so zählt diese Tätigkeit bereits zum Revisionsverfahren. Dies ergibt sich aus Nr. 11 i.V.m. § 17 Nr. 1. Da das Verfahren auf Zulassung der Sprungrevision nicht als Beschwerdeverfahren ausgestaltet ist, kommt folglich § 17 Nr. 9 nicht zur Anwendung, sodass es sich nicht um eine besondere Angelegenheit handelt. Es gilt vielmehr Nr. 11: Das Verfahren über die Zulassung des Rechtsmittels gehört zum Rechtszug des Rechtsmittels. **242**

Die Tätigkeit im Verfahren auf Zulassung der Sprungrevision zählt dabei nicht nur für den Prozessbevollmächtigten des Antragstellers zum Revisionsverfahren, sondern auch für den Prozessbevollmächtigten des Antragsgegners, soweit dieser sich im Zulassungsverfahren bereits vertreten lässt. Für diesen gilt dann auch § 19 Abs. 1 S. 2 Nr. 9: Die Abgabe der Einwilligung zur Sprungrevision gehört zum Gebührenrechtszug (§ 15 Abs. 1). **243**

cc) Gebühren. Sowohl der Anwalt des Antragstellers als auch der Anwalt des Antragsgegners erhält die 1,6-Verfahrensgebühr der VV 3206. Der Anwalt des Antragsgegners erhält die volle Verfahrensgebühr allerdings nur, wenn er einen Schriftsatz einreicht, der einen Sachantrag enthält, also wenn er z.B. beantragt, die Sprungrevision nicht zuzulassen. Bestellt sich der Anwalt des Antragsgegners lediglich oder gibt er nur die Einwilligungserklärung nach § 566 Abs. 1 S. 1 Nr. 1, Abs. 2 S. 4 ZPO ab und wartet er im Übrigen ab, wie das Revisionsgericht entscheidet, verdient er nur eine 1,1-Gebühr (VV 3207). Die Einwilligungserklärung enthält keinen Sachantrag, zumal diese Erklärung nicht gegenüber dem Gericht, sondern gegenüber dem Gegner abzugeben ist. **244**

Da für den Antrag auf Zulassung der Sprungrevision Postulationszwang besteht, muss sich die antragstellende Partei durch einen am BGH zugelassenen Anwalt vertreten lassen. Diesem Anwalt entsteht die Verfahrensgebühr daher zu 2,3 (VV 3208). **245**

Für den Anwalt des Antragsgegners besteht kein Zulassungszwang, sofern er keinen eigenen Antrag stellen will. Lässt sich die Partei im Zulassungsverfahren durch einen nicht am BGH zugelassenen Anwalt vertreten, der nur schriftsätzliche Stellungnahmen abgeben und das Verfahren überwachen soll, so entsteht für ihn nur die Verfahrensgebühr nach VV 3206. Da der nicht am BGH zugelassene Anwalt keinen zulässigen Sachantrag stellen kann, wird es für ihn zudem bei einer 1,1-Gebühr nach VV 3207 verbleiben.[85] **246**

Hat der Antragsgegner einen Anwalt ausschließlich mit der Zustimmungserklärung nach § 566 Abs. 1 S. 1 Nr. 1, Abs. 2 S. 4 ZPO beauftragt, ohne ihn auch für das Zulassungsverfahren zu bevollmächtigen, gilt VV 3403.[86] Der Anwalt erhält danach eine 0,8-Gebühr. **247**

dd) Verfahren nach Zulassung der Sprungrevision. Das anschließende (zugelassene) Revisionsverfahren stellt gebührenrechtlich keine neue Angelegenheit dar. Es bildet mit dem Verfahren auf Zulassung der Sprungrevision vielmehr eine einzige Angelegenheit (Nr. 11), in der der Anwalt die Gebühren insgesamt nur einmal verdienen kann (§ 15 Abs. 2). Die bereits im Zulassungsverfahren **248**

---

[85] Anders wohl die h.M., die in solchen Fällen lediglich eine Einzeltätigkeit mit einer 0,8-Verfahrensgebühr nach VV 3403 annimmt (siehe VV 3403 Rdn 23).

[86] Früher § 56 BRAGO; Göttlich/Mümmler/*Rehberg/Xanke*, BRAGO, 20. Aufl. 2001, „Sprungrevision" 1.

verdiente Verfahrensgebühr kann der Anwalt im folgenden Revisionsverfahren daher nicht erneut verdienen. Soweit allerdings die Gegenseite Anschlussrevision einlegt, was zulassungsfrei möglich ist, kann sich der Gegenstandswert erhöhen, sodass der Anwalt also die Prozessgebühr nach dem erhöhten Wert erhält.

d) Rechtsbeschwerde, § 574 ZPO

249 Die Rechtsbeschwerde nach § 574 ZPO ist nur dann gegeben, wenn sie von dem Gericht zugelassen worden ist, dessen Entscheidung angefochten werden soll. Die Tätigkeit des Anwalts im Ausgangsverfahren wird wiederum durch die dort verdienten Gebühren abgegolten (§ 19 Abs. 1 S. 1). Eine Nichtzulassungsbeschwerde ist in der ZPO nicht vorgesehen.

4. Regelungen im Familienrecht

a) Beschwerde, § 58 FamFG

250 Nach § 61 Abs. 2 FamFG kann das erstinstanzliche Gericht die Beschwerde zulassen, wenn die Beschwer von mehr als 600 EUR nicht erreicht ist, die Rechtssache aber grundsätzliche Bedeutung hat oder die Fortbildung des Rechts oder die Sicherung einer einheitlichen Rechtsprechung eine Entscheidung des Berufungsgerichts erfordert.

251 Die Tätigkeit des Anwalts im erstinstanzlichen Verfahren auf Zulassung der Beschwerde wird durch die dort verdienten Gebühren abgegolten. Dies folgt aus § 19 Abs. 1 S. 1, auch wenn diese Tätigkeit dort nicht ausdrücklich erwähnt ist.

252 Eine Nichtzulassungsbeschwerde ist hier nicht vorgesehen. Möglich ist allenfalls eine Verfassungsbeschwerde, wenn in der Nichtzulassung des Rechtsmittels ein Verstoß gegen den gesetzlichen Richter liegt.[87]

b) Rechtsbeschwerde, § 70 FamFG

253 Gegen die Entscheidungen des OLG ist nach § 70 Abs. 1 FamFG die Rechtsbeschwerde gegeben, sofern sie vom OLG zugelassen worden ist. Die Tätigkeit des Anwalts vor dem Beschwerdegericht betreffend die Zulassung der Revision zählt noch zum Beschwerdeverfahren und wird durch die dort verdienten Gebühren der VV 3100 ff. abgegolten. Dies folgt wiederum aus § 19 Abs. 1 S. 1, auch wenn diese Tätigkeit dort nicht ausdrücklich erwähnt wird.

254 Eine Nichtzulassungsbeschwerde ist im FamFG nicht vorgesehen.

c) Sprungrechtsbeschwerde, § 75 FamFG

255 Nach § 75 FamFG ist die Sprungrechtsbeschwerde gegeben, sofern sie zugelassen wird. Über die Zulassung entscheidet der BGH. Es gilt insoweit das gleiche wie bei der Zulassung der Sprungrevision nach § 566 ZPO, zumal § 75 auf § 566 ZPO verweist. Auch für die Gebühren gilt das zur Sprungrevision nach § 56 ZPO Gesagte. Die Gebühren sind die gleichen (VV Vorb. 3.2.2 Nr. 1 Buchst. a).

5. Arbeitsgerichtsverfahren

a) Überblick

256 In Arbeitsgerichtsverfahren ist nach Urteils- und Beschlussverfahren zu unterscheiden, da die Rechtsmittel hier unterschiedlich geregelt sind.

---

87 Siehe hierzu *E. Schneider*, ZPO-Reform, Rn 340 ff.

b) Urteilsverfahren

aa) Berufung, § 64 ArbGG. Gegen Urteile der Arbeitsgerichte findet die Berufung in den Fällen des § 64 Abs. 2 Buchst. b) bis d) ArbGG statt, ohne dass sie einer Zulassung bedarf. Im Übrigen muss die Berufung zugelassen werden (§ 64 Abs. 2 Buchst. a) ArbGG). Über die Zulassung entscheidet das ArbG selbst (§ 64 Abs. 3, 3a ArbGG). 257

Die Tätigkeit des Anwalts im erstinstanzlichen Verfahren vor dem ArbG auf Zulassung der Berufung wird daher wiederum durch die dort verdienten Gebühren nach § 19 Abs. 1 S. 1 abgegolten. 258

Eine Nichtzulassungsbeschwerde ist nicht vorgesehen. 259

bb) Revision, §§ 72 ff. ArbGG. Nach § 72 ArbGG ist gegen die Endurteile der LAG die Revision gegeben, wenn das LAG sie zugelassen hat. Die Tätigkeit auf Zulassung der Revision gehört wiederum zum Berufungsverfahren und wird durch die dort verdienten Gebühren abgegolten (§ 19 Abs. 1 S. 1). 260

Ist die Revision nicht zugelassen worden, so kann nach § 72a Abs. 1 ArbGG Nichtzulassungsbeschwerde erhoben werden. Die Beschwerde ist beim BAG einzureichen (§ 72a Abs. 2 S. 1 ArbGG). 261

Die **Nichtzulassungsbeschwerde** ist wiederum eine neue Angelegenheit (§ 17 Nr. 1). Der Anwalt erhält hier die Vergütung nach VV 3506. 262

Wird die **Revision zugelassen**, so stellt sie wiederum eine **besondere Angelegenheit** gegenüber dem Nichtzulassungsbeschwerdeverfahren dar (§ 17 Nr. 9), sodass der Anwalt dort weitere Gebühren nach VV 3206 ff. erhält. 263

Die Verfahrensgebühren sind anzurechnen gemäß Anm. zu VV 3506. 264

cc) Sprungrevision, § 76 ArbGG. Gegen die im ersten Rechtszug erlassenen Endurteile findet unter Übergehung der Berufungsinstanz unmittelbar die Revision (Sprungrevision) statt (§ 76 ArbGG). Voraussetzung hierfür ist ein entsprechender Antrag der beschwerten Partei sowie die Einwilligung des Gegners (§ 76 Abs. 1 S. 1 ArbGG). Ebenso wie die Revision ist auch die Sprungrevision nur statthaft, wenn sie zugelassen wird. Hier entscheidet allerdings das ArbG selbst über die Zulassung (§ 76 Abs. 2 S. 1 ArbGG). Das BAG ist an die Zulassung gebunden (§ 76 Abs. 2 S. 2 ArbGG). 265

Das Verfahren vor dem ArbG auf Zulassung wird nach § 19 Abs. 1 S. 1 durch die erstinstanzlichen Gebühren abgegolten. 266

Wird die Revision zugelassen, ist das Revisionsverfahren eine neue Angelegenheit (§ 17 Nr. 1). 267

dd) Sofortige Beschwerde wegen verspäteter Absetzung des Berufungsurteils, § 72b ArbGG. Ein Endurteil eines LAG kann durch sofortige Beschwerde angefochten werden, wenn es nicht binnen fünf Monaten nach der Verkündung vollständig abgefasst und mit den Unterschriften sämtlicher Mitglieder der Kammer versehen der Geschäftsstelle übergeben worden ist. Ist die sofortige Beschwerde zulässig und begründet, ist das Urteil des LAG aufzuheben und die Sache zur neuen Verhandlung und Entscheidung an das LAG zurückzuverweisen. Die Zurückverweisung kann an eine andere Kammer des LAG erfolgen. 268

In diesem Fall ist das Beschwerdeverfahren eine eigene Angelegenheit nach § 18 Abs. 1 Nr. 3 mit den Gebühren nach VV 3500 ff. Ist die Beschwerde erfolgreich, gilt § 21 Abs. 1. Die Gebühren im weiteren Verfahren vor dem LAG entstehen gesondert, allerdings mit der Anrechnung nach VV Vorb. 3 Abs. 6. 269

ee) Revisionsbeschwerde, § 77 ArbGG. Gegen einen Beschluss des LAG, der die Berufung als unzulässig verwirft, findet die Rechtsbeschwerde statt, wenn das LAG sie in dem Beschluss zugelassen hat. Für die Zulassung der Rechtsbeschwerde gilt § 72 Abs. 2 ArbGG entsprechend. Es kann hinsichtlich der Vergütung daher auf die dortigen Ausführungen Bezug genommen werden. 270

c) Beschlussverfahren

aa) Beschwerde, § 87 ArbGG. Gegen einen Beschluss des ArbG ist nach § 87 ArbGG die Beschwerde gegeben. Es gilt hier das Gleiche wie bei der Berufung (siehe Rdn 257 ff.). 271

bb) Rechtsbeschwerde, § 92 ArbGG. In Beschlussverfahren findet gegen einen das Verfahren beendenden Beschluss des LAG die Rechtsbeschwerde zum BAG statt, wenn das LAG sie zugelassen 272 hat (§ 92 Abs. 1 ArbGG). Die Tätigkeit auf Zulassung zählt wiederum zum Verfahren vor dem LAG und wird durch die dortigen Gebühren abgegolten (§ 19 Abs. 1 S. 1).

273 **cc) Nichtzulassungsbeschwerde, § 92a ArbGG.** Wird die Rechtsbeschwerde nicht zugelassen, so steht der Partei die **Nichtzulassungsbeschwerde** nach § 92a ArbGG zu. Die Nichtzulassungsbeschwerde ist gemäß § 17 Nr. 1 eine selbstständige Angelegenheit gegenüber dem Verfahren, in dem die angefochtene Entscheidung erlassen worden ist. Der Anwalt erhält hier die Gebühren nach den VV 3506 ff. (jetzt klargestellt durch das 2. KostRMoG).

274 Wird die Rechtsbeschwerde zugelassen, so stellt diese wiederum eine weitere Angelegenheit gegenüber dem Nichtzulassungsbeschwerdeverfahren dar (§ 17 Nr. 9). Im Verfahren über die Rechtsbeschwerde erhält der Anwalt wiederum die Gebühren nach den VV 3206 ff. (VV Vorb. 3.2.2 Nr. 1 Buchst. a).

275 **dd) Sofortige Beschwerde wegen verspäteter Absetzung der Beschwerdeentscheidung.** Nach § 92b ArbGG ist die sofortige Beschwerde wegen verspäteter Absetzung der Beschwerdeentscheidung gegeben. Es gilt das Gleiche wie bei der sofortigen Beschwerde wegen verspäteter Absetzung der Berufungsentscheidung (siehe Rdn 268).

276 **ee) Sprungrechtsbeschwerde, § 96 ArbGG.** Nach § 96 ArbGG findet gegen die im ersten Rechtszug erlassenen Beschlüsse unter Übergehung der Beschwerdeinstanz unmittelbar die Rechtsbeschwerde (Sprungrechtsbeschwerde) statt. Voraussetzung hierfür ist ein entsprechender Antrag der beschwerten Partei sowie die Einwilligung des Gegners (§ 96 Abs. 1 S. 1 ArbGG). Ebenso wie die Revision ist auch die Sprungrevision nur statthaft, wenn sie zugelassen wird. Hier entscheidet allerdings das ArbG selbst über die Zulassung (§ 96 Abs. 2 S. 1 ArbGG). Das BAG ist an die Zulassung gebunden (§§ 96 Abs. 2 i.V.m. 76 Abs. 2 S. 2 ArbGG).

277 Das Verfahren vor dem ArbG auf Zulassung wird nach § 19 Abs. 1 S. 1 durch die erstinstanzlichen Gebühren abgegolten.

278 Wird die Rechtsbeschwerde zugelassen, ist das Rechtsbeschwerdeverfahren eine neue Angelegenheit (§ 17 Nr. 1).

6. Verwaltungsgerichtliche Verfahren

a) Berufung, §§ 124 ff. VwGO

279 Nach § 124 Abs. 1 VwGO steht den Beteiligten gegen Endurteile der Verwaltungsgerichte die Berufung zu. Sie bedarf der Zulassung durch das VG oder OVG (den VGH), § 124 Abs. 1 VwGO. Das VG lässt die Berufung in seinem Urteil zu, wenn die Gründe des § 124 Abs. 2 Nr. 3 oder Nr. 4 VwGO vorliegen. Die **Tätigkeit auf Zulassung** durch das VG zählt gemäß § 19 Abs. 1 Nr. 1 zum erstinstanzlichen Rechtszug. Bei Nichtzulassung der Berufung durch das VG in seinem Urteil, ist beim VG ein Antrag auf Zulassung zu stellen (§ 124a Abs. 4 S. 2 VwGO). Über den Antrag entscheidet jedoch gemäß § 124a Abs. 5 S. 1 VwGO das OVG (der VGH). Eine Entscheidungskompetenz des VG ist nicht vorgesehen.

280 Mit Einreichung des Antrags auf Zulassung der Berufung beim VG beginnt gebührenrechtlich bereits das Berufungsverfahren.[88] Dies ergibt sich aus Nr. 11, wonach alle sonstigen Verfahren, außer der Nichtzulassungsbeschwerde, zum Rechtszug des Rechtsmittels gehören. Dies hat nach **§ 17 Nr. 1** zur Folge, dass nach Zulassung der Berufung die bereits im Verfahren über die Zulassung der Berufung entstandenen Gebühren nicht noch einmal entstehen.[89] Diese Regelung ist auch mit Blick auf die Berufsfreiheit der mit Verwaltungsstreitsachen befassten Rechtsanwälte nicht zu beanstanden.[90] Wird der Rechtsanwalt erst nach Zulassung der Berufung im Wege der **Prozesskostenhilfe** beigeordnet, hat er aber bereits das Verfahren über die Zulassung der Berufung für den im Rechtsmittelverfahren Prozesskostenhilfeberechtigten betrieben, so führt das nicht dazu, dass die bereits im Verfahren über die Zulassung der Berufung entstandenen Gebühren bei der Festsetzung der zu gewährenden Prozesskostenhilfe abzusetzen sind.[91]

---

[88] VG Dresden, Beschl. v. 1.7.2016 – 2 O 18/16.
[89] OVG Münster AGS 2000, 147; VGH Kassel AnwBl 2000, 643 = NVwZ-RR 2000, 19.
[90] VGH Baden-Württemberg AnwBl 2000, 247.
[91] VGH Baden-Württemberg VGHBW-Ls 1999, Beilage 2, B 3.

Beantragt der Rechtsanwalt nach § 124a VwGO für seinen Auftraggeber die Zulassung der Berufung, so erhält er nach VV Vorb. 3.2 Abs. 1 die für das Berufungsverfahren bestimmten Gebühren. Die Gebühren ergeben sich damit aus den VV 3200 ff. unmittelbar. Demnach erhält der Rechtsanwalt in einem Verfahren über die Zulassung der Berufung nach VV 3200 eine **1,6-Verfahrensgebühr**. **Endigt** der Auftrag **vorzeitig**, erhält der Rechtsanwalt nach VV 3201 eine **1,1-Verfahrensgebühr**.

281

Zu Erstattungsfragen wird auf die Ausführungen in § 17 verwiesen (siehe § 17 Rdn 67 ff.).

282

b) Revision, §§ 132 ff. VwGO

Gegen die Urteile eine OVG oder VGH sowie gegen Beschlüsse nach § 47 Abs. 5 S. 1 VwGO steht den Beteiligten die Revision an das BVerwG zu. Die Revision bedarf nach § 132 Abs. 1 VwGO der Zulassung durch das OVG (den VGH). Die dahin gehende Tätigkeit wird durch die im Berufungsverfahren verdienten Gebühren des Anwalts abgegolten (§ 19 Abs. 1 Nr. 1).

283

c) Nichtzulassungsbeschwerde, § 133 Abs. 1 VwGO

Lässt das OVG (der VGH) die Revision nicht zu, so ist hiergegen die Nichtzulassungsbeschwerde nach § 133 Abs. 1 VwGO gegeben. Dieses Beschwerdeverfahren stellt gegenüber dem Berufungsrechtszug gemäß § 17 Nr. 1 eine eigene Angelegenheit dar und gemäß § 17 Nr. 9 auch gegenüber dem sich eventuell anschließenden Revisionsverfahren.

284

Im Verfahren über die Nichtzulassungsbeschwerde erhält der Anwalt wiederum die Gebühr nach VV 3306.

285

Ist die Nichtzulassungsbeschwerde erfolgreich und wird die Revision anschließend durchgeführt, erhält der Anwalt dort die Gebühren nach VV 3206.

286

Das Revisionsverfahren ist gebührenrechtlich eine **neue Angelegenheit** (§ 17 Nr. 9). Die **Gebührenanrechnung** ergibt sich aus Anm. zu VV 3506.

287

Zu Erstattungsfragen wird auf die Ausführungen in § 17 verwiesen (siehe § 17 Rdn 67 ff.).

288

d) Beschwerde, § 146 VwGO

Gegen die Entscheidung des VG, des Vorsitzenden oder des Berichterstatters, die nicht Urteile oder Gerichtsbescheide sind, steht den Beteiligten und den sonst von der Entscheidung Betroffenen nach § 146 Abs. 1 VwGO die Beschwerde an das OVG zu. Dies gilt auch für Entscheidungen der VG in Verfahren des vorläufigen Rechtsschutzes (§§ 80, 80a und 123 VwGO).

289

Nach § 146 Abs. 4 VwGO in der bis zum 31.12.2001 geltenden Fassung stand den Beteiligten gegen Beschlüsse des VG im Verfahren des vorläufigen Rechtsschutzes (§§ 80, 80a und 123 VwGO) die Beschwerde nur dann zu, wenn sie vom OVG in entsprechender Anwendung des § 124 Abs. 2 VwGO zugelassen worden ist. Diese für die Praxis sehr unglückliche Regelung wurde durch das Rechtsmittelbereinigungsgesetz vom 20.12.2001 wieder beseitigt. Nunmehr steht den Beteiligten gegen Beschlüsse des VG in Verfahren des vorläufigen Rechtsschutzes die Beschwerde wieder grundsätzlich zur Verfügung. Nach § 147 Abs. 1 VwGO ist die Beschwerde innerhalb von zwei Wochen nach Bekanntgabe der Entscheidung einzulegen und nach § 146 Abs. 4 VwGO innerhalb eines Monats nach Bekanntgabe der Entscheidung zu begründen.

290

Mit der Beschwerde beginnt gemäß Nr. 11 das Rechtsmittelverfahren. Das Beschwerdeverfahren ist gemäß §§ 18 Abs. 1 Nr. 3, 17 Nr. 1 eine neue Angelegenheit.

291

Im Beschwerdeverfahren erhält der Rechtsanwalt grundsätzlich die Gebühren nach den VV 3500 ff. In Verfahren über Beschwerden in Eilverfahren entsteht nach VV Vorb. 3.2.1 Nr. 3 Buchst. a) eine 1,6-Verfahrensgebühr aus VV 3200 (mit der Möglichkeit der Ermäßigung nach VV 3201) und gegebenenfalls eine 1,2-Terminsgebühr (VV 3202).

292

e) Sprungrevision, § 134 VwGO

293 Gegen das Urteil eines VG steht den Beteiligten nach § 134 VwGO die Revision unter Übergehung der Berufungsinstanz zu, wenn der Kläger und der Beklagte der Einlegung der Sprungrevision schriftlich zustimmen und wenn sie von dem VG im Urteil oder auf Antrag zugelassen wird. An die Zulassung ist das BVerwG gebunden.

294 Das Verfahren vor dem VG auf Zulassung der Sprungrevision wird nach § 19 Abs. 1 S. 1 durch die erstinstanzlichen Gebühren abgegolten.

295 Wird die Revision zugelassen, ist das Revisionsverfahren eine neue Angelegenheit (§ 17 Nr. 1).

f) Zulassungsrevision bei ausgeschlossener Berufung, § 135 VwGO

296 Gegen ein Urteil eines VG steht den Beteiligten die Revision an das BVerwG zu, wenn durch Bundesgesetz die Berufung ausgeschlossen ist (§ 135 S. 1 VwGO). An die Zulassung ist das BVerwG gebunden.

297 Das Verfahren vor dem VG auf Zulassung wird nach § 19 Abs. 1 S. 1 durch die erstinstanzlichen Gebühren abgegolten.

298 Wird die Revision zugelassen, ist das Revisionsverfahren eine neue Angelegenheit (§ 17 Nr. 1).

7. Berufung in Asylverfahren, §§ 78 ff. AsylG

299 Im Asylverfahren steht den Beteiligten die Berufung gegen das Urteil des VG nur dann zu, wenn das VG die Klage nicht als offensichtlich unzulässig oder offensichtlich unbegründet abgewiesen hat (§ 78 Abs. 1 S. 1 AsylG) und das OVG die Berufung zugelassen hat (§ 78 Abs. 2 S. 1 AsylG). Im Unterschied zu § 124 Abs. 2 VwGO ist nach § 78 Abs. 3 AsylG die Berufung nur zuzulassen, wenn die Rechtssache grundsätzliche Bedeutung hat oder das Urteil von einer Entscheidung des OVG, des BVerwG, des Gemeinsamen Senats der obersten Gerichtshöfe des Bundes oder des BVerfG abweicht und auf dieser Abweichung beruht oder ein in § 138 VwGO bezeichneter Verfahrensmangel geltend gemacht wird und vorliegt. Eine Zulassung durch das VG ist nicht möglich. Die Zulassung der Berufung ist innerhalb von zwei Wochen nach Zustellung des Urteils zu beantragen und zu begründen (§ 78 Abs. 4 AsylG).

300 Gebührenrechtlich gelten für das Verfahren über die Zulassung der Berufung nach dem AsylG die gleichen Grundsätze wie für das Verfahren auf Zulassung der Berufung nach der VwGO (siehe Rdn 279 ff.). Der Rechtsanwalt erhält also bereits mit Einreichung des Zulassungsantrags beim VG die Gebühren nach VV 3200 ff., da das Zulassungsverfahren bereits zum Berufungsrechtszug gehört (Nr. 11 i.V.m. § 17 Nr. 1).

8. Finanzgerichtsverfahren

a) Revision, § 115 FGO

301 Gegen die Urteile der Finanzgerichte steht den Beteiligten die Revision zum BFH zu, wenn das FG die Revision zugelassen hat (§ 115 FGO). Die **Tätigkeit auf Zulassung** zählt wiederum gemäß § 19 Abs. 1 Nr. 1 zum erstinstanzlichen Rechtszug.

b) Nichtzulassungsbeschwerde, § 115 Abs. 3 FGO

302 Wird die Revision nicht zugelassen, ist nach § 115 Abs. 3 FGO die Nichtzulassungsbeschwerde möglich. Die Beschwerde ist innerhalb eines Monats nach Zustellung des vollständigen Urteils beim BFH einzulegen. Für das **Nichtzulassungsbeschwerdeverfahren** erhält der Anwalt die Gebühr nach VV 3506. Die Nichtzulassungsbeschwerde stellt gemäß § 17 Nr. 1 gegenüber dem erstinstanzlichen Verfahren wiederum eine besondere Angelegenheit dar.

Wird die Revision vom BFH zugelassen, stellt das sich anschließende Revisionsverfahren wiederum eine eigene Angelegenheit dar (§ 17 Nr. 9). Der Anwalt erhält dort die Gebühren der VV 3206. Die Anrechnung ergibt sich aus Anm. zu VV 3206. 303

Werden mehrere Nichtzulassungsbeschwerden miteinander verbunden, ist nur eine Angelegenheit gegeben.[92] 304

Zu Erstattungsfragen wird auf die Ausführungen in § 17 verwiesen (siehe § 17 Rdn 54 ff.). 305

9. Sozialgerichtsverfahren

a) Berufung, §§ 143 ff. SGG

Nach §§ 143 ff. SGG findet gegen die Urteile der Sozialgerichte die Berufung zum LSG statt. In den Fällen des § 144 Abs. 1 Nr. 1 und 2 SGG bedarf die Berufung der Zulassung. Die Zulassung ist vom SG auszusprechen. Die hierauf gerichtete Tätigkeit des Anwalts zählt wiederum zu dem erstinstanzlichen Verfahren und wird durch die dortigen Gebühren abgegolten. 306

b) Nichtzulassungsbeschwerde, § 145 SGG

Wird die Berufung nicht zugelassen, so ist nach § 145 SGG die Nichtzulassungsbeschwerde gegeben. Sie ist beim SG einzureichen. Das SG kann der Beschwerde nicht abhelfen. Die Entscheidungskompetenz liegt ausschließlich beim LSG. 307

Das **Nichtzulassungsbeschwerdeverfahren** stellt gemäß § 17 Nr. 1 wiederum eine eigene Angelegenheit dar. 308

Die Gebühren berechnen sich nach VV 3504 (Wertgebühren, § 2 Abs. 1) oder VV 3511 (Rahmengebühren, § 3 Abs. 1 S. 1). 309

Wird die Berufung zugelassen, so stellt das Berufungsverfahren gemäß Nr. 11 wiederum eine neue Angelegenheit dar, in der die Gebühren nach VV 3200 ff. (Wertgebühren, § 2 Abs. 1) oder VV 3212 ff. (Rahmengebühren, § 3 Abs. 1 S. 1) entstehen. 310

Zu Erstattungsfragen wird auf die Ausführungen in § 3 verwiesen (siehe § 3 Rdn 143 ff.). 311

c) Revision, §§ 160 ff. SGG

Nach § 160 SGG ist gegen die Urteile des LSG die Revision zum BSG gegeben, wenn sie vom LSG zugelassen wird. 312

Die Tätigkeit auf Zulassung der Revisionsverfahren zählt nach § 19 Abs. 1 S. 1 mit zur ersten Instanz. 313

Das Revisionsverfahren ist nach § 17 Nr. 1 eine gesonderte Angelegenheit. 314

d) Nichtzulassungsbeschwerde, § 160a SGG

Lässt das LSG die Revision nicht zu, ist nach § 160a SGG die Nichtzulassungsbeschwerde gegeben, die beim BSG innerhalb eines Monats nach Zustellung des Urteils einzulegen ist. 315

Das **Nichtzulassungsbeschwerdeverfahren** stellt gemäß § 17 Nr. 1 wiederum eine eigene Angelegenheit dar. 316

Die Gebühren berechnen sich nach VV 3506 (Wertgebühren, § 2 Abs. 1) oder VV 3512 (Rahmengebühren, § 3 Abs. 1 S. 1). 317

Wird die Revision zugelassen, so stellt das Revisionsverfahren gemäß § 17 Nr. 9 wiederum eine neue Angelegenheit dar, in der der Anwalt die Gebühren nach VV 3206 ff. (Wertgebühren, § 2 Abs. 1) oder VV 3212 ff. (Rahmengebühren, § 3 Abs. 1 S. 1) verdient. Eine Anrechnung ist sowohl in 318

---

[92] BFH BFH/NV 2005, 379.

Anm. zu VV 3506 als auch in Anm. zu VV 3512 auf die Verfahrensgebühren des Revisionsverfahrens vorgesehen.

319 Zu Erstattungsfragen wird auf die Ausführungen in § 3 verwiesen (siehe § 3 Rdn 143 ff.).

e) Sprungrevision, § 161 SGG

320 Gegen das Urteil eines SG steht den Beteiligten nach § 161 SGG die Revision unter Übergehung der Berufungsinstanz zu, wenn der Gegner schriftlich zustimmt und wenn sie von dem SG im Urteil oder auf Antrag durch Beschluss zugelassen wird.

321 Die Tätigkeit zählt, da das Ausgangsgericht entscheidet, nach § 19 Abs. 1 S. 1 zum erstinstanzlichen Rechtszug.

322 Erst mit Zulassung der Revision beginnt nach § 17 Nr. 1 das Revisionsverfahren.

10. Strafprozess

323 Ist der Angeklagte zu einer Geldstrafe von nicht mehr als 15 Tagessätzen verurteilt, beträgt im Falle einer Verwarnung die vorbehaltene Strafe nicht mehr als 15 Tagessätze oder ist eine Verurteilung zu einer Geldbuße erfolgt, so ist die Berufung nur zulässig, wenn sie angenommen wird (§ 313 Abs. 1 S. 1 StPO). Über die Annahme der Berufung entscheidet das Berufungsgericht (§ 322a S. 1 StPO). Die Entscheidung ist unanfechtbar (§ 322a S. 2 StPO).

324 Da es sich hier nicht um eine Frage der Zulassung des Rechtsmittels handelt, sondern der Annahme, gilt Nr. 11 nicht. Einschlägig ist vielmehr § 19 Abs. 1 S. 2 Nr. 10. Die Einlegung der Berufung zählt noch zum Rechtszug, sofern sie durch den im erstinstanzlichen Verfahren tätigen Verteidiger eingelegt worden ist. Er verdient die Gebühr nach VV 4124 daher erst mit weiterer Tätigkeit. Für andere Verteidiger beginnt mit der Einlegung der Berufung bereits das Berufungsverfahren (§ 17 Nr. 1).

325 Die Tätigkeit des Verteidigers, die auf die Annahme der Berufung gerichtet ist, also insbesondere die schriftsätzliche Erläuterung der Erfolgsaussichten (§ 313 Abs. 2 StPO), zählt in jeden Fall gem. § 17 Nr. 1 bereits zum Berufungsrechtszug und löst damit auch für den erstinstanzlichen Verteidiger die Gebühr nach VV 4124 aus.

11. Ordnungswidrigkeitenverfahren

326 In Ordnungswidrigkeitenverfahren ist die Rechtsbeschwerde außer in den Fällen des § 79 Abs. 1 S. 1 OWiG nur zulässig, wenn sie zugelassen wird (§ 79 Abs. 1 S. 2 OWiG). Der Antrag auf Zulassung der Rechtsbeschwerde ist beim AG zu stellen; für den Zulassungsantrag gelten die Vorschriften über die Einlegung der Rechtsbeschwerde entsprechend (§ 80 Abs. 3 S. 1 OWiG). Das Beschwerdegericht (OLG) entscheidet über den Zulassungsantrag durch Beschluss. Wird der Antrag verworfen, so gilt die Rechtsbeschwerde als zurückgenommen.

327 Für den Verteidiger, der bereits erstinstanzlich tätig war, gehört die Einlegung der Rechtsbeschwerde und des Zulassungsantrages nach § 19 Abs. 1 S. 2 Nr. 10 noch zur ersten Instanz. Erst mit weiterer Tätigkeit, also in der Regel der Begründung, entsteht für ihn die Gebühr nach VV 5113.

328 Für den erstmals im Rechtsbeschwerdeverfahren tätigen Verteidiger wird bereits mit Einlegung der Rechtsbeschwerde bzw. des Zulassungsantrags die Gebühr nach VV 5113 ausgelöst.

329 Wird die Rechtsbeschwerde zugelassen, so bilden Zulassungs- und Revisionsverfahren eine einzige Angelegenheit.

12. Verfahren nach dem GWB

a) Rechtsbeschwerde nach § 74 GWB

330 In Verfahren nach dem Gesetz gegen Wettbewerbsbeschränkungen (GWB) findet gegen die in der Hauptsache erlassenen Beschlüsse der Oberlandesgerichte die Rechtsbeschwerde zum BGH statt,

wenn die Rechtsbeschwerde zugelassen wird (§ 74 Abs. 2 GWB). Über die Zulassung entscheidet das OLG (§ 74 Abs. 3 S. 1 GWB).

Die Tätigkeit des Anwalts auf Zulassung der Beschwerde zählt wiederum zum Rechtszug vor dem OLG und wird durch die dort verdienten Gebühren abgegolten (§ 19 Abs. 1 S. 1). 331

b) Nichtzulassungsbeschwerde, § 75 Abs. 1 GWB

Wird die Rechtsbeschwerde nicht zugelassen, so ist nach § 75 Abs. 1 GWB die Nichtzulassungsbeschwerde möglich. Hierüber entscheidet der BGH (§ 75 Abs. 2 S. 1 GWB). Die Nichtzulassungsbeschwerde ist eine neue Angelegenheit nach § 17 Nr. 1. 332

Nach der Neufassung durch das 2. KostRMoG erhält der Anwalt im Verfahren über die Gebühren für die Nichtzulassungsbeschwerde die Vergütung nach den VV 3506 ff. 333

Wird die Rechtsbeschwerde zugelassen, so gilt sie nach § 17 Nr. 9 als neuer Rechtszug. Der Anwalt erhält daher im Rechtsbeschwerdeverfahren die Gebühren nach VV 3206 ff. (VV Vorb. 3.2.2 Nr. 2 Buchst. a). 334

Die Verfahrensgebühr des Nichtzulassungsbeschwerdeverfahrens ist auf die des Beschwerdeverfahrens anzurechnen. 335

13. Verfahren nach dem EnWG

a) Rechtsbeschwerde, § 86 EnWG

Gem. § 86 Abs. 1 EnWG findet gegen die in der Hauptsache erlassenen Beschlüsse der Oberlandesgerichte die Rechtsbeschwerde an den BGH statt, wenn das OLG die Rechtsbeschwerde zugelassen hat. 336

Das Verfahren auf Zulassung zählt nach § 19 Abs. 1 S. 1 zum Verfahren vor dem OLG und wird durch die dortigen Gebühren mit abgegolten. 337

b) Nichtzulassungsbeschwerde, § 87 EnWG

Gem. § 87 EnWG kann die Nichtzulassung der Rechtsbeschwerde nach § 86 EnWG zum BGH mit der Nichtzulassungsbeschwerde angefochten werden, über die der BGH selbst entscheidet. 338

Das Verfahren über die Nichtzulassungsbeschwerde ist nach § 17 Nr. 9 eine gesonderte Angelegenheit, in der der Anwalt die Gebühren nach VV 3506 ff. erhält. 339

Wird die Rechtsbeschwerde zugelassen, handelt es sich bei dem Rechtsbeschwerdeverfahren wiederum um eine neue Angelegenheit (§ 17 Nr. 1). Allerdings ist die Verfahrensgebühr des Nichtzulassungsbeschwerdeverfahrens auf die des Rechtsbeschwerdeverfahrens anzurechnen (Anm. zu VV 3506). 340

14. Rechtsbeschwerde nach dem KSpG

a) Rechtsbeschwerde, § 35 Abs. 4 S. 1 KSpG

Gem. § 35 Abs. 4 S. 1 KSpG findet gegen die in der Hauptsache erlassenen Beschlüsse der Oberlandesgerichte die Rechtsbeschwerde an den BGH statt, wenn das OLG die Rechtsbeschwerde zugelassen hat. 341

Das Verfahren auf Zulassung zählt nach § 19 Abs. 1 S. 1 zum Verfahren vor dem OLG und wird durch die dortigen Gebühren mit abgegolten. 342

b) Nichtzulassungsbeschwerde, § 35 Abs. 4 S. 2 KSpG

343 Gem. § 35 Abs. 4 S. 2 EnWG kann die Nichtzulassung der Rechtsbeschwerde nach § 35 Abs. 4 S. 1 EnWG zum BGH mit der Nichtzulassungsbeschwerde angefochten werden, über die der BGH selbst entscheidet.

344 Das Verfahren über die Nichtzulassungsbeschwerde ist nach § 17 Nr. 9 eine gesonderte Angelegenheit, in der der Anwalt die Gebühren nach VV 3506 ff. erhält.

345 Wird die Rechtsbeschwerde zugelassen, handelt es sich bei dem Rechtsbeschwerdeverfahren wiederum um eine neue Angelegenheit (§ 17 Nr. 1). Allerdings ist die Verfahrensgebühr des Nichtzulassungsbeschwerdeverfahrens auf die des Rechtsbeschwerdeverfahrens anzurechnen (Anm. zu VV 3506).

15. Rechtsbeschwerde nach dem VSchDG

a) Rechtsbeschwerde, § 24 VSchDG

346 Gem. § 24 VSchDG findet gegen die in der Hauptsache erlassenen Beschlüsse der Oberlandesgerichte die Rechtsbeschwerde an den BGH statt, wenn das OLG die Rechtsbeschwerde zugelassen hat.

347 Das Verfahren auf Zulassung zählt nach § 19 Abs. 1 S. 1 zum Verfahren vor dem OLG und wird durch die dortigen Gebühren mit abgegolten.

b) Nichtzulassungsbeschwerde, § 25 VSchDG

348 Gem. § 25 VSchDG kann die Nichtzulassung der Rechtsbeschwerde nach § 24 VSchDG zum BGH mit der Nichtzulassungsbeschwerde angefochten werden, über die der BGH selbst entscheidet.

349 Das Verfahren über die Nichtzulassungsbeschwerde ist nach § 17 Nr. 9 eine gesonderte Angelegenheit, in der der Anwalt die Gebühren nach VV 3506 ff. erhält.

350 Wird die Rechtsbeschwerde zugelassen, handelt es sich bei dem Rechtsbeschwerdeverfahren wiederum um eine neue Angelegenheit (§ 17 Nr. 1). Allerdings ist die Verfahrensgebühr des Nichtzulassungsbeschwerdeverfahrens auf die des Rechtsbeschwerdeverfahrens anzurechnen (Anm. zu VV 3506).

16. Rechtsbeschwerde nach § 116 StVollzG

351 Nach § 116 Abs. 1 StVollzG kann gegen Entscheidungen der Strafvollstreckungskammer Rechtsbeschwerde eingelegt werden. Das OLG entscheidet selbst, ob die Rechtsbeschwerde zulässig ist. Ein gesondertes Zulassungsverfahren gibt es nicht. Die Rechtsbeschwerde ist nach § 17 Nr. 1 eine gesonderte Angelegenheit.

17. Rechtsbeschwerde nach dem KapMuG

352 Nach § 20 KapMuG i.V.m. § 574 ZPO ist gegen Entscheidungen des OLG die Rechtsbeschwerde zum BGH gegeben, die nach § 17 Nr. 1 eine gesonderte Angelegenheit ist.

353 Der BGH entscheidet selbst, ob die Rechtsbeschwerde zulässig ist. Ein gesondertes Zulassungsverfahren gibt es nicht.

18. Verfahren nach dem PatG

a) Rechtsbeschwerde, § 100 PatG

Nach § 100 Abs. 1 PatG ist gegen bestimmte Beschlüsse der Beschwerdesenate des Patentgerichts die Rechtsbeschwerde an den BGH gegeben, wenn der Beschwerdesenat die Rechtsbeschwerde zugelassen hat. Die Rechtsbeschwerde selbst ist nach § 17 Nr. 1 eine gesonderte Angelegenheit. 354

Das BGH entscheidet selbst, ob die Rechtsbeschwerde zulässig ist (§ 104 PatG). Ein gesondertes Zulassungsverfahren gibt es nicht. 355

b) Berufung, § 110 PatG

Nach § 110 Abs. 1 PatG ist gegen die Urteile der Nichtigkeitssenate des Patentgerichts die Berufung an den BGH gegeben. Die Berufung ist nach § 17 Nr. 1 eine gesonderte Angelegenheit. 356

Der BGH entscheidet selbst, ob die Berufung zulässig ist (§ 114 PatG). Ein gesondertes Zulassungsverfahren gibt es nicht. 357

19. Nichtzulassungsbeschwerde in Disziplinarverfahren und berufsgerichtlichen Verfahren wegen Verletzung einer Berufspflicht

In Disziplinarverfahren und berufsgerichtlichen Verfahren wegen Verletzung einer Berufspflicht ist die Beschwerde gegen die Nichtzulassung der Revision möglich. Das Verfahren über die Nichtzulassungsbeschwerde ist nach § 17 Nr. 9 eine gesonderte Angelegenheit. 358

Der Anwalt erhält dafür die Verfahrensgebühr nach VV 6215. Im anschließenden Revisionsverfahren erhält er eine Verfahrensgebühr nach VV 6211 und gegebenenfalls eine Terminsgebühr nach VV 6212. Die Verfahrensgebühr des Nichtzulassungsbeschwerdeverfahrens ist nach Anm. zu VV 6215 auf die Verfahrensgebühr des Revisionsverfahrens anzurechnen. 359

20. Nichtzulassungsbeschwerde in Verfahren nach der Wehrbeschwerdeordnung

In Verfahren nach der Wehrbeschwerdeordnung (VV 6400 ff.) ist die Beschwerde gegen die Nichtzulassung der Revision möglich. Auch wenn die Verfahrensgebühr für die Beschwerde gegen die Nichtzulassung der Revision zum BVerwG im selben Gebührentatbestand der VV 6402 geregelt ist wie die Verfahrensgebühr für das Revisionsverfahren selbst, handelt es sich um zwei verschiedene Angelegenheiten (§ 17 Nr. 9). 360

Damit der Anwalt aber nicht beide Gebühren ungekürzt nebeneinander erhält, ist ebenso wie in anderen Fällen der Beschwerde gegen die Nichtzulassung eines Rechtsmittels die Verfahrensgebühr des Nichtzulassungsbeschwerdeverfahrens auf die Verfahrensgebühr für das anschließende Rechtsmittelverfahren (hier das Rechtsbeschwerdeverfahren) anzurechnen (Anm. zu VV 6402). 361

21. Nichtzulassungsbeschwerde in Verfahren nach der Wehrdisziplinarordnung

In Verfahren nach der WDO gelten die Vorschriften der Verfahren nach der WBO entsprechend (siehe dazu Rdn 360 ff.). 362

22. Gerichtliche Verfahren bei Freiheitsentziehung und in Unterbringungssachen

Gegen die Entscheidungen des OLG ist nach § 70 Abs. 1 FamFG die Rechtsbeschwerde gegeben. Die Rechtsbeschwerde gegen einen Beschluss des Beschwerdegerichts in Verfahren nach Teil 6 Abschnitt 3 (Freiheitsentziehungssachen, Unterbringungssachen und Verfahren nach § 151 Nr. 6 und 7 FamFG). Eine gesonderte Zulassung ist nicht vorgesehen. Der BGH entscheidet selbst, ob die Rechtsbeschwerde zulässig ist. 363

XIII. Privatklage und Widerklage (Nr. 12)

1. Regelungsgehalt

364 Nach § 388 StPO kann der Beschuldigte im Privatklageverfahren eine Widerklage erheben. Die Widerklage kann sich gegen den Privatkläger richten (§ 388 Abs. 1 StPO) oder gegen den mit dem Privatkläger nicht identischen Verletzten (§ 388 Abs. 2 S. 1 StPO). Über Klage und Widerklage ist gleichzeitig zu erkennen (§ 388 Abs. 3 StPO).

365 Für den Fall der Widerklage – unabhängig davon, ob sie sich gegen den Privatkläger oder den verletzten Dritten richtet – regelt Nr. 12 jetzt sprachlich eindeutig – ebenso wie der sprachlich misslungene Vorläufer § 94 Abs. 2 BRAGO, der nur davon sprach, dass durch die Widerklage kein neuer Gebührentatbestand ausgelöst werde –, dass Klage und Widerklage als eine Angelegenheit i.S.d. § 15 Abs. 1 gelten. Es gilt hier also das Gleiche wie in zivilrechtlichen Verfahren.

366 Auch der Gebührenrahmen als solcher erhöht sich nicht. Wohl wird sich im Einzelfall die angemessene Gebühr unter Berücksichtigung der Kriterien des § 14 Abs. 1 durch eine Widerklage in der Regel erhöhen, da dadurch die Bedeutung der Sache steigt und sowohl für den Verteidiger als auch für den Beistand oder Vertreter des Privatklägers einen zusätzlichen Arbeitsaufwand bedingt. Auch die Schwierigkeit der anwaltlichen Tätigkeit dürfte ebenso steigen wie die Bedeutung für den Auftraggeber.

367 Ob der Anwalt, der seinen Auftraggeber in mehrfacher Parteirolle, also als Privatkläger und Widerkläger oder als Privatbeklagten und Widerkläger vertritt, analog VV 1008 eine erhöhte Gebühr erhält, ist strittig (siehe VV 1008 Rdn 34, „Mehrfache Parteirolle"). Zutreffend dürfe ein Fall des VV 1008 nicht vorliegen, da die Erhöhung darauf abstellt, ob mehrere Personen Auftraggeber sind und die Mehrarbeit bereits durch § 14 Abs. 1 abgegolten wird und falls dies nicht ausreicht, die Bewilligung einer Pauschgebühr nach § 42 in Betracht kommt.

2. Wechselseitige Klagen

368 Von der Widerklage zu unterscheiden ist die selbstständige Privatklage. Anstelle einer Widerklage kann der Beschuldigte auch eine selbstständige **Privatklage** gegen den Privatkläger einreichen, wenn er der Auffassung ist, dass sich (auch) dieser strafbar gemacht habe. Ob der Beschuldigte Widerklage nach § 388 StPO erhebt oder selbstständige Privatklage, steht – ebenso wie in zivilrechtlichen Verfahren – in seinem freien Belieben und kann allenfalls kostenerstattungsrechtliche Nachteile haben.

369 Wird eine selbstständige **Klage** eingereicht, so ist Nr. 12 nicht anwendbar. Die Gegenklage stellt vielmehr eine eigene selbstständige Angelegenheit i.S.d. § 15 dar, für die wiederum die Gebühren nach VV 4100 ff. gesondert anfallen.

370 Werden die selbstständigen Privatklageverfahren allerdings nach § 237 StPO **verbunden**, so liegt ab diesem Zeitpunkt nur noch eine einzige Angelegenheit vor; die Gebühren vor der Verbindung bleiben den Anwälten erhalten. Die Gebühren nach Verbindung entstehen dagegen nur einmal, dann allerdings nach § 14 Abs. 1 gegebenenfalls erhöht.

> **Beispiel:** Der Beschuldigte lässt im Privatklageverfahren (Az: 1/2016), vertreten durch seinen Verteidiger, gegen den Privatkläger eine selbstständige Privatklage (Az: 2/2016) erheben. Nach Zustellung verbindet das Gericht die beiden Verfahren und ordnet eine gemeinsame Hauptverhandlung an (führend ist das Verfahren 1/2016).
> Zu rechnen ist wie folgt, wobei grundsätzlich von der Mittelgebühr ausgegangen werden soll, für die Hauptverhandlung jedoch wegen des höheren Aufwands nach Verbindung von einer um 50 % erhöhten Mittelgebühr (hier: 412,50 EUR):
> **I. Verfahren 2/2016**
> 1. Grundgebühr, VV 4100, Vorb. 4 Abs. 1   200,00 EUR
> 2. Verfahrensgebühr, VV 4104, Vorb. 4 Abs. 1   165,00 EUR
> 3. Verfahrensgebühr, VV 4106, Vorb. 4 Abs. 1   165,00 EUR

4. Postentgeltpauschale, VV 7002		20,00 EUR
Zwischensumme	550,00 EUR	
5. 19 % Umsatzsteuer, VV 7008		104,50 EUR
Gesamt		**654,50 EUR**

II. Verfahren 1/2016

1. Grundgebühr, VV 4100, Vorb. 4 Abs. 1		200,00 EUR
2. Verfahrensgebühr, VV 4104, Vorb. 4 Abs. 1		165,00 EUR
3. Verfahrensgebühr, VV 4106, Vorb. 4 Abs. 1		165,00 EUR
4. Terminsgebühr, VV 4108, Vorb. 4 Abs. 1		412,50 EUR
5. Postentgeltpauschale, VV 7002		20,00 EUR
Zwischensumme	962,50 EUR	
6. 19 % Umsatzsteuer, VV 7008		182,88 EUR
Gesamt		**1.145,38 EUR**

XIV. Musterverfahren nach dem Kapitalanleger-Musterverfahrensgesetz (Nr. 13)

Das **erstinstanzliche Prozessverfahren** und der erste Rechtszug des Musterverfahrens nach dem Kapitalanleger-Musterverfahrensgesetz (in Kraft seit 1.11.2005) bilden eine gebührenrechtliche Angelegenheit.

§ 16 Nr. 13 (vormals § 16 Nr. 15) wurde durch das Gesetz zur Einführung von Kapitalanleger-Musterverfahren vom 16.8.2005 eingefügt und durch das FGG-Reformgesetz vom 17.12.2008 in die jetzige Nr. 13 überführt. Das Gesetz zur Reform des Kapitalanleger-Musterverfahrensgesetzes und das 2. KostRMoG haben die Vorschrift unverändert gelassen.

1. Verfahren nach dem KapMuG

Durch die Einführung von Musterverfahren können bürgerliche Rechtsstreitigkeiten, in denen (vgl. § 1 Abs. 1 KapMuG)
– ein Schadensersatzanspruch wegen falscher, irreführender oder unterlassener öffentlicher Kapitalmarktinformation,
– ein Schadensersatzanspruch wegen Verwendung einer falschen oder irreführenden öffentlichen Kapitalmarktinformation oder wegen Unterlassung der gebotenen Aufklärung darüber, dass eine öffentliche Kapitalmarktinformation falsch oder irreführend ist, oder
– ein Erfüllungsanspruch aus Vertrag, der auf einem Angebot nach dem Wertpapiererwerbs- und Übernahmegesetz beruht,

geltend gemacht wird, in einem Musterverfahren gebündelt und beschleunigt werden. Das Musterverfahren bietet die Möglichkeit, das Vorliegen oder Nichtvorliegen anspruchsbegründender oder anspruchsausschließender Voraussetzungen oder die Klärung von Rechtsfragen (Feststellungsziele) durch einen alle Beteiligten bindenden Musterentscheid festzustellen.

Jeder Kapitalanleger kann dabei die Einleitung eines Musterverfahrens bei dem Prozessgericht erster Instanz beantragen (vgl. § 2 KapMuG). Ein zulässiger Musterfeststellungsantrag soll binnen sechs Monaten öffentlich bekannt gemacht werden (§ 3 Abs. 3 KapMuG). Die öffentliche Bekanntmachung erfolgt in einem Klageregister (vgl. § 4 KapMuG). Mit der Bekanntmachung im Klageregister wird das zugrunde liegende Prozessverfahren unterbrochen (§ 5 KapMuG). Wenn innerhalb von sechs Monaten nach der ersten Bekanntmachung eines Musterverfahrensantrags mindestens neun weitere gleichgerichtete Musterverfahrensanträge bekannt gemacht werden, wird durch Vorlagebeschluss des Prozessgerichts eine Entscheidung des im Rechtszug übergeordneten Oberlandesgerichts über die Feststellungsziele herbeigeführt (§ 6 Abs. 1 KapMuG). Nach der Bekanntmachung des Vorlagebeschlusses im Klageregister setzt das Prozessgericht von Amts wegen alle bereits anhängigen oder bis zur rechtskräftigen Entscheidung über die Feststellungsziele im Musterverfahren noch anhängig werdenden Verfahren aus, wenn die Entscheidung des Rechtsstreits von den geltend gemachten Feststellungszielen abhängt (§ 8 Abs. 1 S. 1 KapMuG). Das gilt unabhängig davon, ob in dem Verfahren ein Musterverfahrensantrag gestellt wurde (§ 8 Abs. 1 S. 2 KapMuG). Beteiligte des Musterverfahrens sind der Musterkläger, der Musterbeklagte und die Beigeladenen (§ 9 Abs. 1 KapMuG). Das Gericht bestimmt aus den Klägern einen Musterkläger (vgl. § 9 Abs. 2 KapMuG).

Die übrigen Kläger werden zu Beigeladenen (§ 9 Abs. 3 KapMuG). Die Beklagten werden zu Musterbeklagten (§ 9 Abs. 5 KapMuG). Das OLG erlässt auf der Grundlage einer mündlichen Verhandlung durch Beschluss einen Musterentscheid (§ 16 Abs. 1 KapMuG). Es besteht aber im Musterverfahren auch die Möglichkeit eines Vergleichsschlusses (vgl. § 17 KapMuG). Der Musterentscheid bindet die Prozessgerichte in allen nach § 8 Abs. 1 KapMuG ausgesetzten Verfahren (§ 22 Abs. 1 S. 1 KapMuG). Gegen den Musterentscheid ist die Rechtsbeschwerde nach § 20 KapMuG statthaft.

2. Zweck der Vorschrift

375 Der Gesetzgeber hat durch das Gesetz zur Einführung von Kapitalanleger-Musterverfahren Kostenregelungen geschaffen, die das Prozesskostenrisiko der geschädigten Kapitalanleger minimieren sollen und dadurch zur Attraktivität des Musterverfahrens beitragen.[93] Diese Zielrichtung hat der Gesetzgeber im Wesentlichen auch durch das Gesetz zur Reform des Kapitalanleger-Musterverfahrensgesetzes beibehalten (vgl. aber Rdn 377).

376 In dieses Regelungskonzept gehört, dass
 – im erstinstanzlichen Musterverfahren
   – gegenüber dem Ausgangsverfahren keine zusätzlichen Gerichtsgebühren entstehen (vgl. Vorb. 1.2.1 GKG-KostVerz.),
   – **gegenüber dem Ausgangsverfahren keine zusätzlichen Rechtsanwaltsgebühren entstehen (vgl. § 16 Nr. 13)**,
   – anfallenden Auslagen, insbesondere die Auslagen für die Vergütung von Sachverständigen, im Verhältnis der geltend gemachten Forderungen auf die einzelnen Ausgangsverfahren verteilt werden (vgl. Nr. 9018 GKG-KostVerz.)
 – im Rechtsbeschwerdeverfahren
   – die Gerichtskostenhaftung begrenzt ist (vgl. § 51a Abs. 3, 4 GKG)
   – eine Haftung der Beigeladenen (§ 9 Abs. 3 KapMuG) nur in Betracht kommt, wenn sie als Rechtsbeschwerdeführer bzw. als Beigetretene am Rechtsbeschwerdeverfahren teilnehmen oder wenn die Rechtsbeschwerde des Musterbeklagten erfolgreich ist (vgl. § 26 KapMuG).
 – bei Anmeldung eines nicht rechtshängigen Anspruchs in einem Musterverfahren (§ 10 Abs. 2 KapMuG)
   – **die anwaltliche Verfahrensgebühr VV 3338 für die Anmeldung in einer Verfahrensgebühr VV 3100 für eine ggf. später anhängig werdende Klage aufgeht (vgl. § 16 Nr. 13)**,
   – die gerichtliche Verfahrensgebühr Nr. 1902 GKG-KostVerz. für die Anmeldung auf die Verfahrensgebühr Nr. 1210 GKG-KostVerz. für eine ggf. später anhängig werdende Klage angerechnet wird (Anm. Abs. 2 zu Nr. 1210 GKG-KostVerz.).

377 Nach Auffassung des Gesetzgebers bedeute das Musterverfahren für den Rechtsanwalt des Beigeladenen in der Regel keine Mehrbelastung.[94] Für den Rechtsanwalt, der den Beklagten in mehreren Ausgangsverfahren vertrete, bedeute das Musterverfahren eine wesentliche Arbeitsersparnis, da die Feststellung der in allen Fällen gleichen schadensersatzbegründenden Anspruchsvoraussetzung in einem Verfahren gebündelt werde.[95] Von der Auffassung, dass der mit der Vertretung des Musterklägers verbundene Arbeitsaufwand für den Rechtsanwalt nicht so hoch erscheine, dass er eine zusätzliche Gebühr rechtfertigen würde,[96] ist der Gesetzgeber nunmehr abgewichen.[97] Der Gesetzgeber musste dem Aufwand des den Musterkläger vertretenden Rechtsanwalts gerecht werden, indem er in § 41a eine aus der Staatskasse zu zahlende besondere Gebühr einführte,[98] die als Auslage über Nr. 9018 GKG-KostVerz. auf die einzelnen Ausgangsverfahren verteilt wird.

3. Prozess- und Musterverfahren bilden dieselbe Angelegenheit

378 Nach § 16 Nr. 13 bilden das Prozessverfahren und das erstinstanzliche Musterverfahren nach dem KapMuG dieselbe Angelegenheit. Nach § 15 Abs. 2 kann der Rechtsanwalt die Gebühren in dieser Angelegenheit nur einmal fordern. Hat der Rechtsanwalt Gebühren bereits im Ausgangsverfahren

---

[93] BT-Drucks 15/5091, S. 19.
[94] BT-Drucks 15/5091, S. 37.
[95] BT-Drucks 15/5091, S. 37.
[96] BT-Drucks 15/5091, S. 37.
[97] BT-Drucks 17/8799, S. 28.
[98] Vgl. zu dieser Gebühr auch *Fölsch*, NJW 2013, 507.

erhalten, stehen sie ihm im Musterverfahren nicht erneut zu. Die Verfahrensgebühr wird in dem dem Musterverfahren vorausgehenden Ausgangsverfahren entstanden sein. Im Musterverfahren kann der Rechtsanwalt dann nur noch diejenigen Gebühren verdienen, die ihm nicht bereits aus dem Ausgangsverfahren zustehen, es sei denn, der Rechtsanwalt wurde erstmals mit der Vertretung im Musterverfahren beauftragt. In Betracht kommt hier die Terminsgebühr in den Fällen, in denen das Ausgangsverfahren ohne Durchführung eines Termins unterbrochen oder ausgesetzt wird. Wurde allerdings im Ausgangsverfahren zuvor bereits terminiert und hat der Anwalt dort den Termin wahrgenommen bzw. ist die Terminsgebühr bereits durch die anderen Alternative nach VV Vorb. 3 Abs. 3 angefallen, dann kann er nicht zusätzlich eine weitere Terminsgebühr im Musterverfahren beanspruchen.

Beispiel 1: Der Kläger K, vertreten durch seinen Rechtsanwalt R, erhebt eine Schadensersatzklage über 20.000 EUR, die einen Gegenstand im Sinne von § 1 Abs. 1 KapMuG betrifft. Ein Termin findet im Prozessverfahren zunächst nicht statt. Das Ausgangsverfahren wird ausgesetzt. Vor dem OLG wird ein Musterverfahren durchgeführt, bei dem der Rechtsanwalt R den K ebenfalls vertritt. Das OLG entscheidet auf eine mündliche Verhandlung durch Musterentscheid. Im Ausgangsverfahren wird auf die mündliche Verhandlung ein Urteil erlassen.

Der Gegenstandswert der anwaltlichen Tätigkeit des Rechtsanwalts R im Ausgangsverfahren beträgt 20.000 EUR. Auch im Musterverfahren beträgt der Gegenstandswert – hier gemäß § 23b – 20.000 EUR. Für den Rechtsanwalt R ist zunächst bei der Vertretung im Ausgangsverfahren die Verfahrensgebühr nach VV 3100 entstanden. Für die Vertretung im Musterverfahren erhält der Rechtsanwalt R keine weitere Verfahrensgebühr, weil das Ausgangsverfahren und das Musterverfahren gemäß § 16 Nr. 13 eine einzige Angelegenheit sind. In dem Musterverfahren hat der Rechtsanwalts R dann noch eine Terminsgebühr VV 3104 verdient. Auch die Terminsgebühr erhält Rechtsanwalt R im Ausgangsverfahren nicht erneut (vgl. § 16 Nr. 13).

1. **Ausgangsverfahren (Wert: 20.000 EUR)**
   1,3-Verfahrensgebühr, VV 3100   964,60 EUR
2. **Musterverfahren (Wert: 20.000 EUR)**
   1,2-Terminsgebühr, VV 3104   890,40 EUR
   Auslagenpauschale, VV 7002   20,00 EUR
   Zwischensumme   1.875,00 EUR
   19 % Umsatzsteuer, VV 7008   356,25 EUR
   Gesamt   **2.231,25 EUR**

Befindet sich das Prozessverfahren **im höheren Rechtszug**, liegen die Voraussetzungen des § 16 Nr. 13 nicht vor.[99] Denn § 16 Nr. 13 bezieht sich ausdrücklich nur auf das erstinstanzliche Prozessverfahren. Prozessverfahren in der höheren Instanz und Musterverfahren bilden dann zwei verschiedene Angelegenheiten.

Wird der Musterfeststellungsantrag in einem höheren Rechtszug gestellt, wird der Antrag als unzulässig verworfen und folgt kein Musterverfahren. Denn ein Musterfeststellungsantrag ist nach § 2 Abs. 1 KapMuG nur im ersten Rechtszug zulässig. Indes kann es zu einer Aussetzung eines Prozessverfahrens im höheren Rechtszug kommen. Nach § 8 KapMuG muss die Aussetzung in jedem Verfahrensstand und unabhängig vom Rechtszug, in dem sich der Rechtsstreit befindet, erfolgen, wenn ein Vorlagebeschluss eines anderen Gerichts bekannt gemacht ist und die Entscheidung des Rechtsstreits von den geltend gemachten Feststellungszielen abhängt. Die Parteien werden dann zu Beteiligten des Musterverfahrens. Der Rechtsanwalt wird dann in zwei Angelegenheiten tätig.

Das Rechtsbeschwerdeverfahren nach § 20 KapMuG ist gegenüber dem erstinstanzlichen Prozessverfahren eine verschiedene Angelegenheit. § 16 Nr. 13 bezieht sich nur auf das erstinstanzliche Musterverfahren.

Vertritt der Rechtsanwalt seinen Auftraggeber für die **Anmeldung eines Anspruchs zum Musterverfahren (§ 10 KapMuG)** und sodann in einem Klageverfahren wegen desselben Anspruchs, handelt es sich um dieselbe Angelegenheit.[100] Die 0,8-Verfahrensgebühr VV 3338 für die Tätigkeit als Vertreter des Anmelders eines Anspruchs zum Musterverfahren geht dann in der später entstehenden 1,3-Verfahrensgebühr VV 3100 für die Vertretung im Klageverfahren auf.[101] Die Tätigkeit des den Anmelder vertretenden Rechtsanwalts ist eine solche „im Musterverfahren". Denn § 10 Abs. 2 KapMuG verlangt, dass die Anmeldung gegenüber dem OLG und zum Musterverfahren erfolgen

---

99 A.A. BT-Drucks 15/5091, S. 37.
100 Vgl. BT-Drucks 17/10160, S. 28.
101 Vgl. BT-Drucks 17/10160, S. 28.

und dass sich der Anmelder durch einen Rechtsanwalt vertreten lassen muss. Es kommt nicht darauf an, dass der Musterentscheid nur die Prozessgerichte in allen nach § 8 Abs. 1 KapMuG ausgesetzten Verfahren rechtlich bindet, aber keine rechtliche Bindung im Verhältnis zwischen Anmelder und dem Musterbeklagten entfaltet, gegen den sich der Anspruch richtet.

383 **Beispiel:** Rechtsanwalt R vertritt seinen Auftraggeber A wegen eines Schadensersatzanspruchs über 20.000 EUR. Zu einem vor dem OLG laufenden Musterverfahren meldet Rechtsanwalt R den Anspruch des Auftraggebers A über 20.000 EUR an. Nachdem das Musterverfahren abgeschlossen ist, erhebt Rechtsanwalt R für den Auftraggeber A Klage wegen der geltend gemachten 20.000 EUR. Das Gericht entscheidet nach mündlicher Verhandlung durch Urteil.

1. **Anmeldung zum Musterverfahren (Wert: 20.000 EUR)**
   0,8-Verfahrensgebühr, VV 3338 — 593,60 EUR
2. **Klageverfahren (Wert: 20.000 EUR)**
   1,3-Verfahrensgebühr VV 3100 — 964,60 EUR
   abzüglich bereits abgerechneter — – 593,60 EUR
   Zwischensumme Verfahrensgebühr VV 3100 — 371,00 EUR
   1,2-Terminsgebühr, VV 3104 — 890,40 EUR
   Auslagenpauschale, VV 7002 — 20,00 EUR
   Zwischensumme — 1.875,00 EUR
   19 % Umsatzsteuer, VV 7008 — 356,25 EUR
   Gesamt — **2.231,25 EUR**

4. Mehrere Auftraggeber

384 Bei der Vertretung mehrerer Kläger gelten die allgemeinen Regeln, nach denen der Rechtsanwalt die Gebühren in derselben Angelegenheit nur einmal aus dem zusammengerechneten Wert fordern kann. Es gilt darauf zu achten, dass bei der Vertretung **mehrerer Kläger in ein und demselben Verfahren** allerdings wegen **unterschiedlicher Gegenstände** in Folge der Regelung des § 16 Nr. 13 zwar nur eine Angelegenheit vorliegt. Höhere Gebühren des Klägervertreters ergeben sich jedoch durch eine nach § 22 Abs. 1 vorzunehmende **Wertaddition** der einzelnen Streitgegenstände.

385 **Beispiel:** Rechtsanwalt R vertritt in einem Rechtsstreit die Kläger K1 und K2 gegen den Beklagten B. K1 beansprucht 20.000 EUR, K2 30.000 EUR. Rechtsanwalt R vertritt die zwei Kläger auch im Musterverfahren vor dem OLG.
Die anwaltliche Tätigkeit findet in derselben Angelegenheit statt, auch wenn unterschiedliche Auftraggeber mit selbstständigen Ansprüchen beteiligt sind. Der Gegenstandswert der anwaltlichen Tätigkeit ergibt sich aus dem Wert der zwei geltend gemachten Ansprüche, also aus 20.000 EUR + 30.000 EUR = 50.000 EUR. Dieser Gegenstandswert gilt sowohl für das Ausgangsverfahren als auch für das Musterverfahren.

386 Dies gilt auch dann, wenn der Anwalt in **mehreren Einzelverfahren unterschiedliche Kläger** vertritt und sodann die Verfahren nach dem KapMuG zusammengefasst werden.[102] Der Musterentscheid bildet wegen des inneren Zusammenhangs sowie der inhaltlich und in der Zielsetzung gleichgerichteten Aufgabenstellung nur eine gebührenrechtliche Angelegenheit.[103]

387 **Beispiel:** Wenn im obigen Beispiel (siehe Rdn 385) der Rechtsanwalt R die Kläger K1 und K2 in verschiedenen erstinstanzlichen Ausgangsverfahren und sodann im Musterverfahren vor dem OLG vertritt, so kann er auch unterschiedlich diesen gegenüber abrechnen. Wenn eine mündliche Verhandlung nur vor dem OLG stattgefunden hat, ergibt sich folgende Honorarabrechnung:

1. **Ausgangsverfahren Kläger K1 (Wert: 20.000 EUR)**
   1,3-Verfahrensgebühr, VV 3100 — 964,60 EUR
2. **Musterverfahren K1 + K2 (Wert: 50.000 EUR)**
   1,2-Terminsgebühr, VV 3104 — 1.395,60 EUR
   Auslagenpauschale, VV 7002 — 20,00 EUR
   Zwischensumme — 2.380,20 EUR
   19 % Umsatzsteuer, VV 7008 — 452,24 EUR
   Summe — **2.832,44 EUR**
1. **Ausgangsverfahren Kläger K2 (Wert: 30.000 EUR)**
   1,3-Verfahrensgebühr, VV 3100 — 1.121,90 EUR
2. **Musterverfahren K1 + K2: Terminsgebühr bereits berechnet, siehe oben**

---

102 Vgl. BGH BeckRS 2016, 2370. 103 Vgl. BGH BeckRS 2016, 2370.

Abschnitt 3. Angelegenheit § 17

Auslagenpauschale, VV 7002	20,00 EUR
Zwischensumme	1.231,90 EUR
19 % Umsatzsteuer, VV 7008	234,06 EUR
Gesamt	**1.465,96 EUR**

Das Musterverfahren ist gegenüber den Ausgangsverfahren dieselbe Angelegenheit. Auch das Musterverfahren für die Kläger K1 und K2 bildet zusammen nur eine Angelegenheit. Die Ausgangsverfahren bilden dagegen zueinander verschiedene Angelegenheiten. Die Verfahrensgebühren errechnen sich daher nach den Gegenstandswerten der Ausgangsverfahren. Für die Terminsgebühr des Musterverfahrens ist die Terminsgebühr aus der Addition beider Einzelwerte zu bestimmen.

Etwas anderes ergibt sich in den Fällen, in denen ein Rechtsanwalt **mehrere Auftraggeber** vertritt, die an demselben **Gegenstand gemeinschaftlich beteiligt** sind. Hier greift dann die Regelung VV 1008. Die Verfahrensgebühr erhöht sich dann um 0,3 je weiteren Auftraggeber. 388

Beispiel: Wenn der Rechtsanwalt R zwei Kläger K1 und K2 hinsichtlich einer diesen zustehenden gemeinschaftlichen Forderung von 20.000 EUR im erstinstanzlichen Ausgangsverfahren und sodann im Musterverfahren vor dem OLG, wo eine mündliche Verhandlung stattgefunden hat, vertritt, so kann er folgendermaßen abrechnen: 389

1. Ausgangsverfahren Kläger K1 und K2 (Wert: 20.000 EUR)

1,3-Verfahrensgebühr, VV 3100	964,60 EUR
0,3-Erhöhung, VV 1008	222,60 EUR

2. Musterverfahren (Wert: 20.000 EUR)

1,2-Terminsgebühr, VV 3104		890,40 EUR
Auslagenpauschale, VV 7002		20,00 EUR
Zwischensumme	2.097,60 EUR	
19 % Umsatzsteuer, VV 7008		398,54 EUR
Gesamt		**2.496,14 EUR**

§ 17 Verschiedene Angelegenheiten

Verschiedene Angelegenheiten sind
1. das Verfahren über ein Rechtsmittel und der vorausgegangene Rechtszug,
1a. jeweils das Verwaltungsverfahren, das einem gerichtlichen Verfahren vorausgehende und der Nachprüfung des Verwaltungsakts dienende weitere Verwaltungsverfahren (Vorverfahren, Einspruchsverfahren, Beschwerdeverfahren, Abhilfeverfahren), das Verfahren über die Beschwerde und die weitere Beschwerde nach der Wehrbeschwerdeordnung, Verwaltungsverfahren auf Aussetzung oder Anordnung der sofortigen Vollziehung sowie über einstweilige Maßnahmen zur Sicherung der Rechte Dritter und ein gerichtliches Verfahren,
2. das Mahnverfahren und das streitige Verfahren,
3. das vereinfachte Verfahren über den Unterhalt Minderjähriger und das streitige Verfahren,
4. das Verfahren in der Hauptsache und ein Verfahren über
   a) die Anordnung eines Arrests,
   b) den Erlass einer einstweiligen Verfügung oder einer einstweiligen Anordnung,
   c) die Anordnung oder Wiederherstellung der aufschiebenden Wirkung, die Aufhebung der Vollziehung oder die Anordnung der sofortigen Vollziehung eines Verwaltungsakts sowie
   d) die Abänderung oder Aufhebung einer in einem Verfahren nach den Buchstaben a bis c ergangenen Entscheidung,
5. der Urkunden- oder Wechselprozess und das ordentliche Verfahren, das nach Abstandnahme vom Urkunden- oder Wechselprozess oder nach einem Vorbehaltsurteil anhängig bleibt (§§ 596, 600 der Zivilprozessordnung),
6. das Schiedsverfahren und das Verfahren über die Zulassung der Vollziehung einer vorläufigen oder sichernden Maßnahme sowie das Verfahren über einen Antrag auf Aufhebung oder Änderung einer Entscheidung über die Zulassung der Vollziehung (§ 1041 der Zivilprozessordnung),
7. das gerichtliche Verfahren und ein vorausgegangenes
   a) Güteverfahren vor einer durch die Landesjustizverwaltung eingerichteten oder anerkannten Gütestelle (§ 794 Abs. 1 Nr. 1 der Zivilprozessordnung) oder, wenn die Parteien

§ 17

Abschnitt 3. Angelegenheit

den Einigungsversuch einvernehmlich unternehmen, vor einer Gütestelle, die Streitbeilegung betreibt (§ 15a Abs. 3 des Einführungsgesetzes zur Zivilprozessordnung),
  b) Verfahren vor einem Ausschuss der in § 111 Abs. 2 des Arbeitsgerichtsgesetzes bezeichneten Art,
  c) Verfahren vor dem Seemannsamt zur vorläufigen Entscheidung von Arbeitssachen und
  d) Verfahren vor sonstigen gesetzlich eingerichteten Einigungsstellen, Gütestellen oder Schiedsstellen,
8. das Vermittlungsverfahren nach § 165 des Gesetzes über das Verfahren in Familiensachen und in den Angelegenheiten der freiwilligen Gerichtsbarkeit und ein sich anschließendes gerichtliches Verfahren,
9. das Verfahren über ein Rechtsmittel und das Verfahren über die Beschwerde gegen die Nichtzulassung des Rechtsmittels,
10. das strafrechtliche Ermittlungsverfahren und
  a) ein nachfolgendes gerichtliches Verfahren und
  b) ein sich nach Einstellung des Ermittlungsverfahrens anschließendes Bußgeldverfahren,
11. das Bußgeldverfahren vor der Verwaltungsbehörde und das nachfolgende gerichtliche Verfahren,
12. das Strafverfahren und das Verfahren über die im Urteil vorbehaltene Sicherungsverwahrung und
13. das Wiederaufnahmeverfahren und das wiederaufgenommene Verfahren, wenn sich die Gebühren nach Teil 4 oder 5 des Vergütungsverzeichnisses richten.

A. Allgemeines 1	gg) Wertgebühren im Revisionsverfahren, VV Teil 3 Abschnitt 2 Unterabschnitt 2 43
B. Regelungsgehalt 2	hh) Wertgebühren bei Nichtzulassungsbeschwerde, VV Teil 3 Abschnitt 5 44
I. Verfahren über Rechtsmittel und vorausgegangener Rechtszug (Nr. 1) 2	
II. Öffentlich-rechtliche Angelegenheiten (Nr. 1a) 3	ii) Wertgebühren bei Beschwerde und Erinnerung, VV Teil 3 Abschnitt 5 46
1. Allgemeines 3	jj) Wertgebühren für Einzeltätigkeiten, VV Teil 3 Abschnitt 4 ... 47
2. Regelungsgehalt 6	b) Betragsrahmengebühren 53
a) Verwaltungsverfahren, Nachprüfungsverfahren (Nr. 1a, 1. und 2. Var.) 6	4. Erstattungsfragen 54
	a) Gegenstandswert 55
b) Verwaltungsverfahren auf Aussetzung oder Anordnung der sofortigen Vollziehung sowie über einstweilige Maßnahmen zur Sicherung der Rechte Dritter (Nr. 1a, 3. Var.) 9	b) Kostengrundentscheidung 60
	aa) Verfahren vor den Gerichten der Verwaltungsgerichtsbarkeit 60
c) Bestimmte finanzgerichtliche Verwaltungsverfahren 17	bb) Verfahren vor den Gerichten der Finanzgerichtsbarkeit 63
d) Das Verfahren über die Beschwerde und die weitere Beschwerde nach der WBO (Nr. 1a, 4. Var.) 18	c) Kostenfestsetzung 65
	d) Kostenerstattung 67
e) Gerichtliches Verfahren (Nr. 1a, 5. Var.) 20	aa) Gemeinsamkeiten 67
3. Gebühren 22	bb) Erstattung der Kosten für das verwaltungsgerichtliche Vorverfahren 72
a) Wertgebühren in öffentlich-rechtlichen Angelegenheiten 22	cc) Erstattung der Kosten für das finanzgerichtliche Vorverfahren 74
aa) Allgemeines; mehrere Auftraggeber 24	dd) Anrechnung der Geschäftsgebühr des Vorverfahrens 76
bb) Wertgebühr bei Einigung oder Erledigung, VV Teil 1 26	ee) Erstattung der Kosten für das isolierte Vorverfahren 79
cc) Wertgebühr für die Prüfung der Erfolgsaussicht eines Rechtsmittels, VV Teil 2 Abschnitt 2 ... 29	(1) Allgemeines 79
dd) Wertgebühr bei außergerichtlicher Vertretung, VV Teil 2 Abschnitt 4 30	(2) Kostenerstattung im isolierten Vorverfahren nach § 347 AO 81
ee) Wertgebühren im ersten Rechtszug, VV Teil 3 Abschnitt 1 33	(3) Kostenerstattung im isolierten Vorverfahren nach § 68 VwGO 83
ff) Wertgebühren im Berufungsverfahren, VV Teil 3 Abschnitt 2 Unterabschnitt 1 39	e) Prozesskostenhilfe 94
	III. Mahnverfahren und streitiges Verfahren (Nr. 2) 95
	1. Allgemeines 95

Abschnitt 3. Angelegenheit § 17

2. Regelungsgehalt 97
   a) Mahnverfahren 97
      aa) Beginn des Mahnverfahrens ... 97
      bb) Beendigung des Mahnverfahrens 98
   b) Beginn des streitigen Verfahrens ... 99
3. Gebühren 102
   a) Verfahrensgebühr 102
   b) Terminsgebühr 105
IV. **Vereinfachtes Verfahren über den Unterhalt Minderjähriger und streitiges Verfahren (Nr. 3)** 106
V. **Gerichtsverfahren des vorläufigen Rechtsschutzes (Nr. 4)** 113
   1. Zivilrecht 113
      a) Überblick 113
         aa) Umfang der Angelegenheit ... 113
         bb) Erstinstanzliche Verfahren ... 120
         cc) Berufung 129
         dd) Beschwerde 130
         ee) Gegenstandswert 131
         ff) Abmahnung und Abschlussschreiben 132
         gg) Vollziehung 133
      b) Schutzschrift 134
      c) Erstinstanzliches Verfahren 141
         aa) Anordnungsverfahren 141
            (1) Verfahren ohne Termin ... 141
            (2) Verfahren mit Termin oder Besprechung 148
            (3) Verfahren mit Einigung ... 154
            (4) Verfahren mit Einigung auch über weiter gehende Gegenstände 158
         bb) Widerspruchsverfahren 162
            (1) Überblick 162
            (2) Erledigung vor Widerspruch 166
            (3) Gesamtwiderspruch 170
            (4) Teilwiderspruch zur Hauptsache 179
               (a) Überblick 179
               (b) Ursprünglicher Gesamtauftrag 181
               (c) Von vornherein beschränkter Auftrag 186
            (5) Kostenwiderspruch 187
               (a) Ursprünglicher Gesamtauftrag 189
               (b) Von vornherein beschränkter Auftrag 193
         cc) Rechtfertigungsverfahren ... 199
         dd) Abänderungs- und Aufhebungsverfahren 203
      d) Vorgerichtliche Vertretung 204
      e) Anrechnung bei vorgerichtlicher Vertretung 205
      f) Beschwerdeverfahren 209
      g) Berufung 211
      h) Antrag auf Erlass einer einstweiligen Verfügung oder Anordnung eines Arrests im Rechtsmittelverfahren ... 212
      i) Vollziehung 213
      j) Abschlussschreiben 214
         aa) Überblick 214
         bb) Noch kein Auftrag zur Hauptsacheklage 217
            (1) Abrechnung 217
            (2) Abschlussschreiben nach vorheriger Abmahnung ... 218

cc) Anrechnung auf nachfolgendes Hauptsacheverfahren 219
dd) Auftrag zur Hauptsacheklage bereits erteilt 220
2. Familiensachen 223
   a) Einstweilige Anordnungen 224
      aa) Überblick 224
      bb) Verfahrenswert 232
      cc) Einstweilige Anordnungen vor dem FamG 241
         (1) Anordnungsverfahren 241
         (2) Verfahren nach Terminsantrag 254
         (3) Mehrere einstweilige Anordnungen 258
         (4) Anordnung und Abänderung 262
      dd) Einstweilige Anordnungen im Beschwerdeverfahren 264
      ee) Beschwerden gegen einstweilige Anordnungen 265
      ff) Verlängerung einer einstweiligen Anordnung 266
   b) Arrestverfahren 267
3. Angelegenheiten der freiwilligen Gerichtsbarkeit (ohne Familiensachen) ... 272
   a) Überblick 272
   b) Bewertung 274
      aa) Verfahrenswert 274
      bb) Betragsrahmengebühren 279
      cc) Einstweilige Anordnungen vor dem Amtsgericht 280
         (1) Anordnungsverfahren 280
         (2) Mehrere einstweilige Anordnungen 287
         (3) Anordnung und Abänderung 288
      dd) Einstweilige Anordnungen im Beschwerdeverfahren 290
      ee) Verlängerung einer einstweiligen Anordnung 295
4. Verwaltungsgerichtliche Verfahren 296
   a) Überblick 296
   b) Verfahren auf Anordnung oder Wiederherstellung der aufschiebenden Wirkung eines Verwaltungsakts sowie Aufhebung der Vollziehung oder Anordnung der sofortigen Vollziehung eines Verwaltungsakts 297
      aa) Überblick 297
      bb) Die Gebühren im erstinstanzlichen Anordnungsverfahren 299
         (1) Überblick 299
         (2) Verfahrensgebühr 302
         (3) Terminsgebühr 304
         (4) Einigungsgebühr 307
      cc) Beschwerdeverfahren 308
      dd) Die Anrechnung der Geschäftsgebühr bei einstweiligem Anordnungsverfahren und Hauptsache 309
      ee) Einstweiliges Anordnungsverfahren und späteres Abänderungs- und Aufhebungsverfahren 313
   c) Antrag auf Erlass oder Abänderung einer einstweiligen Anordnung nach § 123 VwGO 315
5. Sozialgerichtliche Verfahren 323
   a) Selbstständige Angelegenheit 323

Fölsch/Mock/N. Schneider/Thiel 675

　　　　　　b) Die Vergütung 325
　　　　　　c) Einstweiliges Anordnungsverfahren
　　　　　　　　vor dem Sozialgericht 326
　　　　　　　　aa) Verfahrensgebühr nach
　　　　　　　　　　VV 3102 326
　　　　　　　　bb) Terminsgebühr 328
　　　　　　　　cc) Einigungs- oder Erledigungsgebühr 332
　　　　　　　　dd) Auslagen 333
　　　　　　　　ee) Die Höhe der Gebühren 334
　　　　　　d) Aufhebungs- oder Abänderungsverfahren 337
　　　　　　e) Einstweilige Anordnung im Berufungsverfahren 338
　　　　　　f) Beschwerde gegen einstweilige Anordnung 339
　　　6. Finanzgerichtliche Verfahren 341
VI. Verfahren nach Abstandnahme vom Urkunden- oder Wechselprozess oder nach Vorbehaltsurteil (Nr. 5) 349
　　　1. Allgemeines 349
　　　2. Regelungsgehalt 355
　　　3. Anwendungsbereich 357
　　　4. Gebühren 361
　　　　　a) Verfahrensgebühr 361
　　　　　　aa) Grundlagen 361
　　　　　　bb) Anrechnung 362
　　　　　　　(1) Anm. Abs. 2 zu VV 3100 .. 362
　　　　　　　(2) Anrechnung bei Streitwertänderung im Nachverfahren 365
　　　　　　　(3) Anrechnung in Übergangsfällen 367
　　　　　b) Verkehrsanwaltsgebühr gemäß VV 3400 368
　　　　　c) Terminsgebühr 369
　　　5. Auslagen gemäß VV 7002 373
　　　6. Berufungsverfahren 374
　　　7. Prozess- und Verfahrenskostenhilfe ... 377
　　　8. Streitwert des Urkundenprozesses und des Nachverfahrens 381
VII. Schiedsverfahren, Verfahren über Zulassung der Vollziehung (Nr. 6) 382
VIII. Güteverfahren und nachfolgendes gerichtliches Verfahren (Nr. 7) 390
　　　1. Allgemeines 390
　　　2. Verfahrensarten 391
　　　　　a) Güteverfahren vor einer Gütestelle gemäß § 794 Abs. 1 Nr. 1 ZPO (Buchst. a) 391
　　　　　b) Güteverfahren vor einer Gütestelle zur obligatorischen außergerichtlichen Streitschlichtung (Buchst. a) .. 392
　　　　　c) Verfahren vor einem Ausschuss gemäß § 111 Abs. 2 ArbGG (Buchst. b) 395
　　　　　d) Verfahren vor dem Seemannsamt zur vorläufigen Entscheidung von Arbeitssachen (Buchst. c) 396
　　　　　e) Verfahren vor sonstigen gesetzlich eingerichteten Einigungsstellen, Gütestellen und Schiedsstellen (Buchst. d) 397

　　　3. Vergütung 400
　　　　　a) Allgemeines 400
　　　　　b) Gebühren 402
　　　　　　aa) Geschäftsgebühr gemäß VV 2303 402
　　　　　　bb) Einigungsgebühr – Einigung über die zu schlichtenden Gegenstände 411
　　　　　　cc) Einigung über weiter gehende Gegenstände 415
　　　　　　dd) Mitwirkung 418
　　　　　　ee) Sonstige Gebühren 420
　　　4. Gegenstandswert 422
　　　5. Auslagen, Umsatzsteuer, VV 7000 ff. .. 425
　　　6. Anrechnung 426
　　　7. Anträge auf gerichtliche Entscheidung 434
　　　8. Zwangsvollstreckung 436
　　　9. Die Gebühren des nachfolgenden Rechtsstreits 438
　　10. Kostenerstattung 442
　　　　　a) Kostenerstattung im Verfahren nach Nr. 7 442
　　　　　b) Kostenerstattung im nachfolgenden Verfahren 446
　　　　　　aa) Verfahrenskosten 446
　　　　　　bb) Erstattung der Anwaltskosten . 449
　　11. Prozess-/Verfahrenskostenhilfe 454
　　12. Vergütungsfestsetzung 455
　　13. Rechtsschutzversicherung 457
IX. Vermittlungsverfahren nach § 165 FamFG (Nr. 8) 458
X. Nichtzulassungsbeschwerde (Nr. 9) 461
　　　1. Überblick 461
　　　2. Zivilsachen 466
　　　3. Arbeitsrechtliche Verfahren 467
　　　4. Verfahren nach dem GWB 468
　　　5. Verfahren nach dem EnWG 469
　　　6. Verfahren nach dem KSpG 470
　　　7. Verfahren nach dem VSchDG 471
　　　8. Verwaltungsgerichtliche Verfahren ... 472
　　　9. Sozialgerichtliche Verfahren 473
　　10. Finanzgerichtliche Verfahren 474
　　11. Verfahren nach der Wehrbeschwerdeordnung 475
　　12. Disziplinarverfahren und berufsgerichtliche Verfahren wegen der Verletzung einer Berufspflicht 476
XI. Strafrechtliches Ermittlungsverfahren und nachfolgendes gerichtliches Verfahren bzw. nach Einstellung anschließendes Bußgeldverfahren (Nr. 10) 477
XII. Bußgeldverfahren vor Verwaltungsbehörde und nachfolgendes gerichtliches Verfahren (Nr. 11) 486
XIII. Strafverfahren und Verfahren über die im Urteil vorbehaltene Sicherungsverwahrung (Nr. 12) 492
XIV. Wiederaufnahmeverfahren und wiederaufgenommenes Verfahren, wenn sich die Gebühren nach VV Teil 4 oder 5 richten (Nr. 13) 496

A. Allgemeines

§ 17 bildet das Gegenstück zu § 16. In § 17 sind die Fälle abschließend aufgeführt, bei denen es ohne diese Vorschrift zumindest zweifelhaft wäre, ob sie eine **verschiedene Angelegenheit** darstellen würden.[1]

B. Regelungsgehalt

I. Verfahren über Rechtsmittel und vorausgegangener Rechtszug (Nr. 1)

Nr. 1 ist durch das 2. KostRMoG neu eingefügt worden. Diese Vorschrift stellt klar, dass das Verfahren über ein Rechtsmittel und der vorausgegangene Rechtszug gesonderte Angelegenheit bilden. Diese neue Regelung basiert auf der früheren Vorschrift des § 15 Abs. 2 S. 2, die mit Inkrafttreten des 2. KostRMoG aufgehoben worden ist. Grund für die Verschiebung ist lediglich, dass Abgrenzungen mehrerer Angelegenheiten voneinander systematisch in § 17 gehören. Eine inhaltliche Änderung ist damit jedoch nicht verbunden. Zum Anwendungsbereich wird daher weiterhin auf die Kommentierung zu § 15 verwiesen.

II. Öffentlich-rechtliche Angelegenheiten (Nr. 1a)

1. Allgemeines

Nr. 1a bestimmt, dass das Verwaltungsverfahren und das dem Rechtsstreit vorausgehende Verfahren, das der Nachprüfung des Verwaltungsakts dient, das Verfahren über die Beschwerde und die weitere Beschwerde nach der Wehrbeschwerdeordnung (WBO), sowie das Verwaltungsverfahren auf Aussetzung oder Anordnung der sofortigen Vollziehung sowie über einstweilige Maßnahmen zur Sicherung der Rechte Dritter und das gerichtliche Verfahren jeweils verschiedene Angelegenheiten darstellen. Diese Regelung soll, entgegen der früheren Regelung der oftmals komplexen Tätigkeit des Rechtsanwalts, in diesen Verfahren gerecht werden. Dies lässt sich exemplarisch anhand zweier typischer verwaltungsrechtlicher Mandate darstellen, die in der anwaltlichen Praxis häufig vorkommen und auf welche in der Gesetzesbegründung[2] ebenfalls Bezug genommen worden ist:

> **Beispiel 1:** Wenn es um die Erteilung einer Baugenehmigung geht, ist es in aller Regel für den Mandanten schon wegen der meist bestehenden Eilbedürftigkeit von ganz entscheidender Bedeutung, dass es bereits zu einer positiven behördlichen Entscheidung kommt. Schon im Baugenehmigungsverfahren ist deshalb anwaltlicher Rat gefragt, um möglicherweise durch eine Umplanung zu einer positiven Entscheidung zu gelangen. Sollte es zu einer ablehnenden Entscheidung und einem anschließenden Widerspruchsverfahren kommen, geht es darum, die Ablehnungsgründe auszuräumen. Sollte auch dieses nicht gelingen, dürften die Erfolgsaussichten einer Klage regelmäßig negativ zu beurteilen sein. Der Anwalt wird dann häufig von einer Klage abraten. Der im Verwaltungsverfahren und im Widerspruchsverfahren anfallende Arbeitsaufwand ist regelmäßig erheblich, vor allem, weil neben einer möglicherweise erforderlichen Ortsbesichtigung Besprechungen sowohl mit Vertretern der Ausgangs- als auch der Widerspruchsbehörde zu führen sind. Ein solches typisches **baurechtliches Mandat** rechtfertigt es, das Verwaltungsverfahren und das einer ablehnenden Entscheidung folgende Widerspruchsverfahren als verschiedene Angelegenheiten zu betrachten.

> **Beispiel 2:** Das übliche **beitragsrechtliche Mandat** umfasst regelmäßig neben der Tätigkeit im Widerspruchsverfahren auch eine Tätigkeit in einem Verfahren gemäß § 80 Abs. 4 VwGO. Auch im Falle eines solchen typischen verwaltungsrechtlichen Mandats ist es nicht angemessen, die Tätigkeit im Widerspruchsverfahren und im Verfahren auf Aussetzung der Vollziehung des Beitragsbescheides als eine Angelegenheit zu betrachten. Dies gilt umso mehr deshalb, weil § 80 Abs. 6 VwGO vorsieht, dass ein Antrag gemäß § 80 Abs. 5 VwGO (gerichtlicher Aussetzungsantrag) erst zulässig ist, wenn zuvor ein behördlicher Aussetzungsantrag gemäß § 80 Abs. 4 VwGO gestellt und zumindest teilweise abgelehnt wurde. Durch diese Regelung hat der Gesetzgeber den behördlichen Aussetzungsantrag als gerichtliche Zulässigkeitsvoraussetzung aufgewertet. Dem soll in gebührenrechtlicher Hinsicht dadurch entsprochen werden, dass das behördliche Aussetzungsverfahren als eigene Angelegenheit vergütet wird.

---

1 BR-Drucks 830/03, S. 236.

2 BR-Drucks 830/03, S. 236.

2. Regelungsgehalt

a) Verwaltungsverfahren, Nachprüfungsverfahren (Nr. 1a, 1. und 2. Var.)

6 Nr. 1a betrifft zunächst sämtliche Verwaltungsverfahren in verwaltungs-, finanz- oder sozialrechtlichen Angelegenheiten. Das **Verwaltungsverfahren** ist die nach außen wirkende Tätigkeit der Behörden, die auf die Prüfung der Voraussetzungen, die Vorbereitung und den Erlass eines Verwaltungsakts oder auf den Abschluss eines öffentlich-rechtlichen Vertrages gerichtet ist (§ 9 VwVfG, § 8 SGB X). Es beginnt mit dem Tätigwerden der Verwaltungsbehörde von Amts wegen oder auf Antrag eines Bürgers und endet mit Erlass eines Verwaltungsakts.

7 In der Regel schließt sich an das Verwaltungsverfahren ein weiteres Verwaltungsverfahren an, welches der Nachprüfung des Verwaltungsakts dient (**Nachprüfungsverfahren, also Vorverfahren = Widerspruchsverfahren, Einspruchsverfahren, Beschwerdeverfahren, Abhilfeverfahren**). Das Nachprüfungsverfahren endet mit einer Entscheidung der für die Nachprüfung zuständigen Behörde (Widerspruchsbescheid, Einspruchsentscheidung) oder mit Erhebung einer Untätigkeitsklage. Nach Nr. 1a stellen nunmehr das Verwaltungsverfahren und das weitere, der Nachprüfung des Verwaltungsakts dienende Verwaltungsverfahren (Nachprüfungsverfahren, also Vorverfahren = Widerspruchsverfahren, Einspruchsverfahren, Beschwerdeverfahren, Abhilfeverfahren) **verschiedene Angelegenheiten** dar.

8 Der Rechtsanwalt kann nunmehr nach Nr. 1a sowohl für das Verwaltungsverfahren als auch für das Nachprüfungsverfahren die hierfür geregelten Gebühren verlangen.

Beispiel: Im Beispiel 1 (siehe Rdn 4) fallen nach Tätigkeit des Rechtsanwalts im Verwaltungsverfahren und im Nachprüfungsverfahren ausgehend jeweils von der Mittelgebühr folgende Gebühren an:

Verwaltungsverfahren:
1. 1,5 Geschäftsgebühr, VV 2300 (Wert: 20.000 EUR) — 1.113,00 EUR
2. Postentgeltpauschale, VV 7002 — 20,00 EUR
   Zwischensumme — 1.133,00 EUR
3. 19 % Umsatzsteuer, VV 7008 — 215,27 EUR
   Gesamt — **1.348,27 EUR**

Nachprüfungsverfahren:
1. 1,5 Geschäftsgebühr, VV 2300 (Wert: 20.000 EUR) — 1.113,00 EUR
2. Gem. VV Vorb. 2.3 Abs. 4 anzurechnen, 0,75 aus 20.000 EUR — – 556,50 EUR
3. Postentgeltpauschale, VV 7002 — 20,00 EUR
   Zwischensumme — 576,50 EUR
4. 19 % Umsatzsteuer, VV 7008 — 109,54 EUR
   Gesamt — **686,04 EUR**

b) Verwaltungsverfahren auf Aussetzung oder Anordnung der sofortigen Vollziehung sowie über einstweilige Maßnahmen zur Sicherung der Rechte Dritter (Nr. 1a, 3. Var.)

9 Nr. 1a bestimmt darüber hinaus, dass auch die **Verwaltungsverfahren nach §§ 80 Abs. 4, 80a Abs. 1, 2 VwGO, § 69 Abs. 2 FGO, § 86a Abs. 3 SGG** gebührenrechtlich verschiedene und damit **eigene gebührenrechtliche Angelegenheiten** sind.

10 Nach **§ 80 Abs. 4 VwGO** kann die Behörde, die den Verwaltungsakt erlassen oder über den Widerspruch zu entscheiden hat, in den Fällen des § 80 Abs. 2 VwGO, in denen die aufschiebende Wirkung des Widerspruchs entfällt, die **Vollziehung aussetzen**, soweit nicht bundesgesetzlich etwas anderes bestimmt ist. Bei der Anforderung von öffentlichen Abgaben und Kosten kann sie die Vollziehung auch gegen Sicherheit aussetzen. Weiterhin ist nach § 80 Abs. 6 VwGO bei der Anforderung von öffentlichen Abgaben und Kosten der Antrag nach § 80 Abs. 5 VwGO zum Verwaltungsgericht nur zulässig, wenn die Behörde zuvor einen Antrag auf Aussetzung der Vollziehung ganz oder zum Teil abgelehnt hat, es sei denn, die Behörde hat über den Antrag ohne Mitteilung eines zureichenden Grundes in angemessener Frist sachlich nicht entschieden oder eine Vollstreckung droht.

11 Nach **§ 80a Abs. 1 VwGO** kann die Behörde, wenn ein Dritter einen Rechtsbehelf gegen den an einen anderen gerichteten, diesen begünstigenden Verwaltungsakt einlegt, auf Antrag des Begünstigten nach § 80 Abs. 2 Nr. 4 VwGO die **sofortige Vollziehung anordnen** oder auf Antrag des Dritten nach § 80 Abs. 4 VwGO die Vollziehung aussetzen und **einstweilige Maßnahmen zur Sicherung der Rechte des Dritten** treffen.

Legt ein Betroffener gegen einen an ihn gerichteten belastenden Verwaltungsakt, der einen Dritten begünstigt, einen Rechtsbehelf ein, kann die Behörde nach § **80a Abs. 2 VwGO** auf Antrag des Dritten nach § 80 Abs. 2 Nr. 4 VwGO die **sofortige Vollziehung anordnen**.

Nach § **69 Abs. 2 FGO** kann die zuständige Finanzbehörde die **Vollziehung** ganz oder teilweise **aussetzen**. Auf Antrag soll die Aussetzung erfolgen, wenn ernstliche Zweifel an der Rechtmäßigkeit des angefochtenen Verwaltungsakts bestehen oder wenn die Vollziehung für den Betroffenen eine unbillige, nicht durch überwiegende öffentliche Interessen gebotene Härte zur Folge hätte. Die Aussetzung kann von einer Sicherheitsleistung abhängig gemacht werden. Ist der Verwaltungsakt schon vollzogen, tritt an die Stelle der Aussetzung der Vollziehung die Aufhebung der Vollziehung. Bei Steuerbescheiden sind die Aussetzung und die Aufhebung der Vollziehung auf die festgesetzte Steuer, vermindert um die anzurechnenden Steuerabzugsbeträge, um die anzurechnende Körperschaftsteuer und um die festgesetzten Vorauszahlungen, beschränkt; dies gilt nicht, wenn die Aussetzung oder Aufhebung der Vollziehung zur Abwendung wesentlicher Nachteile nötig erscheint. Nach § 69 Abs. 4 FGO ist der Antrag nach § 69 Abs. 3 FGO zum Finanzgericht nur zulässig, wenn die Behörde einen Antrag auf Aussetzung der Vollziehung ganz oder zum Teil abgelehnt hat, es sei denn, die Finanzbehörde hat über den Antrag ohne Mitteilung eines zureichenden Grundes in angemessener Frist sachlich nicht entschieden oder eine Vollstreckung droht.

Nach § **86a Abs. 3 SGG** kann die Stelle, die den Verwaltungsakt erlassen oder die über den Widerspruch zu entscheiden hat, in den Fällen von § 86a Abs. 2 SGG, in denen die aufschiebende Wirkung des Widerspruchs entfällt, die **sofortige Vollziehung** ganz oder teilweise **aussetzen**. In Angelegenheiten des sozialen Entschädigungsrechts (§ 86a Abs. 2 Nr. 2 SGG) ist die nächst höhere Behörde zuständig, es sei denn, diese ist eine oberste Bundes- oder eine oberste Landesbehörde. Die Entscheidung nach § 86a Abs. 3 SGG kann mit Auflagen versehen oder befristet werden. Die zuständige Stelle kann die Entscheidung jederzeit ändern oder aufheben.

In diesen Verwaltungsverfahren kann der Rechtsanwalt kann nach Nr. 1a sowohl für das Verwaltungsverfahren und das Nachprüfungsverfahren als auch für ein daneben betriebenes Verwaltungsverfahren nach §§ 80 Abs. 4, 80a Abs. 1, 2 VwGO, § 69 Abs. 2 FGO, § 86a Abs. 3 SGG die hierfür geregelten Gebühren verlangen.

Beispiel: Im Beispiel 2 (siehe Rdn 5) fallen nach Tätigkeit des Rechtsanwalts im Verwaltungsverfahren, im Nachprüfungsverfahren und im Aussetzungsverfahren in der Regel folgende Gebühren an:

Verwaltungsverfahren:
1. 1,5 Geschäftsgebühr, VV 2300 (Wert: 20.000 EUR) — 1.113,00 EUR
2. Postentgeltpauschale, VV 7002 — 20,00 EUR
   Zwischensumme — 1.133,00 EUR
3. 19 % Umsatzsteuer, VV 7008 — 215,27 EUR
Gesamt — **1.348,27 EUR**

Nachprüfungsverfahren:
1. 1,5 Geschäftsgebühr, VV 2300 (Wert: 20.000 EUR) — 1.113,00 EUR
2. Gem. VV Vorb. 2.3 Abs. 4 anzurechnen, 0,75 aus 20.000 EUR — – 556,50 EUR
3. Postentgeltpauschale, VV 7002 — 20,00 EUR
   Zwischensumme — 576,50 EUR
4. 19 % Umsatzsteuer, VV 7008 — 109,54 EUR
Gesamt — **686,04 EUR**

Aussetzungsverfahren:
1. 1,5 Geschäftsgebühr, VV 2300 (Wert: 10.000 EUR) — 837,00 EUR
2. Postentgeltpauschale, VV 7002 — 20,00 EUR
   Zwischensumme — 857,00 EUR
3. 19 % Umsatzsteuer, VV 7008 — 162,83 EUR
Gesamt — **1.019,83 EUR**

Fraglich ist, ob das Verfahren vor dem Berufungsausschuss der Ärzte über die Zulassung und die Entscheidung über den Sofortvollzug des getroffenen Beschlusses nach § 97 Abs. 4 SGB V dieselbe Angelegenheit i.S.v. § 16 ist oder ob es sich dabei um verschiedene Angelegenheiten i.S.v. § 17 handelt. Nach der hierzu ergangenen Rechtsprechung[3] ist maßgeblich für die Entscheidung dieser Frage letztendlich der Umstand, dass zwischen der Hauptsacheentscheidung und der Entscheidung über den Sofortvollzug nach § 97 Abs. 4 SGB V ein enger Zusammenhang besteht, der sich darin äußert, dass die Entscheidung in einem einheitlichen Verwaltungsverfahren ergeht, bei dem der Verwaltungsablauf identisch und die Entscheidungsvoraussetzungen weitgehend gleich sind und unabhängig von einem Antrag von Amts wegen über den Sofortvollzug zu entscheiden ist. Diese verfahrensrechtlichen Besonderheiten rechtfertigen nach Auffassung des erkennenden Gerichts nur die Annahme derselben Angelegenheit i.S.v. § 16.

c) Bestimmte finanzgerichtliche Verwaltungsverfahren

17 Verschiedene gebührenrechtliche Angelegenheiten werden daher auch in den Fällen anzunehmen sein, in welchen die Rechtsprechung bisher lediglich eine gebührenrechtliche Angelegenheit angenommen hat, also insbesondere:
- bei dem steuerlichen Veranlagungsverfahren und bei dem Einspruchsverfahren[4]
- bei dem Steuerfahndungsverfahren und bei dem Einspruchsverfahren[5]
- bei dem Beschwerdeverfahren wegen einer Verwaltungsvollstreckungsmaßnahme und bei dem vorausgegangenen Verwaltungsverfahren[6]
- bei dem Veranlagungsverfahren und bei dem Beschwerdeverfahren vor der OFD wegen Aussetzung der Vollziehung.[7]

d) Das Verfahren über die Beschwerde und die weitere Beschwerde nach der WBO (Nr. 1a, 4. Var.)

18 Nach § 1 WBO kann der Soldat sich beschweren, wenn er glaubt, von Vorgesetzten oder von Dienststellen der Bundeswehr unrichtig behandelt oder durch pflichtwidriges Verhalten von Kameraden verletzt zu sein. Das Beschwerderecht der Vertrauensperson regelt das Soldatenbeteiligungsgesetz. Der Soldat kann die Beschwerde auch darauf stützen, dass ihm auf einen Antrag innerhalb eines Monats kein Bescheid erteilt worden ist. Nach Beendigung eines Wehrdienstverhältnisses steht dem früheren Soldaten das Beschwerderecht zu, wenn der Beschwerdeanlass in die Wehrdienstzeit fällt. Über die Beschwerde entscheidet nach § 9 WBO der Disziplinarvorgesetzte, der den Gegenstand der Beschwerde zu beurteilen hat, nach Aufklärung des Sachverhaltes nach § 10 WBO. Über Beschwerden gegen Dienststellen der Bundeswehrverwaltung entscheidet die nächsthöhere Dienststelle. Über die Beschwerde wird nach § 12 WBO schriftlich entschieden. Der Beschwerdebescheid ist zu begründen. Ist die Beschwerde in truppendienstlichen Angelegenheiten erfolglos geblieben, kann der Beschwerdeführer innerhalb eines Monats nach Zustellung des Beschwerdebescheides weitere Beschwerde einlegen. Für die Entscheidung über die weitere Beschwerde ist nach § 16 WBO der nächsthöhere Disziplinarvorgesetzte zuständig.

19 Nach **Nr. 1a** stellen nunmehr das Verfahren über die Beschwerde und die weitere Beschwerde nach der WBO **verschiedene Angelegenheiten** dar. Der Rechtsanwalt kann mithin sowohl für das Verfahren über die Beschwerde und der weiteren Beschwerde nach der WBO die hierfür bestimmten Gebühren verlangen.

e) Gerichtliches Verfahren (Nr. 1a, 5. Var.)

20 Nr. 1a regelt schließlich, dass jedes der genannten außergerichtlichen Verfahren im Verhältnis zu einem **gerichtlichen Verfahren** eine gebührenrechtlich verschiedene Angelegenheit ist. Dies gilt
- sowohl für das einem Verwaltungs- und Nachprüfungsverfahren nachfolgende Gerichtsverfahren der Hauptsache im ersten Rechtszug
- als auch für die den Verwaltungsverfahren nach §§ 80 Abs. 4, 80a Abs. 1, 2 VwGO, § 69 Abs. 2 FGO, § 86a Abs. 3 SGG nachfolgenden Gerichtsverfahren nach §§ 80 Abs. 5, 7, 80a Abs. 3 i.V.m. § 80 Abs. 5, 7 VwGO, § 69 Abs. 3, 5 S. 3, 6 FGO, § 86b SGG (zu den Verfahren nach

---

3 BSG AGS 2008, 183.
4 FG Baden-Württemberg EFG 1988, 434.
5 FG Düsseldorf EFG 1990, 332.
6 FG Bremen EFG 1992, 417.
7 FG Münster EFG 1978, 404.

Abschnitt 3. Angelegenheit § 17

§§ 80 Abs. 5, 7, 80a Abs. 3 i.V.m. § 80 Abs. 5, 7 VwGO, § 69 Abs. 3, 5 S. 3, 6 FGO, § 86b SGG siehe auch Rdn 296 ff.)
– sowie für das dem Verfahren über die Beschwerde und die weitere Beschwerde nach der WBO nachfolgende Gerichtsverfahren nach §§ 17, 21 WBO vor dem Truppendienstgericht oder dem BVerwG.

Der Rechtsanwalt kann mithin sowohl 21
– für das Verwaltungsverfahren als auch
– für das Nachprüfungsverfahren als auch
– für ein daneben betriebenes Verwaltungsverfahren nach §§ 80 Abs. 4, 80a Abs. 1, 2 VwGO, § 69 Abs. 2 FGO, § 86a Abs. 3 SGG als auch
– für das einem Verwaltungs- und Nachprüfungsverfahren nachfolgende Gerichtsverfahren der Hauptsache im ersten Rechtszug als auch schließlich
– für ein ebenfalls betriebenes Verfahren nach §§ 80 Abs. 5, 7, 80a Abs. 3 i.V.m. § 80 Abs. 5, 7 VwGO, § 69 Abs. 3, 5 S. 3, 6 FGO, § 86b SGG

die hierfür geregelten Gebühren ebenso verlangen wie
– für das Verfahren über die Beschwerde nach der WBO und das Verfahren der weiteren Beschwerde nach der WBO und einem nachfolgenden Gerichtsverfahren vor dem Truppendienstgericht oder dem Bundesverwaltungsgericht.

Beispiel: Im Beispiel 2 (siehe Rdn 5) fallen nach Tätigkeit des Rechtsanwalts im Verwaltungsverfahren, im Nachprüfungsverfahren, im Aussetzungsverfahren, im Klageverfahren I. Instanz sowie im Verfahren nach § 80 Abs. 5 VwGO (I. Instanz) in der Regel folgende Gebühren an:

Verwaltungsverfahren:
1. 1,5 Geschäftsgebühr, VV 2300 (Wert: 20.000 EUR)   1.113,00 EUR
2. Postentgeltpauschale, VV 7002   20,00 EUR
   Zwischensumme   1.133,00 EUR
3. 19 % Umsatzsteuer, VV 7008   215,27 EUR
Gesamt   **1.348,27 EUR**

Nachprüfungsverfahren:
1. 1,5 Geschäftsgebühr, VV 2300 (Wert: 20.000 EUR)   1.113,00 EUR
2. Gem. VV Vorb. 2.3 Abs. 4 anzurechnen, 0,75 aus 20.000 EUR   – 556,50 EUR
3. Postentgeltpauschale, VV 7002   20,00 EUR
   Zwischensumme   576,50 EUR
4. 19 % Umsatzsteuer, VV 7008   109,54 EUR
Gesamt   **686,04 EUR**

Aussetzungsverfahren:
1. 1,5 Geschäftsgebühr, VV 2300 (Wert: 10.000 EUR)   837,00 EUR
2. Postentgeltpauschale, VV 7002   20,00 EUR
   Zwischensumme   857,00 EUR
3. 19 % Umsatzsteuer, VV 7008   162,83 EUR
Gesamt   **1.019,83 EUR**

Klageverfahren I. Instanz:
1. 1,3 Verfahrensgebühr, VV 3100 (Wert: 20.000 EUR)   964,60 EUR
2. gem. VV Vorb. 3 Abs. 4 anzurechnen, 0,75 aus 20.000 EUR   – 556,50 EUR
3. 1,2 Terminsgebühr, VV 3104 (Wert: 20.000 EUR)   890,40 EUR
4. Postentgeltpauschale, VV 7002   20,00 EUR
   Zwischensumme   1.318,50 EUR
5. 19 % Umsatzsteuer, VV 7008   250,52 EUR
Gesamt   **1.569,02 EUR**

Verfahren nach § 80 Abs. 5 VwGO (I. Instanz):
1. 1,3 Verfahrensgebühr, VV 3100 (Wert: 10.000 EUR)   725,40 EUR
2. gem. VV Vorb. 3 Abs. 4 anzurechnen, 0,75 aus 10.000 EUR   – 418,50 EUR
3. Postentgeltpauschale, VV 7002   20,00 EUR
   Zwischensumme   326,90 EUR
4. 19 % Umsatzsteuer, VV 7008   62,11 EUR
Gesamt   **389,01 EUR**

3. Gebühren

a) Wertgebühren in öffentlich-rechtlichen Angelegenheiten

22 In den von Nr. 1a betroffenen Verfahren werden die Gebühren nach dem **Gegenstandswert** berechnet, soweit das GKG anzuwenden ist (§§ 2 Abs. 1, 3 Abs. 1). Die Gebührentatbestände und die Höhe der einzelnen Wertgebühren nach dem Gegenstandswert sind im Vergütungsverzeichnis niedergelegt. Sie werden nachstehend im Überblick abschließend dargestellt, ohne umfassend behandelt zu werden. Auf die Kommentierung der genannten Vorschriften des Vergütungsverzeichnisses wird verwiesen. Ergänzend wird daneben noch auf die Ausführungen zu § 3 für die Verfahren verwiesen, in denen das GKG anwendbar ist (vgl. § 3 Rdn 53 ff.).

23 **Keine Gebühren nach dem Gegenstandswert** werden in Verfahren über die Beschwerde nach der WBO und der weiteren Beschwerde nach der WBO und den sich anschließenden gerichtlichen Verfahren vor dem Truppendienstgericht oder dem BVerwG berechnet. Hier entstehen Betragsrahmengebühren nach VV 2302 Nr. 2 und VV 6400 bis 6405. Auf die Ausführungen zu diesen Gebührentatbeständen wird verwiesen.

24 **aa) Allgemeines; mehrere Auftraggeber.** Vertritt der Rechtsanwalt in derselben Angelegenheit **mehrere Auftraggeber**, so erhält er die entstehenden Wertgebühren nur einmal (§ 7 Abs. 1). Nach **VV 1008** erhöht sich bei Wertgebühren aber eine anfallende Verfahrens- oder Geschäftsgebühr für jeden weiteren Auftraggeber um 0,3, soweit der Gegenstand der anwaltlichen Tätigkeit derselbe ist. Die Erhöhung wird nach dem Betrag berechnet, an welchem die Personen gemeinschaftlich beteiligt sind. Mehrere Erhöhungen dürfen bei Wertgebühren einen Gebührensatz von 2,0 nicht übersteigen. Die Vertretung einer Gesellschaft des bürgerlichen Rechts löst allerdings auch im Verwaltungsprozess keine Gebührenerhöhung aus.[8] Dahingegen führt die gleichzeitige Vertretung des Beklagten und eines Beigeladenen zur Gebührenerhöhung, da es sich hierbei um ein Tätigwerden in derselben Angelegenheit für mehrere Auftraggeber handelt.[9]

25 Die im VV Teil 2 Abschnitt 1 „Beratung und Gutachten" (VV 2100 bis VV 2103) früher vorgesehenen **Beratungsgebühren sind zum 30.6.2006 weggefallen**. Sie sind durch die zum 1.7.2006 in Kraft tretende Neufassung von § 34 ersetzt worden. Auf die Erläuterungen zu § 34 wird verwiesen.

26 **bb) Wertgebühr bei Einigung oder Erledigung, VV Teil 1.** Der Rechtsanwalt erhält nach **VV 1000** eine **1,5-Einigungsgebühr** und nach **VV 1002** eine **1,5-Erledigungsgebühr**. Ist über den Gegenstand aber ein Gerichtsverfahren anhängig, so betragen Einigungs- und Erledigungsgebühr nach VV 1003 1,0, bei Anhängigkeit eines Berufungs-, Revisions- oder Nichtzulassungsbeschwerdeverfahrens 1,3. Für Verfahren im **ersten Rechtszug vor dem Finanzgericht** finden nach VV Vorb. 3.2.1 Abs. 1 Nr. 1a die Gebührentatbestände für das Berufungsverfahren (siehe Rdn 39 ff.) Anwendung. Begründet wurde diese Regelung damit, dass die Finanzgerichte auf der Ebene der Obergerichte angesiedelt sind. Strittig war nach der früheren Fassung des Gesetzes in diesem Zusammenhang, ob sich die Verweisung in VV Vorb. 3.2.1 auch auf die Höhe der Einigungs- und Erledigungsgebühr bezog.[10] Das betraf vor allem Beschwerden in Familiensachen und erstinstanzlichen Verfahren vor den Finanzgerichten. Der Gesetzgeber hat dieses Problem gelöst und in Anm. Abs. 1 zu VV 1004 ausdrücklich nur die Einigung in den Beschwerde- und Rechtsbeschwerden nach VV Vorb. 3.2.1, 3.2.2 aufgewertet. Die Einigungs- und Erledigungsgebühr in finanzgerichtlichen Verfahren hat er bewusst nicht aufgewertet. Hier erschien ihm die Besserstellung bei der Verfahrensgebühr ausreichend. Eine Gesetzeslücke kann daher nicht mehr angenommen werden.[11]

27 Nach **Anm. Abs. 1 S. 1 Nr. 1 zu VV 1000** entsteht die **Einigungsgebühr** für die Mitwirkung beim Abschluss eines Vertrags, durch den der Streit oder die Ungewissheit der Parteien über ein Rechtsverhältnis beseitigt wird, es sei denn, der Vertrag beschränkt sich ausschließlich auf ein Anerkenntnis oder einen Verzicht. Diese Erläuterung stellt sowohl durch die Änderung der Bezeichnung „Vergleichsgebühr" in „Einigungsgebühr" wie auch durch die neu formulierten Voraussetzungen klar,

---

[8] VGH Hessen AGS 2004, 386.
[9] VG Trier, Beschl. v. 3.6.2005 – 5 K 107/05.TR (juris).
[10] *N. Schneider*, AnwBl 2005, 202 ff.; FG Rheinland-Pfalz AGS 2008, 181, FG Baden-Württemberg AGS 2007, 349; FG Köln EFG 2007, 1474 und Beschl. v. 13.3.2008 – 10 Ko3739/07 (n.v.).
[11] Bay. VGH, Beschl. v. 25.5.2009 – 13 M 09.1144 und FG Köln EFG 2011, 1832 = StE 2011, 603, dabei folgend FG Münster EFG 2010, 2021 = StE 2010, 501; FG München AGS 2011, 235.

dass es nicht mehr auf den Abschluss eines echten Vergleichs i.S.v. § 779 BGB ankommt; vielmehr soll es genügen, wenn durch Vertrag der Streit oder die Ungewissheit der Parteien über ein Rechtsverhältnis beseitigt wird, es sei denn, der Vertrag beschränkt sich ausschließlich auf ein Anerkenntnis oder einen Verzicht.[12] Die Gebühr entsteht auch für die Mitwirkung bei Vertragsverhandlungen, es sei denn, dass diese für den Abschluss des Vertrags nicht ursächlich war (**Anm. Abs. 2 zu VV 1000**). Für die Mitwirkung bei einem unter einer aufschiebenden Bedingung oder unter dem Vorbehalt des Widerrufs geschlossenen Vertrag entsteht die Gebühr, wenn die Bedingung eingetreten ist oder der Vertrag nicht mehr widerrufen werden kann (**Anm. Abs. 3 zu VV 1000**).

Nach **Anm. zu VV 1002** entsteht die **Erledigungsgebühr**, wenn sich eine Rechtssache ganz oder teilweise nach Aufhebung oder Änderung des mit einem Rechtsbehelf angefochtenen Verwaltungsakts durch die anwaltliche Mitwirkung erledigt. Das Gleiche gilt, wenn sich eine Rechtssache ganz oder teilweise durch Erlass eines bisher abgelehnten Verwaltungsakts erledigt. — 28

cc) Wertgebühr für die Prüfung der Erfolgsaussicht eines Rechtsmittels, VV Teil 2 Abschnitt 2. Nach **VV 2100** erhält der Rechtsanwalt für die **Prüfung der Erfolgsaussichten eines Rechtsmittels** eine **0,5 bis 1,0-Wertgebühr (Mittelgebühr: 0,75)**. Die Gebühr ist aber auf eine Gebühr für das Rechtsmittelverfahren anzurechnen. Ist die Prüfung der Erfolgsaussichten mit der Ausarbeitung eines **schriftlichen Gutachtens** verbunden, so beträgt nach **VV 2101** die Gebühr nach VV 2100 **1,3**. — 29

dd) Wertgebühr bei außergerichtlicher Vertretung, VV Teil 2 Abschnitt 4. Nach **VV 2300** erhält der Rechtsanwalt für die außergerichtliche Vertretung eine **0,5 bis 2,5-Geschäftsgebühr**, wobei eine Gebühr von mehr als 1,3 nur gefordert werden kann, wenn die Tätigkeit umfangreich oder schwierig war (Anm. zu VV 2300). Ist eine **Tätigkeit im Verwaltungsverfahren vorausgegangen**, so ist die dort verdiente Geschäftsgebühr hälftig, höchstens zu 0,75 auf die Gebühr nach VV 2300 **für das weitere**, der Nachprüfung des Verwaltungsakts dienende Verwaltungsverfahren **anzurechnen (VV Vorb. 2.3 Abs. 4)**. — 30

Für eine Tätigkeit in Verwaltungsverfahren nach §§ 80 Abs. 4, 80a Abs. 1, 2 VwGO, § 69 Abs. 2 FGO, § 86a Abs. 3 SGG erhält der Rechtsanwalt eine weitere Geschäftsgebühr nach VV 2300. — 31

Beschränkt sich der Auftrag auf ein **Schreiben einfacher Art**, so erhält der Rechtsanwalt nach **VV 2301** eine 0,3 Geschäftsgebühr. Es handelt sich um ein Schreiben einfacher Art, wenn dieses weder schwierige rechtliche Ausführungen noch größere sachliche Auseinandersetzungen enthält (Anm. zu VV 2301). — 32

ee) Wertgebühren im ersten Rechtszug, VV Teil 3 Abschnitt 1. Nach **VV 3100** erhält der Rechtsanwalt im ersten Rechtszug eine **1,3-Verfahrensgebühr**. Soweit wegen desselben Gegenstandes eine **Geschäftsgebühr** nach VV 2300 bis 2303 entstanden ist, wird diese Gebühr nach VV Vorb. 3 Abs. 4 S. 1 zur Hälfte, jedoch **höchstens mit einem Gebührenansatz von 0,75**, auf die Verfahrensgebühr des gerichtlichen Verfahrens **angerechnet**. Sind **mehrere Geschäftsgebühren entstanden**, also im Verwaltungsverfahren und in einem weiteren, der Nachprüfung des Verwaltungsakts dienenden Verfahren, so ist nach VV Vorb. 3 Abs. 4 S. 2 für die Anrechnung die **zuletzt entstandene Gebühr maßgebend**. Die Anrechnung erfolgt nach VV Vorb. 3 Abs. 4 S. 3 nach dem Wert des Gegenstandes, der in das gerichtliche Verfahren übergegangen ist. — 33

> Beispiel 1: Außergerichtlich ist die 1,3 Geschäftsgebühr nach VV 2300 sowohl im Verwaltungsverfahren als auch im Widerspruchsverfahren angefallen.
> Auf das Gerichtsverfahren im ersten Rechtszug wird die Geschäftsgebühr des Widerspruchsverfahrens zur Hälfte angerechnet, mithin im Umfang von 0,65.

> Beispiel 2: Geht im Beispiel 1 von einem Gegenstandswert im Vorverfahren von 10.000 EUR nur ein Gegenstandswert von 5.000 EUR in das Gerichtsverfahren des ersten Rechtszugs über, so findet eine Anrechnung der Geschäftsgebühr des Widerspruchsverfahrens auf die Verfahrensgebühr des Gerichtsverfahrens des ersten Rechtszugs nur im Umfang von 0,65 aus einem Gegenstandswert von 5.000 EUR statt.

Endigt der Auftrag **vorzeitig**, erhält der Rechtsanwalt nach VV 3101 eine **0,8-Verfahrensgebühr**. — 34

---

12 BR-Drucks 830/03, S. 253.

35 Nach **VV 3104** erhält der Rechtsanwalt im ersten Rechtszug eine **1,2-Terminsgebühr**. Die **Gebühr entsteht** nach Anm. Abs. 1 zu VV 3104 **auch**, wenn:
- in einem Verfahren, für das mündliche Verhandlung vorgeschrieben ist, im Einverständnis mit den Parteien oder gemäß § 307 ZPO oder § 495a ZPO **ohne mündliche Verhandlung entschieden** oder in einem solchen Verfahren ein **schriftlicher Vergleich geschlossen** wird (Nr. 1a),
- nach **§ 84 Abs. 1 S. 1 oder § 105 Abs. 1 SGG** ohne mündliche Verhandlung **durch Gerichtsbescheid** entschieden wird und eine mündliche Verhandlung beantragt werden kann (Nr. 2) oder
- das Verfahren vor dem Sozialgericht, für das mündliche Verhandlung vorgeschrieben ist, **nach angenommenem Anerkenntnis** ohne mündliche Verhandlung **endet** (Nr. 3).

36 Der Rechtsanwalt erhält für die Teilnahme an einem Mediationsgespräch eine Terminsgebühr auch dann, wenn das Mediationsverfahren im Rahmen der gerichtsnahen Mediation und nicht vor einem beauftragten Richter stattfindet.[13]

37 Eine Reduzierung der Terminsgebühr für einen Termin, in dem **eine Partei nicht erschienen** oder nicht ordnungsgemäß vertreten ist **und lediglich** ein **Antrag zur Prozess- oder Sachleitung** gestellt wird, kommt nicht in Betracht, da der Erlass eines Versäumnisurteils in verwaltungsgerichtlichen Verfahren nicht möglich ist.

38 Für Verfahren im **ersten Rechtszug vor dem Finanzgericht** finden nach VV Vorb. 3.2.1 Abs. 1 Nr. 1a die nachfolgend dargestellten Gebührentatbestände für das Berufungsverfahren (siehe Rdn 39 ff.) Anwendung. Dies gilt auch für Verfahren nach §§ 69 Abs. 3, 5 S. 3, 6, 114 FGO i.V.m. § 927 ZPO[14] (vgl. VV Vorb. 3.2.1 Rdn 3 ff.).

39 ff) Wertgebühren im Berufungsverfahren, VV Teil 3 Abschnitt 2 Unterabschnitt 1. Nach **VV 3200** erhält der Rechtsanwalt im Berufungsverfahren eine **1,6-Verfahrensgebühr** und nach **VV 3202** eine **1,2-Terminsgebühr**. **Endet** der Auftrag des Rechtsanwalts **vorzeitig**, so erhält er nach **VV 3201** eine **1,1-Verfahrensgebühr**. Für die **Terminsgebühr** im Berufungsverfahren gilt **Anm. zu VV 3104 entsprechend** (Anm. Abs. 1 zu 3202). Die Terminsgebühr entsteht auch dann, wenn nach § 79 Abs. 2, § 90a sowie § 94a FGO oder nach § 130a VwGO ohne mündliche Verhandlung entschieden wird (Anm. Abs. 2 zu VV 3202). Eine Ermäßigung nach **VV 3203** auf eine **0,5 Terminsgebühr** ist auch hier nicht möglich.

40 Ist das Berufungsgericht in Verfahren nach § 123 VwGO i.V.m. § 927 ZPO, § 86b Abs. 2 SGG i.V.m. § 927 ZPO und nach §§ 80 Abs. 5, 7, 80a Abs. 3 i.V.m. § 80 Abs. 5, 7 VwGO, § 86b Abs. 1 SGG als Gericht der Hauptsache anzusehen, so bestimmen sich die Wertgebühren nach VV Teil 3 Abschnitt 1 (Wertgebühren im ersten Rechtszug). Ist aber das **BVerwG** oder ein **OVG** (VGH) für eines der genannten Verfahren nach §§ 47, 48, 50 VwGO sachlich **als Gericht der Hauptsache in 1. Instanz** zuständig, so erhält der Rechtsanwalt nach **VV 3300** eine **1,6-Verfahrensgebühr**, da in diesem Fall das BVerwG oder ein OVG (VGH) nicht als Berufungsgericht tätig wird, sondern als Gericht 1. Instanz.[15]

41 Endigt der Auftrag **vorzeitig**, erhält der Rechtsanwalt in diesem Fall nach **VV 3301** eine **1,0-Verfahrensgebühr**. Nach **VV Vorb. 3.3.1** bestimmt sich in diesen Verfahren die **Terminsgebühr** nach VV Teil 3 Abschnitt I und mithin nach VV 3104, was zum Entstehen einer 1,2 Terminsgebühr führt, wenn die Voraussetzungen erfüllt sind.

42 Beschwerdeverfahren vor dem Berufungsgericht gegen Entscheidungen in Verfahren über die **Aussetzung oder Anordnung der sofortigen Vollziehung** sowie über **Erlass einer einstweiligen Anordnung** werden von diesen Gebührentatbeständen jetzt aufgrund der Neufassung der VV Vorb. 3.2.1 erfasst (Nr. 3 Buchst. a). Gleiches gilt für Beschwerdeverfahren wegen der Nichtzulassung der Berufung (siehe dazu Rdn 44).

43 gg) Wertgebühren im Revisionsverfahren, VV Teil 3 Abschnitt 2 Unterabschnitt 2. Nach **VV 3206** erhält der Rechtsanwalt im Revisionsverfahren eine **1,6-Verfahrensgebühr**. **Endet** der Auftrag des Rechtsanwalts **vorzeitig**, so erhält er nach **VV 3207** eine **1,1-Verfahrensgebühr**. Die

---

13 VGH Hessen ZKM 2008, 61.
14 A.A. FG Niedersachsen, Beschl. v. 27.4.2005 – 6 KO 3/05, StE 2005, 678.
15 VGH München AGS 1998, 58; BayVBl 1989, 27; AnwBl 1994, 43; OVG Münster NVwZ-RR 1990, 667; a.A. zu § 114 Abs. 6 BRAGO – jetzt nicht mehr haltbar – VGH Baden-Württemberg AGS 1998, 59; OVG Hamburg NVwZ-RR 1996, 546; OVG Lüneburg NVwZ-RR 1994, 421; OVG Rheinland-Pfalz NVwZ-RR 1994, 421 (eine Gebühr i.H.v. 10/10 nach § 40 Abs. 3 bejahend).

Abschnitt 3. Angelegenheit § 17

Anmerkung zu VV 3201 gilt entsprechend (Anm. zu VV 3207). Nach **VV 3210** erhält der Rechtsanwalt im Revisionsverfahren eine **1,5-Terminsgebühr**. Für die **Terminsgebühr** im Revisionsverfahren gilt die **Anm. zu VV 3104 entsprechend** (Anm. zu VV 3210). Eine Ermäßigung der Terminsgebühr kommt auch hier nicht in Betracht.

hh) Wertgebühren bei Nichtzulassungsbeschwerde, VV Teil 3 Abschnitt 5. Für Verfahren über die Beschwerde gegen die **Nichtzulassung der Berufung** erhält der Rechtsanwalt nach **VV 3504** eine **1,6-Verfahrensgebühr** und nach **VV 3516** eine **1,2-Terminsgebühr**. Die Verfahrensgebühr wird auf die Verfahrensgebühr für ein nachfolgendes Berufungsverfahren angerechnet (Anm. zu VV 3504). **Endet** der Auftrag des Rechtsanwalts **vorzeitig**, so erhält er nach **VV 3505** die **1,1-Verfahrensgebühr**. Die Anm. zu VV 3201 gilt entsprechend (Anm. zu VV 3505). Zu unterscheiden hiervon sind die **Verfahren auf Zulassung der Berufung** i.S.v. § 124a VwGO. Hier erhält der Rechtsanwalt nach **VV Vorb. 3.2 Abs. 1** die für das Berufungsverfahren bestimmten Gebühren. Die Gebühren ergeben sich damit **aus VV 3200 ff. unmittelbar**. Demnach erhält der Rechtsanwalt in einem Verfahren über die Zulassung der Berufung nach VV 3200 eine **1,6-Verfahrensgebühr**. **Endigt** der Auftrag **vorzeitig**, erhält der Rechtsanwalt nach VV 3201 eine **1,1-Verfahrensgebühr**. 44

Für Verfahren über die Beschwerde gegen die **Nichtzulassung der Revision** erhält der Rechtsanwalt nach **VV 3506** eine **1,6-Verfahrensgebühr** und nach **VV 3516** eine **1,2-Terminsgebühr**. Die Verfahrensgebühr wird auf die Verfahrensgebühr für ein nachfolgendes Revisionsverfahren angerechnet (Anm. zu VV 3506). **Endet** der Auftrag des Rechtsanwalts **vorzeitig**, so erhält er nach **VV 3507** eine **1,1-Verfahrensgebühr**. Die Anm. zu VV 3201 gilt entsprechend (Anm. zu VV 3507). 45

ii) Wertgebühren bei Beschwerde und Erinnerung, VV Teil 3 Abschnitt 5. Bei Beschwerde und Erinnerung erhält der Rechtsanwalt nach **VV 3500** eine **0,5-Verfahrensgebühr** und nach **VV 3513** eine **0,5-Terminsgebühr**. Nicht mehr von diesen Gebührentatbeständen werden auch Beschwerdeverfahren vor den Berufungsgerichten gegen Entscheidungen in Verfahren nach § 123 VwGO i.V.m. § 927 ZPO, § 114 FGO i.V.m. § 927 ZPO, § 86b Abs. 2 SGG i.V.m. § 927 ZPO und nach §§ 80 Abs. 5, 7, 80a Abs. 3 i.V.m. § 80 Abs. 5, 7 VwGO, § 69 Abs. 3, 5 S. 3, 6 FGO, § 86b Abs. 1 SGG erfasst. Hier gelten jetzt über VV Vorb. 3.2.1 Nr. 3 Buchst. b) die Gebühren eines Berufungsverfahrens. 46

jj) Wertgebühren für Einzeltätigkeiten, VV Teil 3 Abschnitt 4. Beschränkt sich der Auftrag des Rechtsanwalts auf die **Führung des Verkehrs der Partei mit dem Verfahrensbevollmächtigten**, so erhält er nach **VV 3400** eine **Verfahrensgebühr in Höhe der dem Verfahrensbevollmächtigten zustehenden Verfahrensgebühr**, **höchstens** aber eine **1,0-Verfahrensgebühr**. 47

Beschränkt sich der Auftrag des Rechtsanwalts auf die **Vertretung in einem Termin**, so erhält er nach **VV 3401** eine **Verfahrensgebühr in Höhe der Hälfte der dem Verfahrensbevollmächtigten zustehenden Verfahrensgebühr**. Zusätzlich erhält der Rechtsanwalt nach VV 3402 eine Terminsgebühr in Höhe der einem Verfahrensbevollmächtigten zustehenden Terminsgebühr. 48

Endet der Auftrag **vorzeitig**, im Falle der VV 3400, bevor der Verfahrensbevollmächtigte beauftragt oder der Rechtsanwalt gegenüber dem Verfahrensbevollmächtigten tätig geworden ist, und im Falle der VV 3401, bevor der Termin begonnen hat, so betragen gemäß **VV 3405** die Gebühren nach VV 3400 und VV 3401 **höchstens 0,5**. 49

Für **sonstige Einzeltätigkeiten** in Verfahren vor Gerichten der öffentlich-rechtlichen Gerichtsbarkeiten erhält der Rechtsanwalt nach **VV 3403** eine **0,8-Verfahrensgebühr**. Diese Gebühr entsteht, soweit nichts anderes bestimmt ist, für Einzeltätigkeiten, insbesondere für die Einreichung, Anfertigung oder Unterzeichnung von Schriftsätzen und für die Wahrnehmung von anderen als zur mündlichen Verhandlung oder zur Beweisaufnahme bestimmten Terminen, wenn der Rechtsanwalt nicht zum Prozess- oder Verfahrensbevollmächtigten bestellt ist, und für sonstige Tätigkeiten in einem gerichtlichen Verfahren. 50

Beschränkt sich der Auftrag auf ein **Schreiben einfacher Art**, beträgt nach **VV 3404** die Gebühr nach VV 3403 **0,3**. Die Gebühr entsteht insbesondere, wenn das Schreiben weder schwierige rechtliche Ausführungen noch größere sachliche Auseinandersetzungen enthält (Anm. zu VV 3404). 51

Nach VV Vorb. 3.4 Abs. 1 entsteht eine Terminsgebühr für eine Einzeltätigkeit nur dann, wenn dies ausdrücklich bestimmt ist. Dies ist nach VV 3402 nur im Falle der Wahrnehmung eines Termins gemäß VV 3401 der Fall. 52

b) Betragsrahmengebühren

53 In den von Nr. 1a betroffenen Verfahren, in denen das GKG nicht anzuwenden ist (§ 3), entstehen Betragsrahmengebühren. Die Gebührentatbestände und die Höhe der einzelnen Betragsrahmengebühren sind im Vergütungsverzeichnis niedergelegt. Sie werden in den Ausführungen zu § 3 abschließend dargestellt, ohne umfassend behandelt zu werden (vgl. § 3 Rdn 21 ff., 83 ff.). Auf die Kommentierung der genannten Vorschriften des Vergütungsverzeichnisses wird daneben verwiesen.

4. Erstattungsfragen

54 Die Erstattungsfragen in **sozialrechtlichen Angelegenheiten** werden umfassend in § 3 erörtert. Auf diese Ausführungen wird verwiesen (siehe § 3 Rdn 114 ff.).

a) Gegenstandswert

55 In **verwaltungs- und finanzrechtlichen Angelegenheiten** bestimmen sich die Gebühren für den Rechtsanwalt gemäß § 2 Abs. 1 nach dem Wert, den der Gegenstand der anwaltlichen Tätigkeit hat (Gegenstandswert). Der Gegenstandswert bestimmt sich in Verfahren vor den Gerichten der Verwaltungs- und Finanzgerichtsbarkeit nach § 23 Abs. 1 nach den für die Gerichtsgebühren geltenden Wertvorschriften, da sich in diesen gerichtlichen Verfahren die Gerichtsgebühren nach dem Wert der Angelegenheit richten. Ausschlaggebend für die Bestimmung des Gegenstandswertes ist mithin **§ 52 GKG**, in welchem die Wertberechnung in Verfahren vor den Gerichten der Verwaltungs- und Finanzgerichtsbarkeit geregelt ist. Dieser hat folgenden Wortlaut:

> **§ 52 GKG Verfahren vor Gerichten der Verwaltungs-, Finanz- und Sozialgerichtsbarkeit**
>
> (1) ¹In Verfahren vor den Gerichten der Verwaltungs-, Finanz- und Sozialgerichtsbarkeit ist, soweit nichts anderes bestimmt ist, der Streitwert nach der sich aus dem Antrag des Klägers für ihn ergebenden Bedeutung der Sache nach Ermessen zu bestimmen.
>
> (2) ¹Bietet der Sach- und Streitstand für die Bestimmung des Streitwerts keine genügenden Anhaltspunkte, ist ein Streitwert von 5.000 Euro anzunehmen.
>
> (3) ¹Betrifft der Antrag des Klägers eine bezifferte Geldleistung oder einen hierauf bezogenen Verwaltungsakt, ist deren Höhe maßgebend. ²Hat der Antrag des Klägers offensichtlich absehbare Auswirkungen auf künftige Geldleistungen oder auf noch zu erlassende, auf derartige Geldleistungen bezogene Verwaltungsakte, ist die Höhe des sich aus Satz 1 ergebenden Streitwerts um den Betrag der offensichtlich absehbaren zukünftigen Auswirkungen für den Kläger anzuheben, wobei die Summe das Dreifache des Werts nach Satz 1 nicht übersteigen darf. In Verfahren in Kindergeldangelegenheiten vor den Gerichten der Finanzgerichtsbarkeit ist § 42 Absatz 1 Satz 1 und Absatz 3 entsprechend anzuwenden; an die Stelle des dreifachen Jahresbetrags tritt der einfache Jahresbetrag.
>
> (4) ¹In Verfahren
> 1. vor den Gerichten der Finanzgerichtsbarkeit, mit Ausnahme der Verfahren nach § 155 Satz 2 der Finanzgerichtsordnung und der Verfahren in Kindergeldangelegenheiten, darf der Streitwert nicht unter 1.500 Euro,
> 2. vor den Gerichten der Sozialgerichtsbarkeit und bei Rechtsstreitigkeiten nach dem Krankenhausfinanzierungsgesetz nicht über 2.500.000 Euro und
> 3. vor den Gerichten der Verwaltungsgerichtsbarkeit über Ansprüche nach dem Vermögensgesetz nicht über 500.000 Euro
>
> angenommen werden.
>
> (5) Solange in Verfahren vor den Gerichten der Finanzgerichtsbarkeit der Wert nicht festgesetzt ist und sich der nach den Absätzen 3 und 4 Nummer 1 maßgebende Wert auch nicht unmittelbar aus den gerichtlichen Verfahrensakten ergibt, sind die Gebühren vorläufig nach dem in Absatz 4 Nummer 1 bestimmten Mindestwert zu bemessen.
>
> (6) ¹In Verfahren, die die Begründung, die Umwandlung, das Bestehen, das Nichtbestehen oder die Beendigung eines besoldeten öffentlich-rechtlichen Dienst- oder Amtsverhältnisses betreffen, ist Streitwert
> 1. die Summe der für ein Kalenderjahr zu zahlenden Bezüge mit Ausnahme nicht ruhegehaltsfähiger Zulagen, wenn Gegenstand des Verfahrens ein Dienst- oder Amtsverhältnis auf Lebenszeit ist,

2. im Übrigen die Hälfte der für ein Kalenderjahr zu zahlenden Bezüge mit Ausnahme nicht ruhegehaltsfähiger Zulagen.

²Maßgebend für die Berechnung ist das laufende Kalenderjahr. ³Bezügebestandteile, die vom Familienstand oder von Unterhaltsverpflichtungen abhängig sind, bleiben außer Betracht. ⁴Betrifft das Verfahren die Verleihung eines anderen Amts oder den Zeitpunkt einer Versetzung in den Ruhestand, ist Streitwert die Hälfte des sich nach den Sätzen 1 bis 3 ergebenden Betrags.

(7) ¹Ist mit einem in Verfahren nach Absatz 6 verfolgten Klagebegehren ein aus ihm hergeleiteter vermögensrechtlicher Anspruch verbunden, ist nur ein Klagebegehren, und zwar das wertmäßig höhere, maßgebend.

(8) ¹Dem Kläger steht gleich, wer sonst das Verfahren des ersten Rechtszugs beantragt hat.

Die Grundregeln nach § 52 Abs. 1, 2 GKG kommen nur zur Anwendung, wenn anderen Wertvorschriften (z.B. § 52 Abs. 2 bis 7 GKG, § 42 GKG) nichts zur Wertbestimmung zu entnehmen ist. Dabei ist auch **§ 42 Abs. 2 GKG** (§ 42 Abs. 3 a.F.) zu beachten, der folgenden Wortlaut hat: **56**

§ 42 GKG Wiederkehrende Leistungen

(1) ...

(2) ¹Für die Wertberechnung bei Rechtsstreitigkeiten vor den Gerichten für Arbeitssachen über das Bestehen, das Nichtbestehen oder die Kündigung eines Arbeitsverhältnisses ist höchstens der Betrag des für die Dauer eines Vierteljahres zu leistenden Arbeitsentgelts maßgebend; eine Abfindung wird nicht hinzugerechnet. ²Bei Rechtsstreitigkeiten über Eingruppierungen ist der Wert des dreijährigen Unterschiedsbetrags zur begehrten Vergütung maßgebend, sofern nicht der Gesamtbetrag der geforderten Leistungen geringer ist.

(3)–(4) ...

Der Betrag von 5.000 EUR in § 52 Abs. 2 GKG ist kein Regelwert, sondern ein Hilfswert, der nur anzusetzen ist, wenn wegen fehlender tatsächlicher Schätzungsgrundlage keine nachvollziehbare Ermessensentscheidung möglich ist. **57**

Die Streitwert-Rechtsprechung der Gerichte der Verwaltungs- und Finanzgerichtsbarkeit ist erheblich uneinheitlich und unübersichtlich. Für die Verwaltungsgerichtsbarkeit erarbeitete eine aus Richtern der Verwaltungsgerichtsbarkeit zusammengesetzte Arbeitsgruppe einen Streitwertkatalog. Dieser liegt in der letzten Fassung vom 7./8.7.2004[16] mit den am 13.7.2013 beschlossenen Änderungen vor. Der **Streitwertkatalog** nennt Richtwerte, die für die Mehrheit der Fälle eine nach § 52 GKG angemessene Bewertung darstellen. Ein solcher Streitwertkatalog ist zwischenzeitlich seitdem am 15./16.6.2009 auch für die Finanzgerichtsbarkeit[17] und auch die Sozialgerichtsbarkeit[18] entwickelt worden. Diese Streitwertkataloge enthalten keine normativen Festsetzungen, sondern sprechen lediglich Empfehlungen aus. Eine systematische und den Anspruch auf Vollständigkeit erhebende Darstellung der Streitwert-Rechtsprechung ist im Rahmen dieser Kommentierung nicht möglich. Es ist vielmehr auf das vorliegende **Sonderschrifttum** zur Streitwert-Rechtsprechung der Verwaltungs-,[19] Sozial-[20] und der Finanzgerichte[21] zu verweisen. **58**

Gibt der Prozessbevollmächtigte nach erfolgreicher Klage im Kostenfestsetzungsantrag irrtümlich – etwa in Unkenntnis einer geänderten Rechtsprechung des Bundesverwaltungsgerichts – einen zu geringen Gegenstandswert an und liegt dieser dem Kostenfestsetzungsbeschluss zu Grunde, stehen einer Nachfestsetzung auf Grundlage des zutreffenden Gegenstandswertes weder die Rechtskraft des vorangegangenen Kostenfestsetzungsbeschlusses noch Grundsätze von Treu und Glauben entgegen. Dieser Anspruch auf Nachfestsetzung verjährt nach Rechtskraft der Kostengrundentscheidung gemäß § 197 Abs. 1 Nr. 3 BGB in dreißig Jahren.[22] **59**

---

16 NVwZ 2004, 1327.
17 Beschlossen auf der Arbeitstagung der Präsidenten der Finanzgerichte der Bundesrepublik Deutschland am 15. und 16.6.2009 in Hannover nach dem Entwurf von RiFG Schoenfeld, Hamburg.
18 Von der Konferenz der Präsidentinnen und Präsidenten der Landessozialgerichte am 16.5.2006 auf Vorschlag des LSG Rheinland-Pfalz beschlossener Streitwertkatalog.
19 Hartmann, § 52 GKG Anhang I.
20 Hartmann, § 52 GKG Anhang I.
21 Hartmann, § 52 GKG Anhang II.
22 VG Sigmaringen 5. Kammer, Beschl. v. 13.3.2008 – 5 K 396/08.

b) Kostengrundentscheidung

60 **aa) Verfahren vor den Gerichten der Verwaltungsgerichtsbarkeit.** Nach § 161 Abs. 1 VwGO hat das Gericht im Urteil oder, wenn das Verfahren in anderer Weise beendet worden ist, durch Beschluss über die Kosten zu entscheiden. Eine versehentlich unterbliebene Kostenentscheidung ist auf Antrag, der nach § 120 Abs. 2 VwGO innerhalb von zwei Wochen zu stellen ist, zu ergänzen. Einer Kostenentscheidung bedarf es nicht bei einer Entscheidung in unselbstständigen Zwischenverfahren, bei der Verweisung des Rechtsstreits an ein anderes Gericht sowie bei Teil- und Endurteilen. Gemäß **§ 154 Abs. 1 VwGO** trägt der unterliegende Teil die Kosten. Wenn ein Beteiligter teils obsiegt, teils unterliegt, so sind die Kosten nach **§ 155 Abs. 1 VwGO** entweder gegeneinander aufzuheben oder verhältnismäßig zu teilen. Wer einen Antrag, eine Klage oder ein Rechtsmittel zurücknimmt, hat nach **§ 155 Abs. 2 VwGO** die Kosten zu tragen. Hat der Beklagte durch sein Verhalten keine Veranlassung zur Klage gegeben, so fallen dem Kläger nach **§ 156 VwGO** die Prozesskosten zur Last, wenn der Beklagte den Anspruch sofort anerkennt.

61 Einem **Beigeladenen** können nach **§ 154 Abs. 3 VwGO** nur Kosten auferlegt werden, wenn er Anträge gestellt oder ein Rechtsmittel zurückgenommen hat. Nach **§ 162 Abs. 3 VwGO** sind die außergerichtlichen Kosten des Beigeladenen nur dann erstattungsfähig, wenn sie durch das Gericht aus Billigkeit der Staatskasse oder der unterliegenden Partei auferlegt worden sind. Der Billigkeit wird die Auferlegung der außergerichtlichen Kosten des Beigeladenen gegenüber der unterliegenden Partei in der Regel nur dann entsprechen, wenn der Beigeladene erfolgreich Anträge gestellt oder ein Rechtsmittel geführt hat und damit selbst ein Kostenrisiko i.S.v. § 154 Abs. 3 VwGO übernommen hat. Diese Regel gilt nicht in den Fällen der **notwendigen Beiladung (§ 65 Abs. 2 VwGO)**.[23] Im Nichtzulassungsstreit stellt es aber vor einer durch das Bundesverwaltungsgericht selbst veranlassten Anhörung für die übrigen Verfahrensbeteiligten im Allgemeinen keine nahe liegende oder gar angemessene Rechtsverfolgung dar, sich bereits in diesem Stadium des Verfahrens anwaltlicher Vertretung zu bedienen. Es entspricht nicht billigem Ermessen, die außergerichtlichen Kosten des Beigeladenen der unterliegenden Partei aufzuerlegen, wenn der Beigeladene nur die Zurückweisung der Beschwerde beantragt hat und irgendwelche Ausführungen, welche die Erörterung des Streitstoffs wirklich fördern könnten, unterblieben sind.[24]

62 Ist der Rechtsstreit in der Hauptsache erledigt und wird nicht als Fortsetzungsfeststellungsklage nach **§ 113 Abs. 1 S. 4 VwGO** fortgesetzt, so entscheidet das Gericht nach **§ 162 Abs. 2 VwGO** nach billigem Ermessen unter Berücksichtigung des bisherigen Sach- und Streitstandes über die Kosten des Verfahrens. Die isolierte Anfechtung der Kostengrundentscheidung ist nach **§ 158 VwGO** unzulässig.

63 **bb) Verfahren vor den Gerichten der Finanzgerichtsbarkeit.** Nach **§ 143 Abs. 1 FGO** hat das Gericht im Urteil oder, wenn das Verfahren in anderer Weise beendet worden ist, durch Beschluss über die Kosten zu entscheiden. Eine versehentlich unterbliebene Kostenentscheidung ist auf Antrag, der nach **§ 109 Abs. 2 FGO** innerhalb von zwei Wochen zu stellen ist, zu ergänzen. Gemäß **§ 135 Abs. 1 FGO** trägt der unterliegende Teil die Kosten. Wenn ein Beteiligter teils obsiegt, teils unterliegt, so sind die Kosten nach **§ 136 Abs. 1 FGO** entweder gegeneinander aufzuheben oder verhältnismäßig zu teilen. Wer einen Antrag, eine Klage oder ein Rechtsmittel zurücknimmt, hat nach **§ 136 Abs. 2 FGO** die Kosten zu tragen. Ist der Rechtsstreit in der Hauptsache erledigt, so entscheidet das Gericht nach **§ 138 Abs. 1 FGO** nach billigem Ermessen unter Berücksichtigung des bisherigen Sach- und Streitstandes über die Kosten des Verfahrens. Soweit ein Rechtsstreit dadurch erledigt worden ist, dass die Behörde dem Rechtsschutzbegehren des Klägers stattgibt, sind nach **§ 138 Abs. 2 FGO** der Behörde die Kosten aufzuerlegen.

64 Einem **Beigeladenen** können nach **§ 135 Abs. 3 FGO** nur Kosten auferlegt werden, wenn er Anträge gestellt oder ein Rechtsmittel zurückgenommen hat. Nach **§ 139 Abs. 4 FGO** sind die außergerichtlichen Kosten des Beigeladenen nur dann erstattungsfähig, wenn sie durch das Gericht aus Billigkeit der Staatskasse oder der unterliegenden Partei auferlegt worden sind. Der Billigkeit wird die Auferlegung der außergerichtlichen Kosten des Beigeladenen gegenüber der unterliegenden Partei in der Regel nur dann entsprechen, wenn der Beigeladene erfolgreich Anträge gestellt oder ein Rechtsmittel geführt hat und damit selbst ein Kostenrisiko i.S.v. § 135 Abs. 3 FGO übernommen hat. Nach der

---

[23] VGH Baden-Württemberg VBlBW 1996, 57 (für notwendig beigeladenen Bauherrn); VGH München AGS 2000, 130 (für notwendig beigeladenen Asylbewerber).

[24] BVerwG AGS 1996, 91.

Rechtsprechung des Bundesfinanzhofes genügt es nicht, dass der Beigeladene nur beantragt, die Revision zurückzuweisen, um eine Entscheidung nach § 139 Abs. 4 FGO zu seinen Gunsten zu erreichen.[25] Verbindet der Beigeladene aber mit dem Antrag auf Zurückweisung der Revision den Verzicht auf eine mündliche Verhandlung, so sind die Voraussetzungen für eine Billigkeitsentscheidung gegeben.[26] Die isolierte Anfechtung der Kostengrundentscheidung ist nach **§ 145 FGO** unzulässig.

c) Kostenfestsetzung

Zuständig für die Kostenfestsetzung ist nach **§ 164 VwGO, § 149 Abs. 1 FGO** der **Urkundsbeamte der Geschäftsstelle des Gerichts des ersten Rechtszugs**. Soweit ein höheres Gericht erstinstanzlich zuständig ist (§§ 47, 48, 50 VwGO), entscheidet dessen Urkundsbeamter. In Ermangelung von Regelungen zur Kostenfestsetzung bestimmt sich das Kostenfestsetzungsverfahren gemäß **§ 173 VwGO, § 155 FGO** nach den **§§ 103 ff. ZPO**. Über die gemäß §§ 165, 151, 146 Abs. 1 VwGO statthafte Beschwerde gegen die Zurückweisung der Kostenfestsetzungserinnerung hat gemäß § 9 Abs. 3 S. 1 VwGO der Senat in der Besetzung mit drei Berufsrichtern zu befinden. Eine Entscheidungszuweisung an den Einzelrichter nach den Voraussetzungen des § 66 Abs. 6 S. 1 GKG scheidet aus. Diese Regelung betrifft nur den von § 66 Abs. 1 GKG geregelten „Kostenansatz" – der gemäß § 19 Abs. 1 GKG und § 4 Abs. 1 der Kostenverfügung die Kostenrechnung zugunsten der Staatskasse betrifft und damit das Verhältnis zwischen dem Kostenschuldner und der Staatskasse. Von der Bestimmung nicht erfasst ist dagegen die Kostenfestsetzung zwischen den Prozessbeteiligten untereinander. Dementsprechend ist in § 66 Abs. 1 S. 1 GKG ein Beschwerderecht auch nur für die Staatskasse, nicht aber für andere Kostengläubiger vorgesehen.[27]

Gibt der Prozessbevollmächtigte nach erfolgreicher Klage einen zu geringen Gegenstandswert an und liegt dieser dem Kostenfestsetzungsbeschluss zu Grunde, stehen einer Nachfestsetzung auf Grundlage eines höheren Gegenstandswertes weder die Rechtskraft des vorangegangenen Kostenfestsetzungsbeschlusses noch Grundsätze von Treu und Glauben entgegen. Dieser Anspruch auf Nachfestsetzung verjährt nach Rechtskraft der Kostengrundentscheidung gemäß § 197 Abs. 1 Nr. 3 BGB in 30 Jahren.[28]

d) Kostenerstattung

aa) Gemeinsamkeiten. Für die Kostenerstattung sind § 162 VwGO und § 139 FGO maßgeblich.

§ 162 VwGO

(1) [1]Kosten sind die Gerichtskosten (Gebühren und Auslagen) und die zur zweckentsprechenden Rechtsverfolgung oder Rechtsverteidigung notwendigen Aufwendungen der Beteiligten einschließlich der Kosten des Vorverfahrens.

(2) [1]Die Gebühren und Auslagen eines Rechtsanwalts oder eines Rechtsbeistands, in Abgabenangelegenheiten auch einer der in § 67 Abs. 2 Satz 2 Nr. 3 genannten Personen, sind stets erstattungsfähig. [2]Soweit ein Vorverfahren geschwebt hat, sind Gebühren und Auslagen erstattungsfähig, wenn das Gericht die Zuziehung eines Bevollmächtigten für das Vorverfahren für notwendig erklärt. [3]Juristische Personen des öffentlichen Rechts und Behörden können an Stelle ihrer tatsächlichen notwendigen Aufwendungen für Post- und Telekommunikationsdienstleistungen den in Nummer 7002 der Anlage 1 zum Rechtsanwaltsvergütungsgesetz bestimmten Höchstsatz der Pauschale fordern.

(3) [1]Die außergerichtlichen Kosten des Beigeladenen sind nur erstattungsfähig, wenn sie das Gericht aus Billigkeit der unterliegenden Partei oder der Staatskasse auferlegt.

---

25 BFHE 143, 119.
26 BFHE 165, 482.
27 OVG Mecklenburg-Vorpommern, Beschl. v. 9.11.2007 – 1 O 121/07; Niedersächsisches OVG NVwZ-RR 2007, 816; Bay. VGH NVwZ-RR 2007, 497; OVG Sachsen NVwZ 2007, 34; VGH Baden-Württemberg, Beschl. v. 6.11.2008 – NC 9 S 2614/08; FG Düsseldorf EFG 2008, 1665.
28 VG Sigmaringen, Beschl. v. 13.3.2008 – 5 K 396/08.

§ 139 FGO

(1) ¹Kosten sind die Gerichtskosten (Gebühren und Auslagen) und die zur zweckentsprechenden Rechtsverfolgung oder Rechtsverteidigung notwendigen Aufwendungen der Beteiligten einschließlich der Kosten des Vorverfahrens.

(2) ¹Die Aufwendungen der Finanzbehörden sind nicht zu erstatten.

(3) ¹Gesetzlich vorgesehene Gebühren und Auslagen eines Bevollmächtigten oder Beistands, der nach den Vorschriften des Steuerberatungsgesetzes zur geschäftsmäßigen Hilfeleistung in Steuersachen befugt ist, sind stets erstattungsfähig. ²Aufwendungen für einen Bevollmächtigten oder Beistand, für den Gebühren und Auslagen gesetzlich nicht vorgesehen sind, können bis zur Höhe der gesetzlichen Gebühren und Auslagen der Rechtsanwälte erstattet werden. ³Soweit ein Vorverfahren geschwebt hat, sind die Gebühren und Auslagen erstattungsfähig, wenn das Gericht die Zuziehung eines Bevollmächtigten oder Beistands für das Vorverfahren für notwendig erklärt. ⁴Steht der Bevollmächtigte oder Beistand in einem Angestelltenverhältnis zu einem Beteiligten, so werden die durch seine Zuziehung entstandenen Gebühren nicht erstattet.

(4) ¹Die außergerichtlichen Kosten des Beigeladenen sind nur erstattungsfähig, wenn das Gericht sie aus Billigkeit der unterliegenden Partei oder der Staatskasse auferlegt.

68 Nach § 162 Abs. 1 VwGO, § 139 Abs. 1 FGO sind nur die **zur zweckentsprechenden Rechtsverfolgung notwendigen Aufwendungen** zu erstatten. Die Notwendigkeit einer Aufwendung beurteilt sich aus der Sicht einer verständigen Partei, die bemüht ist, die Kosten so niedrig wie möglich zu halten. Dabei ist auf den Zeitpunkt der die Aufwendungen verursachenden Handlung abzustellen sowie darauf, ob die Partei im entscheidungserheblichen Zeitpunkt die Aufwendung für sachgerecht halten durfte.[29]

69 Die **Gebühren und Auslagen** eines Rechtsanwalts aus der Tätigkeit vor den **Gerichten der Verwaltungs- und Finanzgerichtsbarkeit** sind nach § 162 Abs. 2 S. 1 VwGO, § 139 Abs. 3 S. 1 FGO **stets erstattungsfähig**. Gemäß § 91 Abs. 2 S. 2 ZPO sind die **Kosten mehrerer Rechtsanwälte** aber nur insoweit zu erstatten, als sie die Kosten eines Rechtsanwalts nicht übersteigen oder als in der Person des Rechtsanwalts ein Wechsel eintreten musste. Bereits aus dem Tatbestandsmerkmal „musste" folgt das Gebot, Anwaltswechsel nach Möglichkeit zu vermeiden. Dieses Gebot lässt sich zudem aus dem Grundsatz der Verpflichtung zur Kosten sparenden Prozessführung herleiten, nach dem jeder Beteiligte die Kosten der Prozessführung so niedrig zu halten hat, wie sich dies mit der vollen Wahrung seiner berechtigten prozessualen Belange vereinbaren lässt. Als notwendig sind regelmäßig nur die Gebühren und Auslagen eines mit der Prozessvertretung beauftragten Rechtsanwalts anzusehen.[30] Der Erstattungsberechtigte kann daher nur dann die durch einen Anwaltswechsel bedingten zusätzlichen Kosten erstattet verlangen, wenn der Anwaltswechsel nicht auf Umständen beruht, die für den ersten Bevollmächtigten bzw. für den Erstattungsberechtigten selbst in irgendeiner Weise vorhersehbar oder zurechenbar verschuldet waren. Ein hinreichender Anlass zu dem Anwaltswechsel liegt nicht vor, wenn die Gründe hierfür lediglich in dem Verhältnis zwischen der Partei und dem Prozessbevollmächtigten zu suchen sind. Ebenso wenig hinreichend für die Notwendigkeit eines Beraterwechsels ist die Annahme des Prozessbeteiligten, dass der neue Bevollmächtigte besser für die Interessenvertretung geeignet ist.[31] Nach § 162 Abs. 2 S. 3 VwGO können juristische Personen des öffentlichen Rechts und Behörden an Stelle ihrer tatsächlichen notwendigen Aufwendungen für Post- und Telekommunikationsdienstleistungen den in VV 7002 bestimmten Höchstsatz der Pauschale (20 EUR) fordern. In einem Hochschulkapazitätsrechtsstreit sind die der Universität durch die Beauftragung eines Rechtsanwalts im Beschwerdeverfahren entstandenen Kosten nicht erstattungsfähig, wenn die Beschwerdeeinlegung für die Universität offensichtlich nutzlos und objektiv nur dazu angetan ist, dem Gegner Kosten zu verursachen. Dies ist insbesondere dann der Fall, wenn der Prozessbevollmächtigte der Universität unmittelbar nach Bekanntgabe des Beschlusstenors ohne sichere Kenntnis der Begründung zeitgleich mit der Durchführung der vom Verwaltungsgericht angeordneten Auslosung der „gefundenen" Studienplätze Beschwerde einlegt.[32]

70 Soweit ein **Vorverfahren** geschwebt hat, sind nach § 162 Abs. 2 S. 2 VwGO, § 139 Abs. 3 S. 3 FGO die **Gebühren und Auslagen** eines Rechtsanwalts **im Vorverfahren** nur dann **erstattungsfä-**

---

[29] BVerwG NJW 2000, 2832; VGH Baden-Württemberg VGHBW-Ls 2000, Beilage 9, B 4; OVG Münster AGS 2000, 224 und 1999, 39; OVG Lüneburg NVwZ-RR 2000, 4; VGH Kassel NVwZ-RR 1999, 213.

[30] KG Berlin RVGreport 2007, 193; FG Köln StE 2009, 120.

[31] FG Köln, StE 2009, 120.

[32] VGH Baden-Württemberg, Beschl. v. 3.12.2008 – 9 S 1256/08.

hig, wenn das Gericht die **Zuziehung eines Bevollmächtigten für das Vorverfahren für notwendig** erklärt hat. Findet ein Vorverfahren nicht statt, sind die Gebühren und Auslagen eines Rechtsanwalts, die im Verwaltungsverfahren entstanden sind, weder in unmittelbarer noch in analoger Anwendung des § 162 Abs. 2 S. 2 VwGO erstattungsfähig. Dies gilt auch nach Inkrafttreten des RVG.[33] Die Entscheidung des Gerichts über die Notwendigkeit der Zuziehung eines Bevollmächtigten für das Vorverfahren gehört nicht zu der Grundentscheidung über die Kostenfolge. Bei der Entscheidung nach § 162 Abs. 2 S. 2 VwGO, § 139 Abs. 3 S. 3 FGO geht es lediglich um die Frage, ob die im Vorverfahren durch die Zuziehung eines Bevollmächtigten entstandenen Kosten zu einer zweckentsprechenden Rechtsverfolgung notwendig waren. Ob und inwieweit Aufwendungen erstattungsfähig sind, ist eine im Kostensetzungsverfahren zu entscheidende Frage. Die Entscheidung nach § 162 Abs. 2 S. 2 VwGO, § 139 Abs. 3 S. 3 FGO kann sowohl in das Urteil aufgenommen werden, als auch durch besonderen Beschluss ergehen. Weder § 162 Abs. 2 S. 2 VwGO noch § 139 Abs. 3 S. 3 FGO schreibt vor, in welcher Form die Entscheidung vom Gericht zu treffen ist. Nimmt das Gericht die Entscheidung über die Notwendigkeit der Zuziehung eines Bevollmächtigten für das Vorverfahren in das Urteil auf, so ändert sich dadurch an dem rechtlichen Charakter der Entscheidung nichts. Sie wird nicht etwa Bestandteil der Kostenentscheidung, sondern bleibt ein das Kostenfestsetzungsverfahren betreffender Ausspruch des Gerichts. **§ 158 Abs. 1 VwGO** ist auf diesen Ausspruch **nicht anwendbar**; er kann vielmehr dann, wenn er im Urteil enthalten ist, selbstständig mit der Beschwerde nach § 146 VwGO angefochten werden.[34]

In **Verfahren des vorläufigen Rechtsschutzes** nach §§ 80 Abs. 5, 80a Abs. 3 VwGO, § 69 Abs. 3 FGO kann nicht gemäß § 162 Abs. 2 S. 2 VwGO, § 139 Abs. 3 S. 3 FGO über die Notwendigkeit der Zuziehung eines Bevollmächtigten für das Vorverfahren entschieden werden. Vorverfahren im Sinne dieser Bestimmungen sind die in § 68 VwGO und § 44 FGO im Sinne einer Sachurteilsvoraussetzung vorgeschriebenen Widerspruchsverfahren, die vor Erhebung der Anfechtungs- oder Verpflichtungsklage erfolglos durchgeführt werden müssen. Eine Entscheidung des Gerichts nach § 162 Abs. 2 S. 2 VwGO, § 139 Abs. 3 S. 3 FGO setzt voraus, dass es im Anschluss an ein solches Vorverfahren zu einem gerichtlichen Hauptsacheverfahren gekommen ist. In Verfahren des vorläufigen Rechtsschutzes kommt daher die Entscheidung, die Zuziehung eines Bevollmächtigten für das Vorverfahren für notwendig zu erklären, nicht in Betracht.[35] Auch ein behördliches Aussetzungsverfahren nach § 80 Abs. 4, 6 VwGO führt nicht zur Kostenerstattung nach § 162 VwGO.[36]

bb) Erstattung der Kosten für das verwaltungsgerichtliche Vorverfahren. Die Entscheidung über die Notwendigkeit der Zuziehung eines Rechtsanwalts in verwaltungsrechtlichen Vorverfahren ist aus einer **Sicht ex ante** zu beurteilen. Maßgeblicher Zeitpunkt ist dabei die förmliche Vollmachterteilung oder bei einer Beauftragung bereits im Verwaltungsverfahren der Auftrag zur Einlegung des Widerspruchs.[37] Maßgebend ist die **Sicht eines verständigen Beteiligten** unter Würdigung der gesamten Umstände.[38] Dabei dürfen die Erkenntnis und Urteilfähigkeit des Bürgers nicht überschätzt werden; **die Beauftragung eines Rechtsanwalts ist das gute Recht eines Bürgers**.[39] Allerdings sind die wirtschaftliche Bedeutung[40] und der Schwierigkeitsgrad der Angelegenheit[41] zu berücksichtigen. Ebenfalls sind zu beachten neben dem Bildungs- und Kenntnisstand des Bürgers[42] die Schwierigkeit[43] und der Bekanntheitsgrad der einschlägigen Rechtsmaterie,[44] die Intensität der Rechtsbeziehung zwischen Bürger und Behörde[45] und die Frage, ob der Schwerpunkt eher im rechtlichen oder im tatsächlichen Bereich[46] liegt.[47] In der **Regel** ist aber – nicht nur bei schwierigen

---

33 VGH Baden-Württemberg AGS 2007, 479.
34 BVerwGE 27, 39; BVerwG DÖV 1981, 343; OVG Weimar JurBüro 2001, 145; VGH Baden-Württemberg VBlBW 1996, 340; VGH Kassel NVwZ-RR 1996, 616.
35 VGH Baden-Württemberg VGHBW-Ls 2000, Beilage 11, B 2; OVG Weimar NVwZ-RR 2001, 205; VGH Kassel NVwZ-RR 1999, 346; OVG Rheinland-Pfalz DVBl 1989, 892; OVG Münster DVBl 1993, 889 f.; FG Baden-Württemberg EFG 1994, 262 und EFG 1990, 438; FG Saarland EFG 1990, 589; FG Düsseldorf EFG 1984, 186; FG Kiel AnwBl 1985, 540.
36 VG Magdeburg, Beschl. v. 22.6.2006 – 9 B 105/06; OVG NRW NVwZ-RR 2006, 856; VG Minden, Beschl. v. 26.1.2007 – 11 L 615/05; offengelassen OVG Mecklenburg-Vorpommern NordÖR 2006, 266.
37 Stelkens/Bonk/Sachs-Stelkens/*Kallerhoff*, § 80 VwVfG Rn 80.
38 BVerwGE 17, 245; BVerwGE 88, 41; OVG Bremen NVwZ 1989, 75; OVG Sachsen-Anhalt AnwBl 2001, 578.
39 BVerwG DVBl 1978, 630, 632; BVerwGE 17, 245.
40 VGH Kassel NJW 1965, 1732.
41 VGH Kassel NVwZ-RR 1996, 615.
42 BVerwG BayVBl 1994, 285; JurBüro 1998, 34; OVG Sachsen AGS 2004, 368.
43 OVG Koblenz NVwZ 1998, 842.
44 VGH Baden-Württemberg JurBüro 1990, 1039.
45 OVG Sachsen-Anhalt AnwBl 2001, 578.
46 OVG Berlin NVwZ-RR 1990, 517.
47 *Mader/Hellstab*, § 9 Rn 11 m.w.N. zu Einzelfällen.

und umfangreichen Sachverhalten – die Notwendigkeit der Zuziehung eines Rechtsanwalts zu bejahen.[48] Nicht zu den Kosten des Vorverfahrens gehören die Kosten, die durch die Tätigkeit des Rechtsanwalts in dem, dem Vorverfahren vorausgegangenen Verwaltungsverfahren entstanden sind. Das Verwaltungsverfahren ist kein Vorverfahren i.S.v. § 162 VwGO.[49]

73 Nur nach Maßgabe dieser Beurteilungsmaßstäbe ist auch zu bewerten, ob die Kosten eines Rechtsanwalts, **der sich im Nachprüfungsverfahren** selbst vertritt, **erstattungsfähig sind**.[50] Ebenfalls notwendig können nach den dargestellten Beurteilungsmaßstäben die Aufwendungen für eine anwaltliche Beratung im Nachprüfungsverfahren sein.[51]

74 **cc) Erstattung der Kosten für das finanzgerichtliche Vorverfahren.** Nach der ständigen Rechtsprechung des BFH zu § 139 Abs. 3 S. 3 FGO ist die **Zuziehung eines Bevollmächtigten** für das finanzgerichtliche Vorverfahren dann notwendig, wenn der Steuerpflichtige wegen der Schwierigkeit der streitigen Rechtsprobleme zur zweckentsprechenden Rechtsverfolgung des Rates eines steuer- und rechtskundigen Fachmannes bedarf. Darüber hinaus sind die wirtschaftliche Tragweite des Rechtsstreites und das Ausmaß der eigenen Sachkunde der Beteiligten zu berücksichtigen.[52] In Anbetracht des Umfangs und der Kompliziertheit des Steuerrechts, der Fülle der Rechtsprechung und der Verwaltungsanordnungen wird daher die Zuziehung eines Rechtsanwalts für das Vorverfahren in der Regel auch unter dem Gesichtspunkt der Waffengleichheit notwendig sein.[53]

75 Allerdings verwehrt der BFH in ständiger und vom BVerfG[54] nicht beanstandeter Rechtsprechung die Erstattung der Kosten eines **Rechtsanwalts**, der sich **im Vorverfahren selbst vertritt**. Zur Begründung führte der BFH aus, der Sinn der Regelung der Kostenerstattung spreche gegen eine Kostenerstattung des Bevollmächtigten im Vorverfahren, wenn er in eigener Sache aufgetreten sei. Das Gesetz gehe für das Vorverfahren davon aus, dass im Regelfall der Steuerpflichtige seine Sache selbst vertrete. Die Beauftragung eines Bevollmächtigten im Vorverfahren stelle also eine Ausnahme dar. Es werde darauf abgestellt, ob es dem Steuerpflichtigen mit Rücksicht auf seine persönlichen Verhältnisse oder die Schwierigkeit des Streitfalles zuzumuten sei, im Vorverfahren seine Sache selbst zu vertreten. Es komme daher für die Erstattungsfähigkeit darauf an, dass tatsächlich ein Bevollmächtigter beigezogen worden sei. Ist dies wie bei der Selbstvertretung nicht der Fall, komme auch eine Kostenerstattung nicht in Betracht.[55]

76 **dd) Anrechnung der Geschäftsgebühr des Vorverfahrens.** Die Auseinandersetzung[56] über die teilweise Anrechnung der Geschäftsgebühr für die außergerichtliche Vertretung auf die Verfahrensgebühr des gerichtlichen Verfahrens ist durch die **Einführung von § 15a** geklärt worden. Nach § 15a kann der Rechtsanwalt beide Gebühren, jedoch nicht mehr als den um den Anrechnungsbetrag verminderten Gesamtbetrag der beiden Gebühren fordern, wenn das RVG eine Anrechnung einer Gebühr auf eine andere Gebühr vorsieht. § 15a Abs. 2 bestimmt, dass sich ein Dritter auf die Anrechnung nur dann berufen kann, soweit er den Anspruch auf eine der beiden Gebühren erfüllt hat, wegen eines dieser Ansprüche gegen ihn ein Vollstreckungstitel besteht oder beide Gebühren in demselben Verfahren gegen ihn geltend gemacht werden. § 15a Abs. 1 bestimmt damit als Regelung des Innenverhältnisses zwischen Rechtsanwalt und Auftragsgeber, das aufeinander anzurechnende Gebühren zunächst unabhängig voneinander in voller Höhe ungekürzt entstehen und der

---

48 BVerwGE 17, 245; BVerwG DVBl 1978, 630; OVG Bremen NVwZ 1989, 75; OVG Münster NVwZ 1983, 355 und 356; VGH München BayVBl 1978, 378; VG Karlsruhe AnwBl 1978, 463; Stelkens/Bonk/Sachs-Stelkens/*Kallerhoff*, § 80 VwVfG Rn 81.
49 LSG NRW AGS 2008, 514; LSG Hessen AGS 2008, 513; VGH Baden-Württemberg JurBüro 2008, 317; VG Göttingen, Beschl. v. 21.3.2005 – 2 A 82/05 (juris).
50 BVerwG AnwBl 1981, 244; VGH München BayVBl 1978, 411.
51 BVerwG NVwZ 1988, 721; OVG Berlin AnwBl 1985, 53; OVG Münster AnwBl 1988, 413.
52 BFHE 108, 574; 90, 150.
53 *Madert/Hellstab*, § 9 Rn 11.
54 BVerfG HFR 1972, 441.
55 BFHE 97, 54; BFHE 104, 306; BFHE 108, 574; BFHE 123, 9.
56 Vgl. zum damaligen Meinungsstand: für eine teilweise Anrechnung: OVG Niedersachsen AGS 2008, 295 AuAS 2008, 108 mit umfassender Dokumentation der einschlägigen Rechtsprechung; OVG Koblenz, Beschl. v. 28.1.2008 – 6 E 11203/07; VGH München – Beschl. v. 6.3.2006 – OVG 06.268; VGH Kassel NJW 2006, 1992; BGH NJW 2007, 2049 und NJW 2007, 2050; gegen eine teilweise Anrechnung: OVG Münster NJW 2006, 1991; VGH Mannheim, Beschl. v. 27.7.2006 – 8 S 1621/06; VGH München NJW 2007, 170 und Beschl. v. 5.1.2007 – 24 C 06.2052; Beschl. v. 7.3.2007 – 19 C 06.2591; Beschl. v. 14.5.2007 – 25 C 07.754; Beschl. v. 9.10.2007 – 3 C 07.1903; Beschl. v. 16.1.2008 – 14 C 07.1808; OVG Weimar, Beschl. v. 5.12.2007 – 1 O 215/07; OVG NRW, Beschl. v. 14.3.2008 – 2 E 1045/07 (juris).

Anwalt grundsätzlich jede anzurechnende Gebühr in ihrer vollen Höhe geltend machen kann. Allerdings bewirkt die Zahlung einer Gebühr, dass in dem Umfang der Anrechnung die andere Gebühr erlischt. Der Rechtsanwalt kann demnach nicht beide Gebühren verlangen, sondern insgesamt nur den um die Anrechnung verminderten Gesamtbetrag.[57]

Aus den Gesetzesmaterialien zu § 15a ist zu folgern, dass der Gesetzgeber mit der Neuregelung nur eine in der Rechtsprechung entstandene Auslegung des RVG, die seiner ursprünglichen gesetzgeberischen Intention nicht entsprach, unterbinden wollte; er wollte durch eine Präzisierung des geltenden Rechts „den mit den Anrechnungsvorschriften verfolgten Gesetzeszweck" wahren. Denn der Gesetzgeber, der durch zahlreiche gesetzgeberische Vorhaben eine außergerichtliche Streitbeilegung fördern möchte, hat erkannt, dass durch die Auslegung des RVG durch die Rechtsprechung eine obsiegende Prozesspartei eine geringere Kostenerstattung erhält, wenn sie ihrem Rechtsanwalt vor dem Prozessauftrag in derselben Sache bereits einen Auftrag zu einer außergerichtlichen Vertretung erteilt hatte. Diese Auslegung lief der Intention des Gesetzgebers, eine außergerichtliche Streitbeilegung zu fördern, entgegen. Diese Betonungen des Gesetzgebers lassen dann aber erkennen, dass es sich bei der Einführung des § 15a nur um eine Klarstellung des bisher gesetzgeberisch Gewollten und nicht etwa um eine Neuregelung handelt. Diese Erwägungen gebieten es, die durch § **15a** erfolgte Klarstellung auch **auf noch nicht rechtskräftig entschiedene Streitverfahren anzuwenden**.[58]

Keine Anrechnung findet statt, wenn der Verfahrensbevollmächtigte des Normenkontrollantragstellers für diesen schon im Planaufstellungsverfahren Einwendungen vorgebracht hatte; denn das Planaufstellungsverfahren ist nicht als Verwaltungsverfahren im Sinne VV 2300 anzusehen.[59] Dem aufgrund der Bewilligung von Prozesskostenhilfe beigeordneten Rechtsanwalt steht kein Anspruch auf Festsetzung einer Verfahrensgebühr in ungekürzter Höhe zu, auch wenn er von seinem Mandanten keine Zahlung auf die vorgerichtlich entstandene Geschäftsgebühr erhalten hat. Die Anrechnung der hälftigen Geschäftsgebühr auf die Verfahrensgebühr nach VV Vorb. 3 Abs. 4 im Rahmen des Vergütungsfestsetzungsverfahrens nach § 55 hängt nicht davon ab, dass die Geschäftsgebühr vom Mandanten an den Rechtsanwalt tatsächlich gezahlt wurde. Dies gilt unabhängig davon, ob die dem gerichtlichen Verfahren vorangegangene außergerichtliche Tätigkeit des Rechtsanwalts im Wege der Beratungshilfe hätte vorgenommen werden können, oder nicht. Nur bei tatsächlicher Inanspruchnahme von Beratungshilfe richtet sich die Anrechnung der dann geringeren Geschäftsgebühr nicht nach VV Vorb. 3 Abs. 4, sondern nach VV 2503 Abs. 2.[60]

ee) Erstattung der Kosten für das isolierte Vorverfahren. (1) Allgemeines. Unter einem isolierten Vorverfahren versteht man ein Nachprüfungsverfahren, welchem kein Gerichtsverfahren folgt. Ein isoliertes Vorverfahren liegt auch dann vor, wenn neben dem Vorverfahren nur ein gerichtliches Verfahren des „Eilrechtsschutzes" betrieben wird.[61] Nicht zum isolierten Vorverfahren gehört das Verwaltungsverfahren bis zur ersten Entscheidung der Verwaltungsbehörde.[62]

Im isolierten Vorverfahren kommt eine **Kostenerstattung** nur in Betracht, wenn eine **besondere gesetzliche Regelung** existiert.[63] Ein allgemeiner Erstattungsanspruch hinsichtlich der Kosten im isolierten Vorverfahren gibt es nicht.[64] Die Regelungen in den einzelnen Gerichtsordnungen zur Kostenerstattung sind nicht, auch nicht ergänzend oder analog, für die Kostenerstattung im isolierten Vorverfahren heranzuziehen.[65] Fehlt es an einer besonderen gesetzlichen Regelung für die Erstattung der Kosten im isolierten Vorverfahren, so kann aber im Einzelfall eine Kostenerstattung durch die gesonderte Geltendmachung eines **Schadenersatzanspruches wegen Amtspflichtverletzung**[66] **oder Fürsorgepflichtverletzung**[67] durchgesetzt werden. Aus der öffentlich-rechtlichen Folgebesei-

---

[57] BGH NJW 2009, 3101; VG Oldenburg, Beschl. v. 3.9.2009 – 5 A 273/08.
[58] BGH NJW 2009, 3101; VG Oldenburg, Beschl. v. 3.9.2009 – 5 A 273/08.
[59] OVG Niedersachsen JurBüro 2008, 194.
[60] OVG Niedersachsen RVGreport 2009, 71 und NdsRpfl 2008, 290; OVG Hamburg, Beschl. v. 5.11.2008 – 4 So 134/08; FG Rheinland-Pfalz EFG 2009, 50.
[61] OVG Weimar NVwZ-RR 2001, 205; VGH Kassel NVwZ-RR 1999, 346; OVG Münster DVBl 1993, 889; FG Baden-Württemberg EFG 1990, 438; FG Saarland EFG 1990, 589.
[62] OVG Münster AnwBl 1999, 358; LSG NRW AGS 2008, 514; LSG Hessen AGS 2008, 513; VGH Baden-Württemberg JurBüro 2008, 317.
[63] VGH München NVwZ-RR 1999, 347.
[64] BVerwGE 40, 313.
[65] BVerwGE 70, 58; 40, 313; VGH Mannheim NJW 1968, 1299.
[66] BVerwGE 40, 313; LG Heidelberg NJW 1967, 2317.
[67] BVerwGE 44, 52.

tigung hingegen resultiert kein Anspruch auf Ersatz durch einen rechtswidrigen Verwaltungsakt entstandener Verfahrenskosten.[68]

81 **(2) Kostenerstattung im isolierten Vorverfahren nach § 347 AO.** Im isolierten Vorverfahren vor einer Finanzbehörde findet grundsätzlich keine Kostenerstattung statt.[69] Es fehlt eine besondere gesetzliche Regelung, die die Kostenerstattung im isolierten Vorverfahren vor einer Finanzbehörde bestimmt. Das Fehlen einer besonderen gesetzlichen Regelung ist mit dem Grundgesetz vereinbar.[70]

82 Eine Erstattung der Kosten des Nachprüfungsverfahrens kommt nur in Betracht, wenn der Rechtsstreit durch ein Finanzgericht entschieden wird. Dann bestimmt sich die Erstattung der Kosten des Nachprüfungsverfahrens nach § 139 Abs. 3 S. 3 FGO. Auf die vorstehenden Ausführungen zur Kostenerstattung im finanzgerichtlichen Verfahren wird verwiesen (siehe Rdn 60 ff., 67).

83 **(3) Kostenerstattung im isolierten Vorverfahren nach § 68 VwGO.** Die Kostenerstattung im isolierten Vorverfahren nach § 68 VwGO vor Behörden des Bundes ist gesetzlich in **§ 80 VwVfG** geregelt, soweit nicht Spezialgesetze (z.B. § 54 Abs. 5 S. 6 SaatgutverkehrsG, § 33 Abs. 5 SortenschutzG) anwendbar sind. Für die Kostenerstattung im isolierten Vorverfahren nach § 68 VwGO vor einer Verwaltungsbehörde der Länder existieren in den **Landesverwaltungsverfahrensgesetzen** oder in **Landesgesetzen zur Ausführung der VwGO** in der Regel mit § 80 VwVfG inhaltsgleiche Regelungen.

> **§ 80 VwVfG Erstattung von Kosten im Vorverfahren**
>
> (1) ¹Soweit der Widerspruch erfolgreich ist, hat der Rechtsträger, dessen Behörde den angefochtenen Verwaltungsakt erlassen hat, demjenigen, der Widerspruch erhoben hat, die zur zweckentsprechenden Rechtsverfolgung oder Rechtsverteidigung notwendigen Aufwendungen zu erstatten. ²Dies gilt auch, wenn der Widerspruch nur deshalb keinen Erfolg hat, weil die Verletzung einer Verfahrens- oder Formvorschrift nach § 45 unbeachtlich ist. ³Soweit der Widerspruch erfolglos geblieben ist, hat derjenige, der den Widerspruch eingelegt hat, die zur zweckentsprechenden Rechtsverfolgung oder Rechtsverteidigung notwendigen Aufwendungen der Behörde, die den angefochtenen Verwaltungsakt erlassen hat, zu erstatten; dies gilt nicht, wenn der Widerspruch gegen einen Verwaltungsakt eingelegt wird, der im Rahmen
> 1. eines bestehenden oder früheren öffentlich-rechtlichen Dienst- oder Amtsverhältnisses oder
> 2. einer bestehenden oder früheren gesetzlichen Dienstpflicht oder einer Tätigkeit, die an Stelle der gesetzlichen Dienstpflicht geleistet werden kann,
>
> erlassen wurde. ⁴Aufwendungen, die durch das Verschulden eines Erstattungsberechtigten entstanden sind, hat dieser selbst zu tragen; das Verschulden eines Vertreters ist dem Vertretenen zuzurechnen.
>
> (2) ¹Die Gebühren und Auslagen eines Rechtsanwalts oder eines sonstigen Bevollmächtigten im Vorverfahren sind erstattungsfähig, wenn die Zuziehung eines Bevollmächtigten notwendig war.
>
> (3) ¹Die Behörde, die die Kostenscheidung getroffen hat, setzt auf Antrag den Betrag der zu erstattenden Aufwendungen fest; hat ein Ausschuss oder Beirat (§ 73 Abs. 2 der Verwaltungsgerichtsordnung) die Kostenentscheidung getroffen, so obliegt die Kostenfestsetzung der Behörde, bei der der Ausschuss oder Beirat gebildet ist. ²Die Kostenentscheidung bestimmt auch, ob die Zuziehung eines Rechtsanwalts oder eines sonstigen Bevollmächtigten notwendig war.
>
> (4) ¹Die Absätze 1 bis 3 gelten auch für Vorverfahren bei Maßnahmen des Richterdienstrechts.

84 § 80 VwVfG gilt nur für **isolierte Vorverfahren der VwGO** im Anwendungsbereich des VwVfG, der in §§ 1, 2 VwVfG geregelt ist.[71] Keine Vorverfahren sind solche Nachprüfungsverfahren, die keine Klagevoraussetzung bilden.[72] Bei der Frage, ob § 80 VwVfG in der Fassung der einzelnen Landesgesetze in **Kommunalabgabenangelegenheiten** anwendbar ist, muss differenziert werden.[73] Maßgebend sind die jeweiligen Regelungen in den Verwaltungsverfahrensgesetzen der Länder oder den Ausführungsgesetzen zur VwGO der Länder zu ihrem Anwendungsbereich sowie zur Kostenerstattung und die Regelungen in den Kommunalabgabengesetzen der Länder zur Anwendung der AO.[74] Hiernach ist § 80 VwVfG in der Fassung der einzelnen Landesgesetze in Baden-Württemberg, Bayern, Mecklenburg-Vorpommern, Niedersachsen, Saarland, Sachsen-Anhalt, Rheinland-Pfalz, Berlin, Bremen, Hamburg und Schleswig-Holstein auf Kommunalabgabenangelegenheiten anwend-

---

68 BVerwGE 40, 313.
69 BFH BStBl II 1973, 760; FG Köln AnwBl 1981, 207; FG Hessen EFG 1988, 80.
70 BVerfGE 35, 283; BFH BStBl II 1996, 501.
71 Stelkens/Bonk/Sachs-Stelkens/*Kallerhoff*, § 80 VwVfG Rn 7.
72 *Madert/Hellstab*, § 9 Rn 6 m.w.N.
73 BVerwGE 82, 336.
74 Stelkens/Bonk/Sachs-Stelkens/*Kallerhoff*, § 80 VwVfG Rn 13, 14.

bar, in Hessen, Nordrhein-Westfalen, Brandenburg und Thüringen nicht.[75] Nicht in Betracht kommt auf der Grundlage von § 80 VwVfG die Erstattung der einem Drittbeteiligten im isolierten Vorverfahren entstandenen Aufwendungen.[76]

§ 80 VwVfG setzt für die Kostenerstattung einen **erfolgreichen Widerspruch** voraus. Ein Widerspruch ist erfolgreich, wenn die Ausgangsbehörde abhilft oder die Widerspruchsbehörde dem Widerspruch stattgibt. Dabei ist unerheblich, ob der Widerspruch auch nach objektiver Rechtslage Erfolg gehabt hätte, weil § 80 Abs. 1 S. 1 VwVfG allein auf den äußeren Erfolg des Widerspruchs abstellt.[77] Die Ausgangsbehörde hat aber bei zulässigem und begründetem Widerspruch die Wahl, anstatt dem Widerspruch abzuhelfen, den angefochtenen Verwaltungsakt zurückzunehmen. Die **Rücknahme des Verwaltungsakts** ist aber kostenrechtlich nicht der Abhilfe des Widerspruchs gleichzustellen, mit der Folge, dass eine Kostenerstattung nicht zu erfolgen hat.[78] Die Ausgangsbehörde darf aber in diesem Fall den Widerspruchsführer, der im Widerspruchsverfahren obsiegt hätte, nach der Rechtsprechung des Bundesverwaltungsgerichtes[79] nicht ohne tragfähigen Grund um den zu erwartenden Kostenausspruch bringen. Dabei ist das Anliegen der Ausgangsbehörde, sich nur der Kostenlast zu entziehen, kein tragfähiger Grund.[80] **Erledigt sich der Widerspruch** auf andere Weise als durch Abhilfe oder Rücknahme durch die Ausgangsbehörde oder durch Stattgabe seitens der Widerspruchsbehörde, so kommt eine Kostenerstattung nicht in Betracht.[81] Aus diesem Grund ist in einigen landesgesetzlichen Regelungen (§ 80 Abs. 1 S. 5 BW-VwVfG, Art. 80 Abs. 1 S. 5 BayVwVfG, § 80 Abs. 1 S. 6 ThürVwVfG) vorgesehen, dass im Fall der Erledigung des Widerspruchs über die Kosten nach billigem Ermessen unter Berücksichtigung des bisherigen Sachstandes zu entscheiden ist.

Die Gebühren und Auslagen eines Rechtsanwalts oder eines sonstigen Bevollmächtigten im Vorverfahren sind nach § 80 Abs. 2 VwVfG nur erstattungsfähig, wenn die Zuziehung eines Bevollmächtigten notwendig war.[82] Die **Notwendigkeit** ist aus einer **Sicht ex ante** zu beurteilen. Maßgeblicher Zeitpunkt ist dabei die förmliche Vollmachtserteilung oder bei einer Beauftragung bereits im Verwaltungsverfahren der Auftrag zur Einlegung des Widerspruchs.[83] Maßgebend ist die **Sicht eines verständigen Beteiligten** unter Würdigung der gesamten Umstände.[84] Dabei dürfen die Erkenntnis und Urteilsfähigkeit des Bürgers nicht überschätzt werden; **die Beauftragung eines Rechtsanwalts ist das gute Recht eines Bürgers**.[85] Allerdings sind die wirtschaftliche Bedeutung[86] und der Schwierigkeitsgrad der Angelegenheit[87] zu berücksichtigen. Ebenfalls sind zu beachten neben dem Bildungs- und Kenntnisstand des Bürgers[88] die Schwierigkeit[89] und der Bekanntheitsgrad der einschlägigen Rechtsmaterie,[90] die Intensität der Rechtsbeziehung zwischen Bürger und Behörde[91] und die Frage, ob der Schwerpunkt eher im rechtlichen oder im tatsächlichen Bereich[92] liegt. In der **Regel** ist aber – nicht nur bei schwierigen und umfangreichen Sachverhalten – die Notwendigkeit der Zuziehung eines Rechtsanwalts zu bejahen.[93]

Nur nach Maßgabe dieser Beurteilungsmaßstäbe ist auch zu bewerten, ob die Kosten eines **Rechtsanwalts**, der sich im Nachprüfungsverfahren **selbst vertritt**, erstattungsfähig sind.[94] Ebenfalls notwendig können nach den dargestellten Beurteilungsmaßstäben die Aufwendungen für eine anwaltliche Beratung im Nachprüfungsverfahren sein.[95]

---

75 Stelkens/Bonk/Sachs-Stelkens/*Kallerhoff*, § 80 VwVfG Rn 14 m.w.N.
76 BVerwG NVwZ 1985, 335; NVwZ 1987, 490.
77 BVerwG NVwZ 1997, 272.
78 BVerwG NVwZ 1997, 272.
79 BVerwG NVwZ 1997, 272.
80 BVerwG NVwZ 1997, 272.
81 BVerwG NJW 1992, 300; NJW 1982, 1827.
82 *Madert/Hellstab*, § 9 Rn 11 m.w.N. zu Einzelfällen.
83 Stelkens/Bonk/Sachs-Stelkens/*Kallerhoff*, § 80 VwVfG Rn 80.
84 BVerwGE 17, 245; BVerwGE 88, 41; OVG Bremen NVwZ 1989, 75; OVG Sachsen-Anhalt AnwBl 2001, 578.
85 BVerwG DVBl 1978, 630, 632; BVerwGE 17, 245.
86 VGH Kassel NJW 1965, 1732.
87 VGH Kassel NVwZ-RR 1996, 615.
88 BVerwG BayVBl 1994, 285; JurBüro 1998, 34.
89 OVG Koblenz NVwZ 1998, 842.
90 VGH Baden-Württemberg JurBüro 1990, 1039.
91 OVG Sachsen-Anhalt AnwBl 2001, 578.
92 OVG Berlin NVwZ-RR 1990, 517.
93 BVerwGE 17, 245; BVerwG DVBl 1978, 630; OVG Bremen NVwZ 1989, 75; OVG Münster NVwZ 1983, 355 und 356; VGH München BayVBl 1978, 378; VG Karlsruhe AnwBl 1978, 463; Stelkens/Bonk/Sachs-Stelkens/*Kallerhoff*, § 80 VwVfG Rn 81.
94 BVerwG AnwBl 1981, 244; VGH München BayVBl 1978, 411.
95 BVerwG NVwZ 1988, 721; OVG Berlin AnwBl 1985, 53; OVG Münster AnwBl 1988, 413.

88 § 80 VwVfG und die entsprechenden landesgesetzlichen Regelungen begründen keinen unmittelbaren Anspruch auf Erstattung der im Nachprüfungsverfahren entstandenen notwendigen Aufwendungen. Zunächst muss eine Kostengrundentscheidung ergehen.[96] Diese ist von der Ausgangsbehörde zu erlassen, wenn sie dem Widerspruch abhilft, oder von der Widerspruchsbehörde, wenn sie dem Widerspruch ganz oder teilweise stattgibt.[97] In der Kostengrundentscheidung muss auch über die Notwendigkeit der Zuziehung eines Rechtsanwalts entschieden werden.[98] Die Kostengrundentscheidung ist ein **Verwaltungsakt**.[99]

89 Fehlt dem Abhilfebescheid oder der stattgebenden Widerspruchsentscheidung eine Kostengrundentscheidung oder eine Entscheidung über die Notwendigkeit der Zuziehung eines Rechtsanwalts, so kann sie von Amts wegen oder auf Antrag nachgeholt werden.[100] Eine Frist für den Antrag oder die **Nachholung** besteht nicht.[101] Wird der Antrag abgelehnt, so ist bei einer Entscheidung der Ausgangsbehörde der Widerspruch und danach die Klage zulässig;[102] bei der Entscheidung der Widerspruchsbehörde ist sogleich der Klageweg eröffnet.[103] Wird der Antrag nicht beschieden, so kann Untätigkeitsklage erhoben werden.

90 Nimmt die Ausgangsbehörde den angefochtenen Bescheid zurück, obwohl sie nach zulässigem und begründetem Widerspruch keinen anderen tragfähigen Grund für diese Entscheidungsform hat, als sich der Kostenlast zu entziehen, so ist diese Vorgehensweise der Ausgangsbehörde sachwidrig.[104] Die Ausgangsbehörde ist so zu stellen, wie sie stehen würde, wenn sie nicht sachwidrig gehandelt hätte.[105] Hierzu kann der Widerspruchsführer wohl einmal Widerspruch gegen den Rücknahmebescheid einlegen. Dieser ist sachgemäß auf seine Beschwer zu beschränken. Diese besteht in der Entscheidungsform der Ausgangsbehörde (Rücknahme- anstatt Abhilfebescheid) und in der daraus resultierenden Folge der nicht notwendigen Kostenerstattung. Der Widerspruchsführer kann daneben aber nach der Rechtsprechung des Bundesverwaltungsgerichtes[106] wohl auch einen Antrag auf Ergänzung des Rücknahmebescheides um eine Kostengrundentscheidung stellen. Sinnvoll ist es, diese beiden Handlungsalternativen des Widerspruchsführers innerhalb der Widerspruchsfrist gegen den Rücknahmebescheid zu kombinieren, sodass letztlich die Ausgangsbehörde entscheiden kann, auf welchem Weg sie ihre sachwidrige Entscheidung korrigiert.

91 Das Verfahren auf Nachholung der Kostenentscheidung bildet mit dem vorangegangenen Verfahren **nicht eine Angelegenheit**.[107] Dies hat zur Folge, dass der Rechtsanwalt nochmals die Gebühren nach VV 2300 verdienen kann. Diesen Gebühren sind als Gegenstandswert die zu erstattenden notwendigen Auslagen zugrunde zu legen.

92 Nach Vorliegen einer unanfechtbaren Kostengrundentscheidung setzt die Behörde, die die Kostengrundentscheidung getroffen hat, auf **Antrag** gemäß § 80 Abs. 3 S. 1 VwVfG den Betrag der zu erstattenden Aufwendungen fest. Hat ein Ausschuss oder Beirat die Kostengrundentscheidung getroffen, so obliegt die Kostenfestsetzung der Behörde, bei welcher der Ausschuss oder Beirat gebildet ist.

93 Die Kostenfestsetzung ist ein Verwaltungsakt, der selbstständig mit Widerspruch und Klage angefochten werden kann.[108] Gegen die Kostenfestsetzung steht dem **Rechtsanwalt**, der den Widerspruchsführer im Nachprüfungsverfahren vertreten hat, **aus eigenem Recht kein Rechtsbehelf** zu. Dies gilt auch für die der Kostenfestsetzung zugrunde gelegte Bestimmung des Gegenstandswerts.[109] Wenn ein Rechtsanwalt sowohl im Verwaltungsverfahren (Ausgangsverfahren) als auch im Widerspruchsverfahren tätig wird, kann im Wege der Kostenerstattung nur die Geschäftsgebühr aus VV 2301 festgesetzt werden.[110] In welcher Höhe Rechtsanwaltskosten erstattet werden, ergibt sich nicht aus dem Vergütungsverzeichnis zum RVG, sondern aus der Kostenerstattungsvorschrift des

---

96 BVerwG NVwZ 1997, 272; OVG Koblenz NJW 1972, 222.
97 Stelkens/Bonk/Sachs-Stelkens/*Kallerhoff*, § 80 VwVfG Rn 33.
98 VGH Mannheim AnwBl 1980, 219; VG Düsseldorf AnwBl 1984, 321.
99 BVerwGE 77, 268; BVerwG NVwZ 1988, 941.
100 VGH Mannheim AnwBl 1980, 219; VG Düsseldorf AnwBl 1984, 321; VGH München BayVBl 1981, 634 und 636.
101 VGH München BayVBl 1981, 636.
102 VGH Mannheim AnwBl 1980, 219; VGH München NVwZ-RR 1989, 221.
103 VGH München BayVBl 1981, 634.
104 BVerwG NVwZ 1997, 272, 273.
105 BVerwG NVwZ 1997, 272, 274.
106 BVerwG NVwZ 1997, 272.
107 BVerwG, Urt. v. 4.10.1990 – 8 C 29/89 (n.v.).
108 *Madert/Hellstab*, § 9 Rn 18.
109 BVerwG NJW 1986, 2128.
110 VGH Baden-Württemberg JurBüro 2008, 317; OVG Sachsen-Anhalt AGS 2008, 599.

§ 80 Abs. 2 VwVfG. Diese lässt nur die Erstattung der Gebühren und Auslagen des Rechtsanwalts „im Vorverfahren" zu. Da dessen Geschäftsgebühr für die Tätigkeit im Widerspruchsverfahren nur in reduzierter Höhe entstanden ist, kann auch keine höhere Gebühr zur Kostenerstattung durch den Beklagten festgesetzt werden. Dies begegnet keinen Bedenken im Hinblick auf Art. 3 Abs. 1 GG. Zwar werden weniger Rechtsanwaltskosten erstattet, als wenn der Rechtsanwalt erst im Widerspruchsverfahren eingeschaltet worden wäre. Dies hat aber den sachlichen Grund, dass nach § 80 Abs. 2 VwVfG nur die Gebühren und Auslagen des Rechtsanwalts „im Vorverfahren" erstattungsfähig sind. Es verstößt nicht gegen das Willkürverbot, dass der Gesetzgeber für diese Anwaltskosten auch dann keinen Erstattungsanspruch einräumt, wenn sich ein Widerspruchsverfahren anschließt. Wenn der Bürger schon vor Erlass eines Verwaltungsakts im Verwaltungsverfahren einen Rechtsanwalt beteiligt und dessen Tätigkeit Erfolg hat, muss er dessen Geschäftsgebühr selbst bezahlen und bekommt sie nicht von der Behörde erstattet. Dass er diese allgemeine Geschäftsgebühr nicht von der Behörde erstattet bekommt, kann ihm aber auch dann zugemutet werden, wenn er mit seinem Anliegen nicht „auf Anhieb", sondern erst im Widerspruchsverfahren Erfolg hat. Der Gesetzgeber war insbesondere nicht verpflichtet, zur Vermeidung des Willkürvorwurfs die Anwaltsgebühren anders auszugestalten, etwa durch die Entstehung „voller" Gebühren mit anschließender teilweiser Anrechnung wie im Verhältnis von Verwaltungsverfahren und Gerichtsverfahren oder durch die gesetzliche Bestimmung höherer Gebühren für den Fall einer Kostenerstattung durch die Gegenseite. Diese Gebührenneuregelung hat für den Bürger den Nachteil, dass er nicht mehr wie früher bei einem erfolgreichen Widerspruch die Rechtsanwaltsgebühren ganz oder weitgehend erstattet bekommt, sondern den überwiegenden Teil selbst tragen muss. Dies ist aber die Folge der gebührenrechtlichen „Verselbstständigung" des Widerspruchsverfahrens und kann nicht durch eine extensive Kostenerstattung contra legem korrigiert werden.

e) Prozesskostenhilfe

Nach § 166 VwGO, § 142 FGO und nach § 73a Abs. 1 S. 1 SGG gelten die Vorschriften der ZPO über die Prozesskostenhilfe (§§ 114 ff. ZPO) in Verfahren vor den Gerichten der Verwaltungs-, Finanz- und Sozialgerichtsbarkeit entsprechend. Besonderheiten bestehen nicht. Auf die Ausführungen zu § 3 für die Prozesskostenhilfe in der Sozialgerichtsbarkeit und insbesondere § 12, §§ 45 ff. und VV 3335 wird verwiesen.

94

III. Mahnverfahren und streitiges Verfahren (Nr. 2)

1. Allgemeines

Beim Mahnverfahren und dem sich anschließenden streitigen Verfahren handelt es sich um eine jeweils getrennte gebührenrechtliche Angelegenheit. Dies hat bereits der BGH in seiner Entscheidung vom 13.7.2004 in Bezug auf eine doppelte Festsetzbarkeit einer Postentgeltpauschale gemäß § 26 BRAGO entschieden.[111] Hierzu wird ausgeführt, dass in der Begründung der Bundesregierung zum Kostenrechtsmodernisierungsgesetz[112] zu § 17 unter anderem ausgeführt ist, dass ausdrücklich bestimmt sei, dass beide Verfahren (Mahn- und streitiges Verfahren) verschiedene Angelegenheiten darstellen.

95

Die Regelung des Nr. 2 will klarstellen, dass es sich beim **Mahnverfahren** und dem **Streitverfahren** um jeweils **gebührenrechtlich verschiedene Angelegenheiten** i.S.d. RVG handelt. Dies hat zur Folge, dass beide Verfahren getrennt voneinander zu betrachten sind. In jedem Verfahren fallen bei Vorliegen der tatbestandlichen Voraussetzungen die hierfür vorgesehenen Gebühren an. So entstehen für die anwaltliche Tätigkeit im Mahnverfahren die Gebühren nach VV Teil 3 Abschnitt 3 Unterabschnitt 2 (VV 3305 bis 3308; VV 3104, vgl. VV Vorb. 3.3.2). Im nachfolgenden streitigen Verfahren hingegen fallen die Gebühren nach VV Teil 3 Abschnitt 1 (VV 3100 bis 3106) an, nicht hingegen nach Abschnitt 2 Unterabschnitt 2 (Berufung) oder gar Unterabschnitt 3 (Revision). Letzteres ergibt sich unmittelbar jeweils aus der Anm. zu VV 3305 und zu VV 3307. Hier wird bestimmt, dass

96

---

111 AGS 2004, 343 = FamRZ 2004, 1720 = JurBüro 2004, 649 = NJW-RR 2004, 1656; BGH JurBüro 2005, 142; so auch AG Melsungen JurBüro 2006, 593; vgl. auch AG Salzwedel AGS 2008, 171.

112 BR-Drucks 830/03, S. 236.

die jeweilige Verfahrensgebühr auf die Verfahrensgebühr für einen **nachfolgenden Rechtsstreit** angerechnet wird (zur Anrechnung der im Mahnverfahren entstehenden Terminsgebühr vgl. VV Vorb. 3 Abs. 4). Nachfolgender Rechtsstreit i.d.S. kann aber nur der **erste Rechtszug** sein und niemals ein Berufungs- bzw. Revisionsverfahren.

Im Rahmen der **vorgerichtlichen Tätigkeit** kann neben der Gebühren im Mahnverfahren **zusätzlich** noch eine **Geschäftsgebühr** gem. VV 2300 entstehen, es sei denn, dem Rechtsanwalt wurde bereits in diesem Verfahrensstadium ein unbedingter Auftrag für das gerichtliche Mahnverfahren erteilt. Im Falle des gesonderten Entstehens der Geschäftsgebühr ist allerdings die **Anrechnungsbestimmung** gemäß VV Vorb. 3 Abs. 4. zu beachten.

2. Regelungsgehalt

a) Mahnverfahren

97 aa) **Beginn des Mahnverfahrens.** Erfasst werden die Verfahren nach §§ 688 bis 703d ZPO und ein solches nach § 46a ArbGG. Das Mahnverfahren beginnt in der Regel mit der Einreichung des Antrags auf Erlass eines Mahnbescheids. Es kommt im Wesentlichen auf den dem Rechtsanwalt erteilten **unbedingten Auftrag** an (vgl. VV Vorb. 3 Abs. 1). Wie sich aus VV 3305 und 3307 entnehmen lässt, muss der Rechtsanwalt den Mandanten als Antragsteller bzw. Antragsgegner vertreten. Dies bedeutet nicht, dass eine Vertretung erst ab dem Einreichen des entsprechenden Antrages beginnt. Möglich ist auch, dass zunächst nur eine Beratung erfolgen soll. Insofern ist bei entsprechender Beauftragung auch dann eine Vertretung i.S.d. VV 3305, 3307 gegeben.

98 bb) **Beendigung des Mahnverfahrens.** Das Mahnverfahren endet:
– mit der Zurücknahme des Antrages auf Erlass eines Mahnbescheids,
– mit der rechtskräftigen Zurückweisung des Antrages auf Erlass des Mahnbescheids (§ 691 ZPO),
– wenn nach Erhebung des Widerspruchs eine Partei den Antrag auf Durchführung des streitigen Verfahrens stellt,
– mit Erlass des Vollstreckungsbescheids; der Vollstreckungsbescheid steht nämlich nach § 700 Abs. 1 ZPO einem für vorläufig vollstreckbar erklärten Versäumnisurteil gleich mit der Folge, dass die Streitsache mit Zustellung des Mahnbescheids als rechtshängig geworden gilt (§ 700 Abs. 2 ZPO) und der Einspruch – anders als der Widerspruch – ohne weiteres in das Streitverfahren überleitet (vgl. § 700 Abs. 3 ZPO)[113]. Das bedeutet, dass der Einspruch nicht mehr zum Mahnverfahren gerechnet werden kann, sondern als Tätigkeit, die der Rechtsanwalt in Ausführung seines Prozessauftrages vornimmt, zu bewerten ist, wofür nach VV 3100 die (volle) 1,3- Verfahrensgebühr anfällt.

b) Beginn des streitigen Verfahrens

99 Das streitige Verfahren nach Einlegung des Widerspruchs gegen den Mahnbescheid bzw. Erhebung des Einspruchs gegen den Vollstreckungsbescheid ist gekennzeichnet durch die Auseinandersetzung der Parteien als „Kläger" und „Beklagter" vor einem Gericht. Im Mahnverfahren haben sich diese als „Antragsteller" und „Antragsgegner" gegenüber gestanden. Voraussetzung ist allerdings, dass dem Rechtsanwalt ein unbedingter Prozessauftrag erteilt wurde und er auftragsgemäß Tätigkeiten entfaltet hat.[114] In der Regel dürfte dem Anwalt zunächst ein bedingter Prozessauftrag erteilt sein. Insofern muss es zunächst zu einem Widerspruch bzw. zu einer Abgabe an das Streitgericht kommen. Zwingend ist dies jedoch nicht. Der Auftrag wird i.d.R. daher bedingt für den Fall der Anhängigkeit des Streitverfahrens schon gleichzeitig mit dem Auftrag für das Mahnverfahren erteilt werden.[115] Entscheidend ist jedoch stets der Einzelfall. Verbindet daher der Rechtsanwalt mit der Einlegung des Widerspruchs gegen den Mahnbescheid einen Klageabweisungsantrag, so kann er die Festsetzung der vollen Verfahrensgebühr jedenfalls dann verlangen, wenn die Partei ihn ausdrücklich so beauftragt hatte.[116]

---

113 OLG München AnwBl. 1992, 400 m.w.N. = JurBüro 1992, 325 = Rpfleger 1992, 316; OLG Hamburg AGS 2014, 153.
114 OLG Düsseldorf AGS 2006, 22.
115 OLG Koblenz Rpfleger 2002, 484; OLG Köln JurBüro 1995, 81; Gerold/Schmidt/*Müller-Raabe*, VV 3305–3308 Rn 39 m.w.N.
116 OLG Frankfurt JurBüro 1984, 229.

Das Streitverfahren beginnt bereits, wenn in dem Mahnantrag vorsorglich nach § 696 Abs. 1 S. 2 ZPO der Antrag auf Durchführung des streitigen Verfahrens für den Fall des Widerspruchs des Antragsgegners gestellt wurde.[117] Im Falle des Bedingungseintritts hat der Rechtsanwalt des Klägers dann eine 1,3- bzw. 0,8-Verfahrensgebühr (VV 3100, 3101 Nr. 1) verdient. Aus Sicht des Antragsgegners liegt ein streitiges Verfahren vor, wenn dieser Widerspruch gegen den Mahnbescheid bzw. gegen den Vollstreckungsbescheid einlegt und zugleich die Durchführung des Streitverfahrens beantragt.[118] Es entsteht sodann für den Bevollmächtigten des Antragsgegners eine Verfahrensgebühr.[119] Gleiches gilt, wenn der Antragsteller in einem Mahnverfahren dieses nach Zugang des Widerspruchs des Antragsgegners nicht weiter betreibt und statt dessen der Antragsgegner den Kostenvorschuss zahlt und Abgabe an das Gericht des streitigen Verfahrens beantragt und nach weiterem erfolglosen Zuwarten durch seinen Bevollmächtigten einen Antrag nach § 697 Abs. 3 ZPO stellt. In diesem Fall entsteht eine 1,3-Verfahrensgebühr (VV 3100).[120]

Mit der Abgabe nach Erhebung des Widerspruchs an das streitige Gericht endet das Mahnverfahren[121] aus prozessrechtlicher Sicht. Auf das Entstehen der anwaltlichen Gebühren hat dies keinen Einfluss. Hierfür kommt es allein auf die Auftragserteilung an.

3. Gebühren

a) Verfahrensgebühr

Im Mahn- und Streitverfahren erster Instanz entstehen jeweils gesonderte Gebühren.

Das **Mahnverfahren** wird gebührenrechtlich in VV Teil 3 Abschnitt 3 Unterabschnitt 2 erfasst (VV 3305 bis 3308). Für die Vertretung des Antragstellers erhält der Rechtsanwalt eine Verfahrensgebühr i.H.v. 1,0 nach VV 3305, für die Vertretung des Antragsgegners eine Verfahrensgebühr i.H.v. 0,5 nach VV 3307. Aus der jeweiligen Anm. zu beiden Gebührentatbeständen ist ersichtlich, dass eine Anrechnung der jeweiligen Verfahrensgebühr auf die Verfahrensgebühr für den nachfolgenden Rechtsstreit erfolgt.

Für das **streitige Verfahren** erster Instanz entstehen dem Rechtsanwalt die Gebühren nach VV Teil 3 Abschnitt 1 (VV 3100 bis 3106). Es fällt regelmäßig eine 1,3-Verfahrensgebühr an, die sich im Falle der VV 3101 auf 0,8 reduziert; daneben kann noch eine 1,2-Terminsgebühr im Falle der VV 3104 beansprucht werden. Diese kann sich auf einen Satz von 0,5 nach VV 3105 reduzieren.

Hinsichtlich des **Entstehens** der einzelnen Gebührentatbestände wird auf die jeweiligen Erläuterungen verwiesen.

b) Terminsgebühr

Durch das **Anhörungsrügengesetz** wurde mit Wirkung zum **1.1.2005** im Bereich des Mahnverfahrens eine Terminsgebühr eingeführt. Hierzu wurde VV Vorb. 3.2.2 vor VV 3305 ff. eingefügt. Hierdurch ist klargestellt, dass für alle unbedingten gerichtlichen Mahnaufträge ab diesem Stichtag eine Terminsgebühr nach VV 3104 entstehen kann. Durch das **2. Justizkommunikationsgesetz** wurde zum **1.1.2007** eine Korrektur derart vorgenommen, dass eine Anrechnung auf die Terminsgebühr im streitigen Verfahren zu erfolgen hat (VV 3104 Abs. 4). Hierzu wird auf die Kommentierung zu VV 3305, 3307 verwiesen.

---

117 BGHZ 103, 20 = NJW 1988, 1980.
118 Zöller/*Vollkommer*, ZPO, § 696 Rn 1.
119 OLG München JurBüro 1992, 604.
120 OLG Sachsen-Anhalt AGS 2012, 122; OLG Hamburg AGS 2014, 153.
121 OLG München NJW-RR 1998, 504 = MDR 1998, 62; LG Stuttgart NJW-RR 1998, 648.

IV. Vereinfachtes Verfahren über den Unterhalt Minderjähriger und streitiges Verfahren (Nr. 3)

106 Die Regelung in Nr. 3 entspricht der in Nr. 2. Dass das vereinfachte Verfahren und das nachfolgende streitige Verfahren zwei Angelegenheiten sind, galt auch schon nach der BRAGO (§ 44 Abs. 2 BRAGO). Die Vorschrift in Nr. 3 ist insoweit nur klarstellend.

107 Unter den Voraussetzungen der §§ 249 ff. FamFG kann das minderjährige Kind, das mit dem in Anspruch genommenen Elternteil nicht in einem Haushalt lebt, im **vereinfachten Verfahren** seinen **Unterhalt festsetzen** lassen. In diesem Verfahren erhält der Anwalt die Gebühren nach VV 3100 ff.

108 Soweit der Unterhaltsschuldner Einwendungen erhebt, die nach § 252 Abs. 1 S. 3 FamFG nicht zurückzuweisen oder die nach § 252 Abs. 2 FamFG zulässig sind, können beide Beteiligten nach § 255 FamFG die Durchführung des **streitigen Verfahrens** beantragen. Geschieht dies, so ist nach § 255 Abs. 2 FamFG zu verfahren wie nach Einreichung eines Antrags auf Unterhalt. Dieses streitige Verfahren stellt dann nach Nr. 3 eine neue Angelegenheit i.S.d. § 15 dar, in der sämtliche Gebühren erneut entstehen können. Die Verfahrensgebühr des vereinfachten Verfahrens wird nach Anm. Abs. 1 zu VV 3100 auf die Verfahrensgebühr des nachfolgenden streitigen Verfahrens angerechnet. Alle übrigen Gebühren können gesondert entstehen. Insbesondere entsteht auch eine gesonderte Postentgeltpauschale nach VV 7002.

> **Beispiel:** Im Januar wird von dem dreijährigen Kind ein vereinfachtes Verfahren nach §§ 249 ff. FamFG auf Festsetzung eines monatlichen Unterhalts i.H.v. 120 % des Mindestunterhalts ab Februar eingeleitet. Der Unterhaltsschuldner erhebt Einwendungen, sodass nach § 255 FamFG das streitige Verfahren durchgeführt wird.
>
> **I. Vereinfachtes Verfahren**
> 1. 1,3-Verfahrensgebühr, VV 3100 (Wert: 3.468 EUR) — 327,60 EUR
> 2. Postentgeltpauschale, VV 7002 — 20,00 EUR
>   Zwischensumme — 347,60 EUR
> 3. 19 % Umsatzsteuer, VV 7008 — 66,04 EUR
>   **Gesamt — 413,64 EUR**
>
> **II. Streitiges Verfahren**
> 1. 1,3-Verfahrensgebühr, VV 3100 (Wert: 3.468 EUR) — 327,60 EUR
> 2. gem. Anm. Abs. 1 zu VV 3100 anzurechnen, 1,3 aus 3.468 EUR — – 327,60 EUR
> 3. 1,2-Terminsgebühr, VV 3104 (Wert: 3.468 EUR) — 302,40 EUR
> 4. Postentgeltpauschale, VV 7002 — 20,00 EUR
>   Zwischensumme — 322,40 EUR
> 5. 19 % Umsatzsteuer, VV 7008 — 61,26 EUR
>   **Gesamt — 383,66 EUR**

109 Auch die im vereinfachten Verfahren entstandene Terminsgebühr ist gemäß VV 3104 Abs. 4 in voller Höhe auf die Terminsgebühr des nachfolgenden streitigen Verfahrens anzurechnen.

110 > **Beispiel:** Im Juli wird von dem sechsjährigen Kind ein vereinfachtes Verfahren nach §§ 249 ff. FamFG auf Festsetzung eines monatlichen Unterhalts i.H.v. 120 % des Mindestunterhalts beginnend ab Juli eingeleitet und mündlich verhandelt. Der Unterhaltsschuldner erhebt Einwendungen, sodass danach gemäß § 255 FamFG das streitige Verfahren durchgeführt wird.
>
> **I. Vereinfachtes Verfahren**
> 1. 1,3-Verfahrensgebühr, VV 3100 (Wert: 4.140 EUR) — 393,90 EUR
> 2. 1,2 Terminsgebühr, VV 3104 (Wert: 4.140 EUR) — 363,60 EUR
> 3. Postentgeltpauschale, VV 7002 — 20,00 EUR
>   Zwischensumme — 775,00 EUR
> 4. 19 % Umsatzsteuer, VV 7008 — 147,73 EUR
>   **Gesamt — 925,23 EUR**
>
> **II. Streitiges Verfahren**
> 1. 1,3-Verfahrensgebühr, VV 3100 (Wert: 4.140 EUR) — 393,90 EUR
> 2. gem. Anm. Abs. 1 zu VV 3100 anzurechnen, 1,3 aus 4.140 EUR — – 393,90 EUR
> 3. 1,2-Terminsgebühr, VV 3104 (Wert: 4.140 EUR) — 363,60 EUR
> 4. gem. Nr. 3104 Abs. 4 VV anzurechnen, 1,2 aus 4.140 EUR — – 363,60 EUR

5. Postentgeltpauschale, VV 7002		20,00 EUR
Zwischensumme	20,00 EUR	
6. 19 % Umsatzsteuer, VV 7008		3,80 EUR
Gesamt		**23,80 EUR**

Allerdings entsteht jeweils eine gesonderte Postentgeltpauschale nach VV 7002. Auch Reisekosten nach VV 7003, Fahrtkosten nach VV 7004, Tage- und Abwesenheitsgeld nach VV 7005 sowie sonstige Auslagen anlässlich einer Geschäftsreise (VV 7006) können gesondert ausgelöst werden. 111

Hat das streitige Verfahren einen geringeren Wert als das vereinfachte Verfahren, ist nur nach diesem Wert abzurechnen und anzurechnen. 112

V. Gerichtsverfahren des vorläufigen Rechtsschutzes (Nr. 4)

1. Zivilrecht

a) Überblick

aa) Umfang der Angelegenheit. Im Verfahren über einen Antrag auf **Anordnung eines Arrests** (§§ 916 ff. ZPO) oder **Erlass einer einstweiligen Verfügung** (§§ 935, 936 i.V.m. §§ 916 ff. ZPO) erhält der Anwalt die Gebühren nach VV Teil 3 unmittelbar. Ergänzend hierzu ordnet Nr. 4 Buchst. b) an, dass solche Verfahren gegenüber dem Hauptsacheverfahren als **besondere Angelegenheit i.S.d. § 15** gelten. Daher verdient auch der Anwalt, der im Hauptsacheverfahren tätig ist, neben den dortigen Gebühren die vollen Gebühren der VV 3100 ff. für seine Vertretung im Arrest- oder einstweiligen Verfügungsverfahren und umgekehrt. Gleiches gilt ab dem 18.1.2017 für die Erwirkung eines Europäischen Beschlusses zur vorläufigen Kontenpfändung.[122] 113

Mehrere durch **gesonderte Anträge** eingeleitete Arrest- oder einstweilige Verfügungsverfahren gelten jeweils als besondere Angelegenheiten. Soweit allerdings die Möglichkeit bestanden hätte, die verschiedenen Verfügungen in demselben Verfahren zu beantragen, sind die dadurch entstandenen Mehrkosten nur insoweit zu erstatten, als sie bei einheitlichem Vorgehen angefallen wären.[123] Dies ist aber eine Frage der Kostenerstattung, nicht der Abrechnung. Allerdings kann in diesem Fall dem Vergütungsanspruch des Anwalts ein Schadensersatzanspruch des Mandanten entgegenstehen, der den Anspruch in Höhe der Mehrkosten zu Fall bringt. 114

Mehrere Angelegenheiten liegen auch dann vor, wenn ein **Antrag wiederholt** wird, etwa weil ein früheres Gesuch zurückgewiesen worden ist oder weil die zeitliche Befristung einer einstweiligen Verfügung oder die Vollziehungsfrist abgelaufen war.[124] 115

Mit zum Verfahren auf Anordnung eines Arrests oder einer einstweiligen Verfügung zählen auch das Widerspruchsverfahren nach den §§ 924, 925 ZPO und das Rechtfertigungsverfahren nach § 942 ZPO. Beide „Nachverfahren" sind noch keine Abänderungs- oder Aufhebungsverfahren nach § 16 Nr. 5, sondern Teil des Anordnungsverfahrens. 116

Verfahren über die **Abänderung oder Aufhebung eines Arrests oder einer einstweiligen Verfügung** sind zwar ebenfalls gegenüber der Hauptsache eine gesonderte Angelegenheit (Nr. 4 Buchst. d). Gegenüber dem zugrunde liegenden Anordnungsverfahren sind sie jedoch nicht gesondert abzurechnen; es liegt insoweit vielmehr nur eine Angelegenheit vor (§ 16 Nr. 5). Die Gebühren im gesamten Verfahren entstehen nur einmal (§ 15 Abs. 2). 117

Als **eine** gebührenrechtliche Angelegenheit gelten danach 118
- das Anordnungsverfahren (§ 922 ZPO),
- das Widerspruchsverfahren (§§ 924, 925 ZPO),
- das Rechtfertigungsverfahren (§ 942 ZPO),
- das Verfahren auf Aufhebung wegen nicht fristgemäßer Klageerhebung (§ 926 Abs. 2 ZPO),
- das Verfahren auf Aufhebung wegen veränderter Umstände (§ 927 ZPO),
- das Verfahren auf Aufhebung gegen Sicherheitsleistung (§ 939 ZPO) und

---

122 Gesetz zur Durchführung der Verordnung (EU) Nr. 655/2014 sowie zur Änderung sonstiger zivilprozessualer Vorschriften (EuKoPfVODG); siehe BT-Drs 18/7560.
123 KG AGS 2007, 216 = KGR 2007, 79 = RVGreport 2007, 36.
124 OLG Hamburg JurBüro 1991, 1084.

- das Verfahren auf Aufhebung der einstweiligen Verfügung wegen Nichteinhaltung der Ladungsfrist (§ 942 Abs. 3 ZPO).

119 Auch das Einreichen einer **Schutzschrift** zählt gebührenrechtlich mit zum Rechtszug und wird für den Anwalt des Antragsgegners durch die Verfahrensgebühr abgegolten[125] (zur Höhe der Vergütung siehe Rdn 134 ff.).

120 **bb) Erstinstanzliche Verfahren.** In **erstinstanzlichen Arrest- und einstweiligen Verfügungsverfahren** erhält der Anwalt die **Gebühren nach den VV 3100 ff.** Dies gilt auch dann, wenn das erstinstanzliche Arrest- oder Verfügungsverfahren vor dem Berufungsgericht als Gericht der Hauptsache (§ 943 ZPO) stattfindet (VV Vorb. 3.2 Abs. 2 S. 1).

121 Ebenso wie im Erkenntnisverfahren erhält der Anwalt auch im Arrest- und Verfügungsverfahren zunächst einmal eine **1,3-Verfahrensgebühr** nach VV 3100. Hier gelten grundsätzlich keine Besonderheiten.

122 **Erledigt sich die Angelegenheit vorzeitig**, also bevor der Antrag eingereicht, ein Sachantrag gestellt oder ein Termin wahrgenommen worden ist, entsteht nur eine 0,8-Gebühr nach VV 3101 Nr. 1 (zu den Besonderheiten einer Schutzschrift siehe Rdn 134 ff.).

123 Werden **nicht anhängige Gegenstände** miteinbezogen, so erhöht sich auch hier der Gegenstandswert der Verfahrensgebühr (Vorb. 3 Abs. 2 VV). Es entsteht dann aus dem Mehrwert die ermäßigte **0,8-Verfahrensgebühr** nach VV 3101 Nr. 1 oder 2, jeweils unter Beachtung des § 15 Abs. 3. Diese Fälle kommen insbesondere dann in Betracht, wenn sich die Parteien im Arrest- oder Verfügungsverfahren auch über die Hauptsache einigen.

124 Ist eine Geschäftstätigkeit vorangegangen, so ist die **Geschäftsgebühr** nach VV Vorb. 3 Abs. 4 zur Hälfte, höchstens mit 0,75, auf die Verfahrensgebühr des Arrest- oder Verfügungsverfahrens **anzurechnen**. Voraussetzung ist, dass die Geschäftstätigkeit denselben Gegenstand betraf wie das Arrest- oder Verfügungsverfahren. Betraf die Geschäftstätigkeit dagegen die Hauptsache, unterbleibt eine Anrechnung, weil es dann an demselben Gegenstand fehlt (siehe dazu Rdn 204 ff.).[126]

125 Die **Terminsgebühr** (VV 3104) entsteht unter den gleichen Voraussetzungen wie im Erkenntnisverfahren (Vorb. 3 Abs. 3 VV). Insoweit kann auf die dortigen Ausführungen Bezug genommen werden. Eine Teilnahme an einem Sachverständigentermin (VV Vorb. 3 Abs. 3 S. 3 Nr. 1) dürfte hier allerdings nicht in Betracht kommen. Die Terminsgebühr entsteht also
- bei Wahrnehmung eines gerichtlichen Termins (VV Vorb. 3 Abs. 3 S. 1) oder
- Mitwirkung an der Besprechung zur Erledigung oder Vermeidung eines Verfahrens (VV Vorb. 3 Abs. 3 S. 3 Nr. 2).

126 Darüber hinaus kann die Terminsgebühr nach Anm. Abs. 1 Nr. 1 zu VV 3104 auf jeden Fall im Widerspruchsverfahren anfallen (siehe Rdn 175), da jetzt auf jeden Fall eine mündliche Verhandlung vorgeschrieben ist.

127 Aber auch im Anordnungsverfahren kommt die Anwendung der Anm. Abs. 1 Nr. 1 zu VV 3104 in Betracht; allerdings nicht bei einer Entscheidung im schriftlichen Verfahren, da das Gericht gemäß § 922 Abs. 1 S. 1 ZPO nicht der Zustimmung der Parteien bedarf, wenn es von der mündlichen Verhandlung absehen will. Dagegen kann die Terminsgebühr bei Erlass eines Anerkenntnisurteils entstehen.[127] Stellt man mit dem OLG Zweibrücken sogar darauf ab, dass gemäß §§ 936, 922 Abs. 1, 925 ZPO eine mündliche Verhandlung durch den Widerspruch gegen den Arrest- oder Verfügungsbeschluss erzwungen werden kann, und nimmt man danach ein Verfahren mit obligatorischer mündlicher Verhandlung an, dann muss man auch bei einem schriftlichen Vergleich eine Terminsgebühr nach Anm. Abs. 1 Nr. 1 zu VV 3104 bejahen.

128 Maßgeblich ist auch hier nur der **Gegenstandswert**, über den verhandelt oder erörtert wird. Ist z.B. gegen eine einstweilige Verfügung lediglich wegen eines Teils Widerspruch eingelegt worden oder nur wegen der Kosten, so gilt für die Terminsgebühr ein reduzierter Wert. Werden **nicht anhängige Gegenstände** mit erörtert, so erhöht sich dadurch auch im Arrest- und einstweiligen Verfügungsverfahren der Gegenstandswert.

---

125 BGH AGS 2003, 272 m. Anm. *N. Schneider*; OLG Bamberg AGS 2003, 537 m. Anm. *N. Schneider*.
126 Ausführlich *N. Schneider*, NJW 2009, 2017.
127 OLG Zweibrücken AGS 2015, 16 = NJW-Spezial 2014, 732 = RVGreport 2015, 20.

cc) Berufung. Im Verfahren über die **Berufung gegen den Erlass oder die Zurückweisung eines Arrest- oder Verfügungsantrags** erhält der Anwalt die höheren Gebühren nach Teil 3 Abschnitt 2 Unterabschnitt 1 VV (VV 3200 ff.). Insoweit gelten keine Besonderheiten, sodass auf die VV 3200 ff. verwiesen werden kann.

dd) Beschwerde. Wird der Antrag auf Erlass eines Arrests oder einer einstweiligen Verfügung ohne mündliche Verhandlung zurückgewiesen, so ist hiergegen nach § 567 Abs. 1 Nr. 2 ZPO die sofortige **Beschwerde** gegeben. Die Gebühren für dieses Beschwerdeverfahren richten sich nach den VV 3500, 3513, 3514. Insoweit kann auf die Kommentierung zu VV 3500, 3513 Bezug genommen werden sowie auf die besondere Erhöhung der Terminsgebühr nach VV 3514 im Falle der Beschwerde gegen die Zurückweisung des Arrest- oder Verfügungsantrags ohne mündliche Verhandlung (siehe Rdn 209).

ee) Gegenstandswert. Der **Gegenstandswert** für das Arrest- oder einstweilige Verfügungsverfahren ist gesondert festzusetzen. Die Bewertung richtet sich nach § 53 Abs. 1 Nr. 1 GKG i.V.m. § 3 ZPO. Keinesfalls darf ohne Weiteres der Wert der Hauptsache angesetzt werden. In aller Regel ist vom Wert der Hauptsache auszugehen und ein entsprechender Abschlag vorzunehmen.[128] Soweit die einstweilige Verfügung die Hauptsache vorwegnimmt, kann auch bis zum vollen Wert der Hauptsache festgesetzt werden.[129]

ff) Abmahnung und Abschlussschreiben. Abmahnung und Abschlussschreiben sind außergerichtliche Tätigkeiten, die nach Teil 2 VV vergütet werden. Sie betreffen nicht die vorläufige Regelung, sondern den Hauptsacheanspruch, und richten sich folglich auch nach dem Wert der Hauptsache (siehe Rdn 214).

gg) Vollziehung. Die **Vollziehung** einer einstweiligen Verfügung oder eines Arrests richtet sich gemäß § 928 ZPO nach den Vorschriften der Zwangsvollstreckung (§§ 704 ff. ZPO), soweit die §§ 929–934 ZPO keine abweichenden Regelungen enthalten. Konsequenterweise erhält der Anwalt daher auch die Gebühren der VV 3309, 3310 (VV Vorb. 3.3.3 S. 1 Nr. 4). Der Gegenstandswert richtet sich nach § 25.

b) Schutzschrift

Ist der Anwalt beauftragt, eine Schutzschrift einzureichen, so verdient er damit bereits die **Verfahrensgebühr** nach VV Teil 3, da er oder den Auftrag hat, im gerichtlichen Verfahren tätig zu werden. Mangels Anhängigkeit kann der Anwalt zwar noch keinen Sachantrag stellen; andererseits enthält die Schutzschrift bereits Sachvortrag, sodass damit die volle 1,3-Verfahrensgebühr nach VV 3100 ausgelöst wird und nicht etwa nur die ermäßigte 0,8-Verfahrensgebühr nach VV 3100, 3101 Nr. 1.[130]

Werden **mehrere Schutzschriften** bei verschiedenen Gerichten wegen desselben drohenden Arrests oder derselben drohenden einstweiligen Verfügung eingereicht, weil ungewiss ist, vor welchem Gericht der Arrest oder die einstweilige Verfügung beantragt wird, dürften insoweit gesonderte Angelegenheiten i.S.d. § 15 RVG vorliegen. Erstattungsfähig sind die Kosten aber nur, soweit es auch zum Verfahren gekommen ist.[131] Mit Einführung des zentralen Schutzschriftenregisters dürft sich das Problem weitgehend erledigt haben.

Kommt es später zur Durchführung des einstweiligen Verfügungsverfahrens und wird der Anwalt des Antragsgegners daran beteiligt, dann verdient er keine weitere Verfahrensgebühr. Da für ihn

---

128 Siehe ausführlich *Schneider/Herget*, Rn 374 ff. und 1583 ff.
129 Siehe ausführlich *Schneider/Herget*, Rn 377, 378 ff. und 1590 ff.
130 BGH AGS 2008, 274 = zfs 2008, 406 = BGHR 2008, 830 = Rpfleger 2008, 535 = NJW-Spezial 2008, 379 = RVGreport 2008, 223 = AnwBl 2008, 184 = MDR 2008, 1126; BGH AGkompakt 2010, 81 = RVGreport 2009, 265 (unter Aufgabe der bisherigen Rspr. AGS 2007, 477 = BGHR 2007, 739 = MDR 2007, 1163 = Rpfleger 2007, 509 = RVGreport 2007, 348); OLG Frankfurt AGS 2008, 442 = RVGreport 2008, 314 = NJW-Spezial 2008, 604 = NJW-Spezial 2008, 700; OLG Hamburg AGS 2007, 448 = OLGR 2007, 276 = MDR 2007, 493; OLG Düsseldorf AGS 2006, 489 = JurBüro 2007, 36 = OLGR 2007, 128 = Rpfleger 2007, 48 = GuT 2006, 267; OLG Nürnberg AGS 2005, 339 = OLGR 2005, 397 = NJW-RR 2005, 941 = MDR 2005, 1317.
131 OLG Hamburg AGS 2104 = MDR 2013, 1477 = WRP 2014, 100 = GRUR-RR 2014, 96 = NJW-RR 2014, 157 = JurBüro 2014, 145 = GRUR 2014, 208.

bereits die volle 1,3-Verfahrensgebühr nach VV 3100 entstanden ist, erhält er für das Betreiben des Geschäfts keine weitere Vergütung. Allenfalls kann sich der Streitwert erhöhen.

137 Hinzukommen können allerdings andere Gebühren, die durch die Schutzschrift noch nicht ausgelöst worden sind, also die Terminsgebühr nach VV 3104 oder die Einigungsgebühr nach VV 1000.

138 Kommt es nach Einreichung der Schutzschrift zum Verfügungsantrag und wird dieser zurückgewiesen, so ist die für die Schutzschrift angefallene Vergütung zu **erstatten** und kann festgesetzt werden. Das gilt auch dann, wenn die Schutzschrift erst nach Rücknahme des Antrags auf Erlass einer einstweiligen Verfügung eingereicht worden ist und der Antragsgegner die Antragsrücknahme nicht kannte oder kennen musste.[132]

> **Beispiel: Schutzschrift mit nachfolgendem Verfügungsantrag, der ohne mündliche Verhandlung zurückgewiesen wird**
> Der Anwalt reicht eine Schutzschrift bei Gericht ein (Gegenstandswert: 50.000 EUR). Hiernach geht der Verfügungsantrag bei Gericht ein. Der Antrag wird zurückgewiesen.
> Für den Antragsgegner entsteht eine 1,3-Verfahrensgebühr. Aufgrund der Kostenentscheidung des Zurückweisungsbeschlusses ist diese Gebühr vom Verfügungskläger zu erstatten und kann gegen diesen festgesetzt werden.[133] Eine Terminsgebühr fällt nicht an, da über den Verfügungsantrag ohne mündliche Verhandlung entschieden worden ist und für die Zurückweisung des Verfügungsantrags eine mündliche Verhandlung nicht vorgeschrieben ist (§ 922 Abs. 1 S. 1 ZPO). Die Voraussetzungen der Anm. Abs. 1 Nr. 1 zu VV 3104 liegen daher nicht vor.

139 Wird der Verfügungsantrag nicht (mehr) eingereicht, kommt mangels Prozessrechtsverhältnisses eine Kostenerstattung nicht in Betracht. Hier kann allenfalls ein **materiell-rechtlicher Kostenerstattungsanspruch** geltend gemacht werden.[134]

140 Wird nach Einreichung der Schutzschrift das gerichtliche Verfahren eingeleitet, so verbleibt es für das Betreiben des Geschäfts (Vorb. 3 Abs. 2 VV) bei einer 1,3-Verfahrensgebühr nach VV 3100. Allerdings kommt für die Teilnahme am Verhandlungstermin eine 1,2-Terminsgebühr nach VV 3104 hinzu.

c) Erstinstanzliches Verfahren

141 **aa) Anordnungsverfahren. (1) Verfahren ohne Termin.** Im Verfahren auf Anordnung eines Arrests oder Erlass einer einstweiligen Verfügung (im folgenden Anordnungsverfahren) entsteht für das Betreiben des Geschäfts zunächst einmal eine 1,3-Verfahrensgebühr nach VV 3100 (Vorb. 3 Abs. 2 VV). Unter den Voraussetzungen der VV 3101 ermäßigt sich die Gebühr auf 0,8.

142 Bei **mehreren Auftraggebern** erhöht sich die Verfahrensgebühr um 0,3 je weiteren Auftraggeber, sofern der Gegenstand der anwaltlichen Tätigkeit derselbe ist.

143 Im Falle einer **vorzeitigen Erledigung** entsteht nur eine 0,8-Verfahrensgebühr nach VV 3100, 3101 Nr. 1.

144 Eine (0,8-)Verfahrensgebühr entsteht für den Rechtsanwalt auf Antragsgegnerseite im einstweiligen Verfügungsverfahren bereits dann, wenn er die Antragsschrift entgegengenommen hat, um die Rechtsverteidigung vorzubereiten, auch wenn es infolge Antragsrücknahme nicht mehr zur Einreichung eines Schriftsatzes bei Gericht kommt.[135]

---

132 BGH AGS 2008, 274 = zfs 2008, 406 = BGHR 2008, 830 = Rpfleger 2008, 535 = NJW-Spezial 2008, 379 = RVGreport 2008, 223 = AnwBl 2008, 550 = BRAK-Mitt 2008, 184 = MDR 2008, 1126; BGH AGkompakt 2010, 81 = RVGreport 2009, 265.

133 BGH AGS 2008, 274 = zfs 2008, 406 = BGHR 2008, 830 = Rpfleger 2008, 535 = NJW-Spezial 2008, 379 = RVGreport 2008, 223 = AnwBl 2008, 550 = BRAK-Mitt 2008, 184 = MDR 2008, 1126; BGH AGkompakt 2010, 81 = RVGreport 2009, 265; AGS 2003, 272 m. Anm. *N. Schneider* = BRAGOreport 2003, 114 m. Anm. *Hansens*; KG KGR 1997, 284 = JurBüro 1998, 30; OLG Nürnberg AGS 2005, 339 = OLGR 2005, 397 = MDR 2005, 1317 = RVGreport 2005, 230 = NJW-RR 2006, 936; OLG Düsseldorf AGS 2008, 413 = OLGR 2008, 785 = JurBüro 2008, 59; AGS 2006, 489 = JurBüro 2007, 36 = OLGR 2007, 128 = Rpfleger 2007, 48; OLG Frankfurt AGS 2008, 442 = RVGreport 2008, 314 = NJW-Spezial 2008, 604 = NJW-Spezial 2008, 700 = Info M 2009, 39; OLG Hamburg AGS 2007, 493 = MDR 2007, 493 = OLGR 2007, 276.

134 Siehe dazu *Stöber*, AGS 2007, 9 ff.

135 OLG Hamm AGS 2005, 338 = OLGR 2005, 385 = AnwBl 2005, 587 = JurBüro 2005, 593 = RVGreport 2005, 230.

Abschnitt 3. Angelegenheit § 17

Vertritt der Anwalt **mehrere Auftraggeber**, so ist danach zu unterscheiden, ob er die Auftraggeber 145
wegen desselben Gegenstands oder wegen verschiedener Gegenstände vertritt. Bei verschiedenen
Gegenständen sind die einzelnen Werte zu addieren (§ 23 Abs. 1 S. 1 RVG i.V.m. § 39 Abs. 1 GKG).
Bei demselben Gegenstand unterbleibt eine Wertaddition; dafür erhöht sich die Verfahrensgebühr
um 0,3 je weiteren Auftraggeber (VV 1008).

> **Beispiel: Einstweilige Verfügung, mehrere Auftraggeber – unterschiedliche Gegenstände**
> Der Anwalt wird von zwei Auftraggebern beauftragt, den Erlass einer einstweiligen Verfügung auf Unterlassung von Beleidigungen zu beantragen (Wert: jeweils 5.000 EUR). Die Verfügung wird erlassen. Der Antragsgegner legt keinen Widerspruch ein.
> Bei mehreren Unterlassungsansprüchen sind in aller Regel unterschiedliche Gegenstände gegeben,[136] da jedem Antragsteller ein eigener Unterlassungsanspruch zusteht. Der Antragsteller kann grundsätzlich nur Unterlassung gegenüber sich selbst beantragen. Fälle, in denen auch die Unterlassung für einen anderen verlangt werden kann, sind die Ausnahme. Daher gilt § 23 Abs. 1 S. 1 RVG i.V.m. § 39 Abs. 1 GKG. Die einzelnen Werte werden addiert. Es liegt kein Fall der Gebührenerhöhung nach VV 1008 vor.
>
> 1. 1,3-Verfahrensgebühr, VV 3100   725,40 EUR
>   (Wert: 10.000 EUR)
> 2. Postentgeltpauschale, VV 7002   20,00 EUR
>   Zwischensumme   745,40 EUR
> 3. 19 % Umsatzsteuer, VV 7008   141,63 EUR
>   **Gesamt**   **887,03 EUR**

> **Beispiel: Einstweilige Verfügung, mehrere Auftraggeber, derselbe Gegenstand**
> Der Anwalt beantragt für zwei Mieter den Erlass einer einstweiligen Verfügung gegen den Vermieter auf Wiederinbetriebnahme der Heizungsanlage (Wert: 1.000 EUR).
> Hier ist derselbe Gegenstand gegeben. Daher liegt ein Fall der VV 1008 vor. Die Verfahrensgebühr erhöht sich um 0,3.
>
> 1. 1,6-Verfahrensgebühr, VV 3100, 1008   128,00 EUR
>   (Wert: 1.000 EUR)
> 2. Postentgeltpauschale, VV 7002   20,00 EUR
>   Zwischensumme   148,00 EUR
> 3. 19 % Umsatzsteuer, VV 7008   28,12 EUR
>   **Gesamt**   **176,12 EUR**

Entscheidet das Gericht ohne mündliche Verhandlung, entsteht keine Terminsgebühr nach Anm. 146
Abs. 1 Nr. 1 zu VV 3104, da das Gericht hierzu nicht die Zustimmung der Parteien benötigt (§ 922
Abs. 1 S. 1 ZPO).[137] Auf die Frage, ob eine mündliche Verhandlung wegen der Möglichkeit des
Widerspruchs vorgeschrieben ist, kommt es hier daher nicht an. Hier kann allenfalls eine Terminsgebühr durch eine Besprechung nach VV Vorb. 3 Abs. 3 S. 3 Nr. 2 entstehen (siehe Rdn 149).

Geht man mit dem OLG Zweibrücken[138] davon aus, dass gemäß §§ 936, 922 Abs. 1, 925 ZPO 147
eine mündliche Verhandlung durch den Widerspruch gegen den Arrest- oder Verfügungsbeschluss
erzwungen werden kann, und nimmt man danach ein Verfahren mit obligatorischer mündlicher
Verhandlung an, dann muss man auch bei einem schriftlichen Vergleich eine Terminsgebühr nach
Anm. Abs. 1 Nr. 1 zu VV 3104 bejahen.

(2) Verfahren mit Termin oder Besprechung. Kommt es zu einem gerichtlichen Termin i.S.d. 148
VV Vorb. 3 Abs. 3 S. 1, entsteht neben der Verfahrensgebühr eine Terminsgebühr nach VV 3104.

Die 1,2-Terminsgebühr kann gemäß VV Vorb. 3 Abs. 3 S. 3 Nr. 2 auch durch **außergerichtliche** 149
Verhandlungen zur Vermeidung oder Erledigung des Verfahrens ausgelöst werden. Die Terminsgebühr fällt in diesem Fall an, sobald ein Verfahrensauftrag besteht. Unerheblich ist insoweit, dass das
Gericht über den Antrag auf Erlass einer einstweiligen Verfügung auch ohne mündliche Verhandlung
entscheiden kann.[139] Das hat der Gesetzgeber durch die Neufassung der VV Vorb. 3 Abs. 3 S. 3 Nr. 2
jetzt klargestellt.

---

136 OLG Frankfurt JurBüro 2001, 130 = MDR 2002, 236; AnwK-RVG/*Schnapp*, Nr. 1008 VV Rn 32.
137 OLG München AGS 2005, 486 = OLGR 2005, 817 = AnwBl 2006, 147 = RVG-B 2005, 161 = RVGreport 2005, 427 = FamRZ 2006, 220.
138 AGS 2015, 16 = NJW-Spezial 2014, 732 = RVGreport 2015, 20.
139 Zum vergleichbaren Fall in finanzgerichtlichen Verfahren siehe Niedersächsisches FG AGS 2010, 177 = EFG 2010, 752 = StE 2010, 202 = NJW-Spezial 2010, 348.

§ 17

Beispiel: Einstweilige Verfügung mit Besprechung der Anwälte
Der Anwalt beantragt den Erlass einer einstweiligen Verfügung (Wert: 10.000 EUR). Das Gericht beraumt Termin zur mündlichen Verhandlung an. Der Anwalt des Antragsgegners beantragt die Zurückweisung des Verfügungsantrags und nimmt schriftsätzlich Stellung. Zum Termin kommt es nicht mehr, da aufgrund einer Besprechung der Anwälte der Verfügungsantrag zurückgenommen wird.
Für beide Anwälte ist neben der 1,3-Verfahrensgebühr (VV 3100) eine 1,2-Terminsgebühr (VV 3104) angefallen, da die Anwälte eine Besprechung zur Erledigung des Verfahrens geführt haben (VV Vorb. 3 Abs. 3 S. 3 Nr. 2).

150 Die Terminsgebühr kann auch neben der ermäßigten Verfahrensgebühr nach VV 3100, 3101 entstehen.

Beispiel: Erledigung vor Antragseinreichung mit Besprechung (Anwalt des Antragstellers)
Der Anwalt erhält den Auftrag, eine einstweilige Verfügung zu beantragen (Wert: 50.000 EUR). Vorsorglich mahnt er den Antragsgegner zunächst nochmals ab und droht den Erlass einer einstweiligen Verfügung an. Hierauf kommt es zu außergerichtlichen Verhandlungen mit der Gegenseite, worauf diese die geforderte Unterlassungserklärung abgibt.
Für den Anwalt des Antragstellers entsteht nur eine 0,8-Verfahrensgebühr nach VV 3100, 3101 Nr. 1. Es bestand bereits ein Verfahrensauftrag, sodass VV Teil 2 nicht mehr anwendbar ist, sondern bereits ein Auftrag nach VV Teil 3 vorlag und sich die Angelegenheit vorzeitig erledigt hat, bevor der Anwalt einen Schriftsatz eingereicht oder einen Termin wahrgenommen hat.
Allerdings ist hier eine 1,2-Terminsgebühr entstanden, da der Anwalt außergerichtliche Verhandlungen zur Vermeidung des Verfahrens i.S.d. VV Vorb. 3 Abs. 3 S. 3 Nr. 2 geführt hat.
Eine Einigungsgebühr ist dagegen nicht angefallen, da ein Anerkenntnis – und als solches muss man die Abgabe einer geforderten Unterlassungserklärung ansehen – noch keine Einigungsgebühr auslöst (Anm. Abs. 1 S. 1 zu VV 1000).

1. 0,8-Verfahrensgebühr, VV 3100, 3101 Nr. 1   930,40 EUR
   (Wert: 50.000 EUR)
2. 1,2-Terminsgebühr, VV 3104   1.395,60 EUR
   (Wert: 50.000 EUR)
3. Postentgeltpauschale, VV 7002   20,00 EUR
   Zwischensumme   2.346,00 EUR
4. 19 % Umsatzsteuer, VV 7008   445,74 EUR
   Gesamt   **2.791,74 EUR**

151 Möglich ist, dass lediglich eine **ermäßigte Terminsgebühr** nach VV 3104, 3105 anfällt.

Beispiel: Einstweilige Verfügung mit ermäßigter Terminsgebühr (Versäumnisurteil)
Der Antragsteller beantragt den Erlass einer einstweiligen Verfügung (Wert: 10.000 EUR). Das Gericht will nicht ohne mündliche Verhandlung entscheiden. Im anschließenden Termin erscheint für den Antragsteller niemand, sodass der Antrag durch Versäumnisurteil zurückgewiesen wird.
Für den Anwalt des Antragsgegners entsteht jetzt neben der 1,3-Verfahrensgebühr (VV 3100) nur eine 0,5-Terminsgebühr (VV 3104, 3105).

1. 1,3-Verfahrensgebühr, VV 3100   725,40 EUR
   (Wert: 10.000 EUR)
2. 0,5-Terminsgebühr, VV 3104, 3105   279,00 EUR
   (Wert: 10.000 EUR)
3. Postentgeltpauschale, VV 7002   20,00 EUR
   Zwischensumme   1.024,40 EUR
4. 19 % Umsatzsteuer, VV 7008   194,64 EUR
   Gesamt   **1.219,04 EUR**

152 Möglich ist ebenfalls, dass die Terminsgebühr aus nicht anhängigen Gegenständen entsteht, wenn die Parteien auch über weiter gehende Ansprüche verhandeln. Kommt es dann allerdings anschließend zu einem gerichtlichen Verfahren über die weiter gehenden Gegenstände, sind die Mehrbeträge der Verfahrens- und Terminsgebühr anzurechnen (Anm. Abs. 1 zu VV 3101; Anm. Abs. 2 zu VV 3104).

153 Ebenso ist zu rechnen, wenn die Hauptsache mit erörtert wird. Für die Verfahrens- und Terminsgebühr ist dabei unerheblich, ob die Hauptsache bereits anhängig ist.

Beispiel: Einstweilige Verfügung mit Erörterung der Hauptsache
Der Anwalt des Antragstellers beantragt den Erlass einer einstweiligen Verfügung (Wert: 10.000 EUR). Das Gericht beraumt Termin zur mündlichen Verhandlung an. Dort wird ausführlich zum Zwecke einer

Einigung auch über die Hauptsache (Wert: 20.000 EUR) verhandelt und erörtert. Eine Einigung kommt allerdings nicht zustande.

Aus dem Mehrwert entsteht unter Beachtung des § 15 Abs. 3 die 0,8-Verfahrensgebühr nach VV 3101 Nr. 2. Die Terminsgebühr entsteht aus dem Gesamtwert.

1. 1,3-Verfahrensgebühr, VV 3100   725,40 EUR
(Wert: 10.000 EUR)
2. 0,8-Verfahrensgebühr, VV 3100, 3101 Nr. 2   593,60 EUR
(Wert: 20.000 EUR)
gem. § 15 Abs. 3 nicht mehr als 1,3   1.121,90 EUR
aus 30.000 EUR
3. 1,2-Terminsgebühr, VV 3104   1.035,60 EUR
(Wert: 30.000 EUR)
4. Postentgeltpauschale, VV 7002   20,00 EUR
   Zwischensumme   2.177,50 EUR
5. 19 % Umsatzsteuer, VV 7008   413,73 EUR
Gesamt   **2.591,23 EUR**

Kommt es später zum Hauptsacheverfahren, sind die Mehrbeträge der Verfahrens- und Terminsgebühr anzurechnen (Anm. Abs. 1 zu VV 3101; Anm. Abs. 2 zu VV 3104).

(3) Verfahren mit Einigung. Auch die **Einigungsgebühr** nach VV 1000 ff. kann in Arrest- und einstweiligen Verfügungsverfahren anfallen. Es gelten hier grundsätzlich keine Besonderheiten.   154

Die Anforderungen dürfen auch hier nicht zu hoch gestellt werden. So entsteht eine Einigungsgebühr bereits dann, wenn die Parteien sich über die Beendigung des Verfügungsverfahrens und eine Kostenregelung einigen. Dass die Einigung der Parteien einen sachlich-rechtlichen Gehalt haben muss, ist nicht erforderlich. Auch bloße Prozesserledigungs- und Kostenabsprachen haben Einigungscharakter.[140]   155

Möglich ist auch, dass die Einigungsgebühr neben einer ermäßigten Verfahrensgebühr nach VV 3100, 3101 Nr. 1 anfällt.   156

Beispiel: Vorzeitige Erledigung mit Besprechung der Anwälte und Einigung (Antragsteller)
Der Anwalt erhält den Auftrag, eine einstweilige Verfügung zu beantragen (Wert: 10.000 EUR). Vorsorglich mahnt er den Gegner zunächst nochmals ab und droht den Erlass einer einstweiligen Verfügung an. Hierauf kommt es zu außergerichtlichen Verhandlungen mit dem Gegner, worauf ein Vergleich geschlossen wird. Der Anwalt des Antragstellers erhält jetzt nur eine 0,8-Verfahrensgebühr nach VV 3100, 3101 Nr. 1, da sich die Sache für ihn erledigt hat, bevor er einen Schriftsatz eingereicht oder einen Termin wahrgenommen hat. Hinzu kommt jedoch eine Terminsgebühr nach VV Vorb. 3 Abs. 3 S. 3 Nr. 2 i.V.m. VV 3104 und eine Einigungsgebühr, die sich mangels Anhängigkeit auf 1,5 beläuft (VV 1000).

1. 0,8-Verfahrensgebühr, VV 3100, 3101 Nr. 1   446,40 EUR
(Wert: 10.000 EUR)
2. 1,2-Terminsgebühr, VV Vorb. 3 Abs. 3 S. 3 Nr. 2   669,60 EUR
i.V.m. VV 3104 (Wert: 10.000 EUR)
3. 1,5-Einigungsgebühr, VV 1000   837,00 EUR
(Wert: 10.000 EUR)
4. Postentgeltpauschale, VV 7002   20,00 EUR
   Zwischensumme   1.973,00 EUR
5. 19 % Umsatzsteuer, VV 7008   374,87 EUR
Gesamt   **2.347,87 EUR**

Wird lediglich ein schriftlicher Vergleich geschlossen oder nach § 278 Abs. 6 ZPO protokolliert, ohne dass Besprechungen der Anwälte vorausgegangen sind, ist strittig, ob eine Terminsgebühr anfällt. Dies wird zum Teil verneint,[141] weil eine mündliche Verhandlung im Verfahren auf Erlass einer einstweiligen Verfügung nicht vorgeschrieben ist (§ 922 Abs. 1 S. 1 ZPO) und die Voraussetzungen der Anm. Abs. 1 Nr. 1 zu VV 3104 damit nicht erfüllt seien. Stellt man mit dem OLG Zweibrücken allerdings darauf ab, dass gemäß §§ 936, 922 Abs. 1, 925 ZPO eine mündliche Verhandlung durch   157

---

140 OLG Koblenz AGS 2003, 536 = JurBüro 2003, 637 = OLGR 2004, 72 = MDR 2004, 356.
141 OLG München AGS 2005, 486 = OLGR 2005, 817 = AnwBl 2006, 147 = RVGreport 2005, 427 = FamRZ 2006, 220.

den Widerspruch gegen den Arrest- oder Verfügungsbeschluss erzwungen werden kann, und nimmt man danach ein Verfahren mit obligatorischer mündlicher Verhandlung an, dann muss man auch bei einem schriftlichen Vergleich eine Terminsgebühr nach Anm. Abs. 1 Nr. 1 zu VV 3104 bejahen.

> **Beispiel: Einstweilige Verfügung mit Vergleich im schriftlichen Verfahren**
> Der Anwalt beantragt den Erlass einer einstweiligen Verfügung (Wert: 10.000 EUR). Das Gericht unterbreitet daraufhin einen Vergleichsvorschlag, der von beiden Parteien angenommen und nach § 278 Abs. 6 ZPO protokolliert wird.
> Für die beteiligten Anwälte entsteht lediglich eine 1,3-Verfahrensgebühr (VV 3100). Nach OLG München entsteht keine Terminsgebühr, da die Voraussetzungen der Anm. Abs. 1 Nr. 1 zu VV 3104 nicht erfüllt sind. Das OLG Zweibrücken müsste eine Terminsgebühr konsequenterweise bejahen.

158 **(4) Verfahren mit Einigung auch über weiter gehende Gegenstände.** Wird im Verfügungsverfahren eine Einigung geschlossen, die auch **weitere Gegenstände** umfasst, entsteht daraus ebenfalls eine Einigungsgebühr, deren Höhe davon abhängt, ob die weiter gehenden Gegenstände anhängig sind oder nicht.

159 Daneben erhöht sich der Gegenstandswert der Verfahrensgebühr (VV Vorb. 3 Abs. 2). Es entsteht unter Beachtung des § 15 Abs. 3 aus dem Mehrwert nur eine 0,8-Verfahrensgebühr nach VV 3100, 3101.

160 Soweit die Voraussetzungen der VV Vorb. 3 Abs. 3 gegeben sind, entsteht auch eine Terminsgebühr nach VV 3104 aus dem Gesamtwert. Ob eine Terminsgebühr nach Anm. Abs. 1 Nr. 1 zu VV 3104 in diesem Stadium entstehen kann, ist strittig (siehe Rdn 157).

> **Beispiel: Einstweilige Verfügung mit Einigung über weiter gehende Gegenstände mit Besprechung der Anwälte**
> Der Anwalt beantragt für den Antragsteller den Erlass einer einstweiligen Verfügung (Wert: 1.500 EUR). Das Gericht will nicht ohne mündliche Verhandlung entscheiden. Zuvor verhandeln die Anwälte telefonisch auch über weiter gehende Gegenstände im Wert von 3.000 EUR und erzielen eine Einigung. Der Verfügungsantrag wird daraufhin zurückgenommen.
> Für beide Anwälte entsteht die Verfahrensgebühr zu 1,3 aus 1.500 EUR (VV 3100) sowie zu 0,8 aus dem Mehrwert von 6.000 EUR (VV 3101 Nr. 1), allerdings unter Beachtung des § 15 Abs. 3.
> Hinzu kommt eine 1,2-Terminsgebühr (VV 3104) aus dem Gesamtwert von 7.500 EUR (VV Vorb. 3 Abs. 3 S. 3 Nr. 1).
> Die Einigungsgebühr entsteht aus 1.500 EUR zu 1,0 (VV 1003) und aus 6.000 EUR zu 1,5 (VV 1000). Zu beachten ist § 15 Abs. 3.
>
> 1. 1,3-Verfahrensgebühr, VV 3100
>   (Wert: 1.500 EUR)   149,50 EUR
> 2. 0,8-Verfahrensgebühr, VV 3100, 3101 Nr. 1
>   (Wert: 3.000 EUR)   160,80 EUR
>   Die Grenze des § 15 Abs. 3, nicht mehr als 1,3
>   aus 4.500 EUR = 393,90 EUR, ist nicht überschritten
> 3. 1,2-Terminsgebühr, VV 3104
>   (Wert: 4.500 EUR)   363,60 EUR
> 4. 1,0-Einigungsgebühr, VV 1000, 1003
>   (Wert: 1.500 EUR)   115,00 EUR
> 5. 1,5-Einigungsgebühr, VV 1000
>   (Wert: 3.000 EUR)   301,50 EUR
>   Der Höchstbetrag nach § 15 Abs. 3, nicht mehr als 1,5
>   aus 4.500 EUR (454,40 EUR), ist nicht überschritten
> 6. Postentgeltpauschale, VV 7002   20,00 EUR
>   Zwischensumme   1.110,40 EUR
> 7. 19 % Umsatzsteuer, VV 7008   210,98 EUR
>   **Gesamt**   **1.321,38 EUR**

161 Ebenso ist zu rechnen, wenn die bereits anhängige Hauptsache mitverglichen wird; allerdings entsteht dann die Einigungsgebühr insgesamt nur zu 1,0, und zwar aus den zusammengerechneten Werten von Hauptsache und Eilverfahren (§ 23 Abs. 1 S. 1 RVG, § 39 Abs. 1 GKG). Die Werte beider Verfahren sind zu addieren.[142]

Beispiel: Einstweilige Verfügung mit Einigung auch über die Hauptsache im Termin (Hauptsache noch nicht anhängig)
Der Anwalt beantragt für den Antragsteller den Erlass einer einstweiligen Verfügung (Wert: 1.500 EUR). Das Gericht beraumt Termin zur mündlichen Verhandlung an. Dort verhandeln die Anwälte auch über die Hauptsache (Wert: 6.000 EUR) und erzielen eine Einigung, die im Termin dann protokolliert wird. Das Hauptsacheverfahren war noch nicht anhängig.
Abzurechnen ist eine 1,3-Verfahrensgebühr aus 1.500 EUR (VV 3100) sowie unter Beachtung des § 15 Abs. 3 eine 0,8-Verfahrensgebühr aus dem Mehrwert von 6.000 EUR (VV 3101 Nr. 1).
Hinzu kommt eine 1,2-Terminsgebühr aus dem Gesamtwert.
Die Einigungsgebühr entsteht aus dem Gesamtwert, allerdings zu 1,0 aus dem Wert des Verfügungsverfahrens und zu 1,5 aus dem Wert der Hauptsache.

1. 1,3-Verfahrensgebühr, VV 3100   149,50 EUR
   (Wert: 1.500 EUR)
2. 0,8-Verfahrensgebühr, VV 3100, 3101 Nr. 1   283,20 EUR
   (Wert: 6.000 EUR)
   die Begrenzung des § 15 Abs. 3, nicht mehr als
   1,3 aus 7.500 EUR (592,80 EUR), ist nicht überschritten
3. 1,2-Terminsgebühr, VV 3104   547,20 EUR
   (Wert: 7.500 EUR)
4. 1,0-Einigungsgebühr, VV 1000, 1003   115,00 EUR
   (Wert: 1.500 EUR)
5. 1,5-Einigungsgebühr, VV 1000   531,00 EUR
   (Wert: 6.000 EUR)
   die Begrenzung des § 15 Abs. 3, nicht mehr als
   1,5 aus 7.500 EUR (684,00 EUR), ist nicht überschritten
6. Postentgeltpauschale, VV 7002   20,00 EUR
   Zwischensumme   1.645,90 EUR
7. 19 % Umsatzsteuer, VV 7008   312,72 EUR
   Gesamt   **1.958,62 EUR**

Beispiel: Einstweilige Verfügung mit Einigung auch über die Hauptsache im Termin (Hauptsache bereits anhängig)
Der Anwalt beantragt für den Antragsteller den Erlass einer einstweiligen Verfügung (Wert: 1.500 EUR). Das Gericht beraumt Termin zur mündlichen Verhandlung an. Dort verhandeln die Anwälte auch über die Hauptsache (Wert: 5.000 EUR) und erzielen eine Einigung, die im Termin dann protokolliert wird. Das Hauptsacheverfahren war bereits anhängig.
Abzurechnen ist wie im vorangegangenen Beispiel; es entsteht aus dem Gesamtwert jedoch nur eine 1,0-Einigungsgebühr.

1. 1,3-Verfahrensgebühr, VV 3100   149,50 EUR
   (Wert: 1.500 EUR)
2. 0,8-Verfahrensgebühr, VV 3100, 3101 Nr. 1   283,20 EUR
   (Wert: 6.000 EUR)
   die Begrenzung des § 15 Abs. 3, nicht mehr als
   1,3 aus 7.500 EUR (592,80 EUR), ist nicht überschritten
3. 1,2-Terminsgebühr, VV 3104   547,20 EUR
   (Wert: 7.500 EUR)
4. 1,0-Einigungsgebühr, VV 1000, 1003   456,00 EUR
   (Wert: 7.500 EUR)
5. Postentgeltpauschale, VV 7002   20,00 EUR
   Zwischensumme   1.455,90 EUR
6. 19 % Umsatzsteuer, VV 7008   276,62 EUR
   Gesamt   **1.732,52 EUR**

In diesem Fall sind allerdings Verfahrens- und Terminsgebühr aus dem Mehrwert im Hauptsacheverfahren anzurechnen (Anm. Abs. 1 zu VV 3101; Anm. Abs. 2 zu VV 3104).

---

142 OLG München AnwBl 1993, 530; OLG Hamburg MDR 1991, 904 = JurBüro 1991, 1065; LG Stuttgart ZAP Fach 24, S. 609 m. ausf. Anm. *Clausnitzer*; a.A. OLG Frankfurt JurBüro 1981, 918: nur der höhere Wert der Hauptsache, ggf. zuzüglich Wert der Kosten des Arrest- oder Verfügungsverfahrens.

162 bb) Widerspruchsverfahren. (1) Überblick. Das Verfahren, in dem der Arrest oder die einstweilige Verfügung erlassen wird, und das weitere Verfahren, das auf den Widerspruch nach § 924 ZPO folgt, sind eine Angelegenheit i.S.d. § 15. Dies folgt nicht aus § 16 Nr. 5, sondern unmittelbar aus § 15, da es sich weder um ein Abänderungs- noch um ein Aufhebungsverfahren handelt, sondern lediglich um die Fortsetzung des bereits eingeleiteten Anordnungsverfahrens. Die Gebühren entstehen daher insgesamt nur einmal (§ 15 Abs. 2).

163 Für den Anwalt, der erstmals im Verfahren über den Widerspruch tätig wird, entstehen die Gebühren nach den VV 3100 ff. jetzt erstmalig.

164 Für den bereits im Anordnungsverfahren tätigen Rechtsanwalt können bereits entstandene Gebühren nicht erneut ausgelöst werden. Es können jetzt allerdings weitere Gebühren entstehen, die bisher noch nicht entstanden waren, insbesondere eine Terminsgebühr oder eine Einigungsgebühr. Ebenso kann sich durch Einbeziehung weiter gehender Gegenstände, etwa im Rahmen einer Einigung auch über die Hauptsache, der Streitwert erhöhen.

165 Auch ist zu berücksichtigen, dass eventuell ein gegenüber dem Anordnungsverfahren geringerer Wert gelten kann, insbesondere wenn dem Antrag auf Anordnung des Arrests oder auf Erlass der einstweiligen Verfügung nur teilweise stattgegeben worden ist, wenn nur ein beschränkter Widerspruch eingelegt oder wenn der Widerspruch teilweise wieder zurückgenommen wird. Daher kann auch eine gesonderte Wertfestsetzung erforderlich sein.

166 (2) Erledigung vor Widerspruch. Die Tätigkeit im Widerspruchsverfahren kann sich vorzeitig erledigen, nämlich dann, wenn der Widerspruch nicht oder nur zum Teil eingelegt wird.

167 Ein solcher Fall ist insbesondere dann gegeben, wenn der Antragsgegner einen Anwalt mit seiner Vertretung beauftragt, dieser jedoch rät, die einstweilige Verfügung zu akzeptieren und keinen Widerspruch einzulegen.

168 Anfallen kann in dieser Phase auch bereits eine Terminsgebühr, wenn die Anwälte eine Besprechung zur Erledigung des Verfahrens, insbesondere zur Vermeidung des Widerspruchs führen (VV Vorb. 3 Abs. 3 S. 3 Nr. 2).

169 Rät der Anwalt, die einstweilige Verfügung teilweise zu akzeptieren und im Übrigen Widerspruch einzulegen, dann entsteht aus dem einen Teilwert die ermäßigte Verfahrensgebühr und aus dem anderen Teilwert die volle Verfahrensgebühr. Zu beachten ist in diesem Fall § 15 Abs. 3.

170 (3) Gesamtwiderspruch. Wird gegen die einstweilige Verfügung oder den Arrestbeschluss insgesamt Widerspruch eingelegt und kommt es dann zur Durchführung des Widerspruchsverfahrens, ist insgesamt nur eine Angelegenheit gegeben. Die Gebühren entstehen nur einmal (§ 15 Abs. 2). Da es sich nicht um ein Aufhebungs- oder Abänderungsverfahren handelt, gilt nicht § 16 Nr. 5.

171 Allerdings können jetzt weitere Gebühren ausgelöst werden, nämlich eine Terminsgebühr, es sei denn, sie ist aufgrund einer Besprechung der Anwälte bereits im Anordnungsverfahren entstanden, oder eine Einigungsgebühr, wenn es zu einer Einigung kommt.

> **Beispiel: Erledigung ohne Termin**
> Gegen die im Beschlusswege ergangene einstweilige Verfügung (Wert: 50.000 EUR) wird Widerspruch eingelegt. Der Widerspruch wird vor der mündlichen Verhandlung wieder zurückgenommen.
> Für beide Anwälte entsteht insgesamt nur eine 1,3-Verfahrensgebühr aus 50.000 EUR. Insbesondere entsteht auch für den Anwalt des Antragsgegners die volle 1,3-Verfahrensgebühr. Der Widerspruch ist bereits ein Sachantrag, der einer Ermäßigung nach VV 3101 Nr. 1 entgegensteht, wenn das Verfahren über den Widerspruch ohne mündliche Verhandlung endet.

172 Wird über den Widerspruch nach § 924 Abs. 2 S. 2 ZPO mündlich verhandelt, entsteht eine Terminsgebühr nach VV 3104.

173 Die Terminsgebühr entsteht auch, wenn die Anwälte Besprechungen zur Erledigung des Verfahrens führen und es daraufhin nicht mehr zur mündlichen Verhandlung kommt (VV Vorb. 3 Abs. 3 S. 3 Nr. 2).

174 Kommt es im Widerspruchsverfahren zu einer Einigung, entsteht auch eine Einigungsgebühr nach VV 1000, und zwar in Höhe von 1,0 (VV 1003).

Wird im Verfahren nach Widerspruch ein schriftlicher Vergleich geschlossen, entsteht nach Anm. Abs. 1 Nr. 1 zu VV 3104 auch eine Terminsgebühr, da im Gegensatz zum Anordnungsverfahren eine mündliche Verhandlung vorgeschrieben ist (§§ 925 Abs. 1, 125 ZPO). Die Entscheidung des OLG München[143] ist auf diesen Fall nicht übertragbar.

175

> **Beispiel: Einstweilige Verfügung mit schriftlichem Vergleich nach Widerspruch**
> Der Anwalt erwirkt im Beschlusswege den Erlass einer einstweiligen Verfügung (Wert: 10.000 EUR). Nach Widerspruch unterbreitet das Gericht einen Vergleichsvorschlag, der von beiden Parteien angenommen und dessen Zustandekommen dann nach § 278 Abs. 6 ZPO durch Beschluss festgestellt wird.
> Für die beteiligten Anwälte entsteht jetzt neben der Einigungsgebühr (VV 1000, 1003) gemäß Anm. Abs. 1 Nr. 1 zu VV 3104 auch eine Terminsgebühr nach VV 3104.

Eine gesonderte Vergütung im Widerspruchsverfahren kommt lediglich dann in Betracht, wenn zwischen dem Erlass des Arrests oder der einstweiligen Verfügung und dem Widerspruch mehr als zwei Kalenderjahre vergangen sind (§ 15 Abs. 5 S. 2).

176

> **Beispiel: Widerspruch nach mehr als zwei Kalenderjahren**
> Im Beschlusswege war im Dezember 2013 eine einstweilige Verfügung ergangen (Wert: 50.000 EUR). Im Oktober 2016 legt der Antragsgegner Widerspruch ein. Das Gericht beraumt Termin zur mündlichen Verhandlung an, an der die Anwälte teilnehmen.
> Im Widerspruchsverfahren entstehen alle Gebühren, unabhängig davon, ob gleichartige Gebühren bereits im Anordnungsverfahren entstanden sind.

Insbesondere in einstweiligen Verfügungsverfahren kann es zu unterschiedlichen Gegenstandswerten für Anordnungs- und Widerspruchsverfahren kommen. Dies sind die Fälle
– des Widerspruchs nach teilweisem Erlass der beantragten einstweiligen Verfügung,
– der Teilrücknahme des Widerspruchs,
– des Teilwiderspruchs zur Hauptsache oder
– des Kostenwiderspruchs.

177

Besonders zu beachten ist in diesen Fällen auch, dass sich die Verfahrensgebühr für Antragsteller und Antragsgegner nach unterschiedlichen Werten berechnen kann.

> **Beispiel: Verhandlung nach Teilrücknahme des Widerspruchs**
> Der Anwalt des Antragstellers erwirkt im Beschlusswege eine einstweilige Verfügung wegen zweier Wettbewerbsverstöße (Wert: jeweils 10.000 EUR). Der Antragsgegner lässt durch seinen Anwalt Widerspruch einlegen. Hinsichtlich eines Wettbewerbsverstoßes wird der Widerspruch vor der mündlichen Verhandlung zurückgenommen. Im Übrigen wird verhandelt.
> Der **Anwalt des Antragstellers** erhält die Verfahrensgebühr der VV 3100 aus dem vollen Wert von 20.000 EUR. Die Terminsgebühr der VV 3104 berechnet sich dagegen nur nach dem geringeren verbliebenen Wert von 10.000 EUR.
> Auch der **Anwalt des Antragsgegners** hatte zunächst den Auftrag zur Gesamtvertretung und hat insoweit auch Widerspruch eingelegt, sodass für die Verfahrensgebühr der VV 3100 der volle Wert von 20.000 EUR maßgebend ist. Es liegt kein Fall der vorzeitigen Erledigung vor, da der Anwalt des Antragsgegners für den Antragsgegner Widerspruch eingelegt und damit einen Sachantrag i.S.d. VV 3101 Nr. 1 gestellt hat. Die Terminsgebühr der VV 3104 berechnet sich dagegen auch für ihn nur nach dem geringeren verbliebenen Wert von 10.000 EUR.
>
> 1. 1,3-Verfahrensgebühr, VV 3100   964,60 EUR
>   (Wert: 20.000 EUR)
> 2. 1,2-Terminsgebühr, VV 3104   669,60 EUR
>   (Wert: 10.000 EUR)
> 3. Postentgeltpauschale, VV 7002   20,00 EUR
>   Zwischensumme   1.654,20 EUR
> 4. 19 % Umsatzsteuer, VV 7008   314,30 EUR
>   **Gesamt**   **1.968,50 EUR**

Wird dann noch eine Einigung geschlossen, entsteht auch die Einigungsgebühr nur aus dem geringeren Wert.

178

(4) Teilwiderspruch zur Hauptsache. **(a) Überblick.** Wird gegen einen im Beschlussweg ergangenen Arrest oder eine im Beschlussweg ergangene einstweilige Verfügung nur zum Teil Wider-

179

---

143 AGS 2005, 486 = OLGR 2005, 817 = AnwBl 2006, 147 = RVGreport 2005, 427 = FamRZ 2006, 220.

spruch eingelegt, entstehen nach Widerspruch die Gebühren nur aus dem geringeren Wert des Abänderungsantrags. Die zuvor aus dem höheren Wert verdienten Gebühren bleiben dagegen erhalten. Hier kann es zu Stufenwerten kommen.

180 Für die Abrechnung auf Seiten des Anwalts des Antragsgegners kommt es für die Abrechnung darauf an, ob er von vornherein den Auftrag nur zu einem beschränkten Widerspruch hatte oder ob er zunächst einen Gesamtauftrag hatte, der nachträglich eingeschränkt wurde.

181 **(b) Ursprünglicher Gesamtauftrag.** Bestand ursprünglich für den Anwalt des Antragsgegners ein Gesamtauftrag, wird dann aber nur teilweise Widerspruch eingelegt, entsteht für ihn die Verfahrensgebühr der VV 3100 aus dem Gesamtwert, allerdings zum Teil nur zu 0,8 (VV 3101), wobei wiederum § 15 Abs. 3 zu beachten ist.

> **Beispiel: Teilwiderspruch, ursprünglicher Gesamtauftrag des Antragsgegners**
> Gegen den Mandanten ist im Beschlusswege eine einstweilige Verfügung wegen zweier Wettbewerbsverstöße ergangen (Wert: jeweils 50.000 EUR). Er beauftragt daraufhin seinen Anwalt, ihn zu vertreten. Dieser rät dazu, die einstweilige Verfügung hinsichtlich des einen Verstoßes zu akzeptieren und dagegen keinen Widerspruch einzulegen. Hinsichtlich des anderen Verstoßes empfiehlt er, Widerspruch einzulegen, was dann auch geschieht. Der Widerspruch wird vor mündlicher Verhandlung wieder zurückgenommen.
> Für den **Anwalt des Antragstellers** bleibt es bei der 1,3-Verfahrensgebühr aus dem Gesamtwert, die er bereits im Anordnungsverfahren verdient hat. Eine weitere Vergütung erhält er nicht, da für ihn insgesamt nur eine einzige Angelegenheit gegeben ist.
> Der **Anwalt des Antragsgegners** erhält dagegen aus dem Teilwert von 50.000 EUR nur die ermäßigte 0,8-Verfahrensgebühr nach VV 3100, 3101 Nr. 1, da sich die Angelegenheit für ihn insoweit vorzeitig erledigt hat, bevor er einen Schriftsatz eingereicht oder einen Termin wahrgenommen hat. Hinsichtlich des anderen Teilwerts von 50.000 EUR entsteht dagegen infolge des Widerspruchs die volle 1,3-Verfahrensgebühr. Insgesamt kann der Anwalt jedoch gemäß § 15 Abs. 3 nicht mehr verlangen als eine 1,3-Gebühr aus dem Gesamtwert von 100.000 EUR.
>
> **I. Anwalt Antragsteller**
> 1. 1,3-Verfahrensgebühr, VV 3100   1.953,90 EUR
>   (Wert: 100.000 EUR)
> 2. Postentgeltpauschale, VV 7002   20,00 EUR
>   Zwischensumme   1.973,90 EUR
> 3. 19 % Umsatzsteuer, VV 7008   375,04 EUR
> **Gesamt**   **2.348,94 EUR**
>
> **II. Anwalt Antragsgegner**
> 1. 1,3-Verfahrensgebühr, VV 3100   1.511,90 EUR
>   (Wert: 50.000 EUR)
> 2. 0,8-Verfahrensgebühr, VV 3100, 3101 Nr. 1   930,40 EUR
>   (Wert: 50.000 EUR)
>   gem. § 15 Abs. 3 nicht mehr als 1,3
>   aus 100.000 EUR   1.953,90 EUR
> 3. Postentgeltpauschale, VV 7002   20,00 EUR
>   Zwischensumme   1.973,90 EUR
> 4. 19 % Umsatzsteuer, VV 7008   375,04 EUR
> **Gesamt**   **2.348,94 EUR**

182 Kommt es nach einem Teilwiderspruch zur mündlichen Verhandlung, so entsteht für beide Anwälte die Terminsgebühr nach VV 3104.

> **Beispiel: Verhandlung nach Teilwiderspruch, ursprünglicher Gesamtauftrag des Antragsgegners**
> Der Anwalt des Antragstellers hat im Beschlusswege eine einstweilige Verfügung wegen zweier Wettbewerbsverstöße (Wert: jeweils 10.000 EUR) erwirkt. Der Antragsgegner beauftragt seinen Anwalt, Widerspruch einzulegen. Dieser rät dazu, nur hinsichtlich eines Verstoßes Widerspruch einzulegen, was dann auch geschieht. Hierüber wird mündlich verhandelt.
> Für den **Anwalt des Antragstellers** ist die 1,3-Verfahrensgebühr aus dem Gesamtwert entstanden, da er insoweit einen Antrag eingereicht hat. Lediglich bei der Terminsgebühr ist für ihn der geringere Wert maßgebend.
> Der **Anwalt des Antragsgegners** hatte zunächst den Auftrag zur Gesamtvertretung. Da er aber nur hinsichtlich eines Teils auch Widerspruch eingelegt hat, ist nur hinsichtlich dieses Teils die volle 1,3-Verfahrensgebühr der VV 3100 entstanden. Im Übrigen, also soweit er abgeraten hat, ist lediglich die 0,8-Verfahrensgebühr nach VV 3100, 3101 Nr. 1 entstanden. Zu beachten ist § 15 Abs. 3. Insgesamt darf der

Abschnitt 3. Angelegenheit § 17

Anwalt nicht mehr als eine 1,3-Gebühr aus dem Gesamtwert verlangen (siehe vorhergehendes Beispiel, Rdn 181). Die Terminsgebühr berechnet sich ebenfalls nur nach dem geringeren Wert.

I. Anwalt Antragsteller
1. 1,3-Verfahrensgebühr, VV 3100   964,60 EUR
   (Wert: 20.000 EUR)
2. 1,2-Terminsgebühr, VV 3104   669,60 EUR
   (Wert: 10.000 EUR)
3. Postentgeltpauschale, VV 7002   20,00 EUR
   Zwischensumme   1.654,20 EUR
4. 19 % Umsatzsteuer, VV 7008   314,30 EUR
Gesamt   **1.968,50 EUR**

II. Anwalt Antragsgegner
1. 1,3-Verfahrensgebühr, VV 3100
   (Wert: 10.000 EUR)   725,40 EUR
2. 0,8-Verfahrensgebühr, VV 3101 Nr. 1
   (Wert: 10.000 EUR)   446,40 EUR
   gem. § 15 Abs. 3 nicht mehr als 1,3   964,60 EUR
   aus 20.000 EUR
3. 1,2-Terminsgebühr, VV 3104   669,60 EUR
   (Wert: 10.000 EUR)
4. Postentgeltpauschale, VV 7002   20,00 EUR
   Zwischensumme   1.654,20 EUR
5. 19 % Umsatzsteuer, VV 7008   314,30 EUR
Gesamt   **1.968,50 EUR**

Ebenso kann die Terminsgebühr nach VV Vorb. 3 Abs. 3 S. 3 Nr. 2 durch eine Besprechung der Anwälte entstehen. **183**

Anders verhält es sich, wenn vor dem Teilwiderspruch über die gesamten Gegenstände zwischen den Anwälten verhandelt worden ist. Dann entsteht die Terminsgebühr aus dem Gesamtwert. **184**

Beispiel: Besprechung vor Teilwiderspruch, ursprünglicher Gesamtauftrag des Antragsgegners
Der Anwalt des Antragstellers hat im Beschlussweg eine einstweilige Verfügung wegen zweier Wettbewerbsverstöße (Wert: jeweils 10.000 EUR) erwirkt. Der Antragsgegner beauftragt seinen Anwalt, Widerspruch einzulegen. Dieser führt mit dem Anwalt des Antragstellers eine Besprechung und rät dem Antragsgegner daraufhin, nur hinsichtlich eines Verstoßes Widerspruch einzulegen, was dann auch geschieht. Hierüber wird mündlich verhandelt.

Für den **Anwalt des Antragstellers** ist die 1,3-Verfahrensgebühr aus dem Gesamtwert entstanden, da er insoweit einen Antrag eingereicht hat. Auch die Terminsgebühr ist jetzt aus dem vollen Wert angefallen, da über sämtliche Gegenstände zwischen den Anwälten verhandelt worden ist.

Der **Anwalt des Antragsgegners** erhält wie in den vorangegangenen Beispielen unter Beachtung des § 15 Abs. 3 die volle 1,3-Verfahrensgebühr nach VV 3100 aus dem Wert des Widerspruchs und die 0,8-Verfahrensgebühr nach VV 3100, 3101 Nr. 1 aus dem nicht widersprochenen Teil. Jetzt erhält er allerdings die Terminsgebühr nach dem Gesamtwert, da auch er über sämtliche Gegenstände verhandelt hat.

I. Anwalt Antragsteller
1. 1,3-Verfahrensgebühr, VV 3100   964,60 EUR
   (Wert: 20.000 EUR)
2. 1,2-Terminsgebühr, VV 3104   890,40 EUR
   (Wert: 20.000 EUR)
3. Postentgeltpauschale, VV 7002   20,00 EUR
   Zwischensumme   1.875,00 EUR
4. 19 % Umsatzsteuer, VV 7008   356,25 EUR
Gesamt   **2.231,25 EUR**

II. Anwalt Antragsgegner
1. 1,3-Verfahrensgebühr, VV 3100
   (Wert: 10.000 EUR)   725,40 EUR
2. 0,8-Verfahrensgebühr, VV 3101 Nr. 1
   (Wert: 10.000 EUR)   446,40 EUR
   gem. § 15 Abs. 3 nicht mehr als 1,3   964,60 EUR
   aus 20.000 EUR

3.	1,2-Terminsgebühr, VV 3104 (Wert: 20.000 EUR)	890,40 EUR
4.	Postentgeltpauschale, VV 7002	20,00 EUR
	Zwischensumme	1.875,00 EUR
5.	19 % Umsatzsteuer, VV 7008	356,25 EUR
	Gesamt	**2.231,25 EUR**

185 Kommt es nach einem Teilwiderspruch zu einer Einigung im Widerspruchsverfahren, entsteht die Einigungsgebühr auch nur aus dem geringeren Wert des Widerspruchs, soweit keine weiteren Gegenstände in die Einigung mit einbezogen werden.

Beispiel: Teilwiderspruch, ursprünglicher Gesamtauftrag des Antragsgegners mit Verhandlung und Einigung

Wie vorangegangenes Beispiel (siehe Rdn 184). Im Termin schließen die Parteien eine Einigung über den noch anhängigen Anspruch.

Für beide Anwälte kommt jetzt noch eine 1,0-Einigungsgebühr hinzu, allerdings nur aus dem geringeren Wert des Widerspruchs.

I. Anwalt Antragsteller

1.	1,3-Verfahrensgebühr, VV 3100 (Wert: 20.000 EUR)	964,60 EUR
2.	1,2-Terminsgebühr, VV 3104 (Wert: 10.000 EUR)	669,60 EUR
3.	1,0-Einigungsgebühr, VV 1000, 1003 (Wert: 10.000 EUR)	558,00 EUR
4.	Postentgeltpauschale, VV 7002	20,00 EUR
	Zwischensumme	2.212,20 EUR
5.	19 % Umsatzsteuer, VV 7008	420,32 EUR
	Gesamt	**2.632,52 EUR**

II. Anwalt Antragsgegner

1.	1,3-Verfahrensgebühr, VV 3100 (Wert: 10.000 EUR)	725,40 EUR
2.	0,8-Verfahrensgebühr, VV 3101 Nr. 1 (Wert: 10.000 EUR) gem. § 15 Abs. 3 nicht mehr als 1,3 aus 20.000 EUR	446,40 EUR 964,60 EUR
3.	1,2-Terminsgebühr, VV 3104 (Wert: 10.000 EUR)	669,60 EUR
4.	1,0-Einigungsgebühr, VV 1000, 1003 (Wert: 10.000 EUR)	558,00 EUR
5.	Postentgeltpauschale, VV 7002	20,00 EUR
	Zwischensumme	2.212,20 EUR
6.	19 % Umsatzsteuer, VV 7008	420,32 EUR
	Gesamt	**2.632,52 EUR**

186 **(c) Von vornherein beschränkter Auftrag.** War der Auftrag von vornherein beschränkt, dann ändert sich für den Anwalt des Antragstellers nichts. Für ihn ist unerheblich, ob der Gegner vor dem Teilwiderspruch Gesamtauftrag hatte oder nicht. Für den Anwalt des Antragsgegners entsteht dagegen in diesem Fall nur die 1,3-Verfahrensgebühr aus dem Wert der Hauptsache. Für eine 0,8-Verfahrensgebühr aus dem Wert des nicht angegriffenen Teils ist daneben kein Raum.

Beispiel: Teilwiderspruch aufgrund von vornherein eingeschränkten Auftrags

Gegen eine einstweilige Verfügung wegen zweier Wettbewerbsverstöße (Wert: jeweils 10.000 EUR) legt der Anwalt des Antragsgegners auftragsgemäß Widerspruch nur hinsichtlich eines Wettbewerbsverstoßes ein. Der Widerspruch wird vor mündlicher Verhandlung wieder zurückgenommen.

Für den **Anwalt des Antragstellers** ändert sich nichts. Es bleibt für ihn bei einer vollen 1,3-Verfahrensgebühr aus dem Gesamtwert.

Für den **Anwalt des Antragsgegners** entsteht dagegen von vornherein aufgrund des eingeschränkten Auftrags lediglich eine 1,3-Verfahrensgebühr (VV 3100) aus dem Teilwert. Eine weitere 0,8-Verfahrensgebühr nach VV 3101 Nr. 1 entsteht jetzt nicht.

I. Anwalt Antragsteller

1.	1,3-Verfahrensgebühr, VV 3100 (Wert: 20.000 EUR)	964,60 EUR

2. Postentgeltpauschale, VV 7002		20,00 EUR
Zwischensumme	984,60 EUR	
3. 19 % Umsatzsteuer, VV 7008		187,07 EUR
Gesamt		**1.171,67 EUR**

II. Anwalt Antragsgegner

1. 1,3-Verfahrensgebühr, VV 3101 Nr. 1		725,40 EUR
(Wert: 10.000 EUR)		
2. Postentgeltpauschale, VV 7002		20,00 EUR
Zwischensumme	745,40 EUR	
3. 19 % Umsatzsteuer, VV 7008		141,63 EUR
Gesamt		**887,03 EUR**

Beispiel: Verhandlung nach Teilwiderspruch, von vornherein eingeschränkter Auftrag des Antragsgegners

Gegen eine einstweilige Verfügung wegen zweier Wettbewerbsverstöße (Wert: jeweils 10.000 EUR) legt der Anwalt des Antragsgegners auftragsgemäß Widerspruch nur hinsichtlich eines Wettbewerbsverstoßes ein. Das Gericht beraumt Termin zur mündlichen Verhandlung an, an der die Anwälte teilnehmen.
Dem **Anwalt des Antragstellers** verbleibt die 1,3-Verfahrensgebühr aus dem Gesamtwert; die Terminsgebühr entsteht dagegen nur aus dem geringeren Wert.
Der **Anwalt des Antragsgegners** erhält lediglich eine 1,3-Verfahrensgebühr (VV 3100) aus dem Teilwert. Auch die Terminsgebühr entsteht für ihn nur aus dem geringeren Wert.

I. Anwalt Antragsteller

1. 1,3-Verfahrensgebühr, VV 3100		964,60 EUR
(Wert: 20.000 EUR)		
2. 1,2-Terminsgebühr, VV 3104		669,60 EUR
(Wert: 10.000 EUR)		
3. Postentgeltpauschale, VV 7002		20,00 EUR
Zwischensumme	1.654,20 EUR	
4. 19 % Umsatzsteuer, VV 7008		314,30 EUR
Gesamt		**1.968,50 EUR**

II. Anwalt Antragsgegner

1. 1,3-Verfahrensgebühr, VV 3101 Nr. 1		725,40 EUR
(Wert: 10.000 EUR)		
2. 1,2-Terminsgebühr, VV 3104		669,60 EUR
(Wert: 10.000 EUR)		
3. Postentgeltpauschale, VV 7002		20,00 EUR
Zwischensumme	1.415,00 EUR	
4. 19 % Umsatzsteuer, VV 7008		268,85 EUR
Gesamt		**1.683,85 EUR**

Beispiel: Verhandlung und Einigung
Wie vorangegangenes Beispiel. Im Termin wird eine Einigung über den anhängigen Anspruch geschlossen. Jetzt kommt für beide Anwälte noch eine 1,0-Einigungsgebühr hinzu (VV 1000, 1003).

(5) Kostenwiderspruch. Wird die Hauptsache akzeptiert und nur gegen die Kostenentscheidung Widerspruch erhoben, ist grundsätzlich ebenso abzurechnen wie bei einem Teilwiderspruch in der Hauptsache. Die nach Widerspruch anfallenden Gebühren berechnen sich dann nach dem Wert der bis zum Widerspruch angefallenen Kosten, der den Wert der Hauptsache allerdings nicht übersteigen darf (§ 43 Abs. 3 GKG).

Auch hier ist wiederum für den Antragsgegner danach zu differenzieren, ob ursprünglich ein Gesamtauftrag bestand oder ob von vornherein nur der Auftrag zum Kostenwiderspruch erteilt worden ist.

(a) Ursprünglicher Gesamtauftrag. Bestand ursprünglich für den Anwalt des Antragsgegners ein Gesamtauftrag, so richten sich bis zum Widerspruch die Gebühren nach der Hauptsache, wobei daraus nur die ermäßigte 0,8-Verfahrensgebühr nach VV 3100, 3101 Nr. 1 anfällt. Die Gebühren nach Widerspruch berechnen sich dagegen nur aus dem Wert der Kosten, der den Wert der Hauptsache allerdings nicht übersteigen darf (§ 43 Abs. 3 GKG).

Beispiel: Einstweilige Verfügung, Gesamtauftrag des Antragsgegners, aber nur Kostenwiderspruch, der zurückgenommen wird
Gegen eine einstweilige Verfügung (Wert: 10.000 EUR) soll der Anwalt Widerspruch einlegen. Er rät davon ab, empfiehlt allerdings, hinsichtlich der Kosten Widerspruch einzulegen, was dann auch geschieht. Der Widerspruch wird auf Hinweis des Gerichts später wieder zurückgenommen. Der Wert der Kosten wird auf 1.860 EUR festgesetzt.

Für den **Anwalt des Antragstellers** bleibt es bei der vollen 1,3-Verfahrensgebühr nach VV 3100 aus dem Gesamtwert.

Der **Anwalt des Antragsgegners** hatte zunächst Gesamtauftrag, sodass er die Verfahrensgebühr nach einem Streitwert von 10.000 EUR abrechnen kann. Insoweit ist allerdings lediglich die 0,8-Verfahrensgebühr nach VV 3101 Nr. 1 entstanden, da er weder einen gerichtlichen Termin wahrgenommen noch einen Sachantrag gestellt oder Sachvortrag eingereicht hat. Nur aus dem Wert der Kosten (§ 43 Abs. 3 GKG) ist die volle 1,3-Verfahrensgebühr angefallen.

Auch hier gilt wiederum, dass der Anwalt nach § 15 Abs. 3 höchstens eine Gebühr aus dem Gesamtwert nach dem höchsten Gebührensatz verlangen kann.[144] Der Gesamtwert berechnet sich nach § 23 Abs. 1 S. 1 RVG, § 43 Abs. 1 GKG: Hauptsache und Kosten werden nicht addiert; maßgebend ist der höhere Hauptsachewert. Der Anwalt kann also nicht mehr verlangen als eine 1,3-Gebühr aus 10.000 EUR.

I. Anwalt Antragsteller
1. 1,3-Verfahrensgebühr, VV 3100   725,40 EUR
   (Wert: 10.000 EUR)
2. Postentgeltpauschale, VV 7002   20,00 EUR
   Zwischensumme   745,40 EUR
3. 19 % Umsatzsteuer, VV 7008   141,63 EUR
Gesamt   **887,03 EUR**

II. Anwalt Antragsgegner
1. 1,3-Verfahrensgebühr, VV 3100   195,00 EUR
   (Wert: 1.860 EUR)
2. 0,8-Verfahrensgebühr, VV 3100, 3101 Nr. 1   446,40 EUR
   (Wert: 10.000 EUR)
   Die Höchstgrenze gem. § 15 Abs. 3, nicht mehr als 1,3
   aus 10.000 EUR (725,40 EUR), ist nicht überschritten
3. Postentgeltpauschale, VV 7002   20,00 EUR
   Zwischensumme   661,40 EUR
4. 19 % Umsatzsteuer, VV 7008   125,67 EUR
Gesamt   **787,07 EUR**

Beispiel: Einstweilige Verfügung, Gesamtauftrag des Antragsgegners, aber nur Kostenwiderspruch, über den in mündlicher Verhandlung entschieden wird
Gegen eine einstweilige Verfügung (Wert: 10.000 EUR) soll der Anwalt Widerspruch einlegen. Er rät davon ab, empfiehlt allerdings hinsichtlich der Kosten Widerspruch einzulegen. Dies geschieht. Über die Kosten wird mündlich verhandelt und entschieden. Den Kostenstreitwert setzt das Gericht auf 1.860 EUR fest.

Für den **Anwalt des Antragstellers** entsteht wiederum die volle 1,3-Verfahrengebühr nach VV 3100 aus dem Wert der Hauptsache. Die 1,2-Terminsgebühr (VV 3104) fällt dagegen nur aus dem Kostenwert an.

Der **Anwalt des Antragsgegners** hatte auch zunächst Gesamtauftrag, sodass er die Verfahrensgebühr nach einem Streitwert von 10.000 EUR abrechnen kann. Insoweit ist allerdings lediglich die 0,8-Verfahrensgebühr nach VV 3100, 3101 Nr. 1 entstanden, da insoweit weder ein gerichtlicher Termin wahrgenommen oder ein Sachantrag gestellt oder Sachvortrag eingereicht wurde. Nur aus dem Wert der Kosten (§ 43 Abs. 3 GKG) ist die volle 1,3-Verfahrensgebühr angefallen. Auch hier gilt wiederum, dass der Anwalt nach § 15 Abs. 3 höchstens eine Gebühr aus dem Gesamtwert nach dem höchsten Gebührensatz verlangen kann.[145] Der Gesamtwert berechnet sich nach § 23 Abs. 1 S. 1 RVG, § 43 Abs. 1 GKG: Hauptsache und Kosten werden nicht addiert; maßgebend ist der höhere Hauptsachewert. Der Anwalt kann also nicht mehr verlangen als eine 1,3-Gebühr aus 10.000 EUR.

Die 1,2-Terminsgebühr (VV 3104) entsteht auch für ihn nur noch aus dem geringeren Kostenwert.

I. Anwalt Antragsteller
1. 1,3-Verfahrensgebühr, VV 3100   725,40 EUR
   (Wert: 10.000 EUR)

---

[144] OLG München AGS 2005, 496 = OLGR 2005, 818 = AnwBl 2005, 795 = RVGreport 2006, 28; Jur-Büro 2013, 33 = Rpfleger 2013, 116.

[145] OLG München AGS 2005, 496 = OLGR 2005, 818 = AnwBl 2005, 795 = RVGreport 2006, 28.

2. 1,2-Terminsgebühr, VV 3104	180,00 EUR
(Wert: 1.860 EUR)	
3. Postentgeltpauschale, VV 7002	20,00 EUR
Zwischensumme 925,40 EUR	
4. 19 % Umsatzsteuer, VV 7008	175,83 EUR
Gesamt	**1.101,23 EUR**

II. Anwalt Antragsgegner

1. 1,3-Verfahrensgebühr, VV 3100	195,00 EUR
(Wert: 1.860 EUR)	
2. 0,8-Verfahrensgebühr, VV 3101 Nr. 1	446,40 EUR
(Wert: 10.000 EUR)	
Die Höchstgrenze gem. § 15 Abs. 3, nicht mehr als 1,3 aus 10.000 EUR (725,40 EUR), ist nicht überschritten	
3. 1,2-Terminsgebühr, VV 3104	180,00 EUR
(Wert: 1.860 EUR)	
4. Postentgeltpauschale, VV 7002	20,00 EUR
Zwischensumme 841,40 EUR	
5. 19 % Umsatzsteuer, VV 7008	159,87 EUR
Gesamt	**1.001,27 EUR**

Die Terminsgebühr kann hier auch anfallen durch eine Besprechung mit dem Gegner (VV Vorb. 3 Abs. 3 S. 3 Nr. 2). **190**

Eine Terminsgebühr entsteht nicht, wenn über die Kosten ohne mündliche Verhandlung entschieden wird. Die Voraussetzungen der Anm. Abs. 1 Nr. 1 zu VV 3104 sind nicht erfüllt, da über die Kosten auch ohne mündliche Verhandlung entschieden werden kann (§ 128 Abs. 3 ZPO). Auch eine analoge Anwendung von Anm. Abs. 1 Nr. 1 zu VV 3104 scheidet aus.[146] **191**

> **Beispiel: Entscheidung über die Kosten ohne mündliche Verhandlung (schriftliches Verfahren)**
> Gegen eine einstweilige Verfügung (Wert: 10.000 EUR) soll der Anwalt Widerspruch einlegen. Er rät davon ab, empfiehlt allerdings hinsichtlich der Kosten Widerspruch einzulegen. Dies geschieht. Über die Kosten wird im schriftlichen Verfahren nach § 128 Abs. 3 ZPO entschieden.
> Es entstehen nur die Verfahrensgebühren. Eine Terminsgebühr entsteht nicht.
> **I. Anwalt Antragsteller**

1. 1,3-Verfahrensgebühr, VV 3100	725,40 EUR
(Wert: 10.000 EUR)	
2. Postentgeltpauschale, VV 7002	20,00 EUR
Zwischensumme 745,40 EUR	
3. 19 % Umsatzsteuer, VV 7008	141,63 EUR
Gesamt	**887,03 EUR**

> **II. Anwalt Antragsgegner**

1. 1,3-Verfahrensgebühr, VV 3100	195,00 EUR
(Wert: 1.860 EUR)	
2. 0,8-Verfahrensgebühr, VV 3100, 3101 Nr. 1	446,40 EUR
(Wert: 10.000 EUR)	
3. Postentgeltpauschale, VV 7002	20,00 EUR
Zwischensumme 661,40 EUR	
4. 19 % Umsatzsteuer, VV 7008	125,67 EUR
Gesamt	**787,07 EUR**

Wird über die Kosten eine Einigung erzielt, entsteht auch noch eine Einigungsgebühr aus dem Kostenwert. **192**

> **Beispiel: Abraten vom Widerspruch in der Hauptsache, Kostenwiderspruch mit mündlicher Verhandlung oder Besprechung und Einigung**
> Wie vorangegangenes Beispiel (siehe Rdn 191); jedoch schließen die Parteien eine Einigung über die Kosten.
> Für beide Anwälte kommt jetzt noch eine Einigungsgebühr hinzu.

---

146 OLG Frankfurt/M. AGS 2007, 70 = OLGR 2006, 1016 = MDR 2007, 56 = RVGreport 2006, 388 = NJW 2006, 3504.

§ 17

193 **(b) Von vornherein beschränkter Auftrag.** Hatte der Antragsgegner von vornherein nur einen Auftrag zur Einlegung eines Kostenwiderspruchs erteilt, ändert sich für den Anwalt des Antragstellers nichts. Für den Anwalt des Antragsgegners entstehen die Gebühren dagegen insgesamt nur nach dem Kostenwert. Aus dem Wert der Hauptsache fallen keine Gebühren an.

> **Beispiel: Beschränkter Auftrag zum Kostenwiderspruch, anschließende Rücknahme**
> Gegen eine einstweilige Verfügung (Wert: 10.000 EUR) wird auftragsgemäß Widerspruch nur hinsichtlich der Kosten eingelegt. Der Widerspruch wird vor mündlicher Verhandlung zurückgenommen. Den Kostenstreitwert setzt das Gericht auf 1.860 EUR fest.
> Für den **Anwalt des Antragstellers** bleibt es bei der vollen 1,3-Verfahrensgebühr (VV 3100) aus dem Gesamtwert (§ 43 Abs. 1 GKG).
> Der **Anwalt des Antragsgegners** erhält lediglich eine 1,3-Verfahrensgebühr (VV 3100) aus dem Kostenwert (§ 43 Abs. 3 GKG). Für eine zusätzliche 0,8-Gebühr (VV 3100, 3101 Nr. 1) aus dem Wert der Hauptsache ist mangels Auftrag kein Raum.
>
> **I. Anwalt Antragsteller**
> 1. 1,3-Verfahrensgebühr, VV 3100   725,40 EUR
>   (Wert: 10.000 EUR)
> 2. Postentgeltpauschale, VV 7002   20,00 EUR
>   Zwischensumme   745,40 EUR
> 3. 19 % Umsatzsteuer, VV 7008   141,63 EUR
>   **Gesamt**   **887,03 EUR**
>
> **II. Anwalt Antragsgegner**
> 1. 1,3-Verfahrensgebühr, VV 3100   195,00 EUR
>   (Wert: 1.860 EUR)
> 2. Postentgeltpauschale, VV 7002   20,00 EUR
>   Zwischensumme   215,00 EUR
> 3. 19 % Umsatzsteuer, VV 7008   40,85 EUR
>   **Gesamt**   **255,85 EUR**

194 Eine Terminsgebühr entsteht auch hier nicht, wenn über die Kosten ohne mündliche Verhandlung entschieden wird. Auch dann sind die Voraussetzungen der Anm. Abs. 1 Nr. 1 zu VV 3104 nicht erfüllt, da über die Kosten ohne mündliche Verhandlung entschieden werden kann (§ 128 Abs. 3 ZPO). Auch eine analoge Anwendung von Anm. Abs. 1 Nr. 1 zu VV 3104 scheidet aus.[147]

> **Beispiel: Entscheidung über die Kosten ohne mündliche Verhandlung (schriftliches Verfahren)**
> Gegen eine einstweilige Verfügung (Wert: 10.000 EUR) wird auftragsgemäß Widerspruch nur hinsichtlich der Kosten eingelegt. Hiernach wird im schriftlichen Verfahren nach § 128 Abs. 3 ZPO entschieden.
> Abzurechnen ist wie im vorangegangenen Beispiel (vgl. Rdn 193).

195 Wird über die Kosten mündlich verhandelt, dann entsteht gemäß VV Vorb. 3 Abs. 3 S. 1 die Terminsgebühr nach VV 3104.

> **Beispiel: Beschränkter Auftrag zum Kostenwiderspruch mit Verhandlung**
> Gegen eine einstweilige Verfügung (Wert: 10.000 EUR) wird auftragsgemäß Widerspruch nur hinsichtlich der Kosten eingelegt. Hierüber wird verhandelt und entschieden. Den Kostenstreitwert setzt das Gericht auf 1.860 EUR fest.
> Hinsichtlich der Verfahrensgebühr ist abzurechnen wie in den vorangegangenen Beispielen (siehe Rdn 193 und 194). Für beide Anwälte entsteht jetzt zusätzlich noch eine Terminsgebühr aus dem Kostenwert.
>
> **I. Anwalt Antragsteller**
> 1. 1,3-Verfahrensgebühr, VV 3100   725,40 EUR
>   (Wert: 10.000 EUR)
> 2. 1,2-Terminsgebühr, VV 3104   180,00 EUR
>   (Wert: 1.860 EUR)
> 3. Postentgeltpauschale, VV 7002   20,00 EUR
>   Zwischensumme   925,40 EUR
> 4. 19 % Umsatzsteuer, VV 7008   175,83 EUR
>   **Gesamt**   **1.101,23 EUR**

---

147 OLG Frankfurt/M. AGS 2007, 70 = JurBüro 2006, 532 = NJW-RR 2006, 1438 = OLGR 2006, 1016 = MDR 2007, 56 = RVGreport 2006, 388 = NJW 2006, 3504.

II. Anwalt Antragsgegner
1. 1,3-Verfahrensgebühr, VV 3100   195,00 EUR
 (Wert: 1.860 EUR)
2. 1,2-Terminsgebühr, VV 3104   180,00 EUR
 (Wert: 1.860 EUR)
3. Postentgeltpauschale, VV 7002   20,00 EUR
 Zwischensumme   395,00 EUR
4. 19 % Umsatzsteuer, VV 7008   75,05 EUR
Gesamt   **470,05 EUR**

Die Terminsgebühr entsteht gemäß VV Vorb. 3 Abs. 3 S. 3 Nr. 2 auch dann, wenn über die Kosten zwischen den Anwälten eine Besprechung geführt wird und sich eine mündliche Verhandlung damit erledigt.   **196**

Hinzukommen kann auch eine Einigungsgebühr nach VV 1000, wenn über die Kosten eine Einigung getroffen wird. Die Einigungsgebühr entsteht dann auch lediglich aus dem Kostenwert.   **197**

Beispiel: Beschränkter Auftrag zum Kostenwiderspruch mit Besprechung und Einigung
Gegen eine einstweilige Verfügung (Wert: 10.000 EUR) wird auftragsgemäß Widerspruch nur hinsichtlich der Kosten eingelegt. Hierüber findet eine Besprechung der Anwälte statt, die mit einer Einigung über die Kosten endet. Der Kostenstreitwert beläuft sich auf 1.860 EUR.
Hinsichtlich der Verfahrens- und der Terminsgebühr ist abzurechnen wie im vorangegangenen Beispiel (vgl. Rdn 195). Für beide Anwälte entsteht jetzt zusätzlich noch eine Einigungsgebühr aus dem Kostenwert, und zwar in Höhe von 1,0, da die Kosten anhängig sind (VV 1003).

I. Anwalt Antragsteller
1. 1,3-Verfahrensgebühr, VV 3100   725,40 EUR
 (Wert: 10.000 EUR)
2. 1,2-Terminsgebühr, VV 3104   180,00 EUR
 (Wert: 1.860 EUR)
3. 1,0-Einigungsgebühr, VV 1000, 1003   150,00 EUR
 (Wert: 1.860 EUR)
4. Postentgeltpauschale, VV 7002   20,00 EUR
 Zwischensumme   1.075,40 EUR
5. 19 % Umsatzsteuer, VV 7008   204,33 EUR
Gesamt   **1.279,73 EUR**

II. Anwalt Antragsgegner
1. 1,3-Verfahrensgebühr, VV 3100   195,00 EUR
 (Wert: 1.860 EUR)
2. 1,2-Terminsgebühr, VV 3104   180,00 EUR
 (Wert: 1.860 EUR)
3. 1,0-Einigungsgebühr, VV 1000, 1003   150,00 EUR
 (Wert: 1.860 EUR)
4. Postentgeltpauschale, VV 7002   20,00 EUR
 Zwischensumme   545,00 EUR
5. 19 % Umsatzsteuer, VV 7008   103,55 EUR
Gesamt   **646,55 EUR**

Wird eine schriftliche Einigung über die Kosten getroffen, entsteht zwar auch die Einigungsgebühr nach VV 1000, 1003. Es fällt jetzt jedoch keine Terminsgebühr an. Die Voraussetzungen der Anm. Abs. 1 Nr. 1 zu VV 3104 sind nicht erfüllt, da über die Kosten ohne mündliche Verhandlung entschieden werden kann (§ 128 Abs. 3 ZPO).[148]   **198**

cc) Rechtfertigungsverfahren. Nach § 942 Abs. 1 ZPO kann in dringenden Fällen das Amtsgericht, in dessen Bezirk sich der Streitgegenstand befindet, eine einstweilige Verfügung erlassen. Insoweit gilt das gleiche wie für sonstige Verfahren auf Erlass einer einstweiligen Verfügung.   **199**

Auf Antrag des Gegners (§ 942 Abs. 2 S. 2 ZPO) hat das Gericht eine Frist zu bestimmen, innerhalb der die Ladung des Gegners zur mündlichen Verhandlung über die Rechtmäßigkeit der einstweiligen Verfügung bei dem Gericht der Hauptsache zu beantragen ist (§ 942 Abs. 1 ZPO). Dort wird dann   **200**

---

[148] OLG Frankfurt/M. AGS 2007, 70 = JurBüro 2006, 532 = NJW-RR 2006, 1438 = OLGR 2006, 1016 = MDR 2007, 56 = RVGreport 2006, 388 = NJW 2006, 3504.

die Rechtmäßigkeit der einstweiligen Verfügung im sog. Rechtfertigungsverfahren überprüft. Dieses Verfahren ist dem Widerspruchsverfahren (siehe Rdn 162 ff.) vergleichbar.

201 Das Verfahren über die Fristsetzung (§ 942 Abs. 2 S. 2 ZPO) zählt noch zum Anordnungsverfahren[149] und löst für den Antragsteller keine weiteren Gebühren aus. Für den Anwalt des Antragsgegners entsteht durch den Antrag auf Fristsetzung die Verfahrensgebühr, soweit sie nicht schon vorher entstanden ist. Da es sich nicht um einen das Verfahren einleitenden Antrag handelt, entsteht in dieser Phase nur eine 0,8-Verfahrensgebühr.

Beispiel: Einstweilige Verfügung vor dem Gericht der belegenen Sache mit anschließender Fristsetzung zur Hauptsache

Vor dem Gericht der belegenen Sache wird eine einstweilige Verfügung erwirkt (Wert: 10.000 EUR). Der Antragsgegner beauftragt einen Anwalt, der beantragt, dem Antragsteller eine Frist zu setzen, innerhalb der die Ladung zur mündlichen Verhandlung vor dem Gericht der Hauptsache zu beantragen ist. Der Antrag auf Fristsetzung wird später wieder zurückgenommen, bevor das Gericht die Frist gesetzt hat.

Für den **Anwalt des Antragstellers** entsteht eine 1,3-Verfahrensgebühr nach VV 3100 nebst Auslagen und Umsatzsteuer.

Der **Anwalt des Antragsgegners** hat zwar auch eine Verfahrensgebühr nach VV 3100 nebst Auslagen und Umsatzsteuer verdient, allerdings nur in Höhe von 0,8 (VV 3101 Nr. 1), da sich die Sache für ihn vorzeitig erledigt hat, bevor er einen Sachantrag gestellt hat.

I. Anwalt Antragsteller
1. 1,3-Verfahrensgebühr, VV 3100 725,40 EUR
   (Wert: 10.000 EUR)
2. Postentgeltpauschale, VV 7002 20,00 EUR
   Zwischensumme 745,40 EUR
3. 19 % Umsatzsteuer, VV 7008 141,63 EUR
   Gesamt **887,03 EUR**

II. Anwalt Antragsgegner
1. 0,8-Verfahrensgebühr, VV 3100, 3101 Nr. 1 446,40 EUR
   (Wert: 10.000 EUR)
2. Postentgeltpauschale, VV 7002 20,00 EUR
   Zwischensumme 466,40 EUR
3. 19 % Umsatzsteuer, VV 7008 88,62 EUR
   Gesamt **555,02 EUR**

202 Kommt es zur Durchführung des Rechtfertigungsverfahrens, dann bilden das Anordnungs- und das Rechtfertigungsverfahren eine einzige Angelegenheit i.S.d. § 15 Abs. 2 RVG. Auch dies ist kein Fall des § 16 Nr. 5. Vielmehr stellen das Anordnungs- und das Rechtfertigungsverfahren schon nach § 15 RVG eine einzige Angelegenheit dar, vergleichbar dem Widerspruchsverfahren. Kommt es also zur Durchführung der mündlichen Verhandlung vor dem Gericht der Hauptsache, erhalten die Anwälte die Verfahrensgebühr nur einmal, weil das Verfahren vor dem Amtsgericht der belegenen Sache und vor dem Hauptsachegericht nach § 20 S. 1 als ein Rechtszug gelten. Soweit nicht bereits im Anordnungsverfahren angefallen, entsteht jetzt zusätzlich die Terminsgebühr nach VV 3104. Hinzukommen kann auch eine Einigungsgebühr.

Beispiel: Einstweilige Verfügung vor dem Gericht der belegenen Sache mit anschließendem Rechtfertigungsverfahren

Vor dem Gericht der belegenen Sache wird eine einstweilige Verfügung erwirkt (Wert: 9.000 EUR). Der Antragsgegner beauftragt einen Anwalt, Antrag auf Ladung zur mündlichen Verhandlung vor dem Gericht der Hauptsache zu stellen. Vor dem zuständigen Gericht wird dann die Ladung fristgerecht vom Antragsgegner beantragt und über die Rechtmäßigkeit der einstweiligen Verfügung mündlich verhandelt.

Das Anordnungsverfahren und das Rechtfertigungsverfahren sind nach § 20 S. 1 eine Angelegenheit. Die Gebühren entstehen nur einmal. Für beide Anwälte entsteht die Verfahrens- und Terminsgebühr. Soweit für den Anwalt des Antragstellers die 1,3-Verfahrensgebühr bereits im Anordnungsverfahren abgerechnet worden ist, kann er jetzt nur noch den Differenzbetrag, also Terminsgebühr nebst Auslagen, nachfordern.

1. 1,3-Verfahrensgebühr, VV 3100 659,10 EUR
   (Wert: 9.000 EUR)
2. 1,2-Terminsgebühr, VV 3104 608,40 EUR
   (Wert: 9.000 EUR)

---

149 OLG Schleswig JurBüro 1989, 637.

3. Postentgeltpauschale, VV 7002		20,00 EUR
Zwischensumme	1.287,50 EUR	
4. 19 % Umsatzsteuer, VV 7008		244,63 EUR
Gesamt		**1.532,13 EUR**

dd) Abänderungs- und Aufhebungsverfahren. In Verfahren über die **Abänderung oder Aufhebung eines Arrests oder einer einstweiligen Verfügung** erhält der Anwalt ebenfalls die Gebühren der VV 3100 ff., und zwar auch hier gesondert neben den Gebühren der Hauptsache (Nr. 4 Buchst. d). Diese Gebühren entstehen aber nicht, soweit der Anwalt die Gebühren bereits im Anordnungsverfahren verdient hat, da das Verfahren über einen Antrag auf Anordnung eines Arrests oder Erlass einer einstweiligen Verfügung einerseits und jedes Verfahren auf deren Abänderung oder Aufhebung andererseits als eine Angelegenheit gelten (§ 16 Nr. 5). Zu den Abänderungs- und Aufhebungsverfahren nach § 16 Nr. 5 gehören

203

– das Verfahren auf Aufhebung wegen nicht fristgemäßer Klageerhebung (§ 926 Abs. 2 ZPO),
– das Verfahren auf Aufhebung wegen veränderter Umstände (§ 927 ZPO),
– das Verfahren auf Aufhebung gegen Sicherheitsleistung (§ 939 ZPO),
– das Verfahren auf Aufhebung der einstweiligen Verfügung wegen Nichteinhaltung der Ladungsfrist (§ 942 Abs. 3 ZPO).

Siehe im Einzelnen § 16 Rdn 97 ff.

d) Vorgerichtliche Vertretung

Zu beachten ist, dass der Anwalt auch außergerichtlich hinsichtlich der Eilsache tätig werden kann, also hinsichtlich des Gegenstands, der nachfolgend Streitgegenstand der einstweiligen Verfügung wird. Es liegen dann auch außergerichtlich zwei verschiedene gebührenrechtliche Angelegenheiten i.S.d. § 15 RVG vor. Für verwaltungsrechtliche Angelegenheiten ist dies in § 17 Nr. 1a RVG klargestellt. In Zivilsachen ergibt sich letztlich nichts anderes. Ebenso wie einstweilige Verfügung und Hauptsache verschiedene Gegenstände sind und die Gebühren nach Nr. 4 Buchst. b RVG gesondert entstehen lassen, liegen auch außergerichtlich verschiedene Gegenstände vor, die die Geschäftsgebühr gesondert entstehen lassen.[150]

204

> **Beispiel: Außergerichtliche Vertretung zu einer vorläufigen und einer endgültigen Regelung**
> Der A hat ein Grundstück, das nur über das Grundstück des B zu erreichen ist. B sperrt sein Grundstück eigenmächtig ab, sodass der A sein Grundstück nicht mehr erreichen kann. Er beauftragt daraufhin einen Anwalt, der zum einen eine vorläufige Zugangsregelung (Wert: 5.000 EUR) herbeiführen und zum anderen eine endgültige Regelung (Wert: 10.000 EUR) vereinbaren soll.
> Es liegen zwei außergerichtliche Tätigkeiten vor, eine gerichtet auf eine vorläufige Zugangsregelung und eine gerichtet auf eine endgültige Regelung. Der Anwalt erhält daher die Geschäftsgebühr zweimal, einmal aus dem vollen Wert der Hauptsache (§ 48 Abs. 1 S. 1 GKG i.V.m. § 3 ZPO) und einmal aus dem ermäßigten Wert der Eilsache (§ 53 Abs. 1 Nr. 1 GKG i.V.m. § 3 ZPO). Ausgehend von einem Wert der Hauptsache von 10.000 EUR und einem Wert der vorläufigen Regelung von 5.000 EUR ergäbe sich unter Ansatz jeweils einer Mittelgebühr folgende Berechnung:
>
> **I. Vorläufige Regelung (Wert: 5.000 EUR)**
> | | | |
> |---|---|---|
> | 1. 1,5-Geschäftsgebühr, VV 2300 | | 454,50 EUR |
> | 2. Postentgeltpauschale, VV 7002 | | 20,00 EUR |
> | Zwischensumme | 474,50 EUR | |
> | 3. 19 % Umsatzsteuer, VV 7008 | | 90,16 EUR |
> | **Gesamt** | | **564,66 EUR** |
>
> **II. Endgültige Regelung (Wert: 10.000 EUR)**
> | | | |
> |---|---|---|
> | 1. 1,5-Geschäftsgebühr, VV 2300 | | 837,00 EUR |
> | 2. Postentgeltpauschale, VV 7002 | | 20,00 EUR |
> | Zwischensumme | 857,00 EUR | |
> | 3. 19 % Umsatzsteuer, VV 7008 | | 162,83 EUR |
> | **Gesamt** | | **1.019,83 EUR** |

---

150 BGH AGS 2009, 261 = AnwBl 2009, 462 = NJW 2009, 2068 = Rpfleger 2009, 414 = BRAK-Mitt 2009, 138 = RVGreport 2009, 261 = VersR 2010, 496.

e) Anrechnung bei vorgerichtlicher Vertretung

205 Auch im einstweiligen Verfügungsverfahren ist gemäß VV Vorb. 3 Abs. 4 eine zuvor angefallene Geschäftsgebühr nach VV 2300 hälftig anzurechnen.

206 Hier wird allerdings von der überwiegenden Rechtsprechung[151] und der Kommentarliteratur[152] – häufig ohne nähere Begründung – nicht genügend differenziert. Nach VV Vorb. 3 Abs. 4 ist die Geschäftsgebühr auf ein nachfolgendes Verfahren anzurechnen, das „**denselben Gegenstand**" betrifft. Daran fehlt es, wenn der Anwalt außergerichtlich hinsichtlich der Hauptsache tätig ist (etwa im Falle der Abmahnung), während das einstweilige Verfügungsverfahren eine vorläufige Regelung zum Inhalt hat. Es liegen dann verschiedene Streitgegenstände vor,[153] sodass eine Anrechnung zu unterbleiben hat.[154]

207 Eine vorangegangene Geschäftsgebühr kann hier nur dann angerechnet werden, wenn sie aus dem Gegenstand des Verfügungsverfahrens angefallen ist, wenn der Anwalt also außergerichtlich auch hinsichtlich einer vorläufigen Regelung tätig war. Dann entsteht aus diesem Gegenstand eine (weitere) Geschäftsgebühr (siehe Rdn 206), die dann auf die Verfahrensgebühr des einstweiligen Verfügungsverfahrens anzurechnen ist.[155]

208 Am besten lässt sich dies anhand folgender Übersicht verdeutlichen:

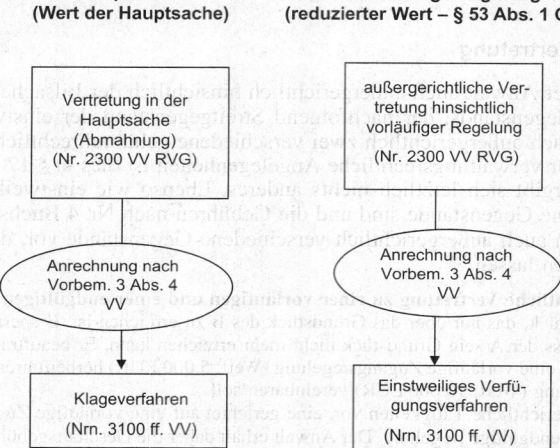

Beispiel: Außergerichtliche Vertretung zur Hauptsache und einstweilige Verfügung
Der A hat ein Grundstück, das nur über einen Weg auf dem Grundstück des B zu erreichen ist. B sperrt sein Grundstück eigenmächtig ab, sodass der A sein Grundstück nicht mehr erreichen kann. Der A beauftragt daraufhin einen Anwalt, der unter Fristsetzung die Wiedereinräumung des ungehinderten Zugangs zum Grundstück verlangt (Wert: 10.000 EUR). Als dies nicht geschieht, beantragt der Anwalt für den A den Erlass einer einstweiligen Verfügung (Wert: 5.000 EUR), mit der dem B aufgegeben werden soll, den Zugang in bestimmtem Umfang vorläufig zu ermöglichen.
Die außergerichtliche Tätigkeit betrifft die Hauptsache. Das gerichtliche Verfahren betrifft dagegen die Eilsache. Es liegen verschiedene Gegenstände vor. Eine Anrechnung der Geschäftsgebühr nach VV Vorb. 3 Abs. 4 kommt deshalb nicht in Betracht. Geht man in der Hauptsache von einem Wert in Höhe von

---

151 BGH WRP 2009, 75 = RVGreport 2008, 470; KG JurBüro 2009, 27 = KGR 2009, 76 = RVGreport 2008, 471; OLG Stuttgart AGS 2007, 104 = OLGR 2006, 691; AnwBl 2006, 679 = MDR 2007, 57 = RVGreport 2007, 74; OLG Hamburg zfs 2005, 201; KG AGS 2009, 53 = KGR 2009, 135 = AnwBl 2009, 236 = RVGreport 2009, 29 = RVGprof. 2009, 127; in seinen Gründen auch BGH NJW 2008, 1744.
152 Gerold/Schmidt/*Madert*, Nr. 2300, 2301 Rn 41; Gerold/Schmidt/*Müller-Rabe*, Anhang II Rn 147.
153 *Schuschke/Walker*, Vollstreckung und Vorläufiger Rechtsschutz, Bd. II, Arrest und Einstweilige Verfügung, 3. Aufl. 2004, § 935 Rn 2, 3.
154 Ausführlich *N. Schneider*, NJW 2009, 2017; ebenso *Weber*, in: Münchener Anwaltshandbuch Vergütungsrecht, § 11 Rn 14 ff.
155 *N. Schneider*, NJW 2009, 2017; *Weber*, in: Münchener Anwaltshandbuch Vergütungsrecht, § 11 Rn 18.

Abschnitt 3. Angelegenheit § 17

10.000 EUR aus und hinsichtlich der einstweiligen Verfügung von 5.000 EUR, dann ergibt sich bei Annahme einer Mittelgebühr folgende Berechnung:

I. Außergerichtliche Vertretung (Wert: 10.000 EUR)
1. 1,5-Geschäftsgebühr, VV 2300   837,00 EUR
2. Postentgeltpauschale, VV 7002   20,00 EUR
    Zwischensumme   857,00 EUR
3. 19 % Umsatzsteuer, VV 7008   162,83 EUR
Gesamt   **1.019,83 EUR**

II. Einstweiliges Verfügungsverfahren (Wert: 5.000 EUR)
1. 1,3-Verfahrensgebühr, VV 3100   393,90 EUR
2. Postentgeltpauschale, VV 7002   20,00 EUR
    Zwischensumme   413,90 EUR
3. 19 % Umsatzsteuer, VV 7008   78,64 EUR
Gesamt   **492,54 EUR**

Beispiel: Außergerichtliche Vertretung zur vorläufigen Regelung und einstweilige Verfügung
Wie vorangegangenes Beispiel. Der A beauftragt jedoch den Anwalt außergerichtlich lediglich damit, den B aufzufordern ihm vorläufig und in bestimmtem Umfang den Zugang zu gewähren. Einen dauerhaften Anspruch auf Zugang zum Grundstück soll der Anwalt nicht geltend machen, da der A sich einen anderweitigen Zugang verschaffen will.
Die außergerichtliche Vertretung betrifft jetzt nur eine vorläufige Regelung, ebenso wie das einstweilige Verfügungsverfahren. Die Geschäftsgebühr ist daher hälftig nach VV Vorb. 3 Abs. 4 S. 1 anzurechnen. Ausgehend von einem Wert in Höhe von 5.000 EUR ergibt sich bei Annahme einer Mittelgebühr folgende Berechnung:

I. Außergerichtliche Vertretung (Wert: 5.000 EUR)
1. 1,5-Geschäftsgebühr, VV 2300   454,50 EUR
2. Postentgeltpauschale, VV 7002   20,00 EUR
    Zwischensumme   474,50 EUR
3. 19 % Umsatzsteuer, VV 7008   90,16 EUR
Gesamt   **564,66 EUR**

II. Einstweiliges Verfügungsverfahren (Wert: 5.000 EUR)
1. 1,3-Verfahrensgebühr, VV 3100   393,90 EUR
2. gem. VV Vorb. 3 Abs. 4 S. 1 anzurechnen, 0,75 aus 5.000 EUR   – 227,25 EUR
3. 1,2-Terminsgebühr, VV 3104   363,60 EUR
4. Postentgeltpauschale, VV 7002   20,00 EUR
    Zwischensumme   550,25 EUR
5. 19 % Umsatzsteuer, VV 7008   104,55 EUR
Gesamt   **654,80 EUR**

Beispiel: Außergerichtliche Vertretung in der Hauptsache, einstweilige Verfügung und anschließende Hauptsacheklage
Wie vorangegangenes Beispiel; nachdem der B der Forderung auf Gestattung des ungehinderten Zugangs zum Grundstück nicht nachgekommen ist, beantragt der Anwalt den Erlass einer einstweiligen Anordnung, mit der dem B aufgegeben werden soll, den Zugang in bestimmtem Umfang vorläufig zu ermöglichen. Gleichzeitig wird auch Klage zur Hauptsache auf dauerhaften Zugang erhoben.
Vorgerichtlich ist der Anwalt hinsichtlich der Hauptsache tätig geworden. Die gerichtlichen Verfahren betreffen zum einen ebenfalls die Hauptsache und zum anderen nur die Eilsache (Verfügungsverfahren). Die angefallene Geschäftsgebühr aus der Hauptsache ist jetzt anzurechnen auf die Verfahrensgebühr des Hauptsacheverfahrens. Im einstweiligen Verfügungsverfahren findet keine Anrechnung statt, da hinsichtlich der Eilsache keine vorgerichtliche Vertretung stattgefunden hat. Ausgehend von einem Wert der Hauptsache in Höhe von 10.000 EUR und hinsichtlich der einstweiligen Verfügung von 5.000 EUR, ergibt sich bei Annahme einer Mittelgebühr folgende Berechnung:

I. Außergerichtliche Vertretung (Wert: 10.000 EUR)
1. 1,5-Geschäftsgebühr, VV 2300   837,00 EUR
2. Postentgeltpauschale, VV 7002   20,00 EUR
    Zwischensumme   857,00 EUR
3. 19 % Umsatzsteuer, VV 7008   162,83 EUR
Gesamt   **1.019,83 EUR**

II. Hauptsacheklage (Wert:10.000 EUR)

1.	1,3-Verfahrensgebühr, VV 3100	725,40 EUR
2.	gem. VV Vorb. 3 Abs. 4 S. 1 anzurechnen, 0,75 aus 10.000 EUR	– 418,50 EUR
3.	1,2-Terminsgebühr, VV 3104	669,60 EUR
4.	Postentgeltpauschale, VV 7002	20,00 EUR
	Zwischensumme	996,50 EUR
5.	19 % Umsatzsteuer, VV 7008	189,34 EUR
Gesamt		**1.185,84 EUR**

III. Einstweiliges Verfügungsverfahren (Wert: 5.000 EUR)

1.	1,3-Verfahrensgebühr, VV 3100	393,90 EUR
2.	Postentgeltpauschale, VV 7002	20,00 EUR
	Zwischensumme	413,90 EUR
3.	19 % Umsatzsteuer, VV 7008	78,64 EUR
Gesamt		**492,54 EUR**

Beispiel: Außergerichtliche Vertretung hinsichtlich einer vorläufigen und einer endgültigen Regelung, einstweilige Verfügung und Hauptsacheklage

Wie vorangegangenes Beispiel; der A beauftragt seinen Anwalt zum einen, den ungehinderten Zugang auf Dauer zu verlangen, und darüber hinaus, bis zur endgültigen Klärung der Sache ihm vorläufig und in bestimmtem Umfang den Zugang zu gewähren. Da der B auf beides nicht reagiert, beantragt der Anwalt auftragsgemäß den Erlass einer einstweiligen Verfügung, mit der dem B aufgegeben werden soll, den Zugang in bestimmtem Umfang vorläufig zu ermöglichen. Gleichzeitig wird auch Klage zur Hauptsache auf dauerhaften Zugang erhoben.

Außergerichtlich ist der Anwalt sowohl hinsichtlich der Hauptsache als auch hinsichtlich einer vorläufigen Regelung tätig geworden. Er erhält daher die Geschäftsgebühr (VV 2300) zweimal, einmal aus dem Wert der Hauptsache und einmal aus dem Wert der Eilsache.

Die Geschäftsgebühr aus dem Gegenstand der vorläufigen Regelung ist gemäß VV Vorb. 3 Abs. 4 S. 1 anzurechnen auf die Verfahrensgebühr des einstweiligen Verfügungsverfahrens. Die Geschäftsgebühr betreffend die endgültige Regelung ist anzurechnen auf die Verfahrensgebühr des Hauptsacheverfahrens.

Ausgehend von einem Wert der Hauptsache in Höhe von 10.000 EUR und hinsichtlich der einstweiligen Verfügung von 5.000 EUR, ergibt sich bei Annahme einer Mittelgebühr folgende Berechnung:

I. Außergerichtliche Vertretung, vorläufige Regelung (Wert: 5.000 EUR)

1.	1,5-Geschäftsgebühr, VV 2300	454,50 EUR
2.	Postentgeltpauschale, VV 7002	20,00 EUR
	Zwischensumme	474,50 EUR
3.	19 % Umsatzsteuer, VV 7008	90,16 EUR
Gesamt		**564,66 EUR**

II. Einstweiliges Verfügungsverfahren (Wert: 5.000 EUR)

1.	1,3-Verfahrensgebühr, VV 3100	393,90 EUR
2.	gem. VV Vorb. 3 Abs. 4 S. 1 anzurechnen, 0,75 aus 5.000 EUR	– 227,25 EUR
3.	1,2-Terminsgebühr, VV 3104	363,60 EUR
4.	Postentgeltpauschale, VV 7002	20,00 EUR
	Zwischensumme	550,25 EUR
5.	19 % Umsatzsteuer, VV 7008	104,55 EUR
Gesamt		**654,80 EUR**

III. Außergerichtliche Vertretung Hauptsache (Wert: 10.000 EUR)

1.	1,5-Geschäftsgebühr, VV 2300	837,00 EUR
2.	Postentgeltpauschale, VV 7002	20,00 EUR
	Zwischensumme	857,00 EUR
3.	19 % Umsatzsteuer, VV 7008	162,83 EUR
Gesamt		**1.019,83 EUR**

IV. Hauptsacheklage (Wert: 10.000 EUR)

1.	1,3-Verfahrensgebühr, VV 3100	725,40 EUR
2.	gem. VV Vorb. 3 Abs. 4 S. 1 anzurechnen, 0,75 aus 10.000 EUR	– 418,50 EUR
3.	1,2-Terminsgebühr, VV 3104	669,60 EUR

4. Postentgeltpauschale, VV 7002		20,00 EUR
Zwischensumme	996,50 EUR	
5. 19 % Umsatzsteuer, VV 7008		189,34 EUR
Gesamt		**1.185,84 EUR**

f) Beschwerdeverfahren

Weist das Gericht den Antrag auf Erlass einer einstweiligen Verfügung oder eines Arrests ohne mündliche Verhandlung durch Beschluss zurück, so ist hiergegen die sofortige Beschwerde gegeben (§ 567 Abs. 1 Nr. 2 ZPO). Dieses Beschwerdeverfahren wiederum stellt gemäß § 17 Nr. 1 eine **eigene Angelegenheit** dar, die nach den VV 3500 ff. zu vergüten ist. 209

Ordnet das Beschwerdegericht eine mündliche Verhandlung an, so erhält der Anwalt nicht die 0,5-Terminsgebühr nach VV 3513, sondern eine volle **1,2-Terminsgebühr** nach VV 3514. 210

g) Berufung

Im Berufungsverfahren gelten keine Besonderheiten. Abzurechnen ist wie in einem gewöhnlichen Berufungsverfahren nach den VV 3200 ff. Insoweit kann auf die Ausführungen zu den VV 3200 ff. Bezug genommen werden. 211

h) Antrag auf Erlass einer einstweiligen Verfügung oder Anordnung eines Arrests im Rechtsmittelverfahren

Wird der Erlass einer einstweiligen Verfügung oder die Anordnung eines Arrests während der Anhängigkeit der Hauptsache im Berufungsverfahren beantragt, ist das Berufungsgericht für den Erlass des Arrests oder der einstweiligen Verfügung zuständig (§ 943 ZPO). In der Hauptsache gelten dann zwar die Gebühren nach den VV 3200 ff., im Arrest- oder Verfügungsverfahren bleiben jedoch die Gebühren der VV 3100 ff. anwendbar (VV Vorb. 3.2 Abs. 2 S. 1; siehe VV Vorb. 3.2 Rdn 6 ff.). 212

i) Vollziehung

Für die Vollziehung einer einstweiligen Verfügung oder eines Arrests gilt VV Teil 3 Abschnitt 3 Unterabschnitt 3 (VV Vorb. 3.3.3 S. 1 Nr. 4). Es entstehen die Gebühren der VV 3309, 3310. Wegen Einzelheiten wird auf die dortigen Kommentierungen Bezug genommen (vgl. VV 3309 Rdn 1 ff., VV 3310 Rdn 1 ff.). 213

j) Abschlussschreiben

aa) Überblick. Ein sog. Abschlussschreiben, also ein Schreiben, mit dem der Rechtsanwalt den Antragsgegner nach Erlass einer einstweiligen Verfügung auffordert, den Verfügungsanspruch anzuerkennen und auf seine Rechte gegen die Verfügung zu verzichten, zählt nicht mehr zur Gebühreninstanz des Verfügungsverfahrens. Diese Tätigkeit betrifft vielmehr die Hauptsache.[156] Wie abzurechnen ist, hängt davon ab, ob insoweit ein Auftrag zur außergerichtlichen Vertretung vorlag oder ob bereits Klageauftrag erteilt worden war. 214

Hatte der Anwalt bereits Klageauftrag zur Hauptsache, dann zählt das Abschlussschreiben zur Instanz (§ 19 Abs. 1 S. 2 Nr. 1), also zur Hauptsacheklage, sodass er durch das Abschlussschreiben eine 0,8-Verfahrensgebühr nach VV 3101 Nr. 1 verdient.[157] 215

---

156 BGH NJW 1973, 901 = MDR 1973, 482 = BB 1973, 813 = GRUR 1973, 384.
157 Zur vergleichbaren Lage nach der BRAGO (§ 37 Nr. 1, §§ 31 Abs. 1 Nr. 1, 32 Abs. 2 BRAGO): AG Saarbrücken AnwBl 1980, 517 = MDR 1981, 55 = JurBüro 1981, 276 = VersR 1981, 644; LG Hannover JurBüro 1981, 223; OLG Stuttgart WRP 1984, 230 = Justiz 1984, 343; OLG Köln GRUR 1986, 96; OLG Hamm GRUR 1991, 336 = MDR 1991, 545 = WRP 1991, 496 = NJW-RR 1991, 1335.

216 Hat der Anwalt noch keinen Klageauftrag, so löst das Abschlussschreiben eine Geschäftsgebühr nach VV 2300 aus.[158]

217 bb) Noch kein Auftrag zur Hauptsacheklage. (1) Abrechnung. Hat der Anwalt noch keinen Klageauftrag, so löst das Abschlussschreiben eine Geschäftsgebühr nach VV 2300 aus.[159] Diese Gebühr ist nach VV Vorb. 3 Abs. 4 S. 1 zur Hälfte, höchstens mit 0,75 auf ein nachfolgendes Hauptsacheverfahren anzurechnen.

> **Beispiel: Außergerichtliches Abschlussschreiben nach Verfügungsverfahren**
> Nach Erlass einer einstweiligen Verfügung (Wert: 7.500 EUR), die der Anwalt für seinen Mandanten im Beschlussverfahren ohne mündliche Verhandlung erwirkt hat, fordert er auftragsgemäß den Antragsgegner außergerichtlich auf, den Verfügungsanspruch (Hauptsachewert: 30.000 EUR) anzuerkennen und auf seine Rechte gegen die Verfügung zu verzichten, was dann auch geschieht.
> Für das Verfügungsverfahren entsteht die Gebühr nach VV 3100 aus dem Wert von 7.500 EUR. Für die außergerichtliche Vertretung entsteht eine Geschäftsgebühr nach VV 2300 aus dem Wert der Hauptsache, also aus 30.000 EUR. Hier soll von der Mittelgebühr ausgegangen werden. Eine Anrechnung ist nicht vorgesehen.
>
> **I. Verfügungsverfahren**
> 1. 1,3-Verfahrensgebühr, VV 3100 .... 592,80 EUR
>   (Wert: 7.500 EUR)
> 2. Postentgeltpauschale, VV 7002 .... 20,00 EUR
>   Zwischensumme .... 612,80 EUR
> 3. 19 % Umsatzsteuer, VV 7008 .... 116,43 EUR
>   **Gesamt** .... **729,23 EUR**
>
> **II. Abschlussschreiben**
> 1. 1,5-Geschäftsgebühr, VV 2300 .... 1.294,50 EUR
>   (Wert: 30.000 EUR)
> 2. Postentgeltpauschale, VV 7002 .... 20,00 EUR
>   Zwischensumme .... 1.314,50 EUR
> 3. 19 % Umsatzsteuer, VV 7008 .... 249,76 EUR
>   **Gesamt** .... **1.564,26 EUR**

218 (2) Abschlussschreiben nach vorheriger Abmahnung. Wenig Beachtung findet die Frage, wie sich das Abschlussschreiben zur Abmahnung verhält. Beides sind außergerichtliche Tätigkeiten, die eine Geschäftsgebühr auslösen. In beiden Fällen ist der Gegenstand derselbe, nämlich der Hauptsacheanspruch. Daher ist insoweit von derselben Angelegenheit i.S.d. § 15 RVG auszugehen.[160] Mit dem Abschlussschreiben wird die außergerichtliche Vertretung hinsichtlich der Hauptsache wieder aufgenommen und dem Verfügungsgegner nochmals Gelegenheit gegeben, die Sache ohne Hauptsacheprozess aus der Welt zu schaffen. Bei dem Abschlussschreiben handelt es sich folglich nicht um einen neuen Auftrag, sondern nur um den Auftrag, in der Hauptsache weiter tätig zu werden. Die Gebühren entstehen daher nicht erneut (§ 15 Abs. 5 S. 1).[161] Allerdings wird das Abschlussschreiben dazu führen, dass sich der Gebührensatz der außergerichtlichen Vertretung erhöht.

> **Beispiel: Außergerichtliches Abschlussschreiben nach Abmahnung und Verfügungsverfahren**
> Der Anwalt mahnt den Gegner zunächst ab (Wert der Hauptsache: 30.000 EUR). Da der Gegner nicht reagiert, beantragt der Anwalt den Erlass einer einstweiligen Verfügung (Wert: 7.500 EUR), die der Anwalt für seinen Mandanten im Beschlussverfahren ohne mündliche Verhandlung erwirkt. Hiernach fordert er auftragsgemäß den Antragsgegner außergerichtlich auf, den Verfügungsanspruch anzuerkennen und auf seine Rechte gegen die Verfügung zu verzichten, was dann auch geschieht.
> Für das Verfügungsverfahren entsteht die Gebühr nach VV 3100 aus dem Wert von 7.500 EUR. Für die Abmahnung ist eine Geschäftsgebühr nach VV 2300 aus dem Wert der Hauptsache, also aus 30.000 EUR

---

158 BGH NJW 2008, 1744 = RVGreport 2008, 184 = BRAK-Mitt 2008, 140 = AnwBl 2008, 550; BGHR 2007, 297 = VersR 2007, 506 = WM 2007, 753 = MDR 2007, 585 = AnwBl 2007, 548; OLG Hamburg MDR 1981, 944 = WRP 1981, 470.

159 BGH NJW 2008, 1744 = RVGreport 2008, 184 = BRAK-Mitt 2008, 140 = AnwBl 2008, 550; BGHR 2007, 297 = VersR 2007, 506 = WM 2007, 753 = MDR 2007, 585 = AnwBl 2007, 548; OLG Hamburg MDR 1981, 944 = WRP 1981, 470.

160 KG AfP 2006, 369 = KGR 2006, 850 = WRP 2006, 1035 = RVGreport 2006, 344.

161 Unzutreffend Gerold/Schmidt/*Müller-Rabe*, Anhang II Rn 147 u. *Weber*, in: Münchener Anwaltshandbuch Vergütungsrecht, § 11 Rn 50, die hier von zwei Angelegenheiten ausgehen und zwei Geschäftsgebühren ansetzen wollen, eine für die Abmahnung und eine für die Aufforderung zur Abschlusserklärung.

entstanden. Hier soll von der Mittelgebühr ausgegangen werden. Durch die Wiederaufnahme der außergerichtlichen Vertretung entsteht keine weitere Geschäftsgebühr. Die Tätigkeit betreffend das Abschlussschreiben stellt sich vielmehr als Fortsetzung der außergerichtlichen Vertretung dar und führt lediglich zu einer Erhöhung des Gebührensatzes, der hier mit 1,8 angenommen werden soll.

I. Außergerichtliche Vertretung betreffend Abmahnung und Abschlussschreiben
1. 1,8-Geschäftsgebühr, VV 2300   1.553,40 EUR
   (Wert: 30.000 EUR)
2. Postentgeltpauschale, VV 7002   20,00 EUR
   Zwischensumme   1.573,40 EUR
3. 19 % Umsatzsteuer, VV 7008   298,95 EUR
Gesamt   **1.872,35 EUR**

II. Verfügungsverfahren
1. 1,3-Verfahrensgebühr, VV 3100   592,80 EUR
   (Wert: 7.500 EUR)
2. Postentgeltpauschale, VV 7002   20,00 EUR
   Zwischensumme   612,80 EUR
3. 19 % Umsatzsteuer, VV 7008   116,43 EUR
Gesamt   **729,23 EUR**

Hatte der Anwalt die 1,5-Geschäftsgebühr für die Abmahnung bereits abgerechnet, muss diese Vergütung in der Schlussrechnung gutgeschrieben werden.

I. Abmahnung
1. 1,5-Geschäftsgebühr, VV 2300   1.294,50 EUR
   (Wert: 30.000 EUR)
2. Postentgeltpauschale, VV 7002   20,00 EUR
   Zwischensumme   1.314,50 EUR
3. 19 % Umsatzsteuer, VV 7008   249,76 EUR
Gesamt   **1.564,26 EUR**

II. Verfügungsverfahren
1. 1,3-Verfahrensgebühr, VV 3100   592,80 EUR
   (Wert: 7.500 EUR)
2. Postentgeltpauschale, VV 7002   20,00 EUR
   Zwischensumme   612,80 EUR
3. 19 % Umsatzsteuer, VV 7008   116,43 EUR
Gesamt   **729,23 EUR**

III. Abschlussschreiben
1. 1,8-Geschäftsgebühr, VV 2300   1.553,40 EUR
   (Wert: 30.000 EUR)
2. Postentgeltpauschale, VV 7002   20,00 EUR
3. abzüglich für Abmahnung bereits abgerechneter (netto)   – 1.294,50 EUR
   Zwischensumme   278,90 EUR
4. 19 % Umsatzsteuer, VV 7008   52,99 EUR
Gesamt   **331,89 EUR**

cc) Anrechnung auf nachfolgendes Hauptsacheverfahren. Folgt nach dem Abschlussschreiben das Hauptsacheverfahren, dann ist die für das Abschlussschreiben entstandene Geschäftsgebühr gemäß VV Vorb. 3 Abs. 4 hälftig auf die Verfahrensgebühr des Hauptsacheverfahrens anzurechnen, höchstens allerdings zu 0,75.

> **Beispiel: Außergerichtliches Abschlussschreiben nach Verfügungsverfahren mit anschließender Hauptsacheklage**
> Nach Erlass einer einstweiligen Verfügung (Wert: 7.500 EUR), die der Anwalt für seinen Mandanten im Beschlussverfahren ohne mündliche Verhandlung erwirkt hat, fordert er auftragsgemäß den Antragsgegner außergerichtlich auf, den Verfügungsanspruch (Hauptsachewert: 30.000 EUR) anzuerkennen und auf seine Rechte gegen die Verfügung zu verzichten. Der Antragsgegner reagiert nicht. Es wird sodann Hauptsacheklage erhoben und zur Hauptsache verhandelt.
> Für das Verfügungsverfahren entsteht wiederum die Gebühr nach VV 3100 aus dem Wert der Eilsache (7.500 EUR). Für das anschließende Abschlussschreiben fällt eine Geschäftsgebühr nach VV 2300 aus dem Wert der Hauptsache (30.000 EUR) an. Im sich hieran anschließenden Hauptsacheverfahren entsteht eine weitere Verfahrensgebühr nach VV 3100; allerdings ist die vorangegangene Geschäftsgebühr hälftig anzurechnen (VV Vorb. 3 Abs. 4).

§ 17

I. **Verfügungsverfahren**
1. 1,3-Verfahrensgebühr, VV 3100   592,80 EUR
   (Wert: 7.500 EUR)
2. Postentgeltpauschale, VV 7002   20,00 EUR
   Zwischensumme   612,80 EUR
3. 19 % Umsatzsteuer, VV 7008   116,43 EUR
   Gesamt   **729,23 EUR**

II. **Abschlussschreiben**
1. 1,5-Geschäftsgebühr, VV 2300   1.294,50 EUR
   (Wert: 30.000 EUR)
2. Postentgeltpauschale, VV 7002   20,00 EUR
   Zwischensumme   1.314,50 EUR
3. 19 % Umsatzsteuer, VV 7008   249,76 EUR
   Gesamt   **1.564,26 EUR**

III. **Hauptsacheverfahren**
1. 1,3-Verfahrensgebühr, VV 3100   1.121,90 EUR
   (Wert: 30.000 EUR)
2. gem. VV Vorb. 3 Abs. 4 S. 1 anzurechnen,   – 647,25 EUR
   0,75 aus 30.000 EUR
3. 1,2-Terminsgebühr, VV 3104   1.035,60 EUR
   (Wert: 30.000 EUR)
4. Postentgeltpauschale, VV 7002   20,00 EUR
   Zwischensumme   1.530,25 EUR
5. 19 % Umsatzsteuer, VV 7008   290,75 EUR
   Gesamt   **1.821,00 EUR**

Beispiel: Abmahnung, Verfügungsverfahren und außergerichtliches Abschlussschreiben mit anschließender Hauptsacheklage

Der Anwalt mahnt den Gegner zunächst außergerichtlich ab. Da dieser nicht reagiert, beantragt er den Erlass einer einstweiligen Verfügung (Wert: 7.500 EUR) im Beschlusswege ohne mündliche Verhandlung. Hiernach fordert er auftragsgemäß den Antragsgegner außergerichtlich auf, den Verfügungsanspruch (Hauptsachewert: 30.000 EUR) anzuerkennen und auf seine Rechte gegen die Verfügung zu verzichten. Der Antragsgegner reagiert nicht. Es wird sodann Hauptsacheklage erhoben und zur Hauptsache verhandelt.
Für die Abmahnung fällt eine Geschäftsgebühr nach VV 2300 aus dem Wert der Hauptsache (30.000 EUR) an.
Für das Verfügungsverfahren entsteht wiederum die Gebühr nach VV 3100 aus dem Wert der Eilsache (7.500 EUR).
Das anschließende Abschlussschreiben löst keine neue Gebühr aus, sondern stellt sich als Fortsetzung der mit der Abmahnung begonnenen Geschäftstätigkeit dar. Insoweit soll insgesamt von einem Gebührensatz von 1,8 ausgegangen werden.
Im sich hieran anschließenden Hauptsacheverfahren entsteht eine weitere Verfahrensgebühr nach VV 3100; allerdings ist die vorangegangene Geschäftsgebühr für Abmahnung und Abschlussschreiben hälftig anzurechnen (VV Vorb. 3 Abs. 4).

I. **Verfügungsverfahren**
1. 1,3-Verfahrensgebühr, VV 3100   592,80 EUR
   (Wert: 7.500 EUR)
2. Postentgeltpauschale, VV 7002   20,00 EUR
   Zwischensumme   612,80 EUR
3. 19 % Umsatzsteuer, VV 7008   116,43 EUR
   Gesamt   **729,23 EUR**

II. **Außergerichtliche Vertretung hinsichtlich Abmahnung und Abschlussschreiben**
1. 1,8-Geschäftsgebühr, VV 2300   1.553,40 EUR
   (Wert: 30.000 EUR)
2. Postentgeltpauschale, VV 7002   20,00 EUR
   Zwischensumme   1.573,40 EUR
3. 19 % Umsatzsteuer, VV 7008   298,95 EUR
   Gesamt   **1.872,35 EUR**

III. Hauptsacheverfahren

1.	1,3-Verfahrensgebühr, VV 3100 (Wert: 30.000 EUR)		1.121,90 EUR
2.	gem. VV Vorb. 3 Abs. 4 anzurechnen, 0,75 aus 30.000 EUR		– 647,25 EUR
3.	1,2-Terminsgebühr, VV 3104 (Wert: 30.000 EUR)		1.035,60 EUR
4.	Postentgeltpauschale, VV 7002		20,00 EUR
	Zwischensumme	1.530,25 EUR	
5.	19 % Umsatzsteuer, VV 7008		290,75 EUR
	Gesamt		**1.821,00 EUR**

dd) Auftrag zur Hauptsacheklage bereits erteilt. War zum Zeitpunkt des Abschlussschreibens bereits Klageauftrag zur Hauptsache erteilt, dann wird die Tätigkeit des Anwalts nicht mehr nach VV Teil 2 (Geschäftsgebühr) vergütet, sondern bereits nach VV Teil 3 und löst eine Verfahrensgebühr aus, allerdings nur in ermäßigter Höhe von 0,8 (VV 3101 Nr. 1). 220

Beispiel: Abschlussschreiben nach Verfügungsverfahren, Klageauftrag bereits erteilt
Nach Erlass einer einstweiligen Verfügung (Wert: 7.500 EUR), die der Anwalt für seinen Mandanten im Beschlussverfahren ohne mündliche Verhandlung erwirkt hat, erhält er den Auftrag zur Hauptsacheklage (Wert: 30.000 EUR). Er fordert vorsorglich den Antragsgegner nochmals auf, den Verfügungsanspruch anzuerkennen und auf seine Rechte gegen die Verfügung zu verzichten, was dann auch geschieht.
Für das Verfügungsverfahren entsteht wiederum die Gebühr nach VV 3100. Für die außergerichtliche Vertretung entsteht jetzt ebenfalls eine Verfahrensgebühr, da bereits Klageauftrag bestand. Infolge der vorzeitigen Erledigung reduziert sich diese Gebühr allerdings auf 0,8 (VV 3101 Nr. 1).

I. Verfügungsverfahren

1.	1,3-Verfahrensgebühr, VV 3100 (Wert: 7.500 EUR)		592,80 EUR
2.	Postentgeltpauschale, VV 7002		20,00 EUR
	Zwischensumme	612,80 EUR	
3.	19 % Umsatzsteuer, VV 7008		116,43 EUR
	Gesamt		**729,23 EUR**

II. Abschlussschreiben

1.	0,8-Verfahrensgebühr, VV 3101 Nr. 1 (Wert: 30.000 EUR)		690,40 EUR
2.	Postentgeltpauschale, VV 7002		20,00 EUR
	Zwischensumme	710,40 EUR	
3.	19 % Umsatzsteuer, VV 7008		134,98 EUR
	Gesamt		**845,38 EUR**

War eine Abmahnung vorangegangen, so ist die dafür angefallene Geschäftsgebühr auf die Verfahrensgebühr für das Abschlussschreiben gemäß VV Vorb. 3 Abs. 4 S. 1 anzurechnen. 221

Beispiel: Abschlussschreiben nach Verfügungsverfahren und Abmahnung, Klageauftrag bereits erteilt
Der Anwalt mahnt den Antragsgegner zunächst ab. Da dieser nicht reagiert, wird der Erlass einer einstweiligen Verfügung (Wert: 7.500 EUR) beantragt, die im Beschlusswege ergeht. Hiernach erhält der Anwalt den Auftrag zur Hauptsacheklage (Wert: 30.000 EUR). Er fordert vorsorglich den Antragsgegner nochmals auf, den Verfügungsanspruch anzuerkennen und auf seine Rechte gegen die Verfügung zu verzichten, was dann auch geschieht.
Für die Abmahnung entsteht eine Geschäftsgebühr aus dem Wert der Hauptsache. Für das Verfügungsverfahren entsteht wiederum die Gebühr nach VV 3100. Für die außergerichtliche Vertretung entsteht jetzt ebenfalls eine Verfahrensgebühr, da bereits Klageauftrag bestand. Infolge der vorzeitigen Erledigung reduziert sich diese Gebühr allerdings auf 0,8 (VV 3101 Nr. 1). Die für die Abmahnung angefallene Geschäftsgebühr ist hierauf gemäß VV Vorb. 3 Abs. 4 hälftig, höchstens zu 0,75 anzurechnen.

I. Abmahnung

1.	1,3-Geschäftsgebühr, VV 2300 (Wert: 30.000 EUR)		1.121,90 EUR
2.	Postentgeltpauschale, VV 7002		20,00 EUR
	Zwischensumme	1.141,90 EUR	
3.	19 % Umsatzsteuer, VV 7008		216,96 EUR
	Gesamt		**1.358,86 EUR**

II. Einstweiliges Verfügungsverfahren

1.	1,3-Verfahrensgebühr, VV 3100 (Wert: 7.500 EUR)	592,80 EUR
2.	Postentgeltpauschale, VV 7002	20,00 EUR
	Zwischensumme	612,80 EUR
3.	19 % Umsatzsteuer, VV 7008	116,43 EUR
	Gesamt	**729,23 EUR**

III. Abschlussschreiben

1.	0,8-Verfahrensgebühr, VV 3101 Nr. 1 (Wert: 30.000 EUR)	690,40 EUR
2.	gem. VV Vorb. 3 Abs. 4 S. 1 anzurechnen, 0,75 aus 30.000 EUR	– 647,25 EUR
3.	Postentgeltpauschale, VV 7002	20,00 EUR
	Zwischensumme	63,15 EUR
4.	19 % Umsatzsteuer, VV 7008	12,00 EUR
	Gesamt	**75,15 EUR**

222 Kommt es nach dem Abschlussschreiben zur Hauptsacheklage, dann entsteht keine neue Angelegenheit; vielmehr erstarkt die bisherige 0,8-Verfahrensgebühr aus VV 3100, 3101 Nr. 1 zu einer vollen 1,3-Verfahrensgebühr nach VV 3100.

Beispiel: Abschlussschreiben nach Verfügungsverfahren, Klageauftrag bereits erteilt, Hauptsacheverfahren folgt

Nach Erlass einer einstweiligen Verfügung (Wert: 7.500 EUR), die der Anwalt für seinen Mandanten im Beschlussverfahren ohne mündliche Verhandlung erwirkt hat, erhält er den Auftrag zur Hauptsacheklage (Wert: 30.000 EUR). Er fordert vorsorglich den Antragsgegner nochmals auf, den Verfügungsanspruch anzuerkennen und auf seine Rechte gegen die Verfügung zu verzichten, was nicht geschieht, sodass hiernach Hauptsacheklage erhoben und darüber verhandelt wird.

Die zuvor entstandene 0,8-Verfahrensgebühr erhöht sich jetzt auf 1,3 (VV 3100).

I. Verfügungsverfahren

1.	1,3-Verfahrensgebühr, VV 3100 (Wert: 7.500 EUR)	592,80 EUR
2.	Postentgeltpauschale, VV 7002	20,00 EUR
	Zwischensumme	612,80 EUR
3.	19 % Umsatzsteuer, VV 7008	116,43 EUR
	Gesamt	**729,23 EUR**

II. Abschlussschreiben

1.	0,8-Verfahrensgebühr, VV 3104 (Wert: 30.000 EUR)	690,40 EUR
2.	Postentgeltpauschale, VV 7002	20,00 EUR
	Zwischensumme	710,40 EUR
3.	19 % Umsatzsteuer, VV 7008	134,98 EUR
	Gesamt	**845,38 EUR**

III. Hauptsacheverfahren

1.	1,3-Verfahrensgebühr, VV 3100 (Wert: 30.000 EUR)	1.121,90 EUR
2.	1,2-Terminsgebühr, VV 3104 (Wert: 30.000 EUR)	1.035,60 EUR
3.	Postentgeltpauschale, VV 7002	20,00 EUR
4.	./. bereits für Abschlussschreiben abgerechnet (netto)	– 690,40 EUR
	Zwischensumme	1.487,10 EUR
5.	19 % Umsatzsteuer, VV 7008	282,55 EUR
	Gesamt	**1.769,65 EUR**

2. Familiensachen

223 Nr. 4 bestimmt, dass Hauptsacheverfahren gegenüber einem Verfahren auf
- Anordnung eines Arrests,
- Erlass einer einstweiligen Anordnung,

- Abänderung einer einstweiligen Anordnung,
- Abänderung eines Arrests,
- Aufhebung einer einstweiligen Anordnung und
- Aufhebung eines Arrests

verschiedene Angelegenheiten darstellen.

a) Einstweilige Anordnungen

aa) Überblick. Durch einstweilige Anordnungen kann das Gericht auf Antrag oder von Amts wegen vorläufige Maßnahmen treffen, soweit dies nach materiell-rechtlichen Vorschriften gerechtfertigt ist und ein dringendes Bedürfnis für ein sofortiges Tätigwerden besteht. 224

Einstweilige Anordnungsverfahren kommen in Familiensachen der freiwilligen Gerichtsbarkeit und in Familienstreitsachen – insoweit nur auf Antrag – in Betracht. Das Verfahren der einstweiligen Anordnung ist verfahrensrechtlich ein selbstständiges Verfahren und zwar auch dann, wenn eine Hauptsache gerichtlich bereits anhängig ist (§ 51 Abs. 3 S. 1 FamFG). 225

Einstweilige Anordnungsverfahren werden wie sonstige gerichtliche Verfahren in Familiensachen vergütet. Es gelten also die VV 3100 ff. und im Beschwerdeverfahren die VV 3200 ff. (VV Vorb. 3.2.1 Nr. 2 Buchst. b). Insoweit Betragsrahmengebühren für den Anwalt maßgeblich sind (§ 151 Nr. 6 und 7 FamFG), richten sich die Gebühren nach VV 6300 ff.; Pauschgebühren können festgesetzt werden (§§ 42 Abs. 1, 51 Abs. 1). 226

Zu beachten ist, dass einstweilige Anordnungen gegenüber dem jeweiligen Hauptsacheverfahren nach Nr. 4 Buchst. b) auch gebührenrechtlich eigene Angelegenheiten darstellen. Der Anwalt erhält also neben den Gebühren und Auslagen in der Hauptsache die Vergütung in den einstweiligen Anordnungsverfahren gesondert. 227

Nach dem bisherigen Wortlaut betraf Nr. 4 a.F. nur solche Verfahren des einstweiligen Rechtsschutzes, die „auf Antrag" eingeleitet wurden. Dabei war übersehen worden, dass nach dem FamFG Verfahren des einstweiligen Rechtsschutzes in den Angelegenheiten der freiwilligen Gerichtsbarkeit auch von Amts wegen, also ohne Antrag, eingeleitet werden können. Nur dann, wenn für ein entsprechendes Hauptsacheverfahren ein Antrag erforderlich ist, darf das Gericht eine einstweilige Anordnung auch nur auf Antrag erlassen (§ 51 Abs. 1 S. 1 FamFG). Kann das Gericht dagegen die Hauptsache auch von Amts wegen einleiten, dann kann es auch eine einstweilige Anordnung von Amts wegen, also ohne Antrag, erlassen. Dies betrifft derzeit in Familiensachen die Verfahren in Kindschaftssachen nach §§ 156 Abs. 3 S. 2, 157 Abs. 3 FamFG. Für diese Verfahren galt Nr. 4 Buchst. b) a.F. dem Wortlaut nach bislang nicht, was zum Teil dazu führte, dass dem Anwalt in den von Amts wegen eingeleiteten einstweiligen Rechtsschutzverfahren eine gesonderte Vergütung abgesprochen und seine Tätigkeit als durch die Gebühren in der Hauptsache mit abgegolten angesehen wurde. Die Neufassung der Vorschrift durch das 2. KostRMoG stellt klar, dass auch ein einstweiliges Rechtsschutzverfahren, das von Amts wegen eingeleitet worden ist, und die Hauptsache verschiedene Angelegenheiten darstellen. 228

> **Beispiel: Erlass einer einstweiligen Anordnung von Amts wegen** 229
> Der Kindsvater beantragt im Hauptsachverfahren Umgang mit seinem minderjährigen Sohn. Im Hauptsacheverfahren wird verhandelt. Das Gericht erlässt von Amts wegen nach der mündlichen Verhandlung im Hauptsacheverfahren eine einstweilige Anordnung, die vorläufige Umgangskontakte regelt. Der Anwalt nimmt den Beschluss entgegen, bespricht ihn mit dem Mandanten und verfasst einen Schriftsatz, den er bei Gericht im einstweiligen Anordnungsverfahren einreicht. Abzurechnen sind Hauptsache- und von Amts wegen eingeleitetes einstweiliges Anordnungsverfahren gesondert wie folgt:
>
> **I. Hauptsacheverfahren (Wert: 3.000 EUR)**
> | | | |
> |---|---|---|
> | 1. 1,3-Verfahrensgebühr, VV 3100 | | 261,30 EUR |
> | 2. 1,2-Terminsgebühr, VV 3104 | | 241,20 EUR |
> | 3. Postentgeltpauschale, VV 7002 | | 20,00 EUR |
> | Zwischensumme | 522,50 EUR | |
> | 4. 19 % Umsatzsteuer, VV 7008 | | 99,28 EUR |
> | **Gesamt** | | **621,78 EUR** |

II. Einstweiliges Anordnungsverfahren (Wert: 1.500 EUR)

1.	1,3-Verfahrensgebühr, VV 3100	149,50 EUR
2.	Postentgeltpauschale, VV 7002	20,00 EUR
	Zwischensumme	169,50 EUR
3.	19 % Umsatzsteuer, VV 7008	32,21 EUR
	Gesamt	**201,71 EUR**

230 Verfahren auf Erlass einer einstweiligen Anordnung und Verfahren auf Abänderung der einstweiligen Anordnung sind dagegen nur eine Angelegenheit (§ 16 Nr. 5).

231 Weil Verfahren auf Erlass der einstweiligen Anordnung und Hauptsacheverfahren verschiedene Angelegenheiten darstellen, ist zu beachten, dass für ein einstweiliges Anordnungsverfahren immer gesondert Verfahrenskostenhilfe zu beantragen, zu bewilligen und eine anwaltliche Beiordnung herbeizuführen ist.[162] Die in einem Hauptsacheverfahren bereits bewilligte Verfahrenskostenhilfe darf deshalb grundsätzlich nicht auf ein einstweiliges Anordnungsverfahren mit dem gleichen Verfahrensgegenstand erstreckt werden. Das gilt auch für den umgekehrten Fall, dass Verfahrenskostenhilfe für das einstweilige Anordnungsverfahren bereits bewilligt und auch für das Hauptsacheverfahren begehrt worden ist.

232 **bb) Verfahrenswert.** Das FamGKG sieht im Gegensatz zum früheren Recht davon ab, besondere Vorschriften für die jeweiligen einstweiligen Anordnungsverfahren vorzugeben. In einstweiligen Anordnungsverfahren ist daher grundsätzlich vom jeweiligen Wert der Hauptsache auszugehen.

233 Soweit die einstweilige Anordnung allerdings eine geringere Bedeutung gegenüber der Hauptsache hat, ist von einem geringeren Wert auszugehen (§ 41 S. 1 FamGKG). Dabei gibt das FamGKG als Grundsatz den hälftigen Wert der Hauptsache vor.

234 Zu prüfen ist daher stets, ob das einstweilige Anordnungsverfahren, tatsächlich eine geringere Bedeutung hat als die Hauptsache. Gedanklich ist deshalb zunächst immer der Wert der Hauptsache nach den allgemeinen und besonderen Wertvorschriften zu ermitteln (§§ 35, 36, 42 und 43 bis 52 FamFG) und dann als Ausgangspunkt auf die Hälfte zu ermäßigen, wenn sich gegenüber einer gedachten Hauptsache eine geringere Bedeutung ergibt. Dieser so ermittelte Ausgangswert kann herauf- oder herabgesetzt werden, wenn Billigkeitsgesichtspunkte dies erfordern.[163] Es kann auch mit dem vollen Wert der Hauptsache zu bewerten sein, wenn die Hauptsache durch das einstweilige Anordnungsverfahren vorweggenommen und der Verfahrensgegenstand endgültig erledigt werden kann.[164] Das OLG Düsseldorf[165] hat in einer einstweiligen Anordnungssache ein Gewaltschutzverfahren betreffend folgenden Grundsatz aufgestellt: „Der Gesetzgeber hat die Ermäßigung in einstweiligen Anordnungsverfahren als Grundfall dafür vorgesehen, dass eine lediglich vorläufige Maßnahme getroffen wird. Dieser Grund- oder Regelfall liegt nicht vor, wenn die Beteiligten ersichtlich eine endgültige Einigung herbeigeführt und hiermit die Hauptsache vorweggenommen sowie gleichsam mitgeregelt haben". Es hat insoweit ein einstweiliges Anordnungsverfahren eine Gewaltschutzsache betreffend mit dem Hauptsachewert bemessen, weil sich die Beteiligten endgültig geeinigt hatten, mit der Folge, dass auch die Einleitung eines Hauptsacheverfahrens nicht mehr erforderlich gewesen ist. Der insoweit durch das OLG Düsseldorf aufgestellte Grundsatz ist auf alle einstweiligen Anordnungsverfahren in Familiensachen übertragbar.

235 **Beispiel: Einstweilige Anordnung neben Hauptsache, Umgangsrechtsverfahren**
Der Kindesvater stellt einen Antrag zum Umgangsrecht und beantragt gleichzeitig den Erlass einer einstweiligen Anordnung.
Die einstweilige Anordnung dürfte hier eine geringere Bedeutung haben. Auszugehen ist daher vom hälftigen Wert der Hauptsache, also von 1.500 EUR.

---

162 OLG Naumburg AGS 2003, 23 m. Anm. *N. Schneider* = FamRB 2003, 11.
163 OLG München AGS 2011, 306 = NJW-Spezial 2011, 476.
164 OLG Nürnberg FamRZ 2011, 756; OLG Schleswig SchlHA 2011, 341 = FamRZ 2011, 1424 = AGS 2012, 39 = NJW-Spezial 2011, 220 = RVGreport 2011, 272; OLG Stuttgart AGS 2010, 617 m. Anm. *N. Schneider* = FamRZ 2011, 757 = RVGreport 2011, 76 = ZFE 2011, 112 = FamFR 2011, 16 m. Anm. *N. Schneider*; OLG Köln, FamRZ 2011, 758 = AGS 2010, 618 = FamRZ 2011, 758 = RVGreport 2011, 114 = FamFR 2011, 15.
165 OLG Düsseldorf FuR 2010, 526 = FamRZ 2010, 1936 = RVGreport 2011, 32 = AGkompakt 2011, 10 = FamFR 2010, 397.

Beispiel: Einstweilige Anordnung auf Zahlung eines Kostenvorschusses für ein gerichtliches Verfahren 236
Die Ehefrau beantragt den Erlass einer einstweiligen Anordnung auf Zahlung eines Verfahrenskostenvorschusses in Höhe von 1.860 EUR.
Da die einstweilige Anordnung hier die Hauptsache faktisch vorwegnimmt, greift § 41 FamGKG nicht, sodass der volle Hauptsachewert (§ 35 FamGKG) anzusetzen ist.[166]

Beispiel: Einstweilige Anordnung Unterhalt mit Hauptsache 237
Die Ehefrau beantragt im Dezember 2010 Unterhaltszahlungen in Höhe von 500 EUR ab Januar 2013 und stellt gleichzeitig einen Antrag auf Erlass einer einstweiligen Anordnung.
Der Hauptsachewert beläuft sich auf 12 x 500 EUR = 6.000 EUR.
Die einstweilige Anordnung hat hier gegenüber der Hauptsache eine geringere Bedeutung, sodass vom hälftigen Wert, also 3.000 EUR auszugehen ist.[167]

Beispiel: Einstweilige Anordnung Unterhalt ohne Hauptsache 238
Die Ehefrau beantragt für das Kind den Erlass einer einstweiligen Anordnung auf Zahlung zukünftigen Kindesunterhalts, ohne auch einen Hauptsacheantrag zu stellen.
Jetzt ist nicht von einer geringeren Bedeutung der einstweiligen Anordnung auszugehen, da diese für die Zeit ihrer Dauer i.d.R. endgültige Zustände schafft.[168]

Beispiel: Einstweilige Anordnung nach dem GewSchG ohne Hauptsache 239
Die Ehefrau beantragt den Erlass einer einstweiligen Anordnung nach dem GewSchG, wonach dem Ehemann das Betreten der Wohnung für die Dauer von sechs Monaten untersagt werden soll.
Auch hier dürfte die einstweilige Anordnung die Hauptsache vorwegnehmen,[169] sodass vom vollen Wert der Hauptsache (§ 49 FamGKG) auszugehen ist.

Beispiel: Einstweilige Anordnung betreffend Unterbringungsmaßnahmen nach § 151 Nr. 6, 7 FamFG 240
Die Kindesmutter beantragt im Wege der einstweiligen Anordnung eine Unterbringung ihres minderjährigen Kindes. Ein Hauptsacheverfahren ist entbehrlich.
Auch hier dürfte die einstweilige Anordnung die Hauptsache vorwegnehmen,[170] sodass keine Ermäßigung vorzunehmen ist. Allerdings entstehen keine Wertgebühren. Das Verfahren ist gerichtsgebührenfrei. Die Anwaltsgebühren richten sich nach VV 6300 ff. Es entstehen Betragsrahmengebühren. Eine geringere Bedeutung kann grundsätzlich im Rahmen des § 14 Abs. 1 berücksichtigt werden.

cc) Einstweilige Anordnungen vor dem FamG. **(1) Anordnungsverfahren.** Im erstinstanzlichen einstweiligen Anordnungsverfahren richtet sich die Vergütung nach den VV 3100 ff. 241

Der Anwalt erhält zunächst einmal eine **Verfahrensgebühr** nach VV 3100. 242

Wird eine einstweilige oder vorläufige Anordnung **von Amts wegen** erlassen, so kommt unter Umständen nur eine 0,8-Verfahrensgebühr nach VV 3101 Nr. 1 in Betracht, wenn lediglich ein Antrag gestellt und eine Entscheidung entgegengenommen und im Übrigen nichts weiter veranlasst wird. 243

---

166 OLG Zweibrücken AGS 2010, 57 = ZFE 2010, 75 = NJW 2010, 540 = FamRB 2010, 43 = NJW Spezial 2010, 124 = FuR 2010, 178; OLG Düsseldorf AGS 2010, 105; vgl. auch *Schneider/Thiel*, AnwBl 2010, 350, AG Göttingen FamRZ 2016, 378; OLG Bremen AGS 2014, 521 = MDR 2014, 1324 = FamRZ 2015, 526 = NZFam 2014, 955 = FuR 2015, 243; OLG Köln AGS 2015, 50 = JurBüro 2014, 536 = FamRZ 2015, 526 = FamRB 2015, 137; OLG Frankfurt (3. FamS) MDR 2014, 902 = FamRZ 2015, 527 = FamRB 2015, 137; a.A. OLG Celle AGS 2013, 421 m. abl. Anm. *N. Schneider* = NJW-Spezial 2013, 541; FamRZ 2016, 655; AGS 2015, 136 = FamRZ 2016, 164 = FuR 2016, 179; OLG Zweibrücken, Beschl. v. 5.4.2016 – 2 WF 37/16; OLG Frankfurt (5. FamS) AGS 2014, 417 = FamRZ 2014, 1801 = FuR 2014, 545 = FamRB 2015, 137.

167 OLG Brandenburg AGS 2010, 358 = JurBüro 2010, 368 = FPR 2010, 363 = FamRB 2010, 174.

168 OLG Düsseldorf AGS 2010, 105 = NJW 2010, 1385 = JurBüro 2010, 305 = FPR 2010, 363 = NJW-Spezial 2010, 220 = RVGreport 2010, 158 = FuR 2010, 475; FuR 2010, 526 = Familienrecht kompakt 2010, 156; AG Lahnstein AGS 2010, 264 = NJW-Spezial 2010, 412; Schneider/Wolf/Volpert/*Fölsch*, FamGKG, § 41 Rn 14.

169 OLG Zweibrücken AGS 2010, 57 = ZFE 2010, 75 = NJW 2010, 540 = FGPrax 2010, 62 = FamRZ 2010, 666 = FamRB 2010, 43 = NJW-Spezial 2010, 124 = FuR 2010, 178.

170 OLG Zweibrücken AGS 2010, 57 = ZFE 2010, 75 = NJW 2010, 540 = FGPrax 2010, 62 = FamRZ 2010, 666 = FamRB 2010, 43 = NJW-Spezial 2010, 124 = FuR 2010, 178.

244 **Beispiel: Umgangsrechtsverfahren und einstweilige Anordnung von Amts wegen**
Der Kindesvater stellt einen Antrag zum Umgangsrecht. Das Gericht erlässt von Amts wegen eine einstweilige Anordnung. Der Anwalt nimmt diese entgegen, bespricht sie mit dem Mandanten und veranlasst nichts Weiteres. In der Hauptsache wird sodann verhandelt.

Im einstweiligen Anordnungsverfahren entsteht jetzt nur die 0,8-Verfahrensgebühr nach VV 3101 Nr. 1, da kein Antrag oder Schriftsatz eingereicht und auch kein Termin wahrgenommen worden ist.

I. Hauptsacheverfahren (Wert: 3.000 EUR)
1. 1,3-Verfahrensgebühr, VV 3100	261,30 EUR
2. 1,2-Terminsgebühr, VV 3104	241,20 EUR
3. Postentgeltpauschale, VV 7002	20,00 EUR
Zwischensumme	522,50 EUR
4. 19 % Umsatzsteuer, VV 7008	99,28 EUR
Gesamt	**621,78 EUR**

II. Einstweiliges Anordnungsverfahren (Wert: 1.500 EUR)
1. 0,8-Verfahrensgebühr, VV 3100, 3101 Nr. 1	92,00 EUR
2. Postentgeltpauschale, VV 700	18,40 EUR
Zwischensumme	110,40 EUR
3. 19 % Umsatzsteuer, VV 7008	20,98 EUR
Gesamt	**131,38 EUR**

245 Das Gleiche gilt, wenn die Anordnung auf Antrag des Gegners ohne vorherige Anhörung erlassen worden ist.

246 Wird aufgrund **mündlicher Verhandlung** entschieden, entsteht eine **Terminsgebühr** nach VV Vorb. 3 Abs. 3 S. 1.

247 Ebenso entsteht eine Terminsgebühr, wenn der Anwalt mit dem Gegner eine **Besprechung zur Vermeidung oder Erledigung des Verfahrens** führt (VV Vorb. 3 Abs. 3 S. 3 Nr. 2). Die frühere widersprüchliche – zum Teil gegenteilige – Rechtsprechung des BGH[171] ist angesichts der Neufassung der VV Vorb. 3 Abs. 3 nicht mehr vertretbar.

248 **Beispiel: Umgangsrechtsverfahren und Antrag auf Erlass einer einstweiligen Anordnung mit Anhörungstermin**
Der Kindesvater stellt einen Antrag zum Sorgerecht und beantragt gleichzeitig den Erlass einer einstweiligen Anordnung zur vorläufigen Regelung des Aufenthaltsbestimmungsrechts. Zunächst wird über die einstweilige Anordnung verhandelt, später auch in der Hauptsache.

Es liegen zwei Angelegenheiten vor (Nr. 4 Buchst. b). **In der Hauptsache** erhält der Anwalt eine 1,3-Verfahrensgebühr sowie eine 1,2-Terminsgebühr aus dem Wert von 3.000 EUR (§ 45 Abs. 1 Nr. 1 FamGKG). **Im einstweiligen Anordnungsverfahren** entstehen die gleichen Gebühren, allerdings nur aus dem Wert von 1.500 EUR (hälftiger Hauptsachewert – §§ 41, 45 Abs. 1 FamGKG).

I. Hauptsacheverfahren (Wert: 3.000 EUR)
1. 1,3-Verfahrensgebühr, VV 3100	261,30 EUR
2. 1,2-Terminsgebühr, VV 3104	241,20 EUR
3. Postentgeltpauschale, VV 7002	20,00 EUR
Zwischensumme	522,50 EUR
4. 19 % Umsatzsteuer, VV 7008	99,28 EUR
Gesamt	**621,78 EUR**

II. Einstweiliges Anordnungsverfahren (Wert: 1.500 EUR)
1. 1,3-Verfahrensgebühr, VV 3100	149,50 EUR
2. 1,2-Terminsgebühr, VV 3104	138,00 EUR

---

[171] AGS 2012, 10 m. Anm. *Thiel* = MDR 2012, 57 = zfs 2012, 43 = FamRZ 2012, 110 = Rpfleger 2012, 102 = NJW 2012, 459 = JurBüro 2012, 137 = FF 2012, 43 = FuR 2012, 93 = FamFR 2012, 36 = FamRB 2012, 47 = RVGreport 2012, 59 = NJW-Spezial 2012, 156 (einstweilige Anordnung in Familiensachen); AGS 2012, 124 m. Anm. *N. Schneider* = NJW-RR 2012, 314 = MDR 2012, 376 = Rpfleger 2012, 287 = JurBüro 2012, 242 = AnwBl 2012, 286 = FamRZ 2012, 545 = FamRB 2012, 115 = RVGreport 2012, 148 = RVGprof. 2012, 94 („Verfahren nach § 522 Abs. 2 S. 1 ZPO" vor Hinweiserteilung); OLG München AGS 2010, 420 = NJW-Spezial 2010, 635 = RVGreport 2010, 419 = FamFR 2010, 472; AGS 2011, 213 = AnwBl 2011, 590 = JurBüro 2011, 360 = Rpfleger 2011, 566 = NJW-Spezial 2011, 284 = FamRZ 2011, 1977; OLG Dresden AGS 2008, 333 = OLGR 2008, 676 = NJW-RR 2008, 1667 = NJW-Spezial 2008, 444; OLG Köln AGS 2012, 459 = NJW-Spezial 2012, 573 = RPfleger 2012, 469.

Abschnitt 3. Angelegenheit § 17

3. Postentgeltpauschale, VV 7002		20,00 EUR
Zwischensumme	307,50 EUR	
4. 19 % Umsatzsteuer, VV 7008		58,43 EUR
Gesamt		**365,93 EUR**

Eine Terminsgebühr nach Anm. Abs. 1 Nr. 1 zu VV 3104 bei einer **Entscheidung im schriftlichen Verfahren** oder **Abschluss eines schriftlichen Vergleichs** kommt nicht in Betracht, da das Gericht auch ohne Zustimmung der Beteiligten ohne mündliche Verhandlung entscheiden kann (§ 51 Abs. 2 S. 2 FamFG). **249**

> **Beispiel: Kindesherausgabeverfahren und Antrag auf Erlass einer einstweiligen Anordnung ohne mündliche Verhandlung** **250**
> Im Hauptsacheverfahren wird verhandelt, die einstweilige Anordnung ergeht ohne mündliche Verhandlung. Der Wert der Hauptsache beträgt 3.000 EUR (§ 45 Abs. 1 Nr. 3 FamGKG), der Wert des einstweiligen Anordnungsverfahren 1.500 EUR (§ 41 FamGKG).
> Abzurechnen ist wie im vorhergehenden Beispiel (siehe Rdn 248); allerdings entsteht im einstweiligen Anordnungsverfahren jetzt keine Terminsgebühr, da eine Zustimmung der Beteiligten nicht vorgeschrieben ist (§ 51 Abs. 2 S. 2 FamFG).
> **I. Hauptsacheverfahren (Wert: 3.000 EUR)**
>   (siehe Rdn 248)
> **II. Einstweiliges Anordnungsverfahren (Wert: 1.500 EUR)**
>
> | | | |
> |---|---|---|
> | 1. 1,3-Verfahrensgebühr, VV 3100 | | 149,50 EUR |
> | 2. Postentgeltpauschale, VV 7002 | | 20,00 EUR |
> | Zwischensumme | 169,50 EUR | |
> | 3. 19 % Umsatzsteuer, VV 7008 | | 32,21 EUR |
> | **Gesamt** | | **201,71 EUR** |

Strittig ist, ob eine Terminsgebühr nach Anm. Abs. 1 Nr. 1 zu VV 3104 bei Abschluss eines schriftlichen Vergleichs entstehen kann. Insoweit sei zunächst auf die vergleichbare Rechtslage zu den Arrest- und einstweiligen Verfügungsverfahren in Zivilsachen verwiesen (siehe Rdn 126, 157). In einstweiligen Anordnungsverfahren ist die Sache allerdings noch eindeutiger. Die entscheidende Frage ist also die, ob es sich bei einem einstweiligen Anordnungsverfahren um ein Verfahren mit vorgeschriebener mündlicher Verhandlung handelt. Insoweit wird vorschnell immer auf die Vorschrift des § 51 Abs. 2 S. 2 FamFG verwiesen, wonach das Gericht über den Antrag auf Erlass der einstweiligen Anordnung ohne mündliche Verhandlung entscheiden kann. Übersehen wird dabei aber die Vorschrift des § 54 Abs. 2 FamFG, wonach auf Antrag eines Beteiligten in diesem Fall aufgrund mündlicher Verhandlung neu zu entscheiden ist. Dies wiederum spricht dafür, ein Verfahren mit obligatorischer mündlicher Verhandlung anzunehmen. **251**

Die Frage, ob in einem einstweiligen Anordnungsverfahren eine mündliche Verhandlung vorgeschrieben ist, hatte der BGH[172] bereits in anderem Zusammenhang entschieden. Der BGH war aufgrund der damaligen Gesetzesfassung der Auffassung, dass eine Terminsgebühr für eine Besprechung der Anwälte nach VV Vorb. 3 Abs. 2 S. 2 a.F. nur in Betracht komme, wenn ein Verfahren mit vorgeschriebener mündlicher Verhandlung vorliege. Insoweit hat der BGH dann aber klargestellt, dass es sich bei einem Verfahren auf Erlass einer einstweiligen Anordnung um ein solches Verfahren mit vorgeschriebener mündlicher Verhandlung handele. Die Entscheidung ist zwar noch vor Inkrafttreten des FGG-ReformG ergangen. Die Rechtslage war jedoch die gleiche. Auch hier konnte der Antrag auf Durchführung der mündlichen Verhandlung gestellt werden (§ 620b Abs. 2 ZPO a.F.). Daher wird man hier bei einem schriftlichen Vergleich eine Terminsgebühr annehmen müssen.

> **Beispiel: Einstweilige Anordnung mit schriftlichem Vergleich**
> Nach Austausch wechselseitiger Schriftsätze im Verfahren auf Erlass der einstweiligen Anordnung schlägt das Gericht einen Vergleich vor, den beide Beteiligte schriftlich annehmen. Eine Besprechung hat nicht stattgefunden.
> Die beteiligten Anwälte erhalten jetzt auch eine Terminsgebühr nach Anm. Abs. 1 Nr. 1 zu VV 3104.

---

172 AGS 2012, 10 = NJW 2012, 459 = MDR 2012, 57 = zfs 2012, 43 = FamRZ 2012, 110 = Rpfleger 2012, 102 = JurBüro 2012, 137 = FF 2012, 43 = FuR 2012, 93 = FamFR 2012, 36 = FamRB 2012, 47 = RVGreport 2012, 59 = NJW-Spezial 2012, 156.

252 Unstreitig entsteht eine Terminsgebühr gemäß VV Vorb. 3 Abs. 3 S. 3 Nr. 2, wenn im einstweiligen Anordnungsverfahren an Besprechungen mitgewirkt wird.[173]

> **Beispiel: Einstweilige Anordnung mit Besprechung**
> Wie Beispiel Rdn 250; nach Zustellung des Antrags auf Erlass der einstweiligen Anordnung führt der Anwalt des Antragsgegners mit dem Anwalt des Antragstellers eine Besprechung zur Erledigung des Verfahrens. Da eine Einigung nicht zustande kommt, entscheidet das Gericht ohne mündliche Verhandlung. Abzurechnen ist wie im Beispiel Rdn 250. Die Terminsgebühr ist jetzt gemäß VV Vorb. 3 Abs. 3 S. 3 Nr. 2 entstanden.

253 Hinzukommen kann eine 1,0 Einigungsgebühr nach Anm. Abs. 1 Nr. 1 zu VV 1000 i.V.m. VV 1003.

254 **(2) Verfahren nach Terminsantrag.** Nach § 54 Abs. 2 FamFG kann gegen eine ohne mündliche Verhandlung ergangene einstweilige Anordnung Termin zur mündlichen Verhandlung beantragt werden. Das Gericht muss dann mündlich verhandeln. Dieses weitere Verfahren bildet mit dem Anordnungsverfahren eine Angelegenheit. Es handelt sich nicht um ein Abänderungsverfahren nach § 16 Nr. 5, sondern noch um das Anordnungsverfahren, vergleichbar wie das Widerspruchsverfahren gemäß § 924 ZPO nach einem Arrest oder einer einstweiligen Verfügung.

255 Die Gebühren können daher im Verfahren nach Antrag auf mündliche Verhandlung nicht erneut anfallen (§ 15 Abs. 2). Gebühren, die im Anordnungsverfahren allerdings noch nicht angefallen sind, können jetzt entstehen, insbesondere eine Terminsgebühr, was in diesem Verfahrensstadium unstreitig ist.

256 **Beispiel: Mündliche Verhandlung nach Erlass einer einstweiligen Anordnung**
Zum Kindesunterhalt ist eine einstweilige Anordnung ohne mündliche Verhandlung ergangen (Wert: 1.632 EUR). Dagegen beantragt der Antragsgegner, aufgrund mündlicher Verhandlung erneut zu entscheiden. Das Gericht verhandelt daraufhin.
Im Anordnungsverfahren war nur die Verfahrensgebühr (VV 3100) ausgelöst worden. Sie kann im Verfahren über den Terminsantrag nicht erneut entstehen. Allerdings entsteht jetzt eine Terminsgebühr. Abzurechnen ist aber nur eine Angelegenheit.

1. 1,3-Verfahrensgebühr, VV 3100	195,00 EUR
2. 1,2-Terminsgebühr, VV 3104	180,00 EUR
3. Postentgeltpauschale, VV 7002	20,00 EUR
Zwischensumme	395,00 EUR
4. 19 % Umsatzsteuer, VV 7008	75,05 EUR
Gesamt	**470,05 EUR**

257 Da auf Terminsantrag gemäß § 54 Abs. 2 FamFG mündlich verhandelt werden muss, kommt in diesem Verfahrensstadium auch eine Terminsgebühr nach Anm. Abs. 1 Nr. 1 zu VV 3104 in Betracht, wenn im Einverständnis der Beteiligten dann doch ohne mündliche Verhandlung entschieden oder ein schriftlicher Vergleich geschlossen wird.

258 **(3) Mehrere einstweilige Anordnungen.** Für das Verhältnis mehrerer einstweiliger Anordnungen zueinander war früher § 18 Nr. 1 a.F. zu beachten, wonach in Familiensachen mehrere einstweilige Anordnungen anlässlich derselben Hauptsache untereinander als eine einzige Angelegenheit galten, wenn sie zur selben Buchstabengruppe des § 18 Nr. 1 a.F. gehörten. Danach waren mehrere einstweilige Anordnungen anlässlich derselben Hauptsache als eine gebührenrechtliche Angelegenheit i.S.d. § 15 zusammenzufassen, sodass die Gebühren nur einmal entstehen konnten. Im Gegenzug wurden dafür aber die Werte der jeweiligen einstweiligen Anordnungsverfahren zusammengerechnet. Das galt selbst dann, wenn derselbe Gegenstand betroffen war.

259 Da einstweilige Anordnungsverfahren nach dem FamFG auch ohne Hauptsacheverfahren zulässig sind (§ 51 Abs. 3 FamFG) und es daher in vielen Fällen an der „Klammerwirkung" des Hauptsacheverfahrens fehlt, passte diese Regelung nicht mehr. Der Gesetzgeber hatte daher § 18 Nr. 1 und 2 a.F. mit Inkrafttreten des FGG-ReformG ersatzlos aufgehoben.

260 In Familiensachen sind also einstweilige Anordnungsverfahren nach den §§ 49 ff. FamFG jeweils eigene gebührenrechtliche Angelegenheiten i.S.d. § 15, in denen der Anwalt seine Gebühren jeweils gesondert abrechnen kann.

---

173 OLG München AGS 2010, 420 = NJW-Spezial 2010, 635.

Beispiel: Mehrere einstweilige Anordnungen während desselben Verfahrens, isoliertes Verfahren 261
In einem isolierten Umgangsrechtsverfahren erlässt das Gericht eine befristete einstweilige Anordnung zu vorläufigen Besuchskontakten. Nach Auslauf dieser einstweiligen Anordnung ergeht später eine weitere einstweilige Anordnung zum Besuchsrecht. Über Hauptsache und einstweilige Anordnungen wird verhandelt.
Beide einstweiligen Anordnungen sind selbstständig abzurechnen.

Beispiel: Mehrere einstweilige Anordnungen während desselben Verfahrens, Verbund
Im Scheidungsverbundverfahren ergeht zunächst ohne mündliche Verhandlung eine einstweilige Anordnung auf Zahlung eines Kostenvorschusses für ein gerichtliches Verfahren i.H.v. 1.860 EUR. Anschließend wird eine einstweilige Anordnung zum Unterhalt auf künftige Zahlungen in Höhe von 225 EUR erlassen und später eine einstweilige Anordnung zum Umgangsrecht, über die jeweils verhandelt wird.
Nach früherem, bis zum 31.8.2009 geltenden, Recht wäre eine Angelegenheit mit einem Gesamtwert von 4.710 EUR (1.860 EUR + 1.350 EUR + 1.500 EUR) gegeben. Nach derzeitigem Recht sind die drei Anordnungsverfahren jeweils gesondert nach ihrem Wert abzurechnen.

(4) Anordnung und Abänderung. Wird die Abänderung einer einstweiligen Anordnung beantragt, 262
so ist § 16 Nr. 5 zu beachten. Insgesamt liegt nur eine Angelegenheit vor. Bedeutung hat das Abänderungsverfahren nur, wenn der Anwalt insoweit erstmals tätig wird oder dort weitere Gebühren anfallen.

Auch eine Addition der Werte von Anordnung und Abänderung kommt nicht in Betracht. Die früher 263
vertretene Gegenauffassung[174] ist nach Wegfall des § 18 Nr. 1 a.F. durch das FGG-ReformG nicht mehr haltbar. Zu Einzelheiten siehe § 16 Rdn 128 f.

dd) Einstweilige Anordnungen im Beschwerdeverfahren. Ist die Hauptsache in einem Be- 264
schwerdeverfahren anhängig und wird in dieser Phase eine einstweilige Anordnung beantragt, so ist das Beschwerdegericht als Gericht der Hauptsache zuständig (§ 50 Abs. 1 S. 2 FamFG). Ungeachtet dessen richtet sich die Vergütung im einstweiligen Anordnungsverfahren jedoch nach den erstinstanzlichen Gebühren der VV 3100 ff. (VV Vorb. 3.2 Abs. 2).

Beispiel: Einstweilige Anordnung im Beschwerdeverfahren
Gegen die Antragsabweisung im Unterhaltsverfahren (Wert: 7.200 EUR) legt die Antragstellerin Beschwerde ein und beantragt den Erlass einer einstweiligen Anordnung auf Zahlung zukünftigen Unterhalts in Höhe von monatlich 300 EUR.
Im Beschwerdeverfahren erhält der Anwalt die Gebühren nach VV 3200 ff. (VV Vorb. 3.2.1. Nr. 2 Buchst b). Im einstweiligen Anordnungsverfahren fallen die Gebühren nach VV 3100 ff. (Vorb. 3.2 Abs. 2) an.

I. Beschwerdeverfahren (Wert: 7.200 EUR)
1. 1,6-Verfahrensgebühr, VV 3200   729,60 EUR
2. 1,2-Terminsgebühr, VV 3202   547,20 EUR
3. Postentgeltpauschale, VV 7002   20,00 EUR
    Zwischensumme   1.296,80 EUR
4. 19 % Umsatzsteuer, VV 7008   246,39 EUR
Gesamt   **1.543,19 EUR**

II. Einstweiliges Anordnungsverfahren (Wert: 1.800 EUR)
1. 1,3-Verfahrensgebühr, VV 3100   195,00 EUR
2. 1,2-Terminsgebühr, VV 3104   180,00 EUR
3. Postentgeltpauschale, VV 7002   20,00 EUR
    Zwischensumme   395,00 EUR
4. 19 % Umsatzsteuer, VV 7008   75,05 EUR
Gesamt   **470,05 EUR**

ee) Beschwerden gegen einstweilige Anordnungen. Umstritten war nach früherem Recht, wie 265
Beschwerdeverfahren in einstweiligen Anordnungen abzurechnen sind, also Beschwerden gegen erstinstanzliche Entscheidungen in einstweiligen Anordnungsverfahren. Nach der seit dem 1.9.2009 geltenden Regelung sind Entscheidungen in einstweiligen Anordnungsverfahren „den Rechtszug beendende Entscheidungen", sodass VV Vorb. 3.2.1 Nr. 2 Buchst. b gilt, der die Gebühren eines Berufungsverfahrens für anwendbar erklärt.

---

174 OLG München AGS 2007 424 = NJW-RR 2006, 357 = OLGR 2006, 283 = FuR 2006, 229 = FamRZ 2006, 1218 = NJW 2006, 2196; OLG Koblenz AGS 2007, 425 = JurBüro 2007, 203 = MDR 2007, 745 = FamRZ 2007, 1114 = OLGR 2007, 474.

266 **ff) Verlängerung einer einstweiligen Anordnung.** Einstweilige Anordnungen in Gewaltschutzsachen (§§ 1 Abs. 1 S. 2, 2 Abs. 2 S. 1, 2 GewSchG) sind zu befristen. Gemäß § 1 Abs. 1 S. 2 und § 2 Abs. 2 S. 3 GewSchG kann die Frist verlängert werden. Auch Verlängerungsverfahren nach den §§ 1, 2 GewSchG gelten gegenüber der Hauptsache als verschiedene Angelegenheiten.[175]

b) Arrestverfahren

267 Arrestverfahren sind nur möglich in Familienstreitsachen (§ 119 Abs. 2 FamFG), also in
– Unterhaltssachen (§ 112 Nr. 1 FamFG),
– Güterrechtssachen (§ 112 Nr. 2 FamFG),
– sonstigen Familiensachen (§ 112 Nr. 3 FamFG) und
– in den entsprechenden Lebenspartnerschaftssachen (§ 112 Nr. 1–3 FamFG).

268 Auch hier gilt, dass Arrestverfahren nach Nr. 4 Buchst. a) eigene Angelegenheiten gegenüber dem jeweiligen Hauptsacheverfahren darstellen. Der Anwalt erhält also neben den Gebühren in der Hauptsache die Vergütung im Arrestverfahren gesondert.

269 Anordnungs- und Abänderungs- oder Aufhebungsverfahren sind dagegen nur eine Angelegenheit (§ 16 Nr. 5).

270 Vergütet werden Arrestverfahren wie sonstige gerichtliche Verfahren in Familienstreitsachen. Es gelten also die VV 3100 ff. Wegen der Abrechnung kann auf die Ausführungen zu den einstweiligen Anordnungsverfahren Bezug genommen werden (siehe Rdn 241 ff.).

271 Der **Verfahrenswert** richtet sich nach § 42 Abs. 1, 3 FamGKG. Die Vorschrift des § 41 FamGKG ist nicht anzuwenden.[176] Eine besondere Wertvorschrift für den Arrest ist im FamGKG nicht geregelt. Ausgangspunkt der Wertfestsetzung in Arrestverfahren ist nach § 42 Abs. 1 der Wert der zu sichernden Forderung, der sich nach den besonderen Wertvorschriften bemisst. Je nach Bedeutung des Arrestverfahrens kann ein höherer oder niedrigerer Wert anzunehmen sein. Da der Arrest vorläufigen Charakter hat und zunächst nur der Sicherung der Forderung dient, ist eine Bewertung jedenfalls regelmäßig unterhalb des Werts der zu sichernden Forderung vorzunehmen. OLG München und OLG Brandenburg gehen von einem Drittel der zu sichernden Forderung aus.[177] OLG Celle berücksichtigt, dass der Wert auch unterhalb der Hälfte des Werts der zu sichernden Forderung gelegen sein kann.[178] Der Wert eines Arrests kann dem Wert der Hauptsache entsprechen, wenn sie diese vorwegnimmt bzw. erledigt. Wird die Abänderung eines Arrestbeschlusses beantragt (§ 113 Abs. 1 S. 2 FamFG i.V.m. § 925 Abs. 2 ZPO), richtet sich der Wert nach dem Umfang der beantragten Abänderung unter Berücksichtigung des § 42 Abs. 1 i.V.m. den besonderen Wertvorschriften. Wird Aufhebung des Arrestbeschlusses beantragt, dann entspricht der Wert des Aufhebungsverfahrens dem Wert des Anordnungsverfahrens. Die Bemessung des Werts richtet sich auch insoweit nach § 42 Abs. 1 FamGKG. Liegen keine genügenden Anhaltspunkte für eine Bewertung nach § 42 Abs. 1 vor, so kann nach § 42 Abs. 3 FamGKG mit dem Auffanghilfswert in Höhe von 5.000 EUR bemessen werden.

3. Angelegenheiten der freiwilligen Gerichtsbarkeit (ohne Familiensachen)

a) Überblick

272 Nr. 4 bestimmt auch für diejenigen Angelegenheiten der freiwilligen Gerichtsbarkeit, die keine Familiensachen sind, dass Hauptsacheverfahren gegenüber einem Verfahren auf
– Erlass einer einstweiligen Anordnung,
– Abänderung einer einstweiligen Anordnung und

---

[175] AG Bad Kreuznach AGS 2009, 64 = NJW-Spezial 2009, 124 = RVGprof. 2009, 114; OLG Frankfurt FamRZ 2007, 849; OLG Zweibrücken AGS 2012, 461 = NJW-RR 2012, 1094 = JurBüro 2012, 523 = MDR 2012, 1438 = FamRZ 2013, 324 = NJW 2012, 3045 = NJW-Spezial 2012, 636 = RVGreport 2012, 377.

[176] OLG Celle AGS 2010, 555 = NdsRpfl 2011, 19 = NJW-Spezial 2010, 699 = FamRZ 2011, 759.

[177] OLG München FamRZ 2011, 746; OLG Brandenburg AGS 2010, 556 = FamRZ 2011, 758.

[178] OLG Celle AGS 2010, 555 m. Anm. *N. Schneider* = NdsRpfll 2011, 19 = NJW-Spezial 2010, 699 = FamRZ 2011, 759.

– Aufhebung einer einstweiligen Anordnung

verschiedene Angelegenheiten darstellen. Es gelten auch hier im Wesentlichen die Ausführungen zu den Familiensachen.

Einstweilige Anordnungsverfahren sind für 273
– Betreuungssachen (§§ 300 ff. FamFG),
– Unterbringungssachen (§§ 331 ff. FamFG) und
– Freiheitsentziehungssachen (§ 427 FamFG)

ausdrücklich im FamFG geregelt. Sie sind unter den Voraussetzungen des § 49 FamFG aber auch in anderen Angelegenheiten der freiwilligen Gerichtsbarkeit (vgl. § 1 GNotKG) zulässig, soweit dies nach den für das Rechtsverhältnis maßgebenden Vorschriften gerechtfertigt ist und ein dringendes Bedürfnis für ein sofortiges Tätigwerden besteht.

b) Bewertung

aa) Verfahrenswert. Das GNotKG enthält in § 62 GNotKG eine allgemeine Wertvorschrift für die 274 Bewertung von einstweiligen Anordnungsverfahren im Bereich der freiwilligen Gerichtsbarkeit, die dem Wortlaut des § 41 FamGKG entspricht. Das GNotKG hält besondere Vorschriften für die jeweiligen einstweiligen Anordnungsverfahren nicht vor. In einstweiligen Anordnungsverfahren ist daher grundsätzlich vom jeweiligen Wert der Hauptsache auszugehen, der nach den Bewertungsvorschriften des GNotKG zu ermitteln ist.

Soweit die einstweilige Anordnung allerdings eine geringere Bedeutung gegenüber der Hauptsache 275 hat, ist von einem geringeren Wert auszugehen (§ 62 S. 1 GNotKG). Dabei gibt das GNotKG als Grundsatz den hälftigen Wert der Hauptsache vor (§ 62 S. 2 GNotKG).

Zu prüfen ist daher stets, ob das einstweilige Anordnungsverfahren, tatsächlich eine geringere 276 Bedeutung hat als die Hauptsache. Gedanklich ist deshalb zunächst immer der Wert der Hauptsache nach den allgemeinen und besonderen Wertvorschriften des GNotKG zu ermitteln und dann als Ausgangspunkt auf die Hälfte zu ermäßigen, wenn sich gegenüber einer gedachten Hauptsache eine geringere Bedeutung ergibt. Dieser so ermittelte Ausgangswert kann herauf- oder herabgesetzt werden, wenn Billigkeitsgesichtspunkte dies erfordern.[179] Es kann auch mit dem vollen Wert der Hauptsache zu bewerten sein, wenn die Hauptsache durch das einstweilige Anordnungsverfahren vorweggenommen und der Verfahrensgegenstand endgültig erledigt werden kann.[180]

> **Beispiel: Einstweilige Anordnung im Urheberrechtsverfahren neben der Anhängigkeit eines Hauptsacheverfahrens** 277
> Die Antragstellerin hat beantragt, der Firma P durch einstweilige Anordnung bis zum Abschluss des Hauptsacheverfahrens zu untersagen, IP-Adressen und andere Daten zu löschen, aus denen sich ergibt, welchem Kunden mit welcher Anschrift die jeweilige IP-Adresse im maßgeblichen Zeitraum zugeordnet war.
> Die einstweilige Anordnung dürfte hier eine geringere Bedeutung gegenüber dem Hauptsacheverfahren haben, weil die einstweilige Anordnung nur vorläufigen Charakter besitzt und neben dem anhängigen Hauptsacheverfahren nicht zu einer endgültigen Regelung führt. Allerdings entstehen im Urheberrechtsverfahren nach § 101 Abs. 9 UrhG Festgebühren. Eine Wertfestsetzung ist deshalb auf Antrag nach § 33 Abs. 1 nur für den Anwalt vorzunehmen. Weil § 23 Abs. 1 S. 2 nur auf das GKG und das FamGKG, nicht aber auf das GNotKG verweist, richtet sich die Bewertung für die Anwaltsgebühren nach § 23 Abs. 3 S. 1. Hilfsweise ist vom Auffangwert des § 23 Abs. 3 S. 2 in Höhe von 5.000 EUR auszugehen und wegen des vorläufigen Charakters ggf. nach Billigkeitskriterien zu ermäßigen.

> **Beispiel: Einstweilige Anordnung im Ausschlussverfahren nach dem WpÜG neben der Anhängigkeit** 278
> **eines Hauptsacheverfahrens**
> Die Antragstellerin hat im Wege der einstweiligen Anordnung gemäß § 39a WpÜG den Ausschluss von Minderheitsaktionären beantragt. Der Wert richtet sich gemäß § 73 GNotKG nach dem Betrag, der dem Wert aller Aktien entspricht, auf die sich der Ausschluss bezieht.

---

179 OLG München AGS 2011, 306 = NJW-Spezial 2011, 476.
180 OLG Nürnberg FamRZ 2011, 756; OLG Schleswig SchlHA 2011, 341 = FamRZ 2011, 1424 = AGS 2012, 39 = NJW-Spezial 2011, 220 = RVGreport 2011, 272; OLG Stuttgart AGS 2010, 617 m. Anm. *N. Schneider* = FamRZ 2011, 757 = RVGreport 2011, 76 = ZFE 2011, 112 = FamFR 2011, 16 m. Anm. *N. Schneider*; OLG Köln FamRZ 2011, 758 = AGS 2010, 618 = FamRZ 2011, 758 = RVGreport 2011, 114 = FamFR 2011, 15.

Die einstweilige Anordnung dürfte hier eine geringere Bedeutung gegenüber dem Hauptsacheverfahren haben, weil die einstweilige Anordnung nur vorläufigen Charakter besitzt und neben dem anhängigen Hauptsachverfahren nicht zu einer endgültigen Regelung führt. Es ist deshalb der sich aus § 73 GNotKG ergebende Wert der Hauptsache nach § 61 S. 2 auf die Hälfte zu ermäßigen. Hauptsache- und einstweiliges Anordnungsverfahren sind verschiedene Angelegenheiten und gesondert abzurechnen.

279 **bb) Betragsrahmengebühren.** In Unterbringungs- und Freiheitsentziehungssachen entstehen im einstweiligen Anordnungs- und Hauptsacheverfahren Betragsrahmengebühren, die sich aus VV Teil 6 ergeben. Einer Wertfestsetzung bedarf es deshalb nicht, auch wenn der BGH[181] in Unkenntnis der Erforderlichkeit einer Wertfestsetzung eine Bewertung vornimmt.

> **Beispiel: Einstweilige Anordnung neben Hauptsache, Unterbringungssache**
> Der Kindesvater stellt einen Antrag zur Unterbringung seines volljährigen Sohnes und beantragt gleichzeitig den Erlass einer einstweiligen Anordnung. Vor dem Amtsgericht findet in der Hauptsache eine Anhörung statt.
> Eine Wertfestsetzung ist nicht vorzunehmen. Unterbringungssachen sind gerichtsgebührenfrei. Auch für den Anwalt ist eine Wertfestsetzung nicht erforderlich. In Unterbringungssachen entstehen Betragsrahmengebühren (VV 6300 ff.). Der geringeren Bedeutung des einstweiligen Anordnungsverfahrens gegenüber der Hauptsache kann durch Ermäßigung der Betragsrahmen auf der Grundlage des § 14 Abs. 1 Rechnung getragen werden. Abzurechnen ist ausgehend von der Mittelgebühr für das Hauptsacheverfahren und einer um 30 % ermäßigten Mittelgebühr für die einstweilige Anordnung wie folgt:
>
> **I. Hauptsacheverfahren**
> 1. Verfahrensgebühr, VV 6300   255,00 EUR
> 2. Terminsgebühr, VV 6301   255,00 EUR
> 3. Postentgeltpauschale, VV 7002   20,00 EUR
>   Zwischensumme   530,00 EUR
> 4. 19 % Umsatzsteuer, VV 7008   100,70 EUR
> **Gesamt**   **630,70 EUR**
>
> **II. Einstweiliges Anordnungsverfahren**
> 1. Verfahrensgebühr, VV 6300   178,50 EUR
> 2. Postentgeltpauschale, VV 7002   20,00 EUR
>   Zwischensumme   198,50 EUR
> 3. 19 % Umsatzsteuer, VV 7008   37,72 EUR
> **Gesamt**   **236,22 EUR**

280 **cc) Einstweilige Anordnungen vor dem Amtsgericht. (1) Anordnungsverfahren.** Im erstinstanzlichen einstweiligen Anordnungsverfahren richtet sich auch in den übrigen Angelegenheiten der freiwilligen Gerichtsbarkeit die Vergütung nach den VV 3100 ff., insoweit Wertgebühren entstehen und nach VV 6300 ff., wenn Betragsrahmengebühren gelten. Insoweit Betragsrahmengebühren maßgeblich sind, kommt nach §§ 42 Abs. 1, 51 Abs. 1 auch die Festsetzung von Pauschgebühren in Betracht.

281 Der Anwalt erhält zunächst einmal eine **Verfahrensgebühr** nach VV 3100 oder nach VV 6300.

282 Wird eine einstweilige oder vorläufige Anordnung **von Amts wegen** erlassen, so kommt unter Umständen bei Wertgebühren nur eine 0,8-Verfahrensgebühr nach VV 3101 Nr. 1 in Betracht, wenn lediglich ein Antrag gestellt und eine Entscheidung entgegengenommen und im Übrigen nichts weiter veranlasst wird. Bei Betragsrahmengebühren erfolgt ggf. eine Ermäßigung auf der Grundlage des § 14 RVG.

283 Ebenso entsteht eine Terminsgebühr, wenn der Anwalt mit dem Gegner eine **Besprechung zur Vermeidung oder Erledigung des Verfahrens** führt (VV Vorb. 3 Abs. 3 S. 3 Nr. 2). Die frühere

---

[181] Schneider/Thiel, NJW 2013, 25.

widersprüchliche – zum Teil gegenteilige – Rechtsprechung des BGH[182] ist angesichts der Neufassung der VV Vorb. 3 Abs. 3 nicht mehr vertretbar.

Eine Termingebühr nach Anm. Abs. 1 Nr. 1 zu VV 3104 bei einer **Entscheidung im schriftlichen Verfahren** oder **Abschluss eines schriftlichen Vergleichs** kommt nicht in Betracht, da im einstweiligen Anordnungsverfahren ohne mündliche Verhandlung entschieden werden kann, ohne dass die Beteiligten zustimmen müssen (§ 51 Abs. 2 S. 2 FamFG). Zur Frage der Termingebühr bei Abschluss eines schriftlichen Vergleichs kann auf die vergleichbare Rechtslage in Familiensachen Bezug genommen werden. 284

Dagegen entsteht eine Termingebühr gemäß VV Vorb. 3 Abs. 3 S. 3 Nr. 2, wenn im einstweiligen Anordnungsverfahren eine Besprechung geführt wird.[183] 285

Hinzukommen kann eine 1,0 Einigungsgebühr nach Anm. Abs. 1 Nr. 1 zu VV 1000 i.V.m. VV 1003. 286

(2) Mehrere einstweilige Anordnungen. Auch in den übrigen Angelegenheiten der freiwilligen Gerichtsbarkeit sind einstweilige Anordnungsverfahren nach den §§ 49 ff. FamFG jeweils eigene gebührenrechtliche Angelegenheiten i.S.d. § 15 RVG, in denen der Anwalt seine Gebühren jeweils gesondert abrechnen kann. 287

(3) Anordnung und Abänderung. Wird die Abänderung einer einstweiligen Anordnung beantragt, so ist § 16 Nr. 5 zu beachten. Insgesamt liegt nur eine Angelegenheit vor. Bedeutung hat das Abänderungsverfahren nur, wenn der Anwalt insoweit erstmals tätig wird oder dort weitere Gebühren anfallen. 288

Auch eine Addition der Werte von Anordnung und Abänderung kommt nicht in Betracht. Die früher vertretene Gegenauffassung[184] ist nach Wegfall des § 18 Nr. 2 RVG a.F. durch das FGG-ReformG nicht mehr vertretbar. Zu Einzelheiten siehe § 16 Rdn 128 f. 289

dd) Einstweilige Anordnungen im Beschwerdeverfahren. Ist die Hauptsache in einem Beschwerdeverfahren anhängig und wird in dieser Phase eine einstweilige Anordnung beantragt, so ist das Beschwerdegericht als Gericht der Hauptsache zuständig (§ 50 Abs. 1 S. 2 FamFG). Ungeachtet dessen richtet sich die Vergütung im einstweiligen Anordnungsverfahren jedoch nach den erstinstanzlichen Gebühren der VV 3100 ff. (VV Vorb. 3.2 Abs. 2). 290

Umstritten war nach früherem Recht, wie Beschwerdeverfahren in einstweiligen Anordnungen abzurechnen sind, also Beschwerden gegen erstinstanzliche Entscheidungen in einstweiligen Anordnungsverfahren. Bislang waren in VV Vorb. 3.2.1 (Nr. 2 Buchst. c) a.F.) aus den Verfahren der freiwilligen Gerichtsbarkeit nur die Verfahren nach dem Gesetz über Landwirtschaftssachen und Verfahren über die Beschwerde gegen die Endentscheidung in Familiensachen (Nr. 2b) geregelt und damit aufgewertet. Nunmehr werden alle Beschwerden gegen eine Entscheidung in der Hauptsache in Verfahren der freiwilligen Gerichtsbarkeit erfasst und nach den Gebühren eines Berufungsverfahrens vergütet. Der Grund für diese Anhebung liegt darin, dass in diesen Verfahren das Beschwerdegericht eine vollständige Nachprüfung in sachlicher und rechtlicher Hinsicht vorzunehmen hat. Insofern erscheint es dem Gesetzgeber geboten, die Anwendbarkeit des VV Teil 3 Abschnitt 2 und 3 auf sämtliche Beschwerden und Rechtsbeschwerden wegen des Hauptgegenstands in Angelegenheiten der freiwilligen Gerichtsbarkeit auszudehnen. 291

---

[182] AGS 2012, 10 m. Anm. *Thiel* = MDR 2012, 57 = zfs 2012, 43 = FamRZ 2012, 110 = Rpfleger 2012, 102 = NJW 2012, 459 = JurBüro 2012, 137 = FF 2012, 43 = FuR 2012, 93 = FamFR 2012, 36 = FamRB 2012, 47 = RVGreport 2012, 59 = NJW-Spezial 2012, 156 (einstweilige Anordnung in Familiensachen); AGS 2012, 124 m. Anm. *N. Schneider* = NJW-RR 2012, 314 = MDR 2012, 376 = Rpfleger 2012, 287 = JurBüro 2012, 242 = AnwBl 2012, 286 = FamRZ 2012, 545 = FamRB 2012, 115 = RVGreport 2012, 148 = RVGprof. 2012, 94 („Verfahren nach § 522 Abs. 2 S. 1 ZPO" vor Hinweiserteilung); OLG München AGS 2010, 420 = NJW-Spezial 2010, 635 = RVGreport 2010, 419 = FamFR 2010, 472; AGS 2011, 213 = AnwBl 2011, 590 = JurBüro 2011, 360 = Rpfleger 2011, 566 = NJW-Spezial 2011, 284 = FamRZ 2011, 1977; OLG Dresden AGS 2008, 333 = OLGR 2008, 676 = NJW-RR 2008, 1667 = NJW-Spezial 2008, 444; OLG Köln AGS 2012, 459 = NJW-Spezial 2012, 573 = Rpfleger 2012, 469.

[183] OLG München AGS 2010, 420 = NJW-Spezial 2010, 635.

[184] OLG München AGS 2007 424 = NJW-RR 2006, 357 = OLGR 2006, 283 = FuR 2006, 229 = FamRZ 2006, 1218 = NJW 2006, 2196; OLG Koblenz AGS 2007, 425 = JurBüro 2007, 203 = MDR 2007, 745 = FamRZ 2007, 1114 = OLGR 2007, 474.

292 Umso erfreulicher ist es, dass die ständige Kritik und das stete Drängen nach einer Verbesserung vom Gesetzgeber erhört worden sind. Sämtliche Beschwerdeverfahren der freiwilligen Gerichtsbarkeit gegen Entscheidungen wegen des Hauptgegenstands sind jetzt in den Katalog der VV 3.2.1 zu Nr. 2 Buchst. b aufgenommen worden. Dies hat dann zur Folge, dass sämtliche Beschwerdeverfahren in Angelegenheiten der freiwilligen Gerichtsbarkeit gegen Entscheidungen in der Hauptsache wie Berufungen zu behandeln sind. In Verfahren über eine Beschwerde gegen eine Entscheidung in der Hauptsache erhält der Anwalt nunmehr eine Verfahrensgebühr nach VV 3200, die sich grundsätzlich auf 1,6 beläuft.

293 Wie in allen Verfahren ermäßigt sich diese Gebühr bei vorzeitiger Erledigung nach Anm. Abs. 1 zu VV 3201 auf 1,1, also wenn der Auftrag endet, bevor der Rechtsanwalt das Rechtsmittel eingelegt oder einen Schriftsatz, der Sachanträge, Sachvortrag, die Zurücknahme des Antrags oder die Zurücknahme des Rechtsmittels enthält, eingereicht oder bevor er einen gerichtlichen Termin wahrgenommen hat. Diese Erhöhung der Verfahrensgebühr auf 1,6 durch VV Vorb. 3.2.1 Nr. 2 Buchst. b schränkt aber der Gesetzgeber sogleich in Anm. Abs. 2 zu VV 3201 wieder ein. Danach entsteht neben den Fällen der vorzeitigen Erledigung ebenfalls nur die ermäßigte Verfahrensgebühr in Höhe von 1,1 bei einer sog. „eingeschränkten Tätigkeit". Eine solche eingeschränkte Tätigkeit soll nach Anm. Abs. 2 zu VV 3201 vorliegen, wenn sich die Tätigkeit in einer Angelegenheit der freiwilligen Gerichtsbarkeit auf die Einlegung und Begründung des Rechtsmittels und die Entgegennahme der Rechtsmittelentscheidung beschränkt.

294 Insoweit für den Anwalt Betragsrahmengebühren maßgebend sind, so entsteht die Verfahrensgebühr nach Anm. zu VV 6300 für jeden Rechtszug. Die Terminsgebühr entsteht für die Teilnahme an gerichtlichen Terminen, das heißt auch im Beschwerdeverfahren.

295 **ee) Verlängerung einer einstweiligen Anordnung.** Die Verlängerung einer einstweiligen Anordnung und der erstmalige Antrag auf Erlass einer einstweiligen Anordnung sind verschiedene gebührenrechtliche Angelegenheiten. Für Betragsrahmengebühren ergibt sich dies unmittelbar aus VV 6302.

4. Verwaltungsgerichtliche Verfahren

a) Überblick

296 Auch in Verfahren des einstweiligen Rechtsschutzes vor den Verwaltungsgerichten erhält der Anwalt gesonderte Gebühren, da es sich um eigene Angelegenheiten handelt (Nr. 4). Die Gebühren nach den VV 3100 ff. entstehen also gegenüber der Hauptsache gesondert in Verfahren
- auf Erlass einer einstweiligen Verfügung (Nr. 4 Buchst. b),
- auf Anordnung der aufschiebenden Wirkung eines Verwaltungsakts (Nr. 4 Buchst. c),
- auf Wiederherstellung der aufschiebenden Wirkung eines Verwaltungsakts (Nr. 4 Buchst. c),
- auf Aufhebung der Vollziehung oder Anordnung der sofortigen Vollziehung eines Verwaltungsakts (Nr. 4 Buchst. c),
- auf Abänderung oder Aufhebung einer der vorgenannten Entscheidungen (Nr. 4 Buchst. d).

Anordnungs- und Abänderungs- bzw. Aufhebungsverfahren sind allerdings dieselbe Angelegenheit (§ 16 Nr. 5).

b) Verfahren auf Anordnung oder Wiederherstellung der aufschiebenden Wirkung eines Verwaltungsakts sowie Aufhebung der Vollziehung oder Anordnung der sofortigen Vollziehung eines Verwaltungsakts

297 **aa) Überblick.** In den Verfahren des vorläufigen Rechtsschutzes nach § 80 Abs. 5 VwGO, in denen der Antragsteller die Anordnung der Wiederherstellung der aufschiebenden Wirkung eines Rechtsbehelfs oder Rechtsmittels gegen einen sofort vollziehbaren Verwaltungsakt beantragt, sowie in den Verfahren nach §§ 80a Abs. 3 i.V.m. 80 Abs. 5 VwGO gelten die Gebühren nach VV Teil 3. Es handelt sich sowohl gegenüber der außergerichtlichen Tätigkeit (Nr. 1 Buchst. a) als auch gegenüber der Hauptsache (Nr. 4 Buchst. c) um eine eigene Gebührenangelegenheit. Im Gegensatz zu VV 3328 ist eine abgesonderte mündliche Verhandlung hier nicht erforderlich. Es handelt sich stets um eine eigene Angelegenheit.

Zusammen mit den vorgenannten einstweiligen Rechtsschutzverfahren bilden die weiteren Verfahren auf Abänderung oder Aufhebung einer der in den vorgenannten Verfahren ergangenen Entscheidungen wiederum dieselbe Angelegenheit (§ 16 Nr. 5), sodass hierfür bereits im Anordnungsverfahren entstandene Gebühren nicht nochmals entstehen. Gesonderte Gebühren kann der Anwalt hier nur erhalten, wenn er ausschließlich im Abänderungsverfahren beauftragt wird (Nr. 4 Buchst. d). 298

bb) Die Gebühren im erstinstanzlichen Anordnungsverfahren. (1) Überblick. Der Anwalt erhält in den genannten Verfahren die gleichen Gebühren wie im erstinstanzlichen Rechtsstreit. Die Gebühren nach VV Teil 3 sowie nach VV Teil 1 gelten wie in einem Hauptsacheverfahren. 299

Wird der Antrag auf Erlass einer einstweiligen Verfügung oder auf Anordnung oder Wiederherstellung der aufschiebenden Wirkung, Aufhebung der Vollziehung oder Anordnung der sofortigen Vollziehung eines Verwaltungsakts **vor dem Rechtsmittelgericht als Gericht der Hauptsache** gestellt, so bleibt es bei den Gebühren nach VV Teil 3 Abschnitt 1, also bei den erstinstanzlichen Gebühren, auch wenn das Rechtsmittelgericht als Gericht der Hauptsache zuständig ist und entscheidet (VV Vorb. 3.2 Abs. 2). 300

Der **Streitwert** in Verfahren auf Erlass einer einstweiligen Anordnung ergibt sich aus § 53 Nr. 1 GKG i.V.m. § 3 ZPO. Nach dem Streitwertkatalog ist der Wert grundsätzlich mit der Hälfte des Hauptsachewerts anzusetzen, bei Geldleistungen in der Regel mit einem Viertel der Hauptsache (siehe Streitwertkatalog 1.5). 301

(2) Verfahrensgebühr. Der Anwalt erhält im erstinstanzlichen einstweiligen Anordnungsverfahren grundsätzlich eine 1,3-Verfahrensgebühr (VV 3100). In erstinstanzlichen Verfahren vor dem OVG oder dem VGH bestimmt sich die Verfahrensgebühr nach VV 3300 Nr. 2 und beträgt 1,6. 302

Im Falle einer **vorzeitigen Erledigung** entsteht die Gebühr der VV 3100 lediglich in Höhe von 0,8 (VV 3101 Nr. 1) und die der VV 3300 Nr. 2 in Höhe von 1,0 (VV 3301). 303

(3) Terminsgebühr. Im Falle eines Termins i.S.d. VV Vorb. 3 Abs. 3 entsteht eine Terminsgebühr in Höhe von 1,2 (VV 3104). 304

Die Terminsgebühr entsteht nach VV Vorb. 3 Abs. 3 S. 3 Nr. 2 auch durch eine Besprechung mit der Behörde zur Vermeidung oder Erledigung des Verfahrens. Die früher zum Teil vertretene gegenteilige Auffassung ist angesichts der Neufassung der VV Vorb. 3 Abs. 3 durch das 2. KostRMoG nicht mehr vertretbar. 305

Da im Verfahren nach § 80 Abs. 5 VwGO ohne mündliche Verhandlung entschieden werden kann, entsteht keine Terminsgebühr, soweit in diesen Verfahren eine Entscheidung ergeht oder die Parteien lediglich einen schriftlichen Vergleich schließen. Anm. Abs. 1 Nr. 1 zu VV 3104 ist nicht anwendbar. Im Gegensatz zu den zivilgerichtlichen Verfahren und den Verfahren nach dem FamFG kann hier eine mündliche Verhandlung nicht erzwungen werden, sodass sich das Problem nicht stellt, ob die Möglichkeit eines Antrags auf mündliche Verhandlung bereits zu einem Verfahren mit obligatorischer mündlicher Verhandlung führt. 306

(4) Einigungsgebühr. Möglich ist auch der Anfall einer Einigungsgebühr nach VV 1000, 1003. Eine Erledigungsgebühr (VV 1002) kommt hier nicht in Betracht. Diese ist nur in der Hauptsache möglich. 307

cc) Beschwerdeverfahren. Wird gegen eine im einstweiligen Rechtsschutzverfahren ergangene Entscheidung Beschwerde (§ 146 Abs. 4 VwGO) eingelegt, so löst dies nach Nr. 1 eine neue Angelegenheit aus. In diesem Beschwerdeverfahren entsteht dann eine Verfahrensgebühr nach VV 3200 sowie gegebenenfalls eine Terminsgebühr nach VV 3202, da diese Verfahren mit dem 2. KostRMoG wie Beschwerdeverfahren vergütet werden (VV Vorb. 3.2.1 Nr. 3). Daher entsteht hier auch die Einigungsgebühr in Höhe von 1,3 (VV 1004). 308

dd) Die Anrechnung der Geschäftsgebühr bei einstweiligem Anordnungsverfahren und Hauptsache. Ist dem gerichtlichen Verfahren ein Verwaltungsverfahren auf Aussetzung oder Wiederherstellung vorangegangen, so ist die dort verdiente Gebühr der VV 2300 nach VV Vorb. 3 Abs. 4 hälftig anzurechnen, höchstens zu 0,75. 309

Zu beachten ist, dass jeweils nur die entsprechende vorangegangene außergerichtliche Tätigkeit anzurechnen ist. 310
– In der Hauptsache ist also nur anzurechnen, wenn dort ein Verwaltungsverfahren vorangegangen ist;

– im einstweiligen Rechtsschutzverfahren nur dann, wenn ein entsprechendes behördliches Verfahren vorangegangen ist, etwa wenn zuvor bei der Behörde ein Antrag nach § 80 Abs. 4 VwGO gestellt worden ist. Hier kommt die Anrechnung der im Widerspruchsverfahren entstandenen Geschäftsgebühr nicht in Betracht.[185]

311 Am besten lässt sich dies anhand folgender Übersicht verdeutlichen:

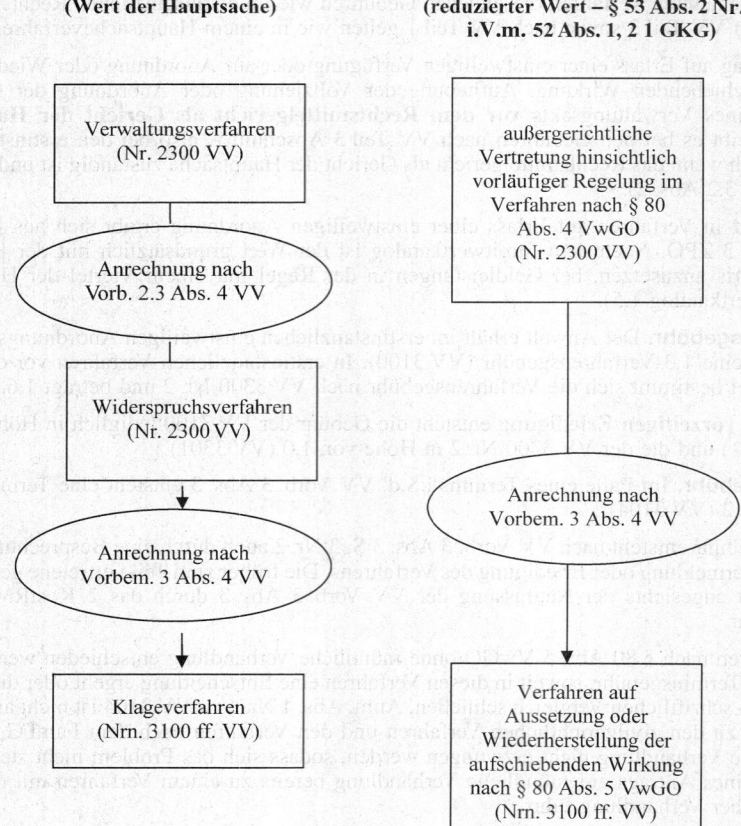

Beispiel: Anfechtungsklage und Antrag auf Aussetzung der sofortigen Vollziehung mit vorangegangenem Widerspruchsverfahren und behördlichem Aussetzungsantrag
Gegen einen Bescheid (Wert: 5.000 EUR) legt der Anwalt Widerspruch ein und beantragt bei der Behörde die Aussetzung der sofortigen Vollziehung. Widerspruch und Aussetzungsantrag werden zurückgewiesen. Anschließend legt der Anwalt Anfechtungsklage ein und stellt gleichzeitig beim Verwaltungsgericht einen Antrag auf Aussetzung der sofortigen Vollziehung. Die Aussetzung der sofortigen Vollziehung wird durch Beschluss ausgesprochen (Wert: 2.500 EUR). Anschließend wird in der Hauptsache verhandelt.
Das Hauptsache-Verwaltungsverfahren sowie das Verwaltungsverfahren auf Aussetzung der sofortigen Vollziehung sind zwei verschiedene Angelegenheiten (Nr. 1 Buchst. a), sodass die Gebühren nach VV 2300 gesondert anfallen.
Darüber hinaus sind Anfechtungsklage und Verfahren nach § 80 Abs. 5 VwGO jeweils eigene Angelegenheiten (Nr. 4 Buchst. c), auf die allerdings die vorangegangenen Geschäftsgebühren der entsprechenden Verwaltungsverfahren nach VV Vorb. 3 Abs. 4 S. 1 hälftig anzurechnen sind.

---

[185] Hess. VGH AGS 2009, 115 = NJW 2009, 2077 = NJW-Spezial 2009, 155 = DÖV 2009, 468; OVG Hamburg NJW 2009, 2075 = AGS 2009, 274 = Rpfleger 2009, 416 = RVGreport 2009, 344 = AGS 2009, 538.

I. Widerspruchsverfahren

1.	1,5-Geschäftsgebühr, VV 2300 (Wert: 5.000 EUR)	454,50 EUR
2.	Postentgeltpauschale, VV 7002	20,00 EUR
	Zwischensumme 474,50 EUR	
3.	19 % Umsatzsteuer, VV 7008	90,16 EUR
Gesamt		**564,66 EUR**

II. Anfechtungsklage

1.	1,3-Verfahrensgebühr VV 3100 (Wert: 5.000 EUR)	393,90 EUR
2.	gem. VV Vorb. 3 Abs. 4 anzurechnen 0,75 aus 5.000 EUR	– 227,25 EUR
3.	1,2-Terminsgebühr VV 3104 (Wert: 5.000 EUR)	363,60 EUR
4.	Postentgeltpauschale, VV 7002	20,00 EUR
	Zwischensumme 550,25 EUR	
5.	19 % Umsatzsteuer, VV 7008	104,55 EUR
Gesamt		**654,80 EUR**

III. Behördliches Verfahren auf Aussetzung der sofortigen Vollziehung

1.	1,5-Geschäftsgebühr, VV 2300 (Wert: 2.500 EUR)	301,50 EUR
2.	Postentgeltpauschale, VV 7002	20,00 EUR
	Zwischensumme 321,50 EUR	
3.	19 % Umsatzsteuer, VV 7008	61,09 EUR
Gesamt		**382,59 EUR**

IV. Gerichtliches Verfahren auf Aussetzung der sofortigen Vollziehung

1.	1,3-Verfahrensgebühr, VV 3100 (Wert: 2.500 EUR)	261,30 EUR
2.	Postentgeltpauschale, VV 7002	20,00 EUR
3.	gem. VV Vorb. 3 Abs. 4 anzurechnen 0,75 aus 2.500 EUR	– 150,75 EUR
	Zwischensumme 130,55 EUR	
4.	19 % Umsatzsteuer, VV 7008	24,80 EUR
Gesamt		**155,35 EUR**

Unzulässig wäre es, die im Widerspruchsverfahren angefallene Geschäftsgebühr im einstweiligen Anordnungsverfahren nach § 80 Abs. 5 VwGO anzurechnen oder die im behördlichen Verfahren nach § 80 Abs. 4 VwGO angefallene Geschäftsgebühr im Erkenntnisverfahren vor dem Verwaltungsgericht. **312**

ee) Einstweiliges Anordnungsverfahren und späteres Abänderungs- und Aufhebungsverfahren. Wird nachträglich die Abänderung einer nach Nr. 4 Buchst. c ergangenen Entscheidung beantragt (§ 80 Abs. 7 VwGO), handelt es sich zwar auch gegenüber der Hauptsache um eine selbstständige Angelegenheit (Nr. 4 Buchst. d). Ein Verfahren nach Nr. 4 Buchst. c und ein Abänderungsverfahren nach Nr. 4 Buchst. d stellen jedoch nach § 16 Nr. 5 nur eine Angelegenheit dar. Der Anwalt erhält die Vergütung also nur einmal.[186] **313**

Möglich ist allerdings, dass im Abänderungsverfahren weitere Gebühren anfallen, die im Anordnungsverfahren noch nicht angefallen waren (siehe dazu § 16 Rdn 133 ff.). **314**

c) Antrag auf Erlass oder Abänderung einer einstweiligen Anordnung nach § 123 VwGO

Im Falle eines Verfahrens auf Erlass oder Abänderung einer einstweiligen Anordnung nach § 123 VwGO gilt Nr. 4 Buchst. b. Auch dieses Verfahren ist gegenüber der Hauptsache eine gesonderte Angelegenheit. Der Anwalt erhält auch hier die Gebühren nach VV 3100 ff. gesondert. **315**

---

[186] VGH Baden-Württemberg AGS 2012, 17 = JZ 2012, 421; Bay. VGH AGS 2007, 567 = NJW 2007, 2715 = BayVBl 2008, 702; Bay. VGH, Beschl. v. 26.1.2012 – 9 C 11.3040.

316 Der Anwalt erhält also insbesondere eine 1,3-Verfahrensgebühr nach VV 3100, die sich unter den Voraussetzungen der VV 3101 auf 0,8 reduzieren kann.

317 Darüber hinaus erhält er eine Terminsgebühr, sofern er einen Termin i.S.d. VV Vorb. 3 Abs. 3 wahrnimmt. Die Höhe der Terminsgebühr beläuft sich auch hier auf 1,2 (VV 3104).

318 Da im Verfahren nach § 123 VwGO ohne mündliche Verhandlung entschieden werden kann (§§ 100 Abs. 3; 123 Abs. 4 VwGO), entsteht keine Terminsgebühr soweit in diesen Verfahren eine Entscheidung ergeht oder die Parteien lediglich einen schriftlichen Vergleich schließen. Anm. Abs. 1 Nr. 1 zu VV 3104 ist nicht anwendbar.

319 Wird der Antrag vor dem Rechtsmittelgericht gestellt, so bleibt es bei den Gebühren nach Abschnitt 1 VV Teil 3, also bei den Gebühren nach VV 3100 ff. (VV Vorb. 3.2 Abs. 2).

320 Wird der Antrag im erstinstanzlichen Verfahren vor dem BVerwG, einem OVG oder einem VGH gestellt, so greift wiederum VV 3300 Nr. 2. Der Anwalt erhält hier die 1,6-Verfahrensgebühr. Für die Wahrnehmung eines Termins bleibt es dagegen bei einer 1,2-Terminsgebühr nach VV 3104 (VV Vorb. 3.3.1).

321 Auch hier gilt wiederum, dass das Verfahren über einen Antrag auf Abänderung oder Aufhebung der einstweiligen Anordnung mit dem Verfahren über den Antrag als dieselbe Angelegenheit gilt (§ 16 Nr. 5).

322 Soweit gegen eine einstweiligen Anordnung Beschwerde oder Berufung geführt wird, entstehen die Gebühren eines Berufungsverfahrens (VV Vorb. 3.2.1 Nr. 3 Buchst. a).

5. Sozialgerichtliche Verfahren

a) Selbstständige Angelegenheit

323 Einstweilige Anordnungsverfahren (§ 86b Abs. 2 SGG) und zugehörige Hauptsacheverfahren sind auch in sozialrechtlichen Angelegenheiten gemäß Nr. 4 Buchst. b gebührenrechtlich **verschiedene Angelegenheiten**.

324 Folgt auf das Anordnungsverfahren ein **Abänderungs- oder Aufhebungsverfahren** wegen des Eintritts veränderter Umstände,[187] ist dieses Verfahren zwar nach Nr. 4 Buchst. d gegenüber der Hauptsache wiederum eine verschiedene Angelegenheit, nicht aber gegenüber dem jeweiligen Ausgangs-Anordnungsverfahren; insoweit ist nur eine Angelegenheit gegeben (§ 16 Nr. 5).

b) Die Vergütung

325 Der Anwalt erhält die Vergütung im einstweiligen Anordnungsverfahren gegenüber der Vergütung in der Hauptsache danach gesondert. Die Gebührentatbestände sind jedoch die gleichen wie im Hauptsacheverfahren. Da das Gesetz insoweit keine besonderen Regelungen enthält, sind die Vorschriften für gerichtliche Verfahren nach VV Teil 3 anzuwenden. Eine Besonderheit sieht lediglich VV Vorb. 3.2 Abs. 2 S. 2 vor. Danach bleibt es auch dann bei den Gebühren nach VV Teil 3 Abschnitt 1 (VV 3100 ff.), wenn das Berufungsgericht für das Anordnungsverfahren als Gericht der Hauptsache zuständig ist (§ 86b Abs. 2 S. 3, 4 SGG i.V.m. § 943 ZPO).

c) Einstweiliges Anordnungsverfahren vor dem Sozialgericht

326 **aa) Verfahrensgebühr nach VV 3102.** Im Verfahren auf Erlass einer einstweiligen Anordnung vor dem Sozialgericht erhält der Anwalt zunächst eine Verfahrensgebühr. Diese richtet sich immer nach VV 3102.

327 Hälftig anzurechnen ist eine vorangegangene Geschäftsgebühr in einem Verfahren nach § 86a Abs. 3 SGG vor der Behörde (VV Vorb. 2.3 Abs. 4). Eine im Verwaltungs- oder Widerspruchsverfahren entstandene Gebühr ist dagegen nicht anzurechnen, da sie einen anderen Streitgegenstand betrifft.

---

187 Zur Zulässigkeit: *Meyer-Ladewig/Keller/Leitherer*, SGG, 9. Aufl. 2010, § 86b Rn 45.

Abschnitt 3. Angelegenheit § 17

bb) Terminsgebühr. Kommt es zu einem Termin i.S.d. VV Vorb. 3 Abs. 3, erhält der Anwalt zusätzlich eine Terminsgebühr nach VV 3106. 328

Ausgelöst wird die Terminsgebühr gemäß VV Vorb. 3 Abs. 3, 1. Var. unstrittig durch die Teilnahme an einem gerichtlichen Termin, der auch im Anordnungsverfahren möglich ist.[188] 329

Darüber hinaus entsteht die Terminsgebühr auch gemäß VV Vorb. 3 Abs. 3 S. 3 Nr. 2 durch eine Besprechung mit der Behörde zur einvernehmlichen Erledigung des einstweiligen Anordnungsverfahrens. Dass im einstweiligen Anordnungsverfahren eine mündliche Verhandlung nicht vorgeschrieben ist, ist insoweit unerheblich, da VV Vorb. 3 Abs. 3 S. 3 Nr. 2 eine solche Einschränkung nicht enthält, wie die geänderte Gesetzesfassung jetzt klarstellt. 330

Im Falle eines angenommenen Anerkenntnisses oder eines schriftlichen Vergleichs entsteht dagegen keine Terminsgebühr, da eine mündliche Verhandlung nicht vorgeschrieben ist. 331

cc) Einigungs- oder Erledigungsgebühr. Eine Erledigungsgebühr kommt im einstweiligen Anordnungsverfahren nicht vor, da es hier nicht um den in der Hauptsache angefochtenen Bescheid geht. Möglich ist allerdings eine **Einigungsgebühr** nach VV 1005, 1006, 1000, wenn im Einvernehmen mit der Behörde eine vorläufige Regelung getroffen wird. Einigungen sind auch im einstweiligen Anordnungsverfahren möglich.[189] 332

dd) Auslagen. Da es sich bei den einstweiligen Anordnungsverfahren um eigene Gebührenangelegenheiten handelt, entstehen auch die Auslagen gesondert. Insbesondere erhält der Anwalt eine eigene Postentgeltpauschale nach VV 7002. 333

ee) Die Höhe der Gebühren. Dass das einstweilige Anordnungsverfahren eine geringere Bedeutung hat (keine endgültige Klärung) und dass in diesem Verfahren Vorkenntnisse aus dem Hauptsacheverfahren verwertet werden können, ist im Rahmen des § 14 Abs. 1 RVG bei der **Gebührenbestimmung** zu berücksichtigen. Die Rechtsprechung geht hinsichtlich der Gebühren i.d.R. von einem unterdurchschnittlichen Gebührenbetrag aus; häufig wird die sog. „Drittelgebühr" zugrunde gelegt.[190] 334

Diese pauschale Bemessung ist m.E. jedoch nicht zutreffend. Die einstweilige Anordnung auf Gewährung bestimmter Leistungen kann erhebliche Bedeutung haben, zumal auch hier – wenn auch andere – schwierige Fragen zu klären sein können. Zudem besteht für den Anwalt ein Zeitdruck, der wiederum höhere Gebühren rechtfertigt.[191] Der Anwalt sollte in seinem Fall die Kriterien des § 14 Abs. 1 RVG daher sorgfältig prüfen und herausarbeiten. 335

> **Beispiel:** Tätigkeit im Widerspruchsverfahren, im nachfolgenden Klageverfahren sowie im einstweiligen Anordnungsverfahren
> Der Anwalt war bereits im Widerspruchsverfahren beauftragt worden und wird nach Erlass des Widerspruchsbescheids mit der Anfechtungsklage und dem Antrag auf Erlass einer einstweiligen Anordnung beauftragt. Über die einstweilige Anordnung wird ohne mündliche Verhandlung entschieden. In der Hauptsache wird verhandelt.
> Im Hauptsacheverfahren ist die Geschäftsgebühr des vorangegangenen Widerspruchsverfahrens hälftig anzurechnen. Im einstweiligen Anordnungsverfahren entsteht die Verfahrensgebühr nach VV 3102 dagegen anrechnungsfrei, wobei hier von einem geringeren Betrag i.H.v. 200 EUR ausgegangen werden soll.
>
> **I. Widerspruchsverfahren**
> 1. Geschäftsgebühr, VV 2302 Nr. 1   345,00 EUR
> 2. Postentgeltpauschale, VV 7002   20,00 EUR
>   Zwischensumme   365,00 EUR
> 3. 19 % Umsatzsteuer, VV 7008   69,35 EUR
> **Gesamt**   **434,35 EUR**
>
> **II. Rechtsstreit**
> 1. Verfahrensgebühr, VV 3102   300,00 EUR
> 2. Terminsgebühr, VV 3106   280,00 EUR

336

---

[188] *Meyer-Ladewig/Keller/Leitherer*, § 86b Rn 43.
[189] *Meyer-Ladewig/Keller/Leitherer*, § 86b Rn 40.
[190] SG Hildesheim AGS 2006, 505 = RVGreport 2006, 96; SG Oldenburg AGS 2006, 506 m.w.N.
[191] *Hansens/Braun/Schneider*, Praxis des Vergütungsrechts, Teil 1 Rn 187.

  3. Postentgeltpauschale, VV 7002   20,00 EUR
   Zwischensumme   600,00 EUR
  4. 19 % Umsatzsteuer, VV 7008   114,00 EUR
  Gesamt   **714,00 EUR**
 III. Einstweiliges Anordnungsverfahren
  1. Verfahrensgebühr, Nr. 3102 VV   200,00 EUR
  2. Postentgeltpauschale, VV 7002   20,00 EUR
   Zwischensumme   220,00 EUR
  3. 19 % Umsatzsteuer, VV 7008   41,80 EUR
  Gesamt   **261,80 EUR**

d) Aufhebungs- oder Abänderungsverfahren

337 Kommt es nach dem Erlass einer einstweiligen Anordnung zu einem Abänderungsverfahren,[192] so ist zwar auch das Abänderungsverfahren gegenüber der Hauptsache eine verschiedene Angelegenheit (Nr. 4 Buchst. d), nicht aber gegenüber dem Anordnungsverfahren. Insoweit ist nach § 16 Nr. 5 nur eine Angelegenheit gegeben. Allerdings wird man hier gemäß § 14 Abs. 1 wegen des Mehraufwands von einem höheren Gebührensatz auszugehen haben.

e) Einstweilige Anordnung im Berufungsverfahren

338 Wird die einstweilige Anordnung erstmals im Berufungsverfahren vor dem Landessozialgericht beantragt (§ 86b Abs. 2 S. 2, 3 SGG), ändert sich nichts. Nach VV Vorb. 3.2 Abs. 2 S. 1, S. 2 VV gelten die Gebühren nach VV Teil 3 Abschnitt 1 auch dann, wenn das Berufungsgericht als Gericht der Hauptsache zuständig ist (§ 86b Abs. 2 S. 3, 4 SGG i.V.m. § 943 ZPO). Zwar entstehen dann im Berufungsverfahren vor dem Landessozialgericht in der Hauptsache die höheren Gebühren nach VV Teil 3 Abschnitt 2 (VV 3204, 3205); im Verfahren der einstweiligen Anordnung verbleibt es dagegen bei den erstinstanzlichen Gebühren der VV 3102, 3106.

f) Beschwerde gegen einstweilige Anordnung

339 Wird gegen einen Beschluss des Sozialgerichts im einstweiligen Anordnungsverfahren Beschwerde nach § 172 SGG eingelegt, erhält der Anwalt die Gebühren eines Berufungsverfahrens nach den VV 3204, 3205, 1004 (VV Vorb. 3.2.1 Nr. 3).

340 Ob auch hier die Gebühren herabzusetzen sind (Drittelgebühr), weil es sich nur um ein vorläufiges Verfahren handelt, erscheint angesichts der ohnehin schon geringeren Gebühren im Beschwerdeverfahren fraglich. Zutreffend dürfte es sein, hier von der Mittelgebühr auszugehen.

6. Finanzgerichtliche Verfahren

341 Verfahren auf Aussetzung der Vollziehung vor den Finanzgerichten sind nach Nr. 4 Buchst. c ebenfalls eigene Angelegenheiten gegenüber der Hauptsache.

342 Der Anwalt erhält hier allerdings die erhöhten Gebühren des Berufungsverfahrens nach den VV 3200 ff. (VV Vorb. 3.2.1 Nr. 1).[193]

---

192 Zur Zulässigkeit: *Meyer-Ladewig/Keller/Leitherer*, § 86b Rn 45.
193 FG Niedersachsen AGS 2010, 438 = EFG 2010, 749 = StE 2010, 170 = RVGreport 2010, 223 = AGS 2010, 177 = EFG 2010, 752 = JurBüro 2010, 247 = NJW-Spezial 2010, 348 = RVGreport 2010, 222 = StE 2010,

202; EFG 2005, 1803 = DStRE 2005, 1366 = StE 2005, 678 = FGReport 2005, 104 = RVGreport 2006, 29; FG Brandenburg EFG 2006, 1704 = StE 2006, 473; FG Düsseldorf AGS 2009, 179 = EFG 2009, 217 = DStRE 2009, 700 = StE 2009, 26 = RVGreport 2009, 72 = NJW-Spezial 2009, 221.

Der Streitwert im Verfahren auf Aussetzung bemisst sich i.d.R. mit 10 % der Steuerforderung.[194] **343**
Der Mindeststreitwert des § 52 Abs. 4 GKG greift hier nicht.[195]

Einstweilige Rechtsschutzverfahren kommen auch hier ohne Hauptsacheklage in Betracht (§ 69 **344**
Abs. 3 S. 2 FGO). Dann entsteht die Geschäftsgebühr für das Einspruchsverfahren und eine Verfahrensgebühr für das Aussetzungsverfahren vor dem FG. Eine Anrechnung der im Einspruchsverfahren entstandenen Geschäftsgebühr nach VV Vorb. 3 Abs. 4 ist nicht vorzunehmen, da das Einspruchsverfahren kein dem Aussetzungsverfahren vorangehendes Verwaltungs- oder Nachprüfungsverfahren ist.

Ist dem Verfahren auf Aussetzung nach § 69 Abs. 3 S. 2 FGO dagegen ein Verfahren vor der **345**
Finanzbehörde nach § 69 Abs. 2 FGO vorangegangen, dann ist nach VV Vorb. 3 Abs. 4 anzurechnen und zwar wird die Geschäftsgebühr des finanzbehördlichen Aussetzungsverfahrens hälftig angerechnet auf die Verfahrensgebühr des gerichtlichen Aussetzungsverfahrens, höchstens zu 0,75.

> **Beispiel: Einspruchsverfahren mit nachfolgender Anfechtungsklage und gerichtlichem Verfahren auf Aussetzung mit vorangegangenem Aussetzungsverfahren vor der Behörde**
> Der Anwalt erhebt auftragsgemäß Einspruch gegen einen Bescheid in Höhe von 8.000 EUR und beantragt nach § 69 Abs. 2 FGO beim Finanzamt die Aussetzung der Vollziehung. Der Antrag wird abgelehnt. Daraufhin wird nach § 69 Abs. 3 FGO beim FG die Aussetzung der Vollziehung beantragt. Da zwischenzeitlich über den Einspruch abschlägig entschieden worden ist, wird auch Anfechtungsklage gegen den Steuerbescheid erhoben.
> Im Einspruchsverfahren entsteht die Geschäftsgebühr nach VV 2300 und im Verfahren auf Aussetzung vor dem Finanzamt ebenfalls die Geschäftsgebühr der VV 2300. Es liegen nach Nr. 1 Buchst. a zwei Angelegenheiten vor.
> Im gerichtlichen Hauptsacheverfahren entstehen die Gebühren der VV 3200 ff. Auf die Verfahrensgebühr ist nach VV Vorb. 3 Abs. 4 die Geschäftsgebühr des Einspruchsverfahrens anzurechnen.
> Im gerichtlichen Verfahren auf Aussetzung entsteht die Gebühr nach VV 3200 gesondert (Nr. 4 Buchst. c). Hier ist die Geschäftsgebühr des verwaltungsbehördlichen Aussetzungsverfahrens nach VV Vorb. 3 Abs. 4 hälftig anzurechnen.
>
> **I. Einspruchsverfahren (Wert: 8.000 EUR)**
> 1. 1,5-Geschäftsgebühr, VV 2300 — 684,00 EUR
> 2. Postentgeltpauschale, VV 7002 — 20,00 EUR
>   Zwischensumme — 704,00 EUR
> 3. 19 % Umsatzsteuer, VV 7008 — 133,76 EUR
>   **Gesamt — 837,76 EUR**
>
> **II. Verfahren auf Aussetzung der Vollziehung vor dem Finanzamt (Wert: 800 EUR)**
> 1. 1,5-Geschäftsgebühr, VV 2300 — 120,00 EUR
> 2. Postentgeltpauschale, VV 7002 — 20,00 EUR
>   Zwischensumme — 140,00 EUR
> 3. 19 % Umsatzsteuer, VV 7008 — 26,60 EUR
>   **Gesamt — 166,60 EUR**
>
> **III. Verfahren auf Aussetzung der Vollziehung vor dem Finanzgericht (Wert: 800 EUR)**
> 1. 1,6-Verfahrensgebühr, Nr. 3200 VV — 128,00 EUR
> 2. gem. VV Vorb. 3 Abs. 4 anzurechnen, 0,75 aus 800 EUR — – 60,00 EUR
> 3. Postentgeltpauschale, VV 7002 (20 % aus 84,50 EUR) — 20,00 EUR
>   Zwischensumme — 88,00 EUR
> 4. 19 % Umsatzsteuer, VV 7008 — 16,72 EUR
>   **Gesamt — 104,72 EUR**
>
> **IV. Anfechtungsklage (Wert: 8.000 EUR)**
> 1. 1,6-Verfahrensgebühr, Nr. 3200 VV — 729,60 EUR
> 2. gem. VV Vorb. 3 Abs. 4 anzurechnen, 0,75 aus 8.000 EUR — – 342,00 EUR
> 3. 1,2-Terminsgebühr, Nr. 3202 VV — 547,20 EUR

---

194 Siehe *Hartmann*, KostG, § 52 GKG Anhang I Rn 2 „Aussetzung der Vollziehung".
195 BFH AGS 2008, 96 = DStR 2008, 49 = StE 2008, 24 = NJW-Spezial 2008, 59 = DStRE 2008, 196 = DStZ 2008, 94 = RVGreport 2008, 76; FG Düsseldorf AGS 2007, 568 = EFG 2006, 1103; FG Sachsen-Anhalt EFG 2007, 293 = StE 2007, 122; FG Brandenburg EFG 2006, 1704 = StE 2006, 473; FG Köln RVGreport 2007, 255 = StE 2007, 793 = StE 2007, 315; Thüringer FG EFG 2005, 1563 = FGReport 2005, 84; a.A. Sächsisches FG AGS 2007, 568 = EFG 2006, 1103.

4.	Postentgeltpauschale, VV 7002	20,00 EUR
	Zwischensumme	954,80 EUR
5.	19 % Umsatzsteuer, VV 7008	181,41 EUR
	Gesamt	**1.136,21 EUR**

346 Wird die Aussetzung der Vollziehung vor dem BFH als Gericht der Hauptsache (§ 69 Abs. 3 FGO) beantragt,[196] bleibt es bei den Gebühren nach VV Teil 3 Abschnitt 2, Unterabschnitt 1, den VV 3200 ff. (analog VV Vorb. 3.2).

347 Kommt es im gerichtlichen Aussetzungsverfahren zu einem gerichtlichen Termin, so entsteht nach VV Vorb. 3 Abs. 3 S. 1 auch eine Terminsgebühr, und zwar vor dem FG nach VV 3202 und vor dem BFH nach VV 3210.

348 Die Terminsgebühr entsteht im Aussetzungsverfahren auch dann, wenn es nicht zu einem gerichtlichen Termin kommt, aber eine Besprechung mit der Finanzbehörde zur Erledigung des Verfahrens geführt wird (VV Vorb. 3 Abs. 3 S. 3 Nr. 2). Dass im Verfahren der Aussetzung der Vollziehung eine mündliche Verhandlung nicht vorgeschrieben ist, ist unerheblich.[197]

VI. Verfahren nach Abstandnahme vom Urkunden- oder Wechselprozess oder nach Vorbehaltsurteil (Nr. 5)

1. Allgemeines

349 § 17 Nr. 5 erklärt den Urkunden- oder Wechselprozess und das ordentliche Verfahren, das nach Abstandnahme vom Urkunden- oder Wechselprozess oder nach einem Vorbehaltsurteil anhängig bleibt (§§ 596, 600 ZPO), als verschiedene Angelegenheiten.[198] Die Vorschrift übernimmt die Regelung aus § 39 S. 1 BRAGO a.F. Die in § 39 S. 2 BRAGO a.F. enthaltene Anrechnungsregelung ist in Anm. Abs. 2 zu VV 3100 eingestellt.

350 Nach § 592 S. 1 ZPO kann ein Anspruch auf Zahlung einer bestimmten Geldsumme oder Leistung einer bestimmten Menge anderer vertretbarer Sachen oder Wertpapiere im Urkundenprozess geltend gemacht werden, wenn die sämtlichen[199] zur Begründung des Anspruchs erforderlichen Tatsachen durch Urkunden bewiesen werden können. Die weiteren Verfahrensbestimmungen für den Urkundenprozess ergeben sich aus den §§ 593 bis 600 ZPO. Wird im Urkundenprozess ein Anspruch aus einem Wechsel im Sinne des Wechselgesetzes geltend gemacht (Wechselprozess), sind neben den genannten Vorschriften gemäß § 602 ZPO die besonderen Vorschriften aus §§ 603 bis 605 ZPO anzuwenden. Entsprechendes gilt nach § 605a ZPO, wenn im Urkundenprozess ein Anspruch aus einem Scheck im Sinne des Scheckgesetzes geltend gemacht wird (Scheckprozess).

351 Hat der Beklagte im Urkunden-, Wechsel- oder Scheckprozess dem gegen ihn geltend gemachten Anspruch widersprochen, sind ihm nach § 599 Abs. 1 ZPO im Urteil die Ausführung seiner Rechte vorzubehalten. Nach dem Erlass des Vorbehaltsurteils bleibt der Rechtsstreit im Nachverfahren anhängig (§ 600 Abs. 1 ZPO). Das Nachverfahren wird aber nur fortgesetzt, wenn eine Partei den Antrag auf Fortsetzung des Verfahrens stellt.[200] Das Nachverfahren unterliegt nicht mehr den für den Urkundenprozess in §§ 593–598 ZPO vorgesehenen Beschränkungen.

352 Zu einem Nachverfahren kommt es aber nicht, wenn die Urkundenklage als unzulässig, als unbegründet oder als in der gewählten Prozessart unstatthaft abgewiesen wurde. Die Entscheidung ergeht dann nicht durch Vorbehaltsurteil, sondern durch Endurteil (ohne Vorbehalt). Dann ist der Prozess beendet, ein Nachverfahren gibt es nicht.

---

[196] Siehe BFH/NV 2000, 970; BFH/NV 2005, 1834.
[197] FG Niedersachsen AGS 2010, 383 = zfs 2010, 467 = RVGreport 2010, 304 = JurBüro 2010, 476 = StE 2010, 202.
[198] Zu den Rechtsanwalts- und Gerichtskosten im Urkundenprozess im Allgemeinen vgl.: *H. Schneider*, AGS 2011, 1; *Enders*, JurBüro 2006, 57.
[199] Zur Streitfrage, ob nur die beweisbedürftigen Tatsachen eines urkundlichen Nachweises bedürfen oder auch die unstreitigen, offenkundigen oder gerichtsbekannten, vgl. Musielak/Voit/*Voit*, ZPO, § 592 Rn 11.
[200] BGH NJW 1983, 1111; a.A. OLG Celle NJW-RR 1993, 559.

Wird der Rechtsstreit im Urkundenprozess geführt, kann der Kläger bis zum Schluss der mündlichen Verhandlung von dem Urkundenprozess in der Weise abstehen, dass der Rechtsstreit im ordentlichen Verfahren anhängig bleibt (§ 596 ZPO). 353

Dem Umstand, dass der anwaltliche Prozessbevollmächtigte letztlich in zwei Verfahrensabschnitten eines einheitlichen Rechtsstreits tätig sein muss und er hiermit einen erhöhten Arbeitsaufwand (in der Regel zwei Verhandlungstermine) hat, trägt Nr. 5 in gebührenmäßiger Hinsicht Rechnung. 354

2. Regelungsgehalt

In Nr. 5 wird das ordentliche Verfahren (Nachverfahren), das nach Abstandnahme vom **Urkunden- oder Wechselprozess** oder nach einem Vorbehaltsurteil anhängig bleibt (§§ 596, 600 ZPO), gegenüber dem Urkunden- oder Wechselprozess als **verschiedene Angelegenheit** geregelt. Grundsätzlich ist zwar ein Rechtszug nur eine gebührenrechtliche Angelegenheit, in der die Gebühren nur einmal verlangt werden können (vgl. § 15 Abs. 2). § 17 Nr. 5 durchbricht aber diesen Grundsatz. 355

Für das Verfahren bis zum Vorbehaltsurteil oder bis zur Abstandnahme vom Urkunden- oder Wechselprozess entstehen die Gebühren wie in jedem bürgerlichen Rechtsstreit (VV 3100 ff.). Im **ordentlichen Verfahren**, dem sog. **Nachverfahren**, entstehen sämtliche Gebühren erneut, wobei allerdings die Verfahrensgebühren aufeinander anzurechnen sind (VV 3100 Anm. Abs. 2).

Obwohl ein Rechtsanwalt in einem Urkundenprozess mit Nachverfahren mehr Gebühren verdienen kann als in einem üblichen ordentlichen Verfahren und obwohl es für den Kläger vorteilhaft sein kann, dass er aus einem Vorbehaltsurteil gemäß § 708 Nr. 5 ZPO ohne Sicherheitsleistung die Zwangsvollstreckung betreiben kann, findet der Urkundenprozess in der anwaltlichen und gerichtlichen Praxis nicht allzu häufig statt. Dies mag unter anderem liegen, dass sich in den meisten Fällen nicht alle anspruchsbegründenden Tatsachen durch Urkunden beweisen lassen. 356

3. Anwendungsbereich

§ 17 Nr. 5 betrifft nach seinem Wortlaut den **Urkundenprozess** sowie den **Wechselprozess**. 357

Die Vorschrift erwähnt aber nicht den **Scheckprozess** (§ 605a ZPO). Die Vorschrift ist gleichwohl auf den Scheckprozess entsprechend anzuwenden. Dafür spricht, dass der Scheckprozess lediglich eine weitere Variante zum Urkunden- und Wechselprozess ist. Nach § 605a ZPO sind nämlich für den Scheckprozess die Vorschriften über den Wechselprozess entsprechend anzuwenden. Im Übrigen gelten die Vorschriften des Urkundenprozesses. 358

§ 17 Nr. 5 kommt nicht zur Anwendung, wenn es außerhalb eines Urkunden-, Wechsel- oder Scheckprozesses zu einem **Vorbehaltsurteil** und Nachverfahren kommt.[201] Nach **§ 302 ZPO** kann ein Urteil unter Vorbehalt der Entscheidung über die Aufrechnung ergehen, sofern in einem Zivilprozess der Beklagte die Aufrechnung mit einer Gegenforderung geltend macht, die mit dem in der Klage geltend gemachten Gegenstand nicht in einem rechtlichen Zusammenhang steht, und der Rechtsstreit nur hinsichtlich der Klageforderung entscheidungsreif ist. 359

Für ein Nachverfahren nach einem Vorbehaltsurteil nach § 302 ZPO entstehen die Rechtsanwaltsgebühren nicht erneut. Denn § 17 Nr. 5 bezieht sich auf eine solche Verfahrenskonstellation nicht. Das OLG Schleswig[202] führt dazu aus: 360

> „Der Gesetzgeber hat sich in dem Klammerzusatz in § 39 S. 1 BRAGO" (jetzt: § 17 Nr. 5) „ausdrücklich auf die §§ 596, 600 ZPO bezogen und damit deutlich gemacht, dass allein das Nachverfahren nach einem gemäß § 599 ZPO ergangenen Vorbehaltsurteil gebührenrechtlich als besondere Angelegenheit behandelt werden soll. Er hat damit dem Umstand Rechnung getragen, dass Urkundenprozess und Nachverfahren wesensverschieden sind und hinsichtlich der zulässigen Einwendungen und Beweismittel das Nachverfahren eine Steigerung der Tätigkeit des Rechtsanwalts gerade in der Verhandlung und Beweisaufnahme mit sich bringt."

---

201 OLG Nürnberg AnwBl 1972, 161 = JurBüro 1972, 404 = KostRsp. BRAGO § 39 Nr. 1; OLG Schleswig JurBüro 1987, 1189 = MDR 1975, 1029 = KostRsp. BRAGO § 39 Nr. 1 m. Anm. *E. Schneider*.

202 OLG Schleswig JurBüro 1987, 1189 = MDR 1975, 1029 = KostRsp. BRAGO § 39 Nr. 1 m. Anm. *E. Schneider*.

4. Gebühren

a) Verfahrensgebühr

361 aa) Grundlagen. Sowohl im Urkundenprozess[203] als auch im ordentlichen Verfahren (Nachverfahren) entsteht für den anwaltlichen Prozessbevollmächtigten die Verfahrensgebühr VV 3100. Die Verfahrensgebühr fällt für jede auf das Nachverfahren gerichtete Tätigkeit an einschließlich der Information (vgl. VV Vorbem. 3 Abs. 2). Der Rechtsanwalt der im Urkundenprozess unterliegenden Partei verdient die über einen Gebührensatz von 0,8 (VV 3101 Nr. 1) hinausgehende 1,3-Verfahrensgebühr (VV 3100) erst dann, wenn er – ungeachtet dessen, dass das Nachverfahren bereits anhängig ist – einen Verfahrensantrag auf Fortsetzung des Verfahrens, einen Sachantrag stellt, Sachvortrag gibt oder eine Rücknahme erklärt.

362 bb) Anrechnung. **(1) Anm. Abs. 2 zu VV 3100.** Nach Anm. Abs. 2 zu VV 3100 ist die Verfahrensgebühr für einen Urkundenprozess auf die Verfahrensgebühr für das ordentliche Verfahren (Nachverfahren) anzurechnen. Indes ist § 15a zu beachten. § 15a Abs. 1 definiert die Anrechnung im Innenverhältnis zwischen dem Rechtsanwalt und dem Auftraggeber. Beide aufeinander anzurechnende Gebühren bleiben grundsätzlich unangetastet erhalten. Der Rechtsanwalt kann also beide von der Gebührenanrechnung betroffenen Gebühren jeweils in voller Höhe geltend machen.[204] Ihm ist es lediglich verwehrt, insgesamt mehr als den um den Anrechnungsbetrag verminderten Gesamtbetrag der beiden Gebühren zu verlangen.[205] § 15a Abs. 1 stellt die Anrechnungsreihenfolge grundsätzlich frei. Die Anrechnungsreihenfolge der Anm. Abs. 2 zu VV 3100 bleibt allein für die Ermittlung der Höhe des Anrechnungsbetrages relevant.[206] Ist in beiden Angelegenheiten eine 1,3-Verfahrensgebühr (VV 3100) nach demselben Streitwert entstanden, führt die Anrechnungsvorschrift dazu, dass dem Rechtsanwalt insgesamt die Verfahrensgebühr nur einmal verlangen darf. Für die Anrechnung ist ist kommt es nicht darauf an, ob der Kläger nach Erlass eines Vorbehaltsurteils das Nachverfahren weiter betreibt oder bereits während des Rechtsstreits, d.h. vor Erlass eines Vorbehaltsurteils, vom Urkundenprozess Abstand nimmt.

> **Beispiel:** Der Kläger klagt im Urkundenprozess eine Forderung von 5.000 EUR ein. Der Beklagte erhebt Einwendungen gegen die Echtheit der Urkunden und tritt Beweis an durch Parteivernehmung. Im Urkundenprozess wird streitig verhandelt, anschließend zur Echtheit der Urkunde Beweis erhoben. Es ergeht ein Vorbehaltsurteil. Der Beklagte beantragt, das anhängige Nachverfahren weiter fortzusetzen. Im Nachverfahren wird streitig verhandelt und noch ein Sachverständigengutachten eingeholt. Das Gericht verkündet ein Endurteil, wonach das Vorbehaltsurteil für vorbehaltlos erklärt wird. Welche Gebühren entstehen?
>
> **Urkundenprozess (Streitwert: 5.000 EUR)**
> 1,3-Verfahrensgebühr, VV 3100   393,90 EUR
> 1,2-Terminsgebühr, VV 3104   363,60 EUR
> **Nachverfahren (Streitwert: 5.000 EUR)**
> 1,3-Verfahrensgebühr, VV 3100   393,90 EUR
> 1,2-Terminsgebühr, VV 3104   363,60 EUR
> gem. § 15a, Anm. Abs. 2 zu VV 3100 anzurechnen,
> 1,3 aus 5.000 EUR   – 393,90 EUR

363 Zu beachten ist, dass nach dem ausdrücklichen Wortlaut der Anm. Abs. 2 zu VV 3100 eine Anrechnung nur dann stattzufinden hat, wenn das ordentliche Verfahren **anhängig bleibt**. Gibt es kein anhängiges Nachverfahren, gibt es auch keine gebührenrechtliche Angelegenheit, in der Rechtsanwaltsgebühren (erneut) entstehen könnten.

364 Für das **Berufungsverfahren** ist eine Anrechnungsbestimmung nicht vorgesehen (siehe hierzu Rdn 374). Wird also sowohl gegen das Vorbehaltsurteil als auch gegen das Endurteil im Nachverfahren Berufung eingelegt, so erhält der Anwalt die Verfahrensgebühr für jede Berufung gesondert.

365 (2) Anrechnung bei Streitwertänderung im Nachverfahren. Erhöht sich der Streitwert im Nachverfahren (z.B. Klageerweiterung, Widerklage), **erhöht sich auch die Verfahrensgebühr im Nachverfahren**. Unter Anrechnung der Verfahrensgebühr für den Urkundenprozess kann der Rechtsanwalt den Unterschiedsbetrag noch fordern.

---

[203] Die folgenden Ausführungen gelten für den Wechsel- oder Scheckprozess in gleicher Weise.
[204] BT-Drucks 16/12717, S. 58 f.
[205] BT-Drucks 16/12717, S. 58 f.
[206] Vgl. Fölsch, MDR 2009, 1137 (1138).

Beispiel: Der Kläger klagt in einem Urkundenprozess 5.000 EUR ein. Der Beklagte beantragt die Fortsetzung des Nachverfahrens. Der Kläger erhöht daraufhin sein Klagebegehren auf 10.000 EUR. Im Nachverfahren werden streitige Anträge gestellt und es ergeht ein Endurteil. Welche Gebühren entstehen?

Urkundenprozess (Streitwert: 5.000 EUR)

1,3-Verfahrensgebühr, VV 3100	393,90 EUR
1,2-Terminsgebühr, VV 3104	363,60 EUR

Nachverfahren (Streitwert: 10.000 EUR)

1,3-Verfahrensgebühr, VV 3100		725,40 EUR
gem. § 15a, Anm. Abs. 2 zu VV 3100 anzurechnen,		
1,3 aus 5.000 EUR		– 393,90 EUR
restliche Verfahrensgebühr	331,50 EUR	
1,2-Terminsgebühr, VV 3104		663,60 EUR

Dass in Höhe der 1,3-Verfahrensgebühr (VV 3100) nach dem Streitwert des Urkundenprozesses anzurechnen ist, ergibt sich aus Abs. 4 S. 5 zu VV Vorbem. 3, der entsprechend bei der Anrechnungsvorschrift Anm. Abs. 2 zu VV 3100 anzuwenden ist. Danach findet die Anrechnung nur insoweit statt, als die Gegenstände in beiden Angelegenheiten identisch sind. Dies ist nur für den Wert von 5.000 EUR gegeben.

Verringert sich der Streitwert im Nachverfahren (z.B. teilweise Klagerücknahme), **entsteht auch nur eine geringere Verfahrensgebühr im Nachverfahren.** Unter Anrechnung der Verfahrensgebühr für das Nachverfahren bleibt dem Rechtsanwalt der Unterschiedsbetrag erhalten. 366

Beispiel: Der Kläger klagt in einem Urkundenprozess 15.000 EUR ein. Im Termin nimmt der Kläger die Klage in Höhe von 10.000 EUR zurück. Der Beklagte wird durch Vorbehaltsurteil zur Zahlung von 5.000 EUR verurteilt. Der Beklagte beantragt die Fortsetzung des Nachverfahrens. Im Nachverfahren werden streitige Anträge gestellt und es ergeht ein Endurteil.

Urkundenprozess (Streitwert: 15.000 EUR)

1,3-Verfahrensgebühr, VV 3100	845,00 EUR
1,2-Terminsgebühr, VV 3104	780,00 EUR

Nachverfahren (Streitwert: 5.000 EUR)

1,3-Verfahrensgebühr, VV 3100	393,90 EUR
gem. § 15a, Anm. Abs. 2 zu VV 3100 anzurechnen,	
1,3 aus 5.000 EUR	– 393,90 EUR
1,2-Terminsgebühr, VV 3104	363,60 EUR

Dass in Höhe der 1,3-Verfahrensgebühr (VV 3100) nach dem Streitwert des Urkundenprozesses anzurechnen ist, ergibt sich aus Abs. 4 S. 5 zu VV Vorbem. 3, der entsprechend bei der Anrechnungsvorschrift Anm. Abs. 2 zu VV 3100 anzuwenden ist. Danach findet die Anrechnung nur insoweit statt, als die Gegenstände in beiden Angelegenheiten identisch sind. Dies ist nur für den Wert von 5.000 EUR gegeben.

(3) Anrechnung in Übergangsfällen. Aufgrund des 1. KostRMoG bzw. des 2. KostRMoG kommt 367 es in Übergangsfällen dazu, dass die Verfahrensgebühr (Prozessgebühr) für den Urkundenprozess nicht in derselben Höhe anfällt wie die Verfahrensgebühr für das Nachverfahren. Dies beruht einerseits darauf, dass durch das 1. KostRMoG die 10/10-Prozessgebühr (§ 31 Abs. 1 Nr. 1 BRAGO a.F.) auf eine 1,3-Verfahrensgebühr (VV 3100) erhöht wurde, und andererseits darauf, dass durch das 2. KostRMoG die Gebührentabelle (§ 13 Abs. 1 RVG) angepasst wurde. Dies wirkt sich dann auch auf Anrechnung (§ 15a Abs. 1, Anm. Abs. 2 zu VV 3100; § 39 S. 2 BRAGO a.F.) aus.

War der Rechtsanwalt vor dem 1.7.2004 mit der Durchführung des Urkundenprozesses beauftragt und erhält er den Auftrag für das Nachverfahren erst nach dem 30.6.2004, so richtet sich die Vergütung des Rechtsanwalts für den Urkundenprozess nach der BRAGO a.F. und für das Nachverfahren nach dem RVG (§ 61). Für die Vertretung im Urkundenprozess entsteht die 10/10-Prozessgebühr (§ 31 Abs. 1 Nr. 1 BRAGO a.F.) und für die Vertretung im Nachverfahren entsteht die 1,3-Verfahrensgebühr (VV 3100).[207] Die Anrechnung ergibt sich dann aus § 39 S. 2 BRAGO a.F. (dieselbe Rechtsfolge: Anm. Abs. 2 zu VV 3100).[208] Durch die Anhebung des Gebührensatzes für die Prozessgebühr bzw. Verfahrensgebühr ergeben sich unterschiedliche Beträge für die Gebühr.

War der Rechtsanwalt vor dem 1.8.2013 mit der Durchführung des Urkundenprozesses beauftragt und erhält er den Auftrag für das Nachverfahren erst nach dem 31.7.2013, so richtet sich die Vergütung des Rechtsanwalts für den Urkundenprozess nach dem RVG a.F. und für das Nachverfahren nach dem RVG n.F. (§ 60). Für die Vergütung des Rechtsanwalts für den Urkundenprozess ist die Gebührentabelle des § 13 Abs. 1 a.F. und für das Nachverfahren die Gebührentabelle des § 13

---

[207] KG Berlin AGS 2006, 78.
[208] KG Berlin AGS 2006, 78.

Abs. 1 n.F. anzuwenden. Die Anrechnung ergibt sich aus Anm. Abs. 2 zu VV 3100. Durch die Anpassung der Gebührentabelle ergeben sich unterschiedliche Beträge für die 1,3-Verfahrengebühr (VV 3100).

> **Beispiel: Übergangsfall 2. KostRMoG**
> Im Mai 2012 wird eine Klage im Urkundenverfahren in Höhe von 10.000 EUR erhoben. Nach mündlicher Verhandlung ergeht im September 2013 ein Vorbehaltsurteil. Im Nachverfahren wird erneut verhandelt und im Dezember 2013 durch Endurteil entschieden. Der Rechtsanwalt übt sein in § 15a Abs. 1 bestehendes Wahlrecht für die Anrechnung so aus, dass die Reduzierung in der Angelegenheit des Nachverfahrens stattfinden soll. Zu rechnen ist wie folgt:
>
> **Urkundenprozess (Streitwert: 10.000 EUR)**
> 1. 1,3-Verfahrensgebühr, VV 3100   631,80 EUR
> 2. 1,2-Verhandlungsgebühr, VV 3104   583,20 EUR
> 3. Postentgeltpauschale, VV 7002   20,00 EUR
>   Zwischensumme   1.235,00 EUR
> 4. 19 % Umsatzsteuer, VV 7008   234,65 EUR
> **Gesamt   1.469,65 EUR**
>
> **Nachverfahren:**
> 1. 1,3-Verfahrensgebühr, VV 3100   725,40 EUR
> 2. 1,2-Terminsgebühr, VV 3104   669,60 EUR
> 3. Postentgeltpauschale, VV 7002   20,00 EUR
>   gem. § 15a, Anm. Abs. 2 zu VV 3100 anzurechnen,
>   1,3 aus 10.000 EUR (Vorverfahren)   – 631,80 EUR
>   Zwischensumme   783,20 EUR
> 4. 19 % Umsatzsteuer, VV 7008   148,81 EUR
> **Gesamt   932,01 EUR**
>
> Dass in Höhe der 1,3-Verfahrensgebühr (VV 3100) nach der Gebührentabelle vor dem Inkrafttreten des 2. KostRMoG anzurechnen ist, ergibt sich aus der Anrechnungsreihenfolge der Anm. Abs. 2 zu VV 3100. Wegen § 15a ist die Anrechnungsreihenfolge in den einzelnen Anrechnungsvorschriften allein für die Ermittlung der Höhe des Anrechnungsbetrages relevant. Zu reduzieren ist demnach um die Verfahrensgebühr des Urkundenprozesses.

b) Verkehrsanwaltsgebühr gemäß VV 3400

368 § 17 Nr. 5 gilt auch für den Verkehrsanwalt. Auch für ihn sind der Urkundenprozess und das Nachverfahren zwei verschiedene Angelegenheiten. Die Verfahrensgebühr des Verkehrsanwalts (VV 3400) steht der Verfahrensgebühr VV 3100 in der Funktion gleich. Deshalb ist die Anrechnungsvorschrift Anm. Abs. 2 zu VV 3100 entsprechend anzuwenden, wenn der Rechtsanwalt sowohl im Urkundenprozess als auch im Nachverfahren tätig wird. Der Verkehrsanwalt hat dann die in beiden Angelegenheiten entstehenden Verfahrensgebühr VV 3400 aufeinander anzurechnen. Entsprechend verhält es sich, wenn der Rechtsanwalt im Urkundenprozess als Verkehrsanwalt und im Nachverfahren als Prozessbevollmächtigter oder umgekehrt tätig wird.

All dies gilt auch, wenn der Rechtsanwalt Terminvertreter (VV 3401) ist.

c) Terminsgebühr

369 Der Rechtsanwalt erhält die Terminsgebühr unter den Voraussetzungen der VV 3104, 3105 i.V.m. VV Vorb. 3 Abs. 3.

370 Die Terminsgebühr kann im Urkundenprozess und im Nachverfahren jeweils gesondert entstehen, weil es sich um verschiedene Angelegenheiten handelt (vgl. § 17 Nr. 5). Eine Anrechnung zwischen den Terminsgebühren findet nicht statt.

371 Erkennt der Rechtsanwalt für den Beklagten den Anspruch unter Vorbehalt der Rechte an, entsteht die Terminsgebühr mit einem Gebührensatz von 1,2.

372 Wird im Termin für den Kläger Abstand vom Urkundenprozess genommen und wird der Termin dann unmittelbar fortgesetzt, sind für diesen einen Termin zwei Terminsgebühren für den jeweils anwesenden Rechtsanwalt entstanden. Denn der Rechtsanwalt hat in zwei gebührenrechtlichen Angelegenheiten diesen einen Termin wahrgenommen, nämlich im Urkundenprozess und dann nach Abstandnahme im ordentlichen Verfahren.

> **Hinweis:** Der Rechtsanwalt des Klägers sollte die Abstandnahme rechtzeitig schriftsätzlich erklären. Damit bewahrt er seinen Mandanten (den Kläger) vor Kosten, indem er vermeidet, dass für die Rechtsanwälte der Parteien die Terminsgebühr auch im Urkundenprozess entsteht.

5. Auslagen gemäß VV 7002

Dem Prozessbevollmächtigten steht für den Urkundenprozess und das Nachverfahren jeweils gesondert die Entgeltpauschale VV 7002 für Post- und Telekommunikationsdienstleistungen zu, weil er in zwei Angelegenheiten tätig ist (§ 17 Nr. 5) und er in jeder Angelegenheit die Pauschale verlangen kann (vgl. Anm. zu VV 7002).

373

6. Berufungsverfahren

Das Vorbehaltsurteil sowie das Endurteil im Nachverfahren können jeweils im Rahmen der allgemeinen Vorschriften der §§ 511 ff. ZPO mit dem Rechtsmittel der Berufung angegriffen werden. Kostenrechtlich handelt es sich bei beiden Berufungsverfahren um **selbstständige Angelegenheiten**. Eine Anrechnung zwischen den Verfahrensgebühren der Berufungsverfahren findet nicht statt. Dies ergibt sich bereits daraus, dass für Berufungsverfahren nicht die VV 3100 mit der Anrechnungsregelung in Abs. 2, sondern die VV 3200 gilt und sich bei VV 3200 keine Anrechnungsvorschrift befindet. Zudem werden durch die Berufung gegen das Vorbehaltsurteil und die Berufung gegen das Endurteil im Nachverfahren zwei voneinander unabhängige Rechtsmittelinstanzen eröffnet. Dies gilt auch, wenn beide Berufungsverfahren parallel anhängig sein sollten. Die Einheitlichkeit des Verfahrens ließe sich hier erst durch eine Verbindung herbeiführen. Dann würden aber bis dahin entstandene Gebühren (insbesondere die Verfahrensgebühren) bestehen bleiben.

374

Nimmt eine Partei erst in der Berufungsinstanz nach einem erstinstanzlichen Vorbehaltsurteil von dem Urkundenprozess Abstand, findet über die Anm. Abs. 2 zu VV 3100 eine Anrechnung statt.[209] Der Prozessbevollmächtigte verdient in der ersten Instanz zunächst die 1,3-Verfahrensgebühr nach VV 3100. In der Berufungsinstanz erhält er für die Vertretung im Berufungsverfahren vor der Abstandnahme eine 1,6-Verfahrensgebühr nach VV 3200 und, da es sich gemäß § 17 Nr. 5 um eine verschiedene Angelegenheit handelt, für die Vertretung nach der Abstandnahme nochmals eine 1,6-Verfahrensgebühr nach VV 3200. Der Rechtsanwalt muss aber eine Anrechnung gemäß § 15a Abs. 1 i.V.m. VV 3100 Anm. Abs. 2 durchführen, weil es sich bei dem Berufungsverfahren nach der Abstandnahme um ein ordentliches Verfahren handelt. Die Anrechnungsvorschrift VV 3100 Anm. Abs. 2 verlangt nicht, dass eine Anrechnung nur dann stattfindet, wenn auch das ordentliche Verfahren in erster Instanz geführt worden ist. Durch die Abstandnahme wird der Urkundenprozess in der Berufungsinstanz als ordentliches Verfahren fortgeführt.

375

Wird das erstinstanzliche Vorbehaltsurteil durch das Berufungsgericht bestätigt, darf das Berufungsgericht die Sache zur Durchführung des Nachverfahrens an die erste Instanz zurückverweisen, wenn eine Partei dies beantragt (vgl. § 538 Abs. 2 Nr. 5 ZPO). Das Nachverfahren vor dem erstinstanzlichen Gericht stellt eine neue gebührenrechtliche Angelegenheit dar (§ 17 Nr. 5; vgl. auch § 21 Abs. 1). Es hat allerdings eine Anrechnung der Verfahrensgebühren aus dem erstinstanzlichen Urkundenprozess und dem Nachverfahren stattzufinden (Anm. Abs. 2 zu VV 3100; vgl. auch VV Vorbem. 3 Abs. 6).

376

7. Prozess- und Verfahrenskostenhilfe

Grundsätzlich ist den Parteien Prozesskostenhilfe für das gesamte Verfahren, d.h. Urkundenprozess und Nachverfahren, zu bewilligen. Denn der Urkundenprozess und das Nachverfahren bilden eine prozessuale Einheit. Daher ist dem Beklagten im Urkundenprozess uneingeschränkt für den gesamten Rechtszug zu bewilligen, wenn seine Rechtsverteidigung erst im Nachverfahren Aussicht auf Erfolg

377

---

[209] A.A. *Schneider*, NJW 2014, 2333: Danach ist VV 3100 Anm. Abs. 2 analog anzuwenden und hat die Anrechnung zwischen den Verfahrensgebühren für die Berufungsinstanz stattzufinden.

hat.²¹⁰ Sofern der Prozessbevollmächtigte bereits im Urkundenprozess für das gesamte Verfahren beigeordnet worden ist, bedarf es für das Nachverfahren keiner erneuten Beiordnung. Ausnahmsweise kann hingegen dem Kläger die Bewilligung von Prozesskostenhilfe für das Verfahren bis zum Erlass des Vorbehaltsurteils beschränkt werden, wenn die Erfolgsaussichten für das Nachverfahren noch nicht übersehen werden können.²¹¹ Insofern kann auch die Beiordnung beschränkt werden (a.A.: siehe VV 3100 Rdn 26). Demgegenüber ist dem Beklagten im Urkundenprozess für den gesamten Rechtszug einschließlich des Vorbehalts- und des Nachverfahrens Prozesskostenhilfe zu gewähren, wenn seiner Rechtsverteidigung erst im Hinblick auf das Nachverfahren Erfolgsaussichten beizumessen sind.²¹²

378 Der anwaltliche Prozessbevollmächtigte, der erst im Nachverfahren beigeordnet wird, kann gegenüber der Staatskasse die Verfahrensgebühr in Ansatz bringen. Dies gilt auch dann, wenn er im Urkundenprozess bereits als Wahlanwalt tätig war (a.A.: siehe VV 3100 Rdn 27). Denn für den beigeordneten Rechtsanwalt entsteht die Verfahrensgebühr (VV 3100) erneut. Allerdings ist die Anrechnung nach § 15a, Anm. Abs. 2 zu VV 3100 zu berücksichtigen.

379 Die Staatskasse kann sich indes auf eine Anrechnung unter anderem **nur dann** berufen, wenn der Anwalt **eine den Anrechnungsbetrag erfassende tatsächliche Zahlung** erhalten hat.²¹³ Zweifelhaft ist allerdings, ob sich diese Voraussetzung bereits aus § 15a Abs. 2 ergibt. Denn dass die Staatskasse Dritte i.S.v. § 15a Abs. 2 ist, kann deshalb fraglich sein, weil die Staatskasse Vergütungsschuldner und nicht Kostenerstattungsschuldner ist.²¹⁴ Ist die Staatskasse gleichwohl als Dritte anzusehen,²¹⁵ kann sie sich gemäß § 15a Abs. 2 auf eine Anrechnung unter anderem nur dann berufen, wenn der Anwalt eine den Anrechnungsbetrag erfassende tatsächliche Zahlung erhalten hat (a.A. m.w.N. *Volpert*, siehe § 55 Rdn 45). Dasselbe Ergebnis ergibt sich aber auch schon aus § 15a Abs. 1 i.V.m. § 58.²¹⁶ Denn der Rechtsanwalt kann über § 15a Abs. 1 wählen, an welchen Vergütungsschuldner er sich wendet.²¹⁷ Die Grenze ist lediglich, dass er nicht mehr als beide Gebühren gekürzt um den Anrechnungsbetrag beanspruchen kann. Hinzu kommt, dass gemäß § 58 Abs. 2 eine Anrechnung nur bei einer tatsächlichen Zahlung von der Staatskasse berücksichtigt werden kann. § 58 Abs. 2 ist anwendbar, weil es um die Anrechnung mit Gebühren nach VV Teil 3 geht und § 15a die Reihenfolge, worauf anzurechnen ist, freistellt.

380 Zahlungen gemäß § 58 Abs. 2 können aber **nur dann** als Anrechnungsbeträge für eine Anrechnung nach § 15a, Anm. Abs. 2 S. 1 zu VV 2503 herangezogen werden, soweit sie noch **nach einer Verrechnung auf den Differenzbetrag zwischen Wahlanwaltsvergütung und Beratungshilfevergütung verbleiben**. Der Gesetzgeber hat indes bei Einführung des § 15a die vergleichbare, im Rahmen der Festsetzung der Prozesskostenhilfevergütung aufgeworfene Frage nicht geklärt, ob die Zahlungen gemäß § 58 Abs. 2 auf den Differenzbetrag zwischen Wahlanwalts- und Prozesskostenhilfevergütung zu verrechnen sind²¹⁸ oder nicht,²¹⁹ **bevor** eine Anrechnung gemäß § 15a, Anm. Abs. 2 zu VV 3100 vorzunehmen ist.

---

210 OLG Saarbrücken NJW-RR 2002, 1584.
211 Musielak/Voit/*Fischer*, ZPO, § 119 Rn 2.
212 OLG Saarbrücken NJW-RR 2002, 1584.
213 *Fölsch*, MDR 2009, 1137 (1140); OLG Frankfurt AGS 2013, 531 (unter Aufgabe von OLG Frankfurt NJOZ 2012, 1501); OLG Celle NJOZ 2014, 49; LSG Hessen AGS 2014, 581; LSG Hessen BeckRS 2015, 66969; a.A. LAG Hessen NZA-RR 2009, 608.
214 *Fölsch*, MDR 2009, 1137 (1140); so auch OLG Frankfurt NJOZ 2012, 1501; OLG Frankfurt NJW-RR 2013, 319; OLG Frankfurt AGS 2013, 531; OVG Lüneburg BeckRS 2013, 51064; LSG Hessen BeckRS 2015, 66969.
215 So etwa: *N. Schneider*, DAR 2009, 353, 356; *N. Schneider*, AGS 2009, 361 (364); OLG Zweibrücken BeckRS 2010, 13507; OLG Zweibrücken NJOZ 2010, 1880; wohl auch LAG Nürnberg AGS 2012, 346; vgl. auch *Müller-Rabe*, NJW 2009, 2913 (1925); LAG Hamm BeckRS 2010, 69151.
216 *Fölsch*, MDR 2009, 1137 (1140); a.A. OLG Frankfurt BeckRS 2012, 8328.
217 BT-Drucks 16/12717, S. 58 f.
218 Vgl. zur entsprechenden Problematik bei der Anrechnung von Geschäftsgebühr (VV 2300) und Verfahrensgebühr (VV 3100): OLG Schleswig MDR 2008, 947; OLG Schleswig Beschl. v. 3.7.2008 – 9 W 89/08; OLG München JurBüro 2010, 193; OLG Zweibrücken BeckRS 2010, 13507; OLG Zweibrücken NJOZ 2010, 1880; OLG Braunschweig BeckRS 2011, 7085; OLG Brandenburg AGS 2011, 549; OLG Oldenburg AGS 2011, 611; OLG Koblenz AGS 2013, 75; OLG Frankfurt NJOZ 2014, 1343 (unter Aufgabe von OLG Frankfurt NJOZ 2010, 1876).
219 Vgl. zur entsprechenden Problematik bei der Anrechnung von Geschäftsgebühr (VV 2300) und Verfahrensgebühr (VV 3100): OLG Dresden MDR 2009, 470; OLG Jena JurBüro 2009, 23; OLG Düsseldorf AGS 2009, 120; LAG Schleswig-Holstein v. 13.12.2009 – 3 Ta 202/09; LAG Hessen NZA-RR 2009, 608; OVG Lüneburg BeckRS 2013, 51064; OVG Lüneburg NJW 2013, 1618; vgl. auch schon LG Berlin JurBüro 1983, 1060 = AnwBl. 1983, 478 zu § 129 BRAGO a.F.

8. Streitwert des Urkundenprozesses und des Nachverfahrens

Der Streitwert des Urkundenprozesses ist identisch mit dem des Nachverfahrens, wenn der im Urkundenprozess geltend gemachte Anspruch im Nachverfahren weiter verfolgt wird. Er vermindert sich auch nicht dadurch, dass allein der Beklagte **im Nachverfahren nur wegen eines Teils Klageabweisung** beantragt, da der Rechtsstreit verfahrensrechtlich eine Einheit bildet.[220] Insoweit heißt es im Beschluss des OLG München:[221]

> „Mit seiner Meinung, maßgebend sei der Antrag des Beklagten ..., hat der Rechtspfleger die prozessuale Lage verkannt. Das Nachverfahren bildet mit dem Urkundenprozess eine Einheit, die Wirkungen der Rechtshängigkeit bestehen fort, der Streitgegenstand bleibt der gleiche. Die Parteirollen ändern sich nicht ... Für die Bestimmung des Streitgegenstandes maßgebend ist ... immer nur der Antrag des Klägers. Anträge des Beklagten sind für den Umfang des Streitgegenstandes ohne Bedeutung. Der Antrag des Klägers ging aber dahin, beide Vorbehaltsurteile für vorbehaltlos zu erklären. Grundsätzlich ist demnach der Verhandlungsgebühr des Nachverfahrens der Streitwert des Urkundenprozesses zugrunde zu legen."

VII. Schiedsverfahren, Verfahren über Zulassung der Vollziehung (Nr. 6)

§ 17 bildet das Gegenstück zu § 16 und führt abschließend diejenigen Fälle auf, in denen es ohne die Regelung zumindest zweifelhaft wäre, ob sie verschiedene Angelegenheiten darstellen oder nicht.

Nach Nr. 6 sind demnach dem Wortlaut gemäß verschiedene Angelegenheiten
– das Verfahren vor dem Schiedsgericht einerseits und
– das (gerichtliche) Verfahren über die Zulassung der Vollziehung einer vorläufigen oder sichernden Maßnahme (§ 1041 Abs. 2 ZPO) sowie das Verfahren über einen Antrag auf Aufhebung oder Änderung einer Entscheidung über die Zulassung der Vollziehung (§ 1041 Abs. 3 ZPO) andererseits.

In Nr. 6 wurde damit auf den ersten Blick und auch der ausdrücklichen Begründung[222] des Gesetzgebers folgend die bereits in § 46 Abs. 3 S. 1 BRAGO enthaltene Unterscheidung übernommen. Allerdings hatte § 46 Abs. 3 S. 1 BRAGO den nachfolgenden Wortlaut: „Das Verfahren über die Zulassung der Vollziehung einer vorläufigen oder sichernden Maßnahme sowie das Verfahren über einen Antrag auf Aufhebung oder Änderung einer Entscheidung über die Zulassung der Vollziehung (§ 1041 ZPO) gilt als besondere Angelegenheit." Der Wortlaut des § 46 Abs. 3 S. 1 BRAGO weicht dem gemäß offenkundig von dem der Nr. 6 ab und traf auch inhaltlich eine andere Aussage als sie in Nr. 6 enthalten ist, was sich aus Folgendem ergibt: § 17 enthält in jeder seiner Nummern die koordinierende Konjunktion „und" und setzt unterschiedliche Angelegenheiten ins Verhältnis zueinander.

Dies bedeutet, dass in der Nr. 6 allein das Verhältnis von Schiedsverfahren **und** (gerichtlichen) Zulassungs-, Aufhebungs- oder Abänderungsverfahren nach § 1041 Abs. 2 und 3 ZPO geregelt wird.

Zu beachten ist in diesem Zusammenhang, dass für Maßnahmen nach § 1041 Abs. 1 ZPO – anders als bei Verfahren nach § 1041 Abs. 2 und 3 ZPO – das Schiedsgericht zuständig ist und dieser Fall in der Nr. 6 gerade nicht aufgeführt ist. Das in § 1041 Abs. 1 ZPO geregelte Anordnungsverfahren stellt deshalb im Verhältnis zum Schiedsverfahren gerade keine besondere Angelegenheit i.S.d. § 17 dar, sondern gehört vielmehr zum schiedsrichterlichen Verfahren.[223] Folgerichtig entstehen dann, wenn der im schiedsrichterlichen Verfahren beauftragte Anwalt nach § 1041 Abs. 1 beim Schiedsgericht beantragt, vorläufige oder sichernde Maßnahmen anzuordnen, neben den Gebühren des § 36 Abs. 1 Nr. 1 i.V.m. VV Teil 1, 2 und 4 keine gesonderten Gebühren.

Gesonderte Gebühren werden nur dann ausgelöst, wenn der Anwalt neben den Tätigkeiten im schiedsrichterlichen Verfahren, Anträge nach § 1041 Abs. 2 oder 3 ZPO vor dem (ordentlichen) Gericht stellt. *Müller-Rabe*[224] begründet dies zutreffend damit, dass § 17 keine Bestimmung enthält, die Anordnungsmaßnahmen nach § 1041 Abs. 1 ZPO im Verhältnis zum schiedsrichterlichen Verfahren zu einer eigenen Angelegenheit machen würde. Die Schlussfolgerung ist aber auch unmittelbar der Nr. 6 zu entnehmen, weil Anordnungen auf Antrag einer Partei nach § 1041 Abs. 1 ZPO zum schiedsrichterlichen Verfahren gehören. Eine Analogie der Nr. 1a oder 4 als vergleichbare verfahrens-

---

220 OLG München MDR 1987, 766.
221 OLG München MDR 1987, 766.
222 BT-Drucks 15/1971 S. 191.
223 Gerold/Schmidt/*Müller-Rabe*, RVG, § 17 Rn 31.
224 Gerold/Schmidt/*Müller-Rabe*, RVG, § 17 Rn 32.

rechtliche Situationen kommt deshalb nicht in Betracht, weil § 17 abschließend diejenigen Angelegenheiten aufzählt, die gebührenrechtlich als verschieden anzusehen sind und die Regelungen auch nicht analogiefähig sind. Es besteht darüber hinaus offenkundig auch keinerlei Regelungslücke, sondern das Bewusstsein des Gesetzgebers, dass der im Schiedsverfahren beauftragte Rechtsanwalt gesonderte Gebühren für die Maßnahmen des einstweiligen Rechtsschutzes bereits nach § 1041 Abs. 2 und Abs. 3 ZPO erhält.[225]

388 Das Schiedsverfahren gilt demnach als **besondere Angelegenheit gegenüber den gerichtlichen Zulassungsverfahren nach § 1041 Abs. 2 und 3 ZPO**, wobei das Verfahren über die Zulassung der Vollziehung einer vorläufigen oder sichernden Maßnahme und das Verfahren über einen Antrag auf Aufhebung oder Abänderung oder Änderung einer Entscheidung über die Zulassung der Vollziehung **eine** Angelegenheit bilden (§ 16 Nr. 7). Die Gebühren, die durch das gerichtliche Zulassungsverfahren nach § 1041 Abs. 2 und 3 ZPO ausgelöst werden, können neben den Gebühren des § 36 für das schiedsrichterliche Verfahren entstehen und werden nicht aufeinander angerechnet.

389 Eine Vergütung des Rechtsanwalts für die Verfahren nach § 1041 Abs. 2 und 3 ZPO regelt Nr. 6 nicht. Während dem Rechtsanwalt für die in § 36 genannten schiedsrichterlichen Verfahren die Gebühren nach VV Teil 3 Abschnitt 1, 2 oder 4 zustehen, könnte er bei den so bezeichneten Maßnahmen des einstweiligen Rechtsschutzes im Schiedsgerichtsverfahren nach § 1041 Abs. 2 und 3 ZPO die Gebühren nach VV 3309, 3310 (vgl. auch Überschrift zu VV Teil 3 Abschnitt 3 Unterabschnitt 3: „Vollstreckung und Vollziehung einer im Wege des einstweiligen Rechtsschutzes ergangenen Entscheidung") beanspruchen, weil es sich um richterliche und nicht um schiedsrichterliche Verfahren handelt. Die VV 3309, 3310 sind aber deshalb nicht einschlägig, weil es in den Verfahren nach § 1041 Abs. 2 und 3 ZPO nicht um die Vollstreckung oder Vollziehung einer Entscheidung, sondern um deren Zulassung geht. Deshalb werden durch Anträge nach § 1041 Abs. 2 oder 3 ZPO die Gebührentatbestände der VV 3327, 3332 ausgelöst, weil es sich um eine richterliche Handlung anlässlich eines schiedsrichterlichen Verfahrens handelt. Weil es sich um ein richterliches Verfahren handelt, finden die VV 3327, 3332 unmittelbar Anwendung. Deshalb war in § 36 Abs. 1 Nr. 1 auch keine entsprechende Verweisung aufzunehmen. In beiden Fällen kann deshalb sowohl eine **Verfahrensgebühr** nach VV 3327 (0,75) als auch eine **Terminsgebühr** nach VV 3332 (0,5) anfallen, wobei nach § 16 Nr. 7 das Verfahren über die Zulassung der Vollziehung einer vorläufigen oder sichernden Maßnahme und das Verfahren über einen Antrag auf Aufhebung oder Änderung einer Entscheidung über die Zulassung der Vollziehung dieselbe Angelegenheit darstellen, und deshalb die Gebühren insgesamt nur einmal anfallen können (siehe § 16 Rdn 141 ff.).

VIII. Güteverfahren und nachfolgendes gerichtliches Verfahren (Nr. 7)

1. Allgemeines

390 Nr. 7 regelt das gerichtliche Verfahren und ein vorausgegangenes:
– Güteverfahren vor einer Gütestelle gemäß § 794 Abs. 1 Nr. 1 ZPO oder, wenn die Parteien den Einigungsversuch einvernehmlich unternehmen, vor einer Gütestelle gemäß § 15a Abs. 3 EGZPO (Buchst. a),
– Verfahren vor einem Ausschuss nach § 111 Abs. 2 ArbGG (Buchst. b),
– Verfahren vor dem Seemannsamt zur vorläufigen Entscheidung von Arbeitssachen (Buchst. c) und
– Verfahren vor sonstigen gesetzlich eingerichteten Einigungsstellen, Gütestellen oder Schiedsstellen (Buchst. d).

Gegenüber dem nachfolgenden Rechtsstreit bilden die Verfahren gebührenrechtlich **verschiedene Angelegenheiten**.

---

225 Gerold/Schmidt/*Müller-Rabe*, RVG, § 17 Rn 32.

2. Verfahrensarten

a) Güteverfahren vor einer Gütestelle gemäß § 794 Abs. 1 Nr. 1 ZPO (Buchst. a)

Ausdrücklich genannt sind in Buchst. a die Gütestellen gemäß **§ 794 Abs. 1 Nr. 1 ZPO**, also solche **Gütestellen**, die **von der Landesjustizverwaltung eingerichtet oder anerkannt** sind. 391

b) Güteverfahren vor einer Gütestelle zur obligatorischen außergerichtlichen Streitschlichtung (Buchst. a)

Zu den Verfahren nach Buchst. a zählen ferner Verfahren vor den **Gütestellen zur obligatorischen außergerichtlichen Streitschlichtung** gemäß **§ 15a Abs. 3 EGZPO**. Aufgrund der zum 1.1.2000 eingeführten Vorschrift des § 15a EGZPO sind die Landesjustizverwaltungen ermächtigt worden, Gütestellen zur obligatorischen außergerichtlichen Streitschlichtung einzurichten. Bislang haben von der Möglichkeit solcher Ausführungsgesetze lediglich die Länder Baden-Württemberg,[226] Bayern,[227] Nordrhein-Westfalen,[228] Hessen,[229] Brandenburg,[230] Saarland,[231] Sachsen-Anhalt[232] und Schleswig-Holstein[233] Gebrauch gemacht. Weitere Länder bereiten entsprechende Landesgesetze vor. Die Stellen der obligatorischen außergerichtlichen Streitschlichtung sind Gütestellen i.S.d. § 794 Abs. 1 Nr. 1 ZPO. (§ 15a Abs. 6 EGZPO; § 1 Abs. 1 GüSchlG NRW; § 13 Abs. 1 SchlG BW; Art. 5 BaySchlG). 392

Die Norm ist **nicht anwendbar** im **gerichtlichen oder gerichtsnahen Mediationsverfahren**.[234] Bei den Mediationskammern handelt es sich nicht um Gütestellen i.S.d. Norm, sondern um Kammern, die im Rahmen des richterlichen Geschäftsverteilungsplanes mit der gerichtlichen Mediation betraut worden sind. 393

Eine **analoge Anwendung** der Vorschrift scheidet aus. Dafür fehlt es an der erforderlichen planwidrigen Regelungslücke. Zum Zeitpunkt der Einführung des § 278 Abs. 5 ZPO war dem Gesetzgeber die Mediation als Form der Streitschlichtung nicht nur bekannt, sondern erschien ihm sogar förderungswürdig. Das Gericht sollte in geeigneten Fällen die Möglichkeit haben, eine Mediation als qualifizierte Güteverhandlung vorzuschlagen.[235] Dabei unterscheidet das Gesetz ausdrücklich zwischen der gerichtlichen (§ 278 Abs. 5 S. 1 ZPO) und der außergerichtlichen (§ 278 Abs. 5 S. 2 ZPO) Streitschlichtung. Entsprechend sind auch die Gebührentatbestände ausgestaltet. Im Falle einer gerichtsnahen, also im Rahmen des gerichtlichen Verfahrens ausgestalteten Mediation sollen nach dem gesetzgeberischen Willen keine zusätzlichen Gebühren entstehen. Demgegenüber hat der Bundesgesetzgeber für den Fall der außergerichtlichen Mediation in den §§ 17 Nr. 7 und 34 sowie im dazugehörigen Vergütungsverzeichnis unter VV 1000 sowie in § 4 ausreichende Regelungen geschaffen. 394

c) Verfahren vor einem Ausschuss gemäß § 111 Abs. 2 ArbGG (Buchst. b)

Bei den in Buchst. b genannten **Ausschüssen gemäß § 111 Abs. 2 ArbGG** handelt es sich um Ausschüsse, die im Bereich des Handwerks von der Handwerksinnung und im Übrigen von den sonst zuständigen Stellen i.S.d. Berufsbildungsgesetzes eingerichtet sind. Solche Ausschüsse sollen dazu dienen, Streitigkeiten aus einem bestehenden Berufsausbildungsverhältnis zwischen Auszubil- 395

---

226 Gesetz zur obligatorischen außergerichtlichen Streitschlichtung (SchlG BW) v. 28.6.2000 (GVBl S. 470).
227 Bayerisches Schlichtungsgesetz (BaySchlG) v. 24.5.2000 (GVBl S. 268).
228 Gütestellen- und Schlichtungsgesetz (GüSchlG NRW) v. 9.5.2000 (GVBl S. 476).
229 Gesetz zur Regelung der außergerichtlichen Streitschlichtung (Hess SchlG) v. 6.2.2001 (GVBl II S. 210–82).
230 Gesetz zur Fortentwicklung des Schlichtungsrechts im Land Brandenburg (BbGSchlG) v. 5.10.2000 (GVBl I S. 134).
231 Gesetz Nr. 1464 zur Ausführung des § 15a des Gesetzes betreffend die Einführung der Zivilprozessordnung und zur Änderung von Rechtsvorschriften (Landesschlichtungsgesetz – LSchlG) v. 5.10.2000 (Amtsblatt des Saarlandes 2001, S. 532).
232 Gesetz zur Änderung des Schiedsstellengesetzes und anderer Vorschriften v. 17.5.2001 (GVBl S. 174).
233 Gesetz zur Ausführung von § 15a des Gesetzes betreffend die Einführung der Zivilprozessordnung v. 16.11.2001 (Landesschlichtungsgesetz – LSchlG).
234 OLG Rostock AGS 2007, 124 = OLGR Rostock 2007, 159 = RVGreport 2007, 28.
235 Vgl. *Haft/Schliefen*, Handbuch Mediation, § 17 Rn 37; BT-Drucks 14/4722, S. 83 – Gesetzentwurf der Bundesregierung v. 24.11.2000.

denden und Ausbildenden beizulegen. Das Verfahren vor einem solchen Ausschuss ist in § 111 Abs. 2 S. 2 bis 7 ArbGG geregelt.

d) Verfahren vor dem Seemannsamt zur vorläufigen Entscheidung von Arbeitssachen (Buchst. c)

396 In bestimmten Streitigkeiten (§§ 49 Abs. 1, 51, 68, 69, 71, 74, 72 Abs. 4, 78 Abs. 4. 111 Abs. 2 SeemannsG) war das **Seemannsamt** verpflichtet, zu versuchen, eine Einigung herbeizuführen (§§ 14 ff. SeemannsamtVO). Diese Vorschriften sind mit dem SeeArbG vom 24.4.2013 aufgehoben worden. Die Bedeutung dieser Vorschriften war ohnehin äußerst gering.

e) Verfahren vor sonstigen gesetzlich eingerichteten Einigungsstellen, Gütestellen und Schiedsstellen (Buchst. d)

397 Der Tatbestand des Buchst. d erfasst die Verfahren vor sonstigen „**gesetzlich eingerichteten**" Einigungsstellen, Gütestellen und Schiedsstellen. Ob eine derartige „gesetzlich eingerichtete" Stelle öffentlich-rechtlich oder privatrechtlich betrieben wird, ist für den Tatbestand des Buchst. d irrelevant. Maßgeblich ist vielmehr, ob die Stelle durch ein Gesetz oder aufgrund einer in einem Gesetz enthaltenen Ermächtigung eingerichtet worden ist

398 Von dieser Regelung ist auch erfasst die Tätigkeit des Rechtsanwalts im:
– Verfahren vor der Schiedsstelle für Urheberrechtsfälle beim Deutschen Patentamt[236]
– Verfahren bei den von den Industrie- und Handelskammern eingerichteten Einigungsstellen nach § 27a UWG
– Verfahren vor den Schiedsämtern
– Verfahren vor den Schiedsstellen nach § 14 WahrnG[237] (jetzt § 124 VGG)
– Verfahren vor Einigungsstellen nach §§ 39 ff. des Gesetzes über die Erstreckung von gewerblichen Schutzrechten[238]
– Verfahren vor der Schiedsstelle für Ansprüche gegen den Entschädigungsfonds nach § 14 Nr. 3a PflVG[239]
– Verfahren vor der Schiedsstelle nach § 17 der Bundespflegesatzverordnung[240]
– Einigungsstellenverfahren nach § 76a BetrVG[241]
– Einigungsstellenverfahren nach § 112 BetrVG.[242]

399 **Nicht** zu den Verfahren nach Buchst. d zählen:
– das Verfahren vor der Gutachterkommission bei der Landeszahnärztekammer, da diese Gutachterkommission keine gesetzlich eingerichtete Güte- oder Schiedsstelle i.S.v. VV 2303 darstellt;[243] bei solchen Gutachterkommissionen handelt es sich vielmehr um Institutionen, die auf dem Satzungsrecht der jeweiligen Ärztekammer beruhen. Es entsteht daher eine Geschäftsgebühr aus VV 2300.
– das Verfahren vor der einer kirchlichen Vermittlungsstelle, deren Anrufung vor Beschreiten des Rechtsweges rein arbeitsvertraglich vereinbart ist. Es entsteht daher eine Geschäftsgebühr aus VV 2300[244]
– das Verfahren vor dem Integrationsamt nach §§ 85 ff. SGB IX; es gilt VV 2300; der Gegenstandswert richtet sich nach dem Regelstreitwert von 5.000 EUR (vgl. Nr. 38 des Streitwertkatalogs der Verwaltungsgerichtsbarkeit);
– die Güteverhandlung vor dem Vorsitzenden nach § 54 ArbGG; es gilt VV 3100 ff.

---

[236] OLG München Rpfleger 1994, 316.
[237] OLG München Rpfleger 1994, 316.
[238] Gerold/Schmidt/*Madert*, BRAGO, § 65 Rn 6.
[239] Riedel/Sußbauer/*Keller*, BRAGO, § 65 Rn 7.
[240] *Mümmler*, JurBüro 1987, 1315.
[241] *Mümmler*, JurBüro 1981, 1148.
[242] BAG AnwBl 1982, 203, 205 = KostRsp. BRAGO § 65 Nr. 1.
[243] OLG Karlsruhe JurBüro 1985, 236 = KostRsp. BRAGO § 65 Nr. 2; a.A. AG Wiesbaden JurBüro 2009, 190 m. abl. Anm. *Madert*.
[244] BGH AGS 2011, 117 = MDR 2011, 393 = NJW-RR 2011, 573 = zfs 2011, 284 = JurBüro 2011, 247 = NJW-Spezial 2011, 187 = RVGprof. 2011, 59 = BRAK-Mitt 2011, 92 = FA 2011, 117 = RVGreport 2011, 138.

3. Vergütung

a) Allgemeines

Die Vergütungsansprüche in den in Nr. 7 aufgeführten, dem gerichtlichen Verfahren vorausgegangenen Verfahren richten sich nach **VV 2303**. Die Gebühr beträgt **1,5**. Diese Gebühr wird jedoch – abweichend von der alten BRAGO-Rechtslage – **zur Hälfte** auf die **Verfahrensgebühr eines nachfolgenden Rechtsstreits angerechnet** (vgl. Anm. zu VV 2305). Die Regelung soll nach dem gesetzgeberischen Willen einem der wesentlichen Ziele des Entwurfs, die außergerichtliche Streiterledigung zu fördern, Rechnung tragen. 400

Dies gilt auch für die in Nr. 7 Buchst. a erwähnten obligatorischen Güteverfahren nach § 15a EGZPO. Nach BRAGO-Rechtslage war in diesen Verfahren eine vollständige Anrechnung vorgesehen (§ 65 Abs. 1 S. 2 BRAGO). Der Gesetzgeber strebte mit der Einführung des obligatorischen Schlichtungsverfahrens durch das Gesetz zur Förderung der außergerichtlichen Streitbeilegung vom 15.12.1999 die Entlastung der Justiz und darüber hinaus die raschere und kostengünstigere Bereinigung solcher Konflikte an. Die Erfahrung zeigt, dass in denjenigen Fällen, die der obligatorischen Streitschlichtung unterliegen, ein besonderer Einsatz und Aufwand des Anwalts erforderlich ist, um die Streitparteien zu einer gütlichen Einigung zu veranlassen. Bei den betroffenen Angelegenheiten sind die Streitwerte in der Regel so gering, dass nahezu jedes dieser Verfahren für den Anwalt nicht zu kostendeckenden Gebühren führt. Eine vollständige Anrechnung ist daher sachlich nicht gerechtfertigt. Wegen der geringen Streitwerte wird der Anwalt im Schlichtungsverfahren ohnehin besonders engagiert sein, um ein gerichtliches Verfahren mit Beweisaufnahmen und umfangreichem Schriftverkehr zu vermeiden. 401

b) Gebühren

aa) Geschäftsgebühr gemäß VV 2303. In den in Nr. 7 genannten Verfahren erhält jeder dort tätige Rechtsanwalt eine **1,5-Geschäftsgebühr** nach den Beträgen des § 13. 402

Vertritt der Anwalt **mehrere Auftraggeber**, so erhöht sich diese Gebühr nach VV 1008 um 0,3 je weiteren Auftraggeber, höchstens um einen Satz von 2,0. 403

Die Geschäftsgebühr der VV 2303 **entsteht** mit der Entgegennahme der Information (vgl. VV Vorb. 2.3 Abs. 3). Sie gilt die **gesamte Tätigkeit** des Anwalts im Verfahren ab,[245] somit auch die Teilnahme an einem Termin. Welcher Art und wie umfangreich die Tätigkeit ist, spielt keine Rolle.[246] 404

Der Anwalt erhält die Gebühr schon dann, wenn er „irgendeine"[247] Tätigkeit ausübt, also auch dann, wenn er nur mit **Einzeltätigkeiten** beauftragt ist; so reicht es insbesondere bereits aus, wenn der Anwalt nur einen Termin wahrnimmt oder einen Schriftsatz entwirft. Auch die beratende Tätigkeit löst schon die volle Gebühr nach VV 2303 aus, wenn der Anwalt den Auftrag zur Vertretung hatte. War der Anwalt dagegen nur ein **Beratungsauftrag** erteilt worden, so richtet sich die Vergütung nach § 34. Hat der Anwalt somit keine Vergütungsvereinbarung getroffen, so richtet sich die Vergütung zunächst nach den Vorschriften des BGB. Bei einem **Verbraucher** erhält er maximal 250 EUR, im Falle der Erstberatung jedoch höchstens 190 EUR. Ebenso entsteht die Gebühr in voller Höhe, wenn der Rechtsanwalt erst während des bereits laufenden Verfahrens beauftragt wird. 405

Da VV 2303 das gesamte Verfahren abdeckt, fällt folglich keine zusätzliche **Terminsgebühr** für eine Teilnahme an der mündlichen Verhandlung oder Mitwirkung in einer Beweisaufnahme an.[248] Lediglich für das Mitwirken an einer **Einigung** erhält der Anwalt eine weitere Gebühr nach VV 1000 i.H.v. 1,5. Dies ergibt sich auch aus VV Vorb. 1, welche bestimmt, dass die Gebühren dieses Teils (Teil 1) neben den in anderen Teilen bestimmten Gebühren entstehen. 406

Die Regelungen VV 3400 und VV 3401 sind ebenfalls nicht anwendbar. Ist ein **Verkehrsanwalt oder Terminsvertreter** neben dem Verfahrensbevollmächtigten bestellt, so erhalten beide die Gebühr nach VV 2303. 407

---

245 *Enders*, JurBüro 2000, 114.
246 *Enders*, JurBüro 2000, 114.
247 *Hartmann*, § 65 BRAGO Rn 9; ebenso *Enders*, JurBüro 2000, 114.
248 *Enders*, JurBüro 2000, 114.

408 Auch eine **Differenzgebühr** nach VV 3101 Nr. 2 ist nicht möglich. Der Anwalt erhält für die **Protokollierung eines Vergleichs oder einer Einigung** über nicht anhängige Gegenstände ebenfalls die volle 1,5-Geschäftsgebühr aus VV 2303.

> **Beispiel:** Das Schlichtungsverfahren (§ 17 Nr. 7 Buchst. a) ist wegen einer Forderung von 350 EUR eingeleitet worden. Die Parteien einigen sich im Termin über die 350 EUR sowie weitere 150 EUR.
> Der Anwalt erhält die volle 1,5-Geschäftsgebühr nach VV 2303 aus 500 EUR.

409 **Endet** der **Auftrag vorzeitig**, so ist VV 3101 Nr. 1 nicht anwendbar; es bleibt bei der vollen Gebühr. Demgegenüber will die bisherige h.M. VV 3101 Nr. 1 entsprechend anwenden, wenn der Auftrag endet, bevor der Anwalt einen Schriftsatz eingereicht oder einen gerichtlichen Termin wahrgenommen hat.[249] Für die unmittelbare Anwendung von VV 3101 Nr. 1 gibt das Gesetz allerdings keine Handhabe. Bei der Gebühr nach VV 2303 handelt es sich eben nicht um eine Verfahrensgebühr, wie dies die Regelung VV 3101 Nr. 1 verlangt. Andererseits ist die Gebühr der VV 2303 der Verfahrensgebühr vergleichbar. Allerdings kommt auch eine sinngemäße Anwendung des RVG nicht in Betracht, da es eine dem § 2 BRAGO entsprechende Regelung nach dem RVG nicht mehr gibt. Es bleibt somit nur noch die Möglichkeit, dies über eine Analogie herzustellen.

410 Das kann aber nicht schon dann der Fall sein, wenn der Auftrag endet, bevor der Anwalt einen Schriftsatz eingereicht oder einen Termin wahrgenommen hat. Da die Gebühr schon mit der geringsten Tätigkeit anfällt, kann weder das Einreichen von Schriftsätzen noch die Wahrnehmung eines Termins zur Voraussetzung für eine volle Gebühr gemacht werden. In entsprechender Anwendung des Tatbestandes nach VV 3101 Nr. 1 kann sich die Gebühr daher nur dann reduzieren, wenn sich der Auftrag erledigt, bevor der Anwalt, wie *Hartmann*[250] es ausdrückt, „irgendetwas" veranlasst hat.

411 **bb) Einigungsgebühr – Einigung über die zu schlichtenden Gegenstände.** Kommt es im Schlichtungsverfahren zu einer Einigung, so erhält der Rechtsanwalt zusätzlich zur Gebühr nach VV 2303 eine Einigungsgebühr nach VV 1000 i.H.v. **1,5**. Die „Anhängigkeit" im Schlichtungsverfahren führt nicht zur Anwendung von VV 1003, sodass sich die Gebühr auf 1,0 reduziert.

412 Die Gebühr entsteht mit dem **Abschluss einer Einigung der Parteien**, sofern der Anwalt daran mitgewirkt hat. Bei dieser Einigung muss es sich nicht notwendigerweise um einen Vergleich i.S.d. § 779 BGB handeln. Insbesondere ist ein gegenseitiges Nachgeben nicht erforderlich. Der Begriff der Einigung betrifft jegliches vertragliche (vgl. Anm. Abs. 1 zu VV 1000) Übereinkommen, solange sich das Schlichtungsverfahren damit erledigt. Dies gilt nach dem ausdrücklichen Gesetzeswortlaut allerdings nicht bei einem Anerkenntnis oder Verzicht.

413 Wenn die Ansprüche bereits anhängig sind, reduziert sich jedoch die Einigungsgebühr auf **1,0** (VV 1003).

> **Beispiel:** Der Kläger hatte ohne vorheriges Schlichtungsverfahren Klage erhoben. Der Rechtsstreit wird ausgesetzt, um dem Kläger die Möglichkeit zu geben, das Schlichtungsverfahren nachzuholen. Dort wird dann eine Einigung erzielt.
> Da die Ansprüche bereits anhängig sind, entsteht die Einigungsgebühr nur in Höhe von 1,0 nach VV 1003.

414 Wird die Einigung nur unter einem Widerrufsvorbehalt oder unter einer Bedingung geschlossen, gilt Anm. Abs. 3 zu VV 1000 entsprechend. Die Gebühr entsteht dann erst mit Eintritt der Bedingung bzw. mit Ablauf der Widerrufsfrist (§ 158 BGB).[251] Wird die Einigung dagegen widerrufen, so entsteht keine Gebühr nach VV 1000.

415 **cc) Einigung über weiter gehende Gegenstände.** Soweit **weitere Ansprüche mitverglichen** werden, die nicht Gegenstand des Schlichtungsverfahrens sind, entsteht ebenfalls eine Einigungsgebühr, und zwar i.H.v. 1,5 bei nicht anhängigen Gegenständen (VV 1000) und bei anhängigen Gegenständen i.H.v. 1,0 (VV 1003) oder 1,3 (VV 1004).

---

[249] *Hartmann*, § 65 BRAGO Rn 9; *Enders*, JurBüro 2000, 114; Gerold/Schmidt/*Madert*, BRAGO, § 65 Rn 9.

[250] *Hartmann*, § 65 BRAGO Rn 9; ebenso *Enders*, JurBüro 2000, 114.

[251] *Enders*, JurBüro 2000, 114.

Abschnitt 3. Angelegenheit § 17

Der **Gegenstandswert** der Geschäftsgebühr nach VV 2303 erhöht sich in diesem Fall entsprechend. Eine Differenzgeschäftsgebühr, ähnlich der Differenzverfahrensgebühr nach VV 3101 Nr. 2, ist für VV 2303 nicht vorgesehen, sodass es bei den vollen Gebühren verbleibt. 416

> **Beispiel:** Im Schlichtungsverfahren wegen eines Anspruchs von 100 EUR einigen sich die Parteien über weitere 500 EUR.
> Der Anwalt erhält (Wert: 600 EUR):
> 1. 1,5-Geschäftsgebühr, VV 2303   120,00 EUR
> 2. 1,5-Einigungsgebühr, VV 1000   120,00 EUR
> 3. Postentgeltpauschale, VV 7002   20,00 EUR
>   Zwischensumme   260,00 EUR
> 4. 19 % Umsatzsteuer, VV 7008   49,40 EUR
> **Gesamt**   **309,40 EUR**

Betraf die widerrufene Einigung auch weiter gehende Ansprüche, so bleibt – ebenso wie bei VV 3101 Nr. 1 – die Gebühr nach VV 2303 erhalten, da diese bereits mit Einbeziehung der anderweitigen Ansprüche entsteht, unabhängig davon, ob die Einigung Bestand behält.[252] 417

> **Beispiel:** Ein Schlichtungsverfahren nach § 111 Abs. 2 ArbGG (§ 17 Nr. 7 Buchst. b) ist wegen einer fristlosen Kündigung eines Ausbildungsverhältnisses eingeleitet worden (Gegenstandswert 1.500 EUR). Die Parteien schließen vor dem Schlichtungsausschuss einen Vergleich unter Widerrufsvorbehalt über die Beendigung des Ausbildungsverhältnisses. Dabei vergleichen sie sich auch über den restlichen Lohn in Höhe von 600 EUR. Der Vergleich wird rechtzeitig widerrufen.
> Der Anwalt erhält keine Gebühr nach VV 1000 (vgl. Anm. Abs. 3 zu VV 1000), da letztlich keine Einigung zustande gekommen ist. Die Gebühr nach VV 2303 erhält er dagegen aus 2.100 EUR, da er nach diesem Wert im Schlichtungsverfahren tätig geworden ist.

dd) Mitwirkung. Der Anwalt erhält die Gebühr nach VV 1000 nur, wenn er an der Einigung **mitgewirkt** hat. Er muss die Einigung nicht selbst ausgehandelt haben und auch nicht bei der Protokollierung zugegen gewesen sein. Er muss noch nicht einmal im Termin zugegen gewesen sein, in dem die Einigung getroffen worden ist.[253] Es reicht aus, dass die Tätigkeit des Anwalts lediglich (mit-)ursächlich für die Einigung gewesen ist. Daher genügt es, wenn er die Einigung vorbereitet hat und die Parteien die Einigung dann selbst schließen oder wenn eine von ihm ausgearbeitete Einigung zunächst abgelehnt und dann von den Parteien unmittelbar doch abgeschlossen worden ist[254] oder die Parteien bereits selbst eine Einigung unter Widerrufsvorbehalt getroffen haben und der Anwalt der Partei rät, den Widerruf nicht auszuüben.[255] 418

Erzielen die Parteien unter Mitwirkung ihrer Anwälte nur eine **teilweise Einigung**, dann stehen den Anwälten die Einigungsgebühren nach VV 1000 nur aus dem Teilwert zu. 419

> **Beispiel 1:** Das Schlichtungsverfahren (§ 17 Nr. 7 Buchst. a) ist wegen zweier Mietforderungen zu jeweils 400 EUR eingeleitet worden, insgesamt also wegen 800 EUR. Die Parteien einigen sich im Termin über eine der Mieten, also über 400 EUR; im Übrigen scheitert die Einigung.
> Die Anwälte erhalten:
> 1. 1,5-Geschäftsgebühr, VV 2303 (Wert: 800 EUR)   120,00 EUR
> 2. 1,5-Einigungsgebühr, VV 1000 (Wert: 400 EUR)   67,50 EUR
> 3. Postentgeltpauschale, VV 7002   20,00 EUR
>   Zwischensumme   207,50 EUR
> 4. 19 % Umsatzsteuer, VV 7008   39,43 EUR
> **Gesamt**   **246,93 EUR**

> **Beispiel 2:** Das Schlichtungsverfahren ist wegen einer Forderung von 500 EUR eingeleitet worden. Die Parteien einigen sich im Termin über die 500 EUR sowie über weitere 1.000 EUR, die bereits vor Gericht anhängig sind.
> Der Anwalt erhält neben der 1,5-Geschäftsgebühr auch die Einigungsgebühr in Höhe von 1,5 aus 1.500 EUR.

---

252 Zur vergleichbaren Lage bei § 32 Abs. 1 siehe OLG Düsseldorf JurBüro 1981, 70; OLG Frankfurt JurBüro 1979, 1664; Gerold/Schmidt/*von Eicken*, BRAGO, § 32 Rn 22.
253 *Hartmann*, § 65 BRAGO Rn 12.
254 OLG Celle NdsRpfl 1962, 112 = MDR 1962, 489 = Rpfleger 1964, 197; KG AnwBl 1970, 290 = MDR 1970, 936 = JurBüro 1970, 775; LG Krefeld VersR 1974, 894.
255 Gerold/Schmidt/*von Eicken*, BRAGO, § 23 Rn 31.

420 **ee) Sonstige Gebühren.** Weitere Gebühren außer denen nach VV 2303, 1000 kann der Anwalt im Verfahren nicht verdienen. Verhandlungen und Beweisaufnahmen sind bereits durch die Gebühr nach VV 2303 abgegolten.

421 Nur soweit eine neue Angelegenheit beginnt, kommen weitere Gebühren in Betracht, etwa für Beschwerdeverfahren, Anträge auf gerichtliche Entscheidung oder für die Zwangsvollstreckung (siehe Rdn 434, 436).

4. Gegenstandswert

422 Für die Berechnung des **Gegenstandswertes** gilt § 23 Abs. 1 und 3 i.V.m. den Wertvorschriften des GKG, der ZPO und des GNotKG.[256] Maßgebend sind nach § 22 Abs. 1 die Werte sämtlicher Gegenstände, die anhängig waren oder über die eine Einigung erzielt worden ist.

423 Maßgebender Zeitpunkt für die Bewertung des Gegenstandswertes ist analog § 40 GKG der Zeitpunkt, in dem der Antrag auf Streitschlichtung bei der Schlichtungsstelle eingeht.

424 Im Falle der Nr. 7 Buchst. b und c ist für Kündigungsstreitigkeiten § 42 Abs. 3 GKG entsprechend anzuwenden.

5. Auslagen, Umsatzsteuer, VV 7000 ff.

425 Dem Anwalt steht auch ein Anspruch auf Ersatz seiner Auslagen zu. Insbesondere kann er nach VV 7001, 7002 die Erstattung seiner Telekommunikationskosten verlangen, wahlweise konkret (VV 7001) oder pauschal (VV 7002). Ebenso stehen ihm Dokumentenpauschalen (VV 7000) und Reisekosten (VV 7003 bis 7006) zu, gleichfalls Umsatzsteuer (VV 7008).

6. Anrechnung

426 Ist **zuvor eine Geschäftsgebühr** nach VV 2300 angefallen, so wird diese Geschäftsgebühr auf die Geschäftsgebühr im Schlichtungsverfahren zur Hälfte angerechnet, höchstens jedoch mit einem Gebührensatz von 0,75 (VV Vorb. 2.3 Abs. 6).

427 Kommt es nach Durchführung des Schlichtungsverfahrens zum **Rechtsstreit**, so ist die Geschäftsgebühr nach VV 2303 wiederum zur Hälfte, also mit einem Gebührensatz von 0,75, auf die Verfahrensgebühr des gerichtlichen Verfahrens anzurechnen (VV Vorb. 3 Abs. 4 S. 1). Im Gegensatz zur BRAGO-Rechtslage, bei der nur eine Anrechnung hinsichtlich des obligatorischen Streitschlichtungsverfahrens vorgesehen war (§ 65 Abs. 1 S. 1 BRAGO), hat bei allen in Nr. 7 genannten Verfahren eine Anrechnung zu erfolgen.

> **Beispiel:** Der Anwalt wird beauftragt, eine Forderung von 400 EUR außergerichtlich geltend zu machen. Anschließend wird das Schlichtungsverfahren durchgeführt und hiernach Klage erhoben. Nach mündlicher Verhandlung ergeht ein Urteil.
> **I. Außergerichtliche Tätigkeit (Wert: 400 EUR)**
> 1. 1,3-Geschäftsgebühr, VV 2300   104,00 EUR
> 2. Postentgeltpauschale, VV 7002   20,00 EUR
>   Zwischensumme   124,00 EUR
> 3. 19 % Umsatzsteuer, VV 7008   23,56 EUR
> **Gesamt**   **147,56 EUR**
> **II. Schlichtungsverfahren (Wert: 400 EUR)**
> 1. 1,5-Geschäftsgebühr, VV 2303 Nr. 4   120,00 EUR
> 2. Postentgeltpauschale, VV 7002   20,00 EUR
> 3. gem. VV Vorb. 2.3 Abs. 6 anzurechnen, 0,65 aus 400 EUR   – 52,00 EUR
>   Zwischensumme   88,00 EUR
> 4. 19 % Umsatzsteuer, VV 7008   16,72 EUR
> **Gesamt**   **104,72 EUR**

---

256 *Enders*, JurBüro 2000, 114.

III. Rechtsstreit (Wert: 400 EUR)
1. 1,3-Verfahrensgebühr, VV 3100   104,00 EUR
2. 1,2-Terminsgebühr, VV 3104   96,00 EUR
3. Postentgeltpauschale, VV 7002   20,00 EUR
4. gem. VV Vorb. 3 Abs. 4 anzurechnen, 0,75 aus 400 EUR   – 60,00 EUR
    Zwischensumme   160,00 EUR
5. 19 % Umsatzsteuer, VV 7008   30,40 EUR
Gesamt   **190,40 EUR**

Ebenso ist die Gebühr auch auf die Verfahrensgebühr für ein **Mahnverfahren** nach **VV 3305** anzurechnen, wenn dem Schlichtungsverfahren ein Mahnverfahren nachfolgt. Auch auf sonstige Verfahrensgebühren (etwa VV 3400, 3401) ist die Gebühr anzurechnen.   **428**

Die im Schlichtungsverfahren entstandenen **Auslagen** bleiben dagegen dem Anwalt ungekürzt erhalten, auch dann, wenn er sie pauschal berechnet, da die Postentgeltpauschale aus dem Gebührenaufkommen vor Anrechnung bemessen wird.[257]   **429**

Beispiel: Das Schlichtungsverfahren wegen einer Forderung von 500 EUR scheitert; es kommt anschließend zum Rechtsstreit.
Der Anwalt erhält:
I. Schlichtungsverfahren
1. 1,5-Geschäftsgebühr, VV 2303   67,50 EUR
2. Postentgeltpauschale, VV 7002   13,50 EUR
    Zwischensumme   81,00 EUR
3. 19 % Umsatzsteuer, VV 7008   15,39 EUR
Gesamt   **96,39 EUR**
II. Rechtsstreit
1. 1,3-Verfahrensgebühr, VV 3100   58,50 EUR
2. Postentgeltpauschale, VV 7002   11,70 EUR
3. gem. VV Vorb. 3 Abs. 4 S. 1 anzurechnen, 0,75 aus 500 EUR   – 33,75 EUR
    Zwischensumme   36,45 EUR
4. 19 % Umsatzsteuer, VV 7008   6,93 EUR
Gesamt   **43,38 EUR**

Wird das Klageverfahren nur wegen **eines Teils der** im Schlichtungsverfahren anhängigen **Forderung** durchgeführt, ist die Geschäftsgebühr nach VV 2303 nur aus diesem Teilwert anzurechnen.   **430**

Beispiel: Das Schlichtungsverfahren wegen einer Forderung von 600 EUR scheitert; es kommt anschließend zum Rechtsstreit über 300 EUR, in dem streitig verhandelt wird.
Der Anwalt erhält:
I. Schlichtungsverfahren (Wert: 600 EUR)
1. 1,5-Geschäftsgebühr, VV 2303   120,00 EUR
2. Postentgeltpauschale, VV 7002   20,00 EUR
    Zwischensumme   140,00 EUR
3. 19 % Umsatzsteuer, VV 7008   26,60 EUR
Gesamt   **166,60 EUR**
II. Rechtsstreit (Wert: 300 EUR)
1. 1,3-Verfahrensgebühr, VV 3100   104,00 EUR
2. 1,2-Terminsgebühr, VV 3104   96,00 EUR
3. Postentgeltpauschale, VV 7002   20,00 EUR
4. gem. VV Vorb. 3 Abs. 4 S. 1 anzurechnen 0,75 aus 300 EUR   – 33,75 EUR
    Zwischensumme   186,25 EUR
5. 19 % Umsatzsteuer, VV 7008   35,39 EUR
Gesamt   **221,64 EUR**

---

[257] *Enders*, JurBüro 2000, 115. Zur Berechnung der Auslagenpauschale in Anrechnungsfällen siehe ausführlich *N. Schneider*, ZAP Fach 24, S. 585.

431 Schließen die Parteien vor der Gütestelle einen Vergleich, der aus formalen oder inhaltlichen Gründen nicht vollstreckbar ist, und muss anschließend aus dem Vergleich heraus geklagt oder gar ein neues Schlichtungsverfahren betrieben werden, dann stellt dieses Verfahren eine neue Angelegenheit i.S.d. § 15 dar. Eine Anrechnung der Gebühren findet dann nicht statt.[258]

432 Die Einigungsgebühr nach VV 1000 ist niemals anzurechnen.[259]

433 Ebenfalls auf die Geschäftsgebühr nach VV 2303 anzurechnen ist eine Gebühr nach § 34 Abs. 1, wenn der Anwalt zuvor beratend tätig war (§ 34 Abs. 2).

7. Anträge auf gerichtliche Entscheidung

434 Gegen bestimmte Entscheidungen der Schlichtungsstelle können die Parteien einen Antrag auf gerichtliche Entscheidung stellen (so z.B. gegen einen Ordnungsgeldbeschluss nach § 39 Abs. 6 SchAG NRW). Von der Rechtsnatur her handelt es sich insoweit um Rechtsbehelfe, die der Beschwerde (§ 567 ZPO) vergleichbar sind. Das spricht dafür, dem Anwalt in diesen Verfahren nach **VV 3500, 3513** je eine **0,5-Verfahrens-** bzw. **Terminsgebühr** aus dem Wert des Ordnungsgeldverfahrens zuzusprechen, da die Beschwerde eine neue Angelegenheit eröffnet (§ 15 Abs. 2).[260]

435 Soweit Einwendungen gegen den Kostenansatz erhoben werden (z.B. § 49 SchAG NRW), gilt nach **§ 18 Abs. 1 Nr. 3**, dass jedes Beschwerde- und Erinnerungsverfahren eine **gesonderte Angelegenheit** darstellt, sodass sich die Vergütung ebenfalls nach VV 3500, 3513 aus dem Kostenwert berechnet. Aus der Tatsache, dass nunmehr gesonderte Angelegenheiten vorliegen, lässt sich ableiten, dass auch eine gesonderte Postentgeltpauschale nach VV 7002 entsteht.

8. Zwangsvollstreckung

436 Wird vor einer der in Nr. 7 Buchst. a bis d genannten Stellen eine Einigung protokolliert, so kann hieraus gegebenenfalls die Zwangsvollstreckung betrieben werden (§ 794 Abs. 1 Nr. 1 ZPO; § 13 SchlG BW; § 1 GüSchlG NRW; Art. 18 BaySchlG). Der Anwalt erhält für die Vollstreckung dann die Gebühren nach den VV 3309, 3310 ebenso wie bei einer gewöhnlichen Vollstreckung.[261]

437 Die Beschaffung der vollstreckbaren Ausfertigung zählt auch hier noch zur Instanz (§ 19 Abs. 1 S. 2 Nr. 12) und löst noch keine Vollstreckungsgebühr aus.

9. Die Gebühren des nachfolgenden Rechtsstreits

438 Im nachfolgenden Rechtsstreit entstehen die Gebühren der VV 3100 ff. Abgesehen von der Anrechnung nach VV Vorb. 3 Abs. 4 haben die Verfahren nach Nr. 7 keinen Einfluss auf die Gebühren des nachfolgenden Verfahrens vor dem Zivil- oder Arbeitsgericht.

439 Fraglich ist, ob für die **Streitwertfestsetzung** nach § 40 GKG auf den **Zeitpunkt** der Klageerhebung oder den des Schlichtungsantrags abzustellen ist. Zutreffend dürfte es sein, auf den Zeitpunkt des Eingangs des einleitenden Antrags für das Verfahren nach Nr. 7 abzustellen. Wesentliche Bedeutung dürfte dieser Frage jedoch nicht zukommen.

440 Häufig wird es vorkommen, dass ein Anwalt (insbesondere ein auswärtiger Anwalt aus einem anderen Bundesland) in Unkenntnis des jeweiligen Landesrechts die Klage einreicht, ohne zuvor ein Schlichtungsverfahren betrieben zu haben. Da die Gerichte sich in aller Regel weigern, den Rechtsstreit auszusetzen oder zum Ruhen zu bringen, kann dem Anwalt mitunter nichts anderes übrig bleiben, als die Klage zurückzunehmen und nach Scheitern des Schlichtungsverfahrens erneut einzureichen. Es handelt sich dann bei Erst- und Zweitklage um zwei verschiedene Angelegenheiten, sodass die Gebühren ein zweites Mal entstehen.[262] Es findet auch keine Anrechnung der Verfahrensgebühr auf das nachfolgende Schlichtungsverfahren statt.

---

258 OLG München JurBüro 1995, 85.
259 *Enders*, JurBüro 2000, 115.
260 So wohl auch *Hartmann*, § 65 BRAGO Rn 10; Gerold/Schmidt/*Madert*, BRAGO, § 65 Rn 13.
261 Gerold/Schmidt/*Madert*, BRAGO, § 65 Rn 13.
262 OLG Hamm AnwBl 1978, 425 = JurBüro 1978, 1655; *Hansens*, BRAGO, § 13 Rn 13.

Beispiel: Der Anwalt reicht eine Klage über 700 EUR vor dem AG ein. Auf gerichtlichen Hinweis nimmt er die Klage zurück und leitet dann ein Schlichtungsverfahren ein. Nach dessen Scheitern wird erneut Klage erhoben und hierüber verhandelt. Die Vergütung berechnet sich wie folgt:

I. Erstes Gerichtsverfahren (Wert: 700 EUR)
1. 1,3-Verfahrensgebühr, VV 3100 — 104,00 EUR
2. Postentgeltpauschale, VV 7002 — 20,00 EUR
   Zwischensumme — 124,00 EUR
3. 19 % Umsatzsteuer, VV 7008 — 23,56 EUR
   Gesamt — **147,56 EUR**

II. Schlichtungsverfahren (Wert: 700 EUR)
1. 1,5-Geschäftsgebühr, VV 2303 — 120,00 EUR
2. Postentgeltpauschale, VV 7002 — 20,00 EUR
   Zwischensumme — 140,00 EUR
3. 19 % Umsatzsteuer, VV 7008 — 26,60 EUR
   Gesamt — **166,60 EUR**

III. Zweites Gerichtsverfahren (Wert: 700 EUR)
1. 1,3-Verfahrensgebühr, VV 3100 — 104,00 EUR
2. gem. VV Vorb. 3 Abs. 4 anzurechnen 0,75 — − 60,00 EUR
3. 1,2-Terminsgebühr, VV 3104 — 96,00 EUR
4. Postentgeltpauschale, VV 7002 — 20,00 EUR
   Zwischensumme — 160,00 EUR
5. 19 % Umsatzsteuer, VV 7008 — 30,40 EUR
   Gesamt — **190,40 EUR**

Der Anwalt, der die Klage eingereicht hat (siehe Beispiel Rdn 440), wird sich in diesem Fall seinem Mandanten schadensersatzpflichtig machen und keine Kosten für das erste Klageverfahren abrechnen können. Darüber hinaus wird er den Mandanten von der Kostenerstattung an die Gegenseite (§ 269 Abs. 3 ZPO) und den Gerichtskosten freistellen müssen.

441

10. Kostenerstattung

a) Kostenerstattung im Verfahren nach Nr. 7

Soweit eine einschlägige gesetzliche Vorschrift vorsieht, dass eine Entscheidung über die Kosten ergehen kann oder muss, ist eine Erstattungsfähigkeit der Kosten gegeben.

442

Im Verfahren vor der Einigungsstelle ist der Betriebsrat berechtigt, sich von einem Rechtsanwalt vertreten zu lassen. War die Hinzuziehung des Rechtsanwalts erforderlich, hat der Arbeitgeber die dadurch entstandenen Kosten zu tragen.[263]

443

Eine Kostenentscheidung in Schlichtungsverfahren ist nicht vorgesehen. Daher kommt insoweit eine Kostenerstattung auch nicht in Betracht (ausdrücklich: § 20 Abs. 1 SchlG BW). Lediglich dann, wenn die Parteien vor der Schlichtungsstelle einen **Vergleich** schließen, können sie sich über die zu ersetzenden Kosten anderweitig einigen (z.B. § 20 Abs. 2 SchlG BW).

444

Haben die Parteien einen Vergleich geschlossen, ohne dass darin auch eine Vereinbarung über die Kosten enthalten ist, so gilt in NRW in den Verfahren vor den Schiedsämtern nach § 42 Abs. 3 SchAG NRW, dass die Kosten des Schlichtungsverfahrens jede Partei zur Hälfte trägt (Gedanke des § 98 ZPO). Für die Verfahren vor anderen Schlichtungsstellen wird man diese Regelung übertragen können, soweit die jeweiligen Schlichtungs- und Kostenordnungen keine entsprechende Regelung enthalten.

445

b) Kostenerstattung im nachfolgenden Verfahren

aa) Verfahrenskosten. Kommt es nach dem Verfahren des Nr. 7 zum Rechtsstreit, so werden die Kosten des Verfahrens nach § 91 Abs. 3 ZPO zu den Kosten des Rechtsstreits i.S.d. § 91 Abs. 1 und 2 ZPO und sind zu erstatten.[264] Dieselbe Rechtsfolge ergibt sich für das Schlichtungsverfahren nach

446

---

[263] BAG AnwBl 1982, 203, 205 = KostRsp. BRAGO § 65 Nr. 1.

[264] *Enders*, JurBüro 2000, 115; a.A. LG Mönchengladbach JurBüro 2003, 208 (LS 2) = AnwBl 2003, 312 f.

§ 15 EGZPO aus § 15a Abs. 4 EGZPO. Soweit in dem Rechtsstreit eine Kostenentscheidung ergeht oder ein Vergleich über die Kosten getroffen wird, sind also auch die Kosten des vorangegangenen Verfahrens entsprechend zu erstatten und festzusetzen.

447 Werden die Kosten des nachfolgenden Rechtsstreits gegeneinander aufgehoben (§ 92 Abs. 2 ZPO), so trägt jede Partei ihre eigenen Kosten selbst; nur die Gerichtskosten werden geteilt. Zu diesen Gerichtskosten zählen nicht die im Verfahren nach Nr. 7 angefallenen Gebühren. Nach der Legaldefinition des § 1 GKG sind Gerichtskosten nur „Gebühren und Auslagen nach diesem Gesetz". Da sich die Gebühren in den Verfahren nach Nr. 7 jedoch nicht nach dem GKG richten, sondern nach landesrechtlichen Vorschriften, fallen sie nicht unter die Gerichtskosten. Es handelt sich insoweit um Parteiauslagen, ähnlich wie die Kosten der Zustellung einer einstweiligen Verfügung oder die Kosten eines von der Partei gestellten Zeugen, die jede Partei selbst trägt.

448 Soll auch insoweit eine Teilung der Kosten stattfinden, muss dies vom Gericht entweder in der Kostenentscheidung ausdrücklich angeordnet oder von den Parteien einvernehmlich geregelt werden.

449 **bb) Erstattung der Anwaltskosten.** Eine Erstattung der in den Verfahren nach Nr. 7 Buchst. a angefallenen Anwaltskosten sollte nach der früher überwiegend vertretenen Auffassung nicht in Betracht kommen.[265] Dies wurde aus den gleich lautenden Formulierungen in § 91 Abs. 3 ZPO und § 15a Abs. 4 EGZPO gefolgert. Dort heißt es nur, dass die „Kosten der Gütestelle" zu den Prozesskosten nach § 91 Abs. 1 und 2 ZPO zählen. Von den außergerichtlichen Kosten der Parteien ist dort nicht die Rede.

450 Nach zutreffender neuerer Auffassung ist eine Erstattung der Anwaltskosten zu bejahen. Auf § 15a EGZPO oder § 91 Abs. 3 ZPO kommt es insoweit gar nicht an, da die Anwaltskosten jedenfalls als **Vorbereitungskosten** gem. § 91 Abs. 2 ZPO erstattungsfähig sind.[266] Die Durchführung des Verfahrens vor Klageerhebung ist gesetzlich vorgeschrieben und damit notwendig i.S.d. § 91 Abs. 1 ZPO. Die Hinzuziehung eines Anwalts muss daher auch in diesen Fällen nach § 91 Abs. 2 ZPO erstattungsfähig sein. Hinzu kommt, dass dadurch eine Mehrarbeit der Gerichte vermieden wird, da die Kosten anderenfalls als materiell-rechtlicher Schadensersatzanspruch stets mit eingeklagt werden müssten.

451 Erstattungsfähig sind aufgrund der Anrechnungsvorschrift nur die Kosten **eines** Anwalts.[267] Wechselt der Mandant den Anwalt nach dem Verfahren der Nr. 7, so kann er die hiermit verbundenen Mehrkosten nicht erstattet verlangen. Nur in den Fällen eines notwendigen Anwaltswechsels wird ausnahmsweise die Gebühr der VV 2303 Nr. 1 neben der nach VV 3100 erstattungsfähig sein.

452 In **arbeitsrechtlichen Sachen** kommt die Erstattung der Anwaltskosten aus VV 2303 wegen § 12a Abs. 1 S. 1 ArbGG nicht in Betracht.

453 Im Verfahren vor der Einigungsstelle ist der Betriebsrat berechtigt, sich von einem Rechtsanwalt vertreten zu lassen. War die Hinzuziehung des Rechtsanwalts erforderlich, hat der Arbeitgeber die dadurch entstandenen Kosten zu tragen.[268]

11. Prozess-/Verfahrenskostenhilfe

454 Eine Prozess-/Verfahrenskostenhilfebewilligung in den Verfahren nach Nr. 7 kommt nicht in Betracht, da es sich nicht um ein gerichtliches Verfahren handelt. Der Mandant kann hier allenfalls Beratungshilfe erhalten.[269]

---

[265] OLG Hamburg MDR 2002, 115 = OLGR 2002, 19 f.; LG München I Rpfleger 1997, 408; Baumbach/Lauterbach/*Hartmann*, § 91 Rn 43; Stein/Jonas/*Bork*, § 91 Rn 43; Gerold/Schmidt/*Madert*, BRAGO, § 65 Rn 14.

[266] OLG Karlsruhe AGS 2009, 98 = JurBüro 2008, 538 = OLGR 2008, 761 = Justiz 2009, 7; LG Freiburg AGS 2009, 99; OLG Köln AGS 2010, 46 = Rpfleger 2010, 164 = MDR 2010, 295 = JurBüro 2010, 206 = NJW-RR 2010, 431 = RVGreport 2010, 191; OLG Düsseldorf AGS 2009, 352 = JurBüro 2009, 366 = OLGR 2009, 520 = GuT 2009, 131; AG Schwäbisch Gmünd AGS 2010, 45 = NJW 2009, 3441; *Enders*, JurBüro 2000, 116; Zöller/*Gummer*, § 15a EGZPO Rn 26.

[267] A.A. LG Mönchengladbach JurBüro 2003, 208 (LS 3) = AnwBl 2003, 312 f: Nicht erstattungsfähig ist die Anwaltsgebühr gem. § 65 BRAGO, weil gem. § 65 Abs. 1 S. 2 BRAGO diese Gebühr auf die später entstandene Prozessgebühr anzurechnen ist.

[268] BAG AnwBl 1982, 203, 205 = KostRsp. BRAGO § 65 Nr. 1.

[269] Zöller/*Gummer*, ZPO, § 15a EGZPO Rn 26.

12. Vergütungsfestsetzung

Die Gebühren der Nr. 47 Buchst. a) sind nach § 11 Abs. 1 festsetzbar, wenn es anschließend zum Rechtsstreit kommt. Zwar handelt es sich insoweit nicht um die Vergütung, die im Rechtsstreit vor dem Prozessgericht entstanden ist. Das ist jedoch unerheblich. Auch sonstige Vergütungen, die nicht vor dem Prozessgericht entstanden sind, können festgesetzt werden, wenn die Vergütung „im Rahmen des gerichtlichen Verfahrens" entstanden ist.[270] So sind z.B. auch die Kosten eines Verwaltungsvorverfahrens oder die eines Schlichtungsverfahrens nach § 111 Abs. 2 ArbGG[271] festsetzbar; für das Schlichtungsverfahren nach § 15a EGZPO kann nichts anderes gelten.

455

Eine Festsetzung nach § 11 Abs. 1 kommt allerdings dann nicht in Betracht, wenn es nicht zum Rechtsstreit gekommen ist. Endet die Tätigkeit des Anwalts mit Abschluss des Schlichtungsverfahrens, so ist mangels eines Rechtsstreits die Vergütung nicht nach § 11 Abs. 1 festsetzbar.[272] Der Anwalt muss hier ein Mahnverfahren einleiten oder Klage erheben.

456

13. Rechtsschutzversicherung

Die Tätigkeit des Anwalts ist, soweit Deckungsschutz besteht, im Rahmen der Rechtsschutzversicherung stets mitversichert, da es sich insoweit um die gesetzliche Vergütung handelt (§ 5 Abs. 1 Nr. 1 ARB 1994 und 2000 = § 2 Abs. 1 ARB 1975).[273]

457

IX. Vermittlungsverfahren nach § 165 FamFG (Nr. 8)

Verschiedene Angelegenheiten sind auch das Vermittlungsverfahren nach § 165 FamFG und ein sich anschließendes gerichtliches Verfahren. Macht ein Elternteil geltend, dass der andere Elternteil die Durchführung einer gerichtlichen Verfügung über den Umgang mit dem gemeinschaftlichen Kind vereitelt oder erschwert, so **vermittelt** das Familiengericht auf Antrag eines Elternteils zwischen den Eltern (§ 165 FamFG Abs. 1 S. 1). Die Vergütung in einem solchen Verfahren richtet sich nach VV 3100 ff.

458

Wird weder eine einvernehmliche Regelung des Umgangs noch das Einvernehmen über eine nachfolgende Inanspruchnahme außergerichtlicher Beratung erreicht oder erscheint mindestens ein Elternteil in dem Vermittlungstermin nicht, so stellt das Gericht durch nicht anfechtbaren Beschluss fest, dass das **Vermittlungsverfahren erfolglos** geblieben ist (§ 165 Abs. 5 S. 1 FamFG). In diesem Fall prüft das Gericht, ob Zwangsmittel ergriffen, Änderungen der Umgangsregelung vorgenommen oder Maßnahmen in Bezug auf die Sorge ergriffen werden sollen (§ 165 Abs. 5 S. 2 FamFG).

459

Schließt sich bei Erfolglosigkeit des Vermittlungsversuchs an dieses Verfahren ein solches **gerichtliches Verfahren** von Amts wegen oder auf Antrag einer der Elternteile an, so ist dies eine neue Angelegenheit i.S.d. § 15, in der die Gebühren dann erneut entstehen. Allerdings wird die Verfahrensgebühr des Vermittlungsverfahrens auf die Verfahrensgebühr des nachfolgenden Verfahrens angerechnet (Anm. Abs. 3 zu VV 3100). Wird ein entsprechendes Verfahren von Amts wegen oder auf einen binnen eines Monats gestellten Antrag eines Elternteils eingeleitet, so werden die Kosten des Vermittlungsverfahrens als Teil der Kosten des sich anschließenden Verfahrens behandelt (§ 165 Abs. 5 S. 3 FamFG).

460

> **Beispiel:** Vor dem Familiengericht findet zunächst ein Vermittlungsverfahren nach § 165 FamFG statt. Da die Vermittlung trotz eines Vermittlungstermins (§ 165 Abs. 2 S. 1 FamFG) scheitert, leitet die Mutter ein Umgangsrechtsverfahren ein, in dem erneut ein Termin stattfindet.
> Das Vermittlungsverfahren nach § 165 FamFG und nachfolgendes gerichtliches Verfahren sind zwei verschiedene Angelegenheiten (Nr. 8). Die Gebühren nach VV 3100 ff. entstehen jeweils gesondert. Da sowohl im Vermittlungsverfahren als auch im streitigen Verfahren ein Termin stattgefunden hat, erhält der Anwalt jeweils eine Terminsgebühr. Zu beachten ist die Anrechnungsbestimmung nach Anm. Abs. 3 zu VV 3100, wonach die Verfahrensgebühr des Vermittlungsverfahrens auf die Verfahrensgebühr für ein sich anschließendes Verfahren angerechnet wird. Eine Anrechnung der Terminsgebühr kommt dagegen nicht in Betracht.

---

270 *Hansens*, BRAGO, § 19 Rn 17.
271 LAG Hamm JurBüro 1989, 197 = AnwBl 1989, 625; *Hansens*, BRAGO, § 19 Rn 17.
272 OLG München Rpfleger 1994, 316 (Patentamt).
273 OLG Düsseldorf, Urt. v. 27.6.2014 – 4 U 222/12; Urt. v. 27.6.2014 – 4 U 3/13.

Der Gegenstandswert bestimmt sich nach § 45 Abs. 1 Nr. 2 FamGKG[274] und beläuft sich auf einen Regelwert von 3.000 EUR, der unter den Voraussetzungen des § 45 Abs. 3 FamGKG nach Billigkeitskriterien herauf- oder herabgesetzt werden kann.

I. Verfahren nach § 165 FamFG (Wert: 3.000 EUR)
1. 1,3-Verfahrensgebühr, VV 3100 — 261,30 EUR
2. 1,2-Terminsgebühr, VV 3104 — 241,20 EUR
3. Postentgeltpauschale, VV 7002 — 20,00 EUR
   Zwischensumme — 522,50 EUR
4. 19 % Umsatzsteuer, VV 7008 — 99,28 EUR
   Gesamt — **621,78 EUR**

II. Gerichtliches Umgangsrechtsverfahren (Wert: 3.000 EUR)
1. 1,3-Verfahrensgebühr, VV 3100 — 261,30 EUR
2. gem. Anm. Abs. 3 zu VV 3100 anzurechnen, 1,3 aus 3.000 EUR — – 261,30 EUR
3. 1,2-Terminsgebühr, VV 3104 — 241,20 EUR
4. Postentgeltpauschale, VV 7002 — 20,00 EUR
   Zwischensumme — 261,20 EUR
5. 19 % Umsatzsteuer, VV 7008 — 49,63 EUR
   Gesamt — **310,83 EUR**

X. Nichtzulassungsbeschwerde (Nr. 9)

1. Überblick

461 Das Verfahren über die **Beschwerde gegen die Nichtzulassung eines Rechtsmittels** ist stets eine gesonderte Angelegenheit, und zwar sowohl gegenüber der Vorinstanz, in der die angefochtene Entscheidung ergangen ist (Nr. 1), als auch gegenüber dem nachfolgenden Rechtsmittelverfahren nach Zulassung. Insgesamt liegen also stets drei Angelegenheiten vor:
– das Ausgangsverfahren,
– das Verfahren über die Nichtzulassungsbeschwerde und
– das auf die erfolgreiche Nichtzulassungsbeschwerde hin zugelassene Rechtsmittelverfahren.

462 Die Gebühren entstehen im Verfahren auf Zulassung des Rechtsmittels und im Verfahren über das zugelassene Verfahren jeweils gesondert. Allerdings werden die **Verfahrensgebühren** des Zulassungs- und des Rechtsmittelverfahrens **aufeinander angerechnet**. Das ist mit dem 2. KostRMoG jetzt für alle Nichtzulassungsbeschwerden und nachfolgende Rechtsmittelverfahren geregelt. Alle sonstigen Gebühren bleiben jedoch gesondert bestehen. Auch entsteht jeweils eine gesonderte Postentgeltpauschale nach VV 7002.

463 Kommt es bereits im Verfahren über die Nichtzulassungsbeschwerde zu einer **Einigung oder Erledigung**, richtet sich die Höhe der Einigungs- oder Erledigungsgebühr bei Wertgebühren nach dem höheren Gebührensatz der VV 1004, wie jetzt durch das 2. KostRMoG klargestellt worden ist. Bei Abrechnung nach den Wertgebühren ergibt sich die höhere Einigungs- oder Erledigungsgebühr jetzt aus der Neufassung der VV 1006.

464 Beschwerden gegen die Nichtzulassung eines Rechtsmittels kommen in den verschiedensten Verfahrensordnungen vor. Dabei kommt die Beschwerde sowohl gegen die Nichtzulassung einer Berufung, einer Revision oder auch einer Rechtsbeschwerde in Betracht. Die anfallenden Gebühren sind nach den jeweiligen Verfahrensordnungen unterschiedlich. Allen gemeinsam ist aber, dass es sich bei den Verfahren über die Beschwerde gegen die Nichtzulassung des Rechtsmittels und dem nachfolgenden Rechtsmittelverfahren um verschiedene Angelegenheiten handelt und dass die jeweiligen Verfahrensgebühren aufeinander angerechnet werden.

465 Anders verhält es sich, wenn das **Zulassungsverfahren nicht als Beschwerdeverfahren** ausgestaltet ist, sondern lediglich die Zulassung beantragt wird. Dann ist das Zulassungsverfahren Teil des erstinstanzlichen Verfahrens (§ 19 Abs. 1 S. 1) oder nach § 16 Nr. 11 Teil des Rechtsmittelverfahrens, je nachdem, wie das Zulassungsverfahren ausgestaltet ist. Wegen der Einzelheiten sowohl zu den

---

274 OLG Karlsruhe AGS 2012, 578 = RVGreport 2013,
   73 = FuR 2013, 175; *Schneider/Herget/Thiel*, Rn 8692.

einfachen Zulassungsverfahren als auch zu den Nichtzulassungsbeschwerdeverfahren in den verschiedenen Gerichtszweigen siehe die zusammenfassende Kommentierung in § 16 Nr. 11 (siehe § 16 Rdn 218 ff.).

2. Zivilsachen

In Zivilsachen betrifft die Regelung der Nr. 9 lediglich die Nichtzulassungsbeschwerde nach § 544 ZPO und das nachfolgende Revisionsverfahren nach den §§ 542 ff. ZPO.   **466**

Es entsteht die für die Nichtzulassungsbeschwerde die 2,3-Verfahrensgebühr nach VV 3506, 3508 und für das Revisionsverfahren die 2,3-Verfahrensgebühr nach VV 3206, 3208. Die Verfahrensgebühr des Nichtzulassungsbeschwerdeverfahrens ist nach Anm. zu VV 3506 anzurechnen.

3. Arbeitsrechtliche Verfahren

Erfasst werden hier   **467**
- die Nichtzulassungsbeschwerde nach § 72a ArbGG und das nachfolgende Revisionsverfahren vor dem BAG nach den §§ 72 ff. ArbGG.
  Es entsteht für die Nichtzulassungsbeschwerde die 1,6-Verfahrensgebühr nach VV 3506 und für das Revisionsverfahren die 1,6-Verfahrensgebühr nach VV 3206. Die Verfahrensgebühr des Nichtzulassungsbeschwerdeverfahrens ist nach Anm. zu VV 3506 anzurechnen.
- die Nichtzulassungsbeschwerde nach § 92a ArbGG und das nachfolgende Verfahren der Rechtsbeschwerde nach den §§ 92 ff. ArbGG.
  Es entsteht für die Nichtzulassungsbeschwerde die 1,6-Verfahrensgebühr nach VV 3506 und für das Rechtsbeschwerdeverfahren die 1,6-Verfahrensgebühr nach VV 3.2.2 Nr. 1 Buchst. a), Vorb. 3.2.1 Nr. 2 Buchst. c) i.V.m. VV 3206. Die Verfahrensgebühr des Nichtzulassungsbeschwerdeverfahrens ist nach Anm. zu VV 3506 anzurechnen.

4. Verfahren nach dem GWB

Erfasst wird hier die Nichtzulassungsbeschwerde nach § 75 GWB und das nachfolgende Verfahren der Rechtsbeschwerde nach den §§ 74 ff. GWB.   **468**

Es entsteht für die Nichtzulassungsbeschwerde die 1,6-Verfahrensgebühr nach VV 3506 und für das Rechtsbeschwerdeverfahren die 1,6-Verfahrensgebühr nach VV 3.2.2 Nr. 1 Buchst. a), Vorb. 3.2.1 Nr. 2 Buchst. e) i.V.m. VV 3206. Die Verfahrensgebühr des Nichtzulassungsbeschwerdeverfahrens ist nach Anm. zu VV 3506 anzurechnen.

5. Verfahren nach dem EnWG

Erfasst wird hier die Nichtzulassungsbeschwerde nach § 87 EnWG und das nachfolgende Verfahren der Rechtsbeschwerde nach den §§ 86 ff. EnWG.   **469**

Es entsteht für die Nichtzulassungsbeschwerde die 1,6-Verfahrensgebühr nach VV 3506 und für das Rechtsbeschwerdeverfahren die 1,6-Verfahrensgebühr nach VV 3.2.2 Nr. 1 Buchst. a), Vorb. 3.2.1 Nr. 2 Buchst. f) i.V.m. VV 3206. Die Verfahrensgebühr des Nichtzulassungsbeschwerdeverfahrens ist nach Anm. zu VV 3506 anzurechnen.

6. Verfahren nach dem KSpG

Erfasst werden hier die Nichtzulassungsbeschwerde nach § 35 Abs. 4 S. 2 KSpG und das nachfolgende Verfahren der Rechtsbeschwerde nach § 35 Abs. 4 u. 5 KSpG.   **470**

Es entsteht für die Nichtzulassungsbeschwerde die 1,6-Verfahrensgebühr nach VV 3506 und für das Rechtsbeschwerdeverfahren die 1,6-Verfahrensgebühr nach VV 3.2.2 Nr. 1 Buchst. a), Vorb. 3.2.1 Nr. 2 Buchst. g) i.V.m. VV 3206. Die Verfahrensgebühr des Nichtzulassungsbeschwerdeverfahrens ist nach Anm. zu VV 3506 anzurechnen.

7. Verfahren nach dem VSchDG

471 Erfasst wird hier die Nichtzulassungsbeschwerde nach § 25 VSchDG und das nachfolgende Verfahren der Rechtsbeschwerde nach den §§ 24 ff. VSchDG.

Es entsteht für die Nichtzulassungsbeschwerde die 1,6-Verfahrensgebühr nach VV 3506 und für das Rechtsbeschwerdeverfahren die 1,6-Verfahrensgebühr nach VV 3.2.2 Nr. 1 Buchst. a), Vorb. 3.2.1 Nr. 2 Buchst. h) i.V.m. VV 3206. Die Verfahrensgebühr des Nichtzulassungsbeschwerdeverfahrens ist nach Anm. zu VV 3506 anzurechnen.

8. Verwaltungsgerichtliche Verfahren

472 Erfasst werden hier
- die Nichtzulassungsbeschwerde nach § 133 VwGO und das nachfolgende Revisionsverfahren nach den §§ 132 ff. VwGO.
  Es entsteht für die Nichtzulassungsbeschwerde die 1,6-Verfahrensgebühr nach VV 3506 und für das Revisionsverfahren die 1,6-Verfahrensgebühr nach VV 3206. Die Verfahrensgebühr des Nichtzulassungsbeschwerdeverfahrens ist nach Anm. zu VV 3506 anzurechnen.
- die Nichtzulassungsbeschwerde in personalvertretungsrechtlichen Angelegenheiten nach dem BPersVG und den jeweiligen landesrechtlichen Personalvertretungsgesetzen i.V.m. § 92a ArbGG und das nachfolgende Rechtsbeschwerdeverfahren.
  Es entsteht für die Nichtzulassungsbeschwerde die 1,6-Verfahrensgebühr nach VV 3506 und für das Rechtsbeschwerdeverfahren die 1,6-Verfahrensgebühr nach VV 3.2.2 Nr. 1 Buchst. a), Vorb. 3.2.1 Nr. 2 Buchst. d) i.V.m. VV 3206. Die Verfahrensgebühr des Nichtzulassungsbeschwerdeverfahrens ist nach Anm. zu VV 3506 anzurechnen.

9. Sozialgerichtliche Verfahren

473 Erfasst werden hier
- die Nichtzulassungsbeschwerde nach § 145 SGG und das nachfolgende Berufungsverfahren nach den §§ 143 ff. SGG.
  Hier ist zu differenzieren:
    - Soweit nach Wertgebühren abgerechnet wird (§ 2 Abs. 1), entsteht für die Nichtzulassungsbeschwerde die 1,6-Verfahrensgebühr nach VV 3504 und für das Berufungsverfahren die 1,6-Verfahrensgebühr nach VV 3200. Die Verfahrensgebühr des Nichtzulassungsbeschwerdeverfahrens ist nach Anm. zu VV 3504 anzurechnen.
    - Soweit nach Betragsrahmen abzurechnen ist (§ 3 Abs. 1 S. 1), entsteht für die Nichtzulassungsbeschwerde die Verfahrensgebühr nach VV 3511 und für das Berufungsverfahren die Verfahrensgebühr nach VV 3204. Die Verfahrensgebühr des Nichtzulassungsbeschwerdeverfahrens ist nach Anm. zu VV 3511 anzurechnen.
- die Nichtzulassungsbeschwerde nach § 160a SGG und das nachfolgende Revisionsverfahren nach den §§ 160 ff. SGG.
  Auch hier ist zu differenzieren
    - Soweit nach Wertgebühren abgerechnet wird (§ 2 Abs. 1), entsteht für die Nichtzulassungsbeschwerde die 1,6-Verfahrensgebühr nach VV 3506 und für das Revisionsverfahren die 1,6-Verfahrensgebühr nach VV 3206. Die Verfahrensgebühr des Nichtzulassungsbeschwerdeverfahrens ist nach Anm. zu VV 3506 anzurechnen.
    - Soweit nach Betragsrahmen abzurechnen ist (§ 3 Abs. 1 S. 1), entsteht für die Nichtzulassungsbeschwerde die Verfahrensgebühr nach VV 3512 und für das Revisionsverfahren die Verfahrensgebühr nach VV 3212. Die Verfahrensgebühr des Nichtzulassungsbeschwerdeverfahrens ist nach Anm. zu VV 3512 anzurechnen.

10. Finanzgerichtliche Verfahren

474 Erfasst wird hier die Nichtzulassungsbeschwerde nach § 116 FGO und das nachfolgende Revisionsverfahren nach den §§ 115 ff. FGO.

Es entsteht für die Nichtzulassungsbeschwerde die 1,6-Verfahrensgebühr nach VV 3506 und für das Revisionsverfahren die 1,6-Verfahrensgebühr nach VV 3206. Die Verfahrensgebühr des Nichtzulassungsbeschwerdeverfahrens ist nach Anm. zu VV 3506 anzurechnen.

11. Verfahren nach der Wehrbeschwerdeordnung

Erfasst wird hier die Nichtzulassungsbeschwerde nach § 22a WBO und das nachfolgende Verfahren der Rechtsbeschwerde nach den §§ 22 ff. WBO. 475

Es entsteht für die Nichtzulassungsbeschwerde die Verfahrensgebühr nach VV 6402 und für das Revisionsverfahren eine weitere Verfahrensgebühr nach VV 6402. Die Verfahrensgebühr des Nichtzulassungsbeschwerdeverfahrens ist nach Anm. zu VV 6402 anzurechnen.

12. Disziplinarverfahren und berufsgerichtliche Verfahren wegen der Verletzung einer Berufspflicht

Erfasst wird hier die Nichtzulassungsbeschwerde und das nachfolgende Revisionsverfahren. 476

Es entsteht für die Nichtzulassungsbeschwerde die Verfahrensgebühr nach VV 6215 und für das Revisionsverfahren die Verfahrensgebühr nach VV 6211. Die Verfahrensgebühr des Nichtzulassungsbeschwerdeverfahrens ist nach Anm. zu VV 6215 anzurechnen.

XI. Strafrechtliches Ermittlungsverfahren und nachfolgendes gerichtliches Verfahren bzw. nach Einstellung anschließendes Bußgeldverfahren (Nr. 10)

In der Rechtsprechung und in der Kommentarliteratur war seit Anbeginn des RVG strittig, ob das vorbereitende Verfahren und das nachfolgende erstinstanzliche gerichtliche Verfahren in Strafsachen eine Angelegenheit darstellt oder ob es sich um verschiedene Angelegenheiten handelt. Die Streitfrage wurde auch schon zur BRAGO diskutiert, hatte dort aber keine so große Bedeutung. 477

Bedeutung hat diese Frage vor allem für die Postentgeltpauschale der VV 7002, also ob nur eine Postentgeltpauschale anfällt oder ob im vorbereitenden Verfahren und im erstinstanzlichen gerichtlichen Verfahren zwei gesonderte Pauschalen entstehen. 478

Die Entscheidung der Frage wirkt sich auch bei den Dokumentenpauschalen (VV 7000) aus, da in jeder Angelegenheit neu zu zählen ist. So sind in jeder Angelegenheit die ersten 50 Seiten höher zu vergüten als die weiteren Seiten. Auch sind in den Fällen der VV 7000 Nr. 1 Buchst. b) und c) die Freimengen von 50 Seiten jeweils gesondert zu berücksichtigen.[275] 479

Darüber hinaus hat die Streitfrage Bedeutung bei der Anrechnung von Zahlungen und Vorschüssen, die der Pflichtverteidiger vom Beschuldigten erhalten hat (§ 58 Abs. 3 S. 1), da nach Verfahrensabschnitten, bzw. nunmehr gebührenrechtlichen Angelegenheiten anzurechnen ist. 480

Der Gesetzgeber hat nunmehr mit dem 2. KostRMoG klargestellt, dass es sich bei vorgerichtlicher Tätigkeit und nachfolgendem gerichtlichem Verfahren um zwei verschiedene Angelegenheiten handelt. 481

Damit ist klargestellt worden, dass zwei Postentgeltpauschalen anfallen (siehe hierzu VV 7002 Rdn 33 f.). 482

> **Beispiel:** Der Anwalt wird im vorbereitenden Verfahren und anschließend im erstinstanzlichen gerichtlichen Verfahren tätig.
> Die Postentgeltpauschale der VV 7002 entsteht jetzt zweimal.

Weiterhin ist klargestellt, dass Zahlungen und Vorschüsse, die der Beschuldigte im vorbereitenden Verfahren geleistet hat, nicht auf die Vergütung aus der Landeskasse im gerichtlichen Verfahren angerechnet werden können. Nach § 58 Abs. 3 S. 1 sind in Angelegenheiten, in denen sich die Gebühren nach VV Teile 4 bis 6 bestimmen, Vorschüsse und Zahlungen, die der Rechtsanwalt 483

---

[275] OLG Frankfurt AGS 2015, 383 = StraFo 2015, 350 = zfs 2015, 526 = NStZ-RR 2015, 359 = DAR 2015, 674 = NJW-Spezial 2015, 541 = RVGreport 2015, 345 = RVGprof. 2016, 25.

vor oder nach der gerichtlichen Bestellung oder Beiordnung für seine Tätigkeit für bestimmte Verfahrensabschnitte erhalten hat, auf die von der Staatskasse für diese Verfahrensabschnitte zu zahlenden Gebühren anzurechnen. Insoweit war strittig, ob das vorbereitende Verfahren und das erstinstanzliche gerichtliche Verfahren als ein Verfahrensabschnitt anzusehen ist oder ob es sich um zwei Verfahrensabschnitte handelt. Bedeutung hat dies, wenn auf das vorbereitende Verfahren Zahlungen oder Vorschüsse geleistet worden sind. Geht man von zwei Verfahrensabschnitten aus,[276] dann ist nicht anzurechnen. Geht man von einem Verfahrensabschnitt aus,[277] dann ist anzurechnen.

> **Beispiel:** Der Anwalt vereinbart mit dem Mandanten für das Ermittlungsverfahren gem. § 3a eine Pauschale in Höhe von 5.000 EUR, die auch gezahlt wird. Im gerichtlichen Verfahren wird der Anwalt als Pflichtverteidiger beigeordnet.
> Die Beiordnung des Anwalts erstreckt sich jetzt gem. § 48 Abs. 6 (§ 48 Abs. 5 a.F.) auch auf die Tätigkeit im vorbereitenden Verfahren.
> Geht man von einer Angelegenheit aus, dann sind die 5.000 EUR auf die aus der Landeskasse zu zahlende Pflichtverteidigervergütung anzurechnen, soweit sie das Doppelte der Pflichtverteidigervergütung übersteigen.
> Geht man von zwei Angelegenheiten aus, dann darf von den 5.000 EUR im gerichtlichen Verfahren nichts auf die Pflichtverteidigervergütung angerechnet werden.

484 Schließlich ist auch klargestellt, dass die Zählung der Dokumentenpauschalen nach VV 7000 im vorbereitenden und im gerichtlichen Verfahren gesondert vorzunehmen ist.[278]

> **Beispiel:** Der Anwalt wird im vorbereitenden Verfahren und anschließend im erstinstanzlichen gerichtlichen Verfahren tätig. Im vorbereitenden Verfahren hat er 60 Seiten Aktenauszug gefertigt und im gerichtlichen Verfahren nochmals 40 Seiten.
> Im vorbereitenden Verfahren werden die ersten 50 Seiten mit 0,30 EUR vergütet und die weiteren zehn mit 0,15 EUR. Im gerichtlichen Verfahren erhält der Anwalt wiederum 0,30 EUR je Seite, da eine neue Angelegenheit i.S.d. § 15 vorliegt.

485 Die Klarstellung in Nr. 10 hat darüber hinaus auch Bedeutung für das Übergangsrecht (siehe § 60). Da es sich bei vorbereitendem und gerichtlichem Verfahren um zwei verschiedene Angelegenheiten handelt, sind somit für das gerichtliche Verfahren bereits die höheren Gebührenbeträge anzusetzen, wenn der Auftrag für das gerichtliche Verfahren nach dem 31.7.2013 erteilt worden ist.

> **Beispiel:** Gegen den Beschuldigten waren im April 2013 Ermittlungen wegen des Verdachts einer Straftat eingeleitet worden. Im August 2013 wird Anklage erhoben.
> Würde man davon ausgehen, dass es sich um eine Angelegenheit handelt, würde der Anwalt nicht nur für das vorbereitende Verfahren, sondern auch für das erstinstanzliche gerichtliche Verfahren noch die geringeren Gebührenbeträge nach der bisherigen Fassung des RVG erhalten. Da jetzt jedoch klargestellt ist, dass es sich um eine eigene selbstständige Angelegenheit handelt, und der Auftrag für das gerichtliche Verfahren nach dem 31.7.2013 erteilt worden ist, sind hier bereits die neuen Gebührenbeträge anzusetzen. Zudem entsteht die Postentgeltpauschale gesondert.
>
> **I. Vorbereitendes Verfahren**
> 1. Grundgebühr, VV 4100 a.F.   165,00 EUR
> 2. Verfahrensgebühr, VV 4104 a.F.   140,00 EUR
> 3. Postentgeltpauschale, VV 7002   20,00 EUR
>   Zwischensumme   325,00 EUR
> 4. 19 % Umsatzsteuer, VV 7008   61,75 EUR
> **Gesamt**   **386,75 EUR**
>
> **II. Erstinstanzliches gerichtliches Verfahren**
> 1. Verfahrensgebühr, VV 4106 n.F.   165,00 EUR
> 2. Terminsgebühr, VV 4108 n.F.   275,00 EUR

---

[276] So OLG Frankfurt AGS 2007, 193 m. Anm. *Volpert* = StraFo 2007, 219 = StV 2007, 476 = NStZ-RR 2007, 328 = StRR 2007, 158.

[277] So die h.M.: OLG Düsseldorf NStZ-RR 2011, 192 = StRR 2011, 43; OLG Oldenburg StraFo 2007, 347 = JurBüro 2007, 415 = StV 2007, 477 = NdsRpfl 2007, 353 = RVGreport 2007, 344 = StRR 2007, 159; OLG Stuttgart AGS 2008, 117 = StraFo 2007, 437 = Rpfleger 2007, 682 = NStZ-RR 2008, 31 = Justiz 2007, 393; OLG Köln AGS 2009, 585; StraFo 2008, 399; KG StraFo 2009, 84 = RVGreport 2008, 339 = RVGprof. 2008, 206 = StRR 2008, 477; OLG Hamm, Beschl. v. 20.11.2007 – 3 Ws 320/07.

[278] OLG Frankfurt AGS 2015, 383 = StraFo 2015, 350 = zfs 2015, 526 = NStZ-RR 2015, 359 = DAR 2015, 674 = NJW-Spezial 2015, 541 = RVGreport 2015, 345 = RVGprof. 2016, 25.

3. Postentgeltpauschale, VV 7002	20,00 EUR
Zwischensumme	460,00 EUR
4. 19 % Umsatzsteuer, VV 7008	87,40 EUR
Gesamt	**547,40 EUR**

XII. Bußgeldverfahren vor Verwaltungsbehörde und nachfolgendes gerichtliches Verfahren (Nr. 11)

Nr. 11 wurde durch das 2. KostRMoG neu eingefügt. **486**

Auch in Bußgeldsachen war der Umfang der Angelegenheit strittig. Hier wurde ebenfalls von einem **487** Teil der Rechtsprechung die Auffassung vertreten, das Verfahren vor der Verwaltungsbehörde und das nachfolgende erstinstanzliche gerichtliche Verfahren würden eine einzige Angelegenheit darstellen, sodass die Postentgeltpauschale nur einmal anfallen würde. Ein Großteil der Rechtsprechung hat hier jedoch bereits nach altem Recht zwei Gebührenangelegenheiten angenommen und dies mit der Besonderheit des Bußgeldverfahrens begründet.

Nunmehr ist klargestellt, dass es sich um zwei Angelegenheiten handelt und dass der Anwalt im **488** Verfahren vor der Verwaltungsbehörde und im nachfolgenden erstinstanzlichen gerichtlichen Verfahren jeweils eine gesonderte Postentgeltpauschale erhält.

> **Beispiel:** Der Anwalt wird im vorbereitenden Verfahren und anschließend im erstinstanzlichen gerichtlichen Verfahren tätig.
> Die Postentgeltpauschale der VV 7002 entsteht jetzt zweimal.

Schließlich ist auch hier klargestellt, dass die Berechnung und Zählung der Dokumentenpauschalen **489** nach VV 7000 im vorbereitenden und im gerichtlichen Verfahren gesondert vorzunehmen sind (siehe Rdn 479).

Die Frage der Anrechnungen von Zahlungen und Vorschüssen bei dem gerichtlich bestellten oder **490** beigeordneten Anwalt (siehe Rdn 480) stellt sich in Bußgeldsachen in der Praxis dagegen kaum.

Von Bedeutung ist die Änderung dagegen auch hier für das Übergangsrecht. Sofern der Auftrag für **491** die Verteidigung im Verwaltungsverfahren vor dem 1.8.2013 erteilt worden ist, der Auftrag für die Verteidigung im gerichtlichen Verfahren dagegen nach dem 31.7.2013, gelten auch hier nur für das vorbereitende Verfahren noch die alten Gebührenbeträge. Für das erstinstanzliche gerichtliche Verfahren sind dagegen bereits die neuen Beträge anzuwenden.

> **Beispiel:** Gegen den Betroffenen war im Mai 2013 ein Bußgeldverfahren eingeleitet worden. Nach Einspruch wird die Sache im August 2013 an das AG abgegeben.
> Der Verteidiger erhält im vorbereitenden Verfahren die Gebühren nach den geringeren Betragsrahmen der derzeitigen Fassung. Im erstinstanzlichen gerichtlichen Verfahren erhält er die Gebühren nach der Neufassung des 2. KostRMoG. Auch hier entstehen jetzt zwei Postentgeltpauschalen.
>
> **I. Verfahren vor der Verwaltungsbehörde**
>
> | | |
> |---|---|
> | 1. Grundgebühr, VV 5100 a.F. | 85,00 EUR |
> | 2. Verfahrensgebühr, VV 5103 a.F. | 135,00 EUR |
> | 3. Postentgeltpauschale, VV 7002 | 20,00 EUR |
> | Zwischensumme | 240,00 EUR |
> | 4. 19 % Umsatzsteuer, VV 7008 | 45,60 EUR |
> | **Gesamt** | **285,60 EUR** |
>
> **II. Erstinstanzliches gerichtliches Verfahren**
>
> | | |
> |---|---|
> | 1. Verfahrensgebühr, VV 5109 n.F. | 160,00 EUR |
> | 2. Terminsgebühr, VV 5110 n.F. | 255,00 EUR |
> | 3. Postentgeltpauschale, VV 7002 | 20,00 EUR |
> | Zwischensumme | 435,00 EUR |
> | 4. 19 % Umsatzsteuer, VV 7008 | 82,65 EUR |
> | **Gesamt** | **517,65 EUR** |

XIII. Strafverfahren und Verfahren über die im Urteil vorbehaltene Sicherungsverwahrung (Nr. 12)

492 Mit dem Inkrafttreten des 2. KostRMoG ist die frühere Nr. 11 zur Nr. 12 aufgerückt, ohne dass damit inhaltliche Änderungen verbunden sind. Auf ältere Rechtsprechung zu dieser Nr. kann daher zurückgegriffen werden.

493 Schließt sich an das Strafverfahren ein Verfahren über die dem Urteil vorbehaltene Sicherungsverwahrung an, so handelt es sich um **verschiedene Angelegenheiten**. Die Vergütung im Strafverfahren bestimmt sich nach den Gebühren des VV Teil 4 Abschnitt 1. Für das Verfahren über die im Urteil vorbehaltene Sicherungsverwahrung erhält der Anwalt – obwohl es sich um eine Tätigkeit in der Strafvollstreckung handelt – ebenfalls die Gebühren nach VV Teil 4 Abschnitt 1 (VV Vorb. 4.1 Abs. 1).

494 Eine Anrechnung der Gebühren findet nicht statt. Sämtliche Gebühren können im Verfahren über die dem Urteil vorbehaltene Sicherungsverwahrung erneut entstehen, auch die Postentgeltpauschale (VV 7002) entsteht erneut.

495 Soweit der Anwalt in einem Verfahren über die Erledigung oder Aussetzung der Maßregel der Unterbringung in eine Sicherungsverwahrung beauftragt ist, gilt VV 4200 Nr. 1 Buchst. a. Auch hierbei handelt es sich um eine gesonderte Angelegenheit, was sich schon daraus ergibt, dass die Vergütung in VV Teil 4 Abschnitt 2 („Gebühren in der Strafvollstreckung") geregelt ist.

XIV. Wiederaufnahmeverfahren und wiederaufgenommenes Verfahren, wenn sich die Gebühren nach VV Teil 4 oder 5 richten (Nr. 13)

496 Mit dem Inkrafttreten des 2. KostRMoG ist die frühere Nr. 12 zur Nr. 13 aufgerückt, ohne dass damit inhaltliche Änderungen verbunden sind. Auf ältere Rechtsprechung zu dieser Nr. kann daher zurückgegriffen werden.

497 Nr. 13 betrifft das **förmliche Wiederaufnahmeverfahren** in Strafsachen nach den §§ 359 ff. StPO und in Bußgeldsachen nach § 85 OWiG i.V.m. den §§ 359 ff. StPO.

498 Die Nr. 13 betrifft nicht den Fall, dass ein Verfahren eingestellt wird (z.B. nach § 154 Abs. 2, 170 Abs. 2 StPO und dann die Ermittlungen später wieder aufgenommen werden. In einem solchen Fall liegt nur eine Angelegenheit vor.[279]

499 Das Wiederaufnahmeverfahren und das später wiederaufgenommene Verfahren in Straf- und Bußgeldsachen sind zwei **verschiedene Angelegenheiten**. Dies galt bisher schon nach § 90 BRAGO. Einer ausdrücklichen Regelung in Nr. 13 hätte es an sich nicht bedurft. Dass es sich um eine selbstständige Angelegenheit handelt, ergibt sich schon daraus, dass die Gebühren im Wiederaufnahmeverfahren in einem gesonderten Abschnitt (VV Teil 4 Abschnitt 1 Unterabschnitt 4 „Wiederaufnahmeverfahren") in den VV 4136 bis 4140 geregelt sind. Der Anwalt kann sämtliche Gebühren im Wiederaufnahmeverfahren und im späteren wiederaufgenommenen Verfahren gesondert verlangen.

500 Eine **Grundgebühr** (VV 4100) entsteht im strafrechtlichen Wiederaufnahmeverfahren allerdings **nicht** (Anm. zu VV Vorb. 4.1.4). Für Bußgeldsachen fehlt eine entsprechende Regelung. Im Gegenteil verweist VV Vor. 5.1.3 Abs. 2 auf alle Gebühren des Abschnitts 1, damit auch auf die Grundgebühr der VV 5100. Hier dürfte aber letztlich nichts anderes gelten als in Strafsachen und eine (weitere) Grundgebühr ausgeschlossen sein.

501 Wird das Verfahren wieder aufgenommen, so entsteht auch die **Postentgeltpauschale** nach VV 7002 gesondert.

---

[279] AG Osnabrück AGS 2009, 113 = JurBüro 2008, 588 = NdsRpfl 2009, 17 = NJW-Spezial 2009, 189.

Abschnitt 3. Angelegenheit § 18

§ 18 Besondere Angelegenheiten

(1) Besondere Angelegenheiten sind
1. jede Vollstreckungsmaßnahme zusammen mit den durch diese vorbereiteten weiteren Vollstreckungshandlungen bis zur Befriedigung des Gläubigers; dies gilt entsprechend im Verwaltungszwangsverfahren (Verwaltungsvollstreckungsverfahren);
2. jede Vollziehungsmaßnahme bei der Vollziehung eines Arrests oder einer einstweiligen Verfügung (§§ 928 bis 934 und 936 der Zivilprozessordnung), die sich nicht auf die Zustellung beschränkt;
3. solche Angelegenheiten, in denen sich die Gebühren nach Teil 3 des Vergütungsverzeichnisses richten, jedes Beschwerdeverfahren, jedes Verfahren über eine Erinnerung gegen einen Kostenfestsetzungsbeschluss und jedes sonstige Verfahren über eine Erinnerung gegen eine Entscheidung des Rechtspflegers, soweit sich aus § 16 Nummer 10 nichts anderes ergibt;
4. das Verfahren über Einwendungen gegen die Erteilung der Vollstreckungsklausel, auf das § 732 der Zivilprozessordnung anzuwenden ist;
5. das Verfahren auf Erteilung einer weiteren vollstreckbaren Ausfertigung;
6. jedes Verfahren über Anträge nach den §§ 765a, 851a oder 851b der Zivilprozessordnung und jedes Verfahren über Anträge auf Änderung oder Aufhebung der getroffenen Anordnungen, jedes Verfahren über Anträge nach § 1084 Absatz 1, § 1096 oder § 1109 der Zivilprozessordnung und über Anträge nach § 31 des Auslandsunterhaltsgesetzes;
7. das Verfahren auf Zulassung der Austauschpfändung (§ 811a der Zivilprozessordnung);
8. das Verfahren über einen Antrag nach § 825 der Zivilprozessordnung;
9. die Ausführung der Zwangsvollstreckung in ein gepfändetes Vermögensrecht durch Verwaltung (§ 857 Abs. 4 der Zivilprozessordnung);
10. das Verteilungsverfahren (§ 858 Abs. 5, §§ 872 bis 877, 882 der Zivilprozessordnung);
11. das Verfahren auf Eintragung einer Zwangshypothek (§§ 867, 870a der Zivilprozessordnung);
12. die Vollstreckung der Entscheidung, durch die der Schuldner zur Vorauszahlung der Kosten, die durch die Vornahme einer Handlung entstehen, verurteilt wird (§ 887 Abs. 2 der Zivilprozessordnung);
13. das Verfahren zur Ausführung der Zwangsvollstreckung auf Vornahme einer Handlung durch Zwangsmittel (§ 888 der Zivilprozessordnung);
14. jede Verurteilung zu einem Ordnungsgeld gemäß § 890 Abs. 1 der Zivilprozessordnung;
15. die Verurteilung zur Bestellung einer Sicherheit im Fall des § 890 Abs. 3 der Zivilprozessordnung;
16. das Verfahren zur Abnahme der Vermögensauskunft (§§ 802f und 802g der Zivilprozessordnung);
17. das Verfahren auf Löschung der Eintragung im Schuldnerverzeichnis (§ 882e der Zivilprozessordnung);
18. das Ausüben der Veröffentlichungsbefugnis;
19. das Verfahren über Anträge auf Zulassung der Zwangsvollstreckung nach § 17 Abs. 4 der Schifffahrtsrechtlichen Verteilungsordnung;
20. das Verfahren über Anträge auf Aufhebung von Vollstreckungsmaßregeln (§ 8 Abs. 5 und § 41 der Schifffahrtsrechtlichen Verteilungsordnung) und
21. das Verfahren zur Anordnung von Zwangsmaßnahmen durch Beschluss nach § 35 des Gesetzes über das Verfahren in Familiensachen und in den Angelegenheiten der freiwilligen Gerichtsbarkeit.

(2) Absatz 1 gilt entsprechend für
1. die Vollziehung eines Arrestes und
2. die Vollstreckung

nach den Vorschriften des Gesetzes über das Verfahren in Familiensachen und in den Angelegenheiten der freiwilligen Gerichtsbarkeit.

Literatur: *Enders,* Anwaltsvergütung in der Zwangsvollstreckung – Rund um die Vermögensauskunft, JurBüro 2013, 1; *ders.,* Die Auswirkungen der Reform der Sachaufklärung auf die Anwaltsvergütung in der Zwangsvollstreckung, JurBüro 2012, 633; *ders.,* Die 2. Zwangsvollstreckungsnovelle und ihre Auswirkungen auf das Anwaltsgebührenrecht, JurBüro 1999, 1; *ders.,* Anwaltsvergütung für die Vertretung im Verfahren über eine Räumungsfrist, JurBüro 2015, 337; *ders.,* Treuhandauftrag zur Löschung einer Zwangshypothek, JurBüro 2015, 281; *ders.,* Ist der Vollstreckungsauftrag auf Einholung Auskünfte Dritter über das Vermögen des Schuldners (§ 802l ZPO) eine gesonderte gebührenrechtliche Angelegenheit?, JurBüro 2015, 617; *Flechsig/Hertel/Vahrenhold*, Die Veröffentlichung von Unterlassungsurteilen und Unterlassungserklärungen, NJW 1994, 2441; *Giers*, Die Vollstreckung in Familiensachen ab dem 1.9.2009, FamRB 2009, 87; *Hansens*, Anwaltsvergütung für die Vertretung im Erinnerungsverfahren nach § 766 ZPO, RVGreport 2009, 128; *Hellstab*, Die Entwicklung des Kostenrechts seit 2006, Rpfleger 2008, 238; *Madert/Müller-Rabe*, Entwicklung zum Rechtsanwaltsvergütungsgesetz in Zivilsachen, NJW 2007, 1920; *Mümmler*, Anwaltsgebühren bei Eintragung einer Sicherungs(zwangs)hypothek, JurBüro 1981, 1476; *N. Schneider*, Erstattungsfähigkeit der Gebühren einer weiteren vollstreckbaren Ausfertigung, AGS 2010, 442; *ders.*, Anwaltsgebühren im Verfahren über die Erinnerung nach § 766 ZPO – bisheriges und neues Recht, RVGreport 2007, 87; *ders.*, Erstattungsfähige Kosten im Erinnerungs- und Beschwerdeverfahren, DAR Extra 2008, 759; *N. Schneider/Thiel*, Die Änderungen des RVG durch das FGG-Reformgesetz, AnwBl 2009, 628; *Schönemann*, Erneute eidesstattliche Versicherung gem. § 903 ZPO, DWW 2009, 255; *Volpert*, Anwaltsvergütung im Zwangsvollstreckungsverfahren – Teil 2: Abgegoltene Tätigkeiten und PKH, ZAP Fach 24, S. 923; *Volpert*, Gesetz zur Reform der Sachaufklärung in der Zwangsvollstreckung – Kostenrechtliche Auswirkungen, RVGreport 2012, 442; *ders.*, Die Reform der Sachaufklärung in der Zwangsvollstreckung – Teil I: Die Anwaltsvergütung bei Aufenthaltsermittlung und gütlicher Erledigung, RVGreport 2013, 375; *ders.*, Zwangsvollstreckungsverfahren – Teil 3: Die Angelegenheit in der Zwangsvollstreckung, RVGreport 2005, 127.

Siehe hierzu auch das Vollstreckungs-ABC (vgl. VV 3309 Rdn 208)

A. Anwendungsbereich	1
I. Anwendungsbereich von Abs. 1 Nr. 3	1
1. Überblick	1
2. Beschwerdeverfahren	2
3. Erinnerungen gegen die Kostenfestsetzung	6
4. Erinnerungen gegen den Kostenansatz	18
5. Sonstige Erinnerungsverfahren	19
II. Anwendungsbereich von Abs. 1 Nr. 1 und 2	22
1. Begriff der Angelegenheit	22
2. Vertretene Personen	23
3. VV Vorb. 3.3.3	24
4. Zwangsversteigerung, Zwangsverwaltung, Insolvenz	25
III. Anwendungsbereich von Abs. 1 Nr. 4 bis 21 und Abs. 2	26
B. Regelungsgehalt	27
I. Vollstreckungs- und Vollziehungsmaßnahmen; Verwaltungszwang und Verwaltungsvollstreckung (Abs. 1 Nr. 1 und 2)	27
1. Angelegenheit in der Zwangsvollstreckung	27
2. Verhältnis des Erkenntnisverfahrens zur Vollstreckung oder Vollziehung	29
a) Besondere Angelegenheit	29
b) Ende des Hauptsacheverfahrens und Beginn der Zwangsvollstreckung	30
3. Verhältnis von Vollstreckungsmaßnahmen untereinander	33
a) Vollstreckungsmaßnahme und Vollstreckungshandlung	33
b) Befriedigung des Gläubigers	35
c) Prüfungsschema	38
II. Beispielhafte Einzelfälle zu Abs. 1 Nr. 1, 2	39
1. Teilakte mit innerem Zusammenhang	39
2. Erinnerung gem. § 766 ZPO	43
3. Dienstaufsichtsbeschwerde	44
4. Aufenthaltsermittlung des Schuldners	45
a) Ermittlung durch den Rechtsanwalt	45
b) Ermittlung durch den Gerichtsvollzieher (§ 755 ZPO)	47
5. Wechsel der Vollstreckungsmaßnahme	49
6. Mehrere Vollstreckungstitel	51
a) Auftrag entscheidet	51
b) Erweiterung des Auftrags	52
7. Mehrere Vollstreckungsanträge	54
8. Mehrere Schuldner	55
a) Mehrere Angelegenheiten	55
b) Unterlassungsansprüche	58
c) Zahlungsaufforderung mit Vollstreckungsandrohungen/Räumung	59
d) Räumung	60
9. Pfändung beweglicher Sachen	61
10. Mehrere Mobiliarvollstreckungsaufträge	62
a) Verschiedene Maßnahmen	62
b) Wohnungswechsel des Schuldners	63
c) Verschiedene Vollstreckungsorte (Wohnung und Geschäftslokal)	64
11. Gütliche Erledigung durch den Gerichtsvollzieher (§ 802b ZPO)	67
a) Frühere Rechtslage	67
b) Vollstreckungsauftrag schließt gütliche Erledigung ein	68
c) Isolierte gütliche Erledigung	70
d) Kombinierter Auftrag	74
e) Einigungsgebühr	75
f) Gegenstandswert	76
12. Forderungspfändung	78
13. Pfändung mehrerer Forderungen	80
14. Vorpfändung und Forderungspfändung	82
III. Beschwerde- und Erinnerungsverfahren (Abs. 1 Nr. 3)	85
1. Beschwerdeverfahren	85
2. Erinnerungsverfahren	87
IV. Verfahren über Einwendungen gegen die Erteilung der Vollstreckungsklausel, auf das § 732 ZPO anzuwenden ist (Abs. 1 Nr. 4)	91
1. Angelegenheit/Gebühr/Gegenstandswert	91
a) Erstmalige Erteilung	91
b) Einwendungen gem. § 732 ZPO	92
2. Einstweilige Anordnung/Sicherheitsleistung (§ 732 Abs. 2 ZPO)	94
3. Gegenstandswert	95

Abschnitt 3. Angelegenheit § 18

V. Verfahren auf Erteilung einer weiteren vollstreckbaren Ausfertigung gemäß § 733 ZPO (Abs. 1 Nr. 5) 96
  1. Angelegenheit 96
  2. Erstattung 98
  3. Mehrere vollstreckbare Ausfertigungen 99
  4. Umschreibung der Klausel (§ 727 ZPO) 100
  5. Beschwerdeverfahren 101
  6. Gegenstandswert 102

VI. Verfahren über Anträge nach den §§ 765a, 851a, 851b und § 1084 Abs. 1, § 1096 oder § 1109 ZPO sowie § 31 AUG (Abs. 1 Nr. 6) 103
  1. Verfahren über Vollstreckungsschutz 103
    a) Gerichtliche Verfahren 103
    b) Verlängerung einer Räumungsfrist 104
    c) Aufhebung und Abänderung 105
  2. Europäischer Vollstreckungstitel 106
  3. Verfahren nach § 31 AUG 107
  4. Einstweilige Anordnung beim Vollstreckungsschutz 108
  5. Fortsetzung der Vollstreckung nach Vollstreckungsschutz 109
  6. Vollstreckungsschutz für mehrere Schuldner 110
  7. Gegenstandswert 111

VII. Verfahren auf Zulassung der Austauschpfändung (Abs. 1 Nr. 7) 112
  1. Angelegenheit 112
  2. Gegenstandswert 114

VIII. Verfahren über Anträge auf anderweitige Verwertung (Abs. 1 Nr. 8) 115
  1. Angelegenheit 115
  2. Gesamtschuldner, § 844 ZPO 118
  3. Gegenstandswert 119

IX. Ausführung der Zwangsvollstreckung in ein gepfändetes Vermögensrecht durch Verwaltung gemäß § 857 Abs. 4 ZPO (Abs. 1 Nr. 9) 120
  1. Angelegenheit 120
  2. Gegenstandswert 122

X. Verteilungsverfahren gemäß §§ 858 Abs. 5, 872 bis 877, 882 ZPO (Abs. 1 Nr. 10) 123
  1. Angelegenheit 123
    a) Verteilungsverfahren und übrige Zwangsvollstreckung 123
    b) Widerspruchs- und Bereicherungsklage und Verteilungsverfahren ... 124
    c) Verteilungsverfahren mit mehreren Gläubigern 125
  2. Gegenstandswert 126

XI. Verfahren auf Eintragung einer Zwangshypothek gemäß §§ 867, 870a ZPO (Abs. 1 Nr. 11) 127
  1. Angelegenheit 127
  2. Tätigkeiten außerhalb des Eintragungsverfahrens 129
  3. Löschung der Hypothek 130
    a) Besondere Angelegenheit 130
    b) Treuhandauftrag an Notar ... 131
  4. Beschwerde 132
  5. Gegenstandswert 133

XII. Vollstreckung wegen eines Kostenvorschusses gemäß § 887 Abs. 2 ZPO (Abs. 1 Nr. 12) 134
  1. Verhältnis der Verfahren gem. § 887 Abs. 1 und 2 ZPO 134
  2. Vollstreckung des Kostenvorschusses gem. § 887 Abs. 2 ZPO 137
  3. Vorschussnachforderung 139
  4. Mehrere Schuldner 140
  5. Gegenstandswert 141

XIII. Verfahren zur Ausführung der Zwangsvollstreckung auf Vornahme einer Handlung durch Zwangsmittel etc. (Abs. 1 Nr. 13) 142
  1. Familiensachen 142
  2. Verfahren 143
  3. Mehrere Zwangsmittelverfahren ... 144
  4. Eidesstattliche Versicherung 145
  5. Gegenstandswert 148

XIV. Jede Verurteilung zu einem Ordnungsgeld gemäß § 890 Abs. 1 ZPO (Abs. 1 Nr. 14) 149
  1. Angelegenheit 149
  2. Ordnungshaft 153
  3. Mehrere Schuldner 154
  4. Erneutes Ordnungsmittelverfahren ... 155
  5. Mehrere Verstöße 156
  6. Gegenstandswert 157

XV. Verurteilung zur Bestellung einer Sicherheit im Falle des § 890 Abs. 3 ZPO (Abs. 1 Nr. 15) 158
  1. Verfahren gemäß § 890 Abs. 3 ZPO .. 158
  2. Vollstreckung der Sicherheitsleistung 159
  3. Gegenstandswert 160

XVI. Vermögensauskunft (§§ 802f und 802g ZPO; Abs. 1 Nr. 16); eidesstattliche Versicherung (§§ 836 Abs. 3 S. 2, 883 Abs. 2 ZPO); Auskunftsrechte des Gerichtsvollziehers (§ 802l ZPO) 161
  1. Abnahme der Vermögensauskunft (§§ 802f und 802g ZPO) 161
    a) Reform der Sachaufklärung 161
    b) Verfahren 162
      aa) Aufträge 162
      bb) Haftbefehl 164
    c) Besondere Angelegenheit 165
    d) Mehrere Schuldner 167
    e) Nachbesserung/Ergänzung der Vermögensauskunft 168
  2. Erneute Vermögensauskunft (§ 802d ZPO) 169
    a) Verfahren 169
    b) Angelegenheit 171
      aa) Rechtsanwalt eines Drittgläubigers 172
      bb) Anforderung des Vermögensverzeichnisses vom Gerichtsvollzieher 176
      cc) Vorherige Einsicht in das Schuldnerverzeichnis 177
      dd) Erneute Vermögensauskunft .. 180
  3. Kombinierter Auftrag 181
    a) Fälle des § 807 ZPO 181
    b) Andere kombinierte Aufträge 183
    c) Gegenstandswert 186
  4. Vermögensauskunft und Erzwingungshaft 187
    a) Antrag auf Erlass eines Haftbefehls (§ 802g Abs. 1 ZPO) 187
    b) Verhaftung (§ 802g Abs. 2 ZPO) .. 188
    c) Verhaftungsauftrag und erneute Sachpfändung 189

5. Gebühren 191
   a) Verfahrensgebühr 191
   b) Terminsgebühr 193
6. Gegenstandswert 194
7. Auskunftsrechte des Gerichtsvolziehers (§ 802l ZPO) 195
   a) Eigenständige Vollstreckungsmaßnahme 195
   b) Gebührenrechtliche Angelegenheit 196
      aa) Nr. 16 gilt nur für die Vermögensauskunft 196
      bb) Keine eigene Vollstreckungsmaßnahme 197
   c) Drittauskünfte führen zu weiteren Vollstreckungsmaßnahmen ... 201
8. Eidesstattliche Versicherungen 202
   a) §§ 836 Abs. 3 S. 2, 883 Abs. 3 ZPO 202
   b) Eidesstattliche Versicherung nach materiellem Recht 205
XVII. Schuldnerverzeichnis: Löschung (§ 882e ZPO, Abs. 1 Nr. 17) und Einsicht (§ 882f ZPO); Vermögensverzeichnisregister, Löschung 206
   1. Löschung im Schuldnerverzeichnis (§ 882e ZPO) 206
      a) Vorzeitige Löschung 206
      b) Erneuter Antrag auf Löschung ... 209

c) Gegenstandswert bei Löschung ... 210
2. Einsicht in das Schuldnerverzeichnis (§ 882f ZPO) 211
   a) Keine besondere Angelegenheit .. 211
   b) Einsicht löst Gebühr VV 3309 aus 213
      aa) Vorbereitende Maßnahme ... 213
      bb) Schuldnerverzeichnis und Vermögensverzeichnisregister 215
   c) Gegenstandswert 217
3. Löschung im Vermögensverzeichnisregister (§ 802k ZPO) 218
   a) Getrennte Verzeichnisse 218
   b) Keine besondere Angelegenheit .. 219
XVIII. Ausübung der Veröffentlichungsbefugnis (Abs. 1 Nr. 18) 221
   1. Angelegenheit 221
   2. Gegenstandswert 222
XIX. Zulassung der Zwangsvollstreckung gemäß § 17 Abs. 4 SVertO (Abs. 1 Nr. 19) 223
XX. Aufhebung von Vollstreckungsmaßregeln gemäß § 8 Abs. 5 und § 41 SVertO (Abs. 1 Nr. 20) 224
XXI. Zwangsmaßnahmen nach § 35 FamFG (Abs. 1 Nr. 21) 225
XXII. Vollziehung von Arrest und Vollstreckung nach dem FamFG (Abs. 2) 230

A. Anwendungsbereich

I. Anwendungsbereich von Abs. 1 Nr. 3

1. Überblick

1 Abs. 1 Nr. 3 gilt nur für Verfahren, in denen sich die Gebühren nach VV Teil 3 richten, also in bürgerlichen Rechtsstreitigkeiten, Verfahren der freiwilligen Gerichtsbarkeit, verwaltungs-, sozial- und finanzgerichtlichen Verfahren. Dazu gehören auch die Angelegenheiten nach VV Teil 4 bis 6, soweit dort auf die Vergütung nach VV Teil 3 verwiesen wird (VV Vorb. 4 Abs. 5; Vorb. 5 Abs. 4; Vorb. 6.2. Abs. 3).

2. Beschwerdeverfahren

2 Beschwerdeverfahren in Verfahren nach VV Teil 3 sind stets gesonderte Angelegenheiten i.S.d. § 15. Soweit man die Beschwerde als Rechtsmittel auffasst, folgt dies bereits aus § 17 Nr. 1. Die Anwendungsbereiche beider Vorschriften überschneiden sich also. Wegen der identischen Rechtsfolgen kommt es hier auf eine Abgrenzung jedoch nicht an.

3 Die Regelung des Abs. 1 Nr. 3 gilt nicht nur für Erstbeschwerden, sondern auch für weitere Beschwerden.

4 Anders verhält es sich dagegen in **Straf- und Bußgeldsachen** sowie in Verfahren nach **VV Teil 6**. Dort zählen die Beschwerdeverfahren bis auf wenige Ausnahmen (VV Vorb. 4 Abs. 5; VV 4145, 4146; Vorb. 5 Abs. 4; Vorb. 6.2. Abs. 3) zur Hauptsache (§ 19 Abs. 2 S. 1 Nr. 10a). Dies gilt insbesondere in Strafsachen für Beschwerden gegen einen Beschluss nach § 111a StPO (Entziehung der Fahrerlaubnis).[1] Nur soweit auf VV Teil 3 verwiesen wird (VV Vorb. 4 Abs. 5; Vorb. 5 Abs. 4; Vorb. 6.2. Abs. 3), gilt wiederum Abs. 1 Nr. 3.

5 Beschwerdeverfahren nach VV Teil 4 bis 6 sind nur dann besondere Angelegenheiten, wenn dafür gesonderte Gebühren vorgesehen sind (§ 19 Abs. 1 S. 2 Nr. 10a).

---

1 AG Weilburg AGS 2007, 561.

3. Erinnerungen gegen die Kostenfestsetzung

Nach der bis zum 31.7.2013 geltenden Fassung des Abs. 1 Nr. 3 waren nur Erinnerungen gegen Entscheidungen des Rechtspflegers erfasst. Dabei war nicht berücksichtigt worden, dass in manchen Gerichtsbarkeiten (Verwaltungsgerichtsbarkeit, Sozialgerichtsbarkeit, Bußgeldsachen [wenn die Staatsanwaltschaft einstellt]) die Kostenfestsetzung nicht vom Rechtspfleger durchgeführt wird, sondern vom Urkundsbeamten der Geschäftsstelle. In Bußgeldsachen vor der Verwaltungsbehörde wird die Festsetzung von einem Mitarbeiter der Verwaltung durchgeführt. Darüber hinaus gibt es auch Verfahren, in dem der Richter selbst die Kostenfestsetzung durchführt (siehe § 199 Abs. 1 BRAO). Nach dem früheren Wortlaut des Gesetzes wäre das Erinnerungsverfahren daher in allen diesen Fällen keine besondere Angelegenheit und hätte keine gesonderte Vergütung ausgelöst.

Damit stand sich dem Wortlaut nach die Anwaltschaft schlechter als nach der BRAGO, nach der Erinnerungen in Kostenfestsetzungsverfahren immer gesonderte Angelegenheiten waren (§§ 37 Nr. 7, 61 Abs. 1 Nr. 2 BRAGO).

Zum Teil hat die Rechtsprechung in wörtlicher Anwendung des Gesetzes eine gesonderte Vergütung abgelehnt.[2]

Zuletzt ist die Rechtsprechung jedoch überwiegend davon ausgegangen, dass hier ein redaktionelles Versehen vorliege und hat die Erinnerung in Kostenfestsetzungssachen als gesonderte Angelegenheit angesehen.[3]

Mit der jetzigen Neufassung ist klargestellt, dass der Anwalt in allen Erinnerungsverfahren gegen einen Kostenfestsetzungsbeschluss eine gesonderte Vergütung erhält, unabhängig davon, wer die angefochtene Entscheidung erlassen hatte.

Die Vergütung richtet sich in **Verfahren nach VV Teil 3, in denen nach dem Gegenstandswert** abgerechnet wird, nach VV 3500.

Maßgebender Gegenstandswert ist gem. § 23 Abs. 2 S. 3 i.V.m. S. 1 das Abänderungsinteresse, also die Differenz zwischen dem festgesetzten Betrag und dem Betrag, dessen Festsetzung im Wege der Erinnerung angestrebt wird.[4]

> **Beispiel:** Der Anwalt legt gegen den Kostenfestsetzungsbeschluss des VG, mit dem Reisekosten in Höhe von 90 EUR abgesetzt worden sind, Erinnerung ein.
> Die Erinnerung ist nach Abs. 1 Nr. 3 eine gesonderte Angelegenheit. Der Anwalt erhält die Gebühr nach VV 3500 aus dem Wert von 90 EUR.
>
> 1. 0,5-Verfahrensgebühr, VV 3500
>   (Wert: 90 EUR)   22,50 EUR
> 2. Postentgeltpauschale, VV 7002   4,50 EUR
>   Zwischensumme   27,00 EUR
> 3. 19 % Umsatzsteuer, VV 7008   5,13 EUR
>   **Gesamt**   **32,13 EUR**

Auch in **Straf- und Bußgeldsachen** sind durch die entsprechende Verweisung in VV Vorb. 4 Abs. 5 und Vorb. 5 Abs. 4 die Vorschriften nach VV Teil 3 anzuwenden. Es gelten daher auch hier die VV 3500 ff.

Gleiches gilt in Verfahren nach **VV Teil 6 Abschnitt 2** (VV Vorb. 6.2 Abs. 3).

In **Sozialsachen, in denen das GKG nicht anzuwenden ist**, richtet sich die Gebühr für ein Erinnerungsverfahren nach VV 3501. Hier ist also ein Gebührenrahmen von 20 bis 210 EUR vorgesehen. Die Mittelgebühr beträgt 115 EUR. Zur Bemessung des Gebührenrahmens siehe SG Berlin.[5]

> **Beispiel:** Gegen den Kostenfestsetzungsbeschluss des SG, mit dem die angemeldeten Anwaltskosten um 150 EUR gekürzt worden sind, legt der Rechtsanwalt für seinen Mandanten Erinnerung ein.

---

2 So AG Regensburg AGS 2005, 548 m. Anm. *N. Schneider* = RVGreport 2005, 384 = JurBüro 2005, 595.
3 So **für verwaltungsgerichtliche Verfahren**: BVerwG AGS 2007, 406 = NVwZ-RR 2007, 717 = Rpfleger 2007, 595 = JurBüro 2007, 534 = BayVBl 2008, 91 = *Buchholz* 363 § 18 RVG Nr. 1 = RVGreport 2007, 342.
Für **sozialgerichtliche Verfahren**: SG Berlin RVGreport 2011, 101; AGS 2008, 88 = ASR 2008, 111 = RVGreport 2008, 22 = NJW-Spezial 2008, 93; SG Fulda ASR 2010, 87 = NZS 2011, 199; SG Karlsruhe rv 2010, 120; SG Cottbus AGS 2011, 130; SG Chemnitz AGkompakt 2013, 46.
4 Schneider/*Herget*, Rn 3421.
5 AGS 2012, 20.

Die Erinnerung ist nach Abs. 1 Nr. 3 eine gesonderte Angelegenheit. Der Anwalt erhält die Gebühr nach VV 3501. Ausgehend von der Rechtsprechung des SG Berlin ergäbe sich bei Ansatz der doppelten Mindestgebühr.

1. Verfahrensgebühr, VV 3501	40,00 EUR
2. Postentgeltpauschale, VV 7002	8,00 EUR
Zwischensumme	48,00 EUR
3. 19 % Umsatzsteuer, VV 7008	9,12 EUR
Gesamt	**57,12 EUR**

16 Sachgerecht wäre es an sich gewesen, auch in sozialrechtlichen Angelegenheiten – ebenso wie in Verfahren nach VV Teil 4–6 – die Erinnerungsverfahren in der Kostenfestsetzung nach dem Gegenstandswert abzurechnen und damit nach VV 3500. Gründe für eine unterschiedliche Behandlung sind an sich nicht ersichtlich.

17 Unberührt von der Änderung der Abs. 1 Nr. 3 bleibt die Regelung des § 16 Nr. 10. Danach bilden mehrere Verfahren über die Erinnerung gegen einen Kostenfestsetzungsbeschluss eine Angelegenheit. Dies betrifft insbesondere wechselseitig eingelegte Erinnerungen oder mehrere nacheinander folgende Erinnerungen, die sich gegen denselben Kostenfestsetzungsbeschluss richten (siehe hierzu § 16 Rdn 155 ff.).

4. Erinnerungen gegen den Kostenansatz

18 Erinnerungen gegen den Kostenansatz stellen dagegen keine gesonderte Angelegenheit dar, wenn der Anwalt bereits im zugrunde liegenden Verfahren tätig war. Nach der BRAGO waren diese Verfahren zwar ebenfalls gesonderte Angelegenheiten (§§ 37 Nr. 7, 61 Abs. 1 Nr. 2 BRAGO). Diese Regelung hat der Gesetzgeber im RVG jedoch nicht übernommen. Auch das 2. KostRMoG hat daran nichts geändert. Die Gerichtskosten werden grundsätzlich in allen Verfahren vom Urkundsbeamten der Geschäftsstelle angesetzt, sodass Abs. 1 Nr. 3 nicht greift. Soweit die Festsetzung anderweitig erfolgt – so in Verfahren vor dem Anwaltsgericht durch den Vorsitzenden (§ 199 BRAO) – greift Abs. 1 Nr. 3 ebenfalls nicht.

5. Sonstige Erinnerungsverfahren

19 **Erinnerungen gegen Entscheidungen des Rechtspflegers** gelten grundsätzlich als gesonderte Angelegenheiten. Vergütet werden diese Erinnerungsverfahren nach den VV 3500 ff.

20 Ausgenommen ist die Erinnerung nach § 766 ZPO (§ 19 Abs. 2 S. 2 Nr. 2),[6] die zusammen mit der jeweiligen Vollstreckungsmaßnahme auch dann nur eine Angelegenheit darstellt, wenn sich die Erinnerung gegen eine Maßnahme des Rechtspflegers richtet, wie z.B. gegen einen Pfändungs- und Überweisungsbeschluss.

21 **Sonstige Erinnerungsverfahren** sind Teil der Hauptsache und werden nicht gesondert vergütet (§ 19 Abs. 1 S. 2 Nr. 5).

II. Anwendungsbereich von Abs. 1 Nr. 1 und 2

1. Begriff der Angelegenheit

22 Während VV Teil 3 Abschnitt 3 Unterabschnitt 3 die Art. und Höhe der Gebühren und § 25 den Gegenstandswert regeln, aus dem sich die Gebühr bemisst, befassen sich **Abs. 1 Nr. 1 und 2** – ergänzt durch § 19 Abs. 1 S. 1 und S. 2 Nr. 9, 12, 13 und 16 sowie § 19 Abs. 2 – damit, für welche **Tätigkeiten** der Anwalt die Verfahrens- bzw. Terminsgebühr nach Unterabschnitt 3 gesondert erhalten kann. Sie enthalten – ebenso wie die §§ 7 Abs. 1 und 15 Abs. 2 – den Grundsatz, dass der Anwalt in derselben Angelegenheit die Gebühr nur einmal verdienen kann. Durch die Vorschrift des § 18 wird der **Begriff der besonderen Angelegenheit** nunmehr zusammenfassend, gegenüber § 15

---

[6] Eingeführt durch 2. JuMoG, in Kraft getreten bereits am 31.12.2006.

Abs. 1 eigenständig und abschließend in einer Vorschrift beschreiben; die Tätigkeiten bilden selbstständige Angelegenheiten und werden damit gesondert vergütet, gleichgültig mit welchen anderen Tätigkeiten des Rechtsanwalts sie in Zusammenhang stehen.[7]

2. Vertretene Personen

Abs. 1 Nr. 1 und 2 finden unabhängig davon **Anwendung**, ob der Rechtsanwalt den **Gläubiger**, den **Schuldner** oder einen in die Zwangsvollstreckung hineingezogenen **Dritten** (vgl. VV 3309 Rdn 119 ff.) vertritt, ob er bereits im Erkenntnisverfahren tätig geworden oder nur mit der Zwangsvollstreckung beauftragt worden ist; doch sind insoweit die ergänzenden Regelungen in § 19 Abs. 1 S. 1, S. 2 Nr. 9, 12, 13 und 16 sowie § 19 Abs. 2 zu beachten.

3. VV Vorb. 3.3.3

Abs. 1 Nr. 1 und 2 betreffen die Zwangsvollstreckung nach VV Teil 3 Abschnitt 3 Unterabschnitt 3 (VV 3309 und 3310), also einschließlich der Vollziehung von Arrest und einstweiliger Verfügung. Da Unterabschnitt 3 aufgrund VV Vorb. 3.3.3 auch für gerichtliche Verfahren über einen Akt der Zwangsvollstreckung (des Verwaltungszwangs) und über VV Vorb. 2.3 Abs. 1 auch für das Verwaltungszwangsverfahren (Verwaltungsvollstreckungsverfahren) Anwendung findet, bezieht sich Abs. 1 Nr. 1 auch auf diese Angelegenheiten. Auf die Erläuterungen zu VV Vorb. 3.3.3 wird insoweit verwiesen.

4. Zwangsversteigerung, Zwangsverwaltung, Insolvenz

Keine Anwendung finden Abs. 1 Nr. 1 und 2 auf die in VV Teil 3 Abschnitt 3 Unterabschnitt 4 (Zwangsversteigerung, Zwangsverwaltung; VV 3311 und 3312) und Unterabschnitt 5 (Insolvenzverfahren, schifffahrtsrechtliches Verteilungsverfahren; VV 3313 bis 3323) besonders geregelten Verfahren.

III. Anwendungsbereich von Abs. 1 Nr. 4 bis 21 und Abs. 2

Abs. 1 Nr. 4 bis 21 und Abs. 2 ergänzen den in Nr. 1 und 2 umschriebenen Begriff der Angelegenheit in der Zwangsvollstreckung. Damit werden – abschließend – die Fallgruppen aufgeführt, die jeweils besondere Angelegenheiten der Zwangsvollstreckung darstellen, für die der Anwalt daher eine weitere Gebühr erhält. Durch den einleitenden Satz des § 18 („Besondere Angelegenheiten sind ...") wird klargestellt, dass die Tätigkeit in jeder dieser Fallgruppen eine **besondere Angelegenheit** darstellt, unabhängig davon, ob derselbe Rechtsanwalt Tätigkeiten in einer oder mehreren dieser Fallgruppen entfaltet. Ob jedoch **mehrere Vollstreckungshandlungen innerhalb derselben Fallgruppe** insgesamt nur eine Angelegenheit oder besondere Angelegenheiten darstellen, richtet sich nach Abs. 1 Nr. 1, 2, 21 und Abs. 2, soweit sich nicht aus der Formulierung in der jeweiligen Fallgruppe – wie in Abs. 1 Nr. 6 und 14 – eine ausdrückliche Regelung hierzu ergibt.

B. Regelungsgehalt

I. Vollstreckungs- und Vollziehungsmaßnahmen; Verwaltungszwang und Verwaltungsvollstreckung (Abs. 1 Nr. 1 und 2)

1. Angelegenheit in der Zwangsvollstreckung

Bei der gebührenrechtlichen Angelegenheit in der Zwangsvollstreckung muss
1. einerseits zwischen dem Verhältnis einer Vollstreckungsmaßnahme zu dem vorausgegangenen Erkenntnisverfahren bzw. dem Hauptsacheverfahren und

---

[7] BT-Drucks 15/1971, S. 192 zu § 18.

2. andererseits zwischen dem Verhältnis mehrerer Vollstreckungsmaßnahmen untereinander unterschieden werden. Das Verhältnis zum Hauptsacheverfahren wird in § 19 Abs. 1, das Verhältnis mehrerer Vollstreckungsmaßnahmen untereinander in § 18 Abs. 1 Nr. 1 ff. und § 19 Abs. 2 geregelt. Mehrere Angelegenheiten in der Zwangsvollstreckung lösen die Gebühren nach VV 3309, 3310 mehrfach aus (§ 15 Abs. 2).

28 Die Regelungen in §§ 18 und 19 zeigen, dass nicht jeder neue Vollstreckungsauftrag eine neue Angelegenheit bildet mit der Folge, dass die Gebühren nach VV 3309 f. erneut erhoben werden können. Vielmehr muss jeweils im Einzelfall geprüft werden, ob eine Maßnahme zu einer neuen Angelegenheit führt.

2. Verhältnis des Erkenntnisverfahrens zur Vollstreckung oder Vollziehung

a) Besondere Angelegenheit

29 Aus Abs. 1 Nr. 1 und 2 ergibt sich zunächst einmal der **Grundsatz**, dass Vollstreckungs- bzw. Vollziehungsmaßnahmen und Maßnahmen im Verwaltungszwangs- bzw. -vollstreckungsverfahren gegenüber dem Verfahren, in dem der Vollstreckungstitel geschaffen wurde, eine selbstständige und damit besonders zu vergütende Angelegenheit darstellen. Allerdings zählen gewisse Tätigkeiten für den Rechtsanwalt, der den Mandanten bereits im titelschaffenden Verfahren (Hauptsacheverfahren) vertreten hatte, noch zum Rechtszug und werden für ihn nicht extra vergütet (vgl. § 19 Abs. 1 S. 1, S. 2 Nr. 9, 12, 13, 16, § 19 Abs. 2).

b) Ende des Hauptsacheverfahrens und Beginn der Zwangsvollstreckung

30 Die Zwangsvollstreckung bildet gegenüber dem Hauptsacheverfahren eine besondere Angelegenheit. Der Rechtsanwalt erhält aber keine besonderen Gebühren
 – für Tätigkeiten, die als Neben- und Abwicklungstätigkeiten mit dem der Zwangsvollstreckung vorhergehenden Erkenntnis- bzw. Hauptsacheverfahren zusammenhängen sowie
 – für Tätigkeiten, die die Zwangsvollstreckung vorbereiten.
Diese Tätigkeiten werden mit den Gebühren abgegolten, die in dem Rechtszug entstanden sind.

31 Es ist daher zu unterscheiden, ob der Rechtsanwalt bereits im vorhergehenden Erkenntnis- bzw. Hauptsacheverfahren tätig war oder nicht:
 – Für den Rechtsanwalt, der **im Erkenntnis- bzw. Hauptsacheverfahren nicht als Prozessbevollmächtigter** tätig war, beginnt die gebührenrechtliche Angelegenheit der Zwangsvollstreckung nach entsprechender Auftragserteilung mit Tätigkeiten, die die Zwangsvollstreckung lediglich vorbereiten. Dazu gehören insbesondere die Mitwirkung bei der Erbringung der Sicherheitsleistung (§ 19 Abs. 1 S. 2 Nr. 7), die Erteilung des Notfrist- oder Rechtskraftzeugnisses (§ 19 Abs. 1 S. 2 Nr. 9), die erstmalige Erteilung der Vollstreckungsklausel (§ 19 Abs. 1 S. 2 Nr. 13) und die Zustellung des Vollstreckungstitels, der Vollstreckungsklausel und der sonstigen in § 750 ZPO genannten Urkunden (§ 19 Abs. 1 S. 2 Nr. 15).
 – Für den bereits **im Erkenntnis- bzw. Hauptsacheverfahren tätigen Rechtsanwalt** sind die o.g. Tätigkeiten gem. § 19 Abs. 1 noch mit den Gebühren für das Erkenntnis- bzw. Hauptsacheverfahren abgegolten.

32 Zu der Frage, wann das Hauptsacheverfahren endet und die **Vollstreckung** im gebührenrechtlichen Sinn **beginnt** und die insoweit entfalteten Tätigkeiten somit nicht mehr von den Gebühren des Hauptsacheverfahrens abgegolten werden, vgl. im Einzelnen VV 3309 Rdn 70 ff. Insoweit ist auch § 19 Abs. 2 zu beachten. Aus dem einleitenden Satz in § 19 Abs. 2 „zu den in § 18 Abs. 1 Nr. 1 und 2 genannten Verfahren gehören insbesondere" ergibt sich, dass die dort beispielhaft aufgeführten Angelegenheiten solche des Zwangsvollstreckungs- bzw. Vollziehungsverfahrens sind. Die Tätigkeiten in diesen Verfahren gehören nicht mehr zum Rechtszug, sondern sind solche in der Zwangsvollstreckung, so dass sie stets eine Verfahrensgebühr gemäß VV 3309 auslösen, wenn der Anwalt allein und erstmalig mit einer dieser Tätigkeiten beauftragt ist.

Es wird insoweit auf die folgenden Erläuterungen (siehe Rdn 33 ff.), auf die Erläuterungen zu § 19 Rdn 185 ff. und zu VV 3309 Rdn 70 ff. (hinsichtlich der Vollziehung eines Arrestes bzw. einer einstweiligen Verfügung siehe auch VV 3309 Rdn 31 ff.) verwiesen.

3. Verhältnis von Vollstreckungsmaßnahmen untereinander

a) Vollstreckungsmaßnahme und Vollstreckungshandlung

In der Vollstreckung gilt grundsätzlich jede Vollstreckungsmaßnahme zusammen mit den durch diese vorbereiteten weiteren Vollstreckungshandlungen bis zur Befriedigung des Gläubigers als eine (**dieselbe**) **Angelegenheit**, so dass dem Rechtsanwalt insofern die Gebühr nach VV 3309 bzw. 3310 nur einmal erwächst. Die Vollstreckungsmaßnahme ist zu unterscheiden von den Vollstreckungshandlungen:

- Unter dem Begriff „**Vollstreckungsmaßnahme**" ist die vom Gläubiger jeweils gewählte Art der Vollstreckung zu verstehen (z.B. Forderungspfändung oder Sachpfändung). Ungleichartige Vollstreckungsmaßnahmen stellen regelmäßig eine eigene Angelegenheit dar.
- **Vollstreckungshandlungen** sind die einzelnen, in einem inneren Zusammenhang stehenden Tätigkeiten im Rahmen einer solchen Vollstreckungsmaßnahme, angefangen von der Vorbereitung der Zwangsvollstreckung nach Erhalt des Vollstreckungsmandats bis zur **Befriedigung** des Gläubigers oder **sonstigen Beendigung** der konkreten Vollstreckungsmaßnahme. Es stehen die Einzelmaßnahmen bzw. Vollstreckungshandlungen in einem inneren Zusammenhang, welche die einmal eingeleitete Maßnahme mit demselben Ziel der Befriedigung fortsetzen.[8]

Die Vollstreckungsangelegenheit fasst damit eine Vielzahl anwaltlicher Tätigkeiten zu einer gebührenrechtlichen Einheit zusammen.[9]

Lediglich **eine Vollstreckungsmaßnahme** liegt vor, wenn einzelne Teilakte in einem inneren Zusammenhang stehen und der jeweils nächste Akt sich als eine Fortsetzung der vorausgehenden Vollstreckungshandlungen darstellt.[10]

b) Befriedigung des Gläubigers

Das Tatbestandsmerkmal „**bis zur Befriedigung des Gläubigers**" ist in zweierlei Hinsicht zu beachten: Zum einen ist damit nicht nur die Befriedigung des Gläubigers im eigentlichen Sinne gemeint (z.B. der Gläubiger erhält die titulierte Forderung nebst Kosten), sondern auch jede sonstige Art der **dauernden Beendigung der konkreten Zwangsvollstreckungsmaßnahme**.

Diese ist beispielsweise gegeben, wenn der Schuldner unpfändbar ist, der Gläubiger den Vollstreckungsauftrag zurückzieht, Pfandfreigabe oder den Verzicht auf das Pfandrecht gemäß § 843 ZPO erklärt, die Zwangsvollstreckung gemäß § 775 Nr. 1 ZPO auf Dauer eingestellt oder für unzulässig erklärt wird, die **Vermögensauskunft** (§ 802c ZPO) abgegeben wird, die in **§ 802l ZPO** genannten Stellen die vom Gerichtsvollzieher erhobenen Daten mitteilen, die **isolierte gütliche Erledigung** (§ 802b ZPO) scheitert. Demgegenüber stellt eine bloß **einstweilige Einstellung** der Zwangsvollstreckung ebenso wie die Aufhebung von Vollstreckungsmaßnahmen aufgrund einer Sicherheitsleistung des Schuldners keine dauernde Beendigung dar.[11]

Zum anderen ist nur die Befriedigung hinsichtlich der **konkret eingeleiteten Vollstreckungsmaßnahme** gemeint. Hat also der Gläubiger nur einen Teil der Forderung im Wege der Sachpfändung vollstrecken lassen, dann ist diese Vollstreckungsmaßnahme beendet, wenn der Gläubiger diesen zur Vollstreckung gegebenen Teil der Gesamtforderung erhält, also nicht etwa erst dann, wenn er die Gesamtforderung erhält.

Stellt sich daher eine Vollstreckungshandlung nicht als eine solche Teil-Tätigkeit im Rahmen der konkreten Vollstreckungsmaßnahme dar oder ergreift der Gläubiger eine andere Vollstreckungsmaßnahme (Forderungs- statt Sachpfändung), handelt es sich grundsätzlich nicht mehr um dieselbe, sondern um eine andere, besondere Angelegenheit, für die eine neue Gebühr nach VV 3309, 3310 erwächst.

---

8 Vgl. BGH AGS 2011, 277 = RVGreport 2011, 298 = JurBüro 2011, 434 = DGVZ 2011, 189 = Rpfleger 2011, 462; BGH NJW 2004, 1101 = Rpfleger 2004, 250 = RVGreport 2004, 108; BGH AnwBl 2004, 728 = NJW-RR 2005, 78 = JurBüro 2005, 36 = RVGreport 2005, 32.

9 OLG Köln Rpfleger 2001, 149.

10 Vgl. BGH AGS 2011, 277 = RVGreport 2011, 298 = JurBüro 2011, 434 = DGVZ 2011, 189 = Rpfleger 2011, 462; BGH NJW 2004, 1101 = Rpfleger 2004, 250 = RVGreport 2004, 108; KG RVGreport 2009, 303 = MDR 2009, 892.

11 Gerold/Schmidt/*Müller-Rabe*, RVG, VV 3309 Rn 61; Mayer/Kroiß/*Rohn*, RVG, § 18 Rn 15.

c) Prüfungsschema

38 Obwohl insoweit völlige Übereinstimmung besteht, verursacht die Anwendung dieser Grundsätze im Einzelfall nicht unerhebliche Probleme. Diese lassen sich dadurch verringern, dass man bei der Frage nach dem Anfall einer oder mehrerer Gebühren eine bestimmte **Prüfungsreihenfolge** einhält:[12]
1. § 18 Abs. 1 Nr. 4 bis 21
2. § 19 Abs. 1 S. 2 Nr. 9, 12, 13, 16
3. § 19 Abs. 2
4. § 18 Abs. 1 Nr. 1 und 2 sowie Abs. 2.

Insbesondere ist zu berücksichtigen, dass für den Rechtsanwalt, der bereits in dem Zwangsvollstreckungs- bzw. Vollziehungsverfahren i.S.v. § 18 Abs. 1 Nr. 1 und 2 tätig war, die Tätigkeit in den in § 19 Abs. 2 genannten Angelegenheiten mit der aufgrund der früheren oder einer späteren Tätigkeit entstandenen Verfahrensgebühr nach VV 3309 abgegolten ist, soweit keiner der Fälle des § 18 Abs. 1 Nr. 4 bis 21 vorliegt. Ferner ist **§ 15 Abs. 5 S. 2** zu beachten. Danach gilt eine weitere Tätigkeit als **neue Angelegenheit**, wenn der frühere Auftrag seit **mehr als zwei Kalenderjahren** erledigt ist.

Zu Einzelheiten vgl. das folgende Prüfschema.

---

12 So auch Gerold/Schmidt/*Müller-Rabe*, RVG, VV 3309 Rn 49.

Abschnitt 3. Angelegenheit § 18

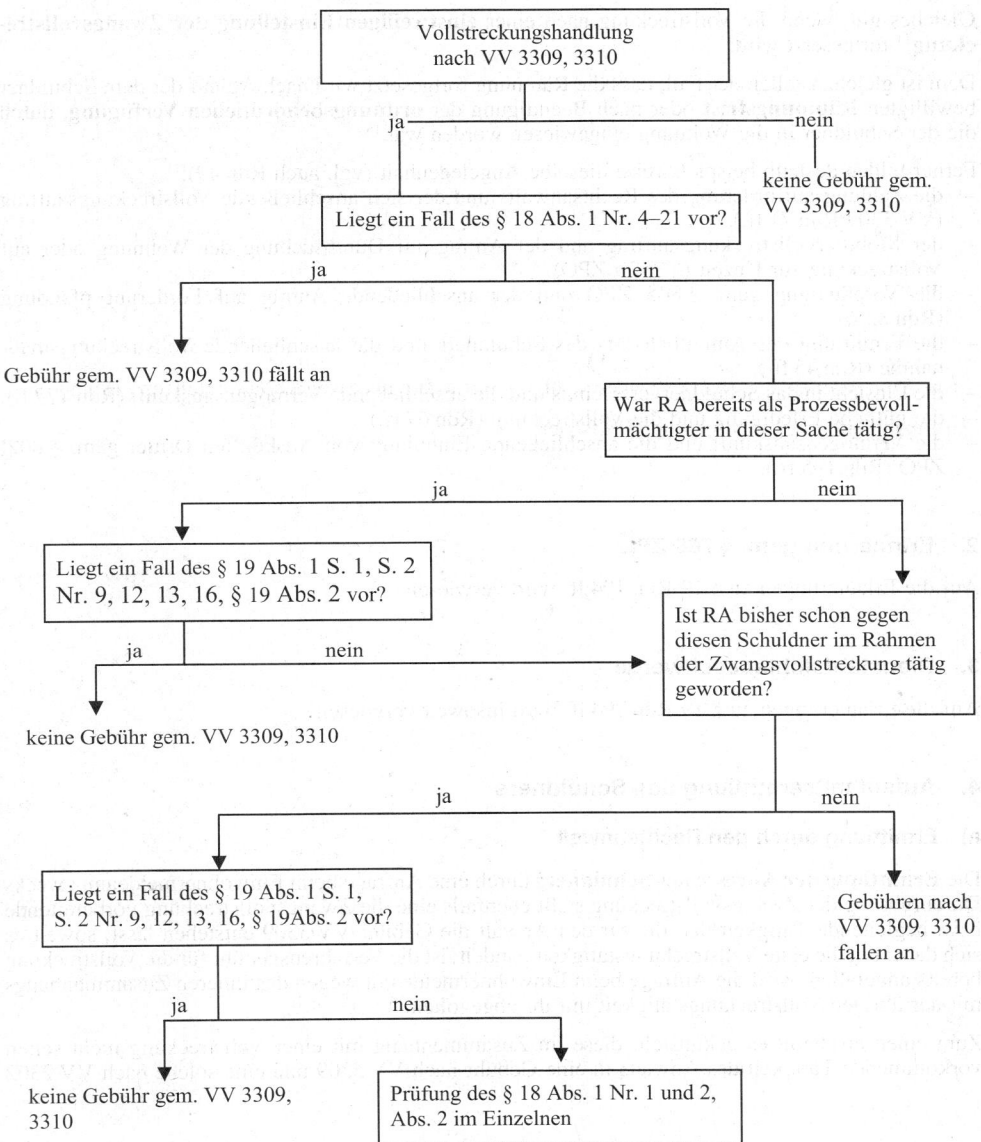

II. Beispielhafte Einzelfälle zu Abs. 1 Nr. 1, 2

1. Teilakte mit innerem Zusammenhang

Der notwendige innere Zusammenhang ist zu bejahen, so dass nur **eine Angelegenheit** vorliegt, wenn nach einer **Sicherungsvollstreckung gemäß § 720a ZPO**[13] der Gläubiger die Sicherheit leistet und er letztlich aus dem Versteigerungserlös befriedigt wird.

39

---

13 OLG Düsseldorf JurBüro 1987, 239; Gerold/Schmidt/*Müller-Rabe*, RVG, VV 3309 Rn 57; Mayer/Kroiß/*Rohn*, RVG, § 18 Rn 16; Hansens/Braun/Schneider/*Volpert*, Teil 18 Rn 326.

40 Gleiches gilt, wenn die Vollstreckung nach einer **einstweiligen Einstellung der Zwangsvollstreckung**[14] fortgesetzt wird.

41 Dem ist gleichzustellen der Fall, dass die Räumung fortgesetzt wird nach Ablauf der dem Schuldner bewilligten **Räumungsfrist** oder nach Beendigung der **ordnungsbehördlichen Verfügung**, durch die der Schuldner in die Wohnung eingewiesen worden war.[15]

42 Ferner bilden deshalb beispielsweise dieselbe Angelegenheit (vgl. auch Rdn 49):
– die Zahlungsaufforderung des Rechtsanwalts und der sich anschließende Vollstreckungsauftrag (VV 3309 Rdn 71 ff.),
– der Mobiliarvollstreckungsauftrag und der Antrag auf Durchsuchung der Wohnung oder auf Vollstreckung zur Unzeit (§ 758 a ZPO),
– die Vorpfändung gem. § 845 ZPO und der anschließende Antrag auf Forderungspfändung (Rdn 82 f.),
– die Ermittlung des Aufenthaltsorts des Schuldners und die anschließende Vollstreckungsmaßnahme (Rdn 45 ff.),
– die Einsicht in das Schuldnerverzeichnis und die anschließende Vermögensauskunft (Rdn 177 f.),
– die gütliche Erledigung und die Vollstreckung (Rdn 67 ff.),
– die Vermögensauskunft und die anschließende Einholung von Auskünften Dritter gem. § 802l ZPO (Rdn 195 ff.).

2. Erinnerung gem. § 766 ZPO

43 Auf die Erläuterungen zu § 19 Rdn 194 ff. wird verwiesen.

3. Dienstaufsichtsbeschwerde

44 Auf die Erläuterungen zu § 19 Rdn 194 ff. wird insoweit verwiesen.

4. Aufenthaltsermittlung des Schuldners

a) Ermittlung durch den Rechtsanwalt

45 Die **Ermittlung der Adresse des Schuldners** durch eine Anfrage beim Einwohnermeldeamt zwecks Durchführung der Zwangsvollstreckung stellt ebenfalls eine die Zwangsvollstreckung vorbereitende bzw. begleitende Tätigkeit dar, die für den Anwalt die Gebühr VV 3309 entstehen lässt, soweit es sich dabei um die erste Vollstreckungstätigkeit handelt; ist die Verfahrensgebühr für die Vollstreckung bereits angefallen, wird die Anfrage beim Einwohnermeldeamt wegen des inneren Zusammenhangs mit der übrigen Vollstreckungstätigkeit mit ihr abgegolten.[16]

46 Zum einen erscheint es gekünstelt, diese im Zusammenhang mit einer Vollstreckung nicht selten vorkommende Tätigkeit des Anwalts in eine Gebühr nach VV 3309 und eine solche nach VV 2302

---

14 LG Wuppertal JurBüro 1988, 260; Gerold/Schmidt/*Müller-Rabe*, RVG, VV 3309 Rn 61.
15 LG Bonn JurBüro 1990, 349; a.A. LG Mannheim AnwBl 1967, 163; LG Heilbronn JurBüro 1995, 546, wenn der 2. Räumungsauftrag erst nach 6 Monaten erteilt wird; Mayer/Kroiß/*Rohn*, RVG, § 18 Rn 26; Gerold/Schmidt/*Müller-Rabe*, RVG, VV 3309 Rn 323.
16 BGH AGS 2004, 99 = Rpfleger 2004, 250 = JurBüro 2004, 191; siehe auch BGH JurBüro 2004, 315 zur Aufenthaltsermittlung im Rahmen einer Klage; OLG Zweibrücken JurBüro 1998, 468 = DGVZ 1999, 26; LG Kassel JurBüro 2004, 30; LG Konstanz Rpfleger 1992, 365; Hartung/*Schons*, RVG, Vorb. 3.3.3 Rn 16; Gerold/Schmidt/*Müller-Rabe*, RVG, VV 3309 Rn 57 und 186 f.; Hansens/Braun/Schneider/*Volpert*, Teil 18 Rn 113; Riedel/Sußbauer/*Pankatz*, § 18 Rn 8; *Enders*, JurBüro 1992, 77, aber zweifelnd in JurBüro 1998, 468.

aufzuspalten. Zum anderen überzeugt das Argument der Befürworter[17] einer Gebühr nach VV 2302, die Beschaffung der Anschrift sei Sache des Mandanten, letztlich nicht. Da die Vollstreckung weitestgehend nicht dem Anwaltszwang unterliegt, ist die Durchführung der gesamten Zwangsvollstreckung ebenfalls grundsätzlich Sache des Mandanten, wobei nicht selten gerade die Ermittlung der Anschrift des Schuldners am Anfang steht.

b) Ermittlung durch den Gerichtsvollzieher (§ 755 ZPO)

Der Gerichtsvollzieher darf nach § 755 ZPO den Aufenthaltsort des Schuldners bei den in § 755 ZPO genannten Behörden für den Gläubiger ermitteln. Hierzu ist er nach dem Gesetzeswortlaut **aufgrund des Vollstreckungsauftrags** und der **Übergabe der vollstreckbaren Ausfertigung** des Titels ermächtigt. Daraus ergibt sich zunächst, dass an den Gerichtsvollzieher gerichtete eigenständige/isolierte Ermittlungsaufträge ohne Vollstreckungsauftrag unzulässig sind. Ferner ist nach dem Gesetzeswortlaut ein gesonderter ausdrücklicher Ermittlungsauftrag an sich nicht erforderlich. Nach den Motiven des Gesetzgebers ermittelt der Gerichtsvollzieher den Aufenthaltsort jedoch nur aufgrund eines besonderen, neben dem Vollstreckungsauftrag erteilten Ermittlungsauftrags.[18]

Beauftragt der Rechtsanwalt den Gerichtsvollzieher neben der Vollstreckung auch mit der Aufenthaltsermittlung, bilden die **Auskunftseinholung** und die **Vollstreckungsmaßnahme** dieselbe Angelegenheit, in der der Rechtsanwalt insbesondere die Verfahrensgebühr VV 3309 nur einmal verdient.[19] Unerheblich ist, ob der Rechtsanwalt dem Gerichtsvollzieher neben dem Vollstreckungsauftrag einen ausdrücklichen Auftrag zur Aufenthaltsermittlung erteilt hat. Ermittelt der Gerichtsvollzieher den Aufenthaltsort des Schuldners **bei mehreren der in § 755 Abs. 1 und 2 ZPO genannten Stellen**, liegt ebenfalls insgesamt dieselbe Angelegenheit vor. Die Aufenthaltsermittlung des Schuldners ist lediglich eine die Vollstreckung vorbereitende Maßnahme.

5. Wechsel der Vollstreckungsmaßnahme

Wird gleichzeitig oder später ein Auftrag zu einer **anderen Art von Vollstreckungsmaßnahme** (zunächst Sachpfändung, sodann Forderungspfändung, schließlich Eintragung einer Zwangssicherungshypothek) erteilt, liegt darin eine neue, selbstständige Angelegenheit, so dass die Gebühren nach VV Teil 3 Abschnitt 3 Unterabschnitt 3 hierfür erneut entstehen.[20]

War die ergriffene Vollstreckungsmaßnahme **ganz oder teilweise erfolglos**, so kann die **neuerliche Vollstreckungsmaßnahme** aufgrund desselben Vollstreckungstitels – auch wenn sie von der **gleichen Art** ist (z.B. erneute Sachpfändung) – eine neue Angelegenheit darstellen, wenn der innere Zusammenhang zwischen beiden fehlt, sie also nicht mehr als Fortsetzung der ersten Maßnahme anzusehen ist.[21] **Erstattungsfähig** sind die Kosten dieser erneuten Vollstreckung aber nur, wenn entweder konkrete Anhaltspunkte für einen zwischenzeitlichen Vermögenserwerb des Schuldners gegeben sind oder ein angemessener zeitlicher Abstand zur vorangegangenen Vollstreckung vorliegt. Letzteres wird man stets bejahen können, wenn mehr als zwei Kalenderjahre vergangen sind (vgl. § 15 Abs. 5 S. 2), mindestens werden es drei Monate sein müssen. Einen engen zeitlichen Zusammen-

---

17 LG Hamburg JurBüro 1990, 1291; LG Konstanz AnwBl 1991, 168; AG Dorsten AnwBl 1987, 340; AG Leverkusen AnwBl 1987, 294; AG Westerstede MDR 1987, 419 = AnwBl 1987, 246; AG Einbeck AnwBl 1983, 48; Mayer/Kroiß/*Rohn*, RVG, § 18 Rn 27; *Kindermann*, Teil 2 Rn 533; *Schumann/Geißinger*, § 120 Anm. 6. Die in diesem Zusammenhang oftmals zitierte Entscheidung des OLG Köln AnwBl 1968, 35 betrifft hingegen eine andere Fallgestaltung. Dort verlangte ein mit der Forderungseinziehung beauftragter Anwalt von seinem Mandanten Aufwendungsersatz wegen zahlreicher Anschriftenermittlungen.

18 Vgl. BT-Drucks 16/10069, S. 23; HK-ZV/*Sievers*, § 755 ZPO Rn 2; BGH, Beschl. v. 14.8.2014 – VII ZB 4/14, juris; LG Heidelberg DGVZ 2014, 93.

19 HK-ZV/*Sievers*, § 755 ZPO Rn 10; *Volpert*, RVGreport 2012, 442; *Mock*, Vollstreckung effektiv 2013, 27.

20 KG AnwBl 1973, 173; OLG Düsseldorf AnwBl 1987, 619; Gerold/Schmidt/*Müller-Rabe*, RVG, VV 3309 Rn 60; Hansens/Braun/Schneider/*Volpert*, Teil 18 Rn 118.

21 KG RVGreport 2009, 303 = MDR 2009, 892: Verneint bei Herausgabevollstreckung an weiterem Ort, der sich beim ersten Vollstreckungsversuch als der Ort ergeben hatte, wo sich die Sache tatsächlich befand; Gerold/Schmidt/*Müller-Rabe*, RVG, VV 3309 Rn 60.

hang hat der BGH[22] bejaht, wenn wegen der Versäumung der Monatsfrist der Vorpfändung (§ 845 Abs. 2 ZPO) diese in dieselbe Forderung erneut erfolgt.

6. Mehrere Vollstreckungstitel

a) Auftrag entscheidet

51 Bei der Vollstreckung **mehrerer titulierter Forderungen** liegt eine Angelegenheit vor, wenn der Anwalt wegen dieser Forderungen einen **einheitlichen Auftrag** zu einer einzigen Art von Vollstreckungsmaßnahme erteilt. Es kommt bei Abs. 1 Nr. 1 und 2 nicht darauf an, ob der Rechtsanwalt von seinem Mandanten einen einzigen Auftrag oder mehrere Aufträge erhalten hat, sondern nur darauf, ob der Rechtsanwalt wegen der mehreren Vollstreckungstitel dem Vollstreckungsorgan einen oder mehrere Vollstreckungsaufträge erteilt.[23]

b) Erweiterung des Auftrags

52 Hinsichtlich der Erweiterung des Mandats um die Vollstreckung aus einem **zusätzlichen Titel** – z.B. um den im selben Verfahren ergangenen Kostenfestsetzungsbeschluss – gilt grundsätzlich nichts anderes. Hatte der Anwalt wegen des in dem Verfahren ergangenen Urteils noch keinen Vollstreckungsauftrag erteilt und erteilt er diesen dann für beide Titel, liegt eine Angelegenheit vor. War hinsichtlich des Urteils durch den Anwalt bereits Vollstreckungsauftrag erteilt worden, liegt eine neue Angelegenheit vor, wenn nunmehr auch aus dem Kostenfestsetzungsbeschluss vollstreckt werden soll und ein entsprechender Vollstreckungsantrag gestellt wird.

53 Soweit dazu vertreten wird,[24] in letzterem Fall gleichwohl nur eine Angelegenheit vor, wenn der vom Anwalt erteilte Vollstreckungsauftrag noch erweitert werden könne, weil die beantragte Vollstreckungshandlung noch nicht durchgeführt worden sei (z.B. der Pfändungsbeschluss noch nicht erlassen worden ist), wird übersehen, dass eine solche kostenneutrale Erweiterung grundsätzlich nicht möglich ist, weil die jeweilige Gebühr[25] mit jedem nicht gleichzeitig erteilten Auftrag/Antrag erneut anfällt, auch wenn die Fälligkeit der Gebühr erst mit der Ausführung des Auftrags entstehen mag. Eine Ausnahme besteht insoweit nur, wenn der Antrag denselben Anspruch und denselben Vollstreckungsgegenstand betrifft; dies ist bei dem Pfändungsantrag aus dem Titel zur Hauptsache und dem aus dem Kostenfestsetzungsbeschluss jedoch nicht der Fall. Es besteht aber keine Veranlassung, den Gebührenanfall beim Anwalt anders zu regeln als im GKG oder GvKostG, vielmehr ist hier allein ein Gleichklang sachgerecht.

7. Mehrere Vollstreckungsanträge

54 Nur eine Angelegenheit liegt – aus materiell-rechtlichen Gründen – aber auch dann vor, wenn der Anwalt zwar mehrere getrennte Vollstreckungsanträge gestellt hat, deren Zusammenfassung aber möglich und geboten gewesen wäre.[26] Denn durch die **Zerreißung in mehrere Aufträge** verletzt der Anwalt seine Pflichten aus dem Mandatsverhältnis, indem er unnötige Kosten verursacht, die eben aus diesem Grunde auch nicht gemäß § 788 ZPO erstattungsfähig sind.[27]

---

22 AGS 2004, 437 = InVo 2005, 33 = Rpfleger 2005, 53 = JurBüro 2005, 36.
23 OLG Köln InVo 2001, 148 = Rpfleger 2001, 149 unter Aufgabe von JurBüro 1986, 1371; KG JurBüro 1974, 1386; Hartung/*Römermann*, RVG, § 18 Rn 21; Gerold/Schmidt/*Müller-Rabe*, RVG, VV 3309 Rn 395; *Volpert*, RVGreport 2005, 127, 130; Mayer/Kroiß/*Rohn*, RVG, § 18 Rn 24 f.; Riedel/Sußbauer/*Pankatz*, § 18 Rn 7.
24 Gerold/Schmidt/*Müller-Rabe*, RVG, VV 3309 Rn 395; Mayer/Kroiß/*Rohn*, RVG, § 18 Rn 24.
25 Vgl. § 3 Abs. 2 GVKostG „gleichzeitig"; Nr. 2111 KV GKG.
26 Vgl. BGH AnwBl 2004, 251 = NJW 2004, 1043 = Rpfleger 2004, 246; LG Cottbus Rpfleger 2001, 568.
27 OLG Köln InVo 2001, 148 = Rpfleger 2001, 149; OLG Düsseldorf JurBüro 1994, 351; Gerold/Schmidt/*Müller-Rabe*, RVG, VV 3309 Rn 315.

8. Mehrere Schuldner

a) Mehrere Angelegenheiten

Richtet sich die Vollstreckung **gegen mehrere (Gesamt-)Schuldner**, so stellt nach h.M.[28] die Vollstreckung gegen jeden einzelnen Schuldner grundsätzlich (zu einer Ausnahme siehe nachfolgende Rdn 58) eine eigene Angelegenheit dar, und zwar auch dann, wenn nur ein **einziger Vollstreckungsantrag** gestellt wird und nur **ein Vollstreckungstitel** vorliegt. Das gilt auch bei der Abnahme der Vermögensauskunft.[29]

Dieser Auffassung ist zu folgen, weil es sich bei den Schuldnern nicht um Streitgenossen handelt und jeder einzelne von ihnen in einem gesonderten Vollstreckungsrechtsverhältnis zum Gläubiger steht. Der Gläubiger ist grundsätzlich auch nicht verpflichtet, zunächst die Vollstreckung nur gegen einen der Schuldner durchzuführen. Die Möglichkeit der Fruchtlosigkeit dieser Vollstreckung und die stets gegebene Gefahr, dass bei der späteren Vollstreckung gegen den anderen Schuldner kein pfändbares Vermögen mehr vorhanden ist, dieser in Insolvenz gefallen ist oder ein anderer Gläubiger ein vorrangiges Pfändungspfandrecht erworben hat, stehen dem entgegen.

Etwas anderes ergibt sich nur dann, wenn der Gläubiger im konkreten Fall weiß, dass die Vollstreckung bei dem einen Schuldner zur vollen Befriedigung führen wird, oder umgekehrt von vornherein feststeht, dass bei diesem Schuldner die Vollstreckung fruchtlos verlaufen wird. Solche Fälle sind aber mehr aus dem Lehrbuch als aus der Praxis. Erteilt der Gläubiger in den zuletzt genannten Fällen trotz Aufklärung durch den Rechtsanwalt[30] diesem gleichwohl den Vollstreckungsauftrag, gegen alle Schuldner gleichzeitig tätig zu werden, erhält der Anwalt die Gebühren nach VV 3309, 3310 mehrfach. Davon zu unterscheiden ist die Frage, ob der Gläubiger solche Kosten vom Schuldner erstattet verlangen kann. Das wird man allerdings verneinen müssen, weil es sich um nicht notwendige Kosten der Zwangsvollstreckung handelt (§ 788 ZPO).

b) Unterlassungsansprüche

Eine Ausnahme wird gemacht bei Unterlassungsansprüchen, wenn die Zuwiderhandlung nur von allen Schuldnern gemeinsam und zugleich begangen werden kann, somit auch nur alle zusammen die Unterlassung schulden.[31]

c) Zahlungsaufforderungen mit Vollstreckungsandrohungen/Räumung

Mehrere Angelegenheiten liegen wiederum vor, wenn der Anwalt, statt einen Vollstreckungsauftrag gegen mehrere Schuldner zu erteilen, **mehreren Schuldnern Zahlungsaufforderungen mit Androhung der Zwangsvollstreckung**[32] übersendet, allerdings nur dann, wenn die Voraussetzungen der Entstehung einer Gebühr nach VV 3309 insoweit überhaupt vorliegen (vgl. VV 3309 Rdn 71 ff.).

---

28 BGH AGS 2007, 71 = JurBüro 2007, 156; BGH InVo 2004, 35, 36 = Rpfleger 2003, 596 = MDR 2003, 1381; OLG Frankfurt AGS 2004, 69 = JurBüro 2004, 133; KG AGS 2003, 543 = JurBüro 2004, 46 betr. § 890 ZPO; OLG Düsseldorf InVo 1997, 196 = OLGR 1996, 248; OLG Hamm AnwBl 1988, 357; OLG Koblenz JurBüro 1986, 1838; LG Frankfurt/M. AGS 2003, 207 = JurBüro 2003, 304; Gerold/Schmidt/*Müller-Rabe*, RVG, VV 3309 Rn 65, 301; Riedel/Sußbauer/*Pankatz*, § 18 Rn 9; Hartung/*Römermann*, RVG, § 18 Rn 17; *Hansens*/Braun/Schneider/*Volpert*, Teil 18 Rn 107; Mayer/Kroiß/*Rohn*, RVG, § 18 Rn 28; a.A. OLG Bremen InVo 1998, 83 – wenn aufgrund einheitlichen Entschlusses gegen mehrere vorgegangen wird; SchlHOLG OLGR 1996, 15 – abhängig von den Umständen des Einzelfalles; LG Münster Rpfleger 2001, 49 sowie LG Tübingen Rpfleger 2001, 558 – Räumung einer Wohnung als alleiniges Vollstreckungsobjekt; LG Saarbrücken AGS 2012, 525, Vollstreckung gegen Mitglieder einer Wohnungseigentümergemeinschaft.
29 Gerold/Schmidt/*Müller-Rabe*, RVG, VV 3309 Rn 373.
30 Vgl. BGH AnwBl 2004, 251 = NJW 2004, 1043.
31 KG AGS 2007, 556 m. zust. Anm. *N. Schneider*.
32 OLG Düsseldorf JurBüro 1983, 1048; Gerold/Schmidt/*Müller-Rabe*, RVG, VV 3309 Rn 305; *Hansens*, BRAGO, § 58 Rn 3; a.A. OLG Köln JurBüro 1993, 602; LG Saarbrücken AGS 2012, 525.

d) Räumung

60 Nach richtiger Auffassung ergibt sich bei der Vollstreckung eines **Räumungstitels gegen mehrere Schuldner** (auch Eheleute) nichts anderes.[33] Die Argumente der abweichenden Auffassung,[34] es handele sich doch nur um ein einziges Vollstreckungsobjekt und eine einheitliche Amtshandlung des Gerichtsvollziehers, überzeugen nicht. Die Tatsache, dass trotz eines einheitlichen Auftrags und nur eines Vollstreckungsobjektes mehrere Vollstreckungsrechtsverhältnisse entstehen, wird dabei völlig außen vor gelassen. So stünde jedem der Schuldner ein Schadensersatzanspruch gegen den Gläubiger gemäß § 717 Abs. 2 ZPO zu. Zudem kann die Räumungsvollstreckung gegen die einzelnen Schuldner höchst unterschiedlich verlaufen: Es könnte beispielsweise einer von drei Schuldnern – alle Mit-Mieter einer Wohnungsgemeinschaft – nach Bekanntgabe des Räumungstermins noch freiwillig räumen, der andere müsste unter Zuhilfenahme der Polizei geräumt werden, während der Dritte schließlich einen Aufschub des Gerichtsvollziehers gemäß § 765a Abs. 2 ZPO erreichen könnte.

9. Pfändung beweglicher Sachen

61 Bei der **Pfändung beweglicher Sachen** stellen wegen des inneren Zusammenhanges eine Angelegenheit u.a. dar:[35]
– die Entgegennahme der Informationen vom Gläubiger nach Auftragserteilung,
– die Zahlungsaufforderung mit Vollstreckungsandrohung,
– der Auftrag an den Gerichtsvollzieher zur Sachpfändung,
– die Beantragung eines Durchsuchungsbeschlusses nach Verweigerung des Zutritts zur Wohnung (§ 19 Abs. 2 Nr. 1),
– die Beantragung eines Beschlusses für die Vollstreckung zu ungewöhnlichen Zeiten,
– die erneute Beauftragung des Gerichtsvollziehers nach Erlass des Durchsuchungsbeschlusses,[36]
– die Entgegennahme des Pfändungsprotokolls sowie des Versteigerungserlöses,
– die Prüfung der Frage einer Austauschpfändung, die Weiterleitung des Versteigerungserlöses an den Gläubiger,
– die Prüfung des vom Gerichtsvollzieher gemäß § 802b Abs. 3 S. 1 im Rahmen der gütlichen Erledigung erstellten Zahlungsplans oder der Widerspruch dagegen (§ 802b Abs. 3 S. 2 ZPO; vgl. Rdn 69),
– die Vollstreckungserinnerung gem. § 766 (zu Einzelheiten siehe § 19 Rdn 194 ff.).

10. Mehrere Mobiliarvollstreckungsaufträge

a) Verschiedene Maßnahmen

62 Der gleichzeitige Auftrag zur Vollstreckung einer **Geldforderung** und zur **Räumung** stellt ebenso zwei Angelegenheiten dar wie der Auftrag zur **Sachpfändung** verbunden mit einer **Vorpfändung**, weil es sich um unterschiedliche Vollstreckungsmaßnahmen handelt (siehe dazu Rdn 33 ff.).

b) Wohnungswechsel des Schuldners

63 Nur eine Angelegenheit liegt hingegen vor, wenn der Auftrag an den Gerichtsvollzieher erfolglos blieb, weil der **Schuldner verzogen** ist und der Gerichtsvollzieher daher unter Angabe der neuen Adresse erneut beauftragt wird, und zwar auch dann, wenn wegen eines Umzugs in einen anderen Gerichtsvollzieherbezirk ein neuer Gerichtsvollzieher beauftragt werden muss.[37]

---

33 LG Stuttgart Rpfleger 1989, 428; LG Hagen JurBüro 1971, 1048; *Hansens*, BRAGO, § 58 Rn 3; Gerold/Schmidt/*Müller-Rabe*, RVG, VV 3309 Rn 301; *Volpert*, RVGreport 2005, 127, 129; offen: Mayer/Kroiß/*Rohn*, RVG, § 18 Rn 29.
34 OLG Bremen OLGR 1997, 362; LG Münster Rpfleger 2001, 49; LG Frankfurt AnwBl 1992, 287.
35 Vgl. Hansens/Braun/Schneider/*Volpert*, Teil 18 Rn 105.
36 OLG Stuttgart JurBüro 1986, 394.
37 OLG München AnwBl 1992, 500 = JurBüro 1992, 326; OLG Düsseldorf JurBüro 1987, 549; LG Mannheim ZMR 2008, 993; LG Bamberg DGVZ 1999, 93; Hansens/Braun/Schneider/*Volpert*, Teil 18 Rn 111; Gerold/Schmidt/Müller-Rabe, RVG, VV 3309 Rn 315; Mayer/Kroiß/*Rohn*, RVG, § 18 Rn 16; a.A. *Mock*, AGS 2003, 530.

c) Verschiedene Vollstreckungsorte (Wohnung und Geschäftslokal)

Liegen **Geschäftslokal** und **Wohnung** in verschiedenen Gerichtsvollzieherbezirken und soll in beiden **gleichzeitig** vollstreckt werden, bedarf es zweier Vollstreckungsaufträge an verschiedene Gerichtsvollzieher, sodass zwei Angelegenheiten vorliegen.[38] 64

Dieselbe Angelegenheit liegt aber vor, wenn die zunächst im Geschäftslokal des Schuldners versuchte Vollstreckung fehlschlägt, weil dieses nicht mehr besteht, und danach ein Auftrag zur Vollstreckung in der Wohnung des Schuldners erfolgt,[39] oder der herauszugebende Wohnungsschlüssel sich an einem **anderen Ort** befindet als vermutet, sodass die erste Vollstreckung fehlschlug.[40] 65

Diese vom BGH aufgestellten Grundsätze gelten auch, wenn die Vollstreckung durch den Gerichtsvollzieher unter der im Handelsregister angegebenen Geschäftsanschrift des Schuldners fehlschlägt, weil der Schuldner dort tatsächlich kein Geschäftslokal unterhält und deshalb ein inhaltsgleicher Vollstreckungsauftrag für die Anschrift des Schuldners erteilt wird.[41] Zur Ermittlung des Aufenthaltsorts des Schuldners durch den Rechtsanwalt oder den Gerichtsvollzieher vgl. Rdn 45 ff. 66

11. Gütliche Erledigung durch den Gerichtsvollzieher (§ 802b ZPO)

a) Frühere Rechtslage

Zur Rechtslage vor Inkrafttreten des Gesetzes zur Reform der Sachaufklärung in der Zwangsvollstreckung zum 1.1.2013 wurde vertreten, dass auch die Tätigkeit des Anwalts im Rahmen der Tilgung in Teilbeträgen gemäß **§ 806b ZPO** sowie des Verwertungsaufschubs durch den Gerichtsvollzieher gemäß **§ 813a ZPO** im inneren Zusammenhang mit der Sachpfändung steht, so dass nur eine Angelegenheit vorliegt, wenn – wie zu empfehlen – die endgültige Beendigung der Zwangsvollstreckung erst nach Zahlung der vereinbarten Raten erfolgen soll.[42] 67

b) Vollstreckungsauftrag schließt gütliche Erledigung ein

Gemäß § 802b Abs. 1 ZPO ist der Gerichtsvollzieher in jedem Stadium der Vollstreckung verpflichtet, auf eine gütliche Erledigung hinzuwirken (Leitlinie der Mobiliarvollstreckung).[43] Aus § 802a Abs. 2 S. 2, Abs. 2 S. 1 Nr. 1 ZPO ergibt sich zunächst, dass der Gerichtsvollzieher bereits durch den Vollstreckungsauftrag befugt ist, die gütliche Erledigung zu versuchen.[44] Der Gläubiger kann den Gerichtsvollzieher aber auch **isoliert** nur mit dem Versuch einer gütlichen Erledigung der Sache beauftragen.[45] Will der Gläubiger keine gütliche Erledigung, muss er das im Vollstreckungsauftrag ausdrücklich ausschließen (§ 802b Abs. 2 S. 1 ZPO).[46] 68

Versucht der Gerichtsvollzieher im Rahmen des ihm erteilten Vollstreckungsauftrags eine gütliche Erledigung herbeizuführen,[47] bildet eine etwaige Tätigkeit des Anwalts im Rahmen dieser gütlichen Erledigung **keine besondere Angelegenheit**. Als Tätigkeit sind z.B. denkbar die Prüfung des vom Gerichtsvollzieher gemäß § 802b Abs. 3 S. 1 ZPO im Rahmen der gütlichen Erledigung erstellten Zahlungsplans, die Entgegennahme der Teilzahlungen des Schuldners (vgl. insoweit aber VV 1009) oder der Widerspruch gegen den Zahlungsplan (§ 802b Abs. 3 S. 2 ZPO).[48] Die gütliche Erledigung 69

---

38 LG Frankenthal JurBüro 1979, 1325; Gerold/Schmidt/*Müller-Rabe*, RVG, VV 3309 Rn 315; Mayer/Kroiß/*Rohn*, RVG, § 18 Rn 26 a.A.; AG Lünen DGVZ 2010, 29.
39 BGH AGS 2005, 63 = Rpfleger 2005, 165 = JurBüro 2005, 163 = DGVZ 2005, 6; AG Schleiden DGVZ 2005, 142.
40 KG MDR 2009, 892 = AGkompakt 2010, 55.
41 AG Neuss, Beschl. v. 25.3.2013 – 68 M 1311/12, juris.
42 Gerold/Schmidt/*Müller-Rabe*, RVG, 20. Aufl., VV 3309 Rn 44; AnwK-RVG/*Wolf*, 6. Aufl., § 18 Rn 35.
43 BT-Drucks 16/10069, S. 24; OLG Köln DGVZ 2014, 199 = JurBüro 2014, 549; LG Freiburg JurBüro 2014, 442.
44 HK-ZV/*Sternal*, § 802a ZPO Rn 7; OLG Düsseldorf, Beschl. v. 19.11.2015 – I-10 W 148/15, juris; OLG Köln DGVZ 2014, 199 = JurBüro 2014, 549.
45 Vgl. OLG Koblenz JurBüro 2016, 144.
46 BT-Drucks 16/10069, S. 24; AG Oberndorf JurBüro 2013, 586; AG Düsseldorf AGS 2014, 120 = DGVZ 2013, 219.
47 Dazu soll er von Amts wegen verpflichtet sein, vgl. HK-ZV/*Sternal*, § 802a ZPO Rn 7.
48 So auch Musielak/*Voit*, ZPO, § 802b Rn 8.

stellt eine einzelne Vollstreckungshandlung im Rahmen der Vollstreckungsmaßnahme dar. Insgesamt fällt für die gütliche Erledigung und den dazu gehörenden Vollstreckungsauftrag eine Gebühr VV 3309 an.[49]

c) Isolierte gütliche Erledigung

70 Der Gläubiger kann den Gerichtsvollzieher gemäß § 802a Abs. 2 S. 2, 2. Hs. ZPO auch **isoliert** nur mit dem Versuch einer gütlichen Erledigung der Sache beauftragen.[50] Erteilt der Anwalt einen isolierten Auftrag zur gütlichen Erledigung, löst die Tätigkeit im Rahmen dieses Auftrags bereits die Verfahrensgebühr VV 3309 aus.[51] Es handelt sich um eine Tätigkeit im Rahmen der Vollstreckung, was bereits die Aufnahme der gütlichen Erledigung in den Katalog der Vollstreckungsmaßnahmen in § 802a Abs. 2 ZPO zeigt.

71 Führt der Versuch der gütlichen Erledigung durch den Gerichtsvollzieher **zum Erfolg** (Abschluss einer Zahlungsvereinbarung), verbleibt es für den Anwalt bei der verdienten Verfahrensgebühr VV 3309. Eine **Terminsgebühr** kann nicht entstehen (vgl. die Anm. zu VV 3310) (zur Entstehung einer **Einigungsgebühr** für die Zahlungsvereinbarung vgl. VV 3309 Rdn 184 ff.).

72 Führt der isolierte Auftrag zur gütlichen Erledigung nicht zum Erfolg bzw. kommt die gütliche Erledigung nicht zustande und wird deshalb ein (neuer) Vollstreckungsauftrag erteilt, können die allgemeinen Grundsätze zur Vollstreckungsmaßnahme und Vollstreckungshandlung (vgl. Rdn 33 ff.) sowie die Nennung der gütlichen Erledigung als eigene Vollstreckungsmaßnahme in § 802a Abs. 2 S. 1 Nr. 1 ZPO zunächst dafür sprechen, dass die isolierte gütliche Erledigung und die folgende Vollstreckung verschiedene Angelegenheiten bilden. Denn die vom Anwalt beantragte isolierte gütliche Erledigung ist durch ihr Scheitern beendet.

73 Allerdings wird dieses Ergebnis den **Besonderheiten der gütlichen Erledigung** nicht gerecht. Es muss zum einen berücksichtigt werden, dass es eines ausdrücklichen Auftrags zur gütlichen Erledigung nicht bedarf. Der Gerichtsvollzieher ist bereits aufgrund des (allgemeinen) Vollstreckungsauftrags befugt, die gütliche Erledigung zu versuchen. Zum anderen soll der Gerichtsvollzieher die gütliche Erledigung **in jeder Lage des Verfahrens** (§ 802b Abs. 1 ZPO) versuchen. Das zeigt, dass die gütliche Erledigung auch im Falle ihres Scheiterns nach einem isoliert gestellten Antrag **nicht dauerhaft beendet** ist. Vielmehr kann es auch anschließend wieder zu einer gütlichen Erledigung kommen. Vor diesem Hintergrund spricht Vieles dafür, auch die isolierte gütliche Erledigung **nicht als besondere Angelegenheit**, sondern als (vorbereitende) Vollstreckungshandlung im Rahmen einer Vollstreckungsmaßnahme zu betrachten.[52] Der Versuch der gütlichen Erledigung steht entweder im Zusammenhang mit einer laufenden oder einer danach eingeleiteten Vollstreckungsmaßnahme.[53]

d) Kombinierter Auftrag

74 Bildet die gütliche Erledigung keine besondere gebührenrechtliche Angelegenheit, ergeben sich keine Probleme, wenn ein isolierter Auftrag zur gütlichen Erledigung mit einem Mobiliarvollstreckungsauftrag kombiniert wird. Bei einem **kombinierten Auftrag** entsteht zwar eine weitere Verfahrensgebühr VV 3309, wenn die Bedingung für den weiteren Auftrag eingetreten ist und dadurch aus dem bedingten Auftrag ein unbedingter geworden ist.[54] Allerdings ist Voraussetzung für den Anfall einer weiteren Gebühr, dass beide Maßnahmen verschiedene gebührenrechtliche Angelegenheiten bilden (vgl. Rdn 181 ff.).

Beispiel: Der Rechtsanwalt beauftragt den Gerichtsvollzieher mit der gütlichen Erledigung und für den Fall deren Scheiterns mit der Mobiliarvollstreckung.[55] Weil der Anwalt dem vom Gerichtsvollzieher festgesetzten und ihm mitgeteilten Zahlungsplan widerspricht, führt der Gerichtsvollzieher die Mobiliarvollstreckung durch.

---

49 So auch *Enders*, JurBüro 2012, 633, 636.
50 AG Düsseldorf AGS 2014, 120 = DGVZ 2013, 219; AG Oberndorf JurBüro 2013, 586.
51 So auch *Enders*, JurBüro 2012, 633, 635.
52 So auch *Enders*, JurBüro 2012, 633, 635; a.A., neue Angelegenheit: HK-ZV/*Kessel*, § 788 ZPO Rn 92c.
53 *Enders*, JurBüro 2012, 633, 636.
54 *Volpert*, RVGreport 2012, 442, 445; so auch *Enders*, JurBüro 2012, 633, 635 und JurBüro 2013, 1; HK-ZV/*Sternal*, § 807 ZPO Rn 23.
55 Vgl. LG Dresden JurBüro 2014, 269.

Abschnitt 3. Angelegenheit § 18

Die Tätigkeiten im Rahmen der gütlichen Erledigung haben für den Rechtsanwalt die Verfahrensgebühr VV 3309 ausgelöst. Für die Tätigkeit bei der anschließenden Mobiliarvollstreckung entsteht die Gebühr aber nicht erneut. Die gütliche Erledigung sowie die Mobiliarvollstreckung bilden dieselbe Angelegenheit.

e) Einigungsgebühr

Zur Entstehung der **Einigungsgebühr** bei der gütlichen Erledigung vgl. VV 3309 Rdn 185 ff. **75**

f) Gegenstandswert

Zum **Gegenstandswert** bei der gütlichen Erledigung vgl. die Erläuterungen zu § 25 (siehe § 25 Rdn 7 f.). **76**

Bei einem **(kombinierten) Auftrag** zur **isolierten gütlichen Erledigung** und für den Fall ihres Scheiterns zur **Abnahme der Vermögensauskunft** sind Besonderheiten beim Gegenstandswert zu beachten (vgl. § 25 Rdn 78 f.). **77**

> **Beispiel**: Der Rechtsanwalt beauftragt den Gerichtsvollzieher wegen einer Forderung in Höhe von 5.000 EUR mit der isolierten gütlichen Erledigung und für den Fall ihres Scheiterns mit der Abnahme der Vermögensauskunft. Weil der Anwalt dem vom Gerichtsvollzieher festgesetzten Zahlungsplan widerspricht, kommt es zum Verfahren auf Abnahme der Vermögensauskunft durch den Gerichtsvollzieher. Der isolierte Auftrag zur gütlichen Erledigung hat bereits die Verfahrensgebühr VV 3309 nach einem Wert in Höhe von 5.000 EUR ausgelöst. Zwar bildet die isolierte gütliche Erledigung mit dem anschließenden Verfahren auf Abnahme der Vermögensauskunft dieselbe Angelegenheit, in der die Gebühr VV 3309 nur einmal anfällt. Das hat aber nicht zur Folge, dass sich die Verfahrensgebühr insgesamt nur nach dem für die Vermögensauskunft geltenden Höchstwert gemäß § 25 Abs. 1 Nr. 4 in Höhe von 2.000 EUR berechnet (vgl. § 15 Abs. 4).[56]

12. Forderungspfändung

Bei der **Forderungspfändung** stellen alle Tätigkeiten, die der Pfändung derselben Forderung(en) dienen, gebührenmäßig nur eine Angelegenheit dar, u.a.: **78**
- die Vorpfändung,[57]
- die Erwirkung des Pfändungs- sowie des Überweisungsbeschlusses,
- die Zustellung des Pfändungs- sowie des Überweisungsbeschlusses,
- der Antrag auf Aufhebung der Pfändung oder Anordnung der Unpfändbarkeit gemäß § 833a Abs. 2 ZPO,
- die Aufforderung an den Drittschuldner zur Auskunft gemäß § 840 ZPO,
- die Entgegennahme der Erklärung des Drittschuldners nach § 840 ZPO,
- die bloße Erinnerung des Drittschuldners durch den Anwalt des Gläubigers an die Abgabe der Drittschuldnererklärung (vgl. dazu VV 3309 Rdn 122),[58]
- die Zwangsvollstreckung gegen den Schuldner auf Auskunft über die Forderung,
- die Zwangsvollstreckung auf Herausgabe der über die Forderung vorhandenen Urkunden gemäß § 836 Abs. 3 ZPO (zur eidesstattlichen Versicherung gemäß § 836 Abs. 3 S. 2 ZPO vgl. Rdn 202 ff.),
- der Antrag auf andere Verwertung gemäß § 844 ZPO (vgl. Rdn 118 ff.),[59]
- der Antrag auf Nichtberücksichtigung eines Unterhaltsberechtigten gemäß § 850c Abs. 4 ZPO,
- der Antrag auf Zusammenrechnung mehrerer Arbeitseinkommen gemäß § 850e Nr. 2, 2a und 3 ZPO,
- der Antrag auf Verweisung in den Vorrechtsbereich gemäß § 850e Nr. 4 ZPO,
- der Antrag auf Änderung des unpfändbaren Betrages gemäß § 850f ZPO,[60]

---

56 So auch *Enders*, JurBüro 2013, 1, 3.
57 OLG Köln InVo 2001, 148 = Rpfleger 2001, 149; Gerold/Schmidt/*Müller-Rabe*, RVG, VV 3309 Rn 423; Mayer/Kroiß/*Rohn*, RVG, § 18 Rn 35; Hansens/Braun/Schneider/*Volpert*, Teil 18 Rn 106.
58 AG Koblenz AGS 2008, 29; sonstige Tätigkeiten gegenüber dem Drittschuldner werden davon allerdings nicht mehr erfasst.
59 LG Berlin JurBüro 1989, 1684.
60 OLG Frankfurt AnwBl 1998, 105.

- der Antrag wegen Änderung der Unpfändbarkeitsvoraussetzungen gemäß § 850g ZPO,[61]
- der Antrag auf Pfändungsschutz bei sonstigen Vergütungen nach § 850i ZPO,[62]
- der Antrag des Schuldners auf (teilweise) Aufhebung der Kontenpfändung gemäß § 850k ZPO,[63]
- der Verzicht des Gläubigers auf die durch die Pfändung und Überweisung erworbenen Rechte gemäß § 843 ZPO.[64]

79 Folge davon ist, dass derjenige Rechtsanwalt, der bereits mit einer der genannten Tätigkeiten befasst war (also z.B. mit der Beantragung des Pfändungsbeschlusses), für keine der übrigen genannten Tätigkeiten eine weitere Gebühr nach VV 3309 erhält. Nur für Rechtsanwälte, die mit einem der genannten Verfahren insoweit erstmals in der Zwangsvollstreckung tätig werden, erwächst dadurch – erstmalig und insoweit auch einmalig – die Gebühr nach VV 3309 (siehe dazu auch Rdn 33 ff.).

13. Pfändung mehrerer Forderungen

80 Werden **mehrere Forderungen desselben Schuldners gepfändet**, liegt nur eine Angelegenheit vor, wenn der Anwalt des Gläubigers wegen dieser Forderungen einen **einzigen Auftrag** zur Vollstreckung erteilt.[65] Entscheidend im Rahmen der Tätigkeit in der Zwangsvollstreckung ist nicht, ob der Rechtsanwalt von seinem Mandanten einen einzigen Auftrag erhalten hat oder mehrere Aufträge, sondern allein, ob der Anwalt **einen oder mehrere Vollstreckungsaufträge** erteilt.[66]

81 Aus materiell-rechtlichen Gründen liegt aber auch dann nur eine Angelegenheit vor, wenn der Anwalt zwar mehrere getrennte Vollstreckungsanträge gestellt hat, deren Zusammenfassung aber möglich und geboten gewesen wäre.[67] Denn durch die Aufteilung in mehrere Aufträge verletzt der Anwalt seine Pflichten aus dem Mandatsverhältnis, weil er unnötige Kosten verursacht, die aus diesem Grunde auch nicht gemäß § 788 ZPO erstattungsfähig sind.[68] Für eine getrennte Antragstellung können allerdings schutzwürdige Interessen eines Drittschuldners (z.B. Datenschutz bei einem Rechtsanwalt als Schuldner) sprechen (vgl. § 829 Abs. 1 S. 3 ZPO). Für den Anwalt des Schuldners, der sich gegen die gleichzeitige Pfändung zweier verschiedener Forderungen des Schuldners wehrt, soll dies jedoch zwei Angelegenheiten darstellen[69] (zum **Gegenstandswert** in solchen Fällen[70] vgl. § 25 Rdn 24).

14. Vorpfändung und Forderungspfändung

82 Die Vorpfändung und die nachfolgende Pfändung derselben Forderung sind eine Angelegenheit.[71] Mussten **Vorpfändungen** jedoch zu unterschiedlichen Zeiten und an unterschiedlichen Orten beantragt werden, so dass dadurch mehrere Vollstreckungsangelegenheiten gegeben sind, entfällt der Anspruch des Rechtsanwalts auf mehrere Vollstreckungsgebühren nicht dadurch, dass die nachfolgenden Pfändungsbeschlüsse einheitlich beantragt werden konnten.[72]

---

61 LG Konstanz Rpfleger 2000, 463.
62 Zöller/*Stöber*, § 850i Rn 57; HK-ZV/*Meller-Hannich*, § 850i Rn 27.
63 Zöller/*Stöber*, § 850k Rn 18; HK-ZV/*Meller-Hannich*, § 850k Rn 69.
64 Zöller/*Stöber*, § 843 Rn 4; HK-ZV/*Bendtsen*, § 843 Rn 10.
65 BGH AGS 2011, 277 = RVGreport 2011, 298 = JurBüro 2011, 434 = DGVZ 2011, 189 = Rpfleger 2011, 462; LG Karlsruhe JurBüro 2011, 160.
66 BGH AGS 2011, 277 = RVGreport 2011, 298 = JurBüro 2011, 434 = DGVZ 2011, 189 = Rpfleger 2011, 462; OLG Köln InVo 2001, 148 = Rpfleger 2001, 149 unter Aufgabe von JurBüro 1986, 1371; KG JurBüro 1974, 1386; LG Karlsruhe JurBüro 2011, 160; Hansens/Braun/Schneider/*Volpert*, Teil 18 Rn 111; Gerold/Schmidt/*Müller-Rabe*, RVG, VV 3309 Rn 207; Mayer/Kroiß/*Rohn*, RVG, § 18 Rn 32.

67 Vgl. BGH AnwBl 2004, 251 = NJW 2004, 1043; LG Cottbus Rpfleger 2001, 568; Gerold/Schmidt/*Müller-Rabe*, RVG, VV 3309 Rn 208; Mayer/Kroiß/*Rohn*, RVG, § 18 Rn 33.
68 OLG Köln InVo 2001, 148 = Rpfleger 2001, 149; OLG Düsseldorf JurBüro 1994, 351; Gerold/Schmidt/*Müller-Rabe*, RVG, VV 3309 Rn 210.
69 BGH InVo 2005, 33 (unter II.2.b) = AGS 2004, 437 = Rpfleger 2005, 53 = JurBüro 2005, 53.
70 Vgl. BGH AGS 2011, 277 = RVGreport 2011, 298 = JurBüro 2011, 434 = DGVZ 2011, 189 = Rpfleger 2011, 462.
71 OLG Köln InVo 2001, 148 = Rpfleger 2001, 149; Gerold/Schmidt/*Müller-Rabe*, RVG, VV 3309 Rn 423; Mayer/Kroiß/*Rohn*, RVG, § 18 Rn 35; Hansens/Braun/Schneider/*Volpert*, Teil 17 Rn 106.
72 OLG Köln InVo 2001, 148 = Rpfleger 2001, 149.

Zu beachten ist allerdings, dass eine Notwendigkeit für eine Antragstellung an unterschiedlichen Orten grundsätzlich nicht besteht, weil gemäß § 22 GVO mit der Vorpfändung jeder beliebige Gerichtsvollzieher in Deutschland beauftragt werden kann, wobei die notwendigen Zustellungen dann gemäß §§ 192, 194, 168 ZPO durch die Post erfolgen können. Die wiederholte Vorpfändung derselben Forderung wegen Versäumung der Monatsfrist des § 845 Abs. 2 ZPO stellt wegen des inneren Zusammenhangs eine einzige Angelegenheit dar.[73] **83**

Mehrere Vorpfändungen gegen verschiedene Drittschuldner bilden dieselbe Angelegenheit. Die Grundsätze zur Pfändung und Überweisung mehrerer Schuldnerforderungen gelten entsprechend (siehe Rdn 80).[74] **84**

III. Beschwerde- und Erinnerungsverfahren (Abs. 1 Nr. 3)

1. Beschwerdeverfahren

Beschwerdeverfahren nach dem dritten Abschnitt der BRAGO waren stets eigene Angelegenheiten, die nach § 61 BRAGO zu vergüten waren. Einer besonderen Erwähnung hätte es hier nicht bedurft. Die Rechtsfolge ergibt sich bereits aus § 15 Abs. 2, da jedes Beschwerdeverfahren nach VV Teil 3 einen neuen Rechtszug eröffnet. **85**

Anders verhält es sich dagegen in Straf- und Bußgeldsachen sowie in Verfahren nach VV Teil 6. Dort zählen die Beschwerdeverfahren zur Hauptsache. Dies gilt insbesondere für Beschwerden gegen einen Beschluss nach § 111a StPO (Entziehung der Fahrerlaubnis).[75] **86**

2. Erinnerungsverfahren

Nach der BRAGO zählten **Erinnerungen** grundsätzlich zur Gebühreninstanz und lösten keine gesonderte Vergütung aus (§ 37 Nr. 3 BRAGO). Ausgenommen waren gemäß § 37 Nr. 7 BRAGO nur die **Erinnerung gegen den Kostenansatz** und die **Erinnerung gegen einen Kostenfestsetzungsbeschluss**; sie galten als gesonderte Angelegenheit, die eine Vergütung nach § 61 Abs. 1 Nr. 2 BRAGO auslöste. Nach dem RVG gilt Folgendes: **87**

Erinnerungen gegen Entscheidungen des Rechtspflegers gelten grundsätzlich als gesonderte Angelegenheiten. Vergütet werden diese Erinnerungsverfahren nach VV 3500. Soweit allerdings mehrere Erinnerungen gegen den Kostenansatz oder die Kostenfestsetzung geführt werden, gilt nach wie vor, dass diese insgesamt nur eine Angelegenheit darstellen (§ 16 Nr. 10). Dies entspricht der früheren Regelung in § 61 Abs. 2 BRAGO. Siehe hierzu die Kommentierung zu § 16 Nr. 10 (siehe § 16 Rdn 155 ff.). **88**

Ausgenommen ist die **Erinnerung nach § 766 ZPO** (§ 19 Abs. 2 Nr. 2),[76] die zusammen mit der jeweiligen Vollstreckungsmaßnahme auch dann nur eine Angelegenheit darstellt, wenn sich die Erinnerung gegen eine Maßnahme des Rechtspflegers richtet, wie z.B. gegen einen Pfändungs- und Überweisungsbeschluss. **89**

Sonstige Erinnerungsverfahren – also auch Vollstreckungserinnerungen gemäß § 766 ZPO gegen Vollstreckungsmaßnahmen des Gerichtsvollziehers und des Rechtspflegers sind Teil der Hauptsache und werden nicht gesondert vergütet (§ 19 Abs. 1 S. 2 Nr. 5). Zu Erinnerungen gegen die Kostenfestsetzung, wenn diese nicht vom Rechtspfleger, sondern vom Urkundsbeamten der Geschäftsstelle vorgenommen worden ist, siehe auch VV 3500 Rdn 57. **90**

---

[73] BGH InVo 2005, 33 (unter II.2.b) = AGS 2004, 437 = Rpfleger 2005, 53 = JurBüro 2005, 53.
[74] Gerold/Schmidt/*Müller-Rabe*, RVG, VV 3309 Rn 395; a.A. LG Bonn AGS 2012, 138, m. abl. Anm. *N. Schneider*.
[75] AG Weilburg AGS 2007, 561.
[76] Eingeführt durch 2. JuMoG, in Kraft getreten bereits am 31.12.2006.

IV. Verfahren über Einwendungen gegen die Erteilung der Vollstreckungsklausel, auf das § 732 ZPO anzuwenden ist (Abs. 1 Nr. 4)

1. Angelegenheit/Gebühr/Gegenstandswert

a) Erstmalige Erteilung

91 Abs. 1 Nr. 4 ist im Zusammenhang mit § 19 Abs. 1 S. 2 Nr. 13 zu sehen. Die **erstmalige Erteilung der Vollstreckungsklausel** ist gemäß § 19 Abs. 1 S. 2 Nr. 13 für den Prozessbevollmächtigten des Erkenntnisverfahrens mit den Gebühren dieses Verfahrens abgegolten, wenn insoweit keine Klage erhoben wird.[77] Das gilt für den Rechtsanwalt, der nur für die Zwangsvollstreckung beauftragt ist entsprechend. Er verdient für die Tätigkeit im Rahmen der Klauselerteilung und bei der sich anschließenden Vollstreckungsmaßnahme die Verfahrensgebühr VV 3309 nur einmal (vgl. dazu § 19 Rdn 158 ff.).[78]

b) Einwendungen gem. § 732 ZPO

92 Gemäß § 732 ZPO kann der **Schuldner Einwendungen** erheben, welche die Zulässigkeit der Vollstreckungsklausel betreffen. Die Tätigkeit in diesem Verfahren bildet eine besondere Angelegenheit.[79] § 732 ZPO gilt kraft Verweisung u.a. in den Fällen der §§ 733, 738, 742, 744, 749, 795, 797 Abs. 3 und 6, 797a Abs. 2 ZPO. Auch in diesen Verfahren, in denen § 732 ZPO entsprechend anzuwenden ist, bildet das Verfahren über die Einwendungen eine besondere Angelegenheit.

93 Der Anwalt des Schuldners, aber auch der Anwalt des Gläubigers, erhält für seine Tätigkeit in einem Verfahren über Einwendungen des Schuldners gemäß § 732 ZPO deshalb eine besondere Gebühr. Umstritten ist, ob sich die Gebühr aus **VV 3500**[80] (0,5) oder **VV 3309** (0,3)[81] ergibt. Die Verfahrensgebühr nach VV 3500 entsteht für Verfahren über die Beschwerde und die Erinnerung. Nur wenn Einwendungen nach § 732 ZPO im Wege der Erinnerung geltend zu machen sind, gilt VV 3500. Für die Erinnerung spricht, dass die Überschrift von § 732 „*Erinnerung gegen Erteilung der Vollstreckungsklausel*" lautet (sog. **Klauselerinnerung**).[82] Das Verfahren gemäß § 732 ZPO ist auch für diejenigen Anwälte eine besondere Angelegenheit, die bereits im Verfahren auf erstmalige Erteilung der Vollstreckungsklausel tätig waren, und zwar unabhängig davon, ob sie für jene Tätigkeit eine Gebühr gemäß VV 3309 verdient hatten oder nicht (vgl. § 19 Abs. 1 S. 2 Nr. 13; § 19 Rdn 154 ff.). Zum **Gegenstandswert** siehe § 25 Rdn 2 ff. Für den Anfall der Gebühr beim Anwalt des **Gläubigers** genügt es, dass er die Erinnerung prüft, ob etwas zu veranlassen ist, wovon regelmäßig auszugehen ist;[83] eine Stellungnahme dazu braucht er nicht abzugeben.[84]

2. Einstweilige Anordnung/Sicherheitsleistung (§ 732 Abs. 2 ZPO)

94 Gemäß § 732 Abs. 2 ZPO kann vor der Entscheidung eine **einstweilige Anordnung** erlassen werden. Die insoweit entfaltete Tätigkeit des Anwalts wird durch die Vergütung für das Verfahren als solches mit umfasst, es sei denn, es fände darüber eine abgesonderte mündliche Verhandlung statt (§ 19 Abs. 1 S. 2 Nr. 11). Gesonderte Gebühren nach VV 3328, 3332 fallen daher nicht an.[85] Wird gegen einen Beschluss gemäß § 732 ZPO **sofortige Beschwerde** eingelegt, erwachsen für das Beschwerdeverfahren gesonderte Gebühren (VV 3500, 3513 i.V.m. § 18 Abs. 1 Nr. 3).

---

77 SG Neuruppin, Beschl. v. 14.3.2013 – S 31 SF 7/11 E, juris.
78 Gerold/Schmidt/*Müller-Rabe*, RVG, VV 3309 Rn 310.
79 OLG Hamm JurBüro 2001, 29; OLG Schleswig JurBüro 1991, 11908; OLG Zweibrücken JurBüro 199, 160.
80 LG Freiburg AGS 2011, 174, m. zust. Anm. *N. Schneider*.
81 OLG Hamburg JurBüro 1995, 547; HK-ZV/*Giers*, § 732 ZPO Rn 17; HK-ZPO/*Kindl*, § 732 Rn 8; Zöller/ Stöber, ZPO, § 732 Rn 18; Mayer/Kroiß/*Rohn*, RVG, § 18 Rn 54; Gerold/Schmidt/*Müller-Rabe*, RVG, VV 3309 Rn 403.
82 HK-ZV/*Giers*, § 732 ZPO Rn 1.
83 KG AGS 2009, 354 = JurBüro 2009, 261.
84 OLG Koblenz AGS 2000, 16 = JurBüro 2000, 77.
85 OLG Naumburg JurBüro 2002, 531.

3. Gegenstandswert

Der **Gegenstandswert** ergibt sich aus § 25 Abs. 1 Nr. 1 (Wert des zu vollstreckenden Anspruchs). 95

V. Verfahren auf Erteilung einer weiteren vollstreckbaren Ausfertigung gemäß § 733 ZPO (Abs. 1 Nr. 5)

1. Angelegenheit

Macht der Gläubiger das notwendige Rechtsschutzinteresse glaubhaft, kann der Rechtspfleger – neben der schon vorhandenen neuen – weitere vollstreckbare Ausfertigungen des Titels erteilen, z.B. wenn an mehreren Orten gleichzeitig vollstreckt werden soll. Der Anwalt erhält für die gesamte Tätigkeit in einem solchen Verfahren eine gesonderte Gebühr, unabhängig davon, ob er bereits im zugrunde liegenden Erkenntnisverfahren als Prozessbevollmächtigter oder/und ansonsten bereits im Rahmen der Zwangsvollstreckung tätig war.[86] Für den Anwalt des **Schuldners** erwächst die **Gebühr**, wenn er auftragsgemäß den Antrag des Gläubigers überprüft; einer Stellungnahme dazu bedarf es nicht.[87] 96

Nicht unter Nr. 5 fällt die Erteilung einer zweiten Ausfertigung des Scheidungsbeschlusses mit Rechtskraftvermerk, wenn der Mandant die erste Ausfertigung verloren hat. Es handelt sich nicht um eine vollstreckbare Ausfertigung. Endentscheidungen in Ehesachen werden gemäß § 116 Abs. 2 FamFG mit Rechtskraft wirksam. 97

2. Erstattung

Eine **Erstattung** der Kosten für die weitere vollstreckbare Ausfertigung durch den Schuldner kommt nur dann in Betracht, wenn die Erforderlichkeit der Erteilung nicht vom Gläubiger zu vertreten ist.[88] Das ist z.B. der Fall, wenn an verschiedenen Orten gegen unterschiedliche Personen vollstreckt werden soll[89] oder der Gläubiger glaubhaft macht, dass die erste vollstreckbare Ausfertigung auf dem Postweg verloren gegangen ist.[90] 98

3. Mehrere vollstreckbare Ausfertigungen

Beantragt der Rechtsanwalt gleichzeitig die Erteilung **mehrerer weiterer vollstreckbarer Ausfertigungen**, liegt dieselbe Angelegenheit vor; er erhält die Gebühr nach VV 3309 nur einmal. Wurde bereits einmal eine weitere vollstreckbare Ausfertigung erteilt und stellt sich danach die Notwendigkeit einer zusätzlichen weiteren vollstreckbaren Ausfertigung heraus, liegt darin eine erneute besondere Angelegenheit. Allerdings ist es einem Rechtsanwalt nicht erlaubt, einseitig und ohne hinreichenden Sachgrund, anstehende Verfahren zu vereinzeln.[91] 99

4. Umschreibung der Klausel (§ 727 ZPO)

Die Erteilung einer weiteren vollstreckbaren Ausfertigung gemäß § 733 ZPO ist nicht identisch mit der **Umschreibung** der Vollstreckungsklausel auf den Rechtsnachfolger gemäß §§ 727 ff. ZPO.[92] Hierbei handelt es sich um eine erstmalige Klauselerteilung i.S.v. § 19 Abs. 1 S. 2 Nr. 13. Das gilt auch, wenn die erste Klausel zu dem Titel sogleich auf den Rechtsnachfolger (§ 727 ZPO) des Gläubigers ausgestellt wird (vgl. dazu § 19 Rdn 156).[93] 100

---

86 OLG Hamm AGS 2001, 57 = JurBüro 2001, 29; OLG Zweibrücken JurBüro 1999, 160.
87 Vgl. OLG Koblenz AGS 2000, 16 = JurBüro 2000, 77.
88 OLG Karlsruhe AGS 2005, 36; OLG Zweibrücken JurBüro 1999, 160; AG Heilbronn AGS Kompakt 2010, 54; *Schneider*, AGS 2010, 442; *Schneider*, JurBüro 2004, 632, 634; MüKo/*Karsten/Schmidt*, ZPO, § 788 Rn 24 „Vollstreckbare Ausfertigung".
89 *H. Schneider*, JurBüro 2004, 632.
90 OLG Hamm zfs 1989, 380.
91 BGH AnwBl 2004, 251 = NJW 2004, 1043.
92 OLG Hamm AGS 2001, 57 = JurBüro 2001, 29; *Schneider*, JurBüro 2004, 632, 633.
93 OLG Köln JurBüro 1995, 474; vgl. auch OLG Hamm AGS 2001, 57 = JurBüro 2001, 29; OLG Karlsruhe JurBüro 1990, 349.

Auf die Klausel nach § 727 ZPO findet § 19 Abs. 1 S. 2 Nr. 13 Anwendung, sodass der für diesen Mandanten bereits tätig gewordene Anwalt dafür keine (weitere) Gebühr erhält, wohl aber dann, wenn er den Auftrag vom Neugläubiger erhält (vgl. VV 3309 Rdn 82).[94]

5. Beschwerdeverfahren

101 Wird der Antrag des Gläubigers auf Erteilung einer weiteren vollstreckbaren Ausfertigung des Titels zurückgewiesen, erwachsen im anschließenden **Beschwerdeverfahren** gesonderte Gebühren gemäß VV 3500, 3513 (vgl. § 18 Abs. 1 Nr. 3). Erhebt der Schuldner Einwendungen gemäß § 732 ZPO, so erwächst für den Anwalt des Gläubigers nicht zusätzlich eine Gebühr gemäß VV 3309 i.V.m. § 18 Abs. 1 Nr. 4; vielmehr wird diese Tätigkeit von der Gebühr gemäß VV 3309 i.V.m. § 18 Abs. 1 Nr. 5 mit umfasst, weil das Gericht (Rechtspfleger/Richter) selbst darüber entscheidet.[95] Wird gegen dessen Beschluss sodann sofortige Beschwerde eingelegt, erwachsen Gebühren gemäß VV 3500, 3513 gesondert.

6. Gegenstandswert

102 Der **Gegenstandswert** ergibt sich aus § 25 Abs. 1 Nr. 1 (Wert des zu vollstreckenden Anspruchs).[96]

VI. Verfahren über Anträge nach den §§ 765a, 851a, 851b und § 1084 Abs. 1, § 1096 oder § 1109 ZPO sowie § 31 AUG (Abs. 1 Nr. 6)

1. Verfahren über Vollstreckungsschutz

a) Gerichtliche Verfahren

103 Bei den in Nr. 6 genannten Verfahren handelt es sich um **gerichtliche Verfahren auf Gewährung von Vollstreckungsschutz**. Der Vollstreckungsaufschub, den der **Gerichtsvollzieher** z.B. gemäß § 765a Abs. 2 ZPO gewähren kann, fällt daher nicht darunter. Jedes dieser verschiedenen Verfahren stellt eine besondere Angelegenheit dar, in dem sowohl der Rechtsanwalt des Gläubigers als auch der Rechtsanwalt des Schuldners, der den Antrag auf Vollstreckungsschutz stellt, eine Verfahrensgebühr nach VV 3309 verdienen.[97]

b) Verlängerung einer Räumungsfrist

104 Eine besondere Angelegenheit liegt auch vor, wenn die Zwangsvollstreckung aus einem **Räumungstitel** droht und gem. § 765a ZPO Antrag auf Verlängerung der Räumungsfrist gestellt wird. Es entsteht die Gebühr VV 3309, nicht die Gebühr nach VV 3334, weil es sich um eine Vollstreckungsangelegenheit handelt (VV 3334 Rdn 10).[98] Die Gebühr nach VV 3334 ist nur für das selbstständige Räumungsfristverfahren nach §§ 721, 794a ZPO vorgesehen.

c) Aufhebung und Abänderung

105 Jedes neue Verfahren derselben Art bildet eine neue Angelegenheit. War z.B. der erste Antrag gemäß § 765a ZPO zurückgewiesen, dem zweiten Antrag sodann stattgegeben worden und soll die darin gesetzte Räumungsfrist nunmehr verlängert werden, erhält der Anwalt für jedes dieser Verfahren eine gesonderte Gebühr, in dem genannten Beispiel also insgesamt dreimal die Gebühr nach VV 3309.[99] Eine weitere Gebühr fällt auch an, wenn die **Aufhebung** oder **Abänderung** einer getroffenen Anordnung begehrt wird. Dies wird durch die mit dem EG-Vollstreckungstitel-Durchführungsgesetz eingefügten Worte „oder Aufhebung" vom Wortlaut her klargestellt.[100] Es liegt also eine

---

94 Gerold/Schmidt/*Müller-Rabe*, RVG, VV 3309 Rn 406; Enders, JurBüro 2000, 225, 226 und 2001, 29.
95 Hansens, BRAGO, § 58 Rn 16.
96 LG München JurBüro 1999, 326.
97 *Enders*, JurBüro 2015, 337, 339.
98 *Enders*, JurBüro 2015, 337, 339.
99 Gerold/Schmidt/*Müller-Rabe*, RVG, VV 3309 Rn 412.
100 Gerold/Schmidt/*Müller-Rabe*, RVG, VV 3309 Rn 414.

2. Europäischer Vollstreckungstitel

Das Verfahren über den Antrag auf Verweigerung, Aussetzung oder Beschränkung der Zwangsvollstreckung nach § 1084 Abs. 1 ZPO ist für den Rechtsanwalt stets eine **besondere gebührenrechtliche Angelegenheit**. In diesen Verfahren erwachsen Gebühren für eine Tätigkeit des Rechtsanwalts nach VV 3309, 3310. Dies gilt auch für die entsprechenden Anträge gemäß § 1096 ZPO im Rahmen der Vollstreckung aus einem **europäischen Zahlungsbefehl** und gemäß § 1109 ZPO im Rahmen der Vollstreckung aus einem im **europäischen Verfahren über geringfügige Forderungen** ergangenen Titel.

106

3. Verfahren nach § 31 AUG

§ 31 AUG beinhaltet die Möglichkeit, Anträge auf Verweigerung, Beschränkung oder Aussetzung der Vollstreckung nach Art. 21 der Verordnung (EG) Nr. 4/2009 stellen zu können. Da dieses Verfahren mit dem nach § 1084 ZPO vergleichbar ist, stellt die entsprechende Tätigkeit vergütungsrechtlich ebenfalls eine besondere Angelegenheit dar.

107

4. Einstweilige Anordnung beim Vollstreckungsschutz

Vor der Entscheidung über die vorgenannten Anträge kann im Anwendungsbereich der §§ 765a, 851a und 851b ZPO eine **einstweilige Anordnung** erlassen werden. Die insoweit entfaltete Tätigkeit des Anwalts wird durch die Vergütung für das Verfahren als solches mit umfasst, es sei denn, es fände darüber eine abgesonderte mündliche Verhandlung statt (§ 19 Abs. 1 S. 2 Nr. 11). Gesonderte Gebühren nach VV 3328, 3332 fallen daher nicht an. Dies gilt auch soweit nach § 1084 Abs. 2 S. 2 ZPO im Rahmen des Antrags nach Art. 21 der EG-Verordnung einstweilige Anordnungen gemäß §§ 769, 770 ZPO getroffen werden.[101] Die Verfahren über den Antrag auf Erlass einer einstweiligen Anordnung und ein Verfahren auf deren Abänderung oder Aufhebung bilden für den Rechtsanwalt dieselbe gebührenrechtliche Angelegenheit (§ 16 Nr. 5).

108

5. Fortsetzung der Vollstreckung nach Vollstreckungsschutz

Wird die Zwangsvollstreckung nach Ablauf des gewährten Vollstreckungsschutzes **weiterbetrieben**, erhält der Rechtsanwalt für die Tätigkeit im weiteren Verlauf der Zwangsvollstreckung keine gesonderte Gebühr, weil es lediglich die Fortsetzung derselben Vollstreckungsmaßnahme und damit gebührenrechtlich dieselbe Angelegenheit ist.[102]

109

6. Vollstreckungsschutz für mehrere Schuldner

Da die Zwangsvollstreckung gegen **mehrere Schuldner** mehrere gebührenrechtliche Angelegenheiten darstellt (vgl. Rdn 55 ff.), liegen dementsprechend auch mehrere Vollstreckungsschutzverfahren vor, und zwar selbst dann, wenn die mehreren Schuldner einen gemeinsamen Antrag stellen. Dies gilt auch für Eheleute, die gemeinsam Räumungsschutz begehren.[103]

110

---

101 BT-Drucks 15/5222, S. 17 zu Abs. 5 Nr. 1.
102 OLG München AnwBl 1959, 131 = JurBüro 1959, 210; Gerold/Schmidt/*Müller-Rabe*, RVG, VV 3309 Rn 415; Mayer/Kroiß/*Rohn*, RVG, § 18 Rn 64.
103 LG Mannheim Rpfleger 1982, 238; Gerold/Schmidt/ *Müller-Rabe*, RVG, VV 3309 Rn 413; Hansens/Braun/ Schneider/*Volpert*, Teil 17 Rn 141.

7. Gegenstandswert

111 Der **Gegenstandswert** ergibt sich aus § 25 Abs. 2 (siehe § 25 Rdn 84 ff.).

VII. Verfahren auf Zulassung der Austauschpfändung (Abs. 1 Nr. 7)

1. Angelegenheit

112 Das gerichtliche Verfahren über die Zulassung der Austauschpfändung durch das Vollstreckungsgericht gemäß § 811a ZPO bildet für den Rechtsanwalt eine besondere Angelegenheit. Erfasst ist nur das **gerichtliche Verfahren gemäß § 811a ZPO**, so dass die vorläufige Austauschpfändung durch den Gerichtsvollzieher gemäß § 811b ZPO nicht darunter fällt.

113 Ein nach Ablehnung **erneut gestellter Antrag** (etwa mit Angabe eines anderen Ersatzstückes) betrifft nach streitiger Auffassung **dieselbe Angelegenheit**.[104] Dem wird man zustimmen können, soweit es um die Pfändung derselben Sache geht (für die einzige Uhr im Hause – eine goldene Barockuhr – soll statt einer anderen Uhr nunmehr Ersatz in Geld geleistet werden). Denn es fehlt an der Bestimmung wie in Abs. 1 Nr. 6, dass jedes neue Verfahren eine besondere Angelegenheit darstellt. Wurde aber der erste Antrag z.B. bezüglich der goldenen Barockuhr gestellt, findet der Gerichtsvollzieher bei einem weiteren Vollstreckungsversuch nunmehr erstmals ein Farbfernsehgerät vor und wird daraufhin wegen dieses Farbfernsehgerätes ein Antrag gemäß § 811a ZPO gestellt, handelt es sich nicht mehr um dieselbe, sondern um eine neue Angelegenheit, für die die Gebühr erneut erwächst.[105] Denn dieses Verfahren steht in keinem inneren Zusammenhang mit dem ersten Verfahren.

2. Gegenstandswert

114 Der **Gegenstandswert** ergibt sich aus § 25 Nr. 1, 1. und 2. Hs., der auch bei der **Austauschpfändung** nach § 811a ZPO gilt.[106]

VIII. Verfahren über Anträge auf anderweitige Verwertung (Abs. 1 Nr. 8)

1. Angelegenheit

115 Die Zuständigkeit für die Anordnung der anderweitigen Verwertung gemäß **§ 825 ZPO** liegt grundsätzlich beim **Gerichtsvollzieher**; das **Vollstreckungsgericht** ist gemäß § 825 Abs. 2 ZPO nur zuständig, wenn es um die Versteigerung durch eine andere Person als den Gerichtsvollzieher geht. In Abs. 1 Nr. 8 wird der Singular verwandt („Verfahren über einen Antrag"). Die Frage nach der gebührenrechtlich einen Angelegenheit muss man daher i.S.v. **Abs. 1 Nr. 1 und 2 entscheiden**.

116 Der innere Zusammenhang mehrerer Vollstreckungshandlungen besteht daher dann, wenn für mehrere Sachen ein einzelner Antrag auf anderweitige Verwertung gestellt wird oder doch hätte gestellt werden können. **Nur eine Angelegenheit** liegt aber wegen des inneren Zusammenhangs auch dann vor, wenn wegen derselben Sache ein Antrag an den Gerichtsvollzieher gestellt wird (Verwertung eines wertvollen Gemäldes an einem anderen Ort: Stadt anstelle des Dorfes) und zugleich auch beim Vollstreckungsgericht (Versteigerung durch einen Auktionator statt des Gerichtsvollziehers).[107] Gleiches gilt, wenn Gläubiger und Schuldner unabhängig voneinander wegen derselben Sache einen Antrag stellen.

117 Eine **besondere Angelegenheit** liegt hingegen vor, wenn nach einer ersten Pfändung bezüglich einer Sache ein Antrag auf anderweitige Verwertung gestellt worden war, dieses Verfahren abgeschlossen

---

[104] Mayer/Kroiß/*Rohn*, RVG, § 18 Rn 69; **a.A.** Gerold/Schmidt/*Müller-Rabe*, RVG, VV 3309 Rn 196, jew. bei anderem konkreten Inhalt.
[105] Hansens/Braun/Schneider/*Volpert*, Teil 18 Rn 143; Mayer/Kroiß/*Rohn*, RVG, § 18 Rn 69; *Hartung/Römermann*, RVG, § 18 Rn 53.
[106] Hansens/Braun/Schneider/*Volpert*, Teil 18 Rn 72; a.A. Gerold/Schmidt/*Müller-Rabe*, RVG, § 25 Rn 24: zu schätzender Überschuss des Versteigerungserlöses bis zur Höhe der Vollstreckungsforderung.
[107] Mayer/Kroiß/*Rohn*, RVG, § 18 Rn 72.

ist und nach einer weiteren Pfändung bezüglich einer anderen Sache nunmehr erneut ein Antrag gemäß § 825 ZPO gestellt wird.[108]

2. Gesamtschuldner, § 844 ZPO

Ist eine Sache aufgrund einer Vollstreckung gegen **mehrere Gesamtschuldner** gepfändet worden und haben die Gesamtschuldner (Mit-)Gewahrsam an dieser Sache, liegen **mehrere Angelegenheiten** vor, wenn der Anwalt des Gläubigers einen Antrag gemäß § 825 ZPO stellt, so dass er die Gebühr gemäß VV 3309 i.V.m. § 18 Abs. 1 Nr. 8 mehrfach verdient hat.[109] Wegen der abschließenden Aufzählung in § 18 ist die Vorschrift nicht auf den im Übrigen vergleichbaren **§ 844 ZPO** anwendbar.[110]

118

3. Gegenstandswert

Der **Gegenstandswert** ergibt sich aus § 25 Nr. 1 (Vollstreckungsforderung).

119

IX. Ausführung der Zwangsvollstreckung in ein gepfändetes Vermögensrecht durch Verwaltung gemäß § 857 Abs. 4 ZPO (Abs. 1 Nr. 9)

1. Angelegenheit

Wird die Zwangsvollstreckung in Nutzungsrechte betrieben (z.B. Miet- oder Pachtrechte; Nießbrauch, beschränkt persönliche Dienstbarkeit – soweit bei beiden die Ausübung einem anderen überlassen werden kann, § 857 Abs. 3 ZPO; Nutzungsrecht des Leasingnehmers), kann das Vollstreckungsgericht besondere Anordnungen erlassen, insbesondere eine Verwaltung anordnen (§ 857 Abs. 4 ZPO).

120

Für das Pfändungsverfahren selbst einschließlich der Anordnung der Verwaltung erhält der Anwalt eine Gebühr nach VV 3309. Nach Anordnung der Verwaltung beginnt gemäß Abs. 1 Nr. 9 eine neue Angelegenheit, so dass für die weitere Tätigkeit (z.B. Verhandeln mit dem Verwalter, dessen Beaufsichtigung, Prüfung von Rechnungen) bis zur Beendigung der Verwaltung eine weitere Gebühr nach VV 3309 i.V.m. § 18 Abs. 1 Nr. 9 anfällt.

121

2. Gegenstandswert

Der Gegenstandswert ergibt sich aus § 25 Abs. 1 Nr. 1, 1. und 2. Hs.

122

X. Verteilungsverfahren gemäß §§ 858 Abs. 5, 872 bis 877, 882 ZPO (Abs. 1 Nr. 10)

1. Angelegenheit

a) Verteilungsverfahren und übrige Zwangsvollstreckung

Das Verteilungsverfahren nach §§ 858 Abs. 5, 872 bis 877 und 882 ZPO bildet nach Nr. 10 eine besondere Angelegenheit in der Zwangsvollstreckung. Auf andere als die angeführten Verteilungsverfahren, z.B. im Zwangsversteigerungs-, Zwangsverwaltungs- oder Insolvenzverfahren, ist die Vorschrift nicht anzuwenden. Da das Verteilungsverfahren gemäß §§ 872 ff. ZPO zur Zwangsvollstreckung gehört, würde der Anwalt infolge der Regelung in Abs. 1 Nr. 1 ohne die Vorschrift der

123

---

108 Ebenso Gerold/Schmidt/*Müller-Rabe*, RVG, VV 3309 Rn 387; *Enders*, JurBüro 1999, 57, 60.
109 Gerold/Schmidt/*Müller-Rabe*, RVG, VV 3309 Rn 388; Mayer/Kroiß/*Rohn*, RVG, § 18 Rn 73; a.A. AG Düren MDR 1969, 232.

110 LG Berlin JurBüro 1989, 1684; Hansens/Braun/Schneider/*Volpert*, Teil 18 Rn 149; Mayer/Kroiß/*Rohn*, RVG, § 18 Rn 74; Gerold/Schmidt/*Müller-Rabe*, RVG, VV 3309 Rn 385.

Abs. 1 Nr. 10 nur eine Gebühr nach VV 3309 erhalten. Der Gesetzgeber hat dies angesichts der Besonderheiten des Verteilungsverfahrens als nicht sachgerecht angesehen und durch die Schaffung des Abs. 1 Nr. 10 dafür gesorgt, dass im Verteilungsverfahren auch für den schon vorher in der Zwangsvollstreckung tätigen Rechtsanwalt besondere Gebühren nach VV 3309, 3310 entstehen. Abgegolten wird die **gesamte Tätigkeit des Anwalts in dem Verteilungsverfahren**, wobei eine Antragstellung ausscheidet, weil das Verfahren von Amts wegen betrieben wird (zu den Einzelheiten des Verfahrens und der hier nicht anwendbaren VV 3333 siehe VV 3309 Rdn 196 ff.).

b) Widerspruchs- und Bereicherungsklage und Verteilungsverfahren

124 Ausgenommen hiervon ist das Verfahren der Widerspruchs- bzw. Bereicherungsklage selbst (§§ 878 bis 881 ZPO), in dem für den Anwalt die Gebühren der **VV 3100 ff.** besonders entstehen, die auf die Gebühren nach den VV 3309 und 3310 **nicht angerechnet** werden. Die Tätigkeit nach Abschluss der Widerspruchsklage (**Anordnung der Auszahlung**) des bis dahin streitigen Teils oder die Anordnung des **anderweitigen Verteilungsverfahrens** (**§ 882 ZPO**) stellt nur die Fortsetzung und Beendigung des alten Verteilungsverfahrens dar, so dass insoweit keine neuen Gebühren nach VV 3309, 3310 entstehen. Zu den Einzelheiten des Verfahrens siehe VV 3309 Rdn 196 ff.[111]

c) Verteilungsverfahren mit mehreren Gläubigern

125 Werden Gehaltsforderungen oder ähnliche in **fortlaufenden Bezügen** bestehende Forderungen (§ 832 ZPO) von **mehreren Gläubigern** gepfändet und kommt es deshalb zu mehrfachen Hinterlegungen, wird nur ein einheitliches Verteilungsverfahren durchgeführt, in das auch die zukünftigen, noch fällig werdenden Beträge und die entsprechenden Hinterlegungen miteinbezogen werden. Es handelt sich auch gebührenrechtlich dabei nur um ein einziges Verteilungsverfahren.[112] Vertritt der Rechtsanwalt in demselben Verteilungsverfahren **mehrere Gläubiger**, so handelt es sich trotzdem um dieselbe Angelegenheit mit unterschiedlichen Gegenständen. Die Gebühren sind gemäß § 22 Abs. 1 RVG nach den addierten Werten der Gegenstände zu berechnen.[113]

2. Gegenstandswert

126 Der **Gegenstandswert** für die Tätigkeit im Verteilungsverfahren gemäß §§ 858 Abs. 5, 872 bis 877, 882 ZPO ergibt sich aus § 25 Nr. 1, 4. Hs. Auf die Erläuterungen zu § 25 wird verwiesen (siehe § 25 Rdn 56 ff.).

XI. Verfahren auf Eintragung einer Zwangshypothek gemäß §§ 867, 870a ZPO (Abs. 1 Nr. 11)

1. Angelegenheit

127 Eine Zwangsvollstreckung in Immobilien kommt neben der Zwangsversteigerung und Zwangsverwaltung, für die Gebühren gemäß VV 3311 und 3312 entstehen, durch Eintragung einer Zwangshypothek in das Grundbuch gemäß **§ 867 ZPO** in Betracht; Entsprechendes gilt für eingetragene Schiffe oder Schiffsbauwerke gemäß **§ 870a ZPO**. Hierfür erwächst dem Anwalt eine gesonderte Gebühr nach **VV 3309** (vgl. VV Vorb. 3.3.3 S. 2) i.V.m. § 18 Abs. 1 Nr. 11.[114]

128 Da für die Eintragung in das Grundbuch neben den grundbuchrechtlichen Voraussetzungen auch die jeweiligen Voraussetzungen der Zwangsvollstreckung vorliegen müssen, gilt die Tätigkeit des Anwalts diesen gesamten Bereich ab, also von der Beantragung der Vollstreckungsklausel, der Zustellung des Titels über den Eintragungsantrag und die Verteilung der Forderungen gemäß § 867 Abs. 2 ZPO bis hin zur Entgegennahme der Eintragungsbekanntmachung (§ 55 GBO).[115]

---

111 Hansens/Braun/Schneider/*Volpert*, Teil 18 Rn 156; Gerold/Schmidt/*Müller-Rabe*, RVG, VV 3333 Rn 15 *Hartmann*, KostG, RVG VV 3333 Rn 2.
112 Gerold/Schmidt/*Müller-Rabe*, RVG, VV 3333 Rn 9.
113 Hansens/Braun/Schneider/*Volpert*, Teil 18 Rn 157.
114 *Enders*, JurBüro 2015, 281.
115 So auch *Enders*, JurBüro 2015, 281.

2. Tätigkeiten außerhalb des Eintragungsverfahrens

Tätigkeiten, die außerhalb des normalen Eintragungsverfahrens liegen, werden von der Gebühr nicht erfasst, so dass der Anwalt dafür eine gesonderte Gebühr erhält. Das kann z.B. eine Geschäftsgebühr VV 2300, 2301 sein.[116] Zu den Tätigkeiten außerhalb des Eintragungsverfahren zählen: der Antrag auf Berichtigung des Grundbuchs gemäß § 14 GBO, die Beibringung eines Erbscheines gemäß § 792 ZPO, die Herbeiführung behördlicher Genehmigungen, die Löschung der Hypothek (siehe dazu auch Rdn 130).[117] *Enders*[118] weist darauf hin, dass in einem gerichtlichen Verfahren (z.B. § 14 GBO) eher Gebühren nach Teil 3 VV anfallen werden. Das erscheint dann zutreffend, wenn davon ausgegangen wird, dass Grundbucheintragungsverfahren **Zivilsachen** i.S.d. Überschrift zu Teil 3 VV sind (§ 13 GVG). Ob insbesondere die 0,8-Verfahrensgebühr VV 3101 Nr. 3 entsteht,[119] hängt darüber hinaus davon ab, welchen Auftrag der Rechtsanwalt erhalten hat. Die Erteilung eines Zeugnisses gemäß § 17 Abs. 2 ZVG wird gemäß Anm. Nr. 1 zu VV 3311 gesondert vergütet.[120]

129

3. Löschung der Hypothek

a) Besondere Angelegenheit

Wird der Rechtsanwalt auch im Verfahren auf Löschung der Hypothek tätig, dürfte für den Rechtsanwalt, der im Verfahren auf Eintragung der Hypothek tätig war, eine neue Angelegenheit gegeben sein. Zwar bestimmt § 19 Abs. 2 Nr. 6, dass die Aufhebung einer Vollstreckungsmaßnahme gebührenrechtlich zu der Vollstreckungsmaßnahme (hier: Eintragung der Hypothek) gehört, also mit der dort verdienten Gebühr abgegolten wird. *Enders*[121] weist aber zu Recht darauf hin, dass jedenfalls nach dem Wortlaut § 19 Abs. 2 nur für Maßnahmen nach § 18 Abs. 1 Nr. **1 und 2**, nicht aber für die nach § 18 Abs. 1 **Nr. 11** gilt. Welche Gebühr der an das Grundbuchamt gerichtete Antrag auf Löschung auslöst, hängt von dem Auftrag des Rechtsanwalts ab.

130

b) Treuhandauftrag an Notar

Erteilt der Rechtsanwalt des Gläubigers dem mit der Beurkundung und der Abwicklung eines Grundstücksübertragungsvertrages befassten Notar den **Treuhandauftrag**, die überreichte Löschungsbewilligung des Gläubigers zur Löschung der Sicherungshypothek nur zu verwenden, wenn sichergestellt ist, dass die der Hypothek zugrunde liegende Forderung aus dem Erlös befriedigt wird, erhält der Rechtsanwalt hierfür eine gesonderte Gebühr VV 2300, 2301 (zur Gebühr des Notars vgl. Nr. 22201 KV GNotKG).[122]

131

4. Beschwerde

Wie sich aus der Regelung in Abs. 1 Nr. 11 ergibt, gehört die Eintragung einer Zwangshypothek gebührenrechtlich zur Zwangsvollstreckung (vgl. auch VV Vorb. 3.3.3 S. 2). Aus diesem Grunde findet bei einem **Rechtsmittel** gegen die Eintragung oder deren Ablehnung (Grundbuchbeschwerde gemäß § 71 GBO) daher VV 3500 Anwendung.[123]

132

5. Gegenstandswert

Der **Gegenstandswert** ergibt sich aus § 25 Nr. 1.

133

---

116 Gerold/Schmidt/*Müller-Rabe*, RVG, VV 3309 Rn 281; Hansens/Braun/Schneider/*Volpert*, Teil 18 Rn 160.
117 OLG Stuttgart NJW 1970, 1692; Gerold/Schmidt/*Müller-Rabe*, RVG, VV 3309 Rn 27 und 281; Hansens/Braun/Schneider/*Volpert*, Teil 18 Rn 160; *Enders*, JurBüro 2015, 281; wohl auch Mayer/Kroiß/*Rohn*, RVG, § 18 Rn 84.
118 *Enders*, JurBüro 2015, 281.
119 So *Enders*, JurBüro 2015, 281.
120 LG Stuttgart JurBüro 1997, 106; *Mümmler*, JurBüro 1997, 577.
121 *Enders*, JurBüro 2015, 281.
122 *Enders*, JurBüro 2015, 281.
123 *Mümmler*, JurBüro 1981, 1476; Gerold/Schmidt/*Müller*-Rabe, RVG, VV 3309 Rn 281; Mayer/Kroiß/*Rohn*, RVG, § 18 Rn 85.

XII. Vollstreckung wegen eines Kostenvorschusses gemäß § 887 Abs. 2 ZPO (Abs. 1 Nr. 12)

1. Verhältnis der Verfahren gem. § 887 Abs. 1 und 2 ZPO

134 Erfüllt der Schuldner seine Verpflichtung zur Vornahme einer vertretbaren Handlung nicht, kann der Gläubiger gemäß § 887 Abs. 1 ZPO beim Prozessgericht des ersten Rechtszuges die Ermächtigung beantragen, die geschuldete Handlung auf Kosten des Schuldners vornehmen zu lassen. Zugleich, aber auch später, kann er gemäß § 887 Abs. 2 ZPO beantragen, den Schuldner zur Vorauszahlung der voraussichtlichen Kosten der Ersatzvornahme zu verurteilen.

135 Jede dieser vom Anwalt erbrachten Tätigkeiten stellt eine Vollstreckungshandlung gemäß VV 3309 dar, wobei die Gebühr aber nur einmal entsteht, auch wenn mehrere dieser Tätigkeiten vorgenommen werden (§ 18 Abs. 1 Nr. 1). Das Ermächtigungsverfahren nach § 887 Abs. 1 ZPO und das Verfahren zur Verurteilung des Schuldners zur Vorauszahlung der Kosten, die durch die Vornahme der Handlung entstehen werden, bilden **dieselbe Angelegenheit** im Rahmen der Zwangsvollstreckung.[124]

136 Das Verfahren nach § 887 Abs. 2 ZPO auf **Vollstreckung** der Entscheidung, durch die der Schuldner zur Vorauszahlung der Kosten, die durch die Vornahme einer Handlung entstehen, verurteilt wird, ist nach Abs. 1 Nr. 12 eine **besondere Angelegenheit**. Je nach Sachlage können auch zusätzlich Gebühren nach VV 3310 oder VV 1003 hinzukommen.

2. Vollstreckung des Kostenvorschusses gem. § 887 Abs. 2 ZPO

137 Ist der Schuldner zur Zahlung eines **Kostenvorschusses** verurteilt worden und muss dieser auf Geldzahlung gerichtete Titel **vollstreckt** werden, erhält der Anwalt für seine insoweit entfaltete Tätigkeit eine weitere Gebühr gemäß VV 3309 i.V.m. § 18 Abs. 1 Nr. 12. Die Vollstreckung der Entscheidung, durch die der Schuldner zur Vorauszahlung der Kosten verurteilt worden ist, kann durch alle Vollstreckungsmaßnahmen erfolgen, die der Beitreibung dieser Geldforderung dienen. Es kann also z.B. dem Gerichtsvollzieher ein Vollstreckungsauftrag erteilt oder der Erlass eines Pfändungs- und Überweisungsbeschlusses beantragt werden.

138 Ob seine diesbezüglichen Tätigkeiten sodann eine oder mehrere Angelegenheiten darstellen, bestimmt sich wiederum nach § 18 Abs. 1 Nr. 1 i.V.m. § 19 Abs. 1 S. 2 Nr. 9, 12, 13, 16 und § 19 Abs. 2. Muss beispielsweise eine Sach- und eine Forderungspfändung durchgeführt werden, verlaufen beide ergebnislos und wird dann das Verfahren auf Abnahme der Vermögensauskunft betrieben, erhält der Anwalt zweimal die Gebühr gemäß VV 3309 i.V.m. § 18 Abs. 1 Nr. 12 und einmal die Gebühr gemäß VV 3309 i.V.m. § 18 Abs. 1 Nr. 16.

3. Vorschussnachforderung

139 Stellt sich bei Durchführung der Ersatzvornahme heraus, dass der Vorschuss nicht ausreicht, und wird deshalb ein **weiterer Vorschuss** beantragt, stellt diese Nachforderung keine neue Angelegenheit, sondern die Fortsetzung des ersten Antrags dar. Deshalb ist auch die Vollstreckung aus einem solchen ergänzenden Beschluss keine neue Angelegenheit. Auch die **Rückzahlung** eines unverbrauchten Vorschusses an den Schuldner ist noch zu derselben Angelegenheit zu rechnen.

4. Mehrere Schuldner

140 Sind mehrere als **Gesamtschuldner** zur Zahlung des Kostenvorschusses verurteilt worden, entspricht die Zahl der Schuldner der Zahl der gebührenrechtlichen Angelegenheiten.[125] Jeder gegen einen von mehreren Schuldnern gerichteter Antrag gemäß § 887 Abs. 2 ZPO gilt als besondere Angelegenheit.

---

[124] Gerold/Schmidt/*Müller-Rabe*, RVG, VV 3309 Rn 265; Hansens/Braun/Schneider/*Volpert*, Teil 18 Rn 161.
[125] BGH AnwBl 2006, 856 = BB 2006, 2328; OLG Karlsruhe JVBl 1965, 113; Mayer/Kroiß/*Rohn*, RVG, § 18 Rn 89; Gerold/Schmidt/*Müller-Rabe*, RVG, VV 3309 Rn 268.

5. Gegenstandswert

Zum **Gegenstandswert** vgl. die Kommentierung zu § 25 (siehe § 25 Rdn 67 f.). 141

XIII. Verfahren zur Ausführung der Zwangsvollstreckung auf Vornahme einer Handlung durch Zwangsmittel etc. (Abs. 1 Nr. 13)

1. Familiensachen

Die für Familiensachen maßgeblichen Bestimmungen finden sich in Abs. 1 Nr. 21 und in Abs. 2 Nr. 2 (siehe Rdn 225 ff.). 142

2. Verfahren

Erfüllt der Schuldner seine Verpflichtung zur Vornahme einer unvertretbaren Handlung nicht, kann der Gläubiger gemäß **§ 888 Abs. 1 ZPO** beim Prozessgericht des ersten Rechtszuges Antrag auf Verhängung von Zwangsmitteln (Zwangsgeld oder Zwangshaft) stellen. Die Zwangsvollstreckung aus dem Beschluss erfolgt ebenfalls nur auf Antrag des Gläubigers. Zwangsgeld wird wie eine normale Geldforderung vollstreckt, jedoch erhält das Zwangsgeld die Staatskasse, nicht der Gläubiger. Die Vollstreckung der Zwangshaft erfolgt gemäß §§ 904 bis 913 ZPO. 143

3. Mehrere Zwangsmittelverfahren

Der Anwalt erhält die besondere Gebühr nach VV 3309 i.V.m. § 18 Abs. 1 Nr. 13 für das Betreiben des gesamten Verfahrens, von der Androhung, einen Antrag auf Festsetzung von Zwangsmitteln zu stellen, über den Antrag selbst bis zur Vollstreckung einschließlich.[126] Nimmt der Schuldner auch nach Vollstreckung eines ersten Zwangsmittels die Handlung nicht vor, kann erneut ein Zwangsmittel festgesetzt werden. Diese **weiteren Zwangsmittelverfahren** stellen mit dem ersten eine **einzige Angelegenheit** dar, weil das Verfahren erst mit der Vornahme der Handlung durch den Schuldner beendet ist; der Anwalt erhält die Gebühr daher nur einmal.[127] 144

4. Eidesstattliche Versicherung

Da die Abgabe der eidesstattlichen Versicherung nach materiellem Recht (nicht die vollstreckungsrechtliche gemäß § 883 Abs. 3 S. 2, § 883 Abs. 2 S. 2 ZPO) ebenfalls eine unvertretbare Handlung darstellt, verweist **§ 889 Abs. 2 ZPO** für den Fall, dass der Schuldner im Termin nicht erscheint oder die eidesstattliche Versicherung nicht abgibt, auf die Vorschrift des § 888 ZPO. Daher ist Abs. 1 Nr. 13 auf das Verfahren gemäß § 889 Abs. 2 ZPO anzuwenden.[128] 145

Dies gilt aber auch für das Verfahren gemäß **§ 889 Abs. 1 ZPO**. Zwar wird nur in § 889 Abs. 2 ZPO auf § 888 ZPO verwiesen und das Verfahren gemäß § 889 Abs. 1 ZPO stellt noch gar keine Zwangsvollstreckung dar.[129] Gebührenrechtlich ist das Antragsverfahren gemäß § 889 Abs. 1 ZPO jedoch schon Zwangsvollstreckung, weil es diese vorbereitet und notwendige Vorbereitungshandlungen gebührenrechtlich schon zur Zwangsvollstreckung gehören.[130] 146

---

126 Vgl. OLG Naumburg AGS 2015, 523; OLG Karlsruhe, Beschl. v. 23.10.2015 – 14 W 85/15, juris.

127 LG Mannheim Rpfleger 2008, 160 = AGS 2008, 72; Gerold/Schmidt/*Müller-Rabe*, RVG, VV 3309 Rn 290; Hk-ZV/*Bendtsen*, § 888 Rn 45; Hansens/Braun/Schneider/*Volpert*, Teil 18 Rn 164; a.A. Mayer/Kroiß/*Rohn*, RVG, § 18 Rn 93; Hartung/*Römermann*, RVG, § 18 Rn 76.

128 Gerold/Schmidt/*Müller-Rabe*, RVG, VV 3309 Rn 288; Hansens/Braun/Schneider/*Volpert*, Teil 1 Rn 165;

Mayer/Kroiß/*Rohn*, RVG, § 18 Rn 94; Zöller/*Stöber*, § 889 Rn 6.

129 H.M., vgl. OLG Düsseldorf Rpfleger 1993, 494; LG Heilbronn Rpfleger 1995, 123; MüKo-ZPO/*Gruber*, § 889 ZPO Rn 7; Musielak/*Lackmann*, § 889 Rn 5; Zöller/*Stöber*, § 889 Rn 2, 4.

130 *Hansens*, JurBüro 1986, 825, 827; Hansens/Braun/Schneider/*Volpert*, Teil 1 Rn 165.

147 Erscheint der Schuldner daher im Termin zur Abgabe der eidesstattlichen Versicherung und gibt er diese ab, erhält der Anwalt eine Gebühr gemäß VV 3309 i.V.m. § 18 Abs. 1 Nr. 13 ebenso wie in dem Fall, dass der Schuldner sie nicht abgibt.[131] Allerdings ist die Gebühr in dem Falle, dass der Schuldner im Termin die eidesstattliche Versicherung abgibt, wegen der Bestimmung des § 261 Abs. 2 BGB nicht erstattungsfähig.[132] Für das Verfahren gemäß § 889 Abs. 2 ZPO hingegen findet nicht § 261 Abs. 2 BGB Anwendung, sondern § 788 ZPO.[133]

5. Gegenstandswert

148 Zum **Gegenstandswert** vgl. die Kommentierung zu § 25 (siehe § 25 Rdn 64 ff.).

XIV. Jede Verurteilung zu einem Ordnungsgeld gemäß § 890 Abs. 1 ZPO (Abs. 1 Nr. 14)

1. Angelegenheit

149 Verstößt der Schuldner gegen eine titulierte Unterlassungs- oder Duldungsverpflichtung, kann gegen ihn gemäß § 890 Abs. 1 ZPO nach vorheriger Androhung ein Ordnungsmittel festgesetzt werden. Die Vollstreckung eines Ordnungsmittelbeschlusses findet von Amts wegen statt (§ 1 Abs. 1 Nr. 3 JBeitrO).

150 War die Androhung von Ordnungsgeld bereits im Urteil erfolgt, gehört die insoweit vom Anwalt entfaltete Tätigkeit zum Rechtszug; sie wird daher von der Verfahrensgebühr des Erkenntnisverfahrens abgedeckt.[134] Wird ein Ordnungsmittel erst nachträglich durch gesonderten Beschluss angedroht (vgl. § 19 Abs. 2 Nr. 5), stellt dies bereits den Beginn der Zwangsvollstreckung dar und entsteht für den hier tätigen Rechtsanwalt bereits die Gebühr VV 3309.[135]

151 Kommt es dann zu einer Verurteilung des Schuldners zu einem Ordnungsgeld, wird der Antrag zurückgewiesen oder erledigt sich das Verfahren vor Erlass einer Entscheidung auf andere Weise, erhält der Rechtsanwalt für seine gesamten in diesem Verfahren entfalteten Tätigkeiten, angefangen von dem Antrag auf Androhung der Ordnungsmittel (vgl. dazu § 19 Rdn 208)[136] bis zur Entscheidung des Gerichts über die Verhängung von Ordnungsmitteln, Gebühren nach VV 3309, 3310 i.V.m. § 18 Abs. 1 Nr. 14.[137] Daneben gilt das Verfahren nach § 890 Abs. 3 ZPO – Verurteilung zur Bestellung einer Sicherheit – nach Nr. 15 als weitere besondere Angelegenheit.

152 Das bedeutet zusammengefasst Folgendes (vgl. auch § 19 Rdn 208):
– Die im Duldungs- bzw. Unterlassungsurteil des Prozessverfahrens ausgesprochene Androhung des Ordnungsgeldes bzw. der Ordnungshaft ist für den Rechtsanwalt des Prozessverfahrens mit den Gebühren des Rechtszugs abgegolten, § 19 Abs. 1 S. 1.
– Ist die Androhung des Ordnungsgeldes bzw. der Ordnungshaft nicht im Duldungs- bzw. Unterlassungsurteil des Prozessverfahrens enthalten und wird der Rechtsanwalt in der Zwangsvollstreckung im Androhungsverfahren nach § 890 Abs. 2 ZPO tätig, entstehen die Gebühren der VV 3309 und ggf. der VV 3310.
– Wird der Rechtsanwalt auch im Verurteilungsverfahren nach § 890 Abs. 1 ZPO tätig, ist eine eventuelle Tätigkeit im Androhungsverfahren nach § 890 Abs. 2 ZPO durch die Gebühren des Verurteilungsverfahrens abgegolten. Für die Tätigkeit des Rechtsanwalts im Androhungsverfahren und im darauffolgenden Verurteilungsverfahren entstehen die Gebühren damit insgesamt nur einmal.

---

131 Gerold/Schmidt/*Müller-Rabe*, RVG, VV 3309 Rn 288; Hansens/Braun/Schneider/*Volpert*, Teil 18 Rn 165; Mayer/Kroiß/*Rohn*, RVG, § 18 Rn 94.
132 BGH NJW 2000, 2113, 2114.
133 BGH NJW 2000, 2113, 2114; Gerold/Schmidt/*Müller-Rabe*, RVG, VV 3309 Rn 288.
134 BGH NJW 1979, 217 = MDR 1979, 116.
135 BGH NJW 1979, 217; OLG Hamm AGS 2014, 518; *Hintzen/Wolf*, Zwangsvollstreckung, Zwangsversteigerung und Zwangsverwaltung, Handbuch, 2006, Rn 7.116.
136 Diese Tätigkeit stellt im Rahmen des Verfahrens nach § 18 Abs. 1 Nr. 14 gemäß § 19 Abs. 2 Nr. 5 keine besondere Angelegenheit dar.
137 Hartung/*Römermann*, RVG, § 18 Rn 81; Gerold/Schmidt/*Müller-Rabe*, RVG, VV 3309 Rn 358; Mayer/Kroiß/*Rohn*, RVG, § 18 Rn 99.

2. Ordnungshaft

Abs. 1 Nr. 14 muss auf jede Verurteilung zu **Ordnungshaft** entsprechend angewendet werden.[138] Eine unterschiedliche Behandlung ist sachlich nicht gerechtfertigt, zumal der Gläubiger in der Regel auch nur einen Antrag auf Verhängung von Ordnungsmitteln stellen wird und das Gericht an den Antrag insoweit nicht gebunden ist, die Entscheidung, ob Ordnungsgeld oder Ordnungshaft zu verhängen ist, vielmehr im Ermessen des Gerichts steht.[139] Wollte man dies anders sehen, würde dies bei Beantragung von Ordnungsgeld und Verhängung von Ordnungshaft dazu führen, dass der Anwalt keine zusätzliche Gebühr enthält.

3. Mehrere Schuldner

Richtet sich das Verfahren gegen **mehrere Schuldner**, bildet das Verfahren gegen jeden Schuldner grundsätzlich (zu einer Ausnahme siehe Rdn 58) eine besondere gebührenrechtliche Angelegenheit.[140]

4. Erneutes Ordnungsmittelverfahren

Kommt es nach einer Verurteilung aufgrund einer erneuten Zuwiderhandlung zu einem **weiteren Ordnungsmittelverfahren**, erhält der Anwalt für dieses neue Verfahren die Gebühren gemäß VV 3309, 3310 erneut. Entsprechendes gilt für weitere Verfahren.

5. Mehrere Verstöße

Hat der Schuldner **mehrfach Verstöße** begangen, bevor eine Entscheidung des Gerichts ergangen ist, und werden wegen dieser mehrfachen Verstöße mehrere Verfahren eingeleitet oder ein bereits eingeleitetes Verfahren hinsichtlich der weiteren Verstöße erweitert, so gilt Folgendes:

Abzustellen ist darauf, dass gemäß Abs. 1 Nr. 14 für „jede Verurteilung" die Gebühren erneut entstehen. Verhängt das Gericht in verschiedenen Verfahren Ordnungsmittel, erwachsen so viele Gebühren, wie es Verfahren gegeben hat. Hat das Gericht getrennte Verfahren zur gemeinschaftlichen Verhandlung und Entscheidung verbunden und in seiner einheitlichen Entscheidung wegen dreier Verstöße jeweils ein eigenes Ordnungsmittel festgesetzt, sind entsprechend viele Gebühren gemäß VV 3309, 3310 erwachsen, nämlich drei. Der Anwalt kann jedoch wählen, ob er diese vor der Verbindung entstandenen drei Verfahrensgebühren geltend macht oder nur eine aus dem zusammengerechneten Wert der verbundenen Verfahren;[141] soweit eine Terminsgebühr nach Verbindung erwachsen ist, entsteht diese wegen der Verbindung nur einmal. Hat das Gericht hingegen wegen mehrfacher Verstöße nur ein einziges Ordnungsmittel verhängt, weil es von einer natürlichen Handlungseinheit ausgegangen ist, erhält der Anwalt die Gebühren gemäß VV 3309, 3310 nur einmal.[142] Ein Fortsetzungszusammenhang kommt auch im Zwangsvollstreckungsrecht nicht in Betracht.[143]

6. Gegenstandswert

Zum **Gegenstandswert** vgl. die Kommentierung zu § 25 (siehe § 25 Rdn 64 ff.).

---

138 Mayer/Kroiß/*Ebert*, RVG, § 19 Rn 131; Gerold/Schmidt/*Müller-Rabe*, RVG, VV 3309 Rn 356; *Volpert*, RVGreport 2005, 127, 133.
139 Zöller/*Stöber*, § 890 Rn 17; HK-ZV/*Bendtsen*, § 890 Rn 7.
140 KG AGS 2003, 543 = JurBüro 2004, 46 Gerold/Schmidt/*Müller-Rabe*, RVG, VV 3309 Rn 361.
141 Vgl. BGH AGS 2010, 317 = MDR 2010, 776 und AGS 2010, 590 = Rpfleger 2010, 696; OLG Düsseldorf Rpfleger 2000, 84: Da die drei Gebühren in der Regel höher sind als eine aus den zusammengerechneten Werten, wird der Anwalt die erste Möglichkeit normalerweise vorziehen.
142 OLG München OLGReport München 2005, 599; Gerold/Schmidt/*Müller-Rabe*, RVG, VV 3309 Rn 349; Mayer/Kroiß/*Rohn*, RVG, § 18 Rn 101; a.A. Hartung/*Römermann*, RVG, § 18 Rn 85 – für jeden Antrag; nicht eindeutig OLG Koblenz AGS 2000, 146 = JurBüro 2000, 325.
143 BGH NJW 2009, 921 = MDR 2009, 468.

XV. Verurteilung zur Bestellung einer Sicherheit im Falle des § 890 Abs. 3 ZPO (Abs. 1 Nr. 15)

1. Verfahren gemäß § 890 Abs. 3 ZPO

158 Statt oder neben der Verurteilung des Schuldners zu einem Ordnungsmittel kann der Gläubiger gemäß § 890 Abs. 3 ZPO im Hinblick auf evtl. zukünftige Zuwiderhandlungen und den daraus entstehenden Schaden die Leistung einer Sicherheit durch den Schuldner verlangen. Das Verfahren ist eine besondere Angelegenheit, für das die Gebühren nach VV 3309, 3310 gesondert entstehen, ggf. zusätzlich zu den Gebühren i.V.m. § 18 Abs. 1 Nr. 14. Das Verfahren umfasst die Tätigkeit des Anwalts vom Antrag bis zur Verurteilung; die Rückgabe der Sicherheit gemäß § 109 ZPO gehört zum Rechtszug (§ 19 Abs. 1 S. 2 Nr. 7) und wird damit von der Gebühr umfasst.[144]

2. Vollstreckung der Sicherheitsleistung

159 Der auf Leistung einer bestimmten Sicherheit (z.B. Hinterlegung von Geld oder Wertpapieren, Bürgschaft) lautende Beschluss wird durch den Gläubiger gemäß § 887 ZPO **vollstreckt**. Hierfür erhält der Anwalt noch zusätzlich die Gebühren nach VV 3309, ggf. auch noch die weiteren nach VV Teil 3 Abschnitt 3 Unterabschnitt 3 i.V.m. § 18 Abs. 1 Nr. 12.

3. Gegenstandswert

160 Der **Gegenstandswert** bemisst sich nach der Höhe des voraussichtlichen Schadens und ist gemäß § 3 ZPO zu schätzen.

XVI. Vermögensauskunft (§§ 802f und 802g ZPO; Abs. 1 Nr. 16); eidesstattliche Versicherung (§§ 836 Abs. 3 S. 2, 883 Abs. 2 ZPO); Auskunftsrechte des Gerichtsvollziehers (§ 802l ZPO)

1. Abnahme der Vermögensauskunft (§§ 802f und 802g ZPO)

a) Reform der Sachaufklärung

161 Die Vermögensauskunft gem. §§ 802f und 802g ZPO setzt anders als die frühere eidesstattliche Versicherung **keinen fruchtlosen Vollstreckungsversuch** voraus (vgl. § 807 Abs. 1 ZPO a.F.).[145] Die Vermögensauskunft ermöglicht es dem Gläubiger einer titulierten Geldforderung, bereits vor der Einleitung konkreter Vollstreckungsmaßnahmen Informationen über das Vermögen des Schuldners zu erlangen.

b) Verfahren

162 **aa) Aufträge.** Gemäß § 802a Abs. 2 S. 1 Nr. 2 ZPO kann der Gläubiger den Gerichtsvollzieher bereits zu Beginn der Zwangsvollstreckung beauftragen, dem Schuldner die Vermögensauskunft (§ 802c ZPO; Selbstauskunft) abzunehmen.[146] Das Verfahren über die Abnahme der Vermögensauskunft des Schuldners ist in **§ 802f ZPO** geregelt. Zur Auskunftserteilung hat der Schuldner alle ihm gehörenden Vermögensgegenstände in einem Vermögensverzeichnis anzugeben, dessen Richtigkeit vom Schuldner an Eides statt zu versichern ist (§ 802c Abs. 3 ZPO). Der Gläubiger kann den Gerichtsvollzieher **isoliert** mit der Abnahme der Vermögensauskunft beauftragen (§ 802a Abs. 2 S. 1 Nr. 2 ZPO). Das ist dann im Vollstreckungsauftrag genau anzugeben (§ 802a Abs. 2 S. 2 ZPO). Darüber hinaus kann der Auftrag zur Abnahme der Vermögensauskunft auch mit anderen Aufträgen

---

144 Gerold/Schmidt/*Müller-Rabe*, RVG, VV 3309 Rn 347; Mayer/Kroiß/*Rohn*, RVG, § 18 Rn 106; a.A. Hartung/ *Römermann*, RVG, § 18 Rn 89 – die dort in Fn 45 angeführten Zitate stehen für die gegenteilige Auffassung.

145 BT-Drucks 16/10069, S. 25; HK-ZV/*Sternal*, § 802c ZPO Rn 15.

146 BT-Drucks 16/10069, S. 25; HK-ZV/*Sternal*, § 802c ZPO Rn 15.

kombiniert werden (vgl. z.B. § 807 ZPO). Das folgt aus der Aufzählung in § 802a Abs. 2 ZPO, die dem regelmäßigen Vollstreckungsablauf folgt.[147]

Macht der Gläubiger glaubhaft, dass sich die Vermögensverhältnisse des Schuldners wesentlich verbessert haben, kann auch innerhalb der Sperrfrist von zwei Jahren seit der Abgabe der Vermögensauskunft gemäß **§ 802d ZPO** erneut deren Abnahme beantragt werden.

bb) Haftbefehl. Auf Antrag des Gläubigers erlässt das Gericht gegen den Schuldner, der dem Termin zur Abgabe der Vermögensauskunft unentschuldigt fernbleibt oder die Abgabe der Vermögensauskunft gemäß § 802c ZPO ohne Grund verweigert, gemäß **§ 802g ZPO** zur Erzwingung der Abgabe einen **Haftbefehl**.

c) Besondere Angelegenheit

Das in §§ 802f und 802g ZPO geregelte Verfahren auf Abnahme der Vermögensauskunft stellt eine **besondere Angelegenheit** dar. Der Rechtsanwalt, der die Abnahme der Vermögensauskunft beantragt (§§ 802c ff. ZPO), verdient also die Gebühren nach VV 3309 f. sowie die Postentgeltpauschale VV 7002 besonders.

Die Angelegenheit „Vermögensauskunft" umfasst die gesamten Tätigkeiten des Anwalts im Rahmen der Abnahme der Vermögensauskunft, also insbesondere
- den Antrag an den Gerichtsvollzieher auf Abnahme der Vermögensauskunft,
- die vorherige Einsicht in das **Schuldnerverzeichnis** (§ 882f ZPO) vor Stellung des Antrags auf Abnahme der Vermögensauskunft (vgl. Rdn 177 ff.),
- Tätigkeiten im Rahmen der **gütlichen Erledigung** gemäß § 802b ZPO durch den Gerichtsvollzieher (vgl. § 802a Abs. 2 S. 2, Abs. 2 S. 1 Nr. 1 ZPO), insbesondere die Prüfung des vom Gerichtsvollzieher festgesetzten Zahlungsplans und des Vollstreckungsaufschubs oder der Widerspruch gegen den Zahlungsplan (§ 802b Abs. 2 ZPO),[148]
- die Entgegennahme der **Bestimmung des Termins** zur Abnahme der Vermögensauskunft (§ 802f Abs. 4 S. 2 ZPO),
- die Wahrnehmung des Termins zur Abnahme der Vermögensauskunft – hierfür fällt allerdings die **Terminsgebühr** VV 3310 an,
- die etwaige Kenntnisnahme vom **Widerspruch** des Schuldners gegen die sofortige Abnahme der Vermögensauskunft bzw. die Stellungnahme dazu (§ 807 Abs. 2 ZPO; der Gläubiger kann der Sofortabnahme nicht mehr widersprechen[149]),
- den Antrag auf Erlass eines **Haftbefehls** – das ergibt sich aus der Nennung von § 802g ZPO in Nr. 17,[150]
- den **Verhaftungsauftrag**,[151]
- die Prüfung des vom Gerichtsvollzieher nach dessen Hinterlegung beim zentralen Vollstreckungsgericht nach § 802k Abs. 1 ZPO dem Anwalt gemäß § 802f Abs. 6 S. 1 ZPO zugeleiteten Ausdrucks des **Vermögensverzeichnisses**,
- die Übersendung des Protokolls an den Mandanten,
- die Nachbesserung oder Ergänzung des Vermögensverzeichnisses (siehe Rdn 211 ff.).

d) Mehrere Schuldner

Wird die Abnahme der Vermögensauskunft von mehreren (Gesamt-)Schuldnern aufgrund eines einheitlichen Antrags und desselben Vollstreckungstitels beantragt, liegt gleichwohl für jeden Schuldner eine eigenständige gebührenrechtliche Angelegenheit vor.[152]

---

147 BT-Drucks 16/10069, S. 24.
148 So auch Musielak/*Voit*, ZPO, § 802b Rn 8.
149 BT-Drucks 16/10069, S. 34.
150 So auch *Enders*, JurBüro 2013, 1, 5; HK-ZV/*Sternal*, § 802g ZPO Rn 43.
151 So auch *Enders*, JurBüro 2013, 1, 5; HK-ZV/*Sternal*, § 802g ZPO Rn 43.
152 Gerold/Schmidt/*Müller-Rabe*, RVG, VV 3309 Rn 373.

e) Nachbesserung/Ergänzung der Vermögensauskunft

168 Die **Nachbesserung/Ergänzung** eines im Rahmen der Vermögensauskunft[153] abgegebenen Vermögensverzeichnisses ist lediglich die Fortsetzung des alten Verfahrens und löst daher keine neuen Gebühren aus.[154] Die Tätigkeit im Nachbesserungsverfahren ist daher mit den Gebühren des Verfahrens auf Abnahme der Vermögensauskunft abgegolten. War der Rechtsanwalt, der den Antrag auf Nachbesserung oder Ergänzung stellt, im Verfahren auf Abnahme der Vermögensauskunft allerdings noch nicht tätig, löst die Tätigkeit im Nachbesserungsverfahren die Gebühren VV 3309 f. aus. Die **erneute Vermögensauskunft gemäß § 802d ZPO** stellt hingegen eine neue Angelegenheit dar, so dass die gesonderten Gebühren gemäß VV 3309, 3310 erneut entstehen.[155]

2. Erneute Vermögensauskunft (§ 802d ZPO)

a) Verfahren

169 Ein Schuldner, der die Vermögensauskunft nach § 802c ZPO oder nach § 284 AO innerhalb der letzten zwei Jahre abgegeben hat, ist zur erneuten Abgabe gemäß § 802d Abs. 1 S. 1 ZPO nur verpflichtet, wenn ein Gläubiger Tatsachen glaubhaft macht, die auf eine wesentliche Veränderung der Vermögensverhältnisse des Schuldners schließen lassen. Liegen diese Voraussetzungen nicht vor, leitet der Gerichtsvollzieher dem Gläubiger auf dessen Antrag auf Abnahme der Vermögensauskunft gemäß § 802d Abs. 1 S. 2 ZPO unverzüglich einen **Ausdruck des letzten abgegebenen Vermögensverzeichnisses** zu und unterrichtet hiervon den Schuldner (§ 802d Abs. 1 S. 4 ZPO).[156]

170 Ferner belehrt der Gerichtsvollzieher den Schuldner nach Zuleitung des Ausdrucks des Vermögensverzeichnisses an den Gläubiger gemäß § 802d Abs. 1 S. 4 ZPO über die Möglichkeit der **Eintragung in das Schuldnerverzeichnis**. Diese erfolgt gemäß § 882c Abs. 1 Nr. 2 und 3 ZPO, wenn eine Vollstreckung nach dem Inhalt des Vermögensverzeichnisses offensichtlich nicht geeignet wäre, zu einer vollständigen Befriedigung des Gläubigers zu führen, dem die erteilte Auskunft zugeleitet wurde, oder der Schuldner dem Gerichtsvollzieher nicht innerhalb eines Monats nach Bekanntgabe der Zuleitung nach § 802d Abs. 1 S. 2 ZPO die vollständige Befriedigung des Gläubigers nachweist, dem die erteilte Auskunft zugeleitet wurde.

b) Angelegenheit

171 Folgende Fälle sind bei der Beurteilung der gebührenrechtlichen Angelegenheit im Rahmen von § 802d ZPO zu unterscheiden:

172 **aa) Rechtsanwalt eines Drittgläubigers.** Beantragt der Anwalt beim Gerichtsvollzieher unter Beifügung des Vollstreckungstitels die Abnahme der Vermögensauskunft und stellt der Gerichtsvollzieher im Vermögensverzeichnisregister (§ 802k ZPO) fest, dass der Schuldner diese innerhalb der letzten zwei Jahre bereits abgegeben hat, leitet er dem Anwalt des **Drittgläubigers** gemäß § 802d Abs. 1 S. 2 ZPO einen Ausdruck des letzten abgegebenen Vermögensverzeichnisses zu, wenn keine wesentliche Veränderung der Vermögensverhältnisse des Schuldners glaubhaft gemacht worden ist.[157]

173 Für den Antrag auf Abnahme der Vermögensauskunft entsteht die Verfahrensgebühr VV 3309, die nicht dadurch wieder wegfällt, dass sich herausstellt, dass der Schuldner die Vermögensauskunft bereits abgegeben hat.[158] Ergibt das vom Gerichtsvollzieher übersandte Vermögensverzeichnis eine **Vollstreckungsmöglichkeit** und erteilt der Anwalt des Drittgläubigers deshalb **anschließend einen Vollstreckungsauftrag**, entsteht hierfür die Verfahrensgebühr VV 3309 **erneut**.

---

153 Zur Zulässigkeit vgl. HK-ZV/*Sternal*, § 802d ZPO Rn 16 ff.
154 So auch *Enders*, JurBüro 2013, 1, 5; HK-ZV/*Sternal*, § 802d ZPO Rn 28; Gerold/Schmidt/*Müller-Rabe*, RVG, VV 3309 Rn 371.
155 So auch *Enders*, JurBüro 2013, 1, 4; HK-ZV/*Sternal*, § 802d ZPO Rn 26; Gerold/Schmidt/*Müller-Rabe*, RVG, VV 3309 Rn 372; Hansens/Braun/Schneider/*Volpert*, Teil 18 Rn 170; Mayer/Kroiß/*Rohn*, RVG, § 18 Rn 111.
156 Vgl. dazu HK-ZV/*Sternal*, § 802d ZPO Rn 13 ff.
157 Gebühr des Gerichtsvollziehers Nr. 261 KV GvKostG.
158 So auch *Enders*, JurBüro 2013, 1, 5; *Enders*, JurBüro 2012, 633, 639.

Der Antrag auf Abnahme der Vermögensauskunft hat ein Verfahren auf deren Abnahme eingeleitet, das **eine besondere Angelegenheit** i.S.v. Nr. 16 bildet. Unerheblich ist hierbei, dass der Gerichtsvollzieher vom Schuldner die Vermögensauskunft nicht abgenommen hat, sondern dem Anwalt des Drittgläubigers einen Ausdruck des letzten abgegebenen Vermögensverzeichnisses übersandt hat. Das bereits beim zentralen Vollstreckungsgericht hinterlegte Vermögensverzeichnis kann ein Drittgläubiger nur bekommen, wenn er beim Gerichtsvollzieher **einen Antrag auf Abnahme der Vermögensauskunft stellt**. Ein **Antrag**, der nur auf Erteilung der Abschrift eines Vermögensverzeichnisses gerichtet ist, ist nicht möglich.[159]

174

Kann nur ein Antrag auf Abnahme der Vermögensauskunft gestellt werden, liegt ein zu einer besonderen Angelegenheit führendes Verfahren nach Nr. 16 vor. Das ergibt sich im Übrigen auch daraus, dass der Gerichtsvollzieher den Schuldner gemäß § 802d Abs. 1 S. 4 ZPO von der Übersendung des Ausdrucks des Vermögensverzeichnisses unterrichten und die Eintragung im Schuldnerverzeichnis gemäß § 882c ZPO prüfen muss. Die Übersendung des Ausdrucks des Vermögensverzeichnisses an einen Drittgläubiger gemäß § 802d Abs. 1 S. 2 ZPO kann damit für den Schuldner mit erheblichen Folgen verbunden sein. Weist er nämlich dem Gerichtsvollzieher nicht innerhalb eines Monats nach Bekanntgabe der Zuleitung (§ 802d Abs. 1 S. 2 ZPO) die vollständige Befriedigung des Gläubigers nach, dem die erteilte Auskunft zugeleitet wurde, ordnet der Gerichtsvollzieher gemäß § 882c Abs. 1 Nr. 3 ZPO von Amts wegen die Eintragung des Schuldners in das Schuldnerverzeichnis an. Die Übersendung des Ausdrucks an den Drittgläubiger ist damit den Schuldner belastende Zwangsvollstreckung.[160] Das rechtfertigt es, von einem Verfahren auf Abnahme der Vermögensauskunft i.S.v. Nr. 16 auszugehen.

175

> **Beispiel**: Der Anwalt beauftragt den Gerichtsvollzieher unter Übergabe des Titels mit der Abnahme der Vermögensauskunft. Der Gerichtsvollzieher stellt fest, dass der Schuldner innerhalb der Sperrfrist des § 802d ZPO von zwei Jahren bereits die Vermögensauskunft abgegeben hat und übersendet dem Rechtsanwalt des Drittgläubigers deshalb einen Ausdruck des Vermögensverzeichnisses. Der Rechtsanwalt beauftragt den Gerichtsvollzieher mit der Anfertigung und Zustellung einer Vorpfändung. Anschließend beantragt er beim Vollstreckungsgericht einen Pfändungs- und Überweisungsbeschluss.
> Es liegen zwei verschiedene gebührenrechtliche Angelegenheiten vor. Gegenüber der Forderungspfändung einschließlich der Vorpfändung gemäß § 845 ZPO (vgl. dazu Rdn 82 f.) bildet die Vermögensauskunft nach Nr. 16 eine besondere Angelegenheit.

bb) Anforderung des Vermögensverzeichnisses vom Gerichtsvollzieher. Ist dem Anwalt **bekannt**, dass der Schuldner die Vermögensauskunft bereits innerhalb der Sperrfrist des § 802d ZPO von zwei Jahren abgegeben hat, und beantragt er deshalb für den Drittgläubiger beim Gerichtsvollzieher die **Erteilung einer Abschrift des Vermögensverzeichnisses**, kann dieser Antrag die Gebühr VV 3309 auslösen.[161] Das setzt aber voraus, dass der Gerichtsvollzieher den Antrag – bei Vorliegen der Vollstreckungsvoraussetzungen, also insbesondere bei Übergabe der vollstreckbaren Ausfertigung des Titels – als Antrag auf Abnahme der Vermögensauskunft auslegt, weil es keinen **Antrag** gibt, der nur auf Erteilung der Abschrift eines Vermögensverzeichnisses gerichtet ist (vgl. Rdn 174).[162] Die Gebühr entsteht dann wegen Nr. 16 (Verfahren auf Abnahme der Vermögensauskunft) gesondert, wenn der Inhalt des Vermögensverzeichnisses anschließend z.B. zu einem Mobiliarvollstreckungsauftrag des Anwalts führt (vgl. Rdn 181 ff.).[163]

176

cc) Vorherige Einsicht in das Schuldnerverzeichnis. Auf das **Vermögensverzeichnisregister** (§ 802k ZPO) hat der Anwalt eines **privaten Gläubigers** keinen unmittelbaren Zugriff, weil gemäß § 802k Abs. 2 ZPO nur Gerichtsvollzieher und Vollstreckungsbehörden abrufberechtigt sind (zur Erlangung eines Ausdrucks des Vermögensverzeichnisses durch einen Drittgläubiger vgl. Rdn 172 ff.). Der Anwalt eines privaten Gläubigers kann gemäß § 882f Nr. 1 ZPO nur Einsicht in das ebenfalls beim **zentralen Vollstreckungsgericht**[164] geführte **Schuldnerverzeichnis** nehmen (vgl. dazu Rdn 211 ff.). Aus dem Schuldnerverzeichnis kann der Anwalt allerdings lediglich Anhaltspunkte dafür erlangen, ob der Schuldner die Vermögensauskunft abgegeben hat, vgl. § 882c Abs. 1 Nr. 2 und 3 ZPO. Auch wenn im Schuldnerverzeichnis die Abgabe der Vermögensauskunft eingetra-

177

---

159 Mroß, DGVZ 2012, 169, 174; Harnacke/Bungardt, DGVZ 2013, 1, 4, auch zur Unzulässigkeit der Anfrage beim Gerichtsvollzieher, ob für einen Schuldner ein Vermögensverzeichnis beim ZenVG hinterlegt ist.
160 Vgl. Harnacke/Bungardt, DGVZ 2013, 1, 4.
161 So auch Enders, JurBüro 2013, 1, 5.

162 Mroß, DGVZ 2012, 169, 174; Harnacke/Bungardt, DGVZ 2013, 1, 4; ungenau insoweit Enders, JurBüro 2013, 1, 5, zweiter Abs., re. Spalte.
163 A.A. Enders, JurBüro 2013, 1, 5.
164 www.vollstreckungsportal.de.

gen ist, kann das lediglich ein Anhaltspunkt für die Anwendung von § 802d ZPO sein. Befindet sich **keine Eintragung** im Schuldnerverzeichnis, kann das bedeuten, dass eine Eintragung wegen Zahlung durch den Schuldner im Schuldnerverzeichnis gelöscht ist, das Vermögensverzeichnis aber noch im Vermögensverzeichnisregister hinterlegt ist. Denn die Eintragung im Vermögensverzeichnis wird bei Zahlung nicht gelöscht (vgl. Rdn 206 ff.).

178 Nach Erteilung des Vollstreckungsauftrags fällt bereits für die Einsicht in das Schuldnerverzeichnis die Gebühr VV 3309 an (vgl. dazu Rdn 213 f. m.w.N.). Allerdings wird die Einholung der Auskunft aus dem Schuldnerverzeichnis als vorbereitende Vollstreckungsmaßnahme anzusehen sein und löst deshalb keine gesonderten Gebühren aus, sofern die Vollstreckung anschließend durchgeführt wird.[165] Für die Einsicht in das Schuldnerverzeichnis einerseits und die folgende Vollstreckungsmaßnahme andererseits können daher nicht zwei separate Gebühren in Rechnung gestellt werden (siehe Rdn 212).[166] Es sind folgende Fälle zu unterscheiden:

179 – **Keine Eintragung im Schuldnerverzeichnis, Antrag auf Abnahme der Vermögensauskunft**: Kann der Anwalt dem Schuldnerverzeichnis nicht entnehmen, dass die Vermögensauskunft abgegeben worden ist und beantragt er deshalb die **Abnahme der Vermögensauskunft**, bildet die Einsicht in das Schuldnerverzeichnis als vorbereitende Maßnahme mit dem Verfahren auf Abnahme der Vermögensauskunft dieselbe Angelegenheit. Die Gebühr VV 3309 entsteht insoweit insgesamt einmal, allerdings bereits mit der Einsichtnahme in das Schuldnerverzeichnis.[167]
– **Keine Eintragung im Schuldnerverzeichnis, Vollstreckungsauftrag:** Dasselbe gilt, wenn der Anwalt nach Einsicht im Schuldnerverzeichnis z.B. die **Mobiliarvollstreckung** beantragt.[168]
– **Eintragung im Schuldnerverzeichnis, Anforderung des Vermögensverzeichnisses vom Gerichtsvollzieher**: Zur Zulässigkeit und zur etwaigen Auslegung eines Antrags auf Übersendung eines Ausdrucks des Vermögensverzeichnisses vgl. Rdn 174. Die vorherige Einsicht in das Schuldnerverzeichnis gehört zur Angelegenheit „Verfahren auf Abnahme der Vermögensauskunft" und löst keine separate Gebühr VV 3009 aus; diese entsteht aber bereits mit der Einsichtnahme in das Schuldnerverzeichnis.[169]

180 **dd) Erneute Vermögensauskunft.** Beantragt der Anwalt die erneute Abnahme der Vermögensauskunft, weil sich die Vermögensverhältnisse des Schuldners wesentlich verbessert haben, bildet das Verfahren nach § 802d ZPO eine **neue gebührenrechtliche Angelegenheit**. Die Gebühren gemäß VV 3309, 3310 entstehen erneut.[170]

3. Kombinierter Auftrag

a) Fälle des § 807 ZPO

181 Hat der Anwalt einen **kombinierten Auftrag** (Sachpfändung und Abnahme der Vermögensauskunft) gestellt (vgl. § 807 ZPO), so ist dies dahin zu verstehen, dass der Antrag auf Abnahme der Vermögensauskunft nur bedingt gestellt ist bzw. es sich um einen **Eventualantrag** handelt. Die Bedingung ist, dass die Voraussetzungen zur Abnahme gemäß § 807 ZPO vorliegen. Die gesonderte Gebühr

---

165 *N. Schneider*, AGKompakt 2010, 112; *Volpert*, AGkompakt 2011, 130; so auch AG Lahnstein AGS 2003, 75 = DGVZ 2022, 190.
166 So auch *Enders*, JurBüro 2013, 1, 5; HK-ZV/*Sternal*, § 882f ZPO Rn 11; noch zur Einsicht in das Schuldnerverzeichnis gemäß § 915b ZPO a.F. AG Wuppertal DGVZ 2011, 34; AG Donaueschingen DGVZ 2010, 43; AG Lahnstein AGS 2003, 75 = DGVZ 2022, 190; AG Dortmund DGVZ 1984, 124; AG Freyung MDR 1985, 421; AG München DGVZ 1995, 14; *N. Schneider*, AGkompakt 2010, 112; *Volpert*, AGkompakt 2011, 130; Gerold/Schmidt/*Müller-Rabe*, RVG, VV 3309 Rn 330; Hansens/Braun/Schneider/*Volpert*, Teil 18 Rn 120.
167 So zu § 915b ZPO a.F. AnwK-RVG/*Wolf*, § 18 Rn 86; *N. Schneider*, AGKompakt 2010, 112; *Volpert*, AGkompakt 2011, 130; LG Darmstadt JurBüro 1992, 399; LG Hanau JurBüro 1989, 1552; AG Wuppertal DGVZ 2011, 34; AG Donaueschingen DGVZ 2010, 43; a.A. AG Lahnstein AGS 2003, 75 m. zutr. abl. Anm. *N. Schneider*; LG Detmold JurBüro 1991, 277 = Rpfleger 1990, 391.
168 *N. Schneider*, AGKompakt 2010, 112; *Volpert*, AGkompakt 2011, 130; a.A. zur früheren Rechtslage AnwK-RVG/*Wolf*, 6. Aufl., § 18 Rn 86.
169 So auch *Enders*, JurBüro 2013, 1, 5; so auch zur früheren Rechtslage AnwK-RVG/*Wolf*, 6. Aufl., § 18 Rn 86.
170 So auch *Enders*, JurBüro 2013, 1, 4; HK-ZV/*Sternal*, § 802d ZPO Rn 26; Gerold/Schmidt/*Müller-Rabe*, RVG, VV 3309 Rn 372; Hansens/Braun/Schneider/*Volpert*, Teil 18 Rn 170; Mayer/Kroiß/*Rohn*, RVG, § 18 Rn 111.

fällt also nur an, wenn diese Bedingung erfüllt ist.[171] Für den bedingten Auftrag auf Durchführung des Verfahrens auf Abnahme der Vermögensauskunft entsteht eine besondere Verfahrensgebühr VV 3309 erst dann, wenn die Pfändung durch den Gerichtsvollzieher fruchtlos verläuft oder eine andere der in § 807 ZPO genannten Voraussetzungen für die sofortige Abnahme der Vermögensauskunft vorliegt.[172]

Der Gegenstandswert für die Sachpfändung richtet sich nach § 25 Abs. 1 Nr. 1, der Wert für die Abnahme der Vermögensauskunft nach § 25 Abs. 1 Nr. 4 (höchstens 2.000 EUR).Der Rechtsanwalt erhält im Falle des kombinierten Auftrags (Sachpfändung und Abnahme der Vermögensauskunft) eine besondere Verfahrensgebühr für den zunächst bedingten Antrag auf Abnahme der Vermögensauskunft auch dann, wenn ihm vom Gerichtsvollzieher nach Eintritt der Bedingung lediglich ein Ausdruck der innerhalb der letzten zwei Jahre abgegebenen Vermögensauskunft erteilt wird (vgl. § 802d Abs. 1 S. 2 ZPO). Denn es liegt dann ein zu einer besonderen gebührenrechtlichen Angelegenheit führendes Verfahren auf Abnahme der Vermögensauskunft vor (vgl. dazu Rdn 165).[173] **182**

> **Beispiel 1:** Der Anwalt beauftragt den Gerichtsvollzieher wegen einer Forderung in Höhe von 5.000 EUR mit der Mobiliarvollstreckung. Für den Fall, dass der Schuldner die Durchsuchung verweigert oder der Pfändungsversuch ergibt, dass eine Pfändung voraussichtlich nicht zu einer vollständigen Befriedigung des Gläubigers führen wird, beauftragt der Anwalt den Gerichtsvollzieher mit der Abnahme der Vermögensauskunft. Nachdem die Vollstreckung fruchtlos verlaufen ist, stellt der Gerichtsvollzieher fest, dass der Schuldner innerhalb der Sperrfrist des § 802d ZPO von zwei Jahren bereits die Vermögensauskunft abgegeben hat und übersendet dem Rechtsanwalt des Drittgläubigers deshalb einen Ausdruck des Vermögensverzeichnisses.
> Es liegen zwei verschiedene gebührenrechtliche Angelegenheiten vor. Gegenüber der Mobiliarvollstreckung (Gebühr VV 3309 nach einem Wert in Höhe von 5.000 EUR) bildet die Vermögensauskunft (Gebühr VV 3309 nach 2.000 EUR, § 25 Abs. 1 Nr. 4) nach Nr. 16 eine besondere Angelegenheit.
>
> **Beispiel 2:** Sachverhalt zunächst wie Beispiel 1. Im Rahmen der Mobiliarvollstreckung durch den Gerichtsvollzieher kommt es zu einer gütlichen Erledigung der Sache gemäß § 802b ZPO. Vor Ablauf der festgesetzten Zahlungsfrist (§ 802b Abs. 2 S. 1 ZPO) wird die Forderung vollständig vom Schuldner gezahlt.
> Es liegt nur eine gebührenrechtliche Angelegenheit vor. Für die Mobiliarvollstreckung ist eine Gebühr VV 3309 nach einem Wert in Höhe von 5.000 EUR entstanden. Zu einem Verfahren auf Abnahme der Vermögensauskunft i.S.v. Nr. 16 ist es durch die vorherige Zahlung der Vollstreckungsforderung nicht gekommen.

b) Andere kombinierte Aufträge

Neben dem Kombi-Auftrag nach § 807 ZPO sind auch **weitere kombinierte Aufträge** möglich. Das folgt aus der Aufzählung in § 802a Abs. 2 ZPO, die dem regelmäßigen Vollstreckungsablauf folgt.[174] **183**
– So ist z.B. ein kombinierter Auftrag auf **Abnahme der Vermögensauskunft** (§ 802a Abs. 2 S. 1 Nr. 2 ZPO) und nach deren Abnahme auf **anschließende Pfändung** und Verwertung eines sich aus dem Vermögensverzeichnis ergebenden Vermögensgegenstands (§ 802a Abs. 2 S. 1 Nr. 4 ZPO) denkbar.[175]
– Ferner ist es z.B. möglich, den Gerichtsvollzieher mit der Abnahme der Vermögensauskunft (§ 802a Abs. 2 Nr. 2 ZPO) und für den Fall, dass der Schuldner seiner Pflicht zur Abnahme der Vermögensauskunft nicht nachkommt oder bei einer Vollstreckung in die in der Vermögensauskunft aufgeführten Vermögensgegenstände eine vollständige Befriedigung des Gläubigers voraussichtlich nicht zu erwarten ist, mit der Einholung von **Auskünften Dritter nach § 802l ZPO** zu beauftragen (§ 802a Abs. 2 Nr. 3 ZPO).
– Denkbar ist es beispielsweise auch, den Gerichtsvollzieher mit der **isolierten gütlichen Erledigung** (§ 802b ZPO) und für den Fall ihres Scheiterns mit einer Vollstreckungsmaßnahme wie

---

171 Hansens/Braun/Schneider/*Volpert*, Teil 18 Rn 171; Behr, JurBüro 2000, 178, 185; *Enders*, JurBüro 1999, 1, 2; *Winterstein*, DGVZ 1999, 36, 42; Mayer/Kroiß/ Rohn, RVG, § 18 Rn 107; vgl. auch BGH MDR 2008, 1303 = Rpfleger 2008, 582 = NJW 2008, 3288 = JurBüro 2008, 607.
172 So auch *Enders*, JurBüro 2012, 633, 634 Abschnitt 4.
173 Bejahend zu § 807 ZPO a.F. AnwK-RVG/*Wolf*, § 18 Rn 87; Hansens/Braun/Schneider/*Volpert*, Teil 18 Rn 171.
174 BT-Drucks 16/10069, S. 24; HK-ZV/*Sternal*, § 802a ZPO Rn 6a.
175 BT-Drucks 16/10069, S. 24.

der Abnahme der Vermögensauskunft oder mit der Sachpfändung oder der Forderungspfändung zu beauftragen.

184 Es können auch mehr als zwei Aufträge miteinander kombiniert werden. Bei allen kombinierten Aufträgen erhält der Rechtsanwalt eine weitere Verfahrensgebühr VV 3309 erst, wenn die Voraussetzung für den weiteren Auftrag eingetreten ist und dadurch aus dem Eventualantrag oder bedingt gestellten Auftrag ein unbedingt gestellter Auftrag geworden ist.[176] Ferner ist natürlich Voraussetzung für den Anfall einer weiteren Gebühr, dass die Maßnahmen **verschiedene gebührenrechtliche Angelegenheiten** bilden (vgl. Rdn 33 ff.). Das ist z.B. bei dem mit der **gütlichen Erledigung** verbundenen **Vollstreckungsauftrag** nicht der Fall (vgl. Rdn 74; zum kombinierten Auftrag bei Einholung von **Auskünften Dritter** vgl. Rdn 195 ff.).

185 Die möglichen Aufträge auf **Abnahme der Vermögensauskunft** (§ 802a Abs. 2 S. 1 Nr. 2 ZPO) und auf **anschließende Pfändung** und Verwertung[177] bilden wegen Nr. 16 **verschiedene Angelegenheiten**.[178] Allerdings muss die Vollstreckungsmaßnahme mit Pfändung und Verwertung beginnen, damit eine weitere gebührenrechtliche Angelegenheit entsteht.

> **Beispiel**: Der Anwalt beauftragt den Gerichtsvollzieher wegen einer Forderung in Höhe von 5.000 EUR mit der Abnahme der Vermögensauskunft. Für den Fall, dass sich aus dem Vermögensverzeichnis pfändbare Vermögensgegenstände ergeben, soll der Gerichtsvollzieher die Mobiliarvollstreckung durchführen. Der Gerichtsvollzieher hinterlegt das Vermögensverzeichnis, aus dem sich ein pfändbarer Gegenstand ergibt, beim zentralen Vollstreckungsgericht. Um eine Eintragung im Schuldnerverzeichnis gemäß § 882c Abs. 1 Nr. 3 ZPO zu verhindern, zahlt der Schuldner zwei Tage nach Abnahme der Vermögensauskunft die Vollstreckungsforderung an den Gläubiger und weist dem Gerichtsvollzieher die Zahlung nach. Der Gerichtsvollzieher sendet daraufhin die Vollstreckungsunterlagen an den Gläubiger zurück.
> Die anwaltliche Tätigkeit im Rahmen der Abnahme der Vermögensauskunft hat die Verfahrensgebühr VV 3309 ausgelöst. Der Eventualantrag auf Pfändung und Verwertung ist durch die Feststellung des pfändbaren Gegenstands im Vermögensverzeichnis zu einem unbedingten Antrag geworden. Deshalb ist insoweit eine weitere Verfahrensgebühr VV 3309 angefallen.

c) Gegenstandswert

186 Betrifft ein kombinierter Auftrag die Vermögensauskunft, ist der in § 25 Abs. 1 Nr. 4 vorgeschriebene Höchstwert i.H.v. 2.000 EUR zu beachten. Der Höchstwert gilt aber nur für den die Vermögensauskunft betreffenden Auftrag.

4. Vermögensauskunft und Erzwingungshaft

a) Antrag auf Erlass eines Haftbefehls (§ 802g Abs. 1 ZPO)

187 Beantragt der Rechtsanwalt des Gläubigers zur Erzwingung der Abgabe der Vermögensauskunft gemäß § 802g Abs. 1 ZPO beim Vollstreckungsgericht einen **Haftbefehl**, weil der Schuldner dem Termin zur Abgabe der Vermögensauskunft unentschuldigt ferngeblieben ist oder er die Abgabe der Vermögensauskunft gemäß § 802c ZPO ohne Grund verweigert hat (vgl. § 802g ZPO), bilden das Verfahren auf Abnahme der Vermögensauskunft und das Haftbefehlsverfahren **dieselbe** gebührenrechtliche Angelegenheit, in der die Gebühren nur einmal anfallen.[179] Das ergibt sich schon daraus, das im Wortlaut von Nr. 16 §§ 802f und 802g ZPO das Verfahren auf Abnahme der Vermögensauskunft bilden. Ist der Rechtsanwalt erstmals im Verfahren auf Erlass des Haftbefehls für den Gläubiger tätig, entsteht für diesen Rechtsanwalt mit dem Haftbefehlsantrag die Gebühr VV 3309. Die nachfolgende **Verhaftung** (siehe Rdn 188) bildet allerdings keine besondere Angelegenheit.

---

[176] *Volpert*, RVGreport 2012, 442, 445; so auch *Enders*, JurBüro 2012, 633, 635 und JurBüro 2013, 1; HK-ZV/*Sternal*, § 807 ZPO Rn 23 f.
[177] Vgl. BT-Drucks 16/10069, S. 24.
[178] AG Brake JurBüro 2016, 325.
[179] So auch *Enders*, JurBüro 2013, 1, 4; HK-ZV/*Sternal*, § 802g ZPO Rn 43.

b) Verhaftung (§ 802g Abs. 2 ZPO)

Beantragt der Rechtsanwalt gemäß § 802g Abs. 2 ZPO beim zuständigen Gerichtsvollzieher die Verhaftung des Schuldners,[180] ist das Verhaftungsverfahren für den schon vorher im Rahmen des Verfahrens auf Abnahme der Vermögensauskunft einschließlich Beantragung des Haftbefehls (§ 802g Abs. 1 ZPO) tätigen Rechtsanwalt keine besondere Angelegenheit. Die Gebühr VV 3309 entsteht nicht erneut.[181] Ist der Rechtsanwalt erstmals im Verhaftungsverfahren nach Erlass des Haftbefehls für den Gläubiger tätig, entsteht für diesen Rechtsanwalt für die Tätigkeit im Rahmen der Verhaftung die Gebühr VV 3309.

c) Verhaftungsauftrag und erneute Sachpfändung

In der Praxis wird **mit dem Verhaftungsauftrag** nicht selten ein **Auftrag zur erneuten Sachpfändung verbunden**. Dadurch entsteht nur dann eine erneute Gebühr gemäß VV 3309 für die Sachpfändung, wenn entweder der Gläubiger konkrete Anhaltspunkte für einen zwischenzeitlichen Vermögenserwerb des Schuldners hat oder seit der vorherigen Sachpfändung eine gewisse Zeit verstrichen ist (siehe auch VV 3309 Rdn 217).[182]

Entgegen *Enders*[183] gilt dies auch dann, wenn die vorherige Sachpfändung nicht durchgeführt werden konnte, weil der Schuldner den Zutritt zur Wohnung verweigert hat. Denn in einem solchen Fall stellt die erneute Sachpfändung lediglich die Fortsetzung des bisherigen Vollstreckungsversuchs dar. Die Situation ist insofern nicht anders, als wenn der Gläubiger nach einer Verweigerung des Zutritts eine Durchsuchungsanordnung erwirkt und nunmehr erneut vollstrecken lässt. Geht man von der Entstehung der Gebühr aus, ist diese aber in diesen Fällen nicht erstattungsfähig.[184]

5. Gebühren

a) Verfahrensgebühr

Die Verfahrensgebühr VV 3309 entsteht mit der ersten Tätigkeit nach Erteilung des unbedingten Auftrags des Gläubigers, eine Vermögensauskunft einzuholen (VV Vorb. 3 Abs. 2). Denn sie entsteht nach VV Vorb. 3 Abs. 2 für das Betreiben des Geschäfts einschließlich der Information. Erste Tätigkeit des Rechtsanwalts kann z.B. die Einsicht in das **Schuldnerverzeichnis** (§ 882f ZPO) sein (vgl. Rdn 211 ff.).[185]

Übersendet der Gerichtsvollzieher dem Anwalt gemäß § 802d Abs. 1 S. 2 ZPO einen Ausdruck des Vermögensverzeichnisses nach Abruf aus dem Vollstreckungsportal (§ 802k Abs. 2 ZPO),[186] weil der Schuldner bereits **innerhalb der letzten zwei Jahre** die Vermögensauskunft abgegeben hat (vgl. § 882c Abs. 1 Nr. 2, 3 ZPO), liegt eine die Gebühr VV 3309 auslösende Vollstreckungstätigkeit vor.[187] Auf die mit Beauftragung angefallene Verfahrensgebühr VV 3309 hat es keinen Einfluss, wenn der Gerichtsvollzieher lediglich einen Ausdruck eines bereits abgegebenen Vermögensverzeichnisses übersendet (§ 15 Abs. 4).[188]

b) Terminsgebühr

Zusätzlich zur Verfahrensgebühr VV 3309 erhält der Rechtsanwalt nach der Anm. zu VV 3310 eine 0,3-Terminsgebühr, wenn er in der Vollstreckung an einem Termin zur Abgabe der Vermögensauskunft teilnimmt (siehe VV 3310 Rdn 8 ff.).

---

180 Vgl. HK-ZV/*Sternal*, § 802g ZPO Rn 18.
181 *Enders*, JurBüro 2013, 1, 4; HK-ZV/*Sternal*, § 802g ZPO Rn 43.
182 LG Coburg DGVZ 1996, 158; *Enders*, JurBüro 1999, 1, 3.
183 *Enders*, JurBüro 2013, 1, 4; JurBüro 1999, 1, 3.
184 Vgl. HK-ZV/*Sternal*, § 802g ZPO Rn 43; LG Coburg DGVZ 1996, 158; LG Koblenz DGVZ 1998, 61; AG Beckum DGVZ 2008, 106.
185 So auch *Enders*, JurBüro 2013, 1, 5; HK-ZV/*Sternal*, § 882f ZPO Rn 12.
186 www.vollstreckungsportal.de.
187 So auch *Enders*, JurBüro 2013, 1, 5.
188 So auch *Enders*, JurBüro 2013, 1, 5.

6. Gegenstandswert

194 Der **Gegenstandswert** im Verfahren auf Abnahme der Vermögensauskunft beträgt gemäß § 25 Abs. 1 Nr. 4 höchstens 2.000 EUR (vgl. zum Wert § 25 Rdn 73 ff.).

7. Auskunftsrechte des Gerichtsvollziehers (§ 802l ZPO)

a) Eigenständige Vollstreckungsmaßnahme

195 Kommt der Schuldner seiner Pflicht zur Abgabe der Vermögensauskunft nach § 802c ZPO nicht nach oder ist bei einer Vollstreckung in die im Vermögensverzeichnis aufgeführten Vermögensgegenstände eine vollständige Befriedigung des Gläubigers voraussichtlich nicht zu erwarten, so darf der Gerichtsvollzieher bei den in § 802l ZPO genannten Stellen bestimmte Daten erheben. Die Einholung der Auskünfte Dritter nach § 802l ZPO ist damit gegenüber der Vermögensauskunft des Schuldners (Selbstauskunft) **subsidiär**[189] und setzt gemäß § 802a Abs. 2 S. 1 Nr. 3 ZPO einen entsprechenden **Vollstreckungsauftrag** und die Übergabe der vollstreckbaren Ausfertigung an den Gerichtsvollzieher voraus.

b) Gebührenrechtliche Angelegenheit

196 aa) **Nr. 16 gilt nur für die Vermögensauskunft.** Die Einholung von Auskünften Dritter durch den Gerichtsvollzieher gemäß § 802l ZPO ist im Katalog des § 802a Abs. 2 ZPO wie die Abnahme der Vermögensauskunft gemäß § 802c ZPO als **eigenständige Vollstreckungsmaßnahme** aufgeführt. Allerdings ist gebührenrechtlich nur das Verfahren auf Abnahme der Vermögensauskunft des Schuldners gemäß §§ 802c und 802g ZPO in Nr. 16 als besondere Angelegenheit geregelt worden, die Einholung von Auskünften Dritter gemäß § 802l ZPO hingegen nicht. Nr. 16 erfasst deshalb nicht die Einholung von Drittauskünften gemäß § 802l ZPO.

197 bb) **Keine eigene Vollstreckungsmaßnahme.** Die Einholung von Auskünften Dritter gemäß § 802l ZPO ist deshalb nur unter den Voraussetzungen des § 18 Abs. 1 Nr. 1 eine besondere Angelegenheit. Danach entstehen durch **ungleichartige Vollstreckungsmaßnahmen** regelmäßig verschiedene Angelegenheiten (siehe Rdn 33 ff.). Grundsätzlich bilden die gesamten zu einer bestimmten Vollstreckungsmaßnahme gehörenden, miteinander in einem inneren Zusammenhang stehenden Vollstreckungshandlungen von der Vorbereitung der Vollstreckung bis zur Befriedigung des Gläubigers oder bis zum sonstigen Abschluss der Vollstreckung dieselbe gebührenrechtliche Angelegenheit. Dabei stehen die Vollstreckungshandlungen in einem inneren Zusammenhang, welche die einmal eingeleitete Maßnahme mit **demselben Ziel der Befriedigung** fortsetzen.[190] Mit der Befriedigung ist dabei nicht nur die Befriedigung des Gläubigers im eigentlichen Sinne z.B. durch Erhalt der titulierten Forderung, sondern auch jede **sonstige Beendigung der konkreten Vollstreckungsmaßnahme** zu verstehen (siehe Rdn 36).

198 Die Einholung der Vermögensauskunft des Schuldners (Selbstauskunft) dient der **Sachaufklärung** und der frühzeitigen Informationsbeschaffung des Gläubigers. Nach den Motiven des Gesetzgebers wird die frühzeitige Informationsbeschaffung durch die **ergänzende Einholung von Fremdauskünften** wirkungsvoll gestärkt. Denn das frühere Verfahren der eidesstattlichen Versicherung konnte auch deshalb nicht zufriedenstellen, weil es die Informationsmöglichkeiten des Gläubigers auf Eigenangaben des Schuldners beschränkt hat.[191] Deshalb erhält der Gläubiger die Möglichkeit, schon vor Einleitung von konkreten Vollstreckungsmaßnahmen durch die Vermögensauskunft des Schuldners gemäß § 802c ZPO (= **Selbstauskunft**) Informationen über die Vermögensverhältnisse des Schuldners zu erlangen. Erst wenn die Selbstauskunft unergiebig ist, können auch Informationen von dritter Seite gemäß § 802l ZPO eingeholt werden.[192] Die Einholung von **Fremdauskünften** gemäß § 802l ZPO ist deshalb grundsätzlich **subsidiär** gegenüber der Einholung einer **Selbstauskunft** des Schuldners (Vermögensauskunft gemäß § 802c ZPO).[193]

---

[189] BT-Drucks 16/10069, S. 31; HK-ZV/*Sternal*, § 802l ZPO Rn 2.
[190] Vgl. BGH Rpfleger 2004, 250 = RVGreport 2004, 108; BGH RVGreport 2005, 32; BGH RVGreport 2005, 34.
[191] BT-Drucks 16/10069, S. 20.
[192] BT-Drucks 16/10069, S. 20.
[193] BT-Drucks 16/10069, S. 31; HK-ZV/*Sternal*, § 802l ZPO Rn 2.

Vor diesem Hintergrund spricht viel dafür, dass die Einholung von Drittauskünften gemäß § 802l ZPO nicht als besondere bzw. ungleichartige Vollstreckungsmaßnahme i.S.v. § 18 Abs. 1 Nr. 1, sondern nur als einzelne Vollstreckungshandlung im Rahmen der Sachaufklärung anzusehen ist. Die Drittauskünfte gemäß § 802l ZPO dienen wie die Selbstauskunft des Schuldners gemäß § 802c ZPO der Sachaufklärung bzw. der Informationsbeschaffung des Gläubigers. Beide Maßnahmen dienen damit demselben Befriedigungsziel des Gläubigers. Wenn der Gesetzgeber zudem davon ausgeht, dass die Drittauskünfte der **Ergänzung** der Gläubigerinformationen dienen[194] und gegenüber der Vermögensauskunft des Schuldners gemäß § 802c ZPO **nachrangig** (subsidiär) sind, bleibt für die Annahme einer besonderen Angelegenheit wenig Raum.[195]

199

> **Beispiel**: Der Anwalt beauftragt den Gerichtsvollzieher wegen einer Forderung i.H.v. 5.000 EUR mit der Abnahme der Vermögensauskunft und für den Fall, dass der Schuldner seiner Pflicht zur Abgabe der Vermögensauskunft nach § 802c ZPO nicht nachkommt oder bei einer Vollstreckung in die im Vermögensverzeichnis aufgeführten Vermögensgegenstände eine vollständige Befriedigung des Gläubigers voraussichtlich nicht zu erwarten ist, mit der Einholung von Drittauskünften gemäß § 802l ZPO. Der Schuldner erscheint in dem vom Gerichtsvollzieher anberaumten Termin zur Abnahme der Vermögensauskunft unentschuldigt nicht. Der Gerichtsvollzieher holt die Drittauskünfte ein.

Die kombinierten Aufträge zur Abnahme der Vermögensauskunft und zur anschließenden Einholung von Drittauskünften bilden dieselbe gebührenrechtliche Angelegenheit. Die Gebühr VV 3309 entsteht insgesamt einmal. Allerdings gilt der Höchstwert in § 25 Abs. 1 Nr. 4 nicht, wenn der Gerichtsvollzieher gemäß § 802l ZPO beauftragt wird, Auskünfte der dort genannten Dritten einzuholen. Der Wert richtet sich vielmehr nach § 25 Abs. 1 Nr. 1, so dass die Gebühr VV 3309 nach einem Wert i.H.v. 5.000 EUR zu berechnen ist.

200

c) Drittauskünfte führen zu weiteren Vollstreckungsmaßnahmen

Aus den von den Dritten gemäß § 802l ZPO erteilten Auskünften lassen sich anschließend ggf. weitere Vollstreckungsmöglichkeiten entnehmen. So kann sich z.B. aus der Auskunft des Trägers der gesetzlichen Rentenversicherung der Arbeitgeber des Schuldners ergeben. Wird deshalb vom Anwalt ein Pfändungs- und Überweisungsbeschluss hinsichtlich des Arbeitseinkommens des Schuldners beantragt, entsteht hierdurch gemäß § 18 Abs. 1 Nr. 1 eine neue gebührenrechtliche Angelegenheit. Es handelt sich um eine andere Vollstreckungsmaßnahme mit einem anderen Befriedigungsziel.[196]

201

8. Eidesstattliche Versicherungen

a) §§ 836 Abs. 3 S. 2, 883 Abs. 3 ZPO

Die ZPO sieht auch nach der Ersetzung der eidesstattlichen Versicherung gemäß §§ 807, 899 ZPO a.F. durch die Vermögensauskunft zum 1.1.2013 die Abnahme von eidesstattlichen Versicherungen in der Vollstreckung vor (vgl. §§ 836 Abs. 3 S. 2, 883 Abs. 2 S. 2 ZPO, sog. Hilfsvollstreckung). Für das Verfahren gelten gemäß §§ 836 Abs. 3 S. 4, 883 Abs. 2 S. 3 ZPO u.a. die Vorschriften der §§ 802f Abs. 4, 802g bis 802i und 802j Abs. 1 und 2 ZPO entsprechend.

202

Zu Nr. 17 in der bis zum 31.12.2012 geltenden Fassung ist die Auffassung vertreten worden, dass Nr. 17 auch die Abgabe der eidesstattlichen Versicherung gemäß §§ 836 Abs. 3, 883 Abs. 2 ZPO erfasst.[197] Der Wortlaut von Nr. 17 stand dem nicht entgegen (eidesstattliche Versicherung), nur die ausdrückliche Nennung von §§ 900 und 901 ZPO. Allerdings richtete sich das Verfahren zur Abnahme dieser eidesstattlichen Versicherungen nach §§ 899 ff. ZPO a.F.,[198] was es gerechtfertigt erscheinen ließ, auch die eidesstattlichen Versicherungen gemäß §§ 836 Abs. 3 S. 2, 883 Abs. 2 S. 2 ZPO Nr. 17 zuzuordnen.

203

---

194 BT-Drucks 16/10069, S. 20.
195 A.A. *Enders*, JurBüro 2015, 617; *Enders*, JurBüro 2012, 633, 640; Hartung/Schons/Enders/*Enders*, RVG, 2. Aufl., § 18 Rn 40–42.
196 So auch *Enders*, JurBüro 2015, 617.
197 Vgl. AnwK-RVG/*Wolf*, 6. Aufl., § 18 Rn 84; Mayer/Kroiß/*Rohn*, 5. Aufl, § 18 Rn 106; Zöller/*Stöber*, ZPO, 29. Aufl., § 883 ZPO Rn 14.
198 Vgl. Zöller/*Stöber*, ZPO, 29. Aufl., § 836 ZPO Rn 15 und § 883 ZPO Rn 13.

204 Daran wird jedenfalls im Ergebnis weiter festgehalten werden können. Denn auch §§ 836 Abs. 3 S. 4, 883 Abs. 2 S. 3 ZPO verweisen für die Abnahme der eidesstattlichen Versicherung auf Verfahrensvorschriften der Vermögensauskunft. In den Motiven zu §§ 836, 883 ZPO wird darauf hingewiesen, dass die Neugestaltung der Vermögensauskunft und die Abschaffung eines einheitlichen Offenbarungsverfahrens gemäß § 899 ff. ZPO in §§ 836 und 883 ZPO ergänzende Vorschriften zur Abnahme der eidesstattlichen Versicherung erfordern.[199]

Der **Gegenstandswert** richtet sich nach § 25 Abs. 1 Nr. 2 (vgl. § 25 Rdn 82).

b) Eidesstattliche Versicherung nach materiellem Recht

205 Die materiell-rechtliche eidesstattliche Versicherung ist in Abs. 1 Nr. 13 geregelt (vgl. Rdn 145).

XVII. Schuldnerverzeichnis: Löschung (§ 882e ZPO, Abs. 1 Nr. 17) und Einsicht (§ 882f ZPO); Vermögensverzeichnisregister, Löschung

1. Löschung im Schuldnerverzeichnis (§ 882e ZPO)

a) Vorzeitige Löschung

206 Nach § 882e Abs. 1 S. 1 ZPO wird eine Eintragung im Schuldnerverzeichnis grds. nach Ablauf von drei Jahren seit dem Tag der Eintragungsanordnung von dem zentralen Vollstreckungsgericht (§ 882h Abs. 1 ZPO) gelöscht.

Abweichend von § 882e Abs. 1 ZPO kann unter den in § 882e Abs. 3 ZPO genannten Voraussetzungen eine Eintragung im Schuldnerverzeichnis (§ 882b ZPO) auf Anordnung des zentralen Vollstreckungsgerichts (§ 882h Abs. 1 ZPO) auch **vorzeitig gelöscht** werden. Die Löschung erfolgt danach vor Fristablauf, wenn die vollständige Befriedigung des Gläubigers nachgewiesen worden ist, das Fehlen oder der Wegfall des Eintragungsgrundes (§ 882c ZPO) bekannt geworden ist oder die Ausfertigung einer vollstreckbaren Entscheidung vorgelegt wird, aus der sich ergibt, dass die Eintragungsanordnung aufgehoben oder einstweilen ausgesetzt ist.

207 Der Rechtsanwalt, der im Verfahren auf **vorzeitige Löschung** der Eintragung tätig wird, erhält dafür nach Nr. 17 eine gesonderte Verfahrensgebühr gemäß VV 3309. Dies wird in der Regel nur der Rechtsanwalt des **Schuldners** sein, wenn dieser z.B. die vollständige Befriedigung des Gläubigers durch den Schuldner nachweist oder die Ausfertigung einer vollstreckbaren Entscheidung vorlegt, aus der sich ergibt, dass die Eintragungsanordnung aufgehoben oder einstweilen ausgesetzt ist.

208 Eine Tätigkeit für den Rechtsanwalt des **Gläubigers** kann sich durch Gewährung rechtlichen Gehörs nach Antragstellung ergeben. Eine zuvor erteilte Löschungsbewilligung löst die Gebühr nicht aus, weil noch kein Löschungsverfahren vorlag.[200] Die Löschung im Schuldnerverzeichnis von Amts wegen nach Fristablauf gemäß § 882e Abs. 1 ZPO wird nicht von Nr. 17 erfasst, zumal eine anwaltliche Tätigkeit hier auch nicht erforderlich ist.

b) Erneuter Antrag auf Löschung

209 Wird nach Beendigung des Verfahrens über einen Antrag auf Löschung erneut ein Löschungsantrag gestellt, bildet das Verfahren über diesen Antrag eine neue gebührenrechtliche Angelegenheit, in der die Verfahrensgebühr VV 3309 erneut entsteht.[201]

---

199 BT-Drucks 16/10069, S. 35, 43.
200 *Enders*, JurBüro 1999, 1, 4; Hartung/Schons/*Enders*, RVG, § 18 Rn 38; differenzierend Mayer/Kroiß/*Rohn*, RVG, § 18 Rn 117.
201 Gerold/Schmidt/*Müller-Rabe*, RVG, VV 3309 Rn 338.

c) Gegenstandswert bei Löschung

Stellt der Rechtsanwalt des Schuldners den Antrag auf Löschung im Schuldnerverzeichnis, richtet sich der Gegenstandswert nach § 25 Abs. 2 (vgl. § 25 Rdn 84 ff.). 210

2. Einsicht in das Schuldnerverzeichnis (§ 882f ZPO)

a) Keine besondere Angelegenheit

Nr. 17 bestimmt, dass das Verfahren auf (vorzeitige) **Löschung im Schuldnerverzeichnis** (§ 882e Abs. 3 ZPO) eine besondere Angelegenheit bildet (siehe Rdn 207). Das spricht im Umkehrschluss dafür, dass die **Einsicht in das Schuldnerverzeichnis** gemäß § 882f ZPO durch den Rechtsanwalt **keine besondere Angelegenheit** ist.[202] 211

Die Einsicht in das Schuldnerverzeichnis ist eine die Zwangsvollstreckung vorbereitende Handlung und bildet mit der ggf. nachfolgenden Vollstreckungsmaßnahme dieselbe Angelegenheit, so dass insgesamt nur eine Verfahrensgebühr VV 3309 entsteht. Für die Einsicht in das Schuldnerverzeichnis einerseits und die folgende Vollstreckungsmaßnahme andererseits können daher nicht zwei separate Gebühren in Rechnung gestellt werden (vgl. Rdn 211 f.).[203] 212

b) Einsicht löst Gebühr VV 3309 aus

aa) Vorbereitende Maßnahme. Zu § 915b ZPO a.F. (bis 31.12.2012) ist zutreffend die Auffassung vertreten worden, dass bereits die **Einsicht** in bzw. die **Einholung einer Auskunft** aus dem Schuldnerverzeichnis zur Vorbereitung der Vollstreckung die Verfahrensgebühr VV 3309 auslöst, wenn der Rechtsanwalt einen Vollstreckungsauftrag hat.[204] Teilweise ist die bloße Einholung einer Auskunft aus dem Schuldnerverzeichnis für die Entstehung der Verfahrensgebühr VV 3309 aber nicht als ausreichend angesehen, sondern gefordert worden, dass der Rechtsanwalt darüber hinaus von dem zuständigen örtlichen Vollstreckungsgericht (Amtsgericht) eine **Abschrift des Vermögensverzeichnisses** anfordert und prüft.[205] 213

Erfolgt die Einsicht in das Schuldnerverzeichnis entsprechend § 882f Nr. 1 ZPO zum Zwecke der Zwangsvollstreckung, entsteht die Verfahrensgebühr VV 3309.[206] Nach Erteilung eines Vollstreckungsauftrags fällt die Verfahrensgebühr VV 3309 bereits mit der Einsicht in das Schuldnerverzeichnis an. Denn sie entsteht nach VV Vorb. 3 Abs. 2 für das Betreiben des Geschäfts einschließlich der Information. Unerheblich ist dabei, dass die Einsicht in das Schuldnerverzeichnis entsprechend § 6 SchuFV in dem von den zentralen Vollstreckungsgerichten der Bundesländer betriebenen **elektronischen Vollstreckungsportal** erfolgen muss. 214

bb) Schuldnerverzeichnis und Vermögensverzeichnisregister. Die früher teilweise vertretene Auffassung, die für die Entstehung der Verfahrensgebühr VV 3309 zusätzlich zur Einsicht in das 215

---

202 So noch zu § 915b ZPO a.F. AG Wuppertal DGVZ 2011, 34; AG Lahnstein AGS 2003, 75 = DGVZ 2022, 190; AG Donaueschingen DGVZ 2010, 43; AG Freyung MDR 1985, 421; AG München DGVZ 1995, 14; *N. Schneider*, AGkompakt 2010, 112; *Volpert*, AGkompakt 2011, 130; Gerold/Schmidt/*Müller-Rabe*, RVG, VV 3309 Rn 340; Hansens/Braun/Schneider/*Volpert*, Teil 18 Rn 120.

203 So auch *Enders*, JurBüro 2013, 1, 5; HK-ZV/*Sternal*, § 882f ZPO Rn 12; Gerold/Schmidt/*Müller-Rabe*, RVG, VV 3309 Rn 340; noch zur Einsicht in das Schuldnerverzeichnis gemäß § 915b ZPO a.F. AG Wuppertal DGVZ 2011, 34; AG Donaueschingen DGVZ 2010, 43; AG Lahnstein AGS 2003, 75 = DGVZ 2022, 190; AG Dortmund DGVZ 1984, 124; AG Freyung MDR 1985, 421; AG München DGVZ 1995, 14; *N. Schneider*, AGkompakt 2010, 112; *Volpert*, AGkompakt 2011, 130; Hansens/Braun/Schneider/*Volpert*, Teil 18 Rn 120.

204 LG Darmstadt JurBüro 1992, 399; LG Hanau JurBüro 1989, 1552; LG Essen JurBüro 1985, 412; LG Mainz JurBüro 1984, 1534; AG Wuppertal DGVZ 2011, 34; AG Donaueschingen DGVZ 2010, 43; *N. Schneider*, AGkompakt 2010, 112; *Volpert*, AGkompakt 2011, 130; Hansens/Braun/Schneider/*Volpert*, Teil 18 Rn 120; a.A., keine Gebühr AG Neubrandenburg AGS 2012, 527; LG Detmold JurBüro 1991, 277 = Rpfleger 1990, 391 = DGVZ 1990, 168; AG Lahnstein AGS 2003, 75 = DGVZ 2022, 190; AG Ibbenbüren DGVZ 1984, 125; AG Freyung MDR 1985, 421.

205 AG Neubrandenburg AGS 2012, 527; LG Köln JurBüro 1989, 207; LG Darmstadt JurBüro 1992, 399; AG Freyung MDR 1985, 421, Gebühr entsteht erst mit dem Antrag auf Abnahme der eidesstattlichen Versicherung.

206 So auch Gerold/Schmidt/*Müller-Rabe*, RVG, VV 3309 Rn 340; *Enders*, JurBüro 2013, 1, 5; HK-ZV/*Sternal*, § 882f ZPO Rn 12.

Schuldnerverzeichnis die Übersendung einer Abschrift bzw. eines Ausdrucks des Vermögensverzeichnisses verlangt hat,[207] ist schon deshalb überholt, weil ein privater Gläubiger mit der Vermögensauskunft gemäß § 802c ZPO abgegebene Vermögensverzeichnisse nicht beim zentralen Vollstreckungsgericht anfordern kann. Denn zum Abruf der Vermögensverzeichnisse aus dem getrennt von dem Schuldnerverzeichnis geführten Vermögensverzeichnisregister sind gemäß § 802k Abs. 2 ZPO nur Gerichtsvollzieher und Vollstreckungsbehörden, nicht aber private Gläubiger befugt.

216 Ein privater Gläubiger erhält das Vermögensverzeichnis vom Gerichtsvollzieher nur dann, wenn das Verfahren auf Abnahme der (erneuten) Vermögensauskunft betrieben worden ist und der Gerichtsvollzieher gemäß §§ 802d Abs. 1 S. 2 ZPO, 806f Abs. 6 S. 1 ZPO dem Gläubiger einen Ausdruck des Vermögensverzeichnisses zuleitet.

c) Gegenstandswert

217 Zum Gegenstandswert, wenn der Gläubiger-Vertreter vor dem Antrag auf Abnahme der Vermögensauskunft das Schuldnerverzeichnis eingesehen hat, vgl. die Ausführungen zu § 25 (siehe § 25 Rdn 77).

3. Löschung im Vermögensverzeichnisregister (§ 802k ZPO)

a) Getrennte Verzeichnisse

218 Von dem für jedes Bundesland eingerichteten zentralen Vollstreckungsgericht sind das Schuldnerverzeichnis und das Vermögensverzeichnisregister zu führen. Beide Verzeichnisse bestehen getrennt voneinander und verfolgen unterschiedliche Zwecke. Während aus dem Vermögensverzeichnisregister gemäß § 802k Abs. 2 ZPO nur von Gerichtsvollziehern und Vollstreckungsbehörden, nicht aber von privaten Gläubigern, Vermögensverzeichnisse zu Vollstreckungszwecken abgerufen werden können (z.B. zur Kontrolle gemäß § 802d ZPO, ob innerhalb der letzten zwei Jahre bereits eine Vermögensauskunft abgegeben worden ist), ist die Einsicht in das Schuldnerverzeichnis gemäß § 882f ZPO u.a. jedem gestattet, der darlegt, Angaben nach § 882b ZPO für Zwecke der Zwangsvollstreckung zu benötigen.

b) Keine besondere Angelegenheit

219 Die Löschung des Schuldners im Schuldnerverzeichnis (§ 882e ZPO) ist deshalb nicht zu verwechseln mit der Löschung des im Rahmen der Vermögensauskunft (§§ 802c, 802d ZPO) abgegebenen Vermögensverzeichnisses in dem beim **Zentralen Vollstreckungsgericht** geführten **Vermögensverzeichnisregister**. Nach § 802f Abs. 6 S. 1 ZPO hinterlegt der Gerichtsvollzieher das Vermögensverzeichnis als elektronisches Dokument bei dem zentralen Vollstreckungsgericht (§ 802k Abs. 1 ZPO). Der Gerichtsvollzieher löscht das von ihm beim zentralen Vollstreckungsgericht eingereichte Vermögensverzeichnis gemäß § 5 Abs. 2 S. 4 VermVV drei Monate nach dem Eingang der Eintragungsinformation von dem zentralen Vollstreckungsgericht.

220 Gemäß § 802k Abs. 1 S. 4 ZPO löscht das zentrale Vollstreckungsgericht ein Vermögensverzeichnis gemäß § 802k Abs. 1 S. 1, 2 ZPO nach Ablauf von zwei Jahren seit Abgabe der Auskunft oder vorzeitig bei Eingang eines neuen Vermögensverzeichnisses. Die Löschungen erfolgen **von Amts wegen**. Ein Löschungsantrag des Schuldners wäre deshalb allenfalls als Anregung zu behandeln.[208] Deshalb und weil insbesondere die Befriedigung des Gläubigers anders als beim Schuldnerverzeichnis (§ 882e Abs. 3 Nr. 1 ZPO) nicht zu einer vorzeitigen Löschung führt,[209] ist es gerechtfertigt, dass die Löschung des Vermögensverzeichnisses im Vermögensverzeichnisregister nicht als besondere Angelegenheit gewertet wird. Nr. 17 ist deshalb insoweit nicht anwendbar.

---

207 Vgl. AG Neubrandenburg AGS 2012, 527; LG Köln JurBüro 1989, 207; LG Darmstadt JurBüro 1992, 399; AG Freyung MDR 1985, 421, Gebühr entsteht erst mit dem Antrag auf Abnahme der eidesstattlichen Versicherung.

208 HK-ZV/*Sternal*, § 802k Rn 10.
209 BT-Drucks 16/10069, S. 29; HK-ZV/*Sternal*, § 802k Rn 9.

XVIII. Ausübung der Veröffentlichungsbefugnis (Abs. 1 Nr. 18)

1. Angelegenheit

Insbesondere im Rahmen von Unterlassungsklagen kann dem Gläubiger die Befugnis zugesprochen werden, das Urteil auf Kosten des Schuldners veröffentlichen zu lassen.[210] Der Anspruch des Klägers kann sich auch als Folgeanspruch aus Wettbewerbsverletzungen bzw. aus dem allgemeinen Persönlichkeitsrecht bei Ehrverletzungen ergeben.[211] Wird der Rechtsanwalt im Zusammenhang mit einer solchen Veröffentlichungsbefugnis tätig, erhält er dafür eine besondere Gebühr gemäß VV 3309. Dabei stellt die Veröffentlichung in mehreren Publikationsorganen (Zeitungen) nur eine Angelegenheit dar.[212]

2. Gegenstandswert

Der Gegenstandswert ist nicht auf die mit der Veröffentlichung verbundenen Kosten (Druckkosten) beschränkt, sondern ist nach dem Interesse des Gläubigers an der Veröffentlichung gemäß § 3 ZPO (§ 48 Abs. 1 GKG) zu schätzen.[213] Insoweit können 10 % des Wertes des Unterlassungsanspruchs angesetzt werden.[214]

XIX. Zulassung der Zwangsvollstreckung gemäß § 17 Abs. 4 SVertO (Abs. 1 Nr. 19)

Abs. 1 Nr. 19 übernimmt die Regelung des § 81 Abs. 2 S. 1 Nr. 3 BRAGO. Wird nach der Eröffnung des schifffahrtsrechtlichen Verteilungsverfahrens der Mehrbetrag der Haftungssumme nicht innerhalb der gesetzten Frist eingezahlt oder die unzureichend gewordene Sicherheit nicht fristgemäß ergänzt oder geleistet, kann das Verteilungsgericht das Verteilungsverfahren einstellen (§§ 17 Abs. 1, 34 Abs. 2 S. 1 SVertO). Bereits vor der Einstellung kann es die gemäß § 8 Abs. 4 SVertO eigentlich unzulässige Zwangsvollstreckung wegen eines angemeldeten Anspruchs insoweit zulassen, wie dies zur Vollziehung eines Arrestes statthaft ist, wenn begründeter Anlass für die Annahme besteht, dass der Schuldner nicht innerhalb der bestimmten Frist den Mehrbetrag der Haftungssumme einzahlen oder die Sicherheit ergänzen oder leisten wird.

Vertritt der Rechtsanwalt in einem solchen Verfahren auf Zulassung der Zwangsvollstreckung gemäß § 17 Abs. 4 SVertO einen Gläubiger oder den Schuldner, erhält er für seine gesamte Tätigkeit in diesem Verfahren nach **VV 3322** eine Verfahrensgebühr mit einem Gebührensatz in Höhe von **0,5**[215] (vgl. auch VV Vorb. 3.3.5 Abs. 1), ggf. zusätzlich zu den anderen im schifffahrtsrechtlichen Verteilungsverfahren entstandenen Gebühren.

Im Einzelnen wird verwiesen auf das Vollstreckungs-ABC der Zwangsvollstreckung zu VV Vorb. 3.3.3, VV 3309, VV 3310, VV 3322.

XX. Aufhebung von Vollstreckungsmaßregeln gemäß § 8 Abs. 5 und § 41 SVertO (Abs. 1 Nr. 20)

Der Sachverhalt war bislang in § 81 Abs. 2 S. 1 Nr. 2 BRAGO geregelt. Mit der Eröffnung des schifffahrtsrechtlichen Verteilungsverfahrens nach der SVertO wird eine Zwangsvollstreckung bis zur Aufhebung oder Einstellung des Verfahrens grundsätzlich unzulässig. Soweit gleichwohl vollstreckt wird, kann die Unzulässigkeit der Vollstreckung im Wege der Klage bei dem Prozessgericht des ersten Rechtszuges geltend gemacht werden. Dieses – in dringenden Fällen auch das Vollstre-

---

210 Vgl. *Flechsig/Hertel/Vahrenhold*, NJW 1994, 2441.
211 Schneider/Herget/*N. Schneider*, Rn 5736.
212 OLG Hamm JurBüro 1954, 502; Gerold/Schmidt/*Müller-Rabe*, RVG, VV 3309 Rn 378; Mayer/Kroiß/*Rohn*, RVG, § 18 Rn 122.
213 OLG Hamm JurBüro 1954, 502; Schneider/Herget/ *N. Schneider*, Rn 5737.
214 OLG Köln ZIP 2000, 2017; OLG Celle GRUR-RR 2001, 125; OLG Nürnberg JurBüro 2000, 275; Schneider/Herget/*N. Schneider*, Rn 5737.
215 Nicht eine solche nach VV 3309, so aber Mayer/Kroiß/ *Rohn*, RVG, § 18 Rn 124; Bischof/*Bischof*, RVG, § 18 Rn 47; wohl auch *Hartmann*, KostG, RVG § 18 Rn 41, 42.

ckungsgericht – kann auf entsprechenden Antrag die Zwangsvollstreckung ohne oder gegen Sicherheitsleistung einstweilen einstellen, §§ 8 Abs. 4, 41 SVertO. Ist die Zwangsvollstreckung dementsprechend einstweilen eingestellt worden, kann auf Antrag des Schuldners zusätzlich angeordnet werden, dass Vollstreckungsmaßregeln gegen Sicherheitsleistung aufgehoben werden (§§ 8 Abs. 5, 41 SVertO). Nur für seine Tätigkeit in dem zuletzt genannten Verfahren auf Aufhebung von Vollstreckungsmaßregeln gemäß §§ 8 Abs. 5, 41 SVertO, nicht jedoch für das vorangegangene Verfahren auf Einstellung gemäß § 8 Abs. 4 SVertO, erhält der Rechtsanwalt nach **VV 3323** eine Verfahrensgebühr mit einem Gebührensatz in Höhe von **0,5**, ggf. zusätzlich den anderen im schifffahrtsrechtlichen Verteilungsverfahren entstandenen Gebühren.

Im Einzelnen wird verwiesen auf das Vollstreckungs-ABC der Zwangsvollstreckung zu VV Vorb. 3.3.3, VV 3309, VV 3310, VV 3323.

XXI. Zwangsmaßnahmen nach § 35 FamFG (Abs. 1 Nr. 21)

225 Besondere Angelegenheiten sind schließlich die Verfahren zur Anordnung von Zwangsmaßnahmen gemäß § 35 FamFG. Die Regelung ist im Zusammenspiel mit Abs. 2 Nr. 2 zu sehen. Danach kann das Gericht, wenn aufgrund einer verfahrensleitenden gerichtlichen Anordnung die Verpflichtung zur Vornahme oder Unterlassung einer Handlung durchzusetzen ist, gegen den Verpflichteten durch Beschluss Zwangsgeld festsetzen, sofern ein Gesetz nicht etwas anderes bestimmt (wie z.B. in §§ 33 Abs. 3, 388–392 FamFG betr. Registersachen; Übernahme einer Vormundschaft, § 1788 BGB; Durchsetzung von Anordnungen gegen den Vormund, § 1837 Abs. 3 BGB, oder von Anordnungen gegen den Pfleger, § 1915 BGB). Kann das Zwangsgeld nicht beigetrieben werden, kann das Gericht Zwangshaft anordnen.

226 Gemäß § 35 Abs. 2 FamFG muss mit der gerichtlichen Entscheidung zugleich auf die Folgen des Zuwiderhandelns hingewiesen werden. Der Hinweis dient der Beschleunigung des Verfahrens.

227 Abs. 1 Nr. 21 betrifft nur die **Vollstreckung verfahrensleitender Anordnungen** (z.B. gemäß § 230 FamFG – Auskunftspflicht in Versorgungsausgleichssachen, § 358 FamFG – Ablieferung von Testamenten, §§ 404 und 405 Abs. 2 – Aushändigung von Unterlagen bei der Dispache, oder § 82 GBO – Zwangsberichtigung des Grundbuchs). Dem gegenüber ist die Vollstreckung von Endentscheidungen und verfahrensabschließenden Entscheidungen der freiwilligen Gerichtsbarkeit nach §§ 86 ff. FamFG in Abs. 2 geregelt.

228 Der Rechtsanwalt erhält für seine gesamte Tätigkeit in Verfahren nach § 35 FamFG Gebühren gemäß VV 3309 bzw. 3310 i.V.m. Abs. 1 Nr. 21. Müssen Zwangsmittel gemäß § 35 FamFG **wiederholt** angeordnet und vollstreckt werden, stellt die weitere Tätigkeit des Anwalts keine neue Angelegenheit dar, weil das Verfahren erst beendet ist, wenn die betroffene Person der gerichtlichen Verfügung nachgekommen ist; der Anwalt erhält die Gebühr – wie im Verfahren nach § 888 ZPO – daher nur einmal (siehe Rdn 144).

229 Dies gilt auch in den Fällen des **§ 35 Abs. 4 FamFG**, wonach das Gericht bei der Vollstreckung einer Verpflichtung zur Herausgabe oder Vorlage einer Sache oder zur Vornahme einer vertretbaren Handlung (z.B. der Erstellung von Inventarlisten gemäß §§ 1640 Abs. 2, 1802 Abs. 3 BGB), durch Beschluss neben oder anstelle einer Maßnahme nach § 35 Abs. 1, 2 FamFG die in den §§ 883, 886, 887 ZPO vorgesehenen Maßnahmen anordnen kann, soweit ein Gesetz nicht etwas anderes bestimmt. Auch insoweit handelt es sich um die Vollstreckung verfahrensleitender Entscheidungen.

XXII. Vollziehung von Arrest und Vollstreckung nach dem FamFG (Abs. 2)

230 Arrest und Hauptverfahren waren und sind nach der ZPO zwei getrennte Verfahren. Diese Trennung in zwei selbstständige Verfahren gilt auch in Familiensachen, (vgl. §§ 49 ff., 246 FamFG). Voraussetzung für eine einstweilige Anordnung ist seit Inkrafttreten des FGG-ReformG nicht mehr die Anhängigkeit der entsprechenden Hauptsache oder der Eingang eines diesbezüglichen Verfahrenskostenhilfegesuchs. Wegen des Wegfalls der Akzessorietät zur Hauptsache können Verfahren, die einen Antrag auf Erlass einer einstweiligen Anordnung zum Gegenstand haben, nur noch selbstständig geführt werden und zwar selbst dann, wenn eine Hauptsache bereits anhängig ist (§ 51 Abs. 3 S. 1 FamFG). Abs. 2 soll für die Arrestvollziehung und die Vollstreckung in familiengerichtlichen Verfahren auf die für die entsprechenden Verfahren nach der ZPO geltenden Regelungen des Abs. 1

verweisen.[216] Die Verweisung ist deshalb erforderlich, weil sich die in Abs. 1 genannten Angelegenheiten nur auf den Arrest und die Vollstreckung unmittelbar nach der ZPO beziehen. Insoweit *Bischof*[217] meint, der Gesetzgeber habe für Familiensachen keinen Arrest vorgesehen und in Abs. 2 Nr. 1 begrifflich die Vollziehung einer einstweiligen Anordnung gemeint, so verkennt er, dass auch in Familienstreitsachen ein Arrest beantragt werden kann, dessen Regelungsgegenstand grundlegend von dem der einstweiligen Anordnung abweicht.

Mit der Regelung des neuen Abs. 2 werden dementsprechend die kostenrechtlichen Konsequenzen gezogen. Da die anwaltliche Tätigkeit bei der Vollstreckung eines Arrests (gemäß § 119 Abs. 2 FamFG nur in Familienstreitsachen gem. § 112 FamFG) und Endentscheidungen sowie verfahrensabschließenden Entscheidungen (§§ 53, 55, 86 ff. FamFG) nach dem FamFG, zu denen auch die einstweiligen Anordnungen gehören, sich von den entsprechenden Tätigkeiten bei einer Vollstreckung nach der ZPO nicht unterscheidet, verweist Abs. 2 auf die entsprechenden Regelungen nach Abs. 1. Demgemäß ist auch die VV Vorb. 3.3.3 entsprechend weiter gefasst worden. **231**

Soweit das FamFG bereits seinerseits für die Vollstreckung auf die Anwendung der ZPO verweist (vgl. §§ 95, 120 FamFG), kommen die Vorschriften des § 18 Abs. 1 nicht unmittelbar zur Anwendung. Das ergibt sich auch daraus, dass die Verweisung nur die Anwendung der Verfahrensordnung, nicht aber die Anwendung kostenrechtlicher Vorschriften bestimmt. Dies ließe sich auch nicht daraus herleiten, dass hinsichtlich der bei der Vollstreckung anfallenden Gerichtskosten im FamGKG nur solche Gebührentatbestände aufgeführt sind, die eine Vollstreckung nach dem FamFG – und nicht nach der ZPO – betreffen (vgl. auch § 1 FamGKG und VV Vorb. 1.6 FamGKG-KostVerz.). Um zur Anwendung des Abs. 1 zu gelangen bedurfte es daher einer besonderen Verweisung, der der Gesetzgeber mit Abs. 2 Rechnung getragen hat. **232**

Keine Anwendung findet Abs. 2 auf die Vollstreckung von verfahrensleitenden Anordnungen gemäß § 35 FamFG. Hierfür ist in Abs. 1 Nr. 21 eine gesonderte Regelung getroffen worden (siehe Rdn 225 ff.). **233**

§ 19 Rechtszug; Tätigkeiten, die mit dem Verfahren zusammenhängen

(1) ¹Zu dem Rechtszug oder dem Verfahren gehören auch alle Vorbereitungs-, Neben- und Abwicklungstätigkeiten und solche Verfahren, die mit dem Rechtszug oder Verfahren zusammenhängen, wenn die Tätigkeit nicht nach § 18 eine besondere Angelegenheit ist. ²Hierzu gehören insbesondere
1. die Vorbereitung der Klage, des Antrags oder der Rechtsverteidigung, soweit kein besonderes gerichtliches oder behördliches Verfahren stattfindet;
1a. die Einreichung von Schutzschriften;
2. außergerichtliche Verhandlungen;
3. Zwischenstreite, die Bestellung von Vertretern durch das in der Hauptsache zuständige Gericht, die Ablehnung von Richtern, Rechtspflegern, Urkundsbeamten der Geschäftsstelle oder Sachverständigen, die Entscheidung über einen Antrag betreffend eine Sicherungsanordnung, die Wertfestsetzung, die Beschleunigungsrüge nach § 155b des Gesetzes über das Verfahren in Familiensachen und in den Angelegenheiten der freiwilligen Gerichtsbarkeit;
4. das Verfahren vor dem beauftragten oder ersuchten Richter;
5. das Verfahren
   a) über die Erinnerung (§ 573 der Zivilprozessordnung),
   b) über die Rüge wegen Verletzung des Anspruchs auf rechtliches Gehör,
   c) nach Artikel 18 der Verordnung (EG) Nr. 861/2007 des Europäischen Parlaments und des Rates vom 13. Juni 2007 zur Einführung eines europäischen Verfahrens für geringfügige Forderungen,
   d) nach Artikel 20 der Verordnung (EG) Nr. 1896/2006 des Europäischen Parlaments und des Rates vom 12. Dezember 2006 zur Einführung eines Europäischen Mahnverfahrens und

---

216 BT-Drucks 16/6308 S. 340.   217 Bischof/*Jungbauer*, RVG, § 18 Rn 48.

e) nach Artikel 19 der Verordnung (EG) Nr. 4/2009 über die Zuständigkeit, das anwendbare Recht, die Anerkennung und Vollstreckung von Entscheidungen und die Zusammenarbeit in Unterhaltssachen;
6. die Berichtigung und Ergänzung der Entscheidung oder ihres Tatbestands;
7. die Mitwirkung bei der Erbringung der Sicherheitsleistung und das Verfahren wegen deren Rückgabe;
8. die für die Geltendmachung im Ausland vorgesehene Vervollständigung der Entscheidung und die Bezifferung eines dynamisierten Unterhaltstitels;
9. die Zustellung oder Empfangnahme von Entscheidungen oder Rechtsmittelschriften und ihre Mitteilung an den Auftraggeber, die Einwilligung zur Einlegung der Sprungrevision oder Sprungrechtsbeschwerde, der Antrag auf Entscheidung über die Verpflichtung, die Kosten zu tragen, die nachträgliche Vollstreckbarerklärung eines Urteils auf besonderen Antrag, die Erteilung des Notfrist- und des Rechtskraftzeugnisses;
9a. die Ausstellung von Bescheinigungen, Bestätigungen oder Formblättern einschließlich deren Berichtigung, Aufhebung oder Widerruf nach
   a) § 1079 oder § 1110 der Zivilprozessordnung,
   b) § 48 des Internationalen Familienrechtsverfahrensgesetzes,
   c) § 57 oder § 58 des Anerkennungs- und Vollstreckungsausführungsgesetzes,
   d) § 14 des EU-Gewaltschutzverfahrensgesetzes,
   e) § 71 Absatz 1 des Auslandsunterhaltsgesetzes und
   f) § 27 des Internationalen Erbrechtsverfahrensgesetzes;
10. die Einlegung von Rechtsmitteln bei dem Gericht desselben Rechtszugs in Verfahren, in denen sich die Gebühren nach Teil 4, 5 oder 6 des Vergütungsverzeichnisses richten; die Einlegung des Rechtsmittels durch einen neuen Verteidiger gehört zum Rechtszug des Rechtsmittels;
10a. Beschwerdeverfahren, wenn sich die Gebühren nach Teil 4, 5 oder 6 des Vergütungsverzeichnisses richten und dort nichts anderes bestimmt ist oder keine besonderen Gebührentatbestände vorgesehen sind;
11. die vorläufige Einstellung, Beschränkung oder Aufhebung der Zwangsvollstreckung, wenn nicht eine abgesonderte mündliche Verhandlung hierüber stattfindet;
12. die einstweilige Einstellung oder Beschränkung der Vollstreckung und die Anordnung, dass Vollstreckungsmaßnahmen aufzuheben sind (§ 93 Abs. 1 des Gesetzes über das Verfahren in Familiensachen und in den Angelegenheiten der freiwilligen Gerichtsbarkeit), wenn nicht ein besonderer gerichtlicher Termin hierüber stattfindet;
13. die erstmalige Erteilung der Vollstreckungsklausel, wenn deswegen keine Klage erhoben wird;
14. die Kostenfestsetzung und die Einforderung der Vergütung;
15. (aufgehoben)
16. die Zustellung eines Vollstreckungstitels, der Vollstreckungsklausel und der sonstigen in § 750 der Zivilprozessordnung genannten Urkunden und
17. die Herausgabe der Handakten oder ihre Übersendung an einen anderen Rechtsanwalt.

(2) Zu den in § 18 Abs. 1 Nr. 1 und 2 genannten Verfahren gehören ferner insbesondere
1. gerichtliche Anordnungen nach § 758a der Zivilprozessordnung sowie Beschlüsse nach den §§ 90 und 91 Abs. 1 des Gesetzes über das Verfahren in Familiensachen und in den Angelegenheiten der freiwilligen Gerichtsbarkeit,
2. die Erinnerung nach § 766 der Zivilprozessordnung,
3. die Bestimmung eines Gerichtsvollziehers (§ 827 Abs. 1 und § 854 Abs. 1 der Zivilprozessordnung) oder eines Sequesters (§§ 848 und 855 der Zivilprozessordnung),
4. die Anzeige der Absicht, die Zwangsvollstreckung gegen eine juristische Person des öffentlichen Rechts zu betreiben,
5. die einer Verurteilung vorausgehende Androhung von Ordnungsgeld und
6. die Aufhebung einer Vollstreckungsmaßnahme.

Literatur: *Hansens*, Anwaltsvergütung für die Vertretung im Erinnerungsverfahren nach § 766 ZPO, RVGreport 2009, 128; *Mock*, Gebühren und Streitwerte in der Zwangsvollstreckung, AGS 2004, 177; *Onderka*, Welche Tätigkeiten gehören gebührenrechtlich zum Rechtszug?, RVG-B 2005, 76; *N. Schneider*, Anwaltsgebühren im Verfahren über die Erinnerung nach § 766 ZPO – bisheriges und neues Recht, RVGreport 2007, 87; *Volpert*, Anwaltsvergütung im Zwangsvollstreckungsverfahren – Teil 1: Anwendungsbereich, Gebührentatbestände und Gegenstandswert, ZAP Fach 24, S. 907; *ders.*, Anwaltsvergütung im Zwangsvollstreckungsverfahren – Teil 2: Abgegoltene Tätigkeiten und PKH, ZAP Fach 24, S. 923; *ders.*, Zwangsvollstreckungsverfahren – Teil 3: Die Angelegenheit in der Zwangsvollstreckung, RVGreport 2005, 127.

A. Allgemeines	1
B. Regelungsgehalt von Abs. 1 S. 2	10
I. Vorbereitung der Klage, des Antrages oder der Rechtsverteidigung, soweit kein besonderes gerichtliches oder behördliches Verfahren stattfindet (Nr. 1)	10
1. Allgemeines	10
2. Beratung	13
3. Einholung der Kostendeckungszusage des Rechtsschutzversicherers	14
4. Kein besonderes gerichtliches oder behördliches Verfahren (Nr. 1 a.E.)	19
II. Einreichung einer Schutzschrift (Nr. 1a)	20
III. Außergerichtliche Verhandlungen (Nr. 2)	24
1. Allgemeines	24
2. Auftrag	25
3. Gebühren bei außergerichtlichen Verhandlungen	27
4. Außergerichtliche Mediation bzw. gerichtliche Güteverhandlung	30
5. Einigungsverhandlungen nach Urteil	31
6. Prozesskostenhilfe	32
7. Obliegenheitsverletzung bei Rechtsschutzversicherung	33
IV. Fälle nach Nr. 3	34
1. Allgemeines	34
2. Zwischenstreite	36
a) Allgemeines	36
b) Vertretung im Zwischenstreit mit einem Zeugen	37
c) Rechtsmittel gegen ein Zwischenurteil	39
d) Antrag auf gerichtliche Fristsetzung gemäß § 62 BDG	42
e) Verfahren nach § 99 Abs. 1 S, 2 VwGO	43
3. Bestellung von Vertretern durch das in der Hauptsache zuständige Gericht	44
4. Ablehnung von Richtern, Rechtspflegern, Urkundsbeamten der Geschäftsstelle oder Sachverständigen	47
5. Entscheidung über einen Antrag betreffend eine Sicherheitsanordnung	48
6. Festsetzung des Streit- oder Geschäftswerts	50
7. Beschleunigungsrüge	53
V. Verfahren vor dem beauftragten oder ersuchten Richter (Nr. 4); Verhandlung vor dem Güterichter	54
VI. Verfahren über die Erinnerung nach § 573 ZPO und die Gehörsrüge (Nr. 5)	56
1. Verfahren über die Erinnerung, § 573 ZPO	56
2. Gehörsrüge	59
3. Verfahren nach Art. 18 der VO (EG) Nr. 861/2007 zur Einführung eines europäischen Verfahrens für geringfügige Forderungen	67
4. Verfahren nach Art. 20 der VO (EG) Nr. 1896/2006 zur Einführung eines Europäischen Mahnverfahrens	68
5. Verfahren nach Art. 19 der VO (EG) Nr. 4/2009 über die Zuständigkeit, das anwendbare Recht, die Anerkennung und Vollstreckung von Entscheidungen und die Zusammenarbeit in Unterhaltssachen	69
VII. Berichtigung oder Ergänzung der Entscheidung oder ihres Tatbestands (Nr. 6)	70
VIII. Mitwirkung bei der Erbringung der Sicherheitsleistung und das Verfahren wegen deren Rückgabe (Nr. 7)	71
IX. Die für die Geltendmachung im Ausland vorgesehene Vervollständigung der Entscheidung und die Bezifferung eines dynamisierten Unterhaltstitels (Nr. 8)	74
X. Fälle der Nr. 9	82
1. Allgemeines	82
2. Regelungsgehalt	85
a) Zustellung oder Empfangnahme von Entscheidungen oder Rechtsmittelschriften und ihre Mitteilung an den Auftraggeber	85
b) Einwilligung zur Einlegung der Sprungrevision (§ 566 Abs. 1 ZPO) bzw. Sprungrechtsbeschwerde (§ 75 FamFG)	87
c) Antrag auf Entscheidung über die Verpflichtung, die Kosten zu tragen	88
d) Nachträgliche Vollstreckbarerklärung eines Urteils, §§ 537, 558 ZPO	90
e) Erteilung des Notfrist- und des Rechtskraftzeugnisses	91
XI. Ausstellung von Bescheinigungen, Bestätigungen oder Formblättern einschließlich deren Berichtigung, Aufhebung oder Widerruf (Nr. 9a)	92
1. Allgemeines	92
2. Regelungsgehalt	93
a) Ausstellung, Berichtigung, Aufhebung oder Widerruf nach §§ 1079, 1110 ZPO (Buchst. a)	93
b) Ausstellung, Berichtigung, Aufhebung oder Widerruf nach § 48 IntFamRVG (Buchst. b)	96
c) Ausstellung, Berichtigung, Aufhebung oder Widerruf nach § 57 oder 58 AVAG (Buchst. c)	98
d) Ausstellung, Berichtigung, Aufhebung oder Widerruf nach § 14 EU-GewSchVG (Buchst. d)	100
e) Ausstellung, Berichtigung, Aufhebung oder Widerruf nach § 71 Abs. 1 AUG (Buchst. e)	105
f) Ausstellung, Berichtigung, Aufhebung oder Widerruf nach § 27 IntErbRVG (Buchst. f)	109
XII. Einlegung von Rechtsmitteln (Nr. 10)	112
1. Allgemeines	112
2. Regelungsgehalt	114
a) Abgeltungsbereich der Pauschgebühren	114
b) Sachlicher Anwendungsbereich	115
c) Persönlicher Anwendungsbereich	116

d) Einlegung eines Rechtsmittels 119
e) Einlegung bei demselben Gericht . . 121
f) Tätigkeit in der Vorinstanz 124
g) Beratung über ein Rechtsmittel durch den Verteidiger oder Vertreter der Vorinstanz 127
   aa) Problemaufriss 127
   bb) Eigenes Rechtsmittel 128
   cc) Gegnerisches Rechtsmittel 130
   dd) Beratung über beiderseitige Rechtsmittel 137
h) Beratung über ein Rechtsmittel durch den nicht in der Vorinstanz tätigen Anwalt 138
i) Einlegung eines Rechtsmittels als Einzeltätigkeit 142

XIII. Beschwerdeverfahren nach VV Teil 4–6 (Nr. 10a) 143
XIV. Vorläufige Einstellung, Beschränkung oder Aufhebung der Zwangsvollstreckung (Nr. 11) 149
XV. Einstweilige Einstellung oder Beschränkung der Vollstreckung und Aufhebung von Vollstreckungsmaßregeln nach § 93 FamFG (Nr. 12) 153
XVI. Erstmalige Erteilung der Vollstreckungsklausel, wenn deswegen keine Klage erhoben wird (Nr. 13) 154
  1. Rechtsanwalt des Erkenntnisverfahrens 154
  2. Anwendungsbereich 155
  3. Gebühr 158
  4. Erstattung 160
  5. Besondere Angelegenheiten 161
XVII. Kostenfestsetzung und Einforderung der Vergütung (Nr. 14) 163
  1. Kostenfestsetzung 163
  2. Einforderung der Vergütung 169
XVIII. Zustellung eines Vollstreckungstitels, der Vollstreckungsklausel und der sonstigen in § 750 ZPO genannten Urkunden (Nr. 16) 173
  1. Überblick 173
  2. Angelegenheit 174
    a) Tätigkeiten in der Zwangsvollstreckung 174

b) Erstmalige Beauftragung 175
c) Weitere Beauftragung 176
3. Erstattung 179
4. Zustellung anderer Urkunden 180

XIX. Herausgabe der Handakten oder ihre Übersendung an einen anderen Rechtsanwalt (Nr. 17) 181

C. Regelungsgehalt von Abs. 2 185
  I. Allgemeines 185
    1. Verhältnis zum Zwangsvollstreckungsverfahren 185
    2. Einzeltätigkeit 188
  II. Gerichtliche Anordnungen nach § 758a ZPO und §§ 90, 91 Abs. 1 FamFG (Nr. 1) 189
    1. § 758a ZPO 189
    2. §§ 90, 91 FamFG 191
  III. Erinnerung nach § 766 ZPO (Nr. 2) 194
    1. Angelegenheit bei der Erinnerung gem. § 766 ZPO 194
      a) Maßnahmen und Entscheidungen .. 194
      b) Angelegenheit bei Maßnahmen 195
    2. Mehrere Erinnerungsverfahren gem. § 766 ZPO 199
    3. Gebühren 201
      a) Keine Gebühr nach VV 3500 201
      b) Erstmals mit der Erinnerung beauftragter Rechtsanwalt 202
    4. Rechtsmittel gegen Entscheidung des Rechtspflegers 203
      a) § 11 RPflG – Erinnerung und sofortige Beschwerde 203
      b) Besondere Angelegenheit 204
  IV. Bestimmung eines Gerichtsvollziehers oder Sequesters (Nr. 3) 206
  V. Anzeige der Vollstreckungsabsicht gegen eine juristische Person des öffentlichen Rechts (Nr. 4) 207
  VI. Androhung von Ordnungsgeld (Nr. 5) .. 208
    1. Überblick 208
    2. Angelegenheit bei der Androhung ... 209
    3. Ordnungshaft 210
  VII. Aufhebung einer Vollstreckungsmaßnahme (Nr. 6) 211

A. Allgemeines

1 § 19 Abs. 1, 2 legt fest, dass die dort genannten, nicht abschließend aufgeführten Beispielsfälle noch zu derselben gebührenrechtlichen Angelegenheit gehören. Bei der Angelegenheit muss es sich entweder um einen Rechtszug oder ein Verfahren handeln. Die Vorschrift betrifft alle Gerichtsbarkeiten sowie alle gerichtlichen und behördlichen Verfahren. Ein gerichtliches Verfahren ist auch das Zwangsvollstreckungsverfahren.[1] § 19 Abs. 1 gilt für alle Gebühren der Teile 2 bis 6 des VV. Auch die Gebühren nach Teil 2 VV sind betroffen, weil die Gebühren für die außergerichtliche Vertretung in Verwaltungsverfahren entstehen können.

Folge des § 19 ist, dass der Rechtsanwalt für Tätigkeiten in den genannten Beispielsfällen keine gesonderte Vergütung erhält.

2 Mit **Abs. 1 S. 1** wird der Regelungszweck des § 19 allgemein umschrieben. Danach gehören zu dem Rechtszug oder dem Verfahren auch alle Vorbereitungs-, Neben- und Abwicklungstätigkeiten sowie solche Verfahren, die mit dem Rechtszug oder Verfahren zusammenhängen. Entscheidend ist, dass

---

[1] BT-Drucks 15/1971, S. 193.

es um Tätigkeiten von eher geringem Umfang geht, die in der Regel sowohl vom Rechtsanwalt als auch Auftraggeber als eine Art Annex der instanzlichen Tätigkeit verstanden werden und nicht als eine gesondert zu vergütende Tätigkeit.[2] § 19 konkretisiert das Prinzip der Pauschalabgeltung der Rechtsanwaltsgebühren.[3]

Abs. 1 S. 1 ist als **Ergänzung zu § 15 Abs. 1 und 2** zu verstehen: § 15 Abs. 1 regelt, dass die Gebühren die gesamte Tätigkeit des Rechtsanwalts vom Auftrag bis zur Erledigung der Angelegenheit abgelten, soweit im Gesetz nichts anderes bestimmt ist. § 15 Abs. 2 bestimmt, dass der Rechtsanwalt die Gebühren in derselben Angelegenheit – von der Ausnahme des § 15 Abs. 5 abgesehen – nur einmal fordern kann.

Die §§ 16 bis 18 enthalten nicht abschließende Regelungen darüber, welche Verfahren bzw. Verfahrensabschnitte noch dieselbe Angelegenheit bzw. verschiedene oder besondere Angelegenheiten sind. So bestimmt beispielsweise § 17 Nr. 1,[4] dass das Verfahren über ein Rechtsmittel und der vorausgegangene Rechtszug verschiedene Angelegenheiten bilden.

Abs. 1 S. 2 enthält eine Aufzählung aller wesentlichen Tätigkeiten, die zu dem Rechtszug oder dem Verfahren gehören. Die Aufzählung ist aber nicht abschließend. Dies ergibt sich bereits aus der einleitenden Formulierung in S. 2: „Hierzu gehören insbesondere ...".

Der Begriff „**Rechtszug**" ist im RVG nicht definiert. Der Rechtszug im gebührenrechtlichen Sinne ist mit dem Rechtszug im verfahrensrechtlichen Sinn nicht identisch. Der Rechtszug im gebührenrechtlichen Sinne beginnt bereits mit der Beauftragung des Rechtsanwalts bzw. mit der Entgegennahme der Information (vgl. Abs. 2 zu VV Vorb. 3). Der verfahrensrechtliche Rechtszug beginnt dagegen in Antragsverfahren (z.B. Zivilprozess) erst mit der Einreichung des schriftlichen Antrags (z.B. Klage) bzw. mit der Erklärung zu Protokoll der Geschäftsstelle und in Verfahren von Amts wegen erst mit der Einleitung durch das Gericht. Auch bei dem Abschluss des Rechtszugs ist zwischen dem gebührenrechtlichen und dem verfahrensrechtlichen zu unterscheiden. Der verfahrensrechtliche Rechtszug endet mit der verfahrensabschließenden Entscheidung. Wie sich aus § 19 Abs. 1 S. 2 ergibt, ist mit der verfahrensabschließenden Entscheidung der gebührenrechtliche Rechtszug noch nicht abgeschlossen. Zum gebührenrechtlichen Rechtszug gehört etwa auch noch die Berichtigung oder Ergänzung des Urteils (Nr. 6), die Zustellung und Empfangnahme von Entscheidungen oder Rechtsmittelschriften und ihre Mitteilung an den Auftraggeber (Nr. 10), die erstmalige Erteilung der Vollstreckungsklausel (Nr. 13), die Kostenfestsetzung und das Einfordern der Vergütung (Nr. 14). Endet das Prozessverfahren mit einem Vergleich und streiten die Parteien dann (in dem Prozessverfahren) über die Wirksamkeit des Vergleichs, gehört auch die Fortsetzung des Prozessverfahrens noch zu derselben Angelegenheit.[5]

Verfahren i.S.v. § 19 sind zunächst Gerichtsverfahren. Zu den Gerichtsverfahren gehören auch die Zwangsvollstreckungsverfahren.[6] Die Gesetzesbegründung erläutert den Begriff „Verfahren" nicht näher, spricht aber an, dass die Vorschrift über die Gerichtsverfahren hinaus auch „sonstige Verfahren" erfasst.[7] Zu den Verfahren lassen sich deshalb auch alle behördlichen Verfahren einordnen. Verfahren sind darüber hinaus das schiedsrichterliche Verfahren (vgl. § 16 Nr. 8), das Schiedsverfahren (vgl. § 17 Nr. 6), das Güteverfahren (vgl. § 17 Nr. 7), das strafrechtliche Ermittlungsverfahren (§ 17 Nr. 10), das behördliche Bußgeldverfahren (vgl. § 17 Nr. 11).

Tätigkeiten gehören aber nach § 19 Abs. 1 S. 2 dann nicht zum Rechtszug oder Verfahren, wenn es sich um eine besondere Tätigkeit im Sinne von § 18 handelt. Für diese Tätigkeiten erhält der Rechtsanwalt gesonderte Gebühren.

Durch **Abs. 2** soll durch eine nicht abschließende Aufzählung („insbesondere") verdeutlicht werden, was bei den Verfahren nach § 18 Abs. 1 Nr. 1 und 2 als damit zusammenhängende Vorbereitungs-, Neben- Abwicklungstätigkeit bzw. zusammenhängendes Verfahren anzusehen ist und damit nicht gesondert vergütet wird. Andererseits ergibt sich daraus aber auch, dass diese Tätigkeiten grundsätzlich solche der Zwangsvollstreckung i.S.v. § 18 Abs. 1 Nr. 1 und 2 sind. Wird also ein Rechtsanwalt

---

2 Vgl. OLG Karlsruhe AGS 2010, 170.
3 Vgl. OLG Karlsruhe AGS 2010, 170.
4 Eingefügt durch das 2. KostRMoG; vgl. auch BT-Drucks 17/11471 (neu), S. 267. Angesichts des neuen § 17 Nr. 1 bedurfte es der bisherigen Regelung in § 15 Abs. 2 S. 2, dass Gebühren in jedem Rechtszug nur einmal gefordert werden können, nicht mehr; sie wurde aufgehoben.
5 OLG Hamm JurBüro 2000, 469.
6 BT-Drucks 15/1971, S. 193.
7 Vgl. BT-Drucks 15/1971, S. 193.

allein mit einer der aufgeführten Tätigkeiten beauftragt (z.B. mit der Beantragung eines Durchsuchungsbeschlusses) und dadurch erstmalig im Rahmen der Zwangsvollstreckung aus dem zugrunde liegenden Titel tätig, erhält er dafür eine Verfahrensgebühr nach VV 3309. Wird er im sich danach anschließenden weiteren Vollstreckungsverfahren tätig, erhält er für diese weiteren Tätigkeiten die Verfahrensgebühr nach VV 3309 nicht nochmals, es sei denn, es läge ein Fall von § 18 Abs. 1 Nr. 3 bis 21 vor.

9 Bei den in **§ 18 Abs. 1 Nr. 1 und 2** genannten Angelegenheiten handelt es sich um
- jede Vollstreckungsmaßnahme bis zur Befriedigung des Gläubigers (entsprechend im Verwaltungszwangsverfahren)
- jede Vollziehungsmaßnahme bei Vollziehung eines Arrests oder einer einstweiligen Verfügung (Ausnahme: Zustellung).

B. Regelungsgehalt von Abs. 1 S. 2

I. Vorbereitung der Klage, des Antrages oder der Rechtsverteidigung, soweit kein besonderes gerichtliches oder behördliches Verfahren stattfindet (Nr. 1)

1. Allgemeines

10 Zum gebührenrechtlichen Rechtszug oder Verfahren gehören nach Nr. 1 alle für die Rechtsverfolgung sowie Rechtsverteidigung **vorbereitenden Tätigkeiten**.

11 Voraussetzung ist allerdings, dass der Rechtsanwalt einen **Auftrag** erhalten hat, den Auftraggeber in dem Rechtszug oder dem Verfahren zu vertreten (soweit es um die Vertretung vor Gericht geht: „Prozessauftrag").

Ist dem Rechtsanwalt dagegen der Auftrag erteilt worden, den Auftraggeber außergerichtlich bzw. außerhalb eines Verfahrens zu vertreten, so sind die anwaltlichen Tätigkeiten nur dieser außergerichtlichen Angelegenheit zuzuordnen. Sie sind über VV 2300, 2301 zu vergüten. Die Tätigkeiten gehören auch dann nicht zum Rechtszug oder Verfahren, wenn später der Auftrag zur Vertretung im Rechtszug oder Verfahren erteilt wird. § 19 Abs. 1 S. 2 Nr. 1 greift nicht ein.

12 **Beispiele für vorbereitende Tätigkeiten** sind etwa:
- Akteneinsicht, z.B. Ermittlungsakte, Grundbuch
- Beratung, Gutachten (siehe Rdn 13)
- Deckungsschutzanfrage bei Rechtsschutzversicherer (streitig; siehe Rdn 14)
- Einholung von Auskünften aus z.B. Handelsregister, Gewerberegister, Grundbuch, Insolvenzbekanntmachungen
- Entgegennahme von Informationen und Material; dabei ist es gleichgültig, ob der Rechtsanwalt die erforderlichen Informationen von seinem Auftraggeber oder durch Besprechungen mit einem Dritten erhält[8]
- Ermittlungen über den Gegner, z.B. Einwohnermeldeamtsanfrage[9] oder Auskünfte über die wirtschaftlichen Verhältnisse,
- Mahnschreiben:[10] Ein Mahnschreiben, das zur Vorbereitung der Klage gefertigt wird, ist über § 19 Abs. 1 S. 2 Nr. 1 dem Auftrag zur gerichtlichen Vertretung zuzuordnen.
- Kündigungsschreiben: Allein aus dem Umstand, dass es zu seinen Pflichten als Rechtsanwalt gehörte, im Zusammenhang mit der Bearbeitung des arbeitsrechtlichen Mandats, sozialversicherungsrechtliche Folgen der gewünschten Beendigung des Arbeitsverhältnisses zu bedenken und durch rechtlich zulässige Gestaltungsmittel zu vermeiden, ergibt sich nicht, dass ein gesonderter Gebührentatbestand ausgelöst wird. Es handelt sich vielmehr um Tätigkeiten, die mit dem arbeitsrechtlichen Auftrag zusammenhängen.[11]

---

8 BGH BeckRS 2004, 9909.
9 BGH NJW-RR 2004, 501.
10 OLG Hamm NJW-RR 2006, 242; LG Stuttgart BeckRS 2008, 22723; LG Berlin BeckRS 2008, 13247; LG Neubrandenburg BeckRS 2011, 14063; vgl. auch AG Bremervörde NJW 2009, 1615 m. abl. Anm. *Mayer*.
11 Vgl. LAG Rheinland-Pfalz BeckRS 2008, 55476.

2. Beratung

Ist dem Rechtsanwalt der **Auftrag zur Vertretung** im Rechtszug oder im Verfahren erteilt, so gehört die Beratung, Auskunft oder ein schriftliches Gutachten zur Vorbereitung der Klage, des Antrags oder der Rechtsverteidigung. Sie ist dann nach § 19 Abs. 1 S. 2 Nr. 1 keine gesondert zu vergütende Tätigkeit. So kann es beispielsweise liegen, wenn der Auftraggeber den Rechtsanwalt mit der Klageerhebung beauftragt und der Rechtsanwalt dann die Erfolgsaussichten der beabsichtigten Klage prüft und zur Klageerhebung zurät oder von ihr abrät.

Ist dem Rechtsanwalt dagegen noch kein Auftrag zur Vertretung im Rechtszug oder im Verfahren erteilt, sondern hat der Rechtsanwalt nur einen **Beratungsauftrag** erhalten, so handelt es sich insoweit um eine eigenständige Angelegenheit, die über § 34 Abs. 1 zu vergüten ist. Kommt es später zu einem Auftrag zur Vertretung im Rechtszug oder im Verfahren, ist die Gebühr für die Beratung vollständig anzurechnen, wenn nicht ein anderes vereinbart ist (vgl. § 34 Abs. 2).

Ist der Rechtsanwalt mit der **Prüfung der Erfolgsaussichten eines Rechtsmittels beauftragt**, so ist auch dies eine eigene Angelegenheit, für die der Rechtsanwalt die Gebühr VV 2100 erhält. Diese Gebühr ist auf eine Gebühr für das Rechtsmittelverfahren anzurechnen (Anm. zu VV 2100).

3. Einholung der Kostendeckungszusage des Rechtsschutzversicherers

In der Rechtsprechung wird teilweise vertreten, dass auch die Einholung einer Deckungszusage des Rechtsschutzversicherers eine vorbereitende Tätigkeit des Rechtsanwalts ist, der mit der Angelegenheit beauftragt ist, für die nunmehr die Deckungszusage des Rechtsschutzversicherers begehrt wird.[12] Es handele sich um einen Annex des jeweiligen Mandats. Genau wie die Kosten des Prozesskostenhilfeverfahrens gemäß § 16 Nr. 2 als zum Rechtszug dazugehörig zählen, diene auch der Schriftverkehr mit dem Rechtsschutzversicherer als begleitende Tätigkeit der Durchsetzung des Anspruchs. Die Annahme einer Angelegenheit im gebührenrechtlichen Sinne setze nicht voraus, dass der Anwalt nur eine Prüfungsaufgabe zu erfüllen habe. Die Anfrage an einen Rechtsschutzversicherer sei eine Standardangelegenheit, die im Rahmen der vorgerichtlichen Bearbeitung einer Sache aus Sicht des Mandanten regelmäßig „nebenbei" erfolge und keinen gesonderten – über die ohnehin vorzunehmende Prüfung und Begründung des geltend zu machenden Anspruchs hinaus – Aufwand erfordere. Sie sei zwar nicht unmittelbar mit dem Schadensfall selbst verknüpft, stehe aber für den sachbearbeitenden Anwalt bei objektiver Betrachtung in einem inneren Zusammenhang mit der gesamten Angelegenheit. Denn eine solche Anfrage diene der Vorbereitung der Rechtsvertretung und letztlich auch der Absicherung des anwaltlichen Prozesskostenrisikos.

Allerdings geht die Klärung der Frage, ob ein Anspruch auf eine derartige Kostendeckungszusage nach den der Rechtsschutzversicherung zugrunde liegenden Versicherungsbedingungen dem Auftraggeber überhaupt zusteht oder nicht, über den „eigentlichen" Auftrag für die Vertretung im Rechtszug bzw. im Verfahren hinaus. Eine zu § 16 Nr. 2 vergleichbare ausdrückliche Klarstellung gibt es bezüglich der Deckungsschutzanfrage gerade nicht. Auch der Aspekt, dass die Kostendeckungszusage des Rechtsschutzversicherers gelegentlich erst in einem gesonderten Rechtsstreit geltend gemacht werden muss, spricht dafür, dass diese Tätigkeit nicht zum Rechtszug bzw. Verfahren i.S.v. § 19 Abs. 1 gehören kann. Die **Einholung der Deckungszusage** stellt daher eine **eigenständige Angelegenheit** dar, die auf einem selbstständigen Auftrag beruht.[13] Der Rechtsanwalt kann somit für die Einholung der Kostendeckungszusage der Rechtsschutzversicherung eine Geschäftsgebühr gemäß VV 2300, 2301 geltend machen. Ob ihm das Mandat für die Erledigung der „eigentlichen" Angelegenheit, für die die Deckungszusage des Rechtsschutzversicherers begehrt wird, bereits erteilt ist oder ob dies später oder gar nicht erfolgt, ist unerheblich.

---

12 So etwa: OLG Celle NJOZ 2011, 802; LG Nürnberg Fürth NZV 2012, 140; LG München JurBüro 1993, 163 m. abl. Anm. *Mümmler* m.w.N.; LG Koblenz BeckRS 2010, 23819; AG Wiesbaden JurBüro 2009, 190; in diese Richtung auch BGH NJW 2012, 919, Rn 9: „spricht viel dafür", wenn sich die Tätigkeit in der Anforderung der Deckungszusage unter Beifügung eines Entwurfs der Klageschrift erschöpft und die Deckungszusage umstandslos bewilligt wird.

13 So etwa auch: LG Duisburg zfs 2010, 520; LG Ulm zfs 2010, 521; AG Karlsruhe AGS 2009, 355; AG Nürnberg zfs 2010, 523; AG Oberndorf zfs 2010, 524; *Lensing*, AnwBl. 2010, 688; *Niehren*, AnwBl. 2011, 135.

15 Der Auftrag zur Einholung der Deckungszusage ergibt sich aber noch nicht aus der Beauftragung in der Angelegenheit, für die die Deckungszusage des Rechtsschutzversicherers begehrt wird.[14] In dem Zusammenhang reicht allein die Mitteilung der Versicherungsnummer für die Erteilung eines weiteren Auftrags nicht aus.[15] Für die Erteilung des Auftrags für die Deckungsschutzanfrage trägt der Auftraggeber die Beweislast.[16]

16 In der Rechtsprechung wird vertreten, dass der Rechtsanwalt den Auftraggeber über die (gesonderte) Entstehung einer Vergütung für die Einholung der Deckungszusage des Rechtsschutzversicherers zu belehren hat.[17] Wird die **Belehrung** nicht erteilt, hat der Auftraggeber gegen den Rechtsanwalt einen Schadensersatz in Höhe der Rechtsanwaltsvergütung für die Einholung der Deckungszusage.[18] Allein schon zur Vermeidung von Auseinandersetzungen mit dem Auftraggeber ist dazu zu raten, diesen über das Anfallen von gesonderten Gebühren aufzuklären, um ihm Gelegenheit zu geben, dass er ggf. die Kostendeckungszusage selbst einholt.

17 Die Kosten des Rechtsanwalts für die Einholung einer Deckungszusage hat der Rechtsschutzversicherer grundsätzlich nicht zu tragen. Anders ist dies, wenn sich der Rechtsschutzversicherer im Verzug befindet bzw. die Zusage zu Unrecht verweigert hat.

18 Der **Anspruchsgegner** muss dem Auftraggeber die Kosten für die Einholung einer Deckungszusage dann **erstatten**, wenn ein entsprechender materiell-rechtlicher Schadensersatzanspruch (z.B. Verzug, § 823 BGB) gegeben ist. Bei diesen Kosten handelt es sich um Rechtsverfolgungskosten.[19] Sie sind aber nur dann zu ersetzen, **soweit** sie aus Sicht des Auftraggebers (= des Geschädigten) zur Wahrnehmung seiner Rechte **erforderlich und zweckmäßig** waren.[20]

4. Kein besonderes gerichtliches oder behördliches Verfahren (Nr. 1 a.E.)

19 Findet die vorbereitende Tätigkeit in einem besonderen gerichtlichen oder behördlichen Verfahren statt, gehört diese Tätigkeit nicht zum „eigentlichen" Rechtszug bzw. Verfahren und ist daher als eigene Angelegenheit gesondert zu vergüten. Ergibt es etwa, dass für einen minderjährigen Beteiligten eines beabsichtigten Rechtszugs oder Verfahrens ein Ergänzungspfleger (§ 1909 BGB) bestellt werden muss, handelt es sich bei dem Bestellungsverfahren um ein gesondertes gerichtliches Verfahren (vgl. § 151 Nr. 5 FamFG: Kindschaftssache). Ebenso findet die Hinterlegung bei der Hinterlegungsstelle (Amtsgericht) in einem gesonderten gerichtlichen Verfahren statt (vgl. z.B. §§ 7, 10 Hinterlegungsgesetz S.-H.), nicht innerhalb des „eigentlichen" Rechtszugs oder Verfahrens.

Abseits der Frage, ob es sich überhaupt um „vorbereitende Tätigkeiten" handeln könnte, sind das Verwaltungsverfahren und das Verwaltungsverfahren, das auf die Überprüfung eines erlassenen Verwaltungsakts gerichtet ist, verschiedene Angelegenheiten (vgl. § 17 Nr. 1a). Gleiches gilt für das strafrechtliche Ermittlungsverfahren und das nachfolgende gerichtliche Verfahren (§ 17 Nr. 10a) bzw. für das Bußgeldverfahren vor der Verwaltungsbehörde und dem sich nach Einspruchseinlegung anschließenden gerichtlichen Verfahren (§ 17 Nr. 11).

II. Einreichung einer Schutzschrift (Nr. 1a)

20 Durch das Gesetz zur Änderung des Unterhaltsrechts und des Unterhaltsverfahrensrechts sowie zur Änderung der Zivilprozessordnung und kostenrechtlicher Vorschriften[21] vom 20.11.2015 ist § 19 Abs. 1 S. 2 um eine Nr. 1a ergänzt worden. Die Einreichung der Schutzschrift gehört zu demjenigen

---

14 AG Buxtehude VersR 1987, 583.
15 AG Buxtehude VersR 1987, 583.
16 AG Buxtehude VersR 1987, 583.
17 OLG Celle NJOZ 2011, 802; LG Nürnberg-Fürth NZV 2012, 140; AG Brühl BeckRS 2010, 26410; vgl. auch BGH NJW 2012, 919, Rn 10: „erwägenswert". Die Entscheidung LG Berlin JurBüro 2008, 200 steht nicht entgegen, weil sie sich nicht mit einer gesonderten Vergütung für eine Deckungsschutzanfrage befasst.
18 LG Nürnberg Fürth NZV 2012, 140; AG Brühl BeckRS 2010, 26410.
19 BGH NJW 2011, 1222, Rn 23; BGH NJW 2012, 919, Rn 18; a.A. KG NJW-RR 2004, 1325; OLG Celle NJOZ 2011, 802; OLG Karlsruhe NJOZ 2012, 1355.
20 BGH NJW 2011, 1222, Rn 23; BGH NJW 2012, 919, Rn 20 m.w.N. bei Rn 13.
21 Vgl. aus dem Gesetzgebungsverfahren BT-Drucks 18/6380.

künftigen Gerichtsverfahren, zu dem sie eingereicht werden soll.[22] Der Rechtsanwalt erhält dementsprechend für die Einreichung der Schutzschrift sowie für die Vertretung in dem etwaigen künftigen Gerichtsverfahren die Verfahrensgebühr nur einmal.

Seit 1.1.2016 gibt es ein zentrales, bundesweites elektronisches Schutzschriftenregister,[23] bei dem die Einreichung einer Schutzschrift genügt, um alle Zivil- und Arbeitsgerichte zu erreichen.[24] § 945a Abs. 2 S. 1 ZPO sowie § 62 Abs. 2 S. 3 und § 85 Abs. 2 S. 3 ArbGG sehen hierzu vor, dass eine bei dem Register eingereichte Schutzschrift als bei allen Zivil- und Arbeitsgerichten der Länder eingereicht gilt. Schutzschriften sind spätestens sechs Monate nach ihrer Einstellung zu löschen (§ 945a Abs. 2 S. 2 ZPO).

Nach dem zum 1.1.2017 in Kraft tretenden § 49c BRAO sind Rechtsanwälte verpflichtet, Schutzschriften bei dem elektronischen Schutzschriftenregister einzureichen.

Nach § 945a Abs. 1 S. 2 ZPO sind Schutzschriften vorbeugende Schriftsätze gegen erwartete Anträge auf Arrest oder einstweilige Verfügung. Die Schutzschrift bringt kein gerichtliches Verfahren in Gang, sondern äußert sich zu einem erwarteten Verfahren.[25] Sie kann bei jedem Gericht oder bei dem elektronischen Schutzschriftenregister[26] eingereicht werden. Die Gerichte haben bei Einleitung eines Arrest- oder einstweiligen Verfügungsverfahrens zu prüfen, ob eine Schutzschrift bei dem Gericht oder dem elektronischen Schutzschriftenregister eingereicht ist. Liegt eine Schutzschrift vor, muss sie in das Gerichtsverfahren einbezogen werden.

Für den Rechtsanwalt ist der Auftrag, eine Schutzschrift einzureichen, ein Auftrag, in einem gerichtlichen Verfahren im Sinne der Überschrift von Teil 3 VV RVG tätig zu werden. Dies gilt auch dann, wenn die Schutzschrift bei dem elektronischen Schutzschriftenregister eingereicht wird. Denn auch dann noch bezieht sich die anwaltliche Tätigkeit auf ein (künftiges) Gerichtsverfahren. Die Einstellung in das elektronische Schutzschriftenregister ist mit der Einreichung bei Gericht gleichzusetzen (vgl. § 945a Abs. 2 S. 1 ZPO).

Für die Einreichung der Schutzschrift erhält der Rechtsanwalt eine 1,3-Verfahrensgebühr nach VV 3100, wenn der Gegner später einen Antrag auf Erlass eines Arrestes oder einer einstweiligen Verfügung stellt.[27]

Die Voraussetzungen für eine Ermäßigung des Satzes der Verfahrensgebühr von 1,3 auf 0,8 nach VV 3101 Nr. 1 liegen dann nicht mehr vor.[28] Eine Gebührenermäßigung ist nach dieser Vorschrift ausgeschlossen, wenn der Auftrag endigt, nachdem ein Schriftsatz, der Sachvortrag enthält, eingereicht wird.[29] Enthält eine Schutzschrift Tatsachen- oder Rechtsausführungen, so handelt es sich hierbei um Sachvortrag.[30] Die Ermäßigung nach VV 3101 Nr. 1 scheidet dann aus.

Für die bei Gericht eingereichte Schutzschrift kann Prozesskostenhilfe nach Maßgabe der §§ 114 ff. ZPO bewilligt und ein Rechtsanwalt beigeordnet werden, auch wenn kein Arrest- oder einstweiliges Verfügungsverfahren anhängig ist oder wird.[31]

Zwar braucht sich eine Partei vor Gericht nicht zu verteidigen, solange ein gerichtliches Verfahren noch gar nicht beantragt ist oder betrieben wird. Deshalb kann mangels eines gerichtlichen Verfahrens zur Abwehr eines Begehrens im Allgemeinen keine Prozesskostenhilfe bewilligt werden.[32] Eine Ausnahme ist aber für eine Schutzschrift gegen einen drohenden Arrest oder eine drohende einstweilige Verfügung zuzulassen, wenn die Schutzschrift genauso dringend geboten erscheint wie der entsprechende einstweilige Rechtsschutz selbst.[33]

---

22 BT-Drucks 18/6380, S. 12.
23 Das elektronische Schutzschriftenregister ist unter https://schutzschriftenregister.hessen.de/ erreichbar.
24 Vgl. hierzu näher *Bacher*, MDR 2015, 1329.
25 BGH NJW 2003, 1257.
26 Vgl. hierzu auch die Verordnung über das elektronische Schutzschriftenregister (Schutzschriftenregisterverordnung – SRV); vgl aus dem Gesetzgebungsverfahren auch BR-Drucks 328/15 (neu) und BR-Drucks 328/15 (B).
27 BGH NJW-RR 2008, 1093.
28 BGH NJW-RR 2008, 1093.
29 BGH NJW-RR 2008, 1093.
30 BGH NJW-RR 2008, 1093.
31 OLG Jena BeckRS 2009, 23778; LG Lübeck JurBüro 2005, 265 m. Anm. *Fölsch*; *Motzer* in: MüKo, 4. Aufl. (2013), § 114 ZPO, 36; *Fischer* in: Musielak/Voit, 13. Aufl. (2016), § 114 ZPO, Rn 8; a.A. OLG Düsseldorf FamRZ 1985, 502; AG Lübeck SchlHA 2006, 315.
32 BGH NJW 2004, 2595.
33 OLG Jena BeckRS 2009, 23778; *Motzer* in: MüKo, 4. Aufl. (2013), § 114 ZPO, 36; *Fischer* in: Musielak/Voit, 13. Aufl. (2016), § 114 ZPO, Rn 8; a.A. OLG Düsseldorf FamRZ 1985, 502; AG Lübeck SchlHA 2006, 315.

Ob und wie dies auch dann gelten kann, wenn die Schutzschrift bei dem elektronischen Schutzschriftenregister eingereicht wird, ist fraglich. Die Schutzschrift wird dann nämlich nicht einmal mehr unmittelbar gegenüber einem Gericht abgegeben, sondern gegenüber einer Justizverwaltungsbehörde, die das elektronische Schutzschriftenregister führt. Andererseits hat die Einstellung der Schutzschrift in das elektronische Schutzschriftenregister einen unmittelbaren Bezug zu einem (drohenden) gerichtlichen Verfahren, nämlich einem voraussichtlichen Arrest- oder einstweiligen Verfügungsverfahren.

III. Außergerichtliche Verhandlungen (Nr. 2)

1. Allgemeines

24 Außergerichtliche Verhandlungen gehören zum Rechtszug bzw. zum Verfahren. Nr. 2 ist in allen Rechtszügen und Verfahren anzuwenden (zum Anwendungsbereich des § 19 Abs. 1 vgl. Rdn 5 ff.). Die Vorschrift erfasst aber nur diejenigen außergerichtlichen Verhandlungen, die den **Gegenstand der Angelegenheit**, also des Rechtszugs bzw. des Verfahrens betreffen.

2. Auftrag

25 Auf Nr. 2 kommt es nur an, soweit dem Rechtsanwalt ein Auftrag zur Vertretung im Rechtszug bzw. Verfahren erteilt ist. Dann erhält der Rechtsanwalt die Verfahrensgebühr insgesamt nur einmal. Dabei können aber die außergerichtlichen Verhandlungen für die Verfahrensgebühr VV 3101 gebührenauslösend sein.[34]

Liegt dem Rechtsanwalt ein solcher Auftrag vor und führt er außergerichtliche Verhandlungen durch, löst dies die Verfahrensgebühr VV 3100, 3101 innerhalb dieses Auftrags aus. Besteht ein solcher Auftrag nicht, sondern ist der Rechtsanwalt nur mit außergerichtlichen Verhandlungen beauftragt, erhält er hierfür eine Vergütung nach VV Teil 2 (in der Regel VV 2300).

26 Wird der Anwalt zunächst mit der außergerichtlichen Vertretung beauftragt und beschränkt sich der Auftrag nur auf diese Angelegenheit, bleibt ihm die Gebühr nach VV 2300 auch dann erhalten, wenn ein weiterer Auftrag hinzukommt, die Ansprüche oder Restansprüche nunmehr gerichtlich durchzusetzen.[35] Es handelt sich bei dieser Konstellation um **zwei Angelegenheiten**. Der BGH[36] führt noch zu § 118 BRAGO a.F. aus:

> „Jede Anwendung des § 118 BRAGO setzt voraus, daß der Rechtsanwalt, der außergerichtliche Vergleichsverhandlungen mit dem Gegner geführt hat, dies tat, weil sich der Inhalt der ihm von seinem Mandanten aufgetragenen „Angelegenheit" darauf beschränkt hatte. Nur dann unterscheidet sich diese „Angelegenheit" (§ 118 BRAGO) von der „Angelegenheit", die Ansprüche des Mandanten durch Klage – wenn auch aufgrund vorbereitender Tätigkeiten (§ 37 Nr. 1 BRAGO) – durchzusetzen. Daß das Ziel dieser beiden Angelegenheiten oft dasselbe ist, ändert nichts daran, daß das Gesetz sie, weil verschiedene Wege eingeschlagen werden, als verschieden ansieht. Das zeigt auch der Abs. 2 des § 118 BRAGO, in welchem die Fälle eigens geregelt sind, in denen sich an den einen Weg schließlich doch der andere Weg anschließt."

3. Gebühren bei außergerichtlichen Verhandlungen

27 Außergerichtliche Verhandlungen in der Form von mündlichen bzw. fernmündlichen Besprechungen begründen die Terminsgebühr nach VV Vorb. 3 Abs. 3 S. 1, 3 Nr. 2, wenn dem Rechtsanwalt ein Auftrag zur Vertretung im Sinne von Teil 3, insbesondere ein Prozessauftrag erteilt wurde. Eine Anhängigkeit ist nicht erforderlich.[37] Im Übrigen sind außergerichtliche Verhandlungen durch die Verfahrensgebühr (VV 3100) abgegolten. Führen die außergerichtlichen Vergleichsverhandlungen vor Klageeinreichung zu einem Erfolg, reduziert sich die Verfahrensgebühr nach VV 3101 Nr. 1 auf 0,8.

---

34 BGH NJW 2011, 1603, Rn 11.
35 BGH NJW 1968, 2334.
36 BGH NJW 1968, 2334.
37 BGH NJW-RR 2007, 720.

Ist dem Rechtsanwalt dagegen ein Auftrag zur außergerichtlichen Vertretung erteilt, werden die Verhandlungen mit der Geschäftsgebühr nach VV 2300 abgegolten, was sich dann in der Rahmenhöhe niederschlagen kann (vgl. § 14 Abs. 1). 28

Wird aufgrund der Verhandlungen ein Vergleich geschlossen, erwächst zusätzlich die Einigungsgebühr nach VV 1000, 1003 oder 1004. 29

4. Außergerichtliche Mediation bzw. gerichtliche Güteverhandlung

Außergerichtliche Verhandlungen können auch in einer außergerichtlichen Mediation stattfinden. Ob es sich aber bei einer außergerichtlichen Mediation noch um eine Vorbereitungs-, Abwicklungs- oder Nebentätigkeit handelt, ist allerdings zu bezweifeln. § 19 Abs. 1 zielt grundsätzlich nur auf Tätigkeiten von eher geringem Umfang ab. Anwaltliche Tätigkeiten haben aber in Bezug auf außergerichtliche Mediationen einen deutlich höheren Umfang, bedenkt man, dass außergerichtliche Mediationen oftmals mehrstündig an mehreren Verhandlungstagen stattfinden. Hinzuzusetzen sind vorbereitende Schriftsätze einschließlich des Abschlusses einer Mediationsvereinbarung (zur Güteverhandlung vor dem Güterichter vgl. Rdn 53). 30

5. Einigungsverhandlungen nach Urteil

Einigungsverhandlungen können auch erst nach Verkündung des Urteils durchgeführt werden mit dem Ziel, eine Berufung zu verhindern. Soweit dem Rechtsanwalt kein Auftrag zur Vertretung in einem Berufungsverfahren erteilt ist, gehören die Einigungsverhandlungen nach § 19 Abs. 1 S. 2 Nr. 2 noch zum erstinstanzlichen Rechtszug. 31

Kommt es zum Abschluss einer Einigung, ist es für die Höhe der Einigungsgebühr VV 1003, 1004 nicht relevant, ob der Rechtsanwalt einen Auftrag zur Vertretung im Berufungsverfahren schon oder noch nicht erhalten hat. Entscheidend ist allein, ob der Gegenstand, über den die Einigung erzielt wird, im Berufungsverfahren anhängig ist oder noch nicht. Ist ein Berufungsverfahren nicht anhängig, entsteht die Einigungsgebühr VV 1003 mit einem Satz von 1,0. Ist das Berufungsverfahren anhängig, fällt die Einigungsgebühr VV 1004 mit einem Satz von 1,3 an. Die Einigungsgebühr VV 1004 mit einem Satz von 1,3 verdient auch der erstinstanzliche Rechtsanwalt, der noch keinen Auftrag zur Vertretung im Berufungsverfahren erhalten hat. Der mit der Berufung beauftragte Rechtsanwalt erhält zusätzlich die Verfahrensgebühr VV 3200 mit einem Satz von 1,6 bzw. VV 3201 mit einem Satz von 1,1 sowie einen 1,2-Terminsgebühr (VV 3202), soweit die außergerichtlichen Verhandlungen auch durch eine Besprechung im Sinne von VV 3 Abs. 3 S. 3 Nr. 2 stattgefunden haben.

6. Prozesskostenhilfe

Die Bewilligung von Prozesskostenhilfe unter Beiordnung eines Rechtsanwalts für ein Gerichtsverfahren umfasst über § 48 Abs. 1 i.V.m. § 19 Abs. 1 S. 2 Nr. 2 auch außergerichtliche Verhandlungen und damit auch den Abschluss eines außergerichtlichen Vergleichs.[38] Eine Beschränkung auf Vergleiche, die vor Gericht protokolliert werden, ist weder in § 48, noch in einer sonstigen Vorschrift des 8. Abschnittes des RVG vorgesehen. Eine Einschränkung der gebührenrechtlichen Vergütungsfähigkeit einer außergerichtlichen Einigungsgebühr für den beigeordneten Rechtsanwalt ergibt sich weder aus dem Wortlaut noch aus dem Sinn und Zweck der maßgeblichen Vorschriften. 32

7. Obliegenheitsverletzung bei Rechtsschutzversicherung

In der Rechtsprechung ist umstritten, ob bei einer arbeitsrechtlichen Kündigung dem Arbeitnehmer Deckungsschutz auch für eine außergerichtliche Tätigkeit des Rechtsanwalts zu gewähren ist oder 33

---

38 OLG Braunschweig BeckRS 2010, 952; VGH München NJW-RR 2010, 504; OLG Köln AGS 2012, 481; entsprechend zur BRAGO a.F.: BGH NJW 1988, 494.

nur für eine gerichtliche Tätigkeit.[39] Dabei wird der getrennte Auftrag des Mandanten zur außergerichtlichen Rechtsverfolgung und dann zur gerichtlichen Rechtsverfolgung als versicherungsvertragliche Obliegenheitsverletzung angesehen. Hierzu wird angeführt, dass das kostengünstigere Vorgehen – mit Blick auf die Klagefrist für die Kündigungsschutzklage von 3 Wochen (vgl. § 4 KSchG S. 1) – sei, sofort einen Klageauftrag zu erteilen. Dann würden Gebühren für eine außergerichtliche Tätigkeit nicht anfallen. Der Rechtsanwalt sei nicht gehindert, mit dem Arbeitgeber Vergleichsgespräche zu führen. Diese würden dann nach § 19 Abs. 1 S. 2 Nr. 2 zum Rechtszug bzw. Verfahren gehören. Wirtschaftlicher Hintergrund ist § 12a ArbGG, der eine Kostenerstattung im gerichtlichen Verfahren erster Instanz ausschließt. Nach Auffassung des BAG bezieht sich diese Vorschrift auch auf eine Kostenerstattung für vorgerichtlich entstandene Kosten.[40]

IV. Fälle nach Nr. 3

1. Allgemeines

34 Nr. 3 benennt bestimmte Verfahren bzw. Verfahrensabschnitte, die gebührenrechtlich zum Rechtszug bzw. zum Verfahren gehören. Dies sind:
– Zwischenstreite
– die Bestellung von Vertretern durch das in der Hauptsache zuständige Gericht
– die Ablehnung von Richtern, Rechtspflegern, Urkundsbeamten der Geschäftsstelle oder Sachverständigen
– die Festsetzung des Streit- oder Geschäftswerts.

35 Im Gegensatz zur Vorgängervorschrift des § 37 Nr. 3 BRAGO a.F. sind in § 19 Abs. 1 S. 2 Nr. 3 **nicht mehr genannt**:
– Selbstständige Beweisverfahren: Das selbstständige Beweisverfahren ist gegenüber dem Hauptsacheverfahren eine eigene selbstständige Gebührenangelegenheit.[41] Der Rechtsanwalt kann daher im selbstständigen Beweisverfahren und im Prozessverfahren sämtliche Gebühren gesondert verdienen. Lediglich die Verfahrensgebühren werden aufeinander angerechnet (VV Vorb. 3 Abs. 5). Es wird auf die Kommentierung zum selbstständigen Beweisverfahren verwiesen (siehe VV Vorb. 3 Rdn 261 ff.).
– Verfahren über die Prozesskostenhilfe: Das Verfahren über die Prozesskostenhilfe ist ein selbstständiges gerichtliches Verfahren. In § 16 Nr. 2 ist geregelt, dass das Prozesskostenhilfeverfahren und das Verfahren, für das Prozesskostenhilfe beantragt worden ist, eine Angelegenheit bildet. Diesbezüglich wird auf die dortige Kommentierung verwiesen (siehe § 16 Rdn 15 ff.).
– vorläufige Einstellung, Beschränkung oder Aufhebung der Zwangsvollstreckung, wenn nicht eine abgesonderte mündliche Verhandlung hierüber stattfindet: Die Tätigkeit ist in Nr. 11 des § 19 Abs. 1 S. 2 geregelt (siehe Rdn 149 ff.).
– Verfahren wegen Rückgabe der Sicherheit: Die Tätigkeit ist in Nr. 7 des § 19 Abs. 1 S. 2 geregelt (siehe Rdn 71 ff.).
– Das 2. KostRMoG hat die Regelung über die Bestimmung des zuständigen Gerichts aus § 19 Abs. 1 S. 2 Nr. 3 entnommen und in einem neuen § 16 Nr. 3a klargestellt, dass das Gerichtsstandsbestimmungsverfahren mit dem betroffenen Verfahren immer dieselbe Angelegenheit bildet, und zwar auch dann, wenn das Bestimmungsverfahren nicht zur Bestimmung eines Gerichts führt (siehe § 16 Rdn 26).[42]

---

39 Einen Deckungsschutz für die außergerichtliche Tätigkeit ablehnend: LG München AGS 2008, 423; LG Hamburg AGS 2008, 419; LG Hamburg JurBüro 2006, 649; AG Essen NJW-RR 2007, 24; a.A.: LG Stuttgart AGS 2008, 415; AG Essen-Steele JurBüro 2005, 585; AG Cham JurBüro 2006, 213; AG Velbert AnwBl. 2006, 770; AG Hamburg JurBüro 2007, 263; AG Hamburg JurBüro 2007, 265; AG Hamburg-Altona JurBüro 2007, 265; AG Wiesbaden JurBüro 2007, 143; AG Essen AGS 2009, 358; AG Stuttgart BeckRS 2010, 3068; vgl. zur Androhung einer arbeitsrechtlichen Kündigung als Rechtsschutzfall: BGH NJW 2009, 365; BGH BeckRS 2010, 17561.
40 Vgl. BAG v. 14.12.1977 – 711/76, DB 1978, 895.
41 Vgl. auch BT-Drucks 15/1971, S. 193.
42 BT-Drucks 17/11471 (neu), S. 267; vormals streitig vgl. Schneider, AGS 2007, 67.

2. Zwischenstreite

a) Allgemeines

Zwischenstreite gehören zum Rechtszug; es erwächst dem Prozessbevollmächtigten keine weitere Gebühr. Zwischenstreite können in bürgerlichen Rechtsstreitigkeiten geführt werden etwa über
- den Antrag auf Zurückweisung einer Nebenintervention (§ 71 ZPO)
- die Beweisaufnahme vor dem beauftragten oder ersuchten Richter (§ 366 ZPO)
- die Zeugnisverweigerung (§ 387 ZPO) bzw. die schriftliche Zeugnisverweigerung (§ 388 ZPO)
- das Gutachtenverweigerungsrecht (§ 408 ZPO)
- die Zulassung einer Klageänderung
- den Widerruf eines Geständnisses
- die Pflicht zur Vorlage einer Urkunde
- die Echtheit einer Urkunde
- die Unterbrechung des Verfahrens
- die Aussetzung des Verfahrens
- den Antrag auf Wiedereinsetzung
- die Anordnung der Prozesskostensicherheit
- die Zulässigkeit eines Rechtsmittels oder Einspruchs

Über den Zwischenstreit ergeht ein Zwischenurteil (§ 303 ZPO). Auch das Grundurteil (§ 304 ZPO) ist ein Zwischenurteil.

b) Vertretung im Zwischenstreit mit einem Zeugen

Steht ein Rechtsanwalt einem **Zeugen** in der mündlichen Verhandlung in einem Zwischenstreit über dessen Zeugnisverweigerungsrecht bei, entstehen dem Rechtsanwalt für diese Tätigkeit Gebühren nach **VV 3100 ff.** (VV Vorb. 3 Abs. 1), soweit die Gebührentatbestände im Einzelnen erfüllt sind und sofern sich seine Tätigkeit auf den Beistand in dem Zwischenstreit über die Berechtigung zur Zeugnisverweigerung beschränkt.[43]

> **Beispiel:** Ein Kläger bezieht sich zum Beweis für seine Behauptung auf das Zeugnis eines Steuerberaters. Dieser erscheint im Termin zur Beweisaufnahme mit einem von ihm beauftragten Rechtsanwalt und verweigert die Aussage mit der Begründung, dass er mit der Sache in seiner Funktion als Steuerberater betraut gewesen sei. Von der Verschwiegenheitspflicht hätte man ihn nicht entbunden, so dass er nicht aussagen könne und dürfe. Der Kläger bestreitet die Berechtigung des Zeugen zur Aussageverweigerung und beantragt eine Entscheidung des Gerichts. Durch Zwischenurteil entspricht das Gericht dem Antrag des Zeugen, das Zeugnis zu verweigern. Die Kosten des Zwischenstreits legt es dem Kläger auf.

Zu einem derartigen Fall hat das OLG Hamburg[44] im Leitsatz ausgeführt:

> „Kosten, die einem Zeugen in dem Zwischenstreit über sein Zeugnisverweigerungsrecht durch Hinzuziehung eines Rechtsanwalt erwachsen, sind ihm gemäß einer entsprechenden Kostengrundentscheidung in dem Zwischenurteil von der Partei zu erstatten, die seine Berechtigung zur Aussageverweigerung bestritten hatte."

In den Urteilsgründen heißt es dann weiter:

> „Gemäß § 37 Nr. 3 BRAGO gehören zwar Zwischenstreite zum Rechtszug, und hierunter fallen auch solche mit Zeugen gemäß § 387 ZPO. Sofern sich aber die Tätigkeit des Rechtsanwalts als Vertreter des Zeugen auf den Zwischenstreit über die Berechtigung zur Zeugnisverweigerung beschränkt, wird der Rechtsanwalt als Bevollmächtigter in einem Rechtsstreit tätig und verdient folglich die Gebühren des § 31 BRAGO, soweit die Gebührentatbestände im einzelnen erfüllt sind ... Es kann kostenrechtlich keineswegs beanstandet werden, daß sich der Zeuge in dieser für ihn selbst äußerst bedeutsamen Angelegenheit bei der Berufung auf sein Zeugnisverweigerungsrecht anwaltlichen Beistands bedient hat."

Die Rechtsanwälte, die als **Prozessbevollmächtigte** in dem Verfahren auf Kläger- bzw. Beklagtenseite tätig sind, erhalten für ihre Tätigkeit im Zwischenstreit mit Zeugen keine gesonderten Gebühren.

---

43 OLG Hamburg MDR 1987, 947.
44 OLG Hamburg MDR 1987, 947.

c) Rechtsmittel gegen ein Zwischenurteil

39 Wird gegen ein Zwischenurteil Berufung eingelegt, ist das Berufungsverfahren ein neuer Rechtszug und damit eine neue Angelegenheit. Zu beachten ist, dass die Berufung gegen ein Zwischenurteil im Sinne von § 303 ZPO für die Parteien in aller Regel nicht statthaft ist.[45] Ihre Nachprüfung kann nur durch ein Rechtsmittel gegen das verfahrensabschließende Endurteil erreicht werden.[46] Das Grundurteil (§ 304 ZPO) ist dagegen auch von den Parteien mit der Berufung anfechtbar.[47] Wird gegen das Zwischenurteil die sofortige Beschwerde eingelegt, bildet das Beschwerdeverfahren eine neue Angelegenheit. Die sofortige Beschwerde gegen ein Zwischenurteil ist zum Beispiel nach § 71 Abs. 2 ZPO oder § 387 Abs. 3 ZPO zulässig.

Wird auf ein Rechtsmittel das Zwischenurteil bestätigt, das Rechtsmittel verworfen oder zurückgenommen, wird die Sache zur weiteren Erledigung an das erstinstanzliche Gericht **zurückgegeben**. Hierbei handelt es sich nicht um eine Zurückverweisung im Sinne von § 21, so dass das weitere erstinstanzliche Verfahren gegenüber dem bisher durchgeführten erstinstanzlichen Verfahren keine neue gebührenrechtliche Angelegenheit ist.[48]

40 Wird gegen ein **Zwischenurteil die Berufung zurückgenommen** oder auf andere Weise erledigt und danach **gegen das Endurteil eine weitere Berufung** eingelegt, handelt es sich gebührenrechtlich um zwei Rechtszüge. Das erste Berufungsverfahren gehört kostenrechtlich nicht zum zweiten und ist dementsprechend gesondert zu vergüten. Dazu führt das OLG Düsseldorf aus:[49]

> „§ 37 Nr. 3 BRAGO bindet nicht jedes Rechtszüge, auch wenn der erste einen Zwischenstreit betraf, zu einem zusammen. Die Vorschrift regelt nur das, was zu einem einheitlichen Rechtszug gehört. [...] Eine Zwischenentscheidung, die selbstständig angefochten wird, gehört jedenfalls dann nicht dazu, wenn der gegen sie gerichtete Angriff bereits beendet war, bevor die Anfechtung der Endentscheidung begann."

41 Nichts anderes kann gelten, wenn die **Berufung gegen das Zwischenurteil noch anhängig** ist, während es bereits zur **Berufung gegen das Endurteil** kommt. Die Berufungsverfahren wären dann also ebenfalls gebührenmäßig getrennt zu betrachten. Derartige Fälle dürften aber kaum vorkommen, da das erstinstanzliche Verfahren meist nicht weiter betrieben wird, bis über die Berufung betreffend das Zwischenurteil entschieden ist.

d) Antrag auf gerichtliche Fristsetzung gemäß § 62 BDG

42 Fristsetzungsverfahren nach § 62 BDG lösen keine Gebühr nach VV 6203 (Verfahrensgebühr für gerichtliches Verfahren) aus, weil es sich dabei um ein Zwischenverfahren im Sinne von § 19 Abs. 1 S. 2 handelt.[50] Nach § 62 Abs. 1 BDG kann ein Beamter beantragen, dass das Gericht eine Frist zum Abschluss des Disziplinarverfahrens festzusetzen, wenn ein Disziplinarverfahren nicht binnen sechs Monaten abgeschlossen ist. Die Tätigkeit wird von der Gebühr nach VV 6202 (Verfahrensgebühr für das außergerichtliche Verfahren) abgedeckt. Anmerkung 2 zu VV 6202 meint solche Verwaltungsverfahren, die in ein abschließendes gerichtliches Verfahren übergehen (können). Das ist allein das Disziplinarverfahren, das zu einer Klage gegen eine Disziplinarverfügung oder einem förmlichen Verfahren bei dem Disziplinargericht (Disziplinarklage) führen kann.

e) Verfahren nach § 99 Abs. 1 S. 2 VwGO

43 Bei dem **Verfahren vor dem Fachsenat** nach § 99 Abs. 2 VwGO handelt es sich um einen unselbstständigen Zwischenstreit.[51] Nach § 99 Abs. 2 S. 1, 2 VwGO stellt das OVG oder das BVerwG fest, ob die Verweigerung einer Behörde, dem Gericht Urkunden oder Akten vorzulegen, elektronische Daten zu übermitteln oder Auskünfte zu erteilen, rechtmäßig ist.[52] Zwar betrifft ein solches Verfahren einen anderen Streitgegenstand als das Hauptsacheverfahren, über den ein besonderer Spruchkörper

---

45 Musielak/*Musielak*, § 303 ZPO, Rn 7.
46 Musielak/*Musielak*, § 303 ZPO, Rn 7.
47 Musielak/*Musielak*, § 304 ZPO, Rn 13.
48 Vgl. BGH NJW-RR 2004, 1294; str.
49 OLG Düsseldorf AnwBl. 1988, 414 = JurBüro 1988, 865 = MDR 1988, 508 = KostRsp. BRAGO § 37 Nr. 17.
50 VG Berlin AGS 2010, 426.
51 BVerwG BeckRS 2011, 48406; BVerwG NVwZ-RR 2011, 261 = BayVBl 2011, 417 = DÖV 2011, 455; VG Berlin AGS 2010, 602.
52 BVerwG BeckRS 2011, 48406; BVerwG NVwZ-RR 2011, 261 = BayVBl 2011, 417 = DÖV 2011, 455; VG Berlin AGS 2010, 602.

befindet. Die Entscheidung über die Rechtmäßigkeit der verweigerten Aktenvorlage hat indes keine eigenständige Bedeutung, sondern erschöpft sich in ihrer Auswirkung auf das Hauptsacheverfahren.[53] Dagegen handelt es sich bei dem in Rahmen eines Zwischenverfahrens gemäß § 99 Abs. 2 S. 12 VwGO vor dem Bundesverwaltungsgericht geführten **Beschwerdeverfahren** um eine besondere Angelegenheit gemäß § 18 Abs. 1 Nr. 3, so dass Gebühren grundsätzlich verlangt werden können.[54]

3. Bestellung von Vertretern durch das in der Hauptsache zuständige Gericht

Die Bestellung von Vertretern durch das in der Hauptsache zuständige Gericht (Prozess- oder Vollstreckungsgericht) gehört ebenfalls zum Rechtszug. Dies sind beispielsweise:
– Prozesspfleger einer nicht prozessfähigen oder unbekannten Partei nach § 57 ZPO
– Prozesspfleger bei herrenlosen Grundstücken oder Schiffen nach § 58 ZPO
– Bestellung eines Vertreters bei unbekanntem Gegner nach § 494 Abs. 2 ZPO
– Bestellung eines Vertreters bei Tod des Schuldners nach § 779 Abs. 2 ZPO
– Bestellung eines Vertreters bei Zwangsvollstreckung herrenloser Grundstücke nach § 787 ZPO.

Dem Prozessbevollmächtigten stehen hierfür keine besonderen Gebühren zu. Beschränkt sich die Tätigkeit eines Rechtsanwalts lediglich auf die Bestellung, handelt es sich um eine Einzeltätigkeit, die nach VV 3403 abgegolten wird.

Ist dagegen der Vertreter nicht durch das in der Hauptsache zuständige Gericht, sondern durch ein anderes Gericht in einem gesonderten gerichtlichen Verfahren zu bestellen, handelt es sich um eine eigene Angelegenheit.

4. Ablehnung von Richtern, Rechtspflegern, Urkundsbeamten der Geschäftsstelle oder Sachverständigen

Die Ablehnung von
– Richtern,
– Rechtspflegern,
– Urkundsbeamten der Geschäftsstelle oder
– Sachverständigen
gehört gebührenrechtlich zum Rechtszug.

Dem Prozessbevollmächtigten stehen für seine Tätigkeit im Ablehnungsverfahren keine besonderen Gebühren zu. Sie ist mit den Gebühren für das Verfahren wegen des Hauptgegenstands abgegolten. Für das Beschwerdeverfahren ist § 19 Abs. 1 S. 2 Nr. 3 dagegen nicht anzuwenden.[55] Dem Rechtsanwalt erwachsen im Beschwerdeverfahren die Gebühren nach VV 3500, 3513.

5. Entscheidung über einen Antrag betreffend eine Sicherheitsanordnung

Das Verfahren zur Entscheidung über einen Antrag auf Erlass einer Sicherungsanordnung nach § 283a ZPO gehört gebührenrechtlich zum Rechtszug. Dieser Teil der Gebührenvorschrift ist zuletzt durch das Mietrechtsänderungsgesetz 2013[56] ergänzt worden. Für die Tätigkeit im Verfahren auf Erlass einer Sicherungsanordnung nach § 283a ZPO verdient der Rechtsanwalt, der bereits im Rahmen der bei Gericht anhängigen Räumungs- und Zahlungsklage tätig ist, keine zusätzlichen Gebühren.

Seit dem Mietrechtsänderungsgesetz 2013[57] sieht ein neu eingefügter § 283a ZPO die Möglichkeit einer Sicherungsanordnung vor. Nach § 283a Abs. 1 S. 1 ZPO kann das Gericht anordnen, dass ein Beklagter wegen solcher Geldforderungen, die nach Rechtshängigkeit fällig werden, Sicherheit zu

---

53 BVerwG BeckRS 2011, 48406; BVerwG NVwZ-RR 2011, 261 = BayVBl 2011, 417 = DÖV 2011, 455; VG Berlin AGS 2010, 602.
54 VG Berlin AGS 2010, 602.
55 OLG Celle BeckRS 2010, 16896; OLG Saarbrücken NJW-RR 2012, 766.
56 Vgl. aus dem Gesetzgebungsverfahren BT-Drucks 17/10485; BT-Drucks 17/11894.
57 Vgl. aus dem Gesetzgebungsverfahren BT-Drucks 17/10485; BT-Drucks 17/11894.

leisten hat. Das Gericht bestimmt eine Frist, binnen derer die Sicherheitsleistung nachzuweisen ist (§ 283a Abs. 2 ZPO). Voraussetzungen einer solchen Sicherungsanordnung sind nach § 283a Abs. 1 S. 1 ZPO:
– Antrag des Klägers auf Erlass einer Sicherungsanordnung
– Räumungsklage
– Zahlungsklage, die mit der Räumungsklage aus dem gleichen Rechtsverhältnis verbunden ist und mit den Geldforderungen, die nach Rechtshängigkeit der Klage fällig geworden sind, geltend gemacht wird
– Die Klage hat hohe Aussicht auf Erfolg.
– Die Anordnung ist unter Abwägung der beiderseitigen Interessen zur Abwendung besonderer Nachteile für den Kläger gerechtfertigt. Diese Interessen sind glaubhaft zu machen (§ 283a Abs. 1 Nr. 2 S. 2 ZPO).

Gegen die Entscheidung über die Sicherungsanordnung findet die sofortige Beschwerde statt (§ 283 Abs. 2 S. 3 ZPO).

6. Festsetzung des Streit- oder Geschäftswerts

50 Gleichfalls gehört die Festsetzung des Streit- oder Geschäftswerts zum Rechtszug und wird daher gebührenrechtlich nicht gesondert vergütet. Die Festsetzung des Verfahrenswerts (§ 55 FamGKG, § 79 GNotKG) sowie des Gegenstandswerts (§ 33) ist in Nr. 3 nicht genannt; insofern ist Nr. 3 aber entsprechend anzuwenden. Unerheblich ist, wann das Wertfestsetzungsverfahren stattfindet. Selbst wenn also der Antrag auf Wertfestsetzung erst nach Abschluss der Instanz oder gar erst nach Rechtskraft des Urteils beantragt worden sein sollte, fallen für den insoweit tätigen Rechtsanwalt keine gesonderten Gebühren an.

51 Lediglich das **Beschwerdeverfahren** ist ein besonderer Rechtszug. Der Rechtsanwalt kann für das Beschwerdeverfahren Gebühren nach VV 3500, 3513 abrechnen, wenn er von seinem Auftraggeber mit der Vertretung beauftragt ist und der Rechtsanwalt im Namen des Auftraggebers tätig wird. Die dem Auftraggeber entstandenen Rechtsanwaltskosten werden nicht erstattet (§ 68 Abs. 3 S. 2 GKG, § 59 Abs. 3 S. 2 FamGKG, § 83 Abs. 3 S. 2 GNotKG, § 33 Abs. 9 S. 2).

52 Für die Einlegung des Rechtsmittels in eigenem Namen nach § 32 Abs. 2 S. 1 oder § 33 Abs. 3 S. 1 kann der Rechtsanwalt seinem Auftraggeber keine Gebühren berechnen, da er in einem derartigen Fall nicht für ihn, sondern für sich selbst tätig wird.

7. Beschleunigungsrüge

53 Die anwaltliche Tätigkeit im Rahmen einer gemäß § 155b Abs. 1 FamFG eingelegten Beschleunigungsrüge ist mit den Gebühren für das Verfahren, in dem die Rüge erhoben wird, abgegolten.[58] Dagegen ist die Tätigkeit im Rechtsmittelverfahren der Beschleunigungsbeschwerde (§ 155c FamFG) eine weitere Angelegenheit (§ 17 Nr. 1).[59] Hierfür entstehen die Gebühren nach VV 3500 ff.[60]

V. Verfahren vor dem beauftragten oder ersuchten Richter (Nr. 4); Verhandlung vor dem Güterichter

54 Verfahren vor dem beauftragten oder ersuchten Richter (§§ 361, 362 ZPO) sind gebührenrechtlich dem Rechtszug bzw. dem zugrunde liegenden Verfahren zuzuordnen. Zum Tätigkeitsfeld des anwaltlichen Prozessbevollmächtigten gehört es, Termine vor dem ersuchten oder beauftragten Richter wahrzunehmen. Im Hauptsacheverfahren entstandene Gebühren kann der Rechtsanwalt im Termin vor dem beauftragten oder ersuchten Richter nicht erneut verdienen. Ist im Hauptsacheverfahren aber die Terminsgebühr noch nicht entstanden, fällt sie für die Wahrnehmung des Termins vor dem beauftragten oder ersuchten Richter an. Zusätzlich kann er stets die entstandenen Reisekosten besonders vergütet bekommen.

---

58 BT-Drucks 18/9092, S. 20.
59 BT-Drucks 18/9092, S. 20.
60 BT-Drucks 18/9092, S. 20.

Wird gegen eine Entscheidung des beauftragten oder ersuchten Richters, die Erinnerung nach § 573 Abs. 1 ZPO bzw. gegen die Erinnerungsentscheidung die sofortige Beschwerde (§§ 573 Abs. 2 i.V.m. §§ 567 ff. ZPO) bzw. Rechtsbeschwerde (§§ 573 Abs. 2, 3 i.V.m. §§ 574 ff. ZPO) erhoben, so sind diese Verfahren verschiedene Angelegenheiten, in denen der Rechtsanwalt eine gesonderte Vergütung erhält.

Nach § 278 Abs. 5 S. 1 ZPO[61] kann das Gericht die Parteien für die **Güteverhandlung** sowie für weitere Güteversuche vor einen hierfür bestimmten und nicht entscheidungsbefugten Richter (**Güterichter**) verweisen. Der Güterichter kann alle Methoden der Konfliktbeilegung einschließlich der Mediation einsetzen (§ 278 Abs. 5 S. 2 ZPO). Weder in Nr. 4 noch an anderer Stelle in § 19 Abs. 1 S. 2 ist ausdrücklich niedergelegt, dass die Güteverhandlung vor dem Güterichter zum Rechtszug bzw. zum Verfahren gehört. Vor dem Inkrafttreten des Mediationsgesetzes[62] entsprach es der überwiegenden Auffassung, dass die gerichtsnahe Mediation dieselbe Angelegenheit wie das zugrunde liegende gerichtliche Verfahren sei.[63] Dabei wurde unter anderem angeführt, dass es sich auch der gerichtsnahen Mediation um außergerichtliche Verhandlungen im Sinne von § 19 Abs. 1 S. 2 Nr. 2 bzw. um eine Tätigkeit im Sinne § 19 Abs. 1 S. 1 handeln wurde. Dass an dieser Auffassung festgehalten werden kann, dürfte zu bezweifeln sein. Eher ist von einer eigenen gebührenrechtlichen Angelegenheit auszugehen. Im Gegensatz zu der bisherigen gerichtlichen Praxis ist der Güterichter (vormals: Richtermediator) kein ersuchter Richter. Die Güteverhandlung ist auch keine außergerichtliche Verhandlung. Denn die Güteverhandlung vor dem Güterichter ist eine gerichtliche. Die Güteverhandlung findet aber nicht innerhalb des zugrunde liegenden gerichtlichen Verfahrens statt, sondern außerhalb. Gerade weil die Verhandlung nicht vor dem erkennenden Gericht stattfindet, kann die Güteverhandlung nichtöffentlich durchgeführt werden (vgl. § 169 S. 1 GVG). Der Güterichter ist nicht der Streitrichter und zudem überhaupt nicht entscheidungsbefugt. Entscheidend ist aber, dass es sich **bei der anwaltlichen Tätigkeit bezüglich der Güteverhandlung vor dem Güterichter nicht um eine Tätigkeit von eher geringen Umfang** handelt. Nur auf Tätigkeiten von eher geringem Umfang zielt aber § 19 Abs. 1 ab. Güteverhandlungen haben indes in aller Regel keinen geringen Umfang. Denn regelmäßige Praxis ist, dass ein Termin vor dem Güterichter (vormals Richtermediator) zwei bis drei Stunden dauert. Hinzuzusetzen sind etwaige vorbereitende Schriftsätze einschließlich des Abschlusses einer Vereinbarung, in eine Güteverhandlung einzutreten, verbunden mit der Festlegung, welche Regeln für die Verhandlung gelten sollen (z.B. zur Vertraulichkeit). Die Beantwortung der gerichtlichen Anfrage, ob die Parteien mit einer Verweisung an den Güterichter einverstanden sind, gehört allerdings noch nicht zu einer Angelegenheit „Güteverhandlung vor dem Güterichter".

VI. Verfahren über die Erinnerung nach § 573 ZPO und die Gehörsrüge (Nr. 5)

1. Verfahren über die Erinnerung, § 573 ZPO

Verfahren über die Erinnerung nach § 573 ZPO zählen stets zur Hauptsache. Im Gegensatz zu Erinnerungen gegen eine Entscheidung des Rechtspflegers oder Erinnerungen gegen einen Kostenfestsetzungsbeschluss, die nach § 18 Abs. 1 Nr. 3 als gesonderte Angelegenheit gelten (Ausnahme Vollstreckungserinnerung nach § 766 ZPO – § 19 Abs. 2 Nr. 2), bleibt es für die Erinnerung nach § 573 ZPO bei dem früheren Grundsatz, dass diese bei entsprechendem Auftrag zur Hauptsache gehört und keine gesonderte Vergütung auslöst.

Strittig war, ob hierunter auch Erinnerungen (Anträge auf gerichtliche Entscheidung nach § 165 S. 1 i.V.m. § 151 VwGO oder § 197 SGG) gegen die Kostenfestsetzung fallen, wenn die Festsetzung nicht vom Rechtspfleger, sondern vom Urkundsbeamten der Geschäftsstelle vorgenommen worden

---

61 Entsprechende Vorschriften bestehen in: § 36 Abs. 5 FamFG, § 54 Abs. 6 ArbGG. Auf § 278 ZPO wird verwiesen in § 202 S. 1 SGG, § 155 FGG sowie in der allgemeinen Verweisungsvorschrift des § 173 Abs. 1 VwGO.

62 Vgl. aus dem Gesetzgebungsverfahren: BT-Drucks 17/5335; BT-Drucks 17/5496; BT-Drucks 17/8058; BT-Drucks 17/10102; vgl. zudem *Ahrens*, NJW 2012, 2465; *Francken*, NZA 2012, 836; *Prütting*, AnwBl. 2012, 796.

63 OLG Rostock AGS 2007, 124; OLG Braunschweig AGS 2007, 127; OLG Celle NJW 2009, 1219; KG NJW 2009, 2754; KG JurBüro 2010, 139; OVG Lüneburg NVwZ-RR 2012, 87.

ist. Das VG Regensburg hatte eine entsprechende Anwendung abgelehnt,[64] das BVerwG[65] hat sie bejaht. Der Gesetzgeber hat bereits mit dem 2. KostRMoG in § 18 Abs. 1 Nr. 3 klargestellt, dass alle Erinnerungen gegen einen Kostenfestsetzungsbeschluss eigene Angelegenheiten sind, unabhängig davon, wer die Kosten festgesetzt hat.

58 Wird der Anwalt dagegen **ausschließlich mit der Erinnerung** nach § 573 ZPO beauftragt, so erhält er die Vergütung nach VV 3500 ff. Die Vorschrift der Nr. 5 greift hier nicht, da diese voraussetzt, dass der Anwalt auch in der Hauptsache beauftragt ist.

2. Gehörsrüge

59 Auch das Verfahren über die Gehörsrüge (§§ 321a, 544 Abs. 6, 705 ZPO; §§ 33a, 356a StPO; § 55 Abs. 4 JGG i.V.m. § 356a StPO; § 44 FamFG; § 81 Abs. 3 GBO; § 89 Abs. 3 SchiffRegO; § 78a ArbGG; § 152a VwGO; § 178a SGG; § 133a FGO, §§ 69a GKG, § 84 GNotKG; § 5 Abs. 2 S. 2 GVKostG i.V.m. § 69a GKG; § 61 FamGKG; § 4a JVEG; § 12a RVG; § 79 Abs. 1 S. 1 Nr. 5 OWiG; § 121a WDO; § 71a GWB) gehört für den Prozessbevollmächtigten der Instanz zum Rechtszug. Dies gilt auch im Rechtsmittelverfahren. Der in der Hauptsache tätige Anwalt erhält keine gesonderte Vergütung.[66]

60 Ist der Anwalt allerdings **ausschließlich mit der Gehörsrüge** beauftragt, erhält er bei Abrechnung nach Wertgebühren eine gesonderte Vergütung nach VV 3330 in Höhe einer Verfahrensgebühr des Verfahrens, in dem die Rüge erhoben wird, höchstens jedoch 0,5-Gebühr. Hinzukommen kann ein Terminsgebühr nach VV 3332.

61 Gelten im zugrunde liegenden Verfahren Betragsrahmen, erhält der Anwalt ebenfalls eine Verfahrensgebühr nach VV 3330, höchstens jedoch 220 EUR.

62 Die Verfahrensgebühren sind gegebenenfalls nach VV 1008 zu erhöhen.

63 In Verfahren nach VV Teil 4 und 5 ist die isolierte Tätigkeit im Verfahren über eine Gehörsrüge als Einzeltätigkeit abzurechnen (VV 4302 Nr. 2; VV 5100), da VV Teil 3 hier nicht anwendbar ist.

64 In Verfahren nach VV Teil 6 dürfte VV 3300 jedoch anwendbar sein, da VV Teil 6 keine gesonderten Gebühren für eine Gehörsrüge vorsieht (arg. e VV Vorb. 3 Abs. 7).

65 Ist die Gehörsrüge allerdings erfolgreich und schließt sich hieran das weitere Verfahren an, in dem der Anwalt dann als Prozess- oder Verfahrensbevollmächtigter tätig wird, gilt für ihn, soweit nach VV Teil 3 abgerechnet wird, wiederum Nr. 5. Er kann die Vergütung im Verfahren über die Gehörsrüge nicht gesondert abrechnen. Soweit der Anwalt Gebühren nach VV 3330, 3332 verdient hat, gehen diese in der weiteren Vergütung (etwa nach VV 3100 ff.) auf. Gebühren, die im Verfahren über die Gehörsrüge entstanden sind, können dadurch aber nicht entfallen (§ 15 Abs. 4).

66 Soweit der Anwalt in einem Verfahren nach VV Teil 4 oder 5 tätig war, für das nicht nach VV Teil 3 abzurechnen ist, wird die Gebühr für die Gehörsrüge als Einzeltätigkeit auf die weiteren Gebühren angerechnet (Anm. Abs. 3 zu VV Vorb. 4.3; Anm. Abs. 3 zu VV 5200). Die Gehörsrüge bleibt in diesem Fall also eine gesonderte Angelegenheit, so dass der Anwalt hier zwei Postentgeltpauschalen nach VV 7002 erhält.

3. Verfahren nach Art. 18 der VO (EG) Nr. 861/2007 zur Einführung eines europäischen Verfahrens für geringfügige Forderungen

67 Mit zum Rechtszug gehört das Verfahren auf Überprüfung eines Urteils, das im europäischen Verfahren für geringfügige Forderungen ergangen ist.

---

64 AGS 2005, 548 m. Anm. *N. Schneider* = RVGreport 2005, 384 [*Hansens*].
65 AGS 2007, 406 = NVwZ-RR 2007, 717 = Rpfleger 2007, 595 = JurBüro 2007, 534 = BayVBl 2008, 91 = Buchholz 363 § 18 RVG Nr. 1 = RVGreport 2007, 342.

66 OLG Brandenburg AGS 2008, 223 m. Anm. *N. Schneider*.

Artikel 18 Mindeststandards für die Überprüfung des Urteils

(1) Der Beklagte ist berechtigt, beim zuständigen Gericht des Mitgliedstaats, in dem das Urteil im europäischen Verfahren für geringfügige Forderungen ergangen ist, eine Überprüfung des Urteils zu beantragen, sofern
a) i) ihm das Klageformblatt oder die Ladung zur Verhandlung ohne persönliche Empfangsbestätigung gemäß Artikel 14 der Verordnung (EG) Nr. 805/2004 zugestellt wurde und
  ii) die Zustellung ohne sein Verschulden nicht so rechtzeitig erfolgt ist, dass er Vorkehrungen für seine Verteidigung hätte treffen können,
oder
b) der Beklagte aufgrund höherer Gewalt oder aufgrund außergewöhnlicher Umstände ohne eigenes Verschulden daran gehindert war, das Bestehen der Forderung zu bestreiten,
wobei in beiden Fällen vorausgesetzt wird, dass er unverzüglich tätig wird.

(2) Lehnt das Gericht die Überprüfung mit der Begründung ab, dass keiner der in Absatz 1 genannten Gründe zutrifft, so bleibt das Urteil in Kraft.

Entscheidet das Gericht, dass die Überprüfung aus einem der in Absatz 1 genannten Gründe gerechtfertigt ist, so ist das im europäischen Verfahren für geringfügige Forderungen ergangene Urteil nichtig.

4. Verfahren nach Art. 20 der VO (EG) Nr. 1896/2006 zur Einführung eines Europäischen Mahnverfahrens

Zum Verfahren auf Erlass eines Europäischen Zahlungsbefehls zählt auch das Verfahren auf dessen Überprüfung. **68**

Artikel 20 Überprüfung in Ausnahmefällen

(1) Nach Ablauf der in Artikel 16 Absatz 2 genannten Frist ist der Antragsgegner berechtigt, bei dem zuständigen Gericht des Ursprungsmitgliedstaats eine Überprüfung des Europäischen Zahlungsbefehls zu beantragen, falls
a) i) der Zahlungsbefehl in einer der in Artikel 14 genannten Formen zugestellt wurde, und
  ii) die Zustellung ohne Verschulden des Antragsgegners nicht so rechtzeitig erfolgt ist, dass er Vorkehrungen für seine Verteidigung hätte treffen können,
oder
b) der Antragsgegner aufgrund höherer Gewalt oder aufgrund außergewöhnlicher Umstände ohne eigenes Verschulden keinen Einspruch gegen die Forderung einlegen konnte,
wobei in beiden Fällen vorausgesetzt wird, dass er unverzüglich tätig wird.

(2) Ferner ist der Antragsgegner nach Ablauf der in Artikel 16 Absatz 2 genannten Frist berechtigt, bei dem zuständigen Gericht des Ursprungsmitgliedstaats eine Überprüfung des Europäischen Zahlungsbefehls zu beantragen, falls der Europäische Zahlungsbefehl gemessen an den in dieser Verordnung festgelegten Voraussetzungen oder aufgrund von anderen außergewöhnlichen Umständen offensichtlich zu Unrecht erlassen worden ist.

(3) Weist das Gericht den Antrag des Antragsgegners mit der Begründung zurück, dass keine der Voraussetzungen für die Überprüfung nach den Absätzen 1 und 2 gegeben ist, bleibt der Europäische Zahlungsbefehl in Kraft.

Entscheidet das Gericht, dass die Überprüfung aus einem der in den Absätzen 1 und 2 genannten Gründe gerechtfertigt ist, wird der Europäische Zahlungsbefehl für nichtig erklärt.

5. Verfahren nach Art. 19 der VO (EG) Nr. 4/2009 über die Zuständigkeit, das anwendbare Recht, die Anerkennung und Vollstreckung von Entscheidungen und die Zusammenarbeit in Unterhaltssachen

Wird die Nachprüfung einer Unterhaltsentscheidung, die in einem anderen Staat ergangen ist, beantragt, zählt dies mit zum vorangegangenen Unterhaltsverfahren, sofern der Anwalt dort bereits beauftragt gewesen ist. **69**

Artikel 19 Recht auf Nachprüfung

(1) Ein Antragsgegner, der sich im Ursprungsmitgliedstaat nicht auf das Verfahren eingelassen hat, hat das Recht, eine Nachprüfung der Entscheidung durch das zuständige Gericht dieses Mitgliedstaats zu beantragen, wenn
a) ihm das verfahrenseinleitende Schriftstück oder ein gleichwertiges Schriftstück nicht so rechtzeitig und in einer Weise zugestellt worden ist, dass er sich verteidigen konnte, oder
b) er aufgrund höherer Gewalt oder aufgrund außergewöhnlicher Umstände ohne eigenes Verschulden nicht in der Lage gewesen ist, Einspruch gegen die Unterhaltsforderung zu erheben,

es sei denn, er hat gegen die Entscheidung keinen Rechtsbehelf eingelegt, obwohl er die Möglichkeit dazu hatte.

(2) Die Frist für den Antrag auf Nachprüfung der Entscheidung beginnt mit dem Tag, an dem der Antragsgegner vom Inhalt der Entscheidung tatsächlich Kenntnis genommen hat und in der Lage war, entsprechend tätig zu werden, spätestens aber mit dem Tag der ersten Vollstreckungsmaßnahme, die zur Folge hatte, dass die Vermögensgegenstände des Antragsgegners ganz oder teilweise dessen Verfügung entzogen wurden. Der Antragsgegner wird unverzüglich tätig, in jedem Fall aber innerhalb einer Frist von 45 Tagen. Eine Verlängerung dieser Frist wegen weiter Entfernung ist ausgeschlossen.

(3) Weist das Gericht den Antrag auf Nachprüfung nach Absatz 1 mit der Begründung zurück, dass keine der Voraussetzungen für eine Nachprüfung nach jenem Absatz erfüllt ist, bleibt die Entscheidung in Kraft. Entscheidet das Gericht, dass eine Nachprüfung aus einem der in Absatz 1 genannten Gründe gerechtfertigt ist, so wird die Entscheidung für nichtig erklärt. Die berechtigte Person verliert jedoch nicht die Vorteile, die sich aus der Unterbrechung der Verjährungs- oder Ausschlussfristen ergeben, noch das Recht, im ursprünglichen Verfahren möglicherweise zuerkannte Unterhaltsansprüche rückwirkend geltend zu machen.

VII. Berichtigung oder Ergänzung der Entscheidung oder ihres Tatbestands (Nr. 6)

70 Die Berichtigung oder Ergänzung von Entscheidungen oder ihres Tatbestandes gehört zum Rechtszug. Im Einzelnen ist wie folgt zu unterscheiden:
- **Rechtsanwalt war Verfahrensbevollmächtigter:** dem als Prozessbevollmächtigten im vorangegangenen Rechtsstreit tätig gewordenen Rechtsanwalt erwachsen keine gesonderten Gebühren.[67] Hierzu zählt auch das Urteilsergänzungsverfahren nach § 120 VwGO, sodass für diese Tätigkeiten als Teil des Rechtszuges keine besonderen Gebühren zusätzlich zu den im jeweiligen Verfahren bereits verdienten Gebühren entstehen und die Auslagenpauschale nach VV 7002 nur einmal verlangt werden kann.[68]
- **Anderer Rechtsanwalt war Verfahrensbevollmächtigter:** Betreibt ein anderer Rechtsanwalt als der ursprüngliche das Berichtigungs- bzw. Ergänzungsverfahren, weil z.B. der ursprüngliche Anwalt verstorben ist bzw. seine Zulassung aufgegeben hat und insofern ein Wechsel eintreten musste, so kann der neue Verfahrensbevollmächtigte die Gebühren als Verfahrensbevollmächtigter gemäß VV 3100, 3104 berechnen. Zu Recht weist *Müller-Rabe*[69] darauf hin, dass in diesem Fall allerdings regelmäßig diese Tätigkeit als Einzelauftrag auszulegen ist, somit eine Verfahrensgebühr nach VV 3403 entsteht.
- **Rechtsanwalt war nicht Verfahrensbevollmächtigter:** wird der Rechtsanwalt ausschließlich im Rahmen der Berichtigung oder Ergänzung einer Entscheidung für seinen Mandanten tätig, entsteht ihm für diese Einzeltätigkeit eine Gebühr nach VV 3403 aus dem Wert des Ergänzungs- oder Berichtigungsanspruchs. Eine Terminsgebühr fällt nicht an, auch wenn mündliche Verhandlung anberaumt wird.[70]

Wird gegen die Berichtigungsentscheidung **Beschwerde** eingelegt, so löst dies **gesonderte Gebührenansprüche** gemäß VV 3500, 3513 aus.[71] Die Gebühren berechnen sich auch hierbei nach dem Wert des Ergänzungs- oder Berichtigungsanspruchs. Mangels anderweitiger Anhaltspunkte entspricht dieser dem Wert des Anspruchs, der Gegenstand des die Berichtigung aussprechenden Beschlusses ist.[72]

---

67 KG Rpfleger 1965, 321.
68 Bay. VGH AGS 2009, 528 = JurBüro 2010, 29; Gerold/Schmidt/*Müller-Rabe*, RVG, § 19 Rn 76; vgl. auch Zöller/*Vollkommer*, § 321 Rn 12.
69 Gerold/Schmidt/*Müller-Rabe*, RVG, § 19 Rn 79.
70 Vgl. Vorb. 3.4 Abs. 1; a.A. Gerold/Schmidt/*Müller-Rabe*, RVG, § 19 Rn 76.
71 Enders, JurBüro 1997, 169.
72 Enders, JurBüro 1997, 169; Gerold/Schmidt/*Müller-Rabe*, RVG, § 19 Rn 77.

VIII. Mitwirkung bei der Erbringung der Sicherheitsleistung und das Verfahren wegen deren Rückgabe (Nr. 7)

In Abs. 1 S. 2 Nr. 7 wurde durch das 2. KostRMoG die bisherige Formulierung „*Verfahren wegen Rückgabe einer Sicherheit;*" in „*Mitwirkung bei der Erbringung der Sicherheitsleistung und das Verfahren wegen deren Rückgabe;*" geändert. Bisher war nur geregelt, dass ein Verfahren auf Rückgabe einer Sicherheit zum Rechtszug gehört. Damit sind die Verfahren nach §§ 109 und 715 ZPO gemeint, die neben der Vergütung in der Hauptsache keine gesonderten Gebühren auslösen.[73]

71

> **Beispiel: Verfahren auf Rückgabe einer Sicherheit nach § 109 ZPO**
> Gegen den Beklagten war ein Versäumnisurteil über 11.000 EUR ergangen. Auf seinen Einspruch hin hat das Gericht die Zwangsvollstreckung gegen Sicherheitsleistung eingestellt. Daraufhin hat der Beklagte 11.000 EUR hinterlegt. Später wird die Klage abgewiesen. Nunmehr beantragt der Beklagte nach § 109 ZPO die Rückgabe des hinterlegten Betrags.
> Das Verfahren nach § 109 ZPO zählt gemäß § 19 Abs. 1 S. 2 Nr. 7 zum Rechtszug und löst für den Anwalt keine gesonderte Vergütung aus.

> **Beispiel: Verfahren auf Rückgabe einer Sicherheit nach § 715 ZPO**
> Der Beklagte ist erstinstanzlich vom LG verurteilt worden 11.000 EUR zu zahlen. Dagegen legt er Berufung ein. Der Kläger will vollstrecken und hinterlegt dazu 11.000 EUR. Daraufhin zahlt der Beklagte. Nachdem das OLG die Berufung zurückgewiesen hat, will der Kläger den hinterlegten Betrag zurückerhalten und beantragt nach § 715 ZPO die Rückgabe des hinterlegten Geldes an ihn anzuordnen. Das Gericht spricht daraufhin die Rückgabe der Sicherheit aus.
> Das Verfahren nach § 715 ZPO zählt gemäß § 19 Abs. 1 S. 2 Nr. 7 zum Rechtszug des Berufungsverfahrens und löst für den Anwalt keine gesonderte Vergütung aus.

Umstritten war bislang, ob auch die **Mitwirkung** des Anwalts bei der **Erbringung einer Sicherheitsleistung** zum Rechtszug zählt oder ob sie eine gesonderte Vergütung auslöst. Soweit man eine gesonderte Vergütung bejaht, war wiederum umstritten, ob die Tätigkeit eine Vorbereitungshandlung zur Vollstreckung darstellt, also die Gebühr nach VV 3309 auslöst oder ob es sich um eine Geschäftstätigkeit nach VV Teil 2 Abschnitt 3 handelt, die eine Gebühr nach VV 2300 auslöst.[74]

Diese Streitfrage ist durch die Neufassung des Abs. 1 S. 2 Nr. 7 dahingehend geklärt worden, dass die Erbringung der Sicherheitsleistung nunmehr stets zum Rechtszug des Streitverfahrens gehört und damit keine gesonderte Vergütung auslöst.

Unklar ist allerdings, wie weit der **Anwendungsbereich** der Abs. 1 S. 2 Nr. 7 gehen soll. Die Erbringung der Sicherheit vollzieht sich nämlich in zwei Schritten:[75]

72

- Zunächst einmal muss die Sicherheit bereitgestellt werden. Es muss also das Geld körperlich hinterlegt oder es muss mit dem Kreditinstitut ein Bürgschaftsvertrag geschlossen werden.
- Hiernach muss dann die Sicherheit dem Gegner zur Verfügung gestellt werden, indem ihm der Nachweis der Hinterlegung erbracht wird oder ihm das Original der Bürgschaftsurkunde zugestellt wird.

Dass die Norm den zweiten Schritt erfassen soll, ist eindeutig. Hierfür kann daher keine gesonderte Vergütung in Rechnung gestellt werden.

> **Beispiel: Beibringung einer Sicherheitsleistung**
> Der Kläger hat erstinstanzlich vor dem LG ein Urteil über 11.000 EUR erstritten. Daraus will er vor Rechtskraft vollstrecken und beschafft sich bei seiner Bank eine Prozessbürgschaft über 11.000 EUR. Diese übergibt er dem Anwalt, damit dieser die Bürgschaft dem Beklagten zustelle.
> Für die Zustellung der Bürgschaft kann der Anwalt keine gesonderte Vergütung verlangen. Diese Tätigkeit zählt mit zum Rechtszug.

Fraglich ist aber, ob auch der erste Schritt, nämlich das Beschaffen der Sicherheit auch durch die Gebühren im Rechtszug abgegolten sein sollen. Zutreffend dürfte es sein, diese Tätigkeit vom Anwendungsbereich des § 19 Abs. 1 S. 2 Nr. 7 auszunehmen und eine gesonderte Vergütung (Geschäftstätigkeit) anzunehmen.

73

---

[73] *Schneider/Thiel*, Das neue Gebührenrecht für Rechtsanwälte, Rn 128 ff.

[74] *Schneider/Thiel*, Das neue Gebührenrecht für Rechtsanwälte, Rn 132.

[75] *Schneider/Thiel*, Das neue Gebührenrecht für Rechtsanwälte, Rn 134.

Beschaffung einer Prozessbürgschaft
Der Kläger hat erstinstanzlich vor dem LG ein Urteil über 11.000 EUR erstritten. Daraus will er vor Rechtskraft vollstrecken und beauftragt den Anwalt, mit seiner Bank zu verhandeln und bei dieser eine Prozessbürgschaft über 11.000 EUR zu beschaffen. Der Anwalt wendet sich daraufhin an die Bank, reicht die erforderlichen Unterlagen ein und erwirkt die gewünschte Prozessbürgschaft. Diese stellt er anschließend dem Beklagten zu.
Für die Zustellung der Bürgschaft kann der Anwalt wiederum keine gesonderte Vergütung verlangen. Die Beschaffung der Bürgschaft, also die Vertragsverhandlungen mit der Bank über die Gestellung der Prozessbürgschaft sind dagegen eine gesonderte außergerichtliche Tätigkeit, die eine Geschäftsgebühr nach VV 2300 auslösen.

Beispiel: Hinterlegung einer Geldsumme
Der Kläger hat erstinstanzlich vor dem LG ein Urteil über 11.000 EUR erstritten. Daraus will er vor Rechtskraft vollstrecken und übergibt dem Anwalt einen Betrag in Höhe von 11.000 EUR in bar, damit er diesen Betrag zur Sicherheit hinterlege. Der Anwalt wendet sich daraufhin an die zuständige Hinterlegungsstelle, zahlt dort die 11.000 EUR ein und erhält einen Hinterlegungsschein, den er anschließend dem Beklagten zustellt.
Für die Zustellung des Hinterlegungsscheins kann der Anwalt wiederum keine gesonderte Vergütung verlangen. Die Hinterlegung des Geldes ist dagegen eine gesonderte außergerichtliche Tätigkeit, die wiederum eine Geschäftsgebühr nach VV 2300 auslöst. Hinzu kommt dann auch noch eine Hebegebühr nach VV 1009.

IX. Die für die Geltendmachung im Ausland vorgesehene Vervollständigung der Entscheidung und die Bezifferung eines dynamisierten Unterhaltstitels (Nr. 8)

74 In § 19 wird festgelegt, dass alle Vorbereitungs-, Neben- und Abwicklungstätigkeiten sowie Nebenverfahren zum jeweiligen Rechtszug oder Verfahren gehören. Die Nr. 8 regelt, dass insoweit zum Rechtszug oder zum Verfahren auch
– die für die Geltendmachung im Ausland vorgesehene Vervollständigung der Entscheidung nach
  – der ZPO und
  – dem FamFG und
– die Bezifferung eines dynamisierten Unterhaltstitels gehören,
mit der Folge, dass durch diese Tätigkeiten keine gesonderten Gebühren ausgelöst werden.

75 Will eine Partei ein Versäumnis- oder Anerkenntnisurteil, das nach § 313b ZPO in verkürzter Form abgefasst worden ist, in einem anderen Vertrags- oder Mitgliedstaat geltend machen, so ist das Urteil auf ihren Antrag zu vervollständigen (§ 30 Abs. 1 AVAG). Der Antrag kann bei dem Gericht schriftlich oder durch Erklärung zu Protokoll der Geschäftsstelle gestellt werden. Über den Antrag wird ohne mündliche Verhandlung entschieden. Zur Vervollständigung des Urteils sind der Tatbestand und die Entscheidungsgründe nachträglich abzufassen, von den Richtern besonders zu unterschreiben und der Geschäftsstelle zu übergeben (§ 30 Abs. 2 AVAG). Für die Berichtigung des nachträglich abgefassten Tatbestands gilt § 320 ZPO entsprechend (§ 30 Abs. 3 AVAG). § 30 Abs. 1 bis 3 AVAG gilt entsprechend für die Vervollständigung von Arrestbefehlen, einstweiligen Anordnungen und einstweiligen Verfügungen, die in einem anderen Vertrags- oder Mitgliedstaat geltend gemacht werden sollen und nicht mit einer Begründung versehen sind (§ 30 Abs. 4 AVAG).

76 Beabsichtigt ein Beteiligter in einer Familiensache einen Versäumnis- oder Anerkenntnisbeschluss, der nach § 38 Abs. 4 FamFG in verkürzter Form abgefasst worden ist, in einem anderen Vertrags- oder Mitgliedstaat geltend zu machen, so sind die Vorschriften über die Vervollständigung von Versäumnis- und Anerkenntnisentscheidungen entsprechend anwendbar. § 38 Abs. 6 FamFG regelt damit den Fall der Ergänzung eines zunächst nicht mit Gründen versehenen Beschlusses in Familiensachen, wenn sich nachträglich herausstellt, dass der Beschluss im Ausland geltend zu machen ist. Auch insoweit ist das AVAG anwendbar (siehe oben). Zum Verfahren siehe Rdn 75.

77 Anträge des Anwalts gemäß § 30 AVAG lösen neben den Gebühren für den Rechtszug oder das Verfahren keine gesonderten Gebühren aus und stellen keine besondere Angelegenheit dar.

78 Auch ein Antrag nach § 245 FamFG i.V.m. § 74 AUG auf Bezifferung des geschuldeten Unterhalts auf dem Titel löst keine gesonderten Gebühren aus. Diese Tätigkeit gehört gleichermaßen zum Verfahren.

Ein minderjähriges Kind kann von einem Elternteil, mit dem es nicht in einem Haushalt lebt, den Unterhalt als Prozentsatz des jeweiligen Mindestunterhalts verlangen (§ 1612a Abs. 1 BGB). Der Mindestunterhalt richtet sich nach dem doppelten Freibetrag für das sächliche Existenzminimum eines Kindes (Kinderfreibetrag) nach § 32 Abs. 6 S. 1 EStG. Er beträgt monatlich entsprechend dem Alter des Kindes

1. für die Zeit bis zur Vollendung des sechsten Lebensjahrs (erste Altersstufe) 87 %,
2. für die Zeit vom siebten bis zur Vollendung des zwölften Lebensjahrs (zweite Altersstufe) 100 % und
3. für die Zeit vom 13. Lebensjahr an (dritte Altersstufe) 117 %

eines Zwölftels des doppelten Kinderfreibetrags.

Soll ein Unterhaltstitel, der den Unterhalt nach § 1612a BGB als Prozentsatz des Mindestunterhalts festsetzt, also die Entscheidung eines deutschen Gerichts, im Ausland vollstreckt werden, ist auf Antrag der geschuldete Unterhalt auf dem Titel zu beziffern (§ 245 Abs. 1 FamFG). Für die Bezifferung sind die Gerichte, Behörden oder Notare zuständig, denen die Erteilung einer vollstreckbaren Ausfertigung des Titels obliegt (§ 245 Abs. 2 FamFG). Der Wortlaut des § 245 Abs. 1 FamFG entspricht im Wesentlichen der Vorschrift des § 72 AUG: „Soll ein Unterhaltstitel, der den Unterhalt nach § 1612a BGB als Prozentsatz des Mindestunterhalts festsetzt, im Ausland vollstreckt werden, gilt § 245 des Gesetzes über das Verfahren in Familiensachen und in den Angelegenheiten der freiwilligen Gerichtsbarkeit." § 72 AUG verweist in den Fällen, in denen der Unterhaltsanspruch in dynamisierter Form tituliert ist, auf § 245 FamFG. Das AUG beschränkt sich – anders als noch die durch Verordnung Nr. 4/2009 v. 18.12.2009 ersetzte und in den Anwendungsbereich des AUG aufgenommene Richtlinie Verordnung (EG) Nr. 805/2004 v. 21.4.2004 – zwar nicht auf Forderungen, die auf Zahlung einer bestimmten Geldsumme gerichtet sind. Durch die Bezifferung dynamischer Titel wird jedoch möglichen Vollstreckungsproblemen im Ausland vorgebeugt. Unnötige vollstreckungsrechtliche Unsicherheiten können durch die Möglichkeit der Bezifferung verhindert werden.

Für den Rechtsanwalt, der auch im Unterhaltsverfahren tätig war, gehört das Verfahren über den Antrag auf Bezifferung des Titels (§ 245 FamFG) grundsätzlich zum Rechtszug des Ausgangsverfahrens. Ist der Rechtsanwalt nur mit der Durchführung der Vollstreckung im Ausland beauftragt und holt er die Bezifferung des Titels in diesem Zusammenhang ein, gehört die Tätigkeit zum Vollstreckungsverfahren. Insofern sind diese Tätigkeiten mit der 0,3-Verfahrensgebühr gemäß VV 3309 zu vergüten.

X. Fälle der Nr. 9

1. Allgemeines

Entscheidend für die Anwendbarkeit der Regelung ist, dass es um Tätigkeiten von eher geringem Umfang geht, die i.d.R. sowohl vom Anwalt als auch vom Auftraggeber als eine Art Annex der Tätigkeit in der bisherigen Instanz bzw. Stufe verstanden werden und noch nicht als eine (vergütungspflichtige) Tätigkeit für die nächste Instanz bzw. Stufe, für die ggf. die Beauftragung eines anderen Anwalts in Betracht kommt.[76]

Nr. 9 behandelt Tätigkeiten am Ende eines Rechtsstreits und für Verfahren der Zwangsvollstreckung. **Nicht** mehr enthalten ist die **erstmalige Erteilung der Vollstreckungsklausel**, wenn deswegen keine Klage nach § 731 ZPO erhoben wird – diese Bestimmung ist in Nr. 13 enthalten –, und die Kostenfestsetzung (§§ 104, 107 ZPO) ausschließlich der Erinnerung gegen den Kostenfestsetzungsbeschluss – diese Bestimmung ist in Nr. 14 geregelt. Ebenso nicht mehr enthalten ist der Ausspruch, eines Rechtsmittels verlustig zu sein, weil dieser Ausspruch nach dem durch das ZPO-Reformgesetz vom 27.7.2001 neu gefassten § 516 ZPO keines Antrages mehr bedarf. Gleiches gilt hinsichtlich der Regelungen betreffend die Ausstellung einer Bescheinigung nach § 48 IntFamRVG, nach § 1110 ZPO oder nach § 57 AVAG, die Ausstellung, die Berichtigung oder den Widerruf einer Bestätigung nach § 1079 ZPO, die Ausstellung des Formblatts oder der Bescheinigung nach § 71 Abs. 1 AUG. Diese Normen wurden mit Stichtag 11.1.2015 in die Nr. 9a übertragen.

---

[76] OLG Karlsruhe NJW-RR 2008, 658; OLG Saarbrücken AGS 2014, 324.

84 In Nr. 9 werden zumeist Tätigkeiten, die nach Urteilsverkündung oder nach Rechtskraft des Urteils vorgenommen werden, behandelt. Beispielhaft werden Tätigkeiten aufgezählt, die noch zum Rechtszug gehören.

2. Regelungsgehalt

a) Zustellung oder Empfangnahme von Entscheidungen oder Rechtsmittelschriften und ihre Mitteilung an den Auftraggeber

85 Für den Anwalt, der sowohl in der **ersten** als auch in der **zweiten** Instanz beauftragt ist, enthält die Norm eine abschließende Abgrenzung derjenigen Tätigkeiten, die mit der erstinstanzlichen Vergütung abgegolten sind. Der Rechtsanwalt, der für das erstinstanzliche und das Berufungsverfahren beauftragt wird, kann dementsprechend eine Gebühr gemäß RVG VV Nr. 3201 nur dann verdienen, wenn seine Tätigkeit über den Rahmen der erstinstanzlichen Abwicklungstätigkeiten gemäß § 19 Abs. 1 Nr. 9 RVG hinausgeht.[77] Insofern wird das Prinzip der Pauschalabgeltung der Anwaltsgebühren konkretisiert.

Die Zustellung[78] oder Empfangnahme von Entscheidungen oder Rechtsmittelschriften und ihre Mitteilung an den Auftraggeber gehören zum Rechtszug und werden durch die Verfahrensgebühr abgegolten. Insbesondere spielt hier die Frage eine Rolle, ob für die Berufungsinstanz überhaupt ein entsprechender Auftrag vorliegt. Kann dies nicht nachgewiesen werden, so fallen die Gebühren gemäß VV 3200, 3201 nicht an. Es kommt nämlich nicht auf die Außenwirkung eines stillschweigend erteilten Auftrags an, sondern auf die Frage der Beauftragung an sich.[79]

86 Einzelfälle, die zum Rechtszug gehören:
– **Empfangnahme** von **Fristverlängerungsentscheidungen** für die Berufungsbegründung (§ 520 Abs. 2 ZPO) sowie Empfangnahme und Weiterleitung des Verwerfungs- oder Zurückweisungsbeschlusses (§ 522 Abs. 1 ZPO).[80]
– **Inempfangnahme** des Schreibens des Vorsitzenden der Berufungskammer und seine Mitteilung an den Beklagten.[81]
– **Prüfung von Fragen** mit Entgegennahme der Berufungsschrift, die gebührenrechtlich zur ersten Instanz gehören.[82] Solange der Prozessbevollmächtigte eines Berufungsbeklagten bei der Entgegennahme der Berufungsschrift nur Fragen prüft, die § 19 RVG gebührenrechtlich der vorherigen Instanz zuordnet, hat er die im Berufungsverfahren entstehende Verfahrensgebühr nicht verdient.[83] Anderes gilt nur, wenn er Tätigkeiten entfaltet, und sei es auch in der Form der Prüfung, ob etwas zu veranlassen ist, die sich gebührenrechtlich auf das Berufungsverfahren beziehen. Dies müsste im Kostenfestsetzungsverfahren vorgetragen werden.
– Übermittlung der **Bitte** durch den Revisionsanwalt an den Berufungsanwalt der Gegenpartei, mit der eigenen **Bestellung eines Revisionsanwaltes abzuwarten**.[84]
– **Weiterleitung** eines Schreibens, welches den zweitinstanzlichen Prozessbevollmächtigten einer Partei über die Einlegung einer Nichtzulassungsbeschwerde informiert, verbunden mit der Bitte, noch keinen eigenen BGH-Anwalt zu bestellen.[85]

---

77 OVG Berlin-Brandenburg RVGreport 2016, 19; OLG Karlsruhe AGS 2008, 19.
78 Hierzu zählt auch, wenn die Partei das Mahnverfahren selbst betrieben und den Vollstreckungsbescheid erwirkt hat und den Rechtsanwalt mit der Zustellung des Vollstreckungsbescheides beauftragt. LG Bonn AGS 2005, 340 m. Anm. *N. Schneider* = RVG-B 2005, 130.
79 LAG Rheinland-Pfalz, 3.5.2005 – 4 TA 103/05 (juris).
80 OLG Koblenz JurBüro 1988, 871.
81 BAG JurBüro 2008, 319.
82 BGH NJW 2013, 312 = MDR 2013, 123 = AGS 2013, 7 = FamRZ 2013, 292 = Rpfleger 2013, 175 = zfs 2013, 103 = JurBüro 2013, 134; OVG Berlin-Brandenburg RVGreport 2016, 19.
83 BGH NJW 2013, 312 = MDR 2013, 123 = AGS 2013, 7 = FamRZ 2013, 292 = Rpfleger 2013, 175 = zfs 2013, 103 = JurBüro 2013, 134; LAG Berlin, Beschl. v. 13.8.2012 – 17 Ta(Kost) 6077/12, Rn 4; Gerold/Schmidt/*Müller-Raabe*, RVG, 20. Aufl., § 19 Rn 88, 94.
84 BGH NJW 2013, 312 = MDR 2013, 123 = AGS 2013, 7 = FamRZ 2013, 292 = Rpfleger 2013, 175 = zfs 2013, 103 = JurBüro 2013, 134; KG Rpfleger 1979, 229; OLG Saarbrücken AGS 2014, 324; Hansens, NJW 1992, 1148; Gerold/Schmidt/*Müller-Rabe*, RVG, 20. Aufl., § 19 Rn 87; hat hingegen ein vor dem BGH nicht postulationsfähiger Rechtsanwalt in einem Nichtzulassungsbeschwerdeverfahren einem Fristverlängerungsantrag zugestimmt, rechtfertigt diese Tätigkeit die Festsetzung einer 0,3 Verfahrensgebühr nach Nr. 3404 VV RVG (vgl. OLG Frankfurt, Beschl. v. 5.4.2000 – 6 W 45/00; OLG Brandenburg AGS 2013, 224).
85 OLG Hamburg AGS 2013, 385.

- **Prüfung** des erstinstanzlichen Bevollmächtigten, ob die ihm **zugestellte Berufung** der Gegenseite **fristgerecht** eingelegt wurde.[86] Es kann in diesem Zusammenhang auch nicht ohne weiteres unterstellt werden, bei der bloßen Entgegennahme der Rechtsmittelschrift (**Nichtzulassungsbeschwerdeschrift**[87]) und ihrer Mitteilung an den Auftraggeber prüfe der Prozessbevollmächtigte, ob etwas für den Mandanten zu veranlassen sei, weshalb eine Verfahrensgebühr nach VV 3201 entstehe. Dies gilt zumindest dann, wenn die Berufung keine Begründung[88] enthält und die Zulässigkeit des Rechtsmittels von dieser Begründung abhängt (vgl. § 64 Abs. 6 ArbGG, § 520 ZPO). Dieser Umstand spricht mehr dafür, dass eine anwaltliche Bearbeitung der Angelegenheit nicht erfolgte; jedenfalls ist dann eine Prüfung der weiteren Vorgehensweise Nr. 9 zuzuordnen.[89]
- **Übersendung** der Rechtsmittelschrift an den berufungsbeklagten Mandanten.[90] Die Weiterleitung der Berufungsschrift an den Beklagtenvertreter erfordert daher die ausdrückliche Nachfrage, ob tatsächlich ein Auftrag für die kostenpflichtige Vertretung im Berufungsverfahren erteilt werde.[91] Diese Auffassung ist jedoch nicht richtig. Allein die Annahme der Rechtsmittelschrift und deren Weiterleitung lassen vielmehr annehmen, dass der Anwalt prüft, ob etwas für den Mandanten zu veranlassen ist. Damit entfaltet er eine Tätigkeit, die die Gebühr nach VV 3201 zum Entstehen bringt.[92] Für das Entstehen der gesonderten Gebühr genügt nach späterer Rechtsprechung des BGH die Entgegennahme der Rechtsmittelschrift durch den Bevollmächtigten des Klägers, weil anzunehmen ist, dass dieser anschließend prüft, ob etwas für den Mandanten zu veranlassen ist; die Einreichung eines Schriftsatzes ist demnach nicht erforderlich.[93] Auch ist die Entgegennahme der Rechtsmittelschrift und die hierdurch ausgelöste anwaltliche Prüftätigkeit keine bloße Neben- bzw. Abwicklungstätigkeit der erstinstanzlichen Beauftragung gemäß § 19 Abs. 1 S. 2 Nr. 9, 1. Alt. Dies hat der BGH für die Vorgängernorm des § 19 Abs. 1, den § 37 Nr. 7, 1. Alt. BRAGO, entschieden.[94] Da § 37 Nr. 7, 1. Alt. BRAGO einen mit § 19 Abs. 1 S. 2 Nr. 9, 1. Alt. identischen Wortlaut hat, muss diese Rechtsprechung für § 19 Abs. 1 S. 2 Nr. 9, 1. Alt. gleichermaßen gelten.[95]
- **Besprechung** des Urteils mit dem Auftraggeber und Belehrung über das zulässige Rechtsmittel.[96]
- **Besprechung** der Partei mit ihrem Prozessbevollmächtigten über „ein eventuelles Berufungsverfahren und dessen Erfolgsaussichten". Da im Zeitpunkt dieser anwaltlichen Tätigkeit die Berufung noch nicht eingelegt ist, kann deshalb ein Berufungsverfahren auch nicht betrieben werden.[97] Zweifelhaft kann sein, unter welchen Voraussetzungen der zweitinstanzliche Prozessbevollmächtigte eine Vergütung erhält, wenn er seinem Mandanten – etwa in Form eines zusammenfassenden Prozessberichts oder auch in einer Besprechung – seine Ansicht über die Richtigkeit der ergangenen Entscheidung und über die Aussichten eines Rechtsmittels mitteilt.[98] Es kann in diesem Fall eine gesonderte **Beratungsgebühr** jedenfalls dann anfallen, wenn der zweitinstanzliche Prozessbevollmächtigte auf ausdrücklichen Auftrag des Mandanten die Erfolgsaussichten der gegnerischen Nichtzulassungsbeschwerde prüft und sich sachlich damit auseinandersetzt.[99]

---

86 OLGR Karlsruhe 2007, 543 = MDR 2007, 1226 = AGS 2008, 19 = NJW-RR 2008, 658.
87 BGH MDR 2012, 1003 = NJW 2012, 2734 = zfs 2012, 524 = AGS 2012, 493 = NJW-Spezial 2012, 571 = RVGreport 2012, 351 = BRAK-Mitt 2012, 247; OLG Saarbrücken AGS 2014, 324.
88 Vgl. LAG Berlin-Brandenburg AGS 2012, 517 = LAG Berlin RVGreport 2012, 387.
89 LAG Berlin RVGreport 2012, 387; Gerold/Schmidt/*Müller-Rabe*, RVG, § 19 Rn 94 m.w.N.
90 LG Trier AGS 2010, 323.
91 OLG Koblenz JurBüro 2009, 597 = FamRZ 2009, 2112 (Abgrenzung zu OLG Koblenz AGS 2008, 435); BGH NJW 2005, 2233; BGH AGS 2003,219; Gerold/Schmidt/*Müller-Rabe*, RVG, § 19 Rn 100 ff.
92 KG Berlin AGS 2009, 354 = JurBüro 2009, 261 = MDR 2009, 469 = RVG prof. 2009, 136; a.A. LAG Berlin RVGreport 2012, 387.
93 BGH BGHR 2005, 2233 = AGS 2005, 413 = Rpfleger 2005, 481 = RVGreport 2005, 275.
94 BGH BGHR 2005, 2233 = AGS 2005, 413 = Rpfleger 2005, 481 = RVGreport 2005, 275.
95 A.A. OLG Karlsruhe AGS 2008, 19 und OLG Karlsruhe AGS 2010, 170, jedoch ohne Erwähnung von BGH AGS 2005, 413.
96 BGH NJW 1991, 2084 m.w.N.
97 LAG Berlin RVGreport 2012, 387 = AGS 2012, 517.
98 Vgl. BGH NJW 1991, 2084 m.w.N.; BGH NJW 2003, 756, 757 = Rpfleger 2003, 217 = BGHReport 2003, 412 = AnwBl 2003, 242 = FamRZ 2003, 522 = MDR 2003, 530 = JurBüro 2003, 257 = AGS 2003, 219 = VersR 2003, 877; Gerold/Schmidt/*Müller-Rabe*, RVG, § 19 Rn 89.
99 OLG Saarbrücken AGS 2014, 324; LAG Berlin-Brandenburg, Beschl. v. 24.2.2014 – 17 Ta (Kost) 6006/14, juris; OLG Sachsen-Anhalt AGS 2013, 688; BGH MDR 2012, 1003 = NJW 2012, 2734 = zfs 2012, 524 = AGS 2012, 493 = NJW-Spezial 2012, 571 = RVGreport 2012, 351 = BRAK-Mitt 2012, 247; OLG Köln JurBüro 2010, 654, 655; OLG München AGS 2010, 217 f.; BGH NJW 2006, 2266 = AGS 2006, 491; BGH NJW 2007, 1461 = AGS 2007, 298; Gerold/Schmidt/*Müller-Rabe*, RVG, § 19 Rn 91; Mayer/Kroiß/*Ebert*, § 19 Rn 72; *Hartmann*, RVG-VV 3403 Rn 5.

- Stellungnahme des zweitinstanzlichen Rechtsanwalts zum Antrag auf Verlängerung der Revisionsbegründungsfrist.[100]
- Tätigkeit des Anwalts, der das Rechtsmittelverfahren in gewissem Umfang „beobachtet"[101] oder sich mit einer Sachstandsanfrage an das Rechtsmittelgericht wendet.[102]
- Beauftragt eine Partei nach Einlegung der **Nichtzulassungsbeschwerde** ihres Prozessgegners noch keinen beim BGH zugelassenen Rechtsanwalt, sondern bespricht das weitere Verfahren mit ihrem zweitinstanzlichen Prozessbevollmächtigten, und kommuniziert dieser mit dem Prozessgegner in Hinblick auf eine beim BGH erbetene Fristverlängerung, verdient der zweitinstanzliche Prozessbevollmächtigte hierdurch noch keine 0,8-Verfahrensgebühr gem. VV 3403. Vielmehr handelt es sich um Neben- und Abwicklungstätigkeiten i.S.d. § 19 Abs. 1 Nr. 9.[103]

Entscheidend ist in all diesen Fällen, dass es um Tätigkeiten von eher geringem Umfang geht, die in der Regel sowohl vom Anwalt als auch vom Auftraggeber als eine Art Annex der erstinstanzlichen Tätigkeit verstanden werden und noch nicht als eine (vergütungspflichtige) Tätigkeit für das Berufungsverfahren, für das der Mandant im Einzelfall unter Umständen einen anderen Anwalt beauftragen möchte, der gesondert zu vergüten ist.[104] Der BGH[105] hat in diesem Zusammenhang darauf hingewiesen, dass es einer verbreiteten und begrüßenswerten Praxis entspricht, dass der erstinstanzliche Anwalt sich vielfach im frühen Stadium des Berufungsverfahrens in begrenztem Umfang um die Wahrnehmung der Interessen seines Mandanten für das Berufungsverfahren kümmert, ohne dass dies nach den Vorstellungen der Beteiligten zusätzliche Gebührenansprüche des Anwalts auslösen soll. Für einen Rechtsanwalt kommt daher die Entstehung einer Verfahrensgebühr für ein Berufungsverfahren nur dann in Betracht, wenn er tatsächlich eine Tätigkeit im Hinblick auf das Berufungsverfahren entfaltet.

b) Einwilligung zur Einlegung der Sprungrevision (§ 566 Abs. 1 ZPO) bzw. Sprungrechtsbeschwerde (§ 75 FamFG)

87 Die Einwilligung zur Einlegung der Sprungrevision (§ 566 Abs. 1 ZPO) gehört dann, wenn der Prozessbevollmächtigte des ersten Rechtszuges sie einholt oder erteilt, zum ersten Rechtszug, oder, wenn dies durch den Revisionsanwalt geschieht, zur Revisionsinstanz und wird jeweils mit der Verfahrensgebühr abgegolten. Dasselbe gilt im Falle der Sprungrechtsbeschwerde gemäß § 75 FamFG.[106]

c) Antrag auf Entscheidung über die Verpflichtung, die Kosten zu tragen

88 Der Ausspruch über die Verpflichtung, die Kosten zu tragen, gehört zum Rechtszug und wird daher mit den dort entstandenen Gebühren abgegolten. Eine **Ausnahme** besteht, wenn der Rechtsanwalt **ausschließlich** damit beauftragt wird, einen Kostenantrag zu stellen. Für diese **Einzeltätigkeit** entsteht eine 0,8-Verfahrensgebühr gem. VV 3403.

In § 269 Abs. 3 S. 2 ZPO ist die Kostentragung nach **Klagerücknahme** geregelt, soweit noch nicht rechtskräftig über sie erkannt wurde. Somit gehört der **Antrag (§ 269 Abs. 4 S. 1 ZPO)**, dem Gegner die Kosten aufzuerlegen, zum Rechtszug und wird durch die Verfahrensgebühr abgegolten. In der Regel ist in einem solchen Fall zunächst für den Bevollmächtigten eine 0,8-Verfahrensgebühr aus dem Wert der Hauptsache entstanden (VV 3101 Nr. 1). Die Stellung des Kostenantrages löst als Sachantrag gem. VV 3100 zusätzlich eine 1,3-Verfahrensgebühr aus dem Kostenstreitwert aus. Gem. § 15 Abs. 3 kann allerdings nicht mehr als eine 1,3-Verfahrensgebühr aus dem Hauptsachestreitwert beansprucht werden.[107]

---

100 OLG Köln OLGR 1998, 150; OLG Hamburg OLGR 2002, 163; KG AnwBl 1986, 545 = JurBüro 1986, 1825 = MDR 1987, 67 = KostRsp. BRAGO § 37 Nr. 15; a.A. OLG Hamburg MDR 2003, 835.
101 OLGR Karlsruhe 2007, 543 = MDR 2007, 1226; OLG Schleswig, Beschl. v. 21.8.1991 – 9 W 170/91, SchlHA 1992, 83.
102 OLGR Karlsruhe 2007, 543 = MDR 2007, 1226; KG Berlin JurBüro 1998, 20.
103 OLG Hamburg, Beschl. v.19.5.2016 – 8 W 52/16, juris.
104 BGH MDR 2012, 1003 = NJW 2012, 2734 = zfs 2012, 524 = AGS 2012, 493 = NJW-Spezial 2012, 571 = RVGreport 2012, 351 = BRAK-Mitt 2012, 247.
105 BGH NJW 1991, 2084.
106 Vgl. auch Mayer/Kroiß/*Ebert*, § 19 Rn 73.
107 *Gerold/Schmidt*, RVG, 22. Aufl., § 19 Rn 99 und Anh. VI Rn 331; a.A. AG Nürtingen, Beschl. v. 21.7.2016 – 17 C 2651/15, juris.

Nach § 91a ZPO entscheidet das Gericht über die Kosten des Rechtsstreits, wenn dieser durch **übereinstimmende Erledigungserklärungen** durch die Parteien in der Hauptsache für erledigt erklärt wurde. Die Entscheidung ergeht durch Beschluss und ist ohne mündliche Verhandlung möglich. Es gilt daher dasselbe wie beim Kostenantrag nach § 269 Abs. 4 ZPO.

Ebenso verhält es sich, wenn der erstinstanzliche Prozessbevollmächtigte den Antrag nach § 516 Abs. 3 ZPO stellt. Für ihn entsteht eine 1,6-Verfahrensgebühr nach VV 3200 aus dem Kostenstreitwert des Berufungsrechtszuges. Denn nach der Änderung des § 516 Abs. 3 ZPO durch das ZPO-Reformgesetz ist für eine Kostenentscheidung kein Antrag mehr erforderlich. **89**

d) Nachträgliche Vollstreckbarerklärung eines Urteils, §§ 537, 558 ZPO

Ist ein Urteil nicht oder nicht unbedingt für vorläufig vollstreckbar erklärt, kann es auf Antrag von dem Berufungs- oder Revisionsgericht für vorläufig vollstreckbar erklärt werden, soweit es nicht durch Berufungs- oder Revisionsanträge angefochten wird (§§ 537 Abs. 1 S. 1, 558 S. 1 ZPO). Diese Entscheidung ist erst nach Ablauf der Berufungs- bzw. Revisionsbegründungsfrist zulässig (§§ 537 Abs. 1 S. 2, 558 S. 2 ZPO). Hinsichtlich der gebührenrechtlichen Zuordnung ist zwischen Nr. 9 und VV 3329, 3332 zu differenzieren:[108] Das Verfahren zählt ausnahmsweise nur dann nach Nr. 9 zur Hauptsache, wenn der nicht angefochtene Teil des Urteils ursprünglich Gegenstand des Rechtsmittelverfahrens war oder später geworden ist, also wenn: **90**
– das ursprünglich unbeschränkte Rechtsmittel nachträglich beschränkt worden ist,[109]
– das ursprünglich beschränkte Rechtsmittel erweitert worden ist[110] oder
– sich nach beschränktem Rechtsmittel die Parteien insgesamt, also auch hinsichtlich des nicht angefochtenen Teils des Urteils, verglichen haben.[111]

Ist der nicht angefochtene Teil des Urteils niemals Gegenstand des Rechtsmittelverfahrens gewesen, so kann Nr. 9 folglich auch nicht greifen, so dass das Verfahren auf Vollstreckbarerklärung des nicht angefochtenen Teils eines Urteils als eine eigene Angelegenheit gilt, die nach VV 3329, 3332 zu vergüten ist.

e) Erteilung des Notfrist- und des Rechtskraftzeugnisses

Der Antrag auf Erteilung des Notfrist- oder des Rechtskraftzeugnisses (§ 706 ZPO) gehört nach Nr. 9 zum Rechtszug und löst damit für den Rechtsanwalt, der bereits in dem Rechtsstreit als Prozessbevollmächtigter tätig war, keine gesonderten Gebühren aus. Die erstmalige Erteilung in der Zwangsvollstreckung ist keine besondere Angelegenheit. Dem Rechtsanwalt des Rechtsstreits oder der Zwangsvollstreckung steht für eine entsprechende Tätigkeit keine besondere Gebühr zu. Lediglich dann, wenn sich seine Tätigkeit auf die Erteilung beschränkt, erhält er die Gebühr nach VV 3403.[112] **91**

XI. Ausstellung von Bescheinigungen, Bestätigungen oder Formblättern einschließlich deren Berichtigung, Aufhebung oder Widerruf (Nr. 9a)

1. Allgemeines

Die Regelung wurde durch das Gesetz zur Umsetzung der Richtlinie 2011/99/EU über die Europäische Schutzanordnung und zur Durchführung der Verordnung (EU) Nr. 606/2013 über die gegenseitige Anerkennung von Schutzmaßnahmen in Zivilsachen mit Wirkung zum 11.1.2015 eingeführt. **92**

---

108 Siehe ausführlich *N. Schneider*, ZAP Fach 24, S. 137; *ders.*, AGS 1996, 85.
109 *E. Schneider*, DRiZ 1979, 44; *Hansens*, BRAGO, § 49 Rn 10; Gerold/Schmidt/*von Eicken*, BRAGO, § 49 Rn 15; Riedel/Sußbauer/*Keller*, BRAGO, § 49 Rn 19.
110 *Hansens*, BRAGO, § 49 Rn 10; Gerold/Schmidt/*von Eicken*, BRAGO, § 49 Rn 15; Riedel/Sußbauer/*Keller*, BRAGO, § 49 Rn 19. Die Gebühr des § 49 Abs. 2 BRAGO entfällt damit nachträglich wieder, vgl. Zöller/*Gummer*, § 534 Rn 15.
111 OLG Hamburg JurBüro 1982, 1512 = MDR 1982, 945; *Hansens*, BRAGO, § 49 Rn 10; Gerold/Schmidt/*von Eicken*, BRAGO, § 49 Rn 15; Riedel/Sußbauer/*Keller*, BRAGO, § 49 Rn 19.
112 A.A. OLG Köln JurBüro 1995, 474 = KostRsp. BRAGO § 37 Nr. 26.

2. Regelungsgehalt

a) Ausstellung, Berichtigung, Aufhebung oder Widerruf nach §§ 1079, 1110 ZPO (Buchst. a)

93 Die Ausstellung von Bescheinigungen, Bestätigungen oder Formblättern einschließlich deren Berichtigung, Aufhebung oder Widerruf nach **§§ 1079, 1110 ZPO** gehört zum Rechtszug und wird daher mit den allgemeinen Gebühren abgegolten.

94 Die Regelung des § 1079 ZPO wurde durch das EG-Vollstreckungstitel-Durchführungsgesetz mit Wirkung zum 21.10.2005 eingeführt. Sie regelt die innerstaatliche Zuständigkeit zur Ausstellung von Bestätigungen nach Art. 9 Abs. 1, Art. 24 Abs. 1 und Art. 6 Abs. 2 und 3 i.V.m. den Anhängen I bis V der EG-VO Nr. 805/2004. Die Bestätigung ist von der Stelle auszustellen, der auch die Erteilung einer vollstreckbaren Ausfertigung des Titels obliegt (§§ 724, 797 ZPO). Denn die Bestätigung hat ebenso wie die Vollstreckungsklausel die Funktion, Bestand und Vollstreckbarkeit des Titels zu dokumentieren. Das gilt nicht nur für die Bestätigungen zu gerichtlichen Entscheidungen und Prozessvergleichen, sondern auch für die Bestätigungen zu öffentlichen Urkunden. Dabei ist zu berücksichtigen, dass Bestätigungen zu öffentlichen Urkunden – anders als Bestätigungen zu gerichtlichen Entscheidungen – keine Mindeststandards umfassen, sondern nur allgemeine Angaben über die ausstellende Stelle, die Geldforderung und die Vollstreckbarkeit der Urkunde enthalten. Die Vorschrift entspricht i.Ü. inhaltlich § 56 AVAG für die Bescheinigung nach der Verordnung EG Nr. 44/2001 (Brüssel I-Verordnung).

95 Für den Rechtsanwalt, der auch im Erkenntnisverfahren tätig war, gehört das Verfahren über den Antrag auf Ausstellung, Berichtigung oder Widerruf der Bestätigung (§§ 1079 ff. ZPO) grundsätzlich zum Rechtszug des Ausgangsverfahrens. Ist der Rechtsanwalt lediglich mit der Durchführung der Zwangsvollstreckung im Ausland beauftragt und holt er in diesem Zusammenhang die Bezifferung des Titels ein, gehört die Tätigkeit zum Rechtszug des Vollstreckungsverfahrens. Insofern wird diese Tätigkeit dann mit der nach VV 3309 entstandenen 0,3-Verfahrensgebühr mit abgegolten. Diese Regelung soll dem Grundsatz Rechnung tragen, dass bloße Vorbereitungs-, Neben- und Abwicklungstätigkeiten neben den für das Verfahren vorgesehenen Gebühren keine besondere Vergütung auslösen (Abs. 1 S. 1).

b) Ausstellung, Berichtigung, Aufhebung oder Widerruf nach § 48 IntFamRVG (Buchst. b)

96 Die Ausstellung von Bescheinigungen, Bestätigungen oder Formblättern einschließlich deren Berichtigung, Aufhebung oder Widerruf nach **§ 48 IntFamRVG** gehört zum Rechtszug und wird daher mit den allgemeinen Gebühren abgegolten.

97 § 48 IntFamRVG regelt die Bescheinigung zu inländischen Titeln.

§ 48 IntFamRVG Ausstellung von Bescheinigungen

(1) Die Bescheinigung nach Artikel 39 der Verordnung (EG) Nr. 2201/2003 wird von dem Urkundsbeamten der Geschäftsstelle des Gerichts des ersten Rechtszugs und, wenn das Verfahren bei einem höheren Gericht anhängig ist, von dem Urkundsbeamten der Geschäftsstelle dieses Gerichts ausgestellt.

(2) Die Bescheinigung nach den Artikeln 41 und 42 der Verordnung (EG) Nr. 2201/2003 wird beim Gericht des ersten Rechtszugs von dem Familienrichter, in Verfahren vor dem Oberlandesgericht oder dem Bundesgerichtshof von dem Vorsitzenden des Senats für Familiensachen ausgestellt.

c) Ausstellung, Berichtigung, Aufhebung oder Widerruf nach § 57 oder 58 AVAG (Buchst. c)

98 Die Ausstellung von Bescheinigungen, Bestätigungen oder Formblättern einschließlich deren Berichtigung, Aufhebung oder Widerruf nach **§ 57 oder 58 AVAG** gehört zum Rechtszug und wird daher mit den allgemeinen Gebühren abgegolten.

99 § 57 AVAG regelt die Bescheinigung zu inländischen Titeln.

§ 57 AVAG Bescheinigung zu inländischen Titeln

¹Die Bescheinigungen nach den Artikeln 54, 57 und 58 des Übereinkommens vom 30.10.2007 über die gerichtliche Zuständigkeit und die Anerkennung und Vollstreckung von Entscheidungen in Zivil- und Handelssachen werden von dem Gericht, der Behörde oder dem mit öffentlichem Glauben versehenen Person ausgestellt, der die Erteilung einer vollstreckbaren Ausfertigung des Titels obliegt. ²Soweit danach die Gerichte für die Ausstellung der Bescheinigung zuständig sind, wird diese von dem Gericht des ersten Rechtszuges und, wenn das Verfahren bei einem höheren Gericht anhängig ist, von diesem Gericht ausgestellt. ³Funktionell zuständig ist die Stelle, der die Erteilung einer vollstreckbaren Ausfertigung des Titels obliegt. ⁴Für die Anfechtbarkeit der Entscheidung über die Ausstellung der Bescheinigung gelten die Vorschriften über die Anfechtbarkeit der Entscheidung über die Erteilung der Vollstreckungsklausel sinngemäß.

d) Ausstellung, Berichtigung, Aufhebung oder Widerruf nach § 14 EUGewSchVG (Buchst. d)

Die Ausstellung von Bescheinigungen, Bestätigungen oder Formblättern einschließlich deren Berichtigung, Aufhebung oder Widerruf nach **§ 14 EUGewSchVG** gehört zum Rechtszug und wird daher mit den allgemeinen Gebühren abgegolten.

§ 14 EUGewSchVG wurde durch das Gesetz zur Umsetzung der Richtlinie 2011/99/EU über die Europäische Schutzanordnung und zur Durchführung der Verordnung (EU) Nr. 606/2013 über die gegenseitige Anerkennung von Schutzmaßnahmen in Zivilsachen mit Wirkung zum 11.1.2015 eingeführt. Die Norm wurde durch das Gesetz zum Internationalen Erbrecht und zur Änderung von Vorschriften zum Erbschein sowie zur Änderung sonstiger Vorschriften mit Wirkung zum 17.8.2015 sprachlich – nicht inhaltlich – verändert.

§ 14 EUGewSchVG regelt:

§ 14 EUGewSchVG Zuständigkeit

Für die Ausstellung der Bescheinigungen nach Artikel 5 Absatz 1 und Artikel 14 Absatz 1 der Verordnung (EU) Nr. 606/2013 sind die Gerichte zuständig, denen die Erteilung einer vollstreckbaren Ausfertigung des Titels obliegt.

Art. 4 der EUVO Nr. 606/2013 regelt die **Anerkennung und Vollstreckung** einer in einem Mitgliedstaat angeordneten Schutzmaßnahme. Diese wird in den anderen Mitgliedstaaten anerkannt, ohne dass es hierfür eines besonderen Verfahrens bedarf, und ist dort vollstreckbar, ohne dass es einer Vollstreckbarerklärung bedarf. Eine geschützte Person, die in dem ersuchten Mitgliedstaat eine in dem Ursprungsmitgliedstaat angeordnete Schutzmaßnahme geltend machen will, hat der zuständigen Behörde des ersuchten Mitgliedstaats u.a. die nach Art. 5 im Ursprungsmitgliedstaat ausgestellte Bescheinigung vorzulegen. Gem. Art. 5 Abs. 1 wird die Bescheinigung von der Ausstellungsbehörde des Ursprungsmitgliedstaats auf Ersuchen der geschützten Person unter Verwendung des gem. Art. 19 erstellten mehrsprachigen Standardformulars mit den in Art. 7 vorgesehenen Angaben ausgestellt.

Art. 4 der EUVO Nr. 606/2013 regelt die **Aufhebung der Anerkennung oder Vollstreckung**. Wird daher eine Schutzmaßnahme im Ursprungsmitgliedstaat ausgesetzt oder aufgehoben oder wird ihre Vollstreckbarkeit ausgesetzt oder beschränkt oder wird die Bescheinigung gem. Art. 9 Abs. 1 Buchst. b aufgehoben, so stellt die Ausstellungsbehörde des Ursprungsmitgliedstaats auf Ersuchen der geschützten oder der gefährdenden Person eine Bescheinigung über diese Aussetzung, Beschränkung oder Aufhebung unter Verwendung des gem. Art. 19 erstellten mehrsprachigen Standardformulars aus.

e) Ausstellung, Berichtigung, Aufhebung oder Widerruf nach § 71 Abs. 1 AUG (Buchst. e)

Die Norm wurde durch das Gesetz zum Internationalen Erbrecht und zur Änderung von Vorschriften zum Erbschein sowie zur Änderung sonstiger Vorschriften mit Wirkung zum 17.8.2015 sprachlich – nicht inhaltlich – verändert.

Die Ausstellung von Bescheinigungen, Bestätigungen oder Formblättern einschließlich deren Berichtigung, Aufhebung oder Widerruf nach **§ 71 Abs. 1 AUG** gehört zum Rechtszug und wird daher mit den allgemeinen Gebühren abgegolten.

107 Die nach den Art. 28 und 48 der Unterhaltsverordnung sowie den Art. 54 ff. des Lugano-Übereinkommens auszustellenden Bestätigungen sollen den Gerichten des Vollstreckungsstaates die Prüfung der Anerkennungs- und Exequaturvoraussetzungen erleichtern. Im Kern dokumentieren diese Unterlagen ebenso wie die Vollstreckungsklausel Funktion, Bestand und Vollstreckbarkeit des Titels. Für die Ausstellung der Bescheinigungen ist nach § 71 AUG diejenige Stelle zuständig, die für die Erteilung der vollstreckbaren Ausfertigung zuständig ist. Im Regelfall ist dies der Urkundsbeamte der Geschäftsstelle.

108 Das für die Vollstreckung eines nach Art. 17 oder 48 der Unterhaltsverordnung vollstreckbaren Titels nach Art. 20 i.V.m. Anhang I der Unterhaltsverordnung zu erstellende Formblatt dient nicht der Vereinfachung des Anerkennungs- und Exequaturverfahrens, sondern ist zusammen mit dem Titel unmittelbare Grundlage der Vollstreckung. Ebenso wie für die vergleichbaren Bescheinigungen nach der Vollstreckungstitelverordnung und der Verordnung zur Einführung eines europäischen Verfahrens für geringfügige Forderungen ist der Rechtspfleger für die Erstellung des Formblatts nach Anhang I der Unterhaltsverordnung zuständig. § 71 Abs. 3 AUG trägt dem Umstand Rechnung, dass der Titelgläubiger gegebenenfalls im Inland und im Ausland vollstrecken will. Für die Vollstreckung im Inland aus dem inländischen Titel bedarf er weiterhin der Vollstreckungsklausel.

f) Ausstellung, Berichtigung, Aufhebung oder Widerruf nach § 27 IntErbRVG (Buchst. f)

109 Die Norm wurde durch das Gesetz zum Internationalen Erbrecht und zur Änderung von Vorschriften zum Erbschein sowie zur Änderung sonstiger Vorschriften mit Wirkung zum 17.8.2015 eingeführt.

§ 27 IntErbRVG regelt die innerstaatliche Zuständigkeit zur Ausstellung von Bescheinigungen nach Art. 46 Abs. 3 Buchst. b, Art. 60 Abs. 2 und Art. 61 Abs. 2 ErbVO i.V.m. dem im Verfahren nach Art. 81 Abs. 2 ErbVO zu erstellenden Formblatt. Die Vorschrift entspricht weitgehend § 57 AVAG und § 71 AUG.

110 Die Bescheinigungen werden von der Stelle ausgestellt, der auch die Erteilung einer vollstreckbaren Ausfertigung eines inländischen Titels obliegt (§ 27 Abs. 1 IntErbRVG). Die Bescheinigung hat ebenso wie die Vollstreckungsklausel die Funktion, Bestand und Vollstreckbarkeit des Titels zu dokumentieren. Die vorherige Erteilung einer vollstreckbaren Ausfertigung der Entscheidung ist zur Ausstellung der Bescheinigung nicht erforderlich.

Für Bescheinigungen, die die Gerichte ausstellen, sind nach § 27 Abs. 2 IntErbRVG grundsätzlich die Gerichte erster Instanz zuständig; solange jedoch der Rechtsstreit bei einem höheren Gericht anhängig ist, ist dieses Gericht zuständig. Funktionell zuständig ist in der Regel der Urkundsbeamte der Geschäftsstelle (vgl. § 8 IntErbRVG). Bescheinigungen zu notariellen Urkunden, die von einem Notar für vollstreckbar erklärt werden (vgl. § 3 Abs. 4 IntErbRVG), sind durch den Notar auszustellen.

111 Die Ausstellung von Bescheinigungen, Bestätigungen oder Formblättern einschließlich deren Berichtigung, Aufhebung oder Widerruf nach § 27 IntErbRVG gehört zum Rechtszug und wird daher mit den allgemeinen Gebühren abgegolten. Diese Tätigkeiten entsprechen der Tätigkeit im Verfahren über die Ausstellung einer Bescheinigung nach § 57 AVAG und sollen deshalb gleichbehandelt werden.[113]

XII. Einlegung von Rechtsmitteln (Nr. 10)

1. Allgemeines

112 Die Vorschrift der Nr. 10, 1. Hs. entspricht dem früheren § 87 S. 2 BRAGO, wonach u.a. auch die Einlegung eines Rechtsmittels durch den vorinstanzlich tätigen Verteidiger zum Rechtszug gehörte. Entsprechend anwendbar war die Vorschrift über § 105 BRAGO in Bußgeldsachen (jetzt: VV Teil 5) und in sonstigen Verfahren, die ähnlich wie Strafverfahren gestaltet waren (Verfahren nach §§ 106 ff. BRAGO; Verfahren nach §§ 109 ff. BRAGO); diese Verfahren finden sich jetzt in VV Teil 6.

---

113 BT-Drucks 18/4201, S. 65.

Nach § 17 Nr. 1 beginnt spätestens mit der Einlegung des Rechtsmittels grundsätzlich eine neue Angelegenheit. Als Ausnahme hierzu ordnet **Nr. 10, 1. Hs.** an, dass die Einlegung eines Rechtsmittels für den Verteidiger der Vorinstanz durch die dort entstandenen Gebühren abgegolten ist. Entsprechendes gilt für einen anderweitigen, bereits in der Vorinstanz tätigen Vertreter in Verfahren nach VV Teil 4 bis 6. Auch für ihn zählt die Einlegung des Rechtsmittels noch zur Gebührenangelegenheit und löst damit keine gesonderte Angelegenheit aus (VV Vorb. 4 Abs. 1; VV Vorb. 5 Abs. 1; VV Vorb. 6.2 Abs. 1).

113

2. Regelungsgehalt

a) Abgeltungsbereich der Pauschgebühren

Nach § 15 Abs. 1 werden durch die Gebühren der Vorinstanz bereits abgegolten:
– die Beratung über die Möglichkeit, Form und Frist eines noch einzulegenden Rechtsmittels sowie
– die Entgegennahme und Weiterleitung der gegnerischen Rechtsmittelschrift (Nr. 9).[114]

114

Ergänzend hierzu ordnet Nr. 10, 1. Hs. darüber hinaus an, dass auch die Einlegung eines Rechtsmittels bei dem Gericht desselben Rechtszugs in Verfahren nach VV Teil 4 bis 6 noch durch die vorinstanzlich entstandenen Gebühren abgegolten wird.

b) Sachlicher Anwendungsbereich

Nr. 10, 1. Hs. gilt in allen Verfahren nach VV Teil 4 bis 6, also in:
– **Strafverfahren** (VV Teil 4), **einschließlich des Adhäsionsverfahrens,** also auch dann, wenn nur gegen die Adhäsionsentscheidung Berufung oder Revision eingelegt wird;
– **Verfahren nach dem Strafrechtlichen Rehabilitierungsgesetz** (VV Vorb. 4 Abs. 1),
– **Bußgeldverfahren** (VV Teil 5),
– **Disziplinarverfahren** (VV 6200 ff.),
– **Beschwerdeverfahren** in Freiheitsentziehungssachen nach § 415 FamFG, in Unterbringungssachen nach § 312 FamFG und bei Unterbringungsmaßnahmen nach § 151 Nr. 6 und 7 FamFG (VV 6300 ff.), siehe § 64 Abs. 1 FamFG; nicht auch im Rechtsbeschwerdeverfahren, da die Rechtsbeschwerde gem. § 71 S. 1 FamFG beim BGH einzureichen ist,
– **berufsgerichtlichen Verfahren wegen Verletzung einer Berufspflicht** (VV 6200 ff.),
– **Verfahren nach der WBO** (VV 6400 ff.).

115

c) Persönlicher Anwendungsbereich

Nr. 10, 1. Hs. gilt nicht nur für den Anwalt als **Verteidiger** und **Pflichtverteidiger**, sondern auch für den Anwalt als **Vertreter** eines **Nebenklägers** oder **Privatklägers**, als **Beistand** eines **Verletzten**, eines **Einziehungs-** oder **Nebenbeteiligten**, soweit diese Beteiligten ein Rechtsmittel einlegen können und die Gebühren der VV Teile 4 bis 6 anzuwenden sind, VV Vorb. 4 Abs. 1; VV Vorb. 5 Abs. 1; VV Vorb. 6.2 Abs. 1); in Verfahren nach VV Teil 6 Abschnitt 3 für den Anwalt eines Beteiligten.

116

Nr. 10, 1. Hs. gilt allerdings nur für den **Vollverteidiger** bzw. den Anwalt, dem die **Vertretung eines anderen Beteiligten in vollem Umfang übertragen** ist, wobei unerheblich ist, ob er in der Vorinstanz an der Hauptverhandlung teilgenommen hat oder nur außerhalb der Hauptverhandlung tätig geworden ist.

117

Die Regelung in Nr. 10, 1. Hs. gilt auch für den Anwalt, der vorinstanzlich Vollverteidiger oder ansonsten umfassend beauftragt war, aber im Rechtsmittelverfahren (zunächst) ausschließlich mit der Einlegung des Rechtsmittels als **Einzeltätigkeit** beauftragt wird. Auch er erhält wegen Nr. 10 keine gesonderte Vergütung nach VV 4302 Nr. 1; VV 5200; VV 6404.

118

---

114 OLG Düsseldorf JurBüro 1976, 635 = AnwBl 1976, 178; a.A. LG Lüneburg AnwBl 1974, 228.

d) Einlegung eines Rechtsmittels

119 Zu den Rechtsmitteln i.S.d. Nr. 10, 1. Hs. zählen:
- Berufung und Revision in Strafsachen, auch dann, wenn sie sich nur gegen die Entscheidung im Adhäsionsverfahren richten oder gegen eine Einziehung oder eine verwandte Maßnahme.
- Rechtsbeschwerde und Antrag auf Zulassung der Rechtsbeschwerde,
- die entsprechenden Rechtsmittel in Disziplinarverfahren, berufsgerichtlichen Verfahren wegen Verletzung einer Berufspflicht,
- Unterbringungssachen nach § 312 FamFG und bei Unterbringungsmaßnahmen nach § 151 Nr. 6 und 7 FamFG (VV 6300 ff.), siehe § 64 Abs. 1 FamFG. Nicht auch im Rechtsbeschwerdeverfahren, da die Rechtsbeschwerde gem. § 71 S. 1 FamFG beim BGH einzureichen ist.
- Anträge auf gerichtliche Entscheidung zum BVerwG nach der WBO
- Anträge auf gerichtliche Entscheidung nach der WDO.

120 Hinsichtlich der **Beschwerdeverfahren** ist zu differenzieren:
- Soweit sich die Vergütung in Beschwerdeverfahren nach **VV Teil 3** richtet (VV Vorb. 4 Abs. 5; VV Vorb. 5 Abs. 4; VV Vorb. 6.2 Abs. 3) gilt Nr. 10 nicht. Es gilt vielmehr § 18 Abs. 1 Nr. 3 i.V.m. VV Vorb. 3 Abs. 1. Die Beschwerdegebühren entstehen mit der Entgegennahme der Information.
- Soweit Beschwerden in Verfahren nach VV Teil 4 bis 6 **keine gesonderte Angelegenheit** darstellen, sondern nach Nr. 10a zur Hauptsache gehören, kommt es auf Nr. 10 ohnehin nicht an.
- Soweit ausnahmsweise in Beschwerdeverfahren nach in Verfahren nach VV Teil 4 bis 6 **gesonderte Gebühren** anfallen und damit nach Nr. 10a eine gesonderte Angelegenheit darstellen, also bei
  - einer Beschwerde nach § 372 StPO in einem Wiederaufnahmeverfahren (VV 4139);
  - Beschwerden in der Strafvollstreckung (VV Vorb. 4.2);
  - Beschwerdeverfahren als Einzeltätigkeiten (ausdrücklich geregelt in VV Vorb. 3.4 Abs. 3 S. 2);
  - Beschwerden nach § 406 Abs. 5 S. 2 StPO gegen das Absehen einer Entscheidung über Adhäsionsansprüche (VV 4145);
  - Beschwerden gegen eine den Rechtszug beendende Entscheidung nach § 25 Abs. 1 S. 3 bis 5, § 13 StrRehaG (VV 4146),

  gilt auch hier wiederum Nr. 10, 1. Hs.; da auch die Beschwerden gemäß § 306 Abs. 1 StPO beim Gericht eingelegt werden, dessen Entscheidung angefochten wird. Das Einlegen der Beschwerde gehört also auch hier noch zur Ausgangsinstanz. Erst mit weiterer Tätigkeit werden dann die Beschwerdegebühren ausgelöst.
- Nur soweit der Verteidiger oder Vertreter eines anderen Beteiligten erstmals mit der Beschwerde beauftragt wird, gilt für ihn § 10, 2. Hs. wonach schon das Einlegen die Gebühr auslöst.

e) Einlegung bei demselben Gericht

121 Nr. 10, 1. Hs. greift nur dann, wenn das Rechtsmittel bei **demselben Gericht** eingelegt wird, dessen Entscheidung angefochten wird. Da Berufung und Revision in Strafsachen bei dem Gericht einzulegen sind, dessen Entscheidung angefochten wird, dürfte diese Voraussetzung immer gegeben sein. Gleiches gilt für die Beschwerden nach VV 4145, 4146 (§ 306 Abs. 1 StPO), nach § 372 StPO in einem Wiederaufnahmeverfahren (VV 4139), Beschwerden in der Strafvollstreckung, Beschwerdeverfahren als Einzeltätigkeiten, Beschwerden nach § 406 Abs. 5 S. 2 StPO und Beschwerden gegen eine den Rechtszug beendende Entscheidung nach § 25 Abs. 1 S. 3 bis 5, § 13 StrRehaG.

122 In Freiheitsentziehungssachen nach § 415 FamFG, in Unterbringungssachen nach § 312 FamFG und bei Unterbringungsmaßnahmen nach § 151 Nr. 6 und 7 FamFG (VV 6300 ff.) ist die Beschwerde nach § 64 Abs. 1 FamFG beim Beschwerdegericht einzureichen. Die Rechtsbeschwerde ist dagegen gem. § 71 S. 1 FamFG beim BGH einzureichen, so dass Nr. 10 hier nicht gilt.

123 Soweit allerdings ausnahmsweise die Einlegung des Rechtsmittels auch beim Rechtsmittelgericht selbst in Betracht kommt, greift Nr. 10, 1. Hs. nicht, so dass bereits mit der Einlegung die Gebühr für das Rechtsmittelverfahren entsteht. Der Verteidiger macht sich hier jedoch gegebenenfalls schadensersatzpflichtig, da er den kostengünstigsten Weg verlässt. Die anfallenden Mehrkosten kann er dann nicht liquidieren.

> **Beispiel:** Die Berufungsfrist vor dem AG wird versäumt. Der Verteidiger stellt daraufhin einen Antrag auf Wiedereinsetzung in den vorigen Stand und legt gleichzeitig Berufung ein. Den Antrag richtet er an das LG als Berufungsgericht. Das LG lehnt den Antrag wegen Verschuldens des Angeklagten an der Fristversäumung ab.
> Der Antrag auf Wiedereinsetzung ist nach § 45 Abs. 1 S. 1 StPO grundsätzlich bei dem Gericht zu stellen, bei dem die Frist wahrzunehmen war. Das wäre hier das AG gewesen (§ 314 Abs. 1 StPO). Nach § 45 Abs. 1 S. 2 StPO kann der Antrag aber auch bei dem Gericht gestellt werden, das über den Wiedereinsetzungsantrag zu entscheiden hat. Das ist hier nach § 46 Abs. 1 StPO das LG, da es bei rechtzeitiger Einlegung über die Berufung zu entscheiden gehabt hätte. Somit kann der Wiedereinsetzungsantrag zusammen mit der nach § 45 Abs. 2 S. 2 StPO gleichzeitig einzureichenden Berufung beim LG eingereicht werden. Der Anwalt erhält hierfür also bereits eine Gebühr nach VV 4124.
> Hätte der Anwalt den Antrag beim AG eingereicht, so wäre seine Tätigkeit gemäß Nr. 10, 1. Hs. durch die Gebühr des VV 4106 abgegolten worden. Die Gebühr nach VV 4124 kann er daher nur insoweit geltend machen, als der Wiedereinsetzungsantrag nach § 14 Abs. 1 zu einer Erhöhung der Gebühr der VV 4106 geführt hätte.

f) Tätigkeit in der Vorinstanz

Schließlich muss der Verteidiger in der **unmittelbaren Vorinstanz** tätig gewesen sein; für den „neuen" Anwalt gilt Nr. 10, 1. Hs. nicht (**Nr. 10, 2. Hs.**).

> **Beispiel 1:** Der erstinstanzliche Verteidiger, der im Berufungsverfahren nicht tätig war, soll nunmehr als Verteidiger gegen das Berufungsurteil Revision einlegen.
> Die Vorschrift der Nr. 10, 1. Hs. gilt nicht. Der Verteidiger erhält für die Einlegung der Revision bereits die Gebühr nach VV 4130.

> **Beispiel 2:** Der Verteidiger war im erstinstanzlichen Verfahren tätig. Im Berufungsverfahren wird das Urteil des AG aufgehoben und die Sache zurückverwiesen. Im erneuten Verfahren vor dem AG beauftragt der Angeklagte einen anderen Verteidiger oder verteidigt sich selbst. Gegen das erneute Urteil soll der erste Verteidiger dann wieder die Berufung führen.
> Die Vorschrift der Nr. 10, 1. Hs. greift auch hier nicht, da das Verfahren nach Zurückverweisung eine neue Angelegenheit ist (§ 21 Abs. 1) und der Verteidiger hier nicht tätig war. Er erhält für die Einlegung der Berufung daher bereits die Gebühr nach VV 4124 (Nr. 10, 2. Hs.).

Unerheblich ist dagegen, mit welchem Rechtsmittel der Verteidiger beauftragt worden ist, also ob er Berufung oder Revision einlegen soll oder auch eine Sprungrevision. Ausreichend ist, dass er lediglich erklärt, Rechtsmittel einzulegen, und sich vorbehält, zu einem späteren Zeitpunkt zu entscheiden, welches Rechtsmittel durchgeführt werden soll.[115]

Die Regelung in Nr. 10, 1. Hs. gilt dagegen nicht für den Anwalt, der nur mit **Einzeltätigkeiten** beauftragt worden ist und dessen Vergütung in der Vorinstanz sich folglich nach den VV 4300 ff., VV 5200, VV 6404 gerichtet hat. Auf ihn ist Nr. 10, 1. Hs. nicht anzuwenden; es gilt Nr. **10, 2. Hs.** Er erhält für die Einlegung des Rechtsmittels eine gesonderte Vergütung, unabhängig davon, ob er im Rechtsmittelverfahren als Verteidiger oder wiederum mit einer Einzeltätigkeit beauftragt wird.

g) Beratung über ein Rechtsmittel durch den Verteidiger oder Vertreter der Vorinstanz

aa) Problemaufriss. Die Reichweite des bisherigen § 87 S. 2 BRAGO war im Einzelnen umstritten. Dieser Streit setzt sich in Nr. 10, 1. Hs. fort. Häufig wird hier die Frage nach dem Entstehen der Gebühren im Rechtsmittelverfahren mit ihrer Erstattungsfähigkeit gleichgesetzt oder verwechselt, was zu einer äußerst unübersichtlichen und kaum noch zu überschauenden Rechtsprechung geführt hat.

bb) Eigenes Rechtsmittel. Einigkeit besteht nur insoweit, als die Einlegung des eigenen Rechtsmittels durch die Gebühren des vorangegangenen Rechtszugs abgegolten wird. Konsequenterweise zählt dann auch die Beratung über die Möglichkeit und die Zweckmäßigkeit eines eventuellen – also noch nicht eingelegten – Rechtsmittels ebenfalls zum vorangegangen Verfahren und wird durch die dortigen Gebühren abgegolten. Wie sich aus Nr. 10, 1. Hs. ergibt, dauert das erstinstanzliche

---

[115] Die Entscheidung kann bis zum Ablauf der Revisionsbegründungsfrist zurückgestellt werden, Kleinknecht/Meyer-Goßner, § 335 StPO Rn 5.

Verfahren insoweit nämlich bis zur Einlegung eines Rechtsmittels an und erfasst daher alle bis dahin anfallenden anwaltlichen Tätigkeiten.[116]

129 Ist das Rechtsmittel jedoch bereits eingelegt und lässt sich der Mandant erst dann über dessen Aussichten beraten, so zählt diese Tätigkeit entweder bereits zum Rechtsmittelverfahren, wenn insoweit bereits Vertretungsauftrag besteht, oder die Prüfung ist als selbstständige Angelegenheit nach VV 2102, 2103 (bei Wertgebühren nach VV 2100, 2101) zu vergüten. Anderer Ansicht ist offenbar Hansens,[117] der die Beratung über Zulässigkeit und Zweckmäßigkeit des Rechtsmittels stets noch dem erstinstanzlichen Verfahren zuordnen will. Dies dürfte jedoch unzutreffend sein. Spätestens die Einlegung des Rechtsmittels bildet die zeitliche Zäsur zwischen Ausgangs- und Rechtsmittelverfahren. Jede Tätigkeit nach Einlegung des Rechtsmittels wird daher durch die Gebühren der VV 4124, 4130, VV 5113, VV 6207, 6211 oder der VV 2100 ff. abgegolten. Dazu zählen insbesondere:
- die Beratung des Mandanten über das bereits eingelegte Rechtsmittel,
- die Überprüfung des Urteils der Vorinstanz,[118]
- die Berufungs- oder Revisionsbegründung oder Begründung der Rechtsbeschwerde oder Nichtzulassungsbeschwerde,
- die Berufungs- oder Revisionsgegenerklärung oder die Gegenerklärung zur Rechtsbeschwerde oder Nichtzulassungsbeschwerde,
- die Erklärung, ob ein unbestimmt eingelegtes Rechtsmittel als Berufung oder Revision gelten soll,
- die Rücknahme des Rechtsmittels,[119]
- die Einsichtnahme in die Strafakten zur Vorbereitung der Hauptverhandlung.[120]

Letztlich darf diese Streitfrage jedoch nicht überbewertet werden. Soweit die Beratung über die Aussichten des Rechtsmittels noch zum Ausgangsverfahren gezählt wird, muss diese Mehrarbeit konsequenterweise dort im Rahmen des § 14 Abs. 1 gebührenerhöhend berücksichtigt werden.

130 **cc) Gegnerisches Rechtsmittel.** Auch hinsichtlich der Beratung über das Rechtsmittel eines anderen Beteiligten (Staatsanwaltschaft, Neben- oder Privatkläger) ist die gebührenrechtliche Behandlung umstritten.

131 Ist das Rechtsmittel der Gegenseite noch nicht eingelegt, soll der Anwalt also nur vorbereitend prophylaktisch beraten, welche Rechtsmittel in Betracht kommen und welche Konsequenzen dies hat, so zählt diese Tätigkeit wohl noch zur Ausgangsinstanz. Das Rechtsmittelverfahren beginnt für den in der Instanz beauftragten Verteidiger frühestens mit der Einlegung eines Rechtsmittels durch die Staatsanwaltschaft, den Neben- oder Privatkläger.

132 Soll der Anwalt dagegen vorbereitend prüfen, welche Erfolgsaussicht ein eventuelles gegnerisches Rechtsmittel hat, dann liegt wiederum ein gesonderter Auftrag nach VV 2102, 2103 (bei Wertgebühren nach VV 2100, 2101) vor, da auch die Beratung über ein Rechtsmittel des Gegners unter VV 2100 ff. fällt (siehe VV 2100 Rdn 16 und VV 2102 Rdn 1).

133 Wird das Rechtsmittel von einem anderen Beteiligten, also aus Sicht des Verteidigers von der Staatsanwaltschaft, dem Neben- oder Privatkläger eingelegt, aus Sicht des Privat- oder Nebenklägers vom Angeklagten oder zu dessen Gunsten von der Staatsanwaltschaft, so ist wiederum umstritten, ob die Beratung über die Aussichten des gegnerischen Rechtsmittels nach Nr. 10, 1. Hs. durch die Gebühren des erstinstanzlichen Verfahrens abgegolten wird.

Vereinzelt wird die Auffassung vertreten, die Beratung über die Erfolgsaussichten des gegnerischen Rechtmittels würde für den Verteidiger noch zum vorausgehenden Rechtszug zählen.[121] Diese Auffassung ist jedoch aus zwei Gründen abzulehnen: Die Vorschrift der Nr. 10, 1. Hs. ist eine Ausnahmevorschrift und als solche daher eng auszulegen. Sie gilt ausdrücklich nur, wenn der Mandant Rechts-

---

116 LG Flensburg JurBüro 1984, 890.
117 Hansens, § 87 Rn 5.
118 OLG Zweibrücken JurBüro 1981, 1531.
119 OLG Oldenburg NJW 1964, 2124 = AnwBl 1964, 288; a.A. OLG Zweibrücken JurBüro 1981, 1531.
120 LG Wuppertal DAR 1985, 94.
121 LG Nürnberg-Fürth KostRsp. BRAGO § 87 Nr. 6. m. abl. Anm. Schmidt; LG Bayreuth NJW 1975, 1046; LG Mainz NJW 1972, 1681; LG Osnabrück JurBüro 1976, 66; LG Paderborn JurBüro 1986, 1045.

mittelführer ist, nicht aber auch, wenn er Rechtsmittelgegner ist.[122] Abgesehen davon wird eine Beratung über das gegnerische Rechtsmittel in aller Regel erst dann erfolgen, wenn es eingelegt worden ist. Die Einlegung des Rechtsmittels wiederum bildet aber die zeitliche Zäsur zwischen vorinstanzlichem Verfahren und Rechtsmittelverfahren, so dass die Beratung über eine bereits eingelegte Berufung immer zum Berufungsrechtszug gehört.

Werden also von der Staatsanwaltschaft, dem Neben- oder Privatkläger Rechtsmittel eingelegt, so beginnt für den Verteidiger der Gebührenrechtszug der VV 4124 ff., VV 4130 ff. – unabhängig davon, ob er bereits erstinstanzlich tätig war oder nicht – mit der ersten Tätigkeit nach Einlegung des Rechtsmittels. Voraussetzung ist allerdings, dass ihm für diese Instanz schon ein Mandat erteilt ist. So werden in aller Regel die bloße Entgegennahme des gegnerischen Rechtsmittels und die Benachrichtigung des Mandanten noch keine Gebühren auslösen (Nr. 9), weil der Mandant bis dahin von dem Rechtsmittel noch keine Kenntnis hatte und daher insoweit grundsätzlich auch noch keinen Auftrag erteilt haben kann.[123] Anders verhält es sich allerdings, wenn der erstinstanzliche Verteidiger bereits den (bedingten) Auftrag erhalten hatte, im Falle eines gegnerischen Rechtsmittels tätig zu werden, und er sich daraufhin bei Gericht bestellt. 134

Wird der Anwalt allerdings für das Rechtsmittelverfahren (noch) nicht mit der Verteidigung beauftragt, sondern soll er zunächst nur beraten, ob das Rechtsmittel der Gegenseite Aussicht auf Erfolg hat, gelten wiederum die VV 2102, 2103 oder bei Wertgebühren die VV 2101, 2102, die bei späterem Verteidigungs- oder Vertretungsauftrag anzurechnen sind (Anm. zu VV 2102; Anm. zu VV 2100). 135

Auch hier darf die Streitfrage nicht überbewertet werden. Soweit die Beratung über die Aussichten des gegnerischen Rechtsmittels noch zum Ausgangsverfahren gezählt wird, muss auch hier die Mehrarbeit im Rahmen des § 14 Abs. 1 gebührenerhöhend berücksichtigt werden. 136

dd) Beratung über beiderseitige Rechtsmittel. Soll der Anwalt sowohl über das von der Gegenseite bereits eingelegte Rechtsmittel als auch über das eigene noch nicht eingelegte Rechtsmittel beraten, so gelten sowohl Nr. 10 hinsichtlich des eigenen Rechtsmittels als auch die VV 4124, 4130, VV 5113, VV 6207, 6211 bzw. VV 2103, 2103; 2101, 2102 hinsichtlich des gegnerischen Rechtsmittels. 137

> **Beispiel:** Der Angeklagte wird in Abwesenheit teilweise freigesprochen und teilweise verurteilt. Die Staatsanwaltschaft legt innerhalb einer Woche (§ 314 Abs. 1 StPO) Berufung ein, soweit der Angeklagte freigesprochen worden ist. Der Angeklagte, dessen Rechtsmittelfrist noch läuft (§ 314 Abs. 2 StPO), lässt sich von seinem Verteidiger daraufhin sowohl über die Aussichten des Rechtsmittels der Staatsanwaltschaft beraten als auch über die Aussichten und Zweckmäßigkeit einer eigenen Berufung.
> Die Beratung über die Aussichten der Berufung der Staatsanwaltschaft ist bei entsprechendem Verteidigungsauftrag bereits nach VV 4124 zu vergüten, anderenfalls nach den VV 2100 ff. Die Beratung über das eigene Rechtsmittel zählt nach Nr. 10, 1. Hs. zur ersten Instanz soweit nur über die Möglichkeit eines Rechtsmittels beraten wird und wird durch die Gebühr nach VV 4106 abgegolten; diese Gebühr ist dann allerdings je nach Aufwand und Umfang der Beratung nach § 14 Abs. 1 entsprechend höher anzusetzen. Im Übrigen gilt VV 2102, so dass der Anwalt eine gesonderte Gebühr für die Beratung erhält, die allerdings später wiederum anzurechnen ist (Anm. zu VV 2102).

h) Beratung über ein Rechtsmittel durch den nicht in der Vorinstanz tätigen Anwalt

Wird ein Anwalt, der nicht in der Vorinstanz als Verteidiger tätig war, mit der **Verteidigung für das Rechtsmittelverfahren** beauftragt und soll er zunächst nur über die Aussichten eines Rechtsmittels beraten, ohne es schon einzulegen, so erhält er gleichwohl die Vergütung nach VV 4124, 4130, VV 5113, VV 6207, 6211. Mit der Beauftragung als Verteidiger sind die VV 4124, 4130, VV 5113, VV 6207, 6211 einschlägig und schließen andere Vorschriften, insbesondere die VV 4300, VV 5200, VV 6404 oder VV 2100, 2102, aus. Gleiches gilt für den Vertreter des Privat- oder Nebenklägers oder den Vertreter eines anderen Beteiligten. 138

Ist der Anwalt allerdings **nur mit der Beratung über die Aussichten eines Rechtsmittels** beauftragt, nicht auch schon mit der Vertretung im Rechtmittelverfahren, so gilt VV 2202. Kommt es 139

---

122 LG Düsseldorf NJW 1972, 1681; AnwBl 1983, 461; LG Braunschweig JurBüro 1980, 104; LG Berlin AnwBl 1987, 53; *Hansens*, § 85 Rn 4.

123 OLG Düsseldorf JurBüro 1976, 635.

anschließend zur Bestellung im Rechtsmittelverfahren, ist die Gebühr nach VV 2202 auf die späteren Verteidigergebühren anzurechnen (Anm. zu VV 2102).

140 Soweit sich die Beratung auf vermögensrechtliche Ansprüche beschränkt (VV 4143 ff.), erhält er die Gebühr nach VV 2100, die ebenfalls anzurechnen ist, wenn das Rechtsmittel durchgeführt wird (Anm. zu VV 2100).

141 Erhält der Anwalt den Auftrag, sowohl in der Hauptsache zu beraten als auch über vermögensrechtliche Ansprüche, so erhält er sowohl eine Gebühr nach VV 2102 als auch eine Wertgebühr nach VV 2100.

i) Einlegung eines Rechtsmittels als Einzeltätigkeit

142 Ist der Anwalt nur mit der Einlegung des Rechtsmittels beauftragt, ohne dass ihm auch schon der Auftrag zur Verteidigung des Angeklagten oder zur Vertretung des Privat- oder Nebenklägers übertragen ist, so ist zu differenzieren:
– War der Anwalt in der Vorinstanz bereits Verteidiger oder umfassender Vertreter, so gilt wiederum Nr. 10. Der Anwalt erhält keine weitere Vergütung.
– War der Anwalt in der Vorinstanz nicht oder jedenfalls nicht als Verteidiger oder Vertreter tätig, gelten die VV 4302 Nr. 1, VV 5200, VV 6404. Diese Gebühren sind dann auf die Gebühren der VV 4124, 4130, VV 5113, VV 6207, 6211 anzurechnen, wenn der Anwalt anschließend als Verteidiger, Neben- oder Privatklagevertreter oder sonstiger Verfahrensvertreter im Rechtsmittelverfahren beauftragt wird (VV Vorb. 4.3 Abs. 3; Anm. Abs. 3 zu VV 5200; Anm. Abs. 3 zu VV 6404).

XIII. Beschwerdeverfahren nach VV Teil 4–6 (Nr. 10a)

143 Nr. 10a ist mit dem 2. KostRMoG[124] eingefügt worden. Die Änderung steht im unmittelbaren Zusammenhang mit der Änderung des § 17 Nr. 1. Damit soll sichergestellt werden, dass VV Vorb. 4.1 Abs. 2, Vorb. 5.1 Abs. 1 und Vorb. 6.2 Abs. 1 trotz des neuen § 17 Nr. 1 (siehe § 17 Rdn 1 ff.) wie bisher so ausgelegt werden, dass für Beschwerden gegen Neben- und Zwischenentscheidungen, mit Ausnahme der in VV Vorb. 4 Abs. 5, Vorb. 5 Abs. 4 und Vorb. 6.2 Abs. 3[125] genannten Verfahren, keine besonderen Gebühren anfallen, es sei denn, es ist im Gesetz etwas anderes bestimmt.

144 Beschwerdeverfahren in Angelegenheiten, in denen sich die Gebühren nach VV Teil 4, 5 oder 6 richten, zählen – im Gegensatz zu Beschwerden nach VV Teil 3 (§ 18 Abs. 1 Nr. 3) – zum Rechtszug. Sie lösen also weder eine gesonderte Angelegenheit noch gesonderte Gebühren aus, sofern dort nichts anderes bestimmt ist oder besondere Gebührentatbestände vorgesehen sind.

145 **Beispiel:** Gegen den Beschuldigen wird wegen des Verdachts einer Trunkenheitsfahrt ermittelt. Das AG entzieht ihm gemäß § 111a StPO vorläufig die Fahrerlaubnis. Dagegen lässt der Beschuldigte durch seinen Verteidiger nach § 304 StPO Beschwerde einlegen.
Für die Beschwerde entstehen keine zusätzlichen Gebühren. Die Tätigkeit zählt vielmehr zur Instanz (VV Vorb. 4.1 Abs. 2). Die Mehrarbeit kann lediglich im Rahmen des § 14 Abs. 1 Gebühren erhöhend berücksichtigt werden.[126]

146 Für die in VV Vorb. 4 Abs. 5, Vorb. 5 Abs. 4 und Vorb. 6.2 Abs. 3 genannten Beschwerdeverfahren gilt Nr. 10a nicht, da sich die Gebühren in den dort genannten Verfahren ohnehin nach VV Teil 3 richten und gerade nicht nach den VV Teilen 4–6, so dass sie bereits nach § 18 Abs. 1 Nr. 3 als besondere Angelegenheiten zählen.

147 Erfasst werden mit der neuen Nr. 10a vielmehr folgende Verfahren:
– die Beschwerde nach § 372 StPO in einem Wiederaufnahmeverfahren (VV 4139);
– Beschwerden in der Strafvollstreckung (VV Vorb. 4.2);
– Beschwerdeverfahren als Einzeltätigkeiten (ausdrücklich geregelt in VV Vorb. 3.4 Abs. 3 S. 2);

---

124 Änderung durch Art. 8 Abs. 1 Nr. 10 Buchst. c).
125 In der Begründung sind diese Verfahren nach VV Vorb. 6.2. Abs. 3 zwar nicht erwähnt. Das dürfte jedoch auf einem Redaktionsversehen beruhen, da jedenfalls auf VV Vorb. 6.2 Abs. 1 Bezug genommen wird.
126 Ablehnend LG Detmold VRR 2008, 363 = StRR 2008, 363.

- Beschwerden nach § 406 Abs. 5 S. 2 StPO gegen das Absehen einer Entscheidung über Adhäsionsansprüche (VV 4145);
- Beschwerden gegen eine den Rechtszug beendende Entscheidung nach § 25 Abs. 1 S. 3 bis 5, § 13 StrRehaG (VV 4146);
- Beschwerden gegen eine Einstellung nach § 206a Abs. 2 StPO.

Die neu eingefügte Nr. 10a hat darüber hinaus auch eine weitere Streitfrage geklärt. Aus dem Grundsatz des § 17 Nr. 1 einerseits und im Umkehrschluss zu Abs. 1 S. 2 Nr. 10a andererseits wird man wohl jetzt annehmen müssen, dass der Anwalt in den Fällen, in denen VV Teil 4–6 besondere Gebühren für Beschwerden vorgesehen sind, nicht nur gesonderte Gebühren anfallen, sondern dass diese Beschwerdeverfahren damit auch zu einer eigenen Angelegenheit i.S.d. § 15 aufgewertet werden. Nach der bisherigen gesetzlichen Regelung ist die Rspr. grundsätzlich davon ausgegangen, dass besondere Gebühren entstehen, der Umfang der Angelegenheit aber davon unberührt bleibe. Berufen hat sie sich dabei auf den Umkehrschluss zu VV Vorb. 4.3 Abs. 3 S. 2 der bei Einzeltätigkeiten eine gesonderte Angelegenheit vorsah.[127] Nach der Neuregelung dürfte diese Auffassung nicht mehr vertretbar sein und jedes Beschwerdeverfahren, für das gesonderte Gebühren vorgesehen sind, gemäß Nr. 10a entsprechend seiner Stellung in § 17 (Verschiedene Angelegenheiten) als eigene Gebührenangelegenheit i.S.d. § 15 anzusehen sein.

XIV. Vorläufige Einstellung, Beschränkung oder Aufhebung der Zwangsvollstreckung (Nr. 11)

Die vorläufige Einstellung, Beschränkung oder Aufhebung der Zwangsvollstreckung gehört regelmäßig zum gebührenrechtlichen Rechtszug, ist somit mit den allgemeinen Gebühren des Verfahrens grundsätzlich abgegolten. Dies gilt nur dann nicht, „wenn ... eine abgesonderte mündliche Verhandlung hierüber stattfindet." Dies ist nicht bereits dann gegeben, wenn das Gericht gesondert über die vorläufige Einstellung, Beschränkung oder Aufhebung der Vollstreckung entscheidet.[128] Ebenso nicht, wenn der Räumungsschuldner außerhalb einer Vollstreckungsabwehrklage die einstweilige Anordnung von Räumungsschutz nach § 769 ZPO begehrt. Die anwaltliche Tätigkeit gehört vielmehr noch zum Ausgangsverfahren und ist nicht gesondert zu vergüten.[129]

Damit gesonderte Gebührenansprüche entstehen ist es vielmehr erforderlich, dass das Gericht tatsächlich eine getrennte mündliche Verhandlung anberaumt, in der dann der oder die Rechtsanwälte erscheinen. Dass lediglich über einen Einstellungsantrag in einer mündlichen Verhandlung im Zusammenhang mit der Verhandlung über die Hauptsache verhandelt wurde, genügt nicht.[130] Liegen die Voraussetzungen einer abgesonderten mündlichen Verhandlung vor, so ist eine gebührenrechtlich gesonderte Angelegenheit gegeben. Die anwaltliche Vergütung richtet sich dann nach VV 3328, 3332. Dem Anwalt entstehen somit eine gesonderte 0,5-Verfahrensgebühr sowie eine 0,5-Terminsgebühr, welche auch **festsetzbar** sind.[131]

Die Regelung – ebenso für VV 3328, 3332 – gilt mangels Bezugnahme auf bestimmte Regelungen der ZPO für sämtliche Verfahren betreffend die vorläufige Einstellung, Beschränkung oder Aufhebung der Zwangsvollstreckung. In Betracht kommen somit die Verfahren nach §§ 108,[132] 707, 718, 719, 765a, 769, 771 Abs. 3, 785, 786, 805 Abs. 4, 810 Abs. 2, 924 Abs. 3, 1084 Abs. 2 S. 2 ZPO sowie § 30b Abs. 2 S. 2 ZVG.

---

127 LG Düsseldorf AGS 2007, 352 = StRR 2007, 83; OLG Braunschweig AGS 2009, 327 = StraFo 2009, 220 = NJW-Spezial 2009, 348 = RVGprof. 2009, 98 = StRR 2009, 203 = RVGreport 2009, 311; *Burhoff*, Vorbem 4.2 VV Rn 26.
128 OLG München AnwBl 1991 = JurBüro 1991, 78 = MDR 1991, 66 = KostRsp. BRAGO § 37 Nr. 20.
129 OLG Koblenz AGS 2008, 63 m. Anm. *N. Schneider* = OLGR 2007, 960 = Rpfleger 2008, 49 = JurBüro 2007, 640 = NZM 2008, 184 = NJW-RR 2008, 511= RVGreport 2008, 101.
130 LAG München AGS 2008, 18 = RVGreport 2008, 24; OLG Naumburg JurBüro 2002, 531 = JMBl LSA 2002,
280 = FamRZ 2003, 244 = BRAGOreport 2300, 134; OLG Hamburg AGS 2002, 87 = OLGR 2001, 379 = MDR 2001, 1441.
131 LAG München AGS 2008, 18 m. Anm. *N. Schneider* = OLGR 2007, 960 = Rpfleger 2008, 49 = JurBüro 2007, 640 = NZM 2008, 184 = NJW-RR 2008, 511= RVGreport 2008, 101.
132 OLG Karlsruhe AGS 1997, 115 = MDR 1997, 509 = JurBüro 1997, 306 = VersR 1997, 983 = zfs 1998, 112 = Rpfleger 1997, 233; OLG Koblenz MDR 1990, 732 = JurBüro 1990, 995 = zfs 1990, 348 = VersR 1991, 1392.

152 Wird lediglich die **Erhöhung der Sicherheitssumme** seitens des Gläubigers beantragt, entstehen keine besonderen Gebühren für das Erhöhungsverfahren, da die insoweit entfaltete Tätigkeit des Rechtsanwalts zum Rechtszug gehört und durch die Verfahrensgebühr abgegolten ist.[133]

Die Norm greift auch im Räumungsschutzverfahren, wenn der Räumungsschuldner außerhalb einer Vollstreckungsabwehrklage die einstweilige Anordnung von Räumungsschutz nach § 769 ZPO begehrt. Diese Tätigkeit gehört ebenfalls noch zum Ausgangsverfahren und ist nicht gesondert zu vergüten.[134]

Das auf eine einstweilige Maßnahme des Beschwerdegerichts nach § 570 Abs. 3 ZPO i.V.m. § 173 S. 1 VwGO gerichteten Verfahren stellt grundsätzlich eine mit dem Beschwerdeverfahren zusammenhängende Tätigkeit i.S.d. Nr. 11 dar, die daher gleichfalls nur bei abgesonderter mündlicher Verhandlung eine Gebühr auslöst.[135]

XV. Einstweilige Einstellung oder Beschränkung der Vollstreckung und Aufhebung von Vollstreckungsmaßregeln nach § 93 FamFG (Nr. 12)

153 Die vorläufige Einstellung, Beschränkung der Vollstreckung und die Anordnung, dass Vollstreckungsmaßnahmen aufzuheben sind (§ 92 Abs. 1 FamFG) sind Tätigkeiten, die grundsätzlich zum gebührenrechtlichen Rechtszug gehören. Sie sind somit mit den allgemeinen Gebühren des Verfahrens abgegolten. Dies gilt nur dann nicht, „wenn ... ein besonderer gerichtlicher Termin hierüber stattfindet." In diesem Fall liegt eine gesonderte Angelegenheit vor, die nach VV 3328, 3332 vergütet wird.

XVI. Erstmalige Erteilung der Vollstreckungsklausel, wenn deswegen keine Klage erhoben wird (Nr. 13)

1. Rechtsanwalt des Erkenntnisverfahrens

154 Zum Begriff „Angelegenheit in der Zwangsvollstreckung" vgl. zunächst die Erläuterungen zu § 18 Abs. 1 Nr. 1 (siehe § 18 Rdn 1, 27 ff.). Auf die **erstmalige Erteilung** der Vollstreckungsklausel gerichtete Tätigkeiten des Rechtsanwalts gehören **für den bereits im Erkenntnisverfahren tätigen** Rechtsanwalt zum Rechtszug, so dass die Tätigkeit mit den Gebühren des Erkenntnisverfahrens (VV 3100 ff.) abgegolten ist und er deswegen dafür keine Verfahrensgebühr nach VV 3309 verdienen kann.[136] Das gilt auch für den bereits im Erkenntnisverfahren tätigen Prozessbevollmächtigten des **Schuldners** und im Übrigen unabhängig davon, ob der Prozessbevollmächtigte des Erkenntnisverfahrens den Antrag in derselben Instanz oder bei dem Gericht der Rechtsmittelinstanz bzw. ob der Prozessbevollmächtigte der Rechtsmittelinstanz den Antrag dort oder bei dem Gericht der ersten Instanz stellt.[137]

2. Anwendungsbereich

155 Die Vorschrift gilt entsprechend für den mit der **Zwangsversteigerung** oder **Zwangsverwaltung** beauftragten Anwalt und die Gebühren nach VV Teil 3 Abschnitt 3 Unterabschnitt 4. Die Regelung betrifft alle Arten von Titeln, die einer Klausel bedürfen. Erfasst ist daher z.B. auch die erstmalige Erteilung der Vollstreckungsklausel zu einer vollstreckbaren Urkunde (§ 794 Abs. 1 Nr. 5 ZPO).[138]

156 Auf die Art der erstmaligen Klauselerteilung kommt es nicht an. Eine erstmalige Klauselerteilung i.S.v. Abs. 1 S. 2 Nr. 13 liegt deshalb auch vor, wenn die erste Klausel zu dem Titel sogleich auf

---

133 OLG Celle JurBüro 1971, 948.
134 OLG Koblenz AGS 2008, 63 = Rpfleger 2008, 49 = JurBüro 2007, 640 = NZM 2008, 184 = NJW-RR 2008, 511 = RVGreport 2008, 101= OLGR 2007, 960.
135 Hess. VGH AGS 2008, 236 = NJW 2008, 679.
136 SG Neuruppin, Beschl. v. 14.3.2013 – S 31 SF 7/11 E, juris.
137 Gerold/Schmidt/*Müller-Rabe*, RVG, VV 3309 Rn 310; Mayer/Kroiß/*Ebert*, RVG, § 19 Rn 112.
138 Gerold/Schmidt/*Müller-Rabe*, RVG, VV 3309 Rn 311.

den **Rechtsnachfolger (§ 727 ZPO)** des Gläubigers ausgestellt wird.[139] Der im Erkenntnisverfahren für den (alten) Gläubiger tätige Rechtsanwalt erhält für die Klauselerteilung keine besondere Gebühr. Der (neue) Rechtsanwalt, der für den Rechtsnachfolger des Gläubigers tätig wird, verdient aber die Verfahrensgebühr VV 3309.[140]

War bereits einmal (erstmals) eine Vollstreckungsklausel erteilt worden und wird nunmehr **wiederholt** eine Klausel beantragt, ohne dass es sich dabei um eine **weitere vollstreckbare Ausfertigung nach § 733 ZPO** handelt (dann gilt § 18 Abs. 1 Nr. 5: Das Verfahren gemäß § 733 ZPO bildet eine besondere Angelegenheit), findet § 19 Abs. 1 S. 2 Nr. 13 aufgrund des Wortlauts und seines Zwecks keine Anwendung, weil es dann an dem inneren Zusammenhang mit dem Erkenntnisverfahren fehlt. Nicht mit den Gebühren des Erkenntnisverfahrens abgegolten ist daher die wiederholte Klauselerteilung, wenn z.B. die erste Klausel 157
- sich bei wiederkehrenden Leistungen nur auf einen Teil-Zeitraum bezog und dann wegen eines anderen Zeitraums die erneute Klauselerteilung erforderlich wird,[141]
- sich auf einen Teilbetrag oder nur einen von mehreren Gesamtschuldnern bezog,
- oder die erste vollstreckbare Ausfertigung nach Jahren zurückgegeben wird, weil sie unleserlich geworden ist.

Häufig wird in diesen Fällen schon wegen § 15 Abs. 5 S. 2 eine neue gebührenrechtliche Angelegenheit zu bejahen sein.

3. Gebühr

Für den Rechtsanwalt, der **im Erkenntnisverfahren noch nicht tätig** war und mit der Zwangsvollstreckungsvollstreckung beauftragt ist, entsteht für die Tätigkeit im Verfahren auf erstmalige Erteilung der Vollstreckungsklausel eine 0,3 Verfahrensgebühr VV 3309.[142] Für diesen Rechtsanwalt gehört die erstmalige Erteilung der Vollstreckungsklausel allerdings zum Rechtszug „Zwangsvollstreckung", so dass er für die Tätigkeit im Rahmen der Klauselerteilung und bei der anschließenden Vollstreckungsmaßnahme die Verfahrensgebühr VV 3309 nur einmal verdient.[143] 158

Ist der Rechtsanwalt nicht mit der Vollstreckung, sondern nur mit der Beantragung der Erteilung der Vollstreckungsklausel als **Einzeltätigkeit** beauftragt, entsteht die Verfahrensgebühr ebenfalls nur i.H.v. 0,3. Auch wenn hier VV 3403 für anwendbar gehalten wird (vgl. dazu VV 3403 Rdn 8),[144] beträgt die Verfahrensgebühr nicht 0,8, sondern 0,3 wie bei der Verfahrensgebühr VV 3309. Denn wegen § 15 Abs. 6 darf der Rechtsanwalt hier keine höhere Gebühr erhalten als der Verfahrensbevollmächtigte in der Zwangsvollstreckung (siehe VV 3403 Rdn 8).[145] 159

4. Erstattung

Beantragt ein im Erkenntnisverfahren noch nicht tätiger Rechtsanwalt die erstmalige Erteilung der Vollstreckungsklausel, muss der Schuldner die dadurch angefallene Verfahrensgebühr VV 3009 nicht erstatten (**§ 788 ZPO**), wenn der Prozessbevollmächtigte des Erkenntnisverfahrens den Antrag hätte stellen können.[146] 160

5. Besondere Angelegenheiten

Erhebt der Schuldner Einwendungen gegen die Erteilung der Klausel gemäß **§ 732 ZPO**, erwächst sowohl dem Anwalt des Schuldners als auch dem des Gläubigers für die Tätigkeit in diesem 161

---

[139] OLG Köln JurBüro 1995, 474; vgl. auch OLG Hamm JurBüro 2001, 29; OLG Karlsruhe JurBüro 1990, 349.
[140] OLG Karlsruhe JurBüro 1990, 349; *Enders*, JurBüro 2000, 225, 226; Gerold/Schmidt/*Müller-Rabe*, RVG, VV 3309 Rn 406.
[141] OLG Schleswig JurBüro 1991, 1198; Riedel/Sußbauer/*Schütz*, § 19 Rn 141; Gerold/Schmidt/*Müller-Rabe*, RVG, VV 3309 Rn 378; Mayer/Kroiß/*Ebert*, RVG, § 19 Rn 113.
[142] Gerold/Schmidt/*Müller-Rabe*, RVG, VV 3309 Rn 310; Riedel/Sußbauer/*Schütz*, § 19 Rn 141.
[143] Gerold/Schmidt/*Müller-Rabe*, RVG, VV 3309 Rn 310.
[144] Mayer/Kroiß/*Ebert*, RVG, § 19 Rn 113.
[145] Gerold/Schmidt/*Müller-Rabe*, RVG, VV 3309 Rn 310.
[146] OLG Köln JurBüro 1995, 474.

Verfahren gemäß § 18 Abs. 1 Nr. 4 eine gesonderte Verfahrensgebühr nach VV 3309. Das gilt auch, wenn der Rechtsanwalt bereits vorher im Erkenntnisverfahren tätig war.

162 Eine besondere Gebühr VV 3309 erhält er ferner für die Tätigkeit auf Erteilung einer **weiteren vollstreckbaren Ausfertigung** gemäß **§ 733 ZPO** (§ 18 Abs. 1 Nr. 5). Wird er im Rahmen einer Klage auf Erteilung der Vollstreckungsklausel gemäß **§ 731 ZPO** tätig, fallen die Gebühren gemäß VV 3100 ff. an. § 19 Abs. 1 S. 2 Nr. 13 nimmt die **Klauselerteilungsklage** ausdrücklich aus. Zur **Zustellung** der Vollstreckungsklausel vgl. § 19 Abs. 1 S. 2 Nr. 16 (siehe Rdn 173 ff.).

XVII. Kostenfestsetzung und Einforderung der Vergütung (Nr. 14)

1. Kostenfestsetzung

163 Die Kostenfestsetzung gehört für den Anwalt zur Instanz. Er erhält hierfür keine gesonderte Vergütung. Unerheblich ist, wie viele Kostenfestsetzungsverfahren im Rechtsstreit stattfinden.

164 Diese Vorschrift gilt allerdings nur für den Prozess- oder Verfahrensbevollmächtigten sowie für den Verteidiger, der nach Abschluss des Rechtsstreits dann die Kostenfestsetzung betreibt.

165 Ist der Anwalt ausschließlich mit dem Kostenfestsetzungsverfahren beauftragt, so gilt Nr. 14 für ihn nicht. Vielmehr handelt es sich insoweit um eine Einzeltätigkeit. Der Anwalt erhält dann
 – die Vergütung nach VV 3403, sofern nach Wertgebühren abgerechnet wird.
 – In sozialrechtlichen Verfahren, in denen das GKG nicht gilt (§ 3 Abs. 1 S. 1), greift VV 3406.
 – In Strafsachen gilt VV 4302 Nr. 2; in Bußgeldsachen VV 5200 und in Verfahren nach VV Teil 6 VV 6404.

166 Unklar ist, ob nur die Festsetzung der Kosten und Gebühren desjenigen Verfahrens zur Angelegenheit gehört, in dem der Anwalt auch tätig geworden ist.

> **Beispiel:** Der Prozessbevollmächtigte vertritt den Mandanten im Verfahren vor dem LG und dem OLG. Im Verfahren vor dem BGH wird ein anderer Anwalt beauftragt. Nach Abschluss des Verfahrens wird dann der erstinstanzliche Anwalt beauftragt, das Kostenfestsetzungsverfahren hinsichtlich aller drei Instanzen zu betreiben.

Die ganz einhellige Ansicht geht davon aus, dass auch die Festsetzung der Vergütung des Revisionsverfahrens für den erstinstanzlichen Anwalt noch zur Instanz gehöre. Umgekehrt könnte dann aber auch der BGH-Anwalt für die Festsetzung der Kosten und Gebühren aus sämtlichen drei Instanzen keine gesonderte Gebühr mehr verlangen. Ich halte diese Auffassung für bedenklich, da die im Rechtsstreit verdienten Gebühren grundsätzlich auch nur Nebentätigkeiten des jeweiligen Instanzenzuges abdecken können, so dass für die Festsetzung der Vergütung anderer Instanzen, soweit der Anwalt dort nicht tätig war, eine zusätzliche Gebühr anfallen müsste.

167 Wird gegen den Kostenfestsetzungsbeschluss **Erinnerung oder Beschwerde** erhoben, so ist dies eine neue Angelegenheit, die gesondert zu vergüten ist (§ 18 Abs. 1 Nr. 3). Dies gilt auch in Verfahren nach VV Teil 4 bis 6 (VV Vorb. 3 Abs. 5; VV Vorb. 5 Abs. 4; VV Vorb. 6.2 Abs. 3).

168 Umstritten war, ob dies auch dann gilt, wenn die Festsetzung vom Urkundsbeamten der Geschäftsstelle vorgenommen wird. Nach Auffassung des VG Regensburg[147] gehörten in diesem Fall die Erinnerungsverfahren (Anträge auf gerichtliche Entscheidung) noch zur Kostenfestsetzung und damit gemäß Nr. 14 zum Rechtszug. Nach Auffassung des BVerwG[148] löste die Erinnerung auch in den Fällen, in denen die Kostenfestsetzung nicht vom Rechtspfleger durchgeführt wird, eine neue Angelegenheit mit neuen Gebühren aus. Der Gesetzgeber hat durch die Neufassung des § 18 Abs. 1 Nr. 3 die Streitfrage i.S.d. BVerwG entschieden.

---

147 AGS 2005, 548 m. Anm. *N. Schneider* = RVGreport 2005, 384 [91]; vgl. auch VV 3500 Rdn 57 f.
148 AGS 2007, 406 = NVwZ-RR 2007, 717 = Rpfleger 2007, 595 = JurBüro 2007, 534 = BayVBl 2008, 91 = Buchholz 363 § 18 RVG Nr. 1 = RVGreport 2007, 342; OLG Brandenburg AGS 2008, 223 m. Anm. *N. Schneider*.

2. Einforderung der Vergütung

Das Einfordern der Vergütung gehört stets zur Angelegenheit. Diese Alternative ist an sich überflüssig. Der Anwalt, der seine Vergütung einfordert, wird nicht für den Auftraggeber tätig, sondern für sich selbst, so dass insoweit ohnehin keine Gebühren entstehen können. Zur Einforderung der Vergütung gehört auch das Vergütungsfestsetzungsverfahren nach § 11. Hier erhält der Anwalt auch über § 91 Abs. 2 S. 3 ZPO keine Kostenerstattung, wenn er im Erinnerungs- oder Beschwerdeverfahren siegreich ist (§ 11 Abs. 2 S. 5). **169**

Nur in gerichtlichen Verfahren kann der Anwalt über § 91 Abs. 2 S. 3 ZPO eine Kostenerstattung bei Einklagen der Vergütung geltend machen. **170**

Die Regelung des § 91 Abs. 2 S. 3 ZPO ist nicht auf außergerichtliche Tätigkeiten des Anwalts anwendbar. So kann er z.B. für das Einfordern der Vergütung keine Kostenerstattungsansprüche aus materiellem Recht stellen.[149] **171**

Korrespondierend zu der Vorschrift der Nr. 13 steht die Anm. zu VV 7001: Für die durch die Geltendmachung der Vergütung entstehenden Post- und Telekommunikationsentgelte kann kein Ersatz verlangt werden. Das bedeutet, dass der Anwalt für die Übersendung der Kostenrechnung weder das konkrete Porto in Rechnung stellen darf, noch hiermit (etwa bei einer mündlichen Beratung) den Ansatz einer Postentgeltpauschale nach VV 7002 begründen kann. **172**

XVIII. Zustellung eines Vollstreckungstitels, der Vollstreckungsklausel und der sonstigen in § 750 ZPO genannten Urkunden (Nr. 16)

1. Überblick

Zum Begriff „**Angelegenheit in der Zwangsvollstreckung**" vgl. die Erläuterungen zu § 18 Abs. 1 Nr. 1 (siehe § 18 Rdn 1, 27). **173**

Durch die Verwendung des Begriffs „Vollstreckungstitel" ist klargestellt, dass neben Urteilen (§ 704 ZPO) auch die Zustellung von sonstigen Titeln (§ 794 ZPO) erfasst wird.

2. Angelegenheit

a) Tätigkeiten in der Zwangsvollstreckung

Für den im Rahmen der Zustellung eines Vollstreckungstitels, der dazugehörigen Vollstreckungsklausel oder der sonstigen in § 750 ZPO genannten Urkunden (z.B. Kündigung, Rechtskraftattest, Erbschein) tätigen Rechtsanwalt folgt aus Nr. 16, dass die dort genannten Tätigkeiten gebührenrechtlich solche der Zwangsvollstreckung sind.[150] Das ergibt sich aus dem Wortlaut von § 19 Abs. 1 S. 1, 2. Alt.: „Zu ... dem Verfahren gehören ..."; denn gebührenrechtlich gehört die Zustellung eines Vollstreckungstitels, der dazugehörigen Vollstreckungsklausel oder der sonstigen in § 750 ZPO genannten Urkunden bereits zum Zwangsvollstreckungsverfahren. **174**

b) Erstmalige Beauftragung

Der Rechtsanwalt, der erstmals mit einer der in Nr. 16 aufgeführten Tätigkeiten beauftragt wird, verdient dadurch die Verfahrensgebühr nach VV 3309.[151] Ist der Rechtsanwalt nicht mit der Vollstreckung, sondern nur mit der Zustellung als **Einzeltätigkeit** beauftragt, entsteht die Verfahrensgebühr ebenfalls nur i.H.v. 0,3. Auch wenn hier VV 3403 für anwendbar gehalten wird (vgl. dazu VV 3403 Rdn 8), beträgt die Verfahrensgebühr nicht 0,8, sondern 0,3 wie bei der Verfahrensgebühr VV 3309. Denn wegen § 15 Abs. 6 darf der Rechtsanwalt hier keine höhere Gebühr erhalten als der Verfahrensbevollmächtigte in der Zwangsvollstreckung (VV 3403 Rdn 8).[152] **175**

---

149 BGH MDR 2007, 587 = NJW-RR 2007, 856; NJW 2004, 2448.
150 Vgl. Riedel/Sußbauer/*Schütz*, § 19 Rn 156.
151 Gerold/Schmidt/*Müller-Rabe*, RVG, VV 3309 Rn 450.
152 Gerold/Schmidt/*Müller-Rabe*, RVG, VV 3309 Rn 450; *Gerauer*, Rpfleger 1987, 477.

c) Weitere Beauftragung

176 Dem Rechtsanwalt, der bereits aufgrund anderweitiger Tätigkeiten im Zwangsvollstreckungsverfahren die Verfahrensgebühr nach VV 3309 verdient hat, erwächst durch keine der in Nr. 16 genannten Tätigkeiten die Verfahrensgebühr nach VV 3309 erneut. Das gilt auch umgekehrt. Ist bereits durch die Zustellung die Gebühr VV 3309 erwachsen, entsteht die Gebühr VV 3309 für die anschließende Vollstreckungsmaßnahme nicht erneut.[153] Hier muss dann eine Vollstreckungsmaßnahme nach den weiteren gesetzlichen Regelungen eine neue gebührenrechtliche Angelegenheit bilden.

177 Auch der Rechtsanwalt, der bereits in dem dem Vollstreckungstitel zugrunde liegenden Erkenntnisverfahren als Prozessbevollmächtigter tätig war, erhält für die o.a. Tätigkeiten keine zusätzliche Gebühr. Diese sind vielmehr mit den Gebühren des Erkenntnisverfahrens abgegolten, weil diese nach S. 1, 1. Alt. des Abs. 1 von § 19 noch zu dem Rechtszug gehören.[154] Das Vorstehende gilt entsprechend für den mit der Zwangsversteigerung oder Zwangsverwaltung beauftragten Anwalt und die Gebühren nach VV Teil 3 Abschnitt 3 Unterabschnitt 4.

178 Hinsichtlich der besonderen Problematik bei der Zustellung von **einstweiligen Verfügungen**, die auf ein Unterlassen gerichtet sind (vgl. VV 3309 Rdn 37 ff.).

3. Erstattung

179 Entsteht durch die Zustellung des Vollstreckungstitels, der Vollstreckungsklausel oder sonstiger zur Zwangsvollstreckung erforderlicher Urkunden die Verfahrensgebühr VV 3309 (siehe Rdn 175), ist diese vom Schuldner zu erstatten, wenn die Einschaltung eines Rechtsanwalts zur Durchführung der Zustellung erforderlich war. Das ist z.B. dann der Fall, wenn eine einstweilige Verfügung unverzüglich zugestellt werden musste und dies nur durch anwaltliche Zustellung möglich war[155] oder wenn ein Titel im EU-Ausland mit Hilfe eines Rechtsanwalts zugestellt wird.[156]

4. Zustellung anderer Urkunden

180 Ist die Zwangsvollstreckung von der Leistung einer Sicherheit durch Bankbürgschaft abhängig, gehört die Zustellung der **Bürgschaftsurkunde** oder bei Hinterlegung des Hinterlegungsscheins zwar nicht zu den Urkunden i.S.v. § 750 ZPO, sondern des § 751 Abs. 2 ZPO. Die Aufzählung in Abs. 1 S. 2 ist jedoch nicht abschließend, wie sich aus dem Wort „insbesondere" ergibt. Da die Tätigkeit des Rechtsanwalts insoweit, ihrer Art und ihrem Umfang nach, aber mit den ausdrücklich in Nr. 16 genannten Zustellungen vergleichbar ist, muss Nr. 16 auf diese entsprechend angewendet werden. Für den Rechtsanwalt des Erkenntnisverfahrens ist die Zustellung dieser Urkunden daher mit den dort verdienten Gebühren abgegolten.[157] Dies steht im Einklang damit, dass die Tätigkeit des Rechtsanwalts bei der Stellung und Rückgabe einer Sicherheit (z.B. durch Bürgschaft) noch zum Rechtszug gehört (Nr. 7), also ebenfalls nicht gesondert vergütet wird. Für den im Erkenntnisverfahren nicht tätigen Rechtsanwalt gehört die Zustellung der **Bürgschaftsurkunde** oder bei Hinterlegung des Hinterlegungsscheins zur Zwangsvollstreckung und löst die Verfahrensgebühr VV 3309 aus.[158]

XIX. Herausgabe der Handakten oder ihre Übersendung an einen anderen Rechtsanwalt (Nr. 17)

181 Die Herausgabe der Handakten und/oder die Übersendung der Handakten an einen anderen Rechtsanwalt gehören ebenfalls zur Instanz und lösen keine gesonderten Gebühren aus.

---

153 Riedel/Sußbauer/*Schütz*, § 19 Rn 161.
154 Gerold/Schmidt/*Müller-Rabe*, RVG, VV 3309 Rn 450.
155 OLG Celle AGS 2008, 283 = NJW-RR 2008, 1600; KG KGR 2009, 839.
156 Verordnung (EG) 1348/00; OLG Hamburg MDR 2007, 117.
157 OLG Frankfurt JurBüro 1990, 922 OLG Düsseldorf GRUR 1983, 688; OLG Stuttgart JurBüro 1985, 1344; Hansens/Braun/Schneider/*Volpert*, Teil 18 Rn 98; Gerold/Schmidt/*Müller-Rabe*, RVG, VV 3309 Rn 345; a.A. LG Landshut AnwBl 1980, 267.
158 Gerold/Schmidt/*Müller-Rabe*, RVG, VV 3309 Rn 345; a.A. OLG Frankfurt JurBüro 1990, 922.

Ist ein Rechtsanwalt zur Herausgabe der Handakten verurteilt, so hat er sie nicht nur bereitzuhalten, sondern auch an den ehemaligen Mandanten, bzw. dessen Bevollmächtigten zu verschicken. Muss die Vollstreckung angedroht werden, löst dies für den Anwalt des ehemaligen Mandanten eine erstattungsfähige Verfahrensgebühr nach VV 3309 aus.[159]

182

Abzugrenzen ist diese Vorschrift allerdings von der Anm. zu VV 3400. Verbindet der Anwalt auftragsgemäß mit der Übersendung der Handakten an den Anwalt eines Rechtsmittelverfahrens gutachterliche Äußerungen, so erhält er hierfür eine Gebühr in Höhe der Verfahrensgebühr, höchstens jedoch 1,0, bei Betragsrahmengebühren höchstens 420 EUR.

183

Bei **mehreren Auftraggebern** erhöht sich diese Gebühr – sofern derselbe Gegenstand betroffen ist – nach VV 1008 um 0,3 je weiteren Auftraggeber, höchstens um 2,0. Bei Rahmengebühren erhöhen sich die Verfahrensgebühr und auch die Höchstgrenze (Anm. Abs. 4 zu VV 1008) um 30 % je weiteren Auftraggeber, höchstens um 200 %. Derselbe Gegenstand ist hier nicht erforderlich.

184

C. Regelungsgehalt von Abs. 2

I. Allgemeines

1. Verhältnis zum Zwangsvollstreckungsverfahren

Vom Sinn her gehört die Vorschrift zu § 18. Aus dem einleitenden Satz „zu den in § 18 Abs. 1 Nr. 1 und 2 genannten Verfahren gehören insbesondere" ergibt sich, dass die nachfolgend beispielsweise, nicht abschließend, aufgeführten Angelegenheiten (einzelne Tätigkeiten in der Zwangsvollstreckung) solche des Zwangsvollstreckungs- bzw. Vollziehungsverfahrens sind. Die Tätigkeiten in diesen Verfahren gehören nicht mehr zum Rechtszug, sondern sind solche in der Zwangsvollstreckung, so dass sie stets eine Verfahrensgebühr gemäß VV 3309 auslösen, wenn der Anwalt allein und erstmalig mit einer dieser Tätigkeiten beauftragt ist.

185

§ 19 Abs. 2 regelt das Verhältnis der genannten Maßnahmen zum Zwangsvollstreckungsverfahren, § 19 Abs. 1 das Verhältnis zum Erkenntnisverfahren. § 18 Abs. 1 Nr. 1 und 2 wird damit durch § 19 Abs. 2 an überraschender, aber gesetzessystematisch richtiger Stelle ergänzt.[160] War der Rechtsanwalt bereits in dem Zwangsvollstreckungs- bzw. Vollziehungsverfahren i.S.v. § 18 Abs. 1 Nr. 1 und 2 tätig, ist die Tätigkeit in den in § 19 Abs. 2 genannten Angelegenheiten mit der aufgrund der früheren oder einer späteren Tätigkeit entstandenen Verfahrensgebühr nach VV 3309 abgegolten, soweit keiner der Fälle des § 18 Abs. 1 Nr. 3 bis 21 vorliegt.

186

§ 19 Abs. 2 trifft eine Regelung nur für Maßnahmen nach § 18 Abs. 1 **Nr. 1 und 2**, nicht aber für die in § 18 Abs. 1 **Nr. 2–21** enthaltenen Maßnahmen.[161] Die Aufhebung dieser Maßnahmen kann damit also durchaus eine weitere gebührenrechtliche Angelegenheit bilden (vgl. z.B. zu § 18 Abs. 1 Nr. 11 – Eintragung einer Zwangshypothek – die Erl. zu § 18 Rdn 127 ff.).

187

2. Einzeltätigkeit

Ist der Rechtsanwalt mit den in Abs. 2 genannten Tätigkeiten nur als **Einzeltätigkeit** beauftragt, entsteht die Verfahrensgebühr ebenfalls nur i.H.v. 0,3. Auch wenn insoweit VV 3403 für anwendbar gehalten wird (vgl. dazu VV 3403 Rdn 8),[162] beträgt die Verfahrensgebühr nicht 0,8, sondern 0,3 wie bei der Verfahrensgebühr VV 3309. Denn wegen § 15 Abs. 6 darf der Rechtsanwalt keine höhere Gebühr erhalten als der Verfahrensbevollmächtigte in der Zwangsvollstreckung (siehe VV 3403 Rdn 8).[163]

188

---

159 LG Mannheim AGS 2013, 153 = NJW-RR 2013, 576 = NJW-Spezial 2013, 155 = FoVo 2013, 120 = RVGreport 2013, 321.
160 *Hansens*, RVGreport 2009, 128, 129.
161 *Enders*, JurBüro 2015, 281.
162 Gerold/Schmidt/*Müller-Rabe*, RVG, VV 3403 Rn 58.
163 Gerold/Schmidt/*Müller-Rabe*, RVG, § 19 Rn 150.

II. Gerichtliche Anordnungen nach § 758a ZPO und §§ 90, 91 Abs. 1 FamFG (Nr. 1)

1. § 758a ZPO

189 Zu den gerichtlichen Anordnungen nach § 758a ZPO gehören die Durchsuchungsanordnung gemäß § 758a Abs. 1 ZPO sowie die Anordnung zur Vollstreckung zu unüblichen Zeiten gemäß § 758a Abs. 4 ZPO. Die Tätigkeiten in diesen Verfahren (vom Antrag an das Amtsgericht bis zur erneuten Beauftragung des Gerichtsvollziehers) gehören nicht mehr zum Rechtszug, sondern sind gebührenrechtlich solche in der Zwangsvollstreckung, so dass sie stets eine Verfahrensgebühr gemäß VV 3309 auslösen, wenn der Anwalt allein und erstmalig mit einer dieser Tätigkeiten beauftragt ist; ansonsten ist diese Tätigkeit mit der aufgrund früherer bzw. späterer Tätigkeit in der Zwangsvollstreckung entstandenen Verfahrensgebühr nach VV 3309 abgegolten, soweit kein Fall des § 18 Abs. 1 Nr. 3 bis 21 vorliegt.

190 Stellt aber ein anderer Rechtsanwalt den Antrag auf gerichtliche Anordnung gemäß § 758a ZPO, der in diesem Zwangsvollstreckungsverfahren noch nicht tätig war, verdient er eine 0,3 Verfahrensgebühr VV 3309 bzw. 3403 VV (siehe Rdn 189). Das gilt auch, wenn er zwar Prozessbevollmächtigte des Erkenntnisverfahrens war, weil diese Tätigkeit nicht mehr zum Erkenntnisverfahren, sondern zur Zwangsvollstreckung gehört (siehe Rdn 189) und in § 19 Abs. 1 nicht erwähnt ist.[164] Ist infolge **Wohnungswechsels** eine neue Anordnung notwendig, stellt auch dies keine besondere Angelegenheit dar.[165]

2. §§ 90, 91 FamFG

191 Die Vorschrift des § 91 FamFG über den richterlichen Durchsuchungsbeschluss entspricht inhaltlich § 758a ZPO mit Ausnahme der Vorschriften betreffend die Räumung (§ 758a Abs. 2 ZPO), die Vollstreckung zu unüblichen Zeiten (§ 758a Abs. 4 ZPO) sowie die Ermächtigung zur Formularerstellung (§ 758a Abs. 6 ZPO). Deshalb kann insoweit auf die Erläuterungen in Rdn 189 f. verwiesen werden.

192 Gemäß § 89 FamFG kann das Familiengericht bei der Zuwiderhandlung gegen einen Vollstreckungstitel zur Herausgabe von Personen und zur Regelung des Umgangs gegenüber dem Verpflichteten Ordnungsgeld, und für den Fall, dass dieses nicht beigetrieben werden kann, Ordnungshaft anordnen. In Ergänzung hierzu bestimmt § 90 Abs. 1 FamFG, dass in diesen Fällen das Gericht durch einen ausdrücklichen Beschluss zur Vollstreckung **unmittelbaren Zwang** anordnen kann, wenn
1. die Festsetzung von Ordnungsmitteln erfolglos geblieben ist;
2. die Festsetzung von Ordnungsmitteln keinen Erfolg verspricht;
3. eine alsbaldige Vollstreckung der Entscheidung unbedingt geboten ist.

193 Da diese Entscheidung im inneren Zusammenhang mit der Vollstreckung der Ordnungsmittel steht, ist es gerechtfertigt, dass der bereits insoweit mit der Vollstreckung beauftragte Anwalt für das Verfahren auf Anordnung unmittelbaren Zwangs keine gesonderte Gebühr erhält, diese vielmehr aufgrund der Tätigkeit im Rahmen der Vollstreckung der Ordnungsmittel (vgl. § 18 Abs. 2 Nr. 2) abgegolten ist. Wird der Anwalt erstmalig im Rahmen eines Verfahrens nach § 90 Abs. 1 FamFG tätig, löst dies die Gebühr nach VV 3309 aus.

---

164 Gerold/Schmidt/*Müller-Rabe*, RVG, VV 3309 Rn 234.
165 LG Bamberg DGVZ 1999, 93; Gerold/Schmidt/*Müller-Rabe*, RVG, VV 3309 Rn 234; Mayer/Kroiß/*Ebert*, RVG, § 19 Rn 124.

III. Erinnerung nach § 766 ZPO (Nr. 2)

1. Angelegenheit bei der Erinnerung gem. § 766 ZPO

a) Maßnahmen und Entscheidungen

Die **Vollstreckungserinnerung** gemäß § 766 ZPO kommt nur in Betracht gegen Vollstreckungs*maßnahmen* des Gerichtsvollziehers sowie solche des Rechtspflegers. Während Vollstreckungshandlungen des Gerichtsvollziehers stets Vollstreckungsmaßnahmen sind, muss bei Vollstreckungshandlungen des Rechtspflegers unterschieden werden. Die Vollstreckungsmaßnahme des Rechtspflegers ist abzugrenzen von einer vom Rechtspfleger getroffenen Vollstreckungs*entscheidung*. Eine Vollstreckungsentscheidung liegt nur vor, wenn vom Rechtspfleger ein Antrag ganz oder teilweise zurückgewiesen wurde oder dem Erinnerungsführer vor der Entscheidung rechtliches Gehör gewährt worden war (vgl. § 834 ZPO);[166] ansonsten handelt es sich um eine Vollstreckungsmaßnahme.

194

b) Angelegenheit bei Maßnahmen

Hinsichtlich der im Rahmen des § 766 ZPO somit allein in Betracht kommenden Vollstreckungsmaßnahmen des Gerichtsvollziehers und des Rechtspflegers bestimmt § 19 Abs. 2 Nr. 2 ausdrücklich, dass es sich insoweit um ein einziges Verfahren gemäß § 18 Abs. 1 Nr. 1 und 2 handelt; die angegriffene Vollstreckungsmaßnahme sowie die dagegen eingelegte Vollstreckungserinnerung stellen somit gebührenrechtlich dieselbe Angelegenheit dar.

195

Das bedeutet, dass der Anwalt, der **bereits mit der nunmehr gemäß § 766 ZPO angefochtenen Zwangsvollstreckungsmaßnahme befasst war**, für seine Tätigkeit im Rahmen einer gegen eine solche Vollstreckungsmaßnahme eingelegten Vollstreckungserinnerung (§ 766 ZPO) keine zusätzliche Gebühr erhält, weil dies zum Verfahren der jeweiligen Vollstreckungsmaßnahme dazugehört, gleichviel ob der Gläubiger, der Schuldner[167] oder ein Dritter bzw. Drittschuldner[168] sie eingelegt hat und ob Erinnerungen sowohl des Schuldners als auch des Drittschuldners vorliegen.[169]

196

Die Erinnerung nach § 766 ZPO gehört damit zum Vollstreckungsrechtszug.[170] Die Tätigkeit im Erinnerungsverfahren wird mit der Verfahrensgebühr VV 3309 und ggf. der Terminsgebühr VV 3310 abgegolten.[171]

197

Erhebt der Rechtsanwalt gegen den Vollstreckungstitel Vollstreckungsgegenklage (§ 767 ZPO) und legt er gegen den aufgrund dieses Titels ergangenen Pfändungs- und Überweisungsbeschluss gemäß § 766 ZPO Erinnerung ein, liegen zwei **verschiedene gebührenrechtliche Angelegenheiten** vor.[172]

198

2. Mehrere Erinnerungsverfahren gem. § 766 ZPO

Mehrere Erinnerungen gegen **dieselbe bzw. einheitliche Vollstreckungsmaßnahme** führen zu einem einheitlichen Erinnerungsverfahren.[173] Für den Schuldner gehört zu der jeweiligen Vollstreckungsmaßnahme die Erinnerung, mit der er sich gemäß § 766 ZPO gegen die Art und Weise der Zwangsvollstreckung wendet. Im Falle der wiederholten Einlegung der Erinnerung kann der Rechtsanwalt des Schuldners daraus keinen zusätzlichen Gebührentatbestand ableiten, wenn die Erinnerung eine Vollstreckungshandlung zum Gegenstand hat, die als Teil derselben Vollstreckungsmaßnahme anzusehen ist. Die Gebühr entsteht erst dann mehrfach, wenn die Erinnerungen verschiedene Vollstreckungsmaßnahmen des Gläubigers betreffen.[174]

199

---

166 Vgl. BGH NJW 2011, 525 = Rpfleger 2011, 97; BGH NZI 2004, 447; Zöller/*Stöber*, ZPO, § 766 Rn 2; Hansens/Braun/Schneider/*Volpert*, Teil 18 Rn 124.
167 LG Berlin JurBüro 1986, 885.
168 LG Frankfurt Rpfleger 1984, 478 = JurBüro 1985, 412.
169 LG Bremen JurBüro 1999, 495.
170 BGH AGS 2010, 227 = MDR 2010, 658; BGH JurBüro 2010, 325 = RVGreport 2010, 144; LG Mönchengladbach AGS 2006, 119 = NJW-RR 2006, 1150 = RVGreport 2005, 466 = JurBüro 2006, 76; *Hansens*, RVGreport 2009, 128; *N. Schneider*, RVGreport 2007, 87; Mayer/Kroiß/*Ebert*, RVG, § 19 Rn 126; Hansens/Braun/Schneider/*Volpert*, Teil 18 Rn 123; Gerold/Schmidt/*Müller-Rabe*, RVG, VV 3309 Rn 79.
171 Vgl. BR-Drucks 550/06, S. 118 f.
172 LG Berlin JurBüro 1986, 393.
173 BGH JurBüro 2005, 36 = AnwBl 2004, 728 = NJW-RR 2005, 78.
174 BGH JurBüro 2005, 36 = AnwBl 2004, 728 = NJW-RR 2005, 78.

Beispiel: Dem Schuldner stehen Forderungen gegen 2 verschiedene Drittschuldner zu. Der Gläubiger lässt den beiden Drittschuldnern durch den Gerichtsvollzieher jeweils ein vorläufiges Zahlungsverbot gem. § 845 ZPO zustellen. Der Drittschuldnerin zu 1 wird anschließend ein weiteres Zahlungsverbot gem. § 845 Abs. 2 ZPO zugestellt, weil der Gläubiger nicht binnen eines Monats die Pfändung der Forderungen erreicht hatte. Ein Pfändungsbeschluss wird nicht erlassen. Der schon vorher in der Zwangsvollstreckung tätige Rechtsanwalt S legt für die Schuldnerin hinsichtlich der beiden Pfändungsankündigungen bei der Drittschuldnerin zu 1 jeweils Erinnerung ein. Eine weitere Erinnerung richtet sich gegen die Vorpfändung bei der Drittschuldnerin zu 2. Der Wert beträgt 5.000 EUR.

S kann folgende Vergütung abrechnen:

1. 0,3 Verfahrensgebühr, VV 3309 (Wert: 5.000 EUR)	90,90 EUR
2. 0,3 Verfahrensgebühr, VV 3309 (Wert: 5.000 EUR)	90,90 EUR
3. Postentgeltpauschale, VV 7002	18,18 EUR
4. Postentgeltpauschale, VV 7002	18,18 EUR
Zwischensumme	218,16 EUR
5. 19 % Umsatzsteuer, VV 7008	41,45 EUR
Gesamt	**259,61 EUR**

200 Die drei von Rechtsanwalt S betriebenen Erinnerungsverfahren betreffen **zwei verschiedene Angelegenheiten.** Eine Erinnerung gegen eine einheitliche Vollstreckungsmaßnahme ist nach Auffassung des BGH dann nicht gegeben, wenn sich die Erinnerung gegen die Vorpfändung **unterschiedlicher Forderungen des Schuldners gegen zwei Drittschuldner** richtet, weil dann die Vollstreckungsmaßnahmen unabhängig voneinander zur Befriedigung des Gläubigers hätten führen können. Die Erinnerungen gegen die gegenüber der Drittschuldnerin zu 1 ausgebrachten beiden Vorpfändungen betreffen dieselbe Angelegenheit, weil in der zweiten Pfändungsankündigung gegen die Drittschuldnerin zu 1 lediglich die Fortsetzung der einmal begonnenen Vollstreckungsmaßnahme zu sehen war. Die Benachrichtigung der Drittschuldnerin zu 1 musste durch den Gerichtsvollzieher wegen § 845 Abs. 2 ZPO wiederholt werden. Sie hatte unverändert zum Ziel, den zwangsweisen Zugriff auf eine bestimmte Forderung der Schuldnerin gegen die Drittschuldnerin zu 1 vorzubereiten, um daraus wegen des titulierten Anspruchs Befriedigung zu suchen.

3. Gebühren

a) Keine Gebühr nach VV 3500

201 Da die Erinnerung nach § 766 ZPO zum Vollstreckungsrechtszug gehört,[175] wird die Tätigkeit im Erinnerungsverfahren mit der Verfahrensgebühr VV 3309 und ggf. der Terminsgebühr VV 3310 abgegolten.[176] Eine Erhöhung dieser 0,3 Gebühren auf die 0,5 Gebühren nach VV 3500, 3513 findet nicht statt. Frühere anderslautende Rechtsprechung[177] ist überholt.

b) Erstmals mit der Erinnerung beauftragter Rechtsanwalt

202 War der Anwalt **bislang nicht mit der angefochtenen Vollstreckungsmaßnahme** befasst, sondern wird insoweit erstmalig im Rahmen der Vollstreckungserinnerung tätig (z.B. der Anwalt eines Dritten im Rahmen des § 809 ZPO oder des § 840 ZPO), entsteht für ihn zwar eine Verfahrensgebühr nach VV 3500, weil die Vollstreckungserinnerung nicht mehr VV Teil 3 Abschnitt 3 Unterabschnitt 3 (Zwangsvollstreckung) unterfällt, sondern den Regelungen über die Beschwerde in VV Teil 3 Abschnitt 5 (VV 3500, 3513).[178] Er erhält jedoch nicht die dort vorgesehene 0,5-Gebühr, sondern wegen § 15 Abs. 6 lediglich eine 0,3-Gebühr, weil er nicht mehr erhalten soll, als der mit der gesamten

---

175 BGH AGS 2010, 227 = MDR 2010, 658; BGH JurBüro 2010, 325 = RVGreport 2010, 144; LG Mönchengladbach AGS 2006, 119 = NJW-RR 2006, 1150 = RVGreport 2005, 466 = JurBüro 2006, 76; Hansens, RVGreport 2009, 128; *N. Schneider*, RVGreport 2007, 87; Mayer/Kroiß/*Ebert*, RVG, § 19 Rn 126; Hansens/Braun/Schneider/*Volpert*, Teil 18 Rn 123; Gerold/Schmidt/*Müller-Rabe*, RVG, VV 3309 Rn 79.

176 Vgl. BR-Drucks 550/06, S. 118 f.

177 LG Mönchengladbach AGS 2006, 119 = NJW-RR 2006, 1150 = RVGreport 2005, 466 = JurBüro 2006, 76; Hansens/Braun/Schneider/*Volpert*, Teil 18 Rn 126.

178 So ausdrücklich die Gesetzesbegründung BT-Drucks 15/1971, S. 218 zu VV 3500.

(Zwangsvollstreckungs-)Angelegenheit befasste Anwalt.[179] Die Gebühren im Erinnerungsverfahren gem. § 766 ZPO verdeutlicht folgende Übersicht:[180]

Erinnerung gemäß § 766 ZPO

Anwalt war bereits im Vollstreckungsverfahren beauftragt. ⇩	Anwalt war noch nicht im Vollstreckungsverfahren beauftragt. ⇩
Tätigkeit im Rahmen der Erinnerung wird durch Gebühren nach VV 3309, 3310 abgegolten (§ 19 Abs. 2 Nr. 2)	Es entstehen die 0,5 Gebühren nach VV 3500, 3513, allerdings können wegen § 15 Abs. 6 nur 0,3 Gebühren gefordert werden.

4. Rechtsmittel gegen Entscheidung des Rechtspflegers

a) § 11 RPflG – Erinnerung und sofortige Beschwerde

Entscheidungen des Rechtspflegers in der Zwangsvollstreckung sind gem. § 11 Abs. 1 RPflG mit der sofortigen Beschwerde gem. § 793 ZPO anzufechten. Entscheidungen des Rechtspflegers sind gemäß § 11 Abs. 2 RPflG nur dann mit der Erinnerung anfechtbar, wenn gegen die Entscheidung nach den allgemeinen verfahrensrechtlichen Vorschriften ein Rechtsmittel nicht gegeben ist. Es findet dann nach § 11 Abs. 2 RPflG die Erinnerung statt, die binnen zwei Wochen einzulegen ist.

203

b) Besondere Angelegenheit

Die **sofortige Beschwerde gemäß § 11 Abs. 1 RPflG, § 793 ZPO** bzw. die **befristete Erinnerung** gemäß **§ 11 Abs. 2 RPflG** gegen Vollstreckungs*entscheidungen* des Rechtspflegers stellen anders als die Erinnerung gemäß § 766 ZPO gemäß § 18 Abs. 1 Nr. 3 eine **besondere Angelegenheit** und damit eine gesondert zu vergütende Tätigkeit dar. In derartigen Fällen erwächst dem Anwalt zusätzlich eine Gebühr nach VV 3500, 3513.[181]

204

§ 15 Abs. 6 findet keine Anwendung, weil diese Erinnerung nicht zum Rechtszug i.S.v. § 19 gehört. Hinzukommen kann auch noch eine Terminsgebühr nach VV 3513. Die sofortige Erinnerung gemäß § 11 Abs. 2 RpflG stellt der Gesetzgeber der sofortigen Beschwerde gemäß §§ 11 Abs. 1 RPflG, 793 ZPO gleich, weil die Arbeit des Rechtsanwalts mit der Vorbereitung und Einreichung der Beschwerde vergleichbar ist.[182]

205

> **Beispiel:** Rechtsanwalt R beantragt den Erlass eines Pfändungs- und Überweisungsbeschlusses wegen einer titulierten Forderung von 2.000 EUR. Der Rechtspfleger weist den Antrag nach Anhörung der Beteiligten zurück. Hiergegen legt R sofortige Beschwerde ein.
> R kann folgende Vergütung abrechnen:
>
> | | | |
> |---|---|---|
> | 1. | 0,3 Verfahrensgebühr, VV 3309 (Wert: 2.000 EUR) | 45,00 EUR |
> | 2. | Postentgeltpauschale VV 7002 | 9,00 EUR |
> | 3. | 0,5 Verfahrensgebühr VV 3500 (Wert: 2.000 EUR) | 75,00 EUR |
> | 4. | Postentgeltpauschale VV 7002 | 15,00 EUR |
> | | Zwischensumme | 144,00 EUR |
> | 5. | 19 % Umsatzsteuer, VV 7008 | 27,36 EUR |
> | | **Gesamt** | 171,36 EUR |

---

179 Vgl. BT-Drucks 16/3038, S. 124 zu Art. 20 Nr. 1 (§ 15 RVG); BGH JurBüro 2010, 325 = RVGreport 2010, 144; *Hansens*, RVGreport 2009, 128; *N. Schneider*, RVGreport 2007, 87; Gerold/Schmidt/*Müller-Rabe*, VV 3309 Rn 85 f.
180 Nach *N. Schneider*, RVGreport 2007, 87.
181 Gerold/Schmidt/*Müller-Rabe*, VV 3309 Rn 82.
182 BT-Drucks 15/1971, S. 194; vgl. Hansens/Braun/Schneider/*Volpert*, Teil 18 Rn 131.

IV. Bestimmung eines Gerichtsvollziehers oder Sequesters (Nr. 3)

206 Wird eine bewegliche Sache, der Anspruch auf Herausgabe einer beweglichen Sache (§§ 827 Abs. 1, 854 Abs. 1 ZPO) oder ein Anspruch auf eine unbewegliche Sache (§§ 848, 855 ZPO) mehrfach gepfändet, so kann auf Antrag ein anderer als der nach dem Gesetz eigentlich zuständige Gerichtsvollzieher bzw. Sequester bestimmt werden, an den die Herausgabe der Sache erfolgen soll. Nur derjenige Anwalt erhält für Tätigkeiten in diesen Verfahren eine Gebühr gemäß VV 3309, der für einen der daran Beteiligten (Gläubiger, Schuldner bzw. Drittschuldner) bislang noch nicht in der Zwangsvollstreckung tätig war, es sei denn, dies wäre eine gesondert zu vergütende Tätigkeit nach § 18 Abs. 1 Nr. 3 bis 21 gewesen. Die Bestimmung des Gerichtsvollziehers nach den in Nr. 3 genannten Vorschriften ist im Verhältnis zu dem Vollstreckungsverfahren keine besondere Angelegenheit. Im Übrigen gelten die Erl. zu Rdn 185 ff. entsprechend.

V. Anzeige der Vollstreckungsabsicht gegen eine juristische Person des öffentlichen Rechts (Nr. 4)

207 Auch die Zwangsvollstreckung nur vorbereitende Tätigkeiten können bereits die Gebühr nach VV 3309 auslösen. Dazu zählt bei einer Vollstreckung gegen den Bund oder ein Land die gegenüber der zuständigen Behörde erklärte Absicht, wegen einer Geldforderung die Zwangsvollstreckung zu betreiben (§ 882a ZPO) (vgl. VV 3309 Rdn 96 ff.).[183] Die so erwachsene Gebühr entfällt nicht, wenn es nach der Anzeige doch nicht mehr zu einer Zwangsvollstreckung kommt.[184] Muss die Zwangsvollstreckung jedoch durchgeführt werden, erhält der Anwalt für seine weitere Tätigkeit die Verfahrensgebühr nicht erneut, es sei denn, dies wäre eine gesondert zu vergütende Tätigkeit nach § 18 Abs. 1 Nr. 3 bis 21. Die Vorschrift ist entsprechend anzuwenden auf Vollstreckungen gegen Gemeinden (vgl. VV 3309 Rdn 97). Die Anzeige ist im Verhältnis zu dem Vollstreckungsverfahren bzw. zu anderen Vollstreckungsmaßnahmen keine besondere Angelegenheit. Im Übrigen gelten die Erl. zu Rdn 185 ff. entsprechend.

VI. Androhung von Ordnungsgeld (Nr. 5)

1. Überblick

208 Ist der Schuldner gemäß § 890 ZPO zu einer Unterlassung oder Duldung verurteilt worden, können gegen ihn wegen schuldhaften Verstoßes gegen die titulierte Verpflichtung nur dann Ordnungsmittel festgesetzt werden, wenn sie zuvor angedroht worden sind (§ 890 Abs. 2 ZPO).

Nach § 18 Abs. 1 Nr. 14 bildet **jede Verurteilung** zu einem **Ordnungsgeld** gemäß § 890 Abs. 1 ZPO eine besondere Angelegenheit. Daneben gilt das Verfahren nach § 890 Abs. 3 ZPO – Verurteilung zur Bestellung einer Sicherheit – als weitere besondere Angelegenheit, § 18 Abs. 1 Nr. 15.

2. Angelegenheit bei der Androhung

209 Nach § 19 Abs. 2 Nr. 5 gehört die einer Verurteilung zu Ordnungsgeld vorausgehende **Androhung** von Ordnungsgeld nach § 890 Abs. 2 ZPO zur Vollstreckungsmaßnahme i.S.v. § 18 Abs. 1 Nr. 3 RVG. Das bedeutet Folgendes:
– Ist die Androhung von Ordnungsgeld bereits im Urteil erfolgt, wird die insoweit vom Anwalt entfaltete Tätigkeit von der Verfahrensgebühr des Erkenntnisverfahrens abgedeckt, weil sie zum Rechtszug gehört.[185]
– Wird ein Ordnungsmittel erst nachträglich durch gesonderten Beschluss angedroht, stellt dies bereits den Beginn der Zwangsvollstreckung dar.[186] Der den Antrag auf Androhung stellende

---

183 OLG Celle RVGreport 2006, 109.
184 KG JurBüro 1970, 155.
185 BGH NJW 1979, 217 = MDR 1979, 116; OLG Köln AGkompakt 2010, 75.
186 BGH NJW 1979, 217; OLG Hamm AGS 2014, 518; *Hintzen/Wolf*, Zwangsvollstreckung, Zwangsversteigerung und Zwangsverwaltung, Handbuch, 2006, Rn 7.116.

Rechtsanwalt hat durch diese Antragstellung bereits die Verfahrensgebühr nach VV 3309 verdient, auch wenn er danach nicht weiter tätig wird.[187]
– Wird er aber weiterhin in diesem Ordnungsmittelverfahren tätig und ein Ordnungsmittel festgesetzt, so stellt dies zwar gemäß § 18 Abs. 1 Nr. 14 für den Anwalt eine besondere Angelegenheit dar; aus dem Gesamtzusammenhang von § 18 Abs. 1 Nr. 14 i.V.m. § 19 Abs. 2 Nr. 5 ergibt sich jedoch, dass der Anwalt für das Ordnungsmittelverfahren insgesamt – von dem Antrag auf Androhung bis zur Verurteilung – die Verfahrensgebühr nach VV 3309 nur einmal erhält, wobei dahinstehen kann, ob letztlich die erste oder die letzte Tätigkeit mit abgegolten ist.[188] Im Übrigen wird auf die Erl. zu § 18 Rdn 144 ff. verwiesen.

3. Ordnungshaft

Über den Wortlaut hinaus betrifft die Vorschrift generell die Androhung von Ordnungsmitteln, also auch die Androhung von **Ordnungshaft** (vgl. auch § 18 Rdn 153).[189]   210

VII. Aufhebung einer Vollstreckungsmaßnahme (Nr. 6)

Der Rechtsanwalt, der mit der Aufhebung einer Vollstreckungsmaßnahme befasst ist, erhält dafür   211
keine gesonderte Gebühr. Verfahren oder Maßnahmen, die auf die Aufhebung einer Vollstreckungsmaßnahme gerichtet sind, sind im Verhältnis zu der aufzuhebenden Maßnahme keine besondere Angelegenheit. Eine gesonderte Gebühr für eine Tätigkeit im Rahmen der Aufhebung einer Vollstreckungsmaßnahme kommt nur für den Anwalt in Betracht, der ausschließlich hiermit beauftragt worden ist. Unter Aufhebung einer Vollstreckungsmaßnahme ist nicht nur die Pfandfreigabe zu verstehen, sondern auch der Verzicht auf das Pfandrecht, die Rücknahme des Pfändungsantrags sowie der Antrag, einen Pfändungsbeschluss aufzuheben.[190]

Eine Ausnahme bildet das Verfahren über Anträge auf Aufhebung von Vollstreckungsmaßregeln   212
(§ 8 Abs. 5 und § 41 SVertO). Diese sind gem. § 18 Abs. 1 Nr. 10 besondere Angelegenheiten.

Vorbemerkung zu §§ 20, 21

A. Allgemeines 1	Gericht innerhalb des Instanzenzugs (Vertikalverweisung) 25
B. Die einzelnen Fallgruppen 8	IV. Zurückverweisung oder Abgabe durch das Revisionsgericht an das Berufungsgericht nach Sprungrevision (Vertikalverweisung) 30
I. Verweisung an ein Gericht gleicher Instanz wegen örtlicher oder sachlicher Unzuständigkeit oder anderweitig gegebenem Rechtsweg (Horizontalverweisung) 8	
1. Grundsatz 8	V. Zurückverweisung oder Abgabe durch das Rechtsbeschwerdegericht an das Beschwerdegericht nach Sprungrechtsbeschwerde (Vertikalverweisung) 32
2. Verweisung und Abgabe in erster Instanz 9	
3. Verweisung und Abgabe im Rechtsmittelverfahren 13	VI. Verweisung durch das Rechtsmittelgericht an ein erstinstanzliches Gericht eines anderen örtlichen oder sachlichen Rechtszugs oder einer anderen Gerichtsbarkeit (Diagonalverweisung) 33
II. Zurückverweisung durch das Rechtsmittelgericht an ein zuvor befasstes vorinstanzliches Gericht (Vertikalverweisung) 15	
1. Grundsatz 15	1. Grundsatz 33
2. Ausnahme Aufhebung und Zurückverweisung in Ehesache (§ 21 Abs. 2) 24	2. Wechsel des sachlichen Instanzenzugs .. 34
	3. Wechsel des örtlichen Instanzenzugs ... 40
III. Zurückverweisung durch das Rechtsmittelgericht an ein zuvor nicht befasstes	4. Wechsel des Rechtszugs 41

---

187 OLG Hamm AGS 2014, 518.
188 Vgl. auch die Berechnungsbeispiele bei *Schneider*, AGkompakt 2010, 75.
189 Mayer/Kroiß/*Ebert*, RVG, § 19 Rn 131; Gerold/Schmidt/*Müller-Rabe*, RVG, VV 3309 Rn 356; *Volpert*, RVGreport 2005, 127, 133.
190 Vgl. Gerold/Schmidt/*Müller-Rabe*, RVG, VV 3309 Rn 190.

5. Verweisung an ein Gericht erster Instanz, das zugleich letztinstanzlich entscheidet 44	IX. Teilabgabe oder Teilverweisung 49
VII. Zurückverweisung durch das Rechtsmittelgericht an ein zuvor befasstes Gericht und anschließende Weiterverweisung an ein anderes Gericht 46	1. Grundsatz 49
	2. Trennung und Teilverweisung 50
	3. Teilweise Zurückverweisung 51
	4. Abgabe, Verweisung oder Zurückverweisung an das Empfangsgericht und Verbindung mit einer dort schon anhängigen Sache 52
VIII. Sonderfall: Zurückverweisung durch Verfassungsgericht 48	C. Anhang: Gerichtskosten 53

A. Allgemeines

1 Die Verweisung an ein anderes Gericht und die Zurückverweisung an ein untergeordnetes Gericht sind in den §§ 20 und 21 geregelt. Es handelt sich hierbei um Ergänzungen zu den §§ 16 ff.

2 Die Fälle des § 20 S. 1 und des § 21 Abs. 2 sind eine Ergänzung des § 16, wonach es trotz Verweisung bzw. Zurückverweisung noch bei derselben Angelegenheit i.S.d. § 15 verbleibt. Die Fälle des § 20 S. 2 und § 21 Abs. 1 sind dagegen eine Ergänzung des § 17, wonach verschiedene Angelegenheiten gegeben sind.

3 Die §§ 20 und 21 gelten grundsätzlich für alle gerichtlichen Verfahren, nicht nur für den **Zivilprozess**, sondern auch in **Strafsachen, Bußgeldsachen, Verwaltungsrechtsstreiten, Finanzgerichtsverfahren, Sozialgerichtsverfahren** und in Verfahren anderer Gerichtsbarkeiten. Auch in **Familiensachen** und **Verfahren der freiwilligen Gerichtsbarkeit** sind die Vorschriften anzuwenden. Darüber hinaus ist § 21 Abs. 1 auch dann anzuwenden, wenn ein **Verfassungsgericht** eine Entscheidung eines anderen Gerichts aufhebt und die Sache zur erneuten Entscheidung an dieses Gericht zurückverweist (siehe Rdn 48).

4 Keine Anwendung finden die Vorschriften der §§ 20 und 21, wenn eine Sache von einem Gericht an die **Verwaltungsbehörde** zurückgegeben wird. Ebenso wenig sind sie auf die Rückgabe einer Strafsache an die **Staatsanwaltschaft** oder eines Ordnungswidrigkeitenverfahrens an die **Bußgeldbehörde** anzuwenden.

5 Die §§ 20 und 21 Abs. 1 unterscheiden **drei** verschiedene **Arten von Verweisungen**:

6 – **Horizontalverweisung:** Die sog. Horizontalverweisung ist in § 20 S. 1 geregelt. Dies sind die Fälle der **Verweisung** oder **Abgabe** eines gerichtlichen Verfahrens wegen örtlicher oder sachlicher Unzuständigkeit oder wegen Unzuständigkeit des Rechtswegs **an ein anderes Gericht der gleichen Instanzenstufe**.
– **Vertikalverweisung:** Die sog. Vertikalverweisung ist in § 21 Abs. 1 i.V.m. § 15 Abs. 2 und in § 21 Abs. 2 geregelt. Dies sind die Fälle, in denen das Verfahren von einem **Rechtsmittelgericht** an ein **im Instanzenzug untergeordnetes Gericht** zurückverwiesen wird.
– **Diagonalverweisung:** Die sog. Diagonalverweisung wiederum ist in § 20 S. 2 geregelt. Sie betrifft die Verweisung durch ein **Rechtsmittelgericht** an ein **erstinstanzliches Gericht** eines **anderen örtlichen oder sachlichen Rechtszugs** oder einer **anderen Gerichtsbarkeit**.

7 Diese verschiedenen Verweisungsmöglichkeiten lassen sich am besten anhand eines Schaubildes verdeutlichen:

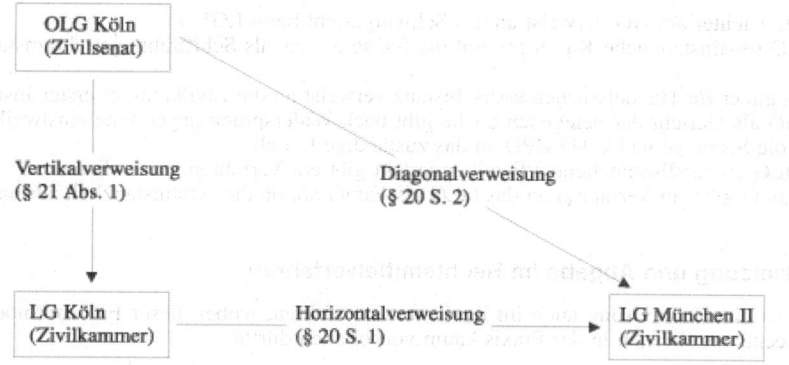

B. Die einzelnen Fallgruppen

I. Verweisung an ein Gericht gleicher Instanz wegen örtlicher oder sachlicher Unzuständigkeit oder anderweitig gegebenem Rechtsweg (Horizontalverweisung)

1. Grundsatz

Wird eine Sache an ein Gericht der gleichen Instanzenstufe abgegeben oder verwiesen, so gilt § 20 S. 1: Die Verfahren vor dem verweisenden und dem übernehmenden Gericht bilden eine einzige Gebührenangelegenheit. Der Anwalt kann die Gebühren daher nur einmal verdienen (§ 15 Abs. 2).

2. Verweisung und Abgabe in erster Instanz

Eine Abgabe oder Verweisung nach § 20 S. 1 wird in aller Regel nur in erster Instanz vorkommen. Es sind dies die Fälle, in denen der Rechtsweg nicht gegeben oder das angerufene Gericht sachlich oder örtlich unzuständig ist.

Verweisung oder Abgabe in eine andere Gerichtsbarkeit:
- die erstinstanzliche Zivilkammer des LG verweist den Rechtsstreit an das ArbG oder das SG[1]
- das VG gibt das Verfahren an das FG ab
- das SG verweist an das VG etc.

Verweisung oder Abgabe wegen örtlicher Unzuständigkeit:
- das LG Hamburg verweist den Rechtsstreit an das LG Frankfurt
- das VG Köln verweist den Rechtsstreit an das VG Düsseldorf etc.
- hierzu zählen auch die Fälle, in denen die Sache nach Bestimmung des zuständigen Gerichts (§ 36 Nr. 1 bis 4, 6 ZPO; §§ 13a, 14, 15 StPO) abgegeben oder verwiesen wird.[2]

Verweisung wegen sachlicher oder funktioneller Unzuständigkeit innerhalb derselben Gerichtsbarkeit:
- das AG verweist an das LG, da der Streitwert über 5.000 EUR liegt oder weil es in der Sache um Amtshaftung geht (§ 71 Abs. 2 GVG)
- das LG verweist eine Wohnraummietsache an das AG
- das LG (erstinstanzliche Kammer) verweist eine Haushaltssache an das AG als FamG[3]
- das LG (erstinstanzliche Kammer) verweist eine sonstige Familienstreitsache nach § 266 FamFG an das AG als FamG
- das LG (Strafkammer) eröffnet das Hauptverfahren vor dem AG (Strafrichter)

---

[1] SG Stuttgart AnwBl 1979, 188.
[2] *Hansens*, BRAGO, § 14 Rn 6.
[3] OLG Hamburg JurBüro 1982, 861.

- der Strafrichter am AG verweist an das Schwurgericht beim LG[4]
- das LG (erstinstanzliche Kammer) gibt die Sache an das als Schifffahrtsgericht zuständige AG ab[5]
- die Kammer für Handelssachen erster Instanz verweist an die Zivilkammer erster Instanz[6]
- das AG als Gericht der belegenen Sache gibt nach Widerspruch gegen eine einstweilige Verfügung die Sache gemäß § 942 ZPO an das zuständige LG ab[7]
- das OLG als (erstinstanzliches) Familiengericht gibt ein Verfahren an das FamG ab
- das FamG gibt ein Verfahren an das OLG als FamG ab, da dies erstinstanzlich zuständig ist.

3. Verweisung und Abgabe im Rechtsmittelverfahren

13 Denkbar ist eine Verweisung auch im Rechtsmittelverfahren, wobei dieser Fall in Anbetracht der kurzen Rechtsmittelfristen in der Praxis kaum vorkommen dürfte.

Beispiel 1: Gegen das Urteil des LG Dortmund wird Berufung beim OLG Düsseldorf eingelegt. Das OLG Düsseldorf gibt die Sache auf Antrag an das zuständige OLG Hamm ab.

Beispiel 2: Gegen die Zurückweisung des Befangenheitsantrags gegen den Abteilungsrichter des Landwirtschaftsgerichts am AG legt der Anwalt Beschwerde zum LG ein. Das LG gibt die Sache an das nach § 22 LwVfG zuständige OLG ab.

Beispiel 3: Die Revision ist an das unzuständige Gericht gesandt worden, das sich für unzuständig erklärt (§ 348 Abs. 1 StPO). Die Staatsanwaltschaft gibt die Akten an das zuständige Gericht ab (§ 348 Abs. 2 StPO).

Beispiel 4: Gegen das Urteil des AG legt der Angeklagte „Rechtsmittel" ein. Das AG legt die Sache der kleinen Strafkammer am LG als Berufung vor. Die kleine Strafkammer ist der Auffassung, es handele sich um eine Revision und lässt die Sache analog § 348 Abs. 2, 3 StPO durch die Staatsanwaltschaft an das OLG abgeben.

14 Ein Fall des § 20 S. 1 ist dagegen nicht gegeben, wenn ein Rechtsmittelgericht an das BVerwG als Gericht erster Instanz verweist (str.) (siehe Rdn 46 f.).

II. Zurückverweisung durch das Rechtsmittelgericht an ein zuvor befasstes vorinstanzliches Gericht (Vertikalverweisung)

1. Grundsatz

15 Verweist ein Rechtsmittelgericht die Sache an ein vorinstanzliches Gericht, das im Instanzenzug bereits mit der Sache befasst war, gilt grundsätzlich **§ 21 Abs. 1**: Das Verfahren vor dem annehmenden Gericht ist gegenüber dem Ausgangsverfahren eine neue Angelegenheit – die Gebühren entstehen erneut. Das Verfahren nach Zurückverweisung ist dann das „weitere Verfahren" i.S.d. § 21 Abs. 1. Zu beachten ist allerdings die Anrechnungsbestimmung der VV Vorb. 3 Abs. 6. In Verfahren nach VV Teil 3 ist die Verfahrensgebühr des Ausgangsverfahrens auf die Verfahrensgebühr des nachfolgenden Verfahrens nach Zurückverweisung anzurechnen. Lediglich im Falle des § 15 Abs. 5 S. 2 ist eine Anrechnung ausgeschlossen (siehe dazu § 21 Rdn 8, § 15 Rdn 289 ff.). Das Rechtsmittelverfahren ist daneben immer eine weitere Angelegenheit (§ 17 Nr. 1).

Unter § 21 Abs. 1 fallen u.a. folgende Zurückverweisungen:

16 Berufungsgericht an Erstgericht:
- OLG verweist zurück an LG
- der Familiensenat am OLG verweist in einem ZPO-Verfahren (altes Recht) zurück an das FamG

---

4 OLG Hamm AnwBl 1966, 141; OLG Hamburg AnwBl 1981, 202 = MDR 1981, 519; ebenso OLG Düsseldorf JMBlNRW 1982, 251 = JurBüro 1982, 1528 m. Anm. *Mümmler* = MDR 1982, 1042 = StV 1982, 481; OLG Schleswig JurBüro 1984, 867 m. Anm. *Mümmler*; OLG Hamburg JurBüro 1990, 478 = MDR 1990, 91 = Rpfleger 1990, 223.

5 OLG Nürnberg JurBüro 1991, 1636; OLG Hamburg JurBüro 1977, 1722.

6 *Hansens*, BRAGO, § 14 Rn 5.

7 OLG Nürnberg Rpfleger 1966, 290; Gerold/Schmidt/*Mayer*, RVG, § 20 Rn 5.

- LG (Berufungskammer) verweist zurück an AG
- BVerwG verweist zurück an OVG/VGH
- OVG/VGH verweist zurück an VG
- LAG verweist zurück an ArbG
- LSG verweist zurück an SG etc.

Revisionsgericht an Berufungsgericht: 17
- BGH verweist zurück an OLG
- OLG verweist zurück an LG
- BVerwG verweist zurück an OVG/VGH
- BAG verweist zurück an LAG
- BSG verweist zurück an LSG etc.

Revisionsgericht an Erstgericht: 18
- der Strafsenat am BGH verweist zurück an die große Strafkammer am LG
- BFH verweist zurück an FG etc.

Beschwerdegericht an Erstgericht: 19
- der Beschwerdesenat am OLG verweist zurück an das LG
- der Familiensenat am OLG verweist eine Beschwerde nach § 146 FamFG (vormals § 629b ZPO) zurück an das FamG
- die Beschwerdekammer am LG verweist zurück an AG
- der Bußgeldsenat am OLG verweist zurück an die OWi-Abteilung beim AG
- der Beschwerdesenat am OVG verweist zurück an das VG etc.

Gericht der weiteren Beschwerde an Beschwerdegericht: 20
- das OLG hebt in einem Streitwertfestsetzungsverfahren die Beschwerdeentscheidung des LG auf und verweist die Sache zur erneuten Entscheidung über die Beschwerde an das LG zurück (§ 68 Abs. 1 S. 5, 66 Abs. 4 GKG
- der Beschwerdesenat des OLG verweist in einem Verfahren der freiwilligen Gerichtsbarkeit a.F. nach weiterer Beschwerde die Sache an die Beschwerde-Kammer beim LG etc.

Die Sache muss nicht unmittelbar an das vorinstanzliche Gericht verwiesen worden sein; auch eine 21 Sprungverweisung an das Erstgericht fällt unter § 21 Abs. 1, etwa in folgenden Fällen:

Revisionsgericht an Erstgericht, wobei das Berufungsgericht übergangen wird: 22
- BGH verweist nach § 566 Abs. 5 ZPO an die erstinstanzliche Kammer am LG zurück
- der Familiensenat am BGH verweist in einem ZPO Verfahren (altes Recht) zurück an das FamG
- BVerwG verweist nach §§ 141 S. 1, 130 Abs. 2 VwGO zurück an das VG
- BAG verweist nach § 72 ArbGG i.V.m. § 566 Abs. 5 ZPO zurück an das ArbG
- BSG verweist nach §§ 165 S. 1, 159 SGG zurück an SG etc.

Gericht der Rechtsbeschwerde[8] an Erstgericht: 23
- der Familiensenat am BGH verweist auf die Rechtsbeschwerde nach gemäß § 74 Abs. 6 S. 2 FamFG (§§ 629 Abs. 2, 621a Abs. 2 ZPO a.F.) zurück an das FamG
- der Landwirtschafts-Senat am OLG verweist zurück an die Landwirtschafts-Abteilung am AG etc.

2. Ausnahme Aufhebung und Zurückverweisung in Ehesache (§ 21 Abs. 2)

Eine Ausnahme von dem Grundsatz des § 21 Abs. 1 gilt im Falle des § 21 Abs. 2, wenn das 24 Beschwerdegericht in einer Ehesache nach § 146 FamG den erstinstanzlich abgewiesenen Scheidungsantrag für begründet erachtet und an das FamG zurückverweist. Dann sind Ausgangsverfahren und Verfahren nach Zurückverweisung eine Angelegenheit (siehe § 21 Rdn 84 ff.).

---

[8] Das gilt in Altfällen entsprechend für das Gericht der weiteren Beschwerde.

III. Zurückverweisung durch das Rechtsmittelgericht an ein zuvor nicht befasstes Gericht innerhalb des Instanzenzugs (Vertikalverweisung)

25 Wird vom Rechtsmittelgericht an ein untergeordnetes Gericht **desselben Instanzenzugs** verwiesen, das allerdings noch nicht mit der Sache befasst war, gilt ebenfalls **§ 21 Abs. 1**: Das Verfahren vor dem annehmenden Gericht ist gegenüber dem Verfahren vor dem verweisenden Gericht eine **neue Angelegenheit** – die Gebühren entstehen erneut, allerdings hier mit der Maßgabe, dass VV Vorb. 3 Abs. 6 nicht greift und jetzt auch in Verfahren nach VV Teil 3 **keine Anrechnung** stattfindet.

26 Der Anwendungsbereich dieser Variante ist sehr gering, da eine Zurückverweisung grundsätzlich nur an denselben Spruchkörper möglich ist, der auch vorinstanzlich entschieden hat. Die Verfahrensordnungen kennen jedoch Ausnahmen, wonach auch an ein mit der Sache noch nicht befasstes Gericht oder an einen anderen Spruchkörper des vorinstanzlichen Gerichts zurückverwiesen werden kann. In diesen Fällen zählt das andere Gericht oder die andere Kammer noch zum prozessualen Instanzenzug. Wechselt infolge der Zurückverweisung dagegen gleichzeitig der Instanzenzug, so gilt nicht § 21 Abs. 1, sondern § 20 (siehe Rdn 33 ff.).

27 Von § 21 Abs. 1 in dieser Variante werden zum einen diejenigen Fälle erfasst, in denen die jeweilige Verfahrensordnung die Zurückverweisung an ein anderes Gericht als das, das vorinstanzlich entschieden hat, zulässt, z.B. nach §§ 354 Abs. 2, 354a StPO.

> **Beispiel:** Auf die Revision der Angeklagten gegen das Urteil des LG Gießen verweist der BGH die Sache nach § 354 Abs. 2, 2. Alt. StPO an das LG Frankfurt zurück.
> Es gilt § 21 Abs. 1, da § 354 Abs. 2 StPO den Rechtszug erweitert. Wäre dagegen nach § 355 StPO (absoluter Revisionsgrund) wegen örtlicher Unzuständigkeit des LG Gießen die Sache an das LG Frankfurt zurückverwiesen worden, würden sich die weiteren Gebühren nach § 20 S. 2 richten, da dann der Instanzenzug gewechselt hätte (siehe Rdn 41).

28 Die Gebühren richten sich auch dann nach § 21 Abs. 1, wenn nach der Verfahrensordnung an eine andere Kammer derselben Gerichtsbehörde zurückverwiesen werden kann (§ 354 Abs. 2, 1. Alt. StPO; § 563 Abs. 1 S. 2 ZPO).

> **Beispiel:** Auf die Revision des Beklagten gegen das Urteil des 2. Zivilsenats des OLG Köln verweist der BGH gemäß § 563 Abs. 1 S. 2 ZPO die Sache an den 17. Zivilsenat des OLG Köln zurück.
> Auch hier wechselt der prozessuale Instanzenzug nicht, da gemäß § 563 Abs. 1 S. 2 ZPO auch der weitere Senat zum prozessualen Rechtszug zählt.

29 Dagegen will die Rechtsprechung § 21 Abs. 1 (früher: § 15 Abs. 1 S. 2 BRAGO) weder dann anwenden, wenn aufgrund des zwischenzeitlich geänderten Geschäftsverteilungsplans eine andere Kammer oder Abteilung oder ein anderer Senat zuständig geworden ist,[9] noch dann, wenn das Rechtsmittelgericht ausdrücklich anordnet, dass an einen anderen Senat, eine andere Kammer oder andere Abteilung desselben Gerichts zurückverwiesen wird.[10] Begründet wird dies damit, dass unter „Gericht" i.S.d. § 21 das Gericht als Justizbehörde zu verstehen sei und nicht als Spruchkörper. Diese Auslegung ist bedenklich, weil sie nach VV Vorb. 3 Abs. 6 zu einer Anrechnung der Verfahrensgebühr führt.[11] Die Verfahrensgebühr ist aber der Ausgleich für die Mehrarbeit des Anwalts, die ihm dadurch entsteht, dass das Gericht mit dem Prozessstoff nicht vertraut ist und der Anwalt daher mehr Mühe aufbringen muss, ihm den Prozessstoff nahe zu bringen. Dies wiederum spricht dafür, § 21 Abs. 1 auch dann anzuwenden, wenn nach Zurückverweisung ein anderer Spruchkörper derselben Gerichtsbehörde zuständig ist.[12]

---

9 FG Berlin EFG 1983, 42 = KostRsp. BRAGO § 15 Nr. 42; OLG Hamm OLGR 1995, 12.
10 OLG Frankfurt JurBüro 1975, 473; LAG Rheinland-Pfalz AGS 2010, 163 m. abl. Anm. *N. Schneider* = ArbuR 2010, 178.
11 Siehe hierzu *Lappe* in Anm. zu KostRsp. BRAGO § 15 Nr. 30, der diese Rspr. sogar für verfassungswidrig hält.
12 *Lappe* in Anm. zu KostRsp. BRAGO § 15 Nr. 30.

IV. Zurückverweisung oder Abgabe durch das Revisionsgericht an das Berufungsgericht nach Sprungrevision (Vertikalverweisung)

Verweist das Revisionsgericht nach einer Sprungrevision die Sache an das Berufungsgericht zurück, so gilt **§ 20 S. 2**: Das Verfahren vor dem Berufungsgericht ist eine **neue Angelegenheit** – alle Gebühren einschließlich der Verfahrensgebühr entstehen erneut. 30

> **Beispiel 1:** Gegen das Urteil des VG Köln wird Sprungrevision zum BVerwG eingelegt. Auf die Revision hin verweist das BVerwG die Sache nach § 144 Abs. 5 VwGO an das OVG Münster „zurück".
>
> **Beispiel 2:** Der Angeklagte legt gegen das Urteil des AG „Rechtsmittel" ein. Das AG sieht das Rechtsmittel als Revision an und gibt die Sache nach Eingang der Begründung an das OLG. Das OLG ist der Auffassung, bei dem Rechtsmittel handele es sich um eine Berufung und erklärt sich analog § 348 Abs. 1 StPO für unzuständig und lässt die Sache durch die Staatsanwaltschaft an die kleine Strafkammer beim LG abgeben (§ 348 Abs. 3 StPO).

Die Vorschrift des § 20 S. 1 greift nicht, da es sich nicht um eine Verweisung oder Abgabe innerhalb der Instanz handelt, sondern um eine Zurückverweisung. Auch § 21 Abs. 1 greift nicht, weil das Verfahren nach Zurückverweisung kein „weiteres Verfahren" i.S.d. § 21 Abs. 1 ist. Ein „weiteres Verfahren" vor dem Empfangsgericht würde nämlich begrifflich voraussetzen, dass es dort auch ein erstes Verfahren gegeben hat. Da beim Berufungsgericht vor der Zurückverweisung in dieser Sache nie ein Verfahren anhängig war und auch keiner der beteiligten Anwälte bislang im Berufungsverfahren tätig war, kann es folglich dort auch kein „weiteres Verfahren" geben. Die Vergütung richtet sich vielmehr unmittelbar nach § 20 Abs. 2, da sich für die Anwälte nach Zurückverweisung erstmals das Berufungsverfahren eröffnet. Sofern man diese Zurückverweisung als einen Fall des § 21 Abs. 1 ansieht, darf jedenfalls nicht nach VV Vorb. 3 Abs. 6 angerechnet werden, so dass das Ergebnis letztlich dasselbe ist. 31

V. Zurückverweisung oder Abgabe durch das Rechtsbeschwerdegericht an das Beschwerdegericht nach Sprungrechtsbeschwerde (Vertikalverweisung)

Das Gleiche wie oben bereits gesagt (siehe Rdn 30 f.) gilt auch dann, wenn das Rechtsbeschwerdegericht nach einer Sprungrechtsbeschwerde die Sache an das bislang nicht befasste Beschwerdegericht zurückverweist. Das Verfahren vor dem Beschwerdegericht ist dann eine neue Angelegenheit. 32

VI. Verweisung durch das Rechtsmittelgericht an ein erstinstanzliches Gericht eines anderen örtlichen oder sachlichen Rechtszugs oder einer anderen Gerichtsbarkeit (Diagonalverweisung)

1. Grundsatz

Wird vom Rechtsmittelgericht an ein Gericht außerhalb des Instanzenzugs verwiesen, ist § 21 Abs. 1 unanwendbar. Es gilt ausschließlich **§ 20 S. 2**: Das Verfahren vor dem annehmenden Gericht ist eine **neue Angelegenheit** – alle Gebühren – auch die Verfahrensgebühr entstehen erneut. Soweit der Bayerische VGH[13] die Auffassung vertritt, dass das weitere Verfahren vor dem annehmenden erstinstanzlichen Gericht zwar nach § 20 S. 2 einen neuen Rechtszug bilde, dies aber nicht bedeute, dass auch im Verhältnis zu dem Gericht, bei dem die Klage ursprünglich erhoben wurde, ein neuer Rechtszug vorliege, und daher die Verfahrensgebühr nach VV 3100 nur einmal anfalle, ist dies nicht nachzuvollziehen und auch mit der eindeutigen Rechtslage nicht zu vereinbaren. 33

---

13 BayVBl 2010, 416 = NVwZ-RR 2010, 663.

2. Wechsel des sachlichen Instanzenzugs

34 Es sind dies zum einen die Fälle, in denen innerhalb derselben Gerichtsbarkeit der sachliche Instanzenzug wechselt:

35 Berufungs- oder Beschwerdegericht an Erstgericht:
– der Familiensenat am OLG verweist an die erstinstanzliche Zivilkammer beim LG oder an die allgemeine Abteilung beim AG
– der Landwirtschaftssenat am OLG verweist an das LG
– der allgemeine Zivilsenat am OLG verweist an das Landwirtschaftsgericht beim AG etc.

36 Revisionsgericht oder Gericht der weiteren Beschwerde an Erstgericht:
– der Strafsenat am OLG verweist an die große Strafkammer am LG etc.

37 Hierzu zählt auch der Fall des § 354 Abs. 3 StPO.

Beispiel: Der Strafsenat am BGH verweist die Sache (Anklage schwerer Raub) an das AG (Schöffengericht oder Strafrichter), da er aus Rechtsgründen nur von einem einfachen Diebstahl ausgeht, der in die Strafgewalt des AG fällt.

38 Ebenso gelten weder § 21 Abs. 1 noch § 20 S. 1, sondern § 20 S. 2 bei Verweisung an das **gleiche Gericht**, wenn in eine niedrigere Instanz verwiesen wird.

Beispiel 1: Die kleine Strafkammer am LG als Berufungsgericht verweist an die große Strafkammer als Gericht erster Instanz.

Beispiel 2: Die Berufungskammer am LG verweist an die erstinstanzliche Zivilkammer am selben LG.[14]

39 Zum Teil werden diese Fälle auch über § 21 Abs. 1 gelöst, was prozessual unzutreffend ist, im Ergebnis aber keinen Unterschied ausmacht, da dann jedenfalls eine Anrechnung nach VV Vorb. 3 Abs. 6 ausgeschlossen ist.[15] Verfehlt ist es dagegen, § 20 S. 1 anzuwenden,[16] da in einen niedrigeren Rechtszug verwiesen wird.

3. Wechsel des örtlichen Instanzenzugs

40 Weiterhin fällt auch der Wechsel des örtlichen Instanzenzugs unter § 20 S. 2. Eine Ausnahme gilt nur dann, wenn die Verfahrensordnung die Verweisung an ein anderes örtliches Gericht zulässt (siehe Rdn 27).

Beispiel: Die vor dem LG Bonn erhobene Klage wird mangels örtlicher Zuständigkeit abgewiesen. Auf die Berufung und den dort gestellten Hilfsantrag verweist das OLG Köln die Sache an das örtlich zuständige LG Köln.

Obwohl der sachliche Instanzenzug gewahrt ist, liegt keine Zurückverweisung i.S.d. § 21 Abs. 1 vor. Auch dieser Fall richtet sich nach § 20 S. 2.

4. Wechsel des Rechtszugs

41 Schließlich zählen zu § 20 S. 2 auch die Fälle, in denen an eine andere Gerichtsbarkeit verwiesen wird:

42 Berufungsgericht an Erstgericht eines anderen Rechtszugs:
– OLG verweist an das VG
– OVG/VGH verweist an LG
– LAG verweist an AG oder LG
– LG verweist an ArbG
– LSG verweist an VG etc.

---

[14] OLG Schleswig JurBüro 1980, 182 = SchlHA 1980, 152 = KostRsp. BRAGO § 14 Nr. 3 m. Anm. *E. Schneider*; OLG Koblenz JurBüro 1977, 1557; KG JurBüro 1987, 696; OLG München JurBüro 1992, 239 = MDR 1992, 523 = KostRsp. BRAGO § 14 Nr. 17 m. Anm. *Herget*.

[15] OLG Oldenburg AnwBl 1973, 111; AnwBl 1985, 261 = JurBüro 1985, 301 m. Anm. *Mümmler* = Rpfleger 1984, 431; *Hansens*, BRAGO, § 15 Rn 3.

[16] So aber OLG Karlsruhe Justiz 1974, 19 = VersR 1973, 1073.

Revisionsgericht an Erstgericht eines anderen Rechtszugs: 43
- BGH verweist an VG
- BVerwG verweist an LG
- BSG verweist an AG oder LG
- BGH verweist an ArbG
- BSG verweist an VG etc.

5. Verweisung an ein Gericht erster Instanz, das zugleich letztinstanzlich entscheidet

Umstritten ist die Rechtslage, wenn ein Rechtsmittelgericht an ein Gericht erster Instanz verweist, das gleichzeitig auch letztinstanzlich entscheidet. 44

> **Beispiel 1:** Der BGH verweist die Sache an das BVerwG als Gericht erster Instanz.
>
> **Beispiel 2:** Das OVG verweist die Sache an das nach § 50 Abs. 1 VwGO zuständige BVerwG.

Nach der Ansicht des BVerwG richten sich diese Fälle nach § 20 S. 1, und zwar unabhängig davon, ob die Verweisung von einem Berufungs-[17] oder Revisionsgericht[18] ausgesprochen worden ist. Zwar entscheide das BVerwG in diesen Fällen erstinstanzlich, aber auch gleichzeitig letztinstanzlich, so dass sich in diesem Fall eine Verweisung an das BVerwG aus jedweder Instanz immer als eine horizontale Verweisung darstelle. Diese Auffassung ist unzutreffend und findet im Gesetz keine Stütze. Es gilt vielmehr § 20 S. 2, da an ein Gericht eines niedrigeren Rechtszuges verwiesen worden ist. Dass gegen die Entscheidung des empfangenden Gerichts kein Rechtsmittel gegeben ist, macht es noch nicht zu einem Gericht höherer Instanz. 45

VII. Zurückverweisung durch das Rechtsmittelgericht an ein zuvor befasstes Gericht und anschließende Weiterverweisung an ein anderes Gericht

Wird das Verfahren vom Rechtsmittelgericht an das erstinstanzliche Gericht zurückverwiesen und verweist dieses Gericht nunmehr seinerseits das Verfahren an ein anderes erstinstanzliches Gericht, so **gilt zunächst § 21 Abs. 1**: Das Verfahren nach Zurückverweisung ist eine **neue Angelegenheit** – die Gebühren entstehen erneut. Aufgrund der **Weiterverweisung** unterbleibt in **entsprechender Anwendung der §§ 21 Abs. 1, 20 S. 2** eine Anrechnung der Verfahrensgebühr nach VV Vorb. 3 Abs. 6. 46

> **Beispiel:** Das OLG Hamm verweist die Sache zurück an das LG Münster; das LG Münster wiederum verweist die Sache an das örtlich zuständige LG Bielefeld.
> Das Verfahren vor dem LG Münster nach Zurückverweisung ist eine neue Angelegenheit (§ 21 Abs. 1). Die Anwälte erhalten die Gebühren erneut, mit der Maßgabe, dass die Verfahrensgebühren anzurechnen sind (VV Vorb. 3 Abs. 6). Das Verfahren vor dem LG Bielefeld wiederum zählt mit dem weiteren Verfahren nach Zurückverweisung vor dem LG Münster als eine Angelegenheit (§ 20 S. 1), so dass es nach dem Wortlaut bei einer Anrechnung verbliebe.[19]

Das Ergebnis ist insoweit kurios, als der Anwalt bei einer unmittelbaren Verweisung des OLG Hamm an das LG Bielefeld gemäß § 20 S. 2 die Verfahrensgebühr anrechnungsfrei erhalten hätte. Daher sind in diesem Fall die §§ 21 Abs. 1 S. 2, 20 S. 2 (zumindest analog) anzuwenden, da in dem weiteren Verfahren nach Zurückverweisung (auch) ein bisher nicht befasstes Gericht tätig wird.[20] 47

VIII. Sonderfall: Zurückverweisung durch Verfassungsgericht

Obwohl nicht zur Instanz im prozessualen Sinne zählend, wird auch die Zurückverweisung einer Sache durch das BVerfG oder Landesverfassungsgericht an ein Bundes- oder Landesgericht als ein Fall des § 21 Abs. 1 angesehen, sofern an ein Gericht zurückverwiesen wird, das mit der Sache bereits befasst war. Es gilt **§ 21 Abs. 1**: Das Verfahren vor dem Gericht an das die Sache zurückgelangt, ist 48

---

17 AnwBl 1982, 444 = NVwZ 1982, 676 = Rpfleger 1982, 310; ebenso *Hellstab*, Rpfleger 1992, 133.
18 Rpfleger 1992, 132 m. Anm. *Hellstab*.
19 So OLG Hamm JMBlNRW 1979, 119.
20 So auch *E. Schneider* in Anm. zu OLG Schleswig KostRsp. BRAGO § 14 Nr. 2.

gegenüber dem Verfahren vor dem verweisenden Gericht eine **neue Angelegenheit** – die Gebühren entstehen erneut, allerdings mit der Maßgabe, dass dann, wenn sich die Gebühren nach VV Teil 3 richten, gemäß VV Vorb. 3 Abs. 6 anzurechnen ist.[21]

> **Beispiel:** Gegen das Urteil des OLG Düsseldorf legt der Beklagte Verfassungsbeschwerde ein. Das BVerfG hebt das Urteil auf und verweist die Sache zur erneuten Entscheidung an das OLG Düsseldorf zurück.

IX. Teilabgabe oder Teilverweisung

1. Grundsatz

49 Die vorstehenden Grundsätze gelten auch dann, wenn eine Sache nur teilweise abgegeben oder verwiesen wird. Dabei sind wiederum zwei Möglichkeiten zu unterscheiden:

2. Trennung und Teilverweisung

50 Wird nur ein Teil des Streit- oder Verfahrensgegenstands abgegeben oder verwiesen, so erfolgt zuvor eine Verfahrenstrennung, so dass die getrennten Verfahren dann als selbstständig zu behandeln sind (siehe § 15 Rdn 171 ff.). Auf das abgetrennte Verfahren sind dann die vorstehenden Ausführungen entsprechend anzuwenden. Hinsichtlich des verbleibenden Verfahrens ergeben sich keine Besonderheiten.

> **Beispiel:** Vor dem LG werden Ansprüche aus Wohn- und Geschäftsraummiete geltend gemacht. Das LG trennt die Ansprüche aus der Wohnraummiete ab und verweist die Sache insoweit an das AG.
> Dieser Fall ist nach den Grundsätzen einer Verfahrenstrennung zu behandelt, da nach § 20 S. 1 keine neue Angelegenheit ausgelöst wird.

3. Teilweise Zurückverweisung

51 Wird eine Entscheidung nur wegen eines Teils des Streit- oder Verfahrensgegenstands aufgehoben und die Sache an ein Vordergericht zurückverwiesen, so ist nur das zurückverwiesene Teilverfahren eine neue Angelegenheit nach § 21. Soweit nach VV Vorb. 3 Abs. 6 anzurechnen ist, wird dann auch nur aus diesem Teilwert angerechnet (siehe § 21 Rdn 47).

> **Beispiel:** Das OLG hebt das LG Urteil des LG über 10.000 EUR in Höhe von 6.000 EUR auf und verweist insoweit die Sache an das LG zurück. Im Übrigen wird die Berufung zurückgewiesen.
> In Höhe von 6.000 EUR entstehen die Gebühren vor dem LG erneut (§ 21 Abs. 1). Anzurechnen ist gemäß VV Vorb. 3 Abs. 6 nur in Höhe von 6.000 EUR.

4. Abgabe, Verweisung oder Zurückverweisung an das Empfangsgericht und Verbindung mit einer dort schon anhängigen Sache

52 Wird ein Verfahren an ein anderes Gericht verwiesen und mit einem anderen dort schon anhängigen Verfahren verbunden, gelten hinsichtlich des abgegebenen, verwiesenen oder zurückverwiesenen Verfahrens die vorstehenden Ausführungen wiederum entsprechend. Ab der Verbindung liegt dann nur noch eine Angelegenheit vor (zur Abrechnung siehe § 15 Rdn 179 ff.). Im Falle einer Zurückverweisung findet dann in Ansehung des verbundenen Verfahrens nur eine Teilanrechnung statt.

> **Beispiel:** Das LG hebt ein Urteil des AG über 2.000 EUR auf und verweist insoweit die Sache an das AG zurück. Dort wird die Sache mit einem zwischenzeitlich anhängigen weiteren Verfahren (1.000 EUR) verbunden.
> Bis zur Verbindung sind Gebühren aus 2.000 EUR gesondert angefallen (unter Berücksichtigung der Anrechnung nach VV Vorb. 3 Abs. 6). Nach Verbindung sind die Gebühren aus dem Gesamtwert angefallen,

---

21 BGH AGS 2013, 453 = MDR 2013, 1376 = NJW 2013, 3453 = AnwBl 2013, 939 = Rpfleger 2014, 45 = Jur-Büro 2014, 20 = ZfBR 2014, 41 = DVBl 2014, 63 = BayVBl 2014, 250 = NJW-Spezial 2013, 701 = ZIP 2013, 2284 = RVGreport 2013, 465 = RVGprof. 2014, 2 = FF 2014, 40; OVG Lüneburg AnwBl 1966, 137 = NJW 1966, 468 = SchlHA 1966, 170.

wobei auch hier die Anrechnung nach VV Vorb. 3 Abs. 6, jetzt als Teilanrechnung zu berücksichtigen ist (zur Abrechnung und zum Wahlrecht siehe § 15 Rdn 179 ff.).

C. Anhang: Gerichtskosten

Entsprechende Regelungen zur Abgabe, Verweisung und Zurückverweisung finden sich auch in den Gerichtskostengesetzen. Hier gilt abweichend Folgendes: 53

Im Falle einer **Abgabe** werden die Gerichtsgebühren nur einmal erhoben. Zahlungen vor dem abgebenden Gericht sind auf die Schlusskostenrechnung des Empfangsgerichts anzurechnen (§ 4 Abs. 1 GKG, § 6 Abs. 1 FamGKG, § 5 Abs. 1 GNotKG). Mehrkosten, die durch Anrufung eines Gerichts entstehen, zu dem der Rechtsweg nicht gegeben ist oder das für das Verfahren nicht zuständig ist, werden nur dann erhoben, wenn die Anrufung auf verschuldeter Unkenntnis der tatsächlichen oder rechtlichen Verhältnisse beruht. Die Entscheidung trifft das Gericht, an das verwiesen worden ist ((§ 4 Abs. 2 GKG, § 6 Abs. 3 FamGKG, § 5 Abs. 2 GNotKG). 54

Im Falle einer **Verweisung** werden die Gerichtsgebühren ebenfalls nur einmal erhoben. Zahlungen vor dem abgebenden Gericht sind auf die Schlusskostenrechnung des Empfangsgerichts anzurechnen (§ 4 Abs. 1 GKG, § 6 Abs. 1 FamGKG, § 5 Abs. 1 GNotKG). Mehrkosten, die durch Anrufung eines Gerichts entstehen, zu dem der Rechtsweg nicht gegeben ist oder das für das Verfahren nicht zuständig ist, werden nur dann erhoben, wenn die Anrufung auf verschuldeter Unkenntnis der tatsächlichen oder rechtlichen Verhältnisse beruht. Die Entscheidung trifft das Gericht, an das verwiesen worden ist (§ 4 Abs. 2 GKG, § 6 Abs. 3 FamGKG, § 5 Abs. 2 GNotKG). 55

Bei einer Verweisung von der Fachgerichtsbarkeit an ein ordentliches Gericht darf dieses seine weitere Tätigkeit gemäß § 12 GKG von der Zahlung der Verfahrensgebühr nach GKG-KostVerz. 1210 abhängig machen, wenn das die zunächst angerufene Gerichtsbarkeit keine Abhängigmachung kennt.[22] 56

Im Falle einer **Zurückverweisung** an das Ausgangsgericht entstehen keine neuen Gerichtsgebühren, weil nach den Gerichtskostengesetzen kein neues Verfahren beginnt, sondern das Verfahren nach Zurückverweisung und das Ausgangsverfahren ein Verfahren sind. 57

Eine Ausnahme gilt nur dann, wenn das Gericht der dritten Instanz eine Sache an die bislang noch nicht befasste zweite Instanz „zurück"-verweist (siehe Rdn 30). Dann werden dort die Gerichtsgebühren gesondert erhoben. 58

> **Beispiel:** Auf die Sprungrevision hebt der BGH das Urteil des LG auf und verweist die Sache an das OLG.
> Vor dem OLG fallen jetzt gesonderte Gerichtsgebühren an.

Im Falle einer **Zurückverweisung** an ein anderes vorinstanzliches Gericht (Diagonalverweisung nach § 20 S. 2) gilt das gleiche. Im Ausgangsverfahren der Vorinstanz und das Verfahren nach Zurückverweisung in derselben Instanz werden die Gerichtsgebühren insgesamt nur einmal erhoben. 59

---

§ 20 Verweisung, Abgabe

¹Soweit eine Sache an ein anderes Gericht verwiesen oder abgegeben wird, sind die Verfahren vor dem verweisenden oder abgebenden und vor dem übernehmenden Gericht ein Rechtszug. ²Wird eine Sache an ein Gericht eines niedrigeren Rechtszugs verwiesen oder abgegeben, ist das weitere Verfahren vor diesem Gericht ein neuer Rechtszug.

---

[22] OLG Dresden OLGR 2003, 568; OLG Brandenburg MDR 1998, 1119 = JurBüro 1998, 548.

§ 20

A. Allgemeines	1
B. Gebührenberechnung bei Verweisung (S. 1)	2
I. Grundsatz	3
II. Änderung des Gegenstands	8
III. Änderung des Gegenstandswerts	9
IV. Änderung des Gebührenrechts	13
V. Wechsel der Gebührenvorschriften	14
1. Gleiche Gebührensätze	14
2. Andere Gebührensätze	16
3. Anderer Gebührenrahmen	18
a) Der Betragsrahmen erhöht sich	19
b) Der Betragsrahmen ermäßigt sich	24
4. Wechsel von Betragsrahmen zu Satzgebühren und umgekehrt	25
VI. Teilverweisung	29
1. Trennung und Teilverweisung	30
2. Abgabe, Verweisung oder Zurückverweisung an das Empfangsgericht und Verbindung mit einer dort schon anhängigen Sache	31
C. Gebührenberechnung bei Verweisung nach S. 2 (Diagonalverweisung)	33
D. Kostenerstattung	34
I. Grundsatz	34
II. Verweisung von einem Arbeitsgericht und an ein Arbeitsgericht	44
1. Überblick	44
2. Verweisung von einem Arbeitsgericht an ein Zivilgericht	45
3. Verweisung von einem Arbeitsgericht an ein anderes Gericht	47
4. Verweisung von einem ordentlichen Gericht an das Arbeitsgericht	48
5. Verweisung von einem anderen Gericht an das Arbeitsgericht	51
E. Anhang Gerichtskosten	52

A. Allgemeines

1 In § 20 werden die Verweisung und Zurückverweisung an ein Gericht eines **anderen Instanzenzugs** geregelt. Auf die Zurückverweisung innerhalb desselben Instanzenzugs ist § 20 dagegen nicht anwendbar; insoweit gilt § 21. Die Vorschrift des § 20 wiederum unterscheidet danach, ob an ein Gericht des gleichen Rechtszugs verwiesen wird oder an ein Gericht eines niedrigeren Rechtszugs: Wird an ein Gericht des **gleichen Rechtszugs** verwiesen (**S. 1**), dann gilt das weitere Verfahren mit dem bisherigen Verfahren als eine Angelegenheit nach § 15 Abs. 1. Wird dagegen von einem Rechtsmittelgericht an ein Gericht eines **niedrigeren Rechtszugs** verwiesen (**S. 2**), dann gilt das weitere Verfahren vor dem Empfangsgericht als eine neue Angelegenheit. Wegen der Abgrenzung der einzelnen Verweisungen und ihrer gebührenrechtlichen Einordnung wird auf die übergreifende Darstellung in der Vorb. zu §§ 20, 21 verwiesen (siehe Vor §§ 20, 21 Rdn 1 ff.).

B. Gebührenberechnung bei Verweisung (S. 1)

2 In S. 1 ist die sog. **Horizontalverweisung** geregelt. Dies sind die Fälle der Verweisung oder Abgabe wegen örtlicher oder sachlicher Unzuständigkeit an ein anderes Gericht der gleichen Instanzenstufe (im Einzelnen siehe Vor §§ 20, 21 Rdn 8 ff.).

I. Grundsatz

3 Für diese Fälle der Horizontalverweisung ordnet S. 1 an, dass das weitere Verfahren vor dem übernehmenden Gericht mit dem vorangegangenen Verfahren vor dem abgebenden Gericht ein Rechtszug sei, dass es sich also für den Anwalt, der in beiden Verfahren tätig wird, um dieselbe Angelegenheit i.S.d. § 15 Abs. 1 handelt. Folglich kann der Anwalt die Gebühren insgesamt nur ein einziges Mal erhalten. Das gilt auch dann, wenn der Gebührentatbestand sowohl vor dem verweisenden als auch vor dem empfangenden Gericht ausgelöst worden ist.[1]

> **Beispiel:** Das LG verweist nach mündlicher Verhandlung den Rechtsstreit an das ArbG. Dort wird erneut verhandelt.
> Obwohl die Verfahrens- und auch die Terminsgebühr sowohl vor dem LG als auch dem ArbG erneut ausgelöst worden sind, erhält der Anwalt diese Gebühren insgesamt nur einmal (§ 15 Abs. 2 S. 1).

4 Unerheblich ist, vor welchem Gericht die Gebühren ausgelöst worden sind, ob vor dem verweisenden oder dem empfangenden Gericht.

> **Beispiel:** Das AG Leverkusen verweist nach mündlicher Verhandlung den Rechtsstreit an das AG München. Dort wird ohne erneuten Termin eine Einigung geschlossen.

---

[1] OLG Frankfurt/M. JurBüro 1979, 848.

Dass die Terminsgebühr nur vor dem AG Leverkusen angefallen ist, die Einigungsgebühr dagegen nur vor dem AG München, ist unerheblich. Der Anwalt erhält alle drei Gebühren.

Ebenso unerheblich ist, wenn eine Gebühr nach unterschiedlichen Sätzen angefallen ist.

> **Beispiel:** Vor dem LG Bonn erscheint der Kläger nicht, so dass ein klageabweisendes Versäumnisurteil ergeht. Nach Einspruch wird die Sache im schriftlichen Verfahren an das LG Köln verwiesen. Dort wird verhandelt.
> Es entsteht insgesamt nur eine Terminsgebühr (§ 15 Abs. 2). Die vor Verweisung entstandene 0,5-Terminsgebühr (VV 3105) erhöht sich nach Verweisung auf 1,2 (VV 3104).

Im umgekehrten Fall bleibt dem Anwalt die volle Terminsgebühr erhalten, wenn vor Verweisung ein Termin stattfindet, nicht aber auch nach Verweisung.

Wird der vor dem verweisenden Gericht prozessbevollmächtigte Anwalt vor dem empfangenden Gericht als **Verkehrsanwalt** tätig, kann er die Verkehrsanwaltsgebühr nicht neben der Prozessgebühr verlangen. Er erhält nur eine Gebühr (§ 15 Abs. 6).[2] Das Gleiche gilt für den umgekehrten Fall, dass der ursprüngliche Verkehrsanwalt vor dem Empfangsgericht Prozessbevollmächtigter wird.

II. Änderung des Gegenstands

Ändert sich vor oder nach der Verweisung (Abgabe) der Gegenstand infolge Klageerweiterung, teilweiser Klagerücknahme, Widerklage oder Klageänderung, ergeben sich keine Besonderheiten. Da die Gebührenangelegenheit die gleiche bleibt, gelten die allgemeinen Regelungen, wonach sich jede Gebühr nach dem jeweiligen Wert der Gegenstände berechnet, nach dem sie im Laufe der Angelegenheit angefallen ist (vgl. § 22 Rdn 9 f., 14).[3]

III. Änderung des Gegenstandswerts

Grundsätzlich gilt für die Bewertung des Gegenstands im Rechtsstreit § 23 Abs. 1 S. 1 i.V.m. § 40 GKG, § 34 FamGKG. Maßgebend ist der Wert bei Einreichung des **instanzeinleitenden Antrags**. Dieser Wert bleibt auch dann maßgebend, wenn sich der Wert vor Eingang der Sache beim Empfangsgericht ändert. Da das weitere Verfahren nach Verweisung keine neue Angelegenheit eröffnet, bleiben zwischenzeitliche Wertschwankungen unberücksichtigt.

Eine Ausnahme von diesem Grundsatz gilt, sofern für das Verfahren vor dem empfangenden Gericht **andere Wertvorschriften** gelten und es zu Wertveränderungen kommt. Es gilt dann auch hier der Grundsatz, dass einmal verdiente Gebühren nachträglich nicht entfallen können.

Soweit sich der Gegenstandswert nach Verweisung **verringert**, bleiben dem Anwalt die vor Verweisung entstandenen Gebühren aus dem höheren Wert erhalten.[4]

> **Beispiel:** Vor dem LG wird auf Feststellung des Fortbestehens eines Anstellungsverhältnisses geklagt. Das LG ist der Auffassung, es handele sich um eine arbeitsgerichtliche Streitigkeit und verweist die Sache nach mündlicher Verhandlung an das ArbG, wo die Parteien eine Einigung schließen.
> Der Streitwert vor dem LG richtet sich nach § 3 ZPO und orientiert sich an § 42 Abs. 2 GKG (dreifacher Jahresbetrag des Einkommens). Der Streitwert vor dem ArbG beläuft sich dagegen gemäß § 42 Abs. 3 GKG nur auf das Einkommen eines Vierteljahres. Der Anwalt erhält also die Verfahrens- und Terminsgebühr aus dem Dreijahreswert; die Einigungsgebühr erfällt dagegen nur aus dem Vierteljahreswert.

Erhöht sich der Wert nach Verweisung, erhält der Anwalt die Gebühren nach dem höheren Wert nur insoweit, als sie vor dem Empfangsgericht ausgelöst worden sind.

IV. Änderung des Gebührenrechts

Ändert sich vor der Verweisung oder Abgabe das Gebührenrecht, so ist dies für das weitere Verfahren **unbeachtlich**. Da insgesamt nur eine Angelegenheit gegeben ist, bleibt das bisherige Gebührenrecht nach §§ 60 Abs. 1 S. 1, 61 Abs. 1 S. 1 RVG, Art. 111 FGG-ReformG maßgebend.

---

2 *Hartmann*, § 15 RVG Rn 95.
3 *Hansens*, BRAGO, § 14 Rn 9.
4 So auch, wenn auch im Übrigen unzutreffend BayVBl 2010, 416 = NVwZ-RR 2010, 663.

Beispiel: Beim AG Köln ist am 20.6.2013 Klage eingereicht worden. Am 10.8.2013 wurde das Verfahren an das LG Köln abgegeben.
Für den Anwalt des Klägers gilt durchweg das RVG i.d.F. vor dem 1.8.2013 (§ 60 Abs. 1 S. 1). Die Abgabe nach Inkrafttreten des RVG ist irrelevant. Für den Anwalt des Beklagten kommt es dagegen auf den Zeitpunkt seines Auftrags an, also ob er schon vor dem 1.8.2013 beauftragt worden war oder erst danach.

V. Wechsel der Gebührenvorschriften

1. Gleiche Gebührensätze

14 Aufgrund der Verweisung kann es dazu kommen, dass für das Verfahren vor dem empfangenden Gericht andere Gebührenvorschriften gelten als für das Verfahren vor dem abgebenden Gericht. Sofern die Vorschriften inhaltsgleich sind, ergeben sich keine Probleme.

Beispiele: Verweisung vom VG an LG. Abgabe vom FamG an LG.

15 Problematisch wird die Berechnung allerdings, wenn für das Verfahren **nach Verweisung** eine **andere Gebührenberechnung** gilt.

2. Andere Gebührensätze

16 Möglich ist, dass für das Verfahren vor und nach Verweisung unterschiedliche Gebührensätze anzuwenden sind. Es gilt dann auch hier der Grundsatz, dass einmal verdiente Gebühren nachträglich nicht entfallen können (§ 15 Abs. 4). Soweit die Gebühren nach dem höheren Satz einmal angefallen sind, verbleiben diese. Nur Gebühren, die ausschließlich nach dem geringeren Satz angefallen sind, berechnen sich nach diesem.

17 Solche Fälle, in denen nach Verweisung andere Gebührensätze gelten, sind seit der Gleichstellung der FG-Verfahren mit den sonstigen Rechtsstreiten selten geworden. Unterschiedliche Gebührensätze kommen in Betracht, wenn ein VG (Gebühren nach VV 3100 ff.) an das erstinstanzlich zuständige OVG oder BVerwG verweist (Gebühren nach VV 3302 Nr. 2) oder umgekehrt,[5] oder wenn das FG (Gebühren nach VV 3200 ff.; siehe VV Vorb. 3.2.1 Nr. 1) an ein Zivilgericht, Sozialgericht oder VG (Gebühren nach VV 3100 ff.) verweist.

Beispiel: Das FG verweist an das VG. Dort wird erstmals verhandelt.
Vor dem FG ist die Verfahrensgebühr nach VV 3200 angefallen (VV Vorb. 3.2.1 Nr. 1). Diese bleibt den Anwälten erhalten. Die Terminsgebühr entsteht allerdings nach VV 3104, da vor dem VG die erstinstanzlichen Gebühren gelten.

3. Anderer Gebührenrahmen

18 Gelten für das Verfahren Betragsrahmengebühren, kann es vorkommen, dass infolge der Verweisung oder Abgabe ein anderer Gebührenrahmen anzuwenden ist. Möglich ist eine solche Konstellation zum einen bei der Verweisung des SG an das LSG oder BSG erster Instanz oder umgekehrt (hier gelten nach VV 3102 ff., 3204 ff., 3212 ff. unterschiedliche Betragsrahmen). Zum anderen kann der Gebührenrahmen in Strafsachen wechseln (VV 4106). Zu differenzieren ist in diesen Fällen danach, ob sich der Betragsrahmen erhöht oder ermäßigt.

a) Der Betragsrahmen erhöht sich

19 Erhöht sich der Betragsrahmen infolge einer Verweisung an ein anderes Gericht, so war bislang umstritten, nach welchem Rahmen sich die Gebühren des gerichtlichen Verfahrens richten. Nach einer Auffassung waren sämtliche Gebühren des gerichtlichen Verfahrens dem höchsten Rahmen zu

---

5 Ebenso auch, wenn man die Verweisung durch das zweitinstanzliche OVG oder den BGH an das BVerwG als erstinstanzliches Gericht als einen Fall des § 20 S. 1 ansieht (siehe Vor §§ 20, 21 Rdn 45 m. Nachw.).

entnehmen.[6] Nach anderer Ansicht galt der höhere Gebührenrahmen dagegen nur für diejenigen Gebühren, die vor dem Empfangsgericht ausgelöst werden; für abgeschlossene Gebührentatbestände verblieb es dagegen bei dem geringeren Rahmen.[7]

Ob diese Konstellationen nach Inkrafttreten des RVG weiterhin strittig bleiben, muss abgewartet werden. Jedenfalls wird die Streitfrage insoweit wegfallen, als die Verfahrensgebühr für das Vorverfahren (VV 4104) nicht mehr an die Ordnung des zuständigen Gerichts anknüpft, wie dies in § 84 Abs. 1, 1. Alt. BRAGO durch die Bezugnahme auf § 83 BRAGO noch der Fall war. Probleme können sich daher nur im gerichtlichen Verfahren erster Instanz ergeben, da nur noch dort nach der Ordnung des Gerichts differenziert wird.

20

> **Beispiel:** Das Schöffengericht verweist die Sache in der Hauptverhandlung an die große Strafkammer am Landgericht (§ 270 Abs. 1 StPO), wo mit der Hauptverhandlung erneut begonnen wird.
> Für das vorbereitende Verfahren entsteht die Grundgebühr nach VV 4100 und die Verfahrensgebühr nach VV 4104, die unabhängig von der Ordnung des Gerichts sind. Insoweit hat sich die bisherige Streitfrage erledigt.
> Für die Hauptverhandlungsgebühren war früher nach h.M.[8] der höhere Rahmen (also jetzt Terminsgebühren nach VV 4114) maßgebend, und zwar auch für die vor dem Schöffengericht entstandene Terminsgebühr. Ausgehend von einer Mittelgebühr wäre danach wie folgt zu rechnen:
>
> **I. Vorbereitendes Verfahren**
> 1. Grundgebühr, VV 4100   200,00 EUR
> 2. Verfahrensgebühr, VV 4104   165,00 EUR
> 3. Postentgeltpauschale, VV 7002   20,00 EUR
>
> **II. Gerichtliches Verfahren**
> 1. Verfahrensgebühr, VV 4112   185,00 EUR
> 2. Terminsgebühr, VV 4114   320,00 EUR
> 3. Terminsgebühr, VV 4114   320,00 EUR
> 4. Postentgeltpauschale, VV 7002   20,00 EUR
>   Zwischensumme   1.230,00 EUR
> 5. 19 % Umsatzsteuer, VV 7008   233,70 EUR
> **Gesamt**   **1.463,70 EUR**

Begründet wurde diese Methode bislang damit, dass für das gesamte gerichtliche Verfahren nur einheitliche Gebühren berechnet werden könnten. Diese Ansicht ist unzutreffend und im Verhältnis zur Rechtslage bei den Wertgebühren inkonsequent. Das Argument, es wäre unbillig, den geringeren Gebührenrahmen zu wählen, weil vor dem falschen Gericht angeklagt worden sei, trägt nicht. Die Vorschriften der VV 4106 ff. stellen darauf ab, vor welchem Gericht tatsächlich verhandelt worden ist, nicht darauf, vor welchem Gericht hätte verhandelt werden müssen.

21

Eine Terminsgebühr kann sich nicht deswegen verändern, weil in einem späteren Fortsetzungstermin die Sache verwiesen wird. Eine solche Rückwirkung lässt sich dem Gesetz nicht entnehmen und widerspräche allen Grundsätzen. Ebenso wie eine Erhöhung des Satzrahmens nach Verweisung nur für diejenigen Gebühren gilt, die (auch) nach Verweisung ausgelöst werden, kann die Erhöhung des Betragsrahmens nur für Gebühren gelten, die nach Verweisung ausgelöst werden. Dies wiederum bedeutet, dass sich die vor dem verweisenden Gericht angefallenen Terminsgebühren auch dann nach dem geringeren Betragsrahmen richten, wenn das Gericht später an ein höheres Gericht verweist. Die Gebühren sind mit Schluss des Verhandlungstermins endgültig entstanden und können sich durch nachträglich eintretende Umstände nicht mehr verändern.

22

> Im Beispiel (siehe Rdn 20) ergibt sich daher folgende Berechnung:
> **I. Vorbereitendes Verfahren**
> 1. Grundgebühr, VV 4100   200,00 EUR
> 2. Verfahrensgebühr, VV 4104   165,00 EUR
> 3. Postentgeltpauschale, VV 7002   20,00 EUR

---

6 OLG Hamburg JurBüro 1990, 478 unter Aufgabe seiner bisherigen Rspr.; OLG Düsseldorf JMBlNRW 1982, 251 = JurBüro 1982, 1528 m. Anm. *Mümmler* = MDR 1982, 1042 = StV 1982, 481; LG Göttingen JurBüro 1988, 1177; OLG Schleswig JurBüro 1984, 867 m. Anm. *Mümmler*; KG GA 1973, 85; *Hansens*, § 14 Rn 8.

7 OLG Hamburg AnwBl 1981, 202 = MDR 1961, 519; LG Krefeld JurBüro 1981, 546 = Rpfleger 1981, 320; OLG Hamm AnwBl 1966, 141; OLG Hamburg JurBüro 1990, 478 = MDR 1990, 91 = Rpfleger 1990, 223 unter Aufgabe der bislang gegenteiligen Auffassung.

8 OLG Hamburg JurBüro 1990, 478 = MDR 1990, 91 = Rpfleger 1990, 223; *Hansens*, BRAGO, § 14 Rn 8.

II. Gerichtliches Verfahren

1. Verfahrensgebühr, VV 4112	185,00 EUR
2. Terminsgebühr, VV 4108 (Termin Schöffengericht)	275,00 EUR
3. Terminsgebühr, VV 4114 (Termin Strafkammer)	320,00 EUR
4. Postentgeltpauschale, VV 7002	20,00 EUR
Zwischensumme	1.165,00 EUR
5. 19 % Umsatzsteuer, VV 7008	221,35 EUR
Gesamt	**1.386,35 EUR**

23 Wird dagegen der Gebührentatbestand sowohl vor als auch nach Verweisung ausgelöst, gilt nach sämtlichen Auffassungen durchweg der höhere Rahmen.

Beispiel: Die Staatsanwaltschaft klagt vor dem Schöffengericht an. Das Schöffengericht legt die Sache durch Vermittlung der Staatsanwaltschaft außerhalb der Hauptverhandlung der großen Strafkammer am LG vor, die das Hauptverfahren eröffnet und die Hauptverhandlung durchführt.

Die Gebühr nach VV 4112 ist sowohl vor als auch nach Verweisung ausgelöst worden. Es gilt daher der höhere Rahmen:

I. Vorbereitendes Verfahren

1. Grundgebühr, VV 4100	200,00 EUR
2. Verfahrensgebühr, VV 4104	165,00 EUR
3. Postentgeltpauschale, VV 7002	20,00 EUR

II. Gerichtliches Verfahren

1. Verfahrensgebühr, VV 4112	185,00 EUR
2. Terminsgebühr, VV 4114	320,00 EUR
3. Postentgeltpauschale, VV 7002	20,00 EUR
Zwischensumme	910,00 EUR
4. 19 % Umsatzsteuer, VV 7008	172,90 EUR
Gesamt	**1.082,90 EUR**

b) Der Betragsrahmen ermäßigt sich

24 Ermäßigt sich der Betragsrahmen infolge der Verweisung oder Abgabe, so gelten die gleichen Grundsätze. Eine Ermäßigung des Gebührenrahmens kann keinen Einfluss auf bereits verdiente Gebühren nehmen.[9] Lediglich diejenigen Gebühren, die ausschließlich nach Verweisung oder Abgabe entstanden sind, richten sich nach dem geringeren Rahmen.

Beispiel: Die Staatsanwaltschaft klagt vor der großen Strafkammer an. Diese eröffnet vor dem Schöffengericht. Dort findet die Hauptverhandlung in zwei Fortsetzungsterminen statt.

Die Gebühr für das Vorverfahren (VV 4104) ist ebenso wie die Grundgebühr (VV 4100) unabhängig von der Ordnung des Gerichts. Die Verfahrensgebühr ist bereits vor dem LG ausgelöst worden und richtet sich daher nach VV 4112. Da keine Termine vor dem LG stattgefunden haben, sondern nur vor dem AG, gilt insoweit VV 4108. Zu rechnen ist wie folgt:

I. Vorbereitendes Verfahren

1. Grundgebühr, VV 4100	200,00 EUR
2. Verfahrensgebühr, VV 4104	165,00 EUR
3. Postentgeltpauschale, VV 7002	20,00 EUR

II. Gerichtliches Verfahren

1. Verfahrensgebühr, VV 4112	185,00 EUR
2. Terminsgebühr, VV 4108 (erster Termin)	275,00 EUR
3. Terminsgebühr, VV 4108 (Fortsetzungstermin)	275,00 EUR
4. Postentgeltpauschale, VV 7002	20,00 EUR
Zwischensumme	1.140,00 EUR
5. 19 % Umsatzsteuer, VV 7008	216,66 EUR
Gesamt	**1.356,60 EUR**

---

[9] LG Bad Kreuznach AGS 2011, 435 = RVGreport 2011, 226 = StRR 2011, 282; noch zur BRAGO: OLG Düsseldorf JMBl NW 1982, 251 = MDR 1982, 1042 = JurBüro 1982, 1528.

4. Wechsel von Betragsrahmen zu Satzgebühren und umgekehrt

In einigen Fällen kann es vorkommen, dass für das Verfahren vor Verweisung Wertgebühren gelten und für das Verfahren nach Verweisung Betragsrahmengebühren oder umgekehrt.

Beispiele: Verweisung vom Sozialgericht in einer Sache nach § 3 Abs. 1 S. 1 in einen anderen Rechtsweg oder umgekehrt. Verweisung eines Verwaltungsgerichts an das BVerwG als Truppendienstgericht.[10]

Während sich in den übrigen Gerichtsbarkeiten die Vergütung nach wertabhängigen Satzgebühren richtet, gilt für das Verfahren vor den Sozialgerichten in den Fällen des § 3 Abs. 1 S. 1 und für das Verfahren vor dem BVerwG nach VV 6402 ein Betragsrahmen, aus dem der Anwalt nach § 14 Abs. 1 eine angemessene Gebühr für das gesamte Verfahren einschließlich Verhandlung und Beweisaufnahme bestimmt. Auch hier gilt der Grundsatz, dass einmal entstandene Gebühren nicht mehr entfallen können.[11]

Wird von einem anderen Gericht an das Sozialgericht oder BVerwG verwiesen, so bleiben die vor dem verweisenden Gericht angefallenen Gebühren bestehen. Der Anwalt kann für das weitere Verfahren allerdings jetzt nicht mehr den Gebührenrahmen vor dem Empfangsgericht uneingeschränkt ausschöpfen, sondern er erhält für seine weitere Tätigkeit nur noch eine Erhöhung aus dem Betragsrahmen auf die insgesamt angemessene Gebühr.[12] Liegen die vor Verweisung entstandenen Gebühren bereits über dem Höchstbetrag, erhält der Anwalt nach Verweisung keine weitere Vergütung; liegen die Gebühren darunter, kann er eine weitere Vergütung nur bis zu dem Höchstbetrag abzüglich der bereits verdienten Gebühren verlangen.

Beispiel: Nach mündlicher Verhandlung vor dem LG wird eine Klage über einen Betrag i.H.v. 3.000 EUR an das SG verwiesen.
Die vor dem LG entstandene Vergütung bleibt dem Anwalt erhalten:
1. 1,3-Verfahrensgebühr, VV 3100 — 254,80 EUR
2. 1,2-Terminsgebühr, VV 3104 — 235,20 EUR
Gesamt — **490,00 EUR**
Für die weitere Tätigkeit steht dem Anwalt je nach den Umständen des Falles noch ein weiterer Rahmen zur Verfügung, und zwar für die Verfahrensgebühr (VV 3102) bis (550,00 EUR – 254,80 EUR =) 295,20 und für die Terminsgebühr (VV 3106) bis (510,00 EUR – 235,20 EUR =) 274,80 EUR.

Wird umgekehrt vom Sozialgericht an ein Zivil- oder Verwaltungsgericht verwiesen, gilt entsprechendes. Die vor dem Sozialgericht nach § 3 Abs. 1 S. 1 entstandenen Gebühren bleiben dem Anwalt erhalten, auch wenn sie über dem gleichartigen Gebühren nach VV 3100 liegen.[13] Die Gebühren nach VV 3100 können zusätzlich nur geltend gemacht werden, wenn sich nach dem Gegenstandswert ein höherer Betrag ergibt oder wenn der entsprechende Gebührentatbestand vor dem Sozialgericht nicht verwirklicht worden ist:

Beispiel: Nach mündlicher Verhandlung wird eine Klage vom SG an das LG verwiesen, das den Streitwert auf 6.000 EUR festsetzt. Dort einigen sich die Parteien.
Die vor dem SG entstandene Vergütung (ausgehend von einer Mittelgebühr) bleibt dem Anwalt erhalten:
Verfahrensgebühr, VV 3102 — 300,00 EUR
Terminsgebühr, VV 3106 — 280,00 EUR
Gesamt — **580,00 EUR**
Für die weitere Tätigkeit stehen dem Anwalt jetzt noch die Differenzbeträge aus Verfahrens- und Terminsgebühr zu. Die Einigungsgebühr entsteht in voller Höhe.
Insgesamt kann der Anwalt also verlangen:
1. Verfahrensgebühr, VV 3102 — 300,00 EUR
2. 1,3-Verfahrensgebühr, VV 3100 — 453,70 EUR
3. abzüglich Verfahrensgebühr, VV 3102 — – 300,00 EUR
4. Terminsgebühr, VV 3106 — 280,00 EUR
5. 1,2-Terminsgebühr, VV 3104 — 418,80 EUR
6. abzüglich Terminsgebühr, VV 3106 — – 280,00 EUR
7. 1,0-Einigungsgebühr, VV 1000 — 349,00 EUR

---

10 BVerwG AnwBl 1981, 191.
11 SG Stuttgart AnwBl 1979, 188 m. Anm. *Chemnitz*.
12 BVerwG AnwBl 1981, 191; *Hansens*, BRAGO, § 14 Rn 8.
13 SG Stuttgart AnwBl 1979, 188 m. Anm. *Chemnitz*.

8. Postentgeltpauschale, VV 7002	20,00 EUR
Zwischensumme	1.241,50 EUR
9. 19 % Umsatzsteuer, VV 7008	235,89 EUR
Gesamt	**1.477,39 EUR**

VI. Teilverweisung

29 Die vorstehenden Grundsätze gelten auch dann, wenn eine Sache nur teilweise abgegeben oder verwiesen wird. Dabei sind wiederum zwei Möglichkeiten zu unterscheiden:

1. Trennung und Teilverweisung

30 Wird nur ein Teil des Streit- oder Verfahrensgegenstands abgegeben oder verwiesen, so erfolgt zuvor zwingend eine Verfahrenstrennung, so dass die getrennten Verfahren dann als selbstständig zu behandeln sind (siehe § 15 Rdn 171 ff.). Auf das abgetrennte Verfahren sind dann die vorstehenden Ausführungen entsprechend anzuwenden. Hinsichtlich des verbleibenden Verfahrens ergeben sich keine Besonderheiten.

Beispiel: Vor dem LG werden Ansprüche aus Wohn- und Geschäftsraummiete geltend gemacht. Das LG trennt die Ansprüche aus der Wohnraummiete ab und verweist die Sache insoweit an das AG. Dieser Fall ist nach den Grundsätzen einer Verfahrenstrennung zu behandeln, da nach § 20 S. 1 keine neue Angelegenheit ausgelöst wird.

2. Abgabe, Verweisung oder Zurückverweisung an das Empfangsgericht und Verbindung mit einer dort schon anhängigen Sache

31 Wird ein Verfahren von einem anderen Gericht verwiesen und mit einem anderen am Empfangsgericht schon anhängigen Verfahren verbunden, gelten hinsichtlich des abgegebenen, verwiesenen und verbundenen Verfahrens wiederum die vorstehenden Ausführungen entsprechend. Nach der Verbindung liegt dann nur noch eine Angelegenheit vor (zur Abrechnung siehe § 15 Rdn 179 ff.). Bis dahin entsteht die Vergütung getrennt.

32 **Beispiel:** Das AG Köln verweist ein Verfahren über 2.000 EUR an das zuständige AG Bonn. Dort wird die Sache mit einem weiteren Verfahren (1.000 EUR) zwischen den Parteien verbunden.
Bis zur Verbindung sind Gebühren aus 2.000 und 1.000 EUR gesondert angefallen. Nach Verbindung sind die Gebühren aus dem Gesamtwert angefallen. Zur Abrechnung und zum Wahlrecht des Anwalts siehe § 15 Rdn 179 ff.

C. Gebührenberechnung bei Verweisung nach S. 2 (Diagonalverweisung)

33 Wird von einem Rechtsmittelgericht an ein Gericht eines anderen Rechtszugs niedrigerer Instanz verwiesen, gilt S. 2. Zum Anwendungsbereich dieser Vorschrift siehe im Einzelnen Vor §§ 20, 21 Rdn 33 ff. Die weitere Tätigkeit vor dem Empfangsgericht bildet eine neue Angelegenheit. Der Anwalt erhält alle Gebühren, die dort ausgelöst werden, erneut. Daher sind in diesem Fall auch zwischenzeitliche Wertänderungen zu beachten, da für die weitere Tätigkeit auf den Eingang der Sache beim Empfangsgericht abzustellen ist (§ 40 GKG, § 34 FamGKG). Auch eine zwischenzeitliche Änderung des Gebührenrechts ist zu beachten (§§ 60 Abs. 1 S. 1, 61 Abs. 1 S. 1 RVG; Art. 111 FGG-ReformG).

D. Kostenerstattung

I. Grundsatz

34 Hat der Kläger zunächst ein örtlich oder sachlich unzuständiges Gericht oder das Gericht einer anderen Gerichtsbarkeit angerufen und hat das angegangene Gericht sich für unzuständig erklärt und den Rechtsstreit an das zuständige Gericht verwiesen, so werden die im Verfahren vor dem zunächst angegangenen Gericht erwachsenen Kosten als Teil der Kosten behandelt, die bei dem Empfangsgericht entstanden sind (§ 281 Abs. 3 S. 1 ZPO, § 17b Abs. 2 GVG).

Die vor dem unzuständigen Gericht angefallenen Kosten zählen also zu den Kosten des Rechtsstreits und sind grundsätzlich nach der dort ergehenden Kostenentscheidung oder vergleichsweisen Kostenregelung zu erstatten und festzusetzen. 35

Dem Kläger sind allerdings die dadurch entstandenen **Mehrkosten** gesondert aufzuerlegen, sofern er nicht ohnehin die gesamten Kosten des Rechtsstreits trägt (§ 281 Abs. 3 S. 2 ZPO, § 17b Abs. 2 GVG). 36

Diese Mehrkosten, die gesondert festzusetzen sind, werden berechnet, indem den tatsächlich entstandenen Kosten bei den Parteien und dem Gericht jeweils die fiktiven Kosten gegenüber gestellt werden, die entstanden wären, wenn das zuständige Gericht von vornherein angerufen worden wäre. In Höhe dieser jeweiligen Differenz trägt der Kläger seine Kosten selbst und ist dem Gegner gegenüber – unabhängig von der Kostenquote in der Hauptsache – erstattungspflichtig. 37

Hat das Prozessgericht bei seiner Kostenentscheidung irrtümlicherweise die Kostentrennung nach § 281 Abs. 3 S. 2 ZPO unberücksichtigt gelassen, so kann eine Korrektur nicht im Kostenfestsetzungsverfahren über das Tatbestandsmerkmal der Erforderlichkeit erfolgen.[14] 38

Dies gilt entsprechend beim Prozessvergleich, wenn der Kläger die Mehrkosten nicht übernommen hat.[15] Nach **a.A.** umfasst die in einem Vergleich getroffene Kostenregelung nicht die durch die Anrufung eines unzuständigen Gerichts entstandenen Mehrkosten.[16] 39

Zu erstatten sind nach einer entsprechenden Kostenentscheidung oder einem entsprechenden Vergleich die Mehrkosten, soweit sie notwendig waren. In Anbetracht des Wegfalls der eingeschränkten Postulationsfähigkeit, kann auf ältere Rechtsprechung. vor dem Wegfall des Zulassungserfordernisses nicht mehr zurückgegriffen werden. Erstattungsfähig können insoweit die Kosten eines zweiten Anwalts sein. Bei einer Verweisung des Rechtsstreits an das zuständige Gericht verlangt der Grundsatz möglichst kostengünstiger Prozessführung nicht, sich durch einen weit entfernt ansässigen Rechtsanwalt weiter vertreten zu lassen, wenn der weitere Verlauf des Verfahrens für die Partei nicht vorhersehbar ist.[17] 40

Nach **a.A.** liegt bei Verweisung des Rechtsstreits grundsätzlich kein notwendiger Anwaltswechsel vor, wenn der Prozessbevollmächtigte bei dem zuerst angegangenen Gericht auch bei dem Gericht, an das verwiesen wurde, postulationsfähig ist.[18] Eine Erstattung der Kosten des zusätzlichen Anwalts kommt danach nur in Betracht 41
– in Form ersparter anwaltlicher Reisekosten des ursprünglichen Prozessbevollmächtigten,
– in Form ersparter Parteireisekosten zur Information des Prozessbevollmächtigten am Ort des Gerichts der Klageerhebung.[19]

Wenn eine Partei sowohl vor dem verweisenden als auch dem übernehmenden Landgericht von derselben (**überörtlichen**) **Sozietät** vertreten wird, fällt sowohl die Verfahrens- als auch die Verhandlungsgebühr nur einmal an, so dass sich die Frage der Erstattungsfähigkeit nicht stellt.[20] 42

---

14 OLG Naumburg Rpfleger 2001, 372 = OLGR 2001, 306 = MDR 2001, 1136; OLG Hamburg MDR 1998, 1502; OLG Düsseldorf AGS 1999, 93 = JMBl NW 1999, 122 = Rpfleger 1999, 238 = MDR 1999, 568 = JurBüro 1999, 315 = OLGR 1999, 410 = NJW-RR 1999, 799; OLG München AGS 2000, 182 = OLGR 2000, 87 = MDR 2000, 542 = NJW-RR 2000, 1740 = FamRZ 2000, 1513; OLG Rostock JurBüro 2001, 591.
15 OLG Düsseldorf AGS 1999, 93 = JMBl NW 1999, 122 = Rpfleger 1999, 238 = MDR 1999, 568 = JurBüro 1999, 315 = OLGR 1999, 410 = NJW-RR 1999, 799; OLG Hamburg MDR 1998, 1502.
16 OLG Frankfurt OLGR 2001, 56; OLG Saarbrücken OLGR 1998, 293.
17 OLG Nürnberg MDR 2001, 1134 = OLGR 2001, 367 = RenoR 2001, 269.
18 OLG München AGS 2001, 239 = JurBüro 2001, 31 = OLGR 2001, 291 = MDR 2001, 174.
19 OLG München AGS 2001, 239 = JurBüro 2001, 31 = OLGR 2001, 291 = MDR 2001, 174.
20 OLG Frankfurt AGS 1999, 65 = NJW-RR 1999, 435.

43 Hatte die Partei einen **Terminsvertreter** beauftragt, so ist zu differenzieren:
- Hatte vor der Verweisung ein Termin stattgefunden, so handelt es sich bei den Kosten des Terminsvertreters um Mehrkosten der Verweisung, die bei entsprechender Kostenentscheidung bzw. Vergleichsregelung vom Kläger zu tragen sind.
- Ist es nicht zu einem Termin vor dem unzuständigen Gericht gekommen, so soll es sich nicht um eine zweckentsprechende Rechtsverfolgung handeln, wenn der Beklagte einen Terminsvertreter mit der Terminsvertretung vor diesem Gericht beauftragt, nachdem dieser die Verweisung vorab durch Beschluss ohne mündliche Verhandlung beantragt hat und das Gericht diesem Antrag nachkommt.[21] Danach soll auch der Umstand, dass das Gericht einen Verhandlungstermin anberaumt hat, kein Anlass für die Beauftragung von Unterbevollmächtigten sein, wenn die Terminsladung vor Stellung des Verweisungsantrags verfügt wurde. Diese Auffassung geht bedenklich weit. Ein Beklagter muss rechtzeitig für eine Terminsvertretung Sorge tragen. Der Kläger kann diese Mehrkosten leicht vermeiden, indem er das zuständige Gericht unmittelbar anruft.

II. Verweisung von einem Arbeitsgericht und an ein Arbeitsgericht

1. Überblick

44 Bei einer Verweisung vom Arbeitsgericht an ein Gericht einer anderen Gerichtsbarkeit und bei Verweisung eines Gerichts einer anderen Gerichtsbarkeit an ein Arbeitsgericht können sich wegen § 12a Abs. 1 S. 1 ArbGG Erstattungsprobleme ergeben. Dabei ist zu differenzieren, ob vom Arbeitsgericht oder an das Arbeitsgericht verwiesen worden ist.

2. Verweisung von einem Arbeitsgericht an ein Zivilgericht

45 Bei einer Verweisung vom Arbeitsgericht an ein Zivilgericht bleibt wegen § 12a Abs. 1 S. 1 ArbGG die Erstattung der erstinstanzlichen vor dem Arbeitsgericht angefallenen Rechtsanwaltskosten ausgeschlossen.[22] Dies gilt jedoch nicht für diejenigen Anwaltskosten, die vor dem ordentlichen Gericht erneut entstanden sind.[23]

> **Beispiel:** Die Klage wird beim Arbeitsgericht eingereicht. Auf den Einwand des Beklagten wird das Verfahren dann an das zuständige Landgericht verwiesen, das über die Sache mündlich verhandelt.
> Die vor dem Arbeitsgericht angefallene Verfahrensgebühr wäre als solche nicht erstattungsfähig. Da die Verfahrensgebühr aber auch vor dem Landgericht entstanden ist, ist sie erstattungsfähig. Die Terminsgebühr ist ohnehin erstattungsfähig.
>
> **Beispiel:** Vor dem Arbeitsgericht findet ein Gütetermin statt. Anschließend wird an das Landgericht verwiesen. Dort wird die Klage zurückgenommen, ohne dass mündlich verhandelt worden ist.
> Die Verfahrensgebühr, die (auch) vor dem Landgericht entstanden ist, ist erstattungsfähig. Die Terminsgebühr, die nur vor dem Arbeitsgericht angefallen ist, kann dagegen wegen § 12a Abs. 1 S. 1 ArbGG nicht erstattet verlangt werden.

46 Nach Verweisung eines Rechtsstreits vom Arbeitsgericht an ein auch örtlich anderes Landgericht sind die Reisekosten des bisherigen Prozessbevollmächtigten, der die Partei schon vor dem Arbeitsgericht vertreten hat, jedenfalls dann erstattungsfähig, wenn die Reisekosten des bisherigen Prozessbevollmächtigten erheblich geringer sind als die Kosten eines neuen Prozessbevollmächtigten.[24]

---

21 OLG Saarbrücken, Beschl. v. 31.7.2003 – 2 W 41/03 (juris).
22 OLG Hamburg JurBüro 1983, 771; OLG Frankfurt JurBüro 1983, 1717; OLG Stuttgart JurBüro 1984, 1732 = AnwBl 1985, 104; OLG Köln JurBüro 1982, 550; OLG Karlsruhe JurBüro 1990, 1154 = Rpfleger 1990, 223; OLG Brandenburg JurBüro 2000, 257; OLG Brandenburg AGS 2000, 788 = OLGR 2000, 257 = MDR 2000, 788 = JurBüro 2000, 422 = OLG-NL 2000, 216 = AnwBl 2001, 636.
23 KG AP Nr. 1 zu § 61 ArbGG 1953; KG BerlAnwBl 1994, 82; OLG Schleswig JurBüro 1995, 207 = AGS 1995, 33; OLG Karlsruhe JurBüro 1991, 1637.
24 OLG Hamburg AGS 2016 = MDR 2016, 241 = Rpfleger 2016, 376 = RVGreport 2016, 190.

3. Verweisung von einem Arbeitsgericht an ein anderes Gericht

Die gleichen Grundsätze gelten, wenn vom Arbeitsgericht an ein anderes Gericht (z.B. Finanzgericht oder Verwaltungsgericht) verwiesen wird.[25]

47

4. Verweisung von einem ordentlichen Gericht an das Arbeitsgericht

Wird von einem ordentlichen Gericht an das Arbeitsgericht verwiesen, gilt § 12a Abs. 1 S. 3 ArbGG, wobei die Rechtslage allerdings strittig ist.

48

Nach **einer Auffassung** bleiben gemäß § 12a Abs. 1 S. 3 ArbGG die vollen vor dem ordentlichen Gericht entstandenen Rechtsanwaltskosten erstattungsfähig.[26]

49

Die **Gegenauffassung** hält demgegenüber nur die Mehrkosten für erstattungsfähig. Das ist die Differenz zwischen den tatsächlich entstandenen Kosten und denjenigen Kosten, die entstanden wären, wenn der Kläger von vornherein das zuständige Gericht angerufen hätte.[27]

> **Beispiel:** Die Klage wird vor dem Landgericht eingereicht. Es wird mündlich verhandelt. Hiernach wird die Sache an das Arbeitsgericht verwiesen. Dort wird die Klage später zurückgenommen.
> Vor dem Landgericht ist die Verfahrens- und die Terminsgebühr ausgelöst worden. Vor dem Arbeitsgericht ist nur noch die Verfahrensgebühr entstanden.
> Nach der vorstehenden Rechtsprechung sind ungeachtet des § 12a Abs. 1 S. 1, 3 ArbGG sowohl Verfahrens- als auch Terminsgebühr erstattungsfähig, da diese Kosten bereits vor dem ordentlichen Gericht angefallen sind.
> Nach der Gegenauffassung wäre nur die Terminsgebühr erstattungsfähig.

50

5. Verweisung von einem anderen Gericht an das Arbeitsgericht

Dieselben Grundsätze gelten, wenn von einem anderen Gericht (Finanzgericht oder Verwaltungsgericht) an das Arbeitsgericht verwiesen wird.

51

E. Anhang Gerichtskosten

Im Falle einer **Abgabe** werden die Gerichtsgebühren nur einmal erhoben. Zahlungen vor dem abgebenden Gericht sind auf die Schlusskostenrechnung des Empfangsgerichts anzurechnen (§ 4 Abs. 1 GKG, § 6 Abs. 1 FamGKG, § 5 Abs. 1 GNotKG). Mehrkosten, die durch Anrufung eines Gerichts entstehen, zu dem der Rechtsweg nicht gegeben ist oder das für das Verfahren nicht zuständig ist, werden nur dann erhoben, wenn die Anrufung auf verschuldeter Unkenntnis der tatsächlichen oder rechtlichen Verhältnisse beruht. Die Entscheidung trifft das Gericht, an das verwiesen worden ist (§ 4 Abs. 2 GKG, § 6 Abs. 3 FamGKG, § 5 Abs. 2 GNotKG).

52

Im Falle einer **Verweisung** werden die Gerichtsgebühren ebenfalls nur einmal erhoben. Zahlungen vor dem abgebenden Gericht sind auf die Schlusskostenrechnung des Empfangsgerichts anzurechnen (§ 4 Abs. 1 GKG, § 6 Abs. 1 FamGKG, § 5 Abs. 1 GNotKG). Mehrkosten, die durch Anrufung eines Gerichts entstehen, zu dem der Rechtsweg nicht gegeben ist oder das für das Verfahren nicht zuständig ist, werden nur dann erhoben, wenn die Anrufung auf verschuldeter Unkenntnis der tatsächlichen oder rechtlichen Verhältnisse beruht. Die Entscheidung trifft das Gericht, an das verwiesen worden ist (§ 4 Abs. 2 GKG, § 6 Abs. 3 FamGKG, § 5 Abs. 2 GNotKG).

53

Bei einer Verweisung von der Fachgerichtsbarkeit an ein ordentliches Gericht darf dieses seine weitere Tätigkeit gemäß § 12 GKG von der Zahlung der Verfahrensgebühr nach Nr. 1210 GKG-

54

---

25 Thüringer FG EFG 2007, 453.
26 LAG Baden-Württemberg AGS 2002, 67; LAG Stuttgart NJW 1984, 86 = Rpfleger 1983, 497; LAG Frankfurt AnwBl 1985, 104; LAG Frankfurt NZA-RR 1999, 498; LAG Kiel AnwBl 1985, 102; LAG München AnwBl 1985, 103; LAG Hamm MDR 1987, 876; LAG Rheinland-Pfalz JurBüro 1988, 1658; LAG Schleswig AnwBl 1985, 102; LAG Niedersachsen Rpfleger 1991, 218; Thüringisches LAG NZA 2001, 1216 = NZA-RR 2001, 106; ArbG Heilbronn NZA-RR 2002, 494.
27 LAG Bremen MDR 1986, 434; LAG Berlin AuR 1984, 122.

KostVerz. abhängig machen, wenn die zunächst angerufene Gerichtsbarkeit keine Abhängigmachung kennt.[28]

55 Im Falle einer **Zurückverweisung** an ein anderes vorinstanzliches Gericht (Diagonalverweisung nach S. 2) gilt das Gleiche. Im Ausgangsverfahren der Vorinstanz und im Verfahren nach Zurückverweisung in derselben Instanz werden die Gerichtsgebühren insgesamt nur einmal erhoben.

§ 21 Zurückverweisung, Fortführung einer Folgesache als selbständige Familiensache

(1) Soweit eine Sache an ein untergeordnetes Gericht zurückverwiesen wird, ist das weitere Verfahren vor diesem Gericht ein neuer Rechtszug.

(2) In den Fällen des § 146 des Gesetzes über das Verfahren in Familiensachen und in den Angelegenheiten der freiwilligen Gerichtsbarkeit, auch in Verbindung mit § 270 des Gesetzes über das Verfahren in Familiensachen und in den Angelegenheiten der freiwilligen Gerichtsbarkeit, bildet das weitere Verfahren vor dem Familiengericht mit dem früheren einen Rechtszug.

(3) Wird eine Folgesache als selbständige Familiensache fortgeführt, sind das fortgeführte Verfahren und das frühere Verfahren dieselbe Angelegenheit.

Literatur: *Burhoff*, Die Abrechnung der anwaltlichen Tätigkeit in mehreren Strafverfahren, Teil 3: Verweisung und Zurückverweisung, RVGreport, 2009, 8; *Enders*, Zurückverweisung in Übergangsfällen, JurBüro 2005, 24; *ders.*, Abtrennung von Folgesachen, JurBüro 2010, 337 u. 393; *Groll*, Zurückverweisung der Berufung gegen ein Urteil als unbegründet leitet einen neuen Rechtszug i.S.d. § 15 Abs. 1 BRAGO ein, JurBüro 1996, 286; *Mümmler*, Anwaltliche Gebühren bei Zurückverweisung in Strafsachen, JurBüro 1981, 1476; *ders.*, Anfall von Anwaltsgebühren nach Zurückverweisung, JurBüro 1992, 150; *N. Schneider*, Gebührenanrechnung bei Zurückverweisung nach Ablauf von zwei Kalenderjahren, MDR 2003, 727; *ders.*, Keine Gebührenanrechnung nach Ablauf von zwei Kalenderjahren, AGS 2003, 240; *ders.*, Gebührenanrechnung bei Zurückweisung in Altfällen, ZAP Fach 24, 1085; *ders.*, Abrechnung bei Verweisung, Abgabe und Zurückverweisung, AGkompakt 2015, 110.

A. Regelungsgehalt 1	1. Überblick 38
B. Zurückverweisung (Abs. 1) 4	2. Verfahren nach VV Teil 3 39
I. Anwendungsbereich 4	a) Normalfall 39
II. Voraussetzungen 6	b) Gebührenänderung nach Zurückverweisung 40
1. Derselbe Anwalt 6	aa) Überblick 40
2. Dieselbe Angelegenheit gemäß § 15 7	bb) Übergang BRAGO/RVG 41
3. Untergeordnetes Gericht 10	cc) Übergang 2. KostRMoG 44
a) Grundsatz 10	c) Teilweise Zurückverweisung ... 47
b) Zurückverweisung des Revisionsgerichts an Erstgericht 11	d) Wertänderung 48
c) Zurückverweisung des Rechtsbeschwerdegerichts an Erstgericht 12	e) Reduzierung des Gegenstandes 49
d) Zurückverweisung nach Sprungrevision an Berufungsgericht 13	f) Erweiterung des Gegenstands ... 50
e) Zurückverweisung nach Sprungrechtsbeschwerde an Beschwerdegericht 14	g) Klageänderungen 51
4. Zurückverweisung 15	aa) Übergang von Herausgabe auf Schadensersatz 52
a) Überblick 15	bb) Übergang von Feststellungsklage zur Leistungsklage 54
b) Rechtsmittel gegen Endentscheidung 17	cc) Austausch von Klagepositionen ... 55
c) Endentscheidung des Rechtsmittelgerichts oder Vergleich 20	h) Zurückverweisung bei Stufenklage oder Stufenantrag 56
d) Notwendigkeit einer weiteren Entscheidung vor dem untergeordneten Gericht 21	i) Zurückverweisung bei Grundurteil 59
e) Einzelfälle 24	aa) Das erstinstanzliche Grundurteil wird bestätigt 60
III. Rechtsfolge 31	bb) Das erstinstanzliche Grundurteil wird teilweise bestätigt 61
1. Neue Angelegenheit 31	cc) Auf das erstinstanzliche Betragsurteil folgt im Berufungsverfahren ein Grundurteil und die Zurückverweisung zur Höhe 62
2. Anrechnung der Verfahrensgebühr 32	
3. Verkehrsanwalt 36	
4. Terminsvertreter 37	j) Zurückverweisung nach Teilurteil 63
IV. Gebührenberechnung 38	

---

[28] OLG Dresden OLGR 2003, 568; OLG Brandenburg MDR 1998, 1119 = JurBüro 1998, 548.

Abschnitt 3. Angelegenheit § 21

k) Zurückverweisung nach Teilurteil und spätere Klageerweiterung 65	
l) Erhöhung des Gebührensatzes der Verfahrensgebühr nach Zurückverweisung 69	
3. Zurückverweisung in sozialgerichtlichen Verfahren 71	
4. Zurückverweisung in Verfahren der freiwilligen Gerichtsbarkeit 76	
5. Zurückverweisung in Straf- und Bußgeldsachen 77	
6. Zurückverweisung in Verfahren nach VV Teil 6 80	
V. Auslagen 81	
C. Zurückverweisung nach § 146 FamFG (Abs. 2, 1. Alt.) 84	
D. Zurückverweisung nach § 146 i.V.m. § 290 FamFG (Abs. 2, 2. Alt.) 91	
E. Fortsetzung einer Folgesache als isolierte Familiensache (Abs. 3) 92	
I. Überblick 92	
II. Grundsatz: Keine Lösung aus dem Verbund 94	
1. Überblick 94	
2. Anwaltsgebühren 95	
III. Lösung aus dem Verbund 97	
1. Überblick 97	
2. Anwaltsgebühren 99	
IV. Sonderfall: Abtrennung des Versorgungsausgleichsverfahrens in Altfällen 102
1. Überblick 102
2. Verfahrenswert im wieder aufgenommenen Verfahren 107
3. Anwaltsvergütung im wieder aufgenommenen Verfahren 111
4. Gutschrift der bereits im Scheidungsverbundverfahren verdienten Gebühren 116
a) Überblick 116
b) Vergütung im Scheidungsverfahren richtet sich nach RVG mit 19 % Umsatzsteuer 122
c) Vergütung im Scheidungsverfahren richtet sich nach RVG mit 16 % Umsatzsteuer 123
d) Vergütung im Scheidungsverfahren richtet sich nach BRAGO i.d.F. von 2002 124
e) Vergütung im Scheidungsverfahren richtet sich nach BRAGO i.d.F. vor 2002, aber nach 1994 126
f) Scheidungsverfahren richtet sich nach BRAGO i.d.F. vor 1994 127
F. Anhang: Gerichtskosten 128
I. Zurückverweisung 128
II. Abtrennung einer Folgesache 130

A. Regelungsgehalt

Die Vorschrift des § 21 steht im Zusammenhang mit den Regelungen des § 15, die den Umfang des **Gebührenrechtszugs** (Angelegenheit) bestimmen. **1**

Die Regelung in **Abs. 1** ist als eine **Ausnahmevorschrift** zu § 15 Abs. 1 zu verstehen, wonach der Anwalt die Gebühren in demselben Rechtszug grundsätzlich nur einmal erhält. Ohne Abs. 1 würde der Anwalt nach § 15 Abs. 1 i.V.m. § 15 Abs. 5 S. 1 bereits entstandene Gebühren nicht erneut erhalten. Soweit der Rechtsstreit an ein untergeordnetes Gericht zurückverwiesen wird, gilt aufgrund der Regelung in Abs. 1 das weitere Verfahren vor diesem Gericht jedoch gebührenrechtlich als **neuer Rechtszug** und damit als **selbstständige Angelegenheit** i.S.d. § 15. Im weiteren Verfahren nach Zurückverweisung können daher sämtliche Gebühren erneut anfallen; die **Verfahrensgebühr** des Ausgangsverfahrens wird in Angelegenheiten nach VV Teil 3 allerdings auf die Verfahrensgebühr, die nach Zurückverweisung entsteht, – vorbehaltlich der Fälle des § 15 Abs. 5 S. 2 – angerechnet (VV Vorb. 3 Abs. 6). **2**

Die Vorschrift des **Abs. 2, 1. Alt.** wiederum enthält für das **Scheidungsverbundverfahren** eine Ausnahme zu Abs. 1 und stellt damit den Grundsatz des § 15 Abs. 1 für die dort genannten Fälle wieder her. Sie ist nach **Abs. 2, 2. Alt.** in **Verfahren nach dem LPartG** entsprechend anzuwenden. **3**

B. Zurückverweisung (Abs. 1)

I. Anwendungsbereich

Abs. 1 gilt für alle gerichtlichen Verfahren, nicht nur für den **Zivilprozess**, sondern auch in **Familiensachen** (allerdings mit der Besonderheit des Abs. 2), **Verfahren der freiwilligen Gerichtsbarkeit, Strafsachen, Arbeitsgerichtsverfahren, verwaltungsgerichtlichen Verfahren, Finanzgerichtsverfahren, Sozialgerichtsverfahren** und Verfahren anderer besonderer Gerichtsbarkeiten. Auf die jeweilige Verfahrensordnung kommt es nicht an. Darüber hinaus wird die Vorschrift auch angewandt, **4**

N. Schneider 895

wenn ein **Verfassungsgericht** die Entscheidung eines anderen Gerichts aufhebt und die Sache an das Gericht zurückgibt, dessen Entscheidung aufgehoben worden ist.[1]

5 **Keine Anwendung** findet die Vorschrift dagegen, wenn eine Sache vom Gericht an die **Verwaltungsbehörde** zurückgegeben wird. Ebenso wenig ist Abs. 1 auf die Rückgabe einer Strafsache vom Gericht an die **Staatsanwaltschaft** oder **Bußgeldbehörde** anzuwenden.

II. Voraussetzungen

1. Derselbe Anwalt

6 Die Vorschrift des Abs. 1 hat nur für den Anwalt Bedeutung, der auch schon im Verfahren vor Zurückverweisung tätig war. Anderenfalls ergibt sich schon aus den allgemeinen Vorschriften, dass der Anwalt im Verfahren nach Zurückverweisung sämtliche dort anfallenden Gebühren liquidieren kann. Auf die Voraussetzungen des Abs. 1 kommt es dann gar nicht an. Dies wird zum Teil übersehen (vgl. Rdn 7 ff.).

Eine andere Frage ist, ob ein Anwaltswechsel zwischen der Beendigung des Ausgangsverfahrens und dem Beginn des Verfahrens nach Zurückverweisung notwendig war. Das richtet sich nach § 91 Abs. 2 S. 2 ZPO und betrifft nur die Frage, ob die angefallenen Mehrkosten erstattungsfähig sind.[2]

2. Dieselbe Angelegenheit gemäß § 15

7 Als Ausnahmevorschrift zu § 15 Abs. 1 setzt Abs. 1 voraus, dass es sich bei dem weiteren Verfahren nach Zurückverweisung an sich – also ohne Anwendung des Abs. 1 – noch um dieselbe Angelegenheit i.S.d. § 15 handeln würde. Ist dies nicht der Fall, so erhält der Anwalt schon nach § 15 Abs. 2 S. 2 die Gebühren erneut. Auf Abs. 1 kommt es dann gar nicht erst an.

8 Liegt zwischen der Beendigung des erstinstanzlichen Verfahrens und der Zurückverweisung ein Zeitraum von mehr als zwei Kalenderjahren, gilt das weitere Verfahren bereits nach § 15 Abs. 5 S. 2 als eine neue Angelegenheit, in der alle Gebühren erneut anfallen. Für die Anwendung des Abs. 1 verbleibt hier kein Raum mehr.[3] Soweit zu den §§ 13, 15 BRAGO die gegenteilige Auffassung vertreten wurde,[4] ist dies jetzt im Ergebnis unerheblich, da dann jedenfalls die Verfahrensgebühr nicht angerechnet werden dürfte (§ 15 Abs. 5 S. 2, 2. Alt.) und damit auch über Abs. 1 S. 2 i.V.m. dem Anrechnungsausschluss des § 15 Abs. 5 S. 2 dem Anwalt die Verfahrensgebühr erhalten bliebe.[5]

9 Nach Auffassung des OLG Hamburg[6] soll es für die Berechnung der Zweijahresfrist nicht auf die Verkündung des Revisionsurteils ankommen, sondern auf den Zeitpunkt der Kenntnisnahme des Rechtsanwalts von der Zurückverweisung. Dies ist jedoch – jedenfalls in der Begründung – unzutreffend. Es fehlen bereits die erforderlichen Feststellungen zum Sachverhalt, nämlich zur Auftragslage. Insoweit kommt es nämlich darauf an, ob der Anwalt bereits bedingt für den Fall der Zurückverweisung mit der Durchführung des Verfahrens nach Zurückverweisung beauftragt war oder nicht.
– War dem Anwalt nicht der bedingte Auftrag zur Vertretung im erneuten Berufungsverfahren erteilt, dann kommt es weder auf die Zurückverweisung noch auf die Kenntnis davon an, sondern ausschließlich auf das Datum der Auftragserteilung für die Vertretung im erneuten Berufungsverfahren.

---

1 BGH AGS 2013, 453 = MDR 2013, 1376 = NJW 2013, 3453 = AnwBl 2013, 939 = Rpfleger 2014, 45 = JurBüro 2014, 20 = ZfBR 2014, 41 = DVBl 2014, 63 = BayVBl 2014, 250 = NJW-Spezial 2013, 701 = ZIP 2013, 2284 = RVGreport 2013, 465 = RVGprof. 2014, 2 = FF 2014, 40; OVG Lüneburg AnwBl 1966, 137 = NJW 1966, 468 = SchlHA 1966, 170.
2 *Hartung/Schons/Enders*, RVG, § 20 Rn 8.
3 OLG München AGS 2006, 369 = OLGR 2006, 681 = AnwBl 2006, 588 = FamRZ 2006, 1561 = OLG Köln OLGR 2009, 601 = MDR 2009, 1365; OLG Düsseldorf AGS 2009, 212 = OLGR 2009, 455 = NJW-Spezial 2009, 220 = RVGprof. 2009, 93 = RVGreport 2009, 181; Beschl. v. 18.2.2010 – I-24 W 2/10; *N. Schneider*, MDR 2003, 727; *ders.*, AGS 2003, 240; *Hansens*, AGS 2004, 103.
4 FG Baden-Württemberg AGS 2004, 102 m. abl. Anm. *Hansens*.
5 OLG München AGS 2006, 369 = OLGR 2006, 681 = AnwBl 2006, 588 = FamRZ 2006, 1561 = RVG-Letter 2006, 87.
6 AGS 2014, 267 = zfs 2014, 410 = MDR 2014, 808 = JurBüro 2014, 412 = NJW-Spezial 2014, 412 = RVGreport 2014, 265.

– War dem Anwalt dagegen bereits vorab der Auftrag erteilt worden, im Falle der Zurückverweisung auch im weiteren Berufungsverfahren für den Auftraggeber tätig zu werden, so gilt allgemeines BGB, und zwar § 158 BGB. Mit Eintritt der Bedingung kommt das Rechtsgeschäft zustande.

Auf eine Kenntnis des Bedingungseintritts durch eine der Vertragsparteien stellt das BGB nicht ab. Dies wäre auch gar nicht praktikabel. Auf die Kenntnis welchen Vertragspartners soll denn dann abgestellt werden?

3. Untergeordnetes Gericht

a) Grundsatz

Die Vorschrift des Abs. 1 regelt nur die Zurückverweisung an ein untergeordnetes Gericht, also die **Verweisung innerhalb desselben prozessualen Rechtszugs**. Das Empfangsgericht muss sachlich und örtlich im Instanzenzug dem verweisenden Gericht untergeordnet sein. Wird dagegen an ein **Gericht eines anderen sachlichen oder örtlichen Rechtszugs** verwiesen, ist nicht Abs. 1, sondern § 20 anzuwenden, auch wenn an ein instanztieferes Gericht verwiesen wird. Zur Abgrenzung der einzelnen Verweisungen und zum Anwendungsbereich des Abs. 1 (siehe Vor §§ 20, 21 Rdn 8 ff.). 10

b) Zurückverweisung des Revisionsgerichts an Erstgericht

Verweist das Revisionsgericht die Sache nicht an das Berufungsgericht zurück, sondern an das Erstgericht, so gilt Abs. 1 nur für das weitere Verfahren vor dem Erstgericht. Wird gegen die erneute Entscheidung des Erstgerichts wiederum Berufung eingelegt, so gilt Abs. 1 nicht auch für das Berufungsverfahren. Insoweit gilt vielmehr § 15 Abs. 2 S. 2. Daher erhält der Anwalt auch die Verfahrensgebühr erneut.[7] 11

c) Zurückverweisung des Rechtsbeschwerdegerichts an Erstgericht

Das Gleiche gilt in Beschlussverfahren bei Zurückverweisung des Rechtsbeschwerdegerichts an das Erstgericht (z.B. nach § 74 Abs. 6 S. 2 FamFG). 12

d) Zurückverweisung nach Sprungrevision an Berufungsgericht

Wird gegen ein erstinstanzliches Urteil Sprungrevision eingelegt und verweist das Revisionsgericht die Sache an das Berufungsgericht zurück, so liegt ein Fall des § 15 Abs. 2 S. 2 vor, da die Sache bis dato nie im Berufungsrechtszug anhängig war. Auch dieser Fall hat mit Abs. 1 nichts zu tun.[8] 13

e) Zurückverweisung nach Sprungrechtsbeschwerde an Beschwerdegericht

Das Gleiche gilt bei Zurückverweisung des Rechtsbeschwerdegerichts an das bislang noch nicht befasste Beschwerdegericht (z.B. nach § 75 FamFG). 14

4. Zurückverweisung

a) Überblick

Voraussetzung für die Anwendung des Abs. 1 ist eine **Zurückverweisung**. Dieser Begriff der Zurückverweisung i.S.d. Abs. 1 ist nicht mit dem prozessualen Begriff der Zurückverweisung, etwa nach § 539 ZPO, § 69 Abs. 1 S. 2 FamFG oder § 354 StPO, identisch. 15

Eine Zurückverweisung nach Abs. 1 ist stets dann gegeben, wenn das Rechtsmittelgericht durch eine das Rechtsmittelverfahren beendende Entscheidung oder einen Vergleich einem untergeordneten Gericht die abschließende Entscheidung überträgt. Das wiederum setzt Folgendes voraus: 16

---

7 KG JurBüro 1969, 983.   8 Unzutreffend *Hartmann*, § 21 RVG Rn 10.

b) Rechtsmittel gegen Endentscheidung

17 Die Sache muss durch ein Rechtsmittel gegen eine Endentscheidung des zuvor befassten Gerichts in die nächste Instanz gelangt sein, also durch eine Berufung, Revision, Beschwerde oder Rechtsbeschwerde. Ein Rechtsmittel gegen eine Zwischenentscheidung ist insoweit grundsätzlich nicht ausreichend.

> **Beispiel 1:** Vor dem LG verweigert ein Zeuge die Aussage. Das Gericht entscheidet durch Zwischenurteil (§ 387 Abs. 1 ZPO), dass der Zeuge hierzu berechtigt sei. Hiergegen legt der beweisbelastete Kläger sofortige Beschwerde (§ 387 Abs. 3 ZPO) ein. Das OLG sieht kein Aussageverweigerungsrecht und gibt der Beschwerde statt. Anschließend gibt es die Sache an das LG zurück.
> Das Rechtsmittel richtete sich nur gegen eine Zwischenentscheidung. Es liegt keine Zurückverweisung i.S.d. Abs. 1 vor.
>
> **Beispiel 2:** Die Hauptverhandlung vor dem AG wird vertagt; gleichzeitig erlässt das Gericht einen Beschluss nach § 111a StPO. Hiergegen legt der Verteidiger Beschwerde zum LG ein, der stattgegeben wird. Das LG gibt die Sache an das AG zurück, das weiter verhandelt.
> Auch hier richtet sich das Rechtsmittel nur gegen eine Zwischenentscheidung. Es liegt keine Zurückverweisung i.S.d. Abs. 1 vor.

18 Soweit allerdings gefolgert wird, ein Rechtsmittel gegen eine Zwischenentscheidung reiche nie aus, um die Voraussetzungen des Abs. 1 zu erfüllen, ist dies unzutreffend. Das Rechtsmittel gegen eine Zwischenentscheidung kann zwar keine Zurückverweisung i.S.d. Abs. 1 hinsichtlich der Hauptsache auslösen, wohl aber hinsichtlich des Teil- oder Nebenverfahrens.

> **Beispiel 1:** Das LG stellt nach abgesonderter mündlicher Verhandlung die Zwangsvollstreckung aus dem Versäumnisurteil ein. Hiergegen wird sofortige Beschwerde eingelegt. Das OLG gibt der Beschwerde statt, hebt den Einstellungsbeschluss auf und verweist die Sache an das LG zurück. Anschließend wird vor dem LG erneut abgesondert über die Einstellung der Zwangsvollstreckung verhandelt und später auch zur Sache.
> Hinsichtlich der Hauptsache liegt keine Zurückverweisung i.S.d. Abs. 1 vor. Die Anwälte erhalten die Gebühren der VV 3100 ff. nur einmal. Hinsichtlich des Verfahrens auf Einstellung der Zwangsvollstreckung liegt dagegen eine Zurückverweisung i.S.d. Abs. 1 vor, da der Einstellungsbeschluss im Hinblick auf dieses Verfahren eine Endentscheidung war. Der Anwalt erhält daher die 0,5-Verfahrensgebühr aus VV 3328 und die 0,5-Terminsgebühr aus VV 3332 ein zweites Mal. Allerdings wird die erste Verfahrensgebühr der VV 3328 auf die weitere Verfahrensgebühr gemäß VV 3328 angerechnet (VV Vorb. 3 Abs. 6).
>
> **Beispiel 2:** Der Kläger reicht unbedingt Klage ein und beantragt Prozesskostenhilfe. Das AG erörtert zunächst im Prozesskostenhilfe-Prüfungsverfahren und lehnt den Prozesskostenhilfeantrag ab. Auf die hiergegen erhobene Beschwerde wird der Beschluss des AG aufgehoben und die Sache an das AG zurückverwiesen. Das Gericht erörtert erneut im Prozesskostenhilfe-Prüfungsverfahren und bewilligt die Prozesskostenhilfe.
> Auch hier liegt hinsichtlich der Hauptsache keine Zurückverweisung i.S.d. Abs. 1 vor. Hinsichtlich des Prozesskostenhilfe-Prüfungsverfahrens liegt dagegen eine Zurückverweisung nach Abs. 1 vor. Die Anwälte erhalten die 1,0-Verfahrensgebühr (VV 3335) und die 1,2-Terminsgebühr der VV 3104 ein zweites Mal, wobei auch hier die erste Verfahrensgebühr nach VV 3328 auf die weitere Verfahrensgebühr gemäß VV Vorb. 3 Abs. 6 angerechnet wird.

19 Ein Zwischenurteil, das in der Sache selbst entscheidet, also über die Zulässigkeit der Klage oder über den Grund, stellt keine Zwischenentscheidung dar, sondern ist hinsichtlich der dort entschiedenen Fragen als Endurteil anzusehen (§ 280 ZPO). Wird ein solches Zwischenurteil angefochten und die Sache vom Rechtsmittelgericht zurückverwiesen, so ist Abs. 1 anzuwenden (siehe Rdn 30).

c) Endentscheidung des Rechtsmittelgerichts oder Vergleich

20 Das Rechtsmittelgericht muss in der Sache eine bei ihm abschließende Entscheidung getroffen, also das Verfahren durch Urteil oder Beschluss abgeschlossen haben. Nicht ausreichend ist es daher, wenn sich die Sache im Berufungs- oder Beschwerdeverfahren erledigt oder das Rechtsmittel zurückgenommen wird, das Rechtsmittelgericht die Sache aussetzt oder zum Ruhen bringt und anschließend zurückverweist. Ebenso wenig reicht ein Prozessurteil oder entsprechender Beschluss, mit dem die Berufung oder Beschwerde als unzulässig verworfen wird. Ein Anerkenntnisurteil oder -beschluss reicht dagegen aus. Ebenso genügt es, dass sich das Rechtsmittelverfahren durch einen Vergleich erledigt und sich hieraus dann die Notwendigkeit der weiteren Verhandlung vor dem Erstgericht ergibt.[9]

> **Beispiel:** Das LG weist eine Klage auf Schadensersatz ab. Im Berufungsverfahren vergleichen sich die Parteien dahingehend, dass der Beklagte dem Grunde nach schadensersatzpflichtig sei und den Kläger ein Mitverschulden zu einem Viertel treffe. Zur Entscheidung über die Höhe des Anspruchs wird das Verfahren zwecks weiterer Sachaufklärung an das LG zurückverwiesen.

d) Notwendigkeit einer weiteren Entscheidung vor dem untergeordneten Gericht

Aus der Entscheidung des Rechtsmittelgerichts oder dem dort geschlossenen Vergleich muss sich die Notwendigkeit einer weiteren Entscheidung des Erstgerichts ergeben. Hierzu zählt insbesondere der Fall, dass das Rechtsmittelgericht das vorinstanzliche Urteil aufhebt (§§ 538, 539, 565 ZPO, §§ 69 Abs. 1 S. 2, 74 Abs. 6 S. 2 FamFG) und die Sache zur erneuten Entscheidung zurückverweist. 21

Streitig ist, ob es genügt, dass das Gericht das Rechtsmittel zurückweist und sich hieraus ergibt, dass sich das erstinstanzliche Gericht und die Anwälte wieder mit der Sache befassen müssen, also z.B. nach Zurückweisung der Berufung gegen ein Grundurteil, ein Teilurteil im Rahmen einer Stufenklage oder ein Zwischenurteil. Während früher die h.M. dies ausreichen ließ, dürfte nach der Grundsatzentscheidung des BGH[10] diese Frage dahingehend geklärt sein, dass die bloße Neubefassung nicht ausreicht (im Einzelnen siehe Rdn 25 ff.). 22

Auf den Grund der Zurückverweisung kommt es nicht an. Daher gilt Abs. 1 auch dann, wenn das LG als Berufungsgericht die Sache wegen sachlicher Unzuständigkeit an eine erstinstanzliche Kammer desselben Gerichts zurückverweist.[11] Gleiches gilt, wenn das Revisionsgericht die Sache zur anderweitigen Entscheidung an einen anderen Senat des OLG zurückverweist.[12] 23

e) Einzelfälle

Die Rspr. zur **Zurückverweisung** i.S.d. Abs. 1 verhält sich zurzeit wie folgt: 24

Grundurteil: 25
– **Keine Zurückverweisung** liegt vor, wenn das Berufungsgericht die Berufung gegen ein Grundurteil zurückweist, das Grundurteil also bestätigt und die Sache zur weiteren Entscheidung über

---

9 OLG Koblenz AnwBl 1966, 322 = NJW 1966, 2068; a.A. OLG Karlsruhe NJW 1967, 938 = Rpfleger 1969, 420.
10 BGH AGS 2005, 234 m. Anm. *N. Schneider* = FamRZ 2004, 1194 = BGHR 2004, 1128 = Rpfleger 2004, 521 = MDR 2004, 1024 = NJW-RR 2004, 1294 = JurBüro 2004, 79 = VersR 2004, 1435 = RVG-Letter 2004, 76 = RVGreport 2004, 273 = RVG-B 2004, 67; ebenso schon zuvor OLG Celle NdsRpfl 1963, 33 = DAR 1962, 156; NdsRpfl 1983, 26 = KostRsp. BRAGO § 15 Nr. 9; OLG Saarbrücken JurBüro 1990, 338; OLG Düsseldorf (24. Senat) JurBüro 1993, 672 = OLGR 1993, 159; (12. Senat) JurBüro 1997, 364; OLG Schleswig MDR 1987, 417 = JurBüro 1987, 1039 m. abl. Anm. *Mümmler* = SchlHA 1987, 191 = KostRsp. BRAGO § 15 Nr. 19 m. abl. Anm. *Lappe*; OLG München JurBüro 1994, 543 = OLGR 1994, 95 = Rpfleger 1994, 272; AGS 1999, 51 = AnwBl 2000, 55 = JurBüro 1999, 23 = MDR 1998, 1501 = NJW-RR 1999, 368 = OLGR 1998, 351 = Rpfleger 1999, 99; LG Berlin JurBüro 1999, 188 = MDR 1999, 385 = NJW-RR 1999, 651 = Rpfleger 1999, 239; OLG Hamburg JurBüro 1996, 136; OLG Oldenburg JurBüro 1996, 305; BRAGOreport 2002, 87 m. Anm. *N. Schneider* = KostRsp. BRAGO § 15 Nr. 45; OLG Bremen AGS 2002, 28 = OLGR 2001, 481 = KostRsp. BRAGO § 15 Nr. 43; jetzt auch BGH AGS 2004, 234 m. Anm. *N. Schneider*.
11 OLG Oldenburg AnwBl 1985, 261.
12 OLG Frankfurt JurBüro 1975, 473.

die Höhe an das Erstgericht zurückgibt.[13] Die frühere gegenteilige Rspr.[14] ist durch die vorgenannte Entscheidung des BGH überholt. Das gilt auch dann, wenn das Rechtsmittel gegen ein Grundurteil durch Versäumnisurteil zurückgewiesen wird[15] oder ein Grundurteil nur zu einem Bruchteil mit der Berufung angegriffen, die Berufung zurückgewiesen und das Verfahren vor dem Ausgangsgericht fortgeführt wird.[16]

– **Eine Zurückverweisung** i.S.d. Abs. 1 ist dagegen insoweit gegeben, als die Berufung gegen das Grundurteil erfolgreich war und sich hieraus die Notwendigkeit einer neuen Verhandlung vor dem Vordergericht ergibt. Das ist etwa dann der Fall, wenn das Rechtsmittelgericht auf das Rechtsmittel hin eine höhere Haftungsquote ausspricht.[17]

– Ebenso ist **eine Zurückverweisung** gegeben, wenn das Berufungsgericht nach Erlass eines Teilurteils das gesamte Verfahren an sich zieht, zum Grund entscheidet und die Sache zur Entscheidung über die Höhe an das Erstgericht zurückverweist.[18]

– **Keine Zurückverweisung** liegt vor, wenn nach einem Grundurteil die Nichtzulassungsbeschwerde erfolglos bleibt und die Sache an das Berufungsgericht zurückgegeben wird.[19]

– Wird die Revision gegen ein Grundurteil zurückgewiesen und die Sache an das Berufungsgericht zurückgegeben, dürfte nach der Entscheidung des BGH[20] ebenfalls **keine Zurückverweisung** i.S.d. Abs. 1 anzunehmen sein.[21]

– Dagegen liegt wiederum **eine Zurückverweisung** vor, wenn nach erstinstanzlicher Abweisung der Klage das Berufungsgericht den Anspruch dem Grunde nach für gegeben erklärt und den Rechtsstreit zur Entscheidung über die Höhe an das Erstgericht zurückverweist.

– Gleiches gilt, wenn – nach Abweisung der Klage durch das Berufungsgericht – das Revisionsgericht den Anspruch dem Grunde nach für gegeben erklärt und den Rechtsstreit zur Entscheidung über die Höhe an das Erstgericht zurückverweist.

26 Stufenklage:
– Weist das Erstgericht die Auskunftsklage ab, gibt das Berufungsgericht dagegen der der Auskunftsklage statt und verweist die Sache zur Höhe zurück, liegt **eine Zurückverweisung** i.S.d.

---

13 BGH AGS 2005, 234 m. Anm. *N. Schneider* = FamRZ 2004, 1194 = BGHR 2004, 1128 = Rpfleger 2004, 521 = MDR 2004, 1024 = NJW-RR 2004, 1294 = JurBüro 2004, 479 = VersR 2004, 1435 = RVG-Letter 2004, 76 = RVGreport 2004, 273 = RVG-B 2004, 67; ebenso schon zuvor OLG Celle NdsRpfl 1963, 33 = DAR 1962, 156; NdsRpfl 1983, 26 = KostRsp. BRAGO § 15 Nr. 9; OLG Saarbrücken JurBüro 1990, 338; OLG Düsseldorf (24. Senat) JurBüro 1993, 672 = OLGR 1993, 159; (12. Senat) JurBüro 1997, 364; OLG Schleswig MDR 1987, 417 = JurBüro 1987, 1039 m. abl. Anm. *Mümmler* = SchlHA 1987, 191 = KostRsp. BRAGO § 15 Nr. 19 m. abl. Anm. *Lappe*; OLG München JurBüro 1994, 543 = OLGR 1994, 95 = Rpfleger 1994, 272; AGS 1999, 51 = AnwBl 2000, 55 = JurBüro 1999, 23 = MDR 1998, 1501 = NJW-RR 1999, 368 = OLGR 1998, 351 = Rpfleger 1999, 99; LG Berlin JurBüro 1999, 188 = MDR 1999, 385 = NJW-RR 1999, 651 = Rpfleger 1999, 239; OLG Hamburg JurBüro 1996, 136; OLG Oldenburg JurBüro 1996, 305; BRAGOreport 2002, 87 m. Anm. *N. Schneider* = KostRsp. BRAGO § 15 Nr. 45; OLG Bremen AGS 2002, 28 = OLGR 2001, 481 = KostRsp. BRAGO § 15 Nr. 43; jetzt auch BGH AGS 2004, 234 m. Anm. *N. Schneider*.

14 OLG Düsseldorf JMBlNRW 1970, 176 = KostRsp. BRAGO § 15 Nr. 3 m. Anm. *E. Schneider*; OLG Düsseldorf (10. Senat) JurBüro 1993, 728 = MDR 1993, 1021 = OLGR 1993, 142; AGS 1995, 13; OLG Stuttgart JurBüro 1984, 1672 m. zust. Anm. *Mümmler* = Justiz 1984, 367; OLG Zweibrücken Rpfleger 1990, 225 = JurBüro 1990, 479 m. zust. Anm. *Mümmler*; OLG Koblenz JurBüro 1996, 305 = MDR 1996, 533 = NJW-RR 1996, 1019; OLG Karlsruhe JurBüro 1996, 135; OLG Oldenburg AGS 2000, 167 = OLGR 2000, 61.

15 Anders die frühere Rspr.: OLG Düsseldorf JurBüro 1978, 1808; OLG Hamm Rpfleger 1972, 110 = JurBüro 1972, 143 = AnwBl 1972, 132.

16 Anders die frühere Rspr.: OLG Bamberg MDR 1969, 231 = JurBüro 1969, 735; a.A. OLG Schleswig MDR 1987, 417 = JurBüro 1987, 1039 m. abl. Anm. *Mümmler* = SchlHA 1987, 191 = KostRsp. BRAGO § 15 Nr. 19 m. abl. Anm. *Lappe*.

17 OLG Schleswig AGS 1995, 63 = JurBüro 1996, 135 = SchlHA 1995, 171.

18 OLG München AnwBl 1985, 589 = JurBüro 1985, 1190.

19 Anders zur früheren Nichtannahme: OLG Koblenz AGS 1997, 112m. zust. Anm. *Madert* = JurBüro 1997, 643 = OLGR 1997, 256 = zfs 1998, 30; OLG Frankfurt JurBüro 1983, 1193 m. Anm. *Mümmler* = AnwBl 1984, 98; a.A. OLG Hamburg JurBüro 1987, 233.

20 BGH AGS 2005, 234 m. Anm. *N. Schneider* = FamRZ 2004, 1194 = BGHR 2004, 1128 = Rpfleger 2004, 521 = MDR 2004, 1024 = NJW-RR 2004, 1294 = JurBüro 2004, 479 = VersR 2004, 1435 = RVG-Letter 2004, 76 = RVGreport 2004, 273 = RVG-B 2004, 67.

21 Anders die frühere Rspr.: OLG Düsseldorf JurBüro 1997, 364; a.A. OLG Hamburg JurBüro 1987, 233; JurBüro 1989, 388; OLG Oldenburg JurBüro 1996, 305.

Abs. 1 vor.[22] Gleiches gilt, wenn das Berufungsgericht die Auskunftsklage abgewiesen hat und das Revisionsgericht der Klage stattgibt und die Sache wegen der Höhe zurückgibt.[23]
- Weist das Berufungsgericht die Berufung des Beklagten gegen die Verurteilung zur Auskunft zurück, so dass das Erstgericht nunmehr zur Höhe entscheidet, dürfte entsprechend der Rspr. des BGH zum Grundurteil ebenfalls **keine Zurückverweisung** gegeben sein.[24]
- Weist das Ausgangsgericht die Stufenklage zurück und gibt das Rechtsmittelgericht der Auskunftsklage teilweise statt und verweist insoweit zurück, dürfte entsprechend der Rspr. des BGH zum Grundurteil[25] ebenfalls **eine Zurückverweisung** insoweit gegeben sein, als die erstinstanzliche Entscheidung abgeändert wird.[26]
- Gibt das Ausgangsgericht der Stufenklage nur teilweise statt und vergleichen sich die Parteien vor dem Berufungsgericht über die erste Stufe, so dass das Verfahren wegen der zweiten Stufe an das Ausgangsgericht zurückgegeben wird, dürfte entsprechend der Rspr. des BGH zum Grundurteil[27] ebenfalls **eine Zurückverweisung** insoweit gegeben sein, als der Vergleich die erstinstanzliche Entscheidung abändert.[28]

Teilurteil (siehe auch Rdn 26 „Stufenklage"):
- Hebt das Berufungsgericht ein Teilurteil auf und verweist es die Sache zurück, so liegt **eine Zurückverweisung** i.S.d. Abs. 1 nur insoweit vor, als die Sache im Berufungsverfahren anhängig war.[29]
- Zieht das Berufungsgericht nach Erlass eines Teilurteils das gesamte Verfahren an sich, entscheidet zum Grund und verweist die Sache zur Entscheidung über die Höhe an das Erstgericht zurück, liegt dagegen **eine Zurückverweisung** vor.[30]
- **Keine Zurückverweisung** nach Abs. 1 wiederum liegt vor, wenn die Klage zum Teil durch Teilurteil abgewiesen wird, die Berufung zurückgewiesen und die Sache zur abschließenden Entscheidung zurückgegeben wird.[31]

Verfassungsbeschwerde:

Im Falle einer erfolgreichen Verfassungsbeschwerde liegt immer eine neue Angelegenheit vor, da das Verfassungsgericht die angegriffene Entscheidung aufhebt und damit das Vordergericht zu einer neuen Entscheidung unter Berücksichtigung der Vorgaben der aufhebenden Entscheidung zwingt.

Vergleich:
- **Eine Zurückverweisung** liegt vor, wenn die Parteien im Berufungsverfahren einen Vergleich zum Haftungsgrund schließen, woraus sich die Notwendigkeit einer weiteren Verhandlung vor dem erstinstanzlichen Gericht über die Höhe ergibt, so dass die Sache an das erstinstanzliche Gericht zurückgegeben wird.[32] Eine Zurückverweisung liegt nach der Rspr. des BGH zum Grundurteil allerdings nur insoweit vor, als der Vergleich das vorangegangene Urteil abändert.
- Gibt das Ausgangsgericht einer Stufenklage teilweise statt und vergleichen sich die Parteien vor dem Berufungsgericht über die erste Stufe, so dass das Verfahren wegen der zweiten Stufe an

---

22 OLGR Köln 2007, 396.
23 Unzutreffend insoweit OLG München AGS 2011, 219 = FamRZ 2011, 835 = MDR 2011, 574 = JurBüro 2011, 249 = NJW-RR 2011, 717.
24 BGH AGS 2005, 234 m. Anm. *N. Schneider* = FamRZ 2004, 1194 = BGHR 2004, 1128 = Rpfleger 2004, 521 = MDR 2004, 1024 = NJW-RR 2004, 1294 = JurBüro 2004, 479 = VersR 2004, 1435 = RVG-Letter 2004, 76 = RVGreport 2004, 273 = RVG-B 2004, 67; anders die frühere Rspr.: OLG Düsseldorf AnwBl 1970, 289 = JurBüro 1970, 953 = VersR 1970, 953 = Rpfleger 1971, 33 = KostRsp. BRAGO § 15 Nr. 2 m. Anm. *E. Schneider;* OLG Koblenz JurBüro 1975, 474; OLG Celle NJW 1958, 1668 = NdsRpfl 1958, 235; OLG Schleswig SchlHA = 1975, 104 = JurBüro 1975, 473; a.A. OLG Nürnberg JurBüro 1962, 467 = Rpfleger 1963, 137; OLGR Köln 2007, 396.
25 BGH AGS 2005, 234 m. Anm. *N. Schneider* = FamRZ 2004, 1194 = BGHR 2004, 1128 = Rpfleger 2004, 521 = MDR 2004, 1024 = NJW-RR 2004, 1294 = JurBüro 2004, 479 = VersR 2004, 1435 = RVG-Letter 2004, 76 = RVGreport 2004, 273 = RVG-B 2004, 67.
26 OLGR Köln 2007, 396; OLG Hamm JurBüro 2000, 302.
27 BGH AGS 2005, 234 m. Anm. *N. Schneider* = FamRZ 2004, 1194 = BGHR 2004, 1128 = Rpfleger 2004, 521 = MDR 2004, 1024 = NJW-RR 2004, 1294 = JurBüro 2004, 479 = VersR 2004, 1435 = RVG-Letter 2004, 76 = RVGreport 2004, 273 = RVG-B 2004, 67.
28 OLGR Köln 2007, 396; OLG Hamm JurBüro 2000, 302.
29 OLG München JurBüro 1981, 1677 = Rpfleger 1981, 456; OLG Köln JurBüro 1979, 697 = KostRsp. BRAGO § 15 Nr. 4 m. Anm. *E. Schneider.*
30 OLG München AnwBl 1985, 589 = JurBüro 1985, 1190.
31 OLG Nürnberg JurBüro 1962, 467.
32 OLG Koblenz AnwBl 1966, 322 = NJW 1966, 2068 = KostRsp. BRAGO § 15 Nr. 1 m. Anm. *E. Schneider.*

das Ausgangsgericht zurückgegeben wird, liegt wiederum insoweit **eine Zurückverweisung** vor, als der Vergleich das erstinstanzliche Urteil abändert.[33]

30 **Zwischenurteil:**
– Verwirft das Rechtsmittelgericht die Berufung gegen ein Zwischenurteil und verweist es die Sache an das Vordergericht zurück, liegt nach der Rspr. des BGH zum Grundurteil[34] wohl **keine Zurückverweisung** vor.[35]

III. Rechtsfolge

1. Neue Angelegenheit

31 Sind die Voraussetzungen des Abs. 1 gegeben, so gilt das Verfahren nach Zurückverweisung als neue selbstständige Gebührenangelegenheit, so dass dort alle Gebührentatbestände nochmals (erneute mündliche Verhandlung, erneute Hauptverhandlung) oder auch erstmals (erstmalige Verhandlung, Abschluss einer Einigung) ausgelöst werden können. Mit Erlass der erstinstanzlichen Entscheidung ist das Ausgangsverfahren beendet (zu den Problemen, wenn das erstinstanzliche Gericht nur über einen Teil des Streitgegenstandes entschieden hat und der restliche Streitstoff erstinstanzlich anhängig geblieben ist, siehe Rdn 53 ff.).

2. Anrechnung der Verfahrensgebühr

32 Im Gegensatz zur BRAGO, wonach in § 15 Abs. 1 S. 2 BRAGO geregelt war, dass die Prozessgebühr (§ 31 Abs. 1 Nr. 1 BRAGO) nach Zurückverweisung nicht erneut entstehe, ist nunmehr vorgesehen, dass die Verfahrensgebühr des Verfahrens vor Zurückverweisung (also des Ausgangsverfahrens) auf die Verfahrensgebühr des Verfahrens nach Zurückverweisung anzurechnen ist, es sei denn, das Gericht, an das zurückverwiesen worden ist, war mit der Sache noch nicht befasst (VV Vorb. 3 Abs. 6) oder wenn mehr als zwei Kalenderjahre vergangen sind (§ 15 Abs. 5 S. 2; siehe Rdn 8).

33 Die Anrechnungsbestimmung der VV Vorb. 3 Abs. 6 gilt allerdings nur für die Verfahrensgebühren nach VV Teil 3. Für Verfahren nach VV Teil 4 bis 6 ist eine entsprechende Regelung nicht vorgesehen.

Beispiel: Der BGH hebt das Strafurteil des LG auf und verweist die Sache gemäß § 354 Abs. 2 StPO an das LG zurück.
Eine Anrechnung findet nicht statt.

34 Umstritten ist in diesem Zusammenhang, ob und wann die Zurückverweisung an einen anderen Spruchkörper desselben Gerichts eine Zurückverweisung i.S.d. VV Vorb. 3 Abs. 6 darstellt und somit die Verfahrensgebühr nicht angerechnet wird (siehe Vor §§ 20, 21 Rdn 28).

35 Im Übrigen haben sich durch die Anrechnungsregelung des RVG zahlreiche Streitfragen erledigt. Die bisherige Regelung führte nämlich zu erheblichen Problemen, wenn zwischen dem Ausgangsverfahren und dem Verfahren nach Zurückverweisung eine Klageänderung, Klageerweiterung, Widerklage oder ein Parteiwechsel vorgenommen wurde oder wenn zwischenzeitlich ein neues Gebührenrecht eintrat. Diese Probleme sind jetzt dadurch beseitigt, dass gewöhnliche Anrechnungsfälle vorliegen, die mit den bekannten Prinzipien gelöst werden können.

---

33 OLG Düsseldorf AnwBl 1970; 289 = JurBüro 1970, 953 = VersR 1970, 953 = Rpfleger 1971, 33; OLG Celle NJW 1958, 1668 = NdsRpfl 1958, 235; OLG Nürnberg JurBüro 1962, 467 = Rpfleger 1963, 137; OLG Schleswig SchlHA JurBüro 1975, 473 = 1975, 104.

34 BGH AGS 2005, 234 m. Anm. *N. Schneider* = FamRZ 2004, 1194 = BGHR 2004, 1128 = Rpfleger 2004, 521 = MDR 2004, 1024 = NJW-RR 2004, 1294 = JurBüro 2004, 479 = VersR 2004, 1435 = RVG-Letter 2004, 76 = RVGreport 2004, 273 = RVG-B 2004, 67.

35 Anders noch die bisherige Rspr.: OLG Hamburg MDR 1962, 998; JurBüro 1983, 1515; OLG Koblenz AGS 1997, 113 = JurBüro 1997, 642 = OLGR 1997, 280 = zfs 1998, 30; a.A. OLG München JurBüro 1984, 1177 m. abl. Anm. *Mümmler*.

3. Verkehrsanwalt

Die vorstehend geschilderten Rechtsfolgen der Verfahrensgebühr gelten entsprechend auch für eine Verkehrsanwaltsgebühr nach VV 3400.[36]

36

4. Terminsvertreter

Auch für den Terminsvertreter gilt Abs. 1 und damit auch die Anrechnung seiner Verfahrensgebühr aus VV 3401 nach VV Vorb. 3 Abs. 6.

37

IV. Gebührenberechnung

1. Überblick

Wird die Sache an ein untergeordnetes Gericht zurückverwiesen, so handelt es sich bei dem Verfahren nach Zurückverweisung um eine neue Gebührenangelegenheit nach § 15 Abs. 1. Der Anwalt kann daher seine Gebühren in dem weiteren Verfahren erneut berechnen. Auch die Verfahrensgebühr entsteht ein zweites Mal; sie wird allerdings in Angelegenheiten nach VV Teil 3 angerechnet, es sei denn, es ist an ein Gericht verwiesen worden, das mit der Sache noch nicht befasst war (VV Vorb. 3 Abs. 6) oder wenn mehr als zwei Kalenderjahre vergangen sind (§ 15 Abs. 5 S. 2) (siehe Rdn 8); in diesem Fall verbleibt auch die zweite Verfahrensgebühr anrechnungsfrei bestehen (siehe Rdn 32 ff.). So klar und eindeutig diese Regelung in Abs. 1 auch scheint, birgt sie doch zahlreiche Probleme in sich.

38

2. Verfahren nach VV Teil 3

a) Normalfall

Keine Probleme ergeben sich, wenn gegen das **gesamte erstinstanzliche Urteil** ein **Rechtsmittel** eingelegt wird und das Rechtsmittelgericht das **Verfahren insgesamt zurückverweist**. In diesem Fall entstehen die Gebühren und auch die Postentgeltpauschale nach VV 7002 erneut. Das Ausgangsverfahren und das Verfahren nach Zurückverweisung sind stets wie zwei normale getrennte Prozesse abzurechnen:

39

> **Beispiel:** Nach mündlicher Verhandlung wird der Beklagte dazu verurteilt, an den Kläger 700 EUR zu zahlen. Hiergegen legt der Beklagte beim LG Berufung ein. Das LG verweist die Sache an das AG zurück, das nach erneuter mündlicher Verhandlung und Beweisaufnahme die Klage abweist.
>
> **I. Ausgangsverfahren (Wert: 700 EUR)**
> 1. 1,3-Verfahrensgebühr, VV 3100   104,00 EUR
> 2. 1,2-Terminsgebühr, VV 3104   96,00 EUR
> 3. Postentgeltpauschale, VV 7002   20,00 EUR
>   Zwischensumme   220,00 EUR
> 4. 19 % Umsatzsteuer, VV 7008   41,80 EUR
> **Gesamt**   **261,80 EUR**
>
> **II. Verfahren nach Zurückverweisung (Wert: 700 EUR)**
> 1. 1,3-Verfahrensgebühr, VV 3100   104,00 EUR
> 2. gem. VV Vorb. 3 Abs. 6 anzurechnen (1,3 aus 700 EUR)   – 104,00 EUR
> 3. 1,2-Terminsgebühr, VV 3104   96,00 EUR
> 4. Postentgeltpauschale, VV 7002[37]   20,00 EUR
>   Zwischensumme   116,00 EUR
> 5. 19 % Umsatzsteuer, VV 7008   22,04 EUR
> **Gesamt**   **138,04 EUR**

---

[36] OLG München JurBüro 1992, 167 m. Anm. *Herget*; OLG Köln JurBüro 1999, 246 = OLGR 1999, 148.

[37] Siehe Rdn 115.

b) Gebührenänderung nach Zurückverweisung

40 aa) Überblick. Da es sich bei einem Verfahren nach Zurückverweisung um eine neue selbstständige Angelegenheit handelt, kann ein Wechsel des Gebührenrechts in Betracht kommen. Für jede Angelegenheit ist dann jeweils nach §§ 60, 61 zu prüfen, welches Gebührenrecht zur Anwendung kommt.

41 bb) Übergang BRAGO/RVG. Ist in einem vor dem 1.7.2004 eingeleiteten Verfahren, das sich nach der BRAGO richtet, das Verfahren nach dem 30.6.2004 vom Rechtsmittelgericht zurückverwiesen worden, so richten sich die Gebühren im Verfahren nach Zurückverweisung nach neuem Recht, wenn zwischenzeitlich eine Gesetzesänderung in Kraft getreten ist.[38]

42 Handelt es sich um ein Verfahren nach VV Teil 3, ist auch die Anrechnung zu beachten. Während für Verfahren nach VV Teil 3 die VV Vorb. 3 Abs. 6 vorsieht, dass die Verfahrensgebühr des Verfahrens vor Zurückverweisung auf die Verfahrensgebühr des Verfahrens nach Zurückverweisung angerechnet wird – es sei denn, es wird an ein Gericht zurückverwiesen, das mit der Sache noch nicht befasst war – sah die BRAGO vor, dass die Prozessgebühr erst gar nicht mehr erneut anfalle (§ 15 Abs. 1 BRAGO). Faktisch handelte es sich nach der BRAGO aber auch um eine Anrechnung, so dass hier im Übergangsfällen analog § 15 Abs. 1 BRAGO die BRAGO-Prozessgebühr auf die RVG-Verfahrensgebühr angerechnet wird.[39]

Beispiel: Das Verfahren aus dem Jahr 2003 (Wert: 5.000 EUR) wurde im August 2006 vom Berufungsgericht an das Ausgangsgericht zurückverwiesen, vor dem dann erneut verhandelt worden ist.

I. Verfahren vor der Zurückverweisung
1. 10/10-Prozessgebühr, § 31 Abs. 1 Nr. 1 BRAGO   301,00 EUR
2. 10/10-Verhandlungsgebühr, § 31 Abs. 1 Nr. 2 BRAGO   301,00 EUR
3. Postentgeltpauschale, § 26 S. 2 BRAGO   20,00 EUR
   Zwischensumme   622,00 EUR
4. 16 % Umsatzsteuer, § 25 Abs. 2 BRAGO   99,52 EUR
   Gesamt   **721,52 EUR**

II. Verfahren nach der Zurückverweisung (RVG[40])
1. 1,3-Verfahrensgebühr, VV 3100   391,30 EUR
2. gem. VV Vorb. 3 Abs. 6 anzurechnen   – 301,00 EUR
3. 1,2-Terminsgebühr, VV 3104   361,20 EUR
4. Postentgeltpauschale, VV 7002[41]   20,00 EUR
   Zwischensumme   471,50 EUR
5. 19 % Umsatzsteuer, VV 7008   89,59 EUR
   Gesamt   **561,09 EUR**

43 Entsprechendes gilt auch dann, wenn ein FGG-Verfahren nach altem Recht zurückverwiesen wird:[42]

Beispiel: In einem Verfahren über die elterliche Sorge (Abrechnung nach BRAGO), hat das OLG auf die Beschwerde hin die amtsgerichtliche Entscheidung aufgehoben und die Sache zur erneuten Entscheidung zurückverwiesen. Vor dem FamG wird daraufhin erneut verhandelt (Abrechnung nach RVG). Zu rechnen ist ausgehend von einem Streitwert i.H.v. 3.000 EUR (§§ 94 Abs. 2 S. 1, 30 Abs. 2 KostO a.F.) wie folgt:

I. Verfahren vor Zurückverweisung
1. 10/10-Geschäftsgebühr, § 118 Abs. 1 Nr. 1 BRAGO   189,00 EUR
2. 10/10-Besprechungsgebühr, § 118 Abs. 1 Nr. 2 BRAGO   189,00 EUR
3. Postentgeltpauschale, § 26 S. 2 BRAGO   20,00 EUR
   Zwischensumme   398,00 EUR

---

[38] LG München AGS 2007, 459; OLG München AGS 2007, 624 = OLGR 2008 152 = NJW-Spezial 2007, 524 = RVGprof. 2008, 45; OLG Düsseldorf AGS 2008, 242 = NJW-Spezial 2008, 189; ebenso noch zur BRAGO: KG JurBüro 1973, 309; OLG Hamburg JurBüro 1977, 201; OLG Bamberg JurBüro 1980, 537; OLG Hamm JurBüro 1980, 537; ebenso, allerdings das Verfahren nach Zurückverweisung wie ein Rechtsmittel betrachtend: LG Düsseldorf JurBüro 1978, 1166; 1988, 1351 = Rpfleger 1988, 337; OLG Stuttgart JurBüro 1989, 1404 = MDR 1989, 923; OLG Zweibrücken JurBüro 2000, 21 = OLGR 2000, 226 = KostRsp. BRAGO § 134 m. Anm. N. Schneider; a.A. OLG Hamm JurBüro 1964, 429.

[39] LG München AGS 2007, 459; OLG München AGS 2007, 624 = OLGR 2008 152 = NJW-Spezial 2007, 524 = RVGprof. 2008, 45; OLG Düsseldorf AGS 2008, 242 = NJW-Spezial 2008, 189.

[40] Nach den Gebührenbeträgen bis zum 31.7.2013 (§ 60 RVG).

[41] Siehe Rdn 115.

[42] OLG Düsseldorf AGS 2008, 242 = NJW-Spezial 2008, 189.

4. 16 % Umsatzsteuer, § 25 Abs. 2 BRAGO	63,68 EUR
Gesamt	**461,68 EUR**

II. Verfahren nach Zurückverweisung (RVG[43])
1. 1,3-Verfahrensgebühr, Nr. 3100 VV		245,70 EUR
2. analog VV Vorb. 3 Abs. 4 VV anzurechnen, 10/10 aus 3.000 EUR		– 189,00 EUR
3. 1,2-Terminsgebühr, Nr. 3104 VV		226,80 EUR
4. Postentgeltpauschale, VV 7002[44]		20,00 EUR
Zwischensumme	303,50 EUR	
5. 19 % Umsatzsteuer, VV 7008		57,67 EUR
Gesamt		**361,17 EUR**

cc) Übergang 2. KostRMoG. Hinsichtlich der Anrechnungsregelung der VV Vorb. 3 Abs. 6 gab es keine Änderungen durch das 2. KostRMoG. Durch die Änderung der Gebührenbeträge der §§ 13 und 49 ergeben sich grundsätzlich keine Besonderheiten. 44

Soweit die Gebührenbeträge vor Anrechnung geringer sind als nach der Neufassung, wird nur der geringere Gebührenbetrag des vorangegangenen Verfahrens angerechnet, da nur das angerechnet werden kann, was dem Anwalt auch zufließt. 45

Beispiel 1: Der Anwalt war in 2012 in einem Verfahren vor dem LG (Streitwert: 12.000 EUR) tätig. Auf die Berufung hin ist die Sache im August 2013 an das LG zurückverwiesen und erneut verhandelt worden. Abzurechnen war im Ausgangsverfahren wie folgt:

I. Ausgangsverfahren (RVG i.d.F. bis zum 31.7.2013; Wert: 12.000 EUR)
1. 1,3-Verfahrensgebühr, VV 3100		683,80 EUR
2. 1,2-Terminsgebühr, VV 3104		631,20 EUR
3. Postentgeltpauschale, VV 7002		20,00 EUR
Zwischensumme	1.335,00 EUR	
4. 19 % Umsatzsteuer, VV 7008		253,65 EUR
Gesamt		**1.588,65 EUR**

Im Verfahren nach Zurückverweisung entstehen die gleichen Gebühren, jetzt allerdings nach den neuen Beträgen des § 13. Anzurechnen ist nach VV Vorb. 3 Abs. 6 die Verfahrensgebühr nach den alten Beträgen:

II. Verfahren nach Zurückverweisung (RVG i.d.F. ab dem 1.8.2013; Wert: 12.000 EUR)
1. 1,3-Verfahrensgebühr, VV 3100		785,20 EUR
2. Gem. VV Vorb. 3 Abs. 6 anzurechnen		– 683,80 EUR
3. 1,2-Terminsgebühr, VV 3104		724,80 EUR
4. Postentgeltpauschale, VV 7002		20,00 EUR
Zwischensumme	846,20 EUR	
5. 19 % Umsatzsteuer, VV 7008		160,78 EUR
Gesamt		**1.006,98 EUR**

Soweit die Gebührenbeträge vor Anrechnung höher liegen als nach der Neufassung, darf nur bis zur Höhe der neuen Beträge angerechnet werden, da eine Gebührenanrechnung höchstens zum Wegfall der weiteren Gebühr führen kann, nicht aber zu einer Rückzahlung. 46

Beispiel 1: Der Anwalt war in 2012 in einem Verfahren vor dem LG (Streitwert: 5.000 EUR) tätig. Auf die Berufung hin ist die Sache im August 2013 an das LG zurückverwiesen und erneut verhandelt worden. Abzurechnen war im Ausgangsverfahren wie folgt:

I. Ausgangsverfahren (RVG i.d.F. bis zum 31.7.2013; Wert: 5.000 EUR)
1. 1,3-Verfahrensgebühr, VV 3100		391,30 EUR
2. 1,2-Terminsgebühr, VV 3104		361,20 EUR
3. Postentgeltpauschale, VV 7002		20,00 EUR
Zwischensumme	772,50 EUR	
4. 19 % Umsatzsteuer, VV 7008		146,78 EUR
Gesamt		**919,28 EUR**

Im Verfahren nach Zurückverweisung entstehen die gleichen Gebühren, jetzt allerdings nach den neuen Beträgen des § 13. Anzurechnen ist nach VV Vorb. 3 Abs. 6 die Verfahrensgebühr nach den alten Beträgen, begrenzt auf den neuen Gebührenbetrag:

---

[43] Nach den Gebührenbeträgen bis zum 31.7.2013 (§ 60 RVG).   [44] Siehe Rdn 115.

II. Verfahren nach Zurückverweisung (RVG i.d.F. ab dem 1.8.2013; Wert: 5.000 EUR)

1. 1,3-Verfahrensgebühr, VV 3100	393,90 EUR
2. Gem. VV Vorb. 3 Abs. 6 anzurechnen	− 393,90 EUR
3. 1,2-Terminsgebühr, VV 3104	363,60 EUR
4. Postentgeltpauschale, VV 7002	20,00 EUR
Zwischensumme	383,60 EUR
5. 19 % Umsatzsteuer, VV 7008	72,88 EUR
Gesamt	**456,48 EUR**

c) Teilweise Zurückverweisung

47 Wird das Verfahren nur teilweise zurückverwiesen, so ergeben sich ebenfalls keine Probleme. Die Gebühren des Verfahrens nach Zurückverweisung berechnen sich dann lediglich aus dem Wert derjenigen Gegenstände, hinsichtlich deren das angefochtene Urteil aufgehoben und die Sache zurückverwiesen worden ist.

> **Beispiel:** Gegen das Urteil i.H.v. 20.000 EUR wird Berufung eingelegt. Die Berufung wird i.H.v. 15.000 EUR zurückgewiesen; im Übrigen wird das Urteil aufgehoben und die Sache an das erstinstanzliche Gericht zurückverwiesen. Dort wird nach Verhandlung ein Vergleich geschlossen.
> Die Gebühren im Ausgangs- und Berufungsverfahren berechnen sich aus dem Wert von 20.000 EUR, die Gebühren des Verfahrens nach Zurückverweisung aus dem Wert von 5.000 EUR.
>
> **I. Ausgangsverfahren (Wert: 20.000 EUR)**
>
> | | |
> |---|---:|
> | 1. 1,3-Verfahrensgebühr, VV 3100 | 964,60 EUR |
> | 2. 1,2-Terminsgebühr, VV 3104 | 890,40 EUR |
> | 3. Postentgeltpauschale, VV 7002 | 20,00 EUR |
> | Zwischensumme | 1.875,00 EUR |
> | 4. 19 % Umsatzsteuer, VV 7008 | 356,25 EUR |
> | **Gesamt** | **2.231,25 EUR** |
>
> **II. Verfahren nach Zurückverweisung (Wert: 5.000 EUR)**
>
> | | |
> |---|---:|
> | 1. 1,3-Verfahrensgebühr, VV 3100 | 393,90 EUR |
> | 2. gem. VV Vorb. 3 Abs. 6 anzurechnen, 1,3 aus 5.000 EUR | − 393,90 EUR |
> | 3. 1,2-Terminsgebühr, VV 3104 | 363,60 EUR |
> | 4. 1,0-Einigungsgebühr, VV 1000, 1003 | 303,00 EUR |
> | 5. Postentgeltpauschale, VV 7002[45] | 20,00 EUR |
> | Zwischensumme | 686,60 EUR |
> | 6. 19 % Umsatzsteuer, VV 7008 | 130,45 EUR |
> | **Gesamt** | **817,05 EUR** |

d) Wertänderung

48 Ändert sich der Wert des Gegenstandes, ohne dass sich auch der Gegenstand ändert, also etwa bei Kursschwankungen, so ist dies unbeachtlich. Nach § 23 Abs. 1 RVG, § 40 GKG, § 34 FamGKG verbleibt es bei dem Wert zum Zeitpunkt der ersten Antragseinreichung. Die Zurückverweisung führt nicht zu einer neuen Bewertung.

> **Beispiel:** Der Kläger klagt auf Herausgabe eines Wertpapierdepots, Kurswert 20.000 EUR. Das erstinstanzliche Urteil wird aufgehoben und die Sache zurückverwiesen.
> Beläuft sich der Kurswert bei Zurückverweisung nur noch auf 15.000 EUR, so ist für das weitere Verfahren ungeachtet dessen der ursprüngliche Wert von 20.000 EUR maßgebend; erhöht sich der Kurswert, z.B. auf 25.000 EUR, so berechnen sich die Gebühren des Verfahrens nach Zurückverweisung ebenfalls nur nach 20.000 EUR.

e) Reduzierung des Gegenstandes

49 Wird der Streitgegenstand nach Zurückverweisung reduziert, ist für das weitere Verfahren der geringere Wert zum Zeitpunkt der Zurückverweisung maßgebend.

---

45 Siehe Rdn 115.

Beispiel: Erstinstanzlich ergeht ein Urteil i.H.v. 20.000 EUR, gegen das Berufung eingelegt wird. Im Berufungsverfahren nimmt der Kläger mit Zustimmung des Beklagten die Klage um 15.000 EUR zurück. Anschließend wird die Sache zurückverwiesen.
Für das Verfahren nach Zurückverweisung ist nur ein Gegenstandswert von 5.000 EUR maßgebend. Gerechnet wird ebenso wie im Falle der Teilzurückverweisung (siehe Rdn 47).

f) Erweiterung des Gegenstands

Schwieriger ist die Situation, wenn nach Zurückverweisung der oder die Gegenstände des Verfahrens erweitert werden.

50

Beispiel: A klagt aus einem Verkehrsunfall auf Ersatz seines Sachschadens i.H.v. insgesamt 8.000 EUR. Die Klage wird abgewiesen. Das Berufungsgericht hebt das Urteil auf und verweist die Sache zurück. Nunmehr wird die Klage um 2.000 EUR für ein angemessenes Schmerzensgeld erweitert. Es wird erneut verhandelt.
Zu rechnen ist wie folgt:
I. Ausgangsverfahren (Wert: 8.000 EUR)
1. 1,3-Verfahrensgebühr, VV 3100   592,80 EUR
2. 1,2-Terminsgebühr, VV 3104   547,20 EUR
3. Postentgeltpauschale, VV 7002   20,00 EUR
    Zwischensumme   1.160,00 EUR
4. 19 % Umsatzsteuer, VV 7008   220,40 EUR
Gesamt   **1.380,40 EUR**

II. Verfahren nach Zurückverweisung (Wert: 10.000 EUR)
1. 1,3-Verfahrensgebühr, VV 3100   725,40 EUR
2. gem. VV Vorb. 3 Abs. 6 anzurechnen, 1,3 aus 8.000 EUR   − 592,80 EUR
3. 1,2-Terminsgebühr, VV 3104   669,60 EUR
4. Postentgeltpauschale, VV 7002[46]   20,00 EUR
    Zwischensumme   822,20 EUR
5. 19 % Umsatzsteuer, VV 7008   156,22 EUR
Gesamt   **978,42 EUR**

g) Klageänderungen

Bei Klageänderungen muss danach unterschieden werden, ob wirtschaftlich ein neuer selbstständiger Gegenstand eingeführt wird und sich damit der Gegenstandswert erhöht oder ob sich der Gegenstand wirtschaftlich betrachtet nicht ändert und damit keine Werterhöhung eintritt.

51

aa) Übergang von Herausgabe auf Schadensersatz.
Wird von einer Herausgabe- zur Schadensersatzklage übergegangen, liegt zwar nach § 264 Nr. 3 ZPO keine Klageänderung vor. Es ändert sich jedoch der Gegenstand der anwaltlichen Tätigkeit.

52

Beispiel: Der Kläger klagt auf Herausgabe eines Pkw im Wert von 7.000 EUR. Als sich im Berufungsverfahren herausstellt, dass der Pkw untergegangen ist, stellt er die Klage auf Schadensersatz i.H.v. 7.000 EUR um. Das Berufungsgericht verweist die Sache zurück.
Die Änderung des Gegenstands hat keine Wertänderung gebracht, da wirtschaftliche Identität besteht. Die Gebühren nach Zurückverweisung berechnen sich aus dem Wert von 7.000 EUR. Die Verfahrensgebühr entsteht nicht erneut.

Eine Änderung tritt jedoch ein, wenn gleichzeitig die Klage erweitert wird.

53

Beispiel: Der Kläger stellt die Klage im Berufungsverfahren auf Schadensersatz i.H.v. insgesamt 8.000 EUR um (7.000 EUR Fahrzeugwert plus 1.000 EUR Nebenkosten für Überführung, Zulassung etc.). Das Berufungsgericht verweist die Sache zurück.
Die Gebühren des Ausgangsverfahrens berechnen sich aus 7.000 EUR, die des Verfahrens nach Zurückverweisung aus 8.000 EUR. Die Verfahrensgebühr wird nur nach 7.000 EUR angerechnet.
I. Ausgangsverfahren (Wert: 7.000 EUR)
1. 1,3-Verfahrensgebühr, VV 3100   526,50 EUR
2. 1,2-Terminsgebühr, VV 3104   486,00 EUR

---

46 Siehe Rdn 115.

3. Postentgeltpauschale, VV 7002		20,00 EUR
Zwischensumme	1.032,50 EUR	
4. 19 % Umsatzsteuer, VV 7008		196,18 EUR
Gesamt		**1.228,68 EUR**

II. Verfahren nach Zurückverweisung (Wert: 8.000 EUR)

1. 1,3-Verfahrensgebühr, VV 3100		592,80 EUR
2. gem. VV Vorb. 3 Abs. 6 anzurechnen, 1,3 aus 7.000 EUR		– 526,50 EUR
3. 1,2-Terminsgebühr, VV 3104		547,20 EUR
4. Postentgeltpauschale, VV 7002[47]		20,00 EUR
Zwischensumme	633,50 EUR	
5. 19 % Umsatzsteuer, VV 7008		120,37 EUR
Gesamt		**753,87 EUR**

54 **bb) Übergang von Feststellungsklage zur Leistungsklage.** Geht der Kläger von einer Feststellungsklage zu einer Leistungsklage über, so ist ebenfalls nur nach dem geringeren Wert anzurechnen.

> **Beispiel:** Der Kläger klagt auf Feststellung, dass ihm ein Pflichtteilsanspruch i.H.v. einem Viertel des Nachlasses zustehe. Das Gericht setzt den Streitwert auf 40.000 EUR fest – ausgehend von einem geschätzten Wert des Pflichtteils i.H.v. 50.000 EUR und einem Feststellungsabschlag von 20 %. Gegen das abweisende Urteil legt der Kläger Berufung ein, worauf das Berufungsgericht die Sache zurückverweist. Nunmehr geht der Kläger zur Leistungsklage über und verlangt die Zahlung von 50.000 EUR; es wird erneut verhandelt.
>
> **I. Ausgangsverfahren (Wert: 40.000 EUR)**
>
> | | | |
> |---|---|---|
> | 1. 1,3-Verfahrensgebühr, VV 3100 | | 1.316,90 EUR |
> | 2. 1,2-Terminsgebühr, VV 3104 | | 1.215,60 EUR |
> | 3. Postentgeltpauschale, VV 7002 | | 20,00 EUR |
> | Zwischensumme | 2.552,50 EUR | |
> | 4. 19 % Umsatzsteuer, VV 7008 | | 484,98 EUR |
> | **Gesamt** | | **3.037,48 EUR** |
>
> **II. Verfahren nach Zurückverweisung (Wert: 50.000 EUR)**
>
> | | | |
> |---|---|---|
> | 1. 1,3-Verfahrensgebühr, VV 3100 | | 1.511,90 EUR |
> | 2. gem. VV Vorb. 3 Abs. 6 anzurechnen, 1,3 aus 40.000 EUR | | – 1.316,90 EUR |
> | 3. 1,2-Terminsgebühr, VV 3104 | | 1.395,60 EUR |
> | 4. Postentgeltpauschale, VV 7002[48] | | 20,00 EUR |
> | Zwischensumme | 1.610,60 EUR | |
> | 5. 19 % Umsatzsteuer, VV 7008 | | 306,01 EUR |
> | **Gesamt** | | **1.916,61 EUR** |

55 **cc) Austausch von Klagepositionen.** Wechselt der Kläger den Streitgegenstand aus, so ist nur teilweise anzurechnen, und zwar auch dann, wenn sich der Verfahrensstreitwert nicht ändert.

> **Beispiel:** Der Kläger klagt auf Zahlung der Mieten für die Monate Januar und Februar i.H.v. jeweils 1.000 EUR. Im Berufungsverfahren ändert er die Klage und verlangt anstelle der Januarmiete die Miete für den Monat März i.H.v. ebenfalls 1.000 EUR.
> Der Gegenstandswert des Ausgangsverfahrens beläuft sich auf 2.000 EUR; der Wert im Berufungsverfahren beläuft sich auf 3.000 EUR (vgl. § 22 Rdn 14). Im Verfahren nach Zurückverweisung beläuft sich der Wert wiederum auf 2.000 EUR. Allerdings liegt dem Verfahren zum Teil ein anderer Streitgegenstand zugrunde als dem Ausgangsverfahren. Der Anwalt erhält hier daher sowohl für das Verfahren vor Zurückverweisung als auch für das Verfahren nach Zurückverweisung die Vergütung aus 2.000 EUR. Hinsichtlich der Verfahrensgebühr findet eine Anrechnung allerdings nur nach einem Wert von 1.000 EUR statt, da nur hinsichtlich der Februarmiete eine Zurückverweisung vorliegt.
>
> **I. Ausgangsverfahren (Wert: 2.000 EUR)**
>
> | | | |
> |---|---|---|
> | 1. 1,3-Verfahrensgebühr, VV 3100 | | 195,00 EUR |
> | 2. 1,2-Terminsgebühr, VV 3104 | | 180,00 EUR |
> | 3. Postentgeltpauschale, VV 7002 | | 20,00 EUR |
> | Zwischensumme | 395,00 EUR | |
> | 4. 19 % Umsatzsteuer, VV 7008 | | 75,05 EUR |
> | **Gesamt** | | **470,05 EUR** |

---

[47] Siehe Rdn 115. [48] Siehe Rdn 115.

II. Verfahren nach Zurückverweisung (Wert: 2.000 EUR)
1. 1,3-Verfahrensgebühr, VV 3100   195,00 EUR
2. gem. VV Vorb. 3 Abs. 6 anzurechnen, 1,3 aus 1.000 EUR   − 104,00 EUR
3. 1,2-Terminsgebühr, VV 3104   180,00 EUR
4. Postentgeltpauschale, VV 7002[49]   20,00 EUR
   Zwischensumme   291,00 EUR
5. 19 % Umsatzsteuer, VV 7008   55,29 EUR
Gesamt   **346,29 EUR**

h) Zurückverweisung bei Stufenklage oder Stufenantrag

Wird der Stufenklage oder einem Stufenantrag in erster Instanz stattgegeben und die Sache nach erfolglosem Rechtsmittel an das Ausgangsgericht zurückgegeben und nunmehr zur zweiten Stufe übergegangen, liegt nach der Rspr. des BGH kein Fall der Zurückverweisung i.S.d. § 21 Abs. 1 vor, so dass sich nur noch die Terminsgebühr erhöht, wenn jetzt auch zur Höhe verhandelt wird. Gesonderte Gebühren entstehen dagegen nicht.   56

> **Beispiel:** A beantragt im Wege des Stufenantrags Auskunft und Zahlung eines nach Auskunftserteilung noch zu beziffernden Unterhalts. Das FamG gibt dem Auskunftsantrag (Verfahrenswert 1.500 EUR) statt. Die Beschwerde zum OLG hat keinen Erfolg. Nach Auskunftserteilung beziffert A seine Ansprüche vor dem FamG mit 500 EUR monatlich (Wert des Leistungsantrags nach § 51 FamGKG somit: 6.000 EUR). Der Leistungsantrag wird anerkannt.
> Es liegt nur eine Angelegenheit vor, da § 21 Abs. 1 nicht einschlägig ist. Wohl kann die vor Zurückverweisung entstandene Vergütung bereits abgerechnet werden, da sie nach § 8 Abs. 1 S. 2 fällig geworden ist.
>
> **I. Abrechnung bis zum Urteil über die Auskunftsstufe**
> 1. 1,3-Verfahrensgebühr, VV 3100 (Wert: 6.000 EUR)   460,20 EUR
> 2. 1,2-Terminsgebühr, VV 3104 (Wert: 1.500 EUR)   138,00 EUR
> 3. Postentgeltpauschale, VV 7002   20,00 EUR
>   Zwischensumme   618,20 EUR
> 4. 19 % Umsatzsteuer, VV 7008   117,46 EUR
> **Gesamt**   **735,66 EUR**
>
> Nach Rückgabe der Akten an das Ausgangsgericht entsteht keine neue Angelegenheit. Lediglich der Gegenstandswert der Terminsgebühr erhöht sich jetzt auf 6.000 EUR, sodass noch die Gebührendifferenzbeträge nachberechnet werden können.
>
> **II. Gesamtabrechnung**
> 1. 1,3-Verfahrensgebühr, VV 3100 (Wert: 6.000 EUR)   460,20 EUR
> 2. 1,2-Terminsgebühr, VV 3104 (Wert: 6.000 EUR)   424,80 EUR
> 3. Postentgeltpauschale, VV 7002[50]   20,00 EUR
> 4. ./. bereits abgerechneter (netto)   − 618,20 EUR
>   Zwischensumme   286,80 EUR
> 5. 19 % Umsatzsteuer, VV 7008   54,49 EUR
> **Gesamt**   **341,29 EUR**
> **Summe I. + II.**   **1.076,95 EUR**

Soweit nach Zurückverweisung der Klageantrag oder Antrag erweitert wird (etwa wegen rückständigen Unterhalts oder wegen Unterhalts für einen weiteren Unterhaltsgläubiger), gelten die vorhergehenden Ausführungen (siehe Rdn 50 ff.) entsprechend.   57

War der Antrag dagegen erstinstanzlich abgewiesen worden und wird auf die Beschwerde hin der Antragsteller zur Auskunft verpflichtet, liegt ein Normalfall vor (vgl. Rdn 39), da sich dann alle Gebühren im Ausgangsverfahren bereits nach dem vollen Wert richten. Die Abweisung des Klageantrags oder Antrags betrifft dann nicht nur den Auskunfts-, sondern auch den Zahlungsanspruch.   58

> **Beispiel:** A beantragt im Wege des Stufenantrags Auskunft und Zahlung eines nach Auskunftserteilung noch zu beziffernden Unterhalts. Das FamG weist den Antrag insgesamt ab (Gegenstandswert: Auskunft 1.500 EUR; Zahlung 6.000 EUR). Auf die Beschwerde wird der Antragsgegner zur Auskunft verpflichtet und die Sache zurückverwiesen. Nach Auskunftserteilung beziffert A seine Ansprüche mit 500 EUR monatlich. Es wird streitig verhandelt.

---

49 Siehe Rdn 115.   50 Siehe Rdn 115.

I. Ausgangsverfahren (Wert: 6.000 EUR)
1. 1,3-Verfahrensgebühr, VV 3100 — 460,20 EUR
2. 1,2-Terminsgebühr, VV 3104 — 424,80 EUR
3. Postentgeltpauschale, VV 7002 — 20,00 EUR
   Zwischensumme — 905,00 EUR
4. 19 % Umsatzsteuer, VV 7008 — 171,95 EUR
   Gesamt — 1.076,95 EUR

II. Verfahren nach Zurückverweisung (Wert: 6.000 EUR)
1. 1,3-Verfahrensgebühr, VV 3100 — 460,20 EUR
2. gem. VV Vorb. 3 Abs. 6 anzurechnen, 1,3 aus 6.000 EUR — – 460,20 EUR
3. 1,2-Terminsgebühr, VV 3104 — 424,80 EUR
4. Postentgeltpauschale, VV 7002[51] — 20,00 EUR
   Zwischensumme — 444,80 EUR
5. 19 % Umsatzsteuer, VV 7008 — 84,51 EUR
   Gesamt — 529,31 EUR

i) Zurückverweisung bei Grundurteil

59 Wird gegen ein Grundurteil Berufung eingelegt und das Verfahren hiernach zurückverwiesen oder wird im Berufungsverfahren ein Grundurteil gefällt, so gilt Folgendes:

60 **aa) Das erstinstanzliche Grundurteil wird bestätigt.** Wird das Grundurteil bestätigt, so gilt das weitere Verfahren über die Höhe nach Abs. 1 nicht als neue Angelegenheit. Es liegt nur eine Angelegenheit vor (siehe Rdn 25 ff.); der Anwalt erhält die Gebühren nur einmal.

Beispiel: A klagt aus einem Verkehrsunfall auf Schadensersatz in Höhe 9.000 EUR. Nach Verhandlung ergeht ein Grundurteil, wonach dem Kläger ein Ersatzanspruch i.H.v. 75 % seines Schadens zustehe. Hiergegen wird Berufung eingelegt. Das Grundurteil wird bestätigt und die Sache zur Entscheidung über die Höhe an das AG zurückverwiesen und dort erneut verhandelt.

I. Ausgangsverfahren (Wert: 9.000 EUR)
1. 1,3-Verfahrensgebühr, VV 3100 — 659,10 EUR
2. 1,2-Terminsgebühr, VV 3104 — 608,40 EUR
3. Postentgeltpauschale, VV 7002 — 20,00 EUR
   Zwischensumme — 1.287,50 EUR
4. 19 % Umsatzsteuer, VV 7008 — 244,63 EUR
   Gesamt — 1.532,13 EUR

Nach der Gegenauffassung wäre nach Zurückverweisung eine neue Angelegenheit gegeben. Der Anwalt erhielte jetzt aus der Quote von 75 %, also aus 6.750 EUR die Gebühren erneut.

Abrechnung Gegenauffassung: II. Verfahren nach Zurückverweisung (Wert: 6.750 EUR)
1. 1,3-Verfahrensgebühr, VV 3100 — 526,50 EUR
2. gem. VV Vorb. 3 Abs. 6 anzurechnen, 1,3 aus 6.750 EUR — – 526,50 EUR
3. 1,2-Terminsgebühr, VV 3104 — 486,00 EUR
4. Postentgeltpauschale, VV 7002[52] — 20,00 EUR
   Zwischensumme — 506,00 EUR
5. 19 % Umsatzsteuer, VV 7008 — 96,14 EUR
   Gesamt — 602,14 EUR

61 **bb) Das erstinstanzliche Grundurteil wird teilweise bestätigt.** Wird das Grundurteil nur teilweise bestätigt, so gilt das oben (siehe Rdn 60) Gesagte nach der Rspr. des BGH erst recht. Auch jetzt entsteht keine neue Angelegenheit.

Beispiel: Wie vorheriges Beispiel (siehe Rdn 60); in Abänderung des erstinstanzlichen Urteils wird das Grundurteil in Höhe einer Haftungsquote von 50 % aufrechterhalten.

I. Ausgangsverfahren (Wert: 9.000 EUR)
1. 1,3-Verfahrensgebühr, VV 3100 — 659,10 EUR
2. 1,2-Terminsgebühr, VV 3104 — 608,40 EUR

3. Postentgeltpauschale, VV 7002	20,00 EUR
Zwischensumme	1.287,50 EUR
4. 19 % Umsatzsteuer, VV 7008	244,63 EUR
Gesamt	**1.532,13 EUR**

Die Gegenauffassung würde dagegen aus der Quote von 50 % eine neue Angelegenheit annehmen.
Abrechnung der Gegenauffassung: II. Verfahren nach Zurückverweisung (Wert: 4.500 EUR)

1. 1,3-Verfahrensgebühr, VV 3100	393,90 EUR
2. gem. VV Vorb. 3 Abs. 6 anzurechnen, 1,3 aus 4.500 EUR	– 393,90 EUR
3. 1,2-Terminsgebühr, VV 3104	363,60 EUR
4. Postentgeltpauschale, VV 7002[53]	20,00 EUR
Zwischensumme	383,60 EUR
5. 19 % Umsatzsteuer, VV 7008	72,88 EUR
Gesamt	**456,48 EUR**

cc) Auf das erstinstanzliche Betragsurteil folgt im Berufungsverfahren ein Grundurteil und die Zurückverweisung zur Höhe. Wird das Grundurteil erst vom Berufungsgericht erlassen, so gilt das weitere Verfahren über die Höhe dagegen nach Abs. 1 als neue Angelegenheit. Maßgebend für das weitere Verfahren ist allerdings nur die durch das Berufungsgericht festgelegte Quote. **62**

Beispiel: Wie obiges Beispiel (siehe Rdn 60); das LG verurteilt den Beklagten zur Zahlung i.H.v. 9.000 EUR. In Abänderung des erstinstanzlichen Urteils erlässt das Berufungsgericht ein Grundurteil in Höhe einer Haftungsquote von 50 % und verweist die Sache an das LG zurück.

I. Ausgangsverfahren (Wert: 9.000 EUR)

1. 1,3-Verfahrensgebühr, VV 3100	659,10 EUR
2. 1,2-Terminsgebühr, VV 3104	608,40 EUR
3. Postentgeltpauschale, VV 7002	20,00 EUR
Zwischensumme	1.287,50 EUR
4. 19 % Umsatzsteuer, VV 7008	244,63 EUR
Gesamt	**1.532,13 EUR**

II. Verfahren nach Zurückverweisung (Wert: 4.500 EUR)

1. 1,3-Verfahrensgebühr, VV 3100	393,90 EUR
2. gem. VV Vorb. 3 Abs. 6 anzurechnen, 1,3 aus 4.500 EUR	– 393,90 EUR
3. 1,2-Terminsgebühr, VV 3104	363,60 EUR
4. Postentgeltpauschale, VV 7002[54]	20,00 EUR
Zwischensumme	383,60 EUR
5. 19 % Umsatzsteuer, VV 7008	72,88 EUR
Gesamt	**456,48 EUR**

j) Zurückverweisung nach Teilurteil

Problematisch ist die Berechnung, wenn ein Teil des Ursprungsverfahrens in erster Instanz anhängig geblieben ist und nach Zurückverweisung weitergeführt wird. Es liegt dann nur eine Zurückverweisung vor, soweit die Sache im Berufungsverfahren anhängig war.[55] **63**

Trotz einer einheitlichen Verhandlung können dann getrennte Gebühren entstehen, da gebührenrechtlich **zwei Angelegenheiten** vorliegen: **64**
– Soweit der Teil der Klageforderung im Ausgangsverfahren **anhängig geblieben** ist, setzt sich die **ursprüngliche Angelegenheit** fort.
– Soweit der weitere Teil der Klageforderung nach dem Rechtsmittel an das Ausgangsgericht **zurückgelangt**, liegt dagegen eine **neue Angelegenheit** vor (**Abs. 1**).

Beispiel: A klagt aus einem Verkehrsunfall auf Schadensersatz in Höhe 10.000 EUR (6.000 EUR Sachschaden und 4.000 EUR Schmerzensgeld). Nach Verhandlung ergeht ein Teilurteil über 6.000 EUR (Sachschaden). Das Teilurteil wird in der Berufung aufgehoben und die Sache zurückverwiesen. Nunmehr wird erneut verhandelt und eine Einigung erzielt. Trotz einheitlicher Verhandlung und Einigung fallen jetzt zwei Terminsgebühren und auch zwei Einigungsgebühren an; in jedem Verfahren eine nach dem jeweiligen Wert.

---

[53] Siehe Rdn 115.
[54] Siehe Rdn 115.
[55] OLG Köln JurBüro 1979, 697.

I. Ausgangsverfahren
1. 1,3-Verfahrensgebühr, VV 3100 (Wert: 10.000 EUR) — 725,40 EUR
2. 1,2-Terminsgebühr, VV 3104 (Wert: 10.000 EUR) — 669,60 EUR
3. 1,0-Einigungsgebühr, VV 1000, 1003 (Wert: 4.000 EUR) — 252,00 EUR
4. Postentgeltpauschale, VV 7002 — 20,00 EUR
Zwischensumme — 1.667,00 EUR
5. 19 % Umsatzsteuer, VV 7008 — 316,73 EUR
Gesamt — 1.983,73 EUR

II. Verfahren nach Zurückverweisung (Wert: 6.000 EUR)
1. 1,3-Verfahrensgebühr, VV 3100 — 460,20 EUR
2. gem. VV Vorb. 3 Abs. 6 anzurechnen, 1,3 aus 6.000 EUR — – 460,20 EUR
3. 1,2-Terminsgebühr, VV 3104 — 424,80 EUR
4. 1,0-Einigungsgebühr, VV 1000, 1003 — 354,00 EUR
5. Postentgeltpauschale, VV 7002[56] — 20,00 EUR
Zwischensumme — 798,80 EUR
6. 19 % Umsatzsteuer, VV 7008 — 151,77 EUR
Gesamt — 950,57 EUR

k) Zurückverweisung nach Teilurteil und spätere Klageerweiterung

65 Ist die obige Berechnung (siehe Rdn 64) noch halbwegs nachvollziehbar, kommt es zu einem Dilemma, wenn jetzt auch noch die Klage erweitert wird.

> **Beispiel:** A klagt aus einem Verkehrsunfall auf Schadensersatz in Höhe 10.000 EUR (6.000 EUR Sachschaden und 4.000 EUR Schmerzensgeld). Nach Verhandlung ergeht ein Teilurteil über 6.000 EUR (Sachschaden). Das Teilurteil wird in der Berufung aufgehoben und die Sache zurückverwiesen. Nunmehr wird die Klage um 5.000 EUR erweitert. Auch hierüber wird verhandelt.

66 In diesen Fällen fragt es sich wiederum, welcher Angelegenheit die Klageerweiterung zuzurechnen ist: dem Ausgangsverfahren oder dem Verfahren nach Zurückverweisung. Die Entscheidung dieser Frage kann erhebliche Unterschiede ausmachen. Abgesehen davon, dass unterschiedliches Gebührenrecht anwendbar sein kann (vgl. Rdn 40), kann die Gebührendegression zu unterschiedlichen Ergebnissen führen. M.E. muss dem Anwalt hier – ebenso wie bei Trennung und Verbindung – ein Wahlrecht zustehen, welcher Angelegenheit er die Erhöhung zurechnet.

67 Wird die Erhöhung dem Verfahren nach Zurückverweisung zugeordnet, ergibt dies folgende Berechnung:

I. Ausgangsverfahren (Wert: 10.000 EUR)
1. 1,3-Verfahrensgebühr, VV 3100 — 725,40 EUR
2. 1,2-Terminsgebühr, VV 3104 — 669,60 EUR
3. Postentgeltpauschale, VV 7002 — 20,00 EUR
Zwischensumme — 1.415,00 EUR
4. 19 % Umsatzsteuer, VV 7008 — 268,85 EUR
Gesamt — 1.683,85 EUR

Der Wert im Verfahren nach Zurückverweisung beläuft sich jetzt auf die zurückverwiesenen 6.000 EUR sowie die erweiterten 5.000 EUR.

II. Verfahren nach Zurückverweisung (Wert: 11.000 EUR)
1. 1,3-Verfahrensgebühr, VV 3100 — 785,20 EUR
2. gem. VV Vorb. 3 Abs. 6 anzurechnen, 1,3 aus 6.000 EUR — – 460,20 EUR
3. 1,2-Terminsgebühr, VV 3104 — 724,80 EUR
4. Postentgeltpauschale, VV 7002[57] — 20,00 EUR
Zwischensumme — 1.069,80 EUR
5. 19 % Umsatzsteuer, VV 7008 — 203,26 EUR
Gesamt — 1.273,06 EUR
Gesamt zu I. + II. — 2.956,91 EUR

---

56 Siehe Rdn 115.   57 Siehe Rdn 115.

Abschnitt 3. Angelegenheit § 21

Wird die Klageerweiterung dem Ausgangsverfahren zugeordnet, ergibt sich folgende Berechnung: **68**

Der Wert im Ausgangsverfahren erhöht sich jetzt um die erweiterten 5.000 EUR, während es im Verfahren nach Zurückverweisung bei den zurückverwiesenen 6.000 EUR verbleibt.

I. Ausgangsverfahren (Wert: 15.000 EUR)		
1. 1,3-Verfahrensgebühr, VV 3100		845,00 EUR
2. 1,2-Terminsgebühr, VV 3104		780,00 EUR
3. Postentgeltpauschale, VV 7002		20,00 EUR
Zwischensumme	1.645,00 EUR	
4. 19 % Umsatzsteuer, VV 7008		312,55 EUR
Gesamt		**1.957,55 EUR**
II. Verfahren nach Zurückverweisung (Wert: 6.000 EUR)		
1. 1,3-Verfahrensgebühr, VV 3100		460,20 EUR
2. gem. VV Vorb. 3 Abs. 6 anzurechnen, 1,3 aus 6.000 EUR		– 460,20 EUR
3. 1,2-Terminsgebühr, VV 3104		424,80 EUR
4. Postentgeltpauschale, VV 7002[58]		20,00 EUR
Zwischensumme	444,80 EUR	
5. 19 % Umsatzsteuer, VV 7008		84,51 EUR
Gesamt		**529,31 EUR**
Gesamt zu I + II		**2.486,86 EUR**

l) Erhöhung des Gebührensatzes der Verfahrensgebühr nach Zurückverweisung

Erhöht sich der Gebührensatz der Verfahrensgebühr nach Zurückverweisung, so ergeben sich jetzt als Anrechnungsfall im Gegensatz zum bisherigen Recht keine Probleme. **69**

Beispiel: Der Anwalt erhebt für seinen Mandanten Klage auf Zahlung von 5.000 EUR. Die Klage wird abgewiesen. Während des Berufungsverfahrens stirbt der Mandant und wird von seinen drei Kindern beerbt. Das Urteil des AG wird aufgehoben und die Sache zurückverwiesen.
Durch den Tod des Auftraggebers und die Fortsetzung des Rechtsstreits durch seine Erben erhöht sich die Verfahrensgebühr nach VV 1008. Im Berufungsverfahren erhält der Anwalt also eine 2,2-Verfahrensgebühr (VV 3200). Im Verfahren nach Zurückverweisung entsteht jetzt die nach VV 1008 erhöhte 1,9-Verfahrensgebühr (VV 3100), auf die die einfache Verfahrensgebühr angerechnet wird.
Zu rechnen ist wie folgt:

I. Ausgangsverfahren (Wert: 5.000 EUR)		
1. 1,3-Verfahrensgebühr, VV 3100		393,90 EUR
2. 1,2-Terminsgebühr, VV 3104		363,60 EUR
3. Postentgeltpauschale, VV 7002		20,00 EUR
Zwischensumme	777,50 EUR	
4. 19 % Umsatzsteuer, VV 7008		147,73 EUR
Gesamt		**925,23 EUR**
II. Berufungsverfahren (Wert: 5.000 EUR)		
1. 2,2-Verfahrensgebühr, VV 3200		666,60 EUR
2. 1,2-Terminsgebühr, VV 3202		363,60 EUR
3. Postentgeltpauschale, VV 7002		20,00 EUR
Zwischensumme	1.050,20 EUR	
4. 19 % Umsatzsteuer, VV 7008		199,54 EUR
Gesamt		**1.249,74 EUR**
III. Verfahren nach Zurückverweisung (Wert: 5.000 EUR)		
1. 1,9-Verfahrensgebühr, VV 3100, 1008		575,70 EUR
2. gem. VV Vorb. 3 Abs. 6 anzurechnen, 1,3 aus 5.000 EUR		– 393,90 EUR
3. 1,2-Terminsgebühr, VV 3104		363,60 EUR
4. Postentgeltpauschale, VV 7002[59]		20,00 EUR
Zwischensumme	565,40 EUR	
5. 19 % Umsatzsteuer, VV 7008		107,43 EUR
Gesamt		**672,83 EUR**

Gleiches gilt im Fall der VV 3101 Nr. 1. **70**

---

[58] Siehe Rdn 115. [59] Siehe Rdn 115.

Beispiel: Der Mandant wird verklagt (5.000 EUR) und beauftragt einen Anwalt mit seiner Vertretung. Bevor der Anwalt einen Antrag stellen kann, wird die Klage durch unechtes Versäumnisurteil abgewiesen. Auf die Berufung des Klägers wird das Urteil aufgehoben und die Sache zurückverwiesen. Nunmehr stellt der Anwalt des Beklagten den Antrag auf Klageabweisung.

Zu rechnen ist wie folgt:

I. Ausgangsverfahren (Wert: 5.000 EUR)
1. 0,8-Verfahrensgebühr, VV 3101 Nr. 1 — 242,40 EUR
2. Postentgeltpauschale, VV 7002 — 20,00 EUR
   Zwischensumme — 262,40 EUR
3. 19 % Umsatzsteuer, VV 7008 — 49,86 EUR
   Gesamt — **312,26 EUR**

II. Berufungsverfahren (Wert: 5.000 EUR)
1. 1,6-Verfahrensgebühr, VV 3200 — 484,40 EUR
2. 1,2-Terminsgebühr, VV 3202 — 363,60 EUR
3. Postentgeltpauschale, VV 7002 — 20,00 EUR
   Zwischensumme — 868,00 EUR
4. 19 % Umsatzsteuer, VV 7008 — 164,92 EUR
   Gesamt — **1.032,92 EUR**

III. Verfahren nach Zurückverweisung (Wert: 5.000 EUR)
1. 1,3-Verfahrensgebühr, VV 3100 — 393,90 EUR
2. gem. VV Vorb. 3 Abs. 6 anzurechnen, 0,8 aus 5.000 EUR — – 242,40 EUR
3. 1,2-Terminsgebühr, VV 3104 — 363,60 EUR
4. Postentgeltpauschale, VV 7002[60] — 20,00 EUR
   Zwischensumme — 535,10 EUR
5. 19 % Umsatzsteuer, VV 7008 — 101,67 EUR
   Gesamt — **636,77 EUR**

3. Zurückverweisung in sozialgerichtlichen Verfahren

71 Auch in sozialgerichtlichen Verfahren gilt sowohl Abs. 1 als auch VV Vorb. 3 Abs. 6. Eine Differenzierung zwischen Wert- und Betragsgebühren ist im Gegensatz zur BRAGO nicht mehr vorgesehen. Die Verfahrensgebühr wird in VV Teil 3 immer angerechnet.

72 Gegenüber der BRAGO hat das RVG hier erstmals eingeführt, dass Rahmengebühren aufeinander angerechnet werden. Dies bereitet hier besondere Probleme.

73 Für die Verfahrensgebühr im Verfahren vor Zurückverweisung ist aufgrund Umfang, Bedeutung etc. eine Gebühr zu bestimmen. Gleiches gilt für die Gebühr nach Zurückverweisung. Hier wäre an sich schon kraft Natur der Sache zu berücksichtigen, dass der Anwalt zuvor befasst war und den Sachverhalt kennt, dass er Vortätigkeiten ausgeübt hat etc. Es würde sich also hier bereits aufgrund der Kriterien des § 14 nur eine geringere Gebühr ergeben. Der Gesetzgeber hat dies dem Grunde nach erkannt und in den Fällen der VV Vorb. 2.3 Abs. 3 S. 3 und Vorb. 3 Abs. 3 S. 4 angeordnet, dass die Vorbefassung im Rahmen des § 14 Abs. 1 nicht berücksichtigt werden darf. Diese Regelung wird man hier entsprechend anwenden müssen. In der Regel dürfte daher die weitere Verfahrensgebühr höher anzusetzen sein, da zu dem bisherigen Prozessstoff des Verfahrens vor Zurückverweisung noch der weitere Verfahrensumfang hinzu kommt und zudem die rechtlichen Ausführungen des Rechtsmittelgerichts zusätzlich gewürdigt werden müssen.

74 Die Lösung liegt also darin, für das Verfahren nach Zurückverweisung zunächst eine Gebühr zu berechnen, die die gesamte Tätigkeit im Ausgangsverfahren und im Verfahren nach Zurückverweisung beinhaltet. Hierauf wird dann die Verfahrensgebühr des Ausgangsverfahrens angerechnet. Nur auf diese Art und Weise ergibt sich eine zutreffende (Differenz-)Berechnung, die den weiteren Umfang des Verfahrens angemessen erfasst. Der Anwalt erhält für das Verfahren nach Zurückverweisung dann noch den Gebührenrest, der für das weitere Verfahren angemessen ist.

Beispiel: Für das Ausgangsverfahren wäre eine Gebühr i.H.v. 300 EUR angemessen; für das Verfahren nach Zurückverweisung i.H.v. 250 EUR. Infolge der Anrechnung würde der Anwalt nur 300 EUR erhalten. Dabei wäre nicht berücksichtigt, dass für die gesamte Tätigkeit im Verfahren, also wenn man Ausgangsverfahren und Verfahren nach Zurückverweisung zusammenlegt, eine Gebühr i.H.v. 500 EUR angemessen

---

[60] Siehe Rdn 115.

wäre. Zu rechnen ist also für das weitere Verfahren eine Gebühr i.H.v. 500 EUR. Hierauf ist dann die Gebühr des Ausgangsverfahrens i.H.v. 300 EUR anzurechnen.

War der Anwalt bereits im vorangegangenen Verwaltungs- und/oder Widerspruchsverfahren tätig, ist die letzte Geschäftsgebühr nach VV Vorb. 3 Abs. 4 nur auf die erste Verfahrensgebühr anzurechnen, nicht auch auf die zweite. 75

Beispiel: Der Anwalt war bereits im Widerspruchsverfahren tätig. Gegen das Urteil des Sozialgerichts legt er Berufung ein. Das Landessozialgericht hebt nach mündlicher Verhandlung das Urteil des Sozialgerichts auf und verweist die Sache an das Sozialgericht zurück. Dort wird erneut verhandelt.

Jetzt erhält der Anwalt im ersten Verfahren vor dem Sozialgericht eine Gebühr nach VV 3102, allerdings unter hälftiger Anrechnung der vorangegangenen Geschäftsgebühr (VV Vorb. 3 Abs. 4). Für das Berufungsverfahren gelten die VV 3204 ff. Im Verfahren nach Zurückverweisung entsteht die Gebühr nach VV 3102 erneut, die jetzt allerdings deutlich höher ausfallen muss. Da es – ebenso wie bei einer Untätigkeitsklage oder einer einstweiligen Anordnung – zum Verfahren nach Zurückverweisung kein (erneutes) vorangehendes Verwaltungs- oder Nachprüfungsverfahren gibt, ist diese Gebühr insoweit anrechnungsfrei. Anzurechnen ist lediglich die vorangegangene Verfahrensgebühr der VV 3102. Ausgehend von den Mittelgebühren und einer um 50 % erhöhten Verfahrensgebühr im Verfahren nach Zurückverweisung ergibt sich folgende Berechnung:

I. Widerspruchsverfahren
1. Geschäftsgebühr, VV 2301 Nr. 1   345,00 EUR
2. Postentgeltpauschale, VV 7002   20,00 EUR
    Zwischensumme   365,00 EUR
3. 19 % Umsatzsteuer, VV 7008   69,35 EUR
Gesamt   **434,35 EUR**

II. Verfahren vor dem Sozialgericht
1. Verfahrensgebühr, VV 3102   300,00 EUR
2. Terminsgebühr, VV 3106   280,00 EUR
3. Postentgeltpauschale, VV 7002   20,00 EUR
    Zwischensumme   600,00 EUR
4. 19 % Umsatzsteuer, VV 7008   114,00 EUR
Gesamt   **714,00 EUR**

III. Berufungsverfahren
1. Verfahrensgebühr, VV 3204   370,00 EUR
2. Terminsgebühr, VV 3205   280,00 EUR
3. Postentgeltpauschale, VV 7002   20,00 EUR
    Zwischensumme   670,00 EUR
4. 19 % Umsatzsteuer, VV 7008   127,30 EUR
Gesamt   **797,30 EUR**

IV. Erneutes Verfahren vor dem Sozialgericht nach Zurückverweisung
1. Verfahrensgebühr, VV 3102   450,00 EUR
2. gem. VV Vorb. 3 Abs. 6 anzurechnen   – 300,00 EUR
3. Terminsgebühr, VV 3106   280,00 EUR
4. Postentgeltpauschale, VV 7002[61]   20,00 EUR
    Zwischensumme   450,00 EUR
5. 19 % Umsatzsteuer, VV 7008   85,50 EUR
Gesamt   **535,50 EUR**

4. Zurückverweisung in Verfahren der freiwilligen Gerichtsbarkeit

In Verfahren der freiwilligen Gerichtsbarkeit ist Abs. 1 ebenfalls anwendbar. Die frühere Streitfrage, ob die Geschäftsgebühr erneut entstehe oder nicht, ist obsolet, nachdem jetzt FG-Verfahren ebenso behandelt werden wie bürgerliche Rechtsstreite und keine Geschäftsgebühren, sondern Verfahrensgebühren entstehen. 76

---

61 Siehe Rdn 115.

5. Zurückverweisung in Straf- und Bußgeldsachen

77 In Straf- und Bußgeldsachen ist Abs. 1 ebenfalls anzuwenden. Der Anwalt erhält nach Zurückverweisung die jeweiligen Verfahrens- und Terminsgebühren erneut.[62] Eine neue Grundgebühr (VV 4100) kann begrifflich nicht anfallen, da diese begrifflich nur für die erste Einarbeitung anfallen kann.

78 Das gilt auch dann, wenn ein Beschluss der Strafvollstreckungskammer über die Fortdauer der Unterbringung aufgehoben und die Sache zurückverwiesen wird. Auch dann entstehen die Gebühren vor der Strafvollstreckungskammer nach Abs. 1 erneut.[63]

79 Eine Anrechnung der Verfahrensgebühr in Straf- und Bußgeldsachen ist nicht vorgesehen. Der geringere Aufwand, der darauf beruht, dass der Verteidiger bereits mit der Sache vertraut ist, kann gegebenenfalls nach § 14 Abs. 1 gebührenmindernd zu berücksichtigen sein.

> **Beispiel:** Auf die Berufung des Angeklagten hebt das LG das Urteil des AG auf und verweist die Sache zur erneuten Verhandlung an das AG zurück, wo in zwei Terminen erneut verhandelt wird. Bei Ansatz jeweils einer Mittelgebühr ergibt sich folgende Berechnung:
>
> **I. Ausgangsverfahren**
> | | | |
> |---|---:|---:|
> | 1. Verfahrensgebühr, VV 4106 | | 165,00 EUR |
> | 2. Terminsgebühr, VV 4108 | | 275,00 EUR |
> | 3. Postentgeltpauschale, VV 7002 | | 20,00 EUR |
> | Zwischensumme | 460,00 EUR | |
> | 4. 19 % Umsatzsteuer, VV 7008 | | 87,40 EUR |
> | **Gesamt** | | **547,40 EUR** |
>
> **II. Verfahren nach Zurückverweisung**
> | | | |
> |---|---:|---:|
> | 1. Verfahrensgebühr, VV 4106 | | 165,00 EUR |
> | 2. Terminsgebühr, VV 4108 | | 275,00 EUR |
> | 3. Terminsgebühr, VV 4108 | | 275,00 EUR |
> | 4. Postentgeltpauschale, VV 7002 | | 20,00 EUR |
> | Zwischensumme | 735,00 EUR | |
> | 5. 19 % Umsatzsteuer, VV 7008 | | 139,65 EUR |
> | **Gesamt** | | **874,65 EUR** |

6. Zurückverweisung in Verfahren nach VV Teil 6

80 Auch in Verfahren nach VV Teil 6 gilt Abs. 1. Eine Anrechnung ist hier allerdings ebenfalls nicht vorgesehen. Soweit Rahmengebühren anfallen, kann auch hier die Vorbefassung ggf. nach § 14 Abs. 1 gebührenmindernd zu berücksichtigen sein.

V. Auslagen

81 Da es sich bei dem Verfahren nach Zurückverweisung um eine neue Angelegenheit handelt, erhält der Anwalt auch seine Auslagen gesondert.

82 Soweit eine **Dokumentenpauschale** nach VV 7000 anfällt, ist wieder neu zu zählen, so dass für die ersten 50 Seiten wieder 0,50 EUR (einfarbig) bzw. 1,00 EUR (mehrfarbig) angesetzt werden können. Andererseits sind in den Fällen der VV 7000 Nr. 1 Buchst. b) und c) wiederum die ersten 100 Seiten vergütungsfrei (siehe dazu VV 7000 Rdn 182 ff.).

83 Der Anwalt erhält auch eine gesonderte **Postentgeltpauschale** nach VV 7002.[64] Die Höhe der Pauschale berechnet sich nach dem Gebührenaufkommen vor Anrechnung und nicht aus dem nach Anrechnung verbleibenden Restbetrag (siehe VV 7001–7002 Rdn 38 ff.).

---

[62] OLG Düsseldorf JurBüro 1994, 425 = Rpfleger 1994, 37 = StV 1993, 653; AG Wernigerode AGS 2015, 224 = RVGreport 2015, 137 = NJW-Spezial 2015, 316.

[63] OLG Düsseldorf AGS 2002, 127 = NStZ-RR 2002, 192 = OLGR 2001, 481 = KostRsp. BRAGO § 15 Nr. 44.

[64] LG Dresden AGS 2006, 169.

C. Zurückverweisung nach § 146 FamFG (Abs. 2, 1. Alt.)

Wird von einem Rechtsmittelgericht die Entscheidung der Vorinstanz aufgehoben und die Sache zur erneuten Entscheidung an die Vorinstanz zurückverwiesen, gilt grundsätzlich § 21 Abs. 1. Das Verfahren nach Zurückverweisung ist eine neue Angelegenheit, in der die Gebühren erneut entstehen (siehe Rdn 15 ff.). Von diesem Grundsatz enthält Abs. 2 für das Verbundverfahren eine Sondervorschrift. Sie ist lex specialis zu Abs. 1. Die Vorschrift gilt nur in **Scheidungsverbundverfahren** nach §§ 121 Nr. 1, 137 FamFG und erfasst ausschließlich die Zurückverweisung nach § 146 FamFG, nicht auch Zurückverweisungen nach § 69 Abs. 1 S. 2, 3 FamFG oder nach § 74 Abs. 4 S. 2, 3 FamFG. Die Vorschrift gilt damit nur für die Fälle, in denen
– neben der Ehesache auch Folgesachen anhängig gemacht worden sind,
– das FamG oder das OLG den Scheidungsantrag abgewiesen hat und
– das Rechtsmittelgericht (OLG oder BGH) den Scheidungsantrag für begründet hält und daher die Sache zurückverweist. Eine Entscheidung des Rechtsmittelgerichts in der Scheidungssache ist in diesem Fall nicht zulässig, da das Rechtsmittelgericht nicht über die vorinstanzlich noch anhängigen Folgesachen entscheiden kann.

Obwohl in diesen Fällen die Voraussetzungen des Abs. 1 erfüllt sind, findet diese Regelung keine Anwendung. Das Verfahren vor und nach Zurückverweisung gilt als **eine Angelegenheit** i.S.d. § 15 Abs. 1. Der Anwalt erhält die Gebühren daher insgesamt nur einmal.

> **Beispiel:** Das FamG weist den Scheidungsantrag (Werte: Ehesache 6.000 EUR; Versorgungsausgleich 1.200 EUR) zurück. Gegen die Abweisung des Scheidungsantrags wird Beschwerde eingelegt. Das OLG hält den Scheidungsantrag für begründet und verweist die Sache an das FamG zurück.
> Das Verfahren vor und nach Zurückverweisung gilt gemäß Abs. 2 als dieselbe Angelegenheit. Die Gebühren vor dem FamG entstehen nur einmal.
>
> **I. Verfahren vor dem FamG**
> 1. 1,3-Verfahrensgebühr, VV 3100 (Wert: 7.200 EUR)   592,80 EUR
> 2. 1,2-Terminsgebühr, VV 3104 (Wert: 7.200 EUR)   547,20 EUR
> 3. Postentgeltpauschale, VV 7002   20,00 EUR
>   Zwischensumme   1.160,00 EUR
> 4. 19 % Umsatzsteuer, VV 7008   220,40 EUR
> **Gesamt**   **1.380,40 EUR**
>
> **II. Beschwerdeverfahren**
> 1. 1,6-Verfahrensgebühr, VV 3200 (Wert: 6.000 EUR)   566,40 EUR
> 2. 1,2-Terminsgebühr, VV 3202 (Wert: 6.000 EUR)   424,80 EUR
> 3. Postentgeltpauschale, VV 7002   20,00 EUR
>   Zwischensumme   1.011,20 EUR
> 4. 19 % Umsatzsteuer, VV 7008   192,13 EUR
> **Gesamt**   **1.203,33 EUR**

Allerdings kann sich der Wert des erstinstanzlichen Verfahrens erhöhen, wenn nach Zurückverweisung noch weitere Folgesachen anhängig gemacht werden.

> **Beispiel:** Das FamG weist den Scheidungsantrag (Ehesache 6.000 EUR; Versorgungsausgleich 1.200 EUR) zurück. Gegen die Abweisung des Scheidungsantrags wird Beschwerde eingelegt. Das OLG hält den Scheidungsantrag für begründet und verweist die Sache an das FamG zurück. Hiernach wird noch nachehelicher Ehegattenunterhalt (Wert: 3.600 EUR) anhängig gemacht und darüber auch verhandelt.
> Abzurechnen ist zunächst wie im vorangegangenen Beispiel. Allerdings kann der Anwalt im Verfahren vor dem FamG infolge der Erhöhung des Streitwertes jetzt noch eine weitere Vergütung fordern. Die Vergütung für das Beschwerdeverfahren bleibt davon allerdings unberührt.
>
> **I. Verfahren vor dem FamG**
> 1. 1,3-Verfahrensgebühr, VV 3100 (Wert: 10.800 EUR)   785,20 EUR
> 2. 1,2-Terminsgebühr, VV 3104 (Wert: 10.800 EUR)   724,80 EUR
> 3. Postentgeltpauschale, VV 7002   20,00 EUR
>   Zwischensumme   1.530,00 EUR
> 4. 19 % Umsatzsteuer, VV 7008   290,70 EUR
> **Gesamt**   **1.820,70 EUR**
>
> **II. Beschwerdeverfahren**
> 1. 1,6-Verfahrensgebühr, VV 3200 (Wert: 6.000 EUR)   566,40 EUR
> 2. 1,2-Terminsgebühr, VV 3202 (Wert: 6.000 EUR)   424,80 EUR

3. Postentgeltpauschale, VV 7002		20,00 EUR
Zwischensumme	1.011,20 EUR	
4. 19 % Umsatzsteuer, VV 7008		192,13 EUR
Gesamt		**1.203,33 EUR**

87 Liegen zwischen dem Abschluss des erstinstanzlichen Verfahrens und der Zurückverweisung allerdings **mehr als zwei Kalenderjahre**, gilt nicht Abs. 2, sondern § 15 Abs. 5 S. 2, so dass dann alle Gebühren erneut entstehen. Insoweit gelten für eine Zurückverweisung nach Abs. 2 keine abweichenden Regelungen gegenüber einer Zurückverweisung nach Abs. 1 (siehe Rdn 8).

Beispiel: Das FamG weist den Scheidungsantrag im November 2010 ab. Die Beschwerde zum OLG bleibt erfolglos. Der BGH hält den Scheidungsantrag für begründet und verweist im Januar 2013 schließlich die Sache nach §§ 146, 74 Abs. 6 S. 1, 2. Alt. FamFG an das FamG.
Das Verfahren nach Zurückverweisung gilt gemäß § 15 Abs. 5 S. 2 als neue Angelegenheit. Alle Gebühren entstehen erneut. Auch eine Anrechnung der Verfahrensgebühr gemäß VV Vorb. 3 Abs. 6 kommt nicht in Betracht.

88 Die Vorschrift des Abs. 2 greift nicht, wenn das Rechtsmittelgericht die Sache nach § 69 Abs. 1 S. 2 und 3 FamFG oder nach § 74 Abs. 5 S. 2 FamFG zurückverweist. In diesem Fall bleibt es bei der allgemeinen Regel des Abs. 1.

Beispiel: Das FamFG weist den Scheidungsantrag ab. Das OLG verweist wegen eines schweren Verfahrensfehlers die Sache gemäß § 69 Abs. 1 S. 3 FamFG an das FamG zurück.
Es gilt nicht Abs. 2, sondern Abs. 1. Das Verfahren hinsichtlich der Ehesache ist eine neue Angelegenheit.

89 Das gilt auch dann, wenn das FamG über die Ehesache **vorab entschieden** hatte und die Folgesachen anhängig geblieben sind (§ 137 Abs. 5 S. 1 FamFG).

Beispiel: Das FamG trennt die anhängigen Folgesachen gemäß § 140 FamFG ab, wobei diese nach § 137 Abs. 5 S. 1 FamFG Folgesachen bleiben und gibt dem Scheidungsantrag statt. Das OLG hebt den Scheidungsbeschluss auf und verweist die Sache gemäß 69 Abs. 1 S. 3 FamFG an das FamG zurück.
Es gilt nicht Abs. 2, sondern Abs. 1. Das Verfahren hinsichtlich der Ehesache ist eine neue Angelegenheit. Die Gebühren entstehen erneut. Allerdings wird die vor Zurückverweisung entstandene Verfahrensgebühr gemäß VV Vorb. 3 Abs. 6 auf die Verfahrensgebühr nach Zurückverweisung angerechnet.

90 Werden **nur Folgesachen angefochten** und verweist das Rechtsmittelgericht die Sache zurück, gilt ebenfalls nicht Abs. 2, sondern wiederum die allgemeine Regel des Abs. 1.

D. Zurückverweisung nach § 146 i.V.m. § 290 FamFG (Abs. 2, 2. Alt.)

91 In Verfahren in Lebenspartnerschaftssachen gilt Abs. 2 entsprechend. Auf die dortigen Ausführungen kann daher Bezug genommen werden.

E. Fortsetzung einer Folgesache als isolierte Familiensache (Abs. 3)

I. Überblick

92 Wird eine Folgesache aus dem Verbund abgetrennt (§ 140 FamFG), so kann dies zur Auflösung des Verbundes führen, so dass das abgetrennte Verfahren seine Eigenschaft als Folgesache verliert und als isolierte Familiensache fortgeführt wird. § 16 Nr. 4 gilt dann nicht mehr. Eine Verfahrenstrennung nach § 20 FamFG ist allerdings nicht möglich. Dies würde dem Prinzip des Verbundverfahrens widersprechen.

93 Die Abtrennung kann kostenrechtliche Konsequenzen haben.
– Bleibt das abgetrennte Verfahren unbeschadet seiner Abtrennung **weiterhin Folgesache** (§ 137 Abs. 5 S. 1 FamFG), hat dies gebührenrechtlich keine Konsequenzen. Der Verbund bleibt erhalten, § 16 Nr. 4 gilt weiter. Es kann nur einheitlich abgerechnet werden.
– Führt die Abtrennung dagegen dazu, dass die abgetrennte Folgesache fortan zur **selbstständigen Familiensache** wird, dass also der Verbund durch die Abtrennung (teilweise) aufgelöst wird, so kann sie auch gesondert abgerechnet werden. Für das abgetrennte Verfahren gilt § 16 Nr. 4 nicht mehr. Das abgetrennte Verfahren wird eine selbstständige Angelegenheit i.S.d. § 15. Allerdings

sind das fortgeführte Verfahren und das frühere Verfahren gebührenrechtlich dieselbe Angelegenheit (Abs. 3).

II. Grundsatz: Keine Lösung aus dem Verbund

1. Überblick

Grundsätzlich erfolgt im Falle der Abtrennung keine Lösung aus dem Verbund. Das abgetrennte Verfahren bleibt Folgesache (§ 137 Abs. 5 S. 1 FamFG). Kostenrechtlich hat die Abtrennung in diesen Fällen also keine Auswirkungen, abgesehen davon, dass Teilfälligkeiten eintreten können.

94

2. Anwaltsgebühren

Für die Anwaltsgebühren gilt unbeschadet einer Abtrennung, die keine Lösung aus dem Verbund zur Folge hat, weiterhin § 16 Nr. 4. Das gesamte Verbundverfahren ist eine Angelegenheit und kann nur einheitlich abgerechnet werden.

95

> **Beispiel:** Während des Scheidungsverfahrens wird, nachdem bereits verhandelt worden war, die Folgesache Kindesunterhalt nach § 140 Abs. 1 S. 1 FamFG wegen Eintritts der Volljährigkeit abgetrennt (Werte: Ehesache 6.000 EUR; Versorgungsausgleich 1.200 EUR; Kindesunterhalt 3.600 EUR).
> Es gilt § 137 Abs. 2, Abs. 5 S. 1 FamFG. Die Unterhaltssache bleibt Folgesache. Es besteht kein Wahlrecht. Insgesamt abzurechnen ist wie bei einer einheitlichen Entscheidung.
> 1. 1,3-Verfahrensgebühr, VV 3100 (Wert: 10.800 EUR)   785,20 EUR
> 2. 1,2-Terminsgebühr, VV 3104 (Wert: 10.800 EUR)   724,80 EUR
> 3. Postentgeltpauschale, VV 7002   20,00 EUR
>   Zwischensumme   1.530,00 EUR
> 4. 19 % Umsatzsteuer, VV 7008   290,70 EUR
>   **Gesamt**   **1.820,70 EUR**

Da im Falle einer Abtrennung in der Regel die Entscheidungen über die abgetrennte Sache und den verbliebenen Verbund zu unterschiedlichen Zeitpunkten ergehen, kann dies allerdings Auswirkungen auf die Fälligkeit und damit auch auf die Verjährung haben (siehe § 16 Rdn 48 ff.).

96

III. Lösung aus dem Verbund

1. Überblick

Kommt es im Falle einer Abtrennung zur Auflösung des Verbundes, wird die abgetrennte Folgesache also zu einer selbstständigen Familiensache, hat dies auch kostenrechtliche Konsequenzen. Der gebührenrechtliche Verbund (§ 16 Nr. 4) wird aufgelöst. Auch die Gerichtsgebühren berechnen sich gesondert (§ 6 Abs. 2 FamGKG). Es ist ferner eine gesonderte Kostenentscheidung zu treffen (§ 150 Abs. 5 S. 2 FamFG). Auch die im Verbund bewilligte Verfahrenskostenhilfe wirkt nicht fort.[65]

97

Eine Lösung aus dem Verbund folgt nur
- bei Abtrennung einer **Kindschaftssache** nach § 140 Abs. 2 Nr. 3 FamFG (§ 137 Abs. 3, Abs. 5 S. 2 FamFG),
- einer Fortführung einer Folgesache nach § 141 S. 3 FamFG (**Vorbehalt bei Rücknahme des Scheidungsantrags**),
- bei Fortführung einer Folgesache nach § 142 Abs. 2 S. 3 FamFG (**Vorbehalt bei Abweisung des Scheidungsantrags**)
- mit Eintritt des 1.9.2009 bei einer zuvor **nach altem Recht abgetrennten Versorgungsausgleichssache** (Art. 111 Abs. 4 S. 1 FGG-ReformG) (siehe dazu Rdn 102 ff.)
- Abtrennung einer **Versorgungsausgleichssache** nach dem 1.9.2009 in einem Verbundverfahren nach altem Recht (Art. 111 Abs. 4 S. 1 FGG-ReformG), und zwar für das Verfahren auf Versor-

98

---

[65] BGH AGS 2011, 167 = NJW 2011, 1141 = FamRZ 2011, 635 = MDR 2011, 442 = FF 2011, 205 = NJW-Spezial 2011, 219 = FamRB 2011, 104 = NJW-Spezial 2011, 230 = FamFR 2011, 177 = RVGreport 2011, 193 = FuR 2011, 322 = ZFE 2011, 202.

gungsausgleich und alle mit ihm im Restverbund stehenden Folgesachen (Art. 111 Abs. 4 S. 2 FGG-ReformG) (siehe dazu Rdn 102 ff.).

2. Anwaltsgebühren

99 Kommt es zu einer solchen Abtrennung, so dass das abgetrennte Verfahren zur selbstständigen Familiensache wird, gilt § 16 Nr. 4 hinsichtlich des abgetrennten Verfahrens nicht mehr. Das abgetrennte Verfahren ist vielmehr eine selbstständige Angelegenheit i.S.d. § 15. Allerdings sind das fortgeführte Verfahren und das frühere Verfahren dieselbe Angelegenheit (Abs. 3). Die Gebühren entstehen also aus dem Wert des abgetrennten Verfahrens nicht zweimal – einmal im Verbund und einmal im isolierten Verfahren; der Anwalt hat vielmehr ein Wahlrecht wie er abrechnet, wobei die getrennte Abrechnung i.d.R. die günstigere ist.

> **Beispiel:** In einem Verbundverfahren (Ehesache 6.000 EUR, Versorgungsausgleich 1.200 EUR, elterliche Sorge 1.200 EUR) wird nach mündlicher Verhandlung gemäß § 140 Abs. 2 Nr. 3 FamFG die Folgesache elterliche Sorge abgetrennt. Sowohl im Verbund als auch im isolierten Verfahren wird nach der Abtrennung erneut verhandelt.
> Es gilt § 137 Abs. 3, Abs. 5 S. 2 FamFG. Die Kindschaftssache wird zur selbstständigen Familiensache. Der Anwalt kann wählen, ob er gemeinsam oder getrennt abrechnet, wobei hier zu beachten ist, dass mit der Abtrennung der Kindschaftssache, diese zu einer selbstständigen Familiensache wird und daher nicht mehr der Wert des § 44 Abs. 1 S. 1 FamGKG gilt, sondern der des § 45 FamGKG.
>
> **I. Gemeinsame Abrechnung Verbundverfahren**
> 1. 1,3-Verfahrensgebühr, VV 3100 (Wert: 8.400 EUR)   659,10 EUR
> 2. 1,2-Terminsgebühr VV 3104 (Wert: 8.400 EUR)   608,40 EUR
> 3. Postentgeltpauschale, VV 7002   20,00 EUR
>   Zwischensumme   1.287,50 EUR
> 4. 19 % Umsatzsteuer, VV 7008   244,63 EUR
> **Gesamt**   **1.532,13 EUR**
>
> **II. Getrennte Abrechnung**
> **a) Verbundverfahren ohne elterliche Sorge**
> 1. 1,3-Verfahrensgebühr, VV 3100 (Wert: 7.200 EUR)   592,80 EUR
> 2. 1,2-Terminsgebühr VV 3104 (Wert: 7.200 EUR)   547,20 EUR
> 3. Postentgeltpauschale, VV 7002   20,00 EUR
>   Zwischensumme   1.160,00 EUR
> 4. 19 % Umsatzsteuer, VV 7008   220,40 EUR
> **Gesamt**   **1.380,40 EUR**
>
> **b) Selbstständiges Verfahren über elterliche Sorge**
> 1. 1,3-Verfahrensgebühr, VV 3100 (Wert: 3.000 EUR)   261,30 EUR
> 2. 1,2-Terminsgebühr VV 3104 (Wert: 3.000 EUR)   241,20 EUR
> 3. Postentgeltpauschale, VV 7002   20,00 EUR
>   Zwischensumme   522,50 EUR
> 4. 19 % Umsatzsteuer, VV 7008   99,28 EUR
> **Gesamt**   **621,78 EUR**
> **Gesamt a) + b)**   **2.002,18 EUR**
> Die getrennte Abrechnung ist günstiger.

100 Im Ergebnis ebenso rechnet das OLG Zweibrücken,[66] das die vollen Gebühren im Verbund erhalten, dann aber die Differenzbeträge aus dem Mehrwert der elterlichen Sorge im isolierten Verfahren anrechnen will. Danach wäre im vorangegangenen Beispiel wie folgt zu rechnen:

> **I. Verbundverfahren**
> 1. 1,3-Verfahrensgebühr, VV 3100 (Wert: 8.400 EUR)   659,10 EUR
> 2. 1,2-Terminsgebühr VV 3104 (Wert: 8.400 EUR)   608,40 EUR
> 3. Postentgeltpauschale, VV 7002   20,00 EUR
>   Zwischensumme   1.287,50 EUR
> 4. 19 % Umsatzsteuer, VV 7008   244,63 EUR
> **Gesamt**   **1.532,13 EUR**

---

[66] AGkompakt 2012, 75 = FamRZ 2012, 1413.

II. Berechnung der Anrechnungsbeträge

1,3-Verfahrensgebühr, VV 3100 (Wert: 8.400 EUR)	659,10 EUR
– 1,3-Verfahrensgebühr, VV 3100 (Wert: 7.200 EUR)	– 592,80 EUR
= **Anrechnungsbetrag Verfahrensgebühr**	**66,30 EUR**
1,2-Terminsgebühr VV 3104 (Wert: 8.400 EUR)	608,40 EUR
– 1,2-Terminsgebühr VV 3104 (Wert: 7.200 EUR)	– 547,20 EUR
= **Anrechnungsbetrag Terminsgebühr**	**61,20 EUR**

III. Selbstständiges Verfahren über elterliche Sorge

1. 1,3-Verfahrensgebühr, VV 3100 (Wert: 3.000 EUR)		261,30 EUR
= Anrechnungsbetrag Verfahrensgebühr		– 66,30 EUR
2. 1,2-Terminsgebühr VV 3104 (Wert: 3.000 EUR)		241,20 EUR
= Anrechnungsbetrag Terminsgebühr		– 61,20 EUR
3. Postentgeltpauschale, VV 7002		20,00 EUR
Zwischensumme	395,00 EUR	
4. 19 % Umsatzsteuer, VV 7008		75,05 EUR
Gesamt		**470,05 EUR**
Gesamt I. + III.		**2.002,18 EUR**

Ebenso ist bei einer Abtrennung nach §§ 140 oder 141 FamFG zu rechnen.

Beispiel: Der Scheidungsantrag wird zurückgenommen, nachdem bereits verhandelt worden war. Die Antragstellerin beantragt jedoch nach § 141 S. 2 FamFG, die Folgesache Kindesunterhalt fortzuführen (Ehesache 6.000 EUR; Versorgungsausgleich 1.200 EUR; Unterhalt 3.600 EUR).

I. Gemeinsame Abrechnung – Verbundverfahren mit Unterhalt

1. 1,3-Verfahrensgebühr, VV 3100 (Wert: 10.800 EUR)		785,20 EUR
2. 1,2-Terminsgebühr VV 3104 (Wert: 10.800 EUR)		724,80 EUR
3. Postentgeltpauschale, VV 7002		20,00 EUR
Zwischensumme	1.530,00 EUR	
4. 19 % Umsatzsteuer, VV 7008		290,70 EUR
Gesamt		**1.820,70 EUR**

II. Getrennte Abrechnung

a) Verbundverfahren ohne Unterhalt

1. 1,3-Verfahrensgebühr, VV 3100 (Wert: 7.200 EUR)		592,80 EUR
2. 1,2-Terminsgebühr VV 3104 (Wert: 7.200 EUR)		547,20 EUR
3. Postentgeltpauschale, VV 7002		20,00 EUR
Zwischensumme	1.160,00 EUR	
4. 19 % Umsatzsteuer, VV 7008		220,40 EUR
Gesamt		**1.380,40 EUR**

b) Unterhaltsverfahren nach Fortführung

1. 1,3-Verfahrensgebühr, VV 3100 (Wert: 3.600 EUR)		327,60 EUR
2. 1,2-Terminsgebühr VV 3104 (Wert: 3.600 EUR)		302,40 EUR
3. Postentgeltpauschale, VV 7002		20,00 EUR
Zwischensumme	650,00 EUR	
4. 19 % Umsatzsteuer, VV 7008		123,50 EUR
Gesamt		**773,50 EUR**
Gesamt a) + b)		**2.153,90 EUR**

Der Anwalt steht sich also auch hier bei getrennter Berechnung günstiger.

IV. Sonderfall: Abtrennung des Versorgungsausgleichsverfahren in Altfällen

1. Überblick

102 Zu einer Trennung des Verbunds kommt es auch dann, wenn das Scheidungsverfahren nach altem Recht – also noch nach der ZPO i.d.F. vor dem 1.9.2009 – eingeleitet worden war und
– die Folgesache Versorgungsausgleich bereits am 1.9.2009 aus dem Verbund abgetrennt oder
– in der Zeit vom 1.9.2009 bis zum 31.8.2010 aus dem Verbund abgetrennt worden
ist. Es gilt dann Art. 111 Abs. 4 FGG-ReformG.[67]

103 Über die Konsequenzen dieser Abtrennung, Aussetzung und Wiederaufnahme bestand Streit. Zahlreiche divergierende Instanzentscheidungen sind hierzu ergangen, auf deren Nachweis hier verzichtet wird. Häufig war den Entscheidungsgründen zu entnehmen, dass dem betreffenden Gericht die einschlägige Norm des Art. 111 Abs. 4 FGG-ReformG gar nicht bekannt war. Mit der vorgenannten Entscheidung des BGH sind sämtliche Streitfragen geklärt. Danach gilt Folgendes:

104 Diese Regelung des Art. 111 Abs. 4 FGG-ReformG hat zur Folge, dass das abgetrennte Verfahren über den Versorgungsausgleich und gegebenenfalls weitere mit ihm noch im Verbund stehenden Folgesachen als selbstständige Familiensachen fortgeführt werden (Art. 111 Abs. 4 S. 2 FGG-ReformG). Die bisherige Folgesache Versorgungsausgleich ist damit aus dem Verbund herausgelöst, so dass nicht mehr die gesetzlichen Regelungen einer Folgesache gelten, sondern die einer isolierten selbstständigen Familiensache.

105 Darüber hinaus hat diese Abtrennung gemäß Art. 111 Abs. 4 S. 1 FamFG zur Folge, dass sich das abgetrennte selbstständige Verfahren nach dem neuem Recht des FGG-ReformG richtet. Dazu gehört auch das neue Kostenrecht, also das FamGKG.

106 Die Abtrennung hat ferner zur Folge, dass auch das RVG i.d.F. des FGG-ReformG gilt. Art. 111 Abs. 4 FGG-ReformG enthält insoweit eine vorrangige spezielle Übergangsregelung, die insoweit die Dauerübergangsregelungen der § 134 BRAGO, § 61 RVG verdrängt.[68]

2. Verfahrenswert im wieder aufgenommenen Verfahren

107 Dadurch, dass sich der Verfahrenswert in abgetrennten Versorgungsausgleichsverfahren jetzt nicht mehr nach den Vorschriften des GKG in der jeweiligen Fassung richtet, sondern nach dem durch das FGG-ReformG eingeführten FamGKG, gilt jetzt also § 50 FamGKG.

108 Maßgebend sind danach je Anrecht **10 %** des dreifachen Nettoeinkommens beider Ehegatten. Auch wenn das Verfahren durch die Abtrennung nach Art. 111 Abs. 4 FGG-ReformG selbstständig wird, bleibt es doch ein **„Verfahren anlässlich der Scheidung"**.

109 Hinsichtlich des dreifachen Nettoeinkommens der Ehegatten ist nach § 34 FamGKG auf den **Zeitpunkt der Einleitung des Verfahrens** abzustellen. Einleitung ist nicht die Abtrennung, sondern die Einleitung des Versorgungsausgleichsverfahren durch den seinerzeitigen Scheidungsantrag (§ 623 Abs. 1 S. 3 ZPO). Es ist also nicht auf die aktuellen Einkommensverhältnisse abzustellen, sondern auf die Einkommensverhältnisse bei Einreichung des Scheidungsantrags. Diese müssen ermittelt werden. Dies dürfte allerdings keine großen Schwierigkeiten bereiten, da hinsichtlich der Ehesache das Einkommen für die Streitwertfestsetzung bereits bei Einreichung des Scheidungsantrags, spätestens aber mit dessen Abschluss, ermittelt worden sein muss.

110 Zu beachten ist aber, dass der insoweit festgesetzte Wert der Ehesache Abzüge enthalten kann (z.B. für minderjährige Kinder etc.), die für den Wert der Versorgungsausgleichssache nicht zu berücksichtigen sind.[69]

---

[67] BGH AGS 2011, 167 = NJW 2011, 1141 = FamRZ 2011, 635 = MDR 2011, 442 = FF 2011, 205 = NJW-Spezial 2011, 219 = FamRB 2011, 104 = NJW-Spezial 2011, 230 = FamFR 2011, 177 = RVGreport 2011, 193 = FuR 2011, 322 = ZFE 2011, 202.

[68] OLG Celle AGS 2010, 533.

[69] OLG Stuttgart AGS 2010, 265 = Justiz 2011, 45 = RVGreport 2010, 276 = ZFE 2010, 313 = FF 2010, 377 = NJW 2010, 2221; OLG Koblenz AGS 2011, 392 = JurBüro 2011, 305= NJW-Spezial 2011, 445; a.A. OLG Nürnberg FamRZ 2010, 2101 = FuR 2010, 588; AG Ludwigslust FamRZ 2010, 2101.

3. Anwaltsvergütung im wieder aufgenommenen Verfahren

Im wieder aufgenommenen Verfahren berechnet sich jetzt – unabhängig davon, ob im Scheidungsverbundverfahren noch die BRAGO galt – die Vergütung des Anwalts nach dem RVG.

Der Anwalt erhält daher zunächst einmal eine **1,3-Verfahrensgebühr** nach VV 3100.

Hinzu kommt eine **1,2-Terminsgebühr** nach VV 3104. Diese fällt nicht nur dann an, wenn über den Versorgungsausgleich gemäß § 222 FamFG ein Erörterungstermin stattfindet, sondern auch dann, wenn im Einverständnis der Beteiligten ohne gerichtlichen Termin entschieden wird.[70] Die ganz einhellige Rspr. verfährt jedoch anders und lehnt eine Terminsgebühr ab.[71]

Kommt es zu einer Einigung, dann entsteht auch eine **1,0-Einigungsgebühr** nach VV 1000, 1003. Der Anfall einer Einigungsgebühr nach neuem Recht dürfte auch dann unproblematisch sein, wenn der Versorgungsausgleich nicht durchgeführt wird, da dann nicht nur auf einen einzigen „Saldoanspruch" verzichtet wird, sondern wechselseitige Ausgleichsansprüche verrechnet werden.[72]

Hinzu kommen **Auslagen**, insbesondere eine gesonderte **Postentgeltpauschale** nach VV 7002[73] (zur Berechnung siehe VV 7001–7002 Rdn 38 ff.).

4. Gutschrift der bereits im Scheidungsverbundverfahren verdienten Gebühren

a) Überblick

Hatte der Anwalt im früheren Scheidungsverbundverfahren seine Gebühren aus der Folgesache Versorgungsausgleich noch nicht berechnet, dann kann er jetzt anrechnungsfrei die Gebühren für das abgetrennte Verfahren verlangen.

Hatte der Anwalt jedoch aus der Folgesache Versorgungsausgleich im Verbund bereits abgerechnet, dann muss er sich die dort aus dem Versorgungsausgleich entstandenen Gebühren im wieder aufgenommenen isolierten Verfahren anrechnen lassen. Dabei handelt es sich nicht um eine Gebührenanrechnung i.S.d. § 15a. Die Anrechnung – oder besser ausgedrückt die Verrechnung – folgt letztlich aus § 21 Abs. 3, wonach im Falle der Abtrennung das Verfahren vor und nach Abtrennung als eine Gebührenangelegenheit gilt, sowie aus § 15 Abs. 2 S. 1, wonach der Anwalt seine Gebühren in derselben Angelegenheit nur einmal erhält.

Der Anwalt kann insoweit auch nicht die Vorschrift des § 15 Abs. 5 S. 2 ins Feld führen. Nach dieser Vorschrift wird zwar nach Ablauf von zwei Kalenderjahren eine neue Angelegenheit fingiert mit der Folge, dass der Anwalt seine Gebühren erneut erhält und er sich auch keine vorangegangenen Gebühren anrechnen lassen muss; ein Fall des § 15 Abs. 5 S. 2 liegt jedoch nicht vor. Allein durch die damalige Abtrennung der Folgesache Versorgungsausgleich war weder die Angelegenheit beendet noch der Auftrag erledigt. Auch wenn das Versorgungsausgleichsverfahren nach Abtrennung ausgesetzt oder zum Ruhen gebracht worden war, führt dies nicht zur Anwendung des § 15 Abs. 5 S. 2 (siehe dazu auch § 15 Rdn 293). Im Falle einer Aussetzung oder des Ruhens des Verfahrens muss der Anwalt weiterhin in der Sache tätig bleiben. Insbesondere muss er regelmäßig überprüfen,

---

[70] Keuter, NJW 2009, 2922; N. Schneider, Gebühren in Familiensachen, Rn 403 ff.; 2440; OLG Stuttgart RVGreport 2010, 420 zum vergleichbaren Fall der Entscheidung in einem Sorgerechtsverfahren ohne gerichtlichen Termin.

[71] KG AGS 2011, 324 = FamRZ 2011, 1978 = JurBüro 2011, 639 = RVGreport 2011, 306; OLG Rostock AGS 2011, 588; OLG Jena AGS 2012, 131 = FamRZ 2012, 329 = NJW-Spezial 2012, 124; OLG Dresden AGS 2012, 459 = NJW-Spezial 2012, 668 = FamFR 2012, 448.

[72] OLG Karlsruhe AGS 2012, 135 = FamRZ 2012, 395 = NJW-RR 2012, 328 = FamFR 2011, 573; OLG Hamm AGS 2012, 137 = RVGprof. 2011, 191= RVGreport 2011, 424; OLG München AGS 2012, 174 = NJW 2012, 1089 = MDR 2012, 495 = JurBüro 2012, 193 = Rpfleger 2012, 354 = FamRZ 2012, 1580 = NJW-Spezial 2012, 123 = FamFR 2012, 131= RVGreport 2012, 103 = FF 2012, 466; OLG Hamm AGS 2012, 464 = MDR 2012, 1468 = FamFR 2012, 377 = NJW-Spezial 2012, 605 = RVGreport 2012, 459; OLG Dresden AGS 2012, 459 = NJW-Spezial 2012, 668 = FamFR 2012, 448.

[73] OLG Dresden AGS 2006, 169; so schon zum früheren Recht: OLG Hamm AnwBl 1972, 132 = JurBüro 1973, 143; OLG Düsseldorf JurBüro 1978, 1808; SG Hamburg JurBüro 1993, 219 = KostRsp. BRAGO § 15 Nr. 24 m. Anm. *Hellstab*.

ob die Gründe für die Aussetzung bzw. das Ruhen des Verfahrens noch vorliegen oder ob er die Fortsetzung des Verfahrens beantragen muss.

119 Um die danach vorzunehmende Anrechnung durchführen zu können, muss ermittelt werden, welche Gebühren der Anwalt im Scheidungsverbundverfahren aus der Folgesache Versorgungsausgleich bereits vereinnahmt hat. Dazu muss eine Vergleichsbetrachtung angestellt werden.
- Es muss zum einen die tatsächlich abgerechnete Vergütung des Scheidungsverfahrens unter Einschluss des Versorgungsausgleichs ermittelt werden.
- Dem gegenüberzustellen ist, welche Vergütung der Anwalt erhalten hätte, wenn er das Scheidungsverbundverfahren ohne die Folgesache Versorgungsausgleich abgerechnet hätte.

Der sich daraus ergebende Differenzbetrag ist dann im wieder aufgenommenen Verfahren anzurechnen.

120 Diese Ermittlung des anzurechnenden Betrags hängt wiederum davon ab, wann das Scheidungsverfahren eingeleitet worden ist, da sich danach gemäß §§ 134 BRAGO, 61 RVG ergibt, welches Gebührenrecht anzuwenden ist. So kann im ursprünglichen Verbundverfahren noch die BRAGO anzuwenden sein; es kann sogar sein, dass noch nach DM-Beträgen abzurechnen ist,[74] oder sogar noch nach den Tabellenbeträgen der BRAGO vor 1994. Darüber hinaus kann im Scheidungsverbundverfahren noch der geringere Umsatzsteuersatz von 16 % oder gar ein noch geringerer Satz gegolten haben.

121 Im wieder aufgenommenen Verfahren wird in der Regel das RVG i.d.F. bis zum 31.7.2013 gelten, da die Verfahren in der Regel bis dahin bereits wieder aufgenommen sein dürften. Sollte das Verfahren erst danach aufgenommen worden sein, müsste dann mit den neuen Gebührenbeträgen gerechnet werden. Daher wird bei den nachfolgenden Beispielen von den RVG-Beträgen in der alten Fassung ausgegangen. Ansonsten ergeben sich aber keine Unterschiede.

b) Vergütung im Scheidungsverfahren richtet sich nach RVG mit 19 % Umsatzsteuer

122 Galt im Verbundverfahren bereits das RVG, ist die Differenz der RVG-Gebühren zu ermitteln.

Beispiel 1: Das Scheidungsverfahren war in 2008 eingeleitet worden. Das dreifache Nettoeinkommen der Beteiligten belief sich auf 9.000,00 EUR. Auszugleichen sind auf Seiten jedes Ehegatten eine gesetzliche Anwartschaft und auf Seiten des Ehemannes eine betriebliche Anwartschaft. Über die Scheidung ist im Mai 2009 nach § 628 Abs. 2 Nr. 4 ZPO a.F. vorab entschieden worden; gleichzeitig ist der Versorgungsausgleich (Wert: 2.000 EUR) „abgetrennt" worden. Im Januar 2010 ist der Versorgungsausgleich wieder aufgenommen und darüber nach Erörterung entschieden worden.
Abzurechnen war im Verbundverfahren zunächst wie folgt:

I. Verbundverfahren (RVG i.d.F. bis zum 31.7.2013)

1. 1,3-Verfahrensgebühr, VV 3100 (Wert: 11.000 EUR)	683,80 EUR
2. 1,2-Terminsgebühr, VV 3104 (Wert: 11.000 EUR)	631,20 EUR
3. Postentgeltpauschale, VV 7002	20,00 EUR
Zwischensumme	1.335,00 EUR
4. 19 % Umsatzsteuer, VV 7008	253,65 EUR
Gesamt	**1.588,65 EUR**

Um den anzurechnenden Betrag zu ermitteln, sind die Gebühren aus dem Wert des Scheidungsverbundverfahrens den Gebühren gegenüberzustellen, die sich aus dem Scheidungsverfahren ohne den Wert der Folgesache Versorgungsausgleich ergeben hätten. Dies ergibt folgenden Betrag:

II. Ermittlung des Anrechnungsbetrags

1,3-Verfahrensgebühr, VV 3100 (Wert: 11.000 EUR)	683,80 EUR
./. 1,3-Verfahrensgebühr, VV 3100 (Wert: 9.000 EUR)	− 583,70 EUR
1,2-Terminsgebühr, VV 3104 (Wert: 11.000 EUR)	631,20 EUR
./. 1,2-Terminsgebühr, VV 3104 (Wert: 9.000 EUR)	− 538,80 EUR
Gesamt	**192,50 EUR**

Im abgetrennten Verfahren Versorgungsausgleich entstehen jetzt die Gebühren nach dem Wert des § 50 FamGKG. Da drei Anrechte zu verteilen waren, beläuft sich der Verfahrenswert auf 30 % des dreifachen Nettoeinkommens (3 x 10 % x 9.000 EUR =) 2.700 EUR. Der Anwalt erhält also noch:

---
[74] So im Falle OLG Jena AGS 2010, 355 = FamRZ 2010, 1666 = FuR 2010, 591 = ZFE 2010, 429.

III. Abgetrenntes Verfahren Versorgungsausgleich (RVG i.d.F. bis zum 31.7.2013)

1. 1,3-Verfahrensgebühr, VV 3100 (Wert: 2.700 EUR)	245,70 EUR
2. 1,2-Terminsgebühr, VV 3104 (Wert: 2.700 EUR)	226,80 EUR
3. ./. bereits im Verbund abgerechneter	– 192,50 EUR
4. Postentgeltpauschale, VV 7002	20,00 EUR
Zwischensumme 300,00 EUR	
5. 19 % Umsatzsteuer, VV 7008	57,00 EUR
Gesamt	**357,00 EUR**

c) Vergütung im Scheidungsverfahren richtet sich nach RVG mit 16 % Umsatzsteuer

Galt im Verbundverfahren zwar schon das RVG, war jedoch noch nach einem Umsatzsteuersatz von 16 % abzurechnen, ist ebenfalls die Differenz der RVG-Gebühren zu ermitteln. Da die Anrechnung auf Netto-Basis durchzuführen ist, ergeben sich letztlich keine Unterschiede. **123**

> **Beispiel 2:** Wie vorangegangenes Beispiel 1. Die Scheidung war jedoch schon in 2005 eingereicht worden. Die Scheidung und Abtrennung erfolgten im November 2006.
> Zu berücksichtigen ist, dass das Scheidungsverfahren jetzt mit 16 % Umsatzsteuer abzurechnen war. An dem Netto-Differenzbetrag in Höhe von 192,50 EUR, den sich der Anwalt anrechnen lassen muss, ändert sich jedoch nichts.
>
> **I. Scheidungsverbundverfahren**
>
> | | |
> |---|---|
> | 1. 1,3-Verfahrensgebühr, VV 3100 (Wert: 11.000 EUR) | 683,80 EUR |
> | 2. 1,2-Terminsgebühr, VV 3104 (Wert: 11.000 EUR) | 631,20 EUR |
> | 3. Postentgeltpauschale, VV 7002 | 20,00 EUR |
> | Zwischensumme 1.335,00 EUR | |
> | 4. 16 % Umsatzsteuer, VV 7008 | 213,60 EUR |
> | **Gesamt** | **1.548,60 EUR** |
>
> **II. Ermittlung des Anrechnungsbetrags**
>
> | | |
> |---|---|
> | 1,3-Verfahrensgebühr, VV 3100 (Wert: 11.000 EUR) | 683,80 EUR |
> | ./. 1,3-Verfahrensgebühr, VV 3100 (Wert: 9.000 EUR) | – 583,70 EUR |
> | 1,2-Terminsgebühr, VV 3104 (Wert: 11.000 EUR) | 631,20 EUR |
> | ./. 1,2-Terminsgebühr, VV 3104 (Wert: 9.000 EUR) | – 538,80 EUR |
> | **Gesamt** | **192,50 EUR** |
>
> **III. Abgetrenntes Verfahren Versorgungsausgleich (RVG i.d.F. bis zum 31.7.2013)**
>
> | | |
> |---|---|
> | 1. 1,3-Verfahrensgebühr, VV 3100 (Wert: 2.700 EUR) | 245,70 EUR |
> | 2. 1,2-Terminsgebühr, VV 3104 (Wert: 2.700 EUR) | 226,80 EUR |
> | 3. ./. bereits im Verbund abgerechneter | – 192,50 EUR |
> | 4. Postentgeltpauschale, VV 7002 | 20,00 EUR |
> | Zwischensumme 300,00 EUR | |
> | 5. 19 % Umsatzsteuer, VV 7008 | 57,00 EUR |
> | **Gesamt** | **357,00 EUR** |

d) Vergütung im Scheidungsverfahren richtet sich nach BRAGO i.d.F. von 2002

Richtete sich das Verbundverfahren dagegen noch nach der BRAGO, allerdings schon in der Fassung von 2002, ist die anzurechnende Gebührendifferenz nach den Euro-Beträgen der BRAGO zu berechnen. **124**

Zu beachten ist, dass in diesem Fall im Scheidungsverfahren nicht die Wertvorschrift des § 49 GKG (i.d.F. des JuMoG) galt, sondern § 19a GKG a.F., wonach in Versorgungsausgleichsverfahren der Jahresbetrag der auszugleichenden Anwartschaften anzusetzen war. **125**

> **Beispiel 3:** Die Scheidung war bereits in 2002 eingereicht worden. Das Gericht hatte ausgehend von einem Monatseinkommen beider Ehegatten in Höhe von 2.000,00 EUR die Werte wie folgt festgesetzt: Scheidung 3 x 2.000,00 EUR = 6.000,00 EUR; Versorgungsausgleich 12 x 100,00 EUR = 1.200,00 EUR. Die Scheidung und die Abtrennung des Versorgungsausgleichs erfolgte im November 2007.
> Jetzt berechnet sich die Vergütung im Scheidungsverbundverfahren nach der BRAGO 2002. Der Anrechnungsbetrag ist folglich aus den BRAGO-Beträgen zu ermitteln.

I. Scheidungsverbundverfahren

1. 10/10 Prozessgebühr, § 31 Abs. 1 Nr. 1 BRAGO (Wert: 7.200 EUR) — 412,00 EUR
2. 10/10 Verhandlungsgebühr, § 31 Abs. 1 Nr. 2 BRAGO (Wert: 7.200 EUR) — 412,00 EUR
3. 10/10 Beweisgebühr, § 31 Abs. 1 Nr. 3 BRAGO (Wert: 6.000 EUR) — 338,00 EUR
4. Postentgeltpauschale, § 26 BRAGO — 20,00 EUR
   Zwischensumme — 1.182,00 EUR
5. 19 % Umsatzsteuer, § 25 BRAGO — 224,58 EUR

Gesamt — 1.406,58 EUR

II. Ermittlung des Anrechnungsbetrags

10/10 Prozessgebühr, § 31 Abs. 1 Nr. 1 BRAGO (Wert: 7.200 EUR) — 412,00 EUR
10/10 Verhandlungsgebühr, § 31 Abs. 1 Nr. 2 BRAGO (Wert: 7.200 EUR) — 412,00 EUR
./. 10/10 Prozessgebühr, § 31 Abs. 1 Nr. 1 BRAGO (Wert: 6.000 EUR) — – 338,00 EUR
./. 10/10 Verhandlungsgebühr, § 31 Abs. 1 Nr. 2 BRAGO (Wert: 6.000 EUR) — – 338,00 EUR

Gesamt — 148,00 EUR

III. Abgetrenntes Verfahren Versorgungsausgleich (RVG i.d.F. bis zum 31.7.2013)

1. 1,3-Verfahrensgebühr, VV 3100 (Wert: 1.8.000 EUR) — 172,90 EUR
2. 1,2-Terminsgebühr, VV 3104 (Wert: 1.800 EUR) — 159,60 EUR
3. ./. bereits im Verbund abgerechneter — – 148,00 EUR
4. Postentgeltpauschale, VV 7002 — 20,00 EUR
   Zwischensumme — 204,50 EUR
5. 19 % Umsatzsteuer, VV 7008 — 38,86 EUR

Gesamt — 243,36 EUR

e) Vergütung im Scheidungsverfahren richtet sich nach BRAGO i.d.F. vor 2002, aber nach 1994

126 Richtete sich das Verbundverfahren noch nach der BRAGO in der Fassung vor dem 1.1.2002, jedoch nach dem 30.6.1994, dann ist die Differenz der damals geltenden in DM-Beträgen aus dem früheren Jahreswert auszurechnen und anschließend in EUR umzurechnen.

Beispiel 4: Die Scheidung war bereits in 2001 eingereicht worden. Das Gericht hat die Werte wie folgt festgesetzt: Scheidung 3 x 4.000 DM = 12.000 DM; Versorgungsausgleich 12 x 200 DM = 2.400 DM. Die Scheidung und Abtrennung des Versorgungsausgleichs erfolgten im November 2007.
Für das Scheidungsverfahren galten noch die BRAGO-Gebühren und zwar die nach der DM-Tabelle 1994.

I. Scheidungsverbundverfahren

1. 10/10-Prozessgebühr, § 31 Abs. 1 Nr. 1 BRAGO (Wert: 14.400 DM) — 805,00 DM
2. 10/10-Verhandlungsgebühr, § 31 Abs. 1 Nr. 2 BRAGO (Wert: 14.400 DM) — 805,00 DM
3. 10/10-Beweisgebühr, § 31 Abs. 1 Nr. 3 BRAGO (Wert: 12.000 DM) — 665,00 DM
4. Postentgeltpauschale, § 26 BRAGO — 40,00 DM
   Zwischensumme — 2.315,00 DM
5. 16 % Umsatzsteuer, § 25 BRAGO — 370,40 DM

Gesamt — 2.685,40 DM

II. Ermittlung des Anrechnungsbetrags

10/10-Prozessgebühr, § 31 Abs. 1 Nr. 1 BRAGO (Wert: 14.400 DM) — 805,00 DM
10/10-Verhandlungsgebühr, § 31 Abs. 1 Nr. 2 BRAGO (Wert: 14.400 DM) — 805,00 DM
./. 10/10-Prozessgebühr, § 31 Abs. 1 Nr. 1 BRAGO (Wert: 12.000 DM) — – 665,00 DM
./. 10/10-Verhandlungsgebühr, § 31 Abs. 1 Nr. 2 BRAGO (Wert: 12.000 DM) — – 665,00 DM

Gesamt — 280,00 DM
umgerechnet in EUR — 143,16 EUR

Im abgetrennten Verfahren ist wiederum von 30 % des dreifachen Nettoeinkommens auszugehen. Dieses belief sich auf 12.000 DM, also auf 6.135,50 EUR. Hiervon 30 % ergeben 1.840,65 EUR.

III. Abgetrenntes Verfahren Versorgungsausgleich (RVG i.d.F. bis zum 31.7.2013)

1. 1,3-Verfahrensgebühr, VV 3100 (Wert: 1.840 EUR) — 172,90 EUR
2. 1,2-Terminsgebühr, VV 3104 (Wert: 1.840 EUR) — 159,60 EUR

3. ./. bereits im Verbund abgerechneter	– 143,16 EUR
4. Postentgeltpauschale, VV 7002	20,00 EUR
Zwischensumme	209,34 EUR
5. 19 % Umsatzsteuer, VV 7008	39,77 EUR
Gesamt	**249,11 EUR**

f) Scheidungsverfahren richtet sich nach BRAGO i.d.F. vor 1994

Richtete sich das Verbundverfahren noch nach der BRAGO in der Fassung vor dem 1.7.1994, dann ist die Differenz der damals geltenden DM-Beträge in EUR umzurechnen. **127**

> **Beispiel 5:** Die Scheidung war bereits in 1993 eingereicht worden. Das Gericht hat die Werte wie folgt festgesetzt: Scheidung 3 x 4.000 DM = 12.000 DM; Versorgungsausgleich 12 x 200 DM = 2.400 DM. Die Scheidung und die Abtrennung des Versorgungsausgleichs erfolgten im November 1999.
> Für das Scheidungsverfahren galten noch die BRAGO-Gebühren und zwar die nach der DM-Tabelle vor dem 1.7.1994.
>
> **I. Scheidungsverbundverfahren**
>
> | | |
> |---|---|
> | 1. 10/10-Prozessgebühr, § 31 Abs. 1 Nr. 1 BRAGO (Wert: 14.400 DM) | 566,00 DM |
> | 2. 10/10-Verhandlungsgebühr, § 31 Abs. 1 Nr. 2 BRAGO (Wert: 14.400 DM) | 566,00 DM |
> | 3. 10/10-Beweisgebühr, § 31 Abs. 1 Nr. 3 BRAGO (Wert: 12.000 DM) | 526,00 DM |
> | 4. Postentgeltpauschale, § 26 BRAGO | 40,00 DM |
> | Zwischensumme | 1.698,00 DM |
> | 5. 16 % Umsatzsteuer, § 25 BRAGO | 271,68 DM |
> | **Gesamt** | **1.969,68 DM** |
>
> **II. Ermittlung des Anrechnungsbetrags**
>
> | | |
> |---|---|
> | 10/10-Prozessgebühr, § 31 Abs. 1 Nr. 1 BRAGO (Wert: 14.400 DM) | 566,00 DM |
> | 10/10-Verhandlungsgebühr, § 31 Abs. 1 Nr. 2 BRAGO (Wert: 14.400 DM) | 566,00 DM |
> | ./. 10/10-Prozessgebühr, § 31 Abs. 1 Nr. 1 BRAGO (Wert: 12.000 DM) | – 526,00 DM |
> | ./. 10/10-Verhandlungsgebühr, § 31 Abs. 1 Nr. 2 BRAGO (Wert: 12.000 DM) | – 526,00 DM |
> | **Gesamt** | **80,00 DM** |
> | umgerechnet in EUR | **40,90 EUR** |
>
> **III. Abgetrenntes Verfahren Versorgungsausgleich (RVG i.d.F. bis zum 31.7.2013)**
>
> | | |
> |---|---|
> | 1. 1,3-Verfahrensgebühr, VV 3100 (Wert: 1.840 EUR) | 172,90 EUR |
> | 2. 1,2-Terminsgebühr, VV 3104 (Wert: 1.840 EUR) | 159,60 EUR |
> | 3. ./. bereits im Verbund abgerechneter | – 40,90 EUR |
> | 4. Postentgeltpauschale, VV 7002 | 20,00 EUR |
> | Zwischensumme | 311,60 EUR |
> | 5. 19 % Umsatzsteuer, VV 7008 | 59,20 EUR |
> | **Gesamt** | **370,80 EUR** |

F. Anhang: Gerichtskosten

I. Zurückverweisung

Im Falle einer **Zurückverweisung** an das Ausgangsgericht entstehen keine neuen Gerichtsgebühren, da nach den Gerichtskostengesetzen kein neues Verfahren beginnt, sondern das Verfahren nach Zurückverweisung und das Ausgangsverfahren dasselbe Verfahren sind. **128**

Eine Ausnahme gilt nur dann, wenn das Gericht der dritten Instanz eine Sache an die bislang noch nicht befasste zweite Instanz „zurück"-verweist (siehe Rdn 11). Dann werden dort die Gerichtsgebühren gesondert erhoben. **129**

> **Beispiel:** Auf die Sprungrevision hebt der BGH das Urteil des LG auf und verweist die Sache an das OLG.
> Vor dem OLG fallen jetzt gesonderte Gerichtsgebühren an.

II. Abtrennung einer Folgesache

130 Im Falle der **Abtrennung einer Folgesache** gilt § 6 Abs. 2 FamGKG: Wird eine Folgesache als selbstständige Familiensache fortgeführt, ist das frühere Verfahren als Teil der selbstständigen Familiensache zu behandeln. Das bedeutet, die Gerichtskosten im Ausgangsverfahren werden nur nach dem verbliebenen Wert berechnet und die Gerichtsgebühren im abgetrennten Verfahren nur nach dem dortigen Wert. Eine Überzahlung im Ausgangsverfahren wird auf das abgetrennte Verfahren verrechnet.

131 Zu beachten ist, dass die Abtrennung einer Kindschaftssache aus dem Verbund auch hier zu einer Änderung des Verfahrenswerts führen kann, da für die Kindschaftssache im Verbund die Vorschrift des § 44 Abs. 2 S. 1 FamGKG gilt, während für die isolierte Kindschaftssache die Vorschrift des § 45 FamGKG anzuwenden ist.

132 **Beispiel:** Im Verbundverfahren (Ehesache: 6.000 EUR; Versorgungsausgleich: 1.200 EUR; elterliche Sorge: 1.200 EUR) wird das Verfahren über die elterliche Sorge abgetrennt und als selbstständige Familiensache fortgeführt.
Zunächst einmal war aus der Ehesache (6.000 EUR) eine 2,0-Gebühr vorauszuzahlen.
Mit Abtrennung der elterlichen Sorge und Fortführung als selbstständige Folgesache fällt daraus eine gesonderte 0,5-Gerichtsgebühr nach Nr. 1310 FamGKG-KostVerz. an.
Gleichzeitig ist das Verbundverfahren bei der Schlussrechnung nur nach dem Wert von 7.200 EUR abzurechnen.

133 Die Fortführung als selbstständige Familiensache hat auch zur Folge, dass Gebührenermäßigungen für jedes Verfahren gesondert zu berechnen sind.[75]

---

75 Zu Einzelheiten siehe *Schneider/Wolf/Volpert*, FamGKG, § 6 Rn 43 ff.

Abschnitt 4
Gegenstandswert

§ 22 Grundsatz

(1) In derselben Angelegenheit werden die Werte mehrerer Gegenstände zusammengerechnet.

(2) ¹Der Wert beträgt in derselben Angelegenheit höchstens 30 Millionen Euro, soweit durch Gesetz kein niedrigerer Höchstwert bestimmt ist. ²Sind in derselben Angelegenheit mehrere Personen wegen verschiedener Gegenstände Auftraggeber, beträgt der Wert für jede Person höchstens 30 Millionen Euro, insgesamt jedoch nicht mehr als 100 Millionen Euro.

Literatur: *Bischof*, Wertgrenze für Anwaltsgebühren bei mehreren Auftraggebern, NJW 2010, 1374; *Henke*, Gegenstandswertkappung auf 30 Mio. EUR durch § 22 Abs. 2 RVG, AnwBl 2006, 54; *Maier-Reimer*, Grenzen für Streitwert und Gebühr bei mehreren Auftraggebern, NJW 2009, 3550; *Römermann*, Zur Frage der Verfassungsmäßigkeit der Begrenzung der gesetzlichen Anwaltsvergütung in Verfahren mit besonders hohen Streitwerten, BB 2007, 1184; *N. Schneider*, Begrenzung des Gegenstandswertes auch in den Fällen des § 35 RVG?, AGS 2005, 322; *Thiel*, Zur Erhöhung der Wertgrenze bei mehreren Auftraggebern, AGS 2010, 215; *Werner/Schuster*, Einführung der Deckelung des Streitwerts in RVG und GKG: Hohe Streitwerte, kleines Risiko, BB 2005, 230.

A. Allgemeines 1	II. Wertbegrenzung (Abs. 2) 19
B. Regelungsgehalt 7	1. Begrenzung (Abs. 2 S. 1) 19
I. Zusammenrechnung (Abs. 1) 7	a) Grundsatz 19
1. Dieselbe Angelegenheit 7	b) Haftpflichtversicherungsprämie ... 25
2. Zusammenrechnung 9	c) Gesetzliche Ausnahmen 26
a) Wertaddition 9	d) Vergütungsvereinbarung 29
b) Additionsverbote 10	2. Begrenzung nach § 39 Abs. 2 GKG ... 30
c) Mehrere Anträge zum selben Gegenstand 13	3. Begrenzung nach § 33 Abs. 2 FamGKG ... 31
d) Wechselnde Gegenstände 14	4. Begrenzung nach § 35 Abs. 2 GNotGK ... 32
e) Hauptsache und Arrest, einstweilige Verfügung oder einstweilige Anordnungen 15	5. Sonstige Begrenzungen 33
	6. Mehrere Auftraggeber (Abs. 2 S. 2) ... 34
f) Ermittlung für jede Gebühr gesondert .. 16	a) Der Gegenstandswert richtet sich nach RVG ... 34
	b) Der Gegenstandswert richtet sich nach dem GKG oder dem FamGKG ... 42

A. Allgemeines

Die Vorschrift des § 2 Abs. 1 normiert den **Grundsatz**, dass sich die Gebühren des Rechtsanwalts nach dem Wert seiner Tätigkeit berechnen (Gegenstandswert), soweit nichts anderes bestimmt ist. In Abs. 1 wird in Ergänzung hierzu angeordnet, dass die Werte mehrerer Gegenstände in derselben Angelegenheit (§ 15) **zusammenzurechnen** sind. Das muss letztlich auch so sein, da nach § 15 Abs. 2 in derselben Angelegenheit die Gebühren nur einmal entstehen und der Anwalt auch bei mehreren Auftraggebern die Vergütung nur einmal verlangen kann (§ 7 Abs. 1). 1

Abs. 1 gilt auch dann, wenn in derselben Angelegenheit eine Gebühr aus Teilwerten zu unterschiedlichen Gebührensätzen anfällt. Zwar sind dann jeweils Teilgebühren aus den jeweiligen Einzelwerten zu ermitteln. Allerdings ist in diesem Fall § 15 Abs. 3 zu beachten. Insgesamt darf nicht mehr abgerechnet werden als eine Gebühr nach dem Höchstsatz aus dem gemäß Abs. 1 zu ermittelnden Gesamtwert (vgl. § 15 Rdn 213 ff.). 2

Dem Abs. 1 gleichlautende vorrangige Regelungen ergeben sich aus der Verweisung des § 23 Abs. 1 auf 3
– § 39 Abs. 1 GKG, Zusammenrechnung mehrerer Werte im gerichtlichen Verfahren,
– § 33 Abs. 1 FamGKG, Zusammenrechnung mehrere Werte in familienrechtlichen Verfahren,
– § 44 Abs. 2 S. 1 FamGKG (§ 46 GKG a.F.), Zusammenrechnung im Scheidungsverbundverfahren.
– § 35 Abs. 1 GNotKG, Zusammenrechnung mehrerer Werte im gerichtlichen Verfahren.

Soweit sich der Gegenstandswert nach § 23 Abs. 1 i.V.m. dem GKG, dem FamGKG oder dem GNotKG richtet, greifen also bereits diese Vorschriften.

§ 39 GKG Grundsatz

(1) ¹In demselben Verfahren und in demselben Rechtszug werden die Werte mehrerer Streitgegenstände zusammengerechnet, soweit nichts anderes bestimmt ist.

...

§ 33 FamGKG Grundsatz

(1) ¹In demselben Verfahren und in demselben Rechtszug werden die Werte mehrerer Verfahrensgegenstände zusammengerechnet, soweit nichts anderes bestimmt ist. ²Ist mit einem nichtvermögensrechtlichen Anspruch ein aus ihm hergeleiteter vermögensrechtlicher Anspruch verbunden, ist nur ein Anspruch, und zwar der höhere, maßgebend.

...

§ 44 FamGKG Verbund

(1) ¹Die Scheidungssache und die Folgesachen gelten als ein Verfahren.

(2) ¹Sind in § 137 Abs. 3 des Gesetzes über das Verfahren in Familiensachen und in den Angelegenheiten der freiwilligen Gerichtsbarkeit genannte Kindschaftssachen Folgesachen, erhöht sich der Verfahrenswert nach § 43 für jede Kindschaftssache um 20 Prozent, höchstens um jeweils 3 000 EUR; eine Kindschaftssache ist auch dann als ein Gegenstand zu bewerten, wenn sie mehrere Kinder betrifft. ²Die Werte der übrigen Folgesachen werden hinzugerechnet. ³§ 33 Abs. 1 Satz 2 ist nicht anzuwenden.

(3) ¹Ist der Betrag, um den sich der Verfahrenswert der Ehesache erhöht (Absatz 2), nach den besonderen Umständen des Einzelfalls unbillig, kann das Gericht einen höheren oder einen niedrigeren Betrag berücksichtigen.

§ 35 GNotKG Grundsatz

(1) ¹In demselben Verfahren und in demselben Rechtszug werden die Werte mehrerer Verfahrensgegenstände zusammengerechnet, soweit nichts anderes bestimmt ist.

...

4 Darüber hinaus gibt es in den Gerichtskostengesetzen noch weitere Sondervorschriften, die eine Wertaddition vorsehen, z.B.
- § 45 Abs. 1 S. 1 GKG, Zusammenrechnung bei Klage- und Widerklage, soweit nicht derselbe Streitgegenstand betroffen ist,
- § 45 Abs. 1 S. 2 GKG, Zusammenrechnung bei Haupt- und beschiedenem Hilfsantrag, soweit nicht derselbe Streitgegenstand betroffen ist
- § 39 Abs. 1 S. 1 FamGKG, Zusammenrechnung bei Antrag und Widerantrag, soweit nicht derselbe Verfahrensgegenstand betroffen ist,
- § 39 Abs. 1 S. 2 FamGKG, Zusammenrechnung bei Haupt- und beschiedenem Hilfsantrag, soweit nicht derselbe Streitgegenstand betroffen ist,
- § 52 FamGKG, Zugewinn und Stundungs- oder Überweisungsantrag.

5 Von dem Grundsatz der Zusammenrechnung gibt es einige Ausnahmen. Diese finden sich zum Teil im RVG selbst. Zum Teil ergeben sie sich auch aus der Verweisung des § 23 Abs. 1 auf das GKG, das FamGKG oder das GNotKG (siehe dazu Rdn 10).

6 Die Regelung in **Abs. 2** wiederum führt zu einer Begrenzung des Gegenstandswerts in derselben Angelegenheit, und zwar auf 30 Mio. EUR je Auftraggeber. Bei mehreren Auftraggebern erhöht sich der Höchstwert um 30 Mio. EUR je weiterem Auftraggeber. Höchstens dürfen jedoch nicht mehr als 100 Mio. EUR angenommen werden. Auch hier finden sich (vorrangige) gleichlautende Regelungen im GKG (§ 39 Abs. 2 GKG), im FamGKG (§ 33 Abs. 2 FamGKG) und im GNotKG (§ 35 Abs. 2 GNotKG). Darüber hinaus finden sich in diesen Gesetzen auch zum Teil geringere Höchstwerte, die über § 23 Abs. 1 der Regelung des § 22 vorgehen.

B. Regelungsgehalt

I. Zusammenrechnung (Abs. 1)

1. Dieselbe Angelegenheit

Voraussetzung für eine Zusammenrechnung ist, dass der Anwalt in **derselben Angelegenheit** tätig geworden ist. Der Begriff der Angelegenheit ist in den §§ 15 ff. geregelt (siehe § 15 Rdn 22 ff.). Bei **verschiedenen Angelegenheiten** wird niemals addiert; hier sind die Gebühren vielmehr unabhängig voneinander aus den jeweiligen Gegenstandswerten zu ermitteln.

Dieselbe Angelegenheit liegt auch dann vor, wenn der Rechtsanwalt den Angeklagten gegen die Adhäsionsklagen mehrerer Geschädigter in einem Strafverfahren vertritt. Für ihn sind die Gegenstandswerte der Adhäsionsklagen zusammenzurechnen, weil die Adhäsionsverfahren eine gebührenrechtliche Angelegenheit i.S.d. § Abs. 1 RVG bilden.[1]

2. Zusammenrechnung

a) Wertaddition

Zusammenrechnung i.S.d. Abs. 1 bedeutet **nicht gleichzeitig eine Wertaddition**. Die Werte der einzelnen Gegenstände sind vielmehr unter Berücksichtigung der Wertvorschriften des RVG, des GKG, des FamGKG und des GNotKG zusammenzurechnen. In der Regel findet zwar eine Addition statt. Es gibt jedoch zahlreiche Ausnahmen hiervon, für die sich der Begriff **„Additionsverbote"** eingeprägt hat.

b) Additionsverbote

Additionsverbote gelten in folgenden Fällen:
- **VV 1009:** Hebegebühr, da jede Auszahlung eine gesonderte Angelegenheit darstellt
- **VV Vorb. 3.3.5 Abs. 2:** Insolvenzverfahren, Verteilungsverfahren nach der SVertO
- **§ 23b Abs. 2:** Die Werte von PKH-/VKH-Prüfungsverfahren und Hauptsacheverfahren werden nicht zusammengerechnet.
- **§ 23 Abs. 1 RVG i.V.m. § 48 Abs. 4 GKG und § 33 Abs. 1 S. 2 FamGKG:** Vermögensrechtlicher und daraus hergeleiteter nichtvermögensrechtlicher Anspruch – es gilt der höhere Wert.
- **§ 23 Abs. 1 RVG i.V.m. § 44 GKG und § 38 FamGKG:** Stufenklage/Stufenantrag – es gilt der höhere Wert.
- **§ 23 Abs. 1 RVG i.V.m. § 45 Abs. 1 S. 3 GKG und § 39 Abs. 1 S. 3 FamGKG:** Klage und Widerklage/Antrag und Widerantrag, betreffend denselben Streit-/Verfahrensgegenstand – es gilt der höhere Wert.
- **§ 23 Abs. 1 RVG i.V.m. § 45 Abs. 2 GKG und § 39 Abs. 2 FamGKG:** wechselseitig eingelegte Rechtsmittel, die denselben Streit-/Verfahrensgegenstand betreffen und nicht in getrennten Verfahren verhandelt werden – es gilt der höhere Wert.
- **§ 23 Abs. 1 RVG i.V.m. § 45 Abs. 1 S. 2, 3 GKG und § 39 Abs. 1 S. 2, 3 FamGKG:** Haupt- und Hilfsanspruch, soweit derselbe Gegenstand betroffen ist – es gilt der höhere Wert.
- **§ 23 Abs. 1 RVG i.V.m. § 43 Abs. 1 GKG und § 37 Abs. 1 FamGKG:** Früchte, Nutzungen, Zinsen oder Kosten neben dem Hauptanspruch – Nebenforderungen werden nicht hinzuaddiert.
- **§ 23 Abs. 1 RVG i.V.m. § 52 Abs. 6 GKG:** Verfahren, die die Begründung, die Umwandlung, das Bestehen, das Nichtbestehen oder die Beendigung eines besoldeten öffentlich-rechtlichen Dienst- oder Amtsverhältnisses betreffen (§ 52 Abs. 5 Nr. 1 GKG) oder die Verleihung eines anderen Amts oder den Zeitpunkt einer Versetzung in den Ruhestand (§ 52 Abs. 5 Nr. 2 GKG) betreffen und ein daraus hergeleiteter vermögensrechtlicher Anspruch.

Darüber hinaus sind auch weitere Fälle denkbar, in denen wegen **wirtschaftlicher Identität** verschiedener Ansprüche eine Addition nicht stattfindet.

---

[1] OLG Stuttgart AGS 2015, 73 = StraFo 2015, 86 = NStZ-RR 2015, 128 = JurBüro 2015, 248 = Justiz 2015, 356 = NJW-Spezial 2015, 125 = RVGreport 2015, 192 = NJW 2015, 1400.

11 Auch **Höchstgrenzen** können zu einem Additionsverbot führen.

> **Beispiel:** Der Anwalt erhält den Auftrag, gegen den Schuldner wegen einer Forderung in Höhe von 1.800 EUR und einer weiteren Forderung in Höhe von 800 EUR zu vollstrecken und das Verfahren auf Abgabe der Vermögensauskunft nach § 802c ZPO zu betreiben.
> Addiert ergibt sich zwar ein Gesamtgegenstandswert in Höhe von 2.600 EUR. In demselben Verfahren darf ein Gegenstandswert von 2.000 EUR jedoch nicht überschritten werden (§ 25 Abs. 1 Nr. 4), so dass dieser Betrag auch im Falle der Addition nach Abs. 1 die Höchstgrenze bildet.

> **Beispiel:** Der Anwalt hat den Auftrag, den Beklagten auf Duldung der Zwangsvollstreckung in ein Grundstück wegen zweier Forderungen zu jeweils 100.000 EUR zu verklagen. Das Grundstück selbst hat einen Wert von 150.000 EUR.
> Jede der Forderungen hat zwar einen Wert von 100.000 EUR, insgesamt also 200.000 EUR. Der Gesamtwert kann gem. § 25 Abs. 1 S. 1, 2. Hs. jedoch nicht höher sein als der Wert des Pfandgegenstandes, also als der Wert des Grundstücks. Die Zusammenrechnung ergibt somit nur einen Gegenstandswert von 150.000 EUR.

12 Ein weiteres Additionsverbot enthalten die **§§ 44 Abs. 2 S. 2, 45 Abs. 2 FamGKG**. Betrifft eine Kindschaftssache oder eine Kindschaftsfolgesache mehrere Kinder, so liegen zwar mehrere Gegenstände vor; das Verfahren ist jedoch so zu bewerten, als sei nur ein Gegenstand gegeben. Allerdings kann der Ausgangswert angemessen erhöht werden (§§ 44 Abs. 3, 45 Abs. 3 FamGKG).

c) Mehrere Anträge zum selben Gegenstand

13 Eine Wertaddition findet nur dann statt, wenn der anwaltlichen Tätigkeit auch mehrere Gegenstände zugrunde liegen. Auf die Anträge kommt es nicht an. So ist die zufällige Aufteilung eines einheitlichen Streitgegenstands in mehrere Anträge für den Gegenstandswert nicht entscheidend.[2]

d) Wechselnde Gegenstände

14 Bei der nach Abs. 1 durchzuführenden Zusammenrechnung sind sämtliche Gegenstände zu berücksichtigen, auf die sich im Laufe des Verfahrens die anwaltliche Tätigkeit erstreckt hat. Es ist – anders als bei der Festsetzung des Zuständigkeitsstreitwerts – nicht erforderlich, dass der Anwalt hinsichtlich aller verschiedenen Gegenstände gleichzeitig tätig war.[3] Dies ist insbesondere bei Verfahren zu berücksichtigen, in denen wiederkehrende Leistungen geltend gemacht werden und bei denen sich durch übereinstimmende Erledigungserklärung, Teilurteil oder Rücknahme einzelne Gegenstände erledigen, während aufgrund des Zeitablaufs wieder neue hinzukommen.

> **Beispiel:** Der Anwalt erhält den Auftrag, Mieten in Höhe von jeweils 300 EUR für die Monate Januar, Februar und März geltend zu machen. Im Verfahren stellt sich heraus, dass die Mieten für Januar und Februar bereits gezahlt waren, so dass insoweit die Klage zurückgenommen wird. Wegen zwischenzeitlich weiterer Rückstände für April und Mai wird die Klage erweitert.
> Der Gegenstandswert beläuft sich auf 1.500 EUR, da im Verlaufe des Rechtsstreites insgesamt fünf Mieten zu jeweils 300 EUR anhängig waren. Darauf, dass nie mehr als drei Mieten in Höhe von insgesamt 900 EUR zeitgleich anhängig waren, kommt es nicht an.

e) Hauptsache und Arrest, einstweilige Verfügung oder einstweilige Anordnungen

15 Einem Hauptsacheverfahren und dem zugehörigen Eilverfahren liegen stets verschiedene Gegenstände zugrunde, auch wenn es in der Sache um das Gleiche geht. Das Hauptsacheverfahren ist auf eine endgültige Klärung gerichtet, während mit dem Eilverfahren eine vorläufige Regelung ange-

---

2 LAG Köln, Beschl. v. 10.5.2016 – 4 Ta 66/16; ebenso AG Bergen AGS 2014, 418 = NZFam 2014, 751 = NJW-Spezial 2014, 541.
3 OLG Koblenz AGS 2007, 151 = WuM 2006, 45 = DWW 2006, 72 = MietRB 2006, 268 = GuT 2006, 88; OLG Hamm OLGR 2007, 324; KG AGS 2008, 188; KG AGS 2008, 188 = MDR 2008, 173 = JurBüro 2008, 148 = KGR 2008, 216; OLG Celle AGS 2008, 466 = OLGR 2008, 630 = NJW-Spezial 2008, 668; a.A. OLG Dresden OLGR 2007, 470 = JurBüro 2007, 315; OLG Düsseldorf AGS 2011, 86 = JurBüro 2010, 648; OLG Frankfurt/M. AGS 2009, 247 = OLGR 2009, 582 = NJW-RR 2009, 1078; OLG Schleswig SchlHA 2012, 263 u. 351 = RVGprof. 2012, 92; OLG Stuttgart MDR 2012, 314; OLG Nürnberg, Beschl. v. 27.9.2010 – 8 W 1685/10.

strebt wird. Wird im Hauptsacheverfahren das Eilverfahren mit verhandelt oder erörtert und wird eine gemeinsame Einigung geschlossen, dann entstehen die Gebühren aus den addierten Werten.[4] Gleiches gilt, wenn im Eilverfahren auch eine Einigung über die Hauptsache geschlossen wird.

> **Beispiel:** Der Anwalt ist im Umgangsrechtsverfahren (Wert: 3.000 EUR) tätig; er ist auch mit dem Erlass einer einstweiligen Anordnung (Wert: 1.500 EUR) beauftragt. Im Termin zur mündlichen Verhandlung über die einstweilige Anordnung einigen sich die Parteien auch über die Hauptsache.
> Im Hauptsacheverfahren entsteht nur die 1,3-Verfahrensgebühr nach VV 3100. Im einstweiligen Anordnungsverfahren entstehen die Verfahrensgebühr nach VV 3100 sowie Termins- (VV 3104) und Einigungsgebühr (VV 1000, 1003) aus den addierten Werten.
> Zu rechnen ist wie folgt:
> **I. Hauptsacheverfahren (Wert: 3.000 EUR)**
> 1. 1,3-Verfahrensgebühr, VV 3100   261,30 EUR
> 2. gem. Anm. zu VV 3101 anzurechnen, 0,8 aus 3.000 EUR   − 160,80 EUR
> 3. Postentgeltpauschale, VV 7002   20,00 EUR
>   Zwischensumme   120,50 EUR
> 4. 19 % Umsatzsteuer, VV 7008   22,90 EUR
> **Gesamt**   **143,40 EUR**
> **II. Einstweiliges Anordnungsverfahren (Werte: Einstweilige Anordnung 1.500 EUR; mitverglichene Hauptsache 3.000 EUR)**
> 1. 1,3-Verfahrensgebühr, VV 3100 (Wert: 1.500 EUR)   149,50 EUR
> 2. 0,8-Verfahrensgebühr, VV 3100, 3101 (Wert: 3.000 EUR)   160,80 EUR
>   Die Grenze des § 15 Abs. 3 RVG, nicht mehr als 1,2 aus 4.500,00 EUR ist nicht erreicht.
> 3. 1,2-Terminsgebühr, VV 3104 (Wert: 4.500 EUR)   363,60 EUR
> 4. 1,0-Einigungsgebühr, VV 1000, 1003 (Wert: 4.500 EUR)   303,00 EUR
> 5. Postentgeltpauschale, VV 7002   20,00 EUR
>   Zwischensumme   996,90 EUR
> 6. 19 % Umsatzsteuer, VV 7008   189,41 EUR
> **Gesamt**   **1.186,31 EUR**

f) Ermittlung für jede Gebühr gesondert

Der Gegenstandswert muss nicht für sämtliche Gebühren in derselben Angelegenheit der gleiche sein. Für **jede Gebühr** ist der Gegenstandswert vielmehr **gesondert** zu ermitteln. Es kann daher durchaus vorkommen, dass sich eine Gebühr nach dem Wert nur eines Gegenstandes richtet und eine andere Gebühr nach den zusammengerechneten Werten.   **16**

> **Beispiel:** Eingeklagt werden 10.000 EUR. Die Klage wird anschließend um 2.000 EUR zurückgenommen. Hiernach wird verhandelt. Der Beklagte zahlt anschließend weitere 3.000 EUR, so dass der Rechtsstreit insoweit übereinstimmend für erledigt erklärt wird. Über die restlichen 5.000 EUR einigen sich die Parteien. Die Verfahrensgebühr (VV 3100) berechnet sich nach 10.000 EUR. Die Terminsgebühr berechnet sich dagegen nur nach 8.000 EUR und die Einigungsgebühr (VV 1000, 1003) nur nach 5.000 EUR.

Sofern der Angelegenheit mehrere Gegenstände zugrunde liegen und sich nicht alle Gebühren nach dem gleichen Wert richten, müssen sich jedenfalls die Verfahrens- und die Geschäftsgebühr nach den zusammengerechneten Werten aller Gegenstände dieses Verfahrens bemessen. Es kann nicht vorkommen, dass sich in derselben Angelegenheit andere Gebühren nach einem höheren Gegenstandswert richten als die jeweilige Geschäfts- oder Verfahrensgebühr. Gleiches gilt für die gerichtliche Verfahrensgebühr. Daher muss gegebenenfalls nach § 33 Abs. 1 auf Antrag ein gesonderter Wert für den Gegenstandswert der Anwaltsgebühren festgesetzt werden.   **17**

Sind nach § 15 Abs. 3 verschiedene Teilgebühren zu berechnen, so ist der Gegenstandswert für jede dieser Teilgebühren gesondert zu ermitteln. Eine Zusammenrechnung der Werte findet dann nur für die Kontrollberechnung nach § 15 Abs. 3 statt.   **18**

---

4 OLG Düsseldorf AGS 2006, 37 m. Anm. *N. Schneider* = JurBüro 2005, 310; AGS 2009, 269 = OLGR 2009, 455 = RVGreport 2009, 220; OLG Jena AGS 2011, 511; OLG Koblenz AGS 2008, 493 = OLGR 2008, 659 = MDR 2008, 1068 = JurBüro 2008, 471 = FamRZ 2008, 1969; OLG Karlsruhe FamRZ 2011, 1813.

Beispiel: Die Parteien einigen sich anlässlich eines gerichtlichen Verfahrens nach einer Besprechung außergerichtlich über die anhängigen 10.000 EUR und weitere nicht anhängige 5.000 EUR.
Lediglich bei der Terminsgebühr (VV 3104) sind die Werte der beiden Gegenstände nach Abs. 2 zu addieren. Sie berechnet sich aus dem Wert von 15.000 EUR. Für das Verfahren und die Einigung entstehen dagegen nach § 15 Abs. 3 zwei Teilgebühren, nämlich für das Verfahren aus dem Wert in Höhe von 10.000 EUR eine 1,3-Gebühr nach VV 3100 und eine 0,8-Gebühr nach VV 3101 Nr. 1. Für die Einigung entstehen eine 1,0-Gebühr nach VV 1000, 1003 aus 10.000 EUR sowie eine 1,5-Gebühr nach VV 1000 aus 5.000 EUR.
Lediglich zu Kontrollzwecken ist jeweils eine Gebühr aus dem höchsten Gebührensatz nach den zusammengerechneten Werten zu ermitteln, da die Summe der beiden Einzelgebühren nicht höher liegen darf als eine Gebühr nach dem höchsten Gebührensatz aus den zusammengerechneten Werten (§ 15 Abs. 3).

1. 1,3-Verfahrensgebühr, VV 3100 (Wert: 10.000 EUR)   725,40 EUR
2. 0,8-Verfahrensgebühr, VV 3100, 3101 Nr. 2 (Wert: 5.000 EUR)   242,40 EUR
    gem. § 15 Abs. 3 nicht mehr als 1,3 aus 15.000 EUR   845,00 EUR
3. 1,2-Terminsgebühr, VV 3104 VV (Wert: 15.000 EUR)   780,00 EUR
4. 1,0-Einigungsgebühr, VV 1000, 1003 (Wert: 10.000 EUR)   558,00 EUR
5. 1,5-Einigungsgebühr, VV 1000 (Wert: 5.000 EUR)   454,50 EUR
    gem. § 15 Abs. 3 nicht mehr als 1,5 aus 15.000 EUR   975,00 EUR
6. Postentgeltpauschale, VV 7002   20,00 EUR
    Zwischensumme   2.620,00 EUR
7. 19 % Umsatzsteuer, VV 7008   497,80 EUR
Gesamt   **3.117,80 EUR**

II. Wertbegrenzung (Abs. 2)

1. Begrenzung (Abs. 2 S. 1)

a) Grundsatz

19 Nach Abs. 2 S. 1 beträgt der Wert in derselben Angelegenheit **höchstens 30 Mio. EUR**, wobei diese Regelung von **einem** Auftraggeber ausgeht, wie sich aus Abs. 2 S. 2 ergibt. Zur Berechnung bei mehreren Auftraggebern (siehe Rdn 34 ff.).

20 Die Begrenzung ist verfassungsgemäß.[5]

21 Möglich sind geringere Höchstwerte nach dem GKG, dem FamGKG oder dem GNotKG, soweit diese Wertvorschriften nach § 23 für den Anwalt gelten.

22 Die Regelung des Abs. 2 dient als „Deckelung" dazu, die Gebührenstreitwerte nach oben zu begrenzen. Bei einem Auftraggeber darf danach kein höherer Gegenstandswert als 30 Mio. EUR angenommen werden, auch wenn der tatsächliche Wert des Gegenstandes höher liegt.

23 Die Deckelung betrifft den Gegenstandswert der gesamten Angelegenheit. Sofern der Anwalt in derselben Angelegenheit wegen **mehrerer Gegenstände** tätig ist, gelten nicht etwa 30 Mio. EUR je Gegenstand. Vielmehr ist der nach Abs. 2 zu berechnende Gesamtwert dann auf 30 Mio. EUR begrenzt.

24 Die Deckelung auf 30 Mio. EUR gilt auch dann, wenn der Auftraggeber in **unterschiedlicher Parteirolle** betroffen ist. Angeknüpft wird an die Person des Auftraggebers, nicht an dessen prozessuale Stellung.

Beispiel: Der Anwalt erhebt für den Kläger Klage auf Zahlung von 40 Mio. EUR. Es wird Widerklage erhoben mit einem Wert von 50 Mio. EUR.
Auch hier greift die Höchstgrenze nach Abs. 2 S. 1. Es bleibt beim Höchstwert von 30 Mio. EUR.

---

5 BVerfG AGS 2007, 413 = BVerfGE 118, 1 = BB 2007, 1179 = DVBl 2007, 754 = NJW 2007, 2098 = AnwBl 2007, 535 = HFR 2007, 787 = JZ 2008, 301 = FamRZ 2007, 974 = NJW-Spezial 2007, 334 = BRAK-Mitt 2007, 165 = RVGreport 2007, 311 = MDR 2007, 1043 = JurBüro 2007, 425.

Abschnitt 4. Gegenstandswert § 22

b) Haftpflichtversicherungsprämie

In Anbetracht dessen, dass bei einem höheren tatsächlichen Gegenstandswert den Anwalt eine erhebliche Haftpflichtversicherungsprämie treffen kann, um den Mehrbetrag zu versichern, ohne dass hierfür ein Gebührenaufkommen gegenübersteht, sieht VV 7007 vor, dass der Anwalt die anteilige Versicherungsprämie auf den Auftraggeber umlegen kann, soweit sie das Risiko aus dem überschießenden Gegenstandswert abdecken soll (im Einzelnen siehe hierzu VV 7007 Rdn 1 ff.). 25

c) Gesetzliche Ausnahmen

Die „Deckelung" des Gegenstandswerts nach Abs. 2 S. 1 gilt nicht, sofern durch Gesetz ein niedriger Höchstwert bestimmt ist. 26

Abs. 2 S. 1 ist durch das Zweite Justizmodernisierungsgesetz (in Kraft getreten am 31.12.2006) geändert worden. Hintergrund dieser Änderung war die Verweisung des § 23 Abs. 1, Abs. 3 auf die damalige KostO (jetzt GNotKG). Dort ist zum Teil ein Höchstwert von 60 Mio. vorgesehen (§ 18 Abs. 1 S. 2 KostO/§ 35 Abs. 2 GNotKG). Klargestellt werden sollte mit der Ergänzung, dass für den Anwalt nicht der höhere Wert der KostO maßgebend ist, sondern der geringe Wert des Abs. 2 S. 1. 27

Vermutlich ohne es zu wollen, hat der Gesetzgeber damit aber auch eine weitere Streitfrage geklärt, nämlich, ob die Begrenzung nach Abs. 2 auch in den Fällen des § 35 gilt. Die StBVV sieht nämlich keine Begrenzung vor. Bislang war anzunehmen, dass die Begrenzung des Abs. 2 S. 1 für den Anwalt im Rahmen des § 35 nicht galt.[6] Jetzt würde die Begrenzung greifen. Das erscheint insoweit bedenklich, als der Steuerberater dieselbe Tätigkeit ohne Wertbegrenzung abrechnen kann, nicht aber der Anwalt. 28

> **Beispiel:** Der Mandant muss eine Erbschaftssteuererklärung abgeben. Der Wert des Nachlasses beträgt 60 Mio. EUR. Er beauftragt mit der Abgabe der Steuererklärung
> a) einen Steuerberater
> b) einen Anwalt.
> Der Steuerberater rechnet die Abgabe der Steuererklärung nach § 24 Nr. 12 StBVV ab (eine Gebühr von 2/10 bis 10/10 – Mittelgebühr 0,6). Gegenstandswert ist der Wert des Erwerbs von Todes wegen vor Abzug der Schulden und Lasten, jedoch mindestens 12.500,00 EUR (§ 24 Nr. 12, 2. Hs. StBVV). Der Steuerberater rechnet also nach einem Gegenstandswert von 60 Mio. EUR ab.
> 1. 0,6-Gebühr, § 24 Nr. 12 StBVV (Wert: 60 Mio. EUR)   108.897,60 EUR
> 2. Postentgeltpauschale, § 16 StBVV   20,00 EUR
>   Zwischensumme   108.917,60 EUR
> 3. 19 % Umsatzsteuer, § 15 Abs. 1 StBVV   20.694,34 EUR
> **Gesamt**   **129.611,94 EUR**
> Für den Anwalt richten sich die Gebühren ebenfalls nach § 24 Nr. 12 StBVV; diese Vorschrift ist auch für den Anwalt anzuwenden (§ 35). Die VV 2300 ff. sind unanwendbar (VV Vorbem. 2 Abs. 1). Hinsichtlich des Gegenstandswertes gilt jetzt jedoch § 22 Abs. 2 S. 1: Der Anwalt darf seiner Berechnung höchstens einen Wert von 30 Mio. zugrunde legen.
> 1. 0,6-Gebühr, § 35 RVG i.V.m. § 24 Nr. 12 StBVV
>   (Wert: 30 Mio. EUR)   54.897,60 EUR
> 2. Postentgeltpauschale, VV 7002   20,00 EUR
>   Zwischensumme   54.917,60 EUR
> 3. 19 % Umsatzsteuer, VV 7008   10.434,34 EUR
> **Gesamt**   **65.351,94 EUR**
> Es ließe sich also hier durchaus an einen Verstoß gegen Art. 3 Abs. 1 GG denken, weil dieselbe Tätigkeit ungleich vergütet wird. Abgesehen davon spricht die jetzige Änderung auch gegen den erklärten Willen des Gesetzgebers, der mit dem § 35 gerade die Gleichstellung von Anwalt und Steuerberater erreichen wollte,[7] diese jetzt aber wieder teilweise aufgibt.

---

6 Ausführlich *N. Schneider*, AGS 2005, 322.   7 BT-Drucks 15/1971 S. 243.

d) Vergütungsvereinbarung

29 Unbenommen bleibt es Anwalt und Auftraggeber, eine Vergütungsvereinbarung abzuschließen und in dieser Vergütungsvereinbarung die Vorschrift des Abs. 2 S. 1 abzubedingen oder einen höheren Gegenstandswert als 30 Mio. EUR zu vereinbaren.[8] Eine solche Regelung bedarf allerdings der Form des § 3a Abs. 1.

2. Begrenzung nach § 39 Abs. 2 GKG

30 Die Vorschrift des Abs. 2 S. 1 betrifft unmittelbar nur die Fälle, in denen sich der Gegenstandswert nach dem RVG berechnet. Sofern sich der Gegenstandswert nach § 23 Abs. 1 i.V.m. den Vorschriften des GKG berechnet, findet sich dort in § 39 Abs. 2 GKG eine gleich lautende Vorschrift:

§ 39 GKG Grundsatz

(1) ...
(2) ¹Der Streitwert beträgt höchstens 30 Millionen EUR, soweit kein niedrigerer Höchstwert bestimmt ist.

Der Beschränkung nach Abs. 2 S. 1 bedarf es insoweit also nicht mehr, da in diesen Fällen der Gegenstandswert bereits nach dem GKG nicht höher als 30 Mio. EUR liegen darf. Auch hier kann der Wert bei mehreren Auftraggebern angehoben werden, da § 23 Abs. 1 S. 4 wiederum auf Abs. 2 S. 2 verweist (siehe Rdn 34 ff.).

3. Begrenzung nach § 33 Abs. 2 FamGKG

31 Sofern sich der Gegenstandswert nach § 23 Abs. 1 i.V.m. den Vorschriften des FamGKG berechnet, findet sich dort in § 33 Abs. 2 FamGKG eine gleich lautende Vorschrift:

§ 33 FamGKG Grundsatz

(1) ...
(2) ¹Der Verfahrenswert beträgt höchstens 30 Millionen EUR, soweit kein niedrigerer Höchstwert bestimmt ist.

Auch hier bedarf es der Beschränkung nach Abs. 2 S. 1 bedarf nicht mehr, da in diesen Fällen der Gegenstandswert bereits nach dem FamGKG nicht höher als 30 Mio. EUR liegen darf.

4. Begrenzung nach § 35 Abs. 2 GNotGK

32 Sofern sich der Gegenstandswert nach § 23 Abs. 1 i.V.m. den Vorschriften des GNotGK berechnet, findet sich dort in § 35 Abs. 2 FamGKG eine gleich lautende Vorschrift:

§ 35 GNotKG Grundsatz

...
(2) Der Geschäftswert beträgt, wenn die Tabelle A anzuwenden ist, höchstens 30 Millionen EUR, wenn die Tabelle B anzuwenden ist, höchstens 60 Millionen EUR, wenn kein niedrigerer Höchstwert bestimmt ist.

Soweit die Tabelle A anzuwenden ist bedarf es wiederum der Beschränkung nach Abs. 2 S. 1 nicht. In Fällen der Tabelle B ist dagegen auf Abs. 2 S. 2 zurückzugreifen.

5. Sonstige Begrenzungen

33 Daneben kennt das Gesetz auch noch besondere Höchstwerte, z.B.
- 500.000 EUR in nicht vermögensrechtlichen Angelegenheiten (§ 23 Abs. 3 S. 2),
- 2.000 EUR im Verfahren auf Abgabe der Vermögensauskunft nach § 802c ZPO (§ 25 Abs. 1 Nr. 4),

---

8 *N. Schneider*, Vergütungsvereinbarung, Rn 860.

- 1 Mio. EUR in nicht vermögensrechtlichen Streitigkeiten (§ 48 Abs. 2 S. 2 GKG),
- 2,5 Mio. EUR in Rechtsstreitigkeiten nach dem Krankenhausfinanzierungsgesetz (§ 53 Abs. 4 GKG),
- 500.000 EUR in Verfahren vor den Verwaltungsgerichten über Ansprüche nach dem Vermögensgesetz (§ 53 Abs. 4 GKG).
- 1 Mio. EUR in Ehesachen (§ 43 Abs. 1 S. 2 FamGKG)
- 500.000 EUR in den übrigen Kindschaftssachen (§ 46 Abs. 3 FamGKG)

6. Mehrere Auftraggeber (Abs. 2 S. 2)

a) Der Gegenstandswert richtet sich nach RVG

Vertritt der Anwalt in derselben Angelegenheit mehrere Auftraggeber, so erhält er die Gebühren nur einmal (§ 7 Abs. 1). Die Gebühren berechnen sich, sofern die Auftraggeber nicht wegen desselben Gegenstands den Anwalt beauftragt haben, nach Abs. 1. Die Gegenstände werden also zusammengerechnet.

Um hier Unbilligkeiten zu vermeiden, ordnet Abs. 2 S. 2 an, dass die Deckelung nach Abs. 2 S. 1 insoweit gelockert wird, als der Gegenstandswert je Person 30 Mio. EUR betragen darf. Insgesamt wird der Gegenstandswert jedoch dann auf 100 Mio. EUR begrenzt.

Aus der Formulierung, dass der Wert für jede Person höchstens 30 Mio. EUR beträgt, ergibt sich also, dass die Streitwertgrenze nicht mit jedem weiteren Auftraggeber automatisch um 30 Mio. EUR steigt. Vielmehr ist wie folgt vorzugehen:

Zunächst einmal ist für jeden Auftraggeber getrennt zu prüfen, nach welchem Gegenstandswert er dem Anwalt einen Auftrag erteilt hat. Dieser Gegenstandswert ist dann gegebenenfalls auf 30 Mio. EUR zu begrenzen. Hiernach ist dann nach Abs. 1 zusammenzurechnen, wobei in Fällen wirtschaftlicher Identität eine Addition zu unterbleiben hat.

> **Beispiel:** Drei Personen werden als Gesamtschuldner auf Zahlung eines Betrages in Höhe von 100 Mio. EUR in Anspruch genommen.
> Der Gegenstandswert ist je Person auf 30 Mio. EUR zu begrenzen (Abs. 1 S. 2). Der nach Abs. 1 zu berechnende Gesamtwert beläuft sich jetzt nicht auf 90 Mio. EUR, sondern auf 30 Mio. EUR, da wegen wirtschaftlicher Identität eine Addition unterbleibt. Der Anwalt erhält lediglich die Gebührenerhöhung nach VV 1008.

A.A. waren das OLG Dresden[9] und das OLG Köln,[10] die in diesem Fall neben der Erhöhung nach VV 1008 auch noch eine Wertaddition vornehmen wollten. Dass diese Auffassung nicht zutreffend sein konnte, ergab sich bereits aus § 7 Abs. 1.

> **Beispiel (Abrechnung nach dem bis zum 31.7.2013 geltenden Recht):** Die Klägerin hatte die Beklagten zu 1) und 2) als Gesamtschuldner auf Schadensersatz in Höhe von 150 Mio. EUR in Anspruch genommen. Unstrittig erhöhte sich der Gebührensatz nach VV 1008 auf 1,6.
> Nach Auffassung des OLG Dresden[11] und des OLG Köln[12] sollte zudem der Gegenstandswert, nach dem der Anwalt abrechnen kann, gem. §§ 23 Abs. 1 S. 4, 22 Abs. 2 S. 2 auf 60 Mio. EUR anzuheben gewesen sein. Dies hätte folgende Berechnung ergeben:
> 1,6-Verfahrensgebühr, VV 3100, 1008 (Wert: 60 Mio. EUR)   290.740,80 EUR
> Diese Auffassung war jedoch unzutreffend. Die Gebührenerhöhung nach VV 1008 und die Streitwertaddition nach § 39 Abs. 1 GKG, § 22 Abs. 2 S. 2 schließen sich wechselseitig hinsichtlich derselben Gegenstände aus.[13] Entweder liegt derselbe Gegenstand zugrunde, dann werden die Gebühren erhöht oder es sind verschiedene Gegenstände gegeben, dann werden die Werte addiert. Beides zugleich ist nicht möglich.
> Dass die Auffassung des OLG Dresden und des OLG Köln nicht zutreffend sein konnte, ergab sich schon aus folgender Kontrollberechnung. Nach § 7 Abs. 2 haftet ein jeder Auftraggeber nur insoweit, als er haften würde, wenn er den Auftrag alleine erteilt hätte, also – wie das OLG Dresden zutreffend ausführt – auf eine 1,3-Verfahrensgebühr aus 30 Mio. EUR. Insgesamt hätte sich somit ergeben:

---

9 AGS 2007, 521.
10 AGS 2009, 454 = RVGreport 2009, 399 = JurBüro 2009, 485 = NJW 2009, 3586 = AnwBl 2010, 67 = NZG 2010, 233.
11 OLG Dresden AGS 2007, 521.
12 AGS 2009, 454 = RVGreport 2009, 399 = JurBüro 2009, 485 = NJW 2009, 3586 = AnwBl 2010, 67 = NZG 2010, 233.
13 Gerold/Schmidt/*Müller-Rabe*, RVG, § 22 Rn 9.

Haftung des Beklagten zu 1)
– 1,3-Verfahrensgebühr, VV 3100 (Wert: 30 Mio. EUR)   119.226,90 EUR
Haftung des Beklagten zu 2)
– 1,3-Verfahrensgebühr, VV 3100 (Wert: 30 Mio. EUR)   119.226,90 EUR
Gesamt   **238.453,80 EUR**

Wenn der Anwalt aber nach dem OLG Dresden und dem OLG Köln insgesamt eine 1,6-Verfahrensgebühr aus 60 Mio. EUR hätte erhalten sollen, also 290.740,80 EUR (siehe oben), dann hätte es sich gefragt, wer den Differenzbetrag in Höhe von

                                                                                               52.287,00 EUR

hätte zahlen sollen.

Zutreffend hatte daher der BGH[14] bereits zur früheren Rechtslage klargestellt, dass eine Erhöhung der Wertgrenze für die Anwaltsgebühren nach Abs. 2 S. 2 voraussetzt, dass die dort als „in derselben Angelegenheit" für die mehreren Auftraggeber bezeichnete anwaltliche Tätigkeit verschiedene Gegenstände betrifft.

Eine Erhöhung des Gegenstandswertes auf über 30 Mio. EUR nach Abs. 2 bei mehreren Auftraggebern konnte also schon nach der bisherigen Rechtslage nur in Betracht kommen, soweit sie den Anwalt wegen unterschiedlicher Gegenstände beauftragt hatten, nicht auch, soweit sie ihn wegen desselben Gegenstandes beauftragt hatten. Abzurechnen war wie folgt:

1,6-Verfahrensgebühr, VV 3100, 1008 (Wert: 30 Mio. EUR)   146.740,80 EUR

Beispiel: A wird auf Zahlung von 40 Mio. EUR verklagt, B auf Zahlung von 50 Mio. EUR. Beide werden durch denselben Anwalt vertreten.
Auch hier beträgt der Gegenstandswert je Person 30 Mio. EUR. Es ist nach Abs. 1 zu addieren, so dass sich ein Gesamtgegenstandswert in Höhe von 60 Mio. EUR ergibt. Wegen Verschiedenheit der Gegenstände kommt daneben eine Erhöhung nach VV 1008 nicht in Betracht.

Beispiel: A wird auf Zahlung von 40 Mio. EUR verklagt, B auf Zahlung von 20 Mio. EUR.
Der Gegenstandswert hinsichtlich des A ist nach Abs. 2 S. 1 auf 30 Mio. EUR begrenzt. Der Gegenstandswert hinsichtlich des B beläuft sich auf 20 Mio. EUR. Die Gegenstandswerte sind nach Abs. 1 zu addieren, so dass sich ein Gesamtwert in Höhe von 50 Mio. EUR ergibt.

38   Unzutreffend wäre es, hier von vornherein einen „Freibetrag" von 2 x 30 Mio. EUR, also 60 Mio. EUR anzunehmen, da der Wert für jede Person höchstens 30 Mio. EUR beträgt und nicht je Person um 30 Mio. EUR steigt.

39   Kommt es zu einem **Parteiwechsel**, bleibt es ebenfalls bei der einfachen Höchstgrenze.

Beispiel: A wird auf Zahlung von 40 Mio. EUR verklagt. Später wird die Klage geändert und an Stelle des A der B verklagt.
Es liegt trotz des Parteiwechsels dieselbe Angelegenheit vor (siehe § 15 Rdn 153 ff.). Die Gebühren kann der Anwalt daher nur einmal verlangen (§ 7 Abs. 1). Jeder Auftraggeber schuldet zwar die Gebühren nach 30 Mio. EUR (§ 7 Abs. 2 S. 1); insgesamt kann der Anwalt jedoch nicht mehr verlangen als die Vergütung aus 30 Mio. EUR, wobei allerdings die Verfahrensgebühr nach VV 1008 um 0,3 zu erhöhen ist.

40   Ist der Anwalt von mehreren Auftraggebern wegen unterschiedlicher Gegenstände beauftragt, so darf der **Gesamtwert** nicht mehr als 100 Mio. EUR betragen.

41   Diese Regelung gilt nicht nur dann, wenn hinsichtlich der einzelnen Auftraggeber die Deckelung von 30 Mio. EUR erreicht wird, sondern auch dann, wenn keiner der Auftraggeber für sich genommen die Deckelung erreicht.

Beispiel: A, B, C und D werden wegen verschiedener Sachverhalte und aus unterschiedlichen Rechtsgründen jeweils auf 40 Mio. EUR verklagt.
Der Gegenstandswert je Person beläuft sich auf 30 Mio. EUR, insgesamt höchstens auf 100 Mio. EUR. Dieser Fall ist eindeutig.

Beispiel: Der Anwalt vertritt 10 Auftraggeber, von denen jeder unterschiedliche Forderungen in Höhe von bis zu 20 Mio. EUR einklagt.
Die Deckelung von 30 Mio. EUR wird für keinen der Auftraggeber erreicht. Dennoch greift die Gesamtdeckelung auf 100 Mio. EUR.

---

14   AGS 2010, 213 = WM 2010, 823 = NJW 2010, 1373 = zfs 2010, 342 m. zust. Anm. *Hansens* = MDR 2010, 718 = JurBüro 2010, 367 = Rpfleger 2010, 448 = NJW-Spezial 2010, 315 = FamRZ 2010, 891 = BRAK-Mitt 2010, 144 = MittdtschPatAnw 2010, 318 = AnwBl 2010, 533 = RVGreport 2010, 272; ebenso OLG Hamm AGS 2010, 394 = RVGreport 2010, 273.

b) Der Gegenstandswert richtet sich nach dem GKG oder dem FamGKG

Nach § 39 Abs. 2 GKG, § 30 Abs. 2 FamGKG und § 35 Abs. 2 GNotKG ist eine Erhöhung des Gegenstandswerts bei mehreren Auftraggebern nicht vorgesehen. Für gerichtliche und familiengerichtliche Verfahren bleibt es also bei der Höchstgrenze von 30 Mio. EUR. In den Fällen des § 35 Abs. 2 GNotKG läge die Deckelung bei 60 Mio. EUR. Dies würde nach § 23 Abs. 1 S. 1 und S. 2 folglich auch für die Anwaltsgebühren gelten. Um das zu vermeiden, sieht § 23 Abs. 1 S. 4 vor, dass § 22 Abs. 2 S. 2 unberührt bleibt. Auch in diesen Fällen kann der Anwalt daher nach höheren Werten abrechnen. Die Werte für die Gerichtsgebühren und die Anwaltsgebühren divergieren dann. Gegebenenfalls muss der Anwalt insoweit nach § 33 Abs. 1 Wertfestsetzung aus eigenem Recht beantragen. **42**

Vorbemerkung zu §§ 23 ff.

A. Übersicht 1
B. Wertberechnung und Festsetzung in einem gerichtlichen Verfahren 4
   I. Gerichtliche und anwaltliche Tätigkeit stimmen überein 4
   II. Gerichtliche und anwaltliche Tätigkeit stimmen nicht überein 5
C. Wertberechnung außerhalb eines gerichtlichen Verfahrens 6
   I. Kein gerichtliches Verfahren möglich 6
   II. Bewertung 7
D. Methodisches Vorgehen 8
   I. Vorrangige Regelungen des RVG 9
   II. Bestimmung der Gerichtsbarkeit 10
   III. Ordentliche Gerichtsbarkeit 11

A. Übersicht

Die §§ 23, 32 und 33 enthalten ein **Sonderstreitwertrecht** für Rechtsanwälte. Bei **§ 23** handelt es sich um eine Vorschrift, die auf andere Gesetze verweist. Sie stellt klar, nach welchem Gegenstandswert der Anwalt abzurechnen hat und wie dieser Wert zu ermitteln ist. Der Anwalt kann gegenüber seinem Mandanten danach abrechnen, auch wenn das Gericht keinen Gegenstandswert festgesetzt hat. **1**

Demgegenüber handeln die **§§ 32 und 33** (nur) von der **gerichtlichen Festsetzung** des für die Vergütungsabrechnung maßgebenden Wertes und des dabei zu beachtenden Verfahrens. Kürzer ausgedrückt: **§ 23** enthält das **materielle Bewertungsrecht**, die **§§ 32 und 33** enthalten die zugehörige **Verfahrensordnung**. **2**

Die Regelung ist kompliziert und reichlich undurchsichtig. Für ihr Verständnis ist es daher unerlässlich, die systematischen Zusammenhänge zu erkennen. Dabei sind zu unterscheiden: **3**
– die Wertfestsetzung in gerichtlichen Angelegenheiten
– die Wertfestsetzung in außergerichtlichen Angelegenheiten, die Gegenstand eines gerichtlichen Verfahrens sein könnten und
– die Wertfestsetzung in Angelegenheiten, derentwegen ein gerichtliches Verfahren nicht in Betracht kommt.

Unterschiedlich sind darüber hinaus die Beschwerdemöglichkeiten des Rechtsanwalts geregelt.

B. Wertberechnung und Festsetzung in einem gerichtlichen Verfahren

I. Gerichtliche und anwaltliche Tätigkeit stimmen überein

Stimmen gerichtliche und anwaltliche Tätigkeit überein, so gilt Folgendes: **4**
– Der Gegenstandswert der anwaltlichen Tätigkeit richtet sich nach den für die Gerichtsgebühren geltenden Wertvorschriften (§ 23 Abs. 1 S. 1). Das ist der **übergeordnete Grundsatz**.
– Die Festsetzung des gerichtlichen Streitwerts **bindet** den Rechtsanwalt hinsichtlich seiner Gebührenberechnung (§ 32 Abs. 1). Er kann zwar mit seinem Mandanten eine höhere Vergütung vereinbaren (§ 3a). Diese ist jedoch nicht erstattungsfähig.
– Der Anwalt hat ein **eigenes Antragsrecht** auf Streitwertfestsetzung (§ 32 Abs. 2 S. 1).

- Erscheint dem Anwalt der gerichtlich festgesetzte Streitwert zu niedrig, dann kann er dagegen **aus eigenem Recht Streitwertbeschwerde** einlegen (§ 32 Abs. 2 S. 1). Es handelt sich dabei um eine einfache Beschwerde nach § 68 Abs. 1 S. 1 GKG.
- Eine weitere Beschwerde ist möglich, aber nur gegen Beschwerdeentscheidungen des LG.
- Eine Beschwerde an einen obersten Gerichtshof des Bundes ist ausgeschlossen (§ 66 Abs. 3 S. 3 GKG).

II. Gerichtliche und anwaltliche Tätigkeit stimmen nicht überein

5 Es kommt vor, dass sich die Anwaltsgebühren in einem gerichtlichen Verfahren nicht nach dem für die Gerichtsgebühren maßgebenden Wert berechnen. Dann gilt Folgendes:
- Auch hier hat der Anwalt ein **eigenes Recht auf Festsetzung des Gegenstandswertes**, sobald seine Vergütung fällig ist (§ 33 Abs. 1 S. 1 und Abs. 2 S. 2). Da das GKG solche Sachverhalte nicht regelt, sind dafür eigenständige Bewertungsvorschriften notwendig. Diese sind in § 23 Abs. 3 genannt.
- Gegen die auf Antrag des Anwalts beschlossene Festsetzung des Gegenstandswertes hat dieser ein befristetes **Beschwerderecht**, das in § 33 Abs. 3 geregelt ist. Zulässig ist die Beschwerde entweder, wenn der Wert des Beschwerdegegenstandes (= Beschwerdeantrag) **200 EUR übersteigt** oder das Gericht sie wegen grundsätzlicher Bedeutung der Sache **zugelassen** hat (§ 33 Abs. 3).
- Die **weitere Beschwerde** ist nur zulässig, wenn das Landgericht als Beschwerdegericht entschieden und die weitere Beschwerde wegen grundsätzlicher Bedeutung der Sache zugelassen hat (§ 33 Abs. 6 S. 1). Sie ist als **Rechtsbeschwerde** ausgestaltet, so dass der Beschwerdeführer keine neuen Tatsachen einführen kann, sondern nur mit der Rüge gehört wird, die angefochtene Entscheidung beruhe auf einer Gesetzesverletzung (§ 33 Abs. 6 S. 2). **Zuständig** ist das OLG, das an die Zulassung gebunden ist. Die Nichtzulassung ist unanfechtbar (§ 33 Abs. 6 S. 4, Abs. 4 S. 4). Der BGH ist nie zuständig (§ 33 Abs. 4 S. 3).
- Stets ist Voraussetzung einer Vorlage die Vorabprüfung durch das Beschwerdegericht, ob der Beschwerde abzuhelfen ist (§ 33 Abs. 4 S. 1).
- Gerichtsgebühren fallen nicht an; Kosten werden nicht erstattet (§ 33 Abs. 9).

C. Wertberechnung außerhalb eines gerichtlichen Verfahrens

I. Kein gerichtliches Verfahren möglich

6 Der Grundsatz des § 23 Abs. 1 S. 1, wonach sich der Gegenstandswert der anwaltlichen Tätigkeit nach den für die Gerichtsgebühren geltenden Wertvorschriften richtet, wird durch § 23 Abs. 1 S. 3 auf Tätigkeiten außerhalb eines gerichtlichen Verfahrens übertragen. Voraussetzung ist, dass der Gegenstand der Tätigkeit auch Gegenstand eines gerichtlichen Verfahrens **sein könnte**.

> **Beispiel 1:** Der Anwalt wird beauftragt, einen Schuldner zur Zahlung eines Kaufpreises zu veranlassen.
> **Lösung:** Darauf könnte geklagt werden.

> **Beispiel 2:** Der Schuldner beauftragt einen Anwalt damit, den Gläubiger zum Abschluss eines Vertrages zu bewegen.
> **Lösung:** Das lässt sich nicht durch Inanspruchnahme des Gerichts erzwingen, weil es dafür keine materiell-rechtliche Anspruchsgrundlage gibt.

II. Bewertung

7 In derartigen Fällen (etwa Beispiel 2) bedarf es besonderer Bewertungsmaßstäbe:
- Zunächst ist zu prüfen, ob die in § 23 Abs. 3 S. 1 genannten, sinngemäß anzuwendenden Vorschriften des GNotKG eine Bewertung ermöglichen.
- Ist das nicht der Fall, dann ist der Gegenstandswert nach billigem Ermessen zu bestimmen (§ 23 Abs. 3 S. 2, 1. Hs.).
- Fehlt es für eine Ermessensentscheidung an Schätzungsumständen oder handelt es sich um eine nichtvermögensrechtliche Angelegenheit, dann beträgt der Wert im Zweifel 5.000 EUR, kann

aber auch niedriger oder höher sein, darf jedoch 500.000 EUR nicht übersteigen (§ 23 Abs. 3 S. 2, 2. Hs.).
– Da in diesen Fällen kein Gericht tätig wird, kann auch kein Gericht zur Wertfestsetzung angerufen werden, womit erst recht eine Beschwerde ausscheidet.
– Akzeptiert der Mandant den vom Anwalt angesetzten Wert nicht, dann bleibt nur der Weg der Vergütungsklage. Der für die Berechnung der Vergütung maßgebende Gegenstandswert wird dann als **Vorfrage** der Entscheidung vom Erkenntnisgericht im Urteil festgelegt.

D. Methodisches Vorgehen

Um die jeweils anwendbare Bewertungsvorschrift zu finden, sind hiernach folgende gedanklichen Schritte notwendig: 8

I. Vorrangige Regelungen des RVG

Zunächst ist zu prüfen, ob das RVG besondere Vorschriften enthält, die der Regelung in § 23 vorgehen, also ob die §§ 23a bis 31 einschlägig sind. 9

II. Bestimmung der Gerichtsbarkeit

Sodann ist zu klären, zu welcher Gerichtsbarkeit der Fall gehört. Deren Sondervorschriften sind zuerst zu prüfen, beispielsweise § 52 GKG für verwaltungs- und finanzrechtliche Angelegenheiten sowie für sozialrechtliche Angelegenheiten, soweit diese gemäß § 3 Abs. 1 nach dem Wert abgerechnet werden oder § 42 Abs. 2 GKG für Kündigungsschutzklagen vor dem Arbeitsgericht. In Familiensachen ist ausschließlich das FamGKG anzuwenden. 10

III. Ordentliche Gerichtsbarkeit

Handelt es sich um eine Angelegenheit der ordentlichen Gerichtsbarkeit, dann ist als erstes zu prüfen, ob **spezielle Vorschriften des GKG** einschlägig sind (§ 48 Abs. 1 S. 1 GKG: „soweit nichts anderes bestimmt ist"). 11

Finden sich im GKG keine Sondervorschriften, dann ist zu prüfen, ob die **§§ 3 bis 9 ZPO** weiterführen (§ 48 Abs. 1 S. 1 GKG). 12

Erst dann, wenn auch die Vorschriften der §§ 3 bis 9 ZPO nicht einschlägig sind, ist § 23 Abs. 3 anwendbar. Es ist nunmehr in folgender Abfolge zu prüfen: 13
– Bewertung nach dem GNotKG (§ 23 Abs. 3 S. 1)
– Schätzung nach **billigem Ermessen** (§ 23 Abs. 3 S. 2).

§ 23 Allgemeine Wertvorschrift

(1) ¹Soweit sich die Gerichtsgebühren nach dem Wert richten, bestimmt sich der Gegenstandswert im gerichtlichen Verfahren nach den für die Gerichtsgebühren geltenden Wertvorschriften. ²In Verfahren, in denen Kosten nach dem Gerichtskostengesetz oder dem Gesetz über Gerichtskosten in Familiensachen erhoben werden, sind die Wertvorschriften des jeweiligen Kostengesetzes entsprechend anzuwenden, wenn für das Verfahren keine Gerichtsgebühr oder eine Festgebühr bestimmt ist. ³Diese Wertvorschriften gelten auch entsprechend für die Tätigkeit außerhalb eines gerichtlichen Verfahrens, wenn der Gegenstand der Tätigkeit auch Gegenstand eines gerichtlichen Verfahrens sein könnte. ⁴§ 22 Abs. 2 Satz 2 bleibt unberührt.

(2) ¹In Beschwerdeverfahren, in denen Gerichtsgebühren unabhängig vom Ausgang des Verfahrens nicht erhoben werden oder sich nicht nach dem Wert richten, ist der Wert unter Berücksichtigung des Interesses des Beschwerdeführers nach Absatz 3 Satz 2 zu bestimmen, soweit sich aus diesem Gesetz nichts anderes ergibt. ²Der Gegenstandswert ist durch den Wert

des zugrunde liegenden Verfahrens begrenzt. ³In Verfahren über eine Erinnerung oder eine Rüge wegen Verletzung des rechtlichen Gehörs richtet sich der Wert nach den für Beschwerdeverfahren geltenden Vorschriften.

(3) ¹Soweit sich aus diesem Gesetz nichts anderes ergibt, gelten in anderen Angelegenheiten für den Gegenstandswert die Bewertungsvorschriften des Gerichts- und Notarkostengesetzes und die §§ 37, 38, 42 bis 45 sowie 99 bis 102 des Gerichts- und Notarkostengesetzes entsprechend. ²Soweit sich der Gegenstandswert aus diesen Vorschriften nicht ergibt und auch sonst nicht feststeht, ist er nach billigem Ermessen zu bestimmen; in Ermangelung genügender tatsächlicher Anhaltspunkte für eine Schätzung und bei nichtvermögensrechtlichen Gegenständen ist der Gegenstandswert mit 5 000 Euro, nach Lage des Falles niedriger oder höher, jedoch nicht über 500 000 Euro anzunehmen.

Literatur *Schneider/Thiel*, Über die „Wertlosigkeit" höchstrichterlicher Wertfestsetzungen, NJW 2013, 25; *Rudolf*, Gegenstandswert bei nicht bestehendem Wettbewerbsverbot, ArbuR 2013, 48.

A. Vorbemerkung: Amtliche Begründung der Änderungen	1
B. Allgemeines	5
I. Terminologie: Gegenstandswert, Streitwert, Geschäftswert	5
II. Bewertung	6
C. Regelungsgehalt	8
I. Vorgreiflichkeit der Streitwertvorschriften (Abs. 1 S. 1)	8
1. „Im gerichtlichen Verfahren"	8
2. Das Verfahren	11
3. Betragsrahmengebühren	17
4. Festgebühren (Abs. 1 S. 2)	18
5. Gerichtsgebührenfreie Verfahren (Abs. 1 S. 2)	19
II. Sinngemäße Anwendung von Streitwertvorschriften (Abs. 1 S. 3, 4)	20
1. Kein gerichtliches Verfahren	20
2. Abgrenzungskriterium	23
a) Mögliches gerichtliches Verfahren	24
b) Nicht mögliches gerichtliches Verfahren	25
3. Kündigung	28
4. Abgrenzungsmethode	30
III. Beschwerdeverfahren (Abs. 2)	32
IV. Sinngemäße Anwendung des GNotKG (Abs. 3 S. 1)	37
1. „Andere Angelegenheiten"	37
2. Prüfungskriterien	38
3. Anwendung des GNotKG	39
4. Vergütungsvereinbarung	41
V. Schätzung nach billigem Ermessen (Abs. 3 S. 2)	44
1. Unanwendbarkeit des GNotKG	45
2. Prüfungsfolge und Ermessensausübung ...	47
3. Fehlen von Anhaltspunkten	53
VI. Bewertungsschlüssel	56

A. Vorbemerkung: Amtliche Begründung der Änderungen

1 In den **Absätzen 1 und 3** dieser Vorschrift sind die früheren allgemeinen Wertvorschriften des § 8 Abs. 1 und 2 S. 1 und 2 BRAGO übernommen worden.

2 **Abs. 1 S. 2** ist gegenüber der BRAGO zusätzlich aufgenommen worden, weil zu den zum 1.7.2004 in Kraft getretenen Änderungen im Gerichtskostengesetz zum Teil die Wertgebühren durch Festgebühren ersetzt worden sind. Dies gilt zum Beispiel für die in den GKG-KostVerz. 1510 bis 1520 bestimmten Gebühren für die Vollstreckbarerklärung ausländischer Titel und ähnlicher Verfahren. In diesen Fällen sind die Wertvorschriften des GKG und, z.B. aufgrund der Verweisung in § 48 Abs. 1 GKG, auch die Wertvorschriften der Verfahrensgesetze entsprechend anwendbar. Ergänzt worden ist diese Vorschrift durch das FGG-ReformG dahingehend, dass sie nicht nur dann gilt, wenn bei Gericht eine Festgebühr vorgesehen ist, sondern auch dann, wenn bei Gericht gar keine Gebühren vorgesehen sind.

3 **Abs. 2** ist zusätzlich aufgenommen worden, weil es nach der BRAGO keine generelle Wertvorschrift für Beschwerdeverfahren gab, in denen Gerichtsgebühren unabhängig vom Ausgang des Verfahrens nicht erhoben werden oder sich die Gebühren nicht nach dem Wert richten. Wenn in einem Beschwerdeverfahren Gerichtsgebühren nur erhoben werden, soweit die Beschwerde verworfen oder zurückgewiesen wird (z.B. Gebühr GKG-KostVerz. 1811), ist Abs. 1 S. 1 auch dann anzuwenden, wenn im konkreten Fall keine Gebühr erhoben wird. Ebenfalls zusätzlich eingestellt worden ist eine Vorschrift über die Bestimmung des Gegenstandswerts für Erinnerungsverfahren, weil hierfür grundsätzlich keine Gerichtsgebühren erhoben werden, und für Verfahren über die Rüge der Verletzung des rechtlichen Gehörs, weil hierfür Festgebühr vorgesehen sind (GKG-Kostverz. 1700).

In **Abs. 3** S. 1 wird auf die Bewertungsvorschriften §§ 38, 42 bis 45 sowie §§ 100 bis 102 GNotKG verwiesen.

B. Allgemeines

I. Terminologie: Gegenstandswert, Streitwert, Geschäftswert

Die **Anwaltsvergütung** setzt sich zusammen aus Gebühren und Auslagen (§ 1 Abs. 1 S. 1). Die Vergütung bemisst sich nach dem „Gegenstand der anwaltlichen Tätigkeit". Das ist der so genannte **Gegenstandswert** (§ 2 Abs. 1). Die Regelung ordnet nicht die Zusammenrechnung mehrerer Anträge an, sondern die Zusammenrechnung der „Werte mehrerer Gegenstände". Die zufällige Aufteilung eines einheitlichen Streitgegenstandes in mehrere Anträge ist für den Gegenstandswert nicht entscheidend.[1]

Im **gerichtlichen Verfahren** heißt der Oberbegriff für Gebühren und Auslagen **Kosten** (§ 1 GKG). Die Höhe der Gebühren bestimmt sich nach dem „Wert des Streitgegenstandes", abgekürzt als **Streitwert** (§ 3 Abs. 1 GKG).

Im **GNotKG** lautet der Oberbegriff für Gebühren und Auslagen ebenfalls **Kosten** (§ 1 Abs. 1 GNotKG). Die Gebühren richten sich nach dem Wert, den der Gegenstand des Verfahrens oder des Geschäfts hat (**Geschäftswert**; § 3 Abs. 1 GNotKG).

II. Bewertung

Damit steht fest, **was** zu bewerten ist, nicht aber, **wie** zu bewerten ist. Das richtet sich für die Anwaltsgebühren nach § 23. Diese Vorschrift behandelt **fünf verschiedene Sachverhalte:**
– **Gerichtliches Verfahren:** Findet ein gerichtliches Verfahren statt und entsprechen sich gerichtliche und anwaltliche Tätigkeiten, dann sind beide nach dem **Streitwert** zu berechnen, also nach dem Wert, der für das gerichtliche Verfahren maßgebend ist (Abs. 1 S. 1). So ist auch zu berechnen, wenn im Gerichtskostengesetz **Festgebühren** vorgesehen sind, da diese nicht für die Vergütung des Anwalts gelten (Abs. 1 S. 2). Gleiches gilt, wenn bei Gericht gar **keine Gebühren** vorgesehen sind.
– **Kein gerichtliches Verfahren:** Findet kein gerichtliches Verfahren statt, könnte aber die Tätigkeit des Anwalts Gegenstand eines gerichtlichen Verfahrens sein, dann sind die Streitwertvorschriften für dieses gerichtliche Verfahren **sinngemäß** anzuwenden (Abs. 1 S. 3). Für den Bewertungsmodus macht es keinen Unterschied, ob ein Verfahren anhängig ist oder nicht.
– **Gebührenfreie oder nicht streitwertgebundene Beschwerdeverfahren:** Der Gegenstandswert ist nach billigem Ermessen zu schätzen, begrenzt durch den Wert des zugrunde liegenden Verfahrens (Abs. 2 S. 1, 2; Abs. 3 S. 2).
– **Erinnerung oder Anhörungsrüge:** Die Streitwertberechnung für Beschwerdeverfahren ist maßgebend (Abs. 2 S. 2).
– **Hilfsvorschriften:** Daneben gibt es Sachverhalte, für die es an einem passenden Streitwert fehlt. Ob ein gerichtliches Verfahren eingeleitet worden ist oder nicht, macht auch dabei keinen Unterschied. Für solche Fälle schreibt Abs. 3 originäre Bewertungsregeln vor.

Über das **Verfahren** der Bewertung des Gegenstandswertes sagt § 23 nichts aus. Das ist in den §§ 32 und 33 geregelt.

---

1 LAG Köln, Beschl. v. 16.6.2016 – 4 Ta 117/16 (juris).

C. Regelungsgehalt

I. Vorgreiflichkeit der Streitwertvorschriften (Abs. 1 S. 1)

1. „Im gerichtlichen Verfahren"

8 Wird ein Rechtsanwalt in einem gerichtlichen Verfahren tätig, richtet sich der Gegenstandswert grundsätzlich nach den für die Gerichtsgebühren geltenden Vorschriften.[2] Der Anwalt wird immer „im gerichtlichen Verfahren" tätig, wenn er **Prozess- oder Verfahrensbevollmächtigter** ist. Doch darauf ist die Vorschrift nicht beschränkt. Die Präposition „im" ist insoweit irreführend. Erfasst werden alle Fälle, in denen ein Anwalt **„hinsichtlich"** oder **„bezüglich"** eines gerichtlichen Verfahrens tätig wird, beispielsweise vor der Verweisung an ein anderes Gericht, vor dem er nicht auftritt.[3] Der Anwalt muss daher nicht vor oder gegenüber dem Gericht tätig werden. Es kommt nur darauf an, ob seine Tätigkeit eine Angelegenheit betrifft, **die sich auf ein gerichtliches Verfahren bezieht**. Dazu rechnen auch alle Tätigkeiten, die das gerichtliche Verfahren **vorbereiten** oder **begleiten** oder **vermeiden** sollen, sofern zwischen der ausgeübten und der gedachten späteren Tätigkeit ein **innerer Zusammenhang** besteht.[4]

9 Ein häufig vorkommender Anwendungsfall ist der nicht gegenüber dem Gericht auftretende **Verkehrsanwalt**, der eine Gebühr in Höhe der Verfahrensgebühr des Verfahrensbevollmächtigten erhält und damit nach deren Streitwert abrechnen muss (VV 3400), oder der Anwalt, der von der Einlegung einer Berufung oder Revision abrät (VV 2100).

10 Ist kein Rechtsstreit anhängig (§ 23 Abs. 1 S. 3), dann sind die gerichtlichen Streitwertvorschriften nur sinngemäß anzuwenden, weil es nicht zu einer Festsetzung im Rechtsstreit kommen kann.

2. Das Verfahren

11 Zum „Verfahren" i.S.d. Abs. 1 gehören nicht nur die kontradiktorischen Erkenntnisverfahren, sondern alle in einer Prozessordnung geregelten Abläufe zur Herbeiführung einer Entscheidung. Erfasst werden grundsätzlich auch die Verfahren der freiwilligen Gerichtsbarkeit.[5]

Beispiele: Der Anwalt wird beauftragt mit der Erteilung eines Erbscheins[6] oder einer Eintragung im Handelsregister oder im Grundbuch. Der Verteidiger wird im Strafverfahren auch mit der Abwehr der nach §§ 403 ff. StPO erhobenen Ansprüche beauftragt (VV 4143 ff.). Der Anwalt wird in einem Betreuungsverfahren als Verfahrenspfleger damit beauftragt, einen vom Betreuer zur betreuungsgerichtlichen Genehmigung vorgelegten Mietvertrag zu überprüfen.[7]

12 Gerichtliche Verfahren sind nicht nur diejenigen vor einem Richter i.S.d. Art. 92 GG, sondern auch solche vor dem **Urkundsbeamten** der Geschäftsstelle oder dem **Rechtspfleger**, wenn diese zum Rechtszug gehören (§§ 16, 19).

13 Hierher gehört auch die Tätigkeit der **Gerichtsvollzieher**. Das ergibt sich schon daraus, dass richterliche Kompetenzen von Reform zu Reform nach und nach auf Gerichtsvollzieher verlagert worden sind, zuletzt beispielsweise die Abnahme der eidesstattlichen Versicherung (jetzt Vermögensauskunft) vom Rechtspfleger auf den Gerichtsvollzieher (§ 802e ZPO). Es muss jedoch ein Zusammenhang mit einem gerichtlichen Verfahren bestehen wie z.B. bei der Zwangsvollstreckung. Zudem ergibt sich in Bezug auf das Entstehen einer Einigungsgebühr aus VV 1000 Abs. 1 S. 3, dass das Verfahren vor dem Gerichtsvollzieher einem gerichtlichen Verfahren gleichsteht.

---

[2] BGH NJW-RR 2015, 643 = AGS 2015, 214 = JurBüro 2015, 358 = Rpfleger 2015, 473 = RVGprof. 2015, 110.
[3] OLG Neustadt Rpfleger 1966, 353.
[4] OLG München NJW 1965, 258.
[5] BGH NJW-RR 2015, 643 = AGS 2015, 214 = JurBüro 2015, 358 = Rpfleger 2015, 473 = RVGprof. 2015, 110.
[6] BGH NJW 1968, 2334.
[7] BGH NJW-RR 2015, 643 = AGS 2015, 214 = JurBüro 2015, 358 = Rpfleger 2015, 473 = RVGprof. 2015, 110.

Verwaltungsbehörden sind keine Gerichte, so dass für sie ebenso wenig wie für nichtrichterliche Spruchkörper oder Gutachterausschüsse und dergleichen die für Gerichtsgebühren geltenden Wertvorschriften anwendbar sind. Ihre Tätigkeit ist kein „gerichtliches Verfahren".

Anders verhält es sich, wenn das RVG für solche Sachverhalte selbst den Bezug zu gerichtlichen Wertvorschriften herstellt, wie etwa in § 36 für das schiedsrichterliche Verfahren.

Kraft Gesetzes kann ein Verwaltungsverfahren allerdings **notwendige Vorstufe** eines gerichtlichen Verfahrens sein (siehe vor allem die §§ 68 ff. VwGO und §§ 78 ff. SGG). Dann wird der Anwalt „in" einem gerichtlichen Verfahren tätig.

3. Betragsrahmengebühren

Unanwendbar ist § 23, soweit das RVG eine Vergütung nicht nach dem Gegenstandswert vorsieht, sondern nach einem Betragsrahmen (§ 23 Abs. 3 S. 1: „Soweit sich aus diesem Gesetz nichts anderes ergibt"). So wird grundsätzlich in Straf- und Bußgeldsachen, in Verfahren nach VV Teil 6 und in Verfahren nach § 3 Abs. 1 S. 1 vor den Sozialgerichten nach Betragsrahmen abgerechnet. Dagegen ist § 23 anwendbar in sozialgerichtlichen Verfahren nach § 3 Abs. 1 S. 2 sowie in Strafsachen, sofern hier ausnahmsweise Wertgebühren gewährt werden (VV 4142, 4143, 5115; VV Vorb. 4 Abs. 5 Nr. 1; VV 3500; VV Vorb. 4 Abs. 5 Nr. 2).

4. Festgebühren (Abs. 1 S. 2)

In Verfahren, in denen im Gerichtskostengesetz eine Festgebühr bestimmt ist, sind die Wertvorschriften des RVG entsprechend anzuwenden.[8] Wann Gerichtskosten nach Festgebühren abgerechnet werden, ergibt sich aus dem GKG-Kostenverzeichnis und dem FamGKG-Kostenverzeichnis. Zu erwähnen sind beispielsweise Verfahren über Anträge auf Vollstreckbarerklärung **ausländischer Titel** (GKG-KostVerz. 1510) oder die Verwerfung oder Zurückweisung einer **Anhörungsrüge** (z.B. GKG-KostVerz. 1700) oder erfolglose **sofortige Beschwerden** und Rechtsbeschwerden (GKG-KostVerz. 1810, 1821).

Der Anwalt kümmert sich bei seiner Gebührenberechnung nicht um derartige Festgebühren, sondern rechnet nach den GKG-Streitwertvorschriften ab.

5. Gerichtsgebührenfreie Verfahren (Abs. 1 S. 2)

Sind im gerichtlichen Verfahren keine Gebühren vorgesehen, wie etwa in einem Verfahren auf Vollstreckbarerklärung nach § 537 ZPO, fallen jedoch Anwaltsgebühren an, dann sind die Vorschriften des gerichtlichen Verfahrens sinngemäß anzuwenden.

II. Sinngemäße Anwendung von Streitwertvorschriften (Abs. 1 S. 3, 4)

1. Kein gerichtliches Verfahren

Außerhalb eines gerichtlichen Verfahrens wird der Anwalt tätig, wenn er **keinen unbedingten Klageauftrag** oder sonstigen Verfahrensauftrag hat. Denn schon mit dem Auftrag beginnt die auf den Rechtsstreit bezogene Tätigkeit, die den Anspruch auf die Verfahrensgebühr begründet (z.B. VV 3100, 3101 Nr. 1).

Eine sinngemäße Anwendung der für die Gerichtsgebühren geltenden Vorschriften scheidet aus, soweit das RVG davon **abweichende Regelungen** enthält. Es gilt dann der Auslegungsgrundsatz „lex specialis derogat legi generali" (das speziellere Gesetz verdrängt die allgemeineren Gesetze).

---

8 Bay. VGH AGS 2015, 138 = RVGreport 2015, 154.

Beispiel 1: Die Hebegebühr ist nach VV 1009 nicht nach dem Gesamtbetrag zu berechnen, sondern nach den ausgezahlten Beträgen (nach § 48 Abs. 1 S. 1 GKG, § 2 ZPO wäre der beantragte Gesamtbetrag – der Wert des **Streitgegenstandes** – maßgebend).

Beispiel 2: Im Verfahren auf Bewilligung von Prozesskostenhilfe entspricht der Geschäftswert nach VV 3335 dem Wert der Hauptsache, obwohl es nur um die Freistellung des Hilfsbedürftigen von den Prozesskosten geht. Nach § 48 Abs. 1 S. 1 GKG, § 6 ZPO wäre deren Wert als Forderung – Kosten der Rechtsverfolgung oder -verteidigung – wertbestimmend.

22 Durch den Verweis in § 23 Abs. 1 S. 4 wird der in § 22 Abs. 2 S. 2 festgeschriebene **Grenzwert** auf außergerichtliche Verfahren übertragen, die Gegenstand eines gerichtlichen Verfahrens sein könnten:

§ 22 Grundsatz

...

(2)... ²Sind in derselben Angelegenheit mehrere Personen Auftraggeber, beträgt der Wert für jede Person höchstens 30 Millionen Euro, insgesamt jedoch nicht mehr als 100 Millionen Euro.

2. Abgrenzungskriterium

23 Die für das Gericht geltenden Streitwertvorschriften sind aber nur dann sinngemäß anwendbar, wenn der Gegenstand der anwaltlichen Tätigkeit auch **Streitgegenstand eines gerichtlichen Verfahrens** sein könnte. Die Abgrenzung bereitet im Einzelfall erfahrungsgemäß oft Schwierigkeiten. Diese lassen sich mit der richtigen Fragestellung bewältigen. Sie lautet:

„Hat der Mandant einen materiell-rechtlichen Anspruch auf das, was er mit Hilfe des Anwalts erreichen will?"

Es geht also schlicht darum, ob eine materiell-rechtliche Anspruchsnorm für das Begehren des Mandanten zu finden ist. Wird das bejaht, dann könnte es zum Prozess kommen, weil die Möglichkeit besteht, den Gegner durch Anrufung des Gerichts zu zwingen, den Anspruch anzuerkennen oder zu erfüllen.

a) Mögliches gerichtliches Verfahren

24 **Beispiel 1:** Der Anwalt fordert den Schuldner auf, die Miete oder den Kaufpreis oder Schadensersatz an den Gläubiger zu zahlen.

Zahlt dieser nicht, kann er auf Leistung verklagt werden. Es kommt dabei nur auf die **objektive Möglichkeit** eines Prozesses an. Sie besteht auch, wenn der Mandant den Anwalt anweist, auf keinen Fall zu klagen. Der Mandant könnte es sich jederzeit anders überlegen.

Beispiel 2: A und B sind Miterben. Zur Erbmasse gehört ein bebautes Grundstück. A beauftragt einen Anwalt mit Verhandlungen über eine von A vorgeschlagene einverständliche Auseinandersetzung.

Der Teilungsvorschlag des A kann nach § 2042 BGB Gegenstand eines gerichtlichen Verfahrens, nämlich einer Erbteilungsklage, werden.[9]

Die Regelung findet auf sozialrechtliche Widerspruchsverfahren ebenfalls Anwendung, denn die Anfechtung belastender oder Verteidigung begünstigender Verwaltungsakte als Gegenstand des Widerspruchsverfahrens kann auch Gegenstand in einem Anfechtungsklageverfahren sein.[10] In öffentlich-rechtlichen Verfahren kann es für die Ermittlung des Gegenstandswertes im Vorverfahren nach der Systematik des RVG in dieser Konstellation nur darauf ankommen, wie der Streitwert in einem gedachten gerichtlichen Verfahren festzusetzen wäre. Das Gesetz geht erkennbar davon aus, dass die Bestimmung des Werts bei demselben Gegenstand im vorgerichtlichen und gerichtlichen Verfahren nach denselben Regeln erfolgt. In der VV Vorbem. 3 Abs. 4 heißt es:

Soweit wegen desselben Gegenstands eine Geschäftsgebühr nach Teil 2 entsteht, wird diese Gebühr zur Hälfte, bei Wertgebühren jedoch höchstens mit einem Gebührensatz von 0,75, auf die Verfahrensgebühr des gerichtlichen Verfahrens angerechnet. Bei Betragsrahmengebühren beträgt der Anrechnungsbetrag

---

9 OLG München NJW 1965, 258.
10 LSG Berlin-Brandenburg, Urt. v. 11.12.2012, – L 24 KA 37/12 (juris).

höchstens 175,00 Euro. Sind mehrere Gebühren entstanden, ist für die Anrechnung die zuletzt entstandene Gebühr maßgebend. Bei einer Betragsrahmengebühr ist nicht zu berücksichtigen, dass der Umfang der Tätigkeit im gerichtlichen Verfahren infolge der vorangegangenen Tätigkeit geringer ist. Bei einer wertabhängigen Gebühr erfolgt die Anrechnung nach dem Wert des Gegenstands, der auch Gegenstand des gerichtlichen Verfahrens ist.

Hintergrund des Verweises auf die Wertvorschriften für das gerichtliche Verfahren in § 23 Abs. 1 S. 3 RVG ist gerade die Sicherstellung, dass bei einer eventuell nach VV Vorbem. 3 Abs. 4 erforderlichen Anrechnung der Gegenstandswert nicht nach unterschiedlichen Regelungen bestimmt werden muss.[11]

b) Nicht mögliches gerichtliches Verfahren

Beispiel: Der Anwalt soll für den Mandanten einen Vertrag oder Allgemeine Geschäftsbedingungen entwerfen bzw. überprüfen.[12]

25

Ein solcher Auftrag kann nicht Gegenstand eines gerichtlichen Verfahrens gegen einen Dritten sein. Denkbar wäre nur eine Klage gegen den Anwalt auf Erfüllung dieses Auftrages. Doch dann wäre eine Anspruchsgrundlage gegeben: der Anwaltsvertrag, § 675 BGB.

Unanwendbar ist Abs. 1 S. 3, wenn der Gegner des Mandanten zu freiwilligen Leistungen veranlasst werden soll.

26

Beispiel: Ein Käufer schuldet dem Verkäufer den Kaufpreis. Er beauftragt einen Anwalt, mit dem Verkäufer über eine Stundung oder über eine vergleichsweise Ermäßigung der Schuld zu verhandeln. Einen materiellrechtlichen Anspruch auf dieses Stundungsbegehren oder den Abschluss eines Vergleichsvertrages gibt es nicht. Das Begehren des Schuldners ließe sich nicht durch eine Klage gegen den Gläubiger durchsetzen.

Es gibt allerdings auch Fälle, in denen ein klagbarer Anspruch auf Stundung besteht. Dann ist Abs. 1 S. 3 einschlägig. So verhält es sich beispielsweise beim Zugewinnausgleich (§ 1382 Abs. 1 S. 1 BGB) oder beim Pflichtteilsanspruch (§ 2331a BGB).

27

3. Kündigung

Streitig ist, wie es sich bei dem Auftrag an den Anwalt verhält, lediglich eine Kündigung zu erklären. Verschiedentlich wird angenommen, sie falle unter Abs. 1 S. 2, weil sie Voraussetzung für die Durchsetzung eines Anspruchs sei, etwa einer Räumungsklage gegen den Mieter.[13] Diese Auffassung berücksichtigt nicht die Fassungsänderung des in § 23 Abs. 1 S. 3 übernommenen früheren § 8 Abs. 1 S. 2 BRAGO[14] und differenziert nicht hinreichend nach dem **Auftragsinhalt**:

28

– Geht der Auftrag an den Anwalt dahin, die Räumung der Wohnung oder die Erfüllung eines Darlehens und dergleichen zu erzwingen, dann muss er vorher kündigen. Das gehört zu den Anspruchsvoraussetzungen (§ 573 Abs. 1 S. 1 BGB). § 23 Abs. 1 S. 1 ist folglich anwendbar.
– Die Kündigung allein ist jedoch nicht einklagbar. Dazu bedarf es lediglich der Abgabe einer Willenserklärung (§ 130 BGB). Ein Klageantrag des Inhalts „Ich kündige das Mietverhältnis oder den Darlehensvertrag" wäre prozessual unzulässig und sinnlos. Deshalb ist § 23 Abs. 1 S. 3 unanwendbar.
– Das gilt auch für eine Klage „auf Feststellung des Rechts zur Kündigung"[15] mit dem Antrag „Es wird festgestellt, dass der Vertrag gekündigt worden ist." Die Abgabe einer Willenserklärung (§ 130 BGB) ist kein Rechtsverhältnis. Dazu müsste schon auf Feststellung geklagt werden, dass ein Vertrag aufgrund einer bereits erklärten Kündigung beendet worden sei, oder dass ein Vertrag ein Kündigungsrecht vorsehe.[16] Die Abgabe der Kündigungserklärung allein ist kein Rechtsverhältnis, sondern nur die Ausübung eines Gestaltungsrechts.

---

11 Mayer/Kroiß/*Mayer*, § 23 Rn 13; Gerold/Schmidt/*Müller-Rabe*, RVG, § 23 Rn 19.
12 Vgl. auch BGH NJW-RR 2015, 643 = AGS 2015, 214 = JurBüro 2015, 358 = Rpfleger 2015, 473 = RVGprof. 2015, 110.
13 So AG Köln MDR 2002, 1030 m. abl. Anm. *N. Schneider*.
14 LG Karlsruhe AGS 2006, 112 m. Anm. *N. Schneider*; *N. Schneider*, MDR 2000, 685/686; *Enders*, JurBüro 1998, 1 ff.; *Lützenkirchen*, Anwaltshandbuch Mietrecht, 2. Aufl. 2003, Kap. N. Rn 150 ff.; *Jungbauer/Mock*, Rechtsanwaltsvergütung, 3. Aufl., Rn 157 ff.; *Monschau*, AGS 2003, 194.
15 LG Darmstadt und OLG Frankfurt/M. ZMR 1999, 700.
16 Stein/Jonas/*Schumann*, ZPO, § 256 Rn 23, 31.

29 Diese Sachverhalte müssen auseinandergehalten werden.[17] Nur das ist logisch und methodisch korrekt. Die notwendige Differenzierung darf nicht durch Leerformeln verwässert werden wie: „Ein gerichtliches Verfahren muss im Hintergrund stehen. Dabei ist jedoch der Rahmen dieser Tätigkeit nicht eng zu ziehen." Im Gesetz ist weder von einem „Hintergrund" noch von einer „nicht engen Grenzziehung" die Rede. Das sind lediglich willkürliche Formulierungen, die mit einer wissenschaftlich korrekten Auslegung unvereinbar sind. Die anzustrebende berechenbare Auslegung des Abs. 1 S. 2 verlangt ein genaues und überprüfbares Kriterium, nämlich die Antwort auf die allein richtige Fragestellung, ob der Mandant sich für die vom Anwalt zu erbringende Tätigkeit gegenüber einem Dritten auf eine materiell-rechtliche Anspruchsgrundlage berufen könnte.

4. Abgrenzungsmethode

30 Von der Frage nach einer Anspruchsgrundlage zur Antwort darauf führt nur ein Weg, der aus der Schlüssigkeitsprüfung bekannt ist: Von der Folge zur Voraussetzung. Es ist zunächst genau zu bestimmen, was der Mandant erreichen will (Rechtsfolge). Sodann ist zu prüfen, ob es eine Anspruchsnorm mit dieser Rechtsfolge gibt (Voraussetzung = Tatbestand einer Anspruchsnorm). Nur wenn das bejaht wird, handelt es sich um einen Sachverhalt, der Gegenstand eines gerichtlichen Verfahrens sein könnte. Wird es verneint, dann ist Abs. 1 S. 2 unanwendbar.

> **Beispiel:** Der Mandant überreicht dem Anwalt einen Darlehensvertrag, den er mit seiner Bank abgeschlossen hat. Zwischenzeitlich sind die Zinskonditionen wesentlich günstiger geworden. Der Anwalt soll versuchen, die Bank dazu zu bewegen, das Zinsbegehren zu ermäßigen. Eine materiell-rechtliche Anspruchsnorm mit dieser Rechtsfolge gibt es nicht. Verträge müssen eingehalten werden. Abs. 1 S. 2 ist unanwendbar. Anders wäre es, wenn der Mandant die Bank für verpflichtet hält, die Zinsen zu ermäßigen, etwa nach Treu und Glauben (§ 242 BGB) oder wegen fehlerhafter Beratung. Dann kommt eine Feststellungsklage oder eine Schadensersatzklage in Betracht.

31 Zu beachten ist, dass es nur darauf ankommt, ob eine einschlägige Anspruchsnorm aufzufinden ist. Eine abschließende Schlüssigkeitsprüfung mit einem eindeutigen Ergebnis ist nicht vorzunehmen. Für die Möglichkeit eines gerichtlichen Verfahrens kommt es nicht auf die Zulässigkeit oder Begründetheit eines Anspruchs an.

III. Beschwerdeverfahren (Abs. 2)

32 Im GKG ist eine Reihe von Sachverhalten geregelt, in denen keine Gerichtsgebühren oder nur Festgebühren erhoben werden, vor allem in Beschwerdeverfahren. In Erinnerungsverfahren sind überhaupt keine Gerichtsgebühren vorgesehen. Manchmal hängt der Anfall einer Gerichtsgebühr auch vom Ausgang des Verfahrens ab.

> **Beispiel:** Eine nach § 321a ZPO erhobene Gehörsrüge hat ganz oder teilweise Erfolg (GKG-KostVerz. 1700): keine Gebühr. Wird die Anhörungsrüge verworfen oder zurückgewiesen, dann fällt an Gerichtskosten eine Festgebühr von 60 EUR an.

33 Schuldet der Mandant in solchen Fällen dem Anwalt für dessen Tätigkeit eine Vergütung, dann fehlt es an einer Streitwertvorgabe für die Berechnung der Anwaltsgebühren. Diese Lücke schließt § 23 Abs. 2. Im Einzelnen sieht er vor:

34 Abs. 2 S. 1: Werden Gerichtsgebühren unabhängig vom Ausgang des Verfahrens nicht erhoben oder richten sie sich nicht nach dem Verfahrenswert, dann ist – vorbehaltlich einer anderen Regelung im RVG – Bewertungsgegenstand das Interesse des Beschwerdeführers. Dieses wiederum ist nach billigem Ermessen zu bestimmen.

Fehlen genügende tatsächliche Anhaltspunkte für eine Schätzung oder handelt es sich um eine nichtvermögensrechtliche Angelegenheit, dann sind 5.000 EUR der Ausgangswert. Dieser Betrag kann im Einzelfall ermäßigt oder erhöht werden, darf jedoch nie 500.000 EUR überschreiten (Verweis auf Abs. 3 S. 2).

---

17 Zutreffend *N. Schneider*, MDR 2000, 658 f.; ebenso LG Köln JurBüro 2001, 643; AG Charlottenburg JurBüro 2001, 86 u. JurBüro 2003, 424 für die Aufhebung eines Mietvertrages.

Abs. 2 S. 2: Der für die Anwaltsvergütung maßgebende Gegenstandswert ist durch den Wert des zugrunde liegenden Verfahrens begrenzt. Geht es beispielsweise um ein Verfahren mit einem Gegenstandswert von 5.000 EUR, dann darf der Wert eines deswegen eingeleiteten Beschwerdeverfahrens nicht höher angesetzt werden.

Abs. 2 S. 3: Erinnerungsverfahren und Rügeverfahren nach § 321a ZPO wegen Verletzung des rechtlichen Gehörs sind keine Beschwerdeverfahren. Die dabei anfallende Anwaltsvergütung ist aber nach dem Gegenstandswert abzurechnen, der anzusetzen wäre, wenn es sich um Beschwerdeverfahren handeln würde. Mit anderen Worten: Sie werden hinsichtlich der Anwaltsvergütung wie Beschwerdeverfahren behandelt, weil die anwaltliche Tätigkeit dem entspricht.

IV. Sinngemäße Anwendung des GNotKG (Abs. 3 S. 1)

1. „Andere Angelegenheiten"

An dem Bezug zu einem gerichtlichen Verfahren fehlt es, wenn die Tätigkeit des Anwalts nur Voraussetzung für eine andere Angelegenheit ist, die allein einem gerichtlichen Verfahren zugänglich wäre.

> **Beispiel:** A hat gegen B eine Forderung von 10.000 EUR. B kann nicht zahlen, hat aber gegen C einen Zahlungsanspruch in Höhe von 30.000 EUR. C macht deswegen gegenüber B ein Zurückbehaltungsrecht geltend. Nunmehr beauftragt A seinen Anwalt, den C durch das Angebot eines lukrativen Auftrags zu bewegen, die Einrede des Zurückbehaltungsrechts aufzugeben und den B zu bezahlen. Dann wäre B finanziell in der Lage, seine Schuld gegenüber A zu begleichen. Hier könnte A seine Forderung gegen B einklagen. B könnte seinen Anspruch gegen C einklagen. Aber A könnte nicht gegen C auf Verzicht der Einrede klagen. Die Tätigkeit des Anwalts betrifft daher keinen möglichen Gegenstand eines gerichtlichen Verfahrens. Abs. 1 S. 3 ist unanwendbar. Es handelt sich um eine „andere Angelegenheit" (Abs. 3 S. 1).

2. Prüfungskriterien

Von „anderen Angelegenheiten" ist auszugehen, wenn **fünf verneinende Voraussetzungen** gegeben sind:
1. Es ist kein gerichtliches Verfahren anhängig (sonst Abs. 1 S. 1).
2. Die anwaltliche Tätigkeit könnte auch nicht Gegenstand eines gerichtlichen Verfahrens werden (sonst Abs. 1 S. 3).
3. Trotz anhängigen oder möglichen Gerichtsverfahrens kann es nicht zu einer gerichtlichen Streitwertfestsetzung kommen, weil es an einer anwendbaren Streitwertvorschrift fehlt.[18] Das gilt jedoch nicht bei Gebührenfreiheit, wenn eine für die Gerichtsgebühren maßgebende Vorschrift vorhanden ist.[19]
4. Die Gebühren werden nicht nach dem Wert des Gegenstandes berechnet (siehe Rdn 21).
5. Das RVG enthält keine Sondervorschriften.

Die fünfte Einschränkung folgt aus der Wendung in Abs. 3 S. 1: „Soweit sich aus diesem Gesetz nichts anderes ergibt"; „dieses Gesetz" ist das RVG. Sind diese negativen Voraussetzungen gegeben, dann bemisst sich der Gegenstandswert nach Bewertungsvorschriften des GNotKG, soweit dieses einschlägig ist (Abs. 3 S. 1).

3. Anwendung des GNotKG

Die Regelung wurde mit Wirkung zum 1.8.2013 durch das 2. KostRMoG geändert. Die Norm verweist zur Anwendung bestimmter Wertvorschriften auf das Gerichts- und Notarkostengesetz (GNotKG). Wesentliche Änderungen im Vergleich zur alten Rechtslage sind damit nicht verbunden.

---

18 OLG Düsseldorf JurBüro 1993, 554; *Hartmann*, RVG, § 23 Rn 18.
19 MDR 1964, 514 = JurBüro 1964, 500 m. Anm. *Tschischgale*; JurBüro 1992, 341; LAG Bremen MDR 1986, 260 = Rpfleger 1986, 195; a.A. LAG Hannover JurBüro 1987, 231 m. abl. Anm. *Mümmler*.

Die Rechtsanwaltsvergütung ist nach bisherigem Recht zu berechnen, also nach den Bestimmungen der KostO, wenn der unbedingte Auftrag zur Erledigung derselben Angelegenheit i.S.d. § 15 vor dem Inkrafttreten einer Gesetzesänderung erteilt worden ist (§ 60 S. 1 Alt. 1). Diese Vorschrift gilt im gesamten Bereich des RVG, mithin auch bei der Wertfestsetzung nach § 23 Abs. 3 RVG.[20]

Die Bewertungsvorschriften über den Geschäftswert nach dem GNotKG gelten **uneingeschränkt**, wenn ein gerichtliches Verfahren, auf das das GNotKG anwendbar ist, bereits anhängig ist (Abs. 1 S. 1) oder anhängig gemacht werden könnte (Abs. 1 S. 2).

40 Sie gelten nur **eingeschränkt**, soweit es für die anwaltliche Tätigkeit an irgendwelchen gerichtlichen Bewertungsvorschriften fehlt. Zu prüfen sind dann folgende Bewertungsvorschriften des GNotKG:
- § 37 GNotKG: Früchte, Nutzungen, Zinsen, Vertragsstrafen, sonstige Nebengegenstände und Kosten
- § 38 GNotKG: Belastung mit Verbindlichkeiten
- § 42 GNotKG: Wohnungs- und Teileigentum
- § 43 GNotKG: Erbbaurechtsbestellung
- § 44 GNotKG: Mithaft (Grundpfandrechte)
- § 45 GNotKG: Rangverhältnisse und Vormerkungen
- § 99 GNotKG: Miet-,[21] Pacht- und Dienstverträge
- § 100 GNotKG: Güterrechtliche Angelegenheiten
- § 101 GNotKG: Annahme als Kind
- § 102 GNotKG: Erbrechtliche Angelegenheiten

4. Vergütungsvereinbarung

41 Die von Abs. 3 S. 1 erfassten anwaltlichen Tätigkeiten, für die sich aus dem Gesetz nichts anderes ergibt, lassen sich nicht erschöpfend aufzählen. Selbst für typische Sachverhalte können keine allgemeinen Bewertungsregeln entwickelt werden. Dazu sind die Einzelfälle zu unterschiedlich gelagert. Das lässt sich anschaulich an der Tätigkeit hinsichtlich eines Vertragsentwurfs aufzeigen. Das kann ein Mietvertrag sein oder ein Gesellschaftsvertrag, ein Lizenzvertrag oder ein Kooperationsvertrag usw. Deren inhaltliche Unterschiede lassen sich nicht auf einen gemeinsamen Bewertungsnenner zurückführen. Man denke nur an die **finanziellen Dimensionen** solcher Verträge und die daraus folgenden unterschiedlichen **Haftungsrisiken**!

Es kann aber auch noch weit verwickelter liegen, wie folgender Fall zeigt:

> **Beispiel:** Mehrfache Beratung eines GmbH-Geschäftsführers, dessen Vertrag noch fast sechs Jahre lief mit sich anschließender Versorgungsleistung unabhängig vom Erreichen des Rentenalters. Der Geschäftsführer sollte aus dem Unternehmen ausscheiden. Die Beratung erstreckte sich auch auf die Umformulierung einer Ausscheidungsvereinbarung.
> Für solche Beratungs-Komplikationen gibt es keine besondere Bewertungsvorschrift. Es muss gemäß Abs. 3 S. 2 nach billigem Ermessen geschätzt werden. Bewertungsumstände sind dann vor allem: Dauer und Wert des Rechts, das aufgegeben wird; Berücksichtigung der Versorgungsleistungen; Vertragsgestaltung; Arbeitsaufwand und Haftungsrisiko des Anwalts.

42 Um diesen Unwägbarkeiten auszuweichen, bietet sich in erster Linie eine **Vergütungsvereinbarung auf Stundenbasis** an. Auch sie kann aber unangemessen sein. Kann ein Anwalt beispielsweise aufgrund früherer Tätigkeit auf ein passendes Vertragsmuster zurückgreifen, dann kann er den Auftrag in kurzer Zeit erledigen. Die Vereinbarung eines Stundenhonorars wäre keine angemessene Vergütung, zumal das Haftungsrisiko unverändert bliebe.

43 In solchen Fällen liegt die Vereinbarung eines **Festhonorars** nahe. Die ist aber mit dem Risiko behaftet, dass sie getroffen werden muss, bevor der Anwalt zuverlässig überschauen kann, welchen Zeitaufwand seine Tätigkeit erfordert.

---

20 LAG Schleswig-Holstein NZA-RR 2015, 157.
21 Vgl. auch BGH NJW-RR 2015, 643 = AGS 2015, 214 = JurBüro 2015, 358 = Rpfleger 2015, 473 = RVGprof. 2015, 110.

V. Schätzung nach billigem Ermessen (Abs. 3 S. 2)

Abs. 3 stellt eine Auffangnorm für Angelegenheiten dar, für die Wertvorschriften fehlen. Der Auffangtatbestand ist insbesondere für nichtvermögensrechtliche Streitigkeiten bedeutsam, deren Wert auf anderem Weg nicht bestimmt werden kann. Die Wertfestsetzung nach billigem Ermessen kommt im Anwendungsbereich der Norm aber erst hinter allen sonstigen Bewertungsfaktoren zum Zuge.[22] Wo ein objektiver Wert festgestellt werden kann, kommt es in erster Linie auf die Feststellung dieses Wertes an.[23] Maßgeblich ist somit immer die „Lage des Falles"; es bedarf also einer auf die konkreten Umstände des einzelnen Verfahrens abgestellten Wertfestsetzung.[24] Kriterien für die Ermessensausübung, insbesondere für das Ansetzen eines vom Hilfswert nach oben oder unten abweichenden Wertes, stellen die Schwierigkeit des Falles, der hiermit verbundene Aufwand für die Tätigkeit des Rechtsanwaltes und die Bedeutung für die Beteiligten dar.[25]

1. Unanwendbarkeit des GNotKG

Die nach Abs. 3 S. 1 gebotene vorrangige Prüfung der Vorschriften des GNotKG kann zu dem Ergebnis führen, dass ihre sinngemäße Anwendung nicht in Betracht kommt, weil die Tatbestandsvoraussetzungen nicht auf die zu bewertende anwaltliche Tätigkeit passen.

> **Beispiel:** Der Anwalt erörtert mit dem Mandanten die Möglichkeit der Gründung einer Gesellschaft bürgerlichen Rechts mit Ehefrau und Kindern.

Dann wird die weitere Hilfsvorschrift des Abs. 3 S. 2 anwendbar.

Nicht erwähnt, weil selbstverständlich, ist die Bewertungssituation, dass der Gegenstandswert sich aus der Angelegenheit selbst ergibt.

> **Beispiel:** Wird ein Darlehensvertrag über einen Betrag von 10.000 EUR entworfen, dann ist der Geschäftswert gleich diesem Betrag. In solchen Fällen ergeben sich die Bewertungsbeträge unmittelbar aus dem Auftrag an den Anwalt.

2. Prüfungsfolge und Ermessensausübung

Von diesen Fällen abgesehen (vgl. Rdn 45), ist Abs. 3 S. 2 in folgender Stufenfolge zu prüfen:
1. Der Gegenstandswert ist nach billigem Ermessen zu bestimmen.
2. Eine Ermessensentscheidung ist nicht möglich, weil
    a) dazu die tatsächliche Schätzungsgrundlage nicht ausreicht oder
    b) es sich um eine nichtvermögensrechtliche Angelegenheit handelt.

Das Eigenschaftswort „billig" zu Ermessen steht für „gerecht". Die Ermessensentscheidung muss daher **möglichst sachgerecht** ausfallen. Sie steht nicht im Belieben des Bewerters, sondern ist **pflichtgemäße Amtsausübung**.[26]

Ist eine den Gegenstandswert zutreffend erfassende Ermessensentscheidung möglich, weil dafür genügend Anhaltspunkte gegeben sind, dann gibt es für die Entscheidung keine Grenze nach unten oder oben. Deshalb ist dann im Gesetz kein Ausgangs- oder Hilfswert vorgesehen (siehe dazu Rdn 53 ff.).

Die Zahl der möglichen Schätzungsgrundlagen ist unbegrenzt. In Betracht kommen beispielsweise der vermögensrechtliche Erfolg anwaltlichen Tätigkeit für den Mandanten oder der damit auch verbundene Schutz seines allgemeinen Persönlichkeitsrechts. Erlaubt ist auch die Berücksichtigung

---

22 LAG Hamburg, Beschl. v. 17.5.2013 – 2 Ta 8/13, BeckRS 2013, 69277; LAG Hamm, Beschl. v. 25.6.2010 – 10 Ta 163/10 (juris); LAG Hamm, Beschl. v. 17.9.2012 – 10 Ta 259/12 (juris).
23 LAG Hamburg, Beschl. v. 17.5.2013 – 2 Ta 8/13 (juris).
24 LAG Hamm, Beschl. v. 4.3.2015 – 13 Ta 48/15; LAG Hamm, Beschl. v. 11.2.2015 – 13 Ta 728/14; LAG Schleswig-Holstein, Beschl. v. 8.10.2012, – 3 Ta 164/12 (juris).
25 LAG Rheinland-Pfalz, Beschl. v. 20.7.2009 – 1 Ta 171/09 (juris); LAG Rheinland-Pfalz, Beschl. v. 31.10.2012 – 1 Ta 212/12 (juris).
26 BayObLG FamRZ 1999, 604.

des Haftungsrisikos des Anwalts. Entgegen LAG Bremen[27] ist es auch zulässig, die grundsätzliche Bedeutung der Angelegenheit zu berücksichtigen.

51 Manchmal helfen fallfremde Berechnungsarten statistischer Art weiter, denen die Eigenschaft von Erfahrungssätzen beizumessen ist.[28]

52 Wichtig sind natürlich vor allem die eigenen tatsächlichen und wertenden Angaben des Mandanten.

3. Fehlen von Anhaltspunkten

53 Nun gibt es Fälle, in denen mangels solcher Anhaltspunkte eine hinreichend zuverlässige Schätzung nicht möglich ist. Auch dann muss der Berechnung der anwaltlichen Vergütung ein Gegenstandswert zugrunde gelegt werden. Abs. 3 S. 2 beziffert ihn mit 5.000 EUR.[29] Das ist nur ein **Ausgangs- oder Hilfswert**,[30] also kein grundsätzlich statisch[31] anzuwendender Regelwert.[32] Er gilt daher, dass nur bei signifikanten Umständen eine Abweichung nach unten oder oben erforderlich ist.[33] Eine Erhöhung kommt z.B. daher nur dann in Betracht, wenn sonstige werterhöhende Umstände substantiiert vorgetragen werden.[34] Die individuelle Beurteilung ist stets vorrangig. Dabei kann in markenrechtlichen Verfahren z.B. die besondere wirtschaftliche Bedeutung der Marke ganz allgemein berücksichtigt werden.[35]

Die Rechtsanwaltsvergütung ist nach bisherigem Recht in der Fassung bis zum 1.7.2013 zu berechnen (Mindestwert 4.000 EUR), wenn der unbedingte Auftrag zur Erledigung derselben Angelegenheit i.S.d. § 15 vor dem Inkrafttreten einer Gesetzesänderung erteilt worden ist (§ 60 S. 1 Alt. 1). Diese Vorschrift gilt im gesamten Bereich des RVG, mithin auch bei der Wertfestsetzung nach § 23 Abs. 3 RVG.[36]

54 Ergibt sich aufgrund einiger Bewertungsumstände, dass dieser Hilfswert nicht auf den Einzelfall passt, dann kann die Schätzung niedriger oder höher ausfallen, jedoch nach oben begrenzt auf 500.000 EUR.

Abweichungen von diesem Wert in der einen oder in der anderen Richtung setzen Tatsachen voraus, die ihn als erkennbar unangemessen erscheinen lassen. Hierbei sind alle Umstände zu berücksichtigen, die für den Wert der Leistung des Rechtsanwalts bestimmend sind. Demnach ist in erster Linie auf die tatsächlichen und rechtlichen Schwierigkeiten in der Sache abzustellen, sodann ist das Interesse des Auftraggebers zu berücksichtigen und sonstige im Einzelfall wertbildende Umstände sind ins Auge zu fassen.

55 Eine Schätzung ist auch bei **nichtvermögensrechtlichen** Gegenständen geboten,[37] wiederum unter Berücksichtigung des Hilfswertes von 5.000 EUR.

VI. Bewertungsschlüssel

56 Die Vielzahl der möglichen Fallgestaltungen lässt sich weder erschöpfend erfassen noch auf allgemeine Bewertungsprämissen reduzieren. Kein Fall gleicht in seiner individuellen Gestaltung dem anderen. Die nachstehende alphabetische Zusammenstellung einschlägiger Veröffentlichungen und Gerichtsentscheidungen bietet Anhaltspunkte für die Bewertung konkreter Angelegenheiten, auf die in vergleichbaren Fällen zurückgegriffen werden kann. Bei den Beispielen handelt es sich lediglich

---

27 BB 1979, 1096.
28 Siehe z.B.: Gebrauchtwagentabellen, Sterbetafeln, Mietspiegel, Sachwertschätzung für Bäume nach *Koch*, VersR 1990, 573; u.a.
29 Der allgemeine Auffangwert, der seit 1994 unverändert geblieben ist, wurde durch das 2. KostRMoG mit Wirkung zum 1.8.2013 von 4.000 EUR auf 5.000 EUR erhöht. Damit entspricht dieser Wert den Auffangwerten in den übrigen Kostengesetzen.
30 LAG Stuttgart AnwBl 1982, 312; a.A LAG Baden-Württemberg, Beschl. v. 26.7.2010 – 5 Ta 137/10 (juris) = Regelwert.
31 LAG Rheinland-Pfalz, Beschl. v. 15.2.2012 – 1 Ta 1/12 (juris).
32 OLG Köln Rpfleger 1994, 417.
33 LAG Baden-Württemberg, Beschl. v. 28.9.2009 – 5 Ta 68/09 (juris); LAG Baden-Württemberg, Beschl. v. 26.7.2010 – 5 Ta 137/10 (juris).
34 BPatG, Beschl. v. 9.8.2012 – 25 W (pat) 510/11 (juris).
35 BPatG, Beschl. v. 9.8.2012 – 25 W (pat) 510/11 (juris).
36 LAG Schleswig-Holstein NZA-RR 2015, 157.
37 BAG AGS 2005, 72 = NZA 2005, 70 = JurBüro 2005, 146 = RVGreport 2005, 198.

um eine enge Auswahl. Insbesondere einschlägige arbeitsrechtliche Fälle sind in so großer Zahl veröffentlicht worden, dass deren Wiedergabe nur verwirren würde. Siehe hierzu etwa die Dokumentation in juris.

Abfindungsvereinbarung
- Arbeitsrecht (*Wegener*, JurBüro 1990, 1553; OLG Hamm NJW-RR 1992, 927 = JurBüro 1992, 413)

Abmahnung
- Mieter (*Mümmler*, JurBüro 1988, 1469)

Abnahmeverlangen
- dessen Abwehr (AG Osnabrück JurBüro 2001, 144)

Abwahl Betriebsrat; Neuwahl
- LAG Köln, Beschl. v. 31.8.2010 – 11 Ta 158/10 (juris)

Anfechtung
- der Wahl eines Betriebsrates (LAG Köln, Beschl. v. 14.10.2010 – 7 Ta 249/10 (juris); BAG, Beschl. v. 17.10.2001 – 7 ABR 42/99 (juris); LAG Düsseldorf, Beschl. v. 25.2.2004 – 17 Ta 65/04 (juris); LAG Köln NZA-RR 2008, 541 f.; LAG Köln MDR 2005, 342; LAG Hamm EzA-SD 2006, Nr. 7, 18)

Änderung eines Gesellschaftsvertrages
- Gesellschaftsvertrag

Akkreditiv
- BGH NJW 1992, 1900 = AnwBl 1992, 452 = MDR 1992, 616

Aktienrechtliches Spruchstellenverfahren
- *Meilicke*, Die AG 1985, 48; *Erb*, NZG 2001, 161; BayObLG DB 2001, 2138; 2002, 732; JurBüro 2001, 644 (Aufteilung des Geschäftswertes nach Kopfteilen); BayObLG ZIP 2002, 1687 = BB 2002, 1720 (Nichtberücksichtigung des Wertanteils außenstehender Aktionäre; gegen BayObLGZ 1991, 84); BGH NJW-RR 1999, 1191 (Beschwerdeverfahren)

Aktionärsklagen
- Vertretung mehrerer Streitgenossen durch verschiedene Prozessbevollmächtigte (OLG Stuttgart NZG 2001, 522)

Allgemeine Geschäftsbedingungen
- Entwurf (*Madert*, AnwBl 1991, 257; *Enders*, JurBüro 1996, 225)

Altenteilsverträge
- Abänderung (*Schalhorn*, JurBüro 1971, 307)

Arbeitsgerichtliches Beschlussverfahren
- Es handelt sich um ein gebühren- und auslagenfreies Verfahren, das nach § 23 Abs. 3 zu bewerten ist. Hierzu haben die Arbeitsgerichte umfassende, allerdings auch kontroverse Bewertungsregeln entwickelt. Die ausführlichste Darstellung dazu findet sich bei *Wenzel* im GK-ArbGG, § 12 Rn 255 ff. Siehe auch LAG Sachsen BB 2001, 1689 mit Anm. *Bruns*

Atypische Unternehmensbeteiligung
- Gegenstandswert nach monatlichem Beteiligungsbetrag (*Enders*, JurBüro 2001, 630)

Aufhebungsverträge
- Miete (*Enders*, JurBüro 1996, 242; LG Köln AnwBl 1998, 212)
- Arbeitsrecht (AG Hamburg AnwBl 1989, 241 = JurBüro 1989, 951)

Auseinandersetzung
- Grundstückseigentümer (*Schalhorn*, JurBüro 1972, 24); BGB-Gesellschafter (OLG Düsseldorf JurBüro 2001, 87)

Ausländischer Rechtsstreit
- BGHZ 54, 193 = NJW 1970, 1508 = MDR 1970, 836 = LM § 8 BRAGebO m. Anm. *Rietschel*

Beratung
- von Gesellschaftern (*Schalhorn*, JurBüro 1971, 402)
- eines von mehreren Gesellschaftern (OLG Stuttgart AnwBl 1976, 439)

Berufsausbildungsverhältnis
- Beendigung (*Mümmler*, JurBüro 1985, 27)

Berufsgenossenschaft
- Klage wegen Arbeitsunfalls (LSG Essen AnwBl 1981, 120)

Betreuung
- Antrag auf Anordnung (BayObLG NJW-RR 2001, 1301 = FamRZ 2001, 1246)
- Ermessensentscheidung (OLG Hamm DAVorm 1993, 974; OLG Köln Rpfleger 1994, 416 = JurBüro 1995, 154)

Besetzung des Vorsitzes einer zu bildenden Einigungsstelle
- LAG Köln, Beschl. v. 2.9.2010 – 7 Ta 277/10 (juris)

Dienstvertrag
- Entwurf (*Enders*, JurBüro 1996, 1; *Brieske*, JurBüro 1996, 173)

Drittschuldnerklage
- Androhung (OLG Köln JurBüro 1992, 267)

Ehevertrag
- Entwurf (*Enders*, JurBüro 1996, 393)

Entwurf von Verträgen
- Dienstvertrag
- Ehevertrag
- Erbvertrag
- Erbverzichtsvertrag
- Gesellschaftsvertrag
- Gütertrennung
- Handelsvertretermustervertrag
- Mietvertrag
- Mustervertrag
- Pensionsvertrag
- Rentenvertrag

Erbeintragung im Grundbuch
- Gegenstandswert bei Beschwerde gegen eine Zwischenverfügung des Grundbuchamtes (BayObLG JurBüro 2000, 649)

Erbscheinseinziehung
- Gegenstandswert im Beschwerdeverfahren (BayObLG FamRZ 2002, 1203)

Erbvertrag
- Entwurf (*Enders*, JurBüro 1996, 169)

Erbverzichtsvertrag
- Entwurf (*Enders*, JurBüro 1996, 169)

Erfüllung eines Kaufvertrages
- Kaufvertrag

Erlaubnis nach RBerG
- (*Meyer*, JurBüro 2003, 130)

Flurbereinigungsverfahren
- Anwaltsgebühren (*Wielgoss*, JurBüro 1999, 407)

Fortbestand des Betriebsrates nach der Verlagerung von Arbeitsplätzen
- Bewertung nach den Grundsätzen, die für ein Wahlanfechtungsverfahren nach § 19 BetrVG gelten (LAG Berlin NZA-RR 2010, 491)

Formularverträge
- Mustervertrag

Freistellungsverfahren
- (LAG Berlin MDR 2003, 896; LAG Köln, Beschl. v. 6.1.2010 – 9 Ta 354/09 (juris))

Gesellschaftsvertrag
- Entwurf (*Mümmler*, JurBüro 1971, 402)
- Änderung (BGH ZIP 1995, 118 = VersR 1995, 432; *Mümmler*, JurBüro 1986, 836; *Enders*, JurBüro 2002, 517)

GmbH-Anteil
- Veräußerung (BGH NJW 1975, 1417 = JurBüro 1997, 1067)

Grundstücksauseinandersetzung
- Auseinandersetzung

Grundstückskaufvertrag
- Wandelung (LG Frankfurt AnwBl 1977, 252)

Grundstücksteilung
- unter Miterben (OLG München NJW 1965, 258)

Gütertrennung
- Vorbereitung eines Vertrages zwischen Eheleuten (OLG Celle NdsRpfl 1995, 18)

Handelsvertretermustervertrag
- Entwurf (LG Wuppertal AnwBl 1975, 241 = JurBüro 1975, 766)

Importeurvertrag
- Abwehr einer Kündigung (BGH AnwBl 1980, 500 = LM § 1 BRAGebO m. Anm. *Nüßgens*)

Kaufvertrag
- Erfüllung (*Mümmler*, JurBüro 1987, 1323)
- Anfechtung (LG Wiesbaden JurBüro 1979, 1650)
- Rücktritt Grundstückskaufvertrag

Konkurrentenklage
- Ärztliche Leistungen (LSG Baden-Württemberg MedR 1994, 79)

Kooperationsvereinbarung
- Speditions- und Transportunternehmen (BGH NJW-RR 1989, 378 = VersR 1989, 103 = KostRsp. § 8 BRAGO Nr. 30 m. Anm. *Lappe*)

Kündigung eines Mietverhältnisses
- (AG Karlsruhe AGS 2006, 112 m. Anm. *N. Schneider*)

Lieferungsbedingungen
- Allgemeine Geschäftsbedingungen
- Mustervertrag

Lizenzvertrag
- Abschluss (BGH NJW 1973, 1373 = JurBüro 1973, 933 = GRUR 1973, 669 m. abl. Anm. *Fritze*)

Markenbeschwerdeverfahren
- Gegenstandswert (BPatG München, Beschl. v. 27.4.2016 – 26 W (pat) 77/13 (juris))

Mietaufhebungsvertrag
- (LG Köln JurBüro 2001, 643; AG Charlottenburg JurBüro 2001, 86; 2003, 424)

Mietvertrag
- Entwurf (*Schalhorn*, JurBüro 1968, 680; *Enders*, JurBüro 1996, 1; *Brieske*, JurBüro 1996, 173)
- Außergerichtliche Tätigkeit des Anwalts bei der Beratung des Vermieters über eine Kündigung und spätere Tätigkeit im Räumungsprozess (BGH NJW 2007, 2050 = Rpfleger 2007, 509 = RVGprof. 2008, 47).

Miterben
- Grundstücksteilung – siehe dort

Mustervertrag
- Bewertungsgrundsätze (*Enders*, JurBüro 1996, 225)
- Handelsvertretermustervertrag

Nacherben
- Zustimmungserklärung (*Schalhorn*, JurBüro 1971, 400)

Pachtvertrag
- Abschluss (*Schalhorn*, JurBüro 1970, 736)
- Korrespondenz bei Streitigkeiten (*Bink*, JurBüro 1962, 311)
- Vermittlung eines Vertrages (*Mümmler*, JurBüro 1977, 633)

Patentanmeldung
- Beschwerdeverfahren (BPatG JurBüro 1996, 196)

Pensionsvertrag
- Entwurf (*Enders*, JurBüro 1996, 337)

Personalvertretungssachen
- Höhe des Gegenstandswertes (OVG Bremen JurBüro 1985, 76)

Pflegegeld
- Beantragung (= Jahresbetrag; OVG Sachsen, Beschl. v. 26.2.2010 – 1 E 8/10 (juris))

Pflegschaft
- Anordnung (BayObLG JurBüro 1988, 863)
- Aufhebung (OLG Stuttgart JurBüro 1990, 857 m. Anm. *Mümmler*)
- Gebühren (*Mümmler*, JurBüro 1989, 1153)

Poolvereinbarung
- Verfügungsverbot und Stimmrechtsbindung (BGH NJW-RR 1995, 758 = AnwBl 1994, 146 = ZIP 1995, 118)

Räumungsvergleich
- Aufhebungsvertrag (LG Köln AnwBl 1998, 212)

Rechtsbeschwerde
- Antrag auf Versagung der Restschuldbefreiung (BGH JurBüro 2007, 315; BGH ZInsO 2003, 217; *Schneider/Herget*, Streitwertkommentar für den Zivilprozess, 12. Aufl., Rn 2961).

Regulierung von Zukunftsschäden
- Zukunftsschäden

Rentenvertrag
- Entwurf (*Enders*, JurBüro 1996, 337)

Rücktritt vom Vertrag
- Vertragsrücktritt

Schadensregulierung
- Bewertung (*Tschischgale*, JurBüro 1966, 375)

Scheidungsabkommen
- Mitwirkung des Anwalts (*Schalhorn*, JurBüro 1970, 135)

Testament
- Entwurf (*Enders*, JurBüro 1996, 169)

Unterhalt
- Vereinbarung (*Mümmler*, JurBüro 1986, 679; *Enders*, JurBüro 1996, 57 und 113; LG Limburg AnwBl 1964, 83)

Unterlassung von Kündigungen durch Betriebsrat
- LAG Hamm, Beschl. v. 2.8.2010 – 10 Ta 269/10 (juris)

Veräußerung von GmbH-Anteilen
- GmbH-Anteil

Vergleichsmehrwert
- Keine Erhöhung des Verfahrensstreitwerts (LAG Köln MDR 1999, 121)

Vermittlung eines Pachtvertrages
- Pachtvertrag

Vertragsentwurf
- Entwurf von Verträgen

Vertragsrücktritt
- Gegenstandswert (*Mümmler*, JurBüro 1996, 631)

Vertragsverhandlungen
- Kooperationsvereinbarung

Verwaltungsgerichtliches Vorverfahren
- Gegenstandswert (*Mümmler*, JurBüro 1986, 841)
- **Wahlvorstand – Bestellung**
- Gegenstandswert (LAG Hamburg, Beschl. v. 30.6.2016 – 2 TaBV 6/15 (juris))

Wandelung eines Grundstückskaufvertrages
- Grundstückskaufvertrag

Wohnungseigentümerbeschlüsse
- Anfechtungsinteresse (KG ZMR 1997, 492 = WuM 1997, 523)

Zahlungsaufforderung
- kein gerichtliches Verfahren (*Schalhorn*, JurBüro 1970, 925)

Zahlungsbedingungen
- Allgemeine Geschäftsbedingungen
- Mustervertrag

Zukunftsschäden
- Regulierung (*Mümmler*, JurBüro 1989, 1625)

Zulassung einer medizinischen Einrichtung
- (BSG JürBüro 2003, 86)

Zustimmungserklärung des Nacherben
- Nacherben
- Zustimmung des Integrationsamtes zur Kündigung
- Bay. VGH AGS 2010, 349 = RVGreport 2010, 313.

---

§ 23a   Gegenstandswert im Verfahren über die Prozesskostenhilfe

(1) Im Verfahren über die Bewilligung der Prozesskostenhilfe oder die Aufhebung der Bewilligung nach § 124 Absatz 1 Nummer 1 der Zivilprozessordnung bestimmt sich der Gegenstandswert nach dem für die Hauptsache maßgebenden Wert; im Übrigen ist er nach dem Kosteninteresse nach billigem Ermessen zu bestimmen.

(2) Der Wert nach Absatz 1 und der Wert für das Verfahren, für das die Prozesskostenhilfe beantragt worden ist, werden nicht zusammengerechnet.

A. Allgemeines 1	3. Abänderungsverfahren (§ 120a ZPO) und Aufhebungsverfahren (§ 124 Abs. 1 Nr. 2–5 ZPO) 8
B. Regelungsgehalt 2	
I. Allgemeiner Gegenstandswert 2	
II. Gegenstandswert der einzelnen Verfahren 3	III. Keine Wertaddition der Gegenstandswerte (Anm. Abs. 2) 12
1. Prozesskostenhilfeprüfungsverfahren 3	
2. Aufhebungsverfahren nach § 124 Abs. 1 Nr. 1 ZPO 6	

Fölsch   957

A. Allgemeines

1 § 23a bestimmt den Gegenstandswert im Verfahren über die Prozesskostenhilfe. Die Regelung war bisher in der Anm. zu VV 3335 enthalten. Das 2. KostRMoG hat die Regelung entsprechend der allgemeinen Systematik des RVG im Gesetzesteil des RVG in den Abschnitt 4 „Gegenstandswert" eingestellt. Damit wird erreicht, dass diese Wertvorschrift auch für die Terminsgebühr anzuwenden ist.[1] Durch das PKH-Änderungsgesetz vom 31.8.2013 ist in § 23a Abs. 1 die Angabe des § 124 ZPO um dessen Abs. 1 ergänzt worden.

Die Wertvorschrift gilt nur für Gebühren, die sich nach einem Wert richten. Sie gilt also nicht für Festbetragsgebühren und Rahmenbetragsgebühren wie regelmäßig bei Strafsachen oder Sozialsachen. Das Verfahren über die Wertfestsetzung ergibt sich aus § 33.

B. Regelungsgehalt

I. Allgemeiner Gegenstandswert

2 § 23a differenziert für den Gegenstandswert nach einzelnen Verfahren über die Prozesskostenhilfe. Der Gegenstandswert bestimmt sich:
– im Verfahren auf Bewilligung von Prozesskostenhilfe, als auch für das Verfahren auf Aufhebung einer bewilligten Prozesskostenhilfe im Sinne von § 124 Abs. 1 Nr. 1 ZPO nach dem für Hauptsache maßgebenden Wert (einschließlich § 124 Abs. 2 ZPO) und
– in allen anderen Verfahren über die Prozesskostenhilfe nach dem Kosteninteresse nach billigem Ermessen. Hiervon erfasst sind das Abänderungsverfahren nach § 120a ZPO und Aufhebungsverfahren nach § 124 Abs. 1 Nr. 2–5 ZPO.

II. Gegenstandswert der einzelnen Verfahren

1. Prozesskostenhilfeprüfungsverfahren

3 Im Verfahren über den Antrag auf Bewilligung von Prozesskostenhilfe bzw. über den Antrag auf Beiordnung eines Rechtsanwalts[2] richtet sich der Gegenstandswert nach dem für die Hauptsache maßgebenden Wert. Demgegenüber kommt es nicht auf das Kosteninteresse, also nicht auf das Interesse an der Befreiung von Kosten der Verfahrensführung an. Daran ändert sich auch nichts, wenn die Bewilligung unter Anordnung einer Ratenzahlung oder eines Einsatzes von Vermögen erfolgt.

4 Wird nur für einen Teil der Hauptsache Prozesskostenhilfe beantragt, so ist auch nur dieser Teil maßgebend.

5 Bei einer **Stufenklage** nach § 254 ZPO ist für die anwaltliche Verfahrensgebühr wie für die Gerichtsgebühren immer der höchste der verbundenen Ansprüche, regelmäßig der Wert des Leistungsanspruchs, maßgebend, § 44 GKG, § 38 FamGKG. Dies gilt auch dann, wenn es nicht zur Verhandlung über den Leistungsanspruch kommt oder wenn nach Auskunft oder aus sonstigen Gründen der Leistungsantrag nicht mehr beziffert wird.[3] Denn der Leistungsanspruch wird mit der Klageerhebung bereits rechtshängig und stellt damit – unabhängig von seiner Bezifferung – wegen des nur vorbereitenden Charakters des Auskunfts- und Versicherungsverlangens immer den höchsten Einzelwert dar. Damit fällt aber auch die anwaltliche Verfahrensgebühr sogleich für das Leistungsbegehren an. Dies gilt entsprechend für ein Prozesskostenhilfeprüfungsverfahren und die Verfahrensgebühr (VV 3335), die Terminsgebühr bzw. die Einigungsgebühr.

---

1 BT-Drucks 17/11471 (neu), S. 268.
2 Vgl. BGH AGS 2010, 549.
3 Streitig; OLG Karlsruhe AGS 2008, 497; KG FamRZ 2007, 69; OLG Köln FamRZ 2005, 1847; OLG Nürnberg FamRZ 2004, 962; OLG Hamm FamRZ 2004, 1664; Zöller/Herget, § 3 Rn 16 Stichwort „Stufenklage"; ders. in Schneider/Herget, Streitwertkommentar, 12. Aufl., Rn 5125 ff.; a.A. OLG Stuttgart FamRZ 2005, 1765.

2. Aufhebungsverfahren nach § 124 Abs. 1 Nr. 1 ZPO

Im Verfahren über die **Aufhebung** der Bewilligung von Prozesskostenhilfe nach **§ 124 Abs. 1 Nr. 1 ZPO** bestimmt sich der Gegenstandswert nach dem **für die Hauptsache maßgebenden Wert**.[4] Gemeint ist auch hier die Hauptsache, soweit sich die Bewilligung von Prozesskostenhilfe darauf bezieht.

Bei einer **Beschwerde** bzw. Rechtsbeschwerde gegen die Prozesskostenhilfe versagende Entscheidung bestimmt sich der Wert des Beschwerdeverfahrens bzw. Rechtsbeschwerdeverfahrens ebenso nach dem **Wert der Hauptsache**.[5] Entsprechendes gilt, wenn sich das Rechtsmittel gegen die Versagung der Beiordnung bei Bewilligung von Prozesskostenhilfe im Übrigen richtet.[6] § 23a enthält keine Einschränkung auf das erstinstanzliche Prozesskostenhilfeprüfungsverfahren und ist aufgrund der systematischen Stellung auch für die Rechtsanwaltsgebühren im Beschwerde- und Rechtsbeschwerdeverfahren anwendbar.

3. Abänderungsverfahren (§ 120a ZPO) und Aufhebungsverfahren (§ 124 Abs. 1 Nr. 2–5 ZPO)

Im Übrigen ist das **Kosteninteresse** nach billigem Ermessen zu bestimmen. Gemeint sind hiermit die Fälle des **§ 120a ZPO und § 124 Abs. 1 Nr. 2 bis 5 ZPO**. Legt der Anwalt also beispielsweise Beschwerde gegen einen Aufhebungsbeschluss ein, der sich auf die Gründe des § 124 Nr. 2 bis 4 ZPO stützt, bestimmt sich der Wert nach dem Kosteninteresse. Dasselbe gilt in den Fällen der Abänderung der zu leistenden Zahlungen. Geht es um die Aufhebung von Prozesskostenhilfe, ergibt sich das Kosteninteresse aus der Wahlanwaltsvergütung und den Gerichtskosten, die der Auftraggeber dann zahlen müsste.

Beispiel: Für einen Rechtsstreit auf Zahlung von 10.000 EUR erhält der Auftraggeber Prozesskostenhilfe mit Ratenzahlung unter Beiordnung des Rechtsanwalts bewilligt. Die Klage wird nach der Beweisaufnahme abgewiesen. Der Mandant hat bisher sieben Raten zu 90 EUR gezahlt. Nachdem er aber seit mehr als drei Monaten mit der Zahlung weiterer Raten in Verzug ist, wird die Prozessbewilligung aufgehoben (§ 124 Abs. 1 Nr. 5 ZPO). Der Rechtsanwalt legt für den Mandanten gegen die Aufhebung der PKH Beschwerde ein. Wie hoch ist der Gegenstandswert des Beschwerdeverfahrens?
Zunächst muss der Gegenstandswert ermittelt werden. Dieser bemisst sich nach dem Kosteninteresse (§ 23a Abs. 1, 2. Hs.). Das Kosteninteresse entspricht den Kosten, von denen der Mandant letztlich befreit werden möchte. Dazu zählen:
I. Die PKH-Gebühren, die die Staatskasse aus einem Wert von 10.000 EUR bereits an den Prozessbevollmächtigten nach § 49 ausgezahlt hat, hier:

1. 1,3-Verfahrensgebühr, VV 3100	399,10 EUR
2. 1,2-Termingebühr, VV 3104	368,40 EUR
3. Postentgeltpauschale, VV 7002	20,00 EUR
Zwischensumme 787,50 EUR	
4. 19 % Umsatzsteuer, VV 7008	149,63 EUR
Gesamt	**937,13 EUR**

II. Der Rechtsanwalt kann die Differenz der Prozesskostenhilfevergütung zur Wahlanwaltsvergütung nach Aufhebung der Prozesskostenhilfebewilligung nunmehr von dem Auftraggeber verlangen, da die Forderungssperre des § 122 Abs. 1 Nr. 3 ZPO weggefallen ist:

1. 1,3-Verfahrensgebühr, VV 3100	725,40 EUR
2. 1,2-Termingebühr, VV 3104	669,60 EUR
3. Postentgeltpauschale, VV 7002	20,00 EUR
Zwischensumme 1.415,00 EUR	
4. 19 % Umsatzsteuer, VV 7008	268,85 EUR
Gesamt	**1.683,85 EUR**
Weitere Vergütung somit (1.683,85 EUR ./. 937,13 EUR =)	**746,72 EUR**

---

4 OLG Koblenz JurBüro 1992, 325; LAG Hamm FA 2005, 324.
5 BGH AGS 2010, 549; VGH München NJW 2007, 861; OLG Stuttgart AGS 2010, 454; a.A. VGH Baden-Württemberg NJW 2009, 1692; VGH München RVGreport 2009, 397.
6 BGH AGS 2010, 549.

III. Gerichtskosten, die der Mandant als Unterlegener zahlen muss:
gem. Nr. 1210 KV-GKG 3-fache Verfahrensgebühr   723,00 EUR
./. bereits gezahlter 7 Raten zu je 90,00 EUR   − 630,00 EUR
Gesamt   **1.776,85 EUR**

Ausgehend von einem Gegenstandswert von 1.776,85 EUR kann der Rechtsanwalt eine 0,5-Verfahrensgebühr (VV 3500) beanspruchen.

10 Geht es um die Abänderung oder Festsetzung von Ratenzahlungsanordnungen, so bestimmt sich der Gegenstandswert nach den **von einer Abänderung betroffenen** Ratenzahlungen. Dieser errechnet sich
- nach dem monatlichen Differenzbetrag zwischen einer angeordneten und der begehrten bzw. in Aussicht stehenden neuen Ratenzahlung,
- multipliziert mit der Anzahl der abgeänderten monatlichen Raten bei höchstens 72 Monatsraten (vgl. § 115 Abs. 2 ZPO), die der Auftraggeber noch benötigt, um
  - die Kosten der Prozessführung (§ 114 Abs. 1 S. 1 ZPO) und
  - die weitere Vergütung bis zur Regelvergütung des Rechtsanwalts (§ 50) zu decken.[7]

11 Im Beschwerdeverfahren im Rahmen eines Prozesskostenhilfeverfahrens über die Höhe von zu zahlenden Raten richtet sich der Wert ebenfalls nach dem Kosteninteresse.[8]

III. Keine Wertaddition der Gegenstandswerte (Anm. Abs. 2)

12 Wird Prozesskostenhilfe bewilligt und der Rechtsanwalt anschließend auch im weiteren Verfahren als Prozessbevollmächtigter tätig, gehen die bereits entstandenen Verfahrens- und Terminsgebühren, u.U. auch eine Einigungsgebühr – etwa für einen Zwischenvergleich –, in den entsprechenden Gebühren des Rechtsstreits nach VV 3100 ff., 1003 auf, da das Prozesskostenhilfeprüfungsverfahren und der nachfolgende Rechtsstreit gemäß § 16 Nr. 2 nach wie vor **eine einzige Angelegenheit** darstellen und der Rechtsanwalt die Vergütung nur einmal erhält (§ 15 Abs. 2).

Für diesen Fall ordnet § 23a Abs. 2 ausdrücklich an, dass die **Gegenstandswerte** des Prozesskostenhilfeprüfungsverfahrens und der Hauptsache **nicht addiert** werden. Diese Regelung beruht auf der Überlegung, dass dem Prozesskostenhilfeprüfungsverfahren ein anderer Gegenstand (Bewilligung) zugrunde liegt als dem Hauptsacheverfahren (Klageanspruch), so dass an sich nach § 22 Abs. 1 die Werte zu addieren wären. Dies soll jedoch unterbleiben.

§ 23b Gegenstandswert im Musterverfahren nach dem Kapitalanleger-Musterverfahrensgesetz

Im Musterverfahren nach dem Kapitalanleger-Musterverfahrensgesetz bestimmt sich der Gegenstandswert nach der Höhe des von dem Auftraggeber oder gegen diesen im Ausgangsverfahren geltend gemachten Anspruchs, soweit dieser Gegenstand des Musterverfahrens ist.

A. Allgemeines 1
B. Regelungsgehalt 3
  I. Gegenstandswert im erstinstanzliches Musterverfahren 3
  II. Gegenstandswert für die Anmeldung eines Anspruchs im Musterverfahren 11
  III. Gegenstandswert im Rechtsbeschwerdeverfahren nach § 20 KapMuG 15
  IV. Kostenerstattung 22

---

[7] Die Entscheidung des BGH BeckRS 2012, 21938 weicht von der hier vertretenen Auffassung lediglich insoweit ab, dass sie nicht auf die weiteren Beträge nach § 50 berücksichtigt.

[8] OLG Frankfurt JurBüro 1988, 1375 = MDR 1988, 786.

A. Allgemeines

§ 23b enthält eine Regelung über den Gegenstandswert für das erstinstanzliche Musterverfahren nach dem KapMuG vor dem OLG. Die Vorschrift ist analog für das Rechtsbeschwerdeverfahren nach § 20 KapMuG anzuwenden.

§ 23b wurde (noch als § 23a) durch das Gesetz zur Einführung von Kapitalanleger-Musterverfahren vom 16.8.2005 eingefügt. Das 2. KostRMoG hat die Regelung von § 23a a.F. in den jetzigen § 23b verschoben.

B. Regelungsgehalt

I. Gegenstandswert im erstinstanzliches Musterverfahren

Unmittelbarer Anwendungsbereich des § 23b ist das erstinstanzliche Musterverfahren.

Der Gegenstandswert der anwaltlichen Tätigkeit im Musterverfahren bestimmt sich nach der Höhe des von dem Auftraggeber oder gegen diesen im Ausgangsverfahren geltend gemachten Anspruchs, soweit dieser Gegenstand des Musterverfahrens ist. Wegen der besonderen Bedeutung des Musterverfahrens für den Ausgang des zugrunde liegenden Ausgangsverfahrens wurde gesetzgeberisch nicht nur ein Bruchteil des Hauptsachewertes festgelegt.[1]

§ 23b gilt auch für die Verfahrensgebühr (VV 3100) und die Terminsgebühr (VV 3104) bei der Vertretung des Musterklägers. Maßgeblich ist auch in diesem Fall die Höhe des im Ausgangsverfahren geltend gemachten Anspruchs. Der Gegenstandswert setzt sich dagegen nicht aus den Werten aller Ansprüche, die von den Feststellungszielen des Musterverfahrens betroffen sind, zusammen. Dem zusätzlichen Arbeitsaufwand für die Vertretung eines Musterklägers ist der Gesetzgeber dadurch gerecht geworden, dass einerseits der Gegenstandswert für die Vertretung des Musterklägers im Vergleich zu den Gegenstandswerten für die Vertretung Beigeladener regelmäßig höher liegen wird, weil die Höhe des Anspruchs ein Ermessenskriterium für die Bestimmung des Musterklägers ist (vgl. § 9 Abs. 2 S. 1 Nr. 3 KapMuG),[2] und dass andererseits dem Rechtsanwalt eine besondere Gebühr nach § 41a bewilligt werden kann.

> **Beispiel:** Zehn verschiedene Kläger erheben bei verschiedenen Prozessgerichten Klage auf Schadensersatz. Darunter ist auch der Kläger K, der von dem Rechtsanwalt R vertreten wird, mit seiner Schadensersatzklage über 20.000 EUR. Später wird – auch auf den Musterfeststellungsantrag des K – ein Musterverfahren vor dem OLG durchgeführt.
> Der Gegenstandswert der anwaltlichen Tätigkeit des Rechtsanwalts R im Musterverfahren vor dem OLG beträgt 20.000 EUR. Es sind nicht die Werte aller von dem Musterverfahren betroffenen Ansprüche zu addieren. § 23b begrenzt den Gegenstandswert, weil das einzelne wirtschaftliche Interesse eines Musterklägers bzw. der Beigeladenen bzw. des Musterbeklagten im Musterverfahren nie höher als im Hauptsacheprozess sein kann.

Der Rechtsanwalt verdient für seine Tätigkeit im Musterverfahren die Gebühren VV 3100 ff. Denn bei dem Musterverfahren handelt es sich um eine Zivilsache in erster Instanz. Allerdings bilden nach § 16 Nr. 13 (im Einzelnen hierzu siehe § 16 Rdn 371 ff.) das Prozessverfahren (= Ausgangsverfahren) und das Musterverfahren dieselbe Angelegenheit. Der Rechtsanwalt erhält daher lediglich diejenigen Gebühren, die ihm nicht bereits aus dem Prozessverfahren zustehen.

Für das erstinstanzliche Musterverfahren kann das OLG auf Antrag des Rechtsanwalts, der den Musterkläger vertritt, eine **besondere Gebühr nach § 41a** bewilligen. Die Gebühr zuzüglich Umsatzsteuer ist aus der Staatskasse zu zahlen (§ 41a Abs. 4). Dieser Betrag wird zu einer Auslage des Musterverfahrens (vgl. Nr. 9007 GKG-KostVerz.), die über Nr. 9018 GKG-KostVerz. anteilig auf die einzelnen Ausgangsverfahren verteilt wird.

> **Beispiel:** Der Kläger K, vertreten durch seinen Rechtsanwalt R, erhebt eine Schadensersatzklage über 20.000 EUR, die einen Gegenstand im Sinne von § 1 Abs. 1 KapMuG betrifft. Ein Termin findet im Prozessverfahren zunächst nicht statt. Das Ausgangsverfahren wird ausgesetzt. Vor dem OLG wird ein Musterverfahren durchgeführt, bei dem der Rechtsanwalt R den K ebenfalls vertritt. Das OLG entscheidet

---

1 Vgl. BT-Drucks 15/5091, S. 27.   2 Vgl. BT-Drucks 15/5091, S. 37.

auf eine mündliche Verhandlung durch Musterentscheid. Im Ausgangsverfahren wird auf die mündliche Verhandlung ein Urteil erlassen.

Der Gegenstandswert der anwaltlichen Tätigkeit des Rechtsanwalts R im Ausgangsverfahren beträgt 20.000 EUR. Auch im Musterverfahren beträgt der Gegenstandswert – hier gemäß § 23b – 20.000 EUR. Für den Rechtsanwalt R ist zunächst bei der Vertretung im Ausgangsverfahren die Verfahrensgebühr nach VV 3100 entstanden. Für die Vertretung im Musterverfahren erhält der Rechtsanwalt R keine weitere Verfahrensgebühr, weil das Ausgangsverfahren und das Musterverfahren gemäß § 16 Nr. 13 eine einzige Angelegenheit sind. In dem Musterverfahren hat der Rechtsanwalt R dann noch eine Terminsgebühr VV 3104 verdient. Auch die Terminsgebühr erhält Rechtsanwalt R im Ausgangsverfahren nicht erneut (vgl. § 16 Nr. 13).

9 Durch die Einführung von Musterverfahren können bürgerliche Rechtsstreitigkeiten, in denen (vgl. § 1 Abs. 1 KapMuG)
– ein Schadensersatzanspruch wegen falscher, irreführender oder unterlassener öffentlicher Kapitalmarktinformation,
– ein Schadensersatzanspruch wegen Verwendung einer falschen oder irreführenden öffentlichen Kapitalmarktinformation oder wegen Unterlassung der gebotenen Aufklärung darüber, dass eine öffentliche Kapitalmarktinformation falsch oder irreführend ist, oder
– ein Erfüllungsanspruch aus Vertrag, der auf einem Angebot nach dem Wertpapiererwerbs- und Übernahmegesetz beruht,
geltend gemacht, wird in einem Musterverfahren gebündelt und beschleunigt werden. Das Musterverfahren bietet die Möglichkeit, das Vorliegen oder Nichtvorliegen anspruchsbegründender oder anspruchsausschließender Voraussetzungen oder die Klärung von Rechtsfragen (Feststellungsziele) durch einen alle Beteiligten bindenden Musterentscheid festzustellen.

10 Jeder Kapitalanleger kann dabei die Einleitung eines Musterverfahrens bei dem Prozessgericht im ersten Rechtszug beantragen (vgl. § 2 KapMuG). Ein zulässiger Musterfeststellungsantrag soll binnen sechs Monaten öffentlich bekannt gemacht werden (§ 3 Abs. 3 KapMuG). Die öffentliche Bekanntmachung erfolgt in einem Klageregister (vgl. § 4 KapMuG). Mit der Bekanntmachung im Klageregister wird das zugrunde liegende Prozessverfahren unterbrochen (§ 5 KapMuG). Wenn innerhalb von sechs Monaten nach der ersten Bekanntmachung eines Musterverfahrensantrags mindestens neun weitere gleichgerichtete Musterverfahrensanträge bekannt gemacht werden, wird durch Vorlagebeschluss des Prozessgerichts eine Entscheidung des im Rechtszug übergeordneten Oberlandesgerichts über die Feststellungsziele herbeigeführt (§ 6 Abs. 1 KapMuG). Nach der Bekanntmachung des Vorlagebeschlusses im Klageregister setzt das Prozessgericht von Amts wegen alle bereits anhängigen oder bis zur rechtskräftigen Entscheidung über die Feststellungsziele im Musterverfahren noch anhängig werdenden Verfahren aus, wenn die Entscheidung des Rechtsstreits von den geltend gemachten Feststellungszielen abhängt (§ 8 Abs. 1 S. 1 KapMuG). Das gilt unabhängig davon, ob in dem Verfahren ein Musterverfahrensantrag gestellt wurde (§ 8 Abs. 1 S. 2 KapMuG). Beteiligte des Musterverfahrens sind der Musterkläger, der Musterbeklagte und die Beigeladenen (§ 9 Abs. 1 KapMuG). Das Gericht bestimmt aus den Klägern einen Musterkläger (vgl. § 9 Abs. 2 KapMuG). Die übrigen Kläger werden zu Beigeladenen (§ 9 Abs. 3 KapMuG). Die Beklagten werden zu Musterbeklagten (§ 9 Abs. 5 KapMuG). Das OLG erlässt auf der Grundlage einer mündlichen Verhandlung durch Beschluss einen Musterentscheid (§ 16 Abs. 1 KapMuG). Es besteht aber im Musterverfahren auch die Möglichkeit eines Vergleichsschlusses (vgl. § 17 KapMuG). Der Musterentscheid bindet die Prozessgerichte in allen nach § 8 Abs. 1 KapMuG ausgesetzten Verfahren (§ 22 Abs. 1 S. 1 KapMuG). Gegen den Musterentscheid ist die Rechtsbeschwerde nach § 20 KapMuG statthaft.

II. Gegenstandswert für die Anmeldung eines Anspruchs im Musterverfahren

11 § 23b enthält keine Regelung über den Gegenstandswert für die Gebühr VV 3338 für die **Anmeldung** eines Anspruchs im Musterverfahren nach § 10 Abs. 2 KapMuG. Der Gegenstandswert ergibt sich deshalb aus § 23 Abs. 1 S. 1 i.V.m. § 51a Abs. 1 GKG. Danach ist der Gegenstandswert der Wert der zugrundeliegenden Forderung, der auch Gegenstand einer etwaigen Klage sein würde.[3] Die Gebühr des Anwalts nach VV 3338 hat einen Gebührensatz von 0,8. Allerdings bilden nach § 16 Nr. 13 (im Einzelnen hierzu § 16 Rdn 371 ff.) das Prozessverfahren (= Ausgangsverfahren) und das

---

3 Vgl BT-Drucks 17/10160, S. 27.

Musterverfahren dieselbe Angelegenheit, so dass die Verfahrensgebühr VV 3338 in der Verfahrensgebühr VV 3100 für ein sich gegebenenfalls anschließendes Prozessverfahren aufgeht.[4] Zwar ist der Anmelder nicht Beteiligter im Musterverfahren. Gleichwohl erfolgt die anwaltliche Tätigkeit innerhalb des gerichtlichen Musterverfahrens. Für die Einigungsgebühr ist bestimmt, dass die Anmeldung des Anspruchs der Anhängigkeit eines gerichtlichen Verfahrens gleichsteht (Anm. Abs. 1 S. 2 zu VV 1003).

Nach § 10 Abs. 2 S. 1 KapMuG kann ein Anspruch zu einem vor dem OLG anhängigen Musterverfahren angemeldet werden. Die Anmeldung ist nicht zulässig, wenn wegen desselben Gegenstands bereits Klage erhoben wurde (§ 10 Abs. 2 S. 2 KapMuG). Die Anmeldung hat schriftlich binnen einer Frist von 6 Monaten seit Bekanntmachung zu erfolgen (§ 10 Abs. 2 S. 1 KapMuG). Für die Anmeldung besteht Anwaltszwang (§ 10 Abs. 2 S. 3 KapMuG). Der notwendige Inhalt einer Anmeldung ergibt sich aus § 10 Abs. 3 KapMuG. Die Anmeldung ist den darin bezeichneten Musterbeklagten zuzustellen (§ 10 Abs. 4 KapMuG).

Die Anmelder sind **nicht Beteiligte des Musterverfahrens**.[5] Auch erstrecken sich die Wirkungen eines Musterentscheids nicht auf die Anmelder.[6] Die Anmeldung ist dementsprechend auch nicht zu bescheiden. Jedoch ist den Anmeldern der Musterentscheid (§ 16 Abs. 1 S. 2 KapMuG) und die Entscheidung über eine hiergegen gerichtete Rechtsbeschwerde (§ 20 Abs. 5 S. 1 KapMuG) zuzustellen, wobei jeweils die Zustellung durch eine öffentliche Bekanntmachung ersetzt werden kann (§ 16 Abs. 1 S. 3, § 20 Abs. 5 S. 2 KapMuG).

Die Anmeldung einer Forderung zum Musterverfahren bewirkt indes die **Hemmung der Verjährung** bis zum Abschluss des Musterverfahrens (§ 204 Abs. 1 Nr. 6a, Abs. 3 BGB). Der Anmelder, der die Forderung angemeldet hat, kann das Musterverfahren abwarten, und dann die Geltendmachung seines Anspruchs fortsetzen. Wenn auch der Anmelder weder an dem Musterverfahren noch an einem Musterentscheid oder Vergleich partizipiert, so kommt ihm gleichwohl die **faktische Wirkung** eines Musterentscheids oder Vergleichs zugute.[7]

Die Hemmung der Verjährung setzt voraus, dass die Anforderungen an die Anmeldung aus § 10 Abs. 2, 3 KapMuG eingehalten wurden. Die Voraussetzungen einer zur Hemmung der Verjährung führenden Anmeldung werden nicht im Musterverfahren, sondern erst in einem etwaigen nachfolgenden Rechtsstreit über den geltend gemachten Anspruch des Anmelders geprüft.

III. Gegenstandswert im Rechtsbeschwerdeverfahren nach § 20 KapMuG

Die Rechtsanwaltsgebühren im Rechtsbeschwerdeverfahren nach § 20 KapMuG richten sich nach dem Wert des im Ausgangsverfahren geltend gemachten Anspruchs, soweit dieser Gegenstand des Rechtsbeschwerdeverfahrens ist.[8] Dies beruht auf einer analogen Anwendung des § 23b. Einer unmittelbaren Anwendung des § 23b steht entgegen, dass sich die Vorschrift nach ihrem Wortlaut nur auf das Musterverfahren bezieht.[9] Der Gesetzgeber befürwortet stattdessen, dass sich der Gegenstandswert im Rechtsbeschwerdeverfahren aus einer Anwendung von § 23 Abs. 1 S. 1 i.V.m § 47 GKG ergibt.[10] Dem steht allerdings entgegen, dass im Rechtsbeschwerdeverfahren für den Streitwert der Gerichtsgebühren nicht § 47 GKG, sondern § 51a Abs. 2 GKG gilt. Der Anwendung von § 23 Abs. 1 S. 1 i.V.m. § 51a GKG wiederum steht entgegen, dass es in § 51a Abs. GKG nicht nur auf den Antrag des Rechtsbeschwerdeführers ankommt, sondern von Summe der sämtlichen nach § 8 KapMuG ausgesetzten Ausgangsverfahren geltend gemachten Ansprüche auszugehen ist, soweit diese Gegenstand des Musterverfahrens sind.

> **Beispiel:** Gegen den Musterentscheid legt Rechtsanwalt R für den Kläger K, der in dem Musterverfahren als Beigeladener beteiligt war, die Rechtsbeschwerde nach § 20 KapMuG ein. Im Ausgangsverfahren macht K einen Schadensersatzanspruch in Höhe von 20.000 EUR geltend, der in vollem Umfang von den Feststellungszielen des Musterverfahrens betroffen war.

---

4 Vgl. BT-Drucks 17/10160, S. 28.
5 BT-Drucks 17/10160, S. 25 f.
6 BT-Drucks 17/10160, S. 25.
7 So auch: *v. Bernuth/Kremer*, NZG 2012, 890, 891.
8 BT-Drucks 15/5091, S. 38.
9 Heidel/*Gängel/Huth/Gansel*, Aktienrecht, 4. Aufl. (2014), § 26 KapMuG, Rn 10 befürworten eine unmittelbare Anwendung des § 23b (§ 23a a.F.) für eine anwaltliche Tätigkeit im Rechtsbeschwerdeverfahren.
10 Vgl. BT-Drucks 15/5091, S. 38. So auch BGH NJW-RR 2012, 491, 497; BGH NJOZ 2016, 2338.

Nach § 23b bestimmt sich der Gegenstandswert des den K im Rechtsbeschwerdeverfahren vertretenden Rechtsanwalts nach der Höhe des von K verfolgten Schadensersatzanspruchs in Höhe von 20.000 EUR. Es sind nicht die Werte aller von dem Rechtsbeschwerdeverfahren betroffenen Ansprüche zu addieren. § 23b analog begrenzt den Gegenstandswert, weil das einzelne wirtschaftliche Interesse des Rechtsbeschwerdeführers bzw. des Rechtsbeschwerdegegners bzw. der Beigetretenen im Rechtsbeschwerdeverfahren nie höher als im Hauptsacheprozess sein kann.

17 Wird der Prozessbevollmächtigte im Rechtsbeschwerdeverfahren nach § 20 KapMuG in einer gebührenrechtlichen Angelegenheit für mehrere Auftraggeber tätig, ist der Gegenstandswert in Höhe der Summe der nach den Werten der im Ausgangsverfahren geltend gemachten Ansprüche der Auftraggeber festzusetzen.[11]

18 Für die anwaltliche Tätigkeit im Rechtsbeschwerdeverfahren nach § 20 KapMuG entstehen über VV Vorb. 3.2.2 Nr. 1b die für das Revisionsverfahren geltenden Gebühren der VV 3208 (2,3-Verfahrensgebühr) und VV 3210 (1,5-Terminsgebühr).

19 Für andere **Rechtsbeschwerden nach § 574 ZPO** ist § 23b **nicht** analog anzuwenden, auch soweit die Rechtsbeschwerden im Zusammenhang mit Entscheidungen zum KapMuG stehen. Für diese anderen Rechtsbeschwerden nach § 574 ZPO gilt § 23 Abs. 1 S. 1 i.V.m. § 47 GKG. Der Gegenstandswert richtet sich nach dem Antrag des Rechtsbeschwerdeführers.

20 Für diese Rechtsbeschwerden ist auch nicht § 23 Abs. 1 S. 1 i.V.m. § 51a GKG anzuwenden, weil § 51a Abs. 2 GKG nur Rechtsbeschwerden nach § 20 KapMuG erfasst. Zwar bezeichnet § 51a Abs. 2 – anders als die Gebühr Nr. 1821 GKG-KostVerz. oder die VV Vorb. 3.2.2 Nr. 1b – nicht explizit die Rechtsbeschwerde nach § 20 KapMuG. Allerdings bezieht sich die Gesetzesbegründung[12] allein auf die Rechtsbeschwerde gegen einen vorliegenden Musterentscheid, nicht auf andere Rechtsbeschwerden. Zudem bezeichnet die Überschrift in § 51a GKG Verfahren nach dem KapMuG. Rechtsbeschwerden, die zwar das KapMuG betreffen, aber allein auf § 574 ZPO beruhen, sind keine solchen Verfahren nach dem KapMuG.

21 Für anwaltliche Tätigkeiten im Rechtsbeschwerdeverfahren nach § 574 ZPO fallen eine 1,0-Verfahrensgebühr (VV 3502) und ggf. eine 1,2-Terminsgebühr (VV 3516) an. Es entstehen nicht über VV Vorb. 3.2.2 Nr. 1b die für das Revisionsverfahren geltenden Gebühren. Denn VV Vorb. 3.2.2 Nr. 1b bezieht sich nur auf die Rechtsbeschwerde nach § 20 KapMuG.

IV. Kostenerstattung

22 Die den Beteiligten im erstinstanzlichen Musterverfahren entstandenen Kosten gelten – in unterschiedlichem Umfang – als Bestandteil der Kostenentscheidungen in den zugrundeliegenden Ausgangsverfahren (vgl. § 24 KapMuG). Die Verteilung der Kosten des Rechtsbeschwerdeverfahrens unter den Beteiligten regelt § 26 KapMuG.[13]

---

[11] BGH NJOZ 2016, 2338.
[12] Vgl. BT-Drucks 15/5091, S. 35.
[13] Vgl. zu § 26 KapMuG bzw zum im Konzept identischen § 19 KapMuG a.F.: BT-Drucks 15/5091, S. 32 f.;

BT-Drucks 15/5695, S. 25; BT-Drucks 17/8799, S. 27; BT-Drucks 17/10160, S. 27.

§ 24 Gegenstandswert im Sanierungs- und Reorganisationsverfahren nach dem Kreditinstitute-Reorganisationsgesetz

Ist der Auftrag im Sanierungs- und Reorganisationsverfahren von einem Gläubiger erteilt, bestimmt sich der Wert nach dem Nennwert der Forderung.

A. Allgemeines 1	D. Gegenstandswert bei Vertretung eines Gläubigers 9
B. Streitwert im gerichtlichen Verfahren 4	
C. Gegenstandswert bei Vertretung des Kreditinstituts 6	

A. Allgemeines

Nach dem Kreditinstitute-Reorganisationsgesetz können vor dem OLG 1
– Sanierungsverfahren
und
– Reorganisationsverfahren
zur Stabilisierung des Finanzmarktes durch Sanierung oder Reorganisation von Kreditinstituten i.S.d. § 1 Abs. 1 des Kreditwesengesetzes mit Sitz im Inland eingeleitet werden.

Die Verfahren finden vor dem OLG statt und richten sich nach den Vorschriften der ZPO (§ 1 Abs. 2 Kreditinstitute-Reorganisationsgesetz). 2

Besondere Gebührentatbestände für diese Verfahren sind im RVG nicht vorgesehen. Die Verfahren sind weder in VV 3300 erwähnt, was nahe gelegen hätte, noch in VV Vorb. 3.2.1. Der Anwalt erhält also die Gebühren nach VV Teil 3 Abschnitt 1, den VV 3100 ff. 3

B. Streitwert im gerichtlichen Verfahren

Die Gerichtskosten des Verfahrens, die in Teil 1 Hauptabschnitt 6, Unterabschnitt 5 des GKG-KostVerz. (Nrn. 1650 ff.) geregelt sind, richten sich gemäß dem ebenfalls neu eingeführten § 53a GKG nach der Bilanzsumme des letzten Jahresabschlusses vor der Stellung des Antrags auf Durchführung des Sanierungs- oder Reorganisationsverfahrens. 4

Der Höchstwert, der in aller Regel erreicht sein wird, beträgt 30 Mio. EUR (§ 39 Abs. 2 GKG). Er kann für die Anwaltsgebühren unter den Voraussetzungen des § 23 Abs. 1 S. 4 i.V.m. § 22 Abs. 2 auf bis zu 100 Mio. EUR angehoben werden. 5

C. Gegenstandswert bei Vertretung des Kreditinstituts

Vertritt der Anwalt das Kreditinstitut, so gilt für ihn über § 23 Abs. 1 S. 1 der Wert des gerichtlichen Verfahrens (siehe Rdn 4). 6

Dieser Wert ist gemäß § 63 Abs. 3 GKG von Amts wegen festzusetzen. Der Anwalt ist nach § 32 Abs. 1 an diese Festsetzung gebunden, die er allerdings aus eigenem Recht angreifen kann (§ 32 Abs. 2). 7

Auf diesen Wert des § 53a GKG ist auch abzustellen, soweit der Anwalt außergerichtlich tätig ist (§ 23 Abs. 1 S. 3). 8

D. Gegenstandswert bei Vertretung eines Gläubigers

Vertritt der Anwalt nur einen Gläubiger, der nach § 12 des Sanierungs- und Reorganisationsverfahren nach dem Kreditinstitute-Reorganisationsgesetz am Verfahren beteiligt ist, gilt für ihn nicht der volle Wert des gesamten Verfahrens. Für ihn ist vielmehr nach § 24 nur auf den Nennwert der den 9

Gläubiger betreffenden Forderung abzustellen. Diese Regelung war erforderlich, da anderenfalls auf für die Vertretung eines Gläubigers nach § 23 Abs. 1 S. 1 gemäß § 53a GKG auf die Bilanzsumme des Kreditinstituts abzustellen gewesen wäre. Das würde dem Interesse des Gläubigers aber in keiner Weise gerecht.[1]

10 Ist der Gläubiger mit mehreren Forderungen betroffen, werden deren Nennwerte nach § 22 Abs. 1 zusammengerechnet.

11 Der Höchstwert – auch bei mehreren Forderungen – beträgt 30 Mio. EUR. Soweit der Anwalt allerdings mehrere Gläubiger wegen verschiedener Forderungen vertritt, kann sich der Wert nach § 22 Abs. 2 auf bis zu 100 Mio. EUR erhöhen.

12 Der für den betreffenden Anwalt geltende Gegenstandswert ist auf Antrag eines Beteiligten im Verfahren nach § 33 gesondert festzusetzen. Hiergegen ist die Beschwerde nach § 33 Abs. 3 gegeben, die innerhalb von zwei Wochen zu erheben ist.

§ 25 Gegenstandswert in der Vollstreckung und bei der Vollziehung

(1) In der Zwangsvollstreckung, in der Vollstreckung, in Verfahren des Verwaltungszwangs und bei der Vollziehung eines Arrests oder einer einstweiligen Verfügung bestimmt sich der Gegenstandswert
1. nach dem Betrag der zu vollstreckenden Geldforderung einschließlich der Nebenforderungen; soll ein bestimmter Gegenstand gepfändet werden und hat dieser einen geringeren Wert, ist der geringere Wert maßgebend; wird künftig fällig werdendes Arbeitseinkommen nach § 850d Abs. 3 der Zivilprozessordnung gepfändet, sind die noch nicht fälligen Ansprüche nach § 51 Abs. 1 Satz 1 des Gesetzes über Gerichtskosten in Familiensachen und § 9 der Zivilprozessordnung zu bewerten; im Verteilungsverfahren (§ 858 Abs. 5, §§ 872 bis 877 und 882 der Zivilprozessordnung) ist höchstens der zu verteilende Geldbetrag maßgebend;
2. nach dem Wert der herauszugebenden oder zu leistenden Sachen; der Gegenstandswert darf jedoch den Wert nicht übersteigen, mit dem der Herausgabe- oder Räumungsanspruch nach den für die Berechnung von Gerichtskosten maßgeblichen Vorschriften zu bewerten ist;
3. nach dem Wert, den die zu erwirkende Handlung, Duldung oder Unterlassung für den Gläubiger hat, und
4. in Verfahren über die Erteilung der Vermögensauskunft nach § 802c der Zivilprozessordnung nach dem Betrag, der einschließlich der Nebenforderungen aus dem Vollstreckungstitel noch geschuldet wird; der Wert beträgt jedoch höchstens 2 000 EUR.

(2) In Verfahren über Anträge des Schuldners ist der Wert nach dem Interesse des Antragstellers nach billigem Ermessen zu bestimmen.

Literatur: *N. Schneider*, Gegenstandswerte in der Zwangsvollstreckung, AGS 2010, 469; *Volpert*, Zwangsvollstreckungsverfahren – Der Gegenstandswert in der Zwangsvollstreckung, RVGreport 2005, 10; *ders.*, Anwaltsvergütung im Zwangsvollstreckungsverfahren, ZAP Fach 24, 907–922.

A. Allgemeines 1	B. Regelungsgehalt 15
I. Entstehung 1	I. Vollstreckung und Vollziehung wegen
II. Anwendungsbereich 2	Geldforderungen (Abs. 1) 15
1. In VV Vorb. 3.3.3 genannte Angelegenheiten 2	1. Wert der Forderung (Nr. 1, 1. Hs.) .. 15
2. Zahlungsvereinbarung (§ 31b) 6	a) Zu vollstreckende Forderung 15
3. Gütliche Erledigung (§ 802b ZPO) .. 7	b) Teilforderung 16
4. Sicherungsvollstreckung (§ 720a ZPO) .. 9	c) Nebenforderungen 17
5. Zugehörigkeit zur Vollstreckung 12	aa) Kosten 17
a) Zahlungsaufforderung mit Vollstreckungsandrohung 12	bb) Zinsen 18
b) Zahlungsaufforderung ohne Vollstreckungsandrohung 13	d) Pfändung und Überweisung mehrerer Schuldnerforderungen 24
c) Andere Maßnahmen 14	aa) Zu vollstreckende und gepfändete Forderungen haben denselben Wert 24

---

[1] So die Begründung zu § 24 (BT-Drucks 17/3024, S. 83).

bb) Zu vollstreckende Forderung ist höher als gepfändete Forderungen 29
2. Wert bei Pfändung eines bestimmten Gegenstandes (Nr. 1, 2. Hs.) 31
   a) Geringerer Wert des zu pfändenden Gegenstands 31
   b) Objektiver Wert 32
      aa) Begriff des Gegenstands 32
      bb) Zeitpunkt der ersten Tätigkeit ... 34
      cc) Wert eines gepfändeten Rechts ... 37
   c) Nachträgliche Feststellung einer erfolglosen Pfändung 38
      aa) Genereller oder beschränkter Vollstreckungsauftrag 38
      bb) Unterschiedliche Auffassungen bei beschränktem Auftrag 40
      cc) Mindestwert oder Mindestgebühr 44
   d) Pfändungsumfang bei fortlaufenden Bezügen (§ 832 ZPO – Arbeitseinkommen) 46
      aa) Künftig fällig werdendes Arbeitseinkommen 46
      bb) Keine Ermäßigung bei hohen Forderungen und langer Vollstreckungsdauer 47
3. Vorratspfändung (Nr. 1, 3. Hs.)/Vorauspfändung 48
   a) Künftiges Arbeitseinkommen 48
      aa) Unterhalts- und Rentenansprüche 48
      bb) Geringerer Wert des Arbeitseinkommens 50
      cc) Bewertung von Rentenansprüchen nach § 9 ZPO 52
   b) Vorauspfändung/Dauerpfändung 53
   c) Einstweilige Anordnung 54
   d) Vorpfändung 55
4. Verteilungsverfahren (Nr. 1, 4. Hs.) 56
   a) Zu vollstreckende Forderung 56
   b) Kein Abzug der Kosten gem. § 874 Abs. 2 ZPO 57
II. Vollstreckung wegen Herausgabe oder Leistung (Nr. 2) 60
1. Grundsatz: Wert der herauszugebenden oder zu leistenden Sachen 60
2. Ausnahme: Geringerer Wert nach den Wertvorschriften des GKG/FamGKG/GNotKG 61

III. Vollstreckung wegen (un)vertretbarer Handlung, Duldung, Unterlassung (Nr. 3) 64
1. Interesse des Gläubigers 64
2. Höhe des Zwangs- oder Ordnungsgeldes 66
3. Verfahren gem. § 887 ZPO – vertretbare Handlungen 67
4. Verfahren gem. §§ 888, 890 ZPO 68
   a) Wert der Hauptsache 68
   b) Löschung einer Grundschuld 69
   c) Stufenklage 70
   d) Ordnungsgeld 71
   e) Beschwerde gegen Ordnungsgeld 72
IV. Vermögensauskunft (Nr. 4) 73
1. Vermögensauskunft gem. § 802c ZPO ... 73
2. Erneute Vermögensauskunft gem. § 802d ZPO 74
3. Auskünfte Dritter gem. § 802l ZPO 75
4. Wertberechnung 76
5. Höchstwert für mit der Vermögensauskunft zusammenhängende Maßnahmen ... 77
   a) Einsicht in das Schuldnerverzeichnis (§ 882f ZPO) 77
   b) Gütliche Erledigung 78
   c) Aufenthaltsermittlung 80
6. Eidesstattliche Versicherungen 81
V. Schuldneranträge (Abs. 2) 84
1. Interesse des Antragstellers 84
2. Vollstreckungsschutz (§§ 765a, 851a, 851b, 1084 Abs. 1 ZPO) 86
   a) Interesse des Schuldners 86
   b) Räumungsschutz 88
   c) Kontopfändungsschutz (§ 850k ZPO) 89
3. Einstweilige Einstellung (§§ 707, 719, 769 ZPO) 90
4. Anordnung der Zwangsverwaltung 91
VI. Rechtsbehelfsverfahren (§ 23 Abs. 2) 92
1. Gerichtsgebühren 92
2. Gegenstandswert 93
3. Beschwerden gegen Zwangs- und Ordnungsmittel 97
VII. Festsetzung des Gegenstandswerts 99
1. Wertfestsetzung gem. § 33 99
2. Gerichtliches Vollstreckungsverfahren ... 101
3. Vollstreckung durch den Gerichtsvollzieher 102

A. Allgemeines

I. Entstehung

Da sich die gerichtlichen Gebühren in der Zwangsvollstreckung nicht nach dem Wert richten, sondern im Regelfall als Festgebühren berechnet werden (vgl. Nr. 2110 ff. KV GKG), führt die Vorschrift des § 23 Abs. 1 S. 1 nicht weiter, ebenso nicht § 23 Abs. 1 Satz 2, weil es eine Wertvorschrift im GKG für die **Zwangsvollstreckung** nicht gibt.[1] Daher bedarf es einer eigenen, nach Auffassung des Gesetzgebers **abschließenden Regelung** für den Gegenstandswert der Anwaltsge-

1

---

1 Vgl. OLG Naumburg AGS 2015, 523; OLG Hamm AGS 2014, 518 = RVGreport 2014, 404; OLG Karlsruhe, Beschl. v. 23.10.2015 – 14 W 85/15, juris.

bühren in der Zwangsvollstreckung. Der Wert ist für jede besondere Angelegenheit der Zwangsvollstreckung eigenständig zu berechnen.

II. Anwendungsbereich

1. In VV Vorb. 3.3.3 genannte Angelegenheiten

2 § 25 regelt den Gegenstandswert bei der Zwangsvollstreckung, der Vollstreckung nach dem FamFG, in Verfahren des Verwaltungszwangs und bei der Vollziehung eines Arrests oder einer einstweiligen Verfügung, soweit in §§ 26–29 keine eigenen Regelungen für den Gegenstandswert in der Zwangsversteigerung und Zwangsverwaltung, im Insolvenzverfahren und im Schifffahrtsrechtlichen Verteilungsverfahren vorhanden sind. Die Aufzählung entspricht derjenigen in VV Vorb. 3.3.3, so dass auf die dortigen Erläuterungen verwiesen werden kann.

3 Die durch das **2. KostRMoG** zum 1.8.2013 neu gefasste Überschrift stellt klar, dass die Vorschrift entsprechend der schon vorher geltenden und geübten Praxis auch für die **Vollziehung von Arrest bzw. einstweiliger Verfügung** (§§ 928 ff. ZPO) gilt. Allerdings kann der Gegenstandswert in diesen Fällen nicht höher sein als der Wert für die Anordnung selbst.[2]

4 Ferner ergibt sich aus der neu gefassten Überschrift ausdrücklich, dass die Vorschrift auch für die **familienrechtliche Vollstreckung** (§§ 86 ff. FamFG), für die Vollstreckung in **Verwaltungssachen** (§§ 167 ff. VwGO; §§ 1 ff. VwVG), in **finanzgerichtlichen Verfahren** (§§ 150 ff. FGO), in **sozialrechtlichen Angelegenheiten** (§§ 198 ff. SGG) und für Verfahren des **Verwaltungszwangs** (§§ 6 ff. VwVG) Anwendung findet.[3] Damit ist sichergestellt, dass der Gegenstandswert der Gebühren in den in VV **Vorb. 3.3.3** aufgeführten Angelegenheiten nach § 25 ermittelt wird.

5 § 25 findet ferner Anwendung auf einen Antrag auf Zulassung der Zwangsvollstreckung gemäß **§§ 111g, 111h StPO**.[4] § 25 gilt auch bei der Eintragung einer **Zwangshypothek** gemäß §§ 867, 870a ZPO (vgl. VV Vorb. 3.3.3 Nr. 4 S. 2).

2. Zahlungsvereinbarung (§ 31b)

6 Ist Gegenstand einer **Einigung** i.S.v. VV 1000 in der Zwangsvollstreckung nur eine **Zahlungsvereinbarung** (gütliche Erledigung, § 802b ZPO), beträgt der Gegenstandswert nach dem durch das 2. KostRMoG zum 1.8.2013 in das RVG eingefügten § 31b für die durch die Zahlungsvereinbarung anfallende Einigungsgebühr **20 % des Anspruchs**.[5] Mit dem Anspruch ist nicht die Hauptsache, sondern der Wert des zu vollstreckenden Anspruchs (§ 25 Abs. 1 Nr. 1) gemeint.[6] Diese Neuregelung soll sicherstellen, dass als Wert einer Zahlungsvereinbarung in der Zwangsvollstreckung immer nur ein Bruchteil der zugrunde liegenden Forderung maßgebend ist (vgl. auch § 31b Rdn 7 ff.).

3. Gütliche Erledigung (§ 802b ZPO)

7 Gemäß § 802b Abs. 1 ZPO ist der Gerichtsvollzieher in jedem Stadium der Vollstreckung verpflichtet, auf eine gütliche Erledigung hinzuwirken (Leitlinie der Mobiliarvollstreckung).[7] Aus § 802a Abs. 2 S. 2, Abs. 2 S. 1 Nr. 1 ZPO ergibt sich zunächst, dass der Gerichtsvollzieher aufgrund des Vollstreckungsauftrags befugt ist, die gütliche Erledigung zu versuchen.[8] Der Gläubiger kann den

---

[2] OLG Karlsruhe Rpfleger 1999, 509; KG Rpfleger 1991, 126; Riedel/Sußbauer/*Potthoff*, RVG, § 25 Rn 22.
[3] *Schneider/Thiel*, Das neue Gebührenrecht, 2. Aufl., § 3 Rn 193.
[4] OLG Hamm AGS 2008, 175; Riedel/Sußbauer/*Potthoff*, RVG, § 25 Rn 5.
[5] *Schneider/Thiel*, Das neue Gebührenrecht, 2. Aufl., § 3 Rn 369 ff.
[6] *Schneider/Thiel*, Das neue Gebührenrecht, 2. Aufl., § 3 Rn 220, 223.
[7] BT-Drucks 16/10069, S. 24; OLG Köln DGVZ 2014, 199 = JurBüro 2014, 549; LG Freiburg JurBüro 2014, 442.
[8] HK-ZV/*Sternal*, § 802a ZPO Rn 7; OLG Düsseldorf Beschl. v. 19.11.2015 – I-10 W 148/15, juris; OLG Köln DGVZ 2014, 199 = JurBüro 2014, 549.

Gerichtsvollzieher aber auch **isoliert** mit dem Versuch einer gütlichen Erledigung der Sache beauftragen.⁹

Aus § 25 Abs. 1 ergibt sich grds. auch der Gegenstandswert bei einer gütlichen Erledigung i.S.v. § 802b ZPO. Denn die gütliche Erledigung gehört zur Vollstreckung, was sich aus § 802a Abs. 2 S. 1 Nr. 1 ZPO ergibt. Unter den dort genannten Voraussetzungen kann sich der Wert bei einer Zahlungsvereinbarung (§ 802b Abs. 2 S. 1 ZPO) aber nach **§ 31b** richten.

4. Sicherungsvollstreckung (§ 720a ZPO)

§ 25 gilt auch bei der **Sicherungsvollstreckung gemäß § 720a ZPO**. Denn auch bei der Sicherungsvollstreckung handelt es sich um Zwangsvollstreckung, die gebührenrechtlich zur Vollstreckungsinstanz gehört,¹⁰ in der sich der Gegenstandswert für die Anwaltsgebühren grds. nach § 25 bestimmt. Die Zwangsvollstreckung ist bei der Sicherungsvollstreckung eingeschränkt, soweit der Gläubiger ohne Erbringung der Sicherheitsleistung vollstrecken möchte. Die Vollstreckung darf dann nicht zur Befriedigung des Gläubigers führen.

Hieraus kann aber nicht geschlossen werden, dass der Wert dann nicht nach Nr. 1 nach dem Wert der zu vollstreckenden Forderung zu bemessen ist. Es kommt für die Bemessung des Gegenstandswerts nach Nr. 1, 1. Hs. bereits nach dem Wortlaut nicht darauf an, ob die Vollstreckung der Befriedigung oder lediglich der Sicherung des Gläubigeranspruchs dient.¹¹ Auch bei der **Vollziehung** eines **Arrests** erfährt der Gläubiger keine Befriedigung. Denn der Arrest dient gemäß § 916 ZPO nur der Sicherung der Zwangsvollstreckung in das bewegliche oder unbewegliche Vermögen wegen einer Geldforderung oder wegen eines Anspruchs, der in eine Geldforderung übergehen kann.

Der Gegenstandswert bei der Vollziehung eines Arrests bestimmt sich gleichwohl nach § 25, was durch die durch das 2. KostRMoG zum 1.8.2013 neu gefasste Überschrift von § 25 ausdrücklich klargestellt worden ist (vgl. Rdn 3). Vor diesem Hintergrund besteht kein Anlass, die Sicherungsvollstreckung nicht als Zwangsvollstreckung i.S.v. § 25 anzusehen und den Gegenstandswert insoweit nicht nach § 25 Nr. 1, sondern nach der allgemeinen Wertvorschrift des § 23 zu bemessen.¹²

5. Zugehörigkeit zur Vollstreckung

a) Zahlungsaufforderung mit Vollstreckungsandrohung

Fordert der Rechtsanwalt den Schuldner **mit Vollstreckungsauftrag** zur Erfüllung des Vollstreckungstitels auf, richtet sich der Gegenstandswert nach § 25. Denn die Zwangsvollstreckung beginnt mit dieser Tätigkeit (vgl. VV 3309 Rdn 82).¹³ Bei der Aufforderung zur Erfüllung eines Zahlungstitels ist die Gebühr VV 3309 dann nach dem Betrag der zu vollstreckenden Geldforderung einschließlich der Nebenforderungen zu berechnen.

b) Zahlungsaufforderung ohne Vollstreckungsandrohung

Fordert der Rechtsanwalt den Schuldner **ohne Vollstreckungsauftrag** z.B. mit einem außergerichtlichen Vertretungsauftrag (vgl. VV 3309 Rdn 74) zur Erfüllung des Titels auf, richtet sich der Gegenstandswert der Geschäftsgebühr (VV 2300, vgl. VV 3309 Rdn 75) nach dem Betrag der Hauptforderung. § 25 ist nicht anwendbar, so dass Nebenforderungen nicht berücksichtigt werden können.¹⁴

---

9 Vgl. OLG Koblenz JurBüro 2016, 144.
10 Gerold/Schmidt/*Müller-Rabe*, RVG, VV 3309 Rn 350.
11 So aber OVG Sachsen-Anhalt RVGreport 2012, 473; Mayer/Kroiß/*Gierl*, RVG, § 25 Rn 8.
12 So aber OVG Sachsen-Anhalt RVGreport 2012, 473; Mayer/Kroiß/*Gierl*, RVG, § 25 Rn 8.
13 Gerold/Schmidt/*Müller-Rabe*, RVG, § 25 Rn 8.
14 Gerold/Schmidt/*Müller-Rabe*, RVG, § 25 Rn 9.

c) Andere Maßnahmen

14 § 25 ist nur anwendbar, wenn durch einen entsprechenden Auftrag die Zwangsvollstreckung, die Vollstreckung, ein Verfahren des Verwaltungszwangs oder die Vollziehung eines Arrests oder einer einstweiligen Verfügung eingeleitet worden ist.

B. Regelungsgehalt

I. Vollstreckung und Vollziehung wegen Geldforderungen (Abs. 1)

1. Wert der Forderung (Nr. 1, 1. Hs.)

a) Zu vollstreckende Forderung

15 Werden Geldforderungen vollstreckt (oder ein Arrest wegen einer Geldforderung vollzogen), so bestimmt sich der Gegenstandswert nach dem **Wert der zu vollstreckenden Forderung einschließlich der Nebenforderungen** (**Nr. 1, 1. Hs.**), also von Zinsen und bisherigen Kosten. Die zu vollstreckende Forderung ist diejenige, für die der Gläubiger den Vollstreckungsauftrag erteilt hat. Maßgebend ist der Wert der **Forderung, wegen der vollstreckt** wird, nicht der Wert der Forderung, in die vollstreckt wird.

Nr. 1, 1. und 2. Hs. gilt auch bei der **Austauschpfändung** nach § 811a ZPO.[15]

b) Teilforderung

16 Erfolgt die Zwangsvollstreckung nur wegen einer **Teilforderung**, so ist nur diese Teilforderung maßgeblich, auch wenn nach dem Vollstreckungstitel die zu vollstreckende Geldforderung höher ist. Lautet die titulierte Forderung auf 10.000 EUR, lässt der Gläubiger aber nur wegen eines Teilbetrags von 6.000 EUR vollstrecken, so bemisst sich der Gegenstandswert nur nach diesen 6.000 EUR.[16]

c) Nebenforderungen

17 **aa) Kosten.** Zu den als Nebenforderung zu berücksichtigenden **Kosten** zählen insbesondere die bisherigen Anwaltskosten sowie die Kosten vorheriger Vollstreckungen bzw. Vollstreckungsversuche, nicht jedoch die Kosten der aktuellen Vollstreckung.[17]

18 **bb) Zinsen.** Lautet die titulierte Forderung auf 10.000 EUR nebst 4 % Zinsen seit dem 2.1.2003, sind der Hauptforderung i.H.v. 10.000 EUR noch die **bis zum Tage der Auftragserteilung** aufgelaufenen Zinsen hinzuzurechnen. Die weiteren, bis zum Tag der Pfändung entstehenden **Zinsen** werden zwar vom Gerichtsvollzieher berechnet und mit vollstreckt (vgl. § 80 Abs. 1 S. 2 Nr. 2 GVGA), sie erhöhen aber nicht den Gegenstandswert der laufenden Vollstreckungsmaßnahme, weil entscheidend der Wert in dem Zeitpunkt ist, in dem der Anwalt durch seine Tätigkeit den Gebührentatbestand erfüllt.[18] Es ist deshalb (bei einem möglichen Gebührensprung) keine Nachberechnung des Gegenstandswerts erforderlich.[19]

19 Das ergibt sich aus den §§ 23 Abs. 1, 15 RVG i.V.m. § 40 GKG bzw. § 43 FamGKG.[20] Dass der Wert bei Auftragserteilung maßgeblich ist, bestätigt auch Halbsatz 3 des § 25 Abs. 1 Nr. 1, der bis

---

[15] Hansens/Braun/Schneider/*Volpert*, Teil 18 Rn 72.
[16] OLG München NJW 1958, 1687.
[17] H.M., vgl. Gerold/Schmidt/*Müller-Rabe*, RVG, § 25 Rn 7; Riedel/Sußbauer/*Potthoff*, RVG, § 25 Rn 8; Mayer/Kroiß/*Gierl*, RVG, § 25 Rn 6; Hartung/Schons/Enders/*Enders*, RVG, § 25 Rn 4; Hansens/Braun/Schneider/*Volpert*, Teil 18 Rn 63; a.A. OLG Köln MDR 1976, 323.
[18] *N. Schneider*, AGS 2010, 469; Riedel/Sußbauer/*Potthoff*, RVG, § 25 Rn 9; im Ergebnis ebenso Schneider/Herget/*Onderka*, Rn 6479, 6480; a.A. *Volpert*, RVGreport 2005, 10; Gerold/Schmidt/*Müller-Rabe*, RVG, § 25 Rn 6, bis zur Ausführung der Zwangsvollstreckung oder der Antragsrücknahme; *Mümmler*, JurBüro 1995, 395; Mayer/Kroiß/*Gierl*, RVG, § 25 Rn 5; Hartung/Schons/Enders/*Enders*, § 25 Rn 6.
[19] So aber Mayer/Kroiß/*Gierl*, RVG, § 25 Rn 5.
[20] So auch *N. Schneider*, AGS 2010, 469.

31.7.2013 (seit 1.8.2013 gilt § 9 ZPO) auf § 51 Abs. 1 S. 1 FamGKG a.F. und § 42 Abs. 1 GKG a.F. Bezug genommen hat. Diese Bestimmungen enthielten drei Grundsätze:
- Maßgebend ist der Zeitpunkt der Einreichung der Klage; dem entspricht im RVG der Zeitpunkt der Auftragserteilung;
- eine Ausnahme von dem in § 751 ZPO normierten Grundsatz, dass wegen noch nicht fälliger Forderungen eine Zwangsvollstreckung nicht betrieben werden kann;
- eine Deckelung der zukünftigen Ansprüche aus sozialen Gründen.

Im Umkehrschluss bedeutet dies, dass in anderen als den in § 51 Abs. 1 S. 1 FamGKG a.F. und § 42 Abs. 1 GKG a.F. geregelten Fällen im Zeitpunkt der Auftragserteilung erst noch zukünftige Ansprüche keine Berücksichtigung finden können. Bei den nach Auftragserteilung erst noch anfallenden Zinsen handelt es sich zudem um künftige Forderungen, die im Moment der Auftragserteilung noch nicht fällig und zu dem Zeitpunkt auch noch nicht vollstreckbar sind.

Nach **anderer Auffassung** sind die Zinsen bis zur Einziehung,[21] bis zur Ausführung der Zwangsvollstreckung oder der Antragsrücknahme[22] bzw. bis zur Erledigung des Auftrags[23] zu berücksichtigen. Diese Zeitpunkte müssen keineswegs identisch sein. Die Ausführung der Zwangsvollstreckung bei einem Pfändungs- und Überweisungsbeschluss ist mit der Zustellung an den Drittschuldner erfolgt. Muss der Anwalt den Eingang der Beträge vom Drittschuldner nicht überwachen, ist seine Tätigkeit mit der Überprüfung des Pfändungs- und Überweisungsbeschlusses auf seine Richtigkeit hin erledigt, die erst nach dem Zeitpunkt der Zustellung an den Drittschuldner liegt.

Der Zeitpunkt der Einziehung kann aber, wenn durch die gepfändete Forderung (z.B. Mietforderung) die titulierte Forderung immer nur ratenweise erfüllt wird, erst Jahre nach Erledigung bzw. Beendigung der Angelegenheit liegen. Soweit zur Begründung geltend gemacht wird, auch sonst könne sich der Wert der anwaltlichen Tätigkeit im Rahmen des konkreten Mandats erhöhen (z.B. Klageerhöhung), wird nicht ausreichend berücksichtigt, dass dies dann auf einer zusätzlichen Tätigkeit eines Beteiligten beruht; solches ist bei den Zinsen aber nicht der Fall.

Folgt man einer dieser anderen Auffassungen, müsste man konsequenterweise dies nicht nur auf die Zinsen beschränken, sondern bei Titeln auf wiederkehrende Leistungen (z.B. Miete) die nach Auftragserteilung bis zum Ende des Mandats fällig gewordenen Beträge stets hinzuaddieren. Diese Berechnungsweise hätte zur Folge, dass nach einer ersten fruchtlosen Vollstreckung der Gegenstandswert einer späteren Vollstreckung wegen des gleichen Teilbetrages höher ist, nämlich um die Beträge der nach Auftragserteilung angefallenen weiteren Zinsen sowie der Anwalts- und sonstigen Kosten des ersten Vollstreckungsversuchs.[24]

d) Pfändung und Überweisung mehrerer Schuldnerforderungen

aa) Zu vollstreckende und gepfändete Forderungen haben denselben Wert.
Unterschiedlich entschieden wird die Frage, von welchem Wert auszugehen ist, wenn wegen derselben Forderung ein einziger Pfändungs- und Überweisungsbeschluss beantragt wird, durch den **mehrere Forderungen des Schuldners** gegen dieselben oder verschiedene Drittschuldner gepfändet werden. Während das LG Koblenz[25] mit der Begründung, bei dieser Sachlage lägen verschiedene Gegenstände vor, den Wert um die Anzahl der gepfändeten Forderungen vervielfacht hat, geht das AG Berlin-Mitte[26] davon aus, es lägen verschiedene Angelegenheiten vor. Demgegenüber verweist das AG Mosbach[27] darauf, im Rahmen des § 25 scheide eine Anwendung des § 22 aus.

Dabei wird einerseits nicht genügend zwischen **Angelegenheit** und **Gegenstand** unterschieden (siehe dazu § 7 Rdn 3, 24 f.),[28] andererseits die Systematik des RVG nicht ausreichend beachtet. Nach h.M.

---

21 Hartmann, KostG, § 25 RVG Rn 5; *Baumgärtel/Hergenröder/Houben*, RVG, § 25 Rn 2; *Mümmler*, JurBüro 1995, 395; Mayer/Kroiß/*Gierl*, RVG, § 25 Rn 5; Hartung/Schons/Enders/*Enders*, § 25 Rn 6.
22 Gerold/Schmidt/*Müller-Rabe*, RVG, § 25 Rn 7; *Baumgärtel/Hergenröder/Houben*, RVG, § 25 Rn 2; *Volpert*, RVGreport 2005, 10.
23 Hartung/*Römermann*, RVG, § 25 Rn 7, 8.
24 So aber Mayer/Kroiß/*Gierl*, RVG, § 25 Rn 5, der die Nachberechnung des Gegenstandswerts fordert.
25 AGS 2009, 269 = JurBüro 2010, 49.
26 JurBüro 2009, 606.
27 Rpfleger 2010, 530.
28 BGH AGS 2014, 263 = RVGreport 2014, 388 = NJW 2014, 2126; BGH NJW 2011, 3167 = RVGreport 2011, 339 = JurBüro 2011, 522; OLG Köln, Beschl. v. 20.5.2010 – 17 W 80/10, juris; OLG Köln, Beschl. v. 11.6.2014 – 17 W 59/14, juris.

ist von einer einzigen Angelegenheit auszugehen, wenn ein – ursprünglicher oder erweiterter – einheitlicher Auftrag vorliegt, die Tätigkeit sich im gleichen Rahmen hält (gleiche Vollstreckungsmaßnahmen) und zwischen den einzelnen Handlungen ein innerer Zusammenhang besteht (siehe § 7 Rdn 19 ff. und § 15 Rdn 23 ff.).[29] Dabei kann dieselbe Angelegenheit mehrere Gegenstände betreffen (siehe § 7 Rdn 3 und 24 f.).[30]

26 Der Entscheidung des AG Berlin-Mitte kann bereits deshalb nicht gefolgt werden, weil eine Wertaddition gemäß § 22 schon nach dessen Wortlaut nur in Betracht kommt, wenn dieselbe Angelegenheit vorliegt, das Gericht aber – jedenfalls dem Wortlaut der Entscheidung nach – von verschiedenen Angelegenheiten ausgeht.

27 Sollte mit Angelegenheit tatsächlich der Gegenstand gemeint gewesen sein, wofür der Hinweis auf die Entscheidung des LG Koblenz sprechen könnte, scheidet aber eine Wertaddition ebenfalls aus. Denn das LG Koblenz übersieht, dass § 22 keine eigene Wertbestimmung enthält, sondern lediglich regelt, dass bei Vorliegen derselben Angelegenheit und mehrerer Gegenstände der Wert durch deren Zusammenrechnung zu erhöhen ist. Die Erhöhung setzt dabei denknotwendig voraus, dass der Wert der mehreren Gegenstände für die Wertbestimmung überhaupt maßgeblich ist. Ob dies der Fall ist, ergibt sich aber nicht aus § 22, sondern allein aus § 25. Nach § 25 Abs. 1 S. 1, 1. Hs. ist der Wert der zu vollstreckenden Forderung („wegen"), nicht aber der Wert der Forderung, die gepfändet wird („in"), maßgeblich (siehe Rdn 6). Da wegen derselben Forderung vollstreckt wird, also insoweit keine mehreren Gegenstände vorliegen, scheidet eine Wertaddition nach § 22 damit im Rahmen des § 25 Abs. 1 Nr. 1, 1. Hs. aus.[31]

> **Beispiel:** Entsprechend dem erteilten Mandat beantragt der Anwalt wegen einer Forderung des Mandanten gegen den Schuldner in Höhe von 7.500 EUR den Erlass eines einheitlichen Pfändungs- und Überweisungsbeschlusses in zwei Forderungen des Schuldners gegen A und B. Die Forderung des Schuldners gegen A beträgt 4.000 EUR, die gegen B 4.500 EUR, wie dem Gläubiger bekannt ist.

28 Gemäß § 25 Abs. 1 Nr. 1, 1. Hs. beträgt der Wert 7.500 EUR. Zwar wird ein bestimmter Gegenstand gepfändet (Forderungen über 4.000 EUR und 4.500 EUR). Deren Wert ist aber gemäß § 25 Abs. 1 Nr. 1, 2. Hs. nicht maßgeblich, weil beide Forderungen nicht niedriger sind als die zu vollstreckende Forderung. Die gepfändeten Forderungen sind **wirtschaftlich identisch** und ihre Werte sind nicht zu addieren, wenn sie zumindest denselben Wert haben wie die zu vollstreckende Forderung bzw. eine der gepfändeten Forderungen denselben oder einen höheren Wert als die Vollstreckungsforderung hat.[32]

29 **bb) Zu vollstreckende Forderung ist höher als gepfändete Forderungen.** Der Umstand, dass mehrere Forderungen gepfändet werden, ist jedoch von Bedeutung für die in § 25 Abs. 1 Nr. 1, 2. Hs. getroffene Regelung.

> **Beispiel:** Entsprechend dem erteilten Mandat beantragt der Anwalt wegen einer Forderung des Mandanten gegen den Schuldner in Höhe von 7.500 EUR den Erlass eines einheitlichen Pfändungs- und Überweisungsbeschlusses in zwei Forderungen des Schuldners gegen A und B. Die Forderung des Schuldners gegen A beträgt 300 EUR, die gegen B 1.500 EUR, wie dem Gläubiger bekannt ist.

30 Gemäß § 25 Abs. 1 Nr. 1, 1. Hs. würde der Wert 7.500 EUR betragen. Da aber ein bestimmter Gegenstand gepfändet werden soll, ist gemäß § 25 Abs. 1 Nr. 1, 2. Hs. dessen Wert maßgeblich, wenn er geringer ist. Hier sind nun die Werte der Forderungen von 300 EUR und 1.500 EUR beide niedriger als die zu vollstreckende Forderung. Maßgeblich ist nicht der Wert eines der beiden, sondern die Werte sind zusammen zu rechnen, sodass der Wert im vorgenannten Fall 1.800 EUR beträgt. Die **wirtschaftliche Identität** fehlt, wenn die gepfändeten Forderungen nach Zusammenrechnung kleiner sind als die zu vollstreckende Forderung. Denn dann bedeutet jede Pfändung einen

---

[29] BGH AGS 2016, 61 = RVGreport 2016, 94; BGH AGS 2014, 263 = RVGreport 2014, 388 = NJW 2014, 2126; OLG Düsseldorf AGS 2011, 534 = JurBüro 2011, 592, Tz. 40; *N. Schneider*, NJW 2015, 998.

[30] BGH AGS 2014, 263 = RVGreport 2014, 388 = NJW 2014, 2126.

[31] BGH AGS 2011, 277 = MDR 2011, 696 = RVGreport 2011, 298 = Rpfleger 2011, 462 = NJW-RR 2011, 933.

[32] BGH AGS 2011, 277 = MDR 2011, 696 = RVGreport 2011, 298 = Rpfleger 2011, 462 = NJW-RR 2011, 933; Gerold/Schmidt/*Müller-Rabe*, RVG, § 25 Rn 22; Riedel/Sußbauer/*Potthoff*, RVG, § 25 Rn 11; BeckOK RVG/*Sommerfeldt/Sommerfeldt*, § 25 Rn 9–10a; Mayer/Kroiß/*Gierl*, RVG, § 25 Rn 6, 12.

Mehrwert für den Gläubiger, bis er wegen seiner Forderung vollständig befriedigt ist.[33] Die Werte sind solange zu addieren, bis der Wert der (noch) zu vollstreckenden Forderung erreicht ist.[34]

2. Wert bei Pfändung eines bestimmten Gegenstandes (Nr. 1, 2. Hs.)

a) Geringerer Wert des zu pfändenden Gegenstands

Hat der Gläubiger jedoch dem Vollstreckungsorgan den Auftrag erteilt, einen bestimmten Gegenstand zu pfänden, so ist der **Wert dieses Gegenstandes** maßgebend, wenn er niedriger ist als der Wert der zu vollstreckenden Forderung (**Nr. 1, 2. Hs.**). Maßgebend ist auch hier der Wert im Zeitpunkt der die Gebühr auslösenden (ersten) Tätigkeit des Anwalts. 31

b) Objektiver Wert

aa) Begriff des Gegenstands. Unter dem Begriff „**Gegenstand**" versteht man Sachen und Rechte,[35] sodass die Bestimmung der Nr. 1, 2. Hs. auch auf **Forderungen** zutrifft.[36] Bei diesen jedoch streitig, ob auf den objektiven Wert der Forderung abzustellen ist oder auf den, den sich der Gläubiger vorgestellt hat. Richtigerweise wird man den Wert des Gegenstandes bei Sachen und Forderungen nach den gleichen Kriterien bestimmen müssen. Nichts spricht dafür, insoweit Unterschiede zu machen. Der Wortlaut der Nr. 1, 2. Hs. ist insoweit eindeutig. 32

> **Beispiel 1:** Der Anwalt erteilt dem Gerichtsvollzieher den Auftrag, wegen einer Geldforderung in Höhe von 10.000 EUR ein bestimmtes Gemälde zu pfänden. Dabei geht seine Vorstellung dahin, dass es sich bei dem Gemälde um ein Original handelt, dessen Verkehrswert als Original er zutreffend mit 8.000 EUR annimmt. Tatsächlich handelt es sich um eine sehr gut gemachte Fälschung, das Original befindet sich im Tresor in der Bank. Der Wert des gefälschten Gemäldes beträgt 3.000 EUR.

> **Beispiel 2:** Der Anwalt erwirkt wegen einer Geldforderung in Höhe von 10.000 EUR einen Pfändungsbeschluss in eine Darlehensrückzahlungsforderung des Schuldners gegen X. Das Darlehen betrug ursprünglich 8.000 EUR. Der Anwalt geht davon aus, dass Rückzahlungen nicht erfolgt sind. Tatsächlich sind aber bereits 5.000 EUR zurückgezahlt worden, sodass die restliche Forderung nur noch 3.000 EUR beträgt.

In beiden Fällen beträgt der Gegenstandswert nach richtiger Auffassung 3.000 EUR, weil dies dem **objektiven Verkehrswert** des jeweils gepfändeten Gegenstandes entspricht. Auf die bloß **subjektiven Vorstellungen** des Anwalts oder Gläubigers, die sich letztlich einer Kontrolle entziehen, kann es nicht ankommen. Dies ist auch keine Frage der Einbringlichkeit,[37] denn bei der Verwertung können sich wiederum andere – meist geringere – Werte ergeben, auf die es aber ebenfalls nicht ankommt, sondern nur auf den objektiven Verkehrswert. Das ist auch keine Frage von sich erst nachträglich ergebenden Kriterien. 33

bb) Zeitpunkt der ersten Tätigkeit. Das **Kriterium** ist der **objektive Verkehrswert im Zeitpunkt der die Anwaltsgebühr auslösenden Tätigkeit** (vgl. § 40 GKG).[38] Der Wert liegt also von vornherein fest, nur erfährt der Gläubiger von diesem tatsächlichen Wert erst später. Das ist im Rahmen des vergleichbaren § 6 ZPO auch nicht anders, dort aber unbestritten. Warum sollte der Schuldner in den vorgenannten Fällen Gebühren aus einem höheren Gegenstandswert erstatten müssen? Nur weil der Gläubiger sich geirrt hat? So ist denn auch bislang noch keine Stimme laut geworden, die 34

---

33 BGH AGS 2011, 277 = MDR 2011, 696 = RVGreport 2011, 298 = Rpfleger 2011, 462 = NJW-RR 2011, 933; Gerold/Schmidt/*Müller-Rabe*, RVG, § 25 Rn 23; Mayer/Kroiß/Gierl, RVG, § 25 Rn 6, 12.
34 Gerold/Schmidt/*Müller-Rabe*, RVG, § 25 Rn 23.
35 Vgl. OLG München, Beschl. v. 18.11.2014 – 20 W 2267/14, juris, zum Wohnungs- und Mitbenutzungsrecht.
36 OLG Köln Rpfleger 2001, 149; LG Stuttgart AGS 2013, 475 = JurBüro 2013, 607 = Rpfleger 2013, 712; LG Hamburg ZMR 2009, 697; LG Kiel JurBüro 1991, 1198; Gerold/Schmidt/*Müller-Rabe*, RVG, § 25 Rn 12; Riedel/Sußbauer/*Potthoff*, RVG, § 25 Rn 10; BeckOK RVG/*Sommerfeldt/Sommerfeldt*, § 25 Rn 9; a.A. AG Chemnitz AGS 1995, 92.
37 A.A. *Mümmler*, JurBüro 1995, 395, 396 und JurBüro 1998, 297.
38 So auch OLG Naumburg AGS 2014, 516 = RVGreport 2014, 441 = Rpfleger 2014, 607; LG Stuttgart AGS 2013, 475 = JurBüro 2013, 607 = Rpfleger 2013, 712; Gerold/Schmidt/*Müller-Rabe*, RVG, § 25 Rn 14, 18; Mayer/Kroiß/*Gierl*, RVG, § 25 Rn 11; BeckOK RVG/*Sommerfeldt/Sommerfeldt*, § 25 Rn 10; vgl. auch OLG München, Beschl. v. 18.11.2014 – 20 W 2267/14, juris, zum Wohnungs- und Mitbenutzungsrecht.

im umgekehrten Fall – der zu pfändende Gegenstand hat einen höheren als den vermuteten Wert, der aber immer noch unter dem der zu vollstreckenden Forderung liegt – diesen niedrigeren Wert zugrunde legen möchte.

35 Soweit argumentiert wird, Grundregel für die Streitwertbemessung in der streitigen Gerichtsbarkeit sei stets allein das behauptete Interesse des Rechtsuchenden,[39] so trifft dies in dieser Form nicht zu. Soweit es um bezifferte Anträge geht, ist zwar der vom Rechtsuchenden angegebene Wert – nach Maßgabe der gesetzlichen Vorschriften – zugrunde zu legen. Dabei wird aber ein wesentlicher Unterschied außer Acht gelassen, dass nämlich im Rechtsstreit ein Ausgleich einer objektiv überhöhten Forderung des Klägers über die Kostenentscheidung möglich ist. Im Rahmen der Zwangsvollstreckung fehlt dieses Korrektiv – anders als noch in der 6. Auflage vertreten –[40] allerdings nicht vollständig.[41] In der Zwangsvollstreckung kann in gewissem Maße ein Ausgleich über § 788 ZPO erfolgen, weil der Schuldner danach nur notwendige Zwangsvollstreckungskosten zu erstatten hat. So hat in dem der Entscheidung des LG Düsseldorf[42] zugrunde liegenden Fall der Rechtspfleger die Anwaltsgebühren für frühere erfolglose Pfändungs- und Überweisungsbeschlüsse jeweils nur in Höhe der nach einem Streitwert bis 300 EUR anfallenden Mindestgebühren als notwendige Zwangsvollstreckungskosten berücksichtigt.

36 Auch der von *Mock*[43] angeführte Ausweg einer Korrektur über § 766 ZPO erweist sich als Trugschluss, weil der Wert nicht herabgesetzt werden kann, wenn die – objektiv unzutreffende – Erwartung des Gläubigers vom Wert des Pfandgegenstandes maßgebend ist, denn der Ansatz war doch richtig. Soweit keine Geldsumme verlangt wird und auch eine Berechnung nach den §§ 4 bis 9 ZPO ausscheidet, ist zwar das Interesse des Rechtsuchenden maßgebend. Aber dieses Interesse ist nicht identisch mit den Angaben und Vorstellungen des Gläubigers, sondern es ist bei Gegenständen mit dem objektiven Verkehrswert anzusetzen.[44]

37 **cc) Wert eines gepfändeten Rechts.** Der Wert eines gepfändeten Rechts ist ebenfalls nach objektiven Maßstäben zu bestimmen. So kann beispielsweise der Wert eines gepfändeten Wohnungs- und Mitbenutzungsrechts nicht durch entsprechende Anwendung von § 25 Abs. 1 Nr. 1, 3. Hs. auf 12 oder 42 Monate begrenzt werden, weil kein Arbeitseinkommen gepfändet wird. Ausgehend von der Lebenserwartung des Berechtigten ist vielmehr der monatliche Wert des Wohnungs- und Mitbenutzungsrechts zu vervielfältigen.[45]

c) Nachträgliche Feststellung einer erfolglosen Pfändung

38 **aa) Genereller oder beschränkter Vollstreckungsauftrag.** Wenn sich erst im Nachhinein herausstellt, dass der gepfändete Gegenstand einen geringeren Wert hat als ursprünglich angenommen, er wirtschaftlich wertlos oder unpfändbar ist, ist für die Ermittlung des Gegenstandswerts zunächst festzustellen, welchen Vollstreckungsauftrag der Rechtsanwalt erhalten hat. Der Wert der zu vollstreckenden Forderung ist jedenfalls dann für die Verfahrensgebühr VV 3309 maßgebend, wenn der Rechtsanwalt zunächst einen **uneingeschränkten Vollstreckungsauftrag** erhält und er sodann seine weitere Tätigkeit auf einen bestimmten Gegenstand beschränkt, der sich dann später als wertlos herausstellt. Stellt sich bei dieser generellen Auftragserteilung nachträglich die Wertlosigkeit des Vollstreckungsgegenstands heraus, richtet sich die Verfahrensgebühr VV 3309 nach der Vollstreckungsforderung.[46]

39 Es kommt daher entscheidend auf den Auftrag an. Das ergibt sich bereits aus § 2 Abs. 1. Denn danach werden die Gebühren grds. nach dem Wert berechnet, den der Gegenstand der anwaltlichen Tätigkeit hat (Gegenstandswert). Der Gegenstand wird dabei durch den Auftrag bestimmt (§ 2

---

39 So OLG Karlsruhe NJW-RR 2011, 501; LG Kiel JurBüro 1991, 1198; LG Koblenz AGS 2005, 510; LG Düsseldorf AGS 2006, 86 = RVGreport 2005, 358; LG Hamburg AnwBl. 2006, 499; LG Koblenz AGS 2005, 510; Hartung/Schons/Enders/*Enders* § 25 Rn 14; *Volpert*, RVGreport 2005, 10; *Hartmann*, KostG, § 25 RVG Rn 5.
40 AnwK-RVG/*Wolf*, 2011, § 25 Rn 8.
41 Vgl. Hansens/Braun/Schneider/*Volpert*, Teil 18 Rn 66.
42 LG Düsseldorf AGS 2006, 86 = RVGreport 2005, 358.
43 AGS 2007, 102.
44 Zöller/*Herget*, § 3 Rn 16 „Herausgabeklagen"; Mayer/Kroiß/*Gierl*, RVG, § 25 Rn 11; Schneider/Herget/*Onderka*, Rn 6482, anders jedoch Schneider/Herget/*Thiel*, Rn 8962; a.A.: Hartung/Römermann, RVG, § 25 Rn 13 „anwaltliche Schätzung".
45 Auch OLG München, Beschl. v. 18.11.2014 – 20 W 2267/14, juris.
46 Gerold/Schmidt/*Müller-Rabe*, RVG, § 25 Rn 20; *Hansens*, Anm. zu OLG Karlsruhe, RVGreport 2011, 73.

Rdn 27).[47] Auch der Wortlaut von § 25 Abs. 1 Nr. 1, 2. Hs. stellt auf den **tatsächlich erteilten Auftrag** ab: *„Soll ein bestimmter Gegenstand gepfändet werden, und hat dieser einen geringeren Wert, ist der geringere Wert maßgebend."*

bb) Unterschiedliche Auffassungen bei beschränktem Auftrag. Ist der dem Rechtsanwalt erteilte Vollstreckungsauftrag von vornherein auf einen bestimmten Gegenstand beschränkt worden, ist die Ermittlung des Gegenstandswerts umstritten. Im wesentlich werden hier drei Auffassungen vertreten. 40

1. Die eng auszulegende Ausnahmeregelung in Nr. 1, 2. Hs. soll nach einer Auffassung nicht zum Tragen kommen, wenn der zu pfändende bestimmte Gegenstand überhaupt keinen Wert hat, weil überhaupt kein Wert nicht der im 2. Hs. angesprochene geringere Wert sei.[48] Gehe die Pfändung ins Leere, sei deshalb die Vollstreckungsforderung maßgebend.[49] 41

2. Teilweise wird auch davon ausgegangen, dass sich der Gegenstandswert bei der Pfändung eines bestimmten Gegenstands nach den subjektiven Vorstellungen des Vollstreckungsgläubigers vom Wert des Vollstreckungsobjekts zu Beginn der anwaltlichen Tätigkeit richtet, sofern diese hinreichend plausibel sind und eine nachvollziehbare tatsächliche Basis haben.[50] 42

3. Diesen abzulehnenden Auffassungen steht der Gesetzeswortlaut entgegen. Wenn der zu pfändende bestimmte Gegenstand einen geringeren Wert hat als die zu vollstreckende Forderung, ist der geringere Wert dieses Gegenstands maßgebend.[51] Ausnahmen hiervon sind nur zuzulassen, wenn weitere Voraussetzungen vorliegen. Ist die Pfändung z.B. deshalb erfolglos, weil der Gegenstand bereits gepfändet ist, hat der Gegenstand weiterhin einen objektiven Wert, der den Gebühren zugrunde zu legen ist.[52] Maßgebend ist damit der **objektive Verkehrswert**,[53] und zwar im Zeitpunkt der die Anwaltsgebühr auslösenden Tätigkeit (vgl. Rdn 34). 43

cc) Mindestwert oder Mindestgebühr. Existiert die zu pfändende Forderung **nicht** oder ist sie **unpfändbar**, beträgt der Gegenstandswert allerdings nicht Null, sondern es ist der geringste Gegenstandswert (Mindestgegenstandswert) bzw. der Gegenstandswert der ersten Wertstufe des § 13 (bis 500 EUR) zugrunde zu legen,[54] weil dies der geringere Wert i.S.v. Abs. 1 Nr. 1, 1. Hs. ist. Soweit vielfach stattdessen die Mindestgebühr von 15 EUR gemäß § 13 Abs. 2 angesetzt wird,[55] wird nicht, wie § 25 es vorsieht, ein Wert, sondern eine Gebühr festgesetzt. 44

Das kann durchaus zu unterschiedlichen Ergebnissen führen. Bei einem Auftraggeber und einem Wert bis zu 500 EUR ergibt sich eine Gebühr von 45 x 0,3 = 13,50 EUR, die gemäß § 13 Abs. 2 dann auf die Mindestgebühr von 15 EUR zu erhöhen ist. Insoweit stimmen beide Auffassungen im Ergebnis überein. Vertritt der Anwalt in derselben Angelegenheit allerdings drei Mandanten, erhält er nach der hier vertretenen Auffassung (vgl. § 13 Rdn 25) gemäß VV 3009 i.V.m. VV 1008 0,3 + 0,3 + 0,3 = 0,9 x 45 = 40,50 EUR (vgl. auch § 13 Rdn 22 ff.). 45

---

47 Gerold/Schmidt/*Mayer*, RVG, § 2 Rn 7.
48 Vgl. Hansens/Braun/Schneider/*Volpert*, Teil 18 Rn 66; *Volpert*, RVGreport 2005, 10: An der dort vertretenen Auffassung halte ich nicht weiter fest.
49 OLG Naumburg AGS 2014, 516 = RVGreport 2014, 441 = Rpfleger 2014, 607; LG Mannheim JurBüro 2015, 328; LG Düsseldorf AGS 2006, 86 = RVGreport 2005, 358; LG Hamburg AnwBl. 2006, 499; LG Koblenz AGS 2005, 510; *Hartmann*, KostG, § 25 RVG Rn 5; Schneider/Herget/*Thiel*, Rn 8962.
50 OLG Karlsruhe AGS 2010, 539 = Rpfleger 2011, 223 = RVGreport 2011, 73 = NJW-RR 2011, 501; Schneider/Herget/*Thiel*, Rn 8962.
51 OLG Köln Rpfleger 2001, 149; LG Stuttgart AGS 2013, 475 = JurBüro 2013, 607 = Rpfleger 2013, 712; LG Hamburg ZMR 2009, 697; Gerold/Schmidt/*Müller-Rabe*, RVG, § 25 Rn 14, 17; Riedel/Sußbauer/*Potthoff*, RVG, § 25 Rn 12; in diese Richtung OLG München, Beschl. v. 18.11.2014 – 20 W 2267/14, juris; offengelassen LG Heilbronn AGS 2014, 35 = JurBüro 2013, 607 = Rpfleger 2013, 711.

52 Gerold/Schmidt/*Müller-Rabe*, RVG, § 25 Rn 17 f.
53 So auch OLG Naumburg AGS 2014, 516 = RVGreport 2014, 441 = Rpfleger 2014, 607; LG Stuttgart AGS 2013, 475 = JurBüro 2013, 607 = Rpfleger 2013, 712; Gerold/Schmidt/*Müller-Rabe*, RVG, § 25 Rn 14, 18; Mayer/Kroiß/*Gierl*, RVG, § 25 Rn 11; BeckOK RVG/*Sommerfeldt/Sommerfeldt*, § 25 Rn 10; vgl. auch OLG München, Beschl. v. 18.11.2014 – 20 W 2267/14, juris; zum Wohnungs- und Mitbenutzungsrecht.
54 LG Hamburg ZMR 2009, 697; LG Hamburg JurBüro 2001, 110; LG Meiningen, Beschl. v. 6.4.2009 – 4 T 23/09, juris; Schneider/Herget/*Onderka*, Rn 4446 und Rn 6492; Mayer/Kroiß/*Gierl*, RVG, § 25 Rn 11; Gerold/Schmidt/*Müller-Rabe*, RVG, § 25 Rn 14; Riedel/Sußbauer/*Potthoff*, RVG, § 25 Rn 12.
55 OLG Köln Rpfleger 2001, 149 = InVo 2001, 148, 151 und JurBüro 1987, 1048; LG Kiel SchlHA 1990, 12; AG Hamburg-Altona AGS 2007, 100 m. abl. Anm. *Mock*; Hansens, BRAGO, § 57 Rn 15.

d) Pfändungsumfang bei fortlaufenden Bezügen (§ 832 ZPO – Arbeitseinkommen)

46 **aa) Künftig fällig werdendes Arbeitseinkommen.** Ein bestimmter Gegenstand wird auch bei der Pfändung und Überweisung von Arbeitseinkommen gepfändet. Wird wegen einer bereits **fälligen Forderung Arbeitseinkommen** gepfändet, so ist gemäß § 832 ZPO nicht nur das gegenwärtige, sondern auch das künftig fällig werdende Arbeitseinkommen mitgepfändet. Dieses ist bei der Bewertung im Hinblick auf den 2. Hs. daher mit zu berücksichtigen. Der 3. Hs. ist bei § 832 ZPO nicht anwendbar.[56]

> **Beispiel 1:** Der Gläubiger vollstreckt wegen einer Forderung in Höhe von 1.500 EUR. Der pfändbare Teil des Arbeitseinkommens des 20-jährigen Schuldners beträgt 100 EUR.
> Der Wert beträgt gemäß § 25 Abs. 1 Nr. 1, 1. Hs. 1.500 EUR. Nr. 1, 2. Hs. greift nicht, weil das Arbeitseinkommen keinen geringeren Wert hat. Denn der Wert des Arbeitseinkommens ergibt sich daraus, wie lange bei diesen Raten und der Höhe der zu vollstreckenden Forderung die Pfändung andauern wird (100 EUR x 15 Monate = 1.500 EUR).
>
> **Beispiel 2:** Wegen einer fälligen Zahlungsforderung i.H.v. 1.000 EUR beantragt Rechtsanwalt R, das fällige und künftig fällig werdende Arbeitseinkommen des Schuldners (55 Jahre) zu pfänden. Das Arbeitseinkommen des Schuldners beträgt 2.000 EUR, von denen 500 EUR pfändbar sind.
> Es handelt sich um die Pfändung von fortlaufenden Bezügen nach § 832 ZPO. Der Gegenstandswert beträgt gemäß Nr. 1, 1. Hs. 1.000 EUR. Der Wert des Arbeitseinkommens (bestimmter Gegenstand) übersteigt bereits nach zwei Monaten den Wert der Vollstreckungsforderung und ist damit nicht geringer als diese.

47 **bb) Keine Ermäßigung bei hohen Forderungen und langer Vollstreckungsdauer.** Soweit demgegenüber vertreten wird,[57] bei „hohen Forderungen" sei in Anlehnung an § 42 Abs. 1 GKG aus Billigkeitsgründen ein geringerer Wert, nämlich der dreifache Jahresbetrag anzusetzen, begegnet dies zum einen schon Bedenken im Hinblick auf den anderslautenden Wortlaut des § 25 Abs. 1 Nr. 1; zum anderen führt diese Ansicht zu Rechtsunsicherheit: Ab welchem Betrag beginnt denn eine hohe Forderung? Auch eine entsprechende Anwendung von § 25 Nr. 1, 3. Hs. scheidet aus, weil diese Regelung die zu vollstreckende Forderung betrifft, die – anders als hier – noch nicht fällig ist.[58]

> **Beispiel 3:** Der Gläubiger pfändet wegen einer Forderung von 200.000 EUR das Arbeitseinkommen des soeben 30 Jahre alt gewordenen Schuldners. Der pfändbare Teil des Arbeitseinkommens beträgt 100 EUR. Der Wert bemisst sich hier nach § 25 Abs. 1 Nr. 1, 2. Hs. Die Pfändung würde angesichts der niedrigen Rate und der Höhe der zu vollstreckenden Forderung noch Jahrzehnte dauern. Maßgebend ist insoweit jedoch maximal die Zeit bis zum Eintritt in das gesetzliche Rentenalter, weil dann das Arbeitseinkommen und dessen Pfändung enden und die Pfändung der Rente/Pension gesondert erfolgen muss.[59] Der Wert beträgt bei einem Rentenalter von 67 Jahren daher 100 x 12 x 37 = 44.400 EUR.

3. Vorratspfändung (Nr. 1, 3. Hs.)/Vorauspfändung

a) Künftiges Arbeitseinkommen

48 **aa) Unterhalts- und Rentenansprüche.** Wird künftig fällig werdendes **Arbeitseinkommen** oder werden künftig fällig werdende **laufende Sozialleistungen in der Form von Geldleistungen**[60] wegen **fälliger und künftig noch fällig werdender** Unterhaltsansprüche oder wegen Rentenansprüchen infolge Verletzung des Körpers oder der Gesundheit gepfändet (sog. **Vorratspfändung** gemäß § 850d Abs. 3 ZPO), so sind bei der Ermittlung des Werts der zu vollstreckenden Forderung die fälligen Ansprüche zu berücksichtigen (Nr. 1, 1. Hs., § 51 Abs. 2 S. 1 FamGKG, § 42 Abs. 3 GKG)[61] und die noch nicht fälligen Ansprüche gemäß § 51 Abs. 1 FamGKG (Unterhalt) und § 9 ZPO

---

[56] Hansens/Braun/Schneider/*Volpert*, Teil 18 Rn 66; *Volpert*, RVGreport 2005, 10; Gerold/Schmidt/*Müller-Rabe*, RVG, § 25 Rn 30; Riedel/Sußbauer/*Potthoff*, RVG, § 25 Rn 13; Mayer/Kroiß/*Gierl*, RVG, § 25 Rn 16.

[57] AG Freyung MDR 1985, 858; ähnlich LG Meiningen, Beschl. v. 6.4.2009 – 4 T 23/09, juris.

[58] So auch Schneider/Herget/*Onderka*, Rn 4447 ff.; Mayer/Kroiß/*Gierl*, RVG, § 25 Rn 17.

[59] Hansens/Braun/Schneider/*Volpert*, Teil 18 Rn 66; *Volpert*, RVGreport 2005, 10; im Ergebnis so auch Mayer/Kroiß/*Gierl*, RVG, § 25 Rn 17; nach Schneider/Herget/*Onderka*, Rn 4447 f. soll wohl der volle Wert der zu vollstreckenden Forderung maßgeblich sein.

[60] § 11 SGB I; diese sind gemäß § 54 Abs. 4 SGB I wie Arbeitseinkommen pfändbar; Mayer/Kroiß/*Gierl*, RVG, § 25 Rn 15.

[61] So auch *N. Schneider*, AGS 2010, 469, 470.

(Körperverletzung, siehe auch Rdn 52) zu bewerten (**Nr. 1, 3. Hs.**), wobei der Maximalwert der Gesamtbetrag der geforderten Leistung ist (vgl. § 9 S. 2 ZPO).

Maßgebend als Gegenstandswert ist nach Nr. 1, 1. Hs. grds. der Wert der Forderung, wegen der vollstreckt wird und nicht der Wert der Forderung, in die vollstreckt wird (siehe Rdn 6). Es sind daher nach Nr. 1, 3. Hs. die noch nicht fälligen künftigen Unterhalts- und Rentenansprüche und nicht das künftig fällig werdende Arbeitseinkommen zu bewerten.[62] Nr. 1, 3. Hs. gilt nur für die Vorratspfändung nach **§ 850d Abs. 3 ZPO**, nicht für den Pfändungsumfang bei fortlaufenden Bezügen nach **§ 832 ZPO**.[63] 49

> Beispiel: Pfändung des Arbeitseinkommens wegen einer Unterhaltsforderung in Höhe von 400 EUR monatlich seit dem 1.1.2013. Vollstreckungsauftrag wird am 3.7.2013 erteilt. Fällig sind zu diesem Zeitpunkt bereits 2.800 EUR (400 × 7).
> Die zukünftig erst fällig werdenden Unterhaltsansprüche sind mit dem Wert gemäß § 51 Abs. 1 FamGKG (Jahreswert, also 400 × 12 = 4.800 EUR) anzusetzen. Der Gegenstandswert der zu vollstreckenden Forderung beträgt demnach 2.800 + 4.800 = 7.600 EUR.

bb) Geringerer Wert des Arbeitseinkommens. Umstritten ist, ob die Ausnahmeregelung in Nr. 1, 2. Hs. (geringerer Wert des zu pfändenden Gegenstands) auch bei der Vorratspfändung nach § 850d Abs. 3 BGB gilt, da hierfür im 3. Hs. eine eigene Ausnahmeregelung enthalten ist. Teilweise wird vertreten, dass sich die beiden Ausnahmeregelungen gegenseitig ausschließen und Nr. 1, 3. Hs. bei der Vorratspfändung nach § 850d Abs. 3 ZPO Nr. 1, 2. Hs. vorgeht.[64] 50

Die h.M.[65] sieht das zutreffend anders. Es besteht kein Grund, im Falle der Vorratspfändung gemäß § 850d Abs. 3 ZPO stets auf den Wert der zu vollstreckenden Unterhalts- oder Rentenforderung abzustellen, wenn das zu pfändende, künftig fällig werdende Arbeitseinkommen nicht vorhanden ist, etwa weil das Arbeitsverhältnis bereits vor Einleitung der Zwangsvollstreckung aufgelöst war. Es gelten insoweit die gleichen Überlegungen wie bei der erfolglosen Vollstreckung wegen anderer Forderungen (siehe Rdn 38 ff.). 51

cc) Bewertung von Rentenansprüchen nach § 9 ZPO. Wird gemäß § 850d Abs. 3 ZPO wegen der aus Anlass einer Verletzung des Körpers oder der Gesundheit zu zahlenden Renten zugleich mit der Pfändung wegen fälliger Ansprüche auch künftig fällig werdendes Arbeitseinkommen wegen der dann jeweils fällig werdenden Ansprüche gepfändet, sind die **noch nicht fälligen Ansprüche** nach § 9 ZPO zu bewerten. Dabei ist unerheblich, ob es sich um eine Rente wegen einer **unerlaubten Handlung** oder um eine **vertragliche Rente** handelt. Der dreieinhalbfache Jahresbetrag (42 Monate) – und nicht wie bei § 42 Abs. 1 GKG a.F. der fünffache Jahresbetrag (60 Monate) – stellt damit die **Höchstgrenze** dar. Bereits fällige Beträge werden nach § 42 Abs. 3 GKG zusätzlich bewertet. 52

> Beispiel: Pfändung des Arbeitseinkommens wegen einer Rentenforderung aus Körperverletzung in Höhe von 400 EUR monatlich seit dem 1.2.2013. Vollstreckungsauftrag wird am 3.8.2013 erteilt. Fällig sind zu diesem Zeitpunkt bereits 2.800 EUR (400 × 7).
> Die zukünftig erst fällig werdenden Rentenansprüche sind mit dem Wert gemäß § 9 ZPO (400 × 42 Monate = 16.800 EUR) anzusetzen. Der Gegenstandswert der zu vollstreckenden Forderung beträgt demnach 2.800 + 16.800 = 19.600 EUR.

---

62 Vgl. Hansens/Braun/Schneider/*Volpert*, Teil 18 Rn 66; LG Kiel JurBüro 1991, 1199 m. zust. Anm. v. *Mümmler*; Schneider/Herget/*Thiel*, Rn 8963; *N. Schneider*, AGS 2010, 469, 470; Gerold/Schmidt/*Müller-Rabe*, RVG, § 25 Rn 30.

63 Hansens/Braun/Schneider/*Volpert*, Teil 18 Rn 66; *Volpert*, RVGreport 2005, 10; Gerold/Schmidt/*Müller-Rabe*, RVG, § 25 Rn 30; Riedel/Sußbauer/*Potthoff*, RVG, § 25 Rn 13; Mayer/Kroiß/*Gierl*, RVG, § 25 Rn 16.

64 Hansens/Braun/Schneider/*Volpert*, Teil 18 Rn 69; noch zu § 57 BRAGO: LG Kiel JurBüro 1991, 1198 m. zust. Anm. *Mümmler*.

65 Gerold/Schmidt/*Müller-Rabe*, RVG, § 25 Rn 30; Mayer/Kroiß/*Gierl*, RVG, § 25 Rn 17; noch zu § 57 BRAGO: OLG Köln JurBüro 1987, 1048; LG Kiel SchlHA 1990, 12; *Lappe*, abl. Anm. zu LG Kiel KostRsp. BRAGO §§ 57, 58 Nr. 72 = JurBüro 1991, 1198.

b) Vorauspfändung/Dauerpfändung

53 Die Pfändung wegen zukünftig erst noch fällig werdender Unterhaltsansprüche ist aber nicht nur in Arbeitseinkommen zulässig, sondern auch in Kontoguthaben.[66] Man spricht insoweit von einer **Vorauspfändung** oder auch **Dauerpfändung**. Es handelt sich dabei um eine aufschiebend bedingte Pfändung, die erst mit der jeweiligen Fälligkeit des Unterhaltsanspruchs wirksam wird. Auf solche Vorauspfändungen ist § 25 Nr. 1, 3. Hs. entsprechend anzuwenden.[67]

c) Einstweilige Anordnung

54 Ist der Unterhaltsanspruch durch eine **einstweilige Anordnung** tituliert, wird man die künftig fällig werdenden Ansprüche hingegen entsprechend § 41 S. 2 FamGKG nur mit dem sechsfachen Monatsbetrag ansetzen müssen.[68]

d) Vorpfändung

55 Der Gegenstandswert einer **Vorpfändung** ist gleichzusetzen mit dem einer entsprechenden „normalen" Pfändung,[69] unabhängig davon, ob es dazu dann noch kommt oder nicht.

4. Verteilungsverfahren (Nr. 1, 4. Hs.)

a) Zu vollstreckende Forderung

56 Im Verteilungsverfahren gemäß §§ 858 Abs. 5, 872 bis 877 und 882 ZPO richtet sich der Gegenstandswert grundsätzlich nach dem **Betrag der zu vollstreckenden Forderung** einschließlich der Nebenforderungen. Dazu zählen u.a. Zinsen bis zum Tage des endgültigen Verteilungsplans, Kosten des der Vollstreckung vorausgegangenen Prozesses und früherer Vollstreckungsmaßnahmen, nicht jedoch – wie auch sonst – die Kosten des gerade betriebenen Verfahrens, also hier des Verteilungsverfahrens.[70] Der Wert ist jedoch durch den **zu verteilenden Geldbetrag nach oben begrenzt** (Nr. 1, 4. Hs.); ist der Wert des zu verteilenden Geldbetrags geringer, so ist daher dieser maßgebend.

b) Kein Abzug der Kosten gem. § 874 Abs. 2 ZPO

57 Unter dem **zu verteilenden Geldbetrag** ist der hinterlegte Betrag nebst Zinsen zu verstehen, wobei die gemäß § 874 Abs. 2 ZPO vorweg abzuziehenden Kosten des Verfahrens für die Ermittlung des Gegenstandswerts nicht abzuziehen sind.[71]

58 § 874 Abs. 2 ZPO gilt im Rahmen von Nr. 1, 4. Hs. nicht.[72] Die Vorschrift des § 874 Abs. 2 ZPO dient lediglich dazu, die angefallenen Kosten abzudecken. Das ist nicht anders als im Rahmen des § 26 Nr. 1 i.V.m. § 109 Abs. 1 ZVG und entspricht dem Entnahmerecht in § 15 GvKostG, wonach

---

66 BGH MDR 2004, 413 = Rpfleger 2004, 169; HK-ZPO/*Kemper*, § 850d Rn 24.

67 BGH MDR 2004, 413 = Rpfleger 2004, 169: Der vom BGH festgesetzte Gegenstandswert von 4.248 EUR ergibt sich aus dem laufenden monatlichen Unterhalt von jeweils 177 EUR für die beiden Gläubiger (177 x 12 x 2 = 4.248 EUR); siehe auch *Mock*, RVGreport 2007, 130, 132; Schneider/Herget/*Onderka*, Rn 6484; Riedel/Sußbauer/*Potthoff*, RVG, § 25 Rn 13; a.A. Mayer/Kroiß/*Gierl*, RVG, § 25 Rn 18.

68 KG JurBüro 1980, 1198; *Hansens*, BRAGO, § 57 Rn 15; Schneider/Herget/*Thiel*, Rn 7413; Mayer/Kroiß/*Gierl*, RVG, § 25 Rn 15; Riedel/Sußbauer/*Potthoff*, RVG, § 25 Rn 13; *Hartmann*, KostG, § 25 Rn 7; a.A.: Hartung/*Römermann*, RVG, § 25 Rn 10; Hartung/Schons/Enders/*Enders*, RVG, § 25 Rn 16.

69 OLG Köln Rpfleger 2001, 149 = InVo 2001, 148, 151; *Hansens*, BRAGO, § 57 Rn 15; Gerold/Schmidt/*Müller-Rabe*, RVG, § 25 Rn 28; Riedel/Sußbauer/*Potthoff*, RVG, § 25 Rn 14; Mayer/Kroiß/*Gierl*, RVG, § 25 Rn 19; Hartung/Schons/Enders/*Enders*, RVG, § 25 Rn 18.

70 Mayer/Kroiß/*Gierl*, RVG, § 25 Rn 20; *Hartmann*, KostG, § 25 Rn 8.

71 Mayer/Kroiß/*Gierl*, RVG, § 25 Rn 20; Hansens/Braun/Schneider/*Volpert*, Teil 18 Rn 71; *N. Schneider*, AGS 2010, 469, 470; Riedel/Sußbauer/*Potthoff*, RVG, § 25 Rn 15; Hartung/Schons/Enders/*Enders*, RVG, § 25 Rn 21; Hartung/*Römermann*, RVG, § 25 Rn 21; a.A. Gerold/Schmidt/*Müller-Rabe*, RVG, § 25 Rn 31; *Hartmann*, KostG, § 25 RVG Rn 8.

72 *N. Schneider*, AGS 2010, 469, 470.

der Gerichtsvollzieher aus dem Erlös vorab seine Kosten entnimmt. Insoweit ist aber – soweit ersichtlich – bisher noch niemand auf den Gedanken gekommen, dass bei der Pfändung eines bestimmten Gegenstandes und dem daher gemäß § 25 Abs. 1 Nr. 1, 2. Hs. maßgeblichen Wert der herauszugebenden Sache die Gerichtsvollzieherkosten vorweg abzuziehen seien.

Die andere Berechnungsweise (Masse abzüglich Kosten) ist zudem unpraktisch, weil dann mehrere Rechenschritte notwendig sind: Ist beispielsweise ein Betrag von 5.000 EUR hinterlegt, so müssten in einem ersten Schritt aus einem Wert von 5.000 EUR die Kosten berechnet werden. Diese gesamten Kosten müssten dann von dem Massewert abgezogen werden. Das könnte dazu führen, dass es wegen des dann niedrigeren Werts zu einem Gebührensprung kommt, sodass nunmehr mit den geringeren Gebühren neu gerechnet werden müsste. 59

II. Vollstreckung wegen Herausgabe oder Leistung (Nr. 2)

1. Grundsatz: Wert der herauszugebenden oder zu leistenden Sachen

Lautet der Titel auf Herausgabe von beweglichen oder unbeweglichen Sachen oder Leistung von Sachen (§§ 883 bis 885 ZPO), bestimmt sich der Gegenstandswert nach dem Wert der herauszugebenden oder zu leistenden Sachen (**Nr. 2, 1. Hs.**). 60

2. Ausnahme: Geringerer Wert nach den Wertvorschriften des GKG/FamGKG/GNotKG

Dies gilt jedoch mit einer erheblichen Einschränkung: Erfolgt die Herausgabe oder Räumung aufgrund der Beendigung eines **Miet-, Pacht-** oder sonstigen **Nutzungsverhältnisses**, darf der Gegenstandswert den Wert des Jahresbetrages des zu entrichtenden Entgelts[73] nicht überschreiten (**Nr. 2, 2. Hs.** i.V.m. § 41 Abs. 2 GKG); macht die streitige Zeit weniger als ein Jahr aus, ist dieser geringere Betrag maßgebend (§ 41 Abs. 2 S. 1, 2. Hs. GKG i.V.m. § 41 Abs. 1 GKG). Hatte der Gläubiger Herausgabe oder Räumung auch aus einem anderen Rechtsgrund (z.B. Eigentum, § 985 BGB; Besitz, § 986 BGB) verlangt, ist der Wert für die Nutzung eines Jahres maßgebend (§ 41 Abs. 2 S. 2 GKG). 61

Der **Verkehrswert** ist also nur dann maßgebend, wenn die Herausgabe ausschließlich aus einem anderen Rechtsgrund als dem der Beendigung eines Nutzungsverhältnisses verlangt worden ist.[74] Das gilt auch bei einer Räumung und Herausgabe nach Beendigung einer nichtehelichen Lebensgemeinschaft.[75] Der Gegenstandswert für die Anwaltsvergütung für die Räumungsvollstreckung soll also nicht höher ausfallen als für den Räumungsprozess selbst. 62

> **Beispiel 1:** Der Vermieter hat Herausgabe des Grundstücks gemäß § 985 BGB verlangt; ein Recht zum Besitz i.S.v. § 986 BGB ist verneint worden, weil das ursprüngliche, zeitlich befristete Pachtverhältnis durch Zeitablauf beendet worden war.
> Maßgebend ist der Wert für die Nutzung eines Jahres, § 41 Abs. 2 S. 2 GKG.
>
> **Beispiel 2:** Der Beklagte ist zur Herausgabe eines Pkw verurteilt worden, wobei Anspruchsgrundlage § 985 BGB war. In dem Rechtsstreit hatte sich der Beklagte vergeblich damit verteidigt, er selbst sei Eigentümer des Pkw, weil der Kläger ihm diesen geschenkt habe.
> Maßgebend ist der Verkehrswert des Pkw, weil bei dieser Sachlage kein Nutzungsverhältnis bestanden hat.

Beschränkungen des Gegenstandswerts können sich nicht nur aus dem GKG, sondern insbesondere auch aus dem **FamGKG** ergeben. So sind z.B. bei der Räumung der **Ehewohnung** oder der Herausgaben von **Haushaltsgegenständen** (vgl. §§ 200, 95 FamFG) die sich aus § 48 FamGKG ergebenden Beschränkungen zu beachten.[76] So ist z.B. der Wert bei der Räumung der Ehewohnung für die Zeit nach der Rechtskraft der Scheidung wegen § 48 Abs. 1 FamGKG (§ 200 Abs. 1 Nr. 2 FamFG, § 1568a BGB) auf 4.000 EUR beschränkt. 63

---

[73] Nach § 41 Abs. 1 S. 2 GKG umfasst das Entgelt neben dem Nettogrundentgelt die Nebenkosten nur dann, wenn diese als Pauschale vereinbart sind und nicht gesondert abgerechnet werden.

[74] Vgl. LG Augsburg DGVZ 2005, 95; *Enders*, JurBüro 1998, 226; Hansens/Braun/Schneider/*Volpert*, Teil 18 Rn 76; Gerold/Schmidt/*Müller-Rabe*, RVG, § 25 Rn 35; Mayer/Kroiß/*Gierl*, RVG, § 25 Rn 22; Riedel/Sußbauer/ *Potthoff*, RVG, § 25 Rn 18.

[75] OLG Brandenburg FamRZ 2010, 1096.

[76] *N. Schneider*, AGS 2010, 469, 471; Gerold/Schmidt/ *Müller-Rabe*, RVG, § 25 Rn 34.

III. Vollstreckung wegen (un)vertretbarer Handlung, Duldung, Unterlassung (Nr. 3)

1. Interesse des Gläubigers

64 Der Gegenstandswert richtet sich nach Nr. 3 nach dem Wert, den die zu erwirkende Handlung, Duldung oder Unterlassung für den Gläubiger hat. Es handelt sich um nichts anderes als um eine Umschreibung für den Wert der Hauptsache.[77] Das somit maßgebliche **Interesse des Gläubigers** entspricht in der Regel dem Erfüllungsinteresse und damit in der Regel dem Wert der Hauptsache.[78] Dabei sind die Schwere, die Anzahl der Verstöße und die Vorwerfbarkeit bei der Bemessung mit zu berücksichtigen.[79] Teilweise wird nach a.A. das Interesse des Gläubigers lediglich mit einem Bruchteil des Werts der Hauptsache bewertet.[80]

65 Nr. 3 gilt insbesondere auch bei der **Vollziehung** einer **einstweiligen Verfügung**.[81] Die Anwendbarkeit ist ausdrücklich durch die Ergänzung der Überschrift zu § 25 klargestellt (vgl. Rdn 3). Unter dem Wert der Hauptsache ist hier grds. der Streitwert des vorausgegangenen Verfügungsverfahrens zu verstehen.[82] Hat der Schuldner eine Abschlusserklärung abgegeben, steht die einstweilige Verfügung der Sache nach einem endgültigen Vollstreckungstitel gleich und kann der Hauptsachewert zugrunde gelegt werden.[83]

2. Höhe des Zwangs- oder Ordnungsgeldes

66 Die Höhe eines im Rahmen der Verfahren nach §§ 888, 890 ZPO festgesetzten **Zwangs- oder Ordnungsmittels** ist für das Interesse nach wohl einhelliger Auffassung in der Regel ohne Bedeutung,[84] es sei denn, der Beschwerdeführer wendet sich ausschließlich gegen die Höhe des Zwangs- oder Ordnungsmittels.[85] Auch eine Strafandrohung im Urteil ist für den Gegenstandswert unerheblich, weil sie nicht den Anspruch selbst betrifft, sondern die Zwangsvollstreckung vorbereitet.[86]

> **Beispiel 1:** Der Schuldner ist zur Rechnungslegung verurteilt worden (Streitwert 2.000 EUR). Weil er seiner Verpflichtung nicht nachkommt, wird auf Antrag des Gläubigers ein Ordnungsgeld i.H.v. 500 EUR verhängt.
> Das verhängte Ordnungsgeld i.H.v. 500 EUR bildet nicht den Gegenstandswert gemäß § 25 Abs. 1 Nr. 3. Maßgebend ist die Hauptsache (Streitwert 2.000 EUR) bzw. ein Bruchteil davon (siehe Rdn 64).

3. Verfahren gem. § 887 ZPO – vertretbare Handlungen

Im Verfahren gemäß § 887 Abs. 1 und 2 ZPO ist der beantragte **Vorschuss** lediglich ein Indiz für das Interesse des Gläubigers. Weil es dem Gläubiger darum geht, dass der Schuldner eine Handlung vornimmt, ist in der Regel der Wert der Hauptsache maßgebend.[87] Geht es allerdings um die Vollstreckung eines gemäß § 887 Abs. 2 ZPO festgesetzten Vorschusses – das Verfahren bildet gemäß § 18 Abs. 1 Nr. 12 gegenüber dem Verfahren nach § 887 Abs. 1 ZPO eine besondere Angelegenheit –, ist der dem Schuldner auferlegte Vorschuss- bzw. Vorauszahlungsbetrag maßgebend (§ 25 Abs. 1 Nr. 1).[88]   67

> **Beispiel 2:** Der Gläubiger ist ermächtigt worden, auf Kosten des Schuldners ein Bauwerk auf einem Grundstück beseitigen zu lassen (Streitwert: 20.000 EUR). Gleichzeitig ist der Schuldner verurteilt worden, dem Gläubiger die hierdurch anfallenden Kosten i.H.v. 5.000 EUR vorauszuzahlen. Da der Schuldner diese Kosten nicht zahlt, beauftragt der Gläubiger den Gerichtsvollzieher mit der Geldvollstreckung beim Schuldner.
> Der Wert für das Verfahren gemäß § 887 Abs. 1 ZPO beträgt 20.000 EUR. Für das Verfahren gemäß § 887 Abs. 2 ZPO (Vollstreckung des Geldbetrags) beträgt der Gegenstandswert gemäß § 25 Abs. 1 Nr. 1 5.000 EUR). Da beide Verfahren verschiedene Angelegenheiten bilden, erhält der Rechtsanwalt des Gläubigers zwei Verfahrensgebühren nach VV 3309 (vgl. § 18 Rdn 136).

4. Verfahren gem. §§ 888, 890 ZPO

a) Wert der Hauptsache

Im Verfahren nach **§ 888 ZPO** auf Festsetzung von Zwangsgeld oder Zwangshaft entspricht das Interesse des Gläubigers nach allerdings umstrittener Auffassung in der Regel dem Wert der Hauptsache.[89] Denn das Verfahren ist auf endgültige Erfüllung des Anspruchs des Gläubigers gerichtet.[90]   68

b) Löschung einer Grundschuld

Im Verfahren auf Festsetzung eines Zwangsgeldes zur Erwirkung der **Löschung einer Grundschuld** kann dann auf deren Nominalbetrag abgestellt werden, ohne dass es darauf ankommt, ob das Darlehen bereits getilgt ist.[91] Wenn allerdings davon ausgegangen werden muss, dass der Zwang gegenüber dem Schuldner noch keine Erfüllung darstellt bzw. mit der Erfüllung nicht gleichgesetzt werden kann, wird der Wert unter Berücksichtigung der Besonderheiten des Einzelfalls regelmäßig   69

---

[87] OLG Saarbrücken AGS 2012, 82 = RVGreport 2012, 310 = FamRB 2012, 150 = NJW-Spezial 2012, 61; OLG Rostock AGS 2009, 187 = JurBüro 2009, 105; Gerold/Schmidt/*Müller-Rabe*, RVG, § 25 Rn 37; Riedel/Sußbauer/*Potthoff*, RVG, § 25 Rn 23; Schneider/Herget/*Onderka*, Rn 2254; Zöller/*Herget*, § 3 Rn 16 Stichwort „Ersatzvornahme gem. § 887".

[88] *Schneider*, AGS 2010, 469, 471; Hansens/Braun/Schneider/*Volpert*, Teil 18 Rn 78; Schneider/Herget/*Onderka*, Rn 2254; Zöller/*Herget*, § 3 Rn 16 Stichwort „Ersatzvornahme gem. § 887"; Gerold/Schmidt/*Müller-Rabe*, RVG, § 25 Rn 36; Riedel/Sußbauer/*Potthoff*, RVG, § 25 Rn 24.

[89] OLG Karlsruhe, Beschl. v. 23.10.2015 – 14 W 85/15, juris; OLG Brandenburg MDR 2014, 1414; OLG Rostock AGS 2009, 187 = JurBüro 2009, 105; OLG Köln AGS 2005, 262 = OLGR Köln 2005, 259 = RVGreport 2005, 237; BayObLG NZM 2002, 489; LAG Hamburg RVGreport 2015, 153 = JurBüro 2015, 271 = NZA-RR 2015, 213; a.A. nur Bruchteil des Hauptsachewerts: OLG Celle JurBüro 2009, 441 = OLGR Celle 2009, 657; KG AGS 2005, 304; OLG Düsseldorf JurBüro 1993, 554.

[90] OLG Karlsruhe, Beschl. v. 23.10.2015 – 14 W 85/15, juris; OLG Brandenburg MDR 2014, 1414; OLG Saarbrücken AGS 2012, 82 = RVGreport 2012, 310 = FamRB 2012, 150 = NJW-Spezial 2012, 61; LAG Hamburg RVGreport 2015, 153 = JurBüro 2015, 271 = NZA-RR 2015, 213.

[91] OLG Köln AGS 2005, 262 = OLGR Köln 2005, 259 = RVGreport 2005, 237.

unter dem Wert der Hauptsache anzunehmen und mit einem Bruchteil des Hauptsachewerts zu bewerten sein.[92]

c) Stufenklage

70 Wird gemäß § 888 ZPO ein **Auskunftsanspruch** im Rahmen einer **Stufenklage** (1. Stufe) vollstreckt, ist nach § 3 ZPO ein Bruchteil des Werts des Anspruchs anzunehmen, dessen Geltendmachung vorbereitet werden soll.[93]

d) Ordnungsgeld

71 Auch beim Ordnungsgeld gemäß **§ 890 ZPO** ist umstritten, ob der Wert der Hauptsache oder nur ein Bruchteil davon den Gegenstandswert bildet. Nach einer Auffassung besteht der Gegenstandswert hier in der Regel nur aus einem Bruchteil des Werts der Hauptsache.[94] Allerdings ist auch hier zu berücksichtigen, dass nach dem Wortlaut maßgebend ist, welchen Wert die zu erwirkende Handlung, Duldung oder Unterlassung für den Gläubiger hat. Es handelt sich um nichts anderes als um eine Umschreibung für den Wert der Hauptsache, was es rechtfertigt, den Wert an der Hauptsache auszurichten (vgl. Rdn 68).[95]

e) Beschwerde gegen Ordnungsgeld

72 Auf die Ausführungen in Rdn 71 wird insoweit verwiesen.

IV. Vermögensauskunft (Nr. 4)

1. Vermögensauskunft gem. § 802c ZPO

73 Nach § 802a Abs. 2 Nr. 2 ZPO ist der Gerichtsvollzieher aufgrund eines entsprechenden Vollstreckungsauftrags und der Übergabe der vollstreckbaren Ausfertigung unbeschadet weiterer Zuständigkeiten befugt, eine Vermögensauskunft des Schuldners nach § 802c ZPO einzuholen. § 25 Abs. 1 Nr. 4 regelt den Gegenstandswert für das Verfahren auf Abnahme der Vermögensauskunft nach § 802c ZPO.

2. Erneute Vermögensauskunft gem. § 802d ZPO

74 Das Verfahren auf Abgabe der **erneuten Vermögensauskunft** gemäß § 802d ZPO ist ebenfalls von Abs. 1 Nr. 4 erfasst.[96] § 802d ZPO regelt nur, unter welchen Voraussetzungen ausnahmsweise innerhalb von zwei Jahren nach Abnahme der letzten Vermögensauskunft eine erneute Vermögensauskunft zulässig ist. Ansonsten gilt § 802c ZPO.

---

92 So zutr. Schneider/Herget/*Onderka*, Rn 4371; BayObLG NZM 2002, 489 = NJW-RR 2002, 1381.
93 OLG Saarbrücken AGS 2012, 82 = RVGreport 2012, 310 = FamRB 2012, 150 = NJW-Spezial 2012, 61.
94 OLG München AGS 2011, 248 = FamRZ 2011, 1686; OLG Celle OLGR 2009, 657 = JurBüro 2009, 441; KG AGS 2005, 304; OLG Stuttgart OLGR Stuttgart 2000, 430; LAG Hamburg RVGreport 2015, 153 = JurBüro 2015, 271 = NZA-RR 2015, 213; a.A. OLG Hamm RVGreport 2016, 76; OLG Hamm AGS 2015, 523; OLG Hamm, Beschl. v. 21.5.2015 – I-4 W 77/14, juris; OLG Hamm AGS 2014, 518 = RVGreport 2014, 404; KG, Beschl. v. 22.8.2014 – 5 W 254/14, juris; OLG München, Beschl. v. 3.6.2015 – 29 W 885/15, juris; OLG Köln AGS 2005, 262 = OLGR Köln 2005, 259 = RVGreport 2005, 237; AnwK-RVG/*Wolf*, 2011, § 25 Rn 20; ausf. zum Meinungsstand Schneider/Herget/*Onderka*, Rn 4359 ff.
95 OLG Hamm RVGreport 2016, 76; OLG Hamm AGS 2015, 523; OLG Hamm, Beschl. v. 21.5.2015 – I-4 W 77/14, juris; OLG Hamm AGS 2014, 518 = RVGreport 2014, 404; OLG München, Beschl. v. 3.6.2015 – 29 W 885/15, juris; KG, Beschl. v. 22.8.2014 – 5 W 254/14, juris.
96 So auch *Enders*, JurBüro 2013, 1, 4.

3. Auskünfte Dritter gem. § 802l ZPO

§ 25 Abs. 1 Nr. 4 gilt nicht, wenn der Gerichtsvollzieher gemäß **§ 802l ZPO** beauftragt wird, Auskünfte der dort genannten **Dritten** einzuholen, weil der Schuldner seiner Pflicht zur Abgabe der Vermögensauskunft nicht nachgekommen oder bei einer Vollstreckung in die dort aufgeführten Vermögensgegenstände eine vollständige Befriedigung des Gläubigers voraussichtlich nicht zu erwarten ist. Es handelt sich nicht um eine Erteilung der Vermögensauskunft nach § 802c ZPO, zu deren Abgabe der **Schuldner** verpflichtet ist. Der Wert richtet sich vielmehr nach § 25 Abs. 1 Nr. 1 (zur Frage der gebührenrechtlichen Angelegenheit vgl. § 18 Rdn 196 ff.).

75

4. Wertberechnung

Maßgebend ist der **Betrag, den der Schuldner unter Zugrundelegung des Vollstreckungstitels noch schuldet**, und zwar einschließlich der Nebenforderungen (Zinsen und Kosten früherer Vollstreckungen). Die Kosten der der Vermögensauskunft vorausgehenden Vollstreckung stehen im Zeitpunkt der Auftragserteilung, gerade bei einem **kombinierten Auftrag** (z.B. Sachpfändung und eidesstattliche Versicherung), noch nicht fest; sie sollten daher nur dann – geschätzt – in den Vollstreckungsauftrag aufgenommen werden, wenn dies zu einem Gebührensprung führt.[97] Auf den titulierten Betrag oder den Betrag, der derzeit vollstreckt wird, kommt es nicht an. Der maximale Wert beträgt jedoch 2.000 EUR.

76

> **Beispiel:** Der Gläubiger hat einen Vollstreckungstitel über 2.000 EUR nebst Zinsen. An Zinsen sind bis zur Auftragserteilung 120 EUR angefallen, an Kosten für frühere Vollstreckungen 80 EUR. Auf die Zinsen hat der Schuldner 40 EUR gezahlt. Der Gläubiger vollstreckt nur wegen der restlichen Zinsen (80 EUR) und der Kosten, also wegen eines Betrages von 160 EUR.
> Der Gegenstandswert beträgt 2.000 EUR. Die Schuld ist zwar höher (2.000 + 120 + 80 − 40 = 2.160 EUR), jedoch beträgt der maximal anzusetzende Gegenstandswert 2.000 EUR. Ohne Bedeutung ist, dass nur wegen eines Betrages von 160 EUR vollstreckt wird. Das wäre nur dann anders, wenn wegen der Zinsen oder Kosten aufgrund eines selbstständigen Vollstreckungstitels – z.B. gemäß § 788 Abs. 2 ZPO festgesetzte Kosten – vollstreckt würde.[98]

5. Höchstwert für mit der Vermögensauskunft zusammenhängende Maßnahmen

a) Einsicht in das Schuldnerverzeichnis (§ 882f ZPO)

Hat der Rechtsanwalt gemäß § 882f ZPO Einsicht in das Schuldnerverzeichnis genommen und beantragt er anschließend mangels Eintragung des Schuldners (§ 882c ZPO) die Abnahme der Vermögensauskunft, beträgt der Gegenstandswert höchstens 2.000 EUR. Die Einsicht in das Schuldnerverzeichnis und der anschließende Antrag auf Abnahme der Vermögensauskunft bilden dieselbe gebührenrechtliche Angelegenheit (vgl. § 18 Rdn 177 ff.). Deshalb ist der Gegenstandswert insgesamt auf den Höchstwert nach Nr. 4 begrenzt.

77

b) Gütliche Erledigung

Der Auftrag zur Abnahme der Vermögensauskunft umfasst gemäß § 802a Abs. 2 S. 2, Abs. 2 S. 1 Nr. 1 ZPO für den Gerichtsvollzieher die Befugnis, die gütliche Erledigung zu versuchen. Die gütliche Erledigung bildet keine besondere Angelegenheit (vgl. dazu § 18 Rdn 67 ff.). Deshalb ist der Gegenstandswert auch hier insgesamt auf den Höchstwert nach Nr. 4 i.H.v. 2.000 EUR begrenzt, auch wenn es wegen Zustandekommens einer § 802b ZPO entsprechenden Zahlungsvereinbarung nicht mehr zur Abnahme der Vermögensauskunft kommt.[99]

78

Etwas anderes gilt aber dann, wenn ein **isolierter Auftrag zur gütlichen Erledigung** und für den Fall ihres Scheiterns zur Abnahme der Vermögensauskunft gestellt ist. Der Auftrag zur gütlichen

79

---

[97] So zutreffend *Enders*, JurBüro 1999, 1, 3; *Volpert*, RVGreport 2005, 10, 15.
[98] AG München JurBüro 1964, 741; *Schneider/Herget/Onderka*, Rn 1869, 1870.
[99] So auch *Enders*, JurBüro 2013, 1, 2.

Erledigung hat bereits die Verfahrensgebühr VV 3309 ausgelöst. Der Wert berechnet sich nach § 25 Nr. 1, 1. Hs. und ermäßigt sich durch die Vermögensauskunft nicht mehr (§ 18 Rdn 70 ff.).[100]

c) Aufenthaltsermittlung

80 Beauftragt der Rechtsanwalt den Gerichtsvollzieher gemäß § 755 ZPO neben der Abnahme der Vermögensauskunft auch mit der Aufenthaltsermittlung, bilden die **Auskunftseinholung** und die **Vollstreckungsmaßnahme** dieselbe Angelegenheit, in der der Rechtsanwalt die Verfahrensgebühr VV 3309 nur einmal verdient (siehe auch § 18 Rdn 45).[101] Deshalb ist der Gegenstandswert insgesamt auf den Höchstwert nach Nr. 4 begrenzt.

6. Eidesstattliche Versicherungen

81 Im Rahmen der Zwangsvollstreckung auf Herausgabe einer beweglichen Sache oder einer Menge bestimmter beweglicher Sachen muss der Schuldner gemäß **§ 883 Abs. 2 ZPO** eine eidesstattliche Versicherung abgeben, wenn die herauszugebende Sache nicht vorgefunden wird. Ferner muss der Schuldner im Rahmen der Forderungspfändung gemäß **§ 836 Abs. 3 S. 2 ZPO** dem Gläubiger die zur Geltendmachung der Forderung nötige Auskunft erteilen. Erteilt der Schuldner die Auskunft nicht, muss er auf Antrag des Gläubigers die Auskunft zu Protokoll zu geben und seine Angaben an Eides statt versichern.

82 Die Gegenstandswerte dieser eidesstattlichen Versicherungen richten sich aber nicht nach Abs. 1 Nr. 4 – die Bestimmung gilt nur für die Abnahme der Vermögensauskunft – sondern nach Abs. 1 Nr. 2 (zur **Angelegenheit** vgl. § 18 Rdn 202 ff.).[102]

83 § 25 Abs. 1 Nr. 4 gilt nicht für die aufgrund **materiellen Rechts** gemäß **§§ 259, 260 BGB** abzugebende eidesstattliche Versicherung (vgl. dazu § 889 ZPO). Der Gegenstandswert ergibt sich insoweit aus § 25 Abs. 1 Nr. 3.[103]

V. Schuldneranträge (Abs. 2)

1. Interesse des Antragstellers

84 Den Verfahren über Anträge des Schuldners ist gemeinsam, dass sich abstrakt ein konkreter Gegenstandswert nicht angeben lässt. Maßgebend ist das **Interesse des antragstellenden Schuldners**, das sich wiederum nur aus dem konkreten Antrag und dem damit verfolgten Ziel nach billigem Ermessen bestimmen lässt.[104] Die Bestimmung gilt für alle Anträge des Schuldners in der Vollstreckung. Erfasst ist daher z.B. auch der Antrag des Schuldners auf **Löschung** im **Schuldnerverzeichnis** (§ 882e ZPO; vgl. § 18 Abs. 1 Nr. 17). Der Tätigkeit des Gläubiger- und des Schuldnervertreters in einer Vollstreckungssache können daher unterschiedliche Gegenstandswerte zugrunde liegen.

85 Der Gegenstandswert bei Rechtsbehelfen, Erinnerungen und Beschwerden des Schuldners ist in § 23 Abs. 2 mitgeregelt (siehe Rdn 93 ff.).

---

100 So auch *Enders*, JurBüro 2013, 1, 2.
101 HK-ZPO/*Sievers*, § 755 ZPO Rn 10; *Volpert*, RVGreport 2012, 442.
102 Riedel/Sußbauer/*Potthoff*, RVG, § 25 Rn 26; KG Rpfleger 1965, 354; LG Köln JurBüro 1977, 404; *Hansens*,
BRAGO, § 57 Rn 19; Schneider/Herget/*Onderka*, Rn 1872; *Volpert*, RVGreport 2005, 10, 14.
103 *Volpert*, RVGreport 2005, 10, 14.
104 LG Augsburg ZMR 2013, 533; Gerold/Schmidt/*Müller-Rabe*, RVG, § 25 Rn 46.

2. Vollstreckungsschutz (§§ 765a, 851a, 851b, 1084 Abs. 1 ZPO)

a) Interesse des Schuldners

Bei einem Vollstreckungsschutzantrag ist der Gegenstandswert nach § 3 ZPO zu bestimmen. Maßgebend ist das **Interesse des Schuldners** an einer zeitlich begrenzten Verhinderung der Zwangsvollstreckung.[105] Auf den Hauptsachewert kommt es nicht an.[106]

86

Das Ziel eines Vollstreckungsschutzantrags gem. § 765a ZPO ist im Regelfall nicht die vollständige und endgültige Verhinderung der Vollstreckung, sondern die Gewährung eines (zeitlichen) Aufschubs.[107] Wird vom Schuldner beispielsweise eine einstweilige Einstellung des Zwangsversteigerungsverfahrens für sechs Monate angestrebt, um eine Einigung mit den Gläubigern herbeiführen zu können, hat der BGH dieses Interesse mit der Hälfte des sich aus § 26 Nr. 2 ergebenden vollen Gegenstandswerts bewertet.[108]

87

b) Räumungsschutz

Bei einem **Vollstreckungsschutzantrag gegen eine Räumungsvollstreckung** mit dem Ziel einer zeitlich begrenzten Weiternutzung kann das Interesse des Schuldners nach dem Mietwert der streitigen Zeit,[109] bei absehbarer, aber noch unbestimmter Zeit auf den Jahresbetrag[110] der Miete bemessen werden. Dabei dürfte es sich um den Maximalbetrag handeln, denn der Schuldner muss ja das Nutzungsentgelt weiterzahlen. Angemessen kann daher die Hälfte des Nutzungswerts sein.[111] Dagegen spricht allerdings, dass auch bei dem Wert der Räumung die Zahlungspflicht des Schuldners unberücksichtigt bleibt.[112] Bei einem Antrag gemäß § 765a ZPO auf Räumungsschutz aus einem Zuschlagsbeschluss gemäß § 93 ZVG bemisst sich der Wert auf 1/10 des nach dem Versteigerungsergebnis anzunehmenden Zuschlagswerts.[113]

88

c) Kontopfändungsschutz (§ 850k ZPO)

Den Wert für ein **Kontenpfändungsschutzschutzverfahren** gemäß § 850k ZPO hat das OLG Frankfurt[114] nach der gesamten Zeit, in der die Pfändungsmaßnahme voraussichtlich fortdauern und das aus den laufenden Einkünften entsprechende Guthaben erfassen würde, bestimmt, den Wert jedoch in entsprechender Anwendung von § 42 Abs. 1 GKG auf den dreifachen Jahresbetrag begrenzt.[115] Der Geschäftswert des Beschwerdeverfahrens kann auch der Höhe des freigegebenen Betrages entsprechen.[116]

89

3. Einstweilige Einstellung (§§ 707, 719, 769 ZPO)

Bei Anträgen des Schuldners auf **einstweilige Einstellung der Zwangsvollstreckung** (§§ 707, 719, 732 Abs. 2, 765a, 766 Abs. 1 S. 2, 769 ZPO) ist Grundlage für das Interesse die zu vollstreckende Forderung, im Falle des Abs. 1 Nr. 1 einschließlich Zinsen und Kosten, allerdings gemäß § 3 ZPO nur ein Bruchteil (üblich etwa 1/5)[117] davon, wenn es – wie regelmäßig – nur um einen zeitweisen Aufschub der Vollstreckung geht.

90

---

[105] LG Augsburg ZMR 2013, 533; Gerold/Schmidt/*Müller-Rabe*, RVG, § 25 Rn 46.
[106] Gerold/Schmidt/*Müller-Rabe*, RVG, § 25 Rn 46.
[107] BGH AGS 2010, 541 = RVGreport 2009, 477.
[108] BGH AGS 2010, 541 = RVGreport 2009, 477.
[109] OLG Koblenz OLGR 1997, 34; OLG Koblenz FamRZ 2005, 1850 = JurBüro 2005, 384; LG Augsburg ZMR 2013, 533; LG Münster Rpfleger 1996, 166; LG Görlitz AGS 2003, 408.
[110] OLG Koblenz OLGR 1997, 35; LG Görlitz AGS 2003, 408; *N. Schneider*, AGS 2003, 409; Gerold/Schmidt/ *Müller-Rabe*, RVG, § 25 Rn 49; Schneider/Herget/*Onderka*, Rn 4607.
[111] Mayer/Kroiß/*Gierl*, RVG, § 25 Rn 23; A.A. *N. Schneider*, AGS 2010, 469, 472; Schneider/Herget/*Onderka*, Rn 4607, offen Rn 5929 f.
[112] So *N. Schneider*, AGS 2010, 469, 472.
[113] BGH NJW 2007, 3719 = InVo 2007, 418.
[114] OLGR Frankfurt 2004, 241.
[115] So auch *N. Schneider*, AGS 2010, 469, 472.
[116] LG Saarbrücken, Beschl. v. 4.6.2012 – 5 T 189/12, juris; LG Koblenz, Beschl. v. 22.11.2010 – 2 T 617/10, juris.
[117] BGH NJW 1991, 2280; Gerold/Schmidt/*Müller-Rabe*, RVG, § 25 Rn 50; Schneider/Herget/*Onderka*, Rn 1971 m.w.N.; Mayer/Kroiß/*Gierl*, RVG, § 25 Rn 28.

4. Anordnung der Zwangsverwaltung

91 Richtet sich der Antrag des Schuldners gegen die **Anordnung der Zwangsverwaltung**, kann das maßgebliche Interesse des Schuldners mit dem Jahresbetrag der durch die Zwangsverwaltung entzogenen Mieteinnahmen angesetzt werden.[118]

VI. Rechtsbehelfsverfahren (§ 23 Abs. 2)

1. Gerichtsgebühren

92 Im **Erinnerungsverfahren** in der Zwangsvollstreckung (vgl. **§ 766 ZPO**, § 11 Abs. 2 RpflG) fallen **keine Gerichtsgebühren** an, vgl. § 11 Abs. 4 RpflG. Das Erinnerungsverfahren ist also **gerichtsgebührenfrei**.[119] Im **Beschwerdeverfahren** in der Zwangsvollstreckung fallen Gerichtsgebühren nur bei Verwerfung oder Zurückweisung der Beschwerde (vgl. Nr. 2120, 2121, 2122, 2124 KV GKG; Nr. 1912, 1923 KV FamGKG) oder Zurücknahme oder anderweitiger Erledigung der Beschwerde (vgl. Nr. 2123 KV GKG, Nr. 1924 KV FamGKG) an.

2. Gegenstandswert

93 § 23 Abs. 2 gilt für Beschwerdeverfahren, in denen Gerichtsgebühren unabhängig vom Ausgang des Verfahrens nicht erhoben werden oder sich nicht nach dem Wert richten. In den Beschwerdeverfahren in der Vollstreckung und Vollziehung werden Gerichtsgebühren entweder als **Festgebühren** (GKG: Nr. 2121 und Nr. 2124 KV GKG; FamGKG: Nr. 1912 bzw. Nr. 1923, 1924 KV FamGKG[120]) oder abhängig vom Ausgang des Verfahrens (Nr. 2123 KV GKG, Nr. 1924 KV FamGKG) erhoben.

94 Damit richtet sich der Gegenstandswert für die Anwaltsgebühren im Beschwerdeverfahren in der Vollstreckung und Vollziehung nach § 23 Abs. 2.[121] Der Gegenstandswert im **Erinnerungsverfahren** richtet sich gemäß § 23 Abs. 2 S. 3 nach den für Beschwerdeverfahren geltenden Vorschriften.[122]

95 Soweit sich aus dem RVG nichts anderes ergibt, ist der Wert nach **billigem Ermessen** unter Berücksichtigung des Interesses des Erinnerungs- und Beschwerdeführers nach § 23 Abs. 2, Abs. 3 S. 2 zu bestimmen.[123] Das bedeutet, dass der Gegenstandswert, soweit er nicht feststeht, nach billigem Ermessen zu bestimmen ist. In Ermangelung genügender tatsächlicher Anhaltspunkte für eine Schätzung und bei nichtvermögensrechtlichen Gegenständen ist der Gegenstandswert mit 5.000 EUR, nach Lage des Falles niedriger oder höher, jedoch nicht über 500.000 EUR anzunehmen.[124]

96 Der Gegenstandswert des Erinnerungs- und Beschwerdeverfahrens ist gemäß § 23 Abs. 2 S. 2 durch den Wert des zugrunde liegenden Zwangsvollstreckungsverfahrens begrenzt.[125] Anhaltspunkt für die Wertbestimmung kann der Wert sein, der für die angefochtene Maßnahme bzw. Entscheidung gilt. Der Wert der betroffenen Hauptforderung nebst Zinsen und Kosten kann maßgebend sein; § 43 GKG ist nicht anwendbar.

---

[118] OLG München, Beschl. v. 15.7.2009 – 20 W 1804/09, juris; Riedel/Sußbauer/*Potthoff*, RVG, § 25 Rn 31.
[119] LG Düsseldorf AGkompakt 2012, 119 = RVGreport 2007, 155.
[120] HK-FamGKG/*Wolf*, 2013, Nr. 1600–1603 KV Rn 7.
[121] BT-Drucks 15/1971, S. 195 zu § 25; BayVGH, Beschl. v. 4.10.2012 – 6 C 10.1072, juris; OLG Karlsruhe AGS 2010, 539 = Rpfleger 2011, 223 = RVGreport 2011, 73 = NJW-RR 2011, 501; LG Düsseldorf AGkompakt 2012, 119 = RVGreport 2007, 155; *N. Schneider*, AGS 2010, 469, 473; Hansens/Braun/Schneider/*Volpert*, Teil 18 Rn 90 ff.; *Hansens*, Anm. zu OLG Hamm RVGreport 2016, 76, Beschwerdeverfahren § 890 ZPO; Gerold/Schmidt/*Müller-Rabe*, RVG, § 25 Rn 52; a.A.

LAG Hamburg RVGreport 2015, 153 = JurBüro 2015, 271 = NZA-RR 2015, 213, das § 25 Abs. 1 Nr. 3 anwendet.
[122] LG Düsseldorf AGkompakt 2012, 119 = RVGreport 2007, 155; BT-Drucks 15/1971, S. 195 zu § 25; *Volpert*, RVGreport 2005, 170, 172; Gerold/Schmidt/*Müller-Rabe*, RVG, § 25 Rn 52 f.
[123] OLG Karlsruhe AGS 2010, 539 = Rpfleger 2011, 223 = RVGreport 2011, 73 = NJW-RR 2011, 501.
[124] Vgl. dazu OLG Karlsruhe AGS 2010, 539 = Rpfleger 2011, 223 = RVGreport 2011, 73 = NJW-RR 2011, 501.
[125] OLG Karlsruhe AGS 2010, 539 = Rpfleger 2011, 223 = RVGreport 2011, 73 = NJW-RR 2011, 501.

3. Beschwerden gegen Zwangs- und Ordnungsmittel

Auch im Beschwerdeverfahren gegen die Verhängung eines Zwangs- oder Ordnungsgeldes gilt § 25 Abs. 1 Nr. 3 nicht, sondern der Wert richtet sich nach § 23 Abs. 2 S. 1 bzw. § 23 Abs. 3 S. 2 (vgl. Rdn 95).[126]

Ob auch in einem Beschwerdeverfahren gegen beantragte bzw. festgesetzte **Zwangs- und Ordnungsmittel** (§§ 888, 890 ZPO) deren Höhe ohne Belang ist (vgl. Rdn 66), ist umstritten. Nach einer Auffassung ist auf die Höhe des festgesetzten Zwangs- oder Ordnungsmittels abzustellen.[127] Nach anderer Auffassung ist allein maßgeblich das Interesse des Gläubigers/Schuldners, dass die Handlung/Unterlassung nicht vorgenommen wird.[128] Das erscheint dann zutreffend, wenn es auf die Höhe des verhängten Zwangsgeldes nicht ankommt, weil es weder dem Gläubiger noch dem Schuldner darum geht, dass das Zwangsgeld gezahlt wird, sondern allein darum, ob die geforderte Maßnahme durchzusetzen ist. Die Höhe des Zwangs- oder Ordnungsmittels kann deshalb nur dann maßgebend sein, wenn sich der Schuldner nicht gegen die Verhängung des Zwangs- oder Ordnungsmittels an sich, sondern ausschließlich gegen die **Höhe** des Zwangs- oder Ordnungsmittels wendet (vgl. auch Rdn 66).[129]

VII. Festsetzung des Gegenstandswerts

1. Wertfestsetzung gem. § 33

Die Wertfestsetzung in der Vollstreckung und Vollziehung richtet sich nach § 33.[130] Die Wertfestsetzung gemäß § 32 i.V.m. § 63 GKG, § 55 FamGKG oder § 79 GNotKG kommt in der Vollstreckung und Vollziehung nicht in Frage, weil die Gerichtsgebühren in der Zwangsvollstreckung regelmäßig als Festgebühren entstehen (Nr. 2111 ff. KV GKG; Nr. 1600 ff. KV FamGKG). Damit fehlt es an einem für die Gerichtsgebühren maßgebenden Wert, auf den für die Anwaltsgebühren zurückgegriffen werden könnte.[131] Die Wertfestsetzung gem. § 33 erfolgt auch in der Zwangsvollstreckung nur **auf Antrag**.[132]

Im Verteilungsverfahren fallen die Gerichtsgebühren zwar als Wertgebühren an (vgl. Nr. 2120, 2122 und 2123 KV GKG). Allerdings richtet sich der Wert für die Anwaltsgebühren in diesem Verfahren nach der besonderen Wertvorschrift des § 25 Nr. 1, 4. Hs. und damit nicht nach dem für die Gerichtsgebühren maßgebenden Wert. Auch insoweit ist daher § 33 einschlägig.

---

126 Hansens, Anm. zu OLG Hamm RVGreport 2016, 76; Mayer/Kroiß/*Gierl*, RVG, § 25 Rn 25; Gerold/Schmidt/*Müller-Rabe*, § 25 Rn 52; a.A. LAG Hamburg RVGreport 2015, 153 = JurBüro 2015, 271 = NZA-RR 2015, 213; Riedel/Sußbauer/*Potthoff*, RVG, § 25 Rn 28.

127 OLG Celle AGS 2014, 306 = RVGreport 2014, 284 = JurBüro 2014, 437; OLG Celle, Beschl. v. 1.4.2003 – 6 W 25/03, juris, Tz 26; KG, Beschl. v. 23.3.2009 – 23 W 71/08, juris, Tz. 29; Gerold/Schmidt/*Müller-Rabe*, RVG, § 25 Rn 40; BayObLG InvO 2000, 250; LAG Bremen MDR 1989, 672; LAG Hamm, Beschl. v. 24.9.2007 – 10 Ta 692/06, juris; *Baumbach u.a.*, ZPO, 2016, § 3 Rn 144 Stichwort „Zwangsvollstreckung".

128 LAG Hamm 10 Ta 245/07, LAGE § 23 RVG Nr. 11; LAG Düsseldorf, AnwBl. 1981, 36; OLG Celle FamRZ 2006, 1689 = InvO 2006, 438; OLG Frankfurt OLGR 1996, 238 = JurBüro 1997, 277; OLG München MDR 1983, 1029; OLG Köln OLGR 1994, 138; OLG Düsseldorf OLGR 1993, 125; OLG Braunschweig JurBüro 1977, 1148; Hansens, BRAGO, § 57 Rn 21; Schneider/Herget/*Onderka*, Rn 4359 f.; Zöller/*Herget*, § 3 Rn 16 Stichwort „Zwangsvollstreckung; vgl. auch BGH AGS 2009, 240 = NJW-RR 2009, 549.

129 LAG Köln, Beschl. v. 8.2.2010 – 9 TaBV 76/09, juris; LAG Hamm LAGE § 23 RVG Nr. 11; OLG Frankfurt OLGR 1996, 238 = JurBüro 1997, 277; OLG Düsseldorf MDR 1977, 676; Schneider/Herget/*Onderka*, Rn 4379; Riedel/Sußbauer/*Potthoff*, RVG, § 25 Rn 28.

130 Vgl. OLG Naumburg AGS 2015, 523; OLG Hamm AGS 2014, 518 = RVGreport 2014, 404; OLG Karlsruhe, Beschl. v. 23.10.2015 – 14 W 85/15, juris.

131 Vgl. dazu Vgl. OLG Naumburg AGS 2015, 523; OLG Hamm AGS 2014, 518 = RVGreport 2014, 404; OLG München AGS 2011, 248 = FamRZ 2011, 1686; OLG Karlsruhe AGS 2010, 539 = Rpfleger 2011, 223 = RVGreport 2011, 73 = NJW-RR 2011, 501.

132 Vgl. OLG Naumburg AGS 2015, 523; OLG Karlsruhe, Beschl. v. 23.10.2015 – 14 W 85/15, juris.

2. Gerichtliches Vollstreckungsverfahren

101 Kommt es in der Zwangsvollstreckung oder Vollziehung zu einem **gerichtlichen Verfahren**, kann der Gegenstandswert für die anwaltliche Tätigkeit gemäß § 33 auf Antrag festgesetzt werden. Damit kommt eine gerichtliche Wertfestsetzung insbesondere im Verfahren auf Erlass eines Pfändungs- und Überweisungsbeschlusses, im Ordnungs- und Zwangsgeldverfahren (§§ 887 ff. ZPO) und im Verfahren auf Abnahme der eidesstattlichen Versicherung durch das Vollstreckungsgericht (Rechtspfleger) in Betracht.

3. Vollstreckung durch den Gerichtsvollzieher

102 Im Rahmen der Zwangsvollstreckung durch den **Gerichtsvollzieher** erfolgt keine Wertfestsetzung gemäß § 33, weil nicht das von §§ 33 geforderte gerichtliche Verfahren vorliegt (vgl. § 753 ZPO).[133] Über den Gegenstandswert wird hier im Rahmen der Beitreibung der notwendigen Zwangsvollstreckungskosten bzw. bei deren Festsetzung gemäß § 788 ZPO mit entschieden.[134]

§ 26 Gegenstandswert in der Zwangsversteigerung

In der Zwangsversteigerung bestimmt sich der Gegenstandswert
1. bei der Vertretung des Gläubigers oder eines anderen nach § 9 Nr. 1 und 2 des Gesetzes über die Zwangsversteigerung und die Zwangsverwaltung Beteiligten nach dem Wert des dem Gläubiger oder dem Beteiligten zustehenden Rechts; wird das Verfahren wegen einer Teilforderung betrieben, ist der Teilbetrag nur maßgebend, wenn es sich um einen nach § 10 Abs. 1 Nr. 5 des Gesetzes über die Zwangsversteigerung und die Zwangsverwaltung zu befriedigenden Anspruch handelt; Nebenforderungen sind mitzurechnen; der Wert des Gegenstands der Zwangsversteigerung (§ 66 Abs. 1, § 74a Abs. 5 des Gesetzes über die Zwangsversteigerung und die Zwangsverwaltung), im Verteilungsverfahren der zur Verteilung kommende Erlös, sind maßgebend, wenn sie geringer sind;
2. bei der Vertretung eines anderen Beteiligten, insbesondere des Schuldners, nach dem Wert des Gegenstands der Zwangsversteigerung, im Verteilungsverfahren nach dem zur Verteilung kommenden Erlös; bei Miteigentümern oder sonstigen Mitberechtigten ist der Anteil maßgebend;
3. bei der Vertretung eines Bieters, der nicht Beteiligter ist, nach dem Betrag des höchsten für den Auftraggeber abgegebenen Gebots, wenn ein solches Gebot nicht abgegeben ist, nach dem Wert des Gegenstands der Zwangsversteigerung.

A. Allgemeines 1	III. Hs. 4 – Wertbegrenzung 9
B. Vertretung eines Gläubigers oder eines anderen gemäß § 9 Nr. 1 und 2 ZVG Beteiligten (Nr. 1) 4	C. Vertretung sonstiger Beteiligter (Nr. 2) 12
	D. Vertretung eines Bieters, der nicht Beteiligter ist (Nr. 3) 14
I. Hs. 1 und 3 – Recht einschl. Nebenforderungen 5	E. Mehrfachvertretungen 16
II. Hs. 2 – Teilforderung 7	F. Erinnerung/Beschwerde 17

A. Allgemeines

1 § 26 enthält eine von § 23 Abs. 1 abweichende Regelung des Gegenstandswertes in der Zwangsversteigerung einschließlich der Teilungsversteigerung. Hierzu zählt auch ein in diesem Verfahren gestellter Vollstreckungsschutzantrag nach § 765a ZPO.[1]

Nicht unter den **Anwendungsbereich** der Norm zählt
– das Verfahren auf Eintragung einer Zwangssicherungshypothek; hierauf findet § 25 Anwendung.

---

133 Vgl. BVerwG NJW 1983, 896 = JurBüro 1983, 851; Zöller/Lückemann § 154 GVG Rn 2 ff.
134 *N. Schneider*, AGS 2010, 469.

1 BGH AGS 2010, 541 = RVGreport 2009, 477; Mayer/Kroiß/*Gierl*, RVG, § 26 Rn 6.

- das Verfahren bei freiwilliger Versteigerung durch einen Notar gemäß § 20 Abs. 3 BnotO.[2]
- die Vollstreckung aus einem Zuschlagsbeschluss gemäß § 93 ZVG gegen den Grundstücksbesitzer,
- die Vollstreckung aus einem Zuschlagsbeschluss gemäß § 132 ZVG gegen den Ersteher, soweit die Vollstreckung nicht in das ersteigerte Grundstück, sondern in das sonstige Vermögen des Erstehers erfolgt.

Der Gegenstandswert wird hinsichtlich der **vertretenen Person** unterschiedlich bestimmt:
- Nr. 1 betrifft die Vertretung des Gläubigers und anderer Beteiligter i.S.d. § 9 Nr. 1 und 2 ZVG,
- Nr. 2 betrifft die Vertretung eines anderen Beteiligten,
- Nr. 3 betrifft die Vertretung eines Bieters, der nicht Beteiligter ist.

Zusätzlich erfolgt eine Differenzierung nach dem **Umfang der Vollstreckung** und der **Art des zu vollstreckenden Anspruchs** (bei einer Teilforderung) bzw. des **betriebenen Verfahrens** (Verteilungsverfahren).[3]

Welche Personen als **Beteiligte** anzusehen sind, ergibt sich aus den jeweiligen Verfahrensvorschriften (z.B. §§ 9, 162, 163 Abs. 3, 166, 172, 175, 180 ZVG; § 24 ErbbauRG; §§ 510, 696, 755 Abs. 2, 761 Abs. 2 HGB; §§ 2, 97 Abs. 3, 103 Abs. 2 BinnSchG). Hierzu gehören u.a.:
- der Gläubiger
- der Schuldner
- diejenigen, für die zur Zeit der Eintragung des Versteigerungsvermerks ein Recht im Grundbuch eingetragen oder durch Eintragung gesichert ist (§ 9 Nr. 1 ZVG; z.B. Grundschuldgläubiger; beim Wohnungseigentum die anderen Wohnungseigentümer; bei Versteigerung eines Miteigentumsanteils die anderen Miteigentümer; der Grundstückseigentümer bei Versteigerung eines Erbbaurechts;
- diejenigen, welche ein der Zwangsvollstreckung entgegenstehendes Recht, ein Recht an dem Grundstück oder an einem das Grundstück belastenden Recht, einen Anspruch mit dem Recht der Befriedigung aus dem Grundstück oder ein Miet- oder Pachtrecht, aufgrund dessen ihm das Grundstück zu überlassen ist, bei der Zwangsversteigerung anmelden und auf Verlangen glaubhaft machen (§ 9 Nr. 2 ZVG z.B. Dritteigentümer von Zubehörgegenständen).

Keine Beteiligten sind:
- der Bieter
- der Ersteher
- der Bürge des Erstehers
- der Mobiliarpfandschuldner.

Es kommen fünf verschiedene Gegenstandswerte in Betracht:
- der Wert des dem Gläubiger oder dem Beteiligten zustehenden Rechts,
- der Wert der geltend gemachten Teilforderung des betreibenden Berechtigten,
- der Wert des Gegenstandes der Zwangsversteigerung,
- der zur Verteilung kommende Erlös,
- der Betrag des höchsten für den Auftraggeber abgegebenen Gebotes.

B. Vertretung eines Gläubigers oder eines anderen gemäß § 9 Nr. 1 und 2 ZVG Beteiligten (Nr. 1)

Die Vorschrift betrifft den die Versteigerung anordnenden (Anordnungsgläubiger) bzw. beigetretenen Gläubiger (Beitrittsgläubiger), die dinglich Berechtigten, Beteiligte, deren Recht im Grundbuch durch Eintragung gesichert ist (z.B. durch Vormerkung), Anmeldungsberechtigte wie den Dritteigentümer an Zubehörgegenständen oder den nach Eintragung des Vollstreckungsvermerks eingetragenen neuen Eigentümer.

---

[2] Gerold/Schmidt/*Mayer*, VV 3311, 3312 Rn 1; Riedel/Sußbauer/*Keller*, § 26 Rn 3.

[3] Mayer/Kroiß/*Gierl*, RVG, § 26 Rn 1.

I. Hs. 1 und 3 – Recht einschl. Nebenforderungen

5 Der Gegenstandswert bestimmt sich **grundsätzlich** nach dem Wert des dem Gläubiger oder dem Beteiligten zustehenden Rechts einschließlich der Nebenforderungen (**Hs. 1 und 3**).[4] Uneinigkeit besteht darüber, wie diese Rechte im Einzelnen zu bewerten sind (z.B. eine beschränkt persönliche Dienstbarkeit oder ein Pachtrecht). Da § 26 dazu keine Bestimmung enthält, wird zur Lückenausfüllung die entsprechende Anwendung der Vorschriften des GKG (§§ 41, 42, 48) bzw. der ZPO (§§ 3 bis 9) vorgeschlagen.[5] Richtiger dürfte eine Festsetzung gemäß § 33 nach dem tatsächlichen Wert sein,[6] wobei die genannten Vorschriften lediglich Anhaltspunkte darstellen.

6 Zu den **Nebenforderungen** gehören: Zinsen bis zum Erlass des Anordnungs- oder Beitrittsbeschlusses; die – angemeldeten – Kosten des Prozesses, die Kosten vorheriger Zwangsvollstreckungen sowie des Zwangsversteigerungsverfahrens.

II. Hs. 2 – Teilforderung

7 Wird das Verfahren nur wegen einer **Teilforderung** betrieben, bleibt es grundsätzlich bei dem Vorstehenden (siehe Rdn 5 f.). Der Teilbetrag ist gemäß **Hs. 2** nur dann maßgeblich, wenn es sich bei der Teilforderung um einen nach **§ 10 Abs. 1 Nr. 5 ZVG** zu befriedigenden Anspruch (persönlicher Anspruch) handelt und sich die Tätigkeit des Anwalts auf diese Teilforderung beschränkt. Diese Vorschrift betrifft den Anspruch eines Gläubigers, soweit er nicht in einer der vorgehenden Klassen zu befriedigen ist. Im Umkehrschluss ergibt sich hieraus, dass sich der Wert nach dem – einem Gläubiger oder einem Beteiligten zustehenden – Recht einschließlich der Nebenforderungen berechnet, wenn das Versteigerungsverfahren wegen der in § 10 Abs. 1 Nr. 1 bis 4 ZVG geregelten Rangklassen auch nur wegen einer Teilforderung betrieben wird.[7]

8 Erstreckt sich die Tätigkeit des Anwalts auf **mehrere Rechte** des Beteiligten, sind deren Werte zusammenzurechnen.[8]

III. Hs. 4 – Wertbegrenzung

9 Der nach dem Vorstehenden ermittelte Wert ist jedoch gemäß **Hs. 4 begrenzt**, und zwar bei den Gebühren gemäß Anm. 1 und 6 zu VV 3311, VV 3312 auf den Wert des Gegenstandes der Zwangsversteigerung, bei der Verfahrensgebühr im Verteilungsverfahren gemäß Anm. 2 zu VV 3311 auf den zur Verteilung kommenden Erlös.

10 Bei dem **Wert des Gegenstandes** handelt es sich um den gemäß §§ 66, 74a Abs. 5 162 ZVG vom Vollstreckungsgericht festgesetzten Wert, falls es daran fehlt, um den Verkehrswert.[9] Dies betrifft einerseits den Grundstückswert (Verkehrswert), sowie den Wert der beweglichen Gegenstände, auf die sich die Versteigerung erstreckt. Letzterer ist unter Würdigung aller Verhältnisse frei zu schätzen. Liegt keine Festsetzung nach § 74a Abs. 5 ZVG vor, so ist, anders als für die Gerichtsgebühren, nicht ersatzweise der Einheitswert zugrunde zu legen, sondern es bleibt der Verkehrswert maßgeblich; Grundstückslasten sind nicht abzusetzen.[10]

Bei Versteigerung mehrerer Grundstücke erfolgt eine Addition der mehreren Werte, wenn sich die Tätigkeit des Rechtsanwalts darauf erstreckt.[11]

11 Der zur **Verteilung kommende Erlös** ergibt sich aus der **Teilungsmasse** (§ 107 ZVG): maßgeblich ist der Barbetrag des Meistgebots nebst 4 % Zinsen, berechnet bis einen Tag vor dem Verteilungster-

---

[4] *Mock*, AGS 2004, 184.

[5] Riedel/Sußbauer/*Keller*, RVG, § 26 Rn 11; *Hansens*, BRAGO, § 68 Rn 13; *Mümmler*, JurBüro 1972, 745, 751; im Grundsatz auch Hartung/*Römermann*, RVG, § 26 Rn 10, der jedoch bei unzutreffenden Ergebnissen den Wert nach billigem Ermessen bestimmen will.

[6] *Hartmann*, KostG, § 26 RVG Rn 3; Mayer/Kroiß/*Gierl*, RVG, § 26 Rn 14.

[7] Gerold/Schmidt/*Mayer*, RVG, § 26 Rn 3; *Mock*, AGS 2004, 184.

[8] Riedel/Sußbauer/*Keller*, RVG, § 26 Rn 8, 17; Gerold/Schmidt/*Mayer*, RVG, § 26 Rn 3; Hansens/Braun/Schneider/*Volpert*/Schmidt, Teil 17 Rn 424.

[9] So auch LG Zweibrücken JurBüro 2006, 382; Mayer/Kroiß/*Gierl*, RVG, § 26 Rn 19.

[10] LG Zweibrücken JurBüro 2006, 382; Riedel/Sußbauer/*Keller*, RVG, § 26 Rn 15 ff.

[11] Gerold/Schmidt/*Mayer*, RVG, § 26 Rn 5.

min (§ 49 ZVG), zuzüglich des Erlöses aus einer besonderen Versteigerung oder Verwertung gemäß § 65 ZVG, Zuzahlungen gemäß §§ 50, 51 ZVG sowie Versicherungsgelder, die aufgrund besonderer Versteigerungsbedingungen zur Masse gelangt sind, aber nicht mitversteigert wurden.[12] Für die Wertermittlung werden die aus dem Versteigerungserlös gemäß § 109 ZVG vorweg zu entnehmenden Verfahrenskosten nicht abgezogen, bestehen bleibende Rechte werden nicht hinzugezählt. Es kommt somit nicht auf den Erlösanteil an, der auf den Beteiligten entfällt,[13] denn „der zur Verteilung kommende Erlös" entspricht dem Betrag, den der Ersteher an das Vollstreckungsgericht zu zahlen hat. Dieser Gesamtbetrag steht zur Verteilung im Rahmen der Rangklassen gemäß § 10 Abs. 1 ZVG an. Obergrenze ist daher stets der Gesamterlös.

C. Vertretung sonstiger Beteiligter (Nr. 2)

Zu diesem Personenkreis gehören der Schuldner, der eingetragene (Mit-)Eigentümer, Miterbe, Insolvenz-, Nachlassverwalter, Testamentsvollstrecker. Für diese ist grundsätzlich der Wert des Gegenstandes der Zwangsversteigerung,[14] im Verteilungsverfahren der zur Verteilung kommende Erlös maßgebend (zur Bedeutung dieser Begriffe vgl. Rdn 10 f.). Der Wert der Forderung spielt keine Rolle.[15]

Für **Miteigentümer** oder sonstige **Mitberechtigte** gilt die Sonderregelung des Hs. 2, die vornehmlich für die Teilungsversteigerung relevant ist. Für diese Personen ist nur ihr Anteil an dem Wert des Gegenstandes oder dem Verteilungserlös maßgebend.[16] Dies gilt auch für den Gläubiger, der sich den Anteil des Miteigentümers und dessen Auseinandersetzungsanspruch hat pfänden und überweisen lassen, weil er lediglich die Rechtsposition des Miteigentümers wahrnimmt und ihm nicht mehr Rechte zustehen können als dem Pfändungsschuldner.[17]

Der Wert der Hauptsache gilt auch **im Verfahren auf Ablehnung** des Rechtspflegers/Richters. Betrifft das Ablehnungsverfahren aber nicht das gesamte Verfahren, sondern nur das Verfahren wegen eines Vollstreckungsschutzantrags gemäß § 765a ZPO, ist Ziel eines solchen Schutzantrags im Regelfall nicht die vollständige und endgültige Verhinderung der Vollstreckung, sondern die Gewährung eines Aufschubs. Von daher ist das Interesse des Ablehnenden nur mit der Hälfte des Wertes zu bewerten.[18]

D. Vertretung eines Bieters, der nicht Beteiligter ist (Nr. 3)

Vertritt der Anwalt einen Bieter, der nicht Beteiligter ist, richtet sich der Gegenstandswert nach dem höchsten Gebot, das der Anwalt für seinen Mandanten abgegeben hat und auch abgeben durfte. Hat der Anwalt kein Gebot abgegeben, ist der Wert des Gegenstandes der Zwangsversteigerung (zu diesem Begriff siehe Rdn 10) maßgebend.

Unter dem Begriff „**höchstes Gebot**" ist das Bargebot gemäß § 49 ZVG zu verstehen, zuzüglich des Wertes der bestehen bleibenden Rechte.[19] Sollte der Anwalt ein höheres Gebot abgegeben haben, als er es aufgrund seines Auftrags durfte, kann er seine Gebühren nur nach dem in der Vollmacht angegebenen Höchstwert abrechnen,[20] es sei denn, der Mandant genehmigt nachträglich die Überschreitung.

---

12 Gerold/Schmidt/*Mayer*, RVG, § 26 Rn 5; *Hansens*, BRAGO, § 68 Rn 15; *Hartmann*, KostG, § 26 RVG Rn 5; Riedel/Sußbauer/*Keller*, RVG, § 26 Rn 18; Mayer/Kroiß/*Gierl*, RVG, § 26 Rn 21, 22.

13 So aber Schumann/Geißinger, BRAGO, § 68 Rn 34; *E. Schneider*, MDR 1976, 182.

14 Für Schuldner: BGH AGS 2010, 541 = RVGreport 2009, 477 = RVGprof. 2011, 55.

15 LG Düsseldorf RVGreport 2007, 155.

16 LG Düsseldorf RVGreport 2007, 155; LG Bonn JurBüro 1980, 887; Gerold/Schmidt/*Mayer*, RVG, § 26 Rn 6; Mayer/Kroiß/*Gierl*, RVG, § 26 Rn 25; *Mümmler*, JurBüro 1987, 1452.

17 *Mümmler*, JurBüro 1972, 745, 753; Gerold/Schmidt/*Mayer*, RVG, § 26 Rn 6; Mayer/Kroiß/*Gierl*, RVG, § 26 Rn 25.

18 BGH AGS 2010, 541 = RVGreport 2009, 477 = RVGprof. 2011, 55.

19 Riedel/Sußbauer/*Keller*, RVG, § 26 Rn 20; Gerold/Schmidt/*Mayer*, RVG, § 26 Rn 7; *Hansens*, BRAGO, § 68 Rn 17.

20 Riedel/Sußbauer/*Keller*, RVG, § 26 Rn 20; Mayer/Kroiß/*Gierl*, RVG, § 26 Rn 26.

E. Mehrfachvertretungen

16 Zur Problematik der Mehrfachvertretungen siehe vor VV 3311, 3312 Rdn 8 ff.

F. Erinnerung/Beschwerde

17 Der Gegenstandswert für die Anwaltsvergütung bestimmt sich im Beschwerdeverfahren, soweit für das Gericht Festgebühren anfallen, nach § 23 Abs. 2 S. 1 nach dem Interesse des Beschwerdeführers unter Anwendung billigen Ermessens.[21] Hierbei darf die Summe von 500.000 EUR nicht überschritten werden. Beim Fehlen tatsächlicher Anhaltspunkte für eine Schätzung ist von einem Regelwert von 5.000 EUR auszugehen.

Soweit sich die Gerichtsgebühren im Beschwerdeverfahren nach einem Wert richten, ist dieser auch für die Anwaltsgebühren verbindlich (§ 32 Abs. 1).[22]

Im Erinnerungsverfahren bzw. Beschwerde- Rechtsbeschwerdeverfahren bemisst sich der Wert der anwaltlichen Tätigkeit des **Bevollmächtigten des Schuldners** gemäß **§ 26 Nr. 2** nach dem Wert des Gegenstands der Zwangsversteigerung. Dieser entspricht regelmäßig dem festgesetzten Verkehrswert nach § 74a Abs. 5 ZVG.[23] Der Wert der anwaltlichen Tätigkeit des Bevollmächtigten des Erstehers bemisst sich gemäß § 26 Nr. 3 RVG nach dem Meistgebot.[24]

§ 27 Gegenstandswert in der Zwangsverwaltung

¹In der Zwangsverwaltung bestimmt sich der Gegenstandswert bei der Vertretung des Antragstellers nach dem Anspruch, wegen dessen das Verfahren beantragt ist; Nebenforderungen sind mitzurechnen; bei Ansprüchen auf wiederkehrende Leistungen ist der Wert der Leistungen eines Jahres maßgebend. ²Bei der Vertretung des Schuldners bestimmt sich der Gegenstandswert nach dem zusammengerechneten Wert aller Ansprüche, wegen derer das Verfahren beantragt ist, bei der Vertretung eines sonstigen Beteiligten nach § 23 Abs. 3 Satz 2.

Literatur *Goebel*, Die Kosten der Zwangsvollstreckung nach dem Kostenrechtsmodernisierungsgesetz (II), RVG-B 2004, 110; *Mayer*, Entwicklungen zum Rechtsanwaltsvergütungsgesetz 2007 – 2011, NJW 2011, 1563; *Meyer*, Schwerpunktheft Rechtsanwaltsvergütungsgesetz – Teil C – Der Gegenstandswert nach dem RVG, JurBüro 2004, 239; *Mock*, Gebühren und Streitwerte in der Zwangsvollstreckung, AGS 2004, 177.

A. Allgemeines 1	D. Vertretung eines sonstigen Beteiligten
B. Vertretung des Antragstellers (S. 1) 2	(S. 2, 2. Hs.) 7
C. Vertretung des Schuldners (S. 1, 1. Hs.) 6	E. Mehrfachvertretungen 8

A. Allgemeines

1 § 27 enthält eine von § 23 und § 55 GKG abweichende und ihnen vorgehende, eigenständige Regelung. Sie betrifft nur eine Zwangsverwaltung i.S.v. VV 3311, 3312 (siehe VV 3311–3312 Rdn 1 ff.). Sie umfasst nicht einen Streit über die Höhe der Zwangsverwaltervergütung, die sich nicht nach dem RVG, sondern nach der Zwangsverwalterverordnung (ZwVwV) bestimmt; der Wert eines solchen Streites bemisst sich nach dem Vergütungsinteresse des Zwangsverwalters.[1] Der Gegen-

---

21 *Schneider/Herget*, Streitwertkommentar, 12. Aufl., Rn 6427.
22 *Schneider/Herget*, Streitwertkommentar, 12. Aufl., Rn 6428.
23 BGH NJW-RR 2010, 1458 = Rpfleger 2011, 41 = MDR 2010, 1215; LG Düsseldorf RVGreport 2007, 155.

24 LG Dortmund, Beschl. v. 21.6.2011 – 9 T 715/09 (juris).
1 BGH AGS 2007, 527 = JurBüro 2007, 488 = BGHReport 2007, 581 = Rpfleger 2007, 416 = MDR 2007, 983 = NJW-RR 2007, 1150 = RVGreport 2007, 280 = NJW 2007, 3289.

standswert richtet sich nach der Person des vom Anwalt Vertretenen. Dabei wird zwischen drei Personen unterschieden:
- dem Antragsteller,
- dem Schuldner oder einem
- sonstigen Beteiligten.

B. Vertretung des Antragstellers (S. 1)

Der Gegenstandswert richtet sich bei der Vertretung des Antragstellers für die Gebühren gemäß Anm. Nr. 3 und 4 zu VV 3311 nach dem **Anspruch**, wegen dessen das Anordnungsverfahren oder der Beitritt beantragt worden ist (**Hs. 1**). Ist nur ein Teil einer Forderung geltend gemacht worden, ist diese **Teilforderung** maßgebend. **Nebenforderungen** sind hinzuzurechnen (**Hs. 2**); hierzu gehören Zinsen bis zum Erlass des Anordnungs- oder Beitrittsbeschlusses, die – angemeldeten – Kosten des Prozesses, vorheriger Zwangsvollstreckungen sowie des Zwangsverwaltungsverfahrens. Der Gegenstandswert der Zwangsverwaltung wird nicht durch den Wert des Grundstücks begrenzt; eine entsprechende Anwendung von § 23 Abs. 1 scheidet aus.[2]

Mehrere Forderungen werden zusammengerechnet, § 22 Abs. 1 (siehe VV Vor 3311–3312 Rdn 10).

Handelt es sich bei dem Anspruch um eine **wiederkehrende Leistung**, ist der Wert der Leistungen eines Jahres maßgebend (**Hs. 3**). Wiederkehrende Leistungen sind solche, die in zeitlicher Wiederkehr zu erbringen sind, wobei die Beträge der Höhe nach wechseln können. Dazu gehören Renten, Unterhaltsansprüche, Reallasten, Miete, Pacht, aber auch Zinsen. Die bis zur Anordnung des Zwangsverwaltungsverfahrens oder Beitrittsbeschlusses aufgelaufenen Rückstände sind nicht hinzuzurechnen; andererseits bleibt es bei dem Jahreswert auch dann, wenn die tatsächliche Forderung niedriger ist.[3] Denn in S. 1 fehlt eine entsprechende Regelung wie in den §§ 41 Abs. 1 und 2, 42 Abs. 4 GKG, zumal diese Vorschriften auch nicht einen allgemein gültigen Rechtssatz lediglich verdeutlichend wiedergeben. § 23 Abs. 1, der auf die Anwendung der Vorschriften des GKG verweist, ist aber aufgrund der eigenständigen Regelung in § 27 gerade nicht anwendbar.

Hat der **Insolvenzverwalter** das Zwangsverwaltungsverfahren über ein zur Insolvenzmasse gehörendes Grundstück beantragt (§ 172 ZVG), macht er keinen Anspruch geltend, sodass S. 1 auf diesen Fall nicht zutrifft. Diese Lücke ist durch die Anwendung des S. **2, 2. Hs.** zu schließen.[4] Dieser verweist seinerseits auf § 23 Abs. 3 S. 2, sodass der Gegenstandswert in erster Linie nach billigem Ermessen zu bestimmen ist. Anhaltspunkt dafür ist der durch die Zwangsverwaltung für die Insolvenzmasse entstandene Vorteil, der im Zweifel in dem Erlösüberschuss liegt.

Eine **Ausnahme** zum zuvor Dargestellten ergibt sich jedoch in Bezug auf die Regelung des § 1197 BGB. Nach dessen Abs. 1 kann der Eigentümer des Grundstücks, der zugleich auch Eigentümer einer Grundschuld ist, die Zwangsvollstreckung in das Grundstück gegen sich selbst zum Schutz nachrangiger Gläubiger nicht betreiben. Für den Insolvenzverwalter gilt dieser Vollstreckungsausschluss allerdings nicht.[5] Insofern verfolgt er bei Beantragung der Zwangsverwaltung aus einem schuldnerischen Eigentümerrecht einen Anspruch. Insofern richten sich die Gebühren des Rechtsanwalts als Insolvenzverwalter (vgl. § 5 Abs. 1 InsVV) nach dem Anspruch, wegen dessen das Anordnungsverfahren oder der Beitritt beantragt worden ist. Zwar gilt hier der Einwand, dass der Insolvenzverwalter nicht Vertreter des Schuldners als Antragsteller ist, sondern als Partei kraft Amtes tätig wird. Allerdings würde man dann wiederum über § 23 Abs. 3 S. 2 auf dasselbe Ergebnis kommen

---

2 BGH, Beschl. v. 12.7.2007 – V ZB 166/05, BeckRS 2007, 12829; BGHReport 2007, 581 = Rpfleger 2007, 416 = MDR 2007, 983 = NJW-RR 2007, 1150 = JurBüro 2007, 488 = AGS 2007, 527 = RVGreport 2007, 280 = NJW 2007, 3289.

3 Hartmann, KostG, § 27 RVG Rn 5, 6; Hartung/Römermann, RVG, § 27 Rn 11; Mayer/Kroiß/Gierl, RVG, § 27 Rn 10; a.A. Gerold/Schmidt/Mayer, RVG, § 27 Rn 2; Riedel/Sußbauer/Keller, RVG, § 27 Rn 7; Bischof/Jungbauer/Bräuer/Bräuer, RVG, § 27 Rn 5.

4 Gerold/Schmidt/Mayer, RVG, § 27 Rn 5; Hansens, BRAGO, § 69 Rn 8; Bischof/Jungbauer/Bräuer/Bräuer, RVG, § 27 Rn 6; Mayer/Kroiß/Gierl, RVG, § 27 Rn 7; a.A. Schumann/Geißinger, BRAGO, § 69 Rn 9, die aber übersehen, dass der Insolvenzverwalter keinen Anspruch geltend macht.

5 JurisPK-BGB/Reischl, 6. Aufl. 2012, § 1197 BGB Rn 5; Palandt/Bassenge, § 1197 Rn 2; Staudinger/Wolfsteiner, § 1197 Rn 6; Jauernig/Jauernig, BGB-Kommentar, § 1197 Rn 1.

und als Wert den Anspruch, wegen dessen das Anordnungsverfahren oder der Beitritt beantragt worden ist, nehmen müssen.

C. Vertretung des Schuldners (S. 1, 1. Hs.)

6 Für den Gegenstandswert bei der Vertretung des Schuldners (Anm. Nr. 5 zu VV 3311) ist maßgebend die Summe aller Ansprüche (Haupt- und Nebenforderungen), wegen derer das Zwangsverwaltungsverfahren beantragt worden ist. Es kommt nicht darauf an, ob wegen aller dieser Ansprüche das Verfahren auch tatsächlich eröffnet worden ist.[6] Ist der Anwalt aber erst beauftragt worden, nachdem einer der Anträge zurückgenommen oder ein Beitritt nicht zugelassen worden ist, ist nur noch die Summe der restlichen Ansprüche maßgebend. Auch ein Insolvenzverwalter kann Schuldner sein.

D. Vertretung eines sonstigen Beteiligten (S. 2, 2. Hs.)

7 Vertritt der Anwalt andere Beteiligte als Antragsteller oder Schuldner (Anm. Nr. 5 zu VV 3311, also z.B. einen Beteiligten gemäß § 9 ZVG; zum Begriff vgl. § 26 Rdn 2 f.), so bestimmt sich der Gegenstandswert gemäß S. 2, 2. Hs. nach § 23 Abs. 3 S. 2, ist also nach billigem Ermessen durch das Vollstreckungsgericht zu bestimmen, wobei es auf das Interesse des jeweils vom Anwalt Vertretenen ankommt.[7] Fehlen ausreichende Bemessungskriterien, beträgt der Wert 5.000 EUR, jedoch höchstens 500.000 EUR. Vgl. dazu die Erläuterungen zu § 23 (siehe § 23 Rdn 53 f.).

E. Mehrfachvertretungen

8 Zur Problematik der Mehrfachvertretungen siehe VV Vor 3311–3312 Rdn 8 ff.

§ 28 Gegenstandswert im Insolvenzverfahren

(1) ¹Die Gebühren der Nummern 3313, 3317 sowie im Fall der Beschwerde gegen den Beschluss über die Eröffnung des Insolvenzverfahrens der Nummern 3500 und 3513 des Vergütungsverzeichnisses werden, wenn der Auftrag vom Schuldner erteilt ist, nach dem Wert der Insolvenzmasse (§ 58 des Gerichtskostengesetzes) berechnet. ²Im Fall der Nummer 3313 des Vergütungsverzeichnisses beträgt der Gegenstandswert jedoch mindestens 4 000 Euro.

(2) ¹Ist der Auftrag von einem Insolvenzgläubiger erteilt, werden die in Absatz 1 genannten Gebühren und die Gebühr nach Nummer 3314 nach dem Nennwert der Forderung berechnet. ²Nebenforderungen sind mitzurechnen.

(3) Im Übrigen ist der Gegenstandswert im Insolvenzverfahren unter Berücksichtigung des wirtschaftlichen Interesses, das der Auftraggeber im Verfahren verfolgt, nach § 23 Abs. 3 Satz 2 zu bestimmen.

Literatur: *Enders*, Anwaltsgebühren im neuen Insolvenzrecht – Teil II, JurBüro 1999, 169 ff.; *Fischer*, Anwaltsgebühren im Insolvenzeröffnungsverfahren, RVGreport 2010, 443; *ders.*, Rechtsanwaltsgebühren nach dem RVG bei der Vertretung von Gläubigern im Verbraucherinsolvenzverfahren, RVGreport 2004, 463; *Hansens*, Anwaltsgebühren im Insolvenzeröffnungsverfahren, RVGreport 2010, 443; *Mock*, Gebühren und Streitwerte in der Zwangsvollstreckung, AGS 2004, 177.

---

[6] *Hartmann*, § 27 RVG Rn 7; Gerold/Schmidt/*Mayer*, RVG, § 27 Rn 4; Mayer/Kroiß/*Gierl*, RVG, § 27 Rn 14.

[7] Mayer/Kroiß/*Gierl*, RVG, § 27 Rn 16; Riedel/Sußbauer/*Keller*, RVG, § 27 Rn 10.

§ 28 Abschnitt 4. Gegenstandswert

A. Allgemeines 1
B. Regelungsgehalt 2
  I. Vertretung des Schuldners im Insolvenzeröffnungsverfahren, im Verfahren über den Schuldenbereinigungsplan, im Insolvenzverfahren sowie im Beschwerdeverfahren gegen den Beschluss über die Eröffnung des Insolvenzverfahrens (Abs. 1) 2
  II. Vertretung des Gläubigers im Insolvenzeröffnungsverfahren, im Verfahren über den Schuldenbereinigungsplan, im Insolvenzverfahren, bei der Anmeldung einer Insolvenzforderung sowie im Beschwerdeverfahren gegen den Beschluss über die Eröffnung des Insolvenzverfahrens (Abs. 2) 14
  III. Vertretung des Schuldners, des Gläubigers oder sonstiger Personen in den übrigen Angelegenheiten (Abs. 3) 21

A. Allgemeines

Der Gesetzgeber hat bei der Einführung des RVG in § 28 eine mit § 77 BRAGO a.F. vergleichbare Regelung geschaffen. In der Gesetzesbegründung ist lediglich ausgeführt, dass § 28 die in § 77 BRAGO enthaltenen Wertvorschriften für das Insolvenzverfahren in redaktionell angepasster Form übernehmen soll.[1] § 28 stellt eine gegenüber den allgemeinen Vorschriften der §§ 23 ff. vorrangige **Sondervorschrift** dar, die in ihrem Anwendungsbereich die Vorschriften des allgemeinen Teils verdrängt. Die Wertfestsetzung erfolgt gemäß § 33.[2] **1**

Die Vorschrift regelt den Gegenstandswert für die verschiedenen Tätigkeiten des Rechtsanwalts im Insolvenzverfahren. Sie findet entsprechende Anwendung auf das schifffahrtsrechtliche Verteilungsverfahren, wobei an die Stelle des Wertes der Insolvenzmasse die festgesetzte Haftungsmasse tritt (vgl. § 29). Die Werte sind unterschiedlich, je nachdem für welche Person, in welchem Verfahrensabschnitt bzw. mit welcher Zielrichtung der Rechtsanwalt tätig wird. Dadurch soll der wirtschaftlichen Bedeutung der Tätigkeit auch über die Höhe des Gegenstandswertes und damit unterschiedlichen Gebührenansprüchen Rechnung getragen werden. Insofern hat der Gesetzgeber die Rechtsanwaltsvergütung am unterschiedlichen **Mandanteninteresse** ausgerichtet. Insgesamt werden in der Vorschrift **drei verschiedene Gegenstandswerte** behandelt.

B. Regelungsgehalt

I. Vertretung des Schuldners im Insolvenzeröffnungsverfahren, im Verfahren über den Schuldenbereinigungsplan, im Insolvenzverfahren sowie im Beschwerdeverfahren gegen den Beschluss über die Eröffnung des Insolvenzverfahrens (Abs. 1)

Der Regelungsgegenstand nach dem RVG ist identisch mit dem der BRAGO. VV 3313 entspricht § 72 Abs. 1 S. 1 BRAGO a.F., VV 3317 dem § 73 BRAGO a.F. sowie VV 3500, 3513 dem § 76 BRAGO a.F., soweit es um die Beschwerde gegen den Beschluss über die Eröffnung des Insolvenzverfahrens geht. Mit Letzterem sind alle Fälle gemeint, in denen gemäß § 34 InsO ein Rechtsmittel für den Schuldner in Betracht kommt, also sowohl der Fall der Eröffnung des Insolvenzverfahrens (§ 34 Abs. 2 InsO) als auch der Nichteröffnung mangels Masse (§ 34 Abs. 1, 2. Hs.).[3] Nicht ausdrücklich angeführt wird VV 3315, der § 72 Abs. 1 S. 2 BRAGO a.F. entspricht. Dies ist jedoch deshalb unschädlich, weil in VV 3315 die VV 3313 mit aufgenommen ist („die Verfahrensgebühr des VV 3313 beträgt"). Abs. 1 ist daher auch auf VV 3315 anzuwenden.[4] **2**

Abs. 1 S. 1 bestimmt bei **Beauftragung** des Rechtsanwalts durch den **Schuldner**, dass die Gebühren **3**
– der VV 3313, 3317 sowie
– im Fall der Beschwerde gegen den Beschluss über die Eröffnung des Insolvenzverfahrens der VV 3500 und 3513
nach dem **Wert der Insolvenzmasse** (§ 58 GKG) berechnet werden.

---

1 BT-Drucks 15/1971 S. 195; OLG Saarbrücken ZInsO 2015, 769 = NZI 2015, 434 = NJW-RR 2015, 764 = AGS 2015, 423.
2 KG Berlin ZInsO 2013, 1541 = ZIP 2013, 1973.
3 OLG Köln JurBüro 1994, 100 zur entspr. Bestimmung nach der KO.
4 LG Berlin ZInsO 2009, 1172 = RVGreport 2010, 19 m. Anm. *Hansens*.

Dem Schuldner geht es um die „Verteidigung" seines Vermögens, welches im Allgemeinen dem „Wert der Insolvenzmasse" entspricht, wenn es zur Eröffnung des Insolvenzverfahrens kommt.

4 Dass für den Fall, wenn das Insolvenzeröffnungsverfahren auf einem Gläubigerantrag beruht, etwas anderes für den Rechtsanwalt als Vertreter des Schuldners gelten könnte, wird weder in der Literatur noch in der Rechtsprechung problematisiert. Vielmehr wird für die Vertretung des Schuldners im Beschwerdeverfahren ausgeführt, dass sich auch dann die Gebühren nach dem Wert der Insolvenzmasse richten, wenn die Beschwerde gegen die Ablehnung des Eröffnungsantrages durch einen Gläubiger erfolgt ist.[5] Teilweise wird die Entscheidung des OLG Stuttgart[6] zitiert, die dieses Ergebnis damit begründet, dass der Rechtsanwalt, der den Schuldner im Kampf gegen den Konkurs vertritt, das Aktivvermögen des Schuldners vor dem Konkurszugriff retten will, mag er nun einen bereits ergangenen Konkurseröffnungsbeschluss mittels der Beschwerde angreifen oder mag er sich gegen den im Beschwerderechtszug wiederholten Antrag des Gläubigers auf Konkurseröffnung verteidigen. In beiden Fällen bemesse der Gesetzgeber zugunsten des Rechtsanwalts des Schuldners den Streitwert gleich dem Aktivvermögen, das der Rechtsanwalt für seinen Mandanten retten will, während sich der Streitwert des Rechtsanwalts des Gläubigers immer nach dem Wert der Gläubigerforderung richtet.

5 Dagegen hat das OLG Dresden[7] zur Vorgängerregelung § 77 BRAGO a.F. entschieden, dass sich der Gegenstandswert des Antrags auf Eröffnung des Konkurs- oder Gesamtvollstreckungsverfahrens für **alle Beteiligten nach der Forderung des Gläubigers** richtet, **soweit nicht die Aktivmasse geringer** ist. Begründet wurde dies damit, dass § 77 BRAGO a.F. auf § 37 GKG a.F. insgesamt verweise, ohne nach Absätzen zu differenzieren, und es keinen Grund gebe, die Gebühren für die Beteiligten in unterschiedlicher Höhe festzusetzen. Außerdem befassten sich alle Beteiligten mit demselben Gegenstand. Andernfalls sei es auch aus Kostengesichtspunkten einem Kleingläubiger verwehrt, einen Konkursantrag gegen eine größere Gesellschaft zu stellen. Dieser Ansicht haben sich das LG Berlin[8] und das LG Ulm[9] angeschlossen. Begründet wurde dies ebenfalls mit dem Kostenrisiko des Gläubigers, welches für den Gläubiger nicht erkennbar sei, aber auch mit dem Kostenrisiko des Schuldners, wenn er eine anwaltliche Beratung in Anspruch nehme und einen hohen Kostenerstattungsanspruch gegen den Gläubiger nicht realisieren könne. Außerdem müsse sich auch der Rechtsanwalt des Schuldners lediglich mit einem einzelnen Gläubigerantrag auseinandersetzen. Schließlich verweise § 28 Abs. 2 RVG auf die in Abs. 1 genannten Gebühren, zu denen auch die Nr. 3313 zähle.

6 Diese Ansichten sind abzulehnen. § 28 Abs. 1 RVG bestimmt eindeutig in seinem Wortlaut, dass sich die Gebühr VV 3313 nach dem Wert der Insolvenzmasse bestimmt, wenn der Schuldner den Auftrag erteilt. Der Verweis auf § 58 GKG in Klammern hinter den Worten „Wert der Insolvenzmasse" bezieht sich nach seiner Stellung auf die Regelungen in § 58 GKG, wie der „Wert der Insolvenzmasse" zu berechnen ist. Dazu enthält § 58 GKG die Bestimmung, dass auf die Beendigung des Verfahrens abzustellen ist und Gegenstände, die zur abgesonderten Befriedigung dienen, nur in Höhe des für diese nicht erforderlichen Betrags angesetzt werden. Nur diese Auslegung ergibt Sinn, denn ein Verweis auf § 58 GKG insgesamt, also auch auf § 58 Abs. 2 GKG, mit der vom OLG Dresden[10] für richtig gehaltenen Folge, dass sich die Gerichts- und alle Anwaltsgebühren immer nach demselben Gegenstandswert – also dem aus § 58 GKG – richteten, führt nicht nur dazu, dass § 28 überflüssig wäre, sondern findet auch keinen Niederschlag im Wortlaut der Norm.[11] § 28 knüpft vielmehr die verschiedenen Berechnungsalternativen in seinen drei Absätzen an den jeweiligen Auftraggeber und unterscheidet sich damit deutlich von § 58 GKG, der – wie auch sonst bei Gerichtsgebühren üblich – auf die verfahrenseinleitende Maßnahme abstellt.

7 Entgegen der Ansicht der Rechtsprechung des OLG Dresden, LG Berlin und LG Ulm kann deren Ansicht auch nicht damit begründet werden, dass es aus Kostengesichtspunkten einem Kleingläubiger sonst verwehrt sei, einen Insolvenzantrag gegen eine größere Gesellschaft zu stellen, zumal das Kostenrisiko für den Gläubiger nicht erkennbar sei, und auch das Kostenrisiko des Schuldners erheblich sei, wenn er eine anwaltliche Beratung in Anspruch nehme und einen hohen Kostenerstat-

---

5 OLG Saarbrücken ZInsO 2015, 769; Gerold/Schmidt/Mayer, § 28 Rn 2; Hartmann, KostG, § 28 Rn 7; Hartung/Römermann, § 28 Rn 6.
6 OLG Stuttgart NJW 1954, 1853; vergleichbar hat auch das OLG Köln (JurBüro 1994, 100) argumentiert.
7 OLG Dresden MDR 1994, 1253.
8 LG Berlin, Beschl. v. 11.3.2009 – 82 T 905/08.
9 LG Ulm, Beschl. v. 5.6.2013 – 3 T 158/11.
10 OLG Dresden MDR 1994, 1253.
11 OLG Saarbrücken ZInsO 2015, 769 = NZI 2015, 434 = NJW-RR 2015, 764 = AGS 2015, 423; Hartung/Römermann, § 28 Rn 15.

tungsanspruch gegen den Gläubiger nicht realisieren könne. Diese Überlegungen sind nicht nur rechtspolitischer Natur, sondern vernachlässigen die Interessen des Schuldners, bzw. greifen isoliert einen Fall heraus, in dem eine hohe Rechtsanwaltsvergütung auf Schuldnerseite selbst bei einem Obsiegen für diesen nachteilig ist. Ebenso gut kann aber entgegengesetzt argumentiert werden, dass verhindert werden muss, dass ein Kleingläubiger ohne erhebliches Kostenrisiko ein erhebliches Vermögen gefährdet. Die gegenteilige Rechtsprechungsansicht führt nämlich dazu, dass ein Gläubiger ohne eigenes Kostenrisiko immense Kosten auf Schuldnerseite verursachen könnte, ohne diese ausgleichen zu müssen, obwohl er im Verfahren unterlegen ist. Denn es dürfte in der Praxis der Regelfall sein, dass eine Vertretung auf Schuldnerseite bei der Gefährdung eines großen Vermögens aufgrund einer Vergütungsvereinbarung für aufgewandte Stunden beruht.[12]

Außerdem sind die Kosten für den Gläubiger, wenn sich die Vergütung des Schuldnervertreters nach dem Wert der Insolvenzmasse richtet, dann im Vergleich zur Berechnung der Vergütung nach dem Wert seiner Forderung besonders hoch, wenn dieser Wert im Vergleich zu seiner Forderung besonders hoch ist. Je größer aber diese Differenz ist, desto höher ist die Gefahr, dass der Gläubiger mit dem Insolvenzantrag einen unzulässigen Druck auf den Schuldner ausüben will. Auch dies kann rechtspolitisches Motiv für die Regelung des § 28 gewesen sein. Es trifft auch nicht ohne weiteres zu, dass das Haftungsrisiko für den Gläubiger nicht erkennbar ist. Der Gläubiger muss sich der Konsequenz eines Insolvenzantrages für diesen bewusst sein und darf diesen nicht unüberlegt oder gar als Druckmittel zur Forderungsdurchsetzung einsetzen. Er muss sich also auch Gedanken über die wirtschaftliche Situation des Schuldners machen. Dann ist es nicht ersichtlich, dass er nicht bemerken kann, welches Vermögen er mit seinem Antrag gefährdet. 8

Schließlich überzeugt es auch nicht, wenn ausgeführt wird, dass kein Grund ersichtlich sei, den Beteiligten unterschiedliche Gebühren zuzubilligen, weil sich alle Beteiligten mit demselben Gegenstand befassen müssten. Für die Glaubhaftmachung des Insolvenzgrundes durch den Gläubiger ist es ausreichend, wenn Indizien glaubhaft gemacht werden, die einzeln oder in ihrer Häufung nach der allgemeinen Erfahrung den hinreichend sicheren Schluss auf das Vorliegen eines Eröffnungsgrundes zulassen.[13] Auf Schuldnerseite kann dagegen nicht nur der behaupteten Gläubigerforderung entgegengetreten werden, sondern es müssen die Insolvenzgründe ausgeräumt werden. Dazu müssen, um z.B. den Vorwurf der Zahlungsunfähigkeit des Schuldners auszuräumen, die fälligen Verbindlichkeiten des Schuldners zu diesem Zeitpunkt und die flüssigen Mittel aktuell ermittelt und dargestellt werden. Während sich also der Gläubigervertreter auf seine Forderung konzentrieren kann und lediglich Indizien für einen Insolvenzgrund darlegen muss, muss sich der Schuldnervertreter grundsätzlich mit den gesamten Aktiva und Passiva seines Mandanten auseinandersetzen, was die Wertberechnung nach dem Wert der Insolvenzmasse sachlich rechtfertigt.[14] Dass der Gesetzgeber diesen Unterschied für den Regelfall als beachtlich ansieht, zeigt auch der Umstand, dass die Höhe der Verfahrensgebühren nach VV 3313 und VV 3314 unterschiedlich ist. Andererseits entstehen für den Gläubigervertreter bei Vertretung mehrerer Gläubiger, die verschiedene Forderungen geltend machen, die Gebühren jeweils besonders. Es trifft demnach nicht zu, dass alle Beteiligten gleiche Gebühren erhalten sollen. Vielmehr zeigt auch das Vergütungsverzeichnis, dass das RVG die Gebühren nach der Person des Auftraggebers differenzieren will. 9

Maßgeblich ist der **Wert der Insolvenzmasse**, den diese im Zeitpunkt der Beendigung des Insolvenzverfahrens hat. Die Insolvenzmasse umfasst gemäß § 35 InsO das gesamte Vermögen, das dem Schuldner zur Zeit der Eröffnung des Verfahrens gehört und das er während des Verfahrens noch erlangt, also auch den Neuerwerb,[15] einschließlich der Früchte, Nutzungen und Zinsen.[16] Nicht zur Insolvenzmasse gehören diejenigen Gegenstände, die in § 36 InsO als unpfändbar bezeichnet werden, sowie solche, an denen ein Aussonderungsrecht besteht (§ 47 InsO). Der Wert eines Anspruchs auf Ersatzaussonderung gemäß § 48 InsO sowie der zur abgesonderten Befriedigung (§§ 49 f. InsO) erforderliche Betrag ist vom Wert der Insolvenzmasse in Abzug zu bringen. Letzteres ergibt sich 10

---

12 OLG Saarbrücken ZInsO 2015, 769 = NZI 2015, 434 = NJW-RR 2015, 764 = AGS 2015, 423.
13 BGH NJW 2013, 2119 = WM 2013, 1033 = ZIP 2013, 1086 = DB 2013, 1297–1298 = ZInsO 2013, 1087 = ZVI 2013, 221 = NZI 2013, 594; OLG Saarbrücken ZInsO 2015, 769 = NZI 2015, 434 = NJW-RR 2015, 764 = AGS 2015, 423.
14 OLG Saarbrücken ZInsO 2015, 769 = NZI 2015, 434 = NJW-RR 2015, 764 = AGS 2015, 423.
15 Näheres dazu bei MüKo-InsO/*Lwowski/Peters*, § 35 Rn 43 ff.
16 *Hartmann*, KostG, § 28 Rn 3; Riedel/Sußbauer/*Keller*, RVG, § 28 Rn 4.

aus der in Bezug genommenen Vorschrift des § 58 Abs. 1 S. 2 GKG.[17] Masseverbindlichkeiten (§§ 53 bis 55 InsO) werden nicht abgezogen.[18]

11 **Maßgeblicher Zeitpunkt** für die Bewertung dieses Vermögens ist der der Beendigung des Insolvenzverfahrens, was sich aus der Bezugnahme auf § 58 Abs. 1 S. 1 GKG ergibt (zum Begriff der Beendigung vgl. VV 3317 Rdn 1). Soweit der Auftrag des Anwalts vorher endet, ist dieser frühere Zeitpunkt maßgebend.[19]

12 Der **maßgebliche Wert** ist unter Heranziehung aller vorhandenen Erkenntnisquellen (z.B. des Inventars) zu schätzen, wobei ausschlaggebend der Verkehrswert der jeweiligen Gegenstände ist; §§ 4 bis 9 ZPO finden insoweit keine Anwendung.

13 Im Falle der Gebühr für das Eröffnungsverfahren sowie das Verfahren über den Schuldenbereinigungsplan (VV 3313, 3315) beträgt der Gegenstandswert jedoch **mindestens** 4.000 EUR (**Abs. 1 S. 2**). Damit soll eine angemessene Vergütung auch in Kleinverfahren gewährleistet sein.

II. Vertretung des Gläubigers im Insolvenzeröffnungsverfahren, im Verfahren über den Schuldenbereinigungsplan, im Insolvenzverfahren, bei der Anmeldung einer Insolvenzforderung sowie im Beschwerdeverfahren gegen den Beschluss über die Eröffnung des Insolvenzverfahrens (Abs. 2)

14 Nach Abs. 2 S. 1 RVG werden die in Abs. 1 genannten Gebühren und die Gebühr nach VV 3314 nach dem **Nennwert der Forderung** berechnet, wenn der Auftrag von einem **Insolvenzgläubiger** erteilt worden ist.[20] Es handelt sich um die in Abs. 1 aufgeführten Gebühren (siehe Rdn 3), wobei jedoch an die Stelle der VV 3313 die für den Gläubiger maßgebliche VV 3314 getreten ist. Damit ist – wie oben dargelegt (siehe Rdn 3) – ebenfalls VV 3316 miteinbezogen. Gleiches gilt für VV 3320, die durch den Verweis auf VV 3317 mit aufgenommen ist.[21] **Nebenforderungen** sind nach der ausdrücklichen Bestimmung des **Abs. 2 S. 2** mitzurechnen, also Kosten und Zinsen, soweit sie bis zur Eröffnung entstanden sind.[22]

15 Die Ansicht,[23] die hinsichtlich der Wertermittlung den Verweis in Abs. 1 auf § 58 GKG auch auf § 58 Abs. 2 GKG bezieht, führt zu einem Widerspruch zwischen § 58 Abs. 2 GKG und § 28 Abs. 2. § 58 Abs. 2 GKG enthält eine Privilegierung des Gläubigers, denn auf den Betrag seiner Forderung wird nur abgestellt, wenn der Wert der Insolvenzmasse nicht geringer ist. Die Gläubigerforderung spielt also nur eine Rolle, wenn sie geringer ist als der Wert der Insolvenzmasse. Eine geringere Gläubigerforderung reduziert die nach § 58 Abs. 1 GKG entstehende höhere Gebühr. Das ist in § 28 Abs. 2 RVG anders. Nach § 28 Abs. 2 RVG werden die Gebühr nach VV 3314 und die Gebühren im Beschwerdeverfahren – wenn der Rechtsanwalt durch einen Gläubiger beauftragt wurde – stets nach dem Nennwert der Forderung bestimmt, also auch wenn dieser höher ist als der Wert der Insolvenzmasse. Dies zeigt, dass es nicht richtig sein kann, den Verweis in § 28 Abs. 1 RVG auf § 58 GKG auch auf dessen Abs. 2 zu beziehen. § 28 Abs. 2 RVG wäre dann nicht nur überflüssig, sondern enthielte eine widersprechende Regelung.[24] Dem Gläubiger geht es daher um den Wert seiner Forderung, deren Befriedigung er sich von dem Verfahren erhofft.

16 Hat der Gläubiger den Anwalt mit der Vertretung nur eines **Teilbetrages** seiner Forderung beauftragt, ist nur dieser maßgebend. Dies gilt auch für das Eröffnungsverfahren.[25] Soweit demgegenüber die Auffassung vertreten wird, für das Eröffnungsverfahren sei stets die gesamte Forderung des Gläubi-

---

17 Gerold/Schmidt/*Mayer*, RVG, § 28 Rn 4; Riedel/Sußbauer/*Keller*, RVG, § 28 Rn 4.
18 *Hartmann*, KostG, § 28 RVG Rn 3; Mayer/Kroiß/*Gierl*, RVG, § 28 Rn 9; Riedel/Sußbauer/*Keller*, RVG, § 28 Rn 4.
19 KG Berlin ZInsO 2013, 1541; *Enders*, JurBüro 1999, 169, 171; Gerold/Schmidt/*Mayer*, RVG, § 28 Rn 5; *Hartmann*, KostG, § 28 RVG Rn 6; Riedel/Sußbauer/*Keller*, RVG, § 28 Rn 4.
20 A.A. OLG Dresden MDR 1994, 1253; LG Berlin, Beschl. v. 11.3.2009 – 82 T 905/08; LG Ulm, Beschl. v. 5.6.2013 – 3 T 158/11.
21 So auch LG Münster VersR 2010, 106.
22 Mayer/Kroiß/*Gierl*, RVG, § 28 Rn 17; Bischof/Jungbauer/Bräuer/*Bräuer*, RVG, § 28 Rn 10.
23 OLG Dresden MDR 1994, 1253.
24 OLG Saarbrücken ZInsO 2015, 769.
25 Gerold/Schmidt/Mayer, RVG, § 28 Rn 7; *Hansens*, BRAGO, § 77 Rn 7; Mayer/Kroiß/*Gierl*, RVG, § 28 Rn 18; Bischof/Jungbauer/Bräuer/*Bräuer*, RVG, § 28 Rn 11; Hartung/Schons/*Enders*, RVG, § 28 Rn 11; a.A. *Enders*, JurBüro 1999, 169.

gers maßgebend, im Übrigen aber nur der geltend gemachte Teilbetrag,[26] kann dem nicht gefolgt werden. Diese Auffassung geht offensichtlich auf die bis zum 31.12.1998 gültige Fassung des § 37 GKG zurück, der in den Absätzen 1 und 4 unterschiedliche Bezugsgrößen für die Wertbemessung vorsah.[27] Darauf kommt es jedoch nicht an. Denn zum einen nimmt Abs. 2 – anders als Abs. 1 – nicht auf den jetzigen § 58 GKG Bezug. Zum anderen ist der Nennwert nicht nur im Falle der VV 3314, 3316, sondern auch in den Fällen der VV 3317, 3320 und 3500, 3513 maßgebend. Es ist kein vernünftiger Grund dafür ersichtlich, warum im Eröffnungsverfahren die – in dieser Höhe nicht geltend gemachte – tatsächliche Gesamtforderung maßgeblich sein soll, nach der Eröffnung aber lediglich der angemeldete Teilbetrag.

Das gilt auch, wenn der Anwalt **nur mit der Anmeldung** der gesamten Forderung beauftragt und auf Anraten des Anwalts dann aber nur ein Teilbetrag angemeldet wird, weil die Gebühr nach VV 3320 erst mit dem Entwurf der Anmeldung bzw. der Anmeldung selbst erwächst. Der Anwalt erhält aber zusätzlich aus dem Differenzwert zwischen der angemeldeten Forderung und der höheren Gesamtforderung eine Gebühr nach § 34.[28] 17

Davon zu unterscheiden ist aber der Fall, dass der Anwalt **insgesamt mit der Vertretung im eröffneten Insolvenzverfahren** bezüglich der gesamten Forderung beauftragt worden ist, wozu auch der Auftrag zur Anmeldung gehört. Da es sich bei VV 3317 um eine Verfahrensgebühr handelt, entsteht sie mit dem Beginn der Tätigkeit im Insolvenzverfahren, üblicherweise also mit der Entgegennahme/Einholung von Informationen. Schließt sich daran dann der Rat an, nur einen Teilbetrag anzumelden und wird dementsprechend nur dieser angemeldet, wirkt sich diese vor der Antragstellung bei Gericht vorgenommene Reduzierung für die bereits nach dem höheren Wert entstandene Anwaltsgebühr nach VV 3317 nicht mehr aus, kann allerdings für die Gerichtsgebühr von Bedeutung sein (§ 58 Abs. 2 GKG). 18

Der Nennbetrag ist auch dann maßgebend, wenn der **Wert der Insolvenzmasse geringer** ist.[29] Denn Abs. 2 nimmt – anders als Abs. 1 – nicht auf § 58 GKG Bezug. 19

Absonderungsberechtigte, denen der Schuldner auch persönlich haftet, sind Insolvenzgläubiger (§ 52 InsO), sodass auch für sie VV 3314 zutrifft. Nennbetrag ist dabei der Betrag der angemeldeten Forderung, also entweder die gesamte Forderung, ein Teilbetrag oder nur die Forderung in Höhe des nicht gesicherten Teils (Ausfallforderung).[30] Zu beachten ist dabei allerdings, dass sich der Gebührenwert im Verfahrensverlauf durchaus reduzieren kann. Dies ist dann der Fall, wenn sich im Verfahrensverlauf herausstellt, dass der tatsächliche Ausfall geringer ist als die zuvor angemeldete Forderung. Insofern ist dann die geringere Forderung maßgeblich.[31] 20

III. Vertretung des Schuldners, des Gläubigers oder sonstiger Personen in den übrigen Angelegenheiten (Abs. 3)

Mit den Worten „Im Übrigen" in Abs. 3 sind die Angelegenheiten gemeint, die in den vorangegangenen Absätzen 1 und 2 nicht geregelt worden sind. „Im Insolvenzverfahren" ist ungenau und umfasst auch das Insolvenzeröffnungsverfahren.[32] Danach verbleibt als Anwendungsbereich: 21
– bei der Gebühr nach VV 3317 die Vertretung anderer Personen als des Gläubigers oder des Schuldners (z.B. des Insolvenzverwalters; VV 3317);
– bei der Gebühr gemäß VV 3500 die Vertretung des Gläubigers oder des Schuldners, soweit es nicht um den Beschluss über die Eröffnung des Insolvenzverfahrens geht, sowie die Vertretung sonstiger Personen in allen Beschwerdeverfahren;

---

26 OLG Dresden MDR 1994, 1253; *Enders*, JurBüro 1999, 169, 171; Riedel/Sußbauer/*Keller*, RVG, § 28 Rn 8; Hartung/*Römermann*, RVG, § 28 Rn 23; *Hartmann*, KostG, § 28 RVG Rn 13, 15 – anders jedoch in § 58 GKG Rn 7.
27 § 37 Abs. 1 GKG a.F.: Für die Durchführung des Konkursverfahrens der Betrag der Aktivmasse; § 37 Abs. 4 GKG a.F.: Für den Antrag auf Eröffnung durch einen Gläubiger der Betrag seiner Forderung.
28 *Hartmann*, KostG, § 28 Rn 15; Mayer/Kroiß/*Gierl*, RVG, § 28 Rn 18.
29 So zutreffend *Enders*, JurBüro 1999, 169, 171; Mayer/Kroiß/*Gierl*, RVG, § 28 Rn 21; *Hartmann*, KostG, § 28 Rn 12; Hartung/*Römermann*, RVG, § 25 Rn 26; Bischof/Jungbauer/Bräuer/*Bräuer*, RVG, § 28 Rn 13.
30 Gerold/Schmidt/*Mayer*, RVG, § 28 Rn 9; Riedel/Sußbauer/*Keller*, RVG, § 28 Rn 9; Mayer/Kroiß/*Gierl*, RVG, § 28 Rn 19.
31 Mayer/Kroiß/*Gierl*, RVG, § 28 Rn 19.
32 Mayer/Kroiß/*Gierl*, RVG, § 28 Rn 22; Gerold/Schmidt/*Mayer*, RVG, § 28 Rn 11; *Hartmann*, KostG, RVG § 28 Rn 18.

– die Vertretung irgendeines Beteiligten im Rahmen des Verfahrens über einen Antrag auf Restschuldbefreiung, der Versagung oder des Widerrufs der Restschuldbefreiung (VV 3321) oder im Verfahren über einen Insolvenzplan (VV 3319).

22 **Nicht anzuwenden** ist die Norm hingegen bei einem Streit über die **Höhe der Insolvenzverwaltervergütung**.[33] Die Wertvorschrift des § 28 Abs. 3, die für eine solche Bemessung sprechen könnte, ist nicht auf das Verfahren über die Vergütung des (vorläufigen) Insolvenzverwalters zugeschnitten. Die Vorschrift ist deshalb einschränkend auszulegen.[34]

23 Im gesamten Anwendungsbereich des Abs. 3 ist der **Gegenstandswert** unter Berücksichtigung des wirtschaftlichen (nicht rechtlichen) Interesses des jeweiligen Auftraggebers im Insolvenzverfahren **nach billigem Ermessen zu bestimmen** (§ 23 Abs. 3 S. 2). Dabei ist einerseits zu berücksichtigen, dass Restschuldbefreiung nur insgesamt und nicht bezogen auf einzelne Forderungen erteilt werden kann,[35] andererseits die Frage der Realisierung der offenen Forderungen im Hinblick auf die konkrete wirtschaftliche Situation des Schuldners von Bedeutung ist. Fehlen genügende tatsächliche Anhaltspunkte für eine Schätzung, kann der Wert gemäß § 23 Abs. 3 S. 2 mit 5.000 EUR angesetzt werden,[36] nach Lage des Falles auch höher oder niedriger, jedoch nie höher als 500.000 EUR.

> Beispiele:[37]
> 1. Bei einer Vertretung des Schuldners im Rahmen eines Insolvenzplans, der den Erhalt eines Teils des Schuldnervermögens vorsieht, der Verkehrswert dieses zu erhaltenden Vermögens;
> 2. bei einer Vertretung des Gläubigers im Rahmen eines Insolvenzplans die Differenz zwischen der im Insolvenzplan vorgesehenen und der vom Gläubiger gewollten höheren Quote;
> 3. im Falle der Vertretung des Schuldners im Verfahren über einen Antrag auf Restschuldbefreiung der Betrag der Summe der Verbindlichkeiten, von denen der Schuldner Befreiung begehrt; ist der Schuldner nur zu geringen Zahlungen in der Lage, reduziert sich der Betrag auf die Hälfte der zur Insolvenztabelle angemeldeten Forderungen[38] bzw. ist bei einem qualifizierten Nullplan mangels anderweitiger Schätzungsmöglichkeiten mit dem „Regelwert" von 5.000 EUR anzusetzen;[39]
> 4. im Falle der Vertretung des Gläubigers im Verfahren über einen Antrag auf Restschuldbefreiung der Teil der Forderung des Gläubigers, von dem der Schuldner befreit würde.

§ 29 Gegenstandswert im Verteilungsverfahren nach der Schifffahrtsrechtlichen Verteilungsordnung

Im Verfahren nach der Schifffahrtsrechtlichen Verteilungsordnung gilt § 28 entsprechend mit der Maßgabe, dass an die Stelle des Werts der Insolvenzmasse die festgesetzte Haftungssumme tritt.

A. Allgemeines 1   B. Regelungsgehalt 2

A. Allgemeines

1 Zum Regelungsbereich der Schifffahrtsrechtlichen Verteilungsordnung (SVertO) siehe VV Vorb. 3.3.5 Rdn 8 ff. Der **Gegenstandswert** berechnet sich aufgrund der Verweisung nach § 28, wobei allerdings an die Stelle der Insolvenzmasse die im Verteilungsverfahren gemäß § 5 SVertO festgesetzte bzw. ggfs. gemäß § 30 Abs. 2 erhöhte Haftungssumme tritt.

---

33 BGH ZIP 2012, 1732 = MDR 2012, 1127 = ZInsO 2012, 1587 = NJW-RR 2012, 1257 = RVG prof. 2012, 163.
34 Zu § 27 RVG vgl. BGH AGS 2007, 527 = JurBüro 2007, 488 = BGHReport 2007, 581 = Rpfleger 2007, 416 = MDR 2007, 983 = NJW-RR 2007, 1150 = RVGreport 2007, 280 = NJW 2007, 3289; vgl. auch § 27 Rdn 1.
35 BGH NJW 2003, 1187 = ZInsO 2003, 217.
36 BGH JurBüro 2007, 315; OLG Rostock NJOZ 2007, 5806; Schneider/Herget/*Onderka*, Rn 3196.
37 Alle nach *Enders*, JurBüro 1999, 169, 171, 172.
38 LG Bochum ZInsO 2001, 564.
39 OLG Celle InVo 2002, 277 = ZInsO 2002, 32; OLG Düsseldorf JurBüro 2008, 32.

B. Regelungsgehalt

Die Gebühr für die **Vertretung des Schuldners** im Eröffnungsverfahren (VV 3313), die Gebühr für die Vertretung des Schuldners im Verteilungsverfahren (VV 3317) sowie die Beschwerde gegen den Beschluss über die Eröffnung des Verteilungsverfahrens (VV 3500, 3513) bestimmt sich nach dem Wert der Haftungssumme, höchstens nach dem Betrag sämtlicher Forderungen; der Wert beträgt jedoch mindestens 4.000 EUR (§ 28 Abs. 1).

Die Gebühr für die **Vertretung eines Gläubigers** im Verteilungsverfahren (VV 3317 – im Eröffnungsverfahren ist er noch nicht beteiligt, vgl. VV 3314), beschränkt auf die Anmeldung einer Forderung (VV 3320) sowie im Verfahren der Beschwerde gegen den Beschluss über die Eröffnung des Verteilungsverfahrens (VV 3500, 3513), berechnet sich nach dem Nennwert der Forderung, wobei Nebenforderungen bis zum Tag vor der Eröffnung des Verteilungsverfahrens mitzurechnen sind.[1]

In **Verfahren in den Fällen der VV 3322** (Verfahrensgebühr für das Verfahren über Anträge auf Zulassung der Zwangsvollstreckung nach § 17 Abs. 4 SVertO) **und VV 3323** (Verfahrensgebühr für das Verfahren über Anträge auf Aufhebung von Vollstreckungsmaßregeln gemäß § 8 Abs. 5 und § 41 SVertO) ist der Gegenstandswert entsprechend § 28 Abs. 3 unter Berücksichtigung des wirtschaftlichen Interesses des jeweiligen Auftraggebers in dem konkreten Verfahren nach billigem Ermessen gemäß § 23 Abs. 3 S. 2 zu bestimmen.[2] Gleiches gilt für solche Beschwerden oder Erinnerungen nach der SVertO, die nicht bereits vom Regelungsbereich des § 28 Abs. 1 und 2 i.V.m. § 29 erfasst sind.[3]

Wegen der weiteren Einzelheiten siehe die Erläuterungen zu § 28.

§ 30 Gegenstandswert in gerichtlichen Verfahren nach dem Asylgesetz

(1) ¹In Klageverfahren nach dem Asylgesetz beträgt der Gegenstandswert 5 000 Euro, in Verfahren des vorläufigen Rechtsschutzes 2 500 Euro. ²Sind mehrere natürliche Personen an demselben Verfahren beteiligt, erhöht sich der Wert für jede weitere Person in Klageverfahren um 1 000 Euro und in Verfahren des vorläufigen Rechtsschutzes um 500 Euro.

(2) Ist der nach Absatz 1 bestimmte Wert nach den besonderen Umständen des Einzelfalls unbillig, kann das Gericht einen höheren oder einen niedrigeren Wert festsetzen.

Das Asylverfahrensgesetz ist durch Art. 1 Nr. 1 des Asylverfahrensbeschleunigungsgesetzes vom 20.10.2015 in Asylgesetz (AsylG) umbenannt worden mit der Folge, dass die Überschrift zu § 30 und § 30 Abs. 1 S. 1 sprachlich angepasst werden mussten. Inhaltliche Änderungen sind damit nicht verbunden.

A. Allgemeines 1	1. Anwendungsbereich (Abs. 2) 28
B. Regelungsgehalt 11	2. Voraussetzungen für eine Abweichung
I. Gegenstandswert in gerichtlichen Verfahren nach dem AsylG (Abs. 1 S. 1) 11	vom Regelwert (Abs. 2) 37
1. Allgemeines 11	a) Besondere Umstände 38
2. Klageverfahren nach dem AsylG	aa) Erhöhungskriterien 39
(§ 30 Abs. 1 S. 1, 1. Alt.) 12	bb) Ermäßigungskriterien 40
3. Einstweiliger Rechtsschutz nach dem	b) Unbilligkeit (Abs. 2) 47
AsylG (§ 30 Abs. 1 S. 1, 2. Alt.) 20	III. Mehrere Gegenstände 49
4. Beteiligung mehrerer Personen in Verfahren nach dem AsylG (§ 30 Abs. 1 S. 2) ... 23	C. Erstattungsfragen 51
II. Abweichung vom Regelwert (§ 30 Abs. 2) .. 27	I. Festsetzung des Gegenstandswerts 51
	II. Gegenstandswert bei Prozesskostenhilfe ... 54

---

1 Rheinschiffahrtsobergericht Karlsruhe BinSchiff 2008, 66.
2 Riedel/Sußbauer/*Keller*, RVG, § 29 Rn 5.
3 Mayer/Kroiß/*Gierl*, RVG, § 29 Rn 7; Gerold/Schmidt/*Mayer*, RVG, § 28 Rn 6.

A. Allgemeines

1 § 30 hatte zum 1.7.2004 zunächst die bis zum 30.6.2004 in **§ 83b Abs. 2 AsylVfG** enthaltene Regelung ohne inhaltliche Änderung in das RVG übernommen. § 83b Abs. 2 AsylVfG war zum 1.7.1993 in Kraft getreten, nachdem sich die Gegenstandswertpraxis nach bis zu diesem Zeitpunkt geltenden Recht sehr uneinheitlich entwickelt hatte. Mit § 83b Abs. 2 AsylVfG verfolgte der Gesetzgeber das Ziel, zu einer übersichtlichen und weitgehend einheitlichen Handhabung zu gelangen.[1] Zu diesem Zweck übernahm er die Wertfestsetzung in das damalige AsylVfG, um ein möglichst lückenloses, notfalls durch ergänzende Auslegung zu füllendes System zu schaffen.[2]

2 Die Höhe des Gegenstandswerts sollte sich nach dem Willen des Gesetzgebers an § 13 Abs. 1 S. 2 GKG in der bis zum 26.6.1993 geltenden Fassung orientieren, der den Streitwert für die Verwaltungsgerichtsbarkeit und die Finanzgerichtsbarkeit regelte und damals 3.000 DM entsprach. Die Erhöhung des Auffangstreitwerts der damaligen Fassung des § 13 Abs. 1 S. 2 GKG a.F. von später 6.000 DM auf 8.000 DM war im AsylVfG allerdings bereits nicht nachvollzogen worden. Nach der Umstellung dieses Betrags auf 4.000 EUR wurde dieser Wert durch das 1. KostRMoG vom 5.5.2004 auf 5.000 EUR angehoben, während die Regelung in § 83b Abs. 2 AsylVfG wiederum ohne eine Anpassung der Werte in das RVG übernommen worden ist und weiterhin 3.000 EUR betragen hatte.

3 Nachdem § 51 AuslG durch das Zuwanderungsgesetz zum 1.1.2005 aufgehoben worden und die Abschiebungshindernisse in § 60 AufenthG geregelt worden waren, wurde die Vorschrift durch das 2. Justizmodernisierungsgesetz mit Wirkung vom 31.12.2006 redaktionell angepasst. Eine Erhöhung der Werte war allerdings auch damit nicht verbunden. Eine Änderung der Höhe nach hatte sich seit 1993 und damit seit über 20 Jahren nicht mehr ergeben, ist vielmehr erst mit dem 2. KostRMoG umgesetzt worden.

4 Nach § 83b AsylG (bisher § 83b AsylVfG) werden Gerichtskosten (Gebühren und Auslagen) in Streitigkeiten nach dem AsylG nicht erhoben. Die Nichterhebung von Gerichtskosten in Verfahren nach dem AsylG soll dem Willen des Gesetzgebers Rechnung tragen, den Verwaltungsaufwand zu nivellieren, der durch die Erhebung von im Regelfall ohnehin nicht beizutreibenden Gerichtskosten entstehen würde.

5 Die Wertvorschriften des GKG können nach § 23 Abs. 1 zur Bestimmung des Gegenstandswertes in Verfahren nach dem AsylG für die Höhe der dem Rechtsanwalt zustehenden Vergütung (§ 2 Abs. 1) nicht herangezogen werden, weil nach § 83b AsylG gerade keine Gerichtsgebühren erhoben werden. Auch eine entsprechende Anwendung der Vorschriften des GKG nach § 23 Abs. 1 S. 2, etwa in Verbindung mit dem Auffangwert, scheidet aus, weil § 30 eine für die Festsetzung des Gegenstandswerts spezielle Regelung darstellt, deren Anwendung auf Verfahren nach dem AsylG beschränkt ist, und § 23 Abs. 1 S. 2 in diesem Fall unanwendbar ist. Die Heranziehung dieser Vorschrift für die Gegenstandswertfestsetzung in (anderen) „ausländerrechtlichen" Verfahren kommt allerdings nicht in Betracht, da dies eine unzulässige Analogie bedeuten würde, für deren Rechtfertigung es auch keine Anhaltspunkte,[3] aber auch keine Notwendigkeit gibt, weil das GKG und andere Kostengesetze eine Bewertung für die „übrigen Verfahren" zulassen und die jeweilige Wertfestsetzung auch für den Anwalt maßgeblich ist (§ 32 Abs. 1).

6 Eine Wertfestsetzung in Verfahren nach dem AsylG darf wegen der Gerichtskostenfreiheit der Verfahren (§ 83b AsylG) von Amts wegen nach § 30 nicht vorgenommen werden. Eine Festsetzung des Gegenstandswerts erfolgt nur auf Antrag im Verfahren nach § 33 Abs. 1.

7 Früher wollte der Gesetzgeber die Klageverfahren nach dem AsylG in ihrer Bewertung unterschieden wissen und differenzierte zwischen Klageverfahren, die die Asylanerkennung und die Feststellung der Voraussetzungen nach § 60 AufenthG betreffen – diese stufte der Gesetzgeber als höherwertig ein – und sonstigen Klageverfahren.[4] Auch innerhalb des einstweiligen Rechtsschutzes nach dem AsylG wurde differenziert.

---

1 BT-Drucks 12/4450 S. 29.
2 *Kanein/Renner*, Ausländerrecht, Kommentar, 7. Aufl. 1999, § 83b Abs. 2 AsylVfG Rn 6.
3 VGH Baden-Württemberg AGS 2007, 102.

4 VG Sigmaringen, Beschl. v. 29.7.2013 – 6 K 95/13; BayVGH AGS 2013, 290 = NJW-Spezial 2013, 413 = RVGreport 2013, 362.

Diese Unterscheidungen hat der Gesetzgeber aus nachvollziehbaren sachlichen Gründen aufgegeben und damit die Vorschrift des § 30 deutlich vereinfacht. Die Unterscheidung zwischen einem Klageverfahren, das die Asylanerkennung einschließlich der Feststellung der Voraussetzungen nach § 60 Abs. 1 AufenthG und die Feststellung von Abschiebungshindernissen betrifft und den sonstigen Klageverfahren entfällt deshalb nach der neuen Fassung des § 30 auf der Grundlage des 2. KostRMoG. Die Unterscheidung hat die Rechtsprechung des Bundesverwaltungsgerichts – contra legem –, aber anerkennenswerter Weise bereits seit 2006 nicht mehr vorgenommen und den niedrigeren Gegenstandswert nur noch bei einer
- Klage gegen die Abschiebungsandrohung (§ 34 Abs. 1 AsylG),
- Klage gegen die Abschiebungsanordnung (§ 34a AsylG) und
- Klage gegen Durchsetzung der Ausreisepflicht (§ 36 Abs. 1 AsylG)

berücksichtigt.[5]

Aber auch für diese Fälle gilt jetzt einheitlich der Wert von 5.000 EUR für sämtliche Klageverfahren, die nach dem AsylG möglich sind.[6]

Die Vielzahl von gerichtlichen Entscheidungen, die sich nur zu der Frage verhielten, ob es sich um ein mit 3.000 EUR zu bewertendes oder ein sonstiges Klageverfahren i.S.d. § 30 handelt, gibt es also nicht mehr. Es ist nur noch die Frage zu beantworten, ob überhaupt ein Rechtsstreit nach dem AsylG vorliegt. Die Beantwortung der Frage richtet sich danach, ob die angefochtene oder begehrte Maßnahme ihre rechtliche Grundlage im AsylG findet.[7] Im Nachgang dazu ist für die Bewertung nur noch danach zu unterscheiden, ob der Antragsteller ein Klageverfahren eingeleitet hat oder einstweiligen Rechtsschutz begehrt.

B. Regelungsgehalt

I. Gegenstandswert in gerichtlichen Verfahren nach dem AsylG (Abs. 1 S. 1)

1. Allgemeines

Abs. 1 unterscheidet zwischen
- **Klageverfahren** nach dem AsylG und
- Verfahren des vorläufigen Rechtsschutzes nach dem AsylG.

2. Klageverfahren nach dem AsylG (§ 30 Abs. 1 S. 1, 1. Alt.)

Streitigkeiten nach dem AsylG sind solche, in denen Ausländer
- Schutz als politisch Verfolgte nach Art. 16a Abs. 1 GG oder
- internationalen Schutz nach der Richtlinie 2011/95/EU des Europäischen Parlaments und des Rates vom 13.12.2011 über Normen für die Anerkennung von Drittstaatsangehörigen oder Staatenlosen als Personen mit Anspruch auf internationalen Schutz, für einen einheitlichen Status für Flüchtlinge oder für Personen mit Anrecht auf subsidiären Schutz und für den Inhalt des zu gewährenden Schutzes (ABl L 337 vom 20.12.2011, S. 9) suchen; der internationale Schutz i.S.d. Richtlinie 2011/95/EU umfasst den Schutz vor Verfolgung nach dem Abkommen vom 28.7.1951 über die Rechtsstellung der Flüchtlinge (BGBl 1953 II S. 559, 560) und den subsidiären Schutz i.S.d. Richtlinie; der nach Maßgabe der Richtlinie 2004/83/EG des Rates vom 29.4.2004 über Mindestnormen für die Anerkennung und den Status von Drittstaatsangehörigen oder Staatenlosen als Flüchtlinge oder als Personen, die anderweitig internationalen Schutz benötigen, und über den Inhalt des zu gewährenden Schutzes (ABl L 304 vom 30.9.2004, S. 12) gewährte internationale Schutz steht dem internationalen Schutz i.S.d. Richtlinie 2011/95/EU gleich (§ 1 Abs. 1 AsylG).

Auch bei einer das Erlöschen der Flüchtlingseigenschaft nach § 72 Abs. 1 AsylG betreffenden Rechtsstreitigkeit handelt es sich nach Auffassung des OVG Lüneburg[8] dann um eine solche nach

---

[5] BVerwG NVwZ-RR 2006, 359; *Bischof/Jungbauer*, § 17 Rn 13 ff.
[6] VG Magdeburg, Beschl. v. 19.3.2014 – 9 B 362/13.
[7] OVG Münster NVwZ-RR 2005, 138.
[8] RVGprof. 2012, 19.

14 Früher wurden Streitigkeiten nach dem AsylG, die die Asylanerkennung einschließlich der Feststellung von Abschiebungshindernissen von sonstigen Klageverfahren unterschieden, erstere mit 3.000 EUR und sonstige Klageverfahren mit 1.500 EUR bewertet. Diese geringen Werte sind durch das 2. KostRMoG zumindest der Systematik der übrigen Auffangwerte in den Kostengesetzen (§ 52 Abs. 2 GKG; § 42 Abs. 3 FamGKG, § 36 Abs. 3 GNotKG) angepasst worden, sodass **alle Klageverfahren** nach dem AsylG, auch im Sinne einer Vereinfachung und Vereinheitlichung einheitlich mit **5.000 EUR** zu bewerten sind (§ 30 Abs. 1 S. 1, 1. Alt.).

15 Hieran ändert sich auch nichts, wenn zusammen mit der Klage auf Anerkennung als Asylberechtigter eine **Abschiebungsandrohung nach** §§ 34, 34a, 35 AsylG angefochten wird. Auch in diesem Fall verbleibt es bei dem „Einheitsgegenstandswert".[9] Zwar werden in § 30 die Abschiebungsandrohungen nach §§ 34, 34a, 35 ff. AsylG nicht erwähnt. Dennoch kann auch in diesen Fällen nichts anderes gelten. Die vom Gesetzgeber selbst vorgenommene bisherige detaillierte Regelung der Gegenstandswerte in Asylstreitverfahren sollte zu einer Vereinheitlichung und Vereinfachung der Festsetzung von Gegenstandswerten führen. Die Ausgestaltung im jeweiligen Einzelfall sollte weitgehend unmaßgeblich sein und die bisherige aufwändige Differenzierung in der verwaltungsgerichtlichen Rechtsprechung zurückgeführt werden. Diesem erklärten Ziel der gesetzlichen Regelung würde es widersprechen, bei auf Asylanerkennung gerichteten Klagen noch danach zu differenzieren, ob die regelmäßig zusammen mit der Ablehnung der Asylanerkennung ergehende Abschiebungsandrohung im gerichtlichen Verfahren angefochten wird oder nicht.[10] Es ist daher stets einheitlich mit dem Regelwert zu bemessen und Einzelfallumstände über Abs. 2 (siehe Rdn 47 f.) zu erfassen.

16 Mit Inkrafttreten des Zuwanderungsgesetzes zum 1.1.2005 hatte das **BVerwG** seine **bisherige Rechtsprechung bereits aufgegeben**,[11] bei Klagen, die lediglich asylrechtlichen und/oder ausländerrechtlichen Abschiebungsschutz betrafen, den Gegenstandswert für sonstige Klageverfahren i.H.v. 1.500 EUR festzulegen. Diese Auslegung beruhte maßgeblich auf dem besonderen Schutz und Status, den Art. 16a GG als Grundrecht in weiter gehender Weise als das damals **sog. „kleine Asyl"** nach § 51 Abs. 1 AuslG vermittelte. Diese Auslegung war aber angesichts der seither ständig wachsenden Bedeutung und namentlich angesichts der gesetzlichen Ausweitung des Schutzumfangs sowie der weit gehenden Angleichung des Status der als Flüchtlinge i.S.d. Genfer Konvention (GFK) Anerkannten, bei denen die Voraussetzungen des § 60 Abs. 1 AufenthG vorliegen, durch das am 1.1.2005 in Kraft getretene Zuwanderungsgesetz nicht mehr gerechtfertigt. So hat der anerkannte Flüchtling nach § 25 Abs. 2 AufenthG die gleiche aufenthaltsrechtliche Stellung wie der Asylberechtigte nach § 25 Abs. 1 AufenthG.[12] Auch die Rechtsstellung der Familienangehörigen unterscheidet sich aufenthaltsrechtlich nicht mehr (§ 29 Abs. 2 AufenthG). Außerdem hat der Gesetzgeber – entsprechend dem Familienasyl – einen Anspruch auf Familienabschiebungsschutz nach § 26 Abs. 4 AsylG eingeführt.

17 Nach der Auffassung des BVerwG ist § 30 daher für die Zeit seit Inkrafttreten des Zuwanderungsgesetzes dahingehend auszulegen, dass Klageverfahren, die die Asylanerkennung und/oder die Flüchtlingsanerkennung nach § 60 Abs. 1 AufenthG betreffen (ggf. einschließlich weiterer nachrangiger Schutzbegehren), mit einem Wert von 3.000 EUR (jetzt 5.000 EUR) zu veranschlagen sind.[13] Das gilt – wie bisher – auch dann, wenn zusätzlich Abschiebungsverbote nach § 60 Abs. 2, 3, 5 oder § 7 AufenthG nicht geltend gemacht werden. Danach war auch für Klageverfahren, die nicht die

---

9 OVG Münster AGS 1998, 120.
10 OVG Münster AGS 1998, 120; Hailbronner/*Schenk*, Ausländerrecht, § 83b AsylVfG Rn 20.
11 BVerwG NVwZ 2007, 469, 470 und Beschl. v. 14.2.2007 – 1 C 22/04.
12 Vgl. für die Niederlassungserlaubnis auch § 26 Abs. 3 AufenthG, für den Widerruf des Aufenthaltstitels § 52 Abs. 1 Nr. 4 AufenthG sowie für die Ausweisung § 56 Abs. 1 Nr. 5 und Abs. 4 AufenthG.
13 BayVGH, Beschl. v. 22.4.2010 – 13 a B 10.30006 und Beschl. v. 19.11.2007 und Beschl. v. 4.12.2007 – 13a ZB 07.30427 und 23 B 07.30509; VGH Baden-Württemberg AuAS 2007, 215; OVG NRW, Beschl. v. 17.8.2010 – 8 A 4063/06.A, v. 3.6.2009 – 8 A 4284/06.A und v. 23.7.2009 – 5 A 1838/08.A; VG Hannover, Beschl. v. 29.11.2007 – 6 A 1904/05; VG Stuttgart NVwZ-RR 2007, 640; VG Aachen, Beschl. v. 29.3.2007 – 9 K 370/06.A; VG Frankfurt, Beschl. v. 7.5.2008 – 9 O 959/08.F.A; VG Minden, Beschl. v. 11.8.2009 – 8 K 392/08.A u. Beschl. v. 5.8.2009 – 12 K 1290/08.A; a.A. OVG Nordrhein-Westfalen NVwZ-RR 2007, 430 u. Beschl. v. 2.5.2007 – 9 A 3203/06.A und VG Minden, Beschl. v. 4.10.2007 – 1 K 3642/06.A u. Beschl. v. 13.2.2009 – 1 K 2025/07.A; VG Bayreuth, Beschl. v. 10.2.2009 – B 3 M 09.30001; VG Chemnitz AGS 2008, 570.

Asylanerkennung, sondern nur die Anerkennung als Konventionsflüchtling nach § 60 Abs. 1 AufenthG (ggf. einschließlich weiterer nachrangiger Schutzbegehren) zum Gegenstand hatten, ebenso wie für entsprechende Streitverfahren um den Widerruf oder die Rücknahme dieses Status nach § 73 Abs. 1 und 2 AsylG ein Gegenstandswert von 3.000 EUR (jetzt 5.000 EUR) anzusetzen. Diese **Auslegung des § 30 galt** allerdings **erst für die Rechtslage ab 1.1.2005** und deshalb nicht für solche Verfahren, in denen die Rechtsanwaltsvergütung nach dem bisherigen, vor dem Inkrafttreten des Zuwanderungsgesetzes am 1.1.2005 geltenden niedrigeren Gegenstandswert zu berechnen war.[14] Ein Klageverfahren auf Durchführung eines weiteren Asylverfahrens nach einem **Folgeantrag nach § 71 AsylG** war kein Klageverfahren nach S. 1, 1. Hs. a.F. Hieran änderte bisher auch die für die Klageverfahren nach S. 1, 1. Hs. a.F. übliche Antragstellung durch den Rechtsanwalt nichts, da der Rechtsanwalt keinen Rechtsanspruch auf eine für seine Mandantschaft nachteilige Verfahrensweise des Gerichts hat, nur um zu höheren Gebühren zu gelangen.[15] Nach Wegfall der Differenzierung in Abs. 1 S. 1 kommt es indes auch darauf nicht mehr an, weil Klageverfahren einheitlich nach Abs. 1 zu bewerten sind.

Abs. 1 S. 1 1. Alt. gilt demnach für **alle Hauptsacheverfahren, die ihre rechtliche Grundlage im AsylG** haben. Ob dies so ist, richtet sich allein danach, auf welche Rechtsvorschrift die Behörde ihre Maßnahme gründet.[16] Ist dies eine solche des AsylG, liegt eine Streitigkeit nach dem AsylG vor. Ist die Maßnahme hingegen auf eine andere Rechtsvorschrift gestützt, liegt eine Rechtsstreitigkeit nach dem AsylG selbst dann nicht vor, wenn sie bei zutreffender rechtlicher Beurteilung in dieser keine Stütze findet, sondern nur nach Maßgabe der Vorschriften des AsylG hätte erlassen werden dürfen.[17] **Klageverfahren** nach Abs. 1 S. 1 sind beispielsweise:[18]
– die Klage auf Gewährung der Einreise (§§ 18 Abs. 2 und 4, 18a Abs. 6 AsylG),
– die Klage gegen eine Zurückschiebung nach § 18 Abs. 3 AsylG,
– die Klage gegen eine Zuweisungsentscheidung (§ 50 Abs. 4 AsylG),
– die Klage auf länderübergreifende Verteilung (§ 51 Abs. 2 AsylG),
– die Klage eines abgelehnten Asylbewerbers, der im Besitz einer mit Wohnsitzauflage verfügten Duldung ist, auf „landkreisinterne Umverteilung", ist sachdienlich als Klage auf Aufhebung oder Änderung der Wohnsitzauflage auszulegen,[19]
– die Klage auf Erlaubnis des vorübergehenden Verlassens des Geltungsbereichs der Aufenthaltsgestattung (§ 58 Abs. 1 AsylG),
– die Klage auf Aufenthaltsnahme in dem angrenzenden Bezirk einer anderen Ausländerbehörde (§ 58 Abs. 1 AsylG),
– die Klage gegen die Durchsetzung der Verlassenspflicht nach § 12 Abs. 3 AufenthG (§ 59 AsylG),
– Klagen kommunaler Gebietskörperschaften gegen die Zuweisung von Asylbewerbern,
– Klagen gegen Auflagen nach § 60 Abs. 2, 3 AsylG,
– Klagen auf Duldung nach §§ 43 Abs. 3, 43a Abs. 3 S. 2 und Abs. 4 AsylG,
– die Klage auf Durchführung eines weiteren Asylverfahrens (§§ 71, 71a AsylG),[20]
– Klagen gegen Einstellungsbescheide des Bundesamtes wegen unterstellter Rücknahme des Asylantrages (§§ 32, 33 AsylVfG),
– die Klage gegen eine Abschiebungsandrohung (§ 34 Abs. S. 1 AsylG) und Abschiebungsanordnung (§ 34a AsylG),[21]
– Verfahren nach der sog. Dublin-II-Verordnung.[22]

Für alle Klageverfahren i.S.d. Abs. 1 S. 1 beträgt der Gegenstandswert 5.000 EUR.

Die bisherige Unterscheidung zwischen bestimmten und sonstigen Klageverfahren entfällt nicht nur für Hauptsacheverfahren des ersten Rechtszugs und das Berufungsverfahren, sondern in gleicher Weise für Antragsverfahren auf Zulassung der Berufung, bei denen es wegen einer Ablehnung

---

14 BVerwG NVwZ 2007, 469, 470 und Beschl. v. 14.2.2007 – 1 C 22/04; Fn 16 m.w.N
15 VG Meiningen, Beschl. v. 15.10.1996 – 5 K 20358/96.Me.
16 OVG Rheinland-Pfalz AuAS 2007, 43.
17 BVerwG NVwZ 1993, 276.
18 Hailbronner/*Schenk*, Ausländerrecht, § 74 AsylVfG Rn 1 ff.
19 VGH Baden-Württemberg AuAS 2008, 22.
20 VG Meiningen, Beschl. v. 15.10.1996 – 5 K 20358/96.Me.
21 Hailbronner/*Schenk*, Ausländerrecht, § 83b AsylVfG Rn 20.
22 VG Magdeburg, Beschl. v. 19.3.2014 – 9 B 362/13.

des Antrags nicht zu einer Fortsetzung des Berufungsverfahrens kommt,[23] und für Verfahren der Beschwerde gegen die Nichtzulassung der Revision.[24]

3. Einstweiliger Rechtsschutz nach dem AsylG (§ 30 Abs. 1 S. 1, 2. Alt.)

20 Der Gegenstandswert im einstweiligen Rechtsschutzverfahren nach dem AsylG entsprach bis zum Inkrafttreten des 2. KostRMoG 1.500 EUR oder der Hälfte des Werts der Hauptsache. Der Wert in Verfahren des vorläufigen Rechtsschutzes beträgt seit Inkrafttreten des 2. KostRMoG einheitlich in allen einstweiligen Rechtsschutzverfahren nach dem AsylG **2.500 EUR** (§ 30 Abs. 1 S. 1 2. Alt.) und entspricht damit dem hälftigen Regelwert der Hauptsache.

21 Grundsätzlich ist der Aufwand in einstweiligen Rechtsschutzverfahren wegen damit verbundener hoher Haftungsrisiken regelmäßig nicht geringer, sondern umfangreicher, weshalb die Anhebung auf einen Gegenstandswert in Höhe von 2.500 EUR erforderlich war.

22 Erfasst werden sowohl die Verfahren nach § 80 Abs. 5 VwGO auf Anordnung oder Wiederherstellung der aufschiebenden Wirkung als auch die Verfahren der einstweiligen Anordnung nach § 123 VwGO. Der Gegenstandswert nach Abs. 1 S. 1, 1. Alt. kommt nur bei Verfahren des vorläufigen Rechtsschutzes wegen aufenthaltsbeendender Maßnahmen nach dem AsylG, also vor allem bei Abschiebungsandrohung und Zurückschiebungen, zur Anwendung. Hierzu zählen nach zutreffender Ansicht auch Verfahren nach § 123 VwGO gegen Einreiseverweigerungen, obwohl sie streng genommen keinen inländischen Aufenthalt beenden.[25] Auch in allen sonstigen Verfahren des vorläufigen Rechtsschutzes nach dem AsylG beträgt der Gegenstandswert einheitlich 2.500 EUR. Eine Unterscheidung, wie nach früherem Recht, ist nicht mehr vorzunehmen.

4. Beteiligung mehrerer Personen in Verfahren nach dem AsylG (§ 30 Abs. 1 S. 2)

23 Soweit mehrere natürliche Personen an demselben Verfahren nach dem AsylG beteiligt sind, erhöht sich der Wert für **jede weitere Person** um
- **1.000 EUR** in **Klageverfahren** nach Abs. 1 S. 1 1. Alt. und um
- **500 EUR** in **Verfahren des einstweiligen Rechtsschutzes** nach Abs. 1 S. 1 2. Alt.

24 Während § 30 in S. 3 a.F. berücksichtigte, dass bei Beteiligung mehrerer natürlicher Personen an demselben Verfahren für jede weitere Person im Klageverfahren der Gegenstandswert um 900 EUR und in Verfahren des vorläufigen Rechtsschutzes um 600 EUR zu erhöhen war, wird diese „Erhöhungsgebühr" für Klageverfahren zukünftig mit 1.000 EUR höher bemessen, während sich für Verfahren des vorläufigen Rechtschutzes im Vergleich zu der bis zum 31.7.2013 geltenden Rechtslage eine Ermäßigung um jeweils 100 EUR ergibt, weil sich der Wert für jede weitere Person um nur noch 500 EUR erhöht.[26] Die grundsätzliche Erhöhung bei Beteiligung mehrerer natürlicher Personen im Klageverfahren hat der Gesetzgeber beibehalten, sodass VV 1008 verdrängt wird und nicht anwendbar sein soll.[27] Gegen diese Auffassung erheben sich deshalb Bedenken, weil VV 1008 die zusätzliche Vergütung des Anwalts regelt für den vermuteten Mehraufwand bei der Beauftragung durch mehrere Auftraggeber. Abs. 1 S. 2 hingegen bestimmt eine Werterhöhung bei objektiv vorliegender Beteiligung mehrerer natürlicher Personen im Klageverfahren. VV 1008 und Abs. 1 S. 2 schließen sich demgemäß nicht aus, weil sich ihr Regelungsgegenstand gar nicht überschneidet. Allerdings scheidet die Anwendung der VV 1008 aus anderen Gründen und zwar deshalb aus, weil der Gesetzgeber bei Vertretung mehrerer Personen in demselben Verfahren jedes Asylgesuch als eigenen Gegenstand definiert (siehe auch VV 1008 Rdn 34).

25 Abs. 1 S. 2 sieht für den Fall, dass mehrere natürliche Personen an demselben Verfahren nach dem AsylG beteiligt sind, die jeweiligen Erhöhungen vor. Der Gesetzgeber differenziert dabei nach wie vor weder danach, ob es in diesen Verfahren um die Asylanerkennung oder um sonstige Angelegenheiten nach dem AsylG geht, ob aufenthaltsbeendende Maßnahmen in Streit stehen, ob übereinstim-

---

[23] Hailbronner/*Schenk*, Ausländerrecht, § 83b AsylVfG Rn 20a.
[24] BVerwG DVBl 1994, 537.
[25] Hailbronner/*Schenk*, Ausländerrecht, § 83b AsylVfG Rn 21.
[26] Vgl. *Schneider/Thiel*, Das neue Gebührenrecht für Rechtsanwälte, § 3 Rn 206 ff.
[27] Vgl. *Schneider/Thiel*, Das neue Gebührenrecht für Rechtsanwälte, § 3 Rn 210 ff.; LG Berlin Rpfleger 1996, 464.

mende Gründe oder Begehren geltend gemacht werden, in welcher Beziehung die beteiligten Personen zueinander stehen, welche Beteiligtenrolle sie einnehmen oder ob die Verfahren ursprünglich getrennt waren und erst nachträglich verbunden worden sind.[28] Eine solche Differenzierung würde vielmehr dem Willen des Gesetzgebers zuwiderlaufen, eine Vereinheitlichung der Gegenstandswerte in Verfahren nach dem AsylG durch eine weitgehend abschließende Regelung erreichen zu wollen.[29] Mithin kommt es nur darauf an, dass ein **Mehrpersonenverfahren** vorliegt. Nicht anwendbar – auch nicht analog – ist Abs. 1. S. 2, wenn mehrere Familienangehörige auf **Einbürgerung** klagen.[30]

Soweit der Gesetzgeber augenscheinlich bei Beteiligung mehrerer natürlicher Personen im einstweiligen Rechtsschutzverfahren die „Erhöhungsgebühr" ermäßigt, dürfte dies im Hinblick auf die Anpassung der Gebührentabelle des § 13 Abs. 1, aus rechnerischen Vereinfachungsgründen und schließlich im Hinblick auf die Regelung des Abs. 2 (siehe Rdn 47) hinzunehmen sein. Ungeachtet dessen kann sich der Gebührensprung objektiv und infolge der Anhebung der Gebührenbeträge, wenn überhaupt, nachteilig auch erst bei Beteiligung von weiteren drei Personen auswirken.

II. Abweichung vom Regelwert (§ 30 Abs. 2)

Neu eingeführt wird die in Abs. 2 enthaltene Billigkeitskorrekturmöglichkeit, wonach die sich aus Abs. 1 S. 1 und 2 ergebenden Regelwerte in Höhe von 5.000 EUR für Klageverfahren und in Höhe von 2.500 EUR für einstweilige Rechtsschutzverfahren veränderbar im Sinne einer Erhöhung oder Ermäßigung sind.

1. Anwendungsbereich (Abs. 2)

Eine Abweichung vom Regelwert soll dann möglich sein, wenn der sich aus § 30 Abs. 1 ergebende Wert nach den besonderen Umständen des Einzelfalls unbillig ist. Die Formulierung entspricht derjenigen, die der Gesetzgeber in den §§ 44 Abs. 3, 45 Abs. 3, 47 Abs. 2, 48 Abs. 3, 49 Abs. 2, 50 Abs. 3 und 51 Abs. 3 S. 2 FamGKG in bestimmten Familiensachen vorgesehen hat.

Der Gesetzgeber eröffnet durch die Möglichkeit der Abweichung vom Regelwert, die nach nunmehr 20 Jahren erstmals erhöhten Werte über die Regelung des Abs. 2 ggf. nochmals anzuheben, oder auch wieder zu ermäßigen. Es ist aber an sich auch kein einstweiliges Rechtsschutzverfahren denkbar, dessen Aufwand und Haftungsrisiko noch unterhalb von 2.500 EUR gelegen sein soll.[31] Gleichermaßen ist auch nicht einzusehen, dass der Wert des Abs. 1 S. 1, 1. Alt., der den nicht veränderbaren Auffangwerten des RVG und den Gerichtskostengesetzen entspricht, noch eine Ermäßigung erfahren sollte. In seiner Begründung des Gesetzes formuliert der Gesetzgeber den einfach gelagerten und für die Betroffenen weniger bedeutsamen Fall als denjenigen, der eine Herabsetzung des Regelfestwerts ermöglicht und den besonders umfangreichen und schwierigen Fall als denjenigen, der eine Korrekturmöglichkeit im Sinne einer Erhöhung des Gegenstandswerts zulässt.

Fraglich ist, ob der Gesetzgeber mit Abs. 2 auch die Möglichkeit eröffnen wollte, eine Abweichung der gesamten in Abs. 1 bestimmten Regelwerte zuzulassen, sodass mitunter auch die „Erhöhungsgebühren", die für jede weitere am Verfahren beteiligte natürliche Person entstehen unter Billigkeitsgesichtspunkten höher oder niedriger festgesetzt werden könnten. Der Wortlaut des Abs. 2 könnte einen solchen Willen des Gesetzgebers zu erkennen geben, der davon ausgeht, dass die Billigkeitskorrektur möglich ist, wenn die Wertfestsetzung nach Abs. 1 (S. 1 und S. 2) unbillig ist.

Dagegen spricht aber, und das überzeugt umfassender, dass die Wertfestsetzung nach Abs. 1 einheitlich zu erfolgen hat und zwar unter Verbindung der S. 1 und 2 des Abs. 1 ein einheitlicher Wert festzusetzen ist. Der Gesetzgeber wollte die Vorschrift vereinfachen, weshalb auch davon auszugehen ist, dass eine Regelwertermäßigung oder -erhöhung erst dann zu prüfen ist, wenn der Wert nach Abs. 1 einheitlich festgesetzt worden ist.

---

28 Hailbronner/*Schenk*, Ausländerrecht, § 83b AsylVfG Rn 23.
29 BVerwG DVBl 1994, 537.
30 VGH Baden-Württemberg AGS 1997, 41; OVG Münster, Beschl. v. 22.3.2002 – 19 E 205/02 (juris).
31 Vgl. *Schneider/Thiel*, Das neue Gebührenrecht, § 3 Rn 211.

32 Zu beachten ist deshalb, dass die Billigkeitskorrektur immer erst dann vorzunehmen ist, wenn eine Bewertung nach Abs. 1 abschließend erfolgt, insbesondere auch die in Abs. 1 S. 2 vorgesehene Erhöhung bei Beteiligung mehrerer natürlicher Personen berücksichtigt worden ist.[32]

> **Beispiel:** Der Anwalt wird beauftragt, Klage gegen die Abschiebungsandrohung gem. § 34 Abs. 1 AsylG von drei Personen zu erheben.
> Der Gegenstandswert für das Klageverfahren beträgt nach Abs. 1 S. 1, 1. Alt. 5.000 EUR. Da mehrere Personen an demselben Verfahren beteiligt sind, erhöht sich der Wert für jede weitere Person um 1.000 EUR (Abs. 1 S. 2), sodass der Wert auf 7.000 EUR festzusetzen ist.

33 Ist der Fall einfach gelagert und für die Beteiligten weniger bedeutsam, kommt eine Billigkeitskorrektur bei Hinzutreten weiterer Kriterien nach Abs. 2 im Sinne einer Ermäßigung des Werts in Höhe von 7.000 EUR in Betracht.[33] Ist das Verfahren hingegen umfangreich, besonders bedeutsam für die Beteiligten und schwierig, besteht die Möglichkeit, den nach Abs. 1 ermittelten Wert in Höhe von 7.000 EUR zu erhöhen.

34 *Klüsener*[34] geht bei bestimmten Familiensachen, für die die Billigkeitskorrektur in Form der Abweichung vom Regelwert bereits durch das FGG-ReformG eingeführt worden ist, davon aus, dass in mehr als 90 % aller Verfahren der Regelwert und eine Unbilligkeit immer nur bei einer erheblichen Abweichung der Umstände vom Durchschnitt angenommen werden kann. Abs. 2 sieht einen **veränderbaren Regelwert** vor, von dem nach den besonderen Umständen des Einzelfalls unter Billigkeitsgesichtspunkten abgewichen werden kann. Eine **erhebliche Abweichung vom Durchschnittsfall** wird daher auch im Zusammenhang mit Abs. 2 nicht gefordert werden können.

35 Mit der Schaffung der Billigkeitskorrekturmöglichkeit hat der Gesetzgeber aber nachhaltig zum Ausdruck gebracht, dass Regelwerte die individuellen Umstände nicht zu erfassen geeignet sind und deshalb von einer Abweichung zukünftig Gebrauch gemacht werden soll.

36 Die Gerichte werden weiterhin Kriterien zu entwickeln und zu benennen haben, die den Regelfall des Abs. 1 betreffen. Es bleibt zu hoffen, dass diese auch objektiv in die Wertfestsetzung mit einfließen werden. Jedenfalls hat der Gesetzgeber nach dem Wortlaut des Abs. 2 die Möglichkeit eröffnet, **alle** besonderen Umstände des Einzelfalls zu berücksichtigen und eine Erhöhung oder Ermäßigung daraus herzuleiten, wenn sie zu einer Unbilligkeit führen. Der einfach gelagerte Durchschnittsfall dürfte aber keine Ermäßigung, sondern immer den Ansatz der Regelfestwerte rechtfertigen.

2. Voraussetzungen für eine Abweichung vom Regelwert (Abs. 2)

37 Voraussetzungen für eine Abweichung vom Regelwert sind
– **besondere Umstände des Einzelfalls** und eine sich daraus ergebende
– **Unbilligkeit**.

a) Besondere Umstände

38 Von Abs. 2 erfasst sind besondere Umstände des Einzelfalls. Eine Einschränkung dahingehend, dass Abs. 2 nur solche Umstände des Einzelfalls erfasst, die sachlich objektivierbar sind, ergibt sich aus dem Wortlaut nicht. Es ist deshalb davon auszugehen, dass Grundlage der nach Abs. 2 möglichen Abweichung vom Regelwert subjektive, in der Person der Parteien liegende und daneben objektive Umstände sein können.

39 **aa) Erhöhungskriterien. Besondere Umstände**, die zur **Erhöhung des Gegenstandswerts** führen, können Folgende sein:
– Umfang des Rechtsstreits,
– Bedeutung des Verfahrens,
– Ausländer aus einem unsicheren Herkunftsstaat unter Einbeziehung einer Vielzahl von Abkommen,
– umfangreiche Anhörungen,

---

[32] Vgl. *Schneider/Thiel*, Das neue Gebührenrecht, § 3 Rn 213.
[33] VG Lüneburg, Beschl. v. 18.3.2014 – 2 A 60/14.
[34] *Otto/Klüsener/Killmann*, Das neue Kostenrecht, Anmerkung zu § 45 FamGKG; *Klüsener* in Prütting/Helms, § 45 FamGKG Rn 9.

- Einholung eines oder mehrerer Sachverständigengutachten,
- Interesse der Beteiligten an einer gerichtlichen Regelung,
- mangelnde Kooperationsbereitschaft der Beteiligten,
- Verständigungsschwierigkeiten mangels Sprachkenntnissen,
- Anzahl und Umfang der gewechselten Schriftsätze,
- intensive Beteiligung Dritter (Bundesamt, die Vereinten Nationen etc.),
- mit der Klage auf Anerkennung als Asylberechtigter wir eine Abschiebungsandrohung angefochten.

bb) Ermäßigungskriterien. Besondere Umstände, die zur **Ermäßigung** des Gegenstandswerts führen, können folgende sein:
- Umfang des Rechtsstreits,
- Klagerücknahme zu Beginn des Rechtsstreits,
- Erledigung des Rechtsstreits unmittelbar nach Einreichung der Klage oder des Antrags auf Erlass einstweiligen Rechtsschutzes,
- Antragsteller wendet sich nicht gegen die Ablehnung seines Asylantrags, sondern nur gegen die Befristung nach § 11 Abs. 7 AufenthG.[35]

Die Anzahl der beteiligten natürlichen Personen im Klage- oder einstweiligen Rechtsschutzverfahren kann keine Berücksichtigung (mehr) nach Abs. 2 erfahren, weil diesem Kriterium bereits ausreichend über Abs. 1 S. 2 Rechnung getragen wird. Anderenfalls würde sich eine nicht gerechtfertigte Doppelverwertung dieser Umstände ergeben, nämlich einmal über Abs. 1 S. 2 und darüber hinaus über Abs. 2.

Die Bemessungskriterien, die eine Erhöhung und auch eine Ermäßigung rechtfertigen, sollten stets am **Bezugspunkt „einfach gelagerter Ausgangsfall"** orientiert werden. Das Interesse und die Bedeutung eines Verfahrens werden nicht dadurch geringer, dass sich die Beteiligten schnell über eine Regelung einigen. Auch bescheidene Einkommens- und Vermögensverhältnisse der Parteien dürften keine Abweichung vom Regelwert rechtfertigen, da dies in Angelegenheiten nach dem AsylG ohnehin regelmäßig der Fall sein dürfte und deshalb ein Kriterium des Durchschnitts darstellt.

Als Bezugspunkt für die Abweichung vom Regelwert ist auch nicht die gerichtliche Tätigkeit vordergründig zu betrachten, weil die Verfahren nach dem AsylG gerichtsgebührenfrei geführt werden. Die Wertfestsetzung erfolgt auf den Antrag des Anwalts hin für die Festsetzung seiner Gebühren. Deshalb spielt neben dem Umfang des Rechtsstreits auch der Umfang seiner Tätigkeit im Rechtsstreit für die Beantwortung der Frage, inwieweit vom Regelwert abgewichen werden kann, eine erhebliche Rolle.

Es ist bei der Herauf- und Herabsetzung nie schematisch vorzugehen, vielmehr immer das Gesamtbild unter Berücksichtigung aller subjektiven und objektiven Umstände des Einzelfalls zu würdigen.

Unterschiede, die sich aus dem jeweiligen Umfang des Streitgegenstands (Asylanerkennung, Flüchtlingsschutz, Feststellung von Abschiebungshindernissen, Abschiebungsandrohung oder -anordnung) ergeben, rechtfertigen eine Abweichung vom Regelwert nicht.[36]

Auch eine Untätigkeitsklage rechtfertigt eine Abweichung vom Regelwert nicht; auch sie ist darauf gerichtet, das Begehren nach dem AsylG durchzusetzen.[37]

b) Unbilligkeit (Abs. 2)

Billigkeit bedeutet angemessene und ausgewogene Gerechtigkeit als Ergänzung zum gesetzlich vorgegebenen Grundsatz. Unbillig ist eine Entscheidung dem gemäß dann, wenn die gesetzlichen Kriterien für sich allein genommen zu einer angemessenen und ausgewogenen Entscheidung nicht ausreichen.

---

35 VG Düsseldorf, Beschl. v. 20.1.2016 – 6 L 23/16.A; VG Ansbach, Beschl. v. 20.11.2015 – AN 5 S 15.01667.

36 VG Gelsenkirchen, Beschl. v. 18.6.2015 – 7a K 5867/13.A.

37 VG Ansbach, Beschl. v. 4.8.2014 – AN 11 K 14.30579; VG Trier AuAS 2015, 35; a.A. VG München, Beschl. v. 4.5.2016 – M 15 K 16.30647; VG Ansbach AGS 2015, 527.

48 Diese Möglichkeit der Ermessensausübung eröffnet einen gewissen, erweiterten Entscheidungsspielraum, sodass es regelmäßig auch nicht nur eine richtige Entscheidung geben kann.[38] Das Gericht ist aber verpflichtet, sich zu bemühen, den tatsächlichen Wert unter Berücksichtigung der in den individuellen Einzelfallumständen zum Ausdruck kommenden Grundgedanken und Wertungen sowie unter Einbeziehung verfassungsrechtlicher Grundsätze, das heißt unter Beachtung aller Umstände des Einzelfalls, zu ermitteln.[39]

III. Mehrere Gegenstände

49 In derselben Angelegenheit werden die Werte mehrerer Gegenstände zusammengerechnet (§ 22 Abs. 1).

50 Eine Klage, mit der sich ein Flüchtling gegen die Rechtsfolgen des Eintritts eines Erlöschenstatbestands nach § 72 Abs. 1 AsylG richtet, ist nach Auffassung des OVG Lüneburg[40] wertmäßig auch dann einheitlich zu betrachten, wenn der Kläger den unmittelbar eintretenden Rechtsfolgen mit verschiedenen Klageanträgen entgegentritt. Die aus § 72 Abs. 1 AsylG resultierende Pflicht zur Abgabe des Anerkennungsbescheides und des Reiseausweises stelle wertmäßig nur einen unselbstständigen Annex zum Erlöschen der Rechtsstellung nach § 72 Abs. 1 AsylG dar. Bei den Dokumenten handele es sich um urkundliche Verkörperungen einer bereits erloschenen Rechtsstellung, zum Nachweis derselben dienen und dementsprechend mit dieser in einem untrennbaren Zusammenhang stehen.

C. Erstattungsfragen

I. Festsetzung des Gegenstandswerts

51 Da die Verfahren nach dem AsylG gerichtskostenfrei geführt werden und mithin die Wertvorschriften des GKG nicht zur Anwendung kommen, erfolgt durch das erkennende Verwaltungsgericht auch keine Wertfestsetzung von Amts wegen. Der Gegenstandswert ist vielmehr durch das erkennende Gericht nur auf **Antrag des Rechtsanwalts nach § 33 Abs. 1** durch Beschluss festzusetzen. Da in asylgerichtlichen Verfahren ein solcher Antrag meist fehlt, entspricht es der ständigen Praxis des Bundesverwaltungsgerichts, am Ende der Gründe den Satz „Der Gegenstandswert bemisst sich nach § 83b Abs. 2 S. 1 AsylVfG"[41] aufzunehmen. Eine betragsmäßige Festsetzung erfolgt dann erst auf gesonderten Antrag nach § 33 Abs. 1.[42]

52 Dass sich nach § 30 bei Beteiligung mehrerer Personen an demselben Verfahren der Gegenstandswert für jede weitere Person um 1.000 EUR bzw. 500 EUR erhöht, besagt nicht, dass das Interesse und die Beteiligung der weiteren Person geringer zu bewerten ist als das Interesse der ersten Person. Grundsätzlich ist von einer gleichen Beteiligung und einem gleichen Interesse aller Kläger auszugehen (vgl. § 100 ZPO entsprechend). Im Zusammenhang mit § 7 ist daher der h.M. zu folgen, dass der obsiegende Streitgenosse nur den seiner Beteiligung am Rechtsstreit entsprechenden Bruchteil der Anwaltskosten von dem Prozessgegner erstattet verlangen kann.[43]

> **Beispiel:** Ein Ehepaar hat anwaltlich vertreten auf Feststellung von Abschiebungsverboten gemäß § 60 Abs. 7 AufenthG geklagt. Das VG hat durch Urteil die Klage des Mannes abgewiesen und der Klage der Frau stattgegeben. Zu den Kosten hat das VG in dem Urteil entschieden, dass der Mann die Hälfte der außergerichtlichen Kosten der Klägerin und die Beklagte die außergerichtlichen Kosten der Frau zu tragen habe.
> Die gesamten Anwaltskosten betragen bei einem Gegenstandswert von 6.000 EUR und in Ansatz zu bringender 1,3-Verfahrensgebühr i.H.v. 460,20 EUR, 1,2-Terminsgebühr i.H.v. 424,80 EUR und einer Auslagenpauschale von 20 EUR zzgl. 19 % Umsatzsteuer 1.076,95 EUR. Die auf die Frau davon entfallende Hälfte, die von der Beklagten zu erstatten ist, beträgt 538,48 EUR.

---

[38] BGHZ 41, 271, 280.
[39] OLG Düsseldorf JurBüro 1995, 252.
[40] OVG Lüneburg RVGprof. 2012, 19.
[41] Vgl. § 30 S. 1.
[42] Hailbronner/*Schenk*, Ausländerrecht, § 83b AsylVfG Rn 18.
[43] VG Gießen, Beschl. v. 12.6.2007 – 9 J 1025/07.A; BGH NJW 2003, 3419; OVG Münster NVwZ-RR 1992, 389.

Nach § 80 AsylG ist gegen Entscheidungen in Rechtsstreitigkeiten nach dem AsylG die **Beschwerde ausgeschlossen**. Dieser Beschwerdeausschluss soll nach ständiger Rechtsprechung der Oberverwaltungsgerichte auch die Beschwerde gegen die Festsetzung des Gegenstandswertes nach § 33 Abs. 1 erfassen.[44] Auch eine „außerordentliche Beschwerde" wegen greifbarer Gesetzeswidrigkeit soll danach nicht zulässig sein, ebenso wenig ein „Antrag auf Zulassung der weiteren Beschwerde".[45] Dies soll auch dann gelten, wenn die Gegenstandswertfestsetzung des VG in Verkennung des Verfahrens als asylverfahrensrechtliche Streitigkeit erfolgt.[46] Diese Auffassung ist im Hinblick auf die Regelung des § 1 Abs. 3, wonach die Vorschriften des RVG über die Erinnerung und Beschwerde den Regelungen des für das zugrunde liegende Verfahren geltenden Verfahrensvorschriften vorgehen, nicht mehr aufrechtzuerhalten. Die Besonderheiten der jeweiligen Prozessordnungen dürfen daher nicht herangezogen werden und jedenfalls die nach dem RVG möglichen Rechtsbehelfe/Rechtsmittel nicht beschneiden.[47] § 80 AsylG wird durch §§ 1 Abs. 3, 33 Abs. 3, 56 Abs. 2 RVG verdrängt.[48]

53

II. Gegenstandswert bei Prozesskostenhilfe

Wird einem Asylbewerber, bezogen auf die von ihm gestellten Anträge, nur **teilweise Prozesskostenhilfe gewährt**, so sind mit Blick auf § 30 keine Teilgegenstandswerte für die Bemessung der Prozesskostenhilfe festzusetzen. Vielmehr hat nach Auffassung der Rechtsprechung eine **Quotenberechnung** zu erfolgen, die sich an der Kostenentscheidung im Urteil orientiert.[49]

54

> **Beispiel:** Gegenstand der Klage ist ein Antrag auf Asylanerkennung nach Art. 16a GG und der Feststellung der Voraussetzungen nach § 60 Abs. 1 AufenthG. Prozesskostenhilfe wurde dem Kläger nur für den Antrag auf Feststellung der Voraussetzungen nach § 60 Abs. 1 AufenthG gewährt. Dieser Antrag hat Erfolg. Die Kostenentscheidung legt dem Kläger 2/3 der Kosten auf. Die Prozesskostenhilfe wird aus einem Gegenstandswert nach S. 1, 1. Hs. i.H.v. 5.000 EUR berechnet. Von der auf diese Weise berechneten Prozesskostenhilfe wird dem Kläger 1/3 als Prozesskostenhilfe vergütet.[50]

Diese Auffassung und verwaltungsgerichtliche Praxis dürfte keinen dogmatischen Grundsätzen folgen. Die Kostenentscheidung spiegelt nicht zwangsläufig die zum Zeitpunkt der Beantragung und Bewilligung der Prozesskostenhilfe beurteilte Erfolgsaussicht einer Klage. Bei einem einheitlich nach Abs. 1 S. 1 zu bemessenden Streitgegenstand und nur teilweiser Bewilligung von Prozesskostenhilfe, kann der Inhalt der Kostenentscheidung insoweit nur Indizwirkung entfalten. Insoweit dürfte dem Anwalt auch ein Recht zustehen, eine gesonderte und differenzierende Wertfestsetzung für das Prozesskostenhilfeverfahren zu erhalten (§ 23a Abs. 1 i.V.m. § 33 Abs. 1), um der Höhe nach angemessene und daher berechtigte Gebührenansprüche gegenüber der Landeskasse und ggf. auch gegenüber seinem Mandanten anmelden zu können.

55

Die Ermittlung eines Kostenvorschusses im Rahmen der Prozesskostenhilfe hat nach Auffassung des VG Saarbrücken[51] in Asylverfahren mit mehreren Klägern, wenn nicht allen Prozesskostenhilfe gewährt worden ist, in der Weise zu erfolgen, dass zunächst für alle Kläger unter Anwendung des § 30 der Gegenstandswert zu errechnen ist, dann unter Berücksichtigung des § 49 die sich daraus ergebende Gebühr zu ermitteln und diese Gebühr nach Köpfen zu quoteln ist.

56

---

44 OVG Hamburg, Beschl. v. 11.3.1999 – 4 So 15/99.A (juris); Hailbronner/*Schenk*, Ausländerrecht, § 80 AsylVfG Rn 17.
45 BayVGH Beschl. v. 10.3.2010 – 20 CS 10.30062, v. 1.3.2010 – 20 CE 10.30057 und v. 12.2.2008 Az. 20 C 08.30051.
46 OVG Münster NVwZ-RR 2005, 138.
47 *Schneider/Thiel*, Das neue Gebührenrecht für Rechtsanwälte, § 3 Rn 25.
48 OVG Berlin-Brandenburg, Beschl. v. 26.7.2016 – OVG 3 K 40.16.
49 VG Saarland, RVG-Letter 2007, 21; VG Wiesbaden, Beschl. v. 29.10.2002 – 4 J 1933/02.A (2) (juris); VG Gera, Beschl. v. 13.12.2002 – 4 K 20381/00 GE; a.A VG Kassel Beschl. v. 2.11.2009 – 7 O 1059/09.KS.A, das eine Quotelung des Gegenstandswertes entsprechend des Umfangs der PKH-Gewährung vornimmt und hieraus die anfallenden Gebühren berechnet; VG Stuttgart, Beschl. v. 27.12.2012 – A 7 K 1782/12.
50 VG Wiesbaden, Beschl. v. 29.10.2002 – 4 J 1933/02.A (2).
51 RVG-Letter 2007, 21.

§ 31 Gegenstandswert in gerichtlichen Verfahren nach dem Spruchverfahrensgesetz

(1) ¹Vertritt der Rechtsanwalt im Verfahren nach dem Spruchverfahrensgesetz einen von mehreren Antragstellern, bestimmt sich der Gegenstandswert nach dem Bruchteil des für die Gerichtsgebühren geltenden Geschäftswerts, der sich aus dem Verhältnis der Anzahl der Anteile des Auftraggebers zu der Gesamtzahl der Anteile aller Antragsteller ergibt. ²Maßgeblicher Zeitpunkt für die Bestimmung der auf die einzelnen Antragsteller entfallenden Anzahl der Anteile ist der jeweilige Zeitpunkt der Antragstellung. ³Ist die Anzahl der auf einen Antragsteller entfallenden Anteile nicht gerichtsbekannt, wird vermutet, dass er lediglich einen Anteil hält. ⁴Der Wert beträgt mindestens 5 000 Euro.

(2) Wird der Rechtsanwalt von mehreren Antragstellern beauftragt, sind die auf die einzelnen Antragsteller entfallenden Werte zusammenzurechnen; Nummer 1008 des Vergütungsverzeichnisses ist insoweit nicht anzuwenden.

A. Allgemeines 1	3. Bewertung nicht bekannter Anteile (Abs. 1 S. 3) 19
B. Regelungsgehalt 11	a) Anteile des Auftraggebers 19
I. Wertbemessung nach Abs. 1 11	b) Anteile der weiteren Antragsteller 21
1. Berechnung (Abs. 1 S. 1) 11	4. Mindestwert (Abs. 1 S. 4) 23
2. Maßgeblicher Zeitpunkt (Abs. 1 S. 2) 15	II. Vertretung mehrerer Antragsteller (Abs. 2) 24
a) Bewertung der Anteile des Auftraggebers 15	C. Vertretung des Antragsgegners 26
b) Bewertung der Anteile der weiteren Antragsteller 17	

A. Allgemeines

1 Die Vorschrift selbst regelt nicht unmittelbar die Bemessung des Gegenstandswerts für das gerichtliche Verfahren, sondern nur die anteilige Bemessung für den jeweiligen Anwalt, wenn er im Spruchverfahren **nicht alle Antragsteller** vertritt. Sofern der Anwalt **alle Antragsteller** vertritt, also wenn er sämtliche von mehreren Antragstellern vertritt oder wenn nur ein einziger Antragsteller vorhanden ist, ist § 31 nicht einschlägig, weil sich eine Bindung des Anwalts an den für die Gerichtsgebühren festgesetzten Wert ergibt (§§ 23 Abs. 1 S. 1 i.V.m. § 74 GNotKG, § 32 Abs. 1).

2 Die **Bemessung des Gegenstandswerts**, also des Geschäftswerts für das gesamte Verfahren, folgt nicht aus § 31, sondern ergab sich nach früherem Recht aus § 15 Abs. 1 SpruchG a.F. und ist nunmehr in § 74 GNotKG geregelt. Inhaltliche Abweichungen sind damit nicht verbunden. Der Wert für das Spruchverfahren beträgt demgemäß nach wie vor zwischen 200.000 EUR und 7,5 Mio. EUR. § 15 SpruchG hatte bis zum Inkrafttreten des 2. KostRMoG folgenden Wortlaut:

> **§ 15 SpruchG Kosten**
>
> (1) ¹Für die Gerichtskosten sind die Vorschriften der Kostenordnung anzuwenden, soweit nachfolgend nichts anderes bestimmt ist. ²Als Geschäftswert ist der Betrag anzunehmen, der von allen in § 3 genannten Antragsberechtigten nach der Entscheidung des Gerichts zusätzlich zu dem ursprünglich angebotenen Betrag insgesamt gefordert werden kann; er beträgt mindestens 200 000 und höchstens 7,5 Millionen EUR. ³Maßgeblicher Zeitpunkt für die Bestimmung des Werts ist der Tag nach Ablauf der Antragsfrist (§ 4 Abs. 1). ⁴Der Geschäftswert ist von Amts wegen festzusetzen. ⁵Für das Verfahren des ersten Rechtszugs wird die volle Gebühr erhoben. ⁶Kommt es in der Hauptsache zu einer gerichtlichen Entscheidung, erhöht sich die Gebühr auf das Vierfache der vollen Gebühr; dies gilt nicht, wenn lediglich ein Beschluss nach § 11 Abs. 4 Satz 2 ergeht. ⁷Für das Verfahren über ein Rechtsmittel wird die gleiche Gebühr erhoben; dies gilt auch dann, wenn das Rechtsmittel Erfolg hat.
>
> (2) ¹Schuldner der Gerichtskosten ist nur der Antragsgegner. ²Diese Kosten können ganz oder zum Teil den Antragstellern auferlegt werden, wenn dies der Billigkeit entspricht; die Haftung des Antragsgegners für die Gerichtskosten bleibt hiervon unberührt.
>
> (3) ¹Der Antragsgegner hat einen zur Deckung der Auslagen hinreichenden Vorschuss zu zahlen. ²§ 8 der Kostenordnung ist nicht anzuwenden.
>
> (4) ¹Das Gericht ordnet an, dass die Kosten der Antragsteller, die zur zweckentsprechenden Erledigung der Angelegenheit notwendig waren, ganz oder zum Teil vom Antragsgegner zu erstatten sind, wenn dies unter Berücksichtigung des Ausgangs des Verfahrens der Billigkeit entspricht.

Abschnitt 4. Gegenstandswert § 31

Die kostenrechtlichen Regelungen in § 15 Abs. 1 und 3 SpruchG a.F. sind auf der Grundlage des 2. KostRMoG in das neue GNotKG übernommen werden. § 15 Abs. 1 bis 3 SpruchG ist daher aufgehoben worden. Die Gebühren ergeben sich künftig aus Teil 1 Hauptabschnitt 3 Abschnitt 5 und Abschnitt 6 GNotKG. Der Geschäftswert in Verfahren nach dem SpruchG ist in § 74 GNotKG geregelt worden. Der Antragsgegner als Kostenschuldner ergibt sich nunmehr aus § 23 Nr. 14 GNotKG. Die bestehen bleibende Haftung des Antragsgegners auch für den Fall, dass die Gerichtskosten dem Antragsteller auferlegt werden, ergibt sich daraus, dass keine Vorschrift den Wegfall der Haftung im Falle einer Kostenentscheidung vorsieht. Vielmehr haften nach § 32 Abs. 1 GNotKG mehrere Kostenschuldner als Gesamtschuldner. Die unbedingte Verpflichtung des Antragsgegners zur Zahlung eines Auslagenvorschusses ergibt sich aus § 14 Abs. 3 S. 2 GNotKG. 3

§ 15 SpruchG lautet in der nach dem 2. KostRMoG geltenden Fassung wie folgt: 4

§ 15 SpruchG

(1) Die Gerichtskosten können ganz oder zum Teil den Antragstellern auferlegt werden, wenn dies der Billigkeit entspricht.

(2) ¹Das Gericht ordnet an, dass die Kosten der Antragsteller, die zur zweckentsprechenden Erledigung der Angelegenheit notwendig waren, ganz oder zum Teil vom Antragsgegner zu erstatten sind, wenn dies unter Berücksichtigung des Ausgangs des Verfahrens der Billigkeit entspricht.

§ 74 GNotKG hat den nachfolgenden Wortlaut: 5

§ 74 GNotKG Verfahren nach dem SpruchG

Geschäftswert im gerichtlichen Verfahren nach dem Spruchverfahrensgesetz ist der Betrag, der von allen in § 3 des Spruchverfahrensgesetzes genannten Antragsberechtigten nach der Entscheidung des Gerichts zusätzlich zu dem ursprünglich angebotenen Betrag insgesamt gefordert werden kann; der Geschäftswert beträgt mindestens 200.000 EUR und höchstens 7,5 Millionen EUR. Maßgeblicher Zeitpunkt für die Bestimmung des Werts ist der Tag nach Ablauf der Antragsfrist (§ 4 Absatz 1 des Spruchverfahrensgesetzes).

§ 74 GNotKG übernimmt damit inhaltlich § 15 Abs. 1 S. 2 und 3 SpruchG a.F. Der Wert in Verfahren nach dem SpruchG richtet sich zukünftig allein nach dem GNotKG und nicht mehr nach dem SpruchG. § 15 SpruchG ist in der Fassung nach dem 2. KostRMoG auf eine reine Kostenerstattungsregelung reduziert worden. Inhaltliche Änderungen ergeben sich dadurch aber deshalb nicht, weil die Regelung über den Wert des Verfahrens nach dem SpruchG inhaltlich in § 74 GNotKG fortgeführt wird. Die Umgestaltung trägt der neuen Systematik des Gesetzgebers Rechnung, alle Angelegenheiten der freiwilligen Gerichtsbarkeit, die nicht Familiensachen sind, und solche, die nach § 1 Abs. 2 GNotKG verfahrensrechtlich als solche angesehen werden, einheitlich nach dem GNotKG zu bewerten (§ 1 Abs. 2 Nr. 5 GNotKG). 6

An die Bemessung des Gegenstandswertes durch das Gericht nach § 74 GNotKG ist der Anwalt auch im Fall des § 31 **nach § 32 Abs. 1 gebunden** und zwar auch dann, wenn eine rechtskräftige Streitwertfestsetzung unrichtig sein sollte.[1] Sie muss dann gegebenenfalls angegriffen werden. Geschieht dies nicht, bleibt der festgesetzte Wert bindend. Von diesem festgesetzten Wert ist der Anteil des jeweiligen Antragstellers dann aber nach § 31 zu ermitteln. 7

Die Wertfestsetzung nach § 31 ist gemäß § 33 Abs. 1 gesondert zu beantragen, weil sie auf die Gerichtsgebühren keinerlei Auswirkungen hat, vielmehr nur für den Anwalt maßgeblich ist, der einen oder mehrere, aber nicht alle Antragsteller im Verfahren nach dem SpruchG vertritt.[2] Eine Wertfestsetzung nach § 31 von Amts wegen ist nicht zulässig. Mit Einwendungen gegen die Wertfestsetzung nach § 74 GNotKG ist der Anwalt im Festsetzungsverfahren nach § 33 Abs. 1 ausgeschlossen, wenn sie im Rahmen der für die gerichtliche Wertfestsetzung vorgesehenen Fristen nach dem GNotKG nicht geltend gemacht worden sind (zur Wertfestsetzung nach dem GNotKG siehe § 32 Rdn 95 ff.). 8

Sofern der Anwalt **nur einen** von mehreren Antragstellern vertritt, gilt **Abs. 1**. Sofern der Anwalt **mehrere** Antragsteller vertritt, gilt **Abs. 1 i.V.m. Abs. 2**. 9

---

1 OLG Brandenburg, Beschl. v. 24.5.2007 – 6 W 63/07.
2 OLG Düsseldorf MDR 2016, 304 = AG 2016, 367 = ZIP 2016, 823 = NZG 2016, 830.

10 Sinn und Zweck der Regelung des § 31 ist eine ausgewogene Berücksichtigung der Interessen der Beteiligten und ihrer Vertreter. Sofern der Antragsteller in einem Spruchverfahren erfolgreich ist, können die außergerichtlichen Kosten dem Antragsgegner auferlegt werden. Dessen Kostenrisiko soll durch die Vorschrift des § 31 auf ein vertretbares Maß beschränkt werden. Berücksichtigt wird hierbei, dass das Interesse eines jeden Antragstellers in der Regel nur einen Bruchteil des Gesamtinteresses des Antragsgegners ausmacht.

B. Regelungsgehalt

I. Wertbemessung nach Abs. 1

1. Berechnung (Abs. 1 S. 1)

11 Sofern der Anwalt nur **einen von mehreren Antragstellern** in einem Verfahren nach dem SpruchG vertritt, ist der Gegenstandswert für die Tätigkeit dieses Anwalts nach Abs. 1 zu ermitteln. Sofern der Vertretene **alleiniger Antragsteller** ist, gilt der volle gerichtlich festgesetzte Wert; auf § 31 kommt es dann nicht an.

12 Die Vorschrift des Abs. 1 S. 1 bestimmt, dass sich der Gegenstandswert zwar nach dem für die Gerichtsgebühren festgesetzten Geschäftswert richtet, hier aber nur ein entsprechender Anteil zu berücksichtigen ist. Maßgebend ist nur der Bruchteil des für die Gerichtsgebühren geltenden Geschäftswerts, der sich aus dem Verhältnis der Anzahl der Anteile des Auftraggebers zu der Gesamtzahl der Anteile aller Antragsteller (nicht sämtlicher vorhandener Anteile) ergibt. Anteile von außen stehenden Aktionären, die nicht auf Antragstellerseite beteiligt sind, bleiben bei der Bestimmung des Geschäftswerts außen vor. Sie werden nicht herangezogen, da ihnen lediglich die Stellung streitgenössischer Nebenintervenienten zukommt.[3]

13 Vereinfacht lässt sich dies mit folgender **Formel** ausdrücken:

Gegenstandswert für den jeweiligen Anwalt =

Geschäftswert der Gerichtsgebühren × $\dfrac{\text{Anzahl der Anteile des Auftraggebers}}{\text{Gesamtzahl der Anteile aller Antragsteller}}$

Vorzugehen ist in mehreren Schritten:
a) Zunächst einmal muss die Zahl der Anteile des Auftraggebers ermittelt werden.
b) Sodann ist die Gesamtzahl der Anteile sämtlicher Antragsteller zu ermitteln. Sofern nicht sämtliche hier maßgebenden Faktoren zu ermitteln sind, ist nach Abs. 1 S. 3 zu verfahren.
c) Hiernach ist dann der Bruchteil a) / b) zu ermitteln.
d) Sodann ist der Geschäftswert des gesamten Verfahrens nach § 74 GNotKG zu ermitteln und gegebenenfalls gerichtlich festsetzen zu lassen.
e) Schließlich ist dann der nach d) festgesetzte oder ermittelte Wert mit dem sich aus c) ergebenden Bruch zu multiplizieren.
f) Sofern sich danach ein geringerer Wert als 5.000 EUR ergibt, wird dieser nach Abs. 1 S. 4 auf 5.000 EUR angehoben.

Beispiel 1: Der Anwalt vertritt einen von fünf Antragstellern, der 100 Anteile hält. Die übrigen Antragsteller halten insgesamt 700 Anteile. Der Geschäftswert wird auf 400.000 EUR festgesetzt.
Der Gegenstandswert für die Tätigkeit des Anwalts berechnet sich wie folgt:
100/700 × 400.000 EUR = 57.142,86 EUR.

Beispiel 2: Auf die sofortige Beschwerde der Antragsteller zu 1. bis 5. (siehe Beispiel 1) wird der angefochtene Beschluss abgeändert und die Barabfindung über den vergleichsweise zugesprochenen Betrag in Höhe von 500 EUR je Stückaktie hinausgehend auf 1.000 EUR festgesetzt. Die verfahrensbeteiligten Aktien belaufen sich auf insgesamt 2.000 Stück. Der Gesamtgegenstandswert beträgt 1.000.000 EUR (1.000 EUR − 500 EUR × 2.000). Der Anwalt vertritt die Antragsteller zu 1. bis 3. und kann die Gebühren des Beschwerdeverfahrens nach dem jeweiligen auf sie entfallenden Anteil abrechnen.

---

3 *Hartung/Römermann*, RVG, § 31 Rn 9.

Antragsteller	vertretene Aktien	verfahrensanteilige Beteiligung: 2.000 = 100	Teilwert 1.000.000 EUR = 100
Antragsteller 1.	150		75.000 EUR
Antragsteller 2.	270		135.000 EUR
Antragsteller 3.	380		190.000 EUR
Antragsteller 4.	540		...
Antragsteller 5.	72		

Die Gebühren des Anwalts berechnen sich danach aus dem Gegenstandswert von (75.000 EUR + 135.000 EUR + 190.000 EUR =) 400.000 EUR (§ 31 Abs. 2).

Liegt der Wert des gesamten Verfahrens unterhalb des Betrags von 200.000 EUR und wird daher nach § 74 S. 1 GNotKG der Mindestwert von 200.000 EUR festgesetzt, so ist auch dieser für die Quotelung nach § 31 maßgebend.[4]

Beispiel 3: Der Anwalt vertritt einen von fünf Antragstellern, die insgesamt 4.000 Aktien halten. Der vom Anwalt vertretene Antragsteller hält 1.000 Aktien. Das Gericht spricht nach § 1 Nr. 3 SpruchG eine zusätzliche Barabfindung von 40 EUR aus. Der Gesamtwert des Verfahrens beläuft sich gemäß § 74 GNotKG auf (40 × 4.000 EUR =) 160.000 EUR und wird daher auf den Mindestwert von 200.000 EUR festgesetzt.
Der Gegenstandswert für die Tätigkeit des Anwalts berechnet sich nach § 31 wie folgt:
1.000/4.000 × 200.000 EUR = 50.000 EUR.

2. Maßgeblicher Zeitpunkt (Abs. 1 S. 2)

a) Bewertung der Anteile des Auftraggebers

Für die Bestimmung des anteiligen Gegenstandswert nach Abs. 1 S. 1 ist gemäß Abs. 1 S. 2 auf den Zeitpunkt der Antragstellung abzustellen,[5] und zwar auf den **Zeitpunkt der Antragstellung durch den eigenen Auftraggeber**. Unter „Antragstellung" ist dabei der Eingang des Antrags beim Gericht zu verstehen. Dies entspricht im Wesentlichen dem gleichermaßen in den übrigen Kostengesetzen geregelten Zeitpunkt für die Wertberechnung (§ 40 GKG, § 34 S. 1 FamGKG, § 59 S. 1 GNotKG). **Nachträgliche Veränderungen** während des Verfahrens sind ohne Bedeutung und Auswirkung auf den Gegenstandswert. Demnach lässt auch eine einseitige Erledigungserklärung den Wert des Verfahrens unberührt.[6]

Ein Antragsteller soll bei Einleitung des Spruchverfahrens auch Angaben über die Zahl der gehaltenen Anteile machen. Fordert das Gericht die Antragsteller auf, Angaben zum Aktienbesitz zu machen, kann die Zahl der gehaltenen Anteile bzw. die an die Angaben in der Antragsbegründung anknüpfende Vermutung bis zum Ablauf einer hierzu gesetzten Frist widerlegt werden. Nach der Entscheidung über die Festsetzungsanträge können abweichende Angaben grundsätzlich nicht mehr berücksichtigt werden.[7]

b) Bewertung der Anteile der weiteren Antragsteller

Der Zeitpunkt für die Berechnung der Anteile anderer Antragsteller ist nach Abs. 1 S. 2 ebenfalls der Zeitpunkt der Antragstellung. Hier ist allerdings nicht auf den Zeitpunkt der Antragstellung des Auftraggebers abzustellen, sondern auf den Zeitpunkt der jeweiligen Antragstellung der weiteren Antragsteller. Für jeden Antragsteller ist also gesondert die Anzahl seiner Anteile zum jeweiligen Stichtag, nämlich dem Tag der Einreichung seines Antrags, zu bewerten. Auch hier bleiben spätere Wertveränderungen grundsätzlich außer Betracht.

---

4 Mayer/Kroiß/*Pukall*, RVG, § 31 Rn 6.
5 Mayer/Kroiß/*Pukall*, RVG, § 31 Rn 9.
6 OLG Brandenburg, Beschl. v. 24.5.2007 – 6 W 63/07.
7 OLG Düsseldorf MDR 2016, 304 = AG 2016, 367 = ZIP 2016, 823 = NZG 2016, 830.

18 Allerdings ist eine Einschränkung vorzunehmen. Nach § 59 S. 1 GNotKG bleiben **nachträgliche Veränderungen** außer Betracht. Die zeitliche Grenze für die Einbeziehung anderer Anteile ist daher der Zeitpunkt der Antragstellung des Auftraggebers. In diesem Zeitpunkt entsteht die Verfahrensgebühr für dessen Anwalt. Diese Gebühr kann sich nicht dadurch nachträglich reduzieren, dass weitere Auftraggeber hinzukommen. Maßgebend sind also die Anteile des Auftraggebers sowie die Anteile der zu diesem Zeitpunkt vorhandenen weiteren Auftraggeber.

3. Bewertung nicht bekannter Anteile (Abs. 1 S. 3)

a) Anteile des Auftraggebers

19 Abzustellen ist auf die tatsächliche Zahl der Anteile. Lässt sich diese Zahl der Anteile nicht ermitteln, so ist eine Schätzung vorzunehmen.[8] *Römermann* weist zutreffend darauf hin, dass die Vorschrift des Abs. 1 S. 3 nicht im Verhältnis zwischen Rechtsanwalt und Auftraggeber für die Zahl seiner Anteile gelten kann. Zwar lässt der Wortlaut eine solche Auslegung zu. Dies wäre jedoch sinn- und auch interessenwidrig. Es kann nicht darauf ankommen, was dem Gericht über die Anteile des Mandanten bekannt ist. Der Mandant ist aufgrund des Anwaltsvertrags verpflichtet, die für seine Gebührenbemessung relevanten Informationen zur Verfügung zu stellen. Er muss also Auskunft über seine Anteile erteilen. Sofern der Auftraggeber dieser Verpflichtung nicht nachkommt oder sogar wider besseres Wissen falsche Auskünfte gibt oder gar keine Auskünfte erteilt, würde die hieraus resultierende Unklarheit bei wörtlicher Anwendung des Abs. 1 S. 3 stets zu Lasten des Anwalts ausgehen. Der für ihn maßgebende Gegenstandswert würde auf das denkbare Minimum reduziert. Der Auftraggeber hätte es daher in der Hand, durch eine Weigerung, die Zahl seiner Anteile zu offenbaren, den Gegenstandswert zu beeinflussen. Daher kann Abs. 1 S. 3 im Verhältnis zum eigenen Auftraggeber nicht angewandt werden. Sofern der Auftraggeber, der ja die Anzahl seiner eigenen Anteile kennen muss, keine Auskünfte erteilt, ist zu schätzen. Dem Auftraggeber steht es dann frei, das Ergebnis der Schätzung zu widerlegen, indem er dem Anwalt die tatsächliche Anzahl seiner Anteile nachweist.[9]

20 Für die **Kostenerstattung** bleibt es dagegen bei der Regelung nach Abs. 1 S. 3, da es sich insoweit um eine Schutzbestimmung zugunsten des erstattungspflichtigen Antragsgegners handelt.[10] Erteilt der Antragsteller also keine Auskünfte über die Anzahl der von ihm gehaltenen Anteile, so könnte der Rechtsanwalt aufgrund seiner weitergehenden Kenntnisse den Anteilswert schätzen, da er insoweit nicht an die gerichtliche Wertfestsetzung gebunden ist. Der Antragsteller erhält dagegen eine Kostenerstattung nur nach einem geringeren Anteil. Er hat sich dies selbst zuzuschreiben, wenn er sich weigert, Auskünfte zu erteilen.

b) Anteile der weiteren Antragsteller

21 Soweit die Anzahl der Anteile anderer Anspruchsteller nicht bekannt ist, greift im Verhältnis zum eigenen Auftraggeber die Vorschrift des Abs. 1 S. 3. Es wird danach vermutet, dass jeder andere Antragsteller, dessen tatsächliche Anteile nicht bekannt sind, nur einen Anteil hält. Abzustellen ist darauf, welche Zahl von Anteilen „gerichtsbekannt" ist. Hieraus folgt, dass der Anwalt vor der Wertbestimmung durch Akteneinsicht bei Gericht oder auf andere Weise bei Gericht versuchen muss, die tatsächliche Zahl der Anteile der anderen Antragsteller in Erfahrung zu bringen. Sonstige Nachforschungen, etwa Auskunftsverlangen bei den übrigen Antragstellern, muss er jedoch nicht vornehmen. Gegebenenfalls ist dies Sache des eigenen Auftraggebers, der dadurch eine günstigere Quote für die Berechnung des für ihn maßgebenden Geschäftswerts erreicht.

22 Sind die Anteile der übrigen Antragsteller zu den jeweiligen Stichtagen ermittelt, so sind die Anteile zu addieren. Addiert werden u.U. Anteile zu unterschiedlichen Zeitpunkten, was – wie bereits ausgeführt – dazu führen kann, dass die tatsächliche Zahl der Anteile zu keinem Zeitpunkt zutreffend war.

---

[8] *Hartung/Römermann*, RVG, § 31 Rn 13.
[9] *Hartung/Römermann*, RVG, § 31 Rn 13.
[10] *Hartung/Römermann*, RVG, § 31 Rn 15.

4. Mindestwert (Abs. 1 S. 4)

Sofern sich nach Abs. 1 S. 1 bis 3 ein geringerer Wert als 5.000 EUR ergibt, greift Abs. 1 S. 4. Der **Mindestwert** beträgt **5.000 EUR**.

II. Vertretung mehrerer Antragsteller (Abs. 2)

Vertritt der Anwalt in einem Spruchverfahren mehrere Antragsteller, so sind an sich die Voraussetzungen der VV 1008 gegeben, da der Tätigkeit derselbe Gegenstand zugrunde liegt. Der Anwalt wird hinsichtlich der Sache tätig, nicht hinsichtlich der Anteile. Die Anteile sind lediglich Bemessungsfaktor. Ungeachtet dessen wird in Abs. 2, 2. Hs. die Anwendung der VV 1008 insoweit ausgeschlossen. Anderenfalls würde die Vorschrift des § 22 Abs. 1 neben der Erhöhung nach VV 1008 zur Anwendung kommen, sodass sich die Vergütung des Anwalts doppelt erhöhen würde. Vertritt der Anwalt mehrere Antragsteller, so sind die Werte nach Abs. 2, 1. Hs. zusammenzurechnen. Dies entspricht der Regelung des § 22 Abs. 1.

Vorzugehen ist daher wie folgt:

a) Zunächst sind nach Abs. 1 die einzelnen Werte zu ermitteln. Gegebenenfalls ist der Einzelwert nach Abs. 1 S. 4 auf 5.000 EUR anzuheben.

b) Sind nach Abs. 1 die einzelnen Werte ermittelt, so sind sie nach Abs. 2, 1. Hs. zu addieren. Daneben ist dann die Anwendung der VV 1008 ausgeschlossen.

Obwohl vom Wortlaut gedeckt, gilt Abs. 2 dann nicht, wenn mehrere Antragsteller dieselben Anteile halten, etwa Ehegatten.[11] Dem Wortlaut nach könnte zwar auch dann nach Abs. 1 verfahren und nach Abs. 2 addiert werden. Hier bleibt es jedoch bei dem einfachen Wert. Dieselben Anteile werden nicht addiert. Dies würde dem Grundsatz des Additionsverbotes bei wirtschaftlicher Identität widersprechen. Der Gegenstandswert bemisst sich also auch hier nur nach dem Wert der einfachen Anteile.

c) Im Gegenzug ist dann VV 1008 anzuwenden. Der Ausschluss nach Abs. 2, 2. Hs. greift nur, soweit eine Anrechnung nach Abs. 2, 1. Hs. stattfindet. Die Gebühren des Anwalts sind daher nach VV 1008 zu erhöhen.

> **Beispiel:** Zwei Ehegatten halten die Anteile gemeinschaftlich.
> Die Verfahrensgebühr des Anwalts ist nach VV 1008 zu erhöhen.[12]

C. Vertretung des Antragsgegners

Für die Vertretung des Antragsgegners im Spruchverfahren gilt die Vorschrift des § 31 nicht. Für den Antragsgegner ist gemäß § 32 Abs. 1 allein der für die Gerichtsgebühren nach § 74 GNotKG festgesetzte Wert maßgebend. Für ihn hat die Vorschrift des § 31 nur mittelbar Bedeutung, nämlich für die Kostenerstattung insoweit, als der jeweilige Antragsgegner die zu erstattenden Anwaltskosten aus dem nach § 31 zu ermittelnden Gegenstandswert berechnen muss.

---

11 *Hartung/Römermann*, RVG, § 31 Rn 24.
12 *Hartung/Römermann*, RVG, § 31 Rn 24; Mayer/Kroiß/ *Pukall*, RVG, § 31 Rn 7.

§ 31a Ausschlussverfahren nach dem Wertpapiererwerbs- und Übernahmegesetz

¹Vertritt der Rechtsanwalt im Ausschlussverfahren nach § 39b des Wertpapiererwerbs- und Übernahmegesetzes einen Antragsgegner, bestimmt sich der Gegenstandswert nach dem Wert der Aktien, die dem Auftraggeber im Zeitpunkt der Antragstellung gehören. ²§ 31 Abs. 1 Satz 2 bis 4 und Abs. 2 gilt entsprechend.

A. Allgemeines 1	II. Gegenstandswert 5
B. Regelungsgehalt 4	1. Vertretung des Antragstellers 5
I. Gebühren 4	2. Vertretung des Antragsgegners 8
	III. Erstattungsfragen 13

A. Allgemeines

1 Die Vorschrift wurde eingefügt durch das Gesetz zur Umsetzung der Richtlinie 24/25/EG des Europäischen Parlaments und des Rates vom 21.4.2004 betreffend Übernahmeangebote (Übernahmerichtlinie-Umsetzungsgesetz), mit Wirkung seit dem 14.7.2006. Ziel der Richtlinie ist die Schaffung einer Rahmenregelung zum Schutz der Aktionärsinteressen bei Übernahmeangeboten und sonstigen Kontrollerwerben. Die entsprechenden Regelungen finden sich im Wertpapiererwerbs- und Übernahmegesetz (WpÜG).

2 Nach einem Übernahmeangebot gemäß § 29 WpÜG oder einem Pflichtangebot gemäß § 35 WpÜG kann auf Antrag des Bieters, dem Aktien der Zielgesellschaft (§ 2 Abs. 2 WpÜG) in Höhe von mindestens 95 Prozent des stimmberechtigten Grundkapitals gehören, die Übertragung der übrigen Aktien auf ihn gegen Gewährung einer angemessenen Abfindung durch Gerichtsbeschluss erfolgen (Ausschlussverfahren).

> **§ 39a WpÜG Ausschluss der übrigen Aktionäre**
>
> (1) ¹Nach einem Übernahme- oder Pflichtangebot sind dem Bieter, dem Aktien der Zielgesellschaft in Höhe von mindestens 95 Prozent des stimmberechtigten Grundkapitals gehören, auf seinen Antrag die übrigen stimmberechtigten Aktien gegen Gewährung einer angemessenen Abfindung durch Gerichtsbeschluss zu übertragen. ²Gehören dem Bieter zugleich Aktien in Höhe von 95 Prozent des Grundkapitals der Zielgesellschaft, sind ihm auf Antrag auch die übrigen Vorzugsaktien ohne Stimmrecht zu übertragen.
>
> (2) ¹Für die Feststellung der erforderlichen Beteiligungshöhe nach Absatz 1 gilt § 16 Abs. 2 und 4 des Aktiengesetzes entsprechend.
>
> (3) ¹Die Art der Abfindung hat der Gegenleistung des Übernahme- oder Pflichtangebots zu entsprechen. ²Eine Geldleistung ist stets wahlweise anzubieten. ³Die im Rahmen des Übernahme- oder Pflichtangebots gewährte Gegenleistung ist als angemessene Abfindung anzusehen, wenn der Bieter aufgrund des Angebots Aktien in Höhe von mindestens 90 Prozent des vom Angebot betroffenen Grundkapitals erworben hat. ⁴Die Annahmequote ist für stimmberechtigte Aktien und stimmrechtslose Aktien getrennt zu ermitteln.
>
> (4) ¹Ein Antrag auf Übertragung der Aktien nach Absatz 1 muss innerhalb von drei Monaten nach Ablauf der Annahmefrist gestellt werden. ²Der Bieter kann den Antrag stellen, wenn das Übernahme- oder Pflichtangebot in einem Umfang angenommen worden ist, dass ihm beim späteren Vollzug des Angebots Aktien in Höhe des zum Ausschluss mindestens erforderlichen Anteils am stimmberechtigten oder am gesamten Grundkapital der Zielgesellschaft gehören werden.
>
> (5) ¹Über den Antrag entscheidet ausschließlich das Landgericht Frankfurt am Main.
>
> (6) ¹Die §§ 327a bis 327f des Aktiengesetzes finden nach Stellung eines Antrags bis zum rechtskräftigen Abschluss des Ausschlussverfahrens keine Anwendung.

3 Gemäß § 39b Abs. 1 WpÜG finden auf das **Ausschlussverfahren** die Regelungen des FamFG Anwendung, soweit in den nachfolgenden Absätzen des § 39 WpÜG nichts anderes bestimmt ist. Zuständig ist das LG Frankfurt am Main (§ 39 Abs. 5 WpÜG). Es entscheidet durch einen mit Gründen zu versehenden Beschluss; hiergegen ist die befristete Beschwerde gegeben, die aufschiebende Wirkung hat. Beschwerdegericht ist das OLG Frankfurt am Main. Gegen dessen Entscheidung ist die Rechtsbeschwerde an den BGH gemäß § 70 FamFG möglich, wenn sie zugelassen worden ist.

B. Regelungsgehalt

I. Gebühren

Die Vorschrift enthält keine Regelung hinsichtlich der in dem Ausschlussverfahren entstehenden Rechtsanwaltsgebühren. Diese ergeben sich sowohl für den Anwalt des Antragstellers als auch für den des Antragsgegners aus den allgemeinen Vorschriften, sodass für das erstinstanzliche Verfahren vor dem LG die Gebühren nach VV Teil 3 Abschnitt 1 entstehen (vgl. VV Vorb. 3.1 Abs. 1). Für das Beschwerdeverfahren richten sich die Gebühren nach VV Teil 3 Abschnitt 2 (vgl. VV Vorb. 3.2.1 Nr. 2 Buchst. j).

II. Gegenstandswert

1. Vertretung des Antragstellers

Grundsätzlich richtet sich der Wert für die Anwaltsgebühren im gerichtlichen Ausschlussverfahren nach dem WpÜG gemäß § 23 Abs. 1 S. 1 nach den für die Gerichtsgebühren geltenden Wertvorschriften. Ist der Wert für die Gerichtsgebühren vom Gericht festgesetzt worden, ist diese Festsetzung auch für die Gebühren des Rechtsanwalts maßgebend (§ 32 Abs. 1).

Ausschlussverfahren nach dem WpÜG gelten nach § 1 Abs. 2 Nr. 6 GNotKG als Angelegenheiten der freiwilligen Gerichtsbarkeit. Der Wert des gerichtlichen Ausschlussverfahrens richtet sich demnach nach dem GNotKG. Die bisher in § 39b Abs. 6 S. 5 WpÜG a.F. enthaltene Regelung des **Geschäftswerts in Ausschlussverfahren nach § 39b WpÜG** ist mit dem 2. KostRMoG in das GNotKG übernommen worden. Maßgebend für die Bewertung des gerichtlichen Ausschlussverfahrens ist auch nach dem GNotKG weiterhin der Betrag, der dem Wert aller Aktien entspricht, auf die sich der Ausschluss bezieht. Der **Mindestwert** beträgt 200.000 EUR, der **Höchstwert** 7,5 Millionen EUR (§ 73 GNotKG). Für die Wertberechnung ist der Zeitpunkt der jeweiligen den Verfahrensgegenstand betreffenden ersten Antragstellung in dem jeweiligen Rechtszug entscheidend, soweit nichts anderes bestimmt ist (§ 59 S. 1 GNotKG).

Der Gleichlauf des Werts für die Gerichts- und Anwaltsgebühren ist darin begründet, dass die im Ausschlussverfahren getroffene Entscheidung für und gegen alle von dem Ausschluss betroffenen Aktionäre wirkt, also alle zu übertragenden Aktien Gegenstand des Verfahrens sind. Dies ist für die Gerichtsgebühren und für den Rechtsanwalt, der den Antragsteller vertritt, sachgerecht. Die Entscheidung wirkt für und gegen alle von dem Ausschluss betroffenen Aktionäre. Gegenstand des Verfahrens sind demnach alle zu übertragenden Aktien. Dass der im gerichtlichen Ausschlussverfahren von Amts wegen festzusetzende Wert auch für die Anwaltsgebühren maßgeblich ist, ergibt sich aus § 23 Abs. 1 S. 1, jedenfalls insoweit der Anwalt den Antragsteller oder alle Antragsgegner vertritt.

2. Vertretung des Antragsgegners

Die in § 73 GNotKG für den Wert des Ausschlussverfahrens getroffene Regelung ist für den Rechtsanwalt, der den oder die Antragsgegner vertritt, allerdings nur dann sachgerecht, wenn er alle vom Ausschluss betroffenen Aktionäre vertritt. Vertritt er auf Antragsgegnerseite nur einen oder einzelne Aktionäre, richtet sich sein Vergütungsanspruch nur nach dem **Wert der Aktien seines oder seiner Auftraggeber**, weil deren Rechte nur in dem Umfang von der Entscheidung betroffen sind. Dies wird durch § 31a S. 1 sichergestellt. In diesem Fall soll der Rechtsanwalt die Gebühren nur einmal aus der Summe der auf die von ihm vertretenen Antragsgegner entfallenden Werte erhalten.

Für die Bemessung des Werts der Aktien des jeweiligen Antragsgegners ist maßgeblich der **Zeitpunkt der Antragstellung**, wobei insoweit auf den Eingang des Antrags im Ausschlussverfahren beim LG Frankfurt/Main abzustellen sein dürfte (§ 31a S. 2 i.V.m. § 31 Abs. 1 S. 2). Ist die Uhrzeit des Antragseingangs nicht festgehalten worden, sollte der Wert bei Schluss der Frankfurter Börse maßgeblich sein, weil sich dieser Wert am Eingangstag nicht mehr verändern kann.[1]

10 Aufgrund der Verweisung in § 31a S. 2 auf § 31 Abs. 1 S. 2 bis 4 und Abs. 2 ergibt sich, dass bei dem Gericht nicht bekannter Anzahl der Aktien vermutet wird, dass der Antragsteller lediglich eine Aktie besitzt und deren Wert **mindestens** 5.000 EUR beträgt.

11 Auch die bisher in § 39b Abs. 6 WpÜG enthaltenen Kostenregelungen sind in das GNotKG übernommen worden. Die Gebühren ergeben sich nunmehr aus Teil 1 Hauptabschnitt 3 Abschnitt 5 und Abschnitt 6, der Wert aus § 73 GNotKG (siehe Rdn 6). Der Antragsteller haftet nach § 22 Abs. 1 GNotKG. Mit dem durch das 2. KostRMoG neu angefügten S. 2 in § 39 Abs. 6 WpÜG wird eine Überbürdung der Gerichtskosten erster Instanz auf den Antragsgegner ausgeschlossen. Dies entspricht der bisherigen Regelung in § 39b Abs. 6 S. 7 WpÜG a.F. In den Vorrang der Regelungen gegenüber der Verweisung auf das FamFG in § 39b Abs. 1 WpÜG ist § 39b Abs. 6 WpÜG aufgenommen worden, weil darin verfahrensrechtliche Regelungen zur Kostentscheidung enthalten sind und die Regelungen des FamFG insoweit verdrängt werden.

12 Vertritt ein Rechtsanwalt **mehrere Antragsgegner**, erhält er die Gebühren nur einmal aus der Summe der auf die von ihm vertretenen Antragsgegner entfallenden Werte; VV 1008 findet insoweit keine Anwendung (§ 31a S. 2 i.V.m. §§ 31 Abs. 2, 22 Abs. 1). Einzelheiten dazu siehe § 31 Rdn 24 ff.

III. Erstattungsfragen

13 Das Gericht ordnet an, dass die Kosten der Antragsgegner, die zur zweckentsprechenden Erledigung der Angelegenheit notwendig waren, ganz oder zum Teil vom Antragsteller zu erstatten sind, wenn dies der Billigkeit entspricht (§ 39b Abs. 6 S. 1 WpÜG). Gerichtskosten für das Verfahren erster Instanz können dem Antragsgegner **nicht** auferlegt werden (§ 39b Abs. 6 S. 2 WpÜG). Schuldner der Gerichtskosten ist damit ausschließlich der den Antrag stellende Bieter, § 39b Abs. 6 S. 2 WpÜG.

14 Unabhängig vom Ausgang des Verfahrens hat der den Antrag stellende Bieter auch stets die eigenen außergerichtlichen Kosten zu tragen. Bei der Beurteilung der Billigkeit kommt es nicht allein auf das Obsiegen oder Unterliegen im Verfahren an, sondern es müssen weitere Umstände hinzutreten, die eine Kostenbelastung der Antragsgegner als unbillig erscheinen lassen.[2]

§ 31b Gegenstandswert bei Zahlungsvereinbarungen

Ist Gegenstand einer Einigung nur eine Zahlungsvereinbarung (Nummer 1000 des Vergütungsverzeichnisses), beträgt der Gegenstandswert 20 Prozent des Anspruchs.

A. Überblick 1
B. Anwendungsbereich 3
C. Regelungsgehalt 7
   I. Überblick 7
   II. Die Bewertung 16
     1. Anspruch 16
       a) Überblick 16
       b) Zahlungsvereinbarung in der Zwangsvollstreckung 17
       c) Zahlungsvereinbarung außerhalb der Zwangsvollstreckung 18
     2. Teilvereinbarungen 19
     3. Befristete Vereinbarungen 20
   III. Einigung zur Hauptsache und Zahlungsvereinbarung 21
     1. Überblick 21
     2. Dieselbe Angelegenheit 22
     3. Verschiedene Angelegenheiten 25
   IV. Betroffene Gebühren 26
   D. Wertfestsetzung 30

---

[1] Mayer/Kroiß/*Pukall*, § 31a Rn 4; a.A. *Hartmann*, KostG, § 31a RVG Rn 3.
[2] OLG Frankfurt/M NJW 2009, 375 = DB 2009, 54 = ZIP 2009, 74 = BB 2009, 122 = NZG 2009, 74 = AG 2009, 86 = WM 2009, 703 = BB 2009, 1 = EWiR 2009, 93 = ZBB 2009, 70.

A. Überblick

In Anm. Abs. 1 S. 1 Nr. 2 zu VV 1000 ist mit dem 2. KostRMoG eine Einigungsgebühr für Zahlungsvereinbarungen eingeführt worden. Ergänzend hierzu regelt der neue § 31b den Gegenstandswert solcher Vereinbarungen.

Da für Zahlungsvereinbarungen keine wertabhängigen Gerichtsgebühren erhoben werden, musste für die Anwaltsgebühren eine gesonderte Wertvorschrift in das RVG eingefügt werden. Da der Gesetzgeber aus systematischen Gründen alle Wertvorschriften künftig in Abschnitt 3 des Paragrafenteils zusammengefasst wissen will (siehe auch die „Versetzung" der bisherigen Anm. zu VV 3335 in den neuen § 23a), ist die neue Wertvorschrift für Zahlungsvereinbarungen hier angesiedelt worden.

B. Anwendungsbereich

Die Vorschrift ist anwendbar, wenn es sich um eine Zahlungsvereinbarung nach Anm. Abs. 1 S. 1 Nr. 2 zu VV 1000 handelt, also wenn die Tätigkeit auf den Abschluss eines Vertrags mit dem Inhalt gerichtet ist, die Erfüllung des Anspruchs bei gleichzeitigem vorläufigen Verzicht auf die gerichtliche Geltendmachung zu regeln. Darüber hinaus ist auf sie auch dann zurückzugreifen, wenn bereits ein zur Zwangsvollstreckung geeigneter Titel vorliegt und die Zahlungsvereinbarung darauf gerichtet ist, die Erfüllung des Anspruchs bei gleichzeitigem vorläufigen Verzicht auf Vollstreckungsmaßnahmen zu regeln.

Die zugrunde liegende Forderung muss zum Zeitpunkt der Einigung mithin unstreitig und gewiss sein. Soweit die Forderung selbst streitig oder ungewiss ist, gilt der volle Wert. Dann greift allerdings auch nicht Anm. Abs. 1 S. 1 Nr. 2 zu VV 1000, sondern Anm. Abs. 1 S. 1 Nr. 1 zu VV 1000.

Auch wenn der Wortlaut zu einer entsprechenden Annahme verleiten könnte, betrifft die Wertvorschrift nicht nur den Wert der Einigungsgebühr, sondern kann auch für andere Gebühren gelten (siehe Rdn 26 ff.).

Die Vorschrift des § 31b setzt daher auch nicht voraus, dass es zu einer Zahlungsvereinbarung gekommen ist. Der Wert des § 31b kann auch dann maßgebend sein, wenn der Auftrag auf den Abschluss einer Zahlungsvereinbarung gerichtet war, es aber zu einer solchen nicht gekommen ist.

C. Regelungsgehalt

I. Überblick

Die Vorschrift des § 31b trägt dem Umstand Rechnung, dass bei einer Vereinbarung über eine unstreitige Forderung die Einigung nur über die Zahlungsmodalitäten getroffen wird, sich das Interesse der Parteien also nicht nach dem Wert der Forderung richtet, sondern nach dem Fälligkeits- bzw. Stundungsinteresse. Dieses Interesse ist grundsätzlich geringer als das Hauptsacheinteresse und daher nur mit einem Bruchteil zu bewerten. So war die Rechtsprechung auch bisher teilweise nur von einem Prozentsatz der Forderung ausgegangen.

Nach bisherigem Recht war die Frage uneinheitlich beantwortet worden, wie der Gegenstandswert einer Ratenzahlungsvereinbarung anzusetzen ist. Soweit über die Forderung Streit bestand, wurde der volle Wert angesetzt. Das war auch richtig, weil es sich dann um eine gewöhnliche Einigung handelte und nicht nur um eine Zahlungsvereinbarung.

War die Forderung dagegen unstreitig, wurde überwiegend nicht der volle Wert angesetzt, da die Parteien sich dann nicht über die Forderung bzw. deren Erfüllung geeinigt hatten, sondern nur über die Modalitäten der Erfüllung.

Das AG Lüdenscheid[1] ist davon ausgegangen, dass nicht der gesamte ursprüngliche Anspruch den Gegenstandswert bilde, sondern der Wert der Zahlungsvereinbarung gem. § 3 ZPO frei zu schätzen sei. Er sollte sich nach dem Interesse der Parteien am Zustandekommen der Ratenzahlungsvereinba-

---

1 AGS 2008, 251 = JurBüro 2008, 90.

rung richten. Dieses Interesse wiederum sollte i.d.R. darin bestehen, die Mehrkosten zu vermeiden, die hätten anfallen können, wenn es nicht zu einer Ratenzahlungsvereinbarung gekommen wäre. Das Gericht hat dabei eine prozentuale Quote abgelehnt und im konkreten Fall den Gegenstandswert nach den Prozesskosten berechnet, die entstanden wären, wenn der Schuldner das Verfahren weiter betrieben und in die Länge gezogen hätte, um die gewünschte Stundung faktisch herbeizuführen.

11 Das OLG Jena[2] hatte unter Berufung auf das OLG Celle[3] ebenfalls § 3 ZPO angewandt und ein Drittel der Hauptforderung angesetzt.[4] Das KG[5] ist insoweit nach § 3 ZPO von 10 % der Hauptforderung ausgegangen.[6]

12 Der Makel sämtlicher Entscheidungen liegt darin, dass § 3 ZPO gar nicht anwendbar ist.

13 Der Gesetzgeber hat diese Wertfrage nunmehr geklärt und in § 31b eine Wertvorschrift eigens für den Wert einer Zahlungsvereinbarung geregelt.

14 Obwohl das Interesse je nach Fallkonstellation höher oder niedriger sein kann, hat sich der Gesetzgeber nicht für eine flexible Lösung entschieden, sondern für einen festen Prozentsatz i.H.v. 20 % des Anspruchs.

15 Maßstab ist der „Anspruch", nicht die „Hauptsache". Darin liegt ein wesentlicher Unterschied (siehe Rdn 16 ff.).

II. Die Bewertung

1. Anspruch

a) Überblick

16 Abzustellen ist auf den Wert des „Anspruchs", über den die Zahlungsvereinbarung geschlossen wird oder über den eine Zahlungsvereinbarung geschlossen werden soll. Davon sind 20 % zu berechnen. Der Wert des Anspruchs kann je nach Fallgestaltung unterschiedlich zu beurteilen sein.

b) Zahlungsvereinbarung in der Zwangsvollstreckung

17 Wird die Zahlungsvereinbarung im Rahmen eines Vollstreckungsauftrags geschlossen oder soll sie dort geschlossen werden, ist der Anspruch nach § 25 Abs. 1 Nr. 1 zu berechnen. Zinsen und Kosten sind der Hauptforderung hinzuzurechnen, da sich der Gegenstandswert einer Forderung in der Vollstreckung nicht allein nach dem Wert der Hauptforderung richtet, sondern bis zur Auftragserteilung angefallene Zinsen und Kosten hinzuzurechnen sind (siehe § 25 Abs. 1 Nr. 1). Der Prozentsatz ist also von dem Forderungsstand einschließlich der bislang aufgelaufenen Kosten und Zinsen zu berechnen.

> **Beispiel:** Der Anwalt wird beauftragt, wegen eines Titels über 1.600 EUR Hauptforderung nebst Zinsen zu vollstrecken. Zwischenzeitlich sind 90 EUR Zinsen aufgelaufen und 170 EUR Vollstreckungskosten. Es wird sodann eine Zahlungsvereinbarung getroffen.
> Der Gegenstandswert der Zahlungsvereinbarung beläuft sich auf 20 % der Gesamtforderung i.H.v. (1.600 EUR + 90 EUR + 170 EUR =) 1.860 EUR, also auf 372 EUR.

c) Zahlungsvereinbarung außerhalb der Zwangsvollstreckung

18 Wird eine Zahlungsvereinbarung außerhalb eines Vollstreckungsauftrags geschlossen oder soll sie dort geschlossen werden, dürfte dagegen nur auf den Wert der Hauptforderung abzustellen sein (§ 23

---

2 OLG-NL 2006, 210 = FamRZ 2006, 1692 = MDR 2006, 1436 = OLGR 2007, 83 = RVGreport 2006, 345 = Rpfleger 2006, 547.
3 JurBüro 1971, 237.
4 Ebenso Gerold/Schmidt/*Müller-Rabe*, RVG, VV 1000 Rn 248.
5 KG KGR 2004, 309 und 446 = RVG-Letter 2004, 35.
6 Zu weiteren Nachw. siehe Schneider/Herget/*Onderka*, Rn 4601 ff.

Abs. 1 S. 3 RVG i.V.m. § 43 Abs. 1 GKG, § 37 Abs. 1 FamGKG, § 37 Abs. 1 GNotKG), da hier Zinsen und Kosten als Nebenforderungen unberücksichtigt bleiben.

> **Beispiel:** Der Anwalt wird beauftragt, eine Forderung i.H.v. 3.000 EUR nebst Zinsen und vorgerichtlicher Kosten geltend zu machen. Es wird sodann eine Zahlungsvereinbarung getroffen.
> Der Gegenstandswert der Zahlungsvereinbarung beläuft sich auf 20 % der Hauptforderung, also auf 600 EUR.

2. Teilvereinbarungen

Da eine Zahlungsvereinbarung nicht die gesamte Forderung umfassen muss, sondern sich auch auf einen Teil der Forderung beschränken darf, kann sich folglich auch ein geringerer Wert als der der (vollen) Hauptsache ergeben. 19

> **Beispiel:** Der Anwalt droht auftragsgemäß wegen einer Forderung i.H.v. 5.000 EUR die Zwangsvollstreckung an. Der Beklagte zahlt 3.000 EUR. Im Übrigen wird ein Vergleich geschlossen, wonach der Beklagte die Restforderung in monatlichen Raten tilgen wird und der Kläger auf Vollstreckungsmaßnahmen verzichtet, solange die Raten pünktlich gezahlt werden.
> Der Wert der Verfahrensgebühr (VV 3309) beläuft sich gem. § 25 Abs. 1 Nr. 1 auf den vollen Wert der Forderung; der Wert der Einigung beläuft sich jedoch nur auf 20 % aus 2.000 EUR = 400 EUR.

3. Befristete Vereinbarungen

Eine Einigungsgebühr entsteht auch dann aus dem vollen Wert, wenn nur für einen befristeten Zeitraum auf Vollstreckungsmaßnahmen verzichtet wird. 20

> **Beispiel:** Der Kläger hat gegen den Beklagten ein Versäumnisurteil über einen Betrag i.H.v. 1.860 EUR nebst Zinsen erwirkt. Nach Androhung der Zwangsvollstreckung (zwischenzeitlich aufgelaufene Zinsen 100 EUR) wird ein Vergleich geschlossen, wonach der Beklagte für die Dauer von sechs Monaten monatliche Raten in Höhe von 150 EUR zahlen wird. Hiernach soll dann neu verhandelt werden. Für die Dauer von sechs Monaten verzichtet der Kläger auf Vollstreckungsmaßnahmen, sofern die Raten pünktlich gezahlt werden.
> Der Wert der Einigungsgebühr bemisst sich hier mit 20 % aus dem Gesamtbetrag. Zwar sind zunächst nur 6 × 150 EUR zu zahlen. Wegen des Rests ist aber ebenfalls auf eine Vollstreckung vorläufig verzichtet worden.

III. Einigung zur Hauptsache und Zahlungsvereinbarung

1. Überblick

Möglich ist, dass sowohl eine Einigung zur Hauptsache getroffen wird als auch eine Zahlungsvereinbarung. Soweit dieselbe Angelegenheit betroffen ist, können sich Überschneidungen ergeben. Soweit Einigung und Zahlungsvereinbarung in verschiedenen Angelegenheiten getroffen werden, ergeben sich dagegen keine Probleme. 21

2. Dieselbe Angelegenheit

Werden in derselben Angelegenheit sowohl eine Einigung über die Forderung (Anm. Abs. 1 S. 1 Nr. 1 zu VV 1000) als auch eine Zahlungsvereinbarung nach Anm. Abs. 1 S. 1 Nr. 2 zu VV 1000 geschlossen, kommt eine Wertaddition nicht in Betracht, soweit die Zahlungsvereinbarung eine Forderung betrifft, für die die Einigungsgebühr bereits aus dem vollen Wert angefallen ist. Die Einigungsgebühr entsteht in diesem Fall nur einmal (§ 15 Abs. 2). Die Werte von Einigung und Zahlungsvereinbarung werden nicht zusammen gerechnet, da insoweit eine wirtschaftliche Identität besteht, die eine Addition ausschließt. 22

> **Beispiel:** Der Kläger klagt gegen den Beklagten auf Zahlung eines Betrages i.H.v. 10.000 EUR. Im Termin vergleichen sich die Parteien, dass der Beklagte zum Ausgleich der Klageforderung einen Betrag i.H.v. 6.000 EUR zahle. Darüber hinaus wird ihm nachgelassen, die 6.000 EUR in sechs monatlichen Raten zu 1.000 EUR zu zahlen.

Der Wert der Einigung beträgt 10.000 EUR; der Wert der Zahlungsvereinbarung 20 % aus 6.000 EUR, also 1.200 EUR. Es entsteht jedoch nur eine Einigungsgebühr (§ 15 Abs. 2). Dafür wiederum kann kein höherer Wert als 10.000 EUR angesetzt werden.

23 Betreffen Einigung und Zahlungsvereinbarung dagegen verschiedene Gegenstände, ist zu addieren.

Beispiel: Der Kläger klagt gegen den Beklagten auf Räumung einer Wohnung nach fristloser Kündigung (Streitwert: 6.000 EUR) und auf Zahlung rückständiger Mieten in Höhe von 4.000 EUR. Im Termin erkennt der Beklagte die Mietforderung an, sodass ein Teilanerkenntnisurteil darüber ergeht. Sodann vergleichen sich die Parteien, dass der Beklagte die Wohnung noch bis zum Ende des übernächsten Monats nutzen darf und dann zu räumen und herauszugeben hat sowie darüber, dass die 4.000 EUR rückständigen Mieten in acht Raten zu 500 EUR gezahlt werden können.
Der Wert der Einigungsgebühr beträgt 6.000 EUR für die Einigung über den Räumungs- und Herausgabeanspruch zuzüglich 20 % aus 4.000 EUR (= 800 EUR) für die Zahlungsvereinbarung. Da Einigung und Zahlungsvereinbarung verschiedene Gegenstände betreffen, sind die Werte zu addieren (§ 22 Abs. 1). Die Einigungsgebühr entsteht daher nach einem Wert von 6.800 EUR.

24 Soweit sich die Gegenstände von Einigung und Zahlungsvereinbarung nur teilweise decken, unterbleibt auch nur insoweit eine Wertaddition; soweit verschiedene Gegenstände betroffen sind, ist zu addieren.

Beispiel: Der Kläger klagt gegen den Beklagten auf Zahlung eines Betrags i.H.v. 10.000 EUR. Im Termin erkennt der Beklagte einen Teilbetrag i.H.v. 6.000 EUR an. Über die weiteren 4.000 EUR vergleichen sich die Parteien dahingehend, dass der Beklagte zum Ausgleich dieser Restforderung einen Betrag in Höhe von 2.000 EUR zahle. Darüber hinaus wird ihm nachgelassen, die 6.000 EUR + 2.000 EUR in acht monatlichen Raten zu jeweils 1.000 EUR zu zahlen.
Der Wert der Einigung beträgt 4.000 EUR; der Wert der Zahlungsvereinbarung 20 % aus 8.000 EUR, also 1.600 EUR. Davon fallen 20 % aus 2.000 (= 400 EUR) auf den Teil der Forderung, der bereits Gegenstand der Einigung war und 20 % aus 6.000 EUR, also 1.200 EUR, auf den Teil der Forderung, die nicht Gegenstand der Einigung war. Ein Additionsverbot wegen wirtschaftlicher Identität besteht also nur in Höhe von 400 EUR. Der Wert der Einigungsgebühr beläuft sich damit insgesamt auf 3.200 EUR.

3. Verschiedene Angelegenheiten

25 Werden Einigung und Zahlungsvereinbarung in verschiedenen Angelegenheiten abgeschlossen, sind die Werte jeweils gesondert anzusetzen.

Beispiel: Im gerichtlichen Verfahren schließen die Parteien einen Vergleich, wonach der Beklagte zum Ausgleich der Klageforderung i.H.v. 10.000 EUR einen Betrag i.H.v. 6.000 EUR zahle. Nach Zustellung des Vergleichs droht der Kläger die Zwangsvollstreckung an. Daraufhin einigen sich die Parteien, dass der Beklagte die Vergleichssumme in zehn Raten zu je 1.000 EUR zahle.
Der Gegenstandswert der Einigung im Rechtsstreit beläuft sich auf 10.000 EUR; der Wert der Zahlungsvereinbarung 20 % aus 6.000 EUR, also 1.200 EUR. Da es sich um verschiedene Angelegenheiten handelt, entsteht in jeder Angelegenheit eine Einigungsgebühr aus dem jeweiligen Wert.

IV. Betroffene Gebühren

26 Die Vorschrift des § 31b gilt in erster Linie für die Einigungsgebühr der Anm. Abs. 1 S. 1 Nr. 2 zu VV 1000. Sie kann je nach Auftrag aber auch für weitere Gebühren gelten.

27 So kann sich auch die Gebühr der VV 3309 nur nach § 31b bemessen, wenn der Auftrag nur auf das Aushandeln einer Zahlungsvereinbarung i.S.d. Anm. Abs. 1 S. 1 Nr. 2 zu VV 1000 gerichtet war.

Beispiel: Gegen den Schuldner ist ein Vollstreckungstitel über 6.000 EUR ergangen. Er beauftragt den Anwalt, mit dem Gegner eine Ratenzahlungsvereinbarung auszuhandeln.
Der Anwalt erhält eine Verfahrensgebühr nach VV 3309. Der Gegenstandswert richtet sich auch für die Verfahrensgebühr nach § 31b, da der Auftrag nur auf den Abschluss einer Zahlungsvereinbarung gerichtet ist. Zum gleichen Ergebnis käme man im Übrigen auch über die Anwendung des § 25 Abs. 2, da Tätigkeiten im Hinblick auf einen Vollstreckungsschutz nur mit dem Interesse des Schuldners bewertet werden. Anzusetzen ist daher auch für die Gebühr der VV 3309 nur ein Gegenstandswert von 1.200 EUR.

28 Der Wert kann auch für eine Geschäftsgebühr nach VV 2300 maßgebend sein.

Abschnitt 4. Gegenstandswert § 32

Beispiel: Gegen den Schuldner wird eine nicht titulierte Forderung in Höhe 6.000 EUR erhoben, die dieser nicht bestreitet. Er beauftragt den Anwalt, mit dem Gegner eine Ratenzahlungsvereinbarung auszuhandeln. Der Anwalt erhält jetzt eine Geschäftsgebühr nach VV 2300. Der Gegenstandswert richtet sich nach § 31b, da der Auftrag auch hier nur auf den Abschluss einer Zahlungsvereinbarung gerichtet ist. Anzusetzen ist daher auch für die Gebühr der VV 2300 nur ein Gegenstandswert von 1.200 EUR.

Auch im gerichtlichen Verfahren können sich (Mehr-)Werte nach § 31b richten. 29

Beispiel: Gegen den Schuldner ist im schriftlichen Verfahren ein Versäumnisurteil über eine Forderung in Höhe 6.000 EUR ergangen. Er beauftragt den Anwalt, in Höhe eines Betrags von 2.000 EUR Einspruch einzulegen, was auch geschieht. In der mündlichen Verhandlung wird eine Einigung erzielt, wonach auf die weiteren 2.000 EUR noch 1.000 EUR gezahlt werden. Des Weiteren vergleichen sich die Parteien, dass die titulierten Beträge in Höhe von insgesamt 5.000 EUR in zehn Raten zu 500 EUR gezahlt werden dürfen und solange nicht vollstreckt wird.
Die 1,2-Terminsgebühr berechnet sich zum einen aus den noch anhängigen 2.000 EUR und zum anderen gem. § 31b aus weiteren 20 % aus den bereits titulierten 4.000 EUR, insgesamt also aus 2.800 EUR. Hinzu kommt eine 0,8-Verfahrensdifferenzgebühr nach VV 3100, 3101, da die zugrunde liegende Forderung im Verfahren nicht (mehr) anhängig ist.

D. Wertfestsetzung

Der Gegenstandswert der Zahlungsvereinbarung wird i.d.R. vom Anwalt selbst ermittelt werden müssen. 30

Soweit man auch die Kosten einer Zahlungsvereinbarung nach § 788 ZPO als festsetzungsfähig ansieht, würde die Wertannahme des Anwalts inzidenter im Festsetzungsverfahren nach § 788 ZPO überprüft werden. Gleiches gilt, wenn die Einigungsgebühr in einem Vergütungs- oder Erstattungsprozess geltend gemacht wird. 31

Soweit die Zahlungsvereinbarung in einem gerichtlichen Verfahren getroffen wird, kann gegebenenfalls auf entsprechenden Antrag eine Wertfestsetzung nach § 33 erfolgen. 32

Beispiel: Eingeklagt sind 1.860 EUR. Der Beklagte erkennt 1.000 EUR an, sodass insoweit ein Teilanerkenntnisurteil ergeht. Wegen der weiteren 860 wird streitig verhandelt. Sodann wird ein Vergleich geschlossen, dass der Beklagte noch weitere 200 EUR zahle und ihm nachgelassen wird, die Gesamtforderung von 1.200 in monatlichen Raten zu 100 EUR zu tilgen. Solange verzichtet der Kläger vorläufig auf eine Vollstreckung.
Der Gegenstandswert der Einigung beträgt zum einen 860 EUR, da sich die Parteien über diese streitige Forderung geeinigt haben. Hinzu kommt ein Wert in Höhe vor 200 EUR für die Zahlungsvereinbarung, der nach § 33 auf Antrag festzusetzen ist.

§ 32 Wertfestsetzung für die Gerichtsgebühren

(1) Wird der für die Gerichtsgebühren maßgebende Wert gerichtlich festgesetzt, ist die Festsetzung auch für die Gebühren des Rechtsanwalts maßgebend.

(2) [1]Der Rechtsanwalt kann aus eigenem Recht die Festsetzung des Werts beantragen und Rechtsmittel gegen die Festsetzung einlegen. [2]Rechtsbehelfe, die gegeben sind, wenn die Wertfestsetzung unterblieben ist, kann er aus eigenem Recht einlegen.

Literatur: *Henke,* Gegenstandswertkappung auf 30 Mio. EUR durch § 22 Abs. 2 RVG, AnwBl 2006, 54; *N. Schneider,* Begrenzung des Gegenstandswertes auch in den Fällen des § 35 RVG?, AGS 2005, 322; *ders.,* Vergütung im Verfahren über die Streitwertbeschwerde, AGS 2003, 13; *ders.,* Zulässigkeitsvoraussetzungen einer Streitwertbeschwerde, AGS 2006, 31.

§ 32

- A. Allgemeines 1
  - I. Regelungsbereich 1
    1. Bindung an die gerichtliche Wertfestsetzung 2
    2. Fiktion der Rechtsstellung als Partei bzw. Beteiligter eines gerichtlichen Verfahrens 3
       - a) Rechtsbehelfs- und Beschwerdemöglichkeit aus eigenem Recht 4
       - b) Antragsrecht auf Wertfestsetzung nach den Gerichtskostengesetzen aus eigenem Recht 7
       - c) Gerichtliche Tätigkeit stimmt mit der anwaltlichen Tätigkeit überein ... 10
       - d) Anwaltliche Tätigkeit ist nach dem Gegenstandswert abzurechnen 11
  - II. Tätigkeit des Anwalts außerhalb eines gerichtlichen Verfahrens 12
  - III. Systematische Einordnung der Vorschrift 14
- B. Wertfestsetzung (Abs. 1) 17
  - I. Wertfestsetzung von Amts wegen nach dem GKG 19
    1. Grundsatz bei der Wertfestsetzung 19
    2. Anderweitige Bestimmungen i.S.d. § 3 Abs. 1 GKG 21
       - a) Gerichtsgebührenfreie Verfahren ... 22
       - b) Festgebühren 24
    3. Wertangabe bei Einreichung der Klage oder eines Antrags 26
    4. Erforderlichkeit der Wertfestsetzung 29
    5. Abschätzung durch einen Sachverständigen 30
    6. Vorläufige Wertfestsetzung 35
       - a) Entbehrlichkeit der vorläufigen Festsetzung 38
       - b) Verfahren bei der vorläufigen Wertfestsetzung 40
       - c) Unanfechtbarkeit des Beschlusses über die vorläufige Wertfestsetzung .. 41
       - d) Gegenvorstellung 43
    7. Beschwerde gegen die Anordnung einer Vorauszahlung 44
    8. Endgültige Wertfestsetzung 45
       - a) Zeitpunkt der Wertfestsetzung 45
       - b) Form der endgültigen Wertfestsetzung 50
       - c) Zuständigkeit für die endgültige Wertfestsetzung 53
    9. Inhalt der gerichtlichen Entscheidung über die Wertfestsetzung 56
  - II. Wertfestsetzung von Amts wegen nach dem FamGKG 64
    1. Grundsatz bei der Wertfestsetzung 65
    2. Anderweitige Bestimmungen im Sinne des § 3 Abs. 1 FamGKG 66
    3. Wertangabe bei Einreichung des Antrags 70
    4. Erforderlichkeit der Wertfestsetzung 75
    5. Abschätzung durch Sachverständigen .. 79
    6. Vorläufige Wertfestsetzung 80
       - a) Erforderlichkeit einer vorläufigen Wertfestsetzung 80
       - b) Verfahren der vorläufigen Wertfestsetzung 87
    7. Beschwerde gegen die Anordnung einer Vorauszahlung 88
    8. Zeitpunkt der endgültigen Wertfestsetzung 90
    9. Inhalt der gerichtlichen Entscheidung . 94
  - III. Wertfestsetzung nach dem GNotKG von Amts wegen 95
    1. Grundsätze bei der Wertfestsetzung ... 96
    2. Wertangaben bei Einreichung des Antrags 98
    3. Erforderlichkeit der Wertfestsetzung . 105
    4. Schätzung durch Sachverständige 106
    5. Beschwerde gegen die Anordnung einer Vorauszahlung 107
    6. Zeitpunkt der endgültigen Wertfestsetzung 110
    7. Inhalt der gerichtlichen Entscheidung . 114
  - IV. Wertfestsetzung nach der KostO von Amts wegen 117
    1. Erforderlichkeit der Wertfestsetzung . 118
    2. Verfahren bei der Wertfestsetzung 122
    3. Form und Inhalt der Entscheidung über die Wertfestsetzung 123
    4. Abänderung der Wertfestsetzung 127
- C. Bindungswirkung nach § 62 GKG, § 54 FamGKG, § 78 GNotKG, § 31 KostO . 129
- D. Bindungswirkung und Vergütungsrechtsstreit 135
- E. Bindungswirkung (Abs. 1) 150
  - I. Bindung an die Wertfestsetzung nach dem GKG, FamGKG, GNotKG, KostO 150
  - II. Umgehung der Bindungswirkung nach Abs. 1 durch Vergütungsvereinbarung .. 159
  - III. Bindungswirkung nach Abs. 1 in Verfahren auf Vergütungsfestsetzung nach § 11 .. 160
- F. Antragsrecht nach Abs. 2 S. 1 165
  - I. Das Antragsrecht auf Wertfestsetzung (Abs. 2 S. 1, 1. Alt.) 166
  - II. Bedeutung des Antragsrechts auf Wertfestsetzung 167
- G. Das Rechtsmittelrecht (Abs. 2 S. 1, 2. Alt.) .. 176
  - I. Das Beschwerdeverfahren nach dem GKG 178
    1. Die Beschwer und der Wert des Beschwerdegegenstandes 186
       - a) Die Beschwer 187
       - b) Beschwerdegegenstand 190
    2. Zugelassene Beschwerde 197
    3. Beschwerdefrist 198
    4. Beschwerdeverfahren 202
    5. Weitere Beschwerde 206
    6. Vorläufige Wertfestsetzung 210
    7. Rechtsschutzbedürfnis 216
    8. Abhilfe 227
    9. Rechtliches Gehör 230
    10. Verschlechterungsverbot 231
    11. Rechtsmittelverzicht 234
    12. Verwirkung 239
    13. Gegenvorstellung 240
    14. Gebühren und Kostenerstattung 243
    15. Anhörungsrüge 245
  - II. Das Beschwerdeverfahren nach dem FamGKG 246
    1. Beschwerde gegen die Wertfestsetzung . 246
    2. Weitere Beschwerde 252
    3. Abhilfe bei Verletzung des Anspruchs auf rechtliches Gehör 253
  - III. Beschwerdeverfahren nach dem GNotKG 254
    1. Beschwerde gegen die Festsetzung des Geschäftswerts 254
    2. Abhilfe bei Verletzung des Anspruchs auf rechtliches Gehör 258
  - IV. Das Beschwerdeverfahren nach der KostO 260

Abschnitt 4. Gegenstandswert § 32

1. Beschwerde gegen die gerichtliche Wertfestsetzung 260
2. Weitere Beschwerde 267
3. Gegenvorstellung 272
4. Gehörsrüge 274

V. Gebühren und Vergütung im Beschwerdeverfahren gegen die Wertfestsetzung ... 275

VI. Kostenerstattung 279

H. Unterlassene Wertfestsetzung (Abs. 2 S. 2) .. 281
  I. Gegenvorstellung 284
  II. Untätigkeitsbeschwerde 285
  III. Anhörungsrüge 287

A. Allgemeines

I. Regelungsbereich

§ 32 ergänzt den sich aus § 23 Abs. 1 ergebenden allgemeinen Grundsatz, wonach sich die Gebühren des Rechtsanwalts im gerichtlichen Verfahren und außerhalb eines gerichtlichen Verfahrens, insoweit der Gegenstand gerichtlich gemacht werden könnte, nach dem für die Gerichtsgebühren geltenden Wert richten. **1**

1. Bindung an die gerichtliche Wertfestsetzung

Die Vorschrift des § 32 regelt über diesen Grundsatz hinausgehend die Bindung des Anwalts an die Wertfestsetzung des Gerichts für die Gerichtsgebühren, wenn er in diesem Verfahren im Auftrag einer Partei oder eines Beteiligten tätig wird (Abs. 1); nach Abs. 1 ist die gerichtliche Wertfestsetzung grundsätzlich auch für seine Gebühren maßgebend und bindend. **2**

2. Fiktion der Rechtsstellung als Partei bzw. Beteiligter eines gerichtlichen Verfahrens

Ferner bestimmt die Vorschrift die Rechtsstellung des Rechtsanwalts hinsichtlich der Wertfestsetzung in einem gerichtlichen Verfahren (§ 23 Abs. 1 S. 1). Da der Rechtsanwalt nicht Partei (§ 50 ZPO) eines Rechtsstreits oder Beteiligter (§ 7 FamFG) eines gerichtlichen Verfahrens ist, hat er kein Beschwerderecht, das er unmittelbar aus § 68 GKG, § 59 FamGKG, § 83 GNotKG, § 31 Abs. 3 KostO (insoweit noch das bis zum 31.7.2013 geltende Kostenrecht anzuwenden ist) herleiten könnte. Nach den Kostengesetzen sind nämlich immer nur diejenigen Beteiligten beschwerdeberechtigt, die für die Gerichtsgebühren einzustehen und sie im Ergebnis zu bezahlen haben. Eine entsprechende Verpflichtung kann sich grundsätzlich für den Rechtsanwalt, der im Auftrag seines Auftraggebers tätig wird, nicht ergeben. Wenn Abs. 1 ihn aber an den für die Gerichtsgebühren maßgeblichen Wert bindet, bedarf es auch der Abs. 2 entsprechenden Regelung, wonach ihm auch alle Möglichkeiten und Rechte zustehen, um die Wertfestsetzung mitzugestalten und gegen Entscheidungen und unterlassene Entscheidungen über die Wertfestsetzung vorzugehen. **3**

a) Rechtsbehelfs- und Beschwerdemöglichkeit aus eigenem Recht

Abs. 2 fingiert deshalb die Rechtsstellung des Rechtsanwalts als Partei eines Rechtsstreits oder Beteiligter eines gerichtlichen Verfahrens für das Wertfestsetzungsverfahren, um ihn gleichermaßen mit Antrags-, Rechtsbehelfs- und Beschwerderechten auszustatten. Diese Gleichstellung ist deshalb erforderlich, weil der Anwalt seine Gebühren grundsätzlich nach dem vom Gericht festgesetzten Streitwert berechnen muss (Abs. 1, § 23 Abs. 1) und er deshalb auch in dem Umfang beschwert sein kann wie ein Kostenschuldner oder die Landes- oder Bundeskasse durch eine Festsetzung nach dem GKG, dem FamGKG, dem GNotGK der KostO, die noch für diejenigen Fälle heranzuziehen ist, auf die noch das bis zum 31.7.2013 geltende Kostenrecht anwendbar ist oder anderen Gesetzen, die Bestimmungen über die Festsetzung des Werts für ein gerichtliches Verfahren enthalten (z.B. § 247 Abs. 1 AktG). **4**

Andere Gesetze, die Wertvorschriften außerhalb der Gerichtskostengesetze enthalten, gibt es aber deshalb kaum noch, weil der Gesetzgeber der Zersplitterung des Kostenrechts entgegenwirkt, indem er einzelne, nach bisherigem Recht noch in gesonderten Gesetzen enthaltene Wertvorschriften, **5**

Thiel 1027

wie z.B. in §§ 34 Abs. 2 bis 41 VwVfG a.F., durch das 2. KostRMoG aufgehoben und in das verfahrensrechtlich anwendbare Kostengesetz überführt hat (vgl. § 76 GNotKG).

6 Insoweit das RVG Wertvorschriften für bestimmte gerichtliche Verfahren oder Teile des gerichtlichen Verfahrens enthält, sind diese für die Gerichtsgebühren nie maßgebend, auch wenn das Gericht sie auf Antrag des Rechtsanwalts festzusetzen verpflichtet ist (§ 33 Abs. 1). Eine Bindungswirkung über Abs. 1 scheidet aus. Der Umfang der Bindungswirkung ergibt sich dann aus § 33.

b) Antragsrecht auf Wertfestsetzung nach den Gerichtskostengesetzen aus eigenem Recht

7 Insoweit § 32 die Rechtsstellung des Rechtsanwalts als Partei eines Rechtsstreits oder Beteiligter eines gerichtlichen Verfahrens fingiert, ist ihm auch bei unterlassener Wertfestsetzung aus eigenem Recht die Möglichkeit eröffnet, nach den Vorschriften der Gerichtskostengesetze eine Wertfestsetzung durch berechtigte eigene Antragstellung zu erreichen (Abs. 2 S. 1, 1. Alt). Er ist darüber hinaus berechtigt, die in Betracht kommenden Rechtsbehelfe aus eigenem Recht einzulegen. (Abs. 2 S. 2). Ferner steht ihm auch das Recht zu, Rechtsmittel gegen die Wertfestsetzung einzulegen (Abs. 2 S. 1, 2. Alt.).

8 Auch wenn der Wertansatz nach seiner rechtlichen Beurteilung durch das Gericht zu niedrig bemessen wurde, muss er gleichwohl danach abrechnen, selbst wenn der Wert unter Verstoß gegen zwingendes Recht festgesetzt worden ist.[1] Das kann er nur verhindern, indem er die Wertfestsetzung mit Rechtsmitteln angreift (Abs. 2 S. 1), die er aus eigenem Recht einzulegen befugt ist, um einen höheren Wert durchzusetzen. Gelingt ihm das, dann darf er seine Gebühren nach dem berichtigten höheren Wert abrechnen.

9 Die Rechte seines Mandanten nach den Gerichtskostengesetzen würden ihm nicht weiterhelfen. Zum einen hätte insbesondere der unterlegene Mandant kein Interesse daran, gegen eine zu niedrige Wertfestsetzung vorzugehen und damit den Kostenerstattungsanspruch des obsiegenden Verfahrensbeteiligten zu erhöhen. Zum anderen wäre der Mandant durch eine zu niedrige Wertfestsetzung auch nicht beschwert, sodass sein Rechtsmittel unzulässig wäre.[2] Dies ist der Grund dafür, dass der Gesetzgeber den Rechtsanwalt mit eigenen Rechten bei der gerichtlichen Wertfestsetzung ausgestattet hat.

c) Gerichtliche Tätigkeit stimmt mit der anwaltlichen Tätigkeit überein

10 Die sich grundsätzlich aus Abs. 1 ergebende Bindungswirkung kommt für den Anwalt aber immer nur dann zum Tragen, wenn seine Tätigkeit der durch die Wertfestsetzung erfassten gerichtlichen Tätigkeit auch entspricht. Stimmt der Gegenstand der gerichtlichen Tätigkeit nicht mit der anwaltlichen Tätigkeit überein oder berechnen sich die Gebühren in einem gerichtlichen Verfahren nicht nach dem Wert, dann muss der Wert auf Antrag des Anwalts gesondert festgesetzt werden (§ 33 Abs. 1).[3] Eine Bindungswirkung gemäß Abs. 1 ist insoweit nicht möglich.

d) Anwaltliche Tätigkeit ist nach dem Gegenstandswert abzurechnen

11 Eine Bindungswirkung ist nur möglich, wenn sich die Gebühren des Rechtsanwalts für seine Tätigkeit überhaupt nach dem Wert richten. Die Gebühren des Rechtsanwalts richten sich grundsätzlich nach dem Gegenstandswert (§ 2 Abs. 1), wenn das RVG keine den Gerichtskostengesetzen vorrangigen Wertregelungen (§ 2 Abs. 1) bestimmt. Nur insoweit greift die Fiktion des Abs. 1. Eine Bindungswirkung kommt demnach dann nicht in Betracht, wenn sich zwar die Gerichtsgebühren, nicht aber die Anwaltsgebühren nach dem Wert richten (z.B. in Freiheitsentziehungssachen). Solche Wertfestsetzungen können für den Anwalt nicht bindend sein, weil er die Gebühren für seine Tätigkeit nach Betragsrahmen (VV 6300 ff.) abrechnet. Die gerichtliche Wertfestsetzung ist deshalb in diesen Fällen für ihn unbeachtlich.

---

1 KG JurBüro 1984, 578; OLG München JurBüro 1985, 1085 m. Anm. *Mümmler*.
2 BGH WuM 2012, 114.
3 BayObLG JurBüro 1982, 1510; OLG Bamberg JurBüro 1981, 923.

II. Tätigkeit des Anwalts außerhalb eines gerichtlichen Verfahrens

Gemäß § 23 Abs. 1 S. 3 gelten die für die Gerichtsgebühren maßgeblichen Wertvorschriften zwar entsprechend auch für die Tätigkeit des Anwalts außerhalb eines gerichtlichen Verfahrens, wenn der Gegenstand der Tätigkeit auch Gegenstand eines gerichtlichen Verfahrens sein könnte. Wird der Anwalt aber nicht in einem gerichtlichen Verfahren tätig, dann kann es mangels einer entsprechenden gesetzlichen Vorschrift, die die Maßgeblichkeit insoweit konstruiert, auch nicht zu einer Bindung an einen vom Gericht festgesetzten Wert kommen. Ein „fiktiver" Wert bindet nicht.

Insoweit es eine gerichtliche Wertfestsetzung gibt, die für den Rechtsanwalt deshalb nicht maßgebend ist, weil er am gerichtlichen Verfahren nicht beteiligt, sondern nur außergerichtlich beauftragt worden war, kann ebenfalls keine Bindungswirkung entstehen. Folglich steht ihm insoweit auch kein Beschwerderecht zu. Er muss dann zwar in den Fällen des § 23 Abs. 1 S. 3 nach den für die Gerichtsgebühren geltenden Wertvorschriften abrechnen. Meinungsverschiedenheiten zwischen ihm und dem Mandanten über den richtigen Wertansatz kann er aber nicht über eine Beschwerde gegen die gerichtliche Wertfestsetzung des Verfahrens, an dem er nicht beteiligt ist, klären. Er muss seine Gebühren gegebenenfalls vielmehr nach dem von ihm angesetzten und aus seiner Sicht zutreffenden, vom Mandanten aber bestrittenen, Gegenstandswert gerichtlich geltend machen und im Rahmen dieses gerichtlichen Verfahrens inzidenter auch die Wertfestsetzung zur Disposition stellen.

> **Beispiel:** Der Rechtsanwalt erhält den Auftrag, für den Mandanten einen Vertrag über den Verkauf eines Baukrans zu entwerfen. Er berechnet seine Vergütung gemäß § 23 Abs. 3 S. 1 i.V.m. § 47 S. 1 GNotKG nach dem Kaufpreis von 40.000 EUR. Der Mandant hält diesen Wertansatz für zu hoch, weil im Vertrag auch ein den Käufer beschränkendes Mitbenutzungsrecht des Verkäufers vorgesehen ist.

Dem Rechtsanwalt bleibt in solchen Fällen nichts anderes übrig, als sich entweder mit dem Mandanten über die Höhe der Vergütung zu einigen oder das Honorar einzuklagen.[4] Der angemessene Wert wird dann vom Gericht als Vorfrage der Sachentscheidung ermittelt. Der Weg über eine Wertfestsetzung nach § 32 ist dem Anwalt in diesem Fall jedoch verschlossen.

III. Systematische Einordnung der Vorschrift

Die Systematik des § 32 erklärt sich folgendermaßen: Grundsätzlich richtet sich die Vergütung für anwaltliche Tätigkeiten nach dem RVG, so dass das RVG den übrigen Kostengesetzen für die Abrechnung vorgeht. Die Gebühren des Rechtsanwalts nach dem RVG richten sich grundsätzlich nach dem Gegenstandswert der anwaltlichen Tätigkeit (§ 2 Abs. 1). Insoweit sich die Gerichtsgebühren nach dem Wert richten, bestimmt sich auch die Tätigkeit des Rechtsanwalts im gerichtlichen Verfahren nach den für die Gerichtsgebühren geltenden Wertvorschriften (§ 23 Abs. 1 S. 1). In Ergänzung dazu bestimmt Abs. 1, dass der Anwalt an diese Wertfestsetzung gebunden ist und bestimmt insoweit den Vorrang der Gerichtskostengesetze gegenüber dem RVG. Insoweit wird er über § 32 auch mit den sich aus den Kostengesetzen ergebenden Antragsrechten, Rechtsmitteln und Rechtsbehelfen ausgestattet, um eine zutreffende Wertfestsetzung zu erreichen.

Auf Verfahren, die zum Anwendungsbereich des GKG oder FamGKG gehören, in denen Kosten nach dem GKG oder dem FamGKG aber nicht oder nur Festgebühren erhoben werden, sind die Wertvorschriften des GKG oder des FamGKG für die Anwaltsvergütung maßgebliche Wertfestsetzung entsprechend anzuwenden. § 32 ist aber in diesem Fall nicht einschlägig, weil eine Wertfestsetzung für die Gerichtsgebühren nicht erfolgt. Die Wertfestsetzung nach dem GKG oder dem FamGKG ist dann auf der Grundlage des § 33 Abs. 1 herbeizuführen.

In Verfahren, die zum Anwendungsbereich des GNotKG oder als Übergangsfälle noch zur KostO gehören, in denen Kosten nach dem GNotKG oder der KostO aber nicht oder nur Festgebühren erhoben werden, ist § 32 wiederum nicht einschlägig, weil eine Wertfestsetzung für die Gerichtsgebühren gleichermaßen nicht erforderlich nicht ist. Allerdings ist das GNotKG in § 23 Abs. 1 S. 2 nicht aufgeführt, sodass sich die Wertfestsetzung für die anwaltliche Tätigkeit über § 33 Abs. 1 dann nach § 23 Abs. 2 oder 3 richtet, insoweit das RVG keine besondere Wertbestimmung enthält.

---

4 Siehe dazu *Steenbuck*, MDR 2006, 423.

B. Wertfestsetzung (Abs. 1)

17 Das Gesetz sieht unterschiedliche Wertfestsetzungen vor. Abzugrenzen voneinander sind die Festsetzung
- des Zuständigkeitsstreitwerts,
- des Werts des Beschwerdegegenstands,
- des Werts der Beschwer,
- des Gegenstandswerts im Sinne des RVG,
- des Streitwerts im Sinne des GKG,
- des Verfahrenswerts im Sinne des FamGKG,
- des Geschäftswerts im Sinne des GNotKG,
- des Geschäftswerts nach der KostO, insoweit nach Aufhebung der KostO durch das 2. KostRMoG Übergangsfälle betroffen sind,
- des Gegenstandswerts außerhalb der Kostengesetze GKG, FamGKG, GNotKG, KostO, z.B. nach § 247 AktG.

18 Von Abs. 1 erfasst sind nur die Wertfestsetzungen nach den Gerichtskostengesetzen oder anderen Gesetzen, die eine Erhebung von Gerichtsgebühren vorsehen. Für die Anwendung des § 32 kommt es deshalb zunächst darauf an, dass wertabhängige Kosten (Gebühren und Auslagen) in
- Verfahren vor den ordentlichen Gerichten – auch in Strafsachen, soweit nach Wert abgerechnet wird – (§ 1 Abs. 1 GKG) nach dem **GKG**,
- Familiensachen einschließlich der Vollstreckung durch das Familiengericht und für Verfahren vor dem Oberlandesgericht nach § 107 FamFG (§ 1 FamGKG) nach dem **FamGKG**,
- Angelegenheiten der freiwilligen Gerichtsbarkeit und für die Amtstätigkeit der Notare nach dem **GNotKG** (§ 1 Abs. 1 GNotKG), der **KostO** (§ 1 Abs. 1 KostO) – für Übergangsfälle –
- oder nach bestimmten **anderen Gesetzen (z.B. AktG).**

zu erheben sind.

I. Wertfestsetzung von Amts wegen nach dem GKG

1. Grundsatz bei der Wertfestsetzung

19 Nach § 3 Abs. 1 GKG berechnen sich die Gerichtsgebühren in Zivilsachen grundsätzlich nach dem **Streitwert** und im Falle eines gerichtlichen Vergleichs über nicht anhängige Gegenstände nach dem **Vergleichsmehrwert** (GKG-KostVerz. 1900), soweit nichts anderes bestimmt ist. Streitwert und Vergleichsmehrwert hat das Gericht nach § 63 GKG von Amts wegen festzusetzen, damit die zu erhebenden Gerichtsgebühren angesetzt werden können. Diese gerichtliche Wertfestsetzung gilt grundsätzlich auch für die Anwaltsgebühren (Abs. 1) und zwar
- für den **Rechtsanwalt** selbst,
- für den **Auftraggeber** und
- bei Bewilligung von Prozesskostenhilfe für die **Landes- oder Bundeskasse** und schließlich
- für eine **erstattungspflichtige und erstattungsberechtigte Partei** oder einen **erstattungsberechtigten Beteiligten.**

20 Insoweit die gerichtliche Wertfestsetzung nach dem GKG ausnahmsweise für die **Anwaltsgebühren** nicht bindend ist, weil sich dessen Gebühren nicht nach dem Wert berechnen oder Festgebühren erhoben werden, ist durch den Anwalt ein gesonderter Antrag nach § 33 Abs. 1 auf Festsetzung des Gegenstandswerts zu stellen. Mit dem Wertfestsetzungsverfahren nach dem GKG hat dieser Antrag allerdings nichts zu tun. Es handelt sich (dann) um ein Wertfestsetzungsverfahren nach dem RVG.

2. Anderweitige Bestimmungen i.S.d. § 3 Abs. 1 GKG

21 Grundsätzlich richten sich die Gerichtsgebühren nach dem Wert des Streitgegenstands (Streitwert) – § 3 Abs. 1, 1. Alt. GKG –, soweit nichts anderes bestimmt ist (§ 3 Abs. 1, 2. Alt. GKG). Anderweitige Bestimmungen i.S.d. § 3 Abs. 1 GKG sind
- die Gerichtsgebührenfreiheit in gerichtlichen Verfahren und
- die Erhebung von Festgebühren im gerichtlichen Verfahren.

a) Gerichtsgebührenfreie Verfahren

Gerichtsgebührenfreie Verfahren sind beispielsweise
- das Verfahren über die Prozesskostenhilfe einschließlich des Abschlusses eines Mehrvergleichs (Anm. S. 1 zu GKG-KostVerz. 1900),
- das Streitwertfestsetzungsverfahren einschließlich der Beschwerde und weiteren Beschwerde (§ 68 Abs. 3 GKG),
- das Vergütungsfestsetzungsverfahren nach § 11 Abs. 2 S. 4 – mit Ausnahme der Beschwerde- und Rechtsbeschwerdeverfahren (§ 1 Abs. 4 GKG),
- Verfahren vor den Arbeitsgerichten, die mit einem Vergleich enden (Vorb. 8 GKG-KostVerz.).

Eine Wertfestsetzung nach § 63 GKG kommt in solchen Verfahren daher nicht in Betracht. Die Wertfestsetzung ist in diesen Fällen nach § 33 Abs. 1 zu beantragen.

b) Festgebühren

Anderweitige Bestimmungen i.S.d. § 3 Abs. 1 GKG sieht das GKG auch in denjenigen Fällen vor, in denen Festgebühren anstelle der Wertgebühren erhoben werden. Solche Festgebühren sind insbesondere vorgesehen
- für die Rechtsbeschwerden in Verfahren des gewerblichen Rechtsschutzes (GKG-KostVerz. 1255, 1256),
- für die Verfahren auf Vorbereitung der grenzüberschreitenden Zwangsvollstreckung (GKG-KostVerz. 1510 ff.),
- für die Verfahren der Beschwerde, der weiteren Beschwerde oder der Rechtsbeschwerde (GKG-KostVerz. 1810 ff.), ausgenommen Beschwerden in Arrest- und einstweiligen Verfügungsverfahren (GKG-KostVerz. 1430, 1431) und bestimmte Beschwerden in Vollstreckungssachen,
- teilweise in der Zwangsvollstreckung nach der ZPO, Insolvenzverfahren und ähnlichen Verfahren (Teil 2 GKG-KostVerz.; GKG-KostVerz. 2110 ff.),
- in isolierten Verfahren über eine Anhörungsrüge nach § 321a ZPO, § 4 InSO oder § 3 Abs. 1 S. 1 SVertO (GKG-KostVerz. 2500).

Auch in diesen Verfahren ist eine gerichtliche Wertfestsetzung nach § 63 GKG nicht zulässig, da die Voraussetzungen des § 63 Abs. 1 S. 1 GKG nicht vorliegen. Soweit das GKG-KostVerz. Festgebühren vorsieht, ist in den entsprechenden Verfahren zwar gegebenenfalls die anwaltliche Tätigkeit nach dem Gegenstandswert abzurechnen. Dies rechtfertigt jedoch keine gerichtliche Wertfestsetzung i.S.d. § 63 GKG. Vielmehr darf das Gericht hier nur auf Antrag eines nach § 33 Abs. 1 Antragsberechtigten eine Wertfestsetzung vornehmen. Das Verfahren nach § 33 folgt anderen **Regelungen**, nicht den Vorschriften des GKG, auch wenn das Gericht die Wertfestsetzung im Ergebnis tatsächlich vornimmt. Eine dennoch vorgenommene amtswegige Festsetzung ist unverbindlich und auf Rechtsmittel oder Rechtsbehelfe hin aufzuheben.[5]

3. Wertangabe bei Einreichung der Klage oder eines Antrags

Nach § 61 S. 1 GKG ist bei Einreichung einer Klage oder eines anderweitigen verfahrenseinleitenden oder den Streitgegenstand erweiternden Antrags, der Gerichtsgebühren auslöst, grundsätzlich der Streitwert anzugeben.

Die Wertangabe kann vom Kläger oder einem anderweitigen Antragsteller jederzeit berichtigt werden (§ 61 S. 2 GKG). Die Wertangabe in der Klage- oder Antragsschrift bindet das Gericht nicht. Sie ist lediglich eine Entscheidungshilfe bei der Festsetzung des vorläufigen Werts. Das Gericht kann den Wert daher auch abweichend von der Wertangabe des Klägers oder Antragstellers festsetzen. Zwar ist das Gericht bei der endgültigen Wertfestsetzung nicht an die Angaben des Klägers zur Wertfestsetzung gebunden. Die Rechtsprechung misst der Wertangabe nach § 61 GKG jedoch eine maßgebliche Indizwirkung bei, so dass der Kläger nicht ohne Weiteres von seiner ursprünglichen Wertangabe erfolgreich wieder Abstand nehmen kann.

---

5 OLG Karlsruhe MDR 2009, 587 = JurBüro 2009, 314 = AGS 2009, 401; LAG Schleswig-Holstein AGS 2012, 487; Bay. VGH AGS 2015, 131 = RVGreport 2015, 156.

28 Dabei übersieht die Rechtsprechung allerdings, dass nicht der Rechtsanwalt die Wertangaben nach § 61 GKG abgibt, sondern seine Partei. Der Anwalt muss die Angaben vortragen, die ihm seine Partei an die Hand gibt. Er hat auch grundsätzlich keine Möglichkeit, eine vorläufige Wertfestsetzung korrigieren zu lassen. Weder ist eine Beschwerde nach § 32 Abs. 2 RVG i.V.m. § 68 GKG gegen die vorläufige Wertfestsetzung zulässig (siehe Rdn 41)[6] noch besteht die Möglichkeit der Beschwerde nach § 67 GKG, da diese nur auf Herabsetzung gerichtet ist. Der Rechtsanwalt muss vielmehr zunächst eine falsche Wertangabe seiner Partei hinnehmen und hat erst nach Beendigung des Rechtsstreits die Möglichkeit, die endgültige Wertfestsetzung mit der Beschwerde anzufechten.

4. Erforderlichkeit der Wertfestsetzung

29 Das Gericht hat nach § 63 Abs. 1 GKG zunächst zu prüfen, ob Gerichtskosten überhaupt zu erheben sind oder ob Ausnahmetatbestände eingreifen. Liegt kein Ausnahmetatbestand in Form von Gerichtsgebührenfreiheit oder geregelter Festgebühren vor, so ist das Gericht von Amts wegen verpflichtet, eine Wertfestsetzung vorzunehmen.

5. Abschätzung durch einen Sachverständigen

30 Das Gericht kann den Verfahrenswert nach durch einen Sachverständigen abschätzen lassen (§ 64 GKG), wenn dies erforderlich ist, wenn also das Gericht weder aus eigener Sachkunde noch unter Mithilfe der Angaben der Parteien in der Lage ist, den zutreffenden Wert für die Erhebung der Gerichtsgebühren zu ermitteln. Die Sachverständigenschätzung ist von Amts wegen einzuholen. Eines Antrags der Parteien bedarf es nicht. Die Anordnung ergeht durch Beschluss.

31 Die Kosten des Sachverständigen trägt grundsätzlich die Staatskasse, da die Schätzung in ihrem eigenen Interesse erfolgt. Nur ausnahmsweise können die Kosten der Sachverständigenschätzung ganz oder teilweise einer Partei auferlegt werden und zwar dann, wenn die Abschätzung erforderlich ist, weil die Partei die ihr nach § 63 GKG obliegende Wertangabe unterlassen oder sie zunächst einen unrichtigen Wert angegeben hatte.

32 Auch das unbegründete Bestreiten eines angegebenen Werts oder eine hiergegen erhobene unbegründete Beschwerde, die aufgrund der durch eine Partei unterlassene oder unrichtige Wertangabe schuldhaft veranlasst worden ist (§ 64 S. 2 GKG), kann zur Auferlegung der Kosten der Abschätzung führen.

33 Die Partei muss sich ein Verschulden ihres Rechtsanwalts insoweit zurechnen lassen. Auch in diesem Fall trifft die Kostenlast allerdings die Partei und nicht den Rechtsanwalt. Die Entscheidung über die Kosten der Sachverständigenschätzung hat nach § 64 S. 1 GKG in dem Beschluss zu erfolgen, mit dem der Wert festgesetzt wird. Ist dies unterblieben, kann gegebenenfalls ein Berichtigungs- oder Ergänzungsbeschluss ergehen. Die insoweit ergehende Kostenentscheidung ist nach § 68 GKG anfechtbar.

34 Die in diesem Zusammenhang vertretene Auffassung von *Mayer*[7] und *Hartmann*,[8] die Anfechtung könne gemäß § 99 ZPO nur zusammen mit der Hauptsache erfolgen, ist unzutreffend und abzulehnen. Bei dem Wertfestsetzungsverfahren handelt es sich nicht um ein Verfahren nach der ZPO, sondern um ein solches nach dem GKG, das eigenständige Verfahrensvorschriften enthält und einen Ausschluss der isolierten Anfechtung einer Kostenentscheidung nicht bestimmt. Insoweit sich die Partei nur gegen die Höhe der Kosten zu Wehr setzen will, sind die Erinnerung und die Beschwerde gegen den Kostenansatz nach § 66 GKG gegeben.

6. Vorläufige Wertfestsetzung

35 Nach Eingang der Klage oder eines sonstigen Antrags hat das Gericht den Streitwert vorläufig festzusetzen (§ 63 Abs. 1 S. 1 GKG), insofern wertabhängige Gerichtsgebühren mit Einreichung des Klageantrags oder eines sonstigen Antrags fällig werden. Sinn und Zweck der vorläufigen Festset-

---

6 OLG Schleswig SchlHA 2012, 468 = NZS 2012, 879 = DÖV 2012, 820.

7 Gerold/Schmidt/*Mayer*, § 32 Rn 111.

8 *Hartmann*, KostG § 64 GKG Rn 18.

zung ist es, dem Kostenbeamten einen Wert vorzugeben, damit die Gerichtsgebühren erhoben werden können. Eine vorläufige Wertfestsetzung ist unzulässig, jedenfalls aber bedeutungslos, wenn keine Gerichtsgebühren erhoben werden.[9] Gleiches gilt, wenn die Gebühren noch nicht fällig sind, da sich bis zur Fälligkeit noch Veränderungen ergeben können und Gerichtsgebühren vor Eintritt der Fälligkeit auch nicht geschuldet sind.

Werden wertabhängige Gerichtsgebühren nicht bereits mit ihrer Einreichung fällig, dann ist erst bei späterer Fälligkeit ein Wert festzusetzen. 36

Das GKG sieht nur eine Anfechtung der endgültigen Wertfestsetzung vor (§ 68 GKG). Daher ist eine vorläufige Wertfestsetzung unanfechtbar.[10] Da das Gericht aber von Amts wegen verpflichtet ist, den Streitwert zutreffend festzusetzen, muss es auf eine Gegenvorstellung reagieren (§ 68 Abs. 1 S. 1 GKG). Die Sache ist in diesem Falle allerdings nicht dem Beschwerdegericht vorzulegen. 37

a) Entbehrlichkeit der vorläufigen Festsetzung

Eine vorläufige Streitwertfestsetzung ist entbehrlich, wenn Gegenstand des Verfahrens 38
– eine bestimmte Geldsumme in EUR ist oder
– wenn das Gesetz einen Fest- oder Regelwert vorsieht.

Grund hierfür ist, dass in diesen Fällen der Kostenbeamte die fällige Gebühr selbst berechnen und anfordern kann.

Auch wenn eine vorläufige Wertfestsetzung in diesen Fällen entbehrlich ist, kann das Gericht dennoch vorläufig einen Wert festsetzen. Das wiederum ist dann geboten, wenn sich bei Zahlungsansprüchen Bewertungsschwierigkeiten ergeben, etwa wenn die Zusammensetzung der Geldforderung im Hinblick auf § 43 Abs. 1 GKG nicht ohne Weiteres ersichtlich ist oder wenn verschiedene Anträge oder Widerklageanträge gestellt werden und die Frage der Zusammenrechnung unklar ist. 39

b) Verfahren bei der vorläufigen Wertfestsetzung

Das Gericht setzt den vorläufigen Wert durch Beschluss fest (§ 63 Abs. 1 S. 1 GKG). Zuständig für die vorläufige Wertfestsetzung ist das Gericht. Die vorläufige Wertfestsetzung findet ohne Anhörung der Beteiligten statt (§ 63 Abs. 1 S. 1 GKG). Der Kläger bzw. der Antragsteller, den die Zahlungspflicht zunächst trifft (§ 22 Abs. 1 S. 1 GKG), hat die Möglichkeit, im Rahmen seines Antrags (siehe § 61 GKG) zum vorläufigen Streitwert Stellung zu nehmen. Abgesehen davon kann auch die vorläufige Wertfestsetzung jederzeit abgeändert werden (§ 63 Abs. 3 GKG). Zudem besteht die Möglichkeit der Beschwerde gegen die Vorauszahlungsanordnung nach § 67 GKG, so dass der Kläger bzw. der Antragsteller hinreichend geschützt ist. Der Beschluss kann formlos mitgeteilt werden. Eine Zustellung ist nicht erforderlich. 40

c) Unanfechtbarkeit des Beschlusses über die vorläufige Wertfestsetzung

Die vorläufige Wertfestsetzung ist unanfechtbar.[11] Die Beschwerde nach § 68 GKG ist nur gegen die endgültige Wertfestsetzung gegeben. Einwendungen gegen die Höhe eines vorläufig festgesetzten Werts können daher nur im Beschwerdeverfahren nach § 68 GKG (siehe Rdn 28) geltend gemacht werden (§ 63 Abs. 1 S. 2 GKG). 41

---

9 *Schneider/Thiel*, Über die „Wertlosigkeit" höchstrichterlicher Wertfestsetzungen, NJW 2013, 25.
10 OLG Schleswig SchlHA 2012, 468 = NZS 2012, 879 = DÖV 2012, 820; OLG Jena MDR 2010, 1211; OLG Düsseldorf AGS 2009, 455 = JurBüro 2009, 542; OVG Nordrhein-Westfalen, Beschl. v. 27.8.2008 – 16 E 1126/08.
11 OLG Jena MDR 2010, 1211; OLG Düsseldorf AGS 2009, 455 = JurBüro 2009, 542; OVG Nordrhein-Westfalen, Beschl. v. 27.8.2008 – 16 E 1126/08; OLG Schleswig SchlHA 2012, 468 = NZS 2012, 879 = DÖV 2012, 820.

42 Die vorläufige Wertfestsetzung ist auch für den Anwalt über Abs. 2 nicht anfechtbar.[12] Sie enthält für ihn ohnehin keine Beschwer. Eine Abrechnung der Rechtsanwaltsgebühren ist zu diesem Zeitpunkt mangels Fälligkeit noch nicht möglich (§§ 8, 10). Hinsichtlich einer Vorschussanforderung (§ 9) ist der Anwalt an eine vorläufige Wertfestsetzung auch nicht über Abs. 1 gebunden. Er kann Vorschüsse nach einem voraussichtlich höheren Wert von seinem Auftraggeber anfordern.

d) Gegenvorstellung

43 Möglich ist allerdings eine Gegenvorstellung gegen die vorläufige Streitwertfestsetzung. Das Gericht ist von Amts wegen verpflichtet, den Streitwert zutreffend festzusetzen (§ 63 Abs. 3 S. 1 GKG). Dies gilt für die endgültige, aber auch für eine vorläufige Wertfestsetzung. Das Gericht ist daher verpflichtet, auf eine begründete Gegenvorstellung den Wert abzuändern, zumal die Frist des § 63 Abs. 3 S. 2 GKG zum Zeitpunkt einer vorläufigen Wertfestsetzung nie abgelaufen sein kann.

7. Beschwerde gegen die Anordnung einer Vorauszahlung

44 Auch wenn eine Beschwerde gegen eine vorläufige Wertfestsetzung nicht zulässig ist, kann die vorläufige Wertfestsetzung inzidenter angegriffen werden, nämlich dann, wenn die weitere Tätigkeit des Gerichts von der vorherigen Zahlung der Gerichtsgebühr abhängig gemacht wird. Gegen diesen Beschluss, kann nach § 67 Abs. 1 S. 1 GKG Beschwerde erhoben werden. Im Rahmen dieser Beschwerde ist die Höhe der angeforderten Gerichtsgebühr zu überprüfen und damit auch der Streitwert, nach dem sie berechnet worden ist. Da die Beschwerde nach § 67 GKG eine Beschwer – keine Mindestbeschwer – voraussetzt, kann mit ihr nur der Kläger oder ein sonstiger Antragsteller geltend machen, der Wert sei zu hoch festgesetzt. Eine Erhöhung des Werts kann mit dieser Beschwerde insoweit nicht erreicht werden.

8. Endgültige Wertfestsetzung

a) Zeitpunkt der Wertfestsetzung

45 Sobald eine **Entscheidung über den gesamten Streitgegenstand** ergangen ist oder sich das **Verfahren anderweitig erledigt** hat, muss das Gericht grundsätzlich den **Streitwert** endgültig festsetzen (§ 63 Abs. 2 S. 1 GKG). Eine Teil-Wertfestsetzung ist im GKG nicht vorgesehen. Daher ist auch nach Erlass eines Teilurteils keine endgültige Wertfestsetzung nach § 63 Abs. 2 GKG möglich.[13] Das gilt selbst dann, wenn durch ein Teilurteil ein Teil des Streitgegenstands endgültig aus dem Rechtsstreit ausscheidet, etwa im Falle eines Teilurteils gegen einen von mehreren Beklagten.

46 Das Gericht ist nach § 63 Abs. 2 S. 1 GKG auch von Amts wegen verpflichtet, einen eventuellen **Vergleichs(mehr)wert** festsetzen, wenn ein Vergleich (auch) über nicht anhängige Gegenstände geschlossen worden ist, da insoweit eine gesonderte Gerichtsgebühr nach GKG-KostVerz. 1900 ausgelöst wird. Einer endgültigen Wertfestsetzung bedarf es lediglich dann nicht, wenn das Gericht bereits einen Streitwert für die Zuständigkeit des Gerichts (Zuständigkeitsstreitwert) oder für die Zulässigkeit eines Rechtsmittels festgesetzt hat und dieser Wert nach § 62 GKG auch für den Gebührenstreitwert gilt (§ 63 Abs. 2 GKG).

47 **Beendet** ist das Verfahren, wenn
– eine die Instanz abschließende Entscheidung ergeht,
– die Klage oder ein sonstiger Antrag zurückgenommen wird,
– das Rechtsmittel zurückgenommen wird,
– die Hauptsache übereinstimmend für erledigt erklärt wird oder
– die Beteiligten einen Vergleich schließen, der den Streitgegenstand erledigt.

48 Erforderlich ist, dass das gesamte Verfahren beendet worden ist. Ein Teilurteil, eine Teilrücknahme, eine teilweise Erledigung oder ein Teilvergleich reichen nicht, ebenso wenig die Rücknahme nur

---

[12] OLG Köln OLGR 2009, 26; OLG Koblenz OLGR 2008, 788 = MDR 2008, 1368 = NJW-RR 2009, 499; OLG Dresden OLGR 2008, 593 = ZMGR 2008, 285.

[13] OVG Magdeburg NJW 2009, 3115.

der Klage oder Widerklage oder eines von mehreren Rechtsmitteln, wenn im Übrigen das Verfahren noch rechtshängig ist.

Erledigt ist das Verfahren abgesehen von den Fällen der Beendigung dann, wenn es, ohne förmlich beendet worden zu sein, von den Beteiligten nicht mehr betrieben wird. 49

b) Form der endgültigen Wertfestsetzung

Die endgültige Wertfestsetzung ergeht durch Beschluss (§ 63 Abs. 2 S. 1 GKG). Der Beschluss kann im Urteil als Nebenentscheidung enthalten sein. Das Gericht kann aber auch einen gesonderten Wertfestsetzungsbeschluss erlassen. 50

Statt durch gesonderten Beschluss wird die Wertfestsetzung regelmäßig mit der Entscheidung über den Gegenstand des Verfahrens verbunden. Am Ende der Entscheidungsgründe steht dann der Zusatz: „Streit- oder Verfahrenswert ... EUR". Das geschieht aus Vereinfachungsgründen. Es erübrigt sich ein eigenes Rubrum, und es muss nicht doppelt unterschrieben werden. 51

Darauf, dass es sich bei der Wertfestsetzung stets um einen richterlichen Beschluss handelt, wird in allgemeinen Zivilsachen häufig immer noch nicht besonders hingewiesen und auch keine Rechtsmittelbelehrung erteilt. Dies ist jedoch unzutreffend, da seit der Einführung des § 5b GKG jede Kostenrechnung und jede anfechtbare Entscheidung eine Belehrung über den statthaften Rechtsbehelf zu enthalten hat sowie über die Stelle, bei der dieser Rechtsbehelf einzulegen ist, über deren Sitz und über die einzuhaltende Form und Frist zu enthalten hat.[14] 52

c) Zuständigkeit für die endgültige Wertfestsetzung

Zuständig für die endgültige Wertfestsetzung ist das mit der Hauptsache befasste Gericht. Im Falle einer Verweisung oder einer Abgabe ist das Empfangsgericht zuständig, den Streitwert festzusetzen. Soweit ein vorangegangenes selbständiges Beweisverfahren vor einem anderen Gericht stattgefunden hat, als der nachfolgende Rechtsstreit, ist das Gericht des Beweisverfahrens für die Festsetzung des Werts für die Gebühr der GKG-KostVerz. 1610 zuständig und das Prozessgericht für die Festsetzung des Werts der Gebühr der GKG-KostVerz. 1210. Ist ein Mahnverfahren vorausgegangen, so ist das Prozessgericht sowohl für die Festsetzung des Werts der Gebühr nach GKG-KostVerz. 1100 zuständig als auch für die Gebühr der GKG-KostVerz. 1210. 53

Im Falle einer Trennung setzen die jeweiligen Gerichte, die nach der Trennung zuständig sind, für die getrennten Verfahren den jeweiligen Wert endgültig fest. 54

Bei einer Verbindung mehrerer Verfahren geht die Zuständigkeit der Wertfestsetzung auf das Gericht des verbundenen Verfahrens für das gesamte Verfahren über. 55

9. Inhalt der gerichtlichen Entscheidung über die Wertfestsetzung

Das Gericht entscheidet über die Wertfestsetzung durch Beschluss. Im Beschlusstenor ist der Wert für die anfallenden Gerichtsgebühren anzugeben. In den meisten Fällen wird nur eine Gerichtsgebühr für das Verfahren im Allgemeinen erhoben, so dass auch nur ein Wert festzusetzen ist. Setzt sich der Wert für die Gerichtsgebühren aus mehreren Teilwerten zusammen, so insbesondere bei einer objektiven Klagenhäufung (§ 39 Abs. 1 GKG), bei Klage und Widerklage (§ 45 Abs. 1 GKG) oder bei beschiedenen Hilfsanträgen oder Hilfsaufrechnungen (§ 45 Abs. 2, 3 GKG), reicht es, den Gesamtwert festzusetzen, da auch in diesen Fällen nur eine Gebühr erhoben wird. Der Beschluss über die Wertfestsetzung ist zu begründen. Begründet das Gericht nicht, so kann dieser Umstand eine Aufhebung der Entscheidung und Zurückverweisung der Sache an das Beschwerdegericht zur Folge haben.[15] Jeder Festsetzungsbeschluss muss begründet werden,[16] weil die Entscheidung für den Rechtsanwalt beschwerdefähig sein kann. Das gilt nicht für die vorläufige Wertfestsetzung, da es 56

---

14 BT-Drucks 17/10490, S. 9.
15 KG Magazindienst 2013, 424 = MarkenR 2013, 127 = WRP 2013, 699.

16 OLG Thüringen FamRZ 2001, 780; KG Magazindienst 2013, 424 = MDR 2013, 863 = MarkenR 2013, 127 = WRP 2013, 699 = GRUR-RR 2013, 272.

hiergegen keine Beschwerdemöglichkeit gibt, weil jederzeit eine Abänderungsmöglichkeit besteht, bis zur endgültigen – dann anfechtbaren – Wertfestsetzung, z.B. in Form einer Gegenvorstellung.

57 Eine Begründung ist auch verfassungsrechtlich geboten. Es besteht ein grundrechtlicher Anspruch darauf, dass das Gericht den Sachvortrag der am Verfahren Beteiligten zur Kenntnis nimmt und ihn sachgerecht würdigt.[17] Damit überprüft werden kann, ob das geschehen ist, müssen die wesentlichen Ausführungen der Beteiligten in den Entscheidungsgründen verarbeitet werden.[18] Geht das Gericht auf den wesentlichen Kern des Tatsachenvortrages eines Beteiligten zu einer Frage, die für das Verfahren von ausschlaggebender Bedeutung ist, in den Entscheidungsgründen nicht ein, so lässt dies auf die Nichtberücksichtigung des Vortrags schließen.[19]

58 Ist der Wert ohne Begründung festgesetzt worden, dann muss die Begründung auf eine Beschwerde hin zumindest im Nichtabhilfebeschluss bei Vorlage an das Beschwerdegericht nachgeholt werden.[20] Geschieht auch das nicht, kann das zur Aufhebung und Zurückverweisung wegen eines wesentlichen Verfahrensmangels führen.[21]

59 Anders verhält es sich nur, wenn sich die tatsächlichen und rechtlichen Überlegungen des Erstrichters zum Wert ohne Weiteres den Gerichtsakten entnehmen lassen.[22]

60 Eine Begründung kann ausnahmsweise unterbleiben, wenn der Wert offensichtlich ist, etwa bei einer bezifferten Geldforderung.

61 Soweit mehrere Gerichtsgebühren anfallen, ist für jede Gerichtsgebühr der maßgebende Wert festzusetzen. Mehrere Wertfestsetzungen sind auch dann vorzunehmen, wenn neben der Gebühr für das Verfahren im Allgemeinen eine Vergleichsgebühr nach GKG-KostVerz. 1900 erhoben wird.

> **Beispiel** In einem Rechtsstreit haben die Parteien einen Vergleich auch über eine nicht rechtshängige Forderung geschlossen. Das Gericht muss jetzt zwei Werte festsetzen. Zum einen muss es einen Wert für das Verfahren festsetzen, da sich hiernach die Gebühr GKG-KostVerz. 1210, 1211 und eine weitere Gebühr für den (Mehr-)Wert des Vergleichs berechnet, weil hieraus eine 0,25-Gebühr nach GKG-KostVerz. 1900 ausgelöst worden ist.

62 Gestaffelte Wertfestsetzungen sind unzulässig, kommen in der Praxis aber regelmäßig vor. Nach dem ausdrücklichen Wortlaut des § 63 Abs. 2 S. 1 GKG ist der „Wert für die zu erhebenden Gebühren festzusetzen". Der Kostenbeamte soll aufgrund des Streitwertbeschlusses in die Lage versetzt sein, zu entscheiden, nach welcher Wertstufe er die angefallenen Gerichtsgebühren anzusetzen hat.

63 Deshalb ist auch eine Festsetzung nach Zeitabschnitten unzutreffend, weil sie nicht ermöglicht, den Wert der jeweiligen Gebühr eindeutig zu bestimmen. Ebenso sind gestaffelte Wertfestsetzungen für einzelne Anträge ohne Aussagekraft, wenn nicht zugleich der Gesamtwert angegeben wird. Das betrifft insbesondere Klage und Widerklage. Die Werte von Klage- und Widerklage können zu addieren sein (§ 45 Abs. 1 S. 1 GKG). Es kann aber auch sein, dass nur der höhere Wert gilt und zwar dann, wenn derselbe Gegenstand zugrunde liegt (§ 45 Abs. 1 S. 3 GKG). Es kann auch teilweise zu addieren sein, wenn nur eine Teilidentität besteht. Daher bedarf es auch hier immer der Festsetzung des Gesamtwerts.

II. Wertfestsetzung von Amts wegen nach dem FamGKG

64 Die Wertfestsetzung nach dem FamGKG ist derjenigen nach dem GKG nachgebildet. Die Wertvorschriften weichen inhaltlich nicht voneinander ab.

---

17 BVerfGE 30, 312.
18 BVerfGE 47, 189; BVerfGE 58, 357.
19 BVerfGE 86, 146.
20 OLG Dresden JurBüro 1998, 317; OLG Nürnberg MDR 2001, 893; OLG Nürnberg MDR 2004, 169; OLG München MDR 2004, 291; OLG Hamm MDR 2004, 412.
21 OLG Frankfurt NJW 1968, 409; OLG Nürnberg MDR 1970, 517; OLG Bamberg JurBüro 1991, 1689; OLG Köln VersR 1992, 338; 1997, 601; OLG Thüringen FamRZ 2001, 780; LG Koblenz JurBüro 1967, 893; LAG Baden-Württemberg JurBüro 1990, 1272; KG MDR 2013, 863 = WRP 2013, 699 = GRUR-RR 2013, 272.
22 OLG Bamberg JurBüro 1985, 1849 = KostRsp. GKG § 25 Nr. 92 m. Anm. *E. Schneider*; OLG Frankfurt JurBüro 1982, 888; KostRsp. GKG § 25 Nr. 29 m. Anm. *E. Schneider*.

1. Grundsatz bei der Wertfestsetzung

Nach § 3 Abs. 1 FamGKG berechnen sich die Gerichtsgebühren in Familiensachen grundsätzlich nach dem Verfahrenswert bzw. im Falle eines Vergleichs über nicht anhängige Gegenstände (FamGKG-KostVerz. 1500) nach dem Vergleichswert, soweit nichts anderes bestimmt ist. Diese Werte hat das Gericht nach § 55 FamGKG **von Amts wegen festzusetzen**, damit die hiernach zu berechnenden Gebühren angesetzt werden können.

2. Anderweitige Bestimmungen im Sinne des § 3 Abs. 1 FamGKG

Abweichend vom Grundsatz des § 3 Abs. 1 FamGKG gibt es Verfahren, in denen gar keine Gerichtsgebühren erhoben werden, die also **gebührenfrei** sind, wie z.B. die Verfahren über die Bewilligung von Verfahrenskostenhilfe einschließlich des Abschlusses eines Mehrvergleichs (Anm. zu FamGKG-KV 1500) oder Verfahren in Kindschaftssachen, die die freiheitsentziehende Unterbringung eines Minderjährigen betreffen (Vorb. 1.3.1 Abs. 1 Nr. 2 FamGKG-KostVerz). Eine Wertfestsetzung nach § 55 FamGKG kommt in diesen Verfahren daher erst gar nicht in Betracht.

Anderweitige Bestimmungen i.S.d. § 3 Abs. 1 FamFG, also Regelungen, nach denen die Gerichtsgebühren nicht nach dem Wert abgerechnet werden, finden sich im FamGKG-KostVerz. z.B. in folgenden weiteren Fällen:
- **Jahresgebühren** in Vormundschafts- und Dauerpflegschaftssachen (Nr. 1311, 1312 FamGKG KostVerz.),
- **Festgebühren** in
    - Vollstreckungssachen (FamGKG-KostVerz. 1600 ff.),
    - Verfahren mit Auslandsbezug (FamGKG-KostVerz. 1700 ff.),
    - isolierten Verfahren über eine Gehörsrüge (FamGKG-KostVerz. 1800),
    - Beschwerde- und Rechtsbeschwerdeverfahren, soweit sie sich nicht gegen eine die Hauptsache abschließende Endentscheidung richten (FamGKG-KostVerz. 1910 ff.).

Eine gerichtliche Wertfestsetzung nach § 55 FamGKG ist in diesen Verfahren nicht zulässig. Zwar berechnen sich z.B. in Vollstreckungsverfahren die Anwaltsgebühren nach dem Gegenstandswert; dies ist aber keine Grundlage für die gerichtliche Wertfestsetzung nach § 55 FamGKG von Amts wegen. In diesen Fällen ist auf Antrag des Rechtsanwalts eine gesonderte Wertfestsetzung ausschließlich im Verfahren nach § 33 Abs. 1 vorzunehmen, das anderen verfahrensrechtlichen Vorschriften und nicht dem FamGKG folgt.

Voraussetzung für eine gerichtliche Wertfestsetzung nach § 55 FamGKG ist, dass überhaupt Gerichtsgebühren erhoben werden und sich die zu erhebenden Gerichtsgebühren nach dem Verfahrenswert oder dem Vergleichs(mehr)wert richten. Das Gericht muss daher vor einer Festsetzung stets prüfen, ob überhaupt Gerichtsgebühren anfallen und diese sich nach dem Verfahrenswert richten. Ist dies der Fall, muss grundsätzlich eine Wertfestsetzung nach § 55 FamGKG erfolgen. Ist dies nicht der Fall, dann darf das Gericht keinen Wert nach § 55 FamGKG festsetzen. Eine gerichtliche Wertfestsetzung nach § 55 FamGKG hat daher insbesondere in Vollstreckungsverfahren, in Verfahren mit Auslandsbezug und in Verfahren über Beschwerden und Rechtsbeschwerden, die sich gegen Zwischenentscheidungen oder gegen den Rechtszug abschließende Entscheidungen, die nicht die Hauptsache betreffen, richten, zu unterbleiben, da hier wertunabhängige Festgebühren erhoben werden (FamGKG-KostVerz. 1600 ff., 1700 ff., 1900 ff. etc.).

3. Wertangabe bei Einreichung des Antrags

Nach § 53 S. 1 FamGKG hat ein Antragsteller bei Einreichung eines Antrags den Verfahrenswert anzugeben, wenn dieser nicht in einer bestimmten Geldsumme besteht, kein fester Wert bestimmt ist und er sich auch nicht aus früheren Anträgen ergibt. Die Obliegenheit zur Wertangabe gilt auch bei Einreichung einer Antragserweiterung oder eines Widerantrags. Die Angabe ist schriftlich oder zu Protokoll der Geschäftsstelle zu erklären. Sie kann jederzeit berichtigt werden (§ 53 S. 2 FamGKG).

Bei der Pflicht zur Wertangabe handelt es sich lediglich um eine Sollvorschrift. Unmittelbare Sanktionen sind an die Verletzung der Obliegenheit zur Wertangabe nicht geknüpft. Mittelbar können sich allerdings Nachteile ergeben, wenn sich das Gericht infolge der unterlassenen Wertangabe veranlasst sieht, ein Sachverständigengutachten einzuholen (§ 56 S. 1 FamGKG, siehe Rdn 79) oder wenn es nach § 55 Abs. 1 S. 1 FamGKG einen zu hohen Wert ansetzt und der Antragsteller gegebenenfalls Beschwerde gegen die Anordnung einer Vorauszahlung nach § 58 FamGKG erheben muss (siehe Rdn 88), die zumindest Anwaltsgebühren auslöst (§ 18 Abs. 1 Nr. 3 i.V.m. VV 3500).

72 Soweit der Antrag in einer bestimmten Geldsumme besteht, bedarf es keiner Wertangabe. Dies gilt unabhängig davon, ob es sich um eine Geldsumme in deutscher oder ausländischer Währung handelt (vgl. auch § 35 FamGKG). Eine Einschränkung wie in § 55 Abs. 1 S. 1 FamGKG für eine auf EUR lautende Währung, findet sich in § 56 FamGKG nicht.

73 **Festwerte** kennt das FamGKG nur beim Mindestwert der Ehesache (3.000 EUR) und beim Mindestwert der Versorgungsausgleichssache (1.000 EUR), im Übrigen aber nicht, sondern lediglich veränderbare Regelwerte. Hier wird eine Wertangabe ebenso entbehrlich sein, es sei denn, es ist bereits bei Antragseinreichung ersichtlich, dass ein Fall vorliegt, der vom Regelwert abweicht (siehe §§ 44 Abs. 3; 45 Abs. 3; 47 Abs. 2; 48 Abs. 3; 49 Abs. 2; 50 Abs. 3; 51 Abs. 3 S. 2 FamGKG).

74 **Kostenfreiheit** eines Antragstellers nach § 2 FamGKG entbindet das Gericht nicht von einer Wertangabe. Auch im Falle der Kostenfreiheit eines Beteiligten muss nach § 55 FamGKG ein Wert festgesetzt werden. Selbst wenn vom Antragsteller keine Gebühren erhoben werden dürfen, können andere Beteiligte zu einem späteren Zeitpunkt für die Kosten haften und dementsprechend in Anspruch genommen werden.

4. Erforderlichkeit der Wertfestsetzung

75 Nach dem Wortlaut des § 53 S. 1 FamGKG genügt die Angabe des Werts. Erläuterungen des Werts und seiner Berechnung sind danach nicht erforderlich. Gleichwohl liegt es im wohl verstandenen eigenen Gebühreninteresse, die Umstände darzulegen, denen die Wertberechnung folgt. Anderenfalls ist das Gericht zur Prüfung der Angabe und zur ordnungsgemäßen Festsetzung nach § 55 Abs. 1 S. 1 FamGKG nicht in der Lage. Dies gilt insbesondere für den Wert in Ehesachen, weil zu den Wert bildenden Faktoren die Vermögens- und Einkommensverhältnisse der beteiligten Eheleute (gemäß § 43 Abs. 1, 2 FamGKG) maßgeblich, und sie vom Anwalt deshalb vorzutragen sind, damit das Gericht zutreffend bereits einen vorläufigen Wert für die Ehesache festsetzen kann. Bei der Nichtangabe der Bewertungskriterien kann sich beispielsweise die Zustellung des Scheidungsantrags verzögern mit der Folge nicht unerheblicher vermögensrechtlicher Auswirkungen im Güterrecht und im Versorgungsausgleich. Das Gericht ist auf die Angaben der Beteiligten insoweit angewiesen.

76 Des Weiteren hat die Vorschrift des § 53 FamGKG besondere Bedeutung in einem Stufenverfahren. Mit der Antragseinreichung sollte deshalb angegeben werden, in welcher Größenordnung der Antragsteller die mit dem Leistungsantrag zunächst noch unbezifferten Ansprüche erwartet, da sich der Verfahrenswert eines Stufenantrags gemäß § 38 FamGKG nach dem höherwertigen Antrag richtet und es sich dabei in der Regel um den noch unbezifferten Leistungsantrag handelt. Das Gericht kann anderenfalls den Verfahrenswert nicht verlässlich ermitteln.

77 Schließen die Beteiligten einen Vergleich über nicht rechtshängige Ansprüche, besteht dem Wortlaut nach keine Pflicht zur Wertangabe, da es sich bei dem Vergleich weder um einen Antrag handelt noch die Vergleichsgebühr sich nach dem Verfahrenswert richtet, vielmehr nach dem Vergleichswert. Ungeachtet dessen sollte auch hier der Wert angegeben werden, damit die Gebühr nach FamGKG-KostVerz. 1500 festgesetzt werden kann. Die Wertangabe kann jederzeit berichtigt werden. Ihr kommt keine Bindungswirkung zu. Allerdings kann sie als Indiz herangezogen werden.

78 Nach entsprechendem Verfahrensausgang wird häufig versucht, im Nachhinein von einer vorläufigen Wertfestsetzung abzurücken. Im Falle des Obsiegens wird regelmäßig vom Rechtsanwalt ein höherer Wert beantragt, während im Falle des Unterliegens eine Herabsetzung begehrt wird. Die Gerichte stellen dann in der Regel zu Recht auf die Indizwirkung der vorläufigen Wertangabe ab. Eine nachträgliche Abänderung aus offensichtlichen kostenerstattungsrechtlichen und damit nicht sachbezogenen Gründen wird dann von der Rechtsprechung abgelehnt. Von daher sollte der vorläufigen Wertangabe Beachtung geschenkt oder der Sinneswandel nachvollziehbar begründet werden.

5. Abschätzung durch Sachverständigen

Das Gericht kann den Verfahrenswert nach § 56 S. 1 FamGKG durch einen Sachverständigen abschätzen lassen, wenn dies erforderlich ist, wenn also das Gericht weder aus eigener Sachkunde noch unter Mithilfe der Parteien in der Lage ist, den zutreffenden Wert zu ermitteln. Die Sachverständigenschätzung ist von Amts wegen einzuholen. Eines Antrags der Beteiligten bedarf es nicht. Die Anordnung ergeht durch Beschluss. 79

6. Vorläufige Wertfestsetzung

a) Erforderlichkeit einer vorläufigen Wertfestsetzung

Nach Eingang eines Antrags hat das Gericht den Verfahrenswert vorläufig festzusetzen (§ 55 Abs. 1 S. 1 FamGKG), damit die Gerichtsgebühren erhoben werden können, insofern Gebühren mit der Einreichung des Antrags, der Einspruchs- oder Rechtsmittelschrift oder mit Abgabe der entsprechenden Erklärung zu Protokoll fällig werden. Die danach erforderliche Fälligkeit von Gebühren ergibt sich aus § 9 FamGKG. Die Fälligkeit der Gerichtsgebühren tritt mit Einreichung eines Antrags nur
– in Ehesachen (§ 121 FamFG) und
– in selbstständigen Familienstreitsachen (§ 112 FamFG)
ein. 80

In diesen Fällen wird die Zustellung der Antragsschrift von der Vorauszahlung abhängig gemacht (§ 14 Abs. 1 S. 1 FamGKG), sodass es einer vorläufigen Wertfestsetzung bedarf. 81

Wird Widerantrag gestellt, ist eine Vorauszahlung nicht erforderlich. 82

Im Übrigen werden Gerichtsgebühren nur unter der Voraussetzung des § 11 FamGKG fällig, das heißt
– bei unbedingter Entscheidung über die Kosten,
– bei Beendigung des Verfahrens durch Vergleich oder Zurücknahme,
– wenn das Verfahren sechs Monate ruht oder nicht betrieben wird,
– wenn das Verfahren sechs Monate unterbrochen oder durch
– anderweitige Erledigung beendet ist. 83

Das gilt auch für Folgesachen. Im Verbund wird nur die Gebühr, die sich aus dem Wert der Ehesache berechnet, sofort fällig. Die Gebühr aus dem Wert von Folgesachen – auch für die von Amts wegen einzuleitende Folgesache Versorgungsausgleich – wird nicht mit Antragseinreichung fällig,[23] so dass eine vorläufige Wertfestsetzung unzulässig ist. Anderer Auffassung ist *Hartmann*,[24] der durch Auslegung des Wortlauts der §§ 9 u. 14 FamGKG die Fälligkeit auch auf Folgesachen erstrecken will, dabei aber übersieht, dass der Gesetzgeber ausweislich seiner Begründung[25] zum FGG-ReformG die Fälligkeit in § 9 FamGKG und die Vorauszahlungspflicht in § 14 FamGKG ausdrücklich nur auf die Ehesache und nicht auch auf Folgesachen erstreckt wissen wollte. Das war auch nach dem bis zum 31.8.2009 geltenden Recht bereits der Fall. 84

In anderen als den genannten Verfahren (vgl. Rdn 80) ist daher eine vorläufige Festsetzung nur dann geboten, wenn im Verlaufe des Verfahrens Fälligkeit eintritt (siehe Rdn 83). Anderenfalls ist eine vorläufige Festsetzung nicht erforderlich und sinnlos. Es hat dann nur eine endgültige Wertfestsetzung bei Abschluss des Verfahrens zu erfolgen (siehe Rdn 90). 85

Eine vorläufige Wertfestsetzung ist auch entbehrlich, wenn Gegenstand des Verfahrens eine bestimmte Geldsumme in EUR ist oder wenn das Gesetz einen veränderbaren Regelwert vorsieht. Grund hierfür ist, dass in diesen Fällen der Kostenbeamte die fällige Gebühr ohne Weiteres selbst berechnen und anfordern kann. Auch wenn eine vorläufige Wertfestsetzung in diesen Fällen entbehrlich ist, kann das Gericht dennoch vorläufig einen Wert festsetzen. 86

---

[23] AnwK-RVG/*Volpert/Klos*, § 9 Rn 12; Horndasch/Viefhues/*Volpert*, FamFG, Teil 3 Rn 641; *Keske*, Handbuch des Fachanwalts FamR, 17. Kap. Rn 180; Prütting/Helms/*Klüsener*, § 9 FamGKG Rn 2; Binz/Dorndörfer/Petzold/*Zimmermann*, § 9 FamGKG Rn 2.

[24] KostG, 40. Aufl. 2010, § 9 FamGKG Rn 3.

[25] BT-Drucks 16/6308, S. 302 zu § 9 FamGKG und zu § 14 FamGKG.

b) Verfahren der vorläufigen Wertfestsetzung

87 Das Gericht setzt den vorläufigen Wert durch Beschluss fest (§ 55 Abs. 1 S. 2 FamGKG). Die vorläufige Wertfestsetzung geschieht ohne Anhörung der Beteiligten und kann jederzeit abgeändert werden (§ 55 Abs. 3 FamGKG). Zudem besteht die Möglichkeit der Beschwerde gegen die Vorauszahlungsanordnung nach § 58 FamGKG, sodass der Antragsteller hinreichend bei einer vorläufigen Wertfestsetzung geschützt ist.

7. Beschwerde gegen die Anordnung einer Vorauszahlung

88 Die vorläufige Wertfestsetzung ist unanfechtbar.[26] Die Beschwerde nach § 59 FamGKG ist nur gegen die endgültige Wertfestsetzung gegeben. Einwendungen gegen die Höhe eines vorläufig festgesetzten Werts können nur im Beschwerdeverfahren nach § 58 FamGKG erhoben werden (§ 55 Abs. 1 S. 2 FamGKG). Ansonsten sieht das FamGKG nur eine Anfechtung der endgültigen Wertfestsetzung vor (§ 59 FamGKG). Auch für den Anwalt ist die vorläufige Wertfestsetzung nicht anfechtbar, weil eine Bindungswirkung nicht besteht. Vorschüsse kann er nach einem höheren Wert anfordern, wenn er meint, die vorläufige Wertfestsetzung sei unzutreffend. Eine Beschwer ergibt sich auch für den Rechtsanwalt insoweit nicht.

89 In Betracht kommt eine Gegenvorstellung gegen die vorläufige Wertfestsetzung. Das Gericht ist von Amts wegen verpflichtet, den Verfahrenswert zutreffend festzusetzen (§ 55 Abs. 3 S. 1 FamGKG) und deshalb verpflichtet, auf eine begründete Gegenvorstellung den Wert abzuändern.

8. Zeitpunkt der endgültigen Wertfestsetzung

90 Nach Beendigung des Verfahrens, also sobald eine Entscheidung über den gesamten Verfahrensgegenstand ergangen ist oder sich das Verfahren anderweitig erledigt hat, muss das Gericht den Verfahrenswert endgültig festsetzen (§ 55 Abs. 2 FamGKG). Eine Teilwertfestsetzung ist auch nach dem FamGKG nicht vorgesehen. Unzutreffend ist daher die Entscheidung des OLG Hamm,[27] das im Falle der Abtrennung einer Folgesache die Wertfestsetzung für die durch Teilbeschluss vorab entschiedene Scheidung und eventuell mitentschiedene Folgesachen für zulässig erachtet.

91 Ebenso muss das Gericht auch einen eventuellen Vergleichs(mehr)wert festsetzen, wenn ein Vergleich (auch) über nicht rechtshängige Gegenstände geschlossen worden ist, da insoweit eine gesonderte Gerichtsgebühr nach FamGKG-KostVerz. 1500 entsteht.

92 **Beendet** ist das Verfahren, wenn
   – eine in der Instanz abschließende Entscheidung ergeht (§ 38 Abs. 1 FamFG),
   – der Antrag zurückgenommen wird,
   – das Rechtsmittel zurückgenommen wird (§ 67 Abs. 4 FamFG),
   – die Hauptsache übereinstimmend für erledigt erklärt wird oder
   – die Beteiligten einen Vergleich (§ 36 FamFG, § 278 Abs. 6 ZPO i.V.m. § 113 Abs. 1 S. 2 FamFG) schließen.

93 **Erledigt** ist das Verfahren auch dann, wenn es von den Beteiligten nicht mehr betrieben wird.

9. Inhalt der gerichtlichen Entscheidung

94 Das Gericht entscheidet über die Wertfestsetzung durch Beschluss. Der Beschluss hat den Wert für die anfallenden Gerichtsgebühren anzugeben. In den meisten Fällen wird nur eine Gerichtsgebühr für das Verfahren im Allgemeinen erhoben, sodass auch nur ein Wert festzusetzen ist. Gestaffelte Wertfestsetzungen sind auch in Familiensachen nicht zulässig. Setzt sich der Wert für die Gerichtsgebühren aus mehreren Teilwerten zusammen, so insbesondere im Verbundverfahren (§ 44 Abs. 2 FamGKG) oder bei Antrag und Widerantrag, beschiedenen Hilfsanträgen oder Hilfsaufrechnungen,

---

26 OLG Celle AGS 2010, 614 = FamRZ 2011, 134 = NdsRpfl 2011, 43 = NJW-RR 2011, 223 = MDR 2011, 492 = AGkompakt 2010, 124 = FuR 2011, 59 = FamFR 2010, 539 = RVGreport 2011, 237.

27 OLG Hamm AGS 2013, 414.

reicht es, den Gesamtwert festzusetzen, da auch in diesen Fällen nur eine Gebühr erhoben wird. Erforderlich ist die Angabe der Einzelwerte im Verbundverfahren, wenn aus einzelnen Folgesachen ermäßigte Gerichtsgebühren (siehe FamGKG-KostVerz. 1111, 1122, 1132) angefallen sind.

III. Wertfestsetzung nach dem GNotKG von Amts wegen

Auch das Verfahren der Wertfestsetzung nach dem GNotKG entspricht im Wesentlichen demjenigen nach dem FamGKG und dem GKG. 95

1. Grundsätze bei der Wertfestsetzung

In Verfahren der freiwilligen Gerichtsbarkeit richten sich die Gerichtsgebühren nach dem GNotKG (§ 1 Abs. 1 GNotKG), soweit keine anderweitigen Bestimmungen getroffen sind, wie z.B. in den Familiensachen der freiwilligen Gerichtsbarkeit, für die das FamGKG gilt (§ 1 Abs. 3 GNotKG, § 1 FamGKG). Die Gebühren nach dem GNotKG werden nach dem Wert berechnet, den der Gegenstand des Verfahrens oder des Geschäfts hat (**Geschäftswert**), § 3 Abs. 1 GNotKG. 96

Auch die gerichtliche Wertfestsetzung nach dem GNotKG ist grundsätzlich für die Anwaltsgebühren (Abs. 1) bindend. Soweit die gerichtliche Wertfestsetzung ausnahmsweise für die Anwaltsgebühren nicht bindend ist, weil sie sich abweichend davon nach einem anderen oder aber gar nicht nach dem Wert berechnen, ist insoweit nach § 33 Abs. 1 die gesonderte Festsetzung des Gegenstandswerts zu beantragen (siehe dazu § 33). 97

> **Beispiel 1:** Im Erbscheinverfahren vertritt der Rechtsanwalt einen von mehreren Miterben. Der Geschäftswert für die gerichtliche Verfahrensgebühr bemisst sich nach dem Wert des gesamten Nachlasses (§ 40 Abs. 1 Nr. 2 GNotKG). Für die Vergütung des Anwalts ist dagegen nur der Wert des Erbteils seines Mandanten für die Wertfestsetzung entscheidend,[28] so dass auf Antrag nach § 33 Abs. 1 eine gesonderte Wertfestsetzung vorzunehmen ist. Der im Erbscheinverfahren festgesetzte Wert ist daher für den Anwalt nicht bindend.
>
> **Beispiel 2:** Der Anwalt vertritt den Mandanten in einer Freiheitsentziehungssache (§ 415 FamFG). Im Verfahren nach § 415 FamFG bemisst sich der Wert für die Gerichtsgebühren nach § 36 Abs. 3 GNoKG (Nr. 15212 Nr. 4 GNotKG-KostVerz.), während sich die Gebühren für den Anwalt nicht nach dem Wert bestimmen. In Freiheitsentziehungssachen werden für den Rechtsanwalt Gebühren nach Teil 6 (VV 6300 ff.) ausgelöst, das heißt es entstehen Betragsrahmengebühren, sodass durch die gerichtliche Wertfestsetzung insoweit keine Bindungswirkung nach Abs. 1 entstehen kann.

2. Wertangaben bei Einreichung des Antrags

Bei jedem Antrag ist der Geschäftswert und nach Aufforderung auch der Wert eines Teils des Verfahrensgegenstands schriftlich oder zu Protokoll der Geschäftsstelle anzugeben, es sei denn, 98
- der Geschäftswert entspricht einer bestimmten Geldsumme,
- ein fester Wert ist gesetzlich bestimmt oder
- ergibt sich aus früheren Anträgen (§ 77 S. 1 GNotKG).

Die Angabe kann jederzeit berichtigt werden (§ 77 S. 2 GNotKG). Die Regelung des § 77 GNotKG entspricht § 53 FamGKG. Auf die Ausführungen wird Bezug genommen (siehe Rdn 75 ff.). 99

Bei der Pflicht zur Wertangabe nach § 77 S. 1 GNotKG handelt es sich lediglich um eine Sollvorschrift. Unmittelbare Sanktionen sind an die Verletzung der Obliegenheit zur Wertangabe nicht geknüpft. Mittelbar können sich allerdings Nachteile ergeben, wenn sich das Gericht infolge der unterlassenen Wertangabe veranlasst sieht, ein Sachverständigengutachten einzuholen (§ 80 GNotKG), oder wenn es einen zu hohen Wert ansetzt und der Antragsteller gegebenenfalls Beschwerde gegen die Anordnung einer Vorauszahlung nach § 82 GNotKG erheben muss, die zumindest Anwaltsgebühren auslöst (§ 18 Abs. 1 Nr. 3 i.V.m. VV 3500). 100

---

28 BGH MDR 1969, 36 = NJW 1968, 2334 = Rpfleger 1968, 390; Rpfleger 1977, 59 = JZ 1977, 137 = MDR 1977, 295 = BB 1977, 69 = NJW 1977, 584 = DB 1977, 1598 = FamRZ 1977, 130.

101 Soweit der Antrag in einer bestimmten Geldsumme besteht, bedarf es keiner vorläufigen Wertangabe. Dies gilt unabhängig davon, ob es sich um eine Geldsumme in deutscher oder ausländischer Währung handelt (vgl. auch § 77 S. 1 GNotKG). Eine Einschränkung wie in § 79 Abs. 1 S. 2 Nr. 1 GNotKG für eine auf EUR lautende Währung findet sich in § 77 GNotKG nicht.

102 **Festwerte** kennt das GNotKG z.B. in Angelegenheiten, die die Annahme als Kind betreffen (§ 101 GNotKG). Hier wird eine Wertangabe bei Antragseinreichung entbehrlich sein.

103 **Kostenfreiheit** eines Antragstellers nach § 2 GNotKG entbindet das Gericht nicht von einer Wertangabe. Auch im Falle der Kostenfreiheit eines Beteiligten muss nach § 79 GNotKG ein Wert festgesetzt werden. Selbst wenn vom Antragsteller keine Gebühren erhoben werden dürfen, können andere Beteiligte zu einem späteren Zeitpunkt für die Kosten haften und dementsprechend in Anspruch genommen werden.

104 § 77 GNotKG entspricht § 53 FamGKG. Auf die Ausführungen wird Bezug genommen (siehe Rdn 75 ff.).

3. Erforderlichkeit der Wertfestsetzung

105 Eingeführt durch das GNotKG worden ist – abweichend zur KostO – der Grundsatz, dass der Geschäftswert von Amts wegen festzusetzen ist (§ 79 Abs. 1 GNotKG).

4. Schätzung durch Sachverständige

106 Insoweit eine Schätzung des Geschäftswerts durch Sachverständige gemäß § 80 GNotKG erforderlich wird, ist in dem Beschluss über die Wertfestsetzung auch über die Kosten der Schätzung mit zu entscheiden. Diese Kosten können ganz oder teilweise einem Beteiligten auferlegt werden, der durch Unterlassung der Wertangabe, durch unrichtige Angabe des Werts, durch unbegründetes Bestreiten des angegebenen Werts oder durch unbegründete Beschwerde die Schätzung veranlasst hat. Die Regelung des § 80 GNotKG entspricht § 64 GKG und § 56 FamGKG. Auf die Ausführungen wird Bezug genommen (siehe Rdn 30 und 79).

5. Beschwerde gegen die Anordnung einer Vorauszahlung

107 Gegen den Beschluss, durch den aufgrund des GNotKG die Tätigkeit des Gerichts von der vorherigen Zahlung von Kosten abhängig gemacht wird, und wegen der Höhe des in diesem Fall im Voraus zu zahlenden Betrags ist die Beschwerde statthaft (§ 82 Abs. 1 GNotKG).

108 Die vorläufige Wertfestsetzung ist unanfechtbar.[29] Einwendungen gegen die Höhe eines vorläufig festgesetzten Werts können nur im Beschwerdeverfahren nach § 82 FamGKG erhoben werden. Ansonsten sieht das GNotKG nur eine Anfechtung der endgültigen Wertfestsetzung vor (§ 83 GNotKG). Auch für den Rechtsanwalt ist die vorläufige Wertfestsetzung nicht anfechtbar, weil eine Bindungswirkung nicht besteht. Vorschüsse kann er nach einem höheren Wert anfordern, wenn er meint, die vorläufige Wertfestsetzung sei unzutreffend. Eine Beschwer ergibt sich auch für den Rechtsanwalt insoweit nicht.

109 In Betracht kommt eine Gegenvorstellung gegen die vorläufige Wertfestsetzung. Das Gericht ist von Amts wegen verpflichtet, den Geschäftswert zutreffend festzusetzen (§ 77 S. 2 GNotKG) und deshalb auch verpflichtet, auf eine begründete Gegenvorstellung den Wert abzuändern.

6. Zeitpunkt der endgültigen Wertfestsetzung

110 Soweit das Gericht keinen Wert für die Zulässigkeit der Beschwerde nach § 78 GNotKG festgesetzt hat, die nach § 78 S. 1 GNotKG grundsätzlich auch für die Festsetzung der Gebühren maßgebend

---

[29] OLG Celle AGS 2010, 614 = FamRZ 2011, 134 = NdsRpfl 2011, 43 = NJW-RR 2011, 223 = MDR 2011, 492 = AGkompakt 2010, 124 = FuR 2011, 59 = FamFR 2010, 539 = RVGreport 2011, 237.

wäre oder es eine solche Festsetzung zwar gibt, sie aber nicht bindet, setzt das Gericht den Wert für die zu erhebenden Gebühren durch gesonderten Beschluss fest,
- sobald eine Entscheidung über den gesamten Verfahrensgegenstand ergangen ist oder
- sich das Verfahren anderweitig erledigt.

Ebenso muss das Gericht auch einen eventuellen Vergleichs(mehr)wert festsetzen, wenn ein Vergleich (auch) über nicht rechtshängige Gegenstände geschlossen worden ist, da insoweit eine gesonderte Gerichtsgebühr GNotKG-KostVerz. 19000 entsteht. **111**

Beendet ist das Verfahren, wenn **112**
- eine die Instanz abschließende Entscheidung ergeht,
- der Antrag zurückgenommen wird,
- das Rechtsmittel zurückgenommen wird,
- sich die Hauptsache erledigt hat oder
- die Beteiligten einen Vergleich schließen (§ 36 FamFG).

Erledigt ist das Verfahren auch dann, wenn es von den Beteiligten nicht mehr betrieben wird. **113**

7. Inhalt der gerichtlichen Entscheidung

Das Gericht entscheidet über die Wertfestsetzung durch Beschluss (§ 79 Abs. 1 S. 1 GNotKG). Der Beschluss hat den Wert für die anfallenden Gerichtsgebühren anzugeben. In den meisten Fällen wird nur eine Gerichtsgebühr für das Verfahren im Allgemeinen erhoben, so dass auch nur ein Wert festzusetzen ist. Gestaffelte Wertfestsetzungen sind auch in Angelegenheiten der freiwilligen Gerichtsbarkeit nicht zulässig. **114**

Das Gericht kann von einer Wertfestsetzung absehen, wenn sie nicht notwendig ist, insbesondere weil **115**
- Gegenstand des Verfahrens eine bestimmte Geldsumme in EUR ist (§ 79 Abs. 1 S. 2 Nr. 1 GNotKG),
- zumindest für den Regelfall ein fester Wert bestimmt ist (§ 79 Abs. 1 S. 2 Nr. 2 GNotKG) oder
- sich der Wert nach den Vorschriften dieses Gesetzes unmittelbar aus einer öffentlichen Urkunde oder aus einer Mitteilung des Notars (§ 39 GNotKG) ergibt (§ 79 Abs. 1 S. 2 Nr. 3 GNotKG).

Gemäß § 79 Abs. 2 GNotKG kann die Festsetzung von Amts wegen geändert werden **116**
- von dem Gericht, das den Wert festgesetzt hat, und
- von dem Rechtsmittelgericht,

wenn das Verfahren wegen des Hauptgegenstands oder wegen der Entscheidung über den Geschäftswert, den Kostenansatz oder die Kostenfestsetzung in der Rechtsmittelinstanz schwebt. Die Änderung ist nur innerhalb von sechs Monaten zulässig, nachdem die Entscheidung wegen des Hauptgegenstands Rechtskraft erlangt oder das Verfahren sich anderweitig erledigt hat.

IV. Wertfestsetzung nach der KostO von Amts wegen

Die KostO ist durch das 2. KostRMoG aufgehoben worden. Für Übergangsfälle gilt sie fort. **117**

1. Erforderlichkeit der Wertfestsetzung

Das Gericht hat nach § 31 Abs. 1 S. 1 KostO den Geschäftswert durch Beschluss festzusetzen, wenn ein Zahlungspflichtiger oder die Staatskasse dies beantragt oder wenn es sonst angemessen erscheint. Eine grundsätzliche Verpflichtung zur Festsetzung von Amts wegen besteht hier – im Gegensatz zu den Verfahren nach dem GKG, dem FamGKG oder dem GNotKG – nicht. **118**

Erforderlich ist eine Festsetzung immer dann, wenn dies von der Staats- oder Landeskasse beantragt wird, damit die Gerichtsgebühren erhoben werden können. Ebenso ist eine Festsetzung auf Antrag eines Rechtsanwalts oder der Beteiligten vorzunehmen. **119**

Die Festsetzung nach § 31 KostO betrifft nur den Wert für die zu erhebenden Gerichtsgebühren. Daher kommt eine Festsetzung nicht in Betracht, wenn keine wertabhängigen Gerichtsgebühren **120** anfallen. Für die Berechnung der Anwaltsgebühren bleibt dann nur das Verfahren nach § 33 Abs. 1. § 32 ist insoweit unanwendbar.

121 Zuständig für die Wertfestsetzung ist das Gericht, das in der Hauptsache entschieden hat oder das hätte entscheiden müssen. Jede Instanz setzt also selbst zunächst einmal den Geschäftswert fest.

2. Verfahren bei der Wertfestsetzung

122 Das Gericht hat die Beteiligten anzuhören. Es kann eine Beweisaufnahme oder auch die Begutachtung durch einen Sachverständigen von Amts wegen anordnen (§ 31 Abs. 2 S. 1 KostO). Die hiermit verbundenen Kosten können ganz oder teilweise einem Beteiligten auferlegt werden, der durch Unterlassung der Wertangabe, durch unrichtige Angaben, unbegründetes Bestreiten oder unbegründete Beschwerde die Abschätzung der Kosten veranlasst hat (§ 31 Abs. 2 S. 2 KostO).

3. Form und Inhalt der Entscheidung über die Wertfestsetzung

123 Die Festsetzung des Geschäftswerts erfolgt durch Beschluss (§ 31 Abs. 1 S. 1 KostO). Der Beschluss kann im Beschluss über die Hauptsache als Nebenentscheidung enthalten sein. Das Gericht kann es aber auch einen gesonderten Wertfestsetzungsbeschluss erlassen.

124 Im Beschluss ist der Geschäftswert, der für die zu erhebende Gerichtsgebühr maßgebend ist, beziffert anzugeben. Sind mehrere Gerichtsgebühren angefallen oder wird eine Gebühr zu unterschiedlichen Sätzen erhoben, dann sind die einzelnen Werte gesondert festzusetzen.

125 Der Beschluss ist grundsätzlich zu begründen, damit er für die Beteiligten nachprüfbar ist.

126 Neben der Wertfestsetzung muss das Gericht auch darüber entscheiden, ob es nach § 31 Abs. 3 S. 2 KostO die Beschwerde wegen grundsätzlicher Bedeutung der zur Entscheidung stehenden Fragen zulässt.

4. Abänderung der Wertfestsetzung

127 Die Wertfestsetzung des Gerichts kann von Amts wegen abgeändert werden (§ 31 Abs. 1 S. 2 KostO). Die Änderung ist allerdings nur innerhalb von sechs Monaten zulässig, nachdem die Entscheidung in der Hauptsache Rechtskraft erlangt oder das Verfahren anderweitig erledigt worden ist (§ 31 Abs. 1 S. 3 KostO).

128 Die Abänderung kann auch durch ein Rechtsmittelgericht erfolgen, wenn das Verfahren wegen der Hauptsache, wegen der Entscheidung über den Geschäftswert, den Kostenansatz oder die Kostenfestsetzung in der Rechtsmittelinstanz schwebt (§ 31 Abs. 1 S. 2 KostO).

C. Bindungswirkung nach § 62 GKG, § 54 FamGKG, § 78 GNotKG, § 31 KostO[30]

129 Zweifel können auftreten, wenn es um die Wertfestsetzung für die Zuständigkeit oder die Beschwer geht. Insoweit enthalten das GKG in § 62, das FamGKG in § 54 und das GNotKG in § 78 Sonderregelungen.

§ 62 GKG Wertfestsetzung für die Zuständigkeit des Prozessgerichts oder die Zulässigkeit des Rechtsmittels

¹Ist der Streitwert für die Entscheidung über die Zuständigkeit des Prozessgerichts oder die Zulässigkeit des Rechtsmittels festgesetzt, ist die Festsetzung auch für die Berechnung der Gebühren maßgebend, soweit die Wertvorschriften dieses Gesetzes nicht von den Wertvorschriften des Verfahrensrechts abweichen. ²Satz 1 gilt nicht in Verfahren vor den Gerichten für Arbeitssachen.

---

30 Die mit Wirkung zum 1.8.2013 aufgehobene KostO hat für Übergangsfälle, für die das bis zum Inkrafttreten des 2. KostRMoG geltende Recht anwendbar ist, weiterhin Bedeutung.

§ 54 FamGKG Wertfestsetzung für die Zulässigkeit der Beschwerde

Ist der Wert für die Zulässigkeit der Beschwerde festgesetzt, ist die Festsetzung auch für die Berechnung der Gebühren maßgebend, soweit die Wertvorschriften dieses Gesetzes nicht von den Wertvorschriften des Verfahrensrechts abweichen.

§ 78 GNotKG Wertfestsetzung für die Zulässigkeit der Beschwerde

Ist der Wert für die Zulässigkeit der Beschwerde festgesetzt, so ist die Festsetzung auch für die Berechnung der Gebühren maßgebend, soweit die Wertvorschriften dieses Gesetzes nicht von den Wertvorschriften des Verfahrensrechts abweichen.

Eine § 62 GKG, § 54 FamGKG und § 78 GNotKG vergleichbare Vorschrift war in der KostO nicht enthalten. **130**

Durch die Koppelung von Zuständigkeits- und Gebührenstreitwert soll ausgeschlossen werden, dass die Gerichtsgebühren nach einem anderen Wert als dem der Hauptsache berechnet werden.[31] **131**

Die Bindungswirkung entfällt, soweit in den §§ 48 bis 54 GKG, in den §§ 43 bis 52 FamGKG oder in den §§ 40 bis 54 und 63 bis 76 und 99 bis 102 GNotKG Gebührenwertermäßigungen vorgesehen sind, meist aus sozialen Gründen. Das ist auch nach § 12 Abs. 7 S. 3 ArbGG der Fall. Es handelt sich dabei um die in § 62 S. 1 GKG ausgenommenen Wertvorschriften, die von den Vorschriften des Verfahrensrechts abweichen. **132**

Die Bindungswirkung entfällt ferner bei einer Erweiterung oder Ermäßigung des Antrags, weil sich dadurch der ursprüngliche Bewertungsgegenstand ändert. **133**

Außerdem ist die Bindungswirkung auf die Instanz beschränkt, wie sich aus der Gegenüberstellung „Entscheidung über die Zuständigkeit" und „Zulässigkeit des Rechtsmittels" ergibt. **134**

D. Bindungswirkung und Vergütungsrechtsstreit

Keine Bindungswirkung besteht zwischen **verschiedenen Verfahren**. Das kann allerdings zu problematischen Divergenzen führen. **135**

> **Beispiel:** Der Rechtsanwalt hatte gegen seinen Mandanten Gebührenklage erhoben. Im vorangegangenen Verfahren, dessen Anwaltsgebühren eingeklagt worden waren, war noch kein Streitwert festgesetzt worden. Deshalb musste das Gericht des Gebührenprozesses diesen Streitwert vorgreiflich als Entscheidungsvoraussetzung selbst beziffern. Das auf dieser Grundlage ergangene Urteil über die eingeklagten Anwaltsgebühren wurde rechtskräftig. Nunmehr wurde im Vorverfahren der Streitwert niedriger festgesetzt, als im Gebührenprozess angenommen worden war. Hiervon ausgehend war die Gebührenberechnung im rechtskräftigen Urteil falsch.

Das LG Nürnberg-Fürth[32] hat dem **Kostenschuldner ungeachtet der Rechtskraft des Gebührenurteils** unter Berufung auf BGHZ 83, 278 einen Bereicherungsanspruch auf Rückzahlung der Differenzgebühren zugebilligt. **136**

Das KG[33] geht davon aus, dass mit der Streitwertfestsetzung im Hauptverfahren neue Gebührenansprüche auf Rückzahlung oder Nachzahlung entstehen, die trotz der rechtskräftigen Entscheidung im Gebührenprozess analog § 107 ZPO geltend gemacht werden könnten. **137**

Das OLG Frankfurt[34] hat entschieden, ein offensichtlich unrichtiger, aber wegen § 63 Abs. 3 S. 2 GKG nicht mehr abänderbarer Wertfestsetzungsbeschluss berechtige den Anwalt ungeachtet des Abs. 1 nicht zur Abrechnung nach diesem falschen Wert. Im Kostenfestsetzungsverfahren müsse vom richtigen Wert ausgegangen werden. **138**

Alle diese Entscheidungen setzen sich über die Rechtskraftwirkung hinweg und stellen damit die rechtskräftige Klärung des Werts durch die frühere Entscheidung wieder in Frage. **139**

Der nach einem bestimmten Gegenstandswert zu berechnende Gebührenanspruch entsteht mit seiner Fälligkeit (§ 8 Abs. 1). Ergeht darüber ein Urteil oder Beschluss und erwächst die gerichtliche Entscheidung in Rechtskraft, dann verstößt es gegen das jeweilige Verfahrensrecht, diese rechtskräf- **140**

---

31 BGHZ 59, 18.
32 AnwBl 1986, 38.
33 Rpfleger 1970, 407 = JurBüro 1970, 853.
34 OLGR 1999, 43.

tige Entscheidung nachträglich als unverbindlich zu behandeln. Dem steht die materielle Rechtskraft entgegen:

> „Sie hat die Aufgabe, der allein noch möglichen Gefahr einer zweiten, widersprechenden Entscheidung zu begegnen. Da diese Gefahr nur von einem zweiten Verfahren droht, wird durch die materielle Rechtskraft jede neue Verhandlung und Entscheidung über die rechtskräftig festgestellte Rechtsfolge ausgeschlossen. In diesem Sinne sind die staatlichen Organe und die Parteien an die rechtskräftige Entscheidung gebunden."[35]

> „Die Rechtskraft soll einer Kollision von Urteilen vorbeugen, die der Rechtssicherheit abträglich wären. Dem dient die Rechtskraftwirkung als Bindung der Gerichte an den Inhalt des Urteils in späteren Prozessen. Der Inhalt des rechtskräftigen Urteils ist in späteren Prozessen für das Gericht maßgeblich. Es hat ihn sowohl dann hinzunehmen, wenn derselbe Streitgegenstand wieder anhängig wird, als auch dann, wenn die Entscheidung des Prozesses von einer im rechtskräftigen Urteil entschiedenen Vorfrage abhängt."[36]

> „Die materielle Rechtskraft zwingt die Parteien, die Entscheidung über den Streitgegenstand ein für allemal hinzunehmen und zu befolgen. Die materielle Rechtskraft macht entweder die neue Klage überhaupt oder wenigstens den Streit über eine Vorfrage unzulässig. Sie stellt fest, was rechtens ist."[37]

141 Das alles sind Aussagen, die eine völlig einhellige Meinung wiedergeben. Ein „Nachkarten" über den Gegenstandswert ist danach ausgeschlossen, ganz abgesehen davon, dass beide Parteien des Honorarprozesses nach § 148 ZPO die Aussetzung des Rechtsstreits bis zur Streitwertfestsetzung im Ausgangsverfahren beantragen können. Gänzlich verfehlt ist der Hinweis auf eine Analogie zu § 107 ZPO.[38] Diese Vorschrift handelt von der Berücksichtigung einer Wertänderung **in demselben Rechtsstreit**, nicht von dem Konflikt zwischen verschiedenen Verfahren. Dieser wesentliche Unterschied schließt eine Analogie aus.

142 Erklären lassen sich die Entscheidungen des LG Nürnberg-Fürth, KG und OLG Frankfurt letztlich nur durch sachwidrige Vorgehensweise. Der BGH[39] verneint die Zulässigkeit einer Streitwertbeschwerde, wenn deren Erfolg der quotierten Kostenentscheidung eines Urteils die rechnerische Grundlage entziehen könnte. Andere Gerichte bejahen zwar eine Streitwertänderung, lehnen aber eine Berichtigung der Kostenentscheidung ab.[40] Hier wird also die Rechtskraft trotz fehlerhaften Streitwerts bejaht, nur um den falschen Schein einer richtigen Kostenentscheidung aufrechtzuerhalten. Wieder ein Anwendungsfall von „Zweierlei Maß"![41]

143 Anwendbar sind § 62 S. 1 GKG, § 54 FamGKG und § 78 GNotKG nur, wenn die Festsetzungsentscheidung in der verfahrensrechtlich dafür vorgeschriebenen Verlautbarungsform ergeht.

144 Über die **sachliche Zuständigkeit** muss durch **Urteil** entschieden werden. Im zivilprozessualen Erkenntnisverfahren ist es nicht vorgesehen, über die sachliche Zuständigkeit vorweg durch Beschluss zu entscheiden. Das ist nur hinsichtlich der nicht form- und fristgerecht eingereichten Berufung vorgesehen (§ 522 Abs. 1 S. 3 ZPO). Aus prozessökonomischen Gründen geschieht das jedoch immer wieder, um möglichst frühzeitig die Zulässigkeitsfrage klarzustellen. Daran sind natürlich auch die Anwälte interessiert.

145 Solche Beschlüsse sind aber **keine verbindlichen Festsetzungen** i.S.d. § 62 S. 1 GKG, sondern nur prozessleitende Hinweise. Wie sie zu behandeln sind – entsprechend § 62 S. 1 GKG oder durch Umdeutung in eine anfechtbare Gebührenwertfestsetzung –, ist umstritten.[42] Nach richtiger Ansicht ist dann entgegen der h.M. die Beschwerde zulässig.[43]

146 Verfehlt ist die Auffassung des OLG München,[44] eine Streitwertfestsetzung alsbald nach Eingang der Klage sei mangels gegenteiliger Anhaltspunkte als Festsetzung des Zuständigkeitswerts anzusehen und deshalb nicht beschwerdefähig. Das widerspricht der eindeutigen Regelung in § 63 Abs. 1 S. 1 GKG, wonach das Gericht den nicht in einer bestimmten Geldsumme bestehenden Streitwert nach Eingang der Klage von Amts wegen festsetzen muss. Dabei handelt es sich eindeutig nur um den **Gebührenstreitwert** als Grundlage für die Bemessung der dem Kläger obliegenden Vorauszah-

---

35 *Rosenberg/Schwab/Gottwald*, 16. Aufl. 2004, § 148 Rn 2.
36 *Blomeyer*, Zivilprozeßrecht – Erkenntnisverfahren, § 88 II.
37 *Schellhammer*, Zivilprozess, 10. Aufl. 2003, Rn 835, 838.
38 So KG Rpfleger 1970, 407 = JurBüro 1979, 853.
39 MDR 1977, 925 m. abl. Anm. *E. Schneider*; ebenso wieder OLG Stuttgart MDR 2001, 892.
40 Nachw. bei *Schneider/Herget*, Rn 4160.
41 Siehe *E. Schneider*, ZIP 1987, 71.
42 MüKo/*Wöstmann*, ZPO, § 2 Rn 18 f.
43 So z.B. OLG Bremen AnwBl 1988, 71 = JurBüro 1988, 70; NJW-RR 1993, 191; LG München MDR 2001, 713; a.A. wieder OLG Köln NJW-RR 1998, 279 = VersR 1998, 387; OLGR 2002, 154; OLG Karlsruhe MDR 2003, 1071 = FamRZ 2003, 1848.
44 MDR 1998, 1242.

lung nach § 12 Abs. 1 GKG. Aus der Befolgung des Gesetzes abzuleiten, das Gericht habe über seine sachliche Zuständigkeit entschieden, wenn es nicht klarstelle, dass es nur den Gebührenstreitwert festsetzen wolle, ist willkürlich. So aber argumentiert das OLG München.

Da § 62 S. 1 GKG ausdrücklich eine „Festsetzung" verlangt, reicht es nicht aus, dass ein Gericht zur Sache entscheidet und dabei stillschweigend seine Zuständigkeit voraussetzt. Dadurch wird keine Bindungswirkung begründet.[45] **147**

Zur Beschwerdebefugnis des Anwalts gegen eine Streitwertfestsetzung nach § 63 Abs. 1 S. 1 GKG vgl. die weiteren Ausführungen (siehe Rdn 78 ff.). **148**

In Familiensachen und den Angelegenheiten der freiwilligen Gerichtsbarkeit stellt sich die Frage der sachlichen Zuständigkeit wegen § 23a Abs. 1 Nr. 1 und 2 GVG regelmäßig nicht. **149**

E. Bindungswirkung (Abs. 1)

I. Bindung an die Wertfestsetzung nach dem GKG, FamGKG, GNotKG, KostO[46]

Ist der Wert für die Gerichtsgebühren nach den Gerichtskostengesetzen (GKG, FamGKG, GNotKG, KostO) festgesetzt worden, so ist die Festsetzung nach Abs. 1 auch für die Gebühren des Rechtsanwalts maßgebend. Abs. 1 bestimmt in Ergänzung zu § 23 Abs. 1 S. 1 den Grundsatz, dass der Anwalt im gerichtlichen Verfahren den Wert für seine Tätigkeit nicht vorrangig aus dem für ihn geltenden Kostengesetz, dem RVG, ableiten darf, sondern der Wert des gerichtlichen Verfahrens grundsätzlich auch für die Abrechnung seiner Gebühren maßgebend ist. **150**

Die Festsetzung des gerichtlichen Werts ist für den Anwalt nur vorgreiflich und bindend, wenn seine Gebühren in dem gerichtlichen Verfahren entstanden sind, an dem er beteiligt ist. Dabei kann es sich auch um Gebühren handeln, die vor Einleitung eines Rechtsstreits oder eines gerichtlichen Verfahrens oder nach Erledigung entstanden sind, aber nach **§ 19 Abs. 1 S. 2 Nr. 3** zum Gebührenrechtszug gehören. **151**

Anders verhält es sich, wenn der Anwalt zwar während des gerichtlichen Verfahrens tätig wird, jedoch nicht gegenüber dem Gericht, wie beim **außergerichtlichen Vergleich**. Dann muss er eine Wertfestsetzung nach § 33 Abs. 1 beantragen.[47] § 32 ist in diesen Fällen nicht einschlägig. Eine Bindungswirkung kann insoweit nicht entstehen. **152**

Das gilt auch dann, wenn der außergerichtliche Vergleich Gegenstände einbezieht, die im anhängigen Rechtsstreit oder gerichtlichen Verfahren nicht geltend gemacht worden sind.[48] **153**

Wird allerdings ein Vergleich über die Hauptsache und **nicht anhängige** weitere Ansprüche abgeschlossen und **vor Gericht protokolliert** oder kommt er gemäß § 278 Abs. 1 oder 6 ZPO (§ 113 Abs. 1 S. 2 FamFG) im Güteverfahren oder nach § 36 FamFG zustande, dann tritt die Bindungswirkung nach Abs. 1 für den Rechtsanwalt ein. In dieser Fallkonstellation fällt nämlich nach dem Wert des Streit- oder Verfahrensgegenstands übersteigenden Wert der mit verglichenen Ansprüche eine 0,25-Gerichtsgebühr an (GKG-KostVerz. 1900; FamGKG-KostVerz. 1500; GNotKG-KostVerz. 17005). Um diese 0,25-Gebühr berechnen zu können, muss das Gericht auch den Wert für den Mehrwert des Vergleichs von Amts wegen für die Gerichtsgebühren festsetzen.[49] Lediglich in Verfahren vor den Arbeitsgerichten ist hier nach § 33 RVG vorzugehen, da in diesem Fall keine Gerichtsgebühren erhoben werden (Vorb. 8 GKG-KostVerz.). **154**

---

45 KG Rpfleger 1980, 398; *Hartmann*, KostG, § 62 GKG Rn 5.
46 Die mit Wirkung zum 1.8.2013 aufgehobene KostO hat für Übergangsfälle, für die das bis zum Inkrafttreten des 2. KostRMoG geltende Recht anwendbar ist, weiterhin Bedeutung.
47 OLG Hamburg MDR 1961, 148; OLG München MDR 1961, 780; OLG Schleswig AnwBl 1963, 199; KG JurBüro 1970, 70 = Rpfleger 1970, 407; LAG Niedersachsen JurBüro 1987, 231; LAG Köln JurBüro 1991, 1678.
48 LAG Düsseldorf JurBüro 1993, 165; LAG Köln MDR 1999, 121; irrig OLG Düsseldorf JurBüro 1963, 154 m. abl. Anm. *Mümmler*.
49 Siehe dazu *Clausnitzer*, zu: LG Stuttgart, ZAP Fach 24 S. 609 ff.

155 Die Bindungswirkung nach Abs. 1 betrifft nur eine Tätigkeit des Anwalts, die sich auf den **Streit- oder Verfahrensgegenstand** bezieht.[50] Das Verfahren muss bereits **anhängig** sein. Rechtshängigkeit (§§ 253 Abs. 1, 261 Abs. 1 ZPO) ist nicht erforderlich.

156 Berät der Prozess- oder Verfahrensbevollmächtigte seinen Mandanten beispielsweise darüber, ob vorsorglich ein weiterer Rechtsstreit oder ein weiteres gerichtliches Verfahren gegen einen Dritten eingeleitet werden soll, dann ist der für das anhängige gerichtliche Verfahren festgesetzte Wert nicht bindend.

157 Ebenso verhält es sich, wenn die auftragsgemäße Tätigkeit des Anwalts **umfassender** ist als die im gerichtlichen Verfahren ausgeübte Tätigkeit.

> **Beispiel:** A ist Eigentümer zweier Personenkraftwagen vom Typ Mercedes und BMW. Diese Fahrzeuge hatte er dem B für dessen Hochzeitstag geliehen, der damit seine Gäste befördert hatte. B reagiert nicht auf die Forderung des A, die Fahrzeuge zurückzuschaffen. A beauftragt deshalb einen Anwalt damit, auf Herausgabe zu klagen. Der Verkehrswert des Mercedes beträgt 10.000 EUR, der des BMW 15.000 EUR. Der Anwalt fordert den B zur Herausgabe beider Wagen auf. B gibt nur den Mercedes frei. Deshalb wird die Herausgabeklage auf den BMW beschränkt. Der Anwalt hat die Verfahrensgebühr nach dem Wert beider Wagen verdient. Im Prozess kann der Streitwert aber nur nach dem Wert des BMW berechnet werden. Den Differenzbetrag der 0,8-Verfahrensgebühr nach VV 3101 Nr. 1 (unter Berücksichtigung des § 15 Abs. 3) nach den Werten 15.000 und 25.000 EUR (§ 40 GKG) muss der Anwalt notfalls gegen seinen Mandanten einklagen. Diesem steht gegen B ein Schadensersatzanspruch aus Verzug in entsprechender Höhe zu.

158 Die Bindungswirkung ist darüber hinaus auf die **Instanz** beschränkt. Eine gegenüber der vorinstanzlichen Wertfestsetzung höhere oder niedrigere Wertbemessung durch das Berufungsgericht oder das Revisionsgericht hat keine Reflexwirkung für den erstinstanzlichen Prozessbevollmächtigten. Dazu kann es nur kommen, wenn das erstinstanzliche oder das höherinstanzliche Gericht die Festsetzung von Amts wegen oder auf Gegenvorstellung oder auf eine Beschwerde hin abändert (§ 63 Abs. 3 S. 1 GKG; § 55 Abs. 3 S. 1 FamGKG; § 79 Abs. 2 GNotKG, § 31 Abs. 1 S. 2 KostO).

II. Umgehung der Bindungswirkung nach Abs. 1 durch Vergütungsvereinbarung

159 Der Rechtsanwalt ist grundsätzlich berechtigt, die Bindungswirkung des Abs. 1 durch eine Vergütungsvereinbarung zu umgehen. Der Anwalt kann sich beispielsweise mit dem Mandanten dahingehend einigen, dass die Gebühren aus einem **höheren** als dem für das gerichtliche Verfahren maßgebenden Wert zu berechnen sind. Der Gegenstandswert muss dann aber betragsmäßig bestimmt sein. Die Vereinbarung eines „angemessenen Werts" genügt nicht.[51] Auch bei der Vereinbarung eines Gegenstandswerts handelt es sich um eine Vergütungsvereinbarung, die nach § 3a formbedürftig ist.[52] Eine vereinbarte höhere Vergütung ist jedoch grundsätzlich nicht erstattungsfähig (§ 91 Abs. 2 S. 1 ZPO). Darauf muss der Rechtsanwalt den Mandanten hinweisen.

III. Bindungswirkung nach Abs. 1 in Verfahren auf Vergütungsfestsetzung nach § 11

160 Auch das Gericht ist an seine Wertfestsetzung gebunden, solange sie nicht abgeändert worden ist. Daraus folgt, dass es im Verfahren auf Festsetzung der Vergütung **nach § 11 keine eigene gesonderte, vom zugrunde liegenden gerichtlichen Verfahren abweichende Wertfestsetzung** geben darf. Das Gericht muss vielmehr von dem im gerichtlichen Verfahren festgesetzten Wert ausgehen oder das Vergütungsfestsetzungsverfahren aussetzen (§ 11 Abs. 4).[53] Wird nämlich der vom Rechtsanwalt im Vergütungsfestsetzungsverfahren angegebene Wert bestritten, dann ist das Verfahren nach

---

50 Riedel/Sußbauer/*Fraunholz*, BRAGO, § 9 Rn 10.
51 *N. Schneider*, Die Vergütungsvereinbarung, Rn 1469.
52 *N. Schneider*, Die Vergütungsvereinbarung, Rn 904.
53 BGH AGS 2014, 246 = ZInsO 2014, 855 = MDR 2014, 566 = ZIP 2014, 1047 = NZI 2014, 473 = NJW-RR 2014, 765 = WM 2014, 1238 = Rpfleger 2014, 450 = AnwBl 2014, 564 = RVGreport 2014, 240 = NJW-Spezial 2014, 380 = JurBüro 2014, 364 = RVGprof. 2014, 131.

§ 11 Abs. 4 kraft Gesetzes auszusetzen und zwar bis zu dem Zeitpunkt, in dem das Gericht eine Wertfestsetzung entweder nach
- § 32,
- § 33 oder
- § 38 Abs. 1
vorgenommen hat.

Damit werden sich widersprechende Wertfestsetzungen verhindert und dem Vorrang der Wertfestsetzung im zugrunde liegenden gerichtlichen Verfahren nach den Gerichtskostengesetzen (GKG, FamGKG, GNotKG, KostO) Rechnung getragen. 161

Eine nachträgliche Änderung des Werts im Ausgangsverfahren löst wieder die Reflexwirkung des Abs. 1 aus, so dass eine Vergütungsfestsetzung im Verfahren nach § 11 auf Antrag zu berichtigen ist (§ 11 Abs. 2 S. 3 i.V.m. § 107 ZPO). 162

Die gerichtsinterne Bindungswirkung erstreckt sich sogar auf den **Honorarprozess**. Klagt der Anwalt sein Honorar ein, weil der Mandant nichtgebührenrechtliche Einwendungen erhebt (§ 11 Abs. 5 S. 1), dann muss das Gericht die Berechtigung der Anwaltsgebühren auf der Grundlage des im vorangegangenen Rechtsstreit festgesetzten Werts berechnen. Diese Festsetzung bewirkt Rechtskraft im Honorarprozess. Das deswegen angerufene Gericht darf in seiner Entscheidung nicht von einem anderen Streitwert ausgehen, selbst wenn es ihn – mit Recht – für falsch berechnet hält. 163

Ebenso verhält es sich bei der Festsetzung der Vergütung des Anwalts im **Prozess- oder Verfahrenskostenhilfeverfahren** (§ 45). Dort darf kein anderer Wert als der in der Hauptsache festgesetzte zugrunde gelegt werden (§ 23a). 164

F. Antragsrecht nach Abs. 2 S. 1

Da dem Rechtsanwalt durch Abs. 1 Abrechnungspflichten auferlegt werden (Bindung an die gerichtliche Wertfestsetzung), müssen ihm auch die entsprechenden Antrags- und Kontrollrechte eingeräumt werden. Deshalb hat er auch ein Antragsrecht auf Festsetzung des Werts für die Gerichtsgebühren (Abs. 2 S. 1, 1. Alt.). 165

I. Das Antragsrecht auf Wertfestsetzung (Abs. 2 S. 1, 1. Alt.)

Grundsätzlich ist das Gericht verpflichtet, den Wert des gerichtlichen Verfahrens von Amts wegen festzusetzen. Unterlässt das Gericht die Wertfestsetzung, gleich aus welchen Gründen, so steht dem Rechtsanwalt nach Abs. 2 S. 1, 1. Alt. das Recht zu, die gerichtliche Wertfestsetzung nach 166
- dem GKG,
- dem FamGKG,
- dem GNotKG und
- der KostO[54]
für die Abrechnung seiner Gebühren zu beantragen.

II. Bedeutung des Antragsrechts auf Wertfestsetzung

Das Antragsrecht hat keine weitergehende Bedeutung, wenn eine bezifferte Forderung in EUR im gerichtlichen Verfahren geltend gemacht wird. Deren Betrag ist identisch mit dem Wert des gerichtlichen Verfahrens. Ein Antrag auf Wertfestsetzung ist insoweit nicht erforderlich. Das Gericht kann von einer Wertfestsetzung auch absehen, wenn sie aus anderen Gründen nicht notwendig ist, weil beispielsweise im gerichtlichen Verfahren Fest- oder Regelwerte gelten und sich der Wert unmittelbar aus dem jeweiligen Kostengesetz oder auch aus einer öffentlichen Urkunde oder einer Mitteilung des Notars nach § 39 GNotKG (vgl. § 79 Abs. 2 GNotKG) ergibt. 167

---

54 Die mit Wirkung zum 1.8.2013 aufgehobene KostO hat für Übergangsfälle, für die das bis zum Inkrafttreten des 2. KostRMoG geltende Recht anwendbar ist, weiterhin Bedeutung.

168 Auch sonst hat das Antragsrecht nur geringe Bedeutung, weil das Gericht den Wert nach § 63 Abs. 1 S. 1 GKG, § 55 Abs. 1 S. 1 FamGKG, § 79 Abs. 1 GNotKG, § 31 Abs. 1 KostO bei Eingang der Klage oder eines Antrags von sich aus festzusetzen hat, wenn auch zunächst nur vorläufig. Erst wenn das nicht geschieht, besteht für den Rechtsanwalt grundsätzlich überhaupt Anlass und Rechtsschutzinteresse daran, einen Festsetzungsantrag zu stellen.

169 Insoweit der Rechtsanwalt einen Vorschuss für seine Tätigkeit im gerichtlichen Verfahren geltend machen möchte, gilt die Bindungswirkung nach Abs. 1 nicht. Der Rechtsanwalt kann deshalb, selbst wenn das Gericht bereits vorläufig eine Wertfestsetzung vorgenommen hat, nach einem höheren Wert abrechnen, so dass ihm das Antragsrecht auch insoweit keine Vorteile verschaffen könnte. Der Rechtsanwalt sollte aber stets darauf hinwirken, dass eine Wertfestsetzung auch bei offenkundigen Bewertungen erfolgt, weil ein Beschluss über die Wertfestsetzung die Abrechnung gegenüber dem Auftraggeber nachvollziehbar und transparent gestaltet.

170 Auf das Antragsrecht nach Abs. 2 S. 1, 1. Alt. angewiesen ist der Rechtsanwalt aber dann, wenn das Gericht eine Wertfestsetzung pflichtwidrig unterlässt.

171 In einer **Anwaltssozietät** steht das Antragsrecht jedem Sozius zu, auch wenn er nicht der Sachbearbeiter ist.[55]

172 Das Abänderungsinteresse des Rechtsanwalts ist nur gegeben, wenn er eine **Werterhöhung** anstrebt. Dem Anspruch auf richtige Wertfestsetzung steht nicht entgegen, dass er mit seinem Mandanten eine die Vergütung nach dem höheren Wert abdeckende Honorarvereinbarung getroffen hat.[56]

173 Unerheblich ist auch, ob der Anwalt beabsichtigt, mit dem Mandanten nach dem höheren Wert abzurechnen.[57]

174 Abzulehnen ist die Auffassung des VGH Mannheim,[58] das gelte nicht, wenn eine Gebührenvereinbarung nach einem niedrigeren Wert getroffen worden sei, weil es dann am Rechtsschutzbedürfnis fehle (zum Rechtsschutzbedürfnis für eine Beschwerde in solchen Fällen siehe Rdn 86 ff.).

175 Hat der Rechtsanwalt das Festsetzungsverfahren **im eigenen Interesse**, also nicht nur für seinen Mandanten, durch einen Antrag in Gang gesetzt oder äußert er sich zu einem Antrag einer Partei oder eines Verfahrensbeteiligten, dann wird er damit **selbst Partei bzw. Beteiligter des Wertfestsetzungsverfahrens**. Ihm muss fortan, ebenso wie dem Mandanten,[59] rechtliches Gehör gewährt werden (Art. 103 Abs. 1 GG). Er muss über alle weiteren schriftsätzlichen Eingaben und über alle Verfügungen und Entscheidungen des Gerichts informiert werden.

G. Das Rechtsmittelrecht (Abs. 2 S. 1, 2. Alt.)

176 Die Befugnis des Rechtsanwalts zur Rechtsmitteleinlegung musste durch Abs. 2 S. 1, 2. Alt. ausdrücklich geschaffen werden, weil er als Vertreter einer Partei oder eines Beteiligten eines gerichtlichen Verfahrens **nicht selbst Partei** oder Beteiligter ist. Er erlangt dadurch aber nicht mehr Rechte als die Partei oder der Beteiligte selbst. Ist das Beschwerderecht ausgeschlossen (§ 68 Abs. 1 S. 3 i.V.m. § 62 Abs. 3 S. 2 GKG; § 59 Abs. 1 S. 3 i.V.m. § 55 Abs. 3 S. 2 FamGKG; § 83 Abs. 1 S. 3 i.V.m. § 79 Abs. 2 S. 2 GNotKG; § 31 Abs. 3 S. 3 KostO), dann gilt das gleichermaßen auch für den Rechtsanwalt.[60] Nach Abs. 2 S. 1, 2. Alt. geht das Recht zur Einlegung von Rechtsmitteln gegen die Wertfestsetzung nur insoweit auf den Rechtsanwalt über, als es den Beteiligten des gerichtlichen Verfahrens unmittelbar auch aus dem jeweiligen Kostengesetz zustehen würde.

177 Rechtsmittel im Sinne des Abs. 2 S. 1, 2. Alt. ist die Beschwerde gegen die endgültige Wertfestsetzung des Gerichts nach
 – § 68 GKG (Beschwerde gegen die Festsetzung des Streitwerts und gegebenenfalls die weitere Beschwerde),
 – § 59 FamGKG (Beschwerde gegen die Festsetzung des Verfahrenswerts),

---

55 VGH Kassel AnwBl 1982, 309.
56 BFH NJW 1976, 208.
57 OLG Karlsruhe AnwBl 1985, 41 = Justiz 1985, 139.
58 NVwZ-RR 1995, 126.
59 OLG Karlsruhe Justiz 1966, 331.
60 OLG Nürnberg Rpfleger 1963, 137; OLG Celle JurBüro 1970, 150 = Rpfleger 1970, 103.

- § 83 GNotKG (Beschwerde gegen die Festsetzung des Geschäftswerts und gegebenenfalls die weitere Beschwerde),
- § 31 KostO (Beschwerde gegen die Festsetzung des Geschäftswerts und gegebenenfalls die weitere Beschwerde).

I. Das Beschwerdeverfahren nach dem GKG

Das Beschwerdeverfahren wird durch einen Abänderungsantrag eingeleitet. Terminologisch kommt es nicht auf die richtige Wortwahl an. Um eine Streitwertbeschwerde handelt es sich auch dann, wenn der Rechtsanwalt „Erinnerung" gegen eine gerichtliche Wertfestsetzung einlegt.[61] Es gilt der Auslegungsgrundsatz, dass bei Unklarheit über die Art des eingelegten Rechtsmittels davon auszugehen ist, dass die Partei das prozessual „Vernünftige" und Mögliche anstrebt.[62] Allerdings sollte der Rechtsanwalt niemals von einer „Gegenvorstellung" reden oder schreiben, wenn er „Beschwerde" meint. Dann wird er auf den Begriff „Gegenvorstellung" festgelegt. Insoweit der Rechtsanwalt unsicher bei der Bezeichnung des Rechtsmittels gegen die Wertfestsetzung ist, sollte er stets „Rechtsmittel" einlegen, weil Abs. 2 S. 1, 2. Alt. diese Bezeichnung ausdrücklich wählt.

Geregelt ist das Beschwerdeverfahren in den Absätzen 1 und 3 des **§ 68 GKG,** der folgenden Wortlaut hat:

> **§ 68 GKG Beschwerde gegen die Festsetzung des Streitwerts**
>
> (1) ¹Gegen den Beschluss, durch den der Wert für die Gerichtsgebühren festgesetzt worden ist (§ 63 Abs. 2), findet die Beschwerde statt, wenn der Wert des Beschwerdegegenstands 200 Euro übersteigt. ²Die Beschwerde findet auch statt, wenn sie das Gericht, das die angefochtene Entscheidung erlassen hat, wegen der grundsätzlichen Bedeutung der zur Entscheidung stehenden Frage in dem Beschluss zulässt. ³Die Beschwerde ist nur zulässig, wenn sie innerhalb der in § 63 Abs. 3 Satz 2 bestimmten Frist eingelegt wird; ist der Streitwert später als einen Monat vor Ablauf dieser Frist festgesetzt worden, kann sie noch innerhalb eines Monats nach Zustellung oder formloser Mitteilung des Festsetzungsbeschlusses eingelegt werden. ⁴Im Fall der formlosen Mitteilung gilt der Beschluss mit dem dritten Tage nach Aufgabe zur Post als bekannt gemacht. ⁵§ 66 Abs. 3, 4, 5 Satz 1, 2 und 5 sowie Abs. 6 ist entsprechend anzuwenden. ⁶Die weitere Beschwerde ist innerhalb eines Monats nach Zustellung der Entscheidung des Beschwerdegerichts einzulegen.
>
> (2) ¹War der Beschwerdeführer ohne sein Verschulden verhindert, die Frist einzuhalten, ist ihm auf Antrag von dem Gericht, das über die Beschwerde zu entscheiden hat, Wiedereinsetzung in den vorigen Stand zu gewähren, wenn er die Beschwerde binnen zwei Wochen nach der Beseitigung des Hindernisses einlegt und die Tatsachen, welche die Wiedereinsetzung begründen, glaubhaft macht. ²Ein Fehlen des Verschuldens wird vermutet, wenn eine Rechtsbehelfsbelehrung unterblieben oder fehlerhaft ist. ³Nach Ablauf eines Jahres, von dem Ende der versäumten Frist an gerechnet, kann die Wiedereinsetzung nicht mehr beantragt werden. ⁴Gegen die Ablehnung der Wiedereinsetzung findet die Beschwerde statt. ⁵Sie ist nur zulässig, wenn sie innerhalb von zwei Wochen eingelegt wird. ⁶Die Frist beginnt mit der Zustellung der Entscheidung. ⁷§ 66 Abs. 3 Satz 1 bis 3, Abs. 5 Satz 1, 2 und 5 sowie Abs. 6 ist entsprechend anzuwenden.
>
> (3) ¹Die Verfahren sind gebührenfrei. ²Kosten werden nicht erstattet.

Die Klärung des Streitwertes präjudiziert nicht die Entscheidung in der Hauptsache. Deshalb ist das Beschwerdeverfahren auch bei Anordnung der Verfahrensruhe durchzuführen.[63]

Gegen den Beschluss, durch den der Wert der Gerichtsgebühren festgesetzt worden ist, findet nach § 68 GKG die Beschwerde statt, wenn der Wert des Beschwerdegegenstands 200 EUR übersteigt oder wenn sie das Gericht, das die angefochtene Entscheidung erlassen hat, zugelassen hat (§ 68 Abs. 1 GKG). Gegen die Entscheidung des Landgerichts ist die weitere Beschwerde zulässig (§ 68 Abs. 1 S. 6 GKG). Kommt das Gericht seiner Verpflichtung aus § 63 Abs. 2 GKG, den Streitwert nach Abschluss des Verfahrens festzusetzen, nicht nach oder verweigert es eine Festsetzung, kann gegen die gerichtliche Verfügung ebenfalls nach § 68 GKG Beschwerde eingelegt werden. Die Nichtzulassung der Beschwerde ist dagegen unanfechtbar (§ 68 Abs. 1 S. 5 i.V.m. § 66 Abs. 3 S. 4, 2. Hs. GKG). Zuständiges Beschwerdegericht ist nach § 68 Abs. 1 S. 5 i.V.m. § 66 Abs. 3 S. 2 GKG das nächsthöhere Gericht. Gegen Wertfestsetzungen des AG ist grundsätzlich das LG als Beschwerdegericht zuständig, es sei denn das FamG hat die Wertfestsetzung vorgenommen; dann

---

61 OLG Frankfurt JurBüro 1979, 1873.
62 OLG Dresden NJW-RR 2001, 792.
63 OLG Karlsruhe MDR 1993, 471.

ist das OLG als Beschwerdegericht zuständig. Gegen Wertfestsetzungen des LG ist immer das OLG Beschwerdegericht. Ungeachtet der Zuständigkeit des Beschwerdegerichts ist die Beschwerde immer beim Ausgangsgericht einzureichen, da es grundsätzlich abhelfen kann.

182 Beschwerdeberechtigt ist jede Person, die für die Gerichtsgebühren herangezogen werden kann, der Rechtsanwalt über Abs. 2, wenn sich seine Gebühren nach dem vom Gericht festgesetzten Wert richten. Soweit sich eine Partei oder ein Rechtsanwalt mit der Wertfestsetzung einverstanden erklärt hat, liegt darin kein Verzicht auf das Beschwerderecht.[64] Auch die Beschwer entfällt dadurch nicht. Der von Amts wegen festzusetzende Streitwert steht nicht zur Disposition der Beteiligten, sondern ist richtig festzusetzen.

183 Der Rechtsanwalt kann grundsätzlich nur durch einen zu geringen Wert beschwert sein. Ist der Anwalt im Wege der Prozesskostenhilfe beigeordnet worden, ist bei der Ermittlung der Beschwer auf die Differenz der Wahlanwaltsgebühren abzustellen.

184 Voraussetzung für alle Beteiligten ist stets, dass sich durch die Änderung des Werts auch eine Veränderung der daraus berechneten Kosten ergibt. Daher ist keine Beschwer gegeben, wenn lediglich eine Änderung des Werts innerhalb derselben Gebührenstufe beantragt werden soll.

185 Die Beschwerde gegen die endgültige Wertfestsetzung ist wertunabhängig zulässig, wenn sie
– vom Amtsgericht oder Landgericht in seinem Streitwertfestsetzungsbeschluss oder
– vom Landgericht als Berufungs- oder Beschwerdegericht in seiner von Amts wegen ergangenen Abänderung des erstinstanzlichen Streitwerts
zugelassen worden ist (§ 68 Abs. 1 S. 2 GKG).

1. Die Beschwer und der Wert des Beschwerdegegenstandes

186 Zwischen beiden Begriffen muss genau unterschieden werden (näher siehe § 33 Rdn 73 ff.).

a) Die Beschwer

187 Die Einlegung einer Beschwerde setzt eine beschwerdefähige Entscheidung voraus (siehe dazu § 33 Rdn 72). Das ist nicht der Fall, wenn ein OLG entschieden hat (§ 66 Abs. 3 S. 4 GKG).

188 Hinsichtlich der Gebührenhöhe ist auch eine Streitwertfestsetzung nach **§ 62 S. 1 GKG** beschwerdefähig. Die Bindungswirkung des § 62 GKG gilt nur für den Zuständigkeitswert in einem Rechtsstreit. In diesem ist nur der Mandant Partei, nicht der Anwalt. Gebührenrechtlich wird der Anwalt aber infolge der Reflexwirkung des Abs. 1 in der Berechnung seiner Vergütung gegenüber dem Mandanten beschränkt. Weder dieser noch der Anwalt können die Entscheidung des Gerichts über die Zuständigkeit oder Rechtsmittelzulässigkeit mit der Beschwerde angreifen. Darum geht es aber für den Anwalt nicht. Er ist hinsichtlich des Zwangs, nach dem Zuständigkeits- oder Rechtsmittelwert abzurechnen, schutzwürdig, wenn ihn das gebührenrechtlich benachteiligt. Soweit durch diese Festsetzung sein Gebührenanspruch betroffen wird, stehen ihm deshalb die Rechte aus § 68 Abs. 1 S. 1 GKG und Abs. 2 S. 1 zu. Das hat das OLG Bremen[65] klar herausgearbeitet:

> „Würde man dem prozeßbevollmächtigten Rechtsanwalt nicht ein eigenes Beschwerderecht gegen einen Streitwertbeschluß nach § 24 S. 1 GKG [jetzt: § 62 GKG] zugestehen, wäre ihm entgegen der Zweckbestimmung des § 9 Abs. 1 BRAGO [= § 32 RVG] praktisch die Möglichkeit genommen, sich gegen eine zu niedrige Festsetzung des für seine Gebühren maßgeblichen Streitwerts zu wehren. In sachgerechter Auslegung des § 9 Abs. 2 BRAGO [= § 32 RVG] steht dem prozeßbevollmächtigten Rechtsanwalt daher ein Beschwerderecht gegen einen den Streitwert nur für die Entscheidung über die Zuständigkeit des Prozeßgerichts festsetzenden Beschluß zu."

Es geht nicht an, den Anwalt hinsichtlich der Berechnung seiner Vergütung an einen festen Wert zu binden und ihm gleichzeitig das Recht abzusprechen, sich gegen die Fehlerhaftigkeit der Wertberechnung zu wehren. Gerade das soll § 32 Abs. 2 S. 1 verhindern.

---

64 OLG Karlsruhe MDR 2010, 404 = JurBüro 2010, 200; OLG Celle JurBüro 2005, 429 = MDR 2005, 1137; LG Hamburg ZMR 2012, 966.

65 JurBüro 1988, 70 = AnwBl 1988, 71 = KostRsp. BRAGO § 9 Nr. 31 m. zust. Anm. *Herget* und *Lappe*.

Abschnitt 4. Gegenstandswert §32

An der Zuständigkeit des Prozessgerichts gemäß der Festsetzung nach § 62 S. 1 GKG ändert sich dadurch natürlich nichts. Hat die (Gebühren-)Streitwertbeschwerde des Anwalts Erfolg, kann das Gericht deswegen nicht unzuständig werden. 189

b) Beschwerdegegenstand

Nach § 68 Abs. 1 S. 1 GKG muss der „Wert des Beschwerdegegenstandes" 200 EUR übersteigen. Um zu verstehen, was damit gemeint ist, muss zwischen den Begriffen „Beschwer" und „Beschwerdegegenstand" unterschieden werden (siehe auch § 33 Rdn 73 ff.). 190

Beschwer ist dasjenige, was einem Verfahrensbeteiligten durch die Streitwertfestsetzung aberkannt wird. Sie berechnet sich im Verfahren der §§ 32, 33 nach dem Unterschiedsbetrag der Gebühren zwischen dem erstrebten und dem festgesetzten Streitwert. 191

Wert des Beschwerdegegenstandes ist der Betrag, den der beschwerte Verfahrensbeteiligte mit der Beschwerde als ihn belastend noch geltend macht. 192

> **Beispiel:** Der Rechtsanwalt geht von einem Streitwert von 10.000 EUR aus, während das Gericht nur 5.000 EUR festgesetzt hat. Die **Beschwer** ergibt sich dann aus der Differenz der Vergütungsbeträge nach den Streitwerten 10.000 EUR und 5.000 EUR. Im Beschwerdeverfahren muss der Anwalt aber diese Beschwer nicht geltend machen. Er kann seine Wertvorstellung herabsetzen und erstrebt mit seinem Beschwerdeantrag vielleicht nur noch eine Streitwertfestsetzung in Höhe von 7.500 EUR. Dann berechnet sich der Wert des Beschwerdegegenstandes nach der Gebührendifferenz zwischen dem nur noch erstrebten Streitwert von 7.500 EUR und dem festgesetzten Streitwert von 5.000 EUR. **Der Wert des Beschwerdegegenstandes verringert sich also gegenüber der Beschwer.**

Für die Zulässigkeit der Beschwerde kommt es nur auf den Wert des Beschwerdegegenstands an. Dessen Höhe steht allerdings nicht im Belieben des Beschwerdeführers. Er muss in jedem Fall die Beschwer von über 200 EUR erreichen, anderenfalls die Beschwerde unzulässig ist, sofern das Gericht sie nicht zugelassen hat. 193

> **Beispiel:** Das LG hat den Streitwert in Höhe von 10.000 EUR festgesetzt. Der Rechtsanwalt begehrt die Heraufsetzung auf den Betrag von 16.000 EUR. Bei einer Wertfestsetzung in Höhe von **10.000 EUR** würde der Rechtsanwalt folgende Gebühren erhalten:
> 1. 1,3-Verfahrensgebühr, VV 3100   725,40 EUR
> 2. 1,2-Terminsgebühr, VV 3104   669,60 EUR
> 3. Postentgeltpauschale, VV 7002   20,00 EUR
>   Zwischensumme   1.415,00 EUR
> 4. 19 % Umsatzsteuer, VV 7008   268,85 EUR
> **Gesamt**   **1.683,85 EUR**
>
> Bei einem Wert von **16.000 EUR** erhielte er dagegen:
> 1. 1,3-Verfahrensgebühr, VV 3100   845,00 EUR
> 2. 1,2-Terminsgebühr, VV 3104   780,00 EUR
> 3. Postentgeltpauschale, VV 7002   20,00 EUR
>   Zwischensumme   1.645,00 EUR
> 4. 19 % Umsatzsteuer, VV 7008   312,55 EUR
> **Gesamt**   **1.957,55 EUR**
>
> Der Wert des Beschwerdegegenstands beläuft sich somit auf (1.957,55 EUR − 1.683,85 EUR =) 273,70 EUR. Die Beschwerde ist damit zulässig.

Die Gerichtskosten bleiben bei der Berechnung des Werts des Beschwerdegegenstands außer Betracht, da sie nicht dem Anwalt zufließen und er auch für ihre Begleichung grundsätzlich nicht herangezogen werden kann. Das Gebührenaufkommen anderer Anwälte darf nicht berücksichtigt werden, auch wenn die Wertfestsetzung für sie ebenfalls verbindlich ist, etwa für den Verkehrsanwalt (VV 3400) oder den Gegenanwalt. 194

Die auf den Differenzbetrag entfallende Umsatzsteuer erhöht die Beschwer.[66] 195

---

66 OVG Hamburg AnwBl 1981, 501.

196 Ist der Anwalt im Rahmen der Prozesskostenhilfe oder anderweitig beigeordnet worden, ist gleichwohl auf die **Differenz der Wahlanwaltsgebühren** abzustellen,[67] da dem Anwalt insoweit ein weitergehender Anspruch gegen die Staatskasse zustehen kann, der unter den Voraussetzungen des § 50 gegebenenfalls noch zu einem späteren Zeitpunkt geltend gemacht werden kann. Im Falle der Aufhebung der Prozess- oder Verfahrenskostenhilfe (§ 120 Abs. 4 ZPO) kann der Anwalt auch gegen den Auftraggeber wegen weitergehender Ansprüche vorgehen. Abgesehen davon können sich auch Erstattungsansprüche gegen Dritte ergeben (§ 126 ZPO). Daher ist für ihn auch dann eine Beschwer gegeben, wenn die Höchstbeträge des § 49 bereits erreicht sind.

> **Beispiel:** Dem Kläger ist Prozesskostenhilfe unter Beiordnung seines Rechtsanwalts bewilligt worden. Das LG hat den Streitwert auf 4.000 EUR festgesetzt. Der Rechtsanwalt begehrt die Heraufsetzung auf den Betrag von 8.000 EUR. Wären bei der Berechnung der Anwaltsgebühren die Wertgebühren des § 49 maßgeblich, wäre eine Beschwerde gegen die Wertfestsetzung unzulässig, weil der Wert des Beschwerdegegenstands nicht erreicht wäre. Unter Berücksichtigung der Wahlanwaltsgebühren ist der Wert des Beschwerdegegenstands von mehr als 200 EUR erreicht.

2. Zugelassene Beschwerde

197 Unabhängig von dem Wert des Beschwerdegegenstands ist die Beschwerde auch dann zulässig, wenn das Erstgericht sie zugelassen hat (§ 68 Abs. 1 S. 2 GKG). Einziger Zulassungsgrund ist die **grundsätzliche Bedeutung** der zur Entscheidung stehenden Rechtsfragen (zu diesem wenig fassbaren Begriff und der dazu ergangenen höchstrichterlichen Rechtsprechung siehe § 33 Rdn 96 ff.).

3. Beschwerdefrist

198 Die Beschwerde, auch die zugelassene Beschwerde, muss innerhalb von sechs Monaten eingelegt werden, nachdem die Entscheidung in der Hauptsache rechtskräftig geworden ist oder das Verfahren sich anderweitig erledigt hat (§ 68 Abs. 1 S. 3 GKG i.V.m. § 63 Abs. 3 S. 2 GKG).

199 Ist allerdings der Streitwert später als einen Monat vor Ablauf dieser Frist festgesetzt worden, dann verlängert sich die Beschwerdefrist. Die Beschwerde kann dann noch innerhalb eines Monats nach Zustellung oder formloser Mitteilung des Festsetzungsbeschlusses eingelegt werden.

200 In selbstständigen Beweisverfahren ist für die Fristberechnung das Ende dieses Verfahrens maßgeblich; auf die Beendigung eines eventuellen Hauptsacheverfahrens kommt es nicht an.[68]

201 Wiedereinsetzung in den vorigen Stand ist möglich (§ 68 Abs. 2 GKG). „Ein Fehlen des Verschuldens wird vermutet, wenn eine Rechtsbehelfsbelehrung unterblieben oder fehlerhaft ist."[69]

4. Beschwerdeverfahren

202 Durch die Verweisung in § 68 Abs. 1 S. 4 GKG auf § 66 Abs. 3 S. 1 GKG ist klargestellt, dass das Erstgericht die Beschwerde dem Beschwerdegericht nur vorlegen darf, wenn es zuvor geprüft hat, ob die Beschwerdegründe Anlass geben, der Beschwerde **abzuhelfen**.

203 Entsprechend der Verlagerung der Kollegialzuständigkeit auf den **Einzelrichter** durch die ZPO 2002 (vgl. § 568 ZPO) ist dieser grundsätzlich zur Entscheidung über die Beschwerde zuständig.

204 Ebenso wie in § 568 S. 2 ZPO hat der Einzelrichter auch im Streitwertbeschwerdeverfahren eine Sache auf das Kollegium zu übertragen, wenn sie besondere Schwierigkeiten tatsächlicher oder rechtlicher Art aufweist oder grundsätzliche Bedeutung hat (§ 68 Abs. 1 S. 4 GKG i.V.m. § 66 Abs. 6 GKG). Es geht dabei um den **gesetzlichen Richter** (Art. 101 Abs. 1 S. 2 GG).

205 Die dabei vorkommenden Verstöße haben die höchstrichterliche Rechtsprechung bereits ausgiebig beschäftigt (siehe dazu § 33 Rdn 174 ff.).

---

67 OLG Frankfurt AGS 2012, 347 = NJW-Spezial 2012, 443 = FamRZ 2012, 1970; OLG Celle FamRZ 2006, 1690 = OLGR 2006, 832 = FuR 2006, 423; unzutreffend OLG Rostock, Beschl. v. 28.3.2011 – 3 W 52/10.

68 OLG Köln AGS 2013, 180 = NJW-Spezial 2013, 284 = IBR 2013, 390.

69 BT-Drucks 17/10490, S. 9.

5. Weitere Beschwerde

Im Zivilprozess ist die weitere Beschwerde des § 568 Abs. 2 ZPO a.F. abgeschafft und durch die Rechtsbeschwerde des § 574 ZPO n.F. ersetzt worden. Im Streitwertbeschwerdeverfahren gibt es noch die weitere Beschwerde (§ 68 Abs. 1 S. 5 GKG). Für sie gilt jedoch nicht die Frist von sechs Monaten, sondern sie muss innerhalb eines Monats nach Zustellung der Entscheidung des Beschwerdegerichts eingelegt werden. 206

Wie sich aus der Verweisung in § 68 Abs. 1 S. 6 GKG auf § 66 Abs. 4 GKG ergibt, ist sie nur zulässig, wenn das **Landgericht als Beschwerdegericht** entschieden und die weitere Beschwerde wegen der grundsätzlichen Bedeutung der zur Entscheidung stehenden Frage **zugelassen** hat. Sie ist als Rechtsbeschwerde ausgestaltet und kann deshalb nur auf eine Rechtsverletzung (§§ 546, 547 ZPO) gestützt werden. 207

Eine Mindestbeschwer oder ein Mindestwert des Beschwerdegegenstands ist hier nicht erforderlich. 208

Zuständig zur Entscheidung ist das OLG. 209

6. Vorläufige Wertfestsetzung

Ist der Streitwert endgültig festgesetzt worden (§ 63 Abs. 2 S. 1 GKG), dann ist die Beschwerdebefugnis des Anwalts nach Abs. 2 S. 1 unproblematisch. 210

Anders verhält es sich, wenn der Streitwert wegen einer Vorauszahlungspflicht der Partei schon bei Eingang einer Klage oder eines Antrags (nur) **vorläufig festgesetzt** wird (§ 63 Abs. 1 S. 1 GKG). In diesen Fällen unterbleibt sogar eine vorherige Anhörung der Parteien. Sie können Einwendungen gegen die Höhe des festgesetzten Wertes nur im Verfahren nach § 66 Abs. 1, 2 GKG geltend machen, also nur dann, wenn ihnen eine bezifferte Vorauszahlung aufgegeben worden ist. 211

Überwiegend wird angenommen, diese Beschränkung gelte auch für den Rechtsanwalt.[70] Er habe deshalb kein Beschwerderecht gegen eine vorläufige Wertfestsetzung durch das Gericht. Diese Auffassung ist zutreffend: Eine Bindungswirkung nach Abs. 1 tritt für den Anwalt nämlich erst aufgrund der endgültigen Wertfestsetzung ein. Das Vorschussrecht des Anwalts nach § 9 wird durch die Bindungswirkung des Abs. 1 nicht eingeschränkt. 212

Hinsichtlich der Gerichtskosten wird eine Partei gegenüber dem Gericht nicht bereits durch eine vorläufige Wertfestsetzung beschwert, sondern erst durch die ihr nach diesem Streitwert aufgegebene Vorschussanordnung. Deshalb werden ihr erst ab dann die Abwehrrechte aus § 66 GKG eingeräumt. 213

Ausgeschlossen ist es aber, den Anwalt vergütungsrechtlich an die vorläufige Wertfestsetzung zu binden, ihm zugleich das Beschwerderecht zu versagen und ihn dadurch rechtlos zu stellen. Die Rechtslage entspricht derjenigen bei Festsetzung des Zuständigkeitsstreitwerts durch Beschluss und dem Beschwerderecht hinsichtlich des Gebührenstreitwerts, die das OLG Bremen (siehe Rdn 188) zutreffend beurteilt hat. 214

Die gegenteilige Auffassung würde in diesem Fall gegen den verfassungsrechtlichen Gleichheitsgrundsatz verstoßen. Die durch eine Vorschuss- oder Vorauszahlungsanordnung beschwerte Partei könnte Herabsetzungsbeschwerde einlegen. Die durch eine fehlerhafte Wertfestsetzung betroffenen Prozessbevollmächtigten müssten auf die endgültige Wertfestsetzung bei Abschuss des Verfahrens warten – belastet mit dem Risiko der Insolvenz des Mandanten. 215

7. Rechtsschutzbedürfnis

Da der Anwalt nur ein Rechtsschutzinteresse daran hat, sich gebührenrechtlich zu **verbessern**, ist nur seine **Erhöhungsbeschwerde** zulässig. Dieses Recht hat er allerdings auch, wenn er sich selbst vertritt.[71] 216

---

[70] OLG Frankfurt OLGR 1999, 43; OLG Hamm MDR 2005, 1309; OLG Bremen OLGR 2005, 738; *Hartmann*, KostG, § 63 GKG Rn 14; *Meyer*, Gerichtskostengesetz, § 63 Rn 8.

[71] KG Rpfleger 1962, 37.

217 Es kommt immer wieder vor, dass ein Anwalt routinemäßig so oder ähnlich diktiert:

„In Sachen pp. wird gegen den Beschl. v. ... Beschwerde eingelegt." oder „lege ich Beschwerde ein".

In solchen Fällen bleibt dem Wortlaut nach unklar, für wen die Beschwerde eingelegt worden ist: für den Mandanten oder vom Anwalt in eigener Sache? Die Rechtsprechung nimmt in der Regel ohne Weiteres an, dass dann eine Erhöhungsbeschwerde vom Anwalt persönlich und eine Herabsetzungsbeschwerde für die Partei eingelegt worden ist.[72] Das OLG Dresden[73] geht zutreffend von einem **Auslegungsgrundsatz** aus, wonach „bei Unklarheit über die Art des eingelegten Rechtsbehelfs davon auszugehen ist, dass der Antragsteller das prozessual „Vernünftige" anstrebt."

218 Folgerichtig hat das LAG Niedersachsen[74] entschieden, dass die zum Prozessbevollmächtigten mit dem Ziel eingelegte Beschwerde, den Gegenstandswert der anwaltlichen Tätigkeit für Rechtsstreit und Vergleich zu erhöhen, trotz der Formulierung „namens und im Antrag der Beklagten" als Beschwerde des Prozessbevollmächtigten selbst auszulegen ist.

219 Hat das Gericht gleichwohl Bedenken, dann muss es nach § 139 ZPO den Anwalt auf die Unklarheit hinweisen und konkrete Angaben anregen.

220 Da der Anwalt leider immer mit einer formalistischen Auslegung zu seinen Ungunsten rechnen muss, sollte stets klar ausgedrückt werden, dass er Beschwerde **im eigenen Namen** einlege.

221 Es kommt auch vor, dass der Anwalt **Erhöhungsbeschwerde** „namens und im Auftrag der Partei" einlegt. Dann ist die Beschwerde dem Wortlaut nach mangels Rechtsschutzbedürfnisses unzulässig. Jedoch muss das Gericht den Anwalt auch dann darauf hinweisen und ihm Gelegenheit zur Berichtigung geben. In aller Regel handelt es sich nämlich um ein Versehen. Das Gericht darf dem Anwalt nicht ohne Rückfrage unterstellen, er habe bewusst eine unzulässige Erhöhungsbeschwerde für seine Partei eingelegt.

222 Nur ausnahmsweise kann eine Partei auch einmal durch einen zu geringen Wert beschwert sein, nämlich dann, wenn sie mit ihrem Anwalt eine **wertunabhängige Vergütungsvereinbarung** getroffen hat und bei einem höheren Streitwert einen höheren Erstattungsanspruch erzielen würde.[75] Die Beschwer ist in diesem Fall durch Vorlage der Vergütungsvereinbarung glaubhaft zu machen.[76]

223 Alle diese Auslegungszweifel sollten bei korrekter Sachbearbeitung nicht vorkommen. Der Anwalt sollte stets ausdrücklich darauf hinweisen, wenn er selbst als Beschwerdeführer auftritt.

224 Die **Herabsetzungsbeschwerde des Mandanten** ist auch zulässig, wenn die Kosten des Rechtsstreits dem Gegner auferlegt werden.[77] Dessen Pflicht zur Kostenerstattung ändert nichts daran, dass der Mandant Gebührenschuldner seines Anwalts ist.

225 Unzulässig ist aber eine Herabsetzungsbeschwerde „im Namen des Mandanten", wenn dieser gar keinen entsprechenden Auftrag erteilt hat, sondern der Anwalt nur auf **Weisung des Rechtsschutzversicherers** tätig wird.[78] Zur Obliegenheit einer Streitwertbeschwerde siehe ausführlich AG Hamburg.[79]

226 Der VGH Mannheim[80] verneint das Rechtsschutzinteresse für eine Beschwerde, wenn der Anwalt mit dem im Rechtsstreit unterlegenen Mandanten eine **Vergütungsvereinbarung** getroffen hat. Daran sei er gebunden und verliere dadurch das Recht, eine Erhöhungsbeschwerde gegen eine Streitwertfestsetzung einzulegen. Sein Interesse, für sein weiteres Tätigwerden für diesen Mandanten nach dem höheren Wert abrechnen zu können, sei nicht schutzwürdig. Dem ist nicht zu folgen. Weder im Festsetzungsverfahren noch im Beschwerdeverfahren kommt es auf die Absprachen zwischen Anwalt und Mandant an. Beide haben einen Anspruch auf richtige Wertfestsetzung. Daran

---

72 OLG Köln MDR 1968, 852; OLG Bremen JurBüro 1988, 70 = AnwBl 1988, 71; LAG Bremen AnwBl 1984, 164.
73 NJW-RR 2001, 792.
74 MDR 2001, 1442.
75 OLG Düsseldorf AGS 2006, 188 m. Anm. *N. Schneider* = MDR 2006, 297; OLG Celle JurBüro 1992, 761; VGH München NVwZ-RR 1997, 195 = BayVBl. 1997, 188; VGH Mannheim NVwZ-RR 2002, 900; OVG Kassel DÖV 1976, 607; OVG Bautzen NJ 2004, 280 = SächsVGl. 2004, 89; VGH Kassel ZMR 1977, 112;
OVG Bautzen DÖV 2007, 172 = NJ 2006, 280 = RVGreport 2006, 240; OLG Frankfurt AGkompakt 2010, 26.
76 OLG Stuttgart AGS 2014, 77 = NJW-Spezial 2014, 123.
77 KG NVersZ 1999, 165.
78 LAG Düsseldorf JurBüro 1994, 669; JurBüro 1995, 590 = MDR 1995, 1074.
79 Zfs 2000, 360 = BRAGOreport 2001, 145 m. Anm. *N. Schneider.*
80 NVwZ-RR 1995, 126.

ändert auch eine Honorarvereinbarung nichts. Sie könnte sich beispielsweise wegen Formmangels (§ 4 Abs. 1) als unwirksam erweisen; oder Anwalt und Mandant könnten sich entschließen, nicht danach abzurechnen. Im Verfahren auf Festsetzung des Gegenstandswerts sind die internen Beziehungen des Mandatsvertrags nicht vorgreiflich und nicht zu klären.

8. Abhilfe

Ändert das Gericht auf die Beschwerde hin seinen Festsetzungsbeschluss, wozu es nach § 63 Abs. 3 S. 1 GKG; § 55 Abs. 3 S. 1 FamGKG berechtigt und verpflichtet ist, dann liegt darin eine die Beschwerde erledigende **verfahrensrechtliche Überholung**. 227

Soweit das Gericht sich der Auffassung des Beschwerdeführers anschließt, endet damit das Beschwerdeverfahren insgesamt. 228

Bei **teilweiser Abhilfe** muss das Gericht die Beschwerde dem Beschwerdegericht zur Entscheidung über die verbleibende Beschwer des Rechtsmittelführers vorlegen. Dann kommt es für die nach § 68 Abs. 1 S. 1 GKG erforderliche Beschwer nur auf den verbleibenden Gebührennachteil des Anwalts nach dem berichtigten Streitwert an. Die ursprüngliche Beschwer ist nicht mehr maßgebend.[81] 229

9. Rechtliches Gehör

Der eigene Mandant oder der Verfahrensgegner persönlich kann Streitwertbeschwerde einlegen, um eine Ermäßigung des festgesetzten Wertes zu erreichen. Das macht deutlich, dass in jedem Streitwert-Beschwerdeverfahren eine **Interessenkollision** zwischen dem Auftraggeber und dem Anwalt besteht.[82] Deshalb muss im Verfahren **beiden** rechtliches Gehör gewährt werden.[83] Mandant und Anwalt müssen Gelegenheit erhalten, zu allen Ausführungen der Gegenseite Stellung zu nehmen. 230

10. Verschlechterungsverbot

Das Verbot der reformatio in peius gilt nicht im Streitwertbeschwerdeverfahren.[84] Das folgt aus dem **Gebot der Streitwertwahrheit**. Die Parteien können ihre Wertangaben jederzeit berichtigen (§ 61 S. 2 GKG). Das Gericht wiederum ist verpflichtet, den Streitwert zutreffend zu beziffern und deshalb auch zur Abänderung von Amts wegen befugt (§ 63 Abs. 3 S. 1 GKG). Das bedeutet, dass der Anwalt mit seiner Erhöhungsbeschwerde nicht nur scheitern kann, sondern im Ergebnis wegen § 32 Abs. 1 auch nach einem herabgesetzten Streitwert abrechnen muss. 231

Voraussetzung für eine Verschlechterung ist aber die Einlegung einer **zulässigen** Streitwertbeschwerde. Die Änderungsbefugnis nach § 63 Abs. 3 S. 1 GKG steht nur einem Gericht zu, das mit der Hauptsache befasst wird, sei es auch nur mit einer nach § 99 Abs. 2 S. 1 ZPO isoliert anfechtbaren Kostenentscheidung.[85] 232

Lediglich auf eine Streitwertbeschwerde hin wird das übergeordnete Gericht aber nicht mit der Hauptsache befasst. Ist diese Beschwerde unzulässig, dann darf der Streitwert nicht von Amts wegen abgeändert werden.[86] 233

---

81 OLG Hamm JurBüro 1982, 582; OLG Koblenz JurBüro 1986, 893 = KostRsp. GKG § 25 Nr. 99 m. Anm. *E. Schneider*.
82 So richtungweisend LG Gießen Rpfleger 1952, 510; ebenso *E. Schneider*, DRiZ 1978, 204; KG KostRsp. GKG § 12 Nr. 88 m. Anm. *E. Schneider*; OLG Bamberg JurBüro 1991, 1692 = KostRsp. ZPO § 3 Nr. 1067 m. Anm. *E. Schneider*.
83 OLG Karlsruhe Justiz 1966, 331.
84 OLG Köln MDR 1968, 593; OLGR 1999, 404; OLG Karlsruhe Justiz 1971, 354; AnwBl 1998, 616; OLG München JurBüro 1977, 1421 = Rpfleger 1977, 335; OLG Düsseldorf JurBüro 1985, 225 = KostRsp. GKG § 25 Nr. 82 m. Anm. *E. Schneider*; OLG Brandenburg JurBüro 1998, 418 = FamRZ 1999, 607; LAG Köln AGS 2013, 288.
85 OLG Brandenburg JurBüro 1988, 648 = FamRZ 1999, 725; OLG Karlsruhe Justiz 1988, 158.
86 *E. Schneider*, MDR 1972, 99.

11. Rechtsmittelverzicht

234 Jeder Verfahrensbeteiligte kann auf das Recht der Beschwerde verzichten. Damit wird die an sich anfechtbare Instanzentscheidung formell rechtskräftig. Hingegen darf eine Zustimmung zur Wertfestsetzung nicht ohne Weiteres als Rechtsmittelverzicht ausgelegt werden.[87]

235 Umstritten ist, ob das Beschwerderecht wegen Verzichts entfällt, wenn der Streitwert **„auf übereinstimmenden Antrag"** festgesetzt wird oder die im Termin Anwesenden **auf eine Begründung** des Festsetzungsbeschlusses **verzichten**.[88]

Beides ist entgegen einer verbreiteten Rechtsprechung zu verneinen.[89] Ein Rechtsmittelverzicht setzte nach § 514 ZPO a.F. voraus, dass bereits eine rechtsmittelfähige Entscheidung **existent** geworden war.[90] Wie es sich nach neuem Recht verhält, ist unklar. Im Erkenntnisverfahren kann nunmehr in jeder Instanz schon vor der Verkündung des Urteils ein wirksamer Rechtsmittelverzicht erklärt werden (§§ 313a Abs. 2, 3, 525 ZPO). Für das Beschwerdeverfahren fehlt eine gesetzliche Regelung. Entsprechend dem aus der Methodenlehre bekannten „argumentum a maiore ad minus", einem Spezialfall der Analogie,[91] ist heute ein Beschwerdeverzicht als wirksam anzusehen, auch wenn noch kein rechtsmittelfähiger Beschluss ergangen ist.

236 Gerade unter diesen Voraussetzungen ist es aber unerlässlich, dass der Rechtsmittelverzicht eindeutig erklärt und auch gemäß § 160 Abs. 3 Nr. 9 ZPO protokolliert wird. Unterbleibt das, dann folgt aus der Beweiskraft des Protokolls (§ 165 ZPO), dass kein Verzicht erklärt worden ist.

237 Eine gegenteilige Feststellung ohne Rückfrage nach § 139 ZPO mit den Anwälten zu treffen, ist auch **haftungsrechtlich völlig unangemessen**. Ein Anwalt, der ohne Belehrung seiner Partei einen möglicherweise benachteiligenden Rechtsmittelverzicht erklärt, verletzt schuldhaft den Mandatsvertrag. Er müsste den Mandanten vorher auf das Risiko eines solchen Verzichts hinweisen, damit dieser die ihm obliegende Entscheidung treffen könnte.[92] Sonst macht sich der Anwalt regresspflichtig. Er müsste sogar den Mandaten darüber belehren, dass er sich diesem gegenüber durch den Rechtsmittelverzicht möglicherweise schadensersatzpflichtig gemacht hat.[93]

Darüber einfach hinwegzugehen und den Parteien und ihren Anwälten ohne Hinweis oder Rückfrage nach § 139 ZPO durch einen Beschluss zu offenbaren, sie hätten wegen übereinstimmenden Antrags- oder Begründungsverzichts auf ihr Beschwerderecht verzichtet, verletzt den Anspruch auf Gewährung rechtlichen Gehörs (Art. 103 Abs. 1 GG).

Ein solches Verfahren verstößt gegen den verfassungsrechtlichen Grundsatz der Gewährung eines **fairen Verfahrens**. Dieses Recht ist in BVerfGE 78, 126 wie folgt umschrieben worden:

> „Aus dem Rechtsstaatsprinzip wird als „allgemeines Prozeßgrundrecht" der Anspruch auf ein faires Verfahren abgeleitet (BVerfGE 57, 275). Der Richter muß das Verfahren so gestalten, wie die Parteien des Zivilprozesses es von ihm erwarten dürfen: Er darf sich nicht widersprüchlich verhalten (BVerfGE 69, 387), darf aus eigenen oder ihm zuzurechnenden Fehlern oder Versäumnissen keine Verfahrensnachteile ableiten (BVerfGE 51, 192; 60, 6; 75, 190) **und ist allgemein zur Rücksichtnahme gegenüber den Verfahrensbeteiligten in ihrer konkreten Situation verpflichtet** (BVerfGE 38, 111 ff.; 40, 98 f.; 46, 210)."

238 Den Verkehrsanwalt (VV 3400) betrifft diese Streitfrage nicht. Auch wenn die Parteien sich in der mündlichen Verhandlung mit einem bestimmten Streitwert einverstanden erklärt haben und dies als Verzicht gewertet wird, verliert er mangels Beteiligung nicht sein Beschwerderecht.[94]

---

[87] LG Hamburg, Beschl. v. 13.9.2012 – 318 T 48/12; OLG Karlsruhe AGkompakt 2010, 56 = MDR 2010, 404 = JurBüro 2010, 200; OLG Düsseldorf AGS 2008, 462 = OLGR 2008, 748 = NJW-RR 2008, 1697 = JurBüro 2008, 594 = NZM 2009, 321 = MietRB 2009, 41; OLG Celle OLGR 2006, 270; a.A. OLG Hamm FamRZ 1997, 691.

[88] Siehe dazu *E. Schneider*, MDR 2000, 987 m. Nachw.

[89] OLG Neustadt JurBüro 1963, 774; OLG Bamberg JurBüro 197, 1463 = KostRsp. BRAGO § 9 Nr. 20 m. abl. Anm. *E. Schneider*; OLG Köln GRUR 1988, 724; MDR 2000, 472; OLG Frankfurt OLGR 1998, 335; ebenso früher z.B. OLG Neustadt JurBüro 1963, 774; verneinend OLG München JurBüro 1981, 892; OLG Köln KostRsp. BRAGO § 9 Nr. 43.

[90] MüKo/*Musielak*, ZPO, § 329 Rn 7 ff.

[91] *Rüthers*, Rechtstheorie, 1999, Rn 897 f.

[92] *Rinsche/Fahrenhorst/Terbille*, Die Haftung des Rechtsanwalts, 7. Aufl. 2005, Rn 1546 ff.

[93] *E. Schneider*, BRAGOreport 2001, 115 ff. Zum sekundären Schadensersatzanspruch und nach dessen Verjährung nach neuem Recht siehe *Rinsche/Fahrenhorst/Terbille*, Die Haftung des Rechtsanwalts, 7. Aufl. 2005, Rn 1063.

[94] OLG Köln GRUR 1988, 824.

12. Verwirkung

Für die Einlegung von Streitwertbeschwerden bestehen **Ausschlussfristen** von sechs Monaten bzw. einem Monat ab Zustellung oder formloser Mitteilung (§ 68 Abs. 1 S. 3 GKG). Auch im selbstständigen Beweisverfahren nach §§ 485 ff. ZPO beginnt der Lauf der Ausschlussfrist für eine Streitwertbeschwerde erst mit Rechtskraft der Entscheidung in der Hauptsache oder deren sonstiger Erledigung.[95] Angesichts dessen scheidet eine Verwirkung des Beschwerderechts aus. Dem steht das Zeitmoment entgegen, wonach der Verlust eines Rechts wegen Verwirkung voraussetzt, dass es längere Zeit nicht geltend gemacht worden ist **und** seine spätere Geltendmachung gegen Treu und Glauben verstößt. Davon kann bei den erwähnten Ausschlussfristen keine Rede sein.

13. Gegenvorstellung

Die Festsetzung des Streitwerts kann von demjenigen Gericht, das sie getroffen hat, geändert werden, in der höheren Instanz auch vom Rechtsmittelgericht (§ 63 Abs. 3 GKG). Das Wort „**kann**" besagt nicht, dass die Änderung im Ermessen des Gerichts steht, **sondern regelt nur die Zuständigkeit**.[96] Erkennt das Gericht, dass sein Wertansatz unzutreffend ist, dann ist es **verpflichtet**, ihn abzuändern.[97]

Umstritten ist, ob das Gericht den Streitwert auch ändern darf, wenn dadurch der **Kostengrundentscheidung eines Urteils** die Berechnungsgrundlage entzogen wird.[98] Entgegen BGH[99] ist das zu bejahen. Wird die Änderungsbefugnis bejaht, dann darf die dadurch unrichtig gewordene Kostenentscheidung konnte bislang nach einer verbreiteten Auffassung analog § 319 Abs. 1 ZPO berichtigt werden.[100] Der BGH hat diese Praxis für unzulässig erklärt. Eine Änderung der Kostenentscheidung nach § 319 ZPO ist nicht möglich.[101]

Bemerken Parteien oder Anwälte einen Fehler der Streitwertfestsetzung, dann können sie das Gericht darauf aufmerksam machen und die Abänderung anregen. Das geschieht durch eine **Gegenvorstellung**. Dieser Rechtsbehelf zielt auf eine Überprüfung der ergangenen Entscheidung durch diejenige Instanz ab, die sie erlassen hat.[102] Dabei ist zweierlei zu beachten:

Einmal gilt auch für die Gegenvorstellung die **Ausschlussfrist** der §§ 63 Abs. 3 S. 3, 68 Abs. 1 S. 3 bis 5 GKG; §§ 59 Abs. 1 S. 3, 55 Abs. 3 S. 2 bis 5 FamGKG. Wird sie versäumt, dann ist die Gegenvorstellung unzulässig.[103]

Ferner ersetzt die Gegenvorstellung nicht die Einlegung einer Beschwerde. Es gilt zwar der Grundsatz, dass die Zulässigkeit eines Rechtsmittels nicht davon abhängt, ob das Rechtsmittel terminologisch korrekt bezeichnet wird.[104] Die Rechtsprechung lehnt es aber in aller Regel ab, eine Gegenvorstellung als Beschwerde zu behandeln.[105] Der „sicherste Weg" ist es deshalb stets, „**Gegenvorstellung, hilfsweise Beschwerde**" einzulegen.

14. Gebühren und Kostenerstattung

Das Beschwerdeverfahren gegen die Festsetzung des Streitwerts ist gebührenfrei (§ 68 Abs. 3 S. 1 GKG). Kosten werden gemäß § 68 Abs. 3 S. 2 GKG nicht erstattet.

Für den Anwalt können jedoch im Beschwerdeverfahren Anwaltsgebühren anfallen. Vertritt er die Partei, für die er eine Herabsetzungsbeschwerde einlegt, oder einen Anwalt, für den er Heraufsetzungsbeschwerde erhebt, löst dies eine einfache Beschwerdegebühr nach VV 3500 nebst Auslagen und Umsatzsteuer aus.

---

95 E. Schneider, MDR 2000, 1230.
96 Hartmann, KostG, § 63 GKG Rn 8.
97 Schneider/Herget, Streitwert-Kommentar, Rn 7 ff.
98 Ausführlich dazu Schneider/Herget, Rn 1132 ff. m. Nachw.
99 MDR 1977, 925 m. abl. Anm. E. Schneider.
100 Z.B. OLG Köln FamRZ 1994, 56 = JurBüro 1993, 741; OLG Hamm MDR 2001, 1186; a.A. wieder OLG Stuttgart, BRAGOreport 2001, 141 m. Anm. E. Schneider m.w.N.
101 AGS 2008, 471 = AnwBl 2008, 794 = MDR 2008, 1292 = BGHReport 2009, 95 = NJW-Spezial 2008, 636 = JurBüro 2008, 655 = RVGreport 2008, 479.
102 BGH VersR 1982, 598.
103 BGH JurBüro 1986, 1027; OVG Münster AnwBl 1992, 282.
104 Stein/Jonas/Grunsky, ZPO, § 569 Rn 7; Musielak/Ball, ZPO, § 569 Rn 3.
105 Z.B. BGH VersR 1982, 598.

15. Anhörungsrüge

245 Gegen die abschließende Entscheidung des Beschwerdegerichts ist der Anwalt über Abs. 2 auch berechtigt, Anhörungsrüge nach § 69a GKG binnen zwei Wochen ab Kenntnis der Gehörsverletzung zu erheben.

II. Das Beschwerdeverfahren nach dem FamGKG

1. Beschwerde gegen die Wertfestsetzung

246 **§ 59 FamGKG Beschwerde gegen die Festsetzung des Verfahrenswerts**

(1) ¹Gegen den Beschluss des Familiengerichts, durch den der Verfahrenswert für die Gerichtsgebühren festgesetzt worden ist (§ 55 Abs. 2), findet die Beschwerde statt, wenn der Wert des Beschwerdegegenstands 200 Euro übersteigt. ²Die Beschwerde findet auch statt, wenn sie das Familiengericht wegen der grundsätzlichen Bedeutung der zur Entscheidung stehenden Frage in dem Beschluss zulässt. ³Die Beschwerde ist nur zulässig, wenn sie innerhalb der in § 55 Abs. 3 Satz 2 bestimmten Frist eingelegt wird; ist der Verfahrenswert später als einen Monat vor Ablauf dieser Frist festgesetzt worden, kann sie noch innerhalb eines Monats nach Zustellung oder formloser Mitteilung des Festsetzungsbeschlusses eingelegt werden. ⁴Im Fall der formlosen Mitteilung gilt der Beschluss mit dem dritten Tag nach Aufgabe zur Post als bekannt gemacht. ⁵§ 57 Abs. 3, 4 Satz 1, 2 und 4, Abs. 5 und 7 ist entsprechend anzuwenden.

(2) ¹War der Beschwerdeführer ohne sein Verschulden verhindert, die Frist einzuhalten, ist ihm auf Antrag vom Oberlandesgericht Wiedereinsetzung in den vorigen Stand zu gewähren, wenn er die Beschwerde binnen zwei Wochen nach der Beseitigung des Hindernisses einlegt und die Tatsachen, welche die Wiedereinsetzung begründen, glaubhaft macht. ²Ein Fehlen des Verschuldens wird vermutet, wenn eine Rechtsbehelfsbelehrung unterblieben oder fehlerhaft ist. ³Nach Ablauf eines Jahres, von dem Ende der versäumten Frist an gerechnet, kann die Wiedereinsetzung nicht mehr beantragt werden.

(3) ¹Die Verfahren sind gebührenfrei. ²Kosten werden nicht erstattet.

Gegen den Beschluss über die Wertfestsetzung findet nach § 59 FamGKG die Beschwerde statt. Sie ist allerdings nur gegen eine Entscheidung des FamG, also des AG (§ 23a Abs. 1 GVG), statthaft. Eine Beschwerde gegen eine Wertfestsetzung des OLG kommt nicht in Betracht, da dessen Entscheidungen nach § 59 Abs. 1 S. 5 i.V.m. § 57 Abs. 7 FamGKG unanfechtbar sind. Eine Beschwerde gegen eine Wertfestsetzung des BGH kommt schon deshalb nicht in Betracht, weil es kein Beschwerdegericht gibt. Das gilt auch für den Fall, dass das Beschwerdegericht die Rechtsbeschwerde zum BGH rechtsirrig zugelassen hat. Eine Bindung des Rechtsbeschwerdegerichts an eine rechtsirrige Zulassung besteht deshalb nicht, weil eine nach dem Gesetz unanfechtbare Entscheidung durch gerichtliche Unkenntnis nicht anfechtbar geworden sein kann.[106] Soweit sich ein Beteiligter oder ein Verfahrensbevollmächtigter mit der erstinstanzlichen Wertfestsetzung einverstanden erklärt hat, liegt darin noch kein Verzicht auf sein Beschwerderecht.[107] Ebenso wenig liegt darin ein Wegfall der Beschwer.

247 Das folgt schon daraus, dass der gerichtliche Verfahrenswert nicht zur Disposition der Beteiligten steht, sondern von Amts wegen stets richtig festzusetzen ist. Bei besserer Erkenntnis kann jeder Beteiligter oder Verfahrensbevollmächtigter innerhalb der Frist des § 55 Abs. 3 S. 2 FamGKG die Korrektur des Verfahrenswertes, notfalls im Wege der Beschwerde, verlangen.

248 Beschwerdeberechtigt ist jeder Verfahrensbeteiligte (§ 7 FamFG). Beschwerdeberechtigt sind auch die Verfahrensbevollmächtigten, soweit sich ihre Gebühren nach dem vom Gericht festgesetzten Verfahrenswert richten (Abs. 2). Auch die Landeskasse ist berechtigt, gegen die Festsetzung des Verfahrenswerts Beschwerde zu erheben.

249 Die Beschwerde gegen eine Wertfestsetzung des FamG ist nur zulässig, wenn der Wert des Beschwerdegegenstands den Betrag von 200 EUR übersteigt (§ 59 Abs. 1 S. 1 FamGKG) oder die Beschwerde vom FamG in dem Beschluss, der die Wertfestsetzung enthält, zugelassen worden ist (§ 59 Abs. 1 S. 2 FamGKG).

---

106 BGH WuM 2012, 114; Schaden-Praxis 2010, 29.   107 LG Hamburg ZMR 2012, 966.

Beispiel: Das FamG hat den Verfahrenswert im einstweiligen Anordnungsverfahren auf Zahlung eines Vorschusses für ein gerichtliches Verfahren in Höhe von 6.000 EUR aufgrund mündlicher Verhandlung auf 3.000 EUR festgesetzt (§§ 41, 35 FamGKG). Der Rechtsanwalt begehrt die Heraufsetzung auf den Betrag von 6.000 EUR, weil das einstweilige Anordnungsverfahren durch die ausgesprochene Verpflichtung des Gerichts, einen Kostenvorschuss zu zahlen, ein Hauptsacheverfahren entbehrlich macht.
Bei einer Wertfestsetzung in Höhe von **3.000 EUR** würde der Rechtsanwalt folgende Gebühren erhalten:

1. 1,3-Verfahrensgebühr, VV 3100 — 261,30 EUR
2. 1,2-Terminsgebühr, VV 3104 — 241,20 EUR
3. Postentgeltpauschale, VV 7002 — 20,00 EUR
   Zwischensumme — 522,50 EUR
4. 19 % Umsatzsteuer, VV 7008 — 99,28 EUR

Gesamt — **621,78 EUR**

Bei einem Wert von **6.000 EUR** erhielte er dagegen:

1. 1,3-Verfahrensgebühr, VV 3100 — 460,20 EUR
2. 1,2-Terminsgebühr, VV 3104 — 424,80 EUR
3. Postentgeltpauschale, VV 7002 — 20,00 EUR
   Zwischensumme — 945,00 EUR
4. 19 % Umsatzsteuer, VV 7008 — 179,55 EUR

Gesamt — **1.124,55 EUR**

Der Wert des Beschwerdegegenstands beläuft sich somit auf (1.124,55 EUR – 621,78 EUR =) 502,77 EUR. Die Beschwerde ist damit zulässig.

Die Beschwerde ist befristet. Sie muss innerhalb der Sechsmonatsfrist des § 55 Abs. 3 S. 2 FamGKG eingelegt werden. Die Beschwerde ist beim FamG einzureichen (§ 59 Abs. 1 S. 5 i.V.m. § 57 Abs. 4 S. 3 FamGKG), das zunächst zu prüfen hat, ob der Beschwerde abzuhelfen ist (§ 59 Abs. 1 S. 5 i.V.m. § 57 Abs. 3 S. 1 FamGKG). Soweit nicht abgeholfen wird, ist die Sache dem OLG vorzulegen. Das gilt auch dann, wenn durch eine Teilabhilfe der Wert des Beschwerdegegenstands unter 200 EUR sinkt; allerdings ist das Gericht verpflichtet, hierauf hinzuweisen und Gelegenheit zur Rücknahme der im Übrigen unzulässig gewordenen Beschwerde zu geben.

250

Über die Beschwerde entscheidet das OLG durch Beschluss. Die Entscheidung des OLG ist unanfechtbar (§ 59 Abs. 1 S. 5 i.V.m. § 57 Abs. 7 FamGKG). Das OLG ist allerdings berechtigt, auf eine Gegenvorstellung hin in Anwendung des § 55 Abs. 3 FamGKG seine Beschwerdeentscheidung nachträglich abzuändern.[108]

251

2. Weitere Beschwerde

Eine weitere Beschwerde ist im Unterschied zu den Verfahren nach dem GKG, dem GNotKG und der KostO in Familiensachen wegen des abweichenden Instanzenzugs (§ 23a GVG) nicht vorgesehen.

252

3. Abhilfe bei Verletzung des Anspruchs auf rechtliches Gehör

Es kommt auch eine Abänderung der Entscheidung des Beschwerdegerichts auf der Grundlage der Voraussetzungen des § 61 FamGKG bei Gehörsverletzungen in Betracht.

253

---

[108] Eine Abänderungsmöglichkeit des FamG besteht nicht mehr, da nur die **eigene** Wertfestsetzung abänderbar ist.

III. Beschwerdeverfahren nach dem GNotKG

1. Beschwerde gegen die Festsetzung des Geschäftswerts

254 **§ 83 GNotKG Beschwerde gegen die Festsetzung des Geschäftswerts**

(1) Gegen den Beschluss, durch den der Geschäftswert für die Gerichtsgebühren festgesetzt worden ist (§ 79), ist die Beschwerde statthaft, wenn der Wert des Beschwerdegegenstands 200 Euro übersteigt. Die Beschwerde ist auch statthaft, wenn sie das Gericht, das die angefochtene Entscheidung erlassen hat, wegen der grundsätzlichen Bedeutung der zur Entscheidung stehenden Frage in dem Beschluss zulässt. Die Beschwerde ist nur zulässig, wenn sie innerhalb der in § 79 Absatz 2 Satz 2 bestimmten Frist eingelegt wird; ist der Geschäftswert später als einen Monat vor Ablauf dieser Frist festgesetzt worden, kann sie noch innerhalb eines Monats nach Zustellung oder formloser Mitteilung des Festsetzungsbeschlusses eingelegt werden. Im Fall der formlosen Mitteilung gilt der Beschluss mit dem dritten Tag nach Aufgabe zur Post als bekannt gemacht. § 81 Absatz 3 bis 5 Satz 1 und 4 und Absatz 6 ist entsprechend anzuwenden. Die weitere Beschwerde ist innerhalb eines Monats nach Zustellung der Entscheidung des Beschwerdegerichts einzulegen.

(2) War der Beschwerdeführer ohne sein Verschulden verhindert, die Frist einzuhalten, ist ihm auf Antrag von dem Gericht, das über die Beschwerde zu entscheiden hat, Wiedereinsetzung in den vorigen Stand zu gewähren, wenn er die Beschwerde binnen zwei Wochen nach der Beseitigung des Hindernisses einlegt und die Tatsachen, welche die Wiedereinsetzung begründen, glaubhaft macht. Ein Fehlen des Verschuldens wird vermutet, wenn eine Rechtsbehelfsbelehrung unterblieben oder fehlerhaft ist. Nach Ablauf eines Jahres, von dem Ende der versäumten Frist an gerechnet, kann die Wiedereinsetzung nicht mehr beantragt werden. Gegen die Entscheidung über den Antrag findet die Beschwerde statt. Sie ist nur zulässig, wenn sie innerhalb von zwei Wochen eingelegt wird. Die Frist beginnt mit der Zustellung der Entscheidung. § 81 Absatz 3 Satz 1 bis 3, Absatz 5 Satz 1, 2 und 4 sowie Absatz 6 ist entsprechend anzuwenden.

(3) Die Verfahren sind gebührenfrei. Kosten werden nicht erstattet.

Gegen den Beschluss, durch den der Geschäftswert für die Gerichtsgebühren festgesetzt worden ist (§ 79), ist die Beschwerde statthaft, wenn der Wert des Beschwerdegegenstands 200 EUR übersteigt. Die Beschwerde ist auch statthaft, wenn sie das Gericht, das die angefochtene Entscheidung erlassen hat, wegen der grundsätzlichen Bedeutung der zur Entscheidung stehenden Frage in dem Beschluss zulässt.

255 Die Beschwerde ist nur zulässig, wenn sie innerhalb der in § 79 Abs. 2 S. 2 GNotKG bestimmten Frist eingelegt wird; ist der Geschäftswert später als einen Monat vor Ablauf dieser Frist festgesetzt worden, kann sie noch innerhalb eines Monats nach Zustellung oder formloser Mitteilung des Festsetzungsbeschlusses eingelegt werden.

256 Die weitere Beschwerde ist innerhalb eines Monats nach Zustellung der Entscheidung des Beschwerdegerichts einzulegen. War der Beschwerdeführer ohne sein Verschulden verhindert, die Frist einzuhalten, ist ihm auf Antrag des Gerichts, das über die Beschwerde zu entscheiden hat, Wiedereinsetzung in den vorigen Stand zu gewähren, wenn er die Beschwerde binnen zwei Wochen nach der Beseitigung des Hindernisses einlegt und die Tatsachen, welche die Wiedereinsetzung begründen, glaubhaft macht.

257 Nach Ablauf eines Jahres, von dem Ende der versäumten Frist an gerechnet, kann die Wiedereinsetzung nicht mehr beantragt werden. Gegen die Entscheidung über den Antrag findet die Beschwerde statt. Sie ist nur zulässig, wenn sie innerhalb von zwei Wochen eingelegt wird. Die Frist beginnt mit der Zustellung der Entscheidung. § 81 Abs. 3 S. 1 bis 3, Abs. 5 S. 1, 2 und 4 sowie Abs. 6 ist entsprechend anzuwenden.

2. Abhilfe bei Verletzung des Anspruchs auf rechtliches Gehör

258 Auf die Rüge eines durch die Entscheidung nach diesem Gesetz beschwerten Beteiligten ist das Verfahren fortzuführen, wenn ein Rechtsmittel oder ein anderer Rechtsbehelf gegen die Entscheidung nicht gegeben ist und das Gericht den Anspruch dieses Beteiligten auf rechtliches Gehör in entscheidungserheblicher Weise verletzt hat (§ 84 GNotKG).

259 Im Übrigen entsprechen die Beschwerdeverfahren nach dem GNotKG dem des GKG, sodass auf die dortigen Ausführungen Bezug genommen wird (siehe Rdn 178 ff.).

IV. Das Beschwerdeverfahren nach der KostO[109]

1. Beschwerde gegen die gerichtliche Wertfestsetzung

§ 31 KostO Festsetzung des Geschäftswerts 260

(1) ...

(2) ...

(3) Gegen den Beschluss nach Absatz 1 findet die Beschwerde statt, wenn der Wert des Beschwerdegegenstands 200 Euro übersteigt. Die Beschwerde findet auch statt, wenn sie das Gericht, das die angefochtene Entscheidung erlassen hat, wegen der grundsätzlichen Bedeutung der zur Entscheidung stehenden Frage in dem Beschluss zulässt. Die Beschwerde ist nur zulässig, wenn sie innerhalb der in Absatz 1 Satz 3 bestimmten Frist eingelegt wird; ist der Geschäftswert später als einen Monat vor Ablauf dieser Frist festgesetzt worden, kann sie noch innerhalb eines Monats nach Zustellung oder nach Bekanntmachung durch formlose Mitteilung des Festsetzungsbeschlusses eingelegt werden. Im Falle der formlosen Mitteilung gilt der Beschluss mit dem dritten Tage nach der Aufgabe zur Post als bekannt gemacht. § 14 Abs. 4, 5, 6 Satz 1, 2 und 4 sowie Abs. 7 ist entsprechend anzuwenden. Die weitere Beschwerde ist innerhalb eines Monats nach Zustellung der Entscheidung des Beschwerdegerichts einzulegen.

(4) War der Beschwerdeführer ohne sein Verschulden verhindert, die Frist einzuhalten, ist ihm auf Antrag von dem Gericht, das über die Beschwerde zu entscheiden hat, Wiedereinsetzung in den vorigen Stand zu gewähren, wenn er die Beschwerde binnen zwei Wochen nach der Beseitigung des Hindernisses einlegt und die Tatsachen, welche die Wiedereinsetzung begründen, glaubhaft macht. Nach dem Ablauf eines Jahres, von dem Ende der versäumten Frist an gerechnet, kann die Wiedereinsetzung nicht mehr beantragt werden. Gegen die Entscheidung über den Antrag findet die Beschwerde statt. Sie ist nur zulässig, wenn sie innerhalb von zwei Wochen eingelegt wird. Die Frist beginnt mit der Zustellung der Entscheidung. § 14 Abs. 4 Satz 1 bis 3, Abs. 6 Satz 1, 2 und 4 sowie Abs. 7 ist entsprechend anzuwenden.

(5) Die Verfahren sind gebührenfrei. Kosten werden nicht erstattet.

Gegen den Beschluss nach § 31 Abs. 1 findet die Beschwerde statt, wenn der Wert des Beschwerdegegenstands 200 EUR übersteigt. Die Beschwerde findet auch statt, wenn sie das Gericht, das die angefochtene Entscheidung erlassen hat, wegen der grundsätzlichen Bedeutung der zur Entscheidung stehenden Frage in dem Beschluss zulässt.

Anfechtbar ist immer die Erstfestsetzung des AG und des LG. 261

Die Festsetzung des LG ist auch dann anfechtbar, wenn es den Wert für ein Beschwerdeverfahren festgesetzt hat oder es in einem Beschwerdeverfahren erstmals den Wert für das amtsgerichtliche Verfahren nach § 31 Abs. 1 S. 2 KostO abgeändert hat. 262

Eine Beschwerde gegen Entscheidungen des OLG ist nicht möglich, da eine Beschwerde an einen obersten Gerichtshof des Bundes unzulässig ist (§ 31 Abs. 3 S. 5 i.V.m. § 14 Abs. 4 S. 3 KostO). 263

Entscheidungen des BGH sind ohnehin mangels Beschwerdegericht nicht anfechtbar. 264

Das Ausgangsgericht hat zunächst zu prüfen, ob es der Beschwerde abhilft (§ 31 Abs. 3 S. 5 i.V.m. § 14 Abs. 4 S. 1, 1. Hs. KostO). Soweit dies nicht geschieht, hat es die Beschwerde dem Beschwerdegericht vorzulegen (§ 31 Abs. 3 S. 5 i.V.m. § 14 Abs. 4 S. 1, 2. Hs. KostO). Beschwerdegericht ist das nächsthöhere Gericht, in den Fällen des § 119 Abs. 1 Nr. 1 Buchst. b GVG jedoch das OLG (§ 31 Abs. 3 S. 5 i.V.m. § 14 Abs. 4 S. 2 KostO). Den Beteiligten ist rechtliches Gehör zu gewähren. Das Beschwerdegericht entscheidet durch Beschluss. 265

Es hat ferner darüber zu entscheiden, ob es die weitere Beschwerde zulässt (§ 31 Abs. 3 S. 5 i.V.m. § 14 Abs. 5 KostO). 266

2. Weitere Beschwerde

Gegen die Entscheidung des LG als Beschwerdegericht ist die weitere Beschwerde gegeben, wenn das LG die Beschwerde zugelassen hat (§ 31 Abs. 3 S. 2 KostO). Gericht der weiteren Beschwerde ist dann das OLG. 267

---

[109] Die mit Wirkung zum 1.8.2013 aufgehobene KostO hat für Übergangsfälle, für die das bis zum Inkrafttreten des 2. KostRMoG geltende Recht anwendbar ist, weiterhin Bedeutung.

268 Das OLG ist an die Zulassung der Beschwerde gebunden, sofern die Beschwerde statthaft ist (§ 31 Abs. 3 S. 5 i.V.m. § 14 Abs. 4 S. 4 KostO). An nachträgliche oder anderweitig unzulässige Zulassungen ist das OLG nicht gebunden.

269 Die weitere Beschwerde muss innerhalb eines Monats nach Zustellung der Entscheidung des Beschwerdegerichts eingelegt werden (§ 31 Abs. 3 S. 6 KostO).

270 Auch hier besteht die Möglichkeit der Wiedereinsetzung (§ 31 Abs. 4 KostO).

271 Das Verfahren der weiteren Beschwerde folgt den gleichen Grundsätzen wie das Beschwerdeverfahren.

3. Gegenvorstellung

272 Gegen jede Wertfestsetzung, auch die des Beschwerdegerichts oder des Gerichts der weiteren Beschwerde ist die Gegenvorstellung gegeben, da das Gericht von Amts wegen den Geschäftswert abändern kann (§ 31 Abs. 1 S. 2 KostO).

273 Die Gegenvorstellung muss innerhalb der Sechs-Monats-Frist des § 33 Abs. 2 S. 3, 1. Hs. i.V.m. § 31 Abs. 1 S. 3 KostO oder der Monatsfrist des § 31 Abs. 2 S. 3, 2. Hs. KostO eingelegt werden.

4. Gehörsrüge

274 Ist im Wertfestsetzungsverfahren nach § 31 KostO der Anspruch auf rechtliches Gehör verletzt worden, kann nach § 157a KostO Gehörsrüge erhoben werden.

V. Gebühren und Vergütung im Beschwerdeverfahren gegen die Wertfestsetzung

275 Die Verfahren sind gebührenfrei (§ 68 Abs. 3 S. 1 GKG; § 59 Abs. 3 S. 1 FamGKG; § 83 Abs. 3 S. 1 GNotKG; § 31 Abs. 5 S. 1 KostO).

276 Erhebt der Rechtsanwalt in eigener Sache Wertbeschwerde, so erhält er mangels eines Auftraggebers keine Vergütung. Beauftragt der Anwalt einen anderen Anwalt mit der Einlegung einer Streitwertbeschwerde, so erhält dieser hierfür eine Vergütung.[110] Das Gleiche gilt, wenn der Anwalt mit der Abwehr der vom gegnerischen Anwalt eingelegten Streitwertbeschwerde beauftragt wird.

277 Die **Vergütung** richtet sich nach VV 3500.

> **Beispiel:** Das Gericht setzt den Streitwert nach mündlicher Verhandlung im Urteil auf 5.000 EUR fest. Der Rechtsanwalt beauftragt einen Kollegen mit der Einlegung der Beschwerde, der die Festsetzung des Streitwerts auf 10.000 EUR beantragt. Die Differenz zwischen der Vergütung nach 10.000 EUR und 5.000 EUR beträgt 758,98 EUR.
> Bei einem Wert von 758,98 EUR erhielte der Anwalt:
> 1. 0,5-Verfahrensgebühr, VV 3500   40,00 EUR
> 2. Postentgeltpauschale, VV 7002   8,00 EUR
>   Zwischensumme   48,00 EUR
> 3. 19 % Umsatzsteuer, VV 7008   9,12 EUR
> **Gesamt**   **57,12 EUR**

278 Der **Gegenstandswert** richtet sich nach dem Mehrbetrag der Vergütung, die der Beschwerde führende Rechtsanwalt bei höherer Streitwertfestsetzung erhalten würde. Dieser Wert gilt auch für den Beschwerdegegner, selbst wenn sein Interesse letztlich höher ist, da er nach dem höheren Wert nicht nur die Kosten des Gegners erstatten, sondern auch den eigenen Anwalt und die Gerichtskosten zahlen muss. Nach § 33 Abs. 1 wird der Wert jedoch durch den Antrag bestimmt und ist einheitlich festzusetzen.

---

110 Ausführlich *N. Schneider*, Vergütung im Verfahren über die Streitwertbeschwerde, AGS 2003, 13.

VI. Kostenerstattung

Das Beschwerdeverfahren ist gerichtsgebührenfrei; nur Auslagen werden geschuldet. Eine Kostenerstattung ist nach allen Gerichtskostengesetzen ausgeschlossen:
– § 68 Abs. 3 S. 2 GKG;
– § 59 Abs. 3 S. 2 FamGKG;
– § 83 Abs. 3 S. 2 GNotKG;
– § 31 Abs. 5 S. 2 KostO.

279

Weder kann der Anwalt nach § 91 Abs. 2 S. 3 ZPO noch der Gegner nach § 91 Abs. 1 ZPO bzw. §§ 80 ff. FamFG die Erstattung seiner Kosten verlangen. Deshalb trifft das Beschwerdegericht keine Kostenentscheidung.

280

H. Unterlassene Wertfestsetzung (Abs. 2 S. 2)

Während Abs. 2 S. 1 dem Rechtsanwalt **„Rechtsmittel"** gegen die Wertfestsetzung aus eigenem Recht ermöglicht, bestimmt Abs. 2 S. 2, dass er auch **„Rechtsbehelfe"** gegen eine „unterbliebene" Wertfestsetzung aus eigenem Recht einzulegen berechtigt ist. Dem Anwalt steht nach Abs. 2 S. 1 die Möglichkeit offen, die Festsetzung des Werts aus eigenem Recht zu beantragen. Wird dieser Antrag zurückgewiesen oder beschließt das Gericht, den Antrag auf Wertfestsetzung nicht zu bescheiden oder überhaupt etwas zu unternehmen, weil es rechtsirrig davon ausgeht, dass es einer Wertfestsetzung aus was für Gründen auch immer nicht bedarf, dann hat der Rechtsanwalt auch hiergegen das Recht, „Rechtsmittel" einzulegen, weil auch die Zurückweisung eines Antrags des Rechtsanwalts auf Wertfestsetzung im weiteren Sinne eine Entscheidung des Gerichts über eine Wertfestsetzung darstellt.

281

Der Gesetzgeber hat sich in Abs. 2 S. 2 für eine andere Wortwahl entschieden: Der Begriff „Rechtsbehelf" ist weitergehend als „Rechtsmittel". Er trägt dem Umstand Rechnung, dass es – anders als bei der Wertfestsetzung – gegen die unterlassene Wertfestsetzung umfassendere Möglichkeiten gibt, Rechtsbehelfe, wie beispielsweise die Untätigkeitsbeschwerde oder eine Gegenvorstellung, einzulegen. Allerdings sollte die durch den Gesetzgeber möglicherweise bewusst vorgenommene Differenzierung nicht zu eng ausgelegt werden. Anderenfalls würde im Wertfestsetzungsverfahren dem Rechtsanwalt zwar das Beschwerderecht nach § 68 GKG, § 59 FamGKG, § 83 GNotKG, § 31 KostO über Abs. 2 S. 1, nicht aber die gemäß § 69a GKG, § 61 FamGKG, § 84 GNotKG mögliche Abhilfe bei Verletzung des Anspruchs auf rechtliches Gehör zustehen – ausgehend davon, dass es sich insoweit um einen **Rechtsbehelf** zur Geltendmachung von Gehörsverletzungen handelt.

282

Unterlässt das Gericht die Wertfestsetzung, ist deshalb zu prüfen, welche Rechtsbehelfe dagegen, also gegen die Untätigkeit des Gerichts, in Betracht kommen:

283

I. Gegenvorstellung

Stets möglich ist die **Gegenvorstellung**, mit der die noch ausstehende Beschlussfassung angeregt werden kann.

284

II. Untätigkeitsbeschwerde

Daneben kommt die **Untätigkeitsbeschwerde** in Betracht.[111] Es handelt sich bei ihr um eine Ausnahmebeschwerde wegen pflichtwidriger Untätigkeit des Gerichts. Ihre Zulässigkeit ist verfassungsrechtlich abgesichert.[112]

285

Verschiedentlich wird stattdessen die Untätigkeit auch als eine **konkludente Zurückweisung** eines Antrags angesehen, sodass die Beschwerdevoraussetzung des § 567 Abs. 1 Nr. 2 ZPO gegeben ist.[113] Dem steht nicht entgegen, dass die sofortige Beschwerde nach dieser Vorschrift voraussetzt, ihre

286

---

[111] OLG Saarbrücken MDR 1997, 1062; NJW-RR 1999, 1290; ausführlich dazu *E. Schneider*, MDR 1998, 254 und 1397; Thomas/Putzo/*Reichold*, ZPO, § 567 Rn 10.

[112] BVerfG FamRZ 2001, 753.

[113] OLG Hamm JurBüro 1986, 745 = KostRsp. GKG § 25 Nr. 100 m. Anm. *E. Schneider*.

Zulässigkeit müsse im Gesetz **ausdrücklich** bestimmt sein. Es gibt keine Vorschrift in der Zivilprozessordnung, wonach die Zulässigkeit einer sofortigen Beschwerde deren „ausdrückliche" Eröffnung voraussetzt. Bei dieser Formulierung handelt es sich nur um einen stilistischen Missgriff der Gesetzesverfasser, die mit der deutschen Sprache nicht zu Rande gekommen sind.[114]

III. Anhörungsrüge

287 Gegen die unterlassene Wertfestsetzung und ein Schweigen des Gerichts auf einen begründeten Antrag des Rechtsanwalts kann auch Anhörungsrüge erhoben werden (§ 69a GKG; § 61 FamGKG; § 84 GNotKG; § 156a KostO). Die Anhörungsrüge ist befristet und innerhalb von zwei Wochen nach Kenntnis von der Verletzung des rechtlichen Gehörs zu erheben. Die Anhörungsrüge nach den Kostengesetzen ist – anders als diejenigen nach den Verfahrensordnungen – gerichtsgebührenfrei.

§ 33 Wertfestsetzung für die Rechtsanwaltsgebühren

(1) Berechnen sich die Gebühren in einem gerichtlichen Verfahren nicht nach dem für die Gerichtsgebühren maßgebenden Wert oder fehlt es an einem solchen Wert, setzt das Gericht des Rechtszugs den Wert des Gegenstands der anwaltlichen Tätigkeit auf Antrag durch Beschluss selbstständig fest.

(2) ¹Der Antrag ist erst zulässig, wenn die Vergütung fällig ist. ²Antragsberechtigt sind der Rechtsanwalt, der Auftraggeber, ein erstattungspflichtiger Gegner und in den Fällen des § 45 die Staatskasse.

(3) ¹Gegen den Beschluss nach Absatz 1 können die Antragsberechtigten Beschwerde einlegen, wenn der Wert des Beschwerdegegenstands 200 Euro übersteigt. ²Die Beschwerde ist auch zulässig, wenn sie das Gericht, das die angefochtene Entscheidung erlassen hat, wegen der grundsätzlichen Bedeutung der zur Entscheidung stehenden Frage in dem Beschluss zulässt. ³Die Beschwerde ist nur zulässig, wenn sie innerhalb von zwei Wochen nach Zustellung der Entscheidung eingelegt wird.

(4) ¹Soweit das Gericht die Beschwerde für zulässig und begründet hält, hat es ihr abzuhelfen; im Übrigen ist die Beschwerde unverzüglich dem Beschwerdegericht vorzulegen. ²Beschwerdegericht ist das nächsthöhere Gericht, in Zivilsachen der in § 119 Abs. 1 Nr. 1 des Gerichtsverfassungsgesetzes bezeichneten Art jedoch das Oberlandesgericht. ³Eine Beschwerde an einen obersten Gerichtshof des Bundes findet nicht statt. ⁴Das Beschwerdegericht ist an die Zulassung der Beschwerde gebunden; die Nichtzulassung ist unanfechtbar.

(5) ¹War der Beschwerdeführer ohne sein Verschulden verhindert, die Frist einzuhalten, ist ihm auf Antrag von dem Gericht, das über die Beschwerde zu entscheiden hat, Wiedereinsetzung in den vorigen Stand zu gewähren, wenn er die Beschwerde binnen zwei Wochen nach der Beseitigung des Hindernisses einlegt und die Tatsachen, welche die Wiedereinsetzung begründen, glaubhaft macht. ²Ein Fehlen des Verschuldens wird vermutet, wenn eine Rechtsbehelfsbelehrung unterblieben oder fehlerhaft ist. ³Nach Ablauf eines Jahres, von dem Ende der versäumten Frist an gerechnet, kann die Wiedereinsetzung nicht mehr beantragt werden. ⁴Gegen die Ablehnung der Wiedereinsetzung findet die Beschwerde statt. ⁵Sie ist nur zulässig, wenn sie innerhalb von zwei Wochen eingelegt wird. ⁶Die Frist beginnt mit der Zustellung der Entscheidung. ⁷Absatz 4 Satz 1 bis 3 gilt entsprechend.

(6) ¹Die weitere Beschwerde ist nur zulässig, wenn das Landgericht als Beschwerdegericht entschieden und sie wegen der grundsätzlichen Bedeutung der zur Entscheidung stehenden Frage in dem Beschluss zugelassen hat. ²Sie kann nur darauf gestützt werden, dass die Entscheidung auf einer Verletzung des Rechts beruht; die §§ 546 und 547 der Zivilprozessordnung gelten entsprechend. ³Über die weitere Beschwerde entscheidet das Oberlandesgericht. ⁴Absatz 3 Satz 3, Absatz 4 Satz 1 und 4 und Absatz 5 gelten entsprechend.

---

114 Siehe *E. Schneider*, ProzRB 2004, 50.

(7) ¹Anträge und Erklärungen können ohne Mitwirkung eines Bevollmächtigten schriftlich eingereicht oder zu Protokoll der Geschäftsstelle abgegeben werden; § 129a der Zivilprozessordnung gilt entsprechend. ²Für die Bevollmächtigung gelten die Regelungen der für das zugrunde liegende Verfahren geltenden Verfahrensordnung entsprechend. ³Die Beschwerde ist bei dem Gericht einzulegen, dessen Entscheidung angefochten wird.

(8) ¹Das Gericht entscheidet über den Antrag durch eines seiner Mitglieder als Einzelrichter; dies gilt auch für die Beschwerde, wenn die angefochtene Entscheidung von einem Einzelrichter oder einem Rechtspfleger erlassen wurde. ²Der Einzelrichter überträgt das Verfahren der Kammer oder dem Senat, wenn die Sache besondere Schwierigkeiten tatsächlicher oder rechtlicher Art aufweist oder die Rechtssache grundsätzliche Bedeutung hat. ³Das Gericht entscheidet jedoch immer ohne Mitwirkung ehrenamtlicher Richter. ⁴Auf eine erfolgte oder unterlassene Übertragung kann ein Rechtsmittel nicht gestützt werden.

(9) ¹Das Verfahren über den Antrag ist gebührenfrei. ²Kosten werden nicht erstattet; dies gilt auch im Verfahren über die Beschwerde.

A. Allgemeines 1	a) Beschwer 74
I. Antragsrecht 2	b) Wert des Beschwerdegegenstands ... 78
II. Anwendungsbereich 5	3. Beschwerdeantrag 84
III. Festsetzung gegen den Auftraggeber 8	4. Zuständigkeit 85
IV. Vergütungsprozess 9	5. Verschlechterungsverbot 88
B. Regelungsgehalt 10	6. Greifbare Gesetzwidrigkeit; Gegenvorstellung; Untätigkeitsbeschwerde und Anhörungsrüge 91
I. Gerichtliches Verfahren (Abs. 1) 10	
1. Abgrenzungen 10	
2. Hilfsanträge 12	VIII. Zugelassene Beschwerde (Abs. 3 S. 2) 95
3. Hilfswiderklage/Hilfswiderantrag 13	1. Grundsätzliche Bedeutung 96
4. Hilfsaufrechnung 15	2. Divergenzfälle 98
5. Primäraufrechnung 19	3. Zulassungsentscheidung 100
6. Vermögensrechtliche und nichtvermögensrechtliche Ansprüche 20	4. Zulassungszwang 105
	5. Zulassungsverstöße 106
7. Höhere Wertgrenze nach § 22 RVG ... 21	IX. Beschwerdefrist (Abs. 3 S. 3; Abs. 5) 113
8. Wertunabhängige Gerichtsgebühren 22	X. Abhilfe durch das Erstgericht (Abs. 4 S. 1) 121
9. Im gerichtlichen Verfahren werden keine Gebühren erhoben 24	1. Selbstkontrolle 121
10. Die Tätigkeit des Anwalts geht über den Verfahrensgegenstand hinaus oder tritt dahinter zurück 27	2. Abänderungsbefugnis 122
	3. Begründungszwang 124
	4. Neue Beschwer 127
11. Gerichtsgebühren richten sich nach dem Wert, das RVG sieht aber besondere Gegenstandswerte für die anwaltliche Tätigkeit vor 29	5. Neues Vorbringen 130
	6. Vorlagepflicht 133
	7. Rechtliches Gehör 135
	XI. Zuständigkeit (Abs. 4 S. 2 bis 4) 139
12. Folgerungen 31	XII. Weitere Beschwerde (Abs. 6) 147
13. Zurückbehaltungsrecht 35	1. Verfahren 147
14. Die Wertfestsetzung 37	2. Prüfungsgegenstand 153
15. Zuständiges Gericht 43	3. Rechtsnormen 154
II. Fälligkeit (Abs. 2 S. 1) 46	4. Normengleiche Regelungen 157
1. Vorschuss 46	5. Rechts- und Tatfrage 159
2. Verfrühter Antrag 48	6. Denkgesetze 162
3. Erfüllung 49	7. Auslegung 163
III. Antragsberechtigte (Abs. 2 S. 2) 51	8. Wertungsbegriffe 165
IV. Rechtliches Gehör 56	9. Ermessen 166
V. Keine Entscheidung ohne Antrag 67	10. Beruhen 167
VI. Entscheidung über den Antrag nach Abs. 1 69	11. Schriftsatzkontrolle 168
	12. Absolute Beschwerdegründe 169
VII. Beschwerde gegen die Wertfestsetzung (§ 33 Abs. 3 S. 1) 72	XIII. Einlegung der Beschwerde (Abs. 7) 172
	XIV. Einzelrichter-Zuständigkeit (Abs. 8) 174
1. Beschwerdefähige Entscheidung 72	XV. Gebührenfreiheit und Kostenerstattungsausschluss (Abs. 9) 177
2. Beschwer und Wert des Beschwerdegegenstands 73	

A. Allgemeines

Berechnen sich die Rechtsanwaltsgebühren in einem gerichtlichen Verfahren nicht nach dem für die Gerichtsgebühren maßgebenden Wert oder fehlt es an einem solchen Wert, dann kann es zu der

grundsätzlich nach § 32 Abs. 2 zu beachtenden Bindungswirkung nicht kommen. Insoweit die Bindungswirkung nach § 32 Abs. 2 für den Rechtsanwalt ausscheidet, ermöglicht Abs. 1 dem Rechtsanwalt, zu einer Festsetzung eines Gegenstandswerts für die Berechnung der Gebühren seiner Tätigkeit zu gelangen. Ein Antrag auf Wertfestsetzung nach Abs. 1 ist daher zulässig, wenn
- sich die Gerichtsgebühren in einem gerichtlichen Verfahren nicht nach dem Wert richten und es deshalb an einem entsprechenden Wert fehlt, weil im gerichtlichen Verfahren
  - Festgebühren oder
  - gar keine Gebühren erhoben werden,
- das RVG eine von den Kostengesetzen abweichende Wertfestsetzung für die Tätigkeit des Anwalts im gerichtlichen Verfahren vorsieht, z.B. gemäß
  - § 23 Abs. 1 S. 2,
  - § 23 Abs. 2, 3,
  - §§ 23a-41a,
- Gebührentatbestände beim Anwalt ausgelöst werden, die sich nicht nach dem (gesamten) Wert des gerichtlichen Verfahrens richten (vgl. §§ 31, 31a).

I. Antragsrecht

2 Insoweit derselbe Verfahrensgegenstand betroffen ist, ist nur ein Antragsrecht für die Festsetzung des Werts für die anwaltliche Tätigkeit gegeben und zwar entweder nach § 32 Abs. 2 S. 1 oder nach Abs. 1.

3 Gibt es eine für die Gerichtsgebühren maßgebende Bewertung, die auch auf die anwaltliche Tätigkeit anwendbar ist, dann gilt § 32; gibt es sie nicht, gilt § 33. Besteht das Festsetzungsrecht nach § 33, dann fehlt das Rechtsschutzbedürfnis dafür, gegen eine gerichtliche Festsetzung des Werts anzugehen. Sie wäre für die anwaltliche Tätigkeit nicht bindend, weil die insoweit nicht erfasste Tätigkeit nicht danach abgerechnet werden könnte.[1] Antragsrechte nach § 32 Abs. 2 S. 1 oder § 33 Abs. 1 stehen demnach, soweit derselbe Verfahrensgegenstand betroffen ist, im Verhältnis der Exklusivität zueinander, können aber dann, wenn unterschiedliche Gebührentatbestände nach verschiedenen Werten ausgelöst werden, auch nebeneinander bestehen. Dies kommt zum Beispiel in Stufenverfahren vor (siehe Rdn 4).

4 **Beispiel:** Der Rechtsanwalt vertritt den unterlegenen Auftraggeber in einem Stufenverfahren vor dem FamG. Der Wert für die Gerichtsgebühren wird entsprechend der Erwartung des Antragstellers die Leistungsstufe betreffend auf insgesamt 4.000 EUR festgesetzt. Nach Verhandlung über die Auskunftsstufe wird das gesamte Verfahren in der Hauptsache übereinstimmend für erledigt erklärt. Die Verfahrensgebühr nach VV 3100 richtet sich nach dem für die Gerichtsgebühren maßgeblichen Wert in Höhe von 4.000 EUR. Die Terminsgebühr ist nur nach dem Wert der Auskunft zu bemessen, deren Wert nach Abs. 1 gesondert beantragt werden kann.[2]

II. Anwendungsbereich

5 Grundsätzlich ist die Wertfestsetzung für die Gerichtsgebühren auch für die Gebühren des Rechtsanwalts maßgeblich (§§ 32 Abs. 1, 23 Abs. 1 S. 1). Zunächst ist deshalb zu prüfen, ob die Voraussetzungen des § 32 Abs. 1 vorliegen. Wird der für die Gerichtsgebühren maßgebliche Wert gerichtlich festgesetzt, so ist der Wert auch für die Anwaltsgebühren maßgeblich, wenn sich die Gebühren des Anwalts grundsätzlich nach dem Wert berechnen. Eine Wertfestsetzung nach Abs. 1 kommt in diesem Fall nicht in Betracht und ist auch nicht (mehr) erforderlich, wenn die gesamte Tätigkeit des Rechtsanwalts von der gerichtlichen Wertfestsetzung bereits erfasst worden ist.

6 Die Maßgeblichkeit der für die Gerichtsgebühren geltenden Vorschriften für die Anwaltsvergütung (§ 23 Abs. 1 S. 1) und die Bindungswirkung einer Festsetzung des gerichtlichen Werts (§ 32 Abs. 1) setzen voraus, dass es Wertvorschriften gibt, die auf die anwaltliche Tätigkeit passen. Das ist aber häufig nicht der Fall.

---

[1] BayObLG AnwBl 1992, 331 = JurBüro 1992, 166.
[2] OLG Brandenburg AGS 2013, 583 = FF 2014, 87 = NZFam 2014, 234.

Beispiel 1: Zwei anwaltlich selbstständig vertretene Notgeschäftsführer einer GmbH werden auf Unterlassung verklagt, sich der Geschäftsführung zu enthalten. Der für die Gerichtsgebühren maßgebende Streitwert beträgt nach § 39 Abs. 1 GKG zweimal 25.000 EUR, also 50.000 EUR. Der Wert der Tätigkeiten der Anwälte – jeweils 25.000 EUR – deckt sich nicht mit dem festgesetzten Gesamtwert.[3]

Beispiel 2: Auf die Beschwerde der bedürftigen Partei wird ihr ratenfreie Prozesskostenhilfe bewilligt. Im Beschwerdeverfahren fallen keine Gerichtsgebühren an, wohl aber nach VV 3500 Anwaltsgebühren.

Beispiel 3: Die Beschwerde gegen die Zurückweisung des Prozess- bzw. Verfahrenskostenhilfeantrags der bedürftigen Partei wird zurückgewiesen. Jetzt fallen bei Gericht Festgebühren in Höhe von 60 EUR an (Nr. 1812 GKG-KostVerz., Nr. 1912 FamGKG-Kostverz., Nr. 19117 GNotKG-KostVerz.). Die Anwaltsgebühren berechnen sich dagegen gemäß § 23a Abs. 1 nach dem Wert, sodass eine Wertfestsetzung nach Abs. 1 zulässig und für die Abrechnung der Anwaltsgebühren erforderlich ist.

Beispiel 4: Das Gericht setzt den Wert auf 30 Mio. EUR fest. Der Anwalt vertritt mehrere Auftraggeber. Für das Gericht gilt der Höchstwert von 30 Mio. EUR. Für den Anwalt kann dagegen ein höherer Wert gelten (§§ 23 Abs. 1 S. 4, 22 Abs. 2 S. 2). Daher kommt auch hier eine gesonderte Wertfestsetzung für die Anwaltsgebühren in Betracht.

Beispiel 5: In einem Privatklageverfahren (§§ 374 ff. StPO) macht der Privatkläger gem. §§ 403 ff. StPO vermögensrechtliche Ansprüche gegen den Beschuldigten geltend, über die ein Vergleich geschlossen wird. Die Gebühren des Vertreters oder Beistands des Privatklägers richten sich hinsichtlich der vermögensrechtlichen Ansprüche gemäß VV 4143 ff., 1000, 1003 (siehe Anm. zu VV 4147) nach dem Wert der Tätigkeit. Gerichtsgebühren fallen jedoch nicht an. Diese entstehen nur, soweit das Gericht dem Verletzten Ansprüche zuerkennt, nicht aber bei einer Ablehnung oder einem Vergleich.

In den genannten Beispielsfällen ist § 32 Abs. 1 unanwendbar. Die dadurch entstehende Lücke schließt Abs. 1. Dem Anwalt wird demnach ein **eigenes Recht auf Wertfestsetzung** eingeräumt. Dessen Durchsetzung richtet sich nicht nach dem GKG, dem FamGKG, dem GNotKG oder der KostO, die zwar durch das 2. KostRMoG aufgehoben worden ist, aber für Übergangsfälle weiterhin Geltung entfaltet, vielmehr nach § 33 Abs. 1.[4]

III. Festsetzung gegen den Auftraggeber

Das Antragsrecht nach Abs. 1 steht dem Anwalt auch dann zu, wenn er beantragt, seine Gebühren gegen seinen Auftraggeber nach § 11 RVG gerichtlich festsetzen zu lassen. Das Verfahren auf Vergütungsfestsetzung nach § 11 ist bei bestrittenem Gegenstandswert allerdings auszusetzen, damit zunächst eine Entscheidung nach § 33 Abs. 1 herbeigeführt werden kann (§ 11 Abs. 4), die Abrechnung der gesetzlichen Vergütung damit ermöglicht wird und es nicht zu abweichenden Festsetzungen betreffend denselben Verfahrensgegenstand kommt.

IV. Vergütungsprozess

Dem Anwalt, der für den Auftraggeber **nur außerhalb** eines gerichtlichen Verfahrens tätig geworden ist, und den übrigen nach Abs. 2 S. 2 antragsberechtigten Personen stehen die Rechte aus Abs. 1 nicht zu. Der Gegenstandswert, nach dem die vorgerichtliche Tätigkeit abgerechnet wird, kann gegen den Willen des Mandanten nur im Vergütungsprozess durchgesetzt werden.

B. Regelungsgehalt

I. Gerichtliches Verfahren (Abs. 1)

1. Abgrenzungen

Erste Voraussetzung für die Anwendbarkeit des Abs. 1 ist, dass ein gerichtliches Verfahren **betrieben wird**. Dass die Tätigkeit des Rechtsanwalts außerhalb eines gerichtlichen Verfahrens auch Gegenstand der Tätigkeit eines gerichtlichen Verfahrens sein **könnte** (§ 23 Abs. 1 S. 3), reicht nicht aus.

---

[3] OLG Frankfurt JurBüro 1980, 1661; Hess. VGH KostRsp. BRAGO § 9 Rn 27.

[4] KG JurBüro 1970, 854 = Rpfleger 1970, 407.

Nicht notwendig ist aber, dass der Anwalt vor Gericht auftritt. Im gerichtlichen Verfahren werden auch der Verkehrsanwalt und der Terminsvertreter (VV 3401 f.) tätig.[5] Auch für sie gilt demnach als Voraussetzung für die Anwendbarkeit des Abs. 1, dass sich der Wert für die Gerichtsgebühren und der Gegenstandswert für die anwaltliche Tätigkeit nicht decken, § 32 also unanwendbar ist.

11 In den nachfolgenden Beispielen ist Abs. 1 **nicht anwendbar**, weil es an einer Tätigkeit in einem gerichtlichen Verfahren fehlt und es sich auch nicht um vorbereitende Tätigkeiten handelt, da sie sich nicht auf den späteren Verfahrensgegenstand beziehen. Gegen eine Festsetzung nach Abs. 1 spricht in solchen Fällen zudem, dass das Gericht nicht wissen kann, wie der Auftrag des Mandanten an den Anwalt konkret lautet.

> **Beispiel 1:**
> Der Anwalt soll den Schuldner auf Zahlung von 10.000 EUR verklagen. Bevor die Klage eingereicht wird, zahlt der Schuldner 5.000 EUR. Geklagt wird deshalb nur auf Zahlung von 5.000 EUR.
> Der Anwalt verdient eine 1,3-Verfahrensgebühr aus 5.000 EUR (VV 3100) und eine 0,8-Verfahrensgebühr aus 5.000 EUR (VV 3101 Nr. 1). Wegen der vor Klageeinreichung erfüllten 5.000 EUR ist es nicht zu einem gerichtlichen Verfahren gekommen, und es kann deshalb auch kein Wert durch das Gericht festgesetzt werden.
> Erstattungsfähig ist nur eine Verfahrensgebühr aus 5.000 EUR. Insgesamt steht dem Anwalt nach § 15 Abs. 3 nicht mehr zu als eine volle Gebühr aus dem Gegenstandswert von 10.000 EUR. Die Verfahrensgebühr nach VV 3101 Nr. 1 schuldet nur der Mandant. Der Anwalt muss notfalls sein Honorar einklagen. Der Mandant wiederum kann deswegen einen materiell-rechtlichen Kostenerstattungsanspruch gegen den Schuldner erlangt haben.

> **Beispiel 2:**
> Der Anwalt erhält den Auftrag, A und B als Einzelschuldner auf Zahlung von jeweils 5.000 EUR zu verklagen. Bevor es dazu kommt, zieht der Mandant den Klageauftrag gegen B zurück, sodass nur gegen A geklagt wird.
> Der Anwalt verdient eine 0,8-Verfahrensgebühr aus 5.000 EUR (VV 3101 Nr. 1) und eine 1,3-Verfahrensgebühr aus 5.000 EUR (VV 3100), insgesamt aber nicht mehr als eine volle Gebühr aus 10.000 EUR (§ 15 Abs. 3). Da es gegenüber B mangels Klageerhebung nicht zu einem Prozessrechtsverhältnis gekommen ist, kann durch das Gericht für B kein Wert festgesetzt werden.
> Erstattungsfähig ist nur eine Verfahrensgebühr aus 5.000 EUR. Die 0,8-Verfahrensgebühr nach VV 3101 Nr. 1 schuldet der Mandant. Auch hier muss der Anwalt notfalls gegen seinen Auftraggeber klagen.

2. Hilfsanträge

12 Eine Fallgruppe eigener Art ist diejenige, in der neben einem Hauptanspruch oder zur Verteidigung gegen ihn hilfsweise Ansprüche geltend gemacht werden.

> **Beispiel:** Geklagt wird primär auf Zahlung von 10.000 EUR, hilfsweise auf Herausgabe eines Pkw im Wert von 20.000 EUR. Entschieden wird nur über den Zahlungsantrag. Dann bestimmt nur dieser den Wert für die Gerichtsgebühren (§ 45 Abs. 1 S. 2 GKG). Der für die Anwaltsvergütung maßgebende Gegenstandswert des Hilfsantrags wird vom Gericht nicht bewertet und nicht festgesetzt.

Auch wenn der Hilfsantrag wertmäßig unberücksichtigt bleibt, stehen dem Anwalt die Gebühren dafür zu, da er sich auftragsgemäß damit befasst hat. Die gegenteilige Auffassung des BGH (siehe Rdn 15 ff.) ist unzutreffend und wird zu Recht kritisiert.

3. Hilfswiderklage/Hilfswiderantrag

13 Eine Hilfswiderklage (Hilfswiderantrag) wird unter der Bedingung erhoben, dass die Klage (der Antrag) oder die Hauptwiderklage (Hauptwiderantrag) erfolglos oder erfolgreich sei.

> **Beispiel 1:**
> Der Beklagte beantragt die Abweisung einer Klage auf Herausgabe eines Grundstücks; für den Fall seiner Verurteilung erhebt er hilfsweise Widerklage auf Ersatz seiner Verwendungen auf das Grundstück.

> **Beispiel 2:**
> Der Beklagte beantragt die Abweisung einer Kaufpreisklage wegen Arglistanfechtung, hilfsweise für den Fall der Klageabweisung, widerklagend Herausgabe der vom Beklagten erbrachten Zahlungen.

---

5 LG München AnwBl 1963, 88.

Der Wert der Hilfswiderklage (Hilfswiderantrag) wird dem Wert für die Klage (Antrag) nur hinzugerechnet, wenn darüber entschieden wird (§ 45 Abs. 1 S. 2 GKG; § 39 Abs. 1 S. 2 FamGKG). Das ändert jedoch nichts daran, dass der Anwalt des Beklagten (Antragsgegners) sich auftragsgemäß mit der Hilfswiderklage (Hilfswiderantrag) befasst und sie auch eingereicht und begründet hat.

4. Hilfsaufrechnung

Der Gegner bestreitet die gerichtlich geltend gemachte Forderung. Er verteidigt sich hilfsweise damit, jedenfalls sei der Anspruch durch die von ihm erklärte Aufrechnung mit einer Gegenforderung erloschen.

Wird über diesen Gegenanspruch nicht entschieden, weil der Antrag als unzulässig, unschlüssig oder beweisfällig zurückgewiesen werden muss, dann ist nur deren Wert maßgebend. Der Wert der Gegenforderung wird nicht hinzugerechnet (§ 45 Abs. 3 GKG; § 39 Abs. 3 FamGKG).

Wird über die Gegenforderung mit entschieden, dann ist ihr Wert dem Wert der Klageforderung hinzuzurechnen, jedoch begrenzt auf den Wert der Klageforderung, weil die Gegenforderung nur insoweit rechtskräftig verbraucht wird.[6]

In beiden Fällen hat der Anwalt des Gegners sich aber mit der Gegenforderung befasst, und zwar in deren voller Höhe, also auch, soweit über sie nicht rechtskräftig entschieden worden ist. Die gegenteilige Auffassung des BGH ist unzutreffend und stößt zu Recht auf Kritik.[7]

5. Primäraufrechnung

Bei der Primäraufrechnung bestreitet der Beklagte den Klageanspruch nicht, beantragt aber gleichwohl Klageabweisung unter Berufung darauf, die Klageforderung sei durch eine von ihm erklärte Aufrechnung mit einer Gegenforderung erloschen. Dann unterbleibt eine Wertaddition, weil es an einer „hilfsweisen" Aufrechnung fehlt (§ 45 Abs. 3 GKG, § 39 Abs. 3 FamGKG). Nur der Antrag im gerichtlichen Verfahren bestimmt den Wert.[8] Wiederum hat sich aber der Anwalt vor und im Verfahren auftragsgemäß mit dem Antrag im gerichtlichen Verfahren und mit der Aufrechnungsforderung beschäftigt.

6. Vermögensrechtliche und nichtvermögensrechtliche Ansprüche

Wird ein vermögensrechtlicher Anspruch mit einem nichtvermögensrechtlichen Anspruch verbunden, dann ist für den Wert nur der höhere Anspruch maßgebend (§ 48 Abs. 3 GKG; § 33 Abs. 1 S. 2 FamGKG). Ungeachtet dessen hat sich jedoch der Anwalt des Antragstellers im gerichtlichen Verfahren auftragsgemäß mit beiden Ansprüchen befasst.

7. Höhere Wertgrenze nach § 22 RVG

Für die Gerichtsgebühren ist ein Höchstwert von 30 Mio. EUR bestimmt (§ 39 Abs. 2 GKG; § 33 Abs. 2 FamGKG; § 35 Abs. 2 GNotKG). Diese Begrenzung gilt nach § 23 Abs. 1 S. 4 i.V.m. § 22 Abs. 2 S. 2 nicht für die Tätigkeit des Anwalts. Sind in derselben Angelegenheit nämlich mehrere Personen Auftraggeber, so beträgt der Wert für jede Person höchstens 30 Mio. EUR, insgesamt jedoch nicht mehr als 100 Mio. EUR. Auch diese Divergenz lässt die Bindungswirkung nach § 32 Abs. 1 entfallen und führt zur Antragsberechtigung nach § 33 Abs. 1.

---

6 § 19 Abs. 3 GKG, § 322 Abs. 1 ZPO; OLG Düsseldorf NJW-RR 1994, 1279.

7 AGS 2008, 584 m. Anm. *N. Schneider* = MDR 2009, 54 = NJW 2009, 231 = zfs 2009, 41 = AnwBl 2009, 148 = BGHReport 2009, 205 = RVGreport 2009, 32; a.A: LG Hamburg MDR 1966, 853.

8 OLG München JurBüro 1970, 264.

8. Wertunabhängige Gerichtsgebühren

22 Eine Bindungswirkung nach § 32 Abs. 1 kann auch dann nicht in Betracht kommen, wenn im Verfahren wertunabhängige Gerichtsgebühren erhoben werden, z.B. im Falle der Erhebung einer
- erfolglosen Anhörungsrüge (Nr. 1700 GKG-KostVerz.; Nr. 1800 FamGKG-KostVerz.; Nr. 19200 GNotKG-KostVerz.); es entsteht eine Gebühr in Höhe von 60 EUR;
- Beschwerde nach §§ 71 Abs. 2, 91a Abs. 2, 99 Abs. 2, 269 Abs. 5 oder § 494a Abs. 2 S. 2 ZPO (Nr. 1810 GKG-Kostverz.; Nr. 1910 FamGKG-Kostverz.); es entsteht eine Gebühr in Höhe von 85 EUR.

23 Auch in diesen Fällen steht das Antragsrecht nach Abs. 1 zur Verfügung, um eine Wertfestsetzung für die anwaltliche Tätigkeit zu erreichen. Insoweit im gerichtlichen Verfahren Festgebühren erhoben werden, kommt nach Abs. 1 wegen § 23 Abs. 1 S. 2 eine Wertfestsetzung nach den Vorschriften des GKG oder des FamGKG in Betracht. § 23 Abs. 1 S. 2 verweist allein auf das GKG und das FamGKG. Eine Bezugnahme auf das GNotKG ist nicht erfolgt, sodass in diesen Fällen auf § 23 Abs. 2 oder § 23 Abs. 3 abzustellen und eine Wertfestsetzung insoweit nach Abs. 1 erreicht werden kann.

9. Im gerichtlichen Verfahren werden keine Gebühren erhoben

24 Insoweit im gerichtlichen Verfahren Gerichtsgebühren nicht vorgesehen sind, kann folgerichtig ebenfalls keine Bindungswirkung nach § 32 Abs. 1 zustande kommen, weil eine gerichtliche Wertfestsetzung ausscheidet. Dennoch gibt es Verfahren, die zwar gerichtsgebührenfrei geführt werden, in denen die anwaltliche Tätigkeit aber nach dem Gegenstandswert zu bemessen ist. Auch insoweit steht das Antragsrecht nach Abs. 1 zur Verfügung.

25 Gerichtliche Verfahren, in denen Gerichtsgebühren nicht erhoben werden, sind z.B. folgende:
- Verfahren über die Bewilligung, Aufhebung oder Abänderung von Prozess- oder Verfahrenskostenhilfe werden gerichtsgebührenfrei geführt; die anwaltliche Tätigkeit ist in diesen Verfahren aber nach § 23a, also nach dem Gegenstandswert, zu bemessen und auf Antrag festzusetzen;
- in erfolgreichen Verfahren über eine Anhörungsrüge entstehen keine Gerichtsgebühren; die anwaltliche Tätigkeit ist hingegen nach dem Gegenstandswert abzurechnen (vgl. VV 3330, 3331);
- in Erinnerungsverfahren entstehen keine Gerichtsgebühren; die anwaltliche Tätigkeit ist aber nach dem Gegenstandswert zu bemessen (vgl. § 23 Abs. 2);
- Verfahren auf Gerichtsstandsbestimmung; es entstehen keine Gerichtsgebühren; die anwaltliche Tätigkeit ist aber nach dem Gegenstandswert zu bemessen;
- in arbeitsgerichtlichen Verfahren nach Vorb. 8 GKG-Kostverz.; es entstehen keine Gerichtsgebühren; die anwaltliche Tätigkeit ist aber nach dem Gegenstandswert zu bemessen.

26 Insoweit in Verfahren nach Vorb. 1.3.1 Abs. 1 Nr. 2 FamGKG-KostVerz. und in Unterbringungssachen nach § 312 FamFG Gerichtsgebühren nicht erhoben werden, steht das Antragsrecht nach Abs. 1 allerdings nicht zur Verfügung, weil sich die Anwaltsgebühren nicht nach dem Wert richten, sondern Betragsrahmengebühren abzurechnen sind (VV 6300 ff.). Das gilt gleichermaßen in Freiheitsentziehungssachen nach § 415 FamFG, in denen zwar Gerichtsgebühren entstehen, der Anwalt aber auch hier Betragsrahmengebühren nach VV 6300 ff. abrechnet. Es kann weder eine Bindungswirkung an die gerichtliche Wertfestsetzung entstehen noch ist der Anwalt auf sein Antragsrecht nach Abs. 1 angewiesen.

10. Die Tätigkeit des Anwalts geht über den Verfahrensgegenstand hinaus oder tritt dahinter zurück

27 Auch dann, wenn die anwaltliche Tätigkeit über den Verfahrensgegenstand hinausgeht, die Bevollmächtigten in einem Termin zur mündlichen Verhandlung etwa Vergleichsgespräche über nicht rechtshängige Gegenstände führen, die allerdings nicht zum Vergleichsabschluss führen, steht für die vom Verfahrensgegenstand nicht erfasste anwaltliche Tätigkeit das Antragsrecht nach Abs. 1 zur Verfügung.[9] Dies gilt gleichermaßen, wenn die anwaltliche Tätigkeit hinter dem gerichtlichen Verfahrensgegenstand zurückbleibt, was sich z.B. dann ergeben kann, wenn vor Klageerweiterung

---

9 AG Siegburg AGS 2008, 361.

ein Mandatswechsel stattfindet und sich die Gebühren des zunächst beauftragten Anwalts nach dem geringeren, vor Klageerweiterung maßgeblichen Wert richten.

Von dieser Fallgruppe sind auch Stufenverfahren erfasst, in denen sich die Verfahrensgebühr des Anwalts nach dem Wert für die Gerichtsgebühren bemisst, die Termins- oder Einigungsgebühr aber nur aus dem Wert einer einzelnen Stufe zu bewerten ist, weil nur insoweit verhandelt oder eine Einigung geschlossen wurde. Eine Festsetzung des Werts eine einzelne Stufe betreffend ist nach Abs. 1 zulässig. 28

11. Gerichtsgebühren richten sich nach dem Wert, das RVG sieht aber besondere Gegenstandswerte für die anwaltliche Tätigkeit vor

Es existieren schließlich auch Verfahren, in denen sich die Gerichtsgebühren nach dem Wert richten, das RVG aber für die anwaltliche Tätigkeit, teilweise unter Durchbrechung der Bindungswirkung des § 32 Abs. 1 vorrangige Gegenstandswertbestimmungen vorgesehen hat, nach denen die anwaltliche Tätigkeit ungeachtet der Wertfestsetzung im gerichtlichen Verfahren zu bemessen ist. Dabei handelt es sich z.B. um folgende Verfahren: 29
– Musterverfahren nach dem KapMuG (§ 23b),
– Sanierungs- und Reorganisationsverfahren nach dem KredReorgG (§ 24),
– Verfahren nach dem SpruchG (§ 31),
– Verfahren nach dem WpÜG (§ 31a).

In diesen Verfahren richten sich die Gerichtsgebühren nach dem Wert; die Bindungswirkung für den Anwalt nach § 32 Abs. 1 entsteht aber dennoch nicht, weil das RVG vorrangige Gegenstandswertbestimmungen für die anwaltliche Tätigkeit vorsieht. Auch insoweit steht das Antragsrecht nach Abs. 1 zur Verfügung. 30

12. Folgerungen

In diesen und vergleichbaren Fällen ist der Anwalt, soweit nichts anderes bestimmt ist, berechtigt, seine Tätigkeit nach dem Gegenstandswert abzurechnen (§ 2 Abs. 1). Die Fälle, in denen seine Tätigkeit bei der gerichtlichen Wertfestsetzung außer Ansatz bleibt, werden durch Abs. 1 geregelt. Denn es wäre nicht sachgerecht, dem Anwalt Vergütungsansprüche für erbrachte Tätigkeiten abzusprechen, nur weil sie nach den für die Gerichtsgebühren maßgebenden Vorschriften nicht zu berücksichtigen sind. Dem steht schon entgegen, dass der Anwalt dem Mandanten auch in diesen Fällen für die Bearbeitung nach dem Mandatsvertrag uneingeschränkt haftet. 31

Die Vergütung steht dem Anwalt nach § 22 Abs. 1 bis zur Höhe der addierten Werte gegen seinen Mandanten zu.[10] So hat der BGH[11] auch den Fall entschieden, dass eine Anschlussrevision durch Nichtannahme der Revision (§ 554b ZPO a.F.) wirkungslos geworden war. Er hat den Wert für die Anschlussrevision dem Wert der Revision hinzugerechnet. 32

Eine Kostenerstattung scheidet in diesen Fällen allerdings grundsätzlich aus, weil die unterliegende Partei etwa wegen nicht beschiedener Hilfsanträge oder einer Hilfsaufrechnung nicht verurteilt wird. Die Wertfestsetzung gilt somit nur im Verhältnis des Rechtsanwalts zu seinem Auftraggeber. Zu prüfen ist dann aber, ob ein materiell-rechtlicher Erstattungsanspruch gegen den Gegner besteht, der in einem gesonderten Verfahren geltend gemacht werden müsste. 33

---

10 LAG Düsseldorf JurBüro 1994, 359 m. Anm. *Mümmler* – betr. Hilfsantrag; LAG Hamm KostRsp. GKG § 19 Nr. 57 = BB 1982, 1860 – betr. Aufrechnung; LAGE § 19 GKG Nr. 4 m. Anm. *E. Schneider* und LAGE § 19 GKG Nr. 6 und MDR 1989, 852 – betr. Hilfsantrag; LAG Nürnberg MDR 2005, 120 – Hilfsantrag; VGH Mannheim AGS 2008, 138 m. Anm. *E. Schneider* – Hilfsantrag; Gerold/Schmidt/*Müller-Rabe*, RVG, VV 3200 Rn 48 u. VV 3100 Rn 129; Mayer/Kroiß/*Rohn*, RVG, § 33 Rn 6; Hartung/Römermann/*Schons*, RVG, § 32 Rn 10; *Hartmann*, KostG, § 33 RVG Rn 5. Überwiegend wird jedoch von den Gerichten eine gegenteilige Auffassung vertreten – Bindung des Anwalts an einen falschen Streitwert –, zuletzt wieder OLG Hamm AGS 2007, 254 m. abl. Anm. *E. Schneider*. Die Tendenz geht zur zutreffenden Auffassung der Wertaddition.

11 BGH JurBüro 1979, 358.

34 Die rechtlichen Zusammenhänge der Wertfestsetzung nach Abs. 1 werden in Rechtsprechung und Schrifttum durchgehend übersehen oder verkannt.[12] So erklärt es sich auch, dass immer wieder „von Amts wegen" Werte festgesetzt werden, die für die Gerichtsgebühren belanglos sind und für die es auch keine gerichtlichen Bewertungsvorschriften gibt.[13]

13. Zurückbehaltungsrecht

35 Verteidigt sich der Beklagte unter Berufung auf ein ihm zustehendes Zurückbehaltungsrecht, dann erhöht das nicht den Wert des gerichtlichen Verfahrens. Nur das mit dem Antrag verfolgte Interesse ist Gegenstand des gerichtlichen Verfahrens und damit auch Bewertungsgegenstand. Bei der gerichtlichen Wertfestsetzung wird nicht berücksichtigt, dass der Anwalt des Beklagten sich auftragsgemäß mit dem Zurückbehaltungsrecht befasst hat.

36 In diesem Fall steht einer Bewertung des Zurückbehaltungsrechts zugunsten des Anwalts nach Abs. 1 das Additionsverbot wegen **wirtschaftlicher Identität** entgegen. Das Zurückbehaltungsrecht setzt nämlich nach § 273 Abs. 1 BGB voraus, dass es auf „demselben rechtlichen Verhältnis" beruht, aus dem die Leistungspflicht des Schuldners (Beklagten) folgt. Außerdem ist das Zurückbehaltungsrecht nicht Gegenstand des gerichtlichen Verfahrens. Deshalb ist die Befassung des Anwalts mit dem Zurückbehaltungsrecht für den Gegenstandswert unbeachtlich.

14. Die Wertfestsetzung

37 Das Gericht entscheidet nur auf Antrag (Abs. 1).

38 Der Anwalt muss seine Wertvorstellung nicht beziffern und deshalb auch keinen bestimmten Antrag stellen (anders bei der Beschwerde, siehe Rdn 84). Aus § 61 Abs. 1 GKG, § 53 Abs. 1 FamGKG, § 77 S. 1 GNotKG folgt nichts anderes. Das Verfahren nach § 33 richtet sich nicht nach dem GKG, FamGKG oder GNotKG, sondern nach dem RVG i.V.m. §§ 567 ff. ZPO (siehe Rdn 61 ff.).

39 Davon abgesehen, meinen § 61 GKG, § 53 FamGKG, § 77 GNotKG nicht den Festsetzungsantrag, sondern verlangen, ebenso wie die §§ 253 Abs. 3, 520 Abs. 4 Nr. 1 ZPO, nur die Bewertung von **Sachanträgen**.

40 Da es bei dem Festsetzungsantrag nach Abs. 1 nicht um die Anregung einer amtswegigen Tätigkeit geht, wie bei § 61 Abs. 1 S. 1 GKG; § 53 S. 1 FamGKG, § 77 S. 1 GNotKG gilt der allgemeine **Beibringungsgrundsatz**. Der Antrag auf Wertfestsetzung sollte deshalb **begründet** werden. Das gilt insbesondere, wenn die zu bewertende Tätigkeit des Rechtsanwalts nicht aktenkundig ist, etwa weil er gegenüber dem Gericht nicht aufgetreten ist, sodass das Gericht auch nicht wissen kann, welche zu bewertende Tätigkeit der Anwalt ausgeübt hat.

41 In vielen Fällen bedarf es allerdings keines Antrags, weil der Gegenstandswert durch eine bezifferte oder bezifferbare Geldsumme bestimmt wird oder eine einschlägige Wertvorschrift ohne Weiteres anwendbar ist.[14]

> **Beispiel 1:** Mehrere Beklagte werden als Streitgenossen auf Einwilligung in die Auszahlung eines hinterlegten Betrags verklagt. Der Wert ist unterschiedlich festzusetzen, wenn die Streitgenossen sich unterschiedlich hoher Ansprüche auf den hinterlegten Betrag berühmt haben.[15]

> **Beispiel 2:** Eine Widerspruchsklage nach § 771 ZPO richtet sich gegen mehrere Beklagte, die durch verschiedene Anwälte vertreten werden. Der Gegenstandswert bemisst sich für jeden Anwalt gesondert nach der finanziellen Beteiligung seiner Partei am Rechtsstreit.[16]

---

12 Zu Ansätzen der Erörterung siehe *E. Schneider*, JurBüro 1969, 787; 1970, 265; *Schneider/Herget*, Rn 398; *Wenzel*, GK-ArbGG, § 12 Rn 89–91; *Merle*, ZZP Bd. 83, 1970, S. 458 ff.; *Kion*, Eventualverhältnisse im Zivilprozess, 1971, S. 178 Fn 34; *Frank*, Anspruchsmehrheiten im Streitwertrecht, 1985, S. 252; *Mayer/Kroiß*, RVG, § 33 Rn 16; *Schneider/Thiel*, NJW 2013, 25.

13 *Schneider/Thiel*, NJW 2013, 25.

14 BayObLG JurBüro 1992, 341.

15 OLG Frankfurt JurBüro 1970, 770 = Rpfleger 1970, 353.

16 OLG München Rpfleger 1973, 257.

Beispiel 3: Ein gerichtliches Verfahren über 30.000 EUR wird auf Vorschlag des Gerichts verglichen, wobei nicht rechtshängige Ansprüche in Höhe von 5.000 EUR einbezogen werden. Das Gericht setzt den Wert für den Vergleich auf 35.000 EUR fest, obwohl nur der Mehrwert von 5.000 EUR für die Gerichtsgebühren von Bedeutung ist (Nr. 1900 GKG-KostVerz.; Nr. 1700 GKG-KostVerz.; Nr. 17005 GNotKG-KostVerz.).

Der Anwalt kann in solchen Fällen anhand der jeweiligen Geldbeträge und damit ohne gerichtliche Hilfe abrechnen. Daher unterbleibt auch eine vorläufige Wertfestsetzung für die Gerichtsgebühren.

15. Zuständiges Gericht

Sachlich und örtlich zuständig für die Festsetzung ist das **Gericht der Hauptsache**. Jede Instanz setzt nur für sich fest (Abs. 1: „das Gericht des Rechtszugs"). Eine dem § 63 Abs. 3 S. 1 GKG, § 51 Abs. 1 S. 1 FamGKG entsprechende Befugnis des höherinstanzlichen Gerichts zur **Änderung** der vorinstanzlichen Wertfestsetzung ist **nicht vorgesehen**.

Wird das Verfahren an ein anderes Gericht verwiesen, ist für die Wertfestsetzung das Empfangsgericht zuständig. Wird vor dem LG oder dem OLG Wertfestsetzung nach Abs. 1 beantragt, so entscheidet der Einzelrichter, wenn das Verfahren keine besonderen Schwierigkeiten aufweist. Wird die Wertfestsetzung beim BFH nach Abs. 1 beantragt, so wird in der Besetzung mit drei Richtern entschieden.[17] Dies gilt auch im Wertfestsetzungsverfahren nach Abs. 1 vor dem BGH, weil der Senat grundsätzlich als Kollegium entscheidet und der Einzelrichter gar nicht vorgesehen ist.[18]

Soweit der **Rechtspfleger** ihm übertragene Geschäfte bearbeitet, ist er nach § 33 zuständig (vgl. Rdn 106). Die Festsetzung durch ihn ist eine „Maßnahme" i.S.d. § 4 RPflG.[19]

II. Fälligkeit (Abs. 2 S. 1)

1. Vorschuss

Die **Fälligkeit** des Vergütungsanspruchs (§ 8 Abs. 1) ist **Zulässigkeitsvoraussetzung** für den Festsetzungsantrag. Nach **§ 8 Abs. 1 S. 1** gelten folgende Fälligkeitstatbestände für alle gerichtlichen Vergütungen nach dem RVG:
– die Erledigung des Auftrags (§ 8 Abs. 1 S. 1, 1. Alt.),
– die Beendigung der Angelegenheit (§ 8 Abs. 1 S. 1, 2. Alt),
– der Erlass einer Kostenentscheidung (§ 8 Abs. 1 S. 2, 1. Alt),
– die Beendigung des Rechtszugs (§ 8 Abs. 1 S. 2, 2. Alt.).

Siehe im Einzelnen § 8 Rdn 1 ff.

Nach § 9 ist der Anwalt jedoch berechtigt, vom Auftraggeber einen Vorschuss zu verlangen. Dem steht Abs. 1 S. 1 nicht entgegen. Wohl verhindert die Vorschrift, dass der Anwalt das Verfahren nach Abs. 1 einleitet, nur um eine zuverlässige Berechnungsgrundlage für seinen noch nicht fällig gewordenen Vergütungsanspruch zu gewinnen. Für die Geltendmachung eines Vorschusses gegenüber dem Auftraggeber ist der Wert der anwaltlichen Tätigkeit auf der Grundlage einer Schätzung in die Abrechnung einzustellen.

2. Verfrühter Antrag

Wird der Antrag verfrüht eingereicht, hat das Gericht den Rechtsanwalt darauf hinzuweisen. Er kann den Antrag dann zurücknehmen und später neu stellen oder ihn bis zum Eintritt der Fälligkeit ruhen lassen.

---

17 BFH/NV 2013, 741.
18 BGH AGS 2010, 213 = NJW 2010, 1373 = MDR 2010, 718.
19 *Arnold/Meyer-Stolte*, Rechtspflegergesetz, 6. Aufl. 2002, § 4 Rn 21; *Bassenge/Herbst*, FGG/RPflG, Kommentar, 9. Aufl. 2001, § 4 RPflG Rn 9.

3. Erfüllung

49 Hat der Mandant die ihm in Rechnung gestellte Vergütung bereits gezahlt, so entfällt damit nicht das **Rechtsschutzbedürfnis** für die Stellung des Antrags nach Abs. 1. Mit der rechtskräftigen Festsetzung kann der Anwalt späteren Meinungsverschiedenheiten und eventuellen Rückforderungsansprüchen von vornherein begegnen. Abgesehen davon kann die Wertfestsetzung auch gegenüber Dritten, z.B. einem Rechtsschutzversicherer, von Bedeutung sein.

50 Erst recht ist ein Rechtsschutzbedürfnis gegeben, wenn der Mandant oder auch die Staatskasse Rückforderungsansprüche geltend machen, weil die Vergütung nach einem überhöhten Gegenstandswert berechnet worden ist. Dem kann der Anwalt mit einem Festsetzungsantrag entgegentreten, um die Berechtigung seiner Honorarforderung klären zu lassen.

III. Antragsberechtigte (Abs. 2 S. 2)

51 Antragsberechtigt nach Abs. 1 sind
- der Auftraggeber,
- der Rechtsanwalt als **Prozess- oder Verfahrensbevollmächtigter**, als Terminsvertreter oder Verkehrsanwalt, als der nur mit einer Einzeltätigkeit beauftragte Anwalt, dessen Vergütungsanspruch von der Höhe des Gegenstandswerts abhängt,
- ein erstattungspflichtiger Gegner und
- die Staatskasse (in den Fällen des § 45).

52 Handelt ein Rechtsanwalt bei der Wertfestsetzung auf Weisung des Rechtsschutzversicherers seines Auftraggebers, handelt es sich um einen Antrag des Auftraggebers selbst und nicht um den des Rechtsanwalts.[20] Der Rechtsschutzversicherer eines Verfahrensbeteiligten ist grundsätzlich nicht antragsberechtigt.[21]

53 Vertritt der **Anwalt sich selbst**, dann erwirbt er nach **§ 91 Abs. 3 S. 4 ZPO** einen Erstattungsanspruch gegen seinen unterliegenden Gegner. In diesem Fall kann er sich durch den Festsetzungsantrag unter den Voraussetzungen des Abs. 1 die Berechnungsgrundlage verschaffen. Erlangt er jedoch keinen Erstattungsanspruch, weil der Gegner obsiegt, dann fehlt für den Antrag das Rechtsschutzinteresse.[22] Wohl kann ein Interesse bestehen, den Gegenstandswert für den Gegenanwalt festzusetzen, da sich danach die Höhe der zu erstattenden Kosten richtet.

54 Der **Verkehrsanwalt** ist ebenfalls antragsberechtigt, beschränkt jedoch auf seinen Vergütungsanspruch nach VV 3400. An einer weiter gehenden Festsetzung hat er kein Rechtsschutzinteresse, da sie für seine Ansprüche bedeutungslos wäre. Ebenso antragsberechtigt im Rahmen ihrer Vergütungsansprüche sind der **Terminsvertreter** (VV 3301) und der mit **sonstigen Einzeltätigkeiten** beauftragte Anwalt (VV 3304).

55 Auch **Auftraggeber**, **erstattungspflichtige Gegner** und bei Bewilligung von Prozess- oder Verfahrenskostenhilfe die **Staatskasse** können ein schutzwürdiges Interesse daran haben, den **Gegenstandswert feststellen** zu lassen. Erreichen sie dessen Ermäßigung, dann muss der Anwalt seine Vergütung neu berechnen. Sind die Kosten vom Gericht festgesetzt worden (§§ 103 ff. ZPO), so kann nach einer Änderung des Gegenstandswerts eine Neufestsetzung beantragt werden (§ 107 ZPO).

IV. Rechtliches Gehör

56 „Vor der Entscheidung sind die Beteiligten zu hören" – so lautete bereits § 10 Abs. 2 S. 3 BRAGO. Diese Anweisung erklärte sich aus der Zeit, als die Gewährung rechtlichen Gehörs noch nicht als eine selbstverständliche Verfahrenspflicht angesehen wurde. Der Übernahme einer solchen ausdrücklichen Anweisung in § 33 bedurfte es bei dem gegenwärtigen Verfassungsverständnis nicht. Auch ohne eine dem § 10 Abs. 2 S. 3 BRAGO entsprechende Vorschrift ist im Wertfestsetzungsverfahren

---

20 LAG Hamburg AGS 2013, 146.
21 LAG München AGS 2010, 148 = NJW-Spezial 2010, 60.
22 LAG München AnwBl 1988, 72.

für die Rechtsanwaltsgebühren **Art. 103 Abs. 1 GG** zu beachten und rechtliches Gehör zu gewähren. Diese Schlussfolgerung lässt sich auch aus § 12a herleiten.

Beteiligt sind am Festsetzungsverfahren außer dem Antrag stellenden Rechtsanwalt alle Antragsberechtigten (siehe Rdn 51 ff.). Welche Anforderungen dabei an die Gewährung rechtlichen Gehörs zu stellen sind, ist durch die **Rechtsprechung des BVerfG** geklärt.

Die Verfahrensbeteiligten müssen sich über den gesamten Verfahrensstoff informieren können.[23] Der Einzelne soll vor einer Entscheidung, die seine Rechte betrifft, zu Wort kommen, um Einfluss auf das Verfahren und sein Ergebnis nehmen zu können.[24] Deshalb muss das Gericht den Beteiligten Gelegenheit zur Äußerung geben und ihre Äußerungen in Erwägung ziehen.[25] Jede Partei muss sich zumindest einmal umfassend zur Sach- und Rechtslage äußern können.[26]

Der **Umfang** der Gewährung rechtlichen Gehörs entspricht dem Vorbringen, über das vom Gericht zu entscheiden ist. Zwischen Streitstoff und Gehörsgewähr besteht Deckungsgleichheit.[27]

Dafür, dass rechtliches Gehör gewährt wird, ist das Gericht verantwortlich; darauf dürfen die Beteiligten vertrauen.[28] Kein am Verfahren Beteiligter ist verpflichtet, von sich aus nachzuforschen, ob von den anderen Verfahrensbeteiligten Schriftsätze oder Anlagen eingereicht oder Anträge gestellt worden sind.[29] Vielmehr ist es die **Pflicht des Gerichts**, vor dem Erlass seiner Entscheidung zu **prüfen**, ob den Verfahrensbeteiligten das **rechtliche Gehör gewährt** worden ist.

Die Anforderungen, die das BVerfG stellt, sind hoch. Wird nicht förmlich zugestellt, so hat das Gericht die Möglichkeit, durch Beifügen einer rückgabepflichtigen Empfangsbescheinigung zu überwachen, ob rechtliches Gehör gewährt worden ist. Unterbleibt dies und kann die Gehörsgewährung nicht in anderer Weise festgestellt werden – etwa dadurch, dass der Beteiligte auf das Beschwerdevorbringen schriftlich erwidert –, so ist dem Art. 103 Abs. 1 GG nicht genügt.[30]

Für die Verletzung des Gehörsrechts kommt es nur auf die **Verursachung** an, **nicht** auf ein **Verschulden** des Gerichts.[31] Und zwar ist das Gericht insgesamt, also einschließlich der Geschäftsstelle dafür verantwortlich, dass dem Gebot des rechtlichen Gehörs entsprochen wird.[32]

Allerdings verlangt das BVerfG auch von den Beteiligten, **nicht untätig zu bleiben**. Wer es versäumt, sich vor Gericht Gehör zu verschaffen, kann keinen Verstoß gegen Art. 103 Abs. 1 GG geltend machen.[33] Hat ein Beteiligter ausreichend Gelegenheit gehabt, sich zu äußern, diese Gelegenheit aber schuldhaft nicht genutzt, dann ist damit seinem Anspruch auf rechtliches Gehör entsprochen worden.

Immer wieder wird von den Gerichten verkannt, dass sich der Anspruch auf Gewährung rechtlichen Gehörs auch auf **Rechtsausführungen** erstreckt. Die Beteiligten sind befugt, sich zur Rechtslage zu äußern.[34] Deshalb verstößt es gegen Art. 103 Abs. 1 GG, wenn ein Gericht die Rechtsausführungen eines Beteiligten nicht zur Kenntnis nimmt oder bei seiner Entscheidung nicht berücksichtigt.[35]

Darüber hinaus wird Art. 103 Abs. 1 GG verletzt, wenn das Gericht ohne vorherigen Hinweis auf einen rechtlichen Gesichtspunkt abstellt, mit dem auch ein gewissenhafter und kundiger Prozessbeteiligter selbst unter Berücksichtigung der Vielzahl vertretbarer Rechtsauffassungen nicht zu rechnen brauchte.[36]

---

23 BVerfGE 84, 190; BVerfGE 86, 144; BVerfGE 89, 35.
24 BVerfGE 55, 6; BVerfGE 84, 190; BVerfGE 86, 144.
25 BVerfGE 21, 194; BVerfGE 36, 97.
26 BVerfGE 65, 234.
27 BVerfGE 64, 144; BVerfGE 89, 392.
28 BVerfG NJW 1990, 2374.
29 BVerfGE 17, 197; BVerfGE 18, 150; BVerfGE 50, 385.
30 BVerfGE 36, 88.
31 BVerfGE 11, 220; BVerfGE 34, 347; BVerfGE 40, 105; BVerfGE 61, 81.
32 BVerfGE 40, 105; BVerfGE 46, 187 f. = MDR 1978, 201; NJW 1990, 2374.
33 BVerfGE 5, 10; BVerfGE 15, 267 f.; BVerfGE 21, 137.
34 BVerfGE 86, 144 = NJW-RR 1993, 764.
35 BVerfG NJW 1983, 383; WuM 1999, 383.
36 BVerfGE 84, 188 = NJW 1991, 2823; BVerfGE 86, 144 = NJW-RR 1993, 764.

65 Gehörsverletzungen wirken sich im gerichtlichen Verfahren schon dann beschwerend aus, wenn nicht ausgeschlossen werden kann, dass die Gehörsgewährung zu einer anderen, dem betroffenen Beteiligten günstigeren Entscheidung geführt hätte, wenn also die tatsächlich getroffene Entscheidung auf der Gehörsverletzung **beruhen kann**.[37]

66 Zum Abhilfeverfahren – Gehörsrüge – siehe § 12a.

V. Keine Entscheidung ohne Antrag

67 Eine Wertfestsetzung nach Abs. 1 von Amts wegen kommt nie in Betracht; die Wertfestsetzung erfolgt immer nur auf Antrag. Um eine Zurückweisung des Antrags zu verhindern, sollte stets klargestellt werden, wer Antragsteller ist, nach welcher Vorschrift sich die Wertfestsetzung richtet und in welcher Höhe die Wertfestsetzung begehrt oder angeregt wird. Diese Angaben vermeiden unnötige Rückfragen oder Beschwerdeverfahren.

68 Der Antrag ist schriftlich oder zu Protokoll der Geschäftsstelle zu stellen (§ 33 Abs. 7 S. 1). Anwaltszwang für den Antrag nach § 33 Abs. 1 besteht nach keiner Verfahrensordnung, auch dann nicht, wenn eine Wertfestsetzung vor dem BGH begehrt wird.

VI. Entscheidung über den Antrag nach Abs. 1

69 Das Gericht hat zu prüfen, ob der Antrag nach Abs. 1 zulässig und begründet ist. Ist er bereits nicht zulässig, ist er durch Beschluss zu verwerfen; eine Prüfung der Begründetheit enthält der Beschluss in diesem Fall nicht. Ist der Antrag zulässig, so ist durch Beschluss entweder eine Wertfestsetzung vorzunehmen oder der Antrag als unbegründet zurückzuweisen. Über den Festsetzungsantrag des Anwalts ist für jede Instanz gesondert durch **Beschluss** zu entscheiden. Er muss **begründet** werden.[38] Nur dann kann das übergeordnete Gericht feststellen, ob die wesentlichen Tatsachenbehauptungen und Rechtsausführungen des Antragstellers berücksichtigt worden sind.[39] Geht das Gericht auf entscheidungserhebliches Vorbringen einer Partei in den Beschlussgründen nicht ein, so lässt dies auf die Nichtberücksichtigung ihres Vorbringens schließen.[40]

70 Da gegen die Festsetzung die Beschwerde vorgesehen ist (Abs. 3 S. 1), muss der Beschluss den Beteiligten **förmlich zugestellt** werden (§§ 329 Abs. 2 S. 2, 569 Abs. 1 S. 2 ZPO), also auch den Parteien bzw. Verfahrensbeteiligten persönlich.[41] Eine formlose Mitteilung setzt die Einlegungsfrist nicht in Gang.

71 Anders als in den Fällen des § 32 Abs. 1 (vgl. § 32 Rdn 2 ff.) hat der Festsetzungsbeschluss **keine Reflexwirkung** für andere Beteiligte, insbesondere nicht für den Gegenanwalt. Die Entscheidung wirkt nur für oder gegen den Antragsteller. Der Verkehrsanwalt (VV 3400) kann sich beispielsweise nicht darauf berufen. Will er die Abrechnung nach einem vom Mandanten bestrittenen Gegenstandswert durchsetzen, muss er einen eigenen Festsetzungsantrag nach Abs. 1 stellen. Dazu ist er berechtigt (siehe Rdn 54). Anderenfalls bleibt ihm nur der Weg des Honorarprozesses.

VII. Beschwerde gegen die Wertfestsetzung (§ 33 Abs. 3 S. 1)

1. Beschwerdefähige Entscheidung

72 Gegen die Wertfestsetzung nach Abs. 1 ist nach Abs. 3 S. 1 grundsätzlich die Beschwerde statthaft.

Eine Beschwerde gegen eine Wertfestsetzung des OLG, OVG/VGH, LSG, LAG oder FG ist allerdings mit der Beschwerde nicht anfechtbar, da nach Abs. 4 S. 3 eine solche an ein oberstes Gericht des Bundes nicht statthaft ist.

---

37 BVerfGE 7, 241 und 281; BVerfGE 18, 150 und 384 f.; BVerfGE 52, 152 f.
38 MüKo/*Musielak*, ZPO, § 329 Rn 5.
39 BVerfGE 47, 189; BVerfGE 58, 357.
40 BVerfGE 86, 146.
41 LAG Köln JurBüro 1991, 1678.

2. Beschwer und Wert des Beschwerdegegenstands

Abs. 3 S. 1 stellt auf den „Wert des Beschwerdegegenstands" ab, nicht auf die „Beschwer", die aber ebenfalls gegeben sein muss. Beides wird nicht selten verwechselt – sogar vom Gesetzgeber.[42] Diese Begriffe sind deshalb vorab zu klären. 73

a) Beschwer

Beschwer ist der Unterschied zwischen der Gebührenberechnung durch eine Entscheidung nach dem festgesetzten und dem für richtig gehaltenen Wert. 74

> **Beispiel:** Der Rechtsanwalt beantragt Wertfestsetzung nach Abs. 1 in Höhe von 5.000 EUR. Der Auftraggeber meint, der Wert betrage nur 3.000 EUR, so dass seine Kostenbelastung entsprechend geringer ausfalle. Das Gericht setzt den Wert auf 5.000 EUR fest.

Für den nach Abs. 3 i.V.m. Abs. 2 aus eigenem Recht beschwerdebefugten **Auftraggeber** geht es um **die Gebührendifferenz**, die nach dem festgesetzten, im Vergleich zu dem von ihm erstrebten Wert zu berechnen ist. 75

> **Beispiel:** Der Wert wird vom Gericht auf Antrag des Rechtsanwalts auf 3.000 EUR festgesetzt (Abs. 1). Der Anwalt ist hingegen der Auffassung, der Wert betrage 5.000 EUR. Dann beläuft sich seine Beschwer auf die Gebührendifferenz bei einer Abrechnung nach 3.000 EUR und 5.000 EUR.

Die Beschwer ist auch unabhängig von der Höhe der damit für die Partei oder den Rechtsanwalt verbundenen finanziellen Belastung. Derjenige, dem alles zugesprochen wird, was er verlangt, wird überhaupt nicht belastet und damit auch nicht beschwert. Derjenige, dem weniger als das Verlangte zugesprochen wird, ist beschwert, auch wenn es sich nur um ganz geringfügige Beträge handelt. Der Begriff der Beschwer ist unabhängig davon, ob sie den zur Zulässigkeit der Beschwerde erforderlichen Betrag – die sog. **Erwachsenheitssumme** – erreicht. 76

An der „Beschwer an sich" fehlt es grundsätzlich, wenn **der Auftraggeber** eine **Werterhöhung** beantragt oder der **Prozess- oder Verfahrensbevollmächtigte** eine **Wertermäßigung**. Der Auftraggeber würde sich dadurch **höheren** Vergütungs- und Erstattungsansprüchen aussetzen, der Anwalt würde Einbußen seiner Vergütung erreichen. Kein Beteiligter hat aber ein Rechtsschutzbedürfnis für eine Beschwerde mit dem Ziel einer Verschlechterung. Eine Ausnahme gilt nur dann, wenn der Auftraggeber mit dem Anwalt eine wertunabhängige Vergütungsvereinbarung geschlossen hat und durch eine Anhebung des Gegenstandswerts eine höhere Kostenerstattung erreichen will. 77

b) Wert des Beschwerdegegenstands

Ohne Beschwer von **mehr** als 200 EUR (Abs. 3 S. 1) ist eine Beschwerde unzulässig, es sei denn, die Beschwerde ist zugelassen worden (siehe Rdn 95). Ist die Beschwer von mehr als 200 EUR erreicht – was schon bei 200,01 EUR der Fall ist – dann ist die Beschwerde zulässig. 78

Nun tritt als **zweite Zulässigkeitshürde** der **Wert des Beschwerdegegenstands hinzu**. Der bestimmt sich nur nach dem **Beschwerdeantrag**. 79

> **Beispiel:** Fordert der Anwalt eine Wertänderung, die im Ergebnis nur zu einer Neuberechnung **bis** zu 200 EUR führt, dann wird schon die notwendige Beschwer (erste Stufe) nicht erreicht. Die Beschwerde ist unzulässig, weil der Anwalt nicht die Beseitigung der Mindestbeschwer erstrebt. Er macht sich seine Beschwerde durch seinen eigenen Antrag selbst unzulässig.

Zur Zulässigkeit der Beschwerde ist also erforderlich, dass **erstens** eine **Beschwer an sich** gegeben ist und **zweitens** mit dem Beschwerdeantrag auch der Mindestwert der „Beschwer an sich" überschritten wird. **Beschwer und hinreichender Wert des Beschwerdegegenstands müssen zur Zulässigkeit der Beschwerde zusammentreffen.** 80

Die Stellung des Anwalts im Verfahren ist unerheblich. Auch wenn er in der Hauptsache selbst Partei ist und sich im Rechtsstreit selbst vertritt, hat er ein Rechtsschutzbedürfnis für eine Erhöhungsbeschwerde.[43] 81

---

[42] Siehe *E. Schneider*, AnwBl 2002, 620, 621; ZAP Fach 13, S. 1185.

[43] KG Rpfleger 1962, 37.

82 Bei der **Berechnung der Erwachsenheitssumme** von mindestens 200,01 EUR wird die **Umsatzsteuer** nach dem festgesetzten und dem erstrebten Gegenstandswert mitgerechnet. Damit das Gericht diese Berechnung vornehmen kann, ist die erstrebte Wertfestsetzung im Beschwerdeantrag **zu beziffern**. Es genügt nicht, nur eine Erhöhung des Werts zu beantragen.

83 Auch muss für das Gericht klar sein, dass es sich um eine Beschwerde des Anwalts handelt, dass er also nicht seine Partei vertritt. Um kein Missverständnis aufkommen zu lassen, sollte ausdrücklich erklärt werden, dass die Beschwerde vom Anwalt in eigener Sache eingelegt werde.

3. Beschwerdeantrag

84 Anders als beim Festsetzungsantrag (siehe Rdn 38) ist ein **Beschwerdeantrag notwendig** (siehe Rdn 79). Nur dann kann das Gericht das Vorliegen der Zulässigkeitsvoraussetzung einer Mindestbeschwer nach Abs. 3 S. 1 prüfen.

4. Zuständigkeit

85 Gemäß Abs. 4 S. 1 kann das Gericht, das die Wertfestsetzung vorgenommen hat, der Beschwerde abhelfen, wenn es sie für zulässig und begründet hält. Die Beschwerde ist insoweit immer beim Ausgangsgericht einzulegen. Im Übrigen ist die Beschwerde an das nächsthöhere Gericht als Beschwerdegericht vorzulegen:
– Gegen Wertfestsetzungen des AG ist das LG Beschwerdegericht;
– gegen Wertfestsetzungen des ArbG ist das LAG Beschwerdegericht;
– gegen Wertfestsetzungen des VG ist das OVG/der VGH Beschwerdegericht;
– gegen Wertfestsetzungen des AG als FamG ist das OLG Beschwerdegericht;
– gegen Wertfestsetzungen des LG ist immer das OLG Beschwerdegericht.

86 Eine Beschwerde zum BGH oder einem anderen obersten Gerichtshof des Bundes (BVerwG, BAG, BFH, BSG) scheidet aus (Abs. 4 S. 3).

87 Die Beschwerdeinstanz ist **neue Tatsacheninstanz**, sodass neue Tatsachen und Beweismittel berücksichtigt werden müssen.

5. Verschlechterungsverbot

88 Streitig ist, ob im Beschwerdeverfahren das Verschlechterungsverbot gilt. Das ist zu verneinen.[44] Dagegen spricht der in den §§ 61 S. 2 und 63 Abs. 3 S. 1 GKG (§§ 53 S. 2 und 55 Abs. 3 S. 2; § 77 S. 2 und § 79 Abs. 2 S. 2 GNotKG) festgeschriebene **Grundsatz der Streitwertwahrheit**. Das Gericht muss den Wert richtig festsetzen. Deshalb kann keine Bindung an den vom Anwalt beantragten Gegenstandswert bestehen. Es ist nicht auszuschließen, dass dieser Wert unterschritten werden muss. Weil allgemeines Beschwerderecht gilt, ist der Antrag dann teilweise zurückzuweisen.

89 Zweifelhaft kann daher nur sein, ob der Gegenstandswert **höher als beantragt** festgesetzt werden darf oder ob eine Bindung an die gestellten Anträge zu beachten ist. Wieder gilt der Grundsatz der Streitwertwahrheit. Bestünde eine solche Bindung, dann müsste der Beschwerde mit der Maßgabe stattgegeben werden, dass der vom Anwalt im Beschwerdeantrag genannte Gegenstandswert festgesetzt würde, obwohl das Beschwerdegericht ihn für zu niedrig hielte. Das Gericht müsste also bewusst einen unrichtigen Gegenstandswert festsetzen. Auch im Wertfestsetzungsverfahren nach § 33 ist deshalb davon auszugehen, dass das Gericht den Geschäftswert richtig festsetzen muss, sei er niedriger als beantragt oder höher.[45]

90 Damit erledigt sich auch die frühere Streitfrage, ob eine Anschlussbeschwerde des Gegners des Antragstellers zulässig ist.[46] Im Gesetz ist sie heute vorgesehen (§ 567 Abs. 3 ZPO), hat aber

---

[44] BayObLG JurBüro 1982, 1024; JurBüro 1993, 309; LAG Köln MDR 2000, 670; LAG Köln AGS 2013, 288; a.A. OVG Hamburg Rpfleger 2013, 544 = NJW 2013, 2378 = DÖV 2013, 744; LAG Hamburg, Beschl. v. 23.9.2013 – 4 Ta 14/13.

[45] BayObLG JurBüro 1982, 1024; JurBüro 1993, 309; a.A. LAG Köln MDR 2000, 670.

[46] So die ältere Rspr.: OLG Hamburg MDR 1963, 318; KG NJW 1963, 1556; OLG Nürnberg MDR 1959, 1020 = JZ 1959, 711; JurBüro 1962, 691.

keine praktische Bedeutung. Da das Verschlechterungsverbot nicht gilt, muss das Gegenvorbringen ohnehin berücksichtigt werden.[47]

6. Greifbare Gesetzwidrigkeit; Gegenvorstellung; Untätigkeitsbeschwerde und Anhörungsrüge

Vor der ZPO-Reform 2002 gab es gegen an sich unanfechtbare Beschlüsse die Ausnahmebeschwerde wegen greifbarer Gesetzwidrigkeit. Nach höchstrichterlicher Formulierung[48] setzte sie voraus, dass der angefochtene Beschluss „jeder gesetzlichen Grundlage entbehre und dem Gesetz inhaltlich fremd war, dass er also mit der geltenden Rechtsordnung schlechthin unvereinbar war." Für Gehörsverletzungen wurden diese Voraussetzungen verneint. 91

Nach neuer höchstrichterlicher Rechtsprechung[49] ist die Ausnahmebeschwerde wegen greifbarer Gesetzwidrigkeit durch die seit 2002 geltende Neufassung des Beschwerderechts beseitigt worden. Stattdessen gibt es die Möglichkeit der Erhebung einer **Gegenvorstellung**. Sie ist entsprechend § 12a Abs. 2 innerhalb einer Notfrist von zwei Wochen einzulegen, beginnend mit der Zustellung des Beschlusses. Ist die Gegenvorstellung begründet, dann entfällt die Bindung des Beschlussgerichts an seine eigene Entscheidung. Das Gericht wird zur Selbstkorrektur berechtigt und verpflichtet. 92

Hervorzuheben ist, dass diese Gegenvorstellung – anders als die frühere Ausnahmebeschwerde wegen greifbarer Gesetzwidrigkeit – für die Verletzung **aller Verfahrensgrundrechte** gilt, mit Ausnahme der **Gehörsverletzungen** (Art. 103 Abs. 1 GG); in diesen Fällen gilt § 12a. 93

Unabhängig davon gibt es nach wie vor die **Untätigkeitsbeschwerde**. Sie ist zulässig, wenn ein Gericht nicht tätig wird, obwohl schon während eines unvertretbar langen Zeitraums Entscheidungsreife besteht.[50] 94

VIII. Zugelassene Beschwerde (Abs. 3 S. 2)

Die ZPO-Reform 2002 hat mit § 574 ZPO die Rechtsbeschwerde kraft Zulassung wegen grundsätzlicher Bedeutung der Rechtssache eingeführt. Diese Regelung ist in Abs. 3 S. 2 für das Erstgericht übernommen worden. Bezweckt wird damit die Wahrung der Rechtseinheit und die Fortbildung des Rechts. 95

1. Grundsätzliche Bedeutung

Dieser Begriff lässt sich wie folgt definieren:[51] 96

„Von grundsätzlicher Bedeutung sind ungeklärte Rechtsfragen, deren Beantwortung über den konkreten Rechtsfall hinaus für alle weiteren Fälle dieser Art entscheidungserheblich sein kann."

Für das Revisions- und Rechtsbeschwerdeverfahren (§§ 543 Abs. 2 Nr. 1, 574 Abs. 2 Nr. 1 ZPO) hat der Bundesgerichtshof den Begriff der grundsätzlichen Bedeutung leider völlig verwässert, indem er zusätzliche Begriffsmerkmale erfunden hat: Wiederholungsgefahr, Nachahmungsgefahr, symptomatische Bedeutung eines Fehlers und dgl.[52] Der die Beschwerde führende Anwalt ist daher gut beraten, die Zulassung der Beschwerde nicht nur anzuregen, sondern dazu auch substanzreiche Ausführungen zu fertigen. 97

---

47 BayObLG JurBüro 1982, 1024.
48 Z.B. BGH NJW-RR 1986, 738; NJW-RR 1998, 63.
49 BGHZ 150, 133.
50 Siehe *E. Schneider*, Praxis der neuen ZPO, Rn 1098 ff. Thomas/Putzo/*Reichold*, § 567 Rn 10; OLG Karlsruhe OLG-Report 2004, 32, 33.
51 Siehe *E. Schneider*, ZAP Fach 13, S. 1225.
52 Siehe dazu *E. Schneider*, Praxis der neuen ZPO, Rn 599 ff.; *ders.*, ZAP Fach 13, S. 1201 ff.

2. Divergenzfälle

98 Eine **Zulassung wegen Abweichens** von ober- und höchstrichterlichen oder verfassungsrechtlichen Entscheidungen ist nicht vorgesehen. Insoweit handelt es sich aber nur um einen Unterfall der Zulassung wegen grundsätzlicher Bedeutung. Sie ist deshalb auch dann zu bejahen, wenn wegen abweichender sonstiger Rechtsprechung Klärungsbedürftigkeit einer Rechtsfrage besteht und deren Vereinheitlichung durch eine höherinstanzliche Leitentscheidung dringlich ist.[53] Dafür spricht auch, dass die **Abweichung von einer höchstrichterlichen Rechtsprechung** oder allgemeinen Meinung die Verfassungsbeschwerde rechtfertigen kann:[54]

> „Weicht ein Gericht bei der Anwendung von Vorschriften des einfachen Rechts von deren Auslegung durch ihm übergeordnete Gerichte, vor allem derjenigen des Bundesgerichtshofes ab, dann muß es dies begründen und den Parteien Gelegenheit geben, sich dazu zu äußern und ihren Sachvortrag gegebenenfalls anzupassen. Auch wenn die unteren Instanzen der Fachgerichte grundsätzlich von der Auffassung übergeordneter Gerichte abweichen dürfen, sind sie aus Gründen der Rechtsstaatlichkeit gehindert, solche Meinungsverschiedenheiten zu Lasten des Bürgers auszutragen, der auf eine eindeutige Rechtsprechung eines obersten Bundesgerichts vertraut."

99 Der Anwalt sollte deshalb das Beschwerdegericht **auf mögliche Divergenzen und auf einschlägige Beschlüsse des Bundesverfassungsgerichts**[55] **hinweisen** und dadurch erzwingen, dass das Gericht sich mit der Frage der grundsätzlichen Bedeutung seiner Entscheidung auseinandersetzt.

3. Zulassungsentscheidung

100 Für die Zulässigkeit der Erstbeschwerde ist nach Abs. 2 S. 3 eine Mindestbeschwer vorgeschrieben. Für die weitere Beschwerde bedarf es nur einer **Beschwer an sich**, also einer dem Beschwerdeführer irgendwie ungünstigen Vorentscheidung. An die Stelle der Mindestbeschwer tritt die Rechtsmittelbeschränkung des Zulassungszwangs.

101 Die Zulassung ist so geregelt, dass nur das Beschwerdegericht darüber zu entscheiden hat. Das Gericht der weiteren Beschwerde kann nur prüfen, ob die Zulassung bindend beschlossen worden ist. **Es gibt keine Zulassungsbeschwerde.**

Im Anschluss an die Auslegung des § 546 Abs. 1 S. 2 ZPO a.F. (= § 543 ZPO n.F.) muss die weitere Beschwerde **im Beschluss selbst** zugelassen werden.[56] Das sollte im Beschlusstenor geschehen. Eine Zulassung in den Beschlussgründen reicht aber aus.[57]

102 Unterbleibt die Zulassung, dann kommt nur eine **Berichtigung** des Beschlusses in Betracht. Da aber das Schweigen zur Zulassung als konkludente Nichtzulassung gedeutet wird,[58] besteht für die Annahme einer „offenbaren Unrichtigkeit" nur selten ein zureichender Grund.

103 Eine **Ergänzung** des Beschlusses wird als unbeachtlich behandelt.[59]

104 Für die Zulassungsentscheidung besteht **Begründungszwang**. Das ergibt sich aus der Verweisung in § 546 Abs. 3 ZPO auf § 547 ZPO. Nach dessen § 547 Nr. 6 ist das Fehlen einer Begründung ein absoluter Revisionsgrund und entsprechend ein **absoluter Rechtsbeschwerdegrund**[60] (zur verfassungsrechtlichen Notwendigkeit einer Begründung siehe § 32 Rdn 57 ff.).

4. Zulassungszwang

105 Der Wortlaut des Abs. 3 S. 2 verleitet zu der Annahme, die Zulassung der Beschwerde wegen grundsätzlicher Bedeutung stehe im Ermessen des Erstgerichts. Es ist nicht davon die Rede, dass dieses die Beschwerde bei grundsätzlicher Bedeutung der Rechtssache zulassen **muss**.

---

53 BGH MDR 2003, 588 = FamRZ 2003, 669; NJW 2003, 3712 = WuM 2003, 708, 709.
54 BVerfG NJW 1991, 2276.
55 Siehe dazu *E. Schneider*, Praxis der neuen ZPO, Rn 1391.
56 BGH FamRZ 2004, 530.
57 BGHZ 20, 189 = NJW 1956, 830.
58 OLG Saarbrücken NJW-RR 1999, 214.
59 BGHZ 20, 289 = NJW 1956, 830; BGHZ 44, 395 = NJW 1966, 931; MDR 1981, 571 = FamRZ 1981, 445; OLG Köln JurBüro 1994, 757; JurBüro 1997, 474 = VersR 1997, 1509.
60 BGH WuM 2004, 162; WuM 2003, 101.

Hierbei handelt es sich jedoch ersichtlich um eine versehentliche Auslassung des Gesetzgebers. Der Zweck der Zulassung wegen grundsätzlicher Bedeutung ist die Wahrung der Rechtseinheit (siehe Rdn 95). Die steht nicht im freien Ermessen des Richters. Das ergibt sich aus den vergleichbaren Regelungen in den §§ 348 Abs. 3 S. 1 Nr. 2, 348a Abs. 2 S. 1 Nr. 1; 511 Abs. 4 Nr. 1, 574 Abs. 3 S. 1 ZPO, die alle einen **Zwang zur Zulassung** vorsehen, wenn die Rechtssache grundsätzliche Bedeutung hat.

Diese Gesetzeslage rechtfertigt den Schluss, dass das Gericht die Beschwerde zulassen **muss**, wenn es über kontroverse oder zweifelhafte Wertfestsetzungen entscheidet, denen grundsätzliche Bedeutung zukommt. Dieses Ergebnis lässt sich auch mit einer **Rechtsanalogie** begründen. Wenn der Zulassungszwang ausführlich in der ZPO geregelt und auch noch in anderen Gesetzen ausgesprochen worden ist (z.B. § 72 Abs. 2 Nr. 1 ArbGG), dann muss er auch für Abs. 3 S. 2 bejaht werden.

5. Zulassungsverstöße

Zunächst ist auf die **Zuständigkeitsregelung für den Einzelrichter** in Abs. 8 S. 1 einzugehen. Danach entscheidet im Beschwerderecht stets der Einzelrichter, wenn die angefochtene Entscheidung von einem Einzelrichter oder einem Rechtspfleger erlassen worden ist. Sie gilt auch für die Beschwerde, wenn die angefochtene Entscheidung von einem Einzelrichter oder einem Rechtspfleger erlassen wurde. **Nur er** ist dann der **gesetzliche Richter** (Art. 101 Abs. 1 S. 2 GG).[61]   106

Diese Zuständigkeit **verliert** der Einzelrichter, wenn es sich um eine Sache von **grundsätzlicher Bedeutung** handelt. Dann ist er verpflichtet, den Fall dem Kollegium zu übertragen (Abs. 8 S. 2). Dagegen und damit auch gegen das Gebot des gesetzlichen Richters verstößt er, wenn er selbst in der Sache entscheidet und zugleich die Beschwerde zulässt. Der angefochtene Beschluss ist dann wegen fehlerhafter Besetzung des Beschwerdegerichts aufzuheben und der Vorgang zurückzuverweisen,[62] und zwar **an den Einzelrichter**, nicht an das Kollegium.[63]   107

Die Aufhebung und Zurückverweisung kann noch durch rechtzeitige Einlegung einer **Gegenvorstellung** verhindert werden, in der auf den Verstoß gegen Art. 101 Abs. 1 S. 2 GG hingewiesen wird. Dann hat der Einzelrichter die Möglichkeit, seinen Beschluss vor Abgabe der Sache an das Beschwerdegericht aufzuheben und die Sache **dem Kollegium** zur Entscheidung zu übertragen.[64] Dieses Vorgehen entspricht BGHZ 150, 133. Danach können Gehörsverletzungen im Beschlussverfahren immer mit der Gegenvorstellung gerügt werden. Bei begründeter Rüge ist das Gericht ohne Bindung an seine Entscheidung zur Selbstabhilfe befugt (siehe Rdn 91 ff.).   108

Der Einzelrichter muss immer nach **seiner** Fallbeurteilung entscheiden. Er darf sich nicht beim Kollegium informieren, wie er verfahren soll, und zulassen, weil grundsätzliche Bedeutung zwar nicht nach seiner Meinung, wohl nach der des Kollegiums anzunehmen sei.[65]   109

In diesem Zusammenhang stellt sich eine weitere Frage. Nach Abs. 4 S. 4 ist die Nichtzulassung unanfechtbar (siehe Rdn 144 f.). Einfachrechtlich hat der Antragsteller daher keine Möglichkeit, sich gegen eine Verkennung der grundsätzlichen Bedeutung als Zulassungsgrund zu wehren. Es bleibt nur die **Verfassungsbeschwerde**.[66] Dazu liegt Rechtsprechung des Bundesverfassungsgerichts vor: 110

„Ist ein Gericht kraft Gesetzes verpflichtet, bei Abweichung von der Entscheidung eines anderen Gerichts oder wegen der grundsätzlichen Bedeutung des Falles ein Rechtsmittel zuzulassen oder die Sache einem höheren Gericht zur Entscheidung vorzulegen, dann geht es um den gesetzlichen Richter (Art. 101 Abs. 1 S. 2 GG). Dieses Grundrecht wird verletzt, wenn ein Gericht gegen eine Zulassungs- oder Vorlagepflicht verstößt.[67] Es stellt daher eine nicht zu rechtfertigende Verkehrung des Gesetzeszweckes dar, wenn dieses Verfahren ausgespart wird und das Landgericht Fragen von grundsätzlicher Bedeutung ohne Zulassung der weiteren Beschwerde selbst entscheidet."[68]

---

61 OLG Celle NJW 2003, 367; OLG Hamburg MDR 2003, 830.
62 BGH Rpfleger 2003, 374 m. Anm. *Abramenko* = NJW 2003, 2884 = MDR 2003, 588 = FamRZ 2003, 669 = NZI 2003, 399 m. Anm. *Foelsch*; BGH FamRZ 2003, 748.
63 BGH Rpfleger 2003, 448 = MDR 2003, 949 = NJW-RR 2003, 916.
64 OLG Hamburg MDR 2003, 1371 m. Anm. *Schütt*.
65 BGH WuM 2003, 708.
66 Siehe dazu *E. Schneider*, MDR 2000, 10 und 1408.
67 BVerfGE 42, 241; BVerfGE 76, 93; BVerfGE 82, 6; BVerfG WuM 1998, 657; NJW-RR 1999, 519.
68 BVerfGE 82, 18; ebenso BVerfGK 2, 202.

111 Einen Verstoß gegen Art. 103 Abs. 1 S. 2 GG nimmt das BVerfG allerdings nur an, wenn ein Gericht die Verpflichtung zur Vorlage an ein anderes Gericht **willkürlich** außer Acht lässt.[69] Das ist eine äußerst fragwürdige Einschränkung, da in Art. 103 Abs. 1 S. 2 GG vom „gesetzlichen" und nicht vom „willkürlichen" Richter die Rede ist. Mit der Willkürformel des BVerfG ist der Kontrollmaßstab ohne gesetzliche Ermächtigung zu Lasten des Betroffenen mit dem Ziel reduziert worden, sie von der Einlegung von Verfassungsbeschwerden abzuhalten.[70]

112 Der Anwalt sollte rechtzeitig auf die grundsätzliche Bedeutung einer Sache hinweisen und die Zulassung der weiteren Beschwerde beantragen. Damit zwingt er das Beschwerdegericht, sich mit dieser Frage auseinander zu setzen. Geht das Gericht nicht darauf ein, dann setzt es sich dem Vorwurf des willkürlichen Übergehens der grundsätzlichen Bedeutung aus. So vorzugehen, hat zum Erfolg einer Verfassungsbeschwerde geführt:[71]

„... eine unter keinem Gesichtspunkt vertretbare und damit willkürliche Verletzung der Vorlagepflicht, zumal die Entscheidungsgründe nicht erkennen lassen, warum das Landgericht von der gebotenen Vorlage Abstand genommen hat," obwohl **„die Beschwerdeführerinnen ausdrücklich auf den Rechtsentscheid ... Bezug genommen" haben.**

IX. Beschwerdefrist (Abs. 3 S. 3; Abs. 5)

113 Abweichend von § 68 Abs. 1 S. 3 GKG; § 59 Abs. 1 S. 3 FamGKG, § 81 Abs. 2 GNotKG, aber übereinstimmend mit § 10 Abs. 3 S. 3 BRAGO ist die Beschwerde befristet. Sie muss innerhalb von **zwei Wochen ab Zustellung** des Festsetzungsbeschlusses eingelegt werden (Abs. 3 S. 3). Eine formlose Mitteilung setzt die Frist nicht in Gang.[72]

114 Geht es um eine **Entscheidung des Rechtspflegers** (siehe Rdn 45), dann ergibt sich der zulässige Rechtsbehelf aus § 11 Abs. 1 und 2 RPflG: sofortige (befristete) Beschwerde, wie sie auch gegeben wäre, falls ein Richter entschieden hätte; anderenfalls sofortige (befristete) Erinnerung.

> **§ 11 RPflG Rechtsbehelfe**
>
> (1) ¹Gegen die Entscheidungen des Rechtspflegers ist das Rechtsmittel gegeben, das nach den allgemeinen verfahrensrechtlichen Vorschriften zulässig ist.
>
> (2) ¹Kann gegen die Entscheidung nach den allgemeinen verfahrensrechtlichen Vorschriften ein Rechtsmittel nicht eingelegt werden, so findet die Erinnerung statt, die innerhalb einer Frist von zwei Wochen einzulegen ist. ²Hat der Erinnerungsführer die Frist ohne sein Verschulden nicht eingehalten, ist ihm auf Antrag Wiedereinsetzung in den vorigen Stand zu gewähren, wenn er die Erinnerung binnen zwei Wochen nach der Beseitigung des Hindernisses einlegt und die Tatsachen, welche die Wiedereinsetzung begründen, glaubhaft macht. ³Ein Fehlen des Verschuldens wird vermutet, wenn eine Rechtsbehelfsbelehrung unterblieben oder fehlerhaft ist. ⁴Die Wiedereinsetzung kann nach Ablauf eines Jahres, von dem Ende der versäumten Frist an gerechnet, nicht mehr beantragt werden. ⁵Der Rechtspfleger kann der Erinnerung abhelfen. ⁶Erinnerungen, denen er nicht abhilft, legt er dem Richter zur Entscheidung vor. ⁷Auf die Erinnerung sind im Übrigen die Vorschriften der Zivilprozessordnung über die sofortige Beschwerde sinngemäß anzuwenden.
>
> (3) ¹Gerichtliche Verfügungen, Beschlüsse oder Zeugnisse, die nach den Vorschriften der Grundbuchordnung, der Schiffsregisterordnung oder des Gesetzes über das Verfahren in Familiensachen und in den Angelegenheiten der freiwilligen Gerichtsbarkeit wirksam geworden sind und nicht mehr geändert werden können, sind mit der Erinnerung nicht anfechtbar. ²Die Erinnerung ist ferner in den Fällen der §§ 694, 700 der Zivilprozeßordnung und gegen die Entscheidungen über die Gewährung eines Stimmrechts (§ 77 der Insolvenzordnung) ausgeschlossen.
>
> (4) ¹Das Erinnerungsverfahren ist gerichtsgebührenfrei.

115 Von einer bezifferten Beschwer sieht die Rechtsprechung ab, wenn das Erstgericht die Wertfestsetzung unter Verstoß gegen Verfahrensrecht abgelehnt hat (**abgelehnte Sachentscheidung**),[73] etwa weil es die Zulässigkeit des Antrags versehentlich oder irrig verneint hat.[74]

---

[69] BVerfGE 76, 93.
[70] v. Mangoldt/Klein/Starck/Classen, Das Bonner Grundgesetz, 5. Aufl. 2005, Art. 101 Rn 31 f.; siehe auch Gusy, FS 50 Jahre Bundesverfassungsgericht, 2001, Bd. I, S. 657 ff.
[71] BVerfGE 76, 97.
[72] OLG Koblenz FamRZ 2004, 208.
[73] KG NJW 1966, 1369 = JurBüro 1966, 218.
[74] OLG Frankfurt JurBüro 1975, 660; AnwBl 1980, 70; OLG Köln NJW-RR 2000, 1111.

Die Zwei-Wochen-Frist des Abs. 3 S. 3 ist nicht als Notfrist bezeichnet worden, so dass § 233 ZPO nicht anwendbar ist. Deshalb bedurfte es einer eigenen **Wiedereinsetzungsregelung**. Sie ist in Abs. 5 enthalten. Durch die Regelung ist mit Wirkung zum 1.1.2014 klargestellt worden, dass die Versäumung der Rechtsbehelfsfrist auch dann als unverschuldet gilt, wenn die Belehrung nach § 12c RechtsbehG unterblieben bzw. fehlerhaft gewesen ist. Die damit einhergehende neue Regelung einer Belehrungspflicht über die Rechtsschutzmöglichkeiten in Kostensachen soll den Rechtsschutz für den Beteiligten noch wirkungsvoller gestalten. Dazu soll die Belehrungspflicht umfassend für Kostenrechnungen und jede anfechtbare kostenrechtliche Entscheidung gelten, unabhängig davon, ob sie als gerichtliche Entscheidung im Beschlusswege erfolgt oder in sonstiger Weise. Die Beschwerde gegen einen Beschluss, der den Streitwert festsetzt, ist ein fristgebundener Rechtsbehelf (Abs. 3 S. 3). Für das Kostenrecht soll – wie im Verfahrensrecht – für Fälle der Fristversäumnis bei unterlassener bzw. fehlerhafter Rechtsbehelfsbelehrung die „Wiedereinsetzungslösung" gewählt werden, um einerseits die Rechtskraft kostenrechtlicher Maßnahmen nicht unnötig hinauszuzögern, andererseits aber einen effektiven Rechtsschutz zu gewährleisten. Deshalb gilt die gesetzliche Vermutung, nach der die unterlassene bzw. fehlerhafte Rechtsbehelfsbelehrung ursächlich für ein Fristversäumnis ist. 116

Die Bezugnahme in Abs. 5 S. 7 auf Abs. 4 S. 1 bis 3 betrifft das Abhilfeverfahren und die Zuständigkeiten. 117

Beruht die Entscheidung des Erstgerichts auf einem Verstoß gegen ein Verfahrensgrundrecht, dann gibt es dagegen auch die **Gegenvorstellung mit Abhilfebefugnis** des Instanzgerichts.[75] Diese Regelung ersetzt nach neuer, aber umstrittener Rechtsprechung die frühere Ausnahmebeschwerde wegen greifbarer Gesetzwidrigkeit (näher siehe Rdn 91 ff.). 118

Mit der Gegenvorstellung kann die Verletzung des Anspruchs auf Gewährung rechtlichen Gehörs nicht gerügt werden. Insoweit kommt die Rüge nach § 12a in Betracht. 119

Für die Praxis ist damit nichts gewonnen, weil es nicht zu einer objektiven Fehlerkontrolle kommt. Derjenige Richter, der gegen ein Verfahrensgrundrecht verstoßen hat, soll das einräumen und sich selbst berichtigen. Die Bereitschaft dazu fehlt ganz überwiegend, wie es auch die auf Aktenauswertung beruhende Untersuchung von *Vollkommer* gezeigt hat.[76] Bei der Ausnahmebeschwerde wegen greifbarer Gesetzwidrigkeit hingegen war ein übergeordnetes, also objektiveres Gericht, für die Fehlerkontrolle zuständig. Der Ersatz der Ausnahmebeschwerde durch die Gegenvorstellung ist daher rechtsstaatlich ein Verlust. 120

X. Abhilfe durch das Erstgericht (Abs. 4 S. 1)

1. Selbstkontrolle

Sinn und Zweck der Abhilfeprüfung ist es, die Kosten verursachende und zeitraubende Befassung des Beschwerdegerichts mit der Sache selbst zu vermeiden. Deshalb **muss** das Untergericht nach Eingang der Beschwerde seine Entscheidung überprüfen. Erkennt es dabei, dass ihm ein Fehler unterlaufen ist, dann **muss** es sie abändern. Ein Verstoß gegen diese Prüfungspflicht ist ein Verfahrensmangel, der zur Aufhebung und Zurückverweisung führen kann.[77] 121

2. Abänderungsbefugnis

Die Abänderungsbefugnis hängt nur vom **Eingang** der Beschwerde ab, nicht von deren Zulässigkeit. Über diese hat nur das Beschwerdegericht zu befinden.[78] Das Untergericht darf sich daher der erneuten Überprüfung seines Beschlusses nicht mit der vorgeschobenen Begründung entziehen, es fehle eine Zulässigkeitsvoraussetzung, beispielsweise die nach Abs. 3 S. 1 erforderliche Beschwer. Es muss allerdings in diesem Fall den Beschwerdeführer auf die Unzulässigkeit der Beschwerde 122

---

[75] BGHZ 150, 133.
[76] FS Musielak, 2004, S. 619 ff.
[77] OLG Hamm MDR 1988, 871; MDR 2004, 412; OLG München MDR 2004, 291; OLG Nürnberg MDR 2004, 169.

[78] OLG Nürnberg JurBüro 1962, 359.

hinweisen und ihm Gelegenheit geben, das Rechtsmittel zurückzunehmen. Geht die Partei darauf nicht ein, dann ist die Sache dem Beschwerdegericht vorzulegen.

123 Abhilfeberechtigt – und dann auch dazu verpflichtet – ist das Gericht nur, solange die Sache noch bei ihm schwebt. Hat es sie dem Beschwerdegericht vorgelegt, dann entfällt die Abhilfebefugnis.[79] Weitere Schriftsätze sind fortan unmittelbar beim Beschwerdegericht einzureichen oder diesem vom Untergericht nachzureichen.

3. Begründungszwang

124 Die **Nichtabhilfeentscheidung** ergeht in der Form eines Beschlusses. Er ist zu **begründen**, es sei denn, dass er sich ausschließlich auf die Gründe des angefochtenen Beschlusses stützt. Dann genügt eine Bezugnahme darauf. In diesem Fall wird dem Beschwerdegericht häufig in der Form einer **Verfügung** vorgelegt.

125 **Unterbleibt** eine gebotene Begründung des Nichtabhilfebeschlusses, dann kann das Beschwerdegericht ihn aufheben und die Sache zur erneuten Beschlussfassung und Begründung zurückverweisen.[80]

126 War der angefochtene Beschluss **nicht oder nicht erschöpfend** begründet, hält das Untergericht aber an seinem Ergebnis fest, dann kann diese Begründungslücke im Nichtabhilfebeschluss geschlossen werden. Ebenso darf das unveränderte Beschlussergebnis mit **zusätzlichen Erwägungen** begründet und gestützt werden.

4. Neue Beschwer

127 Der Abhilfebeschluss kann unter Umständen für den Gegner des Beschwerdeführers eine **Beschwer** schaffen, wenn die Abhilfeprüfung ganz oder teilweise zu seinen Ungunsten ausfällt. Der Gegner kann dann eine eigene Beschwerde oder Anschlussbeschwerde einlegen.

128 Hat das Erstgericht einer Beschwerde **teilweise abgeholfen** und legt daraufhin die andere Partei gegen den Abhilfebeschluss Beschwerde ein, dann ist das Beschwerdegericht mit **zwei Beschwerden** befasst. Darüber kann in einem einzigen Beschluss entschieden werden.

129 Umstritten ist, ob **Teilabhilfe** eine Beschwerde unzulässig macht, wenn dadurch der Wert des Beschwerdegegenstandes von mehr als 200 EUR (Abs. 3 S. 1) nicht mehr erreicht wird.[81] Praktische Erwägungen sprechen dafür, dass es bei Teilabhilfe auf die verbleibende Beschwer ankommt. Das Verfahren ist deshalb so zu behandeln, wie wenn das Erstgericht von vornherein die nach seiner Auffassung richtige Bewertung vertreten und entsprechend entschieden hätte. Dann wäre dem Beschwerdeführer die Beschwerdeinstanz verschlossen gewesen. Es besteht kein zureichender Grund dafür, sie ihm nur deshalb zu eröffnen, weil das Erstgericht einen von ihm im Nachhinein erkannten Fehler berichtigt hat (aber str.). Vorgelegt werden muss aber, weil nur das Beschwerdegericht über die Zulässigkeit zu entscheiden hat.

5. Neues Vorbringen

130 Auch neues Vorbringen muss berücksichtigt werden.[82] Sind dafür Beweismittel vorgelegt oder Beweise angetreten, dann muss bei Erheblichkeit des Vorbringens noch im Abhilfeverfahren Beweis erhoben werden. Anderenfalls wird der Anspruch auf Gewährung rechtlichen Gehörs (Art. 103 Abs. 1 GG) verletzt. Neues Vorbringen ist aber unter den Voraussetzungen des § 571 Abs. 3 ZPO präkludiert.

131 Führt die Überprüfung durch das Untergericht zur **Ergänzung** der Begründung oder auch zu deren **Auswechseln**, dann handelt es sich nicht um eine neue Erstentscheidung, sondern nur um eine

---

[79] LAG Nürnberg LAGE ArbGG § 12 Nr. 74, S. 3.
[80] OLG Hamburg MDR 1988, 871; MDR 2004, 412; OLG München MDR 2004, 291; OLG Nürnberg MDR 2004, 169; KG Magazindienst 2013, 424 = MarkenR 2013, 127 = WRP 2013, 699.
[81] Siehe etwa OLG Frankfurt Rpfleger 1988, 30; OLG Düsseldorf JurBüro 1987, 1260.
[82] OLG Brandenburg FamRZ 2004, 653.

Entscheidung **im Abhilfeverfahren**. Anderenfalls käme man zu dem Ergebnis, dass nunmehr zwei beschwerdefähige Beschlüsse erlassen und folglich auch zwei Beschwerdeverfahren in Gang gesetzt worden wären.

Sieht das Gericht neues tatsächliches Vorbringen des Beschwerdeführers als unerheblich an, dann muss es im Nichtabhilfebeschluss darauf eingehen. Nur so können die Parteien und das Beschwerdegericht erkennen, warum das Untergericht trotz der neuen Gründe bei seiner Entscheidung geblieben ist.[83]

132

6. Vorlagepflicht

Hilft das Untergericht nicht ab, so muss es die Sache **unverzüglich** dem Beschwerdegericht vorlegen. Das bedeutet nach der Legaldefinition in § 121 Abs. 1 S. 1 BGB „ohne schuldhaftes Zögern". Eine Verzögerung kann aber erst dann eintreten, wenn das Gericht die ihm obliegende Überprüfung seiner Entscheidung abgeschlossen hat.[84]

133

Ungeachtet dessen hat die Weisung „unverzüglich" keine praktische Bedeutung, da sie **keine Sanktionen** auslöst. In Betracht kommt allenfalls bei nicht mehr nachvollziehbarem Zeitablauf eine Untätigkeitsbeschwerde (siehe Rdn 94).

134

7. Rechtliches Gehör

Stets muss die im Nichtabhilfeverfahren getroffene Entscheidung den Parteien **bekanntgegeben** werden. Die Kenntnis der zusätzlichen oder neuen Begründung kann für ihr weiteres Vorbringen im Beschwerderechtszug von Bedeutung sein.

135

Der Nichtabhilfebeschluss muss den Parteien nicht zugestellt werden, da er keine Frist in Lauf setzt; **formlose Mitteilung** reicht aus (§ 329 Abs. 2 ZPO).

136

Die Bekanntgabe ist auch erforderlich, wenn sich der Nichtabhilfebeschluss in der Bezugnahme auf die Begründung des angefochtenen Beschlusses erschöpft. Das gebietet das verfassungsrechtliche Gebot der Gewährung rechtlichen Gehörs. **Jede Partei muss jederzeit über den Stand des Verfahrens unterrichtet sein.** Deshalb hat jede ein schutzwürdiges Interesse daran, alsbald zu erfahren, **dass** und **wann** und **warum** das Untergericht die Vorlage an das Beschwerdegericht beschlossen hat. Nur so sind die Parteien in der Lage, gegenüber dem Erstgericht oder gegenüber dem Beschwerdegericht zu rügen, das Erstgericht habe sich mit dem Parteivorbringen nicht oder nicht vollständig befasst.

137

Davon abgesehen, sprechen auch prozessökonomische Gründe für die lückenlose Information der Parteien. Dadurch wird verhindert, dass sie in Unkenntnis des Vorlegungsbeschlusses weiterhin ihre Schriftsätze an die erste Instanz richten, die sie dann an das Beschwerdegericht weiterzuleiten hat. Das führt nur zu Verzögerungen.

138

XI. Zuständigkeit (Abs. 4 S. 2 bis 4)

Beschwerdegericht ist das LG, wenn eine Wertfestsetzung des Amtsgerichts angegriffen wird, das OLG, wenn das LG erstinstanzlich entschieden hat.

139

Unabhängig von diesem Instanzenzug ist das OLG immer zuständig, wenn die Beschwerde eine Entscheidung des **Familiengerichts** betrifft (§§ 119 Abs. 1 Nr. 1 Buchst. a, Abs. 2; 23b GVG).

140

Eine **weitere ausschließliche Zuständigkeit** des OLG besteht nach § 119 Abs. 1 Nr. 1 Buchst. b GVG:

141

---

83 OLG Köln FamRZ 1986, 487.
84 OLG Frankfurt NJW 1968, 57; OLG Hamm Rpfleger 1986, 483.

§ 119 GVG

(1) ¹Die Oberlandesgerichte sind in Zivilsachen zuständig für die Verhandlung und Entscheidung über die Rechtsmittel:
1. der Beschwerde gegen Entscheidungen der Amtsgerichte
   a) in den von den Familiengerichten entschiedenen Sachen;
   b) in den Angelegenheiten der freiwilligen Gerichtsbarkeit mit Ausnahme der Freiheitsentziehungssachen und der von den Betreuungsgerichten entschiedenen Sachen;
2. ...

(2) ...

142 Der **BGH** ist im Verfahren der Wertfestsetzung für die Rechtsanwaltsgebühren niemals zuständig. Auch eine Ausnahmebeschwerde wegen greifbarer Gesetzwidrigkeit ist ausgeschlossen.[85] Wird gleichwohl gegen eine Wertfestsetzung des OLG eine unzulässige Beschwerde eingelegt, dann besteht keine Vorlagepflicht an den BGH. Das OLG darf diese Beschwerde selbst verwerfen.[86] Besteht der Beschwerdeführer allerdings auf einer Vorlage der Beschwerde an den BGH, dann wird diesem grundsätzlich vorzulegen sein,[87] ohne dass es aber einer Nichtabhilfeentscheidung bedarf.[88]

143 Die Bindung des Beschwerdegerichts an die Zulassung kann entfallen, wenn die Vorinstanz gegen das Gebot der Gewährung des gesetzlichen Richters (Art. 101 Abs. 1 S. 2 GG) verstoßen hat (siehe dazu Rdn 175 ff.).

144 Die **Nichtzulassung** ist **unanfechtbar**. In Betracht kommt jedoch bei Verstößen gegen Verfahrensgrundrechte, insbesondere bei Gehörsverletzungen (Art. 103 Abs. 1 S. 1 GG), eine **Gegenvorstellung** (siehe § 32 Rdn 240).

145 Lehnt man deren Zulässigkeit ab oder bleibt sie zu Unrecht erfolglos, dann gibt es nur noch die **Verfassungsbeschwerde** (siehe Rdn 110). Sie ist aber angesichts der restriktiven Annahmepraxis des Bundesverfassungsgerichts so gut wie aussichtslos.

146 Der auf die Beschwerde hin ergehende Beschluss wird mit seinem Erlass **rechtskräftig**. Er bindet dann in allen weiteren Verfahren, in denen die Wertfestsetzung Berechnungsgrundlage ist: Kostenfestsetzung nach §§ 103 ff. ZPO; Vergütungsfestsetzung nach § 11; Vergütungsberechnung für den PKH- bzw. VKH-Anwalt (§ 45 Abs. 1); in einem nachfolgenden Honorarprozess (siehe dazu § 32 Rdn 135 ff.).

XII. Weitere Beschwerde (Abs. 6)

1. Verfahren

147 Die weitere Beschwerde ist als **Rechtsbeschwerde** ausgestaltet, wie sich aus der Bezugnahme in § 33 Abs. 6 auf die §§ 546, 547 ZPO ergibt.

148 In Betracht kommt sie nur, wenn das LG **als Beschwerdegericht** entschieden hat. Das folgt aus dem dreistufigen Instanzenzug: AG – LG – OLG. Das Gericht der weiteren Beschwerde kann wegen der fehlenden Zuständigkeit oberster Bundesgerichte (§ 33 Abs. 3 S. 2) (siehe Rdn 142) nur ein OLG sein.

149 Eine weitere Beschwerde ist nur gegeben, wenn das LG sie wegen der **grundsätzlichen Bedeutung** der zur Entscheidung stehenden Frage in seinem Beschluss **zugelassen** hat (zu dieser Zulässigkeitsvoraussetzung siehe Rdn 95 ff.).

150 Das OLG ist an die Zulassung gebunden, wie sich aus der Bezugnahme in Abs. 6 S. 3 auf Abs. 4 S. 4 ergibt. Darin erschöpft sich seine Bindung. Es entscheidet über die ihm vorgelegte Rechtsfrage **völlig unabhängig** von der Beurteilung des LG.

151 Auch die weitere Beschwerde ist **fristgebunden** und wiedereinsetzungsfähig (Verweis in Abs. 6 S. 4 auf Abs. 3 S. 3 und Abs. 5) (siehe dazu Rdn 113 ff.).

---

[85] BGHZ 150, 133.
[86] BGH LM ZPO § 567 Nr. 2; OLG Zweibrücken FamRZ 1984, 1031.
[87] OLG Köln Rpfleger 1975, 67.
[88] OLG Düsseldorf NJW 1981, 352.

Abschnitt 4. Gegenstandswert § 33

Der Vorlage an das OLG muss ein **Abhilfeverfahren** vorausgehen (Verweis in § 33 Abs. 6 S. 4 auf Abs. 4 S. 1) (siehe dazu Rdn 121). 152

2. Prüfungsgegenstand

Das Gericht der weiteren Beschwerde überprüft nicht die tatsächlichen Feststellungen der Vorinstanz und erhebt auch keine Beweise. Deshalb ist seine Prüfungskompetenz auf **Rechtsfragen** beschränkt. Die Grenzen des Prüfungsrechts des Gerichts der weiteren Beschwerde werden durch die §§ 546, 547 ZPO gezogen. 153

3. Rechtsnormen

§ 546 ZPO Begriff der Rechtsverletzung 154

Das Recht ist verletzt, wenn eine Rechtsnorm nicht oder nicht richtig angewendet worden ist.

Unerheblich ist, ob das verletzte Gesetz (terminologisch gleichbedeutend mit „Rechtsnorm", siehe § 12 EGZPO) dem materiellen Recht oder dem Verfahrensrecht zuzuordnen ist. 155

Das richterliche Verhalten im vorangegangenen Verfahren ist für § 546 ZPO unerheblich. Deshalb ist die Rüge der aktenwidrigen Entscheidung unbeachtlich,[89] es sei denn, dass damit zugleich ein Rechtsverstoß verbunden ist. 156

4. Normengleiche Regelungen

Auch rechtsgeschäftliche Bestimmungen sind keine Rechtsnormen. Sie und Allgemeine Geschäftsbedingungen werden aber, wie Rechtsnormen behandelt, wenn ihr Geltungsbereich über den Bezirk des Beschwerdegerichts hinausreicht.[90] 157

Entsprechend werden typische Erklärungssachverhalte wie etwa Satzungen von Kapitalgesellschaften,[91] Vereinssatzungen,[92] Stiftungssatzungen und Stiftungsurkunden[93] oder Gesellschaftsverträge von Kapital- und Publikumsgesellschaften[94] behandelt. Darin enthaltene individualrechtliche Bestimmungen bleiben unberücksichtigt.[95] 158

5. Rechts- und Tatfrage

Es ist zwischen der Rechtsfrage und der Tatfrage zu unterscheiden. Das Gericht der weiteren Beschwerde ist nur mit der Rechtsfrage befasst. 159

Angriffe auf die **Beweiswürdigung** des Beschwerdegerichts sind unbeachtlich. Beweisfehler können nur darauf gestützt werden, dass bei der Beweiswürdigung gegen Rechtsnormen verstoßen worden ist, etwa gegen § 286 ZPO oder gegen das Gebot der Amtsaufklärung. Infolge dieser Prüfungsbeschränkung ist es verfehlt, eine weitere Beschwerde mit neuen Behauptungen oder gar neuen Beweismitteln zu stützen. Das Beschwerdegericht beachtet ein solches Vorbringen nicht. 160

Rechtsfehlerhaft ist es stets, wenn das Gericht seine Entscheidung auf einen **„allgemeinen Erfahrungssatz"** stützt, den es nicht gibt. Darin liegt ein Verstoß gegen **§ 286 Abs. 2 ZPO**, weil das auf die Anwendung einer nicht im Gesetz bezeichneten Beweisregel hinausläuft.[96] 161

---

89 BGH VersR 1981, 622.
90 BGHZ 7, 368; BGHZ 112, 104.
91 BGHZ 14, 25; BGH MDR 1954, 734.
92 BGHZ 21, 370; BGHZ 47, 179.
93 BGH NJW 1957, 708.
94 BGHZ 64, 238.
95 BGHZ 9, 281; BGH MDR 1954, 734.
96 Siehe dazu *E. Schneider*, MDR 2001, 246.

6. Denkgesetze

162 Zu den rügefähigen Gesetzesverletzungen gehören auch Verstöße gegen die Denkgesetze,[97] etwa Rechenfehler,[98] oder wenn eine Beweiswürdigung in sich widersprüchlich ist.[99] Ein **fehlerhafter Schluss aus einer Rechtsnorm** ist gleichbedeutend damit, dass diese „nicht richtig angewendet worden ist" (§ 546 ZPO). Nicht richtig angewendet worden ist sie auch, wenn sie übersehen worden oder irrig als nicht einschlägig unberücksichtigt geblieben ist.

7. Auslegung

163 Die Auslegung rechtsgeschäftlicher Willenserklärungen obliegt dem Erstbeschwerdegericht. Das Gericht der weiteren Beschwerde ist auf die Prüfung beschränkt, ob die Vorinstanz dabei gegen eine Rechtsnorm verstoßen hat.[100]

> **Beispiel 1:**
> Gesetzliche Auslegungsvorschriften wie die §§ 133, 157 BGB sind nicht oder fehlerhaft angewandt worden.
>
> **Beispiel 2:**
> Das Beschwerdegericht hat bei der Auslegung nicht alle von ihm festgestellten Tatsachen berücksichtigt.

164 Die Auslegung prozessualer Willenserklärungen, etwa die Annahme eines Rechtsmittelverzichts wegen Begründungsverzichts, prüft das Gericht der weiteren Beschwerde uneingeschränkt.[101]

8. Wertungsbegriffe

165 **Unbestimmte Rechtsbegriffe** wie Treu und Glauben, gute Sitten, Zumutbarkeit, wichtiger Grund u. dgl. sind vom Gericht der weiteren Beschwerde nur begrenzt überprüfbar. Wegen der engen Verknüpfung solcher Wertungen mit der Tatfrage wird nur geprüft, ob die **Wertungsgrenzen** erkannt und eingehalten und ob alle **Bewertungsumstände** berücksichtigt worden sind.[102]

9. Ermessen

166 Ebenso verhält es sich bei der Nachprüfung vorinstanzlich ausgeübten Ermessens. Grundsätzlich hat sich das Gericht der weiteren Beschwerde nicht damit zu befassen.[103] Zu prüfen hat es aber, ob die **Voraussetzungen der Ermessensausübung** beachtet, die **Grenzen** der Ermessensausübung eingehalten und alle beachtlichen **Bewertungsumstände** berücksichtigt worden sind.[104]

10. Beruhen

167 Das Gesetz ist nur verletzt, wenn die angefochtene Entscheidung darauf „beruht". Um das zu klären, muss das Gericht der weiteren Beschwerde die **vorinstanzliche Subsumtion** überprüfen. Führt die Kontrolle des „Justizsyllogismus"[105] zu dem Ergebnis, dass es für die Entscheidung nicht auf die vom Beschwerdegericht als grundsätzlich bewertete Rechtsfrage ankommt, dann hat das Gericht der weiteren Beschwerde darüber zu entscheiden. Alles, was aus der Begründung der angefochtenen Entscheidung hinweggedacht werden kann, ohne dass sich am Ergebnis etwas ändert, gehört zu den unbeachtlichen „beiläufigen Bemerkungen" (obiter dicta).

---

[97] BGH NJW-RR 1990, 455; NJW 1992, 1967; *Klug*, FS Möhring, 1965, S. 363.
[98] BAG AP § 561 ZPO Nr. 1; OLG Koblenz MDR 1994, 99 = OLGZ 1994, 221.
[99] BGH NJW-RR 1992, 920.
[100] BGHZ 24, 19, 41.
[101] BGHZ 4, 334 f.; BGHZ 22, 288; BGH VersR 1979, 373; VersR 1990, 1134.
[102] BGHZ 4, 108; BGH NJW 1971, 957.
[103] BGH MDR 1982, 653.
[104] BGHZ 23, 183; BGH WPM 1981, 799.
[105] Siehe dazu *E. Schneider*, Logik für Juristen, § 33.

11. Schriftsatzkontrolle

Ein Anwalt, der eine weitere Beschwerde einlegt, hat sorgfältig auf diese Unterscheidungen zu achten und seinen Schriftsatz insbesondere genau daraufhin durchsehen, ob und inwieweit er sich lediglich gegen tatsächliche Feststellungen des Beschwerdegerichts wendet. Jede Rüge ist auf die Verletzung einer konkreten Rechtsnorm zurückzuführen. Nur so ist die Erfolgsaussicht einer weiteren Beschwerde berechenbar. 168

12. Absolute Beschwerdegründe

§ 547 ZPO Absolute Revisionsgründe 169

¹Eine Entscheidung ist stets als auf einer Verletzung des Rechts beruhend anzusehen,
1. wenn das erkennende Gericht nicht vorschriftsmäßig besetzt war;
2. wenn bei der Entscheidung ein Richter mitgewirkt hat, der von der Ausübung des Richteramts kraft Gesetzes ausgeschlossen war, sofern nicht dieses Hindernis mittels eines Ablehnungsgesuchs ohne Erfolg geltend gemacht ist;
3. wenn bei der Entscheidung ein Richter mitgewirkt hat, obgleich er wegen Besorgnis der Befangenheit abgelehnt und das Ablehnungsgesuch für begründet erklärt war;
4. wenn eine Partei in dem Verfahren nicht nach Vorschrift der Gesetze vertreten war, sofern sie nicht die Prozessführung ausdrücklich oder stillschweigend genehmigt hat;
5. wenn die Entscheidung auf Grund einer mündlichen Verhandlung ergangen ist, bei der die Vorschriften über die Öffentlichkeit des Verfahrens verletzt sind;
6. wenn die Entscheidung entgegen den Bestimmungen dieses Gesetzes nicht mit Gründen versehen ist.

Bei dieser durch Abs. 6 S. 2 in Bezug genommenen Vorschrift handelt es sich um **absolute Beschwerdegründe**. Kraft Gesetzes muss das Gericht der weiteren Beschwerde davon ausgehen, dass die angefochtene Entscheidung auf einer Gesetzesverletzung beruht, wenn einer der Tatbestände des § 547 ZPO festgestellt wird. 170

Für die Praxis von besonderer Bedeutung ist § 547 Nr. 6 ZPO zum **Fehlen von Gründen**. Dazu reicht es nicht aus, dass die Beschlussgründe unrichtig, unzureichend oder unvollständig sind.[106] Wohl muss sich die Begründung auf das entscheidungserhebliche Vorbringen des Beschwerdevorbringens erstrecken.[107] Eine lückenhafte Begründung der Entscheidungsgrundlage kann dem völligen Fehlen einer Begründung gleichstehen.[108] 171

XIII. Einlegung der Beschwerde (Abs. 7)

Da Beschwerden und sonstige Eingaben zu Protokoll der Geschäftsstelle eingelegt werden können, bestehen nach § 78 Abs. 3 ZPO kein Anwaltszwang und kein Postulationszwang.[109] 172

Nach § 128a ZPO ist es im Zivilprozess zulässig, im Einverständnis mit den Parteien oder Beteiligten die Verhandlung im Wege der Bild- und Tonübertragung durchzuführen. Im Zusammenhang mit dieser Regelung sind durch das Gesetz zur Anpassung der Formvorschriften des Privatrechts und anderer Vorschriften an den modernen Rechtsgeschäftsverkehr vom 18.7.2001[110] Anpassungsvorschriften erlassen worden, darunter auch § 130a ZPO über elektronische Dokumente. Diese Erleichterung gilt auch im Wertfestsetzungsverfahren. Anträge und Erklärungen können in der Form elektronischer Dokumente eingereicht werden, wenn die Aufzeichnung für die Bearbeitung durch das Gericht geeignet ist. 173

XIV. Einzelrichter-Zuständigkeit (Abs. 8)

Hinsichtlich der primären Zuständigkeit des Einzelrichters ergeben sich die gleichen praktischen Schwierigkeiten wie zu der nahezu wortgleichen Vorschrift des § 568 ZPO.[111] Auch unerfahrene 174

---

106 BGH WPM 1983, 600.
107 BGHZ 39, 337; BGH VersR 1979, 349.
108 BGHZ 39, 337; OLG Köln ZIP 2001, 1019.
109 *Wenzel*, DB 1977, 722.
110 Siehe *E. Schneider*, ZAP Fach 13, S. 1065.
111 Siehe dazu *E. Schneider*, Praxis der neuen ZPO, Rn 1104 ff.

und mit der Materie nicht oder nicht hinreichend vertraute Richter werden allein zuständig, um über die weitere Beschwerde zu entscheiden.

175 Hat die einzelne Rechtssache **grundsätzliche Bedeutung** (siehe dazu Rdn 96 f.), dann **muss** der Einzelrichter sie dem Kollegium übertragen. Unter dieser Voraussetzung ist er nicht mehr der gesetzliche Richter und verstößt gegen Art. 101 Abs. 1 S. 2 GG, wenn er von der Übertragung absieht.

176 Ebenso hat er zu verfahren, wenn eine Sache **besondere Schwierigkeiten** tatsächlicher oder rechtlicher Art aufweist. Allerdings kann er dadurch in seiner Entscheidung ebenso verunsichert werden wie der Richter, der aufgrund einer Gehörsrüge oder einer Gegenvorstellung einräumen soll, dass er fehlerhaft gearbeitet hat. Vermutlich wird sich daher nur selten ein Richter finden, der eine Sache mit der Begründung abgibt, sie überfordere in fachlich. Jedenfalls wird sich dazu ein junger, noch zur Beurteilung anstehender Richter nicht so leicht bereitfinden.

XV. Gebührenfreiheit und Kostenerstattungsausschluss (Abs. 9)

177 Die Gebührenfreiheit ist auf das **Antragsverfahren** (Abs. 1) beschränkt. Für das **Beschwerdeverfahren** und das Verfahren der **weiteren Beschwerde** richten sich die Gebühren nach Nr. 1812 GKG-KostVerz. oder Nr. 1912 FamGKG-KostVerz.:

> **GKG-KV Nr. 1812/FamGKG-KV Nr. 1912/GNotKG-KV Nr. 19116**
>
> Verfahren über nicht besonders aufgeführte Beschwerden, die nicht nach anderen Vorschriften gebührenfrei sind:
> Die Beschwerde wird verworfen oder zurückgewiesen   60,00 EUR
>
> Wird die Beschwerde nur teilweise verworfen oder zurückgewiesen, kann das Gericht die Gebühr nach billigem Ermessen auf die Hälfte ermäßigen oder bestimmen, dass eine Gebühr nicht zu erheben ist.

178 Weder im Antrags- noch im Beschwerdeverfahren werden Kosten erstattet. Die Beschlüsse sollten deshalb keine Kostenentscheidung enthalten.

179 Betreibt der Anwalt das Verfahren im eigenen Namen, dann hat er keinen Erstattungsschuldner. Die Frage, ob er eine Vergütung verdient hat und welche, stellt sich nicht.

180 Wird der Anwalt im Auftrag des Mandanten tätig oder beauftragt dieser einen anderen Anwalt damit, den Festsetzungsantrag seines früheren Anwalts abzuwehren, dann fallen Gebühren nach VV 3403 an. Sie berechnen sich nach dem Differenzbetrag zwischen der festgesetzten und der erstrebten Wertfestsetzung. Eine Erstattung dieser Kosten ist ebenfalls ausgeschlossen (§ 11 Abs. 1 S. 6).

Abschnitt 5
Außergerichtliche Beratung und Vertretung

§ 34 Beratung, Gutachten und Mediation

(1) ¹Für einen mündlichen oder schriftlichen Rat oder eine Auskunft (Beratung), die nicht mit einer anderen gebührenpflichtigen Tätigkeit zusammenhängen, für die Ausarbeitung eines schriftlichen Gutachtens und für die Tätigkeit als Mediator soll der Rechtsanwalt auf eine Gebührenvereinbarung hinwirken, soweit in Teil 2 Abschnitt 1 des Vergütungsverzeichnisses keine Gebühren bestimmt sind. ²Wenn keine Vereinbarung getroffen worden ist, erhält der Rechtsanwalt Gebühren nach den Vorschriften des bürgerlichen Rechts. ³Ist im Fall des Satzes 2 der Auftraggeber Verbraucher, beträgt die Gebühr für die Beratung oder für die Ausarbeitung eines schriftlichen Gutachtens jeweils höchstens 250 Euro; § 14 Abs. 1 gilt entsprechend; für ein erstes Beratungsgespräch beträgt die Gebühr jedoch höchstens 190 Euro.

(2) Wenn nichts anderes vereinbart ist, ist die Gebühr für die Beratung auf eine Gebühr für eine sonstige Tätigkeit, die mit der Beratung zusammenhängt, anzurechnen.

Literatur: *Baschek*, Abrechnung der außergerichtlichen Beratungstätigkeit nach dem 1.7.2006, KammerReport Hamm 5/2005, 11; *Breidenbach*, Mediation: Struktur, Chancen und Risiken von Vermittlung im Konflikt, 1995; *Büttner*, Freie Advokatur und staatliche Preisregulierung, in Henssler/Mattik/Nadler (Hrsg.), Festschrift für Felix Busse zum 65. Geb., 2006, S. 33 ff.; *Chemnitz*, Zur Abgrenzung von Beratung, Erstberatung und Geschäftstätigkeit, AGS 1995, 22; *ders.*, Anwaltsgebühren für Rechtsgutachten, AGS 1995, 57; *Ebert*, Anwaltsgebühren in der Mediation, in Bischof (Hrsg.), Festschrift für Wolfgang Madert zum 75. Geb., 2006, S. 67 ff.; *Enders*, RVG für Anfänger, 13. Aufl. 2006, Rn 472 ff.; *ders.*, Zum Übergang von der Erstberatung zur regulären Beratung, JurBüro 1998, 250; *ders.*, Anrechnung der vereinbarten Gebühr für eine Beratung, JurBüro 2006, 561; *Engels*, Die Grenze zwischen anwaltlicher Beratung und Geschäftsbesorgung, AnwBl 2008, 361; *Frense*, Fragen der Vergütung außergerichtlicher Tätigkeit nach RVG, Berliner Anwaltsblatt 2005, 293; *Haft/Schlieffen* (Hrsg.), Handbuch Mediation, 2002; *Hansens*, Abrechnung von Beratungsmandaten mit dem Auftraggeber und seiner Rechtsschutzversicherung ab 1.7.2006, RVGreport 2006, 121; *ders.*, Die Anrechnung der Beratungsgebühr nach § 34 Abs. 2 RVG, RVGreport 2007, 323; *ders.*, Erstattungsfähigkeit der Beratungsgebühr des § 34 Abs. 1 RVG für prozessbegleitende Beratung, RVGreport 2008, 245; *Henke*, Gelten die Formvorschriften des § 4 RVG für die Beratungsvergütung?, AnwBl 2006, 653; *Henssler*, Aktuelle Praxisfragen anwaltlicher Vergütungsvereinbarungen, NJW 2005, 1537; *Henssler/Koch* (Hrsg.), Mediation in der Anwaltspraxis, 2. Aufl. 2004; *Hergenröder*, Die Anwaltsgebühren des Mediationsverfahrens, AGS 2006, 361; *Hümmerich/Bieszk*, § 34 Abs. 1 Satz 3 RVG: Wann ist ein Mandant ein Verbraucher?, AnwBl 2006, 749; *Hinne/Klees/Teubel/Winkler*, Vereinbarungen mit Mandanten, 2006, Rn 108 ff.; *Jungbauer*, Vergütungsvereinbarungen nach dem RVG in Familiensachen, FPR 2005, 396; *Kilian*, Der Anwaltmediator, in Kilian/von Stein (Hrsg.), Praxishandbuch Anwaltskanzlei und Notariat, 2005, § 33; *ders.*, Deregulierung des anwaltlichen Vergütungsrechts im Bereich Beratung und Begutachtung, BB 2006, 1509; *ders.*, Die übliche Vergütung von Rechtsanwälten i.S.v. §§ 612 Abs. 2, 632 Abs. 2 BGB, MDR 2008, 780; *Mähler/Mähler*, Außergerichtliche Streitbeilegung – Mediation, in Büchting/Heussen (Hrsg.), Beck'sches Rechtsanwalts-Handbuch, 9. Aufl. 2007, B 5; *Mümmler*, Gebühr für die außergerichtliche Tätigkeit des Anwalts bei der Fertigung von Vertragsentwürfen, JurBüro 1978, 496; *Risse*, Wirtschaftsmediation, 2003; *Rüssel/Sensburg*, Vergütungsvereinbarungen für die Durchführung von Mediationsverfahren nach der Neuregelung des RVG zum 1.7.2006, SchiedsVZ 2006, 324; *Schiffer* (Hrsg.), Mandatspraxis Schiedsverfahren und Mediation, 2005; *N. Schneider*, Wegfall der Beratungsgebühren zum 1.7.2006 – Erforderlichkeit einer Gebührenvereinbarung, NJW 2006, 73; *ders.*, Die Erhöhung der Ratsgebühr und der „Erstberatungsgebühr" bei mehreren Auftraggebern, BRAGOreport 2001, 17; *Schons*, Der neue § 34 RVG: Der Anwalt als Verkäufer in eigener Sache, AnwBl 2006, 566; *ders.*, Antrag auf Akteneinsicht: Beratungs- oder Geschäftstätigkeit?, NJW-Spezial 2016, 347; *Toussaint*, Formbedürftigkeit der Gebührenvereinbarung für anwaltliche Beratung, AnwBl 2007, 67.

A. Allgemeines 1	bb) Anforderungen 49
B. Regelungsgehalt 7	(1) Schriftlichkeit 50
I. Gebührenvereinbarung (Abs. 1 S. 1) 7	(2) Geordnete Darstellung des zu beurteilenden Sachverhalts ... 52
1. Anwendbarkeit der §§ 3a ff. 7	(3) Herausstellung der rechtlichen Probleme 54
2. Anwendungsfälle 16	(4) Eigene Stellungnahme des Anwalts 56
a) Beratung 16	(5) Sonstige Anforderungen 59
aa) Begriff 16	cc) Art und Höhe der Vergütung 61
bb) Abgrenzung 17	dd) Auslagen 63
cc) Art und Höhe der Vergütung 31	ee) Vorzeitige Beendigung 68
dd) Rechtsschutzversicherung 38	ff) Anrechnung 69
ee) Kostenerstattung 41	gg) Fälligkeit 70
b) Gutachten 43	
aa) Auftrag; Abgrenzung zur Beratung 45	

hh) Kostenerstattung	71	
c) Mediation	72	
aa) Allgemeines	72	
bb) Begriff	74	
cc) Art und Höhe der Vergütung	76	
dd) Rechtsschutzversicherung	79	
ee) Prozesskosten- und Beratungshilfe	81	
ff) Kappungsgrenzen, Anrechnung	83	
3. Gebührenbestimmung in Teil 2 Abschnitt 1	84	
II. Gebühren nach BGB (Abs. 1 S. 2)	**88**	
1. Fehlen einer Vereinbarung	88	
2. Vergütung nach bürgerlichem Recht	89	
a) Verweis auf §§ 612, 632 BGB	89	
b) Bestimmung der Vergütung	94	
aa) Ortsüblichkeit	96	
bb) Branchenüblichkeit	97	
cc) Einseitige Leistungsbestimmung (§§ 315, 316 BGB)	99	
dd) Ergänzende Vertragsauslegung; § 14 Abs. 1	100	
ee) Rechtsprechung	102	
c) Einholung eines Kammergutachtens	107	
d) Darlegungs- und Beweislast	109	
e) Abrechnung	110	
III. Verbrauchermandat (Abs. 1 S. 3)	**111**	
1. Verbraucherbegriff	112	
2. Kappungsgrenze für Beratung und Gutachten	117	
3. Kappungsgrenze für Erstberatung	120	
IV. Anrechnung (Abs. 2)	**125**	
1. Anrechnung der Beratungsgebühr	126	
a) Anwendungsbereich	126	
b) Zusammenhang	127	
c) Umfang der Anrechnung	132	
2. Anderweitige Vereinbarung	135	
C. Übergangsrecht	**138**	

A. Allgemeines

1 Der Anwendungsbereich der vom 1.7.2004 bis zum 30.6.2006 geltenden Fassung des § 34 war auf den Bereich der **Mediation** beschränkt; in diesen Fällen sollte der Rechtsanwalt nach S. 1 auf eine Gebührenvereinbarung hinwirken. In Ermangelung einer solchen Vereinbarung bestimmte sich die Gebühr gemäß S. 2 nach den Vorschriften des bürgerlichen Rechts.

2 Unter der Abschnittsüberschrift „Außergerichtliche Beratung und Vertretung" drängt Abs. 1 S. 1 den Anwalt jetzt für den gesamten Bereich der außergerichtlichen Beratung, für die Ausarbeitung eines schriftlichen Gutachtens sowie für die Mediation zum Abschluss einer Gebührenvereinbarung. Unterbleibt sie, richtet sich die Vergütung nun für alle drei Anwendungsfälle des Abs. 1 S. 1 nach den Vorschriften des bürgerlichen Rechts (Abs. 1 S. 2). Ist der Auftraggeber Verbraucher (siehe Rdn 111 ff.), limitiert Abs. 1 S. 3 die Gebühr für die Beratung und die gutachtliche Tätigkeit auf einen Betrag von jeweils 250 EUR; für ein erstes Beratungsgespräch mit einem Verbraucher ist die Vergütung bereits bei 190 EUR gekappt. Nach Abs. 2 wird die Beratungsgebühr auf die Gebühr für eine sonstige Tätigkeit des Anwalts angerechnet, die mit der Beratung zusammenhängt.

3 Im Zuge der Neufassung des § 34 sind zum 1.7.2006 die bis dahin in Teil 2 Abschnitt 1 des VV enthaltenen Vorschriften zu außergerichtlicher Beratung und Begutachtung (VV 2100 bis 2103 a.F.) mit Ausnahme der in Abs. 1 überführten Vorschrift zur Erstberatungsgebühr (VV 2102 a.F.) sowie den Vorschriften zur Beratungshilfe (VV 2600 bis 2608 a.F.) aufgehoben worden. Für diese Tätigkeiten existieren keine staatlichen Tarife mehr. Vielmehr hat sich der Bundestag insoweit bereits in der 15. Legislaturperiode[1] für eine weitgehende **Deregulierung** entschieden. Ihr lagen die **Motive** zugrunde, dass
- vom Gesetzgeber nicht mehr geregelt werden solle, als im Hinblick auf die Prozesskostenerstattung und zur Sicherstellung einer ordnungsgemäß funktionierenden Rechtspflege erforderlich sei,
- für den Auftraggeber, namentlich den Verbraucher, ein höheres Maß an Kostentransparenz erreicht werden müsse,
- der Abschluss einer Vergütungsvereinbarung gerichtliche Streitigkeiten über die Höhe der angemessenen Gebühr verhindern wird und so justizentlastend wirkt,
- im außergerichtlichen Bereich Vergütungsvereinbarungen ohnehin zunehmen.

4 Insgesamt ist die Deregulierung des Vergütungsrechts als Appell an den Anwalt zu verstehen, der dazu führen soll, dass **Gebührenvereinbarungen** in diesem Bereich zur **Regel** werden. Zugleich soll § 34 dem Anwalt den Einstieg in ein mit der Mandantschaft zu führendes Vergütungsgespräch erleichtern.[2] Diesen Paradigmenwechsel hat die Anwaltschaft indes noch nicht vollzogen. Nur 32 % der Rechtsanwälte ist das Vergütungsgespräch mit dem Mandanten nicht unangenehm, bei den

---

[1] Siehe die Begründung zu Art. 5 KostRModG in BT-Drucks 15/1971, S. 147 und 238.

[2] BT-Drucks 15/1971, 147; skeptisch *Baschek*, Kammer-Report Hamm 5/2005, 11, 12.

Rechtsanwältinnen ist die Quote noch geringer.³ Die Anwaltschaft bleibt aufgerufen, ihre traditionellen Ressentiments gegen Preisvereinbarungen aufzugeben; der Anwalt muss nun als „als Verkäufer in eigener Sache" auftreten.⁴

Die mit § 34 erfolgte Freigabe der Gebühren bezieht sich **nur** auf den Bereich der **Beratung**; für das gesamte Tätigkeitsfeld der außergerichtlichen Vertretung sind dagegen gesetzliche Gebühren existent.⁵ Dies gilt insbesondere für die Geschäftsgebühr (VV 2300 ff.) und die Beratungshilfegebühr (VV 2500 ff.).

Nach Abs. 1 S. 1 **„soll"** der Rechtsanwalt neben der Mediation nun auch im beratenden und begutachtenden Bereich auf eine Gebührenvereinbarung **„hinwirken"**. Die Brisanz dieses scheinbar so harmlosen Ratschlags ergibt sich erst durch eine Zusammenschau mit Abs. 1 S. 3. Unterlässt der Anwalt gegenüber einem Verbraucher den Abschluss einer Gebührenvereinbarung, ist seine nach bürgerlich-rechtlichen Bestimmungen zu bemessene Vergütung bei 250 EUR gekappt – ganz unabhängig davon, wie zeitaufwändig oder anspruchsvoll die Beratung oder Begutachtung war. Mit dieser niedrigen Kappungsgrenze, die nur 60 EUR über der Höchstgebühr für die Erstberatung liegt, übt der Reformgesetzgeber im Bereich der Beratung einen **betriebswirtschaftlichen Zwang** zum Abschluss einer Gebührenvereinbarung aus.⁶ Er entspricht der Intention des Gesetzgebers, die Gebührenvereinbarung in der anwaltlichen Praxis künftig als Normalfall der Vergütung für Beratungsleistungen zu etablieren (siehe Rdn 4). Um der Gefahr einer defizitären Mandatsbearbeitung zu entgehen, ist dem beratenden oder begutachtenden Rechtsanwalt daher dringend der Abschluss einer Gebührenvereinbarung zu empfehlen.

B. Regelungsgehalt

I. Gebührenvereinbarung (Abs. 1 S. 1)

1. Anwendbarkeit der §§ 3a ff.

Abs. 1 S. 1 legt dem Rechtsanwalt den Abschluss einer Gebührenvereinbarung nahe, ohne diesen Begriff zu definieren. Der Abschluss einer solchen Vereinbarung unterliegt daher keinen besonderen zivil- und berufsrechtlichen Anforderungen.⁷

Die vergütungsrechtlichen Rahmenbedingungen für eine Gebührenvereinbarung i.S.d. Abs. 1 S. 1 richten sich grundsätzlich nach §§ 3a ff.⁸ Zwar ist dort von einer **„Vergütungsvereinbarung"** die Rede, während in Abs. 1 S. 1 die Vokabel „Gebührenvereinbarung" Verwendung findet. Die unterschiedliche Terminologie erscheint indes im Lichte des § 1 Abs. 1 plausibel. Die dort verankerte Legaldefinition der Vergütung umfasst die Gebühren und Auslagen. Da sich der Anspruch des Anwalts auf **Auslagenerstattung** (weiterhin) nach den VV 7000 ff. richtet und insoweit auch nach dem 1.7.2006 eine gesetzliche Regelung existiert, beschränkt sich der Anwendungsbereich des Abs. 1 S. 1 auf die deregulierten **Gebühren** als Äquivalent der anwaltlichen Dienstleistung.⁹ Dies schließt selbstverständlich nicht aus, dass der Rechtsanwalt auch im Rahmen einer nach Abs. 1 S. 1 getroffenen Vereinbarung eine über die VV 7000 ff. hinausgehende Auslagenerstattung vereinbart (siehe § 3a Rdn 59).

Die **Formvorschriften** des § 3a Abs. 1 S. 1 und S. 2 finden nach der Ausnahmeregelung des § 3a Abs. 1 S. 4 auf eine Gebührenvereinbarung nach § 34 **keine Anwendung**. Sie ist von der Textform befreit, muss – und sollte – nicht als Vergütungsvereinbarung bezeichnet werden, bedarf keiner

---

3 *Hommerich/Kilian*, Vergütungsvereinbarungen deutscher Rechtsanwälte, 2006, S. 129 f.; vgl. auch FAZ v. 31.1.2007; Kilian/vom Stein/*Rick*, § 29 Rn 214 f. m.w.N.

4 Zutreffend *Schons*, AnwBl 2006, 566 mit praktischen Tipps und Kniffen. Zu der rhetorisch-kommunikativen Ebene bei Vergütungsgesprächen *Feller/Ehlert*, JurBüro 2006, 620 ff.

5 Dies betonen angesichts zahlreicher Missverständnisse *Hirtz*, ZAP 18/2005, 929; *Henssler*, NJW 2005, 1537; *Büttner*, in: FS Busse, S. 33, 45.

6 Krämer/Mauer/*Kilian*, Rn 440a; *ders.*, BB 2006, 1509, 1510; *Henssler*, NJW 2005, 1537; *Baschek*, KammerReport Hamm 5/2005, 11, 12.

7 Vgl. *Hartung*/Römermann/Schons, § 34 RVG Rn 51.

8 Vgl. Kilian/vom Stein/*Kilian*, § 33 Rn 5; *Hartung*/Römermann/Schons, § 34 Rn 36; *Enders*, Rn 477.

9 *N. Schneider*, Vergütungsvereinbarung Rn 1311; *ders.*, NJW 2006, 1905; *Kilian*, BB 2006, 1509, 1510; *Hansens*, RVGreport 2006, 121, 122; a.A. Mayer/Kroiß/ Teubel/Winkler, § 34 Rn 66.

räumlichen Trennung von anderen Vereinbarungen und darf mit einer Vollmacht kombiniert werden (siehe § 3a Rdn 32 ff.). Mit der Schaffung eines gesetzlichen Ausnahmetatbestandes hat der Gesetzgeber die bereits früher vorherrschende Auffassung normiert, nach welcher namentlich das Schriftformerfordernis für eine Gebührenvereinbarung nach § 34 entbehrlich war.[10]

10 Der **Kostenerstattungshinweis** nach § 3a Abs. 1 S. 3 ist vom Anwendungsbereich für eine Gebührenvereinbarung nicht gesetzlich ausgenommen; § 3a Abs. 1 S. 4 suspendiert nur die Sätze 1 und 2 des § 3a Abs. 1. Dies bedeutet jedoch nicht, dass der Anwalt bei Abschluss einer Gebührenvereinbarung nach § 34 einen Hinweis nach § 3a Abs. 1 S. 3 erteilen muss. Denn für diesen Hinweis, dass der Gegner im Falle des Unterliegens nur die gesetzliche Vergütung erstatten muss, fehlt es im Rahmen von § 34 an einem relevanten Anwendungsbereich:

Im Regelfall scheitert die Hinweispflicht schon daran, dass die (vereinbarte) Beratungsgebühr nicht zu den erstattungsfähigen Kosten i.S.d. § 91 ZPO gehört und daher vom unterlegenen Gegner ohnehin nicht zu ersetzen ist. Die Kosten für eine Beratung gehören nämlich – von den Ausnahmefällen einer prozessvorbereitenden oder prozessbegleitenden Beratung abgesehen (vgl. dazu Rdn 41) – nicht zu den prozessbezogenen und damit auch nicht zu den erstattungsfähigen Kosten eines Rechtsstreits.

Auch in den seltenen Fällen, in denen die Beratungsgebühren ausnahmsweise erstattungsfähig sind,[11] weil der Mandant durch die Beratung die Beauftragung eines Prozessbevollmächtigten und damit die Verfahrensgebühren erspart hat, scheitert die Anwendung der Hinweispflicht daran, dass der Schutzzweck von § 3a Abs. 1 S. 3 nicht einschlägig ist. Die Vorschrift bezweckt Warnung und Schutz des Mandanten bei Überschreiten der gesetzlichen Vergütung und einer nur begrenzt bestehenden Ausgleichspflicht des Gegners. Im Bereich der Beratung gibt es jedoch keine gesetzlichen Gebühren mehr, auf deren Überschreiten der Anwalt hinweisen könnte. Denn ohne Abschluss einer Gebührenvereinbarung richtet sich die Vergütung nach den Vorschriften des Bürgerlichen Rechts. Die entsprechenden Vorschriften (§§ 612 Abs. 2, 632 Abs. 2 BGB) sehen zwar für eine entgeltliche Geschäftsbesorgung wie den Anwaltsvertrag eine Vergütungspflicht, jedoch keine feste Vergütungshöhe vor. Es handelt sich bei den entsprechenden Vorschriften lediglich um eine Möglichkeit der Gebührenbestimmung. Gleichermaßen gibt es bei der Beratung von Verbrauchern keine feste Vergütung mehr, sondern lediglich eine Höchstgrenze („jeweils höchstens...") für den Fall der fehlenden Gebührenvereinbarung.

Denkbar wäre lediglich ein Hinweis des Anwalts darauf, dass bei einer prozessbegleitenden oder prozessvorbereitenden Beratung die Beratungsgebühr nach umstrittener Ansicht allenfalls in Höhe der ersparten Verfahrensgebühr des Rechtsstreits erstattungsfähig ist und nach Ansicht anderer Gerichte eine Erstattungsfähigkeit sogar vollumfänglich ausscheidet. Dieser Hinweis hätte seine Wurzeln allerdings nicht im Abschluss der Gebührenvereinbarung, sondern in der umstrittenen Erstattungsfähigkeit der Beratungsgebühr im Rahmen von § 91 ZPO haben. Eine teleologische Auslegung von § 3a Abs. 1 S. 3 ergibt jedoch, dass der Anwalt nicht wegen Verletzung einer Hinweispflicht haften sollte, die ihren Grund nicht in einer Überschreitung der gesetzlichen Gebühren durch die Gebührenvereinbarung, sondern in einer umstrittenen Rechtsprechung zur Erstattungsfähigkeit von Beratungsgebühren hat.

11 Die **Angemessenheitsklausel des § 4 Abs. 1 S. 2** findet auf eine Gebührenvereinbarung nach § 34 Abs. 1 S. 1 **keine Anwendung**.[12] Denn sie nimmt nach ihrem Wortlaut („Sie") und ihrer systemati-

---

10 Bischof/Jungbauer/Bräuer/Corkovic/Mathias/Uher/ Bischof, RVG, § 3a Rn 18; Mayer/Kroiß/*Teubel/Winkler*, § 34 Rn 62 ff.; vgl. zur früheren Rechtslage: *Hansens*, RVGreport 2007, 323 f.; *Kilian*, BB 2006, 1509, 1514; *ders.*, NJW 2005, 3104, 3105 mit Fn 23; Krämer/Mauer/*Kilian*, Rn 630; *Onderka*, Anwaltsgebühren in Verkehrssachen, 2006, Rn 625; *Teubel*, MAH Vergütungsrecht, 2007, § 33 Rn 58; *Henke*, AnwBl 2006, 653; *Toussaint*, AnwBl 2007, 67; *Streck*, AnwBl 2006, 149, 150; a.A. offenbar *Enders*, JurBüro 2006, 1.

11 Vgl. LG Berlin AGS 2008, 515 = RVGreport 2008, 268; vgl. auch *Hansens*, RVGreport 2008, 245 und *N. Schneider*, AGS 2008, 315.

12 So zu § 4 Abs. 2 S. 3 a.F. OLG Stuttgart NJW 2007, 924 = AGS 2007, 59 = RVGreport 2007, 79 = GRUR-RR 2007, 211; *Toussaint*, AnwBl 2007, 67, 68; a.A. LG Ravensburg NJW 2006, 2930 = AGS 2006, 419 m. Anm. *Schons* = BRAK-Mtt 2006, 191; LG Freiburg RVGreport 2007, 39 = AnwBl 2007, 376 = NJW 2007, 160; *von Seltmann*, Vergütungsvereinbarung, Rn 53; zur Rechtslage vor dem 1.7.2006 auch OLG Köln NJW 2006, 923.

schen Stellung Bezug auf eine nach § 4 Abs. 1 S. 1 vereinbarte Vergütung, die niedriger ist als die gesetzliche Vergütung. Die Anwendung dieser Vorschrift knüpft an die Existenz gesetzlicher Gebühren an, die für die Bereiche der Beratung, der Begutachtung und der Mediation gerade nicht (mehr) existieren (siehe Rdn 3). Eine Angemessenheitsprüfung durch einen Vergleich mit staatlichen Tarifen ist insoweit unmöglich. Auch eine Analogie verbietet sich. Der Gesetzgeber hat mit der Neufassung des § 34 eine bewusste Deregulierung vollzogen (siehe Rdn 3), weshalb es an einer planwidrigen Regelungslücke fehlt.[13] Die Herleitung einer Art gesetzlicher Mindestvergütung aus § 14, die durch eine Gebührenvereinbarung nicht unterschritten werden darf, ist mit der Entscheidung des Reformgesetzgebers für eine Deregulierung ebenfalls unvereinbar.[14] Anwaltliche **Dumpingpreise** im Beratungsbereich sind daher vergütungsrechtlich nicht mehr zu beanstanden (siehe § 4 Rdn 15 ff.). Eine historische Auslegung stützt diesen Befund. Hätte der Reformgesetzgeber für das Preisdumping eine Äquivalenzkontrolle sicherstellen wollen, hätte er den Anwendungsbereich des § 4 Abs. 1 S. 2 kraft Verweisung auf § 34 erweitert. Von diesem Instrument hat er gerade keinen Gebrauch gemacht. Vielmehr findet sich in den Motiven[15] der lapidare Hinweis, § 4 Abs. 2 S. 3, 2. Alt. a.F. sei ohne inhaltliche Änderungen in § 4 Abs. 1 n.F. überführt worden. Aus den vorgenannten Gründen gilt die Äquivalenzkontrolle nach § 4 Abs. 1 S. 2 auch nicht für die **übliche Vergütung** nach Abs. 1 S. 2 i.V.m. § 612 Abs. 2 BGB.[16]

Wegen der sachlichen Beschränkung des Abs. 1 auf bestimmte außerforensische Tätigkeitsfelder finden auch die Sondervorschriften über **Beitreibungssachen** (§ 4 Abs. 2) und über **PKH-Mandate** (§ 3a Abs. 3) naturgemäß keine Anwendung.[17] 12

Ein **Gutachten der Rechtsanwaltskammer** bei einem gerichtlichen Streit über die Angemessenheit einer nach Abs. 1 S. 1 i.V.m. §§ 3a, 4 vereinbarten Vergütung muss nicht nach § 14 Abs. 2 eingeholt werden, da es sich nicht um eine Rahmengebühr handelt.[18] Ungeachtet dessen kann das Gericht die zuständige Rechtsanwaltskammer um ein Gutachten ersuchen, das diese nach § 73 Abs. 2 Nr. 8 BRAO zu erstatten hat. 13

Eine Gebührenvereinbarung nach Abs. 1 S. 1 kann grundsätzlich auch in Gestalt eines **Erfolgshonorars** gemäß § 4a geschlossen werden. Die Vorschrift findet auch Anwendung auf den außergerichtlichen Bereich und knüpft nicht zwingend an die Existenz gesetzlicher Gebühren an. Für die Bereiche der Beratung und Begutachtung erscheint eine erfolgsbasierte Gebührenvereinbarung indes wenig praktikabel; dort ist ein qualitatives Erfolgsmoment schwerlich messbar.[19] Zwar wird der Mandant die Beratung bzw. Begutachtung als erfolgreich ansehen, wenn das mit der Beratung bzw. dem Gutachten verfolgte Ziel im Ergebnis erreicht wird. Dennoch werden die Parteien kaum in der Lage sein, exakt zu definieren, an welche Bedingung(en) i.S.d. § 4a Abs. 2 Nr. 2 der Erfolg der Beratung bzw. Begutachtung anknüpfen soll. Die Mediation ist einem Erfolg i.S.d. § 4a hingegen zugänglich. Der Anwaltmediator kann daher mit den Medianten konkrete Bedingungen für einen Erfolg der Mediation vereinbaren. Zwar schuldet der Anwaltmediator zivilrechtlich keinen bestimmten Erfolg seiner Tätigkeit (siehe Rdn 73); dies schließt eine vergütungsrechtliche Definition des Erfolgs indes nicht aus. 14

Im **Ergebnis** ist die Relevanz der §§ 3a ff. für eine Gebührenvereinbarung nach § 34 erstaunlich gering. Sie beschränkt sich im Wesentlichen auf die praktisch seltene Festsetzung nach § 4 Abs. 3 (siehe § 4 Rdn 33) und die Äquivalenzkontrolle nach § 3a Abs. 2 (siehe § 3a Rdn 98 ff.).[20] 15

---

13 Zutreffend OLG Stuttgart NJW 2007, 924 = AGS 2007, 59 = RVGreport 2007, 79 = GRUR-RR 2007, 211.
14 OLG Stuttgart NJW 2007, 924 = AGS 2007, 59 = RVGreport 2007, 79 = GRUR-RR 2007, 211.
15 BT-Drucks 16/8384, 13.
16 OLG Stuttgart NJW 2007, 924 = AGS 2007, 59 = RVGreport 2007, 79 = GRUR-RR 2007, 211; a.A. Koch/*Kilian*, Anwaltliches Berufsrecht, 2007, Rn B 490, der einen Analogieschluss als „zwingend" ansieht.
17 So zu § 4 a.F. *Kilian*, BB 2006, 1509, 1513.
18 AG Brühl AGS 2014, 387 = NJW-Spezial 2014, 509 = RVGprof. 2014, 157; a.A. Kilian/vom Stein/*Kilian*, § 33 Rn 7.
19 Vgl. *M. Hartung*, AnwBl 2008, 396 aus wirtschaftsrechtlicher Sicht.
20 Zutreffend *Kilian*, BB 2006, 1509, 1513 (zu § 4 a.F.). Noch weitergehend Bischof/Jungbauer/Bräuer/Corkovic/Mathias/Uher/*Bischof*, RVG, § 34 Rn 34, der § 4 a.F. insgesamt für unanwendbar hielt.

2. Anwendungsfälle

a) Beratung

16 **aa) Begriff.** Die **Legaldefinition** der Beratung findet sich in Abs. 1 S. 1. Sie umfasst die Erteilung eines mündlichen oder schriftlichen Rates oder einer Auskunft.

17 **bb) Abgrenzung.** Voraussetzung ist auch bei Abs. 1 S. 1, dass die Beratung nicht mit einer anderen gebührenpflichtigen Tätigkeit zusammenhängt. Der dem Anwalt erteilte Auftrag hat sich also auf die Erteilung eines Rates oder einer Auskunft zu beschränken. Die **Abgrenzung** ist häufig schwierig, da der Anwalt bei jeder Tätigkeit gleichzeitig auch beraten muss und Auskünfte zu erteilen hat. Diese **begleitende Beratung** wird in anderen Angelegenheiten stets durch die dort anfallenden Gebühren abgegolten, also z.B. im Rechtsstreit durch die Verfahrensgebühren (nach VV 3100, 3200 etc.) und in außergerichtlichen Angelegenheiten durch die Geschäftsgebühr der VV 2300 ff. In straf- und bußgeldrechtlichen Angelegenheiten sowie in Angelegenheiten nach VV Teil 6 wird die Beratung durch die dortigen Verfahrensgebühren abgegolten. Soweit im Rahmen solcher Tätigkeiten eine Beratung anfällt, gilt Abs. 1 S. 1 nicht.

18 **Entscheidendes Kriterium** für die Abgrenzung zwischen anwaltlicher Beratung und Geschäftsbesorgung ist regelmäßig, ob der Anwalt aufgrund des ihm erteilten Auftrags **nach außen** hin tätig werden soll, also ob er z.B. mit Dritten korrespondieren oder sich bei Gericht bestellen soll.[21] Auch in diesem Zusammenhang kann nicht oft genug betont werden, dass der Inhalt des anwaltlichen Auftrags entscheidend ist. Lautet diese dahingehend, nach außen (gegenüber Dritten) tätig zu werden, dann ist der Anwendungsbereich der Beratung verlassen und der einer Geschäftsgebühr eröffnet, auch wenn es im Laufe des Mandates nicht zu einer solchen nach außen gerichteten Tätigkeit kommt. Soll der Anwalt für seinen Mandanten ein Schreiben an den Gegner verschicken, so geht diese Tätigkeit über die bloße Beratung hinaus; die Geschäftsgebühr fällt dann unabhängig davon an, ob das Schreiben später tatsächlich abgesendet wird.[22] In Fällen dieser Art ist der deregulierte Bereich der Beratung überschritten. Es gelten dann die VV 2300 ff. oder VV 3100 ff.[23] (vgl. im Übrigen auch die Ausführungen bei VV Vorb. 2.3 Rdn 28 ff.) oder die sonstigen jeweiligen Verfahrens- oder Geschäftsgebühren. In Zweifelsfällen sollte der Anwalt immer eine Gebührenvereinbarung nach § 34 abschließen.[24]

19 Die **Beratung** beschränkt sich begrifflich auf den Informationsaustausch zwischen Anwalt und Auftraggeber. Unschädlich ist es insoweit, wenn der Anwalt mit Dritten in Kontakt tritt, etwa indem er von ihnen Auskünfte einholt oder Rückfragen stellt. Allein dadurch wird der Bereich der Beratung noch nicht verlassen.

> **Beispiel:** Anlässlich einer Beratung in einer Strafsache ruft der Anwalt auf der Geschäftsstelle des Gerichts an und erkundigt sich, wann der Strafbefehl durch Niederlegung zugestellt worden ist.

20 Geht die mündliche oder schriftliche Korrespondenz mit einem Dritten hingegen über bloße An- und Rückfragen hinaus, soll der Anwalt also mit einem Dritten auch über die Sache selbst sprechen, ist der Bereich der Beratung überschritten. Die Tätigkeit ist dann nach den Gebühren der jeweiligen Angelegenheit zu vergüten.

> **Beispiel:** Der Mandant beauftragt den Anwalt, ihn über die Höhe des ihm zustehenden Schmerzensgeldes zu beraten und gleichzeitig mit dem Sachbearbeiter des Versicherers über die Höhe zu verhandeln.

---

21 Vgl. BGH RVGreport 2010, 456 m. Anm. *Hansens* (Auftrag zur Fertigung eines Abmahnschreibens); OLG Düsseldorf AGS 2012, 454; OLG Nürnberg AGS 2010, 480 (Entwurf eines Mahnschreibens, ohne dass der Anwalt auftragsgemäß nach außen tätig werden sollte); OLG Düsseldorf MDR 2009, 1420 = FamRZ 2009, 2027; LG Mönchengladbach AGS 2009, 163 (Entwurf eines Schreibens an die Gegenseite); AG Bielefeld AGS 2010, 160 (fehlendes Auftreten nach außen); *Kilian*, BB 2006, 1509, 1511; *Hansens*/Braun/Schneider, Teil 8 Rn 5 („Faustregel"). Kritisch *Engels*, AnwBl 2008, 361, der dieses Abgrenzungskriterium freilich als einziges Merkmal des Verf. missversteht.

22 LG Mönchengladbach AGS 2009, 163.

23 Siehe auch *Madert*, AGS 1992, 24 zur Abgrenzung Beratung/außergerichtliche Tätigkeit bei einem Auftrag zur Prüfung eines notariellen Vertrages und anschließenden Verhandlungen mit dem beurkundenden Notar.

24 *Engels*, AnwBl 2008, 361, 362; *N. Schneider*, ErbR 2008, 114.

Andererseits führt nicht jede Kontaktaufnahme zu der Annahme einer Geschäftstätigkeit. So zählt das Einholen von Auskünften bei Behörden oder Dritten oder die Anforderung von Gerichts- oder Behördenakten zur Einsichtnahme noch zur Beratungstätigkeit.[25]

Auch das Entwerfen einseitiger Urkunden (wie z.B. eines Testaments[26]) oder der Entwurf eines Schreibens unter dem Briefkopf des Mandanten[27] ist noch Beratung. Ebenso zählt die Erstellung eines wissenschaftlichen Aufsatzes – hier mit einem „bestellten" Ergebnis – als Beratungstätigkeit, da sie so sehr aus dem üblichen Rahmen anwaltlicher Tätigkeit herausfällt, dass sie von einer Vergütungsvereinbarung über „außergerichtliche und gerichtliche Tätigkeiten" nicht erfasst wird.[28] Das Mitwirken an der Gestaltung eines Vertrags ist dagegen bereits der Geschäftstätigkeit zuzurechnen, auch wenn der Anwalt nicht nach außen in Erscheinung treten soll.[29]

Die Abgrenzung ist insbesondere dann schwierig, wenn der **Mandant** bei Beauftragung des Anwalts **noch gar nicht weiß**, in welcher Richtung er den Anwalt beauftragen will. Diese Fälle sind in der Praxis häufig, da der Mandant nicht selten erst nach der Beratung durch den Anwalt in die Lage versetzt wird, über die weiteren Schritte zu entscheiden. Hier sind grundsätzlich **drei Konstellationen** denkbar:

(1) Der Mandant möchte nur beraten werden. Erklärt der Mandant ausdrücklich oder konkludent, dass er zunächst nur einen Rat oder eine Auskunft wünsche und erst aufgrund dieser Beratung entscheiden wolle, ob er einen weiter gehenden Auftrag erteile, ist der Anwendungsbereich des Abs. 1 eröffnet. Bei einer sich an die Beratung anschließenden weiter gehenden Tätigkeit des Anwalts ist jedoch die Anrechnungsvorschrift des Abs. 2 zu berücksichtigen (siehe Rdn 125 ff.).

(2) Der Mandant hat konkrete Vorstellungen, was der Anwalt für ihn veranlassen soll. Er möchte sich jedoch absichern und vorher beraten werden, ob das Vorhaben aussichtsreich ist. In diesen Fällen wird man von einem unbedingten Beratungsauftrag und einem bedingten Auftrag zu weiter gehender Tätigkeit ausgehen müssen. Der weiter gehende Auftrag steht dann unter der aufschiebenden Bedingung, dass die Beratung ein positives Ergebnis ergibt.

> **Beispiel:** Der Auftraggeber erscheint mit einer ihm zugestellten Klageschrift und möchte vom Anwalt zunächst wissen, ob es Aussicht hat, sich gegen die Klage zu verteidigen. Sofern er die Erfolgsaussicht bejaht, soll der Anwalt die Prozessführung übernehmen.
>
> In solchen Fällen kann der Anwalt hinsichtlich der Beratung zunächst eine Vereinbarung nach Abs. 1 S. 1 treffen. Die Entstehung gesetzlicher Gebühren für weitere Tätigkeiten, etwa der Verfahrensgebühr, ist durch das positive Beratungsergebnis bedingt (§ 158 Abs. 1 BGB). Auch hier ist eine Anrechnung nach Abs. 2 zu beachten.

(3) Der Mandant möchte den Anwalt mit bestimmten Maßnahmen beauftragen. Gleichzeitig will er aber zunächst über die beste Vorgehensweise beraten werden. In diesen Fällen liegt bereits ein unbedingter Auftrag zu einer anderen Tätigkeit vor, die regulär nach gesetzlichen Gebühren abzurechnen ist.

> **Beispiel:** Der Auftraggeber bittet den Anwalt, sich in einer Strafsache als Verteidiger zu bestellen, gegen den ergangenen Strafbefehl Einspruch einzulegen und ihn gleichzeitig zu beraten, inwieweit eine weitere Tätigkeit Aussicht auf Erfolg hat und wie ggf. im Strafverfahren vorgegangen werden soll. Hier hat der Anwalt sofort einen unbedingten Verteidigerauftrag erhalten. Die zugehörige Beratungstätigkeit wird daher durch die VV 4100 ff. abgegolten.

---

25 OLG Bamberg AGS 2016, 143 = MDR 2016, 422 = JurBüro 2016, 261 = Rpfleger 2016, 354 = NJW-RR 2016, 640 = RVGreport 2016, 141 = NJW-Spezial 2016, 253; OLG Oldenburg VRR 2014, 443 = StRR 2014, 463; LG Osnabrück JurBüro 2016, 135 (jeweils zum vergleichbaren Problem in der Beratungshilfe); *N. Schneider*, Antrag auf Akteneinsicht: Beratungs- oder Geschäftstätigkeit?, NJW-Spezial 2016, 347.

26 AG Hamburg Altona AGS 2008, 166 = ZEV 2008, 294 = ErbR 2008, 129 = ZFE 2008, 439 = NJW-Spezial 2008, 187; OLG Düsseldorf 2012, 454 = JurBüro 2012, 583 = FamRZ 2013, 727 = NJW-Spezial 2012, 635; anders bei einem wechselbezüglichen gemeinsamen Ehegattentestament: OLG Frankfurt AGS 2015, 505.

27 OLG Nürnberg AGS 2010 480 = AnwBl 2010, 805 = zfs 2011, 44 = NJW 2011, 621 = NJW-Spezial 2010, 667 = RVGreport 2010, 459 = FamRZ 2011, 668 = RVGprof. 2011, 170.

28 OLG Naumburg NJW 2009, 1679 = OLGR 2009, 555 = JurBüro 2009, 365.

29 LG Nürnberg-Fürth AGS 2015, 320 = RVGreport 2015, 306 = NJW-Spezial 2015, 508.

27 Erforderlich ist immer, dass der Anwalt einen **Auftrag** zur Beratung erhalten hat. Berät der Anwalt dagegen von sich aus, ist Abs. 1 S. 1 nicht einschlägig.[30]

> **Beispiel 1:** Der Mandant beauftragt den Anwalt, seinen Verkehrsunfallschaden zu regulieren. Anlässlich der Regulierung berät der Anwalt den Mandanten ungefragt darüber, wie er sich in dem zugrunde liegenden Bußgeldverfahren zu verhalten habe.
> Die Tätigkeit hinsichtlich des Bußgeldverfahrens ist nicht vom Auftrag gedeckt, so dass der Anwalt hierfür keine Vergütung erhält.
>
> **Beispiel 2:** Nach Abschluss der Instanz erhält der Anwalt die Rechtsmittelschrift zugestellt und berät den Mandanten ungefragt über die Aussichten des gegnerischen Rechtsmittels, das anschließend wieder zurückgenommen wird.
> Mangels Auftrag liegt keine Beratung vor. Etwaige Gebühren aus einer Vereinbarung sind auch nicht erstattungsfähig.[31]

28 Will sich der potentielle Mandant lediglich nach den **voraussichtlich entstehenden Kosten** einer bestimmten anwaltlichen Tätigkeit erkundigen, liegt darin noch kein Beratungsauftrag. Es handelt sich vielmehr um eine allgemeine Anfrage, die keine Vergütung auslöst. Dies gilt selbst dann, wenn die Antwort des Anwalts ausführlich ausfällt und bereits rechtliche Erwägungen über Art und Umfang der Tätigkeit enthält.[32]

29 Der Auftrag muss sich auf die Erteilung eines Rates oder einer Auskunft erstrecken. Beide Begriffe sind weit auszulegen. Unter einem **Rat** ist die für die Beurteilung einer Rechtsangelegenheit bedeutsame Empfehlung des Anwalts zu verstehen, wie sich der Auftraggeber in einer bestimmten Lage verhalten soll.[33] Von einer **Auskunft** spricht man dagegen, wenn der Anwalt eine allgemeine Frage beantworten soll, ohne eine Beziehung zu einem konkreten Fall herzustellen.[34] Hierzu zählt etwa die Anfrage nach der Kündigungsfrist eines Arbeitsverhältnisses, nach der Formbedürftigkeit eines Grundstückskaufvertrages oder nach der zuständigen Behörde für den Erwerb einer Gaststättenerlaubnis. Die **Grenze** zwischen Rat und Auskunft ist **fließend**; auf die Unterscheidung kommt es in der Praxis freilich nicht an.

30 Für eine beratende Tätigkeit i.S.v. § 111 S. 2 BetrVG, in deren Rahmen der Anwalt an **Interessenausgleichsverhandlungen** teilnimmt, erhält er eine Geschäftsgebühr nach VV 2300 und keine Beratungsgebühr nach § 34.[35]

31 cc) Art und Höhe der Vergütung. Die Berechnung der Vergütung und ihre Höhe hängen von den Umständen des Einzelfalles ab und sind daher keiner einheitlichen Darstellung zugänglich. Hinsichtlich der denkbaren **Vergütungsmodelle** sei deshalb auf die Ausführungen in § 3a (vgl. § 3a Rdn 57 ff.) verwiesen (bezüglich der **Vergütungshöhe** siehe § 3a Rdn 70 ff.). Zulässig ist in jedem Fall die Vereinbarung der Geltung der VV 2100 ff. in der bis zum 30.6.2006 geltenden Fassung.[36] Beruft sich der Mandant auf eine unentgeltliche Leistungserbringung, muss er den Nachweis der Unentgeltlichkeit führen.[37]

32 Außer der vereinbarten Beratungsgebühr kann der Anwalt grundsätzlich auch die Erstattung seiner Auslagen verlangen. Die Vereinbarung nach Abs. 1 S. 1 erstreckt sich nur auf die Gebühr als Äquivalent der anwaltlichen Werkleistung, nicht auch auf die Auslagen (siehe Rdn 8). Wenn insoweit keine gesonderte Auslagenvereinbarung getroffen wurde, sind die im Zuge der Beratung entstandenen Auslagen daher nicht mit der Gebühr abgegolten; vielmehr sind die **VV 7000 ff. kumulativ anwendbar**.

33 Die Erstattung der **Umsatzsteuer** kann der Anwalt nach VV 7008 neben der Beratungsgebühr verlangen, wenn sich aus der getroffenen Gebührenvereinbarung nichts anderes ergibt. Sie erfasst nach Abs. 1 S. 1 im Zweifel nur die Gebühr, nicht auch den Auslagentatbestand des VV 7008 (siehe

---

30 Vgl. BGH NJW 1991, 2084; OLG Zweibrücken JurBüro 1998, 21 m. Anm. *Enders*; OLG Hamm KostRsp. BRAGO § 20 Nr. 26 = OLGR 2001, 168 = AGS 2001, 174 = BRAGOreport 2001, 136 m. Anm. *N. Schneider*; OLG Karlsruhe OLGR 2001, 315.
31 Vgl. OLG Hamm KostRsp. BRAGO § 20 Nr. 26 = OLGR 2001, 168 = AGS 2001, 174 = BRAGOreport 2001, 136 m. Anm. *N. Schneider*; OLG Karlsruhe OLGR 2001, 315.
32 Ausführlich hierzu *Madert*, AGS 1996, 82.
33 BGHZ 7, 351; *Hartung*/Römermann/Schons, § 34 Rn 13.
34 *Hartung*/Römermann/Schons, § 34 Rn 14; Riedel/Sußbauer/*Fraunholz*, VV Teil 2 Rn 2.
35 LAG Frankfurt LAGE § 111 BetrVG 2001 Nr. 9.
36 *Baschek*, KammerReport Hamm 5/2005, 11, 13.
37 OLG Naumburg JurBüro 2009, 365.

Rdn 8). Insoweit ergibt sich ein Unterschied zu der „klassischen" Vergütungsvereinbarung nach § 3a, wo die Umsatzsteuer mangels gegenteiliger Vereinbarung mit der Vergütung abgegolten ist (siehe § 3a Rdn 96).

Neben der vereinbarten Beratungsgebühr kann der Anwalt auch **sonstige Gebühren** – also insbesondere eine Einigungs-, Erledigungs- oder Aussöhnungsgebühr – verdienen, wenn der Mandant auf der Grundlage der Beratung einen Vertrag i.S.v. VV 1000 abschließt,[38] wenn der Anwalt Eheleute aussöhnt oder durch seinen Rat an der Erledigung eines Verwaltungsverfahrens mitwirkt. Nur die Beratungsgebühr ist abgeschafft; die sonstigen Gebühren und Auslagen sind weiterhin anwendbar.

> **Beispiel 1**: Die Ehefrau hat sich von ihrem Mann getrennt. Dieser hat eine notarielle Trennungsfolgenvereinbarung entwerfen lassen und der Ehefrau vorgelegt. Die Ehefrau bittet den Anwalt, sie zu beraten, ob sie die Vereinbarung annehmen soll. Einen Auftrag, gegebenenfalls den Vertragsentwurf zu ändern, erteilt sie nicht. Sie will lediglich einen Rat. Der Anwalt berät sie über die Konsequenzen der vorgeschlagenen Vereinbarung und rät ihr, diese anzunehmen. Die Ehefrau schließt daraufhin den Vertrag ab.
> a) Vereinbart ist eine Beratungsgebühr i.H.v. 1.000 EUR,
> b) eine Vereinbarung ist nicht getroffen worden.
> In beiden Fällen steht dem Anwalt eine Einigungsgebühr nach VV 1000 zu. Vereinbart worden ist im Fall a) nur eine Gebühr für die Beratung, so dass die Einigung gesetzlich abzurechnen ist.

Davon zu unterscheiden ist der Fall, dass nicht nur eine Gebührenvereinbarung getroffen worden ist, sondern eine Vergütungsvereinbarung. Das ist der Fall wenn nicht (nur) eine Gebühr für die Beratung vereinbart wird, sondern ein Honorar für die gesamte Beratungtätigkeit, die sich dann auch an den Anforderungen der §§ 3a ff. messen lassen muss.

> **Beispiel 2**: Wie Beispiel 1. Der Anwalt hatte mit seiner Mandantin jedoch vereinbart, dass er für die gesamte Beratungstätigkeit ein Honorar von 1.000 EUR erhalte.
> Jetzt liegt eine Vergütungsvereinbarung nach den §§ 3a ff. in der Form eines Pauschalhonorars vor, die nicht nur die gesamte Beratungstätigkeit abgilt und damit auch eine Einigung, sondern in der auch alle Auslagen enthalten sind einschließlich Umsatzsteuer (siehe § 3a Rdn 95).

Ist die getroffene Vereinbarung nicht eindeutig, muss bei Zweifeln durch Auslegung ermittelt werden, was die Parteien gewollt haben. Der Anwalt ist daher gut beraten, die Vereinbarung klar und unmissverständlich zu formulieren. Zweifel dürften zu seinen Lasten gehen.

Geht man davon aus, dass eine Einigungsgebühr neben der Beratungsgebühr verlangt werden kann, ergibt sich allerdings bei Wertgebühren ein weiteres Problem. Während den Anwalt für bloße Beratungsgebühren keine Hinweispflicht trifft, muss er für die Einigungsgebühr zuvor darauf hingewiesen haben, dass sich diese Gebühr nach dem Gegenstandswert richtet (§ 49b Abs. 5 BRAO). Spätestens nach Aufnahme der Einigungsverhandlungen sollte also dieser Hinweis erteilt werden. Abgesehen davon rechnet der Mandant i.d.R. bei einer Beratung nicht damit, dass noch eine Einigungs-, Erledigungs- oder Aussöhnungsgebühr anfallen kann, so dass auch aus diesem Grund auf diese mögliche Gebühr hingewiesen werden sollte.

dd) Rechtsschutzversicherung. Nach der **früheren Rechtslage** war die Beratung grundsätzlich immer von einer Rechtsschutzversicherung gedeckt, wenn in der Sache Deckungsschutz bestand. In familien- und erbrechtlichen Angelegenheiten bestand sogar nur für eine Beratung Deckungsschutz, nicht auch für eine weiter gehende Tätigkeit (§ 2k ARB 2000). Der Beratungsrechtsschutz konnte – abhängig von der Fassung der jeweiligen Versicherungsbedingungen – in diesen Angelegenheiten aber nachträglich entfallen, wenn der Anwalt den Auftrag zu einer weitergehenden Tätigkeit erhielt.[39]

Auf die Abschaffung der gesetzlichen Beratungsgebühren zum 1.7.2006 hat sich die Versicherungswirtschaft unterdessen eingerichtet. Bereits die **ARB 2005** einiger Versicherungsgesellschaften orientieren sich an den Kappungsgrenzen des Abs. 1 S. 3. Sie beschränken die Erstattungsleistung für ein erstes Beratungsgespräch auf maximal 190 EUR und für eine weitergehende Beratung auf höchstens 250 EUR.[40] Andere Gesellschaften bieten Pauschalbeträge an, die noch deutlich unter 190 EUR liegen.[41] Gegenständlich konzentriert sich der Beratungs-Rechtsschutz nach den ARB 2005 auf das

---

38 Vgl. dazu BGH AGS 2009, 109; überzeugend auch die Ausführungen des AG Neumünster AGS 2011, 475 = zfs 2011, 406, wonach der Entstehung einer Einigungsgebühr nicht entgegensteht, dass die Gebühren für eine Beratung nicht mehr im Vergütungsverzeichnis des RVG geregelt sind.

39 Eingehend 4. Aufl. Rn 25.
40 So etwa § 5 Abs. 1a) ARB 2005 der Advocard; eingehend *Hansens*, RVGreport 2006, 121, 123.
41 *van Bühren*, AnwBl 2007, 473, 474.

Familien-, Lebenspartnerschafts- und Erbrecht;[42] Gleiches gilt für die **ARB 2008**.[43] Die in Vorbereitung befindlichen ARB 2008 werden für eine Erstberatung voraussichtlich nur einen Erstattungsbetrag von 120 EUR ausweisen.[44]

40 Die Anpassung der Versicherungsbedingungen an die Deregulierung des Vergütungsrechts im Beratungssektor erfasst freilich nicht alle Versicherungsverträge. Die **Einbeziehung** neuer oder geänderter ARB ist nur durch eine **gesonderte vertragliche Vereinbarung** zwischen dem Versicherungsnehmer (= Auftraggeber) und der Versicherungsgesellschaft möglich. Verweigert der Versicherungsnehmer insoweit seine Zustimmung, verbleibt es bei der im Zeitpunkt des Vertragsschlusses gültigen Version.[45] Für ein nach dem 1.7.2006 erteiltes Mandat sollte der Anwalt daher die Versicherungsunterlagen seines Auftraggebers einsehen. Enthalten sie keine Anpassung an die neue Rechtslage, sollte der Anwalt eine Anfrage an den Rechtsschutzversicherer richten und sich dessen Erstattungspflicht nach Grund und Höhe im Einzelfall schriftlich bestätigen lassen.[46] Anderenfalls sieht sich sein Auftraggeber der Gefahr ausgesetzt, dass der Versicherer unter Hinweis auf den Wegfall der gesetzlichen Gebühren, die nach den ARB 1975–2000 eine Leistungspflicht begründet und den Leistungsumfang bestimmt haben, die Erstattung verweigert.[47]

41 **ee) Kostenerstattung.** Die nach Abs. 1 S. 1 vereinbarte Beratungsgebühr kann **erstattungsfähig** sein, auch wenn sie nicht unmittelbar zu den Kosten des Rechtsstreits i.S.d. § 91 Abs. 1 ZPO zählt.[48] Auch ist die übliche Vergütung nach § 34 Abs. 1 S. 2 i.V.m. § 612 Abs. 2 BGB keine gesetzliche Gebühr, die einer Kostenerstattung grundsätzlich zugänglich ist.[49] Allerdings ist eine Beratungsgebühr für eine prozessvorbereitende[50] bzw. prozessbegleitende[51] Beratung im Falle der Durchführung eines Rechtsstreits zumindest in Höhe der ersparten Verfahrensgebühr erstattungsfähig.[52]

> **Beispiel 1:** Der Beklagte wendet sich unter Vorlage der Klageschrift an einen Anwalt. Er möchte ihn nicht zum Prozessbevollmächtigten bestellen, sondern nur wissen, ob er sich im Rechtsstreit mit Erfolg auf Verjährung berufen kann. Nachdem er dies – aufgrund entsprechender Beratung – getan hat, wird die Klage abgewiesen.
>
> **Beispiel 2:** Der Kläger führt seinen Mietrechtsstreit vor dem Amtsgericht allein. Er hat mit seinem Anwalt, der nicht zum Prozessbevollmächtigten bestellt ist, vereinbart, dass dieser vor Einleitung des Verfahrens im Rahmen einer Beratung seine Klageschrift liest und ggf. Fehler korrigiert.

42 Meines Erachtens sind in beiden Fällen die Kosten für die Beratung dem Grunde nach erstattungsfähig: Im Rahmen des § 91 Abs. 1 und 2 ZPO sind die Kosten des Rechtsstreits, insbesondere die Gebühren und Auslagen eines Rechtsanwalts vom unterlegenen Gegner zu erstatten. Wenn der Mandant durch die anwaltliche Beratung im Vorfeld bzw. während des Rechtsstreits in die Lage versetzt wird, das Verfahren ohne Prozessbevollmächtigten zu führen, dann darf er erstattungsrechtlich nicht schlechter gestellt werden, als eine Partei, die einen Anwalt für das gesamte Verfahren beauftragt. Gegen die Erstattungsfähigkeit spricht auch nicht, dass die Höhe der Beratungsgebühr auf einer Vereinbarung zwischen Anwalt und Mandant beruht. Denn der Schutz des unterlegenen Gegners kann dadurch sichergestellt werden, dass die Erstattungsfähigkeit auf die Höhe derjenigen Gebühren begrenzt wird, die nach dem RVG bei der Vertretung durch einen Prozessbevollmächtigten entstanden wären.

---

42 Siehe z.B. § 2k der ARB der ARAG, § 2l der ARB der AUXILIA, § 2k der ARB der Advocard.
43 § 2k der ARB 2008 i.d.F. der GDV-Musterbedingungen, abgedr. bei *van Bühren/Plote*, ARB, 2. Aufl. 2008, S. 389 ff.
44 *van Bühren*, AnwBl 2007, 473, 474. § 5 Abs. 1a) der GDV-Musterbedingungen lässt den erstattungsfähigen Betrag insoweit offen, vgl. *van Bühren/Plote*, ARB, 2. Aufl. 2008, S. 396.
45 Kilian/vom Stein/*Rick*, § 29 Rn 284.
46 Zutreffend *Enders*, Rn 502.
47 Ausführlich dazu *Hansens*, RVGreport 2006, 121, 123 f.; vgl. auch AG Neumünster AGS 2011, 475 = zfs 2011, 406.

48 OLG Rostock AGS 2008, 314 = JurBüro 2008, 371.
49 Vgl. OLG Stuttgart NJW 2007, 924, 925; OLG Rostock RVGreport 2008, 269 = AGS 2008, 314 m. abl. Anm. *N. Schneider*.
50 *N. Schneider*, AGS 2008, 315; Hartung/Römermann/Schons/*Hartung*, RVG, § 34 Rn 106.
51 LG Berlin AGS 2008, 515 = RVGreport 2008, 268; vgl. auch *Hansens*, RVGreport 2008, 245.
52 A.A. OLG Celle AGS 2014, 150 = NJW-RR 2014, 952 = RVGreport 2014, 115 = NJW-Spezial 2014, 189 = NJW 2014, 2806.

b) Gutachten

Über die Beratung hinaus dereguliert Abs. 1 S. 1 auch die Ausarbeitung eines schriftlichen Gutachtens. Es ist keine gesetzliche Gebühr – weder in konkreter Höhe, noch als angemessene Gebühr – vorgesehen. Vielmehr soll der Rechtsanwalt eine Gebührenvereinbarung abschließen.

43

Der Auftrag zur Gutachtenerstellung ist ein **Werkvertrag** nach § 631 BGB.[53]

44

aa) Auftrag; Abgrenzung zur Beratung. Bei der Übernahme des Mandats sollte sich der Anwalt unbedingt versichern, dass der **Auftrag des Mandanten** auf die Ausarbeitung eines schriftlichen Gutachtens gerichtet ist. Die Unterscheidung zwischen gutachtlicher und beratender Tätigkeit ist bereits mit Blick auf die Anrechnungsvorschrift des Abs. 2 von großer Bedeutung. Sie gilt nur für die Beratung, nicht aber für die Gutachtertätigkeit (siehe Rdn 126). Im Zweifel ist lediglich von einem Beratungsauftrag auszugehen.[54]

45

Schwierig kann im Einzelfall die **Abgrenzung** zwischen einem schriftlichen Gutachten und einem schriftlichen Rat i.S.d. Abs. 1 S. 1 sein. Ein **Rat** braucht indes nur kurz begründet zu sein; überdies formuliert er regelmäßig eine konkrete Verhaltensempfehlung für den Mandanten. Das **Gutachten** enthält demgegenüber eine umfassende Würdigung der Sach- und Rechtslage. Im Gegensatz zum Rat wird dem Mandanten nicht nur das Ergebnis einer rechtlichen Prüfung kommuniziert; er erfährt vielmehr auch, mit welchen Überlegungen der Anwalt zu einem bestimmten Ergebnis gelangt ist.[55]

46

Abzugrenzen ist das Gutachten i.S.v. Abs. 1 S. 1 weiterhin von der **gutachtlichen Äußerung des Verkehrsanwalts** nach der Anm. zu VV 3400. An diese Äußerung sind nach Umfang und Inhalt geringere Anforderungen zu stellen. Zudem richtet sich die gutachtliche Äußerung an den Rechtsmittelanwalt, während das Gutachten sich an den Auftraggeber richtet, um ihm eine Entscheidungshilfe zu geben.[56]

47

Auf die auftragsgemäße Anfertigung eines wissenschaftlichen Aufsatzes mit einem **„bestellten" Ergebnis** hat das OLG Naumburg die Regelung des § 34 Abs. 1 entsprechend angewandt.[57] Richtet sich der dem Anwalt erteilte Auftrag auf die Anfertigung eines Gutachtens über die **Erfolgsaussichten eines Rechtsmittels**, wird die allgemeine Regelung des Abs. 1 S. 1 durch die Spezialvorschriften der VV 2101, 2103 verdrängt (siehe dazu Rdn 84 ff.).

48

bb) Anforderungen. Für die Qualifikation als Gutachten ist allein sein **Inhalt** entscheidend. Die Bezeichnung „Gutachten" ist hingegen nicht zwingend erforderlich. Als Essentialia eines Gutachtens gelten
– die schriftliche Abfassung,
– eine geordnete Darstellung des zu beurteilenden Sachverhalts,
– die Herausstellung der rechtlichen Probleme,
– eine Stellungnahme zu Rechtsprechung und Schrifttum, die sich mit den rechtlich relevanten Problemen befasst, sowie
– ein eigenes Urteil, wie die einzelnen Stimmen aus Rechtsprechung und Literatur zu würdigen sind, insbesondere welche Konsequenzen sich für den konkreten Fall ergeben.

49

(1) Schriftlichkeit. Das Gutachten muss nach dem ausdrücklichen Wortlaut des Abs. 1 S. 1 schriftlich erstellt sein. Eine mündliche oder fernmündliche Äußerung reicht selbst dann nicht, wenn sie höchst wissenschaftliche Ausführungen enthält und das Ergebnis einer ausführlichen Prüfung und Recherche ist.[58]

50

Das Schriftlichkeitserfordernis ist **nicht** gleichbedeutend mit dem **Schriftformerfordernis** nach §§ 126 ff. BGB. Ihm kommt keine Warnfunktion zugunsten des Auftraggebers zu. Daher ist eine Versendung des Gutachtenoriginals in schriftlicher Form nicht erforderlich. Die Weitergabe des

51

---

[53] BGH NJW 1967, 717 = MDR 1967, 196 = BB 1967, 145; LG Hamburg AnwBl 1975, 237; OLG Köln MDR 1980, 667; *Hansens*, BRAGO, § 21 Rn 1; Palandt/ *Sprau*, BGB, § 631 Rn 24 m.w.N.
[54] Vgl. Gerold/Schmidt/*Mayer*, § 34 Rn 24.
[55] OLG München JurBüro 1992, 103; Bischof/Jungbauer/ Bräuer/Corkovic/Mathias/Uher/*Bischof*, RVG, § 34 Rn 37; Gerold/Schmidt/*Mayer*, § 34 Rn 25; *Schalhorn*, JurBüro 1972, 379.
[56] OLG Köln JurBüro 1978, 870; *Hansens*, BRAGO, § 21 Rn 1.
[57] OLG Naumburg NJW 2009, 1679 = JurBüro 2009, 365.
[58] *Hartmann*, § 34 RVG Rn 15; *Hansens*/Braun/Schneider, Teil 8 Rn 46.

Gutachteninhalts per Telefax, nicht digital signierter E-Mail oder per Datenträger (DVD, CD, Diskette, USB-Stick) ist ausreichend, wenn der Auftraggeber in der Lage ist, so das Gutachten schriftlich herzustellen.

52 **(2) Geordnete Darstellung des zu beurteilenden Sachverhalts.** Erforderlich ist zudem eine geordnete Darstellung des Sachverhalts, welcher der rechtlichen Würdigung im Gutachten zugrunde liegt. Je nach Aufgabenstellung können auch verschiedene Sachverhalte zugrunde liegen. Sind etwa bestimmte Tatsachen streitig, muss insoweit eine Sachverhaltsalternativität deutlich gemacht werden.

53 Das Erfordernis einer geordneten Sachverhaltsdarstellung dient der Fixierung der der juristischen Subsumtion zugrunde liegenden Tatsachen. Der Leser soll einwandfrei nachvollziehen können, von welcher tatsächlichen Grundlage der Gutachter ausgegangen ist. So soll die Wiedergabe des Sachverhalts auch die Überprüfung des Gutachtens ermöglichen.

54 **(3) Herausstellung der rechtlichen Probleme.** Die zum Gutachtenthema veröffentlichte Judikatur und Literatur ist ein weiteres, unverzichtbares Merkmal eines Gutachtens nach Abs. 1 S. 1. Dabei muss sich der Anwalt auch mit Gegenmeinungen auseinander setzen. Abwegige und überholte Auffassungen können dabei durchaus vernachlässigt werden. Je nach Fragestellung des Auftraggebers kann es auch genügen, sich ausschließlich mit der Rechtsprechung auseinander zu setzen, etwa wenn die Literaturmeinungen in der Praxis keine Bedeutung haben.

55 Die Angabe von Fundstellen einschlägiger Judikate und Veröffentlichungen ist nicht zwingend erforderlich. Sie bietet jedoch ein Indiz dafür, dass der Anwalt sich mit Rechtsprechung und Literatur auseinander gesetzt hat.[59] Einen Anscheinsbeweis im Rechtssinne ergibt die Anführung von Fundstellen als solche indes noch nicht.[60]

56 **(4) Eigene Stellungnahme des Anwalts.** Erforderlich ist ferner eine eigene Stellungnahme des Anwalts.[61] Fehlt sie, liegt kein Gutachten vor, sondern lediglich eine Auskunft. Eine bloße Bestandsaufnahme und Wiedergabe der veröffentlichten Rechtsprechung und Literatur reicht daher nicht aus. Erforderlich sind vielmehr auch Ausführungen dazu, wie sich die Rechtsprechung und die in der Literatur vertretenen Auffassungen auf die Beantwortung der zu begutachtenden Frage auswirken und welche Auffassung der Anwalt aus welchen Gründen für zutreffend hält. Das Erfordernis einer eigenen Stellungnahme darf allerdings nicht überstrapaziert werden. So braucht der Anwalt dann keine eigene Stellungnahme abzugeben, wenn die verschiedenen Lösungen zum selben Ergebnis führen. Ebenso kann es ausreichen, wenn der Anwalt darauf hinweist, dass die Frage offen ist und eine verbindliche klare Entscheidung nicht getroffen werden kann. Der Auftraggeber muss dann allerdings dem Gutachten die Gründe hierfür entnehmen können.

57 Das Gutachten muss eine **juristische Begründung** enthalten.[62] Dies bedeutet jedoch lediglich, dass die Rechtslage Anknüpfungspunkt sein muss. Das Schwergewicht des Gutachtens kann im Einzelfall auch in nicht-juristischen Bereichen liegen, etwa wenn der Anwalt sich bei der Begutachtung einer Arzthaftungsfrage mit medizinischen Problemen auseinander zu setzen hat.

58 Das Gutachten muss grundsätzlich **unparteiisch** sein.[63] Der Anwalt hat sich stets vor Augen zu halten, dass sein Auftraggeber eine objektive Aufklärung über die bestehende Rechtslage wünscht. Er darf sich daher nicht von Parteiinteressen oder Zweckmäßigkeitserwägungen leiten lassen.

59 **(5) Sonstige Anforderungen.** Das Gutachten muss **verständlich** und daher so aufgebaut und abgefasst sein, dass es dem Auftraggeber möglich ist, den Inhalt in tatsächlicher und rechtlicher Beziehung zu prüfen oder auch durch Dritte nachprüfen zu lassen.[64] Unerheblich ist indes, ob der Auftraggeber von den Gedankengängen des Gutachters und von seinem Ergebnis überzeugt ist.

60 Der **Aufbau** und der **Stil** des Gutachtens stehen dem Anwalt frei. Er kann es im Urteilsstil abfassen, aber auch im Gutachtenstil. Auch der Umfang der Darstellung der einzelnen Gedankengänge ist

---

59 OLG Karlsruhe BB 1976, 334; OLG München JurBüro 1999, 298.
60 Zutreffend *Hartmann*, § 34 RVG Rn 19.
61 OLG Karlsruhe BB 1976, 334; OLG München JurBüro 1999, 298; Gerold/Schmidt/*Mayer*, § 34 Rn 26.
62 Mayer/Kroiß/*Winkler*, VV 2103 a.F. Rn 9; *Hansens*/Braun/Schneider, Teil 8 Rn 47.
63 Bischof/Jungbauer/Bräuer/Corkovic/Mathias/Uher/*Bischof*, RVG, § 34 Rn 38 ff.; Gerold/Schmidt/*Mayer*, § 34 Rn 25.
64 *Hartmann*, § 34 RVG Rn 23; Gerold/Schmidt/*Mayer*, § 34 Rn 25.

grundsätzlich dem Anwalt überlassen. Es muss sich jedoch um geordnete, nachvollziehbare und verständliche Ausführungen handeln. Die bloße Aneinanderreihung von Gedanken genügt nicht.

cc) Art und Höhe der Vergütung. Nach VV 2103 a.F. und der Vorgängernorm des § 21 S. 1 BRAGO stand dem Rechtsanwalt für die Erstellung des Gutachtens eine **angemessene Gebühr** zu. Die Konkretisierung dieses unbestimmten Rechtsbegriffs erfolgte nach den Kriterien des § 14 Abs. 1; maßgebend waren danach die Umstände des Einzelfalls, namentlich der Umfang und die Schwierigkeit der gutachtlichen Tätigkeit, die Bedeutung des Gutachtens für den Auftraggeber, dessen Einkommens- und Vermögensverhältnisse sowie das persönliche Haftungsrisiko des Gutachters.[65] Da die Gutachtenerstellung gegenüber der bloßen Erteilung eines Rates mit einem weitaus höheren intellektuellen und zeitlichen Aufwand verbunden ist, wurde als Ausgangspunkt für die Angemessenheit der Gutachtengebühr zumeist eine Gebühr von 2,0 angesetzt;[66] nach den Umständen des Einzelfalles variierte die Gebühr zwischen einem Satz von 0,5 für sehr einfache und 3,5 für sehr schwierige Gutachtenaufträge.[67]

61

Die vergütungsrechtliche Freigabe der gutachtlichen Tätigkeit führt nunmehr dazu, dass der Rechtsanwalt mit seinem Auftraggeber nach Abs. 1 S. 1 die Höhe seiner Gebühren frei vereinbaren kann. Vorbehaltlich der allgemeinen zivilrechtlichen Schranken der §§ 134, 138 BGB (siehe § 3a Rdn 17) sind die Parteien bei der Vereinbarung der Gebührenhöhe frei; sie unterliegt dem **Grundsatz der Privatautonomie**. Als Vergütungsmodell bietet sich eine Analogie der zu § 21 BRAGO, VV 2103 a.F. entwickelten Grundsätze an; auch ein Pauschal- oder Zeithonorar (siehe § 3a Rdn 60 ff., 63) ist möglich. Dem Wesen der gutachterlichen Tätigkeit als Werkleistung (siehe Rdn 44) entspricht die Vereinbarung einer Pauschal- oder Stundenvergütung wohl am besten.

62

dd) Auslagen. Außer der vereinbarten Gutachtengebühr kann der Anwalt grundsätzlich auch die Erstattung seiner Auslagen verlangen. Die Vereinbarung nach Abs. 1 S. 1 erstreckt sich nur auf die Gebühr als Äquivalent der anwaltlichen Werkleistung, nicht auch auf die Auslagen (siehe Rdn 8). Wenn insoweit keine gesonderte Auslagenvereinbarung getroffen wurde, sind die dem Anwalt im Zuge der Gutachtenerstellung entstandenen Auslagen daher nicht mit der Gebühr abgegolten; vielmehr sind die **VV 7000 ff. kumulativ anwendbar**.[68]

63

Die **Dokumentenpauschale** für die Auswertung der Rechtsprechung und Literatur ist freilich nach VV Vorb. 7 Abs. 1 durch die Gutachtengebühr regelmäßig abgegolten; entsprechendes gilt für die allgemeinen Schreibauslagen. Soweit der Auftraggeber mehrere Exemplare des Gutachtens wünscht, kann der Anwalt hingegen gemäß VV 7000 Nr. 1 Buchst. d eine Dokumentenpauschale berechnen.[69] Nichts anderes gilt, wenn der Mandant Kopien der zitierten Gerichtsentscheidungen oder Literaturveröffentlichungen wünscht oder Auszüge aus Behördenakten beigefügt sehen möchte (VV 7000 Nr. 1 Buchst. a).

64

Sofern das Gutachten als Poststück verschickt, gefaxt oder per E-Mail gesendet wird, kann der Anwalt auch nach VV 7001 Erstattung der **Telekommunikationsentgelte** verlangen, die er nach VV 7002 auch pauschalieren kann.

65

Reisekosten nach den VV 7003 ff. können ebenfalls zu ersetzen sein, etwa wenn der Anwalt bei auswärtigen Behörden Einsicht in Akten oder Pläne nehmen oder wenn er sich von den Örtlichkeiten ein Bild machen muss.[70] Fahrten zur Beschaffung der erforderlichen Entscheidungen und Literatur sind dagegen nach VV Vorb. 7 Abs. 1 S. 1 als allgemeine Geschäftskosten mit der Gutachtengebühr abgegolten.

66

Die Erstattung der **Umsatzsteuer** kann der Anwalt nach VV 7008 neben der Gutachtengebühr verlangen, wenn sich aus der getroffenen Gebührenvereinbarung nichts anderes ergibt. Sie erfasst nach Abs. 1 S. 1 im Zweifel nur die Gebühr, nicht auch den Auslagentatbestand des VV 7008 (siehe Rdn 8). Insoweit ergibt sich ein Unterschied zu der „klassischen" Vergütungsvereinbarung nach § 3a, wo die Umsatzsteuer mangels gegenteiliger Vereinbarung mit der Vergütung abgegolten ist (siehe § 3a Rdn 95 f.).

67

---

65 Eingehend 4. Aufl. VV 2103 a.F. Rn 23 m.w.N.
66 Vgl. *Hansens*, BRAGO, § 12 Rn 2; 4. Aufl. VV 2103 a.F. Rn 25.
67 *Hansens*/Braun/Schneider, Teil 8 Rn 58; vgl. zu § 21 BRAGO *Schall*, BB 1989, 956; *Schumann*, NJW 1969, 265; RAK München, NJW 1976, 2300.
68 *Hansens*/Braun/Schneider, Teil 8 Rn 55.
69 Gerold/Schmidt/*Mayer*, § 34 Rn 30.
70 *Hansens*/Braun/Schneider, Teil 8 Rn 55.

68 **ee) Vorzeitige Beendigung.** Endet der Auftrag vor der Fertigstellung des Gutachtens, hängt die Entstehung der Vergütung nach Abs. 1 S. 1 wesentlich vom Inhalt der getroffenen Vereinbarung ab. Haben die Parteien keine eindeutige Regelung getroffen, hat gemäß §§ 133, 157 BGB eine **Auslegung** der Vereinbarung zu erfolgen. Führt auch sie zu keinem befriedigenden Ergebnis, ist im Zweifel eine **Abgrenzung nach Risikosphären** vorzunehmen: Endet der Auftrag durch einen vom Rechtsanwalt nicht zu vertretenen Grund, steht ihm nach § 649 BGB eine **angemessene Gebühr** unter Berücksichtigung seiner bisherigen Arbeitsleistung zu.[71] Hauptanwendungsfall ist die Entziehung des Auftrages durch den Mandanten. Liegt die vorzeitige Beendigung des Mandats hingegen in der Sphäre des Anwalts, entsteht **kein Vergütungsanspruch**. Insoweit kommen in Betracht der Verlust der Zulassung, die Kündigung des Anwalts ohne wichtigen Grund oder gar sein Tod.

69 **ff) Anrechnung.** Eine Anrechnung der vereinbarten Gutachtengebühr auf andere Gebühren, etwa die Verfahrensgebühr eines nachfolgenden Rechtsstreits, ist – im Gegensatz zu der Beratungsgebühr – nicht vorgesehen (siehe Rdn 125 ff.). Der Anwalt erhält die Vergütung vielmehr **zusätzlich** und kann diese auch behalten, wenn er anschließend einen weiter gehenden Auftrag, etwa einen Prozessauftrag, erhält.[72]

70 **gg) Fälligkeit.** Die Vergütung wird erst mit der **Ablieferung** des Gutachtens fällig (§ 8 Abs. 1 S. 1). Einer Abnahme nach § 640 BGB bedarf es nicht.

71 **hh) Kostenerstattung.** Die dem Anwalt nach Abs. 1 S. 1 gezahlte Vergütung für die Einholung eines Rechtsgutachtens zählt **nicht** unmittelbar zu den **Kosten des Rechtsstreits** nach § 91 Abs. 1 ZPO. Die Kosten sind jedoch erstattungsfähig bis zur Höhe der erstattungsfähigen gesetzlichen Vergütung.

c) Mediation

72 **aa) Allgemeines.** Auf die in Abs. 1 S. 1 genannte Notwendigkeit einer Gebührenvereinbarung für die Tätigkeit als Mediator wies bereits S. 1 der bis zum 30.6.2006 geltenden Fassung des § 34 hin. Schon vor dem Inkrafttreten dieser Vorschrift am 1.7.2004 wurde die Vergütung des anwaltlichen Mediators durch Honorarvereinbarung geregelt; insofern übernahm der Reformgesetzgeber lediglich die in der Mediationspraxis geltenden Gepflogenheiten. Die Integration der Mediation in das RVG unterstreicht jedoch, dass die Mediation auch im vergütungsrechtlichen Sinne eine originäre **anwaltliche Tätigkeit** ist (siehe dazu § 1 Rdn 96 ff.).

73 Zivilrechtlich ist der zwischen den Medianten und dem Anwaltmediator geschlossene **Mediationsvertrag** als Dienstvertrag mit Geschäftsbesorgungscharakter (§§ 611, 675 BGB) zu qualifizieren.[73] Der Mediator schuldet daher kein bestimmtes Ergebnis.[74] Textform ist nicht vorgeschrieben, aber stets ratsam.

74 **bb) Begriff.** Der Begriff „Mediation" geht zurück auf das englische Verb „to mediate", was „vermitteln" oder „aushandeln" bedeutet. Es wurzelt im lateinischen „mediare" („in der Mitte sein"). Wenngleich damit der Kern mediierender Tätigkeit bereits erfasst ist, erscheint eine einheitliche und scharf konturierte **Definition** der Mediation angesichts ihrer Interdisziplinarität, Komplexität und Variationsbreite kaum möglich. In einem weiteren und allgemein akzeptierten Sinne ist Mediation indes als ein strukturiertes[75] außergerichtliches Verfahren anzusehen, in dem ein besonders geschulter **neutraler Dritter** versucht, ohne eigene Entscheidungskompetenz eine Einigung mit den Konfliktparteien zu erarbeiten.[76] Tritt der Anwalt im Mediationsverfahren als Interessenvertreter einer Partei auf, ist Abs. 1 S. 1 nicht anwendbar, da es an der gebotenen Neutralität fehlt.[77]

---

71 Gerold/Schmidt/*Mayer*, § 34 Rn 31; so auch *Hansens/Braun/Schneider*, Teil 8 Rn 52, die den Vergütungsanspruch freilich über eine Analogie zu VV 2103 begründen.

72 Ebenso zum alten Recht KG AnwBl 1957, 100; OLG Karlsruhe Justiz 1976, 210 = MDR 1976, 670; *Hansens*, BRAGO, § 21 Rn 1; *Mümmler*, JurBüro 1978, 496.

73 Henssler/Koch-*Koch*, § 11 Rn 17; Kilian/vom Stein-*Kilian*, § 33 Rn 3.

74 AG Lübeck NJW 2007, 3789.

75 Zu den fünf Ablaufphasen einer Mediation prägnant und übersichtlich *Mähler/Mähler*, B 5 Rn 57 ff.

76 Vgl. *Breidenbach*, S. 4, *Risse*, § 1 Rn 9; Henssler/Koch-*Koch*, § 1 Rn 10; *Kilger*, AnwBl 1996, 626; Schiffer/von Schubert/*Haase*, Rn 747; ähnlich Haft/Schlieffen-*Haft*, § 2 Rn 1.

77 OLG Braunschweig AGS 2007, 127 = JurBüro 2007, 196 = RVGreport 2007, 27.

In **Rechtsangelegenheiten** setzt die Tätigkeit als Mediator neben der juristischen Fachkompetenz auch die Kenntnis der spezifischen Verfahrenstechnik für eine Verhandlungsführung voraus, mittels derer ein zwischen den Beteiligten aufgetretenes Verhandlungshindernis mit dem Ziel einer Einigung überwunden werden kann.[78] Idealiter besteht der so gewonnene Konsens in der schriftlich fixierten Neubegründung und Neuformulierung der wechselseitigen Rechte und Pflichten der Konfliktparteien. Gerade der Abschluss einer **formalrechtlich wirksamen Vereinbarung** zwischen den Medianten bedingt ihre rechtliche Begleitung im Mediationsverfahren; diese ist daher gewichtiger und vollwertiger Teil der Gesamttätigkeit des Anwaltmediators.[79]

cc) Art und Höhe der Vergütung. Die Art und Berechnung seiner Vergütung kann der Anwalt mit den Medianten im Rahmen der allgemeinen zivil- und berufsrechtlichen Schranken (siehe dazu § 3a Rdn 20 ff.) frei vereinbaren. Als Vergütungsmodelle kommen etwa die Vereinbarung einer **Pauschalvergütung** oder die Anwendung an sich nicht geltender **gesetzlicher Gebühren** in Betracht.[80] Auch ein **Erfolgshonorar** ist nach Maßgabe des § 4a zulässig und stellt für den Anwaltsmediator keinen Verstoß gegen § 49b Abs. 2 BRAO dar. Bereits die bis zum 30.6.2008 gültige Altfassung des § 49b Abs. 2 BRAO beanspruchte nach ihrer ratio legis für die Tätigkeit des Anwaltsmediators keine Geltung.[81]

Üblich ist bei der Mediation seit jeher eine **Zeitvergütung nach Stundensätzen**.[82] Diese Abrechnungsmethode entspricht auch dem Wesen des Mediationsverfahrens, haben es die Parteien doch so selbst in der Hand, die Kosten der Mediation durch eine rasche und zielstrebige Einigung möglichst gering zu halten[83] (zu den Einzelheiten einer Zeitvergütung siehe § 3a Rdn 63 ff.).

Die Höhe der nach Abs. 1 S. 1 vereinbarten Vergütung kann von Fall zu Fall variieren und ist daher einer schematischen Bewertung nicht zugänglich. Ergibt sich die **Vergütungshöhe** nicht aus den Umständen des Einzelfalls, kann sich der Anwalt hilfsweise an den Bestimmungskriterien des § 14 Abs. 1 orientieren (siehe § 14 Rdn 21 ff.).[84] Die Höhe der Vergütung hängt schließlich auch davon ab, auf welchem **Rechtsgebiet** eine Mediation durchzuführen ist. Im Bereich der Wirtschaftsmediation werden naturgemäß die höchsten Honorare gezahlt; verbreitet sind hier Nettostundensätze ab 200 EUR.[85] Die Gesellschaft für Wirtschaftsmediation und Konfliktmanagement (GWMK)[86] schlägt insoweit Stundensätze zwischen 150 und 500 EUR zuzüglich Umsatzsteuer und Auslagenerstattung vor. Im Übrigen werden nach einer Studie des Soldan-Instituts für Anwaltsmanagement[87] aus dem Jahre 2004 in der Mediationspraxis Stundensätze ab 50 EUR vereinbart. Nach einer weiteren Untersuchung desselben Instituts[88] hat sich im Bereich der Mediation inzwischen ein durchschnittlicher Stundensatz von 151 EUR herausgebildet; der „**Eckpreis**" liegt bei **150 EUR**.

dd) Rechtsschutzversicherung. Verfügt der Mandant über eine Rechtsschutzversicherung, sollte der Anwalt versuchen, für die geplante Mediation eine **Deckungszusage** einzuholen.[89] Als Ansatzpunkt bietet sich die Regelung in § 5 Abs. 1d) ARB 94/2000/2008 an. Danach sind die Gebühren eines Schieds- oder Schlichtungsverfahrens erstattungsfähig bis zur Höhe der Gebühren, die im Falle der Anrufung eines zuständigen staatlichen Gerichts in erster Instanz entstehen. Die Mediation ist ein Schlichtungsverfahren in diesem Sinne. Soll im Einvernehmen des rechtsschutzversicherten Auftraggebers mit seinem Gegner eine Mediation durchgeführt werden, fallen die Kosten des Anwaltmediators daher grundsätzlich unter § 5 Abs. 1d).[90] Voraussetzung ist indes auch hier, dass für das in Frage stehende Rechtsgebiet uneingeschränkter Rechtsschutz existiert. Daher wird insbesondere im Bereich des Familienrechts, wo sich der Rechtsschutz nach § 2k ARB 94/2000/2008 auf einen Rat oder eine Auskunft beschränkt, die Inanspruchnahme der Versicherung kaum in Betracht

---

78 *Schulz*, AnwBl 1994, 275; Henssler/Koch-*Koch*, § 1 Rn 11.
79 Kilian/vom Stein-*Kilian*, § 33 Rn 1.
80 Kilian/vom Stein-*Kilian*, § 33 Rn 5; Riedel/Sußbauer/*Fraunholz*, § 34 Rn 22.
81 Zutreffend *Rüssel/Sensburg*, SchiedsVZ 2006, 324, 326; ähnlich *Henssler/Kilian*, FuR 2001, 104, 107.
82 Henssler/Koch-*Brieske*, § 12 Rn 85; Kilian/vom Stein-*Kilian*, § 33 Rn 5.
83 Vgl. *Mähler/Mähler*, B 5 Rn 87.
84 Riedel/Sußbauer/*Fraunholz*, § 34 Rn 22.
85 *Risse*, § 13 Rn 6, Schiffer/*von Schubert/Haase*, Rn 776.
86 Www.gwmk.org.
87 *Hommerich/Kriele*, Marketing für Mediation, Soldan-Institut für Anwaltsmanagement, 2004, S. 50 f.
88 *Hommerich/Kilian*, Vergütungsvereinbarungen deutscher Rechtsanwälte, 2006, S. 73 f. Dazu auch *Monßen*, ZKM 2006, 85; *Hergenröder*, AGS 2006, 361 f.
89 Dazu allgemein Kilian/vom Stein-*Rick*, § 29 Rn 306 ff. m.w.N.
90 Harbauer/*Bauer*, Rechtsschutzversicherung, 7. Aufl. 2004, § 5 ARB 94/2000 Rn 8; Henssler/Koch-*Brieske*, § 12 Rn 108.

kommen.[91] Einige Versicherer erstatten nach ihren **ARB 2005** ausdrücklich die Kosten der außergerichtlichen Konfliktlösung durch eine Mediation, sehen aber insoweit Höchstbeträge vor.[92]

80 Andere Rechtsschutzversicherer haben die Mediation unterdessen in ihre der Anwaltschaft angebotenen **Rationalisierungsabkommen** integriert. So sah die Gebührenvereinbarung der APRAXA eG in der Fassung vom 27.5.2004 für die Tätigkeit als Anwaltmediator eine Pauschalvergütung von 65 EUR pro voller Stunde vor.[93] Unabhängig von den allgemeinen berufs- und vergütungsrechtlichen Bedenken gegen derartige Rationalisierungsabkommen[94] erscheint eine Stundenpauschale von 65 EUR als Vergütung nach Abs. 1 S. 1 zu gering und daher nicht akzeptabel.

81 **ee) Prozesskosten- und Beratungshilfe.** Für ein Mediationsverfahren kann keine staatliche Kostenhilfe beansprucht werden. Die Bewilligung von **Prozesskostenhilfe** scheitert bereits an dem fehlenden forensischen Bezug der Mediation. Sie kann selbst dann nicht gewährt werden, wenn die außergerichtliche Mediation auf Anregung des Prozessgerichts zur Beilegung eines anhängigen Rechtsstreits durchgeführt werden soll (gerichtsnahe Mediation).[95] Ordnet das Gericht hingegen von Amts wegen eine Mediation an, sind die Kosten des im Rahmen der Prozesskostenhilfe beigeordneten Mediators von der Staatskasse zu tragen.[96] Das **BerHG** sieht, soweit die Medianten anwaltlich begleitet sind, die Tätigkeit eines weiteren Anwalts als Mediator nicht vor.[97]

82 Eine spezielle **Mediationskostenhilfe** wird de lege ferenda seit Jahren vergeblich gefordert.[98] Immerhin sind dem Bundesjustizministerium und dem Rechtsausschuss des Deutschen Bundestages durch die BAFM[99] im November 2006 ein Konzept für die Einführung einer Kostenhilfe für die außergerichtliche Streitbeilegung übersandt worden.[100] Es sieht auch die Einführung einer Mediationskostenhilfe vor. Auch dieser Vorstoß wird voraussichtlich an den defizitären öffentlichen Haushalten scheitern.[101]

83 **ff) Kappungsgrenzen, Anrechnung.** Die Vergütung des Mediators ist nicht nach Abs. 1 S. 3 gekappt. Auch eine Anrechnung nach Abs. 2 findet nicht statt (siehe Rdn 126).

3. Gebührenbestimmung in Teil 2 Abschnitt 1

84 Abs. 1 S. 1 a.E. schließt die Notwendigkeit einer Gebührenvereinbarung für die beratende, gutachtliche und mediierende Tätigkeit des Rechtsanwalts aus, soweit in VV Teil 2 Abschnitt 1 spezielle Gebühren bestimmt sind. Insoweit statuiert der Reformgesetzgeber die **Subsidiarität** der vereinbarten gegenüber der gesetzlichen Gebühr. Soweit die in VV Teil 2 Abschnitt 1 geregelten Gebühren greifen, bedarf es daher keiner Vereinbarung nach Abs. 1 S. 1; umgekehrt ist der Rechtsanwalt nicht gehindert, mit seinem Auftraggeber auch insoweit eine Vergütungsvereinbarung nach den allgemeinen Voraussetzungen der §§ 3a ff. zu treffen.

85 Praktisch relevant wird der Vorrang gesetzlicher Gebühren in VV Teil 2 Abschnitt 1 bei der Prüfung der **Erfolgsaussicht eines Rechtsmittels** (VV 2100 ff.). Erfolgt eine Beratung i.S.d. Abs. 1 S. 1 ausschließlich unter diesem Aspekt, richten sich die Gebühren nach VV 2100 bzw. 2102. Ist die Prüfung der Erfolgsaussicht mit der Ausarbeitung eines schriftlichen Gutachtens verbunden, entsteht nach VV 2101 eine gesetzliche Gebühr von 1,3 und in sozialrechtlichen Angelegenheiten nach VV 2103 eine Betragsrahmengebühr von 50 bis 550 EUR (siehe dazu eingehend die Kommentierungen zu VV 2100 ff.).

---

91 Henssler/Koch-*Brieske*, § 12 Rn 109; Harbauer/*Bauer*, a.a.O., § 5 ARB 94/2000 Rn 8.
92 So erstattet die AUXILIA nach ihren §§ 2l, 5 Abs. 2e ARB 2005 die Mediationskosten bis zu einer Höhe von 8 Sitzungsstunden zu je maximal 180 EUR.
93 Ziffer I.4.4 des Gebührenabkommens. Ihm waren auf Seiten der Versicherungswirtschaft beigetreten die Rechtsschutzversicherungen AUXILIA, DEURAG, DEVK und Zürich. Vgl. www.apraxa.de.
94 Zu der berufs- und vergütungsrechtlichen Dimension dieser Abkommen siehe Kilian/vom Stein-*Rick*, § 29 Rn 319; Krämer/Mauer/*Kilian*, Rn 438 f.; Madert/Schons, Vergütungsvereinbarung, A Rn 141, 148, 238.

95 OLG Dresden AGS 2007, 144 = RVGreport 2007, 37.
96 Zutreffend AG Eilenburg AGS 2008, 36 für einen Umgangsrechtsstreit im FGG-Verfahren.
97 Kilian/vom Stein-*Kilian*, § 33 Rn 9.
98 So etwa *Mähler/Mähler*, B 5 Rn 87.
99 Bundes-Arbeitsgemeinschaft für Familienmediation e.V., vgl. www.bafm-mediation.de.
100 Schreiben der BAFM v. 28.11.2006.
101 Vgl. *Ebert*, FS Madert, S. 67, 68 zu der Parallelsituation anlässlich der Einführung des RVG.

Die gesetzliche **Geschäftsgebühr** nach VV 2300 ist von der zu vereinbarenden Beratungsgebühr nach Abs. 1 S. 1 zu unterscheiden (zu der insoweit gebotenen Abgrenzung siehe Rdn 17 ff.).

Im Bereich der **Beratungshilfe** nach VV 2500 ff. ist eine Gebührenvereinbarung möglich. Sie entfaltet wegen der Sperrwirkung des § 8 Abs. 2 S. 1 BerHG allerdings nur dann Wirkung, wenn die Beratungshilfe nachträglich aufgehoben wird.

II. Gebühren nach BGB (Abs. 1 S. 2)

1. Fehlen einer Vereinbarung

Die Anwendung der Vorschriften des bürgerlichen Rechts setzt voraus, dass zwischen den Parteien für die anwaltliche Beratung, Begutachtung oder Mediation **keine Vereinbarung** nach Abs. 1 S. 1 getroffen worden ist (Abs. 1 S. 2). Nachdem die Vorschrift als Auffangtatbestand formuliert und systematisiert wurde, entspricht dem Anwendungsbereich des Abs. 1 S. 2 auch eine getroffene, aber **unwirksame Vereinbarung**. Erweist sich die Gebührenvereinbarung nach zivilrechtlichen Grundsätzen ausnahmsweise als nichtig (siehe § 3a Rdn 11 ff.), kann der Rechtsanwalt ebenfalls nach BGB abrechnen.

2. Vergütung nach bürgerlichem Recht

a) Verweis auf §§ 612, 632 BGB

Im Falle einer unterlassenen oder unwirksamen Gebührenvereinbarung erhält der Rechtsanwalt Gebühren nach den Vorschriften des bürgerlichen Rechts. Damit verweist Abs. 1 S. 2 für den Bereich der Beratung und der Mediation auf § 612 Abs. 2 BGB, für die – als Werkvertrag einzuordnende (siehe Rdn 44) – Gutachtenerstellung auf die Parallelvorschrift des § 632 Abs. 2 BGB.[102] Beide Normen haben übereinstimmend folgenden Wortlaut:

> **§§ 612, 632 BGB Vergütung**
>
> (2) ¹Ist die Höhe der Vergütung nicht bestimmt, so ist bei dem Bestehen einer Taxe die taxmäßige Vergütung, in Ermangelung einer Taxe die übliche Vergütung als vereinbart anzusehen.

Wird nicht über das Honorar gesprochen, dann wird häufig auch nicht über den Auftrag gesprochen. Es gelten dann die allgemeinen Grundsätze des BGB und die Grundsätze zur Darlegungs- und Beweislast. Der Anwalt muss darlegen und beweisen, dass ihm ein Beratungsauftrag erteilt worden ist. Nicht jedes Gespräch und jedes Telefonat mit dem Anwalt löst bereits einen Beratungsauftrag aus. So kann der Recht suchende Mandant durchaus ein Interesse daran haben, den Anwalt zunächst einmal zu fragen, ob er überhaupt bereit ist, ein entsprechendes Mandat anzunehmen, ob er das entsprechende Rechtsgebiet bearbeitet oder ob er gegebenenfalls aus Gründen der Interessenkollision dieses Mandat gar nicht annehmen kann.

Der Anwalt muss also nachweisen, dass das Gespräch über die bloße Akquisephase hinausgegangen ist.[103]

Die Rechtsprechung gewährt dem Anwalt gewisse Erleichterungen an die Darlegungs- und Beweislast. So geht das AG Brühl[104] davon aus, dass bei einem halbstündigen Gespräch in der Kanzlei des Anwalts eine Beratung beauftragt worden ist. Die Dauer eines Gesprächs von einer halben Stunde übersteige deutlich den Zeitraum einer bloßen Mandatsantragung (Akquise). Auch das AG Bonn[105] geht bei einem unstreitigen 25-minütigen Telefonat zwischen Anwalt und Mandant davon aus, dass ein Beratungsauftrag zustande gekommen ist. Das Gericht hält es nicht für glaubhaft, dass in einem unstreitig 25-minütigen Gespräch zwischen den Parteien nur über Allgemeines ohne rechtliche Relevanz gesprochen worden ist, da Rechtsanwälte unter einigem wirtschaftlichen Druck stehen und

---

102 *Hirtz*, ZAP 18/2005, S. 929; *Henssler*, NJW 2005, 1537; *Kilian/vom Stein-Kilian*, § 33 Rn 6; *ders.*, in Krämer/Mauer/Kilian, Rn 440a; *Hartung/Römermann/Schons*, § 34 Rn 71 f.; *Enders*, Rn 485.
103 AG Detmold AGS 2009, 530.
104 AGS 2008, 589 = MDR 2009, 58 = AnwBl 2008, 887 = NZG 2009, 435 = NJW-RR 2009, 851 = JurBüro 2009, 303 = RVGreport 2009, 460.
105 AGS 2011, 476.

92 Der Anwalt ist nicht verpflichtet, auf die Entgeltlichkeit seiner Beratungstätigkeit hinzuweisen. Es ist Sache des Mandanten, nachzuweisen bzw. zu beweisen, dass eine unentgeltliche Beratung vereinbart worden ist. Allerdings ist es Sache des Anwalts, den Beratungsauftrag als solchen nachzuweisen.[106]

93 Zum Zustandekommen eines Anwaltsdienstvertrags ist eine ausdrückliche Entgeltabrede nicht erforderlich.[107] Bei einem Vertrag über eine anwaltliche Erstberatung gilt nach § 612 Abs. 1 BGB eine Vergütung im Regelfall vielmehr als stillschweigend vereinbart. Auf die Entgeltlichkeit der Erstberatung muss der Anwalt nur bei erkennbarer Fehlvorstellung oder wirtschaftlichem Problem des Mandanten hinweisen.[108] Gleiches soll gelten, wenn die Tätigkeit des Rechtsanwalts von vornherein wirtschaftlich sinnlos wäre.[109]

b) Bestimmung der Vergütung

94 §§ 612, 632 BGB sehen in ihrem Absatz 2 vorrangig die **taxmäßige Vergütung** vor. Zwar ist das RVG eine Taxe im Sinne dieser Vorschriften;[110] die zum 1.7.2006 erfolgte Deregulierung des Vergütungsrechts für die in Abs. 1 S. 1 genannten Tätigkeitsbereiche hat jedoch gerade eine ersatzlose Streichung der einschlägigen Gebührentatbestände des RVG bewirkt (siehe Rdn 2 ff.). In Ermangelung einer staatlichen Taxe für die beratende, gutachtliche oder mediierende Tätigkeit des Rechtsanwalts ist daher die **übliche Vergütung** als vereinbart anzusehen. Sie richtet sich nicht mehr nach Tarifsätzen, sondern vielmehr nach Marktkriterien. Daher verbietet sich auch ein Rückgriff auf die vom Reformgesetzgeber zum 1.7.2006 bewusst außer Kraft gesetzten Taxen der VV 2100 ff. a.F.[111]

95 **Üblich** ist eine Vergütung, die am gleichen Ort in gleichen oder ähnlichen Berufen für entsprechende Dienstleistungen bezahlt zu werden pflegt, wobei es auf die Umstände des Einzelfalls ankommt.[112] Die Ermittlung der üblichen Vergütung nach Abs. 1 S. 2 setzt mithin neben ihrer Ortsüblichkeit eine Branchenüblichkeit voraus.

96 **aa) Ortsüblichkeit.** Das für den arbeitsvertraglichen Sektor zu § 612 Abs. 2 BGB entwickelte Kriterium der Ortsüblichkeit ist für Abs. 1 S. 2 im anwaltsspezifischen Sinne zu konkretisieren. Als Region, innerhalb derer die Üblichkeit zu ermitteln ist, bietet sich der Bezirk des Oberlandesgerichts an, in welchem der liquidierende Anwalt seine Kanzlei unterhält. Die rechtliche Anknüpfung erfolgt über § 60 BRAO, wonach in diesem Bezirk alle Rechtsanwältinnen und Rechtsanwälte zu einer Rechtsanwaltskammer zusammengeschlossen sind. Die Ortsüblichkeit ist mithin für den jeweiligen **Kammerbezirk** zu bestimmen.[113]

97 **bb) Branchenüblichkeit.** Das Merkmal der Branchenüblichkeit wird durch den Anwalt selbst kaum zu ermitteln sein, zumal sich die Vergütungshöhe nach der individuellen Qualifikation des mandatierten Anwalts und den Umständen des Einzelfalls richtet. Der nach § 612 Abs. 2 BGB erforderliche Vergleich verbietet jedoch einen individuell-konkreten Prüfungsmaßstab; notwendig ist vielmehr eine objektive Betrachtungsweise. Maßgeblich für die Branchenüblichkeit ist daher eine nach **Marktkriterien** definierte Vergütung, die für eine „entsprechende Dienstleistung" gezahlt

---

106 OLG Naumburg NJW 2009, 1679 = OLGR 2009, 555 = JurBüro 2009, 365.
107 OLG Düsseldorf OLGR 2009, 710 = FamRZ 2009, 2027 = MDR 2009, 1420; AG Steinfurt AGS 2014, 379 = AnwBl 2014, 364 = RVGreport 2014, 307.
108 AG Wiesbaden AGS 2012, 453 = RVGreport 2012, 378.
109 AG Steinfurt AGS 2014, 379 = AnwBl 2014, 364 = RVGreport 2014, 307.
110 Bamberger/Roth-*Fuchs*, BeckOKBGB, Stand 6/2007, § 612 Rn 11; Dauner-Lieb/Langen-*Franzen*, AnwK BGB, § 612 Rn 24; Prütting/Wegen/Weinreich/*Lingemann*, BGB, 2. Aufl. 2007, § 612 Rn 5; offenbar zweifelnd Mayer/Kroiß/*Teubel/Winkler*, § 34 Rn 71; a.A. ohne jede Begründung *Madert*/Schons, Vergütungsvereinbarung, Rn 174.
111 Mayer/Kroiß/*Teubel/Winkler*, § 34 Rn 77; *Kilian*, BB 2006, 1509, 1511.
112 BGH NJW-RR 1990, 349; Bamberger/Roth-*Fuchs*, BeckOKBGB, Stand 6/2007, § 612 Rn 12; MüKo/*Müller-Glöge*, BGB, § 612 Rn 29; *Hartung*/Römermann/Schons, § 34 Rn 75; Prütting/Wegen/Weinreich/*Lingemann*, BGB, 2. Aufl. 2007, § 612 Rn 5.
113 Ebenso *Hansens*/Braun/Schneider, Teil 8 Rn 70; für eine engere Auslegung unter empirischen Erfordernissen *Kilian*, BB 2006, 1509, 1512; *ders.*, in Koch/Kilian, Anwaltliches Berufsrecht, 2007, Rn B 508.

wird.[114] Die Frage der Üblichkeit erweist sich damit als **empirisches Problem**.[115] Als Determinanten in diesem Sinne sind die Kanzleigröße, die Mandatsstruktur und die Spezialisierung der Kanzlei zu berücksichtigen.[116] Eine in diesem Sinne übliche Vergütung wird erst dann ermittelt sein, wenn für den betreffenden Kammerbezirk (siehe Rdn 96) das einschlägige Datenmaterial gesammelt und ausgewertet wurde.[117] Nur so kann das in Abs. 1 S. 2 angelegte vergütungsrechtliche Dilemma für die Anwaltschaft behoben werden. Unabhängig davon bleibt abzuwarten, wie die Rechtsprechung den Begriff der üblichen Vergütung ausfüllen wird.

Nach dem gebotenen empirischen Verständnis setzt eine Üblichkeit voraus, dass der Abschluss einer Gebührenvereinbarung für die in Abs. 1 S. 1 genannten Bereiche überhaupt in statistisch verwertbarer Zahl erfolgt. Dies ist angesichts ihrer aktuellen tatsächlichen Verbreitung zumindest für den Sektor der Mediation fraglich. So bezweifelt *Risse*[118] mit Recht, dass sich die übliche Vergütung i.S.d. § 612 Abs. 2 BGB für deutsche Wirtschaftsmediationen ermitteln lässt. Im Zweifel ist der empirisch ermittelte „Ecksatz" von **150 EUR/Stunde** zugrunde zu legen (vgl. Rdn 78). Dieser Stundensatz kann in jedem Fall als **üblich** angesehen werden.[119] Die Üblichkeit ist indes nicht allein nach zeitbasierten Kriterien zu qualifizieren. Auch eine gegenstandswertabhängige Gebühr kann im Einzelfall den Begriff der Üblichkeit ausfüllen.[120]

cc) Einseitige Leistungsbestimmung (§§ 315, 316 BGB). Lässt sich eine übliche Vergütung (noch) nicht feststellen, richtet sich die Höhe der Vergütung grundsätzlich nach den §§ 315, 316 BGB.[121] Danach hat der Rechtsanwalt die Gebühr des Abs. 1 S. 2 der Höhe nach zu bestimmen; diese Bestimmung hat er nach **billigem Ermessen** zu treffen.[122] Ein einseitiges Bestimmungsrecht des Anwalts, welches allein aus der Nichtexistenz einer üblichen Vergütung abgeleitet wird, lehnt der BGH[123] indes ab. Das bloße Fehlen fester Vergütungssätze für vergleichbare Arbeiten rechtfertige keine einseitige Verlagerung des Leistungsbestimmungsrechts auf eine der Vertragsparteien.[124] Dem BGH ist insoweit zu folgen; ein Rückgriff auf die §§ 315, 316 BGB widerspräche bei Abs. 1 S. 2 dem Interesse der Parteien des Anwaltsvertrages. Bei gegenseitigen Verträgen kann ein einseitiges Leistungsbestimmungsrecht wegen des Gedankens der Gleichwertigkeit von Leistung und Gegenleistung nicht gewollt sein.[125] Der Anwaltsvertrag ist als gegenseitiger Vertrag zu qualifizieren,[126] weshalb nach Abs. 1 S. 2 eine einseitige Gebührenbestimmung durch den Anwalt ausscheidet.

dd) Ergänzende Vertragsauslegung; § 14 Abs. 1. Vielmehr ist die durch das Fehlen einer üblichen Vergütung entstehende Lücke im Wege der ergänzenden Vertragsauslegung zu schließen.[127] Grundlage für die gebotene Ergänzung des Vertragsinhalts ist der **hypothetische Parteiwille**; entscheidend ist, was Anwalt und Auftraggeber bei angemessener Abwägung ihrer Interessen nach Treu und Glauben vereinbart hätten, wenn sie die nicht geregelte Vergütung bedacht hätten.[128] Zu berücksichtigen sind dabei insbesondere individuelle Kriterien.[129] Die einzelfallbezogene Prüfung lässt sich dabei durch den **Rechtsgedanken des § 14 Abs. 1** konkretisieren. Die Höhe der nach

---

114 *Henssler*, NJW 2005, 1537; *Koch/Kilian*, Anwaltliches Berufsrecht, 2007, Rn B 506.
115 Zutreffend *Kilian*, BB 2006, 1509, 1511.
116 So *Kilian*, BB 2006, 1509, 1511 unter Hinw. auf die empirische Studie des Soldan-Instituts für Anwaltsmanagement (Hommerich/Kilian, Vergütungsvereinbarungen deutscher Rechtsanwälte, 2006).
117 Das Soldan Institut für Anwaltsmanagement hat angekündigt, insoweit ein jährliches „Vergütungsbarometer" auflegen zu wollen. Vgl. zu den Kernergebnissen der ersten Untersuchung Hommerich/Kilian, NJW 2009, 1569.
118 Wirtschaftsmediation, § 13 Rn 2.
119 AG Bielefeld AGS 2010, 160 (190 EUR pro Stunde); AG Brühl AGS 2008, 589 (250 EUR für eine halbstündige Beratung bei einer schwierigen Sache mit hoher wirtschaftlicher Bedeutung für den Auftraggeber); AG Lübeck NJW 2007, 3789.
120 So AG Emmerich AnwBl 2008, 74 (0,75-Gebühr ist üblich).
121 Vgl. BAG AP § 612 BGB Nr. 63 = NZA 2002, 624; BGH LM § 316 Nr. 1.
122 So *Hartung*/Römermann, § 34 Rn 77; *Hansens*, RVGreport 2006, 121, 122; *ders.*, in: Hansens/Braun/Schneider, Teil 8 Rn 74; *Rüssel/Sensburg*, SchiedsVZ 2006, 324, 326; *Madert/Schons*, Vergütungsvereinbarung, Rn 175.
123 BGH NJW 2006, 2472; ebenso *Kilian*, MDR 2008, 780; AG Brühl AGS 2008, 589.
124 BGH NJW 2006, 2472, 2473.
125 BGHZ 94, 98 = NJW 1985, 1895; MüKo/*Müller-Glöge*, BGB, § 612 Rn 31.
126 Vgl. nur Kilian/vom Stein-*vom Stein*, § 25 Rn 15 m.w.N.
127 BGH NJW 2006, 2172; Mayer/Kroiß/*Teubel/Winkler*, § 34 Rn 87; MüKo/*Müller-Glöge*, BGB, § 612 Rn 31; Bamberger/Roth-*Fuchs*, BeckOKBGB, Stand 6/2007, § 612 Rn 14.
128 *Kilian*, BB 2006, 1509, 1511; vgl. allg. BGHZ 84, 1, 7; BGHZ 90, 69, 77; BGH NJW 2004, 2449; BGH NJW-RR 2005, 687, 690.
129 So auch *Kilian*, BB 2006, 1509, 1511, der insoweit auf den Rechtsgedanken des § 4 Abs. 2 S. 3 a.F. abstellt; Palandt/*Heinrichs*, BGB, § 157 Rn 7.

Abs. 1 S. 2 geschuldeten Vergütung richtet sich somit nach den Umständen des betreffenden Mandats, namentlich nach dem Umfang und der Schwierigkeit der anwaltlichen Tätigkeit, der Bedeutung der Sache für den Auftraggeber, dessen Einkommens- und Vermögensverhältnissen sowie dem persönlichen Haftungsrisiko des Anwalts (eingehend siehe § 14 Rdn 21 ff.).

101 Für eine **einseitige Leistungsbestimmung** nach den §§ 315 f. BGB (siehe Rdn 99) ist auch neben oder nach einer ergänzenden Vertragsauslegung **kein Raum**. Beide Rechtsinstitute stehen in keinem Stufenverhältnis, sondern schließen einander im Anwendungsbereich des Abs. 1 S. 2 aus.[130] Der subsidiäre Rückgriff auf die §§ 315 f. BGB erscheint auch wenig hilfreich, ist doch derzeit völlig ungeklärt, nach welchen Maßstäben das billige Ermessen auszuüben und nachzuprüfen ist.[131]

102 ee) Rechtsprechung. Die Rechtsprechung zur Höhe der angemessenen BGB-Vergütung ist – wie nicht anders zu erwarten – unterschiedlich. Eine klare Linie ist in der Rechtsprechung nicht zu erkennen. Jeder Amtsrichter hat hier seine eigenen Vorstellungen, was unbedingt für den Abschluss einer Vereinbarung spricht.

103 So geht das AG Emmerich[132] davon aus, dass eine 0,75-Gebühr nach dem Gegenstandswert angemessen sei. Zur Entschuldigung des AG Emmerich ist auszuführen, dass diese Entscheidung unmittelbar nach Inkrafttreten der derzeitigen Fassung des § 34 getroffen worden ist und das AG offenbar noch auf die frühere Rechtslage (Mittelgebühr 0,55-Gebühr) abgestellt hat. Im Übrigen ist die Entscheidung unzutreffend. Die Beratungsgebühr richtet sich nicht nach dem Wert. Gerade dies hat der Gesetzgeber abschaffen wollen. Maßgebend sind die Kriterien des § 14 Abs. 1. Dort ist vom Gegenstandswert nicht die Rede. Abgesehen davon würde diese Gebühr auch nur in Angelegenheiten greifen, in denen nach dem Wert abgerechnet werden kann, nicht aber in Angelegenheiten, die nach Betragsrahmengebühren abgerechnet werden (also in Straf- und Bußgeldsachen, Verfahren nach Teil 6 oder in sozialrechtlichen Angelegenheiten nach § 3 Abs. 2, Abs. 1 S. 1).

104 Das AG Bielefeld[133] ist im Jahr 2010 von einer ortsüblichen Vergütung in Höhe eines Stundensatzes von 190 EUR bei Beratungstätigkeiten ausgegangen. Das AG Fulda[134] hat im Jahr 2011 lediglich einen üblichen Stundensatz in Höhe von 150 EUR zugesprochen. Das AG Siegburg[135] wiederum hat im Jahr 2015 nach Einholung eines Kammergutachtens einen üblichen Stundensatz von 190 EUR zugrunde gelegt. Im Fall des AG Siegburg hatte der verklagte Rechtsschutzversicherer die Auffassung vertreten, es sei eine 0,65-Gebühr angemessen. Dem hat das Gericht eine Absage erteilt.

105 Das AG Stuttgart[136] demgegenüber ist der Auffassung, dass eine Abrechnung nach Stundensatz nicht ohne Weiteres zulässig sei. Es sei vielmehr unbillig, wenn ein rein zeitabhängiges Honorar ohne Berücksichtigung des Gegenstandswerts erfolge.[137] Auch das AG Stuttgart verkennt, dass der Gegenstandswert bei der Beratung keine Rolle spielt.

106 Häufig wird eingewandt, eine Beratungsgebühr dürfe nicht den Betrag einer 1,3-Geschäftsgebühr nach dem zugrunde liegenden Gegenstandswert übersteigen (so im Ansatz auch AG Stuttgart).[138] Argumentiert wird, dass der Anwalt im Falle des Auftrags zur außergerichtlichen Vertretung ja auch keine höhere Vergütung erhalten hätte. Das AG Siegburg[139] hat diesem Einwand eine deutliche Absage erteilt: Eine Beratungsgebühr muss nicht zwingend günstiger sein als die Führung eines Geschäfts, da es sich gerade nicht um ein Weniger handelt. Dem gibt es an sich nichts hinzuzufügen. Die Beratung kann umfangreicher sein als eine spätere Vertretung, zumal im Rahmen der Beratung die verschiedensten Vertretungsmöglichkeiten erwogen und ausgelotet werden müssen, während bei der Vertretung ein konkreter Auftrag besteht. Beratung und Geschäftstätigkeit sind nun einmal verschiedene Angelegenheiten. Hätte der Gesetzgeber eine Begrenzung gewollt, dann hätte er sie eingeführt. Mit dem gleichen Argument kann man ja auch nicht sagen, dass ein Anwalt niemals

---

130 A.A. der BGH (NJW 2006, 2472), der einen Rückgriff auf die §§ 315, 316 BGB zulässt, wenn sich durch eine Vertragsauslegung keine vertraglich festgelegte Vergütung ermitteln lässt; ebenso Mayer/Kroiß/*Teubel/Winkler*, § 34 Rn 87. Wie hier *Kilian*, BB 2006, 1509, 1511; *Toussaint*, AnwBl 2006, 67, 69.
131 Dies konzediert auch die Vertreter der Gegenansicht, vgl. Mayer/Kroiß/*Teubel/Winkler*, § 34 Rn 87; *dies.*, in Hinne/Klees/Teubel/Winkler, Rn 128.
132 AGS 2008, 484 = AnwBl 2008, 74 = JurBüro 2009, 303.
133 AGS 2010, 160 = ErbR 2010, 222.
134 AGS 2003, 353.
135 AGS 2015, 503 = zfs 2016, 108 = RVGprof. 2015, 183 = NJW-Spezial 2015, 732 = RVGreport 2016, 58.
136 AGS 2014, 381 = DStR 2014, 1695 = JurBüro 2014, 473 = DStRE 2014, 1404 = RVGreport 2014, 304.
137 AGS 2014, 381.
138 AGS 2014, 381 = DStR 2014, 1695 = JurBüro 2014, 473 = DStRE 2014, 1404 = RVGreport 2014, 304.
139 AGS 2015, 503 = zfs 2016, 108 = RVGprof. 2015, 183 = NJW-Spezial 2015, 732 = RVGreport 2016, 58.

mehr als eine 1,3-Geschäftsgebühr abrechnen dürfe, da er im Falle eines Prozessauftrags ja auch keine höhere Gebühr erhalten würde (VV 3100).

c) Einholung eines Kammergutachtens

Für die Bestimmung der Gebühr nach Abs. 1 S. 2 besteht im Vergütungsrechtstreit keine Verpflichtung des Gerichts zu der Einholung eines Kammergutachtens nach § 3a Abs. 2 (**Angemessenheit „nach oben"**). Die Notwendigkeit der Gutachteneinholung beschränkt sich nach dieser Vorschrift auf die Frage der Angemessenheit einer wirksam geschlossenen Vergütungsvereinbarung. Sie erstreckt sich indes nicht auf die Bestimmung der üblichen Taxe nach Abs. 1 S. 2 i.V.m. § 612 Abs. 2 BGB. Hier hat es der Rechtsanwalt gerade unterlassen, eine (wirksame) Vergütungsvereinbarung nach § 3a zu treffen.[140] Auch eine Äquivalenzkontrolle nach § 4 Abs. 1 S. 2 (**Angemessenheit „nach unten"**) findet nicht statt (siehe Rdn 11). Dieser Befund schließt freilich nicht aus, dass ein Gutachten eingeholt werden kann (§ 73 Abs. 2 Nr. 8 BRAO). 107

Die Einholung eines Gutachtens nach § 14 Abs. 2 setzt einen Streit über die Ausschöpfung von **Rahmengebühren** voraus (siehe dazu § 14 Rdn 97 ff.). Da die übliche Vergütung i.S.d. § 612 Abs. 2 BGB diese Gebührenqualität zweifellos nicht besitzt, scheidet nach dem eindeutigen Wortlaut der Norm auch eine Gutachtenverpflichtung nach § 14 Abs. 2 aus.[141] Hat jedoch für die Bestimmung der üblichen Gebühr nach dem Rechtsgedanken des § 14 Abs. 1 eine ergänzende Vertragsauslegung stattzufinden (siehe Rdn 100), kann in entsprechender Anwendung des § 14 Abs. 2 auch ein Kammergutachten eingeholt werden. Der Kammervorstand hat sich dann bei der gutachtlichen Prüfung mit der Frage auseinanderzusetzen, ob die Parteien ihren hypothetischen Willen nach den Kriterien des § 14 Abs. 1 zutreffend ermittelt haben. Dies gilt umso mehr, als die Vertragsauslegung in der Praxis regelmäßig durch eine gebührenbestimmende Erklärung des Rechtsanwalts gegenüber seinem Auftraggeber vollzogen wird. Widerspricht der Auftraggeber dieser Auslegung und verklagt ihn der Anwalt sodann auf Zahlung, erscheint eine Sachentscheidung des Gerichts ohne Berücksichtigung des Sachverstandes der Kammer unglücklich. Umgekehrt sind der Kammervorstand oder eine nach § 77 BRAO gebildete Gebührenabteilung infolge ihrer langjährigen Gutachtenpraxis prädestinierte Helfer des Prozessgerichts. Die Einschaltung der Kammer entspricht schließlich dem Wesen der Gebühr nach § 612 Abs. 2 BGB, richtet sich doch auch die Ortsüblichkeit dieser Gebühr nach dem Kammerbezirk (siehe Rdn 96). 108

d) Darlegungs- und Beweislast

Die Darlegungs- und Beweislast für die Höhe des Vergütungsanspruchs nach Abs. 1 S. 2 i.V.m. §§ 612, 632 BGB trägt der **Anwalt**. Er muss daher auch die Üblichkeit der eingeforderten Vergütung beweisen.[142] 109

e) Abrechnung

Die Abrechnung der Vergütung hat nach den **Voraussetzungen des § 10** zu erfolgen. Diese Vorschrift findet auch auf die übliche Vergütung nach Abs. 1 S. 2 i.V.m. §§ 612, 632 BGB Anwendung (siehe § 10 Rdn 5 ff.). In der Gebührenabrechnung muss zum einen eine kurze Bezeichnung des Tatbestandes – Beratungen – angegeben werden. Da eine Nummer des Vergütungsverzeichnisses nicht angegeben werden kann, wie es § 10 fordert, sind stattdessen die zur Berechnung angewandten Vorschriften anzugeben, hier also die §§ 34 Abs. 1 S. 2 i.V.m. den §§ 675, 612 BGB.[143] 110

---

140 Zutreffend Krämer/Mauer/*Kilian*, Rn 730; *ders.*, in Kilian/vom Stein, § 33 Rn 7. Vgl. auch Anm. zu AG Emmerich in AnwBl 2008, 74.
141 AG Brühl AGS 2014, 387 = NJW-Spezial 2014, 509 = RVGprof. 2014, 157; Kilian/vom Stein-*Kilian*, § 33 Rn 7; Krämer/Mauer/*Kilian*, Rn 730.
142 Staudinger/*Richardi*, BGB, § 612 Rn 48; Dauner-Lieb/Langen-*Franzen*, AnwK BGB, § 612 Rn 30; *Toussaint*, AnwBl 2007, 67, 69.
143 AG Remscheid AGS 2015, 219 = NZFam 2015, 523 = RVGreport 2015, 298 = RVGprof. 2015, 131 = NJW-Spezial 2015, 315.

III. Verbrauchermandat (Abs. 1 S. 3)

111 Hat der Anwalt den Abschluss einer Gebührenvereinbarung unterlassen oder ist eine solche unwirksam, kappt Abs. 1 S. 3 die übliche Vergütung i.S.d. Abs. 1 S. 2 bei beratender oder gutachtlicher Tätigkeit für einen Verbraucher bei 250 EUR. Für die Erstberatung limitiert Abs. 1 S. 3, letzter Hs., der VV 2102 a.F. entspricht, die Vergütung auf maximal 190 EUR.

1. Verbraucherbegriff

112 Eine Kappung seiner Vergütung muss der Anwalt nur hinnehmen, wenn er die Beratung oder Gutachtenerstellung für einen Verbraucher getätigt hat. Damit verweist Abs. 1 S. 3 auf die zivilrechtliche Legaldefinition in § 13 BGB.

> **§ 13 BGB Verbraucher**
> Verbraucher ist jede natürliche Person, die ein Rechtsgeschäft zu Zwecken abschließt, die überwiegend weder ihrer gewerblichen noch ihrer selbständigen beruflichen Tätigkeit zugerechnet werden können.

113 Davon zu unterscheiden ist der in § 14 BGB normierte Unternehmerbegriff:

> **§ 14 BGB Unternehmer**
> (1) ¹Unternehmer ist eine natürliche oder juristische Person oder eine rechtsfähige Personengesellschaft, die bei Abschluss eines Rechtsgeschäfts in Ausübung ihrer gewerblichen oder selbständigen beruflichen Tätigkeit handelt.
> (2) ¹Eine rechtsfähige Personengesellschaft ist eine Personengesellschaft, die mit der Fähigkeit ausgestattet ist, Rechte zu erwerben und Verbindlichkeiten einzugehen.

114 Für die Abgrenzung beider Vorschriften ist entscheidend, in welcher **Funktion** und zu welchem **Zweck** der Auftraggeber den Anwalt mit der Wahrnehmung seiner rechtlichen Interessen im Einzelfall betraut.[144] Maßgeblich ist dabei die **Auslegung** des Rechtsgeschäfts anhand objektiver Begleitumstände.[145] Unter „Rechtsgeschäft" i.S.d. § 13 BGB ist der Anwaltsvertrag zu verstehen.[146] Schließt der Auftraggeber diesen Vertrag zu einem Zweck, der seiner gewerblichen oder selbstständigen beruflichen Tätigkeit zuzurechnen ist, fehlt ihm insoweit die Verbrauchereigenschaft, weshalb Abs. 1 S. 3 nicht greift. Schließt er dagegen den Anwaltvertrag zu einem anderen Zweck, greift die Kappungsgrenze.

> **Beispiel:** Der selbstständige Unternehmer lässt sich vom Anwalt beraten, weil er einem Arbeitnehmer kündigen will. Darüber hinaus lässt er sich beraten, weil er sich von seiner Ehefrau trennen und scheiden lassen will.
> Die arbeitsrechtliche Beratung richtet sich auf die selbstständige berufliche Tätigkeit des Auftraggebers. Folglich findet hier eine Begrenzung der Beratungsgebühr nicht statt. Der Beratung hinsichtlich der Ehescheidung liegt jedoch kein gewerblicher Zweck zugrunde, der der selbstständigen beruflichen Tätigkeit zugerechnet werden kann. Hier kommt zugunsten des Unternehmers die Begrenzung nach Abs. 1 S. 3 zum Tragen.

115 Behauptet der Auftraggeber gegenüber dem Rechtsanwalt **wahrheitswidrig** seine Verbrauchereigenschaft, kann er dem anwaltlichen Gebührenanspruch das Privileg des Abs. 1 S. 3 nicht entgegen halten. Eine Berufung auf die Kappungsgrenzen verstieße gegen § 242 BGB.[147]

116 **Existenzgründer** sind bis zum Beginn ihrer unternehmerischen Tätigkeit als Verbraucher anzusehen; gerade in der start-up-Phase bedürfen sie des Verbraucherschutzes.[148] Ein **Arbeitnehmer** ist als

---

144 Hümmerich/Bieszk, AnwBl 2006, 749; Kilian, BB 2006, 1509, 1512; MüKo/Micklitz, BGB, § 13 Rn 8.
145 Palandt/Heinrichs, BGB, § 13 Rn 4.
146 Hümmerich/Bieszk, AnwBl 2006, 749; zweifelnd Mayer/Kroiß/Teubel/Winkler, § 34 Rn 97; dies., in Hinne/Klees/Teubel/Winkler, Rn 144.
147 Vgl. umgekehrt auch BGH NJW 2005, 1045 für den Verbraucher, der sich bei dem Abschluss eines Rechtsgeschäfts wahrheitswidrig als Unternehmer geriert hat. Wer im Rechtsverkehr als Unternehmer auftrete, so der BGH, könne sich anschließend nicht auf den Schutz des § 13 BGB berufen. Ebenso Palandt/Heinrichs, BGB, § 13 Rn 4.
148 OLG München NJW-RR 2004, 913; OLG Hamm NZV 2006, 421, 423; Palandt/Heinrichs, BGB, § 13 Rn 3; MüKo/Micklitz, BGB, § 13 Rn 54; Prasse, MDR 2005, 961; a.A. BGH NJW 2005, 1275; OLG Düsseldorf NJW 2004, 3192.

Verbraucher anzusehen, wenn er sich in arbeitsrechtlichen Fragen an einen Rechtsanwalt wendet.[149] **Freiberufler** (Ärzte, Rechtsanwälte etc.) können – abhängig vom Inhalt des dem Rechtsanwalt erteilten Auftrags – Verbraucher oder Unternehmer sein.[150] Eine **GbR** kann sich auf ihren Verbraucherstatus nicht berufen, sofern sie den Anwaltsvertrag in Ausübung ihrer gewerblichen oder selbstständigen Tätigkeit abschließt.[151] Für die anderen **Personengesellschaften** (OHG, KG, PartGG, EWIV) gilt nach § 14 Abs. 2 i.V.m. § 14 Abs. 1 BGB Entsprechendes.[152] Der **GmbH-Geschäftsführer** ist hingegen Verbraucher, und zwar auch dann, wenn er eine Schuld oder eine Bürgschaft zugunsten seiner Gesellschaft übernimmt.[153] Bei der **Stellvertretung** des Auftraggebers durch einen Unternehmer findet Abs. 1 S. 3 grundsätzlich keine Anwendung.[154] Wegen weiter Kasuistik sei auf die einschlägigen Kommentierungen zu §§ 13 f. BGB verwiesen.

2. Kappungsgrenze für Beratung und Gutachten

Die übliche Vergütung des Anwalts nach Abs. 1 S. 2 darf bei der Beratung oder Begutachtung für einen Verbraucher jeweils **höchstens 250 EUR** betragen. Die Formulierung „höchstens" verdeutlicht, dass die Vergütung im Einzelfall auch unter der gesetzlich normierten Kappungsgrenze liegen kann. Es handelt sich **nicht** um eine **Festgebühr**.[155] Abs. 1 S. 3, 2. Hs. verweist insoweit ausdrücklich auf § 14 Abs. 1. Der Anwalt hat sich mithin bei der Bestimmung der Gebührenhöhe von bis zu 250 EUR an den einschlägigen Bemessungskriterien zu orientieren und eine Einzelfallbestimmung zu treffen (siehe § 14 Rdn 21 ff.). 117

Wird der Anwalt von **mehreren Auftraggebern** mandatiert, erhöht sich die Kappungsgrenze für jeden weiteren Auftraggeber um 30 %. Dieser für die Erstberatungsgebühr entwickelte Grundsatz (siehe Rdn 121) muss auch für die Kappungsgrenze bei beratender und gutachtlicher Tätigkeit nach Abs. 1 S. 3 gelten. Für eine unterschiedliche Behandlung beider Kappungsgrenzen existiert kein sachlicher Grund.[156] VV 1008 findet daher entsprechende Anwendung. 118

Tabellarisch lässt sich die Erhöhung der Kappungsgrenzen wie folgt darstellen: 119

Auftraggeber	Höchstbetrag	Auftraggeber	Höchstbetrag
1	250 EUR	5	550 EUR
2	325 EUR	6	625 EUR
3	400 EUR	7	700 EUR
4	475 EUR	ab 8	750 EUR

3. Kappungsgrenze für Erstberatung

Abs. 1 S. 3 letzter Hs. reduziert die übliche Vergütung für ein erstes Beratungsgespräch um weitere 60 EUR. Die einem Verbraucher in Rechnung zu stellende Erstberatungsgebühr darf daher jeweils **190 EUR** nicht überschreiten. Damit ist keine Regel-, sondern eine Höchstgebühr für eine erstmalige anwaltliche Beratung bestimmt. Auch dieser Betrag muss mit den Kriterien des § 14 Abs. 1 erst 120

---

149 BGH RVGreport 2008, 19 (*Hansens*) = AGS 2008, 7 m. Anm. *Schons* = BRAK-Mitt. 2008, 38 = AnwBl 2007, 870; BAG NJW 2005, 3305 = ZIP 2005, 1699. A.A. LAG Köln EWiR 2005, 1129; OLG Hamm NJW 2004, 3192.
150 *Jauernig*, BGB, § 14 Rn 2.
151 Palandt/*Heinrichs*, BGB, § 13 Rn 2; a.A. *Dauner-Lieb/Dötsch*, DB 2003, 1666.
152 *Jauernig*, BGB, § 14 Rn 2.
153 BGH ZIP 2004, 1647; BGH NJW 2000, 3133; OLG München ZIP 2004, 991; Staudinger/*Weick*, BGB, § 13 Rn 33; Palandt/*Heinrichs*, BGB, § 13 Rn 3; a.A. auch insoweit *Dauner-Lieb/Dötsch*, DB 2003, 1666.
154 Vgl. BGH NJW 2000, 2268; Palandt/*Heinrichs*, BGB, § 13 Rn 4.
155 *Hansens*/Braun/Schneider, Teil 8 Rn 80.
156 So auch Mayer/Kroiß/*Teubel*/Winkler, § 34 Rn 103 ff.; *Hansens*/Braun/Schneider, Teil 8 Rn 81; *Hartung*/Römermann/Schons, § 34 Rn 95; *Kilian*, BB 2006, 1509, 1513; a.A. Gerold/Schmidt/*Müller-Rabe*, VV 1008 Rn 13 ff.

einmal erreicht werden. Der Anwalt kann nicht willkürlich immer eine Gebühr bis zur Höhe von 190 EUR in Rechnung stellen.[157]

121 Bei der Beratung **mehrerer Auftraggeber** ist auch hier eine Erhöhung der Kappungsgrenze um 30 % für jeden weiteren Auftraggeber vorzunehmen. Die bereits für die Erstberatungsgebühr des § 20 BRAGO bzw. VV 2102 a.F. entwickelte Analogie zu VV 1008[158] gilt auch für die Kappungsgrenze nach Abs. 1 S. 3,[159] zumal VV 2102 a.F. durch Art. 5 KostRModG in Abs. 1 S. 3 überführt wurde.

122 **Tabellarisch** ergibt sich so folgendes Bild:

Auftraggeber	Höchstbetrag	Auftraggeber	Höchstbetrag
1	190 EUR	5	418 EUR
2	247 EUR	6	475 EUR
3	304 EUR	7	532 EUR
4	361 EUR	ab 8	570 EUR

123 Auch hinsichtlich der Kappungsgrenze für die Erstberatung indiziert die Formulierung „höchstens" eine einzelfallbezogene Prüfung der Vergütungshöhe. Nach der systematischen Stellung des Verweises in Abs. 1 S. 3 Hs. 2 wird § 14 Abs. 1 freilich vom Anwendungsbereich des Abs. 1 S. 3, 3. Hs. ausgenommen. Diese Ausklammerung erscheint nicht sachgerecht. Auch für die Bestimmung der Höhe der Erstberatungsgebühr ist der Rechtsanwalt auf die Heranziehung objektivierbarer Kriterien angewiesen. Deshalb muss der Verweis in Abs. 1 S. 3, 2. Hs. auf § 14 Abs. 1 auch insoweit gelten (siehe § 14 Rdn 11). Die Höhe der Erstberatungsgebühr richtet sich somit nach den Umständen des Einzelfalles, namentlich nach den **Bemessungskriterien des § 14 Abs. 1**.

124 Wegen der um 60 EUR differierenden Kappungsbeträge ist eine **Abgrenzung** zwischen der bloßen **Erstberatung** und einer weitergehenden **Beratung** geboten. Insoweit hat der Reformgesetzgeber die bis zum 30.6.2006 existente Rechtslage übernommen.[160] Dazu hatte die Rechtsprechung einige Grundsätze herausgearbeitet, die sinngemäß auch für Abs. 1 S. 3, 3. Hs. gelten:
- Eine Erstberatung liegt nach dem ausdrücklichen Wortlaut des Abs. 1 S. 3 nur vor, wenn der Anwalt mit seinem Auftraggeber ein **Gespräch** führt. Dies kann auch ein Telefonat sein.[161] Im Gegensatz zu der Altregelung des § 20 BRAGO stellt eine schriftliche Beratungstätigkeit keine Erstberatung im Rechtssinne dar. Unter dem Regime des RVG existiert keine schriftliche Erstberatung.[162]
- Es muss sich um ein **erstes** Beratungsgespräch handeln. Die Reduzierung auf 190 EUR greift also grundsätzlich nicht ein, wenn es zu einem Anschlussberatungstermin kommt. Der Anwendungsbereich der reduzierten Kappungsgrenze endet dann, wenn das erste Beratungsgespräch beendet oder wegen seines Beratungsgegenstandes unterbrochen wird. Setzt sich die Beratung später fort oder sucht der Ratsuchende den Rechtsanwalt erneut wegen Zusatzfragen auf, ist der Bereich der Erstberatungsgebühr verlassen.[163] Eine Ausnahme von diesem Grundsatz gilt, wenn der weitere Termin lediglich eine zeitbedingte „Vertagung" des ersten Termins darstellt.[164]
- **Keine Erstberatung** liegt vor, wenn der Mandant bis zur nächsten Beratung eine „Bedenkzeit" benötigt.[165] Ebenso endet die Erstberatung, wenn der Rechtsanwalt sich zunächst sachkundig

---

[157] AG Dannenberg AGS 2013, 510 = RuS 2013, 496.
[158] Vgl. 4. Aufl. VV 2102 Rn 19; LG Braunschweig AGS 1999, 100 = KostRsp. BRAGO § 6 Nr. 234 m. Anm. *N. Schneider*; AG Potsdam JurBüro 2000, 22; *Lappe*, ZAP Fach 24, S. 259; a.A. *Hansens*, BRAGO, § 20 Rn 6.
[159] *N. Schneider*, NJW 2006, 1905, 1906; Mayer/Kroiß/ Teubel/Winkler, § 34 Rn 107; *Hansens*/Braun/Schneider, Teil 8 Rn 83; RMOLK RVG/*Baumgärtel*, § 34 Rn 38; a.A. Gerold/Schmidt/*Müller-Rabe*, VV 1008 Rn 19; Bischof/Jungbauer/Bräuer/Corkovic/Mathias/Uher/ *Bischof*, RVG, § 34 Rn 65.
[160] *Hansens*/Braun/Schneider, Teil 8 Rn 82; *Kilian*, BB 2006, 1509, 1513.
[161] AG Uelzen, Urt. v. 25.10.2007 – 13 C 5424/07 (n.v).
[162] *Hartung*/Römermann/Schons, § 34 Rn 89; *Fischer*, NZA 2004, 1185, 1188; *Kilian*, BB 2006, 1509, 1512.
[163] OLG Jena KostRsp. BRAGO § 20 Nr. 23 = AGS 2000, 62 m. Anm. *Madert*.
[164] AG Brühl NJW-RR 1998, 493 = zfs 1998, 310 = JurBüro 1998, 136; *Otto*, JurBüro 1994, 395; *Madert*, AnwBl 1996, 250; *Hansens*, BRAGO, § 20 Rn 7a.
[165] *Otto*, JurBüro 1994, 395.

machen muss, denn eine **Erstberatung** stellt nur eine **pauschale, überschlägige Einstiegsberatung** dar.[166] Der Begriff der Erstberatung ist daher eng auszulegen.[167] Bei einer familienrechtlichen Beratung, innerhalb derer der Anwalt über eine Stunde lang zu Scheidungsvoraussetzungen, elterlicher Sorge, Versorgungsausgleich, Umgangsrecht, Hausratsauseinandersetzung, Zugewinnausgleich sowie Ehegatten- und Kindesunterhalt berät und das Beratungsergebnis anschließend in einem mehrseitigen Schreiben zusammenfasst, liegt keine Erstberatung mehr vor.[168] Die Kappungsgrenze soll folgerichtig nur das „Gebührenrisiko" des Mandanten für ein erstes Gespräch begrenzen. Sie hat aber keine Pflicht des Rechtsanwalts geschaffen, den Mandanten in einem ersten Gespräch sofort und umfassend zu beraten und zu belehren.[169] Der Bereich der Erstberatung ist auf jeden Fall überschritten, wenn bei einem Zweitgespräch über Vorschläge beraten wird, die bei dem Erstgespräch noch nicht vorlagen.[170] Die Grenze kann jedoch auch bereits in einem ersten Beratungsgespräch überschritten werden.

– Kein Abgrenzungskriterium ist die bloße **Dauer** des Beratungsgesprächs oder die **Unterbrechung** des Beratungsgesprächs infolge äußerer Umstände, die in der Sphäre des Rechtsanwalts liegen, z.B. weil er das Gespräch wegen Terminkollision abbrechen muss oder seine Mittagspause wahrnehmen will.[171] Die Fortsetzung der Beratung muss inhaltlich bedingt sein, um den Rahmen der Erstberatung zu verlassen.

IV. Anrechnung (Abs. 2)

Abs. 2 ordnet mangels anderslautender Vereinbarung die Anrechnung der Beratungsgebühr auf eine Gebühr für eine sonstige Tätigkeit an, die mit der Beratung zusammenhängt. Die Regelung entspricht Anm. 2 zu VV 2100 a.F.

125

1. Anrechnung der Beratungsgebühr

a) Anwendungsbereich

Der Anwendungsbereich des Abs. 2 erstreckt sich auf alle Vergütungsvarianten des Abs. 1. Von der Anrechnung erfasst werden daher eine **vereinbarte Beratungsgebühr** nach Abs. 1 S. 1, die **übliche Beratungsgebühr** nach Abs. 1 S. 2 i.V.m. § 612 Abs. 2 BGB sowie die **gekappte Beratungsgebühr** nach Abs. 1 S. 3. Die Einbeziehung auch der vereinbarten Beratungsgebühr mag systemwidrig sein; für ihren Ausschluss aus dem Anwendungsbereich des Abs. 2 ergibt sich indes kein Anhalt.[172] Umgekehrt schließt der eindeutige Normtext des Abs. 2 eine Erstreckung der Anrechnungsvorschrift auf die anwaltliche Tätigkeit als Gutachter und Mediator aus; sie gilt daher ausschließlich für die Beratung.[173]

126

b) Zusammenhang

Der in Abs. 2 geforderte Zusammenhang der sonstigen Tätigkeit mit der Beratungsgebühr setzt zunächst voraus, dass letztere überhaupt entstanden ist. Dies ist namentlich bei der begleitenden Beratung (siehe Rdn 17 ff.) nicht der Fall. Voraussetzung ist zudem eine sachliche und eine zeitliche Verknüpfung beider Komponenten.

127

Sachlich verbunden sind die beratende und die sonstige Tätigkeit in jedem Fall, sofern beide Tätigkeiten dieselbe Angelegenheit i.S.d. § 16 betreffen. Freilich kommt eine sachliche Verbindung

128

---

166 BGH RVGReport 2008, 19 (Hansens) = AGS 2008, 7 m. Anm. *Schons* = AnwBl 2007, 870; AG Augsburg AGS 1999, 132 m. Anm. *Madert; ders.*, AnwBl 1996, 250; a.A. *Enders*, JurBüro 1995, 226.
167 *Kilian*, BB 2006, 1509, 1513.
168 AG Augsburg AGS 1999, 132 m. Anm. *Madert*.
169 So schon zu § 20 BRAGO *Brieske*, Beck'sches Rechtsanwalts-Handbuch 1999/2000, Kap. G 55 m. Hinw. darauf, dass auch haftungsrechtlich nur eine so rechtzeitige Beratung des Mandanten im Rahmen des Mandats geschuldet werde, dass diesem in der Hauptsache kein Schaden entstehe.
170 AG Ludwigshafen zfs 1997, 148.
171 *Otto*, JurBüro 1994, 395; *Madert*, AnwBl 1996, 250; *Hansens*, BRAGO, § 20 Rn 7a.
172 *Jungbauer*, FPR 2005, 396, 397; *Hansens*/Braun/Schneider, Teil 8 Rn 85.
173 *Hartung*/Römermann/Schons, § 34 Rn 96; *Hansens*, RVGreport 2007, 323, 325.

auch bei verschiedenen Angelegenheiten in Betracht, etwa dann, wenn sich die Beratung auf ein Mahnverfahren bezieht und der Anwalt nachfolgend mit der Vertretung im kontradiktorischen Verfahren beauftragt wird. Auch wenn beide Verfahren nach § 17 Nr. 2 verschiedene Angelegenheiten darstellen, besteht zwischen ihnen ein sachlich-inhaltlicher Kontext, weil der Gegenstand identisch ist.[174] Im Ergebnis müssen Beratung und sonstige Tätigkeit mithin **denselben Gegenstand** betreffen.[175]

129 Eine **zeitliche** Verbindung ist gegeben, wenn die sonstige Tätigkeit der Beratung unmittelbar nachfolgt. Der Anwalt, der den Auftraggeber einmal beraten hat, muss sich seine Beratungsgebühr daher nicht auf jede weitere Gebühr anrechnen lassen.

> **Beispiel:** Der Rechtsanwalt berät den Mandanten anlässlich eines erstinstanzlichen Rechtsstreits vor dem Amtsgericht, den dieser ohne anwaltliche Vertretung führt. Später wird der Anwalt mit der Durchführung der Berufung beauftragt.
> Eine Anrechnung findet nicht statt, da das Berufungsverfahren der Beratung nicht unmittelbar nachfolgt. Eine Anrechnung wäre nur auf die erstinstanzliche Vergütung vorzunehmen gewesen. Diese hat der Anwalt jedoch nicht verdient.

130 Nach § 15 Abs. 5 S. 2 entfallen die im RVG vorgesehenen Anrechnungen, wenn der frühere Auftrag seit mehr als **zwei Kalenderjahren** erledigt ist. Da Abs. 2 eine Anrechnungsvorschrift im Sinne dieser Norm ist, entfällt der zeitliche Zusammenhang zwischen der Beratung und der nachfolgenden Tätigkeit spätestens nach dem Ablauf von mehr als zwei Kalenderjahren seit Abschluss der Beratung.[176]

131 Bei einer **Zurückverweisung** kann die Vorschrift des § 21 Abs. 1 zu beachten sein.

> **Beispiel:** Der Anwalt berät zunächst nur anlässlich eines anhängigen erstinstanzlichen Verfahrens. Nach Berufung wird die Sache später vom Rechtsmittelgericht zurückverwiesen und der Anwalt nunmehr für das Verfahren nach Zurückverweisung als Prozessbevollmächtigter bestellt.
> Hier muss sich der Anwalt die Beratungsgebühr nach Abs. 2 i.V.m. § 21 Abs. 1 anrechnen lassen. Gleiches gilt, wenn er als Verkehrsanwalt bestellt wird.[177]

c) Umfang der Anrechnung

132 Die Anrechnung der Beratungsgebühr auf die Gebühren für eine nachfolgende Tätigkeit erfolgt grundsätzlich **in voller Höhe**. Die für die Rechtslage bis zum 30.6.2006 entwickelten Fallkonstellationen[178] zum Umfang der Anrechnung, die maßgeblich auf der Abhängigkeit der Beratungsgebühr vom Gegenstandswert beruhen, sind auf Abs. 2 nicht übertragbar.[179] Auch eine nach Abs. 1 S. 1 vereinbarte Beratungsgebühr ist danach voll auf die Gebühr für eine nachfolgende Tätigkeit anzurechnen. Ist die Beratungsgebühr geringer als die Gebühr für die Folgetätigkeit oder entspricht sie ihr, geht sie daher in der Folgegebühr auf.

133 Ist die **Folgegebühr geringer** als die Beratungsgebühr, findet jedoch eine Anrechnung nur bis zur Höhe der Gebühren für die nachfolgende Tätigkeit statt.[180] Fallen für den Anwalt im Zuge der Mandatsbearbeitung (nacheinander) mehrere Gebühren an, erfolgt eine Gebührenanrechnung nach Abs. 2 **nur einmal**.[181] Namentlich eine weitere Anrechnung auf die Terminsgebühr nach bereits erfolgter Anrechnung auf die Verfahrensgebühr hat zu unterbleiben.[182]

> **Beispiel**: Der Rechtsanwalt berät seinen Auftraggeber hinsichtlich der Geltendmachung eines Zahlungsanspruchs über 50.000 EUR. Als Vergütung für seine beratende Tätigkeit hat er nach Abs. 1 S. 1 ein Pauschalhonorar von 2.000 EUR zuzüglich Auslagen und Umsatzsteuer vereinbart. Die Beratung ergibt, dass die Forderung des Auftraggebers nur noch i.H.v. 5.000 EUR besteht; im Übrigen ist sie durch Aufrechnung

---

174 Hartung/Römermann/Schons, § 34 Rn 100.
175 Hansens, RVGreport 2007, 323, 329; Mayer/Kroiß/Teubel/Winkler, § 34 Rn 167; Enders, JurBüro 2006, 561, 564.
176 Kilian, BB 2006, 1509, 1516; Hartung/Römermann/Schons, § 34 Rn 102; Enders, JurBüro 2006, 561, 564; so nun auch Hansens, RVGreport 2007, 323, 332 f.
177 Vgl. OLG Schleswig Rpfleger 1962, 364.
178 Siehe dazu 2. Auflage VV 2100–2101 Rn 53 ff. m.w.N.
179 Hartung/Römermann/Schons, § 34 Rn 103.
180 Hartung/Römermann/Schons, § 34 Rn 104; so auch Hansens/Braun/Schneider, Teil 8 Rn 86 und Enders, JurBüro 2006, 1 ff. sowie JurBüro 2006, 561 ff., m. zahlreichen Berechnungsbsp.
181 Hansens/Braun/Schneider, Teil 8 Rn 87; Enders, JurBüro 2006, 561, 563; Hansens, RVGreport 2007, 323, 329.
182 Eingehend Hansens, RVGreport 2007, 323, 326 f. m. Berechnungsbsp.

untergegangen. Über diesen Betrag erwirkt der Anwalt im Rahmen seiner nachfolgenden gerichtlichen Tätigkeit auftragsgemäß ein Urteil.

I. Beratung
1. Pauschalvergütung, § 34 Abs. 1 S. 1 (Wert: 50.000 EUR) — 2.000,00 EUR
2. Auslagenpauschale, VV 7002 — 20,00 EUR
   Zwischensumme — 2.020,00 EUR
3. 19 % Umsatzsteuer, VV 7008 — 383,80 EUR
   Gesamt — **2.403,80 EUR**

II. Nachfolgende gerichtliche Tätigkeit
1. 1,3 Verfahrensgebühr, VV 3100 (Wert: 5.000 EUR) — 393,90 EUR
2. hierauf gem. § 34 Abs. 2 anzurechnen: Pauschalvergütung nach I. 1. i.H.v. — – 393,90 EUR
   Rest: — 0,00 EUR
3. 1,2 Terminsgebühr, VV 3104 (Wert: 5.000 EUR) — 363,60 EUR
4. Auslagenpauschale, VV 7002 — 20,00 EUR
   Zwischensumme — 383,60 EUR
5. 19 % Umsatzsteuer, VV 7008 — 72,88 EUR
   Gesamt — **456,48 EUR**

III. Gesamtvergütung aus I. und II. — **2.860,28 EUR**

Hat der Anwalt nach Abs. 1 S. 1 i.V.m. § 3a neben der Gebührenvereinbarung für die Beratung eine **Auslagenvereinbarung** getroffen, scheidet auch insoweit eine Anrechnung nach Abs. 2 aus. Diese Vorschrift erfasst nur die **Gebühr** für eine vereinbarte Beratung, nicht hingegen die Auslagen. Mit Blick auf die Legaldefinition in § 1 Abs. 1 ist zwischen beiden Vergütungskomponenten zu differenzieren; bei der Neufassung des § 34 hat sich der Reformgesetzgeber auf die Komponente der Gebühren beschränkt (siehe Rdn 8). 134

2. Anderweitige Vereinbarung

Die nach Abs. 2 vorgesehene **Anrechnung** ist **dispositiv**. Sie kann durch Parteivereinbarung abbedungen werden. Ob diese Vereinbarung der Formvorschrift des § 3a Abs. 1 S. 1 unterliegt, ist ungeklärt.[183] Dem Grunde nach fällt der Anrechnungsausschluss zunächst unter § 3a Abs. 1 S. 1, weil mit ihm die gesetzlich vorgesehene Anrechnung nach § 34 Abs. 2 abbedungen und damit eine Vereinbarung über die Vergütung getroffen wird.[184] Problematisch ist allerdings, ob diese Formvorschrift von § 3a Abs. 1 S. 4 wieder aufgehoben wird, wonach § 3a Abs. 1 S. 1 und 2 „nicht für eine Gebührenvereinbarung nach § 34 gelten". 135

Der Gesetzestext ist in seinem **Wortlaut** durchaus mehrdeutig: Mit dem Begriff „Gebührenvereinbarung" könnte ebenso gut die gesamte Vereinbarung einschließlich eines etwa vereinbarten Anrechnungsausschlusses gemeint sein wie auch lediglich die Vereinbarung der Gebühr an sich. **Sinn und Zweck** des § 3a Abs. 1 sprechen allerdings eher dafür, dass ein Anrechnungsausschluss ebenso formfrei vereinbart werden kann wie die Beratungsgebühr selbst. Denn der Gesetzgeber bezweckte mit der Formvorschrift Warnung und Schutz des Mandanten, der sich deutlich und (aufgrund der Textform) auch nachhaltig darüber Klarheit verschaffen können sollte, welche konkrete Vereinbarung er mit seinem Anwalt hinsichtlich der Vergütung geschlossen hatte. Eine solche Warn- und Schutzfunktion hat der Gesetzgeber jedoch bei der Gebührenvereinbarung für die Beratung nach § 34 – in Übereinstimmung mit der bereits zu § 4 a.F. vorherrschenden Auffassung[185] – für entbehrlich gehalten. Wenn aber nun der Mandant schon im Hinblick auf die Vereinbarung der Beratungsgebühr weder gewarnt noch geschützt werden muss, warum sollte dies für den Ausschluss der Anrechnung gelten?

Für einen solchen Schutzzweck könnte lediglich sprechen, dass der Anrechnungsausschluss mittelbar Auswirkungen auf andere Gebühren hat, namentlich auf die Geschäftsgebühr für eine nachfolgende

---

183 Dazu *Hansens*, RVGreport 2007, 323, 324 (zu § 4 a.F.).
184 Eingehend *Enders*, JurBüro 2006, 1 ff.
185 Bischof/*Bischof*, RVG, 1. Auflage, § 4 Rn 31; Mayer/Kroiß/*Teubel*/Winkler, § 34 Rn 62 ff.; *Hansens*, RVGreport 2007, 323 f.; *Kilian*, BB 2006, 1509, 1514; *ders.*, NJW 2005, 3104, 3105 mit Fn 37; Krämer/Mauer/*Kilian*, Rn 630; *Onderka*, Anwaltsgebühren in Verkehrssachen, 4. Auflage 2014, § 1 Rn 28; *Teubel*, MAH Vergütungsrecht, 2007, § 33 Rn 58; *Henke*, AnwBl 2006, 653; *Toussaint*, AnwBl 2007, 67; *Streck*, AnwBl 2006, 149, 150; a.A. offenbar *Enders*, JurBüro 2006, 1.

außergerichtliche Vertretung bzw. auf die Verfahrensgebühr für einen nachfolgenden Rechtsstreit. Diese Gebühren muss der Mandant – abweichend von der gesetzlichen Regelung – aufgrund des Ausschlusses der Anrechnung in voller Höhe tragen, während sonst die Anrechnung seine Gebührenlast mindern würde.[186]

Da die Frage der Formbedürftigkeit des Anrechnungsausschlusses in der Rechtsprechung noch nicht hinreichend diskutiert, geschweige denn geklärt worden ist und die Textform auch mögliche Beweisschwierigkeiten des Anwalts vermeiden helfen kann, sollte der Anrechnungsausschluss vorsorglich **schriftlich** fixiert werden. Dies muss nicht zwingend bereits bei Abschluss der Gebührenvereinbarung für die Beratung erfolgen, sollte jedoch spätestens dann nachgeholt werden, wenn der Anwalt aufgrund des konkreten Verlaufes des Mandats erkennen kann, dass neben der Beratung auch eine Tätigkeit erfolgen wird, die mit der Beratung i.S.v. § 34 Abs. 2 zusammenhängt.

136 **Gegenstand der Vereinbarung** kann sein
– der vollständige Ausschluss der Anrechnung der Beratungsgebühr
– der partielle Ausschluss der Anrechnung der Beratungsgebühr
  Beispiel: Anwalt und Mandant vereinbaren, dass die Anrechnung der Beratungsgebühr ausgeschlossen wird, soweit sie einen Betrag von 250 EUR übersteigt. Beträgt die vereinbarte oder übliche Beratungsgebühr 750 EUR, unterliegt der Differenzbetrag von 500 EUR nicht der Anrechnung nach Abs. 2.
– die Beschränkung der Anrechnung auf bestimmte Gebührentypen
  Beispiel: Die Anrechnung der Beratungsgebühr wird auf eine mit dem Gegenstand der Beratung zusammenhängende Geschäftsgebühr beschränkt. Erhält der Rechtsanwalt nach der Beratung einen Prozessauftrag, ist nach Abs. 2 die Anrechnung der Beratungsgebühr auf die Verfahrensgebühr (VV 3100) ausgeschlossen.[187]

137 Eine Vereinbarung nach Abs. 2 ist dem Anwalt **unbedingt zu empfehlen**. Zum einen beugt sie den unter Rdn 126 ff. skizzierten Anrechnungsproblemen vor; zum anderen vermeidet der Anwalt eine unnötige Kürzung seines Vergütungsanspruchs.[188] Sofern sich der Anwalt auf einen Anrechnungsausschluss nach Abs. 2 beruft, trifft ihn indes auch die **Darlegungs- und Beweislast**.[189] Schon im Hinblick auf ihre Beweisfunktion empfiehlt sich daher eine schriftliche Abfassung der Vereinbarung.

C. Übergangsrecht

138 Der zeitliche Anwendungsbereich des § 34 bestimmt sich nach der allgemeinen Übergangsvorschrift des § 60. Danach bemisst sich die Vergütung für eine **Beratung** nach den bis zum 30.6.2006 geltenden gesetzlichen Gebührentatbeständen der VV 2100 bis 2102 a.F., wenn dem Rechtsanwalt bis dato der unbedingte Beratungsauftrag erteilt worden ist. Hat er selbigen jedoch nach dem 30.6.2006 erhalten, wird der Anwalt eine Gebührenvereinbarung mit dem Mandanten treffen müssen, anderenfalls er auf die übliche Vergütung nach § 612 Abs. 2 BGB unter Berücksichtigung etwaiger Kappungsgrenzen nach Abs. 1 S. 3 verwiesen ist. Für die **Begutachtung** gilt im Verhältnis von VV 2103 a.F. und Abs. 1 entsprechendes.

139 Die **Mediation** spielt übergangsrechtlich keine Rolle, da insoweit auch vor dem 1.7.2006 keine gesetzliche Gebühr existierte; vielmehr war bereits nach § 34 S. 1 a.F. eine Gebührenvereinbarung abzuschließen (vgl. Rdn 1).

---

186 Aus diesem Grunde spricht sich *N. Schneider* (NJW-Spezial 2009, 59) für eine Formbedürftigkeit des Anrechnungsausschlusses aus.
187 Vgl. *Hansens*, RVGreport 2007, 323, 324.
188 *Enders*, Rn 497; *ders.*, JurBüro 2006, 561; speziell aus familienrechtlicher Sicht *Jungbauer*, FPR 2005, 396, 397.
189 Zutreffend *Hansens*, RVGreport 2007, 323, 324 unter Hinw. auf die Normsetzungstechnik des Gesetzgebers (abweichende Vereinbarung als Ausnahmetatbestand des Abs. 2). A.A. Mayer/Kroiß/*Teubel/Winkler*, § 34 Rn 149, wonach der Anwalt die Vereinbarung des Anrechnungsausschlusses substantiiert behaupten und der Mandant darlegen und beweisen muss, dass keine Vereinbarung getroffen wurde.

| § 35 | Hilfeleistung in Steuersachen |

(1) Für die Hilfeleistung bei der Erfüllung allgemeiner Steuerpflichten und bei der Erfüllung steuerlicher Buchführungs- und Aufzeichnungspflichten gelten die §§ 23 bis 39 der Steuerberatervergütungsverordnung in Verbindung mit den §§ 10 und 13 der Steuerberatervergütungsverordnung.

(2) ¹Sieht dieses Gesetz die Anrechnung einer Geschäftsgebühr auf eine andere Gebühr vor, stehen die Gebühren nach den §§ 23, 24 und 31 der Steuerberatervergütungsverordnung, bei mehreren Gebühren deren Summe, einer Geschäftsgebühr nach Teil 2 des Vergütungsverzeichnisses gleich. ²Bei der Ermittlung des Höchstbetrags des anzurechnenden Teils der Geschäftsgebühr ist der Gegenstandswert derjenigen Gebühr zugrunde zu legen, auf die angerechnet wird.

Literatur: *Berners*, Praxiskommentar Steuerberatervergütungsverordnung, 5. Aufl. 2016; *Eckert u.a.*, Steuerberatervergütungsverordnung, 5. Aufl. 2013; *Meyer/Goez/Schwamberger*, Steuerberatervergütungsverordnung, 7. Aufl. 2013.

A. Regelungsgegenstand des Abs. 1 1	C. Zeitgebühr i.S.v. § 13 i.V.m. §§ 23 bis 39 StBVV 40
B. Wertgebühr i.S.v. § 10 i.V.m. §§ 23 bis 39 StBVV 4	I. Ausdrückliche Anordnung 41
I. Gegenstandswert 5	II. Auffangwert 45
II. Gebührenrahmen/-satz 20	III. Höhe 47
1. Gebühren für die Hilfeleistung bei Erfüllung allgemeiner Steuerpflichten 24	D. Besonderheiten bei der Anrechnung von Gebühren (Abs. 2) 50
2. Gebühren für die Hilfeleistung bei Erfüllung steuerlicher Buchführungs- und Aufzeichnungspflichten 35	

A. Regelungsgegenstand des Abs. 1

§ 3 Nr. 1 StBerG erlaubt die geschäftsmäßige Hilfeleistung in Steuersachen explizit auch den Rechtsanwälten. Sie können unter den Voraussetzungen der §§ 50, 50a StBerG Geschäftsführer und Gesellschafter von Steuerberatungsgesellschaften sein. Auch Rechtsanwaltsgesellschaften dürfen nach § 3 Nr. 3 StBerG geschäftsmäßige Hilfe in Steuersachen leisten. Die Abrechnung geschäftsmäßiger Hilfeleistungen in Steuersachen erfolgt nach den Regeln der Steuerberatervergütungsverordnung (StBVV) vom 17.12.1981, die ihrerseits auf § 64 StBerG beruht. 1

In der StBVV sind explizit Abrechnungstatbestände für die Hilfeleistung bei der Erfüllung allgemeiner Steuerpflichten und bei der Erfüllung steuerlicher Buchführungs- und Aufzeichnungspflichten geregelt, so dass sich das RVG in § 35 auf einen schlichten Verweis auf diese Vorschriften beschränken kann. Inhaltlich sind die Tätigkeiten in zwei Gruppen zu unterteilen: 2
1. die typischen Deklarationsarbeiten eines Steuerberaters (Erstellung von Steuererklärungen und Jahresabschlüssen, laufende Lohn-/Buchführung usw.) und
2. die eher beratende Tätigkeit (z.B. Teilnahme an Betriebsprüfungen, Selbstanzeige), die der anwaltlichen Tätigkeit am nächsten kommt.

Ist ein Tatbestand nicht unmittelbar in der StBVV geregelt, ordnet § 2 StBVV eine sinngemäße Anwendung dieser Vorschriften an. Hilft dies ebenfalls nicht weiter, kann der Rechtsanwalt auf die Regelungen des RVG und schließlich zuletzt auf die Regelungen des BGB zurückgreifen.[1] 3

B. Wertgebühr i.S.v. § 10 i.V.m. §§ 23 bis 39 StBVV

Die Wertgebühr bemisst sich nach dem auf Basis des Gegenstandswertes ermittelten Gebührenwert, der mit dem in der jeweiligen Angelegenheit zur Anwendung kommenden Gebührensatz multipliziert wird. 4

---

[1] OLG Düsseldorf, Urt. v. 8.4.2005 – 23 U 190/04, NJW-RR 2005, 1150.

Griesel

I. Gegenstandswert

5 Die Wertgebühr berechnet sich zum ersten nach dem Wert, den der Gegenstand der beruflichen Tätigkeit hat (§ 10 Abs. 1 S. 2 StBVV). Maßgebend ist dafür grds. der Wert des Interesses, soweit die StBVV nichts anderes bestimmt (§ 10 Abs. 1 S. 3 StBVV).

6 In folgenden Fällen definiert die StBVV den Gegenstand der beruflichen Tätigkeit als Basis für die Berechnung der Wertgebühr explizit:

7 Für die Erstellung von Steuererklärungen finden sich in § 24 StBVV in Abhängigkeit der jeweiligen Steuererklärung Angaben zu dem zur Anwendung kommenden Gegenstandswert. Bspw. bei der Erstellung der Einkommensteuererklärung ohne Ermittlung der einzelnen Einkünfte ist Gegenstandswert die Summe der positiven Einkünfte, mindestens aber 8.000 EUR. Der Mindestwert von 8.000 EUR gilt auch für die Erstellung der Erklärung zur gesonderten Feststellung der Einkünfte ohne Ermittlung der Einkünfte, die Gewerbesteuererklärung, die Umsatzsteuerjahreserklärung und die sonstigen nicht ausdrücklich angeführten Steuererklärungen (vgl. § 24 StBVV).

8 Bei der Umsatzsteuervoranmeldung beträgt der Gegenstandswert nach § 24 StBVV 10 % der Summe aus dem Gesamtbetrag der Entgelte einschließlich der Entgelte, für die der Leistungsempfänger Steuerschuldner ist, mindestens aber 650 EUR. Gegenstandswert einer Lohnsteuer-Anmeldung sind 20 % der Arbeitslöhne einschließlich sonstiger Bezüge, mindestens aber 1.000 EUR.

9 Bei der Erstellung der Körperschaftsteuererklärung und bei Schenkung- und Erbschaftsteuererklärungen findet dagegen ein Mindestwert von 16.000 EUR Anwendung.

10 Gegenstandswert der Einnahmen-Überschuss-Rechnung für Land- und Forstwirte, Gewerbetreibende und Selbstständige einschließlich eines Erläuterungsberichts ist der jeweils höhere Betrag, der sich aus der Summe der Betriebseinnahmen oder der Summe der Betriebsausgaben ergibt, jedoch mindestens 12.500 EUR (§ 25 Abs. 1 S. 2 StBVV). Gleiches gilt für die Ermittlung des Überschusses bei den Einkünften aus nichtselbstständiger Arbeit, dem Kapitalvermögen, der Vermietung und Verpachtung und den sonstigen Einkünften, jedoch beschränkt auf einen Mindestwert von 8.000 EUR (§ 27 Abs. 1 S. 2 StBVV).

11 Bei Selbstanzeigen bestimmt sich der Gegenstandswert gemäß § 30 Abs. 2 StBVV ausdrücklich nach der Summe der berichtigten, ergänzten und nachgeholten Angaben, mindestens aber 8.000 EUR. Auf die Höhe der nachzuzahlenden Steuer kommt es insoweit nicht an.

12 Bei der laufenden Buchführung ist Gegenstandswert nach § 33 Abs. 6 StBVV der jeweils höchste Betrag, der sich aus dem Jahresumsatz oder aus der Summe des Aufwands ergibt. Für die Abschlussarbeiten bestimmt sich der Gegenstandswert nach den detaillierten Regelungen des § 35 Abs. 2 StBVV in Anlehnung an die berichtigte Bilanzsumme und die betriebliche Jahresleistung. Gleiches gilt für die Überprüfung der Buchführung und des Jahresabschlusses (§ 36 Abs. 2 Nr. 1 StBVV) und die Erstellung von Bescheinigungen über die Beachtung steuerrechtlicher Vorschriften in Vermögensübersichten und Erfolgsrechnungen (§ 38 Abs. 1 S. 2 StBVV). Gegenstandswert für die Erstellung eines Vermögensstatus ist die Summe der Vermögenswerte, für einen Finanzstatus die Summe der Finanzwerte (§ 37 S. 2 StBVV).

13 Die aufgezeigten Regelungen des Gegenstandswertes in der StBVV machen deutlich, dass es regelmäßig nicht auf die anfallende Steuerbelastung ankommt, sondern Bemessungsgrundlage der objektive Wert des Gegenstandes ist, auf den sich die Leistung bezieht (Bruttobetrachtung).[2] Richtet sich z.B. die Beratungsleistung auf den Erwerb einer vermieteten Immobilie im Wert von 250.000 EUR, beträgt der Gegenstandswert 250.000 EUR.[3] Nur dann, wenn es um die Steuer selbst geht, bemisst sich nach ihr der Gegenstandswert.

14 Diese Gegenstandswerte sind auch dann der Gebührenberechnung zugrunde zu legen, wenn sie im Einzelfall zu unangemessenen Ergebnissen führen.[4] Notwendige Korrekturen können über die Anwendung des Gebührensatzes (siehe dazu Rdn 22) erfolgen.[5]

---

[2] Eckert/*Boelsen*, StBVV, § 10 Rn 4.
[3] *Berners*, Praxiskommentar StBVV, S. 223.
[4] Meyer/Goez/Schwamberger/*Volkmann*, StBVV, § 10 Rn 14.
[5] *Berners*, Praxiskommentar StBVV, S. 222.

Fehlt eine ausdrückliche Bestimmung des Gegenstandswertes (wie z.B. in § 23 StBVV), kommt es auf den **Wert des Interesses** der Angelegenheit an. Der Wert des Interesses bestimmt sich dabei nach dem Interesse des Auftraggebers.[6] In steuerrechtlichen Angelegenheiten ist dies regelmäßig die Höhe des strittigen Steuerbetrages.[7] Ggf. ist dieser unter Zugrundelegung anerkannter Schätzmethoden zu ermitteln. Der Wert des Interesses ist z.B. in den Fällen des § 21 Abs. 1 S. 1 und Abs. 2 StBVV zu ermitteln wie auch nach §§ 22 und 23 StBVV. Bei den sonstigen Einzeltätigkeiten des § 23 StBVV dürfte der Wert des Interesses regelmäßig in dem strittigen Steuerbetrag liegen.[8]

Umstritten ist, ob bei nicht ermittelbaren Gegenstandswerten auf den Gegenstandswert nach § 23 Abs. 3 RVG i.H.v. 5.000 EUR abgestellt werden darf.[9] Für das finanzgerichtliche Verfahren kommt dagegen ein Rückgriff auf den Gegenstandswert nach § 52 Abs. 2 GKG i.H.v. 5.000 EUR in Betracht.

Lässt sich kein Gegenstandswert bestimmen, scheidet also auch eine Schätzung des Gegenstandswertes aus, so kommt als Auffangregelung der Ansatz der Zeitgebühr (siehe dazu Rdn 45) zur Anwendung.

Streitigkeiten über den Gegenstandswert – aber auch über den nach Rdn 22 zur Anwendung kommenden Gebührensatz – lassen sich durch den Abschluss einer Honorarvereinbarung vermeiden.

Entscheidend für den Gegenstandswert bzw. den Wert des Interesses ist der Beginn der Bearbeitung, nicht der Zeitpunkt der Auftragserteilung.[10]

II. Gebührenrahmen/-satz

Die Höhe der Wertgebühr richtet sich zum zweiten nach den Tabellen A bis E, die als Anlage zur StBVV beigefügt sind und den Gebührensatz vorgeben. Auf diese Tabellen nehmen die §§ 21 bis 39 StBVV Bezug und geben für bestimmte Tätigkeiten im Zusammenhang mit der Erfüllung allgemeiner Steuerpflichten und der steuerlichen Buchführungs- und Aufzeichnungspflichten konkrete Gebührenrahmen auf der Grundlage des Gegenstandswertes (siehe dazu Rdn 5) vor. In den Tabellen finden sich nicht nur die jeweils vollen Gebührensätze, sondern auch häufig vorkommende Gebührenbruchteile.

Die Tabellen lassen sich nach ihrem Anwendungsbereich und ihrer Bezeichnung wie folgt untergliedern:
– Tabelle A: Beratungstabelle
– Tabelle B: Abschlusstabelle
– Tabelle C: Buchführungstabelle
– Tabelle D: Landwirtschaftliche Buchführung
– Tabelle E: Rechtsbehelfstabelle

Bei der Bemessung des zutreffenden Gebührensatzes spielen Umfang und Bedeutung der beruflichen Tätigkeit sowie der Schwierigkeitsgrad der Sache und der Arbeitsaufwand eine Rolle. Es gilt § 11 StBVV, der vorsieht, dass sich die Gebühr im Einzelfall unter Berücksichtigung aller Umstände, vor allem des Umfangs und der Schwierigkeit der beruflichen Tätigkeit, der Bedeutung der Angelegenheit sowie die Einkommens- und Vermögensverhältnisse des Auftraggebers nach billigem Ermessen bestimmt. Ein besonderes Haftungsrisiko des Beraters kann bei der Bemessung herangezogen werden. Auf die Ausführungen zur Bemessung der Mindest- und Höchstgebühr bei § 14 RVG wird an dieser Stelle Bezug genommen.

Ergänzend ist festzuhalten, dass die StBVV eigentlich keine den Rechtsanwälten vergleichbare allgemeingültige Mittelgebühr kennt. Vom Grundsatz her ist vielmehr jeder Sachverhalt nach den individuellen Umständen zu berücksichtigen.[11] Nichtsdestotrotz gibt die rechnerische Mittelgebühr

---

6 OLG Düsseldorf, Urt. v. 3.7.1986 – 18 U 61/86, juris.
7 Eckert/*Boelsen*, StBVV, § 10 Rn 4; Meyer/Goez/Schwamberger/*Volkmann*, StBVV, § 10 Rn 16.
8 Eckert/*Boelsen*, StBVV, § 23 Rn 2; siehe dazu auch den Streitwertkatalog der Finanzgerichte, z.B. http//www.fg-koeln.nrw.de.
9 Dafür Eckert/*Boelsen*, StBVV, § 10 Rn 4; Meyer/Goez/Schwamberger/*Volkmann*, StBVV, § 10 Rn 20; gegen die Anwendung des § 13 Abs. 1 GKG ausdrücklich *Berners*, Praxiskommentar StBVV, S. 222.
10 Z.B. *Berners*, Praxiskommentar StBVV, S. 223; a.A. Eckert/*Boelsen*, StBVV, § 10 Rn 6.
11 Eckert/*Lotz*, StBVV, § 11 Rn 3, 3.3.

Anhaltspunkte, wie eine als durchschnittlich zu bewertende Tätigkeit abzurechnen sein soll.[12] Ob und inwieweit die entfaltete Tätigkeit dem entspricht, muss der Berater vortragen und belegen können. Anderenfalls erhält er lediglich die Mindestgebühr.[13] Die Mittelgebühr errechnet sich aus der Addition der Mindest- und der Höchstgebühr geteilt durch 2.

1. Gebühren für die Hilfeleistung bei Erfüllung allgemeiner Steuerpflichten

24 Die Gebühren für die Hilfeleistung bei der Erfüllung allgemeiner Steuerpflichten sind im Vierten Abschnitt der StBVV geregelt, konkret in den §§ 21 bis 31 StBVV. Die Gebühren errechnen sich aus dem zur Anwendung kommenden Gegenstandswert (siehe dazu Rdn 5), der die Höhe der zum Ansatz kommenden vollen Gebühr vorgibt, und dem auf den konkreten Fall anzuwendenden Gebührenrahmen. Der Gebührenrahmen ergibt sich aus den Regelungen der §§ 21 bis 31 StBVV wie folgt:

25 § 21 StBVV befasst sich mit der sog. Erstberatungsgebühr bzw. einer isolierten Auskunft und sieht eine Gebühr i.H.v. 1/10 bis 10/10 der vollen Gebühr nach Tabelle A (Mittelgebühr: 5,5/10) vor. Bei einer Erstberatung gegenüber einem Verbraucher ist der Gebühr der Höhe nach auf 190 EUR netto beschränkt. Für die Prüfung, ob eine Berufung oder Revision Aussicht auf Erfolg hat, die abschlägig beschieden und damit auf die Einlegung des Rechtsmittels verzichtet wird, ist eine Gebühr von 13/20 einer Gebühr nach Tabelle E vorgesehen. In diesem Fall fehlt ausnahmsweise ein Gebührenrahmen, sondern es erfolgt eine konkrete Bestimmung der Höhe nach.

26 Gemäß § 22 StBVV erhält der Bearbeiter für die Erstellung eines schriftlichen Gutachtens mit eingehender Begründung eine Gebühr von 10/10 (einfache und kurze Gutachten) bis 30/10 (schwierige und umfangreiche Gutachten) der vollen Gebühr nach Tabelle A (Mittelgebühr: 20/10).

27 § 23 StBVV regelt Gebühren für sonstige Einzeltätigkeiten, die sich nach einer vollen Gebühr der Tabelle A bemessen, und zwar im Rahmen von
– 2/10 bis 10/10 (Mittelgebühr: 6/10) für die Berichtigung einer (Steuer-)Erklärung und einen Antrag auf Aufhebung oder Änderung eines Steuerbescheides oder einer Steueranmeldung sowie für sonstige Anträge außerhalb einer Steuererklärung,
– 2/10 bis 8/10 (Mittelgebühr: 5/10) für einen Antrag auf Stundung, auf Anpassung von Vorauszahlungen, auf abweichende Steuerfestsetzung aus Billigkeitsgründen, auf Erlass von Steuern oder Zöllen oder für einen Antrag auf Steuererstattungen i.S.v. § 37 Abs. 2 AO und
– 4/10 bis 10/10 (Mittelgebühr: 7/10) für einen Antrag auf volle oder teilweise Rücknahme bzw. Widerruf eines Verwaltungsaktes und einen Antrag auf Wiedereinsetzung in den vorigen Stand außerhalb eines Rechtsbehelfsverfahrens.

28 Soweit die Einzeltätigkeiten i.S.v. § 23 StBVV denselben Gegenstand betreffen, ist nur eine Tätigkeit für die Abrechnung maßgebend, und zwar die mit dem höchsten oberen Gebührenrahmen (§ 23 S. 2 StBVV).

29 Die Wertgebühren für die Anfertigung von Steuererklärungen regelt § 24 StBVV unter Bezugnahme auf die Tabelle A. Dabei differenzen die Gebührenrahmen je nach Art der Steuererklärung. So ist z.B. für die Erstellung der Einkommensteuererklärung ohne Ermittlung der einzelnen Einkünfte 1/10 bis 6/10 (Mittelgebühr: 3,5/10) einer vollen Gebühr vorgesehen. Vergleichbares gilt für die Gewerbesteuererklärung und die Gewerbesteuerzerlegungserklärung und die Umsatzsteuer-Voranmeldungen. Für die Körperschaftsteuererklärung gilt dagegen ein Gebührenrahmen von 2/10 bis 8/10 (Mittelgebühr: 5/10) und für die Umsatzsteuerjahreserklärung von 1/10 bis 8/10 (Mittelgebühr: 4,5/10).

30 Für die Erstellung von Einnahmen-Überschuss-Rechnungen bei den Einkünften aus Land- und Forstwirtschaft, Gewerbebetrieb oder selbstständiger Arbeit sieht § 25 StBVV 5/10 bis 20/10 (Mittelgebühr: 12,5/10) einer vollen Gebühr nach Tabelle B vor. Dies gilt für jede getrennt aufzustellende Einnahmen-Überschuss-Rechnung gesondert (§ 25 Abs. 3 StBVV). Wird die Einnahmen-Überschuss-Rechnung durch eine Erläuterungsbericht flankiert, entsteht für diesen Erläuterungsbericht eine gesonderte Gebühr i.H.v. 2/10 bis 12/10 (Mittelgebühr: 7/10) einer vollen Gebühr nach Tabelle B. Für die Gewinnermittlung nach Durchschnittssätzen, die nur bei Land- und Forstwirten

---

12 Eckert/Lotz, StBVV, § 11 Rn 3, 3.3.; siehe auch Berners, StBVV, S. 246 ff. m.w.N.

13 LG Duisburg, Urt. v. 28.6.2007 – 7 S 247/06, DStR 2007, 2035.

zulässig ist, beträgt die Gebühr 5/10 bis 20/10 (Mittelgebühr: 12,5/10) einer vollen Gebühr nach Tabelle B.

Für die Ermittlung des Überschusses der Einnahmen über die Werbungskosten bei den Einkünften aus nichtselbstständiger Arbeit, Kapitalvermögen, Vermietung und Verpachtung oder sonstige Einkünfte beträgt die Gebühr 1/20 bis 12/20 (Mittelgebühr: 6,5/20) einer vollen Gebühr nach der Tabelle A (§ 27 Abs. 1 StBVV). Auch hier gilt nach § 27 Abs. 2 StBVV, dass die Gebühr pro ermitteltem Überschuss der Einnahmen anfällt, also bspw. bei zwei getrennten vermieteten Immobilien zweimal.

Die Teilnahme an Betriebsprüfungen wird mit der Zeitgebühr (siehe dazu Rdn 40) abgerechnet. Lediglich für schriftliche Einwendungen gegen den Prüfungsbericht entsteht nach § 29 Nr. 2 StBVV eine Gebühr i.H.v. 5/10 bis 10/10 (Mittelgebühr: 7,5/10) einer vollen Gebühr nach Tabelle A.

Für Tätigkeiten im Zusammenhang mit einer Selbstanzeige i.S.d. §§ 371, 378 Abs. 3 AO beträgt die Gebühr 10/10 bis 30/10 (Mittelgebühr: 20/10) einer vollen Gebühr nach Tabelle A (vgl. § 30 StBVV).

Nach § 31 StBVV entsteht für Besprechungen mit Behörden oder Dritten in abgabenrechtlichen Sachen eine Gebühr i.H.v. 5/10 bis 10/10 (Mittelgebühr: 7,5/10) einer vollen Gebühr nach Tabelle A. Voraussetzung für das Entstehen dieser Gebühr ist, dass der Berater an der Besprechung über tatsächliche oder rechtliche Fragen mitgewirkt hat, die von der Behörde angeordnet ist oder im Einverständnis mit dem Auftraggeber mit der Behörde oder einem Dritten geführt wird (§ 31 Abs. 2 StBVV). Nicht ausreichend ist dagegen die Beantwortung (fern)mündlicher Nachfragen einer Behörde.

2. Gebühren für die Hilfeleistung bei Erfüllung steuerlicher Buchführungs- und Aufzeichnungspflichten

Der Fünfte Abschnitt der StBVV befasst sich in den §§ 32 bis 39 mit den Gebühren für die Hilfeleistung bei der Erfüllung steuerlicher Buchführungs- und Aufzeichnungspflichten.

Dabei sieht § 33 StBVV die monatliche Gebühr für die Übernahme von Buchführungsarbeiten vor. Übernimmt der Berater die Erstellung der Buchführung einschließlich des Kontierens, ergibt sich eine Gebühr von 2/10 bis 12/10 einer vollen Gebühr nach der Tabelle C (§ 33 Abs. 1 StBVV). Damit ist auch die Erstellung der Umsatzsteuervoranmeldung abgegolten (§ 33 Abs. 8 StBVV). Bei einer nur teilweisen Verlagerung der Buchführung auf den Berater verringern sich die Gebührensätze entsprechend (vgl. dazu § 33 Abs. 2 bis 5 StBVV).

§ 34 StBVV regelt für die Lohnbuchführung einen Gebührenrahmen von 1 bis zu 25 EUR, je nach Umfang der abzurechnenden Tätigkeit. So erhält der Berater für die umfassende Führung von Lohnkonten und die Anfertigung der Lohnabrechnungen eine Gebühr von 5 bis 25 EUR (Mittelgebühr: 15 EUR) je Arbeitnehmer und Abrechnungszeitraum (§ 34 Abs. 2 StBVV). Mit dieser Gebühr ist auch die Gebühr für die Erstellung der Lohnsteueranmeldung abgegolten (§ 34 Abs. 6 StBVV). Bei einer nur teilweisen Übernahme der Lohnbuchführung verringern sich diese Sätze (vgl. § 34 Abs. 3 und 4 StBVV).

Die Erstellung einer (Handels-)Bilanz nebst Gewinn- und Verlustrechnung sowie die Herleitung einer Steuerbilanz aus der Handelsbilanz und sonstige (Sonder-)Bilanzen, wie z.B. eine Eröffnungsbilanz oder ein Zwischenabschluss, werden gemäß § 35 StBVV berechnet. Für die Aufstellung eines Jahresabschlusses bestehend aus Bilanz und Gewinn- und Verlustrechnung beträgt die Gebühr bspw. 10/10 bis 40/10 (Mittelgebühr: 25/10) des in § 35 Abs. 2 StBVV bestimmten Gegenstandswertes (siehe dazu Rdn 12). Auch die Erstellung des Anhangs (§ 35 Abs. 1 Nr. 1b StBVV) und eines schriftlichen Erläuterungsberichts (§ 35 Abs. 1 Nr. 6 StBVV) lösen eigenständige Gebühren aus. Für Land- und Forstwirte sind in § 39 StBVV gesonderte Regelungen für die Gebührenberechnung vorgesehen.

Für die Erstellung eines Vermögens- oder Finanzstatus beläuft sich die Gebühr auf 5/10 bis 15/10 (Mittelgebühr: 10/10) einer vollen Gebühr nach der Tabelle B, ggf. zzgl. der Gebühr für einen schriftlichen Erläuterungsbericht (1/10 bis 6/10, Mittelgebühr 3,5/10), § 37 StBVV. Für die Erteilung von Bescheinigungen über die Beachtung steuerrechtlicher Vorschriften in Vermögensübersichten und Erfolgsrechnungen fällt eine Gebühr von 1/10 bis 6/10 (Mittelgebühr: 3,5/10) einer vollen Gebühr nach Tabelle B an (§ 38 StBVV).

C. Zeitgebühr i.S.v. § 13 i.V.m. §§ 23 bis 39 StBVV

40 Die Zeitgebühr, die gegenüber der Wertgebühr nach Rdn 4 nur eine untergeordnete Bedeutung hat, kommt in zwei Fallgestaltungen zum Tragen:

I. Ausdrückliche Anordnung

41 Nach § 13 Nr. 1 StBVV hat eine Abrechnung auf Basis der Zeitgebühr zu erfolgen, wenn dies von der StBVV ausdrücklich vorgesehen ist. Eine solche Regelung enthält bspw. § 24 Abs. 4 StBVV, der für bestimmte Sonderfälle (Feststellung des verrechenbaren Verlustes nach § 15a EStG oder die Überwachung und Meldung der Lohnsumme i.S.d. ErbStG) auf die Zeitgebühr abstellt.

42 Für Vorarbeiten zur Ermittlung des Überschusses der (Betriebs-)Einnahmen über die Betriebsausgaben bzw. Werbungskosten, die das übliche Maß erheblich übersteigen, kommt ebenfalls die Zeitgebühr zum Ansatz (§§ 25 Abs. 2, 27 Abs. 3 StBVV). Gleiches gilt für die Prüfung eines Steuerbescheides (§ 28 StBVV) und die Teilnahme an Betriebs- oder Zollprüfungen einschließlich der Schlussbesprechung sowie der Prüfung des Prüfungsberichts und der Teilnahme an Ermittlungen von Besteuerungsgrundlagen bzw. an Maßnahmen der Steueraufsicht i.S.d. §§ 208 bis 2017 AO, § 29 Nr. 1 StBVV.

43 Für die Einrichtung einer Lohn-/Buchführung (§ 32 StBVV) und sonstige Tätigkeiten im Zusammenhang mit der Buchführung und dem Führen steuerlicher Aufzeichnungen (§§ 33 Abs. 7, 34 Abs. 5 StBVV) erfolgt die Abrechnung ebenfalls auf Basis der Zeitgebühr.

44 Auch für die Anfertigung bzw. Berichtigung von Inventurunterlagen und sonstige Abschlussvorarbeiten bis zur abgestimmten Saldenbilanz sieht die StBVV in § 35 Abs. 3 die Zeitgebühr vor. Gleiches gilt für die Überprüfung einer Buchführung, einzelner Konten, einer Bilanz oder Gewinn- und Verlustrechnung usw. nebst Berichterstattung darüber (§ 36 StBVV).

II. Auffangwert

45 In allen übrigen (seltenen) Fällen kommt der Zeitgebühr eine Auffangfunktion zu, wenn keine ausreichenden Anhaltspunkte für die Schätzung des Gegenstandswertes vorliegen. Bei einer telefonischen Beratung im Rahmen einer sog. Steuerberater-Hotline ohne persönliche Kenntnis des Mandanten kann die Abrechnung mittels Zeitgebühr vorgenommen werden.[14]

46 Die Anwendung der Zeitgebühr ist jedoch mit Blick auf die Verweisung in § 35 RVG ausdrücklich ausgeschlossen, wenn eine Tätigkeit i.S.v. § 23 StBVV (siehe dazu Rdn 27) abgerechnet wird.

III. Höhe

47 Gemäß § 13 StBVV beträgt die Zeitgebühr 30 bis 70 EUR (Mittelgebühr: 50 EUR) je angefangene halbe Stunde. Es werden alle mit der jeweiligen Tätigkeit im Zusammenhang stehenden Arbeiten erfasst, nicht jedoch Zeiten für allgemeine Bürotätigkeit (wie z.B. Ablage, Fristenkontrolle usw.). Die angefallenen Zeiten sind konkret anzugeben und ggf. über Kanzleiorganisationsprogramme, Zeugenaussagen o.Ä. nachzuweisen.[15]

48 Auch ist es notwendig zu differenzieren, welche Arbeiten durch den Berater und welche durch die angestellten Fachkräfte erbracht wurden.[16] Zumindest kann dies als Indiz für den Schwierigkeitsgrad der jeweiligen Tätigkeit herangezogen werden. Soweit eine solche Aufschlüsselung von den Gerich-

---

14 BGH, Urt. v. 30.9.2004 – I ZR 89/02, NJW 2005, 1268.
15 OLG Düsseldorf, Urt. v. 21.6.1990 – 18 U 33/90, StB 1990, 312 und Urt. v. 13.10.1994 – 13 U 211/93, GI 1996, 94.
16 Umstritten, anders Eckert/Lotz, StBVV, § 13 Rn 4, der allein auf den objektiven Schwierigkeitsgrad der Tätigkeit abstellt.

ten nicht gefordert wird,[17] ist der Umfang der eigenen Tätigkeit des Beraters und der damit verbundene Schwierigkeitsgrad aber zumindest für die Bemessung der Höhe des zur Anwendung kommenden Stundensatzes bedeutsam. Während die Tätigkeit des Beraters im oberen Rahmen der Gebührenhöhe (70 EUR) einzuordnen ist, finden sich qualifizierte Fachkräfte im mittleren Bereich (Steuerfachangestellter 45 EUR und Steuerfachwirt 55 EUR) und Lehrlinge am unteren Rand (30 EUR) wieder.

Der Mindestansatz ist eine halbe Stunde. Dies gilt selbst dann, wenn die Tätigkeit von kürzerer Dauer ist (z.B. bei Prüfung von Steuerbescheiden i.S.v. § 28 StBVV), soweit die Parteien nicht vertraglich etwas anderes vereinbart haben[18] und soweit es sich nicht um eine zur Hauptleistung unselbständige Nebenleistung handelt. Eine Abrechnung nach Minuten oder angefangenen Viertelstunden scheidet ohne eine gesonderte Honorarvereinbarung aus.[19] Erstreckt sich eine Tätigkeit, die auf Basis der Zeitgebühr abgerechnet wird, über mehrere Tage (z.B. die Teilnahme an einer mehrtägigen Betriebsprüfung), so ist jeder Tag für sich zu runden.[20]   49

D. Besonderheiten bei der Anrechnung von Gebühren (Abs. 2)

§ 35 Abs. 2 RVG ordnet an, dass Gebühren, die nach der StBVV (§§ 23, 24 und 31) durch einen Rechtsanwalt abgerechnet worden sind, als Geschäftsgebühr im Sinne dieser Vorschrift einzustufen sind und ggf. einer Anrechnung unterliegen. Bei mehreren Gebühren nach der StBVV unterliegt die Summe dieser Gebühren der Anrechnung. Bei der Ermittlung des Höchstbetrags des anzurechnenden Teils der Geschäftsgebühr ist der Gegenstandswert derjenigen Gebühr zugrunde zu legen, auf die angerechnet wird (§ 35 Abs. 2 S. 2 RVG).   50

§ 36 Schiedsrichterliche Verfahren und Verfahren vor dem Schiedsgericht

(1) Teil 3 Abschnitt 1, 2 und 4 des Vergütungsverzeichnisses ist auf die folgenden außergerichtlichen Verfahren entsprechend anzuwenden:
1. schiedsrichterliche Verfahren nach Buch 10 der Zivilprozessordnung und
2. Verfahren vor dem Schiedsgericht (§ 104 des Arbeitsgerichtsgesetzes).

(2) Im Verfahren nach Absatz 1 Nr. 1 erhält der Rechtsanwalt die Terminsgebühr auch, wenn der Schiedsspruch ohne mündliche Verhandlung erlassen wird.

Literatur: *Bork*, Einigungsgebühr für Schiedsrichter?, NJW 2008, 1918; *Enders*, Die Vergütung des Anwaltes für eine Tätigkeit im schiedsrichterlichen Verfahren, JurBüro 1998, 169, 281; *Hilger*, Die Einigungsgebühr in schiedsrichterlichen Verfahren, JurBüro 2008, 286; *Schwab/Walter*, Schiedsgerichtsbarkeit, 7. Aufl. 2005; *Risse/Altenkirch*, Kostenerstattung im Schiedsverfahren: fünf Probleme aus der Praxis, SchiedsVZ 2012, 5; *Hilger*, Die Einigungsgebühr im schiedsrichterlichen Verfahren, JurBüro 2008, 286.

A. Allgemeines 1	b) Gebühren im zweiten Rechtszug, VV Teil 3 Abschnitt 2 Unterabschnitt 1 17
I. Schiedsrichterliche Verfahren nach Buch 10 der ZPO (Abs. 1 Nr. 1) 1	c) Gebühren im dritten Rechtszug, VV Teil 3 Abschnitt 2 Unterabschnitt 2 20
II. Verfahren vor dem Schiedsgericht nach §§ 101, 104 ff. ArbGG (Abs. 1 Nr. 2) 5	d) Einzeltätigkeiten, VV Teil 3 Abschnitt 4 21
B. Regelungsgehalt 8	e) Einigungsgebühr, VV 1000, 1003, 1004 25
I. Schiedsrichterliche Verfahren nach Buch 10 der ZPO (Abs. 1 Nr. 1, Abs. 2) 8	f) Zusatzgebühr für besonders umfangreiche Beweisaufnahmen 27
1. Allgemeines 8	
2. Gebühren 9	
a) Gebühren im ersten Rechtszug, VV Teil 3 Abschnitt 1 9	

---

17 So aber z.B. OLG Düsseldorf, Urt. v. 7.1.1993 – 13 U 83/92, GI 1993, 342; a.A. Meyer/Goez/Schwamberger/Volkmann, § 13 Rn 16.
18 BGH, Urt. v. 26.9.2002 – I ZR 44/00, BGHZ 152, 153 und BGH, Urt. v. 26.9.2002 – I ZR 102/00, Stbg 2003, 335.
19 Eckert/*Lotz*, StBVV, § 13 Rn 3.
20 Eckert/*Lotz*, StBVV, § 13 Rn 3.

g) Gebühren des Anwalts im schiedsrichterlichen und im gerichtlichen Verfahren nach dem 10. Buch der ZPO 28	
II. Verfahren vor dem Schiedsgericht (Abs. 1 Nr. 2) 29	
1. Allgemeines 29	
2. Gebühren 30	
a) Gebühren im ersten Rechtszug, VV Teil 3 Abschnitt 1 31	
b) Gebühren im zweiten Rechtszug, VV Teil 3 Abschnitt 2 Unterabschnitt 1 33	
c) Gebühren im dritten Rechtszug, VV Teil 3 Abschnitt 2 Unterabschnitt 2 ... 34	
d) Einigungsgebühr, VV 1000 35	
e) Gebühren bei Tätigkeiten nach §§ 102 Abs. 3, 103 Abs. 3, 106 Abs. 2 ArbGG 39	
aa) Verfahren über die Bestimmung der Frist nach § 102 Abs. 3 ArbGG 39	
bb) Verfahren über die Ablehnung eines Schiedsrichters nach § 103 Abs. 3 ArbGG 40	
cc) Verfahren auf Vornahme einer Beweisaufnahme, einer Beeidigung eines Zeugen oder Sachverständigen oder eidlichen Parteivernehmung nach § 106 Abs. 2 ArbGG ... 41	
dd) Gebühren 42	
C. Gegenstandswert 45	
D. Erstattungsfragen 49	
I. Schiedsrichterliche Verfahren nach Buch 10 der ZPO (Abs. 1 Nr. 1, Abs. 2) 49	
II. Verfahren vor dem Schiedsgericht (Abs. 1 Nr. 2) 52	

A. Allgemeines

I. Schiedsrichterliche Verfahren nach Buch 10 der ZPO (Abs. 1 Nr. 1)

1 Der Begriff des **schiedsrichterlichen Verfahrens** i.S.d. § 36 bezieht sich auf Verfahren vor privaten Schiedsgerichten, die aufgrund einer **Schiedsvereinbarung** (Schiedsabrede oder Schiedsklausel) gemäß **§ 1029 ZPO** oder in gesetzlich statthafter Weise aufgrund einer letztwilligen oder anderen nicht auf Vereinbarung beruhenden **Verfügung** (z.B. Satzung)[1] gemäß **§ 1066 ZPO** zuständig sind. Die Vorschrift findet aber ebenso Anwendung in Verfahren vor Schiedsgerichten, die **von Gesetzes wegen eingerichtet** worden sind, wenn die Vorschriften der §§ 1025 ff. ZPO über das schiedsgerichtliche Verfahren darauf Anwendung finden (z.B. gemäß § 8 S. 1 des Gesetzes über die Verbände der gesetzlichen Krankenkassen und Ersatzkassen vom 17.8.1955, BGBl I S. 524).[2] Das schiedsrichterliche Verfahren beginnt gemäß § 1044 ZPO mit dem Tag, an dem der Beklagte den Antrag, die Streitigkeit einem Schiedsgericht vorzulegen, empfangen hat, gebührenrechtlich allerdings bereits mit der Erteilung des Auftrags gegenüber dem Anwalt. Es endet gemäß § 1056 ZPO mit dem Schiedsspruch oder dem Beschluss des Schiedsgerichts auf Feststellung der Beendigung des Schiedsverfahrens. Die Vorschriften der §§ 1025 ff. ZPO differenzieren begrifflich bewusst zwischen „Gericht", gemeint sind die staatlich eingerichteten und nach dem Grundgesetz (Art. 92 GG) garantierten Gerichte, und „Schiedsgericht", gemeint sind private Gerichte. Die sprachliche Differenzierung hat neben verfahrensrechtlichen Auswirkungen auch gebührenrechtliche Folgen und zwar dergestalt, dass § 36 nur für diejenigen Verfahren gilt, die vor dem Schiedsgericht geführt werden und bei denen es sich mangels hoheitlich eingerichteter Gerichtsbarkeit um außergerichtliche Tätigkeiten handelt.

2 VV Teil 3 Abschnitte 1, 2, und 4 finden deshalb auf die im schiedsrichterlichen Verfahren ausgeübten Tätigkeiten nur deshalb Anwendung, weil Teil 2 über VV Vorb. 2 Abs. 1 i.V.m. § 36 abbedungen ist. Der Gesetzgeber wollte mit dieser Regelung insbesondere klarstellen, dass die Tätigkeit vor dem Schiedsgericht mit derjenigen vor einem staatlichen Gericht gleichzustellen und eine gebührenrechtliche Schlechterstellung nicht gerechtfertigt sei. Durch das 2. KostRMoG hat der Gesetzgeber den Anwendungsbereich des VV Teil 3 um Abschnitt 4 klarstellend erweitert, weil er offenbar vergessen hatte, dass auch im schiedsrichterlichen Verfahren Einzeltätigkeiten (Verkehrsanwalt, Terminsvertreter und sonstige Einzeltätigkeiten) vergütungsrechtlich zu erfassen sind. Der Gesetzgeber hat insoweit eine Regelung getroffen, die die Praxis in der Vergangenheit durch eine eigentlich unzulässige Analogie bereits umgesetzt hatte.

3 **Anwendung** findet § 36:
– In Verfahren, in denen sich die Parteien auf die Einholung eines **Schiedsgutachtens** verständigt haben; in diesem Fall werden die Gebühren der VV 2300 ausgelöst.

---

1 Vgl. Zöller/*Geimer*, § 1066 Rn 1 ff.
2 H.M., vgl. Riedel/Sußbauer/*Keller*, § 36 Rn 3; Gerold/Schmidt/*Mayer*, § 36 Rn 1; *Hartmann*, § 36 RVG Rn 3.

- In Verfahren vor den ordentlichen Gerichten, in denen die **Wirksamkeit** einer Schiedsvereinbarung inzidenter geprüft wird (§ 1032 Abs. 1 ZPO); die VV 3100 ff. finden unmittelbare Anwendung.[3]
- Soweit die Vorschriften der VV Vorb. 3.1 Abs. 1 und 2, Vorb. 3.2.1 Nr. 2c), § 16 Nr. 8 und 9 sowie § 17 Nr. 6 für die dort genannten selbstständigen Gebührenangelegenheiten greifen:
  - in Verfahren vor dem ordentlichen Gericht, soweit es dort nur um die Frage der (Un-)Zulässigkeit des schiedsrichterlichen Verfahrens geht (§ 1032 Abs. 2 ZPO);
  - in Verfahren auf Anordnung einer vorläufigen oder sichernden Maßnahme in Bezug auf den Streitgegenstand des schiedsrichterlichen Verfahrens gemäß § 1033 ZPO;
  - in Verfahren auf Anordnung der erforderlichen Maßnahmen zur Bestellung eines Schiedsrichters (§ 1035 Abs. 4, 5 ZPO);
  - bei Anträgen auf gerichtliche Entscheidung gegen den Zwischenentscheid des Schiedsgerichts über seine Zuständigkeit (§ 1040 Abs. 3 ZPO);[4]
  - in Verfahren auf Zulassung einer Maßnahme des einstweiligen Rechtsschutzes nach § 1041 Abs. 2 ZPO;
  - in Verfahren auf Aufhebung oder Abänderung der Zulassung einer Maßnahme des einstweiligen Rechtsschutzes (§ 1041 Abs. 3 ZPO);
  - in Verfahren auf Aufhebung eines Schiedsspruchs (§ 1059 ZPO);
  - in Verfahren auf Vollstreckbarerklärung des Schiedsspruchs (§§ 1060 ff. ZPO);[5]
  - in Verfahren der Aufhebung der Vollstreckbarerklärung eines ausländischen Schiedsspruchs (§ 1061 Abs. 3 ZPO);
  - in Verfahren nach Abschnitt 9 des 10. Buchs der ZPO „Gerichtliches Verfahren" (§§ 1061 ff. ZPO)
  - in Verfahren der Rechtsbeschwerde (§ 1065 ZPO);[6]
- Wenn die Tätigkeit des Rechtsanwalts ausschließlich ein gerichtliches Verfahren bei der Bestellung eines Schiedsrichters oder Ersatzschiedsrichters (§§ 1034, 1035 ZPO), die Ablehnung eines Schiedsrichters (§ 1037 ZPO), die Beendigung des Schiedsrichteramtes (§ 1038 ZPO) oder die Unterstützung bei der Beweisaufnahme oder bei der Vornahme sonstiger richterlicher Handlungen anlässlich eines schiedsrichterlichen Verfahrens (§ 1050 ZPO) betrifft; maßgeblich sind insoweit **VV 3327, 3332**, die – weil es sich um gerichtliche Verfahren handelt – unmittelbar anwendbar sind.
- Für die Tätigkeit des Rechtsanwalts als **Schiedsrichter; für diese Tätigkeit gibt es keine gesetzliche Vergütung**; es gilt die vereinbarte, ansonsten eine angemessene Vergütung als geschuldet, vgl. § 1 Abs. 2 S. 1.[7]

Wenn der Anwalt sowohl im schiedsrichterlichen Verfahren als auch in einem der vorstehend aufgeführten Verfahren tätig ist, erhält er die vorgenannten Gebühren grundsätzlich neben denen des § 36, es sei denn § 16 Nr. 8 ist einschlägig. War der Anwalt beispielsweise auch in dem gerichtlichen Verfahren zur Unterstützung bei der Beweisaufnahme oder bei der Vornahme sonstiger richterlicher Handlungen (**§ 1050 ZPO**) tätig, erhält er dafür gemäß § 16 Nr. 8 keine besonderen Gebühren, weil es sich um dieselbe Angelegenheit handelt.

II. Verfahren vor dem Schiedsgericht nach §§ 101, 104 ff. ArbGG (Abs. 1 Nr. 2)

Für bürgerliche Rechtsstreitigkeiten zwischen Tarifvertragsparteien aus **Tarifverträgen** oder über das Bestehen oder Nichtbestehen von Tarifverträgen können die Parteien des Tarifvertrags die Arbeitsgerichtsbarkeit allgemein oder für den Einzelfall durch die ausdrückliche Vereinbarung ausschließen, dass die Entscheidung durch ein Schiedsgericht erfolgen soll (§ 101 Abs. 1 ArbGG).

---

3 *Hartmann*, KostG, § 36 RVG Rn 4.
4 OLG Hamburg AGS 2009, 575 = OLGR 2009, 795.
5 Das Verfahren über die Vollstreckbarkeitserklärung von Schiedssprüchen ist eine besondere Angelegenheit, für die der Prozessbevollmächtigte des schiedsrichterlichen Verfahrens die Gebühren der VV Nr. 3100 ff. RVG gesondert erhält, OLG Koblenz zfs 2010, 401; AnwK RVG/*Mock*, RVG, VV 3327 Rn 2; Hartung/*Römermann*, RVG, § 36 Rn 18 ff.; Gerold/Schmidt/*Mayer*, RVG, § 36 Rn 9; *Hartung/Schons/Enders*, RVG, § 36 Rn 21 ff., der allerdings noch von der seit dem 1.9.2009 nicht mehr geltenden Fassung des VV 3327 ausgeht; OLG Koblenz AGS 2010, 323 = zfs 2010. 401 = MDR 2012, 777.
6 Die VV 3100 ff. finden gemäß VV Vorb. 3.1 Abs. 2 unmittelbare Anwendung.
7 Näheres dazu bei *Enders*, JurBüro 1998, 169, 170 und Bischof/*Bischof*, § 36 Rn 32 ff.; OLG Dresden BRAK-Mitt 2007, 131.

Für bürgerliche Rechtsstreitigkeiten aus einem Arbeitsverhältnis, das sich nach einem Tarifvertrag bestimmt, können die Parteien des Tarifvertrags die Arbeitsgerichtsbarkeit im Tarifvertrag durch die ausdrückliche Vereinbarung ausschließen, dass die Entscheidung durch ein Schiedsgericht erfolgen soll, wenn der persönliche Geltungsbereich des Tarifvertrags überwiegend Bühnenkünstler, Filmschaffende, Artisten umfasst. Die Vereinbarung gilt nur für tarifgebundene Personen. Sie erstreckt sich auf Parteien, deren Verhältnisse sich aus anderen Gründen nach dem Tarifvertrag regeln, wenn die Parteien dies ausdrücklich und schriftlich vereinbart haben; der Mangel der Form wird durch Einlassung auf die schiedsgerichtliche Verhandlung zur Hauptsache geheilt (§ 101 Abs. 2 ArbGG).

6 Das **Verfahren vor dem Schiedsgericht** richtet sich nach den **§§ 105 bis 110 ArbGG** und dem Schiedsvertrag, im Übrigen nach dem freien Ermessen des Schiedsgerichts (§ 104 ArbGG). Vor der Fällung des Schiedsspruchs sind die Streitparteien zu hören. Die Anhörung erfolgt mündlich. Die Parteien haben persönlich zu erscheinen oder sich durch einen mit schriftlicher Vollmacht versehenen Bevollmächtigten vertreten zu lassen. Bleibt eine Partei in der Verhandlung unentschuldigt aus oder äußert sie sich trotz Aufforderung nicht, so ist der Pflicht zur Anhörung genügt (§ 105 Abs. 3 ArbGG). Ein vor dem Schiedsgericht geschlossener Vergleich ist unter Angabe des Tages seines Zustandekommens von den Streitparteien und den Mitgliedern des Schiedsgerichts zu unterschreiben (§ 107 ArbGG). Der **Schiedsspruch** ergeht mit einfacher Mehrheit der Stimmen der Mitglieder des Schiedsgerichts, falls der Schiedsvertrag nichts anderes bestimmt. Eine vom Verhandlungsleiter unterschriebene Ausfertigung des Schiedsspruchs ist jeder Streitpartei zuzustellen. Eine vom Verhandlungsleiter unterschriebene Ausfertigung des Schiedsspruchs soll bei dem Arbeitsgericht, das für die Geltendmachung des Anspruchs zuständig wäre, niedergelegt werden. Der Schiedsspruch hat unter den Parteien dieselben Wirkungen wie ein rechtskräftiges Urteil des Arbeitsgerichts (§ 108 Abs. 4 ArbGG). Die Zwangsvollstreckung findet aus dem Schiedsspruch oder aus einem vor dem Schiedsgericht geschlossenen Vergleich nur statt, wenn der Schiedsspruch oder der Vergleich von dem Vorsitzenden des Arbeitsgerichts, das für die Geltendmachung des Anspruchs zuständig wäre, für vollstreckbar erklärt worden ist. Der Vorsitzende hat vor der Erklärung den Gegner zu hören. Wird nachgewiesen, dass auf **Aufhebung des Schiedsspruchs geklagt** ist, so ist die Entscheidung bis zur Erledigung dieses Rechtsstreits auszusetzen (§ 109 ArbGG). Auf Aufhebung des Schiedsspruchs kann geklagt werden, wenn das schiedsgerichtliche Verfahren unzulässig war, wenn der Schiedsspruch auf der Verletzung einer Rechtsnorm beruht oder wenn die Voraussetzungen vorliegen, unter denen gegen ein gerichtliches Urteil nach § 580 Nr. 1 bis 6 ZPO die Restitutionsklage zulässig wäre (§ 110 Abs. 1 ArbGG).

7 Für Verfahren vor dem Schiedsgericht nach §§ 104 ff. ArbGG aufgrund eines Schiedsvertrages nach § 101 ArbGG hat Abs. 1 Nr. 2 die frühere Regelung des § 62 Abs. 1 BRAGO übernommen. Danach sind auf diese Verfahren die Gebühren nach VV Teil 3 Abschnitt 1, 2 und durch das 2. KostRMoG nunmehr auch Abschnitt 4, mithin die Gebührenregelungen für den ersten Rechtszug, die Rechtsmittelzüge und Einzeltätigkeiten, entsprechend anzuwenden.

B. Regelungsgehalt

I. Schiedsrichterliche Verfahren nach Buch 10 der ZPO (Abs. 1 Nr. 1, Abs. 2)

1. Allgemeines

8 **Abs. 1** erklärt die Vorschriften des VV Teil 3 Abschnitt 1 und 2 und 4 (VV 3100 bis 3213; 3400 bis 3405), das heißt die Gebühren eines erstinstanzlichen gerichtlichen Verfahrens, die Gebühren eines Rechtsmittelverfahrens und die Gebührenregelungen für Einzeltätigkeiten für entsprechend anwendbar. Grundsätzlich können daher alle dort aufgeführten Gebühren anfallen wie in einem bürgerlichen Rechtsstreit vor den ordentlichen Gerichten. Jedoch ergeben sich dadurch, dass das schiedsrichterliche Verfahren abweichend zu den allgemeinen Zivilverfahren geregelt ist (vgl. §§ 1042 ff. ZPO), einige Besonderheiten.

2. Gebühren

a) Gebühren im ersten Rechtszug, VV Teil 3 Abschnitt 1

In schiedsrichterlichen Verfahren entstehen Wertgebühren, sodass Teil 3 Abschnitt 1 zunächst nur insoweit anwendbar ist, als sich die Gebührenregelungen nicht auf Betragsrahmengebühren beziehen. Anwendbar sind über § 36 Abs. 1 Nr. 1 daher
- VV 3100,
- VV 3101,
- VV 3104.

Die **Verfahrensgebühr** gemäß **VV 3100** mit einem Gebührensatz von 1,3 entsteht – wie auch sonst (zu den weiteren Einzelheiten siehe VV 3100 Rdn 16 ff.) – für das Betreiben des Geschäfts („Betriebsgebühr"). Die Tätigkeit beginnt für den Anwalt des Klägers mit der Entgegennahme der Information und dem Auftrag, die Streitigkeit dem Schiedsgericht vorzulegen. Endigt der Auftrag vorzeitig, reduziert sich unter den Voraussetzungen der VV 3101 (im Einzelnen siehe VV 3101) der Gebührensatz auf 0,8. Eine Wahrnehmung des Termins i.S.d. VV 3101 Nr. 1 liegt auch dann vor, wenn der Anwalt in einem vom Schiedsgericht anberaumten Termin erscheint, selbst wenn der Gegner hierzu nicht geladen worden ist.[8]

Die Terminsgebühr nach VV 3104 entsteht zunächst durch die Wahrnehmung eines Termins. Die Stellung von Anträgen ist in schiedsgerichtlichen Verfahren nicht vorgeschrieben. Dem Anfall einer **Terminsgebühr** gemäß **VV 3104** würde eine derartige Voraussetzung aber auch nicht entgegenstehen, weil nach ihrer Definition in VV Vorb. 3 Abs. 3 S. 1 eine Antragstellung nicht notwendig ist, die bloße Wahrnehmung des Termins vielmehr genügt.[9]

VV 3105 dürfte trotz der Verweisung auf den gesamten Abschnitt 1 des Teils 3 deshalb nicht anwendbar sein, weil die Bestimmungen über die Durchführung des schiedsrichterlichen Verfahrens die Säumnis einer Partei anders beurteilen, als es die ZPO in den §§ 330 ff. ZPO vorsieht. Versäumt es der Kläger des schiedsrichterlichen Verfahrens seine Klage nach § 1046 Abs. 1 ZPO einzureichen, so beendet das Schiedsgericht das Verfahren. Versäumt es der Beklagte des schiedsrichterlichen Verfahrens die Klage nach § 1046 Abs. 1 ZPO zu beantworten, so setzt das Schiedsgericht das Verfahren fort.

Versäumt es eine Partei des schiedsrichterlichen Verfahrens, zu einer mündlichen Verhandlung zu erscheinen, so kann das Schiedsgericht das Verfahren fortsetzen und den Schiedsspruch nach den vorliegenden Erkenntnissen erlassen (§ 1046 Abs. 3 ZPO).

Es gibt insoweit kein Säumnisverfahren und folgerichtig auch keinen Säumnisschiedsspruch. Die Voraussetzungen für die Entstehung der Gebühr nach der VV 3105 können deshalb im schiedsrichterlichen Verfahren nicht erfüllt werden. Die Entscheidung des Schiedsgerichts ist verfahrensrechtlich vergleichbar mit einer Entscheidung nach Lage der Akten. Es wird insoweit für die Wahrnehmung eines Termins im schiedsrichterlichen Verfahren stets die Gebühr der VV 3104 ausgelöst.

Aufgrund der Regelung in **Abs. 2** erhält der Anwalt die Terminsgebühr auch dann, wenn ein Schiedsspruch im schriftlichen Verfahren erlassen wird, **ohne** dass eine **mündliche Verhandlung** stattgefunden hat. Hintergrund ist die Vorschrift des § 1047 ZPO, wonach vorbehaltlich einer Vereinbarung der Parteien das Schiedsgericht entscheidet, ob mündlich verhandelt werden oder ob das Verfahren auf der Grundlage von Dokumenten und anderen Unterlagen durchzuführen ist. Anm. Abs. 1 Nr. 1 zu VV 3104 findet daher keine Anwendung. Voraussetzung für das Entstehen der Terminsgebühr nach § 36 Abs. 2 i.V.m. VV 3104 ist allein die Entscheidung des Gerichts, das Verfahren auf der Grundlage von Dokumenten oder anderen Unterlagen durchzuführen (§ 1047 Abs. 1 ZPO) und der Erlass eines Schiedsspruchs ohne mündliche Verhandlung. Das Entstehen der Terminsgebühr verlangt insoweit keine weitere oder etwa umfassendere Tätigkeit des Anwalts. Die noch in der 6. Aufl. vertretene Auffassung, dass die Tätigkeit des Anwalts in diesem Fall umfangreicher sein muss, um die Terminsgebühr nach § 36 Abs. 2 i.V.m. VV 3104 zu verdienen, wird deshalb aufgegeben, weil es für sie – wie es *Mayer*[10] zutreffend darlegt – keine gesetzliche und auch im Übrigen keine

---

[8] *Hartmann*, § 36 RVG Rn 7; Gerold/Schmidt/*Mayer*, RVG, § 36 Rn 10; Bischof/*Bischof*, § 36 Rn 21; zum entsprechenden § 32 Abs. 1 BRAGO: Riedel/Sußbauer/*Keller*, BRAGO, § 67 Rn 6; *Hansens*, § 67 Rn 4.

[9] Anders noch nach § 31 Abs. 1 Nr. 2 BRAGO.

[10] Gerold/Schmidt/*Mayer*, RVG, § 36 Rn 11; Mayer/Kroiß/*Mayer*, RVG, VV 3104 Rn 32, 35.

Grundlage gibt. Abs. 2 soll deshalb nur für schiedsrichterliche Verfahren gelten, weil für das Verfahren vor dem Schiedsgericht nach § 104 ArbGG immer eine mündliche Verhandlung vorgesehen ist (§ 105 Abs. 1 und 2 ArbGG).

15 § 36 Abs. 1 Nr. 1 verweist u.a. auf VV Teil 3 Abschnitt 1. Dass auch VV Vorb. 3 in schiedsrichterlichen Verfahren anzuwenden ist, ergibt sich folgerichtig ausdrücklich aus der Vorschrift nicht. Deshalb könnte es zumindest fraglich sein, ob eine nach Teil 2 vor Beginn des schiedsrichterlichen Verfahrens ausgelöste Geschäftsgebühr zur Hälfte bzw. höchstens mit einem Gebührensatz von 0,75 auf die Verfahrensgebühr des § 36 Abs. 1 Nr. 1 i.V.m. VV 3100 nach VV Vorb. 3 Abs. 4 anzurechnen ist. Der Wortlaut des § 36 Abs. 1 Nr. 1 steht dagegen. Abschnitt 1 beginnt chronologisch auch erst nach der VV Vorb. 3.

16 Es ist dem Gesetzgeber aber zu unterstellen, dass er die Vorbemerkung des teilweise für anwendbar erklärten VV Teil 3 mit einbeziehen wollte, weil eine Vorbemerkung ihrer Systematik gemäß Regelungen enthält, die sich – soweit einschlägig – jeweils auf den gesamten Teil beziehen sollen, damit es ihrer Erwähnung in den jeweiligen Abschnitten nicht mehr gesondert bedarf. Eine dahingehende Entscheidung, dass die VV Vorb. 3 auf schiedsrichterliche Verfahren keine Anwendung finden soll, würde schließlich auch zu einer unangemessenen gebührenrechtlichen Privilegierung gegenüber allgemeinen Zivilverfahren im ersten Rechtszug bedeuten, zumal sich eine Bevorzugung der schiedsrichterlichen Verfahren bereits daraus herleiten lässt, dass der Gebührensatz der VV 1000 in Höhe von 1,5 und nicht der geringere der VV 1003 (1,0) beansprucht werden kann. Wäre dem Gesetzgeber die insoweit in seiner Verweisung enthaltene Ungenauigkeit daher bewusst gewesen, hätte er die VV Vorb. 3 ausdrücklich auch in die Verweisung mit einbezogen. Für eine Anwendung der VV Vorb. 3 Abs. 4 hat sich folgerichtig auch das OLG Hamm[11] ausgesprochen.

b) Gebühren im zweiten Rechtszug, VV Teil 3 Abschnitt 2 Unterabschnitt 1

17 Im schiedsrichterlichen Verfahren kann es dann zu einem zweiten Rechtszug kommen, wenn die Parteien durch Schiedsabrede oder Schiedsklausel eine zweite Instanz vereinbart haben.

18 Im zweiten Rechtszug sind ausgehend von dem Verweis auf VV Teil 3 Abschnitt 2 die VV 3200, 3201, 3202 anwendbar. Im zweiten Rechtszug kann der Anwalt dann zunächst eine **Verfahrensgebühr** gemäß **VV 3200** mit einem Gebührensatz von **1,6** erhalten. Im Falle der **vorzeitigen Beendigung** reduziert sich dieser gemäß **VV 3201** auf **1,1**.

19 Schließlich entsteht eine **Terminsgebühr** nach VV 3202 für die Wahrnehmung eines Termins. VV 3203 ist nicht anwendbar.

c) Gebühren im dritten Rechtszug, VV Teil 3 Abschnitt 2 Unterabschnitt 2

20 Im schiedsrichterlichen Verfahren kann es auch zu einem dritten Rechtszug kommen, wenn die Parteien durch Schiedsabrede oder Schiedsklausel eine dritte Instanz vereinbart haben. Im dritten Rechtszug kann der Anwalt eine **Verfahrensgebühr** gemäß **VV 3206** mit einem Gebührensatz von **1,6** erhalten; Im Falle der **vorzeitigen Beendigung** reduziert sich dieser Gebührensatz gemäß **VV 3207** auf **1,1**. Zusätzlich kann eine **Terminsgebühr** gemäß **VV 3210** mit einem Gebührensatz von **1,5** ausgelöst werden. VV 3211 ist nicht anwendbar.

d) Einzeltätigkeiten, VV Teil 3 Abschnitt 4

21 Insoweit der Anwalt im schiedsrichterlichen Verfahren nur mit Einzeltätigkeiten beauftragt war, wurden die VV 3400, 3401, 3402, 3403, 3404 und 3405, also die Vorschriften für die in Abschnitt 4 geregelten Einzeltätigkeiten, entsprechend herangezogen, obwohl in Abs. 1 eine Verweisung bisher nicht enthalten war. In seiner Begründung bezeichnet der Gesetzgeber die nunmehr durch das 2. KostRMoG aufgenommene Verweisung auf VV Teil 3 Abschnitt 4 als „redaktionell" und „klarstellend", damit die Gebührenregelungen auch insoweit im schiedsrichterlichen Verfahren nach dem Buch 10 der ZPO und in den Verfahren vor den Schiedsgerichten gemäß § 104 ArbGG kraft gesetzlicher Verweisung ausdrücklich anwendbar sind.[12]

---

11 OLG Hamm, Beschl. v. 14.4.2011 – I – 28 U 117/10.   12 BT-Drucks 17/11491 S. 421.

Abschnitt 5. Außergerichtliche Beratung und Vertretung § 36

Der Gesetzgeber hatte in der Vergangenheit offenkundig übersehen, dass bei der Vertretung in den schiedsrichterlichen Verfahren nach den §§ 1025 ff. ZPO und den Verfahren vor dem Schiedsgericht nach § 104 ArbGG gleichermaßen Einzeltätigkeiten nach Abschnitt 4 durchgeführt werden, wie in gerichtlichen Verfahren und den Verweis in Abs. 1 auf VV Teil 3 Abschnitt 4 schlicht vergessen. Anwendbar sind deshalb nunmehr in schiedsrichterlichen Verfahren ausdrücklich auch die VV 3400 ff. 22

Nicht anwendbar ist aber die in Abschnitt 4 enthaltene VV 3406; es sind Betragsrahmengebühren betroffen. Wird der Anwalt zukünftig als Verkehrsanwalt, Terminsvertreter oder mit sonstigen Einzeltätigkeiten beauftragt, findet Abschnitt 4 des dritten Teils nach der Erweiterung in § 36 Abs. 1 Nr. 1 nunmehr unmittelbar Anwendung. 23

VV 3327 und 3332 finden in schiedsrichterlichen Verfahren trotz ihrer Erwähnung keine Anwendung. VV 3327 und 3332 gelten nur für **gerichtliche Verfahren** 24
– über die Bestellung eines Schiedsrichters oder Ersatzschiedsrichters,
– über die Ablehnung eines Schiedsrichters oder
– über die Beendigung des Schiedsrichteramts,
– zur Unterstützung bei der Beweisaufnahme
– oder bei der Vornahme sonstiger **richterlicher Handlungen** anlässlich eines schiedsrichterlichen Verfahrens.

e) Einigungsgebühr, VV 1000, 1003, 1004

Hinsichtlich der Einigungsgebühr gemäß Anm. Abs. 1 Nr. 1 zu **VV 1000** gibt es keine Besonderheiten. Es muss unter Mitwirkung des Rechtsanwalts ein Vertrag – nicht zwingend ein Vergleich i.S.d. § 779 BGB – zustande gekommen sein, durch den der Streit oder die Ungewissheit der Parteien über ein Rechtsverhältnis beseitigt wird, es sei denn, der Vertrag beschränkt sich ausschließlich auf ein Anerkenntnis oder einen Verzicht. Der Gebührensatz beträgt **1,5**, weil das schiedsrichterliche Verfahren kein gerichtliches Verfahren i.S.d. VV 1003 ist. Daran ändert auch nichts das nachfolgende Vollstreckbarkeitsverfahren,[13] weil dessen Gegenstand nicht die Hauptsache des Schiedsverfahrens ist, über den sich der Vertrag verhält, sondern nur die Vollstreckbarkeit. Die Gebührentatbestände der Nrn. VV 1003, 1004 sind daher nicht anzuwenden. 25

Insoweit *Hilger*[14] eine abweichende Meinung vertritt und die Gebühr der VV 1003 als maßgeblich ansieht, ist diese Auffassung abwegig. Schiedsrichterliche Verfahren sind solche, die vor privaten Schiedsgerichten geführt werden und deshalb als außergerichtliche Tätigkeit gelten. Um zur Anwendung des VV Teil 3 Abschnitt 1, 2 und 4 zu gelangen, bedurfte es insoweit der gesetzlichen Verweisung, weil anderenfalls die VV 2300 ff. auch in den Verfahren vor dem Schiedsrichter ausgelöst würden. Sind Verfahren nach Abs. 1 Nr. 1 aber grundsätzlich außergerichtliche Tätigkeiten, dann findet die VV 1000 unmittelbar Anwendung. Hätte der Gesetzgeber für diese Verfahren auf die VV 1003 zurückgreifen wollen, hätte er dies – wie für VV Teil 3 Abschnitt 1, 2 und 4 in Abs. 1 – ausdrücklich regeln müssen. Das hat er aber auch mit dem 2. KostRMoG nicht getan und es ist deshalb davon auszugehen, dass die unmittelbare Anwendung der VV 1000 vom Gesetzgeber gewollt und als Anreiz zur Entlastung der staatlichen Gerichte gedacht ist. 26

f) Zusatzgebühr für besonders umfangreiche Beweisaufnahmen

Im schiedsrichterlichen Verfahren kann der Anwalt nach der neu eingeführten VV 1010 eine Zusatzgebühr verlangen. Es handelt sich um eine Zusatzgebühr für besonders umfangreiche Beweisaufnahmen, in denen sich die Gebühren nach VV Teil 3 richten (zu den übrigen Voraussetzungen siehe VV 1010. Systematisch hätte die Gebühr der VV 1010 in VV Teil 3 gehört.[15] Die Stellung in Teil 1 „Allgemeine Gebühren" führt letztendlich aber dazu, dass ohne eine in § 36 Abs. 1 Nr. 1 enthaltene Verweisung VV 1010 unmittelbar auch auf schiedsrichterliche Verfahren anzuwenden ist. 27

---

13 Riedel/Sußbauer/*Keller*, § 36 Rn 12; *Hartmann*, § 36 RVG Rn 10; Gerold/Schmidt/*Mayer*, § 36 Rn 12; Bischof/*Bischof*, § 36 Rn 22; Hartung/Schons/Enders, § 36 Rn 16; *Bork*, NJW 2008, 1918; a.A. *Hilger*, JurBüro 2008, 286: nur 1,0.

14 *Hilger*, JurBüro 2008, 286: nur 1,0.

15 *Schneider/Thiel*, Das neue Gebührenrecht für Anwälte, § 3 Rn 475.

g) Gebühren des Anwalts im schiedsrichterlichen und im gerichtlichen Verfahren nach dem 10. Buch der ZPO

28 Der Rechtsanwalt kann die Gebühren im schiedsrichterlichen Verfahren nach § 36 Abs. 1 Nr. 1 neben denjenigen des gerichtlichen Verfahrens und deshalb im Einzelfall auch eine „doppelte" Verfahrensgebühr beanspruchen. Insbesondere kann im Verfahren der gerichtlichen Entscheidung über die Zuständigkeit des Schiedsgerichts nach § 1040 Abs. 3 S. 2 ZPO vom Anwalt VV 3100 zusätzlich zu der im schiedsrichterlichen Verfahren entstandenen Verfahrensgebühr verlangt werden, da es sich insoweit nicht um ein zum Rechtszug gehörendes Verfahren handelt.[16]

II. Verfahren vor dem Schiedsgericht (Abs. 1 Nr. 2)

1. Allgemeines

29 Nach **Abs. 1 Nr. 2** ist VV Teil 3 Abschnitt 1 und 2 auf das außergerichtliche Verfahren vor dem Schiedsgericht nach §§ 101, 104 ArbGG entsprechend anzuwenden. In **VV Teil 3 Abschnitt 1** sind die **Gebührentatbestände für den ersten Rechtszug** geregelt. Diese sind zunächst vorrangig auf das Verfahren vor dem Schiedsgericht nach §§ 101, 104 ArbGG anzuwenden. In **VV Teil 3 Abschnitt 2** sind u.a. die **Gebührentatbestände für die Berufung, Revision und für bestimmte Beschwerdeverfahren** niedergelegt. Diese finden in Verfahren vor dem Schiedsgericht nach §§ 101, 104 ArbGG nur dann Anwendung, wenn im Schiedsvertrag die entsprechenden Rechtsmittel gegen den „erstinstanzlichen" Schiedsspruch vereinbart worden sind.

2. Gebühren

30 Nach VV Teil 3 Abschnitt 1 und 2 können die nachfolgend abschließend, aber aufgrund der weiterführenden Erläuterungen zum Vergütungsverzeichnis, auf welche verwiesen wird, nicht umfassend dargestellten Gebühren in dem außergerichtlichen Verfahren vor dem Schiedsgericht nach §§ 101, 104 ArbGG entstehen.

a) Gebühren im ersten Rechtszug, VV Teil 3 Abschnitt 1

31 Nach **VV 3100** erhält der Rechtsanwalt im ersten Rechtszug vor dem Schiedsgericht nach §§ 101, 104 ArbGG eine **1,3 Verfahrensgebühr**. **Endigt der Auftrag vorzeitig**, also bevor der Rechtsanwalt das Schiedsgericht angerufen oder bevor er für seine Partei einen Termin wahrgenommen hat, erhält der Rechtsanwalt nach **VV 3101** eine **0,8 Verfahrensgebühr**.

32 Nach **VV 3104** kann der Rechtsanwalt im ersten Rechtszug vor dem Schiedsgericht nach §§ 101, 104 ArbGG auch eine **1,2 Terminsgebühr** erhalten. Die Terminsgebühr entsteht nach VV Vorb. 3 Abs. 3 S. 1 für die Vertretung in einem Verhandlungs-, Erörterungs- oder Beweisaufnahmetermin (§§ 105, 106 ArbGG) oder die Wahrnehmung eines von einem gerichtlich bestellten Sachverständigen anberaumten Termins oder die Mitwirkung an auf die Vermeidung oder Erledigung des Verfahrens gerichteten Besprechungen ohne Beteiligung des Gerichts; dies gilt nicht für Besprechungen mit dem Auftraggeber. Die **Gebühr** entsteht nach Anm. Nr. 1 zu VV 3104 **auch**, wenn in dem Schiedsverfahren, für welches nach § 105 ArbGG die mündliche Anhörung vorgeschrieben ist, im Einverständnis mit den Parteien **ohne mündliche Verhandlung entschieden** oder in einem solchen Verfahren ein **schriftlicher Vergleich geschlossen** wird.

b) Gebühren im zweiten Rechtszug, VV Teil 3 Abschnitt 2 Unterabschnitt 1

33 Nach **VV 3200** erhält der Rechtsanwalt im zweiten Rechtszug eines Verfahrens vor dem Schiedsgericht nach §§ 101, 104 ArbGG, soweit ein solches vorgesehen ist, eine **1,6 Verfahrensgebühr**. Nach **VV 3202** kann er unter den vorgenannten Voraussetzungen daneben auch eine **1,2 Terminsgebühr** erhalten. **Endigt der Auftrag** des Rechtsanwalts **vorzeitig**, so erhält er nach **VV 3201** eine **1,1**

---

[16] OLG Hamburg AGS 2009, 575 = OLGR 2009, 795.

Abschnitt 5. Außergerichtliche Beratung und Vertretung § 36

Verfahrensgebühr. Eine vorzeitige Beendigung liegt nach Anm. zu VV 3201 vor, wenn der Auftrag endigt, bevor der Rechtsanwalt das Rechtsmittel eingelegt oder bevor er für seine Partei einen Termin wahrgenommen hat.

c) Gebühren im dritten Rechtszug, VV Teil 3 Abschnitt 2 Unterabschnitt 2

Sieht der Schiedsvertrag sogar einen dritten Rechtszug vor, so erhält der Rechtsanwalt nach **VV 3206** in diesem dritten Rechtszug vor dem Schiedsgericht nach §§ 101, 104 ArbGG eine **1,6 Verfahrensgebühr**. **Endigt der Auftrag** des Rechtsanwalts **vorzeitig**, so erhält er nach **VV 3207** eine **1,1 Verfahrensgebühr**. Die Anm. zu VV 3201 gilt entsprechend. Nach **VV 3210** erhält der Rechtsanwalt im Revisionsverfahren eine **1,5 Terminsgebühr**.   34

d) Einigungsgebühr, VV 1000

Nach § 107 ArbGG kann das Verfahren vor dem Schiedsgericht nach §§ 101, 104 ArbGG durch Vergleich beendet werden. In diesem Fall erhält der Rechtsanwalt nach Anm. Abs. 1 Nr. 1 zu **VV 1000** eine **1,5 Einigungsgebühr**. Auf diese wird zwar in Abs. 1 nicht ausdrücklich Bezug genommen; da sie aber nach VV Vorb. 1 neben den in anderen Teilen des Vergütungsverzeichnisses bestimmten Gebühren anfällt, mithin auch in Verfahren des ersten, zweiten oder dritten Rechtszuges nach VV Teil 3 Abschnitt 1 und 2, entsteht sie auch in Verfahren vor dem Schiedsgericht nach §§ 101, 104 ArbGG. Hierbei ist es auch sachgerecht, VV 1000 und nicht VV 1003 oder VV 1004 anzuwenden, da die Inanspruchnahme der Arbeitsgerichtsbarkeit durch die Einigung im Schiedsgerichtsverfahren gerade vermieden wird.   35

Nach **Anm. Abs. 1 Nr. 1 zu VV 1000** entsteht die Einigungsgebühr für die Mitwirkung beim Abschluss eines Vertrags, durch den der Streit oder die Ungewissheit der Parteien über ein Rechtsverhältnis beseitigt wird, es sei denn, der Vertrag beschränkt sich ausschließlich auf ein Anerkenntnis oder einen Verzicht.[17]   36

Die Einigungsgebühr entsteht nach **Anm. Abs. 2 zu VV 1000** auch für die Mitwirkung bei Vertragsverhandlungen, es sei denn, dass diese für den Abschluss des Vertrages nicht ursächlich war.   37

Für die Mitwirkung bei einem unter einer aufschiebenden Bedingung oder unter dem Vorbehalt des Widerrufs geschlossenen Vertrag entsteht die Gebühr, wenn die Bedingung eingetreten ist oder der Vertrag nicht mehr widerrufen werden kann (**Anm. Abs. 3 zu VV 1000**).   38

e) Gebühren bei Tätigkeiten nach §§ 102 Abs. 3, 103 Abs. 3, 106 Abs. 2 ArbGG

aa) Verfahren über die Bestimmung der Frist nach § 102 Abs. 3 ArbGG. Wird das Arbeitsgericht wegen einer Rechtsstreitigkeit angerufen, für die die Parteien des Tarifvertrages einen Schiedsvertrag geschlossen haben, so hat das Gericht nach § 102 Abs. 1 ArbGG die Klage als unzulässig abzuweisen, wenn sich der Beklagte auf den Schiedsvertrag beruft. Nach § 102 Abs. 2 ArbGG kann sich der Beklagte u.a. nicht auf den Schiedsvertrag berufen, wenn in einem Fall, in dem nicht die Streitparteien, sondern die Parteien des Schiedsvertrags die Mitglieder des Schiedsgerichts zu ernennen haben, das Schiedsgericht nicht gebildet ist und die den Parteien des Schiedsvertrags von dem Vorsitzenden des Arbeitsgerichts gesetzte Frist zur Bildung des Schiedsgerichts fruchtlos verstrichen ist (§ 102 Abs. 2 Nr. 2 ArbGG) oder wenn das nach dem Schiedsvertrag gebildete Schiedsgericht die Durchführung des Verfahrens verzögert und die ihm von dem Vorsitzenden des Arbeitsgerichts gesetzte Frist zur Durchführung des Verfahrens fruchtlos verstrichen ist (§ 102 Abs. 2 Nr. 3 ArbGG). In den Fällen des § 102 Abs. 2 Nr. 2 und 3 ArbGG erfolgt die **Bestimmung der Frist** nach § **102 Abs. 3 ArbGG** auf Antrag des Klägers durch den Vorsitzenden des Arbeitsgerichts, das für die Geltendmachung des Anspruchs zuständig wäre.   39

bb) Verfahren über die Ablehnung eines Schiedsrichters nach § 103 Abs. 3 ArbGG. Nach § 103 Abs. 1 ArbGG muss das Schiedsgericht aus einer gleichen Zahl von Arbeitnehmern und von Arbeitgebern bestehen; außerdem können ihm Unparteiische angehören. Personen, die infolge Richterspruchs die Fähigkeit zur Bekleidung öffentlicher Ämter nicht besitzen, dürfen ihm nicht   40

---

17 BR-Drucks 830/03, S. 253.

angehören. **Mitglieder des Schiedsgerichts** können nach § 103 Abs. 2 ArbGG unter denselben Voraussetzungen **abgelehnt** werden, die zur Ablehnung eines Richters berechtigen. Nach **§ 103 Abs. 3 ArbGG** beschließt die Kammer des Arbeitsgerichts, das für die Geltendmachung des Anspruchs zuständig wäre, über die Ablehnung. Vor dem Beschluss sind die Streitparteien und das abgelehnte Mitglied des Schiedsgerichts zu hören. Der Vorsitzende des Arbeitsgerichts entscheidet, ob sie mündlich oder schriftlich zu hören sind. Die mündliche Anhörung erfolgt vor der Kammer. Gegen den Beschluss findet kein Rechtsmittel statt.

41 cc) **Verfahren auf Vornahme einer Beweisaufnahme, einer Beeidigung eines Zeugen oder Sachverständigen oder einer eidlichen Parteivernehmung nach § 106 Abs. 2 ArbGG.** Nach § 106 Abs. 1 ArbGG kann das Schiedsgericht Beweise erheben, soweit die Beweismittel ihm zur Verfügung gestellt werden. Zeugen und Sachverständige kann das Schiedsgericht nicht beeidigen, eidesstattliche Versicherungen nicht verlangen oder entgegennehmen. Hält das Schiedsgericht eine **Beweiserhebung** für erforderlich, die es nicht vornehmen kann, so ersucht es nach **§ 106 Abs. 2 ArbGG** um die **Vornahme** den Vorsitzenden desjenigen Arbeitsgerichts oder, falls dies aus Gründen der örtlichen Lage zweckmäßiger ist, dasjenige Amtsgericht, in dessen Bezirk die Beweisaufnahme erfolgen soll. Entsprechend ist zu verfahren, wenn das Schiedsgericht die **Beeidigung** eines **Zeugen** oder **Sachverständigen** gemäß § 58 Abs. 2 S. 1 ArbGG für notwendig oder eine **eidliche Parteivernehmung** für sachdienlich erachtet.

42 dd) **Gebühren.** Ist die **Tätigkeit des Rechtsanwalts** auf eine gerichtliche Entscheidung über die Bestimmung einer Frist nach § 102 Abs. 3 ArbGG, die Ablehnung eines Schiedsrichters nach § 103 Abs. 3 ArbGG oder die Vornahme einer Beweisaufnahme oder einer Vereidigung nach § 106 Abs. 2 ArbGG **beschränkt**, so erhält er nach **VV 3326** eine **0,75 Verfahrensgebühr** für seine Tätigkeit in den benannten Verfahren vor den Gerichten für Arbeitssachen. Ist der Rechtsanwalt aber gleichzeitig mit der Interessenwahrnehmung vor dem Schiedsgericht nach §§ 101, 104 ArbGG beauftragt und hat er dort bereits die Verfahrensgebühr verdient, so erhält er die Verfahrensgebühr nach VV 3326 nicht.

43 **Endet der Auftrag** in den benannten Verfahren **vorzeitig**, so erhält der Rechtsanwalt nach **VV 3337** eine **0,5 Verfahrensgebühr**. Eine vorzeitige Beendigung liegt vor, wenn der Auftrag endigt, bevor der Rechtsanwalt den das Verfahren einleitenden Antrag oder einen Schriftsatz, der Sachanträge oder die Zurücknahme des Antrags enthält, eingereicht oder bevor er für seine Partei einen Termin wahrgenommen hat, oder soweit lediglich beantragt ist, eine Einigung der Parteien zu Protokoll zu nehmen.

44 Daneben kann der Rechtsanwalt in den genannten Verfahren (siehe Rdn 39 ff.) nach **VV 3332** eine **0,5 Terminsgebühr** erhalten. Die Terminsgebühr entsteht für die Vertretung in einem Verhandlungs-, Erörterungs- oder Beweisaufnahmetermin oder die Wahrnehmung eines von einem gerichtlich bestellten Sachverständigen anberaumten Termins oder die Mitwirkung an auf die Vermeidung oder Erledigung des Verfahrens gerichteten Besprechungen ohne Beteiligung des Gerichts; dies gilt nicht für Besprechungen mit dem Auftraggeber. Sie entsteht mithin nur, wenn in den Fällen des § 102 Abs. 3 ArbGG eine nicht vorgeschriebene Erörterung vor dem Vorsitzenden des Arbeitsgerichtes durchgeführt wird, nach § 103 Abs. 3 ArbGG eine mündliche Anhörung vor der Kammer erfolgt oder der Rechtsanwalt an einer Beweisaufnahme oder Beeidigung nach § 106 Abs. 2 ArbGG teilnimmt. Ist der Rechtsanwalt aber gleichzeitig mit der Interessenwahrnehmung vor dem Schiedsgericht nach §§ 101, 104 ArbGG beauftragt, so erhält er die Terminsgebühr nach VV 3332 nicht, soweit er dort eine Terminsgebühr verdient.

C. Gegenstandswert

45 Gemäß § 1 S. 1 bemisst sich die Vergütung eines Rechtsanwalts nach dem RVG und werden die Gebühren gemäß § 2 grundsätzlich nach dem Gegenstandswert berechnet. Abweichend hiervon kann der Anwalt durch Vereinbarung mit dem Mandanten auch eine andere Höhe der Vergütung festlegen. Bereits daraus ergibt sich, dass weder das Schiedsgericht noch die Parteien selber eine rechtliche Möglichkeit besitzen, die Höhe des Gegenstandswerts für die Anwälte ohne deren Mitwirkung

bindend festzulegen. Zudem würde das Schiedsgericht durch die Festlegung eine Entscheidung in eigener Sache treffen.[18]

In schiedsrichterlichen Verfahren und in den Verfahren vor dem Schiedsgericht entstehen Wertgebühren. Eine Wertfestsetzung nach dem GKG, GNotKG oder dem FamGKG kommt nicht in Betracht, weil es keine Vorschrift gibt, wonach die Kostengesetze, die für Verfahren vor den ordentlichen Gerichten gelten, anwendbar sein könnten. **46**

Insoweit sich weder aus der Schiedsabrede oder einer Schiedsklausel eine Regelung ergibt, wie der Wert des schiedsrichterlichen Verfahrens oder des Verfahrens vor dem Schiedsgericht zu bemessen ist, so richtet er sich nach § 23 Abs. 3 S. 1 i.V.m. §§ 37, 38, 42 bis 45 sowie 99 bis 102 GNotKG, hilfsweise nach § 23 Abs. 3 S. 2. **47**

Im Einverständnis aller beteiligten Anwälte kann das Schiedsgericht jedoch auf Vorschlag der Parteien den Gegenstandswert festsetzen, weil in dem Einverständnis die gemäß § 4a erforderliche Mitwirkung des Anwalts liegt.[19] **48**

D. Erstattungsfragen

I. Schiedsrichterliche Verfahren nach Buch 10 der ZPO (Abs. 1 Nr. 1, Abs. 2)

Sofern die Parteien nichts anderes vereinbart haben, hat das Schiedsgericht in einem **Schiedsspruch** darüber zu entscheiden, zu welchem Anteil die Parteien die Kosten des schiedsrichterlichen Verfahrens einschließlich der den Parteien erwachsenen und zur zweckentsprechenden Rechtsverfolgung notwendigen Kosten zu tragen haben (**Kostengrundentscheidung**). Die Entscheidung trifft das Schiedsgericht nach pflichtgemäßem Ermessen unter Berücksichtigung der Umstände des Einzelfalls, insbesondere des Ausgangs des Verfahrens (§ 1057 Abs. 1 ZPO).[20] Steht die Höhe der Kosten des schiedsrichterlichen Verfahrens bereits fest, hat das Schiedsgericht auch darüber zu entscheiden, in welcher Höhe die Parteien diese zu tragen haben. Ist die Festsetzung der Kosten unterblieben oder erst nach Beendigung des schiedsrichterlichen Verfahrens möglich, ist hierüber in einem gesonderten (ergänzenden) Schiedsspruch zu entscheiden (§ 1057 Abs. 2 ZPO). Erst damit ist das Schiedsverfahren beendet. **49**

Die **§§ 103 ff. ZPO** sind daher nicht anwendbar,[21] ebenso scheidet eine Festsetzung der Anwaltsvergütung gemäß **§ 11** aus.[22] Eine **Bindung** des Schiedsgerichts an die zu § 91 ZPO entwickelten Grundsätze besteht daher nicht.[23] **50**

Geht es darum, den Schiedsspruch für vollstreckbar zu erklären, handelt es sich nicht um ein schiedsrichterliches, sondern um ein vor dem Gericht zu führendes Verfahren. In diesem Fall ist Maßstab für die Bewertung § 48 GKG i.V.m. §§ 3 ff. ZPO. **51**

II. Verfahren vor dem Schiedsgericht (Abs. 1 Nr. 2)

Im Schiedsspruch nach § 108 ArbGG ist, wenn sich aus dem Schiedsvertrag nichts Gegenteiliges ergibt, auch über die Verfahrenskosten zu entscheiden. Der Inhalt der Kostenentscheidung bestimmt sich in erster Linie nach dem Schiedsvertrag. Enthält dieser keine Regelungen zur Kostentragungspflicht und Kostenverteilung, ist im Schiedsspruch nach § 108 ArbGG in entsprechender Anwendung von §§ 91 ff. ZPO über die Kostentragung und Kostenverteilung zu entscheiden. Dabei ist im Verfahren vor dem Schiedsgericht im ersten Rechtszug aber § 12a Abs. 1 ArbGG entsprechend **52**

---

18 KG OLGZ 13, 243, 244; Riedel/Sußbauer/*Schmahl*, § 36 Rn 16; Bischof/*Bischof*, § 36 Rn 26; *Schwab/Walter*, Kap. 33 Rn 2, 15.
19 *Hansens*, § 67 Rn 9; Gerold/Schmidt/*Mayer*, § 36 Rn 15; *Schwab/Walter*, Kap. 33 Rn 1.
20 Zu Einzelheiten vgl. *Schwab/Walter*, Kap. 33 Rn 1, 16 f; BGH MDR 2012, 739 = NJW 2012, 1811 = SchiedsVZ 2012, 154 = WM 2012, 2215 = JurBüro 2012, 427.
21 *Zöller/Geimer*, § 1057 Rn 1; *Hansens*, § 67 Rn 10; *Schwab/Walter*, Kap. 33 Rn 9.
22 KG AGS 1998, 75 = JurBüro 1998, 307 = KGR 1998, 111 = Rpfl. 1998, 171 = MDR 1998, 739 = AnwBl 1999, 55; *Zöller/Geimer*, § 1057 Rn 1; Gerold/Schmidt/*Mayer*, § 36 Rn 16.
23 BT-Drucks 13/5274, S. 57 zum SchiedsVfG; *Hansens*, § 67 Rn 10; *Hartmann*, § 36 RVG Rn 14; *Schwab/Walter*, Kap. 33 Rn 1.

anzuwenden, wonach für die obsiegende Partei kein Anspruch auf Entschädigung wegen Zeitversäumnis und auf Erstattung der Kosten für die Zuziehung eines Bevollmächtigten besteht.

53 Im Schiedsvertrag kann weiter geregelt werden, dass der Schiedsspruch eine Festsetzung des Streit- bzw. Gegenstandswertes enthalten soll. In diesem Fall kann der Streit- bzw. Gegenstandswert in entsprechender Anwendung von § 42 Abs. 3 GKG (§ 42 Abs. 4 GKG a.F.) und §§ 3 ff. ZPO festzusetzen sein. Zur Vermeidung von Unklarheiten empfiehlt es sich aber für den Rechtsanwalt, mit seiner eigenen Partei eine Vereinbarung zumindest über den Gegenstandswert zu treffen, aus welchem sich seine Gebühren berechnen sollen.

54 Eine **Vollstreckbarkeitsentscheidung** enthält der Schiedsspruch nicht. Insoweit ist das Verfahren nach § 109 ArbGG zu betreiben, in welchem der Vorsitzende des Arbeitsgerichts, das für die Geltendmachung des Anspruchs zuständig wäre, den Schiedsspruch nach Anhörung des Gegners für vollstreckbar erklären kann.

Abschnitt 6
Gerichtliche Verfahren

§ 37 Verfahren vor den Verfassungsgerichten

(1) Die Vorschriften für die Revision in Teil 4 Abschnitt 1 Unterabschnitt 3 des Vergütungsverzeichnisses gelten entsprechend in folgenden Verfahren vor dem Bundesverfassungsgericht oder dem Verfassungsgericht (Verfassungsgerichtshof, Staatsgerichtshof) eines Landes:
1. Verfahren über die Verwirkung von Grundrechten, den Verlust des Stimmrechts, den Ausschluss von Wahlen und Abstimmungen,
2. Verfahren über die Verfassungswidrigkeit von Parteien,
3. Verfahren über Anklagen gegen den Bundespräsidenten, gegen ein Regierungsmitglied eines Landes oder gegen einen Abgeordneten oder Richter und
4. Verfahren über sonstige Gegenstände, die in einem dem Strafprozess ähnlichen Verfahren behandelt werden.

(2) ¹In sonstigen Verfahren vor dem Bundesverfassungsgericht oder dem Verfassungsgericht eines Landes gelten die Vorschriften in Teil 3 Abschnitt 2 Unterabschnitt 2 des Vergütungsverzeichnisses entsprechend. ²Der Gegenstandswert ist unter Berücksichtigung der in § 14 Abs. 1 genannten Umstände nach billigem Ermessen zu bestimmen; er beträgt mindestens 5 000 Euro.

A. Allgemeines	1
B. Regelungsgehalt	5
I. Strafprozessähnliche Verfahren (Abs. 1)	5
1. Allgemeines	5
2. Gebühren	7
II. Verwaltungsprozessähnliche Verfahren (Abs. 2)	15
1. Allgemeines	15
2. Verfahrensgebühr, VV 3206	16
3. Terminsgebühr, VV 3210	19
4. Gebührenbemessung	20
5. Gegenstandswert (Abs. 2 S. 2)	22
C. Erstattungsfragen	30
I. Allgemeines	30
II. Erstattungsfähige und nicht erstattungsfähige Auslagen	35
1. Allgemeines	35
2. Erstattungsfähige Auslagen	36
3. Nicht erstattungsfähige Auslagen	39
III. Kostenerstattungsverfahren	42
IV. Prozesskostenhilfe	45
V. Missbrauchsgebühr	48

A. Allgemeines

§ 37 regelt die Gebühren des Rechtsanwalts in Verfahren vor Verfassungsgerichten. Von der Vorschrift werden jede Art von Verfahren und jede Art von anwaltlicher Tätigkeit in Verfahren vor dem BVerfG und den Verfassungsgerichten der Länder erfasst. **1**

In **§ 13 BVerfGG** werden die Verfahren genannt, in welchen das BVerfG zuständig ist. Die Gesetze der Länder über die Landesverfassungsgerichte (Staatsgerichtshof, Verfassungsgerichtshof) enthalten § 13 BVerfGG vergleichbare Regelungen.[1] § 13 BVerfGG hat folgenden Wortlaut: **2**

§ 13 BVerfGG
¹Das Bundesverfassungsgericht entscheidet
1. über die Verwirkung von Grundrechten (Artikel 18 des Grundgesetzes),
2. über die Verfassungswidrigkeit von Parteien (Artikel 21 Abs. 2 des Grundgesetzes),

---

1 Baden-Württemberg: § 8 Gesetz über den Staatsgerichtshof; Bayern: Art. 2 VfGHG; Berlin: § 14 VerfGHG; Brandenburg: § 12 VerfGGBbg; Bremen: § 10 Gesetz über den Staatsgerichtshof; Hamburg: § 14 Gesetz über das Hamburgische Verfassungsgericht; Hessen: § 15 Gesetz über den Staatsgerichtshof; Mecklenburg-Vorpommern: § 11 Gesetz zur Einführung der Verfassungsgerichtsbarkeit in Mecklenburg-Vorpommern; Niedersachsen: § 8 Gesetz über den Staatsgerichtshof; Nordrhein-Westfalen: § 12 Gesetz über den Verfassungsgerichtshof für das Land Nordrhein-Westfalen; Rheinland-Pfalz: § 2 Landesgesetz über den Verfassungsgerichtshof; Saarland: § 9 VerfGHG; Sachsen: § 7 SächsVerfGHG; Sachsen-Anhalt: § 2 LVerfGG; Thüringen: § 11 ThürVerfGHG.

3. über Beschwerden gegen Entscheidungen des Bundestages, die die Gültigkeit einer Wahl oder den Erwerb oder Verlust der Mitgliedschaft eines Abgeordneten beim Bundestag betreffen (Artikel 41 Abs. 2 des Grundgesetzes),
3a. über Beschwerden von Vereinigungen gegen ihre Nichtanerkennung als Partei für die Wahl zum Bundestag (Artikel 93 Absatz 1 Nummer 4c des Grundgesetzes),
4. über Anklagen des Bundestages oder des Bundesrates gegen den Bundespräsidenten (Artikel 61 des Grundgesetzes),
5. über die Auslegung des Grundgesetzes aus Anlaß von Streitigkeiten über den Umfang der Rechte und Pflichten eines obersten Bundesorgans oder anderer Beteiligter, die durch das Grundgesetz oder in der Geschäftsordnung eines obersten Bundesorgans mit eigenen Rechten ausgestattet sind (Artikel 93 Abs. 1 Nr. 1 des Grundgesetzes),
6. bei Meinungsverschiedenheiten oder Zweifeln über die förmliche oder sachliche Vereinbarkeit von Bundesrecht oder Landesrecht mit dem Grundgesetz oder die Vereinbarkeit von Landesrecht mit sonstigem Bundesrecht auf Antrag der Bundesregierung, einer Landesregierung oder eines Viertels der Mitglieder des Bundestages (Artikel 93 Abs. 1 Nr. 2 des Grundgesetzes),
6a. bei Meinungsverschiedenheiten, ob ein Gesetz den Voraussetzungen des Artikels 72 Abs. 2 des Grundgesetzes entspricht, auf Antrag des Bundesrates, einer Landesregierung oder der Volksvertretung eines Landes (Artikel 93 Abs. 1 Nr. 2a des Grundgesetzes),
6b. darüber, ob im Falle des Artikels 72 Abs. 4 die Erforderlichkeit für eine bundesgesetzliche Regelung nach Artikel 72 Abs. 2 nicht mehr besteht oder Bundesrecht in den Fällen des Artikels 125 a Abs. 2 Satz 1 nicht mehr erlassen werden könnte, auf Antrag des Bundesrates, einer Landesregierung oder der Volksvertretung eines Landes (Artikel 93 Abs. 2 des Grundgesetzes),
7. bei Meinungsverschiedenheiten über Rechte und Pflichten des Bundes und der Länder, insbesondere bei der Ausführung von Bundesrecht durch die Länder und bei der Ausübung der Bundesaufsicht (Artikel 93 Abs. 1 Nr. 3 und Artikel 84 Abs. 4 Satz 2 des Grundgesetzes),
8. in anderen öffentlich-rechtlichen Streitigkeiten zwischen dem Bund und den Ländern, zwischen verschiedenen Ländern oder innerhalb eines Landes, soweit nicht ein anderer Rechtsweg gegeben ist (Artikel 93 Abs. 1 Nr. 4 des Grundgesetzes),
8a. über Verfassungsbeschwerden (Artikel 93 Abs. 1 Nr. 4a und 4 b des Grundgesetzes),
9. über Richteranklagen gegen Bundesrichter und Landesrichter (Artikel 98 Abs. 2 und 5 des Grundgesetzes),
10. über Verfassungsstreitigkeiten innerhalb eines Landes, wenn diese Entscheidung durch Landesgesetz dem Bundesverfassungsgericht zugewiesen ist (Artikel 99 des Grundgesetzes),
11. über die Vereinbarkeit eines Bundesgesetzes oder eines Landesgesetzes mit dem Grundgesetz oder die Vereinbarkeit eines Landesgesetzes oder sonstigen Landesrechts mit einem Bundesgesetz auf Antrag eines Gerichts (Artikel 100 Abs. 1 des Grundgesetzes),
11a. über die Vereinbarkeit eines Beschlusses des Deutschen Bundestages zur Einsetzung eines Untersuchungsausschusses mit dem Grundgesetz auf Vorlage nach § 36 Abs. 2 des Untersuchungsausschussgesetzes,
12. bei Zweifeln darüber, ob eine Regel des Völkerrechts Bestandteil des Bundesrechts ist und ob sie unmittelbar Rechte und Pflichten für den einzelnen erzeugt, auf Antrag des Gerichts (Artikel 100 Abs. 2 des Grundgesetzes),
13. wenn das Verfassungsgericht eines Landes bei der Auslegung des Grundgesetzes von einer Entscheidung des Bundesverfassungsgerichts oder des Verfassungsgerichts eines anderen Landes abweichen will, auf Antrag dieses Verfassungsgerichts (Artikel 100 Abs. 3 des Grundgesetzes),
14. bei Meinungsverschiedenheiten über das Fortgelten von Recht als Bundesrecht (Artikel 126 des Grundgesetzes),
15. in den ihm sonst durch Bundesgesetz zugewiesenen Fällen (Artikel 93 Abs. 3 des Grundgesetzes).

3 Bei den Verfahren, für welche das Bundesverfassungsgericht oder ein Landesverfassungsgericht zuständig ist, wird ihrem Gegenstand nach zwischen **strafprozessähnlichen und sonstigen (verwaltungsprozessähnlichen) Verfahren** unterschieden. Dieser Unterscheidung folgend, differenziert § 37 auch bei den Gebühren des Rechtsanwalts in Verfahren vor den Verfassungsgerichten zwischen den beiden Verfahrenstypen. Die Gebühren eines Rechtsanwalts in strafprozessähnlichen Verfahren werden in **Abs. 1** geregelt. Danach bestimmen sich die Gebühren wegen der besonderen Bedeutung dieser Verfahren nach den für die Revision in Strafsachen geltenden Vorschriften gemäß VV Teil 4 Abschnitt 1 Unterabschnitt 3 und nicht mehr wie nach § 113 Abs. 1 BRAGO nach Maßgabe der Gebühren, die der Rechtsanwalt in Strafsachen erster Instanz vor dem Oberlandesgericht erhalten kann. Nach **Abs. 2** entstehen in den sonstigen (verwaltungsprozessähnlichen) Verfahren vor den

Verfassungsgerichten die für Revisionsverfahren in VV Teil 3 Abschnitt 2 Unterabschnitt 2 vorgesehenen Gebühren.[2]

Jedes Verfahren vor einem Verfassungsgericht, auch die konkrete Normenkontrolle nach Art. 100 GG,[3] ist eine **besondere Angelegenheit** i.S.v. § 15.

B. Regelungsgehalt

I. Strafprozessähnliche Verfahren (Abs. 1)

1. Allgemeines

In **Abs. 1** werden die **strafprozessähnlichen Verfahren** aufgezählt. Es sind Verfahren, für welche allgemein oder für einzelne Abschnitte, z.B. für die Vernehmung von Zeugen und Sachverständigen, die Vorschriften der StPO anzuwenden sind (§ 28 Abs. 1 BVerfGG) und die einem Strafverfahren auch insoweit ähnlich sind, als von dem Gericht über die angeklagte Person oder Personengruppe wegen verfassungswidrigen Verhaltens Rechtsnachteile verhängt werden sollen. Abs. 1 benennt die **Verfahren:**
– Verfahren über die Verwirkung von Grundrechten (Abs. 1 Nr. 1, § 13 Nr. 1 BVerfGG)
– Verfahren über den Verlust des Stimmrechts, den Ausschluss von Wahlen und Abstimmungen (Abs. 1 Nr. 1)
– Verfahren über die Verfassungswidrigkeit von Parteien (Abs. 1 Nr. 2, § 13 Nr. 2 BVerfGG)
– Verfahren über Anklagen gegen den Bundespräsidenten (Abs. 1 Nr. 3, § 13 Nr. 4 BVerfGG)
– Verfahren über Anklagen gegen ein Regierungsmitglied eines Landes oder gegen einen Abgeordneten oder Richter (Abs. 1 Nr. 3, § 13 Nr. 9 BVerfGG)
– Verfahren über sonstige Gegenstände, die in einem dem Strafprozess ähnlichen Verfahren behandelt werden (Abs. 1 Nr. 4).

Diese Aufzählung ist **nicht abschließend**. Der Auffangtatbestand in Abs. 1 Nr. 4 soll vielmehr die Möglichkeit eröffnen, die Gebühren in ähnlichen Verfahren, die z.B. durch Landesrecht geschaffen werden, ohne Änderung des RVG in gleicher Weise zu behandeln. Als ein „dem Strafprozess ähnliches Verfahren" i.S.v. Abs. 1 Nr. 4 ist das Verfahren über Anklagen gegen ein Mitglied des Rechnungshofes (§ 14 Nr. 8 VerfGG Hamburg) zu benennen.

2. Gebühren

Für diese strafprozessähnlichen Verfahren bestimmt Abs. 1 die **entsprechende Anwendung der Vorschriften für die Revision nach VV Teil 4 Abschnitt 1 Unterabschnitt 3**. Die zur Anwendung kommenden Gebührentatbestände gelten die gesamte Tätigkeit des Rechtsanwalts ab. Auf die weitergehenden Erläuterungen zu den nachfolgend genannten Gebührentatbeständen wird verwiesen.

Demnach erhält der Rechtsanwalt nach **VV 4130** eine **Verfahrensgebühr** i.H.v. 120 EUR bis 1.110 EUR (Mittelgebühr 615 EUR). Die Verfahrensgebühr entsteht für das Betreiben des Geschäfts einschließlich der Information.

Weiterhin erhält der Rechtsanwalt nach **VV 4132** je Verhandlungstag eine **Terminsgebühr** i.H.v. 120 EUR bis 560 EUR (Mittelgebühr 340 EUR). Die Terminsgebühr entsteht für die Teilnahme an gerichtlichen Terminen, soweit nichts anderes bestimmt ist. Der Rechtsanwalt erhält die Terminsgebühr auch, wenn er zu einem anberaumten Termin erscheint, dieser aber aus Gründen, die er nicht zu vertreten hat, nicht stattfindet. Dies gilt nicht, wenn er rechtzeitig von der Aufhebung oder Verlegung des Termins in Kenntnis gesetzt worden ist.

Befindet sich der **Beschuldigte nicht auf freiem Fuß**, entstehen Verfahrens- und Terminsgebühr mit **Zuschlag**. Nach **VV 4131** beträgt die **Verfahrensgebühr mit Zuschlag** 120 EUR bis 1.387,50 EUR (Mittelgebühr 753,75 EUR). Nach **VV 4133** beträgt die **Terminsgebühr mit Zuschlag** 120 EUR bis 700 EUR (Mittelgebühr 410 EUR).

---

[2] BR-Drucks 830/03, S. 244.   [3] BVerfGE 53, 332, 334.

11 Der Rechtsanwalt erhält außerdem nach **VV 4100** eine **Grundgebühr** i.H.v. 40 EUR bis 360 EUR (Mittelgebühr 200 EUR). Die Gebühr entsteht für die erstmalige Einarbeitung in den Rechtsfall nur einmal, unabhängig davon, in welchem Verfahrensabschnitt sie erfolgt. Befindet sich der **Beschuldigte nicht auf freiem Fuß**, entsteht die Grundgebühr **mit Zuschlag**. Nach **VV 4101** beträgt die Grundgebühr mit Zuschlag 40 EUR bis 440 EUR (Mittelgebühr 240 EUR).

12 Ist der Rechtsanwalt nur außerhalb einer mündlichen Verhandlung tätig, erhält er nach **VV 4104** neben der Grundgebühr eine **Verfahrensgebühr** i.H.v. 40 EUR bis 290 EUR (Mittelgebühr 165 EUR). Befindet sich der **Beschuldigte nicht auf freiem Fuß**, entsteht die Verfahrensgebühr **mit Zuschlag**. Nach **VV 4105** beträgt die Verfahrensgebühr mit Zuschlag 40 EUR bis 362,50 EUR (Mittelgebühr 201,25 EUR).

13 Die Vorverfahren nach §§ 37, 45 BVerfGG oder die Voruntersuchung nach §§ 58 Abs. 1, 54 BVerfGG sind **gerichtliche Zwischenverfahren**, die nach Anhängigkeit vor dem BVerfG durchgeführt werden und deshalb nicht die Vorverfahrensgebühr begründen können. Die zusätzliche Gebühr nach **VV 4141** bei **Entbehrlichkeit der Hauptverhandlung** durch die anwaltliche Mitwirkung erhält der Rechtsanwalt nur, wenn das jeweilige Verfahren ein der Anhängigkeit beim Verfassungsgericht vorausgehendes, vorbereitendes Verfahren kennt.

14 Wird der Rechtsanwalt **beigeordnet**, gelten für seine Gebühren die §§ 45 ff. Die zuvor genannten Gebühren fallen danach in folgender Höhe an:

– VV 4130: Verfahrensgebühr in Revisionsverfahren: 492 EUR
– VV 4131: Verfahrensgebühr in Revisionsverfahren mit Zuschlag: 603 EUR
– VV 4132: Terminsgebühr je Verhandlungstag: 272 EUR
– VV 4133: Terminsgebühr je Verhandlungstag mit Zuschlag: 328 EUR
– VV 4100: Grundgebühr: 160 EUR
– VV 4101: Grundgebühr mit Zuschlag: 192 EUR
– VV 4104: Verfahrensgebühr: 132 EUR
– VV 4105: Verfahrensgebühr mit Zuschlag: 161 EUR.

II. Verwaltungsprozessähnliche Verfahren (Abs. 2)

1. Allgemeines

15 Für die **sonstigen Verfahren** (**verwaltungsprozessähnlichen Verfahren**) werden die Gebühren des Rechtsanwalts durch **Abs. 2** geregelt. „Sonstige Verfahren" sind alle Verfahren vor dem BVerfG oder einem Verfassungsgericht der Länder, die keine strafprozessualen Verfahren i.S.v. Abs. 1 sind. Abs. 2 gilt mithin für die **Verfahren nach § 13 Nr. 3, 5, 6, 6a, 7, 8, 8a, 10, 11, 12, 13 und 14 BVerfGG**, sowie für Verfahren nach **§ 13 Nr. 15 BVerfGG**, soweit die dem BVerfG nach Art. 93 Abs. 3 GG zugewiesene Angelegenheit keinen strafprozessualen Charakter hat. Für diese verwaltungsprozessähnlichen Verfahren bestimmt Abs. 2 S. 1 die entsprechende Anwendung der Vorschriften in VV Teil 3 Abschnitt 2 Unterabschnitt 2 (VV 3206, 3207, 3210 und 3211).

2. Verfahrensgebühr, VV 3206

16 Auf Grund der entsprechenden Anwendung der Vorschriften in VV Teil 3 Abschnitt 2 Unterabschnitt 2 erhält der Rechtsanwalt in Verfahren nach Abs. 2 **nach VV 3206** eine **1,6-Verfahrensgebühr**. **Endet der Auftrag** des Rechtsanwalts **vorzeitig**, so erhält er nach **VV 3207** eine **1,1-Verfahrensgebühr**. Die Anmerkung zu VV 3201 gilt entsprechend. Nach der Anm. zu VV 3201 liegt eine vorzeitige Beendigung vor, wenn der Auftrag endigt, bevor der Rechtsanwalt das Rechtsmittel eingelegt oder einen Schriftsatz, der Sachanträge, Sachvortrag, die Zurücknahme der Klage oder die Zurücknahme des Rechtsmittels enthält, eingereicht oder bevor er für seine Partei einen Termin wahrgenommen hat (Nr. 1). Eine vorzeitige Beendigung des Auftrages des Rechtsanwalts ist in Verfassungsbeschwerdeverfahren aber kaum denkbar.[4]

---

4 *Melchinger*, in: Heidel/Pauly/Amend, AnwaltFormulare, 8. Aufl. 2015, § 48 Rn 8.

Eine **Erhöhung der Verfahrensgebühr nach VV 3208** kommt nicht in Betracht, da eine Vertretung durch einen am BGH zugelassenen Anwalt nicht erforderlich ist und die Tätigkeit in einem Verfassungsbeschwerdeverfahren nicht mit einem Revisionsverfahren vor dem BGH vergleichbar ist.[5]

17

Im Regelfall fällt nur eine Verfahrensgebühr an, da die Verfassungsgerichte nur in Ausnahmefällen aufgrund einer mündlichen Verhandlung entscheiden.[6] Aus diesem Grund empfiehlt sich der **Abschluss einer Vergütungsvereinbarung**, in welcher entweder eine Vergütung nach Stunden, eine Pauschalvergütung oder ein für den Rechtsanwalt wirtschaftlicher Gegenstandswert vereinbart wird.[7] In Verfahren nach § 13 Nr. 11 BVerfGG (konkrete Normenkontrolle) gibt das BVerfG den Beteiligten des Verfahrens vor dem Gericht, das den Antrag gestellt hat, nach § 82 Abs. 3 BVerfGG die Gelegenheit zur Äußerung. In Verfahren nach § 13 Nr. 8a BVerfGG (Verfassungsbeschwerde) gegen eine gerichtliche Entscheidung wird dem durch die Entscheidung Begünstigten nach § 94 Abs. 3 BVerfGG ebenfalls die Möglichkeit gewährt, sich zu äußern. Beauftragt der **Äußerungsberechtigte** einen Rechtsanwalt und trägt dieser für den Äußerungsberechtigten schriftsätzlich vor, so erhält der Rechtsanwalt die Verfahrensgebühr nach VV 3206. Zwar ist der Äußerungsberechtigte nicht Beteiligter im engeren Sinn, gleichwohl kann er vom Ausgang des Verfahrens in seiner Rechtsstellung materiell betroffen sein.[8] Dies rechtfertigt es, dem Rechtsanwalt des Äußerungsberechtigten eine dem Prozessbevollmächtigten vergleichbare Rechtsstellung einzuräumen.

18

3. Terminsgebühr, VV 3210

Nach **VV 3210** erhält der Rechtsanwalt eine **1,5-Terminsgebühr**. Nach VV Vorb. 3 Abs. 3 entsteht die Terminsgebühr für die Vertretung in einem gerichtlichen Termin mit Ausnahme eines Verkündungstermins, für die Wahrnehmung eines von einem gerichtlich bestellten Sachverständigen anberaumten Termins oder für die Mitwirkung an auf die Vermeidung oder Erledigung des Verfahrens gerichteten Besprechungen auch ohne Beteiligung des Gerichts, wobei dies nicht für Besprechungen mit dem Auftraggeber gilt. Daneben gilt die **Anmerkung zu VV 3104** entsprechend. Nach Anm. Abs. 1 Nr. 1 zu VV 3104 **entsteht die Gebühr auch** dann, wenn in einem Verfahren, für das mündliche Verhandlung vorgeschrieben ist, im Einverständnis mit den Parteien **ohne mündliche Verhandlung entschieden** worden ist. Nach § 25 BVerfGG entscheidet das BVerfG aufgrund mündlicher Verhandlung, soweit nichts anderes bestimmt ist und nicht alle Beteiligten ausdrücklich auf sie verzichten. Anderweitiges bestimmt ist lediglich in **§ 94 Abs. 5 BVerfGG**. Nach dieser Vorschrift kann das BVerfG in Verfahren nach § 13 Nr. 8a BVerfGG (Verfassungsbeschwerde) von mündlicher Verhandlung absehen, wenn von ihr keine weitere Förderung des Verfahrens zu erwarten ist und die zur Äußerung berechtigten Verfassungsorgane, die dem Verfahren beigetreten sind, auf mündliche Verhandlung verzichten. Die mündliche Verhandlung ist unter den genannten Voraussetzungen damit in das Ermessen des BVerfG gestellt. Aus diesem Grund findet Anm. Abs. 1 Nr. 1 zu VV 3104 bei Verfassungsbeschwerdeverfahren keine Anwendung.[9] In den anderen Verfahren nach Abs. 2 ist aber in Ermangelung einer anderweitigen Regelung die mündliche Verhandlung obligatorisch, so dass die Terminsgebühr auch nach Anm. Abs. 1 Nr. 1 zu VV 3104 unter den dort genannten Voraussetzungen entstehen kann.

19

4. Gebührenbemessung

Nach **VV 1008** erhöht sich bei Wertgebühren eine anfallende Verfahrensgebühr für jeden weiteren Auftraggeber um 0,3, soweit der Gegenstand der anwaltlichen Tätigkeit derselbe ist. Die Erhöhung wird nach dem Betrag berechnet, an welchem die Personen gemeinschaftlich beteiligt sind. Mehrere Erhöhungen dürfen bei Wertgebühren einen Gebührensatz von 2,0 nicht übersteigen.

20

---

5 BVerfG NJW 2013, 676 = AGS 2012, 568 = NJW 2013, 676 = RVGreport 2013, 15 = NJW-Spezial 2013, 59.
6 *Lenz*, BRAK-Mitt. 1998, 259.
7 *Kleine-Cosack*, Verfassungsbeschwerden und Menschenrechtsbeschwerde, 1. Aufl. 2001, S. 271, 275, 276

(mit Muster einer Honorarvereinbarung für ein Stundenhonorar); *Melchinger*, in: Heidel/Pauly/Amend, Anwalt-Formulare, 8. Aufl. 2015, § 48 Rn 9.
8 BVerfG AnwBl 1997, 233.
9 BVerfGE 35, 34; BVerfGE 41, 228.

21 VV 1008 ist außer in Verfahren nach § 13 Nr. 8a BVerfGG (Verfassungsbeschwerde) anwendbar, wenn der Rechtsanwalt mehrere Beteiligte in derselben Angelegenheit vertritt.[10] Verfassungsbeschwerden mehrerer Auftraggeber haben, auch wenn sie gegen denselben Akt der öffentlichen Gewalt gerichtet sind und demgemäß im Antrag übereinstimmen, nicht denselben Gegenstand (vgl. auch VV 1008 Rdn 48 und 57).[11] Dies beruht darauf, dass mit der Verfassungsbeschwerde nur die subjektive Beschwer des jeweiligen Beschwerdeführers in einem Grundrecht oder grundrechtsähnlichem Recht geltend gemacht werden kann. Diese subjektive Beschwer bestimmt den Gegenstand des Verfahrens.[12] Der Tätigkeit des Rechtsanwalts für mehrere Auftraggeber in Verfahren nach § 13 Nr. 8a BVerfGG (Verfassungsbeschwerde) kann damit nur bei der Bemessung des Gegenstandswertes Rechnung getragen werden.[13]

5. Gegenstandswert (Abs. 2 S. 2)

22 Für die Bemessung des Gegenstandswertes[14] enthält **Abs. 2 S. 2** eine selbstständige Regelung für Verfahren vor den Verfassungsgerichten. Dies gilt auch in Verfahren der konkreten Normenkontrolle (§ 13 Nr. 11 BVerfGG)[15] und der Verfassungsbeschwerde (§ 13 Nr. 8a BVerfGG).[16] Der **Gegenstandswert** ist hiernach unter Berücksichtigung aller Umstände, insbesondere
– der Bedeutung der Angelegenheit,
– des Umfangs und der Schwierigkeit der anwaltlichen Tätigkeit sowie
– der Vermögens- und Einkommensverhältnisse des Auftraggebers
nach billigem Ermessen zu bestimmen.

23 Der Mindestwert beträgt 5.000 EUR (Abs. 2 S. 2). Er ist mit dem 2. KostRMoG angehoben worden. Ebenso wie andere Mindest- und Regelwerte ist auch in Verfahren vor dem BVerfG und den Verfassungsgerichten der Länder der Mindestwert zuletzt auf 5.000 EUR angehoben worden.

24 Zur Bewertung des Gegenstandswertes in **Verfahren der Verfassungsbeschwerde** ist Ausgangspunkt der Bewertung entsprechend der gesetzlichen Reihenfolge die **Bedeutung der Angelegenheit**. Danach richtet sich der Gegenstandswert vorrangig nach der Bedeutung, die der Auftraggeber ihr beimisst (**subjektive Bedeutung der Angelegenheit**). Maßgeblich sind daher nicht nur die unmittelbar verfolgten Ziele des Auftraggebers, sondern auch die weiteren Auswirkungen auf seine wirtschaftlichen Verhältnisse, auf seine Stellung und sein Ansehen.[17]

25 Neben dieser subjektiven Seite muss auch die objektive Bedeutung der Sache in die Bewertung Eingang finden. Die Verfassungsbeschwerde hat die Aufgabe, das objektive Verfassungsrecht zu wahren sowie seiner Auslegung und Fortbildung zu dienen. Sie eröffnet eine eigenständige Kontrolle der drei Gewalten durch das BVerfG. Die über den jeweiligen Fall hinausgehende umfassende Bedeutung des verfassungsgerichtlichen Rechtsschutzes kommt vor allem darin zum Ausdruck, dass die Entscheidungen des BVerfG nicht nur für die Beteiligten, sondern auch für die Verfassungsorgane des Bundes und der Länder bindend sind und darüber hinaus Gesetzeskraft entfalten, wenn das BVerfG ein Gesetz mit dem Grundgesetz für vereinbar oder unvereinbar oder für nichtig erklärt. Dieser **objektiven Bedeutung** muss bei der Bemessung des Gegenstandswertes Rechnung getragen werden. Dies gilt in beiden Richtungen: Hat die objektive Bedeutung neben dem subjektiven Interesse keinen oder nur einen untergeordneten Wert, kann dies zu einer Verringerung des Einsatzwertes für die subjektive Bedeutung führen, es sei denn, die Entscheidung führt zur Beilegung des Ausgangsrechtsstreits. Hat die objektive Seite des Falles im Verhältnis zum subjektiven Interesse eigenständiges Gewicht, führt das regelmäßig zu einer Erhöhung des Ausgangswertes.[18] In diesem Zusammenhang ist auch der Erfolg der Sache zu sehen. Wird der **Rechtsbehelf nicht zur Entscheidung angenommen**, ist es nach Auffassung des BVerfG im Regelfall nicht gerechtfertigt, über den

---

10 BayVGH AnwBl 1992, 499; BVerfG NJW-RR 2001, 139.
11 BVerfGE 96, 251, 257; BVerfG, Beschl. v. 27.10.2010 – 1 BvR 2736/08.
12 BVerfG AGS 2000, 239; BVerfG, Beschl. v. 27.10.2010 – 1 BvR 2736/08.
13 BVerfG NJW-RR 2001, 139; BVerfGE 96, 251, 258; BVerfG, Beschl. v. 29.5.2008 – 1 BvR 1438/07.
14 Rechtsprechungsbeispiele: *Zuck*, AnwBl 1974, 34 und AnwBl 1978, 333.
15 BVerfGE 53, 332, 334; BVerfG NJW 1980, 1566.
16 *Kleine-Cosack*, Verfassungsbeschwerden und Menschenrechtsbeschwerde, 1. Aufl. 2001, S. 273.
17 BVerfG NJW 1989, 2047.
18 BVerfG NJW 1989, 2048.

Mindestwert von 4.000 EUR hinauszugehen.[19] Diese Betrachtungsweise des BVerfG ist aus anwaltlicher Sicht nicht nachzuvollziehen. Der mit der Verfassungsbeschwerde beauftragte Rechtsanwalt ist in der Regel erstmals mit der Angelegenheit betraut und muss sich in kürzester Zeit in den Sach- und Prozessstoff ein- und die verfassungsrechtlichen Bezüge herausarbeiten. Dies führt unabhängig von der Annahme oder Nichtannahme der Verfassungsbeschwerde zu einem vergleichbaren Arbeitsaufwand, da die Verfassungsbeschwerde innerhalb der Monatsfrist vollständig begründet werden muss.[20] Die objektive Bedeutung eines Verfahrens kommt auch darin zum Ausdruck, ob über sie in der Kammer oder im Senat entschieden wird.[21] Da eine stattgebende Kammerentscheidung aber nur zulässig ist, wenn die maßgebliche verfassungsrechtliche Frage bereits entschieden ist, dürfte einer solchen Sache regelmäßig kein über die subjektive Bedeutung hinausgehendes objektives Gewicht zukommen. Dennoch ist der Erfolg auch in diesem Fall zu bewerten, so dass der Mindestwert angemessen zu erhöhen ist, sollte das subjektive Interesse diesen unterschreiten.[22] Wird einer Verfassungsbeschwerde durch die Entscheidung einer Kammer stattgegeben, beträgt daher der nach § 37 Abs. 2 festzusetzende Gegenstandswert für die anwaltliche Tätigkeit in der Regel 8.000 EUR.[23]

Umfang und Schwierigkeit der anwaltlichen Tätigkeit kommt eine Korrekturfunktion zu. Geht der Aufwand des Rechtsanwalts wegen der Eigenart der Angelegenheit oder durch besonders sorgfältige oder gehaltvolle Arbeit über die Bedeutung der Sache hinaus, ist eine Werterhöhung ebenso gerechtfertigt wie eine Wertreduzierung bei einer nachlässigen Arbeit oder bei einem Aufwand, der hinter der Bedeutung der Sache zurückbleibt.[24] Im Falle der Vertretung mehrerer Beschwerdeführer, die gemeinschaftlich Verfassungsbeschwerde erheben, sind aber die Werte der jeweiligen subjektiven Interessen zusammenzurechnen.[25]

26

Auch den **Vermögens- und Einkommensverhältnissen des Auftraggebers** kommt eine Korrekturfunktion zu, allerdings mit Ausnahme der Fälle, in denen wegen der Art des verfolgten Interesses die wirtschaftlichen Verhältnisse des Auftraggebers unmittelbaren Einfluss auf den Verfahrensgegenstand haben. Durchschnittliche Vermögens- und Einkommensverhältnisse führen zu keiner Wertänderung.[26]

27

Entscheidend für den Gegenstandswert einer **kommunalen Verfassungsbeschwerde** ist die objektive Bedeutung der Sache.[27]

28

Der Gegenstandswert in **Verfahren über den Erlass einer einstweiligen Anordnung** ist niedriger als in der Hauptsache anzusetzen. 1/10 bis 5/20 des Hauptsachewertes kommen in Betracht.[28]

29

C. Erstattungsfragen

I. Allgemeines

Für die Kostenerstattung in Verfahren vor dem BVerfG gilt **§ 34a BVerfGG**.

30

§ 34a BVerfGG

(1) ¹Erweist sich der Antrag auf Verwirkung der Grundrechte (§ 13 Nr. 1), die Anklage gegen den Bundespräsidenten (§ 13 Nr. 4) oder einen Richter (§ 13 Nr. 9) als unbegründet, so sind dem Antragsgegner oder dem Angeklagten die notwendigen Auslagen einschließlich der Kosten der Verteidigung zu ersetzen.

(2) ¹Erweist sich eine Verfassungsbeschwerde als begründet, so sind dem Beschwerdeführer die notwendigen Auslagen ganz oder teilweise zu erstatten.

(3) ¹In den übrigen Fällen kann das Bundesverfassungsgericht volle oder teilweise Erstattung der Auslagen anordnen.

---

19 BVerfG NJW 2000, 1399; BVerfG, Beschl. v. 7.1.2009 – 1 BvR 2523/08; BVerfG, Beschl. v. 24.4.2008 – 1 BvR 206/08; BVerfG AGS 2009, 241.
20 *Melchinger*, in: Heidel/Pauly/Amend, AnwaltFormulare, 8. Aufl. 2015, § 48 Rn 8.
21 *Kleine-Cosack*, Verfassungsbeschwerden und Menschenrechtsbeschwerde, 1. Aufl. 2001, S. 274.
22 BVerfG NJW 1995, 1737.
23 BVerfG NJW 2010, 1129, BVerfG FamRZ 2009, 1654, BVerfG NJW 1989, 2047; BVerfG NJW-RR 2010, 26.
24 BVerfG NJW 1989, 2047.
25 BVerfG NJW-RR 2001, 139; BVerfGE 96, 251, 258; BVerfG, Beschl. v. 29.5.2008 – 1 BvR 1438/07.
26 BVerfG NJW 1989, 2047.
27 NWVerfGH NVwZ-RR 1998, 151 (Gegenstandswert 1.000.000 DM).
28 BVerfG NVwZ-RR 2001, 281; *Kleine-Cosack*, Verfassungsbeschwerden und Menschenrechtsbeschwerde, 1. Aufl. 2001, S. 288.

31 Ein **Obsiegen in Verfahren nach § 34a Abs. 1 und 2 BVerfGG** hat stets auch eine volle Auslagenerstattung dem Grunde nach zur Folge. Bei teilweisem Obsiegen in diesen Verfahren werden die Auslagen zum Teil erstattet.[29] Überwiegt bei teilweisem Obsiegen der Erfolg, so kann auch eine volle Auslagenerstattung dem Grunde nach erfolgen.[30]

32 Bei Verfahren vor dem BVerfG, die nicht in § 34a Abs. 1 und 2 BVerfGG genannt sind, kommt eine Auslagenerstattung nach § 34a Abs. 3 BVerfGG bei Vorliegen **besonderer Billigkeitsgründe** in Betracht.[31] In folgenden Fällen hat das BVerfG auf **Erstattung der Auslagen erkannt**:
– Organklage einer Partei;[32]
– nachträgliche Erledigung einer ursprünglich zulässigen und begründeten Verfassungsbeschwerde;[33]
– nach Wandel in der Rechtsprechung des BVerfG unzulässige Verfassungsbeschwerde;[34]
– unbegründete Verfassungsbeschwerde, die zu Klarstellungen in Bezug auf ein Gesetz von subjektiver und allgemeiner Bedeutung geführt hat;[35]
– Rücknahme einer Verfassungsbeschwerde, die zur Sicherheit fristwahrend vor Inanspruchnahme eines außerordentlichen Rechtsbehelfs eingelegt worden war;[36]
– Verfassungsbeschwerde gegen ein Gesetz, obwohl erkennbar bereits Verfassungsbeschwerden erhoben worden sind, wenn der Fall verfassungsrechtlich relevante Besonderheiten aufweist, oder wenn die Verfassungsbeschwerde auf einen tragenden rechtlichen Gesichtspunkt gestützt wird, der erkennbar in den anhängigen Verfassungsbeschwerden nicht geltend gemacht worden ist;[37]
– Handlungsauftrag an Gesetzgeber nach einer Verfassungsbeschwerde;[38]
– wenn ein nach § 32 BVerfGG gestellter Eilantrag mit hoher Wahrscheinlichkeit Erfolg gehabt hätte, jedoch aufgrund der besonderen Umstände des Einzelfalls vom BVerfG nicht mehr vor Eintritt der Erledigung verbeschieden werden konnte;[39]
– wenn eine Verfassungsbeschwerde zur Klärung einer Frage von grundsätzlicher Bedeutung geführt hat und diese Frage im Sinne des Beschwerdevortrags zu beantworten war;[40]
– wenn trotz ursprünglich gegebener grundsätzlicher Bedeutung der Sache eine Annahme zur Entscheidung wegen zwischenzeitlichen Entscheidungen des BVerfG zu unterbleiben hatte und die mit der Verfassungsbeschwerde erhobenen Rügen von Verfassungsverletzungen im Wesentlichen zutreffend waren.[41]

33 Daneben kann nach der ständigen Rechtsprechung des BVerfG, auch nachdem der Beschwerdeführer eine **Verfassungsbeschwerde für erledigt erklärt** hat, eine Auslagenerstattung aus Billigkeitsgesichtspunkten in Betracht kommen. Dabei ist eine Gesamtwürdigung aller bekannten Umstände vorzunehmen. Im Hinblick auf Funktion und Tragweite der Entscheidungen des BVerfG erscheint es grundsätzlich bedenklich, im Falle der Erledigung einer Verfassungsbeschwerde aufgrund einer überschlägigen Beurteilung der Erfolgsaussichten über die Auslagenerstattung zu entscheiden und dabei zu verfassungsrechtlichen Zweifelsfragen aufgrund einer lediglich kursorischen Prüfung Stellung zu nehmen.[42] Diese Bedenken greifen nur dann nicht ein, wenn die Erfolgsaussicht der Verfassungsbeschwerde unterstellt werden kann oder wenn die verfassungsrechtliche Lage – etwa durch eine Entscheidung des BVerfG in einem gleich liegenden Fall – bereits geklärt ist.[43] Wenn allerdings der Erfolg oder Misserfolg der erledigten Verfassungsbeschwerde nicht auf der Hand liegt und auch nicht unterstellt werden kann, hat es in der Regel beim Grundsatz zu verbleiben, dass der Beschwerdeführer seine eigenen Auslagen selbst zu tragen hat; eine Auslagenerstattung kommt hier nur ausnahmsweise bei Vorliegen besonderer Umstände in Betracht.[44] Im Übrigen kann auch dem

---

29 BVerfGE 35, 79, 148; BVerfGE 47, 285, 326.
30 BVerfGE 74, 358, 380.
31 BVerfG NJW 1987, 2571; BVerfG NVwZ-RR 1997, 673.
32 BVerfG NJW 1977, 751.
33 BVerfGE 72, 34, 37; BVerfG AnwBl 1987, 333; BVerfG NJW 1992, 818; BVerfG, Beschl. v. 19.7.2007 – 1 BvR 1423/07; BVerfG, Beschl. v. 22.10.2007 – 1 BvR 2677/04; BVerfG EuGRZ 2007, 738; BVerfG, Beschl. v. 18.2.2010 – 1 BvR 1523/08.
34 BVerfG NJW 1987, 2571.
35 BVerfG NJW 1991, 1597; BVerfG NJW 1992, 817.
36 BVerfG NJW 1997, 46.
37 BVerfG NJW 1992, 816, 818.
38 BVerfGE 66, 337, 368.
39 BVerfG NVwZ-RR 2007, 641.
40 BVerfGE 116, 69.
41 BVerfG NJW 2006, 1783.
42 BVerfGE 33, 247, 264; BVerfG, Beschl. v. 8.11.2010 – 1 BvR 2643/10.
43 BVerfG, Beschl. v. 26.2.2003 – 2 BvR 990/00; BVerfG, Beschl. v. 15.9.2010 – 1 BvR 2668/07; BVerfG NJW 2010, 3151.
44 BVerfGE 85, 109, 115; BVerfG, Beschl. v. 14.6.2010 – 1 BvR 2157/06; BVerfG, Beschl. v. 27.5.2009 – 1 BvR 572/08; BVerfG, Beschl. v. 11.2.2009 – 1 BvR 1644/07.

Grund, der zur Erledigung geführt hat, wesentliche Bedeutung zukommen.[45] Beseitigt die öffentliche Gewalt von sich aus den mit der Verfassungsbeschwerde angegriffenen Akt oder hilft sie der Beschwer auf andere Weise ab, so kann, falls keine anderweitigen Gründe ersichtlich sind, davon ausgegangen werden, dass sie das Begehren des Beschwerdeführers selbst für berechtigt erachtet hat.[46] In einem solchen Fall ist es billig, die öffentliche Hand ohne weitere Prüfung an ihrer Auffassung festzuhalten und dem Beschwerdeführer die Erstattung seiner Auslagen in gleicher Weise zuzubilligen, als ob seiner Verfassungsbeschwerde stattgegeben worden wäre.[47] Ebenso scheidet eine Billigkeitsentscheidung aus, wenn der Beschwerdeführer dem Grundsatz der Subsidiarität der Verfassungsbeschwerde nicht genügend Rechnung getragen hat oder die Verfassungsbeschwerde aus anderen Gründen offensichtlich unzulässig war.[48]

Die **Auslagenerstattung für einen Äußerungsberechtigten** ist nicht möglich, da dieser kein Beteiligter des Verfahrens vor dem BVerfG ist.[49] Wird in der Entscheidung über eine Verfassungsbeschwerde die Erstattung notwendiger Auslagen angeordnet, so erfasst dieser Ausspruch regelmäßig nicht die Auslagen, die durch einen Antrag auf Erlass einer **einstweiligen Anordnung** entstanden sind.[50] Ein **Eilrechtsschutzverfahren** vor dem BVerfG ist auch dann, wenn der Antrag auf Erlass einer einstweiligen Anordnung im Rahmen der Einlegung einer Verfassungsbeschwerde gestellt wird, **kostenrechtlich selbstständig** zu würdigen. Die Entscheidung über die Auslagenerstattung für den Antrag auf Erlass einer einstweiligen Anordnung folgt danach nicht zwangsläufig der Auslagenentscheidung im Verfahren über die Verfassungsbeschwerde; vielmehr ist hierüber selbstständig unter Billigkeitsgesichtspunkten zu entscheiden.[51] Der Umstand, dass neben der Verfassungsbeschwerde zum BVerfG auch Verfassungsbeschwerde bei einem Verfassungsgericht der Länder eingelegt worden ist und dadurch zweimal Kosten entstanden sind, führt nicht zur Unbilligkeit der Auslagenerstattung.[52]

34

Ist ein **Ausspruch über die Auslagenerstattung** in der Entscheidung zur Sache **unterblieben**, kann er noch nach der Beendigung des Verfahrens nachgeholt werden. Ebenso kann das BVerfG die Tragweite einer bereits getroffenen Auslagenerstattung klarstellen, wenn hierüber im Kostenfestsetzungsverfahren Streit entstanden ist.[53] Die **Zuständigkeit der Kammern nach § 15a BVerfGG** erfasst auch die Fälle, in denen nach Erledigung der Verfassungsbeschwerde in der Hauptsache eine Anordnung über die Auslagenerstattung ergehen soll.[54]

II. Erstattungsfähige und nicht erstattungsfähige Auslagen

1. Allgemeines

Erstattungsfähig sind ausschließlich die **notwendigen Auslagen**. Nach der Rechtsprechung des BVerfG fallen darunter im Allgemeinen diejenigen Auslagen, die zur zweckentsprechenden Rechtsverfolgung entstanden sind. Ob dies der Fall ist, kann nicht im Wege eines schematischen Rückgriffs auf § 91 ZPO entschieden werden. Vielmehr sind auch die Besonderheiten des verfassungsgerichtlichen Verfahrens zu berücksichtigen.[55]

35

---

45 BVerfG, Beschl. v. 17.12.2008 – 1 BvR 2554/06.
46 BVerfG, Beschl. v. 1.12.2010 – 1 BvR 1725/10.
47 BVerfGE 85, 109; BVerfG FamRZ 2005, 1233; BVerfG NJW 2005, 2382; BVerfG NJW-RR 2004, 1710; BVerfG NuR 2004, 442; BVerfG, Beschl. v. 4.11.2010 – 1 BvR 661/06.
48 BVerfG, Beschl. v. 22.8.2002 – 1 BvR 255/02; BVerfG NJW 2002, 3388; BVerfG NJW 2002, 3387.
49 BVerfG NJW 1999, 203; BVerfGE 55, 132; BVerfGE 36, 101; BVerfGE 20, 351.
50 BVerfG NJW 1993, 3253; BVerfG NJW-RR 1996, 138.
51 BVerfGE 89, 91, 95; BVerfG, Beschl. v. 19.7.2007 – 1 BvR 1423/07.
52 BVerfG, Beschl. v. 24.2.1992 – 2 BvR 1122/90; BVerfG, Beschl. v. 14.8.2002 – 1 BvR 1118/01; BVerfG, Beschl. v. 26.2.2007 – 1 BvR 1648/04; a.A. *Jutzi*, NJW 2003, 492.
53 BVerfG NJW 1993, 3253; BVerfG NJW-RR 1996, 138.
54 BVerfG NJW 1986, 2305, 2306; BVerfGE 18, 133, 134.
55 BVerfG NJW 1999, 133, 134; BVerfG NJW 1998, 590; BVerfG NJW-RR 1995, 441.

2. Erstattungsfähige Auslagen

36 Zu den erstattungsfähigen Auslagen zählen vor allem die **Kosten eines Prozessvertreters**, also die Rechtsanwaltsgebühren nach § 37.[56] Erstattungsfähig können auch die Kosten aus der **Beauftragung von zwei Rechtsanwälten** sein, wenn in einem Verfassungsbeschwerdeverfahren mit einem umfangreichen und besonders schwierigen Verfahrensgegenstand eine mündliche Verhandlung stattfindet, zu welcher andere Verfahrensbeteiligte für spezielle Rechtsgebiete besondere Kenner aufbieten.[57] Dem **Rechtsanwalt, der sich selbst vertritt**, sind in entsprechender Anwendung von § 91 Abs. 2 ZPO die gesetzlichen Gebühren und Auslagen zu erstatten, die ein von ihm beauftragter Rechtsanwalt erhalten würde.[58] Gleiches gilt, wenn sich zwei Rechtsanwälte wechselseitig vertreten und gleich lautende Schriftsätze einreichen[59] oder ein Rechtsbeistand sich selbst vertritt.[60]

37 Auch die **Reisekosten** für eine Informationsreise des Beteiligten zu seinem Bevollmächtigten sind erstattungsfähig. Gleiches gilt für die Reisekosten des Bevollmächtigten, wenn dieser zur Information zu seinem Auftraggeber reist.[61] Ebenfalls erstattungsfähig sind die Reisekosten eines Bevollmächtigten zu einem gemäß § 30 Abs. 1 S. 3 BVerfGG anberaumten Verkündungstermin.[62]

38 **Postgebühren** sind nach VV 7001, 7002 erstattungsfähig.[63] Die Erstattung von **Schreibauslagen** richtet sich nach VV 7000.[64] Erstattungsfähig ist auch der Ansatz der **Mehrwertsteuer** des sich selbst vertretenden Rechtsanwalts.[65]

3. Nicht erstattungsfähige Auslagen

39 Nicht erstattungsfähig sind die im Zusammenhang mit der Inanspruchnahme anwaltlicher Hilfe im **Ausgangsverfahren** entstandenen Auslagen.[66] Ebenfalls nicht erstattungsfähig ist der **Zeit- und Arbeitsaufwand eines sich selbst vertretenden Beschwerdeführers** im Verfassungsbeschwerdeverfahren.[67] Gleiches gilt für den **Hochschullehrer, der sich selbst vertritt**.[68] Die Eigenständigkeit von § 34a BVerfGG schließt zwar nicht aus, ergänzend Grundsätze des sonstigen Prozessrechts heranzuziehen, soweit dem nicht Besonderheiten des verfassungsgerichtlichen Verfahrens entgegenstehen.[69] Jedoch scheidet eine entsprechende Anwendung der für den in eigener Sache tätig gewordenen Rechtsanwalt getroffenen Regelung des § 91 Abs. 2 S. 3 ZPO auf andere Berufsgruppen, z.B. Steuerberater und Wirtschaftsprüfer aus, da es sich um eine Ausnahme zugunsten eines bestimmten Berufsstands handelt.[70] Ein **Ersatz des** bei der Durchführung des Verfassungsbeschwerdeverfahrens entstandenen **Verdienstausfalls** kommt bei anderen Berufsgruppen nur in dem – für das Zivilprozessverfahren in § 91 Abs. 1 S. 2 ZPO gesetzlich ausdrücklich geregelten – Fall der Terminswahrnehmung, nicht jedoch für die Prozessvorbereitung, Durcharbeitung des Prozessstoffes oder Anfertigung von Schriftsätzen in Betracht, da die Rechtswahrung insoweit dem eigenen Pflichtenkreis der Partei zuzurechnen ist.[71]

40 Nicht erstattungsfähig sind **Reisekosten** für die persönliche Überbringung der Verfassungsbeschwerde sowie für die Überbringung von weiteren Ausfertigungen durch einen Boten per Pkw.[72]

41 Schließlich sind in der Regel die Kosten für ein **Rechtsgutachten** nicht erstattungsfähig. Von einem Rechtsanwalt, der ein Mandat zur Führung eines Prozesses vor dem BVerfG übernimmt, ist grundsätzlich zu erwarten, dass er sich mit der Materie in einer Weise vertraut macht, die ihn zu einer interessengerechten Wahrnehmung des Mandats befähigt.[73] Eine Ausnahme kommt in Betracht, wenn es um die Klärung außergewöhnlich schwieriger Fragen geht. Für Verfahren vor Verfassungsgerichten sind strengere Maßstäbe anzulegen, da der besonderen Schwierigkeit der anwaltlichen Tätig-

---

[56] BVerfG NJW 1996, 382; BVerfG NJW 1997, 2668.
[57] BVerfG NJW 1999, 133, 134; BVerfGE 46, 321, 324.
[58] BVerfG NJW 1996, 382; BVerfG NJW 1990, 2124; BVerfGE 71, 23; BVerfG NJW-RR 2010, 268.
[59] BVerfG NJW 1990, 2124.
[60] BVerfG 50, 254.
[61] BVerfG NJW 1997, 2668, 2669.
[62] BVerfGE 36, 308.
[63] BVerfG NJW-RR 1995, 441, 442.
[64] BVerfG NJW 1996, 382, 383; BVerfG NJW 1997, 2668, 2669.
[65] BVerfG NJW 1996, 382, 383.
[66] BVerfG NJW 1994, 1525; BVerfG NJW 1992, 3157.
[67] BVerfG NJW 1994, 1525; BVerfGE 89, 313, 315; BVerfG NJW 2008, 3207.
[68] BVerfGE 71, 23.
[69] BVerfGE 46, 321, 323; BVerfGE 81, 387, 389.
[70] BVerfGE 71, 23, 24; BVerfGE 89, 313, 315; BVerfG AGS 2009, 101, 102.
[71] BVerfGE 89, 313, 315; BVerfG NJW 2008, 3207.
[72] BVerfG NJW-RR 1995, 441, 442.
[73] BVerfGE 96, 251, 258; BVerfG NJW 1993, 2793.

III. Kostenerstattungsverfahren

Der Rechtsanwalt hat nach Vorliegen einer Entscheidung zunächst die **Festsetzung des Gegenstandswertes** zu beantragen (§ 33). Ein Rechtschutzbedürfnis für einen solchen Antrag besteht nicht, wenn er lediglich darauf gerichtet ist, den Mindestwert festzusetzen.[75] Dies ist in der Regel dann der Fall, wenn eine Verfassungsbeschwerde nicht zur Entscheidung angenommen, über sie also nicht inhaltlich befunden worden ist.[76] Der Antrag auf Festsetzung eines den Mindestwert übersteigenden Gegenstandswertes ist so zu stellen, dass er im Kostenfestsetzungsverfahren noch berücksichtigt werden kann. Ist dies nicht der Fall und wird der Antrag erst gestellt, nachdem ein Kostenfestsetzungsverfahren bereits eingeleitet und durch förmlichen Festsetzungsbeschluss oder freiwillige Zahlung bereits zum Abschluss gekommen ist, kommt ein nachgeschobener Antrag im Blick auf ein erneutes Kostenfestsetzungsverfahren nicht in Betracht.[77] Allerdings ist das BVerfG bei der Festsetzung des Gegenstandswertes nicht an den Antrag gebunden. Dem Festsetzungsantrag kommt im Rahmen der Gegenstandswertfestsetzung nach § 37 Abs. 2 S. 2 nur eine verfahrenseinleitende Bedeutung zu. Der für andere gerichtliche Verfahren etwa in § 88 VwGO und § 308 Abs. 1 ZPO zum Ausdruck kommende „ne ultra petita"-Grundsatz gilt hier nicht. Für die Bestimmung der Höhe des Gegenstandswerts ist vielmehr der Grundsatz der Wahrheit des Gegenstandswerts maßgeblich. Das BVerfG kann danach auch einen deutlich über den vom Antragsteller für angemessen gehaltenen Betrag hinausgehenden Gegenstandswert bestimmen.[78] Der Festsetzung des Gegenstandswertes steht der Abschluss einer Vergütungsvereinbarung mit dem Auftraggeber nicht entgegen.[79]

42

Die Erstattung der Gebühren setzt einen **Antrag an den Rechtspfleger (§ 21 RPflG) beim BVerfG** voraus.[80] Dieser entscheidet über die Erstattung der notwendigen Auslagen. Auf Antrag nach § 11 setzt er auch die gesetzliche Vergütung des Rechtsanwalts gegen seinen Auftraggeber fest.[81] Im Kostenfestsetzungsbeschluss wird auf Antrag entsprechend § 104 Abs. 1 S. 2 ZPO auch die **Verzinsung** ausgesprochen. Gegen die Entscheidung des Rechtspflegers ist innerhalb einer Notfrist von zwei Wochen die **Erinnerung** nach § 11 Abs. 2 RPflG statthaft.[82] Über die Erinnerung entscheidet der Senat oder, soweit zuständig, die Kammer.[83] Der Rechtsanwalt darf die Erinnerung **nicht im eigenen Namen** erheben; nur die Erinnerung im Namen des Auftraggebers ist zulässig.[84]

43

Erstattungspflichtig ist in Verfahren der Verfassungsbeschwerde derjenige Träger der öffentlichen Gewalt, dem die gerügte Rechtsverletzung zuzuordnen ist.[85] Bei einer verfassungswidrigen Rechtsnorm mithin die Körperschaft, die für ihren Erlass verantwortlich ist, d.h. bei Gesetzen des Bundes die Bundesrepublik Deutschland, bei Gesetzen eines Landes das entsprechende Bundesland.[86] Bei der Verfassungsbeschwerde gegen das Urteil eines Gerichts kommt es darauf an, ob im betreffenden Instanzenzug ein Gericht des Bundes oder eines Landes zuletzt die Möglichkeit zur Abhilfe gehabt hätte.[87] Liegt der Verfassungsverstoß ausschließlich in der Entscheidung eines Gerichtes des Bundes, so ist auch der Bund allein erstattungspflichtig. Enthält jedoch die im Instanzenzug vorangegangene Entscheidung des Gerichtes eine selbstständige Grundrechtsverletzung, so wird die Erstattungspflicht zwischen Bund und Land geteilt.[88]

44

---

74 BVerfGE 96, 251, 258.
75 BVerfG NJW 2000, 1399.
76 BVerfG, Beschl. v. 7.1.2009 – 1 BvR 2523/08; BVerfG, Beschl. v. 24.4.2008 – 1 BvR 206/08.
77 BVerfG NVwZ-RR 1995, 232.
78 BVerfG AGS 2009, 403.
79 BVerfGE 21, 190, 191.
80 BVerfG 1999, 778.
81 BVerfGE 96, 251, 253.
82 BVerfG NJW 1999, 133.
83 BVerfG NJW 1999, 133; BVerfG NJW 1986, 2305, 2306.
84 BVerfGE 96, 251, 253.
85 *Kleine-Cosack*, Verfassungsbeschwerden und Menschenrechtsbeschwerde, 1. Aufl. 2001, S. 287.
86 BVerfGE 32, 365, 373; BVerfGE 43, 58, 75; BVerfGE 43, 79, 95; BVerfGE 45, 422, 433.
87 BVerfGE 46, 73, 96; BVerfGE 43, 79, 95.
88 BVerfGE 34, 325, 331.

IV. Prozesskostenhilfe

45 Das BVerfG geht in ständiger Rechtsprechung[89] davon aus, dass im Verfahren der **Verfassungsbeschwerde** (§ 13 Nr. 8a BVerfGG) für den Beschwerdeführer die Bestimmungen der §§ 114 ff. ZPO über die Bewilligung von Prozesskostenhilfe entsprechend anzuwenden sind. Allerdings wird Prozesskostenhilfe im schriftlichen Verfahren nur unter strengen Voraussetzungen bewilligt, weil das Verfahren kostenfrei ist und kein Anwaltszwang besteht.[90] Sie wird daher nur gewährt, wenn der Beschwerdeführer nicht in der Lage ist, sich selbst zu vertreten.[91]

46 Für **Äußerungsberechtigte** im Verfahren der **konkreten Normenkontrolle** (§ 13 Nr. 11 BVerfGG) hat das BVerfG anerkannt, dass die Bewilligung von Prozesskostenhilfe in Betracht kommt, wenn besondere Gründe eine Vertretung geboten erscheinen lassen oder zumindest von der Anhörung der Beteiligten des Ausgangsverfahrens, sei es schriftlich oder in der mündlichen Verhandlung eine Förderung der Sachentscheidung zu erwarten ist oder tatsächlich erfolgt ist.[92]

47 Für den Äußerungsberechtigten in einem **Verfassungsbeschwerdeverfahren** ist Prozesskostenhilfe nur zu bewilligen, wenn eine Stellungnahme zu den in der Verfassungsbeschwerde erhobenen Rügen aus der Sicht eines vernünftigen Äußerungsberechtigten angezeigt ist. Dies ist grundsätzlich aufgrund einer **ex-ante** Betrachtung zu beurteilen, da die Prozesskostenhilfe nach ihrem Sinn und Zweck eine erst beabsichtigte Rechtsverfolgung oder Rechtsverteidigung ermöglichen soll.[93]

V. Missbrauchsgebühr

48 Das BVerfG kann gemäß § 34 Abs. 2 BVerfGG eine Missbrauchsgebühr auferlegen. § 34 BVerfGG hat folgenden Wortlaut:

§ 34 BVerfGG

(1) Das Verfahren des Bundesverfassungsgerichts ist kostenfrei.

(2) Das Bundesverfassungsgericht kann eine Gebühr bis zu 2 600 EUR auferlegen, wenn die Einlegung der Verfassungsbeschwerde oder der Beschwerde nach Artikel 41 Abs. 2 des Grundgesetzes einen Mißbrauch darstellt oder wenn ein Antrag auf Erlaß einer einstweiligen Anordnung (§ 32) mißbräuchlich gestellt ist.

(3) Für die Einziehung der Gebühr gilt § 59 Abs. 1 der Bundeshaushaltsordnung entsprechend.

49 Das BVerfG hat zuvörderst die Aufgabe, grundsätzliche Verfassungsfragen zu entscheiden, die für das Staatsleben und die Allgemeinheit wichtig sind, und – wo nötig – die Grundrechte des Einzelnen durchzusetzen. Es muss nicht hinnehmen, in dieser Aufgabe durch substanzlose Verfassungsbeschwerden behindert zu werden.[94] Ein Missbrauch liegt u.a. vor, wenn die Verfassungsbeschwerde **offensichtlich unzulässig** oder **unbegründet** ist und ihre Einlegung von jedem Einsichtigen als **völlig aussichtslos angesehen** werden muss.[95]

50 In folgenden Fällen hat das BVerfG eine **Missbrauchsgebühr** auferlegt:
- nach Verfristung unzulässige Verfassungsbeschwerde[96]
- wegen fehlender Rechtswegerschöpfung unzulässige Verfassungsbeschwerde[97]
- substanzlose Verfassungsbeschwerde[98]
- substanzlose Bagatellsache[99]
- mutwillige Verfassungsbeschwerde in einer Bagatellsache[100]
- unvollständige Begründung der Verfassungsbeschwerde trotz anwaltlicher Vertretung[101]

---

89 BVerfGE 1, 109, 110.
90 BVerfGE 27, 57; BVerfGE 79, 252, 254.
91 BVerfG AnwBl 1997, 233.
92 BVerfGE 79, 252, 254; BVerfGE 92, 122, 125; BVerfG NJW 2010, 1657,1658.
93 BVerfG AnwBl 1997, 233.
94 BVerfG AGS 2001, 19; BVerfG NJW 1999, 1856.
95 BVerfG NJW 1999, 1390; BVerfG AnwBl 2001, 120.
96 BVerfG NVwZ 1985, 335.
97 BVerfG, Beschl. v. 24.11.2009 – 1BvR 3324/08.
98 BVerfG NJW 1986, 2101; BVerfG NJW 1999, 1390; BVerfG NJW 1996, 1273; BVerfG, Beschl. v. 15.1.2009 – 2 BvR 2487/08; BVerfG, Beschl. v. 18.6.2008 – 2 BvR 1066/08; BVerfG ZSteu 2010, R981-R982, BVerfG, Beschl. v. 27.10.2009 – 2 BvR 2300/09.
99 BVerfG NJW 1992, 1952; BVerfG NJW 1993, 384.
100 BVerfG NVwZ 1995, 680.
101 BVerfG NJW 1999, 1856.

- nach Veröffentlichung einer Entscheidung des BVerfG in der Fachpresse erfolglose, anwaltlich vertretene Verfassungsbeschwerde[102]
- wegen Ausnutzung des BVerfG als weitere Rechtsmittelinstanz, ohne sich mit Fragen verfassungsrechtlicher Relevanz zu befassen[103]
- unsachliche Verfassungsbeschwerde mit beleidigendem und verletzendem Charakter[104]
- Verfassungsbeschwerde eines Rechtsanwalts entbehrt jeglicher verfassungsrechtlicher Substanz[105]
- Bestehen auf Behandlung der Verfassungsbeschwerde nach ausdrücklichem Hinweis auf die Unzulässigkeit der Verfassungsbeschwerde[106]
- Bestehen auf Behandlung der Verfassungsbeschwerde durch die Kammer trotz Hinweis des Präsidialrats, dass die Beschwerdebegründung völlig unzureichend ist[107]
- Bestehen auf Behandlung der Verfassungsbeschwerde trotz Hinweis auf ihre Verfristung[108]
- Nicht einmal den Mindestanforderungen an eine nachvollziehbare Begründung genügende Verfassungsbeschwerde, die sich in sachlich nicht gerechtfertigten und mutwillig erscheinenden Wiederholungen sowie in unbelegten Vorwürfen gegenüber den Fachgerichten erschöpft[109]
- Völlig ausufernde Verfassungsbeschwerde, die in weiten Teilen offensichtlich nicht den Anforderungen an eine substantiierte Begründung genügt und deren enormer Umfang von mehr als 330 Seiten durch die die Bevollmächtigten unter anderem durch umfangreiche, sachlich durch nichts gerechtfertigte Wiederholungen mutwillig herbeigeführt worden ist[110]
- Die geltend gemachten Rügen waren im Wesentlichen bereits Gegenstand früherer Verfassungsbeschwerden, die nicht zur Entscheidung angenommen wurden[111]
- Falsche Angaben über entscheidungserhebliche Umstände, wobei es genügt, wenn die Falschangabe unter grobem Verstoß gegen die Sorgfaltspflichten erfolgt; ein vorsätzliches Verhalten oder gar eine absichtliche Täuschung ist nicht erforderlich.[112]

§ 38 Verfahren vor dem Gerichtshof der Europäischen Gemeinschaften

(1) ¹In Vorabentscheidungsverfahren vor dem Gerichtshof der Europäischen Gemeinschaften gelten die Vorschriften in Teil 3 Abschnitt 2 Unterabschnitt 2 des Vergütungsverzeichnisses entsprechend. ²Der Gegenstandswert bestimmt sich nach den Wertvorschriften, die für die Gerichtsgebühren des Verfahrens gelten, in dem vorgelegt wird. ³Das vorlegende Gericht setzt den Gegenstandswert auf Antrag durch Beschluss fest. ⁴§ 33 Abs. 2 bis 9 gilt entsprechend.

(2) Ist in einem Verfahren, in dem sich die Gebühren nach Teil 4, 5 oder 6 des Vergütungsverzeichnisses richten, vorgelegt worden, sind in dem Vorabentscheidungsverfahren die Nummern 4130 und 4132 des Vergütungsverzeichnisses entsprechend anzuwenden.

(3) Die Verfahrensgebühr des Verfahrens, in dem vorgelegt worden ist, wird auf die Verfahrensgebühr des Verfahrens vor dem Gerichtshof der Europäischen Gemeinschaften angerechnet, wenn nicht eine im Verfahrensrecht vorgesehene schriftliche Stellungnahme gegenüber dem Gerichtshof der Europäischen Gemeinschaften abgegeben wird.

---

102 BVerfG NJW 1997, 1433.
103 BVerfG AGS 2001, 19; BVerfG AnwBl 2001, 120.
104 BVerfG NJW 1999, 207.
105 BVerfG, Beschl. v. 15.1.2009 – 2 BvR 2531/08.
106 BVerfG, Beschl. v. 22.5.2010 – 1 BvR 1783/09.
107 BVerfG, Beschl. v. 14.9.2010 – 1 BvR 2070/10; BVerfG, Beschl. v. 1.4.2009 – 2 BvR 532/09; BVerfG, Beschl. v. 3.3.2009 – 2 BvR 239/09.
108 BVerfG, Beschl. v. 23.8.2010 – 1 BvR 1443/10; BVerfG, Beschl. v. 12.8.2010 – 2 BvR 1465/10.
109 BVerfG NJW 2010, 3150.
110 BVerfG, Beschl. v. 29.6.2010 – 1 BvR 2358/08.
111 BVerfG NVwZ 2002, 73, 74; BVerfG, Beschl. v. 25.5.2010 – 1 BvR 690/10.
112 BVerfG, Beschl. v. 13.11.2009 – 2 BvR 1398/09; BVerfG NJW 2010, 3151; BVerfG ArbuR 2010, 227; BVerfG, Beschl. v. 13.11.2009 – 2 BvR 1398/09; BVerfG AuAS 2009, 187; BVerfG, Beschl. v. 1.12.2008 – 2 BvR 2187/08.

A. Allgemeines ... 1	4. Gegenstandswert für Verfahrens- und Terminsgebühr (Abs. 1 S. 2 bis 4) ... 15
B. Regelungsgehalt ... 7	II. Entsprechende Anwendung von VV 4130 und 4132 (Abs. 2) ... 18
I. Entsprechende Anwendung der Vorschriften in Teil 3 Abschnitt 2 des Vergütungsverzeichnisses (Abs. 1 S. 1) ... 7	III. Anrechnung der Verfahrensgebühr (Abs. 3) ... 20
1. Allgemeines ... 7	C. Erstattungsfragen ... 21
2. Verfahrensgebühr, VV 3206 ... 8	
3. Terminsgebühr, VV 3210 ... 12	

A. Allgemeines

1 § 38 regelt die Gebühren, die ein Rechtsanwalt im Vorabentscheidungsverfahren erhält. Unterschieden wird nach der **Art des Ausgangsverfahrens**. Danach fallen im Vorabentscheidungsverfahren vor dem EuGH nach **Abs. 1** die für Rechtsmittelverfahren vorgesehenen Gebühren an, wenn im Ausgangsrechtsstreit die Gebühren nach Maßgabe von VV Teil 3 entstehen.

2 Entstehen im Ausgangsrechtsstreit die Gebühren nach Maßgabe von VV Teil 4, 5, 6, so erhält der Rechtsanwalt im Vorabentscheidungsverfahren nach **Abs. 2** die Gebühren in entsprechender Anwendung der Regelungen für die Revision in Strafsachen (VV 4130 und 4132).

3 In beiden Fällen ist die Verfahrensgebühr des Verfahrens, in dem vorgelegt worden ist, auf die vor dem EuGH entstehende Verfahrensgebühr anzurechnen (**Abs. 3**), es sei denn, der Anwalt gibt eine im Verfahrensrecht vorgesehene schriftliche Stellungnahme gegenüber dem EuGH ab.

4 Entgegen seiner weiter gehenden Überschrift gilt § 38 unmittelbar nur für **Vorabentscheidungsverfahren nach Art. 267 AEUV** (früher: Art. 234 EGV oder Art. 177 EGV). Art. 267 AEUV hat folgenden Wortlaut:

> **Art. 267 AEUV**
>
> Der Gerichtshof der Europäischen Union entscheidet im Wege der Vorabentscheidung
> a) über die Auslegung der Verträge,
> b) über die Gültigkeit und die Auslegung der Handlungen der Organe, Einrichtungen oder sonstigen Stellen der Union,
>
> Wird eine derartige Frage einem Gericht eines Mitgliedstaats gestellt und hält dieses Gericht eine Entscheidung darüber zum Erlass seines Urteils für erforderlich, so kann es diese Frage dem Gerichtshof zur Entscheidung vorlegen.
>
> Wird eine derartige Frage in einem schwebenden Verfahren bei einem einzelstaatlichen Gericht gestellt, dessen Entscheidungen selbst nicht mehr mit Rechtsmitteln des innerstaatlichen Rechts angefochten werden können, so ist dieses Gericht zur Anrufung des Gerichtshofs verpflichtet.
>
> Wird eine derartige Frage in einem schwebenden Verfahren, das eine inhaftierte Person betrifft, bei einem einzelstaatlichen Gericht gestellt, so entscheidet der Gerichtshof innerhalb kürzester Zeit.

5 Das Vorabentscheidungsverfahren stellt zwar nur einen **Zwischenstreit** in dem vor einem einzelstaatlichen Gericht anhängigen Rechtsstreit dar,[1] erfordert aber von dem Rechtsanwalt eine umfangreiche Tätigkeit, die sich schon der äußeren Form nach erheblich von dem Verfahren vor einem deutschen Gericht unterscheidet. Dies wird bereits aus der **Satzung des Gerichtshofs der Europäischen Gemeinschaften** deutlich: Nach Art. 20 der Satzung gliedert sich das Vorabentscheidungsverfahren in ein schriftliches und ein mündliches Verfahren. Das schriftliche Verfahren beginnt nach Art. 23 der Satzung mit der allein dem Gericht eines Mitgliedstaates obliegenden Aufgabe, ein bei ihm anhängiges Verfahren auszusetzen und den EuGH anzurufen. Der Kanzler des Gerichtshofes stellt diese Entscheidung dann den beteiligten Parteien, den Mitgliedstaaten und der Kommission zu und außerdem den Organen, Einrichtungen oder sonstigen Stellen der Union, von denen die Handlung, deren Gültigkeit oder Auslegung streitig ist, ausgegangen ist. Binnen zwei Monaten nach dieser Zustellung können die Parteien, die Mitgliedstaaten, die Kommission und gegebenenfalls die Organe, Einrichtungen oder sonstigen Stellen der Union, von denen die Handlung, deren Gültigkeit oder Auslegung streitig ist, ausgegangen ist, beim Gerichtshof Schriftsätze einreichen oder schriftliche Erklärungen abgeben. Nach Ablauf dieser Frist ist das schriftliche Verfahren beendet.[2] Im Fortgang kann der Gerichtshof nach Art. 24 der Satzung von den Parteien die Vorlage aller Urkunden und die

---

1 EuGH AWD 1973, 282. 2 FG München EFG 1989, 254, 255.

Erteilung aller Auskünfte verlangen, die er für wünschenswert hält, sowie nach Art. 25 der Satzung jederzeit Personen, Personengemeinschaften, Dienststellen, Ausschüsse oder Einrichtungen seiner Wahl mit der Abgabe von Gutachten betrauen. Gemäß Art. 26 der Satzung können Zeugen nach Maßgabe der Verfahrensordnung vernommen werden, nach Art. 29 der Satzung auch vor dem Gericht ihres Wohnsitzes. Das mündliche Verfahren umfasst nach Art. 20 der Satzung die Verlesung des von einem Berichterstatter vorgelegten Berichtes, die Anhörung der Bevollmächtigten, Beistände und Anwälte und der Schlussanträge des Generalanwalts durch den Gerichtshof sowie gegebenenfalls die Vernehmung von Zeugen und Sachverständigen. Gemäß Art. 31 der Satzung ist die Verhandlung öffentlich, es sei denn, dass der Gerichtshof von Amts wegen oder auf Antrag der Parteien aus wichtigen Gründen anders beschließt. Nach Art. 36 der Satzung endet das Verfahren durch ein Urteil, welches mit Gründen zu versehen ist. Die nach dieser Verfahrensgestaltung gebotene umfangreiche Tätigkeit des Rechtsanwalts rechtfertigt § 38, nach welchem das Vorabentscheidungsverfahren vor dem EuGH eine **selbstständige Gebührenangelegenheit** ist.[3]

§ 38 gilt **nicht** für **Direktklagen** (Nichtigkeitsklage nach Art. 263 AEUV und Untätigkeitsklage nach Art. 265 AEUV) **von natürlichen und juristischen Personen gegen die Organe der Europäischen Gemeinschaft**. Daher erscheint es, wenn auch eine Regelung zur sinngemäßen Anwendung der Vorschriften des RVG i.S.v. § 2 BRAGO fehlt, geboten, bei Direktklagen die Regelungen nach Abs. 1 analog anzuwenden.[4] Für **einstweilige Anordnungen im Rahmen der Direktklagen** (Art. 279 AEUV) sind dann konsequenterweise ebenfalls nach Abs. 1 die Regelungen in VV Teil 3 Abschnitt 2 anzuwenden.[5] Allerdings ist auch in Eilverfahren vor dem EuGH der Streitwert des Ausgangsrechtsstreits nicht in voller Höhe, sondern nur zu einem Bruchteil anzusetzen.[6] Zur Vermeidung von Unklarheiten und diesen folgend Auseinandersetzungen mit dem Auftraggeber, ist dem Rechtsanwalt aber zu empfehlen, für seine Tätigkeit im Zusammenhang mit Direktklagen ebenso wie für eine umfangreiche Tätigkeit in Vorabentscheidungsverfahren eine Vergütungsvereinbarung zu schließen.

B. Regelungsgehalt

I. Entsprechende Anwendung der Vorschriften in Teil 3 Abschnitt 2 des Vergütungsverzeichnisses (Abs. 1 S. 1)

1. Allgemeines

Nach **Abs. 1 S. 1** gelten in Vorabentscheidungsverfahren vor dem EuGH die Vorschriften in VV Teil 3 Abschnitt 2 Unterabschnitt 2 (also eines Revisionsverfahrens) entsprechend. Dies gilt aber nur dann, wenn die Vorschriften in VV Teil 3 auch im Ausgangsrechtsstreit anzuwenden sind. Abs. 1 kommt daher nur in bürgerlichen Rechtsstreiten, in Verfahren der freiwilligen Gerichtsbarkeit, in Verfahren der öffentlich-rechtlichen Gerichtsbarkeiten, also der Finanzgerichtsbarkeit, der Verwaltungsgerichtsbarkeit – mit Ausnahme der Disziplinarangelegenheiten – und in Verfahren der Sozialgerichtsbarkeit zur Anwendung. Unerheblich ist, ob der Rechtsanwalt überhaupt für das Ausgangsverfahren beauftragt ist.

2. Verfahrensgebühr, VV 3206

Auf Grund der entsprechenden Anwendung der Vorschriften in VV Teil 3 Abschnitt 2 Unterabschnitt 2 erhält der Rechtsanwalt in Verfahren nach Abs. 1 eine **1,6-Verfahrensgebühr nach VV 3206**.

Endet der Auftrag des Rechtsanwalts **vorzeitig**, so erhält er nach **VV 3207** eine **1,1-Verfahrensgebühr**. Die Anm. zu VV 3201 gilt entsprechend. Nach Anm. Nr. 1 zu VV 3201 liegt eine vorzeitige Beendigung vor, wenn der Auftrag endet, bevor der Rechtsanwalt das Rechtsmittel eingelegt oder einen Schriftsatz, der Sachanträge, Sachvortrag, die Zurücknahme der Klage oder die Zurücknahme des Rechtsmittels enthält, eingereicht oder bevor er für seine Partei einen Termin wahrgenommen hat.

---

3 BT-Drucks 7/2016, S. 105.
4 *Bischof*, AGS 1998, 49, 50.
5 *Bischof*, AGS 1998, 49, 50.
6 *Bischof*, AGS 1998, 49, 50.

10 Können sich die Parteien im **Ausgangsrechtsstreit** nur durch einen **beim Bundesgerichtshof** zugelassenen Rechtsanwalt vertreten lassen, so verbleibt es für das Verfahren nach Abs. 1 dennoch bei der Anwendung von VV 3206, 3207. Eine 2,3-Verfahrensgebühr nach VV 3208 oder eine 1,8-Verfahrensgebühr nach VV 3209 kommt nicht zur Anwendung, da für das Verfahren nach Abs. 1 die besondere Zulassung zum BGH nicht gefordert wird.[7]

11 Die lediglich entsprechende Anwendung der Vorschriften in VV Teil 3 Abschnitt 2 Unterabschnitt 2 führt in Vorabentscheidungsverfahren in **Ausgangsrechtsstreiten der Sozialgerichtsbarkeit** nach § 3 Abs. 1 S. 1, **in denen das GKG nicht anwendbar ist**, dazu, dass die **Verfahrensgebühr nach VV 3212** im Vorabentscheidungsverfahren anfällt. Ein anderes Verständnis von Abs. 1 S. 1 würde zu einem Systembruch führen, da ansonsten für Verfahren, in welchen das GKG nicht anwendbar ist, in entsprechender Anwendung der Wertvorschriften des GKG ein Gegenstandswert festgesetzt werden muss. Im Übrigen entspricht dieses Verständnis von Abs. 1 S. 1 auch der bisherigen Regelung in § 113a BRAGO, die weitgehend unverändert übernommen werden sollte.[8] **Die Verfahrensgebühr beträgt demnach in diesen Fällen 80 EUR bis 880 EUR (Mittelgebühr 480 EUR)**. Da die Vorlage zum EuGH den objektiven Wert der Angelegenheit dokumentiert, ist wegen der Bedeutung der Angelegenheit die Ausschöpfung des Betragsrahmens unter Berücksichtigung der Umstände des Einzelfalles geboten.

3. Terminsgebühr, VV 3210

12 Nach **VV 3210** erhält der Rechtsanwalt für die Teilnahme an einer mündlichen Verhandlung oder Erörterung vor dem EuGH eine **1,5-Terminsgebühr**. Nach VV Vorb. 3 Abs. 3 entsteht die Terminsgebühr für die Vertretung in einem gerichtlichen Termin mit Ausnahme eines Verkündungstermins, für die Wahrnehmung eines von einem gerichtlich bestellten Sachverständigen anberaumten Termins oder für die Mitwirkung an auf die Vermeidung oder Erledigung des Verfahrens gerichteten Besprechungen auch ohne Beteiligung des Gerichts, wobei dies nicht für Besprechungen mit dem Auftraggeber gilt.

13 Entscheidet der EuGH im schriftlichen Verfahren ohne mündliche Verhandlung, erhält der Rechtsanwalt aufgrund der entsprechenden Anwendung der **Anm. zu VV 3104** die Terminsgebühr ebenfalls. Denn nach Anm. Abs. 1 Nr. 1 zu VV 3104 entsteht die Gebühr auch, wenn in einem Verfahren, für das mündliche Verhandlung vorgeschrieben ist (Art. 44a der Verfahrensordnung des Gerichtshofes), im Einverständnis mit den Parteien **ohne mündliche Verhandlung** entschieden worden ist.

14 In **Ausgangsrechtsstreiten der Sozialgerichtsbarkeit** nach § 3 Abs. 1 S. 1, **in denen das GKG nicht anwendbar** ist, entsteht unter Bezugnahme auf die vorstehenden Ausführungen zur Verfahrensgebühr (siehe Rdn 11) nach VV 3213 eine **Terminsgebühr** i.H.v. **80 EUR bis 830 EUR (Mittelgebühr 455 EUR)**. Da die Vorlage zum EuGH den objektiven Wert der Angelegenheit dokumentiert, ist wegen der Bedeutung der Angelegenheit die Ausschöpfung des Betragsrahmens unter Berücksichtigung der Umstände des Einzelfalles ebenfalls geboten.

4. Gegenstandswert für Verfahrens- und Terminsgebühr (Abs. 1 S. 2 bis 4)

15 Nach **Abs. 1 S. 2** bestimmt sich der Gegenstandswert für die Gebühren nach Abs. 1 S. 1 nach den Wertvorschriften, die für die Gerichtsgebühren des Verfahrens gelten, in welchem vorgelegt wird. Ist die dem EuGH durch das Gericht des Ausgangsrechtsstreits vorgelegte Frage nur für einen Teil des Streitgegenstandes des Ausgangsrechtsstreits von Bedeutung, ist ein niedrigerer Gegenstandswert für das Vorabentscheidungsverfahren festzusetzen.[9] Es verbleibt auch dann bei der Gegenstandswertbemessung nach den für den Ausgangsrechtsstreit geltenden Wertvorschriften, wenn dem Vorabentscheidungsverfahren eine über den zu entscheidenden Fall hinausgehende objektive Bedeutung zuzumessen ist.[10]

---

[7] BGH AGS 2012, 281 m. Anm. *N. Schneider* = NJW 2012, 2118 = Rpfleger 2012, 583 = JurBüro 2012, 470 = RVGreport 2012, 462.
[8] BR-Drucks 830/03, S. 244.
[9] BFH NJW 1969, 1135, 1136; BFHE 119, 397, 398; BT-Drucks 7/2016, S. 106.
[10] BFH NJW 1969, 1135, 1136; BFHE 119, 397, 398; BT-Drucks 7/2016, S. 106.

Das Gericht des Ausgangsrechtsstreits setzt auf Antrag nach **Abs. 1 S. 3** den Gegenstandswert für das Vorabentscheidungsverfahren fest.

Nach **Abs. 1 S. 4** gelten § 33 Abs. 2 bis 9 für die Wertfestsetzung entsprechend.

II. Entsprechende Anwendung von VV 4130 und 4132 (Abs. 2)

Nach **Abs. 2** sind in Vorabentscheidungsverfahren vor dem EuGH, in welchem sich die Gebühren im Ausgangsrechtsstreit nach den Vorschriften in VV Teil 4, 5, 6 richten, VV 4130 und 4132 entsprechend anzuwenden. Abs. 2 kommt daher nur in Strafsachen, Bußgeldsachen, Disziplinarverfahren und den weiteren in VV Teil 6 behandelten Verfahren zur Anwendung. Unerheblich ist, ob der Rechtsanwalt überhaupt für das Ausgangsverfahren beauftragt ist.

Der Rechtsanwalt erhält damit in den Vorabentscheidungsverfahren nach Abs. 2 **nach VV 4130** eine **Verfahrensgebühr** i.H.v. **120 EUR bis 1.110 EUR (Mittelgebühr 615 EUR)** und nach **VV 4132** eine **Terminsgebühr** i.H.v. **120 EUR bis 560 EUR (Mittelgebühr 340 EUR)** je Verhandlungstag. Da die Vorlage zum EuGH den objektiven Wert der Angelegenheit dokumentiert, ist wegen der Bedeutung der Angelegenheit die Ausschöpfung des Betragsrahmens unter Berücksichtigung der Umstände des Einzelfalles geboten.

III. Anrechnung der Verfahrensgebühr (Abs. 3)

Nach **Abs. 3** wird die Verfahrensgebühr des Verfahrens, in welchem vorgelegt worden ist, auf die Verfahrensgebühr des Vorabentscheidungsverfahrens angerechnet, wenn der Rechtsanwalt nicht eine im Verfahrensrecht vorgesehene **schriftliche Stellungnahme** gegenüber dem EuGH abgegeben hat. Damit die Verfahrensgebühr des Ausgangsrechtsstreits nicht auf die Verfahrensgebühr des Vorabentscheidungsverfahrens angerechnet wird, ist es erforderlich, dass der Rechtsanwalt nach Zustellung des Vorlagebeschlusses des vorlegenden Gerichts durch den Kanzler des Gerichtshofs der Europäischen Gemeinschaften innerhalb der zwei Monate umfassenden **Frist nach Art. 23 der Satzung** des Gerichtshofs der Europäischen Gemeinschaften einen Schriftsatz oder eine schriftliche Erklärung abgibt.[11] Die Versäumung dieser Frist zur Einreichung eines Schriftsatzes oder zur Abgabe einer schriftlichen Erklärung führt ebenso wie die ausschließliche Teilnahme an der mündlichen Verhandlung vor dem EuGH zur Anrechnung der Verfahrensgebühr des Ausgangsrechtsstreits auf die Verfahrensgebühr des Vorabentscheidungsverfahrens.[12]

C. Erstattungsfragen

Der EuGH entscheidet im Vorabentscheidungsverfahren nicht über die Kosten dieses Verfahrens. Die **Kostengrundentscheidung** obliegt vielmehr dem **Gericht des Ausgangsrechtsstreits**.[13] Die Kostenfestsetzung und die Erstattungsfähigkeit von Aufwendungen der Parteien des Ausgangsrechtsstreits, die für das Vorabentscheidungsverfahren notwendig waren, sind nach den auf den Ausgangsrechtsstreit anwendbaren Vorschriften des nationalen Rechts zu bestimmen.[14] Die Kosten des Vorabentscheidungsverfahren sind mithin Bestandteil der Kostengrundentscheidung und Kostenfestsetzung des Gerichts des Ausgangsrechtsstreits nach Abschluss des Vorabentscheidungsverfahren.[15]

Regelmäßig sind die dem Rechtsanwalt des Ausgangsrechtsstreits im Vorabentscheidungsverfahren entstandenen Gebühren und Reisekosten erstattungsfähig. Einzelne Prozesshandlungen des Rechtsanwalts im Vorabentscheidungsverfahren können durch das Gericht des Ausgangsrechtsstreits nicht auf ihre Zweckmäßigkeit überprüft werden.

---

11 FG München EFG 1989, 254, 255.
12 FG München EFG 1989, 254, 255.
13 EuGH AWD 1973, 282, 283.
14 EuGH AWD 1973, 282, 283.
15 BGH WM 1977, 795, 796.

| § 38a | **Verfahren vor dem Europäischen Gerichtshof für Menschenrechte** |

¹In Verfahren vor dem Europäischen Gerichtshof für Menschenrechte gelten die Vorschriften in Teil 3 Abschnitt 2 Unterabschnitt 2 des Vergütungsverzeichnisses entsprechend. ²Der Gegenstandswert ist unter Berücksichtigung der in § 14 Absatz 1 genannten Umstände nach billigem Ermessen zu bestimmen; er beträgt mindestens 5 000 Euro.

A. Allgemeines	1		2. Verfahrensgebühr, VV 3206	3
B. Regelungsgehalt	2		3. Terminsgebühr, VV 3210	6
I. Die Gebühren (S. 1)	2		II. Der Gegenstandswert (S. 2)	8
1. Überblick	2			

A. Allgemeines

1 § 38a regelt die Gebühren für Verfahren vor dem Europäischen Gerichtshof für Menschenrechte. Eigenständige Gebühren werden auch hier nicht geregelt. Es wird pauschal auf die Gebühren eines jeweiligen Revisionsverfahrens verwiesen. Die Regelung entspricht damit den Regelungen für Verfahren vor dem BVerfG für Verfassungsbeschwerden (§ 37 Abs. 2 S. 1) und für Verfahren vor dem EuGH (§ 38 Abs. 1 S. 1).

B. Regelungsgehalt

I. Die Gebühren (S. 1)

1. Überblick

2 Nach S. 1 gelten in Verfahren vor dem Europäischen Gerichtshof für Menschenrechte die Vorschriften in VV Teil 3 Abschnitt 2 Unterabschnitt 2 entsprechend.

2. Verfahrensgebühr, VV 3206

3 Der Anwalt erhält zunächst eine **1,6-Verfahrensgebühr nach VV 3206**.

4 **Endet der Auftrag** des Rechtsanwalts **vorzeitig**, so erhält er nach **VV 3207** eine **1,1-Verfahrensgebühr**. Die Anm. zu VV 3201 gilt entsprechend. Nach Anm. Nr. 1 zu VV 3201 liegt eine vorzeitige Beendigung vor, wenn der Auftrag endet, bevor der Rechtsanwalt das Rechtsmittel eingelegt oder einen Schriftsatz, der Sachanträge, Sachvortrag, die Zurücknahme der Klage oder die Zurücknahme des Rechtsmittels enthält, eingereicht oder bevor er für seine Partei einen Termin wahrgenommen hat.

5 Können sich die Parteien im **Ausgangsrechtsstreit** nur durch einen **beim Bundesgerichtshof** zugelassenen Rechtsanwalt vertreten lassen, so verbleibt es für das Verfahren nach Abs. 1 dennoch bei der Anwendung von VV 3206, 3207. Eine 2,3-Verfahrensgebühr nach VV 3208 oder eine 1,8-Verfahrensgebühr nach VV 3209 kommt nicht zur Anwendung, da für das Verfahren nach Abs. 1 die besondere Zulassung zum BGH nicht gefordert wird.[1]

3. Terminsgebühr, VV 3210

6 Nach **VV 3210** erhält der Rechtsanwalt für die Teilnahme an einer mündlichen Verhandlung oder Erörterung vor dem Europäischen Gerichtshof für Menschenrechte eine **1,5-Terminsgebühr**. Nach VV Vorb. 3 Abs. 3 S. 1 entsteht die Terminsgebühr für die Vertretung in einem gerichtlichen Termin mit Ausnahme eines Verkündungstermins (VV Vorb. 3 Abs. 3 S. 2), für die Wahrnehmung eines von

---

[1] BGH AGS 2012, 281 m. Anm. *N. Schneider* = NJW 2012, 2118 = Rpfleger 2012, 583 = JurBüro 2012, 470 = RVGreport 2012, 462.

einem gerichtlich bestellten Sachverständigen anberaumten Termins (VV Vorb. 3 Abs. 3 S. 3 Nr. 1) oder für die Mitwirkung an auf die Vermeidung oder Erledigung des Verfahrens gerichteten Besprechungen auch ohne Beteiligung des Gerichts (VV Vorb. 3 Abs. 3 S. 3 Nr. 2), wobei dies nicht für Besprechungen mit dem Auftraggeber gilt.

Entscheidet der Europäische Gerichtshof für Menschenrechte im schriftlichen Verfahren ohne mündliche Verhandlung, erhält der Rechtsanwalt aufgrund der entsprechenden Anwendung der **Anm. zu VV 3104** die Terminsgebühr ebenfalls. Denn nach Anm. Abs. 1 Nr. 1 zu VV 3104 entsteht die Gebühr auch, wenn in einem Verfahren, für das mündliche Verhandlung vorgeschrieben ist, im Einverständnis mit den Parteien **ohne mündliche Verhandlung** entschieden worden ist. 7

II. Der Gegenstandswert (S. 2)

Der **Gegenstandswert** ist ebenso wie in § 37 Abs. 2 S. 2 und § 38 Abs. 1 S. 2 unter Berücksichtigung der in § 14 Abs. 1 genannten Umstände nach billigem Ermessen zu bestimmen (S. 2, 1. Hs.). 8

Der Mindestwert beträgt 5.000 EUR (S. 2, 2. Hs.). 9

Ein Wertfestsetzungsverfahren ist hier nicht vorgesehen. Das Verfahren nach § 33 ist nicht anwendbar, da es nur für deutsche Gerichte gilt, nicht aber für internationale Gerichte. Der Anwalt muss diesen Wert daher selbst ermitteln. Im Streitfall ist die vom Anwalt vorgenommene Bewertung in vollem Umfang gerichtlich überprüfbar. 10

§ 39 Von Amts wegen beigeordneter Rechtsanwalt

(1) Der Rechtsanwalt, der nach § 138 des Gesetzes über das Verfahren in Familiensachen und in den Angelegenheiten der freiwilligen Gerichtsbarkeit, auch in Verbindung mit § 270 des Gesetzes über das Verfahren in Familiensachen und in den Angelegenheiten der freiwilligen Gerichtsbarkeit, dem Antragsgegner beigeordnet ist, kann von diesem die Vergütung eines zum Prozessbevollmächtigten bestellten Rechtsanwalts und einen Vorschuss verlangen.

(2) Der Rechtsanwalt, der nach § 109 Absatz 3 oder § 119a Absatz 6 des Strafvollzugsgesetzes einer Person beigeordnet ist, kann von dieser die Vergütung eines zum Verfahrensbevollmächtigten bestellten Rechtsanwalts und einen Vorschuss verlangen.

A. In Scheidungs- und Lebenspartnerschaftssachen beigeordneter Rechtsanwalt (Abs. 1) 1	10. Entsprechende Anwendung auf den in einer Lebenspartnerschaftssache beigeordneten Rechtsanwalt 24
I. Allgemeines 1	B. Nach § 109 Abs. 3 oder § 119a Abs. 6 Straf-VollZG beigeordneter Rechtsanwalt (Abs. 2) 25
II. Regelungsgehalt 4	I. Allgemeines 25
1. Stellung des beigeordneten Rechtsanwalts 4	II. Regelungsgehalt 26
2. Gebühren des beigeordneten Rechtsanwalts 5	1. Stellung des beigeordneten Rechtsanwalts 26
3. Fälligkeit 12	2. Gebühren des beigeordneten Rechtsanwalts 27
4. Vorschuss 13	3. Fälligkeit 28
5. Vergütungsfestsetzung 14	4. Vorschuss 29
6. Vergütung aus der Landeskasse 15	5. Vergütungsfestsetzung 30
7. Verschulden des beigeordneten Anwalts 20	6. Vergütung aus der Landeskasse 31
8. Aufhebung der Beiordnung 21	
9. Keine Inanspruchnahme der gegnerischen Partei durch den Anwalt 22	

A. In Scheidungs- und Lebenspartnerschaftssachen beigeordneter Rechtsanwalt (Abs. 1)

I. Allgemeines

In der Praxis ist es häufig zu beobachten, dass scheidungswillige Eheleute bemüht sind, die Kosten eines **Scheidungsverfahrens** und der damit zusammenhängenden Verfahren so gering wie möglich 1 zu halten. Dabei herrscht in der Allgemeinheit die Auffassung vor, es sei durchaus möglich, dass sich zwei Eheleute nur einen Anwalt nehmen und dieser Rechtsanwalt für beide Ehegatten gleichermaßen tätig werde. Leider wird ein derartiger Eindruck tatsächlich gelegentlich auch durch den aufgesuchten Rechtsanwalt vermittelt, da dieser es in dem Beratungsgespräch versäumt, die Eheleute eindeutig darüber zu informieren, dass er nur einen der Ehegatten vertreten kann. Als Ergebnis derartiger Beratungen kann es dann dazu kommen, dass nur ein Ehegatte im Scheidungsverfahren anwaltlich vertreten ist, was verfahrensrechtlich nicht zu beanstanden ist. Diese Verfahrensweise kann aber für den nicht anwaltlich vertretenen Ehegatten durchaus erhebliche Nachteile bringen, was dieser aber mangels entsprechender Vorbildung oder Beratung nicht erkennen kann.

2   Das Gericht ordnet daher in einer Scheidungssache dem Antragsgegner von Amts wegen zur Wahrnehmung seiner Rechte einen Rechtsanwalt bei, wenn diese Maßnahme nach der Überzeugung des Gerichts zum Schutz des Antragsgegners dringend erforderlich erscheint. Vor der Beiordnung soll der Antragsgegner persönlich gehört und dabei darauf hingewiesen werden, dass die Familiensachen des § 137 FamFG. gleichzeitig mit der Scheidungssache verhandelt und entschieden werden können 138 Abs. 1 FamFG. Mit dieser gesetzlichen Regelung wird der Umgehung des Anwaltszwanges aus § 10 FamFG Rechnung getragen, wenn das Gericht zu der Auffassung gelangt, dass beim Antragsgegner über die Tragweite der Scheidung und deren Folgen Aufklärungsbedarf besteht. Grundsätzlich besteht nach § 10 FamFG zwar für Scheidungs- und Folgesachen für beide Parteien Anwaltszwang; diesen kann jedoch der Antragsgegner umgehen, wenn er keinen eigenen Sachantrag stellen will, z.B. bei einer einverständlichen Scheidung.

3   Von der Möglichkeit der Beiordnung nach § 39 unberührt bleibt die Möglichkeit, einem Ehegatten auf Antrag **Verfahrenskostenhilfe** zu bewilligen und einen Anwalt beizuordnen. Dann kann dieser gem. §§ 45 ff. nach den Beträgen des § 49 mit der Landeskasse abrechnen. Allerdings besteht dann keine Möglichkeit, den Vertretenen unmittelbar in Anspruch zu nehmen (§ 76 FamFG, § 121 Abs. 1 Nr. 3 ZPO).

II. Regelungsgehalt

1. Stellung des beigeordneten Rechtsanwalts

4   Der beigeordnete Rechtsanwalt hat, solange der Antragsgegner ihm keine Verfahrensvollmacht erteilt, die Stellung eines **Beistands nach § 90 ZPO** (§ 138 Abs. 2 FamFG). Das bedeutet, dass er darauf beschränkt ist, den Antragsgegner über die Konsequenzen im Zusammenhang mit der Scheidung aufzuklären und zu beraten. Er kann aber auch neben dem Antragsgegner schriftlich oder mündlich vortragen, ihm obliegt jedoch nicht die Vertretung. Zur Vertretung bedarf es der Vollmacht durch den Antragsgegner. Die Zustellung von Schriftsätzen und Entscheidungen hat, da er eben nur beigeordnet und nicht Verfahrensbevollmächtigter ist, weiterhin an die Partei selbst zu erfolgen, während ihm nur Abschriften zuzuleiten sind.

2. Gebühren des beigeordneten Rechtsanwalts

5   Der beigeordnete Rechtsanwalt wird **gebührenrechtlich wie** ein **Verfahrensbevollmächtigter** behandelt. Beteiligt er sich wie ein Verfahrensbevollmächtigter am Verfahren, kann er bei Vorliegen der entsprechenden Voraussetzungen alle Gebühren der VV 3100 ff. erhalten. Er hat gegen den Antragsgegner, dem er beigeordnet ist, auch dann einen Gebührenanspruch, wenn dieser mit der Beiordnung nicht einverstanden war.

6   Dem beigeordneten Anwalt erwächst zunächst die **Verfahrensgebühr** nach **VV 3100**, die sich nach VV 3101 Nr. 1 oder 2 auf eine 0,8-Gebühr ermäßigen kann.

7   Die **Terminsgebühr** nach **VV 3104** in Höhe von 1,2 entsteht, wenn der beigeordnete Anwalt dem Antragsgegner in einem gerichtlichen Termin beisteht, sei es bei einer Verhandlung, Erörterung oder auch nur bei einer Anhörung, wie sich aus der Neufassung der VV Vorb. 3 Abs. 3 S. 1 ergibt. Sie entsteht auch dann, wenn der Anwalt bei Abwesenheit des Antragsgegners dessen Rechte in einem Termin wahrnimmt.

8   Anzuwenden ist ferner VV Vorb. 3 Abs. 3 S. 3. Die Terminsgebühr entsteht also auch für die Mitwirkung an auf die Vermeidung oder Erledigung des Verfahrens gerichteten Besprechungen ohne

Beteiligung des Gerichts, etwa bei Besprechungen mit dem Gegner (VV Vorb. 3 Abs. 3 S. 3 Nr. 2). Ebenso kann die Terminsgebühr für die Wahrnehmung eines von einem gerichtlich bestellten Sachverständigen anberaumten Termins entstehen (VV Vorb. 3 Abs. 3 S. 3 Nr. 1), etwa bei einem Besichtigungstermin im Zugewinnverfahren zur Bewertung einer dem Zugewinn unterfallenden Immobilie.

Daneben kann der beigeordnete Anwalt auch eine **1,0-Einigungsgebühr** nach VV 1000, 1003 erhalten. Ebenso kann der beigeordnete Anwalt auch eine **1,5-Einigungsgebühr** nach VV 1000 verdienen, wenn der Anwalt an einer Folgenvereinbarung über nicht anhängige Gegenstände mitwirkt.[1] Anzuwenden ist insoweit auch für den nach § 39 beigeordneten Anwalt die Erstreckung nach § 48 Abs. 3.[2]

Sofern der Anwalt an der Aussöhnung der Eheleute mitwirkt, kann er auch eine **Aussöhnungsgebühr** nach VV 1001, 1003 verdienen.

Die Beiordnung eines Rechtsanwalts nach 138 Abs. 1 FamFG (§ 625 Abs. 1 ZPO a.F.) erstreckt sich dagegen nicht auf das Verfahren einer einstweiligen Anordnung.[3] Insoweit kommt nur eine Beiordnung im Rahmen der Verfahrenskostenhilfe in Betracht.

Darüber hinaus erhält der Anwalt nach § 46 seine **Auslagen** nach den VV 7000 ff.

3. Fälligkeit

Fällig wird der Anspruch des beigeordneten Anwalts, sobald eine Kostenentscheidung ergangen oder der Rechtszug beendet ist oder wenn das Verfahren länger als drei Monate ruht (§ 8 Abs. 1 S. 2). Sobald eine dieser Voraussetzungen erfüllt ist, kann der beigeordnete Rechtsanwalt seinen Gebührenanspruch gegen den Antragsgegner geltend machen.

4. Vorschuss

Im Gegensatz zur früheren Regelung der BRAGO kann der beigeordnete Anwalt jetzt auch einen Vorschuss (§ 9) verlangen. Er muss also nicht wie früher die **Fälligkeit** abwarten.

5. Vergütungsfestsetzung

Da es sich um eine Vergütung aus einem gerichtlichen Verfahren handelt, kann der Anwalt seine Vergütungsansprüche im vereinfachten Verfahren nach § 11 gegen den Vertretenen festsetzen lassen.[4]

6. Vergütung aus der Landeskasse

Der beigeordnete Rechtsanwalt kann seine Vergütung aus der Landeskasse verlangen (§ 45 Abs. 2). Dies setzt jedoch wie bisher voraus, dass der Antragsgegner mit der **Zahlung der Vergütung in Verzug** ist (§ 45 Abs. 2). Ist der Antragsgegner mit der Zahlung der Vergütung in Verzug, steht dem Anwalt gegen die Landeskasse allerdings nur ein Anspruch auf Vergütung eines Prozesskostenhilfeanwalts zu, da sich die Vergütung dann nach Abschnitt 8 des RVG richtet und folglich ab einem Gegenstandswert von mehr als 4.000 EUR die Gebührenbeträge des § 49 gelten.

Hat der Anwalt vom Antragsgegner bereits **Teilzahlungen** erhalten, sind diese nur nach § 58 Abs. 2 anzurechnen. Er kann also auch dann noch die weiter gehenden Beträge aus der Staatskasse verlangen, wenn der Antragsgegner bereits in Höhe der VKH-Vergütung gezahlt hat.

---

1 OLG München AnwBl 1979, 440.
2 Gerold/Schmidt/*Burhoff*, RVG, § 39 Rn 24.
3 OLG Nürnberg NJW 1980, 1054; OLG Koblenz FamRZ 1985, 618 – jeweils für Verfahren nach § 620 S. 1 Nr. 1 ZPO a.F.: elterliche Sorge.
4 Mayer/Kroiß/*Ebert*, RVG, § 39 Rn 12; Gerold/Schmidt/ *Burhoff*, RVG, § 39 Rn 20.

Beispiel: Nach dem Gegenstandswert von (Ehesache 5.000 EUR + Versorgungsausgleich 1.000 EUR =) 6.000 EUR sind Verfahrens- und Terminsgebühr angefallen.
Dem Anwalt steht gegen den Antragsgegner zu:

1. 1,3-Verfahrensgebühr, VV 3100, § 13 (Wert: 6.000 EUR)	460,20 EUR
2. 1,2-Terminsgebühr, VV 3104, § 13 (Wert: 6.000 EUR)	424,80 EUR
3. Postentgeltpauschale, VV 7002	20,00 EUR
Zwischensumme	905,00 EUR
4. 19 % Umsatzsteuer, VV 7008	171,95 EUR
Gesamt	**1.076,95 EUR**

Aus der Landeskasse kann der Anwalt dagegen lediglich verlangen:

1. 1,3-Verfahrensgebühr, VV 3100, § 49 (Wert: 6.000 EUR)	347,10 EUR
2. 1,2-Terminsgebühr, VV 3104, § 49 (Wert: 6.000 EUR)	320,40 EUR
3. Postentgeltpauschale, VV 7002	20,00 EUR
Zwischensumme	687,50 EUR
4. 19 % Umsatzsteuer, VV 7008	130,63 EUR
Gesamt	**818,13 EUR**

Hat der Antragsgegner an den Anwalt eine Teilzahlung erbracht, ist diese zunächst auf die Wahlanwaltsgebühren anzurechnen. Hat er also z.B. 200 EUR gezahlt, kann der Anwalt von der Landeskasse die vollen 818,13 EUR verlangen. Hat der Antragsgegner z.B. 500 EUR gezahlt, kann der Anwalt von der Landeskasse noch (1.076,95 EUR − 500,00 EUR =) 576,95 EUR verlangen.

17 Hat die Landeskasse gezahlt, so kann der Anwalt den Auftraggeber wegen der weiter gehenden Differenz bis zur Höhe der vollen Wahlanwaltsgebühren noch in Anspruch nehmen. Im Übrigen geht der Anspruch auf die Staatskasse über (§ 59 Abs. 1).

Im Beispiel (siehe Rdn 16) kann der Anwalt also nach Zahlung der Landeskasse noch die restlichen (1.062,08 EUR − 818,13 EUR =) 243,95 EUR vom Antragsgegner verlangen.

18 Ist der Antragsgegner zur Zahlung der Anwaltskosten nicht in der Lage, kann er einen Verfahrenskostenhilfeantrag stellen. Der beigeordnete Rechtsanwalt hat ihn darauf hinzuweisen.

19 Einen Vorschuss aus der Landeskasse kann der beigeordnete Anwalt ebenfalls verlangen. Dies setzt allerdings voraus, dass der beigeordnete Anwalt beim Antragsgegner zuvor einen Vorschuss angefordert hat und dieser sich mit der Zahlung in Verzug befindet (§ 47 Abs. 1 S. 2).

7. Verschulden des beigeordneten Anwalts

20 Bei Verschulden des beigeordneten Anwalts ist § 54 anzuwenden, so dass der Anwalt seinen Anspruch verliert.[5]

8. Aufhebung der Beiordnung

21 Wird die Beiordnung aufgehoben, bleiben die bis dahin entstandenen Vergütungsansprüche gegenüber der Landeskasse bestehen.[6] Der Anspruch geht nicht dadurch verloren, dass dem Anwalt ein Wahlanwaltsauftrag erteilt wird.[7]

9. Keine Inanspruchnahme der gegnerischen Partei durch den Anwalt

22 Eine Inanspruchnahme der gegnerischen Partei durch den beigeordneten Anwalt ist dagegen nicht vorgesehen.[8] Selbst wenn eine entsprechende Kostenentscheidung ergehen sollte, kann der beigeordnete Anwalt seine Vergütung nicht gegen den Gegner festsetzen lassen. Weder findet sich eine entsprechende Ermächtigung in § 39, noch sieht § 126 Abs. 1 ZPO dies vor. Eine entsprechende Regelung fehlt. Wie *Ebert*[9] zu Recht ausführt, muss im Gegenteil aus der ausdrücklichen Verweisung auf § 126 ZPO in § 41 geschlossen werden, dass der Gegner, also der Antragsteller, im Falle der

---

[5] Gerold/Schmidt/*Burhoff*, RVG, § 39 Rn 32.
[6] Gerold/Schmidt/*Burhoff*, RVG, § 39 Rn 33.
[7] Gerold/Schmidt/*Burhoff*, RVG, § 39 Rn 33.
[8] Mayer/Kroiß/*Ebert*, RVG, § 39 Rn 25.
[9] Mayer/Kroiß/*Ebert*, RVG, § 39 Rn 25.

Beiordnung nach 138 Abs. 1 FamFG (§ 625 Abs. 1 ZPO a.F.) nicht auf Kostenerstattung in Anspruch genommen werden kann.

Davon unberührt bleibt das Recht des Vertretenen, bei entsprechender Kostengrundentscheidung eine Kostenfestsetzung gegen den Gegner zu betreiben und sich die nach § 39 gezahlten oder zu zahlenden Kosten vom Gegner erstatten zu lassen. 23

10. Entsprechende Anwendung auf den in einer Lebenspartnerschaftssache beigeordneten Rechtsanwalt

Für den in einer **Lebenspartnerschaftssache** beigeordneten Rechtsanwalt gelten die vorstehenden Regelungen entsprechend. Eine gesonderte Verweisung wie in § 44 S. 2 ist nach der Neufassung nicht mehr erforderlich, da sich die Anwendbarkeit bereits aus der Bezugnahme auf § 270 FamFG ergibt. 24

B. Nach § 109 Abs. 3 oder § 119a Abs. 6 StrafVollZG beigeordneter Rechtsanwalt (Abs. 2)

I. Allgemeines

Ebenso wie auch in anderen Fällen der Beiordnung eines Rechtsanwalts von Amts wegen soll der nach § 109 Abs. 3 oder § 119a Abs. 6 StrafVollZG beigeordnete Rechtsanwalt einen eigenen Anspruch auf die Wahlanwaltsvergütung und auf Zahlung eines Vorschusses gegen seinen Mandanten erhalten, in dessen Interesse die Beiordnung erfolgt. 25

II. Regelungsgehalt

1. Stellung des beigeordneten Rechtsanwalts

Nach § 109 Abs. 3 StrafVollZG ist dem Antragsteller für eine begehrte oder angefochtene Maßnahme der Umsetzung des § 66c Abs. 1 StGB im Vollzug der Sicherungsverwahrung oder der ihr vorausgehenden Freiheitsstrafe für ein gerichtliches Verfahren von Amts wegen ein Rechtsanwalt beizuordnen, es sei denn, es erscheint wegen der Einfachheit der Sach- und Rechtslage die Mitwirkung eines Rechtsanwalts nicht geboten oder es ist ersichtlich, dass der Antragsteller seine Rechte selbst ausreichend wahrnehmen kann. 26

Des Weiteren kann nach § 119a Abs. 6 S. 1 StrafVollZG dem Gefangenen für das gerichtliche Verfahren über strafvollzugsbegleitende gerichtliche Kontrolle bei angeordneter oder vorbehaltener Sicherungsverwahrung von Amts wegen ein Rechtsanwalt beigeordnet werden.

2. Gebühren des beigeordneten Rechtsanwalts

Der beigeordnete Rechtsanwalt erhält seine Gebühren wie auch in den übrigen Verfahren nach dem Strafvollzugsgesetz aus VV Teil 3. Soweit er den Vertretenen in Anspruch nehmen kann, gelten die Gebührenbeträge des § 13. Die ermäßigten Gebührenbeträge des § 49 gelten nur bei Abrechnung gegenüber der Staatskasse. 27

3. Fälligkeit

Fällig wird der Anspruch des beigeordneten Anwalts unter den Voraussetzungen des § 8. 28

4. Vorschuss

29 Der beigeordnete Anwalt kann auch einen Vorschuss nach § 9 von dem Vertretenen verlangen.

5. Vergütungsfestsetzung

30 Da es sich um eine Vergütung aus einem gerichtlichen Verfahren handelt, kann der Anwalt seine Vergütungsansprüche im vereinfachten Verfahren nach § 11 gegen den Vertretenen festsetzen lassen.

6. Vergütung aus der Landeskasse

31 Der beigeordnete Rechtsanwalt kann seine Vergütung aus der Landeskasse verlangen (§ 45 Abs. 2). Dies setzt jedoch voraus, dass der Antragsgegner mit der **Zahlung der Vergütung in Verzug** ist (§ 45 Abs. 2). Ist der Antragsgegner mit der Zahlung der Vergütung in Verzug, steht dem Anwalt gegen die Landeskasse allerdings nur ein Anspruch auf Vergütung eines Prozesskostenhilfeanwalts zu, da sich die Vergütung dann nach Abschnitt 8 des RVG richtet und folglich ab einem Gegenstandswert von mehr als 4.000 EUR die Gebührenbeträge des § 49 gelten.

32 Hat der Anwalt vom Antragsgegner bereits **Teilzahlungen** erhalten, sind diese nur nach § 58 Abs. 2 anzurechnen. Er kann also auch dann noch die weitergehenden Beträge aus der Staatskasse verlangen, wenn der Antragsgegner bereits in Höhe der Pflichtvergütung gezahlt hat.

33 Einen **Vorschuss** aus der Landeskasse kann der beigeordnete Anwalt ebenfalls verlangen. Dies setzt allerdings voraus, dass der beigeordnete Anwalt beim Antragsgegner zuvor einen Vorschuss angefordert hat und dieser sich mit der Zahlung in Verzug befindet (§ 47 Abs. 1 S. 2).

---

§ 40 Als gemeinsamer Vertreter bestellter Rechtsanwalt

Der Rechtsanwalt kann von den Personen, für die er nach § 67a Abs. 1 Satz 2 der Verwaltungsgerichtsordnung bestellt ist, die Vergütung eines von mehreren Auftraggebern zum Prozessbevollmächtigten bestellten Rechtsanwalts und einen Vorschuss verlangen.

A. Allgemeines 1	C. Erstattungsfragen 11
B. Regelungsgehalt 4	I. Vergütungsanspruch gegen die Vertretenen 11
I. Vergütungsanspruch gegen die Vertretenen 4	II. Vergütungsanspruch gegen die Landeskasse 13
II. Vergütungsanspruch gegen die Landeskasse, § 45 Abs. 2 8	

A. Allgemeines

1 § 40 regelt die Gebühren des in einem Verfahren nach § **67a VwGO** gerichtlich bestellten Rechtsanwalts. § 67a VwGO hat folgenden Wortlaut:

> **§ 67a VwGO**
>
> (1) ¹Sind an einem Rechtsstreit mehr als zwanzig Personen im gleichen Interesse beteiligt, ohne durch einen Prozeßbevollmächtigten vertreten zu sein, kann das Gericht ihnen durch Beschluß aufgeben, innerhalb einer angemessenen Frist einen gemeinsamen Bevollmächtigten zu bestellen, wenn sonst die ordnungsgemäße Durchführung des Rechtsstreits beeinträchtigt wäre. ²Bestellen die Beteiligten einen gemeinsamen Bevollmächtigten nicht innerhalb der ihnen gesetzten Frist, kann das Gericht einen Rechtsanwalt als gemeinsamen Vertreter durch Beschluß bestellen. ³Die Beteiligten können Verfahrenshandlungen nur durch den gemeinsamen Bevollmächtigten oder Vertreter vornehmen. ⁴Beschlüsse nach den Sätzen 1 und 2 sind unanfechtbar.
>
> (2) ¹Die Vertretungsmacht erlischt, sobald der Vertreter oder der Vertretene dies dem Gericht schriftlich oder zur Niederschrift des Urkundsbeamten der Geschäftsstelle erklärt; der Vertreter kann die Erklärung nur hinsichtlich aller Vertretenen abgeben. ²Gibt der Vertretene eine solche Erklärung ab, so erlischt die Vertretungsmacht nur, wenn zugleich die Bestellung eines anderen Bevollmächtigten angezeigt wird.

§ 67a VwGO hat sich, obwohl seit 1990 in Kraft, bisher nicht bewährt und wurde von der Praxis auch nicht angenommen. Dementsprechend findet sich hierzu auch keine Rechtsprechung. 2

Nach § 40 kann der Rechtsanwalt von den Personen, für die er nach § 67a Abs. 1 S. 2 VwGO bestellt ist, die Vergütung eines von mehreren Auftraggebern zum Prozessbevollmächtigten bestellten Rechtsanwalts verlangen. Nach § 40 hat der Rechtsanwalt auch einen Anspruch auf Vorschuss und kann nach § 45 Abs. 2 eine Vergütung aus der Landeskasse verlangen, wenn der zur Zahlung Verpflichtete mit der Zahlung der Vergütung im Verzug ist.[1] 3

B. Regelungsgehalt

I. Vergütungsanspruch gegen die Vertretenen

Auf Grund der gerichtlichen Bestellung des Rechtsanwalts entsteht zwischen diesem und den Personen, für die er bestellt worden ist, ein **gesetzliches Schuldverhältnis**. Deshalb steht dem Rechtsanwalt der Vergütungsanspruch gegen die Personen, für die er bestellt worden ist, auch dann zu, wenn diese ihm keine Prozessvollmacht erteilt haben oder sie mit seiner Bestellung nicht einverstanden sind.[2] 4

§ 40 bestimmt, dass der Rechtsanwalt von den Personen, für welche er nach § 67a Abs. 1 S. 2 VwGO zum gemeinsamen Vertreter bestellt worden ist, die **Vergütung eines von mehreren zum Prozessbevollmächtigten bestellten Rechtsanwalts** verlangen kann. Die Vergütung ist die Vergütung, die ein Prozessbevollmächtigter als Wahlanwalt fordern kann. Diese Vergütung ist in § 7 geregelt. Nach **§ 7 Abs. 1** erhält der Rechtsanwalt, der in derselben Angelegenheit für mehrere Auftraggeber tätig wird, die Gebühren nur einmal. Da der Rechtsanwalt nach § 67a Abs. 1 S. 2 VwGO aber für mindestens zwanzig Beteiligte bestellt ist, **erhöht sich** nach **VV 1008** die **Verfahrensgebühr um 2,0**,[3] soweit der Gegenstand der anwaltlichen Tätigkeit derselbe ist. Diese Voraussetzung ist bei der Anwendung von § 67a Abs. 1 S. 2 VwGO immer erfüllt. Der Rechtsanwalt erhält also **erstinstanzlich eine 3,3 Verfahrensgebühr** (1,3 Verfahrensgebühr nach VV 3100 zzgl. 2,0 Erhöhung nach VV 1008). 5

Daneben hat der Rechtsanwalt nach **§ 7 Abs. 2** gegen die Personen, für die er bestellt worden ist, auch Anspruch auf die **Erstattung von Auslagen** nach VV Teil 7. 6

Der gerichtlich bestellte Rechtsanwalt kann nach **§ 40** auch einen **Vorschuss** nach § 9 von den Personen verlangen, für die er bestellt ist. 7

II. Vergütungsanspruch gegen die Landeskasse, § 45 Abs. 2

Nach § 45 Abs. 2 kann der Rechtsanwalt eine Vergütung aus der Landeskasse verlangen, wenn die Personen, für die er bestellt worden ist, mit der Zahlung der Vergütung in **Verzug** sind. Verzug liegt vor, wenn die Vertretenen nach Fälligkeit und Mahnung oder nach Zustellung eines Vergütungsfestsetzungsbeschlusses gemäß § 11 nicht zahlen. 8

Streitig ist, ob der **Verzug eines Vertretenen** genügt[4] oder ob **alle Vertretenen** sich in Verzug befinden müssen.[5] Da von dem gerichtlich bestellten Rechtsanwalt nicht erwartet werden kann, dass er alle 21 oder mehr Personen, für die er bestellt worden ist, in Verzug setzt[6] und § 7 Abs. 2 bestimmt, dass jeder Auftraggeber (Vertretene) dem Rechtsanwalt die Gebühren schuldet, die er schulden würde, wenn der Rechtsanwalt nur in seinem Auftrag tätig geworden wäre, kann der nach § 67a Abs. 1 S. 2 VwGO gerichtlich bestellte Rechtsanwalt bereits für einen Vertretenen, der sich in Verzug befindet, eine Vergütung aus der Landeskasse nach Maßgabe von § 7 Abs. 2 S. 1 verlangen. Befinden sich mehrere Vertretene in Verzug, so ist hinsichtlich des Anspruches auf Vergütung aus der Landeskasse § 7 Abs. 2 S. 2 zu beachten. Auf die Ausführungen zu § 7 Abs. 2 wird verwiesen. 9

---

1 BR-Drucks 830/03, S. 245.
2 *Hansens*, NJW 1991, 1137, 1140.
3 BR-Drucks 830/03, S. 255.
4 *Von Eicken*, AnwBl 1991, 187, 190; *Hartmann*, § 115 BRAGO Rn 2; *Mayer/Kroiß*, § 40 Rn 5.
5 *Hansens*, NJW 1991, 1137, 1140.
6 *Von Eicken*, AnwBl 1991, 187, 190.

10 Hat der Rechtsanwalt von den Personen, für die er nach § 67a VwGO bestellt worden ist, nach § 40 einen Vorschuss verlangt und befindet sich eine der zur Zahlung verpflichteten Personen, für die er bestellt worden ist, mit der Zahlung des Vorschusses in Verzug, so kann der Rechtsanwalt nach **§ 47 Abs. 1 S. 2** einen angemessenen **Vorschuss** für die entstandenen Gebühren und für die entstandenen und voraussichtlich entstehenden Auslagen aus der Staatskasse fordern.

C. Erstattungsfragen

I. Vergütungsanspruch gegen die Vertretenen

11 Der nach § 67a Abs. 1 S. 2 VwGO gerichtlich bestellte Rechtsanwalt kann von den Vertretenen seine **Vergütung** fordern, sobald sie **fällig** geworden ist. Die Fälligkeit der Vergütung bestimmt sich nach § 8 Abs. 1. Gegen alle Vertretenen wird die Vergütung nach § 8 Abs. 1 S. 2 mit Beendigung des Rechtszuges oder nach § 8 Abs. 1 S. 1 fällig, wenn der Rechtsanwalt erklärt, dass seine Vertretungsmacht nach § 67a Abs. 2 VwGO erloschen ist. Daneben kann die Vergütung aber auch gegen einzelne Vertretene früher fällig werden. Dies ist der Fall, wenn für einzelne Vertretene das gerichtliche Verfahren vorzeitig endet oder einzelne Vertretene nach § 67a Abs. 2 S. 2 VwGO unter gleichzeitiger Bestellung eines anderen Bevollmächtigten erklären, dass die Vertretungsmacht des bestellten Rechtsanwalts erloschen ist.[7]

12 Jede der Personen, für die der Rechtsanwalt nach § 67a Abs. 1 S. 2 VwGO bestellt worden ist, schuldet dem Rechtsanwalt nach § 7 Abs. 2 die Gebühren und Auslagen, die er schulden würde, wenn der Rechtsanwalt nur in seinem Auftrag tätig geworden wäre. Die Dokumentenpauschale nach VV 7000 schuldet jede Person, für die der Rechtsanwalt bestellt worden ist, auch insoweit, wie diese nur durch die Unterrichtung mehrerer Personen, für die der Rechtsanwalt bestellt worden ist, entstanden ist. Der Rechtsanwalt kann aber insgesamt nicht mehr als die nach § 7 Abs. 1 berechneten Gebühren und die insgesamt entstandenen Auslagen fordern. Auf die Ausführungen zu § 7 Abs. 2 wird verwiesen (siehe § 7 Rdn 44 ff.).

II. Vergütungsanspruch gegen die Landeskasse

13 Die Vergütung des Rechtsanwalts aus der Landeskasse bestimmt sich nach den §§ 45 ff. Damit berechnet sich der Vergütungsanspruch des Rechtsanwaltes gegen die Landeskasse nach der Tabelle zu § 49. Der Rechtsanwalt erhält nach § 46 auch Auslagen vergütet, wenn sie zur sachgemäßen Wahrnehmung der Interessen der Vertretenen erforderlich waren. Für die zur notwendigen Unterrichtung der Vertretenen angefallenen Schreibauslagen gilt § 7 Abs. 2 auch im Verhältnis zur Landeskasse.[8]

14 Für das **Festsetzungsverfahren** gilt § 55. Der Verzug der Personen, für die der Rechtsanwalt bestellt worden ist, ist glaubhaft zu machen. Hierzu genügt im Regelfall die Erklärung des Rechtsanwalts, dass nach einer in Abschrift beigefügten Mahnung oder nach aktenkundiger Zustellung des Vergütungsfestsetzungsbeschlusses nach § 11 keine Zahlung erfolgt ist.[9] Teilzahlungen muss sich der Rechtsanwalt nach Maßgabe von § 58 anrechnen lassen, wenn diese die Differenz zwischen Wahlanwaltskosten und Vergütung nach § 49 übersteigen.

15 Nach Zahlung der Landeskasse kann der Rechtsanwalt die **Differenz zur Wahlanwaltsvergütung** von den Vertretenen verlangen (§ 59). Wenn die Vertretenen dies verhindern wollen, so müssen sie, soweit die Voraussetzungen hierfür gegeben sind, die Beiordnung des nach § 67a VwGO gerichtlich bestellten Rechtsanwalts im Wege der **Prozesskostenhilfe** beantragen.

---

[7] *Hansens*, NJW 1991, 1137, 1140.
[8] *Hansens*, NJW 1991, 1137, 1141.
[9] *Hansens*, NJW 1991, 1137, 1141.

§ 41 Prozesspfleger

¹Der Rechtsanwalt, der nach § 57 oder § 58 der Zivilprozessordnung dem Beklagten als Vertreter bestellt ist, kann von diesem die Vergütung eines zum Prozessbevollmächtigten bestellten Rechtsanwalts verlangen. ²Er kann von diesem keinen Vorschuss fordern. ³§ 126 der Zivilprozessordnung ist entsprechend anzuwenden.

A. Allgemeines 1	G. Vergütungsfestsetzung 14
B. Regelungsgehalt 2	H. Recht auf Beitreibung gegen andere Verfahrensbeteiligte 15
C. Vergütung im Verfahren auf Bestellung 5	I. Anspruch gegen die Staatskasse 16
D. Vergütung des Prozesspflegers 7	J. Recht auf Vorschuss gegen die Staatskasse 21
E. Anspruch gegen den Beklagten 10	
F. Kein Recht auf Vorschuss gegen den Beklagten 13	

A. Allgemeines

Die Vorschrift soll nach der Begründung des Regierungsentwurfs gewährleisten, dass ein Rechtsanwalt, der nach den §§ 57, 58 ZPO zum Prozesspfleger bestellt wird, ebenso behandelt wird, wie ein nach § 138 FamFG oder § 67a VwGO beigeordneter Anwalt. Auch in der Begründung zu § 1 Abs. 1 S. 2, der das RVG ausdrücklich auf Prozesspfleger für anwendbar erklärt, wird darauf hingewiesen, dass der Prozesspfleger ähnlich behandelt werden soll, wie ein nach § 138 FamFG bzw. § 67a VwGO beigeordneter Anwalt. Durch diese Klarstellungen sollen „schwierige Fragen im Zusammenhang mit der Vergütung des Prozesspflegers" vermieden werden.   1

B. Regelungsgehalt

Nach den §§ 57, 58 ZPO kann einer Partei, die nicht prozessfähig ist und die keinen gesetzlichen Vertreter hat, unter bestimmten Voraussetzungen ein Prozesspfleger beigeordnet werden. Es sind dies Fälle des   2

- § 57 Abs. 1 ZPO: Der Vorsitzende des Prozessgerichts bestimmt auf Antrag des Klägers einen besonderen Vertreter. Voraussetzung ist, dass die verklagte Partei keinen gesetzlichen Vertreter hat oder dass dieser, z.B. durch eine Doppelvertretung rechtlich gehindert ist[1] und dass mit dem Verzug Gefahr verbunden ist.
- § 57 Abs. 2 ZPO: Der Vorsitzende des Prozessgerichts bestellt nach seinem Ermessen einen besonderen Vertreter, wenn eine prozessunfähige Partei an ihrem Aufenthaltsort (§ 20 ZPO) verklagt werden soll und sich der gesetzliche Vertreter dort nicht aufhält.
- § 58 ZPO: Der Vorsitzende des Prozessgerichts bestellt einen Vertreter, wenn ein Recht an einem herrenlosen Grundstück (§ 928 ZPO) oder einem herrenlosen Schiff (§ 7 SchiffsG) geltend gemacht werden soll.

Der bestellte Prozesspfleger nimmt in diesen Fällen für den jeweiligen Prozess die Stellung eines gesetzlichen Vertreters ein;[2] seine Vertretungsmacht entspricht in ihrem Umfang weitgehend der Prozessvollmacht nach § 81 ZPO.[3]   3

Im Anwaltsprozess ist ein Rechtsanwalt zu bestellen, ansonsten eine geeignete prozessfähige Person.[4]   4

---

1 Mayer/Kroiß/*Ebert*, RVG, § 41 Rn 1.
2 Zöller/*Vollkommer*, § 57 Rn 9; *Baumbach u.a.*, ZPO, § 57 Rn 11.
3 LG Hamburg FamRZ 1996, 173.
4 Zöller/*Vollkommer*, § 57 Rn 1.

C. Vergütung im Verfahren auf Bestellung

5 Die auf Bestellung des Vertreters gerichtete Tätigkeit des Anwalts zählt nach § 19 Abs. 1 S. 2 Nr. 3 zum Rechtszug und begründet für den in der Hauptsache später bestellten Prozesspfleger somit keine besondere Gebühr. Seine Tätigkeit wird durch die **Gebühren in der Hauptsache** abgegolten.

6 Kommt es nicht zur Bestellung, liegt ein Auftrag zur **Einzeltätigkeit** vor, der nach VV 3403 zu vergüten ist.[5]

D. Vergütung des Prozesspflegers

7 Ist ein Rechtsanwalt als Prozesspfleger bestellt, gilt dies für ihn nach § 1 Abs. 1 als anwaltliche Tätigkeit, so dass sich seine Vergütung nach dem RVG richtet.[6]

8 Hinsichtlich der Vergütung des Prozesspflegers existieren keine besonderen Vorschriften. Es gelten insoweit vielmehr die Gebühren nach **VV Teil 3 unmittelbar** (VV Vorb. 3 Abs. 1). Im Rechtsstreit erhält der Prozesspfleger somit die Gebühren nach den VV 3100 ff.

9 Auch die **allgemeinen Vorschriften** des RVG sind anzuwenden[7] (z.B. §§ 2, 5, 7, 8, 10, 11, 13, 15, 16 ff., 22 ff.).

E. Anspruch gegen den Beklagten

10 S. 1 bestimmt, dass ein Gebührenanspruch gegen den Beklagten entsteht. Dies war auch vor Inkrafttreten des RVG allgemeine Meinung, wobei lediglich umstritten war, ob der Anspruch sich aus dem Gesetz oder aus den Regeln über die Geschäftsführung ohne Auftrag ergeben sollte. Dieser Streit dürfte nunmehr in dem Sinne entschieden sein, dass ein gesetzlicher Anspruch besteht.[8]

11 Dass der Anspruch des Prozesspflegers wegen der Geschäftsunfähigkeit des Beklagten oder fehlender Eintragung im Grundbuch zunächst nicht realisiert werden kann, ist unerheblich.

12 Neben dem Anspruch gegen den Beklagten besteht auch ein Anspruch gegen die Staatskasse (siehe Rdn 16).

F. Kein Recht auf Vorschuss gegen den Beklagten

13 Unter Geltung der BRAGO war anerkannt, dass der Prozesspfleger, der nicht zur Übernahme des Amtes verpflichtet war, seine Tätigkeit von der Zahlung eines Vorschusses durch den Vertretenen abhängig machen konnte. Satz 2 sieht jetzt aber ausdrücklich vor, dass der Prozesspfleger nicht berechtigt ist, vom Vertretenen einen Vorschuss zu verlangen. Vor Übernahme des Amtes sollte der Rechtsanwalt also gründlich prüfen, ob eine Befriedigung seines Vergütungsanspruchs zu erwarten ist, da er anderenfalls nur die Vergütung nach § 49 aus der Staatskasse erhält (siehe Rdn 16).

G. Vergütungsfestsetzung

14 Da es sich um die gesetzliche Vergütung aus einem gerichtlichen Verfahren handelt, kann der Prozesspfleger seine Vergütung nach § 11 gegen den Beklagten festsetzen lassen.[9] Voraussetzung ist im Falle des § 57 ZPO allerdings, dass zwischenzeitlich ein gesetzlicher Vertreter vorhanden ist, da

---

5 Zöller/*Vollkommer*, § 57 Rn 11.
6 OLG Düsseldorf AGS 2008, 573 = JurBüro 2009, 32 = OLGR 2009, 93 = Rpfleger 2009, 157 = MDR 2009, 415 = BtPrax 2009, 87 = FamRZ 2009, 712 = RVGprof. 2009, 141.
7 Mayer/Kroiß/*Ebert*, RVG, § 41 Rn 6.
8 Mayer/Kroiß/*Ebert*, RVG, § 41 Rn 3, 5.
9 Mayer/Kroiß/*Ebert*, RVG, § 41 Rn 9.

anderenfalls noch nicht einmal die Kostenrechnung nach § 10 mitgeteilt, geschweige denn der Festsetzungsantrag zugestellt werden kann.[10]

H. Recht auf Beitreibung gegen andere Verfahrensbeteiligte

Nach Satz 3 ist § 126 ZPO entsprechend anzuwenden. Der zum Prozesspfleger bestellte Rechtsanwalt kann also seine Vergütung gegen den im Prozess unterlegenen Kläger oder andere Verfahrensbeteiligte, denen die Verfahrenskosten ganz oder teilweise auferlegt worden sind, nach den §§ 103 ff. ZPO **im eigenem Namen festsetzen** lassen und im eigenen Namen beitreiben. Eine Verpflichtung, vorrangig einen anderen Verfahrensbeteiligten vor der Staatskasse (siehe Rdn 16) in Anspruch zu nehmen, besteht nicht.[11]

I. Anspruch gegen die Staatskasse

§ 45 Abs. 1 regelt ausdrücklich, dass auch der nach §§ 57 oder 58 ZPO zum Prozesspfleger bestellte Rechtsanwalt die gesetzliche Vergütung nach den Vorschriften der §§ 46 ff. aus der Staatskasse erhält.

Im Gegensatz zu dem nach § 124 FamFG oder § 67a Abs. 1 S. 2 VwGO bestellten Rechtsanwalt ist hier nicht Voraussetzung für die Inanspruchnahme der Staatskasse, dass sich der zur Zahlung Verpflichtete mit der Zahlung in Verzug befindet. Dies gründet unter anderem darauf, dass die verpflichtete Partei z.B. im Falle des § 57 ZPO prozessunfähig ist und, solange sie keinen gesetzlichen Vertreter hat, gar nicht gemahnt werden kann.[12] Es gibt keinerlei Anhaltspunkte dafür, dass der Anspruch gegenüber dem Beklagten oder das Beitreibungsrecht gegenüber dem in die Prozesskosten verurteilten Gegner vorrangig vor einer Inanspruchnahme der Staatskasse nach geltend zu machen wären.[13]

Die Höhe der Vergütung aus der Staatskasse bestimmt sich nach den §§ 46 ff. Insbesondere sind also hier ab einem Gegenstandswert von über 4.000 EUR die reduzierten **Gebührenbeträge des § 49** maßgebend.

Der Prozesspfleger erhält danach auch seine **Auslagen** nach VV Teil 7 aus der Staatskasse, soweit sie notwendig waren (§ 46). **Umsatzsteuer** (VV 7008) ist von der Staatskasse ebenfalls zu übernehmen, auch wenn der prozessunfähige Beklagte vorsteuerabzugsberechtigt ist.

Die **Festsetzung der Vergütung** erfolgt nach § 55.[14] Mit der Zahlung der Vergütung geht ein eventueller Anspruch gegen erstattungspflichtige Verfahrensbeteiligte nach § 59 Abs. 1 auf die Staatskasse über.

J. Recht auf Vorschuss gegen die Staatskasse

Da § 45 Abs. 1 die Vorschriften des §§ 46 ff. für entsprechend anwendbar erklärt, kann der Prozesspfleger aus der Staatskasse unter den Voraussetzungen des § 47 einen Vorschuss verlangen. S. 2 steht dem nicht entgegen. Dieser schließt nur das Vorschussrecht gegenüber dem Beklagten aus.

Das Recht auf Vorschuss besteht in Höhe der bereits entstandenen Gebühren sowie in Höhe der entstandenen und voraussichtlich noch entstehenden Auslagen (§ 47).

Die Festsetzung des Vorschusses folgt wiederum nach § 55.

---

10 Mayer/Kroiß/*Ebert*, RVG, § 41 Rn 9.
11 OLG Düsseldorf AGS 2008, 573 = JurBüro 2009, 32 = OLGR 2009, 93 = Rpfleger 2009, 157 = MDR 2009, 415 = BtPrax 2009, 87 = FamRZ 2009, 712 = RVGprof. 2009, 141.
12 Mayer/Kroiß/*Ebert*, RVG, § 41 Rn 16.

13 OLG Düsseldorf AGS 2008, 573 = JurBüro 2009, 32 = OLGR 2009, 93 = Rpfleger 2009, 157 = MDR 2009, 415 = BtPrax 2009, 87 = FamRZ 2009, 712 = RVGprof. 2009, 141.
14 Mayer/Kroiß/*Ebert*, RVG, § 41 Rn 16.

§ 41a Vertreter des Musterklägers

(1) ¹Für das erstinstanzliche Musterverfahren nach dem Kapitalanleger-Musterverfahrensgesetz kann das Oberlandesgericht dem Rechtsanwalt, der den Musterkläger vertritt, auf Antrag eine besondere Gebühr bewilligen, wenn sein Aufwand im Vergleich zu dem Aufwand der Vertreter der beigeladenen Kläger höher ist. ²Bei der Bemessung der Gebühr sind der Mehraufwand sowie der Vorteil und die Bedeutung für die beigeladenen Kläger zu berücksichtigen. ³Die Gebühr darf eine Gebühr mit einem Gebührensatz von 0,3 nach § 13 Absatz 1 nicht überschreiten. ⁴Hierbei ist als Wert die Summe der in sämtlichen nach § 8 des Kapitalanleger-Musterverfahrensgesetzes ausgesetzten Verfahren geltend gemachten Ansprüche zugrunde zu legen, soweit diese Ansprüche von den Feststellungszielen des Musterverfahrens betroffen sind, höchstens jedoch 30 Millionen Euro. ⁵Der Vergütungsanspruch gegen den Auftraggeber bleibt unberührt.

(2) ¹Der Antrag ist spätestens vor dem Schluss der mündlichen Verhandlung zu stellen. ²Der Antrag und ergänzende Schriftsätze werden entsprechend § 12 Absatz 2 des Kapitalanleger-Musterverfahrensgesetzes bekannt gegeben. ³Mit der Bekanntmachung ist eine Frist zur Erklärung zu setzen. ⁴Die Landeskasse ist nicht zu hören.

(3) ¹Die Entscheidung kann mit dem Musterentscheid getroffen werden. ²Die Entscheidung ist dem Musterkläger, den Musterbeklagten, den Beigeladenen sowie dem Rechtsanwalt mitzuteilen. ³§ 16 Absatz 1 Satz 2 des Kapitalanleger-Musterverfahrensgesetzes ist entsprechend anzuwenden. ⁴Die Mitteilung kann durch öffentliche Bekanntmachung ersetzt werden, § 11 Absatz 2 Satz 2 des Kapitalanleger- Musterverfahrensgesetzes ist entsprechend anzuwenden. ⁵Die Entscheidung ist unanfechtbar.

(4) ¹Die Gebühr ist einschließlich der anfallenden Umsatzsteuer aus der Landeskasse zu zahlen. ²Ein Vorschuss kann nicht gefordert werden.

Literatur: *Fölsch*, Die besondere Gebühr für den Rechtsanwalt des Musterklägers, NJW 2013, 507.

A. Allgemeines 1	1. Antrag 23
B. Regelungsgehalt 5	2. Zuständigkeit 29
C. Regelungsgehalt 8	3. Verfahren 31
I. Anwendungsbereich 8	4. Entscheidung 35
1. Persönlicher Anwendungsbereich 8	IV. Fälligkeit und Vorschuss (Abs. 4 S. 2) 46
2. Sachlicher Anwendungsbereich 11	V. Vergütungsschuldner (Abs. 4 S. 1) und Verhältnis zum Vergütungsanspruch gegenüber dem Auftraggeber (Abs. 5 S. 1) 51
3. Anspruchsvoraussetzungen (Abs. 1 S. 1) .. 12	
II. Bewilligung, Gebührenhöhe, Gegenstandswert (Abs. 1) 17	VI. Festsetzung 54
III. Bewilligungsverfahren (Abs. 2) 23	D. Nr. 9018 GKG-KostVerz. 58

A. Allgemeines

1 § 41a enthält eine besondere Gebühr für die Vertretung im erstinstanzlichen Musterverfahren. Sie steht nur dem Rechtsanwalt, der den Musterkläger vertritt, zu. Die Gebühr soll seinen Mehraufwand angemessen honorieren.

2 Die Gebühr ist auf Antrag durch das OLG zu bewilligen. In Abs. 1 sind die Voraussetzungen für eine Bewilligung geregelt. Die Gebühr darf einen Gebührensatz von 0,3 nicht überschreiten. Gegenstandswert dieser Gebühr ist die Summe der in sämtlichen nach § 8 KapMuG ausgesetzten Ausgangsverfahren geltend gemachten Ansprüche, soweit diese Ansprüche von den Feststellungszielen des Musterverfahrens betroffen sind. Der Antrag ist spätestens vor dem Schluss der mündlichen Verhandlung zu stellen. Abs. 2, 3 regeln das weitere Verfahren. Die Gebühr einschließlich der Umsatzsteuer ist aus der Staatskasse zu zahlen. Der Vergütungsanspruch gegen den Auftraggeber bleibt unberührt. Als gerichtliche Auslage wird diese besondere Gebühr über Nr. 9018 GKG-KostVerz. auf die einzelnen Ausgangsverfahren verteilt, so dass für die Kosten alle Kostenschuldner haften und die Kostenlast letztlich die in den Ausgangsverfahren unterlegenen Parteien trifft.

3 Die besondere Gebühr des § 41a ist durch das Gesetz zur Reform des Kapitalanleger-Musterverfahrensgesetzes vom 19.10.2012 eingeführt worden.

Die Regelung ist am 1.11.2012 in Kraft getreten.[1] Ist der unbedingte Auftrag zur Erledigung der Angelegenheit im Ausgangsverfahren bzw. Musterverfahren (vgl. § 16 Nr. 13) an den Rechtsanwalt vor dem 1.11.2012 erteilt, ist § 41a nicht anzuwenden, weil dann nach der Übergangsvorschrift des § 60 Abs. 1 S. 1 die Vergütung nur nach bisherigem Recht zu berechnen ist.

B. Regelungsgehalt

Zweck des § 41a ist es, dem Rechtsanwalt, der den Musterkläger vertritt, angemessen zu vergüten, dass
- er gegenüber den Rechtsanwälten, die die Beigeladenen vertreten, einen relevanten **Mehraufwand** tätigt und
- von diesem Mehraufwand nicht nur der Musterkläger, sondern auch die **Beigeladenen profitieren**.

Mit dem Gesetz zur Einführung von Kapitalanleger-Musterverfahren vom 16.8.2005 bestimmte der Gesetzgeber allerdings, dass das erstinstanzliche Prozessverfahren und das erstinstanzliche Musterverfahren dieselbe Angelegenheit bilden. Dies hatte zur Folge, dass im Musterverfahren gegenüber dem Ausgangsverfahren keine zusätzlichen Rechtsanwaltsgebühren entstehen konnten. Mit § 16 Nr. 13 und weiteren kostenrechtlichen Regelungen wollte der Gesetzgeber das Prozesskostenrisiko der geschädigten Kapitalanleger minimieren und dadurch zur Attraktivität des Musterverfahrens beitragen.[2] Dabei ging der Gesetzgeber davon aus, dass der Mehraufwand auch für den Rechtsanwalt des Musterklägers nicht so hoch erscheine, dass er eine zusätzliche Gebühr rechtfertige.[3]

Von der Vermeidung zusätzlicher Rechtsanwaltsgebühren musste der Gesetzgeber mit Gesetz zur Reform des Kapitalanleger-Musterverfahrensgesetzes abweichen.[4] Er führte in § 41a die besondere Gebühr zugunsten des Rechtsanwalts, der den Musterkläger vertritt, ein und verteilte die Gebühr als gerichtliche Auslage über Nr. 9018 GKG-KostVerz. auf die einzelnen Ausgangsverfahren.

Die Praxis des KapMuG zeigte, dass dem Musterkläger bei der Führung des Musterverfahrens eine hervorgehobene Bedeutung zukommt.[5] Die Beigeladenen nehmen kaum aktiv an dem Musterverfahren teil und verlassen sich weitgehend auf die Prozessführung des Musterklägers.[6] Der weit überwiegende Arbeitsanteil im Musterverfahren entfällt auf den anwaltlichen Prozessbevollmächtigten des Musterklägers.[7] Dieser Arbeitsaufwand kommt nicht nur dem Musterkläger, sondern allen Beteiligten auf Klägerseite zugute.[8]

C. Regelungsgehalt

I. Anwendungsbereich

1. Persönlicher Anwendungsbereich

Die Vorschrift des § 41a gilt nur für den Rechtsanwalt, der den Musterkläger vertritt.

Der Musterkläger wird durch das OLG, bei dem das Musterverfahren anhängig ist, durch Beschluss bestimmt. Das OLG wählt den Musterkläger nach billigem Ermessen aus den Klägern, deren Verfahren nach § 8 KapMuG ausgesetzt wurden, aus (§ 9 Abs. 2 S. 1 KapMuG). Dabei sind zu berücksichtigen (§ 9 Abs. 2 S. 2 KapMuG):
- die Eignung des Klägers, das Musterverfahren unter Berücksichtigung der Interessen der Beigeladenen angemessen zu führen,
- eine Einigung mehrerer Kläger auf den Musterkläger und
- die Höhe des Anspruchs, soweit er von den Feststellungszielen des Musterverfahrens betroffen ist.

---

1 § 12 KapMuG ist durch Art. 9 des Gesetzes zur Reform des Kapitalanleger-Musterverfahrensgesetzes erneut geändert worden mit einem Inkrafttreten zum 1.7.2013.
2 Vgl. BT-Drucks 15/5091, S. 19.
3 Vgl. BT-Drucks 15/5091, S. 37.
4 Vgl. BT-Drucks 17/8799, S. 28.
5 BT-Drucks 17/8799, S. 28.
6 BT-Drucks 17/8799, S. 28.
7 BT-Drucks 17/8799, S. 28.
8 BT-Drucks 17/8799, S. 28.

10 § 41a gilt nicht für einen Rechtsanwalt, der einen Beigeladenen vertritt, auch dann nicht, wenn er einen hohen Arbeitsaufwand im Musterverfahren getätigt hat.

Die Regelung gilt auch nicht für einen Rechtsanwalt, der den Musterbeklagten vertritt.

2. Sachlicher Anwendungsbereich

11 Die Vergütung nach § 41a kann nur im erstinstanzlichen Musterverfahren vor dem OLG anfallen. Sie entsteht dagegen nicht im Rechtsbeschwerdeverfahren nach § 20 KapMuG.

3. Anspruchsvoraussetzungen (Abs. 1 S. 1)

12 Die Voraussetzungen der besonderen Gebühr ist in § 41a Abs. 1 S. 1 normiert.

13 Voraussetzung ist, dass der **Aufwand** des Rechtsanwalts, der den Musterkläger vertritt, im Vergleich zu dem Aufwand der Rechtsanwälte, die die Beigeladenen vertreten, **höher** ist. Hier kommt es auf einen **tatsächlichen**, vergütungsrechtlich relevanten Mehraufwand an.[9] Die besondere Gebühr scheidet demnach grundsätzlich aus, wenn sich die Rechtsanwälte, die die Beigeladenen vertreten, in vergleichbarer Weise an dem Musterverfahren beteiligen wie der Rechtsanwalt, der den Musterkläger vertritt.[10] In diesen Fällen soll eine höhere Vergütung für den Musterklägervertreter nicht gerechtfertigt sein.[11]

14 Die Bewilligung steht im **Ermessen** des OLG. Denn § 41a Abs. 1 S. 1 ist als Kann-Vorschrift ausgestaltet. Dies gibt dem OLG den nötigen **Ermessensspielraum**, um allen Fallgestaltungen gerecht werden zu können.[12] Billigkeitserwägungen sind damit möglich.

15 Deshalb kommt die Bewilligung einer besonderen Gebühr für den Rechtsanwalt, der den Musterkläger vertritt, auch dann in Betracht, wenn sein Aufwand **außergewöhnlich hoch** ist, aber im Vergleich zu dem Aufwand der Rechtsanwälte, die die Beigeladenen vertreten, nicht höher liegt. Zwar fehlt es an einem Mehraufwand im Verhältnis der Rechtsanwälte zueinander. Ist jedoch der Arbeitsaufwand außergewöhnlich hoch, kommt diesem Arbeitsaufwand als solchem entscheidendes Gewicht zu, ohne dass er in Relation zu dem Arbeitsaufwand anderer Rechtsanwälte in dem Musterverfahren zu setzen ist. Ob ein Arbeitsaufwand außergewöhnlich hoch ist, bemisst sich nicht im Vergleich zu einem „normalen" Prozessverfahren, sondern im Vergleich zu erstinstanzlichen Musterverfahren.

16 Aufgrund des Ermessensspielraums kann das Gericht auch angemessen reagieren, wenn ein Musterkläger während des Verfahrens ausscheidet und das Verfahren von einem anderen Musterkläger fortgesetzt wird.[13] Es kann entweder einem der Musterklägervertreter keine oder beiden eine niedrigere Gebühr zuerkennen[14] oder beiden Vertretern die volle 0,3-Gebühr bewilligen.

II. Bewilligung, Gebührenhöhe, Gegenstandswert (Abs. 1)

17 Die besondere Gebühr wird dem Grunde und der Höhe nach durch das OLG **bewilligt**. Mit der zusätzlichen Gebühr soll die Tätigkeit des Rechtsanwalts im erstinstanzlichen Musterverfahren vor dem Oberlandesgericht honoriert werden. Erst durch die Bewilligung des OLG steht der konkrete Gebührensatz fest. Die möglichen Gebührensätze betragen 0,1, 0,2 oder 0,3 (zum Höchstgebührensatz vgl. Rdn 19). Für die Höhe der bewilligten besonderen Gebühr kann das OLG alle Umstände des Einzelfalls heranziehen. In § 41a Abs. 1 S. 2 ist hervorgehoben, dass bei der Bemessung der Gebühr
– der Mehraufwand für den Rechtsanwalt, der den Musterkläger vertritt,
– der Vorteil für die Beigeladenen und
– die Bedeutung für die Beigeladenen
zu **berücksichtigen** sind.

---

[9] Vgl. BT-Drucks 17/8799, S. 29.
[10] BT-Drucks 17/8799, S. 29.
[11] So BT-Drucks 17/8799, S. 29.
[12] BT-Drucks 17/8799, S. 29.
[13] BT-Drucks 17/8799, S. 29.
[14] BT-Drucks 17/8799, S. 29.

Die in § 41a Abs. 1 S. 2 ausdrücklich genannten Kriterien gelten nicht nur für die Höchstgebühr,[15] sondern dienen auch der Bestimmung der angemessenen Gebühr. Die Kriterien des § 14 Abs. 1 können als weitere Umstände herangezogen werden.

Bei dem Kriterium „Vorteil" geht es darum, ob und inwieweit die Beigeladenen von dem Mehraufwand des Rechtsanwalts, der den Musterkläger vertritt, in dem Musterverfahren profitierten.[16] Bei dem Kriterium „Bedeutung" ist insbesondere einzubeziehen, mit welchem Anteil der Musterkläger am Gesamtgegenstand des Musterverfahrens beteiligt ist. Repräsentiert der Musterkläger, bezogen auf den Gegenstandswert im Sinne von § 41a Abs. 1 S. 4, bereits einen großen Anteil, ist die Bedeutung für die übrigen Beigeladenen geringer einzuschätzen als in Fällen, in denen die Mehrheit der Anteile auf die Beigeladenen entfällt.[17]

§ 41a Abs. 1 S. 3 bestimmt den Höchstsatz der besonderen Gebühr des § 41a. Der Höchstsatz beträgt 0,3. Der Gesetzgeber geht davon aus, dass der Gebührensatz von bis 0,3 im Hinblick auf die häufig hohen Gegenstandswerte ausreichend erscheine.[18] Der Angemessenheit dieser Gebührenbegrenzung dürften indes die langwierige Dauer und die besondere Schwierigkeit der anwaltlichen Tätigkeit im Musterverfahren entgegenstehen.

Als Gegenstandswert der besonderen Gebühr bestimmt § 41a Abs. 4 S. 4 die Summe der in sämtlichen nach § 8 KapMuG ausgesetzten Verfahren geltend gemachten Ansprüche, soweit diese Ansprüche von den Feststellungszielen des Musterverfahrens betroffen sind. Dieser Wert ist gesetzlich vorgegeben und ist nicht Bestandteil der Bewilligungsentscheidung des OLG.

Es ist daher die besondere Gebühr nach § 41a bis zu einem Betrag von 27.513,90 EUR denkbar (0,3 Gebühr auf einen Gegenstandswert von mehr als 30 Mio. EUR).

Beispiel: Berechnung der besonderen Gebühr (§ 41a)
Im Musterverfahren wird dem Rechtsanwalt R, der den Musterkläger M vertritt, die besondere Gebühr zuzüglich Umsatzsteuer nach § 41a mit einem Gebührensatz von 0,3 bewilligt. Die Summe der in sämtlichen nach § 8 KapMuG ausgesetzten Verfahren geltend gemachten Ansprüche beträgt 900.000 EUR. Welcher Betrag entsteht für die besondere Gebühr brutto?
Der Gegenstandswert der besonderen Gebühr beträgt nach § 41a Abs. 1 S. 4 900.000 EUR. Bei einem bewilligten Gebührensatz von 0,3 beträgt die besondere Gebühr 1.323,90 EUR zuzüglich Umsatzsteuer (19 %) 251,54 EUR, mithin zusammen 1.575,44 EUR.

III. Bewilligungsverfahren (Abs. 2)

1. Antrag

Die besondere Gebühr kann nur auf Antrag bewilligt werden (vgl. § 41a Abs. 1 S. 1). Der Antrag ist von dem Rechtsanwalt, der den Musterkläger vertritt oder vertreten hat, zu stellen. Der Antrag bedarf keiner Schriftform. Er kann in der mündlichen Verhandlung oder zu Protokoll der Geschäftsstelle erklärt werden.

Der Antrag ist **spätestens vor dem Schluss der mündlichen Verhandlung** im Musterverfahren zu stellen. Dieser späteste Zeitpunkt liegt noch vor dem Zeitpunkt der Fälligkeit der Gebühr. Die Gebühr wird erst mit Abschluss des erstinstanzlichen Musterverfahrens fällig (vgl. näher bei Rdn 46 ff.). Die Fälligkeit der Gebühr ist damit keine Zulässigkeitsvoraussetzung des Antrags. Dieses Ergebnis bestätigt sich auch durch § 41a Abs. 3 S. 1. Diese Vorschrift berechtigt das OLG, gleichzeitig mit dem Musterentscheid die Entscheidung über die Bewilligung der besonderen Gebühr treffen zu können. Dabei begründet der Musterentscheid erst die Fälligkeit der Gebühr.

Der Antrag muss keine Begründung enthalten. Dennoch sollte er, ggf. ausführlich, **begründet werden**. Insbesondere sollte im Antrag auf den Umfang und die Schwierigkeit des Musterverfahrens eingegangen werden. Teilweise ergeben sich zwar die Umstände des Musterverfahrens aus der gerichtlichen Akte bei dem OLG. Außerhalb der Gerichtsakte und der mündlichen Verhandlung werden viele bewilligungsrelevante Umstände für das OLG aber nicht erkennbar sein. Das OLG kann sie nur berücksichtigen, wenn sie vorgetragen werden. Solche Umstände können insbesondere der zeitliche Aufwand, Besprechungen, Ermittlungen und andere Tätigkeiten sein. Der Antrag sollte

---

15 So aber BT-Drucks 17/8799, S. 29.
16 Vgl. BT-Drucks 17/8799, S. 28 f.
17 BT-Drucks 17/8799, S. 29.
18 Vgl. BT-Drucks 17/8799, S. 29.

sich aber mit Vermutungen zum Aufwand der Rechtsanwälte, die die Beigeladenen vertreten, zurückhalten. Hinsichtlich dieses Aufwands trägt der Rechtsanwalt, der den Musterkläger vertritt, auch nicht die Darlegungslast.

26 Ein bezifferter Gebührensatz muss nicht angegeben werden. Es ist aber sinnvoll, dass der Rechtsanwalt, der den Musterkläger vertritt, zu erkennen gibt, welchen Gebührensatz er für angemessen hält.

27 Der Antrag bedarf **keiner Schriftform**. Er kann auch zu Protokoll der Geschäftsstelle des OLG erklärt werden. Der Antrag kann auch in der mündlichen Verhandlung gestellt werden.

28 Antrag auf Bewilligung einer besonderen Gebühr

Rechtsanwalt R

Antrag nach § 41a RVG

An das

OLG [...]

In dem Musterverfahren

des Musterklägers

vertreten durch Rechtsanwalt R

gegen den Musterbeklagten

vertreten durch Rechtsanwalt S

stelle ich folgende Anträge:
1. Rechtsanwalt R wird die besondere Gebühr aus § 41a Abs. 1 RVG mit einem Gebührensatz von 0,3 bewilligt.
2. Der Gegenstandswert der besonderen Gebühr aus § 41a Abs. 1 RVG wird auf [...] EUR festgesetzt.

Gründe

[...]

(Unterschrift des Rechtsanwalts R)

2. Zuständigkeit

29 Zuständig für die Bewilligung der besonderen Gebühr ist das OLG (vgl. § 41a Abs. 1 S. 1), bei dem das Musterverfahren anhängig ist.

30 Bei dem OLG wird die Entscheidung durch den Senat, besetzt mit drei Richtern, getroffen. Zwar ist dies in § 41a nicht ausdrücklich bestimmt, ergibt sich aber aus der Begründung des Gesetzgebers, dass die Grundlagen für die Bemessung der besonderen Gebühr regelmäßig nur durch das Gericht und die Verfahrensbeteiligten nicht aber durch den Vertreter der Staatskasse beurteilt werden könne. Hier kann nur der Senat des OLG gemeint sein, bei dem das Musterverfahren geführt wird. Im Musterverfahren selbst ist der Senat des OLG stets mit drei Richtern besetzt (§ 122 Abs. 1 GVG), weil § 11 Abs. 1 S. 2 KapMuG die Anwendung der Vorschriften über den Einzelrichter in den §§ 348 bis 350 ZPO ausschließt.

3. Verfahren

31 Das Verfahren auf Bewilligung einer besonderen Gebühr ist ein gerichtliches Verfahren, in dem den Beteiligten grundsätzlich **rechtliches Gehör** gewährt werden muss. Anspruch auf rechtliches Gehör haben der Musterkläger, die Beigeladenen und der Musterbeklagte. Denn diese Parteien werden durch die Bewilligung der besonderen Gebühr beschwert, weil die Gebühr als gerichtliche Auslage über Nr. 9018 GKG-KostVerz. auf die einzelnen Ausgangsverfahren anteilig verteilt wird, so dass für die Kosten alle Kostenschuldner haften und die Kostenlast letztlich die in den Ausgangsverfahren unterlegenen Parteien trifft.

§ 41a Abs. 2 S. 2 setzt den Anspruch auf Gewährung rechtlichen Gehörs um. Nach dieser Vorschrift sind der **Antrag** und auch ergänzende Schriftsätze entsprechend § 12 Abs. 2 KapMuG bekannt zu geben. Nach § 12 Abs. 2 KapMuG sind unter anderem Schriftsätze der Beteiligten im Musterverfahren in einem **elektronischen Informationssystem**, das nur den Beteiligten zugänglich ist, **bekannt zu geben**.

Eine Anhörung der Staatskasse wird durch § 41a Abs. 2 S. 4 ausgeschlossen. Dies dient der Vermeidung einer Verfahrensverzögerung und wir damit gerechtfertigt, dass die Grundlagen für die Bemessung der Zusatzgebühr regelmäßig nur durch das Gericht und die Verfahrensbeteiligten beurteilt werden können.[19] Ist aber gleichzeitig mit dem Antrag auf Bewilligung einer besonderen Gebühr auch der Antrag auf Festsetzung des Gegenstandswerts für diese Gebühr beantragt worden, ist die Staatskasse insoweit anzuhören (vgl. § 33 Rdn 56 ff.).

Mit der Bekanntmachung ist den Beteiligten eine **Erklärungsfrist** zu setzen (§ 41a Abs. 2 S. 3).

4. Entscheidung

Die Entscheidung über die Bewilligung der besonderen Gebühr ergeht durch Beschluss. Sie kann auch mit dem Musterentscheid getroffen werden (§ 41a Abs. 3 S. 1). Die gesetzliche Formulierung „mit" lässt offen, ob die Entscheidung über die Bewilligung auch in dem Musterentscheid getroffen werden darf. Empfehlenswert ist dies jedenfalls nicht. Denn der Musterentscheid und die Entscheidung über die Bewilligung unterliegen verschiedenen Verfahrensordnungen (KapMuG bzw. RVG).

In der Entscheidung müssen die Beigeladenen nicht im Rubrum aufgeführt werden (§ 41a Abs. 3 S. 3 i.V.m. § 16 Abs. 1 S. 2 KapMuG).

Wird dem Rechtsanwalt eine besondere Gebühr bewilligt, hat das OLG die Bewilligung in Höhe eines bestimmten Gebührensatzes auszusprechen. Soweit beantragt, kann das OLG gleichzeitig den Gegenstandswert nach § 41a Abs. 1 S. 4 festsetzen.

Die besondere Gebühr kann dem Rechtsanwalt, der den Musterkläger vertritt, nur einheitlich für das gesamte Musterverfahren bewilligt werden. Die Vorschrift des § 41a regelt nicht, dass die besondere Gebühr auch für einzelne Verfahrensteile des erstinstanzlichen Musterverfahrens bewilligt werden kann.

Die Bewilligung der besonderen Gebühr führt noch nicht zur Auszahlung. Dem Bewilligungsverfahren schließt sich noch das Festsetzungsverfahren nach § 55 an (vgl. Rdn 54).

Das Gericht spricht keine Bewilligung der Umsatzsteuer aus. Über den Ansatz der Umsatzsteuer ist allein im anschließenden Vergütungsfestsetzungsverfahren zu befinden (vgl. Rdn 56).

Beschluss über die Bewilligung einer besonderen Gebühr

OLG [...]

Beschluss

In dem Musterverfahren

des Musterklägers

vertreten durch Rechtsanwalt R.

gegen den Musterbeklagten

vertreten durch Rechtsanwalt S.

hat das OLG [...]

durch die Richter [...]

am [...]

beschlossen:

---

[19] Vgl. BT-Drucks 17/8799, S. 29.

Rechtsanwalt R wird die besondere Gebühr aus § 41a Abs. 1 RVG mit einem Gebührensatz von 0,3 bewilligt.

Der Gegenstandswert der besonderen Gebühr aus § 41a Abs. 1 RVG wird auf [...] EUR festgesetzt.

Gründe

[...]

(Unterschrift der Richter)

42 Liegen die Voraussetzungen für eine Bewilligung der besonderen Gebühr nicht vor, ist der Antrag zurückzuweisen.

43 Die Entscheidung über die Bewilligung ergeht mangels anderweitiger Regelungen gerichtsgebührenfrei und ohne Kostenerstattungspflicht.

44 Die Entscheidung über die Bewilligung ist den Beteiligten des Bewilligungsverfahrens mitzuteilen (§ 41a Abs. 3 S. 2). Dies sind der Rechtsanwalt, der den Musterkläger vertritt oder vertreten hat, der Musterkläger, die Beigeladenen und der Musterbeklagte. Die Mitteilung kann entsprechend § 11 Abs. 2 S. 2 KapMuG durch öffentliche Bekanntmachung ersetzt werden (§ 41a Abs. 3 S. 4). Die öffentliche Bekanntmachung wird dann durch Eintragung in das Klageregister bewirkt.

45 Die Entscheidung über die Bewilligung ist unanfechtbar (§ 41a Abs. 3 S. 5).

IV. Fälligkeit und Vorschuss (Abs. 4 S. 2)

46 Die besondere Gebühr wird mit Abschluss des erstinstanzlichen Musterverfahrens fällig. Die Fälligkeit tritt nicht erst mit Rechtskraft des Musterverfahrens ein.

47 Der Heranziehung des § 8 steht nicht entgegen, dass sich der Mehraufwand des Rechtsanwalts, der den Musterkläger vertritt, erst im Nachhinein zuverlässig bestimmen lässt. Da aber eine tatsächliche Betrachtung der anwaltlichen Tätigkeit im Musterverfahren für die Bewilligung der besonderen Gebühr maßgebend ist, ist es rechtlich nicht geboten, abweichend von § 8 die Fälligkeit bis zur Rechtskraft des Musterverfahrens hinauszuschieben (vgl. auch die Erläuterungen zu einem entsprechenden Streit, siehe § 51 Rdn 130 ff.).[20]

48 Ist der Auftrag vorzeitig beendet worden, wird die besondere Gebühr in diesem Zeitpunkt fällig.

49 Ab Eintritt der Fälligkeit hemmt der bis zum Schluss der mündlichen Verhandlung zu stellende Bewilligungsantrag die Verjährung.

50 Ein **Vorschuss** kann von der Staatskasse **nicht gefordert** werden (§ 41a Abs. 4 S. 2). Dies kann verfassungsrechtliche Bedenken aufwerfen.[21] Der Mehraufwand für den Rechtsanwalt, der den Musterkläger vertritt, wird durch die Auswahlentscheidung des OLG nach § 9 Abs. 2 KapMuG, wer Musterkläger wird, ausgelöst. Dabei beruht eine Auswahlentscheidung grundsätzlich auch auf der Eignung des Klägers, das Musterverfahren unter Berücksichtigung der Interessen der Beigeladenen angemessen zu führen. Dies zeigt, dass die anwaltliche Aufgabe über die Vertretung des Musterklägers im Musterverfahren hinaus geht und auch die Wahrung der Interessen der Beigeladenen erfassen soll. Weiterhin zeigt die Praxis, dass erstinstanzliche Musterverfahren langwierig sind. Die Vorenthaltung eines angemessenen Vorschusses kann daher eine unzumutbare Belastung für den Rechtsanwalt bedeuten. Der dem Rechtsanwalt gegen den Musterkläger zustehende Anspruch auf Vorschuss (§ 9) in Höhe der Verfahrensgebühr (VV 3100) und Terminsgebühr (VV 3104) auf die geringeren Gegenstandswert nach § 23b kann die Belastung des Rechtsanwalts nicht ausreichend beseitigen.

Die Vertretung des Musterklägers durch den Rechtsanwalt ist allerdings keine Form der Indienstnahme Privater für öffentliche Zwecke. Denn es fehlt an der Bestellung des Rechtsanwalts durch das Gericht in dem zivilrechtlichen Musterverfahren. Die Tätigkeit des Rechtsanwalts beruht allein

---

[20] Fälligkeit erst mit rechtskräftigem Abschluss: OLG Hamm NStZ 1997, 41; a.A. Fälligkeit mit Beendigung der Instanz: KG JurBüro 1999, 26; OLG Hamburg JurBüro 1991, 233; OLG Braunschweig JurBüro 2000, 475.

[21] Vgl zur anders gelagerten Situation der Unzumutbarkeit eines nicht gewährten Vorschuss auf die Pauschvergütung bei der Pflichtverteidigung nach § 51 Abs. 1 S. 5: BVerfG NJW 2005, 3699; BVerfG NJW 2011, 3079.

auf dem Anwaltsvertrag zwischen Rechtsanwalt und Auftraggeber. Daran ändert auch die Bewilligung einer besonderen Gebühr aus § 41a nichts.

V. Vergütungsschuldner (Abs. 4 S. 1) und Verhältnis zum Vergütungsanspruch gegenüber dem Auftraggeber (Abs. 5 S. 1)

Die bewilligte besondere Gebühr zuzüglich Umsatzsteuer ist gemäß § 41a Abs. 4 S. 1 aus der Staatskasse zu zahlen. Vergütungsschuldner ist der Auftraggeber des Rechtsanwalts dagegen nicht.

Die gesetzliche Regelung beruht darauf, dass der für den Rechtsanwalt, der den Musterkläger vertritt, entstehende Mehraufwand dadurch ausgelöst wird, dass das OLG durch seine Auswahlentscheidung nach § 9 Abs. 2 KapMuG bestimmt, wer Musterkläger wird.

Der Vergütungsanspruch des Rechtsanwalts gegenüber dem Musterkläger bleibt unberührt (§ 41a Abs. 1 S. 5). Die vom Musterkläger selbst geschuldete Vergütung bleibt dem Rechtsanwalt in voller Höhe erhalten. Es haben keine Anrechnungen oder ähnliches im Verhältnis zur besonderen Gebühr nach § 41a stattzufinden.

VI. Festsetzung

Allein auf die Bewilligung einer besonderen Gebühr findet eine Auszahlung noch nicht statt. Die besondere Gebühr zuzüglich der Umsatzsteuer wird auf Antrag **nach § 55 festgesetzt**. Zuständig ist für die Vergütungsfestsetzung der Urkundsbeamte der Geschäftsstelle des OLG (§ 55 Abs. 1 S. 1). Das OLG ist das Gericht des ersten Rechtszugs für das Musterverfahren.

Erklärungen zu Zahlungen des Auftraggebers bedarf es nicht, weil der Vergütungsanspruch und die besondere Gebühr des § 41a jeweils unberührt bleiben (vgl. § 41a Abs. 1 S. 5).

Die Umsatzsteuer ist auf Antrag der besonderen Gebühr des § 41a hinzuzusetzen (vgl. auch § 41a Abs. 4 S. 1). Die Bewilligung der besonderen Gebühr des § 41a erfolgt auf den Nettobetrag. Im Festsetzungsverfahren wird die Umsatzsteuer auf Antrag hinzugesetzt, vorausgesetzt, der Rechtsanwalt ist umsatzsteuerpflichtig.

Gegen die Festsetzung ist die Erinnerung nach § 56 Abs. 1 S. 1, Abs. 2 statthaft. Eine Beschwerde zum BGH gegen die Erinnerungsentscheidung ist nicht gegeben (vgl. § 56 Abs. 2 S. 1 i.V.m. § 33 Abs. 4 S. 3).

D. Nr. 9018 GKG-KostVerz.

Da die besondere Gebühr zuzüglich anteiliger Umsatzsteuer aus der Staatskasse gezahlt wird (vgl. § 41a Abs. 4 S. 1), wird der gezahlte Betrag zu einer Auslage des Musterverfahrens nach Nr. 9007 GKG-KostVerz. Nach Nr. 9018 GKG-KostVerz. werden die Auslagen des Musterverfahrens im Verhältnis der geltend gemachten Ansprüche auf die einzelnen Ausgangsverfahren verteilt. Auf diese Weise wird die besondere Gebühr einschließlich Umsatzsteuer in gleicher Weise auf alle Beteiligten des Musterverfahrens verteilt wie andere im Musterverfahren entstandene Auslagen (z.B. Sachverständigenkosten). Das Kostenrisiko tragen damit alle Beteiligten des Musterverfahrens gemeinsam, ohne dass sich das Kostenrisiko des Einzelnen, insbesondere des Musterklägers, über Gebühr erhöht.[22]

Die Verteilung der gesamten im erstinstanzlichen Musterverfahren entstandenen Auslagen auf die einzelnen Prozessverfahren bestimmt **Anm. Abs. 3** zu Nr. 9018 GKG-KostVerz.

Der auf ein einzelnes Ausgangsverfahren entfallende Anteil an den Gesamtauslagen ergibt sich aus dem Verhältnis der jeweils im zugrunde liegenden Prozessverfahren geltend gemachten Ansprüche, soweit diese Gegenstand des Musterverfahrens sind, zu der Summe der Ansprüche aus allen Prozessverfahren, auf die die Auslagen zu verteilen sind. Die Verfahren, denen infolge Klagerücknahme kein Anteil an den Auslagen zugewiesen wird (vgl. Anm. Abs. 2), werden bei der Berechnung der

---

[22] BT-Drucks 17/8799, S. 29.

Gesamtsumme der Ansprüche nicht berücksichtigt. Nach Anm. Abs. 2 zu Nr. 9018 GKG-KostVerz. werden Auslagen nur erhoben, wenn der Kläger nicht innerhalb von einem Monat ab Zustellung des Aussetzungsbeschlusses nach § 8 KapMuG seine Klage in der Hauptsache zurücknimmt.

60 **Beispiel:** Verteilung der besonderen Gebühr (§ 41a) auf alle Ausgangsverfahren nach Nr. 9018 Anm. Abs. 3 GKG-KostVerz.
Im Musterverfahren wird dem Rechtsanwalt R, der den Musterkläger M vertritt, die besondere Gebühr zuzüglich Umsatzsteuer nach § 41a mit einem Gebührensatz von 0,3 bewilligt. Die Summe der in sämtlichen nach § 8 KapMuG ausgesetzten Verfahren geltend gemachten Ansprüche beträgt 900.000 EUR. Im zugrunde liegenden Ausgangsverfahren macht der Kläger K 30.000 EUR geltend. In welcher Höhe wird das von K betriebene Ausgangsverfahren an der besonderen Gebühr brutto beteiligt?
Der Gegenstandswert der besonderen Gebühr beträgt nach § 41a Abs. 1 S. 4 900.000 EUR. Bei einem bewilligten Gebührensatz von 0,3 beträgt die besondere Gebühr 1.323,90 EUR zuzüglich Umsatzsteuer in Höhe von 251,54 EUR, mithin zusammen 1.575,44 EUR. Dieses ist eine Auslage im Sinne von Nr. 9007 GKG-KostVerz. Die Verteilung auf das von K betriebene Prozessverfahren erfolgt über Nr. 9018 Anm. Abs. 3 GKG-KostVerz. Der Anteil des von dem Kläger K betriebenen Prozessverfahrens zu der Summe der Ansprüche aus allen Prozessverfahren beträgt 30.000 EUR geteilt durch 900.000 EUR, mithin 3,33 %. Auf die Auslagen von 1.575,44 EUR ergeben 3,33 % 52,51 EUR. Der Betrag von 52,51 EUR ist derjenige Anteil der im Musterverfahren entstandenen Auslagen (hier: besondere Gebühr zuzüglich Umsatzsteuer nach § 41a), die dem von dem Kläger K betriebenen Prozessverfahren zuzuordnen sind.

Abschnitt 7
Straf- und Bußgeldsachen sowie bestimmte sonstige Verfahren

§ 42 Feststellung einer Pauschgebühr

(1) ¹In Strafsachen, gerichtlichen Bußgeldsachen, Verfahren nach dem Gesetz über die internationale Rechtshilfe in Strafsachen, in Verfahren nach dem IStGH-Gesetz, in Freiheitsentziehungs- und Unterbringungssachen sowie bei Unterbringungsmaßnahmen nach § 151 Nummer 6 und 7 des Gesetzes über das Verfahren in Familiensachen und in den Angelegenheiten der freiwilligen Gerichtsbarkeit stellt das Oberlandesgericht, zu dessen Bezirk das Gericht des ersten Rechtszugs gehört, auf Antrag des Rechtsanwalts eine Pauschgebühr für das ganze Verfahren oder für einzelne Verfahrensabschnitte durch unanfechtbaren Beschluss fest, wenn die in den Teilen 4 bis 6 des Vergütungsverzeichnisses bestimmten Gebühren eines Wahlanwalts wegen des besonderen Umfangs oder der besonderen Schwierigkeit nicht zumutbar sind. ²Dies gilt nicht, soweit Wertgebühren entstehen. ³Beschränkt sich die Feststellung auf einzelne Verfahrensabschnitte, sind die Gebühren nach dem Vergütungsverzeichnis, an deren Stelle die Pauschgebühr treten soll, zu bezeichnen. ⁴Die Pauschgebühr darf das Doppelte der für die Gebühren eines Wahlanwalts geltenden Höchstbeträge nach den Teilen 4 bis 6 des Vergütungsverzeichnisses nicht übersteigen. ⁵Für den Rechtszug, in dem der Bundesgerichtshof für das Verfahren zuständig ist, ist er auch für die Entscheidung über den Antrag zuständig.

(2) ¹Der Antrag ist zulässig, wenn die Entscheidung über die Kosten des Verfahrens rechtskräftig ist. ²Der gerichtlich bestellte oder beigeordnete Rechtsanwalt kann den Antrag nur unter den Voraussetzungen des § 52 Abs. 1 Satz 1, Abs. 2, auch in Verbindung mit § 53 Abs. 1, stellen. ³Der Auftraggeber, in den Fällen des § 52 Abs. 1 Satz 1 der Beschuldigte, ferner die Staatskasse und andere Beteiligte, wenn ihnen die Kosten des Verfahrens ganz oder zum Teil auferlegt worden sind, sind zu hören.

(3) ¹Der Senat des Oberlandesgerichts ist mit einem Richter besetzt. ²Der Richter überträgt die Sache dem Senat in der Besetzung mit drei Richtern, wenn es zur Sicherung einer einheitlichen Rechtsprechung geboten ist.

(4) Die Feststellung ist für das Kostenfestsetzungsverfahren, das Vergütungsfestsetzungsverfahren (§ 11) und für einen Rechtsstreit des Rechtsanwalts auf Zahlung der Vergütung bindend.

(5) ¹Die Absätze 1 bis 4 gelten im Bußgeldverfahren vor der Verwaltungsbehörde entsprechend. ²Über den Antrag entscheidet die Verwaltungsbehörde. ³Gegen die Entscheidung kann gerichtliche Entscheidung beantragt werden. ⁴Für das Verfahren gilt § 62 des Gesetzes über Ordnungswidrigkeiten.

Literatur: *Burhoff,* Die Pauschgebühr in Straf- und Bußgeldsachen (§§ 42, 51 RVG), RVGreport 2006, 125.

A. Allgemeines	1
B. Regelungsgehalt	5
I. Verfahren nach VV Teil 4, gerichtliche Verfahren nach VV Teil 5 und Verfahren nach dem IStGH (VV Teil 6 Abschnitt 1)	5
1. Sachlicher Anwendungsbereich	5
2. Persönlicher Anwendungsbereich	7
3. Voraussetzungen	10
4. Verfahren	23
a) Antrag (Abs. 1 S. 1)	23
b) Frist	25
c) Unzulässigkeit nach Stellung eines Festsetzungsantrags über die gesetzlichen Gebühren	26
d) Zuständigkeit	29
e) Anhörung der Beteiligten (Abs. 2 S. 3)	32
f) Entscheidung (Abs. 1 S. 1)	37
g) Höhe der Pauschgebühr (Abs. 1 S. 3 und 4)	40
5. Bindungswirkung (Abs. 4)	45
6. Vorschuss	49
7. Verjährung	51
8. Beitreibung	53
II. Bußgeldverfahren vor der Verwaltungsbehörde nach VV Teil 5 Abschnitt 1, Unterabschnitt 2 (Abs. 5)	57
III. Verfahren nach VV Teil 6 Abschnitt 3 (Freiheitsentziehungs- und Unterbringungssachen sowie bei Unterbringungsmaßnahmen nach § 151 Nr. 6 und 7 FamFG)	61
C. Rechtsschutzversicherung	63

A. Allgemeines

1 Nach der BRAGO konnte lediglich der beigeordnete oder bestellte Anwalt die Bewilligung einer Pauschgebühr verlangen (jetzt: § 51; vormals § 99 BRAGO). Aufbauend auf dieser Vorschrift hat das RVG in § 42 eingeführt, dass auch der **Wahlanwalt** die Bewilligung einer **Pauschgebühr** beantragen kann.

2 Das Verfahren hinsichtlich der Bewilligung der Pauschgebühr für den Wahlanwalt orientiert sich an dem Verfahren über die Bewilligung der Pauschvergütung eines gerichtlich bestellten oder beigeordneten Anwalts (§ 51).

3 Der Wahlverteidiger hatte nach der BRAGO nur die Möglichkeit, bei besonders umfangreichen oder schwierigen Angelegenheiten den Gebührenrahmen bis zur Höchstgebühr auszuschöpfen und ggf. auch die Höchstgebühr zu überschreiten, nämlich dann, wenn sich der Mandant nicht auf freiem Fuß befand (§ 83 Abs. 3 BRAGO) oder wenn sich die Tätigkeit auch auf eine Einziehung und verwandte Maßnahme oder auf die Entziehung der Fahrerlaubnis oder ein Fahrverbot erstreckte (§ 88 S. 2 und 3 BRAGO). Im Übrigen musste er versuchen, mit dem Mandanten eine Honorarvereinbarung zu treffen, wenn er meinte, mit den gesetzlichen Gebühren nicht auszukommen. Nach dem RVG kann auch dem Wahlanwalt nunmehr eine Pauschgebühr bewilligt werden, wenn ihm die Tätigkeit zu den gesetzlichen Höchstgebühren wegen des besonderen Umfangs und der besonderen Schwierigkeit nicht zumutbar ist. Faktisch handelt es sich hier um eine gerichtliche Anpassung der Geschäftsgrundlage. Das Gericht greift mit der Bewilligung einer Pauschvergütung in einen privatrechtlichen Vertrag ein und ändert die dort getroffene, kraft Gesetzes geltende Gebührenbestimmung. Im Gegensatz zu den Verfahren nach § 51, in denen Vergütungsschuldner die Staatskasse ist, führt die Bewilligung der Pauschgebühr nach § 42 dazu, dass der Auftraggeber nunmehr eine höhere Vergütung über die gesetzlichen Rahmengebühren hinaus zahlen muss.

4 Die neue Regelung des § 42 hat darüber hinaus auch zu einer Änderung im Rahmen der Kostenerstattung geführt. Faktisch kann dies dazu führen – worauf *Hartung*[1] zu Recht hinweist –, dass teilweise auch die Erstattung vereinbarter Vergütungen in Betracht kommt. Sofern über die gesetzlichen Gebühren hinaus eine Pauschvergütung nach § 42 bewilligt wird, ist diese auch zu erstatten. Von daher hat der Antrag auf Bewilligung einer Pauschgebühr auch dann Bedeutung, wenn dem Anwalt ohnehin aufgrund einer Vergütungsvereinbarung nach §§ 3a ff. bereits eine höhere Vergütung zusteht.

B. Regelungsgehalt

I. Verfahren nach VV Teil 4, gerichtliche Verfahren nach VV Teil 5 und Verfahren nach dem IStGH (VV Teil 6 Abschnitt 1)

1. Sachlicher Anwendungsbereich

5 Die Möglichkeit der Pauschgebühr für den Wahlanwalt besteht für sämtliche Tätigkeiten in allen
- Strafverfahren (Abs. 1),
- Verfahren nach dem Strafrechtlichen Rehabilitierungsgesetz,[2]
- gerichtlichen Bußgeldverfahren (Abs. 1),[3]
- Verfahren nach dem Gesetz über die internationale Rechtshilfe in Strafsachen (Abs. 1) und
- Verfahren nach dem IStGH-Gesetz (Abs. 1).
- Im Gegensatz zu dem Pflichtverteidiger gilt für den Wahlverteidiger die Vorschrift des § 42 auch in einer Gnadensache (VV 4303).[4] Für den Pflichtverteidiger scheidet dies aus, da er dort nicht beigeordnet oder bestellt werden kann, obwohl das RVG hier kurioserweise für den bestellten oder beigeordneten Anwalt eine Festgebühr vorsieht.

---

[1] *Hartung/Römermann*, RVG, § 42 Rn 3.
[2] OLG Jena RVGreport 2007, 119 = RVG-Letter 2007, 55.
[3] OLG Düsseldorf AGS 2012, 566 = RVGreport 2012, 378 = NStZ-RR 2012, 263 = JurBüro 2012, 424.
[4] Mayer/*Kroiß*, RVG, § 42 Rn 5.

Eine entsprechende Anwendung des § 42 in einem Verfahren auf Entschädigung nach dem StrEG kommt nicht in Betracht.[5]

2. Persönlicher Anwendungsbereich

Die Vorschrift des § 42 kommt zunächst einmal nur für den Wahlanwalt in Betracht, also für
- den **Verteidiger im Erkenntnisverfahren**,
- den **Verteidiger im Strafvollstreckungsverfahren**,[6]
- den mit **Einzeltätigkeiten** beauftragten Anwalt,
- den Vertreter des Verurteilten in **Gnadensachen**[7]
- den **Vertreter**
  - eines Privatklägers,
  - eines Nebenklägers,
  - eines Einziehungs- oder Nebenbeteiligten,
  - des Vertreters im Klageerzwingungsverfahren[8] oder
- den **Beistand**
  - eines Verletzten,
  - eines Zeugen[9] oder
  - eines Sachverständigen und
- den **Vertreter** im Verfahren nach dem Strafrechtlichen Rehabilitierungsgesetz.[10]

Daneben kommt eine Pauschvergütung nach § 42 aber auch für den **gerichtlich bestellten oder beigeordneten Anwalt** in Betracht, nämlich dann, wenn er nach §§ 52, 53 den Beschuldigten oder einen anderen Vertretenen unmittelbar in Anspruch nehmen kann (Abs. 2 S. 2).[11] Sobald der Beschluss nach § 52 Abs. 3 (ggf. i.V.m. § 53) vorliegt, kann auch der gerichtlich bestellte oder beigeordnete Anwalt eine Pauschvergütung nach § 42 beantragen. Für ihn kommen also zwei Pauschvergütungen in Betracht, eine nach § 51 und eine nach § 42.

Darüber, ob die Inanspruchnahme des Beschuldigten oder eines anderweitig Vertretenen in Betracht kommt, wird allerdings nicht im Verfahren nach § 42 entschieden. Vielmehr muss der gerichtlich bestellte oder beigeordnete Anwalt zunächst das Verfahren nach §§ 52, 53 betreiben und dann dem Gericht im Verfahren nach § 42 den rechtskräftigen Beschluss nach §§ 52, 53 vorlegen. An diesen Beschluss ist das Gericht im Verfahren nach § 42 dann gebunden.

3. Voraussetzungen

Die Pauschgebühr nach § 42 wird bewilligt, wenn es dem Wahlanwalt (bzw. im Falle der §§ 52, 53 dem gerichtlich bestellten oder beigeordneten Anwalt) wegen des **besonderen Umfangs oder der besonderen Schwierigkeit** des Verfahrens unzumutbar ist, zu den gesetzlichen Rahmengebühren tätig zu werden. Eine Pauschgebühr darf auch hier nicht bewilligt werden, soweit Wertgebühren entstehen (Abs. 1 S. 2).

Eine **Vergütungsvereinbarung** nach §§ 3a ff. hat hier außer Betracht zu bleiben. Der Anwalt kann daher die Pauschgebühr nach § 42 auch dann beantragen, wenn ihm bereits aufgrund einer Vergütungsvereinbarung ein höherer Betrag als die gesetzlichen Rahmengebühren zusteht.

Dies hat insbesondere Bedeutung für die Kostenerstattung. Soweit nämlich eine Pauschgebühr bewilligt wird, ist diese auch zu erstatten. Insoweit erhält der Wahlverteidiger also faktisch die Erstattung eines vereinbarten Honorars oder zumindest die teilweise Erstattung des vereinbarten Honorars, wenn eine Pauschgebühr bewilligt wird.

Des Weiteren kann die Feststellung nach § 42 ungeachtet einer Vergütungsvereinbarung Bedeutung haben für die Frage, inwieweit die Staatskasse aufrechnen kann. Die Unwirksamkeit einer Aufrechnung der Staatskasse wird nach § 43 auf die Höhe der gesetzlichen Vergütung beschränkt. Dazu

---

[5] OLG Frankfurt/M. AGS 2007, 619 = NStZ-RR 2007, 223 = RVGreport 2007, 390.
[6] Mayer/*Kroiß*, RVG, § 42 Rn 5.
[7] Mayer/*Kroiß*, RVG, § 42 Rn 5.
[8] Burhoff, RVG, § 42 Rn 3.
[9] *Burhoff*, RVG, § 42 Rn 3.
[10] OLG Jena RVGreport 2007, 119 = RVG-Letter 2007, 55.
[11] Mayer/*Kroiß*, RVG, § 42 Rn 4; *Burhoff*, RVG, § 42 Rn 3.

gehört aber auch eine Pauschgebühr nach § 42, so dass deren Feststellung wiederum erforderlich ist, um die Anrechnungssperre zu ermitteln (siehe § 43 Rdn 16 ff.).

14 Erforderlich für die Bewilligung einer Pauschvergütung ist, dass die Sache **besonders umfangreich und besonders schwierig** war. Insoweit wird auf die Kriterien des § 51 zurückgegriffen werden können, so dass auf die dortige Kommentierung verwiesen wird.

15 Hinzukommen muss, dass es für den Anwalt **unzumutbar** ist, nach den gesetzlichen Gebührenrahmen abzurechnen. Hier ergeben sich erhebliche Unterschiede zum Verfahren nach § 51. Im Gegensatz zum gerichtlich beigeordneten oder bestellten Anwalt steht dem Wahlanwalt ein Gebührenrahmen zu, so dass er grundsätzlich höhere Gebühren abrechnen kann als der gerichtlich bestellte oder beigeordnete Anwalt. Daher kommt für ihn die Bewilligung einer Pauschgebühr nur unter erheblich höheren Voraussetzungen in Betracht. Bei Festsetzung einer Pauschgebühr für den gewählten Verteidiger nach § 42 Abs. 1 schließt die Prüfung der Unzumutbarkeit die Berücksichtigung der weiteren Umstände, die nach § 14 bei der Bemessung der Rahmengebühren durch den Verteidiger maßgeblich sind, nämlich der Bedeutung der Angelegenheit sowie der Einkommens- und Vermögensverhältnisse des Auftraggebers, ein.[12] Eine Pauschgebühr nach § 42 wird vorrangig dann in Betracht kommen, wenn bereits die Bedeutung der Sache für den Auftraggeber und/oder seine Einkommens- und Vermögensverhältnisse überdurchschnittlich sind sowie zusätzlich ein besonderer Umfang der anwaltlichen Tätigkeit bzw. eine besondere Schwierigkeit gegeben ist. Insoweit unterscheidet sich die Festsetzung der Pauschgebühr nach § 42, auch wenn der Gesetzeswortlaut fast identisch ist, wesentlich von der Festsetzung einer Pauschgebühr gemäß § 51.[13]

16 Die Zumutbarkeitsprüfung ist unter Berücksichtigung der in § 14 Abs. 1 für die Bemessung der Rahmengebühr maßgeblichen Kriterien, insbesondere der Bedeutung der Angelegenheit in vergleichbaren Fällen vorzunehmen.[14]

17 Bußgeldverfahren, die erstinstanzlich vor dem OLG verhandelt werden, sind in der Regel bedeutend, so dass eine Pauschgebühr in Betracht kommt.[15]

18 Die Feststellung einer Pauschgebühr nach § 42 Abs. 1 kommt bei einem Wahlanwalt nur in Ausnahmefällen in Betracht. Da ein Wahlverteidiger, anders als ein gerichtlich bestellter Verteidiger, Betragsrahmengebühren erhält, innerhalb deren unterschiedliche Umstände weitgehend berücksichtigt werden können, liegt eine Unzumutbarkeit nur wesentlich seltener vor als bei § 51.[16] Die Rechtsprechung verfährt hier sehr restriktiv und stellt hohe Anforderungen.[17]

19 War der Verteidiger mit der Fertigung der Revisionsschrift beauftragt, bevor ihm dann durch den Angeklagten das Mandat entzogen wurde, so kann für die Tätigkeit des Anwalts im Revisionsverfahren eine Pauschgebühr festzustellen sein, die bei einem schwierigen und umfangreichen Verfahren in Höhe des Doppelten des Höchstbetrages der gesetzlichen Gebühren eines Wahlanwalts liegt.[18]

20 Auch wenn grundsätzlich die Bewilligung einer Pauschvergütung nur unter erheblich höheren Anforderungen für den Wahlverteidiger im Gegensatz zum Pflichtverteidiger in Betracht kommt, kann es ausnahmsweise auch umgekehrt liegen. So sehen z.B. die VV 4110 f. vor, dass der Pflichtverteidiger bei längerer Dauer der Hauptverhandlung von über fünf und über acht Stunden eine höhere Vergütung erhält. Eine entsprechende Staffelung ist für den Wahlanwalt nicht vorgesehen. Bei ihm kann daher eine überdurchschnittlich lange Dauer der Hauptverhandlung wiederum eher eine Pauschvergütung rechtfertigen als für den Pflichtverteidiger.

21 Insoweit wird auch die Rechtsprechung des BVerfG[19] zu beachten sein. Das BVerfG hat im Rahmen der Vergütung des Pflichtverteidigers und der Bewilligung einer Pauschgebühr für diesen klargestellt, dass aus verfassungsrechtlichen Gründen eine kostendeckende und mit einem angemessenen Gewinn verbundene Honorierung des Rechtsanwalts geboten ist. Diese Grundsätze lassen sich auch auf die Pauschgebühr des Wahlanwalts übertragen. Die Bewilligung einer Pauschgebühr für den Wahlanwalt

---

12 OLG Jena AGS 2006, 173 = NJW 2006, 933 = NZV 2006, 495 = RVG-Letter 2006, 34 = RVGreport 2006, 146.
13 OLG Jena AGS 2006, 173 = NJW 2006, 933 = NZV 2006, 495 = RVG-Letter 2006, 34 = RVGreport 2006, 146.
14 OLG Düsseldorf AGS 2012, 566 = RVGreport 2012, 378 = NStZ-RR 2012, 263 = JurBüro 2012, 424.
15 OLG Düsseldorf AGS 2012, 566 = RVGreport 2012, 378 = NStZ-RR 2012, 263 = JurBüro 2012, 424.
16 BGH JurBüro 2007, 531 = RVGreport 2007, 264.
17 Siehe z.B. KG AGS 2010, 223 = JurBüro 2010, 140 = RVGreport 2010, 23 = StRR 2010, 112; OLG Karlsruhe RVGprof. 2010, 115.
18 RVGreport 2005, 383.
19 NJW 2001, 1269.

soll also nicht nur Unbilligkeiten ausgleichen. Sie soll vielmehr dafür sorgen, dass in besonders umfangreichen und schwierigen Sachen eine angemessene kostendeckende Vergütung mit einem angemessenen Gewinn gewährleistet ist.

So wird eine Pauschgebühr insbesondere bei mehreren Terminen außerhalb der Hauptverhandlung in Betracht kommen. 22

> **Beispiel:** Der Verteidiger ist auftragsgemäß im vorbereitenden Verfahren in einem richterlichen Vernehmungstermin, einem Haftprüfungstermin und einem Termin über die Fortdauer der Untersuchungshaft tätig.
> Insgesamt erhält er die Gebühr nach VV 4102, 4103 nur einmal (Anm. zu VV 4102). Die Höchstgebühr beträgt 375 EUR. Dass diese Gebühr nicht kostendeckend, geschweige denn gewinnbringend sein kann, liegt auf der Hand.

4. Verfahren

a) Antrag (Abs. 1 S. 1)

Erforderlich ist ein Antrag des Rechtsanwalts (Abs. 1 S. 1). Eine **Begründung** ist nicht erforderlich. Auch im Rahmen des § 42 sollte der Antrag allerdings eine ausführliche Begründung enthalten.[20] Insbesondere sollte ausgeführt werden, welche Umstände die Überschreitung des gesetzlichen Gebührenrahmens rechtfertigen und erfordern. Eine **Bezifferung** der begehrten Pauschvergütung ist nicht erforderlich, gleichwohl sachdienlich und hilfreich. 23

Der Anwalt sollte auch eine kurze **Schilderung des Verfahrensablaufs** abgeben. Insbesondere sollte er auf solche Tatsachen und Umstände hinweisen, die für das Gericht aus den Akten nicht ersichtlich sind. Dies gilt insbesondere für Besprechungen mit dem Mandanten, Vorbereitung der Verteidigung, Vorbereitung der Hauptverhandlungstermine, rechtliche Prüfungen, Studium der Literatur und Rechtsprechung, Besprechungen mit dem Mandanten, Termine in der Justizvollzugsanstalt sowie Ermittlungen, die der Anwalt zur Entlastung seines Auftraggebers angestellt hat. 24

b) Frist

Eine Frist ist nicht vorgesehen. Zulässig ist der Antrag allerdings nicht schon mit rechtskräftiger Beendigung des Verfahrens, sondern erst nach **Eintritt der Rechtskraft der Entscheidung über die Kosten des Verfahrens**. Erst zu diesem Zeitpunkt steht fest, wer an dem Feststellungsverfahren zu beteiligen ist. Daher muss z.B. auch die Rechtskraft eines Beschwerdeverfahrens nach § 464 Abs. 3 StPO abgewartet werden.[21] Ein vor Rechtskraft gestellter Antrag ist als unzulässig zurückzuweisen.[22] 25

c) Unzulässigkeit nach Stellung eines Festsetzungsantrags über die gesetzlichen Gebühren

Ein Antrag auf Feststellung einer Pauschgebühr ist unzulässig, wenn der Verteidiger nach Ausübung seines Ermessens zur Bestimmung der angefallenen Gebühren Kostenfestsetzung beantragt hat. Dann tritt nach §§ 315 ff. BGB Bindungswirkung ein, so dass für eine Pauschgebühr kein Raum mehr ist.[23] Das Verfahren nach § 42 muss vor einem Festsetzungsantrag durchgeführt werden. 26

---

20 Mayer/*Kroiß*, RVG, § 42 Rn 15; *Burhoff*, RVG, § 42 Rn 13.
21 *Burhoff*, RVG, § 42 Rn 14.
22 *Burhoff*, RVG, § 42 Rn 14.
23 OLG Celle AGS 2008, 546 = StraFo 2008, 398 = DAR 2008, 730 = NStZ-RR 2009, 31 = RVGreport 2008, 382 = StRR 2008, 363 = NJW-Spezial 2008, 733; OLG Düsseldorf NStZ-RR 2013, 63 = JurBüro 2013, 80 = RVGreport 2013, 54.

27 Sind die gesetzlichen Gebühren bereits festgesetzt, ist ein Antrag auf Feststellung einer Pauschgebühr nach § 42 erst Recht unzulässig.[24]

28 Werden der Antrag auf Feststellung einer Pauschgebühr und der Antrag auf Festsetzung der zu erstattenden Vergütung (unter Einbeziehung) der Pauschgebühr gleichzeitig gestellt, so muss der Anwalt dafür Sorge tragen, dass zunächst über den Antrag auf Feststellung der Pauschgebühr entschieden wird. Gegebenenfalls muss er gegen eine vorab ergangene Festsetzung Rechtsmittel einlegen.[25]

d) Zuständigkeit

29 Zuständig ist das OLG, zu dessen Bezirk das Gericht des ersten Rechtszugs gehört (Abs. 1 S. 1). Im Verfahren vor dem BGH ist der BGH zuständig (Abs. 1 S. 5). Zur Festsetzung der Pauschgebühr im Verwaltungsverfahren siehe Rdn 53 ff.

30 Das OLG entscheidet mit einem Richter (Abs. 3 S. 1). Dieser hat die Sache dem Senat in der Besetzung von drei Richtern zu übertragen, wenn es zur Sicherung einer einheitlichen Rechtsprechung geboten erscheint (Abs. 3 S. 2).

31 Soweit der BGH für das Verfahren zuständig ist (Abs. 1 S. 5), ist er auch für die Entscheidung über die Feststellung einer Pauschgebühr zuständig.[26] Er entscheidet also über eine Pauschvergütung für die Tätigkeit der Revisionsbegründung sowie für eine eventuelle Tätigkeit in der Revisionshauptverhandlung. Darüber hinaus entscheidet er auch über eine Pauschvergütung in Ermittlungsverfahren bei Delikten, für die er erstinstanzlich zuständig ist. Hierin unterscheidet sich § 42 von § 51, wonach der BGH nur dann zuständig ist, wenn er den Pflichtverteidiger selbst bestellt hat.

e) Anhörung der Beteiligten (Abs. 2 S. 3)

32 Nach Abs. 2 S. 3 sind die Beteiligten anzuhören, also insbesondere
- der Auftraggeber,
- der Beschuldigte im Falle des § 52,
- der Vertretene in den Fällen des § 53 i.V.m. § 52,
- die Staatskasse sowie
- alle Beteiligten, soweit ihnen Kosten des Verfahrens ganz oder zum Teil auferlegt worden sind.

33 Die Einholung eines Gutachtens des Vorstands der Rechtsanwaltskammer nach § 14 Abs. 2 ist dagegen nicht vorgesehen.

34 Dieser erweiterte Kreis der Anhörungsbeteiligten ist erforderlich, da die Feststellung einer Pauschvergütung zugunsten des Wahlanwalts auch Einfluss auf die Kostenerstattung haben kann.

> **Beispiel:** Die Berufung eines Nebenklägers wird zurückgewiesen. Ihm werden die Kosten des Berufungsverfahrens auferlegt.
> Durch die Bewilligung einer Pauschvergütung für den Wahlverteidiger des Beschuldigten wäre der Nebenkläger beschwert, weil er dann auch dessen Pauschvergütung zu erstatten hätte.

35 Die Anhörungspflicht ist insbesondere geboten, weil nach Abs. 4 eine Bindungswirkung eintritt. Soweit das Gericht im Verfahren nach Abs. 1 eine Pauschvergütung bewilligt hat, ist dies sowohl für ein späteres Vergütungsfestsetzungsverfahren nach § 11 gegen den Auftraggeber als auch für einen Honorarprozess gegen den Auftraggeber bindend. Gleiches gilt für das Kostenfestsetzungsverfahren, also für die Kostenerstattung.

36 Sonstige Einwendungen materiell-rechtlicher Art bleiben dem Auftraggeber dagegen erhalten. So ist z.B. der Einwand der Schlechterfüllung nicht im Verfahren nach § 42 zu prüfen. Gleiches gilt für

---

[24] OLG Bamberg DAR 2011, 237 = wistra 2011, 160 = StRR 2011, 83 = RVGreport 2011, 176; OLG Jena AGS 2008, 174 = RVGreport 2008, 25 = Rpfleger 2008, 98 = JurBüro 2008, 82 = RVGreport 2008, 25 = RVGprof. 2008, 76; JurBüro 2010, 642 = Rpfleger 2011, 177 = RVGreport 2010, 414 = NStZ-RR 2010, 392 = StRR 2011, 79 = RVGprof. 2011, 50; OLG Köln, Beschl. v. 4.2.2009 –2 ARs 2/08.

[25] OLG Jena AGS 2011, 287 = JurBüro 2010, 642 = Rpfleger 2011, 177 = RVGreport 2010, 414 = NStZ-RR 2010, 392 = StRR 2011, 79 = RVGprof. 2011, 50.

[26] OLG Hamm JurBüro 2007, 529.

die Einrede der Verjährung. Zur Entscheidung solcher Fragen ist das Gericht im Verfahren nach § 42 nicht berufen. Dies bleibt dem ordentlichen Rechtsstreit vorbehalten.

f) Entscheidung (Abs. 1 S. 1)

Auch im Falle des § 42 ergeht die Entscheidung durch **Beschluss**. Dieser Beschluss ist **unanfechtbar** (**Abs. 1 S. 1**). Ungeachtet dessen ist er zu begründen (§ 304 Abs. 4 StPO). 37

Auch wenn eine Beschwerde gegen diesen Beschluss nicht möglich ist, bleibt eine **Gegenvorstellung** zulässig.[27] 38

Die Entscheidung des Gerichts befasst sich allein mit der Höhe der Vergütung. Materiell-rechtliche Einwände, wie z.B. Schlechterfüllung oder Verjährung, sind hier nicht zu berücksichtigen. Das Gericht setzt lediglich eine Pauschvergütung fest, die der Wahlanwalt an Stelle der gesetzlichen Rahmengebühren erhalten soll. 39

g) Höhe der Pauschgebühr (Abs. 1 S. 3 und 4)

Die Pauschgebühr kann ebenso wie beim Pflichtverteidiger für das **gesamte Verfahren** bewilligt werden oder auch für **einzelne Verfahrensabschnitte**. Insoweit wird auf die Kommentierung zu § 51 verwiesen. Auch hier gilt, dass bei der Festsetzung der Pauschvergütung für einzelne Verfahrensabschnitte die Gebühren nach dem Vergütungsverzeichnis, an deren Stelle die Pauschgebühr treten soll, zu bezeichnen sind (**Abs. 1 S. 3**). 40

Eine Einschränkung zur Höhe der Pauschvergütung enthält **Abs. 1 S. 4**. Eine entsprechende Regelung fehlt für die Höhe der Pauschvergütung nach § 51. Die Pauschgebühr für den Wahlanwalt darf **höchstens das Doppelte der für ihn geltenden Höchstbeträge** nach VV Teil 4 bis 6 ergeben. Im Ergebnis kann der Wahlanwalt also zusätzlich zur Höchstgebühr, die in diesen Fällen bereits nach § 14 Abs. 1 angemessen sein muss, lediglich einen „Zuschlag" in Höhe einer weiteren Höchstgebühr verlangen. 41

Festgesetzt wird allerdings nicht der „Zuschlag"; festgesetzt wird insgesamt die Pauschvergütung,[28] die – wie bereits ausgeführt – nicht mehr als das Doppelte der Höchstgebühr betragen darf. Soweit der Mandant bereits die Höchstgebühr aufgrund des Wahlanwaltsvertrags gezahlt hat, ist diese Zahlung dann selbstverständlich später zu verrechnen. 42

Die Bewilligung erfolgt auf **Nettobasis**.[29] **Auslagen** und **Umsatzsteuer** spielen in Verfahren nach § 42 keine Rolle. Soweit Umsatzsteuer angefallen ist und soweit Auslagen entstanden sind, werden diese dann in den entsprechenden Festsetzungsverfahren festgesetzt oder müssen im Rechtsstreit zusätzlich mit eingeklagt werden. 43

Auch bislang **erfolgte Zahlungen** bleiben im Verfahren nach § 42 außer Betracht. Zahlungen und Vorschüsse sind als materiell-rechtlicher Erfüllungseinwand im Rechtsstreit oder der Vergütungsfestsetzung zu berücksichtigen. 44

5. Bindungswirkung (Abs. 4)

Nach Abs. 4 ist die Feststellung der Pauschgebühr durch das Gericht bindend. Dies gilt sowohl für 45
- das **Kostenfestsetzungsverfahren gegen**
    - den erstattungspflichtigen Dritten oder
    - die erstattungspflichtige Staatskasse

---

27 Burhoff, RVG, § 42 Rn 22 m.w.N.
28 Mayer/Kroiß, RVG, § 42 Rn 22.
29 OLG Jena AGS 2006, 173 = NJW 2006, 933 = NZV 2006, 495 = RVG-Letter 2006, 34 = RVGreport 2006, 146; Mayer/Kroiß, RVG, § 42 Rn 22.

als auch für
- ein **Vergütungsfestsetzungsverfahren** nach § 11 und
- für den eventuellen **Honorarprozess** des Rechtsanwalts

gegen seinen Auftraggeber.

46 Mit dieser Bindungswirkung wird vermieden, dass in einem nachträglichen Festsetzungsverfahren oder Honorarprozess abweichende Entscheidungen ergehen.[30] Die Festsetzungsinstanzen bzw. das Gericht im Honorarprozess sollen nicht mehr über die Höhe der Vergütung entscheiden müssen. Daher ist insbesondere auch ein Gutachten des Vorstands der Rechtsanwaltskammer nach § 14 Abs. 2 nicht erforderlich. Hiermit soll eine erhebliche Verfahrensvereinfachung und Beschleunigung erreicht werden, indem das Fachgericht, nämlich das jeweilige OLG, über die Höhe der Pauschgebühr abschließend und endgültig entscheidet.

47 Da das Gericht im Verfahren nach § 42 nicht über materiell-rechtliche Einwände und auch nicht über eine eventuell eingetretene Verjährung entscheidet, bleiben solche Einwände dem Auftraggeber selbstverständlich im späteren Festsetzungsverfahren oder Honorarprozess unbenommen.

48 Problematisch wird die Bindungswirkung, wenn der erstattungspflichtige Dritte nicht am Festsetzungsverfahren beteiligt ist, z.B. ein Rechtsschutzversicherer oder ggf. der Arbeitgeber, der entsprechende Freistellung aus dem Arbeitsvertrag schuldet.

6. Vorschuss

49 Im Gegensatz zur Pauschvergütung nach § 51 ist die Bewilligung eines Vorschusses im Rahmen des § 42 nicht möglich. Eine entsprechende Regelung ist hier nicht enthalten. Eine gerichtliche Bewilligung wäre auch nicht möglich, da vor rechtskräftigem Abschluss des Verfahrens und Rechtskraft der Kostenentscheidung nicht feststeht, wer nach Abs. 2 S. 3 am Verfahren zu beteiligen ist.

50 Aus der fehlenden Möglichkeit einer gerichtlichen Bewilligung kann jedoch nicht gefolgert werden, dem Wahlanwalt stünde kein Vorschussrecht auf eine zu erwartende Pauschgebühr zu. Das Recht ergibt sich für ihn unmittelbar aus § 9 (siehe auch § 9 Rdn 56 f.).[31] Kommt es später nicht zu der erwarteten Bewilligung, ist der Vorschuss zurückzuzahlen.

7. Verjährung

51 Der Anspruch der Pauschvergütung verjährt in demselben Zeitraum, in dem auch die übrigen Vergütungsansprüche des Anwalts verjähren, also nach § 195 BGB innerhalb von **drei Jahren**. Die Verjährung beginnt mit dem Ende des Kalenderjahres, in dem die Pauschvergütung erstmals fällig geworden ist. Ob hier § 8 Abs. 2 zu berücksichtigen ist, erscheint fraglich, da der Anwalt nicht für den Mandanten tätig wird, sondern im eigenen Interesse.

52 Der **Antrag auf Bewilligung** der Pauschvergütung **hemmt** dagegen bereits den Ablauf der Verjährung. Maßgebend ist das Datum des Eingangs. Die Vorschrift des § 193 BGB gilt analog.[32]

8. Beitreibung

53 Der Feststellungsbeschluss über die Bewilligung einer Pauschvergütung ist kein Vollstreckungstitel.[33] Einen solchen muss sich der Anwalt erst noch beschaffen, sofern der Auftraggeber aufgrund des Beschlusses nicht freiwillig zahlt. Gleiches gilt, wenn ein Dritter auf Freistellung der Anwaltskosten haftet, wie z.B. der Rechtsschutzversicherer oder der Arbeitgeber.

54 Soweit eine Kostenerstattung in Betracht kommt, kann aufgrund des Bewilligungsbeschlusses der Erstattungsanspruch problemlos festgesetzt werden. Einwendungen gegen die Höhe sind hier nicht mehr möglich. Diese müssen im Verfahren nach § 42 geltend gemacht werden, weshalb hier auch die erstattungspflichtige Partei zu beteiligen ist.

---

30 Mayer/*Kroiß*, RVG, § 42 Rn 22.
31 *Hartmann*, RVG, § 42 Rn 18; *Hartung/Römermann*, § 42 Rn 5.
32 OLG Hamm AnwBl 1996, 478 = JurBüro 1996, 624.
33 Mayer/*Kroiß*, RVG, § 42 Rn 23.

Soweit der Anwalt gegen seinen Auftraggeber vorgehen muss, kommt sowohl das Vergütungsfestsetzungsverfahren nach § 11 in Betracht als auch die sonstigen Möglichkeiten wie Mahnverfahren und Rechtsstreit. Zu diesem Zweck ordnet Abs. 4 an, dass die Feststellung der Pauschvergütung sowohl für das Vergütungsfestsetzungsverfahren nach § 11 als auch für den Rechtsstreit bindend ist. Dem Auftraggeber bleiben zwar sämtliche Einwendungen im Vergütungsfestsetzungsverfahren und im Rechtsstreit vorbehalten; allerdings kann er sich nicht mehr darauf berufen, dass die Pauschvergütung unangemessen hoch sei. Diesen Einwand kann er nur im Verfahren nach § 42 vorbringen, in dem er nach Abs. 2 S. 3 zwingend anzuhören ist. Die Einholung eines Gutachtens des Vorstands der Rechtsanwaltskammer nach § 14 Abs. 2 kommt wegen der Bindungswirkung des Abs. 4 daher ebenfalls nicht in Betracht.

Soweit der Auftraggeber einen Dritten auf Ersatz oder Erstattung in Anspruch nehmen will, ist die Bewilligung der Pauschgebühr ebenfalls bindend. Dies gilt also sowohl für das Kostenfestsetzungsverfahren gegen die Staatskasse als auch gegen einen anderen Beteiligten. Dies gilt auch dann, wenn aufgrund materieller Erstattungs- oder Ersatzansprüche ein Dritter auf Übernahme der Vergütung (Freistellung oder Zahlung) in Anspruch genommen wird. Auch in diesem Falle ist die Bewilligung der Pauschvergütung nach Abs. 4 bindend. Dies ist insoweit problematisch, als ersatzpflichtige Dritte (z.B. ein Rechtsschutzversicherer oder ggf. der Arbeitgeber) nicht am Festsetzungsverfahren nach § 42 beteiligt sind.

II. Bußgeldverfahren vor der Verwaltungsbehörde nach VV Teil 5 Abschnitt 1, Unterabschnitt 2 (Abs. 5)

Nach Abs. 5 S. 1 gelten die Absätze 1 bis 4 im Bußgeldverfahren vor der Verwaltungsbehörde entsprechend. Soweit das Bußgeldverfahren in ein gerichtliches Verfahren übergegangen ist, gelten die Absätze 1 bis 4 unmittelbar. Es entscheidet dann das OLG. Kommt es allerdings nicht zum gerichtlichen Verfahren, dann sind die ordentlichen Gerichte auch nicht zur Entscheidung über die Bewilligung der Pauschvergütung berufen. In diesem Falle entscheidet über den Antrag des Rechtsanwalts die Verwaltungsbehörde, die zuletzt mit dem Verfahren befasst war.

Gegen die Entscheidung der Verwaltungsbehörde kann **Antrag auf gerichtliche Entscheidung** gestellt werden (**Abs. 5 S. 3**). Für dieses Verfahren gilt § 62 OWiG entsprechend (**Abs. 5 S. 4**).

Die Zuständigkeit ergibt sich aus § 68 Abs. 1 OWiG. Zuständig ist danach das Gericht, in dessen Bezirk die Verwaltungsbehörde ihren Sitz hat (§ 68 Abs. 1 S. 1 OWiG). Die Entscheidung ergeht ohne mündliche Verhandlung durch Beschluss. Der Beschluss ist allerdings immer zu begründen.

Grundsätzlich ist der Beschluss unanfechtbar, soweit das Gesetz nichts anders bestimmt (§ 62 Abs. 2 S. 3 OWiG). Eine sofortige Beschwerde ist danach gegeben in den Fällen der §§ 100 Abs. 2 S. 2, 108 Abs. 1 S. 2, 2. Hs. und 110 Abs. 2 S. 2 OWiG.[34]

III. Verfahren nach VV Teil 6 Abschnitt 3 (Freiheitsentziehungs- und Unterbringungssachen sowie bei Unterbringungsmaßnahmen nach § 151 Nr. 6 und 7 FamFG)

Eine Pauschgebühr kann nach der zum 1.8.2013 durch das 2. KostRMoG eingeführten Erweiterung in Abs. 1 S. 1 zukünftig auch in allen Verfahren bewilligt werden, in denen sich die Gebühren nach VV Teil 6 Abschnitt 3 richten, also
– in Freiheitsentziehungssachen; die bisherige gegenteilige Rechtsprechung[35] gilt angesichts der mit dem 2. KostRMoG geänderten Fassung nicht fort,
– in Unterbringungssachen,
– bei Unterbringungsmaßnahmen nach § 151 Nr. 6 und 7 FamFG und
– bei Kindschaftssachen nach § 151 Nr. 6 und 7 FamFG.

Insoweit kann auf die vorhergehenden Ausführungen (siehe Rdn 5) Bezug genommen werden.

---

34 Hartung/Römermann, RVG, § 42 Rn 33.
35 OLG Celle AGS 2008, 548 = OLGR 2008, 759 = NdsRpfl 2008, 347 = NJW-RR 2008, 1599 = RVGprof. 2008, 213 = RVGreport 2009, 137 (Verfahren betreffend eine Freiheitsentziehung nach VV 6300–6303 – Abschiebungshaft).

§ 43

62 Zuständig für die Bewilligung ist auch hier das OLG, in dessen Bezirk das Gericht des ersten Rechtszugs liegt (Abs. 2 RVG). Funktionell zuständig ist allerdings nicht der Familiensenat, sondern der Zivilsenat.

C. Rechtsschutzversicherung

63 Im Rahmen der Rechtsschutzversicherung stellt sich die Frage, ob auch eine Pauschvergütung nach § 42 vom Versicherungsschutz umfasst ist. Nach den ARB ist die „gesetzliche Vergütung" versichert. Hier wird man davon ausgehen müssen, dass auch die Pauschvergütung nach § 42 eine gesetzliche Vergütung in diesem Sinne ist, da sie im RVG selbst geregelt ist. Es handelt sich nicht um eine vereinbarte Vergütung. Daher wird der Rechtsschutzversicherer auch die vom Gericht bewilligte Pauschvergütung mit übernehmen müssen.

§ 43 Abtretung des Kostenerstattungsanspruchs

¹Tritt der Beschuldigte oder der Betroffene den Anspruch gegen die Staatskasse auf Erstattung von Anwaltskosten als notwendige Auslagen an den Rechtsanwalt ab, ist eine von der Staatskasse gegenüber dem Beschuldigten oder dem Betroffenen erklärte Aufrechnung insoweit unwirksam, als sie den Anspruch des Rechtsanwalts vereiteln oder beeinträchtigen würde. ²Dies gilt jedoch nur, wenn zum Zeitpunkt der Aufrechnung eine Urkunde über die Abtretung oder eine Anzeige des Beschuldigten oder des Betroffenen über die Abtretung in den Akten vorliegt.

Literatur: *Enders*, Fragen der Aufrechnung gegen die an den Rechtsanwalt abgetretene Mandantenforderung JurBüro 2005, 535; *Hansens*, Die Unwirksamkeit der Abtretung des Kostenerstattungsanspruchs in Strafsachen gem. § 96a BRAGO, StV 1991, 44; *Volpert*, Die Kostenfestsetzung bei Freispruch oder Teilfreispruch des Mandanten, RVGreport 2007, 289 und 444.

A. Allgemeines 1	c) Nachweis der Abtretung 31
B. Regelungsgehalt 7	VI. Beeinträchtigung oder Vereitelung des
I. Verfahrensrechtlicher Anwendungsbereich 7	Vergütungsanspruchs 38
II. Persönlicher Anwendungsbereich ... 9	VII. Rechtsfolgen 46
III. Sachlicher Anwendungsbereich 14	VIII. Anwaltswechsel 51
1. Forderungen der Staatskasse ... 14	IX. Festsetzung 52
2. Abgetretene Forderungen 16	X. Verzinsung 53
IV. Abtretung 25	C. Durchsetzung 54
V. Zeitpunkt der Abtretung 27	I. Glaubhaftmachung 54
1. Bisherige Regelung 27	II. Rechtsbehelfe des Anwalts 58
2. Neufassung 28	1. Übersicht 58
a) Gesetzliche Regelung 28	2. Aufrechnung mit Geldstrafe 59
b) Aufrechnung 30	3. Aufrechnung mit Verfahrenskosten 61

A. Allgemeines

1 Die Vorgängervorschrift des § 96a BRAGO war durch das KostenRÄndG 1975 in die BRAGO eingefügt worden. Der Wortlaut der Vorschrift war missverständlich, was zu zahlreichen Streitfragen geführt hatte. Durch Neufassung des RVG und die Einfügung des jetzigen S. 2 sind damit die meisten Streitfragen geklärt worden. Ältere Rspr. kann daher nicht ohne Weiteres übernommen werden.

2 Um Sinn und Zweck dieser Vorschrift zu verstehen, muss man sich zunächst die Ausgangslage verdeutlichen: Nach Abschluss eines Strafverfahrens können zwischen dem Verurteilten und der Staatskasse wechselseitige Ansprüche bestehen, die zu einer Aufrechnungslage führen. Hauptanwendungsfälle sind der **Teilfreispruch** oder der **Erfolg eines beschränkten Rechtsmittels**.

> **Beispiel 1:** Der Angeklagte wird wegen Diebstahls und Betruges angeklagt. Wegen des Diebstahls wird er freigesprochen, wegen des Betruges wird er zu einer Geldstrafe von 1.000 EUR verurteilt. Die Kosten des Verfahrens und die notwendigen Auslagen des Angeklagten tragen die Staatskasse und der Angeklagte

jeweils zur Hälfte. Die Staatskasse kann nunmehr vom Angeklagten die Geldstrafe in Höhe von 1.000 EUR fordern sowie die Hälfte der Verfahrenskosten. Der Angeklagte wiederum kann von der Staatskasse die Hälfte seiner notwendigen Auslagen verlangen, wozu auch die Kosten seines Verteidigers gehören (§ 464a Abs. 2 Nr. 2 StPO).

Beispiel 2: Der Angeklagte wird in erster Instanz zu einer Geldstrafe von 5.000 EUR verurteilt. Er legt hiergegen Rechtsmittel ein, das er auf die Höhe der Geldstrafe beschränkt. Das Rechtsmittel ist erfolgreich. Die Geldstrafe wird auf 2.500 EUR ermäßigt. Die Kosten des Berufungsverfahrens sowie die dem Angeklagten insoweit entstandenen notwendigen Auslagen trägt die Staatskasse (§ 473 Abs. 3 StPO).
Hier verbleiben noch eine Geldstrafe in Höhe von 2.500 EUR sowie die erstinstanzlichen Kosten, die der Angeklagte zu zahlen hat. Demgegenüber steht der Erstattungsanspruch hinsichtlich der notwendigen Auslagen im Berufungsverfahren (§§ 473 Abs. 3, 464a Abs. 2 Nr. 2 StPO).

In diesen Fällen wird die Staatskasse den Kostenerstattungsanspruch des Verurteilten nicht ohne weiteres erfüllen, sondern sie wird vielmehr die Aufrechnung mit der vom Verurteilten zu zahlenden Geldstrafe und den von ihm zu tragenden Kosten erklären.

Die Aufrechnung muss nicht auf dasselbe Verfahren beschränkt sein, sondern kann auch verschiedene Verfahren betreffen.

Beispiel: Der Angeklagte wird im August zu einer Geldstrafe von 2.000 EUR verurteilt. Im November wird er in einem anderen Verfahren freigesprochen. Mit der Geldstrafe und den Kosten des ersten Verfahrens kann die Staatskasse gegen den Kostenerstattungsanspruch aus dem zweiten Verfahren aufrechnen.

Hat der Angeklagte in solchen Fällen seine Kostenerstattungsansprüche gegen die Staatskasse an seinen Verteidiger abgetreten, so ergibt sich nach den §§ 404 ff. BGB folgende Situation:
– Die Staatskasse könnte wirksam aufrechnen, so dass dem Verteidiger die Abtretung letztlich nicht zu seiner Vergütung verhilft. Die Möglichkeit der Aufrechnung durch die Staatskasse bestünde dabei unabhängig davon, ob die Abtretung der Kostenerstattungsansprüche vor der Aufrechnungserklärung erfolgt ist oder erst später.
– Soweit die Abtretung noch nicht erklärt ist, besteht die Aufrechnungslage (§ 387 BGB) noch, so dass die Staatskasse problemlos aufrechnen kann.
– Das Gleiche gilt, wenn die Abtretung vollzogen ist, die Staatskasse hiervon aber noch keine Kenntnis hatte. Auch dann könnte sie nach § 407 BGB noch gegen den Angeklagten aufrechnen, was der Verteidiger gegen sich gelten lassen müsste.
– Aber auch dann, wenn die Abtretung offen gelegt ist, könnte die Staatskasse nach § 406 BGB immer noch aufrechnen. Sie müsste jetzt die Aufrechnung lediglich gegenüber dem Verteidiger erklären.

Die Abtretung der Kostenerstattungsansprüche an den Verteidiger liefe daher in den Fällen der teilweisen Verurteilung, eines teilweise beschränkten Rechtsmittels oder bei einem Freispruch nur in einem von mehreren Verfahren weitgehend leer. Diesen Zustand sollte die Einführung des § 96a BRAGO beseitigen und den Verteidiger vor einer Aufrechnung der Staatskasse schützen, indem die Aufrechnung der Staatskasse gegenüber dem Verteidiger unter bestimmten Voraussetzungen unwirksam bleibt. Der Verteidiger kann also ungeachtet der gleichzeitig gegebenen Zahlungspflicht des Verurteilten die ihm abgetretenen Erstattungsansprüche gegen die Staatskasse geltend machen. Das Insolvenzrisiko wird insoweit auf die Staatskasse verlagert. Diese Regelung des früheren § 96a BRAGO gilt weiterhin nach § 43 fort, allerdings ist jetzt geklärt, dass zum Zeitpunkt der Aufrechnung eine Urkunde über die Abtretung oder eine Anzeige des Beschuldigten oder des Betroffenen über die Abtretung in den Akten vorliegen muss (S. 2).

Nur durch eine Abtretung kann sich der Prozessbevollmächtigte seinen Vergütungsanspruch gegen den Mandanten sichern. Der prozessuale Kostenerstattungsanspruch seiner Partei unterliegt dagegen keiner generellen Zweckbindung dahingehend, dass er primär der Befriedigung des Verteidigers dieser Partei dient. Daher ist eine Pfändung dieses Anspruchs durch Dritte auch insoweit zulässig, als der Prozessbevollmächtigte der durch den Kostenerstattungsanspruch begünstigten Partei noch nicht befriedigt ist. Der Prozessbevollmächtigte der durch den Kostenerstattungsanspruch begünstigten Partei ist hinsichtlich seines Vergütungsanspruchs nur insoweit privilegiert, als das Gesetz dies in § 43 ermöglicht.[1]

---

1 OLG Nürnberg DZWIR 2011, 129 = MDR 2011, 322 = ZInsO 2011, 681 = ZIP 2011, 592 = FamRZ 2011, 588.

B. Regelungsgehalt

I. Verfahrensrechtlicher Anwendungsbereich

7 Die Vorschrift des § 43 gilt für Erstattungsansprüche des „Beschuldigten" oder „Betroffenen". Daher beschränkt sich der Anwendungsbereich auf Strafverfahren und Bußgeldverfahren, was sich zudem aus der Überschrift zu Abschnitt 7 des RVG ergibt.[2] Ebenfalls anzuwenden ist § 43 aber auch auf Verfahren nach VV Teil 6, die einen Beschuldigten oder Betroffenen kennen.

8 Dagegen ist die Vorschrift nicht anwendbar auf andere Verfahren oder Verfahrenskonstellationen. So ist § 43 nicht anwendbar in sozial- oder verwaltungsrechtlichen Verfahren.[3] Auch kann z.B. der Anwalt eines insolventen Auftraggebers kein Vorrecht an dessen Kostenerstattungsanspruch geltend machen.[4]

II. Persönlicher Anwendungsbereich

9 § 43 gilt für alle Rechtsanwälte, die den Angeklagten im Laufe des Verfahrens vertreten haben. Die Vorschrift ist daher nicht auf den Vollverteidiger im Strafverfahren beschränkt, sondern gilt auch für den Verteidiger in der Strafvollstreckung und den Anwalt, der lediglich mit Einzeltätigkeiten (VV 4300 ff.) beauftragt war.

10 Auf einen **Rechtsbeistand**, sofern er als Verteidiger zugelassen wurde (§ 138 Abs. 2 StPO), ist die Vorschrift entsprechend anwendbar (Art. IX Rpflege-AnpassungsG).[5]

11 Auf **weitere Vertreter** ist die Vorschrift nicht anwendbar, selbst dann nicht, wenn sie als Verteidiger zugelassen sind (z.B. Hochschullehrer).[6]

12 § 43 ist auch nicht auf eine Abtretung an eine **anwaltliche Verrechnungsstelle** anzuwenden. Sie ist hier nur zu beachten, wenn der Anwalt sich die Forderung zunächst in der gehörigen Form des § 43 hat abtreten lassen und er dann wiederum seinerseits die Forderung an die Verrechnungsstelle abtritt. Dann bleibt der einmal entstandene Schutz des § 43 erhalten.[7]

13 Auch auf den **Angeklagten** selbst ist die Vorschrift nicht anwendbar. Seine Erstattungsansprüche wegen persönlicher Auslagen, z.B. Terminreisekosten (§ 464a Abs. 2 Nr. 1 StPO), sind daher nicht bevorrechtigt.[8] Soweit der Angeklagte insoweit einen Erstattungsanspruch hat, kann hiergegen immer die Aufrechnung erklärt werden, auch wenn die Ansprüche abgetreten sind (§ 407 BGB).

III. Sachlicher Anwendungsbereich

1. Forderungen der Staatskasse

14 Es müssen Forderungen der Staatskasse aus einem Straf- oder Bußgeldverfahren bestehen. Dabei muss es sich nicht um dasselbe Verfahren handeln, in dem der Verurteilte Erstattungsansprüche erworben hat. Die Ansprüche können auch aus anderen Verfahren herrühren, etwa einer früheren Verurteilung.[9]

> **Beispiel:** Der Angeklagte wird wegen Diebstahls zu einer Geldstrafe von 1.000 EUR verurteilt. Bevor die Geldstrafe vollstreckt ist, wird er in einem weiteren Verfahren wegen des Verdachts des Betruges auf Kosten der Staatskasse freigesprochen. Die Staatskasse kann gegen den Kostenerstattungsanspruch des Angeklagten die Aufrechnung erklären.

15 Unerheblich ist, ob die Ansprüche der Staatskasse aus der Verurteilung in der Hauptsache, also aus der Geldstrafe resultieren, oder ob es sich um Kostenforderungen handelt. Wenn also in dem zuvor genannten Beispiel die Geldstrafe bereits gezahlt wurde, so dass nur noch die Verfahrenskosten offen

---

2 Gerold/Schmidt/*Burhoff*, RVG, § 43 Rn 3.
3 Siehe *Schafhausen*, ASR 2012, 36.
4 OLG Nürnberg DZWIR 2011, 129 = MDR 2011, 322 = ZInsO 2011, 681 = ZIP 2011, 592 = FamRZ 2011, 588.
5 Burhoff/*Volpert*, RVG, § 43 Rn 7.
6 Burhoff/*Volpert*, RVG, § 43 Rn 7.
7 Burhoff/*Volpert*, RVG, § 43 Rn 7.
8 LG Bamberg JurBüro 1976, 1353; AG Bamberg JurBüro 1976, 764; AnwBl 1976, 257; Gerold/Schmidt/*Burhoff*, RVG, § 43 Rn 5.
9 OLG Nürnberg JurBüro 1990, 1167.

sind, kann die Staatskasse mit diesem Anspruch gegen den Erstattungsanspruch des Angeklagten aufrechnen.

2. Abgetretene Forderungen

Bei den, dem Verteidiger abgetretenen Forderungen muss es sich um Ansprüche auf Erstattung von Anwaltskosten als notwendige Auslagen nach § 464a Abs. 2 Nr. 2 StPO handeln.   16

Zwar ist die frühere Klammerdefinition in § 96a BRAGO, die auf §§ 464b, 464a Abs. 2 Nr. 2 StPO hinwies, weggefallen. Eine inhaltliche Änderung ist damit jedoch nicht verbunden. Insbesondere wird man aus dem Wegfall der Verweisung auf § 464b S. 2 und 3 StPO nicht folgern können, dass nur der Anspruch auf Erstattung der Auslagen selbst, aber nicht auch auf die hieraus zwischenzeitlich angefallenen **Zinsen** geschützt ist. Weder aus der Begründung noch aus sonstigen Umständen ergibt sich jedenfalls, dass der Gesetzgeber hier eine Änderung vornehmen wollte.   17

Aus der Eingrenzung, dass es sich um **notwendige Auslagen** handeln muss, folgt – wie bisher –, dass nur solche abgetretenen Ansprüche in den Schutzbereich des S. 1 fallen, die notwendig i.S.d. § 464a StPO waren.   18

Daher sind von vornherein diejenigen Ansprüche des Auftraggebers ausgeschlossen, die nicht unter § 464a Abs. 2 Nr. 2 StPO fallen, sondern unter § 464a Abs. 2 Nr. 1 StPO, wie z.B. ein Anspruch auf Erstattung von eigenen Reisekosten der Partei, Zeitversäumnis, Verdienstausfall oder auch von privaten Gutachterkosten.[10] Soweit auch diese Ansprüche an den Verteidiger abgetreten wurden, kann hiergegen unbeschadet der Vorschrift des § 43 immer aufgerechnet werden, auch nach Abtretung (§ 407 BGB).[11]   19

Die Vorschrift des § 43 greift auch dann nicht, wenn die Gerichtskasse gegen eine – angeblich dem Rechtsanwalt abgetretene – **Haftentschädigungsforderung** aufrechnet.[12]   20

Soweit der Verteidiger mit seinem Mandanten eine Vergütungsvereinbarung getroffen hat, gilt § 43 nur insoweit, als die vereinbarte Vergütung die gesetzliche Vergütung nicht übersteigt.[13] Zu beachten sind insoweit nicht nur die Vergütungstatbestände, sondern auch eine eventuelle Pauschgebühr (§ 42). Gegebenenfalls muss nur zum Zwecke der Feststellung der Tragweite einer Aufrechnung das Verfahren nach § 42 auf Feststellung einer Pauschvergütung durchgeführt werden (siehe § 42 Rdn 13).   21

Auf welchem Gebührentatbestand die Erstattungsansprüche (§§ 464b, 464a Abs. 2 Nr. 2 StPO) beruhen, ist dagegen unerheblich.[14] Die Vorschrift spricht von Anwaltskosten, also von Gebühren und Auslagen des Anwalts. Diese Formulierung wird man jedoch nicht nur so verstehen dürfen, dass nur Gebühren und Auslagen nach dem RVG erfasst sind. Auch Auslagen, die lediglich nach § 670 BGB zu ersetzen sind (z.B. vorgelegte Gerichtskosten für eine Aktenversendung, GKG-KostVerz. 9003), fallen in den Anwendungsbereich des § 43. Soweit der Anwalt einen Stellvertreter außerhalb des Anwendungsbereichs des § 5 eingeschaltet hat und insoweit eine erstattungsfähige Vergütung nach § 612 BGB angefallen ist (siehe § 5 Rdn 57 ff.), wird man auch diese Ansprüche in den Anwendungsbereich des § 43 aufnehmen müssen.   22

Zwischen dem Vergütungsanspruch und dem abgetretenen Anspruch muss **Deckungsgleichheit** bestehen. Die Erstattungsforderung des Auftraggebers muss also gerade aus denjenigen Forderungen des Anwalts resultieren, die dem Anwalt gegen den Auftraggeber noch zustehen. Andere Ansprüche können nicht mit der Privilegierungswirkung des § 43 besichert werden.   23

> **Beispiel:** Der Anwalt vertritt den Mandanten in einem Strafverfahren wegen Betruges sowie in einem weiteren Strafverfahren wegen Diebstahls. Aus beiden Verfahren entstehen dem Anwalt Vergütungsansprüche in Höhe von jeweils 1.000 EUR. Zur Absicherung seiner Gebühren und Auslagen in beiden Sachen hatte sich der Anwalt eventuelle Erstattungsansprüche aus den Strafverfahren abtreten lassen. Zudem hatte

---

10 Burhoff/*Volpert*, RVG, § 43 Rn 10.
11 AG Bamberg AnwBl 1976, 257; JurBüro 1976, 764; Gerold/Schmidt/*Burhoff*, RVG, § 43 Rn 5.
12 LG Saarbrücken AGS 2010, 221 = zfs 2010, 223 = NJW-RR 2010, 1647 = StRR 2010, 240 = RVGreport 2010, 381.
13 OLG München JurBüro 1979, 394 = Rpfleger 1979, 76 = AnwBl 1979, 71 m. Anm. *Chemnitz*; KG JurBüro 1992, 99 = Rpfleger 1992, 38 m. Anm. *Hansens*; Burhoff/*Volpert*, RVG, § 43 Rn 29.
14 *Hansens*, BRAGO, § 96a Rn 4.

der Anwalt in dem Verfahren wegen Diebstahls einen Vorschuss von 800 EUR eingezogen. Von dem Vorwurf des Diebstahls wird der Mandant freigesprochen. Wegen Betruges wird er zu einer Geldstrafe in Höhe von 1.000 EUR verurteilt. Mit dieser Geldstrafe erklärt die Staatskasse die Aufrechnung gegen den Kostenerstattungsanspruch aus dem Diebstahlverfahren.

Das Aufrechnungshindernis nach § 43 besteht nur in Höhe des noch offenen Verteidigerhonorars von 200 EUR aus dem Diebstahlverfahren. Der Vergütungsanspruch aus dem Betrugsverfahren steht dagegen nicht unter dem Schutz des § 43, da insoweit kein Erstattungsanspruch besteht. Die Aufrechnung der Staatskasse ist also nur in Höhe von 200 EUR unwirksam. Im Übrigen kann sie ungeachtet der Abtretung nach § 406 BGB gegenüber dem Anwalt als neuem Gläubiger aufrechnen. Dass hierdurch die Vergütungsforderung des Anwalts aus dem Betrugsverfahren vereitelt wird, ist unerheblich, da diese Vergütungsforderung nicht dem Schutz des § 43 unterliegt.

24 Erst recht erstreckt sich der Schutz des § 43 nicht auf offene Vergütungsansprüche des Anwalts aus einem zivilgerichtlichen Verfahren, in dem er den Angeklagten vertreten hatte[15] oder auf sonstige Forderungen, beispielsweise aus einem Darlehen.[16]

IV. Abtretung

25 Die Erstattungsansprüche des Auftraggebers auf Ersatz seiner notwendigen Auslagen müssen an den Anwalt abgetreten worden sein. Es muss also eine nach dem § 398 BGB formwirksame Abtretung vorliegen. Es reicht keineswegs aus, dass der Verteidiger kraft seiner Vollmacht berechtigt ist, die Kostenerstattungsansprüche in Empfang zu nehmen oder einzuziehen. Dies gilt auch dann, wenn der Mandant den Rechtsanwalt ausdrücklich mit der Einziehung des Erstattungsbetrages beauftragt und ihn zur Verfügung über den Erstattungsbetrag ermächtigt hat. Eine solche Inkassovollmacht oder Einzugsermächtigung ersetzt nicht die erforderliche Abtretung.[17]

26 Nach einem Teil der Rechtsprechung soll die Abtretung unwirksam sein, wenn sie in der Vollmacht enthalten ist (Verstoß gegen § 305c BGB),[18] zumindest, wenn die Abtretung nur kleingedruckt ist.[19] Das dürfte jedoch zu weit gehen, zumal keine gesetzliche Regelung existiert, gegen die hierdurch verstoßen würde.[20]

V. Zeitpunkt der Abtretung

1. Bisherige Regelung

27 Umstritten war zur BRAGO die Frage, ob die Abtretung der Erstattungsansprüche vor der Aufrechnungserklärung abgegeben sein musste oder ob der Verteidiger auch dann noch in den Genuss des § 43 (vormals: § 96a BRAGO) kommen konnte, wenn er sich nach der Aufrechnungserklärung der Staatskasse die Erstattungsansprüche seines Auftraggebers abtreten ließ. Die gesetzliche Regelung hierzu war unklar. Der Gesetzgeber hatte bei seinen zahlreichen zwischenzeitlichen Novellierungen die Vorschrift des damaligen § 96a BRAGO offenbar stets übersehen. Dies ist jetzt nachgeholt. Auf die ältere Rechtsprechung kann daher nicht mehr zurückgegriffen werden.

Von einem Großteil der Rechtsprechung und Literatur wurde aufgrund der Vorschrift des § 96a BRAGO die Abtretung des Kostenerstattungsanspruchs auch dann noch für zulässig gehalten, wenn

---

15 LG Bamberg JurBüro 1976, 1353 m. Anm. *Mümmler*.
16 Gerold/Schmidt/*Burhoff*, RVG, § 43 Rn 5.
17 KG JurBüro 1980, 1200 = Rpfleger 1980, 402 = AnwBl 1980, 379; OLG Braunschweig NdsRpfl 1985, 147; LG Hannover NdsRpfl 1983, 97; a.A. noch die Vorinstanz: LG Berlin AnwBl 1980, 208 = JurBüro 1980, 391 = Rpfleger 1980, 119; Burhoff/*Volpert*, § 43 Rn 7.
18 OLG Nürnberg AGS 2015, 274 = zfs 2015, 407 = StraFo 2015, 305 = JurBüro 2015, 405 = Rpfleger 2015, 600 = RVGprof. 2015, 119 = RVGreport 2015, 256 = NJW-Spezial 2015, 443 = wistra 2015, 328.
LG Düsseldorf AGS 2007, 34; LG Nürnberg-Fürth AnwBl 1976, 66; OVG Münster NJW 1987, 2029.
19 LG Konstanz Rpfleger 2008, 596.
20 LG Leipzig AGS 2010, 129 m. Anm. *Volpert* = RVGprof. 2010, 57 = VRR 2010, 83 = RVGreport 2010, 185 = NJW-Spezial 2010, 316 = StRR 2010, 239; LG Hamburg AnwBl 1977, 70; Burhoff/*Volpert*, RVG, § 43 Rn 15 unter Aufgabe der in der Vorauflage vertretenen Gegenauffassung.

die Staatskasse die Aufrechnung bereits erklärt hatte.[21] Diese Ansicht berief sich insbesondere auf die Entstehungsgeschichte der Vorschrift[22] sowie darauf, dass der Verteidiger nicht ausreichend geschützt sei, wenn man eine spätere Aufrechnung nicht ebenfalls berücksichtigen würde.

Ein Großteil der Rechtsprechung hatte dies abgelehnt.[23] Abgesehen davon, dass nicht ersichtlich war, wie eine erloschene Forderung (§ 389 BGB) noch sollte abgetreten werden können, bestand jedenfalls kein schutzwürdiges Interesse des Anwalts, da er sich beizeiten die Erstattungsansprüche des Auftraggebers hätte abtreten lassen können. Er hat die Möglichkeit, die Abtretung sogleich mit Beginn des Mandats zu vereinbaren und sich die zukünftigen eventuellen Ansprüche abtreten zu lassen. Damit hat er also einen erheblichen Zeitvorsprung vor der Staatskasse, die die Aufrechnung erst nach Rechtskraft der Entscheidung erklären kann. Die Gegenauffassung wollte den Anwalt daher lediglich vor seinen eigenen Versäumnissen schützen. Dazu bestand jedoch kein Anlass. Abgesehen davon war die Gegenauffassung praktisch auch kaum durchführbar.

2. Neufassung

a) Gesetzliche Regelung

Nach der jetzigen Regelung ist die Aufrechnung nur noch dann unwirksam, wenn zum Zeitpunkt der Aufrechnung eine Urkunde über die Abtretung oder eine Anzeige des Beschuldigten oder Betroffenen über die Abtretung in den Akten vorliegt. Mit diesem S. 2 soll die vorstehend (siehe Rdn 27 ff.) dargestellte bisherige Streitfrage geklärt werden. Mit der neuen Regelung soll es bei der Systematik des BGB verbleiben, dass eine Forderung zum Zeitpunkt der Abtretung noch bestehen muss. Eine **Aufrechnung der Staatskasse** kann daher nach **S. 2** zukünftig nur noch **unwirksam** sein, wenn die **Abtretung der Kostenerstattungsansprüche vor Abgabe der Aufrechnungserklärung vereinbart** worden war. 28

Die neue Regelung geht allerdings über die Klärung der früheren Streitfragen hinaus, indem sie anordnet, dass die Unwirksamkeit nicht nur voraussetzt, dass die Abtretung vor Abgabe der Aufrechnungserklärung vereinbart worden ist; die Vorschrift ordnet vielmehr auch an, dass die Aufrechnung nur dann unwirksam ist, wenn eine Urkunde über die Abtretung oder eine Anzeige des Beschuldigten oder Betroffenen über die Abtretung zum Zeitpunkt der Aufrechnung in den Akten vorliegt. Diese Formulierung ist allerdings in mehrfacher Hinsicht unklar. 29

b) Aufrechnung

Zum einen ist unklar, was mit dem „Zeitpunkt der Aufrechnung" gemeint ist. Diese Formulierung kann durchaus so verstanden werden, dass damit der Zeitpunkt des § 389 BGB gemeint ist, nämlich der, in dem sich die Forderungen erstmals aufrechenbar gegenüberstanden und zu dem die Aufrechnung gemäß § 389 BGB wirkt. Aus der Begründung ergibt sich jedoch, dass dies nicht gemeint ist. 30

---

21 AG Bamberg AnwBl 1976, 257; AG Bonn AnwBl 1976, 256; KG AnwBl 1978, 28 = Rpfleger 1978, 34 = JurBüro 1978, 543 m. Anm. *Mümmler*; AG Frankenthal DAR 1978, 194; AG München AnwBl 1978, 323 = Rpfleger 1978, 338 = KostRsp. BRAGO § 96a Nr. 12 m. Anm. *Schmidt*; LG Flensburg JurBüro 1979, 67; LG Krefeld AnwBl 1979, 196; AG Tübingen AnwBl 1983, 134; OLG Karlsruhe AnwBl 1984, 158 = JurBüro 1985, 884 m. Anm. *Mümmler* = Rpfleger 1985, 124 m. abl. Anm. *Sutter* = Justiz 1985, 313 und 443; LG Karlsruhe Rpfleger 1994, 129 = KostRsp. BRAGO § 96a Nr. 39 m. Anm. *Herget*; AG Freiburg AnwBl 1984, 267; *Wedel*, Anm. zu AG Mainz JurBüro 2001, 93.

22 Siehe hierzu ausführlich die Anm. von *Wedel* zu AG Mainz JurBüro 2001, 93.

23 AG München JurBüro 1977, 1248; LG Berlin JurBüro 1977, 1412 m. Anm. *Mümmler*; LG Bamberg JurBüro 1979, 1029 m. abl. Anm. *Mümmler*; OLG Düsseldorf JurBüro 1980, 88 m. abl. Anm. *Mümmler* = Rpfleger 1979, 475; OLG Bamberg JurBüro 1980, 89 m. Anm. *Mümmler*; AG Mainz Rpfleger 1980, 402; LG Mannheim Rpfleger 1981, 411 = AnwBl 1982, 164 = MDR 1982, 430; LG Mainz KostRsp. BRAGO § 96a Nr. 26; OLG Celle NdsRpfl 1984, 218; OLG Braunschweig NdsRpfl 1985, 147; OLG Karlsruhe Rpfleger 1986, 71 = Justiz 1985, 467; OLG Hamm JurBüro 1986, 730; OLG Hamburg AnwBl 1986, 42; OLG Stuttgart MDR 1990, 420 = JurBüro 1990, 1463 m. abl. Anm. *Mümmler* = Justiz 1990, 347; OLG Frankfurt AnwBl 1992, 394 = JurBüro 1992, 805; OLG Koblenz KostRsp. BRAGO § 96a Nr. 38; AG Mainz JurBüro 2001, 93 m. abl. Anm. *Wedel* = KostRsp. BRAGO § 96a Nr. 40 m. zust. Anm. *N. Schneider*; OLG Schleswig SchlHA 1979, 183 = JurBüro 1979, 1525; 1997, 312.

Der Anwalt soll weiterhin geschützt bleiben, wenn die Abtretung erst nach Eintritt der Aufrechnungslage vereinbart wird. Die Möglichkeit, auch dann gemäß § 406 BGB gegenüber dem neuen Gläubiger aufzurechnen, soll für die Staatskasse ausgeschlossen bleiben.

> **Beispiel:** Der Beschuldigte war erstinstanzlich zur Zahlung einer Geldstrafe von 5.000 EUR verurteilt worden. Auf seine auf das Strafmaß beschränkte Berufung wird die Geldbuße auf 2.500 EUR reduziert. Die notwendigen Auslagen des Beschuldigten im Berufungsverfahren werden der Staatskasse auferlegt. Nach Rechtskraft des Berufungsurteils lässt sich der Verteidiger die Kostenerstattungsansprüche des Beschuldigten abtreten.
> Da zum Zeitpunkt der Rechtskraft bereits die Aufrechnungslage bestand, könnte die Staatskasse gemäß § 406 BGB auch gegenüber dem Anwalt als neuen Gläubiger aufrechnen. Diese Möglichkeit wird nun durch § 43 ausgeschlossen, soweit dadurch der Vergütungsanspruch des Anwalts beeinträchtigt oder vereitelt würde.

c) Nachweis der Abtretung

31 Weitere Voraussetzung nach S. 2 ist, dass zum Zeitpunkt der Aufrechnung (gemeint also der Aufrechnungserklärung)
– eine **Urkunde über die Abtretung** oder
– eine **Anzeige des Beschuldigten über die Abtretung**
in den Akten vorliegen muss.

Wird eine nur vom Mandanten unterschriebene Abtretungserklärung vorgelegt, ist dies zwar keine „Urkunde über die Abtretung", aber auch dann eine „Anzeige des Beschuldigten über die Abtretung", wenn sie vom Verteidiger, und nicht vom Mandanten, zur Akte gegeben wird.[24]

32 Fehlt es an einer wirksamen Urkunde über die Abtretung oder einer wirksamen Anzeige, bleibt die Aufrechnung wirksam. Mit dieser Regelung sollen Zweifel an der Wirksamkeit der Aufrechnungserklärung ausgeschlossen werden. Es soll verhindert werden, dass im Nachhinein eine Abtretung vordatiert wird. Zudem enthält diese Vorschrift auch einen gewissen Vertrauensschutz für die Staatskasse.

> **Beispiel 1:** Zu Beginn des Verfahrens lässt sich der Verteidiger wegen seiner Gebühren sämtliche eventuellen Erstattungsansprüche abtreten. Die Abtretung wird
> a) mündlich vereinbart,
> b) in einer Urkunde festgehalten.
> Die Abtretung wird jedoch nicht offen gelegt. Nach rechtskräftigem Abschluss rechnet die Staatskasse ab. Nunmehr beruft sich der Verteidiger auf
> a) die mündliche Abtretung,
> b) die nunmehr vorgelegte Abtretungsurkunde.
> In beiden Fällen wird er durch S. 1 nicht mehr geschützt. Die Abtretung als solche bleibt zwar wirksam. Die Staatskasse kann jedoch auch nach Offenlegung der Abtretung gegenüber dem Anwalt aufrechnen. Hatte die Staatskasse allerdings Kenntnis von der Abtretung, bevor ihre Forderung fällig geworden ist, ist die Aufrechnung nach § 406 BGB erst gar nicht möglich. Dem Schutz des S. 1 bedarf es dann nicht mehr.

> **Beispiel 2:** Zu Beginn des Verfahrens lässt sich der Verteidiger sämtliche Erstattungsansprüche abtreten. Der Mandant wird auf Kosten der Staatskasse freigesprochen. Nunmehr erklärt der Verteidiger schriftsätzlich, dass ihm die Forderung abgetreten sei, legt eine Inkassovollmacht vor und beantragt die Kostenfestsetzung und Auszahlung des festzusetzenden Betrages an sich. Eine Abtretungsurkunde legt er nicht vor. In einem späteren Verfahren wegen einer anderen Tat wird der Beschuldigte zu einer Geldstrafe verurteilt. Nunmehr erklärt die Staatskasse die Aufrechnung.
> Eine Aufrechnung ist nach § 406 BGB gar nicht möglich, da zum Zeitpunkt der Fälligkeit der Geldstrafe die Erstattungsforderung bereits abgetreten war und die Staatskasse aufgrund der schriftsätzlichen Mitteilung davon Kenntnis hatte. Auf S. 2 kommt es erst gar nicht an.

33 Man wird in diesem Fall den Anwendungsbereich des S. 1 auch nicht dahin ausdehnen können, dass auch zum Nachweis einer Abtretung vor Fälligkeit der Gegenforderung nur die in S. 2 zugelassenen Mittel zulässig sind. Die Vorschrift nach S. 1 hat nämlich nur zur Rechtsfolge, dass eine Aufrechnung unwirksam wird. Damit ist aber logische Voraussetzung, dass sie nach allgemeinen Vorschriften erst einmal wirksam ist.

---

24 LG Würzburg AGS 2013, 277 = StraFo 2013, 40 = RVGreport 2013, 55.

Unklar ist weiterhin das Erfordernis des S. 2, dass sich die Abtretungsurkunde oder die Erklärung des Beschuldigten zum Zeitpunkt der Aufrechnungserklärung „in den Akten" befinden müsse. Fraglich ist nämlich, **welche Akten** gemeint sind. M. E. muss es sich nicht um die Akten des betreffenden Verfahrens handeln. Es muss ausreichen, wenn sich die Abtretungsurkunde in den Akten eines anderen Verfahrens, etwa eines Parallelverfahrens, befindet. Dem Beweiszweck ist dann genüge getan. 34

> **Beispiel:** Der Beschuldigte ist wegen Betruges und wegen Diebstahls in zwei verschiedenen Verfahren angeklagt. Im Diebstahlverfahren legt der Verteidiger die Abtretungsurkunde im Original vor. Daraus ergibt sich, dass dem Verteidiger sowohl die Kostenerstattungsansprüche aus dem Diebstahlverfahren als auch aus dem Betrugsverfahren abgetreten sind. Im Betrugsverfahren kommt es zu einem Teilfreispruch. Die Staatskasse rechnet auf.
> Der Anwalt kann sich nunmehr auf S. 1 berufen, auch wenn die Abtretungsurkunde sich nicht in den Akten des Betrugsverfahrens, sondern in denen des Diebstahlverfahrens befindet.

Eine andere Auslegung würde insbesondere zu Schwierigkeiten führen, wenn Verfahren getrennt werden. Der Verteidiger müsste dann in dem abgetrennten Verfahren nochmals eine Urkunde nachreichen. 35

M. E. ist es auch nicht erforderlich, dass das Original der Urkunde vorgelegt wird. Es reicht eine Kopie der Abtretungsurkunde aus, zumal darin ohnehin eine Mitteilung des Beschuldigten zu sehen sein dürfte. Man kann vom Verteidiger nicht verlangen, dass er das Original aus den Händen gibt. Insbesondere dann, wenn die Verfahren getrennt werden, wäre der Verteidiger anderenfalls gezwungen, eine zweite Originalurkunde zu beschaffen. 36

Nach h.M.[25] soll die Abtretungsanzeige des Anwalts nicht ausreichen. Das erscheint mir zu weitgehend, da der Verteidiger die Anzeige zumindest auch im Namen des Vertretenen erklärt. 37

VI. Beeinträchtigung oder Vereitelung des Vergütungsanspruchs

Sind die vorgenannten Voraussetzungen (vgl. Rdn 7 bis 37) gegeben, so bleibt eine Aufrechnungserklärung der Staatskasse ohne materiell-rechtliche Wirkung, soweit sie den Anspruch des Rechtsanwalts **vereiteln oder beeinträchtigen** würde. Dies setzt also zunächst einmal voraus, dass der von § 43 geschützte Vergütungsanspruch des Anwalts (vgl. Rdn 11 ff.) gegen seinen Auftraggeber noch nicht, zumindest **nicht vollständig erfüllt** ist. Dem Anwalt muss also noch ein Vergütungsanspruch gegen den Auftraggeber zustehen. 38

Allein, dass Vergütungsansprüche des Verteidigers noch bestehen, genügt für die Anwendung des § 43 allerdings nicht.[26] Vielmehr muss der Anwalt zur Durchsetzung dieser Ansprüche **auf den ihm abgetretenen Erstattungsanspruch angewiesen** sein. Er muss also ohne die Verwertung des abgetretenen Anspruchs Schwierigkeiten haben, zu seinem Geld zu kommen. Hohe Anforderungen dürfen jedoch nicht gestellt werden. Es genügt, dass die **Position des Anwalts durch die Aufrechnung konkret verschlechtert** wird.[27] 39

Für eine solche Beeinträchtigung genügt es, dass der Anwalt eine **freiwillige Zahlung** des Auftraggebers **nicht erreichen** kann, dass er also auf eine Vollstreckung angewiesen ist.[28] Auf eine **Ratenzahlung** des Auftraggebers braucht sich der Rechtsanwalt nicht einzulassen. Soweit der Mandant die Forderung also nur in Raten zahlen kann, ist die erklärte Aufrechnung unwirksam, so dass der Anwalt auf die Erstattungsforderung zugreifen kann. Gleiches gilt, wenn der Mandant nicht sofort zahlen kann, sondern erst nach Ablauf eines bestimmten Zeitraums, und er eine **Stundung** verlangt. Auf die Dauer der Stundung oder der angebotenen Ratenzahlung kann es dabei nicht ankommen. Hierfür spricht insbesondere die Rechtssicherheit. Die Frage der Wirksamkeit der Aufrechnung muss kurzfristig geklärt werden. Bietet der Mandant eine Ratenzahlung an, so steht gerade nicht fest, dass diese auch eingehalten und erfüllt wird. Bereits dies reicht schon als Beeinträchtigung des Anwalts aus. 40

---

25 Burhoff/*Volpert*, RVG, § 43 Rn 21.
26 So aber AG Bamberg AnwBl 1976, 257; Gerold/Schmidt/*Burhoff*, RVG, § 43 Rn 19.
27 Ausführlich LG Bamberg JurBüro 1976, 1353 m. Anm. *Mümmler*; Burhoff/*Volpert*, RVG, § 43 Rn 27.
28 KG NJW 1979, 2255 = JurBüro 1978, 543 = Rpfleger 1978, 34 = AnwBl 1978, 28; Burhoff/*Volpert*, § 43 Rn 28.

41 An einer Beeinträchtigung fehlt es, soweit der Anwalt **Vorschüsse** vereinnahmt hat. Zwar ist damit noch keine Erfüllung eingetreten; diese tritt erst mit Abrechnung und Verrechnung ein (siehe § 10 Abs. 2). Dennoch fehlt es an der Beeinträchtigung, weil der Anwalt verrechnen kann und muss.

42 Anders nur, wenn der Anwalt geltend macht, den **Vorschuss auf eine vereinbarte Vergütung** erhalten zu haben. Dann würde sich eine Beeinträchtigung ergeben, soweit nicht nach § 58 Abs. 3 anzurechnen wäre.

43 Nach *Mümmler*[29] soll eine Beeinträchtigung dann nicht vorliegen, wenn eine **Rechtsschutzversicherung** für die Vergütung eintritt. Diese Aussage ist zwar zutreffend; ein solcher Fall dürfte jedoch nicht eintreten, jedenfalls dann nicht, wenn sich der Rechtsschutzversicherer auf seine Versicherungsbedingungen beruft. Soweit die Staatskasse die Aufrechnung erklärt, kann der Rechtsschutzversicherer nämlich nicht mehr in Anspruch genommen werden.

> **Beispiel:** Der rechtsschutzversicherte Mandant wird unter teilweisem Freispruch zu einer Geldstrafe in Höhe von 1.000 EUR verurteilt. Das Verteidigerhonorar beläuft sich auf 2.000 EUR, wovon der Anwalt bereits 1.000 EUR als Vorschuss eingefordert und erhalten hatte. Der aus dem Freispruch resultierende Kostenerstattungsanspruch des Auftraggebers beläuft sich auf 1.000 EUR. Nach Rechtskraft des Urteils erklärt die Staatskasse die Aufrechnung.
> Aus seinem Rechtsschutzversicherungsvertrag konnte der Auftraggeber zunächst die Freistellung von der gesamten Verteidigervergütung in Höhe von 2.000 EUR verlangen. Nach Zahlung des Vorschusses also noch in Höhe von weiteren 1.000 EUR. Nach Rechtskraft des Urteils ist dieser Befreiungsanspruch nicht mehr durchsetzbar gewesen und schließlich erloschen. Sobald der Versicherungsnehmer Erstattungsansprüche gegen Dritte erwirkt, hier also in Höhe von 1.000 EUR gegen die Staatskasse, ist der Rechtsschutzversicherer nicht mehr eintrittspflichtig (§ 2 Abs. 3c ARB 1975 = § 5 Abs. 3g ARB 1994/2000). Seine Eintrittspflicht lebt erst dann wieder auf, wenn der rechtsschutzversicherte Mandant nachweist, dass die Beitreibung der Erstattungsforderung auf Schwierigkeiten stößt (§ 2 Abs. 3c ARB 1975 = § 5 Abs. 3g ARB 1994/2000). Gelingt die Beitreibung der Erstattungsforderung jedoch, so kann der Rechtsschutzversicherer nicht mehr in Anspruch genommen werden.
> Im Beispiel ist die Erstattungsforderung durch die Staatskasse erfüllt worden, nämlich durch Aufrechnung. Der Auftraggeber hat den Erstattungsanspruch in Form der Befreiung von seiner eigenen Schuld erlangt. Es ist ihm also ein Vermögensvorteil in Höhe von 1.000 EUR zugeflossen. Damit ist er hinsichtlich seiner Erstattungsansprüche befriedigt. Er kann den Rechtsschutzversicherer nicht mehr in Anspruch nehmen. Anderenfalls würde der Rechtsschutzversicherer nämlich als Darlehensgeber für die Geldstrafe in Anspruch genommen und hätte einen entsprechenden bereicherungsrechtlichen Rückabwicklungsanspruch. Nach alledem kommt also eine Inanspruchnahme des Rechtsschutzversicherers nicht in Betracht. Die Aufrechnung der Staatskasse würde also die Forderung des Anwalts beeinträchtigen.

44 Etwas anderes kann ausnahmsweise dann gelten, wenn eine **Direktversicherung** besteht, so dass der Anwalt unmittelbar gegenüber dem Rechtsschutzversicherer anspruchsberechtigt ist. Dann bleibt der Vergütungsanspruch unberührt, sofern nicht die Ausschlussklausel des § 2 Abs. 3d ARB 1975 = § 5 Abs. 3g ARB 1994/2000 greift.

45 Für die Feststellung der Beeinträchtigung ist allein die **objektive Lage** maßgebend. Es kommt nicht darauf an, ob der Rechtsanwalt die Beeinträchtigung hätte verhindern können. Es kann dem Anwalt daher insbesondere nicht entgegengehalten werden, dass er beizeiten Vorschüsse hätte anfordern können und damit eine Beeinträchtigung hätte vermeiden können. Der Anwalt kann auch nicht darauf verwiesen werden, dass er durch anderweitige Maßnahmen (z.B. eigene Aufrechnungen) beizeiten sich hätte befriedigen können.[30]

VII. Rechtsfolgen

46 Liegen die vorgenannten Voraussetzungen (vgl. Rdn 7 bis 37) vor, so ist die von der Staatskasse erklärte Aufrechnung insoweit unwirksam, als sie den Anspruch des Rechtsanwalts vereiteln würde.

47 Die Aufrechnung ist nicht ohne weiteres insgesamt unwirksam. Es ist vielmehr im Einzelfall zu prüfen, in welcher Höhe eine Beeinträchtigung vorliegt. Nur insoweit ist die Aufrechnung unwirk-

---

29 JurBüro 1977, 1253, 1254.
30 Ausführlich LG Bamberg JurBüro 1976, 1353 m. Anm. *Mümmler;* Gerold/Schmidt/*Burhoff*, RVG, § 43 Rn 19;

a.A. Riedel/Sußbauer/*Schmahl*, RVG, § 43 Rn 10; *Mümmler*, JurBüro 1976, 712.

sam. Soweit dem Anwalt also nur noch eine Restforderung gegen den Auftraggeber zusteht, ist die Aufrechnung also nur in diesem Umfang unwirksam.

> **Beispiel:** Das Verteidigerhonorar beläuft sich auf 2.000 EUR. Hierauf hat der Verteidiger bereits Vorschüsse in Höhe von 1.500 EUR erhalten. Die Geldstrafe beläuft sich auf 1.000 EUR, ebenso der Erstattungsanspruch des Auftraggebers.
> Eine von der Staatskasse erklärte Aufrechnung wäre daher nur in Höhe von 500 EUR unwirksam, da nur noch insoweit ein offener Vergütungsanspruch des Anwalts besteht. In Höhe der restlichen 500 EUR wäre die Aufrechnung dagegen wirksam.

Liegt die offene Forderung oder Restforderung des Anwalts über dem Erstattungsanspruch, so ist grundsätzlich die Aufrechnung in voller Höhe unwirksam. Unstrittig ist dies, wenn es sich bei der restlichen Forderung des Anwalts um die **gesetzliche Vergütung** handelt. Soweit es sich um eine **vereinbarte Vergütung** handelt, ist die Rechtslage umstritten.[31] 48

> **Beispiel:** Das vereinbarte Honorar beläuft sich auf 5.000 EUR; die gesetzliche Vergütung auf 2.000 EUR und der Erstattungsanspruch gegen die Staatskasse auf 1.500 EUR. Der Auftraggeber hatte einen Vorschuss in Höhe von 3.000 EUR gezahlt. Nach Abschluss des Verfahrens rechnet die Staatskasse mit einer Geldstrafe in Höhe von 2.000 EUR gegen den Erstattungsanspruch auf.

Nach einer Auffassung[32] greift § 43 nicht, da eine Vorschusszahlung auf die in dem vereinbarten Honorar enthaltene gesetzliche Vergütung zu verrechnen sei und somit der Erstattungsanspruch nach §§ 464b, 464a Abs. 2 Nr. 2 StPO durch eine Aufrechnung insoweit nicht beeinträchtigt würde. Diese Auffassung ist jedoch willkürlich und daher nicht haltbar. Zu differenzieren ist vielmehr danach, ob mit der Vorschusszahlung eine Tilgungsbestimmung getroffen worden ist oder nicht. 49

– Nur dann, wenn der Auftraggeber bei Zahlung erklärt, dass sein Vorschuss auf denjenigen Teil des vereinbarten Honorars gezahlt werde, der der gesetzlichen Vergütung entspreche, ist der vorgenannten Auffassung Recht zu geben (§ 366 Abs. 1 BGB); § 43 ist nicht mehr anwendbar. 50

> **Beispiel:** Im vorgenannten Beispiel ist der Vorschuss vom Rechtsschutzversicherer gezahlt worden. Da dieser nur in Höhe der gesetzlichen Gebühren eintrittspflichtig ist (§ 2 Abs. 1a ARB 1975 = § 5 Abs. 1a ARB 1994/2000), zahlt er also auch nur hierauf. Gleiches würde gelten, wenn der Mandant erklärt, dass er zunächst einmal die Honorarforderung des Verteidigers in Höhe der gesetzlichen Gebühren ausgleiche und das vereinbarte Honorar zu einem späteren Zeitpunkt.

– Gibt der Auftraggeber jedoch eine andere Tilgungsbestimmung, so ist der Vorschuss auf das die gesetzliche Vergütung überschießende Honorar zu verrechnen, so dass die Aufrechnung nach § 43 unwirksam ist.

> **Beispiel:** Der Auftraggeber zahlt zunächst die 3.000 EUR mit der Bestimmung, dass dieser Betrag auf das die gesetzliche Vergütung übersteigende vereinbarte Honorar verrechnet werden solle; mit der Restzahlung wolle er abwarten, bis das Verfahren abgeschlossen sei, da der Anwalt gegebenenfalls sich aus dem Erstattungsanspruch gegenüber der Staatskasse befriedigen könne.
> In diesem Fall greift der Schutz des § 43, da kraft der ausdrücklichen Tilgungsbestimmung die gesetzliche Vergütung offen bleibt.

– Gibt der Auftraggeber keine Erklärung ab, wie seine Vorschuss- oder Teilzahlungen zu verrechnen sein sollen, dann kann entgegen der o.g. Ansicht nicht ohne weiteres einfach auf den Anteil verrechnet werden, der den gesetzlichen Gebühren entspricht. Dies wäre willkürlich. Insoweit gilt vielmehr § 366 Abs. 2 BGB. Die Zahlung erfolgt vielmehr auf denjenigen Teil der Honorarforderung, der die geringere Sicherheit bietet. Das wiederum aber ist derjenige Betrag, der die gesetzlichen Gebühren überschreitet, da dieser nicht nach § 43 gesichert ist.[33]

> **Beispiel:** Der Auftraggeber zahlt zunächst die 3.000 EUR ohne eine Bestimmung.
> Mangels einer anderweitigen Tilgungsbestimmung ist gemäß § 366 Abs. 2 BGB die Zahlung zunächst auf den die gesetzliche Vergütung übersteigenden vereinbarten Honorarbetrag zu verrechnen. Die Forderung in Höhe der gesetzlichen Vergütung bleibt in voller Höhe von 2.000 EUR bestehen, so dass eine Aufrechnung der Staatskasse also zum Nachteil des Anwalts gereichen würde und daher gemäß § 43 unwirksam ist.

---

31 Siehe ausführlich auch Burhoff/*Volpert*, RVG, § 43 Rn 29 mit Beispielen.
32 KG JurBüro 1992, 99; *Hansens*, StV 1991, 44.
33 Ausführlich *Schmidt* in Anm. zu KostRsp. BRAGO § 96a Nr. 14; *Chemnitz* in Anm. zu OLG München AnwBl 1979, 71; ebenso *Schumann/Geißinger*, § 96a Rn 1.

VIII. Anwaltswechsel

51 Hatte der Freigesprochene seinen etwaigen Anspruch auf Erstattung der notwendigen Auslagen für den Fall des Freispruchs bereits an seinen zunächst beauftragten Verteidiger abgetreten, so verliert die Abtretung mit der Mandatsbeendigung nicht ihre Wirkung, sondern hindert die Kostenfestsetzung aus ebenfalls abgetretenem Recht für den neuen Verteidiger.[34]

IX. Festsetzung

52 Ungeachtet der Abtretung kann die Festsetzung nach wie vor im Namen der Partei erfolgen. Zwar ist auch – ebenso wie im Falle des § 126 ZPO – eine Festsetzung im Namen des Verteidigers möglich. Der Erlass des Kostenfestsetzungsbeschlusses für den Verteidiger, dem der Freigesprochene seinen Kostenerstattungsanspruch abgetreten hat, setzt jedoch voraus, dass die der Kostenfestsetzung zugrunde liegende Kostenentscheidung auf den Verteidiger als Rechtsnachfolger des Freigesprochenen gemäß § 727 ZPO umgeschrieben worden ist. Ansonsten kann die Abtretung bei Erlass des Kostenfestsetzungsbeschlusses nicht berücksichtigt werden.[35] Ungeachtet dessen ist der Anwalt aber auch in diesem Fall antragsberechtigter „Beteiligter" i.S.d. § 464b StPO.[36]

X. Verzinsung

53 Auch bei der Festsetzung der abgetretenen Erstattungsansprüche ist deren Verzinsung (§§ 464 f. StPO) auszusprechen.[37]

C. Durchsetzung

I. Glaubhaftmachung

54 Erklärt die Staatskasse die Aufrechnung und macht der Anwalt daraufhin die Unwirksamkeit der Aufrechnung nach S. 1 geltend, so muss er die Voraussetzungen hierfür glaubhaft machen.[38] Allein die Angabe, dass ihm die Kostenerstattungsansprüche abgetreten sind und ihm noch Honorarforderungen zustehen, genügt hierfür nicht.[39] Umgekehrt ist ein Vollbeweis nicht erforderlich.[40]

55 Der Anwalt muss durch Vorlage von Unterlagen glaubhaft machen, dass noch eine restliche Honorarforderung in Höhe der gesetzlichen Vergütung besteht.[41]

56 Darüber hinaus muss er die Abtretung darlegen und glaubhaft machen. Die **Glaubhaftmachung der Abtretung** selbst wird weniger Probleme bereiten als nach bisherigem Recht, da sich eine Abtretungsanzeige des Beschuldigten oder sogar die Abtretungsurkunde in den Gerichtsakten befinden muss (siehe Rdn 31 ff.).

57 Auch die Vereitelung bzw. Beeinträchtigung, die durch die Aufrechnung entstehen würde, ist glaubhaft zu machen.[42]

II. Rechtsbehelfe des Anwalts

1. Übersicht

58 Berücksichtigt das Gericht die Abtretung nicht und verweigert es die Auszahlung des Kostenerstattungsanspruchs, so kann der Anwalt hiergegen aus eigenem Recht vorgehen, da er in seinen Rechten

---

34 LG Düsseldorf AGS 2007, 34 m. Anm. *Volpert*.
35 LG Duisburg AGS 2007, 35 m. Anm. *Volpert* = VRR 2007, 79 = StRR 2007, 79.
36 OLG Düsseldorf StRR 2010, 276; vgl. hierzu *Meyer-Goßner*, § 464b Rn 2.
37 OLG Düsseldorf JurBüro 2006, 206 = JMBl NW 2006, 126.
38 OLG Bamberg JurBüro 1977, 1250 u. 1576.
39 So aber Gerold/Schmidt/*Burhoff*, RVG, § 43 Rn 26.
40 So aber *Hartmann*, § 43 RVG Rn 11.
41 Ausführlich LG Bamberg JurBüro 1976, 1353 m. Anm. *Mümmler*.
42 LG Bamberg JurBüro 1976, 1353.

betroffen ist. Strittig ist, welcher Rechtsbehelf ihm zusteht. Die Auffassungen reichen dabei vom Antrag auf gerichtliche Entscheidung nach Art. XI § 1 KostenRÄndG 1957, (jetzt § 30a EGGVG) analog § 66 GKG (§ 5 GKG a.F.),[43] Herbeiführung einer gerichtlichen Entscheidung nach § 458 Abs. 1 StPO bis zur Ansicht, die Staatskasse selbst müsse die Aufrechnung mit der Vollstreckungsgegenklage durchsetzen.[44]

2. Aufrechnung mit Geldstrafe

Die Frage, welcher Rechtsbehelf gegeben ist, wenn die Staatskasse gegenüber dem Erstattungsanspruch mit einer Geldstrafe aufrechnet, dürfte nunmehr durch die ausführlich begründete Entscheidung des BGH[45] dahin gehend entschieden sein, dass die Einwendungen des Anwaltes gegen die Aufrechnung als Einwendungen gegen die Zulässigkeit der Strafvollstreckung seitens der Staatsanwaltschaft als Vollstreckungsbehörde gemäß § 458 Abs. 1 StPO zu behandeln sind, über die eine Entscheidung des Gerichts herbeizuführen ist. Zuständig ist in diesem Fall gemäß § 462a Abs. 2 S. 1 StPO das Gericht des ersten Rechtszuges, also hier das Gericht, das die Geldstrafe verhängt hat. Gegen diese gerichtliche Entscheidung ist sodann die sofortige Beschwerde gemäß § 462 Abs. 3 StPO gegeben.

59

Der Anwalt erhält in diesem Verfahren keine gesonderten Gebühren, zumal er nicht für den Auftraggeber tätig wird, sondern im eigenen Interesse. Eine Kostenerstattung nach § 464a Abs. 2 Nr. 2 StPO i.V.m. § 91 Abs. 2 ZPO kommt ebenfalls nicht in Betracht, da die Tätigkeit des Anwalts noch zur Instanz gehört (§ 19 Abs. 1 S. 2 Nr. 14). Beauftragt der Verteidiger einen anderen Anwalt mit dem Beschwerdeverfahren, so erhält dieser vom Verteidiger die Vergütung nach VV 3500 (VV 4300 Nr. 2 dürfte wohl hier nicht anwendbar sein). Eine Kostenerstattung ist aber auch in diesem Fall ausgeschlossen.

60

3. Aufrechnung mit Verfahrenskosten

Ob das nach §§ 458 Abs. 1, 462a Abs. 2 S. 1 StPO zuständige Gericht auch dann zu entscheiden hat, wenn die Staatskasse gegenüber dem Erstattungsanspruch mit Verfahrenskosten aufrechnet, hat der BGH ausdrücklich offen gelassen. Das LG Mannheim[46] ist der Auffassung, dass für die Entscheidung über Einwendungen gegen die Aufrechnungserklärung zwar das Strafgericht nach § 458 StPO zuständig sei, soweit mit der Geldstrafe aufgerechnet werde; soweit allerdings mit Verfahrenskosten aufgerechnet werde, sei analog § 66 GKG (§ 5 GKG a.F.) vorzugehen. Der gleichen Auffassung ist das OLG Bamberg,[47] das im Falle der Aufrechnung mit Verfahrenskosten den Rechtsweg nach § 66 GKG (§ 5 GKG a.F.) für gegeben hält. Nach ganz h.M. war insoweit jedoch der Antrag auf gerichtliche Entscheidung nach Art. XI § 1 KostenRÄndG 1957 der zutreffende Rechtsbehelf,[48] der sich jetzt in § 30a EGGVG findet. Zuständig ist danach der Zivilrichter des Amtsgerichts, in dessen Bezirk die für die Einziehung oder Befriedigung des Anspruchs zuständige Staatskasse ihren Sitz hat (§ 30a Abs. 2 EGGVG).[49]

61

Siehe hierzu auch die Musterformulierung bei Burhoff/*Volpert*.[50]

---

43 LG Bamberg JurBüro 1990, 1172; *Lappe*, in: Anm. zu KostRsp. BRAGO § 96a Nr. 40.
44 *Schmidt*, MDR 1974, 951.
45 Rpfleger 1998, 304 = wistra 1998, 192 = BGHSt 44, 18 = NJW 1998, 2066 = KostRsp. BRAGO § 96a m. Anm. *N. Schneider*; ebenso LG Mannheim AnwBl 1982, 164 = Rpfleger 1981, 411 = MDR 1982, 430 = KostRsp. § 96a BRAGO Nr. 22 m. Anm. *Lappe*; Gerold/Schmidt/*Burhoff*, RVG, § 43 Rn 5.
46 AnwBl 1982, 164 = Rpfleger 1981, 411 = MDR 1982, 430 = KostRsp. § 96a BRAGO Nr. 22 m. Anm. *Lappe*.
47 JurBüro 1990, 1172.
48 KG AnwBl 1978, 28 = Rpfleger 1978, 34 = JurBüro 1978, 543 m. Anm. *Mümmler* = NJW 1979, 2255;

OLG Frankfurt JurBüro 1982, 89; OLG Braunschweig NdsRpfl 1985, 147 = KostRsp. BRAGO § 96a Nr. 29; OLG Karlsruhe Rpfleger 1986, 71 = Justiz 1985, 49; OLG Hamburg AnwBl 1986, 42; OLG SchlHA 1979, 183 = JurBüro 1979, 1525; AG Tübingen AnwBl 1983, 134; AG Rheine NJW 1970, 1796 m. abl. Anm. *Brinkmann*; 1971, 59; OLG Frankfurt JVBl 1972, 232 = KostRsp. KostÄndG Art. IX § 1 Nr. 6; LG Frankenthal Rpfleger 1974, 116; Gerold/Schmidt/*Burhoff*, RVG, § 43 Rn 27 f.; Burhoff/*Volpert*, RVG, § 43 Rn 24; a.A. *Lappe*, in: Anm. zu KostRsp. BRAGO § 96a Nr. 40 unter Hinw. auf die Rspr. des BVerwG.
49 OLG Nürnberg AnwBl 1990, 49 = JurBüro 1989, 1685.
50 § 43 Rn 41.

62 Gegen die Entscheidung des Zivilrichters ist in Altfällen gemäß § 14 Abs. 3 KostO die Beschwerde gegeben, und gemäß § 157a KostO die Gehörsrüge. Hiergegen ist die weitere Beschwerde möglich nach § 14 Abs. 3 S. 2 KostO, die allerdings der Zulassung bedarf.

63 Ab dem 1.8.2013 ist gegen die Entscheidung des Zivilrichters gemäß § 81 Abs. 2 GNotKG die Beschwerde gegeben, Hiergegen ist die weitere Beschwerde möglich nach § 81 Abs. 4 GNotKG, die allerdings der Zulassung bedarf. In Betracht kommt gemäß § 84 GNotKG auch die die Gehörsrüge.

64 Das Verfahren über den Antrag auf gerichtliche Entscheidung ist in sämtlichen Instanzen gerichtsgebührenfrei. Eine Kostenerstattung ist ausgeschlossen (§ 81 Abs. 8 GNotKG; § 14 Abs. 5 KostO; für Altfälle: Art. XI § 1 Abs. 2 S. 3 KostenRÄndG 1957).

65 Da der Verteidiger in eigener Sache tätig wird, kann er dem Auftraggeber keine Vergütung in Rechnung stellen, abgesehen davon gilt § 19 Abs. 1 S. 2 Nr. 14. Soweit der Verteidiger allerdings einen anderen Anwalt mit dem Verfahren auf gerichtliche Entscheidung beauftragt, erhält dieser einschließlich eines eventuellen Beschwerdeverfahrens die Vergütung nach VV 2300 (VV 4300 Nr. 2 dürfte wohl hier nicht anwendbar sein).

Abschnitt 8
Beigeordneter oder bestellter Rechtsanwalt, Beratungshilfe

§ 44 Vergütungsanspruch bei Beratungshilfe

¹Für die Tätigkeit im Rahmen der Beratungshilfe erhält der Rechtsanwalt eine Vergütung nach diesem Gesetz aus der Landeskasse, soweit nicht für die Tätigkeit in Beratungsstellen nach § 3 Abs. 1 des Beratungshilfegesetzes besondere Vereinbarungen getroffen sind. ²Die Beratungshilfegebühr (Nummer 2500 des Vergütungsverzeichnisses) schuldet nur der Rechtsuchende.

Literatur: Siehe die Literaturhinweise in Vorbemerkung zu VV Teil 2 Abschnitt 5 (Beratungshilfe).

A. Allgemeines	1	III.	Vereinbarungen bei Tätigkeiten in einer Beratungsstelle	7
B. Regelungsgehalt	2	IV.	Inanspruchnahme des Rechtsuchenden (S. 2)	10
I. Persönlicher Anwendungsbereich	2	C.	Hinweispflicht zur Beratungshilfe	11
II. Grundsatz: Vergütung nach den VV 2501 ff.	5			

A. Allgemeines

Die Vorschrift des § 44 S. 1 bestimmt, dass der Anwalt seine „Vergütung" für Tätigkeiten in Beratungshilfesachen nur aus der Landeskasse erhält. Die Gebühren ergeben sich aus VV 2501 ff., die Auslagen aus VV 7000 ff. Die Beratungshilfegebühren bleiben deutlich hinter den Gebühren für außergerichtliche Tätigkeiten eines Wahlanwalts zurück. Die Kürzung des gegen die Landeskasse gerichteten Vergütungsanspruchs im Vergleich zum Vergütungsanspruch des Wahlanwalts ist verfassungsrechtlich nicht grundsätzlich zu beanstanden.[1] Die Kürzung lässt sich verfassungsrechtlich auf das Profitieren des Rechtsanwalts von einem verlässlichen Vergütungsschuldner sowie auf das Ziel der Schonung öffentlicher Kassen stützen.[2]

1

§ 44 S. 2 stellt klar, dass die Gebühr VV 2500 nur der Ratsuchende schuldet.

Zu den Voraussetzungen der Bewilligung von Beratungshilfe siehe VV Vor 2.5 Rdn 1 ff. Zu der Beratungshilfevergütung siehe VV Vor 2.5 Rdn 127 ff. und bei der Kommentierung der VV 2500 ff.

B. Regelungsgehalt

I. Persönlicher Anwendungsbereich

Die Vorschrift des § 44 ist unmittelbar für den **Rechtsanwalt** anzuwenden.

2

Gewährt der Rechtsanwalt die Beratungshilfe nicht persönlich, sondern wird für ihn ein **Vertreter** tätig, so steht ihm die Vergütung aus der Staatskasse grundsätzlich nur dann zu, wenn es sich um eine der in § 5 genannten Personen handelt.[3] Wird die Beratungshilfe durch eine andere Person gewährt, so soll dem Anwalt kein Anspruch gegen die Landeskasse zustehen.[4] Diese Auslegung dürfte allerdings zu eng sein. Auch dann, wenn im Büro des Rechtsanwalts die Beratung durch einen entsprechend qualifizierten Mitarbeiter gewährt wird, löst dies einen Anspruch gegen die Landeskasse aus.[5] Jedenfalls dann, wenn sich der Rechtsuchende nur beraten lässt, also wenn er sich nicht auch nach außen hin vertreten lässt, muss eine entsprechend qualifizierte Beratung durch einen Mitarbeiter als ausreichend angesehen werden. Es wäre nicht einzusehen, dass qualifizierte

3

---

1 BVerfG AGS 2011, 603.
2 BVerfG AGS 2011, 603.
3 Vgl. BGH NJW-RR 2004, 1143 zur Wahlanwaltsvergütung eines Assessors, der beim Rechtsanwalt angestellt ist und seine Zulassung betreibt.
4 Z.B.: *Pukall* in: Mayer/Kroiß, § 44 Rn 69.
5 AG Göttingen AnwBl 1984, 518.

Hilfspersonen nicht in der Lage sein sollen, eine ordnungsgemäße Beratung durchzuführen, wenn dies nach § 3 Abs. 2 BerHG auch schon unmittelbar durch den Rechtspfleger am Amtsgericht geschehen kann. Soweit die Beratungshilfe sich auf eine Vertretung nach außen hin erstreckt, mag es sich anders verhalten.

4 Nach dem durch das Gesetz zur Änderung des Prozesskostenhilfe- und Beratungshilferechts vom 31.8.2013 eingefügten § 8 Abs. 1 BerHG richtet sich die Vergütung auch der nichtanwaltlichen Beratungspersonen nach dem RVG. Die Vergütung in Beratungshilfesachen richtet sich damit einheitlich für alle Beratungspersonen nach den Vorschriften des RVG. Dies gilt nicht nur hinsichtlich derjenigen Vorschriften, die die Vergütung unmittelbar betreffen, sondern schließt sämtliche Vorschriften des RVG zur Beratungshilfe ein, insbesondere diejenigen über die Anrechnung von Vorschüssen und Zahlungen (§ 58 RVG), den Übergang von Ansprüchen auf die Staatskasse (§ 59 RVG) und die Vergütungsfestsetzung (§ 55 Abs. 4 RVG).[6]

II. Grundsatz: Vergütung nach den VV 2501 ff.

5 Als Grundsatz spricht die Vorschrift des § 44 aus, dass der Anwalt für seine Tätigkeit in Beratungshilfesachen einen Anspruch gegen die Landeskasse nach den VV 2501 ff. erwirbt.

6 Voraussetzung für einen Anspruch nach den VV 2501 ff. ist, dass dem Rechtsuchenden **Beratungshilfe bewilligt** und ein **Berechtigungsschein** ausgestellt worden ist (§ 6 Abs. 1 BerHG) bzw. **nachträglich Beratungshilfe bewilligt** worden ist (§ 6 Abs. 2 BerHG).

III. Vereinbarungen bei Tätigkeiten in einer Beratungsstelle

7 Eine Ausnahme von dem Grundsatz, dass der Rechtsanwalt nach den VV 2501 ff. abrechnen kann, gilt nach S. 1, 2. Hs. dann, wenn
 – der Rechtsanwalt oder eine andere Beratungsperson die Beratungshilfe in einer **Beratungsstelle** gewährt hat, die aufgrund einer Vereinbarung mit der Landesjustizverwaltung eingerichtet ist (§ 3 Abs. 1 S. 3 BerHG)
 und
 – zwischen der Landesjustizverwaltung und der Beratungsstelle eine **besondere Vereinbarung** über die Entlohnung der beratenden Rechtsanwälte getroffen worden ist.

8 Soweit eine solche Vereinbarung über die Höhe der Vergütung des Rechtsanwalts oder einer anderen Beratungsperson nicht getroffen ist, erhält allerdings auch die in einer Beratungsstelle tätige Beratungsperson die Vergütung nach den VV 2501 ff.

9 Der Anwalt ist nach § 49a Abs. 2 S. 1 BRAO verpflichtet, in einer anwaltlichen Beratungsstelle mitzuwirken.

IV. Inanspruchnahme des Rechtsuchenden (S. 2)

10 Den Rechtsuchenden kann der Anwalt oder eine andere Beratungsperson bei bewilligter Beratungshilfe nicht in Anspruch nehmen (S. 1; vgl. § 8 Abs. 2 BerHG). Von dem Rechtsuchenden kann lediglich die Beratungshilfegebühr nach VV 2500 verlangt werden (S. 2). Diese Gebühr kann auch erlassen werden (Anm. S. 2 zu VV 2500). Eine Vereinbarung einer Vergütung für eine beratungshilfefähige Tätigkeit ist in § 8 BerHG nicht mehr gesetzlich ausgeschlossen.

---

6 BT-Drucks 17/11472, S. 42.

C. Hinweispflicht zur Beratungshilfe

Ist für den Anwalt zu erkennen, dass beim Rechtsuchenden die Voraussetzungen für die Bewilligung von Beratungshilfe gegeben sind, so muss er ihn auf die Möglichkeit der Beratungshilfe hinweisen.[7] Dies ist eine zivilrechtliche Nebenpflicht im Sinne von § 241 Abs. 2 BGB. Eine berufsrechtliche Hinweispflicht ergibt sich auch aus § 16 BORA.

§ 16 BORA Prozesskostenhilfe und Beratungshilfe

(1) Der Rechtsanwalt ist verpflichtet, bei begründetem Anlass auf die Möglichkeiten von Beratungs- und Prozesskostenhilfe hinzuweisen.

(2) ...

Die Hinweispflicht des Anwalts besteht aber nur, wenn für ihn Anhaltspunkte bestehen, dass der Mandant die Voraussetzungen für Bewilligung von Beratungshilfe erfüllt.[8] Der Anwalt muss sich dabei nicht der Bewilligung sicher sein. Die ernsthaft in Betracht zu ziehende Aussicht genügt. Die Obliegenheit zur Offenlegung seiner wirtschaftlichen Verhältnisse trifft den Auftraggeber.[9] Verschweigt dieser seine finanziellen Verhältnisse, kann der Anwalt die volle Wahlanwaltsvergütung auch dann abrechnen, wenn die Voraussetzungen für Beratungshilfe vorgelegen haben.[10]

Voraussetzung ist, dass der Mandant ausdrücklich oder stillschweigend auf seine finanziellen Verhältnisse aufmerksam gemacht hat oder dass sich die entsprechenden finanziellen Verhältnisse aus den vom Anwalt gegebenenfalls zu ermittelnden Umständen ergeben.[11] Solche Umstände treten häufig in Unterhaltssachen auf, in denen der Mandant dem Anwalt vollständige Auskunft über seine Einkünfte erteilen muss. Gleiches gilt, wenn der Mandant Sozialhilfe oder vergleichbare Leistungen bezieht.[12]

Weiß der Anwalt dagegen, dass dem Mandanten finanzielle Mittel zugeflossen sind, muss er keine Erhebungen anstellen. Hinweise sind dann auch nicht erforderlich. Dies gilt selbst dann, wenn der Mandant Sozialhilfe oder ähnliche Leistungen bezieht und er dort seine tatsächlichen finanziellen Verhältnisse verschwiegen hat.[13]

Die Hinweispflicht wird nicht dadurch entbehrlich, dass der Anwalt ein gerichtliches Verfahren für unumgänglich hält.[14]

Ebenso bleibt die Hinweispflicht selbst dann bestehen, wenn der Anwalt davon ausgeht, dass dem Auftraggeber die volle Vergütung vom Gegner zu erstatten sein wird.[15]

Verstößt der Anwalt gegen seine Hinweispflicht, unterlässt er also den Hinweis auf die Möglichkeit der Beratungshilfe, macht er sich schadensersatzpflichtig, sodass er seine Wahlanwaltsvergütung nicht verlangen kann, wenn dem Rechtsuchenden Beratungshilfe bewilligt worden wäre.[16] Er kann dann seine Wahlanwaltsvergütung lediglich in Höhe der Beratungshilfegebühr nach VV 2500 in

---

[7] *Büttner/Wrobel-Sachs/Gottschalk/Dürbeck*, Prozesskostenhilfe und Verfahrenskostenhilfe, Beratungshilfe, Rn 925.

[8] OLG Hamm BeckRS 2015, 13005; vgl. auch OLG Celle NJW-RR 2010, 133.

[9] OLG Düsseldorf AnwBl 1987, 147; 1984, 444; AG Hildesheim AnwBl 1982, 400; *Büttner/Wrobel-Sachs/Gottschalk/Dürbeck*, Prozesskostenhilfe und Verfahrenskostenhilfe, Beratungshilfe, Rn 926.

[10] *Büttner/Wrobel-Sachs/Gottschalk/Dürbeck*, Prozesskostenhilfe und Verfahrenskostenhilfe, Beratungshilfe, Rn 926.

[11] *Büttner/Wrobel-Sachs/Gottschalk/Dürbeck*, Prozesskostenhilfe und Verfahrenskostenhilfe, Beratungshilfe, Rn 925.

[12] *Büttner/Wrobel-Sachs/Gottschalk/Dürbeck*, Prozesskostenhilfe und Verfahrenskostenhilfe, Beratungshilfe, Rn 925.

[13] LG Koblenz AnwBl 1990, 164; *Büttner/Wrobel-Sachs/Gottschalk/Dürbeck*, Prozesskostenhilfe und Verfahrenskostenhilfe, Beratungshilfe, Rn 925.

[14] *Büttner/Wrobel-Sachs/Gottschalk/Dürbeck*, Prozesskostenhilfe und Verfahrenskostenhilfe, Beratungshilfe, Rn 925.

[15] *Büttner/Wrobel-Sachs/Gottschalk/Dürbeck*, Prozesskostenhilfe und Verfahrenskostenhilfe, Beratungshilfe, Rn 925.

[16] OLG Celle NJW-RR 2010, 133; *Büttner/Wrobel-Sachs/Gottschalk/Dürbeck*, Prozesskostenhilfe und Verfahrenskostenhilfe, Beratungshilfe, Rn 926.

Höhe von 15 EUR geltend machen.[17] Im Übrigen steht der Geltendmachung der Schadensersatzanspruch des Auftraggebers entgegen.

18 Den Rechtsuchenden trifft allerdings ein Mitverschulden, das den Schadensersatzanspruch gegenüber dem Anwalt sogar völlig beseitigen kann, wenn der Rechtsuchende – sofern dies noch möglich ist – nachträglich keinen Beratungshilfeantrag stellt.[18]

19 Ein Rechtsanwalt ist dagegen nicht verpflichtet, einen Mandanten, der ihn zu einer Beratung aufsucht, auf die Möglichkeit der Beratungshilfe hinzuweisen, wenn er ohne Vorschuss tätig wird und bereit ist, seinen Vergütungsanspruch vom Eingang einer ihm als sicher hingestellten, die Hilfsbedürftigkeit des Mandanten beseitigenden Leistung eines Dritten an den Mandanten (hier: einer Versicherungsleistung) abhängig zu machen. Es ist weder rechts- noch berufsrechtswidrig, wenn ein Rechtsanwalt dieses Risiko übernimmt.[19]

§ 45 Vergütungsanspruch des beigeordneten oder bestellten Rechtsanwalts

(1) Der im Wege der Prozesskostenhilfe beigeordnete oder nach § 57 oder § 58 der Zivilprozessordnung zum Prozesspfleger bestellte Rechtsanwalt erhält, soweit in diesem Abschnitt nichts anderes bestimmt ist, die gesetzliche Vergütung in Verfahren vor Gerichten des Bundes aus der Bundeskasse, in Verfahren vor Gerichten eines Landes aus der Landeskasse.

(2) Der Rechtsanwalt, der nach § 138 des Gesetzes über das Verfahren in Familiensachen und in den Angelegenheiten der freiwilligen Gerichtsbarkeit, auch in Verbindung mit § 270 des Gesetzes über das Verfahren in Familiensachen und in den Angelegenheiten der freiwilligen Gerichtsbarkeit, nach § 109 Absatz 3 oder § 119a Absatz 6 des Strafvollzugsgesetzes beigeordnet oder nach § 67a Abs. 1 Satz 2 der Verwaltungsgerichtsordnung bestellt ist, kann eine Vergütung aus der Landeskasse verlangen, wenn der zur Zahlung Verpflichtete (§ 39 oder § 40) mit der Zahlung der Vergütung im Verzug ist.

(3) ¹Ist der Rechtsanwalt sonst gerichtlich bestellt oder beigeordnet worden, erhält er die Vergütung aus der Landeskasse, wenn ein Gericht des Landes den Rechtsanwalt bestellt oder beigeordnet hat, im Übrigen aus der Bundeskasse. ²Hat zuerst ein Gericht des Bundes und sodann ein Gericht des Landes den Rechtsanwalt bestellt oder beigeordnet, zahlt die Bundeskasse die Vergütung, die der Rechtsanwalt während der Dauer der Bestellung oder Beiordnung durch das Gericht des Bundes verdient hat, die Landeskasse die dem Rechtsanwalt darüber hinaus zustehende Vergütung. ³Dies gilt entsprechend, wenn zuerst ein Gericht des Landes und sodann ein Gericht des Bundes den Rechtsanwalt bestellt oder beigeordnet hat.

(4) ¹Wenn der Verteidiger von der Stellung eines Wiederaufnahmeantrags abrät, hat er einen Anspruch gegen die Staatskasse nur dann, wenn er nach § 364b Abs. 1 Satz 1 der Strafprozessordnung bestellt worden ist oder das Gericht die Feststellung nach § 364b Abs. 1 Satz 2 der Strafprozessordnung getroffen hat. ²Dies gilt auch im gerichtlichen Bußgeldverfahren (§ 85 Abs. 1 des Gesetzes über Ordnungswidrigkeiten).

(5) ¹Absatz 3 ist im Bußgeldverfahren vor der Verwaltungsbehörde entsprechend anzuwenden. ²An die Stelle des Gerichts tritt die Verwaltungsbehörde.

---

17 *Büttner/Wrobel-Sachs/Gottschalk/Dürbeck*, Prozesskostenhilfe und Verfahrenskostenhilfe, Beratungshilfe, Rn 926 m.w.N.

18 *Büttner/Wrobel-Sachs/Gottschalk/Dürbeck*, Prozesskostenhilfe und Verfahrenskostenhilfe, Beratungshilfe, Rn 926.

19 OLG Celle BeckRS 2014, 7880.

§ 45 Abschnitt 8. Beigeordneter oder bestellter Rechtsanwalt, Beratungshilfe

A. Allgemeines 1	1. Anspruchsvoraussetzungen 26
B. Regelungsgehalt 5	a) Beiordnung oder Bestellung als Rechtsgrundlage 26
I. Beiordnung oder Bestellung als Sonderrechtsverhältnis 5	b) Bestehen einer „Hauptschuld" 30
1. Beiordnung im Wege der Prozesskostenhilfe (Abs. 1) 8	c) Kongruenz zwischen Beiordnung und geleisteter Tätigkeit 35
2. Beiordnung nach § 138 FamFG (Abs. 2) .. 11	d) Spezielles Erfordernis: Zahlungsverzug 37
3. Bestellung nach § 57 oder § 58 ZPO (Abs. 1) 14	2. Anspruchshindernisse 39
4. Bestellung nach § 109 Abs. 3 bzw. § 119 Abs. 6 StVollzG (Abs. 2) 16	a) Grundsätzliches 39
	b) Schuldhaft verursachter Anwaltswechsel 41
5. Bestellung nach § 67a Abs. 1 S. 2 VwGO (Abs. 2) 17	c) Einwendungsdurchgriff 42
6. Sonstige Bestellungen oder Beiordnungen 19	d) Rechtsmissbräuchliche Anspruchstellung 44
a) Allgemeines 19	3. Anspruchshemmung 50
b) Abs. 3 als Auffangtatbestand 21	a) Bedeutung 50
c) Bestellung oder Feststellung nach § 364b Abs. 1 StPO (Abs. 4) 23	b) Mangelnde Fälligkeit 51
	c) Verjährung 53
d) Entsprechende Anwendung des Abs. 3 auf Verwaltungsbehörden (Abs. 5) 25	III. Zur Rückabwicklung bei rechtsgrundloser Leistung 56
II. Der Vergütungsanspruch des beigeordneten oder bestellten Anwalts gegen den Fiskus 26	C. Erstattungsfragen 57
	I. Rückgriff der Staatskasse auf den Kostenschuldner 59
	II. Gesetzlicher Anspruchsübergang auf die Staatskasse 61
	D. Praxisempfehlungen 63

A. Allgemeines

Die Vorschrift erweist sich als kaum gelungene Zusammenführung von § 97 und § 121 BRAGO. Aus den Überschriftsteilen „Anspruch" (§ 97 BRAGO) und „Vergütung" (§ 121 BRAGO) ist nunmehr „Vergütungsanspruch" geworden. Trotz der neuen Überschrift enthält jedoch auch § 45 ebenso wenig wie eine andere Bestimmung des RVG einen umfassenden Anspruchstatbestand. Sie ist unnötig aufgebläht, sehr unübersichtlich und wenig systematisch. **1**

In erster Linie geht es um den öffentlich-rechtlichen Vergütungsschuldner des beigeordneten oder bestellten Anwalts. Der insoweit maßgebliche **Obersatz** findet sich in **Abs. 3** und würde voll zur Entfaltung gelangen, wenn er vorangestellt und das Wort „sonst" gedanklich gestrichen würde. **Abs. 1** ist insgesamt überflüssig und **Abs. 2** regelt eine **besondere Anspruchsvoraussetzung** (Zahlungsverzug des Mandanten), hat also mit der Zuständigkeit der jeweiligen Staatskasse nichts gemein. **2**

Abs. 4 enthält zunächst die selbstverständliche Aussage, dass ein nicht zum Verteidiger bestellter Anwalt keinen Anspruch gegen die Staatskasse hat. Die Notwendigkeit einer Feststellung nach § 364b Abs. 1 S. 2 StPO betrifft den **Umfang der Bestellung** eines „gewöhnlichen" Verteidigers und damit seines Anspruchs gegen die Staatskasse. Diese Thematik ist **Gegenstand des § 48** und wäre des Sachzusammenhangs wegen besser dort in Abs. 5 eingestellt worden. Dann hätte der hiesige Abs. 5 auch direkt Anschluss an Abs. 3 gefunden, zu dem er gehört. **3**

Im Rahmen dieser Vorschrift wird kommentiert, welche Körperschaft für die Vergütung des beigeordneten oder bestellten Anwalts zuständig ist, sondern auch die maßgeblichen (materiell-rechtlichen) Kriterien dafür aufzuzeigen, **ob** dem Anwalt **überhaupt** ein Anspruch gegen die Staatskasse entstanden ist und **ob** dieser Anspruch **einredefrei** fortbesteht. Der gegenständliche Umfang des Vergütungsanspruchs ergibt sich aus § 48. Die **Anspruchshöhe** wird bei den Vorschriften über die Wertgebühren (**§ 49**) und über die Auslagen (**§ 46**) sowie bei den einzelnen **Bestimmungen des Vergütungsverzeichnisses** abgehandelt. **4**

Fölsch 1203

B. Regelungsgehalt

I. Beiordnung oder Bestellung als Sonderrechtsverhältnis

5 Beiordnung und Bestellung sind **rechtsgestaltende Verwaltungsakte**. Durch sie werden öffentlich-rechtliche **Schuldverhältnisse** begründet **zwischen** dem **Anwalt** und der **Körperschaft**, welche die **Beiordnung oder Bestellung vorgenommen** hat. Diese Sonderrechtsbeziehung wird zwar einseitig geschaffen, ist aber **vertragsähnlich konzipiert**, entfaltet Schutzwirkungen zugunsten der Partei[1] und hat **Elemente einer fremdnützigen Beauftragung** (vgl. § 7 Rdn 6). Durch die Beiordnung oder Bestellung wird der Anwalt aufgefordert, der Partei im Rahmen des Verfahrens, für das die Beiordnung oder Bestellung gelten soll, seine Dienste anzubieten. Kommt es deshalb zu einer gebührenpflichtigen Tätigkeit des beigeordneten oder bestellten Anwalts (dazu und im Übrigen siehe Rdn 30 ff.),[2] etwa weil die Partei mit dessen Geschäftsbesorgung tatsächlich oder mutmaßlich einverstanden ist, kann der Anwalt dafür im Allgemeinen oder nach Erfüllung spezieller Anspruchsvoraussetzungen (Abs. 2) eine **Entlohnung aus der Staatskasse** verlangen. Mit der „Staatskasse" ist der **(Justiz-)Fiskus** gemeint. Die Bezeichnung umfasst als gesetzlicher **Oberbegriff** sämtliche Landeskassen und die Bundeskasse (vgl. § 47).

6 **Zuständig** für die Beiordnung oder Bestellung sind allerdings nicht die Kassen, sondern die **Gerichte** oder **Verwaltungsbehörden** (Abs. 5), bei denen die Verfahren stattfinden, in denen eine Beiordnung oder/und Bestellung als erforderlich angesehen werden (vgl. § 127 Abs. 1 S. 2 ZPO). Der Sache nach handelt es sich aber nicht um eine Aufgabe der Rechtsprechung im eigentlichen Sinne, sondern um die Wahrnehmung von **Fürsorgepflichten des Rechts- und Sozialstaates**.[3]

7 Soweit durch die Beiordnung oder Bestellung des Anwalts ihm gegenüber eine Zahlungsverpflichtung der Staatskasse begründet wird, hat diese **bürgschaftsähnlichen Charakter**. Die Begründung des Sonderrechtsverhältnisses ist zwar eine notwendige, aber keine hinreichende Voraussetzung für die Entstehung eines gegen die Staatskasse gerichteten Vergütungsanspruchs. Vergleichbar einer Bürgschaftserklärung im Zivilrecht enthält sie lediglich die öffentlich-rechtliche Zusage, **für eine fremde Schuld**, nämlich die Zahlungsverpflichtung der vertretenen Person,[4] bis zur Höhe der festgelegten („garantierten") Vergütung[5] **einstehen zu wollen** (vgl. § 59 Rdn 24). Erforderlich ist also die Begründung der „Hauptschuld" infolge einer gebührenpflichtigen Tätigkeit des Anwalts zugunsten der Partei, wenn auch mit der Besonderheit, dass diese für den Anwalt in der Regel (zu den Ausnahmen in Abs. 2 siehe Rdn 11) nicht durchsetzbar ist (§ 122 Abs. 1 Nr. 3 ZPO), während die Staatskasse gleichsam auf **erstes Anfordern** zahlen muss (§ 55) und sogar **vorschusspflichtig** ist (§ 47). Es besteht eine andauernde Abhängigkeit (**Akzessorietät**) der „Hilfsschuld" der Staatskasse von der „Hauptschuld" der Partei.

1. Beiordnung im Wege der Prozesskostenhilfe (Abs. 1)

8 Im Gegensatz etwa zu § 78b ZPO (Beiordnung eines „Notanwalts") ist die **Beiordnung** hier nicht deshalb veranlasst, weil die Partei keinen zu ihrer Vertretung bereiten Anwalt findet oder weil die sachgerechte Interessenwahrnehmung einen anwaltlichen Beistand erfordert (vgl. § 138 FamFG), sondern **aus wirtschaftlichen Gründen** geboten,[6] um einerseits die Partei von den Kosten eines Anwalts zu entlasten und zum anderen dem Anwalt eine sichere Entlohnung zu bieten. Ab der Beiordnung „kann dem Rechtsanwalt, der im Rahmen seiner Beiordnung tätig geworden ist, das

---

[1] Vgl. BGHZ 30, 226 = NJW 1959, 1732 = MDR 1959, 733.

[2] Rechtsgrundlage ist in der Regel ein (schlüssiger) Anwaltsvertrag (vgl. BGH NJW-RR 2005, 494).

[3] Siehe dazu für die Beiordnung im Wege der Prozesskostenhilfe LAG Hamm MDR 1997, 405 (Leistung der staatlichen Daseinsvorsorge; Form der Sozialhilfe im Bereich der Rechtspflege).

[4] Eine Sonderstellung nimmt die Beiordnung als Zeugenbeistand ein (§ 68b StPO). In diesen Fällen entsteht ein Vergütungsanspruch des Anwalts nur gegenüber der Staatskasse.

[5] Das ist bei Wertgebühren die Grundvergütung nach § 49 und bei Betragsrahmengebühren die jeweilige Festgebühr des Vergütungsverzeichnisses in den Teilen 4 bis 6.

[6] Allerdings kann zugleich auch der erstgenannte Grund für eine Beiordnung vorliegen. Dann gilt § 121 Abs. 5 ZPO (Beiordnung eines „Notanwalts" im Wege der Prozesskostenhilfe).

Risiko, hierfür keine Vergütung zu erhalten, nicht mehr aufgebürdet werden".[7] Die Beteiligten **Anwalt – Partei – Staat** bilden ein so genanntes **Dreiecksverhältnis** und sind sämtlich untereinander rechtlich verknüpft. Das Verhältnis **Partei – Staat** wird durch die **Prozesskostenhilfe**, das Verhältnis **Anwalt – Staat** durch die **Beiordnung** und das Verhältnis **Anwalt – Partei** durch den **Anwaltvertrag** beschrieben. Spezieller Gegenstand der Betrachtung aus diesem Gesamtverbund ist die Position des Anwalts als **Gläubiger**, der Partei als seiner **Hauptschuldnerin** und des Staates als einstandspflichtigem **Hilfsschuldner** (vgl. Rdn 7).

Die Beiordnung im Wege der Prozesskostenhilfe ist ein **Institut der ZPO**, steht hier aber als **Synonym** für **sämtliche Beiordnungen**, die darauf beruhen, dass die **Partei** einen zur Interessenvertretung erforderlichen Anwalt **nicht** (sofort) **bezahlen kann** (im Einzelnen siehe § 12 Rdn 5). Hat ein derart **beigeordneter Anwalt** eine nach dem RVG **gebührenpflichtige Tätigkeit** ausgeübt, so erhält er die dafür vorgesehene **Vergütung aus der Staatskasse**. Diese **grundsätzliche Aussage** ist Gegenstand der **Regelung des § 12**. Hiernach soll auch der im Wege der Verfahrenskostenhilfe oder nach § 11a ArbGG oder § 4a InsO aus wirtschaftlichen Gründen beigeordnete Anwalt so behandelt werden, als sei er im Wege der Prozesskostenhilfe beigeordnet worden. Mit § 12 bezweckt der Gesetzgeber eine **umfassende Gleichbehandlung** sämtlicher **Beiordnungen infolge Bedürftigkeit** der Partei.

Als **Adressat des § 45** kann allerdings nur der **beigeordnete Anwalt** in Betracht kommen, dessen **Vergütung** aus der Staatskasse sich **nach dem RVG** richtet. Wird ein Anwalt im Wege der **Verfahrenskostenhilfe** nach den §§ 129 ff. PatG, § 81a MarkenG, § 21 Abs. 2 GebrMG, § 24 DesignG, § 36 SortenSchG beigeordnet, so ist das zwar mit einer Beiordnung im Wege der Prozesskostenhilfe vergleichbar. Die Vergütung aus diesem öffentlich-rechtlichen Schuldverhältnis wird jedoch **außerhalb des RVG** geregelt (siehe § 12 Rdn 20).

2. Beiordnung nach § 138 FamFG (Abs. 2)

Die gegenüber einer Beiordnung im Wege der Prozesskostenhilfe **andersartige Zweckrichtung** der Beiordnung nach § 138 FamFG (der Sache nach handelt es sich um eine Bestellung, vgl. § 12 Rdn 6) schlägt unmittelbar auf den Inhalt dieses öffentlich-rechtlichen Schuldverhältnisses durch. Gelangt das **Familiengericht** zu der Erkenntnis, dass der Antragsgegner in einer Scheidungssache aus sachlichen Gründen des anwaltlichen Beistandes bedarf (§ 138 FamFG), so wird es **wie ein Geschäftsführer** (mit oder ohne Auftrag) tätig, wenn es für ihn einen **vertretungsbereiten Anwalt besorgt**. Weil es dazu kraft Gesetzes berechtigt ist, erscheint es nur konsequent, wenn **in erster Linie** der **Antragsgegner** die **Kosten zu tragen** hat (§ 39). Deshalb muss hier der Fiskus nicht bereits auf erstes Anfordern des Anwalts zahlen (vgl. Rdn 7), sondern nur dann, wenn der Hauptschuldner seinen Pflichten aus dem gesetzlichen oder gewillkürten Schuldverhältnis zwischen ihm und dem Anwalt (vgl. Rdn 30 ff.) nicht nachkommt.

Zu Lasten der Staatskasse **verbleibt** allerdings eine **bürgschaftsähnliche Position** ohne Einrede der Vorausklage. Der nach § 138 FamFG beigeordnete Anwalt darf die Staatskasse bereits in Anspruch nehmen, wenn er Verzug der Partei glaubhaft macht (§ 55 Abs. 5 S. 1). Da diese **vorschusspflichtig** ist (§ 47 Abs. 1 S. 2), reicht auch der Verzug mit einer Vorschusszahlung aus.

Hat der nach § 138 FamFG beigeordnete Anwalt Grund zu der Annahme, dass der Antragsgegner die durch seine Beiordnung entstehenden Kosten nicht, nur zum Teil oder nur in Raten aufbringen kann (§ 114 ZPO), muss er ihn über die **Möglichkeiten der Prozesskostenhilfe** beraten. Wird dem Antragsgegner auf entsprechenden Antrag hin Prozesskostenhilfe **bewilligt**, so stützt sich die **Beiordnung** auf **zwei Grundlagen**. Da die Partei nunmehr auch der finanziellen Unterstützung bedarf, gehen bei Konkurrenz die Vorschriften für den im Wege der Prozesskostenhilfe beigeordneten Anwalt vor.

---

[7] OLG Karlsruhe FamRZ 1996, 1448.

3. Bestellung nach § 57 oder § 58 ZPO (Abs. 1)

14 Das öffentlich-rechtliche **Schuldverhältnis** zwischen dem **Prozesspfleger** und der **Körperschaft**, die ihn bestellt hat, ist in das RVG **zusätzlich aufgenommen** worden (zum Schuldverhältnis Anwalt – Partei siehe § 41).

Mit Abs. 1 ist dem zum Prozesspfleger bestellten Anwalt die **nämliche Anspruchsposition** gegenüber der Staatskasse eingeräumt wie dem im Wege der **Prozesskostenhilfe** beigeordneten Anwalt. Da es sich **technisch** nur um eine **Bestellung** und nicht um eine Beiordnung handelt (siehe § 12 Rdn 7), erscheint die gegenüber anderen Bestellungen (vgl. Abs. 2) bevorzugte Behandlung des Prozesspflegers zunächst überraschend.[8] Sie erklärt sich daraus, dass der Prozesspfleger auf die **Haftungsmasse** des von ihm vertretenen Vermögens gleichfalls **nicht ohne Weiteres zugreifen** kann, wenn auch nicht aus wirtschaftlichen Erwägungen, so doch aus tatsächlichen Gründen. Aus der Bestellung zum Prozesspfleger kann ebenso wie bei der Beiordnung nach § 138 FamFG eine solche im Wege der Prozesskostenhilfe hervorgehen, wenn bei der nicht prozessfähigen Partei (§ 57 ZPO) oder dem Aneignungsberechtigten (§ 58 ZPO) die Voraussetzungen des § 114 ZPO vorliegen.

15 Die Einstandspflicht der **Staatskasse** für den Prozesspfleger ist **nicht** gleichbedeutend mit einer **finanziellen Belastung**. Die Bestellung ergeht nur auf Antrag desjenigen, der das Verfahren betreibt. Nach GKG-KostVerz. 9007 (Anlage 1 zu § 3 Abs. 2 GKG) gehören **Zahlungen der Staatskasse** an den Prozesspfleger zu den **Auslagen**. Hierfür ist der **Antragsteller vorschusspflichtig** (§ 17 Abs. 1 GKG), so dass bei pflichtgemäßer Handhabung des Verfahrens die Zahlung einer Vergütung aus der Staatskasse für diese **kostenneutral** ist.

4. Bestellung nach § 109 Abs. 3 bzw. § 119 Abs. 6 StVollzG (Abs. 2)

16 Durch das Gesetz zur bundesrechtlichen Umsetzung des Abstandsgebots im Recht der Sicherungsverwahrung ist § 45 Abs. 2 um die Fälle der Beiordnung nach § 109 Abs. 3 bzw. § 119 Abs. 6 StVollzG erweitert worden. Die Änderung ist zum 1.6.2013 in Kraft getreten.

5. Bestellung nach § 67a Abs. 1 S. 2 VwGO (Abs. 2)

17 Diese Bestellung ist in ihrer Ausgestaltung als öffentlich-rechtliches Schuldverhältnis der **Beiordnung nach § 138 FamFG**, die sich ebenfalls als Bestellung qualifiziert (vgl. Rdn 11), nachgebildet worden. Das gilt auch für die Neuerung, wonach der bestellte Anwalt eine Vergütung aus der Staatskasse schon verlangen kann, wenn er eine Vorschusszahlung erfolglos angemahnt hat (§ 47 Abs. 1 S. 2).

18 Aus der **bürgenähnlichen Stellung der Staatskasse** folgt, dass sie – begrenzt durch die jeweilige Höhe ihrer Haftungsübernahme (siehe § 49 Rdn 1) – für die **Gebührenansprüche** des bestellten Anwalts den vertretenen Personen gegenüber (§ 40) **in vollem Umfang einzustehen** hat. Gemäß § 7 Abs. 2 kann der Anwalt von jeder Person die Vergütung einfordern, die bei deren Einzelvertretung entstanden wäre.[9] Soweit er hiervon (bis zur Höhe der Gesamtvergütung) Gebrauch macht, ist die Staatskasse **in jedem Einzelfall** entsprechend **einstandspflichtig**, falls „der zur Zahlung Verpflichtete" trotz Mahnung oder Zustellung eines Vergütungsfestsetzungsbeschlusses nicht zahlt.[10] Das gilt auch **für jede einzelne Vorschussanforderung**. Es ist nicht erforderlich, dass der Anwalt alle vertretenen Personen in Verzug setzen muss, um die Staatskasse auf Vorschuss nach § 47 Abs. 1 S. 2 in Anspruch nehmen zu können.

---

8 Sie schließt ein, dass der Anwalt die Staatskasse auch vorrangig vor der von ihm vertretenen Partei in Anspruch nehmen kann, allerdings nur im Rahmen von § 49 (vgl. OLG Düsseldorf AGS 2008, 573).

9 Diese normierte Gesamtschuld wird auch durch BGH NJW 1993, 1715 nicht in Zweifel gezogen (vgl. § 48 Rdn 108).

10 Vgl. *von Eicken*, AnwBl 1991, 187, 190; a.A. *Hansens*, NJW 1991, 1137, 1140.

6. Sonstige Bestellungen oder Beiordnungen

a) Allgemeines

Abs. 3 dient vornehmlich dazu, die Bestellungen und Beiordnungen in **Strafsachen** zu erfassen, soweit Letztere nicht im Wege der Prozesskostenhilfe angeordnet worden sind (siehe dazu § 12 Rdn 6 f.). Angesprochen ist in erster Linie der zum **Verteidiger** bestellte Anwalt (§ 141 StPO), aber auch der als **Beistand** dem **Nebenkläger** (§ 97a Abs. 1 StPO) oder dem **nebenklageberechtigten Verletzten** (§ 406g Abs. 3 Nr. 1 StPO) bestellte Anwalt oder der einem **Zeugen** als Beistand beigeordnete Anwalt (§ 68b Abs. 2 S. 1 StPO). 19

Ferner geht es um **ähnliche Verfahren**, in denen der Anwalt durch Verwaltungsakt hinzugezogen worden ist, nämlich zum Beispiel um Bestellungen in Verfahren nach dem **Gesetz über die internationale Rechtshilfe in Strafsachen**.[11] 20

b) Abs. 3 als Auffangtatbestand

Nach der Gesetzesbegründung soll die Vorschrift lediglich an die Stelle des § 103 BRAGO treten. Tatsächlich geht sie jedoch weit darüber hinaus, indem sie durch den **Begriff „sonst"** zum **Auffangtatbestand** wird. Für den **Normadressaten** kann die Regelung nur so verstanden werden, dass **sämtliche** gerichtlichen Beiordnungen oder Bestellungen, die nicht bereits Gegenstand der Abs. 1 und 2 sind, **unter Abs. 3 fallen** sollen. Das ist eindeutig und damit ungeachtet eines etwaigen Vorbehalts des Gesetzgebers geltendes Recht. 21

Demnach ist festgeschrieben, dass **jeder Anwalt**, der aufgrund eines **gerichtlichen Hoheitsaktes** in einem Verfahren **tätig geworden** ist, von der **Staatskasse** eine **Vergütung** verlangen kann. Das erscheint ohnehin selbstverständlich, weil grundsätzlich niemand gezwungen werden darf, seine Arbeitskraft unentgeltlich einzusetzen, war aber nach der BRAGO keineswegs gesichert. Jetzt ist gesetzlich geklärt, dass auch dem nach § 78b ZPO **beigeordneten Notanwalt** eine Vergütung aus der Staatskasse zusteht.[12] 22

c) Bestellung oder Feststellung nach § 364b Abs. 1 StPO (Abs. 4)

Dass der **für die Vorbereitung** eines Wiederaufnahmeverfahrens gerichtlich **bestellte Verteidiger** (§ 364b Abs. 1 S. 1 StPO) aus der Staatskasse zu vergüten ist, folgt bereits aus Abs. 3 und bedurfte deshalb keiner Sonderregelung in Abs. 4. Ebenso wenig war es erforderlich, das **gerichtliche Bußgeldverfahren** zu erwähnen (Abs. 4 S. 2), da auch hier eine Bestellung durch das Gericht nach § 364b Abs. 1 S. 1 StPO erfolgen muss. Die Hervorhebung beruht auf der Einarbeitung des Textes der BRAGO (§§ 90 Abs. 1 S. 2, 97 Abs. 1 S. 2, 105 Abs. 1 BRAGO) in das RVG. 23

Dass ein bereits **für den Strafprozess bestellt gewesener Verteidiger** nur dann für die Vorbereitung der Wiederaufnahme einen Vergütungsanspruch gegen die Staatskasse hat, wenn die **Bestellung** auf Antrag durch gerichtliche Feststellung hierauf **erstreckt** wird, ist eine Frage des Umfangs der Bestellung und gehört daher **sachlich zu § 48 Abs. 6** (vgl. Rdn 3). 24

d) Entsprechende Anwendung des Abs. 3 auf Verwaltungsbehörden (Abs. 5)

Wird der Anwalt von einer **Verwaltungsbehörde** eingeschaltet, die ein **Bußgeldverfahren** betreibt (§ 36 OWiG), so entsteht das öffentlich-rechtliche Schuldverhältnis zwischen ihm und der Körperschaft, der diese Verwaltungsbehörde angehört. Handelt es sich um die **Behörde eines Landes**, ist gemäß Abs. 3 die **Landeskasse** seine Vergütungsschuldnerin, bei einer **Bundesbehörde** die **Bundeskasse**. Von dieser Regelung nicht erfasst werden die Fälle, wo eine **Gemeinde**, ein **Sozialversicherungsträger** oder eine **andere Körperschaft** des öffentlichen Rechts das Bußgeldverfahren betreibt. Dann ist auf den **allgemeinen Grundsatz** zurückzugreifen, dass **jede (juristische) Person für ihr Handeln verantwortlich** ist und haftet, soweit daraus Verpflichtungen erwachsen. **Vergü-** 25

---

11 Vgl. z.B. § 31 Abs. 2 S. 3 des Gesetzes über die internationale Rechtshilfe in Strafsachen (IRG).

12 A.A. Gerold/Schmidt/*Müller-Rabe*, RVG, § 45 Rn 119.

tungsschuldnerin ist also **jeweils** die **Körperschaft**, deren Mitarbeiter den Anwalt **durch Hoheitsakt** in das Bußgeldverfahren **eingeschaltet** haben.

II. Der Vergütungsanspruch des beigeordneten oder bestellten Anwalts gegen den Fiskus

1. Anspruchsvoraussetzungen

a) Beiordnung oder Bestellung als Rechtsgrundlage

26 Zunächst muss eine **wirksame Beiordnung oder Bestellung** vorliegen. Diese brauchen **nicht fehlerfrei** zu sein. Es reicht, wenn sie zugunsten des beigeordneten oder bestellten Anwalts als Rechtsgrundlage für das Eingreifen eines gesetzlichen Vergütungsanspruchs gegen die Staatskasse **Geltung beanspruchen** können. Das ist bereits der Fall, wenn **kein Nichtigkeitsgrund** vorliegt. Ein solcher wäre nur in ganz besonders gelagerten Ausnahmefällen in Betracht zu ziehen, wenn etwa die Beiordnung oder Bestellung für jedermann erkennbar als **grob gesetzeswidrig** oder **völlig unsinnig** anzusehen sein sollte. Bloße Fehlerhaftigkeit reicht insoweit nicht aus. **Unerheblich** ist beispielsweise, wenn der Rechtspfleger anstelle des Richters entscheidet oder wenn unter Verstoß gegen § 121 Abs. 3 ZPO ein auswärtiger Anwalt[13] oder entgegen § 121 Abs. 4 ZPO eine Mehrzahl von Anwälten oder in einem Verfahren ohne Anwaltszwang ein Rechtsbeistand beigeordnet wird, wenn Prozesskostenhilfe und Beiordnung überhaupt nicht beantragt waren[14] oder wenn die Beiordnung nicht notwendig gewesen ist[15] oder fälschlich rückwirkend erfolgt.[16] **Nichtigkeit** könnte allerdings anzunehmen sein, wenn in einem Anwaltsprozess ein Rechtsbeistand beigeordnet wird, wenn zwar eine Beiordnung, aber keine Prozesskostenhilfe beschlossen wird[17] oder wenn die vermeintlich unterstützte Partei nicht (mehr) existiert.[18]

27 Eine nichtige Beiordnung oder Bestellung ist im **Festsetzungsverfahren** (§ 55) so zu behandeln, als wäre sie nicht vorgenommen worden. Eine nur fehlerhafte Beiordnung oder Bestellung ist so hinzunehmen, wie sie vorgenommen worden ist.[19] **Unklarheiten** sind im Zweifel zugunsten des Anwalts auszulegen. Das **Erklärungsrisiko** liegt bei der öffentlich-rechtlichen Körperschaft.[20] Der Anwalt darf so weit und so lange von der Richtigkeit der ihm bekannt gegebenen Ausfertigung ausgehen, wie die dort niedergelegte Regelung plausibel ist und ihm nichts Gegenteiliges zur Kenntnis gelangt.[21] Ein **Formerfordernis** besteht indes **nicht**; die Beiordnung oder Bestellung kann **auch konkludent** erfolgen.[22]

28 Weil mit der **Beiordnung oder Bestellung** zwischen dem Anwalt und der öffentlich-rechtlichen Körperschaft „verfahrensrechtliche, standesrechtliche und gebührenrechtliche Beziehungen"[23] entstehen, genießen sie den **Schutz der Rechtsordnung**, der nicht willkürlich beseitigt werden kann. Einerseits ist es dem **Anwalt verwehrt**, sich den mit der Beiordnung oder Bestellung verbundenen **Pflichten zu entziehen** (§ 48 Abs. 1 BRAO). Andererseits ist sein **Vertrauen in den Bestand** der Beiordnung oder Bestellung **geschützt**, weil sie grundsätzlich **nicht einseitig** von Amts wegen **aufgehoben** werden darf (vgl. zunächst § 48 Abs. 2 BRAO).[24] Möglichkeiten zur Aufhebung der Beiordnung oder Bestellung können sich aber aus den jeweiligen Verfahrensgesetzen, auf denen die Beiordnung oder Bestellung beruht, ergeben (vgl. z.B.: § 124 Abs. 1 ZPO, hier in Verbindung mit

---

13 Vgl. OLG Naumburg AGS 2009, 75; OLG Nürnberg AGS 2008, 457; LG Magdeburg AGS 2008, 458 m. Anm. *Stichering*.
14 OLG Zweibrücken Rpfleger 2002, 627.
15 OLG Zweibrücken Rpfleger 1995, 364.
16 OLG Köln FamRZ 1997, 683; OLG Düsseldorf Rpfleger 1971, 267.
17 LG Berlin JurBüro 1964, 127.
18 KG Berlin JurBüro 1969, 243.
19 OLG Naumburg AGS 2009, 75; OLG München JurBüro 1986, 769 = MDR 1986, 242 = Rpfleger 1986, 108; OLG Düsseldorf JurBüro 1971, 696 = Rpfleger 1971, 267 (zur Beiordnung). Zum speziellen Problem der Beiordnung eines auswärtigen Anwalts siehe § 46 Rdn 12 ff.
20 *E. Schneider*, MDR 1989, 225.
21 OLG Hamm AnwBl 1968, 19 zur irrtümlichen Bestellung eines Pflichtverteidigers.
22 Für die Bestellung zum Pflichtverteidiger siehe KG RVG-Letter 2005, 44 und OLG Hamm JurBüro 1998, 643; OLG Koblenz AnwBl 1998, 218 = NStZ-RR 1997, 384.
23 OLG Karlsruhe FamRZ 1996, 1428 zur Beiordnung.
24 Zum Anspruch des Anwalts auf Entpflichtung aus wichtigem Grund siehe BGH AGS 2008, 435.

der Aufhebung von Prozesskostenhilfe). Nach den jeweiligen Verfahrensgesetzen richtet sich auch, ob die (rechtswidrige) Aufhebung für den Anwalt anfechtbar ist.[25]

Der **Fortbestand** der Beiordnung im Wege der Prozesskostenhilfe ist allerdings **abhängig von** dem Fortbestand der **Prozesskostenhilfe**. Wird diese **aufgehoben**, weil einer der – abschließend aufgezählten – Gründe des § 124 Abs. 1 ZPO vorliegt, so **entfällt auch die Beiordnung**. Das ist zwar nicht ausdrücklich normiert, folgt aber aus dem Zweck der Beiordnung „im Wege der Prozesskostenhilfe". Unabhängig davon, dass die Aufhebung der Prozesskostenhilfe deren Vergünstigungen für die Partei rückwirkend entfallen lässt, gilt für die Beiordnung ein **selbstständiger Bestandsschutz** zugunsten des Anwalts.[26] Die Gesetzesmaterialien lassen „den Willen des Gesetzgebers erkennen, sie für die Vergangenheit von der Aufhebung der Bewilligung von PKH unberührt zu lassen."[27] Das folgt aus den unterschiedlichen Interessenlagen. In der Regel sind dem beigeordneten Anwalt die tatsächlichen Hintergründe für den Antrag auf Gewährung von Prozesskostenhilfe und die Umstände, die eine Aufhebung der Bewilligung rechtfertigen könnten, nicht bekannt. Damit fehlt es an einem sachlichen Grund, **bereits entstandene Gebührenansprüche** im Nachhinein zu verkürzen.[28] Hat der Anwalt allerdings daran mitgewirkt, die Bewilligung von Prozesskostenhilfe und seine Beiordnung durch falsche Angaben zu erreichen, kann er daraus keinen Gebührenanspruch für sich herleiten (vgl. Rdn 44, § 48 Rdn 41).

b) Bestehen einer „Hauptschuld"

Die Beiordnung oder Bestellung als solche begründet noch keinen Vergütungsanspruch, weil dieser an eine **tatsächliche Leistung** anknüpft, die einen **Gebührentatbestand erfüllt**.[29] Nach der Typisierung des Gesetzes erfolgt diese Leistung in der Regel **aufgrund eines Vertrages**, der so genannten entgeltlichen Geschäftsbesorgung (§ 675 BGB). Die **Vereinbarung** kann schon **vor der Beiordnung oder Bestellung** des Anwalts abgeschlossen worden sein. Dann stellt der **Beschluss** eine **Zäsur** dar, weil die Rechtsbeziehung des Anwalts zu der Partei wegen der Forderungssperre des § 122 Abs. 1 Nr. 3 ZPO so behandelt wird, als sei **ab dem Zeitpunkt der Kenntnis** von der Beiordnung (oder Bestellung) anlässlich derselben ein neuer Auftrag zur Vertretung der Partei erteilt worden,[30] falls die Wirkungen der Beiordnung oder Bestellung nicht kraft Gesetzes vorverlagert werden (§ 48 Abs. 5). Ist im Zeitpunkt der Beiordnung oder Bestellung **noch kein Auftrag erteilt gewesen**, so ist das **Vertragsverhältnis** mit Erteilung einer Vollmacht **noch zu begründen**.[31]

Beauftragung und **Bevollmächtigung** des Anwalts sind aber **keine zwingenden Voraussetzungen** für das Entstehen einer Gebührenforderung aufgrund anwaltlicher Tätigkeit. Stets bedarf es jedoch einer **zivilrechtlichen Anspruchsgrundlage** im Verhältnis Anwalt – Partei. Als solche kommt etwa **§ 683 BGB** (Geschäftsführung ohne Auftrag) in Betracht, wenn der Anwalt **ohne** rechtsgeschäftliches Erklärungsverhalten der Partei etwa **aufgrund** seiner **Beiordnung oder Bestellung** im Interesse der Partei tätig geworden ist und wenn diese (gebührenauslösende) Tätigkeit ihrem geäußerten oder mutmaßlichen[32] Willen entspricht. Hat sich die Partei jedoch ausdrücklich oder konkludent **gegen** das Tätigwerden des Anwalts geäußert, so **scheidet** eine **Vergütung** nach dieser Vorschrift selbst dann **aus**, wenn ihre Haltung objektiv unvernünftig oder interessenwidrig ist und nicht einmal dem Anwalt, sondern nur Dritten gegenüber offenbart wurde.[33]

Auf einen **entgegenstehenden Willen** der vertretenen Person kommt es allerdings dann **nicht an**, wenn aus **übergeordnetem öffentlichen Interesse** eine **gesetzliche Verpflichtung zur Duldung**

---

25 Vgl. in diesem Zusammenhang auch: OLG Karlsruhe FamRZ 1996, 1428; OLG Düsseldorf JurBüro 1986, 298.
26 Vgl. OLG Köln JurBüro 2005, 544; OLG Koblenz FamRZ 1997, 755.
27 OLG Düsseldorf AnwBl 1983, 94 = JurBüro 1982, 1407 = Rpfleger 1982, 396.
28 OLG Zweibrücken JurBüro 1984, 237 = Rpfleger 1984, 115.
29 Diese Leistung muss nicht notwendig höchstpersönlich erbracht werden (§ 5); OLG Brandenburg AGS 2008, 194. Zu den Abrechnungsmöglichkeiten in Vertretungsfällen siehe § 46 Rdn 44 ff.
30 Vgl. BGH AGS 2008, 435; FG Düsseldorf AGS 2008, 45; OLG Karlsruhe JurBüro 1985, 874; KG JurBüro 1969, 243.
31 BGHZ 60, 258; OLG Zweibrücken JurBüro 1994, 749. Nach BGH NJW-RR 2005, 49 kommt der Anwaltsvertrag spätestens dadurch zustande, dass der beigeordnete Anwalt im Einverständnis mit der Partei tätig wird.
32 Im Zweifel ist als mutmaßlicher Wille der Partei ein interessengerechtes Wollen anzusehen, BGH NJW-RR 1989, 970.
33 BGHZ 138, 281, 287.

der Tätigkeit des Anwalts besteht (vgl. § 679 BGB). Das ist bei einer **Bestellung nach § 67a Abs. 1 S. 2 VwGO** der Fall.[34] Gleiches gilt bei einer **Bestellung zum Pflichtverteidiger**.

33 Der gesetzliche Anspruch aus § 683 BGB geht auf die übliche,[35] hier also die **gesetzliche Vergütung** und greift in der Regel auch ein, wenn es zwischen der Partei und dem Anwalt zwar zu einer **vertraglichen Absprache** gekommen ist, diese aber (unerkannt) **nichtig** sein sollte.[36] Gleiches gilt, wenn der Anwalt bewusst von einer Vertragsgestaltung Abstand genommen hat, weil er **irrtümlich** davon ausgegangen ist, die Beiordnung oder Bestellung allein reiche als Rechtsgrundlage für sein Tätigwerden hin und begründe insoweit einen (gesetzlichen) Gebührentatbestand der Partei gegenüber.[37]

34 Liegen die Voraussetzungen der berechtigten Geschäftsführung ohne Auftrag nicht vor, verbleibt noch der gesetzliche „**Auffangtatbestand**" eines Vergütungsanspruchs wegen **ungerechtfertigter Bereicherung** der Partei (§ 684 BGB) gemäß den **§§ 812 Abs. 1, 818 Abs. 2 BGB**. Diese Anspruchsgrundlage ist jedoch **erfolgsabhängig**. Sie setzt voraus, dass die Tätigkeit des Anwalts auch unter Berücksichtigung seines Honorars per Saldo zu einer Verbesserung der Vermögenslage („Bereicherung") der Partei geführt hat und insoweit notwendig gewesen ist. Ist das der Fall, kann der Anwalt die **gesetzliche Gebühr** selbst dann ansetzen, wenn er die Partei – wissentlich oder unwissentlich – **gegen ihren Willen vertreten** hat. Denn die Bereicherungsansprüche „gehören dem Billigkeitsrecht an und stehen daher in besonderem Maße unter dem Grundsatz von Treu und Glauben".[38] Mit diesem wäre es nicht zu vereinbaren, wenn der Partei die Leistung des Anwalts wirtschaftlich zugute kommt, sie dafür aber nichts bezahlen müsste, zumal sie durch ihren Antrag auf Beiordnung eines Anwalts das Interesse an einer erfolgreichen anwaltlichen Vertretung deutlich zum Ausdruck gebracht hat.

c) Kongruenz zwischen Beiordnung und geleisteter Tätigkeit

35 Die Staatskasse braucht nur für solche Vergütungsansprüche des Anwalts gegen die vertretene Person einzustehen, die unter den **Geltungsbereich der Beiordnung oder Bestellung** fallen. Die gebührenpflichtige Tätigkeit des Anwalts muss sowohl zeitlich als auch gegenständlich von dem öffentlich-rechtlichen Schuldverhältnis erfasst werden. Dieses Erfordernis ist einzelfallabhängig und für die jeweilige Art von Beiordnung oder Bestellung verschieden geregelt. Hierüber verhält sich § 48.

36 Neben den dort abgehandelten **Zuordnungsfragen**, ob die jeweilige Tätigkeit des Anwalts **überhaupt** von dem Versprechen der öffentlich-rechtlichen Körperschaft erfasst wird, für die dadurch begründete Schuld der vertretenen Person (ganz oder teilweise) aufzukommen, stellen sich insoweit auch **Abgrenzungsfragen**, wenn nämlich ein und dieselbe Tätigkeit sowohl (zum Teil) unter die Beiordnung fällt, als auch aufgrund eines davon unabhängigen Anwaltsvertrages erbracht wird. Angesprochen sind speziell die Fälle, in denen Prozesskostenhilfe **nur für einzelne Streitgenossen** oder für **einen Teil des Streitgegenstandes** bewilligt und also der Anwalt auch nur insoweit **beigeordnet** wird, jedoch die Parteien ihre Rechtspositionen in vollem Umfang vertreten lassen. Dieser Problembereich wird des Sachzusammenhanges wegen ebenfalls im Rahmen des § 48 abgehandelt (siehe § 48 Rdn 102 ff.).

d) Spezielles Erfordernis: Zahlungsverzug

37 Die in **Abs. 2** zusammengefassten **Vergütungsansprüche** des Anwalts gegen die Staatskasse bestehen gleichsam nur **hilfsweise**. Der Anwalt soll sich **zunächst** an die von ihm **vertretenen Personen** halten und dort Befriedigung suchen (vgl. auch § 47 Abs. 1 S. 2). Deshalb sind diese Ansprüche gegen die Staatskasse **aufschiebend bedingt** konzipiert. Der **Zahlungsverzug** des Verpflichteten qualifiziert sich als besondere Anspruchsvoraussetzung. Mit der gebührenpflichtigen Tätigkeit, die unter die Beiordnung oder Bestellung fällt, erlangt der Anwalt **im Verhältnis zur Staatskasse**

---

34 *Hansens*, NJW 1991, 1137, 1140.
35 BGHZ 140, 355 = NJW 1999, 1464.
36 Vgl. BGH NJW 1997, 47; BGH NJW 1988, 132; BGH NJW 1962, 2010 = BGHZ 37, 258. Ausgenommen ist die Nichtigkeit wegen Verstoßes gegen die §§ 45 f.

BRAO (OLG Stuttgart JurBüro 1999, 314; OLG Köln AnwBl 1980, 70).
37 BGH WM 2000, 973; NJW 2000, 422; NJW 1997, 47.
38 BGH NJW 1990, 2542.

zunächst nur ein **Anwartschaftsrecht** auf Vergütung. Dieses erwächst erst zum Vollrecht und damit zum Anspruch, wenn Zahlungsverzug des Verpflichteten eintritt.

Der Anwalt braucht den **Zahlungsverzug** allerdings **nicht nachzuweisen**. Die aufschiebende Bedingung ist bereits erfüllt, wenn es ihm gelingt, den Zahlungsverzug als überwiegend wahrscheinlich darzulegen (§ 55 Abs. 5 S. 1).[39]

2. Anspruchshindernisse

a) Grundsätzliches

Liegen alle Voraussetzungen für einen nach § 55 durchzusetzenden Vergütungsanspruch des Anwalts gegen die Staatskasse vor, ist also insbesondere die Beiordnung oder Bestellung wirksam, der Anwalt gebührenpflichtig tätig geworden und fällt diese Tätigkeit unter die Beiordnung oder Bestellung, so können gleichwohl – ausnahmsweise – Gründe vorliegen, die das Entstehen oder den Fortbestand des Anspruchs hindern. Angesprochen sind die so genannten **rechtshindernden** oder **rechtsvernichtenden Einwendungen** formeller (vgl. § 55 Abs. 6 S. 2) und materiell-rechtlicher Art, die von Amts wegen zu beachten sind, aber von der **Staatskasse** als Schuldnerin zureichend **vorgetragen** werden müssen; nach allgemeinen Darlegungsgrundsätzen gehen verbleibende Unklarheiten darüber, ob ein in Betracht kommendes Anspruchshindernis wirklich vorliegt, zu ihren Lasten.

Neben den im BGB normierten **allgemeinen Untergangsgründen** (§§ 362 ff. BGB), von denen insbesondere auch der Verzicht (siehe § 46 Rdn 25 f., § 54 Rdn 17) praktisch bedeutsam ist, finden sich **spezielle Anspruchshindernisse**, die aus den Eigenarten der Beiordnung oder Bestellung resultieren. Ausdrücklich normiert ist insoweit der Tatbestand des schuldhaft verursachten **Anwaltswechsels** (§ 54). Zudem folgt aus der bürgerähnlichen Position der Staatskasse deren Recht, entsprechend § 768 Abs. 1 S. 1 BGB sämtliche **Einwendungen** geltend zu machen, die **der Partei** zustünden. Ferner haben sich in der Praxis verschiedene Fallgruppen herausgebildet, die den Einwand der **rechtsmissbräuchlichen Anspruchstellung** begründen. All diesen besonderen Einwendungen gemeinsam ist der Umstand, dass dem Anwalt vorgehalten wird, **Vergütungstatbestände ohne Notwendigkeit gesetzt** zu haben.

b) Schuldhaft verursachter Anwaltswechsel

Der Tatbestand des § 54 ist konzipiert wie ein Schadensersatzanspruch und soll dazu dienen, eine unnötige **Doppelzahlung** infolge vermeidbar gewesenen Anwaltswechsels **von der Staatskasse abzuwenden**. Dem beigeordnet gewesenen Anwalt, der den Anwaltswechsel zu verantworten hat, wird **kraft Gesetzes** der **Vergütungsanspruch entzogen**, wodurch der Eintritt eines durch den Anwaltswechsel bedingten wirtschaftlichen Nachteils für die Staatskasse von vornherein vermieden wird (im Einzelnen siehe § 54 Rdn 14 ff.). Der Sache nach handelt es sich um einen **rechtlich verselbstständigten Einwendungsdurchgriff**, weil die Partei dem entpflichteten Anwalt **vertragswidriges Verhalten** vorwerfen und damit ein **Leistungsverweigerungsrecht** (§ 628 Abs. 1 S. 2 BGB) oder gemäß § 280 BGB einen **Schadensersatzanspruch** in Höhe der unnötig angefallenen Gebühren entgegenhalten könnte.[40]

c) Einwendungsdurchgriff

Der beigeordnete oder bestellte Anwalt muss sich auch einen **Verstoß gegen** seine **vertraglichen Anwaltspflichten** von der Staatskasse entgegenhalten lassen, da diese für die Vergütung nur als Hilfsschuldnerin (vgl. Rdn 7) und mithin nicht weiter gehend einzustehen hat, als die Partei selbst zur Zahlung verpflichtet wäre. Hier geht es letztlich ebenfalls darum, dass bei **kostenbewusster Ausübung der anwaltlichen Vertretung** die Verwirklichung von **Gebührentatbeständen vermeidbar** gewesen wäre und dem Anwalt vorzuwerfen ist, von dieser Möglichkeit keinen Gebrauch gemacht zu haben. So kommt in Betracht, dass die Aufteilung des Mandats auf mehrere Verfahren oder eine Einzelvertretung (vgl. § 7 Rdn 111 ff.) nicht im Interesse der Partei liegt. Dann kann der

---

39 Zur Glaubhaftmachung i.S.v. § 294 ZPO siehe BGH NJW 1998, 1870.

40 OLG Koblenz JurBüro 2006, 543.

Anwalt auch gegenüber der Staatskasse nur so abrechnen, als hätte er auf den Gesichtspunkt der Kostenvermeidung hinreichend Rücksicht genommen.[41] Ein Anspruch ist „immer dann ausgeschlossen, wenn der Rechtsanwalt seinen Gebührenanspruch gegen die Partei – wäre nicht PKH bewilligt worden – aus Rechtsgründen nicht durchsetzen könnte. Denn der Sinn des PKH-Verfahrens ist es, die bedürftige Partei von der Verpflichtung zur Tragung von Anwaltskosten zu befreien, nicht aber, den Honoraranspruch des Anwalts zu sichern."[42]

43 Mithin kann der im Wege der Prozesskostenhilfe beigeordnete Anwalt **grundsätzlich nur die notwendigen Kosten im Sinne des § 91 Abs. 1 ZPO** von der Staatskasse verlangen, da **ansonsten** die Partei in der Regel **einwenden** könnte, der Anwalt habe durch die Art der Behandlung des erteilten Auftrages überflüssige Gebühren ausgelöst und damit den Auftrag zu ihrem Nachteil **schlecht erfüllt**.[43] So greift der Einwand beispielsweise durch, wenn der beigeordnete Anwalt eine Wiedereinsetzungsfrist aus eigenem Verschulden versäumt hat.[44]

> „Folge eines Anwaltsverschuldens, das bei Nichtbewilligung der PKH die Durchsetzung einer Vergütungsforderung gegen den Mandanten vereitelt hätte, darf nicht der Erwerb einer Anwaltsvergütung für eben die wegen des Anwaltsverschuldens unzulässige Prozeßhandlung gegen die Staatskasse sein."[45]

Allerdings braucht er sich nicht entgegenhalten zu lassen, dass er (mit Willen der Partei) überhaupt innerhalb der Beiordnung tätig geworden ist. Denn mit der zugrunde liegenden Bewilligung von Prozesskostenhilfe hat das Gericht eine **verbindliche Festlegung** getroffen, wonach das **Verfahren** als solches **Erfolg versprechend** und **nicht mutwillig** erscheint (§ 114 ZPO).[46] Die sich daraus ergebende Bindung für das Festsetzungsverfahren (siehe § 55 Rdn 76) hindert jedoch nicht solche Einwendungen, welche die Partei aus einer Pflichtverletzung des Anwalts herleiten könnte (siehe Rdn 42).

d) Rechtsmissbräuchliche Anspruchstellung

44 Dieser Einwand kann sich bereits daraus ergeben, dass der Anwalt versucht, die Partei auf **unredliche Weise** zum Nachteil der Staatskasse von dem **Prozesskostenrisiko freizustellen**. Trägt er **bewusst unrichtig** vor und erreicht er nur deshalb seine Beiordnung, so steht ihm **wegen Erschleichens** der Anspruchsvoraussetzungen eine **Vergütung nicht** zu.

> **Beispiel:** Der Anwalt rät einem wohlhabenden Mandanten, eine zweifelhafte Forderung an einen „armen Strohmann" abzutreten. Diesem wird für die beabsichtigte Klage Prozesskostenhilfe ohne Zahlungsanordnung unter Beiordnung des Anwalts bewilligt, weil der Anwalt für die Abtretung einen sachlichen Grund vorgespiegelt hat.[47] Die Klage wird abgewiesen.
> Kann die Staatskasse den wahren Sachverhalt darlegen und beweisen, scheidet eine Vergütung gemäß § 121 ZPO aus.[48]

45 Die **Problematik des Anspruchsverlustes** tritt ferner auf, wenn der Anwalt an einer **Kostenverteilung** mitwirkt, **die den Gegner** – im Verhältnis zum Sach- und Streitstand – **übermäßig entlastet** und damit vor einer Inanspruchnahme seitens der Staatskasse schützt (§ 59).[49] Verhindert er auf diese Weise eine Deckung der Kosten, die der Staatskasse durch die gesetzliche Vergütung des Anwalts schon entstanden sind oder bei Erfüllung des Anspruchs noch entstehen würden, so kommt in Betracht, dass er seinen Anspruch in dem Umfang wieder verliert oder nicht mehr geltend machen kann, wie der Staatskasse durch die **sachwidrige Kostengrundregelung** eine Rückgriffsmöglichkeit genommen worden ist.

> **Beispiel:** Die Partei erhält ratenfreie PKH für eine Erfolg versprechende Zahlungsklage über 3.000 EUR. Der anwaltlich nicht vertretene Gegner kann zu seiner Verteidigung nichts Erhebliches vorbringen. Der Anwalt bietet ihm an, die Klage zurückzunehmen, nachdem der Gegner die Klageforderung gezahlt hat. Das geschieht. Kostenantrag wird nicht gestellt.

---

41 Vgl. LAG und ArbG München AGS 2009, 36 und 38; OLG Hamburg MDR 2003, 1381.
42 OLG Karlsruhe MDR 1992, 619 = JurBüro 1992, 558.
43 LAG Baden-Württemberg JurBüro 1992, 401.
44 OLG Karlsruhe MDR 1992, 619 = JurBüro 1992, 558.
45 BVerwG Rpfleger 1995, 75.
46 OLG Schleswig AGS 2009, 34; OLG Düsseldorf MDR 1989, 827; einschränkend OLG München JurBüro 1993, 617; a.A. OLG Düsseldorf JurBüro 1994, 547 = Rpfleger 1994, 27.
47 Fehlt ein sachlicher Grund, ist auch auf die Leistungsfähigkeit des Zedenten abzustellen, OLG Köln FamRZ 1995, 940.
48 Vgl. OLG Koblenz MDR 1999, 831; OLG Köln FamRZ 1995, 940.
49 Vgl. OLG München JurBüro 2004, 37.

Nach dem Sach- und Streitstand hätte der Gegner die Kosten tragen müssen. Dann wäre die Staatskasse in der Lage gewesen, ihre Zahlungen an den Anwalt vom Gegner wieder hereinzuholen. Durch die von dem Anwalt praktizierte Verfahrensweise ist sie daran gehindert.

Variante: Der beigeordnete Anwalt und der von dem Gegner bestellte Anwalt sind gebührenrechtlich versiert. Sie verhandeln zunächst streitig und schließen sodann einen Vergleich, wonach der Gegner bis auf eingeklagte Verzugszinsen alles bezahlen soll und die Kosten des Rechtsstreits vom Kläger übernommen werden, wobei der Gegner auf Kostenerstattung verzichtet.

Die vereinbarte Kostenregelung verhindert auch hier einen Rückgriff der Staatskasse wegen der an den beigeordneten Anwalt unabhängig von der Kostenverteilung zu zahlenden Vergütung, obwohl nach dem Ergebnis eine (nahezu) volle Kostentragungspflicht des Gegners angezeigt gewesen wäre (zur Besprechung dieser Beispielsfälle siehe Rdn 47).

46 Allein eine **wesentliche Abweichung** der gewillkürten Kostenregelung von dem **Grundgedanken des § 91 ZPO** zum Nachteil der Staatskasse **reicht nicht hin**, dem Anwalt arglistiges Verhalten anzulasten und die Grundvergütung (teilweise) zu verweigern. Als objektives Merkmal hinzukommen muss vielmehr, dass diese Kostenverteilung auch unter **Berücksichtigung der wirtschaftlichen Belange der Partei** durch nichts gerechtfertigt erscheint. Der beigeordnete Anwalt hat keinerlei Vermögensinteressen des Fiskus wahrzunehmen, die denen der Partei zuwiderlaufen könnten. Auch angesichts der Beiordnung vertritt er **ausschließlich die Partei** und nicht etwa (daneben) auch die Staatskasse. Daher hat er deren Geschäfte ungeachtet eines etwaigen Rückgriffsanspruchs der Staatskasse gegen den Gegner so zu führen, dass die Angelegenheit für sie **bestmöglich erledigt wird**.[50] Unter diesem Aspekt kann auch das Einverständnis mit einer dem Gegner besonders günstigen Kostenregelung angezeigt sein, etwa um dessen **Zahlungsbereitschaft** zu **erhöhen** oder im Passivprozess der Partei die **Schuld** zu **erleichtern**. Nur wenn sich dafür nichts aufzeigen lässt, erscheint der Rückschluss auf unlautere Motivation und auf einen **Verstoß gegen** die **allgemeine Rechtspflicht** nahe liegend, die Integrität einer jeden Person zu achten (§ 826 BGB).

47 Einen deutlichen Hinweis auf **sittenwidriges Verhalten** des Anwalts könnte die hypothetische Feststellung bieten, dass eine mit den Gebührentatbeständen vertraute Partei, falls sie anstelle der Staatskasse selbst für die Anwaltskosten aufkommen müsste, mit Sicherheit (§ 286 ZPO) kostenbewusster vorgegangen wäre.

Fortsetzung des Beispiels: Danach lässt sich im vorstehenden Beispiel eine Arglist des Anwalts nicht ohne weiteres feststellen. Das Angebot, nach Zahlung die Klage zurückzunehmen, stellt einen hohen Zahlungsanreiz dar. Bestand die Befürchtung, dass der Gegner ansonsten nicht freiwillig zahlen würde, und musste eine Zwangsvollstreckung als problematisch angesehen werden, war die Prozesstaktik durchaus sachgerecht.

Fortsetzung der Variante: Bereits im Ansatz kritisch ist hingegen das Verhalten des Anwalts in der Variante. Eine vernünftige Partei hätte sich wohl gänzlich anders verhalten. Hier lässt sich die Überzeugung gewinnen, dass ein Fall von „Gebührenschinderei" auf Kosten der Staatskasse (und des Gegners) vorliegt. Der Urkundsbeamte der Geschäftsstelle hätte hinreichend Veranlassung, die Festsetzung mit dem Arglisteinwand abzulehnen (vgl. § 55).

48 Der Vorwurf der **Arglist** kommt auch in Betracht, wenn ein zunächst bestehendes **Beitreibungsrecht des Anwalts** gegen den Gegner (§ 126 ZPO) im Zeitpunkt der Beantragung der Grundvergütung **nicht mehr auf die Staatskasse übergehen** kann, weil es zwischenzeitlich infolge **Untätigkeit** des Anwalts und eines von der Partei betriebenen Kostenfestsetzungsverfahrens (vgl. § 59 Rdn 21) oder **aus anderen Gründen** untergegangen ist. Insoweit gelten die nämlichen Voraussetzungen wie bei der Mitwirkung des Anwalts an einer Kostengrundregelung, die ein solches Beitreibungsrecht gar nicht erst (voll) zur Entstehung gelangen lässt.

49 Das Verhalten des Anwalts muss auch unter Berücksichtigung der wirtschaftlichen Belange der Partei **unverständlich** erscheinen. Dass es den Vermögensinteressen des Fiskus zuwiderläuft, begründet für sich allein noch keinen Schuldvorwurf, da er nicht verpflichtet ist, diese Interessen besonders zu achten (vgl. Rdn 46).[51] Insbesondere kann ihm das bloße **Unterlassen** von Maßnahmen, die den Rückgriffsanspruch der Staatskasse sichern könnten, **mangels** einer insoweit erforderlichen **Garantenstellung nicht** schon als **Arglist** vorgehalten werden, auch wenn er damit rechnet, dass die Staatskasse deshalb ihren Rückgriffsanspruch voraussichtlich verlieren wird.[52]

---

50 Vgl. LG Köln Rpfleger 1990, 371.
51 Vgl. OLG Hamm OLGR 2002, 363.
52 A.A. LG Würzburg JurBüro 1987, 1193.

Beispiel: Die Partei hat ratenfreie PKH und gewinnt die Klage auf Zahlung von 650 EUR. Der Gegner muss die Kosten tragen. Der Anwalt macht sein Beitreibungsrecht nicht geltend. Die Partei betreibt im eigenen Namen die Kostenfestsetzung. Der Gegner rechnet mit anderweitigen Forderungen auf.

Selbst wenn der Anwalt die Aufrechnung in Erwägung gezogen hat, kann ihm keine grobe Fahrlässigkeit zum Nachteil der Staatskasse angelastet werden. Seine Untätigkeit lag im Vermögensinteresse der Partei. Dieses hat er gewahrt. Ein damit kollidierendes Vermögensinteresse der Staatskasse vorrangig zu vertreten, ist er nicht verpflichtet gewesen. Allerdings war er kraft Gesetzes dazu berechtigt (§ 126 ZPO), ohne sich dem Vorwurf des Parteiverrats auszusetzen.

Der Arglisteinwand kann jedoch erfolgreich sein, wenn der Anwalt **ohne Interessenvertretung der Partei** zugunsten des Gegners über das Beitreibungsrecht **verfügt**, bevor er die Festsetzung der Grundvergütung beantragt, und so den Übergang auf die Staatskasse verhindert.

3. Anspruchshemmung

a) Bedeutung

50 Ein frei von Einwendungen bestehender Zahlungsanspruch lässt sich gleichwohl nicht durchsetzen, wenn und soweit der **Schuldner berechtigt** ist, dessen **Erfüllung** zu **verweigern**. Während dieser Gesichtspunkt im allgemeinen Schuldrecht eine erhebliche Rolle spielt, hat er bei dem gesetzlichen Vergütungsanspruch des Anwalts gegen die Staatskasse nur eine **untergeordnete Bedeutung**.

b) Mangelnde Fälligkeit

51 Die Fälligkeit spezifiziert den Anspruch hinsichtlich der **Leistungszeit** (§ 271 BGB). Sie bezeichnet den Zeitpunkt, von dem ab der Gläubiger die Erfüllung des Anspruchs verlangen darf. Für den Vergütungsanspruch des Anwalts ist sie **in § 8 Abs. 1 geregelt**. Vor dem frühesten der dort aufgeführten Termine[53] kann der Anwalt seine Tätigkeit nicht abrechnen. Das hindert ihn aber nicht, die Staatskasse vorher auf Zahlung in Anspruch zu nehmen, wenn er nicht bis zur Fälligkeit abwarten will, etwa weil eine monatelange Beweisaufnahme durch Einholung eines Sachverständigengutachtens stattfindet. Denn gemäß § 47 kann auch der beigeordnete oder bestellte Anwalt „**angemessenen Vorschuss**" einfordern (zur Rückabwicklung vgl. Rdn 56 ff.). Angemessen ist ein Vorschuss in Höhe der **bereits verdienten Gebühren** (vgl. § 47 Rdn 11). Insoweit steht **mangelnde Fälligkeit** einer Inanspruchnahme der Staatskasse nicht entgegen.

52 Über die **Vorschussregelung** kann der beigeordnete oder bestellte Anwalt **wirtschaftlich alles** erhalten, was er als **Gläubiger** von der **Staatskasse** zu beanspruchen hat. Bei **Wertgebühren** und Gegenstandswerten bis einschließlich 4.000 EUR (siehe § 49 Rdn 9) oder bei **Betragsrahmengebühren**, wo die für den beigeordneten oder bestellten Anwalt nach dem Vergütungsverzeichnis vorgegebene Festgebühr den Rahmen angemessen konkretisiert, kann er sogar Befriedigung in demselben Umfang erlangen, als würde er sie von der vertretenen Person beanspruchen. Es verbleibt lediglich der **Vorbehalt** einer noch durchzuführenden **Endabrechnung**, der sich allerdings in der Praxis kaum auswirkt, weil für gewöhnlich kein Korrekturbedarf besteht. Nur bei **Prozesskostenhilfe** mit Zahlungsbestimmung und Gegenstandswerten über 3.000 EUR muss er wegen des **über die Vergütung nach der Tabelle des § 49** hinausgehenden Teils seines Anspruchs gegen die Staatskasse (zunächst) die **Fälligkeit** der Vergütung **abwarten** (§ 50 Abs. 1 S. 2).

c) Verjährung

53 Ebenso wie der privatrechtliche Anspruch des Anwalts gegen die Partei verjährt auch der öffentlich-rechtliche Anspruch des beigeordneten Anwalts gegen die Staatskasse,[54] und zwar nach neuem

---

[53] Bei mehreren Fälligkeitstatbeständen ist der früheste maßgeblich, OLG Köln JurBüro 1993, 345; BGH NJW-RR 1992, 254; OLG München AnwBl 1985, 586.
[54] LAG Köln MDR 1999, 1287; KG JurBüro 1985, 1805 = Rpfleger 1988, 122; OLG München AnwBl 1985, 596 = JurBüro 1984, 1830 – die nämliche Frist gilt bei einer Bestellung des Anwalts, vgl. OLG Braunschweig JurBüro 2001, 308; OLG Hamm JurBüro 2001, 309.

Recht gemäß den §§ 195, 199 BGB **mit dem Ablauf des dritten Kalenderjahres** auf das Jahr, in dem die Fälligkeit erstmalig eingetreten ist.[55]

Diese Frist ist relativ kurz und sollte daher von dem Anwalt kontrolliert werden,[56] falls er sich nicht grundsätzlich für die „Vorschuss-Lösung" entscheidet (siehe Rdn 51 f., § 47 Rdn 9 ff.). Ein **ungewöhnlicher Fälligkeitstatbestand** wie etwa die Beendigung der Beiordnung durch Tod der Partei[57] oder das Ruhen des Verfahrens über mehr als drei Monate (§ 8, letzte Variante) kann **frühzeitig zur Verjährung** führen, ohne dass der Anwalt zuvor aus dem äußeren Geschehen den Eindruck hätte gewinnen müssen, nunmehr sei es höchste Zeit, die Vergütung zu beantragen (§ 55). Allerdings wird durch die neu eingeführte **Hemmung der Verjährung** gemäß § 8 Abs. 2 der Beginn der Verjährungsfrist nach Fälligkeit infolge Ruhens des Verfahrens nun um ein Jahr hinausgeschoben, wenn die Fälligkeit innerhalb der letzten drei Monate des Jahres eintritt (§ 199 Abs. 1 BGB).

54

Ist dennoch **Verjährung eingetreten**, so muss der Anwalt **nicht stets** auch damit rechnen, dass die **Einrede der Verjährung** erhoben wird. Zwar kann er nicht erwarten, dass sich die Staatskasse getreu einem Ehrenkodex im Handelsrecht verhält, wonach ein redlicher Kaufmann sich auf Verjährung nicht beruft, wenn der Anspruch zweifelsfrei begründet ist. Jedoch hat das Land NRW die mit den Justizverwaltungen des Bundes und der Länder abgestimmten Regelungen über die Festsetzung der aus der Staatskasse zu gewährenden Vergütung (AV des JM vom 30.6.2005, JMBl NW S. 181 (5650–Z.20) i.d.F. v. 1.4.2014, JMBl NW S. 139) in einem angehängten Teil II um die Nummern 4.1 bis 4.1.2 ergänzt, wonach von der Erhebung der Verjährungseinrede **regelmäßig** abgesehen werden soll, wenn der **Anspruch zweifelsfrei** begründet ist **und** die **Verjährungsfrist** entweder erst verhältnismäßig **kurze Zeit** abgelaufen oder aus **verständlichen Gründen**, die in einem Sachzusammenhang mit dem Erstattungsantrag stehen müssen, **nicht beachtet** worden ist.[58] Diese Handhabung ist zwar nur in NRW verbindlich. Auf den zugrunde liegenden **Rechtsgedanken** kann sich indes auch ein beigeordneter oder bestellter Anwalt berufen, der die Bundeskasse oder eine andere Landeskasse auf eine bereits verjährte Vergütung in Anspruch nimmt.

55

III. Zur Rückabwicklung bei rechtsgrundloser Leistung

Hat die Staatskasse bereits **Vorschusszahlungen** erbracht, bevor der Anspruch durch vorwerfbares Verhalten des Anwalts wieder entfallen ist, **oder** erfährt sie erst nach endgültiger **Anspruchserfüllung**, dass ein Anspruchshindernis vorliegt, kommt ein öffentlich-rechtliches **Rückabwicklungsverhältnis** in Betracht. Die Staatskasse kann jedoch **nicht** einfach eine **Rückzahlungsforderung** erheben, **sondern** diese nur in einem förmlichen **Festsetzungsverfahren** geltend machen (siehe § 55 Rdn 105 ff.). Ist verfahrensrechtlich eine „Rückfestsetzung" nicht (mehr) möglich, darf der Anwalt die Vergütung behalten. Andernfalls muss er mit einer **Durchsetzung** des Anspruchs **nach § 1 Nr. 8 JustBeitrO** rechnen, **ohne**, sich auf **Entreicherung** berufen zu können (siehe § 55 Rdn 110).

56

C. Erstattungsfragen

Grundsätzlich können sich im Rahmen der **Dreiecksbeziehung Anwalt – Partei – Fiskus** Erstattungsfragen **sowohl aus der Sicht der Partei als auch für die Staatskasse** stellen, da beide Schuldner des beigeordneten oder bestellten Anwalts sind (vgl. Rdn 7). Eine Ersatzmöglichkeit der **Partei** kommt **allein gegen den Gegner** in Betracht und besteht daher nur, **wenn dieser** für die Verfahrenskosten **haftet**.

57

Demgegenüber hat die **Staatskasse** in ihrer bürgenähnlichen Position ein Interesse daran, sich **entweder** bei der **Partei** als „**Hauptschuldnerin**" **oder** bei dem **Verfahrensbeteiligten** schadlos zu halten, der für die **Kosten des Verfahrens** ganz oder teilweise **aufzukommen** hat. Das Gesetz sieht je nach Art der Beiordnung oder Bestellung beide Möglichkeiten vor.

58

---

55 Vgl. OLG Düsseldorf AGS 2008, 397.
56 Zur Verjährung bei einer Vertretung im einstweiligen Anordnungsverfahren siehe OLG Düsseldorf AGS 2008, 397 und Anm. *N. Schneider*.

57 OLG Frankfurt NJW 1985, 751; OLG Celle JurBüro 1987, 1287.
58 Als Beispiel für eine gleichwohl erfolgreiche Verjährungseinrede siehe OLG Düsseldorf AGS 2008, 397.

I. Rückgriff der Staatskasse auf den Kostenschuldner

59 **Aufwendungen** der Staatskasse **für beigeordnete oder bestellte Anwälte** entstehen jeweils in einem bestimmten Verfahren. Deshalb handelt es sich im Grundsatz um **Verfahrenskosten**, deren Zuordnung nach dem GKG und dem Prinzip vorgenommen wird, dass hierfür die Verfahrensbeteiligten als **gesetzliche Kostenschuldner** einzustehen haben. Leistungen der Staatskasse für die Durchführung des jeweiligen Verfahrens sollen nicht bei dieser hängen bleiben. Mithin fallen ihre **Zahlungen an den beigeordneten oder bestellten Anwalt** nach GKG-KostVerz. 9007 grundsätzlich unter die **Auslagen**.

60 Diese Regelung bewirkt, dass die Staatskasse **in voller Höhe entlastet** wird (vgl. Rdn 16). Ihre Zahlungen sind in den Kostenansatz (§ 19 GKG) einzustellen und von dem jeweiligen Kostenschuldner auszugleichen, wenn er sie nicht schon bevorschusst hat. Diese **Rückgriffstechnik** ist einfach und wirksam, kann allerdings dann nicht eingesetzt werden, wenn die Staatskasse die Vergütung des Anwalts gerade deshalb übernommen hat, weil die Partei ihrer Bedürftigkeit wegen als (mögliche) Kostenschuldnerin von Verfahrenskosten – speziell Anwaltskosten – freigestellt werden soll. Das ist bei einer **Beiordnung im Wege der Prozesskostenhilfe** der Fall (§ 122 Abs. 1 ZPO). Deshalb hatte schon die frühere Fassung von GKG-KostVerz. 9007 Vergütungszahlungen der Staatskasse an den im Wege der Prozesskostenhilfe beigeordneten Anwalt ausdrücklich von den Auslagen **ausgenommen**.

Gleiches gilt nunmehr auch für Zahlungen an den **nach § 138 FamFG beigeordneten** oder **nach § 67a Abs. 1 S. 2 VwGO bestellten** Anwalt (9007 GKG-KostVerz. i.V.m. § 59). Dadurch wird jedoch die Staatskasse nicht anspruchslos gestellt, sondern lediglich die Person des Rückgriffsschuldners anderweitig festgelegt. Für diese Aufwendungen der Staatskasse soll nicht der Kostenschuldner nach dem GKG, sondern jeweils derjenige haften, der sich mit seiner Leistung in Verzug befunden hat (§§ 45 Abs. 2, 47 Abs. 1 S. 2).

II. Gesetzlicher Anspruchsübergang auf die Staatskasse

61 Nach § 130 Abs. 1 S. 1 BRAGO a.F. ging nur der Vergütungsanspruch des im Wege der Prozesskostenhilfe beigeordneten Anwalts gegen die eigene Partei oder einen ersatzpflichtigen Gegner auf die Staatskasse über, soweit diese Zahlungen an den Anwalt geleistet hatte.[59] Zwar war der Übergang des einredebehafteten Anspruchs gegen die Partei (§ 122 Abs. 1 Nr. 3 ZPO) weitgehend bedeutungslos, weil dieser Anspruch praktisch nicht durchsetzbar war (§ 122 Abs. 1 Nr. 1 Buchst. b ZPO). Auf diese Weise konnte sich die **Staatskasse** aber bei einem anderen Kostenschuldner **erholen**, **soweit** es einen „**ersatzpflichtigen Gegner**" gab.

62 Das **RVG** hat diese **Regelung übernommen und** auf die Beiordnung nach § 138 FamFG sowie die Bestellung nach § 67a Abs. 1 S. 2 VwGO **ausgedehnt** (§ 59).[60] Die Erweiterung des gesetzlichen Anspruchsübergangs betont die bürgenähnliche Stellung der Staatskasse (siehe Rdn 7, § 59 Rdn 24 f.). In den hinzu gekommenen Fällen hat auch der **Vergütungsanspruch** des beigeordneten oder bestellten Anwalts gegenüber den vertretenen Personen und damit der Anspruchsübergang eigenes Gewicht, da er **nicht einredebehaftet** ist und also von der Staatskasse ohne weiteres geltend gemacht werden kann. Jedoch liegt es nahe, dass die Forderung aus **tatsächlichen Gründen nicht durchsetzbar** ist, weil die Staatskasse erst einspringen muss, wenn sich der zur Zahlung Verpflichtete in Verzug befindet. Insoweit ist die Sachlage **faktisch mit** dem **Zustand bei Prozesskostenhilfe vergleichbar**.

D. Praxisempfehlungen

63 Der **öffentlich-rechtliche** Vergütungsanspruch des beigeordneten Anwalts gegen die Staatskasse **unterscheidet** sich **inhaltlich nicht** von dem **zivilrechtlichen** Vergütungsanspruch gegen die Partei, wenn er auch teilweise in der Höhe dahinter zurückbleibt. **Gleichwohl** zeigen viele beigeordnete

---

59 Vgl. AnwK-BRAGO/*Schnapp*, § 130 Rn 7.
60 Entsprechend wurde GKG-KostVerz. 9007 dahin geändert, dass solche Vergütungszahlungen der Staatskasse keine Auslagen darstellen, die einen Anspruchsübergang nach § 59 zur Folge haben.

oder bestellte Anwälte gegenüber der Staatskasse nicht annähernd den gleichen Einsatz zur Realisierung dieses Anspruchs, sondern eher deutliche **Zurückhaltung**, obwohl sie auch im öffentlich-rechtlichen Schuldverhältnis einerseits mit § 47 eine dem § 9 entsprechende Vorschussregelung vorfinden und zum anderen der nämlichen kurzen Verjährung ausgesetzt sind (vgl. Rdn 53).

Ein sachlicher Grund für diese Scheu ist nicht ersichtlich, nachdem schon das Festsetzungsverfahren nach § 128 BRAGO **formlos** geworden war[61] und über die Gebührenberechnung hinaus lediglich verlangt, dass der Anwalt etwa erhaltene Vorschüsse und Zahlungen (§ 55 Abs. 5 S. 2) angibt oder versichert, noch nichts bekommen zu haben. Darauf lässt sich ein unterschiedliches Anspruchsverhalten kaum stützen, zumal es auch organisatorisch einfacher darstellbar ist, die Vergütung unabhängig von der Person des Schuldners nach einem **einheitlichen Konzept** geltend zu machen. 64

Neben dieser Vereinfachung im Ablauf ergeben sich aber durch eine Gleichbehandlung insbesondere auch bei der Vorschuss-Anforderung vor allem sachliche Vorteile wie eine **verbesserte Liquidität**, problemlose und **sichere Anspruchserfüllung** sowie ein **geringeres Verjährungsrisiko**. Deshalb sollte die Inanspruchnahme der Staatskasse nicht weniger nachdrücklich betrieben werden als die eines zivilrechtlichen Auftraggebers. 65

§ 46 Auslagen und Aufwendungen

(1) Auslagen, insbesondere Reisekosten, werden nicht vergütet, wenn sie zur sachgemäßen Durchführung der Angelegenheit nicht erforderlich waren.

(2) ¹Wenn das Gericht des Rechtszugs auf Antrag des Rechtsanwalts vor Antritt der Reise feststellt, dass eine Reise erforderlich ist, ist diese Feststellung für das Festsetzungsverfahren (§ 55) bindend. ²Im Bußgeldverfahren vor der Verwaltungsbehörde tritt an die Stelle des Gerichts die Verwaltungsbehörde. ³Für Aufwendungen (§ 670 des Bürgerlichen Gesetzbuchs) gelten Absatz 1 und die Sätze 1 und 2 entsprechend; die Höhe zu ersetzender Kosten für die Zuziehung eines Dolmetschers oder Übersetzers ist auf die nach dem Justizvergütungs- und -entschädigungsgesetz zu zahlenden Beträge beschränkt.

(3) ¹Auslagen, die durch Nachforschungen zur Vorbereitung eines Wiederaufnahmeverfahrens entstehen, für das die Vorschriften der Strafprozessordnung gelten, werden nur vergütet, wenn der Rechtsanwalt nach § 364b Abs. 1 Satz 1 der Strafprozessordnung bestellt worden ist oder wenn das Gericht die Feststellung nach § 364b Abs. 1 Satz 2 der Strafprozessordnung getroffen hat. ²Dies gilt auch im gerichtlichen Bußgeldverfahren (§ 85 Abs. 1 des Gesetzes über Ordnungswidrigkeiten).

A. Allgemeines 1	der Beiordnung zu den Bedingungen eines im Bezirk des Prozessgerichts niedergelassenen Anwalts 28
B. Regelungsgehalt 5	
I. Grundsätze der Erstattung von Auslagen (Abs. 1) 5	III. Aufwendungen eines beigeordneten oder bestellten Anwalts 29
II. Reisekosten des beigeordneten oder bestellten Anwalts 8	1. Notwendiger Zusammenhang mit der Beiordnung oder Bestellung 29
1. Geschäftsreisen des beigeordneten oder bestellten Anwalts 8	2. Einzelne Kostengruppen 32
a) Geschäftsreisen zu auswärtigen Terminen 8	a) Kosten für Post und Telekommunikation 32
b) Geschäftsreisen zur nicht reisefähigen Partei 11	b) Kosten für Abschriften und Überlassung von Dateien 34
2. Reisekosten des nicht am Sitz des Gerichts niedergelassenen Anwalts 12	c) Kosten für mündliche und schriftliche Übersetzungen 37
a) Grundlagen 12	d) Kosten für Informationsbeschaffung ... 41
b) Einschränkung des Mehrkostenverbots durch Umstände im Sinne von § 121 Abs. 4 ZPO 22	e) Kosten für Unterbevollmächtigte 44
	f) Finanzierung von Parteikosten 48
c) Einverständnis des Rechtsanwalts zur eingeschränkten Beiordnung 25	IV. Vorabentscheidung des Gerichts (Abs. 2 S. 1) 51
d) Berechnung von aus der Staatskasse festzusetzenden Reisekosten im Falle	1. Feststellung zur Erforderlichkeit einer Reise 51

---

61 Vgl. AnwK-BRAGO/*Schnapp*, § 128 Rn 9.

2. Entscheidung durch die Bußgeldbehörde (Abs. 2 S. 2) 54
3. Zur entsprechenden Anwendung auf andere Auslagen („Aufwendungen") 56
V. Nachforschungen zur Vorbereitung der Wiederaufnahme 59

C. Praxisempfehlungen 61
I. Zur Beiordnung eines auswärtigen Anwalts 61
II. Zur Sicherstellung von Auslagenersatz 64
III. Zur Durchsetzung von Ersatzansprüchen 66

A. Allgemeines

1 § 46 regelt die Vergütung von Auslagen und Aufwendungen (vgl. Abs. 2 S. 3) des beigeordneten oder bestellten Rechtsanwalts durch die Staatskasse.

2 Auslagen und Aufwendungen sind nur zu vergüten, soweit sie tatsächlich angefallen sind. Hingegen sind sie nach Abs. 1 dann nicht zu vergüten, wenn sie nicht zur sachgemäßen Durchführung der Angelegenheit erforderlich sind.

3 § 46 Abs. 2 S. 1 enthält die Möglichkeit der Vorabentscheidung der Erforderlichkeit der Reise eines Rechtsanwalts vor deren Antritt. Diese Entscheidung ist bindend. Von dieser Regelung bleibt aber die Möglichkeit der Festsetzung von Reisekosten im Vergütungsfestsetzungsverfahren unberührt, auch wenn kein Antrag zur Feststellung der Erforderlichkeit der Reise vor deren Antritt gestellt worden ist.[1]
All dies gilt entsprechend für anderweitige Aufwendungen (vgl. Abs. 2 S. 3). Soweit es speziell um **Dolmetscher- oder Übersetzerkosten** geht, wird in diesem Zusammenhang mit Abs. 2 S. 3 Hs. 2 ferner eine Regelung zur **Begrenzung der Höhe** des Ersatzanspruchs getroffen (siehe Rdn 37 ff.).

4 **Abs. 3** gehört systematisch nicht zu § 46, sondern zu § 48. Sachlich geht es um den **Geltungsbereich der Bestellung** zum Verteidiger im Zusammenhang mit einem Wiederaufnahmeverfahren. Das ist auch die Problematik von § 45 Abs. 4 (siehe § 45 Rdn 3). Daher hätte eine einheitliche Betrachtung unter dem Gesichtspunkt des Anspruchsumfangs im Rahmen von § 48 nahe gelegen.

B. Regelungsgehalt

I. Grundsätze der Erstattung von Auslagen (Abs. 1)

5 Mit der besonderen Bestimmung über die Auslagen des beigeordneten oder bestellten Anwalts bezweckt der Gesetzgeber, die **Staatskasse** vor überhöhten Nebenkosten **in Schutz zu nehmen**. Dazu bedient er sich – wie bei § 54, der dem § 91 Abs. 2 S. 2 ZPO entlehnt ist – einer **entsprechenden Anwendung des Rechts der Kostenerstattung**. Gleichsam wie bei einer unterlegenen Gegenpartei, die **nur notwendige Kosten** der obsiegenden Partei zu erstatten braucht (§ 91 Abs. 1 ZPO), trifft nach **Abs. 1** auch die Staatskasse lediglich insoweit eine Vergütungspflicht gegenüber dem beigeordneten oder bestellten Anwalt.

6 Die analoge Handhabung liegt nahe, da die **Interessenlagen vergleichbar** sind. Ebenso wie ein kostenpflichtiger Gegner will auch die Staatskasse **nur das bezahlen** müssen, **was bei wirtschaftlicher Betrachtungsweise erforderlich** gewesen ist, um das Verfahren durchzuführen. Damit dies sichergestellt ist, bedarf es allerdings im Normalfall der Vorschrift nicht. Der Anwalt unterliegt ohnehin dem **Gebot der sparsamen Auftragsausführung**,[2] worauf sich die Staatskasse schon deshalb berufen kann, weil ihr (auch) die Einwendungen der Partei zur Seite stehen (siehe § 45 Rdn 42 f.). Deshalb erlangt **Abs. 1** nur dann **konstitutiven Charakter**, wenn der Anwalt von der Partei ausdrücklich **mit der kostenauslösenden Handlung beauftragt** worden ist, obwohl dazu **keine Notwendigkeit** bestanden hat. Sind die Nebenkosten weisungsgemäß angefallen, ist die **Staatskasse** daran **nicht gebunden**. Auch in diesem Fall braucht sie – wie ein kostenpflichtiger Gegner – nur einzustehen, wenn das objektive Merkmal der Erforderlichkeit gegeben ist. Handelt der **Anwalt in eigener Verantwortung**, hat die Vorschrift lediglich **hinweisende Funktion**. Sie soll ihn an seine Pflicht **erinnern**, auf die **Vermeidung unnötiger Nebenkosten** bedacht zu sein.

---

1 BT-Drucks 15/1971, S. 200.   2 Vgl. KG RVGreport 2008, 302.

Aus der Formulierung des Abs. 1 folgt, dass der Gesetzgeber dem beigeordneten oder bestellten 7
Anwalt im Rahmen seiner **Geschäftsbesorgungstätigkeit** einen gewissen Spielraum belassen will.
Durch die negative Fassung wird zum Ausdruck gebracht, dass **Auslagen im Zweifel als erforderlich anzuerkennen** sind.[3] Die **Beweislast** für eine gegenteilige Feststellung liegt bei der **Staatskasse**.[4] Der Anwalt hat in jeder Lage des Verfahrens eigenständig darüber zu befinden, wie er die Rechtsposition der vertretenen Person bestmöglich wahrt. Deshalb gebührt ihm auch das **Recht der Ersteinschätzung** zur Notwendigkeit von Kostentatbeständen. Eine andere Beurteilung durch außenstehende Dritte im späteren Festsetzungsverfahren kann mithin nur dann Geltung für sich beanspruchen, wenn gesichert erscheint, dass dem Anwalt in der konkreten Situation eine Fehleinschätzung unterlaufen ist.[5]

II. Reisekosten des beigeordneten oder bestellten Anwalts

1. Geschäftsreisen des beigeordneten oder bestellten Anwalts

a) Geschäftsreisen zu auswärtigen Terminen

Grundsätzlich kann ein Anwalt Reisekosten nach VV 7003–7006 abrechnen. Aus § 46 Abs. 1 ergibt 8
sich aber die zusätzliche Voraussetzung, dass eine Festsetzung von Reisekosten gegenüber der
Staatskasse unterbleibt, wenn diese Auslagen zur sachgemäßen Durchführung der Angelegenheit
nicht erforderlich waren. Ein beigeordneter oder bestellter Anwalt wird sich deshalb die Frage zu
stellen haben, ob er zur pflichtgemäßen Ausübung seiner Tätigkeit im Rahmen der Beiordnung oder
Bestellung eine Geschäftsreise unternehmen darf oder gar muss. Das betrifft insbesondere **auswärtige Gerichtstermine zur Durchführung einer Beweisaufnahme** (z.B. Ortstermin zur Augenscheinseinnahme, Termin zur Vernehmung eines nicht reisefähigen Zeugen), aber auch **Besuche** des
Pflichtverteidigers in der **JVA**[6] oder Reisen des Anwalts zur **Durchführung eigener Ermittlungen**.[7]
Maßstab für die Verpflichtung der Staatskasse, die Kosten einer solchen Reise zu tragen, ist nach
Abs. 1 S. 1 allein ihre **Notwendigkeit für die zweckentsprechende Wahrnehmung der vertretenen Rechtsposition** (§ 46 Abs. 1), nicht hingegen (auch) ein Auftrag der Partei.

Ob eine Maßnahme zur zweckentsprechenden Rechtsverfolgung oder Rechtsverteidigung objektiv 9
erforderlich ist, beurteilt sich allerdings aus der **Sicht einer verständigen Partei im Zeitpunkt der kostenauslösenden Handlung**.[8] Reisekosten zu Gerichtsterminen sind stets erforderlich. Das Risiko einer Terminsabwesenheit hat weder die Partei noch der beigeordnete Anwalt hinzunehmen. Kostengesichtspunkte müssen deshalb insoweit zurücktreten. Dies gilt etwa auch dann, wenn der beigeordnete Anwalt erst im Termin ein Anerkenntnis erklärt, auch wenn er das Anerkenntnis schon schriftsätzlich hätte erklären können und das Gericht ein Urteil ohne mündliche Verhandlung hätte erlassen können.

Auch ansonsten hat die Staatskasse Geschäftsreisekosten des beigeordneten Anwalts gemäß 10
VV 7003 ff. zu tragen, „wenn auch eine nicht arme Partei bei vernünftiger und nicht zu ängstlicher
Beurteilung des Sachverhalts ihren Anwalt mit der Reise beauftragt haben würde", weil die arme
Partei „regelmäßig bei der Beurteilung dessen, was für ihre Interessen als erforderlich zu gelten hat,
nicht schlechter als die vermögende Partei gestellt werden" darf.[9]

---

3 OLG Schleswig OLGR 1998, 307; *Mümmler*, JurBüro 1995, 249.
4 Vgl. OLG Brandenburg AGS 2007, 400; OLG Hamm AGS 2007, 37.
5 Vgl. KG a.a.O. und OLG Stuttgart MDR 2008, 948 = AGS 2008, 244 = JurBüro 2008, 261 (entgegen dieser Entscheidung kann bei notwendiger anwaltlicher Vertretung der beigeordnete Anwalt den Termin allerdings immer selbst wahrnehmen; vgl. BGH NJW RR 2005, 1662 = AnwBl 2005, 792 = Rpfleger 2006, 39).

6 AG Moers AnwBl 1970, 28; LG Düsseldorf AnwBl 1969, 372.
7 OLG Düsseldorf StV 1994, 500.
8 BGH NJW 2003, 1398 = JurBüro 2003, 309 und OLG Hamm OLGR 1999, 111 (jeweils zu Privatgutachterkosten).
9 OLG Braunschweig AnwBl 1960, 121.

b) Geschäftsreisen zur nicht reisefähigen Partei

11 Haben die Partei und der beigeordnete oder bestellte Anwalt ihren Sitz nicht am selben Ort, so stellt sich für den Anwalt wiederum die Frage, ob er eine oder mehrere **Geschäftsreisen zwecks Besprechung** mit der auswärtigen Partei unternehmen soll, insbesondere wenn diese **aus persönlichen Gründen** (Gebrechlichkeit, Krankheit) **nicht reisefähig** erscheint. Möchte der Anwalt Klarheit über die Erforderlichkeit der Reisekosten, kann er eine Entscheidung nach Abs. 2 S. 1 herbeiführen oder einen Kostenvorschuss aus der Staatskasse verlangen (vgl. Rdn 64 f.).

2. Reisekosten des nicht am Sitz des Gerichts niedergelassenen Anwalts

a) Grundlagen

12 § 46 Abs. 1 unterscheidet für die Erforderlichkeit von Reisekosten seinem Wortlaut nach nicht zwischen einem Anwalt, der seinen Sitz am Ort des Prozessgerichts hat, und einem Anwalt, der seinen Sitz nicht am Ort oder gar nicht im Bezirk des Prozessgerichts hat (vgl. Rdn 1).

13 Das Mehrkostenverbot des § 121 Abs. 3 ZPO ist einer gesetzgeberischen Änderung unterzogen worden, die vor allem in der Zivilgerichtsbarkeit weitgehend unentdeckt geblieben ist und deren Kostenfolge für die Staatskasse vom Gesetzgeber nicht ausdrücklich angesprochen wurde.

14 § 121 Abs. 3 ZPO ist durch das Gesetz zur Stärkung der Selbstverwaltung der Rechtsanwaltschaft vom 26.3.2007 neu gefasst worden. Das Gesetz hat in der Vorschrift die Wörter „bei dem Prozessgericht zugelassener" durch die Wörter „in dem Bezirk des Prozessgerichts niedergelassener" ersetzt. § 121 Abs. 3 ZPO lautet jetzt: „Ein nicht in dem Bezirk des Prozessgerichts niedergelassener Rechtsanwalt kann nur beigeordnet werden, wenn dadurch weitere Kosten nicht entstehen." Für das **Mehrkostenverbot** des § 121 Abs. 3 ZPO kommt es auf die sogenannte **Bezirksansässigkeit** an,[10] nicht auf eine Ortsansässigkeit. Der Gesetzgeber hat gleichzeitig das berufsrechtliche Lokalisationsprinzip vollständig aufgehoben. Es entfiel nicht nur die Zulassung bei einem Gericht überhaupt, sondern vor allem auch die Zulassung bei einem bestimmten, örtlichen Gericht. Die Zulassung nimmt nunmehr die Rechtsanwaltskammer bezogen auf ihren Bezirk vor. Für die Beiordnung eines Anwalts unter Beachtung des Mehrkostenverbots des § 121 Abs. 3 ZPO ergeben sich daraus Folgerungen:

15 Anwälte, die **innerhalb des Bezirks des Prozessgerichts niedergelassen** sind, müssen ohne Einschränkungen beigeordnet werden.[11] Denn § 121 Abs. 3 ZPO erfasst nach dessen Voraussetzungen diese Rechtsanwälte nicht. Einem Rechtsanwalt sind die Auslagen nach Teil 7 VV, die für eine Reise innerhalb des Gerichtsbezirks zum Termin des Verfahrensgerichts anfallen, voll aus der Staatskasse zu vergüten.[12]

16 Bei Anwälten, die **ihren Kanzleisitz nicht innerhalb des Bezirks des Gerichts** haben, kann eine dem Mehrkostenverbot entsprechende Einschränkung der Beiordnung nur „zu den Bedingungen eines im Bezirk des Prozessgerichts niedergelassenen Rechtsanwalts" ausgesprochen werden.[13] Der im Bezirk des Prozessgerichts nicht niedergelassene und deshalb nur „zu den Bedingungen eines im Bezirk des Prozessgerichts niedergelassenen Rechtsanwalts" beigeordnete Rechtsanwalt kann dann die Vergütung von Reisekosten nur insoweit verlangen, als es sich im Vergleich zu Reisekosten bei

---

10 *Fölsch*, NZA 2007, 418; zustimmend: LAG Köln v. 26.7.2007 – 11 Ta 166/07.
11 *Fölsch*, NZA 2007, 418; Musielak/Voit/*Fischer*, § 121 ZPO Rn 19; LAG Düsseldorf JurBüro 2010, 263; LAG Düsseldorf v. 1.7.2010 – 3 Ta 359/10; LAG Düsseldorf v. 13.7.2010 – 3 Ta 382/10; LSG Baden-Württemberg v. 9.3.2012 – L 12 AS 478/12 B.
12 *Fölsch*, NZA 2007, 418; Musielak/Voit/*Fischer*, § 121 ZPO Rn 19.
13 *Fölsch*, NZA 2007, 418; Musielak/Voit/*Fischer*, § 121 ZPO Rn 19; LSG Essen v. 5.6.2008 – L 8 B 7/08 R; LAG Düsseldorf v. 1.7.2010 – 3 Ta 359/10; LAG Düsseldorf v. 13.7.2010 – 3 Ta 382/10; LAG München v. 4.12.2008 – 8 Ta 473/08.

einem im Bezirk des Prozessgerichts niedergelassenen Rechtsanwalt nicht um Mehrkosten handelt (zur Berechnung vgl. Rdn 28).[14]

Können überhaupt keine höheren Mehrkosten durch die Beiordnung des nicht in dem Bezirk des Prozessgerichts niedergelassenen Rechtsanwalts entstehen, so hat die Beiordnung uneingeschränkt und ohne den Zusatz „zu den Bedingungen eines im Bezirk des Prozessgerichts niedergelassenen Rechtsanwalts" zu erfolgen.[15] Siehe zu einem Mehrkostenvergleich bezüglich der Reisekosten näher bei Rdn 28.

Eine das Mehrkostenverbot beachtende, für den nicht im Bezirk des Prozessgerichts niedergelassenen Rechtsanwalt einschränkende Beiordnung kommt aber nur in Betracht, wenn
- nicht die Voraussetzungen des § 121 Abs. 4 ZPO für eine zusätzliche Beiordnung eines Verkehrsanwalts vorliegen[16] (näher siehe Rdn 22 ff.) und
- der Rechtsanwalt sein Einverständnis konkludent erklärt hat (näher siehe Rdn 25 ff.).[17]

Die eingeschränkte Beiordnung hat eine teilweise Ablehnung des Beiordnungsantrags zum Inhalt. Es ist deshalb über das Rechtsmittel der sofortigen Beschwerde zu belehren (vgl. § 232 ZPO[18] bzw. § 127 Abs. 2–4 ZPO). Beschwerdebefugt sind die Partei[19] und der Rechtsanwalt.[20]

Sind mit der Beiordnung eines nicht im Bezirk des Gerichts niedergelassenen Anwalts Mehrkosten verbunden und wird er gleichwohl **entgegen § 121 Abs. 3 ZPO ohne jede Einschränkung** beigeordnet, so ist der **Beschluss zwar rechtswidrig, aber wirksam**.[21] Der Mangel qualifiziert sich keinesfalls als derart gewichtig, dass Nichtigkeit anzunehmen wäre (hierzu siehe § 45 Rdn 26). Er lässt sich **nicht** durch ergänzende Interpretation in einen rechtmäßigen Verwaltungsakt „**umdeuten**".[22] Eine Auslegung des Beiordnungsbeschluss, wonach die Beiordnung des Anwalts ausgesprochen „nur zu den Bedingungen eines im Bezirk des Prozessgerichts niedergelassenen Rechtsanwaltes" erfolge, interpretiert den vom Gesetz erwünschten Soll-Zustand in den Beschluss hinein, der dafür nach seinem Erklärungsgehalt nichts hergibt. Auf den **verlautbarten Inhalt** der Beiordnung oder Bestellung darf sich der **Anwalt** als Empfänger **verlassen**.[23] Das **Erklärungsrisiko** für Hoheitsakte liegt bei dem **Hoheitsträger** (siehe § 45 Rdn 27).

Die Fehlerhaftigkeit des Beschlusses geht mithin zu Lasten der Staatskasse und schränkt die Rechte des beigeordneten oder bestellten Anwalts nicht ein. Das Verbot des **§ 121 Abs. 3 ZPO richtet sich an das Gericht**,[24] nicht hingegen an den beigeordneten Anwalt. Wird dieser unter Verstoß gegen § 121 Abs. 3 ZPO ohne Einschränkung beigeordnet, kann er sich bei der **Abrechnung** seiner Kosten auf die **allgemeinen Grundsätze zur Vergütungsfestsetzung** stützen. Die vorbehaltlose Beiordnung oder Bestellung des Anwalts begründet einen **Vergütungsanspruch gegen die Staatskasse** auch für seine Reisekosten.[25] Insoweit ist der verfahrensrechtliche Beiordnungsbeschluss bindend für das Vergütungsfestsetzungsverfahren.[26] Das **Absetzen** dieser Kosten wäre zudem **unvereinbar mit § 45 Abs. 1**, wonach dem beigeordneten oder bestellten Anwalt, „soweit in diesem Abschnitt nichts anderes bestimmt ist", die gesetzliche Vergütung zusteht und er also auch nach Maßgabe des Abs. 1 seine eigenen **Geschäftsreisekosten**, die durch seine vorbehaltlose Beiordnung oder Bestellung notwendig angefallen sind, **gemäß VV 7003 ff. von der Staatskasse bezahlt verlangen** kann.

---

14 Vgl. *Fölsch*, NZA 2007, 418; Musielak/Voit/*Fischer*, § 121 ZPO Rn 19; LSG Essen v. 5.6.2008 – L 8 B 7/08 R; LAG Düsseldorf v. 1.7.2010 – 3 Ta 359/10; LAG Düsseldorf v. 13.7.2010 – 3 Ta 382/10; VG Oldenburg v. 12.5.2009 – 11 A 48/08, BeckRS 2009, 34548; LAG Köln NZA-RR 2013, 311; LAG München v. 4.12.2008 – 8 Ta 473/08; OLG Frankfurt AGS 2014, 139; OLG Bamberg AGS 2014, 529; LSG Essen AGS 2015, 92.
15 LAG München v. 4.12.2008 – 8 Ta 473/08; OLG Frankfurt AGS 2014, 139; OLG Bamberg AGS 2014, 529; LSG Essen AGS 2015, 92.
16 Vgl. BGH NJW 2004, 2749.
17 Vgl. BGH NJW 2006, 3783 m. Anm. *Fölsch*.
18 Inkrafttreten: 1.1.2014.
19 LAG München v. 4.12.2008 – 8 Ta 473/08; VGH Mannheim NVwZ-RR 2015, 839; str.
20 BAG NJW 2005, 3083; LAG München v. 4.12.2008 – 8 Ta 473/08; str.
21 Vgl. OLG Celle AGS 2007, 44; OLG Oldenburg FamRZ 2006, 629.
22 OLG Celle MDR 2007, 865; OLG Koblenz MDR 2002, 175; OLG München Rpfleger 2002, 159.
23 OLG Oldenburg JurBüro 2004, 324 = AGS 2004, 23; LAG Sachsen-Anhalt AGS 2004, 24.
24 LG Koblenz AnwBl 2001, 576; LAG Köln MDR 1999, 1469.
25 OLG Nürnberg AGS 2008, 457; LG Magdeburg AGS 2008, 458 m. Anm. *Sticherling*; OLG Karlsruhe MDR 2008, 51; BFH RVGreport 2008, 33; OLG Stuttgart MDR 2008, 948 = AGS 2008, 244 = JurBüro 2008, 46; OLG Celle JurBüro 2008, 261 und MDR 2007, 865; LG Bautzen JurBüro 2007, 655.
26 OLG Düsseldorf AGS 2014, 196; str.

b) Einschränkung des Mehrkostenverbots durch Umstände im Sinne von § 121 Abs. 4 ZPO

22 Das Einverständnis zur eingeschränkten Beiordnung darf das Gericht von dem Rechtsanwalt erst und nur dann verlangen, wenn für das Gericht feststeht, dass keine besonderen Umstände vorliegen, die die Beiordnung eines Verkehrsanwalts nach § 121 Abs. 4 ZPO ermöglichen würden. Bei der Prüfung der besonderen Umstände ist auf die rechtlichen und tatsächlichen Schwierigkeiten des Prozesses und die subjektiven Fähigkeiten der Partei abzustellen.[27] Liegen derartige besondere Umstände vor, so ist der nicht im Bezirk niedergelassene Rechtsanwalt von dem Verfahrensgericht uneingeschränkt beizuordnen.[28] Zwar soll nach **Sinn und Zweck des § 121 Abs. 3 ZPO** die Beiordnung eines nicht im Bezirk des Gerichts niedergelassenen Anwalts unterbleiben, wenn dadurch Mehrkosten drohen. **Weitere Kosten** im Sinne dieser Vorschrift entstehen allerdings **nicht**, wenn zumindest **in Höhe der Reisekosten**, die mit der Tätigkeit des nicht im Bezirk des Gerichts niedergelassenen Anwalts verbunden sind, **andere Kosten eingespart** werden, etwa weil sich die Notwendigkeit der Beiordnung eines **Verkehrsanwalts erübrigt** hat.[29] Andernfalls kommt eine Beiordnung zu den Bedingungen eines im Bezirk des Gerichts niedergelassenen Anwalts in Betracht.[30]

23 Umstände i.S.v. § 121 Abs. 4 ZPO können in folgenden Fällen zu bejahen sein:
- Die Partei ist nicht schreibgewandt und eine Informationsreise zu einem Rechtsanwalt am Verfahrensgericht ist ihm nicht zuzumuten.[31]
- Umfang, Bedeutung oder Schwierigkeit der Sache machen eine schriftliche Information unzumutbar und eine mündliche Information verursacht unverhältnismäßigen Aufwand.[32]
- Nach Ansicht des BGH[33] soll ein besonderer Umstand auch darin liegen, dass die Kosten des weiter beizuordnenden Verkehrsanwalts die sonst entstehenden Reisekosten des nicht im Bezirk des Prozessgerichts niedergelassenen Rechtsanwalts nicht wesentlich übersteigen würden.[34]
- Auch in dem besonderen Vertrauensverhältnis zwischen der Partei und seinem Rechtsanwalt kann ein besonderer Umstand liegen.[35]

24 Wird in Anwendung von § 121 Abs. 4 ZPO ein auswärtiger Rechtsanwalt ohne die Einschränkung aus § 121 Abs. 3 ZPO beigeordnet, so kann es vertretbar sein, in den Bewilligungsbeschluss aufzunehmen, dass Mehrkosten nur bis zur Höhe der zusätzlichen Kosten eines Verkehrsanwalts am Wohnort der Prozesskostenhilfe beantragenden Partei erstattungsfähig sind.[36]

c) Einverständnis des Rechtsanwalts zur eingeschränkten Beiordnung

25 Ein nicht im Bezirk des Prozessgerichts beigeordneter Anwalt kann unter Beachtung des Mehrkostenverbots beigeordnet werden, wenn er bereit ist, sich unter Ausschluss der Vergütung von Mehrkosten (im wesentlichen Reisekosten) beiordnen zu lassen. Der von dem Mehrkostenverbot betroffene, nicht im Bezirk des Prozessgerichts niedergelassene Anwalt kann also nur mit seinem **Einverständnis** einschränkend „zu den Bedingungen eines im Bezirk des Verfahrensgerichts niedergelassenen Anwalts" beigeordnet werden.[37] Dem Beiordnungsantrag eines nicht im Bezirk des Prozessgerichts niedergelassenen Anwalts kann regelmäßig dessen **konkludentes** Einverständnis mit einer dem Mehrkostenverbot entsprechenden Einschränkung der Beiordnung entnommen werden.[38] Will der auswärtige Rechtsanwalt sein Einverständnis nicht konkludent erklären, so muss er ausdrücklich die

---

27 BGH NJW 2004, 2749.
28 Vgl. BGH NJW 2004, 2749.
29 Vgl. in diesem Zusammenhang auch: BGH NJW 2006, 3783 = FamRZ 2007, 37 = AGS 2007, 16; BGH NJW 2004, 2749 = MDR 2004, 1373 = AGS 2004, 349 = Rpfleger 2004, 707; OLG Hamm OLGR 2007, 360; LAG Hamburg AGS 2007, 203; OLG Zweibrücken JurBüro 2006, 432 = FamRZ 2006, 1137 = AGS 2006, 350; OLG Stuttgart AGS 2006, 351; OLG Saarbrücken JurBüro 2006, 96; OLG Oldenburg JurBüro 2004, 324; LAG Köln MDR 1999, 1469; LAG Nürnberg AGS 2013, 135.
30 Vgl. OLG Braunschweig AGS 2007, 581 m. Anm. *N. Schneider*.
31 BGH NJW 2004, 2749.
32 BGH NJW 2004, 2749; vgl. auch LAG Nürnberg AGS 2013, 135.
33 Vgl. BGH NJW 2004, 2749; vgl. auch OLG Rostock JurBüro 2011, 372.
34 Krit. Musielak/Voit/*Fischer*, § 121 ZPO, Rn 18.
35 OLG Schleswig OLGReport 2007, 32.
36 Vgl. z.B. LAG Hamm v. 2.10.2010 – 5 Ta 566/10; OLG Naumburg BeckRS 2011, 29326; OLG Bamberg NJW-RR 2012, 200.
37 Str.
38 BGH NJW 2006, 3783 m. Anm. *Fölsch*.

„uneingeschränkte" Beiordnung beantragen.[39] In diesem Fall ist das Gericht zu einer Rückfrage für ein Einverständnis zu einer nur eingeschränkten Beiordnung verpflichtet.

Mit der Erteilung des Einverständnisses **verzichtet** der Anwalt im Verhältnis zur Staatskasse ganz oder teilweise **auf die Vergütung von Geschäftsreisekosten**, die ihm zustünde, falls er ohne Einschränkung beigeordnet würde. Ein solcher **Verzicht auf eine Vergütung** ist zulässig. Insbesondere verstößt er nicht gegen § 49b BRAO, da er nicht gegenüber der Partei erklärt wird, sondern die Einstandspflicht der Staatskasse für die Vergütung des Anwalts begrenzt.

Wird der Anwalt nicht uneingeschränkt beigeordnet, obwohl er ausdrücklich nur eine unbeschränkte Beiordnung begehrte, ist hiergegen (nämlich die teilweise Ablehnung einer Beiordnung) die Beschwerde nach §§ 127, 567 ZPO zulässig. Beschwerdebefugt sind die Partei[40] und der Rechtsanwalt.[41] Entsprechendes gilt, wenn der Anwalt nicht unbeschränkt beigeordnet wird, obwohl die Voraussetzungen von § 121 Abs. 4 ZPO vorlagen. Die Beschwerde ist auch dann zulässig, wenn der Anwalt sein (konkludentes) Einverständnis für eine eingeschränkte Beiordnung abgegeben hat. Das Einverständnis für eine eingeschränkte Beiordnung wirkt sich nicht auf die Zulässigkeit der Beschwerde aus. Weder ist in dem Einverständnis ein Beschwerdeverzicht zu sehen, noch fehlt wegen des Einverständnisses die erforderliche Beschwer.[42] Denn das Einverständnis für eine beschränkte Beiordnung ist keine Entsagung von einem Antrag auf unbeschränkte Beiordnung. Die eingeschränkte Beiordnung hat eine teilweise Ablehnung des Beiordnungsantrags zum Inhalt. Es ist deshalb über das Rechtsmittel der sofortigen Beschwerde zu belehren (vgl. § 232 ZPO[43] bzw. § 127 Abs. 2–4 ZPO).

d) Berechnung von aus der Staatskasse festzusetzenden Reisekosten im Falle der Beiordnung zu den Bedingungen eines im Bezirk des Prozessgerichts niedergelassenen Anwalts

Der nicht im Bezirk des Prozessgerichts niedergelassene und „zu den Bedingungen eines im Bezirk des Prozessgerichts niedergelassenen Rechtsanwalts" beigeordnete Rechtsanwalt kann Reisekosten gegen die Staatskasse festsetzen lassen, etwa für die Reise zum Termin am Sitz des Prozessgerichts. In welcher Höhe dem Rechtsanwalt Kosten für die Reise zwischen dem Kanzleisitz des nicht im Bezirk des Prozessgerichts niedergelassenen Rechtsanwalts und dem Sitz des Prozessgerichts aus der Staatskasse zu vergüten sind, ist durch einen Mehrkostenvergleich festzustellen. Dabei sind die tatsächlichen Fahrtkosten des Rechtsanwalts **den Kosten für eine Fahrt vom größtmöglich** von einem im Gerichtsbezirk gelegenen Ort bis zum Gerichtssitz gegenüberzustellen. Kosten **für eine Fahrt vom größtmöglich** von einem im Gerichtsbezirk gelegenen Ort bis zum Gerichtssitz sind nämlich keine Mehrkosten i.S.d. § 121 Abs. 3 ZPO, weil sie nämlich aus der Staatskasse auch für einen im Bezirk des Prozessgerichts niedergelassenen Rechtsanwalt in voller Höhe zu vergüten wären.[44]

Sind die tatsächlichen Fahrtkosten geringer, sind die Kosten in voller Höhe zu vergüten. Das Prozessgericht kann in einem solchen Fall bereits bei der Beiordnung von einer Einschränkung absehen.[45] Sind die tatsächlichen Fahrtkosten höher, sind die Fahrtkosten bis zur Höhe der **Kosten für eine Fahrt vom größtmöglich** von einem im Gerichtsbezirk gelegenen Ort bis zum Gerichtssitz aus der Staatskasse zu vergüten. Bei den darüber hinausgehenden Fahrtkosten handelt es sich um Mehrkosten, die die Staatskasse aufgrund der eingeschränkten Beiordnung „zu den Bedingungen eines im Bezirk des Prozessgerichts niedergelassenen Rechtsanwalts" nicht zu vergüten hat.

Beispiel: Der Anwalt beantragt bei dem AG Kiel die Bewilligung von Prozesskostenhilfe. Der Mandant wohnt im Bezirk des AG Kiel. Der Anwalt hat seinen Sitz in Lübeck. Die Entfernung zwischen Kiel und

---

39 *Fölsch*, NJW 2006, 3784.
40 LAG München v. 4.12.2008 – 8 Ta 473/08; VGH Mannheim NVwZ-RR 2015, 839; str.
41 BAG NJW 2005, 3083; LAG München v. 4.12.2008 – 8 Ta 473/08; str.
42 A.A. OLG Hamm NJOZ 2006, 3647.
43 Inkrafttreten: 1.1.2014.
44 LAG München v. 4.12.2008 – 8 Ta 473/08; VG Oldenburg BeckRS 2009, 34548; LAG Hessen BeckRS 2010, 69092; LAG Köln NZA-RR 2013, 311 (auch zur Ablehnung einer streckenmäßigen Eingrenzung aufgrund von Gerichtstagen); OLG Frankfurt AGS 2014, 139; OLG Bamberg AGS 2014, 529; LSG Essen AGS 2015, 92.
45 LAG München v. 4.12.2008 – 8 Ta 473/08; OLG Frankfurt AGS 2014, 139; OLG Bamberg AGS 2014, 529; LSG Essen AGS 2015, 92.

Lübeck beträgt 90 km. Bei der Fahrtstrecke Lübeck nach Kiel tritt der Anwalt 10 km vom Sitz des AG Kiel entfernt in den Bezirk des AG Kiel ein. Die Entfernung zwischen dem Sitz des AG Kiel und dem Ort, der im Gerichtsbezirk am weitesten vom Sitz des AG Kiel entfernt liegt, beträgt 40 km. Der Anwalt wird zu den Bedingungen eines im Bezirk des AG Kiel niedergelassenen Anwalts beigeordnet. Der Anwalt begehrt die Festsetzung von Reisekosten für die Wahrnehmung eines Gerichtstermins (Abwesenheitsdauer: 4 Stunden). In welcher Höhe hat die Staatskasse Reisekosten zu vergüten?
Dem Anwalt stehen Fahrtkosten nach VV 7003 und ein Abwesenheitsgeld nach VV 7005 Nr. 1 i.V.m. § 46 Abs. 1 zu. Größtmögliche Entfernung innerhalb des Bezirks des AG Kiel sind 40 km. Die tatsächliche Fahrtstrecke liegt höher, nämlich 90 km. Fahrtkosten für die Strecke von 40 km sind keine Mehrkosten und aus der Staatskasse zu vergüten (jeweils für Hin- und Rückfahrt). Die weiteren 50 km je Richtung sind nicht aus der Staatskasse zu vergütende Mehrkosten.

III. Aufwendungen eines beigeordneten oder bestellten Anwalts

1. Notwendiger Zusammenhang mit der Beiordnung oder Bestellung

29 Auslagen sind Nebenkosten. Es handelt sich um **Aufwendungen**, die anlässlich einer Haupttätigkeit anfallen. Mit der Neufassung des Abs. 2 S. 3 verwendet § 46 nun erstmalig diesen Begriff aus dem Schuldrecht (§ 670 BGB), nachdem er mit dem neuen Gebührenrecht zugleich Eingang in VV Vorb. 7 Abs. 1 gefunden hatte. Dass die damit umschriebenen Kosten dem beigeordneten oder bestellten Anwalt im Rahmen des Notwendigen zu erstatten sind, war allerdings nie zweifelhaft, jedoch bislang nicht normiert.

30 Eine Beiordnung oder Bestellung erfasst **anwaltliche Tätigkeiten** erst ab dem Zeitpunkt der formellen Wirksamkeit des Beiordnungsbeschlusses bzw. auf den sich zumindest konkludent ergebenden Rückwirkungszeitpunkt (z.B. auf den Zeitpunkt des Vorliegens eines vollständigen Antrags) und nur bis zur Erledigung der gestellten Aufgabe. Daraus folgt eine zeitliche Begrenzung für Auslagenersatz. Allerdings können **Nebenkosten** erst anfallen, **nachdem** die **Haupttätigkeit** bereits **abgeschlossen** ist (**Nachlaufkosten**). Insoweit findet eine zeitliche Zäsur nicht statt, weil die vollständige Abwicklung zum bewilligten Umfang der Beiordnung oder Bestellung gehört.

31 Im Zweifel hat der **Anwalt darzutun**, dass die von ihm geltend gemachten **Auslagen anlässlich** einer **Tätigkeit** entstanden sind, die unter die **Beiordnung oder Bestellung** fällt. Steht das fest, muss die **Staatskasse dartun**, dass die Auslagen für die sachgemäße Ausführung dieser Tätigkeit **nicht erforderlich** gewesen sind, wenn sie ihre Ersatzpflicht in Abrede stellen will (vgl. Rdn 7).

2. Einzelne Kostengruppen

a) Kosten für Post und Telekommunikation

32 Werden die Gebühren – wie bei der Prozesskostenhilfevergütung – aus der Staatskasse gezahlt, bestimmt Anm. Abs. 2 zu VV 7002, dass für die Berechnung der Post- und Telekommunikationspauschale (20 %-Satz) die gezahlten Gebühren der Gebührentabelle des § 49 maßgebend sind. Dies ist durch das PKH-Änderungsgesetz klargestellt worden. Die Pauschale berechnet sich also nicht nach den Gebühren eines Wahlanwalts (§ 13).[46] Dem Rechtsanwalt steht es offen, die tatsächlich angefallenen Entgelte für Post- und Telekommunikationsdienstleistungen nach VV 7001 geltend zu machen.

33 Ist – wie in VV 7002 vorgesehen – die **Abrechnung als Pauschsatz** zulässig, braucht ein **tatsächlicher Aufwand nicht dargelegt** zu werden. Zur Anspruchsbegründung reicht es hin, dass die vom Pauschbetrag abgedeckten Kosten **möglicherweise** jedenfalls teilweise angefallen sind. **Nur wenn** der Kostenschuldner diese **Möglichkeit ausschließen** kann, fällt die **Pauschale nicht** an.

> **Beispiel:** Der Anwalt wird im Termin einzig und allein für einen abzuschließenden Vergleich beigeordnet. Er begehrt neben der Einigungsgebühr auch die Post- und Telekommunikationspauschale nach VV 7002. Die Pauschale steht dem Anwalt zu, weil es möglich erscheint, dass Postgebühren oder Telefonkosten angefallen sind. So kann es sein, dass das Protokoll über den Vergleich dem Anwalt übersandt wurde und dieser es an die Partei weiterleiten musste oder dass der Anwalt die Notwendigkeit gesehen hat, die Partei

---

46 Zur vorherigen Rechtslage a.A.: OLG Nürnberg AGS 2010, 137 = JurBüro 2010, 40.

deshalb anzurufen. Nur wenn auch derartige Varianten im Einzelfall ausgeschlossen erscheinen, etwa weil das Protokoll noch im Termin ausgehändigt worden ist, scheidet die Zubilligung der Post- und Telekommunikationspauschale aus.[47]

b) Kosten für Abschriften und Überlassung von Dateien

VV 7000 gilt für den beigeordneten oder bestellten Anwalt ebenfalls **uneingeschränkt**. Bei der Anwendung von VV 7000 Nr. 1 Buchst. d ist jedoch zu beachten, dass es im Verhältnis zur Staatskasse nicht darauf ankommt, was die Partei ihm an **Kopien** tatsächlich in Auftrag gegeben hat, sondern was sie **bei verständiger Würdigung** in Auftrag gegeben haben würde (vgl. Rdn 6). 34

Fertigt der beigeordnete Anwalt in einer Zivilsache[48] einen **Auszug der Gerichtsakte** an, so kann **nicht grundsätzlich** davon ausgegangen werden, dass diese Kosten **mit der Verfahrensgebühr abgegolten sind**. Anders mag sich die Situation darstellen, wenn die Kopien allein zur Vereinfachung der Geschäftstätigkeit dienen.[49] Deshalb kann der Anwalt die Kopierkosten von der Staatskasse auch dann nicht ersetzt verlangen, wenn die Partei ausdrücklich um die Anfertigung einer „Zweitakte" gebeten haben sollte, da eine verständige Partei einen solchen Auftrag nicht erteilt haben würde. Auch der beigeordnete Instanzanwalt ist jedenfalls nicht grundsätzlich auf eine „Zweitakte" angewiesen, weil er auf die Handakten des erstinstanzlichen Anwalts, die ein geordnetes Bild ergeben müssen (§ 50 Abs. 1 BRAO), zurückgreifen kann.[50] Indes steht dem Anwalt ein Beurteilungsspielraum zu. Bei der Vergütungsfestsetzung durch das Gericht hat sich die Nachprüfung der Dokumentenpauschale wegen Kopien aus der Gerichtsakte darauf zu beschränken, ob die Entscheidung des Anwalts offensichtlich fehlerhaft getroffen wurde, d.h., ob Ablichtungen offensichtlich unnötig und überflüssig waren.[51] 35

Auch die **Kopien der eigenen Schriftsätze** werden **mit der Verfahrensgebühr abgegolten** (Ausnahmen: VV 7000 Nr. 1 Buchst. b) und c)). Nach der Rechtsprechung kann der Anwalt **ebenso** Kopien von den **Anlagen** zu seinen Schriftsätzen für den Gegner oder andere Verfahrensbeteiligte nicht der Staatskasse gegenüber abrechnen, weil auch derartige Aufwendungen grundsätzlich mit der Verfahrensgebühr abgegolten sein und daher nicht unter VV 7000 Nr. 1 Buchst. d) fallen sollen.[52] Allerdings besteht eine **Abrechnungsmöglichkeit** für die über 100 Seiten hinaus gehende Anzahl von Kopien **nach VV 7000 Nr. 1 Buchst. b) und c)**.[53] VV 7000 Nr. 1 Buchst. d) sieht seit dem 2. KostRMoG den Ersatz von Auslagen für Farbkopien vor. Der Anwalt kann anstelle von Kopien auch **elektronisch gespeicherte Dateien** überlassen (VV 7000 Nr. 2) und dafür aus der Staatskasse je Datei eine **Dokumentenpauschale** erhalten, falls die Herstellung und Überlassung als erforderlich zur Rechtswahrnehmung anzusehen ist.[54] Die Prüfung der Notwendigkeit sollte allerdings nur überschlägig erfolgen. Zwar ist die Geringhaltung von Kopiekosten anzustreben.[55] Jedoch erscheint eine **kleinliche Handhabung unangebracht**.[56] 36

c) Kosten für mündliche und schriftliche Übersetzungen

Aufwendungen können insbesondere dadurch erwachsen, dass der Anwalt **Fremdleistungen zur Erfüllung seiner Aufgaben** einsetzt. Soweit diese zur sachgemäßen Wahrnehmung der Interessen der Partei erforderlich sind, kann der Anwalt **Ersatz gemäß den §§ 670, 675 BGB** (VV Vorb. 7 Abs. 1 S. 2) und damit als beigeordneter oder bestellter Anwalt Erstattung von der Staatskasse verlangen.[57] Das stellt Abs. 2 S. 3 jetzt ausdrücklich klar. 37

---

47 A.A. OLG Bamberg JurBüro 1989, 1269.
48 In Strafsachen besteht ohne Weiteres ein Erstattungsanspruch, vgl. OLG Düsseldorf MDR 1984, 426.
49 Vgl. KG JurBüro 1975, 346.
50 BGH AGS 2005, 306.
51 Vgl. AG Bremen NStZ-RR 2011, 127.
52 So nunmehr der BGH (NJW 2003, 1127 = MDR 2003, 476 = JurBüro 2003, 246 = Rpfleger 2003, 215 = AnwBl 2003, 241 = AGS 2003, 153 m. Anm. *N. Schneider*) gegen die bis dahin herrschende Meinung (LG Wuppertal AGS 2000, 147; LG Mönchengladbach AGS 2000, 147; OLG Koblenz JurBüro 1985, 1840).
53 Vgl. OLG Oldenburg JurBüro 2007, 208.
54 Zur Dokumentenpauschale im Einzelnen siehe *Hansens*, RVGreport 2004, 402.
55 OLG Schleswig JurBüro 1985, 248.
56 OLG Oldenburg JurBüro 2007, 208 („gewisser Ermessensspielraum des Anwalts"); OLG Brandenburg JurBüro 1996, 259.
57 OVG Niedersachsen JurBüro 1995, 526; LG Bochum Rpfleger 1986, 155; OLG Frankfurt NJW 1974, 2095; a.A. LAG Hamm AnwBl 1985, 275 = MDR 1985, 435 m. abl. Anm. *Bratfisch*, Rpfleger 1988, 334.

38 Bei einer Partei, die der deutschen Sprache nicht oder nur eingeschränkt mächtig ist, spricht der **Anschein** dafür, dass eine **interessengerechte Vertretung** nur stattfinden kann, wenn zu den Besprechungsterminen ein **Dolmetscher** hinzugezogen wird.[58] Hält der Anwalt eine nicht professionelle Übersetzungstätigkeit etwa durch Freunde, Bekannte oder Verwandte der Partei für unzureichend und schaltet er deshalb einen geprüften Dolmetscher ein, liegt das im Rahmen seines **Einschätzungsermessens als Geschäftsbesorger**.[59] Die Staatskasse braucht dieses nur dann nicht hinzunehmen, wenn es ersichtlich fehlerhaft ausgeübt worden ist (vgl. Rdn 7). Die Forderung auf nachträgliche Anlegung eines strengen Prüfungsmaßstabes unter dem Gesichtspunkt, „ob die Übersetzung durch Familienangehörige, Nachbarn oder Berufskollegen des Mandanten möglich und ausreichend gewesen wäre",[60] berücksichtigt nicht zureichend, dass auf die **konkrete Situation im Zeitpunkt der kostenauslösenden Handlung** abzustellen ist (vgl. Rdn 9) und dass insoweit eine tatsächliche **Vermutung für die Notwendigkeit** der getroffenen Maßnahme spricht.[61] Diese ist allerdings jetzt kraft Gesetzes dahin **eingeschränkt**, dass die Einschaltung eines Dolmetschers, der eine **höhere Vergütung als nach dem JVEG** verlangt,[62] ausnahmslos als **nicht erforderlich** angesehen wird (Abs. 2 S. 3, 2. Hs). Ob das tatsächlich für jeden Einzelfall zutrifft, könnte fraglich erscheinen. Sollte der Anwalt in der konkreten Situation nur einen teureren Dolmetscher ausfindig machen können, bleibt er demnach auf den Mehrkosten hängen. Dieses Ergebnis wird im Interesse der Kostenbegrenzung hingenommen. Das **Ziel der Schonung öffentlicher Kassen** steht hier aber unter dem Vorbehalt der verfassungsrechtlich geschützten Berufsausübungsfreiheit, die eine angemessene Vergütung einschließt.[63] Dazu gehört ohne Weiteres der Anspruch auf Aufwendungsersatz. Ob dieser durch eine **unwiderlegbare** Vermutung verkürzt werden darf, ist zweifelhaft.

39 Die Aufgabe des Anwalts, den Streitstoff für die Partei darzulegen, schließt es ein, die **Übersetzung von Schriftstücken** zu besorgen, die ihren **Vortrag belegen** sollen, jedoch in fremder Sprache abgefasst sind. Je nach Bedeutung der Urkunde für die vertretene Rechtsposition mag eine laienhafte Übersetzung dem Sinne nach hinreichen oder aber die wortgetreue Übersetzung durch einen geprüften Übersetzer angezeigt erscheinen. **Auch insoweit** muss dem Anwalt ein **gewisser Beurteilungsspielraum** zugestanden und bei der nachträglichen **Überprüfung** der tatsächlich angefallenen Kosten **von der ihm günstigsten Möglichkeit ausgegangen** werden. Jedoch hat der Gesetzgeber auch hier eine Obergrenze gesetzt, indem die erstattungsfähige Vergütung der Höhe nach auf die Honorare nach dem JVEG beschränkt wird.[64] Nur innerhalb dieses Rahmens[65] hat die Staatskasse im Zweifel die angefallenen Kosten zu tragen.[66] Gleiches gilt für die **Übersetzung von schriftlichen Informationen der Partei** in fremder Sprache an den beigeordneten Anwalt.[67]

40 Ist der **Anwalt der fremden Sprache zureichend mächtig** und kann er sich deshalb ohne Mittelsperson **mit der Partei verständigen** oder betreibt er **selbst die Übersetzung von Schriftstücken**, so fallen Auslagen nicht an. Eine zusätzliche Vergütung für den Einsatz seiner besonderen Qualifikation sieht das RVG nicht vor.[68] Die Verständigung mit der Partei gehört zu seinen **anwaltlichen Aufgaben**, weshalb das Lesen von schriftlichen Informationen für den Sachvortrag oder eine Besprechung mit der Partei jeweils in fremder Sprache **nicht extra zu entlohnen** sind.[69] Bei schriftlichen Übersetzungen steht jedoch die **Dokumentation** im Vordergrund. Daher ist eine solche Tätigkeit außerhalb des RVG nach § 11 JVEG **zusätzlich zu vergüten**.[70]

---

58 BVerfG NJW 2004, 50; OLG Düsseldorf AGS 1994, 90; StV 1989, 404; JurBüro 1986, 1374 = MDR 1986, 873 = Rpfleger 1986, 408; LG Köln StV 1994, 492; LG Bochum AnwBl 1992, 394; AG Herne AnwBl 1992, 394; AG Kassel AnwBl 1992, 394; KG StV 1990, 492; AG Celle MDR 1983, 143; LG Stuttgart MDR 1973, 594.
59 Vgl. BGH NJW 2001, 309 ff. (unter III b).
60 So OVG Niedersachsen JurBüro 1995, 526.
61 Zutreffend *Bratfisch*, Rpfleger 1988, 334 a.E.
62 Gemäß § 9 Abs. 3 S. 1 JVEG beträgt das Honorar des Dolmetschers für jede Stunde 70 EUR bei konsekutivem Dolmetschen und 75 EUR bei simultanem Dolmetschen.
63 BVerfG AnwBl 2005, 651.
64 Gemäß § 11 Abs. 1 S. 1, 2 JVEG beträgt das Honorar des Übersetzers 1,55 EUR für jeweils angefangene 55 Anschläge des schriftlichen Textes. Bei nicht elektronisch zur Verfügung gestellten edierbaren Texten erhöht sich das Honorar auf 1,75 EUR (§ 11 Abs. 1 S. 2 JVEG). In Ausnahmefällen kann sich das Honorar auf 1,85 EUR oder 2,05 EUR erhöhen (§ 11 Abs. 1 S. 3 JVEG).
65 Die verfassungsrechtlichen Bedenken in der vorstehenden Anmerkung gelten hier entsprechend.
66 Als Beispielsfall siehe etwa AG Besigheim JurBüro 2001, 431 (zur Übersetzung einer tahitanischen Gerichtsentscheidung).
67 OLG Frankfurt NJW 1974, 2095.
68 Die Sprachkenntnisse können aber die Beiordnung begründen (LG Duisburg MDR 2004, 538).
69 LG Stuttgart JurBüro 1981, 65 = Rpfleger 1981, 32.
70 OLG Zweibrücken Rpfleger 1999, 41; OLG Frankfurt MDR 1978, 238.

d) Kosten für Informationsbeschaffung

Gelangt der beigeordnete oder bestellte Anwalt zu der Erkenntnis, dass die vertretene **Rechtsposition** auf der **Grundlage des vorhandenen Sach- und Streitstandes** voraussichtlich **nicht durchgreifen** wird, gehört es mit zu seinen Aufgaben, etwaige **Möglichkeiten der Informationsbeschaffung** aufzuzeigen sowie danach zu beurteilen, ob und mit welchem Aufwand sich die von ihm für erforderlich gehaltenen Fakten wohl ermitteln lassen werden. Veranlasst er sodann **Aufklärungsmaßnahmen**, die er **bei objektivierender Betrachtung** für **erforderlich** halten durfte, kann er die insoweit anfallenden Auslagen ebenfalls von der Staatskasse ersetzt verlangen.[71]

41

Das erscheint unproblematisch bei geringfügigen Maßnahmen wie etwa einer **EMA-Anfrage**[72] zur Ermittlung einer Zeugenanschrift oder der Einholung einer **Auskunft aus dem Handelsregister** zur Feststellung der Kaufmannseigenschaft. Bedeutung erlangt die Frage des Auslagenersatzes jedoch regelmäßig in den Fällen, wo sich eine **weitere Aufklärung** im Interesse der Partei als relativ **teuer** und/oder **unsicher** darstellt.

42

Geht es dem Anwalt um die **Einschaltung einer Detektei** oder die **Beauftragung eines Sachverständigen**,[73] um der ansonsten verloren geglaubten Sache doch noch zum Erfolg zu verhelfen, ist er in einer schwierigen Lage. Auch wenn hier im Festsetzungsverfahren (§ 55) der **nämliche Prüfungsmaßstab** anzulegen ist **wie bei sonstigen Auslagen** (vgl. Rdn 5 ff.), kann er jedenfalls bei hohen Kosten darauf nicht vertrauen. Vielmehr muss er damit rechnen, dass die **Neigung zur Anlegung eines strengen Maßstabes mit der Höhe der Auslagen zunimmt**.[74] Deshalb kann er versuchen, eine Vorabklärung nach Abs. 2 zu erreichen (vgl. Rdn 51 ff.). Sinnvoller dürfte allerdings eine Vorschussanforderung gemäß § 47 sein (vgl. Rdn 65). **Unterlässt der Anwalt die Sicherstellung einer Kostenübernahme** durch die Staatskasse, geht er mit der Auftragserteilung zugleich das Risiko ein, letztlich auf den Detektiv- oder Sachverständigenkosten hängen zu bleiben, soweit die vertretene Person nicht zahlen muss oder kann. Entscheidet er sich gleichwohl für die Durchführung der Maßnahme, spricht das allerdings zu seinen Gunsten für die **gesetzliche Vermutung** (Abs. 1), dass diese aus damaliger Sicht **objektiv erforderlich**, insbesondere verhältnismäßig gewesen ist.

43

e) Kosten für Unterbevollmächtigte

Der beigeordnete oder bestellte Anwalt braucht die ihm übertragenen **Aufgaben nicht höchstpersönlich** auszuführen. Er kann sich der Mithilfe eines **Unterbevollmächtigten** bedienen. Entweder **beauftragt** er ihn **selbst** oder aber er stellt für die Partei einen **Antrag auf weitere Beiordnung** eines unterbevollmächtigten Rechtsanwalts. Letzteres kann sich anbieten oder sogar geboten sein, wenn es um die Wahrnehmung eines Termins geht, der bei dem beigeordneten oder bestellten Anwalt dem Grunde nach ersatzfähige Reisekosten verursachen würde, die etwa gleich hoch oder höher wären als die zusätzlichen Anwaltskosten.[75] Macht der Anwalt von der erstgenannten Möglichkeit Gebrauch, so ist die Zuziehung des Unterbevollmächtigten **seine Angelegenheit** und muss er auch **für dessen Vergütung aufkommen**.

44

Ob er diese Kosten ganz oder teilweise als Auslagen von der Staatskasse ersetzt verlangen kann, beurteilt sich gleichfalls nach den **Grundsätzen des Auftragsrechts** (vgl. Rdn 37). Werden mit der Vergütung an den Unterbevollmächtigten Tätigkeiten abgegolten, die zum **Leistungsbild der Gebühren des beigeordneten Anwalts** gehören, hat dieser sich lediglich zur Erfüllung seiner eigenen Verpflichtung eines Dritten bedient. Die **Kosten** einer derartigen „Entlastung" muss er **selbst tragen**; im Verhältnis zur Staatskasse ist die Tätigkeit mit der jeweiligen Gebühr bereits bezahlt.

45

---

[71] A.A. OLG Hamm (NJW 1965, 2123 = JVBl 1965, 281) mit der eigenwilligen Begründung, dass es sich um Auslagen des Beschuldigten handele.
[72] Eine solche Anfrage erfüllt keinen gesonderten Gebührentatbestand (BGH MDR 2004, 538 = NJW-RR 2004, 501 = AGS 2004, 151 = Rpfleger 2004, 249; BGH NJW 2004, 1101= JurBüro 2004, 191 = AGS 2004, 99).
[73] Vgl. hierzu OLG Hamm BeckRS 2013, 9680.
[74] Vgl. OVG Niedersachsen JurBüro 1995, 526.
[75] BGH NJW 2004, 2749 = MDR 2004, 1373 = AGS 2004, 349 = Rpfleger 2004, 708; OLG Hamm MDR 2005, 538 = AGS 2005, 353 = OLGR 2005, 179.

Beispiel: In einem Zivilprozess ist der beigeordnete Anwalt verhindert, einen Fortsetzungstermin wahrzunehmen. Er beauftragt einen Unterbevollmächtigten.
Die Wahrnehmung von Gerichtsterminen gehört zum Leistungsbild der Verfahrensgebühr und ist mit dieser abgegolten. Die halbe Verfahrensgebühr des Unterbevollmächtigten (VV 3401) muss der beigeordnete Anwalt selbst tragen. Ebenso eine Terminsgebühr, etwa wenn diese Gebühren anlässlich eines früheren Termins schon in dessen Person entstanden war (VV Vorb. 3.4 Abs. 1 i.V.m. VV 3104).

46 Hat der Unterbevollmächtigte hingegen **Leistungen** erbracht, die als Gegenstand eines Gebührentatbestands **von dem beigeordneten oder bestellten Anwalt** (noch) **nicht erbracht** worden sind, so richtet sich die **Ersatzpflicht der Staatskasse** ihm gegenüber danach, was er dieser Leistungen wegen **zusätzlich** in Rechnung stellen könnte, falls er sie selbst erbracht haben würde (§ 5).[76]

Variante: Es findet nur ein Haupttermin mit dem Unterbevollmächtigten statt, in dem verhandelt und Beweis erhoben wird.
Der beigeordnete Anwalt hatte bis dahin nur die Verfahrensgebühr verdient. Die Verhandlung wird davon nicht erfasst. Diese Leistung kann er der Staatskasse so in Rechnung stellen, wie sie zu vergüten wären, wenn er selbst gehandelt hätte (§ 5). Mithin sind ihm die Aufwendungen für den Unterbevollmächtigten in Höhe der Terminsgebühr nach VV 3104 zu ersetzen.[77] Hingegen fällt eine Verfahrensgebühr nach VV 3401 im Verhältnis zur Staatskasse nicht an.

47 Kommen Aufwendungen des beigeordneten Anwalts für einen Unterbevollmächtigten der Staatskasse mittelbar zugute, weil bei ihr andere, ggf. gar höhere Kosten angefallen wären, wenn der beigeordnete Anwalt die Leistungen selbst erbracht hätte, muss sie nach den **Grundsätzen der Vorteilsausgleichung** diese Aufwendungen insoweit tragen, als sie dadurch anderweitig etwas erspart hat. Die Staatskasse soll durch die Einschaltung eines Unterbevollmächtigten keine Schlechterstellung erfahren, andererseits davon aber auch nicht zu Lasten des beigeordneten Anwalts profitieren können. Praktische Bedeutung erlangt die Vorteilsausgleichung unter dem Gesichtspunkt **ersparter Reisekosten des beigeordneten Anwalts**. Dieser beauftragt für gewöhnlich einen Unterbevollmächtigten nur deshalb, um Terminsreisen zu vermeiden. Soweit die Staatskasse verpflichtet gewesen wäre, die Reisekosten des beigeordneten Anwalts zu tragen, falls dieser den Termin selbst wahrgenommen hätte (vgl. Rdn 8 ff.), muss sie seine Aufwendungen für den Unterbevollmächtigten übernehmen (siehe Rdn 44).[78]

f) Finanzierung von Parteikosten

48 Zu den Aufgaben eines Anwalts gehört es **nicht**, als **Kreditgeber** die Verfahrenskosten der Partei zu finanzieren. Erfüllt er gleichwohl deren insoweit bestehenden Zahlungsverpflichtungen oder gewährt er ihr ein Darlehen, damit sie in die Lage versetzt wird, verfahrensbedingte Aufwendungen zu tätigen, braucht die Staatskasse grundsätzlich nicht dafür aufzukommen. Das folgt schon aus dem Inhalt des Begriffs „Auslagen" (vgl. Rdn 29). So sind **Gerichtskosten**, die der beigeordnete Anwalt aus eigenen Mitteln für seine Partei einzahlt, **keine Auslagen** i.S.v. Abs. 1.[79]

49 Auch in diesem Zusammenhang kann allerdings das Rechtsinstitut der **Vorteilsausgleichung** einschlägig sein, soweit mit der Kostenübernahme durch den beigeordneten Anwalt zugleich die Staatskasse von einer **Zahlungspflicht** der Partei gegenüber **befreit** wird. Hat der beigeordnete Anwalt der mittellosen Partei die Reisekosten zum Termin „vorgestreckt", obwohl die Voraussetzungen für die **Bewilligung von Reiseentschädigung** durch die Staatskasse vorlagen,[80] hat diese durch die Unterstützungshandlung des Anwalts selbige erspart. Dann erscheint es nur billig, wenn sie ihn insoweit von seinen Aufwendungen entlastet.

50 Eine Ersatzpflicht der Staatskasse für Zahlungen des beigeordneten oder bestellten Anwalts kommt auch in Betracht, wenn damit **Fremdleistungen** vergütet worden sind, die **von der Partei** selbst als verfahrensnotwendig **in Auftrag gegeben** wurden. So kann es letztlich keinen Unterschied machen,

---

76 Vertretung des bestellten Verteidigers (LG Aachen JurBüro 1991, 1185; LG Frankenthal AnwBl 1985, 1962) oder des Nebenklagevertreters (OLG Zweibrücken JurBüro 1985, 543).

77 So zutreffend OLG Brandenburg AnwBl 2007, 728 = AGS 2008, 293 und 194; LAG Niedersachsen AGS 2006, 608.

78 LAG Hamm AGS 2007, 142; LG München JurBüro 2006, 603.

79 KG Rpfleger 1984, 372.

80 Siehe dazu die bundeseinheitlich erlassenen Verwaltungsbestimmungen zur „Bewilligung von Reiseentschädigungen an mittellose Personen und ..."; vgl. auch Zöller/*Geimer*, § 122 ZPO Rn 26 f.

ob der Anwalt einen Dolmetscher im eigenen Namen beauftragt und bezahlt (vgl. Rdn 38) oder ob er das der Partei überlässt und ihr die insoweit erforderlichen Mittel zur Verfügung stellt. Das kann allerdings nur für solche Verpflichtungen der Partei gelten, die von ihr **nach dem (materiellen) Wirksamwerden der Beiordnung** eingegangen worden sind, weil für vorgelagerte Kostentatbestände die Staatskasse unter keinem Gesichtspunkt haftet (vgl. Rdn 30).

IV. Vorabentscheidung des Gerichts (Abs. 2 S. 1)

1. Feststellung zur Erforderlichkeit einer Reise

Der **Beurteilungsmaßstab** für die Erforderlichkeit von Reisekosten (vgl. Rdn 9) ist **mit Unwägbarkeiten verbunden**, die im Einzelfall eine sichere **Vorhersage** darüber, **wie der Urkundsbeamte** der Geschäftsstelle nachträglich im Festsetzungsverfahren nach § 55 wohl **entscheiden wird, nicht zulassen**. Das gilt ebenso für sonstige Auslagen (Aufwendungen) des beigeordneten Anwalts. Zwar kommt ihm das Gesetz mit der Vermutung entgegen, dass getätigte Auslagen im Zweifel erforderlich gewesen sind (vgl. Rdn 7). Für jedermann nachvollziehbare Anhaltspunkte, was **noch** als **erforderlich** oder **schon** als **unnötig** angesehen werden wird, fehlen indes. 51

> „Entsprechend groß kann das Risiko sein, dem der Armenanwalt von Fall zu Fall ausgesetzt ist: Unterlässt er aus Kostengründen eine Maßnahme, so setzt er sich unter Umständen dem Vorwurf der Pflichtverletzung oder gar der Gefahr aus, Schadensersatz leisten zu müssen; ergreift er sie, so kann der Fall eintreten, dass ihm später gesagt wird, die Maßnahme sei nicht erforderlich gewesen und er muss möglicherweise die Kosten hierfür aus eigener Tasche zahlen. Es erscheint weder gerechtfertigt, den durch das Gericht beigeordneten Rechtsanwalt solchen Gefahren auszusetzen, noch ist es vertretbar, die Risiken, die sich aus einer solchen Situation ergeben, der armen Partei anzulasten."[81]

Diesen **Interessenkonflikt** des beigeordneten Anwalts haben Rechtsprechung und Lehre als **unzumutbar** angesehen und ihm deshalb das Recht auf eine Voranfrage bei Gericht eingeräumt, ob eine beabsichtigte Reise für erforderlich gehalten wird.[82] Schließlich hat auch der **Gesetzgeber** Handlungsbedarf verspürt und zunächst mit § 126 Abs. 2 BRAGO sowie nunmehr mit **Abs. 2** des § 46 die **Vorbescheidung** insoweit **normiert**.

Zuständig ist das **Gericht in voller Besetzung**; eine Übertragung der Entscheidung auf den Rechtspfleger hat nicht stattgefunden (§ 20 Nr. 4, 5 RPflG). Die **Entscheidung bindet** den Urkundsbeamten der Geschäftsstelle (rechtlich) **nur**, wenn das Gericht die **Erforderlichkeit der Reise feststellt**. Allerdings dürfte einem ablehnenden Beschluss wohl faktische Bindungswirkung zukommen. In jedem Fall ist die **Entscheidung unanfechtbar**, weil eine Beschwerde im RVG nicht vorgesehen ist.[83] Dann kann es im Festsetzungsverfahren nach § 55 nur noch um die Höhe der Kosten und um deren Überprüfung im Erinnerungs- und Beschwerdeverfahren gehen.[84] 52

Für die **Anerkennung einer außerordentlichen Beschwerde** zum Schutz der Partei[85] besteht **kein Anlass**, obwohl aus ihrer Sicht ein ablehnender Beschluss des Gerichts dazu führen dürfte, dass eine für erforderlich gehaltene Reise des beigeordneten Anwalts unterbleiben wird, was sogar streitentscheidend sein könnte. Durch die Neufassung des § 127 BRAGO im Jahr 1975 hat das **Verfahren nach Abs. 2** erheblich **an Bedeutung verloren**. Der beigeordnete Anwalt kann nunmehr für sämtliche „voraussichtlich entstehenden Auslagen" einen **Vorschuss** (in Höhe dieser Auslagen) **einfordern** (siehe § 47 Rdn 12 ff.). Lehnt der Urkundsbeamte der Geschäftsstelle die Festsetzung ab, ist das gemäß § 56 anfechtbar. Mithin bietet es sich an, in kritischen Fällen nach § 47 vorzugehen, um sich so den **Instanzenzug offen** zu halten. Zudem ist damit der Vorteil verbunden, dass der beigeordnete Anwalt **nicht in Vorleistung** zu treten braucht, falls es zu einer stattgebenden Entscheidung kommt (vgl. Rdn 64 f.). 53

---

81 OLG Frankfurt NJW 1974, 2095.
82 *Friese*, NJW 1955, 1500 m.w.N.
83 OLG Celle AGS 2012, 480.
84 A.A. OLG München MDR 1998, 439 = OLGR 1998, 194 = AGS 1998, 90 (keine Bindungswirkung bei unrichtiger Feststellung).
85 OLG Frankfurt NJW 1974, 2095.

2. Entscheidung durch die Bußgeldbehörde (Abs. 2 S. 2)

54 Die Vorschrift korrespondiert mit § 45 Abs. 5 und § 55 Abs. 7. Eine Vorabfeststellung zu der Frage, ob die geplante Reise verfahrensnotwendig ist, qualifiziert sich als **Vorstufe zur Vergütungsfestsetzung**. Wenn für Letztere die Verwaltungsbehörde sowohl zuständig als auch Schuldnerin ist, erscheint es nur folgerichtig, dass sie auch die Feststellungen dazu trifft, wenn der Anwalt dies beantragt.

55 Darin **unterscheidet** sich allerdings das **Bußgeldverfahren** vor der **Verwaltungsbehörde** von einem **gerichtlichen Verfahren**, wo die Zuständigkeiten auseinanderfallen (vgl. Rdn 52, § 55 Rdn 104). Dies hat seinen besonderen Grund jedoch darin, dass hier einmal für das **Verfahren** und zum anderen für dessen **Abrechnung** zwei funktional verschiedene Hoheitsträger tätig werden, nämlich zum einen die **Judikative** und zum anderen die **Exekutive**, wobei die Judikative als Führerin des Verfahrens aufgrund dieser Sachnähe das Erfordernis einer verfahrensbezogenen Reise besser beurteilen kann. Eine derartige funktionale Trennung findet im Bußgeldverfahren vor der Verwaltungsbehörde nicht statt. Diese entscheidet als Exekutive sowohl über das Verfahren selbst als auch über dessen Abrechnung.

3. Zur entsprechenden Anwendung auf andere Auslagen („Aufwendungen")

56 Die Regelung des Abs. 2 S. 3, 1. Hs. **übernimmt** den **§ 97 Abs. 2 S. 2, 2. Hs. BRAGO** und erfasst darüber hinaus insbesondere Zivilsachen. Die **Unsicherheit** des beigeordneten oder bestellten Anwalts bei seiner Einschätzung, ob beabsichtigte Auslagen auch von der Staatskasse als erforderlich angesehen werden oder ob diese sich womöglich auf den Standpunkt stellen wird, diese Auslagen bräuchte sie mangels Erforderlichkeit nicht zu ersetzen, ist zwar **anhand der Reisekosten thematisiert** worden (vgl. Rdn 51). Sie ist jedoch **keineswegs abhängig** von einer konkreten **Auslagenart**, sondern beschreibt eine allgemeine Problematik zu sämtlichen Auslagentatbeständen (vgl. § 47 Rdn 14). Diese nicht nur partiell zu erfassen, lässt die Erstreckung der Vorabentscheidung auf andere Auslagen als Reisekosten notwendig erscheinen. Dem trägt Abs. 2 S. 3 nunmehr umfassend Rechnung, nachdem er zunächst nur für **Sanktionsverfahren und begleitende Verfahren** (VV Teil 4 bis 6) galt.

57 Stellt das Gericht die Erforderlichkeit von sonstigen Auslagen („Aufwendungen") fest, gilt die **Bindungswirkung** nach Abs. 2 S. 1 hier ebenfalls. Diese tritt unabhängig davon ein, ob der Urkundsbeamte der Geschäftsstelle die Erforderlichkeit der Maßnahme verneint haben würde. Selbst ein sachlich unrichtiger Beschluss erlangt in dem Umfang **Bestandskraft**, wie das Gesetz sie normiert.[86] Das folgt aus dem Prinzip der Rechtssicherheit. Unanfechtbare hoheitliche Akte dürfen nur dann als unbeachtlich behandelt werden, wenn sie für jedermann erkennbar grob gesetzeswidrig oder völlig unsinnig sind (siehe § 45 Rdn 26).

58 Nunmehr besteht eine **Verpflichtung** des Gerichts, über eine Voranfrage des beigeordneten Anwalts zu anderen Auslagen als Reisekosten sachlich zu befinden, **kraft Gesetzes**. Allerdings **fehlt** dieser „Verbescheidung" ein **unabweisbares Bedürfnis**, weil der beigeordnete oder bestellte Anwalt ebenso gemäß § 47 im Wege der **Vorschussanforderung** hinsichtlich aller „voraussichtlich entstehenden Auslagen" **vorab klären** lassen kann, ob sie von der Staatskasse zu erstatten sind.

V. Nachforschungen zur Vorbereitung der Wiederaufnahme

59 Die als **Sondertatbestand** zum Auslagenersatz normierte Regelung ist **falsch etikettiert** und deshalb **deplatziert**, weil ihr Normgehalt den Geltungsbereich der Bestellung eines Verteidigers eingrenzt und sie deshalb zu § 48 gehört. Selbst wenn der Anwalt (notwendige) Auslagen durch Nachforschungen zur Vorbereitung der Wiederaufnahme des Verfahrens gehabt hat, bekommt er sie ohne Bestellung zum Verteidiger oder Erweiterung seiner Verteidigerbestellung nicht von der Staatskasse ersetzt.

---

[86] A.A. OLG München MDR 1998, 439 = OLGR 1998, 194 = AGS 1998, 90 (siehe aber OLG München AGS 2001, 191 zur Bestandskraft einer beschränkten Beiordnung).

Besondere Auslagen, die **nur bei Nachforschungen** zur Vorbereitung der Wiederaufnahme entstehen können oder in diesem Zusammenhang einer speziellen Regelung bedürfen, werden **vom Gesetz nicht aufgezeigt** und sind auch sonst **nicht ersichtlich**. Deshalb gelten hier **dieselben Regeln** zum Auslagenersatzanspruch des beigeordneten oder bestellten Anwalts **wie ansonsten auch** (vgl. Rdn 5 ff.), wenn und soweit die Geschäftsbesorgung des Anwalts, die durch den Kostenaufwand gefördert werden soll, unter den Geltungsbereich des öffentlich-rechtlichen Schuldverhältnisses zur anordnenden Körperschaft fällt. 60

C. Praxisempfehlungen

I. Zur Beiordnung eines auswärtigen Anwalts

Der Anwalt, der im Bezirk des Prozessgerichts seinen Sitz hat, muss bei seiner Beiordnung darauf achten, dass sie ohne jedwede Einschränkung erfolgt, weil sich das Mehrkostenverbot des § 121 Abs. 3 ZPO nur auf Anwälte bezieht, **die ihren Sitz nicht im Bezirk des Prozessgerichts haben**. Oftmals sind bei gerichtlichen Beiordnungsbeschlüssen noch Formulierungen wie „wird zu den Bedingungen eines ortsansässigen Anwalts beigeordnet" oder „wird zu den Bedingungen eines bei dem Prozessgerichts zugelassenen Anwalts beigeordnet". Beide Einschränkungen sind unzutreffend und sind mit der Beschwerde anfechtbar. 61

Der von dem Mehrkostenverbot betroffene, also nicht im Bezirk des Prozessgerichts niedergelassene Rechtsanwalt kann nur mit seinem **Einverständnis** einschränkend „zu den Bedingungen eines im Bezirk des Verfahrensgerichts niedergelassenen Rechtsanwalts" beigeordnet werden.[87] Dem Beiordnungsantrag eines nicht im Bezirk des Prozessgerichts niedergelassenen Rechtsanwalts kann regelmäßig dessen **konkludentes** Einverständnis mit einer dem Mehrkostenverbot entsprechenden Einschränkung der Beiordnung entnommen werden.[88] Besteht ein solches Einverständnis nicht, muss dies ausdrücklich in den Antrag auf Beiordnung aufgenommen werden.[89] Wird etwa die „uneingeschränkte" Beiordnung beantragt, so enthält dieser Antrag kein konkludentes Einverständnis für eine nur eingeschränkte Beiordnung.[90] 62

Soweit der Anwalt lediglich mit der Einschränkung des Mehrkostenverbots beigeordnet wird, so gilt für diese Mehrkosten die **Forderungssperre** des § 122 Abs. 1 Nr. 3 ZPO (Ansprüche im Verhältnis des Rechtsanwalts zum Mandanten) **nicht**. Sind also etwa Reisekosten von der Beiordnung ausdrücklich ausgenommen, so kann der Anwalt den Mandanten wegen dieser Kosten in Anspruch nehmen.[91] 63

II. Zur Sicherstellung von Auslagenersatz

Steht der beigeordnete Anwalt vor der Frage, ob er aus besonderen Gründen in das Verfahren (kräftig) investieren muss und ob diese Kosten von der Staatskasse übernommen werden, so eröffnet ihm das Gesetz **zwei Wege der Vorabklärung**: Einerseits kann er gemäß **Abs. 2 bei dem Gericht anfragen**, ob die beabsichtigten Maßnahmen als erforderlich angesehen werden, und zum anderen kann er gemäß **§ 55 Abs. 1 bei dem Urkundsbeamten der Geschäftsstelle** dafür sogleich einen **Auslagenvorschuss anfordern**. 64

In aller Regel ist der **zweite Weg vorzugswürdig**. Die Vorabentscheidung des Gerichts wird bislang restriktiv gehandhabt. Zudem schafft sie endgültige Klarheit nur bei einer stattgebenden Entscheidung und selbst dann nicht ganz sicher.[92] Die Vorschussanforderung ist demgegenüber unkompliziert. Sie umfasst **sämtliche Auslagen** und klärt nicht nur die Ersatzpflicht der Staatskasse **hinreichend verlässlich**, weil der nämliche Entscheidungsträger tätig wird wie bei der abschließenden Festset- 65

---

87 Streitig.
88 BGH NJW 2006, 3783 m. Anm. *Fölsch*.
89 *Fölsch*, NJW 2006, 3784.
90 *Fölsch*, NJW 2006, 3784.
91 OLG Brandenburg Rpfleger 2000, 279; OLG Nürnberg FamRZ 2001, 1157; *Enders*, JurBüro 2003, 225 (228);

a.A. Musielak/Voit/*Fischer*, ZPO, § 122 Rn 8; Zöller/*Geimer*, ZPO, § 122 Rn 11.
92 OLG München MDR 1998, 439 = OLGR 1998, 194 = AGS 1998, 90.

III. Zur Durchsetzung von Ersatzansprüchen

66 Befasst sich der beigeordnete Anwalt erst im Nachhinein mit der Abrechnung von Auslagen (Aufwendungen) des Verfahrens, sollte er sein Augenmerk auch auf ein **Beitreibungsrecht gegen den Gegner** (§ 126 ZPO) richten. Im Rahmen der gewöhnlichen Kostenfestsetzung lassen sich Auslagenersatzansprüche jedweder Art **grundsätzlich leichter durchsetzen** als im Verfahren nach § 55. Dies mag auch damit zusammenhängen, dass der Urkundsbeamte der Geschäftsstelle häufig als Interessenvertreter des Fiskus gesehen wird, hingegen der regelmäßig personenidentische Rechtspfleger im Kostenfestsetzungsverfahren nicht als Interessenvertreter des unterlegenen Gegners. Jedenfalls sind einige **Probleme der Kostenerstattung** im Rahmen des § 91 ZPO schon der Praxisnähe wegen **wesentlich besser geklärt** als die gleich gelagerten Fragestellungen zu § 46. Das gilt insbesondere für die Reisekosten des auswärtigen Anwalts, aber auch für sonstige Auslagen wie Dolmetscher-, Detektiv- und Sachverständigenkosten.

67 Besteht keine Möglichkeit, anderweitig Auslagenersatz zu beschaffen, sollte der Anwalt das Verfahren gemäß § 55 **nicht minder nachdrücklich** betreiben als ein Verfahren nach § 126 ZPO. Es ist nichts dafür ersichtlich, warum die Staatskasse dem Grunde nach zum Auslagenersatz besser gestellt werden sollte als ein erstattungspflichtiger Gegner (vgl. Rdn 5 f.). Kommt es zu einer eingeschränkten Beiordnung oder Bestellung, sollte er sich grundsätzlich nicht scheuen, seine **Reisekosten gemäß VV 7003 bis 7006** für die Reise innerhalb des Bezirks des Prozessgerichts einzufordern. Kommt es dagegen zur uneingeschränkten Beiordnung, sollte der Anwalt erst recht seine Reisekosten vollständig geltend machen.

§ 47 Vorschuss

(1) ¹Wenn dem Rechtsanwalt wegen seiner Vergütung ein Anspruch gegen die Staatskasse zusteht, kann er für die entstandenen Gebühren und die entstandenen und voraussichtlich entstehenden Auslagen aus der Staatskasse einen angemessenen Vorschuss fordern. ²Der Rechtsanwalt, der nach § 138 des Gesetzes über das Verfahren in Familiensachen und in den Angelegenheiten der freiwilligen Gerichtsbarkeit, auch in Verbindung mit § 270 des Gesetzes über das Verfahren in Familiensachen und in den Angelegenheiten der freiwilligen Gerichtsbarkeit, nach § 109 Absatz 3 oder § 119a Absatz 6 des Strafvollzugsgesetzes beigeordnet oder nach § 67a Satz 1 Satz 2 der Verwaltungsgerichtsordnung bestellt ist, kann einen Vorschuss nur verlangen, wenn der zur Zahlung Verpflichtete (§ 39 oder § 40) mit der Zahlung des Vorschusses im Verzug ist.

(2) Bei Beratungshilfe kann der Rechtsanwalt aus der Staatskasse keinen Vorschuss fordern.

A. Allgemeines 1	II. Umfang des Vorschussanspruchs 7
B. Regelungsgehalt 2	1. Entstandene Gebühren 7
I. Vorschussanspruch 2	2. Entstandene und voraussichtlich entstehende Auslagen 12
1. Allgemeine Anspruchsvoraussetzungen (Abs. 1 S. 1) 2	III. Verfahren 15
2. Verzug als besondere Anspruchsvoraussetzung (Abs. 1 S. 2) 4	IV. Annex: Rückforderungsanspruch der Staatskasse 17
3. Ausschließung des Anspruchs bei Beratungshilfe (Abs. 2) 6	C. Praxisempfehlungen 19

A. Allgemeines

1 § 47 Abs. 1 enthält einen Vorschussanspruch des **gerichtlich beigeordneten oder bestellten Rechtsanwalts** gegen die Staatskasse. Die Regelung übernimmt den Grundgedanken aus § 9, der einen Vorschussanspruch des Wahlanwalts gegenüber seinem Mandanten regelt. Der beigeordnete oder bestellte Anwalt kann – anders als der Wahlanwalt nach § 9 – für voraussichtlich entstehende

Gebühren noch keinen Vorschuss verlangen kann (vgl. Rdn 8). Ansonsten kann auch der beigeordnete oder bestellte Anwalt nach dem Grundsatz verfahren: Vorschuss bedeutet Liquiditätsgewinn und Sicherung des eigenen Vergütungsanspruchs.

Zugleich bestimmt § 47 Abs. 2, dass der in **Beratungshilfesachen** tätige Rechtsanwalt keinen Vorschuss aus der Staatskasse erhält.

B. Regelungsgehalt

I. Vorschussanspruch

1. Allgemeine Anspruchsvoraussetzungen (Abs. 1 S. 1)

Abs. 1 S. 1 unterscheidet zwischen Gebühren und Auslagen. Die **Gebühr** muss **bereits entstanden**, braucht aber noch nicht fällig zu sein (siehe § 45 Rdn 51). Abweichend von diesem Grundsatz gewährt § 51 Abs. 1 S. 5 dem **Pflichtverteidiger** eine Sonderstellung, indem dieser schon auf eine zu erwartende Pauschgebühr einen Vorschuss verlangen kann. Voraussetzungen sind allerdings, dass das Strafverfahren lange dauert, die Pauschgebühr mit Sicherheit zu erwarten ist und es für den Verteidiger unzumutbar ist, die Festsetzung der endgültigen Pauschgebühr abzuwarten[1] (siehe § 51 Rdn 122).

Wann ein Vergütungsanspruch des beigeordneten oder bestellten Anwalts gegen die Staatskasse gegeben ist, wird bei § 45 (siehe § 45 Rdn 26 bis 36) erörtert.

Auslagen sind bereits zu bevorschussen, wenn sie **entstanden** sind oder ihre Entstehung **absehbar** ist. Hinreichend erscheint insoweit auch materiell-rechtlich ein Grad von Gewissheit, wie er bei der **Glaubhaftmachung** gefordert wird, da § 55 Abs. 5 S. 1 dem Anwalt verfahrensrechtlich nicht mehr abverlangt.

2. Verzug als besondere Anspruchsvoraussetzung (Abs. 1 S. 2)

Abs. 1 S. 2 knüpft an § 45 Abs. 2 an. Da der nach § 138 FamFG bzw. § 109 Abs. 3 bzw. § 119a Abs. 6 StVollzG beigeordnete oder nach § 67a Abs. 1 S. 2 VwGO bestellte Anwalt einen Vergütungsanspruch gegen die Staatskasse nur erhält, wenn er den (vorrangig) zur Zahlung Verpflichteten in Verzug gesetzt hat (vgl. § 45 Rdn 37), kann auch ein Vorschussanspruch gegen die Staatskasse nur unter dieser Voraussetzung entstehen.

Verzug mit einer Vorschusszahlung liegt vor, falls der Schuldner auf eine Mahnung des Anwalts nicht zahlt (§ 286 Abs. 1 BGB). Der Mahnung bedarf es nicht, wenn der Anwalt mit dem zur Zahlung Verpflichteten einen bestimmten Zahlungstermin vereinbart hat (§ 286 Abs. 2 Nr. 1 BGB) oder wenn dieser den Vorschuss ernsthaft und endgültig verweigert (§ 286 Abs. 2 Nr. 3 BGB). Die Mahnung ist ebenso entbehrlich, falls 30 Tage seit Zugang einer Vorschussanforderung vergangen sind (§ 286 Abs. 3 S. 1, 1. Hs. BGB) und der Mandant, soweit er Verbraucher ist (§ 13 BGB), auf diese Rechtsfolge besonders hingewiesen wurde. Eine dieser gängigen Verzugsvarianten sollte der Anwalt im Festsetzungsverfahren nach § 55 Abs. 5 S. 1 glaubhaft machen können.

3. Ausschließung des Anspruchs bei Beratungshilfe (Abs. 2)

Die Regelung, dass bei Beratungshilfe kein Vorschuss verlangt werden kann, ist nicht neu, aber erstmalig ausformuliert worden. Sie galt auch schon nach der BRAGO, weil § 133 BRAGO im Rahmen seiner Aufzählung sinngemäß anzuwendender Vorschriften den § 127 BRAGO (Vorschuss) ausgespart hatte. Ihre sachliche Berechtigung folgt aus der geringen Gebührenhöhe (VV 2501 ff.). Der Ausschluss des Vorschussanspruches bezieht sich ausschließlich auf den Vergütungsanspruch gegen die Staatskasse, nicht aber auf die beim Rechtsuchenden zu erhebende Beratungshilfegebühr (VV 2500). Dies ist durch das PKH- und Beratungshilfeänderungsgesetz in § 47 Abs. 2 klargestellt

---

1 Vgl. BVerfG NJW 2005, 3699; BVerfG BeckRS 2011, 52456.

worden. Letztere soll als Vorschuss verlangt werden können, und zwar einerseits, um dem Rechtsanwalt nicht das Gebühreneinzugsrisiko aufzubürden und andererseits, um dem Rechtsuchenden zu vergegenwärtigen, dass er eine Kosten auslösende Leistung in Anspruch nimmt.[2]

II. Umfang des Vorschussanspruchs

1. Entstandene Gebühren

7 Der Gebührenvorschussanspruch des beigeordneten oder bestellten Anwalts soll diesem speziell für die Zeit **zwischen Entstehung und Fälligkeit** der Gebühr eine Vergütung zukommen lassen.[3] Erfasst wird die **Zeitspanne der Erfüllbarkeit** (§ 271 Abs. 2 BGB).

8 Damit bleibt der öffentlich-rechtliche Vorschussanspruch des Anwalts gegenüber der Staatskasse deutlich hinter dem zivilrechtlichen Vorschussanspruch gegenüber der Partei zurück, der den Anwalt schon hinsichtlich noch nicht verdienter Gebühren finanziell absichert (§ 9). Im Verhältnis zur Staatskasse spielt jedoch dieser Sicherungsgedanke keine Rolle und ohne ein Sicherungsbedürfnis des Anwalts lässt sich kein sachlicher Grund aufzeigen, weshalb er vor seiner Leistung bezahlt werden sollte.

9 Soweit Gebühren entstanden sind (Anspruchsvoraussetzungen siehe § 45 Rdn 26 ff.), darf der Anwalt sie **in voller Höhe** geltend machen. Der Vorschussanspruch besteht in demselben Umfang wie der Erfüllungsanspruch.[4] Insbesondere dann, wenn ein Vorschuss nur für bereits verdiente Gebühren verlangt werden kann, erscheint es angemessen, dass dem Anwalt der Gesamtbetrag als Vorschuss zusteht.

10 Bei Wertgebühren beschränkt sich der Vorschussanspruch auf die Vergütung nach der Gebührentabelle des § 49.[5] Erwächst dem Anwalt bei einer Beiordnung im Wege der Prozesskostenhilfe darüber hinaus ein Anspruch gegen die Staatskasse auf **weitere Vergütung** (§ 50), kann er diesen erst **am Schluss des Verfahrens** geltend machen (siehe § 50 Rdn 16). Weil dann ohnehin die Abrechnungsvoraussetzungen sämtlich vorliegen, bedarf es insoweit einer Vorschussregelung nicht.

11 Bei Betragsrahmengebühren, wie sie in Sozialgerichtsverfahren anfallen (VV 3102, 3106), lässt sich die tatsächlich verdiente Gebühr nicht so ohne weiteres ermitteln. Der nach § 73a Abs. 1 S. 1 SGG im Wege der Prozesskostenhilfe beigeordnete Anwalt kann jedoch auch in diesen Fällen Vorschuss beanspruchen.[6] Dabei ist der Vorschuss in Höhe der Mittelgebühr des Normalrahmens zugrunde zu legen.[7] Ist der Betragsrahmen hingegen für den beigeordneten oder bestellten Anwalt auf eine Festgebühr reduziert worden (VV Teil 4), besteht der Vorschussanspruch in dieser Höhe.

2. Entstandene und voraussichtlich entstehende Auslagen

12 Der Anspruch ist äußerlich deckungsgleich mit dem Anspruch des Anwalts gegen die Partei (§ 9), hat aber einen anderen Hintergrund, soweit es um die voraussichtlich entstehenden Auslagen geht. Im Verhältnis zur Staatskasse spielt auch hier der Gedanke einer finanziellen Absicherung des Anwalts keine Rolle (vgl. Rdn 8). Wenn dem Anwalt gleichwohl ein Vorschussanspruch gegen die Staatskasse auch hinsichtlich zukünftiger Auslagen zugebilligt wird, so folgt das aus einem anderen Sicherungsbedürfnis.

13 Das wird offenbar, sobald es um außergewöhnliche Auslagen geht. Im **Verhältnis Anwalt – Partei** wird die Prozesstaktik häufig abgestimmt und gelegentlich werden **auch** kostenträchtige **Maßnahmen** erwogen, die **nicht ohne weiteres Erfolg versprechend** erscheinen. Wenn die Partei eine solche Maßnahme gleichwohl wünscht, kann der Anwalt auch insoweit einen Vorschuss verlangen; auf die Frage der Notwendigkeit i.S.v. § 91 Abs. 1 S. 1 ZPO kommt es nicht an. Hat der Anwalt hinreichend auf die Risiken hingewiesen, braucht er auch nicht zu befürchten, dass er den Vorschuss zurückzahlen muss, falls der erstrebte Erfolg ausbleibt.

---

2 BT-Drucks 17/11472, S. 50.
3 Vgl. AG Koblenz AGS 2005, 352.
4 *Schmidt*, AnwBl 1981, 114.
5 OLG Bamberg JurBüro 1990, 725.
6 BSG MDR 1991, 680.
7 LSG Baden-Württemberg JurBüro 1990, 883.

Demgegenüber ist im **Verhältnis Anwalt – Fiskus** eine Besprechung zur Durchführung von Maßnahmen, die mit besonderen Kosten verbunden sind, nicht einmal vorgesehen. Für die Staatskasse **vorschusspflichtig** ist lediglich ein **Auslagenersatzanspruch des beigeordneten oder bestellten Anwalts nach § 46**. Gegenstand des Anspruchs können mithin nur solche bereits angefallenen oder voraussichtlich noch entstehenden Kosten sein, die zur zweckentsprechenden Rechtsverfolgung oder Rechtsverteidigung **erforderlich** sind (§ 46 Abs. 1). Ob diese Voraussetzung vorliegt, hat der Anwalt selbstständig zu prüfen und ohne Rücksprache mit einem Vertreter der Staatskasse vorab für sich zu klären. Dem Risiko, mit seiner Einschätzung kein Gehör zu finden, kann er dadurch begegnen, dass er im Rahmen einer Vorschussanforderung die Auffassung der Staatskasse abklärt.

III. Verfahren

Die **konkrete Ausgestaltung** des Verhältnisses Anwalt – Fiskus erfolgt sodann auch für die **Vorschussregelung** in dem **Antragsverfahren nach § 55**, das hier ebenfalls gilt (§ 55 Abs. 1 S. 1). Nach der Konstruktion des Gesetzes soll der Urkundsbeamte der Geschäftsstelle gleichsam als unbeteiligter Dritter darüber befinden, was der Anwalt schon vor Erreichen des Abrechnungsstadiums von der Staatskasse als Entlohnung einfordern kann.

Dieses Verfahren kommt dem materiellen Recht speziell insoweit entgegen, als die Erforderlichkeit von Auslagen aus **objektivierender Sicht** einer verständigen Partei zu beurteilen ist (vgl. § 46 Rdn 6 f.), so dass eine Entscheidung durch einen der Beteiligten die Gefahr der Einseitigkeit in sich bergen würde. Faktisch ist dieses Risiko allerdings nicht gebannt, weil der Urkundsbeamte der Geschäftsstelle regelmäßig in Personalunion zugleich auch Kostenbeamter und damit ein **Interessenvertreter der Staatskasse** ist. Ob seine formale Unabhängigkeit als Urkundsbeamter der Geschäftsstelle stets hinreicht, um die erforderliche **Neutralität** zu wahren und die Belange der Partei selbst dann genügend zu beachten, wenn der Anwalt eine kostspielige Maßnahme für erforderlich hält, kann im Einzelfall durchaus fraglich erscheinen. Letztlich wirkt sich diese Unsicherheit angesichts des **umfassenden Rechtsschutzes** gegen seine Entscheidung aber nicht aus.

Hat der Anwalt insoweit Zweifel, kann er den Spruchkörper des Gerichts (§ 56 Abs. 1) und bei einem Gegenstandswert über 200 EUR oder im Fall der Zulassung das Beschwerdegericht anrufen (§ 56 Abs. 2 i.V.m. § 33 Abs. 3).

IV. Annex: Rückforderungsanspruch der Staatskasse

Die **Festsetzung eines Vorschusses** nach § 55 steht ohne weiteres unter dem **Vorbehalt der endgültigen Abrechnung**, auch wenn dies nicht ausdrücklich erklärt wird. Das folgt bereits aus dem Begriff des Vorschusses (siehe § 58 Rdn 12). Deshalb kann der Anwalt **uneingeschränkt Nachforderungen** stellen, wenn seine Vergütungsansprüche letztlich höher ausfallen sollten. Andererseits ist ebenso denkbar, dass er bereits überzahlt wurde. Hierher gehören zunächst die Fälle, wo ein **Vergütungsanspruch** überhaupt **nicht zur Entstehung gelangt** oder **nachträglich wieder entfallen** ist (siehe § 45 Rdn 56). In Betracht kommt aber auch, dass bei einem Vorschuss auf Wertgebühren (vgl. Rdn 10) später der **Gegenstandswert reduziert** wird.[8] Bei den Rahmengebühren (vgl. Rdn 11) kann die abschließende Gesamtschau (§ 14) ergeben, dass die bevorschusste **Mittelgebühr** letztlich doch **nicht angefallen** ist, weil die Umstände für eine geringere Entlohnung sprechen. Während all diese Abweichungen eher Ausnahmecharakter haben, ist die Abrechnungslage bei einem Vorschuss für voraussichtlich entstehende Auslagen von vornherein unsicher.

Erkennt der Anwalt, dass eine **Überzahlung** vorliegt, muss er bei der Abrechnung den Urkundsbeamten der Geschäftsstelle von sich aus darauf **hinweisen**. Das ist eine **Nebenpflicht** aus dem besonderen Rechtsverhältnis der Beiordnung oder Bestellung. Der Urkundsbeamte der Geschäftsstelle ist bei der endgültigen Festsetzung zugunsten des beigeordneten oder bestellten Anwalts berechtigt, den überzahlten Vorschussbetrag **als Rückforderung** der Staatskasse **festzusetzen**.[9] Wird der beigeordnete oder bestellte Anwalt nicht mehr abschließend im Verfahren nach § 55 tätig (vgl. § 45 Rdn 52),

---

8 Vgl. OVG Niedersachsen JurBüro 1991, 1348.
9 OVG Niedersachsen JurBüro 1991, 1348 m. insoweit zust. Anm. *Mümmler*.

kann die **Staatskasse** auch von sich aus eine **Rückfestsetzung betreiben**. Das geht aber nur im Verfahren nach § 55 und, weil die Staatskasse dort kein eigenes Antragsrecht auf Einleitung des Verfahrens hat, allein durch **Anfechtung der zugunsten des Anwalts ergangenen Entscheidung** über die Vorschusszahlung (siehe § 55 Rdn 105 f.). Diese Möglichkeit besteht bis zum **Ablauf des folgenden Kalenderjahres**, in dem die Rechtskraft der Gerichtsentscheidung oder eine anderweitige **Erledigung des Verfahrens eingetreten** ist (siehe § 56 Rdn 12),[10] allerdings nicht über den Ablauf der zweiwöchigen Beschwerdefrist des § 33 Abs. 3 S. 3 hinaus, falls die Vorschusszahlung auf einem erstinstanzlichen Gerichtsbeschluss beruht (siehe § 56 Rdn 35).

C. Praxisempfehlungen

19 Der beigeordnete Anwalt ist im Allgemeinen **gut beraten**, wenn er die Möglichkeit der **Vorschussvergütung** tatsächlich auch für sich **in Anspruch nimmt**. Die Rechtslage ist klar, das Verfahren problemlos. Bis auf eine Darlegung bereits erhaltener Zahlungen wird von ihm in der Regel nicht mehr erwartet als bei einer Vorschussanforderung der Partei gegenüber. Diese Art der Anspruchstellung ist einem gut geführten Büro ohnehin vertraut oder anzuraten,[11] weshalb zusätzliche Einweisungs- oder Anlerntätigkeit kaum geleistet werden muss.

20 Die **Vorteile** sind unübersehbar. Im Normalfall, wo außer den Regelgebühren und der Kostenpauschale nichts weiter anfällt, kann bei einem Gegenstandswert **bis 4.000 EUR** das Verfahren schon über die Vorschussanforderung **endgültig abgerechnet** werden. Der Anwalt erhält schon **vor Fälligkeit** seine **volle Vergütung** und braucht abschließend nur noch eine Endkontrolle vorzunehmen, ob es bei dem Stand der Vorschussanforderung geblieben ist oder ob weitere Gebühren hinzugekommen sind.

21 Kann der beigeordnete Anwalt – bei Gegenstandswerten **über 4.000 EUR** – die Regelgebühren nur in Höhe der Vergütung nach der Gebührentabelle des § 49 vorschussweise einfordern, ist dadurch eine Arbeitserleichterung zwar nicht zu erwarten, weil in jedem Fall am Schluss des Verfahrens die vollständige Überprüfung der Entlohnung ansteht, nämlich ob eine weitere Vergütung nach § 50 und/oder § 126 ZPO erzielt werden kann. Der Vorschuss verschafft allerdings eine deutliche **Verbesserung der Liquidität**, weshalb im Einzelfall abgewogen werden sollte, ob der Aufwand des einfachen Anforderungsschreibens durch die zumindest teilweise Zahlung vor Fälligkeit womöglich mehr als nur ausgeglichen wird. Zudem kann sich abschließend die Situation ergeben, dass doch **kein Recht auf Nachforderung** besteht, weil ein Beitreibungsrecht gegen den Gegner ausscheidet und Mittel für eine weitere Vergütung nicht vorhanden sind. Dann wäre mit der Vorschussregulierung ebenfalls alles erledigt.

22 Geht es schließlich um einen Sonderfall, wo **ungewöhnliche Auslagen in größerem Umfang** anstehen, ist eine Vorschussanforderung in aller Regel geboten (siehe § 46 Rdn 64 f.).

§ 48 Umfang des Anspruchs und der Beiordnung

(1) Der Vergütungsanspruch bestimmt sich nach den Beschlüssen, durch die die Prozesskostenhilfe bewilligt und der Rechtsanwalt beigeordnet oder bestellt worden ist.

(2) ¹In Angelegenheiten, in denen sich die Gebühren nach Teil 3 des Vergütungsverzeichnisses bestimmen und die Beiordnung eine Berufung, eine Beschwerde wegen des Hauptgegenstands, eine Revision oder eine Rechtsbeschwerde wegen des Hauptgegenstands betrifft, wird eine Vergütung aus der Staatskasse auch für die Rechtsverteidigung gegen ein Anschlussrechtsmittel und, wenn der Rechtsanwalt für die Erwirkung eines Arrests, einer einstweiligen Verfügung oder einer einstweiligen Anordnung beigeordnet ist, auch für deren Vollziehung oder Vollstreckung gewährt. ²Dies gilt nicht, wenn der Beiordnungsbeschluss ausdrücklich etwas anderes bestimmt.

---

[10] Unklar OVG Niedersachsen JurBüro 1991, 1348; zutr. *Mümmler* in seiner dortigen Anm.

[11] Siehe dazu *Scherf*, NJW 2004, 722.

(3) ¹Die Beiordnung in einer Ehesache erstreckt sich im Fall des Abschlusses eines Vertrags im Sinne der Nummer 1000 des Vergütungsverzeichnisses auf alle mit der Herbeiführung der Einigung erforderlichen Tätigkeiten, soweit der Vertrag
1. den gegenseitigen Unterhalt der Ehegatten,
2. den Unterhalt gegenüber den Kindern im Verhältnis der Ehegatten zueinander,
3. die Sorge für die Person der gemeinschaftlichen minderjährigen Kinder,
4. die Regelung des Umgangs mit einem Kind,
5. die Rechtsverhältnisse an der Ehewohnung und den Haushaltsgegenständen oder
6. die Ansprüche aus dem ehelichen Güterrecht

betrifft. ²Satz 1 gilt im Fall der Beiordnung in Lebenspartnerschaftssachen nach § 269 Abs. 1 Nr. 1 und 2 des Gesetzes über das Verfahren in Familiensachen und in den Angelegenheiten der freiwilligen Gerichtsbarkeit entsprechend.

(4) ¹Die Beiordnung in Angelegenheiten, in denen nach § 3 Absatz 1 Betragsrahmengebühren entstehen, erstreckt sich auf Tätigkeiten ab dem Zeitpunkt der Beantragung der Prozesskostenhilfe, wenn vom Gericht nichts anderes bestimmt ist. ²Die Beiordnung erstreckt sich ferner auf die gesamte Tätigkeit im Verfahren über die Prozesskostenhilfe einschließlich der vorbereitenden Tätigkeit.

(5) ¹In anderen Angelegenheiten, die mit dem Hauptverfahren nur zusammenhängen, erhält der für das Hauptverfahren beigeordnete Rechtsanwalt eine Vergütung aus der Staatskasse nur dann, wenn er ausdrücklich auch hierfür beigeordnet ist. ²Dies gilt insbesondere für
1. die Zwangsvollstreckung, die Vollstreckung und den Verwaltungszwang;
2. das Verfahren über den Arrest, die einstweilige Verfügung und die einstweilige Anordnung;
3. das selbstständige Beweisverfahren;
4. das Verfahren über die Widerklage oder den Widerantrag, ausgenommen die Rechtsverteidigung gegen den Widerantrag in Ehesachen und in Lebenspartnerschaftssachen nach § 269 Abs. 1 Nr. 1 und 2 des Gesetzes über das Verfahren in Familiensachen und in den Angelegenheiten der freiwilligen Gerichtsbarkeit.

(6) ¹Wird der Rechtsanwalt in Angelegenheiten nach den Teilen 4 bis 6 des Vergütungsverzeichnisses im ersten Rechtszug bestellt oder beigeordnet, erhält er die Vergütung auch für seine Tätigkeit vor dem Zeitpunkt seiner Bestellung, in Strafsachen einschließlich seiner Tätigkeit vor Erhebung der öffentlichen Klage und in Bußgeldsachen einschließlich der Tätigkeit vor der Verwaltungsbehörde. ²Wird der Rechtsanwalt in einem späteren Rechtszug beigeordnet, erhält er seine Vergütung in diesem Rechtszug auch für seine Tätigkeit vor dem Zeitpunkt seiner Bestellung. ³Werden Verfahren verbunden, kann das Gericht die Wirkungen des Satzes 1 auch auf diejenigen Verfahren erstrecken, in denen vor der Verbindung keine Beiordnung oder Bestellung erfolgt war.

Nach Art. 13 des Entwurfs eines Gesetzes zur Durchführung der Verordnung (EU) Nr. 655/2014 sowie zur Änderung sonstiger zivilprozessualer Vorschriften (EuKoPfVODG – BT-Drucks. 17/7560) soll § 48 Abs. 5 S. 2 Nr. 2 zum 18.1.2017 wie folgt geändert werden:
„2. das Verfahren über den Arrest, den Europäischen Beschluss zur vorläufigen Kontenpfändung, die einstweilige Verfügung und die einstweilige Anordnung;"

Literatur: Burhoff, Umfang der Beiordnung des Pflichtverteidigers im Strafverfahren und Erstreckung nach § 48 Abs. 5 RVG, RVGreport 2004, 411; *ders.*, Neues zur Erstreckung der Beiordnung und Bestellung nach § 48 Abs. 5 RVG, RVGreport 2008, 129; *Enders*, Verbindung von mehreren Strafverfahren/Bestellung des Rechtsanwalts zum Pflichtverteidiger, JurBüro 2009, 113; *N. Schneider*, Terminsgebühr für Folgevereinbarungen bei Beiordnung in Ehesachen, NJW-Spezial 2008, 507; *ders.*, Augen auf beim Mehrwertvergleich in VKH-Mandaten, NZFam 2015, 451; *Schneider/Thiel*, Gegenstandswert einer Folgenvereinbarung über Kindschaftssachen, FamFR 2011, 529.

A. Allgemeines 1	(1) Allgemeines 11
B. Regelungsgehalt 7	(2) Erstreckung auf Mehrvergleich durch Beschluss 17
I. Prozesskostenhilfe und Beiordnung als Vergütungsrahmen 7	c) Speziell: Außergerichtlicher Vergleich 21
1. Problemstellung 7	d) Bindung an das Rechtsschutzbegehren 22
2. Geltungsumfang der Bewilligung von Prozesskostenhilfe 10	
a) Bewilligungsbeschluss 10	
b) Reichweite der Bewilligung 11	

e)	Erfordernis einer ausdrücklichen Erstreckung der Beiordnung (Abs. 5)	24
	aa) Grundsatz der verfahrensbezogenen Geltung	24
	bb) Anwendungsbeispiele	28
3.	Zeitliche Geltung der Bewilligung von Prozesskostenhilfe	30
	a) Bewilligungsbeginn	30
	b) Bewilligungsdauer	33
4.	Aufhebung der Bewilligung von Prozesskostenhilfe	37
5.	Selbstständige Geltungsdauer der Beiordnung	42

II. Erstreckung der Beiordnung über die Bewilligung hinaus 46
1. Gesetzliche Erstreckung der Beiordnung 46
   a) Verteidigung gegen ein Anschlussrechtsmittel (Abs. 2) 46
   b) Verteidigung gegen einen Widerantrag in Ehesachen und in Lebenspartnerschaftssachen (Abs. 5 S. 2 Nr. 4) 48
   c) Vollziehung von Arrest, einstweiliger Verfügung; Vollstreckung einstweiliger Anordnung (Abs. 2) 52
   d) Erstreckung der Beiordnung auf den Abschluss eines Vertrags in Ehe- und Lebenspartnerschaftssachen (Abs. 3) 56
      aa) Allgemeines 56
      bb) Anwendungsbereich 57
         (1) Ehesachen 58
         (2) Lebenspartnerschaftssachen nach § 269 Abs. 1 Nr. 1, 2 FamFG 61
         (3) Beiordnung 62
         (4) Vertrag i.S.d. VV 1000 65
         (5) Regelungsgegenstände des Abs. 3 S. 1 Nr. 1–6 66
      cc) Erstreckung der Beiordnung 69
         (1) § 149 FamFG 70
         (2) Abs. 3 S. 1 72
      dd) Umfang der Beiordnung „vor Inkrafttreten des 2. KostRMoG" 77
      ee) Klarstellung durch das 2. KostRMoG 87
2. Beiordnung in Angelegenheiten, in denen eine Betragsrahmengebühr anfällt (Abs. 4) 92
3. Erfordernis einer ausdrücklichen Erstreckung der Beiordnung (Abs. 5) 96
   a) Grundsatz der verfahrensbezogenen Geltung 96
   b) Anwendungsbeispiele 100

III. Beiordnung im Wege der Prozesskostenhilfe nur zum Teil 102
1. Beschränkung der Beiordnung 102
2. Bewilligung von Prozesskostenhilfe nur teilweise 104
   a) Verfahren mit Teilbewilligung .. 105
   b) Bewilligung betrifft nicht alle Streitgenossen 107

IV. Sonstige Beiordnung oder Bestellung in Verfahren nach VV Teil 3 109

V. Beiordnung oder Bestellung in Verfahren nach VV Teil 4 bis 6 (Abs. 6) .. 110
1. Überblick 110
2. Geltungsbereich 122
3. Rückwirkung der Beiordnung oder Bestellung im erstinstanzlichen Verfahren 124
4. Rückwirkung der Beiordnung oder Bestellung im Rechtsmittelverfahren 130
5. Rückwirkung der Beiordnung oder Bestellung in Verfahren nach Zurückverweisung 136
6. Rückwirkung der Beiordnung oder Bestellung im Strafvollstreckungsverfahren 139
7. Keine Rückwirkung für Ersatzpflichtverteidiger 142
8. Verbindung 143
   a) Überblick 143
   b) Beiordnung oder Bestellung erst nach Verbindung 145
   c) Beiordnung oder Bestellung vor Verbindung 149
   d) Beiordnung oder Bestellung nur in einem oder einigen Verfahren vor Verbindung 150
      aa) Anwendungsbereich 150
      bb) Erstreckung bei Anordnung nach Abs. 6 S. 3 152
      cc) Ermessen des Gerichts .. 154
      dd) Antrag 157
      ee) Zeitpunkt der Entscheidung 163
      ff) Form der Entscheidung .. 164
      gg) Beschwerde 166
9. Trennung 171
10. Bedeutung der Erstreckung nach Abs. 6 für eine Pauschgebühr ... 172
11. Übergangsrecht 175

C. Praxisempfehlungen 176
I. Beschlusslage prüfen 176
II. Erledigung durch Vergleich 178
III. Neuer Verfahrensgegenstand ... 182

A. Allgemeines

1 § 45 und § 48 gehören **inhaltlich zusammen**. Warum der Gesetzgeber die Auslagen- und Vorschussregelung im Zuge des 1. KostRMoG dazwischen geschoben und hierdurch den Sachzusammenhang zerrissen hat, ist unverständlich. Nach der BRAGO stand mit den §§ 121 und 122 BRAGO a.F. bereits zusammen, was zusammen gehört.

Geregelt wird in erster Linie der **Umfang** des durch die Beiordnung oder Bestellung begründeten öffentlich-rechtlichen Schuldverhältnisses. Das ist vergleichbar mit dem Auftragsumfang im Zivilrecht. Hierdurch wird festgelegt, welche gebührenpflichtigen Tätigkeiten, die der Anwalt im Einzelnen erbringt, von seinem Vergütungsanspruch gegen die Staats- oder Landeskasse (§ 45 Abs. 1) konkret erfasst werden, also wie eine **Auftragsausführung abzurechnen** ist.

Inwieweit die bedürftige Partei zur Rechtsverfolgung oder Rechtsverteidigung staatliche Unterstützung erhält, bestimmt sich in erster Linie nach der **Bewilligung von Prozesskostenhilfe**. Hierdurch wird sowohl der **Gegenstand** der hinreichend Erfolg versprechenden Rechtswahrnehmung als auch deren **Umfang** festgelegt. Wird der Partei ohne ausdrückliche Einschränkung ein Anwalt beigeordnet, so darf sie sich in demselben Umfang kostenfrei seiner Mitwirkung versichern, wie ihr Prozesskostenhilfe bewilligt wurde; **Bewilligung und Beiordnung sind grundsätzlich deckungsgleich**. Die Bewilligung von Prozesskostenhilfe ist sowohl **Voraussetzung** für die Beiordnung (vgl. § 45 Rdn 29) als auch im Regelfall Bestimmungsgröße des Auftragsvolumens, für das die Staats- oder Landeskasse einzustehen hat.[1] Diese Abhängigkeit bedingt, dass der beigeordnete Anwalt zwecks Sicherung seiner Entlohnung ein eigenes Interesse nicht nur am Bestand seiner Beiordnung, sondern auch am inhaltlichen Umfang und Fortbestand der Prozesskostenhilfe zugunsten der Partei hat.

Neben der Festlegung des Rahmens, der die Vergütungspflicht der Staatskasse eingrenzt, gilt es, solche Fallgestaltungen aufzuzeigen und zu regeln, wo es nach den beteiligten Interessen oder der Zweckrichtung einer anwaltlichen Tätigkeit sinnvoll erscheinen kann, dass diese **von der Staatskasse** ebenfalls **vergütet** wird, obwohl sie an sich **über den Geltungsbereich der Bewilligung** von Prozesskostenhilfe hinausgeht. Auch hiermit befasst sich die Vorschrift, so dass ihr für den beigeordneten Anwalt eine grundlegend anspruchsbestimmende Bedeutung zukommt.

Dies macht insbesondere die Änderung des § 48 Abs. 3 S. 1 deutlich. Der Gesetzgeber stellt klar, dass sich die Beiordnung in einer Ehesache auch auf den Abschluss eines Vertrags im Sinne der VV 1000, der den gegenseitigen Unterhalt der Ehegatten, den Unterhalt gegenüber den Kindern im Verhältnis der Ehegatten zueinander, die Sorge für die Person der gemeinschaftlichen minderjährigen Kinder, die Regelung des Umgangs mit einem Kind, die Rechtsverhältnisse an der Ehewohnung und den Haushaltsgegenständen und die Ansprüche aus dem ehelichen Güterrecht betrifft, erstreckt und alle in diesem Zusammenhang anfallenden Gebühren zu erstatten sind.[2]

Bei den **Bestellungen** oder **sonstigen Beiordnungen** finden sich zwar gelegentlich Vorschriften, die den **Umfang des öffentlich-rechtlichen Schuldverhältnisses** zwischen Anwalt und anordnender Körperschaft konkretisieren (vgl. Abs. 6). Häufig hat der Gesetzgeber sich damit aber nicht näher auseinander gesetzt, so dass hier im Zweifel darauf zurückgegriffen werden muss, weshalb er die Begründung des öffentlich-rechtlichen Schuldverhältnisses vorgesehen hat. **Sinn und Zweck** der jeweiligen Möglichkeit, einen Anwalt beizuordnen oder zu bestellen, weisen auch darauf hin, welche **einzelnen Tätigkeiten** des Anwalts unter die Beiordnung oder Bestellung fallen sollen.

B. Regelungsgehalt

I. Prozesskostenhilfe und Beiordnung als Vergütungsrahmen

1. Problemstellung

Die Sonderrechtsverbindung zwischen dem Anwalt der bedürftigen Partei und dem Fiskus als Vergütungsschuldner wird durch den **Begriff der Beiordnung** erfasst. Jedoch definiert er **weder** den **gegenständlichen Aufgabenbereich** des im Wege der Prozesskostenhilfe beigeordneten Anwalts noch die jeweiligen Tätigkeiten, für deren Entlohnung die Staats- oder Landeskasse aufzukommen hat. Abgesehen von den in § 48 Abs. 2–6 aufgeführten Fallgestaltungen hat der Gesetzgeber den **Umfang der Beiordnung** nicht eigenständig beschrieben, sondern unmittelbar mit dem Umfang der bewilligten **Prozesskostenhilfe** verknüpft. Das betrifft **sämtliche Verfahren**, in denen es zur Bewilligung von Prozesskostenhilfe kommen kann (siehe § 12 Rdn 4) und in denen das RVG die

---

1 Vgl. OLG Köln AGS 2007, 362.
2 BT-Drucks 17/11471, S. 422; zum Meinungsstand vor der Änderung *Volpert*, RVGReport 2010, 445, 447; *Schneider/Thiel*, Das neue Gebührenrecht, § 3 Rn 269 ff.

8 **Im Grundsatz gilt**: Eine nach § 121 Abs. 1³ oder Abs. 2 ZPO⁴ angeordnete Beiordnung, die als solche – wie im Regelfall – nicht näher beschrieben wird, reicht genau so weit wie die bewilligte Prozesskostenhilfe. Deshalb finden sich nur ausnahmsweise Vorschriften zur gegenständlichen Inhaltsbestimmung der Beiordnung. Bei Streitigkeiten darüber, ob eine konkrete Anwaltstätigkeit (noch) unter die Beiordnung fällt und deshalb von der Staatskasse zu vergüten ist, muss auf die Regelungen zur Prozesskostenhilfe zurückgegriffen werden. Die **Verbindung** zur Beiordnung wird durch eine **Zweckbetrachtung** entsprechend § 91 Abs. 1 S. 1 ZPO hergestellt: Dient die Tätigkeit des Anwalts dem Zweck, die Partei im Rahmen der Bewilligung von Prozesskostenhilfe zu vertreten, so fällt sie unter die Beiordnung;⁵ betrifft sie eine andere Aufgabenstellung, wird sie davon nicht erfasst.⁶ Maßgebend für die Zuordnung ist allein die Zweckbestimmung, **nicht** hingegen auch die **Frage, ob die Tätigkeit** des Anwalts insoweit **erforderlich** gewesen ist.

9 Dieser Gesichtspunkt betrifft die **Vergütungspflicht** der Staatskasse für eine anwaltliche Tätigkeit, von der feststeht, dass sie im Rahmen der Prozesskostenhilfe durchgeführt wurde.⁷ Aus dem Rechtscharakter dieser Pflicht als Hilfsschuld (siehe § 45 Rdn 7) folgt, dass die **Staatskasse insoweit nicht zahlen muss**, als eine vermögende **Partei die Leistung verweigern könnte**. Der **Einwand** der Partei, eine konkrete **Tätigkeit** des Anwalts sei zur Aufgabenerfüllung **nicht notwendig** gewesen, beschreibt eine **Pflichtverletzung des Anwalts** und kann von der Staatskasse in ihrer bürgenähnlichen Position ebenfalls erhoben werden (vgl. § 768 BGB) mit der Folge, dass deren Vergütungspflicht entfällt (siehe § 45 Rdn 42 f.).

2. Geltungsumfang der Bewilligung von Prozesskostenhilfe

a) Bewilligungsbeschluss

10 Ausgangspunkt der Betrachtung, für welche Interessenwahrnehmung des Anwalts zugunsten der bedürftigen Partei die Staatskasse aufzukommen hat, ist der **Beschluss über die Bewilligung** von Prozesskostenhilfe. Dieser ist für das **Festsetzungsverfahren (§ 55) bindend**, auch wenn die Bewilligung überhaupt nicht hätte beschlossen werden dürfen⁸ oder wenn die Durchführung des Verfahrens nicht angezeigt gewesen ist⁹ oder wenn der Zeitpunkt der Rückwirkung noch weiter zurückverlegt wird als auf den Zeitpunkt des Vorliegens eines vollständigen Antrags.

> „Maßgeblich ist ... allein der Inhalt des Prozeßkostenhilfebewilligungsbeschlusses, wobei im Falle der Bewilligung von Prozeßkostenhilfe in einem Gerichtstermin auch der Inhalt der Sitzungsniederschrift zur Auslegung herangezogen werden kann."¹⁰

Ergibt die **Auslegung**, dass sich die Bewilligung sowohl auf das Hauptverfahren als auch auf das einstweilige Anordnungsverfahren **erstreckt**, so entfaltet ein **entgegen stehender Beschluss**, durch den der später ausdrücklich gestellte Antrag für das einstweilige Anordnungsverfahren abgelehnt wird, **keine Rechtswirkung**.¹¹

---

3 Die Pflicht zur Beiordnung besteht auch, wenn der klagende Insolvenzverwalter selbst Rechtsanwalt ist (BGH NJW 2002, 2179).

4 Zum Anspruch der bedürftigen Partei auf Beiordnung in einem Verfahren ohne Anwaltszwang siehe beispielsweise: BGH FamRZ 2010, 1427; BGH NJW 2007, 3644 (Beiordnung eines Anwalts für den Beklagten im Vaterschaftsfeststellungsverfahren); BGH Rpfleger 2003, 591 = BRAGOreport 2003, 205 (Beiordnung eines Anwalts für die Lohnpfändung); OLG Karlsruhe JurBüro 2004, 383 (Beiordnung eines Anwalts für den Unterhaltskläger); LG Koblenz AGS 2005, 299 (Beiordnung für die Pfändung wegen Unterhaltsforderung).

5 OLG Hamburg AnwBl 1983, 572.

6 OLG Düsseldorf MDR 1991, 258 (Mitwirkung des beigeordneten Verkehrsanwalts an einem Vergleich); OLG München BRAGOreport 2001, 12 (Umgangsvereinbarung gehört nicht zum isolierten Sorgerechtsverfahren).

7 Das OLG Düsseldorf (Rpfleger 1994, 27 m.w.N.) differenziert nicht zwischen der Bewilligung als einem auftragsähnlichen Rahmen und der jeweiligen Tätigkeit des Anwalts als einer auftragsausfüllenden Handlung, weshalb es zu teilweise abweichenden Ergebnissen gelangt.

8 OLG Köln AGS 2007, 362; OLG Zweibrücken Rpfleger 2002, 627; OLG Stuttgart MDR 1989, 651.

9 OLG Zweibrücken Rpfleger 1995, 364; OLG Düsseldorf MDR 1989, 827; a.A. OLG Düsseldorf Rpfleger 1994, 27.

10 OLG München AnwBl 1987, 340.

11 OLG Brandenburg AGS 2007, 315.

Die Verbindlichkeit der PKH-Bewilligung als Rechtsgrundlage der Beiordnung besagt, dass der Anwalt das jeweilige Verfahren gegenüber der Staatskasse **dem Grunde** nach **so abrechnen** kann, **wie** er es ohne PKH-Bewilligung **der Partei gegenüber** könnte. Dies gilt auch im Rahmen der gebotenen **Gesamtschau bei mehreren Verfahren**, für die Prozesskostenhilfe bewilligt wurde.[12] Soweit die Partei einer Mehrfachabrechnung entgegen halten könnte, dass der Anwalt prozesstaktisch ihre wirtschaftlichen Interessen besser hätte wahren können, steht dieser Einwand ebenso der Staatskasse zu (siehe § 45 Rdn 42).[13]

b) Reichweite der Bewilligung

(1) Allgemeines. Zuständig für die Bewilligung ist das jeweils erkennende Gericht. Da es sich ebenso wie bei der Beiordnung um eine verwaltungsrechtliche Nebenentscheidung handelt (vgl. § 45 Rdn 6),[14] vermag die **Wirkung** der Bewilligung von Prozesskostenhilfe nicht weiter zu reichen als die **Entscheidungskompetenz** des Gerichts.[15] Dementsprechend regelt § 119 Abs. 1 S. 1 ZPO, dass die Bewilligung **für jeden Rechtszug** besonders erfolgt;[16] für die Tätigkeit des Anwalts „**zwischen den Instanzen**" kommt sie **nicht** in Betracht.[17] Nach dem Sinngehalt dieser Bestimmung ist der Begriff des Rechtszugs allerdings nicht umfassend prozessrechtlich, sondern **gebührenrechtlich** zu verstehen, weil es sich um eine Kostenvorschrift handelt.[18] Als besonderer Rechtszug gilt **jeder Verfahrensabschnitt**, der **besondere Kosten verursacht**[19] und **noch nicht Gegenstand einer Prüfung gemäß § 114 ZPO** gewesen ist. Das betrifft ebenfalls die Zwangsvollstreckung,[20] allerdings mit der Besonderheit, dass § 119 Abs. 2 ZPO die Vollstreckung in das bewegliche Vermögen innerhalb des Gerichtsbezirks zusammenfasst. Auch die der Bewilligung von Prozesskostenhilfe gleichgestellte Stundung nach der Insolvenzordnung „erfolgt für jeden Verfahrensabschnitt besonders" (§ 4a Abs. 3 S. 2 InsO). Die Bewilligung von Prozesskostenhilfe umfasst nicht eine spätere Klageerweiterung; es bedarf eines erneuten Antrags.[21] Im Fall der Beiordnung für das Revisionsverfahren umfasst diese auch die Vertretung im Vorabentscheidungsverfahren vor dem EuGH.[22]

Gegenständlich umfasst die Bewilligung in der Regel nur die **konkrete Angelegenheit**. Wird beispielsweise für ein Hauptsacheverfahren Prozesskostenhilfe gewährt, so gilt die Bewilligung nicht auch im einstweiligen Anordnungsverfahren[23] (zur Einbeziehung durch Auslegung siehe Rdn 10). Sie kann sich aber kraft Gesetzes **auf ein weiteres Verfahren erstrecken**, ohne dass es insoweit einer Beschlussfassung bedarf (z.B. Erstreckung in einer Scheidungssache auf den Versorgungsausgleich, **§ 149 FamFG**). Nach § 48 Abs. 3 S. 1 gilt dies nun auch für die im Rahmen einer Ehesache mitverglichenen Gegenstände.

Andererseits ist eine ausdrückliche Einschränkung auf einen Teil des Anspruchs (**Teilbewilligung**; zur Abrechnung des beigeordneten Anwalts in diesen Fällen siehe Rdn 104 ff.) ebenso möglich wie etwa eine **Beschränkung** der Bewilligung **auf einzelne Verfahrensabschnitte, Maßnahmen oder Funktionen** (siehe Rdn 102 f.).[24] Ob die Bewilligung von Prozesskostenhilfe in der Weise beschränkt werden kann, dass eine (bestimmte) Beweiserhebung nicht umfasst sein soll, erscheint fraglich (vgl. § 12 Anh. Rdn 101 f.). Hierher gehört auch eine im Prozesskostenhilfeprüfungsverfahren nur bei **Abschluss eines Vergleichs** gewährte Prozesskostenhilfe, abseits der Problematik, ob eine Bewilligung im Prozesskostenhilfeprüfungsverfahren überhaupt statthaft ist und ob sie im Falle des Ver-

---

12 Vgl. OLG Schleswig AGS 2009, 34.
13 Zu weit gehend LAG München AGS 2009, 36 und ArbG München AGS 2009, 38 m. Anm. *E. Schneider* und *N. Schneider*, weil sie die Festsetzung nach § 55 fälschlich mit der Kostenfestsetzung nach § 104 ZPO vergleichen (Ähnlichkeiten bestehen zu § 11, allerdings ohne Einwendungsausschluss).
14 Siehe auch LG Berlin JurBüro 1989, 629 = Rpfleger 1989, 203 (Verwaltungsakt, der in Beschlussform ergeht und Bekanntmachung erfordert).
15 Anders etwa die Bestellung eines Beistandes nach § 397a Abs. 1 StPO, die nicht mit der Sachentscheidungskompetenz verknüpft ist (vgl. BGH RVGreport 2008, 40).
16 Das gilt in beide Richtungen. Die Bewilligung von PKH durch den BGH wirkt nicht fort in dem Verfahren vor dem OLG, nachdem die Sache zurückverwiesen wurde, vgl. BGH NJW 1983, 944.
17 BGH NJW-RR 2007, 1439.
18 BGH NJW-RR 2007, 1439; OLG Hamm MDR 1983, 847.
19 BVerwG JurBüro 1995, 309.
20 Vgl. LG Rostock Rpfleger 2003, 304 (keine pauschale Beiordnung – besser: Bewilligung von PKH – für jedwede Zwangsvollstreckungsmaßnahme).
21 LAG Berlin-Brandenburg AGS 2014, 140.
22 BGH NJW 2014, 1539; BFH BeckRS 2015, 95057.
23 Vgl. OLG Düsseldorf AGS 2007, 96.
24 Vgl. OLG Düsseldorf MDR 1991, 258 (Bewilligung von PKH für einen Verkehrsanwalt).

gleichsabschlusses hierauf zu beschränken oder ob sie doch ausnahmsweise das gesamte Prozesskostenhilfeprüfungsverfahren einschließlich des Vergleichs erfassen kann (vgl. näher Rdn 180). Entspricht die Bewilligung nicht der Antragslage, kann die Partei den **Beschluss anfechten**, soweit Prozesskostenhilfe verweigert wurde (§ 127 Abs. 2 S. 2 ZPO), und dadurch auch die insoweit **unterbliebene Beiordnung angreifen**. Wird ihr nur die beantragte Beiordnung abgelehnt, ist das als teilweise Versagung der beantragten Hilfe ebenfalls anfechtbar.[25]

14 Erhält die Partei Prozesskostenhilfe zur **Durchführung eines Rechtsstreits** und wird ihr ohne Einschränkung ein Anwalt beigeordnet, so erstreckt sich die Vergütungspflicht der Staatskasse auf sämtliche Tätigkeitsfelder eines Prozessbevollmächtigten, wie sie in § 19 beispielhaft niedergelegt sind. Die Aufzählung der zum Rechtszug gehörigen Aufgabenbereiche des Anwalts enthält nicht mehr – wie noch § 37 Nr. 3 BRAGO a.F. – das **selbstständige Beweisverfahren**. Damit trägt der Gesetzgeber dem Umstand Rechnung, dass es sich hierbei um ein **besonderes Verfahren** handelt, auf das sich die **Bewilligung** von Prozesskostenhilfe zur Durchführung des Rechtsstreits **nicht erstreckt**.

15 Wird es als **Nebenverfahren zum Hauptprozess** betrieben, so bedarf es allerdings auch keiner ausdrücklichen Erstreckung der Bewilligung auf dieses Verfahren, wohl aber nach **Abs. 5 S. 2 Nr. 3** einer ausdrücklichen **Erstreckung der Beiordnung** des Anwalts, die den erforderlichen Bewilligungsbeschluss inzidenter umfasst (vgl. Rdn 24).

16 Den Besonderheiten, die in Angelegenheiten, in denen Betragsrahmengebühren anfallen, dadurch entstehen, dass bei der Bestimmung der billigen Gebühr im Rahmen des § 14 Abs. 1 auf den Umfang und die Schwierigkeit der Tätigkeit abzustellen ist, trägt § 48 Abs. 4 dadurch Rechnung, dass sich die Beiordnung grundsätzlich auf den Zeitpunkt der Antragstellung erstreckt und die Beiordnung die gesamte Tätigkeit im Verfahren über die Prozesskostenhilfe einschließlich der vorbereitenden Tätigkeit umfasst.

17 **(2) Erstreckung auf Mehrvergleich durch Beschluss.** Soweit eine Erstreckung nicht gesetzlich vorgesehen ist, bedarf es zu einer Erstreckung der beschlussweisen Bewilligung der Prozesskostenhilfe. Ein praktisch häufig vorkommender Fall ist die Erstreckung der Prozesskostenhilfe auf den **Abschluss eines Mehrvergleichs,** der einen anderweitig anhängigen oder überhaupt noch nicht anhängigen Anspruch erfasst.

18 Ist dem Auftraggeber Prozesskostenhilfe für die Rechtsverfolgung oder Rechtsverteidigung zum anhängigen Gegenstand bewilligt und der Rechtsanwalt beigeordnet worden, erstreckt sich die Prozesskostenhilfe regelmäßig nicht auf die Mehrvergleichsverhandlungen bzw. den Mehrvergleich (Ausnahme: § 48 Abs. 3). Die Festsetzung einer Vergütung gegen die Staats- oder Landeskasse für die Mehrvergleichsverhandlungen bzw. den Mehrvergleich setzt voraus, dass auch insoweit auf einen (ggf. konkludenten) Antrag Prozesskostenhilfe (ebenfalls ggf. konkludent) bewilligt ist.[26] Schließen die Parteien vor der Entscheidung über die Bewilligung von Prozesskostenhilfe einen Vergleich, mit dem weitere, bisher nicht anhängige Streitgegenstände erledigt werden, ist regelmäßig davon auszugehen, dass ein Prozesskostenhilfeantrag auch diesen Mehrvergleich erfassen soll.[27] Wird bei der Prozesskostenhilfebewilligung der Prozesskostenhilfeantrag hinsichtlich Mehrvergleich übergangen, ist § 321 ZPO anwendbar.[28]

Allerdings müssen auch insoweit die Voraussetzungen von Prozesskostenhilfe nach § 114 Abs. 1 S. 1 ZPO vorliegen.[29] Insbesondere muss die Rechtsverfolgung bzw. Rechtsverteidigung für den nicht in diesem Verfahren rechtshängigen Gegenstand Aussicht auf Erfolg haben, die nicht schon darin besteht, dass zu erwarten ist, dass ein Vergleich zustande kommt.[30]

19 **Praxistipp**
Der Rechtsanwalt sollte unbedingt darauf achten, dass die Erstreckung der Bewilligung von Prozesskostenhilfe hinsichtlich der nicht in diesem Verfahren rechtshängigen Ansprüche beantragt wird und bei ggf. mündlicher Antragstellung zu Protokoll genommen wird. Nur die Erstreckung der Prozesskostenhilfe kann zu einer Prozesskostenhilfevergütung auf die Mehrvergleichsverhandlungen bzw. den Mehrvergleich führen.

---

25 BGH NJW 2007, 3644 und BGH NJW 2002, 2179.
26 Vgl. nur BAG NZA-RR 2014, 382.
27 BAG NZA-RR 2014, 382.
28 BAG NZA-RR 2014, 382.
29 BGH NJW 2004, 2595; BAG NJW 2012, 2828, Rn 20.
30 A.A. BAG NJW 2012, 2828, Rn 21.

Soweit eine Bewilligung von Prozesskostenhilfe durch gerichtliche Entscheidung auf einen Mehrvergleich erstreckt wird, ist in der Rechtsprechung sehr umstritten, ob gegen die Staatskasse die Verfahrensdifferenzgebühr, die Terminsdifferenzgebühr und die Einigungsgebühr festgesetzt werden können. Vertreten wird, dass aus der Staats- und Landeskasse
- die Verfahrensdifferenzgebühr, Terminsdifferenzgebühr und Einigungsgebühr[31]
- nur die Einigungsgebühr[32]
- jedenfalls nicht die Terminsgebühr[33]

zu vergüten ist. Bei diesem Streit wird teilweise die Frage aufgeworfen, ob die Fallgestaltung parallel zur Bewilligung von Prozesskostenhilfe für den Abschluss des Vergleichs im Prozesskostenhilfeprüfungsverfahren zu behandeln ist. Auch dort ist umstritten, welche Prozesskostenhilfevergütung gegen die Staats- oder Landeskasse festzusetzen ist (siehe hierzu auch Rdn 180). Der Gesetzgeber hat zu der gesetzlichen Erstreckung von Prozesskostenhilfe auch nicht rechtshängiger Gegenstände nach Abs. 3 klargestellt, dass die Erstreckung im Falle eines Vergleichsabschlusses Verfahrensdifferenzgebühr, Terminsdifferenzgebühr und Einigungsgebühr umfassen soll.[34] Entsprechendes kann dann für die Erstreckung der Prozesskostenhilfebewilligung durch gerichtliche Entscheidung auf Mehrvergleichsverhandlungen einschließlich des Abschlusses eines Mehrvergleichs gelten, wenn in dem Beschluss eine zu Abs. 3 parallele Tenorierung gewählt ist.

Muster: Beschlussformel für die Erstreckung von Prozesskostenhilfe für Mehrvergleichsverhandlungen:

Die Bewilligung von Prozesskostenhilfe erstreckt sich auf alle mit der beabsichtigten Herbeiführung einer Einigung erforderlichen Tätigkeiten, die Verhandlungen über die Einigung (…) (*genaue Bezeichnung der in diesem Verfahren nicht rechtshängigen Gegenstände*) betreffen.

c) Speziell: Außergerichtlicher Vergleich

Die Bewilligung von Prozesskostenhilfe unter Beiordnung eines Rechtsanwalts für ein Gerichtsverfahren umfasst über § 48 Abs. 1 i.V.m. § 19 Abs. 1 S. 2 Nr. 2 auch außergerichtliche Verhandlungen und damit auch den Abschluss eines außergerichtlichen Vergleichs.[35] Eine Beschränkung auf Vergleiche, die vor Gericht protokolliert werden, ist weder in § 48, noch in einer sonstigen Vorschrift des 8. Abschnittes des RVG vorgesehen. Eine Einschränkung der gebührenrechtlichen Vergütungsfähigkeit einer außergerichtlichen Einigungsgebühr für den beigeordneten Rechtsanwalt ergibt sich weder aus dem Wortlaut noch aus dem Sinn und Zweck der maßgeblichen Vorschriften.

Hat das Gericht Prozesskostenhilfe für einen außergerichtlichen Vergleich bewilligt, ist das für die Festsetzung nach § 55 verbindlich.[36] Einer ausdrücklichen Bewilligung bedarf es jedoch nur, soweit der Vergleich auch nicht anhängige oder anderweitig anhängige Ansprüche zum Gegenstand hat, es sei denn, die Beiordnung des Anwalts erstreckt sich kraft Gesetzes auch darauf (siehe Rdn 31 ff.).

d) Bindung an das Rechtsschutzbegehren

Die Bewilligung ist an ein **bestimmtes Rechtsschutzbegehren** gebunden, dessen Erfolgsaussicht und Zweckmäßigkeit einer summarischen Prüfung unterzogen wurden (§ 114 ZPO), weshalb es die **sachliche Grundlage der Bewilligung** darstellt. Wird das **Begehren erweitert**, so erstreckt sich die Bewilligung nicht von selbst auf diese Erweiterung, weil sie noch nicht Gegenstand einer solchen Prüfung gewesen ist. Vielmehr bedarf es grundsätzlich auch einer **Erweiterung der Bewilligung** und zunächst einer darauf gerichteten Antragstellung.[37] Das gilt **nur dann nicht, wenn** durch die Erweiterung **keine höheren Kosten** anfallen.

---

31 OLG Celle BeckRS 2014, 21380.
32 OLG Dresden NJW 2014, 2804 m. abl. Anm. *Keske*; OLG Dresden BeckRS 2015, 9517; OLG Celle BeckRS 2015, 8721; OLG Koblenz NJW-RR 2015, 61.
33 KG AGS 2010, 451; OLG Dresden BeckRS 2011, 20646.
34 BT-Drucks 17/11471 (neu), S. 270 und 356 f.
35 OLG Braunschweig BeckRS 2010, 952; VGH München NJW-RR 2010, 504; OLG Köln AGS 2012, 481; entsprechend zur BRAGO a.F.: BGH NJW 1988, 494.
36 OLG Koblenz JurBüro 2004, 383 = AGS 2004, 217.
37 OLG Koblenz RVGreport 2008, 198; OLG Karlsruhe AnwBl 1987, 340.

> **Beispiel:** Die Partei erhält PKH ohne Zahlungsbestimmung für eine Zahlungsklage über 1.530 EUR. Sie erhöht die Klage um 450 EUR auf 1.980 EUR. Die ursprüngliche Klage ist ohne Weiteres begründet, die Mehrforderung hingegen beweisbedürftig.
> Es bedarf einer ergänzenden Bewilligung von PKH, obwohl keine Klageänderung im eigentlichen Sinne vorliegt (§ 264 Nr. 2 ZPO) und durch die Klageerweiterung für den Anwalt weder ein Gebührensprung stattfindet noch eine weitere Gebühr entsteht; die Anwaltsgebühren sind vor der Klageerweiterung genauso hoch wie danach. Jedoch fallen durch die Erweiterung – erstmalig – Beweiserhebungskosten an. Insoweit ist das Begehren noch keiner Prüfung nach § 114 ZPO unterzogen worden.

23 Ob die **Änderung eines Rechtsschutzbegehrens** von der bisherigen Bewilligung umfasst wird oder infolge Andersartigkeit des Begehrens eine **neue Prüfung** gemäß § 114 ZPO erfordert, beurteilt sich danach, **inwieweit** der **Abweichung** gegenüber dem bisherigen Begehren **selbstständige Bedeutung** zukommt.[38] Ist sie nur marginal oder wird sie von der bereits vorgenommenen Prüfung nach § 114 ZPO umfasst, so erstreckt sich die Bewilligung auf das geänderte Begehren. Wirft sie hingegen **neue sachliche Gesichtspunkte** auf, die zu einer anderen Beurteilung der Erfolgsaussicht und Zweckmäßigkeit führen könnten, bedarf es einer **neuen Bewilligung**.

> **Beispiel:** Die Partei erhält PKH ohne Zahlungsbestimmung für eine Klage auf Feststellung der Schadensersatzpflicht des Gegners. Nachdem das Verfahren mehrere Jahre angedauert hat, beziffert sie ihren zwischenzeitlichen Verdienstausfall und begehrt sie insoweit Zahlung.
> Das Zahlungsbegehren wird von der Bewilligung nicht umfasst, da diese nur auf der Prüfung beruht, ob eine Ersatzpflicht dem Grunde nach hinreichend wahrscheinlich erscheint. Fraglich ist indes schon, ob ein Anspruch auf Verdienstausfall überhaupt Gegenstand der Prüfung gewesen ist. Jedenfalls ist ein solcher Anspruch noch nicht der Höhe nach geprüft worden, weshalb es eines ergänzenden Bewilligungsbeschlusses bedarf.
> **Variante:** Die Partei hat negative Feststellungsklage erhoben und dafür PKH erhalten. Der Gegner erhebt daraufhin Leistungsklage. Die Partei erklärt die Feststellungsklage für erledigt und beantragt Abweisung der Leistungsklage.
> Es bedarf keiner erneuten Bewilligung von PKH, weil der bisherige Beschluss den Abweisungsantrag ohne Weiteres erfasst. Denn Gegenstand der zugrunde liegenden Prüfung ist das Bestehen des Leistungsanspruchs, dessen sich der Gegner berühmt und den er nunmehr mit der Leistungsklage verfolgt.

e) Erfordernis einer ausdrücklichen Erstreckung der Beiordnung (Abs. 5)

24 aa) Grundsatz der verfahrensbezogenen Geltung. Abs. 5 S. 1 trifft eine generelle Regelung für den Vergütungsanspruch des Anwalts gegenüber der Staatskasse, wenn **sowohl** ein **Hauptsacheverfahren als auch** begleitend dazu eine andere Angelegenheit, insbesondere ein **Nebenverfahren** anhängig ist. Wird das **Nebenverfahren isoliert** betrieben, besteht ein Anspruch des Anwalts gegen die Staatskasse nur, wenn der Partei speziell für dieses Verfahren **Prozesskostenhilfe** bewilligt und der Anwalt beigeordnet worden ist.[39] Die Beiordnung braucht dann nicht näher beschrieben zu werden. Aufgrund der Reichweite der Bewilligung (vgl. Rdn 11) umfasst sie ohne Weiteres das gesamte Nebenverfahren.

25 Die Technik des Gesetzes, es im Fall einer gleichzeitigen Anhängigkeit von Hauptverfahren und Nebenverfahren bei der Bewilligung von Prozesskostenhilfe für das Hauptverfahren zu belassen und **nur** eine **ausdrückliche Erstreckung der Beiordnung** auf das Nebenverfahren vorzusehen, scheint den Grundsatz zu durchbrechen, dass eine Bewilligung nicht verfahrensübergreifend gilt (vgl. Rdn 11). Tatsächlich wird jedoch dieser Grundsatz prinzipiell bestätigt, indem für das Nebenverfahren eine ausdrückliche Beiordnung gefordert wird. Damit ist einerseits **klargestellt**, dass die **Bewilligung von Prozesskostenhilfe** jedenfalls insoweit, als es um die damit verbundene Beiordnung geht, **nicht auch das Nebenverfahren erfasst**. Zum anderen befindet das Gericht mit der **Erstreckung der Beiordnung** darüber, ob das **Nebenverfahren Aussicht auf Erfolg** bietet, weil ansonsten eine Beiordnung nicht notwendig und also die Erstreckung abzulehnen wäre. Diese **Prüfung** ist die nämlich in **§ 114 ZPO**. Deshalb schließt die Erstreckung der Beiordnung die **Erweiterung** der Prozesskostenhilfe und deren Wirkungen (§ 122 Abs. 1 ZPO) ebenso wie im Fall einer gesetzlichen Erstreckung der Beiordnung mit ein (vgl. Rdn 70). Insbesondere ist die Partei ohne ausdrückliche Bewilligung auch für das Nebenverfahren von Gerichtskosten befreit.

---

[38] BGH AGS 2006, 38 m. Anm. *Mock.*
[39] Vgl. OLG Dresden AGS 2007, 404 (Für das Adhäsionsverfahren eines Nebenklägers, dem ein Anwalt beigeordnet worden ist, bedarf es einer gesonderten PKH-Bewilligung).

Soweit die Auffassung vertreten wird, dass Abs. 5 S. 1 **keine vereinfachte Erstreckung** der Beiordnung (ohne ausdrückliche Erweiterung der Gewährung von Prozesskostenhilfe) zulässt, hat das für den beigeordneten Anwalt letztlich **keine praktischen Auswirkungen**. Denn soweit ersichtlich, wird daraus von niemandem die Konsequenz gezogen, dass eine isolierte Erstreckung der Beiordnung nichtig sei und also keine Rechtsgrundlage für einen Vergütungsanspruch des Anwalts gegen die Staatskasse abgebe. 26

Unterbleibt die **Erstreckung der Beiordnung** oder wird sie abgelehnt, scheidet die **Inzidenter-Wirkung** der Beiordnung aus. Die Partei kann das Nebenverfahren mit staatlicher Unterstützung nur noch ohne Anwalt und auch nur dann betreiben, wenn ihr insoweit (jedenfalls) **Prozesskostenhilfe ausdrücklich bewilligt** wird.[40] Die Prozesskostenhilfe für das Hauptverfahren erfasst nicht ohne Weiteres auch das Nebenverfahren. 27

bb) Anwendungsbeispiele. Ist der Partei „für das Hauptverfahren" Prozesskostenhilfe bewilligt und der Anwalt beigeordnet worden, lässt Abs. 5 S. 1 **jede Art von Erstreckung** der Beiordnung durch das erkennende Gericht zu, ohne dass es zudem einer Erweiterung der Bewilligung von Prozesskostenhilfe bedürfte. Die **Aufzählung** von verschiedenen Möglichkeiten **in Abs. 5 S. 2** ist nur **beispielhaft**. Es ist **nicht** erforderlich, dass die Erstreckung jeweils eine andere **„Angelegenheit"** (Abs. 5 S. 1) **im technischen Sinn** umfassen muss. Zwar gelten auch die Verfahren betreffend einen Arrest, eine einstweilige Verfügung oder eine einstweilige bzw. vorläufige Anordnung (Nr. 2) grundsätzlich als besondere Angelegenheiten (§ 17 Nr. 4). Außerdem bildet die Verteidigung gegen einen Widerantrag[41] (Nr. 4) nur einen eigenen Gegenstand nach § 22 Abs. 1. 28

Ungeachtet der aufgezählten Beispiele ist die ausdrückliche **Erstreckung** der Beiordnung von **besonderer Bedeutung**, wenn über die in Abs. 3 gesetzlich geregelten Sonderfälle hinaus nicht anhängige Ansprüche vergleichsweise mit erledigt werden sollen.[42] Will der Anwalt auch den „Mehrvergleich" gegenüber der Staatskasse abrechnen, bedarf es in jedem Fall einer ausdrücklichen Beiordnung für den (abzuschließenden) Vergleich insgesamt.[43] 29

3. Zeitliche Geltung der Bewilligung von Prozesskostenhilfe

a) Bewilligungsbeginn

Ein Prozesskostenhilfebeschluss wird formell **wirksam** mit seiner Verkündung oder Mitteilung an den Beteiligten. Inhaltlich kann das Gericht eine Rückwirkung der Bewilligung auf den Zeitpunkt belegen, in dem ihm der Antrag nebst den erforderlichen Erklärungen und Unterlagen vorlag.[44] Die Rückwirkung muss nicht ausdrücklich in den Beschluss aufgenommen werden.[45] Liegt ein Antrag nebst den erforderlichen Erklärungen und Unterlagen rechtzeitig vor, ist eine Bewilligung von Prozesskostenhilfe auch nach einer Klagerücknahme,[46] einem Vergleich oder nach rechtskräftiger Entscheidung noch möglich.[47] Prozesskostenhilfe kann auch bewilligt werden, wenn das Gericht nach oder bei einem Vergleichsabschluss eine Frist zur Nachreichung von Unterlagen setzt (§ 118 Abs. 2 S. 4 ZPO) und die Unterlagen fristgerecht nachgereicht werden.[48] Wird die Frist nicht eingehalten und Prozesskostenhilfe abgelehnt, können die Angaben und Glaubhaftmachungen können im Beschwerdeverfahren noch nachgeholt werden, auch wenn zum Zeitpunkt des ergänzenden Beschwerdevorbringens die Hauptsache bereits durch den Vergleich beendet ist.[49] 30

---

40 Diese Möglichkeit scheidet allerdings aus, wenn eine Vertretung durch Anwälte geboten ist (BGH NJW 2002, 2179).
41 § 113 Abs. 5 FamFG sieht begrifflich statt Klage nunmehr den Begriff Antrag vor. Dies ist gesetzgeberisch im RVG zwischenzeitlich nachvollzogen worden. In Familiensachen gilt daher für den Widerantrag das Gleiche wie für eine Widerklage.
42 OLG Hamm OLGR 2003, 409 (zur Besonderheit einer außergerichtlichen Einigung in diesen Fällen siehe Rdn 21).
43 Eine Erweiterung der Prozesskostenhilfe (LG Berlin MDR 1989, 366) ist daneben nicht notwendig, kann für sich allein bei sachgerechter Auslegung aber hinreichend sein.
44 BGH NJW 1982, 446; BGH NJW 1985, 921; str.
45 BGH NJW 1982, 446.
46 BGH NJOZ 2010, 2687; BGH NJW 2013, 3793.
47 Vgl. BGH NJW 1982, 446.
48 BAG MDR 2004, 415; OLG Celle MDR 2013, 364; LAG Rheinland-Pfalz BeckRS 2015, 67902; VGH Kassel NJW 2014, 1322; OLG Hamm BeckRS 2014, 10191 im Überprüfungsverfahren; a.A. OVG Lüneburg NJW 2014, 169.
49 A.A. BAG MDR 2004, 415; OLG Celle MDR 2013, 364.

31 Diese Auslegung bedeutet für den beigeordneten Anwalt, dass **alle Gebührentatbestände** unter die Beiordnung fallen, die er **nach Einreichung der vollständigen Antragsunterlagen** zwecks Vertretung der Partei im Rahmen der Bewilligung von Prozesskostenhilfe erstmalig oder wiederholt verwirklicht hat.[50] Das gilt selbst dann, wenn diese Tätigkeiten im Zeitpunkt des Bewilligungsbeschlusses bereits abgeschlossen sind. Will das Gericht eine derart weit zurückreichende Wirkung ausschließen, so darf es den Zeitpunkt des Bewilligungsbeginns nicht offen lassen, sondern muss einen späteren Bewilligungsbeginn anordnen.

32 § 48 Abs. 4 S. 1, 2. Hs. bietet insoweit die Möglichkeit, dass das Gericht in Angelegenheiten, in denen Betragsrahmengebühren entstehen, etwa dann einen abweichenden Zeitpunkt der Beiordnung (und des Zeitpunkts ab dem bei der Bestimmung der billigen Gebühr Umstände zu berücksichtigen sind) festlegt. Diese Möglichkeit ist als Ausnahmetatbestand zu verstehen.

b) Bewilligungsdauer

33 Die Bewilligung dauert so lange an, bis das Verfahren, für das sie gelten soll, bei dem erkennenden Gericht beendet ist. Das gilt grundsätzlich auch für den Fall der **Verfahrenstrennung**; die Bewilligung besteht in dem abgetrennten Verfahren fort. Eine **Besonderheit** ergibt sich jedoch für **Familiensachen**. Wird für eine Folgesache im Scheidungsverbundverfahren Verfahrenskostenhilfe bewilligt und diese **Folgesache** später antragsgemäß **aus dem Verbund herausgelöst**, um sie als selbstständige Familiensache zu betreiben, so wirkt die **Bewilligung** aus dem Scheidungsverbund **nicht** mehr fort.[51]

34 Der Rechtszug i.S.d. § 119 Abs. 1 S. 1 ZPO endet erst, wenn das **Verfahren in der Instanz endgültig abgeschlossen** ist. Ergeht zwar ein Endurteil, wird dieses aber durch die höhere Instanz wieder aufgehoben und die **Sache zurückverwiesen**, so **gilt die Bewilligung** aus dem ersten Durchgang für die erneute Verhandlung und Entscheidung **fort**.[52] Eines erneuten Antrages auf Gewährung von Prozesskostenhilfe bedarf es nicht. Der beigeordnete Anwalt kann seine weitere Vergütung als Kosten desselben Rechtszuges (§ 119 Abs. 1 S. 1 ZPO) von der Staatskasse einfordern, obwohl der erneute Durchgang für die Entlohnung seiner Tätigkeit als neuer Rechtszug gilt (§ 21 Abs. 1).[53]

35 Die Bewilligung ist an subjektive Voraussetzungen gebunden (§ 114 ZPO) und deshalb **personenbezogen**. Daher **endet** sie ohne Weiteres **mit dem Tod der bedürftigen Partei**,[54] auch wenn der Nachlass überschuldet ist und die Erben ebenfalls bedürftig sind. Die Bewilligung berechtigt nicht zur kostenfreien Aufnahme des Rechtsstreits. Sie begründet keine übertragbare und damit vererbliche vermögenswerte Rechtsposition.[55] Vielmehr bedarf es einer erneuten Bewilligung zugunsten der Erben.

36 Die **Beendigung der Bewilligung** aus persönlichen oder sachlichen Gründen lässt ihre **materielle Wirksamkeit** stets nur für die **Zukunft** entfallen.[56] Solange sie gilt, trägt sie die Beiordnung des Anwalts und damit als Rechtsgrundlage auch die Vergütungspflicht der Staatskasse für sämtliche Tätigkeiten des beigeordneten Anwalts, die in dem Bewilligungszeitraum angefallen sind und von dem Zweck der Beiordnung erfasst wurden. **Rückwirkend entfallen** kann diese Rechtsgrundlage nur durch **Aufhebung** der Bewilligung gemäß § 124 ZPO.

---

50 BGH AGS 1997, 141; OLG Karlsruhe JurBüro 1985, 874; OLG Bamberg JurBüro 1984, 1033.
51 OLG Braunschweig AGS 2003, 167 m. Anm. *Madert* und *N. Schneider*; OLG Naumburg BRAGOreport 2001, 189.
52 OVG NW JurBüro 1994, 176; OLG Düsseldorf Rpfleger 1987, 263.
53 Ausgenommen bei einer Zurückverweisung nach §§ 146, 270 FamFG in Ehesachen und Lebenspartnerschaftssachen (§ 21 Abs. 2).
54 OLG Düsseldorf MDR 1999, 830.
55 Vgl. OLG Frankfurt NJW 1985, 751.
56 Vgl. OLG Düsseldorf MDR 1999, 830; 1987, 1031; LG Bielefeld JurBüro 1989, 1288; KG JurBüro 1986, 894 = Rpfleger 1986, 281; a.A. OLG Frankfurt JurBüro 1996, 141; OLG Frankfurt Rpfleger 1985, 123.

4. Aufhebung der Bewilligung von Prozesskostenhilfe

Die Prozesskostenhilfe darf **nicht vorzeitig**, also vor Erledigung des Verfahrens, für das sie bewilligt worden ist, wieder entzogen werden mit der Begründung, die **Voraussetzungen des § 114 ZPO** seien zwischenzeitlich entfallen.[57] Solange kein Aufhebungsgrund vorliegt (§ 124 Abs. 1 ZPO), kommt nur die **nachträgliche** Begründung einer **Zahlungspflicht** oder die **Anpassung** von Zahlungen in Betracht (§ 120a ZPO), was allerdings dazu führen kann, dass die vermögend gewordene Partei alle bereits fällig gewordenen Kosten an die Staatskasse zu leisten hat. Eine **wesentliche Änderung** der wirtschaftlichen Verhältnisse kann insbesondere deshalb eintreten, weil die bedürftige Partei den **Prozess (überwiegend) gewinnt (§ 120a Abs. 3 ZPO)**. Das Gericht soll nach rechtskräftiger Entscheidung oder sonstiger Beendigung des Verfahrens prüfen, ob eine Änderung über die zu leistenden Zahlungen mit Rücksicht auf das durch die Rechtsverfolgung oder -verteidigung Erlangte geboten ist. Nach dem durch das PKH-Änderungsgesetz[58] eingefügten § 120a Abs. 3 ZPO kann nämlich auch das durch die Rechtsverfolgung bzw. Rechtsverteidigung Erlangte zu einer wesentlichen Verbesserung der wirtschaftlichen Verhältnisse führen.

Verbessern sich vor dem Ablauf von vier Jahren seit der rechtskräftigen Entscheidung oder der sonstigen Beendigung des Verfahrens die wirtschaftlichen Verhältnisse der Partei wesentlich (oder ändert sich ihre Anschrift), besteht nach § 120a Abs. 2 S. 1 ZPO die Verpflichtung der Partei, dies dem Gericht mitzuteilen. Bezieht die Partei ein laufendes monatliches Einkommen, ist eine Einkommensverbesserung nur wesentlich, wenn die Differenz zu dem bisher zugrunde gelegten Bruttoeinkommen nicht nur einmalig 100 EUR übersteigt; Gleiches gilt entsprechend, soweit abzugsfähige Belastungen entfallen (§ 120a Abs. 2 S. 2 ZPO). Über diese Verpflichtungen ist in der Erklärung über die persönlichen und wirtschaftlichen Verhältnisse zu belehren.

Eine **Änderung der Zahlungsanordnung** zu Lasten der Partei ist für den beigeordneten Anwalt keinesfalls ungünstig, sondern kann sich für ihn vielmehr vorteilhaft auswirken, wenn erst dadurch auch die weitere Vergütung i.S.v. § 50 **aufgebracht** wird. Andererseits kann eine **Reduzierung** der Zahlungsanordnung für den Anwalt nachteilig wirken, falls dadurch die Kosten nicht mehr sämtlich abgedeckt werden und der Anwalt sich nunmehr nur mit der **Grundvergütung** zufrieden geben muss, während er zuvor noch die Erwartung einer vollen Entlohnung hegen konnte. Auf die Bewilligung als solche und auf die Beiordnung des Anwalts hat eine neue Zahlungsanordnung indes keinerlei Einfluss.

Der Fortbestand der Bewilligung steht allerdings in Frage, wenn sie erschlichen wurde oder die Partei aus sonstigen Gründen nicht schutzwürdig erscheint, mit staatlicher Unterstützung ihre Rechtsposition wahrzunehmen. Soweit einer der in **§ 124 Abs. 1 ZPO** aufgeführten Gründe vorliegt, kann das Gericht die **Bewilligung von Prozesskostenhilfe wieder aufheben**.[59] Die Aufhebung wirkt (mangels Schutzwürdigkeit der Partei an einer zeitweiligen Geltung) auf den **Beginn der Bewilligung** zurück, da alle Vergünstigungen des § 122 ZPO entfallen, als wären sie nie gewährt worden.[60] Die Partei schuldet sämtliche Gerichts- sowie Gerichtsvollzieherkosten, die zwischenzeitlich angefallen sind, und muss der Staatskasse alle Zahlungen an den beigeordneten Anwalt erstatten. Dieser darf seine volle Vergütung gegen die Partei geltend machen (§ 11), soweit der Anspruch nach Zahlungen der Staatskasse noch in seiner Person besteht (§ 59).

Mit der Aufhebung der Bewilligung endet auch die Beiordnung des Anwalts, da diese von einer bestehenden Bewilligung abhängt (vgl. Rdn 3). Im Gegensatz zur Bewilligung entfällt die Beiordnung **aber in aller Regel nicht rückwirkend**, sondern nur für die Zukunft. Hier schlägt die Rechtsfolge in dem Verhältnis Partei – Staat nicht auf das Verhältnis Anwalt – Staat durch, weil die jeweiligen Interessenlagen eine unterschiedliche Handhabung gebieten (siehe § 45 Rdn 29). Ist der Anwalt tätig geworden im berechtigten[61] Vertrauen auf seine Beiordnung, wonach die Staatskasse für seine Bezahlung aufzukommen hat, so ist sein **Vergütungsanspruch für bereits geleistete**

---

57 Zu den subjektiven Voraussetzungen siehe BGH NJW 1994, 3292 (II 3a) = MDR 1995, 99; OLG Karlsruhe MDR 1999, 1408; OLG Köln FamRZ 1999, 304 m.w.N.; a.A. OLG Düsseldorf Rpfleger 1988, 380.

58 Gesetz zur Änderung des Prozesskostenhilfe- und Beratungshilferechts vom 31.8.2013; vgl. aus dem Gesetzgebungsverfahren auch: BT-Drucks 17/11472 (hier S. 46 f.); BT-Drucks 17/13538.

59 Der Aufhebungsbeschluss ist dem beigeordneten Anwalt zuzustellen; BAG RVGreport 2007, 354.

60 OLG Düsseldorf MDR 1989, 365.

61 Daran fehlt es, wenn der Anwalt an der Irreführung des Gerichts mitgewirkt hat, LAG Düsseldorf JurBüro 1990, 763.

Tätigkeiten „einwandfrei" **entstanden**. Für ein nachträgliches Erlöschen dieses Anspruchs nur deshalb, weil der Partei die Vergünstigungen der Prozesskostenhilfe aus persönlichen Gründen wieder entzogen werden, besteht kein Anlass.[62] Gegen eine rückwirkende Aufhebung seiner Beiordnung kann sich der Anwalt beschweren.[63]

5. Selbstständige Geltungsdauer der Beiordnung

42 **Im Regelfall** beginnt die **materielle Wirksamkeit** der **Beiordnung** mit dem Wirksamwerden der **Bewilligung**, und endet sie **zeitgleich** mit deren Beendigung oder Aufhebung. Das gilt auch dann, wenn die Beiordnung nicht sofort mit der Prozesskostenhilfe, sondern in Ergänzung dazu nachträglich beschlossen wurde. Für den beigeordneten Anwalt vermag sie allerdings frühestens Bedeutung zu erlangen, wenn er für die Partei tätig geworden ist. Unabhängig davon kann die **Beiordnung** jedoch **später** als die Bewilligung **einsetzen** und **früher enden**. In Angelegenheiten, in denen Betragsrahmengebühren entstehen, ist § 48 Abs. 4 S. 1, 2. Hs. zu berücksichtigen.

43 Liegen wichtige Gründe für eine **Entpflichtung** des Anwalts vor, so kann das Gericht die Beiordnung aufheben (§ 48 Abs. 2 BRAO), auch wenn es weiterhin einer anwaltlichen Vertretung der Partei bedarf. Mit dem Aufhebungsbeschluss endet die Beiordnung und können weitere Vergütungsansprüche gegen die Staatskasse nicht mehr entstehen. Wird ein neuer Anwalt beigeordnet, so wirkt auch dessen Beiordnung grundsätzlich auf den Zeitpunkt der Antragstellung zurück, jedoch im Zweifel erst **ab dem Zeitpunkt der Aufhebung der „alten" Beiordnung** – es sei denn, eine gleichzeitige Beiordnung von mehreren Anwälten nebeneinander ist ersichtlich gewollt. Im Übrigen gilt für den neuen Anwalt ebenfalls, dass sich seine Beiordnung erstmalig auf eine danach vorgenommene gebührenpflichtige Tätigkeit im Rahmen der Prozesskostenhilfe auswirken kann (siehe § 45 Rdn 30).

44 Für die **Geltung der öffentlich-rechtlichen Beiordnung** ohne Bedeutung ist die Ausgestaltung des privatrechtlichen Verhältnisses Anwalt – Partei (siehe § 45 Rdn 30 ff.). Deshalb vermag eine **Kündigung des Anwaltsvertrags** den Fortbestand der Beiordnung **nicht zu hindern**.[64]

45 Die **Beiordnung** des Anwalts ist allerdings ebenso wie die Bewilligung zugunsten der Partei **personenbezogen**, weshalb auch sie mit dem Tod endet. Nach herkömmlicher Übung der Gerichte wird jeweils nur ein bestimmter Anwalt beigeordnet, so dass es einer erneuten Beiordnung bedarf, wenn dieser verstirbt.[65] Gleiches gilt, wenn die Beiordnung nach § 48 Abs. 2 BRAO aufgehoben werden muss, weil der Anwalt gesundheitlich oder aus sonstigen persönlichen Gründen nicht mehr in der Lage ist, seinen Aufgaben nachzukommen. Dadurch fallen jeweils alle Gebührentatbestände ein weiteres Mal an, sobald auch der neue Anwalt entsprechend tätig wird. Um diese finanzielle Doppelbelastung der Staatskasse oder der Partei oder um Abrechnungsprobleme[66] zu vermeiden, sollte eine **Sozietät als Anwaltsgesellschaft** (GbR, Partnerschaft, GmbH, AG) einerseits bei entsprechendem Antrag vom Gericht **beigeordnet** und zum anderen von der Partei **beauftragt** werden.[67] Rechtliche Gründe stehen dem nicht (mehr) entgegen.[68]

II. Erstreckung der Beiordnung über die Bewilligung hinaus

1. Gesetzliche Erstreckung der Beiordnung

a) Verteidigung gegen ein Anschlussrechtsmittel (Abs. 2)

46 Abs. 2 S. 1, 1. Hs. erstreckt die im Wege der Prozesskostenhilfe erfolgte Beiordnung – nicht auch die Bewilligung von Prozesskostenhilfe – auch auf die Verteidigung gegen die Anschlussrechtsmittel der Berufung, der Beschwerde wegen des Hauptgegenstands, der Revision und der Rechtsbe-

---

62 OLG Köln AGS 2006, 39 m. Anm. *Mock*; OLG Koblenz FamRZ 1997, 755; OLG Zweibrücken Rpfleger 1984, 115; siehe auch OLG Düsseldorf JurBüro 1986, 298.
63 OLG Brandenburg FamRZ 2004, 213.
64 A.A. Gerold/Schmidt/*von Eicken*, RVG, § 48 Rn 33.
65 Die bisherige Beiordnung wirkt jedoch fort, wenn ein Abwickler bestellt ist (§ 55 BRAO).
66 Vgl. OLG Düsseldorf JurBüro 1991, 979.
67 Zutreffend OLG Nürnberg NJW 2002, 3715; siehe auch BFH NJW 2004, 1974 zur Zulässigkeit einer Prozessvertretung durch Rechtsanwalts-AG.
68 Ausführlich BGH NJW 2009, 440 = AGS 2008, 608; a.A. LSG Baden-Württemberg, Beschl. v. 2.9.2009 – L 8 U 5402/08 PKH-A, ASR 2010, 58 m. abl. Anm. *Schafhausen*, ASR 2010, 59.

schwerde wegen des Hauptgegenstands. Durch das 2. KostRMoG sind in die Vorschrift die FamFG-Rechtsmittel ausdrücklich aufgeführt. Abs. 2 S. 1, 1. Hs. gilt nicht mehr entsprechend für die Verteidigung gegen die Anschlussbeschwerde gemäß § 567 Abs. 3 ZPO.

Allerdings ist die **Erstreckung der Beiordnung** gemäß Abs. 2 S. 1 als solche **nicht geeignet, die Partei von Kosten des Anschlussrechtsmittels zu befreien**, weil es hierzu einer Regelung im Verhältnis Partei – Fiskus und folglich nach dem Wortlaut des § 122 Abs. 1 ZPO der Bewilligung von Prozesskostenhilfe bedarf. Die Beiordnung regelt hingegen nur das Verhältnis Anwalt – Fiskus und hat insbesondere die Vergütungspflicht der Staatskasse, nicht aber eine Entpflichtung der Partei von den Anwaltskosten zum Gegenstand. Nach dem Schutzzweck des Gesetzes ist jedoch eine **großzügige Auslegung** geboten, der rechtliche Bedenken nicht entgegenstehen, da es hier um die gewährende Verwaltung geht. Die Erstreckung der Beiordnung muss im Interesse der Partei so verstanden werden, dass die von der Beiordnung tatbestandlich vorausgesetzte **Prozesskostenhilfe** (siehe § 45 Rdn 29) **inzidenter** ebenfalls erstreckt werden soll. Angesichts der aufgezeigten sachlichen Zusammenhänge wäre es zudem reine Förmelei, wenn die Erstreckung der Prozesskostenhilfe auf die Verteidigung gegen das Anschlussrechtsmittel besonders angeordnet werden müsste, um die Wirkungen des § 122 Abs. 1 ZPO auszulösen.

Eine **Anschlussberufung** liegt indes auch vor, wenn der in erster Instanz erfolgreich gewesene Kläger nunmehr eine **Klageerweiterung** verfolgt oder vom **Feststellungsantrag zur Leistungsklage** übergeht (§ 264 Nr. 2, 3 ZPO). Auf die Abwehr auch solcher Anträge erstreckt sich die Beiordnung ebenfalls, ohne dass eine gerichtliche **Überprüfung dieser Rechtsverteidigung** bereits erfolgt wäre. Selbige erweist sich jedoch **in der Regel** als **entbehrlich**, da die bereits vorgenommene Prüfung das jeweilige Grundverhältnis zum Gegenstand gehabt hat. Nur wenn nicht dieses, sondern lediglich ein spezielles Erfordernis der bisherigen Antragstellung als angreifbar angesehen worden sein sollte, kommt in Betracht, dass die Rechtsverteidigung gegen die neuen Anträge von Anfang an erfolglos erscheinen muss und gleichwohl auf Kosten der Staatskasse durchgeführt werden könnte. Für derartige Fälle sieht jedoch **Abs. 2 S. 2** die Möglichkeit vor, die **gesetzliche Erstreckung** im Einzelfall durch ausdrückliche Regelung **außer Kraft zu setzen**.

b) Verteidigung gegen einen Widerantrag in Ehesachen und in Lebenspartnerschaftssachen (Abs. 5 S. 2 Nr. 4)

Diese **Erstreckung der Beiordnung** ergibt sich mittelbar aus der eigentümlichen gesetzlichen Regelung in Abs. 4 S. 2 Nr. 4, indem die Rechtsverteidigung gegen den „Widerantrag" in Ehesachen und in Lebenspartnerschaften nach § 269 Abs. 1 Nr. 1 und 2 FamFG von dem Grundsatz ausgenommen wird, dass sich die Beiordnung auf das Verfahren über eine Widerklage nur dann erstreckt, wenn dies ausdrücklich angeordnet ist. Nach dem Sinn und Zweck des Gesetzes bewirkt die Erstreckung der Beiordnung auch hier nicht nur einen (erweiterten) **Vergütungsanspruch des Anwalts** gegen die Staatskasse, sondern ebenso wie die Erstreckung nach Abs. 2 S. 1 eine **Befreiung der Partei von allen Kosten** gemäß § 122 Abs. 1 ZPO, die aus der Verteidigung gegen den Widerantrag in einer Ehesache oder Lebenspartnerschaftssache nach § 269 Abs. 1 Nr. 1 und 2 FamFG erwachsen. Die Rechtsverfolgung durch Antrag und die Rechtsverteidigung gegen den Widerantrag werden als Einheit angesehen, was aus der Besonderheit der jeweiligen Verbindung folgt.

Ehesachen sind gesetzlich **definiert in § 121 FamFG** als Oberbegriff für Scheidungssachen, Eheaufhebungssachen, und Sachen, welche die Feststellung des Bestehens oder Nichtbestehens einer Ehe zwischen den Parteien zum Gegenstand haben. Ein **Widerantrag in Ehesachen** kann schon aufgrund der prozessualen Zuständigkeitsregelung (§ 122 FamFG) nur eine Familiensache sein.[69] Andere Verfahren scheiden als Widerantrag aus.

Soweit es um eine **Scheidungssache** geht, entspricht die Erhebung des **Widerantrags** dem Leitbild des Gesetzes, dass die so genannten **Folgesachen** (§ 137 FamFG) im prozessualen Verbund mit der Scheidungssache entschieden werden sollen. Speziell für den **Versorgungsausgleich** ist in diesem Sinne geregelt, dass die Bewilligung von Prozesskostenhilfe in einer Scheidungssache dieses Verfahren ohne Weiteres erfasst (§ 149 FamFG). Ist für einen **Antrag auf Feststellung des Bestehens oder Nichtbestehens einer Ehe** Prozesskostenhilfe bewilligt worden, so kann die Erstreckung der

---

[69] BGH NJW 1981, 2417; BGH NJW 1979, 426 = MDR 1979, 296.

Beiordnung auf einen in diesem Verfahren erhobenen **Widerantrag** nur die Rechtsverteidigung gegen einen **widerstreitenden Feststellungsantrag** zum Gegenstand haben.

51 Den **Ehesachen gleichgestellt** sind von den Lebenspartnerschaftssachen des § 269 Abs. 1 Nr. 1 und 2 FamFG die **Verfahren über die Aufhebung der Lebenspartnerschaft** (Nr. 1) und **über die Feststellung des Bestehens oder Nichtbestehens einer Lebenspartnerschaft** (Nr. 2). Insoweit sind die Angelegenheiten und ihre Regelungsmaterien vergleichbar. Die Aufhebung einer Lebenspartnerschaft (§ 15 LPartG) **entspricht** einer **Scheidungssache** bzw. einer **Aufhebung der Ehe**, das Verfahren über die Feststellung des Bestehens oder Nichtbestehens einer Lebenspartnerschaft dem **Antrag gemäß § 121 Nr. 3 FamFG**. Ein Widerantrag gegen eine Lebenspartnerschaftssache gemäß § 269 Abs. 1 Nr. 1 und 2 FamFG kann ausschließlich in einer anderen Lebenspartnerschaftssache nach § 269 Abs. 1 Nr. 1 und 2 FamFG bestehen.

c) Vollziehung von Arrest, einstweiliger Verfügung; Vollstreckung einstweiliger Anordnung (Abs. 2)

52 Die **Bewilligung von Prozesskostenhilfe** in einem **Hauptsacheverfahren** erstreckt sich **nicht** auf das **Eilverfahren** zur Erwirkung eines Arrestes, einer einstweiligen Verfügung oder einer einstweiligen Anordnung, weil es sich verfahrensrechtlich im Verhältnis zur Hauptsache um „verschiedene" Angelegenheiten handelt, die eigene Kosten verursachen (vgl. § 17 Nr. 4). Soll die Bewilligung von Prozesskostenhilfe auch in dem Nebenverfahren gelten, so bedarf es einer **ausdrücklichen Beschlussfassung**. Geht es um ein **isoliertes Nebenverfahren**, ist sowohl Prozesskostenhilfe zu bewilligen als auch der Anwalt beizuordnen. Handelt es sich um ein **begleitendes Nebenverfahren** (Abs. 5 S. 1), reicht insoweit die ausdrückliche Beiordnung des im Hauptprozess für die Partei bereits tätigen Anwalts (Abs. 5 S. 2 Nr. 2). Denn auch diese Entscheidung des Gerichts lässt sich nach der Intention des Gesetzes nur so verstehen, dass sie die Bewilligung von Prozesskostenhilfe für das begleitende Anordnungsverfahren einschließt.

53 Die **gesetzliche Erstreckung der** gewillkürten **Beiordnung für das Eilverfahren auf die Vollziehung** des Arrestes, der einstweiligen Verfügung oder der Vollstreckung einer einstweiligen Anordnung (**Abs. 2 S. 1**) findet ihren sachlichen Grund in der **Eigenart dieser Verfahren**, wonach die jeweilige Entscheidung nur zum Erfolg führen kann, wenn sie alsbald durchgesetzt wird. **Arrest** und **einstweilige Verfügung** werden erst bestandssicher, wenn sie **innerhalb eines Monats** vollzogen werden (§ 929 Abs. 2 ZPO). Die Erwirkung ohne fristgerechte Vollziehung macht daher keinen Sinn, weshalb die Rechtsverfolgung des Antragstellers nur dann Erfolg versprechend (§ 114 ZPO) erscheint, wenn die Möglichkeit der Vollziehung gewährleistet ist. Diesem Ziel dient die Erstreckung der Beiordnung. Die Durchsetzung der Eilentscheidung soll nicht an den dafür erforderlichen Anwaltskosten scheitern.

54 Die **einstweiligen Anordnungen** sind erst mit dem RVG in den Tatbestand aufgenommen worden. Auch für sie steht nach der Intention dieser Entscheidungen grundsätzlich zu vermuten, dass sie möglichst **zügig** in die Tat **umgesetzt werden müssen**. Das betrifft besonders die Anordnungen in **Familiensachen** gemäß § 111 FamFG aber etwa auch in **Betreuungssachen** (§§ 271 ff. FamFG) oder in **Unterbringungssachen** (§§ 312 ff. FamFG).

55 Die **Erstreckung der Beiordnung auf die Vollziehung** des Arrests oder der einstweiligen Verfügung schließt ebenso wie die gesetzliche Erstreckung der Beiordnung des Anwalts auf die Verteidigung gegen ein Anschlussrechtsmittel auch die **Bewilligung von Prozesskostenhilfe** mit ein, weil das Erfordernis eines weiteren PKH-Verfahrens nur eine unnötige Erschwernis für den Antragsteller und ein zusätzliches Risiko für dessen Rechtsverfolgung bedeuten würde, da es der tatbestandlich vorausgesetzten Eilbedürftigkeit zuwiderliefe. Sind **ausnahmsweise** Gründe gegeben, die gegen eine staatliche Förderung der Vollziehung durch anwaltliche Tätigkeit sprechen, kann das Gericht die **Beiordnung beschränken** (Abs. 2 S. 2) und unabhängig davon Prozesskostenhilfe ohne Beiordnung bewilligen.

d) Erstreckung der Beiordnung auf den Abschluss eines Vertrags in Ehe- und Lebenspartnerschaftssachen (Abs. 3)

aa) Allgemeines. Abs. 3 regelt den Umfang der Beiordnung in einer Ehesache und bestimmten Lebenspartnerschaftssachen und verfolgt schützenswerte Interessen einkommensschwacher Beteiligter. Die Vorschrift ermöglicht Beteiligten mit geringem Einkommen, bestimmte Streitigkeiten anlässlich der Ehesache oder einer Lebenspartnerschaftssache nach § 269 Abs. 1 Nr. 1 und 2 FamFG vertraglich zu regeln unter Überbürdung der dadurch entstehenden Gerichts- und Anwaltsgebühren auf die Landeskasse. Insoweit erhalten Beteiligte mit geringem Einkommen die gleiche Möglichkeit, ihre Streitigkeiten möglichst umfangreich beizulegen, wie Beteiligte mit hohen Einkünften und zwar ohne sich einer dahingehenden Prüfung unterziehen zu müssen, ob der Anspruch, wenn er gerichtlich geltend gemacht worden wäre, Aussicht auf Erfolg gehabt hätte.

bb) Anwendungsbereich. Die Wirkungen des Abs. 3 S. 1 treten nur dann ein, wenn eine Beiordnung
– in einer Ehesache oder
– in einer Lebenspartnerschaftssache nach § 269 Abs. 1 Nr. 1 und 2 FamFG
bereits erfolgt ist und zwischen den Beteiligten Eheleuten ein Vertrag i.S.d. VV 1000 betreffend die Regelungsgegenstände des Abs. 3 S. 1 Nr. 1–6 geschlossen wird.

(1) Ehesachen. Ehesachen sind in § 121 FamFG definiert. Es handelt sich um Verfahren, gerichtet auf
– Scheidung der Ehe (§ 121 Nr. 1 FamFG); §§ 1564 bis 1568 BGB,
– Aufhebung der Ehe (§ 121 Nr. 2 FamFG); §§ 1303, 1304, 1306, 1307, 1311, 1314 BGB,
– Feststellung des Bestehens oder Nichtbestehens einer Ehe (§ 121 Nr. 3 FamFG).

Nicht (mehr) als Ehesachen bezeichnet der Gesetzgeber Verfahren, die auf Wiederherstellung der ehelichen Lebensgemeinschaft gerichtet sind und Anträge auf Feststellung des Rechts zum Getrenntleben, die in den Anwendungsbereich des § 266 FamFG fallen.[70]

Das Trennungsverfahren nach italienischem Recht will der Gesetzgeber aber offenbar noch vom Anwendungsbereich des § 121 FamFG erfasst wissen,[71] obwohl diese Auffassung mit dem abschließenden Wortlaut des § 121 FamFG nicht vereinbar ist.[72] Insoweit gehören auch Verfahren wegen Störung der Ehe nicht mehr zu den Ehesachen.

(2) Lebenspartnerschaftssachen nach § 269 Abs. 1 Nr. 1, 2 FamFG. Lebenspartnerschaftssachen sind in § 269 FamFG definiert. Von Abs. 3 erfasst sind auch Verfahren, gerichtet auf die
– Aufhebung der Lebenspartnerschaft (§ 269 Abs. 1 Nr. 1 FamFG) oder
– Feststellung des Bestehens oder Nichtbestehens einer Lebenspartnerschaft.

(3) Beiordnung. Weitere Voraussetzung für die Erstreckungswirkung des Abs. 3 ist die bereits erfolgte Beiordnung eines Rechtsanwalts. Eine Beiordnung durch das Gericht setzt grundsätzlich voraus, dass die Vertretung durch einen Rechtsanwalt vorgeschrieben ist, was in Ehesachen nach § 114 Abs. 1 FamFG der Fall ist. Über § 270 Abs. 1 FamFG ist § 114 Abs. 1 FamFG auch auf Lebenspartnerschaftssachen nach § 269 Abs. 1 Nr. 1 und 2 FamFG anwendbar. Ist eine Vertretung durch einen Rechtsanwalt insoweit vorgeschrieben, wird dem Beteiligten ein zur Vertretung bereiter Rechtsanwalt seiner Wahl beigeordnet. Die Beiordnung in Ehesachen und Lebenspartnerschaftssachen richtet sich nicht nach § 78 FamFG, sondern über § 113 Abs. 1 S. 2 FamFG nach § 121 ZPO. Auf Seiten des Antragsgegners kann die Beiordnung eines Rechtsanwalts in einer Scheidungssache auch nach § 138 FamFG bestimmt werden.

Die Beiordnung bewirkt u.a., dass der Rechtsanwalt berechtigt ist, für das gerichtliche Verfahren, in dem er beigeordnet worden ist, seine Gebühren gegenüber der Landeskasse geltend machen kann, und er somit einen gesicherten Gebührenanspruch gegenüber der Landeskasse erwirbt.

Die Beiordnung bezieht sich grundsätzlich auf das Verfahren, für das die Beiordnung beantragt worden ist und wirkt grundsätzlich auch nur in dem Umfang in dem der Rechtsanwalt einem Beteiligten durch das Gericht ausdrücklich beigeordnet worden ist.

---

70 BT-Drucks 16/6308, S. 226; AnwK-RVG/*Volpert*, 43 Rn 3; MüKo/*Hilbig-Lugani*, ZPO, § 121 FamFG Rn 19 ff.

71 BT-Drucks 16/6308, S. 226.

72 MüKo/*Hilbig-Lugani*, ZPO, § 121 FamFG Rn 19 ff.

65 **(4) Vertrag i.S.d. VV 1000.** Um eine Erstreckung der Beiordnung zu erreichen, müssen die beteiligten Eheleute einen Vertrag i.S.d. VV 1000 abgeschlossen habe. Die Gebühr nach VV 1000 entsteht grundsätzlich für die Mitwirkung beim Abschluss eines Vertrags, durch den
– der Streit oder die Ungewissheit über ein Rechtsverhältnis beseitigt werden kann (Abs. 1 Nr. 1 zu VV 1000), auch wenn über den Verfahrensgegenstand vertraglich nicht verfügt werden kann (Abs. 5 S. 2 zu VV 1000) oder
– die Erfüllung des Anspruchs bei gleichzeitigem vorläufigen Verzicht auf die gerichtliche Geltendmachung und, wenn bereits ein zur Vollstreckung geeigneter Titel vorliegt, bei gleichzeitigem vorläufigen Verzicht auf Vollstreckungsmaßnahmen, geregelt wird (Zahlungsvereinbarung), Abs. 1 Nr. 2 zu VV 1000.

Siehe dazu auch die weiteren Ausführungen zu VV 1000, die durch das 2. KostRMoG neu gefasst worden ist.

66 **(5) Regelungsgegenstände des Abs. 3 S. 1 Nr. 1–6.** Zu den Regelungsgegenständen i.S.d. Abs. 3 S. 1 gehören ausschließlich:
– der gegenseitige Unterhalt der Ehegatten (Abs. 3 S. 1 Nr. 1),
– der Unterhalt gegenüber Kindern im Verhältnis der Ehegatten zueinander (Abs. 3 S. 1 Nr. 2),
– die Sorge für die Person der gemeinschaftlichen minderjährigen Kinder (Abs. 3 S. 1 Nr. 3),
– die Regelung des Umgangs mit einem Kind (Abs. 3 S. 1 Nr. 4),
– die Rechtsverhältnisse an der Ehewohnung (Abs. 3 S. 1 Nr. 5),
– die Rechtsverhältnisse an den Haushaltsgegenständen (Abs. 3 S. 1 Nr. 5) oder
– die Ansprüche aus dem ehelichen Güterrecht (Abs. 3 S. 1 Nr. 6).

67 Die Gegenstände des Abs. 3 S. 1 Nr. 1 bis 6 betreffen diejenigen Verfahren, die grundsätzlich auch als Folgesache im Verbund geführt werden könnten (§ 137 Abs. 2 und 3 FamFG). Zwar von Abs. 3 S. 1 Nr. 1, nicht aber von § 137 Abs. 2 FamFG erfasst ist allerdings der Trennungsunterhalt, der als Folgesache deshalb nicht geltend gemacht werden könnte, weil keine Entscheidung für den Fall der Scheidung zu treffen ist; die Erstreckungswirkung des Abs. 3 ist dennoch möglich.[73] Ebenso wird eine Einigung über die Nutzungsentschädigung für die Ehewohnung während der Zeit der Trennung erfasst. Zwar handelt es sich insoweit ebenfalls nicht um eine Folgesache, aber um eine Ehesache.

68 Die durch Abs. 3 gedeckten Gegenstände eines Mehrvergleichs werden in der Regel nicht anhängig sein. Das ist aber nicht erforderlich. Abs. 3 gilt auch dann, wenn die mitgeeinigten Gegenstände anderweitig anhängig sind, selbst wenn dort die Bewilligung von Verfahrenskostenhilfe abgelehnt worden ist.

Beispiel: Für das Scheidungsverbundverfahren ist beiden Beteiligten Verfahrenskostenhilfe bewilligt worden. Die Ehefrau hatte zudem ein isoliertes Verfahren auf Zugewinn und Trennungsunterhalt eingeleitet. Dafür war ihr ebenfalls Verfahrenskostenhilfe bewilligt worden. Der Verfahrenskostenhilfeantrag des Ehemanns ist in beiden Fällen mangels Erfolgsaussicht zurückgewiesen worden. Im Scheidungstermin wird eine Einigung auch über den Zugewinn und den Trennungsunterhalt geschlossen.
Im Scheidungsverfahren erhält der Anwalt seine Vergütung auch aus den Mehrwerten des Zugewinns und des Trennungsunterhalts. In den isolierten Verfahren kann er dagegen nicht mit der Landeskasse abrechnen.

69 **cc) Erstreckung der Beiordnung.** Das Gesetz sieht zugunsten einkommensschwacher Verfahrensbeteiligter in Familiensachen grundsätzlich Ausnahmeregelungen vor, die zu einer Beiordnung i.S. einer Erstreckung führen, ohne dass der Beteiligte des Verfahrens oder der Verfahrensbevollmächtigte die Beiordnung gesondert beantragt oder anderweitig geltend gemacht hätte. Dazu gehören:
– § 48 Abs. 2 (siehe Rdn 46 ff.)
– § 48 Abs. 5 Nr. 3, 4 (siehe Rdn 96 ff.)
– § 149 FamFG (siehe Rdn 70).

70 **(1) § 149 FamFG.** Nach § 149 FamFG erstreckt sich die Bewilligung der Verfahrenskostenhilfe für die Scheidungssache und die Lebenspartnerschaftssache nach § 269 Abs. 1 Nr. 1 FamFG (§ 270 FamFG) auf eine Versorgungsausgleichssache, sofern nicht eine Erstreckung ausdrücklich ausgenommen worden ist.

---

[73] OLG Nürnberg AGS 2011, 185 = MDR 2011, 325 = AnwBl 2011, 230 = NJW 2011, 1297 = Rpfleger 2011, 278 = FamRZ 2011, 1976 = NJW-Spezial 2011, 124 = FamFR 2011, 88 = FuR 2011, 349.

Der beigeordnete Rechtsanwalt ist demnach berechtigt, seine Gebühren jedenfalls auch für die von Amts wegen einzuleitende Folgesache, Versorgungsausgleich aus der Landeskasse zu beanspruchen, ohne dass er hierfür einen gesonderten Antrag stellen müsste. Danach ist er berechtigt, alle in der Versorgungsausgleichssache entstehenden Gebühren unter Berufung auf § 149 FamFG abzurechnen. Ob diese Erstreckungswirkung auch dann eintritt, wenn der Versorgungsausgleich nur auf Antrag durchzuführen wäre (z.B. § 3 Abs. 3 VersAusglG oder Art. 17 Abs. 3 EGBGB) ist fraglich. Es sollte insoweit immer ein gesonderter Beiordnungsantrag vorsorglich gestellt werden. 71

(2) Abs. 3 S. 1. Die Beiordnung in Ehesachen einschließlich der Bewilligung von Verfahrenskostenhilfe[74] erstreckt sich kraft der ausdrücklichen Regelung in Abs. 3 S. 1 im Fall des Abschlusses eines Vertrags im Sinne von VV 1000, **auf alle mit der Herbeiführung der Einigung erforderlichen Tätigkeiten**, soweit der Vertrag einen, mehrere oder alle der in Abs. 3 S. 1 genannten Gegenstände betrifft. Eine entsprechende Regelung ist für Lebenspartnerschaftssachen im Sinne von § 269 Abs. 1 Nr. 1 und 2 FamFG in Abs. 3 S. 2 gleichermaßen vorgesehen. 72

Für die Erstreckung kommt es nicht darauf an, ob der Gegenstand, über den ein Vertrag im Sinne der VV 1000 geschlossen wird, als Verbundsache oder als isolierte Familiensache geführt wird oder gar nicht anhängig ist.

Eine Einschränkung ergibt sich nur insoweit, als von der Erstreckung der Beiordnung nur die in Abs. 3 S. 1 genannten Regelungsgegenstände und keine anderen Familiensachen erfasst sind, auch wenn weitere Gegenstände durch einen Vergleichsabschluss mit erledigt werden.[75] 73

Die Regelung schafft damit einen **Anreiz** für **Scheidungsfolgenvereinbarungen** in Ehe- und Lebenspartnerschaftssachen auch im Vorfeld eines gerichtlichen Verfahrens, ohne dass der Gegenstand erst anhängig gemacht werden muss. Bereits nach der BRAGO war entsprechend zu verfahren, wenngleich die Gerichte die Vorschrift auch früher nicht dogmatisch richtig anzuwenden wussten. 74

> „In der Praxis wird zwar vielfach anders verfahren und vorweg eine Erstreckung der gewährten PKH auf die beabsichtigte Scheidungsvereinbarung für notwendig angesehen (vgl. OLG Bamberg, JurBüro 1996, 23; *Mümmler*, JurBüro 1995, 355, 356; *Baumbach/Albers*, ZPO, 54. Aufl., § 624 Rn 3). Dies widerspricht dem Sinn der gesetzlichen Regelung in § 122 III 1 BRAGO und erscheint auch wenig sinnvoll, weil gerade bei nicht anhängigen Folgesachen eine Prüfung von deren Erfolgsaussicht ohnehin kaum möglich ist. Im Rahmen von Scheidungsvereinbarungen werden auch häufig nicht justitiable Gesichtspunkte berücksichtigt, die in den persönlichen Beziehungen der Ehegatten begründet sind. Zudem haben Scheidungsvereinbarungen oft (nur) klarstellenden Charakter, was insoweit sogar einem gesetzlichen Erfordernis entsprechen kann, wie sich aus § 630 I Nr. 1, Abs. 3 ZPO ergibt."[76]

Da sich die Bewilligung von Verfahrenskostenhilfe einschließlich Beiordnung in einer Scheidungssache auf eine Versorgungsausgleichssache erstreckt (§ 149 FamFG), bedurfte es einer zusätzlichen Erwähnung in Abs. 3 S. 1 nicht mehr. Allerdings ist hier übersehen worden, dass es auch Versorgungsausgleichssachen außerhalb des Verbunds gibt (etwa bei noch nicht unverfallbaren betrieblichen Anwartschaften oder ausländischen Anwartschaften. Hier ist eine gesonderte Bewilligung und Erstreckung daher nach wie vor erforderlich. 75

Wird in einem Vertrag im Sinne von VV 1000 die **Herausgabe des Kindes an den anderen Ehegatten** vereinbart, so ist dieser Gegenstand von der erweiterten Beiordnung dem Wortlaut nach ausgeschlossen. Denn in § 151 Nr. 2 und 3 FamFG wird zwischen dem auch in Abs. 3 S. 1 erwähnten Umgangsrecht und der Kindesherausgabe unterschieden. Daher sollte hier Verfahrenskostenhilfe vorsorglich gesondert beantragt werden. Allerdings ist es unwahrscheinlich, jedenfalls ungewöhnlich im Rahmen einer nach § 151 Nr. 3 FamFG regelmäßig streitig geführten Kindschaftssache eine Einigung im Sinne des Abs. 3 S. 1 zu erreichen. Insoweit es um den Aufenthalt des gemeinschaftlichen Kindes geht, sollte eine Vereinbarung i.S.d. Abs. 3 S. 1 Nr. 3 formuliert werden. 76

dd) Umfang der Beiordnung „vor Inkrafttreten des 2. KostRMoG". Strittig war im Einzelnen, wie weit die Wirkung des Abs. 3 nach ihrem bisherigen Wortlaut, also ohne den durch das 2. KostRMoG aufgenommenen Zusatz „auf alle mit der Herbeiführung der Einigung erforderlichen Tätigkeiten", in gebührenrechtlicher Hinsicht reicht. 77

---

74 OLG Brandenburg AGS 2007, 146; OLG Dresden OLGR 1996, 249.
75 OLG Koblenz JurBüro 2001, 311; OLG München OLGR 1999, 283; KG KGR 1999, 183.
76 OLG Dresden OLGR 1996, 249.

78 Unstrittig war bisher, dass die Gerichtsgebühr der Nr. 1500 FamGKG-KostVerz. von der bedürftigen Partei nicht erhoben werden darf (§ 122 Abs. 1 Nr. 1a ZPO, § 113 Abs. 1 S. 2 FamFG). Ebenso war unstrittig, dass der Anwalt aus dem Mehrwert der Einigung eine Einigungsgebühr erhält.

79 Umstritten war dagegen, ob der Anwalt aus dem Mehrwert auch eine Verfahrensgebühr erhält, wobei offen bleiben konnte, wie sich diese berechnete, also ob die Gebühr insoweit nur in Höhe von 0,8 entsteht (VV 3101)[77] oder in voller Höhe zu 1,3 (VV 3100).

80 Darüber hinaus war umstritten, ob sich die Beiordnung auch auf das Verhandeln über die nicht anhängigen Gegenstände erstreckt. Soweit die Vereinbarung nicht schriftsätzlich ausgehandelt und lediglich protokolliert, sondern im Termin erarbeitet oder durch Besprechungen der Anwälte untereinander i.S.d. VV Vorbem. 3 Abs. 3 vorbereitet worden war, löste dies eine Terminsgebühr nach VV 3104 aus. Zum Teil wurde auch die Übernahme dieser Terminsgebühr aus der Landeskasse abgelehnt.

81 Auch nach dem bisherigen Wortlaut des Abs. 3 S. 1 wollte der Gesetzgeber aber, dass sich Abs. 3 sowohl auf die Verfahrens- als auch auf die Terminsgebühr[78] erstreckt. Dazu hatte insbesondere das OLG Köln in einer Entscheidung vom 17.9.2007[79] anschaulich herausgearbeitet, warum Abs. 3 S. 1 auch bisher in dem nunmehr ausdrücklich normierten Sinne zu verstehen war. Die Vorschrift des Abs. 3 verfolge nämlich nicht den Zweck, den Anwälten Mehreinnahmen zu verschaffen, sondern soll zur Entlastung der Gerichte beitragen. Für die beteiligten Anwälte soll ein Anreiz geschaffen werden, in einer anhängigen Ehe- oder Lebenspartnerschaftssache nach Möglichkeit sämtliche zwischen den Beteiligten streitigen Folgesachen im Wege einer Folgenvereinbarung zu erledigen, um dem Gericht den zusätzlichen Aufwand einer streitigen Folgesache zu ersparen, die zudem für die Landeskasse zu höheren Gebühren führen würde. Einem Anwalt, dem es gelingt, eine Folgesache gütlich beizulegen, entlastet das Gericht und schont letztlich auch die Landeskasse, weil es nicht mehr zu einem Verfahren kommt. Deshalb soll dieser Anwalt dann auch seine Vergütung aus der Landeskasse erhalten.[80]

82 Diesen Sinn und Zweck konterkarierte die gegenteilige Auffassung, die die Beiordnung nicht auch auf die Verfahrens- und die Terminsgebühr erstrecken wollte. Dass diese beiden Gebühren aus dem Mehrwert anfallen, ist eindeutig. Der Anwalt musste also seinen Mandanten beraten und ihn vor folgende Alternativen stellen:
 – Entweder der Vertrag i.S.d. VV 1000 über einen Regelungsgegenstand des Abs. 3 S. 1 Nr. 1–6 geschlossen und der Mandant hätte aus dem Mehrwert die Verfahrens- und Terminsgebühr in Höhe der Wahlanwaltsvergütung selbst zahlen müssen oder
 – die Einigung wurde nicht abgeschlossen und stattdessen die Folgesache anhängig gemacht, dafür Verfahrenskostenhilfe beantragt und sobald diese bewilligt war, wurde dann der Vergleich geschlossen, sodass dann unstreitig die Verfahrens- und Terminsgebühr aus der Landeskasse gezahlt wurde.

83 Streitig war auch, ob sich die Beiordnung auch dann auf den Abschluss einer Einigung erstreckt, wenn die Einigung außergerichtlich geschlossen wurde. Diese Frage stellte sich sowohl dann, wenn die Beteiligten anhängige Gegenstände durch eine außergerichtliche Einigung erledigten als auch dann, wenn in einem Verbundverfahren eine außergerichtliche Einigung über Gegenstände getroffen wird, auf die sich die Verfahrenskostenhilfe nach Abs. 3 erstreckt.

---

77 OLG Koblenz AGS 2009, 119 = MDR 2008, 1423 = NJW 2009, 237 = FamRZ 2009, 143 = OLGR 2009, 217; OLG München AGS 2009, 502; OLG München AGS 2009, 583.

78 OLG Saarbrücken AGS 2009, 77 = NJW 2008, 3150 = OLGR 2008, 823 = FamRZ 2009, 143 = RVGreport 2008, 384; OLG Stuttgart AGS 2008, 353 = AnwBl 2008, 303 = FamRZ 2008, 1010 = JurBüro 2008, 306 = Rpfleger 2008, 368 = OLGR 2008, 501 = MDR 2008, 1067; OLG Koblenz AGS 2009, 119 = MDR 2008, 1423 = NJW 2009, 237 = FamRZ 2009, 143 = OLGR 2009, 217; OLG Düsseldorf AGS 2009, 191; OLG Bamberg AGS 2010, 141; OLG Nürnberg NJW 2011, 1297.
Nach a.A. nur der Verfahrensgebühr: OLG München AGS 2009, 502; OLG München AGS 2009, 503; weder Verfahrens- noch Terminsgebühr: OLG Bamberg BeckRS 2008, 11401.

79 AGS 2007, 547 = FamRZ 2008, 707.

80 *Schneider/Thiel*, Das neue Gebührenrecht für Rechtsanwälte, Rn 273.

Nach einem Teil der Rechtsprechung[81] war der Abschluss einer Einigung vor Gericht erforderlich; eine außergerichtlich geschlossene Einigung sollte danach auch dann nicht ausreichen, wenn über die darin enthaltenen Regelungsgegenstände ein gerichtliches Verfahren anhängig war. Die Beiordnung des Rechtsanwalts im Wege der Verfahrenskostenhilfe umfasste danach nur dann die Vergütung für eine außergerichtliche Einigung, wenn hierfür eine ausdrückliche Beiordnung erfolgt war.[82] Zum Teil wurde dies auch damit begründet, das Gericht müsse eine Kontrollmöglichkeit haben, um Missbrauch zu verhindern.[83]

Nach zutreffender Ansicht war dem im Rahmen der Verfahrenskostenhilfe uneingeschränkt beigeordneten Anwalt auch bei Abschluss einer außergerichtlichen Einigung eine Einigungsgebühr aus der Staatskasse zuzubilligen.[84] Aus der Formulierung in § 45 Abs. 1 folgt nur, dass die Tätigkeit des Anwalts „in Verfahren vor Gerichten" stattfinden muss. Diese Voraussetzung ist aber auch dann erfüllt, wenn in einem gerichtlichen Verfahren eine Einigung geschlossen, diese aber nicht vor Gericht protokolliert wird (siehe auch § 19 Abs. 1 S. 2 Nr. 2, wonach außergerichtliche Vergleichsverhandlungen zum Rechtszug gehören).

Das Gleiche galt, wenn außergerichtlich eine Einigung über eine Folgesache geschlossen wurde, auf die sich die Verfahrenskostenhilfe nach Abs. 3 erstreckte.[85] Insoweit reichte es aus, wenn die Beteiligten unter Mitwirkung ihrer Anwälte während der Anhängigkeit einer Ehesache eine notarielle Vereinbarung geschlossen haben[86] oder wenn sie über den Unterhalt, auf den sie sich geeinigt haben, eine Jugendamtsurkunde einvernehmlich haben errichten lassen.[87]

ee) Klarstellung durch das 2. KostRMoG. Mit der nunmehr Gesetz gewordenen Neufassung des Abs. 3 S. 1 soll klargestellt werden, dass im Falle eines Vertragsabschlusses sämtliche in diesem Zusammenhang anfallenden Gebühren aus der Landeskasse zu übernehmen sind, das heißt die
– 0,8-Verfahrensgebühr, VV 3101 Nr. 1 (unter Beachtung des § 15 Abs. 3),
– 1,2-Terminsgebühr, VV 3104,
– Einigungsgebühr, VV 1000 (gegebenenfalls unter Berücksichtigung des § 15 Abs. 3).

Klargestellt wird jetzt,[88] dass im Fall des Abs. 3 bei Abschluss eines Vertrags über die in Abs. 3 Nrn. 1 bis 6 genannten Regelungsgegenstände durch die Erstreckung der Verfahrenskostenhilfe alle anfallenden Gebühren aus dem Gesamtwert erfasst werden, nämlich neben der Einigungsgebühr auch die Verfahrens(differenz)gebühr und die Terminsgebühr.

Die bisherige Regelung war insoweit nicht eindeutig, auch wenn grundsätzlich davon auszugehen ist, dass der Gesetzgeber bereits in der Vergangenheit eine Gleichbehandlung zwischen bemittelten und mittellosen Beteiligten beabsichtigt hatte, weil anderenfalls nur solche Beteiligten, die keinerlei Unterstützung aus der Landeskasse erhalten, in der Lage versetzt gewesen wären, einen Vertrag im Sinne der VV 1000 in einer Ehesache abzuschließen. Denn unbemittelte Beteiligte könnten die hierfür entstehenden Gebühren gar nicht aufbringen. Deshalb ist es auch zweifelhaft, ob der Gesetzgeber durch die bisherige Formulierung den unbemittelten Beteiligten den Vertragsabschluss bzw. die Vergütung der sie vertretenden Verfahrensbevollmächtigten versagen wollte.

Die Rechtsprechung hat in diesem Zusammenhang bisher alles vertreten, was Sinn und Zweck der Vorschrift widersprach.[89] Einige Oberlandesgerichte haben ungeachtet dessen die Verfahrens(differenz)gebühr und/oder die Terminsgebühr bislang von der Erstreckung ausgenommen. Der Meinungsstreit dürfte mit der Neuregelung seine Beendigung gefunden haben.

---

81 OLG Brandenburg FamRZ 2001, 1394; KG MDR 1998, 1484 = KGR 1998, 347; LAG Köln AGS 1998, 37 m. abl. Anm. *Madert*; OLG Köln JurBüro 1994, 478 = MDR 1994, 313 = OLGR 1994, 28; OLG Schleswig AGS 2003, 166.
82 OLG Brandenburg FamRZ 2001, 1394.
83 OLG Karlsruhe AGS 2008, 563 = OLGR 2008, 150 = MDR 2008, 293 = FamRZ 2008, 802 = NJW-RR 2008, 949.
84 BGH Rpfleger 1987, 519 = JurBüro 1988, 1376 = NJW 1988, 494 = FPR 1997, 289 = VersR 1988, 941 = Rpfleger 1988, 83; OLG Koblenz AGS 2009, 119 = MDR 2008, 1423 = NJW 2009, 237 = FamRZ 2009, 143 = OLGR 2009, 217; OLG Rostock AGS 2008, 399 = FamRZ 2008, 708 = OLGR 2008, 524 = JurBüro 2008, 373; OLG Celle (Jugendamtsurkunde) AGS 2007, 514 = JurBüro 2006, 319; OLG Köln AGS 2006, 138; OLG Brandenburg (notarielle Folgenvereinbarung) AGS 2007, 146 = FamRZ 2005, 1264 = FF 2006, 70.
85 OLG Köln AGS 2006, 138.
86 OLG Brandenburg AGS 2007, 146 = FamRZ 2005, 1264.
87 OLG Celle AGS 2007, 514 = JurBüro 2006, 319.
88 Änderung durch Art. 8 Abs. 1 Nr. 25 Buchst. b).
89 Zum Meinungsstand: *Volpert*, RVGreport 2010, 445 ff.

§ 48   Abschnitt 8. Beigeordneter oder bestellter Rechtsanwalt, Beratungshilfe

91 Nach der Neufassung des Abs. 3 erhält der Anwalt zum einen unter Beachtung des § 15 Abs. 3 die Verfahrens(differenz)gebühr aus dem Mehrwert. Zum anderen erhöht sich der Wert der Terminsgebühr und auch der der Einigungsgebühr, wobei hier allerdings zu beachten ist, dass aus dem Mehrwert (nicht zwingend, siehe Rdn 68) die 1,5-Einigungsgebühr anfallen wird (VV 1000). Auch hier ist dann § 15 Abs. 3 zu beachten.

> **Beispiel:** Einigung im Verbundverfahren über nicht anhängige Gegenstände des Abs. 3. In der Ehesache ist beiden Beteiligten Verfahrenskostenhilfe bewilligt worden. Im Scheidungstermin ist eine Vereinbarung über nicht anhängigen Unterhalt abgeschlossen worden. Die Werte werden wie folgt festgesetzt: Ehesache 8.000 EUR, Versorgungsausgleich 1.600 EUR, Unterhalt 6.000 EUR.
>
> 1. 1,3-Verfahrensgebühr VV 3100, § 49   399,10 EUR
>   (Wert: 9.600 EUR)
> 2. 0,8-Verfahrensgebühr, VV 3100, 3101 Nr. 1, § 49   213,60 EUR
>   (Wert: 6.000 EUR)
>   gem. § 15 Abs. 3 nicht mehr als 1,3 aus 15.600 EUR   435,50 EUR
> 3. 1,2-Terminsgebühr, VV 3104, § 49   402,00 EUR
>   (Wert: 15.600 EUR)
> 4. 1,5-Terminsgebühr, VV 1000, § 49   400,50 EUR
>   (Wert: 6.000 EUR)
> 5. Postentgeltpauschale, VV 7002   20,00 EUR
>   Zwischensumme   1.258,00 EUR
> 6. 19 % Umsatzsteuer, VV 7008   239,02 EUR
>   **Gesamt**   **1.497,02 EUR**

2. Beiordnung in Angelegenheiten, in denen eine Betragsrahmengebühr anfällt (Abs. 4)

92 In Angelegenheiten, in denen Betragsrahmengebühren anfallen, insbesondere in sozialrechtlichen Angelegenheiten, waren in der Vergangenheit im Rahmen der Kostenfestsetzung Schwierigkeiten dadurch eingetreten, dass bei der Bemessung der billigen Gebühr nach § 14 Abs. 1 Tätigkeiten, die vor der Bewilligung der PKH angefallen waren, nicht berücksichtigt wurden. Die Rechtsprechung war uneinheitlich.[90] Während etwa das LSG Thüringen,[91] das LSG Nordrhein-Westfalen,[92] das Bay. LSG,[93] das Sächs. LSG[94] und das SG Fulda[95] vertreten, dass der in dem gesamten Verfahren angefallene Aufwand bei der Bestimmung der billigen Gebühr zu berücksichtigen ist, verneinen dies das Schleswig-Holsteinische LSG[96] und das Hess. LSG.[97] Die Neuregelung stellt nunmehr klar, dass sich die Beiordnung auf Tätigkeiten ab dem Zeitpunkt der Beantragung der PKH erstreckt, wenn von dem Gericht nichts anderes bestimmt ist. Die Beiordnung erstreckt sich ferner auf die gesamte Tätigkeit im Verfahren über die PKH einschließlich der vorbereitenden Tätigkeit (§ 48 Abs. 4).

93 Der Gesetzgeber hat zutreffend erkannt, dass es zu einer Lücke in der von Verfassungs wegen zu gewährenden Möglichkeit für Bedürftige[98] gibt, einen Rechtsanwalt kostenlos in Anspruch zu neh-

---

[90] Für eine Berücksichtigung der Tätigkeiten im „PKH-Bewilligungsverfahren" etwa LSG Thüringen, Beschl. v. 18.3.2011 – L 6 SF 1418/10 B, ASR 2011, 215; Bay. LSG, Beschl. v. 22.7.2010 – L 15 SF 303/09 B E, RVGreport 2010, 476; LSG NRW, Beschl. v. 24.9.2008 – L 19 B 21/08 AS (juris); Sächs. LSG, Beschl. v. 5.5.2011 – L 7 S0 32/10 PKH B; SG Fulda, Beschl. v. 25.7.2011 – S 3 SF 27/10 E, ASR 2011, 213; SG Fulda, Beschl. v. 11.12.2012 – S 4 SF 32/10, ASR 2013, 13 mit Anm. *Jendrusch*, ASR 2013, 46; dagegen LSG Schleswig-Holstein, Beschl. v. 17.7.2008 – L 1 B 127/08 SK, NZS 2009, 534; Hess. LSG, Beschl. v. 21.12.2011 – L 2 AL 147/11 B (juris); Hess. LSG, Beschl. v. 13.12.2011 – L 2 AS 363/11 B (juris).

[91] Beschl. v. 18.3.2011 – L 6 SF 1418/10 B, ASR 2011, 215.

[92] Beschl. v. 24.9.2008 – L 19 B 21/08 AS (juris).

[93] Beschl. v. 22.7.2010 – L 15 SF 303/09 B E (juris).

[94] Beschl. v. 5.5.2011 – L 7 S0 32/10 PKH B.

[95] Beschl. v. 25.7.2011 – S 3 SF 27/10 E, ASR 2011, 213; Beschl. v. 11.12.2012 – S 4 SF 32/10, ASR 2013, 46.

[96] Beschl. v. 17.7.2008 – L 1 B 127/08 SK, NZS 2009, 534.

[97] Beschl. v. 21.12.2011 – L 2 AL 147/11 B (juris); Hess. LSG, Beschl. v. 13.12.2011 – L 2 AS 363/11 B (juris).

[98] Zu diesem Gesichtspunkt auch SG Fulda, Beschl. v. 11.12.2012 – S 4 SF 32/10 E, ASR 2013, 33, noch zur alten Rechtslage, vgl. hierzu und de lege ferenda *Jendrusch*, ASR 2013, 46. und BVerfG, 2. Kammer des Ersten Senats, Beschl. v. 2.7.2012 – 2 BvR 2377/10 (juris) sowie Vorauflage § 48 Rn 95 m.w.N.

men, wenn die Tätigkeit im PKH-Bewilligungsverfahren nicht von der Beiordnung umfasst werde. In den Gesetzesmaterialien heißt es dazu:

> „Wird der Antrag auf Bewilligung der Prozesskostenhilfe gleichzeitig mit der Einreichung der Klage gestellt, dient die Fertigung der Klageschrift auch der Begründung des Prozesskostenhilfeantrags und ist daher bei der Bemessung der Gebühr zu berücksichtigen. Auch die Tätigkeit in dem Klageverfahren nach Stellung des Antrags auf Bewilligung von Prozesskostenhilfe bis zur Bewilligung soll grundsätzlich in die Bemessung der Gebühr einbezogen werden ... In Verfahren mit Betragsrahmengebühren ist die gesamte Tätigkeit bei der Bestimmung der konkreten Gebühr zu berücksichtigen".[99]

Von diesem Grundsatz sind in engen Grenzen Ausnahmen zu Ungunsten des Klägers nur dann möglich, wenn er durch eigenes Verhalten für eine Einschränkung des „Bewilligungszeitraums" Anlass gegeben hat.[100] In einem gewissen Umfang wird dabei auch hinzunehmen sein, dass mit der Klageschrift nicht gleich die Erklärung über die persönlichen und wirtschaftlichen Verhältnisse vorgelegt werden oder über den PKH-Antrag erst entschieden werden kann, wenn Ausführungen zur Klagebegründung (zu den Erfolgsaussichten des Rechtsbegehrens) gemacht wurden. In solchen Regelfällen bleibt es dabei, dass sich die Beiordnung auf die gesamte Tätigkeit im PKH-Verfahren und die vorbereitenden Tätigkeiten erstreckt (§ 48 Abs. 4 S. 2).

Uneinigkeit besteht in der Rechtsprechung unter Berücksichtigung der Neuregelung in § 48 Abs. 4, wann das Gericht etwas „anderes bestimmt". Während das SG Dortmund[101] unter ausdrücklicher Zurückweisung der abweichenden strengen Auffassung zur bisherigen Rechtslage[102] zu dem Ergebnis kommt, dass allein die zeitliche Begrenzung der PKH-Bewilligung im Beschluss („für diesen Rechtszug für die Zeit ab dem xx.xx.xxxx ratenfreie Prozesskostenhilfe bewilligt und XXX beigeordnet") nichts „anderes bestimmt", bei der Bemessung der Höhe der Verfahrensgebühr also die anwaltliche Tätigkeit zwischen der PKH-Antragstellung und dem im Beschlusstenor genannten Zeitpunkt berücksichtigt werden muss, hält das Hess. LSG in seinem Beschluss v. 10.7.2015[103] an seiner bisherigen Rechtsprechung fest und möchte den „Wirkzeitraum" der Bewilligung der PKH und der Beiordnung nicht auch „auf die gesamte Tätigkeit im Verfahren über die Prozesskostenhilfe einschließlich der vorbereitenden Tätigkeit" (§ 48 Abs. 4 S. 2) erstrecken. Der Kostensenat des Hess. LSG sieht sich in der Kostenfestsetzung an die zeitliche Begrenzung der PKH-Bewilligung gebunden, ohne zu erkennen, dass § 48 Abs. 4 S. 2 die PKH-Bewilligung „ferner" auf die bis zur Bewilligung angefallenen Tätigkeiten erstreckt. Solange in der PKH-Bewilligung nicht ausdrücklich dieser Zeitraum ausgenommen wird, ist nichts anders bestimmt. **94**

Zur Vermeidung der Aufrechnung eigener Erstattungsansprüche des Jobcenters mit Kostenerstattungsansprüchen[104] hat das Gericht trotz Kostengrundanerkenntnisses der Beklagten auch nachträglich PKH zu bewilligen. Dies ist verfassungsrechtlich geboten, um den Vergütungsanspruch des Rechtsanwalts zu sichern.[105] **95**

3. Erfordernis einer ausdrücklichen Erstreckung der Beiordnung (Abs. 5)

a) Grundsatz der verfahrensbezogenen Geltung

Abs. 5 S. 1 trifft eine generelle Regelung für den Vergütungsanspruch des Anwalts gegenüber der Staatskasse, wenn **sowohl** ein **Hauptsacheverfahren als auch** begleitend dazu eine andere Angelegenheit, insbesondere ein **Nebenverfahren** anhängig ist. Wird das **Nebenverfahren isoliert** betrieben, besteht ein Anspruch des Anwalts gegen die Staatskasse nur, wenn der Partei speziell für dieses Verfahren **Prozesskostenhilfe** bewilligt und der Anwalt beigeordnet worden ist.[106] Die Beiordnung braucht dann nicht näher beschrieben zu werden. Aufgrund der Reichweite der Bewilligung (vgl. Rdn 11) umfasst sie ohne Weiteres das gesamte Nebenverfahren. **96**

---

99 BT-Drucks 17/11471, S. 422 f.
100 BT-Drucks 17/11471, S. 423.
101 Beschl. v. 16.11.2015 – S 32 SF 135/15 E (juris); zuvor schon Beschl. v. 24.7.2015 – S 28 SF 311/13 E.
102 Beschl. v. 16.11.2015 – S 32 SF 135/15 E (juris), Rn 54 ff.; zur bisherigen Rechtslage siehe oben Rdn 92.
103 Beschl. v. 10.7.2015 – L 2 SF 11/15 E, AGS 2016, 197–202; Beschl. v. 28.10.2015 – L 8 KR 315/15 B.
104 Hierzu LSG Rheinland-Pfalz ASR 2015, 196–199 und 199–204 m. Anm. *Schafhausen*, ASR 2015, 204.
105 Beschl. v. 29.1.2016 – L 7 AS 393/15 B.
106 Vgl. OLG Dresden AGS 2007, 404 (für das Adhäsionsverfahren eines Nebenklägers, dem ein Anwalt beigeordnet worden ist, bedarf es einer gesonderten PKH-Bewilligung).

97 Die Technik des Gesetzes, es im Fall einer gleichzeitigen Anhängigkeit von Hauptverfahren und Nebenverfahren bei der Bewilligung von Prozesskostenhilfe für das Hauptverfahren zu belassen und **nur** eine **ausdrückliche Erstreckung der Beiordnung** auf das Nebenverfahren vorzusehen, scheint den Grundsatz zu durchbrechen, dass eine Bewilligung nicht verfahrensübergreifend gilt (vgl. Rdn 11). Tatsächlich wird jedoch dieser Grundsatz prinzipiell bestätigt, indem für das Nebenverfahren eine ausdrückliche Beiordnung gefordert wird. Damit ist einerseits **klargestellt**, dass die **Bewilligung von Prozesskostenhilfe** jedenfalls insoweit, als es um die damit verbundene Beiordnung geht, **nicht auch das Nebenverfahren erfasst**. Zum anderen befindet das Gericht mit der **Erstreckung der Beiordnung** darüber, ob das **Nebenverfahren Aussicht auf Erfolg** bietet, weil ansonsten eine Beiordnung nicht notwendig und also die Erstreckung abzulehnen wäre. Diese **Prüfung** ist die nämliche wie in § 114 ZPO. Deshalb schließt die Erstreckung der Beiordnung die **Erweiterung** der Prozesskostenhilfe und deren Wirkungen (§ 122 Abs. 1 ZPO) ebenso wie im Fall einer gesetzlichen Erstreckung der Beiordnung mit ein. Insbesondere ist die Partei ohne ausdrückliche Bewilligung auch für das Nebenverfahren von Gerichtskosten befreit.

98 Soweit die Auffassung vertreten wird, dass Abs. 5 S. 1 **keine vereinfachte Erstreckung** der Beiordnung (ohne ausdrückliche Erweiterung der Gewährung von Prozesskostenhilfe) zulässt,[107] hat das für den beigeordneten Anwalt letztlich **keine praktischen Auswirkungen**. Denn soweit ersichtlich, wird daraus von niemandem die Konsequenz gezogen, dass eine isolierte Erstreckung der Beiordnung nichtig sei und also keine Rechtsgrundlage für einen Vergütungsanspruch des Anwalts gegen die Staatskasse abgebe.

99 Unterbleibt die **Erstreckung der Beiordnung** oder wird sie abgelehnt, scheidet die **Inzidenter-Wirkung** der Beiordnung aus. Die Partei kann das Nebenverfahren mit staatlicher Unterstützung nur noch ohne Anwalt und auch nur dann betreiben, wenn ihr insoweit (jedenfalls) **Prozesskostenhilfe ausdrücklich bewilligt** wird. Die Prozesskostenhilfe für das Hauptverfahren erfasst nicht ohne weiteres auch das Nebenverfahren.

b) Anwendungsbeispiele

100 Ist der Partei „für das Hauptverfahren" Prozesskostenhilfe bewilligt und der Anwalt beigeordnet worden, lässt Abs. 5 S. 1 **jede Art von Erstreckung** der Beiordnung durch das erkennende Gericht zu, ohne dass es zudem einer Erweiterung der Bewilligung von Prozesskostenhilfe bedürfte. Die **Aufzählung** von verschiedenen Möglichkeiten **in Abs. 5 S. 2** ist nur **beispielhaft**. Es ist **nicht erforderlich**, dass die Erstreckung jeweils eine andere „**Angelegenheit**" (Abs. 5 S. 1) **im technischen Sinn** umfassen muss. Zwar gelten auch die Verfahren betreffend einen Arrest, eine einstweilige Verfügung oder eine einstweilige bzw. vorläufige Anordnung (Nr. 2) grundsätzlich als besondere Angelegenheiten (§ 17 Nr. 4, § 18 Abs. 1 Nr. 1). Teilweise werden jedoch mehrere gleichartige Nebenverfahren zu einer Angelegenheit zusammengefasst (§ 18 Abs. 1 Nr. 1). Außerdem bildet die Verteidigung gegen eine Widerklage (Nr. 4) nur einen eigenen Gegenstand nach § 22 Abs. 1.

101 Ungeachtet der aufgezählten Beispiele ist die ausdrückliche **Erstreckung** der Beiordnung von **besonderer Bedeutung**, wenn über die in Abs. 3 gesetzlich geregelten Sonderfälle hinaus nicht anhängige Ansprüche vergleichsweise mit erledigt werden sollen. Will der Anwalt auch den „Mehrvergleich" gegenüber der Staatskasse abrechnen, bedarf es in jedem Fall einer ausdrücklichen Beiordnung für den (abzuschließenden) Vergleich insgesamt.

III. Beiordnung im Wege der Prozesskostenhilfe nur zum Teil

1. Beschränkung der Beiordnung

102 Soll die Staatskasse **nur spezielle Tätigkeiten** eines Anwalts in dem Verfahren, für das der bedürftigen Partei Prozesskostenhilfe bewilligt worden ist, entlohnen müssen, so bedarf es einer **einschränkenden Beschlussfassung** des Gerichts, aus der sich dies ergibt. So ist etwa die Praxis[108] verbreitet, bei Abschluss eines PKH-Verfahrens durch vergleichsweise Erledigung der Angelegenheit dem

---

[107] So wohl Gerold/Schmidt/*von Eicken*, § 48 Rn 77.
[108] Vgl. BGH NJW 2004, 2595; insoweit verfassungsrechtlich nicht zu beanstanden: BVerfG NJW 2012, 3293.

Antragsteller Prozesskostenhilfe nur für den Vergleich zu gewähren (siehe dazu Rdn 180).[109] Der Sache nach gehören hierher etwa auch die **gebührenrechtlichen Einschränkungen** „soweit durch den Anwaltswechsel der Staatskasse keine Nachteile entstehen"[110] oder „zu den Bedingungen eines im Bezirk des Gerichts niedergelassenen Anwalts" (siehe § 46 Rdn 16 ff.). Ob die Bewilligung von Prozesskostenhilfe in der Weise beschränkt werden kann, dass eine (bestimmte) Beweiserhebung nicht umfasst sein soll, erscheint fraglich (vgl. § 12 Anh. Rdn 101 f.). **Im Zweifel** ist der Anwalt **umfassend beigeordnet**, soweit die Prozesskostenhilfe reicht. Eine nachträgliche Einschränkung des bestandskräftig gewordenen Beschlusses ist unzulässig.[111]

Zwei Möglichkeiten einer gegenständlich beschränkten Beiordnung werden in § 121 Abs. 4 ZPO aufgezeigt, nämlich die **Beiordnung als Beweisanwalt** (VV 3401) und die **Beiordnung als Verkehrsanwalt** (VV 3400). Indes spricht nichts dagegen, eine **gegenständlich beschränkte Beiordnung** darüber hinaus überall dort zuzulassen, wo es im Interesse der Partei sinnvoll erscheint, einen **Anwalt mit einzelnen Aufgaben zu betrauen** (vgl. VV 3402). Grundsätzlich darf die bedürftige Partei in ihrer anwaltlichen Vertretung nicht schlechter gestellt werden als eine vermögende Partei. Könnte oder sollte diese gar neben dem Verfahrensbevollmächtigten einen weiteren Anwalt einschalten, ohne kostenrechtliche Nachteile befürchten zu müssen oder um selbige zu vermeiden, weil dessen Beauftragung prozessnotwendig erscheint, so muss das auch für die bedürftige Partei gelten. Diese Frage stellt sich insbesondere bei der Wahrnehmung eines Gerichtstermins durch einen Unterbevollmächtigten.

> **Beispiel:** Der Partei ist ein an ihrem Wohnort ansässiger Anwalt als Prozessbevollmächtigter beigeordnet worden. Dessen Reisekosten zu dem Gerichtstermin übersteigen die Kosten eines Unterbevollmächtigten. Eine vermögende Partei würde einen Unterbevollmächtigten beauftragen, weil nur dessen Kosten erstattungsfähig sind. Deshalb erscheint es sachgerecht, wenn das Gericht eine Terminsreise des Prozessbevollmächtigten ablehnt und auf Antrag der Partei einen Terminsvertreter beiordnet.[112]

2. Bewilligung von Prozesskostenhilfe nur teilweise

Ergibt sich die gegenständliche Beschränkung der Beiordnung daraus, dass die **Prozesskostenhilfe nur gegenständlich beschränkt** bewilligt worden ist, so kann eine **Erweiterung im Wege des Beschwerdeverfahrens** in Betracht kommen, wenn der Antrag auf Gewährung von Prozesskostenhilfe teilweise zurückgewiesen worden ist (§ 127 Abs. 2 S. 2 ZPO).

> **Beispiel:** Die Partei beantragt durch ihren Anwalt Prozesskostenhilfe für eine beabsichtigte Zahlungsklage. Im Verfahren über die Prozesskostenhilfe vergleicht sie sich mit dem Gegner dergestalt, dass dieser den Anspruch überwiegend erfüllt. Das Gericht hat nur für den Abschluss der Vereinbarung Prozesskostenhilfe bewilligt und den Anwalt beigeordnet.
> Die Beiordnung ist gegenständlich auf die Mitwirkung bei der Einigung (VV 1003) beschränkt, weil sie grundsätzlich nicht weiter reichen kann als die Bewilligung. Demnach erscheint es sinnvoll, die (schlüssige) Ablehnung von Prozesskostenhilfe auch für das Verfahren über die Prozesskostenhilfe mit der Beschwerde anzufechten, „wenn aus dem Blickwinkel des Vergleichsabschlusses die Erfolgsaussicht des angekündigten Klagebegehrens zu bejahen ist".[113] Indes hätte eine solche Beschwerde wenig Aussicht auf Erfolg, nachdem der BGH als Rechtsbeschwerdegericht entschieden hat, für das PKH-Verfahren als solches sei auch dann keine Prozesskostenhilfe zu gewähren, wenn dort ein Erörterungstermin stattfindet, der zu einer gütlichen Regelung führt.

a) Verfahren mit Teilbewilligung

Erhält die Partei nur für einen **Teil ihres Rechtsschutzbegehrens** Prozesskostenhilfe unter Beiordnung des Anwalts, will sie sich aber ungeachtet dessen **voll** von ihm **vertreten lassen**, so fallen das öffentlich-rechtliche Schuldverhältnis Anwalt – Staat und das zivilrechtliche Schuldverhältnis Anwalt – Partei **gegenständlich auseinander**. Der Kostenschutz der Partei gemäß § 122 ZPO besteht

---

109 Sehr zweifelhaft; vgl. hierzu auch Musielak/Voit/*Fischer*, § 118 ZPO Rn 6; Zöller/*Geimer*, § 118 ZPO Rn 8.
110 OLG Düsseldorf AGS 2008, 245 = Rpfleger 2008, 316 = OLGR 2008, 261 = JurBüro 2008, 209 (LS).
111 OLG Düsseldorf OLGR 2008, 614.
112 Vgl. BGH NJW 2004, 2749 = JurBüro 2004, 604 = AGS 2004, 249 = Rpfleger 2004, 708 = RVGreport 2004, 356; OLG Karlsruhe MDR 2000, 959.
113 AG Emmerich MDR 2001, 656.

nur im Umfang der Bewilligung und damit der Beiordnung des Anwalts.[114] Deshalb bedarf es in diesen Fällen einer **Aufteilung der Vergütung des Anwalts** danach, was aufgrund der Beiordnung von der Staatskasse zu zahlen ist und was mangels staatlicher Unterstützung der Partei von dieser selbst (einredefrei) aufgebracht werden muss.

106 Da beide **Anspruchsteile** an sich **gleichrangig** nebeneinander stehen, böte sich bei Wertgebühren zur Vermeidung einer Ungleichbehandlung infolge der Gebühren-Degression an, die jeweilige Gesamtgebühr **prozentual** aufzuteilen.[115] Das würde aber **mit § 122 Abs. 1 Nr. 3 ZPO kollidieren**, wonach der Anwalt seine Kosten in Höhe des Gegenstandswertes, der von der Beiordnung erfasst wird, gegenüber der Partei **nicht geltend machen** kann. Deshalb ist der Anteil der **Beiordnung vornan** zu stellen und die Aufteilung hier durch eine **Differenzbetrachtung** vorzunehmen: Von den Regelgebühren entfallen auf die Beiordnung die vollen Gebühren nach dem Gegenstandswert, auf den sich die Beiordnung erstreckt.[116] Den danach verbleibenden **Restbetrag** kann der Anwalt (nur) direkt von der **Partei** einfordern.[117]

> **Beispiel:** Die Partei – vertreten durch ihren Anwalt – beantragt Prozesskostenhilfe für die Verteidigung gegen eine Zahlungsklage in Höhe von 108.327,48 EUR nebst Zinsen. Das Gericht sieht eine hinreichende Erfolgsaussicht der Rechtsverteidigung nur in Höhe von 12.107,08 EUR, bewilligt insoweit ratenfreie PKH und ordnet den Anwalt bei. Die Partei lässt sich jedoch – trotz Belehrung über die Risiken – durch den Anwalt umfänglich verteidigen. Der Klage wird voll stattgegeben.
> Der beigeordnete Anwalt kann die Gebühren nach einem Wert von 12.107,08 EUR in Höhe der Vergütung nach der Gebührentabelle des § 49 von der Staatskasse einfordern und in Höhe der Gebühren eines Wahlanwalts (§ 13) von den insgesamt angefallenen Gebühren (Wert: 108.327,48 EUR) abziehen, um die Differenz von der Partei zu verlangen (§ 11 Abs. 1). Somit erhält er von der Staatskasse 978,78 EUR (2,5 Gebühren à 321 EUR zzgl. Post- und Telekommunikationspauschale zzgl. USt) und von der Partei 2.698,33 EUR (2,5 Gebühren à 1.503 EUR abzgl. 2,5 Gebühren à 604 EUR zzgl. USt).

b) Bewilligung betrifft nicht alle Streitgenossen

107 Vertritt der Anwalt mehrere echte Streitgenossen, von denen nur ein Teil Prozesskostenhilfe unter seiner Beiordnung begehrt, so kommt nach der Rechtsprechung des BGH nur eine eingeschränkte Bewilligung in Betracht: Beauftragen zwei Streitgenossen ein und denselben Anwalt mit der Wahrnehmung ihrer Interessen in einem Rechtsstreit, der dieselbe Angelegenheit betrifft, liegen aber nur bei einem von ihnen die persönlichen Voraussetzungen für die Bewilligung von Prozesskostenhilfe vor, dann beschränkt sich die Bewilligung bezüglich der Anwaltsgebühren auf den Mehrvertretungszuschlag nach VV 1008.[118] Diese Beschränkung ist zu ihrer Wirksamkeit in den Bewilligungsbeschluss aufzunehmen.

108 Indes ergeben sich – rein **vergütungsrechtlich betrachtet**[119] – für die Konkurrenz der Vergütungsschuldner keine Besonderheiten, wenn der Anwalt mehrere (echte oder unechte) Streitgenossen vertritt, von denen nur ein Teil Prozesskostenhilfe unter seiner Beiordnung erhalten hat. § 7 Abs. 2 findet auch dann Anwendung, wenn nicht die Partei selbst, sondern an ihrer Statt der Fiskus zur Zahlung verpflichtet ist. Die **Einstandspflicht** der Staatskasse als Gebührenschuldnerin besteht in vollem Umfang, **soweit die Beiordnung reicht**. Insoweit besteht die Einstandspflicht **nicht** etwa nur **in Höhe von Restbeträgen**, die verbleiben, wenn die Streitgenossen der bedürftigen Partei Zahlungen bereits geleistet haben oder hätten. Das gilt sowohl bei verschiedenen[120] als auch bei identischen Gegenständen (echte Streitgenossenschaft). Insbesondere kennt das Gesetz – die unein-

---

114 Das gilt entsprechend für den Gerichtskostenschutz (vgl. OLG Koblenz AGS 2007, 641).
115 Das geschieht durch die Verhältnisgleichung: Gegenstandswert Beiordnung/Gesamtstreitwert = Anteil Beiordnung, vgl. OVG Bremen JurBüro 1989, 1689 m. abl. Anm. *Mümmler.*
116 So sind auch die Gerichtskosten abzurechnen: unterliegt die bedürftige Partei voll, ist dem obsiegenden Kläger der Vorschuss nach dem Gegenstandswert der PKH-Bewilligung zu erstatten (OLG Koblenz a.a.O.).
117 OLG Schleswig MDR 2006, 175; OLG Düsseldorf AGS 2005, 457 = Rpfleger 2005, 267 = RVG-Letter 2005, 47; VG Stuttgart AnwBl 2002, 64; OLG Düsseldorf MDR 2001, 57 = AGS 2001, 66; OLG Hamburg JurBüro 1995, 426; OLG Zweibrücken JurBüro 1995, 424 = Rpfleger 1995, 74; OLG München AnwBl 1997, 239 = JurBüro 1995, 203 m. zust. Anm. *Hansens* = MDR 1995, 208; siehe auch *N. Schneider*; BRAGOreport 2001, 1.
118 BGH NJW 1993, 1715.
119 Die Entscheidung des BGH NJW 1993, 1715 betrifft die verfahrensrechtliche Beiordnung, nicht den Umfang der Vergütung. Deshalb besteht insoweit kein Widerspruch.
120 Zur unechten Streitgenossenschaft siehe OLG Karlsruhe AGS 2007, 584.

geschränkte Beiordnung vorausgesetzt – **keine Beschränkung** der Gebührenforderung des Anwalts **auf den Erhöhungsbetrag nach VV 1008**, falls die Staatskasse anstelle eines (echten) Streitgenossen für dessen Vertretung haftet.[121] Allerdings wird die gesetzlich normierte Gesamtschuld durch die Rechtsprechung zur Quotenhaftung von Streitgenossen unterlaufen (vgl. § 7 Rdn 49).[122] Da der Anspruch des beigeordneten Anwalts auf Entlohnung seiner Tätigkeit hierdurch erheblich geschwächt würde, weil er einen Schuldner weitgehend verlöre, **bedürfte** es aber einer solchen **gesetzlichen Regelung**. Aber auch eine nur kopf- oder wertteilige Haftung (zur Problematik siehe § 7 Rdn 88) der Staatskasse scheidet aus.[123]

IV. Sonstige Beiordnung oder Bestellung in Verfahren nach VV Teil 3

Die Abs. 2, 3, 5 des § 48 befassen sie sich **nur** mit den **Verfahren nach VV Teil 3**. In Abs. 2 ist das ausdrücklich so bestimmt und die Ehesachen in Abs. 3 gehören ohnehin dazu. § 48 Abs. 4 regelt jedenfalls auch Gebühren für Tätigkeiten nach VV Teil 3. Die sonstigen öffentlich-rechtlichen Schuldverhältnisse in Verfahren nach VV Teil 3, die zu einem Vergütungsanspruch des Anwalts gegen die Staatskasse führen können (siehe § 45 Rdn 11 ff.), sind **nicht Gegenstand** einer speziellen Regelung. Für sie gelten indes auch **keine grundsätzlichen** Besonderheiten. Allerdings haben sie eine **größere Eigenständigkeit**, weil ihnen die Abhängigkeit von Prozesskostenhilfe fehlt. Wirksamkeit und Geltungsdauer beurteilen sich allein nach der Beschlussfassung des Gerichts und dem Gang des Verfahrens, mit dessen Abschluss spätestens auch das „Auftragsverhältnis" des Anwalts zur anordnenden Körperschaft endet. Der „Auftragsumfang" folgt jeweils aus der Aufgabenstellung, die für den Anwalt mit der sonstigen Beiordnung oder Bestellung verbunden ist.

V. Beiordnung oder Bestellung in Verfahren nach VV Teil 4 bis 6 (Abs. 6)

1. Überblick

Die Vorschrift des Abs. 6 war bis zum 31.7.2013 in Abs. 5 enthalten. Durch die Einfügung des neuen Abs. 4 ist der bisherige Abs. 5 lediglich um einen Absatz nach hinten verschoben worden. Inhaltliche Änderungen haben sich dadurch nicht ergeben. Ältere Rechtsprechung zu Abs. 5 a.F. kann daher weiterhin verwendet werden.

Die Vorschrift betrifft ausschließlich den gerichtlich bestellten oder beigeordneten Anwalt. Sie gilt insbesondere für den Pflichtverteidiger, aber auch für sonstige bestellte oder beigeordnete Anwälte, z.B. einen im Wege der Prozesskostenhilfe beigeordneten Nebenklagevertreter[124] oder den Anwalt als Zeugenbeistand.

Abs. 6 S. 1 enthält eine **Rückwirkung** der Bestellung oder Beiordnung **im erstinstanzlichen Verfahren** und ordnet an, dass sich die Bestellung bzw. Beiordnung auch auf vorangegangene Tätigkeiten in der ersten Instanz und auch auf Tätigkeiten im vorangegangenen Ermittlungsverfahren, bzw. Verwaltungsverfahren in Bußgeldsachen, erstreckt.

Abs. 6 S. 2 regelt die **Rückwirkung** der Bestellung oder Beiordnung **im Rechtsmittelverfahren**. Diese Rückwirkung beschränkt sich im Gegensatz zu Abs. 6 S. 1 nur auf die Instanz selbst.

Abs. 6 S. 3 wiederum regelt bestimmte Fälle der Rückwirkung bei **Verbindung mehrerer Verfahren**.

---

121 So auch OLG Celle AGS 2007, 250 und OLG Köln AGS 2010, 496, die im Übrigen aber übersehen, dass die Entscheidung des BGH NJW 1993, 1715 die verfahrensrechtliche Beiordnung mit ausdrücklicher Beschränkung und eben nicht die Höhe der Vergütung nach unbeschränkter Beiordnung betraf. Zutreffend: OLG Zweibrücken AGS 2009, 126; OLG München BeckRS 2010, 29710; Bayerisches LSG AGS 2013 478; LSG Sachsen NZS 2015, 79; Vgl. des weiteren OLG Karlsruhe AGS 2013, 20; OLG Naumburg AGS 2013, 131.

122 Vgl. BGH AGS 2006, 620.

123 Vgl. Bayerisches LSG AGS 2013 478; LSG Sachsen NZS 2015, 79; a.A. OLG Thüringen Rpfleger 2006, 663; OLG München BeckRS 2010, 29710.

124 OLG Koblenz AGS 2007, 507 = JurBüro 2007, 644 = RVGprof. 2007, 207 u. 2008, 11 = StRR 2008, 40 = RVGreport 2008, 139.

114 Die Vorschrift des Abs. 6 S. 1 geht auf den früheren § 97 Abs. 3 BRAGO zurück. Die Regelungen in Abs. 6 S. 2 und 3 sind dagegen neu in das RVG aufgenommen worden.

115 Sämtliche Vorschriften verlegen die Wirkung der Bestellung oder Beiordnung vor. Anders als in den Fällen der Prozesskostenhilfe für Verfahren nach VV Teil 3 (ausgenommen sozialgerichtliche Verfahren (siehe Abs. 4 S. 2), in denen grundsätzlich nur eine Vergütung aus der Landeskasse gezahlt wird, die nach Bestellung bzw. Beiordnung bzw. Antragstellung entstanden ist, kann in Verfahren nach VV Teil 4–6 auch eine Vergütung vor der Bestellung oder Beiordnung aus der Landeskasse zu zahlen sein.

116 Die Rückwirkung gilt nicht nur für **Gebühren**, sondern auch für **Auslagen**. Dies folgt daraus, dass Abs. 6 ausdrücklich von „Vergütung" spricht und es sich nach der Legaldefinition in § 1 Abs. 1 hierbei sowohl um Gebühren als auch um Auslagen handelt.

117 Fingiert wird nur ein früherer Zeitpunkt der Wirkung der Bestellung oder Beiordnung. Dagegen wird nicht eine anwaltliche Tätigkeit fingiert. Der Anwalt muss also zuvor als Wahlanwalt tätig geworden sein. Eine fiktive Vergütung kann er niemals erhalten.[125] Der Anwalt muss also zuvor als Wahlanwalt tätig geworden sein.

118 Der Wahlanwalt muss allerdings nicht in Person tätig gewesen sein. Es reicht aus, dass ein Vertreter aus dem Kreis des § 5 für ihn gehandelt hat.[126] Das folgt daraus, dass der Vergütungsanspruch auch dem später beigeordneten Verteidiger zugestanden hätte, wenn von Seiten des Gerichts das Auftreten des Vertreters gebilligt worden wäre. Da der Vergütungsanspruch im Falle des § 5 dem Vertretenen und nicht dem Vertreter zusteht, ist die Vertretung insoweit unerheblich.

119 Soweit der Anwalt von seinem Auftraggeber bereits Zahlungen für die Zeit vor der Bestellung, auf die sich die Rückwirkung nach Abs. 6 erstreckt, erhalten hat, ist § 58 zu beachten.

120 Dagegen bleibt der bereits entstandene Anspruch gegen den Auftraggeber für die Zeit vor der Bestellung, auf die sich die Rückwirkung nach Abs. 6 erstreckt, grundsätzlich bestehen und kann ohne weiteres geltend gemacht werden. Er unterliegt nicht den Beschränkungen der §§ 52, 53. Nur im Falle der Prozesskostenhilfe kann der Anwalt seinen Auftraggeber nicht in Anspruch nehmen (§ 122 Abs. 1 Nr. 3 ZPO).

121 Häufig werden die Vorschriften des § 45 Abs. 4 und des § 46 Abs. 3 im Zusammenhang mit Abs. 6 genannt. Diese Vorschriften haben jedoch einen ganz anderen Anwendungsbereich. Gemeinsam ist ihnen nur, dass sie die Reichweite einer Bestellung oder Beiordnung regeln. Sie erstrecken – im Gegensatz zu Abs. 6 – die Bestellung oder Beiordnung nicht rückwirkend, sondern auf nachfolgende Tätigkeiten. Insoweit wird auf die dortigen Kommentierungen Bezug genommen.

2. Geltungsbereich

122 Die Vorschrift des Abs. 6 gilt sachlich für alle Angelegenheiten nach den Teilen VV 4–6, also für Strafsachen, Bußgeldsachen, Verfahren nach dem IRG und dem IStGH-Gesetz, Freiheitsentzug und Unterbringungen etc. Sie ist dabei nicht nur auf die Erkenntnisverfahren beschränkt, sondern gilt auch für Beschwerdeverfahren, Vollstreckungsverfahren etc.

123 Abs. 6 gilt persönlich für alle bestellten oder beigeordneten Anwälte in Verfahren nach VV Teil 4–6, insbesondere den Pflichtverteidiger, aber auch für einen im Wege der Prozesskostenhilfe beigeordneten Nebenklagevertreter[127] oder den Anwalt als Zeugenbeistand. Für den durch die Staatsanwaltschaft beigeordneten Zeugenbeistand (§ 163 Abs. 3 S. 2 StPO) und den durch das Bundesamt der Justiz bestellten anwaltlichen Beistand (§§ 7e, 53 IRG) gelten diese Vorschriften entsprechend (§ 59a Abs. 1, 2).

---

125 OLG Hamm AGS 2005, 437 = NStZ-RR 2005, 285 = JurBüro 2005, 535 = RVGreport 2005, 273 = RVG-Letter 2005, 81; LG Koblenz Rpfleger 2005, 278 = JurBüro 2005, 255; AG Eisenach, Beschl. v. 5.2.2007 – 721 Js 65428/05 1 Ls jug; LG Hannover, Beschl. v. 22.9.2009 – 33 Qs 104/09.

126 LG Potsdam AGS 2012, 65 = JurBüro 2011, 417.

127 OLG Koblenz AGS 2007, 507 = JurBüro 2007, 644 = RVGprof. 2007, 207 u. 2008, 11 = StRR 2008, 40 = RVGreport 2008, 139.

3. Rückwirkung der Beiordnung oder Bestellung im erstinstanzlichen Verfahren

Wird ein Anwalt während des erstinstanzlichen Verfahrens bestellt oder beigeordnet, hätte er grundsätzlich nur einen Anspruch gegen die Landeskasse auf diejenige Vergütung, die ab dem Zeitpunkt seiner Bestellung oder Beiordnung entstanden ist. **124**

> **Beispiel:** Im dritten Hauptverhandlungstermin wird der Anwalt als Pflichtverteidiger bestellt.
> Die Grundgebühr sowie die Terminsgebühren für die ersten beiden Hauptverhandlungstermine könnte der Anwalt aus der Landeskasse nicht verlangen, da diese Gebühren bereits zuvor entstanden sind und nicht mehr erneut ausgelöst werden.
> Die Verfahrensgebühr als Dauergebühr, die durch diese Tätigkeit erneut ausgelöst wird (VV Vorb. 4 Abs. 2) könnte er dagegen aus der Landeskasse erhalten, ebenso die Terminsgebühr für den dritten Hauptverhandlungstermin und eventuelle weitere Termine.

Von diesem Grundsatz, dass in der Regel nur diejenige Vergütung aus der Landeskasse zu zahlen ist, die nach Bestellung oder Beiordnung anfällt, macht Abs. 6 S. 1 eine Ausnahme. **125**

Der Anwalt, der noch während des erstinstanzlichen Verfahrens bestellt oder beigeordnet wird, erhält die gesamte Vergütung, die
– im erstinstanzlichen gerichtlichen Verfahren und
– im vorbereitenden Verfahren (bzw. in Bußgeldsachen im Verfahren vor der Verwaltungsbehörde)
entstanden ist.

Die Rückwirkung nach Abs. 6 S. 1 geht damit über die nach Abs. 6 S. 2 hinaus, weil sie auch noch das vorbereitende Verfahren mit erfasst. **126**

> **Beispiel:** Der Anwalt ist zunächst im vorbereitenden Verfahren tätig. Nachdem der Mandant in Haft genommen worden ist, nimmt der Anwalt noch im vorbereitenden Verfahren an einem Haftprüfungstermin teil. Der Mandant wird anschließend auf freien Fuß gesetzt. Hiernach kommt es zum gerichtlichen Verfahren. Im dritten Hauptverhandlungstermin wird der Anwalt beigeordnet.
> Die Rückwirkung des Abs. 6 S. 1 erstreckt sich jetzt nicht nur auf die im gerichtlichen Verfahren zuvor angefallenen Gebühren, sondern auch auf die Gebühren und Auslagen im vorbereitenden Verfahren.
> Der Anwalt erhält daher aus der Landeskasse:
> **I. Vorbereitendes Verfahren**
> 1. Grundgebühr, VV 4100, 4101   192,00 EUR
> 2. Verfahrensgebühr, VV 4104, 4105   161,00 EUR
> 3. Terminsgebühr, VV 4102, 4103   166,00 EUR
> 4. Postentgeltpauschale, VV 7002   20,00 EUR
>   Zwischensumme   539,00 EUR
> 5. 19 % Umsatzsteuer, VV 7008   102,41 EUR
> **Gesamt**   **641,41 EUR**
> **II. Erstinstanzliches gerichtliches Verfahren**
> 1. Verfahrensgebühr, VV 4106   132,00 EUR
> 2. Terminsgebühr, VV 4108   220,00 EUR
> 3. Terminsgebühr, VV 4108   220,00 EUR
> 4. Terminsgebühr, VV 4108   220,00 EUR
> 5. Postentgeltpauschale, VV 7002   20,00 EUR
>   Zwischensumme   812,00 EUR
> 6. 19 % Umsatzsteuer, VV 7008   154,28 EUR
> **Gesamt**   **966,28 EUR**

Voraussetzung ist, dass der Anwalt auch im vorbereitenden Verfahren tätig war. Die Vorschrift des Abs. 6 S. 1 fingiert nur die Erstreckung der Bewilligung und Beiordnung, sie fingiert nicht Gebühren und Auslagen, die tatsächlich gar nicht entstanden sind. **127**

> **Beispiel:** Im gerichtlichen Verfahren wird der Anwalt erstmals als Verteidiger beauftragt. Im dritten Hauptverhandlungstermin wird er gerichtlich bestellt.
> Jetzt kann der Anwalt von der Landeskasse folgende Vergütung verlangen:
> 1. Grundgebühr, VV 4100   160,00 EUR
> 2. Verfahrensgebühr, VV 4106   132,00 EUR
> 3. Terminsgebühr, VV 4108   220,00 EUR
> 4. Terminsgebühr, VV 4108   220,00 EUR

5. Terminsgebühr, VV 4108	220,00 EUR
6. Postentgeltpauschale, VV 7002	20,00 EUR
Zwischensumme 972,00 EUR	
7. 19 % Umsatzsteuer, VV 7008	184,68 EUR
Gesamt	**1.156,68 EUR**

Für das vorbereitende Verfahren steht ihm dagegen keine Vergütung zu, da eine solche nicht entstanden ist und durch Abs. 6 S. 1 auch nicht fingiert wird.

128 Entsprechendes gilt für einen im Wege der Prozesskostenhilfe nach § 397a Abs. 2 StPO beigeordneten Rechtsanwalt. Der Nebenklägervertreter erhält daher alle auch für den Wahlverteidiger vorgesehenen Gebühren; insbesondere die Gebühren nach VV 4100 und VV 4104, wenn er nachträglich bestellt oder beigeordnet wird.[128]

129 Zu den Fällen der Verbindung und Trennung im erstinstanzlichen Verfahren (siehe Rdn 143 und 171).

4. Rückwirkung der Beiordnung oder Bestellung im Rechtsmittelverfahren

130 Wird der Anwalt erst im Rechtsmittelverfahren bestellt oder beigeordnet, gilt Abs. 6 S. 2. Auch diese Vorschrift enthält eine Rückwirkungsfiktion, allerdings nur begrenzt auf die jeweilige Rechtsmittelinstanz.

Beispiel: Der Anwalt wird erstmals im Berufungsverfahren als Verteidiger beauftragt. Im zweiten Hauptverhandlungstermin wird er vom Gericht als Pflichtverteidiger bestellt.
Der Anwalt erhält jetzt aus der Landeskasse nicht nur die Terminsgebühr für die zweite Hauptverhandlung, sondern auch die Terminsgebühr für die erste Hauptverhandlung, die Verfahrens- und auch die Grundgebühr.

1. Grundgebühr, VV 4100	160,00 EUR
2. Verfahrensgebühr, VV 4124	256,00 EUR
3. Terminsgebühr, VV 4126	256,00 EUR
4. Terminsgebühr, VV 4126	256,00 EUR
5. Postentgeltpauschale, VV 7002	20,00 EUR
Zwischensumme 948,00 EUR	
6. 19 % Umsatzsteuer, VV 7008	180,12 EUR
Gesamt	**1.128,12 EUR**

131 War der Verteidiger bereits in der Vorinstanz tätig, so erhält er Gebühren, die dort schon verdient worden sind, nicht aus der Landeskasse. Er erhält in diesem Falle auch nicht die Vergütung für das vorbereitende Verfahren, da im Gegensatz zu Abs. 6 S. 1 in Abs. 6 S. 2 eine entsprechende Erstreckung fehlt.

Beispiel: Der Anwalt war in erster Instanz erstmals beauftragt. Dort ist der Mandant in der ersten Hauptverhandlung verurteilt worden. Im Berufungsverfahren wird der Anwalt im zweiten Hauptverhandlungstermin als Pflichtverteidiger bestellt.
Der Anwalt erhält in diesem Fall aus der Landeskasse neben der zweiten Terminsgebühr auch die erste Terminsgebühr im Rechtsmittelverfahren und die Verfahrensgebühr.
Die Grundgebühr kann er dagegen aus der Landeskasse nicht beanspruchen, da diese Gebühr bereits im erstinstanzlichen Verfahren angefallen ist und Abs. 6 S. 2 die Beiordnung darauf nicht erstreckt.
Er erhält lediglich:

1. Verfahrensgebühr, VV 4124	256,00 EUR
2. Terminsgebühr, VV 4126	256,00 EUR
3. Terminsgebühr, VV 4126	256,00 EUR
4. Postentgeltpauschale, VV 7002	20,00 EUR
Zwischensumme 788,00 EUR	
5. 19 % Umsatzsteuer, VV 7008	149,72 EUR
Gesamt	**937,72 EUR**

---

[128] OLG Koblenz AGS 2007, 507 = JurBüro 2007, 644 = RVGprof. 2007, 207 u. 2008, 11 = StRR 2008, 40 = RVGreport 2008, 139.

Auch die übrigen Gebühren des erstinstanzlichen Verfahrens kann der Anwalt nicht aus der Landeskasse verlangen.

Erst Recht kann der im Rechtsmittelverfahren bestellte oder beigeordnete Anwalt nicht die Vergütung eines vorbereitenden Verfahrens verlangen, da Abs. 6 S. 2 – im Gegensatz zu Abs. 6 S. 1 – insoweit keine Rückwirkung enthält. 132

> **Beispiel:** Wie vorangegangenes Beispiel; jedoch war der Anwalt bereits im vorbereitenden Verfahren beauftragt.
> Aus der Landeskasse erhält der Anwalt – wie im vorangegangenen Beispiel – wiederum nur die Gebühren für das Berufungsverfahren. Die Gebühren für die erste Instanz erhält er wie im vorangegangenen Beispiel nicht. Darüber hinaus erhält er auch nicht die Vergütung für das vorbereitende Verfahren, da sich im Falle des Abs. 6 S. 2 die Bestellung nicht auch auf das vorbereitende Verfahren erstreckt.

Die Erstreckung wirkt auch nur für das jeweilige Rechtsmittelverfahren. Sie wirkt nicht auf ein anderes Rechtsmittelverfahren zurück. 133

> **Beispiel:** Der Anwalt ist in erster Instanz, im Berufungsverfahren und im Revisionsverfahren als Verteidiger tätig. Er wird im Revisionsverfahren als Pflichtverteidiger bestellt.
> Aus der Landeskasse kann der Anwalt nur die Vergütung für das Revisionsverfahren erhalten. Die Beiordnung erstreckt sich nach Abs. 6 S. 2 nicht auch auf ein vorangegangenes Rechtsmittelverfahren.

Eine Möglichkeit, dass das Gericht eine Rückwirkung der Beiordnung oder Bestellung anordnet, wie im Fall des Abs. 6 S. 3, ist nicht möglich. 134

Zu den Fällen der Verbindung und Trennung im Rechtsmittelverfahren siehe Rdn 143 und 171. 135

5. Rückwirkung der Beiordnung oder Bestellung im Verfahren nach Zurückverweisung

Wird der Anwalt erstmals in einem Verfahren nach Zurückverweisung bestellt oder beigeordnet, gilt nach dem eindeutigen Wortlaut die Regelung nach Abs. 6 S. 1, da es sich um den „ersten Rechtszug" handelt. Er erhält aus der Landeskasse auch die Vergütung für seine Tätigkeit vor dem Zeitpunkt seiner Bestellung. Damit ist nicht nur das vorbereitende Verfahren gemeint („einschließlich seiner Tätigkeit vor Erhebung der öffentlichen Klage"), sondern die gesamte Tätigkeit, also auch die Tätigkeit in der ersten Instanz vor Zurückverweisung und im Rechtsmittelverfahren. 136

> **Beispiel:** Der Anwalt ist im vorbereitenden Verfahren als Verteidiger beauftragt. In erster Instanz wird der Angeklagte nach einem Hauptverhandlungstermin verurteilt. Im Berufungsverfahren wird im ersten Hauptverhandlungstermin das Urteil des Amtsgerichts aufgehoben und die Sache an das Amtsgericht zurückverwiesen. Dort wird der Anwalt nunmehr als Pflichtverteidiger bestellt.
> Der Anwalt kann sämtliche Gebühren und Auslagen, also sowohl die des vorbereitenden Verfahrens, die des erstinstanzlichen gerichtlichen Verfahrens und des vorangegangenen Berufungsverfahrens und der erneuten ersten Instanz nach Zurückverweisung aus der Landeskasse verlangen.

A.A. ist *Burhoff*,[129] der sich allerdings auf Entscheidungen beruft, die noch zu § 97 BRAGO ergangen sind. 137

Häufig wird hier auch zur Ablehnung der Rückwirkung nach Abs. 6 S. 1 irrtümlich auf Abs. 6 S. 2 abgestellt, dabei aber verkannt, dass das erstinstanzliche Verfahren nach Zurückverweisung kein Rechtsmittelverfahren ist, sondern wie der Name bereits sagt, ein erstinstanzliches Verfahren, also der „erste Rechtszug". 138

6. Rückwirkung der Beiordnung oder Bestellung im Strafvollstreckungsverfahren

Abs. 6 S. 1 und 2 gelten auch im Rahmen der Strafvollstreckung. Der Anwendungsbereich ist hier allerdings gering, da es kein vorbereitendes Verfahren gibt und in der Strafvollstreckung sämtliche Gebühren nur einmal anfallen. 139

---

[129] § 48 Abs. 5 Rn 14.

140 Da es sich bei der Verfahrensgebühr um eine „Dauergebühr" handelt, hat hier die Rückwirkungsfiktion allenfalls Bedeutung für eine Terminsgebühr, wenn also vor Bestellung ein Termin angefallen ist und es nach Bestellung nicht mehr zu einem neuen Termin kommt.

> **Beispiel:** Im Strafvollstreckungsverfahren findet ein Termin statt. Hiernach wird der Anwalt bestellt oder beigeordnet.
> Die Bestellung oder Beiordnung wirkt jetzt zurück auf das gesamte Verfahren, sodass der Anwalt nicht nur die Verfahrensgebühr, sondern auch die Terminsgebühr erhält.
>
> | | | |
> |---|---|---:|
> | 1. | Verfahrensgebühr, VV 4200 | 292,00 EUR |
> | 2. | Terminsgebühr, VV 4202 | 144,00 EUR |
> | 3. | Postentgeltpauschale, VV 7002 | 20,00 EUR |
> | | Zwischensumme | 456,00 EUR |
> | 4. | 19 % Umsatzsteuer, VV 7008 | 86,64 EUR |
> | | **Gesamt** | **542,64 EUR** |

141 Es bleibt auch hier dabei, dass sich bei der Bestellung in einem Rechtsmittelzug die Rückwirkung auf diesen Rechtsmittelzug beschränkt und nicht auch für das erstinstanzliche Vollstreckungsverfahren gilt.

> **Beispiel:** In einem Beschwerdeverfahren gegen eine Entscheidung zur Strafvollstreckung wird der Anwalt bestellt oder beigeordnet. Der Anwalt war bereits im Vollstreckungsverfahren tätig.
> Die Rückwirkungsfiktion erstreckt sich nur auf das Beschwerdeverfahren, nicht auch auf die Vergütung im vorangegangenen Vollstreckungsverfahren. Der Anwalt erhält daher aus der Landeskasse nur:
>
> | | | |
> |---|---|---:|
> | 1. | Verfahrensgebühr, VV 4200 | 292,00 EUR |
> | 2. | Terminsgebühr, VV 4202 | 144,00 EUR |
> | 3. | Postentgeltpauschale, VV 7002 | 20,00 EUR |
> | | Zwischensumme | 456,00 EUR |
> | 4. | 19 % Umsatzsteuer, VV 7008 | 86,64 EUR |
> | | **Gesamt** | **542,64 EUR** |

7. Keine Rückwirkung für Ersatzpflichtverteidiger

142 Eine Rückwirkung soll nicht greifen, wenn während einer laufenden Hauptverhandlung ein Anwalt zum zweiten Pflichtverteidiger bestellt wird, sofern damit allein in der Person eines bereits bestellten, in der Hauptverhandlung ebenfalls durchgehend anwesenden Pflichtverteidigers liegende vorübergehende körperliche Einschränkungen vorliegen.[130] Diese Frage hat aber weniger mit Abs. 6 zu tun als mit der Frage, welche Ansprüche generell ein „Ersatzpflichtverteidiger" hat.

8. Verbindung

a) Überblick

143 Für die Verbindung mehrerer Verfahren enthält Abs. 6 S. 3 eine besondere Regelung, die allerdings nur in bestimmten Fällen anzuwenden ist. In anderen Fällen gelten bereits Abs. 6 S. 1 und Abs. 6 S: 2, sodass es auf Abs. 6 S. 3 erst gar nicht ankommt.

144 Erforderlich ist eine echte Verbindung, bei der die bisherigen getrennten Verfahren zu einem einzigen verschmelzen, also z.B. nach § 4 und § 13 Abs. 2 StPO.[131] Eine bloße Verbindung nach § 237 StPO zum Zwecke gemeinsamer Verhandlung reicht nicht aus.[132]

---

130 OLG Hamburg NStZ-RR 2012, 390 = StRR 2012, 403 = RVGreport 2012, 457.

131 Gerold/Schmidt/*Burhoff*, § 48 Rn 137.

132 Gerold/Schmidt/*Burhoff*, § 48 Rn 137.

b) Beiordnung oder Bestellung erst nach Verbindung

Werden mehrere Verfahren miteinander verbunden und wird der Anwalt erst danach in den verbundenen Verfahren vom Gericht bestellt oder beigeordnet, gilt Abs. 6 S. 1 oder im Rechtsmittelverfahren Abs. 6 S. 2. Auf Abs. 6 S. 3 kommt es in diesem Fall gar nicht an.[133]

145

Wird der Anwalt nach Verbindung im erstinstanzlichen Verfahren bestellt oder beigeordnet, erhält er nach Abs. 6 S. 1 sämtliche Gebühren aus der Landeskasse, die bis dahin angefallen waren (siehe Rdn 124 ff.).

146

> **Beispiel:** Gegen den Angeklagten waren zunächst zwei Ermittlungsverfahren wegen Betruges (Az. 1/16) und wegen Diebstahls (Az. 2/16) geführt worden. In beiden Fällen wurde Anklage erhoben. Nach Anklageerhebung wurden beide Verfahren miteinander verbunden und der Anwalt als Pflichtverteidiger bestellt. Führend ist das Verfahren 2/16. Hiernach wird die Hauptverhandlung durchgeführt.
> Nach Abs. 6 S. 1 wirkt die Bestellung zurück. Der Anwalt erhält also sämtliche Gebühren und Auslagen aus der Landeskasse:
> **I. Vorbereitendes Verfahren 1/16**
> 1. Grundgebühr, VV 4100   160,00 EUR
> 2. Verfahrensgebühr, VV 4104   132,00 EUR
> 3. Postentgeltpauschale, VV 7002   20,00 EUR
>   Zwischensumme   312,00 EUR
> 4. 19 % Umsatzsteuer, VV 7008   59,28 EUR
>   **Gesamt**   **371,28 EUR**
> **II. Erstinstanzliches gerichtliches Verfahren 1/16**
> 1. Verfahrensgebühr, VV 4106   132,00 EUR
> 2. Postentgeltpauschale, VV 7002   20,00 EUR
>   Zwischensumme   152,00 EUR
> 3. 19 % Umsatzsteuer, VV 7008   28,88 EUR
>   **Gesamt**   **180,88 EUR**
> **III. Vorbereitendes Verfahren 2/16**
> 1. Grundgebühr, VV 4100   160,00 EUR
> 2. Verfahrensgebühr, VV 4104   132,00 EUR
> 3. Postentgeltpauschale, VV 7002   20,00 EUR
>   Zwischensumme   312,00 EUR
> 4. 19 % Umsatzsteuer, VV 7008   59,28 EUR
>   **Gesamt**   **371,28 EUR**
> **IV. Erstinstanzliches gerichtliches Verfahren 2/16**
> 1. Verfahrensgebühr, VV 4106   132,00 EUR
> 2. Terminsgebühr, VV 4108   220,00 EUR
> 3. Postentgeltpauschale, VV 7002   20,00 EUR
>   Zwischensumme   372,00 EUR
> 4. 19 % Umsatzsteuer, VV 7008   70,68 EUR
>   **Gesamt**   **442,68 EUR**

Bei einer Verbindung im Berufungsverfahren gilt Abs. 6 S. 2. Die Erstreckung wirkt jetzt nur auf die Rechtsmittelinstanz zurück. Auf Abs. 6 S. 3 kommt es in diesem Fall wiederum nicht an.

147

> **Beispiel:** Wie vorangegangenes Beispiel; jedoch wird der Angeklagte vom Amtsgericht in beiden Verfahren gesondert verurteilt. Im Berufungsverfahren werden die beiden Berufungen vor der Hauptverhandlung miteinander verbunden und der Anwalt als Pflichtverteidiger bestellt. Anschließend wird die Hauptverhandlung durchgeführt.
> Jetzt gilt Abs. 6 S. 2. Der Anwalt kann sämtliche Gebühren beider Berufungsverfahren aus der Landeskasse verlangen. Die Vergütung für die erste Instanz und das vorbereitende Verfahren erhält er dagegen nicht aus der Landeskasse.

---

133 LG Dortmund StraFo 2006, 258 = RVG-Letter 2006, 141; OLG Jena Rpfleger 2009, 171 = JurBüro 2009, 138 = NStZ-RR 2009, 160 = StRR 2009, 43; Beschl. v. 17.3.2008 – 1 AR (S) 3/08; LG Aurich AGkompakt 2011, 105 = RVGreport 2011, 221 = StRR 2011, 244; OLG Braunschweig AGS 2014, 402 = NStZ-RR 2014, 232 = NdsRpfl 2014, 309 = NJW-Spezial 2014, 444.

I. Berufungsverfahren 1/16

1. Verfahrensgebühr, VV 4124		256,00 EUR
2. Postentgeltpauschale, VV 7002		20,00 EUR
Zwischensumme	276,00 EUR	
3. 19 % Umsatzsteuer, VV 7008		52,44 EUR
Gesamt		**328,44 EUR**

II. Berufungsverfahren 2/16

1. Verfahrensgebühr, VV 4124		256,00 EUR
2. Terminsgebühr, VV 4126		256,00 EUR
3. Postentgeltpauschale, VV 7002		20,00 EUR
Zwischensumme	532,00 EUR	
4. 19 % Umsatzsteuer, VV 7008		101,08 EUR
Gesamt		**633,08 EUR**

148 Zu beachten ist auch hier, dass nur ein früherer Zeitpunkt der Bestellung oder Beiordnung fingiert wird. Die Vergütung des Anwalts muss dagegen entstanden sein. Sie wird nicht fingiert.[134]

c) Beiordnung oder Bestellung vor Verbindung

149 Ebenfalls kein Fall des Abs. 6 S. 3 liegt vor, wenn der Anwalt in den verbundenen Verfahren jeweils bereits zuvor bestellt oder beigeordnet worden war. Die Verbindung wirkt sich dann letztlich gar nicht mehr aus, da der Anwalt bereits in sämtlichen Verfahren mit entsprechender Rückwirkung bestellt bzw. beigeordnet war und entsprechende Ansprüche gegen die Landeskasse verdient hat.[135]

> **Beispiel:** Gegen den späteren Angeklagten war zunächst getrennt ermittelt worden wegen des Verdachts des Betruges (Az. 1/16) und des Verdachts des Diebstahls (Az. 2/16). Es wurde in beiden Verfahren getrennt Anklage erhoben und der Anwalt jeweils als Pflichtverteidiger bestellt. Hiernach werden beide Verfahren verbunden.
> Nach Abs. 6 S. 1 hat der Anwalt in beiden Verfahren bereits sämtliche Gebühren gegenüber der Landeskasse verdient. Die spätere Verbindung ist insoweit unerheblich.

d) Beiordnung oder Bestellung nur in einem oder einigen Verfahren vor Verbindung

150 **aa) Anwendungsbereich.** Die Regelung des Abs. 6 S. 3 hat nur Bedeutung, wenn der Anwalt in einem oder mehreren verbundenen Verfahren bereits bestellt oder beigeordnet war, in einem anderen oder mehreren hinzuverbundenen Verfahren dagegen nicht. **Abs. 6 S. 3 gilt daher nicht**, wenn
- die Bestellung oder Beiordnung erst nach einer Verbindung erfolgt ist (siehe Rdn 145 ff.).
- der Anwalt bereits vor Verbindung in allen einzelnen Verfahren bestellt oder beigeordnet war (siehe Rdn 149).

In diesen Fällen bleibt es bei Abs. 6 S. 1 u. 2.

151 Nur wenn nicht bereits einer der beiden vorgenannten Fälle vorliegt, kommt Abs. 6 S. 3 zur Anwendung. Ist dies nicht der Fall, führt die bloße Verbindung (noch) nicht zur Erstreckung nach Abs. 6 S. 1 oder S. 2. Die Erstreckung tritt dann nur bei entsprechender Anordnung des Gerichts ein.[136] A.A. ist das LG Magdeburg.[137] Danach soll sich die Beiordnung im führenden Verfahren auf alle verbundenen Verfahren auch dann erstrecken, wenn das Gericht einen Pflichtverteidiger beiordnet und in der Folgezeit sämtliche Verfahren miteinander verbindet, ohne jedoch die weiteren Beiordnungsanträge zuvor einzeln zu bescheiden.

> **Beispiel:** Gegen den späteren Angeklagten ist zunächst getrennt ermittelt worden wegen des Verdachts des Betruges (Az. 1/16) und des Verdachts des Diebstahls (Az. 2/16). Es wird in beiden Verfahren Anklage erhoben. Im Verfahren 1/11 wird der Anwalt als Pflichtverteidiger beigeordnet. Später werden beide

---

[134] LG Stuttgart RVGprof. 2007, 177, das allerdings unzutreffender Weise davon ausgeht, eine Grundgebühr könne ohne Verfahrensgebühr entstehen, was jetzt durch VV 4100 geklärt ist.

[135] OLG Hamm AGS 2005, 437 = NStZ-RR 2005, 285 = JurBüro 2005, 535 = RVGreport 2005, 273 = RVG-Letter 2005, 81; AG Tiergarten AGS 2010, 133 = RVGprof. 2009, 203 = RVGreport 2010, 18 = StRR 2010, 120 = VRR 2010, 120; unzutreffend OLG Oldenburg RVGprof. 2011, 104 = RVGreport 2011, 220.

[136] KG NStZ-RR 2009, 360 = JurBüro 2009, 531 = RVGreport 2010, 64.

[137] StraFo 2015, 396.

Verfahren miteinander verbunden und die Hauptverhandlung gemeinsam durchgeführt. Führend ist das Verfahren 1/16.

Im Verfahren 1/16 erhält der Anwalt sämtliche Gebühren und Auslagen aus der Landeskasse, und zwar auch für die Zeit vor seiner Bestellung, also für das vorbereitende Verfahren. Im Verfahren 2/16 ist der Anwalt nicht bestellt worden, sodass er hier bis zur Verbindung keine Vergütung aus der Landeskasse erhält. Nur Gebühren, die im verbundenen Verfahren noch entstehen, kann der Anwalt insoweit aus der Landeskasse verlangen.

Er erhält also:

I. Vorbereitendes Verfahren 1/16
1. Grundgebühr, VV 4100 — 160,00 EUR
2. Verfahrensgebühr, VV 4104 — 132,00 EUR
3. Postentgeltpauschale, VV 7002 — 20,00 EUR
   Zwischensumme — 312,00 EUR
4. 19 % Umsatzsteuer, VV 7008 — 59,28 EUR
Gesamt — **371,28 EUR**

II. Erstinstanzliches gerichtliches Verfahren 1/16
1. Verfahrensgebühr, VV 4106 — 132,00 EUR
2. Terminsgebühr, VV 4108 — 220,00 EUR
3. Postentgeltpauschale, VV 7002 — 20,00 EUR
   Zwischensumme — 372,00 EUR
4. 19 % Umsatzsteuer, VV 7008 — 70,68 EUR
Gesamt — **442,68 EUR**

Eine Vergütung für das Verfahren 2/16 erhält der Anwalt aus der Landeskasse nicht.

bb) Erstreckung bei Anordnung nach Abs. 6 S. 3. Das Gericht kann allerdings nach Abs. 6 S. 3 anordnen, dass sich die Wirkung des Abs. 6 S. 1 auch auf diejenigen Verfahren erstrecken soll, in denen vor der Verbindung keine Beiordnung oder Bestellung erfolgt war. Geschieht dies, dann kann der Anwalt auch in diesen Verfahren die dort entstandenen Gebühren und Auslagen verlangen.

152

Beispiel: Wie vorangegangenes Beispiel; jedoch hat das Gericht mit Verbindung angeordnet, dass sich die Bestellung auch auf das hinzuverbundene Verfahren erstrecken soll.

Jetzt kann der Anwalt auch im Verfahren 2/16 seine Vergütung aus der Landeskasse verlangen.

Er erhält also neben der im vorangegangenen Beispiel abgerechneten Vergütung zusätzlich:

III. Vorbereitendes Verfahren 2/16
1. Grundgebühr, VV 4100 — 160,00 EUR
2. Verfahrensgebühr, VV 4104 — 132,00 EUR
3. Postentgeltpauschale, VV 7002 — 20,00 EUR
   Zwischensumme — 312,00 EUR
4. 19 % Umsatzsteuer, VV 7008 — 59,28 EUR
Gesamt — **371,28 EUR**

IV. Erstinstanzliches gerichtliches Verfahren 2/11
1. Verfahrensgebühr, VV 4106 — 132,00 EUR
2. Postentgeltpauschale, VV 7002 — 20,00 EUR
   Zwischensumme — 152,00 EUR
3. 19 % Umsatzsteuer, VV 7008 — 28,88 EUR
Gesamt — **180,88 EUR**

Findet eine Verbindung erst im Rechtsmittelverfahren statt, kann nach dem Wortlaut des Abs. 6 S. 3 eine Erstreckung nicht ausgesprochen werden. Ob dies vom Gesetzgeber tatsächlich gewollt war, ist nicht zu ersehen. Große Praktische Auswirkungen hat dies allerdings nicht.

153

Beispiel: Der Angeklagte ist sowohl wegen Betruges (Az. 1/16) als auch wegen Diebstahls (Az. 2/16) verurteilt worden und hat in beiden Fällen Berufung eingelegt. Im Verfahren 1/11 war der Anwalt als Pflichtverteidiger bestellt. In beiden Verfahren findet ein Hauptverhandlungstermin statt. Die Hauptverhandlung wird in beiden Verfahren ausgesetzt. Anschließend werden beide Verfahren verbunden.

Die Verbindung selbst hat keinerlei Auswirkungen und führt insbesondere nicht dazu, dass der Anwalt seine Vergütung im Verfahren 2/16 aus der Landeskasse beanspruchen kann (siehe Rdn 148). Nach dem Wortlaut des Abs. 6 S. 3 kann das Gericht in diesem Fall auch nicht anordnen, dass sich die Beiordnung auf das hinzuverbundene Verfahren rückwirkend erstrecke, da dies nach dem Wortlaut des Gesetzes nur im erstinstanzlichen Verfahren möglich ist.

cc) Ermessen des Gerichts. Die Erstreckung der Bewilligung oder der Beiordnung steht im Ermessen des Gerichts. Das Gericht „kann" die Wirkungen erstrecken. Nach der Gesetzesbegründung

154

soll dies geschehen, wenn eine Beiordnung oder Bestimmung unmittelbar bevor gestanden hätte, falls die Verbindung unterblieben wäre.[138]

155 Die Anordnung ist auszusprechen, wenn in den hinzuverbundenen Verfahren eine Verteidigerbestellung notwendig war[139] oder unmittelbar bevorgestanden hätte.[140]

156 Liegen zum Zeitpunkt der Verfahrensverbindung die Voraussetzungen einer Beiordnung von Amts wegen nach § 140 Abs. 1 Nr. 5 StPO vor, so steht in den hinzu verbundenen Verfahren eine Beiordnung unmittelbar bevor, ohne dass es noch eines Beiordnungsantrags bedarf. Erfolgt nun die Verbindung (anstelle der ohne Verbindung in Einzelverfahren angezeigten Beiordnung), so liegt ein Fall vor, für den der Gesetzgeber eine Erstreckungsentscheidung nach Abs. 6 S. 3 vorsieht.[141]

157 **dd) Antrag.** Entgegen dem KG[142] geht das LG Berlin[143] davon aus, dass eine Erstreckung nur dann in Betracht kommt, wenn bereits vor Verbindung ein Antrag auf Bestellung oder Beiordnung gestellt war. Eine Antragstellung nach der Verbindung soll dagegen unerheblich sein. Dies dürfte jedoch zu weit gehen. Die Gesetzesbegründung knüpft nicht an die Antragstellung an, sondern stellt auf die materiellen Voraussetzungen einer Pflichtverteidigerbestellung ab. Abgesehen davon kommt es für die Pflichtverteidigerbestellung nicht auf einen Antrag an.

158 Ebenso fordert das LG Bielefeld, dass zuvor ein Antrag gestellt war.[144] Es soll im hinzuverbundenen Verfahren ein Antrag auf Beiordnung mit der Ankündigung der Niederlegung des Wahlmandats zuvor gestellt worden sein.[145]

159 Aus dem Wortlaut ergibt sich nicht, dass ein Antrag gestellt worden sein muss. Daher wird man dies auch nicht für erforderlich halten dürfen.[146]

160 Sofern man einen Antrag für erforderlich hält, kann dieser jedenfalls auch konkludent gestellt werden.[147]

161 Ungeachtet dessen, dass ein Antrag nicht erforderlich ist, ist er aber zweckmäßig. Der Anwalt sollte vorsorglich stets einen entsprechenden Antrag stellen. Er sollte den Antrag auch auf jeden Fall vor Abschluss des Verfahrens stellen, um jegliche Probleme zu vermeiden.

162 Der Antrag muss nicht begründet werden. Ungeachtet dessen ist eine kurze Begründung jedoch grundsätzlich zu empfehlen.

163 **ee) Zeitpunkt der Entscheidung.** Nach zutreffender Ansicht kommt eine Entscheidung nach Abs. 6 S. 3 auch nach rechtskräftigem Abschluss des Verfahrens noch in Betracht,[148] u.U. sogar dann noch, wenn bereits die Festsetzung der Vergütung beantragt ist, denn hierbei handelt es sich lediglich um eine rein vergütungsrechtliche Rückwirkung.[149] Eine nachträgliche Entscheidung ist jedenfalls dann geboten, wenn eine Pflichtverteidigerbestellung in dem hinzuverbundenen Verfahren unmittelbar bevorgestanden hätte.[150]

164 **ff) Form der Entscheidung.** Über die Erstreckungswirkung nach Abs. 6 S. 3 entscheidet das Gericht in der Regel durch Beschluss, der im Falle der Ablehnung zu begründen ist.[151]

165 Funktionell zuständig ist die Strafkammer, nicht der Vorsitzende allein.[152]

---

138 BT-Drucks 15/1971, S. 201; siehe dazu auch AG Hof, Beschl. v. 8.3.2007 – 7 Ls 28 Js 5186/06; KG, Beschl. v. 27.9.2011 – 1 Ws 64/10, StraFo 2012, 292.
139 OLG Oldenburg RVGprof. 2011, 104 = RVGreport 2011, 220 = NStZ 2011, 261.
140 LG Bielefeld RVGprof. 2008, 154 = StRR 2008, 360.
141 LG Kiel RVGprof. 2006, 202.
142 KG, Beschl. v. 27.9.2011 – 1 Ws 64/10, StraFo 2012, 292.
143 RVG Report 2005, 144 = JurBüro 2006, 29; ebenso LG Braunschweig StraFo 2015, 349 = RVGreport 2015, 374 = RVGprof. 2016, 24.
144 RVGprof. 2008, 154 = StRR 2008, 360.
145 LG Koblenz StraFo 2007, 525.
146 Gerold/Schmidt/*Burhoff*, § 48 Rn 150.
147 Gerold/Schmidt/*Burhoff*, § 48 Rn 152.
148 LG Dresden StRR 2008, 80 = RVGreport 2008, 112 = RVGprof. 2008, 75 = StRR 2008, 239.
149 LG Freiburg RVGreport 2006, 183 = RVGprof. 2006, 93; LG Düsseldorf StraFo 2012, 117.
150 LG Freiburg RVGreport 2006, 183 = RVGprof. 2006, 93.
151 LG Dresden, Beschl. v. 1.3.2007 – 2 Qs 95/06.
152 OLG Düsseldorf RVGprof. 2007, 175 u. 2008, 112 = StRR 2007, 203.

gg) Beschwerde.
Gegen die Ablehnung der Erstreckung nach Abs. 6 S. 3 kann Beschwerde eingelegt werden.[153] Für die Beschwerde gelten die allgemeinen Regeln. **166**

Das Beschwerderecht steht dem Pflichtverteidiger zu; er hat ein eigenes Beschwerderecht.[154] Dagegen hat der Angeklagte kein Recht zur Beschwerde.[155] **167**

Anfechtbar ist nur das Unterlassen bzw. Ablehnen einer Erstreckung. Die Erstreckung ist dagegen unanfechtbar. **168**

Hat der Vorsitzende an Stelle der funktionell zuständigen Strafkammer die Erstreckung der Wirkungen der Pflichtverteidigerbestellung abgelehnt, erlässt der Beschwerdesenat des Oberlandesgerichts als das auch der Strafkammer übergeordnete Beschwerdegericht die in der Sache erforderliche Entscheidung gemäß § 309 Abs. 2 StPO selbst.[156] **169**

Eine weitere Beschwerde kommt nicht in Betracht (§ 310 Abs. 2 StPO). **170**

9. Trennung

Wird ein Verfahren getrennt, in dem der Anwalt beigeordnet oder bestellt ist, erstreckt sich die Bestellung und Beiordnung auf alle nach Trennung verbleibenden Verfahren. Dies hat letztlich mit Abs. 6 nichts zu tun, weil es im Falle der Trennung nicht um eine Rückwirkung geht, sondern um den Fortbestand der Bestellung oder Beiordnung. **171**

10. Bedeutung der Erstreckung nach Abs. 6 für eine Pauschgebühr

Die Erstreckungswirkung kann auch von wesentlicher Bedeutung für eine nach § 51 zu bewilligende Pauschgebühr sein. Nach § 51 Abs. 1 S. 4 kann eine Pauschgebühr auch für solche Tätigkeiten gewährt werden, für die der Rechtsanwalt einen Anspruch nach Abs. 6 hat. Damit ist eindeutig klargestellt, dass die Rückwirkung auch für die Pauschgebühr gilt. Daher werden insbesondere Tätigkeiten des Verteidigers im Ermittlungsverfahren von der Pauschgebühr abgedeckt, auch wenn erst eine spätere Bestellung erfolgt ist. **172**

Aus Abs. 6, wonach der beigeordnete Rechtsanwalt die Vergütung auch für seine Tätigkeit vor dem Zeitpunkt seiner Bestellung, einschließlich seiner Tätigkeit vor Erhebung der öffentlichen Klage erhält, folgt, dass auch im Rahmen des § 51 eine besonders umfangreiche oder eine besonders schwierige anwaltliche Tätigkeit vor Pflichtverteidigerbestellung uneingeschränkt zu berücksichtigen ist.[157] **173**

Entstehen bei Verfahrensverbindung mehrere Gebühren, ist dies im Rahmen der Abwägung nach § 51 zu berücksichtigen.[158] **174**

11. Übergangsrecht

Die Vergütung des Anwalts richtet sich auch im Falle einer Rückwirkung, unabhängig davon, ob sie kraft Gesetzes (Abs. 6 S. 1 u. 2) greift oder kraft Anordnung (Abs. 6 S. 3) nach dem zum Zeitpunkt der Bestellung oder Beiordnung geltenden Recht. Die Rückwirkung der Bestellung oder Beiordnung auf ein Datum vor einer Gesetzesänderung ist unbeachtlich und führt nicht zur Anwendung der §§ 60, 61. **175**

---

153 KG StraFo 2012, 292 = RVGprof. 2012, 6 = RVGreport 2012, 56 = StRR 2012, 78; LG Freiburg RVGreport 2006, 183; LG Bielefeld, Beschl. v. 4.1.2006 – Qs 731/05 III; LG Dortmund, Beschl. v. 19.12.2006 – I Qs 87/06.

154 KG StraFo 2012, 292 = RVGprof. 2012, 6 = RVGreport 2012, 56 = StRR 2012, 78; LG Freiburg RVGreport 2006, 183; LG Bielefeld, Beschl. v. 4.1.2006 – Qs 731/05 III; LG Dortmund, Beschl. v. 19.12.2006 – I Qs 87/06.

155 KG StraFo 2012, 292 = RVGprof. 2012, 6 = RVGreport 2012, 56 = StRR 2012, 78.

156 OLG Düsseldorf RVGprof. 2007, 175 u. 2008, 112 = StRR 2007, 203.

157 OLG Jena JurBüro 2006, 424.

158 OLG Jena Rpfleger 2009, 171 = JurBüro 2009, 138 = NStZ-RR 2009, 160 = StRR 2009, 43.

C. Praxisempfehlungen

I. Beschlusslage prüfen

176 In einem Verfahren, wo sich die Tätigkeit des hierfür beigeordneten oder bestellten Anwalts auf den Verfahrensgegenstand beschränkt und nur die **Regelgebühren** anfallen, ergeben sich in der Regel **keine Abrechnungsprobleme** infolge zweifelhafter Rechtsgrundlage für einen Vergütungsanspruch gegen die Staatskasse. Soll jedoch die **Vertretung der Partei über diesen Rahmen hinausgehen**, liegt es im eigenen Gebühreninteresse des Anwalts, sein Augenmerk zunächst auch darauf zu richten, ob die insoweit erforderlichen **Voraussetzungen** für eine Abrechnung gegenüber der Staatskasse gegeben sind oder erst **noch geschaffen werden müssen**. Kommt es für ihn am Schluss des Verfahrens bei der Festsetzung nach § 55 zu Schwierigkeiten, weil der Urkundsbeamte der Geschäftsstelle die Beschlusslage des erkennenden Gerichts zur Bewilligung oder Beiordnung oder Bestellung als nicht hinreichend ansieht, ist eine **nachträgliche Klärung** in seinem Sinne **selten durchführbar**.

177 Die **Absetzung** von Gebühren mit der Begründung, die zugrunde liegenden Leistungen würden von der Beiordnung oder Bestellung nicht umfasst, beruht häufig nur darauf, dass der Anwalt die notwendige **Antragstellung unterlassen** hat. Wäre der Antrag gestellt worden, hätte das Gericht aller Voraussicht nach antragsgemäß entschieden, während eine nachträgliche Bescheidung aus Rechtsgründen nicht in Betracht kommt. Um diese Fehlerquelle auszuschließen, sind dem beigeordneten Anwalt **zwei Merkpunkte** zu raten: Er sollte stets an seine Gebühren denken, wenn das Verfahren entweder **durch Vergleich abgeschlossen** oder aber **mit neuem Inhalt fortgesetzt** werden soll.

II. Erledigung durch Vergleich

178 Verhält sich ein Vergleich nur über **streitgegenständliche Ansprüche**, so steht dem insoweit im Verfahren beigeordneten Anwalt die Vergütungsfestsetzung der Gebühr nach VV 1003 zu. Dies gilt auch dann, wenn die Einigung außergerichtlich getroffen wurde (vgl. Rdn 20).[159]

179 Soll in einem Verfahren, für das Prozesskostenhilfe bewilligt und der Anwalt beigeordnet worden ist, ein **außergerichtlicher Vergleich** geschlossen werden, kann der Anwalt zwar in vielen Fällen davon ausgehen, dass die Staatskasse seine Gebühr nach VV 1003 trägt (siehe Rdn 20). Das ist aber trotz der neuen Rechtslage keineswegs sicher, weshalb er vorab bei dem erkennenden Gericht den **Antrag** stellen sollte, seine **Beiordnung auf den beabsichtigten Abschluss eines außergerichtlichen Vergleichs** zu erstrecken. Ein solcher Beschluss hat womöglich nur deklaratorischen Charakter, ist aber für die Kostenfestsetzungsorgane stets bindend.

180 Wird ein **Vergleich im Prozesskostenhilfeprüfungsverfahren** geschlossen, so gilt folgendes: Für das Prozesskostenhilfeprüfungsverfahren selbst kann grundsätzlich keine Verfahrenskostenhilfe bewilligt werden.[160] Schließen die Beteiligten im Verfahrenskostenhilfeprüfungsverfahren einen Vergleich, so ist m.E. bei Vorliegen der weiteren Voraussetzungen ausnahmsweise Prozesskostenhilfe für das gesamte Prozesskostenhilfeprüfungsverfahren zu bewilligen.[161] Dann ist dem beigeordneten Rechtsanwalt aus der Staatskasse eine 1,0-Verfahrensgebühr (VV 3335), eine 1,2-Terminsgebühr (VV 3104) sowie eine 1,0-Einigungsgebühr (VV 1003) zuzüglich Auslagen zu vergüten. Diese Auffassung wird hingegen vom BGH nicht geteilt. Er hat die umstrittene Frage des Umfangs einer möglichen Prozesskostenhilfe im PKH-Verfahren dahin entschieden hat, dass Prozesskostenhilfe nur für einen Vergleich, nicht aber für das gesamte PKH-Verfahren bewilligt werden dürfe.[162] Diese Beschränkung bewirkt, dass der Anwalt die Verfahrensgebühr nach VV 3335 bzw. 3337 oder die Terminsgebühr VV 3104 alsdann von der Partei einfordern kann, weil die Sperre des § 122 Abs. 1

---

[159] OLG Düsseldorf AnwBl 1982, 378 = JurBüro 1981, 1825; OLG Düsseldorf JurBüro 1982, 569.
[160] BGH NJW 1984, 2106.
[161] Im Einzelnen sehr str. Wie hier: Musielak/Voit/*Fischer*, § 118 ZPO, Rn 6; Zöller/*Geimer*, § 118 ZPO, Rn 8; a.A.: BGH NJW 2004, 2595; insoweit verfassungsrechtlich nicht zu beanstanden: BVerfG NJW 2012, 3293.
[162] BGH NJW 2004, 2595 = AGS 2004, 292 m. Anm. *Onderka*, AGS 2004, 349.

Nr. 3 ZPO mangels umfassender Bewilligung von PKH nicht greift.[163] Außerdem kann der Anwalt gegenüber der Staatskasse dann nach VV 1003 abrechnen.

Geht es allerdings darum, **nicht anhängige Ansprüche** in einen **Vergleich** über anhängige Ansprüche mit einzubeziehen, ist eine gegenständliche und funktionale **Erstreckung der Beiordnung** – abgesehen von den Sonderfällen des Abs. 3 – in jedem Fall **erforderlich**. Das gilt ungeachtet dessen, ob die Einigung über die anhängigen Ansprüche **gerichtlich oder außergerichtlich** erfolgen soll. Also auch bei einem gerichtlichen Vergleich, der verfahrensfremde Gegenstände mit regelt, muss der beigeordnete Anwalt darauf achten, dass er insoweit ebenfalls beigeordnet wird. 181

III. Neuer Verfahrensgegenstand

Bewilligung und Beiordnung sind an das Rechtsschutzbegehren gebunden (vgl. Rdn 21 f.). **Ändert sich die Antragstellung** der Partei im Laufe des Verfahrens, so muss der beigeordnete Anwalt damit rechnen, dass die **Vergütungspflicht der Staatskasse** seine weitere Tätigkeit **überhaupt nicht mehr** oder **nur noch teilweise** umfasst. Dabei kann es im Einzelfall schwierig sein vorauszusehen, wo der Urkundsbeamte der Geschäftsstelle die Grenzen der Beiordnung ziehen wird und ob danach noch alle angemeldeten Gebühren gegen die Staatskasse festgesetzt werden. 182

Es gehört nicht zu den Aufgaben eines beigeordneten Anwalts, derartige Prognosen anzustellen, zumal er gerade bei einer Gegenstandsänderung mit Sachfragen ausgelastet sein dürfte. Um gleichwohl keine Rechtsnachteile erleiden zu müssen, empfiehlt es sich immer dann, wenn eine **Antragstellung unter Einschluss etwaiger Abweisungsanträge geändert oder erweitert** wird, zumindest vorsorglich sogleich auch zu beantragen, die Beiordnung auf das neue Begehren zu erstrecken. Ein darauf ergehender Beschluss des Gerichts mag letztlich nicht erforderlich gewesen sein; er dient aber jedenfalls der Klarheit und fördert die **Sicherheit bei der Gebührenanmeldung im Festsetzungsverfahren**. 183

§ 49 Wertgebühren aus der Staatskasse

Bestimmen sich die Gebühren nach dem Gegenstandswert, werden bei einem Gegenstandswert von mehr als 4 000 Euro anstelle der Gebühr nach § 13 Absatz 1 folgende Gebühren vergütet:

Gegenstandswert bis ... Euro	Gebühr ... Euro	Gegenstandswert bis ... Euro	Gebühr ... Euro
5 000	257	16 000	335
6 000	267	19 000	349
7 000	277	22 000	363
8 000	287	25 000	377
9 000	297	30 000	412
10 000	307	über 30 000	447
13 000	321		

---

163 Vgl. entsprechend zu Reisekosten: OLG Brandenburg Rpfleger 2000, 279; OLG Nürnberg FamRZ 2001, 1157; *Enders*, JurBüro 2003, 225 (228); a.A. Musielak/ *Voit/Fischer*, ZPO, § 122, Rn 8; Zöller/*Geimer*, ZPO, § 122, Rn 11.

§ 49

A. Allgemeines 1	2. Die reduzierten Gebühren der zweiten Stufe 10
B. Regelungsgehalt 4	3. Die Festgebühr der dritten Stufe 12
I. Einheitliches Gebührenmodell im Kostenrecht 4	4. Speziell: Mehrheit von Auftraggebern 14
1. Wertbezogene Vergütung 4	C. Praxisempfehlungen 17
2. Gebühren 7	I. Prozesskostenhilfe und Zahlungsbestimmung 17
II. Die dreistufige Gebührenstaffel 9	II. Verfahren mit hohen Gegenstandswerten .. 19
1. Die vollen Gebühren der ersten Stufe 9	

A. Allgemeines

1 § 49 begrenzt die **Einstandspflicht** der Staatskasse als Hilfsschuldnerin (siehe § 45 Rdn 7) **der Höhe nach** und folgt damit auch gedanklich unmittelbar dem § 48, der die Einstandspflicht dem Umfang nach festlegt. Während der Aufgabenbereich des Anwalts, für dessen Vergütung die Staatskasse aufzukommen hat, den üblichen Rahmen eines Anwaltvertrages umfasst, nimmt der Staat bei der Entlohnung eine **Sonderbehandlung** für sich in Anspruch. Das gilt für **alle Arten** von **Beiordnungen** und **Bestellungen** eines Anwalts, bei denen **Wertgebühren** anfallen. Er will die notwendigen Leistungen des Anwalts zugunsten der vertretenen Partei wohl finanzieren, aber nicht immer das bezahlen, was die Partei als Auftraggeberin selbst aufbringen müsste.

Das 2. KostRMoG hat die Tabelle der aus der Staatskasse zu zahlenden reduzierten Gebühren angepasst. Zu den Gebührenanpassungen im RVG führt die Gesetzesbegründung[1] aus:

> Die Anwaltsgebühren sind seit dem Inkrafttreten des RVG am 1.7.2004 unverändert geblieben und bedürfen daher der Anpassung. Das vorgeschlagene Anpassungsvolumen orientiert sich an der allgemeinen Einkommensentwicklung, die bis zum geplanten Inkrafttreten des Zweiten Kostenrechtsmodernisierungsgesetzes am 1.8.2013 fortgeschrieben worden ist. Bei den vorgeschlagenen Anpassungen geht der Entwurf bei Wertgebühren und bei Betragsrahmengebühren unterschiedlich vor.
>
> Bei der Anpassung der Wertgebühren ist zu berücksichtigen, dass sich die Gegenstandswerte seit 2004 erhöht haben und hierdurch bereits ein Teil der Gebührenerhöhung vorweggenommen worden ist. Nach einer Auswertung der Zählkartendaten durch das Statistische Bundesamt haben die veränderten Gegenstandswerte von 2004 bis 2009 zu einer Gebührenerhöhung um ca. 5 % geführt. Bis 2013 wird eine Anpassung um ca. 9 % erwartet. Es wird eine lineare Erhöhung der Wertgebühren um weitere rund 10 % vorgeschlagen. Die strukturellen Änderungen führen zwar überwiegend zu Erhöhungen, aber auch zu Einnahmeminderungen. Hierfür ist eine Erhöhung der Einnahmen nur um bis zu 1 % angenommen worden, weil die von den Änderungen betroffenen Tätigkeiten einen nur sehr geringen Anteil am Gesamtgebührenaufkommen haben. Die vorgeschlagene Anpassung der Gegenstands- und Streitwerte ist dabei ebenfalls bereits berücksichtigt. Bei den PKH-Gebühren haben sich die Wertveränderungen durch die gestiegenen Lebenshaltungskosten nicht in der gleichen Weise ausgewirkt wie bei den Regelgebühren, weil die PKH-Gebührentabelle zwischen 3.000 und 30.000 EUR stärker degressiv ausgestaltet ist und die Gebühren bei Werten über 30.000 EUR nicht mehr weiter ansteigen. In diesem Bereich liegt die durch die Entwicklung der Gegenstandswerte von 2004 bis 2009 eingetretene Einnahmeerhöhung unter 2 %. Daher wird für die PKH-Gebühren eine Erhöhung um rund 15 % vorgeschlagen.
>
> Auf die Betragsrahmengebühren hat die Entwicklung der Verbraucherpreise keinen Einfluss, so dass hier eine Erhöhung um ca. 19 % vorgeschlagen wird. Dabei werden die Beträge der einzelnen Gebühren grundsätzlich auf volle 10 EUR gerundet. Zum Teil sind dadurch die Mindestgebühren stärker erhöht worden, was durch entsprechende Abrundungen bei den Höchstgebühren ausgeglichen worden ist. Die Höchstgebühren bei den Gebührenrahmen mit Zuschlag sind um genau 25 % erhöht.
>
> Wegen des geringen Anteils der Betragsrahmengebühren am Gesamtaufkommen und unter Berücksichtigung der strukturellen Verbesserungen dürfte das Gesamtvolumen der vorgeschlagenen Erhöhung bei gut 12 % liegen.

2 Das BVerfG hat die Beschränkungen der Gebühren der Gebührentabelle nach § 123 BRAGO a.F., der der bisherigen Gebührentabelle des § 49 entsprach, verfassungsrechtlich jedenfalls in den Fällen nicht beanstandet, in denen die Beiordnung eines Rechtsanwalts erfolgt, der gemäß § 121 Abs. 1, 2 ZPO seine Bereitschaft zur Übernahme der Vertretung der betreffenden Partei erklärt hatte.[2] Dann rechtfertige der mit § 49 verfolgte Zweck der Schonung öffentlicher Kassen verfassungsrechtlich die darin bestimmten reduzierten Gebührenbeträge.[3] Ein etwaiges Missverhältnis zwischen Arbeits-

---

[1] BR-Drucks 517/12, S. 210 f.
[2] Vgl. BVerfG NJW 2008, 1063.
[3] BVerfG NJW 2008, 1063; vgl. auch schon BVerfG NJW 2005, 2980.

aufwand und Vergütung sei aufgrund der freiwilligen Bereitschaft zur Übernahme entscheidend gemildert und könne daher nicht zur Unangemessenheit der Vergütung führen.[4] Das BVerfG hat ausdrücklich offengelassen, ob dies auch für Fälle gilt, in denen sich kein zur Vertretung bereiter Rechtsanwalt findet und daher die Auswahl gemäß § 121 Abs. 5 ZPO durch den Vorsitzenden erfolgt.[5]

Mit den Zahlungen der Staatskasse werden die Leistungen des beigeordneten Anwalts **nur dann endgültig** abgerechnet, **wenn** sie die **Vergütung** eines Wahlanwalts abdecken. Fallen sie geringer aus, behält der Anwalt hinsichtlich des Differenzbetrages seinen Vergütungsanspruch aus dem zivilrechtlichen Schuldverhältnis, den er womöglich gegen die Staatskasse nach § 50 oder im Verhältnis zum Gegner gemäß § 126 ZPO oder bei einer anderen Grundlage als Prozesskostenhilfe gegenüber der eigenen Partei durchsetzen kann (siehe § 55 Rdn 125 ff.).

Auch für den im Wege ratenfreier Prozesskostenhilfe beigeordneten Anwalt bedeutet die **Gebührenreduzierung** des § 49 **nicht**, dass es **stets** bei einer **Kürzung der Vergütung** verbleiben muss. So kann der Rechtsanwalt im Erfolgsfall die Vergütung eines Wahlanwalts (§ 13) gemäß § 126 i.V.m. §§ 91 ff. ZPO geltend machen.[6] Dies stellt eine gesetzlich begründete erfolgsbezogene Vergütung dar.[7]

B. Regelungsgehalt

I. Einheitliches Gebührenmodell im Kostenrecht

1. Wertbezogene Vergütung

Die Höhe der Gebühren des beigeordneten oder bestellten Anwalts nach der Gebührentabelle des § 49 richtet sich ebenso wie die Gebühren nach der Wahlanwaltsgebührentabelle (§ 13) nach einem **Gegenstandswert des Verfahrens**, nicht hingegen nach dem tatsächlichen Arbeitsaufwand. Diese Methode vernachlässigt zwar die Einzelfallgerechtigkeit, hat sich aber bislang halten können und ist durch das 1. und 2. KostRMoG erneut bestätigt worden, weil Abrechnungsklarheit und Kostensicherheit für sie sprechen. Ob sie allerdings die **Kodifikationsbestrebungen** auf europäischer Ebene überstehen wird, erscheint offen, weil in vielen Mitgliedsländern die Abrechnung von Anwaltsleistungen nach Aufwand erfolgt.

Um allzu große Divergenzen zwischen Arbeitsleistung und Entgelt zu vermeiden, **steigen** die Gebühren **nicht linear**, sondern nur in stetig abnehmenden Schritten (degressiv) **an**. Hierzu bedarf es der Festlegung eines entsprechenden Abhängigkeitsverhältnisses zwischen Gebühr und Gegenstandswert. Der Gesetzgeber hat sich für eine **stufenweise Verminderung des Zuwachses**[8] der Gebühren entschieden und diese jeweils **tabellarisch aufgelistet** (vgl. §§ 13 Abs. 1 S. 2, 49 RVG). Die Abstufung erfolgt einerseits durch eine stufenweise Vergrößerung der einzelnen Schritte, bevor sich die Gebühr durch Anhebung ändert, und zum anderen durch die unterschiedliche Festlegung der Beträge, um die sich die Gebühr erhöht.

Die vorliegende Tabelle hat bei Werten über 4.000 EUR eine **stärkere Degression** als die Tabelle in § 13 Abs. 1 S. 2. Zwar behält sie die Abstufungsschritte bis einschließlich 30.000 EUR bei. Jedoch weichen die jeweiligen Unterschiedsbeträge zwischen den einzelnen Gebührenstufen deutlich voneinander ab, indem sie hier niedriger ausfallen.

Die Unterschiedsbeträge zwischen den einzelnen Gebührenstufe der Tabelle nach § 49 belaufen sich auf
- 10 EUR bei einem Gegenstandswert über 4.000 EUR
- 14 EUR bei einem Gegenstandswert über 10.000 EUR
- 35 EUR bei einem Gegenstandswert über 25.000 EUR bis zur höchsten Stufe von über 30.000 EUR.

---

4 BVerfG NJW 2008, 1063.
5 Vgl. BVerfG NJW 2008, 1063.
6 Vgl. auch BVerfG NJW 2008, 979, Rn 86.
7 BVerfG NJW 2008, 979, Rn 86.

8 Die alternative Methode ist eine kontinuierliche Degression, die jeweils mit Hilfe einer mathematischen Formel berechnet werden müsste.

Bei der Gebührentabelle eines Wahlanwalts (§ 13) betragen die Unterschiedsbeträge von anfänglich 35 EUR bis letztendlich 150 EUR.

2. Gebühren

7 Die Beträge der **Tabelle des § 13**, an die § 49 anknüpft, wurden nach der BRAGO a.F. als volle Gebühren bezeichnet. Das waren sie aber nur, soweit die vollen Gebühren nicht besonders festgelegt gewesen sind. Die tabellarischen Beträge geben nur dann die volle Gebühr an, wenn sich der **jeweilige Gebührensatz** auf **1,0** beläuft. Haben die Gebühren andere Sätze, dienen die tabellarischen Beträge lediglich als Basisgröße, mit denen dann der jeweilige Gebührensatz zu multiplizieren ist.

8 Dieses Prinzip wird von § 49 nicht durchbrochen, sondern findet auch dort Anwendung, wo „anstelle der Gebühr nach § 13 Abs. 1" jeweils nur eine reduzierte Gebühr vorgesehen ist. Die tabellarischen Beträge in § 49 geben nur dann die Gebühr an, wenn sich **der jeweilige Gebührensatz** auf **1,0** beläuft. Haben die Gebühren andere Sätze, dienen die tabellarischen Beträge lediglich als Basisgröße, mit denen dann der jeweilige Gebührensatz zu multiplizieren ist.

> **Beispiele:** Die Verfahrensgebühr des beigeordneten Revisionsanwalts (VV 3208) beträgt bei einem Streitwert von 22.000 EUR 2,3 von 363 EUR, also netto 834,90 EUR; die Einigungsgebühr des erstinstanzlichen Anwalts für einen außergerichtlichen Vergleich (VV 1000) beläuft sich bei einem Gegenstandswert von 6.000 EUR auf 1,5 von 267 EUR, mithin auf netto 400,50 EUR. Der Berufungsanwalt erhält bei einem Streitwert von 9.000 EUR eine Termingebühr (VV 3202) von netto 356,40 EUR (1,2 von 297 EUR).

II. Die dreistufige Gebührenstaffel

1. Die vollen Gebühren der ersten Stufe

9 Bis zu einem Gegenstandswert von **4.000 EUR** wirkt sich die Beiordnung oder Bestellung für den Anwalt in der Regel nicht nachteilig, häufig aber vorteilhaft aus. Eine finanzielle Einbuße braucht er nicht hinzunehmen, weil die Staatskasse ihm in Höhe der vollen Regelvergütung für seine Entlohnung einsteht. Mit der Staatskasse hat er eine **verlässliche Schuldnerin** und das Vertrauensverhältnis zu der Partei bleibt frei von etwaigen Abrechnungsproblemen. Der Anwalt kann **unbelastet von eigenen Gebühreninteressen** das Bestreben der Partei unterstützen, Prozesskostenhilfe ohne Zahlungsanordnung zu erhalten, da er auf Zahlungen der Partei an die Staatskasse nicht zurückgreifen muss, um seine volle Vergütung zu erreichen (siehe § 50 Rdn 2).

2. Die reduzierten Gebühren der zweiten Stufe

10 Bei Gegenstandswerten von **über 4.000 EUR** bis **einschließlich 30.000 EUR** greift abweichend von der Gebührentabelle des § 13 die **besondere Degression** der Tabelle des § 49 ein. Der Anwalt erhält nicht die volle Vergütung eines Wahlanwalts (§ 13), sondern nur eine Vergütung nach der Gebührentabelle des § 49 aus der Staatskasse.

Diese bleibt umso weiter hinter der Vergütung eines Wahlanwalts zurück, je höher der Gegenstandswert ansteigt. Bei einem Gegenstandswert von über 30.000 EUR fällt die 1,0-Gebühr nach der Gebührentabelle des § 49 mit 447 EUR hinter der 1,0-Gebühr eines Wahlanwalts (§ 13) mit 938 EUR auf weniger als die Hälfte (47,65 %) zurück.

11 Der nur geringe Anstieg der Gebührenbeträge nach der Gebührentabelle des § 49 und vor allem die verhältnismäßig geringen Gebührenbeträge bei Gegenstandswerten über 8.000 EUR (weniger als 60 % der Gebührenbeträge eines Wahlanwalts nach § 13) zeugen von hoher **Erwartung** des Gesetzgebers **an die Einsatzbereitschaft eines beigeordneten Anwalts**, wenn Prozesskostenhilfe ohne Zahlungsbestimmung bewilligt worden ist. Dann muss sich der Anwalt letztlich mit der Vergütung nach der Gebührentabelle des § 49 zufrieden geben, falls der Ausgang des Verfahrens eine Inanspruchnahme des Gegners nicht zulässt.[9] Außerdem mutet der Gesetzgeber ihm zu, im Verhältnis zur Partei einem besonderen **Interessenkonflikt** standzuhalten. Bei Gegenstandswerten über 4.000 EUR

---

[9] Dieses Misserfolgsrisiko wird allerdings durch eine vorgeschaltete Erfolgsprüfung nach § 114 ZPO eingedämmt; vgl. BVerfG NJW 2008, 1063 = AnwBl 2008, 75.

kollidiert das **Gebühreninteresse** des beigeordneten Anwalts mit dem wirtschaftlichen **Interesse der Partei**, eine **Zahlungsbestimmung möglichst** zu **vermeiden**.[10] Will der Anwalt eine Entlohnung über die Vergütung nach der Gebührentabelle des § 49 hinaus sicherstellen, ohne dafür beizeiten gesorgt zu haben (vgl. Rdn 20), muss ihm daran gelegen sein, dass der Partei Zahlungen auferlegt werden, um alsdann nach § 50 darauf zugreifen zu können. Im Gegensatz dazu ist er als Auftragnehmer der Partei dieser gegenüber verpflichtet, sich dafür einzusetzen, dass eine Zahlungsbestimmung möglichst unterbleibt.

3. Die Festgebühr der dritten Stufe

Bei Gegenstandswerten **über 30.000 EUR** verlässt die Tabelle des § 49 das Prinzip der wertbezogenen Vergütung (vgl. Rdn 4 f.) zugunsten einer **Einheitsgebühr**. Das entspricht der Deckelung gemäß § 22 Abs. 2[11] (siehe Rdn 15 ff.). Der Höchstsatz des Betrages, den die Staatskasse von einer 1,0-Gebühr übernimmt, ist auf 447 EUR festgelegt, auch wenn sich die Vergütung eines Wahlanwalts nach § 13 auf ein Mehrfaches beläuft. Dadurch wird der Abstand zwischen Vergütung nach der Gebührentabelle des § 49 und der Vergütung eines Wahlanwalts (§ 13) mit steigenden Gegenstandswerten stetig größer.[12]

Allerdings qualifiziert sich auch die einheitliche Festgebühr bei Werten über 30.000 EUR nur als **Berechnungsgröße**, wo die Sätze der Gebühren von 1,0 abweichen (vgl. Rdn 7). So erhält etwa der Berufungsanwalt für das Betreiben des Verfahrens als Höchstsatz 1,6-Gebühren (VV 3200) von 447 EUR, also netto 715,20 EUR, und beispielsweise 1,5-Gebühren von 447 EUR = 670,50 EUR für den Abschluss eines Vertrages (VV 1000) über nicht anhängige Ansprüche von mehr als 30.000 EUR.

4. Speziell: Mehrheit von Auftraggebern

Vertritt der beigeordnete Anwalt mehrere **echte Streitgenossen**, so erhöht sich die Verfahrensgebühr für den zweiten und jeden weiteren Auftraggeber um jeweils 0,3 (vgl. VV 1008). Demnach beträgt sie (in der ersten Instanz) beispielsweise im Falle einer gemeinschaftlichen Beteiligung von drei Auftraggebern mit einem Gegenstandswert von 50.000 EUR insgesamt 849,30 EUR (1,3 + 0,3 + 0,3 von 447 EUR). Handelt es sich hingegen um „unechte" Streitgenossen, werden also die Gebühren nach § 22 Abs. 1 durch **Addition der Gegenstandswerte** auf 150.000 EUR berechnet, weil verschiedene Gegenstände anhängig sind, so würde sich die Verfahrensgebühr des beigeordneten Anwalts ungeachtet der Mehrheit von Auftraggebern gleichwohl **nur** auf die **Höchstgebühr** von 581,10 EUR (1,3 von 447 EUR) belaufen, da es angesichts dieser Festgebühr bei Werten über 30.000 EUR letztlich **keinen Unterschied** macht, ob der Gegenstandswert 50.000 EUR oder 150.000 EUR beträgt (zur entsprechenden Regelung siehe § 22 Rdn 34 ff.).[13] Das liefe nicht nur dem **Grundsatz zuwider**, wonach eine **Mehrfachvertretung** stets eine **höhere Vergütung** bewirkt als eine Einzelvertretung (siehe § 7 Rdn 3), sondern würde darüber hinaus auch zu einem **Wertungswiderspruch** führen, weil die Mehrfachvertretung bei unechten Streitgenossen geringer vergütet würde als eine solche von echten Streitgenossen, obwohl sie vom Gesetzgeber als arbeitsintensiver angesehen wird. Um diesen Widerspruch aufzuheben, „ist der Richter schon nach den Grundsätzen des einfachen Rechts zu einer Ergänzung aufgerufen, die in einem vom Gesetzgeber offensichtlich nicht bedachten Teilbereich ein der Gesamtregelung widersprechendes Ergebnis vermeidet. Wo das möglich ist, erübrigt sich die Prüfung, ob sonst nicht mit Rücksicht auf eine höherrangige Norm (hier etwa Art. 3 Abs. 1 GG) dem Gesetz die Gefolgschaft verweigert werden müsste."[14]

Deshalb wurde schon zur bisherigen Rechtslage allgemein die Meinung vertreten, dass dem beigeordneten Anwalt, der für mehrere Auftraggeber tätig ist, auch **bei Verschiedenheit der Gegenstände** die Erhöhung nach VV 1008 zugute kommt, wenn und soweit sich die Kumulation der Streitwerte

---

10 Vgl. *Christl*, MDR 1983, 539.
11 Vgl. zur Vereinbarkeit dieser anspruchsbeschränkenden Gesetzestechnik mit dem Grundgesetz BVerfG NJW 2007, 2098.
12 Ein besonders krasser Fall liegt der Entscheidung des BVerfG NJW 2008, 1063 = AnwBl 2008, 75 zugrunde.
13 A.A. OLG Dresden AGS 2007, 521 m. abl. Anm. *N. Schneider*.
14 BGH JurBüro 1981, 1658.

nach § 22 Abs. 1 wegen der Festgebühr des § 49 nicht zu seinen Gunsten auswirkt.[15] Damit ist der Mehrvertretungszuschlag zwar immer noch geringer als ohne Beiordnung. Denn die Erhöhung nach VV 1008 bleibt deutlich hinter der Erhöhung durch Anhebung der Gebühr nach § 13 infolge Addition der Gegenstandswerte zurück. Durch diese „**Notlösung**" erhält der beigeordnete Anwalt allerdings selbst bei hohen Gegenstandswerten noch einen **kleinen Vorteil** gegenüber einer Einzelvertretung, wenn auch unter Missachtung der Erkenntnis des Gesetzgebers, dass eine Vertretung von unechten Streitgenossen in der Regel mehr Aufwand mit sich bringt als eine solche von echten Streitgenossen. Diese **Differenzierung** gemäß § 22 und VV 1008 **fällt der Höchstgebühr** ebenso **zum Opfer** wie das Schema der wertbezogenen Vergütung.

16 Die bei unechten Streitgenossen an sich systemwidrige Erhöhung nach VV 1008 versteht sich als **Mindestbetrag** des Mehrvertretungszuschlags. Daher bleibt es immer dort, wo die **Addition** der Gegenstandswerte zu **höheren Gebühren** führt, bei der **Abrechnung nach § 22 Abs. 1**. Hierauf sollte der beigeordnete Anwalt durch Gegenüberstellung der beiden Berechnungsmethoden besonders achten, wenn er es mit einem Grenzfall zu tun hat.

> **Beispiel:** Der Anwalt ist erstinstanzlich zwei unechten Streitgenossen beigeordnet. Die Gegenstandswerte belaufen sich auf 22.000 EUR und 17.000 EUR. Es fallen eine Verfahrensgebühr und eine Terminsgebühr an.
> An Vergütung nach der PKH-Gebührentabelle (§ 49) könnte der Anwalt nach **§ 22 Abs. 1** 2,5 Gebühren zu je 447 EUR (Wert: 39.000 EUR), insgesamt also **1.117,50 EUR netto** abrechnen.
> Die Abrechnung nach **VV 1008** ergibt eine Verfahrensgebühr mit 1,6 von 349 EUR (Wert: 17.000 EUR Mehrfachvertretung) zuzüglich 1,3 aus 257 EUR (Wert: 5.000 EUR Einzelvertretung), jedoch nach § 15 Abs. 3 nicht mehr als 1,6 aus 447 EUR (Wert: 39.000 EUR), also 715,20 EUR. Mit der Terminsgebühr von 1,2 aus 447 EUR (Wert: 39.000 EUR) erhält der Anwalt zusammen **netto 1.251,60 EUR**, mithin 134,10 EUR mehr.

C. Praxisempfehlungen

I. Prozesskostenhilfe und Zahlungsbestimmung

17 Bei **Gegenstandswerten über 4.000 EUR** sollte der Anwalt sein Augenmerk darauf richten, ob eine **Zahlungsbestimmung in Betracht kommt**. Denn ohne eine solche muss er mit der Vergütung nach der Gebührentabelle aus § 49 vorlieb nehmen, falls er diese nicht doch noch durch ein Beitreibungsrecht nach § 126 ZPO aufstocken kann (siehe § 55 Rdn 111 ff.).

18 Die Partei ist gehalten, dem beigeordneten Anwalt **wahrheitsgemäß Auskunft** zu geben über ihre wirtschaftlichen und persönlichen Verhältnisse. Es handelt sich um eine **Nebenpflicht des Anwaltsvertrages** oder sonstigen zivilrechtlichen Schuldverhältnisses, die daraus folgt, dass diese Angaben mittelbar die Vergütung des Anwalts bestimmen. Gibt die Partei unrichtige Erklärungen ab und erreicht sie dadurch die Bewilligung von Prozesskostenhilfe ohne Zahlungsbestimmung, so kann der **Tatverdacht eines (versuchten) Betruges** zum Nachteil des eigenen Anwalts begründet sein. Auf ihre **Wahrheitspflicht** sollte der Anwalt die Partei **besonders hinweisen**, falls insoweit konkrete Veranlassung besteht.

II. Verfahren mit hohen Gegenstandswerten

19 Die bedürftige Partei hat bei Prozesskostenhilfe ohne Zahlungsbestimmung ein besonderes Interesse daran, möglichst alle Streitigkeiten zu bündeln. Daran kann dem beigeordneten Anwalt nicht gelegen sein, weil er bei Gegenstandswerten über 4.000 EUR mit einer verminderten Entlohnung und bei Werten über 30.000 EUR sogar damit rechnen muss, hinsichtlich der weiter gehenden Ansprüche ohne zusätzliche Vergütung tätig zu werden. Der Anwalt hat **zwar** die **wirtschaftlichen Belange der Partei zu wahren** und seine eigenen dahinter zurückzustellen, soweit er vertraglich gebunden ist. Er kann **aber** die Partei auf diese **Konfliktlage hinweisen** und ist nicht stets verpflichtet, ein bestehendes Mandat um weitere Gegenstände aufzustocken.

---

15 OLG Hamm AGS 2003, 200; BGH NJW 1981, 2757 = AnwBl 1981, 402 = MDR 1981, 1004 = JurBüro 1981, 1657 = Rpfleger 1981, 437 = VersR 1981, 103; siehe auch *Enders*, JurBüro 2005, 409 (m. Beispielsfall).

Abschnitt 8. Beigeordneter oder bestellter Rechtsanwalt, Beratungshilfe § 50

Solange der Anwalt für die Partei **noch keinen Antrag auf Bewilligung** von Prozesskostenhilfe 20
ohne Zahlungsanordnung unter seiner Beiordnung gestellt hat, ist es ihm nicht verwehrt, die zu
erwartende Einbuße an Vergütung im Voraus durch eine **Vorschussregelung** ganz oder teilweise zu
kompensieren (§ 58). Die **Sperre** des § 122 Abs. 1 Nr. 3 ZPO greift **erst** für die Zeit **ab Geltung
der Bewilligung**.

§ 50 Weitere Vergütung bei Prozesskostenhilfe

(1) ¹Nach Deckung der in § 122 Absatz 1 Nummer 1 der Zivilprozessordnung bezeichneten Kosten und Ansprüche hat die Staatskasse über die auf sie übergegangenen Ansprüche des Rechtsanwalts hinaus weitere Beträge bis zur Höhe der Regelvergütung einzuziehen, wenn dies nach den Vorschriften der Zivilprozessordnung und nach den Bestimmungen, die das Gericht getroffen hat, zulässig ist. ²Die weitere Vergütung ist festzusetzen, wenn das Verfahren durch rechtskräftige Entscheidung oder in sonstiger Weise beendet ist und die von der Partei zu zahlenden Beträge beglichen sind oder wegen dieser Beträge eine Zwangsvollstreckung in das bewegliche Vermögen der Partei erfolglos geblieben ist oder aussichtslos erscheint.

(2) Der beigeordnete Rechtsanwalt soll eine Berechnung seiner Regelvergütung unverzüglich zu den Prozessakten mitteilen.

(3) Waren mehrere Rechtsanwälte beigeordnet, bemessen sich die auf die einzelnen Rechtsanwälte entfallenden Beträge nach dem Verhältnis der jeweiligen Unterschiedsbeträge zwischen den Gebühren nach § 49 und den Regelgebühren; dabei sind Zahlungen, die nach § 58 auf den Unterschiedsbetrag anzurechnen sind, von diesem abzuziehen.

A. Allgemeines 1	2. Fälligkeitsanforderungen (Abs. 1 S. 2) 18
B. Regelungsgehalt 9	3. Speziell: Sicherstellung von Zahlungen der Partei 22
I. Voraussetzungen der weiteren Vergütung (Abs. 1 S. 1) 9	III. Anspruchskonkurrenz bei mehreren Anwälten (Abs. 3) 28
1. Zahlungsbestimmung als Anspruchsgrundlage 9	1. Tatbestand 28
2. Offene Forderung aus dem Anwaltsvertrag 10	2. Mehrere Anwälte in derselben Instanz ... 29
3. Eingezogene Beträge übersteigen Kosten der Staatskasse 11	3. Verschiedene Anwälte in mehreren Instanzen 32
II. Berechnung und Fälligkeit der weiteren Vergütung 13	C. Praxisempfehlungen 36
1. Mitteilungspflicht des Anwalts (Abs. 2) .. 13	I. Prozesskostenhilfe mit Zahlungsbestimmung oder private Finanzierung 36
	II. Durchsetzung der weiteren Vergütung 39

A. Allgemeines

Mit § 50 wird die Regelung des § 124 BRAGO a.F. inhaltlich übernommen. Es geht um eine spezielle 1
Eigenart der Beiordnung **im Wege der Prozesskostenhilfe**, die bei anderen Beiordnungen oder bei
Bestellungen des Anwalts nicht auftaucht. Deshalb muss hier bei der Ausgestaltung des aus der
Beiordnung folgenden Vergütungsanspruchs des Anwalts auf das **Rechtsverhältnis Staat – Partei**
zurückgegriffen werden, was durch die Ergänzung der Überschrift deutlich gemacht worden ist.

Geregelt werden die **Entstehung, Höhe und Fälligkeit eines zusätzlichen Vergütungsanspruchs** 2
des beigeordneten Anwalts gegen die Staatskasse aus der Beiordnung, der über eine Zahlungsbestimmung des Gerichts zu Lasten der Partei im Rahmen der Bewilligung von Prozesskostenhilfe eröffnet wird. § 50 bezeichnet die einem Wahlanwalt zustehende Vergütung (Gebühren nach § 13, Auslagen) als „Regelvergütung". Sie kommt nur unter **zwei Voraussetzungen** in Betracht. Zum einen muss zwischen der Vergütung eines Wahlanwalts aus dem zivilrechtlichen Schuldverhältnis und der Vergütung aus der Beiordnung ein **offener Rest** verbleiben. Damit scheidet eine Anwendung des § 50 von vornherein aus, wenn der Anwalt die Vergütung eines Wahlanwalts erhalten hat, sei es aus der Staatskasse oder über eine Kostenerstattung des Gegners. Ferner setzt eine „weitere Vergütung" voraus, dass für eine zusätzliche Zahlung aus der Staatskasse eine **besondere Haftungsmasse** zur Verfügung steht. Erforderlich ist ein tatsächlich vorhandener **Überschuss** von zweckbestimmten

Fölsch

Einnahmen der Staatskasse **über die Gerichtskosten des Verfahrens und die dem beigeordneten Rechtsanwalt zu gewährende Vergütung** hinaus.

3   Durch das **2. KostRMoG** ist § 50 Abs. 1 S. 1 neu gefasst worden. Die Neufassung stellt klar, dass die Staatskasse nach Befriedigung ihrer Ansprüche nicht nur die Gebührendifferenz, sondern auch zusätzliche Auslagen, die nicht von der Staatskasse zu vergüten sind, einzuziehen hat.[1]

4   § 50 kann demnach nur in den Fällen Bedeutung erlangen, in welchen die Bewilligung von Prozesskostenhilfe **mit** einer **Zahlungsbestimmung** verbunden oder im Abänderungsverfahren nach § 120a ZPO nachträglich eine Zahlungsbestimmung angeordnet ist. Dann ist nicht nur die Staatskasse, sondern auch die bedürftige Partei an der Finanzierung des Verfahrens beteiligt. Die Vergütung des Anwalts geschieht also innerhalb eines **dreiseitigen Verhältnisses**. Um dessen Regelung geht es.

5   Verbleibt ein **Deckungs-Überschuss** über die Gerichtskosten und die dem beigeordneten Rechtsanwalt zu gewährende Vergütung hinaus, soll damit zunächst der beigeordnete Anwalt bedient werden, weil dieser ansonsten an Zahlungen aus der Staatskasse stets nur die Vergütung nach der Gebührentabelle des § 49 erhalten würde. Auf eine Auskehrung des Geldes an die Partei könnte er infolge § 122 Abs. 1 Nr. 3 ZPO nicht zugreifen. Andererseits will das Gesetz ihm die überschüssigen Einnahmen **bis zur Höhe der Regelvergütung** zukommen lassen, weil sie (auch) auf Zahlungen der Partei beruhen, welche dieser wirtschaftlich zumutbar (gewesen) sind und es daher für eine reduzierte Entlohnung des beigeordneten Anwalts nur in Höhe der Grundvergütung keinen sachlichen Grund gibt.

6   Die Staatskasse ist verpflichtet, die bei Bewilligung der Prozesskostenhilfe oder nachträglich festgelegten Beträge und Raten – höchstens 48 Monatsraten (vgl. § 115 Abs. 2 ZPO) – einzuziehen, bis nicht nur die in § 122 Abs. 1 Nr. 1 ZPO bezeichneten Kosten und Ansprüche gedeckt sind, sondern auch die Regelvergütung des Rechtsanwalts.[2] Die Staatskasse muss über die Deckung der von ihr zu tragenden Kosten und zu befriedigenden Ansprüche hinaus auch zugunsten des beigeordneten Rechtsanwalts die Zahlung der vom Gericht festgelegten Beträge im Rahmen der zivilprozessualen Regelungen überwachen und nötigenfalls auch durchsetzen.[3] Dies war nach der Rechtslage zur BRAGO a.F. noch umstritten.

7   Soweit Zahlungen der Partei die Kosten der **Staatskasse** übersteigen, tritt diese **gleichsam als Treuhänderin für den beigeordneten Anwalt** auf, indem sie die zusätzlichen Gelder für ihn vereinnahmt und letztendlich an ihn weiterleitet. Nur wenn auch der Unterschiedsbetrag zwischen der Grundvergütung und den Regelgebühren vollständig ausgeglichen ist und immer noch ein Überschuss verbleibt, wird dieser als Zuvielzahlung an die Partei wieder ausgekehrt.

8   Die **Durchsetzung des Anspruchs** auf weitere Vergütung erfolgt im **Antragsverfahren nach § 55** (siehe § 55 Rdn 93 ff.). Insoweit enthält § 50 mit seinem **Abs. 2** auch formelles Recht. In der Aufforderung, die Berechnung der Vergütung unverzüglich mitzuteilen, erschöpft sich allerdings seine verfahrensrechtliche Bedeutung. **Abs. 1 S. 2** regelt die Fälligkeit des Anspruchs (vgl. Rdn 18) und **Abs. 3** bestimmt die Anspruchshöhe bei Anspruchskonkurrenz (siehe Rdn 28).

B. Regelungsgehalt

I. Voraussetzungen der weiteren Vergütung (Abs. 1 S. 1)

1. Zahlungsbestimmung als Anspruchsgrundlage

9   Die Verpflichtung der Staatskasse, für eine Entlohnung des beigeordneten Anwalts über die Vergütung nach der Gebührentabelle des § 49 hinaus Sorge zu tragen, ergibt sich aus der konkreten Beiordnung und der dieser zugrunde liegenden Bewilligung von Prozesskostenhilfe. Die **Bewilligung trägt die Beiordnung** (vgl. § 48 Rdn 3) auch **insoweit, als sie** den Umfang der an den Anwalt zu zahlenden **Vergütung festlegt**. Nur wenn sie eine **Zahlungsanordnung** zum Gegenstand hat, kommt eine **weitere Vergütung** des Anwalts in Betracht (vgl. Rdn 2). Ist der Anwalt im Rahmen einer Bewilligung beigeordnet worden, die **keine Zahlungsverpflichtung** der Partei enthält, muss er sich

---

1 Vgl. BT-Drucks 17/11471 (neu), S. 270.
2 BT-Drucks 15/1971, S. 201.
3 BT-Drucks 15/1971, S. 201.

im Verhältnis zur Staatskasse bei Gegenstandswerten über 4.000 EUR **stets** mit der **Vergütung nach der Gebührentabelle des § 49** zufrieden geben.

> **Beispiel:** Für eine Zahlungsklage über 4.500 EUR wird der Anwalt der Partei in beiden Instanzen jeweils beigeordnet. In der ersten Instanz beruht die Beiordnung auf der Bewilligung von PKH mit einer Monatsrate von 60 EUR, in der zweiten Instanz auf einer solchen ohne Zahlungsbestimmung. In der ersten Instanz entstehen eine 1,3-Verfahrensgebühr (VV 3100) und eine 1,2-Terminsgebühr (VV 3104). In der zweiten Instanz fallen eine 1,6-Verfahrensgebühr (VV 3200) und eine 1,2-Terminsgebühr (VV 3202) an.
> Für die erste Instanz kann der Anwalt neben der Vergütung nach der PKH-Gebührentabelle (§ 49) von 2,5 Gebühren à 257 EUR netto (§ 49) auch eine weitere Vergütung bis zur Höhe der vollen Gebühr von 2,5 Gebühren à 303 EUR netto (§ 13) verlangen, soweit die Ratenzahlungen der Partei das hergeben. Für die zweite Instanz steht ihm nur die Vergütung nach der PKH-Gebührentabelle (§ 49) von 2,8 Gebühren à 257 EUR zu. Hinzu kommen jeweils die Auslagen.

2. Offene Forderung aus dem Anwaltvertrag

Aus der gesetzlichen Konstruktion des Dreiecksverhältnisses Partei – Anwalt – Staat folgt, dass der **vertragliche Anspruch** des beigeordneten Anwalts gegenüber der Partei unabhängig **neben** der **Verpflichtung der Staatskasse** aus der Beiordnung besteht, auf diesen Vergütungsanspruch Leistungen zu erbringen (siehe § 45 Rdn 7). Soweit die Staatskasse zahlt, geht der vertragliche Anspruch des Anwalts auf sie über (siehe § 59 Rdn 6); im Übrigen bleibt er als offene Forderung bestehen, falls er nicht durch Zahlungen Dritter weiter zurückgeführt worden ist. **Nicht die „Differenzgebühr"** (Unterschiedsbetrag zwischen der gesetzlichen Vergütung und der von der Staatskasse in jedem Fall geschuldeten Vergütung nach der Gebührentabelle des § 49) bestimmt den **Gegenstand des Anspruchs nach § 50, sondern** der **tatsächliche Restbestand des zivilrechtlichen (vertraglichen) Vergütungsanspruchs.** Das 2. KostRMoG hat dies durch die neue Formulierung in Abs. 1 S. 1 ausdrücklich klargestellt.[4]

10

> **Beispiel:** Die Partei hat für eine Zahlungsklage über 50.000 EUR Prozesskostenhilfe mit Ratenzahlungsanordnung erhalten. Sie gewinnt in Höhe von 30.000 EUR und hat einen Kostenerstattungsanspruch von 60 %. Die Staatskasse hat an den beigeordneten Anwalt 1.353,63 EUR gezahlt (2,5 Gebühren zu je 447 EUR zuzüglich 20 EUR Post- und Telekommunikationspauschale zuzüglich 19 % USt). Gemäß § 126 ZPO hat der Anwalt vom Gegner 696,75 EUR beigetrieben (60 % der eigenen Gebührenforderung von 3.483,73 EUR abzüglich 40 % Anwaltskosten des Gegners, vgl. § 55 Rdn 111 ff.).
> Für die Inanspruchnahme einer weiteren Vergütung aus den Zahlungen der Partei kann der Anwalt noch 1.433,35 EUR ansetzen. Seine volle Vergütung von 3.483,73 EUR (2,5 Gebühren zu je 1.163 EUR zuzüglich 20 EUR Post- und Telekommunikationspauschale zuzüglich 19 % USt) ist um 1.353,63 EUR zurückgeführt worden durch die Vergütung nach der Gebührentabelle des § 49 aus der Staatskasse und um weitere 696,75 EUR durch die Zahlung des Gegners.

3. Eingezogene Beträge übersteigen Kosten der Staatskasse

Von der Staatskasse eingezogene Beträge sollen zuvorderst dieser selbst zugute kommen. Erst wenn die **Ansprüche der Staatskasse auf Regulierung** der Gerichtskosten, Gerichtsvollzieherkosten und von ihr bezahlten Anwaltskosten (§ 122 Abs. 1 Nr. 1 ZPO) **sämtlich abgedeckt** sind, bilden die **weiteren Einnahmen** einen **Überschuss**, auf den der beigeordnete Anwalt zugreifen kann. Auf die **Art der Zahlungseingänge** kommt es nicht an, sondern nur auf ihre Zweckbestimmung. Es kann sich um **Zahlungen der Partei** aufgrund des PKH-Beschlusses, aber auch um solche des **Gegners** handeln, die zur Erfüllung des nach § 59 Abs. 1 auf die Staatskasse übergegangenen Anspruchs des beigeordneten Anwalts geleistet worden sind.

11

> **Beispiel:** Die Partei hat für eine Zahlungsklage über 35.000 EUR Prozesskostenhilfe mit Ratenzahlungsanordnung erhalten. Die Staatskasse hat an den beigeordneten Anwalt einen Vorschuss in Höhe der Grundvergütung von 1.353,63 EUR (2,5 Gebühren zu je 447 EUR zuzüglich 20 EUR Post- und Telekommunikationspauschale zuzüglich 19 % USt) gezahlt. Die Partei gewinnt; der Gegner hat die Kosten zu tragen. Nachdem sie 360 EUR an Raten aufgebracht hat, meldet die Partei (nicht: der beigeordnete Anwalt) ihre Anwaltskosten zur Festsetzung an.

---

4 Vgl. BT-Drucks 17/11471 (neu), S. 270.

Sollte der Gegner die Gerichtskosten als Entscheidungsschuldner bereits gezahlt haben, ist die Anwaltsvergütung von 1.353,63 EUR durch die Zahlungen der Partei in Höhe von 360 EUR teilweise gedeckt[5] (andernfalls kann die Staatskasse die eingegangenen Raten einstweilen auf die Gerichtskosten verrechnen), so dass die Staatskasse noch 993,63 EUR (1.353,63 EUR Zahlbetrag abzgl. 360 EUR Rateneingang) als übergegangenen Anspruch ansetzen kann (vgl. Nr. 2.3.1 AV) (siehe § 59 Rdn 11). Dieser Betrag ist von der Erstattungsforderung der Partei abzuziehen. Festzusetzen sind also 2.814,35 EUR (2,5 Gebühren zu je 938 EUR zuzüglich 20 EUR Post- und Telekommunikationspauschale zuzüglich 19 % USt) abzüglich auf die Staatskasse übergegangener 993,63 EUR, ergibt 1.820,73 EUR. Zahlt der Gegner den auf die Staatskasse übergegangenen Anspruch freiwillig (vgl. Nr. 2.3.5 AV), so hat sie Einnahmen von insgesamt 1.353,63 EUR (360 EUR Raten der Partei + 993,63 EUR Erstattung durch den Gegner). Damit sind ihre eigenen Kosten gedeckt. Erst jeder weitere Eingang würde einen Überschuss ergeben.

12 Solange eine offene Forderung aus dem Anwaltsvertrag besteht, ist die **Staatskasse** aufgrund der Beiordnung dem Anwalt gegenüber **verpflichtet**, der Partei **auferlegte Zahlungen durchzusetzen**.[6] Für sie besteht im Interesse des Anwalts eine „**Amtspflicht**" zur Einziehung",[7] also zur Ausführung der Anordnung gemäß § 120 Abs. 1 S. 1 ZPO. Angesichts der Vergünstigung, nicht in voller Höhe die gesetzliche Vergütung des Anwalts aufbringen zu müssen, hat sie dieser „Ersparnis" wegen für den Anwalt einzutreten und dessen Vergütungsinteressen im Verhältnis zur Partei wahrzunehmen.[8] Allerdings hat der beigeordnete Anwalt **keinen Anspruch auf Fortbestand der Zahlungsanordnung**. Das **Gericht kann** die Zahlungen der Partei an die Staatskasse **reduzieren** (§ 120a ZPO), ohne dass dem Anwalt insoweit ein Rechtsmittel zustünde.[9] Es muss die Ratenzahlungsanordnung aufheben, wenn über das Vermögen des Schuldners das Insolvenzverfahren eröffnet wird.[10] Andererseits kann das Gericht **nachträglich** eine **Zahlungspflicht** der Partei anordnen, falls sich eine **Verbesserung** ihrer **wirtschaftlichen Lage** ergibt (§ 120a ZPO). Das kann beispielsweise anzunehmen sein, wenn ihr aufgrund des Rechtsstreits **Zahlungen vom Prozessgegner** zufließen (vgl. § 120a Abs. 3 ZPO).[11] Dann muss sie auch schon vor Einleitung des Verfahrens nach § 120 Abs. 4 ZPO mit der **Verpflichtung zum Einsatz** eines neu erlangten Vermögens **für die Prozesskosten** rechnen.[12] Steht zu erwarten, dass der **Anwalt** seine **Vergütung anderweitig** – insbesondere aus eigenem Beitreibungsrecht (siehe § 55 Rdn 111 ff.) – durchsetzen kann, ist die **vorläufige Einstellung** der Zahlungen anzuordnen (§ 120 Abs. 3 Nr. 2 ZPO). Zuständig ist jeweils der **Rechtspfleger** (zum Verfahren siehe Rdn 22 ff.).

II. Berechnung und Fälligkeit der weiteren Vergütung

1. Mitteilungspflicht des Anwalts (Abs. 2)

13 Da der Anspruch auf weitere Vergütung der Höhe nach durch den tatsächlichen Restbestand des zivilrechtlichen Vergütungsanspruchs begrenzt wird, ist der Urkundsbeamte der Geschäftsstelle im Rahmen des Festsetzungsverfahrens nach § 55 darauf angewiesen, über den **aktuellen Stand der Restforderung** informiert zu werden. Dem tragen die Erklärungspflicht des Anwalts nach § 55 Abs. 5 und die Sanktionsvorschrift des § 55 Abs. 6 Rechnung (siehe § 55 Rdn 101). Damit der Urkundsbeamte der Geschäftsstelle alsbald einen Überblick gewinnen kann, was der Anwalt noch zu bekommen hat und ob die eingezogenen Beträge dafür ausreichen, fordert **Abs. 2** den beigeordneten Anwalt auf, die Berechnung seiner Vergütung **unverzüglich dem Gericht mitzuteilen**.

---

[5] Vgl. außerdem OLG Düsseldorf MDR 1988, 243: Eingezogene Beträge sind auch dann nicht für die Gerichtskosten einzusetzen, wenn dem unterlegenen Gegner Prozesskostenhilfe bewilligt worden ist.

[6] LAG Hamm MDR 1997, 405; LAG Köln MDR 1997, 108; 1990, 365; Thüringer LAG MDR 1997, 1166; OLG Düsseldorf MDR 1993, 90 = OLGR 1992, 199; MDR 1989, 362 = Rpfleger 1989, 31; OLG Celle Rpfleger 1989, 290; OLG Bamberg FamRZ 1988, 192; OLG Köln AnwBl 1987, 101; LAG Hamm MDR 1985, 149 – überholt nunmehr die Gegenansicht: LAG Köln MDR 1989, 1027; LAG Düsseldorf MDR 1989, 485; OLG Düsseldorf MDR 1988, 238; LAG Hamm MDR 1987, 258; LAG Frankfurt MDR 1986, 1054.

[7] LAG Köln MDR 1990, 365.

[8] Ausführlich LAG Köln MDR 1997, 108.

[9] OLG Saarbrücken AGS 2001, 187; OLG Köln OLGR 1997, 215 = FamRZ 1997, 1283; OLG Schleswig OLGR 1996, 331.

[10] Das übersieht *Mock*, AGS 2005, 372, bei seiner hypothetischen Betrachtung über das Schicksal der Ratenzahlungsverpflichtung im Insolvenzverfahren.

[11] Vgl. auch schon LG Mainz NJW 2005, 230 und OLG Koblenz MDR 2005, 107 = AGS 2004, 400.

[12] Vgl. BGH Rpfleger 2007, 612; a.A. OLG Celle MDR 2007, 1458.

Aus der sachlichen Begründung für diese **Pflicht** folgt, dass sie **erst zur Entstehung** gelangt, **wenn** der Anwalt sich **entschlossen** hat, eine **weitere Vergütung einzufordern**. Will er zunächst versuchen, seine gesamte Vergütung oder auch nur den Unterschiedsbetrag zwischen der Grundvergütung und den Regelgebühren auf andere Weise zu realisieren, bedarf es keiner Mitteilung der Vergütungsberechnung. Daher sollte der Anwalt sich zunächst fragen, wie er vorzugehen gedenkt, um die verdiente Regelvergütung zu erlangen. 14

Neben einer Befriedigung durch die Staatskasse können auch in Betracht kommen eine **Befriedigung durch den Gegner (§ 126 ZPO)** und/oder durch **freiwillige Zahlungen der Partei oder Dritter**. Soweit ein Kostenerstattungsanspruch gegen den Gegner besteht, ist zu berücksichtigen, dass mit weiteren Zahlungen der Partei an die Staatskasse infolge Einstellungsverfügung des Rechtspflegers wohl nicht mehr zu rechnen ist (§ 120 Abs. 3 Nr. 2 ZPO), folglich nur die bereits geleisteten Beträge in die Kalkulation einbezogen werden können. Im Einzelfall mag sich sogar anbieten, mit der Partei einen **Regulierungsplan** aufzustellen und zu besprechen. Bei einer Bewilligung von Prozesskostenhilfe mit Zahlungsbestimmung kann eine solche Regelung sinnvoll sein, wenn die **Partei** den Anwalt aufgrund der angeordneten Raten **ohnehin voll bezahlen** muss. Kommt es zu einer Vereinbarung über die Vergütung, wonach der Anwalt die Staatskasse nicht (mehr) in Anspruch nehmen soll, kann er dieser gegenüber auf eine Vergütung aus der Beiordnung verzichten. Dann ist die Zahlungspflicht der Partei gegenüber der Staatskasse entsprechend anzupassen. 15

Will der beigeordnete Anwalt seine ausstehende Vergütung von der Staatskasse verlangen oder sich diesen Weg jedenfalls offen halten, hat er seine Berechnung des Anspruchs **unverzüglich** – d.h. ohne schuldhaftes Zögern – zur Gerichtsakte mitzuteilen. Ein Verstoß gegen diese Pflicht ist jedoch **nicht sanktioniert**, zumal der Zeitpunkt ihrer Entstehung vom Willen des Anwalts abhängig ist (anders aber § 55 Abs. 6).[13] 16

Die Mitteilung der Berechnung löst das **Antragsverfahren nach § 55** noch nicht aus, kann aber mit der Antragstellung **verbunden** werden. Das erscheint indes nur sinnvoll, wenn sie erst am Schluss des Verfahrens eingereicht wird oder wenn abzusehen ist, dass es bei der Höhe der Restforderung voraussichtlich bleibt. Der Urkundsbeamte der Geschäftsstelle darf über eine weitere Vergütung erst nach rechtskräftigem Abschluss des Verfahrens oder dessen Beendigung in sonstiger Weise entscheiden, weil der Anspruch vorher nicht fällig ist.[14] Ergeben sich bis dahin **anspruchserhebliche Änderungen**, muss der beigeordnete Anwalt ohnehin eine **neue Berechnung vorlegen** (vgl. § 55 Abs. 5 S. 2, 2. Hs.). 17

2. Fälligkeitsanforderungen (Abs. 1 S. 2)

Die weitere Vergütung ist konzipiert als Schlusszahlung und daher erst fällig, **wenn die Schlusskostenabrechnung aufgestellt werden kann**. Dazu müssen einerseits alle angefallenen Kosten sowie zum anderen auch die Deckungsbeträge, die für die Ausgleichung dieser Kosten zur Verfügung stehen, endgültig festliegen. **Beendet** i.S.d. Abs. 1 S. 2 ist ein Verfahren also immer dann, wenn **neue Kosten nicht mehr entstehen** und die **entstandenen Kosten** sich **nicht mehr verändern** können. 18

Daraus folgt, dass in einer **Ehesache** bei Abtrennung einer **Folgesache** auch deren Ausgang **abgewartet werden** muss, weil von einer rechtskräftigen oder sonstigen Erledigung des Verfahrens erst die Rede sein kann, wenn auch das abgetrennte Verfahren abgeschlossen ist.[15] Gebühren bis zur Höhe der Regelgebühren erhält der Rechtsanwalt nämlich nur, soweit die von der Bundes- und der Landeskasse eingezogenen Beträge den Betrag übersteigen, der zur Deckung der in § 122 Abs. 1 Nr. 1 ZPO bezeichneten Kosten und Ansprüche erforderlich ist.[16] Die Höhe dieser Kosten und Ansprüche steht aber erst fest, wenn das Verfahren abgeschlossen ist.[17] 19

---

13 Vgl. zum Fall der Fristsetzung indes OLG Koblenz BeckRS 2013, 1163 und OLG Zweibrücken BeckRS 2013, 14982: Die mit Fristsetzung verbundene gerichtliche Aufforderung an den PKH-Anwalt, einen Vergütungsantrag einzureichen, ist auch dann verbindlich, wenn die Festsetzung zum Zeitpunkt der Aufforderung mangels Abschluss des Verfahrens noch nicht zulässig war.

14 OLG Oldenburg JurBüro 1995, 536.
15 OLG Düsseldorf JurBüro 1983, 719 = Rpfleger 1983, 176.
16 OLG Düsseldorf JurBüro 1983, 719 = Rpfleger 1983, 176.
17 OLG Düsseldorf JurBüro 1983, 719 = Rpfleger 1983, 176.

20 Wird das **Ruhen des Verfahrens** angeordnet, so ist es auch dann **nicht beendet**, wenn es längere Zeit (über sechs Monate hinaus) nicht betrieben wird. Die prozessuale Situation ist keineswegs endgültig, sondern kann durch Aufnahme (§ 250 ZPO) jederzeit wieder in Bewegung geraten mit der Folge, dass eine Veränderung des Kostenanfalls und der Kostenverteilung eintritt.[18] Liegt es nicht im Interesse der Partei, das Verfahren fortzusetzen, so muss sich der beigeordnete Anwalt mit der Grundvergütung begnügen. In diesen Fällen würde er gegen seine vertraglichen Pflichten verstoßen, wenn er das Verfahren nur deshalb wieder aufnähme, um die weitere Vergütung zu erlangen.

21 Stellt der Kostenbeamte fest, dass **48 Monatsraten** (§ 115 Abs. 2 ZPO) **eingegangen** sind (vgl. Nr. 2.4.5 DB-PKHG) oder verfügt der Rechtspfleger vorher die **endgültige Einstellung** der Zahlungen (Nr. 8.4 DB-PKHG), so kann das beendete Verfahren abgerechnet und mithin die weitere Vergütung des beigeordneten Anwalts festgesetzt werden. **Spätestens** zu diesem Zeitpunkt sollten die **aktuelle Berechnung der Vergütung** (Abs. 2) **und der Festsetzungsantrag** dem Urkundsbeamten der Geschäftsstelle vorliegen. Werden beide nicht innerhalb von drei Jahren nach Ablauf des Kalenderjahres eingereicht, **verjährt** der Anspruch (siehe § 45 Rdn 53).

3. Speziell: Sicherstellung von Zahlungen der Partei

22 Reichen die bei Beendigung des Verfahrens eingegangenen Zahlungen der Partei nicht, um alle zu ihren Lasten gehenden Kosten einschließlich der vollen Vergütung eines Wahlanwalts (§ 13) des beigeordneten Anwalts abzudecken, muss der Kostenbeamte (Nr. 4.1 DB-PKHG) die angeordneten **Zahlungen solange** weiter **einfordern**, wie die Verpflichtung der Partei geht und die **weitere Vergütung noch ungedeckt** ist (vgl. Rdn 12). Es handelt sich um eine Amtspflicht, deren Verletzung Ersatzansprüche begründen kann. Die **Haftung der Staatskasse** mit ihrem eigenen Vermögen kommt in Betracht, falls sie die Einziehung weiterer Raten **pflichtwidrig unterlassen** hat und der Anwalt nur aus diesem Grunde seine volle Vergütung nicht realisieren kann. Jedoch hat der beigeordnete Anwalt **keinerlei Handhabe**, die **Erfüllung** dieser in seinem Interesse bestehenden Pflicht **rechtlich durchzusetzen**.[19]

23 Die Verpflichtung der Staatskasse entfällt, sobald das **Gericht** die Einstellung der Zahlungen angeordnet hat. Sind die Zahlungen **vorläufig eingestellt** worden, weil (auch) die volle Vergütung eines Wahlanwalts für den beigeordneten Anwalt gesichert erschien (§ 120 Abs. 3 ZPO), hat der **Rechtspfleger** die **Wiederaufnahme der Zahlungen** anzuordnen (vgl. Nr. 2.5.3 AV), falls der Überschuss der eingezogenen Beträge über die Grundkosten zur Deckung der weiteren Vergütung des Anwalts letztlich doch nicht ausreicht. Das gilt auch dann, wenn die **Kosten gegen einen anderen** am Verfahren Beteiligten zwar geltend gemacht, aber **nicht durchgesetzt** werden können. § 120 Abs. 3 Nr. 2 ZPO will nicht den beigeordneten Anwalt mit einer wertlosen Kostenerstattungsforderung abspeisen. Die Auffassung des OLG Düsseldorf, „das Insolvenzrisiko des Prozessgegners trägt auch beim RA einer nicht prozesskostenhilfefähigen Partei",[20] trifft nicht zu. Solange ein vertraglicher Vergütungsanspruch unerfüllt bleibt, besteht er trotz erfolgloser Vollstreckungsversuche fort. Es ist nicht ersichtlich, warum eine Partei mit Prozesskostenhilfe durch Zahlungsfreistellung von einer uneinbringlichen Erstattungsforderung sollte profitieren können.

24 Nicht nur das Interesse des beigeordneten Anwalts an der Ausführung einer vom Gericht getroffenen Zahlungsanordnung durch die Staatskasse ist geschützt, sondern auch sein Interesse an dem Fortbestand derselben. Allerdings ist umstritten, mit Hilfe welchen Rechtsbehelfs dem Schutzbedürfnis des Rechtsanwalts Genüge getan werden kann. Teilweise wird vertreten, dass dem Rechtsanwalt ein Beschwerderecht gegen die Entscheidung über die Einstellung bzw. die Ablehnung der Wiederaufnahme von Zahlungen aus § 127 Abs. 2 ZPO nicht zustünde.[21] Mit diesen Entscheidungen regle das Gericht (durch den Rechtspfleger) das **Verhältnis Partei – Fiskus**. Der Anwalt sei an der Bewilligung von Prozesskostenhilfe **nicht beteiligt**, weshalb er **keine Beschwerdebefugnis nach § 127 Abs. 2 S. 2 ZPO** habe[22] und nur eine solche der Staatskasse nach § 127 Abs. 3 S. 2 ZPO gegeben sei. Ein Anfechtungsrecht des Anwalts als mittelbar betroffener Dritter zu Lasten seines

---

18 OLG Düsseldorf MDR 1991, 550.
19 OLG Düsseldorf JurBüro 1991, 236 m. Anm. *Mümmler.*
20 OLG Düsseldorf OLGR 1992, 199.
21 OLG Düsseldorf FamRZ 1986, 1230.
22 OLG Köln OLGR 1997, 215 = FamRZ 1997, 1283; a.A. OLG Hamm FamRZ 1989, 412.

Mandanten sei zudem mit seiner **anwaltlichen Verpflichtung** nicht vereinbar, das **entgegenstehende Interesse der Partei an einer ihr günstigen Zahlungsregelung zu vertreten**.[23]

Jedoch folgt aus der Beiordnung die **Pflicht der Staatskasse**, das Interesse des Anwalts an einer vollen Entlohnung wahrzunehmen (siehe Rdn 12). Insoweit kann sie auch verpflichtet sein, ein ihr zustehendes **Rechtsmittel** zu seinen Gunsten **einzulegen**. Andererseits ist ihre Beschwerdebefugnis mit § 127 Abs. 3 ZPO **eingeschränkt**.[24]

Auch eine Beschwerdebefugnis des Anwalts gemäß **§ 56 scheidet aus**,[25] weil das Festsetzungsverfahren nach § 55 nur die **Ansprüche des Anwalts gegen die Staatskasse aus der Beiordnung**, nicht hingegen einen Anspruch der Staatskasse gegen die Partei auf Fortsetzung der angeordneten Zahlungen zum Gegenstand hat. Ebenso wie durch das Unterbleiben einer Zahlungsanordnung nach § 120 Abs. 1 S. 1 ZPO oder durch deren Reduzierung nach § 120a ZPO wird durch eine Einstellung nach § 120 Abs. 3 ZPO der Anspruch des beigeordneten Anwalts gegen die Staatskasse auf weitere Vergütung **nur indirekt gestaltet**. 25

Weiterhin wird vertreten (so auch in der 6. Aufl. dieses Werks), dass der Rechtsanwalt, dessen Vergütungsinteresse die Staatskasse zu wahren hat, im eigenen Namen zum **Widerspruch** gegen eine Einstellung von Zahlungen oder gegen die Ablehnung einer angeregten Wiederaufnahme von Zahlungen **in Form der Erinnerung** berechtigt sei.[26] Mit diesem Rechtsbehelf solle der Rechtsanwalt lediglich geltend machen können, dass sein (restlicher) Vergütungsanspruch der Erfüllung durch – weitere – Ratenzahlungen der Partei in jeweils der Höhe, wie sie das Gericht als wirtschaftlich zumutbar angesehen hat, bedürfe. 26

Überzeugender ist indes, von der Zulässigkeit der sofortigen Beschwerde des Rechtsanwalts nach § 127 Abs. 2 ZPO auszugehen.[27] Die Entscheidung nach § 120 Abs. 3 Nr. 1 ZPO ist keine Entscheidung über die Bewilligung von Prozesskostenhilfe, so dass die Einschränkung aus § 127 Abs. 2 S. 1 i.V.m. Abs. 3 nicht gilt.[28] § 127 Abs. 2 S. 2 Hs. 1 ZPO regelt, dass „im Übrigen" die sofortige Beschwerde stattfindet. Dies ist dahingehend zu verstehen, dass die Worte „im Übrigen" alle anderen als die zu bewilligenden Entscheidungen umfassen.[29] Die Beschwerdebefugnis des Rechtsanwalts ergibt sich aus dem vorherigen Beiordnungsbeschluss. Wird der Rechtsanwalt in seiner aufgrund der Beiordnung erworbenen Rechtsstellung beeinträchtigt, liegt hierin die unmittelbare Beschwer. 27

III. Anspruchskonkurrenz bei mehreren Anwälten (Abs. 3)

1. Tatbestand

Abs. 3 regelt die **Konfliktfälle**, in denen mehrere Anwälte beigeordnet worden sind und die eingezogenen **Beträge nicht ausreichen**, um allen die volle Vergütung eines Wahlanwalts (§ 13) zukommen zu lassen. Er ist also nicht einschlägig, wenn jeder Anwalt, der noch einen Restanspruch bis zur vollen Vergütung eines Wahlanwalts (§ 13) hat, aus dem Überschuss über die Grundkosten befriedigt werden kann. 28

2. Mehrere Anwälte in derselben Instanz

Diese Fallgestaltung ist die Ausnahme, weil schon nach dem Gebot der sparsamen Prozessführung (vgl. auch § 91 Abs. 2 S. 3 ZPO) **besondere Umstände** gegeben sein müssen, um der Partei mehrere Anwälte anstatt nur einen Anwalt beizuordnen (§ 121 Abs. 4 ZPO). Ein Verkehrsanwalt ist jedoch unter besonderen Umständen auf Antrag beizuordnen, wenn das Gericht einen **Anwalt am Gerichts-** 29

---

23 A.A. OLG Düsseldorf MDR 1993, 90 = OLGR 1992, 199.
24 Im Einzelnen Musielak/Voit/*Fischer*, § 127 Rn 9.
25 OLG Düsseldorf FamRZ 1986, 1230; a.A. OLG Köln OLGR 1997, 215.
26 Vgl. OLG Düsseldorf FamRZ 1986, 1230.
27 Zuletzt: OLG Celle BeckRS 2012, 25571; vgl. hingegen OLG Celle AGS 2014, 481: Keine Beschwerdebefugnis des Rechtsanwalts gegen den Beschluss nach § 120a ZPO über den Wegfall der laufenden Ratenzahlungsverpflichtung, weil die Entscheidung nicht die Prozesskostenhilfegrundentscheidung berühre.
28 Vgl. OLG Celle BeckRS 2012, 25571.
29 Vgl. OLG Celle BeckRS 2012, 25571.

§ 50

ort als **Prozessbevollmächtigten** beigeordnet hat.[30] Im Fall der Beiordnung eines **nicht im Bezirk des Prozessgerichts niedergelassenen Rechtsanwalts** als **Prozessbevollmächtigten** kommt auf entsprechenden Antrag die **Beiordnung eines Unterbevollmächtigten** für die Wahrnehmung von Gerichtsterminen (Terminsvertreter gemäß VV 3401) in Betracht, falls dessen Vergütung nicht oder nicht wesentlich höher ausfällt als die voraussichtlichen Reisekosten des Prozessbevollmächtigten (siehe § 46 Rdn 44).[31]

30 Eine Mehrheit von Anwälten ist auch dann gegeben, wenn ausnahmsweise (vgl. auch § 91 Abs. 2 S. 2 ZPO) ein **Anwaltswechsel** stattgefunden hat. Abs. 3 setzt nicht voraus, dass die Beiordnungen sich überschneiden müssen. Er gilt für das gesamte Verfahren unter Einschluss aller Instanzen. Bei einem Anwaltswechsel innerhalb derselben Instanz kann allerdings problematisch sein, in welchem Umfang der erste Anwalt an dem Verteilungsverfahren teilnimmt (§ 54).

31 Sind mehrere Anwälte im Rahmen ihrer Beiordnung während der Instanz tätig gewesen, hat der Urkundsbeamte der Geschäftsstelle für jeden von ihnen den **Unterschiedsbetrag** (Differenz zwischen Vergütung nach der Gebührentabelle des § 49 und Vergütung eines Wahlanwalts (§ 13)) sowie die **darauf anzurechnenden Zahlungen** (§ 58), also die jeweils tatsächlich **noch offene (= ungedeckte) Restforderung** festzustellen und deren **prozentualen Anteil** an der Gesamtsumme aller noch offenen Restforderungen zu ermitteln. Dieser Prozentsatz bestimmt den Anteil des Anwalts an dem noch zur Verteilung anstehenden Überschuss.

Beispiel: Der beigeordnete Prozessbevollmächtigte hat bei einem Gegenstandswert von 32.000 EUR Anspruch auf eine Vergütung nach der Gebührentabelle des § 49 von 1.353,63 EUR (2,5 Gebühren zu je 447 EUR zuzüglich 20 EUR Post- und Telekommunikationspauschale und 19 % USt) und auf eine Vergütung eines Wahlanwalts (§ 13) von 2.814,35 EUR (2,5 Gebühren zu je 938 EUR zuzüglich 20 EUR Post- und Telekommunikationspauschale und 19 % USt). Von der Partei hat er 900 EUR erhalten. Der für einen weiteren, jedoch nicht mehr durchgeführten Termin beigeordnete Terminsvertreter hat Anspruch auf eine Vergütung nach der Gebührentabelle des § 49 von 369,55 EUR (0,65 Gebühren von 447 EUR zuzüglich 20 EUR Post- und Telekommunikationspauschale und 19 % USt) und auf eine Vergütung eines Wahlanwalts (§ 13) von 749,34 EUR (0,65 Gebühren von 938 EUR zuzüglich 20 EUR Post- und Telekommunikationspauschale und 19 % USt). Er hat noch keine Zahlungen von der Partei oder von einem Dritten erhalten. Der bei der Staatskasse eingezogene Überschuss gemäß Abs. 1 beläuft sich auf 620 EUR.
Es ist wie folgt abzurechnen:

1. Restforderung des Prozessbevollmächtigten

Vergütung eines Wahlanwalts (§ 13)	2.814,35 EUR
abzüglich Vergütung nach der Gebührentabelle § 49	– 1.353,63 EUR
ergibt den Unterschiedsbetrag von	1.460,73 EUR
abzüglich Zahlung gem. § 58	– 900,00 EUR
verbleibt eine Restforderung von	560,73 EUR

2. Restforderung des Terminsvertreters

Vergütung des Terminvertreters als Wahlanwalt (§ 13)	749,34 EUR
abzüglich Vergütung nach der Gebührentabelle § 49	– 369,55 EUR
ergibt den Unterschiedsbetrag von	379,79 EUR
abzüglich Zahlung gem. § 58	– 0,00 EUR
verbleibt eine Restforderung von	379,79 EUR

3. Überschussverteilung

a) Die Restforderung zu 1)	560,73 EUR
hat an der Summe aller Restforderungen (1 + 2)	940,51 EUR
einen prozentualen Anteil von	59,62 %
b) Die Restforderung zu 2)	379,79 EUR
hat an der Summe aller Restforderungen (1 + 2)	940,51 EUR
einen prozentualen Anteil von	40,38 %

---

[30] Vgl. BGH NJW 2004, 2749 = JurBüro 2004, 604 = AGS 2004, 349 = Rpfleger 2004, 708 = RVGreport 2004, 356.

[31] Die bedürftige Partei ist kostenrechtlich (§§ 91 ff. ZPO) nicht gehalten, die Beiordnung eines Terminsvertreters zu beantragen, falls dessen Gebühren (deutlich) niedriger wären als die (ersatzfähigen) Reisekosten des Distanzanwalts (vgl. BGH AnwBl 2005, 792 = NJW-RR 2005, 1662 = Rpfleger 2006, 39).

c) Auszukehren sind
   an den Anwalt zu 1) 59,62 % von 620 EUR Überschuss   369,64 EUR
   an den Anwalt zu 2) 40,38 % von 620 EUR Überschuss   250,36 EUR
                                                        620,00 EUR

3. Verschiedene Anwälte in mehreren Instanzen

Die Frage einer **Anspruchskonkurrenz** stellt sich nur, **soweit** die jeweilige Beiordnung auf einer **Bewilligung mit Zahlungsbestimmung** beruht (vgl. Rdn 2). Ist das lediglich in **einer** Instanz der Fall, dürfen die eingezogenen Beträge nur für eine weitere Vergütung der **in dieser Instanz** beigeordneten Anwälte Verwendung finden. Die Berechnung des Überschusses nach Abs. 1 hat allein die Kosten dieser Instanz zum Gegenstand. Die Anwälte der **anderen Instanz(en)** sind daran **nicht beteiligt**.[32]

> **Beispiel:** Das erstinstanzliche Gericht bewilligt für eine Zahlungsklage über 52.000 EUR Prozesskostenhilfe mit einer Monatsrate von 60 EUR. Sowohl das Berufungsgericht als auch das Revisionsgericht bewilligen Prozesskostenhilfe ohne Zahlungsbestimmung. Nach Zurückverweisung der Sache an das Berufungsgericht verliert der Kläger den Prozess endgültig. In allen Instanzen waren verschiedene Anwälte tätig.
> Die Landeskasse darf nur die Raten einziehen, die bis zum Wirksamwerden der Bewilligung ohne Zahlungsbestimmung fällig geworden sind. Die Beträge dienen zunächst zur Deckung der Grundkosten der ersten Instanz (§ 122 Abs. 1 Nr. 1 ZPO). Von einem etwaigen Überschuss kann eine weitere Vergütung nur der erstinstanzlich beigeordnete Anwalt verlangen. Der Berufungsanwalt und der Revisionsanwalt müssen sich jeweils mit der Vergütung nach der Gebührentabelle des § 49 zufrieden geben.

Der **Grundsatz der instanzübergreifenden Verrechnung** von eingezogenen Beträgen[33] greift **nur für solche Instanzen** ein, die durch eine **Zahlungsbestimmung in dem Bewilligungsbeschluss** zum Ausdruck bringen, dass sie die Partei für hinreichend vermögend halten, um zur Deckung der Instanzkosten beizutragen. Haben sich die wirtschaftlichen Verhältnisse der Partei derart verschlechtert, dass eine Zahlungsbestimmung in der höheren Instanz **ausscheidet**, ist diese für sie **insgesamt kostenfrei**, auch wenn die Zahlungsverpflichtung aus der Vorinstanz einen Überschuss über deren Kosten ergibt.

Sind in mehreren Instanzen Zahlungsbestimmungen getroffen worden, so ist die **Höhe der jeweils angeordneten Raten** für die Teilnahme eines in der jeweiligen Instanz beigeordneten Anwalts an dem Gesamtüberschuss aller eingezogenen Beträge ebenso **unerheblich** wie die Anzahl der während seiner Beiordnung geleisteten Zahlungen. Auf den Bewilligungsbeschluss mit Zahlungsbestimmung, der seiner Beiordnung zugrunde liegt, brauchen keine Eingänge zu verzeichnen sein. Hat die Partei 48 geschuldete Monatsraten erbracht, ist sie endgültig von den Kosten befreit, selbst wenn sie deshalb auf eine Zahlungsbestimmung in der höheren Instanz überhaupt nichts mehr zahlen muss.

Die **Berechnung der einzelnen Anteile** geschieht in der gleichen Weise wie bei einer Verteilung unter mehreren Anwälten, die in derselben Instanz beigeordnet sind (vgl. Rdn 31). Die Einbeziehung eines Anwalts, der von einem Bundesgericht im Rahmen einer Bewilligung mit Zahlungsbestimmung beigeordnet worden ist, in die Verteilung eines von der Landeskasse „erwirtschafteten" Überschusses wird durch § 120 Abs. 2 ZPO sichergestellt. Dazu bestimmt Nr. 4.4.1 DB-PKHG, dass die vom Gerichtshof des Bundes angeordneten Zahlungen von der Geschäftsstelle des erstinstanzlichen Gerichts angefordert und überwacht werden.

C. Praxisempfehlungen

I. Prozesskostenhilfe mit Zahlungsbestimmung oder private Finanzierung

Aus der schlichten Begrifflichkeit der Prozesskostenhilfe erschließt sich nicht ohne weiteres, welche grundlegende **Bedeutung** eine mit der Bewilligung verbundene **Zahlungsbestimmung für die Finanzierung des Verfahrens** hat. Während bei ratenfreier Prozesskostenhilfe die **Staatskasse**

---

[32] OLG München OLGR 1995, 156; a.A. OLG Hamm Rpfleger 1994, 469.
[33] OLG Hamm Rpfleger 1994, 469.

sämtliche Kosten trägt und diese gleichsam als „verlorenen Zuschuss" übernimmt, ist sie bei einer Ratenzahlungsanordnung in erster Linie **Kreditgeberin**. Wie sich insbesondere aus der langen Zahlungsdauer von vier Jahren (§ 115 Abs. 2 ZPO) ergibt, ist eine Prozesskostenhilfe mit Zahlungsbestimmung darauf angelegt, dass die **Partei alle Verfahrenskosten letztlich möglichst selbst aufbringen** soll. Deshalb setzt jede noch so kleine Zahlungsbestimmung für die Finanzierung des Verfahrens andere Maßstäbe.

37 Die bloße (zinslose) **Kreditgewährung** hat nicht annähernd den Stellenwert eines Zuschusses, so dass sich im Einzelfall die Frage stellen kann, ob die damit verbundene **Offenlegung des wirtschaftlichen „Unvermögens"** der Partei gerade im Verhältnis zum Gegner einen **vernünftigen Preis** darstellt. Zeichnet sich ab, dass die Partei über die zu erwartenden Raten im Unterliegensfall ohnehin die gesamten Verfahrenskosten selbst wird aufbringen müssen, kann es sinnvoll sein, von vornherein eine andere Art der Kreditierung zu erwägen und von einer Anwaltsvergütung nach den §§ 49 f. Abstand zu nehmen.

38 Im Rahmen derartiger Überlegungen sollte allerdings nicht unberücksichtigt bleiben, dass ein Prozesskostenhilfeverfahren die **Chance** in sich birgt, mit geringem Aufwand und alsbald eine vorläufige **Stellungnahme des zuständigen Gerichts zur Erfolgsaussicht** der vertretenen Rechtsposition zu erlangen. In unklaren Fällen vermag allein schon diese **Orientierungshilfe** den Nachteil aufzuwiegen, der mit einer Bekanntgabe der wirtschaftlichen Verhältnisse befürchtet wird. Ferner ist zugunsten einer Inanspruchnahme von Prozesskostenhilfe aus der Sicht des Anwalts zu bedenken, dass die **Staatskasse** hinsichtlich der Grundvergütung eine **verlässliche Schuldnerin** ist und im Übrigen für ihn die **Last der Einziehung des Honorars** übernimmt.

II. Durchsetzung der weiteren Vergütung

39 Zwecks Pflege des Mandatsverhältnisses sollte der Anwalt von der Möglichkeit der **Festsetzung** einer weiteren Vergütung **nur restriktiv Gebrauch machen**. Bleibt ihm keine andere Wahl, um seine volle Entlohnung zu erreichen, ist die Situation häufig dann besonders angespannt, wenn bei Fälligkeit der weiteren Vergütung **noch nicht alle dafür erforderlichen Raten gezahlt** sind. Die Bereitschaft der Partei, noch Zahlungen an die Staatskasse zu leisten, ist nach Abschluss eines verlorenen oder doch jedenfalls wirtschaftlich erfolglosen Verfahrens in der Regel sehr schwach ausgeprägt.

40 War die **vorläufige Einstellung der Zahlungen** angeordnet worden (§ 120 Abs. 3 ZPO), so hat die Staatskasse im Verhältnis zum Anwalt die Pflicht und dieser selbst die Möglichkeit, bei dem Rechtspfleger einen **Antrag auf Wiederaufnahme** der Zahlungen zu stellen. Das gilt auch dann, wenn der Anwalt ein Beitreibungsrecht gegen den Gegner nach § 126 ZPO nicht durchsetzen kann (vgl. Rdn 21). Zur Begründung seines Antrages kann er nunmehr auf die ausdrückliche Regelung verweisen, wonach die **Staatskasse zur Einziehung bis zur Deckung auch der weiteren Vergütung gesetzlich gehalten** ist (vgl. Rdn 12). Wird sein Antrag abgelehnt, ist der Rechtsbehelf der **sofortigen Beschwerde** gegeben (vgl. Rdn 24 ff.).

41 Zahlt die Partei trotz bestehender Verpflichtung nicht, so macht es für den beigeordneten Anwalt **wenig Sinn**, eine **Aufhebung der Prozesskostenhilfe** nach § 124 Abs. 1 Nr. 5 ZPO anzuregen. Zwar könnte er dann versuchen, seine restlichen Gebühren nach § 11 festsetzen zu lassen (Nr. 2.3.6 AV). Die **Erfolgsaussicht** dieses vereinfachten Verfahrens ist allerdings **gering**, weil Parteien häufig die Anwälte für ihre missliche Lage verantwortlich machen und deshalb materiell-rechtliche Einwendungen gegen die Festsetzung erheben. Abgesehen davon sähe sich der Anwalt vor die **Notwendigkeit** gestellt, für die **Vollstreckung** eines Festsetzungsbeschlusses **selbst sorgen** zu müssen. Deshalb wäre es für ihn vorteilhafter, wenn der Rechtspfleger von einer Aufhebung absieht und der Kostenbeamte die Außenstände der Gerichtskasse zur Einziehung überweist (Nr. 4.6 DB-PKHG).

§ 51 Festsetzung einer Pauschgebühr

(1) ¹In Straf- und Bußgeldsachen, Verfahren nach dem Gesetz über die internationale Rechtshilfe in Strafsachen, in Verfahren nach dem IStGH-Gesetz, in Freiheitsentziehungs- und Unterbringungssachen sowie bei Unterbringungsmaßnahmen nach § 151 Nummer 6 und 7 des Gesetzes über das Verfahren in Familiensachen und in den Angelegenheiten der freiwilligen Gerichts-

barkeit ist dem gerichtlich bestellten oder beigeordneten Rechtsanwalt für das ganze Verfahren oder für einzelne Verfahrensabschnitte auf Antrag eine Pauschgebühr zu bewilligen, die über die Gebühren nach dem Vergütungsverzeichnis hinausgeht, wenn die in den Teilen 4 bis 6 des Vergütungsverzeichnisses bestimmten Gebühren wegen des besonderen Umfangs oder der besonderen Schwierigkeit nicht zumutbar sind. ²Dies gilt nicht, soweit Wertgebühren entstehen. ³Beschränkt sich die Bewilligung auf einzelne Verfahrensabschnitte, sind die Gebühren nach dem Vergütungsverzeichnis, an deren Stelle die Pauschgebühr treten soll, zu bezeichnen. ⁴Eine Pauschgebühr kann auch für solche Tätigkeiten gewährt werden, für die ein Anspruch nach § 48 Absatz 6 besteht. ⁵Auf Antrag ist dem Rechtsanwalt ein angemessener Vorschuss zu bewilligen, wenn ihm insbesondere wegen der langen Dauer des Verfahrens und der Höhe der zu erwartenden Pauschgebühr nicht zugemutet werden kann, die Festsetzung der Pauschgebühr abzuwarten.

(2) ¹Über die Anträge entscheidet das Oberlandesgericht, zu dessen Bezirk das Gericht des ersten Rechtszugs gehört, und im Fall der Beiordnung einer Kontaktperson (§ 34a des Einführungsgesetzes zum Gerichtsverfassungsgesetz) das Oberlandesgericht, in dessen Bezirk die Justizvollzugsanstalt liegt, durch unanfechtbaren Beschluss. ²Der Bundesgerichtshof ist für die Entscheidung zuständig, soweit er den Rechtsanwalt bestellt hat. ³In dem Verfahren ist die Staatskasse zu hören. ⁴§ 42 Abs. 3 ist entsprechend anzuwenden.

(3) ¹Absatz 1 gilt im Bußgeldverfahren vor der Verwaltungsbehörde entsprechend. ²Über den Antrag nach Absatz 1 Satz 1 bis 3 entscheidet die Verwaltungsbehörde gleichzeitig mit der Festsetzung der Vergütung.

Literatur: *Al-Jumaili*, Pauschvergütung, § 51 BRAGO, JurBüro 2000, 620; *Burhoff*, Pauschvergütung über Wahlverteidigerhöchstgebühr, AGS 2001, 122; *ders.*, Pauschvergütung des Pflichtverteidigers, ZAP Fach 24, S. 625 ff.; *ders.*, Pauschvergütung des Pflichtverteidigers nach § 51 BRAGO für die Verteidigung des inhaftierten Mandanten, AGS 2001, 219; *ders.*, Die Pauschgebühr in Straf- und Bußgeldsachen (§§ 42, 51 RVG) RVGreport 2006, 125; *ders.*, Die Pauschgebühr des Strafverteidigers nach den §§ 42, 51 RVG, StraFo 2008, 192; *ders.*, Besonderheiten der Vergütung des Pflichtverteidigers/-beistands im Strafverfahren, RVGreport 2015, 406; *Fromm*, Die Vergütung des gerichtlich bestellten oder beigeordneten Rechtsanwalts in Strafsachen, JurBüro 2015, 173; *Höhn*, Replik zum Aufsatz von Diana Al-Jumaili (Pauschvergütung, § 51 BRAGO, JurBüro 2000, 565 u. 620), JurBüro 2001, 121.

A. Allgemeines 1	II. Das Bewilligungsverfahren (Abs. 2) 76
B. Verfahren nach VV Teil 4, gerichtliche Verfahren nach VV Teil 5 und Verfahren nach dem IStGH (VV Teil 6 Abschnitt 1) – Regelungsgehalt 8	1. Zuständigkeit 76
	2. Antrag 81
	3. Unzulässigkeit nach Stellung eines Festsetzungsantrags über die gesetzlichen Gebühren 91
I. Anwendungsbereich 8	4. Antragsmuster 93
1. Persönlicher Anwendungsbereich 8	5. Verfahren 94
a) Gerichtlich bestellter oder beigeordneter Anwalt 8	6. Entscheidung 95
	a) Form und Inhalt der Entscheidung 95
b) Tätigkeiten nach VV Vorb. 4 Abs. 1; VV Vorb. 5 Abs. 1; VV Vorb. 6 Abs. 1 9	b) Pauschvergütung für das ganze Verfahren oder einzelne Verfahrensabschnitte 101
c) Vertreter 10	c) Höhe 114
d) Keine entsprechende Anwendung 12	7. Vorschuss/Abschlag (Abs. 1 S. 5) 119
2. Sachlicher Anwendungsbereich 13	III. Fälligkeit und Verjährung 130
3. Voraussetzungen (Abs. 1) 15	1. Fälligkeit 130
a) Grundzüge 15	2. Verjährung 139
b) Besonderer Umfang der Angelegenheit 23	IV. Festsetzung 148
	V. Verhältnis zur Pauschgebühr nach § 42 ... 155
c) Besondere Schwierigkeit der Strafsache 56	C. Entsprechende Anwendung im Bußgeldverfahren vor der Verwaltungsbehörde (Abs. 3) 157
aa) Voraussetzungen 56	D. Verfahren nach VV Teil 6 Abschnitt 3 (Freiheitsentziehungs- und Unterbringungssachen sowie bei Unterbringungsmaßnahmen nach § 151 Nr. 6 und 7 FamFG) 161
bb) Schwierigkeiten in tatsächlicher Hinsicht 58	
cc) Schwierigkeiten in rechtlicher Hinsicht 62	
d) Unzumutbarkeit 75	

A. Allgemeines

1 Die Vorschrift des § 51 gilt für den
   – gerichtlich bestellten oder
   – gerichtlich beigeordneten Rechtsanwalt
   in
   – Strafsachen,
   – Bußgeldsachen,
   – Verfahren nach dem Gesetz über die internationale Rechtshilfe in Strafsachen[1] und
   – Verfahren nach dem IStGH-Gesetz,
   – Freiheitsentziehungssachen; die bisherige gegenteilige Rechtsprechung[2] gilt angesichts der mit dem 2. KostRMoG geänderten Fassung nicht fort,
   – Unterbringungssachen,
   – Unterbringungsmaßnahmen nach § 151 Nr. 6 und 7 FamFG und
   – Kindschaftssachen nach § 151 Nr. 6 und 7 FamFG.
   – In Disziplinarverfahren sowie in berufsgerichtlichen Verfahren kommt die Bewilligung einer Pauschgebühr nach wie vor nicht in Betracht.

2 In Verfahren nach der Wehrdisziplinarordnung kann eine Pauschgebühr dagegen nicht bewilligt werden.[3]

3 Nach dem Vergütungsverzeichnis erhält der gerichtlich bestellte oder beigeordnete Rechtsanwalt für seine Tätigkeit aus der Staatskasse die dort jeweils vorgesehenen Festgebühren. Ebenso wie die Prozesskostenhilfe-Gebühren liegen die Gebühren des Pflichtanwalts in aller Regel damit unter den Gebühren eines Wahlanwalts. In besonders umfangreichen oder schwierigen Sachen können sich die Gebührensätze des Vergütungsverzeichnisses daher als unzumutbar niedrig erweisen. Für diese Fälle schafft die Vorschrift des § 51 eine Abhilfemöglichkeit. Dem Pflichtanwalt kann danach eine **Pauschvergütung** bewilligt werden, die unter Umständen sogar über dem gesetzlichen Gebührenrahmen liegen kann (siehe Rdn 114 ff.). Diese Regelung ist verfassungsrechtlich nicht zu beanstanden.[4]

4 Sinn und Zweck der Pauschgebühr ist es nicht, dem Anwalt einen zusätzlichen Gewinn zu verschaffen; sie soll nur eine unzumutbare Benachteiligung verhindern.[5]

5 Auf den **Wahlanwalt** ist § 51 dagegen unanwendbar (siehe Rdn 12). Dieser hat zum einen die Möglichkeit, in besonders umfangreichen oder schwierigen Strafsachen die Übernahme des Mandats von einer Vergütungsvereinbarung (§§ 3a ff.) abhängig zu machen. Versäumt er dies, eröffnet ihm § 42 die Möglichkeit, ebenfalls eine Pauschvergütung zu beantragen. Soweit der gerichtlich bestellte oder beigeordnete Rechtsanwalt nach § 52 den Beschuldigten oder nach § 53 den Vertretenen unmittelbar in Anspruch nehmen kann, kommt auch für ihn die (weitere) Pauschgebühr nach § 42 in Betracht (§ 42 Abs. 2 S. 2).

6 In **Abs. 1** der Vorschrift sind die **Voraussetzungen** geregelt, unter denen eine Pauschvergütung bewilligt werden kann. **Abs. 2** wiederum regelt das Verfahren, in dem die Pauschvergütung bewilligt wird. **Abs. 3** schließlich erklärt die Vorschrift im Bußgeldverfahren vor der Verwaltungsbehörde für entsprechend anwendbar.

7 Das Verfahren auf **Festsetzung** der Pauschvergütung selbst ist nicht in § 51 geregelt. Insoweit ist § 55 entsprechend anzuwenden (vgl. Rdn 148 ff.).

---

1 OLG Köln RVGreport 2009, 218.
2 OLG Celle AGS 2008, 548 = OLGR 2008, 759 = NdsRpfl 2008, 347 = NJW-RR 2008, 1599 = RVGprof. 2008, 213 = RVGreport 2009, 137 (Verfahren betreffend eine Freiheitsentziehung nach VV 6300–6303 – Abschiebungshaft).
3 BVerwG AGS 2016, 118 = NJW-Spezial 2016, 221= NZWehrr 2016, 88 = NVwZ-RR 2016, 311.
4 BVerfGE 47, 285; OLG Düsseldorf JMBlNW 1960, 120 = Rpfleger 1960, 324.
5 OLG Frankfurt/M., Beschl. v. 14.12.2005 – 2 ARs 154/05, veröff. bei www.burhoff.de.

B. Verfahren nach VV Teil 4, gerichtliche Verfahren nach VV Teil 5 und Verfahren nach dem IStGH (VV Teil 6 Abschnitt 1) – Regelungsgehalt

I. Anwendungsbereich

1. Persönlicher Anwendungsbereich

a) Gerichtlich bestellter oder beigeordneter Anwalt

Die Vorschrift des § 51 gilt nur für den gerichtlich bestellten oder beigeordneten Rechtsanwalt. Hauptanwendungsfall ist der Pflichtverteidiger.

8

b) Tätigkeiten nach VV Vorb. 4 Abs. 1; VV Vorb. 5 Abs. 1; VV Vorb. 6 Abs. 1

Da die Gebühren der VV 4100 ff., 5100 ff., 6100 ff. nach VV Vorb. 4 Abs. 1; VV Vorb. 5 Abs. 1; VV Vorb. 6 Abs. 1 entsprechend für die Vertretung anderer Personen gelten, kommt für die dort genannten Tätigkeiten ebenfalls die Bewilligung einer Pauschvergütung in Betracht, also für den Anwalt, der
- dem **Privatkläger,**
- dem **Nebenkläger,**
- dem **Antragsteller im Klageerzwingungsverfahren** oder
- sonst als **Vertreter im Wege der Bewilligung von Prozesskostenhilfe**

beigeordnet worden ist, sowie für den Anwalt, der als
- **Beistand**
- des Nebenklägers oder
- des nebenklageberechtigten Verletzten

bestellt worden ist.

9

c) Vertreter

Soweit in den Fällen a) und b) (siehe Rdn 8 und 9) ein nach § 53 BRAO bestellter **allgemeiner Vertreter** tätig geworden ist, gilt § 51 entsprechend.[6] Dem vertretenen Anwalt, nicht dem Vertreter, kann in diesem Fall eine Pauschvergütung bewilligt werden.

10

Lässt sich der Anwalt durch **andere Personen** vertreten, soll eine Pauschvergütung nicht in Betracht kommen,[7] auch wenn es sich um Personen i.S.d. § 5 handelt (siehe auch § 5 Rdn 79 ff.).

11

d) Keine entsprechende Anwendung

Auf den **Wahlverteidiger** ist die Vorschrift nicht anwendbar.[8] Dieser hat allerdings die Möglichkeit der Bewilligung einer Pauschgebühr nach § 42. Darüber hinaus hat er die Möglichkeit, die Übernahme des Mandats von dem Abschluss einer Vergütungsvereinbarung abhängig zu machen. Ebenso wenig ist die Vorschrift anwendbar auf den zum Pflichtverteidiger bestellten **Referendar**.[9]

12

2. Sachlicher Anwendungsbereich

Die Möglichkeit einer Pauschvergütung besteht für **sämtliche Tätigkeiten, für die der Anwalt beigeordnet oder bestellt ist** und für die er aus der Staatskasse seine Vergütung erhält. Auf den Gebührentatbestand kommt es nicht an. Insbesondere kommt es nicht darauf an, ob der bestellte

13

---

6 OLG Hamm StV 1994, 501.
7 OLG Hamburg JurBüro 1979, 520 = AnwBl 1979, 236; OLG Oldenburg JurBüro 1979, 68.
8 OLG Koblenz JurBüro 1985, 554 = Rpfleger 1985, 169; OLG Hamm AnwBl 1989, 686 = MDR 1989, 568.
9 OLG Hamburg JurBüro 1989, 208 = Rpfleger 1988, 548.

Anwalt mit der Gesamtvertretung, also mit der Pflichtverteidigung insgesamt oder mit der Vertretung eines anderen Beteiligten insgesamt, betraut oder ob er nur für Einzeltätigkeiten bestellt oder beigeordnet worden ist. Auch für die Gebühren nach VV 4300 ff. (Einzeltätigkeiten) kann eine Pauschvergütung bewilligt werden.[10] Ebenso möglich ist die Bewilligung einer Pauschvergütung unter anderem auch in Strafvollstreckungssachen,[11] die sich nach VV 4200 ff. richten.

14 Zwar kann dem Wortlaut des Gesetzes nach auch in einer **Gnadensache** eine Pauschvergütung bewilligt werden, was nach früherem Recht nicht möglich war, da die Vergütung in einer Gnadensache nach § 93 BRAGO in § 97 BRAGO nicht erwähnt war.[12] In einer Gnadensache kann es jedoch erst gar nicht zu einer Beiordnung kommen.

3. Voraussetzungen (Abs. 1)

a) Grundzüge

15 Die Bewilligung einer Pauschvergütung kommt nach Abs. 1 S. 1 nur dann in Betracht, wenn das Verfahren einen **besonderen Umfang** oder eine **besondere Schwierigkeit** aufweist. Bis zur Änderung der Vorschrift des § 99 BRAGO durch das KostRÄndG 1975 mussten die Verfahren „außergewöhnlich" schwierig oder umfangreich gewesen sein. Diese hohen Anforderungen sollten durch die Änderung des Gesetzeswortlauts in „besonders" abgemildert werden.

16 „Besonders" i.S.d. § 51 bedeutet „**anders als gewöhnlich**".[13] Die Anforderungen dürfen nicht zu hoch angesetzt werden.

17 Aus der Formulierung „**oder**" ergibt sich, dass sowohl der besondere Umfang als auch die besondere Schwierigkeit für sich bereits zu einer Pauschvergütung führen können. Beide Merkmale müssen nicht zugleich gegeben sein. Denkbar ist auch, dass der Umfang und die Schwierigkeit für sich genommen die Bewilligung einer Pauschvergütung noch nicht rechtfertigen, eine Gesamtbetrachtung von Umfang und Schwierigkeit aber zur Bewilligung einer Pauschvergütung führt.[14]

18 Maßgebender Zeitraum für die Beurteilung der besonderen Schwierigkeit und des besonderen Umfangs ist grundsätzlich nur der Zeitraum ab Bestellung. Vorangegangene Tätigkeiten des Pflichtverteidigers als Wahlverteidiger bleiben außer Betracht.[15] Hiervon gilt allerdings dann eine Ausnahme, wenn § 48 Abs. 6 greift. Erhält der Pflichtverteidiger danach für die Zeit vor seiner Bestellung die Gebühren aus der Staatskasse, so muss auch für diese Tätigkeiten bei besonderem Umfang oder besonderer Schwierigkeit eine Pauschvergütung bewilligt werden. Dies entspricht der bislang h.M.[16] Nach a.A. sollte sich die Rückwirkung nach § 48 Abs. 6 (bis zum 31.7.2013: Abs. 5; bis zum 31.6.2004: § 97 Abs. 3 BRAGO) dagegen nur auf die gesetzlichen Gebühren (vormals: des § 97 Abs. 1 BRAGO) beziehen, nicht auch auf die Pauschvergütung nach § 51 (vormals: § 99 BRAGO).[17] Diese Ansicht war jedoch unzutreffend. Die Pauschvergütung tritt an die Stelle der Gebühren des Vergütungsverzeichnisses (vgl. Rdn 94). Daher muss sie auch an die Stelle der Gebühren nach § 48 Abs. 6 treten. Das ist jetzt in Abs. 2 S. 4 ausdrücklich geregelt, so dass sich diese Streitfrage damit erledigt hat.

Beispiel: Nach Anklageerhebung wird der Anwalt als Pflichtverteidiger bestellt. Er war bereits im vorbereitenden Verfahren tätig.
Nach § 48 Abs. 6 kann er die Pflichtverteidigervergütung aus der Staatskasse auch für das vorbereitende Verfahren verlangen. Folglich kann ihm insoweit auch eine Pauschgebühr nach § 51 bewilligt werden.

---

10 OLG Jena, Beschl. v. 27.11.2011 – 1 AR (S) 69/10.
11 OLG Hamm AnwBl 1991, 1206.
12 AnwK-BRAGO/*N. Schneider*, 1. Aufl., § 99 Rn 15.
13 *Burhoff*, ZAP Fach 24, S. 625, 626.
14 OLG München AnwBl 1976, 178 = JurBüro 1976, 638 = Rpfleger 1976, 226 = MDR 1976, 689.
15 OLG Stuttgart AGS 2000, 109 = JurBüro 1999, 415 = Justiz 1999, 332 = Rpfleger 1999, 412.
16 KG StV 1997, 425; OLG Jena JurBüro 1999, 132; StV 2000, 94; OLG Oldenburg StV 2000, 443; OLG Düsseldorf NStZ-RR 2001, 158; OLG Saarbrücken NStZ-RR 1997, 256 = JurBüro 1997, 361; *Burhoff*, ZAP Fach 24, S. 625, 626.
17 OLG Hamm AGS 2000, 131, das seine Rspr. zwischenzeitlich allerdings geändert hat (Beschl. v. 17.5.2001 – 2 (s) Sbd. 6 – 72/01); OLG Karlsruhe AnwBl 1997, 571 = Rpfleger 1997, 451; OLG Koblenz StV 1997, 426 = StraFo 1997, 255 = AnwBl 1997, 625 = JurBüro 1997, 530; OLG München StV 1997, 427.

Maßgeblich ist der Umfang der Beiordnung. Darüber hinaus entfaltete Tätigkeiten sind bei der Festsetzung einer Pauschgebühr nicht zu berücksichtigen.[18]

Billigkeitserwägungen haben bei der Entscheidung, ob eine Pauschvergütung zu bewilligen ist, grundsätzlich außer Betracht zu bleiben, da der Pflichtverteidiger einen **gesetzlichen Anspruch** auf die Pauschvergütung hat.[19]

Andererseits kann in einem Verfahren, in dem mehrere Pflichtverteidiger tätig sind, von denen der eine seine gesetzlichen Gebühren nach der BRAGO erhält, der andere aber schon nach RVG, eine höhere als die nach der BRAGO angemessene Pauschgebühr für den Rechtsanwalt, der nach BRAGO abrechnet, nicht damit begründen werden, dass sein Mitverteidiger insgesamt nach dem RVG abrechnet und ihm damit für die gleiche Tätigkeit höhere Gebühren zustehen.[20]

Einige Gerichte haben **Leitlinien** aufgestellt.[21] Hiergegen werden zum Teil Bedenken erhoben, da die zu treffenden Entscheidungen fallbezogen sein müssen und stets die konkreten Umstände des Einzelfalls zu berücksichtigen sind. Die nach Abs. 1 anzustellende Gesamtbetrachtung ist einer Schematisierung daher grundsätzlich nicht zugänglich.[22]

b) Besonderer Umfang der Angelegenheit

„**Besonders umfangreich**" i.S.d. Abs. 1 S. 1 ist eine Strafsache, wenn der vom Verteidiger hierfür erbrachte zeitliche Aufwand erheblich über dem Zeitaufwand liegt, den er in einer „normalen" Sache zu erbringen hat.[23] Als Vergleichsmaßstab sind dabei Verfahren heranzuziehen, die den Durchschnittsfall der vor dem jeweiligen Spruchkörper verhandelten Sachen darstellen.[24] Zu berücksichtigen ist allerdings nur der Zeitaufwand, der allein aus verfahrensbezogenen Tätigkeiten des Pflichtverteidigers herrührt, nicht hingegen solcher, der seinen Grund in nur verteidigerbezogenen/persönlichen Umständen hat.[25]

Bei dem Merkmal der besonders umfangreichen Strafsache ist vor allem auf den zeitlichen Aufwand abzustellen, der dem Pflichtverteidiger entsteht. Dabei ist auf objektive Kriterien abzustellen.[26] Ob eine Strafsache besonders umfangreich ist, muss im Verhältnis zu anderen vergleichbaren Strafsachen beurteilt werden. Als vergleichbare Strafsachen können nur gleichartige Verfahren herangezogen werden. So kann beispielsweise der Umfang einer Schwurgerichtssache nicht mit dem Umfang eines Verfahrens vor dem AG verglichen werden und umgekehrt.

Als Anhaltspunkte für die Beurteilung, ob die Strafsache besonders umfangreich war, kommen insbesondere folgende Kriterien (in alphabetischer Reihenfolge) in Betracht:

– Aktenumfang

Zu berücksichtigen sein kann der Aktenumfang.[27] Allerdings soll ein Aktenumfang von mehr als 24.000 Seiten nicht für eine Pauschgebühr ausreichen, wenn dem Beschuldigten ein zweiter Pflichtverteidiger bestellt worden ist.[28]

---

[18] OLG Jena, Beschl. v. 27.1.2011 – 1 AR (S) 69/10.
[19] *Burhoff*, ZAP Fach 24, S. 625, 626; a.A. OLG Hamburg JurBüro 1990, 354 = MDR 1990, 272; OLG Düsseldorf AGS 1999, 71.
[20] OLG Hamm RVGreport 2005, 419; ebenso OLG Köln, Beschl. v. 6.1.2006 – 2 AR2 231/05, veröff. bei www.burhoff.de (allein die Hauptakten umfassten 13 Bände, zu denen noch ebenfalls umfangreiche Beiakten hinzukamen).
[21] OLG Schleswig JurBüro 1986, 197 = SchlHA 1985, 184; 1995, 38; StraFo 1998, 393; OLG Celle StraFo 1995, 28; für Großverfahren auch OLG Köln NJW 1966, 1281.
[22] OLG Hamburg MDR 1987, 607.
[23] OLG Celle RVGreport 2011, 177 = StRR 2011, 240; Beschl. v 4.12.2007 – 1 ARs 68/07 P; *Burhoff*, § 51 Rn 20 m.w.N.
[24] OLG Celle RVGreport 2011, 177 = StRR 2011, 240; vgl. BGH Rpfleger 1996, 169; NStZ 1997, 98; OLG Hamm JurBüro 1999, 194; *Burhoff*, § 51 Rn 20 m.w.N.
[25] BGH AGS 2016, 5 = NJW 2015, 2437 = StraFo 2015, 349 = NStZ-RR 2015, 295 = RVGreport 2015, 375 = zfs 2015, 587 = StRR 2015, 283 u. 2015, 357; OLG Saarbrücken RVGreport 2011, 58 = StRR 2011, 121.
[26] OLG Hamburg Rpfleger 1990, 479 = StV 1991, 120.
[27] OLG Hamm, Beschl. v. 12.1.2006 – 2 (s) Sbd. VIII 235/05, veröff. bei www.burhoff.de.
[28] OLG Frankfurt StraFo 2016, 305.

27 – **Auswärtige Beweistermine**

Die Wahrnehmung auswärtiger Beweistermine ist beim Umfang der Sache zu berücksichtigen.[29] Hier ist allerdings jetzt zu beachten, dass es für diese Termine im Gegensatz zum bisherigen Recht eine gesonderte Vergütung gibt (VV 4102; VV Vorb. 5.1.2 Abs. 2; VV Vorb. 5.1.3 Abs. 1). Daher muss der Umfang über die gewöhnliche Wahrnehmung solcher Termine hinausgegangen sein.

28 – **Besuche in der Justizvollzugsanstalt**

– Befindet sich der Vertretene nicht auf freiem Fuß, so wird in Strafsachen dem erhöhten Mehraufwand bereits dadurch Rechnung getragen, dass sich die Gebühren des gerichtlich bestellten oder beigeordneten Anwalts mit Zuschlag (VV Vorb. 4 Abs. 4) ergeben. Dies kann aber nicht dazu führen, dass damit sämtliche Besuche des Beschuldigten abgegolten sind. Auch hier ist der Vergleich mit gleichartigen Strafverfahren zu ziehen. Eine überdurchschnittlich hohe Anzahl von Besuchen in der Justizvollzugsanstalt ist daher beim besonderen Umfang zu berücksichtigen.[30] Besonders zu berücksichtigen sind solche Termine immer in Verfahren, die keinen Zuschlag kennen, also im Bußgeldverfahren nach VV 5100 ff. und in den Verfahren nach VV Teil 6.
– Die Gewährung einer Pauschvergütung für das Vorverfahren kann angezeigt sein, wenn für mehrere Besuche des Angeklagten in der Haftanstalt ein Zeitaufwand von etwa zehn Stunden erforderlich gewesen ist und die Verständigung mit dem Angeklagten nur mit einem Dolmetscher möglich war.[31] Ebenso OLG Hamm[32] für mehrere Besuche des Angeklagten in der Haftanstalt bei einem erforderlichen Zeitaufwand von etwa sechzehn Stunden.

29 – **Beweisanträge**

Umfang und Anzahl der Beweisanträge können ebenfalls zu berücksichtigen sein, wenn ihre Anzahl von vergleichbaren Fällen abweicht.

30 – **Dauer der Hauptverhandlungstermine**

Die Anzahl der Hauptverhandlung selbst ist unerheblich, da der Anwalt für jeden erneuten Termin und jeden Fortsetzungstermin eine eigene Gebühr erhält. Zu berücksichtigen sein kann aber, wenn die Dauer der Hauptverhandlung im Vergleich zu gleichartigen Verfahren überdurchschnittlich lange dauert. So wird bei Amtsgerichtsverfahren eine Hauptverhandlungsdauer von zwei Stunden schon überdurchschnittlich sein, während in Schwurgerichtssachen fünf bis acht Stunden durchaus üblich sind. Zu berücksichtigen ist ferner, dass der besondere Umfang von längeren Hauptverhandlungsterminen durch kürzere Hauptverhandlungsdauer an anderen Terminstagen kompensiert werden kann.[33] Allerdings ist hier jetzt zu beachten, dass die Dauer der Hauptverhandlung für den gerichtlich bestellten oder beigeordneten Anwalt ggf. bereits beim Gebührenrahmen zu berücksichtigen ist. So erhält der Anwalt in Verfahren nach VV Teil 4 gestaffelte Terminsgebühren je nach Dauer des Termins (gesonderte Gebühren für mehr als fünf und mehr als acht Stunden). Soweit also hier bereits die Dauer des Termins Einfluss auf die Gebührenhöhe nimmt, darf dies im Rahmen des § 51 nicht noch einmal berücksichtigt werden.[34] Die Inanspruchnahme des gerichtlich bestellten Verteidigers am Hauptverhandlungstermin mit ca. 13 1/2 Stunden liegt allerdings so weit über dem angemessenen Rahmen eines acht Stunden überschreitenden Hauptverhandlungstermins, dass eine Erhöhung der Terminsgebühren angemessen sein kann.[35]

31 – **Eigene Ermittlungen**

Eigene Ermittlungstätigkeiten des Verteidigers können ebenfalls zu berücksichtigen sein.[36]

32 – **Einziehungsverfahren**

Zusätzliche Tätigkeiten im Einziehungsverfahren sind erheblich.[37]

---

29 OLG Bamberg JurBüro 1974, 862.
30 OLG Köln, Beschl. v. 6.1.2006 – 2 AR2 231/05, veröff. bei www.burhoff.de.
31 OLG Karlsruhe RVGreport 2005, 420.
32 OLG Hamm, Beschl. v. 12.9.2005 – 2 (s) Sbd. VIII – 188/05, veröff. bei www.burhoff.de.
33 OLG Bamberg JurBüro 1983, 876; 1992, 327.
34 So OLG Hamm StraFo 2005, 263.
35 OLG Hamm StraFo 2007, 174 = RVG-Letter 2007, 68.
36 OLG Frankfurt/M. AnwBl 1974, 357.
37 OLG Bamberg JurBüro 1973, 338.

– **Fahrtzeiten** 33

Strittig ist, ob bei der Frage, ob dem Pflichtverteidiger überhaupt eine Pauschgebühr zu bewilligen ist, auch Fahrtzeiten zu berücksichtigen sind. Jedenfalls dann, wenn die Fahrtzeiten vom Kanzleiort zu Haftprüfungsterminen und Besprechungsterminen in der JVA ein überproportionales Ausmaß annehmen, sind sie bei der Bemessung der Pauschgebühr zu berücksichtigen.[38] Ist hingegen bereits aus anderen Gründen eine Pauschgebühr zu gewähren, sind die Fahrtzeiten bei der Bemessung der Pauschgebühr jedenfalls heranzuziehen.[39]

– **Kurze Einarbeitungszeit** 34

Zu berücksichtigen ist auch, wenn der Pflichtverteidiger erst kurzfristig vor der anberaumten Hauptverhandlung bestellt wird. Er muss dann für die Einarbeitung in die Sache kurzfristig einen größeren Zeitaufwand betreiben und sonstige Sachen ggf. unbearbeitet lassen. Diese Mehrbelastung rechtfertigt es ebenfalls, einen besonderen Umfang anzunehmen. Allerdings ist hier jetzt wiederum zu berücksichtigen, dass eine Grundgebühr eingeführt worden ist, die solche Mehrarbeit vergüten soll, so dass bei der Bewilligung der Pauschvergütung wiederum Zurückhaltung geboten ist.

– **Mehrere Termine außerhalb der Hauptverhandlung** 35

Zu beachten ist, dass auch für den Pflichtverteidiger zusätzliche Gebühren für die Teilnahme an Vernehmungen im Ermittlungsverfahren (VV 4102 Nr. 1) oder für die Teilnahme an Haftprüfungsterminen (VV 4102 Nr. 3) eingeführt worden sind. Da für diese Tätigkeiten der Pflichtverteidiger im Gegensatz zum bisherigen Recht bereits gesetzliche Gebühren erhält, geben diese Kriterien zukünftig grundsätzlich keinen Anlass, eine Pauschgebühr zu bewilligen. Nur noch bei Berücksichtigung außergewöhnlicher Fälle, etwa außergewöhnlich langen Vernehmungen im Ermittlungsverfahren, können solche zusätzlichen Tätigkeiten die Bewilligung einer Pauschgebühr rechtfertigen. Hier wird insbesondere bei mehreren Terminen die Bewilligung einer Pauschgebühr in Betracht kommen.

Nach Anm. S. 1 zu VV 4102 gelten mehrere Termine an einem Tag als ein Termin. Nach Anm. S. 2 zu VV 4102 entsteht die Gebühr für bis zu drei Termine jeweils nur einmal. Hier kann es sich also durchaus ergeben, dass die Pflichtverteidigervergütung bereits beim ersten Termin die Tätigkeit abdeckt, insbesondere bei einem umfangreichen Haftungsprüfungstermin oder sonstigen Terminen. Soweit dann noch weitere überdurchschnittliche Termine hinzukommen, fehlt es an einer angemessenen Vergütung, weil keine neuen Gebühren hinzukommen und auch kein Gebührenrahmen ausgefüllt werden kann. Hier ist dann die Bewilligung einer Pauschgebühr geboten.

– **Mehrtägige Hauptverhandlung** 36

Allein die Tatsache, dass sich die Hauptverhandlung über mehrere Termine erstreckt, ist kein Grund, einen besonderen Umfang i.S.d. § 51 anzunehmen. Die Vielzahl der Hauptverhandlungstage wird durch eine entsprechende Anzahl der einzelnen Terminsgebühren vergütet.[40] Allerdings kann die Anzahl der Hauptverhandlungstermine durchaus ein Indiz für den besonderen Umfang der Sache sein.[41] Zu berücksichtigen ist nicht nur der Aufwand in der Hauptverhandlung, sondern auch außerhalb der Hauptverhandlung, also der zu ihrer Vorbereitung erforderliche Aufwand.

– **Neueinarbeitung nach Unterbrechung** 37

Muss sich der Anwalt nach Unterbrechung der Hauptverhandlung oder Aussetzung des Verfahrens in die Sache neu einarbeiten, kann dies beim Umfang zu berücksichtigen sein,[42] zumal es hier – abgesehen von dem eher theoretischen Fall des § 15 Abs. 5 S. 2 – keine neue Grundgebühr gibt.

– **Reisezeiten** 38

Auch der Zeitaufwand für Geschäftsreisen ist zu berücksichtigen. Dies gilt nicht nur für Reisen in die vom Gerichtsort entfernte Justizvollzugsanstalt, in der der Beschuldigte untergebracht ist, sondern auch für sämtliche sonstigen Geschäftsreisen. Insbesondere ist auch die Reisezeit des auswärtigen Verteidigers zum Gerichtsort zu berücksichtigen.[43] Die gegenteilige Auffassung dürfte angesichts

---

38 OLG Nürnberg Rpfleger 2016, 372 = RVGprof. 2016, 86 = RVGreport 2016, 256.
39 OLG Hamm NJW 2007, 311 = StraFo 2007, 88 = NStZ 2007, 343 = RVG-Letter 2007, 10 = RVGreport 2007, 63 = JurBüro 2007, 86 = RVGprof. 2007, 42 = NJW-Spezial 2007, 187.
40 OLG Bamberg JurBüro 1988, 1347.
41 OLG Hamburg JurBüro 1988, 598.
42 OLG Nürnberg JurBüro 1974, 1280.
43 OLG Karlsruhe StV 1990, 369; a.A BayObLG JurBüro 1988, 479 = AnwBl 1987, 610; OLG Bamberg JurBüro 1989, 965.

der Entscheidung des BVerfG[44] nicht weiter aufrecht zu erhalten sein. Wenn das Gericht einen auswärtigen Anwalt als Pflichtverteidiger bestellt, dann sind ihm nicht nur die Reisekosten als Auslagen zu erstatten. Vielmehr muss auch die Reisezeit ggf. bei der Bewilligung der Pauschvergütung berücksichtigt werden. Will das Gericht dies vermeiden, muss es einen ortsansässigen Pflichtverteidiger bestellen.

39 **– Sachverständigengutachten**

Die Einholung von Sachverständigengutachten und deren Verwertung und Überprüfung können ebenfalls als besondere Umstände heranzuziehen sein.

40 **– Terminsausfall**

Zu berücksichtigen ist ferner, dass nunmehr nach VV Vorb. 4 Abs. 3 der Anwalt auch bei Terminsausfall eine Terminsgebühr erhält. Zeitverlust und Arbeitsaufwand, der durch solche ausgefallenen Termine entsteht, wird also zukünftig – auch für den bestellten oder beigeordneten Anwalt – durch eine gesonderte Gebühr abgegolten, so dass dies grundsätzlich kein Kriterium ist, das bei der Bewilligung der Pauschgebühr berücksichtigt werden darf.

41 **– Umfang der Akten und Beiakten**

Umfangreiche Strafakten und/oder Beiakten sind ebenfalls zu berücksichtigen. Auch hier ist auf vergleichbare Verfahren abzustellen. So sind Strafakten im Verfahren vor dem AG mit einem Umfang von mehr als 2.000 Blatt überdurchschnittlich.[45]

42 **– Umfangreiche Verteidigungsschriften**

Auch überdurchschnittlich umfangreiche Verteidigungsschriftsätze, Einlassungen und Stellungnahmen sind beim besonderen Umfang der Sache zu berücksichtigen.

43 **– Unnötige Anträge**

Nach der Rechtsprechung sind Verfahrens- und Beweisanträge, die aus Sicht des Gerichts unnötig sind und nur der Verfahrensverzögerung dienen, nicht zu berücksichtigen.[46] Diese Rechtsprechung ist vom Ausgangspunkt her sicherlich zutreffend. Die Staatskasse soll nicht mit Kosten für sinnlose Tätigkeiten belastet werden. Es verhält sich nicht anders als beim Wahlverteidiger, dem der Mandant Schadensersatzansprüche entgegenhalten kann, wenn dieser durch unnötige Anträge weitere Gebühren auslöst, die vermeidbar waren. Andererseits muss jedoch berücksichtigt werden, dass der Pflichtverteidiger durch die Befürchtung, in seinen Gebühren beschnitten zu werden, von Verteidigungsmaßnahmen Abstand nehmen und sich in seiner Verteidigungsstrategie beeinflussen lassen könnte.[47] Es besteht die Gefahr, dass eine zu enge Auslegung der Vorschrift zu Lasten einer ordnungsgemäßen Verteidigung des Angeklagten führt.

44 **– Verfahrensabsprache**

Findet unmittelbar vor Beginn der Hauptverhandlung eine verfahrensabkürzende Besprechung zwischen Gericht, Staatsanwaltschaft und Verteidiger statt, kann die hierdurch verursachte zeitliche Belastung des Verteidigers im Rahmen der Festsetzung einer Pauschgebühr berücksichtigt werden.[48] Die Beanspruchung des Verteidigers mindernde Verfahrensumstände können dabei im Rahmen der vorzunehmenden Gesamtschau allerdings nur dann Berücksichtigung finden und zu einer Versagung der Festsetzung der Pauschgebühr oder zu deren Reduzierung führen, wenn dies für den Verteidiger zumutbar ist.[49] Ebenso OLG Hamm,[50] wonach für die Einordnung des Verfahrens als „besonders umfangreich" auch unter Geltung des RVG insbesondere von Bedeutung sein kann, wenn das Verfahren durch die aktive Mitarbeit des Verteidigers letztlich erheblich abgekürzt werden konnte (Fortführung der bisherigen Rechtsprechung des Senats).

---

44 AGS 2001, 63 = Rpfleger 2001, 198 = NStZ 2001, 211 = NJW 2001, 1269 = StV 2001, 241 = BRAGOreport 2001, 60 m. Anm. *Hansens*.
45 OLG Dresden AGS 2000, 109.
46 OLG Karlsruhe JurBüro 1981, 721; JurBüro 1985, 353; OLG Hamburg JurBüro 1988, 598; OLG Schleswig AGS 1998, 7 = StraFo 1997, 157.

47 Gerold/Schmidt/*Madert*, RVG, § 51 Rn 6.
48 OLG Karlsruhe RVGreport 2005, 315. Ebenso OLG Hamm, Beschl. v. 12.1.2006 – 2 (s) Sbd. VIII 235/05, veröff. bei www.burhoff.de.
49 OLG Karlsruhe RVGreport 2005, 315.
50 OLG Hamm, Beschl. v. 24.10.2005, 2 (s) Sbd. VII-196/05, veröff. bei www.burhoff.de.

– **Vermögensrechtliche Ansprüche** 45

Da der bestellte oder beigeordnete Anwalt nunmehr auch Wertgebühren erhält, wenn vermögensrechtliche Ansprüche geltend gemacht werden (VV 4142 ff.), scheidet insoweit eine Bemessung – im Gegensatz zum bisherigen Recht – aus (Abs. 1 S. 3).[51] Während der Pflichtverteidiger nach bisherigem Recht die Möglichkeit nicht hatte, den Gebührenrahmen nach §§ 88, 89 BRAGO zu erhöhen, sieht das Vergütungsverzeichnis nunmehr insoweit von vornherein erhöhte Gebühren vor – auch für den gerichtlich bestellten oder beigeordneten Anwalt, so dass die Behandlung vermögensrechtlicher Ansprüche alleine kein Grund mehr sein kann, eine Pauschvergütung zu bewilligen.

– **Vorbereitung der Hauptverhandlung** 46

Auch die Tätigkeit des Anwalts zur Vorbereitung der Hauptverhandlung, insbesondere Aktenstudium, Besprechung mit dem Vertretenen etc., sind zu berücksichtigen.[52]

– **Vorbereitung des Plädoyers** 47

Auch die Tätigkeit zur Vorbereitung des Plädoyers kann zu berücksichtigen sein.[53]

– **Vorverfahren** 48

Die Gewährung einer Pauschvergütung für das Vorverfahren kann angezeigt sein, wenn für mehrere Besuche des Angeklagten in der Haftanstalt ein Zeitaufwand von etwa zehn Stunden erforderlich gewesen ist und die Verständigung mit dem Angeklagten nur mit einem Dolmetscher möglich war.[54] Ebenso OLG Hamm[55] für mehrere Besuche des Angeklagten in der Haftanstalt bei einem erforderlichen Zeitaufwand von etwa sechzehn Stunden.

– **Vorangegangene Wahlverteidigertätigkeit** 49

War der Anwalt, bevor er zum Pflichtverteidiger bestellt worden ist, zunächst als Wahlverteidiger tätig, so ist diese Tätigkeit bei der Feststellung, ob ein besonderer Umfang gegeben ist, ebenfalls zu berücksichtigen.[56] Soweit § 48 Abs. 6 anordnet, dass die Pflichtverteidiger auch für die vor seiner Bestellung entfaltete Tätigkeit zu vergüten ist, muss dies konsequenterweise auch für die Pauschvergütung durchgehalten werden. Die Vorschrift des § 51 ordnet in Abs. 2 S. 4 jetzt ausdrücklich an, dass die Bewilligung nicht auf solche Tätigkeiten beschränkt ist, die nach der Bestellung erfolgt sind.

– **Wahlverteidiger neben Pflichtverteidiger** 50

Wird neben dem Pflichtverteidiger ein Wahlverteidiger tätig, so kann dies gegen einen besonderen Umfang sprechen, da dann eine gewisse Arbeitsteilung in Betracht kommen kann (siehe auch „Weiterer Pflichtverteidiger").

– **Wartezeiten** 51

Auch längere Wartezeiten vor Beginn der Hauptverhandlung können zu berücksichtigen sein. Gleiches gilt für längere Verhandlungspausen, wobei Verhandlungspausen unter einer Stunde nicht zu berücksichtigen sein sollen.[57]

– **Weiterer Pflichtverteidiger** 52

Ist neben dem Pflichtverteidiger ein weiterer Pflichtverteidiger bestellt, so verringert dies für jeden von ihnen in der Regel den Umfang der Strafsache, da zumindest teilweise die Aufgaben verteilt werden können.[58]

---

51 LG Rostock AGS 2011, 24 = RVGreport 2010, 417.
52 OLG Düsseldorf StV 1987, 451.
53 OLG Bamberg JurBüro 1984, 1191.
54 OLG Karlsruhe RVGreport 2005, 420.
55 OLG Hamm, Beschl. v. 12.9.2005 – 2 (s) Sbd. VIII – 188/05, veröff. bei www.burhoff.de.
56 OLG Düsseldorf JurBüro 2001, 247 unter Aufgabe seiner bish. gegenteiligen Rspr.; a.A. OLG Stuttgart AGS 2000, 109 = JurBüro 1999, 415 = Justiz 1999, 332 = Rpfleger 1999, 412.
57 OLG Karlsruhe AGS 1993, 77.
58 OLG Hamburg JurBüro 1990, 354; OLG Rostock OLGSt RVG § 51 Nr. 3 = PStR 2011, 163 = RVGprof. 2010, 156 = NStZ-RR 2010, 326 = RVGreport 2010, 415 = StRR 2011, 242.

53 – **Wiederaufnahmeverfahren**

Tätigkeiten des Pflichtverteidigers im vorangegangenen Wiederaufnahmeverfahren sind ebenfalls zu berücksichtigen.[59]

54 – **Zahl der Zeugen**

Die Zahl der zu vernehmenden Zeugen und die Dauer der Zeugenvernehmung sind ebenfalls zu berücksichtigen.

55 Ergänzend sei insoweit zu weiteren Nachweisen aus der Rspr. verwiesen auf KostRsp. BRAGO § 99 und *Burhoff*, ZAP Fach 24, S. 625, dort S. 640 – ABC der Pauschvergütung.

c) Besondere Schwierigkeit der Strafsache

56 **aa) Voraussetzungen.** Eine besondere Schwierigkeit i.S.d. Vorschrift ist gegeben, wenn die Sache aus besonderen Gründen vom Normalfall abweicht, sei es in **rechtlicher oder tatsächlicher Hinsicht**.

57 „Besonders schwierig" i.S.d. Abs. 1 S. 1 ist eine Sache, wenn sie aus besonderen rechtlichen oder tatsächlichen Gründen über das Normalmaß hinaus erheblich verwickelt ist.[60]

58 **bb) Schwierigkeiten in tatsächlicher Hinsicht.** Schwierigkeiten in tatsächlicher Hinsicht sind insbesondere in folgenden Fällen gegeben:

59 – **Anonyme Drohungen gegen den Beschuldigten**

Diese müssen vom Verteidiger zur Kenntnis genommen, jedenfalls teilweise auch weitergegeben und mit den Ermittlungsbehörden unter dem Aspekt möglicher Sicherheitsmaßnahmen erörtert werden; der hierdurch verursachte zeitliche Aufwand ist im Rahmen des § 51 zu berücksichtigen.[61]

60 – **Persönlichkeit des Beschuldigten**

Von einer besonderen tatsächlichen Schwierigkeit ist auszugehen, wenn der Umgang mit dem Angeklagten besonders schwierig ist, weil er sich in einem hohen Maße uneinsichtig zeigt und persönlich sehr schwierig ist.[62]

61 – **Sprachliche Verständigungsschwierigkeiten**

Eine besondere tatsächliche Schwierigkeit kann auch gegeben sein bei sprachlichen Verständigungsproblemen mit dem Angeklagten, also dann, wenn der Verteidiger Gespräche mit dem Beschuldigten nur über einen Dolmetscher führen kann.[63] Besondere Sprachkenntnisse des Verteidigers können ebenfalls zu berücksichtigen sein.[64]

62 **cc) Schwierigkeiten in rechtlicher Hinsicht.** In der Regel wird die besondere Schwierigkeit auf **rechtliche Merkmale** zu stützen sein. Hier sind folgende Aspekte zu beachten:

63 – **Abgelegene Rechtsgebiete**

Abgelegene Rechtsgebiete führen in der Regel zu einer besonderen Schwierigkeit der Sache. Dies gilt nicht nur dann, wenn die Sache strafrechtlich schwierig ist, sondern auch dann, wenn Vorfragen aus anderen Rechtsgebieten zu berücksichtigen sind. Die Rechtsprechung hat besondere Schwierig-

---

[59] OLG Hamm AnwBl 2001, 245 = StraFo 2000, 286.
[60] OLG Celle RVGreport 2011, 177 = StRR 2011, 240; Beschl. v 4.12.2007 – 1 ARs 68/07 P; *Burhoff*, § 51 Rn 13 m.w.N.
[61] OLG Köln JMBl NW 2009, 84 (hier ca. 800 Drohungen).
[62] OLG Bamberg JurBüro 1974, 862.
[63] OLG Bamberg JurBüro 1979, 1527; JurBüro 1988, 1178; OLG Koblenz KostRsp. BRAGO § 99 Nr. 11; KG Rpfleger 1962, 40; a.A. OLG Karlsruhe JurBüro 1987, 391 = Rpfleger 1987, 176; OLG Karlsruhe RVGreport 2005, 420.
[64] OLG Celle AGS 2007, 74 = NStZ 2007, 342 = RVG-Letter 2006, 115 = RVGreport 2007, 64; OLG Köln StraFo AGS 2007, 74 = 2006, 258 = RVG-Letter 2006, 53 = NStZ-RR 2006, 192 = RVGreport 2006, 221; a.A. KG JurBüro 2013, 362 = RVGreport 2013, 271.

keiten bejaht bei: Kenntnissen im Abfallrecht,[65] patentrechtlichen Fragen,[66] Fragen des Außenwirtschaftsgesetzes,[67] ausländischem Recht.[68]

– Besuche in der Justizvollzugsanstalt   64

Eine Vielzahl von Besuchen in der Justizvollzugsanstalt hat nicht nur für den besonderen Umfang der Sache Bedeutung (vgl. Rdn 28), sondern kann auch ein Indiz für die besondere rechtliche Schwierigkeit sein.[69]

– BtM-Gesetz   65

Liegen dem Verfahren Verstöße gegen das BtM-Gesetz zugrunde, rechtfertigt dies für sich allein noch nicht eine besondere Schwierigkeit.[70]

– Erfordernis besonderer steuerlicher, buchhalterischer oder wirtschaftlicher Kenntnisse   66

Auch diese Kenntnisse, wenn sie zur Bearbeitung der Sache erforderlich sind, können eine besondere Schwierigkeit ausmachen.[71]

– Gutachten   67

Die Einholung zahlreicher Gutachten kann ein Indiz für die besondere Schwierigkeit sein. Zu berücksichtigen ist insoweit auch, wenn sich widersprechende Gutachten vorliegen, die gegeneinander abgewogen werden müssen.[72]

– Revisionsverfahren   68

Allein die Tatsache, dass es sich um Revisionsverfahren handelt, ist für sich genommen bedeutungslos und wird durch die höheren Gebühren abgegolten.[73]

War eine besonders umfangreiche Vorbereitung für die Revisionshauptverhandlung erforderlich und musste sich der Pflichtverteidiger nicht nur mit mehreren umfangreichen Verfahrensrügen, sondern auch mit schwierigen sachlich-rechtlichen Fragen befassen, so ist ein Betrag in Höhe von 1.000 EUR gerechtfertigt und angemessen.[74]

Wenn in einem Revisionsverfahren erstmals höchstrichterlich grundlegende Fragen geklärt werden, kann dem für das Revisionsverfahren neu bestellten Pflichtverteidiger für seine gesamte Tätigkeit im Revisionsverfahren eine Pauschgebühr bewilligt werden.[75]

– Sprachkenntnisse   69

Besondere Schwierigkeiten können gegeben sein, wenn mit dem Mandanten in einer fremden Sprache kommuniziert werden muss. Besondere Sprachkenntnisse des Verteidigers können daher zu berücksichtigen sein.[76]

– Schuldfähigkeit   70

Besondere Schwierigkeiten können sich auch aus der Beurteilung der Schuldfähigkeit des Angeklagten ergeben.[77]

---

[65] OLG Hamm AGS 2000, 26 = AnwBl 2000, 378 = Jur-Büro 2000, 250.
[66] OLG Hamm StV 1998, 614.
[67] OLG Hamm StV 1998, 618 = AGS 1998, 138 = AnwBl 1998, 612.
[68] BayObLG 1987, 619 = JurBüro 1988, 479 = MDR 1987, 870; OLG Nürnberg StV 2000, 441.
[69] OLG Nürnberg StV 2000, 441.
[70] Hansens, BRAGO, § 99 Rn 5.
[71] Hansens, BRAGO, § 99 Rn 5.
[72] OLG Nürnberg StV 2000, 441.
[73] OLG Bamberg JurBüro 1992, 327.
[74] BGH AGS 2006, 120 = RVG-Letter 2006, 139 = RVGreport 2007, 64; ebenso BGH StraFo 2005, 439 = NStZ 2006, 239 = RVG-Letter 2005, 88 = RVGreport 2005, 345.
[75] BGH NJW 2006, 1535 = NStZ 2006, 409.
[76] OLG Celle AGS 2007, 74 = NStZ 2007, 342 = RVG-Letter 2006, 115 = RVGreport 2007, 64; OLG Köln StraFo AGS 2007, 74 = NStZ 2006, 258 = RVG-Letter 2006, 53 = NStZ-RR 2006, 192 = RVGreport 2006, 221; a.A. KG JurBüro 2013, 362 = RVGreport 2013, 271.
[77] OLG Köln JMBl NW 2009, 84.

71 **– Staatsschutzsachen**

Staatsschutzsachen sind in aller Regel als rechtlich schwierig anzusehen.[78]

72 **– Strafvollstreckungssachen**

Der Gesetzgeber hat dem besonderen Schwierigkeitsgrad der in VV 4200 eingeordneten Strafvollstreckungsverfahren schon dadurch Rechnung getragen, dass der Verteidiger hier höhere (gesetzliche) Gebühren erhält als in „sonstigen" Strafvollstreckungsverfahren. In Unterbringungsverfahren ist bei einem Streit um die Vollstreckungsreihenfolge die Gewährung einer Pauschgebühr grundsätzlich nicht angezeigt, da die dem Pflichtverteidiger zustehenden gesetzlichen Gebühren nicht unzumutbar sind. Ein solches Verfahren ist nicht besonders schwierig i.S.d. § 51 Abs. 1.[79]

73 **– Wirtschaftsstrafsache**

Eine rechtlich besonders schwierige Sache liegt nicht schon allein deshalb vor, weil es sich um eine Wirtschaftsstrafsache handelt.[80]

Dagegen sind Verfahren vor einer Wirtschaftsstrafkammer grundsätzlich als schwierig anzusehen und einer Schwurgerichtssache vergleichbar, zumal der Gesetzgeber wie bisher nur bei Schwurgerichtsverfahren nunmehr auch dem in der Regel höheren Schwierigkeitsgrad von Strafsachen, die vor einer Wirtschaftsstrafkammer nach § 74c GVG verhandelt werden, durch erheblich höhere gesetzliche Gebühren gegenüber Verfahren, die vor einer allgemeinen Strafkammer verhandelt werden, Rechnung getragen hat.[81] Auch hier ist allerdings stets eine Einzelfallprüfung vorzunehmen.[82]

74 Ergänzend sei auch insoweit zu weiteren Nachweisen aus der Rspr. verwiesen auf KostRsp. BRAGO § 99 und *Burhoff*, ZAP Fach 24, S. 625, dort S. 640 – ABC der Pauschvergütung.

d) Unzumutbarkeit

75 Für den Pflichtverteidiger muss es unzumutbar sein, zu den gesetzlichen Festgebühren tätig geworden zu sein. Das ist zumindest immer dann zu bejahen, wenn das Verfahren bzw. der Verfahrensabschnitt sowohl als besonders schwierig" als auch als besonders umfangreich" anzusehen ist.[83] Andererseits folgt aus dem Wortlaut „oder", dass nicht beides der Fall sein muss. Es kann also auch die besondere Schwierigkeit oder der besondere Umfang für sich ausreichen. A.A. offenbar OLG Hamm,[84] wonach wird im Hinblick auf das neue Tatbestandsmerkmal der „Unzumutbarkeit" in Abs. 1 die Gewährung einer Pauschgebühr i.d.R. nicht in Betracht kommen soll, wenn das Verfahren nur „besonders schwierig" ist.

II. Das Bewilligungsverfahren (Abs. 2)

1. Zuständigkeit

76 Zuständig für die Bewilligung einer Pauschvergütung ist nach § 51 Abs. 2 dasjenige **OLG**, zu dessen Bezirk das Gericht gehört, bei dem die Strafsache, die Bußgeldsache oder ein anderweitiges Verfahren im ersten Rechtszug anhängig ist oder war. Ist die **Sache erstinstanzlich verwiesen** worden, so ist auf das Gericht abzustellen, bei dem das Strafverfahren letztlich durchgeführt worden ist.

77 Soweit der **BGH** den Rechtsanwalt bestellt hat, also in den Fällen nach § 350 Abs. 3 StPO, entscheidet er über die Pauschvergütung, allerdings nur soweit die Vergütung die Vorbereitung und Wahrnehmung dieser Hauptverhandlung betrifft.[85] Über die Pauschgebühr entscheidet beim BGH – anders als beim OLG – ausschließlich eine Spruchgruppe, die mit fünf Richtern besetzt ist.[86]

---

[78] BayObLG, Beschl. v. 17.11.2005 – 6 St RR 6/04, veröff. bei www.burhoff.de.
[79] OLG Hamm RVG-Letter 2006, 126.
[80] OLG Koblenz Rpfleger 1985, 508.
[81] OLG Hamm NJW 2006, 74.
[82] OLG Hamm NJW 2006, 74.
[83] OLG Hamm AGS 2005, 112 = StraFo 2005, 173 = RVG-B 2005, 68 m. Anm. *Breyer*.
[84] OLG Hamm, Beschl. v. 10.1.2006 – 2 (s) Sbd. VIII-233/05, veröff. bei www.burhoff.de.
[85] BGH NJW 1970, 2223.
[86] BGH AGS 2006, 120 = RVGreport 2005, 439.

Hinsichtlich der übrigen Vergütung, also die der vorangegangenen Instanz einschließlich des vorbereitenden Ermittlungsverfahrens, verbleibt es bei der Zuständigkeit des OLG.[87] Das gilt auch für die Tätigkeit hinsichtlich der Revisionsbegründung,[88] und zwar selbst dann, wenn es anschließend zu einer Hauptverhandlung vor dem Revisionsgericht kommt. 78

Auch dann, wenn der Pflichtverteidiger in einem **Ermittlungsverfahren vor dem BGH** bestellt wird, ist für die Bewilligung nicht der BGH zuständig, sondern dasjenige OLG, vor dem nach Abschluss der Ermittlungen das Hauptverfahren anhängig gemacht wird bzw. anhängig zu machen gewesen wäre.[89] 79

Im Falle der Bestellung des Anwalts als **Kontaktperson nach § 34a EGGVG** entscheidet das OLG, in dessen Bezirk sich die Justizvollzugsanstalt befindet. 80

2. Antrag

Die Pauschvergütung kann nur auf **Antrag** bewilligt werden. Der Antrag ist von dem Anwalt zu stellen, der die Bewilligung einer Pauschvergütung begehrt. 81

Zulässig ist der Antrag erst nach **Fälligkeit** der Pauschvergütung (zur Fälligkeit siehe Rdn 130 ff.). Vorher können lediglich Vorschüsse nach Abs. 5 bewilligt werden (siehe Rdn 121 f.). 82

Ein bereits gestellter oder gar beschiedener Antrag nach §§ 52, 53 steht der Bewilligung einer Pauschvergütung nicht entgegen.[90] 83

Der Antrag sollte ausführlich **begründet** werden,[91] insbesondere sollten Ausführungen zum Umfang und zur Schwierigkeit der Sache gemacht werden. Zum Teil lassen sich diese Voraussetzungen zwar aus dem Akteninhalt ersehen. Zahlreiche Bewertungsfaktoren werden dennoch für das Gericht nicht erkennbar sein, weil es das Verfahren nur anhand der Akten beurteilen kann. Dies gilt insbesondere für Besprechungen mit dem Vertretenen, Besuche in der Justizvollzugsanstalt, Ermittlungen und andere Tätigkeiten, die außerhalb des Gerichtssaals stattgefunden haben. 84

Zweckmäßig ist es ebenfalls, die **Höhe der Pflichtverteidigervergütung** anzugeben. Notwendig ist dies nicht. Es ermöglicht dem Gericht jedoch zu beurteilen, ob und inwieweit die Tätigkeit des Anwalts durch die Pflichtverteidigervergütung bereits angemessen bzw. nicht angemessen vergütet ist. 85

Die Angabe von Vorschüssen und Zahlungen ist dagegen nicht erforderlich, da diese nicht bei der Bewilligung der Pauschvergütung berücksichtigt werden, sondern erst bei der späteren Festsetzung nach §§ 55, 58 Abs. 3. 86

Auch wenn das OLG zur Entscheidung berufen ist, ist es zweckmäßig, den Antrag beim erstinstanzlichen Gericht einzureichen. Das OLG kann über den Antrag ohne die Gerichtsakten ohnehin nicht entscheiden. Es wird diese anfordern. Soweit der Antrag über das erstinstanzliche Gericht gestellt wird, werden die Akten zusammen mit dem Bewilligungsantrag sogleich übersandt. 87

Zumindest für Nordrhein-Westfalen ist es vorgeschrieben, dass der Urkundsbeamte eine Verfahrensübersicht erstellt, die dem OLG mit den Sachakten und dem Antrag auf Bewilligung einer Pauschvergütung zu übersenden ist. Daraus ergibt sich die aktenkundige Tätigkeit des Pflichtverteidigers, seine gesetzlichen Pflichtverteidigergebühren, die Höhe der Wahlverteidigergebühren, die Termine, die stattgefunden haben, die Dauer der Hauptverhandlungstermine einschließlich der Unterbrechungszeiten, die jeweils anberaumte Terminszeit (der tatsächliche Beginn kann später sein), die Zeit der Abwesenheit des Pflichtverteidigers während der Hauptverhandlung und die Anzahl der vernommenen Zeugen und Sachverständigen. 88

Ein bezifferter Antrag ist nicht erforderlich. Gleichwohl ist es angebracht, dass der Pflichtverteidiger die Höhe der nach seiner Ansicht angemessenen Vergütung zu erkennen gibt.[92] 89

---

87 BGHSt 27, 185 = NJW 1977, 1644 = Rpfleger 1977, 300.
88 BGHSt 23, 323 = NJW 1970, 2223; BGH KostRsp. BRAGO § 99 Nr. 6 m. Gründen.
89 BGH NStZ-RR 2016, 263 = NJW 2016, 2351; BGH KostRsp. BRAGO § 99 Nr. 7 m. Gründen.
90 OLG Bremen KostRsp. BRAGO § 99 Nr. 4; OLG Hamm JurBüro 1987, 220 = MDR 1987, 608.
91 *Burhoff*, ZAP Fach 24, S. 625, 634.
92 *Burhoff*, ZAP Fach 24, S. 625, 634.

90 Der Zusatz im Antrag „zuzüglich gesetzlicher Umsatzsteuer" ist nicht erforderlich, da der Urkundsbeamte der Geschäftsstelle auf die bewilligte Pauschvergütung grundsätzlich Umsatzsteuer festzusetzen hat (vgl. Rdn 146). Zur Vermeidung von Auslegungsverfahren im späteren Festsetzungsverfahren empfiehlt es sich, im Antrag darauf hinzuweisen, dass lediglich die Nettovergütung zu bewilligen ist. Soweit empfohlen wird, zu beantragen, dass die Pauschvergütung zuzüglich gesetzlicher Mehrwertsteuer zu bewilligen ist, ist dies nicht zutreffend. Ob überhaupt Umsatzsteuer zu erheben ist, entscheidet nämlich nicht das OLG, sondern der Urkundsbeamte der Geschäftsstelle. So ist durchaus denkbar, dass bei der Verteidigung eines Ausländers keine Umsatzsteuer anfällt. Gleiches gilt, wenn der Rechtsanwalt nur geringe Umsätze erzielt und nicht für die Mehrwertsteuer optiert (§ 19 Abs. 1 UStG).

3. Unzulässigkeit nach Stellung eines Festsetzungsantrags über die gesetzlichen Gebühren

91 Ein Antrag auf Feststellung einer Pauschgebühr ist unzulässig, wenn der Verteidiger nach Ausübung seines Ermessens zur Bestimmung der angefallenen Gebühren Kostenfestsetzung beantragt hat. Dann tritt nach §§ 315 ff. BGB Bindungswirkung ein, so dass für eine Pauschgebühr kein Raum mehr ist.[93] Das Verfahren nach § 51 muss vor einem Festsetzungsantrag durchgeführt werden.[94]

92 Sind die gesetzlichen Gebühren bereits festgesetzt, ist ein Antrag auf Feststellung einer Pauschgebühr nach § 51 erst recht unzulässig.[95]

4. Antragsmuster

93 An das OLG (…)[96]

über das Amts-/Landgericht (…)[97]

In der Strafsache (…)

./.

Az: (…)

beantrage ich,

mir gemäß § 51 RVG eine Pauschvergütung in Höhe von (…) EUR zu bewilligen.

Begründung:

Durch Beschl. v. (…) bin ich vom (…)gericht als Pflichtverteidiger bestellt worden. Vor der Bestellung war ich nicht/bereits ab dem (…) tätig.[98]

---

[93] OLG Celle AGS 2008, 546 = StraFo 2008, 398 = DAR 2008, 730 = NStZ-RR 2009, 31 = RVGreport 2008, 382 = StRR 2008, 363 = NJW-Spezial 2008, 733; OLG Düsseldorf NStZ-RR 2013, 63 = JurBüro 2013, 80 = RVGreport 2013, 54.
[94] OLG Karlsruhe RVGreport 2013, 188.
[95] OLG Bamberg DAR 2011, 237 = wistra 2011, 160 = StRR 2011, 83 = RVGreport 2011, 176; OLG Jena AGS 2008, 174 = RVGreport 2008, 25 = Rpfleger 2008, 98 = JurBüro 2008, 82 = RVGreport 2008, 25 = RVGprof. 2008, 76; JurBüro 2010, 642 = Rpfleger 2011, 177 = RVGreport 2010, 414 = NStZ-RR 2010, 392 = StRR 2011, 79 = RVGprof. 2011, 50; OLG Köln, Beschl. v. 4.2.2009 –2 ARs 2/08.
[96] Zuständiges OLG einsetzen.
[97] Erstinstanzliches Gericht einsetzen, bei dem die Akten geführt werden.
[98] Da im Hinblick auf § 48 Abs. 5 der Pflichtverteidiger auch für die Zeit vor seiner Bestellung zu vergüten ist, kommt auch insoweit die Bewilligung einer Pauschvergütung in Betracht. Daher kann es durchaus erforderlich sein, auch Ausführungen zur Tätigkeit vor der Bestellung zu machen.

Die Pflichtverteidigervergütung beläuft sich auf (...) EUR. Ich nehme insoweit Bezug auf meinen Festsetzungsantrag/die gerichtliche Festsetzung vom (...).[99] Die Pflichtverteidigergebühren in Höhe von (...) EUR reichen nicht aus, um meine Tätigkeit in dieser Sache ausreichend zu vergüten. Es liegt eine besonders umfangreiche und schwierige Strafsache i.S.d. § 51 RVG vor.

(Es folgen Ausführungen zum Umfang und zur Schwierigkeit der Strafsache. Sämtliche Merkmale sollten erwähnt werden. Besonderes Augenmerk sollte auf solche Aspekte gelegt werden, die für das Gericht aus den Strafakten selbst nicht zu entnehmen sind.)

Nach alledem halte ich eine Pauschvergütung in Höhe von (...) EUR für das erstinstanzliche Verfahren und in Höhe von (...) EUR für das Berufungsverfahren für angemessen.

Vor der Stellungnahme des Vertreters der Staatskasse bitte ich, mir von der Entscheidung des Gerichts eine Abschrift zukommen zu lassen sowie mir Gelegenheit zur Stellungnahme zu geben.

(Rechtsanwalt)

5. Verfahren

Das Gericht hat den Antrag des Pflichtverteidigers auf Bewilligung einer Pauschvergütung dem Vertreter der Staatskasse zuzuleiten, der hierzu Stellung nehmen kann (Abs. 2 S. 3). Die Stellungnahme muss dem Pflichtverteidiger jedenfalls dann zur Kenntnis und zur Gegenäußerung zugeleitet werden, wenn das Gericht dem Antrag des Pflichtverteidigers nicht ohnehin in vollem Umfang stattgeben will.[100]

94

6. Entscheidung

a) Form und Inhalt der Entscheidung

Das Gericht entscheidet über den Bewilligungsantrag durch Beschluss. Das OLG entscheidet mit **einem Richter** (Abs. 2 S. 4 i.V.m. § 42 Abs. 3 S. 1). Er hat die Sache dem Senat in der Besetzung von drei Richtern zu übertragen, wenn es zur Sicherung einer einheitlichen Rechtsprechung geboten ist (Abs. 2 S. 4 i.V.m. § 42 Abs. 3 S. 2).

95

Der Beschluss ist **unanfechtbar**. Dies galt bereits nach bisherigem Recht[101] und ist nunmehr gesetzlich klargestellt durch Abs. 2 S. 1. **Gegenvorstellungen** sind zulässig.[102] Das Gericht kann auf die Gegenvorstellung hin seinen Beschluss abändern, was in der Praxis durchaus vorkommt.

96

Das Gericht entscheidet lediglich über die **Höhe der Vergütung**, die dem Anwalt anstelle der Gebühren nach dem Vergütungsverzeichnis bewilligt wird. Diese vom Gericht zu bewilligende Pauschvergütung beinhaltet die Gebühren des gerichtlich bestellten oder beigeordneten Anwalts.[103] Die Pauschvergütung wird also nicht zusätzlich zu den Pflichtverteidigergebühren bewilligt, sondern **anstelle** der Pflichtverteidigergebühren. Daher muss die Pauschvergütung immer über den Pflichtverteidigergebühren liegen.

97

Hat der Anwalt bereits die Pflichtverteidigergebühren erhalten, so muss er sich diese Zahlungen, ebenso wie Vorschüsse und Zahlungen des Beschuldigten oder Dritter nach § 52 auf die Pauschvergütung **anrechnen** lassen. Die Frage der Anrechnung wird aber erst im Festsetzungsverfahren nach § 55 geklärt, nicht bereits im Bewilligungsverfahren.

98

---

[99] Zweckmäßig ist es, den Antrag auf Bewilligung einer Pauschvergütung erst nach Festsetzung der Pflichtverteidigergebühren zu stellen, damit diese schon ausgezahlt werden können. Die Angabe der Pflichtverteidigergebühren ist zweckmäßig, um dem OLG zu verdeutlichen, dass die geringen Pflichtverteidigergebühren nicht ausreichen, um die Tätigkeit angemessen zu vergüten.

[100] BVerfG Rpfleger 1964, 210 = AnwBl 1964, 254 m. Anm. *Jünnemann*.
[101] BGH NJW 1960, 1218 = MDR 1960, 864.
[102] OLG Nürnberg AnwBl 1974, 356 = JurBüro 1975, 201.
[103] OLG Koblenz AnwBl 2000, 760 = JurBüro 2000, 251 = Rpfleger 2000, 182.

99 Über **Auslagen** entscheidet das Gericht nicht. Insoweit kommt keine Pauschvergütung in Betracht. Die Anwendung des § 51 ist insoweit auch nicht erforderlich, da der gerichtlich bestellte oder beigeordnete Anwalt Auslagen, soweit sie erforderlich sind, nach § 46 in voller Höhe erstattet erhält.

100 Die Frage, ob die Pflichtverteidigervergütung verjährt ist oder nicht, ist im Bewilligungsverfahren nicht zu prüfen.[104] Die Frage der Verjährung ist vielmehr erst im Festsetzungsverfahren zu entscheiden (vgl. Rdn 139 ff.).

b) Pauschvergütung für das ganze Verfahren oder einzelne Verfahrensabschnitte

101 Die Pauschvergütung kann für das **ganze Verfahren** bewilligt werden (Abs. 1 S. 1, 1. Alt.). Möglich ist aber auch, die Pauschvergütung **lediglich für einzelne Verfahrensabschnitte** zu bewilligen (Abs. 1 S. 1, 2. Alt.).[105]

102 Die Prüfung, ob ein Anspruch auf eine Pauschgebühr für das gesamte Verfahren oder einzelne Verfahrensabschnitte besteht, soll nach OLG Jena regelmäßig in der Weise erfolgen, dass untersucht wird, inwieweit die besondere Schwierigkeit und/oder der besondere Umfang der anwaltlichen Tätigkeit hinsichtlich einzelner Gebührenanteile zu berücksichtigen ist. Bei außergewöhnlich zeitaufwändigen Verfahren, u.a. umfangreichen Wirtschaftsstrafverfahren bzw. Indizienprozessen, kann im Einzelfall auch eine pauschale Betrachtung angezeigt sein.[106]

103 Ebenso OLG Hamm,[107] das bei der Prüfung, ob ein Anspruch auf eine Pauschgebühr besteht, hinsichtlich des besonderen Umfangs regelmäßig zunächst untersucht, inwieweit die anwaltlichen Tätigkeiten hinsichtlich einzelner Verfahrensabschnitte zu berücksichtigen sind. Darüber hinaus kann dann aber auch noch eine pauschale Betrachtung in Betracht kommen.

104 Die Pauschvergütung kann insbesondere für **jede Instanz** gesondert bewilligt werden, was in der Praxis der Regelfall ist, da Umfang und Schwierigkeit innerhalb der verschiedenen Instanzen unterschiedlich sein können. Es ist also durchaus möglich, dass für die erstinstanzliche Vergütung eine Pauschvergütung bewilligt wird, während dies für die Berufungsinstanz abgelehnt wird.

105 Eine Kompensation der in den einzelnen Instanzen erhaltenen Vergütungen kommt nicht in Betracht. So kann eine Pauschgebühr für ein Berufungsverfahren nicht mit der Begründung abgelehnt werden, in dem nach der BRAGO abzurechnenden erstinstanzlichen Verfahren habe der Anwalt bereits eine ausreichende Vergütung erhalten.[108]

106 Die Pauschvergütung kann sich auch auf **einzelne Verfahrensabschnitte** innerhalb einer Instanz beschränken, sogar auf einzelne Verhandlungstage.[109] Eine Bewilligung für einzelne Verfahrensabschnitte kommt insbesondere dann in Betracht, wenn nur einzelne Verfahrensabschnitte besonders schwierig oder umfangreich waren oder der Pflichtverteidiger während des laufenden Verfahrens ausgeschieden ist, insbesondere wenn er entpflichtet wurde[110] oder wenn er erst im Verlauf des Verfahrens bestellt worden ist, ohne zuvor als Wahlverteidiger tätig gewesen zu sein.

107 Die in Abs. 1 S. 3 eingeführte Regelung, die die bisherige Streitfrage klärt, inwieweit auch für einzelne Verfahrensabschnitte die Pauschgebühr bewilligt werden darf, wird die Bewilligung der Pauschgebühr zukünftig erleichtern, da konkret für diejenigen Verfahrensabschnitte, die besonders umfangreich oder schwierig waren, eine Pauschvergütung bestimmt werden kann. Es ist also fortan nicht immer eine Gesamtbetrachtung vorzunehmen, bei der sämtliche Tätigkeiten gegeneinander abzuwägen sind.

---

104 A.A. OLG Hamm BRAGOreport 2001, 170 m. insoweit abl. Anm. *N. Schneider*; KG JurBüro 1999, 26.
105 *Hansens*, BRAGO, § 99 Rn 3; a.A. OLG Hamburg JurBüro 1989, 1556.
106 OLG Jena AGS 2005, 341 = StraFo 2005, 172 = Rpfleger 2005, 276 = JurBüro 2005, 258 = RVGreport 2005, 103 = NJ 2005, 472 = RVG-B 2005, 149 m. Anm. *Breyer*; OLG Jena, Beschl. v. 14.6.2005 – Ars 61/05, veröff. unter www.burhoff.de.
107 OLG Hamm AGS 2005, 112 = StraFo 2005, 173 = RVG-B 2005, 68 m. Anm. *Breyer*.
108 OLG Hamm AGS 2005, 440 m. Anm. *Madert* u. *N. Schneider* = RVGreport 2005, 263 = JurBüro 2005, 537 = RVG-Letter 2005; a.A. (nur die Hauptverhandlung selbst ist Verfahrensabschnitt) KG JurBüro 2016, 132 = Rpfleger 2016, 309 = RVGreport 2016, 303.
109 *Burhoff*, ZAP Fach 24, S. 625, 632; a.A. OLG Hamburg JurBüro 1989, 1556; OLG Bamberg JurBüro 1988, 1350; OLG Koblenz JurBüro 1993, 607.
110 OLG Düsseldorf JurBüro 1993, 538.

Auch dem Pflichtverteidiger wird der Antrag erleichtert, da er seinen Antrag auf bestimmte Verfahrensabschnitte beschränken kann und dann auch nur zu diesen vortragen muss. Es ist dann nicht erforderlich, das gesamte Verfahren zu bewerten. Hinzu kommt, dass das neue Vergütungssystem in den VV 4100 ff., 5100 ff. und auch in VV Teil 6 die Bewilligung für einzelne Verfahrensabschnitte erheblich erleichtert. 108

Soll nur für **einzelne Verfahrensabschnitte** eine Pauschgebühr bewilligt werden, so hat das Gericht nach Abs. 1 S. 3 im Beschluss die Verfahrensabschnitte anzugeben und die Gebühren nach dem VV zu bezeichnen, an deren Stelle die Pauschgebühr treten soll. 109

War der Anwalt vor seiner Bestellung **bereits** als **Wahlverteidiger** tätig und erhält er nach § 48 Abs. 6 die Pflichtverteidigervergütung auch für den Zeitraum vor seiner Bestellung, so ist dieser Zeitraum bei der Bemessung der Pauschvergütung ebenfalls einzubeziehen, wenn die Sache besonders umfangreich oder schwierig war (vgl. Rdn 24 ff., 57). 110

Unabhängig von § 48 Abs. 6 ist der Zeitraum zwischen dem Antrag auf Bestellung als Pflichtverteidiger und der Bestellung zu berücksichtigen. Versäumnisse der Justizbehörden bei der Bestellung des Pflichtverteidigers dürfen nicht zu dessen Lasten gehen.[111] 111

Beschränkt sich die Bewilligung auf einzelne Verfahrensabschnitte, so sind nach Abs. 1 S. 2 die Gebühren zu bezeichnen, an deren Stelle die Pauschvergütung treten soll. Damit wird zugleich klargestellt, was als „Verfahrensabschnitt" anzusehen ist, nämlich jeder Teil, für den besondere Gebühren bestimmt sind. Anzugeben ist die jeweilige Nummer des VV. 112

Soweit eine Gebühr mehrmals anfällt, muss das Gericht näher konkretisieren, welche der mehreren Gebühren es meint. 113

> **Beispiel:** Es fanden insgesamt sechs Hauptverhandlungstermine statt. Nur für den zweiten äußerst umfangreichen Termin will das Gericht eine Pauschvergütung bewilligen.
> Es reicht jetzt nicht die Angabe „anstelle der Gebühr nach VV 4114", da der Verteidiger diese Gebühr für alle sechs Termine erhält. Das Gericht muss vielmehr auch konkret angeben, für welchen Hauptverhandlungstag die Pauschgebühr anstelle der Gebühr nach VV 4114 bewilligt wird, also „anstelle der Gebühr nach VV 4114 für den zweiten Hauptverhandlungstag".

c) Höhe

Die Höhe der zu bewilligenden Pauschvergütung setzt das Gericht nach seinem Ermessen fest. Da in der Pauschvergütung die Gebühren des gerichtlich bestellten oder beigeordneten Anwalts enthalten sind, muss die Pauschvergütung höher liegen. Der Rahmen ist nach oben offen. In der Regel werden die Wahlverteidigergebühren als Anhaltspunkt genommen. Die Pauschvergütung darf aber auch die gesetzlichen Höchstbeträge der Wahlverteidigervergütung übersteigen. Die gegenteilige Auffassung,[112] wonach die Pauschgebühr grundsätzlich durch die Obergrenze der Wahlverteidigergebühren begrenzt wird, „da letztere regelmäßig eine leistungsorientierte Vergütung gewährleisten, durch den Gesetzgeber an die wirtschaftliche Entwicklung angepasst werden und die Aufteilung der Gebühren auf die verschiedenen Tätigkeiten eine aufwandsangemessene Abrechnung der Anwaltsvergütung zulässt", ist lebensfremd. 114

Während bislang die Rechtsprechung den Sinn und Zweck des früheren § 99 BRAGO eher darin gesehen hat, unzumutbare Belastungen zu vermeiden, dürfte in Anbetracht der Rechtsprechung des BVerfG durchaus mehr Gewicht auf die **angemessene Honorierung des Pflichtverteidigers** zu legen sein, so dass eine Zurückhaltung bei der Bewilligung von Pauschgebühren nicht mehr angebracht ist. Nur in seltenen Fällen ist von der Rechtsprechung eine Pauschgebühr bewilligt worden, die die Höchstbeträge des Wahlverteidigers überschritten haben. Eine gesetzliche Grundlage für diese Begrenzung gibt es nicht. Vielmehr wird zukünftig – insbesondere im Licht der Rechtsprechung des BVerfG – eine solche Betrachtungsweise unangebracht sein, zumal die Höchstgebühr des Wahlverteidigers ohnehin nicht mehr Kriterium sein kann, da auch dieser zukünftig über die Höchstgebühr hinaus eine Pauschgebühr bewilligt erhalten kann (§ 42). 115

---

111 OLG Hamm JurBüro 1997, 362.
112 KG JurBüro 2016, 133 = Rpfleger 2016, 243 = StRR 2015, 476 = RVGreport 2016, 16; NStZ-RR 2013, 232; Beschl. v. 28.12.2001 – 4 ARs 18/01; OLG Nürnberg AGS 2015, 173 = Rpfleger 2015, 355 = NJW-Spezial 2015, 253 = RVGreport 2015, 181 = AnwBl 2015, 449 = AGkompakt 2015, 38.

116 Während § 42 für den Wahlverteidiger vorsieht, dass diesem eine Pauschvergütung nur bis zur Höhe des Doppelten der Wahlverteidigervergütung zugesprochen werden darf (§ 42 Abs. 1 S. 4), findet sich eine entsprechende Einschränkung bei § 51 nicht. Wegen der unterschiedlichen Interessenlage und der fehlenden Möglichkeit des gerichtlich bestellten oder beigeordneten Anwalts, die Übernahme der Verteidigung oder Vertretung von einer Vergütungsvereinbarung abhängig zu machen, dürfte diese für den Wahlanwalt geltende Vorschrift nicht analog auf den gerichtlich bestellten oder beigeordneten Anwalt zu übertragen sein.[113]

117 Nach gängiger Rspr. der OLG muss die Pauschvergütung für den Pflichtverteidiger keineswegs kostendeckend sein.[114] Mit Recht kritisch hierzu *Burhoff*.[115]

118 Eine Verzinsung der bewilligten Pauschvergütung kommt nicht in Betracht.[116] Da § 104 Abs. 1 S. 2 ZPO schon für die festzusetzende Vergütung nicht gilt – § 55 Abs. 1 S. 2 verweist nur auf § 104 Abs. 2 ZPO –, kann das OLG erst recht keine Zinsen bewilligen. Liegt zwischen dem Antrag auf Bewilligung und der Entscheidung des Gerichts allerdings ein längerer Zeitraum, kann das Gericht einen „Zinsverlust" bei der Bemessung der Pauschvergütung berücksichtigen.[117]

7. Vorschuss/Abschlag (Abs. 1 S. 5)

119 Ein Vorschuss auf die Pauschvergütung war bislang gesetzlich nicht vorgesehen. Die Zahlung eines Vorschusses ist an sich auch nicht möglich, weil sowohl die Frage, ob überhaupt eine Pauschvergütung zu bewilligen ist, als auch die Frage, in welcher Höhe dem Anwalt eine Pauschvergütung zusteht, erst beantwortet werden kann, wenn das Verfahren, zumindest der Verfahrensabschnitt, abgeschlossen ist, für den die Pauschvergütung bewilligt werden soll. Andererseits darf nicht verkannt werden, dass es für den Anwalt insbesondere bei lang andauernden Strafverfahren unzumutbar ist, bis zum rechtskräftigen Abschluss zu warten, da die allgemeinen Kosten seiner Kanzlei weiterlaufen. Um insoweit eine Benachteiligung der Pflichtverteidigers zu vermeiden, hat die Rechtsprechung die Bewilligung von Abschlagszahlungen zugelassen.[118] Nunmehr sieht **Abs. 1 S. 5** ausdrücklich vor, dass dem gerichtlich bestellten oder beigeordneten Anwalt ein **angemessener Vorschuss** zu bewilligen ist, wenn ihm insbesondere wegen der langen Dauer des Verfahrens und der Höhe der zu erwartenden Pauschgebühr nicht zugemutet werden kann, die Festsetzung der Pauschgebühr abzuwarten. Der Anwalt kann daher also schon vor Fälligkeit seiner Vergütung **Abschlagszahlungen** in Form eines Vorschusses auf die zu erwartende Pauschvergütung verlangen. Das Gericht prüft dann, ob eine Pauschvergütung mit Sicherheit zu erwarten ist und durch den weiteren Verfahrensverlauf nicht mehr nach unten beeinflusst werden kann.[119] Ist dies der Fall, kann es die beantragten Vorschusszahlungen bewilligen. Auch bei länger andauernder vorläufiger Einstellung nach § 205 StPO kann eine Vorschusszahlung bewilligt werden.[120] Ebenso kommt die Bewilligung einer Vorschusszahlung für die **Abfassung der Revisionsbegründung** in Betracht.[121]

120 Für die Bewilligung eines Vorschusses auf eine demnächst zu gewährende Pauschgebühr nach Abs. 1 Satz 4 RVG ist auf die Kriterien abzustellen, die die Rechtsprechung zum Vorschuss auf eine Pauschgebühr unter Geltung der BRAGO entwickelt hat.[122]

121 Danach kommt ein Vorschuss nur dann in Betracht, wenn im Rahmen einer Gesamtschau die Bewilligung der Pauschgebühr mit Sicherheit zu erwarten ist.[123]

122 Weiterhin ist erforderlich, dass es dem bestellten Verteidiger nicht zugemutet werden kann, die endgültige Festsetzung der Pauschgebühr abzuwarten. Der Gesetzgeber hat die mit dem Kostenrechtsmodernisierungsgesetz neu eingeführte Möglichkeit der Vorschussgewährung nur für beson-

---

113 OLG Stuttgart, Beschl. v. 24.4.2008 – 2 ARs 21/08, 2 ARs 21/2008 (juris).
114 OLG Bremen JurBüro 1987, 391 = Rpfleger 1987, 176; OLG Düsseldorf AGS 1991, 71; OLG Bamberg JurBüro 1972, 327.
115 ZAP Fach 24, S. 625, 626.
116 OLG Frankfurt NJW 1972, 1481; OLG Koblenz Rpfleger 1974, 269.
117 *Burhoff*, ZAP Fach 24, S. 625, 637.
118 OLG Bamberg JurBüro 1982, 94; OLG Koblenz Rpfleger 1982, 160; OLG Düsseldorf JurBüro 1980, 392.
119 OLG Hamm StV 1997, 427 = StraFo 1997, 254 = NStZ-RR 1997, 223; OLG Nürnberg AnwBl 1972, 194; *Burhoff*, ZAP Fach 24, S. 625, 638.
120 OLG Düsseldorf JurBüro 1995, 93 m. Anm. *Hansens*; OLG Koblenz StV 1994, 501.
121 OLG Celle AGS 1993, 69.
122 KG, Beschl. v. 16.8.2005– 4 ARs 26 u. 27/05, veröff. bei www.burhoff.de.
123 KG, Beschl. v. 16.8.2005– 4 ARs 26 u. 27/05, veröff. bei www.burhoff.de.

ders langwierige Verfahren gedacht, in denen die Rechtskraft häufig erst nach mehreren Jahren eintritt, der Pflichtverteidiger erst dann die Festsetzung einer Pauschvergütung beantragen könnte und es daher unbillig wäre, ihn hierauf zu verweisen (vgl. BT-Drucks 15/1971 S. 202).[124]

Nach Auffassung des OLG Frankfurt[125] ist der Anwendungsbereich der Bewilligung einer Pauschgebühr nach § 51 gegenüber § 99 erheblich eingeschränkt. Eine Pauschgebühr soll in Abweichung von der früheren Rechtslage nur noch zu bewilligen sein, wenn die im Vergütungsverzeichnis bestimmten Gebühren wegen des besonderen Umfangs oder der besonderen Schwierigkeit der Sache nicht zumutbar sind. **123**

Das BVerfG hat sich in einer aktuellen Entscheidung[126] mit der Frage des Vorschusses unter Berücksichtigung des Art. 2 Abs. 1 i.V.m. Art. 20 Abs. 3, Art. 3 Abs. 1, Art. 12 Abs. 1 und Art. 14 Abs. 1 GG zu befassen gehabt und die Entscheidung der Vorinstanz, die einen Vorschuss abgelehnt hatte, wegen Verfassungswidrigkeit aufgehoben. Das BVerfG stellt in seiner Entscheidung klar, dass Art. 12 Abs. 1 GG es gebietet, dem Pflichtverteidiger einen (angemessenen) Vorschuss zu zahlen, wenn das Strafverfahren lange dauert, eine höhere Pauschgebühr mit Sicherheit zu erwarten ist und es für den Verteidiger unzumutbar ist, die Festsetzung der endgültigen Pauschgebühr abzuwarten.[127] Danach ist die Bewilligung eines Vorschusses auf die Pauschgebühr geboten, wenn das Strafverfahren voraussichtlich lange Zeit dauern wird, die höhere Pauschgebühr mit Sicherheit zu erwarten ist und dem Beschwerdeführer nicht zuzumuten ist, die Festsetzung der endgültigen Pauschgebühr abzuwarten. Dabei kann es nicht zu Lasten des Pflichtverteidigers gehen, wenn das Verfahren über einen nicht unerheblichen Zeitraum keinen Fortgang nimmt und der weitere Verfahrensablauf nicht im Einzelnen prognostizierbar ist. Der Staat darf sich nicht zu Lasten des Beschwerdeführers auf Umstände berufen, die – wie die unterlassene Förderung des Verfahrens – im staatlichen Verantwortungsbereich liegen. Unerheblich ist, ob die Höhe der zu erwartenden Pauschgebühr zu einem späteren Zeitpunkt einfacher zu prognostizieren sein wird, weil sich dann die zu erwartende Höhe der Pauschvergütung insgesamt – einschließlich der Terminsgebühren – besser überblicken lasse. Einem Pflichtverteidiger ist nicht zuzumuten, abzuwarten, bis die Pauschvergütung nach Abschluss des Verfahrens festgesetzt wird. **124**

Die **Höhe der Abschlagzahlung** ist nach der bisher geleisteten Arbeit des Pflichtverteidigers zu bemessen. Ein Vorschuss auf noch zu erbringende Leistungen wird nicht gewährt.[128] **125**

Je nach Dauer des Verfahrens ist eine **weitere Vorschusszahlung** möglich.[129] **126**

Vorschusszahlungen sind auch **nach rechtskräftigem Abschluss** des Verfahrens noch möglich, wenn über die Höhe der Pauschvergütung kurzfristig noch nicht abschließend entschieden werden kann.[130] **127**

Ungeachtet der Möglichkeit, Vorschusszahlungen auf die Pauschvergütung nach § 51 zu verlangen, besteht immer die Möglichkeit, in Höhe der bereits verdienten Pflichtverteidigervergütung einen **Vorschuss nach § 47** zu verlangen. **128**

Ein Vorschuss setzt zwar eine mit Sicherheit zu erwartende Pauschgebühr voraus (siehe Rdn 121); eine rechtlich geschützte Erwartung eines Verteidigers auf die spätere Bewilligung einer Pauschvergütung wird aber schon allein wegen des vorläufigen Charakters der Vorschussbewilligung nicht geschaffen.[131] **129**

---

124 OLG Frankfurt/M., Beschl. v. 7.7.2009 – 2 ARs 45/09.
125 AGS 2009, 537 = NStZ-RR 2009, 296; NJW 2006, 457.
126 Beschl. v. 1.6.2011 – 1 BvR 3171/10.
127 So bereits BVerfG NJW 2005, 3699 = RVG-Letter 2005, 125 = RVGreport 2005, 467 = NJW-Spezial 2006, 40.
128 *Burhoff*, ZAP Fach 24, S. 625, 638.
129 OLG Hamm AGS 1998, 141; *Burhoff*, ZAP Fach 24, S. 625, 638.
130 OLG Hamm JurBüro 1999, 639 = AGS 2000, 9; *Burhoff*, ZAP Fach 24, S. 625, 638.
131 OLG Düsseldorf RVGreport 2016, 138; KG, Beschl. v. 8.6.2011 – 1 Ws 38/11.

III. Fälligkeit und Verjährung

1. Fälligkeit

130 Die Fälligkeit der Pauschvergütung richtet sich nicht nach der allgemeinen Vorschrift des § 8. Dies ist aus der Natur der Sache heraus ausgeschlossen. Eine Pauschvergütung kann nur aufgrund einer umfassenden Betrachtung des gesamten Verfahrens bewilligt werden. Diese ist aber erst möglich nach rechtskräftigem Abschluss des Verfahrens oder rechtskräftigem Abschluss der Instanz. Nach ganz h.M. tritt die Fälligkeit daher erst nach rechtskräftigem Abschluss des gesamten Strafverfahrens ein.[132]

131 Das OLG Nürnberg[133] ist dagegen der Auffassung, die Fälligkeit der Pauschvergütung nach § 51 trete mit Fälligkeit der Pflichtverteidigergebühren ein. Da diese wiederum mit Abschluss der Instanz fällig werden, würde danach auch die Fälligkeit der Pauschvergütung mit dem Abschluss der Instanz eintreten.

132 Das KG[134] sowie das OLG Hamburg[135] sind wiederum der Auffassung, die Fälligkeit trete entsprechend § 8 Abs. 1 S. 2, 1. Alt. bereits mit Abschluss der jeweiligen Instanz ein.

133 Unzutreffend ist auf jeden Fall der Ausgangspunkt, für die Fälligkeit die Vorschrift des § 8 heranzuziehen. Die Frage, ob eine Pauschvergütung zu bewilligen ist, kann immer erst im Nachhinein beantwortet werden, nämlich dann, wenn die Tätigkeit des Pflichtverteidigers abgeschlossen ist. Erst dann ist es aufgrund einer Gesamtschau möglich zu beurteilen, ob die Sache für ihn besonders umfangreich und schwierig war. Eine abschließende Betrachtung im Voraus oder während des laufenden Verfahrens ist nicht möglich; insoweit kommen allenfalls Abschlagszahlungen in Betracht. Daher scheidet es schon aus Rechtsgründen aus, die Vorschrift des § 8 heranzuziehen. So tritt z.B. auch unstrittig entgegen § 8 Abs. 1 S. 2, 3. Alt. keine Fälligkeit ein, wenn das Verfahren nach § 205 StPO vorläufig eingestellt und anschließend länger als drei Monate nicht betrieben wird.[136] Auch in diesem Fall kann nämlich nicht abschließend über eine Pauschvergütung entschieden werden, weil nicht feststeht, wie sich das weitere Verfahren noch entwickeln wird.

134 Dieser Grundsatz, dass eine Gesamtschau erforderlich ist und diese erst nach Abschluss der Tätigkeit des Pflichtverteidigers getroffen werden kann, führt aber nicht in allen Fällen dazu, dass der rechtskräftige Abschluss des Verfahrens abgewartet werden muss. Scheidet der Pflichtverteidiger vorzeitig aus, etwa durch Entpflichtung, ist für seine Tätigkeit eine abschließende Gesamtschau möglich, da er nach Abs. 1 S. 1, 2. Alt. seine Vergütung nur für einen einzelnen Verfahrensabschnitt erhält. Auf den weiteren Gang des Verfahrens kann es für seine Pauschvergütung nicht mehr ankommen. Folglich wird seine Vergütung fällig, sobald er entpflichtet ist.[137]

135 Keinesfalls tritt die Fälligkeit ein, wenn das Verfahren vorläufig nach § 205 StPO eingestellt wird.[138]

136 Gleiches gilt, wenn der Pflichtverteidiger nur für einen Verfahrensabschnitt bestellt ist; in diesem Falle tritt die Fälligkeit mit Abschluss des Verfahrensabschnitts ein, für den er bestellt ist.[139]

137 Eine Pauschgebühr kommt für einen Verfahrensabschnitt grundsätzlich erst nach dessen Abschluss in Betracht. Erhebt die Staatsanwaltschaft Anklage, nimmt diese wieder zurück und die Ermittlungen wieder auf, kann dem beigeordneten Verteidiger gleichwohl für die bisherige Tätigkeit eine Pauschgebühr bewilligt werden. Der Verteidiger ist nicht gehalten, stattdessen einen mit einem erhöhten

---

132 OLG Celle, Beschl. v. 16.6.2016 – 1 ARs 34/16 P; OLG Braunschweig (unter Aufgabe der bish. Rspr.) JurBüro 2016, 358 = NStZ-RR 2016, 232 = RVGreport 2016, 302 = RVGprof. 2016, 141; KG (unter Aufgabe der bish. Rspr.) AGS 2015, 386 = StraFo 2015, 307 = NStZ-RR 2015, 296 = JurBüro 2015, 519 = Rpfleger 2016, 56 = RVGreport 2015, 257 = wistra 2015, 367 = RVGprof. 2015, 184 = Rpfleger 2015, 729; OLG Düsseldorf JurBüro 1980, 392; OLG Hamm JurBüro 1984, 1843 = AnwBl 1985, 155; OLG Bamberg JurBüro 1990, 1282.
133 JurBüro 1987, 245.
134 JurBüro 1999, 26.
135 JurBüro 1991, 223.
136 OLG Düsseldorf MDR 1991, 1000; JurBüro 1995, 84 m. Anm. *Hansens* = Rpfleger 1995, 39 = JMBlNW 1995, 10; OLG Koblenz StV 1994, 501.
137 OLG Düsseldorf JurBüro 1993, 538 m. Anm. *Mümmler* = MDR 1993, 389; OLG Hamm BRAGOreport 2001, 140 m. Anm. *N. Schneider*.
138 OLG Düsseldorf MDR 1991, 1000; JurBüro 1995, 84 m. Anm. *Hansens* = Rpfleger 1995, 39 = JMBlNW 1995, 10; OLG Koblenz StV 1994, 501.
139 OLG Düsseldorf JurBüro 1993, 538 = Rpfleger 1992, 305.

Begründungsaufwand verbundenen Antrag auf Bewilligung eines Vorschusses auf die Pauschgebühr zu stellen.[140]

Vor Eintritt der Fälligkeit hat der Pflichtverteidiger lediglich die Möglichkeit, Abschlagszahlungen zu verlangen (vgl. Rdn 119). **138**

2. Verjährung

Der Anspruch auf die Pauschvergütung verjährt in demselben Zeitraum, in dem auch die übrigen Vergütungsansprüche des Anwalts verjähren, also gem. § 195 BGB innerhalb von drei Jahren. **139**

Die **Verjährung beginnt** mit dem Ende des Kalenderjahres, in dem die Pauschvergütung erstmals fällig geworden ist (§ 200 BGB). Im Normalfall ergeben sich keine Probleme. Die Fälligkeit der Vergütung tritt mit rechtskräftigem Abschluss des Verfahrens ein, so dass der Anwalt ab dann mindestens drei Jahre Zeit hat, sich die Pauschvergütung bewilligen zu lassen und den Festsetzungsantrag nach § 55 zu stellen. **140**

Der Antrag auf Bewilligung **hemmt** den Ablauf der Verjährung. Maßgebend ist der Eingang des Antrags. Die Vorschrift des § 193 BGB gilt analog.[141] **141**

Probleme treten auf, wenn der Pflichtverteidiger vorzeitig **entpflichtet** oder nur für **einzelne Verfahrensabschnitte** beauftragt worden ist. In diesem Fall tritt die Fälligkeit bereits mit Entpflichtung oder mit Beendigung des jeweiligen Verfahrensabschnitts ein (vgl. Rdn 130 ff.), so dass der Ablauf der Verjährungsfrist noch während des laufenden Verfahrens beginnt. Ob und inwieweit hier die Vorschrift des § 8 Abs. 2 helfen kann, ist fraglich, da der Anwalt nicht mehr mit weiteren Abwicklungstätigkeiten für den Vertretenen beauftragt ist, sondern nur noch in eigener Sache tätig wird. Im Extremfall kann Verjährung bereits vor dem rechtskräftigen Abschluss des Verfahrens eingetreten sein. Der Anwalt sollte daher in den Fällen vorzeitiger Beendigung sofort die Bewilligung einer Pauschvergütung verlangen, um seine Ansprüche letztlich nicht zu verlieren. **142**

> **Beispiel:**[142] Der Anwalt war vom LG als Pflichtverteidiger bestellt worden. Am 23.1.1997 wurde er entpflichtet und dem Angeklagten ein anderer Pflichtverteidiger bestellt. Im Sommer 1999 wurde das Verfahren durch freisprechendes Urteil rechtskräftig abgeschlossen. Erst am 12.10.2000 beantragte der Anwalt die Bewilligung einer Pauschvergütung gem. § 99 BRAGO (jetzt: § 51). Das OLG hat die Bewilligung einer Pauschvergütung abgelehnt, nachdem der Vertreter der Staatskasse die Einrede der Verjährung erhoben hatte.

In den Fällen vorzeitiger Beendigung empfiehlt es sich daher, den Antrag auf Bewilligung der Pauschvergütung sofort zu stellen, auch wenn er erst später beschieden wird. Jedenfalls ist damit der Ablauf der Verjährungsfrist gehemmt. **143**

Wird der gerichtlich bestellte oder beigeordnete Anwalt im Laufe des Verfahrens entpflichtet, so wird es mitunter gar nicht möglich sein, die gesamten Verfahrensakten dem OLG zuzuleiten, damit dieses über die Bewilligung einer Pauschvergütung entscheidet. Die Akten werden u.U. unabkömmlich sein, so dass sich die Entscheidung des OLG möglicherweise über lange Zeit verzögert. Dies kann nicht dem Pflichtverteidiger entgegengehalten werden. Daher muss bereits der Antrag auf Bewilligung der Pflichtverteidigervergütung zur Hemmung der Verjährung führen. **144**

Die Frage der Verjährung ist nicht im Bewilligungsverfahren nach § 51 zu prüfen. Die gegenteilige Auffassung des OLG Hamm[143] ist unzutreffend. Die Frage der Verjährung hat erst der Urkundsbeamte bei der Festsetzung zu beachten, sofern sich die Staatskasse auf Verjährung beruft. Zuständig für die Erhebung der Einrede der Verjährung ist folglich der Bezirksrevisor beim LG und nicht der Vertreter der Staatskasse beim OLG, das über die Bewilligung entscheidet. **145**

Folgt man der Auffassung des OLG Hamm, dass die Frage der Verjährung im Bewilligungsverfahren zu prüfen sei, so darf bei Eintritt der Verjährung jedenfalls nicht der Antrag in vollem Umfang abgelehnt werden, wenn schon Abschlagszahlungen erfolgt sind. Das verkennt das OLG Hamm. **146**

---

140 OLG Celle JurBüro 2013, 301 = NdsRpfl 2013, 210 = RVGprof. 2013, 81.
141 OLG Hamm AnwBl 1996, 478 = JurBüro 1996, 642.
142 OLG Hamm BRAGOreport 2001, 140 m. Anm. *N. Schneider.*
143 BRAGOreport 2001, 140 m. insoweit abl. Anm. *N. Schneider;* ebenso KG JurBüro 1999, 26.

> **Beispiel:** In dem der Entscheidung des OLG Hamm zugrunde liegenden Fall, in dem der Pflichtverteidiger vorzeitig entpflichtet worden war, hatte er während des Verfahrens Abschlagszahlungen erhalten. Das OLG Hamm lehnte ungeachtet dessen den späteren Antrag auf Bewilligung einer Pauschvergütung ab, da der Anspruch verjährt gewesen sei.

147 Die Ablehnung der Pauschvergütung hätte in solchen Fällen streng genommen zur Folge, dass der Pflichtverteidiger die Abschlagszahlungen rechtsgrundlos erhalten hat und somit zurückgewähren müsste. Selbst wenn man also der Auffassung folgt, die Verjährung sei im Bewilligungsverfahren zu prüfen, dann muss zumindest in Höhe der tatsächlich geleisteten Abschlagszahlungen die (nicht verjährte) Pauschvergütung bewilligt werden. Ein Rückforderungsanspruch muss insoweit ungeachtet der zwischenzeitlich eingetretenen Verjährung ausscheiden. Insoweit wird man § 222 Abs. 2 BGB analog heranziehen müssen. Wenn schon eine in Unkenntnis der Verjährung geleistete Zahlung nicht zurückverlangt werden kann, dann kann erst recht eine vor Eintritt der Verjährung gezahlte Abschlagsleistung nicht zurückgefordert werden.

IV. Festsetzung

148 Allein aufgrund des Bewilligungsbeschlusses des OLG oder des BGH ist eine Auszahlung der Pauschvergütung nicht möglich. Diese muss vielmehr, ebenso wie die Pflichtverteidigervergütung, nach § 55 auf Antrag festgesetzt werden. Zuständig für die Festsetzung ist der **Urkundsbeamte der Geschäftsstelle** (§ 55 Abs. 1 S. 1).

149 Ebenso wie bei dem Antrag auf Festsetzung der Pflichtverteidigergebühren ist im Antrag auf Festsetzung der Pauschvergütung zu erklären, welche Zahlungen der Anwalt vom Beschuldigten oder von Dritten erhalten hat (§ 55 Abs. 5 S. 2). Ebenso sind eventuell bereits gezahlte Gebühren anzurechnen.

150 Nicht anzurechnen sind Zahlungen aus der Landeskasse auf eine Verfahrensgebühr nach VV 4142, da es sich hierbei um eine Wertgebühr handelt, die gemäß Abs. 1 S. 2 nicht durch eine Pauschalvergütung erhöht werden kann, so dass die Pauschalvergütung nicht an ihre Stelle tritt und insoweit gezahlte oder erstattete Beträge auch nicht auf die Pauschalvergütung anzurechnen sind.[144]

151 Die Festsetzung zusätzlicher Auslagen ist nicht möglich, da insoweit keine Pauschvergütung bewilligt wird.

152 Eine Ausnahme gilt auch hier hinsichtlich der **Umsatzsteuer** (VV 7008). Diese vom Anwalt auf die Pauschvergütung zu zahlende Umsatzsteuer hat der Urkundsbeamte der Geschäftsstelle auf Antrag (§ 308 Abs. 1 S. 1 ZPO, der entsprechende Anwendung findet) zur Pauschvergütung hinzuzusetzen.[145] Die Pauschvergütung wird in Höhe der Nettovergütung bewilligt. Der Urkundsbeamte der Geschäftsstelle setzt den geltend gemachten anteiligen Umsatzsteuerbetrag hinzu, vorausgesetzt, die Tätigkeit des Anwalts ist umsatzsteuerpflichtig. Hieran kann es in Ausnahmefällen fehlen, etwa bei der Vertretung eines Beschuldigten mit Wohnsitz im Ausland außerhalb der EU oder in Fällen des § 19 Abs. 1 UStG (Kleinunternehmer).

153 Da auch auf die Pauschvergütung Zahlungen des Beschuldigten oder Dritter anzurechnen sind (§§ 52, 53), muss der Anwalt auch nach Auszahlung der Pauschvergütung **spätere Zahlungen** des Beschuldigten oder Dritter gegenüber der Staatskasse anzeigen (§ 55 Abs. 5 S. 2, 2. Hs.). Auch er darf nachträgliche Zahlungen nur insoweit behalten, als diese nicht das Doppelte der Pflichtverteidigervergütung übersteigen. Im Übrigen ist er zur Rückzahlung verpflichtet. Er darf keineswegs Zahlungen bis zur doppelten Höhe der Pauschvergütung anrechnungsfrei behalten.

154 Gegen die Festsetzung der Pauschvergütung ist die **Erinnerung** nach § 56 gegeben.

V. Verhältnis zur Pauschgebühr nach § 42

155 Nach § 42 kann der Wahlanwalt ebenfalls eine Pauschgebühr verlangen. Für ihn gilt ausschließlich § 42. Die Vorschrift des § 51 ist auf ihn nicht anwendbar.

---

144 LG Rostock AGS 2011, 24 = RVGreport 2010, 417.
145 BGH JurBüro 1962, 341 = Rpfleger 1961, 261; *Hansens*, BRAGO, § 99 Rn 8.

Umgekehrt kann für den **gerichtlich bestellten oder beigeordneten Anwalt** eine Pauschvergütung nach § 42 in Betracht kommen, nämlich dann, wenn er nach §§ 52, 53 den Beschuldigten oder einen anderen Vertretenen in Anspruch nehmen kann (§ 42 Abs. 2 S. 2). Sobald der Beschluss nach § 52 Abs. 3 (ggf. i.V.m. § 53) vorliegt, kann auch der gerichtlich bestellte oder beigeordnete Anwalt eine Pauschvergütung nach § 42 beantragen. Es ist daher sogar möglich, dass der gerichtlich bestellte oder beigeordnete Anwalt zwei Pauschvergütungen erhält, nämlich eine nach § 51 aus der Staatskasse und über §§ 52, 53 eine weitere nach § 42, die i.d.R. höher liegen dürfte. Zu beachten ist dann § 58 Abs. 3.

C. Entsprechende Anwendung im Bußgeldverfahren vor der Verwaltungsbehörde (Abs. 3)

Im Bußgeldverfahren vor der Verwaltungsbehörde gilt Absatz 1 entsprechend (Abs. 3 S. 1). Soweit das Bußgeldverfahren in das gerichtliche Verfahren übergegangen ist, gelten die Absätze 1 und 2 unmittelbar, da dann die Pauschgebühr vom OLG festgesetzt wird.

Kommt es jedoch nicht zur Durchführung des gerichtlichen Verfahrens, so kommt auch eine Entscheidung des OLG nicht in Betracht. Zuständig ist dann die jeweilige Verwaltungsbehörde, die im Verfahren der Festsetzung der gesetzlichen Gebühren gleichzeitig auch über die Bewilligung einer Pauschgebühr entscheidet (Abs. 3 S. 2). Erforderlich ist auch hier ein Antrag des beigeordneten oder bestellten Anwalts, der bei der Verwaltungsbehörde zu stellen ist. Der Antrag kann zusammen mit dem Festsetzungsantrag eingereicht werden. Die Verwaltungsbehörde entscheidet dann zugleich über die Festsetzung der angemeldeten gesetzlichen Gebühren des bestellten oder beigeordneten Anwalts und auch über dessen Antrag auf Bewilligung einer Pauschvergütung.

Im Gegensatz zur Entscheidung des OLG oder des BGH ist der Beschluss der Verwaltungsbehörde nicht unanfechtbar. Hier gilt § 57; danach ist gegen jede Entscheidung der Verwaltungsbehörde, die diese im Bußgeldverfahren nach Abschnitt 8 des RVG trifft, der Antrag auf gerichtliche Entscheidung gegeben. Da § 57 im Gegensatz zu § 56 keine Beschränkung auf das Verfahren nach § 55 enthält, gilt daher die Vorschrift auch für das Verfahren auf Bewilligung einer Pauschvergütung. Abgesehen davon entscheidet die Verwaltungsbehörde über die Pauschvergütung zusammen mit der Festsetzung, so dass selbst bei einer einschränkenden Auslegung der Rechtsbehelf des Antrags auf gerichtliche Entscheidung gegeben wäre.

Für den Antrag auf gerichtliche Entscheidung gilt § 62 OWiG (§ 57 S. 2).

D. Verfahren nach VV Teil 6 Abschnitt 3 (Freiheitsentziehungs- und Unterbringungssachen sowie bei Unterbringungsmaßnahmen nach § 151 Nr. 6 und 7 FamFG)

Eine Pauschgebühr kann nach der zum 1.8.2013 durch das 2. KostRMoG eingeführten Erweiterung in Abs. 1 S. 1 zukünftig auch in allen Verfahren bewilligt werden, für die sich die Gebühren nach VV Teil 6 Abschnitt 3 richten, also
– in Freiheitsentziehungssachen; die bisherige gegenteilige Rechtsprechung[146] gilt angesichts der mit dem 2. KostRMoG geänderten Fassung nicht fort,
– in Unterbringungssachen,
– bei Unterbringungsmaßnahmen nach § 151 Nr. 6 und 7 FamFG,
– für die Kindschaftssachen nach § 151 Nr. 6 und 7 FamFG.

Insoweit kann auf die vorherigen Ausführungen (siehe Rdn 8 ff.) Bezug genommen werden.

---

146 OLG Celle AGS 2008, 548 = OLGR 2008, 759 = NdsRpfl 2008, 347 = NJW-RR 2008, 1599 = RVGprof. 2008, 213 = RVGreport 2009, 137 (Verfahren betreffend eine Freiheitsentziehung nach VV 6300–6303 – Abschiebungshaft).

162 Zuständig für die Bewilligung ist auch hier das OLG, in dessen Bezirk das Gericht des ersten Rechtszugs liegt (Abs. 2 RVG). Funktionell zuständig ist allerdings nicht der Familiensenat, sondern der Zivilsenat.

§ 52 Anspruch gegen den Beschuldigten oder den Betroffenen

(1) ¹Der gerichtlich bestellte Rechtsanwalt kann von dem Beschuldigten die Zahlung der Gebühren eines gewählten Verteidigers verlangen; er kann jedoch keinen Vorschuss fordern. ²Der Anspruch gegen den Beschuldigten entfällt insoweit, als die Staatskasse Gebühren gezahlt hat.

(2) ¹Der Anspruch kann nur insoweit geltend gemacht werden, als dem Beschuldigten ein Erstattungsanspruch gegen die Staatskasse zusteht oder das Gericht des ersten Rechtszugs auf Antrag des Verteidigers feststellt, dass der Beschuldigte ohne Beeinträchtigung des für ihn und seine Familie notwendigen Unterhalts zur Zahlung oder zur Leistung von Raten in der Lage ist. ²Ist das Verfahren nicht gerichtlich anhängig geworden, entscheidet das Gericht, das den Verteidiger bestellt hat.

(3) ¹Wird ein Antrag nach Absatz 2 Satz 1 gestellt, setzt das Gericht dem Beschuldigten eine Frist zur Darlegung seiner persönlichen und wirtschaftlichen Verhältnisse; § 117 Abs. 2 bis 4 der Zivilprozessordnung gilt entsprechend. ²Gibt der Beschuldigte innerhalb der Frist keine Erklärung ab, wird vermutet, dass er leistungsfähig im Sinne des Absatzes 2 Satz 1 ist.

(4) ¹Gegen den Beschluss nach Absatz 2 ist die sofortige Beschwerde nach den Vorschriften der §§ 304 bis 311a der Strafprozessordnung zulässig. ²Dabei steht im Rahmen des § 44 Satz 2 der Strafprozessordnung die Rechtsbehelfsbelehrung des § 12c der Belehrung nach § 35a Satz 1 der Strafprozessordnung gleich.

(5) ¹Der für den Beginn der Verjährung maßgebende Zeitpunkt tritt mit der Rechtskraft der das Verfahren abschließenden gerichtlichen Entscheidung, in Ermangelung einer solchen mit der Beendigung des Verfahrens ein. ²Ein Antrag des Verteidigers hemmt den Lauf der Verjährungsfrist. ³Die Hemmung endet sechs Monate nach der Rechtskraft der Entscheidung des Gerichts über den Antrag.

(6) ¹Die Absätze 1 bis 3 und 5 gelten im Bußgeldverfahren entsprechend. ²Im Bußgeldverfahren vor der Verwaltungsbehörde tritt an die Stelle des Gerichts die Verwaltungsbehörde.

Literatur: *Schueler,* Der Anspruch des Pflichtverteidigers auf volle Gebühren, AnwBl 1960, 87; *Volpert,* Wahlanwaltsgebühren für bestellte oder beigeordnete Anwälte nach §§ 52, 53 RVG, RVGreport 2004, 133, *ders.,* Abrechnung der Wahlanwaltsgebühren durch den Pflichtverteidiger bei Freispruch des Mandanten – § 52, RVGreport 2004, 214.

A. Allgemeines 1	1. Erstattungsanspruch gegen die Staatskasse (Abs. 2 S. 1, 1. Alt.) 27
B. Regelungsgehalt 9	2. Gerichtliche Feststellung der Leistungsfähigkeit (Abs. 2 S. 1, 2. Alt.) 32
I. Anspruchsgrundlage des Abs. 1 S. 1 9	V. Fälligkeit 33
II. Anwendungsbereich 11	VI. Verjährung 35
1. Inanspruchnahme des Beschuldigten unter den Voraussetzungen des Abs. 1 S. 1 11	VII. Durchsetzung 38
	VIII. Bewilligung einer Pauschgebühr 42
2. Inanspruchnahme des Beschuldigten außerhalb des Abs. 1 S. 1 12	IX. Feststellung der Leistungsfähigkeit des Beschuldigten (Abs. 2) 44
a) Vergütung aus der Zeit vor der Pflichtverteidigerbestellung 13	1. Antrag 44
b) Vergütungsvereinbarung 15	2. Frist 47
c) Die Tätigkeit des Anwalts ist nicht von seiner Bestellung gedeckt 17	3. Rechtsschutzbedürfnis 50
	4. Zuständigkeit 53
III. Umfang des Anspruchs 18	5. Rechtliches Gehör 56
1. Wahlgebühren 19	6. Darlegungslast/Amtsermittlung 57
2. Auslagen 20	7. Persönliche Verhältnisse 59
3. Umsatzsteuer 21	8. Zeitpunkt der Beurteilung 65
4. Vorschuss (Abs. 1 S. 1, 2. Hs.) 22	9. Entscheidung 68
5. Verrechnung (Abs. 1 S. 2) 24	10. Rechtsmittel (Abs. 4) 75
IV. Anspruchsvoraussetzungen 26	11. Erneuter Antrag 80
	12. Herabsetzungsantrag 82
	13. Kosten des Verfahrens 85

C. Beigeordneter Anwalt im Bußgeldverfahren (Abs. 6) 86
D. Entsprechende Anwendung auf den einem Privatkläger, Nebenkläger oder dem Antragsteller im Klageerzwingungsverfahren oder sonst beigeordneten Rechtsanwalt 88

A. Allgemeines

Die Vorschrift des § 52 gewährt dem gerichtlich bestellten Rechtsanwalt (insbesondere dem Pflichtverteidiger) einen Vergütungsanspruch gegen den Beschuldigten, soweit dieser nicht ohnehin bereits aufgrund einer Vergütungsvereinbarung oder aufgrund eines vorangegangenen Wahlanwaltsvertrags unmittelbar in Anspruch genommen werden kann.[1]   **1**

Die Regelung des § 52 ist erforderlich, da dem gerichtlich bestellten Rechtsanwalt im Gegensatz zu dem im Rahmen der Prozesskostenhilfe beigeordneten Anwalt kein Anspruch gegen den Vertretenen aus einem gleichzeitig abgeschlossenen Anwaltsvertrag zusteht. Ein Anwalt kann nicht als Pflichtverteidiger bestellt werden, wenn er Wahlverteidiger ist. Möglich ist allerdings, dass der Anwalt sein Wahlverteidigermandat niederlegt und sodann als Pflichtverteidiger bestellt wird. Der Pflichtverteidiger wird immer unmittelbar vom Gericht bestellt. Mangels eines zwischen ihm und dem Vertretenen bestehenden Anwaltsvertrags kommt daher ein bürgerlich-rechtliches Verhältnis und damit ein entsprechender Vergütungsanspruch nicht zustande. Daher kann der Pflichtverteidiger auch ohne den Willen des Beschuldigten und sogar gegen dessen Willen beigeordnet werden.   **2**

In zahlreichen Fällen wäre es jedoch unbillig, wenn der gerichtlich bestellte Rechtsanwalt keinen Anspruch auf Zahlung der Wahlverteidigergebühren erhalten würde, insbesondere bei einem Freispruch sowie dann, wenn der Beschuldigte ohne weiteres in der Lage wäre, die Gebühren eines Wahlanwalts zu zahlen. Die Vorschrift des § 52 begründet daher unter bestimmten Voraussetzungen einen **Anspruch des Pflichtverteidigers gegen den Beschuldigten** und regelt gleichzeitig auch die Voraussetzungen, unter denen ein solcher Anspruch geltend gemacht werden kann.   **3**

Die **Anspruchsgrundlage** selbst ist in **Abs. 1 S. 1** enthalten. Durch die Regelung in **Abs. 1 S. 2** wird durch die **Verrechnung** der Gebühren ausgeschlossen, dass der Anwalt insgesamt mehr als die Wahlverteidigergebühren erhält.[2]   **4**

In **Abs. 2** wiederum ist geregelt, unter welchen **Voraussetzungen** der Pflichtverteidiger den Beschuldigten in Anspruch nehmen kann, nämlich dann, wenn   **5**
– dem Beschuldigten ein Erstattungsanspruch gegen die Staatskasse zusteht oder
– das Gericht durch Beschluss festgestellt hat, dass der Beschuldigte ohne Beeinträchtigung des für ihn und seine Familie notwendigen Unterhalts zur Zahlung oder zur Ratenzahlung in der Lage ist.

Das Verfahren regelt die gegenüber der BRAGO neu eingeführte Vorschrift des **Abs. 3**, die gegenüber dem früheren Recht zu einer für den Anwalt günstigen Darlegungs- und Beweislastumkehr führt.   **6**

Nach **Abs. 4** ist gegen den Beschluss des Gerichts die **sofortige Beschwerde** nach den §§ 304 ff. StPO eröffnet.

Abs. 5 S. 1 wiederum stellt klar, dass die **Verjährung** des Anspruchs nach Abs. 1 S. 1 mit Rechtskraft der das Verfahren abschließenden gerichtlichen Entscheidung zu laufen beginnt oder, wenn es an einer gerichtlichen Entscheidung fehlt, mit Beendigung des Verfahrens. Weiterhin ist jetzt im Gegensatz zum bisherigen Recht klargestellt, dass der Ablauf der **Verjährung** durch den Antrag auf Feststellung nach Abs. 1 **gehemmt** wird (**Abs. 5 S. 2**).   **7**

Die frühere Verweisung für **Bußgeldverfahren**, die sich aus § 105 Abs. 1 BRAGO ergab, findet sich nunmehr in **Abs. 6**. Die Vorschrift des § 52 gilt daher entsprechend auch für den gerichtlich bestellten Rechtsanwalt im Ordnungswidrigkeitenverfahren. Lediglich Abs. 4 ist in diesem Verfahren nicht anzuwenden. Anstelle der sofortigen Beschwerde ist hier der Antrag auf gerichtliche Entscheidung gegeben.   **8**

---

[1] Burhoff/*Volpert*, RVG, § 52 Rn 7.

[2] OLG Düsseldorf Rpfleger 1978, 232.

B. Regelungsgehalt

I. Anspruchsgrundlage des Abs. 1 S. 1

9 Da zwischen dem gerichtlich bestellten Rechtsanwalt und dem Beschuldigten während der Dauer der Pflichtverteidigerbestellung kein Wahlanwaltsvertrag bestehen darf, kommt eine unmittelbare Inanspruchnahme des Beschuldigten aufgrund eines solchen Anwaltsvertrags nicht in Betracht. Um dem gerichtlich bestellten Rechtsanwalt dennoch einen Vergütungsanspruch gegen den Beschuldigten zu gewähren, bedurfte es insoweit einer gesetzlichen Regelung. Diese **Anspruchsgrundlage** ist in **Abs. 1 S. 1** enthalten. Danach kann der gerichtlich bestellte Rechtsanwalt von dem Beschuldigten die Zahlung der Gebühren eines gewählten Verteidigers verlangen, und zwar auch dann, wenn der Anwalt gegen den Willen des Beschuldigten bestellt worden ist.[3]

10 Vom Ausgang des Verfahrens ist der Anspruch grundsätzlich unabhängig.[4] Allerdings ist das Bestehen eines Erstattungsanspruchs des Beschuldigten gegebenenfalls Anspruchsvoraussetzung (siehe Rdn 27). Ein Anspruch gegen den Beschuldigten nach Abs. 1 S. 1 kann sowohl dann gegeben sein, wenn der Beschuldigte verurteilt worden ist, als auch dann, wenn er freigesprochen worden ist, und zwar auch, wenn der Anwalt gegen den Willen des Beschuldigten bestellt worden war.[5]

II. Anwendungsbereich

1. Inanspruchnahme des Beschuldigten unter den Voraussetzungen des Abs. 1 S. 1

11 Die Anspruchsgrundlage nach Abs. 1 S. 1 greift nur für solche Gebühren, die **während der Zeit der Bestellung zum Pflichtverteidiger** ausgelöst worden sind. Sämtliche Gebühren, die der Anwalt während seiner Pflichtverteidigerbestellung nach den VV 4100 ff. erworben hat, kann er danach gegen den Beschuldigten in Höhe der (weiter gehenden) Wahlgebühren geltend machen, soweit die Anspruchsvoraussetzungen des Abs. 1 S. 1 gegeben sind.

2. Inanspruchnahme des Beschuldigten außerhalb des Abs. 1 S. 1

12 Auf die Voraussetzungen des Abs. 1 S. 1 kommt es dann nicht an, wenn der Anwalt den Beschuldigten bereits aus anderen Gründen unmittelbar in Anspruch nehmen kann. Die Einschränkungen nach § 52 gelten dann nicht. Es handelt sich um folgende Fälle:

a) Vergütung aus der Zeit vor der Pflichtverteidigerbestellung

13 War der Anwalt zunächst als Wahlverteidiger tätig und ist er später nach Niederlegung des Mandats als Pflichtverteidiger bestellt worden, so kann er die bis zur Niederlegung des Mandats angefallenen (Wahlanwalts-)Gebühren ungeachtet des § 52 geltend machen, da diese Gebühren nicht oder nicht nur während seiner Bestellung als Pflichtverteidiger angefallen sind, sondern (auch) während seiner Tätigkeit als Wahlverteidiger. Das gilt auch dann, wenn über § 48 Abs. 5 die entsprechenden Gebühren aus der Landeskasse zu zahlen sind.[6]

> **Beispiel:** Der Anwalt wird als Wahlverteidiger im vorbereitenden Verfahren vor dem AG tätig sowie außerhalb der Hauptverhandlung. Unmittelbar vor Beginn der Hauptverhandlung wird der Anwalt als Pflichtverteidiger bestellt und nimmt an der Hauptverhandlung teil.
>
> a) Als **Pflichtverteidiger** erhält der Anwalt nicht nur die Vergütung für das gerichtliche Verfahren, sondern nach § 48 Abs. 5 auch die Vergütung für das vorbereitende Verfahren, also:

---

3 *Hansens*, BRAGO, § 100 Rn 2; BGHZ 86, 98 = AnwBl 1983, 291 = NJW 1983, 1047 = JurBüro 1983, 689 = Rpfleger 1983, 293.

4 *Hansens*, BRAGO, § 100 Rn 2; Burhoff/*Volpert*, RVG, § 52 Rn 14.

5 Gerold/Schmidt/*Burhof*, RVG, § 52 Rn 1, der sich allerdings auf die Entscheidung des OLG Düsseldorf AnwBl 1978, 358 beruft, die zur Inanspruchnahme des Verurteilten durch die Staatskasse ergangen ist.

6 OLG Düsseldorf AnwBl 1984, 265 m. Anm. *Chemnitz*.

I. Vorbereitendes Verfahren

1. Grundgebühr, VV 4100	160,00 EUR
2. Verfahrensgebühr, VV 4104	132,00 EUR
Gesamt	**292,00 EUR**

II. Gerichtliches Verfahren

1. Verfahrensgebühr, VV 4106	132,00 EUR
2. Terminsgebühr, VV 4108	220,00 EUR
Gesamt	**352,00 EUR**
Gesamt I + II	**644,00 EUR**

b) Daneben kann der Anwalt **unbeschadet des § 52** die weiter gehenden Gebühren eines Wahlverteidigers verlangen, soweit er als **Wahlverteidiger** tätig geworden ist, also im vorbereitenden Verfahren und im Verfahren außerhalb der Hauptverhandlung. Er erhält danach bei Ansatz einer Mittelgebühr:

I. Vorbereitendes Verfahren

1. Grundgebühr, VV 4100	200,00 EUR
2. Verfahrensgebühr, VV 4104	165,00 EUR

II. Gerichtliches Verfahren

Verfahrensgebühr, VV 4106	165,00 EUR
Gesamt	**530,00 EUR**

Auch wenn hier § 52 nicht anwendbar ist und insbesondere die Verrechnungsvorschrift des Abs. 1 S. 2 nur zum Teil greift, muss sich der Anwalt nach allgemeinen Vorschriften (§§ 362, 268 BGB) die Zahlungen der Landeskasse, soweit diese die Pflichtverteidigergebühren zahlt, auf seine Vergütung anrechnen lassen, da er anderenfalls mehr als die gesetzliche Vergütung erhielte, was nicht sein darf.

Bei den Wahlverteidigergebühren ist daher hinsichtlich der Vergütung für das vorbereitende Verfahren die volle Vergütung in Höhe von 292 EUR abzuziehen. Hinsichtlich der Gebühren für das Verfahren außerhalb der Hauptverhandlung ist nur die Verfahrensgebühr des Pflichtverteidigers anzurechnen, also weitere 132 EUR, nicht auch die Terminsgebühr. Insgesamt sind nach § 52 Abs. 1 S. 2 also 424 EUR abzuziehen. Der Anwalt kann daher nach Zahlung der Pflichtverteidigergebühren aus der Staatskasse vom Beschuldigten an Wahlverteidigergebühren unmittelbar noch verlangen:

I. Vorbereitendes Verfahren

1. Grundgebühr, VV 4100	200,00 EUR
2. zu verrechnen (§§ 362, 268 BGB)	– 160,00 EUR
3. Verfahrensgebühr, VV 4104	165,00 EUR
4. zu verrechnen (§§ 362, 268 BGB)	– 132,00 EUR

II. Gerichtliches Verfahren

1. Verfahrensgebühr, VV 4106	165,00 EUR
2. zu verrechnen (§§ 362, 268 BGB)	– 132,00 EUR
Gesamt	**33,00 EUR**

c) Nach **Abs. 1 S. 1** wiederum stehen dem Anwalt zunächst die vollen Wahlverteidigergebühren zu:

I. Vorbereitendes Verfahren

1. Grundgebühr, VV 4100	200,00 EUR
2. Verfahrensgebühr, VV 4104	165,00 EUR

II. Gerichtliches Verfahren

1. Verfahrensgebühr, VV 4106	165,00 EUR
2. Terminsgebühr, VV 4108	275,00 EUR
Gesamt	**805,00 EUR**

Hier wiederum greift die volle Verrechnung nach Abs. 1 S. 2. Der Anwalt erhält also nach Zahlung der Pflicht- und Wahlverteidigergebühren über Abs. 1 S. 1 und 2 nur noch weitere

I. Vorbereitendes Verfahren

1. Grundgebühr, VV 4100	200,00 EUR
2. Verfahrensgebühr, VV 4104	165,00 EUR

II. Gerichtliches Verfahren

1. Verfahrensgebühr, VV 4106		165,00 EUR
2. Terminsgebühr, VV 4108		275,00 EUR
Zwischensumme I + II	805,00 EUR	
abzügl. Pflichtverteidigervergütung (Abs. 1 S. 2; s.o.)		– 644,00 EUR
bereits unabhängig von § 52 geschuldete Vergütung (§§ 362, 268 BGB; s.o.)		– 33,00 EUR
Gesamt		**128,00 EUR**

Sofern die Pflichtverteidigergebühren gezahlt sind (Abs. 1 S. 2), ist also nur noch ein Beschluss nach § 52 wegen weiterer 128 EUR erforderlich.

Insgesamt stehen dem Anwalt damit die vollen Wahlverteidigergebühren zu, nämlich:
a) aus der Staatskasse die Pflichtverteidigergebühren   644,00 EUR
b) vom Beschuldigten unmittelbare geschuldete Wahlverteidigergebühren   33,00 EUR
c) restliche Wahlverteidigergebühren nach Abs. 1 S. 1, 2, Abs. 2 S. 1   128,00 EUR
Gesamt   **805,00 EUR**

14 Obwohl der Pflichtverteidiger den Beschuldigten bereits aus einem vorangegangenen Wahlanwaltsvertrag unmittelbar in Anspruch nehmen kann, hat der Anspruch nach Abs. 1 S. 1 für ihn dennoch Bedeutung, etwa wenn der unmittelbar gegen ihn gerichtete Anspruch des Anwalts auf die Wahlgebühren bei Abschluss des Verfahrens bereits verjährt ist.

> **Beispiel:** Der Anwalt war zunächst im vorbereitenden Verfahren als Wahlverteidiger tätig. Im November 2009 hatte er das Mandat niedergelegt und war als Pflichtverteidiger bestellt worden. Nach Berufung und Revision wurde das Strafurteil im Januar 2012 rechtskräftig.
> Mit der Mandatsniederlegung war nach § 8 die Fälligkeit der Wahlverteidigervergütung eingetreten. Der Anspruch auf die Wahlverteidigergebühr aus VV 4100 und VV 4104 war daher nach § 195 BGB am 1.1.2012 verjährt. Soweit das Gericht jetzt aber die Leistungsfähigkeit feststellt, kann der Anwalt gegen den Beschuldigten ungeachtet der Verjährung der unmittelbaren Ansprüche die Wahlverteidigergebühren nach Abs. 1 S. 1 geltend machen.

b) Vergütungsvereinbarung

15 Ebenfalls kein Fall des § 52 liegt vor, wenn der gerichtlich bestellte Rechtsanwalt mit dem Beschuldigten eine Vergütungsvereinbarung getroffen hat.[7] Solche Vergütungsvereinbarungen sind zulässig (siehe § 3a Rdn 26 ff.), wie sich insbesondere aus § 101 BRAGO ergab. In diesen Fällen kommt zwischen dem Pflichtverteidiger und dem Beschuldigten nur eine Vergütungsvereinbarung zustande, nicht auch ein Anwaltsvertrag.[8]

16 Ist eine solche Vergütungsvereinbarung zwischen dem gerichtlich bestellten Rechtsanwalt und dem Beschuldigtem getroffen worden, so kann der Anwalt ohne die Beschränkungen des § 52 die vereinbarte Vergütung jederzeit verlangen. Insbesondere kann er auch Vorschüsse verlangen.[9] Er darf allerdings seine weitere Tätigkeit nicht von der Zahlung der vereinbarten Vergütung oder von einem Vorschuss hierauf abhängig machen.[10]

c) Die Tätigkeit des Anwalts ist nicht von seiner Bestellung gedeckt

17 Wird der Anwalt vom Beschuldigten mit Tätigkeiten beauftragt, für die er nicht bestellt ist, so braucht der Anwalt diese Tätigkeiten nur auszuführen, wenn ihm auch ein entsprechendes Wahlanwaltsmandat übertragen wird. Er kann dann für diese Tätigkeit ebenfalls unbeschadet der Regelung des § 52 seine Vergütung geltend machen. Ein solcher Fall wird sich insbesondere dann ergeben, wenn der Anwalt mit Tätigkeiten im Rahmen der Strafvollstreckung oder mit der Vertretung in einem Gnadenverfahren beauftragt wird.

> **Beispiel:** Der Pflichtverteidiger wird nach rechtskräftigem Abschluss des Verfahrens beauftragt, einen Gnadenantrag zu stellen.
> Er kann hierfür nach VV 4303 die vollen Gebühren unbeschadet des § 52 geltend machen. Die Tätigkeit in einem Gnadenverfahren ist niemals durch die Pflichtverteidigerbestellung abgedeckt (siehe VV 4303 Rdn 20), so dass insoweit auch keine Gebühren aus der Staatskasse zu zahlen sind.

III. Umfang des Anspruchs

18 Der Umfang und die Voraussetzungen des Anspruchs nach Abs. 1 S. 1 sind in Abs. 1 S. 1 und Abs. 2 geregelt.

---

7 BGH AnwBl 1980, 465 = NJW 1980, 1394 = JurBüro 1979, 1793 = Rpfleger 1979, 412; *Hansens*, BRAGO, § 100 Rn 2.
8 *N. Schneider*, Die Vergütungsvereinbarung, Rn 221 ff.
9 *N. Schneider*, Die Vergütungsvereinbarung, Rn 228.
10 *N. Schneider*, Die Vergütungsvereinbarung, Rn 228.

1. Wahlgebühren

Der Pflichtverteidiger hat danach einen Anspruch auf die Wahlgebühren, also die vollen gesetzlichen Gebühren, wobei die Höhe der jeweiligen Gebühren nach § 14 Abs. 1 im Einzelfall zu ermitteln ist. 19

2. Auslagen

Einen Anspruch auf Auslagenersatz gewährt § 52 nicht.[11] Dies gilt auch für das Abwesenheitsgeld nach VV 7003 (früher § 28 BRAGO).[12] Dies beruht darauf, dass erforderliche Auslagen in voller Höhe von der Staatskasse übernommen werden (§§ 45 Abs. 1, 46). Auslagen, soweit sie nicht erforderlich sind, kann der Anwalt entweder überhaupt nicht verlangen oder nur aufgrund einer entsprechenden Vergütungsvereinbarung von dem Mandanten,[13] so dass er diesen unbeschadet des § 52 unmittelbar in Anspruch nehmen kann.[14] Insoweit gelten die Ausführungen zu Rdn 17 entsprechend. 20

3. Umsatzsteuer

Obwohl die Umsatzsteuer vom RVG als Auslagenposition bezeichnet wird (VV 7008), gilt insoweit eine Ausnahme zu Rdn 20. Soweit der Anwalt von dem Beschuldigten nach Abs. 1 eine Vergütung verlangen kann, schuldet der Beschuldigte hierauf auch die gesetzliche Umsatzsteuer.[15] Anderenfalls müsste der Anwalt diese selbst bezahlen. 21

4. Vorschuss (Abs. 1 S. 1, 2. Hs.)

Die Anforderung eines Vorschusses ist nach **Abs. 1 S. 1, 2. Hs.** ausdrücklich ausgeschlossen. Einen Vorschuss kann der Pflichtverteidiger vom Beschuldigten nur insoweit verlangen, als er den Beschuldigten unbeschadet der Vorschrift des § 52 in Anspruch nehmen kann (siehe Rdn 17).[16] Allerdings darf der Anwalt an die Nichtzahlung des Vorschusses keine Konsequenzen knüpfen (siehe Rdn 16).[17] Unberührt bleibt der Vorschussanspruch gegen die Staatskasse nach § 47. 22

Unbenommen ist es dem Pflichtverteidiger, freiwillige Zahlungen des Beschuldigten oder Dritter entgegenzunehmen.[18] Diese sind allerdings nach § 58 Abs. 3 auf die Pflichtverteidigervergütung anzurechnen. 23

5. Verrechnung (Abs. 1 S. 2)

Nach **Abs. 1 S. 2** entfällt der Anspruch des gerichtlich bestellten Anwalts gegen den Beschuldigten, soweit die Staatskasse Gebühren nach den VV 4100 ff. gezahlt hat. Der gerichtlich bestellte Anwalt muss sich also sämtliche Zahlungen der Staatskasse auf die entsprechenden Wahlanwaltsgebühren in voller Höhe anrechnen lassen, so dass er den Beschuldigten nur auf die Differenz in Anspruch nehmen darf. Damit soll erreicht werden, dass der Anwalt nie mehr als die Wahlvergütung erhält. 24

Soweit dem Pflichtverteidiger eine Pauschgebühr nach § 51 bewilligt und bezahlt worden ist, die über die Wahlverteidigergebühren hinausgeht, kommt somit eine Inanspruchnahme des Beschuldigten nach Abs. 1 S. 1 auf die Gebühren nach VV 4100 ff. nicht mehr in Betracht.[19] Wohl kann der Anwalt über § 52 erreichen, dass auch er einen Antrag nach § 42 (Pauschgebühr des Wahlanwalts) stellen kann. 25

---

11 OLG Düsseldorf AnwBl 1987, 339 = JurBüro 1986, 573; Burhoff/*Volpert*, RVG, § 52 Rn 17.
12 OLG Düsseldorf AnwBl 1987, 682.
13 *Hansens*, BRAGO, § 100 Rn 3.
14 Burhoff/*Volpert*, RVG, § 52 Rn 7.
15 OLG Düsseldorf AnwBl 1987, 339 = JurBüro 1986, 573; OLG Stuttgart MDR 1985, 959 = Rpfleger 1985, 458; *Hansens*, BRAGO, § 100 Rn 3; Burhoff/*Volpert*, RVG, § 52 Rn 21.
16 Burhoff/*Volpert*, RVG, § 52 Rn 19.
17 Burhoff/*Volpert*, RVG, § 52 Rn 19.
18 BGH AnwBl 1980, 465; NJW 1980, 1394 = JurBüro 1979, 1793 = Rpfleger 1979, 412; LG Weiden KostRsp. BRAGO § 100 Nr. 7; Burhoff/*Volpert*, RVG, § 52 Rn 20.
19 Gerold/Schmidt/*Burhoff*, RVG, § 52 Rn 11.

IV. Anspruchsvoraussetzungen

26 Die Voraussetzungen, unter denen ein Anspruch des Pflichtverteidigers gegen den Beschuldigten nach Abs. 1 S. 1 besteht, sind in **Abs. 2 S. 1** geregelt.

1. Erstattungsanspruch gegen die Staatskasse (Abs. 2 S. 1, 1. Alt.)

27 Steht dem Beschuldigten ein Anspruch gegen die Staatskasse auf Erstattung seiner notwendigen Auslagen zu, so kann der Pflichtverteidiger den Beschuldigten in Höhe dieses Erstattungsanspruchs in Anspruch nehmen. Auf welcher Grundlage der Erstattungsanspruch beruht, ist unerheblich. In Betracht kommen hier insbesondere:
– **Freispruch** oder **teilweiser Freispruch** (§ 467 Abs. 1 StPO)
– **Einstellung** auf Kosten der Staatskasse (z.B. § 153 Abs. 1 i.V.m. § 467 Abs. 1 StPO)
– **erfolgreiches beschränktes Rechtsmittel** (§ 473 Abs. 3 StPO) sowie
– **erfolgloses Rechtsmittel der Staatsanwaltschaft** (§ 473 Abs. 2 S. 1 StPO).

28 **Erstattungsansprüche gegen Dritte** genügen für sich allein noch nicht, um einen Anspruch nach Abs. 1 S. 1 zuzubilligen. Im Gegensatz zu Erstattungsansprüchen gegen die Staatskasse steht bei Erstattungsansprüchen gegen Dritte nicht fest, dass der Beschuldigte diese Erstattungsansprüche auch tatsächlich wird realisieren können. Es besteht das Risiko der Insolvenz. Kostenerstattungsansprüche gegen Dritte sind allerdings im Rahmen der Feststellung der Leistungsfähigkeit zu berücksichtigen (siehe Rdn 60), insbesondere, wenn diese Ansprüche realisiert werden konnten.

29 Aus der Einschränkung, dass der Anspruch nur „insoweit" geltend gemacht werden kann, ergibt sich, dass stets eine **Gegenüberstellung der Wahlgebühren und des Erstattungsanspruchs** vorzunehmen ist. Nur denjenigen Teil oder diejenige Quote der Wahlverteidigergebühren, für die ein Erstattungsanspruch besteht, kann der Pflichtverteidiger geltend machen.

> **Beispiel:** Der Beschuldigte war wegen zweier Taten angeklagt. Wegen einer Tat ist er freigesprochen, wegen der anderen verurteilt worden. Die Kosten und die notwendigen Auslagen des Beschuldigten tragen dieser und die Staatskasse nach § 464d StPO jeweils zur Hälfte. Auszugehen ist jeweils von einer Mittelgebühr. Der Beschuldigte selbst ist nicht leistungsfähig.
> Nach Abs. 2 S. 1, 1. Alt. – also ohne Feststellung nach Abs. 2 S. 1, 2. Alt. – kann der Anwalt die Wahlanwaltsgebühren nur zur Hälfte gegen den Beschuldigten geltend machen.

30 Das Gesetz regelt nicht, inwieweit in diesen Fällen der Anspruch nach Abs. 1 S. 2 entfällt. Zutreffend ist es, die aus der Staatskasse gezahlten Pflichtverteidigergebühren ebenfalls nur „insoweit" anzurechnen, also lediglich in Höhe des hälftigen Betrages.[20]

> **Fortsetzung des Beispiels:** Der Anwalt kann daher im vorangegangenen Beispiel noch folgende Wahlanwaltsgebühren abrechnen:
>
> | | | |
> |---|---:|---:|
> | **I. Anspruch nach Abs. 1 S. 1** | | |
> | 1. Grundgebühr, VV 4100 | | 200,00 EUR |
> | 2. Verfahrensgebühr, VV 4106 | | 165,00 EUR |
> | 3. Terminsgebühr, VV 4108 | | 275,00 EUR |
> | Zwischensumme 1 | 640,00 EUR | |
> | 4. abzügl. ½, da Erstattung nur in dieser Höhe | | – 320,00 EUR |
> | Zwischensumme 2 | 320,00 EUR | |
> | **II. Anspruch als Pflichtverteidiger** | | |
> | 1. Grundgebühr, VV 4100 | | 160,00 EUR |
> | 2. Verfahrensgebühr, VV 4106 | | 132,00 EUR |
> | 3. Terminsgebühr, VV 4108 | | 220,00 EUR |
> | Zwischensumme 3 | 512,00 EUR | |
> | 4. abzügl. ½ | | – 256,00 EUR |
> | Zwischensumme 4 | 256,00 EUR | |

---

20 OLG Düsseldorf, 3. Strafsenat, NStZ-RR 1999, 64; LG Offenburg NStZ 1995, 243; LG Verden StV 1993, 649; OLG Celle RVGreport 2004, 397 = NdsRpfl 2004, 155 = NJW 2004, 2396 = NStZ 2004, 692; OLG Oldenburg StraFo 2007, 127.

III. Ergebnis

Dem Anwalt stehen also neben der Pflichtverteidigervergütung i.H.v. netto nach Abs. 1 S. 1 gegen den Beschuldigten weitere 512,00 EUR

Zwischensumme 2	320,00 EUR
abzügl. Zwischensumme 4	– 256,00 EUR
zu, also	64,00 EUR
Gesamt	**576,00 EUR**

Den restlichen Betrag in Höhe von (640 EUR – 576 EUR =) **64 EUR** kann der Anwalt nur bei Leistungsfähigkeit des Beschuldigten nach Abs. 2 S. 1, 2. Alt. verlangen.

Nach anderer Ansicht[21] ist dagegen die Pflichtverteidigervergütung auch bei einem Teilfreispruch in vollem Umfang zu verrechnen.

Gem. Abs. 1 S. 2 zu verrechnen wäre danach wie folgt:

hälftiger Anspruch nach Abs. 1 S. 1	**320,00 EUR**
gem. Abs. 1 S. 2 zu verrechnen:	
1. Grundgebühr, VV 4100	– 160,00 EUR
2. Verfahrensgebühr, VV 4106	– 132,00 EUR
3. Terminsgebühr, VV 4108	– 220,00 EUR
Gesamt	**0,00 EUR**

Es bliebe danach also kein Betrag mehr übrig, den der Pflichtverteidiger gegen den Beschuldigten gem. Abs. 2 S. 1, 1. Alt. noch geltend machen könnte. Lediglich nach Abs. 2 S. 1, 2. Alt. könnte er nach einem entsprechenden Beschluss die Differenzgebühren i.H.v. (640 EUR – 512 EUR =) **128 EUR** geltend machen.

Ob der Beschuldigte den Erstattungsanspruch gegen die Staatskasse realisieren kann, ist für den Anspruch des Anwalts nach Abs. 2 S. 1 unerheblich. Der Anwalt behält den Anspruch gegen den Beschuldigten also auch dann, wenn die Staatskasse wegen eigener Ansprüche (Kosten oder Geldstrafe) aufrechnet. Die gegenteilige Ansicht von *Hansens*[22] ist unzutreffend. Er berücksichtigt nicht, dass der Anspruch nach Abs. 1 i.V.m. Abs. 2 S. 1, 1. Alt. ja gerade Voraussetzung dafür ist, dass überhaupt ein Erstattungsanspruch festgesetzt werden kann. Wenn der Anwalt vom Beschuldigten nichts verlangen kann, kann der Beschuldigte auch nichts von der Staatskasse erstattet verlangen. Die Aufrechnung der Staatskasse betrifft nur das Erstattungsverhältnis zwischen ihr und dem Beschuldigten. Sie hat keine Auswirkung auf das Vergütungsverhältnis zwischen dem Pflichtverteidiger und dem Beschuldigten. Es wäre auch kaum einzusehen, wieso der Anwalt die Geldstrafe des Beschuldigten mit seinen Gebühren bezahlen soll.

2. Gerichtliche Feststellung der Leistungsfähigkeit (Abs. 2 S. 1, 2. Alt.)

Die weitere Voraussetzung, unter der der Pflichtverteidiger den Beschuldigten in Anspruch nehmen kann, ist die, dass das Gericht des ersten Rechtszugs auf Antrag des Verteidigers feststellt, der Beschuldigte sei zur Zahlung der Wahlverteidigergebühren in der Lage. Hierzu reicht es auch aus, dass es feststellt, der Beschuldigte sei zur Zahlung von Raten in der Lage (zum Verfahren über die Feststellung und zu den Voraussetzungen der Leistungsfähigkeit siehe Rdn 44 ff.). Ist danach die Leistungsfähigkeit gerichtlich festgestellt, kann der Anspruch nach Abs. 1 S. 1 unmittelbar gegen den Beschuldigten geltend gemacht werden.

V. Fälligkeit

Der Anspruch nach Abs. 1 S. 1 wird nicht schon nach § 8 fällig. Wie sich aus dem Zusammenhang ergibt, kann der Anspruch erst nach **rechtskräftigem Abschluss** des Verfahrens geltend gemacht werden. Dies ist zwar ausdrücklich nicht geregelt, kommt jedoch insoweit in Abs. 5 S. 1 zum Ausdruck, als dort angeordnet ist, dass die Verjährung erst mit Rechtskraft der das Verfahren

---

21 OLG Braunschweig NStZ-RR 2014, 263 = RVGreport 2014, 317; OLG Düsseldorf, 1. Strafsenat, JurBüro 1991, 1532; Beschl. v. 24.2.2010 – III-1 Ws 700/09; Beschl. v. 16.1.2013 – III-1 Ws 363/12; LG Hamburg NStZ 1999, 2000; OLG Hamburg JurBüro 2000, 205 = Rpfleger 1999, 413 = KostRsp. BRAGO § 100 Nr. 22 m. abl. Anm. *N. Schneider*; Beschl. v. 3.9.2007 – 2 Ws 194/07; OLG Frankfurt NStZ-RR 2008, 264; OLG Köln NStZ-RR 2013, 127 = StraFo 2013, 173 = RVGreport 2013, 190; OLG Saarbrücken RVGreport 2016, 139.

22 BRAGO, § 100 Rn 7.

abschließenden Entscheidung beginnt. Darüber hinaus kann erst mit rechtskräftigem Abschluss des Verfahrens ein Kostenerstattungsanspruch gegen die Staatskasse entstehen, so dass zumindest bei dieser Alternative die materiell-rechtlichen Voraussetzungen des Anspruchs nicht vorzeitig, etwa mit dem Ruhen des Verfahrens, einer Kostenentscheidung oder anderen in § 8 geregelten Ereignissen eintreten können.

34 Soweit neben dem Anspruch nach Abs. 1 S. 1 Ansprüche gegen den Beschuldigten aus einem früheren Wahlanwaltsvertrag oder einer Honorarvereinbarung bestehen, richtet sich die Fälligkeit allerdings nach § 8, so dass die Verjährung unterschiedlich ablaufen kann.

> **Beispiel:** Der Anwalt wird zunächst als Wahlverteidiger tätig. Unmittelbar vor Beginn der Hauptverhandlung legt er das Mandat nieder und wird als Pflichtverteidiger bestellt.
> Mit der Mandatsniederlegung trat nach § 8 Fälligkeit der Wahlanwaltsvergütung ein. Soweit das Gericht also später die Leistungsfähigkeit nicht feststellt, können die Ansprüche des Anwalts bei rechtskräftigem Abschluss des Verfahrens bereits verjährt sein.

VI. Verjährung

35 Der Anspruch nach Abs. 1 S. 1 verjährt nach **§ 195 BGB** innerhalb von **drei Jahren**. Die Verjährungsfrist beginnt mit Ablauf des Kalenderjahres, in dem das Verfahren rechtskräftig abgeschlossen worden ist, und in Ermangelung einer gerichtlichen Entscheidung mit anderweitiger Erledigung (**Abs. 5 S. 1**). Das gilt auch dann, wenn der Pflichtverteidiger vor Rechtskraft ausscheidet und entpflichtet wird.[23] Da die Anspruchsvoraussetzungen – insbesondere ein eventueller Erstattungsanspruch gegen die Staatskasse – erst nach rechtskräftigem Abschluss feststehen, kann die Verjährung nicht vorher einsetzen.

36 Der Ablauf der Verjährungsfrist ist zwar nach wie vor nicht von einer Entscheidung über die Leistungsfähigkeit nach Abs. 2 S. 1, 2. Alt. abhängig (so ausdrücklich noch § 100 Abs. 3 S. 2 BRAGO). Ein Antrag nach Abs. 2 S. 1, 2. Alt. hemmt jetzt aber den Ablauf der Verjährungsfrist (**Abs. 5 S. 2**). Mit Einreichung des Antrags wird der Ablauf gehemmt. Die Hemmung endet sechs Monate nach der Rechtskraft der Entscheidung des Gerichts über den Antrag nach Abs. 2 (**Abs. 5 S. 3**). Das Gleiche gilt, wenn der Antrag zurückgenommen worden ist. Wird das Verfahren nicht weiter betrieben, so endet die Hemmung ebenfalls nach sechs Monaten; sie lebt aber wieder auf, wenn das Verfahren fortgesetzt wird.

37 Soweit neben dem Anspruch nach Abs. 1 S. 1 Ansprüche gegen den Beschuldigten aus einem früheren Wahlanwaltsvertrag oder einer Vergütungsvereinbarung bestehen, läuft die Verjährung dagegen nach allgemeinen Regeln und kann schon vor rechtskräftigem Abschluss des Verfahrens abgelaufen sein. Nach BGH[24] soll der Ablauf der Verjährung aus einem Wahlanwaltsvertrag oder einer Vergütungsvereinbarung im Zweifel für die Dauer der Pflichtverteidigung gehemmt sein. Hierfür besteht m.E. allerdings kein Grund.

VII. Durchsetzung

38 Die Vorschrift des § 52 regelt nur die Anspruchsvoraussetzungen. Sie regelt weder unmittelbar die Höhe des Anspruchs, noch bietet sie eine Möglichkeit, dem Pflichtverteidiger einen Titel zu verschaffen. Der Pflichtverteidiger ist vielmehr darauf angewiesen, seinen Honoraranspruch **gerichtlich** geltend zu machen, wenn der Beschuldigte freiwillig nicht zahlt.[25]

39 Voraussetzung für jeglichen Zahlungsanspruch gegen den Vertretenen ist selbstverständlich, dass ihm zunächst einmal eine Kostenberechnung mitgeteilt worden ist. Ohne vorherige Mitteilung einer Berechnung ist auch ein Vergütungsanspruch nach Abs. 1 S. 1 nicht einforderbar.

40 Ein **Vergütungsfestsetzungsverfahren** nach § 11 ist möglich. Zwar wird bei Rahmengebühren die Festsetzung des Mindestbetrags ausscheiden, da auf die Mindestgebühr die volle Pflichtverteidigervergütung anzurechnen wäre, so dass kein Differenzbetrag verbliebe; allerdings besteht die Möglich-

---

23 Gerold/Schmidt/*Burhoff*, RVG, § 52 Rn 25.
24 AnwBl 1983, 129 = BGHZ 86, 98 = NJW 1983, 1047 = JurBüro 1983, 689 = Rpfleger 1983, 293.
25 *Hansens*, BRAGO, § 100 Rn 12.

keit, dass der Anwalt vom Beschuldigten eine Zustimmungserklärung nach § 11 Abs. 8 erhält und damit die weiter gehende Rahmengebühr festsetzen lassen kann. Im Falle eines Kostenerstattungsanspruchs des Beschuldigten dürfte ohnehin auf eine Zustimmungserklärung zu verzichten sein, da die Höhe der zu erstattenden Vergütung bereits gerichtlich festgesetzt ist.

Unklar ist, ob auch dann eine Festsetzung nach § 11 in Betracht kommt, wenn das Gericht davon ausgeht, dass der Beschuldigte nur zur Ratenzahlung in der Lage sei. Da es sich um einen gebührenrechtlichen Einwand handelt, müsste m.E. festgesetzt werden können. Gegebenenfalls ist in den Festsetzungsbeschluss nach § 11 aufzunehmen, in welcher Höhe Raten zu zahlen sind. 41

VIII. Bewilligung einer Pauschgebühr

Ist die Leistungsfähigkeit des Beschuldigten festgestellt, kann der Anwalt auch einen Antrag auf Bewilligung einer Pauschgebühr nach § 42 stellen.[26] Wird diese bewilligt, kann er den Vertretenen auch insoweit in Anspruch nehmen. 42

Die Möglichkeit der Bewilligung einer Pauschgebühr besteht auch dann, wenn dem Anwalt bereits eine Pauschgebühr nach § 51 bewilligt worden ist.[27] 43

IX. Feststellung der Leistungsfähigkeit des Beschuldigten (Abs. 2)

1. Antrag

Steht dem Beschuldigten kein Erstattungsanspruch gegen die Staatskasse zu, muss der Pflichtverteidiger die gerichtliche Feststellung der Leistungsfähigkeit des Beschuldigten erreichen, will er diesen nach Abs. 1 S. 1 in Anspruch nehmen. Das Verfahren hierzu ist in **Abs. 2** geregelt. Erforderlich ist zunächst ein **Antrag** des Rechtsanwalts, die Zahlungsfähigkeit des Beschuldigten feststellen zu lassen. 44

Der Antrag kann **unbeziffert** sein.[28] Die Gegenansicht von *Schmahl*,[29] der Anwalt müsse seine Gebühren substantiiert berechnen und darlegen, findet im Gesetz keine Stütze. Das Gericht hat im Rahmen des Verfahrens über die Feststellung der Leistungsfähigkeit nicht die Höhe der Vergütung zu prüfen, sondern nur, in welcher Höhe der Beschuldigte überhaupt leistungsfähig ist. Es ist keinesfalls erforderlich, dass der Pflichtverteidiger bereits jetzt schon seine Gebühren berechnet und diese Berechnung vorlegt. *Volpert*[30] empfiehlt allerdings die Bezifferung. 45

Ungeachtet dessen kann der Anwalt seinen Antrag aber auch dahin gehend einschränken, dass er die Feststellung begehrt, der Beschuldigte sei in Höhe eines bestimmten Betrages leistungsfähig. 46

2. Frist

Der Antrag auf Feststellung der Leistungsfähigkeit ist **nicht fristgebunden**. Im Hinblick auf die ab Rechtskraft der Hauptsache laufende Verjährung der Vergütung sollte der Antrag so zeitig gestellt werden, dass die Verjährung noch nicht abgelaufen ist und der Anspruch noch durchgesetzt werden kann. 47

Der Antrag kann jedoch nicht vor Fälligkeit der Vergütung (§ 8 Abs. 1) gestellt werden.[31] 48

Der vorherigen Mitteilung einer Berechnung nach § 10 bedarf es dagegen nicht, zumal bis zur Entscheidung des Gerichts ohnehin keine Zahlungspflicht des Vertretenen besteht. 49

---

[26] Burhoff/*Volpert*, RVG, § 52 Rn 16.
[27] Burhoff/*Volpert*, RVG, § 52 Rn 16.
[28] Burhoff/*Volpert*, RVG, § 52 Rn 32.
[29] Riedel/Sußbauer/*Schmahl*, RVG, § 52 Rn 19 unter Berufung auf OLG Bremen JVBl 1961, 119.
[30] Burhoff/*Volpert*, RVG, § 52 Rn 32.
[31] Burhoff/*Volpert*, RVG, § 52 Rn 34.

3. Rechtsschutzbedürfnis

50 Ein Rechtsschutzbedürfnis für den Antrag fehlt, soweit der Beschuldigte freigesprochen worden ist und der Pflichtverteidiger den Beschuldigten ohnehin nach Abs. 2 S. 1, 1. Alt. in Anspruch nehmen kann. Eine Feststellung der Leistungsfähigkeit durch das Gericht wäre in diesem Fall überflüssig.

51 Der Antrag ist dagegen auch dann zulässig, wenn der Anwalt vom Beschuldigten unmittelbar die Wahlanwaltsgebühren verlangen kann, etwa aus einem vorangegangenen Wahlanwaltsvertrag. Die gegenteilige Ansicht[32] berücksichtigt nicht, dass beide Ansprüche unabhängig voneinander bestehen[33] und der unmittelbare Anspruch auf die Wahlgebühren z.B. viel früher verjährt (siehe Rdn 35 ff.).

52 Eine Feststellung ist auch dann zu treffen, wenn die Ansprüche nach Abs. 1 S. 1 verjährt sind.[34] Abgesehen davon, dass das Strafgericht nicht dafür zuständig ist, über die Frage der Verjährung zu entscheiden, ist es Sache des Beschuldigten, ob er sich später überhaupt auf den Eintritt der Verjährung beruft.

4. Zuständigkeit

53 Zuständig für die Feststellung der Leistungsfähigkeit ist das **Gericht des ersten Rechtszugs** (**Abs. 2 S. 1**). Dieses Gericht entscheidet über die Leistungsfähigkeit hinsichtlich sämtlicher Ansprüche, auch soweit diese aus höheren Instanzen resultieren, und zwar auch dann, wenn das höhere Gericht den Anwalt bestellt hat.[35]

54 Bei **Abgabe oder Verweisung** ist das Gericht zuständig, an das abgegeben oder verwiesen worden ist.[36]

55 Ist das **Verfahren nicht gerichtlich anhängig** geworden, so entscheidet dasjenige **Gericht, das den Verteidiger bestellt** hat (**Abs. 2 S. 2**). Dies wird insbesondere in Betracht kommen, wenn bereits im vorbereitenden Verfahren ein Pflichtverteidiger bestellt wurde und es nicht mehr zur Anklageerhebung gekommen ist.

5. Rechtliches Gehör

56 Dass dem Beschuldigten in dem Verfahren auf Feststellung rechtliches Gehör zu gewähren ist, ist an sich eine Selbstverständlichkeit, wird aber in Abs. 3 S. 1 nochmals ausdrücklich vorgeschrieben. Eine Pflicht des Beschuldigten, seine Einkommens- und Vermögensverhältnisse zu offenbaren, besteht nicht.[37] Das Gesetz ordnet jetzt jedoch insoweit eine **Obliegenheit** an. Während das Gericht bislang aus einer grundlosen Weigerung lediglich die entsprechenden Schlüsse ziehen konnte, ist jetzt Folgendes vorgesehen:
- Das Gericht fordert den Beschuldigten auf, seine persönlichen und wirtschaftlichen Verhältnisse darzulegen;
- gleichzeitig setzt das Gericht hierzu eine Frist.
- Der Beschuldigte muss nunmehr in einer dem § 117 Abs. 2 bis 4 ZPO entsprechenden Weise (Abs. 3 S. 1, 2. Hs.) seine persönlichen und wirtschaftlichen Verhältnisse darlegen.
- Gibt der Beschuldigte keine ordnungsgemäße Erklärung ab, so wird gesetzlich vermutet, dass er leistungsfähig ist.

---

32 OLG Koblenz KostRsp. BRAGO § 100 Nr. 11 m. Anm. *Schmidt*; so auch Burhoff/*Volpert*, § 52 Rn 39.

33 OLG Düsseldorf JurBüro 1984, 567 m. Anm. *Mümmler* = MDR 1984, 426 = AnwBl 1984, 264 m. Anm. *Chemnitz* = Rpfleger 1984, 287; Burhoff/*Volpert*, RVG, § 52 Rn 22.

34 OLG Düsseldorf Rpfleger 1981, 368 = JurBüro 1981, 1529 m. Anm. *Mümmler*; OLG München AnwBl 1982, 389 = JurBüro 1982, 1366 = MDR 1982, 869.

35 Burhoff/*Volpert*, RVG, § 52 Rn 35.

36 Burhoff/*Volpert*, RVG, § 52 Rn 35.

37 *Hansens*, BRAGO, § 100 Rn 12.

6. Darlegungslast/Amtsermittlung

Die Darlegungs- und Beweislast dafür, dass der Beschuldigte zur Zahlung der Wahlverteidigergebühren in der Lage ist, liegt nach allgemeinen Grundsätzen bei demjenigen, der den Anspruch geltend macht, also bei dem Pflichtverteidiger. Diese Darlegungs- und Beweislast wird insoweit jedoch durch Abs. 2 S. 1 abgemildert, als der Beschuldigte eine dem § 117 Abs. 2 bis 4 ZPO entsprechende Erklärung abgeben muss und im Übrigen der Amtsermittlungsgrundsatz gilt.[38] Das Gericht hat von Amts wegen die persönlichen Verhältnisse und die erforderlichen Tatsachen zu ermitteln. Dabei kann sich das Gericht sogar der Hilfe der Polizei bedienen; Fahndungsmaßnahmen sind allerdings nicht zulässig.[39]

Damit Ermittlungen des Gerichts möglich sind, muss der Antrag des Pflichtverteidigers gewisse Mindestangaben enthalten, Hinweise auf die derzeitige berufliche Tätigkeit des Beschuldigten oder sonstige Tatsachen, aus denen sich Schlüsse auf eventuell verschwiegene Einkommens- und Vermögensverhältnisse ziehen lassen.[40] Zu weit geht das OLG Koblenz,[41] wonach der Antrag genaue Angaben zur Leistungsfähigkeit enthalten müsse. Ergibt sich aufgrund der vorgetragenen Tatsachen und der Ermittlungen des Gerichts, dass die Voraussetzungen gegeben sind, so ist es Sache des Beschuldigten nachzuweisen, dass er ungeachtet dessen aufgrund seiner persönlichen Verhältnisse nicht zur Zahlung in der Lage ist.

7. Persönliche Verhältnisse

Die Feststellung der Leistungsfähigkeit ist zu treffen, soweit der Beschuldigte in der Lage ist, die Wahlanwaltsgebühren zu zahlen, ohne dass damit eine Beeinträchtigung des für ihn und seine Familie notwendigen Unterhalts verbunden ist. Zu prüfen sind danach primär die Einkommensverhältnisse des Beschuldigten. Ihm müssen nach Zahlung der Wahlverteidigergebühren genügend Mittel verbleiben, um seinen eigenen Lebensunterhalt und den seiner Familie sicherzustellen. Insoweit wird man sich an den **Pfändungsfreigrenzen nach §§ 850c ff. ZPO** orientieren können.[42] Die Vermögensverhältnisse sind nur mittelbar zu berücksichtigen, nämlich insoweit, als das Vermögen zur Deckung des Unterhalts herangezogen werden kann. Hier wird man auf die Regelungen zur Bewilligung von Prozesskostenhilfe zurückgreifen können.[43] Soweit danach Vermögen nicht eingesetzt werden muss, muss sich auch der Beschuldigte nicht darauf verweisen lassen. Das LG Mainz[44] geht davon aus, dass eine Feststellung nach Abs. 2 S. 1, 2. Alt. nicht in Betracht kommt, wenn dem Beschuldigten nicht der doppelte Sozialhilfesatz verbleibe. Zu beachten ist, dass eine Leistungsfähigkeit des Beschuldigten bereits dann gegeben ist, wenn er Raten zahlen kann, ohne den eigenen Lebensunterhalt oder den seiner Familie zu gefährden (Abs. 2 S. 1).

Zu berücksichtigen ist insoweit auch, inwieweit realisierbare Ansprüche gegen **erstattungspflichtige Dritte** gegeben sind.[45]

Beispiel: Die Berufung des Nebenklägers wird kostenpflichtig verworfen.

Abs. 2 S. 1, 1. Alt. greift nicht, da diese Regelung nur für einen Erstattungsanspruch gegen die Staatskasse gilt (siehe Rdn 27). Soweit der Nebenkläger zahlungsfähig ist, ist allerdings nach Abs. 2 S. 1, 2. Alt. die Leistungsfähigkeit hinsichtlich der Kosten des Berufungsverfahrens festzustellen, selbst wenn der Beschuldigte im Übrigen nicht leistungsfähig ist. Der Beschuldigte kann die Zahlung „durch Beitreibung von der Gegenseite"[46] zahlen.

---

38 Burhoff/*Volpert*, RVG, § 52 Rn 36.
39 *Hansens*, BRAGO, § 100 Rn 12; OLG Oldenburg NdsRpfl 1962, 216; LG Stuttgart JurBüro 1973, 536 = AnwBl 1973, 148.
40 OLG Düsseldorf JurBüro 1985, 725; JurBüro 1985, 1032 = AnwBl 1985, 594; OLG München AnwBl 1974, 283.
41 Rpfleger 1993, 506.
42 *Hansens*, BRAGO, § 100 Rn 13.
43 OLG Celle NdsRpfl 1982, 224; *Hansens*, BRAGO, § 100 Rn 13.
44 MDR 1981, 428.
45 Burhoff/*Volpert*, RVG, § 52 Rn 43; Gerold/Schmidt/*Burhoff*, RVG, § 52 Rn 17.
46 Burhoff/*Volpert*, RVG, § 52 Rn 43; Gerold/Schmidt/*Burhoff*, RVG, § 52 Rn 17.

61 Auch sonstige Ansprüche gegen Dritte sind zu beachten, etwa nach § 1360a Abs. 4 BGB gegen den **Ehegatten**[47] oder Ansprüche der **Kinder gegen ihre Eltern** nach § 1610 BGB.[48]

62 Ferner ist zu berücksichtigen, wenn dem Beschuldigten Ansprüche nach dem **StrEG** erwachsen sind.[49]

63 Nach *Hansens*[50] sollen auch Ansprüche gegen den **Rechtsschutzversicherer** in Betracht kommen. Ein solcher Fall dürfte allerdings kaum vorkommen. In Fällen notwendiger Verteidigung wird i.d.R. nach den ARB kein Versicherungsschutz bestehen. Abgesehen davon ist fraglich, ob der Versicherer auch die Kosten eines Pflichtverteidigers zu übernehmen hat oder nur die eines gewählten Verteidigers.

64 Zu berücksichtigen ist ferner, wenn der Beschuldigte **keiner Erwerbstätigkeit** nachgeht und sich auch nicht um Arbeit bemüht. Hier kann bei der Beurteilung der Leistungsfähigkeit – ähnlich wie im Unterhaltsrecht – ein fiktives Einkommen zugrunde gelegt werden.[51]

8. Zeitpunkt der Beurteilung

65 Nach ganz herrschender Meinung ist bei der Entscheidung über die Feststellung der Leistungsfähigkeit auf die persönlichen und wirtschaftlichen Verhältnisse des Beschuldigten im **Zeitpunkt der Entscheidung des Gerichts** abzustellen.[52] Hierfür spricht insbesondere der Gesetzeswortlaut „zur Zahlung in der Lage ist", also nicht „war".[53] Gegenteiliger Auffassung ist *Hartmann*.[54] Danach ist für die Feststellung der Leistungsfähigkeit auf den Zeitpunkt der wirtschaftlichen Verhältnisse des Beschuldigten zur Zeit seines Strafverfahrens abzustellen; mit einer nachträglichen Besserung seiner Verhältnisse dürfe seine Leistungspflicht nicht begründet werden. Für eine solche Auslegung besteht jedoch keine Veranlassung. Es wäre unbillig, wenn der während des Strafverfahrens bedürftige Beschuldigte nach Abschluss des Strafverfahrens zu einzusetzendem Vermögen oder Einkommen gekommen ist.

66 Umgekehrt ist nicht auf die früheren wirtschaftlichen Verhältnisse des Beschuldigten zum Zeitpunkt des Verfahrens abzustellen. Eine Ausnahme gilt aber dann, wenn der Beschuldigte treuwidrig Vermögen beiseite geschafft oder verschleudert hat, um sich der späteren Zahlungspflicht zu entziehen.

67 Ist der Beschuldigte verstorben, so ist auf den Wert des Nachlasses abzustellen, nicht auf die Verhältnisse des oder der Erben.[55]

9. Entscheidung

68 Nach Anhörung des Beschuldigten gem. Abs. 3 S. 1 entscheidet das Gericht durch **Beschluss**, ob und inwieweit die Leistungsfähigkeit des Beschuldigten gegeben ist. An Handlungen und Erklärungen des Beschuldigten, etwa ein Anerkenntnis oder ein Schuldversprechen, ist das Gericht nicht gebunden.[56]

69 Das Gericht entscheidet dabei nicht über die Höhe des dem Pflichtverteidiger zustehenden Vergütungsanspruchs,[57] also insbesondere auch nicht darüber, ob das Ermessen nach § 14 Abs. 1 zutreffend

---

47 Burhoff/*Volpert*, RVG, § 52 Rn 43; Gerold/Schmidt/*Burhoff*, RVG, § 52 Rn 17.
48 Burhoff/*Volpert*, RVG, § 52 Rn 43; Gerold/Schmidt/*Burhoff*, RVG, § 52 Rn 17; a.A. OLG Düsseldorf JurBüro 1982, 248.
49 LG Hamburg AnwBl 1985, 594; *Hansens*, BRAGO, § 100 Rn 13.
50 BRAGO, § 100 Rn 13.
51 LG Kiel AnwBl 1971, 25; *Hansens*, BRAGO, § 100 Rn 13.
52 OLG Bamberg JurBüro 1990, 482; OLG Düsseldorf AnwBl 1974, 88; AnwBl 1985, 594 = Rpfleger 1985, 327; OLG Hamm MDR 1971, 601; OLG Stuttgart AnwBl 1973, 148; OLG Koblenz MDR 1971, 866; OLG Oldenburg NJW 1973, 2313; OLG Zweibrücken MDR 1974, 66; AG Aachen BRAGOreport 2002, 171 m. Anm. *N. Schneider* = JurBüro 2002, 308; *Hansens*, BRAGO, § 100 Rn 13; Burhoff/*Volpert*, RVG, § 52 Rn 42; Gerold/Schmidt/*Burhoff*, RVG, § 52 Rn 16.
53 Gerold/Schmidt/*Burhoff*, RVG, § 52 Rn 16.
54 § 100 BRAGO Rn 26; KG JR 1968, 309; OLG Koblenz MDR 1971, 866; OLG Oldenburg Rpfleger 1972, 328; OLG Saarbrücken NJW 1973, 2313.
55 *Hansens*, BRAGO, § 100 Rn 13; a.A. OLG Zweibrücken MDR 1974 m. abl. Anm. *Schmidt*.
56 Burhoff/*Volpert*, RVG, § 52 Rn 40.
57 LG Essen AnwBl 1960, 227.

ausgeübt worden ist.[58] Es regelt lediglich, dass und gegebenenfalls bis zu welchem Betrag der Pflichtverteidiger den Beschuldigten in Anspruch nehmen kann. Das Gericht ist insoweit weder an einen Antrag noch an sonstige Vorgaben gebunden. Es kann zum einen die Leistungsfähigkeit des Beschuldigten uneingeschränkt feststellen. Es kann die Leistungsfähigkeit des Beschuldigten aber auch der Höhe nach begrenzen, etwa bis zu einem bestimmten Betrag. Dies wird insbesondere dann der Fall sein, wenn das Gericht festgestellt hat, dass der Beschuldigte zur Zahlung der gesetzlichen Höchstgebühr nicht in der Lage ist; es muss dann feststellen, bis zu welchem Betrag der Beschuldigte leistungsfähig ist.[59]

Eine solche Begrenzung kann auch dann geboten sein, wenn sich die Leistungsfähigkeit des Beschuldigten nur aus einem Erstattungsanspruch gegen einen Dritten ergibt. Dann kann die Leistungsfähigkeit auf die Höhe des Erstattungsanspruchs beschränkt werden. 70

Zur Benennung eines Höchstbetrags besteht jedoch dann keine Veranlassung, wenn die Möglichkeit besteht, dass der Beschuldigte den Anspruch des Pflichtverteidigers in Raten begleichen kann. Das Gericht kann dann auch aussprechen, dass der Beschuldigte in Höhe bestimmter monatlicher Raten leistungsfähig ist.[60] Das Gericht hat dann die Höhe der Raten und die Zahlungstermine in seinem Beschluss aufzuführen.[61] Nach OLG Saarbrücken[62] kommt auch die Feststellung einer zukünftigen Zahlungspflicht in Betracht. 71

Hat der Pflichtverteidiger von vornherein einen beschränkten Antrag gestellt, etwa sich auf die Mittelgebühren beschränkt, dann kann sich das Gericht ebenfalls darauf beschränken, zu entscheiden, ob der Beschuldigte in der Lage ist, die vom Anwalt geforderten Mittelgebühren zu zahlen.[63] Das Gericht hat aber keinesfalls zu entscheiden, ob diese Ansprüche auch berechtigt und angemessen sind. 72

Die Entscheidung des Gerichts darf keinesfalls auf Verurteilung zu einer Zahlung lauten. Der **Tenor** muss auf **Feststellung der Zahlungsfähigkeit** gehen. Ein vollstreckbarer Titel wird nicht geschaffen. Die Beitreibung folgt nach allgemeinen Grundsätzen. Der Anwalt muss also, wenn der Beschuldigte nicht zahlt, seinen Honoraranspruch **gerichtlich** einklagen oder das **Vergütungsfestsetzungsverfahren** nach § 11 betreiben (siehe Rdn 38 ff.). Möglich ist gegebenenfalls auch, die Forderung im Wege der Aufrechnung durchzusetzen. 73

Der Beschluss ist den Beteiligten **förmlich zuzustellen**.[64] 74

10. Rechtsmittel (Abs. 4)

Gegen die Entscheidung des Gerichts ist nach **Abs. 4** die **sofortige Beschwerde** gemäß §§ 304 bis 311a StPO gegeben. Hat das **OLG** in der Hauptsache **erstinstanzlich** entschieden und damit auch über die Feststellung der Leistungsfähigkeit, so ist nach § 304 Abs. 4 StPO eine Beschwerde nicht zulässig. Eine **weitere Beschwerde** ist ebenfalls ausgeschlossen (§ 310 Abs. 2 StPO).[65] 75

Beschwerdeberechtigt sind sowohl der **gerichtlich bestellte Anwalt**, wenn die Feststellung der Leistungsfähigkeit ganz oder teilweise abgelehnt worden ist, als auch der **Beschuldigte**, soweit die Leistungsfähigkeit ganz oder teilweise festgestellt worden ist. **Erstattungspflichtige Dritte** sind nicht beschwerdeberechtigt, da sie nur mittelbar berührt werden. Dies gilt insbesondere auch für die **Staatskasse**, der nach § 467 StPO die notwendigen Auslagen des Beschuldigten auferlegt worden sind.[66] 76

---

58 Burhoff/*Volpert*, RVG, § 52 Rn 40; Gerold/Schmidt/*Burhoff*, RVG, § 52 Rn 22.
59 Gerold/Schmidt/*Burhoff*, RVG, § 52 Rn 22.
60 OLG Köln NJW 1963, 2041; *Hansens*, BRAGO, § 100 Rn 14.
61 Burhoff/*Volpert*, RVG, § 52 Rn 42.
62 Rpfleger 1961, 317.
63 Burhoff/*Volpert*, RVG, § 52 Rn 41; Gerold/Schmidt/*Burhoff*, RVG, § 52 Rn 9.
64 *Hansens*, BRAGO, § 100 Rn 14.
65 OLG Hamm AGS 1998, 7 = AnwBl 1998, 216 = JurBüro 1998, 414 = MDR 1998, 185.
66 OLG Hamm Rpfleger 1962, 187 m. Anm. *Tschischgale* = AnwBl 1962, 181; KG JR 1967, 472; OLG Karlsruhe NJW 1968, 857 = Justiz 1968, 181; OLG Köln MDR 1971, 240 = JMBlNW 1970, 304; OLG Oldenburg AnwBl 1972, 331 = NJW 1972, 2323; LG Würzburg JurBüro 1981, 1836; a.A. OLG Düsseldorf Rpfleger 1979, 393 = JMBlNW 1979, 211 = MDR 1979, 1045, wonach die Staatsanwaltschaft beschwerdeberechtigt sein soll.

77 Die **Beschwerdefrist** beläuft sich gemäß § 311 Abs. 2 StPO auf eine Woche ab Bekanntgabe der Entscheidung über die Feststellung der Leistungsfähigkeit.

78 Ein **Anwaltszwang** besteht nicht. Die Beschwerde kann daher auch zu Protokoll der Geschäftsstelle erklärt werden.[67]

79 Eine **Beschwer** ist nicht erforderlich. Soweit angenommen wird, es handele sich um eine Beschwerde über Kosten, die gemäß § 304 Abs. 3 StPO nur zulässig sei, wenn der Wert des Beschwerdegegenstands 200 EUR (früher 50 EUR) übersteige, so ist dies unzutreffend. Die Entscheidung ergeht nicht über die Kosten, sondern über die Leistungsfähigkeit. Über die Kosten selbst wird gerade nicht entschieden. Hinzu kommt, dass zum Zeitpunkt der gerichtlichen Feststellung in vielen Fällen noch gar nicht absehbar ist, in welcher Höhe Ansprüche geltend gemacht werden. Der Pflichtverteidiger ist nicht verpflichtet, in diesem Stadium seine Ansprüche bereits zu beziffern. Auch ein Vergleich mit den Prozesskostenhilfevorschriften spricht gegen eine Beschränkung nach § 304 Abs. 3 StPO. Entscheidungen über die Versagung von Prozesskostenhilfe sind unabhängig von ihrer Beschwer anfechtbar. Im Übrigen wird sich die Frage in der Praxis kaum stellen, da die Differenz zwischen der Wahlverteidigervergütung und der Pflichtverteidigervergütung in der Regel über dem Beschwerdewert liegen dürfte.

11. Erneuter Antrag

80 Ist der Antrag des gerichtlich bestellten Anwalts abgelehnt worden, so kann er jederzeit erneut einen Antrag stellen. Dieser Antrag kann dann aber nur mit einer **Veränderung der Verhältnisse** begründet werden. Er kann sich nicht darauf stützen, die Leistungsfähigkeit sei früher unzutreffend beurteilt worden.

81 Zuzulassen ist der Antrag, der sich darauf stützt, die früheren Verhältnisse seien unzutreffend beurteilt worden, ausnahmsweise dann, wenn der Beschuldigte bewusst falsche Angaben über sein Einkommen gemacht oder Vermögen oder Einkünfte arglistig verschwiegen hat. Es besteht insoweit kein Schutzbedürfnis.

12. Herabsetzungsantrag

82 Hat das Gericht die Leistungsfähigkeit rechtskräftig festgestellt, kann der Beschuldigte nicht wegen späterer Veränderung seiner Verhältnisse die **Aufhebung des Beschlusses** verlangen.[68]

83 Zuzulassen ist allerdings ein **Abänderungsantrag** des Beschuldigten, wenn das Gericht Ratenzahlungen angeordnet hat. Verändern sich unvorhergesehenerweise die wirtschaftlichen Verhältnisse des Beschuldigten, so muss ihm die Möglichkeit gegeben werden, diese falsche Prognose des Gerichts revidieren zu lassen. Das Gericht hat dann festzustellen, dass die Leistungsfähigkeit zukünftig nicht mehr gegeben ist. Auf die bis dahin gezahlten und fällig gewordenen Raten hat dies allerdings keinen Einfluss.

84 Im Übrigen ist eine **Abänderung** nicht möglich. Der Beschuldigte hätte während der Zeit seiner Leistungsfähigkeit ohne weiteres zahlen können.

13. Kosten des Verfahrens

85 Die Entscheidung des Gerichts im Verfahren über die Feststellung der Leistungsfähigkeit ergeht **gerichtsgebührenfrei**. Für die Zurückweisung der Beschwerde wird allerdings eine Gebühr nach GKG-KostVerz. 3602 in Höhe von 60 EUR erhoben. Außergerichtliche Kosten werden nicht erstattet.

---

[67] *Hansens*, BRAGO, § 100 Rn 15.
[68] *Schueler*, AnwBl 1960, 87; Gerold/Schmidt/*Burhoff*, RVG, § 52 Rn 23.

C. Beigeordneter Anwalt im Bußgeldverfahren (Abs. 6)

Im **Bußgeldverfahren** gelten die Vorschriften der Absätze 1 bis 3 und 5 entsprechend (**Abs. 6 S. 1**). Dies entspricht der bisherigen pauschalen Verweisung in § 105 Abs. 1 BRAGO. Zu stellen ist der Antrag nach Abs. 1 vor dem Gericht des ersten Rechtszugs, also dem Amtsgericht. In diesem Fall ist gegen die Entscheidung des Gerichts die sofortige Beschwerde gegeben. 86

Sofern es nicht zu einem gerichtlichen Verfahren gekommen ist, ist der Antrag bei der Verwaltungsbehörde zu stellen, die dann über den Antrag entscheidet (**Abs. 6 S. 2**). Gegen deren Entscheidung ist der **Antrag auf gerichtliche Entscheidung nach § 62 OWiG** gegeben. 87

D. Entsprechende Anwendung auf den einem Privatkläger, Nebenkläger oder dem Antragsteller im Klageerzwingungsverfahren oder sonst beigeordneten Rechtsanwalt

Auch für den einem **Privatkläger**, einem **Nebenkläger**, dem **Antragsteller im Klageerzwingungsverfahren** oder **einem sonst in Angelegenheiten, in denen sich die Gebühren nach VV Teil 4, 5 oder 6 bestimmen, beigeordneten Rechtsanwalt** gegen seinen Auftraggeber gilt die Vorschrift des § 52 entsprechend (§ 53 Abs. 1). Diese Vorschrift geht damit den Bestimmungen des § 379 Abs. 3 StPO und des § 172 Abs. 3 StPO vor, wonach auf die Vorschriften der Prozesskostenhilfe verwiesen wird. 88

§ 52 findet jedoch keine Anwendung im Fall des § 53 Abs. 2, wenn dem **Nebenkläger oder dem nebenklageberechtigten Verletzten ein Beistand** gem. §§ 397a Abs. 1, 406g Abs. 3 Nr. 1 StPO bestellt wurde. Hier kann der Anwalt gem. § 53 Abs. 2 S. 2 nicht von dem Vertretenen, dafür aber von dem Verurteilten die Gebühren eines gewählten Beistands verlangen (siehe hierzu im Einzelnen die Kommentierung zu § 53). 89

---

§ 53   **Anspruch gegen den Auftraggeber, Anspruch des zum Beistand bestellten Rechtsanwalts gegen den Verurteilten**

(1) Für den Anspruch des dem Privatkläger, dem Nebenkläger, dem Antragsteller im Klageerzwingungsverfahren oder des sonst in Angelegenheiten, in denen sich die Gebühren nach Teil 4, 5 oder 6 des Vergütungsverzeichnisses bestimmen, beigeordneten Rechtsanwalts gegen seinen Auftraggeber gilt § 52 entsprechend.

(2) ¹Der dem Nebenkläger, dem nebenklageberechtigten Verletzten oder dem Zeugen als Beistand bestellte Rechtsanwalt kann die Gebühren eines gewählten Beistands aufgrund seiner Bestellung nur von dem Verurteilten verlangen. ²Der Anspruch entfällt insoweit, als die Staatskasse die Gebühren bezahlt hat.

(3) ¹Der in Absatz 2 Satz 1 genannte Rechtsanwalt kann einen Anspruch aus einer Vergütungsvereinbarung nur geltend machen, wenn das Gericht des ersten Rechtszugs auf seinen Antrag feststellt, dass der Nebenkläger, der nebenklageberechtigte Verletzte oder der Zeuge zum Zeitpunkt des Abschlusses der Vereinbarung allein auf Grund seiner persönlichen und wirtschaftlichen Verhältnisse die Voraussetzungen für die Bewilligung von Prozesskostenhilfe in bürgerlichen Rechtsstreitigkeiten nicht erfüllt hätte. ²Ist das Verfahren nicht gerichtlich anhängig geworden, entscheidet das Gericht, das den Rechtsanwalt als Beistand bestellt hat. ³§ 52 Absatz 3 bis 5 gilt entsprechend.

Literatur: *Kaster*, PKH für Verletzte und andere Berechtigte im Strafverfahren, MDR 1994, 1073; *Meier*, PKH und Beratungshilfe in Straf- und Bußgeldsachen, JurBüro 1983, 1601; *Moltekin/Jacobs*, Beiordnung eines Pflichtverteidigers in Privatklageverfahren, AnwBl 1981, 483; *Ruppert*, PKH bei Nebenklage im Revisionsverfahren, MDR 1995, 556; *Schwab*, PKH und Nebenklage, MDR 1983, 810.

A. Allgemeines	1	II. Festsetzung gegen den verurteilten Angeklagten (Abs. 1, Abs. 2 S. 1)	7
B. Regelungsgehalt	3	III. Anrechnung und Rückzahlung nach § 58 Abs. 3	13
I. Vergütungsanspruch gegen den Vertretenen	3		
1. Beiordnung nach Abs. 1	3	IV. Anspruch aus einer Vergütungsvereinbarung (Abs. 3)	15
2. Bestellung nach Abs. 2	5		

A. Allgemeines

1 Die Vorschrift des **Abs. 1** regelt, inwieweit der Anwalt, der
- einem Privatkläger,
- einem Nebenkläger,
- einem Antragsteller im Klageerzwingungsverfahren oder
- einem sonstigen Beteiligten in Angelegenheiten, in denen sich die Gebühren nach Teil 4, 5 oder 6 des Vergütungsverzeichnisses bestimmen,

beigeordnet worden ist, den Vertretenen in Anspruch nehmen kann. Die Vorschrift erklärt § 52 für entsprechend anwendbar. Dies entspricht der früheren Regelung in § 102 Abs. 1 BRAGO i.V.m. § 100 BRAGO.

2 Im Anwendungsbereich des Abs. 2 ist die Anwendung des § 52 und damit die Inanspruchnahme des Vertretenen alleine aufgrund seiner Beiordnung ausgeschlossen. Auch dies entspricht der früheren Regelung in § 102 Abs. 2 S. 1 BRAGO. **Abs. 2 S. 1** ermöglicht dagegen in diesem Falle stattdessen die unmittelbare Festsetzung der Wahlanwaltsvergütung gegen den verurteilten Angeklagten – entsprechend § 126 ZPO im Falle der Bewilligung von Prozesskostenhilfe – aus eigenem Recht, wobei aus der Staatskasse erhaltene Zahlungen anzurechnen sind (**Abs. 2 S. 2**). Dies wiederum entspricht der früheren Regelung des § 102 Abs. 2 S. 2 BRAGO.

B. Regelungsgehalt

I. Vergütungsanspruch gegen den Vertretenen

1. Beiordnung nach Abs. 1

3 Für die Frage, ob und inwieweit ein Vergütungsanspruch gegen den Vertretenen besteht, ist danach zu differenzieren, ob eine Beiordnung nach Abs. 1 oder eine Bestellung nach Abs. 2 vorliegt. Nur Abs. 1 erklärt § 52 für entsprechend anwendbar; Abs. 2 nimmt diese Vorschrift von der Verweisung ausdrücklich aus. Nach § 52, der in Abs. 1 sinngemäß für anwendbar erklärt wird, kann der beigeordnete Rechtsanwalt den Vertretenen unmittelbar in Anspruch nehmen. Eine dem § 122 Abs. 1 Nr. 3 ZPO vergleichbare Vorschrift existiert hier nicht. Allerdings ist der Anspruch gegen den Auftraggeber davon abhängig, dass diesem gegen den Vertretenen ein Erstattungsanspruch zusteht (§ 52 Abs. 2 S. 1, 1. Hs.) oder dass das Gericht die Feststellung nach § 52 Abs. 2 S. 1, 2. Hs. trifft. Eine solche Feststellung dürfte allerdings nur dann denkbar sein, wenn sich die Einkommensverhältnisse des Vertretenen nach der Beiordnung geändert haben.

4 Soweit die Leistungsfähigkeit festgestellt wird, kann auch hier eine **Pauschgebühr** nach § 42 beantragt und bewilligt werden.[1]

2. Bestellung nach Abs. 2

5 Im Falle des Abs. 2 kommt ein Vergütungsanspruch gegen den Vertretenen alleine aufgrund seiner Bestellung nicht in Betracht. Der Vertretene kann in diesem Fall auch dann nicht in Anspruch genommen werden, wenn ein Erstattungsanspruch gegen den verurteilten Angeklagten besteht. Für die Fälle des Abs. 2 wird also von der sonstigen Regelung bei der Pflichtverteidigung und gerichtlichen Bestellung abgewichen, wonach der Vertretene – auch ohne dass er einen Anwaltsvertrag abgeschlossen hat – dem Anwalt unmittelbar für dessen Vergütung haften kann.

---

1 Burhoff/*Volpert*, RVG, § 53 Rn 32.

Ein Anspruch gegen den Vertretenen besteht aber dann, wenn neben der gerichtlichen Bestellung auch ein Anwaltsvertrag geschlossen worden ist. Auf die Voraussetzungen des § 52 kommt es dann nicht an. Das ist jetzt durch den Einschub in Abs. 2 S. 1 *„aufgrund seiner Bestellung"* klargestellt worden.[2]

> **Beispiel:** Der nebenklageberechtigte Verletzte beauftragt einen Anwalt mit seiner Vertretung. Der Anwalt wird anschließend als Beistand bestellt, ohne dass das Wahlanwaltsmandat gekündigt wird.
> Der Anwalt kann einerseits die Pflichtgebühren mit der Landeskasse abrechnen und andererseits die weitergehende Wahlanwaltsvergütung mit seinem Mandanten.
>
> **Beispiel:** Der Anwalt wird dem nebenklageberechtigten Verletzten als Beistand bestellt, ohne dass ein Wahlanwaltsmandat erteilt wird.
> Jetzt kann der Anwalt nur mit der Landeskasse abrechnen. Unbeschadet bleibt allerdings sein weitergehender (Erstattungs-)Anspruch auf die (weitergehende) Wahlanwaltsvergütung gegen den Verurteilten.

II. Festsetzung gegen den verurteilten Angeklagten (Abs. 1, Abs. 2 S. 1)

Der im Wege der Prozesskostenhilfe **beigeordnete Anwalt** kann seine über die aus der Staatskasse gezahlten Beträge hinausgehende Vergütung gegen den verurteilten Angeklagten festsetzen lassen. Ihm steht insoweit ein eigenes Recht in entsprechender Anwendung des § 126 ZPO zu.[3]

Die Vorschrift des Abs. 2 S. 1 gewährt dem Beistand eines Nebenklägers allerdings keinen Anspruch auf Erstattung von Auslagen i.S.v. VV Teil 7 gegen den Verurteilten. Der eindeutige Wortlaut des Abs. 2 S. 1 lässt nur die Geltendmachung von Gebühren eines gewählten Beistandes gegen den Verurteilten zu.[4] In Anbetracht dessen, dass in § 50 die Formulierung „Gebühren" in „Vergütung" umgewandelt worden ist, nicht aber auch in Abs. 2 S. 1, dürfte daraus folgen, dass hier eine Erstattung von Auslagen nicht gewollt war. Ob dies sinnvoll ist, mag dahinstehen. Erhebliche praktische Bedeutung wird diese Frage ohnehin kaum haben, da diese Kosten i.d.R. in vollem Umfang aus der Staatskasse übernommen werden.

Soweit der Anwalt dem Nebenkläger, dem nebenklageberechtigten Verletzten oder dem Zeugen als Beistand bestellt worden ist, steht ihm das gleiche Recht zu. Die dem § 126 ZPO vergleichbare Regelung ergibt sich insoweit aus Abs. 2 S. 1. Zahlungen der Landeskasse sind abzuziehen (Abs. 2 S. 2).

Abs. 2 findet keine Anwendung, wenn der Nebenklägervertreter nach § 397a Abs. 2 StPO im Wege der Prozesskostenhilfe beigeordnet wurde. Der Anwalt hat dann aber in entsprechender Anwendung von § 126 ZPO die Möglichkeit, unmittelbar gegenüber einem rechtskräftig zur Auslagenerstattung verurteilten Angeklagten seine Gebühren und Auslagen geltend zu machen. Die Gebühren eines Wahlanwalts kann er allerdings nur insoweit verlangen, als sie nicht aus der Staatskasse erstattet worden sind bzw. die Pflichtanwaltskosten übersteigen.

Die Festsetzung erfolgt nicht nach § 55, sondern nach § 464b StPO. Die Festsetzung ist dabei nicht auf den Betrag beschränkt, der die gesetzliche Vergütung des Pflichtverteidigers übersteigt.[5] Aus der Anrechnungsvorschrift des Abs. 2 S. 2 ergibt sich im Umkehrschluss, dass die Festsetzung der vollen Gebühren möglich ist und der Anspruch erst mit der Zahlung der Staatskasse – nicht schon mit der Zahlungspflicht oder Festsetzung – teilweise entfällt.

Im Rahmen der Festsetzung ist der Verurteilte erstattungspflichtiger Dritter i.S.d. § 14 Abs. 1 S. 4, sodass die Darlegungs- und Beweislast für die Unangemessenheit der angesetzten Gebührenbeträge beim Verurteilten liegt.[6]

---

2 Eingefügt durch Gesetz zur Stärkung des Rechts des Angeklagten auf Vertretung in der Berufungsverhandlung und über die Anerkennung von Abwesenheitsentscheidungen in der Rechtshilfe vom 17.7.2015.
3 OLG Hamm AGS 2013, 254 = StRR 2012, 438 = RVGreport 2013, 71; OLG Düsseldorf JurBüro 2012, 358 = Rpfleger 2012, 463 = RVGprof. 2012, 117 = StRR 2012, 243 u. 397.
4 OLG Hamm AGS 2013, 254 = StRR 2012, 438 = RVGreport 2013, 71; OLG Düsseldorf JurBüro 2012, 358 = Rpfleger 2012, 463 = RVGprof. 2012, 117 = StRR 2012, 243 u. 397.
5 Gerold/Schmidt/*Burhoff*, RVG, § 53 Rn 6.
6 OLG Düsseldorf JurBüro 2012, 358 = Rpfleger 2012, 463 = RVGprof. 2012, 117 = StRR 2012, 243 u. 397.

III. Anrechnung und Rückzahlung nach § 58 Abs. 3

13 Vorschüsse und Zahlungen Dritter hat sich der beigeordnete oder als Beistand bestellte Anwalt anrechnen zu lassen. Die Anrechnung richtet nach § 58 Abs. 3. Nach der Auffassung von *Hansens*[7] soll die Anrechnungsbestimmung des § 58 Abs. 3 (vormals: § 101 Abs. 2 BRAGO) im Anwendungsbereich des § 53 ausgeschlossen sein. Für eine solche Bevorrechtigung des beigeordneten Anwalts gegenüber dem Pflichtverteidiger ist allerdings kein Grund ersichtlich. Zahlungen Dritter und Vorschüsse hat sich der Anwalt daher entsprechend § 58 Abs. 3 anrechnen zu lassen.

14 In den Fällen des Abs. 2 S. 1 werden Anrechnungen und Zahlungen Dritter grundsätzlich nicht vorkommen, da in aller Regel neben der Bestellung kein Anwaltsvertrag besteht und der Vertretene daher auch aus eigenem Recht keinen Kostenfestsetzungsantrag stellen kann. Soweit ausnahmsweise neben der Bestellung ein Anwaltsvertrag besteht (Beispiel siehe Rdn 6) und der Auftraggeber Vorschüsse geleistet hat, gilt § 58 Abs. 3.

IV. Anspruch aus einer Vergütungsvereinbarung (Abs. 3)

15 Die Vorschrift des Abs. 3 ist zum 1.10.2009 durch Art. 5 Nr. 2 des Gesetzes zur Stärkung der Rechte von Verletzten und Zeugen im Strafverfahren (2. Opferrechtsreformgesetz) v. 29.7.2009 neu eingeführt worden. Mit der Neuregelung ist eine Lücke geschlossen worden, die bislang bestand.

16 Wird einem Opfer ein Rechtsanwalt im Wege der Prozesskostenhilfe nach § 397a Abs. 2 StPO beigeordnet, so wird das Opfer durch § 3a Abs. 3 geschützt. Der beigeordnete Rechtsanwalt darf mit dem Opfer keine Vergütungsvereinbarung schließen, wonach eine höhere als die gesetzliche Vergütung vereinbart wird. Anders verhielt es sich dagegen bislang bei Nebenklägern und nebenklageberechtigten Verletzten, denen unabhängig von ihren wirtschaftlichen und persönlichen Verhältnissen bereits nach § 397a Abs. 1 StPO ein Opferanwalt beizuordnen war, ebenso für Zeugen, denen nach § 68b StPO ein Beistand zu bestellen war. Sie waren bislang nicht davor geschützt, dass der Rechtsanwalt mit ihnen eine Vergütungsvereinbarung abschloss, aus der sich dann eine höhere als die gesetzliche Vergütung ergeben konnte. Insoweit ergab sich also eine Ungleichbehandlung, wonach die durch eine Straftat verletzten Opfer im Falle des § 397 Abs. 1 StPO bei einer Beiordnung unabhängig von den persönlichen und wirtschaftlichen Verhältnissen insoweit schutzlos gestellt waren. Es war auch kein sachlicher Grund ersichtlich, warum bedürftige Opfer, die bereits nach § 397a Abs. 1 StPO den Anspruch auf einen Anwalt hatten, schlechter gestellt sein sollten als Opfer, denen nach § 397a Abs. 2 StPO ein Anwalt beizuordnen war. Um diese Ungleichbehandlung zu schließen, ist Abs. 3 eingeführt worden. Das hat zur Folge, dass auch im Falle des § 397a Abs. 1 StPO mit dem Opfer, soweit es bedürftig ist, keine Vergütungsvereinbarung abgeschlossen werden kann.

17 Um diese Gleichbehandlung zu gewährleisten, ordnet Abs. 3 an, dass der Anwalt aus einer Vergütungsvereinbarung zwischen ihm und dem Nebenkläger, dem nebenklageberechtigten Verletzten oder einem Zeugen nur dann Zahlung verlangen kann, wenn das Gericht zuvor festgestellt hat, dass der Nebenkläger, der nebenklageberechtigte Verletzte oder der Zeuge aufgrund seiner persönlichen und wirtschaftlichen Verhältnisse keinen Anspruch auf Prozesskostenhilfe gehabt hätte, dass er also aufgrund seiner wirtschaftlichen und persönlichen Verhältnisse in der Lage ist, die Vergütungsvereinbarung zu erfüllen.

18 Die Vorschrift des Abs. 3 lehnt sich an die Regelung des § 52 Abs. 2 an. Das Gericht muss nicht von vornherein bei jeder Bestellung eines Opferanwalts oder eines Beistands unabhängig von den wirtschaftlichen Voraussetzungen des Betroffenen vorsorglich auch prüfen, ob dem Nebenkläger, dem nebenklageberechtigten Verletzten oder dem Zeugen dem Grunde nach Prozesskostenhilfe zu gewähren wäre oder nicht. Vielmehr hat diese Prüfung nur in denjenigen Fällen zu erfolgen, in denen der Rechtsanwalt Forderungen aus einer Vergütungsvereinbarung geltend machen möchte.

19 Erforderlich ist insoweit ein Antrag des Rechtsanwalts. Zuständig ist das Gericht des ersten Rechtszugs. Ist das Verfahren nicht gerichtlich anhängig geworden, entscheidet das Gericht, das den Rechtsanwalt als Beistand bestellt hat (Abs. 3 S. 2).

20 Das Verfahren richtet sich im Übrigen nach § 52 Abs. 3 bis 5 (Abs. 3 S. 3).

---

[7] § 102 Rn 2.

Kommt das Gericht im Rahmen seiner Prüfung zu dem Ergebnis, dass zum Zeitpunkt des Abschlusses der Vergütungsvereinbarung beim Verletzten aufgrund seiner persönlichen und wirtschaftlichen Verhältnisse ein Anspruch auf Prozesskostenhilfe bestanden hätte, dann kann die Forderung nicht geltend gemacht werden. Nur dann, wenn das Gericht feststellt, dass die Voraussetzungen für die Bewilligung von Prozesskostenhilfe nicht vorgelegen hätten, kann der Anwalt aufgrund einer Vergütungsvereinbarung den Verletzten in Anspruch nehmen. Spätere Verschlechterungen der Vermögensverhältnisse sind insoweit irrelevant. Abzustellen ist auf die Verhältnisse zum Zeitpunkt des Abschlusses der Vergütungsvereinbarung.

§ 54 Verschulden eines beigeordneten oder bestellten Rechtsanwalts

Hat der beigeordnete oder bestellte Rechtsanwalt durch schuldhaftes Verhalten die Beiordnung oder Bestellung eines anderen Rechtsanwalts veranlasst, kann er Gebühren, die auch für den anderen Rechtsanwalt entstehen, nicht fordern.

A. Allgemeines 1	3. Verschulden des Anwalts 13
B. Regelungsgehalt 4	II. Umfang der Anspruchskürzung 14
I. Tatbestandsvoraussetzungen 4	1. Gebühren des neu beigeordneten Anwalts . 14
1. Veranlassung eines Anwaltswechsels 4	2. Gegenüberstellung der verdienten Gebühren 18
2. Objektive Pflichtwidrigkeit 7	

A. Allgemeines

Die Regelung übernimmt den § 125 BRAGO a.F. mit der Maßgabe, dass sie nunmehr nicht nur die im Wege der Prozesskosten- oder Beratungshilfe (§ 133 S. 1 in Verbindung mit § 125 BRAGO) beigeordneten Anwälte erfasst, sondern der Zielrichtung des Abschnitts 8 gemäß **sämtliche Beiordnungen und Bestellungen**, die unter das RVG fallen (vgl. § 45 Rdn 8–25). Die Vorschrift hat allerdings sowohl rechtlich als auch tatsächlich **nur geringe Bedeutung**. Sie bringt lediglich die Selbstverständlichkeit zum Ausdruck, dass (auch) ein Anwalt für schuldhaft verursachte Mehrkosten einzustehen hat, normiert dies allerdings nur für das **Verhältnis Anwalt – Fiskus**. Haftet der Fiskus für die Gebühren des beigeordneten oder bestellten Anwalts ohnehin nicht, greift sie nicht ein. Somit findet sie etwa auf die **Beratungshilfegebühr**, die nur der Rechtsuchende schuldet (§ 44 S. 2), **keine Anwendung**.

Sachlich handelt es sich um einen **Einwendungsdurchgriff der Staatskasse** entsprechend § 768 Abs. 1 S. 1 BGB (vgl. § 45 Rdn 42 f.). Denn die Rechtsfolge des Anspruchsverlustes geht hier letztlich auf eine **Verletzung von Pflichten aus dem Anwaltvertrag** zurück. Im Verhältnis Anwalt – Partei ergibt sich der Anspruchsverlust aus dem Dienstvertragsrecht.[1] Bedeutet die Erfüllung eines Gebührentatbestandes durch den Anwalt für die Partei eine Schlechtleistung, folgt daraus nach zivilrechtlichen Grundsätzen, dass dem Anwalt ein Vergütungsanspruch nicht zusteht, um so Schaden von der Partei abzuwenden. Diese **Rechtsfolge** hätte **gegenüber der Staatskasse** auch Beachtung zu finden, wenn es die Vorschrift nicht gäbe. Insoweit kommt ihr nur eine **klarstellende Funktion** zu.

In der Praxis haben sich bislang nur **vereinzelte Anwendungsfälle** mit geringer Variationsbreite ergeben. Vornehmlich geht es um Konstellationen, wo der Anwalt seinen Auftrag nicht zu Ende führen kann, weil er aus dem **Berufsleben ausgeschieden** ist oder sich **beruflich anderweitig orientiert** hat.[2] Darüber hinaus werden gelegentlich Gründe nachträglich offenbar, die der **Beiordnung von Anfang an entgegengestanden** haben. Fraglich ist in der Regel nicht, ob das Verhalten des zunächst beigeordnet gewesenen Anwalts den Anwaltswechsel verursacht hat, sondern ob ihm insoweit eine **von der Staatskasse darzulegende** (vgl. § 45 Rdn 39) **Pflichtwidrigkeit** angelastet werden kann (vgl. hierzu auch § 55 Rdn 84 f.).

---

1 Siehe dazu OLG Naumburg AGS 2006, 45 m. Anm. *Onderka*.

2 Vgl. OLG Düsseldorf JurBüro 1993, 731.

B. Regelungsgehalt

I. Tatbestandsvoraussetzungen

1. Veranlassung eines Anwaltswechsels

4 Die **Beiordnung eines anderen Anwalts** „setzt in der Regel voraus, dass Tatsachen dargetan und glaubhaft gemacht werden, die auch eine vernünftige vermögende Partei veranlasst hätten, das bisherige Mandat zu kündigen und die durch einen Anwaltswechsel entstehenden Mehrkosten zu tragen."[3] Ob diese Voraussetzungen im Einzelfall vorliegen, kann von der Staatskasse nicht zur Überprüfung gestellt werden; sie muss die neue Beiordnung ohne Anfechtungsmöglichkeit hinnehmen.[4] Andererseits kann sie sich auf eine Einschränkung der Beiordnung berufen, soweit diese nicht erfolgreich angefochten worden ist (siehe § 46 Rdn 27).[5] Die Überprüfung findet erst statt, wenn der zunächst beigeordnet gewesene Anwalt liquidieren will. Erweist sich alsdann der Anwaltswechsel als notwendig i.S.d. § 91 Abs. 2 S. 3 ZPO, steht der vollen Vergütung nichts entgegen. Ein **notwendiger Anwaltswechsel** ist begrifflich dem ersten **Anwalt nicht zurechenbar** und führt stets zu einem Nebeneinander der Vergütungsansprüche beider Anwälte.[6] Im Fall ihrer Beiordnung hat die Staatskasse für jeden von ihnen einzustehen[7] und einen Erstattungsanspruch gegen den Gegner gemäß § 59, soweit die Partei obsiegt.[8]

5 Ein **vermeidbar gewesener Anwaltswechsel** kann einerseits von der Partei und zum anderen durch den (ersten) Anwalt veranlasst worden sein. Problematisch erscheint die Situation, wenn sich das Vertragsverhältnis **aufgrund unüberbrückbarer Differenzen** so zuspitzt, dass es zu einer **Mandatsentziehung** kommt. Das ist regelmäßig ein **wichtiger Grund i.S.d. § 48 Abs. 2 BRAO** für die Aufhebung der Beiordnung, der allerdings nicht immer allein in der Person der Partei liegen muss. Denkbar ist auch, dass der Anwalt durch eine unbefriedigende Geschäftsbesorgung die **Entziehung des Mandats** geradezu **herausgefordert** hat. Eine solche Fallgestaltung dürfte sich jedoch tatsächlicher Aufklärungshindernisse wegen praktisch kaum feststellen lassen. Derartige Kausalitätszweifel gehen zu Lasten der Staatskasse, wenn sie den Anspruch des Anwalts auf die an sich verdienten Gebühren (teilweise) zu Fall bringen will.

6 **Verursacht** wurde die ersatzweise Beiordnung eines anderen Anwalts **durch den ersten Anwalt** ohne weiteres, wenn dieser seine **Tätigkeit nicht mehr ausüben kann**. Dafür kommen sowohl gesundheitliche als auch berufsrechtliche Gründe in Betracht. Nicht jedes ursächliche Verhalten erfüllt das Tatbestandsmerkmal des Veranlassens. Um es dem Anwalt **als anspruchshindernde Handlung zurechnen** zu können, muss ihm die Beiordnung des anderen Anwalts als Folge eines Verstoßes gegen seine Pflichten vorzuhalten sein,[9] da jede Verschuldenshaftung ein **kausal rechtswidriges Verhalten** voraussetzt.

2. Objektive Pflichtwidrigkeit

7 Dieses bis zur Kodifikation des Schuldrechts ungeschriebene und nunmehr in § 280 Abs. 1 BGB normierte **Tatbestandsmerkmal** der Verschuldenshaftung **begrenzt die Verantwortlichkeit** aus Gründen, die sich aus Gestaltung und Inhalt der jeweiligen Rechtsbeziehung ergeben, nicht hingegen aus einer individuellen Einstellung oder intellektuellen Schwäche des Pflichtigen. Für ein Handeln in Einklang mit der Rechtsordnung braucht sich niemand zu verantworten. Es geht hier nicht um die Frage von persönlicher Schuld des Anwalts, sondern darum, ob sein **tatsächliches Verhalten der** von ihm **geschuldeten Handlungsweise genügt**. Mithin bedarf es zunächst der Darlegung einer Verpflichtung aus dem Anwaltvertrag oder sonstiger Art, welcher der Anwalt zuwidergehandelt haben soll.

---

3 OLG Zweibrücken NJW-RR 1999, 436 und OLG Zweibrücken JurBüro 1998, 315 – siehe auch OLG Düsseldorf AGS 2008, 245 m.w.N = Rpfleger 2008, 316.
4 Vgl. OLG Köln AGS 2007, 96.
5 OLG Celle NJW 2008, 2511.
6 Vgl. LG Landshut JurBüro 2004, 144 (Widerruf der Zulassung des ersten Anwalts wegen plötzlicher Berufsunfähigkeit infolge Erkrankung); ebenso LG Regensburg JurBüro 2004, 145.
7 OLG Celle NJW 2008, 2511.
8 Vgl. OLG Frankfurt JurBüro 1974, 1599.
9 So wohl auch OLG Frankfurt JurBüro 1975, 1612.

Bei Übernahme des Mandats muss der Anwalt sich die **Frage stellen und prüfen**, ob er die **Geschäftsbesorgung** voraussichtlich wohl **bis zum Schluss**, nämlich bis zur Erledigung des Auftrages oder Beendigung der Angelegenheit (§ 8), wird ausführen können.[10] Das folgt ohne weiteres aus der Gesamtheit der Auftragserteilung und der **Erwartung des Auftraggebers**, keinen weiteren Anwalt einschalten zu müssen. Hat der Anwalt insoweit Anlass für **Bedenken**, ist es seine vorvertragliche Pflicht, diese **offenzulegen**, um dem Auftraggeber die Möglichkeit einzuräumen, entweder das Risiko einer vorzeitigen Mandatsbeendigung einzugehen oder sogleich einen anderen Anwalt zu beauftragen.[11] **Unterlässt** er einen solchen **Hinweis**, obwohl dieser den Umständen nach angezeigt gewesen wäre, handelt er in jedem Fall **objektiv pflichtwidrig**. Insoweit kommt es nicht darauf an, ob er die Bedenken tatsächlich gehabt hat.

Geht es **zudem** um die **Beiordnung** des Anwalts, so reicht es nicht hin, dass er sich nur der Partei gegenüber erklärt, weil diese das Leistungsrisiko bei vorzeitiger Beendigung des Auftrages im Verhältnis zur Staatskasse nicht wirksam übernehmen kann. Angesichts der Einstandspflicht des Staates für die Vergütung des Anwalts ist dieser gehalten, **auch im Interesse der Staatskasse** mögliche Hinderungsgründe zu ermitteln und etwaige **Bedenken** dem über die Beiordnung entscheidenden **Gericht** zu **offenbaren**. Insoweit besteht eine **besondere Informationspflicht**, deren Verletzung eine eigenständige Einwendung der Staatskasse gemäß § 54 zur Folge haben kann.

Um die Erfüllung dieser Pflicht sicherzustellen, hat das **Gericht** dem Anwalt vor seiner Beiordnung oder Bestellung die **Möglichkeit einzuräumen**, etwaige **Risiken** für die Fortdauer des öffentlich-rechtlichen Schuldverhältnisses bis zur Erledigung der Angelegenheit **ansprechen zu können**. Wird der Anwalt **ungefragt** beigeordnet oder bestellt und so ohne seine Mitwirkung **verpflichtet**, muss er **Bedenken** umgehend **nachmelden** und so das Gericht in die Lage versetzen, ihn wieder zu entpflichten, noch bevor irgendwelche Gebührentatbestände anfallen. Kommt es zu gebührenauslösenden Handlungen, ohne dass dem Anwalt angelastet werden kann, die Mitteilung von Bedenken unterlassen zu haben, liegt ein Pflichtverstoß nicht vor. **Pflichtwidriges Unterlassen** einer gebotenen Handlung enthält den Vorwurf, **nicht unverzüglich** tätig geworden zu sein. **Unverzügliches Handeln** vermag auch dann **kein Fehlverhalten** zu begründen, wenn es **objektiv zu spät** ist, um Nachteile für den Gläubiger noch abwenden zu können.

Die **Missachtung der Hinweispflicht** ist für den Anwaltswechsel **kausal**, wenn sich eben dasjenige Risiko, auf welches der Anwalt hinweisen musste, letztlich auch realisiert hat. Die Kausalität fehlt indes, falls sich ein anderes Risiko, das sich bei der Übernahme des Mandats oder im Zeitpunkt der Beiordnung noch nicht abgezeichnet hat, verwirklicht haben sollte. Soweit ein **Sachzusammenhang** besteht zwischen der objektiv begründet gewesenen Befürchtung einer vorzeitigen Auflösung des Auftrages und dem tatsächlich eingetretenen Auftragshindernis, wird **(widerlegbar) vermutet**, dass die Partei von der Auftragserteilung und das Gericht von der Beiordnung abgesehen hätten, falls auf die Bedenken hingewiesen worden wäre.

Der beigeordnete Rechtsanwalt führt einen Vertrauensverlust herbei, wenn er gegen seinen Auftraggeber außergerichtliche Gebühren sowie nicht von der Beiordnung umfasste Reisekosten vorschussweise einklagte.[12] Dieser Vertrauensverlust veranlasst einen Wechsel in der Beiordnung.[13]

3. Verschulden des Anwalts

Das **Unterlassen** eines gebotenen Verhaltens, welches zu einem Vermögensnachteil bei dem geschützten Dritten führt, **indiziert** ein **Verschulden** des Handelnden (vgl. § 280 Abs. 1 S. 2 BGB). Im Zivilrecht besteht eine **allgemein gültige Vermutung**, dass **pflichtwidriges Handeln** einem Schuldner **persönlich vorzuwerfen** ist. Dies gilt auch für öffentlich-rechtliche Schuldverhältnisse. Auf die **Schuldform** (Vorsatz oder Fahrlässigkeit) und den **Grad des Verschuldens** kommt es bei einem Haftungstatbestand im Allgemeinen wie auch hier[14] nicht an. Bedenken gegen die **Schuldfähigkeit** des Anwalts oder Anhaltspunkte für einen **Entschuldigungsgrund** erscheinen allenfalls in ganz besonders gelagerten Ausnahmefällen denkbar und entziehen sich einer abstrakten Darstellung.

---

10 OLG Koblenz JurBüro 2006, 543; OLG Bamberg JurBüro 1984, 1562; OLG Frankfurt AnwBl 1984, 205 = JurBüro 1984, 764; OLG Oldenburg Rpfleger 1968, 314.
11 Siehe dazu auch OLG Neustadt JurBüro 1959, 72.
12 KG NJOZ 2012, 1114.
13 KG NJOZ 2012, 1114.
14 OLG Frankfurt JurBüro 1975, 1612; OLG Hamm JurBüro 1967, 137.

II. Umfang der Anspruchskürzung

1. Gebühren des neu beigeordneten Anwalts

14 Ausgangspunkt der Betrachtung, inwieweit dem ersten Anwalt bereits verdiente Gebühren nachträglich wieder entzogen werden, ist die Gebührenforderung des neu beigeordneten Anwalts. Denn **nur soweit** die **Gebührentatbestände deckungsgleich** sind, **verliert der erste Anwalt seinen Anspruch.** Dabei ist der Begriff der Gebühr untechnisch zu verstehen. Nach dem Sinn und Zweck der Vorschrift, die Staatskasse schadlos zu stellen, fallen darunter **auch** die **Auslagen** gemäß VV Teil 7, insbesondere die Kostenpauschale nach VV 7002, ebenso etwaige Geschäftsreisekosten sowie sonstige Aufwendungen gemäß § 46.

15 Der neu beigeordnete Anwalt hat grundsätzlich Anspruch auf sämtliche Gebühren, die im Rahmen seiner Beiordnung aufgrund seiner anwaltlichen Tätigkeit erneut oder erstmalig anfallen.[15] Vor allem kann er eine Gebühr für das Betreiben des Geschäfts (**Verfahrensgebühr**) verlangen, weil diese Gebühr **immer wieder neu zur Entstehung** gelangt.[16] Bis zur letzten mündlichen Verhandlung fällt auch eine bereits vor seiner Beiordnung entstandene **Terminsgebühr** in seiner Person erneut an, **wenn** er nur **einmal** an der Verhandlung **teilnimmt**, auch wenn die Anträge nicht ausdrücklich erneut gestellt werden.[17]

16 Das mit dem Anwaltswechsel befasste **Gericht** ist **nicht** ohne weiteres **befugt**, den **Gebührenanspruch des neu beigeordneten Anwalts zu beschränken** und ihn mit der Maßgabe beizuordnen, eine Vergütung solle ihm lediglich insoweit zustehen, als Gebühren bislang nicht entstanden seien. Teilweise wird die Auffassung vertreten, dass der **Urkundsbeamte der Geschäftsstelle**, der **bei der Festsetzung** nach § 55 eine Recht sprechende Tätigkeit ausübt und also keiner Weisung unterliegt,[18] an eine solche Einschränkung **nicht gebunden** sei, weil ihr die **Ermächtigungsgrundlage fehlt**.[19] Im Vordringen begriffen ist allerdings die Ansicht, dass der Anwalt gegen eine willkürliche Einschränkung durch ein Beschwerderecht entsprechend § 127 ZPO hinreichend geschützt werde. Hierfür spricht insbesondere das Prinzip der Rechtsklarheit. Demnach ist der Beiordnungsbeschluss mitsamt Einschränkung für den Urkundsbeamten der Geschäftsstelle verbindlich, wenn die Anfechtung unterbleibt.[20]

17 Allerdings kann der **neu beigeordnete Anwalt** jederzeit und also auch schon vor seiner Beiordnung gegenüber dem Gericht **wirksam** auf jene Gebühren **verzichten**, die bereits dem ersten Anwalt zustehen, soweit diese in seiner Person abermals entstehen sollten.

„Gründe, aus denen sich die Unwirksamkeit des zu den Gerichtsakten und damit auch der Landeskasse gegenüber erklärten Verzichtes ergeben könnte, sind nicht ersichtlich. Der öffentlich-rechtl. Charakter der Armenanwaltsvergütung steht einem wirksamen Verzicht nicht entgegen. Es handelt sich vorliegend auch nicht um einen Verzicht auf den – bedingten – Anspruch gegenüber der eigenen Partei, auf den die Staatskasse sich nicht berufen könnte."[21]

2. Gegenüberstellung der verdienten Gebühren

18 Soweit Gebühren oder Auslagen doppelt angefallen sind, muss der erste Anwalt bei einem von ihm verschuldeten Anwaltswechsel immer zurückstehen. Das **gilt** allerdings **nur für Gebühren und Auslagen**, die **ohne Anwaltswechsel lediglich einmal hätten anfallen können** (vgl. § 15 Abs. 2). Hätten sie indes auch dann nebeneinander Bestand, wenn es bei der ersten Beiordnung geblieben wäre, findet eine Anspruchskürzung nicht statt. Denn die Vorschrift will einzig vermeiden, dass der Staatskasse durch ein Anwaltsverschulden Mehrkosten entstehen. Sie soll hingegen **keine Kostenersparnis zu Lasten des ersten Anwalts** bewirken.

---

15 OLG Celle NJW 2008, 2511.
16 Vgl. OLG Zweibrücken NJW-RR 1999, 436.
17 OLG Hamburg JurBüro 1985, 1655: „Grundsatz der Einheitlichkeit und Unteilbarkeit der mündlichen Verhandlung".
18 OLG Naumburg NJW 2003, 2921.
19 OLG Hamm FamRZ 1995, 748; OLG Düsseldorf FamRZ 1993, 819; KG JurBüro 1981, 706 und KG AnwBl 1960, 120.

20 OLG Düsseldorf Rpfleger 2008, 316 = OLGR 2008, 261 = AGS 2008, 245 und AGS 2008, 247; OLG Celle MDR 2007, 865; OLG Hamm FamRZ 2006, 1551; OLG Köln MDR 2005, 1230; OLG München MDR 2000, 1455.
21 KG JurBüro 1982, 1694 = Rpfleger 1982, 396; OLG Zweibrücken JurBüro 1994, 749.

Beispiel: Der zunächst beigeordnet gewesene Anwalt nimmt an einem Beweisaufnahmetermin als Ortstermin teil. Nachdem der Anwalt (für ihn vorhersehbar und vermeidbar) seine Zulassung aufgegeben hat, wird die Beweisaufnahme vor Ort in einem weiteren Termin mit dem alsdann beigeordneten Anwalt fortgesetzt. Abschließend wird zur Sache und zum Beweisergebnis verhandelt.
An Vergütungsansprüchen sind entstanden:
1. In der Person des ersten Anwalts: Verfahrensgebühr (VV 3100), Terminsgebühr (VV 3104), Auslagenersatz für Geschäftsreise zum Beweisort (VV 7003 ff.), Post- und Telekommunikationspauschale (VV 7002).
2. In der Person des anderen Anwalts: Verfahrensgebühr (VV 3100), Terminsgebühr (VV 3104), Auslagenersatz für Geschäftsreise zu Beweisort (VV 7003 ff.), Post- und Telekommunikationspauschale (VV 7002).
Infolge seines Verschuldens verliert der erste Anwalt die Verfahrensgebühr (VV 3100), Terminsgebühr (VV 3104) und Kostenpauschale[22] (VV 7002), weil diese Gebühren doppelt angefallen sind und ohne Anwaltswechsel nur einmal hätten anfallen können. Erhalten bleibt der Anspruch auf Auslagenersatz für die Reisekosten (VV 7003 ff.) für den ersten Beweistermin. Der Anspruch auf Auslagenersatz ist zwar doppelt angefallen, hätte aber auch Bestand, wenn es bei der ersten Beiordnung geblieben wäre, da er für jede Geschäftsreise gesondert entsteht. Insoweit hat der Anwaltswechsel keine Mehrkosten verursacht.

§ 55 Festsetzung der aus der Staatskasse zu zahlenden Vergütungen und Vorschüsse

(1) ¹Die aus der Staatskasse zu gewährende Vergütung und der Vorschuss hierauf werden auf Antrag des Rechtsanwalts von dem Urkundsbeamten der Geschäftsstelle des Gerichts des ersten Rechtszugs festgesetzt. ²Ist das Verfahren nicht gerichtlich anhängig geworden, erfolgt die Festsetzung durch den Urkundsbeamten der Geschäftsstelle des Gerichts, das den Verteidiger bestellt hat.

(2) In Angelegenheiten, in denen sich die Gebühren nach Teil 3 des Vergütungsverzeichnisses bestimmen, erfolgt die Festsetzung durch den Urkundsbeamten des Gerichts des Rechtszugs, solange das Verfahren nicht durch rechtskräftige Entscheidung oder in sonstiger Weise beendet ist.

(3) Im Fall der Beiordnung einer Kontaktperson (§ 34a des Einführungsgesetzes zum Gerichtsverfassungsgesetz) erfolgt die Festsetzung durch den Urkundsbeamten der Geschäftsstelle des Landgerichts, in dessen Bezirk die Justizvollzugsanstalt liegt.

(4) Im Fall der Beratungshilfe wird die Vergütung von dem Urkundsbeamten der Geschäftsstelle des in § 4 Abs. 1 des Beratungshilfegesetzes bestimmten Gerichts festgesetzt.

(5) ¹§ 104 Abs. 2 der Zivilprozessordnung gilt entsprechend. ²Der Antrag hat die Erklärung zu enthalten, ob und welche Zahlungen der Rechtsanwalt bis zum Tag der Antragstellung erhalten hat. ³Bei Zahlungen auf eine anzurechnende Gebühr sind diese Zahlungen, der Satz oder der Betrag der Gebühr und bei Wertgebühren auch der zugrunde gelegte Wert anzugeben. ⁴Zahlungen, die der Rechtsanwalt nach der Antragstellung erhalten hat, hat er unverzüglich anzuzeigen.

(6) ¹Der Urkundsbeamte kann vor einer Festsetzung der weiteren Vergütung (§ 50) den Rechtsanwalt auffordern, innerhalb einer Frist von einem Monat bei der Geschäftsstelle des Gerichts, dem der Urkundsbeamte angehört, Anträge auf Festsetzung der Vergütungen, für die ihm noch Ansprüche gegen die Staatskasse zustehen, einzureichen oder sich zu den empfangenen Zahlungen (Absatz 5 Satz 2) zu erklären. ²Kommt der Rechtsanwalt der Aufforderung nicht nach, erlöschen seine Ansprüche gegen die Staatskasse.

(7) ¹Die Absätze 1 und 5 gelten im Bußgeldverfahren vor der Verwaltungsbehörde entsprechend. ²An die Stelle des Urkundsbeamten der Geschäftsstelle tritt die Verwaltungsbehörde.

---

[22] OLG Hamburg Rpfleger 1977, 420.

A. Allgemeines	1
I. Überblick	1
1. Allgemeines	1
2. Gegenstand des Verfahrens	2
II. Entscheidungsträger	3
III. Voraussetzungen des Festsetzungsverfahrens	4
IV. Weitere Vergütung (§ 50)	5
B. Regelungsgehalt	6
I. Festsetzung von Vorschüssen, Grundvergütung oder Beratungshilfevergütung	6
1. Geltungsbereich	6
a) Beigeordnete/bestellte Rechtsanwälte, Beratungshilfe	6
b) Pauschgebühr gem. § 51	7
c) Vorschuss gem. § 47	8
2. Beteiligte und Antragsberechtigung	9
3. Der Anwalt als Antragsteller	11
a) Wahlrecht und Vorschuss	11
b) Inanspruchnahme des Gegners des Mandanten	12
c) Inanspruchnahme des Mandanten	13
4. Verhältnis von § 55 zu §§ 103 ff., 126 ZPO	15
5. Rechtsnachfolge/Vertreter gem. § 5/Abtretung des Anspruchs	16
a) Prüfung des Urkundsbeamten	16
b) Abtretung an Rechtsanwälte und Nicht-Rechtsanwälte	17
c) Vorlage der Einwilligung und der Abtretungsunterlagen	18
6. Antrag	19
a) Form und Frist	19
b) Beifügung einer Berechnung (§ 10)	20
c) Form der Erklärung zu erhaltenen Zahlungen	21
d) Kein Vordruckzwang	22
e) Zweifache Einreichung	23
7. Notwendiger Antragsinhalt	24
a) Auslegung	24
b) Glaubhaftmachung der einzelnen Ansätze	25
aa) Gesetzliche Grundlage	25
bb) Art und Weise der Glaubhaftmachung	26
cc) Anwaltliche Versicherung	28
dd) Feststellungsentscheidung gem. § 46 Abs. 2	29
ee) Anwaltliche Schweigepflicht	30
ff) Zahlungserklärung gem. § 55 Abs. 5 S. 2–4	31
c) Glaubhaftmachung bei Beratungshilfe	32
aa) Geschäfts- und Einigungsgebühr	32
bb) Beratungsgebühr	33
d) Umsatzsteuer/Vorsteuerabzugsberechtigung	34
aa) Umsatzsteuer aus der Staatskasse	34
bb) Erklärung zur Vorsteuerabzugsberechtigung	35
e) Angabe von Zahlungen (Abs. 5 S. 2)	37
aa) Verfahren nach VV Teil 3	37
bb) Verfahren nach VV Teil 4 bis 6	38
cc) Uneingeschränkte Auskunftspflicht	39
dd) Alle Zahlungen	41
ee) Sozietät und Rechtsnachfolge	42
f) Angabe von Zahlungen auf eine anzurechnende Gebühr (Abs. 5 S. 3)	43
aa) Mitteilung der Anrechnungsgrundlagen	43
bb) Nur tatsächlich erhaltene Zahlungen	44
cc) Anzeigepflicht bei allen Anrechnungen im RVG	45
dd) Titulierung für oder Zahlung an Mandanten	46
ee) Keine Anwendung von § 15a Abs. 2 im Verhältnis zur Staatskasse	48
ff) § 15a Abs. 1 und Staatskasse	49
g) Angabe von Zahlungen nach Antragstellung (Abs. 5 S. 4)	50
8. Ausschlussfrist/Verjährung	51
9. Verwirkung des Vergütungsanspruchs	53
10. Nachliquidation	54
11. Zuständiges Gericht	55
a) Erstinstanzliche Zuständigkeit und Verfahren nach VV Teil 3 (Abs. 1 S. 1, Abs. 2)	55
b) Straf- und Bußgeldsachen und Verfahren nach VV Teil 6	58
c) Verteidigerbestellung ohne gerichtliche Anhängigkeit (Abs. 1 S. 2)	59
d) Zuständigkeit bei Verweisung und Abgabe	60
e) Zurückverweisung	61
f) Beiordnung einer Kontaktperson (Abs. 3)	62
g) Zuständigkeit bei Beratungshilfe (Abs. 4)	64
h) Funktionelle Zuständigkeit: Urkundsbeamter der Geschäftsstelle als Entscheidungsorgan	66
12. Entscheidung	68
a) Antrag wird vollständig entsprochen	68
b) Abweichung vom Festsetzungsantrag/Zurückweisung des Festsetzungsantrags	69
c) Zustellung und Rechtsbehelfsbelehrung/Staatskasse/Unterbrechung	70
d) Keine Verzinsung	71
13. Prüfung durch den Urkundsbeamten	72
a) Prüfungsumfang	72
b) Gegenstandswert, Einreden und materiell-rechtliche Einwendungen	73
c) Austausch von Positionen	74
d) Keine Abänderung von Amts wegen	75
e) Bindung an Beiordnung/Bestellung	76
f) Vorabentscheidung gemäß § 46 Abs. 2 für Auslagen	77
g) Beiordnung/Bestellung zu den Bedingungen eines ortsansässigen oder im Gerichtsbezirk niedergelassenen Rechtsanwalts	78
aa) Prozess- und Verfahrenskostenhilfe	78
bb) Besonderheiten in Strafsachen	80
h) Einschränkung des Gebührenanspruchs bei Anwaltswechsel	83
aa) Prozess- und Verfahrenskostenhilfe	83
bb) Wechsel des Pflichtverteidigers	84
i) Festsetzung einer Einigungsgebühr	87

j) Prüfungsumfang bei Beratungshilfe .. 88
k) Überprüfung kostensparender Prozessführung 89
II. Festsetzung der weiteren Vergütung (Abs. 6) 93
  1. Anordnung einer Antragsfrist 94
  2. Bearbeitung des Antrages durch den Urkundsbeamten 98
  3. Anspruchsverlust mangels Zahlungsanzeige 101
III. Festsetzung von Rahmengebühren 102
IV. Bußgeldverfahren vor der Verwaltungsbehörde (Abs. 7) 104
V. Rückzahlungsanspruch der Staatskasse gegen den Anwalt 105
  1. Keine Änderung von Amts wegen 105
  2. Entscheidung im Beschwerdeverfahren .. 107
  3. Vertrauen in die Festsetzung 108
  4. Auszahlung weicht von Festsetzung ab .. 109
  5. Keine Berufung auf Wegfall der Bereicherung 110
C. Erstattungsfragen 111
  I. Das Beitreibungsrecht des beigeordneten Anwalts nach § 126 ZPO 111
    1. Anspruchsumfang der Beitreibung im eigenen Namen 111
    2. Konkurrenz zum Anspruch gegen die Staatskasse 115
      a) Prüfung des Rechtspflegers 115
      b) PKH/VKH mit Zahlungsbestimmung 116
      c) Reihenfolge der Ansprüche 117
  II. Kostenfestsetzung zugunsten der bedürftigen Partei 120
    1. Rechtliche Selbstständigkeit neben dem Beitreibungsrecht des Anwalts 120

2. Verhältnis der Ansprüche zueinander ... 121
III. Besonderheiten bei der Umsatzsteuer des Rechtsanwalts 124
D. Praxisempfehlungen 125
  I. Anspruchsverfolgung 125
  II. Möglichkeiten einer vollen Vergütung bei ratenfreier Prozesskostenhilfe 126
    1. Aufrechnung des Gegners 127
    2. Erstattungsanspruch bei Vorsteuerabzugsberechtigung der Partei 128
      a) Verrechnung auf den Umsatzsteueranteil 129
      b) Geltendmachung der Umsatzsteuer bei der Partei 130
      c) Übergangsanspruch bei Geltendmachung der Umsatzsteuer bei der Partei 131
  III. Ergänzende Ansprüche bei Prozesskostenhilfe mit Zahlungsanordnung 132
  IV. Abrechnung bei mehreren Auftraggebern 134
  V. Beitreibung des Anwalts in Analogie zu § 126 ZPO 138
  VI. Zeitrahmen zur Bearbeitung des Festsetzungsantrags 141
    1. Unverzügliche Entscheidung 141
    2. Vorgehensweise 142
      a) Erinnerung wegen Untätigkeit des Urkundsbeamten 143
      b) Vorschuss 145
      c) Zurückforderung der Akte aus der Rechtsmittelinstanz 146
      d) Anlegung eines Kostenheftes 147
      e) Abtretung an Verrechnungsstelle ... 148
      f) Aufrechnung gegen Umsatzsteuerforderungen 149

A. Allgemeines

I. Überblick

1. Allgemeines

Mit § 55 ist eine **zentrale Verfahrensvorschrift** damit die öffentlich-rechtlichen Schuldverhältnisse infolge Beiordnung oder Bestellung des Anwalts **nach einheitlichen Grundsätzen** überschaubar abgewickelt werden können. § 55 regelt das Verfahren zur Festsetzung des öffentlich rechtlichen Vergütungsanspruchs des beigeordneten oder bestellten Rechtsanwalts gegen die Staatskasse (§ 45).[1] Die Vorschrift regelt die **Zuständigkeit** sowie das **Verfahren** zur Festsetzung der Vergütung der gerichtlich beigeordneten und bestellten Rechtsanwälte. Bei dem in § 55 geregelten Festsetzungsverfahren gegen die Staatskasse handelt es sich um ein dem Urkundsbeamten der Geschäftsstelle (zum Urkundsbeamten vgl. Rdn 46 f.) übertragenes **justizförmiges Verwaltungsverfahren**,[2] in dem sich der beigeordnete oder bestellte Rechtsanwalt einerseits und die Staatskasse andererseits gegenüberstehen. Das Verfahren nach § 55 ist ein vereinfachtes Betragsfestsetzungsverfahren.[3] Die Festsetzung stellt keinen originären Verwaltungsakt, sondern einen Akt der Rechtsprechung im weiteren funktionellen Sinne dar.[4] Die Bestimmung wird ergänzt durch bundeseinheitlich geltende Verwaltungsbe-

1

---

[1] KG AGS 2014, 405 = RVGreport 2014, 391 = JurBüro 2015, 25.
[2] OLG Düsseldorf AGS 2008, 245 = FamRZ 2008, 1767 = OLGR Düsseldorf 2008, 261 = JurBüro 2008, 209; OLG Düsseldorf AGS 2008, 195 = OLGR Düsseldorf 2008, 262 = Rpfleger 2008, 316 = JurBüro 2008, 209.
[3] KG, Beschl. v. 4.11.2011 – 1 Ws 133/10, JurionRS 2011, 36549.
[4] OLG Naumburg NJW 2003, 2921.

stimmungen.⁵ Von den Bundesländern können ergänzende Bestimmungen erlassen werden. Die Verwaltungsbestimmungen gelten zwar unmittelbar nur für die internen Abläufe im Rahmen der Justiz, wirken sich aber auch auf die gerichtlich beigeordneten und bestellten Rechtsanwälte aus.⁶ Die Verwaltungsbestimmungen (**Verwaltungsvorschrift Vergütungsfestsetzung – VwV Vergütungsfestsetzung**) sind im Wortlaut im Anhang zu dieser Kommentierung abgedruckt.

2. Gegenstand des Verfahrens

2   Sämtliche in Betracht kommende Zahlungsansprüche sowohl eines **beigeordneten oder bestellten Anwalts** als auch eines im Rahmen der **Beratungshilfe tätig gewordenen Anwalts** jeweils gegen die Staatskasse sollen in einem standardisierten Anmeldeverfahren erfasst und bearbeitet werden, um die Prüfung und Feststellung mit geringst möglichem Verwaltungsaufwand durchführen zu können. Es wird über den Vergütungsanspruch (vgl. dazu § 1 Abs. 1 S. 1: Gebühren und Auslagen) entschieden, der dem beigeordneten oder bestellten Rechtsanwalt (vgl. § auch § 59a) oder dem Beratungshilfeanwalt nach §§ 44, 45 gegen die Staatskasse zusteht. Das Verfahren ähnelt der Vergütungsfestsetzung nach § 11 mit der Erweiterung, dass auch materiell-rechtliche Einwendungen erhoben werden können, nicht hingegen der Kostenfestsetzung gemäß den §§ 103 ff. ZPO. Es regelt den **eigenen Vergütungsanspruch** des Anwalts gegen die Staatskasse als Schuldner der Vergütung⁷ und keinen Erstattungsanspruch seines Schuldners gegen einen Dritten⁸ (siehe auch Rdn 76 und § 45 Rdn 42 f.). Deshalb sind die im Verfahren gem. §§ 55, 56 ergehenden Entscheidungen **ohne bindende Wirkung** für das **Kostenfestsetzungsverfahren gem. §§ 103 ff. ZPO** und die **Vergütungsfestsetzung** des Rechtsanwalts gegen den eigenen Auftraggeber **gem. § 11**. Ist in derselben Angelegenheit **mehreren Verfahrensbeteiligten** jeweils ein Rechtsanwalt beigeordnet oder bestellt worden, bildet jedes Festsetzungsverfahren ein eigenständiges Verfahren.⁹

II. Entscheidungsträger

3   Die **Abs. 1 bis 4 und 7** bestimmen den für das Festsetzungsverfahren **zuständigen Entscheidungsträger**. Im **Prinzip** gilt für alle Hauptsacheverfahren, wo es zur Beiordnung oder Bestellung eines Anwalts gekommen ist, dass der **Urkundsbeamte des erstinstanzlichen Gerichts** entscheiden soll (**Abs. 1 S. 1**). Die **Verknüpfung** zu dem jeweils zuständigen Gericht ergibt sich für gewöhnlich daraus, dass dieses Gericht die **Beiordnung** oder **Bestellung** angeordnet hat (**Abs. 1 S. 2**). Das gilt auch für eine Beiordnung des Anwalts als **Kontaktperson** (**Abs. 3**) und sinngemäß ebenso für die **Beratungshilfe**, indem hier mangels eines konstituierenden Hoheitsaktes auf das Gericht der Antragstellung zurückgegriffen wird (**Abs. 4**). Nur soweit sich aus der konkreten Situation heraus in **Verfahren nach VV Teil 3** eine Verbindung zu dem Urkundsbeamten der Geschäftsstelle des erstinstanzlichen Gerichts nicht ohne weiteres herstellen lässt, ist der Urkundsbeamte der Geschäftsstelle des **Instanzgerichts** zuständig (**Abs. 2**), und zwar ungeachtet der Frage, in welchem Rechtszug die Beiordnung oder Bestellung vorgenommen worden ist. Hat die Hauptsache ein ordnungsbehördliches **Bußgeldverfahren** zum Gegenstand, scheidet die Beteiligung eines Gerichts gänzlich aus (**Abs. 7**). Das gilt nach dem durch das 2. KostRMoG mit Wirkung vom 1.8.2013 eingefügten § 59a Abs. 2 auch für die Festsetzung der Vergütung des nach §§ 87e, 53 IRG durch das Bundesamt für Justiz bestellten Beistand. Für die Festsetzung der Vergütung ist das Bundesamt für Justiz zuständig (siehe Rdn 104).

---

5 Vgl. z.B. für den **Bund** die Verwaltungsvorschrift über die Festsetzung der aus der Staatskasse zu gewährenden Vergütung der Rechtsanwälte (VwV Vergütungsfestsetzung) vom 19.7.2005, BAnz 2005 Nr. 147 S. 1997, zuletzt geändert durch Bekanntmachung vom 26.8.2009, BAnz 2009 Nr. 136 S. 3232; für **NRW** Festsetzung der aus der Staatskasse zu gewährenden Vergütung der Rechtsanwälte, AV d. JM vom 30.6.2005 (5650 – Z. 20) – JMBl. NRW S. 181 – in der Fassung vom 1.4.2014.
6 *Hansens*, RVGreport 2005, 405.
7 Vgl. BayLSG, Beschl. v.2.12.2015 – L 15 SF 133/15, juris; SG Fulda AGS 2014, 464.
8 SG Berlin AGS 2011, 292.
9 OLG Düsseldorf JurBüro 2008, 592 = OLGR Düsseldorf 209, 31 = RVGreport 2009, 138.

III. Voraussetzungen des Festsetzungsverfahrens

Abs. 5 befasst sich mit Vorschriften zu den **Anforderungen des Festsetzungsverfahrens**. Diese sind denkbar **gering**. Es reicht ein **formloser Antrag** des Anwalts,[10] der neben einer Berechnung seiner Gebühren (§ 10 Abs. 2) nur die Erklärungen nach Abs. 5 S. 2, 3 enthalten muss. Zu **begründen** ist der geltend gemachte Zahlungsanspruch **nur**, soweit er sich **nicht von selbst versteht** oder aus den Umständen – insbesondere aus dem Akteninhalt – ergibt. Bedarf es eines tatsächlichen Vortrages wie etwa bei der Geltendmachung von besonderen Auslagen, reicht es, wenn dieser so dargestellt wird, dass er **glaubhaft** erscheint (Abs. 5 S. 1). Dass der Anwalt nach Antragstellung **Zahlungseingänge** während des Festsetzungsverfahrens **anzuzeigen** hat (Abs. 5 S. 4), ist angesichts der Anrechnungsvorschriften (§ 58) selbstverständlich.

IV. Weitere Vergütung (§ 50)

Mit **Abs. 6** hat der Gesetzgeber dem Urkundsbeamten der Geschäftsstelle ein wirksames Instrument an die Hand gegeben, das zum Erlöschen des Anspruchs des Anwalts gegen die Staatskasse führen kann. Allerdings betrifft es nur die **Festsetzung einer weiteren Vergütung** (§ 50), also der Differenz zwischen der erhaltenen Grundvergütung des im Wege der Prozesskostenhilfe beigeordneten Anwalts (PKH-Vergütung, siehe Tabelle zu § 49) und der verdienten Regelvergütung (Wahlanwaltsvergütung, siehe Tabelle zu § 13) bei Werten über 4.000 EUR (bis 31.7.2013 3.000 EUR). Ist die **Staatskasse nicht voll einstandspflichtig** (§ 49) und hat der beigeordnete Anwalt bereits die Grundvergütung (vgl. Tabelle zu § 49) – womöglich als Vorschuss (vgl. § 47 Rdn 10) – festsetzen lassen, kann bei **Prozess- oder Verfahrenskostenhilfe mit Zahlungsanordnung** abschließend abermals ein Zahlungsanspruch gegen die Staatskasse in Betracht kommen (§ 50). Insoweit trifft Abs. 6 zwar eine strenge Ausschlussregelung, die aber an enge Voraussetzungen geknüpft ist (siehe Rdn 94). Der Anspruch auf weitere Vergütung konkurriert mit einem etwaigen eigenen **Beitreibungsrecht des Anwalts nach § 126 ZPO** (siehe Rdn 111 ff.), das allerdings nach der Konzeption des Gesetzes einzig verbleibt, soweit die Partei noch nicht genügend eingezahlt hat (§ 120 Abs. 3 Nr. 2 ZPO).

B. Regelungsgehalt

I. Festsetzung von Vorschüssen, Grundvergütung oder Beratungshilfevergütung

1. Geltungsbereich

a) Beigeordnete/bestellte Rechtsanwälte, Beratungshilfe

§ 55 gilt für alle gerichtlich beigeordneten oder bestellten Rechtsanwälte[11] sowie den Beratungshilfeanwalt (vgl. dazu § 45). Unerheblich ist, in welcher Gerichtsbarkeit oder nach welcher Verfahrensordnung der Anwalt beigeordnet oder bestellt wurde. Auch der im Bußgeldverfahren von der Verwaltungsbehörde bestellte Rechtsanwalt ist erfasst (Abs. 7; siehe Rdn 104). Die Festsetzung gemäß § 55 erfolgt ebenso für den im Wege der Prozesskostenhilfe oder in Familiensachen im Wege der **Verfahrenskostenhilfe** (vgl. § 12)[12] beigeordneten Rechtsanwalt, dem gemäß § 12 die nach § 11a ArbGG und § 4a InsO beigeordneten Rechtsanwälte gleichgestellt sind.[13] § 55 gilt darüber hinaus z.B. auch für den Pflichtverteidiger, für den Zeugenbeistand (§ 68b StPO; vgl. auch § 59a Rdn 9 ff.), für den Beistand des Nebenklägers oder Verletzten, für den zum Prozesspfleger gemäß §§ 57, 58 ZPO bestellten Rechtsanwalt und für den gemäß §§ 137, 270 FamFG und § 67a Abs. 1 S. 2 VwGO beigeordneten oder bestellten Rechtsanwalt. Das Festsetzungsverfahren richtet sich auch bei der Beiordnung oder Bestellung durch die in § 59a genannten Justizbehörden nach § 55 (§ 59a Rdn 12 und 21).

---

10 KG AGS 2014, 405 = RVGreport 2014, 391 = JurBüro 2015, 25.
11 Vgl. hierzu auch die Erläuterungen zu § 1 Abs. 1.
12 Nachfolgend ist zur besseren Lesbarkeit nur von der Prozesskostenhilfe die Rede.
13 So zur Beiordnung nach § 4a InsO vgl. AG Göttingen ZInsO 2010, 1760 = ZVI 2010, 403 = Rpfleger 2011, 44 = NZI 2010, 997.

b) Pauschgebühr gem. § 51

7 Auch die gemäß § 51 z.B. in **Straf- und Bußgeldsachen** und Verfahren nach dem IRG und IStGH-Gesetz festgesetzte **Pauschgebühr** ist vor der Auszahlung durch den Urkundsbeamten im Verfahren gemäß § 55 festzusetzen. Eine Auszahlung allein aufgrund der Bewilligung durch das OLG ist nicht möglich.[14]

c) Vorschuss gem. § 47

8 Das Verfahren zur Festsetzung des Vorschusses gem. § 47 richtet sich ebenfalls nach § 55.[15] Deshalb muss der beigeordnete oder bestellte Rechtsanwalt in seinem Antrag auf Festsetzung des Vorschusses insbesondere auch gem. § 55 Abs. 5 S. 2 angeben, ob und welche Zahlungen er bis zum Tag der Beantragung des Vorschusses erhalten hat.[16] Insbesondere vorschussweise geltend gemachte Auslagen sind gem. §§ 55 Abs. 5 S. 1, 104 Abs. 2 ZPO ggf. darzulegen und glaubhaft zu machen. Eine anwaltliche Versicherung reicht nur für vorschussweise verlangte Entgelte für Post- und Telekommunikationsentgelte aus, §§ 55 Abs. 5 S. 1, 104 Abs. 2 S. 2 ZPO, nicht aber für andere Auslagen (vgl. Rdn 25 ff.).

2. Beteiligte und Antragsberechtigung

9 **Beteiligte** im Festsetzungsverfahren gem. § 55 sind nur der **beigeordnete oder bestellte Rechtsanwalt** und die **Staatskasse**,[17] zumal die Vergütungsfestsetzung für andere Personen keine Rechtskraftwirkung entfaltet.[18] Der Vertreter der Staatskasse ist im Festsetzungsverfahren ein mit eigenen Rechten ausgestatteter Beteiligter. Er kann sich auf eine eigene Rechtsstellung und dieselben prozessualen Rechte wie der Rechtsanwalt berufen.[19] **Antragsberechtigt** sind alle beigeordneten oder bestellten Rechtsanwälte (vgl. Rdn 6), denen deshalb ein Vergütungsanspruch gegen die Staatskasse zusteht (§ 45). **Nicht antragsberechtigt** sind der Mandant des Rechtsanwalts/die Partei oder der Gegner des Mandanten. Die von dem beigeordneten oder bestellten Rechtsanwalt vertretene Partei oder deren Gegner sind an dem Festsetzungsverfahren nicht beteiligt.[20] Das ist verfassungsrechtlich auch nicht zu beanstanden, weil die Partei gemäß § 122 Abs. 1 Nr. 3 ZPO vor der Geltendmachung von Vergütungsansprüchen durch den im Wege der Prozesskostenhilfe beigeordneten Rechtsanwalt geschützt ist.[21] Hält die Partei oder deren Gegner die nach § 55 festgesetzte Vergütung für zu hoch, können sie diese im Rahmen des Gerichtskostenansatzes nach Anspruchsübergang gemäß § 59 oder nach Anforderung gemäß 9007 GKG-KostVerz. anfechten (vgl. z.B. gem. §§ 66 GKG, 57 FamGKG).[22]

10 Nach der Rechtsprechung des BGH[23] kann bei PKH auch eine **Sozietät** beigeordnet werden. Dann steht auch der Sozietät der Vergütungsanspruch gegen die Staatskasse zu.[24] Es reicht aus, wenn der Festsetzungsantrag nebst Zahlungserklärung von einem Rechtsanwalt der beigeordneten Sozietät für diese gestellt wird (Rdn 16). Zur Antragsberechtigung bei **Rechtsnachfolge** vgl. Rdn 16 ff.

---

14 KG AGS 2009, 178 = StraFo 2008, 529 = NJW 2009, 456 = JurBüro 2009, 31.
15 *Burhoff*, RVGreport 2011, 327; Gerold/Schmidt/*Müller-Rabe*, RVG, § 47 Rn 7.
16 *Burhoff*, RVGreport 2011, 327.
17 BayLSG, Beschl. v. 21.6.2016 – L 15 SF 39/14 E, juris; ThürLSG AGS 2015, 415 = RVGreport 2015, 421 = NJW-Spezial 2015, 604; KG RVGreport 2010, 426 = JurBüro 2010, 590 = Rpfleger 2010, 701; LSG Nordrhein-Westfalen ASR 2010, 91; VG Karlsruhe JurBüro 2015, 200; SG Berlin AGS 2011, 292; SG Berlin RVGreport 2009, 305.
18 ThürLSG AGS 2015, 415 = RVGreport 2015, 421 = NJW-Spezial 2015, 604.
19 LSG Nordrhein-Westfalen, Beschl. v. 8.9.2011 – L 1 KR 129/11 B, juris.
20 OVG NRW, Beschl. v. 6.3.2012 – 17 E 1204/11, juris.
21 BGH NJW 2011, 229 = AnwBl 2010, 716 = MDR 2010, 1159; OLG Jena, Beschl. v.24.1.2013 – 9 W 32/13, juris; SG Berlin AGS 2011, 292.
22 KG RVGreport 2010, 426 = JurBüro 2010, 590 = Rpfleger 2010, 701.
23 BGH NJW 2009, 440 = RVGreport 2009, 78 = AGS 2008, 608; vgl. auch BGH NJW 2011, 229 = AnwBl 2010, 716 = MDR 2010, 1159.
24 Vgl. auch KG, Beschl. v. 4.11.2012 – 1 Ws 133/10, JurionRS 2011, 36549.

3. Der Anwalt als Antragsteller

a) Wahlrecht und Vorschuss

Mit dem Erfordernis der Antragstellung kann der **beigeordnete oder bestellte Anwalt** oder sein **Rechtsnachfolger** (vgl. dazu auch Rdn 16 ff.) frei entscheiden, ob er sich umgehend **an die Staatskasse** wenden will **oder** ob er zunächst **auf andere Weise** versucht, an sein Honorar zu kommen (vgl. Rdn 126 ff.).[25] Hat er noch kein Geld erhalten und geht es nur um die Abrechnung seiner Tätigkeit im Rahmen der Bestellung als Verteidiger oder der Beiordnung aufgrund Bewilligung von Prozess- oder Verfahrenskostenhilfe, liegt es nahe, alsbald einen **Vorschuss** von der Staatskasse einzufordern (siehe § 47 Rdn 19) oder bei Fälligkeit der Vergütung den Festsetzungsantrag gemäß § 55 zu stellen. Bei der **Beratungshilfe** scheidet die Möglichkeit einer Vorschussanforderung aus der Staatskasse aus, § 47 Abs. 2.

b) Inanspruchnahme des Gegners des Mandanten

Andererseits ist es durchaus üblich, dass ein im Wege der Prozesskostenhilfe beigeordneter Anwalt bei einem überwiegend erfolgreich abgeschlossenen Verfahren und entsprechender Kostenquote namens der Partei das **Kostenfestsetzungsverfahren nach §§ 103 ff. ZPO** betreibt (siehe Rdn 120) und den **für die Partei festgesetzten Erstattungsbetrag** auf das eigene Honorar **vereinnahmt**.[26] Das ist allerdings **nur im Einverständnis** mit der Partei zulässig (§ 122 Abs. 1 Nr. 3 ZPO; vgl. auch Rdn 46).[27]

Mit **§ 126 ZPO** hat der Gesetzgeber jedoch ein **eigenes Liquidationsrecht** des beigeordneten Anwalts im Verhältnis zum erstattungspflichtigen Gegner der Partei geschaffen, das die **Möglichkeit der direkten Abrechnung** mit ihm **ohne Mitwirkung der Partei** eröffnet. Das Liquidationsrecht des Anwalts im eigenen Namen besteht in **Strafsachen** in entsprechender Anwendung des § 126 ZPO bspw. auch für den im Wege der Prozesskostenhilfe beigeordneten **Nebenklägervertreter** gegenüber dem Verurteilten oder des dem Nebenkläger zum Beistand bestellten Rechtsanwalts gegen den Verurteilten.[28] Lässt die Kostengrundentscheidung oder Kostenvereinbarung eine **vollständige Erstattung** der Ansprüche des beigeordneten Anwalts zu und hat dieser bis zum Schluss des Verfahrens die (nur in Höhe der Grundvergütung einstandspflichtige) **Staatskasse noch nicht in Anspruch genommen**, sollte er bei **ratenfreier Prozesskostenhilfe** überlegen, ob er zunächst nur von der Möglichkeit einer **Festsetzung nach § 126 ZPO** Gebrauch machen will (vgl. Rdn 111 ff.). Reicht das eigene Beitreibungsrecht zur vollständigen Befriedigung nicht, bedarf es stets der Festsetzung nach § 55 und kann einer Festsetzung nach § 126 ZPO letztlich nur ergänzende Funktion zukommen.

c) Inanspruchnahme des Mandanten

§ 122 Abs. 1 Nr. 3 ZPO schließt die Geltendmachung von Vergütungsansprüchen des im Wege der Prozesskostenhilfe beigeordneten Rechtsanwalts gegen die Partei aus (**Forderungssperre**).[29] Die Forderungssperre erfasst aber nur solche Ansprüche des beigeordneten Rechtsanwalts, für welche Prozesskostenhilfe bewilligt worden ist. Die Sperrwirkung greift daher grundsätzlich nicht für Vergütungsansprüche des beigeordneten Rechtsanwalts, die darauf beruhen, dass er zeitlich oder gegenständlich außerhalb des Umfangs der Beiordnung auftragsgemäß tätig geworden ist (Teil-PKH).[30] Für diese Ansprüche ist dann auch das Verfahren gem. § 11 eröffnet.[31]

---

25 Vgl. OLG Jena, Beschl. v. 24.1.2013 – 9 W 32/13, juris.
26 Vgl. OLG Jena, Beschl. v. 24.1.2013 – 9 W 32/13, juris.
27 Vgl. hierzu KG NJW 2007, 3366 = AnwBl 2007, 867.
28 Vgl. Burhoff/*Volpert*, RVG Straf- und Bußgeldsachen, 4. Aufl., § 53 Rn 42 ff.; OLG Hamm AGS 2013, 254 = RVGreport 2013, 71; KG StRR 2007, 11; OLG Hamburg AnwBl. 1975, 404 = Rpfleger 1975, 320; LG Itzehoe AGS 2008, 233 = NJW-Spezial 2008, 221.

29 Vgl. BGH NJW 2011, 229 = AnwBl 2010, 716 = MDR 2010, 1159; OLG Düsseldorf AGS 2005, 457 = JurBüro 2005, 321 = Rpfleger 2005, 267; OLG Jena, Beschl. v. 24.1.2013 – 9 W 32/13, juris.
30 OLG Düsseldorf AGS 2008, 245 = FamRZ 2008, 1767; OLG Düsseldorf AGS 2005, 457 = JurBüro 2005, 321 = Rpfleger 2005, 267; OLG Düsseldorf AGS 1999, 108.
31 OLG Düsseldorf AGS 2008, 245 = FamRZ 2008, 1767.

14 Bei einer sonstigen Beiordnung **außerhalb von Prozesskostenhilfe** oder bei einer Bestellung des Anwalts besteht **neben der Option**, unter Umständen den **Gegner in Anspruch nehmen** zu können, **in der Regel auch** die Möglichkeit, **gegen die eigene Partei** vorzugehen und von dieser die **volle Regelvergütung** zu verlangen. Ist der Anwalt nach § 138 FamFG beigeordnet oder nach § 67a Abs. 1 S. 2 VwGO bestellt, hat diese Anspruchstellung sogar **Vorrang** gegenüber einer Inanspruchnahme der Staatskasse (§§ 45 Abs. 2, 47 Abs. 1 S. 2). Ist der Anwalt als Verteidiger bestellt oder einem Privatkläger, Nebenkläger oder Antragsteller im Klageerzwingungsverfahren oder sonst in Angelegenheiten, in denen sich die Gebühren nach VV Teil 4 – Teil 6 richten, beigeordnet, kann er gegen die eigene Partei nur vorgehen, wenn dieser ein Erstattungsanspruch gegen die Staatskasse zusteht oder wenn das Gericht auf Antrag des Anwalts die Leistungsfähigkeit des von ihm Vertretenen feststellt (§§ 52 Abs. 2, 53 Abs. 1). Ist der Anwalt als **Beistand des Nebenklägers, des nebenklagebrechtigten Verletzten** oder eines Zeugen bestellt bzw. beigeordnet (§ 68b StPO), **scheidet ein Anspruch gegen diese Personen aus** (§ 53 Abs. 2). Bei Abschluss einer Vergütungsvereinbarung mit den in Abs. 2 genannten Personen kann der Rechtsanwalt hieraus nur vorgehen, wenn zuvor die Feststellung gemäß § 53 Abs. 3 getroffen worden ist (vgl. hierzu § 53 Rdn 15 ff.).[32] Ebenso hat der im Rahmen von **Beratungshilfe** tätig gewordene Anwalt keinen Anspruch gegen den Rechtsuchenden, soweit es um die Gebühren nach VV 2501 ff. geht. Nur die Beratungshilfegebühr VV 2500 in Höhe von 15 EUR kann gem. § 44 S. 2 vom Rechtssuchenden verlangt werden.

4. Verhältnis von § 55 zu §§ 103 ff., 126 ZPO

15 Da im Festsetzungsverfahren gemäß § 55 der **eigene Vergütungsanspruch** des beigeordneten oder gerichtlichen bestellten Rechtsanwalts gegen die Staatskasse, im Kostenfestsetzungsverfahren gemäß §§ 103 ff. ZPO aber der **Erstattungsanspruch der PKH-Partei** gegen ihren Gegner geltend gemacht wird, entfalten die in einem Verfahren ergangenen Entscheidungen keine Bindungswirkung für das jeweils andere Verfahren.[33] So kann z.B. im Kostenfestsetzungsverfahren gemäß §§ 103 ff. ZPO nicht geprüft werden, ob die einem Rechtsanwalt aus der Staatskasse gezahlte Gebühr hinsichtlich der Anrechnung der Geschäftsgebühr zutreffend berechnet worden ist.[34] **Unterbrechungen** des Hauptsacheverfahrens und des Kostenfestsetzungsverfahrens gem. §§ 103 ff. ZPO z.B. infolge Eröffnung des **Insolvenzverfahrens** über das Vermögen einer Partei gelten deshalb für das Festsetzungsverfahren gem. § 55 nicht.[35]

5. Rechtsnachfolge/Vertreter gem. § 5/Abtretung des Anspruchs

a) Prüfung des Urkundsbeamten

16 Der Urkundsbeamte prüft bei der Festsetzung gem. § 55, ob der Rechtsanwalt, der durch seine gerichtliche Beiordnung oder Bestellung den Vergütungsanspruch gegen die Staatskasse erworben hat, den Festsetzungsantrag stellt. Dem Vertreter des Rechtsanwalts i.S.v. § 5 steht kein eigener Anspruch gegen die Staatskasse zu (§ 5 Rdn 72, 80 ff.).[36] Ein anderer Rechtsanwalt kann den Anspruch des beigeordneten oder bestellten Rechtsanwalts deshalb grds. nur geltend machen, wenn Rechtsnachfolge z.B. durch Abtretung vorliegt.[37] Macht ein anderer Rechtsanwalt oder ein Nicht-Rechtsanwalt den Vergütungsanspruch geltend, muss die Rechtsnachfolge nachgewiesen werden (z.B. durch Abtretungsurkunde, Erbschein).[38] Ist ein Rechtsanwalt aus einer **Sozietät** ausgeschieden und macht anschließend die Sozietät oder ein anderer Rechtsanwalt der Sozietät die Vergütung gegen die Staatskasse geltend, muss die Rechtsnachfolge nachgewiesen werden. Im Verfahren nach § 55

---

32 Vgl. hierzu auch Burhoff/*Volpert*, RVG Straf- und Bußgeldsachen, 4. Aufl., § 53 Rn 46 ff.
33 OLG Jena JurBüro 2014, 597 = RVGreport 2014, 423; Gerold/Schmidt/*Müller-Rabe*, RVG, § 55 Rn 3.
34 KG RVGreport 2010, 426 = JurBüro 2010, 590 = Rpfleger 2010, 701.
35 OLG Jena JurBüro 2014, 597 = RVGreport 2014, 423.
36 OLG Koblenz, Beschl. v. 16.10.2012 – 2 Ws 759/12, JurionRS 2012, 26014.
37 OLG Koblenz, Beschl. v. 16.10.2012 – 2 Ws 759/12, JurionRS 2012, 26014; vgl. aber OLG Celle NdsRpfl 2009, 141 = RVGreport 2009, 226 und OLG Rostock StRR 2011, 447 = RVGreport 2012, 186, zur Anscheinsvollmacht bzw. Einziehungsermächtigung für den Vertreter des Pflichtverteidigers gegenüber der Staatskasse.
38 KG, Beschl. v. 4.11.2011 – 1 Ws 133/10, JurionRS 2011, 36549.

ist nicht zu prüfen, wie aufgrund des Sozietätsvertrages Vergütungen zwischen den Anwälten der Sozietät verteilt werden.[39]

b) Abtretung an Rechtsanwälte und Nicht-Rechtsanwälte

Nach § 49b Abs. 4 S. 1 BRAO ist die Abtretung von Vergütungsforderungen oder die Übertragung ihrer Einziehung an **Rechtsanwälte** oder rechtsanwaltliche Berufsausübungsgemeinschaften i.S.d. § 59a BRAO explizit **zulässig**. Eine Einwilligung des Mandanten ist hierfür nicht erforderlich.[40] Der BGH[41] hatte bereits in § 49b Abs. 4 S. 1 BRAO a.F. entschieden, dass die Abtretung einer Honorarforderung an einen anderen Rechtsanwalt ohne Zustimmung des Mandanten allgemein zulässig sei. Der Abtretungsgläubiger kann deshalb die Vergütungsfestsetzung gem. § 55 beantragen.[42]

17

Nach der Neufassung des § 49b Abs. 4 S. 2 BRAO zum 18.12.2007 ist die Abtretung oder Übertragung des anwaltlichen Vergütungsanspruchs auch an einen **Dritten** (z.B. Verrechnungsstelle, Factoring) zulässig, wenn eine ausdrückliche, schriftliche Einwilligung des Mandanten vorliegt oder die Forderung rechtskräftig festgestellt ist.[43] Das gilt auch für den Vergütungsanspruch des gerichtlich beigeordneten oder bestellten Rechtsanwalts gegen die **Staatskasse** (§ 45). Der Vergütungsanspruch des gerichtlich bestellten oder beigeordneten Rechtsanwalts ist kein höchstpersönlicher Anspruch, dessen Abtretbarkeit hierdurch ausgeschlossen ist. Es besteht somit insoweit **kein Abtretungsverbot**. Denn § 49b Abs. 4 BRAO stellt nur auf die Vergütungsforderung des Rechtsanwalts ab und regelt die Abtretbarkeit ohne Differenzierung danach, wer die Vergütung im Einzelfall schuldet, ob sie sich also gegen den Mandanten oder gegen die Staatskasse richtet.[44]

c) Vorlage der Einwilligung und der Abtretungsunterlagen

Auf ein Einverständnis bzw. die **Einwilligung der Staatskasse** in die Abtretung kommt es nicht an, sondern auf die ausdrückliche **Einwilligung des Mandanten** in die Abtretung des gegen die Staatskasse gerichteten Vergütungsanspruchs.[45] Aus der Abtretung muss sich aber ergeben, dass der gegen die Staatskasse gerichtete Vergütungsanspruch durch den beigeordneten oder bestellten Rechtsanwalt abgetreten worden ist. Es reicht nicht aus, dass nur Forderungen gegen den Mandanten abgetreten worden sind.[46]

18

Bei der Geltendmachung des abgetretenen Vergütungsanspruchs gegenüber der Staatskasse sind die Voraussetzungen der §§ 409, 410 BGB zu beachten.[47] Die Staatskasse ist dem neuen Gläubiger (Zessionar) gegenüber zur Leistung daher nur verpflichtet gegen Aushändigung einer von dem bisherigen Gläubiger (Rechtsanwalt) über die Abtretung ausgestellten Urkunde oder wenn der bisherige Gläubiger (Rechtsanwalt) ihr die Abtretung schriftlich angezeigt hat. Denn die Staatskasse muss sicherstellen, dass sie schuldbefreiend an den neuen Gläubiger leistet.

Die Staatskasse kann verlangen, dass ihr die **Abtretungsunterlagen** im **Original** vorgelegt werden,[48] denn der Urkundenbeweis kann bei einer Privaturkunde ausschließlich durch Vorlegung der Origi-

---

39 KG, Beschl. v. 4.11.2011 – 1 Ws 133/10, JurionRS 2011, 36549.
40 Vgl. BT-Drucks 16/3655, S. 82.
41 BGH NJW 2007, 1196 = BRAK-Mitt. 2007, 125 = AGS 2007, 334 = JurBüro 2007, 361 = RVGreport 2007, 197 = VRR 2007, 203 = AnwBl 2007, 453. Diese Frage war umstritten, vgl. *Koch/Kilian*, Rn B 531 und 4. Aufl., Rn 42, je m.w.N.
42 OLG Hamm RVGreport 2008, 218 = MDR 2008, 654.
43 Vgl. BGH NJW-RR 2009, 490 = RVGreport 2009, 96 = AGS 2009, 107; NJW-RR 2009, 491; OLG Hamm RVGreport 2008, 218 = MDR 2008, 654.
44 OLG Düsseldorf, Beschl. v. 25.3.2009 – III-1 Ws 92/09 (n.v.), bei Pflichtverteidigung; für PKH; OLG Düsseldorf JurBüro 2008, 650 = AGS 2008, 605; OLG Hamm RVGreport 2008, 218 = MDR 2008, 654.
45 OLG Düsseldorf JurBüro 2008, 650 = AGS 2008, 605, OLG Düsseldorf, Beschl. v. 25.3.2009 – III-1 Ws 92/09 (n.v.), für Pflichtverteidigung.
46 OLG Düsseldorf JurBüro 2008, 650 = AGS 2008, 605, OLG Düsseldorf, Beschl. v. 25.3.2009 – III-1 Ws 92/09 (n.v.), für Pflichtverteidigung.
47 KG RVGreport 2010, 65 = FamRZ 2009, 1781 = KGR Berlin 2009, 55; OLG Düsseldorf, JurBüro 2008, 650 = AGS 2008, 605; Gerold/Schmidt/*Müller-Rabe*, RVG, § 45 Rn 120.
48 KG RVGreport 2010, 65 = FamRZ 2009, 1781 = KGR Berlin 2009, 55; wohl auch OLG Düsseldorf, NJW 2009, 1614 = RVGreport 2009, 183 = AGS 2009, 272.

nalurkunde gemäß § 420 ZPO angetreten werden.[49] Die Vorlage einer Kopie ist nur zur Glaubhaftmachung geeignet.[50] Eine solche ist aber zum Nachweis der Gläubigerstellung nicht ausreichend, sondern genügt allein zur Berücksichtigung der geltend gemachten Gebühren und Auslagen (§ 104 Abs. 2 ZPO i.V.m. § 55 Abs. 5 S. 1).[51] Der Staatskasse müssen daher ggf. die Einwilligungserklärung des Mandanten (wenn die Abtretung nicht an einen Rechtsanwalt erfolgt ist) und die Abtretungsurkunde oder die Abtretungsanzeige des Rechtsanwalts vorgelegt werden.[52] Die Vergütungsfestsetzung kann allerdings nicht von der Vorlage des Originals der Einwilligungserklärung des Mandanten zur Abtretung abhängig gemacht werden; die Vorlage einer beglaubigten **Kopie der Einwilligungserklärung** reicht aus.[53]

6. Antrag

a) Form und Frist

19 Der Festsetzungsantrag unterliegt **keiner Frist** und kann bei **Fälligkeit** (§ 8) gestellt werden. Ist noch keine Fälligkeit eingetreten, besteht gem. § 47 das Recht, einen **Vorschuss** zu beantragen. Der Festsetzungsantrag kann **formlos** gestellt werden.[54] Die Antragstellung kann daher schriftlich oder zu Protokoll der Geschäftsstelle erfolgen.[55] Der schriftlich gestellte Antrag muss dabei nicht der Schriftform des § 126 Abs. 1 BGB entsprechen, der eine eigenhändige Unterzeichnung des Antrags, also eine Original-Unterschrift fordert.[56] Es reicht deshalb aus, wenn der Antrag per **Telefax** gestellt wird[57] oder eine nur in Kopie wiedergegebene, **eingescannte Unterschrift** enthält.[58] § 10 Abs. 1 S. 1, der eine vom Rechtsanwalt (im Original) unterzeichnete Berechnung fordert, gilt im Verfahren gem. § 55 nicht. § 10 gilt nur für das Innenverhältnis zwischen Mandant und Rechtsanwalt, während § 55 den öffentlich-rechtlichen Vergütungsanspruchs des beigeordneten oder bestellten Rechtsanwalts gegen die Staatskasse betrifft.[59] Ein nur **per E-Mail** gestellter Antrag reicht dagegen grds. nicht aus.[60] Die Antragstellung durch E-Mail gem. § 12b kommt allenfalls dann in Frage, wenn in dem Verfahren, in dem der Rechtsanwalt die Vergütung erhält, die verfahrensrechtlichen Vorschriften über die elektronische Akte und über das elektronische Dokument das erlauben.

b) Beifügung einer Berechnung (§ 10)

20 Die **VwV Vergütungsfestsetzung** (vgl. § 55 Anhang) sieht vor, dass der Festsetzungsantrag mit der Berechnung der Gebühren und Auslagen (§ 10 RVG) einzureichen ist. Ob aus dem Klammerzusatz (§ 10) geschlossen werden kann, dass der Rechtsanwalt im Verfahren gem. § 55 zur Einreichung einer § 10 Abs. 2 entsprechenden Berechnung verpflichtet ist, kann in Zweifel gezogen werden, weil § 10 nur im Innenverhältnis des Rechtsanwalts zum Mandanten gilt.[61] Allerdings muss auch der gegen die Staatskasse gerichtete Festsetzungsantrag konkrete Angaben dazu enthalten, was festgesetzt werden soll. Deshalb müssen letztlich wie in § 10 Abs. 2 die Beträge der einzelnen Gebühren und Auslagen, Vorschüsse (§ 55 Abs. 5 S. 2), eine kurze Bezeichnung des jeweiligen Gebührentatbestands, die Bezeichnung der Auslagen sowie die angewandten Nummern des Vergütungsverzeichnis-

---

49 BGH NJW 1992, 829.
50 Vgl. auch BGH NJW 2012, 3426, der offengelassen hat, ob die Vorlage einer Kopie den Erfordernissen des § 410 Abs. 1 BGB genügt.
51 KG RVGreport 2010, 65 = FamRZ 2009, 1781 = KGR Berlin 2009, 55.
52 Gerold/Schmidt/*Müller-Rabe*, RVG, § 45 Rn 120.
53 OLG Saarbrücken RVGreport 2013, 271 = JurBüro 2013, 415.
54 Vgl. KG AGS 2014, 405 = RVGreport 2014, 391 = JurBüro 2015, 25; Gerold/Schmidt/*Müller-Rabe*, RVG, § 55 Rn 20; noch zur BRAGO OLG Frankfurt JurBüro 1992, 683; LAG Hamm AnwBl 1985, 106 = JurBüro 1985, 555.
55 Gerold/Schmidt/*Müller-Rabe*, RVG, § 55 Rn 20.
56 Offengelassen KG AGS 2014, 405 = RVGreport 2014, 391 = JurBüro 2015, 25.

57 KG AGS 2014, 405 = RVGreport 2014, 391 = JurBüro 2015, 25; vgl. zur Erinnerung gem. § 66 GKG BGH NJW 2015, 1527 = MDR 2015, 533 = FamRZ 2015, 919; BGH NJW 2008, 2649.
58 Vgl. zur Erinnerung gem. § 66 GKG BGH NJW 2015, 1209; BGH AGS 2015, 226 = RVGreport 2015, 169.
59 KG AGS 2014, 405 = RVGreport 2014, 391 = JurBüro 2015, 25.
60 Vgl. zur Erinnerung gem. § 66 GKG BGH AGS 2015, 226 = RVGReport 2015, 160; BGH NJW-RR 2015, 1209; OLG Hamm FGPrax 2013, 84 = RVGreport 2013, 120.
61 KG AGS 2014, 405 = RVGreport 2014, 391 = JurBüro 2015, 25; bejahend OLG Frankfurt, Beschl. v. 12.5.2014 – 20 W 236/13, juris, Tz. 36.

ses und bei Gebühren, die nach dem Gegenstandswert berechnet sind, auch diese ausgewiesen werden.[62]

c) Form der Erklärung zu erhaltenen Zahlungen

Fehlt jegliche Unterschrift unter dem Festsetzungsantrag, kann die Festsetzung nicht erfolgen. Zwar kann von einem Antrag auch dann ausgegangen werden, wenn feststeht, dass es sich bei dem Antrag nicht nur um einen Entwurf handelt, sondern von dem zweifelsfrei erkennbaren Absender die Antragstellung gewollt ist. Die gem. § 55 Abs. 5 S. 2–4 erforderliche Erklärung zu erhaltenen Zahlungen muss aber die Unterschrift des beigeordneten oder bestellten Rechtsanwalts tragen. Eine Original-Unterschrift unter der Zahlungserklärung ist aber nicht erforderlich, weil der Antrag formlos gestellt werden kann. Deshalb reicht die vom Anwalt unterschriebene Zahlungserklärung in einem Telefax oder eine in Kopie wiedergegebene, **eingescannte Unterschrift** unter der Zahlungserklärung aus.[63]

21

d) Kein Vordruckzwang

In Abschnitt A Nr. 1.1 der **bundeseinheitlichen Ausführungsvorschriften** über die Festsetzung der aus der Staatskasse zu gewährenden Vergütung **VwV Vergütungsfestsetzung** ist ausdrücklich bestimmt, dass **beigeordnete oder bestellte** Rechtsanwälte nicht verpflichtet sind, die Festsetzung mit den amtlichen Vordrucken zu beantragen (vgl. Rdn 1 und § 55 Anhang). Formlos oder mithilfe von EDV-Anlagen erstellte Festsetzungsanträge sollen aber nach Abschnitt A Nr. 1.1 der VwV Vergütungsfestsetzung inhaltlich den amtlichen Vordrucken entsprechen. Das gilt sinngemäß für den Antrag des **im Rahmen der Beratungshilfe** tätig gewesenen Anwalt auf Festsetzung der **Beratungshilfevergütung**,[64] dem der **Berechtigungsschein** nach § 6 BerHG **beigefügt** werden soll.[65]

22

e) Zweifache Einreichung

Nach Teil I.A Nr. 1.1 VwV Vergütungsfestsetzung soll der **Festsetzungsantrag zweifach** bei der Geschäftsstelle eingereicht werden. Einen sachlichen Grund gibt es dafür jedoch nicht, weil die Zweitschrift keinerlei Verwendung findet. Deshalb hat etwa der Justizminister des Landes NRW ergänzend bestimmt, dass es der Einreichung eines weiteren Exemplars des Festsetzungsantrages **nicht bedarf** (vgl. Rdn 1). Der Antrag wird **bearbeitet** und **durch Beschluss**[66] **beschieden** (vgl. Rdn 68). Zugleich mit der Festsetzung trifft der Urkundsbeamte der Geschäftsstelle eine Auszahlungsanordnung, die von der Justizkasse in einem automatisierten Verfahren (NRW: HKR-TV bzw. EPOS.NRW) bearbeitet wird. Eine Auszahlung ohne vorherige Festsetzung (Beschluss) darf nicht erfolgen.

23

7. Notwendiger Antragsinhalt

a) Auslegung

Hat der Anwalt sich entschieden, trotz anderer Optionen oder daneben einen **Antrag nach Abs. 1 S. 1** zu stellen, muss er dies **eindeutig** verlautbaren. Das gilt insbesondere dann, wenn mehrere Möglichkeiten offensichtlich sind und der Anwalt **zugleich andere Anträge** stellt, die Verfahrenskosten zum Gegenstand haben. Für die Geschäftsstelle des Gerichts, die den Antrag entgegennimmt, darf nicht zweifelhaft erscheinen, welches Rechtsschutzbegehren an sie herangetragen wird. Gelegentlich reichen Anwälte nach gewonnenem Prozess lediglich eine Aufstellung der verdienten

24

---

62 OLG Frankfurt, Beschl. v. 12.5.2014 – 20 W 236/13, juris, Tz. 36.
63 KG AGS 2014, 405 = RVGreport 2014, 391 = JurBüro 2015, 25.
64 Teil I.B Nr. 1 der vorstehenden AV; KG AGS 2011, 85 = RVGreport 2010, 400.
65 Wird der Anwalt nach § 7 BerHG unmittelbar in Anspruch genommen und die Bewilligung der Beratungshilfe daraufhin zusammen mit der Festsetzung beantragt, kommt es nicht zur Erteilung eines Berechtigungsscheins.
66 Gerold/Schmidt/*Müller-Rabe*, RVG, § 55 Rn 53.

Wertgebühren ein. Bei Gegenstandswerten bis 4.000 EUR ist dann nicht klar, ob sie einen **Kostenerstattungsantrag** aus eigenem **Beitreibungsrecht** (§ 126 ZPO) oder **für die Partei** (§§ 103 ff. ZPO) oder einen **Festsetzungsantrag** (§ 55) gegen die Staatskasse stellen wollen. In diesen Fällen ist es angezeigt, den Antrag als einen solchen nach § 55 zu bezeichnen. Zweifel an dem Begehren des Anwalts bestehen allerdings dann nicht, wenn er bei Gegenstandswerten über 4.000 EUR nur die Grundvergütung nach § 49 oder bei Rahmengebühren nur die für den beigeordneten oder bestellten Anwalt vorgesehenen Festbeträge geltend macht.

b) Glaubhaftmachung der einzelnen Ansätze

25 **aa) Gesetzliche Grundlage.** Soweit die jeweiligen **Gebührentatbestände** oder etwaigen **Auslagen** sich nicht aus der Gerichts- oder Verfahrensakte ergeben, streitig oder nicht anderweitig für den Urkundsbeamten ohne weiteres ersichtlich sind, hat der beigeordnete oder bestellte Anwalt sie wie ein Erstattungsgläubiger im Kostenfestsetzungsverfahren gemäß § 104 Abs. 2 ZPO **glaubhaft zu machen**, Abs. 5 S. 1.[67] Das gilt insbesondere auch für die **Beratungshilfe**, weil hier der Urkundsbeamte regelmäßig nicht auf Unterlagen zurückgreifen kann, aus denen sich die tatsächlichen Voraussetzungen für die Entstehung von Gebühren ergeben. Denn in dem gerichtlichen Beratungshilfevorgang befinden sich nur die Bewilligungsunterlagen, ggf. der Berechtigungsschein und der Vergütungsantrag.

26 **bb) Art und Weise der Glaubhaftmachung.** Zur Berücksichtigung eines Ansatzes genügt dessen Glaubhaftmachung. Ein Ansatz ist **glaubhaft dargelegt**, wenn der Erklärungsempfänger bei objektivierender Betrachtung und freier und verständiger Würdigung des gesamten Vorbringens die Einschätzung gewinnt, dass der anspruchsauslösende Tatbestand **höchstwahrscheinlich zutreffend** vorgetragen worden ist. Hierfür reicht es aus, dass die tatsächlichen Voraussetzungen des geltend gemachten Vergütungstatbestandes mit überwiegender Wahrscheinlichkeit feststehen. Es bedarf **keiner vollständigen Gewissheit**, wohl aber der **Erkenntnis, dass Zweifel an der Richtigkeit der Darstellung nicht angebracht** sind. Um einen derartigen Sachstand herbeizuführen, kann sich der Anwalt grds. sämtlicher Nachweismöglichkeiten bedienen.[68] Zur Glaubhaftmachung können gem. § 294 Abs. 1 ZPO alle üblichen Beweismittel verwendet werden,[69] sofern sie präsent sind sowie die **Versicherung an Eides statt** und grds. auch die **anwaltliche Versicherung**. Grundlage der Entscheidung ist ein den konkreten Umständen angepasstes Maß an Glaubhaftigkeit.[70]

27 Die Frage, ob als entstanden angemeldete Kosten nach § 55 Abs. 5 S. 1 hinreichend glaubhaft gemacht sind, ist stets im Einzelfall und angepasst an die konkreten Umstände zu beurteilen, wobei die tatsächlich zur Verfügung stehenden Beweismittel, die Höhe der Auslagen und die Bedeutung der Angelegenheit, aber auch Zumutbarkeitserwägungen eine Rolle spielen können.[71] Der Urkundsbeamte kann deshalb die Vorlage aussagekräftiger Beweismittel, auch von Originaldokumenten, verlangen,[72] insbesondere auch von **Kopien aus der Handakte**,[73] bei **Reisekosten** von **Fahrkarten** und **Quittungen**, bei umfangreichen **Kopien** eine Rechnung des Kopiergeschäfts. Jedenfalls bei der Geltendmachung einer ungewöhnlich hohen **Dokumentenpauschale** (VV 7000) ist die Vorlage greifbarer und vorhandener Belege nicht mit besonderen Schwierigkeiten verbunden oder unzumut-

---

67 BGH NJW 2007, 2493 = AGS 2007, 322 = RVGreport 2007, 274, für das Kostenfestsetzungsverfahren gem. §§ 103 ff. ZPO; zur Frage, ob die von Abs. 5 S. 2 geforderte einfache Erklärung, keine Zahlungen erhalten zu haben, zur Glaubhaftmachung ausreicht, vgl. KG AGS 2014, 405 = RVGreport 2014, 391 = JurBüro 2015, 25; OVG NRW, Beschl. v. 29.1.2008 – 12 E 1029/07, juris.
68 OLG Köln NStZ-RR 2014, 64 = RVGreport 2014, 105.
69 Vgl. BGH AGS 2011, 568 = RVGreport 2011, 389; NJW 2007, 2493 = AGS 2007, 322 = RVGreport 2007, 274.
70 OLG Köln NStZ-RR 2014, 64 = RVGreport 2014, 105; OLG Düsseldorf JurBüro 2009, 370 = RVGreport 2009, 264 = OLGR Düsseldorf 2009, 456.

71 OLG Düsseldorf, Beschl. v. 22.9.2014 – III-1 Ws 246/14, III-1 Ws 272/14, juris; OLG Köln NStZ-RR 2014, 64 = RVGreport 2014, 105.
72 KG AGS 2014, 405 = RVGreport 2014, 391 = JurBüro 2015, 25.
73 LG Göttingen JurBüro 1986, 242 = Rpfleger 1986, 7; a.A. LG Hannover JurBüro 1986, 241; Gerold/Schmidt/*Müller-Rabe*, RVG, § 55 Rn 33; siehe auch Rundschreiben des Richtlinienausschusses der BRAK vom 20.6.1985 (BRAK-Mitt 1986, 17 f.) – kritisch Lindemann/Trenk-*Hinterberger*, BerHG, § 10 Rn 5.

bar.⁷⁴ Außerdem ist hier zur Glaubhaftmachung auch die **Inaugenscheinnahme** gefertigter Kopien oder Ausdrucke in den Kanzleiräumen oder einem externen Lagerraum durch den Urkundsbeamten zumutbar und möglich.⁷⁵

cc) Anwaltliche Versicherung. Insbesondere dann, wenn dem Anwalt greifbare Belege fehlen, bleibt ihm die Bekräftigung seines Vortrages, indem er die Richtigkeit der Angaben anwaltlich versichert. Das kann zwar – muss allerdings nicht stets – hinreichen, um den Ansatz als glaubhaft ansehen zu können. Zu beachten ist hierbei, dass nach § 55 Abs. 5 S. 1, § 104 Abs. 2 S. 2 ZPO nur hinsichtlich der Auslagen für Post- und Telekommunikationsdienstleistungen (vgl. VV 7001, 7002) die anwaltliche Versicherung genügt, dass diese Auslagen entstanden sind.⁷⁶ Eine anwaltliche Versicherung ist damit nur hinsichtlich der Auslagen VV 7001, 7002 ausreichend. Eine weitere Glaubhaftmachung kann insoweit damit von der Staatskasse nicht gefordert werden. Im Übrigen belegt die Versicherung des Rechtsanwalts aber nur die Entstehung, nicht aber die Höhe der Post- oder Telekommunikationsentgelte.⁷⁷ Eine anwaltliche Versicherung kann über § 104 Abs. 2 S. 1 ZPO auch für andere Kosten als Post- oder Telekommunikationsentgelte ein zulässiges Mittel der Glaubhaftmachung gem. § 294 ZPO sein, aber nur, wenn sie eigene Wahrnehmungen des Anwalts bestätigt.⁷⁸ Allerdings muss die anwaltliche Versicherung anders als bei den Post- oder Telekommunikationsentgelten von der Staatskasse nicht zwingend als genügend für die Glaubhaftmachung anerkannt werden.⁷⁹ Das ergibt sich aus dem Umkehrschluss zu § 104 Abs. 2 S. 2 ZPO. So kann es z.B. für die Erstattung der **Aktenversendungspauschale** nach Nr. 9003 KV GKG ausreichen, wenn der Rechtsanwalt eine Ablichtung der gerichtlichen Anforderung der Pauschale vorlegt und im Übrigen anwaltlich versichert, die Pauschale eingezahlt zu haben.⁸⁰ Die anwaltliche Versicherung reicht damit nicht hinsichtlich jeden Ansatzes zur Glaubhaftmachung aus.⁸¹ § 55 Abs. 5 S. 1 und § 104 Abs. 2 ZPO lässt sich über die in § 104 Abs. 2 ZPO geregelten Ausnahmefälle hinaus eine Beschränkung der Mittel der Glaubhaftmachung für die Vergütungsfestsetzung nicht entnehmen.⁸²

dd) Feststellungsentscheidung gem. § 46 Abs. 2. Auch wenn eine **Feststellungsentscheidung** gem. **§ 46 Abs. 2** getroffen worden ist, sind die **tatsächliche Entstehung** und die **Höhe** der betroffenen Auslagen noch darzulegen und glaubhaft zu machen. Denn die Prüfung der Entstehung von Auslagen wird durch die Feststellung der Erforderlichkeit gem. § 46 Abs. 2 nicht ersetzt.⁸³

ee) Anwaltliche Schweigepflicht. Die vom Urkundsbeamten geforderte Darlegung und Glaubhaftmachung von Ansätzen kann auch nicht mit dem Hinweis auf die anwaltliche **Verschwiegenheitspflicht** abgelehnt werden.⁸⁴ Denn zum einen befreit die Regelung in § 55 Abs. 5 S. 1 den Anwalt gegenüber dem Gericht gerade von der Verschwiegenheitspflicht. Zum anderen sind auch der Urkundsbeamte sowie die sonstigen mit der Festsetzung befassten Bediensteten, auch der Vertreter der Staatskasse, zur Verschwiegenheit verpflichtet. Schließlich kommt es im Rahmen von § 55 Abs. 5 S. 1 auch nicht auf die Mitteilung detaillierter inhaltlicher Informationen, sondern nur auf die Mitteilung äußerer Merkmale an, die eine geltend gemachte Gebühr oder Auslage für einen Dritten nachvollziehbar machen.

ff) Zahlungserklärung gem. § 55 Abs. 5 S. 2–4. Gem. § 55 Abs. 5 S. 2 hat der Festsetzungsantrag die Erklärung zu enthalten, ob und welche Zahlungen der Rechtsanwalt bis zum Tag der Antragstellung erhalten hat. Nach Auffassung des OVG NRW reicht diese im Antrag enthaltene einfache Erklärung, Vorschüsse und sonstige Zahlungen nicht erhalten zu haben, nicht zur Glaubhaftmachung

---

74 OLG Düsseldorf, Beschl. v. 22.9.2014 – III-1 Ws 246/14, III-1 Ws 272/14, juris: mehr als 40.000 EUR; OLG Köln NStZ-RR 2014, 64 = RVGreport 2014, 105: 6.500 EUR.
75 OLG Düsseldorf, Beschl. v. 22.9.2014 – III-1 Ws 246/14, III-1 Ws 272/14, juris; OLG Köln NStZ-RR 2014, 64 = RVGreport 2014, 105.
76 VG Meiningen RVGreport 2004, 151; LAG Hessen MDR 2001, 598; AG Koblenz FamRZ 2007, 233; AG Magdeburg JurBüro 2005, 651; *Hansens/Braun/Schneider*, Teil 7 Rn 142.
77 Vgl. Zöller/*Herget*, ZPO, § 104 Rn 8.
78 BayObLG WuM 1994, 296; OLG Köln MDR 1986, 152; AG Gummersbach, Beschl. v. 10.5.2013 – 85 OWi-17 Js 845/12–205/12, JurionRS 2013, 38802.
79 OLG Düsseldorf, Beschl. v. 22.9.2014 – III-1 Ws 246/14, III-1 Ws 272/14, juris.
80 AG Gummersbach JurionRS 2013, 38802; vgl. aber auch LG Potsdam NStZ-RR 2013, 31 = JurBüro 2012, 470 = AGS 2012, 564, das in dem entschiedenen Fall einen Zahlungsnachweis verlangt hat.
81 OLG Köln NStZ-RR 2014, 64 = RVGreport 2014, 105.
82 OLG Köln NStZ-RR 2014, 64 = RVGreport 2014, 105.
83 OLG Köln NStZ-RR 2014, 64 = RVGreport 2014, 105.
84 OLG Düsseldorf, Beschl. v. 22.9.2014 – III-1 Ws 246/14, III-1 Ws 272/14, juris; OLG Köln NStZ-RR 2014, 64 = RVGreport 2014, 105.

aus, weil solche Erklärungen nicht zu den Beweismitteln i.S.d. § 294 Abs. 1 ZPO gehören, derer sich der Pflichtige zur Glaubhaftmachung einer Tatsachenbehauptung bedienen kann.[85] Das ist dann zutreffend, wenn sich Anhaltspunkte dafür ergeben, dass erhaltene Zahlungen nicht offenbart worden sind.

c) Glaubhaftmachung bei Beratungshilfe

32 **aa) Geschäfts- und Einigungsgebühr.** Insbesondere bei **Beratungshilfe** kann das Gericht zur Glaubhaftmachung des Anfalls der geltend gemachten Gebühren, insbesondere der **Geschäftsgebühr** VV 2503 und der **Einigungs- oder Erledigungsgebühr** VV 2508 die Vorlage von Schriftwechsel verlangen, sofern die Vorlage zulässig, möglich und zumutbar ist. Das Gericht ist im Rahmen seiner Entscheidung über die Beratungshilfevergütung deshalb grundsätzlich auch nicht an eine eidesstattliche oder anwaltliche Versicherung des Beratungshilfeanwalts gebunden, wenn die Angaben über die anwaltliche Tätigkeit äußerst knapp und allgemein gehalten sind und deshalb keine Wahrscheinlichkeitsfeststellung dahingehend erlauben, ob eine Vertretung erforderlich war und die Gebühren auch tatsächlich angefallen sind (vgl. auch Rdn 88).[86] Bei den in VV 2504 bis 2507 aufgeführten Geschäftsgebühren für die Tätigkeit im Rahmen der außergerichtlichen **Schuldenbereinigung** (§ 305 Abs. 1 Nr. 1 InsO) kann die für die Höhe der Geschäftsgebühr wichtige Anzahl der vorhandenen Gläubiger durch Vorlage des Gläubiger- bzw. Forderungsverzeichnisses glaubhaft gemacht werden.[87] Auch eine zur Entstehung der erhöhten Geschäftsgebühr VV 2504 bis 2507 führende Beratungshilfetätigkeit wird durch Vorlage der Forderungsaufstellung oder des Schuldenbereinigungsplans glaubhaft gemacht. Nicht verbundene Einzelschreiben des Rechtsanwalts an die einzelnen Gläubiger des Beratungshilfemandanten, die jeweils nur einen Vorschlag bezüglich der sie betreffenden Forderung erhalten, stellen keinen Plan i.S.v. § 305 Abs. 1 Nr. 1 InsO dar und machen die Entstehung der erhöhten Geschäftsgebühren nicht unbedingt glaubhaft.[88]

33 **bb) Beratungsgebühr.** Für die **Beratungsgebühren** VV 2501 und VV 2502 genügt die Versicherung, Beratung gewährt zu haben.[89] Dem Vergütungsantrag ist zumindest auf entsprechendes Verlangen des Gerichts die dem Rechtsuchenden ggf. erteilte **Ausfertigung des Berechtigungsscheins** (§ 6 BerHG) beizufügen. Die Festsetzung der Beratungshilfevergütung und der Berechtigungsschein sind bei Gericht aktenmäßig zusammenzufassen (Abschnitt B Nr. 1 VwV Vergütungsfestsetzung).

d) Umsatzsteuer/Vorsteuerabzugsberechtigung

34 **aa) Umsatzsteuer aus der Staatskasse.** Der Rechtsanwalt kann von der Staatskasse die Erstattung der auf seine Umsatzsteuer entfallenden Vergütung verlangen, wenn seine Leistung nach den Bestimmungen des UStG umsatzsteuerpflichtig ist.[90] Die Umsatzsteuerpflicht richtet sich ausschließlich nach den Bestimmungen des UStG.[91] Gem. §§ 1 Abs. 1 Nr. 1, 3a Abs. 4 S. 1, S. 2, S. 2 Nr. 3 UStG ist für die Frage der Umsatzsteuerpflichtigkeit einer Leistung darauf abzustellen, wer deren Empfänger ist. Leistung ist jede Tätigkeit als Rechtsanwalt. Deren Empfänger ist auch im Prozesskostenhilfeverfahren diejenige Partei, der der Anwalt beigeordnet wurde. Hat diese Partei ihren Wohnsitz z.B. im Drittlandsgebiet (gesamtes Ausland mit Ausnahme der EU-Gemeinschaftsgebietes), ist die Anwaltstätigkeit dort ausgeführt und damit nicht umsatzsteuerpflichtig. Ob die Vergütung des Anwalts durch die Staatskasse erfolgt und welche Rechtsbeziehung zwischen dem Gericht und dem Rechtsanwalt infolge der Beiordnung besteht, ist umsatzsteuerrechtlich unerheblich.[92] Für nach den Bestimmungen des UStG nicht umsatzsteuerpflichtige Leistungen kann der beigeordnete oder bestellte Rechtsanwalt aus der Staatskasse deshalb keine Umsatzsteuer verlangen. Das ist bspw. der Fall, wenn sich der Rechtsanwalt selbst im Wege der PKH beigeordnet worden ist.[93] Eine solche Tätigkeit ist keine umsatzsteuerbare sonstige Leistung gegen Entgelt für Zwecke, die außerhalb

---

85 OVG NRW, Beschl. v. 29.1.2008 – 12 E 1029/07, juris.
86 OLG Düsseldorf JurBüro 2009, 370 = RVGreport 2009, 264 = OLGR Düsseldorf 2009, 456.
87 OLG Frankfurt NJW-RR 2010, 1008 = NZI 2009, 857–858; OLG Stuttgart JurBüro 2007, 434 = Rpfleger 2007, 613 = MDR 2007, 1400 = RVGreport 2007, 265.
88 Vgl. LG Hannover JurBüro 2007, 251.
89 *Hansens/Braun/Schneider*, Praxis des Vergütungsrechts, Teil 7 Rn 143.
90 KG AGS 2009, 550 = RVGreport 2009, 317 = NJW 2009, 2754 = Rpfleger 2009, 686.
91 OVG Berlin-Brandenburg AGS 2016, 26 = RVGreport 2016, 65 = NJW-Spezial 2016, 60.
92 OVG Berlin-Brandenburg AGS 2016, 26 = RVGreport 2016, 65 = NJW-Spezial 2016, 60.
93 KG AGS 2009, 550 = RVGreport 2009, 317 = NJW 2009, 2754 = Rpfleger 2009, 686.

des Unternehmens liegen (§ 3 Abs. 9a UStG), sondern unterfällt als sog. **Innengeschäft** nicht der Umsatzsteuer.[94]

bb) Erklärung zur Vorsteuerabzugsberechtigung. Die Verweisung in Abs. 5 S. 1 auf den das Kostenfestsetzungsverfahren gemäß §§ 103 ff. ZPO zwischen den Parteien betreffenden § 104 Abs. 2 ZPO geht ins Leere, soweit sie auch den zum 1.7.1994 angefügten Satz 3 des § 104 Abs. 2 ZPO einschließt, wonach die Erstattung von **Umsatzsteuer** die Erklärung voraussetzt, dass die Partei nicht zum Vorsteuerabzug berechtigt ist.[95] Ob eine Erklärung zur Vorsteuerabzugsberechtigung bei Umsatzsteuerbeträgen nach § 104 Abs. 2 S. 3 ZPO im Rahmen von § 55 gegenüber der Staatskasse abzugeben ist, ist umstritten.[96] Richtigerweise ist diese Erklärung vom Rechtsanwalt **nicht abzugeben**. Ein Vorsteuerabzug kommt ohnehin nicht in Betracht, weil der Anwalt keine Steuern bezahlen muss, deren Erstattung er vom Fiskus einfordern könnte, sondern Umsatzsteuer vereinnahmt und diese an den Fiskus abzuführen hat. Bei § 104 Abs. 2 S. 3 geht es um die Frage, ob eine erstattungsberechtigte Partei von ihrem Gegner auch dann die Erstattung der Umsatzsteuer verlangen kann, wenn sie diese schon im Wege des Vorsteuerabzugs beim Finanzamt geltend machen kann. Eine Vorsteuerabzugsberechtigung des Mandanten des im Wege der PKH beigeordneten Rechtsanwalts spielt bei der Beantragung der PKH-Vergütung gem. § 55 dagegen keine Rolle. Denn der Rechtsanwalt macht hier keinen Anspruch des Mandanten, sondern einen eigenen Anspruch gegen die Staatskasse geltend (vgl. Rdn 2, 9). Vergütungsschuldner ist die Staatskasse und nicht die vom beigeordneten Rechtsanwalt vertretene Partei, so dass sich die Vorsteuerabzugsberechtigung der Partei auf die Höhe der aus der Staatskasse zu erstattenden PKH-Vergütung nicht auswirken kann.[97] Die auf die zugrunde liegende Leistung entfallende Umsatzsteuer muss der Rechtsanwalt an das Finanzamt abführen.

Wird von dem beigeordneten oder bestellten Anwalt Umsatzsteuer erhoben bzw. ist seine Leistung nach dem UStG umsatzsteuerpflichtig (vgl. Rdn 34 ff.), so hat er **stets Anspruch auf Ersatz** aus der Staatskasse (VV 7008).[98] Der Umstand, dass die Partei aufgrund ihrer Vorsteuerabzugsberechtigung keine Umsatzsteuer an ihren Anwalt zahlen muss, gibt keinen Anlass, die Staatskasse als Schuldnerin des Vergütungsanspruchs gem. § 45 Abs. 1 von ihrer Verpflichtung zur Zahlung von Umsatzsteuer zu entheben.[99] Vielmehr erachtet es der Senat für allein sachgerecht, sowohl den unterlegen Gegner als auch die Staatskasse hinsichtlich der Erstattungsfähigkeit der Umsatzsteuer gleich zu behandeln.

Allerdings kann der beigeordnete Rechtsanwalt im Falle des Obsiegens der von ihm vertretenen vorsteuerabzugsberechtigten Partei (z.B. der Insolvenzverwalter über das Vermögen einer GmbH), weder im **Kostenfestsetzungsverfahren** nach §§ 103 ff ZPO für die Partei noch in dem eigenen Namen betriebenen Kostenfestsetzungsverfahren nach § 126 ZPO, die Umsatzsteuer von der erstattungspflichtigen Partei fordern (vgl. dazu Rdn 128 ff.). Soweit deswegen eine Gleichstellung der Staatskasse mit dem unterlegenen Gegner hinsichtlich der Erstattungsfähigkeit der Umsatzsteuer gefordert wird,[100] wird übersehen, dass es sich um unterschiedliche Anspruchsverhältnisse handelt.[101]

---

94 KG AGS 2009, 550 = RVGreport 2009, 317 = NJW 2009, 2754 = Rpfleger 2009, 686; vgl. auch BGH JurBüro 2005, 145 = NJW-RR 2005, 363.

95 OLG München, Beschl. v. 11.8.2016 – 11 W 1281/16, juris; LAG Rheinland-Pfalz JurBüro 1997, 29 = FamRZ 1997, 947; OLG Hamburg AGS 2013, 428 = RVGreport 2013, 348 = MDR 2013, 1194 = NJW-Spezial 2013, 572; so auch *Hansens*, Anm. zu OVG Berlin-Brandenburg RVGreport 2016, 65, 66; a.A. OLG Celle AGS 2014, 80, m. abl. Anm. *N. Schneider* = RVGreport 2014, 20, m. abl. Anm. *Hansens* = JurBüro 2014, 31 = MDR 2013, 1434; VG Minden, Beschl. v. 23.12.2015 – 7 K 3472/13, juris.

96 Verneinend LAG Rheinland-Pfalz JurBüro 1997, 29 = FamRZ 1997, 947; OLG Hamburg dito.; a.A. OLG Celle AGS 2014, 80, m. abl. Anm. *N. Schneider* = RVGreport 2014, 20, m. abl. Anm. *Hansens* = JurBüro 2014, 31 = MDR 2013, 1434.

97 OLG Hamburg AGS 2013, 428 = RVGreport 2013, 348 = MDR 2013, 1194 = NJW-Spezial 2013, 572.

98 OLG Düsseldorf, Beschl. v. 9.8.2016 – I-10 W 237/16 und I-17 W 38/16, n.v.; OLG Hamburg AGS 2013, 428 = RVGreport 2013, 348 = MDR 2013, 1194 = NJW-Spezial 2013, 572; LAG Rheinland-Pfalz JurBüro 1997, 29 = FamRZ 1997, 947; Gerold/Schmidt/*Müller-Rabe*, RVG, § 46 Rn 77; a.A. OLG Celle AGS 2014, 80, m. abl. Anm. *N. Schneider* = RVGreport 2014, 20, m. abl. Anm. *Hansens* = JurBüro 2014, 31 = MDR 2013, 1434; VG Minden, Beschl. v. 23.12.2015 – 7 K 3472/13, juris.

99 OLG München, Beschl. v. 11.8.2016 – 11 W 1281/16, juris; OLG Hamburg AGS 2013, 428 = RVGreport 2013, 348 = MDR 2013, 1194 = NJW-Spezial 2013, 572.

100 OLG Celle AGS 2014, 80, m. abl. Anm. *N. Schneider* = RVGreport 2014, 20, m. abl. Anm. *Hansens* = JurBüro 2014, 31 = MDR 2013, 1434.

101 OLG München, Beschl. v. 11.8.2016 – 11 W 1281/16, juris.

e) Angabe von Zahlungen (Abs. 5 S. 2)

37 **aa) Verfahren nach VV Teil 3.** Mit den nach Abs. 5 S. 2, 3 erforderlichen **Erklärungen**, ob und welche Zahlungen der Anwalt erhalten hat, wird eine **Verknüpfung** hergestellt zu den **anderen Befriedigungsmöglichkeiten** des Anwalts, weil diese **Einfluss** nehmen können **auf den Anspruch gegen die Staatskasse**. Letztlich soll der beigeordnete oder bestellte Anwalt in Verfahren nach VV Teil 3 nicht besser stehen, als er ohne Beiordnung oder Bestellung stünde (§ 58 Abs. 2). Hier ist sein Anspruch gegen die Staatskasse der Höhe nach begrenzt durch die **Regelvergütung**. Hat er auf diese bereits Teilbeträge vereinnahmt, die höher sind als die Differenz zwischen der Grundvergütung und der Regelvergütung (**Unterschiedsbetrag**; gesetzliche Definition nach § 50 Abs. 3), so schuldet die Staatskasse nicht mehr die volle Grundvergütung, sondern nur noch den verbleibenden Rest zwischen dem gezahlten Betrag und der vollen Regelvergütung.

> **Beispiel:** Die Regelgebühren betragen 1.000 EUR, die Partei hat darauf 400 EUR gezahlt. Die volle Grundvergütung beläuft sich auf 800 EUR.
> Der beigeordnete Anwalt kann von der Staatskasse nur noch die Aufstockung der Zahlung bis zu den Regelgebühren, also 600 EUR verlangen. Damit ist seine volle gesetzliche Vergütung erreicht. Die Zahlung der Partei ist zunächst im Interesse des Anwalts einzusetzen, nämlich vorab auf den Unterschiedsbetrag anzurechnen und alsdann zugunsten der Staatskasse mit dem verbleibenden Rest von 200 EUR auf die Grundvergütung von 800 EUR.

38 **bb) Verfahren nach VV Teil 4 bis 6.** In Verfahren nach VV Teil 4 bis Teil 6 (Straf- und Bußgeldsachen, sonstige Verfahren) finden diese Grundsätze ebenfalls Anwendung. Maßstab ist hier aber nicht die Regelvergütung als Obergrenze für den Verdienst des Anwalts, sondern der **doppelte Betrag** derjenigen Vergütung, die ihm aufgrund der **Festbeträge** für den beigeordneten oder bestellten Anwalt zusteht (§ 58 Abs. 3). Sind die dem Rechtsanwalt nach § 58 Abs. 3 S. 3 verbleibenden Gebühren höher als die Höchstgebühren eines Wahlanwalts, ist gem. § 58 Abs. 3 S. 4[102] auch der die Höchstgebühren übersteigende Betrag anzurechnen oder zurückzuzahlen.

39 **cc) Uneingeschränkte Auskunftspflicht.** Abs. 5 weicht insoweit von den Bestimmungen der BRAGO ab, als der Anwalt uneingeschränkt über „**Zahlungen**" Auskunft gegeben muss.[103] Von wem und weshalb gezahlt wurde, bleibt offen. Anzugeben sind daher Zahlungen des Mandanten und von Dritten. Dritte können z.B. Familienangehörige des Mandanten oder dessen unterlegener Gegner sein. Tatsächlich umfasst der offene Wortlaut von Abs. 5 S. 2 auch Zahlungen der Staatskasse, weil jeder Leistende eingeschlossen ist. Darzulegen hat er daher auch solche **Zahlungen**, die er bereits **aus der Staatskasse** gemäß § 47 oder § 44 oder infolge einer **früheren Festsetzung** erhalten hat. Das folgt ohne weiteres aus seiner Pflicht zur Redlichkeit als Gläubiger, auf eine mögliche Teilerfüllung hinzuweisen und Ansprüche nicht doppelt einzufordern. Verletzt der Rechtsanwalt die Anzeigepflicht, kann ein **Verstoß** gegen **Berufspflichten** vorliegen (siehe § 58 Rdn 87), der auch **strafrechtliche Relevanz** haben kann.[104]

40 Es reicht auch nicht aus, im Festsetzungsantrag zu erklären, keine **für eine Anrechnung bedeutsamen Zahlungen** erhalten zu haben. Nach Abs. 5 S. 2 ist im Antrag ohne diese Einschränkung anzugeben, ob und welche Zahlungen der Rechtsanwalt erhalten hat.[105] Nur die frühere Regelung in § 101 Abs. 3 BRAGO verlangte lediglich die Anzeige der Vorschüsse und Zahlungen, die für eine Anrechnung von Bedeutung sind. Diese Regelung hat der Gesetzgeber nicht in Abs. 5 S. 2 übernommen. Abs. 5 S. 2 weicht daher insoweit von § 101 Abs. 3 BRAGO ab, als der Rechtsanwalt uneingeschränkt über Zahlungen Auskunft geben muss. Hierdurch ist klargestellt, dass alle etwaigen Zahlungen und Vorschüsse anzugeben sind und die Anrechnungsprüfung ausschließlich durch das Gericht vorzunehmen ist.

41 **dd) Alle Zahlungen.** Die generelle Mitteilungspflicht in Abs. 5 S. 2 erfasst **alle Zahlungen**, die „**irgendwie**" mit der Vergütung des Anwalts in der konkreten Angelegenheit **zu tun haben könnten**. Er kann die Anzeige aufgrund der klaren Regelung in Abs. 5 S. 2 nicht mit dem Hinweis auf

---

102 Eingefügt zum 1.8.2013 durch das 2. KostRMoG.
103 Zur Frage, ob die einfache Erklärung, keine Zahlungen erhalten zu haben, zur Glaubhaftmachung ausreicht vgl. OVG NRW, Beschl. v. 29.1.2008 – 12 E 1029/07, juris.
104 OLG Hamm NJW-RR 2016, 885 = RVGreport 2016, 342; AnwGH Baden-Württemberg NJW-RR 1998, 1374, noch zu § 101 Abs. 3 BRAGO.
105 Hessischer VGH, Beschl. v. 23.10.2014 – 3 E 2326/11, juris; Hessischer VGH, Beschl. v. 27.6.2013 – 6 E 600/13, 6 E 602/13, 6 E 601/13, juris.

seine Schweigepflicht ablehnen.[106] Der Rechtsanwalt muss also von sich aus alle bereits erhaltenen Zahlungen im Antrag angeben, dies aber jedenfalls nach Aufforderung des Gerichts tun.[107] Der Anwalt ist verpflichtet, auch solche Zahlungen anzugeben, die seiner Auffassung nach für eine Anrechnung nach § 58 nicht in Frage kommen. Dasselbe gilt für Zahlungen, die er seiner Meinung nach unter Berücksichtigung der Anrechnungsregelung in § 58 behalten darf, wenn insoweit eine andere Auffassung zumindest denkbar ist.[108] Die Entscheidungskompetenz liegt allein beim Urkundsbeamten der Geschäftsstelle.[109] Um diese wahrnehmen zu können, muss er durch Angabe aller erhaltenen Zahlungen in die Lage versetzt werden, eine etwaige Anrechnungs- oder Rückzahlungspflicht zu prüfen. Das gilt auch, wenn der im Wege der Prozesskostenhilfe beigeordnete Anwalt **vereinnahmte Zahlungen** von der Partei oder einem Dritten, die womöglich in Unkenntnis der Zahlungsbefreiung erbracht worden sind, an diese teilweise **wieder ausgekehrt** hat, um so den Anspruch gegen die Staatskasse uneingeschränkt geltend machen zu können. Denn im Umfang einer unbedingten Zahlung ist der Vergütungsanspruch durch Erfüllung erloschen und durch Rückzahlung lebt er nicht wieder auf, weshalb hierdurch eine Leistungspflicht der Staatskasse nicht erneut entstehen kann.[110] Sollten Zahlungen **unter einem Vorbehalt** (siehe § 58 Rdn 30 f.) oder **aufgrund einer besonderen Absprache** (siehe § 58 Rdn 32) geleistet worden sein, ist auch das **mitzuteilen**, damit sich der Urkundsbeamte der Geschäftsstelle ein umfassendes Bild zur Anrechnungsproblematik machen kann. Auch Zahlungen, die für ein bestimmtes gerichtliches Verfahren eingezahlt, vom Anwalt aber auf andere Verfahren verrechnet wurden, sind anzugeben.[111]

ee) Sozietät und Rechtsnachfolge. Nach der Rechtsprechung des BGH[112] kann bei PKH auch eine **Sozietät** beigeordnet werden. Dann steht auch der Sozietät der Vergütungsanspruch gegen die Staatskasse zu (vgl. Rdn 10).[113] Die Zahlungserklärung ist dann von der Sozietät bzw. einem Rechtsanwalt der Sozietät für diese abzugeben. Nach **Abtretung** des Vergütungsanspruchs an einen anderen Rechtsanwalt müssen sich beide Anwälte zu erhaltenen Zahlungen erklären. Das gilt entsprechend bei wirksamer Abtretung an einen **Nicht-Rechtsanwalt** wie beispielsweise eine Abrechnungsstelle (siehe dazu Rdn 16 ff.). 42

f) Angabe von Zahlungen auf eine anzurechnende Gebühr (Abs. 5 S. 3)

aa) Mitteilung der Anrechnungsgrundlagen. Abs. 5 S. 3 verpflichtet den Anwalt, **Zahlungen auf eine anzurechnende Gebühr** als solche zu qualifizieren und auch deren Berechnungsgrundlage mitzuteilen. Neben dem gezahlten Betrag sind bei anzurechnenden Wertgebühren der Gebührensatz und der zugrunde gelegte Gegenstandswert, bei anzurechnenden Fest- und Rahmengebühren deren Betrag anzugeben. Das soll dem Urkundsbeamten der Geschäftsstelle ermöglichen, den Einfluss der Anrechnung auf die Höhe des Vergütungsanspruchs gegen die Staatskasse zu prüfen (vgl. § 58 Rdn 12). Unerheblich ist, **wer** die Zahlung auf die anzurechnende Gebühr an den Rechtsanwalt geleistet hat. 43

bb) Nur tatsächlich erhaltene Zahlungen. Der Regelung in Abs. 5 S. 3 ist zu entnehmen, dass nur an den beigeordneten oder bestellten Rechtsanwalt tatsächlich gezahlte Gebühren für eine Anrechnung im Verhältnis zur Staatskasse von Bedeutung sein sollen.[114] Eine nicht vom beigeordne- 44

---

106 Hessischer VGH, Beschl. v. 23.10.2014 – 3 E 2326/11, juris; Hessischer VGH, Beschl. v. 27.6.2013 – 6 E 600/13, 6 E 602/13, 6 E 601/13, juris.
107 Hessischer VGH, Beschl. v. 23.10.2014 – 3 E 2326/11, juris; Hessischer VGH, Beschl. v. 27.6.2013 – 6 E 600/13, 6 E 602/13, 6 E 601/13, juris.
108 Hessischer VGH, Beschl. v. 27.6.2013 – 6 E 600/13, 6 E 602/13, 6 E 601/13, juris; Gerold/Schmidt/*Müller-Rabe*, RVG, § 55 Rn 19.
109 Hessischer VGH, Beschl. v. 27.6.2013 – 6 E 600/13, 6 E 602/13, 6 E 601/13, juris.
110 AnwK-RVG/*Schnapp*, 5. Aufl., § 55 Rn 14.
111 Vgl. LG Düsseldorf StRR 2010, 358.
112 NJW 2009, 440 = RVGreport 2009, 78 = AGS 2008, 608.
113 Vgl. auch KG, Beschl. v. 4.11.2012 – 1 Ws 133/10, JurionRS 2011, 36549.
114 Vgl. BT-Drucks 16/12717, S. 67 ff.; BayLSG, Beschl. v. 2.12.2015 – L 15 SF 133/15, juris; OLG Celle AGS 2014, 142; SG Fulda AGS 2014, 464; OLG Frankfurt RVGreport 2012, 104; OLG Frankfurt AGS 2012, 399; LAG Nürnberg AGS 2012, 346; OLG Düsseldorf, Beschl. v. 6.3.2012 – I-10 WF 8/11; OLG Düsseldorf NJW-RR 2011, 1565 = JurBüro 2011, 581; OLG Oldenburg AGS 2011, 611; OLG Brandenburg FamRZ 2011, 1683; OLG Brandenburg MDR 2011, 1206 = RVGreport 2011, 376; OLG Zweibrücken AGS 2010, 329; FG Düsseldorf, Beschl. v. 14.2.2012 – 10 Ko 702/11 KF; FG Sachsen-Anhalt EFG 2010, 1820 = StE 2010, 617; LAG Nürnberg AGS 2012, 346; Gerold/Schmidt/*Müller-Rabe*, RVG, § 58 Rn 37; im Ergebnis auch OLG Braunschweig RVGreport 2011, 254; so schon zur früheren Rechtslage *Hansens*, RVGreport 2009, 241; *Enders*, JurBüro 2009, 393.

ten oder bestellten Rechtsanwalt vereinnahmte Gebühr ist nicht anzurechnen (vgl. § 15a Rdn 128 und § 58 Rdn 15). Insbesondere im Anschluss an die frühere Rechtsprechung des BGH[115] zur Auswirkung der Anrechnung der Geschäftsgebühr wurde nämlich vor Änderung von § 55 Abs. 5 S. 2 und Einführung von § 15a die Auffassung vertreten, dass die Staatskasse auch dann nur eine um den Anrechnungsbetrag der Geschäftsgebühr verminderte Verfahrensgebühr zu erstatten hat, wenn die Geschäftsgebühr zwar angefallen, vom Rechtsanwalt aber nicht vereinnahmt worden ist.[116]

45 **cc) Anzeigepflicht bei allen Anrechnungen im RVG.** Die Anzeigepflicht erfasst alle im RVG vorgeschriebenen Gebührenanrechnungen. Abs. 5 S. 3 gilt daher insbesondere auch für **Zahlungen** auf die nach VV Vorb. 3 Abs. 4 anzurechnende **Geschäftsgebühr**. § 55 Abs. 5 S. 2–4 korrigiert die frühere Rechtsprechung des BGH zur Anrechnung der Geschäftsgebühr[117] und soll den Urkundsbeamten in die Lage versetzen, eine etwaige Anrechnung der Geschäftsgebühr zu prüfen.[118] Ist die Geschäftsgebühr nicht gezahlt worden, muss der Rechtsanwalt nicht mitteilen, ob er vorgerichtlich tätig war.[119]

Abs. 5 S. 3 enthält eine **beispielhafte Konkretisierung**, die den Begriff „Zahlungen" nicht eingrenzt.[120] Ist z.B. die eingeklagte Geschäftsgebühr für den Mandanten tituliert und von dessen Gegner zunächst an den beigeordneten Anwalt gezahlt worden und rechnet der Rechtsanwalt ausdrücklich[121] mit seinem Vergütungsanspruch für die vorgerichtliche Tätigkeit gegen den Anspruch des Mandanten auf Auszahlung der vom Gegner gezahlten Beträge auf, muss der Anwalt den an ihn gezahlten Betrag ebenfalls der Staatskasse anzeigen (vgl. auch Rdn 46).[122] Auch bei anderen Fällen der Erfüllung des Anspruchs auf die Geschäftsgebühr besteht Anzeigepflicht.[123]

46 **dd) Titulierung für oder Zahlung an Mandanten.** Ist die Geschäftsgebühr für den **Mandanten** tituliert oder an den Mandanten gezahlt worden, besteht keine Anzeigepflicht des Rechtsanwalts gegenüber der Staatskasse. Denn die Titulierung der Geschäftsgebühr für bzw. deren Zahlung an den Mandanten wirkt nicht gegen die Staatskasse. Die Titulierung steht auch einer Zahlung nicht gleich, weil die Titulierung noch keine Erfüllung bewirkt.[124] § 58 gilt nicht für Zahlungen, die nicht für den beigeordneten Rechtsanwalt gedacht sind (vgl. § 58 Rdn 23). Zivilrechtlich besteht für den Anwalt insoweit das Gebot der Auskehrung des empfangenen Geldes (§§ 667, 675 BGB) an den Auftraggeber (Mandant). Wird das empfangene Geld nicht dem Anderkonto zugeführt, kann Untreue (§ 266 StGB) vorliegen, es sei denn, der Rechtsanwalt ist jederzeit uneingeschränkt bereit und jederzeit fähig, einen entsprechenden Betrag aus eigenen flüssigen Mitteln vollständig auszukehren.

47 Ebenfalls keine Anzeigepflicht besteht, wenn der beigeordnete Rechtsanwalt z.B. für die von ihm vertretene Partei (§§ 103 ff. ZPO) oder für sich selbst (§ 126 ZPO) einen Kostenfestsetzungsbeschluss über die Verfahrensgebühr erwirkt hat.[125] Es kommt im Verhältnis des beigeordneten Rechtsanwalts zur Staatskasse nicht darauf an, ob die Geschäfts- oder Verfahrensgebühr für den Mandanten tituliert oder an den Mandanten gezahlt worden ist.[126] Solange der beigeordnete Rechtsanwalt vom Mandanten oder Dritten keine Zahlungen erhalten hat, liegt kein anrechnungserheblicher Tatbestand

---

115 Vgl. BGH AGS 2007, 283 = NJW 2007, 2049 = JurBüro 2007, 357 = RVGreport 2007, 226; BGH NJW 2007, 2050; BGH AGS 2008, 158 = NJW 2008, 1323 = RVGreport 2008, 148; BGH AGS 2008, 364 = NJW-RR 2008, 1095 = RVGreport 2008, 271; BGH AGS 2008, 377 = RVGreport 2008, 354.

116 Vgl. z.B. OLG Düsseldorf RVGreport 2008, 142 und AGS 2009, 129 = RVGreport 2009, 69; OLG Bamberg JurBüro 2008, 640; OLGR Oldenburg 2008, 382; OLG Bamberg JurBüro 2008, 640; OLG Oldenburg MDR 2008, 1185; OLG Koblenz AGS 2009, 446; **a.A.** bereits zur früheren Rechtslage z.B. OLG Köln AGS 2009, 565; KG RVGprof. 2009, 148; OLG Frankfurt AGS 2007, 313; OLG Stuttgart RVGprof. 2008, 61; OLG München JurBüro 2009, 472.

117 Vgl. BGH AGS 2007, 283 = NJW 2007, 2049 = JurBüro 2007, 357 = RVGreport 2007, 226; BGH NJW 2007, 2050; BGH AGS 2008, 158 = NJW 2008, 1323 = RVGreport 2008, 148; BGH AGS 2008, 364 = NJW-RR 2008, 1095 = RVGreport 2008, 271; BGH AGS 2008, 377 = RVGreport 2008, 354.

118 Gerold/Schmidt/*Müller-Rabe*, RVG, § 58 Rn 39; BT-Drucks 16/12717, S. 67 ff.

119 Gerold/Schmidt/*Müller-Rabe*, RVG, § 58 Rn 38; *Hansens*, AnwBl 2009, 535, 540.

120 AnwK-RVG/*Schnapp*, 5. Aufl., § 55 Rn 14.

121 Vgl. hierzu KG NJW 2007, 3366 = AnwBl 2007, 867.

122 *Enders*, JurBüro 2010, 57, 60.

123 *Hansens*, RVGreport 2009, 241; Gerold/Schmidt/*Müller-Rabe*, RVG, § 58 Rn 42.

124 OLG Düsseldorf NJW-RR 2011, 1565 = JurBüro 2011, 581.

125 Vgl. zur Frage des Verhältnisses von § 15a Abs. 2 zu § 126 ZPO und zu § 59 *Hansens*, RVGreport 2009, 241, 245 und RVGreport 2011, 68, Anm. zu OLG Oldenburg RVGreport 2011, 67.

126 OLG Düsseldorf NJW-RR 2011, 1565 = JurBüro 2011, 581.

vor.[127] Ist die eingeklagte Geschäftsgebühr für den Mandanten tituliert und vom Gegner zunächst an den beigeordneten Anwalt gezahlt worden und rechnet der Rechtsanwalt ausdrücklich[128] mit seinem Vergütungsanspruch für die vorgerichtliche Tätigkeit gegen den Anspruch des Mandanten auf Auszahlung der vom Gegner gezahlten Beträge auf, muss der Anwalt den an ihn gezahlten Betrag ebenfalls der Staatskasse anzeigen.[129] Der Aufrechnung dürfte die PKH-Bewilligung (§ 122 Abs. 1 Nr. 3 ZPO, § 390 BGB) entgegenstehen (vgl. § 58 Rdn 23, 29). Ist der Mandant aber mit der Aufrechnung durch den beigeordneten Rechtsanwalt einverstanden, steht die Aufrechnung einer Zahlung i.S.v. § 58 gleich[130] und muss vom beigeordneten Rechtsanwalt der Staatskasse angezeigt werden. Auch bei anderen Fällen der Erfüllung des Anspruchs des Rechtsanwalts auf die Geschäftsgebühr besteht Anzeigepflicht.[131]

ee) Keine Anwendung von § 15a Abs. 2 im Verhältnis zur Staatskasse. § 55 Abs. 5 S. 3 stellt 48 für das Verhältnis des beigeordneten Rechtsanwalts zur Staatskasse gegenüber § 15a Abs. 2 die speziellere Regelung dar. § 15a Abs. 2 ist bei Beteiligung der Staatskasse deshalb nur dann anwendbar, wenn die Staatskasse nicht am Mandatsverhältnis beteiligte **Dritte** ist, die dem Auftraggeber des Rechtsanwalts nach Prozess- oder sonstigem Verfahrensrecht oder materiellem Recht erstattungspflichtig ist.[132] Dritter i.S.v. § 15a Abs. 2 kann somit nur derjenige sein, der dem Rechtsanwalt nicht selbst eine Vergütung schuldet.[133] Das ist z.B. bei der Kostenerstattung nach Freispruch des Mandanten im Strafverfahren (§ 467 StPO) der Fall oder wenn die Staatskasse im Zivilprozess als Partei unterlegen ist.[134] Bei PKH/VKH ist die Staatskasse nicht dem Auftraggeber/Mandanten des Rechtsanwalts, sondern dem beigeordneten Rechtsanwalt selbst erstattungspflichtig (§ 45, vgl. Rdn 15), so dass die Anwendung von § 15a Abs. 2 ausscheidet, aber auch aus den dargestellten Gründen nicht erforderlich ist.[135] Denn warum sollte sich die Staatskasse bei PKH/VKH nach § 15a Abs. 2 auf die Titulierung einer anzurechnenden Gebühr berufen können, wenn die Titulierung dieser Gebühr sie gar nicht betreffen kann, sie also insoweit nicht der Gefahr einer doppelten Inanspruchnahme ausgesetzt ist.[136] Wird die anzurechnende und für die Partei titulierte Gebühr später an den Rechtsanwalt gezahlt und darf er diese Zahlung behalten, muss er die Zahlung gemäß § 55 Abs. 5 S. 4 der Staatskasse anzeigen. Hierdurch ist die Anrechnung sichergestellt.

ff) § 15a Abs. 1 und Staatskasse. Teilweise wird statt § 15a Abs. 2 im Verhältnis zur Staatskasse 49 aber zutr. die Anwendbarkeit von § 15a Abs. 1 bejaht. Denn die Staatskasse schuldet die Vergütung an Stelle bzw. neben dem Mandanten.[137] Durch § 15a Abs. 1 ist die Gebührenanrechnung insbesondere für alle die Fälle sichergestellt, in denen die Staatskasse sämtliche der aufeinander anzurechnenden Gebühren zu erstatten hat, z.B. im Falle der Beiordnung im Wege der PKH für den Urkundenpro-

---

127 *Hansens*, RVGreport 2009, 241; *Enders*, JurBüro 2010, 1, 3.
128 Vgl. hierzu KG NJW 2007, 3366 = AnwBl 2007, 867.
129 *Enders*, JurBüro 2010, 57, 60.
130 OLG Düsseldorf JurBüro 1982, 1210.
131 *Hansens*, RVGreport 2009, 241; Gerold/Schmidt/*Müller-Rabe*, RVG, § 58 Rn 42.
132 *Hansens*, RVGreport 2009, 161, 201 und 241; Gerold/Schmidt/*Müller-Rabe*, RVG, § 15a Rn 27 und § 58 Rn 40; BayLSG, Beschl. v. 2.12.2015 – L 15 SF 133/15, juris; LSG Hessen AGS 2015, 206 = RVGreport 2015, 299; Hessischer VGH, Beschl. v. 23.10.2014 – 3 E 2326/11, juris; Hessischer VGH, Beschl. v. 27.6.2013 – 6 E 600/13, 6 E 602/13, 6 E 601/13, juris; OLG Celle AGS 2014, 142; OLG Frankfurt RVGreport 2012, 104; OLG Frankfurt AGS 2012, 399; OLG Frankfurt, Beschl. v. 12.2.2010 – 18 W 3/10, juris; OVG Lüneburg, Beschl. v. 19.10.2010 – 13 OA 130/10, juris = NdsRpfl 2011, 24; OVG Lüneburg NdsRpfl 2009, 438 = RVGreport 2010, 20; FG Düsseldorf, Beschl. v. 27.11.2009 – 10 Ko 862/09 KF, juris = DStRE 2010, 1286; FG Sachsen-Anhalt EFG 2010, 1820 = StE 2010, 617; a.A., Staatskasse ist Dritte i.S.v. § 15a Abs. 2, OLG Zweibrücken AGS 2010, 329 = RVGreport 2010, 296 = FamRZ 2011, 138 = RVGprof. 2011, 10; OLG Braunschweig RVGreport 2011, 254; wohl auch OLG Brandenburg MDR 2011, 1206 = RVGreport 2011, 376; *N. Schneider*, AGS 2009, 361; *Kindermann*, FPR 2010, 351; offengelassen OLG Düsseldorf NJW-RR 2011, 1565 = JurBüro 2011, 581.
133 OLG Frankfurt, Beschl. v. 12.2.2010 – 18 W 3/10, juris.
134 *Hansens*, RVGreport 2009, 201; Gerold/Schmidt/*Müller-Rabe*, RVG, § 15a Rn 27.
135 BayLSG, Beschl. v. 21.6.2016 – L 15 SF 39/14 E, juris; VG Leipzig, Beschl. v. 15.2.2016 – 1 K 986/11, juris.
136 So zutr. Gerold/Schmidt/*Müller-Rabe*, RVG, § 58 Rn 40; OLG Düsseldorf, Beschl. v. 31.5.2011 – I-10 W 27/11.
137 So SG Fulda AGS 2014, 464; Hessischer VGH, Beschl. v. 23.10.2014 – 3 E 2326/11, juris; Hessischer VGH, Beschl. v. 27.6.2013 – 6 E 600/13, 6 E 602/13, 6 E 601/13, juris; OLG Düsseldorf, Beschl. v. 6.3.2012 – I-10 WF 8/11; FG Sachsen-Anhalt EFG 2010, 1820 = StE 2010, 617; OVG Lüneburg, Beschl. v. 19.10.2010 – 13 OA 130/10, juris = NdsRpfl 2011, 24; OVG Lüneburg NdsRpfl 2009, 438 = RVGreport 2010, 20; Gerold/Schmidt/*Müller-Rabe*, RVG, § 15a Rn 11.

zess und das Nachverfahren: Die jeweils anfallenden Verfahrensgebühren nach VV 3100 (§ 17 Nr. 5) sind hier nach Abs. 2 der Anm. zu VV 3100 aufeinander anzurechnen.

g) Angabe von Zahlungen nach Antragstellung (Abs. 5 S. 4)

50 Abs. 5 S. 4 enthält die dem beigeordneten oder bestellten Rechtsanwalt auferlegte **Verpflichtung**, nach Beantragung der Festsetzung erhaltene Zahlungen unverzüglich anzuzeigen. Der gerichtlich beigeordnete oder bestellte Rechtsanwalt muss deshalb im Festsetzungsantrag keine Erklärung dazu geben, dass mit Stellung des Festsetzungsantrages erhaltene Zahlungen unverzüglich angezeigt werden. Es handelt sich um eine gesetzliche Verpflichtung, zu der sich der Rechtsanwalt nicht ausdrücklich erklären muss. Eine Erklärungspflicht besteht nur für die bis zur Stellung des Festsetzungsantrages erhaltenen Zahlungen.[138]

Der Rechtsanwalt muss der Staatskasse alle nach der Beantragung der Vergütung erhaltenen Zahlungen anzeigen. Auch hier gilt, dass sich die Anzeigepflicht nicht nur auf die Zahlungen erstreckt, die der Rechtsanwalt für eine Anrechnung für bedeutsam hält bzw. für die nach seiner Auffassung eines Anrechnungspflicht bestehen könnte.[139] Der Urkundsbeamte muss sich ein umfassendes Bild zur Anrechnungsproblematik machen können (vgl. Rdn 37 ff.).

Anzuzeigen sind insbesondere auch Zahlungen des Gegners auf die für die Partei titulierte Geschäftsgebühr, wenn der beigeordnete Rechtsanwalt diese Zahlung behalten darf (vgl. Rdn 46).

8. Ausschlussfrist/Verjährung

51 Das Gesetz bestimmt **keine Ausschlussfrist** für die Einreichung des Antrages, so dass diese grundsätzlich jederzeit nach Fälligkeit der Vergütung oder des Vorschusses hierauf erfolgen kann.[140] Eine Ausschlussfrist ist lediglich in Abs. 6 für die weitere Vergütung gem. § 50 vorgesehen. Diese Ausschlussfrist setzt aber eine wirksame Aufforderung des Urkundsbeamten voraus (siehe Rdn 93 ff.). Faktisch ist der Festsetzungsantrag nach Abs. 1 allerdings befristet durch die **Verjährungsregelung**. Auch die zivilrechtlichen Ansprüche von Rechtsanwälten wegen ihrer Gebühren und Auslagen verjähren gemäß § 195 BGB **in drei Jahren**. Die Verjährungsfrist des Privatrechts gilt ebenso für den Vergütungsanspruch des beigeordneten oder bestellten Anwalts gegen die Staatskasse (siehe § 45 Rdn 53).[141] Sie beginnt **mit Ablauf des Jahres**, in welchem die **Leistung verlangt werden kann** (§ 199 Abs. 1 BGB); zur Fälligkeit des Anspruchs und Hemmung der Verjährung siehe § 8. Mithin sollte der Anwalt den Antrag auf Vergütung innerhalb der drei folgenden Kalenderjahre stellen, wenn er nicht Gefahr laufen will, dass sich die Staatskasse auf Verjährung beruft.

Zuständig zur Erhebung der Verjährungseinrede ist nicht der für die Festsetzung zuständige Urkundsbeamte der Geschäftsstelle, sondern, etwa in Nordrhein-Westfalen, der Bezirksrevisor als zur Vertretung der Staatskasse zuständiger Beamter,[142] der allerdings die Einwilligung des ihm unmittelbar vorgesetzten Präsidenten einholen muss,[143] wenn er die Verjährungseinrede erheben will.

52 Allerdings ist der Fristablauf nicht stets gleichbedeutend mit einer Antragsablehnung wegen Erhebung der Verjährungseinrede. So ist in Nordrhein-Westfalen die AV über die Festsetzung der Vergütung aus der Staatskasse (VwV Vergütungsfestsetzung, vgl. Rdn 1 und § 55 Anhang) ergänzt worden um Teil II Nr. 4 (Ergänzungsbestimmungen NRW). Danach soll der Vertreter der Staatskasse regelmäßig von der Erhebung der **Verjährungseinrede absehen**, wenn der **Anspruch** auf Vergütung **zweifelsfrei begründet** ist **und** entweder die **Verjährungsfrist erst verhältnismäßig kurze Zeit abgelaufen** ist oder aber der **Anwalt aus verständlichen Gründen**, die in einem Sachzusammenhang mit dem Erstattungsantrag stehen, mit der Geltendmachung seines Anspruchs **zugewartet** hat (vgl. § 45 Rdn 56). Die Verjährungsfrist ist erst verhältnismäßig kurze Zeit abgelaufen, wenn sie

---

138 OLG Düsseldorf, Beschl. v. 22.5.2007 – III- 1 Ws 175/ 07; LG Düsseldorf, Beschl. v. 5.4.2007 – Ia – 3/05.
139 Gerold/Schmidt/*Müller-Rabe*, RVG, § 58 Rn 27.
140 OLG Köln NJW-RR 2011, 1294.
141 OLG Düsseldorf AGS 2008, 397 = MDR 2008, 947 = OLGR Düsseldorf 2008, 405 = FamRZ 2008, 1008 = JMBl NW 2008, 63 = NJW-Spezial 2008, 476.

142 Teil I Abschnitt A Nr. 1.2.2 VwV Vergütungsfestsetzung.
143 Teil I Abschnitt A Nr. 1.4.4 VwV Vergütungsfestsetzung.

wenige Tage, allenfalls wenige Wochen abgelaufen ist.[144] Verständliche Gründe sind z.B. das Schweben eines Rechtsmittels oder eines Parallelprozesses, längeres Ruhen des Verfahrens oder Tod des Anwalts. Wird die Verjährungseinrede erhoben, obwohl die erwähnten Verwaltungsbestimmungen dem entgegenstehen, kann sie unbeachtlich sein, wenn sie wegen Missachtung dieser Bestimmungen willkürlich erhoben wird.[145]

9. Verwirkung des Vergütungsanspruchs

Ausnahmsweise soll die Antragstellung auch schon **vor Eintritt der Verjährung** als verspätet anzusehen sein, wenn nach den Gesamtumständen nicht mehr damit gerechnet werden musste, dass ein Vergütungsanspruch noch erhoben wird. Die Verwirkung ist danach aber nur dann zu bejahen, wenn die Vergütungsabrechnung längst abgewickelt ist und sich alle Beteiligten auf deren endgültige Erledigung eingestellt hatten.[146] Erscheint im konkreten Einzelfall das **Vertrauen in die endgültige Erledigung** der Angelegenheit gegenüber einer unerwarteten und völlig überraschenden nachträglichen Anmeldung überwiegend schutzwürdig, so ist das Recht auf Festsetzung **verwirkt**. Hierzu hat die Rechtsprechung in strenger Analogie zu § 20 GKG (§ 7 GKG a.F.) den Grundsatz herausgebildet, dass eine Nachliquidation (vgl. dazu Rdn 54) unzulässig ist, wenn sie erst **nach Ablauf des auf die Endabrechnung folgenden Kalenderjahres** betrieben wird.[147]

53

Allerdings hat das BVerfG[148] für die **Beratungshilfe** entschieden, dass das Recht zur Stellung eines nachträglichen Beratungshilfeantrags nicht verwirken kann, weil im BerHG keine Antragsfrist vorgesehen ist und auch sonst keine Anhaltspunkte für die Verwirkung eines nachträglich gestellten Beratungshilfeantrags vorliegen. Insbesondere deshalb erscheint es fraglich, ob zusätzlich zur Verjährung eine Verwirkung des Rechts zur Antragstellung gemäß § 55 in Betracht kommen kann.[149] Denn § 20 GKG bezweckt den Schutz des Kostenschuldners vor Nachforderung der Staatskasse, nicht den Schutz der Staatskasse vor weiteren Ansprüchen innerhalb der Verjährungsfrist. Eine analoge Anwendung von § 20 GKG widerspricht auch der Wertung des Gesetzgebers, Festsetzungsanträge gem. § 55 gerade keiner Frist zu unterwerfen.[150] Zur Frage der Verwirkung des Rechtsmittelrechts gemäß § 56 siehe § 56 Rdn 12 f.

10. Nachliquidation

Dem beigeordneten oder bestellten Rechtsanwalt ist es grundsätzlich. nicht verwehrt, bei irrtümlich zu niedrig beantragter Vergütung die nicht erhobenen Beträge aus der Staatskasse nachzufordern.[151] Nachforderungen sind jedenfalls innerhalb der in § 20 GKG geregelten Nachforderungsfrist (vgl. Rdn 53) zulässig.[152] Teilweise wird sogar davon ausgegangen, dass diese Frist für die Nachforderung nicht gilt.[153]

54

Die Frage der Nachliquidation und der Verwirkung des Vergütungsanspruchs (vgl. Rdn 53) stellt sich insbesondere bei Änderung der Rechtsprechung. Bei streitigen Fragen muss mit der Änderung der Rechtsprechung stets gerechnet werden, so dass die Nachliquidation bei günstiger Entwicklung

---

144 OLG Düsseldorf AGS 2008, 397 = MDR 2008, 947 = OLGR Düsseldorf 2008, 405 = FamRZ 2008, 1008 = JMBl NW 2008, 63 = NJW-Spezial 2008, 476.

145 OLG Düsseldorf AGS 2008, 397 = MDR 2008, 947 = OLGR Düsseldorf 2008, 405 = FamRZ 2008, 1008 = JMBl NW 2008, 63 = NJW-Spezial 2008, 476.

146 Gerold/Schmidt/*Müller-Rabe*, RVG, § 55 Rn 40; vgl. auch BGH MDR 2011, 62 = FamRZ 2011, 207 = JurBüro 2011, 206.

147 Vgl. OLG Düsseldorf JurBüro 1996, 144 = Rpfleger 1995, 421; OLG Koblenz Rpfleger 1993, 290; LAG Hamm AnwBl 1994, 97 und MDR 1994, 72; OLG Hamm JurBüro 1982, 877; anders noch OLG Koblenz AnwBl 1983, 323 = JurBüro 1983, 579, wonach der Anwalt in der Regel schon nach 3 Monaten ab Festsetzung gehindert sein sollte, eine Nachliquidation geltend zu machen.

148 Vgl. RVGreport 2006, 199.

149 Keine Anwendung von § 20 GKG: OLG Schleswig SchlHA 2008, 462 = OLGR Schleswig 2008, 718; KG RVGreport 2004, 314; OLG Köln NJW-RR 2011, 1294.

150 OLG Köln NJW-RR 2011, 1294; vgl. auch OLG Düsseldorf RVGreport 2008, 216; OLG Düsseldorf RVGreport 2016, 218; OLG Düsseldorf, Beschl. v. 8.8.2016 – I-10 W 136–175/16 und I-10 W 177–226/16, n.v.

151 OLG Köln NJW-RR 2011, 1294; OLG Schleswig FamRZ 2009, 451 = SchlHA 2008, 462 = OLGR Schleswig 2008, 718; vgl. auch KG FamRZ 2004, 1805, noch zur BRAGO.

152 OLG Schleswig FamRZ 2009, 451 = SchlHA 2008, 462 = OLGR Schleswig 2008, 718.

153 Vgl. KG FamRZ 2004, 1805, noch zur BRAGO; OLG Köln NJW-RR 2011, 1294.

der Rechtsprechung nicht als treuwidrig angesehen werden kann und jedenfalls kein geringerer Zeitraum für die Verwirkung als in entsprechender Anwendung von § 20 GKG anzunehmen ist.[154] Die Nachliquidation kann z.B. in Frage kommen, wenn der beigeordnete Rechtsanwalt, aufgrund der früheren Rechtsprechung des BGH zur Anrechnung der Geschäftsgebühr,[155] von vornherein lediglich eine um die teilweise Anrechnung derselben verringerte Verfahrensgebühr gegen die Staatskasse geltend gemacht hatte, obwohl er die Geschäftsgebühr nicht erhalten hatte.[156] Ist die vom beigeordneten Rechtsanwalt gegen die Staatskasse geltend gemachte Verfahrensgebühr vom Urkundsbeamten um die vom Anwalt nicht vereinnahmte Geschäftsgebühr anteilig gekürzt worden, kann gegen diese Kürzung mit der **unbefristeten Erinnerung gem. § 56** vorgegangen werden. Allerdings kann sich hier die Frage der Verwirkung des Erinnerungsrechts stellen (vgl. dazu Rdn 53 und § 56 Rdn 12 f.). Nur wenn über die Kürzung der Verfahrensgebühr aufgrund teilweiser Anrechnung einer entstandenen Geschäftsgebühr bereits bestandskräftig gerichtlich entschieden wurde (z.B. gem. §§ 56 Abs. 2 S. 1, 33 Abs. 4 S. 3 durch **abschließende Entscheidung** des OLG[157]), kommt keine Nachliquidation mehr in Betracht.[158] Die Rechts- bzw. Bestandskraft einer Vergütungsfestsetzung gemäß § 55 bezieht sich damit nur auf die im Festsetzungsantrag geforderten und abschließend beschiedenen Beträge.[159] Wenn daher eine abschließende negative Entscheidung über eine zur Festsetzung angemeldete Kostenposition getroffen worden ist, ist die Nachliquidation ausgeschlossen.

11. Zuständiges Gericht

a) Erstinstanzliche Zuständigkeit und Verfahren nach VV Teil 3 (Abs. 1 S. 1, Abs. 2)

55 Die Festsetzung erfolgt nach dem in Abs. 1 S. 1 enthaltenen Grundsatz durch den Urkundsbeamten der Geschäftsstelle des Gerichts des ersten Rechtszugs. Dieser setzt also auch die in einer höheren Instanz angefallene Vergütung fest. Eine Ausnahme gilt allerdings für Angelegenheiten mit Gebühren nach VV **Teil 3**. Solange das Verfahren hier nicht durch rechtskräftige Entscheidung oder in sonstiger Weise beendet ist, erfolgt die Festsetzung durch den Urkundsbeamten des Gerichts des Rechtszugs. Wird der Vergütungsantrag also beispielsweise in der laufenden Berufungsinstanz gestellt (§ 47), setzt der Urkundsbeamte der Berufungsinstanz die Vergütung fest. Vor Beendigung eines höheren Rechtszugs i.S.v. Abs. 3 ist der Urkundsbeamte des Gerichts des höheren Rechtszugs zuständig. Hat aber ein Rechtsmittelgericht im Beschwerdeverfahren (§ 127 ZPO) lediglich die Beiordnung für die erste Instanz angeordnet, setzt die Vergütung der ersten Instanz auch dessen Urkundsbeamter fest.[160]

56 Das gilt insbesondere auch, wenn die **Landes- und Bundeskasse** betroffen sind. **Nach Beendigung** des Verfahrens i.S.v. Abs. 2 muss stets das erstinstanzliche Gericht **entscheiden**, auch wenn der Anspruch nicht gegen die Landeskasse, sondern gegen die **Bundeskasse** gerichtet ist. Vom Wortlaut des Abs. 2 ist zudem umfasst, dass im **höheren Rechtszug** über den Antrag eines Anwalts **entschieden** wird, der in einem **unteren Rechtszug** beigeordnet oder bestellt worden ist. Bei **Zurückverweisung** in Verfahren nach VV Teil 3 ist ebenso der **umgekehrte Fall** denkbar.

57 In einem Verfahren nach VV Teil 3 obliegt es dem beigeordneten oder bestellten Anwalt darauf zu achten, ob die Sache noch oder wieder bei dem Gericht anhängig ist, das ihn beigeordnet oder

---

154 LAG Hamm AnwBl 1994, 97 und MDR 1994, 72.
155 Vgl. BGH AGS 2007, 283 = NJW 2007, 2049 = JurBüro 2007, 357 = RVGreport 2007, 226; BGH NJW 2007, 2050; BGH = AGS 2008, 158 = NJW 2008, 1323 = RVGreport 2008, 148; BGH AGS 2008, 364 = NJW-RR 2008, 1095 = RVGreport 2008, 271; BGH AGS 2008, 377 = RVGreport 2008, 354.
156 Vgl. zur Nachforderung bei der Kostenfestsetzung gemäß §§ 103 ff. ZPO BGH AGS 2010, 580 = RVGreport 2011, 28 = NJW 2011, 1367 = JurBüro 2011, 78 = Rpfleger 2011, 178; BGH AGS 2011, 205 = RVGreport 2011, 111; BGH AGS 2011, 259; OLG Köln RVGreport 2010, 193 und RVGreport 2009, 354; OLG Celle AGS 2010, 582 = RVGreport 2010, 468 = NJW-RR 2011, 711; *N. Schneider*, FamRZ 2009, 1823; *Hansens*, RVGreport 2009, 354 und 417 und RVGreport 2010,

193; zum Muster für einen Nachfestsetzungsantrag vgl. *Hansens*, RVGReport 2009, 417.
157 Vgl. BGH RVGreport 2010, 338 = AGS 2010, 387 = MDR 2010, 946; OLG Düsseldorf JurBüro 2008, 650; OLG Brandenburg FamRZ 2008, 628.
158 Vgl. zur Kostenfestsetzung gemäß §§ 103 ff. ZPO BGH AGS 2010, 580 = RVGreport 2011, 28 = NJW 2011, 1367 = JurBüro 2011, 78 = Rpfleger 2011, 178; OLG Köln RVGreport 2009, 354; OLG München AGS 2004, 36 = RVGreport 2004, 77 = NJW-RR 2004, 69; zur Umsatzsteuer OLG Düsseldorf AGS 2006, 201 und OLG Stuttgart RVGreport 2009, 312.
159 BGH AGS 2010, 580 = RVGreport 2011, 28 = NJW 2011, 1367 = JurBüro 2011, 78 = Rpfleger 2011, 178; BGH GRURPrax 2011, 254; BGH FamRZ 2011, 1222.
160 Gerold/Schmidt/*Müller-Rabe*, RVG, § 55 Rn 14.

bestellt hat. Ist das nicht der Fall, muss er das **Gericht ermitteln**, bei dem die **Sache** nun **anhängig ist**, weil er seinen Festsetzungsantrag an dieses Gericht richten muss. Das gilt hier nicht nur für die Verweisung oder Abgabe an ein anderes erstinstanzliches Gericht (vgl. Rdn 60), sondern darüber hinaus auch für die Verweisung an ein Gericht eines **anderen Rechtswegs**[161] und für **jede Abgabe an ein Rechtsmittelgericht**. Steht indes fest, dass die Sache abgeschlossen ist, bedarf es keiner weiteren Recherche. Dann befindet sich der Vorgang bei dem letzten erstinstanzlichen Gericht als der aktenführenden Stelle (zu **Freiheitsentziehungsverfahren** (§ 415 FamFG), **Abschiebehaftsachen** (§ 62 AufenthG) und **Unterbringungssachen** (§ 312 FamFG) vgl. Rdn 58).

b) Straf- und Bußgeldsachen und Verfahren nach VV Teil 6

Der in einer **Strafsache** oder einem **gleichgestellten Verfahren** (VV Teil 4 – Teil 6) beigeordnete oder bestellte Rechtsanwalt hat seinen Antrag auf Festsetzung einer Vergütung oder eines Vorschusses aus der Staatskasse **stets** bei dem **Gericht des ersten Rechtszuges** anzubringen. Da sich die Vergütung in **Freiheitsentziehungsverfahren** nach § 415 FamFG und § 62 AufenthG (**Abschiebehaftsachen**) und in **Unterbringungssachen** nach § 312 FamFG nach **VV 6300** richtet (vgl. VV Vorb. 3 Abs. 7),[162] ist für die Festsetzung der Vergütung nach Abs. 1 das erstinstanzliche Gericht und nicht das Rechtsmittelgericht nach Abs. 2 zuständig.[163] Aus der Anm. ergibt sich, dass VV 6300 auch im Rechtsmittelverfahren gilt und dort keine Gebühren nach VV Teil 3 anfallen. Die Gebühr entsteht für jeden Rechtszug (vgl. VV 6300 Rdn 25). Das gilt auch für die Festsetzung der Vergütung des in Verfahren nach dem ThUG gem. § 7 ThUG beigeordneten Beistands (siehe die Erl. zu § 62). Unerheblich ist, ob er von diesem Gericht beigeordnet oder bestellt wurde oder ob er vor diesem Gericht tätig geworden ist. Auch wenn er erstmalig in der **Berufungs- oder Revisionsinstanz** beigeordnet oder bestellt wurde und wenn die **Bundeskasse** Vergütungsschuldnerin ist (§ 45 Abs. 1), bleibt es bei der Zuständigkeit des erstinstanzlichen Gerichts. Denn Abs. 2 gilt nur für Angelegenheiten nach VV Teil 3. Das erstinstanzliche Gericht setzt bei der Zahlungspflicht der Bundeskasse lediglich die Vergütung fest. Die **Auszahlung** erfolgt aus der Bundeskasse (vgl. dazu § 45). Meldet der Anwalt Ansprüche sowohl gegen die Landeskasse als auch gegen die Bundeskasse gleichzeitig an, braucht er auf die **unterschiedlichen Vergütungsschuldner** nur hinzuweisen, wenn sich diese nicht ohnehin aus den angemeldeten Gebühren ergeben.

c) Verteidigerbestellung ohne gerichtliche Anhängigkeit (Abs. 1 S. 2)

Abs. 1 S. 2 bildet für Verfahren, die (noch) **nicht gerichtlich anhängig** geworden sind, scheinbar eine Ausnahme, indem auf das anordnende Gericht zurückgegriffen wird, das den **Verteidiger bestellt** hat. Hierbei handelt es sich aber immer um ein Gericht des ersten Rechtszuges. Die mangels Anhängigkeit der Sache gegebene Möglichkeit einer Auswahl unter mehreren erstinstanzlichen Gerichten wurde hier in der Weise getroffen, dass das Gericht zuständig sein soll, welches mit der Angelegenheit bereits befasst gewesen ist. Entsprechend verfährt auch **Abs. 3**. Über die **Beiordnung** eines Anwalts **als Kontaktperson** entscheidet der Präsident des Landgerichts, in dessen Bezirk die Justizvollzugsanstalt liegt (§ 34a Abs. 3 S. 1 EGGVG). Deshalb erscheint es nur konsequent, wenn dieses erstinstanzliche Gericht auch für die Festsetzung der Vergütung des Anwalts aus der Staatskasse zuständig ist (vgl. dazu auch § 62 f.). Zuständig zur Festsetzung der Vergütung des von der **Staatsanwaltschaft beigeordneten Zeugenbeistands** ist, wenn das Verfahren nicht gerichtlich anhängig geworden ist, entsprechend §§ 59a Abs. 1 S. 1, 55 Abs. 1 S. 2 der Urkundsbeamte der Staatsanwaltschaft, die den Zeugenbeistand bestellt hat.[164] Wird das Verfahren gerichtlich anhängig, gilt § 55 Abs. 1 S. 1. Auf die Erläuterungen zu § 59a wird verwiesen.

---

161 Z.B. die Verweisung von einem **Arbeitsgericht** an ein **ordentliches Gericht** oder **umgekehrt** von einem ordentlichen Gericht an ein Arbeitsgericht (Teil A Nr. 2.2.2 VwV Vergütungsfestsetzung).

162 BGH AGS 2012, 472 = NJW-RR 2012, 959 = JurBüro 2012, 528 = RVGreport 2012, 302; BGH JurBüro 2012, 528 = Rpfleger 2012, 637 = MDR 2012, 1004 = FamRZ 2012, 1377 = RVGreport 2012, 381.

163 BGH AGS 2012, 472 = NJW-RR 2012, 959 = JurBüro 2012, 528 = RVGreport 2012, 302; BGH JurBüro 2012, 528 = Rpfleger 2012, 637 = MDR 2012, 1004 = FamRZ 2012, 1377 = RVGreport 2012, 381.

164 So auch schon vorher OLG Düsseldorf, Beschl. v. 3.5.2012 – III-1 Ws 126/12, JurionRS 2012, 20128; LG Düsseldorf, Beschl. v. 15.2.2012 – 4 Qs 86/11, JurionRS 2012, 18198 = StRR 2012, 400; LG Essen, Beschl. v. 8.7.2011 – 22 AR 5/11.

d) Zuständigkeit bei Verweisung und Abgabe

60 Der beigeordnete oder bestellte Anwalt hat seinen Festsetzungsantrag bei dem erstinstanzlichen Gericht einzureichen, bei dem das **Verfahren aktuell betrieben** wird. Hat infolge **Verweisung** oder **Abgabe** ein Wechsel des Gerichts stattgefunden, ist nunmehr das **Gericht zuständig, an das** die Sache **verwiesen** oder **abgegeben** worden ist. Das gilt auch, wenn an ein Gericht eines **anderen Bundeslandes** verwiesen oder abgegeben wird, also eine andere Landeskasse betroffen ist (Teil A Nr. 2.2.1 VwV Vergütungsfestsetzung i.V.m. Abschnitt II der Vereinbarung der Justizverwaltungen des Bundes und der Länder über den Ausgleich von Kosten).[165] Hat allerdings der Anwalt schon **vor der Verweisung oder Abgabe** einen fälligen Vergütungs- oder Vorschussanspruch geltend gemacht, bleibt es bei der Zuständigkeit des verweisenden oder abgebenden Gerichts.[166] Festsetzungsanträge, die nach der Aktenversendung eingehen, sind an das zuständige Gericht weiterzugeben.

e) Zurückverweisung

61 Bei der **Zurückverweisung** ist zwischen Verfahren nach VV Teil 3 einerseits und Verfahren nach VV Teil 4 bis 6 andererseits zu unterscheiden. In Verfahren nach VV Teil 4 bis 6 entscheidet stets der Urkundsbeamte des erstinstanzlichen Gerichts. In Verfahren nach VV Teil 3 gilt dagegen Abs. 2 (siehe Rdn 55 ff.).

f) Beiordnung einer Kontaktperson (Abs. 3)

62 Insbesondere bei rechtskräftiger Verurteilung wegen Straftaten nach § 129a oder § 129b Abs. 1 StGB (Bildung terroristischer Vereinigungen) oder Bestehen eines Haftbefehls wegen dieser Straftaten kann die Landesregierung oder die von ihr bestimmte oberste Landesbehörde (§ 32 EGGVG) eine Kontaktsperre für den betroffenen Gefangenen anordnen (§ 31 EGGVG). Gemäß § 34a EGGVG ist dem Gefangenen auf seinen Antrag ein Rechtsanwalt – das darf nicht der Verteidiger sein – als Kontaktperson beizuordnen. Über die Beiordnung einer Kontaktperson und deren Auswahl aus dem Kreis der im Geltungsbereich des EGGVG zugelassenen Rechtsanwälte entscheidet gemäß § 34a Abs. 3 S. 1 EGGVG der Präsident des Landgerichts in dessen Bezirk die Justizvollzugsanstalt liegt.

63 Die Zuständigkeit für die Festsetzung der dem als Kontaktperson beigeordneten Rechtsanwalt zustehenden Vergütung (Verfahrensgebühr VV 4304 in Höhe von 3.000 EUR) nach Abs. 3 folgt zunächst der Zuständigkeit für die Beiordnung der Kontaktperson nach § 34a Abs. 3 S. 1 EGGVG. **Sachlich und örtlich zuständig** für die Festsetzung ist das LG, in dessen Bezirk die Anstalt liegt, in der der Gefangene einsitzt. Im Fall der **Verlegung** des Gefangenen ist das LG zuständig, in dessen Bezirk sich der Gefangene im **Zeitpunkt der Fälligkeit der Gebühr** aufhält (vgl. § 8).[167] Bei **Vorschüssen** gilt der Aufenthaltsort im Zeitpunkt der Antragstellung.[168] Gemäß § 51 Abs. 2 S. 1 wird über den Antrag auf Bewilligung einer **Pauschgebühr** für den als Kontaktperson beigeordneten Rechtsanwalt durch das OLG entschieden, in dessen Bezirk die JVA liegt. Für die Zuständigkeit zur Festsetzung gilt auch hier weiterhin § 55 Abs. 3.

g) Zuständigkeit bei Beratungshilfe (Abs. 4)

64 Über den Antrag auf Bewilligung von **Beratungshilfe** entscheidet gemäß § 4 Abs. 1 S. 1 BerHG das Amtsgericht, in dessen Bezirk der Rechtsuchende seinen allgemeinen Gerichtsstand hat. Hat der Rechtsuchende im Inland keinen allgemeinen Gerichtsstand, so ist gemäß § 4 Abs. 1 S. 2 BerHG das Amtsgericht zuständig, in dessen Bezirk ein Bedürfnis für Beratungshilfe auftritt. Dieselbe Zuständigkeit gilt für die Festsetzung der Beratungshilfevergütung.[169] Es ist daher grundsätzlich das Gericht zuständig, das den **Berechtigungsschein** erteilt hat (§ 4 Abs. 1 BerHG). Wird von dem

---

165 Geändert durch Bekanntmachung vom 4.3.2010 (BAnz 2010 Nr. 46, S. 1108).
166 Vgl. Teil A Nr. 2.2.2 VwV Vergütungsfestsetzung; Abschnitt II Nr. 2 der Vereinbarung über den Ausgleich von Kosten; Abschnitt II der Ländervereinbarung in der Anlage 3 zur Kostenverfügung.
167 Burhoff/*Volpert*, § 55 Abs. 3 Rn 6.
168 Riedel/Sußbauer/*Ahlmann*, § 55 Rn 11.
169 OLG Hamm AGS 2009, 188 = FGPrax 2008, 278 = FamRZ 2008, 2294 = Rpfleger 2009, 36.

direkt aufgesuchten Anwalt eine Beratungshilfevergütung beantragt (§ 7 BerHG), ohne dass zuvor ein Berechtigungsschein erteilt wurde, ist das Amtsgericht zuständig, in dessen Bezirk der Rechtsuchende zu diesem Zeitpunkt seinen allgemeinen Gerichtsstand hat.

Ändert sich aber der **Wohnsitz** des Rechtsuchenden nach Inanspruchnahme von Beratungshilfe, ist gesetzlich nicht klar geregelt, welches Gericht für die Festsetzung der Vergütung zuständig ist. 65

Teilweise ist u.a. unter Hinweis auf eine Missbrauchsgefahr (doppelte Beratungshilfe für dieselbe Beratungshilfeangelegenheit) die Auffassung vertreten worden, dass dann das AG zuständig ist, in dessen Bezirk ein Bedürfnis für Beratungshilfe aufgetreten ist und das den Berechtigungsschein erteilt hat.[170]

Zuständig ist nach zutreffender Auffassung das Amtsgericht, in dessen Bezirk der Rechtsuchende zum Zeitpunkt des **Eingangs des Festsetzungsantrags** seinen Wohnsitz hat.[171] Das entspricht dem Grundsatz, dass sich nach den gerichtlichen Verfahrensordnungen die Zuständigkeit nach den Umständen zum Zeitpunkt der Verfahrenseinleitung – hier: Festsetzung der Beratungshilfevergütung – richtet. Zudem enthält § 4 Abs. 1 S. 2 BerHG eine ausdrückliche abweichende Zuständigkeitsregelung nur für den Fall, dass der Rechtssuchende keinen inländischen Wohnsitz hat. Deshalb muss davon ausgegangen werden, dass der Wohnsitzwechsel von § 4 Abs. 1 S. 1 BerHG erfasst wird.

Einer etwaigen Missbrauchsgefahr wird durch § 7 BerHG begegnet. Danach muss der Rechtsuchende versichern, dass ihm in derselben Angelegenheit Beratungshilfe bisher weder gewährt noch durch das Amtsgericht versagt worden ist. Hat das Gericht Anlass zu Zweifeln an der Richtigkeit dieser Versicherung, kann eine Nachfrage beim bisherigen Wohnsitzgericht erfolgen.[172]

h) Funktionelle Zuständigkeit: Urkundsbeamter der Geschäftsstelle als Entscheidungsorgan

Wer als **Urkundsbeamter der Geschäftsstelle** tätig wird, ergibt sich aus den bundeseinheitlich vereinbarten **Ausführungsvorschriften** (VwV Vergütungsfestsetzung, vgl. Rdn 1 und § 55 Anhang) i.V.m. dem jeweiligen Geschäftsverteilungsplan für die Verwaltung des Gerichts. Nach Teil A Nr. 1.2.1 VwV ist die Festsetzung den Beamten des **gehobenen Dienstes** vorbehalten (vgl. Rdn 1). Damit betraut sind häufig die **Rechtspfleger**,[173] denen auch die Kostenfestsetzung nach den §§ 103 ff. ZPO oder nach § 126 ZPO obliegt (vgl. § 21 RpflG) und die ferner den nach § 59 mit Auszahlung der festzusetzenden Vergütung auf die Staatskasse übergehenden Anspruch zu überwachen haben (Teil A Nr. 2.3.1 VwV).[174] Die Ergänzungsbestimmungen der Bundesländer zu den VwV Vergütungsfestsetzung enthalten häufig Öffnungsklauseln. So kann z.B. in Nordrhein-Westfalen die Festsetzung auch geeigneten Beamtinnen oder Beamten des **mittleren Justizdienstes** übertragen werden. 66

Häufig ist der Rechtspfleger daher **zugleich Urkundsbeamter der Geschäftsstelle**, weshalb der Anwalt es in vielen Abrechnungsfällen regelmäßig mit demselben Sachbearbeiter zu tun hat, soweit das erstinstanzliche Gericht zuständig ist.[175] Auch bei Personenidentität erfolgt die Festsetzung der Vergütung nach § 55 aber nicht als Rechtspfleger i.S.d. RpflG, sondern als Urkundsbeamter der Geschäftsstelle.[176]

Auch als **Urkundsbeamter** der Geschäftsstelle ist der Rechtspfleger **unabhängiges Entscheidungsorgan**[177] und nicht zur Vertretung der Interessen der Staatskasse berufen; **an Weisungen** ist er weder als Rechtspfleger (§ 9 RpflG) noch als Urkundsbeamter der Geschäftsstelle **gebunden**. Auch der 67

---

170 So früher OLG Hamm AnwBl 2000, 58 und OLG Hamm JurBüro 1995, 366.
171 OLG Hamm AGS 2009, 188 = FGPrax 2008, 278 = FamRZ 2008, 2294 = Rpfleger 2009, 36; OLG Zweibrücken JurBüro 1998, 197 = NJW-RR 1998, 1075; BayObLG JurBüro 1995, 366 = AnwBl 1998, 56 = Rpfleger 1996, 33; *Hansens/Braun/Schneider*, Praxis des Vergütungsrechts, Teil 7 Rn 138.
172 OLG Hamm AGS 2009, 188 = FGPrax 2008, 278 = FamRZ 2008, 2294 = Rpfleger 2009, 36.
173 Aber nicht in ihrer Funktion als Rechtspfleger, weshalb das RPflG insoweit keine Anwendung findet (OLG Düsseldorf JurBüro 1990, 1170 = Rpfleger 1990, 348; OLG Koblenz MDR 1975, 75; OLG Stuttgart Rpfleger 1974, 79).
174 Auch wenn der Rechtspfleger nicht mit den Aufgaben eines Urkundsbeamten der Geschäftsstelle betraut ist, kann er wirksam festsetzen (§ 8 Abs. 5 RPflG).
175 Vgl. LG Berlin Rpfleger 1996, 464.
176 LAG Rheinland-Pfalz, Beschl. v. 24.11.2006 – 4 Ta 241/06, juris.
177 Vgl. OLG Naumburg NJW 2003, 2921; vgl. auch OLGR Frankfurt 2002, 167; Zöller/*Lückemann*, § 153 GVG Rn 6.

Urkundsbeamte des mittleren Dienstes ist unabhängiges Entscheidungsorgan und keinen Weisungen bei der Festsetzung unterworfen. Sowohl der Urkundsbeamte des gehobenen Dienstes als auch der des mittleren Dienstes werden aber in zulässiger Weise durch die VwV Vergütungsfestsetzung zu einer bestimmten Abwicklung des Festsetzungsverfahrens angehalten. So werden dort z.B. bestimmte Vorlage- und Prüfungspflichten vorgeschrieben.

12. Entscheidung

a) Antrag wird vollständig entsprochen

68 Die Entscheidung über den Festsetzungsantrag erfolgt durch **(Festsetzungs-) Beschluss (zur Rechtsbehelfsbelehrung** siehe Rdn 70).[178] Zugleich mit der Festsetzung trifft der Urkundsbeamte der Geschäftsstelle eine Auszahlungsanordnung, die von der Justiz- oder Landeskasse in einem automatisierten Verfahren bearbeitet wird. Eine Auszahlung ohne vorherige Festsetzung (Beschluss) darf nicht erfolgen. Wird dem Antrag durch den der Auszahlungsanordnung notwendigerweise vorausgehenden **Beschluss voll stattgegeben**, **unterbleibt** eine **Mitteilung** an den beigeordneten oder bestellten Anwalt (Teil A Nr. 1.2.4 S. 1 VwV Vergütungsfestsetzung). Dieser erhält jedoch eine indirekte Benachrichtigung durch die Gutschrift der Vergütung auf seinem Konto oder durch die Nachricht der Kasse, dass die Auszahlung erfolgen kann. Zugleich mit der Festsetzung trifft der Urkundsbeamte der Geschäftsstelle eine **Auszahlungsanordnung** zu Lasten der Landeskasse über den von ihm festgesetzten Betrag (Teil A Nr. 1.31 S. 1 VwV). Diese ist formalisiert und richtet sich an die jeweilige Justiz- oder Landeskasse. Stehen dem Anwalt **zugleich** Ansprüche gegen die **Landeskasse** und gegen die **Bundeskasse** zu, weist der Urkundsbeamte die jeweiligen Beträge, die zum einen von der Bundeskasse und andererseits von der Landeskasse zu zahlen sind, gesondert aus. Die Durchschrift der Festsetzung übersendet er dem Bundesgericht zur Erteilung der Auszahlungsanordnung (vgl. Teil A Nr. 1.3.1 S. 2 VwV; vgl. auch § 45).

b) Abweichung vom Festsetzungsantrag/Zurückweisung des Festsetzungsantrags

69 Soweit der Festsetzungsbeschluss (siehe Rdn 68) vom Antrag des beigeordneten oder bestellten Anwalts abweicht, ist eine Begründung erforderlich und die Entscheidung schriftlich mitzuteilen (Teil A Nr. 1.2.4 S. 2 VwV; zur **Zustellung** und **Rechtsbehelfsbelehrung** siehe Rdn 70). Um diesem Aufwand zu begegnen und um eine Anfechtung der Festsetzung zu vermeiden, sind die Urkundsbeamten tlw. bestrebt, durch (mehrmalige) Zwischenverfügungen auf Anträge hinzuwirken, denen sie ohne jede Einschränkung stattgeben können. Daher ist es nicht ungewöhnlich, wenn der Anwalt wiederholt und so oft zu einer Modifikation seines Antrages aufgefordert wird, bis der erhobene Vergütungsanspruch insgesamt festsetzungsfähig erscheint. Zu Zwischenverfügungen kommt es allerdings nicht nur deshalb, um dem Urkundsbeamten eine Absetzungsbegründung zu ersparen, sondern auch, um den Anwalt auf zu seinem Nachteil übersehene Punkte hinzuweisen. Dabei dürfte er trotz Bindung an den vom Rechtsanwalt gestellten Antrag (§ 308 ZPO) entsprechend § 139 ZPO auch eine Erhöhung des Antrages anregen können, zumal hierdurch häufig auch der mit einer Nachliquidation (siehe hierzu Rdn 54) verbundene Aufwand vermieden werden kann.[179] Gleichwohl sollte hierbei nicht aus den Augen verloren werden, über Festsetzungsanträge im Allgemeinen **unverzüglich** zu befinden.[180] Danach kann es erforderlich sein, unstreitige Beträge vorab festzusetzen und anzuweisen oder im Fall der erforderlichen Versendung von Akten, z.B. wegen der Einlegung eines Rechtsmittels, die Festsetzung noch vor der Aktenversendung vorzunehmen (vgl. auch Rdn 141 ff.).

Wird der Festsetzungsantrag vom Urkundsbeamten **in vollem Umfang** zurückgewiesen (**Zurückweisungsbeschluss**), ist die Entscheidung dem Rechtsanwalt natürlich ebenfalls mitzuteilen (zur **Zustellung** und **Rechtsbehelfsbelehrung** siehe Rdn 70).

---

178 Gerold/Schmidt/*Müller-Rabe*, RVG, § 55 Rn 56; Mayer/Kroiß/*Pukall*, RVG, § 55 Rn 32; *Hartung* in: Hartung/Schons/Enders, § 55 Rn 46; *N. Schneider* in: Hansens/Braun/Schneider, Praxis des Vergütungsrechts, Teil 3 Rn 41; Riedel/Sußbauer/*Ahlmann*, § 55 Rn 36; vgl. auch OLG Naumburg Rpfleger 2012, 155 = RVGreport 2012, 102: Beschluss, Verfügung oder Auszahlungsanordnung.
179 Gerold/Schmidt/*Müller-Rabe*, RVG, § 55 Rn 28.
180 Vgl. hierzu in NRW AV d. JM v. 20.3.1987 i.d.F. v. 8.6.2004, 5601 – I B. 3.

c) Zustellung und Rechtsbehelfsbelehrung/Staatskasse/Unterbrechung

Die Staatskasse soll nach Teil A Nr. 1.4.3 VwV Vergütungsfestsetzung (siehe Rdn 1) Erinnerungen nur einlegen, wenn es um Fragen von grundsätzlicher Bedeutung oder um Beträge geht, die nicht in offensichtlichem Missverhältnis zu dem durch das Erinnerungsverfahren entstehenden Zeit- und Arbeitsaufwand stehen (siehe § 56 Rdn 4). Der **Staatskasse** wird die Festsetzung/der Festsetzungsbeschluss deshalb zur Vermeidung von unnötigem Verwaltungsaufwand nicht von Amts wegen bekannt gegeben.[181] Eine **Zustellung** der Entscheidung des Urkundsbeamten (siehe Rdn 48 f.) ist weder an den Anwalt noch an die Staatskasse erforderlich, weil die Erinnerung gegen die Festsetzung **nicht fristgebunden** ist (vgl. § 56 Rdn 11).

70

Gem. § 12c hat ab **1.1.2014** jede anfechtbare Entscheidung eine Belehrung über den statthaften Rechtsbehelf sowie über das Gericht, bei dem dieser Rechtsbehelf einzulegen ist, über dessen Sitz und über die einzuhaltende Form und Frist zu enthalten. Die Belehrungspflicht gilt für jede anfechtbare Entscheidung, unabhängig davon, ob sie als gerichtliche Entscheidung im Beschlusswege oder in sonstiger Weise erfolgt.[182] Die Festsetzung gem. § 55 ist eine anfechtbare Entscheidung i.S.v. § 12c, die deshalb nach dem Gesetzeswortlaut grds. mit einer Rechtsbehelfsbelehrung zu versehen ist. Allerdings wird man § 12c bei der Festsetzung gem. § 55 keine größere praktische Bedeutung beimessen können. Wenn dem Antrag des **gerichtlich beigeordneten oder bestellten Rechtsanwalts** auf Festsetzung seiner Vergütung gem. § 55 in voller Höhe entsprochen wird, ist keine Rechtsbehelfsbelehrung erforderlich. Der Rechtsanwalt erfährt von der antragsgemäßen Festsetzung durch die Überweisungsgutschrift auf seinem Konto (siehe Rdn 68). Er kann die antragsgemäße Festsetzung mangels Beschwer nicht anfechten, so dass eine Rechtsbehelfsbelehrung nicht erforderlich ist. Der Wortlaut von § 12c erfasst nur **anfechtbare Entscheidungen**, so dass **keine Belehrungspflicht** besteht, wenn kein Rechtsmittel bzw. kein Rechtsbehelf statthaft ist.[183] Der **Staatskasse** ist der Festsetzungsbeschluss nicht von Amts wegen mitzuteilen, nur um ihr die durch § 12c vorgeschriebene Rechtsbehelfsbelehrung zur Kenntnis zu bringen, zumal die Erinnerungsmöglichkeit gem. § 56 dem Vertreter der Staatskasse bekannt ist. Vor diesem Hintergrund ist für die Staatskasse eine Rechtsbehelfsbelehrung unter einer Festsetzung gem. § 55 ebenfalls entbehrlich.

Wird nicht antragsgemäß festgesetzt oder der Festsetzungsantrag vollständig zurückgewiesen, besteht ebenfalls kein praktischer Bedarf oder ein schutzwürdiges Interesse an einer Belehrung des ohnehin rechtskundigen Rechtsanwalts über die Rechtsbehelfsmöglichkeit des § 56 Abs. 1 (Erinnerung).[184] Zu weiteren Einzelheiten wird auf die Erl. zu § 12c verwiesen.

Die **Unterbrechung** des Hauptsacheverfahrens durch die **Eröffnung** des **Insolvenzverfahrens** über das Vermögen der Partei (des Mandanten) führt nicht zur Unterbrechung (§ 240 ZPO) des Festsetzungsverfahrens gem. § 55.[185]

d) Keine Verzinsung

Eine **Verzinsung** des Anspruchs gegen die Staatskasse, wie sie im Vergütungsfestsetzungsverfahren gem. § 11 oder Kostenfestsetzungsverfahren gemäß §§ 103 ff. ZPO ab Antragstellung vorgesehen ist (§ 11 Abs. 2 i.V.m. § 104 Abs. 1 S. 2 ZPO), erfolgt **nicht**.[186] Denn § 55 Abs. 5 S. 1 verweist nicht auf § 104 Abs. 1 S. 2 ZPO.[187] Bei langer Bearbeitungsdauer des Festsetzungsantrags erfolgt damit keine Kompensation durch Verzinsung des Festsetzungsantrags (vgl. dazu Rdn 141 ff.).

71

---

181 Gerold/Schmidt/*Müller-Rabe*, RVG, § 55 Rn 57.
182 BT-Drucks 17/10490, S. 22, 32.
183 Vgl. BT-Drucks 17/10490, S. 13, zu § 232 ZPO.
184 Vgl Stellungnahme des Bundesrats BT-Drucks 17/10490, S. 30.
185 OLG Jena JurBüro 2014, 597 = RVGreport 2014, 423.
186 BayLSG, Beschl. v. 8.5.2013 – L 15 SF 104/12 B, juris; ThürLSG AGS 2015, 415 = RVGreport 2015, 421 = NJW-Spezial 2015, 604; AG Neuss RVGreport 2008, 142; VG Ansbach, Beschl. v. 24.4.2007 – AN 19 M 07.00266, juris; Gerold/Schmidt/*Müller-Rabe*, RVG, § 55 Rn 57.

Hansens/Braun/Schneider, Teil 7 Rn 154; noch zur BRAGO LG Berlin JurBüro 1984, 1854 = AnwBl 1984, 515; BVerwG JurBüro 1981, 1504; AG Berlin-Schöneberg JurBüro 2002, 375.
187 BayLSG, Beschl. v. 8.5.2013 – L 15 SF 104/12 B, juris; ThürLSG AGS 2015, 415 = RVGreport 2015, 421 = NJW-Spezial 2015, 604; AG Neuss RVGreport 2008, 142; VG Ansbach, Beschl. v. 24.4.2007 – AN 19 M 07.00266, juris; *Hansens/Braun/Schneider*, Teil 7 Rn 154.

13. Prüfung durch den Urkundsbeamten

a) Prüfungsumfang

72 Die Prüfungspflicht des Urkundsbeamten der Geschäftsstelle im Festsetzungsverfahren umfasst aufgrund der Bindungswirkung der Beiordnung/Bestellung (vgl. Rdn 76) insbesondere[188] (vgl. auch die VwV Vergütungsfestsetzung im Anhang zu dieser Kommentierung und siehe auch Rdn 1)
- ob der Rechtsanwalt antragsberechtigt ist, der Vergütungsanspruch gegen die Staatskasse also durch gerichtliche Bestellung oder Beiordnung erworben wurde, oder ob Rechtsnachfolge vorliegt, die in ausreichender Form nachgewiesen ist,[189]
- das Bestehen des Vergütungsanspruchs, insbesondere ob die entfaltete Tätigkeit vom zeitlichen und gegenständlichen Umfang der Beiordnung/Bestellung gedeckt ist,[190]
- ob ein Verzicht des Rechtsanwalts auf seine Vergütung vorliegt (siehe Rdn 85 ff.),
- ob die Vergütung nach § 49 richtig berechnet ist,
- ob die berechneten **Auslagen** zur sachgemäßen Durchführung der Angelegenheit erforderlich waren (§ 46). Hinsichtlich der geltend gemachten **Gebühren** darf grundsätzlich nicht geprüft werden, ob die gebührenauslösende Tätigkeit erforderlich war;[191] etwas anderes kann aber dann gelten, wenn eine Handlung völlig überflüssig und bedeutungslos war,[192]
- ob Zahlungen/Vorschüsse, auch aus der Staatskasse gemäß § 47, richtig angerechnet werden (§ 58),
- ob der Festsetzung ein Verschulden eines beigeordneten oder bestellten Rechtsanwalts i.S.v. § 54 entgegensteht; der Vergütungsanspruch des zunächst beigeordneten Rechtsanwalts wird kraft Gesetzes entzogen (zum Wechsel des beigeordneten oder bestellten Rechtsanwalts vgl. Rdn 83 ff.),
- ob ein Vertreter i.S.v. § 5 für den beigeordneten Rechtsanwalt aufgetreten ist.[193]

b) Gegenstandswert, Einreden und materiell-rechtliche Einwendungen

73 Den **Gegenstandswert** kann der Urkundsbeamte überprüfen, solange insoweit noch keine gerichtliche Festsetzung gemäß §§ 32, 33 erfolgt ist. Nach gerichtlicher Festsetzung ist der Urkundsbeamte hieran aber gebunden.

Einreden und **materiell-rechtliche Einwendungen** muss der Urkundsbeamte grundsätzlich ebenfalls berücksichtigen (vgl. § 45 Rdn 39). Kann die **Verjährungseinrede** in Frage kommen (vgl. dazu Rdn 51 f.), ist die Sache allerdings dem Vertreter der Staatskasse (Bezirksrevisor) vorzulegen, der entscheidet, ob die Einrede nach Zustimmung des unmittelbar vorgesetzten Gerichtspräsidenten zu erheben ist. Eine etwaige **Verwirkung** des Vergütungsanspruchs (vgl. Rdn 53) ist vom Urkundsbeamten zu beachten. Kommen nach Auffassung des Urkundsbeamten **materiellrechtliche Einwendungen** (vgl. dazu § 45 Rdn 39 f.) in Betracht, muss der Urkundsbeamte ebenfalls den Vertreter der Staatskasse beteiligen.

Zur Frage, inwieweit aus der Staatskasse zu erstattende **Rahmengebühren** überprüft werden können (vgl. Rdn 102 f.).

c) Austausch von Positionen

74 Der Urkundsbeamte ist bei der Festsetzung nicht befugt, über den vom Rechtsanwalt gestellten Betrag hinauszugehen (§ 308 Abs. 1 ZPO). Er darf aber innerhalb des zur Festsetzung und Auszahlung beantragten Gesamtbetrages anstelle einer geltend gemachten, nicht entstandenen Position eine nicht geforderte entstandene Position bei der Festsetzung berücksichtigen. Der Gesamtbetrag gemäß § 308 Abs. 1 ZPO setzt sich zusammen aus dem Betrag, den der Rechtsanwalt nach dem Inhalt

---

[188] OLG Stuttgart Rpfleger 2008, 502 = OLGR Stuttgart 2008, 696 = RVGprof. 2008, 187; OLG Stuttgart RVGreport 2007, 265 = Rpfleger 2007, 613 = MDR 2007, 1400 = JurBüro 2007, 434, je für die Beratungshilfe.
[189] KG, Beschl. v. 4.11.2011 – 1 Ws 133/10, JurionRS 2011, 36549.
[190] Vgl. VG Karlsruhe JurBüro 2015, 200.
[191] Gerold/Schmidt/*Müller-Rabe*, RVG, § 55 Rn 53.
[192] Gerold/Schmidt/*Müller-Rabe*, RVG, § 55 Rn 53; OLG Koblenz NStZ-RR 2014, 327, zur Verfahrensgebühr des Pflichtverteidiger bei der Berufungseinlegung der Staatsanwaltschaft.
[193] BayLSG AGS 2016, 94 = RVGreport 2015, 416.

seines Antrags unter Berücksichtigung erhaltener Vorschüsse und Zahlungen aus der Staatskasse verlangt.[194] Der Urkundsbeamte ist aber nicht verpflichtet, zu prüfen, ob statt einer abgesetzten Vergütungsposition eine andere, bislang nicht geltend gemachte Position von Amts wegen zu berücksichtigen ist.[195]

d) Keine Abänderung von Amts wegen

Ein in den Geschäftsbetrieb gelangter **Festsetzungsbeschluss** darf als **Hoheitsakt mit Außenwirkung** von dem Urkundsbeamten **nicht** eigenmächtig zum Nachteil des Anwalts oder der Staatskasse **von Amts wegen abgeändert** (vgl. Rdn 105 ff. und § 45 Rdn 6),[196] wohl aber gemäß § 319 ZPO **berichtigt** oder (auf Antrag) gemäß § 321 ZPO **ergänzt** werden. Er hat nur die Vergütung selbst zum Gegenstand. Der Urkundsbeamte darf eine Festsetzung nur auf eine Erinnerung hin (§ 56) abändern.[197]

75

e) Bindung an Beiordnung/Bestellung

Die Festsetzung hat **auf der Grundlage von Beiordnung und Bestellung** des Anwalts oder **des erteilten Berechtigungsscheins** zu erfolgen. Diese gerichtlichen Entscheidungen sind – ebenso wie die Bewilligung von Prozesskostenhilfe – für die Bestimmung des Anspruchsumfangs **verbindlich** (siehe § 45 Rdn 43, § 46 Rdn 21, § 48 Rdn 10, § 54 Rdn 16). Der Urkundsbeamte der Geschäftsstelle ist nicht berechtigt, sie dem Grunde nach in Frage zu stellen (zur abweichenden Ansicht, falls und soweit Teilnichtigkeit des Beschlusses angenommen wird, siehe § 46 Rdn 21 und § 54 Rdn 16)[198] oder inhaltlich abzuändern.[199] Er darf insbesondere auch nicht prüfen, ob Prozess- oder Verfahrenskostenhilfe hätte versagt werden müssen[200] oder ob ein Rechtsanwalt sich selbst im Wege der PKH beigeordnet werden kann (**Selbstbeauftragung**).[201] Wäre diese Prüfung im Festsetzungsverfahren anzustellen, müsste der Urkundsbeamte die richterliche Entscheidung überprüfen. Auch die Zuständigkeit des beiordnenden oder bestellenden Gerichts oder der Zeitpunkt, auf den die Wirkungen der Prozess- oder Verfahrenskostenhilfe erstreckt worden sind, ist nicht zu überprüfen. Ist der **Gegenstandswert** gemäß §§ 32, 33 gerichtlich festgesetzt, ist diese Festsetzung für die Festsetzung gemäß § 55 bindend (siehe Rdn 73).

76

In der **Pflichtverteidigerbestellung** darf z.B. der Pflichtenkreis des Rechtsanwalts **gegenständlich** beschränkt werden. Diese Beschränkung ist bei der Festsetzung zu beachten und für die Staatskasse bindend.[202] So ist es z.B. zulässig, eine Bestellung für einzelne Verfahrensabschnitte[203] oder für die mündliche Verhandlung im Haftprüfungsverfahren vorzunehmen.[204] Das hat zur Folge, dass auch

---

194 Gerold/Schmidt/*Müller-Rabe*, RVG, § 55 Rn 27.
195 OLG Frankfurt, Beschl. v. 12.5.2014 – 20 W 236/13, juris.
196 OLG Bremen AGS 2007, 207 = RVGreport 2007, 183 = OLGR Bremen 2006, 850; noch zur BRAGO OLG Frankfurt FamRZ 1991, 1462; OLG Hamm JurBüro 1982, 255; OLG München Rpfleger 1981, 412; LG Berlin JurBüro 1984, 573; aA OLG Stuttgart AnwBl 1978, 462; KG Rpfleger 1976, 110; offengelassen OLG Naumburg Rpfleger 2012, 155 = RVGreport 2012, 102
197 OLG Bremen AGS 2007, 207 = RVGreport 2007, 183 = OLGR Bremen 2006, 850.
198 Vgl. OLG Düsseldorf AGS 2014, 196 = NJW-Spezial 2014, 253; OLG Düsseldorf AGS 2008, 245 = FamRZ 2008, 1767 = JurBüro 2008, 209; OLG Düsseldorf AGS 2008, 247 = Rpfleger 2008, 316 = JurBüro 2008, 209 (jeweils zu gebührenrechtlichen Einschränkungen); OLG Celle MDR 2007, 865 = FamRZ 2008, 162; OLG Nürnberg AGS 2008, 457 = MDR 2008, 112 = OLGR Nürnberg 2008, 199 = NJW-Spezial 2008, 200; OLG Köln AGS 2007, 362; LAG Rheinland-Pfalz, Beschl. v. 27.10.2006 – 9 Ta 193/06, juris; OLG Stuttgart JurBüro 1989, 1143 (jeweils zur PKH-Bewilligung) – OLG Stuttgart Rpfleger 2007, 613; AG Tiergarten Rpfleger 1986, 31 (jeweils zum Berechtigungsschein).
199 Siehe beispielsweise Hess. LAG, Beschl. v. 21.6.2012 – 13 Ta 59/12, juris; VG Karlsruhe JurBüro 2015, 200; OLG Köln, Beschl. v. 31.1.2007 – 17 W 269/06, juris; OLG Düsseldorf AGS 2004, 296 = Rpfleger 2004, 709 zur uneingeschränkten Beiordnung eines Distanzanwaltes oder LG Berlin JurBüro 1989, 85 = AnwBl 1989, 400 zu einem Berechtigungsschein, der nur für eine Beratung erteilt worden ist.
200 OLG Düsseldorf AGS 2008, 247 = Rpfleger 2008, 316 = JurBüro 2008, 209; OLG Köln AGS 2007, 362.
201 KG AGS 2009, 550 = RVGreport 2009, 317 = NJW 2009, 2754 = Rpfleger 2009, 686.
202 OLG Schleswig AGS 2009, 34 = SchlHA 2008, 461; OLG Jena FamRZ 2000, 100; OLG Köln FamRZ 2000, 1021; OLG Frankfurt am Main FamRZ 1997, 1411; vgl. auch OLG Koblenz StRR 2008, 40 = RVGreport 2008, 139 = AGS 2007, 507.
203 Vgl. *Meyer-Goßner*, StPO, § 140 Rn 5 m.w.N.
204 Vgl. dazu OLG Köln NStZ-RR 2007, 287 = AGS 2007, 452 = RVGreport 2007, 306.

nur für die Tätigkeit in diesen Abschnitten ein Vergütungsanspruch gegen die Staatskasse besteht.[205] Die Beschränkung des **Gebührenerstattungsanspruchs** im Bestellungsbeschluss ist dagegen grundsätzlich nicht zulässig, weil die Frage, welche Gebühren der Rechtsanwalt aus der Staatskasse erstattet verlangen kann, erst in dem späteren Festsetzungsverfahren zu prüfen ist. Eine Beschränkung kann sich nur aus den Vorschriften des RVG ergeben.[206]

Ansonsten obliegt es dem Urkundsbeamten, sowohl die **tatsächlichen Anspruchsvoraussetzungen** (vgl. Rdn 72) als auch etwaige **Einwendungen** oder **Einreden** (Verjährung, Verwirkung, vgl. Rdn 73) zu **prüfen** (siehe § 45 Rdn 26 ff.). Bereits geleistete Zahlungen sind anzurechnen (siehe die Erläuterungen zu § 58, auch zur Anrechnung von Gebührentatbeständen, die bereits vor Beiordnung oder Bestellung verwirklicht wurden).

f) Vorabentscheidung gemäß § 46 Abs. 2 für Auslagen

77 Ist eine **Vorabentscheidung über Aufwendungen** bzw. Auslagen gemäß § 46 Abs. 2 ergangen (siehe § 46 Rdn 51 ff.), hat der Urkundsbeamte auch diese als **unabänderlich** und **bindend** hinzunehmen. Die Entscheidung ist nicht anfechtbar, insbesondere nicht nach § 56 (siehe § 46 Rdn 52).[207] Im Festsetzungsverfahren gemäß § 55 ist dann lediglich die Höhe der geltend gemachten Auslagen und Aufwendungen zu prüfen. Das gilt allerdings nach dem Wortlaut von Abs. 2 S. 1 nur, wenn die Feststellung der Erforderlichkeit gemäß § 46 Abs. 2 **vorher** (z.B. vor Antritt der Reise) getroffen worden ist.[208] Das dürfte aufgrund der Verweisung in Abs. 2 S. 3 auf Abs. 2 S. 1 auch für die übrigen Aufwendungen gelten.[209] Entscheidet das Gericht erst nach Reiseantritt bzw. nach Entstehung der Aufwendungen, ist die Entscheidung zwar wirksam, jedoch für das Festsetzungsverfahren nach § 55 **nicht bindend**.

Wird die Feststellung der Erforderlichkeit abgelehnt, entfaltet die Entscheidung hingegen keine Bindungswirkung für das Vergütungsfestsetzungsverfahren.[210] Auch diese Entscheidung ist nicht anfechtbar.[211]

g) Beiordnung/Bestellung zu den Bedingungen eines ortsansässigen oder im Gerichtsbezirk niedergelassenen Rechtsanwalts

78 **aa) Prozess- und Verfahrenskostenhilfe.** Als **bindend** für die Festsetzung gemäß § 55 ist nach allerdings umstrittener Auffassung die zwar nicht gegenständlich, aber in gebührenrechtlicher Hinsicht einschränkende Beiordnung im Wege der Prozess- oder Verfahrenskostenhilfe zu den Bedingungen eines **ortsansässigen Rechtsanwalts** oder eines **im Gerichtsbezirk niedergelassenen Rechtsanwalts** anzusehen.[212]

Allerdings ist zu berücksichtigen, dass die Beiordnung eines auswärtigen Rechtsanwaltes im Rahmen der PKH-Bewilligung gemäß § 121 Abs. 3 ZPO nicht auf die „Bedingungen eines ortsansässigen Rechtsanwaltes", sondern ausschließlich auf die „Bedingungen eines im Bezirk des Prozessgerichts

---

205 OLG Jena JurBüro 2006, 365.
206 LG Zwickau StRR 2009, 242 = VRR 2009, 243; vgl. auch OLG Hamm FamRZ 1995, 748; OLG Düsseldorf Rpfleger 1993, 351 = JurBüro 1993, 689.
207 OLG Düsseldorf, Beschl. v. 22.9.2014 – III-1 Ws 246/14, III-1 Ws 272/14, juris; OLG Düsseldorf, Beschl. v. 22.9.2014 – III-1 Ws 307/14, III-1 Ws 312/14, juris; OLG Celle AGS 2012, 480 = StraFo 2012, 338 = NStZ-RR 2012, 326; OLG Düsseldorf Rpfleger 1994, 226, zu § 126 BRAGO.
208 KG StRR 2008, 398 = RVGreport 2003, 302.
209 OLG Düsseldorf, Beschl. v. 22.9.2014 – III-1 Ws 246/14, III-1 Ws 272/14, juris: Feststellung, dass ein Komplettausdruck der auf Datenträger übersandten bzw. überlassenen elektronischen Zweitakte erforderlich ist.
210 Vgl. OLG Schleswig SchlHA 2007, 279; SchlHA 2006, 301; noch zur BRAGO: OLG Düsseldorf NStZ-RR 1999, 320 und StV 1986, 209.
211 OLG Düsseldorf, Beschl. v. 22.9.2014 – III-1 Ws 246/14, III-1 Ws 272/14, juris; OLG Düsseldorf, Beschl. v. 22.9.2014 – III-1 Ws 307/14, III-1 Ws 312/14, juris; OLG Celle AGS 2012, 480 = StraFo 2012, 338 = NStZ-RR 2012, 326.
212 OLG Düsseldorf AGS 2014, 196 = NJW-Spezial 2014, 253; OLG Düsseldorf AGS 2008, 245 = FamRZ 2008, 1767 = JurBüro 2008, 209; OLG Celle MDR 2007, 865 = FamRZ 2008, 162; KG MDR 2004, 474; OLG München AGS 2001, 191 = Rpfleger 2001, 86 = MDR 2000, 1455; OLG München Rpfleger 2002, 159 = MDR 2002, 543 = FamRZ 2002, 1505; Zöller/*Geimer*, ZPO, § 121 Rn 13; Hansens/Braun/Schneider, Teil 2 Rn 47; OLG Düsseldorf Rpfleger 2004, 709; OLG Nürnberg RVGreport 2005, 157.

niedergelassenen Rechtsanwalts" beschränkt werden kann.[213] Dem Anwalt werden bei einer entsprechend eingeschränkten Beiordnung Reisekosten nur eingeschränkt erstattet.[214] Ob die Einschränkung zu Recht erfolgt ist, weil sich der Rechtsanwalt zuvor mit der eingeschränkten Beiordnung einverstanden erklärt hat[215] oder vor der Beiordnung in zulässiger Weise auf die Erstattung der Reisekosten verzichtet hat, ist im Verfahren gemäß § 55 vom Urkundsbeamten keiner Überprüfung mehr zu unterziehen.[216] Die eingeschränkte Beiordnung selbst muss somit von der bedürftigen Partei oder dem Anwalt angefochten werden (vgl. § 127 ZPO).[217] Ist das nicht geschehen, besteht kein Bedürfnis mehr, die Einschränkung im Festsetzungsverfahren in Frage zu stellen. Wird ein nicht im Gerichtsbezirk niedergelassener Rechtsanwalt zu den Bedingungen eines im Gerichtsbezirk niedergelassenen Anwalts beigeordnet, so erhält der Rechtsanwalt keine Reisekosten für die Reise außerhalb des Gerichtsbezirks. Reisekosten werden vergütet für die Reise ab Eintritt in den Gerichtsbezirk bis zum Sitz des Prozessgerichts (siehe § 46 Rdn 28). Abzustellen ist dabei auf den **tatsächlich** vom Rechtsanwalt anlässlich seiner Reise zum Prozessgericht zurückgelegten Weg. Weil gem. § 46 Abs. 1 nur die zur sachgemäßen Durchführung der Angelegenheit erforderlichen Reisekosten erstattet werden, sind nur diese Reisekosten zu erstatten und nicht die fiktiven Reisekosten, die bei einer Reise zwischen dem Prozessgericht und dem von dort am weitesten entfernt liegenden Ort innerhalb des Gerichtsbezirks entstehen (vgl. § 46 Rdn 28).[218] Auf die Entfernung zwischen dem Prozessgericht und dem von dort am weitesten entfernt liegenden Ort innerhalb des Gerichtsbezirks ist nur im Rahmen der Prüfung der Beiordnung eines nicht im Gerichtsbezirk ansässigen Rechtsanwalts gem. § 121 Abs. 3 ZPO abzustellen.[219]

Andererseits sind die Reisekosten stets zu erstatten, wenn **keine ausdrückliche Einschränkung** bei der Beiordnung eines auswärtigen Anwalts erfolgt ist.[220] Denn die in § 121 Abs. 3 ZPO vorgesehene Beschränkung richtet sich an das Gericht und nicht an den beigeordneten Rechtsanwalt. Zu erstatten sind wegen § 46 allerdings nur die **notwendigen Reisekosten** (siehe auch Rdn 78 ff.). Reisekosten zur Wahrnehmung eines Gerichtstermins (außer einem reinen Verkündungstermin) sind dabei stets erstattungsfähig.[221]

Eine **uneingeschränkte Beiordnung** kann auch nicht dahin ausgelegt werden, dass darin eine Einschränkung enthalten sein müsste bzw. der Beiordnungsantrag eines auswärtigen Rechtsanwalts kann nicht (mehr) so verstanden werden, dass der Antrag gleichzeitig einen Verzicht auf Reisekosten

---

213 OLG Celle AGS 2011, 365 = FamRZ 2011, 1745 = MDR 2011, 984 = JurBüro 2011, 486.
214 OLG Celle AGS 2011, 365 = FamRZ 2011, 1745 = MDR 2011, 984 = JurBüro 2011, 486; OLG Brandenburg AGS 2010, 327 = JurBüro 2010, 434.
215 Vgl. OLG Karlsruhe MDR 2001, 1315 = FamRZ 2002, 761; OLG Jena AGS 2002, 260 = OLGR Jena 2002, 178; OLG Düsseldorf Rpfleger 1993, 351 = JurBüro 1993, 689.
216 OLG Düsseldorf AGS 2014, 196 = NJW-Spezial 2014, 253; OLG Düsseldorf AGS 2008, 245 = FamRZ 2008, 1767 = JurBüro 2008, 209; OLG Celle MDR 2007, 865 = FamRZ 2008, 162 = Rpfleger 2007, 403; Zöller/Geimer, § 121 Rn 13; **a.A.** OLG Hamm FamRZ 1995, 748; OLG Karlsruhe MDR 2001, 1315 = FamRZ 2002, 761: Falls kein Verzicht des beigeordneten Rechtsanwalts vorliegt, ist die mit seiner Beiordnung verbundene Beschränkung auf die Vergütung eines ortsansässigen Rechtsanwalts nicht bindend.
217 OLG Braunschweig, Beschl. v. 9.6.2011 – Ws 126/11; OLG Celle, Beschl. v. 28.4.2011 – 10 WF 123/11, JurionRS 2011, 14744; OLG Hamm FamRZ 2006, 1551; OLG Köln MDR 2005, 1130.
218 Vgl. OLG Bamberg AGS 2014, 529 = NJW-RR 2015, 187 = JurBüro 2015, 372; OLG Celle AGS 2011, 365 = FamRZ 2011, 1745 = MDR 2011, 984 = JurBüro 2011, 486; LSG NRW AGS 2015, 92; a.A. OLG Celle RVGreport 2016, 300; OLG Oldenburg JurBüro 2010, 433 = AGkompakt 2011, 142.
219 Vgl. OLG Frankfurt AGS 2010, 184 = FamRZ 2009, 1615 = FF 2009, 466; OLG Karlsruhe FamFR 2010, 541.
220 OLG Düsseldorf AGS 2014, 196 = NJW-Spezial 2014, 253; KG AGS 2010, 612 RVGreport 2011, 118 = FamRZ 2011, 835; OLG Brandenburg AGS 2009, 237 = MDR 2009, 175 = OLGR Brandenburg 2009, 79; OLG Dresden AGS 2009, 451 = JurBüro 2009, 368 = OLGR Dresden 2009, 482; OLG Naumburg AGS 2009, 75 = MDR 2009, 234; OLG Oldenburg JurBüro 2004, 324 = MDR 2004, 842; OLG Stuttgart FamRZ 2008, 1011 = JurBüro 2008, 261; OLG Nürnberg AGS 2008, 457 = MDR 2008, 112 = OLGR Nürnberg 2008, 199 = NJW-Spezial 2008, 200; OLG Celle MDR 2007, 865 = FamRZ 2008, 162 = Rpfleger 2007, 403; KG MDR 2004, 474; OLG München Rpfleger 2002, 159 = MDR 2002, 543 = FamRZ 2002, 1505; LG Magdeburg AGS 2008, 458; **a.A.** OLG Stuttgart FamRZ 2005, 2007; OLG Hamm AGS 2005, 353 = MDR 2005, 538 = FamRZ 2005, 1264; OLG Naumburg MDR 2002, 177 = OLGR Naumburg 2001, 486, OLGR Naumburg 2002, 310, noch zu § 126 Abs. 1 S. 2 BRAGO.
221 OLG Stuttgart FamRZ 2008, 1011 = JurBüro 2008, 261; OLG Oldenburg NJW 2006, 851.

darstellt.[222] Die frühere Rechtsprechung des BGH,[223] dass der Beiordnungsantrag eines auswärtigen Rechtsanwalts das Einverständnis zur eingeschränkten Beiordnung enthält, ändert daran nichts.[224] Da nach geltender Rechtslage die notwendigen Reisekosten grundsätzlich zu erstatten sind, kann nicht mehr unterstellt werden, dass der Beiordnungsantrag des auswärtigen Rechtsanwalts einen konkludenten Verzicht auf die Reisekosten enthält (vgl. dazu § 46 Rdn 20). Bei einer uneingeschränkten Beiordnung des auswärtigen Rechtsanwalts kann im Festsetzungsverfahren auch nicht darauf verwiesen werden, dass eine Beiordnung zu den Bedingungen eines ortsansässigen Anwalts oder mit der Maßgabe, dass Reisekosten nur bis zu dem Betrag erstattet werden, der bei zusätzlicher Beiordnung eines Verkehrsanwalts angefallen wäre, kostengünstiger gewesen wäre.[225]

Hatte der auswärtige Rechtsanwalt jedoch sein Einverständnis mit einer eingeschränkten Beiordnung erklärt bzw. sich mit der Beiordnung zu den Bedingungen eines ortsansässigen Anwalts einverstanden erklärt, ist die Einschränkung aber (versehentlich) nicht in den Beschluss aufgenommen worden, ist ausnahmsweise eine Überprüfung durch den Urkundsbeamten nicht ausgeschlossen.[226]

80 **bb) Besonderheiten in Strafsachen.** Ob die Bestellung eines **auswärtigen Rechtsanwalts** als **Pflichtverteidiger** erforderlich ist, wird vom Gericht bereits bei der Bestellung geprüft. Bestellt das Gericht einen auswärtigen Rechtsanwalt als Pflichtverteidiger, sind daher grundsätzlich auch die **Mehrkosten erstattungsfähig**, die dadurch entstehen, dass der bestellte Verteidiger seinen Wohnsitz oder seine Kanzlei nicht am Gerichtsort hat.[227] Für die Erstattung der Reisekosten gilt § 46.

Die Bestellung eines **Pflichtverteidigers** mit der Beschränkung auf die Vergütung eines ortsansässigen Rechtsanwalts wird als unzulässig angesehen, weil sie gesetzlich nicht vorgesehen ist.[228] Denn der für die Beiordnung eines Rechtsanwalts im Wege der **Prozess- oder Verfahrenskostenhilfe** geltende und diese Beschränkung grundsätzlich zulassende § 121 Abs. 1 bis 3 ZPO (§§ 76 Abs. 1, 113 Abs. 1 S. 2 FamFG) ist auf die Bestellung eines Pflichtverteidigers (§ 140 StPO) mangels gesetzlicher Verweisung nicht anwendbar.[229] Deshalb ist es durchaus vertretbar, zu der Auffassung zu gelangen, dass eine gesetzlich nicht vorgesehene und damit **unzulässige Beschränkung** der Pflichtverteidigerbestellung anders als bei der Prozesskostenhilfe (vgl. Rdn 78 ff.) für die Festsetzung gemäß § 55 keine Wirkung entfaltet, weil sie unwirksam ist.[230] Allerdings besteht die Gefahr, dass dem Urkundsbeamten die Wirkungslosigkeit der Beschränkung und der Ausnahmen hiervon (Einverständnis, vgl. Rdn 79) nicht bekannt sind und deshalb in der Festsetzung nicht beachtet

---

222 OLG Düsseldorf AGS 2014, 196 = NJW-Spezial 2014, 253; OLG Brandenburg AGS 2009, 237 = MDR 2009, 175 = OLGR Brandenburg 2009, 79; OLG Celle MDR 2007, 865 = FamRZ 2008, 162 = Rpfleger 2007, 403; OLG Düsseldorf Rpfleger 2004, 709; KG MDR 2004, 474; OLG Oldenburg FamRZ 2003, 107; **a.A.** OLG Naumburg, Beschl. v. 13.10.2011 – 3 WF 282/11, juris; OLG Karlsruhe FamFR 2010, 541; OLG Rostock FamRZ 2009, 1235 = OLGR Rostock 2009, 503; OLG Karlsruhe NJW 2005, 2718; OLG Hamm FamRZ 2000, 1227; OLG Hamburg FamRZ 2000, 1227; OLG Brandenburg FamRZ 2000, 1375.

223 BGH AGS 2007, 16 = NJW 2006, 3783.

224 Vgl. dazu OLG Naumburg AGS 2009, 75 = MDR 2009, 234; OLG Nürnberg AGS 2008, 457 = MDR 2008, 112 = OLGR Nürnberg 2008, 199 = NJW-Spezial 2008, 200; a.A. OLG Naumburg, Beschl. v. 13.10.2011 – 3 WF 282/11, juris; OLG Karlsruhe FamFR 2010, 541; OLG Rostock FamRZ 2009, 1235 = OLGR Rostock 2009, 503.

225 LAG Rheinland-Pfalz, Beschl. v. 27.10.2006 – 9 Ta 193/06, juris; **a.A.** OLG Stuttgart FamRZ 2005, 2007; OLG Hamm AGS 2005, 353 = MDR 2005, 538 = FamRZ 2005, 1264; OLG Naumburg MDR 2002, 177 = OLGR Naumburg 2001, 486, OLGR Naumburg 2002, 310, noch zu § 126 Abs. 1 S. 2 BRAGO.

226 OLG Dresden AGS 2009, 451 = JurBüro 2009, 368 = OLGR Dresden 2009, 482; OLG Düsseldorf AGS 2004, 296 = Rpfleger 2004, 709; OLG Düsseldorf FamRZ 1993, 819 = Rpfleger 1993, 351= JurBüro 1993, 689; OLG München Rpfleger 2002, 159.

227 BVerfG AGS 2001, 63 = NJW 2001, 1269 = StV 2001, 241 = BRAGOreport 2001, 60; OLG Düsseldorf StV 1998, 91 = NStZ 1997, 605 = AGS 1998, 88.

228 OLG Düsseldorf NStZ-RR 2009, 348 = JMBl. NW 2009, 128 = NJW-Spezial 2009, 586 = Rpfleger 2009, 590; OLG Brandenburg StV 2007, 484 = JurBüro 2007, 485; OLG München, Beschl. v. 6.4.2009 – 6 Ws 2/09 (3), juris; OLG Zweibrücken NStZ-RR 1997, 287 = JurBüro 1997, 529 = AnwBl 1998, 218; OLG Düsseldorf JurBüro 1985, 415 = AnwBl 1985, 152 = MDR 1985, 343 = NStZ 1985, 185; OLG Frankfurt StV 1989, 241 = JurBüro 1989, 1111; LG Mülhausen, Beschl. v. 30.10.2007 – 3 Qs 203/07, juris; LG Duisburg Rpfleger 1989, 475 = MDR 1990, 76.

229 BVerfG AGS 2001, 63 = NStZ 2001, 211 = NJW 2001, 1269 = BRAGOreport 2001, 60 = Rpfleger 2001, 198; OLG Brandenburg AGS 2007, 77 = StraFo 2006, 214 = RVGreport 2006, 422.

230 BVerfG AGS 2001, 63 = NStZ 2001, 211 = NJW 2001, 1269 = BRAGOreport 2001, 60 = Rpfleger 2001, 198; OLG Brandenburg AGS 2007, 77 = StraFo 2006, 214 = RVGreport 2006, 422.

werden. Deshalb wird zutreffend ein **Beschwerderecht** des Pflichtverteidigers gegen seine eingeschränkte Bestellung bejaht.[231]

Die eingeschränkte Bestellung soll aber dann mit der Folge, dass keine Reisekosten aus der Staatskasse zu erstatten sind, zulässig sein, wenn der bestellte Anwalt zuvor sein **Einverständnis** mit der eingeschränkten Bestellung erklärt hat.[232] Das erscheint zutreffend, weil die eingeschränkte Bestellung dann allein auf der Verzichtserklärung beruht.[233] Wird dieser Auffassung gefolgt, muss der Urkundsbeamte somit im Festsetzungsverfahren ermitteln, ob sich der Anwalt mit der eingeschränkten Bestellung einverstanden erklärt hat und ob ggf. ein – allerdings nur Wirkung für die Zukunft und nicht für bereits zuvor angefallene Kosten entfaltender[234] – Widerruf des Einverständnisses/Verzichts erklärt worden ist. Ergibt die Prüfung, dass das nicht widerrufene Einverständnis vorlag, wird sich der Urkundsbeamte aber anschließend ggf. noch mit der Frage beschäftigen müssen, ob der hierdurch erfolgte **Verzicht auf Auslagenerstattungsansprüche** überhaupt zulässig ist (zum **Verzicht** auf Vergütungsansprüche durch den Verteidiger vgl. Rdn 81).[235]

81

Hat sich der Verteidiger im Rahmen eines **Maßregelvollstreckungsverfahrens** gemäß § 67e StGB (Überprüfung der Unterbringung) mit einer eingeschränkten Bestellung zu den Bedingungen eines ortsansässigen Rechtsanwalts einverstanden erklärt, gilt dieses Einverständnis nicht mehr für die Bestellung in einem späteren, eine neue gebührenrechtliche Angelegenheit bildenden, Überprüfungsverfahren gemäß § 67e StGB fort.[236]

Wird dem **Nebenkläger** ein Rechtsanwalt gemäß § 397a Abs. 1 als **Beistand bestellt** oder gemäß § 397a Abs. 2 StPO im Wege der **Prozesskostenhilfebeigeordnet**, entfaltet die Bestellung/Beiordnung unter Beschränkung auf die Vergütung eines ortsansässigen Rechtsanwalts im Festsetzungsverfahren nach § 55 wie beim Pflichtverteidiger keine Wirkung. Denn für den **Beistand** des Nebenklägers wird ebenfalls nicht auf § 121 Abs. 1 bis 3 ZPO verwiesen, vgl. § 397a Abs. 1 StPO. Für den im Wege der **PKH** beigeordneten Nebenkläger-Vertreter wird § 121 Abs. 1 bis 3 ZPO in 397a Abs. 2 S. 3 StPO ausdrücklich nicht in Bezug genommen.[237] Hat der Beistand bzw. der im Wege der PKH beigeordnete Anwalt des Nebenklägers aber sein **Einverständnis** mit der eingeschränkten Bestellung erklärt, gelten die obenstehenden Erläuterungen (siehe Rdn 79) entsprechend.

82

h) Einschränkung des Gebührenanspruchs bei Anwaltswechsel

aa) Prozess- und Verfahrenskostenhilfe. Bindend für die Festsetzung gemäß § 55 wird bei einem **Wechsel** des im Wege der **Prozess- oder Verfahrenskostenhilfe** beigeordneten Rechtsanwalts nach allerdings umstrittener Auffassung auch die Einschränkung angesehen, dass der neu beigeordnete Anwalt nur die Beträge aus der Staatskasse fordern darf, die nicht für den davor beigeordneten Anwalt angefallen sind.[238] Der Urkundsbeamte hat insbesondere nicht zu überprüfen, ob die vom Gericht vorgenommene Einschränkung des Vergütungsanspruchs zutreffend erfolgt ist und ob der neu beigeordnete Anwalt auf die bereits für den davor beigeordneten Anwalt angefallenen Gebühren

83

---

231 OLG Braunschweig, Beschl. v. 9.6.2011 – Ws 126/11; OLG Düsseldorf NStZ-RR 2009, 348 = JMBl. NW 2009, 128 = NJW-Spezial 2009, 586 = Rpfleger 2009, 590.
232 OLG München, Beschl. v. 6.4.2009 – 6 Ws 2/09 (3), juris; OLG Zweibrücken NStZ-RR 1997, 287 = JurBüro 1997, 529 = AnwBl 1998, 218; OLG Frankfurt StV 1989, 241 = JurBüro 1989, 1111; LG Mühlhausen, Beschl. v. 30.10.2007 – 3 Qs 203/07, juris; LG Duisburg Rpfleger 1989, 475 = MDR 1990, 76; für den Gebührenverzicht OLG Bamberg NJW 2006, 1536 = NStZ 2006, 467 = NJW-Spezial 2006, 283; OLG Naumburg StraFo 2005, 73.
233 OLG Zweibrücken NStZ-RR 1997, 287 = JurBüro 1997, 529 = AnwBl 1998, 218.
234 OLG München, Beschl. v. 6.4.2009 – 6 Ws 2/09 (3), juris; OLG Zweibrücken NStZ-RR 1997, 287 = JurBüro 1997, 529 = AnwBl 1998, 218.
235 OLG München, Beschl. v. 6.4.2009 – 6 Ws 2/09 (3), juris; OLG Zweibrücken NStZ-RR 1997, 287 = JurBüro 1997, 529 = AnwBl 1998, 218; OLG Frankfurt StV 1989, 241 = JurBüro 1989, 1111; MDR 1990, 76; für den Gebührenverzicht OLG Bamberg NJW 2006, 1536 = NStZ 2006, 467 = NJW-Spezial 2006, 283; OLG Naumburg StraFo 2005, 73.
236 OLG Düsseldorf NStZ-RR 2009, 348 = JMBl. NW 2009, 128 = NJW-Spezial 2009, 586 = Rpfleger 2009, 590.
237 OLG Brandenburg AGS 2007, 77 = StraFo 2006, 214 = RVGreport 2006, 422.
238 OLG Düsseldorf AGS 2008, 245 = FamRZ 2008, 1767 = JurBüro 2008, 209; **a.A.** OLG Celle NJW 2008, 2511 = OLGR Celle 2008, 182; OLG Köln FamRZ 2004, 123; OLG Hamm FamRZ 1995, 748; OLG Düsseldorf FamRZ 1993, 819.

verzichtet hat.[239] Ansonsten müsste der Urkundsbeamte die Entscheidung des Gerichts zur Beiordnung überprüfen. Dies liefe nicht nur dem Wesen des Festsetzungsverfahrens zuwider, sondern würde auch die Bestandskraft der Beiordnung in Frage stellen.[240] Auch hier gilt, dass die eingeschränkte Beiordnung selbst von der bedürftigen Partei oder dem Anwalt[241] angefochten werden muss (vgl. § 127 ZPO) (siehe Rdn 78 und 80)[242] bzw. dass das Gericht bereits bei der Beiordnung prüfen muss, ob eine Einschränkung möglich ist.[243] Ist das nicht geschehen, besteht kein Bedürfnis mehr, die Einschränkung im Festsetzungsverfahren in Frage zu stellen.[244] Ordnet das Gericht einen neuen Rechtsanwalt aber ohne Einschränkung bei, steht diesem die volle gesetzliche Vergütung zu.[245]

Allerdings muss der Urkundsbeamte bei einem Wechsel des beigeordneten Rechtsanwalts unabhängig davon stets gemäß **§ 54** prüfen, ob aufgrund **schuldhaften Verhaltens** des zunächst beigeordneten Rechtsanwalts dessen Vergütungsanspruch **kraft Gesetzes** entfallen ist.

84 **bb) Wechsel des Pflichtverteidigers.** Bei einem Pflichtverteidigerwechsel muss der Urkundsbeamte stets gemäß **§ 54** prüfen, ob aufgrund **schuldhaften Verhaltens** des zunächst bestellten Pflichtverteidigers dessen Vergütungsanspruch **kraft Gesetzes** entfallen ist.[246] Liegen die Voraussetzungen des § 54 nicht vor, gilt Folgendes:

Die Einschränkung bei der Bestellung, dass sich bei einem **Wechsel des Pflichtverteidigers** der neu bestellte Pflichtverteidiger die an den früheren Verteidiger gezahlte Vergütung anrechnen lassen muss bzw. nur die Vergütung fordern kann, die nicht schon in der Person des zunächst bestellten Verteidigers angefallen ist, ist grundsätzlich unzulässig und in der Festsetzung unbeachtlich, weil diese Einschränkung gesetzlich nicht vorgesehen ist.[247] Die Einschränkung ist aber dann zu beachten, wenn der neu bestellte Pflichtverteidiger sein Einverständnis mit dieser Einschränkung erklärt hat.[248] Der Urkundsbeamte muss somit im Festsetzungsverfahren ermitteln, ob sich der Anwalt mit der eingeschränkten Bestellung einverstanden erklärt hat. Allerdings besteht die Gefahr, dass dem Urkundsbeamten die Wirkungslosigkeit der Beschränkung und der Ausnahmen hiervon (Einverständnis, vgl. Rdn 80) nicht bekannt sind. Deshalb wird zutreffend ein Beschwerderecht des Pflichtverteidigers gegen seine eingeschränkte Bestellung bejaht.[249]

85 Das Einverständnis kann auch im **Verzicht** auf die Vergütung liegen, die bereits für den zunächst bestellten Pflichtverteidiger angefallen ist. Der Verzicht ist trotz der Regelung in § 49b Abs. 1 S. 1 BRAO aus folgenden Gründen auch zulässig:

Dem Wunsch eines Angeklagten auf Wechsel des Pflichtverteidigers ist nicht nur bei Störung des Vertrauensverhältnisses, sondern auch dann zu entsprechen, wenn der bisherige Pflichtverteidiger mit der Aufhebung seiner Bestellung einverstanden ist und die Bestellung des neuen Verteidigers weder eine Verfahrensverzögerung noch Mehrkosten für die Staatskasse verursacht.[250] Mehrkosten entstehen u.a. dann nicht, wenn der neue Verteidiger auf doppelt entstehende Gebühren verzichtet.[251]

---

239 Vgl. dazu OLG Karlsruhe FamRZ 2007, 645 = OLGR Karlsruhe 2007, 107; OLG Hamm FamRZ 2006, 1551;
240 OLG Düsseldorf AGS 2008, 245 = FamRZ 2008, 1767 = JurBüro 2008, 209; **a.A.** OLG Köln FamRZ 2004, 123; OLG Hamm FamRZ 1995, 748; OLG Düsseldorf FamRZ 1993, 819.
241 OLG Hamm FamRZ 2006, 1551; OLG Köln MDR 2005, 1130.
242 OLG Schleswig AGS 2009, 334 = FamRZ 2009, 1613 = NJW-RR 2009, 1517; OLG Braunschweig, Beschl. v. 9.6.2011 – Ws 126/11; OLG Celle, Beschl. v. 28.4.2011 – 10 WF 123/11, JurionRS 2011, 14744; OLG Hamm FamRZ 2006, 1551; OLG Köln MDR 2005, 1130.
243 Vgl. dazu OLG Celle NJW 2008, 2511 = OLGR Celle 2008, 182; OLG Karlsruhe FamRZ 2007, 645.
244 OLG Düsseldorf AGS 2008, 245 = FamRZ 2008, 1767 = JurBüro 2008, 209.
245 OLG Celle NJW 2008, 2511 = OLGR Celle 2008, 182.
246 Vgl. LG Zwickau StRR 2009, 242 = VRR 2009, 243.
247 OLG Braunschweig, Beschl. v. 9.6.2011 – Ws 126/11; LG Zwickau StRR 2009, 242 = VRR 2009, 243; OLG Frankfurt NJW 1980, 1703; OLG Jena Rpfleger 2006, 434 = JurBüro 2006, 366.
248 LG Zwickau StRR 2009, 242 = VRR 2009, 243.
249 OLG Braunschweig, Beschl. v. 9.6.2011 – Ws 126/11; OLG Düsseldorf NStZ-RR 2009, 348 = JMBl. NW 2009, 128 = NJW-Spezial 2009, 586 = Rpfleger 2009, 590.
250 OLG Naumburg StRR 2010, 242 = RVGreport 2010, 333; OLG Oldenburg StV 2010, 351 = NStZ-RR 2010, 210 = StRR 2010, 267; OLG Braunschweig StraFo 2008, 428; OLG Köln StraFo 2008, 348; OLG Frankfurt StV 2008, 128 = NStZ-RR 2008, 47 = StRR 2008, 69; OLG Bamberg NJW 2006, 1536 = NStZ 2006, 467 = NJW-Spezial 2006, 283; OLG Naumburg StraFo 2005, 73; OLG Frankfurt NStZ-RR 2005, 31; OLG Brandenburg NStZ-RR 2009, 64 und OLG Brandenburg StV 2001, 442; OLG Hamburg StraFo 1998, 307 = StV 1999, 588; LG Mönchengladbach StV 1999, 588.
251 OLG Frankfurt StV 2008, 128 = NStZ-RR 2008, 47 = StRR 2008, 69.

Bei einem Wechsel des Pflichtverteidigers zwischen zwei Instanzen fallen Mehrkosten dabei in der Regel dadurch an, dass sowohl für den bisherigen als auch für den neu bestellten Pflichtverteidiger die **Grundgebühr** VV 4100 entsteht, so dass sich der Verzicht häufig auf die Grundgebühr beziehen wird.[252] Das gilt im Übrigen auch bei einem Verteidigerwechsel während der Instanz,[253] wobei hier auch die Verfahrensgebühr(en) betroffen sein können.[254] Im Übrigen kann eine doppelte Belastung der Staatskasse hinsichtlich der Grundgebühr auch dadurch vermieden werden, dass der Angeklagte seinem Verteidiger einen Vorschuss in Höhe mindestens der Grundgebühr geleistet hat, der gemäß § 58 Abs. 3 auf den Gebührenanspruch des Pflichtverteidigers zu verrechnen ist.[255]

Der **Verzicht** auf **Ansprüche gegen die Staatskasse** verstößt nach h.M. auch nicht gegen § 49b Abs. 1 S. 1 BRAO, weil dieses Verbot ausschließlich den Fall einer mit dem Mandanten getroffenen **vertraglichen Vereinbarung** über die Höhe der Gebühren betrifft, die vorsieht, dass ein geringerer Betrag als im RVG vorgesehen gezahlt wird. § 49b Abs. 1 S. 1 BRAO gilt nicht für gegen die Staatskasse gerichtete Vergütungsansprüche.[256] Gegen die Zulässigkeit des Verzichts wird zwar u.a. eingewandt, dass durch diesen der Zugang zur Pflichtverteidigerbestellung gleichsam „erkauft" wird und der Verzicht gegenüber der Staatskasse möglicherweise im Interesse der Gebühren und Auslagen für einen späteren Rechtszug zu Lasten des Angeklagten in der laufenden Instanz geht.[257] Dass ein Verzicht des Pflichtverteidigers auf seine Vergütung aus der Staatskasse zulässig ist, ergibt sich aber bereits daraus, dass gemäß § 55 Abs. 1 die Festsetzung gegen die Staatskasse nur auf Antrag erfolgt.[258] Wird der Antrag nicht gestellt, liegt im Ergebnis ein Verzicht auf den Vergütungsanspruch vor.

Die grundsätzliche Zulässigkeit eines Verzichts auf Pflichtverteidigergebühren hat im Übrigen auch das BVerfG bejaht.[259] Steht dem Pflichtverteidiger ein Anspruch auf Zahlung von Wahlverteidigergebühren gegen seinen Mandanten zu (§ 52), weil dieser z.B. aufgrund Freispruchs notwendige Auslagen aus der Staatskasse fordern kann, kann sich die Staatskasse vor einer Doppelbelastung mit Verteidigerkosten dadurch schützen, dass sie den Rechtsanwalt vor Festsetzung der Wahlverteidigergebühren für den Mandanten oder nach Abtretung für sich selbst (vgl. §§ 464a Abs. 2 Nr. 2, 464b StPO) zum **Verzicht** auf seine Pflichtverteidigergebühren auffordert.

i) Festsetzung einer Einigungsgebühr

Der BGH hatte zur BRAGO – Vergleichsgebühr[260] und zur RVG-Einigungsgebühr[261] früher entschieden, dass deren Festsetzung im Kostenfestsetzungsverfahren nach §§ 103, 104 ZPO erfordert, dass die Parteien einen als Vollstreckungstitel tauglichen Vergleich nach § 794 Abs. 1 Nr. 1 ZPO haben protokollieren lassen (§§ 160 Abs. 3 Nr. 1, 162 f. ZPO). Diese Rechtsprechung hat der BGH später aufgegeben und entschieden, dass es für die Festsetzbarkeit einer Einigungsgebühr ausreicht, wenn glaubhaft gemacht wird, dass die Parteien eine Vereinbarung i.S.v. VV 1000 Abs. 1 S. 1 RVG geschlossen haben.[262]

---

252 KG StRR 2008, 427; OLG Frankfurt StV 2008, 128 = NStZ-RR 2008, 47= StRR 2008, 69; OLG Köln StraFo 2008, 348 = NJW-Spezial 2008, 506; OLG Düsseldorf StraFo 2007, 156; OLG Bamberg NJW 2006, 1536 = NStZ 2006, 467 = NJW-Spezial 2006, 283; OLG Brandenburg NStZ-RR 2009, 64.
253 OLG Frankfurt StV 2008, 128 = NStZ-RR 2008, 47= StRR 2008, 69.
254 OLG Naumburg StRR 2010, 242 = RVGreport 2010, 333.
255 KG StRR 2008, 427; OLG Köln StraFo 2008, 348 = NJW-Spezial 2008, 506; OLG Köln NStZ 2006, 514 = JMBl NW 2007, 69.
256 OLG Braunschweig, Beschl. v. 9.6.2011 – Ws 126/11; OLG Oldenburg StV 2010, 351 = NStZ-RR 2010, 210 = StRR 2010, 267; OLG Frankfurt StV 2008, 128 = NStZ-RR 2008, 47= StRR 2008, 69; OLG Köln StRR 2010, 427; OLG Braunschweig StraFo 2008, 428; OLG Bamberg NJW 2006, 1536 = NStZ 2006, 467 = NJW-Spezial 2006, 283; OLG Naumburg StraFo 2005, 73; Burhoff/Volpert, RVG Straf- und Bußgeldsachen, 2. Aufl., § 54 Rn 19; **a.A.** OLG Naumburg StRR 2010, 242 = RVGreport 2010, 333; OLG Köln StraFo 2008, 348 = NJW-Spezial 2008, 506; OLG Jena Jur.Büro 2006, 365; offengelassen von OLG Jena NJ 2008, 421.
257 OLG Naumburg StRR 2010, 242 = RVGreport 2010, 333.
258 OLG Bamberg NJW 2006, 1536 = NStZ 2006, 467 = NJW-Spezial 2006, 283; OLG Naumburg StraFo 2005, 73; **a.A.** OLG Naumburg StRR 2010, 242 = RVGreport 2010, 333.
259 BVerfG StRR 2009, 276 = RVGreport 2009, 260 = AnwBl. 2009, 551; BVerfG StraFo 2009, 274 = StV 2010, 87 = JurBüro 2009, 418.
260 Insoweit BGH NJW 2002, 3713.
261 BGH AGS 2006, 403 = NJW 2006, 1523 = RVGreport 2006, 234.
262 Vgl. RVGreport 2007, 275; vgl. insoweit NJW 2006, 1523 = RVGreport 2006, 234 = AGS 2006, 403.

Diese Rechtsprechung des BGH hat auch Auswirkungen auf die Festsetzbarkeit der Einigungsgebühr im Vergütungsfestsetzungsverfahren gegen die Staatskasse. Insoweit wird erst recht keine förmliche gerichtliche Vergleichsprotokollierung (mehr) gefordert werden können, weil die Festsetzung gemäß § 55 anders als die Kostenfestsetzung gemäß §§ 103 ff. ZPO keinen zur Zwangsvollstreckung geeigneten Titel voraussetzt.[263]

j) Prüfungsumfang bei Beratungshilfe

88 Es findet grundsätzlich keine Prüfung statt, ob die **Beratungshilfe** durch den Rechtspfleger zu Recht bewilligt worden ist. Umstritten ist, ob die Erforderlichkeit der Vertretung (VV 2503) im Verfahren gem. § 55 zu prüfen ist (vgl. auch VV Vor 2.5 Rdn 29.[264] Gleiches gilt für die Prüfung, ob die vergleichsweise Regelung zur Rechtsverfolgung „notwendig" im Sinne des § 91 ZPO war. Das OLG Stuttgart hat hierzu Folgendes ausgeführt:[265]

> Müsste der Urkundsbeamte tatsächlich jede gebührenrechtlich relevante Tätigkeit des Rechtsanwalts auf ihre Notwendigkeit hin überprüfen, würde dies eine unzulässige Einflussnahme auf die Tätigkeit des Rechtsanwalts bedeuten, der in eigener Verantwortung entscheidet, wie er für den Rechtssuchenden im Rahmen der Beratungshilfe am besten tätig wird. Dem Urkundsbeamten fehlt hierfür zudem die Kompetenz. Nur dem Rechtsanwalt stehen alle Informationen zur Verfügung, die ihm eine interessengerechte Tätigkeit für den Rechtssuchenden ermöglichen. Dagegen kann der Urkundsbeamte der Geschäftsstelle, der kein Volljurist ist, aufgrund der meist wenigen ihm bekannten Informationen nicht beurteilen, ob der Rechtsanwalt zu gebührenintensiv gearbeitet hat. Daraus ergibt sich jedoch auch für den Rechtsanwalt eine besondere Verpflichtung, nur das wirklich Notwendige zu veranlassen. Nur insoweit genießt er Vertrauensschutz, der sich aus der Bewilligung der Beratungshilfe ergibt.
>
> Beantragt der Rechtsanwalt deshalb für eine von vornherein aussichtslose Angelegenheit für den Rechtssuchenden Beratungshilfe und wird er dann in dieser Angelegenheit tätig, wird z.T. ein Rückforderungsrecht der Staatskasse hinsichtlich der insoweit ausgezahlten Vergütung bejaht. Wenn aber die Vergütung zurückgefordert werden kann, wenn die Beratungshilfe bewilligt worden war für eine Angelegenheit, die – für den antragstellenden Rechtsanwalt erkennbar von vornherein aussichtslos, weil dem Gesetz widersprechend war –, so muss bereits deren Auszahlung unter Aufhebung des Bewilligungsbeschlusses verweigert werden können. Weder der Anwalt noch der Ratsuchende genießen in diesem Fall gegenüber der Staatskasse Vertrauensschutz. § 124 ZPO muss hier entsprechende Anwendung finden.[266] Die Aufhebung der Bewilligung kann jedoch aus den oben genannten Gründen nicht vom Urkundsbeamten vorgenommen werden, sondern nur von dem Rechtspfleger, der den Berechtigungsschein erteilt hat."[267]

Zutreffend erscheint es deshalb davon auszugehen, dass die Prüfungspflicht des Urkundsbeamten im Festsetzungsverfahren gem. § 55, das vom vorhergehenden Bewilligungsverfahren zu unterscheiden ist, grds. lediglich das Bestehen des Vergütungsanspruchs umfasst, ob die Vergütung richtig berechnet ist und ob die berechneten Auslagen zur sachgemäßen Durchführung der Angelegenheit erforderlich waren (§ 46). Sofern der Gegenauffassung gefolgt wird, ist zu berücksichtigen, dass dem Rechtsanwalt hinsichtlich der Erforderlichkeit der Vertretung ein Ermessensspielraum zusteht.[268] Die Erforderlichkeit der Vertretung ist dann im Vergütungsfestsetzungsverfahren darzulegen und glaubhaft zu machen, § 55 Abs. 5 S. 1, § 104 Abs. 2 ZPO.[269]

---

263 OVG Hamburg Rpfleger 2008, 46 = NJW 2008, 538; vgl. auch OLG Zweibrücken RVGreport 2006, 383; OLG Braunschweig RVGreport2007, 141; **a.A.** OLG Nürnberg RVGreport 2005, 478 = JurBüro 2006, 75 = NJW-RR 2006, 1367.
264 Ja: LG Itzehoe, Beschl. v. 4.5.2011 – 4 T 73/11, juris; AG Brühl NJW 2012, 243; AG Halle AGS 2012, 239; Nein:OLG Stuttgart JurBüro 2007, 434 = Rpfleger 2007, 613; LG Berlin, Beschl. v. 22.5.2013 – 82 T 532/12, juris.
265 OLG Stuttgart Rpfleger 2008, 502 = OLGR Stuttgart 2008, 696 ZVI 2008, 501= RVGprof. 2008, 187; OLG Stuttgart RVGreport 2007, 265 = Rpfleger 2007, 613 = MDR 2007, 1400 = JurBüro 2007, 434.
266 OLG Stuttgart Rpfleger 2008, 502 = OLGR Stuttgart 2008, 696 ZVI 2008, 501= RVGprof. 2008, 187; OLG Stuttgart RVGreport 2007, 265 = Rpfleger 2007, 613 = MDR 2007, 1400 = JurBüro 2007, 434
267 Vgl. hierzu auch *Hansens*, JurBüro 1987, 329 m. abl. Anm. zu AG Steinfurt, Rpfleger 1986, 110; *Hansens*, Anmerkung zu AG Koblenz in JurBüro 1995, 200.
268 Vgl. AG Brühl NJW 2012, 243.
269 LG Itzehoe, Beschl. v. 4.5.2011 – 4 T 73/11, juris.

k) Überprüfung kostensparender Prozessführung

Ergeben sich Hinweise darauf, dass der Anwalt den Mandanten nicht interessengerecht vertreten haben könnte wie etwa bei einer willkürlichen Aufspaltung oder Trennung der Angelegenheit in mehrere Verfahren, wird die Auffassung vertreten, dass der Urkundsbeamte der Geschäftsstelle dem nachzugehen und solche **Gebühren abzusetzen hat**, die bei sachgerechter – insbesondere kostengünstiger – Handhabung des Mandats nicht angefallen wären (siehe § 45 Rdn 42 f.).[270] Das soll auch für die **Beratungshilfe gelten**.[271] Die Auffassung, dass die Verpflichtung des beigeordneten Rechtsanwalts zur kostensparenden Prozessführung im Festsetzungsverfahren gemäß § 55 zu prüfen ist, wird insbesondere in der **Arbeitsgerichtsbarkeit** vertreten: Wenn aus der Sicht einer bemittelten Partei für die Geltendmachung mehrerer Ansprüche in verschiedenen arbeitsgerichtlichen Verfahren keine vernünftigen Gründe bestanden haben, erhält der Rechtsanwalt aus der Staatskasse lediglich die Vergütung für ein wegen aller Ansprüche fiktiv geführtes einheitliches Verfahren (subjektive Klagehäufung).[272]

Es erscheint allerdings fraglich, ob sich das stark formalisierte Festsetzungsverfahren vom Grundsatz her dafür eignet, eine nachträgliche Beurteilung der Prozess- und Verfahrensführung vorzunehmen und insbesondere festzustellen, ob diese **mutwillig** (§ 114 ZPO) war. Deshalb wird teilweise auch die Auffassung vertreten, dass Sachverhalte, die das Gericht bei der Bewilligung der Prozess- oder Verfahrenskostenhilfe geprüft hat oder hätte prüfen müssen, für die Vergütungsfestsetzung nach § 55 bindend sind.[273] Die Beurteilung des Gerichts kann dann in der Vergütungsfestsetzung nicht mehr in Zweifel gezogen oder abweichend beurteilt werden. Es wird daher grundsätzlich darauf abzustellen sein, dass die Frage der kostensparenden Prozessführung nur im Rahmen der Prüfung der Mutwilligkeit (§ 114 ZPO) bei der Bewilligung der Prozess- bzw. Verfahrenskostenhilfe und der Beiordnung und nicht erst im Festsetzungsverfahren zu prüfen ist.[274] Eine gegenständliche Beschränkung der Bewilligung und Beiordnung (siehe Rdn 76) muss deshalb bereits in der Grundentscheidung zum Ausdruck kommen. Es reicht nicht, den Einwand vermeidbarer Mehrkosten der Festsetzung gemäß § 55 vorzubehalten, weil dann ein Widerspruch zwischen uneingeschränkter Prozesskostenhilfebewilligung und eingeschränkter Kostenfestsetzung auftreten kann.[275] Wird aber eine Beschränkung in der Bewilligung bzw. Beiordnung ausgesprochen, ist diese für die Festsetzung bindend (siehe dazu Rdn 76 ff.).[276]

Die Frage der kostensparenden Prozess- bzw. Verfahrensführung stellt sich häufig auch dann, wenn eine Familiensache außerhalb und nicht als **Folgesache** innerhalb des **Scheidungsverbunds** anhängig gemacht worden ist. Der BGH hat insoweit entschieden, dass die Geltendmachung einer zivilprozessualen Scheidungsfolgesache (bis 1.9.2009) außerhalb des Verbundverfahrens grundsätzlich nicht mutwillig im Sinne von § 114 ZPO ist.[277] Das hat der BGH im Wesentlichen damit begründet, dass die Sicht einer vermögenden Partei maßgebend ist, die in erster Linie auf die sie allein treffenden

---

270 Vgl. OLG Hamm AGS 2014, 192 = FamRZ 2014, 1879 = RVGreport 2014, 185; OLG Hamm MDR 2009, 294 = JurBüro 2009, 98 = FamRZ 2009, 362; OLG Rostock FamRZ 1999, 597; OLG Düsseldorf JurBüro 1994, 547; OLG Stuttgart MDR 2008, 948 = AGS 2008, 244 = JurBüro 2008, 261 zur Absetzung von Reisekosten (allerdings kann der beigeordnete Distanzanwalt entgegen der dort vertretenen Ansicht Terminsreisekosten stets abrechnen; siehe BGH NJW RR 2005, 1662 = AnwBl 2005, 792).
271 LG Koblenz AGS 2003, 512 m. Anm. *Mock*; AG Koblenz JurBüro 1995, 200 m. Anm. von *Hansens*; AG Eschweiler Rpfleger 1992, 68 m. Anm. *Bratfisch*; AG Steinfurt Rpfleger 1986, 110.
272 Vgl. LAG München JurBüro 2010, 26; LAG München, Beschl. v. 8.1.2010 – 10 Ta 349/08, juris; LAG Rheinland-Pfalz MDR 2008, 532; ArbG München AGS 2009, 38.
273 OLG Schleswig AGS 2009, 34 = FamRZ 2009, 537 = SchlHA 2008, 461 = OLGR Schleswig 2008, 671; OLG Köln NJWE-FER 2000, 189 = FamRZ 2000, 1021; OLG Zweibrücken JurBüro 1995, 362 = Rpfleger 1995, 364 = FamRZ 1996, 682.
274 OLG Karlsruhe FamRZ 2009, 361 = OLGR Karlsruhe 2009, 282; OLG Brandenburg FamRZ 2001, 1712 = MDR 2001, 1170 = NJWE-FER 2001, 241; OLG Dresden OLGR Dresden 2000, 404 = FamRZ 2001, 230; OLG Oldenburg AGS 2001, 90 = FamRZ 2001, 630; OLG Frankfurt FamRZ 2001, 629; OLG Köln NJWE-FER 2000, 189 = FamRZ 2000, 1021; OLG Schleswig FamRZ 2000, 430; OLG Jena FamRZ 2000, 100.
275 OLG Köln NJWE-FER 2000, 189 = FamRZ 2000, 1021.
276 OLG Schleswig AGS 2009, 34 = FamRZ 2009, 537 = SchlHA 2008, 461 = OLGR Schleswig 2008, 671; OLG Jena FamRZ 2000, 100; OLG Köln FamRZ 2000, 1021; OLG Frankfurt FamRZ 1997, 1411.
277 BGH AGS 2005, 241 = NJW 2005, 1497 = FamRZ 2005, 786 = ZFE 2005, 206 = RVGreport 2005, 235 = MDR 2005, 930; so auch OLG Naumburg FamRZ 2009, 14; **a.A.** z.B. OLG Zweibrücken FamRZ 2003, 1759; OLG Brandenburg FamRZ 2003, 458.

und nicht die gesamten Kosten achtet. Jedenfalls im Falle der isolierten Geltendmachung einer zivilprozessualen Folgesache (vgl. seit 1.9.2009: § 112 FamFG: Familienstreitsache) erlangt die obsiegende Partei einen Kostenerstattungsanspruch gegen den Gegner, während im Scheidungsverbund auch die Kosten der Folgesachen gegeneinander aufgehoben werden. Eine Kostenentscheidung zu Lasten des Gegners ermöglicht es der Staatskasse wiederum, die gemäß § 59 RVG übergegangene Verfahrenskostenhilfevergütung sowie die Gerichtskosten gegen den Gegner geltend zu machen.

92 Vor dem Hintergrund dieser BGH- Entscheidung ist es fraglich, ob die Festsetzung gemäß § 55 der richtige Ort ist, um die Mutwilligkeit der Verfahrensführung und eine evtl. Pflichtwidrigkeit des beigeordneten Anwalts zu überprüfen.

Ein eindeutiger und damit leicht feststellbarer Verstoß gegen den Grundsatz kostensparender Prozessführung kann aber ausnahmsweise im Festsetzungsverfahren nach § 55 zu berücksichtigen sein. So hat das OLG Hamm[278] eine zum Verlust des Vergütungsanspruchs führende Pflichtwidrigkeit in einem Fall bejaht, in dem der beigeordnete Anwalt die Sorgerechts- und die Umgangsregelung zunächst in getrennten Verfahren anhängig gemacht hatte. Zwar wurde der Rechtsanwalt in jedem der beiden Verfahren im Wege der PKH beigeordnet. Das Gericht hat jedoch kurze Zeit nach Anhängigmachung der Verfahren und Bewilligung der PKH die beiden Verfahren miteinander verbunden. Die Tätigkeiten in den beiden ursprünglich eigenständigen Verfahren waren nach Auffassung des OLG Hamm nicht aus der Staatskasse zu vergüten. Denn ohne PKH hätte sich der Anwalt bei einer derart getrennten Antragstellung gegenüber seinem Mandanten wegen positiver Forderungsverletzung schadensersatzpflichtig gemacht mit der Folge, dass er den Vergütungsanspruch nicht hätte geltend machen können. Kann der Vergütungsanspruch gegen die Partei nicht durchgesetzt werden, kann die Staatskasse nicht schlechter stehen als der Mandant.[279]

Folge eines Anwaltsverschuldens, das bei Nichtbewilligung der PKH die Durchsetzung einer Vergütungsforderung gegen den Mandanten vereitelt hätte, darf nicht der Erwerb einer Anwaltsvergütung für eben die wegen des Anwaltsverschuldens unzulässige Prozess- oder Verfahrenshandlung gegen die Staatskasse sein. So wird trotz der Beiordnung ein Vergütungsanspruch für ein verspätet eingelegtes und als unzulässig verworfenes Rechtsmittel verneint, wenn der beigeordnete Rechtsanwalt die Frist für die Wiedereinsetzung in den vorigen Stand aus eigenem Verschulden versäumt hat.[280]

II. Festsetzung der weiteren Vergütung (Abs. 6)

93 Bei der weiteren Vergütung geht es um einen besonderen Vergütungsanspruch, der nur dem Anwalt zustehen kann, der im Wege der Prozesskostenhilfe (auch in Strafsachen als Vertreter der Nebenklage oder der Privatklage) oder Verfahrenskostenhilfe in Familiensachen (§ 12) beigeordnet worden ist. Ob ein Anspruch auf weitere Vergütung besteht und wie dieser geltend gemacht wird, regelt § 50. Demgegenüber verhält sich Abs. 6 über das Festsetzungsverfahren. Er legt die besonderen Antragsvoraussetzungen, die Mitwirkungspflicht des beigeordneten Anwalts bei der Überprüfung dieses Antrages durch den Urkundsbeamten der Geschäftsstelle und die sich für den Fall einer Nichtbeachtung dieser Pflicht ergebenden Rechtsfolgen fest.

1. Anordnung einer Antragsfrist

94 Im Gegensatz zum Antrag des beigeordneten oder bestellten Anwalts auf Festsetzung der Grundvergütung nach § 49 oder eines Vorschusses nach § 47, der keinerlei Befristung unterliegt und für den es nur gilt, die Verjährung (vgl. Rdn 51 f.) oder eine Verwirkung (vgl. Rdn 53) zu vermeiden, ermächtigt Abs. 6 den Urkundsbeamten der Geschäftsstelle, dem im Wege der Prozess- oder Verfahrenskostenhilfe beigeordneten Anwalt für die Stellung des Antrages auf weitere Vergütung eine **Ausschlussfrist** von einem Monat zu setzen. Der Ausschlusswirkung wegen ist die Fristsetzung jedoch **nur wirksam**, wenn sie sich **zweifelsfrei aus dem Aufforderungsschreiben** ergibt – ohne Hinweis auf die Ausschlussfrist tritt die Ausschlusswirkung nicht ein –[281] und wenn das Original

---

[278] FamRZ 2009, 362 = JurBüro 2009, 98 = MDR 2009, 294

[279] Vgl. auch BGH NJW 2004, 2817; BVerwG Rpfleger 1995, 75; OLG Karlsruhe JurBüro 1992, 558 = MDR 1992, 619.

[280] BVerwG Rpfleger 1995, 75; OLG Karlsruhe JurBüro 1992, 558 = MDR 1992, 619.

[281] Vgl. OLG Zweibrücken AGS 2005, 351 = Rpfleger 2005, 445 (die Aufforderung, einen Antrag gemäß § 55 Abs. 6 zu stellen, reicht nicht).

des Schreibens von dem Urkundsbeamten der Geschäftsstelle **mit vollem Namen** und nicht lediglich mit einer Abkürzung (Paraphe) **unterschrieben** und eine beglaubigte Abschrift der ordnungsgemäß unterzeichneten Verfügung zugestellt wird.[282] Der Beschluss ist **zuzustellen** (§ 329 Abs. 2 S. 2 ZPO). Eine nur formlose Übersendung setzt jedenfalls die Frist nicht in Lauf. Wird eine **Ausfertigung** zugestellt, muss diese zur Wirksamkeit der Zustellung einen **vollständigen Ausfertigungsvermerk mit Unterschrift** des Urkundsbeamten der Geschäftsstelle enthalten.[283] Die Frist beginnt mit dem Zugang der Aufforderung bei dem Anwalt und ist eingehalten, wenn der Antrag innerhalb eines Monats bei dem Gericht eingeht, dessen Urkundsbeamter die Frist gesetzt hat.

Allein die **Nichteinhaltung** der Frist befreit die Staatskasse von jeder weiteren Zahlung. **Sämtliche Vergütungsansprüche** des Anwalts **aus der konkreten Beiordnung** – nicht nur der Anspruch auf die weitere Vergütung, sondern auch der auf die Grundvergütung (Tabelle zu § 49) – **erlöschen** (Abs. 6 S. 2).[284] Ein bereits gem. § 55 erlassener Festsetzungsbeschluss über die Grundvergütung ist aufzuheben.[285] Nach Fristablauf kann der Urkundsbeamte den Vorgang sofort abschließen und einen etwaigen Überschuss an die Partei auskehren. Mit Weiterungen braucht er nicht zu rechnen, da im Interesse der Abrechnungsklarheit der **Anspruchsverlust** des beigeordneten Anwalts **endgültig** ist. Die Frist ist keine Notfrist; eine Wiedereinsetzung in den vorigen Stand gegen ihre Versäumung scheidet aus.[286] Die Feststellung des Erlöschens der Ansprüche sollte durch Beschluss erfolgen, dessen Anfechtung sich nach § 56 richtet.[287]

95

Der Urkundsbeamte der Geschäftsstelle ist **nicht befugt**, eine **andere als** die vom Gesetz vorgesehene **Monatsfrist** zu setzen. Eine Verkürzung der Frist würde den Anwalt noch mehr belasten und bedürfte deshalb ohnehin einer besonderen gesetzlichen Grundlage. Aber auch eine **längere Frist** als einen Monat, die dem beigeordneten Anwalt mehr Zeit ließe, **führt nicht zum Anspruchsverlust** im Falle ihrer Nichtbeachtung, weil angesichts der stringenten Rechtsfolge das Gesetz eng auszulegen ist.

96

Bestreitet der beigeordnete Anwalt die **Überschreitung der Monatsfrist** oder ist unklar, ob der Antrag rechtzeitig eingegangen ist, so hat nach allgemeinen Darlegungsgrundsätzen die **Staatskasse** die Nichteinhaltung **nachzuweisen**, wenn sie sich auf die Rechtsfolge des Abs. 6 S. 2 berufen will. Die bundeseinheitlichen Verwaltungsbestimmungen schreiben deshalb vor, die Aufforderung gegen **Empfangsbekenntnis** vorzunehmen (vgl. Rdn 1).[288] Ferner ist der Eingang des Antrages verlässlich zu dokumentieren.

97

2. Bearbeitung des Antrages durch den Urkundsbeamten

Vor der Festsetzung einer weiteren Vergütung hat sich der Urkundsbeamte zunächst davon zu **überzeugen**, dass das **Verfahren** durch rechtskräftige Entscheidung oder in sonstiger Weise **beendet** ist (§ 50 Abs. 1 S. 2), dass sämtliche beigeordneten Anwälte ihre **Grundvergütung erhalten** haben und dass der **Betrag zur Deckung der Kosten** gemäß § 122 Abs. 1 Nr. 1 ZPO **ermittelt** ist (vgl. Rdn 1).[289] So kann er abschließend **feststellen**, welcher Betrag aus den Ratenzahlungen der kostenbefreiten Partei(en) **vorab zu regulieren ist**, bevor überhaupt eine weitere Vergütung für einen beigeordneten Anwalt aus der Staatskasse in Betracht kommt.

98

Sodann hat der Urkundsbeamte zu **überprüfen, was tatsächlich an Raten eingegangen ist** und ob **weitere Eingänge zu erwarten** stehen. Da eine weitere Vergütung nur als Endabrechnung festgesetzt werden soll (§ 50 Abs. 1 S. 2), muss gewährleistet sein, dass der zur Verteilung anstehende Gesamtbetrag als **voraussichtlich endgültig** feststeht. Sollten sich keine Zahlungsprobleme ergeben haben,

99

---

282 OLG Düsseldorf AGS 2007, 96 = RVGreport 2007, 30 = JurBüro 2007, 42 = OLGR 2007, 293 und MDR 1989, 556; OLG Bamberg JurBüro 1993, 89; für richterliche Verfügungen, die eine Frist in Lauf setzen, BGH MDR 1990, 1095 und BGH NJW 1980, 1168 = MDR 1980, 572.
283 BGH NJW 1987, 2868.
284 OLG Koblenz AGS 2013, 136 = JurBüro 2013, 206; OLG Zweibrücken AGS 2013, 530 = Rpfleger 2013, 625; OLG Düsseldorf, Beschl. v. 12.8.2011 – II-5 WF 85/11; OLG Köln NJW-RR 1999, 1583; OLG Zweibrücken JurBüro 1998, 591 = Rpfleger 1998, 434 = FamRZ 1999, 391; OLG Koblenz AGS 2003, 548; KG JurBüro 1984, 1692; LG Bayreuth JurBüro 1992, 743.
285 OLG Düsseldorf, Beschl. v. 12.8.2011 – II-5 WF 85/11.
286 OLG Köln NJW-RR 1999, 1583; OLG Bamberg JurBüro 1993, 89; KG JurBüro 1984, 1692.
287 KG JurBüro 1984, 1692; Gerold/Schmidt/*Müller-Rabe*, RVG, § 55 Rn 38; vgl. auch OLG Düsseldorf, Beschl. v. 12.8.2011 – II-5 WF 85/11.
288 Teil A Nr. 2.5.2 VwV Vergütungsfestsetzung.
289 Teil A Nr. 2.5 VwV Vergütungsfestsetzung.

ist das der Fall, wenn alle nach § 115 Abs. 1 S. 4 ZPO aufzubringenden Monatsraten eingegangen sind. Das kann bis zu 48 Monate dauern, falls nicht die Ratenzahlungspflicht vorher endet, weil der Betrag der Gesamtkosten erreicht ist. Sind hingegen aufzubringende Raten (teilweise) nicht gezahlt worden, so hat der Urkundsbeamte die **Durchsetzbarkeit des Ratenzahlungsanspruchs** der Staatskasse zu prüfen. Steht bereits fest oder zu erwarten, dass mit weiteren Geldeingängen nicht mehr gerechnet werden kann, so hat er das Ratenzahlungskonto abzuschließen und die Summe als Endbetrag festzuhalten.

100 Werden die Gerichtskosten, die der Prozesskostenhilfe-Partei zuzuordnen sind (§ 122 Abs. 1 Nr. 1 Buchst. a ZPO), die an den beigeordneten Anwalt gezahlte Grundvergütung (§ 122 Abs. 1 Nr. 1 Buchst. b ZPO) sowie eine etwaige Zweitschuldnerhaftung der PKH-Partei (vgl. Rdn 1)[290] durch den Endbetrag gedeckt (vgl. Rdn 1)[291] und verbleibt darüber hinaus noch ein **Überschuss**, so ist es Aufgabe des Urkundsbeamten der Geschäftsstelle, diesen anspruchsgerecht auszukehren. Dazu benötigt er die Angaben eines jeden beigeordneten Anwalts, ob und in welcher Höhe der Anwalt **zwischenzeitlich Zahlungen** von der Partei oder einem Dritten erhalten hat, die im Festsetzungsverfahren noch nicht mitgeteilt worden sind. Denn eine **weitere Vergütung** kann für den beigeordneten Anwalt **nur insoweit** anfallen, **als der Unterschiedsbetrag** zwischen der ausgezahlten Grundvergütung und den Regelgebühren – teilweise – noch offen und **nicht** bereits durch andere Leistungen **gedeckt ist**. Zahlungen der Partei, die auch zum Ausgleich des Unterschiedsbetrages zwischen Grundvergütung und Regelgebühren nicht benötigt werden, sind an diese wieder auszukehren.

3. Anspruchsverlust mangels Zahlungsanzeige

101 Angesichts der **Bedeutung des Abrechnungsstadiums** bei dem beigeordneten Anwalt im Verhältnis zur Partei **für die Verwendung der von der Staatskasse eingezogenen Beträge**, die zur Deckung der Kosten nach § 122 Abs. 1 Nr. 1 ZPO nicht benötigt werden, postuliert Abs. 6 auch insoweit eine **Erklärungspflicht** des Anwalts, die von dem Urkundsbeamten **befristet** werden kann und deren Verletzung unter der **Sanktionsandrohung** des vollständigen Anspruchsverlustes steht.

Danach ist der Urkundsbeamte der Geschäftsstelle ermächtigt, dem beigeordneten Anwalt zur **Mitteilung** von **zwischenzeitlich eingegangenen Zahlungen**, die ebenfalls **anzeigepflichtig** sind (Abs. 5 S. 2), eine **Frist von einem Monat** zu setzen. Zwar wird er von dieser Möglichkeit nur Gebrauch machen (dürfen), wenn ihm zweifelhaft erscheint, ob der Anwalt seiner Anzeigepflicht vollständig nachgekommen ist. Erhält jedoch der Anwalt eine solche – formell fehlerfreie (vgl. Rdn 94) – Aufforderung, sollte er sich umgehend damit befassen, weil die **Versäumung der Frist** sämtliche noch nicht erfüllten Ansprüche aus der Beiordnung gegenüber der Staatskasse entfallen lässt (Abs. 6 S. 2). Insoweit gelten die nämlichen Rechtsfolgen wie bei einer **nicht fristgerechten Antragstellung** (vgl. Rdn 95). Es erlöschen sämtliche Ansprüche aus der Beiordnung, also auch der Anspruch auf die Grundvergütung (Tabelle zu § 49) und nicht nur der Anspruch auf die weitere Vergütung (§ 50).

III. Festsetzung von Rahmengebühren

102 Erhält der Anwalt Rahmengebühren (vgl. VV 3102, 3106, 3204, 3205, 3212, 3213), so hat der Urkundsbeamte nicht nur zu prüfen, ob der Gebührentatbestand erfüllt ist, sondern auch darüber zu befinden, ob die **Bestimmung der Gebühr durch den Anwalt** (§ 14 Abs. 1 S. 1) für die Staatskasse **womöglich nicht verbindlich** ist, weil sie unbillig erscheint.[292] § 14 Abs. 1 S. 4 gilt für die Vergütung des beigeordneten oder bestellten Anwalts **entsprechend**, da die Einstandspflicht der Staatskasse und die Ersatzpflicht eines Dritten nach der Interessenlage vergleichbar sind (vgl. § 46 Rdn 5 f.).[293] Wird § 14 Abs. 1 S. 4 für unanwendbar gehalten, nimmt der Urkundsbeamte zugunsten der Staatskasse eine Billigkeitskontrolle nach § 315 Abs. 3 S. 1 BGB vor.[294]

---

290 Vgl. hierzu Teil A Nr. 2.5.1.3 VwV Vergütungsfestsetzung.

291 Vgl. zu den vom Urkundsbeamten im Einzelnen zu überprüfenden Beträgen Teil A Nr. 2.5.1.3 VwV Vergütungsfestsetzung.

292 SG Nordhausen, Beschl. v. 27.6.2016 – S 13 SF 2009/14 E, juris.

293 Vgl. OLG Köln JurBüro 1996, 357 und OLG Düsseldorf JurBüro 1982, 871 zum inhaltsgleichen § 12 Abs. 1 S. 2 BRAGO.

294 Gerold/Schmidt/*Müller-Rabe*, RVG, § 55 Rn 32.

Meldet der Anwalt lediglich die **Mittelgebühren** zur Festsetzung an, so braucht er diese Bestimmung **nicht zu begründen**, weil sich die Übung herausgebildet hat, eine Vergütung in dieser Höhe als Normalfall anzusehen (vgl. § 47 Rdn 11). Will der **Urkundsbeamte niedrigere Beträge** festsetzen (siehe Rdn 103), muss er **überprüfbar begründen**, weshalb er eine normale Entlohnung für völlig übersetzt hält. Andererseits hat der **Anwalt glaubhaft darzulegen** (Abs. 5 S. 1), dass eine Entlohnung nur in Höhe der **Mittelgebühren unbillig** wäre, wenn er **höhere Beträge** von der Staatskasse begehrt. Deren Bestimmung als angemessene Vergütung ist zu **begründen**. Fehlt entsprechender Vortrag oder sind die ihn tragenden Tatsachenbehauptungen nicht glaubhaft, ist die Bestimmung des Anwalts für das Festsetzungsverfahren **unverbindlich**.[295] Festzusetzen sind die Mittelgebühren – es sei denn, der Urkundsbeamte hat gemäß den nachstehenden Ausführungen gute Gründe, auch diese als noch übersetzt anzusehen.

Kommt der Anwalt seiner Darlegungslast nach, indem er die Bestimmung von Beträgen oberhalb der Mittelgebühren auf **glaubhaftes tatsächliches Vorbringen** stützt, scheidet eine niedrigere Festsetzung in der Regel aus, auch wenn der Urkundsbeamte fehlerfrei zu der Einschätzung gelangt, die Fakten tragen die Erhöhung nicht.[296] Das Bestimmungsrecht des Anwalts nach § 14 Abs. 1 S. 1 enthält einen **Beurteilungsspielraum**, den auszufüllen der **Entscheidungskompetenz des Anwalts** unterliegt. Deshalb braucht die Höhe der von ihm bestimmten Gebühren dem Urkundsbeamten lediglich als (noch) **vertretbar** zu erscheinen. An dieser Voraussetzung fehlt es nach allgemeiner Meinung erst dann, wenn die vom Anwalt bestimmten Beträge um mehr als 20 % über den Beträgen liegen, die ein unbeteiligter Dritter als angemessen erachten würde.[297] **Abweichungen bis einschließlich 20 %** liegen noch **innerhalb des Toleranzbereichs**, den die Staatskasse als nicht unbillig hinnehmen muss.

103

IV. Bußgeldverfahren vor der Verwaltungsbehörde (Abs. 7)

Abs. 1 und 5 gelten für den von der Verwaltungsbehörde im Bußgeldverfahren beigeordneten oder bestellten Rechtsanwalt (vgl. § 60 OWiG) entsprechend. Die Vergütung und ein Vorschuss hierauf werden im Bußgeldverfahren auf Antrag des Rechtsanwalts von der Verwaltungsbehörde festgesetzt. Für Form und Inhalt des Antrags gilt Abs. 5 (vgl. Rdn 19 ff.).

104

Abs. 7 gilt nicht für den vom **Bundesamt für Justiz** gemäß §§ 87e, 53 IRG zum Beistand bestellten Rechtsanwalt in Verfahren auf Bewilligung der **Vollstreckung europäischer Geldsanktionen**. Denn diese Bestellung verschafft dem Beistand keinen Vergütungsanspruch hinsichtlich der im Verfahren vor dem Bundesamt anfallenden Verfahrensgebühr VV 6100 gegen die Staatskasse, weil Voraussetzung für den Vergütungsanspruch des Beistands gegen die Staatskasse gemäß § 45 Abs. 3 S. 1 dessen **gerichtliche** Bestellung ist. Der durch das 2. KostRMoG mit Wirkung vom 1.8.2013 eingefügte § 59a Abs. 2 ordnet aber an, dass für den durch das Bundesamt für Justiz bestellten Beistand die Vorschriften über den gerichtlich bestellten Rechtsanwalt entsprechend gelten. Der vom Bundesamt bestellte Beistand erhält seine gesetzliche Vergütung gem. §§ 59a Abs. 2 S. 1, 45 Abs. 3 aus der Bundeskasse. Für die Festsetzung der Vergütung des Beistands ist gem. § 59a Abs. 2 S. 2 nicht der Urkundsbeamte der Geschäftsstelle, sondern das Bundesamt für Justiz zuständig. Auf die Erl. zu § 59a wird verwiesen.

V. Rückzahlungsanspruch der Staatskasse gegen den Anwalt

1. Keine Änderung von Amts wegen

Hat der Urkundsbeamte der Geschäftsstelle **versehentlich zu viel festgesetzt**, ergibt die Endabrechnung des Verfahrens oder eine nachträgliche Änderung der Rechtsprechung oder Herabsetzung des Streitwertes, dass die Staatskasse dem bestellten oder beigeordneten Anwalt einen **geringeren als den festgesetzten Betrag geschuldet** hat, dann kann der Urkundsbeamte der Geschäftsstelle **nicht**

105

---

295 OLG München RVGreport 2004, 31; OLG Düsseldorf Rpfleger 2002, 271; OLG Köln JurBüro 1996, 357.
296 OLG Düsseldorf JurBüro 1982, 871; OLG Saarbrücken JurBüro 1982, 714.

297 Vgl. OLG Düsseldorf Rpfleger 2002, 271; JurBüro 1983, 875; AnwBl 1982, 262; *Hansens*, RVGreport 2004, 31.

von sich aus eine **Rückzahlungsanordnung** treffen.[298] Eine (rückwirkende) Aufhebung der Bewilligung von Prozesskostenhilfe hat keinen Einfluss auf den Vergütungsanspruch für bereits geleistete Tätigkeiten, so dass eine Rückfestsetzung insoweit nicht in Betracht kommt (siehe auch § 48 Rdn 36 ff.).

Deshalb verbietet sich insbesondere eine analoge Anwendung des § 19 Abs. 5 GKG, wonach ein Kostenansatz im Verwaltungsweg berichtigt werden kann, solange nicht eine gerichtliche Entscheidung getroffen ist.[299]

106 Der **Vertreter der Staatskasse** – für die Landeskasse ist das in der Regel der Bezirksrevisor – hat allerdings die Möglichkeit, gegen eine von dem Urkundsbeamten der Geschäftsstelle vorgenommene Festsetzung **Erinnerung** gemäß § 56 Abs. 1 oder **Beschwerde** einzulegen **mit dem Ziel**, eine **Verringerung der Vergütung** zu erreichen.[300] Dem muss der Urkundsbeamte der Geschäftsstelle **abhelfen**, wenn er die Erinnerung für begründet erachtet (vgl. § 56 Rdn 16 ff.). Damit ist eine **„Rückfestsetzung" ohne Einschaltung des Gerichts** möglich. Soweit danach eine Überzahlung des Anwalts vorliegt, hat sie die Bedeutung eines Leistungstitels, der gemäß § 1 Abs. 1 Nr. 8 JBeitrO nach dieser Verordnung zu vollstrecken ist.[301] Der Urkundsbeamte der Geschäftsstelle darf diesen Titel also nicht eigenmächtig, sondern nur nach einer (zulässigen) Erinnerung des Vertreters der Staatskasse herbeiführen. Gem. § 8 JBeitrO sind Einwendungen, die den beizutreibenden Anspruch selbst, die Haftung für den Anspruch oder die Verpflichtung zur Duldung der Vollstreckung betreffen, vom Schuldner gerichtlich geltend zu machen. Bei Ansprüchen gegen Rechtsanwälte nach § 1 Abs. 1 Nr. 8 JBeitrO erfolgt das nach den Vorschriften über die Feststellung eines Anspruchs dieser Personen. Der Rückforderungsanspruch ist deshalb gem. §§ 55, 56 festzustellen.[302] Die Vollstreckung des Rückzahlungsanspruchs richtet sich nach den Vorschriften der JBeitrO.

2. Entscheidung im Beschwerdeverfahren

107 Beruht die Auszahlung einer Vergütung an den beigeordneten oder bestellten Anwalt auf einem **Beschluss des erstinstanzlichen Gerichts** im Erinnerungsverfahren, so kann eine nachträgliche **Verringerung** dieser Vergütung **nur im Beschwerdeverfahren** erfolgen. Gleiches gilt, wenn das erstinstanzliche Gericht einer früheren **Beschwerde abgeholfen** hatte und die Angelegenheit deshalb nicht in die zweite Instanz gelangt war. Für **die Möglichkeit der nachträglichen Korrektur** steht nur die innerhalb einer **Beschwerdefrist von zwei Wochen** einzulegende Beschwerde zur Verfügung (§ 33 Abs. 3 S. 3). Hatte das **Beschwerdegericht bereits entschieden**, kommt eine **nachträgliche Abänderung überhaupt nicht mehr** in Betracht. Die Staatskasse muss die Entscheidung als **Rechtsgrund mit Bestandswirkung** und eine darauf gestützte Auszahlung endgültig hinnehmen.[303]

3. Vertrauen in die Festsetzung

108 Der Zulässigkeit einer Gebührenrückforderung durch die Staatskasse im Wege der Erinnerung oder Beschwerde soll ausnahmsweise ein **besonderes Vertrauen des Anwalts** auf den unveränderten Fortbestand der zunächst unangefochtenen Vergütungsfestsetzung entgegenstehen,[304] und zwar unabhängig davon, weshalb es zunächst zu der im Ergebnis **überhöhten Festsetzung** gekommen ist (ausführlich siehe Rdn 53 und § 56 Rdn 12 f.). Sachlich nicht begründen lässt sich die Auffassung, dass die Staatskasse eine Festsetzung stets hinnehmen muss, wenn die geringere Vergütung nur aus einer geänderten Rechtsprechung hergeleitet werden kann.[305]

---

298 OLG Hamm NJW-RR 2016, 885 = RVGreport 2016, 342; OVG Hamburg AGS 2015, 90 = Rpfleger 2013, 544; BayLSG, Beschl. v. 12.9.2012 – L 15 SF 327/10 B E, juris; OLG Bremen AGS 2007, 207 = RVGreport 2007, 183 = OLGR Bremen 2006, 850; OLG Frankfurt JurBüro 1991, 1649; LG Berlin JurBüro 1984, 573.

299 OLG Frankfurt JurBüro 1991, 1649 gegen OLG Stuttgart AnwBl 1978, 463 = JurBüro 1979, 383.

300 OLG Bremen AGS 2007, 207; OLG Frankfurt JurBüro 1991, 1649; OLG Köln JurBüro 1983, 97; OLG Hamm JurBüro 1982, 255; a.A. OLG Hamburg JurBüro 1982, 731 für den Fall, dass sich die geringere Vergütung aus einer geänderten Rspr. ergibt.

301 Teil A Nr. 1.6 VwV Vergütungsfestsetzung.

302 Riedel/Sußbauer/*Ahlmann*, § 55 Rn 45.

303 Vgl. LAG Hamm AnwBl 1994, 197 und MDR 1994, 72.

304 OLG Frankfurt JurBüro 1991, 1649 und JurBüro 1982, 1698; OLG Hamm JurBüro 1982, 877; die Staatskasse stärker einschränkend etwa KG Rpfleger 1981, 456 und OLG Celle Rpfleger 1981, 497.

305 So aber OLG Hamburg JurBüro 1982, 731.

„Wenn schon das Gesetz es gestattet, daß von nicht rechtskundigen Verfahrensbeteiligten innerhalb einer bestimmten Frist Kosten nachgefordert werden dürfen, besteht kein Anlaß, bei einem gegen einen Rechtsanwalt gerichteten Rückforderungsanspruch wegen zuviel ausgezahlter Gebühren diese Frist weiter zu verkürzen. Ein Rechtsanwalt kann in derartigen Angelegenheiten jedenfalls keinen höheren Vertrauensschutz genießen, als ihn § 20 GKG (§ 7 GKG a.F.) dem rechtskundigen Bürger einräumt."[306]

4. Auszahlung weicht von Festsetzung ab

Von der Rückforderung wegen zu hoher Festsetzung zu unterscheiden ist der Fall, in welchem dem Anwalt **mehr ausgezahlt als zu seinen Gunsten festgesetzt** worden ist. Dann ist er **ungerechtfertigt bereichert** und die Staatskasse kann die Überzahlung ohne weiteres zurückfordern. Einer Neufestsetzung bedarf es nicht, da die Festsetzung der Rechtslage entspricht und nur falsch ausgeführt worden ist.

5. Keine Berufung auf Wegfall der Bereicherung

Auf **Entreicherung** bzw. den Wegfall der Bereicherung kann sich der Anwalt bei der Rückforderung eines unberechtigt festgesetzten Betrages und eines auf Rechtsmittel der Staatskasse neu festgesetzten Betrages nicht berufen.[307] Das Recht der Staatskasse auf (teilweise) Rückforderung infolge – geringerer – Neufestsetzung oder fehlender Festsetzung ist ein **öffentlich-rechtlicher Erstattungsanspruch**, auf den **§ 818 Abs. 3 BGB nicht entsprechend** anwendbar ist.[308]

C. Erstattungsfragen

I. Das Beitreibungsrecht des beigeordneten Anwalts nach § 126 ZPO

1. Anspruchsumfang der Beitreibung im eigenen Namen

Wurde die bedürftige Partei durch den im Wege der Prozess- oder Verfahrenskostenhilfe beigeordneten Anwalt mit Erfolg vertreten und hat sie deshalb einen prozessualen **Kostenerstattungsanspruch**, so erscheint es **nur konsequent**, wenn dieser (auch) **dem Anwalt zugute kommt**. Daher gewährt § 126 Abs. 1 ZPO (für Familiensachen vgl. §§ 85, 113 Abs. 1 S. 2 FamFG) dem beigeordneten Anwalt hinsichtlich seiner Regelvergütung (einschl. Auslagen) ein eigenes Beitreibungsrecht gegen den unterlegenen Verfahrensbeteiligten, welches zudem mit § 126 Abs. 2 ZPO vor Einwendungen besonders geschützt wird. An diesem Verfahren ist die Partei nicht unmittelbar beteiligt. Ergeht eine Festsetzung zugunsten ihres Anwalts, kann sie den Beschluss gleichwohl anfechten, wenn sie geltend macht, ihr werde zu Unrecht die Einziehungsbefugnis hinsichtlich ihres Kostenerstattungsanspruchs gegen den Prozessgegner entzogen.[309]

Anspruchsgrundlage für die Geltendmachung dieses Beitreibungsrechts ist jede zugunsten der Partei ergangene **Kostengrundentscheidung**, soweit sie die von dem beigeordneten Anwalt zur Festsetzung angemeldeten Gebühren und Auslagen als notwendige Kosten des Verfahrens einschließt.[310] **Gegenstand der Kostenentscheidung** und **Umfang der Beiordnung** (§ 48) müssen die Gebührentatbestände gleichermaßen umfassen.

> **Beispiel:** Die Beiordnung erstreckt sich nur auf die erste Instanz vor dem AG. Die Partei wird auch vor dem LG durch den nämlichen Anwalt vertreten und obsiegt in beiden Instanzen.
> Der Anwalt kann nur die Regelgebühren für seine erstinstanzliche Tätigkeit auf der Grundlage des für die erste Instanz ergangenen Kostentitels im eigenen Namen beitreiben.

---

306 OLG Frankfurt JurBüro 1991, 1651.
307 Vgl. KG AGS 2009, 178 = StraFo 2008, 529 = NJW 2009, 456 = JurBüro 2009, 31; OLG Düsseldorf AnwBl 1991, 409; OLG Zweibrücken JurBüro 1983, 722; OLG Celle AnwBl 1981, 455; LAG München NZA-RR 2014, 612.
308 OLG München Rpfleger 1972, 114; LAG München NZA-RR 2014, 612.
309 OLG Brandenburg Rpfleger 2007, 330.
310 Deshalb kann ein Anspruch des Anwalts auf Erstattung von Umsatzsteuer gegenüber dem Prozessgegner nur bestehen, wenn auch die Partei selbst erstattungsberechtigt wäre.

113 Das Beitreibungsrecht des beigeordneten Anwalts **wegen** der Regelvergütung erstreckt sich nicht auf den gesamten Kostenerstattungsanspruch der bedürftigen Partei nach der Kostengrundentscheidung, sondern geht nur in den Erstattungsanspruch gegen den Gegner hinsichtlich solcher erstattungsfähigen[311] **Anwaltskosten, von denen die Partei freigestellt** worden ist. Dadurch unterscheidet es sich deutlich von dem Einziehungsrecht eines Gläubigers nach § 835 ZPO, das die gesamte Forderung des Schuldners gegen den Dritten (hier: der beigeordneten Partei gegen den Kostenschuldner) zum Gegenstand hat.

114 Die **Beschränkung** des Beitreibungsrechts auf den Erstattungsanspruch der Partei hinsichtlich ihrer von der Kostengrundentscheidung erfassten Anwaltskosten gemäß § 122 Abs. 1 Nr. 3 ZPO folgt zwingend aus dieser Vorschrift. Könnte nämlich der beigeordnete Anwalt auf die **Erstattungsansprüche der Partei hinsichtlich anderer Kosten** (z.B. Reisekosten zum Termin, Privatgutachterkosten) **zugreifen**, würde dadurch für die Partei ein **vermögensrechtlicher Nachteil** entstehen, der auf die Tätigkeit des beigeordneten Anwalts im Rahmen seiner Beiordnung zurückginge und vor dem sie **durch die Prozesskostenhilfe bewahrt** werden soll. Die Verwendung von sonstigen Erstattungsansprüchen zur Regulierung der Vergütung des beigeordneten Anwalts **käme einer Bezahlung durch die Partei gleich**, von der sie jedoch kraft Gesetzes freigestellt worden ist.[312]

> **Beispiel:** Es ergeht eine Kostengrundentscheidung, wonach die eigene Partei 25 % und der Gegner 75 % zu tragen haben. Erstattungsfähig für die Partei sind 800 EUR Privatgutachterkosten und 1.400 EUR Anwaltskosten; der Gegner meldet 1.200 EUR Anwaltskosten an.
> Der beigeordnete Anwalt kann nur 75 % der Anwaltskosten von 1.400 EUR = 1.050 EUR beitreiben. Den Erstattungsanspruch des Gegners von 300 EUR (25 % von 1.200 EUR) muss er sich gemäß § 126 Abs. 2 S. 2 ZPO entgegenhalten lassen, so dass 750 EUR verbleiben. Um den Anspruch des Gegners anrechnen zu können, bedarf es der Aufrechnung. Eine „automatische" Kostenausgleichung wie gemäß § 106 ZPO findet hier nicht statt (siehe Rdn 123).

2. Konkurrenz zum Anspruch gegen die Staatskasse

a) Prüfung des Rechtspflegers

115 **Beantragt** der beigeordnete **Anwalt** seiner Regelvergütung wegen die **Festsetzung im eigenen Namen**, so hat der für dieses Verfahren zuständige Rechtspfleger (§ 21 Nr. 1 RPflG) zu prüfen, ob er bereits eine Vergütung aus der Staatskasse erhalten hat und ob dieser Betrag ganz oder teilweise auf die festzusetzenden Kosten anzurechnen ist (Teil A Nr. 2.3.1 VwV Vergütungsfestsetzung). Stellt der Rechtspfleger fest, dass ein **Anrechnungsfall** vorliegt (siehe dazu § 59 Rdn 32 f.), so hat er zugunsten des Anwalts nur noch den restlichen Betrag bis zur vollen Regelvergütung gegen den Gegner festzusetzen. Ferner hat er in dem Beschluss den auf die Staatskasse gemäß § 59 nachrangig übergegangenen Anspruch zu vermerken.

> **Variante 1:** Im vorstehenden Beispielsfall ist ratenfreie PKH/VKH bewilligt worden und der Anwalt hat bereits die Grundvergütung von 720 EUR aus der Staatskasse erhalten. Der Rechtspfleger stellt fest, dass der Anwalt nur noch den Unterschiedsbetrag zwischen der Grundvergütung von 720 EUR und den Regelgebühren von 1.400 EUR verlangen kann, der mit 680 EUR um 70 EUR niedriger ist als der Anspruch gegen den Gegner hinsichtlich der Anwaltskosten insgesamt. Er setzt lediglich diesen Unterschiedsbetrag fest und vermerkt auf dem Beschluss, dass der restliche Betrag von 70 EUR auf die Staatskasse übergegangen ist. (Der Betrag von 70 EUR ist nicht Gegenstand der Festsetzung. Zahlt der Kostenschuldner ihn gleichwohl anlässlich einer Vollstreckung des Beschlusses freiwillig, so hat der Gerichtsvollzieher ihn entgegenzunehmen und an die Staatskasse abzuführen; Teil A Nr. 2.3.5 VwV Vergütungsfestsetzung.)

b) PKH/VKH mit Zahlungsbestimmung

116 Bei einer **Prozess-** oder **Verfahrenskostenhilfe mit Zahlungsanordnung** hat der Rechtspfleger zu beachten, dass ein Anspruchsübergang nach § 59 ausscheidet, soweit die von der Staatskasse an den beigeordneten Anwalt geleistete Vergütung durch **Zahlungen der Partei** (§ 120 ZPO) gedeckt ist.

---

[311] Sind die Kosten eines Prozessvergleichs gegeneinander aufgehoben worden, steht dem beigeordneten Anwalt kein Betreibungsrecht zu (OLG Hamm OLGR 2003, 16).

[312] Vgl. OLG Thüringen MDR 1998, 1438.

Variante 2: Es ist Prozess- oder Verfahrenskostenhilfe mit Ratenzahlungsanordnung bewilligt worden und die Partei hat bereits die Gerichtskosten sowie darüber hinaus weitere 700 EUR ratenweise aufgebracht. Es bleibt bei der Festsetzung gegen den Gegner in Höhe des Unterschiedsbetrages von 680 EUR, der dem Anwalt noch zusteht. Der Rechtspfleger vermerkt aber einen übergegangenen Anspruch von nur 20 EUR, weil von ausgezahlten 720 EUR Grundvergütung durch die Raten 700 EUR gedeckt sind. Für die Partei selbst ergibt sich hinsichtlich ihrer Anwaltskosten ein restlicher Erstattungsanspruch gegen den Gegner in Höhe von 50 EUR (Anwalt 680 EUR + Staatskasse 20 EUR + Partei 50 EUR = Gesamtanspruch 750 EUR).

c) Reihenfolge der Ansprüche

Übt der beigeordnete Anwalt zuerst sein **Beitreibungsrecht** aus, ohne zuvor eine Zahlung aus der Staatskasse beantragt und erhalten zu haben, so wird vom Rechtspfleger aus Gründen der Arbeitserleichterung gelegentlich angefragt, ob er im Umfang der Festsetzung nach § 126 ZPO auf seinen Anspruch gegen die Staatskasse verzichtet (zum Verzicht siehe auch Rdn 85 f.). Das erscheint dort sachgerecht, wo die **Leistungsfähigkeit des Kostenschuldners nicht zweifelhaft** sein kann, ist aber stets mit **Risiken** verbunden, wenn Anzeichen für **Liquiditätsprobleme** erkennbar sind. Dann sollte eine Verzichtserklärung besonders vorsichtig gehandhabt und überlegt werden, ob nicht besser eine Festsetzung gegen die Staatskasse betrieben und insoweit das Risiko auf diese verlagert wird.

117

Macht der beigeordnete Anwalt seinen **Vergütungsanspruch gegen die Staatskasse** erst geltend, **nachdem** die vom Gegner an ihn zu zahlenden Anwaltskosten **bereits festgesetzt** worden sind,[313] so fordert der Rechtspfleger den Festsetzungsbeschluss zurück, um darauf eine Verringerung des Betrages infolge Festsetzung der aus der Staatskasse zu gewährenden Vergütung zu vermerken (Teil A Nr. 2.3.2 VwV Vergütungsfestsetzung).

118

> **Beispiel:** Der Gegner hat die Prozesskosten zu tragen, die Regelvergütung des beigeordneten Anwalts beläuft sich auf 900 EUR und ist in dieser Höhe nach § 126 ZPO festgesetzt worden. Eine Vollstreckung ist fruchtlos verlaufen oder würde voraussichtlich erfolglos bleiben. Die Grundvergütung nach § 49 beträgt 700 EUR und wird auf Antrag des Anwalts an diesen ausbezahlt.
> Bei **ratenfreier Prozess- oder Verfahrenskostenhilfe** vermerkt der Rechtspfleger auf dem Beschluss nach § 126 ZPO, dass der Anspruch des beigeordneten Anwalts gegen den Gegner nur noch 200 EUR beträgt und in Höhe von 700 EUR auf die Staatskasse übergegangen ist. Bei Prozess- oder Verfahrenskostenhilfe mit Ratenzahlungsanordnung entfällt der Zusatz des Anspruchsübergangs auf die Staatskasse, soweit die Grundvergütung durch die Raten gedeckt ist, und kommt eine Festsetzung gegen die Staatskasse in voller Höhe in Betracht, falls die Raten der Partei das hergeben (§ 50). Wird der Anwalt auf diese Weise befriedigt, darf er das Beitreibungsrecht nur noch für die Partei ausüben.

Soweit der beigeordnete Anwalt eine Vergütung aus der Staatskasse erlangen kann, ist er gegen das **Erfüllungsrisiko** im Falle eines nicht leistungswilligen oder/und zahlungsunfähigen Kostenschuldners **abgesichert**. Reichen die Zahlungen der Staatskasse nicht hin, den vollen Vergütungsanspruch abzudecken, bleibt ihm hinsichtlich des Restbetrages ein **vorrangiges Zugriffsrecht** auf den Kostenschuldner (im Einzelnen dazu siehe § 59 Rdn 24 ff.). Das **Erfüllungsinteresse** der **Staatskasse** hinsichtlich des auf sie übergegangenen Anspruchs gegen den Kostenschuldner **steht** dahinter **zurück** (zum Übergang des Beitreibungsrechts auf die Staatskasse siehe § 59 Rdn 15 ff.), falls es nicht durch Ratenzahlungen der Partei gesichert ist. Im Umfang solcher Zahlungen findet sich das Erfüllungsrisiko – wie im Normalfall ohne Prozess- oder Verfahrenskostenhilfe – letztendlich bei der Partei wieder.

119

II. Kostenfestsetzung zugunsten der bedürftigen Partei

1. Rechtliche Selbstständigkeit neben dem Beitreibungsrecht des Anwalts

In Literatur und Rechtsprechung ist umstritten, ob die bedürftige Partei **neben** dem ihr beigeordneten **Anwalt** überhaupt **Kostengläubigerin** sein kann.[314] Teilweise wird vertreten, bei ratenfreier Prozess- oder Verfahrenskostenhilfe bestehe kein Erstattungsanspruch der bedürftigen Partei hinsichtlich ihrer

120

---

313 Diese Fallgestaltung ergibt sich regelmäßig dann, wenn entgegen einer ersten Einschätzung der in die Prozesskosten verurteilte Gegner doch nicht zahlt und der „Rückgriff" auf die Staatskasse nicht durch Verzicht ausgeschlossen ist.

314 Nachweise siehe BGH NJW 1994, 3293.

Anwaltskosten, weil sie insoweit endgültig von Kosten befreit sei.[315] Diese Meinung lässt indes unberücksichtigt, dass die **Prozess- oder Verfahrenskostenhilfe** im Interesse der bedürftigen Partei angeordnet wird und allein zu ihrem Schutz ergeht. Mithin kann sie nicht dafür herhalten, der bedürftigen Partei Ansprüche aus einer erfolgreichen Prozessführung abzuschneiden. Die angeführte Begründung steht dem nicht entgegen. Die bedürftige Partei ist zwar nicht verpflichtet, dem beigeordneten Anwalt die Regelvergütung zu bezahlen, sie bleibt dazu aber berechtigt (siehe § 45 Rdn 7). Ihr die **Möglichkeit einer freiwilligen Erfüllung** durch Einsatz ihres prozessualen Erstattungsanspruchs gegen den Gegner und damit die Kraft der Prozessführung aus eigenen Mitteln ohne staatliche Hilfe zu nehmen, ist sachlich nicht begründbar. Das **Beitreibungsrecht des beigeordneten Anwalts** und der **Kostenerstattungsanspruch der Partei** bestehen vielmehr „selbstständig und gleichberechtigt" **nebeneinander**.[316]

2. Verhältnis der Ansprüche zueinander

121 Soweit die Ansprüche kollidieren, wird **aus § 126 Abs. 2 ZPO** eine **umfassende Abwägung der beteiligten Interessen** hergeleitet, die in ihrer Tragweite nicht ohne Weiteres ersichtlich ist und im Wesentlichen durch Richterrecht konkretisiert wurde.[317] Danach ergibt sich folgendes Bild:

122 a) Der **Anspruch des beigeordneten Anwalts** ist gegen Verfügungen durch die ebenfalls anspruchsberechtigte Partei und vor Erfüllungshandlungen zu deren Gunsten grundsätzlich **bestandsgeschützt**. Dieser Schutz durch die so genannte **Verstrickung des Erstattungsanspruchs der Partei** geht **erst verloren**, wenn eine **Festsetzung zugunsten der Partei** erfolgt ist, **ohne** dass ein **Gesuch des Anwalts** vorgelegen hat.[318] Reicht der Anwalt sein Gesuch nachträglich ein, so lebt die Verstrickung zwar wieder auf; er muss jedoch zwischenzeitliche Erfüllungshandlungen, welche der Partei gegenüber eingewandt werden konnten, auch gegen sich gelten lassen.[319] Im Umfang seines Anspruchs verliert die Partei das Recht, aus dem zu ihren Gunsten ergangenen Beschluss zu vollstrecken.[320]

> **Beispiel:** Der Gegner ist voll kostentragungspflichtig. Die Partei meldet alle Ansprüche mit 2.200 EUR an und erhält einen antragsgemäßen Kostenfestsetzungsbeschluss. Der Gegner rechnet nunmehr mit Mietzinsforderungen in Höhe von 1.000 EUR auf. Hinsichtlich des Restbetrages vereinbaren die Parteien Stundung. Sodann meldet der beigeordnete Anwalt seine Gebühren mit 1.400 EUR an.
> Die Aufrechnung ist trotz § 126 Abs. 2 S. 1 ZPO wirksam, weil der Gegner die Möglichkeit haben muss, den Titel der Partei durch Erfüllung zu Fall zu bringen. Die Stundungsabrede wirkt nur gegenüber der Partei und kann dem Anwalt nicht entgegengehalten werden. Inwieweit die Aufrechnung speziell den Anspruch des Anwalts erfasst, ist Tatfrage und vom Gegner darzulegen. Im Zweifel sind zugunsten des Anwalts die verbleibenden 1.200 EUR festzusetzen. Dieser Beschluss tritt neben den Beschluss zugunsten der Partei, ist aber einredefrei durchsetzbar (zur Frage, ob er bei voller Einstandspflicht der Staatskasse diese auf den Restbetrag von 200 EUR in Anspruch nehmen kann, siehe § 45 Rdn 48 f.).

123 b) Der Anwalt braucht nach § 126 Abs. 2 S. 2 ZPO **nur eine Aufrechnung mit Prozesskosten des Gegners** hinzunehmen, jedoch **keine Kostenausgleichung** nach § 106 ZPO. Ob und inwieweit der **Gegner** mit Prozesskosten speziell dem Anwalt gegenüber aufrechnen will, liegt allerdings in seinem Belieben. Er hat die **Wahl**, seinen Erstattungsanspruch **entweder gegenüber der Partei** im Wege der **Ausgleichung** geltend zu machen, soweit dieser durchsetzbare Ansprüche neben dem Anwalt zustehen (siehe Rdn 114), **oder** aber **mit seinem Anspruch gegen ein Beitreibungsrecht des Anwalts aufzurechnen**. Allein durch seine Erklärung bestimmt er, welcher Teil seiner Kostenschuld durch Einsatz des eigenen Erstattungsanspruch erlöschen soll (vgl. § 396 BGB). Einer ausdrücklichen Festlegung bedarf es insoweit nicht. Im Zweifel ergibt sich sein **Wille aus den Umständen**. Meldet

---

315 OLG Hamm Rpfleger 2003, 138; OLG Koblenz Rpfleger 96, 252; KG in AnwBl 83, 324; OLG Saarbrücken JurBüro 87, 917/919; OLG Hamm JurBüro 89, 1150 = AnwBl 90, 328; *Lappe*, Rpfleger 84, 129.
316 OLG Naumburg Rpfleger 2008, 428; OLG Rostock MDR 2006, 418; OLG Schleswig NJW-RR 2004, 717; OLG Frankfurt Rpfleger 1990, 468; OLG Hamm AnwBl 1988, 543; Zöller/*Philippi*, § 126 Rn 9 m.w.N.; *Benkelberg*, AGS 2008, 105.; wohl auch BGH NJW-RR 2007, 1147; BGH NJW 1994, 3292; OLG Düsseldorf Rpfleger 97, 483.
317 Vgl. BGH NJW 1994, 3292 und NJW 1952, 786; OLG Frankfurt Rpfleger 1990, 468; OLG Hamm AnwBl 1988, 543.
318 BGH MDR 2007, 918 = RVGreport 2007, 351 und NJW 1994, 3292 – Dazu ergänzend: OLG Koblenz AnwBl 1990, 56; OLG Stuttgart Rpfleger 1987, 218; jetzt auch Zöller/*Philippi*, § 126 Rn 16; a.A. OLG Schleswig JurBüro 1979, 1205.
319 OLG Naumburg Rpfleger 2008, 428.
320 Vgl. Zöller/*Philippi*, § 126 Rn 11 ff.

er etwa auf einen Festsetzungsantrag des beigeordneten Anwalts seine eigenen Kosten „zur Ausgleichung" an, so ist davon auszugehen, dass er dem Anspruch des Anwalts alles entgegensetzen will, was nach § 126 Abs. 2 ZPO möglich ist. Hat er schon gegenüber einem Kostenfestsetzungsantrag der Partei seine Kosten zur Ausgleichung angemeldet, hindert das die spätere Aufrechnung gemäß § 126 Abs. 2 ZPO nicht, weil die Anmeldung als solche keine rechtsgestaltende Wirkung hat.

III. Besonderheiten bei der Umsatzsteuer des Rechtsanwalts

Die Staatskasse zahlt dem beigeordneten Rechtsanwalt die auf seine aus der Staatskasse gewährte Vergütung entfallende Umsatzsteuer (vgl. Rdn 34 ff.).[321] Allerdings kann nach der Rechtsprechung des BGH[322] der im Wege der Prozess- oder Verfahrenskostenhilfe beigeordnete Rechtsanwalt im Falle des Obsiegens der von ihm vertretenen **vorsteuerabzugsberechtigten Partei** (z.B. der Insolvenzverwalter über das Vermögen einer GmbH) weder im Kostenfestsetzungsverfahren nach §§ 103 ff. ZPO für die Partei noch in dem im eigenen Namen betriebenen Kostenfestsetzungsverfahren nach § 126 ZPO die Umsatzsteuer von der erstattungspflichtigen Partei fordern.[323] Denn wenn der PKH- Partei oder dem beigeordneten Rechtsanwalt ein Umsatzsteuerzahlungsanspruch gegen den erstattungspflichtigen Gegner zugebilligt würde, müsste dieser einen höheren Betrag erstatten als im Falle einer unterbliebenen Prozesskostenhilfebewilligung (zur Anspruchsverfolgung durch den Rechtsanwalt in diesen Fällen vgl. Rdn 128 ff.).

124

D. Praxisempfehlungen

I. Anspruchsverfolgung

Ist die **Staatskasse** für die Regelvergütung **nicht voll einstandspflichtig** (Zahlung nur der Grundvergütung nach der Tabelle zu § 49 bei Werten über 4.000 EUR, bis 31.7.2013: 3.000 EUR) und hat der beigeordnete oder bestellte Anwalt **anrechenbare Leistungen** jedenfalls **nicht in Höhe des Unterschiedsbetrages** zwischen Grundvergütung und Regelvergütung erhalten (§ 58), stellt sich für ihn unabhängig davon, ob er schon einen Vorschuss aus der Staatskasse bekommen hat (vgl. § 47 Rdn 10), nach Beendigung des Verfahrens die Frage, was er noch verlangen kann und wie er zweckmäßigerweise vorgehen soll (zu den Vorüberlegungen in einem solchen Fall siehe § 58 Rdn 85 ff. und § 59 Rdn 48 ff.).

125

II. Möglichkeiten einer vollen Vergütung bei ratenfreier Prozesskostenhilfe

Bei **ratenfreier Prozess- oder Verfahrenskostenhilfe** erfordert eine Entlohnung des beigeordneten Anwalts über die Grundvergütung nach § 49 hinaus eine prozessuale **Kostenverteilung**, wonach der **Gegner die Verfahrenskosten** ganz oder teilweise zu tragen hat.[324] Fallen dem Gegner die Kosten voll zur Last, braucht der beigeordnete Anwalt in der Regel überhaupt nicht auf eine **Entlohnung durch die Staatskasse** zurückzugreifen. Hat er diese noch nicht in Anspruch genommen, sollte er zunächst entscheiden, ob er eingleisig (nur gegen den Gegner) oder zweigleisig (auch gegen die Staatskasse) vorgehen will. Falls er den letzteren Weg einschlägt, der zwar etwas aufwendiger ist, aber größere Sicherheit bietet (vgl. Rdn 119), sollte er den **Antrag auf** Festsetzung der **Grundvergütung möglichst zügig** stellen, schon um den gesetzlichen Anspruchsübergang auf die Staatskasse

126

---

321 LAG Rheinland-Pfalz JurBüro 1997, 29 = FamRZ 1997, 947; OLG Hamburg AGS 2013, 428 = RVGreport 2013, 348 = MDR 2013, 1194 = NJW-Spezial 2013, 572; So auch *Hansens*, Anm. zu OVG Berlin-Brandenburg RVGreport 2016, 65, 66; a.A. OLG Celle AGS 2014, 80, m. abl. Anm. *N. Schneider* = RVGreport 2014, 20, m. abl. Anm. *Hansens* = JurBüro 2014, 31 = MDR 2013, 1434.

322 AGS 2007, 628 = RVGreport 2006, 392 = NJW-RR 2007, 285 = JurBüro 2007, 88 = BB 2006, 2103 = NJW 2007, 772 = Rpfleger 2006, 609.

323 So auch OLG Hamm JurBüro 2002, 33 = AGS 2003, 83 = OLGR 2002, 60; **a.A.**: OLG Düsseldorf JurBüro 1993, 29 = JMBl NW 1992, 263; OLG Koblenz JurBüro 1997, 588; *Hansens*, BRAGOreport 2001, 174.

324 Unter Umständen muss der beigeordnete Anwalt einen Kostentitel erst noch herbeiführen, vgl. §§ 269 Abs. 3 S. 3, 516 Abs. 3 S. 2 ZPO.

nicht zu gefährden (vgl. § 45 Rdn 48). Darüber hinaus hat er die **Wahl**: Entweder geht er nach § 126 ZPO **im eigenen Namen gegen den Gegner** vor **oder** er führt (auch) hinsichtlich der Anwaltskosten für die bedürftige Partei eine **Kostenfestsetzung nach den §§ 103 ff. ZPO** durch, nachdem er von dieser freiwillig in voller Höhe befriedigt worden ist oder im Vertrauen darauf, aus den Zahlungen des Gegners an die Partei befriedigt zu werden. Diese beiden Möglichkeiten stehen grundsätzlich nebeneinander. Allerdings verdienen zwei Fallgruppen **besondere Beachtung**:

1. Aufrechnung des Gegners

127 Der Gegner hat womöglich **fällige Forderungen gegen die Partei**, mit denen er aufrechnen kann. Dann besteht das **Risiko**, dass die Erstattungsforderung durch **Aufrechnung** erlischt, sobald sie für die Partei gemäß §§ 103 ff. ZPO festgesetzt worden ist. Um diese Folge jedenfalls im (geschützten) Eigeninteresse zu vermeiden, sollte der Anwalt **bei unklarer Anspruchslage** zwischen den Parteien grundsätzlich seinem **eigenen Beitreibungsrecht** den **Vorzug geben** und nach § 126 ZPO vorgehen. Dann verkürzt sich das Risiko auf eine stets zulässige Aufrechnung des Gegners mit Kostenerstattungsansprüchen aus dem nämlichen Verfahren (§ 126 Abs. 2 S. 2 ZPO).[325] Die sich aus § 126 Abs. 2 S. 1 ZPO ergebende sogenannte **Verstrickung** des Kostenerstattungsanspruchs bzw. die Beschränkung auf die sich aus § 126 Abs. 2 S. 2 ZPO ergebende **Einrede** gilt aber nur solange, bis feststeht, dass der Erstattungsanspruch nicht mehr von dem beigeordneten Rechtsanwalt geltend gemacht werden kann.[326] Beteiligt sich der beigeordnete Anwalt – etwa durch Vertretung – am Kostenfestsetzungsverfahren seiner Partei gemäß §§ 103 ff. ZPO,[327] kann hieraus zu folgern sein, dass er auf sein Vorrecht aus § 126 ZPO zumindest zeitweilig verzichtet. Nach dem Erlass des Kostenfestsetzungsbeschluss gemäß §§ 103 ff. ZPO für die PKH-Partei kann der Gegner auch mit Wirkung gegenüber dem Anspruch des beigeordneten Anwalts gemäß § 126 ZPO zahlen und aufrechnen, die Partei kann dem Gegner die Schuld erlassen, die festgesetzte Kostenforderung kann abgetreten und gepfändet werden.[328] Weil hierdurch auch der Forderungsübergang auf die Staatskasse gemäß § 59 ggf. vereitelt wird, wird die Auffassung vertreten, dass die Staatskasse dem Vergütungsanspruch des beigeordneten Anwalts den **Arglisteinwand** entgegenhält und die PKH-Vergütung wegen **treuwidrigem Verhalten** nicht zahlt oder gegen deren Festsetzung Rechtsmittel einlegt.[329] Das dürfte aber jedenfalls dann nicht gelten, wenn der Rechtspfleger den beigeordneten Anwalt zur Stellung eines Kostenfestsetzungsantrages nach §§ 103 ff. ZPO aufgefordert hat. Denn für die Annahme der Arglist ist erforderlich, dass der Rechtsanwalt den Belangen der Staatskasse **in Nachteilsabsicht** entgegenwirkt.[330]

2. Erstattungsanspruch bei Vorsteuerabzugsberechtigung der Partei

128 Ist die **eigene Partei zum Vorsteuerabzug berechtigt**, so geht der **Erstattungsanspruch** gegen den Gegner **nur auf die Nettogebühren** (§ 104 Abs. 2 S. 3 ZPO) (vgl. dazu auch Rdn 124). Das gilt auch dann, wenn der Anwalt die Kosten gemäß § 126 ZPO im eigenen Namen beitreibt, da dieser Anspruch inhaltlich nicht weiter reichen kann als der Erstattungsanspruch nach § 104 ZPO; ansonsten würde sich aus der Bewilligung von Prozesskostenhilfe letztlich eine unzulässige Verpflichtung zu Lasten des Gegners ergeben, weil dieser dann mehr erstatten müsste als ohne die

---

325 Vgl. Zöller/*Philippi*, § 126 Rn 16; OLG Hamm JurBüro 1975, 946.
326 BGH NJW-RR 2007, 1147; BGH NJW 1994, 3292; OLG Düsseldorf Rpfleger 97, 483.
327 Die bedürftige Partei hat auch dann einen durchsetzbaren Kostenerstattungsanspruch gegen die unterlegene Partei, wenn ihr zahlungsfreie Prozesskostenhilfe bewilligt worden ist, BGH AGS 2010, 30 = RVGreport 2009, 392 = NJW 2009, 2962 = MDR 2009, 1182 = JurBüro 2009, 546 = Rpfleger 2009, 685; OLG Düsseldorf NJW-RR 1998, 287 = Rpfleger 1997, 483; **a.A.** OLG Hamm Rpfleger 2003, 13; OLG Koblenz Rpfleger 1996, 252.
328 KGR Berlin 2009, 516; KGR Berlin 2003, 245 und KGR Berlin 2004, 556; OLG Düsseldorf, Beschl. v. 5.10.2006 – I-10 W 82/06, juris; OLG Düsseldorf Rpfleger 97, 483.
329 OLG München AGS 1998, 11 = NJW-RR 1997, 1356 = MDR 1997, 786 = AnwBl 1998, 54; OLG Saarbrücken JurBüro 1993, 302; LG Braunschweig NdsRpfl 2000, 313; **a.A.** OLG Hamm AGS 2002, 18; FG Rheinland-Pfalz StB 1997, 357; vgl. hierzu auch KGR Berlin 2009, 516.
330 KGR Berlin 2009, 516; OLG Hamm AGS 2002, 18.

Abschnitt 8. Beigeordneter oder bestellter Rechtsanwalt, Beratungshilfe § 55

Bewilligung.[331] Dem beigeordneten Anwalt bleiben **jedoch zwei Möglichkeiten**, um die von ihm zu erhebende und an den Fiskus abzuführende **Umsatzsteuer zu vereinnahmen**:

a) Verrechnung auf den Umsatzsteueranteil

Einerseits kann er zunächst die **Grundvergütung** gegenüber der Staatskasse einfordern und diese sodann **auf den Umsatzsteueranteil „verrechnen"**, indem er den von der Staatskasse erhaltenen Betrag von der Regelvergütung einschließlich Umsatzsteuer abzieht und nur noch den Restbetrag vom Gegner geltend macht. 129

> **Beispiel:** Die volle Anwaltsvergütung beträgt brutto 1.190 EUR, die Grundvergütung brutto 812 EUR. Der Erstattungsanspruch gegen den Gegner beläuft sich auf 1.000 EUR netto.
> Der Anwalt kann nach Erhalt der Grundvergütung von 812 EUR vom Gegner nach § 126 ZPO weitere 378 EUR einfordern und damit seine volle Bruttovergütung erreichen. Der Staatskasse steht zwar ein Erstattungsanspruch in Höhe ihrer Zahlung von 812 EUR zu; sie kann diesen aber nur in Höhe des verbleibenden Restbetrages von 622 EUR (1.000 EUR–378 EUR) geltend machen (vgl. § 59 Rdn 25).

b) Geltendmachung der Umsatzsteuer bei der Partei

Zum anderen hat die **bedürftige Partei** keinen wirtschaftlichen Nachteil, wenn sie die Umsatzsteuer selbst zahlt, da sie den Betrag (vorher) **vom Fiskus einfordern** kann. Deshalb wird die **Geltendmachung der Umsatzsteuer** gegenüber der bedürftigen vorsteuerabzugsberechtigten Partei **von der Sperrwirkung** des § 122 Abs. 1 Nr. 3 ZPO **nicht erfasst**.[332] Der Anwalt kann der Partei eine Rechnung stellen und von ihr die Umsatzsteuer einfordern. Die Partei kann sich nach Erstellung einer den umsatzsteuerrechtlichen Bestimmungen entsprechenden Kostenrechnung durch den Rechtsanwalt die an diesen gezahlte Umsatzsteuer von ihrem Finanzamt im Wege des Vorsteuerabzugs erstatten lassen. Für die vorsteuerabzugsberechtigte Partei stellt somit der ihr von dem Prozessbevollmächtigten in Rechnung zu stellende Umsatzsteuerbetrag einen durchlaufenden Posten dar. Wird der Rechtsanwalt auf diese Weise insoweit befriedigt, hat er das der **Staatskasse anzuzeigen** (Abs. 5), um eine **Anrechnung** zu ermöglichen (§ 58). 130

c) Übergangsanspruch bei Geltendmachung der Umsatzsteuer bei der Partei

Wird die Umsatzsteuer bei der eigenen Partei geltend gemacht, darf das aber nicht zum Anlass genommen werden, auch bei der Ermittlung des Übergangsanspruchs gemäß § 59 im Kostenfestsetzungsverfahren nur die aus der Staatskasse gezahlte Netto-Grundvergütung zu berücksichtigen, weil die Landeskasse den Erstattungsanspruch der Partei bzw. des beigeordneten Rechtsanwalts nur in dem Zustand erwerben kann, in dem sich der Anspruch bei Übergang befindet. 131

Zutreffend ist es vielmehr, bei der Ermittlung des Übergangsanspruchs die Brutto-Grundvergütung zu berücksichtigen.

> **Beispiel:**
> Der vorsteuerabzugsberechtigte Kläger (PKH) obsiegt im Prozess gegen den Beklagten.
> Wahlanwaltsvergütung netto (ohne USt.)   1.500,00 EUR
> Wahlanwaltsvergütung brutto (mit USt.)   1.740,00 EUR
> PKH-Vergütung netto (ohne USt.)   700,00 EUR
> PKH-Vergütung brutto (mit USt.)   812,00 EUR

---

[331] Vgl. OLG München, Beschl. v. 11.8.2016 – 11 W 1281/16, juris; BGH AGS 2007, 628 = RVGreport 2006, 392 = NJW-RR 2007, 285 = JurBüro 2007, 88 = BB 2006, 2103 = NJW 2007, 772 = Rpfleger 2006, 609; OLG Hamburg AGS 2013, 428 = RVGreport 2013, 348 = MDR 2013, 1194 = NJW-Spezial 2013, 572; siehe ferner OLG Hamm JurBüro 2002, 33 = AGS 2003, 83 = OLGR 2002, 60; *Benkelberg*, AGS 2008, 105.

[332] BGH AGS 2007, 628 = RVGreport 2006, 392 = NJW-RR 2007, 285 = JurBüro 2007, 88 = BB 2006, 2103 = NJW 2007, 772 = Rpfleger 2006, 609; OLG Hamburg AGS 2013, 428 = RVGreport 2013, 348 = MDR 2013, 1194 = NJW-Spezial 2013, 572.

Der PKH-Anwalt hat trotz der in § 122 Abs. 1 Nr. 3 ZPO angeordneten Sperrwirkung einen Anspruch gegen den eigenen Mandanten auf Zahlung der Umsatzsteuerbeträge. Folglich sind nach § 59 für die Berechnung des Übergangsanspruchs zu berücksichtigen:

Anspruch gegen den unterlegenen Beklagten (Wahlanwaltsvergütung *ohne* Umsatzsteuer)	1.500 EUR
Anspruch gegen die eigene Partei auf Umsatzsteuer	240 EUR
Zwischensumme:	1.740 EUR
abzgl. aus Landeskasse gezahlter	– 812 EUR
Restanspruch des PKH-Anwalts	928 EUR

Dieser Restanspruch in Höhe von 928 EUR ist jedoch nicht in voller Höhe gegen den Beklagten festsetzbar, da dieser letztlich nur mit 1.500 EUR (Wahlanwaltsvergütung ohne Umsatzsteuer) belastet werden darf. Von den insgesamt vom Beklagten zu erstattenden 1.500 EUR werden 812 EUR von der Landeskasse gemäß § 59 geltend gemacht, so dass für den PKH-Anwalt daher noch die Differenz zwischen 812 EUR und 1.500 EUR in Höhe von 688 EUR gegen den Beklagten festsetzbar ist.

Wegen der Umsatzsteuer in Höhe von 240 EUR steht dem PKH-Anwalt lediglich ein Anspruch gegen die eigene Partei zu.

Der PKH-Anwalt erhält dadurch insgesamt 928 EUR (688 EUR vom Beklagten und 240 EUR von der eigenen Partei).

III. Ergänzende Ansprüche bei Prozesskostenhilfe mit Zahlungsanordnung

132 Bei **Prozesskostenhilfe mit Zahlungsanordnung** ist der beigeordnete Anwalt nur dann auf einen prozessualen Kostenerstattungsanspruch der Partei angewiesen, wenn und soweit die aufzubringenden **Raten die Kosten nicht decken**, von denen die Partei freigestellt worden ist. Mit dem Eingang weiterer Zahlungen kann er nicht rechnen (§ 120 Abs. 3 Nr. 2 ZPO). Also gelten die vorstehenden Ausführungen entsprechend.

> **Beispiel:** Die Kosten haben zu 80 % der Gegner und zu 20 % die bedürftige Partei zu tragen. Diese hat insgesamt 1.200 EUR an Raten aufgebracht, von denen durch die anteiligen Gerichtskosten sowie durch die vom Anwalt (wie in dem vorstehenden Beispiel mit 812 EUR) beantragte Grundvergütung insgesamt 950 EUR verbraucht sind. Die volle Anwaltsvergütung beträgt brutto 1.160 EUR.
>
> Der beigeordnete Anwalt kann:
> – zunächst eine weitere Vergütung nach § 50 von der Staatskasse einfordern, die ihm in Höhe der unverbrauchten Raten von 250 EUR zu gewähren ist. Dann hätte er aus der Staatskasse insgesamt 1.062 EUR erhalten und nur noch 98 EUR offen, die er vom Gegner verlangen könnte.
> – oder sogleich eine Festsetzung im eigenen Namen betreiben. Bereits dadurch erlangt er vollständige Befriedigung, da der Gegner auf 80 % von 1.160 EUR = 928 EUR haftet, aber nur 20 % seiner eigenen Kosten gegenrechnen kann. Betrügen diese beispielsweise 1.400 EUR, so stünden nur 280 EUR zur Aufrechnung. Es bliebe eine Kostenschuld des Gegners von 648 EUR. Davon hätte der beigeordnete Anwalt noch 348 EUR (1.160 EUR Gesamtforderung abzüglich 812 EUR erhaltene Grundvergütung) zu bekommen. Auf den Kostenfestsetzungsbeschluss wäre kein Vermerk eines Anspruchsübergangs aufzunehmen, weil die Staatskasse nichts mehr zu beanspruchen hätte. Den Ratenüberschuss von 250 EUR erhielte die Partei aus der Staatskasse zurück, sobald der Anwalt anzeigte, dass seine Forderung vom Gegner erfüllt worden sei;
> – oder für die Partei eine gewöhnliche Kostenausgleichung nach § 106 ZPO durchführen. Dann ergäbe sich zu deren Gunsten ein Saldo von 648 EUR, weil der Gegner 80 % der Gesamtkosten von 2.560 EUR (1.160 EUR + 1.400 EUR) = 2.048 EUR abzüglich der selbst aufgebrachten Kosten von 1.400 EUR zu erstatten hätte. Nach Erfüllung dieser Erstattungsforderung wäre die Partei in der Lage, ihrem Anwalt den noch offenen Restbetrag von 348 EUR zu bezahlen. Dieser könnte eine Zahlungsanzeige an den Urkundsbeamten der Geschäftsstelle richten und die Staatskasse würde als dann die unverbrauchten Raten auskehren.

133 Sind die von der Partei gezahlten **Raten (wohl) ausreichend**, um auch die (restliche) Vergütung des Anwalts abzudecken, so ist es für den beigeordneten Anwalt sinnvoll, den prozessualen Kostenerstattungsanspruch der Partei für seine Entlohnung gänzlich unbeachtet zulassen und **sowohl die Grundvergütung (§ 49) als auch (sogleich) die weitere Vergütung (§ 59) von der Staatskasse** einzufordern. Das ist problemlos und vermeidet Schwierigkeiten bei der Abrechnung mit dem Gegner, wenn etwa nur eine Kostenquote Anwendung findet, die eigene Partei zum Vorsteuerabzug berechtigt ist oder der Anspruch gegen den Gegner als schwerlich durchsetzbar angesehen werden muss.

IV. Abrechnung bei mehreren Auftraggebern

Ist die Staatskasse nicht voll einstandspflichtig und hat der Anwalt **mehrere** echte (Anm. Abs. 1 zu VV 1008) oder unechte (§ 22 Abs. 1) **Streitgenossen vertreten,** denen **sämtlich Prozesskostenhilfe ohne Zahlungsanordnung** bewilligt worden ist, ergeben sich **Besonderheiten** gegenüber einer Abrechnung bei nur einem Mandanten mit ratenfreier Prozesskostenhilfe lediglich für den Fall, dass die **Streitgenossen unterschiedlich am Ausgang des Verfahrens beteiligt** sind und daher verschiedene Erstattungsansprüche haben. Das jeweilige Beitreibungsrecht des Anwalts ist dann von der Berechnung des einzelnen Erstattungsanspruchs abhängig (vgl. § 7 Rdn 86 ff. und VV 1008 Rdn 142 ff.). 134

Bei zwei echten **Streitgenossen, von denen einer ratenfreie Prozesskostenhilfe** erhalten, **der andere** hingegen **Zahlungen zu erbringen** hat, kann der Anwalt **bis auf den Erhöhungsbetrag nach VV 1008** über § 50 in der Regel seine **volle Vergütung** erreichen. Denn die Zahlungspflicht des Streitgenossen der Staatskasse gegenüber erstreckt sich (auch) auf die Gebühren, die er nach § 7 Abs. 2 S. 1 im Außenverhältnis der Streitgenossen zueinander dem Anwalt schuldet. Das muss auch für diejenigen gelten, die dem Anwalt gegen jeden Streitgenossen grundsätzlich nur einen wert- oder kopfanteiligen Teilanspruch zubilligen wollen (vgl. § 7 Rdn 110, VV 1008 Rdn 145 ff.), da selbige den gesetzlichen Anspruch gegen jeden Streitgenossen nach § 7 Abs. 2 S. 1 jedenfalls dann wieder aufleben lassen wollen, wenn das Ziel einer vollen Vergütung anders nicht erreichbar ist. 135

> **Beispiel:** S und T werden als Gesamtschuldner auf Schadensersatz in Höhe von 22.000 EUR verklagt. Beide erhalten Prozesskostenhilfe, T jedoch nur mit einer Zahlungsanordnung von 225 EUR. Der Prozess geht nach Beweisaufnahme für sie verloren.
> Der beigeordnete Anwalt kann nach § 49 insgesamt 1.233,32 EUR abrechnen (1,3 + 0,3-Verfahrensgebühr zzgl. 1,2-Terminsgebühr von jeweils 363 EUR zzgl. Kostenpauschale 20 EUR zzgl. USt). T schuldet nach § 7 Abs. 2 insgesamt 2.231,25 EUR (2,5 Gebühren à 742 EUR zzgl. Kostenpauschale und USt). Die volle gesetzliche Vergütung des Anwalts beträgt 2.496,14 EUR (2,8 Gebühren à 742 EUR zzgl. Kostenpauschale und USt). Davon hat er 1.233,32 EUR erhalten, so dass noch 1.262,82 EUR offen sind. Nach § 50 stehen ihm noch bis zu 997,93 EUR zu (von T geschuldete 2.231,25 EUR abzgl. erhaltene 1.233,32 EUR), soweit die von T eingezahlten Raten nach Berücksichtigung der Gerichtskosten das hergeben. (Der verbleibende Restbetrag von 264,89 EUR setzt sich zusammen aus der Erhöhung gemäß VV 1008 und der Umsatzsteuer.)

Haben **zwei** oder mehrere **echte Streitgenossen Zahlungen** zu erbringen, ist die **weitere Vergütung** in jedem Fall **abgedeckt.** 136

> **Variante 1:** Der Anwalt vertritt auch U, der ebenfalls als Gesamtschuldner mit Erfolg auf Zahlung von 22.000 EUR verklagt worden ist. U hat Prozesskostenhilfe mit einer Monatsrate von 135 EUR erhalten.
> Die Grundvergütung des Anwalts beträgt 1.362,91 EUR (1,3 + 0,3 + 0,3-Verfahrensgebühr zzgl. 1,2-Terminsgebühr von jeweils 363 EUR zzgl. Kostenpauschale und USt), seine volle Vergütung 2.761,04 EUR. T und U müssten zusammen an Anwaltskosten bis zu 4.462,50 EUR (2 x 2.231,25 EUR) ratenweise aufbringen und damit (deutlich) mehr als die volle Vergütung. Tatsächlich brauchen sie allerdings nur diese zu zahlen, und zwar jeweils nur zur Hälfte (1.380,52 EUR), es sei denn, die festgesetzten Raten sind bei einem von ihnen nicht in entsprechender Höhe durchsetzbar.

Bei **unechten Streitgenossen** mit Prozesskostenhilfe, denen **teilweise Zahlungen auferlegt** worden sind, ist die **Berechnung der weiteren Vergütung** von dem **Umfang ihrer Beteiligung an dem gesamten Gegenstandswert** abhängig. 137

> **Variante 2:** Die Klage richtet sich gegen S in Höhe von 16.000 EUR, gegen T in Höhe von weiteren 4.000 EUR sowie gegen U in Höhe von 2.000 EUR (Streitwert: 22.000 EUR) und hat vollen Erfolg.
> Die Grundvergütung des Anwalts beläuft sich auf 1.103,73 EUR (2,5 Gebühren nach § 49 von 22.000 EUR zzgl. Kostenpauschale und USt), die volle Vergütung auf 2.231,25 EUR. An Einzelschulden gemäß § 7 Abs. 2 S. 1 entfallen auf T insgesamt 773,50 EUR (2,5 Gebühren von 4.000 EUR zu je 252 EUR zzgl. Kostenpauschale und USt) und auf U insgesamt 470,05 EUR (2,5 Gebühren von 2.000 EUR zu je 150 EUR zzgl. Kostenpauschale und USt). Die Staatskasse darf vor den eingegangenen Raten des T insgesamt 773,50 EUR (2,5 Gebühren nach §§ 13, 49 von 4.000 EUR zu je 252 EUR zzgl. Kostenpauschale und USt) und von denen des U die gesamten Anwaltskosten mit 470,05 EUR auf die Grundvergütung verrechnen, zusammen jedoch nicht mehr als den von ihr an den Anwalt tatsächlich gezahlten Betrag. Folglich wird die Summe der über die Raten aufzubringenden Einzelschulden von 1.243,55 EUR (773,50 EUR von T zzgl. 470,05 EUR von U) durch die Grundvergütung in Höhe eines Teilbetrages von 1.103,78 EUR aufgezehrt. Der Rest von 139,77 EUR stünde als weitere Vergütung für den beigeordneten Anwalt zur Verfügung, falls alle Raten erbracht und also auch die sonstigen Kosten des § 122 Abs. 1 Nr. 1 ZPO gedeckt sind.

V. Beitreibung des Anwalts in Analogie zu § 126 ZPO

138 Das wünschenswerte Bestreben des RVG, die Rechtsverhältnisse der beigeordneten und bestellten Anwälte zusammen sowie möglichst einheitlich zu regeln, legt den Gedanken nahe, in **Einzelbereichen** normierte **Grundsätze** auf ihre Tauglichkeit zu überprüfen, ob sie einer **allgemeinen Handhabung** zugänglich sind und so zu einem **gemeinsamen Regelwerk** beitragen können.

139 Das **Beitreibungsrecht des Anwalts nach § 126 ZPO** beruht auf einer grundlegenden Interessenabwägung zwischen Anwalt und Partei, die nicht in der Bewilligung von Prozess- oder Verfahrenskostenhilfe ihre Wurzeln hat. Sie kann für **alle Fallgruppen** Gültigkeit beanspruchen, wo der Anwalt seine **Leistungen erbracht** hat, weil er durch **Hoheitsakt** dazu **verpflichtet** wurde, soweit die **gesetzliche Vergütung** dafür (teilweise) noch **aussteht**. Ist der Gegner der eigenen Partei aufgrund einer Kostenentscheidung des Gerichts verpflichtet, die Leistungen des Anwalts jedenfalls zum Teil zu bezahlen, so lässt sich **kein schutzwürdiges Interesse** der Partei gegen einen **direkten Zugriff** des beigeordneten oder bestellten Anwalts auf die Kostentragungspflicht des Gegners aufzeigen. § 126 ZPO richtet sich auch **nicht speziell** an die im Wege der Prozess- oder Verfahrenskostenhilfe beigeordneten Anwälte, sondern an die „**bestellten Rechtsanwälte**".

140 Auch wenn die Beiordnung des Anwalts nicht auf der Bewilligung von Prozess- oder Verfahrenskostenhilfe beruht oder er bestellt worden ist, sollte er die **Überlegung** anstellen, ob nicht in **Analogie zu § 126 ZPO** ein **Beitreibungsrecht** gegen den Gegner geltend zu machen sei, wenn und soweit der von ihm vertretenen Partei ein Kostenerstattungsanspruch zusteht und er auf einfachere Weise eine volle Regelvergütung nicht erlangen kann. Das erscheint auch sinnvoll, wenn der Anwalt als **bestellter Verteidiger** tätig gewesen ist und den Anspruch gegen die Staatskasse nicht gemäß § 52 Abs. 2 über den Beschuldigten realisieren kann, etwa weil dieser nicht greifbar ist oder sich aus anderen Gründen einer Abwicklung entzieht. **Sicherer** dürfte allerdings die Vorsorge sein, sich beizeiten etwaige Kostenerstattungsansprüche des Vertretenen gegen Verfahrensbeteiligte **im Voraus abtreten** zu lassen (vgl. § 43).

VI. Zeitrahmen zur Bearbeitung des Festsetzungsantrags

1. Unverzügliche Entscheidung

141 Die zur Festsetzung der Vergütung der gerichtlich bestellten und beigeordneten Anwälte erlassenen **Verwaltungsbestimmungen** der Länder schreiben teilweise vor, dass über Festsetzungsanträge im Allgemeinen **unverzüglich** zu befinden ist. Ferner sind dort folgende Bestimmungen enthalten:
- Werden zu Teilansprüchen der beantragten Vergütungen längerfristige Aufklärungen oder gerichtliche Entscheidungen erforderlich, so sollen in der Regel die unstreitigen Beträge – soweit es sich hierbei nicht um verhältnismäßig niedrige Beträge handelt – schon vorab festgesetzt und zur Auszahlung angewiesen werden.
- Eine Festsetzung soll insbesondere vor einer absehbaren Versendung der Akten wegen eines Rechtsmittels erfolgen.

2. Vorgehensweise

142 Wird über den Antrag auf Festsetzung einer **fälligen Vergütung** (§ 8) nicht unverzüglich entschieden, erfolgt keine Kompensation durch **Verzinsung** für die Zeit ab Anbringung des Festsetzungsantrags bis zur Entscheidung, weil in § 55 keine Verzinsung vorgesehen ist (vgl. Rdn 71).[333] Es stellt sich daher die Frage, welche Möglichkeiten bestehen, auf eine zögerliche Bearbeitung des Festsetzungsantrages zu reagieren:

---

[333] AG Neuss RVGreport 2008, 142; VG Ansbach, Beschl. v. 24.4.2007 – AN 19 M 07.00266, juris; *Hansens/Braun/Schneider*, Teil 7 Rn 154; noch zur BRAGO: LG Berlin JurBüro 1984, 1854 = AnwBl 1984, 515; BVerwG JurBüro 1981, 1504; AG Berlin-Schöneberg JurBüro 2002, 375.

a) Erinnerung wegen Untätigkeit des Urkundsbeamten

Wird auf das Festsetzungsverlangen des Anwalts nicht reagiert oder der Antrag zögerlich bearbeitet, kann das jedenfalls nach **längerem Zeitablauf** einer Ablehnung der Festsetzung gleichkommen. Hiergegen kann **Erinnerung** gemäß § 56 eingelegt werden (siehe § 56 Rdn 8);[334] diese ist vorrangig gegenüber dem Antrag auf gerichtliche Entscheidung gemäß § 27 Abs. 1 EGGVG.[335] Wird auch auf diese Erinnerung nicht reagiert, ist die Untätigkeitsbeschwerde möglich.[336]

143

Allerdings werden diese Rechtsbehelfe nur dann Erfolgsaussicht haben, wenn dargelegt wird, dass das Verhalten des Gerichts auf **Willkür** beruht und den Tatbestand der Rechtsverweigerung erfüllt.[337] Dazu wird allerdings erhebliche Zeit vergangen sein müssen. Befinden sich die Sachakten z.B. in einer Rechtsmittelinstanz, wird dem Urkundsbeamten keine Untätigkeit vorgeworfen können, wenn er die zur Bearbeitung des Festsetzungsantrages erforderlichen Akten vergeblich bei dem Rechtsmittelgericht angefordert hat.

144

b) Vorschuss

§ 47 Abs. 1 berechtigt den beigeordneten oder bestellten Rechtsanwalt (nicht den Beratungshilfeanwalt, vgl. § 47 Abs. 2), einen **Vorschuss** aus der Staatskasse zu verlangen. Wird auf das Vorschussverlangen nicht reagiert, kann das jedenfalls nach längerem Zeitablauf einer Ablehnung des Vorschusses gleichkommen (es gilt dann das bereits Erläuterte, siehe Rdn 141 f.).

145

c) Zurückforderung der Akte aus der Rechtsmittelinstanz

Wird die Festsetzung abgelehnt, weil die Akten wegen Einlegung eines Rechtsmittels versandt sind, kann der Urkundsbeamte darauf hingewiesen werden, dass die Akten nach den einschlägigen Verwaltungsbestimmungen[338] kurzfristig zur Durchführung der Festsetzung zurückzufordern sind. Denn die Festsetzung kann in Angelegenheiten nach VV Teil 3 nur durch das erstinstanzliche Gericht erfolgen, weil das Rechtsmittelgericht nach Abs. 2 nur die Vergütung des Rechtsmittelverfahrens festsetzt (vgl. Rdn 55 f.). Allerdings kann der Rückforderung Nr. 167 RiStBV entgegenstehen: Danach ist bei Revisionen in **Straf- und Bußgeldsachen** zu erwägen, ob die Vergütungsangelegenheit bis zur Rückkunft der Akten aus der Revisionsinstanz zurückgestellt werden kann.

146

d) Anlegung eines Kostenheftes

Wird in **Strafsachen** trotz der geltenden Verwaltungsbestimmungen (vgl. Rdn 146) die Festsetzung vom Urkundsbeamten abgelehnt, weil die Akten dem Rechtsmittelgericht zu übersenden sind, kann auf die Möglichkeit der vorherigen Anlage eines **Kostenheftes** hingewiesen werden, in das Ablichtungen der zur Festsetzung erforderlichen Aktenbestandteile aufzunehmen sind.

147

e) Abtretung an Verrechnungsstelle

Häufen sich verspätete Zahlungen der Staatskasse, kann auch in Erwägung gezogen werden, dem durch Abtretung der Vergütungsansprüche an eine Verrechnungsstelle zu begegnen (vgl. Rdn 16 ff.).

148

---

334 AG Duisburg Rpfleger 2009, 521, zur PKH; OLG Naumburg NJW 2003, 2921, noch zur BRAGO; Gerold/Schmidt/*Müller-Rabe*, RVG, § 47 Rn 9; RVGprof. 2010, 116.
335 OLG Naumburg NJW 2003, 2921, noch zur BRAGO.
336 Vgl. hierzu Zöller/*Heßler*, § 567 Rn 21, m.w.N.
337 RVGprof. 2010, 116.
338 Vgl. hierzu z.B. in NRW AV d. JM v. 20.3.1987 i.d.F. v. 8.6.2004, 5601 – I B. 3; Schleswig-Holstein AV d. JM v. 31.3.1988 – V 340 a/5600 – 69 – (SchlHA S. 63); Mecklenburg – Vorpommern, AV des Ministers für Justiz, Bundes- und Europaangelegenheiten vom 15.5.1991 – III 360/5600 – 15 – Fundstelle: AmtsBl. M-V 1991 S. 401, zuletzt geändert durch Verwaltungsvorschrift vom 3.12.2004 (AmtsBl. M-V 2004 S. 1072).

f) Aufrechnung gegen Umsatzsteuerforderungen

149 Dem beigeordneten oder bestellten Rechtsanwalt ist es bei verzögerter Bearbeitungsdauer grds. nicht verwehrt, mit seinen gegen die Landeskasse gerichteten Vergütungsforderungen die **Aufrechnung gegen Umsatzsteuerforderungen** des Finanzamtes zu erklären.[339] Die auch für die Aufrechnung gegen Ansprüche aus dem Steuerschuldverhältnis gemäß §§ 226 Abs. 1 AO, 387 BGB erforderliche **Gegenseitigkeit** ist gegeben. Bei der zu den Gemeinschaftssteuern gehörenden Umsatzsteuer ist für die Gegenseitigkeit § 226 Abs. 4 AO zu beachten. Danach gilt für die Aufrechnung als Gläubiger und Schuldner eines Anspruches aus dem Steuerschuldverhältnis auch die Körperschaft, die die Steuer verwaltet. Die Verwaltungshoheit für Umsatzsteuerforderungen liegt beim Finanzamt. Deshalb kann mit dem Vergütungsanspruch gegen die Forderung aus dem Steuerschuldverhältnis i.S.d. § 37 AO aufgerechnet werden, weil Hauptforderung und Gegenforderung von Behörden derselben Körperschaft verwaltet werden.[340] Wegen § 226 Abs. 4 AO ist damit auch die gemäß §§ 226 Abs. 1 AO, 395 BGB für eine Aufrechnung **gegen** eine Forderung des Bundes oder eines Landes erforderliche **Kassenidentität** gewahrt.[341]

Grundsätzlich kann jede Seite gegen Ansprüche aus einem Steuerschuldverhältnis mit anders begründeten Gegenforderungen aufrechnen, soweit die allgemeinen Voraussetzungen der Aufrechnung gegeben sind und das Gesetz keine Einschränkungen enthält. Deshalb darf der Steuerpflichtige mit zivil- und öffentlich- rechtlichen Gegenansprüchen aller Art gegen öffentlich-rechtliche Ansprüche aufrechnen, sofern sie **unbestritten** oder **rechtskräftig festgestellt** sind (§ 226 Abs. 3 AO).[342] Ein Steuerpflichtiger kann gegen Steueransprüche deshalb nur dann mit Rechtsanwaltsvergütungsforderungen aufrechnen, wenn diese als unbestritten gelten, also zumindest das Festsetzungsverfahren nach § 55 durch Beschluss abgeschlossen wurde oder sie rechtskräftig festgestellt sind, d.h. ein Rechtsmittel nicht mehr erhoben werden kann bzw. eine rechtskräftige Entscheidung im Erinnerungs-/Beschwerdeverfahren gemäß § 56 erfolgt ist.[343]

Anhang zu § 55 VwV Vergütungsfestsetzung

1 Bei den Verwaltungsbestimmungen zur Vergütungsfestsetzung (VvV) der gerichtlich bestellten Rechtsanwältinnen und Rechtsanwälte, der beigeordneten Patentanwältinnen, Patentanwälte, Steuerberaterinnen und Steuerberater[1] sowie der Vergütung bei Beratungshilfe handelt es sich um Verwaltungsregelungen, die zwischen dem Bund und den Ländern abgestimmt worden sind. Die Länder können Ergänzungsbestimmungen erlassen (siehe Rdn 6 f.).

2 Die VwV Vergütungsfestsetzung gelten zwar unmittelbar nur für die internen Abläufe im Rahmen der Justiz, wirken sich aber auch auf die gerichtlich beigeordneten und bestellten Rechtsanwälte aus.[2]

3 Die VwV regeln Einzelheiten für das Verfahren bei der Festsetzung der Vergütung gegen die Staatskasse gem. § 55 RVG (insbes. Form des Festsetzungsantrags, Festsetzung und Zahlbarmachung des Festsetzungsbetrages, Auszahlung des Betrages, Vertretung der Staatskasse, Zuständigkeiten). Ferner enthalten die VwV Regelungen zur Vorschussgewährung aus der Staatskasse (§ 47 RVG), zur Gewährung der weiteren Vergütung bei Prozesskostenhilfe/Verfahrenskostenhilfe mit Zahlungsbestimmung (§ 50 RVG) sowie für die Wiedereinziehung der ausgezahlten Vergütung (§ 59 RVG). Die in Abschnitt 8 des RVG (§§ 44 ff. RVG) enthaltenen gesetzlichen Regelungen für den beigeordneten oder bestellten Rechtsanwalt oder bei Beratungshilfe werden durch die VwV näher konkretisiert.

---

339 Vgl. RVGprof. 2010, 116.
340 Vgl. hierzu BFH BStBl II 2007, 914 = ZIP 2007, 1514 = DStZ 2007, 582.
341 BFH BFH/NV 1990, 334; BFH BStBl II 1989, S. 949 = NVwZ-RR 1990, 523.
342 BFH BFH/NV 2005, 1759; BFH BStBl II 1984, S. 178 = NVwZ 1984, 468.
343 FG Sachsen-Anhalt, Urt. v. 21.6.2016 – 1 K 1368/15, juris; vgl. auch Hessisches Finanzgericht, Urt. v. 2.9.2009 – 8 K 2080/08, juris.

1 Bei der erstmaligen Erwähnung von Personen-, Amts- und Funktionsbezeichnungen erfolgt eine Paarbildung aus weiblicher und männlicher Form. Im weiteren Text wird zur besseren Lesbarkeit nur noch die männliche Form verwendet.
2 *Hansens*, RVGreport 2005, 405.

Bei der Festsetzung gegen die Staatskasse handelt es sich um ein dem Urkundsbeamten der Geschäftsstelle übertragenes **justizförmiges Verwaltungsverfahren**,[3] in dem sich der anspruchsberechtigte Anwalt oder Steuerberater einerseits und die Staatskasse andererseits gegenüberstehen. Die Festsetzung stellt keinen originären Verwaltungsakt, sondern einen Akt der Rechtsprechung im weiteren funktionellen Sinne dar.[4]

Bekanntmachung
der Verwaltungsvorschrift über die Festsetzung der aus der Staatskasse zu gewährenden Vergütung der Rechtsanwältinnen, Rechtsanwälte, Patentanwältinnen, Patentanwälte, Rechtsbeistände, Steuerberaterinnen und Steuerberater (VwV Vergütungsfestsetzung)
Vom 19.7.2005, BAnZ 2005, S. 11997

Zuletzt geändert durch Bekanntmachung vom 11.4.2014 (BAnz AT 28.4.2014 B1)

Für die Festsetzung der Vergütung der beigeordneten oder bestellten Rechtsanwältinnen und Rechtsanwälte, der beigeordneten Patentanwältinnen, Patentanwälte, Steuerberaterinnen und Steuerberater,[5] für die Festsetzung von Vorschüssen sowie für die Festsetzung der Vergütung bei Beratungshilfe bestimmen die Landesjustizverwaltungen[6] und das Bundesministerium der Justiz Folgendes:

A. Vergütung der beigeordneten oder bestellten Rechtsanwälte

1. Allgemeine Bestimmungen

1.1 Festsetzungsantrag

Der Festsetzungsantrag mit der Berechnung der Gebühren und Auslagen (§ 10 des Rechtsanwaltsvergütungsgesetzes – RVG) ist bei der Geschäftsstelle zweifach einzureichen. Rechtsanwälte sind nicht verpflichtet, die Festsetzung der ihnen aus der Staatskasse zuzahlenden Vergütung mit den amtlichen Formularen zu beantragen. Formlos oder mit Hilfe der elektronischen Datenverarbeitung erstellte Festsetzungsanträge sollen inhaltlich den amtlichen Formularen entsprechen.

1.2 Festsetzung

1.2.1 Die Festsetzung (§ 55 RVG) ist dem gehobenen Dienst vorbehalten.

1.2.2 Kann Verjährung in Betracht kommen (vgl. §§ 195, 199 des Bürgerlichen Gesetzbuchs – BGB; § 8 RVG), so hat die Urkundsbeamtin oder der Urkundsbeamte der Geschäftsstelle (UdG) vor der Entscheidung über den Festsetzungsantrag die Akten mit einem entsprechenden Hinweis der Vertretung der Staatskasse vorzulegen (siehe Nummer 1.4.4). Sieht diese von der Erhebung der Verjährungseinrede ab, so hat der UdG dies auf der Festsetzung zu vermerken.

1.2.3 Müssen die Sachakten wegen der Einlegung von Rechtsmitteln oder aus sonstigen Gründen versandt werden, so ist die Vergütung möglichst vorher festzusetzen. Sonst sind Akten, die für längere Zeit versandt sind, kurzfristig zurückzufordern.

1.2.4 Wird dem Festsetzungsantrag entsprochen, so ist keine Mitteilung erforderlich. Soweit die Entscheidung von dem Antrag abweicht, ist ihr Inhalt dem Rechtsanwalt schriftlich mitzuteilen.

1.2.5 Die Festsetzung ist zu den Sachakten zu nehmen. Auf dem Beiordnungsbeschluss ist neben dem Namen des beigeordneten Rechtsanwalts das Datum der Festsetzung in auffälliger Weise zu vermerken.

---

3 OLG Düsseldorf AGS 2008, 245 = FamRZ 2008, 1767 = OLGR Düsseldorf 2008, 261 = JurBüro 2008, 209; OLG Düsseldorf AGS 2008, 195 = OLGR Düsseldorf 2008, 262 = Rpfleger 2008, 316 = JurBüro 2008, 209.

4 OLG Naumburg NJW 2003, 2921.

5 Bei der erstmaligen Erwähnung von Personen-, Amts- und Funktionsbezeichnungen erfolgt eine Paarbildung aus weiblicher und männlicher Form. Im weiteren Text wird zur besseren Lesbarkeit nur noch die männliche Form verwendet.

6 Vgl z.B. für **NRW** Festsetzung der aus der Staatskasse zu gewährenden Vergütung der Rechtsanwälte, AV d. JM vom 30.6.2005 (5650 – Z. 20) – JMBl. NRW S. 181 – in der Fassung vom 1.4.2014, JMBl. NRW S. 139.

1.3 Auszahlungsanordnung

1.3.1 Die Auszahlungsanordnung wird von dem UdG des Gerichts erteilt, bei dem die Vergütung festgesetzt worden ist. Hat der UdG des Gerichts des ersten Rechtszugs die Vergütung festgesetzt und die Bundeskasse die Vergütung zu zahlen (§ 45 Abs. 1, 3 RVG), so hat er ein Exemplar der Festsetzung dem Gericht des Bundes zur Erteilung der Auszahlungsanordnung zu übersenden.

1.3.2 Ein Exemplar der Auszahlungsanordnung ist zu den Sachakten zu nehmen.

1.3.3 Werden in derselben Sache weitere Auszahlungsanordnungen notwendig, so sind auch davon Exemplare zu den Sachakten zu nehmen; in der Kostenberechnung sind sämtliche Gebühren und Auslagen aufzuführen; bereits gezahlte Beträge sind abzusetzen. Der Tag der früheren Auszahlungsanordnung ist anzugeben. Dies gilt auch, wenn Vorschüsse gezahlt sind (siehe Nummer 1.5.3).

1.3.4 Nummer 2.4.4 ist zu beachten.

1.4 Vertretung der Staatskasse, Prüfung der Festsetzung

1.4.1 Die Vertretung der Staatskasse bei der Festsetzung einschließlich des Erinnerungs- und Beschwerdeverfahrens richtet sich nach den dafür ergangenen besonderen Bestimmungen.

1.4.2 Alle gerichtlichen Entscheidungen, durch die eine Festsetzung zu Ungunsten der Staatskasse geändert wird, hat der UdG vor Anweisung des Mehrbetrages der Vertretung der Staatskasse mitzuteilen.

1.4.3 Erinnerungen oder Beschwerden namens der Staatskasse sind nur zu erheben, wenn es sich um Fragen von grundsätzlicher Bedeutung oder um Beträge handelt, die nicht in offensichtlichem Missverhältnis zu dem durch das Erinnerungs- oder Beschwerdeverfahren entstehenden Zeit- und Arbeitsaufwand stehen.

1.4.4 Soll nach Auffassung der Vertretung der Staatskasse die Verjährungseinrede erhoben werden (siehe Nummer 1.2.2), so hat sie dazu die Einwilligung der unmittelbar vorgesetzten Präsidentin oder des unmittelbar vorgesetzten Präsidenten einzuholen.

1.5 Vorschuss

1.5.1 Für die Festsetzung und Auszahlung des Vorschusses (§ 47 RVG) gelten die Bestimmungen für die Festsetzung und Auszahlung des endgültigen Betrages sinngemäß.

1.5.2 Die Auszahlungen sind als Abschlagszahlungen zu leisten und als Haushaltsausgaben zu buchen.

1.5.3 Der UdG überwacht die Fälligkeit der Vergütung und sorgt dafür, dass der Vorschuss alsbald abgerechnet wird (siehe Nummer 1.3.3).

1.6 Wiedereinforderung überzahlter Beträge

Überzahlungen an Gebühren, Auslagen oder Vorschüssen sind nach der Justizbeitreibungsordnung einzuziehen.

2. Besondere Bestimmungen für die Vergütung der im Wege der Prozess- oder Verfahrenskostenhilfe beigeordneten Rechtsanwälte

2.1 Zuständigkeit für die Festsetzung im Allgemeinen

Die aus der Staatskasse zu gewährende Vergütung (§ 45 Abs. 1, § 50 Abs. 1 RVG) wird von dem UdG des Gerichts des ersten Rechtszugs festgesetzt (§ 55 Abs. 1 RVG). In Angelegenheiten, in denen sich die Gebühren nach Teil 3 des Vergütungsverzeichnisses zum RVG bestimmen, erfolgt die Festsetzung durch den UdG des Gerichts des Rechtszugs, nach Beendigung des Verfahrens durch rechtskräftige Entscheidung oder in sonstiger Weise jedoch durch den UdG des Gerichts des ersten Rechtszugs (§ 55 Abs. 2 RVG).

2.2 Zuständigkeit zur Festsetzung im Falle der Verweisung oder Abgabe eines Verfahrens

2.2.1 Bei Verweisung oder Abgabe eines Verfahrens an ein Gericht eines anderen Landes gilt die Vereinbarung über den Ausgleich von Kosten in der jeweils gültigen Fassung.

2.2.2 Bei Verweisung oder Abgabe eines Verfahrens an ein Gericht desselben Landes gilt Folgendes: Der UdG des verweisenden oder abgebenden Gerichts setzt die aus der Staatskasse zu gewährende

Vergütung fest, wenn bereits vor der Versendung der Akten an das Gericht, an das das Verfahren verwiesen oder abgegeben worden ist, der Anspruch fällig geworden und der Festsetzungsantrag eingegangen ist. Andernfalls sind Festsetzungsanträge an die Geschäftsstelle des Gerichts weiterzugeben, an das das Verfahren verwiesen oder abgegeben worden ist.

2.3 Vergütung des beigeordneten Anwalts, Kostenfestsetzung, Übergang auf die Staatskasse

2.3.1 Bei der Festsetzung der vom Gegner an die Partei, der Prozess- oder Verfahrenskostenhilfe bewilligt ist, oder an deren Rechtsanwalt zu erstattenden Kosten (§§ 103 bis 107, 126 der Zivilprozessordnung – ZPO, auch in Verbindung mit § 76 Absatz 1, § 85 FamFG) prüft die Rechtspflegerin oder der Rechtspfleger, ob bereits eine Vergütung aus der Staatskasse gezahlt worden ist und ob der aus der Staatskasse gewährte Betrag ganz oder zum Teil auf die im Kostenfestsetzungsbeschluss festzusetzenden Kosten anzurechnen ist. Er stellt zugleich fest, ob und inwieweit der Erstattungsanspruch gegen die Zahlungspflichtige oder den Zahlungspflichtigen auf die Staatskasse übergegangen ist (§ 59 Abs. 1 Satz 1 RVG). Dabei berücksichtigt er, dass ein übergegangener Anspruch der Staatskasse nicht zusteht, soweit die an den Rechtsanwalt gezahlte Vergütung durch Zahlungen der Partei an die Staatskasse gedeckt ist. Den auf die Staatskasse übergegangenen Betrag vermerkt er im Kostenfestsetzungsbeschluss. Nötigenfalls nimmt er eine erläuternde Berechnung auf. Soweit ein Erstattungsanspruch auf die Staatskasse übergegangen ist, nimmt der Rechtspfleger in den Kostenfestsetzungsbeschluss nur den Betrag auf, der an die Partei oder an deren Rechtsanwalt noch zu erstatten bleibt.

2.3.2 Macht der Rechtsanwalt seinen Vergütungsanspruch gegen die Staatskasse erst geltend, nachdem die von der gegnerischen Partei zu erstattenden Kosten bereits nach §§ 103 bis 107 und 126 ZPO, auch in Verbindung mit § 76 Absatz 1, § 85 FamFG festgesetzt worden sind, so fordert der Rechtspfleger die vollstreckbare Ausfertigung des Kostenfestsetzungsbeschlusses von der- oder demjenigen zurück, zu deren oder dessen Gunsten er ergangen ist. Nach der Festsetzung der aus der Staatskasse zu gewährenden Vergütung vermerkt der Rechtspfleger auf der vollstreckbaren Ausfertigung des Kostenfestsetzungsbeschlusses, um welchen Betrag sich die festgesetzten Kosten mindern und welcher Restbetrag noch zu erstatten ist; falls erforderlich, fügt er eine erläuternde Berechnung bei. Die gleichen Vermerke setzt er auf den Kostenfestsetzungsbeschluss und bescheinigt dort außerdem, dass die vollstreckbare Ausfertigung mit denselben Vermerken versehen und zurückgesandt worden ist.

2.3.3 Wird die Vergütung festgesetzt, ohne dass die vollstreckbare Ausfertigung des Kostenfestsetzungsbeschlusses vorgelegt worden ist, so hat der UdG den erstattungspflichtigen Gegner zu benachrichtigen.

2.3.4 Bei der Einziehung der auf die Staatskasse übergegangenen Beträge sind § 122 Abs. 1 Nr. 1 Buchstabe b ZPO, auch in Verbindung mit § 76 Absatz 1 FamFG, § 6 Abs. 2 der Kostenverfügung und Nummer 3.3.2 Satz 1 sowie Nummer 4.6 der Durchführungsbestimmungen zur Prozess- und Verfahrenskostenhilfe sowie zur Stundung der Kosten des Insolvenzverfahrens (DB-PKH) zu beachten.

2.3.5 Zahlt die erstattungspflichtige gegnerische Partei bei der Vollstreckung aus dem Kostenfestsetzungsbeschluss freiwillig auch die nach Nummer 2.3.2 oder 2.3.3 abgesetzte Vergütung, so hat die Gerichtsvollzieherin oder der Gerichtsvollzieher sie anzunehmen und an die Kasse abzuführen. Zieht der Gerichtsvollzieher nur den Restbetrag der festgesetzten Kosten ein, so hat er dies zu den Gerichtsakten mitzuteilen, damit der auf die Staatskasse übergegangene Betrag eingezogen werden kann (siehe Nummer 2.4.1). Waren die einzuziehenden Beträge bereits zum Soll gestellt, so gibt der UdG die Mitteilung an die Kasse weiter.

2.3.6 Beantragt der beigeordnete Rechtsanwalt nach Aufhebung der Bewilligung der Prozess- oder Verfahrenskostenhilfe die Festsetzung der Vergütung gemäß § 11 RVG gegen die eigene Partei, so sind die Nummern 2.3.1 bis 2.3.5 entsprechend anzuwenden.

2.4 Wiedereinforderung von der Partei, der Prozess- oder Verfahrenskostenhilfe bewilligt worden ist, von der gegnerischen Partei oder von Streitgenossinnen oder Streitgenossen

2.4.1 Der UdG hat in jedem Fall zu prüfen und nötigenfalls zu überwachen, ob die aus der Staatskasse gezahlte Vergütung von der Partei oder von der erstattungspflichtigen gegnerischen Partei eingefordert werden kann (§ 59 RVG). Zu diesem Zweck hat er erforderlichenfalls die Parteien aufzufordern, ihre Kostenberechnung dem Gericht zur Ausgleichung mitzuteilen. Kann er die Mitwirkung der

Parteien nicht erreichen, so hat er den Anspruch der Staatskasse nach Aktenlage zu berechnen. Der Anspruch gegen die Partei kann, solange die Bewilligung der Prozess- oder Verfahrenskostenhilfe nicht aufgehoben ist (vgl. Nummer 3.3.1, Nummer 5.1 DB-PKH), nur nach den Bestimmungen geltend gemacht werden, die das Gericht getroffen hat (vgl. § 122 Abs. 1 Nr. 1 Buchstabe b ZPO, auch in Verbindung mit § 76 Absatz 1 FamFG). Gegebenenfalls ist eine Änderung dieser Bestimmungen anzuregen (vgl. § 120a Abs. 1 ZPO, auch in Verbindung mit § 76 Absatz 1 FamFG, Nr. 5.1 DB-PKH).

2.4.2 Der mit der Festsetzung der Vergütung befasste UdG hat Streitgenossen der Partei, die von dem dieser Partei beigeordneten Rechtsanwalt als Wahlanwalt vertreten werden, zur Zahlung des auf sie entfallenden Anteils an der aus der Staatskasse gezahlten Vergütung aufzufordern, soweit dies nicht aus besonderen Gründen, z.B. wegen feststehender Zahlungsunfähigkeit, untunlich erscheint.

2.4.3 Die Zahlungsaufforderung an die ausgleichspflichtigen Streitgenossen kann nicht auf § 59 RVG gestützt werden und darf daher nicht in der Form einer Gerichtskostenrechnung ergehen. Wird nicht freiwillig gezahlt, so sind die Vorgänge dem unmittelbar vorgesetzten Präsidenten vorzulegen, der gegebenenfalls die Klageerhebung veranlasst.

2.4.4 Wenn Streitgenossen der Partei, der Prozess- oder Verfahrenskostenhilfe bewilligt ist, vorhanden sind, ist in der Festsetzung der Vergütung zu vermerken, ob und für welche Streitgenossen der Partei der beigeordnete Rechtsanwalt zugleich Wahlanwalt gewesen ist und ob ein Ausgleichsanspruch der Staatskasse gegen diese Streitgenossen geltend gemacht oder aus welchen Gründen davon abgesehen worden ist.

2.4.5 Die von Streitgenossen der Partei gezahlten Beträge sind bei den vermischten Einnahmen zu buchen. Die für die Buchung notwendigen Kassenanordnungen sind der zuständigen Kasse unverzüglich nach Zahlungseingang zuzuleiten. Eine ggf. zu den Sachakten erteilte Zahlungsanzeige ist beizufügen.

2.5 Festsetzung der weiteren Vergütung (§ 50 RVG)

2.5.1 Vor der Festsetzung der weiteren Vergütung hat sich der UdG davon zu überzeugen, dass

2.5.1.1 das Verfahren durch rechtskräftige Entscheidung oder in sonstiger Weise beendet ist,

2.5.1.2 sämtliche der Partei beigeordneten Rechtsanwälte und, soweit der gegnerischen Partei ebenfalls Prozess- oder Verfahrenskostenhilfe bewilligt und die PKH-Partei der gegnerischen Partei erstattungspflichtig ist, auch die der gegnerischen Partei beigeordneten Rechtsanwälte ihre Vergütung (§ 45 Abs. 1, § 49 RVG) beantragt haben und dass über diese Anträge abschließend entschieden worden ist,

2.5.1.3 die Schlusskostenrechnung unter Berücksichtigung der gemäß § 59 Abs. 1 Satz 1 RVG auf die Staatskasse übergegangenen Ansprüche (vgl. Nummer 2.5.1.2) aufgestellt worden und ein gegen die gegnerische Partei zum Soll gestellter Betrag, für den die Partei als Zweitschuldner haften würde, gezahlt ist, so dass feststeht, welcher Betrag zur Deckung der in § 122 Abs. 1 Nr. 1 ZPO, auch in Verbindung mit § 76 Absatz 1 FamFG bezeichneten Kosten und Ansprüche erforderlich ist,

2.5.1.4 sämtliche der Partei beigeordneten Rechtsanwälte die weitere Vergütung (§ 50 RVG) beantragt haben,

2.5.1.5 die von der Partei zu zahlenden Beträge (§ 120 ZPO, auch in Verbindung mit § 76 Absatz 1 FamFG, § 50 Abs. 1 Satz 1 RVG) beglichen sind oder eine Zwangsvollstreckung in das bewegliche Vermögen der Partei erfolglos geblieben ist oder aussichtslos erscheint,

2.5.1.6 und ggf. in welcher Höhe nach Verrechnung der von der Partei gezahlten Beträge auf den nach Nummer 2.5.1.3 berechneten Betrag ein Überschuss verbleibt,

2.5.1.7 in den Anträgen angegeben ist, welche Zahlungen die beigeordneten Rechtsanwälte von der Partei oder einem Dritten erhalten haben.

2.5.2 Haben noch nicht sämtliche der Partei und ggf. der gegnerischen Partei beigeordneten Rechtsanwälte ihre Vergütung beantragt (vgl. Nummern 2.5.1.2, 2.5.1.4) oder die erhaltenen Zahlungen angegeben (vgl. Nummer 2.5.1.7), so fordert der UdG sie unter Hinweis auf die Rechtsfolgen (§ 55 Abs. 6 Satz 2 RVG) gegen Empfangsbekenntnis auf, innerhalb einer Frist von einem Monat bei der Geschäftsstelle des Gerichts, dem der UdG angehört, die Anträge einzureichen oder sich zu den Zahlungen zu erklären.

2.5.3 Waren die Zahlungen der Partei an die Staatskasse nach § 120 Abs. 3 ZPO, auch in Verbindung mit § 76 Absatz 1 FamFG durch das Gericht vorläufig eingestellt und reicht der Überschuss (vgl. Nummer 2.5.1.6) zur Deckung der weiteren Vergütung nicht aus, ist die Akte zunächst dem Rechtspfleger zur Entscheidung über die Wiederaufnahme der Zahlungen vorzulegen.

2.5.4 Verzögert sich die Entscheidung über den Antrag, weil z.B. das Ergebnis der Kosteneinziehung von der gegnerischen Partei, weitere Zahlungen der Partei oder der Eingang weiterer Anträge abzuwarten ist, hat der UdG den Rechtsanwalt über den Grund der Verzögerung zu unterrichten.

2.5.5 Die weitere Vergütung ist bei dem Haushaltstitel für die Vergütung beigeordneter Rechtsanwälte zu buchen.

2.5.6 Ändert sich nach der Festsetzung der weiteren Vergütung die Kostenforderung gegen die Partei (vgl. Nummer 2.5.1.3), sind die Akten dem UdG zur Prüfung vorzulegen, ob die Festsetzung zu berichtigen ist.

2.6 Bei der Anwendung der vorstehenden besonderen Bestimmungen für die Vergütung der im Wege der Verfahrenskostenhilfe beigeordneten Rechtsanwälte tritt an die Stelle der Bezeichnung Partei die Bezeichnung Beteiligter.

2.7 Die vorstehenden besonderen Bestimmungen gelten für die Vergütung der im Wege der Prozesskostenhilfe beigeordneten Patentanwälte, Steuerberater, Steuerbevollmächtigten, Wirtschaftsprüfer, vereidigten Buchprüfer und Rentenberater sowie die im Wege des § 138 FamFG, auch in Verbindung mit § 270 FamFG beigeordneten oder nach §§ 57, 58 ZPO bestellten Rechtsanwälte sinngemäß.

B. Vergütung bei Beratungshilfe

1 Für die Festsetzung der Vergütung bei Beratungshilfe gilt Teil A Nr. 1 bis 1.2.2, 1.2.4, 1.3 bis 1.3.3 und 1.4 bis 1.4.4 sinngemäß. Der Festsetzungsantrag kann mit Hilfe der elektronischen Datenverarbeitung erstellt werden oder von einem amtlichen Formular abweichen, wenn er inhaltlich diesem entspricht. Die Geschäftsstellen geben die amtlichen Formulare für den Beratungshilfeantrag und für den Festsetzungsantrag unentgeltlich aus. Sofern ein Berechtigungsschein erteilt worden ist, ist die Festsetzung zur Durchschrift des Berechtigungsscheins zu nehmen.

2 Der UdG hat im jeden Fall zu prüfen und nötigenfalls zu überwachen, ob die aus der Landeskasse gezahlte Vergütung von erstattungspflichtigen Gegnern eingefordert werden kann (§ 59 Abs. 1, 3 RVG, § 9 des Beratungshilfegesetzes – BerHG). Unter gesetzlicher Vergütung im Sinne des § 9 Satz 1 BerHG ist die an nicht im Rahmen der Beratungshilfe tätige Beratungspersonen zu zahlende Vergütung zu verstehen. Der auf die Landeskasse übergegangene schuldrechtliche Anspruch auf Erstattung der Vergütung ist wie der Anspruch gegen ausgleichspflichtige Streitgenossen geltend zu machen (vgl. Teil A Nr. 2.4.2 bis 2.4.5).

Von den Bundesländern können ergänzende Bestimmungen zu den VwV Vergütungsfestsetzung erlassen werden. Beispielsweise ist in NRW vom Justizminister Folgendes bestimmt worden:[7]

1

Zu Teil I. A Nr. 1.1, Teil I. B:

Der Einreichung eines weiteren Exemplars des Festsetzungsantrages bedarf es nicht (s. nachfolgend 3).

2

Zu Teil I. A Nr. 1.2.1, Teil I. B:

Die Festsetzung kann geeigneten Beamtinnen oder Beamten des mittleren Justizdienstes übertragen werden.

---

7 www.justiz.nrw.de, Menü Bibliothek, Menü Justizverwaltungsvorschriften-Online, Aktenzeichensuche mit Gliederungs-Nr. 5650, oder http://www.jvv.nrw.de/anzeigeText.jsp?daten=725.

3

Zu Teil I. A Nr. 1.3, Teil I. B:

3.1

Die Auszahlung erfolgt in dem automatisierten Verfahren HKR-TV. Mit der Erteilung der Auszahlungsanordnung können neben dem UdG auch andere Beschäftigte betraut werden.

3.2

Die Auszahlung ist in den Akten unter Angabe der HKR-TV-Nummer und der Sicherungsnummer in auffälliger Weise zu vermerken oder durch einen Ausdruck der erteilten Auszahlungsanordnung nachzuweisen. War Beschwerde erhoben, so ist dies auf dem Ausdruck zu vermerken.

3.3

Werden in derselben Sache weitere Auszahlungen notwendig, so erfolgen auch diese in dem automatisierten Verfahren HKR-TV. Der Tag der früheren Zahlungsanordnung ist bei der Festsetzung anzugeben. Dies gilt auch, wenn Vorschüsse gezahlt sind (s. Nr. 1.5).

4

Zu Teil I. A Nr. 1.4, Teil I. B:

4.1

Von der Erhebung der Verjährungseinrede wird regelmäßig abgesehen werden können, wenn

4.1.1

der Anspruch zweifelsfrei begründet ist und

4.1.2

entweder die Verjährungsfrist erst verhältnismäßig kurze Zeit abgelaufen ist oder der Anspruchsberechtigte aus verständlichen Gründen (z.B. Schweben eines Rechtsmittels oder eines Parallelprozesses, längeres Ruhen des Verfahrens, Tod des Anwalts), die in einem Sachzusammenhang mit dem Erstattungsantrag stehen müssen, mit der Geltendmachung seines Anspruchs gewartet hat.

5

Zu Teil I. A Nrn. 2.3.1 und 2.3.2:

Bei den Gerichten der Finanzgerichtsbarkeit tritt der UdG an die Stelle des Rechtspflegers.

6

Zu Teil I. A Nr. 2.5.3:

Bei den Gerichten der Finanzgerichtsbarkeit tritt der Richter an die Stelle des Rechtspflegers.

§ 56 Erinnerung und Beschwerde

(1) ¹Über Erinnerungen des Rechtsanwalts und der Staatskasse gegen die Festsetzung nach § 55 entscheidet das Gericht des Rechtszugs, bei dem die Festsetzung erfolgt ist, durch Beschluss. ²Im Fall des § 55 Abs. 3 entscheidet die Strafkammer des Landgerichts. ³Im Fall der Beratungshilfe entscheidet das nach § 4 Abs. 1 des Beratungshilfegesetzes zuständige Gericht.

(2) ¹Im Verfahren über die Erinnerung gilt § 33 Abs. 4 Satz 1, Abs. 7 und 8 und im Verfahren über die Beschwerde gegen die Entscheidung über die Erinnerung § 33 Abs. 3 bis 8 entsprechend. ²Das Verfahren über die Erinnerung und über die Beschwerde ist gebührenfrei. ³Kosten werden nicht erstattet.

Literatur: *Fölsch*, Modernisierung der Kostenbeschwerde durch das Kostenrechtsmodernisierungsgesetz?, Rpfleger 2004, 385; *ders.*, Beratungshilfe – Ein Kurzüberblick, NJW 2010, 350; *Hansens*, Rechtsbehelfe bei Festsetzung der Beratungshilfe- und Prozesskostenhilfe-Vergütung, RVGreport 2005, 2; *Neumann*, Entscheidungsmöglichkeiten des Gerichts bei Erinnerung gegen einen zurückgewiesenen Festsetzungsantrag, JurBüro 1999, 400; *Onderka*, Festsetzung der PKH-Vergütung richtig anfechten, RVGprof. 2004, 196; *N. Schneider*, Die neuen ZPO-Risiken und Kontroversen, ZAP, Fach 13,

Abschnitt 8. Beigeordneter oder bestellter Rechtsanwalt, Beratungshilfe § 56

S. 1225; *Volpert*, Rechtsbehelfe des gerichtlich bestellten oder beigeordneten Rechtsanwalts gegen die Vergütungsfestsetzung, StRR 2007, 330; *ders.*, Rechtsbehelfe des beigeordneten oder bestellten Rechtsanwalts gem. § 56 RVG gegen die Vergütungsfestsetzung gem. § 55 RVG, AGkompakt 2011, 87; *ders.*, Die Rechtsbehelfsbelehrung gem. § 12c RVG, RVGreport 2013, 213.

A. Allgemeines	1
I. Anwendungsbereich	1
II. Verfahrensablauf	3
B. Regelungsgehalt	4
I. Der Rechtsbehelf der Erinnerung (Abs. 1)	4
1. Anfechtungsberechtigung	4
a) Rechtsanwalt und Staatskasse ..	4
b) Partei/Mandant/Gegner	5
c) Rechtsnachfolger des Rechtsanwalts ..	6
2. Anfechtungsgegenstand	7
a) Entscheidungen des UdG	7
b) Zögerliche Bearbeitung des Festsetzungsantrags	8
3. Verfahrensvoraussetzungen	9
a) Form	9
b) Frist	11
c) Verwirkung des Erinnerungsrechts ..	12
d) Beschwer	15
4. Entscheidung über die Erinnerung ..	16
a) Abhilfeprüfung	16
aa) Abhilfebefugnis/keine Änderung von Amts wegen	16
bb) Rechtliches Gehör/Abhilfe ..	17
cc) Abhilfeentscheidung	19
b) Erinnerungsentscheidung	20
aa) Zuständiges Gericht	20
bb) Spruchkörper	21
cc) Rechtliches Gehör	23
dd) Beschluss	24
ee) Zulassung der Beschwerde/Kostenentscheidung	25
ff) Erneute Erinnerung	26
gg) Rechtsbehelfsbelehrung	27
c) Besonderheiten bei Beratungshilfe ..	28
aa) Sachliche und örtliche Zuständigkeit	28
bb) Zuständigkeit des Rechtspflegers	29
cc) Zuständigkeit des Richters ...	32
II. Das Rechtsmittel der Beschwerde (Abs. 2 S. 1)	34
1. Zulässigkeit	34
a) Überblick	34
b) Frist	35
aa) Zwei Wochen	35
bb) Geltungsbereich	36
cc) Fristbeginn	37
c) Beschwerde in der Sozialgerichtsbarkeit	38
d) Beschwerdewert	41
e) Zulassung der Beschwerde	42
aa) Grundsätzliche Bedeutung ...	42
bb) Form der Zulassung	44
cc) Bindende Zulassung	45
f) Form	46
2. Gang des Beschwerdeverfahrens ...	48
a) Abhilfe	48
b) Abhilfebeschluss	49
c) Verschlechterungsverbot bei Abhilfeentscheidung	51
d) Nichtabhilfebeschluss	53
e) Beschwerdegericht	55
f) Entscheidung	60
aa) Beschluss	60
bb) Zurückverweisung	61
cc) Kein Verschlechterungsverbot ..	62
dd) Zulassung der weiteren Beschwerde	63
ee) Rechtsbehelfsbelehrung	66
III. Weitere Beschwerde (Abs. 2 S. 1 i.V.m. § 33 Abs. 6)	67
1. Zulässigkeit	67
a) Zulassung	67
b) Rechtsverletzung	71
2. Form und Frist/Beschwerdesumme ..	72
3. Verfahrensgang	75
a) Abhilfeprüfung	75
b) Entscheidung	76
c) Rechtsbehelfsbelehrung	78
IV. Wiedereinsetzung (Abs. 2 S. 1 i.V.m. § 33 Abs. 5, Abs. 6 S. 4)	79
1. Allgemeines	79
2. Antrag/Form des Antrags	80
3. Frist	81
4. Fristversäumung wegen unterlassener oder fehlerhafter Rechtsbehelfsbelehrung ..	82
5. Inhalt des Antrags	83
6. Zuständigkeit	84
7. Entscheidung	85
8. Beschwerdeverfahren	86
V. Kosten	87
1. Gerichtskosten	87
2. Anwalt	91
3. Kostenerstattung/Wertfestsetzung ...	92

A. Allgemeines

I. Anwendungsbereich

§ 56 steht im Zusammenhang mit § 55 und regelt einheitlich das Verfahren bei Erinnerungen und Beschwerden des beigeordneten oder bestellten bzw. des im Rahmen der Beratungshilfe tätigen Rechtsanwalts oder der Staatskasse gegen die Festsetzung der aus der Staatskasse zu gewährenden Vergütungen. Für das Erinnerungsverfahren gelten nach Abs. 2 S. 1, § 33 Abs. 4 S. 1, Abs. 7 und 8, für das Beschwerdeverfahren gegen die Entscheidung über die Erinnerung § 33 Abs. 3 bis 8 entsprechend. Es wird nicht unterschieden, ob sich die Erinnerung oder Beschwerde z.B. gegen die Festset-

1

zung der Pflichtverteidigervergütung, der PKH- oder VKH-Vergütung oder der Beratungshilfevergütung richtet.

2 Die **Vorabentscheidung über Aufwendungen** bzw. Auslagen gemäß § 46 Abs. 2 ist nicht anfechtbar, insbesondere nicht nach § 56 (§ 46 Rdn 52).[1]

In den Fällen des § 59a Abs. 1 (Beiordnung eines Zeugenbeistands durch die Staatsanwaltschaft) erfolgt die Festsetzung durch den **Urkundsbeamten der Staatsanwaltschaft**, in den Fällen des § 59a Abs. 2 (Bestellung eines Beistands bei der Vollstreckung Europäischer Geldsanktionen) durch das **Bundesamt** für Justiz. Gegen die Entscheidungen der Staatsanwaltschaft und des Bundesamts für Justiz kann **Antrag auf gerichtliche Entscheidung** gestellt werden. Das Rechtsmittelverfahren gegen die Festsetzung der Vergütung des Zeugenbeistands durch die Staatsanwaltschaft bzw. des Beistands durch das Bundesamt für Justiz richtet sich damit nicht nach § 56 (vgl. dazu § 59a Rdn 23 ff.).[2]

II. Verfahrensablauf

3 Bei der **Festsetzung einer Vergütung** aus der Staatskasse nach § 55 muss bei der Anfechtung der **Entscheidung des Urkundsbeamten** der Geschäftsstelle **stets** ein **Erinnerungsverfahren** durchlaufen werden, **bevor** gegen die Erinnerungsentscheidung das **Rechtsmittel** der Beschwerde **eingelegt werden kann**.[3] Das entspricht zwar der Regelung des § 573 ZPO, erscheint jedoch wie diese wenig einleuchtend, zumal der Urkundsbeamte der Geschäftsstelle als **unabhängiges Entscheidungsorgan** des Gerichts tätig wird (vgl. § 55 Rdn 66 f.)[4] und damit keine geringere Position bekleidet als der Rechtspfleger in Kostenfestsetzungsverfahren (vgl. § 9 RpflG). Andererseits ist das **Erinnerungsverfahren** – wenn überhaupt – nur **wenig effektiv**. Die hierdurch eröffnete **Abhilfemöglichkeit** besteht in Beschwerdeverfahren ebenso (§ 33 Abs. 4). Hilft der Urkundsbeamte der Geschäftsstelle nicht ab, legt er deshalb die Sache dem Richter bzw. dem Rechtspfleger (siehe dazu Rdn 16 ff.) vor und folgt dieser seiner Auffassung, weil ihm die für eine gründliche Kontrolle erforderlichen Spezialkenntnisse im anwaltlichen Vergütungsrecht fehlen, kann erst im dann folgenden Beschwerdeverfahren Klärung erfolgen. Weist das Gericht folglich die Erinnerung zurück, schafft das in aller Regel **keine Befriedung**; der Anwalt geht ohne Kostenrisiko (Abs. 2 S. 2) in die Beschwerde, damit das Beschwerdegericht die Sache überprüfen kann.

B. Regelungsgehalt

I. Der Rechtsbehelf der Erinnerung (Abs. 1)

1. Anfechtungsberechtigung

a) Rechtsanwalt und Staatskasse

4 **Erinnerungsberechtigt** sind der gerichtlich beigeordnete oder gerichtlich bestellte und der im Wege von Beratungshilfe tätig gewesene **Anwalt** sowie dessen **Rechtsnachfolger** (siehe Rdn 6),[5] der **als Antragsteller** eine Zahlung aus der Staatskasse begehrt hat, sowie der Vertreter der **Staatskasse**,[6]

---

1 OLG Düsseldorf, Beschl. v. 22.9.2014 – III-1 Ws 246/14, III-1 Ws 272/14, juris; OLG Düsseldorf, Beschl. v. 22.9.2014 – III-1 Ws 307/14, III-1 Ws 312/14, juris; OLG Celle AGS 2012, 480 = StraFo 2012, 338 = NStZ-RR 2012, 326; OLG Düsseldorf Rpfleger 1994, 226, zu § 126 BRAGO.
2 Anders noch OLG Düsseldorf, Beschl. v. 3.5.2012 – III-1 Ws 126/12, JurionRS 2012, 20128; LG Düsseldorf, Beschl. v. 15.2.2012 – 4 Qs 86/11, JurionRS 2012, 18198 = StRR 2012, 400.
3 Vgl. OLG Hamm, Beschl. v. 25.4.2014 – II-6 WF 111/14, juris; Für den Gerichtskostenansatz nach dem GKG ebenso § 66 GKG.
4 OLG Naumburg NJW 2003, 2921; vgl. auch OLGR Frankfurt 2002, 167; Zöller/*Lückemann*, § 153 GVG Rn 6.
5 OLG Bamberg, Beschl. v. 8.2.2016 – 4 W 120/15, juris; OLG Düsseldorf AGS 1998, 43 = NJW-RR 1997, 1493 = MDR 1997, 1071; VG München, Beschl. v. 12.12.2011 – M 12 M 11.5124, juris.
6 Das ist für die Landeskasse i.d.R. der jeweilige Bezirksrevisor beim LG (oder AG) – vgl. z.B. die Vertretungsordnung JM NW; vgl. LSG Nordrhein-Westfalen, Beschl. v. 8.9.2011 – L 1 KR 129/11 B, juris.

gegen die sich der **Zahlungsanspruch richtet** (vgl. auch § 55 Rdn 9).[7] Die Landeskasse wird dabei i.d.R. durch den Bezirksrevisor vertreten.[8] Für den Vertreter der **Staatskasse** gilt allerdings eine **Bindung im Innenverhältnis**: Nach Teil A Nr. 1.4.3 VwV Vergütungsfestsetzung[9] ist Erinnerung namens der Staatskasse nur zu erheben, wenn es
- um Fragen von grundsätzlicher Bedeutung oder
- um Beträge geht, die nicht in offensichtlichem Missverhältnis zu dem durch das Erinnerungsverfahren entstehenden Zeit- und Arbeitsaufwand stehen.

Der Vertreter der Staatskasse ist ein mit eigenen Rechten ausgestatteter Beteiligter im Erinnerungs- und Beschwerdeverfahren gem. § 56. Er kann sich auf eine eigene Rechtsstellung und dieselben prozessualen Rechte wie der Rechtsanwalt berufen.[10]

b) Partei/Mandant/Gegner

Nicht erinnerungsberechtigt ist die von dem Anwalt vertretene **Partei** (der von dem Anwalt vertretene **Beteiligte**), der erstattungspflichtige Gegner oder in Strafsachen der kostenpflichtig Verurteilte.[11]

Sie sind an dem Festsetzungsverfahren nach § 55 und dem Rechtsbehelfsverfahren nach § 56 nicht beteiligt, weil es hier nur um das öffentlich-rechtliche Schuldverhältnis aus der Beiordnung, Bestellung oder Beratungshilfe des Anwalts geht.[12] Diese Personen sind durch eine Festsetzung der Vergütung des Anwalts nur dann und lediglich insoweit **betroffen**, als die **Staatskasse** die **Zahlungen** ihnen gegenüber **abrechnen** will. Macht sie diese **als Kosten des Verfahrens** (GKG-KostVerz. 9007, FamGKG-KostVerz. 2007, auch als Übergangsanspruch gemäß § 59) geltend, kann der **Kostenansatz** von diesem Personenkreis mit der **Erinnerung gemäß § 66 GKG, § 57 FamGKG bzw. § 81 GNotKG** angefochten werden.[13] Für die Erinnerung und die Beschwerde gegen die Geltendmachung des Übergangsanspruchs (§ 59) gelten gem. § 59 Abs. 2 S. 1 die Vorschriften über die Kosten des gerichtlichen Verfahrens entsprechend. Die Rechtsbehelfe gegen die Geltendmachung von Übergangsansprüchen gem. § 59 richten sich damit nach dem jeweiligen Kostengesetz (GKG, FamGKG, GNotKG).

c) Rechtsnachfolger des Rechtsanwalts

Der **Rechtsnachfolger** des gerichtlich beigeordneten oder bestellten Rechtsanwalts ist ebenfalls erinnerungsberechtigt.[14] Nach **Abtretung** des Vergütungsanspruchs an einen anderen **Rechtsanwalt** ist dieser erinnerungsbefugt.[15] Das gilt entsprechend bei wirksamer Abtretung an einen **Nicht-Rechtsanwalt** (zur Abtretung der Gebührenforderung siehe auch § 1 Rdn 65 ff.; im Übrigen siehe § 55 Rdn 16 ff.).

2. Anfechtungsgegenstand

a) Entscheidungen des UdG

Sowohl die **Festsetzung** gem. § 55 als auch deren **Ablehnung** und sämtliche **Entscheidungen** des Urkundsbeamten der Geschäftsstelle, die im Festsetzungsverfahren gem. § 55 **abschließend ergehen**, sind mit der Erinnerung anfechtbar. Da die gemäß § 51 vom OLG oder vom BGH z.B. in

---

7 OVG NRW, Beschl. v. 6.3.2012 – 17 E 1204/11, juris.
8 Vgl. hierzu in Nordrhein-Westfalen die Vertretungsordnung JM NRW.
9 Für den **Bund** die Verwaltungsvorschrift über die Festsetzung der aus der Staatskasse zu gewährenden Vergütung der Rechtsanwälte (VwV Vergütungsfestsetzung) vom 19.7.2005, BAnz 2005 Nr. 147 S. 1997, zuletzt geändert durch Bekanntmachung vom 11.4.2014, BAnz AT 28.4.2014 B1 vgl. Anhang zu § 55.
10 LSG Nordrhein-Westfalen, Beschl. v. 8.9.2011 – L 1 KR 129/11 B, juris.
11 OVG NRW, Beschl. v. 6.3.2012 – 17 E 1204/11, juris.
12 Vgl. KG AGS 2014, 405 = RVGreport 2014, 391 = JurBüro 2015, 25.
13 Vgl. zum Übergangsanspruch gem. § 59 in der Kostenrechnung § 59 Abs. 2 S. 1.
14 OLG Düsseldorf AGS 1998, 43 = NJW-RR 1997, 1493 = MDR 1997, 1071, Abtretungsgläubiger; VG München, Beschl. v. 12.12.2011 – M 12 M 11.5124, juris.
15 OLG Düsseldorf AGS 1998, 43 = NJW-RR 1997, 1493 = MDR 1997, 1071; VG München v. 12.12.2011 – M 12 M 11.5124.

Straf- und Bußgeldsachen und Verfahren nach dem IRG und IStGH-Gesetz festgesetzte **Pauschgebühr** vor der Auszahlung durch den Urkundsbeamten im Verfahren gemäß § 55 festzusetzen ist – eine Auszahlung allein aufgrund der Bewilligung durch das OLG ist nicht möglich[16] –, ist auch die Festsetzung der Pauschgebühr gem. § 55 nach § 56 mit der Erinnerung bzw. ggf. mit der Beschwerde anfechtbar.

Auch die Entscheidung des Urkundsbeamten über eine Anrechnung von Zahlungen nach § 58 ist mit der Erinnerung anzufechten.[17] Erforderlich ist jedoch in jedem Fall, dass der **Beschluss** zu Lasten eines Beteiligten **von seinem Antrag abweicht**. Bei einer **antragsgemäßen Bescheidung** ist diese mangels Beschwer **nicht angreifbar**. Ist der Anwalt **im Nachhinein** der Auffassung, zu wenig beantragt und erhalten zu haben, muss er eine **Nachfestsetzung** betreiben (siehe dazu § 55 Rdn 54).

Ist einer Erinnerung des Rechtsanwalts oder der Staatskasse nach Anhörung der Gegenseite vom Urkundsbeamten **bereits abgeholfen** worden (vgl. Rdn 16 ff.), kann und muss die Partei, zu deren Ungunsten die Festsetzung abgeändert worden ist, gegen diese abändernde Festsetzung ihrerseits Erinnerung einlegen.[18] Eine Abhilfemöglichkeit des Urkundsbeamten besteht dann aber nicht mehr (vgl. hierzu Rdn 18).[19]

b) Zögerliche Bearbeitung des Festsetzungsantrags

8 Wird der Antrag des Anwalts gemäß § 55 so zögerlich behandelt, dass jedenfalls nach längerem Zeitablauf die **Untätigkeit des Urkundsbeamten** der Geschäftsstelle einer **Ablehnung der Festsetzung** gleichkommt, ist auch dieses Unterlassen mit der **Erinnerung** angreifbar.[20] Den Urkundsbeamten der Geschäftsstelle trifft eine gesetzliche Pflicht zur alsbaldigen Festsetzung. Nimmt er sie gleichwohl unzumutbar lange nicht wahr, stellt sich dieses Verhalten für den Antragsteller als schlüssige Verweigerung dar. Wird auch auf diese Erinnerung nicht reagiert, ist die **Untätigkeitsbeschwerde** möglich.[21] Allerdings werden diese Rechtsbehelfe nur dann Erfolgsaussicht haben, wenn dargelegt wird, dass das Verhalten des Gerichts auf Willkür beruht und den Tatbestand der Rechtsverweigerung erfüllt.[22] Dazu wird allerdings erhebliche Zeit ins Land gegangen sein müssen (ausführlich siehe dazu § 55 Rdn 141 ff.).

3. Verfahrensvoraussetzungen

a) Form

9 Die Erinnerung bedarf keiner **Form**. Sie kann gem. Abs. 2 S. 1 i.V.m. § 33 Abs. 7 S. 1 **schriftlich** oder zu **Protokoll der Geschäftsstelle** eines jeden Amtsgerichts eingelegt werden, ist dann aber von diesem unverzüglich an das zuständige Gericht weiterzuleiten.

Die Schriftform erfordert gem. § 126 Abs. 1 BGB zwar die eigenhändige Unterzeichnung des Schriftstücks durch den Aussteller. Es reicht zur Erfüllung der hier vorgeschriebenen Schriftform aber aus, wenn die Erinnerung per Telefax eingelegt wird[23] oder eine nur in Kopie wiedergegebene (eingescannte) Unterschrift enthält.[24] Der prozessrechtliche Begriff der „Schriftlichkeit" in Abs. 2 S. 1 i.V.m. § 33 Abs. 7 S. 1 ist somit nicht vollständig identisch mit der durch § 126 Abs. 1 BGB vorgeschriebenen Schriftform.[25] Auch bei fehlender Unterschrift kann deshalb die Schriftform i.S.v. Abs. 2 S. 1 i.V.m. § 33 Abs. 7 S. 1 gewahrt sein, wenn feststeht, dass es sich bei dem Schriftstück

---

16 KG AGS 2009, 178 = StraFo 2008, 529 = NJW 2009, 456 = JurBüro 2009, 31.
17 Vgl zu § 58 Abs. 3 S. 3 OLG München AGS 2010, 325 = RVGreport 2010, 219 = StRR 2010, 319; OLG Köln AGS 2009, 585.
18 OLG Hamm, Beschl. v. 25.4.2014 – II-6 WF 111/14, juris.
19 OLG Düsseldorf StRR 2010, 276.
20 AG Duisburg Rpfleger 2009, 521, zur PKH; OLG Naumburg NJW 2003, 2921, noch zur BRAGO; Gerold/Schmidt/*Müller-Rabe*, § 47 Rn 9; RVGprof. 2010,
116; Burhoff/*Volpert*, Teil A: Rechtsmittel gegen die Vergütungsfestsetzung [§§ 56, 33], Rn 1666.
21 Vgl. hierzu Zöller/*Heßler*, § 567 Rn 21 m.w.N.
22 RVGprof. 2010, 116.
23 Vgl. hierzu z.B. BGH NJW 2015, 1527 = MDR 2015, 533 = FamRZ 2015, 919; BGH NJW 2008, 2649, zu § 66 GKG.
24 BGH NJW 2015, 1209; BGH AGS 2015, 226 = RVGreport 2015, 169, zu § 66 GKG.
25 Vgl. OLG Karlsruhe AGS 2014, 559 = MDR 2014, 986 = JurBüro 2014, 432, zu § 66 GKG.

nicht nur um einen Entwurf handelt, sondern von dem zweifelsfrei erkennbaren Absender die Erinnerung gewollt ist.[26] Eine in einer **E-Mail** eingelegte Erinnerung entspricht nicht der durch Abs. 2 S. 1 i.V.m. § 33 Abs. 7 S. 1 vorgeschriebenen Schriftform.[27] Die Erinnerung kann nur dann durch **elektronisches Dokument** eingereicht werden, wenn in dem Verfahren, in dem der gerichtlich bestellte oder beigeordnete Rechtsanwalt seine Vergütung erhält, die anwendbare Verfahrensordnung die Einreichung von Schriftsätzen als elektronisches Dokument erlaubt, **§ 12b**.[28] Auch als **Beschwerde** benannte Rechtsmittel gegen die Festsetzung des Urkundsbeamten gemäß § 55 RVG sind als Erinnerung anzusehen.[29]

Anwaltszwang besteht **nicht**, weil die Erinnerung nach §§ 56 Abs. 2 S. 1, 33 Abs. 7 auch **ohne Mitwirkung eines Bevollmächtigten** zu Protokoll des Urkundsbeamten der Geschäftsstelle eingelegt werden kann (vgl. § 78 Abs. 3 ZPO).[30]

10

b) Frist

Die Erinnerung ist **nicht befristet**. Das ergibt sich aus § 56 Abs. 2 S. 1, der für die Erinnerung nur auf § 33 Abs. 4, nicht aber auf die in § 33 Abs. 3 S. 3 enthaltene Beschwerdefrist verweist.[31] Die Verweisung in Abs. 2 S. 1 auf die in § 33 Abs. 3 S. 3 geregelte Frist bezieht sich damit ausschließlich auf die **Beschwerde** gegen die **Erinnerungsentscheidung**. Der **Gegenauffassung**,[32] die von einer Erinnerungsfrist von zwei Wochen ausgeht, kann deshalb nicht gefolgt werden, zumal sie für den Lauf der Erinnerungsfrist auch eine **Zustellung jeder Vergütungsfestsetzung** gemäß § 55 an den Rechtsanwalt und die Staatskasse erforderlich machen würde.

11

c) Verwirkung des Erinnerungsrechts

Nach **h.M.** soll dem Erinnerungsrecht in Ausnahmefällen ebenso wie dem Vergütungsanspruch gegen die Staatskasse (vgl. § 55 Rdn 53 f.) der **Verwirkungseinwand** entgegenstehen. Die wohl überwiegende Rechtsprechung wendet auch insoweit den § 20 GKG analog an mit der Folge,

12

---

26 OLG Karlsruhe, AGS 2014, 559.
27 BGH AGS 2015, 226 = RVGreport 2015, 160; BGH NJW-RR 2015, 1209; OLG Hamm FGPrax 2013, 84 = RVGreport 2013, 120, zu § 66 GKG.
28 BayVGH RVGreport 2008, 359 m. zust. Anm. *Hansens*; OLG Hamm RVGreport 2013, 120 = FGPrax 2013, 84; OLG Oldenburg NJW 2009, 536 Je zu § 66 GKG; BGH AGS 2015, 226 = RVGreport 2015, 160; BGH NJW-RR 2009, 357 = MMR 2009, 99 = WM 2009, 331; BayVGH RVGreport 2008, 359 m. zust. Anm. *Hansens*; OLG Hamm FGPrax 2013, 84 = RVGreport 2013, 120; OLG Oldenburg NJW 2009, 357; OLG Schleswig SchlHA 2009, 244.
29 OLG Düsseldorf, Beschl. v. 25.1.2010 – III-1 Ws 14/10, n.v.
30 OVG Hamburg Rpfleger 2008, 46.
31 Vgl. BGH NJW-RR 2012, 959 = RVGreport 2012, 302; OLG Brandenburg AGS 2011, 280 = StRR 2010, 113 = RVGreport 2010, 218, OLG Düsseldorf RVGreport 2016, 218; OLG Düsseldorf RVGreport 2008, 216; OLG Düsseldorf, Beschl. v. 8.8.2016 – I-10 W 136–175/16 und I-10 W 177–226/16, n.v.; OLG Naumburg Rpfleger 2012, 155 = RVGreport 2012, 102; ThürLSG, Beschl. v. 21.8.2012 – L 6 SF 1037/12 B, juris; LAG München NZA-RR 2014, 612; OLG Brandenburg JurBüro 2010, 307; OLG Düsseldorf StRR 2010, 276; OLG Hamm MDR 2009, 294 = JurBüro 2009, 98; OLG Schleswig SchlHA 2008, 462 = OLGR Schleswig 2008, 718; LAG München JurBüro 2010, 26; OLG Frankfurt RVGreport 2007, 100; OLG Jena Rpfleger 2006, 434 = JurBüro 2006, 366; so auch für die bis zum 31.3.2005 geltende Rechtslage – Änderung von § 56 durch das JKomG v. 22.3.2005 – KG, Beschl. v. 8.5.2008 – 1 Ws 134/08, JurionRS 2008, 38783; LG Itzehoe SchlHA 2008, 468, auch für die Rechtslage bis zur Änderung von § 56 zum 1.4.2005; AG Halle/Saale AGS 2014, 292 = NJW-Spezial 2014, 284; *Hansens*, in: Hansens/Braun/Schneider, Teil 7, Rn 158; *ders.*, RVGreport 2005, 1, 4.
32 Vgl. OLG Koblenz NStZ-RR 2005, 391 = RVGreport 2006, 60 = RVG-Letter 2005, 140; AG Dresden, Beschl. v. 8.11.2007 – 230 Ds 105 Js 032178/06, www.burhoff.de.

dass eine Erinnerung unzulässig ist, wenn sie erst nach Ablauf des auf die Festsetzung folgenden Kalenderjahres erhoben wird.[33]

Gegen die Verwirkung des Erinnerungsrechts in analoger Anwendung von § 20 GKG spricht, dass der Gesetzgeber für die Erinnerung gegen die Vergütungsfestsetzung gem. § 55 gerade **keine Frist** vorgesehen hat (vgl. Rdn 11).[34] Das BVerfG[35] hat entschieden, dass das Recht zur Stellung eines nachträglichen **Beratungshilfeantrags** nicht verwirken kann, weil im BerHG keine Antragsfrist vorgesehen ist und auch sonst keine Anhaltspunkte für die Verwirkung eines nachträglich gestellten Beratungshilfeantrags vorliegen. Vor diesem Hintergrund wird allein wegen Zeitablaufs der Einwand der Verwirkung nicht erhoben werden können.[36] Für die Verwirkung müsste neben das **Zeitmoment** das sog. **Umstandsmoment** treten.[37] Der Verpflichtete muss sich aufgrund des Verhaltens der Staatskasse darauf eingerichtet haben, dass diese ihr Rechtsmittelrecht nicht mehr geltend macht und wegen des geschaffenen Vertrauenstatbestandes muss die verspätete Geltendmachung des Rechts als eine mit Treu und Glauben unvereinbare Härte erscheinen.[38] Hierzu ist ein der Vergütungsfestsetzung nachfolgendes Verhalten erforderlich. Die geübte Praxis in etwaigen Parallelfällen begründet kein schutzwürdiges Vertrauen.[39] Eine bloße Untätigkeit der Staatskasse kann keinen Vertrauenstatbestand begründen.[40] Schließlich betrifft § 20 GKG die **Nachforderung von Gerichtskosten** durch die Staatskasse. Demgegenüber geht es bei §§ 55, 56 um eine Begünstigung des Rechtsanwalts durch eine Geldleistung, sodass es an der für die Analogie erforderlichen Vergleichbarkeit fehlt.[41]

13 Teilweise wird auch vertreten, dass die Verwirkung des Erinnerungsrechts der **Staatskasse** spätestens ein Jahr nach Wirksamwerden der Festsetzungsentscheidung eintritt, sofern nicht besonders missbilligenswerte Umstände in der Sphäre des Anwalts vorliegen.[42] Für das Erinnerungsrecht des **Rechtsanwalts** wird diese Frage offengelassen. Allerdings wird darauf hingewiesen, dass eine unterschiedliche Behandlung geboten sein kann, weil der verfassungsrechtliche Vertrauensschutz nur dem Rechtsanwalt, nicht aber der Staatskasse zusteht.[43]

---

33 Vgl. LAG München NZA-RR 2014, 612; OLG Düsseldorf, Beschl. v. 11.1.2012 – III-1 Ws 362/12, JurionRS 2012, 20624 = RVGreport 2012, 204; KG, Beschl. v. 26.9.2011 – 1 Ws 52/10, JurionRS 2011, 36594; OLG Rostock, Beschl. v. 7.11.2011 – I Ws 298/11, JurionRS 2011, 33530 = JurBüro 2012, 197; OLG Brandenburg AGS 2011, 280 = StRR 2010, 113 = RVGreport 2010, 218; OLG Brandenburg JurBüro 2010, 307; KG, Beschl. v. 8.5.2008 – 1 Ws 134/08, JurionRS 2008, 38783; OLG Jena Rpfleger 2006, 434; SG Berlin RVGreport 2011, 381; noch zu § 128 BRAGO: OLG Zweibrücken NJW-RR 2006, 1439 = RVGreport 2006, 423 = Rpfleger 2006, 572; KG RVGreport 2004, 314; OLG Saarbrücken 2000, 199; OLG Düsseldorf JurBüro 1996, 144; OLG Hamm JurBüro 1982, 878; OLG Celle JurBüro 1983, 100.

34 OLG Düsseldorf RVGreport 2016, 218; OLG Düsseldorf, Beschl. v. 8.8.2016 – I-10 W 136–175/16 und I-10 W 177–226/16, n.v.; OLG Düsseldorf RVGreport 2008, 216; AG Halle/Saale Rpfleger 2012, 266 = FamRZ 2012, 1579; LAG München NZA-RR 2014, 612; so auch OLG Köln NJW-RR 2011, 1294 = RVGreport 2011, 418, zur Verwirkung des Antragsrechts gem. § 55; so auch BGH MDR 2011, 62 = FamRZ 2011, 207 = JurBüro 2011, 206, zur Verwirkung des Beschwerderechts gem. § 127 ZPO bei PKH.

35 Vgl. RVGreport 2006, 199.

36 Vgl. OLG Schleswig SchlHA 2008, 462 = OLGR Schleswig 2008, 718; KG RVGreport 2004, 314; OLG Zweibrücken NJW-RR 2006, 1439 = RVGreport 2006, 423 = Rpfleger 2006, 572, für die von dem Rechtsanwalt eingelegte Erinnerung; so auch BGH MDR 2011, 62 = FamRZ 2011, 207 = JurBüro 2011, 206, zur Verwirkung des Beschwerderechts gem. § 127 ZPO bei PKH.

37 Vgl. OLG Celle, Beschl. v. 26.5.2016 – 1 Ws 245/16, burhoff.de; OLG Düsseldorf RVGreport 2016, 218; OLG Düsseldorf, Beschl. v. 8.8.2016 – I-10 W 136–175/16 und I-10 W 177–226/16, n.v.; OLG Düsseldorf RVGreport 2008, 216; LSG Sachsen-Anhalt, Beschl. v. 6.11.2015 – L 4 AS 427/15 B, juris; LAG München NZA-RR 2014, 612.

38 Vgl. OLG Düsseldorf RVGreport 2008, 216; LSG Sachsen-Anhalt, Beschl. v. 6.11.2015 – L 4 AS 427/15 B, juris; LAG München NZA-RR 2014, 612; vgl. auch BGH MDR 2011, 62 = FamRZ 2011, 207 = JurBüro 2011, 206, zur Verwirkung des Beschwerderechts gem. § 127 ZPO bei PKH.

39 Vgl. OLG Köln NJW-RR 2011, 1294 = RVGreport 2011, 418; OLG Düsseldorf RVGreport 2008, 216; OLG Schleswig SchlHA 2008, 462 = OLGR Schleswig 2008, 718; a.A. OLG Düsseldorf, Beschl. v. 11.1.2012 – III-1Ws 362/12, JurionRS 2012, 20624.

40 LAG München NZA-RR 2014, 612.

41 So OLG Düsseldorf RVGreport 2016, 218; OLG Düsseldorf, Beschl. v. 8.8.2016 – I-10 W 136–175/16 und I-10 W 177–226/16, n.v.; OLG Köln NJW-RR 2011, 1294 = RVGreport 2011, 418; LG Itzehoe SchlHA 2008, 468.

42 BayLSG AGS 2012, 584; zweifelnd LSG Sachsen-Anhalt, Beschl. v. 6.11.2015 – L 4 AS 427/15 B, juris.

43 Keine Verwirkung des Erinnerungsrechts des Rechtsanwalts: OLG Zweibrücken NJW-RR 2006, 1439 = RVGreport 2006, 423 = Rpfleger 2006, 572; KG RVGreport 2004, 314.

Keine Verwirkung des Erinnerungsrechts der **Staatskasse** tritt aber dann ein, wenn der Rechtsanwalt vorsätzlich oder grob fahrlässig einen unberechtigten Festsetzungsantrag gestellt hat und die Festsetzung auf diesen falschen Angaben beruht.[44] Ferner ist das Erinnerungsrecht der Staatskasse auch nicht verwirkt, wenn der Rechtsanwalt ebenfalls Erinnerung gegen die Festsetzung eingelegt hat. Denn solange über die Erinnerung des Rechtsanwalts nicht abschließend entschieden ist, kann auch die Staatskasse noch Rechtsmittel einlegen und die Festsetzung zum Nachteil des Rechtsanwalts geändert werden.[45] Maßgeblicher Zeitpunkt für den Beginn der Verwirkung ist die abschließende Festsetzung des Rechtszugs.[46] Auf den Zeitpunkt einer vorschussweise erfolgten Festsetzung gem. § 47 ist deshalb nicht abzustellen.[47]

Zutreffend ist es davon auszugehen, dass die Verwirkung des Erinnerungsrechts im Vergleich zu der regelmäßigen Verjährungsfrist von drei Jahren gem. § 195 BGB nach Ablauf einer Frist von weniger als drei Jahren nur ausnahmsweise angenommen werden kann. Es müssen hierfür neben einem erheblichen Zeitablauf grundsätzlich auch beachtliche Umstandsmomente hinzutreten, um eine Verwirkung herbeizuführen.[48]

d) Beschwer

Die zur Definition eines Angriffs gegen den ergangenen Beschluss erforderliche **Beschwer** des Erinnerungsführers (vgl. Rdn 7) verlangt nur die Darlegung einer irgendwie gearteten nachteiligen Abweichung der Entscheidung vom Antrag. Insoweit reicht jedes persönliche Interesse (**Rechtsschutzbedürfnis**) an einer Korrektur der Entscheidung. Insbesondere bedarf es **keiner Mindestbeschwer**, wie sie bei Rechtsmitteln gefordert wird. Die Erinnerung wird auch nicht dadurch **unzulässig**, dass die Vergütung **bereits ausgezahlt** worden ist.[49]

4. Entscheidung über die Erinnerung

a) Abhilfeprüfung

aa) Abhilfebefugnis/keine Änderung von Amts wegen. Soweit der **Urkundsbeamte** der Geschäftsstelle die **Erinnerung** für **begründet** hält, **muss** er ihr **abhelfen**. Die Abhilfebefugnis ergibt sich aus Abs. 2 S. 1, § 33 Abs. 4 S. 1.[50]

Eine **Änderung** der Festsetzung **von Amts wegen** durch den Urkundsbeamten kommt **nicht** in Betracht (vgl. § 55 Rdn 105).[51] Eine Änderung entsprechend § 319 ZPO ist jedoch möglich.[52] Das Verbot der **Änderung der Entscheidung von Amts wegen** mit Ausnahme einer Berichtigung (§ 319 ZPO) steht der Abhilfe nicht entgegen, weil sie im Rahmen eines zulässigen Rechtsbehelfs auf Antrag erfolgt.

bb) Rechtliches Gehör/Abhilfe. Vor einer Abhilfe zugunsten des Erinnerungsführers wird der Urkundsbeamte nach dem rechtsstaatlichen **Grundsatz eines fairen Verfahrens** die Gegenseite

---

44 Vgl. BayLSG AGS 2012, 584; OLG Düsseldorf, Beschl. v. 11.1.2012 – III-1 Ws 362/12, JurionRS 2012, 20624; OLG Rostock, Beschl. v. 7.11.2011 – I Ws 298/11, JurionRS 2011, 33530 = JurBüro 2012, 197; LG Itzehoe SchlHA 2008, 468.
45 KG, Beschl. v. 26.9.2011 – 1 Ws 52/10, JurionRS 2011, 36594.
46 Gerold/Schmidt/*Müller-Rabe*, RVG, § 55 Rn 43; noch zur BRAGO: OLG Düsseldorf NJW-RR 1996, 441 = Rpfleger 1995, 421 = JurBüro 1996, 144.
47 OLG Brandenburg JurBüro 2010, 307.
48 LSG Sachsen-Anhalt, Beschl. v. 6.11.2015 – L 4 AS 427/15 B, juris.
49 OLG Jena Rpfleger 2006, 434 = JurBüro 2006, 366; LAG München JurBüro 2010, 26.
50 Vgl. OLG Naumburg FamRZ 2007, 1115; OLG Frankfurt JurBüro 1991, 1694; OLG Hamburg MDR 1979, 413.
51 Vgl. OLG Hamm NJW-RR 2016, 885 = RVGreport 2016, 342; OVG Hamburg AGS 2015, 90 = Rpfleger 2013, 544; BayLSG, Beschl. v. 12.9.2012 – L 15 SF 327/10 B E, juris; OLG Bremen AGS 2007, 207 = RVGreport 2007, 183 = OLGR Bremen, 2006, 580; *Hansens* in: Hansens/Braun/Schneider, Teil 7 Rn 161; noch zur BRAGO: OLG Frankfurt FamRZ 1991, 1462; OLG Hamm JurBüro 1982, 255; OLG München Rpfleger 1981, 412; a.A., noch zur BRAGO OLG Stuttgart AnwBl. 1978, 462; KG Rpfleger 1976, 110; offengelassen OLG Naumburg Rpfleger 2012, 155 = RVGreport 2012, 102).
52 Vgl. OLG Bremen AGS 2007, 207 = RVGreport 2007, 183 = OLGR Bremen, 2006, 580; BayLSG, Beschl. v. 12.9.2012 – L 15 SF 327/10 B E, juris; Gerold/Schmidt/*Müller-Rabe*, RVG, § 56 Rn 4.

anhören.⁵³ Bei Erinnerungen der Staatskasse ist dem Rechtsanwalt, bei einer Erinnerung des Rechtsanwalts ist der Staatskasse zuvor rechtliches Gehör zu gewähren.⁵⁴ Will der Urkundsbeamte dem Rechtsschutzbegehren des Anwalts nachkommen und den Festsetzungsbetrag erhöhen, kann und wird er in Zweifelsfällen vorab eine **Stellungnahme** des zuständigen Vertreters der Staatskasse **einholen**.

18 Gegen eine **Abänderung** zu Ungunsten der Staatskasse kann diese ihrerseits **Erinnerung** einlegen. Gleiches gilt für den Anwalt, wenn der Urkundsbeamte auf eine Erinnerung der Staatskasse die Vergütung reduziert.⁵⁵ Die **Abhilfeentscheidung** ist eine geänderte Festsetzung i.S.v. § 55, gegen die wieder die Erinnerung gegeben ist und deshalb gem. § 12c ab 1.1.2014 mit einer **Rechtsbehelfsbelehrung** zu versehen ist (vgl. Rdn 27). Hat der Urkundsbeamte der Geschäftsstelle bereits einmal einer Erinnerung der Staatskasse oder des Anwalts abgeholfen, kann er der gegen seine Abhilfeentscheidung gerichteten erneuten Erinnerung nicht mehr abhelfen, sondern muss die Sache dann dem Gericht zur Entscheidung vorlegen.⁵⁶ Liegt eine Entscheidung des Gerichts über die Erinnerung vor, kann diese gerichtliche Entscheidung nur noch mit der Beschwerde gem. Abs. 2 S. 1, 33 Abs. 3 ff. und nicht mehr mit der Erinnerung angefochten werden.⁵⁷ Eine „**Anschlusserinnerung**" kann nur im Anschluss an eine Erinnerung des Gegners und vor der gerichtlichen Entscheidung über diese Erinnerung eingelegt werden.⁵⁸

19 cc) **Abhilfeentscheidung.** Sowohl die Abhilfe als auch eine Teilabhilfe als auch die Nichtabhilfe des Urkundsbeamten bedürfen der **Begründung**. Diese kann sich allerdings in einer **Bezugnahme** auf die Begründung der angefochtenen Entscheidung erschöpfen, falls die **Beschlussbegründung aus sich heraus verständlich** ist und mit der Erinnerung **keine neuen Gesichtspunkte** vorgetragen werden. **Neues Vorbringen** ist durch eine **ergänzende Begründung** zu erfassen. Ein **abändernder Beschluss** muss den Beteiligten förmlich **zugestellt**, die **Nichtabhilfe** jedenfalls dem Erinnerungsführer **bekannt gegeben** werden. Ein **Kostenausspruch** ist **nicht veranlasst**, da Gebühren nicht anfallen und außergerichtliche Kosten nicht zu erstatten sind (Abs. 2 S. 2 und 3). Die **Nichtabhilfeentscheidung** des Urkundsbeamten ist **nicht anfechtbar**.

b) Erinnerungsentscheidung

20 aa) **Zuständiges Gericht.** Soweit der Urkundsbeamte die **Erinnerung** für **unbegründet** erachtet, hat er sie gemäß §§ 56 Abs. 2 S. 1, 33 Abs. 4 S. 1 **unverzüglich** dem **Richter seines Gerichts zur Entscheidung vorzulegen**.⁵⁹ Die Zuständigkeitsregelung in **Abs. 1** ist an sich **überflüssig**. Aus der Eigenart des Instituts der Erinnerung folgt, dass sie von dem Richter des Gerichts zu bearbeiten ist, dem der Beamte angehört, der die angefochtene Entscheidung getroffen hat.⁶⁰ Die Erinnerung ist kein Rechtsmittel im technischen Sinne, sondern ein behördeninterner **Rechtsbehelf**, weil sie nicht an ein anderes Gericht, insbesondere nicht in die nächsthöhere Instanz gelangen kann.⁶¹ Es **fehlt** an dem so genannten **Devolutiveffekt**, also an einer letztendlichen Überprüfung der angefochtenen Entscheidung durch den übergeordneten Spruchkörper.⁶² Eine Überprüfung durch einen gleichgeordneten Spruchkörper eines anderen Gerichts sieht das Verfahrensrecht überhaupt nicht vor.

21 bb) **Spruchkörper.** Handelt es sich bei dem Gericht, dem der Urkundsbeamte angehört, um ein so genanntes **Kollegialgericht**, so entscheidet dieses grundsätzlich durch den **Einzelrichter** (Abs. 2

---

53 Siehe dazu BVerfG NJW 2000, 1709.
54 KG, Beschl. v. 26.9.2011 – 1 Ws 52/10, JurionRS 2011, 36594.
55 OLG Hamm, Beschl. v. 25.4.2014 – II-6 WF 111/14, juris; OLG Köln FamRZ 2010, 232; OLG Düsseldorf StRR 2010, 276.
56 OLG Hamm, Beschl. v. 25.4.2014 – II-6 WF 111/14, juris.
57 OLG Hamm, Beschl. v. 25.4.2014 – II-6 WF 111/14, juris.
58 KG, Beschl. v. 26.9.2011 – 1 Ws 52/10, JurionRS 2011, 36594.

59 OLG Köln AGS 2013, 73; OLG Köln FamRZ 2010, 232; OLG Köln AGS 2007, 547 = FamRZ 2008, 707; OLG Naumburg FamRZ 2007, 1115.
60 OLG Düsseldorf StRR 2010, 276; OLG Saarbrücken AGS 2009, 449; OLG Naumburg FamRZ 2007, 1115; OLG Hamm, Beschl. v. 9.8.2005 – 4 Ws 323/05, www.burhoff.de.
61 BayLSG AGS 2012, 584.
62 BayLSG AGS 2012, 584.

S. 1 i.V.m. § 33 Abs. 8).⁶³ Dieser überträgt das Verfahren dem Kollegium, wenn die Sache besonders schwierig ist oder grundsätzliche Bedeutung hat (Abs. 2 S. 1 i.V.m. § 33 Abs. 8 S. 2). Ehrenamtliche Richter sind an der Entscheidung nicht beteiligt (Abs. 2 S. 1 i.V.m. § 33 Abs. 8 S. 3).

Teilweise ist die Entscheidung durch den **Einzelrichter** aber nur dann als zulässig angesehen worden, wenn das einschlägige Verfahrensgesetz dies erlaubt (vgl. z.B. in Strafsachen § 76 GVG). **22**

Der zum 1.8.2013 durch das 2. KostRMoG angefügte § 1 Abs. 3 stellt klar, dass sich Rechtsbehelfe und Rechtsmittel in den Kostenverfahren des RVG, also auch im Erinnerungs- und Beschwerdeverfahren nach §§ 56, 33 ausschließlich nach den Vorschriften des RVG richten. § 1 Abs. 3 bestimmt deshalb, dass die Vorschriften des RVG über die Erinnerung und die Beschwerde den Regelungen der für das zugrunde liegende Verfahren geltenden Verfahrensvorschriften vorgehen. Hierdurch ist insbesondere klargestellt, dass die in Abs. 2 S. 1, § 33 Abs. 8 vorhandenen kostenrechtlichen Bestimmungen über den Spruchkörper die spezielleren Vorschriften sind, so dass dann auch bei Kollegialgerichten grds. der Einzelrichter entscheidet, es sei denn, dass die in § 33 Abs. 8 S. 2 genannte Ausnahme vorliegt. Auf die Erläuterungen zu § 1 Abs. 3 wird verwiesen (siehe § 1 Rdn 412 ff.).

cc) Rechtliches Gehör. Bei Erinnerungen der Staatskasse ist dem Rechtsanwalt, bei einer Erinnerung des Rechtsanwalts ist der Staatskasse vor der Erinnerungsentscheidung **rechtliches Gehör** zu gewähren.⁶⁴ Wird der Anspruch auf rechtliches Gehör in entscheidungserheblicher Weise verletzt und ist die Beschwerde gegen die Erinnerungsentscheidung nicht möglich (siehe Rdn 34 f.), kommt die Erhebung der **Anhörungsrüge** nach § 12a gegen die Erinnerungsentscheidung in Betracht.⁶⁵ Die Verletzung des Gehörsanspruchs der Staatskasse ist entscheidungserheblich, wenn der Wert des Beschwerdegegenstands 200 EUR nicht übersteigt, der Bezirksrevisor am Festsetzungsverfahren nicht beteiligt war, und nicht auszuschließen ist, dass die Rechtsanwaltsgebühren dann anders festgesetzt worden wären.⁶⁶ **23**

dd) Beschluss. Das Gericht entscheidet durch **Beschluss**, der stets zu **begründen**⁶⁷ und förmlich **zuzustellen** ist, falls er der **befristeten Beschwerde** unterliegt (Abs. 2 S. 1 i.V.m. § 33 Abs. 3).⁶⁸ Der Beschluss ist mit der befristeten Beschwerde anfechtbar und daher förmlich **zuzustellen**, wenn der Beschwerdewert 200 EUR übersteigt, also mindestens 200,01 EUR beträgt. Wird dieser Beschwerdewert nicht erreicht, ist der Beschluss gleichwohl förmlich zuzustellen, wenn das Gericht in der Erinnerungsentscheidung wegen der grundsätzlichen Bedeutung der zur Entscheidung stehenden Frage die Beschwerde zulässt (vgl. Abs. 2 S. 1, 33 Abs. 3 S. 2). Die **Zustellung** an den **Rechtsanwalt** wird i.d.R. per **Empfangsbekenntnis**, an den **Vertreter der Staatskasse** i.d.R. durch Vorlage der Akten erfolgen.⁶⁹ **24**

Soweit der Erinnerung stattgegeben wird, muss das Gericht abändernd die Vergütung **betragsmäßig neu festsetzen.**⁷⁰

ee) Zulassung der Beschwerde/Kostenentscheidung. Vor einer **Erinnerungsentscheidung** des Gerichts des Rechtszugs ist eine **Beschwerde** unzulässig.⁷¹ Nach der gerichtlichen Entscheidung über die Erinnerung kann nur Beschwerde eingelegt werden (zur Abhilfeentscheidung des Urkundsbeamten vgl. Rdn 16, 19).⁷² **25**

---

63 Vgl. hierzu OLG Düsseldorf Rpfleger 2009, 528 = JurBüro 2009, 255; OLG Köln AGS 2009, 585; OLG Hamm StRR 2009, 438; RVGreport 2009, 309 = RVGprof. 2009, 157; OLG Köln NStZ 2006, 410; OLG Koblenz RVGreport 2006, 191; OLG Dresden, Beschl. v. 8.11.2006 – 3 Ws 80/06, JurionRS 2006, 38644.

64 KG, Beschl. v. 26.9.2011 – 1 Ws 52/10, JurionRS 2011, 36594.

65 LSG Nordrhein-Westfalen, Beschl. v. 8.9.2011 – L 1 KR 129/11 B, juris.

66 LSG Nordrhein-Westfalen, Beschl. v. 8.9.2011 – L 1 KR 129/11 B, juris.

67 OLG Hamm, Beschl. v. 9.8.2005 – 4 Ws 323/05, www.burhoff.de.

68 OLG Brandenburg NStZ-RR 2010, 192 = wistra 2010, 199 = Rpfleger 2010, 392; OLG Hamburg NStZ-RR 2010, 327; OLG München AGS 2010, 542 = wistra 2010, 456 = NStZ-RR 2011, 32; OLG Hamm NStZ-RR 2005, 390 = RVGreport 2005, 221; ThürLSG, Beschl. v. 10.4.2014 – L 6 SF 193/14 B, juris.

69 OLG Köln, Beschl. v. 4.5.2012 – II-4 WF 18/12, JurionRS 2012, 15236 = RENOPraxis 2012, 175 = FamFR 2012, 302.

70 Vgl. OLG Brandenburg JurBüro 2007, 656 (Ls) = OLGR Brandenburg 2008, 74.

71 OLG Düsseldorf StRR 2010, 276; OLG Saarbrücken AGS 2009, 449; OLG Naumburg, Beschl. v. 5.2.2007 – 8 WF 159/06, juris.

72 Vgl. KG, Beschl. v. 26.9.2011 – 1 Ws 52/10, JurionRS 2011, 36594.

Ist die zur Entscheidung stehende Frage von **grundsätzlicher Bedeutung**, lässt das Gericht nach Abs. 2 S. 1, 33 Abs. 3 S. 2 in der Erinnerungsentscheidung die Beschwerde zu (vgl. Rdn 25, 42 f.). Die Einlegung der Beschwerde ist dann auch ohne Erreichen der gem. §§ 56 Abs. 2 S. 1, 33 Abs. 3 S. 1 RVG erforderlichen **Beschwerdesumme von 200,01 EUR** zulässig.

Die Entscheidung **bedarf keiner Kostenentscheidung**, weil Gerichtsgebühren nicht anfallen und außergerichtliche Kosten nicht zu erstatten sind (Abs. 2 S. 2 und 3) (vgl. aber Rdn 87 ff.). Scheidet eine Anfechtung des Beschlusses mit der Beschwerde aus, ist die Entscheidung zwar **abschließend**, aber **nicht stets endgültig**. Bei einer begründeten **Gehörsrüge** ist das Verfahren fortzuführen (§ 12a).[73]

26 **ff) Erneute Erinnerung.** Hat der Urkundsbeamte der Erinnerung bereits einmal abgeholfen (vgl. Rdn 18), bildet diese **Abhilfeentscheidung** eine geänderte Festsetzung i.S.v. § 55, die erneut mit der Erinnerung anfechtbar ist.[74] Weil der Urkundsbeamte aber bereits einmal einer Erinnerung abgeholfen hat, kann er der gegen seine Abhilfeentscheidung gerichteten **erneuten Erinnerung** nicht mehr abhelfen, sondern muss die Sache dann dem Gericht zur Entscheidung vorlegen (vgl. Rdn 20).[75]

27 **gg) Rechtsbehelfsbelehrung.** Gem. § 11c hat ab **1.1.2014 jede anfechtbare Entscheidung** eine Belehrung über den statthaften Rechtsbehelf sowie über das Gericht, bei dem dieser Rechtsbehelf einzulegen ist, über dessen Sitz und über die einzuhaltende Form und Frist zu enthalten. Die Entscheidung gem. § 56 Abs. 1 über eine Erinnerung gegen die Festsetzung gem. § 55 ist eine anfechtbare Entscheidung i.S.v. § 12c, die deshalb mit einer **Rechtsbehelfsbelehrung** zu versehen ist. Das gilt wegen § 1 Abs. 3 auch in der Sozialgerichtsbarkeit (vgl. Rdn 38 ff. und § 1 Rdn 412 ff.). Lässt das Erinnerungsgericht die Beschwerde gegen seine Entscheidung nicht zu, weil der erforderliche Beschwerdewert i.H.v. 200,01 EUR nicht erreicht wird, ist keine Rechtsbehelfsbelehrung erforderlich. Eine Rechtsbehelfsbelehrung ist ebenfalls entbehrlich, wenn über die Erinnerung nach Abs. 1 das OLG, das FG, das LAG, der VGH, das OVG oder das LSG oder ein Bundesgericht entschieden hat.[76] Denn eine Beschwerde findet dann gem. Abs. 2 S. 1 i.V.m. § 33 Abs. 4 S. 3 nicht statt.[77] Die Rechtsbehelfsbelehrungspflicht gilt nur für anfechtbare Entscheidungen. Zu weiteren Einzelheiten wird auf die Erl. zu § 12c und § 55 Rdn 70 verwiesen.

c) Besonderheiten bei Beratungshilfe

28 **aa) Sachliche und örtliche Zuständigkeit.** Hilft der Urkundsbeamte der Erinnerung gegen seine Entscheidung über die Beratungshilfevergütung nicht ab, entscheidet über die Erinnerung gemäß § 56 Abs. 1 S. 3 das nach § 4 Abs. 1 BerHG zuständige Gericht. Dieses Gericht, das in der Regel auch bereits die Vergütung festgesetzt hat (§ 55 Abs. 4) (vgl. auch § 55 Rdn 64 f.),[78] ist in der Regel das Gericht des allgemeinen Gerichtsstands (Wohnorts) des Rechtsuchenden. Problematisch ist diese Regelung dann, wenn der Rechtsuchende nach Festsetzung der Vergütung seinen Wohnsitz gewechselt hat, weil dann zur Entscheidung über die Erinnerung das Gericht am neuen Wohnsitz des Rechtsuchenden zuständig wäre. Das erscheint unpraktikabel und spricht für die Zuständigkeit des Gerichts am bisherigen Wohnort.[79]

29 **bb) Zuständigkeit des Rechtspflegers.** Es ist umstritten, ob bei der Beratungshilfevergütung im Fall der **Nichtabhilfe** des Urkundsbeamten der Geschäftsstelle (des gehobenen oder mittleren Justizdienstes, vgl. § 55 Rdn 66 f.) der **Richter** oder der **Rechtspfleger** als Gericht des Rechtszugs i.S.v. § 56 Abs. 1 anzusehen ist. Soweit hier zutreffend die Zuständigkeit des **Rechtspflegers** bejaht

---

[73] LSG Nordrhein-Westfalen, Beschl. v. 8.9.2011 – L 1 KR 129/11 B, juris.
[74] OLG Hamm, Beschl. v. 25.4.2014 – II-6 WF 111/14, juris.
[75] OLG Düsseldorf StRR 2010, 276.
[76] Vgl. *Volpert*, RVGreport 2013, 213.
[77] BGH RVGreport 2010, 338 = AGS 2010, 387 = MDR 2010, 946; OLG Bamberg FamRZ 2011, 1605;
OLG Köln FamFR 2012, 302 = RENOpraxis 2012, 175; LAG Mainz AGS 2012, 302 = NZA-RR 2012, 443.
[78] OLG Düsseldorf AnwBl. 2009, 69 = AGS 2008, 556 = Rpfleger 2009, 241.
[79] So *Hansens*, in: Hansens/Braun/Schneider, Teil 7, Rn 157.

wird,⁸⁰ wird das auf die Regelung in §§ 3 Nr. 3f, 24a RPflG gestützt. Dort ist bestimmt, dass dem Rechtspfleger das Geschäft „Entscheidung über Anträge auf Gewährung von Beratungshilfe einschließlich der grenzüberschreitenden Beratungshilfe nach § 10 Abs. 4 des Beratungshilfegesetzes" übertragen ist. Deshalb sei der Rechtspfleger Gericht des Rechtszugs i.S.v. § 56 Abs. 1. Von der **Erinnerungsentscheidung ausgeschlossen** ist natürlich derjenige Rechtspfleger, der ggf. als **Urkundsbeamter des gehobenen Dienstes** die Beratungshilfevergütung festgesetzt hat (vgl. § 55 Rdn 66 f.).⁸¹

30 Erst wenn der Rechtspfleger entschieden hat, entscheidet über die dagegen eingelegte Erinnerung gemäß § 11 Abs. 2 RPflG (Zweiterinnerung) der Richter des Gerichts, bei dem die angefochtene Festsetzung erfolgt ist. **§ 11 Abs. 2 RpflG** ist durch das Gesetz zur Einführung einer Rechtsbehelfsbelehrung im Zivilprozess und zur Änderung anderer Vorschriften mit Wirkung vom 1.1.2014 geändert worden. Durch die Neufassung ist die Frist zur Einlegung der Erinnerung zur Verfahrensvereinfachung einheitlich auf zwei Wochen festgelegt worden (§ 11 Abs. 2 S. 1). Nach § 11 Abs. 2 S. 7 RpflG sind auf die Erinnerung die Vorschriften über die sofortige Beschwerde in §§ 567 ff. ZPO sinngemäß anzuwenden. In den von § 11 RpflG erfassten Verfahren ist eine einfache unbefristete Beschwerde nicht mehr vorgesehen.⁸²

31 Für die Zuständigkeit des Rechtspflegers spricht, dass dem Rechtspfleger in Beratungshilfesachen die Sachentscheidung (Bewilligung der Beratungshilfe) gem. §§ 24a, § 3 Nr. 3f RpflG vollumfänglich übertragen ist und er deshalb als Gericht i.S.v. § 56 Abs. 1 angesehen werden muss. Zwar regelt § 3 Nr. 3 RpflG anders als § 3 Nr. 1 RpflG keine Vollübertragung von Geschäften. Faktisch liegt aber eine Vollübertragung durch § 24a RpflG schon deshalb vor, weil bei der Beratungshilfe eine Zuständigkeit des Richters gem. § 24a Abs. 2 RpflG, § 6 Abs. 2 BerHG nur im Erinnerungsverfahren gegen die Zurückweisung des Beratungshilfeantrages in Betracht kommt.⁸³ Es ist schließlich auch nicht einzusehen, warum gerade die Entscheidung über die Erinnerung der Festsetzung der Beratungshilfevergütung durch den Urkundsbeamten dem Richter vorbehalten sein soll, während die häufig sicherlich gewichtigeren Entscheidungen über Erinnerungen gegen Maßnahmen des Urkundsbeamten in Grundbuchsachen nach nahezu einhelliger Auffassung in der Rechtsprechung vom Rechtspfleger getroffen werden können.⁸⁴

32 **cc) Zuständigkeit des Richters.** Gegen die Zuständigkeit des Rechtspflegers (und für die Zuständigkeit des Richters) wird insbesondere eingewandt, dass sie bei der Beratungshilfevergütung **zwei Erinnerungsverfahren** erfordere (§ 56 und § 11 Abs. 2 RPflG), um zu einer **richterlichen Entscheidung** zu gelangen. Diese doppelte Erinnerung sei umständlich und der sonstigen gesetzlichen Systematik fremd.⁸⁵ Aus § 24a RpflG könne nicht gefolgert werden, dass der Rechtspfleger in der Beratungshilfe Gericht des Rechtszugs i.S.v. § 56 Abs. 1 sei. Deshalb sei sogleich der Richter zur Entscheidung über die Erinnerung berufen.⁸⁶ Hat der Rechtspfleger als Urkundsbeamter des gehobenen Dienstes und nicht der Beamte des mittleren Dienstes (vgl. dazu § 55 Rdn 66 f.) die Beratungshilfevergütung festgesetzt, spricht für die unmittelbare Zuständigkeit des Richters zur Entscheidung über die Erinnerung, dass der Rechtspfleger im Rahmen der Abhilfe ohnehin seine Festsetzung zu überprüfen hat.⁸⁷

33 Die Unzuständigkeit des Rechtspflegers ist früher insbesondere auch mit Hinweis auf § 4 Abs. 2 Nr. 3 RpflG⁸⁸ begründet worden.⁸⁹ Diese Rechtsprechung ist allerdings überholt, nachdem § 4 Abs. 2

---

80 So LG Wuppertal, Beschl. v. 13.8.2012 – 6 T 404/12, juris; LG Mönchengladbach AGS 2009, 80 = JurBüro 2009, 95; AG Kiel, AGS 2010, 96 = Rpfleger 2010, 126; AGS 2009, 126 = Rpfleger 2009, 249; AG Lübeck Rpfleger 1984, 75; *Fölsch*, NJW 2010, 350.
81 AG Kiel AGS 2010, 96 = Rpfleger 2010, 126; AG Kiel AGS 2009, 126 = Rpfleger 2009, 249.
82 BT-Drucks 17/10490, S. 16.
83 Vgl. OLG Brandenburg RVGreport 2011, 351; OLG Celle, AGS 2010, 453.
84 OLG Düsseldorf Rpfleger 2011, 197 = Rpfleger 2011, 197 = FGPrax 2011, 57; vgl. auch OLG Hamm, Beschl. v. 17.1.2011 – I-15 W 500/11, juris; OLG München Rpfleger 2011, 196 = MDR 2011, 688; OLG Rostock FGPrax 2010, 180.
85 AG Halle AGS 2011, 84.
86 So LG Gießen AGS 2010, 190; AG Halle AGS 2011, 84; *Schoreit* und *Groß* in: Schoreit/Groß, BerH/PKH, 9. Aufl., § 56 RVG Rn 6.
87 Vgl. in einer Grundbuchsache OLG Hamm, Beschl. v. 17.1.2011 – I-15 W 500/11, juris.
88 § 4 Abs. 2 Nr. 3 RpflG in der bis 31.8.2004 geltenden Fassung: Der Rechtspfleger ist nicht befugt, über Anträge zu entscheiden, die auf Änderung einer Entscheidung des Urkundsbeamten der Geschäftsstelle gerichtet sind.
89 So noch zu § 128 BRAGO OLG Düsseldorf, Beschl. v. 13.1.2004 – II-10 WF 19/03, juris = NJOZ 2005, 61; LG Mönchengladbach Rpfleger 1989, 245.

Nr. 3 RPflG durch das 1. JuMoG v. 28.4.2004 aufgehoben worden ist. Der Rechtspfleger ist deshalb seit der Aufhebung von § 4 Abs. 2 Nr. 3 RPflG und des darin enthaltenen Richtervorbehalts im Rahmen seiner Zuständigkeit nach § 3 RPflG befugt, über Anträge und Erinnerungen zu entscheiden, die auf Änderung einer Entscheidung des Urkundsbeamten der Geschäftsstelle gerichtet sind.[90]

II. Das Rechtsmittel der Beschwerde (Abs. 2 S. 1)

1. Zulässigkeit

a) Überblick

34 Die Entscheidung über die Erinnerung gegen die Festsetzung der aus der Staatskasse zu gewährenden Vergütungen (§ 55) ist gem. § 56 Abs. 2 S. 1 mit der Beschwerde anzufechten. Abs. 2 S. 1 verweist darüber hinaus für das **Beschwerdeverfahren** gegen die **Erinnerungsentscheidung** auf § 33 Abs. 3 bis 8. Aus dem Wortlaut von § 56 ergibt sich nicht ausdrücklich, dass die Beschwerde zulässig ist. Die Eröffnung des Beschwerdeweges ist aber dem Zusammenhang der Normen mit dem Verweis in § 56 Abs. 2 S. 1 auf die Beschwerdevorschriften in § 33 Abs. 3 bis 8 zu entnehmen.[91]

Gegen die Erinnerungsentscheidung sind der **Rechtsanwalt** oder die **Staatskasse** beschwerdebefugt, nicht aber die Partei bzw. bei der Beratungshilfe der Rechtsuchende (siehe Rdn 4 ff.).[92]

Aus Abs. 2 S. 1 ergibt sich, dass die Beschwerde gegen die Entscheidung über die Erinnerung statthaft ist. Vor einer Erinnerungsentscheidung des Gerichts des Rechtszugs ist eine **Beschwerde** unzulässig.[93] Nach der gerichtlichen Entscheidung über die Erinnerung kann nur Beschwerde eingelegt werden (zur Abhilfeentscheidung des Urkundsbeamten vgl. Rdn 16 ff.).[94]

Vorabentscheidungen gem. § 46 Abs. 2 über Aufwendungen und Auslagen sind nicht anfechtbar.[95]

b) Frist

35 **aa) Zwei Wochen.** In **allen Verfahren** nach VV Teil 3 bis 6 kann die Entscheidung des Gerichts über die Erinnerung nur innerhalb einer **Frist von zwei Wochen ab Zustellung** der Entscheidung angefochten werden (**Abs. 2 S. 1 i.V.m. § 33 Abs. 3 S. 3**).[96] Es handelt sich nicht um eine sofortige Beschwerde, sondern um eine einfache fristgebundene Beschwerde, die innerhalb von zwei Wochen ab Zustellung der Entscheidung einzulegen ist.[97] Es liegt somit keine Notfrist vor, für die z.B. § 233 ZPO gelten würde. Die Frist ist nur gewahrt, wenn die **Einlegung der Beschwerde** bei dem **Erinnerungsgericht** und nicht bei dem Beschwerdegericht erfolgt, §§ 56 Abs. 2, 33 Abs. 7 S. 3.[98]

36 **bb) Geltungsbereich.** Die Frist verdrängt insbesondere auch in **Strafsachen** die in § 311 Abs. 2 StPO enthaltene Frist zur Einlegung der sofortigen Beschwerde von einer Woche.[99] Das stellt der zum 1.8.2013 durch das **2. KostRMoG** angefügte § 1 Abs. 3 klar (siehe § 1 Rdn 412 ff.). Rechtsbehelfe und Rechtsmittel in den Kostenverfahren des RVG, also auch im Erinnerungs- und Beschwerdeverfahren nach §§ 56, 33, richten sich ausschließlich nach den Vorschriften des RVG.[100]

---

90 Vgl. für Grundbuchsachen: OLG Düsseldorf Rpfleger 2011, 197 = Rpfleger 2011, 197 = FGPrax 2011, 57; OLG Hamm, Beschl. v. 17.1.2011 – I-15 W 500/11, juris; OLG München Rpfleger 2011, 196 = MDR 2011, 688; OLG Rostock FGPrax 2010, 180.
91 Gerold/Schmidt/*Müller-Rabe*, RVG, § 56 Rn 16.
92 OLG Bamberg, Beschl. v. 8.2.2016 – 4 W 120/15, juris.
93 OLG Düsseldorf StRR 2010, 276; OLG Saarbrücken AGS 2009, 449.
94 Vgl. KG, Beschl. v. 26.9.2011 – 1 Ws 52/10, JurionRS 2011, 36594.
95 OLG Düsseldorf, Beschl. v. 22.9.2014 – III-1 Ws 307/14, III-1 Ws 312/14, juris; OLG Düsseldorf, Beschl. v. 22.9.2014 – III-1 Ws 246/14, III-1 Ws 272/14, juris; OLG Celle NStZ-RR 2012, 326 = StraFo 2012, 338 = AGS 2012, 480.
96 OLG Celle, Beschl. v. 11.12.2015 – 1 Ws 518/15, juris; OLG Frankfurt NStZ-RR 2012, 359 = AGS 2012, 465; ThürLSG, Beschl. v. 10.4.2014 – L 6 SF 193/14 B, juris; ThürLSG, Beschl. v. 9.12.2015 – L 6 SF 1286/15 B, juris; ThürLSG AGS 2015, 415 = RVGreport 2015, 421 = NJW-Spezial 2015, 604.
97 ThürLSG, Beschl. v. 10.4.2014 – L 6 SF 193/14 B, juris; OLG Frankfurt NStZ-RR 2012, 359 = AGS 2012, 465.
98 ThürLSG, Beschl. v. 9.12.2015 – L 6 SF 1286/15 B, juris; ThürLSG AGS 2015, 415 = RVGreport 2015, 421 = NJW-Spezial 2015, 604.
99 Vgl. LSG Nordrhein-Westfalen JurBüro 1995, 146 = AnwBl. 1995, 203.
100 Vgl. OVG Berlin-Brandenburg, Beschl. v. 26.7.2016 – OVG 3 K 40.16, juris.

Die Frist gilt damit für sämtliche Festsetzungsverfahren nach § 55 **in allen Gerichtsbarkeiten**, weil die jeweiligen Verfahrensordnungen durch die in § 56 Abs. 2 für anwendbar erklärten Sonderregeln des § 33 verdrängt werden. § 56 ist eine Rechtsweg übergreifende Verfahrensvorschrift (vgl. zur **Sozialgerichtsbarkeit** Rdn 38).[101]

cc) Fristbeginn. Ist die angefochtene Entscheidung **nicht zugestellt** und der Lauf der Beschwerdefrist damit nicht in Gang gesetzt worden,[102] findet § 569 Abs. 1 S. 2 ZPO Anwendung.[103] Fristbeginn ist dann spätestens mit Ablauf von fünf Monaten nach Erlass des Beschlusses.[104]

Bei schuldloser Versäumung der Beschwerdefrist kann binnen zwei Wochen **Wiedereinsetzung** in den vorigen Stand beantragt werden (§ 33 Abs. 5 S. 1) (vgl. dazu Rdn 79 ff.).

c) Beschwerde in der Sozialgerichtsbarkeit

Nach **wohl überwiegender Rechtsprechung** der LSG ist in der Sozialgerichtsbarkeit die **Beschwerde** gemäß § 56 Abs. 2 gegen die Erinnerungsentscheidung des Sozialgerichts (SG) an das Landessozialgericht (LSG) **ausgeschlossen**. Begründet wird das unter Verweis auf die Regelung in § 178 S. 1 SGG. Danach entscheide das SG endgültig, wenn gegen eine Entscheidung des Urkundsbeamten das Gericht angerufen werde. Die Anrufung des Gerichts (SG) erfolge dabei aufgrund der gegen die Festsetzungsentscheidung des Urkundsbeamten gerichteten Erinnerung gemäß § 56 Abs. 1. Die Beschwerde an das LSG sei hiernach ausgeschlossen, weil das RVG keinen weitergehenden Rechtszug als die spezialgesetzliche Verfahrensordnung (SGG) eröffnen kann. Die Beschwerde nach § 56 Abs. 2 S. 1 i.V.m. § 33 Abs. 3 sei nur in Verfahrensordnungen denkbar, die diese Beschwerdemöglichkeit nicht ausgeschlossen haben.[105]

Zutreffend ist es aber, § 56 als **speziellere Norm** gegenüber § 178 SGG und damit die Beschwerde zum LSG als zulässig anzusehen.[106] Denn das RVG enthält in § 56 Abs. 2 S. 1 i.V.m. § 33 Abs. 3–8 eine geschlossene Regelung der Verfahrensvorschriften für die Rechtsmittel bei der Festsetzung der PKH-Anwaltsvergütung gegen die Staatskasse. Das RVG trifft für den Vergütungsanspruch des beigeordneten Rechtsanwalts und dessen Durchsetzung **spezielle und abschließende Sonderregelungen**, die die allgemeinen prozessualen Bestimmungen des SGG verdrängen. Auch § 197 Abs. 2 SGG, wonach die Entscheidung über eine Erinnerung gegen eine Kostenfestsetzung des Urkundsbeamten der Geschäftsstelle unanfechtbar ist, schließt das Beschwerderecht nach § 56 Abs. 2 S. 1 nicht aus. Denn die Vorschrift gilt nur im Verhältnis der Beteiligten zueinander, nicht aber im Verhältnis des beigeordneten Rechtsanwalts zur Staatskasse.[107] Außerdem wird zutreffend darauf verwiesen, dass § 178 S. 1 SGG bei Beiordnung im Wege der PKH von der spezielleren Regelung in § 73a

---

101 LSG Schleswig RVGreport 2008, 421; OVG Hamburg NJW 2008, 538 – a.A. LSG Niedersachsen-Bremen RVGreport 2007, 384 und 2007, 99 mit abl. Anm. *Hansens*.

102 Vgl. hierzu OLG Brandenburg NStZ-RR 2010, 192 = wistra 2010, 199 = Rpfleger 2010, 392; OLG Hamburg NStZ-RR 2010, 327; OLG München wistra 2010, 456 = AGS 2010, 542 = NStZ-RR 2011, 32; OLG Hamm NStZ-RR 2005, 390 = RVGreport 2005, 221.

103 Fristbeginn spätestens mit Ablauf von fünf Monaten nach Erlass der Verkündung des Beschlusses, vgl. hierzu OLG Brandenburg NStZ-RR 2010, 192 = wistra 2010, 199 = Rpfleger 2010, 392; OLG Koblenz FamRZ 2004, 208.

104 Vgl. hierzu OLG Brandenburg NStZ-RR 2010, 192 = wistra 2010, 199 = Rpfleger 2010, 392.

105 So LSG Sachsen-Anhalt, Beschl. v. 18.9.2012 – L 5 AS 44/10 B, juris LSG Sachsen-Anhalt, Beschl. v. 27.6.2011 – L 3R 234/10 B, juris; LSG Berlin-Brandenburg, Beschl. v. 5.3.2012 – L 5 SF 449/11 BE, juris; LSG Berlin-Brandenburg, Beschl. v. 21.3.2011 – L 14 SF 205/10 B E, juris; LSG Berlin-Brandenburg, Beschl. v. 8.3.2011 – L 10 SF 186/10 BE, juris; LSG Sachsen-Anhalt, Beschl. v. 22.12.2010 – L 8 B 21/08 SO, juris; Schleswig-Holsteinisches LSG, Beschl. v. 26.1.2011 – L 1 B 266/09 SF E, juris; LSG Rheinland-Pfalz, Beschl. v. 29.1.2008 – L 4 B 13/08 SB, und Beschl. v. 30.8.2010 – L 3 SF 6/09 E, juris; LSG Berlin-Brandenburg RVGreport 2008, 420; LSG Niedersachsen-Bremen NdsRpfl 2008, 87; LSG Niedersachsen-Bremen RVGreport 2007, 384.

106 So LSG Sachsen-Anhalt, Beschl. v. 6.11.2015 – L 4 AS 427/15 B, juris; BayLSG, Beschl. v. 29.1.2016 – L 15 SF 386/13 E, juris; ThürLSG AGS 2015, 415 = RVGreport 2015, 421 = NJW-Spezial 2015, 604; BayLSG AGS 2012, 584; BayLSG, Beschl. v. 12.9.2012 – L 15 SF 327/10 B E, juris; ThürLSG, Beschl. v. 21.8.2012 – L 6 SF 1037/12 B, juris; BayLSG ASR 2010, 270 = RVGreport 2010, 216; LSG Nordrhein-Westfalen RVGreport 2010, 221; LSG Nordrhein-Westfalen RVGreport 2008, 456; LSG Nordrhein-Westfalen RVGreport 2008, 303; ThürLSG AGS 2009, 579.

107 LSG Nordrhein-Westfalen RVGreport 2010, 221; LSG Nordrhein-Westfalen RVGreport 2008, 456; LSG Nordrhein-Westfalen RVGreport 2008, 303.

Abs. 1 SGG verdrängt wird. Danach gelten bei PKH nicht nur die ausdrücklich genannten §§ 114 ff. ZPO, sondern für den daraus abgeleiteten Vergütungsanspruch des beigeordneten Rechtsanwalts gegen die Staatskasse §§ 45 ff.[108]

40 Der zum 1.8.2013 durch das **2. KostRMoG** angefügte § 1 Abs. 3 stellt klar, dass sich Rechtsbehelfe und Rechtsmittel in den Kostenverfahren des RVG, also auch im Erinnerungs- und Beschwerdeverfahren nach §§ 56, 33, ausschließlich nach den Vorschriften des RVG richten. Rechtsmittelbeschränkungen, die sich aus der jeweiligen Prozessordnung (SGG) ergeben, gelten damit nicht (vgl. § 1 Rdn 412 ff.).

d) Beschwerdewert

41 Der **Beschwerdewert** muss **mehr als 200 EUR** betragen, sich also auf **mindestens 200,01 EUR belaufen.** Der Beschwerdewert ergibt sich aus der **Differenz** zwischen den festgesetzten und den mit der Beschwerde angestrebten Gebühren.[109] Hierbei kommt es auf die **aus der Staatskasse zu erstattende Vergütung** und nicht auf die **Wahlanwaltsvergütung** an.[110] Die **Umsatzsteuer** ist hierbei zu berücksichtigen.[111] Maßgebend ist nur die Differenz bei der **konkret angefochtenen** Vergütung. Der Umstand, dass sich auch bei anderen in der Angelegenheit beigeordneten oder bestellten Rechtsanwälten eine Erhöhung oder Verringerung der aus der Staatskasse zu gewährenden Vergütung ergeben kann, ist bei der Berechnung des Beschwerdewerts nicht zu berücksichtigen, weil jede Vergütungsfestsetzung gemäß § 55 ein eigenständiges Verfahren bildet.[112]

e) Zulassung der Beschwerde

42 **aa) Grundsätzliche Bedeutung.** Der **Wert** des Beschwerdegegenstands (mind. 200,01 EUR) stellt allerdings **keine starre Zulässigkeitsschranke** dar, weil das Erinnerungsgericht die Beschwerde wertunabhängig **zulassen** kann, wenn der zur Entscheidung stehenden Frage grundsätzliche Bedeutung zukommt (Abs. 2 S. 1 i.V.m. § 33 Abs. 3 S. 2) (siehe dazu § 33 Rdn 95 ff.). Die Einlegung der Beschwerde ist dann auch ohne Erreichen der gem. Abs. 2 S. 1, 33 Abs. 3 S. 1 erforderlichen Beschwerdesumme von 200,01 EUR zulässig. Von **grundsätzlicher Bedeutung** sind ungeklärte Rechtsfragen, deren Beantwortung über den konkreten Rechtsfall hinaus für alle weiteren Fälle dieser Art entscheidungserheblich sein kann.[113] Die grundsätzliche Bedeutung ist auch dann zu bejahen, wenn aufgrund abweichender Rechtsprechung Klärungsbedürftigkeit einer Rechtsfrage besteht und eine Vereinheitlichung durch eine obergerichtliche Grundsatzentscheidung erforderlich ist (vgl. § 33 Rdn 95 ff.).

43 Die Voraussetzungen zur Zulassung der Beschwerde sind vom Erinnerungsgericht von Amts wegen zu prüfen. Die Zulassung steht nicht im freien Ermessen des Gerichts. Die **Zulassung** der Beschwerde ist **zwingend**, wenn die Voraussetzungen hierfür vorliegen (vgl. § 33 Rdn 105). Ein Antrag auf Zulassung der Beschwerde ist daher verfahrensrechtlich nicht erforderlich. Es ist aber sinnvoll, die Zulassung der Beschwerde anzuregen und zur grundsätzlichen Bedeutung der Sache vorzutragen (§ 33 Rdn 96).

44 **bb) Form der Zulassung.** Die Zulassung der Beschwerde kann sowohl im Tenor als auch in der Begründung der Entscheidung erfolgen (siehe § 33 Rdn 100). Das **Beschwerdegericht** ist an die Zulassung **gebunden** (§ 33 Abs. 4 S. 4, 1. Hs.).[114] Enthält der Beschluss keine Zulassung der Be-

---

108 ThürLSG AGS 2009, 579.
109 Vgl. OLG Düsseldorf RVGreport 2009, 138 = JurBüro 2008, 592; vgl. hierzu auch KG JurBüro 2006, 646 = MDR 2007, 235; LAG Mainz AGS 2012, 302 = NZA-RR 2012, 443; LAG Mainz, Beschl. v. 14.3.2012 – 6 Ta 26/12, juris.
110 Gerold/Schmidt/*Müller-Rabe*, RVG, § 56 Rn 21.
111 Vgl. OLG Frankfurt AGS 2012, 465 = NStZ-RR 2012, 359; OLG Köln FamFR 2012, 302 = RENOpraxis 2012, 175; OLG Nürnberg AGS 2010, 167 = MDR 2010, 532; LAG Mainz AGS 2012, 302 = NZA-RR 2012, 443; offengelassen LAG Mainz, Beschl. v. 14.3.2012 – 6 Ta 26/12, juris.
112 OLG Düsseldorf RVGreport 2009, 138 = JurBüro 2008, 592.
113 Vgl. *N. Schneider*, ZAP, Fach 13, S. 1225.
114 OLG Brandenburg NStZ-RR 2010, 192 = wistra 2010, 199 = Rpfleger 2010, 392; OLG Celle AGS 2009, 189; OLG Stuttgart AnwBl. 2008, 303 = AGS 2008, 353 = JurBüro 2008, 306; OLG Nürnberg AGS 2008, 457 = MDR 2008, 112; OLG Frankfurt RVGreport 2007, 71.

schwerde, wird damit schlüssig die **Nichtzulassung** erklärt;[115] diese ist **unanfechtbar**[116] (§ 33 Abs. 4 S. 4, 2. Hs.). Es gibt **keine Nichtzulassungsbeschwerde**. Die Zulassung kann **nicht nachgeholt** werden.[117] Die Zulassung der Beschwerde muss deshalb **in dem Beschluss**, mit dem über die Erinnerung entschieden worden ist, ausgesprochen worden sein. Aus der Gesetzesbegründung ergibt sich zwar, dass die Zulassung der Beschwerde nicht nur in der angefochtenen Entscheidung erfolgen, sondern auch noch später – etwa nach Einlegung und Begründung der Beschwerde – **nachgeholt** werden kann.[118] Die Möglichkeit der nachträglichen bzw. der Nachholung der Zulassung der Beschwerde ist jedoch in den Gesetzeswortlaut nicht aufgenommen worden, sodass die nachträgliche Zulassung von der überwiegenden Meinung zutreffend **abgelehnt** wird.[119] Eine in der Erinnerungsentscheidung übersehene Zulassung kann allenfalls unter den Voraussetzungen von § 319 ZPO nachgeholt werden.[120]

cc) Bindende Zulassung. Nach §§ 56 Abs. 2 S. 1, 33 Abs. 4 S. 4 Hs. 1 ist das Beschwerdegericht an die Zulassung der Beschwerde **gebunden**, selbst wenn das Erinnerungsgericht die grundsätzliche Bedeutung der Sache als Voraussetzung für die Zulassung zu Unrecht bejaht hat.[121] Nicht gebunden ist der BGH aber an die Zulassung einer Beschwerde durch das OLG als Erinnerungsgericht. Das gilt entsprechend für Erinnerungsentscheidungen des LAG, des LSG, des FG, des VGH bzw. des OVG. Denn gegen deren Erinnerungsentscheidungen kann wegen Abs. 2 S. 1, § 33 Abs. 4 S. 3 keine Beschwerde an einen obersten Gerichtshof des Bundes eingelegt werden.[122] Die Zulassung kann nicht dazu führen, dass dadurch ein gesetzlich nicht vorgesehener Instanzenzug eröffnet wird.[123] Die unzulässige nachträgliche Zulassung (vgl. Rdn 44) der Beschwerde (z.B. in einem Nichtabhilfebeschluss) ist für das Beschwerdegericht nicht bindend.[124]

45

f) Form

Die Beschwerde bedarf ebenfalls keiner Form. Sie kann gem. Abs. 2 S. 1, § 33 Abs. 7 S. 1 schriftlich eingelegt, **zu Protokoll erklärt** oder **als elektronisches Dokument eingereicht** werden. Die Einlegung durch **elektronisches Dokument** setzt aber voraus, dass in dem Verfahren, in dem der gerichtlich bestellte oder beigeordnete Rechtsanwalt seine Vergütung erhält, die anwendbare Verfahrensordnung die Einreichung von Schriftsätzen als elektronisches Dokument erlaubt, **§ 12b** (vgl. im Übrigen Rdn 9).[125] **Anwaltszwang** besteht **nicht**, weil die Beschwerde nach §§ 56 Abs. 2 S. 1, 33 Abs. 7 auch **ohne Mitwirkung eines Bevollmächtigten** zu Protokoll des Urkundsbeamten der Geschäftsstelle eingelegt werden kann (vgl. § 78 Abs. 3 ZPO).[126]

46

Der in Abs. 2 S. 1 i.V.m. § 33 Abs. 7 S. 1 in Bezug genommene § 129a ZPO (Einlegung zu Protokoll der Geschäftsstelle eines jeden Amtsgerichts) findet bei der Beschwerde keine Anwendung, weil die Beschwerde rechtswirksam **nicht** bei dem **Beschwerdegericht**, sondern stets **bei dem Gericht**

47

---

115 BGH NJW 2004, 779 = FamRZ 2004, 530; KG RVGreport 2009, 139; OLGR Saarbrücken 2005, 513.
116 OLG Köln JurBüro 1997, 474.
117 BGH NJW 2004, 779 = FamRZ 2004, 530; OLG Hamm AGS 2015, 47 = NStZ-RR 2015, 64; OLG Karlsruhe AGS 2009, 551; KG RVGreport 2009, 139; siehe auch KG AGS 2007, 466 = RVGreport 2007, 299 = Rpfleger 2007, 553 (zur Beratungshilfe); OLGR Saarbrücken 2005, 513; zur Nachholung unter den Voraussetzungen des § 1319 ZPO vgl. OLG Karlsruhe AGS 2009, 551; KG RVGreport 2009, 139; vgl. auch Mayer/Kroiß/*Pukall*, RVG, § 56 Rn 26, der eine nachträgliche Zulassung im Nichtabhilfebeschluss oder auf eine Anhörungsrüge hin für zulässig hält, weil die Zulassung dann immer noch durch das Erinnerungsgericht erfolgt.
118 BT-Drucks 15/1971, S. 196 und 157.
119 Vgl. OLG Hamm AGS 2015, 47 = NStZ-RR 2015, 64.
120 OLG Karlsruhe AGS 2009, 551; KG RVGreport 2009, 139.
121 Vgl. OLG Karlsruhe StraFo 2014, 39 = AGS 2013, 573; OLG Brandenburg NStZ-RR 2010, 192 = wistra 2010, 199 = Rpfleger 2010, 392; OLG Celle AGS 2009, 189; OLG Stuttgart AGS 2008, 353 = AnwBl. 2008, 303 = JurBüro 2008, 306; OLG Nürnberg AGS 2008, 457 = MDR 2008, 112; OLG Frankfurt RVGreport 2007, 71.
122 BGH RVGreport 2010, 338 = AGS 2010, 387 = MDR 2010, 946; OLG Celle AGS 2014, 142; OLG Bamberg FamRZ 2011, 1605; OLG Köln FamFR 2012, 302 = RENOpraxis 2012, 175; LAG Mainz AGS 2012, 302 = NZA-RR 2012, 443.
123 BGH WuM 2012, 114; BGH AGS 2010, 195 = RVGreport 2010, 37; BGH Schaden-Praxis 2010, 29.
124 OLG München AGS 2010, 545; Riedel/Sußbauer/*Ahlmann*, § 56 Rn 12; Hartung/Schons/Enders/*Hartung*, § 56 Rn 34; a.A. Mayer/Kroiß/*Pukall*, § 56 Rn 24.
125 Vgl. BGH MMR 2009, 99 = WM 2009, 331 = NJW-RR 2009, 357; BayVGH RVGreport 2008, 359 m. zust. Anm. *Hansens*; OLG Hamm RVGreport 2013, 120 = FGPrax 2013, 84; OLG Oldenburg NJW 2009, 536.
126 OVG Hamburg Rpfleger 2008, 46.

einzulegen ist, **dessen Entscheidung** über die Erinnerung **angefochten wird**.[127] Denn das Erinnerungsgericht muss zunächst die **Abhilfe** prüfen.[128] Legt der Anwalt in **Unkenntnis** dieser Regelung die Beschwerde bei dem Beschwerdegericht ein, ist dieses zwar gehalten, den Vorgang an das zuständige Gericht zu übersenden. Dadurch **verlagert** sich aber **nicht** das **Transport- und Fristablaufrisiko**. Geht die Beschwerde auf dem Postweg verloren, wird sie nicht anhängig; geht sie verspätet bei dem zuständigen Gericht ein, ist sie als unzulässig zu verwerfen.[129] Eine **Wiedereinsetzung** in den vorigen Stand gegen die Versäumung der Beschwerdefrist scheidet in aller Regel aus, weil sich der Anwalt die Unkenntnis des § 33 Abs. 7 S. 2 als Eigenverschulden zurechnen lassen muss.

2. Gang des Beschwerdeverfahrens

a) Abhilfe

48 Die Beschwerde ist zum Zwecke der **Selbstprüfung** zunächst dem Spruchkörper vorzulegen, der die angefochtene Entscheidung erlassen hat. Erachtet dieser die Beschwerde ganz oder teilweise für begründet, hat er ihr insoweit abzuhelfen (Abs. 2 S. 1 i.V.m. § 33 Abs. 4 S. 1). Die **Abhilfebefugnis** im Beschwerdeverfahren versteht sich zugleich als **Amtspflicht** des „Erinnerungsgerichts" auf Überprüfung der angefochtenen Entscheidung,[130] um bei erkannten Fehlern umgehend Rechtsschutz gewähren zu können, wodurch sich (insoweit) eine Vorlage an das Beschwerdegericht erübrigt.

b) Abhilfebeschluss

49 Über das Ergebnis seiner Selbstprüfung entscheidet das Erinnerungsgericht durch Beschluss. Erachtet es die Beschwerde insgesamt für begründet, so ergeht ein **Abhilfebeschluss**, der das Beschwerdeverfahren beendet und begründet werden muss, weil er als neue Entscheidung des Erinnerungsgerichts abermals **mit der Beschwerde anfechtbar** ist, allerdings nur noch für den Gegner; dem Beschwerdeführer fehlt insoweit die erforderliche Beschwer (vgl. auch Rdn 7 und 18). In dieser Abhilfeentscheidung ist ggf. erneut die Beschwerde zuzulassen.[131]

50 Das Erinnerungsgericht darf auch abhelfen, wenn die Beschwerde wegen Nichterreichens des erforderlichen Beschwerdewertes unzulässig ist, aber als Antrag nach § 12a (Anhörungsrüge) angesehen werden kann und die Voraussetzungen insoweit vorliegen. Darüber hinaus kann eine Umdeutung der nicht statthaften Beschwerde in eine – befristete – **Gegenvorstellung** in Betracht kommen (siehe ausführlich § 12a Rdn 53 ff.). Wird diese als unzulässig angesehen, scheidet eine Korrektur des Beschlusses über die Erinnerung aus.[132] Eine lediglich verfristete Beschwerde eröffnet keinerlei Abhilfemöglichkeit.[133]

c) Verschlechterungsverbot bei Abhilfeentscheidung

51 Das **Erinnerungsgericht** darf auf die Beschwerde **nur zugunsten** des Antragstellers **abhelfen**, weil es auf dessen Veranlassung hin tätig wird und die **Dispositionsmaxime** gilt (vgl. zum Verschlechterungsverbot bei Entscheidung des Beschwerdegerichts Rdn 51).[134] Eine **Verschlechterung des Antragstellers** kommt allerdings in Betracht, wenn anlässlich des Antragsverfahrens eine **Korrektur durch Berichtigung** nach § 319 ZPO des angefochtenen Beschlusses angezeigt erscheint, die **von Amts wegen** erfolgen kann (vgl. auch Rdn 16). Insoweit ist der Antragsteller nicht schutzwürdig

---

127 ThürLSG AGS 2015, 415 = RVGreport 2015, 421 = NJW-Spezial 2015, 604; ThürLSG, Beschl. v. 10.4.2014 – L 6 SF 193/14 B, juris.
128 *Hansens*, in: Hansens/Braun/Schneider, Teil 7, Rn 173.
129 Vgl. OVG Lüneburg NJW 2007, 3225 (grds. hat der Beschwerdeführer keinen Anspruch auf Weiterleitung seines Rechtsmittels per Fax).
130 OLG Köln, FamRZ 2010, 232; OLG München Rpfleger 2004, 167; OLG Hamm Rpfleger 1986, 483 (jeweils zu § 572 ZPO).

131 Vgl. *Hansens* in: Hansens/Braun/Schneider, Teil 7, Rn 177.
132 Vgl. OLG Düsseldorf OLGR 2008, 614.
133 Das Vertrauen des Gegners in den Fortbestand der Entscheidung nach Ablauf der Anfechtungsfrist ist grundsätzlich schutzwürdig (a.A. OLG Nürnberg MDR 1961, 509).
134 Vgl. OVG Hamburg AGS 2015, 90 = Rpfleger 2013, 544.

und das Gericht an seine unrichtige Entscheidung nicht gebunden. Daher kann sie **auch zum Nachteil** des Beschwerdeführers ausfallen und eine zusätzliche Beschwer begründen. Der **Gegenstandswert der Beschwerde** würde sich alsdann **nach diesem Beschluss** richten, so dass erstmalig hierdurch eine Anfechtung des auf die Erinnerung ergangenen Beschlusses möglich und eine zunächst unzulässig gewesene Beschwerde nunmehr zulässig werden kann.

Das Verschlechterungsverbot gilt für das Erinnerungsgericht nicht, wenn auf die Beschwerde die Erinnerungsentscheidung vom Beschwerdegericht **aufgehoben** und die Sache **zurückverwiesen** (vgl. dazu Rdn 62) worden ist. Durch die Aufhebung ist die Erinnerungsentscheidung beseitigt und Raum für eine völlig neue Entscheidung geschaffen worden.[135]

d) Nichtabhilfebeschluss

Soweit das Erinnerungsgericht nicht (teilweise) abändert, sondern bei seiner Entscheidung bleibt, ergeht ein so genannter **Nichtabhilfebeschluss**. Der **Nichtabhilfebeschluss** ist **nicht anfechtbar**. Bei Nichtabhilfe ist die Sache gem. Abs. 2 S. 1, 33 Abs. 4 S. 1 **unverzüglich** dem Beschwerdegericht zur Entscheidung **vorzulegen**.[136] Der **Nichtabhilfebeschluss** bedarf einer weiteren **Begründung** für die angefochtene Entscheidung nur, wenn der Beschwerdeführer seine Angriffe **auf neues Vorbringen gestützt** hat (vgl. Rdn 19). Die nachträgliche Zulassung der Beschwerde in dem Nichtabhilfebeschluss ist unzulässig und bindet das Beschwerdegericht nicht.[137]

Ein **Teilabhilfebeschluss** bestimmt den **Umfang der weiteren Beschwer**, da die Beschwerde lediglich nach Maßgabe dieses Beschlusses bei dem Rechtsmittelgericht anfällt. Verbleibt nach teilweiser Abhilfe **nur noch eine Beschwer von 200 EUR oder weniger**, so ist die **Beschwerde nunmehr unzulässig**.[138] Durch die Formulierung in Abs. 2 S. 1 i.V.m. § 33 Abs. 4 S. 1 Hs. 2 wird aber klargestellt, dass auch bei einer **teilweisen Abhilfe** die Sache unverzüglich dem Beschwerdegericht zur Entscheidung über den restlichen Teil der Beschwerde vorzulegen ist, auch wenn durch die Teilabhilfe der Beschwerdewert i.H.v. 200,01 EUR nicht mehr erreicht wird.[139] Denn bei dem Beschwerdegericht liegt die **Entscheidungskompetenz** auch für die Verwerfung als unzulässig liegt (§ 33 Abs. 4 S. 1, 1. Hs.). Eine gesonderte Zulassung ist bei der Unterschreitung der Beschwerdesumme von 200 EUR bei einer Teilabhilfe nicht erforderlich.[140]

e) Beschwerdegericht

Beschwerdegericht ist dem Grundsatz nach das nächsthöhere Gericht, tatsächlich jedoch das **Gericht des Instanzenzuges** (§ 33 Abs. 4 S. 2, 2. Hs.). **Zuständiges** Beschwerdegericht ist unabhängig vom Instanzenzug der Hauptsache somit grds. das **nächsthöhere Gericht**.[141] Nur in **Zivilsachen nach § 119 Abs. 1 Nr. 1 GVG** (u.a. **Familiensachen**) ist daher das **OLG Beschwerdegericht**. Hiervon sind Beschwerden gegen Entscheidungen der AG in den von den **FamG** entschiedenen Sachen (§ 119 Abs. 1 Nr. 1a GVG) sowie Beschwerden gegen Entscheidungen der AG in Angelegenheiten der **freiwilligen Gerichtsbarkeit** erfasst.

Über die Beschwerde gegen Erinnerungsentscheidungen entscheidet bei **Beratungshilfe** – auch wenn eine Familiensache oder eine Angelegenheit der freiwilligen Gerichtsbarkeit betroffen ist –

---

135 Zöller/*Heßler*, § 572 Rn 43.
136 OLG Köln FamRZ 2010, 232.
137 OLG München AGS 2010, 545; Riedel/Sußbauer/*Ahlmann*, § 56 Rn 12; Hartung/Schons/Enders/*Hartung*, § 56 Rn 34; a.A. Mayer/Kroiß/*Pukall*, § 56 Rn 24.
138 Str. vgl. OLG Hamm JurBüro 1971, 338; vgl. OLG Frankfurt Rpfleger 1988, 30; OLG Düsseldorf JurBüro 1987, 1260; Gerold/Schmidt/*Müller-Rabe*, RVG, § 56 Rn 20.
139 Riedel/Sußbauer/*Ahlmann*, § 56 Rn 14.
140 Riedel/Sußbauer/*Ahlmann*, § 56 Rn 14.
141 § 72 GVG; vgl. OLG Düsseldorf AGS 2008, 556 = AnwBl. 2009, 69 = Rpfleger 2009, 241.

stets das **LG** als nächsthöheres Gericht.[142] Das OLG entscheidet in **Beratungshilfesachen** daher nur über die weitere Beschwerde.

57 Der Instanzenzug endet in jedem Fall auf Landesebene (§ 33 Abs. 4 S. 3: LAG,[143] VGH, OVG, FG, LSG). Eine Beschwerde an einen **obersten Gerichtshof des Bundes** findet gemäß § 33 Abs. 4 S. 3 nicht statt, so dass eine entsprechende Zulassung der weiteren Beschwerde oder der Rechtsbeschwerde nicht erfolgen kann (vgl. Rdn 42 ff.).[144]

58 Grundsätzlich entscheidet der **Einzelrichter**. Nur wenn das Erinnerungsgericht als **Kollegialgericht** entschieden hat oder der Einzelrichter die **Übertragung** der Sache **auf das Kollegium** für erforderlich hält, entscheidet dieses **in voller Besetzung**, jedoch stets **ohne** die Mitwirkung **ehrenamtlicher Richter** (Abs. 2 S. 1 i.V.m. § 33 Abs. 8) (vgl. hierzu auch Rdn 21 f.).[145] Diese Regelung stellt die Akzeptanz der auf die Beschwerde ergehenden Entscheidung durch die Betroffenen sicher, indem Entscheidungen eines Kollegialgerichts auch nur durch ein Kollegialgericht korrigiert werden können. Ist die angefochtene Entscheidung von einem **Einzelrichter** oder einem **Rechtspfleger** erlassen worden und weist die Sache besondere Schwierigkeiten tatsächlicher oder rechtlicher Art auf oder hat die Rechtssache **grundsätzliche Bedeutung**, überträgt der **Einzelrichter** das Verfahren der Kammer oder dem Senat (vgl. Abs. 2 S. 1. § 33 Abs. 8 S. 2).[146]

59 Die Beschwerde kann gemäß § 33 Abs. 8 S. 4 nicht darauf gestützt werden, ob eine Übertragung auf das Kollegium vorgenommen oder unterlassen worden ist. Die Beschwerde ist somit ausgeschlossen, wenn der Einzelrichter **irrtümlich** die Übertragung auf die Kammer oder den Senat unterlassen hat. Sie ist zudem auch dann ausgeschlossen, wenn die Kammer oder der Senat **irrtümlich** anstelle des Einzelrichters entschieden hat.[147] Eine Entscheidung durch die Kammer, ohne dass zuvor eine Übertragung durch den Einzelrichter stattgefunden hat, ist also unschädlich.[148]

Die Anwendbarkeit von § 33 Abs. 8 S. 4 scheidet aber aus, wenn die Besetzung des Spruchkörpers auf **Willkür** beruht und die Sache dadurch unter Verstoß gegen Art. 101 Abs. 1 S. 2 GG dem gesetzlichen Richter entzogen wird.[149]

f) Entscheidung

60 **aa) Beschluss.** Die Entscheidung über die Beschwerde erfolgt durch **begründeten Beschluss**.[150] In dem Beschluss muss die aus der Staatskasse zu zahlende Vergütung betragsmäßig festgesetzt werden.[151] Eine Entscheidung des Inhalts, dass dem Änderungsbegehren stattgegeben wird, reicht nicht aus.[152] Vor der Entscheidung ist dem Beschwerdegegner (Staatskasse oder Rechtsanwalt) **rechtliches Gehör** zu gewähren.[153] Wird der Anspruch auf rechtliches Gehör in entscheidungserheblicher Weise verletzt und ist die weitere Beschwerde gegen die Beschwerdeentscheidung nicht möglich, kommt die Anhörungsrüge nach § 12a in Betracht (siehe Rdn 23).[154] Die **Beschwerdeent-**

---

142 OLG Naumburg, Beschl. v. 11.3.2013 – 2 Wx 51/12, juris; OLG Koblenz AGS 2012, 27 = RVGreport 2012, 179 = NJW 2012, 944 = FamRZ 2012, 652 = JurBüro 2012, 96 = Rpfleger 2012, 154; OLG Frankfurt NJW-RR 2012, 1024; OLG Celle NdsRpfl 2011, 263 = RVGreport 2011, 219; OLG Köln AGS 2011, 85 = MDR 2011, 258; OLG Hamm NJW-Spezial 2011, 571; OLG Düsseldorf AnwBl. 2009, 49 = AGS 2008, 556 = Rpfleger 2009, 241; LG Magdeburg, Beschl. v. 8.4.2013 – 5 T 107/13, juris; a.A. OLG Naumburg RVGreport 2010, 382.
143 LAG Mainz AGS 2012, 302 = NZA-RR 2012, 443.
144 BGH RVGreport 2010, 338 = AGS 2010, 387 = MDR 2010, 946; OLG Celle AGS 2014, 142; OLG Bamberg FamRZ 2011, 1605; OLG Köln FamFR 2012, 302 = RENOpraxis 2012, 175; LAG Mainz AGS 2012, 302 = NZA-RR 2012, 443.
145 OLG Hamm StRR 2009, 438 = RVGreport 2009, 309; OLG Köln NStZ-RR 2015, 294 = RVGreport 2015, 383; OLG Köln AGS 2009, 585; KG StraFo 2009, 306; OLG Hamm StRR 2009, 438 = RVGreport 2009, 309;
OLG Saarbrücken NStZ-RR 2007, 127 = AGS 2007, 78; OLG Stuttgart StV 2006, 200 = RVGreport 2006, 32 = Rpfleger 2006, 36.
146 OLG Düsseldorf Rpfleger 2009, 528 = JurBüro 2009, 255.
147 So OLG Hamm StRR 2009, 438 = RVGreport 2009, 309.
148 OLG Braunschweig NStZ-RR 2014, 232 = AGS 2014, 40; OLG Koblenz NStZ-RR 2012, 295 = StraFo 2012, 290 = StRR 2012, 319.
149 OLG Hamm StRR 2009, 438 = RVGreport 2009, 309.
150 Vgl. OLG Hamm, Beschl. v. 9.8.2005 – 4 Ws 323/05, www.burhoff.de.
151 OLG Brandenburg JurBüro 2007, 656 = OLGR Brandenburg 2008, 74 = FamRZ 2008, 708.
152 OLG Brandenburg JurBüro 2007, 656; Gerold/Schmidt/*Müller-Rabe*, § 56 Rn 30.
153 KG, Beschl. v. 26.9.2011 – 1 Ws 52/10, JurionRS 2011, 36594-
154 LSG Nordrhein-Westfalen, Beschl. v. 8.9.2011 – L 1 KR 129/11 B, juris.

scheidung bedarf gem. Abs. 2 S. 2 und 3 keiner Kostenentscheidung, weil das Verfahren **gebührenfrei** ist und **keine Kostenerstattung** stattfindet (vgl. aber Rdn 87 ff.).

bb) Zurückverweisung. Eine **Zurückverweisung** an das Erinnerungsgericht ist grds. möglich, wenn erhebliche Verfahrensverstöße vorliegen bzw. weitere Ermittlungen anzustellen sind[155] oder um eine erstmalige Entscheidung der Ausgangsinstanz herbeizuführen, damit den Beteiligten der gesetzlich vorgesehene Rechtsmittelzug nicht genommen wird.[156] Eine Zurückverweisung ist insbesondere dann erforderlich, wenn von der Vorinstanz keine abschließende Erinnerungsentscheidung getroffen worden ist, sondern die Erinnerung nach Nichtabhilfe dem Beschwerdegericht vorgelegt worden ist.[157]

61

cc) Kein Verschlechterungsverbot. Umstritten ist, ob für das **Beschwerdegericht** das **Verschlechterungsverbot** gilt (zur Abhilfeentscheidung des **Erinnerungsgerichts** vgl. Rdn 49). Ein Verschlechterungsverbot ist für einfache Beschwerdeverfahren weder im RVG noch z.B. in der StPO vorgesehen.[158] Das spricht dafür, dass das Verschlechterungsverbot im Beschwerdeverfahren nach Abs. 2 S. 1, 33 Abs. 3 ff. nicht gilt.[159] Auf die **Beschwerde der Staatskasse** kann deshalb in der Beschwerdeentscheidung eine geringere Vergütung als in der Erinnerungsentscheidung festgesetzt werden. Allerdings ist auf die Beschwerde der Staatskasse dann auch eine nachteilige Änderung möglich (Erhöhung der Vergütung).[160] Auf die **Beschwerde des Rechtsanwalts** darf ein niedrigerer Betrag als in der Erinnerungsentscheidung festgesetzt werden, wenn das Verschlechterungsverbot verneint wird.[161] Wird davon ausgegangen, dass das Verschlechterungsverbot eingreift, gilt dies aber nur für den insgesamt festgesetzten Betrag, nicht aber für die diesem Betrag zugrunde liegenden einzelnen Gebühren- und Auslagenpositionen. Insoweit können deshalb für den Beschwerdeführer nachteilige Änderungen erfolgen bzw. Positionen bei unverändertem Gesamtergebnis ausgetauscht werden.[162]

62

dd) Zulassung der weiteren Beschwerde. Nach Abs. 2 S. 1, § 33 Abs. 6 kann das **LG** als Beschwerdegericht die **weitere Beschwerde** zulassen, über die dann das **OLG** entscheidet. Für die Zulassung gelten die Erl. zu Rdn 42 ff. entsprechend. Die Zulassung steht nicht im freien Ermessen des Gerichts. Vielmehr ist die **Zulassung** der weiteren Beschwerde **zwingend**, wenn die Vorausset-

63

---

155 Gerold/Schmidt/*Müller-Rabe*, RVG, § 56 Rn 30.
156 OLG Dresden, Beschl. v. 9.1.2002 – 1 Ws 249/01, juris.
157 LAG Nürnberg NZA-RR 2014, 560.
158 *Meyer-Goßner*, StPO, § 464b Rn 8; OLG Hamburg NStZ-RR 2011, 64 = wistra 2011, 120; OLG Hamburg StraFo 2010, 307 = NStZ 2010, 652 = RVGreport 2012, 67; OLG Hamburg NStZ-RR 2010, 327; OLG Düsseldorf JurBüro 1991, 1662 = MDR 1991, 370; OLG Karlsruhe JurBüro 1986, 1539 = Rpfleger 1986, 317 = MDR 1986, 694.
159 Vgl. OLG Düsseldorf, Beschl. v. 22.9.2014 – III-1 Ws 307/14, III-1 Ws 312/14, juris; OLG Hamburg StraFo 2010, 307 = NStZ 2010, 652 = RVGreport 2012, 67; OLG Hamburg NStZ-RR 2011, 64 = wistra 2011, 120; OLG Hamburg NStZ-RR 2010, 327; so auch für die Beschwerde gegen die Kostenfestsetzung gem. § 464b StPO: KG wistra 2012, 324 = StRR 2012, 236 = RVGreport 2012, 583; noch zur BRAGO OLG Celle StV 2001, 635 = Rpfleger 2001, 97; OLG Düsseldorf JurBüro 1991, 1662 = MDR 1991, 370; KG MDR 1982, 251 = AnwBl. 1981, 118; OLG Karlsruhe JurBüro 1986, 1539 = Rpfleger 1986, 317 = MDR 1986, 694; **a.A.** OVG Hamburg AGS 2015, 90 = Rpfleger 2013, 544; OLG Oldenburg NJW 2011, 1614 = JurBüro 2011, 362; BayLSG, Beschl. v. 8.1.2013 – L 15 SF 232/12 B E, juris; Gerold/Schmidt/*Müller-Rabe*, RVG, § 56 Rn 29; Gerold/Schmidt/*Mayer*, RVG, § 33 Rn 15; Mayer/Kroiß/*Pukall*, RVG, § 56 Rn 19, 29.
160 OLG Hamburg StraFo 2010, 307 = NStZ 2010, 652 = RVGreport 2012, 67; OLG Hamburg NStZ-RR 2011, 64 = wistra 2011, 120; so auch für die Beschwerde gegen die Kostenfestsetzung gem. § 464b StPO: KG wistra 2012, 324 = StRR 2012, 236 = RVGreport 2012, 583; OLG Hamburg NStZ-RR 2010, 327; noch zur BRAGO OLG Celle StV 2001, 635 = Rpfleger 2001, 97; OLG Düsseldorf JurBüro 1991, 1662 = MDR 1991, 370; KG MDR 1982, 251 = AnwBl. 1981, 118; OLG Karlsruhe JurBüro 1986, 1539 = Rpfleger 1986, 317 = MDR 1986, 694; *Meyer-Goßner*, StPO, § 464b Rn 8; **a.A.** OLG Oldenburg NJW 2011, 1614 = JurBüro 2011, 362; BayLSG, Beschl. v. 8.1.2013 – L 15 SF 232/12 B E, juris; Gerold/Schmidt/*Müller-Rabe*, RVG, § 56 Rn 29; Gerold/Schmidt/*Mayer*, RVG, § 33 Rn 15; Mayer/Kroiß/*Pukall*, RVG, § 56 Rn 19, 29.
161 OLG Düsseldorf, Beschl. v. 22.9.2014 – III-1 Ws 307/14, III-1 Ws 312/14, juris; OLG Hamburg NStZ-RR 2011, 64 = wistra 2011, 120; OLG Hamburg StraFo 2010, 307 = NStZ 2010, 652 = RVGreport 2012, 67; **a.A.** OLG Oldenburg NJW 2011, 1614 = JurBüro 2011, 362, auf die Beschwerde des Rechtsanwalts darf das Beschwerdegericht nur prüfen, ob die Vergütung zu erhöhen ist; OVG Hamburg AGS 2015, 90 = Rpfleger 2013, 544, Änderung nicht möglich für die nicht angegriffenen Kostentatbestände.
162 Vgl Zöller/*Heßler*, § 572 Rn 40; Riedel/Sußbauer/*Ahlmann*, § 56 Rn 7; krit. OLG Frankfurt, Beschl. v. 12.5.2014 – 20 W 236/13, juris.

zungen hierfür vorliegen. Die Zulassung muss in der Beschwerdeentscheidung erfolgen, sie kann nicht nachträglich zugelassen werden (vgl. Rdn 44 ff.).[163]

64 Die Zulassung der weiteren Beschwerde kann nur durch die Kammer, nicht aber durch den Einzelrichter erfolgen. Denn die weitere Beschwerde setzt die grundsätzliche Bedeutung der zur Entscheidung stehenden Frage voraus. In diesem Fall muss der Einzelrichter das Verfahren gem. Abs. 2 S. 1, 33 Abs. 8 S. 2 der Kammer übertragen. Die Zulassung der weiteren Beschwerde durch den **Einzelrichter** beim LG ist damit praktisch ausgeschlossen. Unterbleibt eine Übertragung der Entscheidung auf die Kammer und entscheidet der Einzelrichter unter gleichzeitiger Zulassung der weiteren Beschwerde über die (Erst-)Beschwerde selbst, ist dieser Verstoß gegen das Verfassungsgebot des gesetzlichen Richters vor dem OLG von Amts wegen zu beachten. Abs. 3 S. 4 steht nicht entgegen. Der Beschwerdebeschluss ist aufzuheben und die Sache an den zuständigen Einzelrichter des Beschwerdegerichts zur erneuten Entscheidung über die Beschwerde zur Übertragung der Entscheidung auf die Kammer zurückzuverweisen.[164]

65 Lässt das LG die weitere Beschwerde zu, ist die Entscheidung über die Beschwerde **förmlich zuzustellen**. Auch die weitere Beschwerde ist innerhalb einer Frist von zwei Wochen ab Zustellung einzulegen (vgl. § 33 Abs. 6 S. 4, Abs. 3 S. 3) (zur Zustellung vgl. Rdn 35). Ohne Zustellung wird der Lauf der Frist zur Einlegung der weiteren Beschwerde nicht in Gang gesetzt.[165]

66 **ee) Rechtsbehelfsbelehrung.** Nach § 12c hat ab **1.1.2014 jede anfechtbare Entscheidung** eine Belehrung über den statthaften Rechtsbehelf sowie über das Gericht, bei dem dieser Rechtsbehelf einzulegen ist, über dessen Sitz und über die einzuhaltende Form und Frist zu enthalten. Die Beschwerdeentscheidung ist eine anfechtbare Entscheidung i.S.v. § 12c, die mit einer **Rechtsbehelfsbelehrung** über die weitere Beschwerde zu versehen ist, wenn das **Landgericht** als Beschwerdegericht entschieden und die weitere Beschwerde zum **OLG** wegen der grundsätzlichen Bedeutung der zur Entscheidung stehenden Frage in dem Beschluss zugelassen hat (Abs. 2 S. 1, § 33 Abs. 6 S. 1). Lässt das **LG** die **weitere Beschwerde** gegen seine Entscheidung nicht zu oder hat das OLG oder ein LAG, LSG, OVG, FG oder VGH über eine **Beschwerde** entschieden, ist keine Rechtsbehelfsbelehrung erforderlich. Die Rechtsbehelfsbelehrung gilt nur für anfechtbare Entscheidungen (vgl. Rdn 45).[166] Zu weiteren Einzelheiten wird auf die Erl. zu § 12c und § 55 Rdn 70 verwiesen.

III. Weitere Beschwerde (Abs. 2 S. 1 i.V.m. § 33 Abs. 6)

1. Zulässigkeit

a) Zulassung

67 Aus dem Wortlaut von § 56 ergibt sich nicht ausdrücklich, dass die **weitere Beschwerde** zulässig ist. Die Eröffnung der Möglichkeit der weiteren Beschwerde ist aber dem Verweis in § 56 Abs. 2 S. 1 auf die Vorschriften über die weitere Beschwerde in § 33 Abs. 6 zu entnehmen.[167]

Das **RVG** schafft mit der für das **Festsetzungsverfahren nach § 55** vorgesehenen **weiteren Beschwerde** (Abs. 2 S. 1 i.V.m. § 33 Abs. 6) auch hier **stellenweise**, aber nur für die **ordentliche Gerichtsbarkeit** eine **dritte Instanz**.

68 Die Entscheidung des **LG** über die Beschwerde des beigeordneten oder bestellten bzw. des im Rahmen der Beratungshilfe tätigen Rechtsanwalts oder der Staatskasse gegen die gem. § 56 Abs. 1 getroffene Erinnerungsentscheidung ist gem. Abs. 2 S. 1, 33 Abs. 6 S. 1 nur im Fall ihrer **Zulassung** mit der **weiteren Beschwerde** anzufechten. Enthält der Beschluss keine Zulassung der weiteren Beschwerde, wird damit schlüssig die **Nichtzulassung** erklärt;[168] diese ist **unanfechtbar**[169] (§ 33

---

163 OLG Hamm NStZ-RR 2015, 64 = AGS 2015, 47.
164 OLG Koblenz NStZ-RR 2010, 359; OLG Köln AGS 2006, 247.
165 OLG Köln NStZ-RR 2015, 294 = RVGreport 2015, 383.
166 Vgl. ausf. *Volpert*, RVGreport 2013, 213.
167 Vgl. Gerold/Schmidt/*Müller-Rabe*, RVG, § 56 Rn 17.
168 BGH NJW 2004, 779 = FamRZ 2004, 530; KG RVGreport 2009, 139; OLGR Saarbrücken 2005, 513.
169 OLG Köln JurBüro 1997, 474.

Abs. 6 S. 4, Abs. 4 S. 4, 2. Hs.). Es gibt **keine Nichtzulassungsbeschwerde**. Die Zulassung kann **nicht nachgeholt** werden.[170] Im Übrigen wird auf die Erl. zu Rdn 42 ff. verwiesen.

Nach §§ 56 Abs. 2 S. 1, 33 Abs. 6 S. 4, Abs. 4 S. 4 Hs. 1 ist das OLG an die Zulassung der weiteren Beschwerde **gebunden**.[171]

Die weitere Beschwerde hat die Bedeutung einer **Rechtsbeschwerde auf Landesebene** (vgl. § 33 Abs. 6 S. 2). Eine weitere Beschwerde an einen **obersten Gerichtshof des Bundes** findet gemäß § 33 Abs. 4 S. 3 nicht statt.[172] Lässt daher das OLG in seiner Beschwerdeentscheidung gem. Abs. 2 S. 1, 33 Abs. 3 4 S. 3 gegen die Entscheidung des LG über die Erinnerung nach Abs. 1 die Rechtsbeschwerde bzw. die weitere Beschwerde zum BGH zu, ist der BGH an diese Zulassung nicht gebunden.[173]

69

Die weitere Beschwerde richtet sich damit stets an das jeweilige **Oberlandesgericht** und ist nur zulässig, wenn sie vom **Landgericht** als Beschwerdegericht **zugelassen** wurde. Die Zulassung kann wirksam nur durch die **Kammer in voller Besetzung** erfolgen, weil sie eine grundsätzliche Bedeutung der Sache voraussetzt und in einem solchen Fall der Einzelrichter das Verfahren der Kammer zu übertragen hat (vgl. Rdn 58 f.).[174] Das Oberlandesgericht ist an die Zulassung gebunden (§ 33 Abs. 6 S. 4 i.V.m. Abs. 4 S. 4) (vgl. auch Rdn 45).

70

b) Rechtsverletzung

Die weitere Beschwerde kann gem. Abs. 2 S. 1, § 33 Abs. 6 S. 2 nur darauf gestützt werden, dass die Beschwerdeentscheidung des LG auf einer **Verletzung des Rechts** beruht.[175] Eine weitere Begründung ist nicht erforderlich. Es kann allgemein um Nachprüfung der angefochtenen Entscheidung gebeten werden. Wann eine Verletzung des Rechts vorliegt, ergibt sich in entsprechender Anwendung aus §§ 546 und 547 ZPO. Allerdings muss das Gericht im Verfahren der weiteren Beschwerde nicht prüfen, ob statt der den Gegenstand des Beschwerdeverfahrens bildende Vergütungsposition eine andere, bislang nicht geltend gemachte Position von Amts wegen zu berücksichtigen ist.[176]

71

2. Form und Frist/Beschwerdesumme

Die weitere Beschwerde ist bei dem **Landgericht** schriftlich oder zu Protokoll der Geschäftsstelle (§ 33 Abs. 7) einzulegen, das sie zugelassen hat, damit dort zunächst eine **Abhilfeprüfung** durchgeführt werden kann (§ 33 Abs. 6 S. 4 i.V.m. Abs. 4 S. 1) (zur Einreichung als **elektronisches Dokument** vgl. Rdn 46 f.). Beim **OLG** kann die weitere Beschwerde **nicht rechtswirksam** eingelegt werden, weil im Fall der zulässigen und begründeten weiteren Beschwerde zunächst die **Abhilfe** zu prüfen ist.

72

Sie ist **befristet** (§ 33 Abs. 6 S. 4 i.V.m. Abs. 3 S. 3) und innerhalb von **zwei Wochen nach Zustellung der Beschwerdeentscheidung** zu erheben.[177] Es handelt sich nicht um eine sofortige weitere Beschwerde, sondern eine **fristgebundene weitere Beschwerde**. Es liegt somit **keine Notfrist** vor, für die § 233 ZPO gelten würde. Deshalb ist der Beschluss, mit dem die weitere Beschwerde

73

---

170 BGH NJW 2004, 779 = FamRZ 2004, 530; OLG Hamm AGS 2015, 47 = NStZ-RR 2015, 64; OLG Karlsruhe AGS 2009, 551; KG RVGreport 2009, 139; siehe auch KG AGS 2007, 466 = RVGreport 2007, 299 = Rpfleger 2007, 553 (zur Beratungshilfe); OLGR Saarbrücken 2005, 513; zur Nachholung unter den Voraussetzungen des § 1319 ZPO vgl. OLG Karlsruhe AGS 2009, 551; KG RVGreport 2009, 139; vgl. auch Mayer/Kroiß/*Pukall*, RVG, § 56 Rn 26, der eine nachträgliche Zulassung im Nichtabhilfebeschluss oder auf eine Anhörungsrüge hin für zulässig hält, weil die Zulassung dann immer noch durch das Erinnerungsgericht erfolgt.

171 OLG Braunschweig NStZ-RR 2014, 232 = AGS 2014, 402.

172 BGH RVGreport 2010, 338 = AGS 2010, 387 = MDR 2010, 946; OLG Celle AGS 2014, 142.

173 BGH AGS 2010, 387 = RVGreport 2010, 338 = MDR 2010, 946.

174 BGH NJW 2004, 223; NJW 2003, 1254.

175 OLG Frankfurt, Beschl. v. 12.5.2014 – 20 W 236/13, juris.

176 OLG Frankfurt, Beschl. v. 12.5.2014 – 20 W 236/13, juris.

177 OLG Braunschweig NStZ-RR 2014, 232 = AGS 2014, 402; OLG Köln NStZ-RR 2015, 294 = RVGreport 2015, 383.

zugelassen wird, förmlich zuzustellen (vgl. § 329 Abs. 2 S. 2 ZPO). Ohne Zustellung wird die Frist erst nach Ablauf von fünf Monaten in Lauf gesetzt (§ 569 Abs. 1 S. 2 ZPO analog) (vgl. auch Rdn 35).[178]

Eine bestimmte **Beschwerdesumme** wie bei der Beschwerde (vgl. Rdn 41) muss **nicht** vorliegen.[179]

74 Bei schuldloser Versäumung der Frist kann binnen zwei Wochen **Wiedereinsetzung** in den vorigen Stand beantragt werden (§ 33 Abs. 5 S. 1) (vgl. auch Rdn 79 ff.). Diese Frist beginnt mit dem Tage, an dem das Hindernis behoben ist. Sind bis dahin schon **ein Jahr und zwei Wochen** seit Zustellung der Beschwerdeentscheidung **verstrichen**, scheidet eine Wiedereinsetzung aus (§ 33 Abs. 5 S. 2). **Innerhalb der Frist** muss nicht nur der Antrag gestellt, sondern auch die **Beschwerde nachgeholt** werden und sind die **Tatsachen glaubhaft** zu machen, welche die Wiedereinsetzung begründen sollen.

3. Verfahrensgang

a) Abhilfeprüfung

75 Da die weitere Beschwerde nach §§ 56 Abs. 2 S. 1, 33 Abs. 7 S. 2 bei dem LG einzulegen ist, dessen Entscheidung angefochten wird, ist diesem nach §§ 56 Abs. 2 S. 1, 33 Abs. 6 S. 4 i.V.m. Abs. 4 S. 1 Hs. 1 eine **Abhilfebefugnis** eingeräumt, wenn die weitere Beschwerde für zulässig und begründet gehalten wird. Im Übrigen wird verwiesen auf die Ausführungen hinsichtlich der Abhilfebefugnis bei der Erinnerung und der Beschwerde (vgl. Rdn 16 ff., 48 ff.).

b) Entscheidung

76 Hilft das LG der weiteren Beschwerde nicht ab (vgl. Abs. 2 S. 1, § 33 Abs. 6 S. 4, Abs. 4 S. 1, entscheidet das **OLG**. Der **BGH** wird mit weiteren Beschwerden in Verfahren betreffend Vergütungsfestsetzungen gegen die Staatskasse **nicht** befasst, weil eine Beschwerde an einen obersten Gerichtshof des Bundes nicht stattfindet. §§ 33 Abs. 4 S. 3, Abs. 6 S. 1, 56 Abs. 2 S. 1 enthalten insoweit gegenüber etwaigen Bestimmungen in den Verfahrensordnungen (§ 574 ZPO) vorrangige Sonderregelungen.[180] Auch eine Zulassung der **Rechtsbeschwerde** zum BGH durch das Beschwerdegericht ändert daran nichts, weil für eine nach dem Gesetz unanfechtbare Entscheidung kein gesetzlich nicht vorgesehener Instanzenzug eröffnet werden kann.[181]

77 Über die weitere Beschwerde entscheidet das OLG durch **begründeten Beschluss**. Die Zulassung der weiteren Beschwerde kann nur durch die eine Kammer des LG, nicht aber durch den Einzelrichter erfolgen. Denn die Zulassung der weiteren Beschwerde setzt die grundsätzliche Bedeutung der zur Entscheidung stehenden Frage voraus. In diesem Fall muss der Einzelrichter beim LG das Verfahren gem. § 56 Abs. 2 S. 1, 33 Abs. 8 S. 2 der Kammer übertragen. Der **Senat des Oberlandesgerichts** entscheidet deshalb ebenso wie die Kammer des Beschwerdegerichts in **voller Besetzung**. Die Einzelrichter-Regelung nach § 33 Abs. 8 findet grundsätzlich keine Anwendung (vgl. Rdn 58 f.).[182]

Hat jedoch der **Einzelrichter** beim Landgericht die weitere Beschwerde **zugelassen**, kann nach § 33 Abs. 8 der Einzelrichter beim Oberlandesgericht die Sache wegen Verletzung des Anspruchs der Beteiligten auf den gesetzlichen Richter zurückverweisen.

c) Rechtsbehelfsbelehrung

78 Nach 12c hat ab **1.1.2014 jede anfechtbare Entscheidung** eine Belehrung über den statthaften Rechtsbehelf sowie über das Gericht, bei dem dieser Rechtsbehelf einzulegen ist, über dessen Sitz

---

178 Vgl. OLG Köln NStZ-RR 2015, 294 = RVGreport 2015, 383; OLG Brandenburg NStZ-RR 2010, 192 = wistra 2010, 199 = Rpfleger 2010, 392; OLG Koblenz FamRZ 2004, 208; Zöller/*Vollkommer*, ZPO, § 329 Rn 26 f.
179 OLG Stuttgart AGS 2007, 97; OLG Düsseldorf RVGreport 2006, 225 = AGS 2006, 244.
180 BGH AGS 2010, 195 = RVGreport 2010, 37.
181 BGH WuM 2012, 114; BGH AGS 2010, 195 = RVGreport 2010, 37; BGH Schaden-Praxis 2010, 29.
182 Vgl. BGH NJW 2003, 1254 zur Rechtsbeschwerde; *Hansens*, in: Hansens/Braun/Schneider, Teil 7, Rn 188.

und über die einzuhaltende Form und Frist zu enthalten. Die Entscheidung des OLG über die weitere Beschwerde ist **keine anfechtbare Entscheidung** i.S.v. § 12c, die deshalb nicht mit einer **Rechtsbehelfsbelehrung** zu versehen ist.[183] Denn nach Abs. 2 S. 1, § 33 Abs. 4 S. 3 findet eine Beschwerde an einen obersten Gerichtshof des Bundes nicht statt.[184] Die Rechtsbehelfsbelehrungspflicht gilt nur für anfechtbare Entscheidungen.

IV. Wiedereinsetzung (Abs. 2 S. 1 i.V.m. § 33 Abs. 5, Abs. 6 S. 4)

1. Allgemeines

In den §§ 33 Abs. 5, 56 Abs. 2 S. 1 wird das Verfahren über die Wiedereinsetzung in den vorigen Stand geregelt, wenn der Beschwerdeführer **unverschuldet** an der Einhaltung der Frist zur Einlegung der **Beschwerde** oder der **weiteren Beschwerde** nach § 33 Abs. 3 S. 3, Abs. 6 S. 4 verhindert war.

79

2. Antrag/Form des Antrags

Die Wiedereinsetzung wird **nicht von Amtswegen**, sondern nur **auf Antrag** gewährt. Der Antrag kann nach § 33 Abs. 7 S. 1, § 129a ZPO zu Protokoll des Urkundsbeamten der Geschäftsstelle des AG gestellt werden. Der Antrag kann auch schriftlich eingereicht werden, nach 12b (vgl. auch § 130a ZPO) bei Vorliegen der dort genannten Voraussetzungen auch als **elektronisches Dokument**. **Anwaltszwang** besteht **nicht** (vgl. § 78 Abs. 3 ZPO) (siehe Rdn 46).

80

3. Frist

Nach § 33 Abs. 5 S. 2 kann die Wiedereinsetzung **nicht mehr** beantragt werden, wenn seit dem Ablauf der Frist zur Einlegung der Beschwerde bzw. der weiteren Beschwerde **ein Jahr verstrichen** ist. Die Wiedereinsetzung kann nur gewährt werden, wenn der Beschwerdeführer die Beschwerde bzw. die weitere Beschwerde binnen zwei Wochen nach der Beseitigung des Hindernisses einlegt.

81

4. Fristversäumung wegen unterlassener oder fehlerhafter Rechtsbehelfsbelehrung

Gem. § 12c hat jede anfechtbare Entscheidung eine Belehrung über den statthaften Rechtsbehelf sowie über das Gericht, bei dem dieser Rechtsbehelf einzulegen ist, über dessen Sitz und über die einzuhaltende Form und Frist zu enthalten. Hat der Beschwerdeführer die Frist zur Einlegung der Beschwerde bzw. weiteren Beschwerde gegen die Erinnerungs- oder Beschwerdeentscheidung wegen einer **unterlassenen** bzw. **fehlerhaften Rechtsbehelfsbelehrung** versäumt, stellt § 33 Abs. 5 S. 2 klar, dass ein Fehlen des Verschuldens der Frist vermutet wird, wenn eine Rechtsbehelfsbelehrung unterblieben oder fehlerhaft ist. § 33 Abs. 5 S. 2 enthält damit eine **gesetzliche Vermutung**, nach der die unterlassene beziehungsweise fehlerhafte Rechtsbehelfsbelehrung ursächlich für ein Fristversäumnis ist.[185] Der Gesetzgeber hat die „Wiedereinsetzungslösung" gewählt, um einerseits die Bestandskraft kostenrechtlicher Maßnahmen nicht unnötig hinauszuzögern, andererseits aber einen effektiven Rechtsschutz zu gewährleisten.[186]

82

---

183 Vgl. *Volpert*, RVGreport 2013, 213.
184 BGH RVGreport 2010, 338 = AGS 2010, 387 = MDR 2010, 946; OLG Bamberg FamRZ 2011, 1605; OLG Köln FamFR 2012, 302 = RENOpraxis 2012, 175; LAG Mainz AGS 2012, 302 = NZA-RR 2012, 443.
185 BT-Drucks 17/10490, S. 22; vgl. *Volpert*, RVGreport 2013, 213.
186 Vgl. BT-Drucks 177/10490, S. 22.

5. Inhalt des Antrags

83 Im Antrag müssen die Tatsachen, welche die Wiedereinsetzung begründen, **glaubhaft** gemacht werden (vgl. zur Glaubhaftmachung § 294 ZPO). Es müssen also alle tatsächlichen Voraussetzungen für die Zulässigkeit und Begründetheit des Wiedereinsetzungsantrags angeführt werden. Es sind somit Angaben zur versäumten Frist, hinsichtlich des Hindernisses, das der Einlegung der Frist entgegenstand, zum Wegfall dieses Hindernisses und zum fehlenden Verschulden der Fristversäumung erforderlich. Insbesondere sollte dargelegt werden, auf welche Weise und durch wessen Verschulden es zur Versäumung der Frist gekommen ist.

6. Zuständigkeit

84 Zuständig für die Entscheidung über den Wiedereinsetzungsantrag ist das **Gericht**, das über die Beschwerde bzw. die weitere Beschwerde zu entscheiden hat (vgl. Rdn 55 und 76).[187]

7. Entscheidung

85 Wiedereinsetzung ist zu **gewähren**, wenn der Beschwerdeführer die Versäumung der Frist zur Einlegung der Beschwerde bzw. der weiteren Beschwerde **nicht verschuldet** hat.[188] Im Fall der **Ablehnung** des Wiedereinsetzungsantrags ist der Beschluss dem Beschwerdeführer **zuzustellen**, da gegen die Ablehnung die Beschwerde statthaft ist, welche innerhalb von zwei Wochen ab Zustellung einzulegen ist (vgl. § 33 Abs. 5 S. 3 und 4, Abs. 6 S. 4).

8. Beschwerdeverfahren

86 Gegen die **Ablehnung** des Wiedereinsetzungsgesuchs steht dem Beschwerdeführer die **befristete Beschwerde** zu, die innerhalb von zwei Wochen ab Zustellung der Ablehnungsentscheidung einzulegen ist (vgl. § 33 Abs. 5 S. 3 und 4, Abs. 6 S. 4). Hält das Gericht die Beschwerde für zulässig und begründet, kann es der Beschwerde abhelfen (vgl. § 33 Abs. 5 S. 5 i.V.m. Abs. 4 S. 1, der wegen § 33 Abs. 5 S. 5 für das Beschwerdeverfahren gegen die Ablehnung des Wiedereinsetzungsgesuchs entsprechend gilt).

V. Kosten

1. Gerichtskosten

87 Aus Abs. 2 S. 2 ergibt sich, dass das Verfahren über die **Erinnerung** sowie die **Beschwerde** gegen die Vergütungsfestsetzung **gerichtsgebührenfrei** sind. Die **weitere Beschwerde** wird in Abs. 2 S. 2 zwar nicht ausdrücklich genannt. Grds. ist aber auch das Verfahren über die weitere Beschwerde gerichtsgebührenfrei.[189]

88 **Auslagen** können erhoben werden. Das gilt aber nur im Falle einer erfolglosen Erinnerung oder Beschwerde (vgl. GKG-KostVerz Vorb. 9 Abs. 1: „Auslagen, die durch eine für begründet befundene Beschwerde entstanden sind, werden nicht erhoben, soweit das Beschwerdeverfahren gebührenfrei ist; dies gilt jedoch nicht, soweit das Beschwerdegericht die Kosten dem Gegner des Beschwerdeführers auferlegt hat"). Daher kann z.B. die Erhebung von Zustellungsauslagen (GKG-KostVerz 9002) in Betracht kommen. Ist eine an sich statthafte Beschwerde verworfen oder zurückgewiesen worden, sind angefallene Zustellungsauslagen in voller Höhe zu erheben. Die Beschränkung aus der Anm. zu GKG-KostVerz 9002 – Erhebung von Zustellungsauslagen erst bei mehr als 10 Zustellungen in

---

187 OLG Stuttgart AnwBl. 2008, 303 = AGS 2008, 353 = JurBüro 2008, 306.
188 Vgl. hierzu z.B. Zöller/*Greger*, ZPO, § 233 Rn 12 ff.
189 Vgl. OLG Düsseldorf AGS 2012, 167 = NJW-RR 2012, 764 = RVGreport 2012, 189; *Hansens* in: Hansens/

Braun/Schneider, Teil 7, Rn 189; Mayer/Kroiß/*Pukall*, RVG, § 56 Rn 37; so auch BT-Drucks 15/1971, S. 203.

einem Rechtszug – gilt nicht, weil neben den Zustellungsauslagen keine sich nach dem Verfahrenswert richtende Gebühr, sondern eine Festgebühr (z.B. GKG-KostVerz 1812: 60 EUR) erhoben wird.

Ohne Zulassung durch das Beschwerdegericht ist eine **weitere Beschwerde ausgeschlossen**. Wird sie gleichwohl erhoben, so hat das Oberlandesgericht sie nach der jeweiligen Verfahrensordnung als **unzulässig zu verwerfen** (vgl. § 577 Abs. 1 ZPO). Dieses Verfahren fällt **nicht** unter die **Gebührenfreistellung des Abs. 2 S. 2**, weil es kein „normales" Beschwerdeverfahren darstellt und die Befreiungsvorschrift als Ausnahmetatbestand nach allgemeinen Verfahrensgrundsätzen eng auszulegen ist.[190] Mithin greifen die Bestimmungen des Kostenverzeichnisses (Anlage 1 zu § 3 Abs. 2 GKG) betreffend „Verfahren über nicht besonders aufgeführte Beschwerden, die nicht nach anderen Vorschriften gebührenfrei sind". Danach fällt, der Höhe nach abhängig von der jeweiligen Art des Hauptverfahrens, für die Verwerfung einer nicht statthaften weiteren Beschwerde eine Gerichtsgebühr an.[191] Kostenschuldner ist der Beschwerdeführer (vgl. §§ 22 GKG, 21 Abs. 1 S. 1 FamGKG). Diese – häufig unbekannte – Kostenfolge sollte dem Beschwerdeführer Veranlassung geben, das Rechtsmittel **umgehend zurückzunehmen**, sobald er von dessen Unzulässigkeit erfährt, um so eine kostenpflichtige Gerichtsentscheidung zu vermeiden.

89

Das gilt entsprechend, wenn die **Beschwerde** gegen die Erinnerungsentscheidung ausgeschlossen ist (z.B. bei Erinnerungsentscheidungen des OLG, des LAG, des LSG, des FG, des OVG oder des VGH, vgl. Rdn 45).[192]

90

Die Gebühr ist jedenfalls dann zu erheben, wenn Abs. 2 S. 1 i.V.m. § 33 die Beschwerde oder weitere Beschwerde schlechthin ausschließen. Ist die Beschwerde unstatthaft, weil z.B. der Beschwerdewert i.H.v. 200,01 EUR nicht erreicht ist oder weil die Beschwerde nicht zugelassen worden ist, dürfte die Gebühr nicht in Betracht kommen.[193]

2. Anwalt

Die Erinnerung und die Beschwerde kann der gerichtlich beigeordnete oder bestellte Anwalt bzw. der Beratungshilfeanwalt **nur im eigenen Namen** einlegen. Die Frage nach der anfallenden Gebühr stellt sich daher nicht, weil **kein Erstattungsschuldner** vorhanden ist.

91

3. Kostenerstattung/Wertfestsetzung

Nach Abs. 2 S. 3 findet **keine Kostenerstattung** statt, und zwar weder im Erinnerungs- noch im Beschwerdeverfahren. Eine Kostenentscheidung ist daher nicht erforderlich.

92

Nach dem Wortlaut wird hiervon das Verfahren über die **weitere Beschwerde** aber nicht erfasst. Auch in der Gesetzesbegründung[194] ist nur vom Erstattungsausschluss im Erinnerungs- und Be-

---

[190] Vgl. BGH, Beschl. v. 14.6.2007 – V ZB 42/07, JurionRS 2007, 33711; OLG Celle AGS 2010, 453; OLG Koblenz MDR 2004, 709; OLG Koblenz NJW-RR 2000, 1239, zu §§ 66, 68 GKG; BGH NJW 2003, 69 = BRAGOreport 2003, 17 und OLG Hamm AnwBl 1994, 44 = JurBüro 1993, 292 = OLGR 1993, 64 jeweils zu § 5 GKG a.F = § 66 GKG.; BGH BRAGOreport 2002, 163 und BVerwG NVwZ-RR 1995, 361 zu § 25 GKG a.F.; OLG Hamm, Beschl. v. 28.1.1993 – 23 W 384/92, n.v. zu § 98 BRAGO sowie Beschl. v. 17.12.1992 – 23 W 559/92, n.v. zu § 16 ZSEG.

[191] Z.B.: Für zivilrechtliche Verfahren gilt GKG-KostVerz. 1812 (50 EUR), in Familiensachen gilt FamGKG-KostVerz. 1912 (50 EUR), für Zwangsvollstreckungs- und Insolvenzverfahren GKG-KostVerz. 2121 (25 EUR), für Strafverfahren GKG-KostVerz. 3602 (50 EUR), für Bußgeldverfahren GKG-KostVerz. 4401 (30 EUR), für Verwaltungsgerichtsverfahren GKG-KostVerz. 5502 (50 EUR), für Finanzgerichtsverfahren GKG-KostVerz. 6502 (50 EUR), für Sozialgerichtsverfahren GKG-KostVerz. 7504 (50 EUR), für Arbeitsgerichtsverfahren GKG-KostVerz. 8614 (40 EUR).

[192] BGH RVGreport 2010, 338 = AGS 2010, 387 = MDR 2010, 946; OLG Bamberg FamRZ 2011, 1605; OLG Köln FamFR 2012, 302 = RENOpraxis 2012, 175; LAG Mainz AGS 2012, 302 = NZA-RR 2012, 443.

[193] Vgl. dazu BayVGH München 20.2.2012 – 11 C 12.335, juris.

[194] Vgl. BT-Drucks 15/1971, S. 203.

schwerdeverfahren die Rede. Es ist aber davon auszugehen, dass auch im Verfahren über die weitere Beschwerde die Kostenerstattung ausgeschlossen ist.[195]

Auch bei **unstatthaften Beschwerden** (siehe Rdn 89) gilt der Ausschluss der Kostenerstattung.[196]

Eine **Wertfestsetzung** (§§ 32, 33) ist nicht vorzunehmen, weil etwaige Gerichtsgebühren als Festgebühren anfallen (siehe Rdn 87) und Anwaltsgebühren ausscheiden (siehe Rdn 91).[197]

§ 57 Rechtsbehelf in Bußgeldsachen vor der Verwaltungsbehörde

¹Gegen Entscheidungen der Verwaltungsbehörde im Bußgeldverfahren nach den Vorschriften dieses Abschnitts kann gerichtliche Entscheidung beantragt werden. ²Für das Verfahren gilt § 62 des Gesetzes über Ordnungswidrigkeiten.

A. Allgemeines	1
B. Regelungsgehalt	3
I. Persönlicher Anwendungsbereich	3
II. Sachlicher Anwendungsbereich	4
1. Überblick	4
2. Bußgeldverfahren vor der Verwaltungsbehörde	5
3. Entscheidung der Verwaltungsbehörde im Festsetzungsverfahren nach § 55	8
4. Entscheidung der Verwaltungsbehörde über die Notwendigkeit von Reisekosten nach § 46 Abs. 2 S. 1, 2	9
5. Entscheidung der Verwaltungsbehörde über sonstige Auslagen nach § 46 Abs. 2 S. 3	10
6. Entscheidung über die Bewilligung einer Pauschgebühr nach § 51 Abs. 3 S. 2	11
7. Entscheidung über die Bewilligung eines Vorschusses nach § 51 Abs. 1 S. 5	12
8. Entscheidung über die Inanspruchnahme des Betroffenen oder eines anderweitig Vertretenen nach § 52 Abs. 6 S. 2	13
9. Entscheidungen über die unmittelbare Inanspruchnahme des anderweitig Vertretenen nach § 53 i.V.m. § 52 Abs. 6 S. 2	14
10. Nachträgliche Anrechnung von Zahlungen nach § 58 Abs. 3 i.V.m. § 55	15
III. Das Verfahren	16
1. Gesetzliche Regelung	16
2. Antrag	17
3. Form	18
4. Begründung	19
5. Frist	20
6. Antragsberechtigung, Beschwer	22
a) Überblick	22
b) Festsetzung nach § 55	25
c) Entscheidung über Reisekosten oder Auslagen	27
d) Bewilligung einer Pauschgebühr	28
e) Beschluss über die Inanspruchnahme des Betroffenen oder eines anderweitig Vertretenen	29
f) Beschluss über die Anrechnung nachträglicher Zahlungen	30
7. Zuständigkeit	31
8. Verfahren	32
a) Überblick	32
b) Abhilfemöglichkeit	33
c) Weiteres Verfahren bei nicht vollständiger Abhilfe	37
d) Kostenentscheidung	41
C. Vergütung	43

A. Allgemeines

Gegen die Festsetzung der Vergütung des gerichtlich bestellten oder beigeordneten Rechtsanwalts ist grundsätzlich nach § 56 die Erinnerung gegeben. Dies gilt uneingeschränkt für Strafsachen (VV Teil 4) und für Verfahren nach VV Teil 6. Für Bußgeldsachen gilt dies nur eingeschränkt, nämlich insoweit, als ein gerichtliches Verfahren anhängig geworden ist. Ist es nicht zu einem gerichtlichen Verfahren gekommen, so ist die Verwaltungsbehörde für die Festsetzung der Vergütung zuständig (§ 55 Abs. 7). Eine Erinnerung nach § 56 kommt dann nicht in Betracht. Ebenso wie die gerichtlichen Entscheidungen des Urkundsbeamten der Geschäftsstelle sollen aber auch die Entscheidungen der Verwaltungsbehörde richterlich überprüfbar sein. Diese Lücke wird durch § 57 geschlossen, der für diese Fälle den Antrag auf gerichtliche Entscheidung nach § 62 OWiG vorsieht und damit die

---

195 Vgl. hierzu z.B. OLG Düsseldorf AGS 2012, 167 = NJW-RR 2012, 764 = RVGreport 2012, 189; OLG Frankfurt RVGreport 2007, 71 = RVG-Letter 2007, 32; OLG Düsseldorf RVGreport 2006, 225, die eine Kostenerstattung im Verfahren über die weitere Beschwerde ablehnen; *Hansens*, in: Hansens/Braun/Schneider, Teil 7, Rn 189.

196 BayVGH München 20.2.2012 – 11 C 12.335, juris; NdsOVG NVwZ-RR 2007, 429.

197 OLG Zweibrücken OLGR 2007, 472 = JurBüro 2007, 372.

Überprüfung der Verwaltungsentscheidungen sachgerecht den ordentlichen Gerichten überträgt. Ohne diese Verweisung wäre an sich der Weg zu den Verwaltungsgerichten gegeben.

Im Gegensatz zu § 56 ist der Antrag auf gerichtliche Entscheidung jedoch nicht auf das Festsetzungsverfahren nach § 55 beschränkt, sondern gilt für alle Entscheidungen der Verwaltungsbehörde nach Abschnitt 8 des RVG.

B. Regelungsgehalt

I. Persönlicher Anwendungsbereich

Die Vorschrift des § 57 gilt für jeden **im Bußgeldverfahren bestellten oder beigeordneten Rechtsanwalt**, in der Regel für den Pflichtverteidiger. Soweit auch anderweitige Vertreter bestellt werden können, ist § 57 entsprechend anwendbar.

II. Sachlicher Anwendungsbereich

1. Überblick

Der Antrag auf gerichtliche Entscheidung ist nach dem Wortlaut des § 57 gegen Entscheidungen der Verwaltungsbehörde im Bußgeldverfahren nach den Vorschriften „dieses Abschnitts" gegeben. Der Anwalt kann daher gegen sämtliche Entscheidungen der Verwaltungsbehörde, die diese in Verfahren nach Abschnitt 8 des RVG erlässt, den Antrag auf gerichtliche Entscheidung stellen. Im Gegensatz zu § 56, der die Erinnerung nur gegen Entscheidungen im Rahmen des Vergütungsfestsetzungsverfahrens nach § 55 gewährt, enthält § 57 eine solche Einschränkung nicht. Der Antrag auf gerichtliche Entscheidung ist daher auch gegen andere Entscheidungen der Verwaltungsbehörde außerhalb des Verfahrens nach § 55 gegeben. Dies ist auch sachgerecht, weil alle Entscheidungen der Verwaltungsbehörde ebenso wie die Entscheidungen in Strafsachen, gerichtlichen Bußgeldsachen und Verfahren nach VV Teil 6 gerichtlich überprüfbar sein müssen. Die Beteiligten müssen die Möglichkeit haben, eine richterliche Entscheidung herbeiführen zu können (Art. 19 Abs. 4 GG).

2. Bußgeldverfahren vor der Verwaltungsbehörde

Die Vorschrift des § 57 darf nicht so verstanden werden, dass der Rechtsbehelf des Antrags auf gerichtliche Entscheidung in allen Bußgeldsachen gegeben ist. Dieser Rechtsbehelf greift vielmehr nur dann, wenn das Verfahren **ausschließlich vor der Verwaltungsbehörde** stattfindet, also dort auch endet.

Soweit auf Einspruch hin die Sache an das erstinstanzliche Gericht abgegeben wird, sind ab dann die ordentlichen Gerichte zur Entscheidung berufen, also z.B. zur Vergütungsfestsetzung nach § 55, zur Bewilligung einer Pauschgebühr nach § 51 oder auch zur Entscheidung, inwieweit der Betroffene unmittelbar in Anspruch genommen werden kann (§§ 52, 53). In diesen Fällen bleibt es bei der Anwendung des § 56. Eine Anfechtung kommt nur im Rahmen dieser Vorschrift in Betracht. Sobald das Verfahren in das gerichtliche Verfahren übergeht, endet die Entscheidungskompetenz der Verwaltungsbehörde und folglich auch die Möglichkeit eines Antrags auf gerichtliche Entscheidung.

Ist es dagegen nicht (mehr) zum gerichtlichen Verfahren gekommen, etwa infolge Einstellung oder Einspruchsrücknahme vor der Verwaltungsbehörde, endet das Verfahren also dort, so kommt § 57 zur Anwendung.

3. Entscheidung der Verwaltungsbehörde im Festsetzungsverfahren nach § 55

Ebenso wie § 56 gilt § 57 primär für solche Entscheidungen der Verwaltungsbehörde, die diese im Rahmen der Vergütungsfestsetzung nach § 55 trifft. Gegen Entscheidungen im Rahmen der Festsetzung nach § 55 kann der Anwalt Antrag auf gerichtliche Entscheidung stellen, wenn er der Auffassung ist, die festgesetzte Vergütung sei zu gering bemessen.

4. Entscheidung der Verwaltungsbehörde über die Notwendigkeit von Reisekosten nach § 46 Abs. 2 S. 1, 2

9 Im Verfahren vor der Verwaltungsbehörde entscheidet diese darüber, ob anstehende Geschäftsreisen des gerichtlich bestellten oder beigeordneten Anwalts notwendig sind. Lehnt die Verwaltungsbehörde die Festsetzung ab, ist hiergegen der Antrag auf gerichtliche Entscheidung nach § 57 gegeben.

5. Entscheidung der Verwaltungsbehörde über sonstige Auslagen nach § 46 Abs. 2 S. 3

10 Gleiches gilt für die Entscheidung der Verwaltungsbehörde betreffend die Notwendigkeit sonstiger Auslagen (§ 46 Abs. 2 S. 3). Auch gegen diese Entscheidungen ist der Antrag auf gerichtliche Entscheidung nach § 57 gegeben.

6. Entscheidung über die Bewilligung einer Pauschgebühr nach § 51 Abs. 3 S. 2

11 Nach § 51 Abs. 3 S. 2 ist im Bußgeldverfahren vor der Verwaltungsbehörde diese zuständig, über eine beantragte Pauschgebühr zu entscheiden. Sofern die Bewilligung abgelehnt wird oder hinter den Vorstellungen des beigeordneten oder bestellten Anwalts zurückbleibt, kann er hiergegen den Antrag auf gerichtliche Entscheidung stellen. Dies entspricht der Regelung des § 42 für den Wahlverteidiger. Auch dieser kann gegen die Entscheidung der Verwaltungsbehörde im Rahmen des § 42 den Antrag auf gerichtliche Entscheidung stellen. Gerade an dieser Stelle zeigt sich der Unterschied zu § 57. Während die Entscheidung des OLG über die Bewilligung einer Pauschgebühr unanfechtbar ist, kommt bei der Entscheidung der Verwaltungsbehörde der Rechtsbehelf nach § 57 in Betracht. Hiermit soll – wie bereits ausgeführt – gewährleistet werden, dass letztlich durch den Richter entschieden wird.

7. Entscheidung über die Bewilligung eines Vorschusses nach § 51 Abs. 1 S. 5

12 Findet das Verfahren vor der Verwaltungsbehörde statt, so ist diese dafür zuständig, einen beantragten Vorschuss auf eine zu erwartende Pauschgebühr zu bewilligen. Auch gegen diese Entscheidung kann der Anwalt Antrag auf gerichtliche Entscheidung stellen, wenn der Vorschuss nicht oder nicht in dem beantragten Umfang bewilligt worden ist.

8. Entscheidung über die Inanspruchnahme des Betroffenen oder eines anderweitig Vertretenen nach § 52 Abs. 6 S. 2

13 Im Verfahren vor der Verwaltungsbehörde entscheidet diese, ob und inwieweit der gerichtlich bestellte oder beigeordnete Anwalt den Betroffenen unmittelbar in Anspruch nehmen kann. Gegen diese Entscheidung der Verwaltungsbehörde können sowohl der gerichtlich bestellte oder beigeordnete Anwalt als auch der Betroffene den Antrag auf gerichtliche Entscheidung stellen.

9. Entscheidungen über die unmittelbare Inanspruchnahme des anderweitig Vertretenen nach § 53 i.V.m. § 52 Abs. 6 S. 2

14 Entscheidungen der Verwaltungsbehörde über die Inanspruchnahme eines anderweitig Vertretenen durch den gerichtlich beigeordneten oder bestellten Rechtsanwalt (§ 53 i.V.m. § 52 Abs. 6 S. 2) können ebenfalls mit dem Rechtsbehelf des Antrags auf gerichtliche Entscheidung angefochten werden.

10. Nachträgliche Anrechnung von Zahlungen nach § 58 Abs. 3 i.V.m. § 55

15 Werden nachträglich an den gerichtlich bestellten oder beigeordneten Anwalt Zahlungen geleistet, die nach § 58 Abs. 3 anzurechnen sind, so setzt in Bußgeldverfahren vor der Verwaltungsbehörde

diese fest, in welcher Höhe der gerichtlich bestellte oder beigeordnete Anwalt Rückzahlungen zu leisten hat. Dieses Verfahren läuft entsprechend § 55. Daher ist auch hier nach § 57 der Antrag auf gerichtliche Entscheidung gegeben.

III. Das Verfahren

1. Gesetzliche Regelung

Das Verfahren über den Antrag auf gerichtliche Entscheidung richtet sich nach § 62 OWiG (S. 2). 16

2. Antrag

Der Antrag auf gerichtliche Entscheidung ist bei der **Verwaltungsbehörde** einzureichen, die die anzufechtende Entscheidung erlassen hat (§ 62 Abs. 2 S. 2 OWiG i.V.m. § 306 Abs. 1 StPO). Der Antrag kann in **vollem Umfang** gestellt werden. Er kann sich allerdings auch auf einzelne Punkte **beschränken**. 17

> **Beispiel:** Die Verwaltungsbehörde hat die angemeldeten Reisekosten abgesetzt sowie die angemeldete zusätzliche Gebühr nach VV 5115.
> Gegen die Absetzung der Reisekosten will sich der Verteidiger nicht wehren. Er beschränkt daher seinen Antrag auf gerichtliche Entscheidung gegen die Absetzung der zusätzlichen Gebühr.

3. Form

Erforderlich ist die **Schriftform**. Stattdessen kann der Antrag aber auch zu **Protokoll der Geschäftsstelle** erklärt werden (§ 62 Abs. 2 S. 2 OWiG i.V.m. § 306 Abs. 1 StPO). 18

4. Begründung

Eine Begründung des Antrags auf gerichtliche Entscheidung ist nicht erforderlich. Gleichwohl empfiehlt es sich, den Antrag zu begründen. Sofern sich die Begründung aus der vorangegangenen Korrespondenz mit der Verwaltungsbehörde ergibt, genügt es, darauf Bezug zu nehmen. In Anbetracht dessen, dass der zur Entscheidung berufene Richter mit der Akte bislang nicht kennt und in Kostensachen in der Regel wenig Neigung hat, sich in das Verfahren einzuarbeiten, empfiehlt es sich, eine kurze Zusammenfassung des Verfahrensablaufs zu geben, um den Richter ins Bild zu setzen und dann noch einmal die tragenden Argumente zusammenzustellen. Erfahrungsgemäß ist es hier auch hilfreich, zitierte Entscheidungen in Kopie beizufügen. Abgesehen davon, dass hier viele Entscheidungen in Fachzeitschriften veröffentlicht sind, die die Gerichtsbibliotheken nicht beziehen, wird dem Richter die Arbeit erheblich erleichtert, wenn die Entscheidungen beigefügt sind. Es besteht eine höhere Wahrscheinlichkeit, dass der Richter sich dann auch mit dieser Rechtsprechung auseinander setzt oder diese ggf. übernimmt. 19

5. Frist

Eine Frist für den Antrag auf gerichtliche Entscheidung ist nicht vorgesehen. Der Antrag ist daher unbefristet zulässig. 20

In Betracht kommt ggf. eine Verwirkung.[1] Lässt man den Einwand der **Verwirkung** zu, so kommt eine Verwirkung frühestens nach einem Jahr seit Festsetzung in Betracht[2] oder sogar erst nach 21

---

[1] *Hartung/Römermann*, RVG, § 57 Rn 15, der zu Recht die Parallele zur vergleichbaren unbefristeten Erinnerung zieht; so z.B. OLG Düsseldorf Rpfleger 1995, 421; OLG Koblenz AnwBl 1993, 323.

[2] *Hartung/Römermann*, RVG, § 57 Rn 15; LSG Celle JurBüro 1999, 590.

Ablauf des auf die Festsetzung folgenden Kalenderjahres.[3] Demgegenüber vertritt das OLG Koblenz[4] die Auffassung, dass eine Erinnerung nach Ablauf von drei Monaten nicht mehr zulässig sei, was auf den vorliegenden Fall entsprechend übertragen werden könnte.

Um dieser Problematik auszuweichen, sollte der Antrag auf gerichtliche Entscheidung daher, auch wenn keine Wochen- oder Zweiwochenfrist gilt, doch unmittelbar im Anschluss an die Festsetzung eingelegt werden. Da der Antrag nicht zu begründen ist, dürfte es in der Regel keine Probleme bereiten, den Antrag „verwirkungshemmend" einzureichen und eine ausführliche Begründung anzukündigen und später nachzureichen.

6. Antragsberechtigung, Beschwer

a) Überblick

22 Eine ausdrückliche Regelung, wer antragsberechtigt ist, fehlt. Es gilt daher nach allgemeinen Grundsätzen, dass nur derjenige den Antrag auf gerichtliche Entscheidung stellen kann, der durch die anzufechtende Entscheidung der Verwaltungsbehörde beschwert ist.

23 Eine **Mindestbeschwer** ist nicht vorgesehen. Insbesondere gilt nicht die Wertgrenze der sonstigen Verfahrensordnungen von über 200 EUR. Der Antrag auf gerichtliche Entscheidung ist ebenso wie die Erinnerung von der Höhe der Beschwer und des Beschwerdegegenstands unabhängig.

24 Ein **Antrag der Staatskasse** auf gerichtliche Entscheidung kommt im Bußgeldverfahren vor der Verwaltungsbehörde – im Gegensatz zum gerichtlichen Verfahren – nicht in Betracht.[5] Die Verwaltungsbehörde ist hier selbst zur Festsetzung und Entscheidung berufen. Sie kann nicht gegen ihre eigene Entscheidung den Antrag auf gerichtliche Entscheidung stellen. Im Einzelnen gilt Folgendes:

b) Festsetzung nach § 55

25 Im Verfahren der Vergütungsfestsetzung nach § 55 ist der Anwalt antragsberechtigt, sofern er durch die Entscheidung der Verwaltungsbehörde beschwert ist, also soweit die festgesetzte Vergütung hinter seinem Antrag zurückgeblieben ist. Hat die Verwaltungsbehörde dem Antrag entsprochen und ist der gerichtlich beigeordnete oder bestellte Anwalt dagegen der Auffassung, ihm stünde noch eine weiter gehende Vergütung zu, die er bislang nicht geltend gemacht hatte, so ist nicht der Antrag auf gerichtliche Entscheidung gegeben, sondern der Anwalt hat die Nachfestsetzung zu betreiben.

26 Die Auszahlung der festgesetzten Vergütung führt für den Anwalt nicht zum Wegfall seiner Beschwer. *Hartung*[6] weist zu Recht darauf hin, dass andernfalls die Staatskasse durch eine schnelle Auszahlung die Beschwer des Rechtsanwalts vereiteln könnte. Auch hier kommt lediglich die Möglichkeit einer Verwirkung in Betracht, wenn der Anwalt die festgesetzte Vergütung entgegengenommen hat und längere Zeit untätig bleibt (siehe Rdn 21).

c) Entscheidung über Reisekosten oder Auslagen

27 Entscheidet die Verwaltungsbehörde nach § 46 Abs. 2 über die Notwendigkeit von Reisekosten oder Auslagen, so ist im Rahmen der Beschwer ein Antrag auf gerichtliche Entscheidung seitens des bestellten oder beigeordneten Rechtsanwalts möglich.

d) Bewilligung einer Pauschgebühr

28 Im Verfahren über die Bewilligung einer Pauschgebühr (§ 51 Abs. 3) kann der beigeordnete oder bestellte Anwalt den Antrag auf gerichtliche Entscheidung stellen, soweit die bewilligte Pauschge-

---

3 *Hartung/Römermann*, RVG, § 57 Rn 15 unter Hinw. auf die entsprechende Rspr. zur unbefristeten Erinnerung OLG Düsseldorf JurBüro 1996, 144; OLG Frankfurt FamRZ 1991, 1462; LAG Hamm Rpfleger 1994, 171; OLG Koblenz Rpfleger 1993, 290.
4 FamRZ 1999, 1362.
5 *Göhler*, § 108 Rn 7 u. vor 105 Rn 23.
6 *Hartung/Römermann*, RVG, § 57 Rn 17.

bühr abgelehnt worden ist oder hinter seinen Vorstellungen zurückbleibt. Auch dem Betroffenen steht der Antrag auf gerichtliche Entscheidung offen, soweit er die Kosten des Verfahrens trägt und daher auch auf Zahlung der Pauschgebühr von der Staatskasse in Regress genommen werden kann. Er kann allerdings nur durch eine zu hohe Pauschgebühr beschwert sein.

e) Beschluss über die Inanspruchnahme des Betroffenen oder eines anderweitig Vertretenen

Beschlüsse im Rahmen der §§ 52, 53 können vom bestellten oder beigeordneten Anwalt mit dem Antrag auf gerichtliche Entscheidung angefochten werden, wenn seinem Antrag nicht entsprochen wird, also soweit das Gericht die Inanspruchnahme des Betroffenen ablehnt oder nur in geringerem Umfang oder nur gegen Ratenzahlung zulässt. 29

Umgekehrt kann der Betroffene oder der anderweitig Vertretene einen Antrag auf gerichtliche Entscheidung stellen, soweit das Gericht seine Inanspruchnahme durch Beschluss für zulässig erklärt hat. Die Staatskasse ist an diesem Verfahren nicht beteiligt. Ihr fehlt hier stets die erforderliche Beschwer, so dass sie keinen Antrag auf gerichtliche Entscheidung stellen kann.

f) Beschluss über die Anrechnung nachträglicher Zahlungen

Soweit im Verfahren nach §§ 58 Abs. 3, 55 ein Beschluss darüber ergeht, dass der gerichtlich bestellte oder beigeordnete Anwalt nachträgliche Zahlungen anzurechnen und zurückzuzahlen hat, kann der Anwalt den Antrag auf gerichtliche Entscheidung stellen, da er insoweit beschwert ist. 30

7. Zuständigkeit

Zuständig ist nach S. 2 über § 62 Abs. 2 S. 1 OWiG das nach § 68 OWiG zuständige Gericht, also dasjenige Amtsgericht oder Oberlandesgericht, das im Falle des Einspruchs über den Bußgeldbescheid entschieden hätte. 31

8. Verfahren

a) Überblick

Das weitere Verfahren nach Eingang des Antrags auf gerichtliche Entscheidung ergibt sich aus S. 2, der auf § 62 OWiG verweist. Hier wiederum wird verwiesen auf die §§ 297 bis 300, 306 bis 309 und 311a StPO. 32

b) Abhilfemöglichkeit

Nach § 62 Abs. 2 OWiG, § 306 Abs. 2 StPO ist die Verwaltungsbehörde berechtigt, dem Antrag auf gerichtliche Entscheidung **abzuhelfen**. Ihr soll die Möglichkeit gegeben werden, die eigene Entscheidung zu korrigieren, um damit eine gerichtliche Entscheidung zu vermeiden.[7] Die Verwaltungsbehörde ist zu einer solchen Abhilfeprüfung verpflichtet. 33

Sofern die Verwaltungsbehörde den Einwänden des Antragstellers Rechnung tragen will, hat sie dem Antrag auf gerichtliche Entscheidung abzuhelfen. Sie kann dem Antrag insgesamt abhelfen oder auch nur teilweise hinsichtlich einzelner Angriffspunkte. Voraussetzung für eine Abhilfeentscheidung ist, dass die Verwaltungsbehörde den Antrag für zulässig und begründet hält (§ 62 Abs. 2 OWiG, § 306 Abs. 2 StPO). 34

Obwohl es sich nur um einen Rechtsbehelf handelt, ist das **Verschlechterungsverbot** zu beachten. Die Verwaltungsbehörde kann dem Antrag nur abhelfen. Sie kann die Entscheidung nicht zum Nachteil des Antragstellers abändern. Eine Abänderung zum Nachteil des Antragsgegners ist dagegen möglich. Hier ist allerdings § 308 Abs. 1 StPO zu beachten. Dem Antragsgegner muss vor einer zu 35

---

[7] BGH NStZ 1992, 507.

seinen Lasten abändernden Entscheidung, sei es einer vollständigen Abänderung oder nur einer teilweisen Abänderung, die Möglichkeit des **rechtlichen Gehörs** gewährt werden. Ihm ist der Antrag zur Möglichkeit einer Gegenerklärung zuzuleiten.

36 Im Falle des Antrags auf gerichtliche Entscheidung durch den Betroffenen oder den anderweitig Vertretenen ist der Rechtsanwalt Antragsgegner. Stellt der Anwalt den Antrag auf gerichtliche Entscheidung, so ist die Staatskasse Antragsgegner, sofern der Anwalt eine höhere Vergütung geltend macht; im Falle der Bewilligung der Pauschgebühr auch der Betroffene oder anderweitig Beigeordnete. Dieser ist auch Antragsgegner, soweit Entscheidungen über dessen Inanspruchnahme nach §§ 52, 53 getroffen werden.

c) Weiteres Verfahren bei nicht vollständiger Abhilfe

37 Hilft die Verwaltungsbehörde dem Antrag auf gerichtliche Entscheidung nicht oder nur teilweise ab, hat sie den Antrag spätestens vor Ablauf von drei Tagen dem Amtsgericht vorzulegen (§ 62 Abs. 2 S. 2 OWiG, § 306 Abs. 2 StPO). Nur insoweit, als die Verwaltungsbehörde dem Antrag auf gerichtliche Entscheidung in vollem Umfang abhilft, braucht sie nicht vorzulegen, da sich dann durch die Abhilfe der Antrag erledigt hat.

38 Die Abhilfeentscheidung ist den Beteiligten formlos mitzuteilen (§ 50 Abs. 1 S. 1 OWiG). Eine förmliche Zustellung ist nicht erforderlich, da gegen die Abhilfeentscheidung kein befristeter Rechtsbehelf gegeben ist. Möglich ist hier lediglich wiederum der Antrag auf gerichtliche Entscheidung, der jedoch unbefristet ist.

39 Unterlässt die Verwaltungsbehörde eine Abhilfeprüfung oder übersieht sie die Möglichkeit, dass sie selbst dem Antrag auf gerichtliche Entscheidung abhelfen kann, so kann das Amtsgericht die Sache an die Verwaltungsbehörde zurückverweisen, damit die unterlassene Abhilfeprüfung vorgenommen wird.[8]

40 Über den Antrag, soweit er nach der Abhilfeprüfung vorgelegt wird, entscheidet das zuständige Gericht, also das Amtsgericht oder das Oberlandesgericht. Zuständig ist nach §§ 62 Abs. 2 S. 1, 68 Abs. 1 OWiG das Gericht, in dessen Bezirk die Verwaltungsbehörde ihren Sitz hat. Funktionell zuständig ist der Richter beim Amtsgericht bzw. der Bußgeldsenat am OLG. Soweit sich das Verfahren gegen Jugendliche und Heranwachsende gerichtet hat, ist nach § 68 Abs. 2 OWiG der Jugendrichter zuständig.

Die Entscheidung des Gerichts ergeht ohne mündliche Verhandlung durch Beschluss (§ 62 Abs. 2 S. 2 OWiG, § 309 Abs. 1 StPO). Das Gericht hat den Beschluss zu begründen.

d) Kostenentscheidung

41 Eine Kostenentscheidung im Verfahren nach S. 2 i.V.m. § 62 OWiG ist in der Regel nicht erforderlich, da das Verfahren gebührenfrei ist. Zu erstatten wären allenfalls Auslagen. Sofern diese anfallen, wäre eine Kostenentscheidung erforderlich.

42 Der Beschluss des Amtsgerichts oder des Oberlandesgerichts über die Kosten kann formlos mitgeteilt werden, da dieser unanfechtbar ist (§ 62 Abs. 2 S. 3 OWiG) und damit eine Rechtsmittel- oder Rechtsbehelfsfrist nicht in Gang gesetzt wird.

C. Vergütung

43 Anwaltskosten entstehen im Verfahren keine. Sie kommen in der Regel schon deshalb nicht in Betracht, weil es an einem Auftraggeber fehlen wird. Der Anwalt wird zumeist in eigener Sache tätig. Das Einfordern der Vergütung gehört für ihn zur Instanz und löst keine gesonderten Gebühren aus (§ 19 Abs. 1 S. 2 Nr. 14).

---

[8] *Göhler*, § 62 Rn 17; a.A. *Hartung/Römermann*, RVG, § 57 Rn 20.

Vertritt der Anwalt ausnahmsweise einen anderen Beteiligten, erhält er zwar eine Vergütung; diese ist aber nicht erstattungsfähig. Anzuwenden sind in diesem Fall gemäß VV Vorb. 5 Abs. 4 die Wertgebühren des VV Teil 3 (VV 3500), da VV Vorb. 5 Abs. 4 jetzt auch ausdrücklich den Antrag auf gerichtliche Entscheidung erfasst.

§ 58 Anrechnung von Vorschüssen und Zahlungen

(1) Zahlungen, die der Rechtsanwalt nach § 9 des Beratungshilfegesetzes erhalten hat, werden auf die aus der Landeskasse zu zahlende Vergütung angerechnet.

(2) In Angelegenheiten, in denen sich die Gebühren nach Teil 3 des Vergütungsverzeichnisses bestimmen, sind Vorschüsse und Zahlungen, die der Rechtsanwalt vor oder nach der Beiordnung erhalten hat, zunächst auf die Vergütungen anzurechnen, für die ein Anspruch gegen die Staatskasse nicht oder nur unter den Voraussetzungen des § 50 besteht.

(3) [1]In Angelegenheiten, in denen sich die Gebühren nach den Teilen 4 bis 6 des Vergütungsverzeichnisses bestimmen, sind Vorschüsse und Zahlungen, die der Rechtsanwalt vor oder nach der gerichtlichen Bestellung oder Beiordnung für seine Tätigkeit in einer gebührenrechtlichen Angelegenheit erhalten hat, auf die von der Staatskasse für diese Angelegenheit zu zahlenden Gebühren anzurechnen. [2]Hat der Rechtsanwalt Zahlungen empfangen, nachdem er Gebühren aus der Staatskasse erhalten hat, ist er zur Rückzahlung an die Staatskasse verpflichtet. [3]Die Anrechnung oder Rückzahlung erfolgt nur, soweit der Rechtsanwalt durch die Zahlungen insgesamt mehr als den doppelten Betrag der ihm ohne Berücksichtigung des § 51 aus der Staatskasse zustehenden Gebühren erhalten würde. [4]Sind die dem Rechtsanwalt nach Satz 3 verbleibenden Gebühren höher als die Höchstgebühren eines Wahlanwalts, ist auch der die Höchstgebühren übersteigende Betrag anzurechnen oder zurückzuzahlen.

Literatur: *Al-Jumaili*, Vorschuss und dessen Anrechnung auf die Pflichtverteidigervergütung, JurBüro 2000, 565; *Brieske*, Zur Anrechnungspflicht aus § 101 Abs. 2 BRAGO, StV 1995, 331; *Enders*, Pflichtverteidiger – Anrechnung von Vorschüssen, JurBüro 1996, 449.

A. Allgemeines	1
B. Regelungsgehalt	9
I. Anzurechnende Leistungen	9
1. Vorschüsse und Zahlungen	9
a) Zahlungen des Gegners bei Beratungshilfe (Abs. 1)	9
b) Vorschüsse und Zahlungen in Angelegenheiten nach VV Teil 3 (Abs. 2)	12
aa) Allgemeines	12
bb) Sonderproblem Anrechnung	13
c) Vorschüsse und Zahlungen in Angelegenheiten nach VV Teil 4 bis 6 (Abs. 3)	20
2. Anwalt als Leistungsempfänger	22
3. Anwaltshonorar als Leistungszweck	24
4. Zur Person des Leistenden	27
II. Besondere Leistungsbestimmungen	30
1. Bedingte Leistungen	30
2. Leistungsabreden	32
III. Berechnung der Restforderung in Angelegenheiten nach VV Teil 3 (Abs. 2)	34
1. Berechnungsgrundlage „Vergütungen"	34
2. Besondere Anrechnungsfälle	35
IV. Berechnung der Restforderung in Angelegenheiten nach VV Teil 4 bis 6 (Abs. 3)	36
1. Anrechnung auf die Pflichtverteidigergebühren (Abs. 3 S. 1)	36
a) Zahlungen und Vorschüsse	36
b) Zahlender	39
c) Grund der Zahlung oder des Vorschusses	42
d) Dieselbe Angelegenheit	43
e) Verwendungszweck	52
aa) Der Anwalt war zunächst als Wahlverteidiger tätig und wird später als Pflichtverteidiger bestellt	53
(1) Die vorangegangene Wahlverteidigertätigkeit wird durch die Pflichtverteidigergebühren nicht abgedeckt	54
(2) Die vorangegangene Wahlverteidigertätigkeit wird durch die Pflichtverteidigergebühren abgedeckt	56
bb) Zahlung auf Auslagen	57
cc) Zahlungen eines mitvertretenen Nebenklägers	58
f) Ausschluss des Abs. 3 S. 1	60
2. Durchführung der Anrechnung	63
a) Begrenzung auf das Doppelte der Pflichtgebühren (Abs. 3 S. 3)	63
b) Begrenzung auf die Höchstgebühr eines Wahlanwalts (Abs. 3 S. 4)	71
3. Anrechnung auf die Pauschvergütung nach § 51	77
4. Anrechnung auf Auslagen	78
5. Anzeigepflicht, § 55 Abs. 5	85
6. Rückzahlung (Abs. 3 S. 2)	89
7. Festsetzung, § 55	92
C. Empfehlungen für die zivilrechtliche Praxis	94

A. Allgemeines

1 Die Vorschrift regelt für drei typisierte Arten von Angelegenheiten (Beratungshilfe, Verfahren nach VV Teil 3 und Verfahren nach VV Teil 4 bis 6) die **Erfüllungswirkung** von Leistungen auf den (zukünftigen) Vergütungsanspruch des beigeordneten, bestellten oder im Wege der Beratungshilfe tätigen Anwalts. Es geht um eine **gesetzliche Leistungsbestimmung** im Außenverhältnis zur Staatskasse für Zahlungen der Partei oder eines Dritten (§ 267 BGB).

2 **Reichen** diese **Zahlungen** an den Anwalt hin, um seine **volle Vergütung** in einer Angelegenheit nach Abs. 2 **abzudecken**, kommt die nur **subsidiäre Haftung der Staatskasse uneingeschränkt** zur Geltung. Sie braucht überhaupt nicht zu leisten und kann erbrachte Leistungen zurückfordern. Wird von der Partei oder dritter Seite **nur ein Teil** der vollen Vergütung gezahlt, **konkurrieren Anwalt und Staatskasse miteinander**, wem die Zahlung vorrangig zugutekommen soll. Es stellt sich die Frage, ob die Zahlung in erster Linie auf die Grundvergütung oder auf den Unterschiedsbetrag zwischen Grundvergütung und Regelvergütung gutgeschrieben werden soll. Bei dieser Zuordnung geht es um eine **ähnliche Regelungsmaterie** wie bei der Anrechnungsvorschrift des **§ 366 BGB** (vgl. auch § 225 AO).

3 Für die **Staatskasse** ist von Interesse, ob sie **durch Fremdleistungen** von ihrer Schuld dem beigeordneten oder bestellten Anwalt gegenüber (teilweise) **befreit** wird. Ist die Gesamtforderung des Anwalts der Partei gegenüber höher als ihr gegenüber (vgl. § 49 Rdn 9 ff.), so stellt sich im Rahmen des Dreiecksverhältnisses Anwalt – Partei – Staat ihre Verpflichtung vergleichbar der einer **Teilbürgschaft** dar (vgl. § 45 Rdn 7). Das Bestreben der Staatskasse liefe darauf hinaus, jede Teilerfüllung auf ihren Haftungsanteil anzurechnen. Der Gesetzgeber ist den entgegengesetzten Weg gegangen. Er hält sich – ebenso wie bei § 366 Abs. 2 BGB – strikt an den **Gedanken des Gläubigerschutzes**, indem die **Zahlungseingänge** bei dem Anwalt **zunächst dem einredebehafteten** (§ 122 Abs. 1 Nr. 3 ZPO) **oder nicht abgesicherten Teil der Forderung** und zuletzt dem sicheren Teil, für den die Staatskasse haftet, **gutgeschrieben** werden.

4 Der Gesetzgeber geht wie selbstverständlich davon aus, dass eine **abweichende Leistungsbestimmung** der Partei oder des Dritten **fehlt**. Das erscheint auch naheliegend, weil dadurch der Anwalt schlechter als bei der gesetzlichen Regelung gestellt würde und für eine derartige Willensrichtung kein vernünftiger Grund ersichtlich ist. Hieraus kann aber **nicht** geschlossen werden, dass die Vorschrift den Grundsätzen des Privatrechts zuwider die **gewillkürte Leistungsbestimmung** (§ 366 Abs. 1 BGB) **verdrängen** will. Vielmehr hat eine solche ohne weiteres Vorrang (vgl. Rdn 31 ff.).

5 Die Vorschrift des Abs. 3 regelt die **Anrechnung von Vorschüssen und Zahlungen**, die der **Pflichtverteidiger** von dem Beschuldigten oder einem Dritten erhalten hat. Die Vorschrift ist über § 53 **entsprechend anwendbar** für einen dem **Privatkläger**, dem **Nebenkläger**, dem **Antragsteller im Klageerzwingungsverfahren** oder einem **anderen Beteiligten beigeordneten** Anwalt.

6 Im Gegensatz zu dem in Zivilsachen im Wege der Prozesskostenhilfe beigeordneten Rechtsanwalt, für den Zahlungen und Vorschüsse zunächst auf die höhere Wahlanwaltsvergütung anzurechnen sind, ordnet **Abs. 3 S. 1** an, dass **für den Pflichtverteidiger** Zahlungen und Vorschüsse des Beschuldigten oder eines Dritten **unmittelbar** auf die aus der Landes- oder Bundeskasse zu gewährende Vergütung **anzurechnen** sind. Bei der Festsetzung der aus der Landes- oder Bundeskasse zu zahlenden Vergütung nach § 55 sind diese anzurechnenden Beträge **abzusetzen**. Soweit der Pflichtverteidiger nachträglich vom Beschuldigten oder einem Dritten Zahlungen erhält, ist er nach **Abs. 3 S. 2** zur **Rückzahlung** an die Staatskasse verpflichtet.

7 Die Pflicht zur Anrechnung wird in **Abs. 3 S. 3** allerdings dahingehend **eingeschränkt**, dass eine Anrechnung oder Rückzahlung nur vorzunehmen ist, soweit der Anwalt ohne Anrechnung oder Rückzahlung insgesamt **mehr** als den doppelten Betrag der ihm nach § 46 Abs. 4 aus der Staatskasse zustehenden Vergütung erhalten würde. Das 2. KostRMoG hat durch Anfügung eines S. 4 geklärt, dass die Gesamtgebühren des Pflichtverteidigers die Höchstgebühren eines Wahlverteidigers nicht überschreiten sollen.[1]

8 Um zu gewährleisten, dass bei der Festsetzung der Vergütung die anzurechnenden Beträge erfasst werden und dass darüber hinaus auch der Rückzahlungsanspruch der Staatskasse realisiert werden

---

[1] Vgl. BT-Drucks 17/471 (neu), S. 270 f.

kann, war der Anwalt nach § 101 Abs. 3 BRAGO verpflichtet, Vorschüsse und Zahlungen der Staatskasse nicht nur im Rahmen des Festsetzungsverfahrens anzuzeigen, sondern auch noch nachträglich. Diese Anzeigepflicht findet sich jetzt generell für alle Festsetzungsverfahren in § 55 Abs. 5 S. 3, 4. Diese Regelung gilt auch in Bußgeldverfahren (§ 55 Abs. 7).

B. Regelungsgehalt

I. Anzurechnende Leistungen

1. Vorschüsse und Zahlungen

a) Zahlungen des Gegners bei Beratungshilfe (Abs. 1)

§ 9 S. 2 BerHG[2] gewährt dem Rechtsanwalt, der eine Beratungstätigkeit aufgrund von Beratungshilfe geleistet hat, einen **eigenen Anspruch** gegen den kostentragungspflichtigen Gegner, indem er den Erstattungsanspruch des Rechtsuchenden auf ihn übergehen lässt (**Legalzession**). Dieser Anspruch richtet sich auf die **volle gesetzliche Vergütung** (§ 9 S. 1 BerHG). Der Übergang kann nicht zum Nachteil des Rechtsuchenden geltend gemacht werden (§ 9 S. 3 BerHG).

Die Staatskasse hat dem Anwalt nur die Gebühren im Rahmen von Beratungshilfe nach VV 2501 ff. zu zahlen (§ 44). Der Wortlaut des Abs. 1 legt nahe, dass jede Zahlung, die der Anwalt vom Gegner erhält, vorrangig auf die aus der Staatskasse zu zahlende Vergütung angerechnet werden soll. Dann käme der Anwalt erst in den Genuss des Anspruchsübergangs, wenn der Gegner mehr zahlt, als er vom Rechtsuchenden und von der Staatskasse bereits erhalten hat. Das widerspräche indes dem allgemeinen **Grundsatz des Gläubigerschutzes** (vgl. Rdn 3). Nur diejenigen Zahlungen des Gegners sind auf die Vergütung aus der Landeskasse anzurechnen, die nach Erreichen der gesetzlichen Vergütung eines Wahlanwalts als Überschuss verbleiben (im Einzelnen vgl. VV 2503 Rdn 22 f.).[3]

Auch bei der Anrechnung der im Rahmen von Beratungshilfe entstandenen Geschäftsgebühr und einer Verfahrensgebühr für die Vertretung im gerichtlichen Verfahren ist § 58 Abs. 1, 2 heranzuziehen (im Einzelnen vgl. VV 2503 Rdn 17).[4] § 58 Abs. 2 ist anwendbar, weil es um die Anrechnung mit Gebühren nach VV Teil 3 geht und § 15a Abs. 1 die Reihenfolge, worauf anzurechnen ist, freistellt.

b) Vorschüsse und Zahlungen in Angelegenheiten nach VV Teil 3 (Abs. 2)

aa) Allgemeines. „**Vorschüsse**" und „**Zahlungen**" sind jeweils zweckgerichtete Vermögenszuwendungen, die zur Regulierung einer Schuld dienen. Sie unterscheiden sich nur dadurch, dass es bei den **Vorschüssen** um **Vorauszahlungen** auf eine noch nicht in Rechnung gestellte – womöglich erst künftige – Schuld (§ 9) geht, während mit **Zahlungen** die Leistungen zur **Erfüllung** der bereits erhobenen Forderung (§ 8) gemeint sind. Diese **Differenzierung** ist jedoch **wenig sinnvoll**, zumal der Begriff der Zahlung regelmäßig untechnisch zur Beschreibung eines Realaktes verwandt wird. Gezielt angesprochen werden sollen indes Leistungen, nämlich solche **auf den Vergütungsanspruch des Anwalts**. Das genügt aber nicht, um den Regelungsbedarf zu erschöpfen.

bb) Sonderproblem Anrechnung. Völlig außer Betracht gelassen hat der Gesetzgeber das Problem der **Anrechnung von Gebühren** (vgl. § 15a).

§ 15a Abs. 1 definiert die Anrechnung im Innenverhältnis zwischen dem Rechtsanwalt und dem Auftraggeber. Sie gilt aber auch im Verhältnis zur Staatskasse.[5] Beide aufeinander anzurechnende Gebühren bleiben grundsätzlich unangetastet erhalten. Der Rechtsanwalt kann also beide von der Gebührenanrechnung betroffenen Gebühren jeweils in voller Höhe geltend machen.[6] Ihm ist es

---

2 Das BerHG ist mit Kurzerläuterungen abgedr. unter VV Vor 2.5.
3 LG Saarbrücken AGS 2009, 290; a.A. wegen des Wortlauts in § 58 Abs. 1: OLG Celle NJW-RR 2011, 719; OLG Naumburg BeckRS 2011, 25203; LG Detmold BeckRS 2011, 21131; AG Mosbach NJW-RR 2011, 698; AG Halle (Saale) v. 8.2.2012 – 103 II 2655/07.
4 A.A.: Gerold/Schmidt/*Müller-Rabe*, § 58 Rn 30; vgl. auch LG Berlin JurBüro 1983, 1060 = AnwBl 1983, 478.
5 *Fölsch*, MDR 2009, 1137, 1140.
6 BT-Drucks 16/12717, S. 58 f.

lediglich verwehrt, insgesamt mehr als den um den Anrechnungsbetrag verminderten Gesamtbetrag der beiden Gebühren zu verlangen.[7] § 15a Abs. 1 schließt somit die Anwendung der Rechtsprechung des BGH aus, wonach infolge der Anrechnung der Geschäftsgebühr die Verfahrensgebühr von Anfang an in gekürzter Höhe entstehen würde.[8] § 15a Abs. 1 stellt die Anrechnungsreihenfolge grundsätzlich frei (Wahlrecht des Anwalts). Die Anrechnungsreihenfolge z.B. nach VV Vorb. 3 Abs. 4 bleibt allein für die Ermittlung der Höhe des Anrechnungsbetrages relevant.[9]

Zu berechnen ist folgendermaßen:
– Zunächst sind die einzelnen von der Anrechnung erfassten Gebühren zu ermitteln.[10]
– Sodann ist der Anrechnungsbetrag zu berechnen,[11] und zwar in der Anrechnungsreihenfolge, die die spezielle Anrechnungsvorschrift vorgibt (z.B.: VV Vorb. 3 Abs. 4: anzurechnen ist die halbe Geschäftsgebühr auf die Verfahrensgebühr).[12]
– Anschließend ist der Gesamtbetrag der Gebühren zu ermitteln, die von der Gebührenanrechnung erfasst sind.[13]
– Von diesem Gesamtbetrag ist der Anrechnungsbetrag abzuziehen.[14]

15 Die Staatskasse kann sich indes auf eine Anrechnung unter anderem **nur dann** berufen, wenn der Anwalt **eine den Anrechnungsbetrag erfassende tatsächliche Zahlung** erhalten hat.[15]

Hierbei kommt es nicht darauf an, ob diese tatsächliche Zahlung vom Auftraggeber, einem Kostenerstattungsschuldner oder der Staatskasse herrührt. Zweifelhaft ist allerdings, ob sich diese Voraussetzung bereits aus § 15a Abs. 2 ergibt. Denn dass die Staatskasse Dritte i.S.v. § 15a Abs. 2 ist, kann deshalb fraglich sein, weil die Staatskasse Vergütungsschuldner und nicht Kostenerstattungsschuldner ist[16] (Ausführungen insofern siehe auch VV 2503 Rdn 17, § 55 Rdn 46). Ist die Staatskasse gleichwohl als Dritte anzusehen,[17] kann sie sich gemäß § 15a Abs. 2 auf eine Anrechnung unter anderem nur berufen, wenn der Anwalt eine den Anrechnungsbetrag erfassende tatsächliche Zahlung erhalten hat. Dasselbe Ergebnis ergibt sich aber auch schon aus § 15a Abs. 1 i.V.m. § 58.[18] Denn der Rechtsanwalt kann über § 15a Abs. 1 wählen, an welchen Vergütungsschuldner er sich wendet.[19] Die Grenze ist lediglich, dass er nicht mehr als beide Gebühren gekürzt um den Anrechnungsbetrag beanspruchen kann.

Verlangt der Rechtsanwalt z.B. für die außergerichtliche Tätigkeit nicht oder nicht mehr die volle, sondern nur die um den Anrechnungsbetrag gekürzte Geschäftsgebühr, muss die Staatskasse die volle Verfahrensgebühr vergüten. Hinzu kommt, dass nach § 58 Abs. 2 eine Anrechnung nur bei einer tatsächlichen Zahlung von der Staatskasse berücksichtigt werden kann. Nach § 55 Abs. 5 S. 3 hat der Rechtsanwalt Zahlungen auf eine anzurechnende Gebühr anzugeben, wobei die Angabe auch den Gebührensatz oder den Betrag der Gebühr und bei Wertgebühren auch den zugrunde gelegten Wert einschließt. Auch hieraus ergibt sich mittelbar, dass eine Gebührenanrechnung im Verhältnis zur Staatskasse dann nicht zu berücksichtigen ist, wenn der Rechtsanwalt keine Zahlungen auf die gerichtliche Verfahrensgebühr erhalten hat.[20]

16 Zahlungen gemäß § 58 Abs. 2 können aber **nur dann** als Anrechnungsbeträge für eine Anrechnung nach § 15a, VV Vorb. 3 Abs. 4 herangezogen werden, soweit sie noch **nach einer Verrechnung auf**

---

7 BT-Drucks 16/12717, S. 58 f.
8 *Hansens*, AnwBl 2009, 535, 537; *N. Schneider*, DAR 2009, 353; *Enders*, JurBüro 2009, 393; *Müller-Rabe*, NJW 2009, 2913.
9 Vgl. *Fölsch*, MDR 2009, 1137, 1138.
10 *Hansens*, AnwBl 2009, 535, 537.
11 *Hansens*, AnwBl 2009, 535, 537.
12 So wohl auch *N. Schneider*, DAR 2009, 353 (Beispielsfälle auf S. 355); *N. Schneider*, AGS 2009, 361 (Beispielsfälle auf S. 361 f.); *Enders*, JurBüro 2009, 393 (Beispielsfälle auf S. 395).
13 *Hansens*, AnwBl 2009, 535, 537.
14 *Hansens*, AnwBl 2009, 535, 537.
15 *Fölsch*, MDR 2009, 1137, 1140; OLG Frankfurt AGS 2013, 531 (unter Aufgabe von OLG Frankfurt NJOZ 2012, 1501); OLG Celle NJOZ 2014, 49; LSG Hessen AGS 2014, 581; LSG Hessen BeckRS 2015, 66969; a.A. LAG Hessen NZA-RR 2009, 608.
16 *Fölsch*, MDR 2009, 1137, 1140; so auch OLG Frankfurt NJOZ 2012, 1501; OLG Frankfurt NJW-RR 2013, 319; OLG Frankfurt AGS 2013, 531; OVG Lüneburg BeckRS 2013, 51064; LSG Hessen BeckRS 2015, 66969.
17 So etwa: *N. Schneider*, DAR 2009, 353, 356; *N. Schneider*, AGS 2009, 361 (364); OLG Zweibrücken BeckRS 2010, 13507; OLG Zweibrücken NJOZ 2010, 1880; wohl auch LAG Nürnberg AGS 2012, 346; vgl. auch *Müller-Rabe*, NJW 2009, 2913 (1925); LAG Hamm BeckRS 2010, 69151.
18 *Fölsch*, MDR 2009, 1137, 1140; a.A.: OLG Frankfurt BeckRS 2012, 8328.
19 BT-Drucks 16/12717, S. 58 f.
20 Vgl. OLG Brandenburg AGS 2011, 549; OLG Oldenburg AGS 2011, 611; LAG Nürnberg AGS 2012, 346; OLG Koblenz AGS 2013, 75; *Hansens*, AnwBl 2009, 535; *Enders*, JurBüro 2009, 393, 398 f.

den Differenzbetrag zwischen Wahlanwaltsvergütung (§ 13) und Vergütung eines im Wege der Prozesskostenhilfe beigeordneten Anwalts (§ 49) verbleiben. Der Gesetzgeber hat indes bei Einführung des § 15a die Frage nicht geklärt, ob die Zahlungen gemäß § 58 Abs. 2 auf den Differenzbetrag zwischen Wahlanwalts- und Prozesskostenhilfevergütung zu verrechnen sind[21] oder nicht,[22] **bevor** eine Anrechnung gemäß § 15a, VV Vorb. 3 Abs. 4 vorzunehmen ist.

Ebenso wenig ergibt sich aus § 15a und § 55 Abs. 5, ob im Falle der Zahlung der Geschäftsgebühr an den Rechtsanwalt die Anrechnung auf die Verfahrensgebühr nach der **Wahlanwalts-Gebührentabelle** (§ 13), nach der die Geschäftsgebühr gezahlt worden ist, oder nach der PKH-Gebühren-Tabelle (§ 49) zu erfolgen hat.[23] Da die Geschäftsgebühr aber nach der Wahlanwalts-Gebührentabelle (§ 13) entstanden ist, ist dieser Gebührenbetrag auch zur Grundlage für eine hälftige Anrechnung zu nehmen.[24]

17

Die genannten Voraussetzungen für eine konkret durchzuführende Anrechnung, dass eine den Anrechnungsbetrag erfassende tatsächliche Zahlung geleistet ist und dass ein Anrechnungsbetrag auch nach einer vorrangigen Verrechnung mit Differenzkosten verbleibt, sind sowohl dann zu prüfen, wenn eine Anrechnung auf die Geschäftsgebühr für die außergerichtliche Vertretung oder wenn eine Anrechnung auf die Verfahrensgebühr für die gerichtliche Vertretung erfolgen soll. Denkbar ist, dass es rechnerische Unterschiede geben kann, je nachdem, für welche Anrechnungsreihenfolge sich der Anwalt entscheidet. Diese vielleicht überraschende Erkenntnis ist aber gesetzgeberischer Ausfluss, dass § 15a Abs. 1 dem Anwalt das Wahlrecht gegeben hat, welche Gebühr auf welche Gebühr anzurechnen ist. Relevant werden solche Fälle in der Praxis vor allem dann, wenn der Anwalt eine Vergütung im Rahmen von Beratungshilfe geltend macht (im Einzelnen vgl. VV 2503 Rdn 19 f.).

18

> **Beispiel:** Der Anwalt wird außergerichtlich tätig. Der Mandant zahlt die außergerichtliche Vergütung. Sodann vertritt der Anwalt den Mandanten auch im Rechtsstreit. Der Mandant erhält Prozesskostenhilfe. Der Rechtsstreit endet ohne Termin. Der Gegenstandswert bzw. Streitwert beträgt 9.000 EUR. Der Anwalt begehrt die Festsetzung der Prozesskostenhilfevergütung. Ist bei der Festsetzung der Vergütung die Anrechnung durchzuführen?
>
> **I. Außergerichtliche Vertretung**
> 1. 1,3-Geschäftsgebühr, VV 2300, § 13
>   (Wert: 9.000 EUR)   659,10 EUR
> 2. Postentgeltpauschale, VV 7002   20,00 EUR
>   Zwischensumme   679,10 EUR
> 3. 19 % Umsatzsteuer, VV 7008   129,04 EUR
> **Gesamt**   **808,13 EUR**
>
> **II. Vertretung im Rechtsstreit**
> 1. 1,3-Verfahrensgebühr, VV 3100, § 49
>   (Wert: 9.000 EUR)   386,10 EUR
> 2. Postentgeltpauschale, VV 7002   20,00 EUR
>   Zwischensumme   406,10 EUR
> 3. 19 % Umsatzsteuer, VV 7008   77,16 EUR
> **Gesamt**   **483,26 EUR**

---

21 Vgl OLG Schleswig MDR 2008, 947; OLG Schleswig Beschl. v. 3.7.2008 – 9 W 89/08; OLG München JurBüro 2010, 193; OLG Zweibrücken BeckRS 2010, 13507; OLG Zweibrücken NJOZ 2010, 1880; OLG Braunschweig BeckRS 2011, 7085; OLG Brandenburg AGS 2011, 549; OLG Oldenburg AGS 2011, 611; OLG Koblenz AGS 2013, 75; OLG Frankfurt NJOZ 2014, 1343 (unter Aufgabe von OLG Frankfurt NJOZ 2010, 1876).

22 Vgl OLG Dresden MDR 2009, 470; OLG Jena JurBüro 2009, 23; OLG Düsseldorf AGS 2009, 120; LAG Schleswig-Holstein v. 13.12.2009 – 3 Ta 202/09; LAG Hessen NZA-RR 2009, 608; OVG Lüneburg BeckRS 2013, 51064; OVG Lüneburg NJW 2013, 1618; vgl. auch schon LG Berlin JurBüro 1983, 1060 = AnwBl. 1983, 478 zu § 129 BRAGO a.F.

23 So auch: *Hansens*, AnwBl 2009, 535, 540; *Enders*, JurBüro 2009, 393, 399.

24 Vgl. OLG Schleswig, Beschl. v. 3.3.2008 – 15 WF 9/08, MDR 2008, 947; OLG Schleswig, Beschl. v. 3.7.2008 – 9 W 89/08. Die Anwendung der Wahlanwaltsgebührentabelle befürwortend: OLG Frankfurt, Beschl. v. 2.3.2009 – 18 W 235/08; OLG Frankfurt NJW-RR 2009, 1006; OLG Frankfurt NJOZ 2010, 1876; OLG Düsseldorf JurBüro 2009, 188; OLG Koblenz FamRZ 2009, 717; KG JurBüro 2009, 187; die Anwendung der PKH-Anwaltsgebührentabelle befürwortend: LAG Düsseldorf AGS 2009, 235; OLG Bamberg JurBüro 2009, 305; OLG Düsseldorf AGS 2009, 120.

III. Anrechnung

Im Grundansatz gibt VV Vorb. 3 Abs. 4 vor, dass der Anrechnungsbetrag die Hälfte der Geschäftsgebühr, mithin 329,55 EUR beträgt. Weil der Anwalt die volle Vergütung für das außergerichtliche Mandat ohne Anrechnung bereits erhalten hat, folgt aus § 15a Abs. 1, dass die Anrechnung nunmehr nur auf die Vergütung für die gerichtliche Vertretung erfolgen müsste. Der Anwalt kann aber den anzurechnenden Betrag von 329,55 EUR zunächst auf die Differenz zwischen der Wahlanwaltsvergütung und der Prozesskostenhilfevergütung verrechnen. Die 1,3-Verfahrensgebührgebühr VV 3100 nach der Wahlanwaltsgebührentabelle beträgt 659,10 EUR. Die 1,3 Verfahrensgebühr nach der Prozesskostenhilfegebührentabelle (§ 49) beträgt 386,10 EUR. Die Differenz beträgt also 273 EUR. Dieser Differenzbetrag ist von dem Anrechnungsbetrag abzuziehen. Es verbleibt damit ein Anrechnungsbetrag von 329,55 EUR abzüglich 273 EUR, mithin 56,55 EUR. Dem Anwalt ist die **volle Verfahrensgebühr nach der Gebührentabelle des § 49 in Höhe von 386,10 EUR unter Anrechnung des Anrechnungsbetrags von 56,55 EUR, also 329,55 EUR aus der Staatskasse** zuzüglich Auslagen festzusetzen. Der Anwalt erhält für das **gerichtliche Mandat** insgesamt **415,96 EUR.**

19 Da die unterschiedlich gehandhabte Anwendung des § 58 Abs. 1, 2 nicht oder kaum von der Neuerung des § 15a abhängt, steht auch die Frage der Anwendung auf sogenannte **Altfälle** vor Inkrafttreten des § 15a im Hintergrund. Gleichwohl ist darauf zu verweisen, dass der BGH einheitlich von der Möglichkeit der Anwendung des § 15a auf Altfälle ausgeht.[25] Die Diskussion in der Rechtsprechung dürfte damit zumindest in der Zivilgerichtsbarkeit beendet sein.

Die Rechtskraft einer Entscheidung im Vergütungsverfahren über einen Antrag, mit dem eine Verfahrensgebühr unter Anrechnung der Geschäftsgebühr geltend gemacht worden ist, steht einer **Nachfestsetzung** der restlichen Verfahrensgebühr nicht entgegen.[26]

c) Vorschüsse und Zahlungen in Angelegenheiten nach VV Teil 4 bis 6 (Abs. 3)

20 Die Anrechnung nach Abs. 3 ist vergleichbar mit der in Abs. 2, jedoch erweitert um den Gesichtspunkt der **Ausgleichspflicht bei Überzahlung** des Anwalts. Diese Pflicht besteht selbstverständlich auch in Verfahren nach VV Teil 3, wenn sich nach Auskehr einer festgesetzten Vergütung aus der Staatskasse ergeben sollte, dass der Anwalt durch weitere Zahlungseingänge insgesamt mehr als die Regelvergütung erhalten hat.

21 Obergrenze der dem Anwalt verbleibenden Zahlungen ist hier allerdings nicht die gesetzliche Vergütung, die ihm gemäß § 14 zustünde; vielmehr sieht Abs. 3 i.d.F. des 2. KostRMoG zwei Obergrenzen vor, nämlich
– das **Doppelte der Festgebühren**, die er als gerichtlich bestellter oder beigeordneter Anwalt von der Staatskasse erhält (Abs. 3 S. 1) und
– die Höchstgebühren eines Wahlanwalts (Abs. 3 S. 4).

Mit diesen Begrenzungen soll insbesondere die **Abrechnungsklarheit** gefördert werden.

2. Anwalt als Leistungsempfänger

22 An welche Person geleistet werden soll, **bestimmt der Leistende bei der Geldhingabe**. Er kann sich auch eine Verrechnung zunächst vorbehalten und die Bestimmung dann später nachholen. Hat er **keine ausdrückliche Tilgungsbestimmung** getroffen, ist nach **allgemeinen Auslegungsgrundsätzen** anhand der Umstände zu ermitteln, wer das Geld soll vereinnahmen dürfen.

23 Die Vorschrift hat einzig **Leistungen an den beigeordneten, bestellten oder aufgrund von Beratungshilfe tätig gewordenen Anwalt** zum Gegenstand. Deshalb erfasst sie solche Zahlungen **nicht**, die er zwar erhält, aber letztlich für einen anderen gedacht sind. Hier wird er gleichsam nur als **zwischengeschalteter Überbringer** tätig. Dabei geht es etwa um solche Geldbeträge, die der Anwalt **zur Abdeckung von Gerichtskosten** einzahlen oder **an einen anderen Anwalt** (Verkehrsanwalt, Unterbevollmächtigten) **weiterleiten** soll. Unterbleibt die Ausführung eines derartigen Auftrages und wurde ihm dieser von der Partei erteilt, **kann** der Anwalt mit seinem eigenen Vergütungsanspruch **gegen den Rückzahlungsanspruch** der Partei **aufrechnen**. Bei Prozesskostenhilfe geht das

---

[25] Vgl. BGH (II. Zivilsenat) NJW 2009, 3101; BGH (VIII. Zivilsenat) NJOZ 2011, 1028.

[26] Vgl. zum Kostenfestsetzungsverfahren: BGH NJW 2011, 1367.

allerdings nur vor seiner Beiordnung (§ 390 BGB).[27] Die Aufrechnung steht einer Leistung der Partei an ihn gleich und fällt in **entsprechender Anwendung** ebenfalls unter die Anrechnungsbestimmung.[28] **Im Verhältnis zur Staatskasse** ist er zur Aufrechnung **nicht verpflichtet**.

3. Anwaltshonorar als Leistungszweck

Für den Anwalt bestimmte Leistungen sind nur in dem Umfang anrechenbar, wie sie die **konkrete Angelegenheit** (§ 15 Abs. 1) abgelten sollen, die **Gegenstand der Beiordnung oder Bestellung** (siehe § 45 Rdn 35 f., § 48 Rdn 6 ff.) geworden ist. Auch für diese Zuordnung ist in erster Linie auf die **Tilgungsbestimmung des Leistenden** abzustellen. 24

> **Beispiel:** Aufgrund einer Schlägerei ist die Partei wegen Körperverletzung angeklagt und auf Schmerzensgeld verklagt. Ein Beteiligter will ihre strafrechtliche Verurteilung verhindern und zahlt an den Anwalt 1.000 EUR für die Verteidigung im Strafprozess. Für ihre Rechtsverteidigung gegen die Schmerzensgeldklage ist der Partei Prozesskostenhilfe ohne Zahlungsanordnung bewilligt und der Anwalt beigeordnet worden.
> Eine Anrechnung der Zahlung auf die im Zivilprozess von dem Anwalt verdienten Gebühren findet angesichts der Tilgungsbestimmung des Leistenden nicht statt. Damit greift auch § 58 nicht ein, soweit der Anwalt infolge seiner Beiordnung eine Vergütung von der Staatskasse verlangen kann.

Hat der Leistende **keine Tilgungsbestimmung** getroffen und ergibt sich eine solche auch nicht durch Auslegung, obwohl **mehrere Vergütungsansprüche** des Anwalts gegenüber der Partei nebeneinander bestehen, findet **§ 366 Abs. 2 BGB** unmittelbar Anwendung. 25

> **Variante:** Weil bei dem Anwalt noch Forderungen offen sind, will er die Partei wegen der Schlägerei nur vertreten, wenn diese einen „Abschlag" von 1.000 EUR zahlt. Daraufhin überweist ihm ein Verwandter der Partei ohne jedweden Verwendungszweck diesen Betrag.
> Die 1.000 EUR sind zunächst auf die Altschulden zu verrechnen. Bleibt alsdann noch ein Restbetrag, so stehen das Verteidigerhonorar in der Strafsache und die Anwaltsvergütung im Zivilprozess zwar zeitgleich nebeneinander. Letztere ist jedoch dem Anwalt insgesamt sicherer, weil die Staatskasse (jedenfalls überwiegend) wie eine Bürgin haftet (vgl. § 45 Rdn 7). Deshalb findet § 58 nur Anwendung, wenn und soweit nach Tilgung aller sonstigen Forderungen noch ein Überschuss für die Verteidigung gegen die Schmerzensgeldklage verbleibt.

Hat der Leistende die **Tilgungsbestimmung** getroffen, dass auf einen **bestimmten Teil** des Anspruchs gezahlt werden soll, kann auch **nur insoweit** eine **Anrechnung** erfolgen, als die Staatskasse **für diesen Teil** des Anspruchs **haftet**. 26

> **Beispiel:** Der Verteidiger des Angeklagten hält die Begutachtung einer Unterschrift für erforderlich. Das Gericht hat jedoch seinen Antrag nach § 46 Abs. 2 abgelehnt. Daraufhin zahlt ein Freund des Angeklagten an den Anwalt den Betrag, den das Gutachten kosten soll.
> Verweigert der Urkundsbeamte der Geschäftsstelle bei der Festsetzung nach § 55 die Festsetzung der Gutachterkosten, kann die Zahlung des Dritten nicht auf die ansonsten von der Staatskasse zu zahlenden Gebühren und Auslagen angerechnet werden, weil die Leistungen nicht deckungsgleich sind.[29]

4. Zur Person des Leistenden

Nach § 101 Abs. 1 S. 1 BRAGO sollte die Leistung an den Anwalt „von dem Beschuldigten oder einem Dritten" stammen. Entsprechend bestimmte § 129 BRAGO, dass der Anwalt sie „von seinem Auftraggeber oder einem Dritten" erhalten haben musste. Demgegenüber **verzichtet** § 58 gänzlich darauf, die **Person des Leistenden zu benennen**, weil mit der tatbestandlichen Umschreibung nach der BRAGO eine Beschränkung des möglichen Personenkreises nicht verbunden gewesen sei. Dem kann nur zugestimmt werden. Gemäß § 362 Abs. 1 BGB erlischt ein Schuldverhältnis, wenn die geschuldete Leistung an den Gläubiger bewirkt wird. **Wer die Leistung erbringt, ist nur bei** 27

---

[27] Ob er dazu auch noch dann berechtigt ist, wenn er bereits für die Partei Antrag auf Bewilligung von Prozesskostenhilfe gestellt hat, erscheint allerdings fraglich, weil sich die Antragstellung als stillschweigendes Stillhalteabkommen bis zur Entscheidung über das Gesuch verstehen lässt.

[28] Vgl. OLG Düsseldorf AnwBl 1982, 382 = JurBüro 1982, 1210 = Rpfleger 1982, 356.

[29] Vgl. OLG Düsseldorf Rpfleger 1996, 368.

höchstpersönlichen Verpflichtungen von Bedeutung, hingegen bei Zahlungsverpflichtungen unerheblich (§ 267 Abs. 1 S. 1 BGB).

28 Die **Staatskasse** kann **nicht Dritte** i.S.d. § 267 Abs. 1 S. 1 BGB sein.[30] Leistet sie auf den Vergütungsanspruch des beigeordneten oder bestellten Anwalts, will sie ihre Schuld bezahlen und nicht (vorab) den Teil des Anspruchs regulieren, für den sie nicht aufzukommen braucht. Auch wenn die Staatskasse über **zusätzliche Einnahmen** verfügt, etwa weil die Partei mehr Gerichtskosten eingezahlt hat, als im Zeitpunkt der Bewilligung von (ratenfreier) Prozesskostenhilfe bereits angefallen waren, darf sie diese Beträge **nicht** mit der Bestimmung einer **Anrechnung gemäß § 58** einfach an den Anwalt auskehren.[31] Für eine derartige Leistung fehlt der Rechtsgrund. Soweit die Staatskasse Zahlungen auf die Gerichtskosten nicht vereinnahmen kann, müssen diese **an den Einzahler zurückfließen**.[32]

29 In Zivilsachen ist Dritter insbesondere der **unterlegene Gegner**. Dessen Zahlungen auf die Kosten des Anwalts der Partei – ob gemäß **§ 126 ZPO beigetrieben** oder **freiwillig erbracht** – sind anzurechnende Leistungen. Zahlt er hingegen auf die **Hauptforderung** oder einen (nicht nach § 59 übergegangenen) **Kostenerstattungsanspruch der Partei** an den Anwalt, **fehlt der erforderliche Leistungszweck**. Der Anwalt könnte diese Eingänge nur durch **Aufrechnung** für sich vereinnahmen. Eine solche gegen den Willen der Partei wäre jedoch unzulässig, weil die Einrede des § 122 Abs. 1 Nr. 3 ZPO entgegensteht. Ist die Partei mit einer „Verrechnung" etwa in Höhe der Differenz zwischen Grundvergütung und gesetzlicher Vergütung einverstanden, hat sie insoweit selbst geleistet.

II. Besondere Leistungsbestimmungen

1. Bedingte Leistungen

30 Für die Anwendbarkeit der Vorschrift unterstellt das Gesetz wie selbstverständlich, dass die (Vorschüsse und) Zahlungen geeignet sind, den Vergütungsanspruch des Anwalts im Umfang dieser Leistungen zu erfüllen. Denn ohnedies würde jede Art von Anrechnungsregelung schon deshalb ausscheiden, weil es nichts anzurechnen gäbe. Mithin erfasst der Tatbestand zunächst **alle vorbehaltlosen** (Vorschüsse und) Zahlungen. Darin erschöpft sich aber das Leistungsspektrum nicht. So sind etwa gegen die **einseitige Verknüpfung** der Leistungshandlung **mit aufschiebenden Bedingungen** für die Tilgungswirkung Bedenken nicht ersichtlich.[33] Auch insoweit gilt die **Regelungsfreiheit der Privatautonomie**. Insbesondere hat die **Staatskasse keinen Anspruch** darauf, dass **nur unbedingt geleistet** werden dürfe. Deshalb ist es ohne Weiteres **zulässig**, wenn beispielsweise die Partei oder der Dritte bei Leistungen vor Bewilligung von Prozesskostenhilfe die Bestimmung treffen, dass der Anwalt die Zahlung ganz oder in einer bestimmten Höhe **nur behalten dürfen soll, falls Prozesskostenhilfe nicht bewilligt wird**. Eine solche Bedingung braucht nicht ausdrücklich erklärt zu werden, sondern kann sich bereits aus den Umständen ergeben, was durch **Auslegung** zu ermitteln ist.

> **Beispiel:** Der Mandant erklärt dem Anwalt beim Erstgespräch, er sei mittellos, könne aber einen Vorschuss von 400 EUR zahlen, die er von seiner Mutter darlehensweise erhalten habe und an diese zurückzahlen müsse. Der Anwalt beantragt Prozesskostenhilfe ohne Zahlungsbestimmung und seine Beiordnung für eine Klage über 2.500 EUR. Diesem Antrag wird stattgegeben. Nachdem die Klage abgewiesen worden ist, fordert der Anwalt seine volle Vergütung von der Staatskasse.
> Der Urkundsbeamte der Geschäftsstelle muss antragsgemäß festsetzen. Der Betrag von 400 EUR ist nicht anrechenbar. Ihn soll der Anwalt nicht auf jeden Fall, sondern bei interessengerechter Auslegung nur dann endgültig vereinnahmen können, wenn Prozesskostenhilfe nicht bewilligt werden würde. Das folgt aus der offenbarten Kreditierung.[34]

31 Werden **Leistungen** erst nach Stellung des Antrages auf Prozesskostenhilfe erbracht und sind sie für **Gebühren** des Anwalts bestimmt, die **bei antragsgemäßer Bewilligung** von der **Staatskasse aus eigenen Mitteln** zu tragen sind, so folgt allein hieraus ein **nur bedingter Tilgungswille**.[35] Der schlüssige Vorbehalt greift aber lediglich **bei Prozesskostenhilfe ohne Zahlungsanordnung**, weil

---

30 LG Berlin AnwBl 1983, 478.
31 A.A. OLG Hamm MDR 1981, 143.
32 BGH MDR 1963, 827 = JurBüro 1963, 583.
33 BGH NJW 1985, 376 (unter I 2) m.w.N.
34 So im Ergebnis auch LSG NRW AnwBl 1992, 45 (mit nicht überzeugender Begründung).
35 BGH MDR 1963, 827 = JurBüro 1963, 583.

ansonsten die Partei ohnehin regelmäßig alle Kosten selbst aufbringen muss (vgl. § 50 Rdn 33). Macht der Anwalt in einem solchen Fall seine Vergütung gegenüber der Staatskasse ungeachtet der **bereits erhaltenen Leistungen** geltend, so sind diese in dem Umfang, wie sie der Staatskasse zugutekämen, **nicht anzurechnen**, sondern an den Leistenden **zurückzuzahlen**.[36]

> **Beispiel:** Der Anwalt beantragt Prozesskostenhilfe ohne Zahlungsanordnung für eine beabsichtigte Klage über 7.000 EUR. Weil sich die Entscheidung immer wieder verzögert, zahlt die Partei die Gerichtskosten und an den Anwalt einen Vorschuss von 600 EUR. Nach weiteren neun Monaten werden ihr Prozesskostenhilfe ohne Zahlungsanordnung bewilligt und der Anwalt beigeordnet. Der Anwalt rechnet gegenüber der Staatskasse seine Vergütung nach der Gebührentabelle des § 49 mit Wirkung ab Beantragung der Beiordnung in voller Höhe ab.
> Der Urkundsbeamte der Geschäftsstelle hat antragsgemäß festzusetzen. Der an den Anwalt gezahlte Vorschuss ist nicht anzurechnen. Soweit dieser und die Vergütung nach der Gebührentabelle des § 49 zusammen die gesetzliche Vergütung eines Wahlanwalts (§ 13) übersteigen, muss der Anwalt den Vorschuss an die Partei zurückzahlen. (Ebenso erhält sie die Gerichtskosten zurück.)

2. Leistungsabreden

Der Anwalt und der Leistende können auch miteinander **vereinbaren**, auf was und in welchem Umfang mit welcher Maßgabe gezahlt werden soll.[37] Insoweit treffen den Anwalt allerdings **Selbstbeschränkungs- und Beratungspflichten**. Als Interessenvertreter der Partei muss er z.B. darauf hinweisen, dass für seine gerichtliche Tätigkeit zunächst nur die bis zur Beantragung von Prozesskostenhilfe angefallene Vergütung – in der Regel also nur die Gebühr nach VV 3335 – reguliert werden muss. Ferner sollte er vorsorglich ansprechen, weitere (freiwillige) Leistungen mit einem Vorbehalt zu versehen, um Anrechnungsprobleme bei der späteren Abrechnung zu vermeiden, falls Prozesskostenhilfe ohne Zahlungsanordnung in Betracht kommt und bewilligt werden sollte. 32

Derartige Absprachen können auch im Laufe eines Verfahrens **nachträglich** getroffen werden, solange die **Tilgung noch nicht eingetreten** ist. Eine Vorschusszahlung führt dazu, dass der Anspruch im Zeitpunkt seiner Erfüllbarkeit automatisch als getilgt gilt.[38] Erfüllbar sind Anwaltsgebühren bereits im Zeitpunkt ihrer Entstehung, so dass eine spätere Vereinbarung zum Leistungsinhalt die Erfüllungswirkung der Zahlung nicht mehr hindern kann. Zahlt der Anwalt den Vorschuss gleichwohl zurück, wird dadurch dessen Anrechenbarkeit nicht vermieden. 33

III. Berechnung der Restforderung in Angelegenheiten nach VV Teil 3 (Abs. 2)

1. Berechnungsgrundlage „Vergütungen"

Ausgangsbetrag für die Abrechnung gegenüber der Staatskasse bei anrechenbaren Leistungen ist die Summe der „Vergütungen" des Anwalts aus dem erteilten Auftrag (Mandat). Diese braucht sich nicht in den gesetzlichen Gebühren zu erschöpfen, sondern kann auch eine **weitergehende Vergütungsvereinbarung** (§ 4) zum Gegenstand haben. Das Gesetz macht insoweit keine Einschränkung. Sie gleichwohl vorzunehmen, stellt eine Belastung des Anwalts dar, für die eine tragfähige Begründung nicht ersichtlich ist. Entgegen der Auffassung, durch eine die gesetzlichen Gebühren übersteigende Vergütungsvereinbarung werde die Zahlungspflicht der Staatskasse erweitert, ist die **Rechtsfolge der Vorschrift** auf eine **Ersparnis für die Staatskasse** gerichtet und nicht auf eine Haftungsverschärfung. Bei jeder Anwendung kann es immer nur darum gehen, **ob und inwieweit** die Staatskasse **entlastet** wird; hingegen wird ihre Zahlungspflicht dem Grund und der Höhe nach unabhängig von einer Anrechnungsvereinbarung des Anwalts mit der Partei oder einem Dritten allein nach dem Gesetz geregelt. 34

> **Beispiel:** Die mittellose Partei will versuchen, eine zweifelhafte Forderung gerichtlich durchzusetzen. Um von dem Altsozius eines Anwaltsbüros, den sie für besonders kompetent hält, persönlich beraten zu werden, bietet sie ein Zusatzhonorar von 500 EUR und zahlt diesen Betrag auch sogleich. Sie erhält Prozesskostenhilfe ohne Zahlungsanordnung unter Beiordnung des Altsozius, verliert aber den Prozess gleichwohl.

---

36 OLG Bamberg JurBüro 1985, 730; OLG Düsseldorf AnwBl 1982, 382 = JurBüro 1982, 1210 = Rpfleger 1982, 356.

37 *Hartmann*, § 58 RVG Rn 12.

38 Ungenau KG MDR 1979, 401 (entgegen § 271 Abs. 2 BGB stellt das Gericht auf die Fälligkeit ab).

Der Anwalt kann seine Vergütung von der Staatskasse einfordern, ohne eine Anrechnung der Zahlung von 500 EUR hinnehmen zu müssen. Sein Vergütungsanspruch der Partei gegenüber ist in Höhe der gesetzlichen Gebühren zuzüglich 500 EUR entstanden. Von dieser Summe ist der gezahlte Betrag abzuziehen, so dass weiterhin die gesetzlichen Gebühren offen sind.

2. Besondere Anrechnungsfälle

35 Erhält der Anwalt Leistungen, die den „Vergütungen" für seine **Tätigkeit als beigeordneter oder bestellter Anwalt** mangels erkennbarer Zweckbestimmung **nicht direkt zugeordnet** werden können, weil noch andere Ansprüche offen sind, gilt auch insoweit der Grundsatz einer möglichst gläubigerfreundlichen Anrechnung (vgl. Rdn 26). Ist der Anwalt **in mehreren Angelegenheiten** beigeordnet oder bestellt und ergibt sich insgesamt ein **Überschuss** über alle Unterschiedsbeträge zwischen den Grund- und Regelvergütungen, für die keine Einstandspflicht der Staatskasse besteht, ist dieser Überschuss im Verhältnis der einzelnen Forderungen gegenüber der Staatskasse zueinander aufzuteilen.[39]

> **Beispiel:** Der Partei wird eine Betrugsserie vorgeworfen. In getrennten Prozessen wird sie von A und B auf Schadensersatz verklagt. Sie erhält jeweils nur teilweise Prozesskostenhilfe ohne Zahlungsanordnung. Dem beigeordneten Anwalt ist ein anrechenbarer „Abschlag" gezahlt worden, der die Summe der Restbeträge seiner Vergütungsansprüche um 400 EUR übersteigt. Im Rahmen der Beiordnungen ist die Staatskasse voll einstandspflichtig. Ihre Zahlungspflicht beläuft sich in dem Prozess A auf 1.200 EUR und in dem Prozess B auf 800 EUR.
> Der Überschuss von 400 EUR ist verhältnismäßig so aufzuteilen, dass zugunsten der Staatskasse auf deren Schuld im Prozess A 240 EUR (60 %) und im Prozess B 160 EUR (40 %) anzurechnen sind.

IV. Berechnung der Restforderung in Angelegenheiten nach VV Teil 4 bis 6 (Abs. 3)

1. Anrechnung auf die Pflichtverteidigergebühren (Abs. 3 S. 1)

a) Zahlungen und Vorschüsse

36 Nach Abs. 3 S. 1 sind Zahlungen und Vorschüsse anzurechnen. Unter **Zahlungen** sind Leistungen auf fällige Vergütungsansprüche (§ 8), etwa aus einem Wahlverteidigervertrag, zu verstehen. **Vorschüsse** wiederum sind Leistungen vor Fälligkeit auf bereits entstandene oder noch entstehende Gebühren (§ 9).

37 Über Vorschüsse und Zahlungen hinaus sind auch solche vereinnahmten Beträge anzugeben, die im Wege der **Anrechnung** Einfluss auf die Höhe der Vergütung haben.

> **Beispiel:** In einer Strafsache hat sich der Angeklagte zunächst umfassend beraten lassen. Der Anwalt hat hierfür eine Ratsgebühr nach § 34 Abs. 1 i.H.v. 190 EUR berechnet. Später wird ihm die Verteidigung übertragen.
> Obwohl er die 190 EUR weder als Vorschuss noch als Zahlung auf sein Verteidigerhonorar erhalten hat, ist die vereinnahmte Ratsgebühr anzugeben, da sie nach § 34 Abs. 2 auf die Verteidigervergütung anzurechnen ist und somit auf die Höhe der dortigen Vergütung Einfluss hat.

38 Ebenso ist eine im Rahmen der Beratungshilfe aus der Landeskasse erhaltene Ratsgebühr aus VV 2501 anzurechnen (Anm. Abs. 2 zu VV 2501).

b) Zahlender

39 Die nach Abs. 3 S. 1 anzurechnenden Zahlungen oder Vorschüsse können von dem **Beschuldigten** oder einem **Dritten** geleistet worden sein. Damit werden sämtliche Zahlungen, mit Ausnahme der Zahlungen der Staatskasse, erfasst. Zahlungen und Vorschüsse aus der Staatskasse (§ 47) sind bei der Festsetzung nach § 55 anzurechnen. **Dritter** i.S.d. Abs. 3 S. 1 kann jeder Beliebige sein, der

---

[39] Vgl. *Hartmann*, § 58 RVG Rn 11.

nicht mit dem vertretenen Beschuldigten identisch ist. Anzurechnen sind insbesondere also auch Zahlungen des **Ehepartners**[40] oder Zahlungen eines **erstattungspflichtigen Dritten**.[41]

> **Beispiel:** Die Berufung des Nebenklägers wird kostenpflichtig verworfen. Zahlt nunmehr der unterlegene Nebenkläger an den Verteidiger, so sind diese Zahlungen nach Abs. 3 S. 1 anzurechnen.

Auch Vorschüsse und Zahlungen von **Rechtsschutzversicherern** sind anzurechnen. 40

In diesem Zusammenhang wird auch häufig die Frage diskutiert, ob ein **Mitbeschuldigter**[42] oder ein **mitvertretener Nebenkläger** Dritter i.S.d. Abs. 3 S. 1 ist. Das hinter dieser Frage stehende Problem wird dabei an der falschen Stelle diskutiert. Auch der Mitbeschuldigte oder mitvertretene Nebenkläger ist Dritter. Eine völlig andere Frage ist aber, ob und inwieweit die Zahlungen des Mitbeschuldigten oder mitvertretenen Nebenklägers anzurechnen sind (siehe dazu Rdn 58). 41

c) Grund der Zahlung oder des Vorschusses

Auf welchem Grund die Zahlung oder der Vorschuss beruht, ist für die Anrechnung unerheblich. In der Regel wird es sich um Zahlungen oder Vorschüsse des Beschuldigten aus einem **Wahlverteidigervertrag** handeln, wobei der Verteidiger jedoch sein Mandat niedergelegt haben muss, bevor er zum Pflichtverteidiger bestellt werden kann (§ 141 Abs. 1 und 2 StPO); solange der Beschuldigte einen Wahlverteidiger hat, liegen die Voraussetzungen des § 141 Abs. 1 StPO für eine Pflichtverteidigerbestellung nicht vor. Anzurechnen sind nach dem ausdrücklichen Wortlaut des Abs. 3 S. 1 aber auch Zahlungen, die aufgrund einer **Vergütungsvereinbarung** gewährt worden sind. Auch Zahlungen eines **Rechtsschutzversicherers** gehören hierzu, da dieser mittelbar auf die Vergütungspflicht des Beschuldigten zahlt (§ 267 Abs. 1 S. 1 BGB). 42

d) Dieselbe Angelegenheit

Voraussetzung für eine Anrechnung ist, dass die Zahlung oder der Vorschuss in derselben Angelegenheit erfolgt ist. Eine Anrechnungspflicht zwischen verschiedenen Angelegenheiten besteht nicht. Insbesondere können nicht Vorschüsse oder Zahlungen aus **anderen Instanzen** angerechnet werden.[43] Das ist jetzt klar im Gesetz verankert (Abs. 3 S. 1), wonach Zahlungen und Vorschüsse nur auf die Vergütung derjenigen Angelegenheit angerechnet werden dürfen, für die die Zahlung oder der Vorschuss geleistet worden ist. War der Anwalt in erster Instanz als Wahlverteidiger tätig und ist er erst im Berufungsverfahren als Pflichtverteidiger bestellt worden, so sind also die auf die erstinstanzliche Vergütung geleisteten Zahlungen und Vorschüsse nicht auf die Pflichtverteidigergebühren des Berufungsverfahrens anzurechnen.[44] 43

Nach dem bisherigen Wortlaut des Abs. 3 S. 1 („Verfahrensabschnitt") war strittig, ob das vorbereitende Verfahren und das erstinstanzliche gerichtliche Verfahren als ein „Verfahrensabschnitt" anzusehen waren oder ob es sich um zwei „Verfahrensabschnitte" handelte. Bedeutung hatte dies, wenn auf das vorbereitende Verfahren Zahlungen oder Vorschüsse geleistet wurden. Ging man von zwei „Verfahrensabschnitten" aus, dann war nicht anzurechnen. Ging man von einem „Verfahrensabschnitt" aus, dann war anzurechnen. 44

Zutreffenderweise war von einer Angelegenheit auszugehen, so dass Zahlungen auf das vorbereitende Verfahren nicht auch auf die Pflichtverteidigergebühr des gerichtlichen Verfahrens angerechnet werden durften.[45] Die überwiegende Rspr. sah dagegen das vorbereitende Verfahren und das erstinstanzliche gerichtliche Verfahren als einen einzigen Verfahrensabschnitt an, so dass danach Zahlungen auf das vorbereitende Verfahren auch im erstinstanzlichen gerichtlichen Verfahren anzurechnen 45

---

40 Gerold/Schmidt/*von Eicken/Burhoff*, RVG, § 58 Rn 21.
41 Gerold/Schmidt/*von Eicken/Burhoff*, RVG, § 58 Rn 21.
42 Seit der Neufassung des § 146 StPO und des dort eingeführten strikten Mehrvertretungsverbotes auch bei verschiedenen Taten dürften sich heute keine Fälle mehr ergeben, in denen der Anwalt neben der Pflichtverteidigung noch eine Wahlverteidigung für einen Mitbeschuldigten ausführt.
43 *Enders*, JurBüro 1996, 449, 451; *Hansens*, BRAGO, § 101 Rn 5.
44 OLG Düsseldorf JurBüro 1991, 808; *Enders*, JurBüro 1996, 449, 451 m. Rechenbsp.
45 So OLG Frankfurt AGS 2007, 193 m. Anm. *Volpert* = StraFo 2007, 219 = StV 2007, 476 = NStZ-RR 2007, 328 = StRR 2007, 158.

waren.⁴⁶ Gegen die h.M. sprach, dass das RVG für das vorbereitende Verfahren und das erstinstanzliche gerichtliche Verfahren eigene Unterabschnitte mit eigenen Verfahrensgebühren vorsieht. Zudem wäre die Regelung in Anm. zu VV 4142 zum Teil überflüssig gewesen.

46 Zunächst war im Referenten- und Regierungsentwurf nur vorgesehen, lediglich in § 17 Nr. 10, 11 klarzustellen, dass das vorbereitende Verfahren und das erstinstanzliche gerichtliche Verfahren zwei gebührenrechtliche Angelegenheiten sind, ebenso das Verfahren vor der Verwaltungsbehörde und das anschließende erstinstanzliche gerichtliche Verfahren in Bußgeldsachen. Bereits daraus hätte man schließen müssen, dass es sich auch um zwei gebührenrechtliche Verfahrensabschnitte i.S.d. Abs. 1 S. 1 handelt und daher eine Anrechnung künftig jedenfalls ausgeschlossen ist. Um jegliche Zweifel zu beseitigen ist der Gesetzgeber dem Anliegen des Bundesrats gefolgt, wonach die Frage geklärt werden sollte, wie der Begriff des Verfahrensabschnitts in Abs. 1 S. 1 RVG zu verstehen sei. Er hat demgemäß die Bezeichnung des „Verfahrensabschnitts" durch die „gebührenrechtliche Angelegenheit" ersetzt.

47 Ebenfalls hat eine Anrechnung zu unterbleiben, wenn Vorschüsse oder Zahlungen auf Angelegenheiten erfolgt sind, die von der **Pflichtverteidigung nicht abgedeckt** werden.⁴⁷

> **Beispiel 1:** Der Beschuldigte leistet dem Anwalt einen Vorschuss für dessen Tätigkeit in einem Gnadenverfahren.

Da die Tätigkeit im Gnadenverfahren nicht von der Pflichtverteidigerbestellung erfasst wird, kommt insoweit eine Anrechnung nicht in Betracht.⁴⁸

> **Beispiel 2:** Der Beschuldigte zahlt dem Anwalt dessen Vergütung für einen nachträglichen Antrag auf Strafaussetzung.

Die Vergütung nach VV 4300 Nr. 2 für die Tätigkeit des Anwalts ist ebenfalls nicht von der Pflichtverteidigerbestellung erfasst, so dass auch hier eine Anrechnung zu unterbleiben hat.

48 Auch kommt eine Anrechnung dann nicht in Betracht, wenn für eine Tätigkeit gezahlt wird, die im konkreten Fall nicht von der Bestellung erfasst ist.⁴⁹

> **Beispiel:** Der Beschuldigte beauftragt den Anwalt, ein Wiederaufnahmeverfahren zu betreiben. Nachdem das Gericht die Wiederaufnahme angeordnet hat (§ 370 StPO), wird der Anwalt im wiederaufgenommenen Verfahren als Pflichtverteidiger bestellt.

Zahlungen, die der Beschuldigte auf die Vergütung des Wiederaufnahmeverfahrens leistet, sind nicht anzurechnen, da eine rückwirkende Bestellung nicht möglich ist und die Tätigkeit im Wiederaufnahmeverfahren daher nicht nach § 48 Abs. 6 zu vergüten ist (siehe § 48 Rdn 110 ff.). Die Vorschrift des § 48 Abs. 6 erstreckt sich nicht auf das Wiederaufnahmeverfahren.⁵⁰ Die Zahlung des Beschuldigten bleibt daher anrechnungsfrei, da sie für einen anderen Verfahrensabschnitt (§ 17 Nr. 12) geleistet worden ist.

49 Anders verhält es sich dagegen im Falle einer nach § 48 Abs. 6 angeordneten Rückwirkung.⁵¹

> **Beispiel:** Der Anwalt lässt sich einen Vorschuss gewähren. Er wird im vorbereitenden Verfahren und dem ersten Hauptverhandlungstermin als Wahlverteidiger tätig. Erst im Fortsetzungstermin wird er als Pflichtverteidiger bestellt.

Da die Pflichtverteidigerbestellung hier nach § 48 Abs. 6 S. 1 bis zum vorbereitenden Verfahren zurückwirkt, muss sich der Anwalt folglich auch sämtliche Vorschüsse und Zahlungen des Beschuldigten nach Maßgabe des Abs. 3 S. 3 anrechnen lassen.

50 Das Gleiche gilt jetzt auch im Berufungsverfahren.

---

46 OLG Oldenburg StraFo 2007, 347 = JurBüro 2007, 415 = StV 2007, 477 = NdsRpfl 2007, 353; RVGreport 2007, 344 = StRR 2007, 159; OLG Stuttgart AGS 2008, 117 = StraFo 2008, 437 = Rpfleger 2007, 682 = NStZ-RR 2008, 31 = Justiz 2007, 393: OLG Köln StraFo 2008, 399; KG StraFo 2009, 84 = RVGreport 2008, 339 = StRR 2008, 477; AGS 2009, 585; OLG Hamm, Beschl. v. 20.11.2007 – 3 Ws 320/07 (juris);
OLG Düsseldorf NStZ-RR 2011, 192 = StRR 2011, 43; OLG Frankfurt AGS 2010, 325 = RVGreport 2010, 219 = StRR 2010, 319.
47 *Hansens*, BRAGO, § 101 Rn 4.
48 OLG München JurBüro 1979, 860.
49 *Hansens*, BRAGO, § 101 Rn 5.
50 OLG Celle NdsRpfl 1982, 97.
51 *Hansens*, BRAGO, § 101 Rn 4.

Abschnitt 8. Beigeordneter oder bestellter Rechtsanwalt, Beratungshilfe § 58

> **Beispiel:** Im Berufungsverfahren zahlt der Beschuldigte seinem Wahlverteidiger einen Vorschuss für den Hauptverhandlungstermin. In der Hauptverhandlung wird das Verfahren ausgesetzt. Im erneuten Hauptverhandlungstermin wird der Anwalt als Pflichtverteidiger bestellt.

Da die Bestellung jetzt nach § 48 Abs. 6 S. 2 auch im Berufungsverfahren zurückwirkt, erhält der Anwalt die Pflichtverteidigervergütung sowohl für das vorbereitende als auch das gerichtliche Verfahren. Die Zahlung des Beschuldigten auf die Vergütung für den ersten Termin ist daher anzurechnen.

Lässt sich der Pflichtverteidiger im Revisionsverfahren Vorschüsse oder Zahlungen auf die Vergütung für den Hauptverhandlungstermin gewähren, für den er wegen § 350 Abs. 3 StPO nicht bestellt ist, so sind diese Zahlungen nicht auch auf die Pflichtverteidigervergütung aus VV 4130 anzurechnen. Nach der BRAGO verhielt es sich hier anders, da die Hauptverhandlungsgebühr nach § 86 Abs. 1 BRAGO auch die Tätigkeit im Verfahren außerhalb der Hauptverhandlung abdeckte. 51

e) Verwendungszweck

Leistet der Beschuldigte oder ein Dritter Zahlungen, so ist stets zunächst zu ermitteln, auf welche Angelegenheit und welche Gebühren er leistet. Die Zahlung des Beschuldigten oder eines Dritten darf keinesfalls unbesehen zugunsten der Staatskasse angerechnet werden. Dies hat insbesondere in drei Fällen (siehe Rdn 53 ff.) besondere Bedeutung. 52

aa) Der Anwalt war zunächst als Wahlverteidiger tätig und wird später als Pflichtverteidiger bestellt. War der Anwalt zunächst als Wahlverteidiger tätig und ist er erst später als Pflichtverteidiger bestellt worden, so ist wiederum zu differenzieren: 53

(1) Die vorangegangene Wahlverteidigertätigkeit wird durch die Pflichtverteidigergebühren nicht abgedeckt. Deckt die Pflichtverteidigerbestellung die Tätigkeiten, die der Anwalt bislang als Wahlverteidiger ausgeübt hat, nicht ab, so kommt eine Anrechnung von Vorschüssen und Zahlungen auf die Wahlverteidigergebühren nicht in Betracht. Dabei spielt es keine Rolle, ob ausdrücklich auf die Wahlverteidigervergütung gezahlt wird oder ob ohne eine Bestimmung gezahlt wird. Fehlt eine Bestimmung, so wäre der Vorschuss oder die Zahlung nach § 366 Abs. 2 BGB auf die Wahlverteidigergebühren zu verrechnen, da sie im Zweifel früher fällig werden, jedenfalls aber die geringere Sicherheit bieten. 54

> **Beispiel 1:** Der Beschuldigte beauftragt den Anwalt mit seiner Verteidigung und zahlt einen Vorschuss i.H.v. 400 EUR für das erstinstanzliche Verfahren. Nach Abschluss der ersten Instanz wird Berufung eingelegt und der Anwalt als Pflichtverteidiger bestellt.

Der Vorschuss darf nicht angerechnet werden, da für das erstinstanzliche Verfahren keine Pflichtverteidigervergütung gezahlt wird und der Vorschuss entweder kraft ausdrücklicher Bestimmung (§ 366 Abs. 1 BGB), zumindest aber nach § 366 Abs. 2 BGB, zunächst nur auf die Wahlverteidigervergütung verrechnet werden muss.

> **Beispiel 2:** Wie Beispiel 1; der Beschuldigte hat jedoch einen pauschalen Vorschuss i.H.v. 1.000 EUR zuzüglich Umsatzsteuer geleistet.

Ist der Vorschuss ausdrücklich nur für das erstinstanzliche Verfahren geleistet worden, so kommt eine Anrechnung nach Abs. 3 S. 1 wiederum nicht in Betracht, da nicht auf eine Vergütung geleistet worden ist, auf die sich die Pflichtverteidigerbestellung erstreckt und Zahlungen auf andere Verfahrensabschnitte nicht angerechnet werden dürfen (Abs. 3 S. 1).

Wurde der Vorschuss dagegen pauschal für die gesamte Verteidigung gezahlt, so ist der durch das vorbereitende Verfahren und die erste Instanz nicht verbrauchte Vorschuss

I. Vorbereitendes Verfahren	
1. Grundgebühr, VV 4100	200,00 EUR
2. Verfahrensgebühr, VV 4104	165,00 EUR
3. Auslagen, VV 7002	20,00 EUR
Gesamt	**385,00 EUR**

II. Gerichtliches Verfahren
1. Verfahrensgebühr, VV 4106 — 165,00 EUR
2. Terminsgebühr, VV 4106 — 275,00 EUR
3. Auslagen, VV 7002 — 20,00 EUR
Gesamt — **460,00 EUR**
Gesamt I + II — 845,00 EUR
abzüglich Vorschuss — – 1.000,00 EUR
Überschuss — **155,00 EUR**

auf die weitere Vergütung des Berufungsverfahrens zu verrechnen und somit nach Abs. 3 S. 1 – vorbehaltlich des Abs. 3 S. 3 – anzurechnen.

55 Ist bei der Zahlung des Mandanten von diesem eine Zahlungsbestimmung angegeben, dann ist diese maßgebend. Der Rechtsanwalt ist nicht dazu berechtigt, Vorschüsse, die auf ein bestimmtes Aktenzeichen eingezahlt werden, nach freiem Belieben auf andere Verfahren zu verrechnen.[52]

56 **(2) Die vorangegangene Wahlverteidigertätigkeit wird durch die Pflichtverteidigergebühren abgedeckt.** Deckt die Pflichtverteidigerbestellung auch diejenigen Tätigkeiten ab, die der Anwalt bislang als Wahlverteidiger ausgeübt hat (§ 48 Abs. 6), so sind Vorschüsse und Zahlungen anzurechnen. Dabei kommt es nach dem ausdrücklichen Wortlaut der Vorschrift nicht darauf an, ob vor oder nach Bestellung und ob auf die Wahlverteidigergebühren oder eine Vergütungsvereinbarung gezahlt worden ist. Anderer Ansicht ist *Brieske*,[53] wenn der Beschuldigte vor Pflichtverteidigerbestellung auf eine Vergütungsvereinbarung gezahlt hat.

Beispiel: Der Anwalt wird zunächst als Wahlverteidiger beauftragt und trifft mit dem Beschuldigten eine Vergütungsvereinbarung, wonach zuzüglich Auslagen und Umsatzsteuer für das vorbereitende Verfahren einschließlich Grundgebühr 500 EUR, für das gerichtlich Verfahren (ohne Hauptverhandlung) 300 EUR, für den ersten Hauptverhandlungstermin vor dem AG 600 EUR und für jeden Fortsetzungstermin 400 EUR zu zahlen sind. Der Beschuldigte zahlt für das vorbereitende Verfahren 500 EUR und für das gerichtliche Verfahren 300 EUR und für den Hauptverhandlungstermin nochmals 600 EUR. Weitere Vorschüsse werden nicht gezahlt. In dem ersten Fortsetzungstermin wird der Anwalt dann als Pflichtverteidiger bestellt.

Vom Beschuldigten sind also gezahlt worden:
1. für das vorbereitende Verfahren, VV 4100, 4104 — 700,00 EUR
2. für das gerichtliche Verfahren (ohne Hauptverhandlung, VV 4106) — 300,00 EUR
3. für den ersten Hauptverhandlungstermin, VV 4100 — 600,00 EUR
4. für den Fortsetzungstermin, VV 4100 — 0,00 EUR
5. für die Auslagen, VV 7002 — 0,00 EUR

Nach der Auffassung von *Brieske* ist wie folgt zu rechnen:
Der Anspruch gegen die Staatskasse berechnet sich wie folgt:
1. für das vorbereitende Verfahren, VV 4100 — 160,00 EUR
   VV 4104 — 132,00 EUR
   Hierfür hat der Anwalt mit 700 EUR bereits mehr als das Doppelte der Pflichtverteidigervergütung erhalten, so dass volle
   und — – 160,00 EUR
   angerechnet werden sollen. — – 132,00 EUR
2. für das gerichtliche Verfahren (ohne Hauptverhandlung), VV 4106 — 132,00 EUR
   Auch hier hat der Anwalt mit 300 EUR bereits mehr als das Doppelte der Pflichtverteidigervergütung erhalten, so dass auch hier die vollen angerechnet werden sollen. — – 132,00 EUR
3. für den ersten Hauptverhandlungstermin, VV 4108 — 220,00 EUR
   Auch hier hat der Anwalt mit 600 EUR bereits mehr als das Doppelte der Pflichtverteidigervergütung erhalten, so dass auch hier die vollen angerechnet werden sollen. — – 220,00 EUR
4. für den Fortsetzungstermin, VV 4108 — 220,00 EUR
   Für diese Tätigkeit hat der Anwalt noch keinen Vorschuss und noch keine Zahlung erhalten, so dass eine Anrechnung nicht in Betracht kommen soll. Unzuläs-

---

52 LG Düsseldorf StRR 2010, 358.
53 StV 1995, 331; ebenso wohl auch *Enders*, JurBüro 1996, 449, 452 m. Berechnungsbsp.

sig wäre es nach der Ansicht von *Brieske*, die zu Nr. 1, 2 und 3 über das Doppelte der Pflichtverteidigergebühren hinausgehenden Zahlungen

700,00 EUR − 2 x 160,00 EUR − 2 x 132,00 EUR = 116 EUR
300,00 EUR − 2 x 132 EUR = 36 EUR
600,00 EUR − 2 x 220,00 EUR = 160 EUR,

also insgesamt weitere 444 EUR anzurechnen, da diese ausdrücklich auf die Gebühren nach Nr. 1, 2 und 3 gezahlt worden sind.

5. für die Auslagen, VV 7002   20,00 EUR
Auch insoweit kommt eine Anrechnung nicht in Betracht. Es gilt das Gleiche wie zu Nr. 4.

Gesamt   **240,00 EUR**

Diese Berechnung verstößt gegen den eindeutigen Wortlaut des Abs. 3 S. 1. Danach sind auch Zahlungen **„vor einer gerichtlichen Bestellung"** anzurechnen. Dazu gehören auch Zahlungen aufgrund einer Vereinbarung. Dies war nach § 101 BRAGO ausdrücklich angeordnet. Durch die Neufassung in Abs. 3 hat sich hieran nichts geändert. Diese gesetzlich vorgeschriebene Anrechnung kann nicht durch eine rechtsgeschäftliche Vereinbarung zwischen dem Pflichtverteidiger und dem Beschuldigten oder einem Dritten ausgeschlossen werden (ausführliche Angaben siehe Rdn 63).

Im Beispiel sind daher die gesamten Vorschüsse und Zahlungen i.H.v. insgesamt 1.600 EUR auf die Pflichtverteidigervergütung – allerdings vorbehaltlich des Abs. 3 S. 3 – innerhalb des jeweiligen Verfahrensabschnitts anzurechnen, also für das vorbereitende Verfahren 700 EUR und für das erstinstanzliche gerichtliche Verfahren 900 EUR.

bb) Zahlung auf Auslagen. Zahlt der Beschuldigte oder ein Dritter einen Vorschuss ausdrücklich auf Auslagen, so dürfen diese Vorschüsse auch nur auf Auslagen angerechnet werden. Vorschüsse auf Auslagen dürfen niemals auf die Vergütung angerechnet werden[54] (zur Anrechnung solcher Vorschüsse und Zahlungen auf Auslagen siehe Rdn 79 ff.).   57

cc) Zahlungen eines mitvertretenen Nebenklägers. Zahlungen eines mitvertretenen Nebenklägers sind grundsätzlich anzurechnen, da auch diese Personen Dritte i.S.d. Abs. 3 S. 1 sind (siehe Rdn 42). Eine Anrechnung kommt aber nur insoweit in Betracht, als der mitvertretene Nebenkläger nicht ausschließlich auf seine eigene Schuld, sondern auf die Gesamtschuld zahlt.   58

Den Fall der Zahlung eines Mitangeklagten dürfte es seit der Neufassung des § 146 StPO und des dort eingeführten strikten Mehrvertretungsverbotes auch bei verschiedenen Taten heute nicht mehr geben. Auf die hierzu ergangene ältere Rechtsprechung kann jedoch insoweit immer noch zurückgegriffen werden, als die Berechnungsmethode auch auf den Fall des mitvertretenen Nebenklägers anzuwenden ist.   59

Beispiel: Der Anwalt vertritt den Beschuldigten A als Pflichtverteidiger und den Nebenkläger B als Wahlanwalt vor dem AG. Der Nebenkläger zahlt einen Vorschuss i.H.v. 500 EUR.

Nach einer Auffassung soll die Zahlung des Nebenklägers in voller Höhe auf die Pflichtverteidigervergütung angerechnet werden.[55] Nach anderer Ansicht soll dagegen eine Anrechnung generell ausgeschlossen sein.[56] Zutreffend ist es jedoch, solche Fälle zunächst über § 7 Abs. 2 zu lösen. Auszugehen ist zunächst davon, dass der mitvertretene Nebenkläger auf seine eigene Vergütungspflicht leistet. Er ist dem Anwalt gegenüber nämlich nach § 7 Abs. 2 insoweit verpflichtet, als die Vergütung angefallen wäre, wenn der Anwalt nur für ihn allein tätig geworden wäre.

Auszugehen ist im Beispiel davon, dass insgesamt für die Verteidigung des Beschuldigten und des Nebenklägers eine Vergütung in Höhe der um 30% erhöhten Mittelgebühren abzurechnen ist, also:

---

54 OLG Stuttgart Justiz 1979, 108 = AnwBl 1979, 195 = Rpfleger 1979, 78; OLG Düsseldorf Rpfleger 1996, 368; *Hansens*, BRAGO, § 101 Rn 4; a.A. OLG Stuttgart Rpfleger 1979, 78 = AnwBl 1979, 195.

55 OLG Düsseldorf Rpfleger 1962, 354; ebenso vor Änderung des § 146 StPO für die Vertretung eines Mitangeklagten als Wahlverteidiger und des anderen Mitangeklagten als Pflichtverteidiger: KG AnwBl 1971, 291 = NJW 1971, 2000 m. Anm. *Schmidt* = KostRsp. BRAGO § 101 Nr. 2 m. Anm. *Schmidt*.

56 *Schumann/Geißinger*, § 101 Rn 5; ebenso vor Änderung des § 146 StPO für die Vertretung eines Mitangeklagten als Wahlverteidiger und des anderen Mitangeklagten als Pflichtverteidiger: OLG Düsseldorf AnwBl 1974, 56 = Rpfleger 1973, 375; OLG Hamm Rpfleger AnwBl 1965, 91 = JurBüro 1965, 132 = 1965, 53 m. Anm. *Tschischgale* = JMBlNW 1964, 238 = JVBl 11.036, 267.

1. Grundgebühr, VV 4100	260,00 EUR
2. Verfahrensgebühr, VV 4106	214,50 EUR
3. Terminsgebühr, VV 4108	357,50 EUR
Gesamt	**832,00 EUR**

Jeder der beiden für sich genommen hätte geschuldet eine Vergütung in Höhe

1. Grundgebühr, VV 4100	200,00 EUR
2. Verfahrensgebühr, VV 4106	165,00 EUR
3. Terminsgebühr, VV 4108	275,00 EUR
Gesamt	**640,00 EUR**

Nunmehr ergibt sich Folgendes: I.H.v. (640 EUR + 640 EUR – 832 EUR =) 448 EUR haften der Beschuldigte A und der Nebenkläger B als Gesamtschuldner; jeweils alleine. I.H.v. (640 EUR – 448 EUR =) 192 EUR haften beide jeweils alleine (zur Berechnung der gesamtschuldnerischen Haftung mehrerer Auftraggeber siehe § 11 Rdn 249 ff.). Die Zahlung des B ist zunächst auf seine alleinige Zahlungspflicht zu verrechnen. Im Übrigen, also i.H.v. (500 EUR – 448 EUR =) 52 EUR, ist die Zahlung nach Abs. 3 S. 1 – vorbehaltlich der Regelung des Abs. 3 S. 3 – auf die Gebühren für die Pflichtverteidigung des A anzurechnen (siehe dazu Rdn 34).

f) Ausschluss des Abs. 3 S. 1

60 Ausgeschlossen ist die Anrechnung nach Abs. 3 S. 1, soweit die Staatskasse ihrerseits Zahlungen von Dritten eingezogen hat.

> **Beispiel:** Die Berufung des Nebenklägers wird verworfen. Die Staatskasse zieht beim Nebenkläger die von ihr verauslagte Pflichtverteidigervergütung ein.

Nachträgliche Zahlungen des Beschuldigten oder eines Dritten an den Pflichtverteidiger sind jetzt nicht mehr anzurechnen.

61 Dies gilt auch dann, wenn der Verurteilte die Pflichtverteidigervergütung mit den übrigen Verfahrenskosten an die Staatskasse gezahlt hat.

62 Durch rechtsgeschäftliche Vereinbarungen zwischen dem Pflichtverteidiger und dem Beschuldigten oder einem Dritten kann die Anrechnung dagegen niemals ausgeschlossen werden. Selbst eine Zusage des Vorsitzenden an den Verteidiger, eine Anrechnung werde unterbleiben, ist für die Staatskasse ohne bindende Wirkung.[57]

2. Durchführung der Anrechnung

a) Begrenzung auf das Doppelte der Pflichtgebühren (Abs. 3 S. 3)

63 Nach Abs. 3 S. 3 hat die Anrechnung der Vorschüsse oder Zahlungen zu unterbleiben, soweit der Rechtsanwalt infolge der Anrechnung **weniger als das Doppelte** der ihm nach den VV 4100 ff. zustehenden Gebühren erhalten würde. Mit dieser neuen Formulierung ist jetzt die bisherige Streitfrage geklärt, ob die Anrechnung schon zu unterbleiben hat, wenn er das Doppelte erhält, oder erst dann, wenn er **mehr als** das Doppelte erhält. Die frühere Formulierung des § 101 Abs. 1 BRAGO war insoweit unklar, wurde aber auch im jetzigen Sinne verstanden.[58]

Klargestellt ist, dass eine eventuelle Pauschvergütung aus § 51 bei der Berechnung nach Abs. 3 S. 3 außer Betracht zu bleiben hat.

64 Bei der Anrechnung ist wie folgt vorzugehen:
1. Zunächst einmal sind die vollen Pflichtverteidigergebühren zu berechnen, die dem Anwalt zustehen würden, wenn keine Vorschüsse oder Zahlungen geleistet worden wären.
2. Hiernach ist zu berechnen, welchen Betrag der Anwalt erhalten würde, wenn sich die Gebühren nach VV 4100 ff. verdoppeln würden (sog. **Kontrollbetrag**).

---

[57] OLG Düsseldorf JurBüro 1996, 472 = NStZ-RR 1996, 255 = Rpfleger 1996, 368.

[58] *Enders*, JurBüro 1996, 449, 450.

Abschnitt 8. Beigeordneter oder bestellter Rechtsanwalt, Beratungshilfe § 58

3. Soweit die gezahlten Vorschüsse oder sonstigen Zahlungen zuzüglich des Betrages der **einfachen** Pflichtverteidigergebühren den Betrag der **doppelten** Pflichtverteidigergebühren **übersteigen**, ist anzurechnen.

Oder anders ausgedrückt: Zahlungen bis zur Höhe des Differenzbetrages zwischen dem sog. Kontrollbetrag und dem Betrag der einfachen Pflichtverteidigergebühren, der damit immer der Höhe der einfachen Pflichtverteidigergebühren entspricht, sind anrechnungsfrei. Demgegenüber vertritt *Hansens*[59] die Auffassung, das Doppelte der Pflichtverteidigergebühren habe anrechnungsfrei zu bleiben. Für diese Ansicht gibt das Gesetz jedoch keine Grundlage. In Abs. 3 S. 3 heißt es ausdrücklich, dass die Anrechnung insoweit unterbleibt, als dem Anwalt durch diese insgesamt – also Vorschuss oder Zahlung zuzüglich Pflichtverteidigergebühren – weniger als das Doppelte verbliebe. Nach der Auffassung von *Hansens* könnte dem Anwalt aber insgesamt das Dreifache der Pflichtverteidigergebühren verbleiben.

Zwei wichtige Punkte sind bei der Anrechnung zu beachten: Nach heute wohl einhelliger Meinung ist die Anrechnung zunächst auf der **Nettobasis** durchzuführen. Das bedeutet, dass die Umsatzsteuer zunächst vollkommen außer Ansatz bleibt und erst auf denjenigen Betrag berechnet wird, der nach Anrechnung verbleibt.[60] Die früher vertretenen gegenteiligen Ansichten, dass auf der Bruttobasis zu verrechnen sei,[61] beruhten zum Teil auf einer vormals anderweitigen Regelung des Umsatzsteuerrechts. Letztlich würde eine Abrechnung auf Bruttobasis auch nicht zu anderen Ergebnissen führen, es sei denn, die Umsatzsteuersätze würden sich zwischen Vorschuss und Festsetzung ändern. 65

Weiterhin umstritten ist, ob bei dem sog. Kontrollbetrag (siehe Rdn 64) – gemeint ist damit der Betrag der doppelten Pflichtverteidigergebühren – auch die Postentgeltpauschale nach VV 7002 oder gar das Doppelte der Postentgeltpauschale anzusetzen sei. Der Wortlaut des Abs. 3. S. 3 ist insoweit eindeutig. Er spricht von dem Doppelten der Gebühren. Die Postentgeltpauschale nach VV 7002 ist dem sog. Kontrollbetrag daher weder einfach noch doppelt zuzuschlagen.[62] 66

Eine Anrechnung hat nach alledem wie folgt auszusehen: 67

Beispiel: Der Anwalt wird vor der großen Strafkammer im vorbereitenden Verfahren tätig sowie in einem Hauptverhandlungstermin. Vor seiner Bestellung als Pflichtverteidiger hat er einen Vorschuss i.H.v. 1.500 EUR zuzüglich Umsatzsteuer (1.785 EUR) für vorbereitendes Verfahren und gerichtliches Verfahren vom Beschuldigten erhalten.
Als Wahlanwaltsgebühren wären die Höchstbeträge angemessen, also netto ohne Auslagen
I. Vorbereitendes Verfahren
1. Grundgebühr, VV 4100   360,00 EUR
2. Verfahrensgebühr, VV 4104   290,00 EUR
II. Gerichtliches Verfahren
1. Verfahrensgebühr, VV 4118   690,00 EUR
2. Terminsgebühr, VV 4120   930,00 EUR
Gesamt   **1.620,00 EUR**
a) Nach h.M. wäre wie folgt zu rechnen:
Die Pflichtverteidigergebühren betragen netto ohne Auslagen wie folgt:
I. Vorbereitendes Verfahren
1. Grundgebühr, VV 4100   160,00 EUR
2. Verfahrensgebühr, VV 4104   132,00 EUR
II. Gerichtliches Verfahren
1. Verfahrensgebühr, VV 4118   316,00 EUR
2. Terminsgebühr, VV 4120   424,00 EUR
Gesamt   **1.032,00 EUR**
Das Doppelte der Pflichtverteidigergebühren ergibt: **2.064,00 EUR**
die dem Anwalt verbleiben müssten.

---

[59] *Hansens*, BRAGO, § 101 Rn 3 und 5.
[60] OLG Zweibrücken JurBüro 1998, 75 = NStZ-RR 1998, 63 = Rpfleger 1998, 126 = StV 1998, 93; OLG Stuttgart JurBüro 1996, 134 = Justiz 1996, 153; OLG Hamm AnwBl 1996, 176 = JurBüro 1996, 191 = StV 1996, 334 m. Anm. *Neuhaus*; OLG Schleswig StV 1996, 335; *Hansens*, BRAGO, § 101 Rn 5.
[61] So für möglich gehalten von LG Düsseldorf StRR 2010, 358.
[62] Im Ergebnis auch OLG Zweibrücken JurBüro 1998, 75 = NStZ-RR 1998, 63 = Rpfleger 1998, 126 = StV 1998, 93 trotz des gegenteiligen Wortlauts.

Der Differenzbetrag, der damit immer der Höhe der einfachen
Pflichtverteidigergebühren entspricht, beträgt damit **1.032,00 EUR**
Bis zu diesem Betrag von 1.032,00 EUR werden also Zahlungen und Vorschüsse nicht angerechnet.
Dies bedeutet im konkreten Fall, dass von den gezahlten 1.500 EUR lediglich
(1.500 EUR − 1.032 EUR =) **468,00 EUR**
anzurechnen sind. An Pflichtverteidigervergütung sind also somit festzusetzen:

I. Vorbereitendes Verfahren
1. Grundgebühr, VV 4100 160,00 EUR
2. Verfahrensgebühr, VV 4104 132,00 EUR

II. Gerichtliches Verfahren
1. Verfahrensgebühr, VV 4118 316,00 EUR
2. Terminsgebühr, VV 4120 424,00 EUR
   Zwischensumme 1 1.032,00 EUR
3. gem. Abs. 3 S. 3 anzurechnen − 468,00 EUR
4. Postgeldpauschale vorbereitendes Verfahren, VV 7002 20,00 EUR
5. Postgeldpauschale gerichtliches Verfahren, VV 7002 20,00 EUR
   Zwischensumme 2 524,00 EUR
6. 19 % Umsatzsteuer, VV 7008 99,56 EUR
Gesamt **623,56 EUR**

Der Anwalt erhielte also insgesamt:
aus der Staatskasse 623,56 EUR
Vorschuss des Beschuldigten incl. 19 % Umsatzsteuer 1.785,00 EUR
Gesamt **2.408,56 EUR**

b) Nach *Hansens* demgegenüber wäre das Doppelte der Pflichtverteidigergebühren anrechnungsfrei, also 2.064 EUR. Da der Vorschuss mit 1.500 EUR darunter bleibt, wäre nichts anzurechnen. Die Staatskasse wäre zur vollen Zahlung verpflichtet.

I. Vorbereitendes Verfahren
1. Grundgebühr, VV 4100 160,00 EUR
2. Verfahrensgebühr, VV 4104 132,00 EUR

II. Gerichtliches Verfahren
1. Verfahrensgebühr, VV 4118 316,00 EUR
2. Terminsgebühr, VV 4120 424,00 EUR
   Zwischensumme 1.032,00 EUR
3. 19 % Umsatzsteuer, VV 7008 196,08 EUR
Gesamt **1.228,08 EUR**

Der Anwalt erhielte danach also insgesamt:
aus der Staatskasse 1.228,08 EUR
Vorschuss des Beschuldigten incl. 19 % Umsatzsteuer 1.190,00 EUR
Gesamt **2.418,08 EUR**[63]

68 Auch nach dem RVG (oder in Übergangsfällen nach der BRAGO) anzurechnende Beträge einer vorangegangenen Angelegenheit sind nach Abs. 3 S. 1 anzurechnen. Der Anwalt wird aber insoweit durch Abs. 3 S. 2 geschützt:

Beispiel: In einer Strafsache hat sich der Angeklagte zunächst umfassend beraten lassen. Der Anwalt hat hierfür eine Ratsgebühr nach VV 2100 a.F. i.H.v. 400 EUR zuzüglich Auslagen und Umsatzsteuer berechnet. Später wird ihm die Verteidigung im vorbereitenden Verfahren vor dem AG übertragen. Dort wird die Sache nach § 205 StPO eingestellt (also kein Fall der VV 4141).

Die Pflichtverteidigergebühren belaufen sich auf:
1. Grundgebühr, VV 4100 160,00 EUR
2. Verfahrensgebühr, VV 4104 132,00 EUR
   nach Anm. zu VV 2101 i.V.m. Anm. zu VV 2100 a.F. sind anzurechnen − 400,00 EUR
   davon sind anrechnungsfrei (160,00 EUR + 132,00 EUR =) 292,00 EUR
   so dass − 108,00 EUR
anzurechnen sind.

Die vom Beschuldigten gezahlten Auslagen sind nicht anzurechnen, da in jeder Angelegenheit eine neue Pauschale anfällt, und zwar aus den Gebühren vor Anrechnung.

---

[63] Dieser Betrag darf allerdings nicht höher liegen als die Wahlanwaltsvergütung, die dem Anwalt zustünde (siehe hierzu Rdn 68 ff.); im Bsp. wäre diese Höchstgrenze (1.420 EUR zzgl. 40 EUR Auslagen und USt) nicht erreicht.

An Pflichtverteidigervergütung sind also somit festzusetzen:
1. Grundgebühr, VV 4100 — 160,00 EUR
2. Verfahrensgebühr, VV 4104 — 132,00 EUR
   gem. Abs. 3 S. 1 i.V.m. Anm. zu VV 2101 i.V.m. Anm. zu
   VV 2100 anzurechnen — – 108,00 EUR
3. Postentgeltpauschale, VV 7002 — 20,00 EUR
   Zwischensumme — 204,00 EUR
4. 19 % Umsatzsteuer, VV 7008 — 38,76 EUR
Gesamt — 242,76 EUR

Hat der Anwalt neben dem Beschuldigten als Pflichtverteidiger noch einen weiteren Beteiligten als Wahlanwalt vertreten, so ist die Berechnung aufwendiger, da zunächst § 7 Abs. 2 zu beachten ist und sodann Abs. 3 S. 3. **69**

Beispiel 1: Der Anwalt ist für den Beschuldigten vor dem AG als Pflichtverteidiger bestellt worden und nimmt nur an der Hauptverhandlung teil; daneben vertritt er einen Nebenkläger gegen einen Mitbeschuldigten als Wahlanwalt (in beiden Fällen keine Tätigkeit im vorbereitenden Verfahren). Auszugehen ist davon, dass der Anwalt von dem Beschuldigten um 20 % erhöhte Mittelgebühren als Wahlverteidigervergütung hätte verlangen können und von dem Nebenkläger nur die Mindestgebühren, wenn diese den Anwalt jeweils allein beauftragt hätten. Infolge der gemeinsamen Beauftragung und des damit verbundenen Mehraufwands sollen insgesamt um 30 % erhöhte Gebühren angemessen sein (hinsichtlich der Verfahrensgebühr ergibt sich dies schon aus VV 1008). Bei einem Vorschuss des Nebenklägers i.H.v. 140 EUR zuzüglich Umsatzsteuer ergäbe sich folgende Berechnung:

I. Die Pflichtverteidigergebühren beliefen sich wie folgt:
1. Grundgebühr, VV 4100 — 160,00 EUR
2. Verfahrensgebühr, VV 4104 — 132,00 EUR
3. Terminsgebühr, VV 4108 — 220,00 EUR
Gesamt — 512,00 EUR
II. Das Doppelte der Pflichtverteidigergebühr beliefe sich auf — 1.024,00 EUR
III. Die angemessene Wahlverteidiger- und Nebenklägervertretergebühren,
also die um 30 % erhöhten Mittelgebühren, ergäben:
1. Grundgebühr, VV 4100, 1008 — 260,00 EUR
2. Verfahrensgebühr, VV 4104 — 214,50 EUR
3. Terminsgebühr, VV 4108 — 357,50 EUR
Gesamt — 832,00 EUR
IV. Als Wahlverteidiger für sich genommen würde der Anwalt vom Beschuldigten erhalten, (um 20 % erhöhte Mittelgebühren)
1. Grundgebühr, VV 4100 — 240,00 EUR
2. Verfahrensgebühr, VV 4104 — 198,00 EUR
3. Terminsgebühr, VV 4108 — 330,00 EUR
Gesamt — 768,00 EUR
V. Als Nebenklagevertreter für sich genommen würde der Anwalt vom Nebenkläger erhalten:
1. Grundgebühr, VV 4100 — 40,00 EUR
2. Verfahrensgebühr, VV 4104 — 40,00 EUR
3. Terminsgebühr, VV 4108 — 70,00 EUR
Gesamt — 150,00 EUR
VI. Alleinige Haftung des Nebenklägers (§ 7 Abs. 2)
Von dem Gesamtbetrag (V.) würde der Nebenkläger allein haften auf — 107,00 EUR
und gesamtschuldnerisch zusammen mit dem Beschuldigten auf[64] — 43,00 EUR
VII. Zahlung des Nebenklägers
Von der Zahlung des Nebenklägers entfallen daher zunächst einmal — 107,00 EUR
auf die Einzelhaftung, und sind folglich nicht nach Abs. 3 S. 1 auf die Vergütung des Beschuldigten gezahlt.
Nur die weiteren (140,00 EUR – 107,00 EUR =) — 43,00 EUR
sind auf die Gesamtschuld gezahlt, sind also auch als Zahlung eines Dritten auf die Schuld des Beschuldigten anzurechnen.
VIII. Anrechnung
Da jedoch 512,00 EUR anrechnungsfrei sind, wird nichts angerechnet.

---

64 Zur Berechnung der Gesamtschuld siehe § 11 Rdn 249 ff.

IX. Ergebnis
Der Anwalt erhält also aus der Staatskasse (s.o.)   512,00 EUR
X. Gesamtbetrachtung
Der Anwalt erhält danach an Nettogebühren:
vom Nebenkläger   150,00 EUR
von der Staatskasse   512,00 EUR
Gesamt   **662,00 EUR**

Beispiel 2: Wie Beispiel 1, die angemessenen Wahlanwaltskosten für den Beschuldigten und für den Nebenkläger für sich genommen sollen sich jeweils auf eine um 50 % erhöhte Mittelgebühr belaufen. Die Gesamtgebühren sind dann mit insgesamt 80 % gegenüber der Mittelgebühr zu erhöhen (hinsichtlich der Verfahrensgebühr ergibt sich dies wiederum schon aus VV 1008). Der Vorschuss des Nebenklägers beträgt jetzt 300 EUR.

I. Pflichtverteidigergebühren
Die Pflichtverteidigergebühren liegen wieder bei   512,00 EUR
II. Wahlverteidigergebühren (einzeln)
Als Wahlverteidiger könnte der Anwalt sowohl von dem Beschuldigten als auch von dem Nebenkläger jeweils verlangen:
1. Grundgebühr, VV 4100   300,00 EUR
2. Verfahrensgebühr, VV 4104   247,50 EUR
3. Terminsgebühr, VV 4108   412,50 EUR
Gesamt   **960,00 EUR**
III. Wahlverteidigergebühren (gesamt)
Insgesamt könnte er als Wahlanwalt aber nur erhalten:
1. Grundgebühr, VV 4100, 1008   360,00 EUR
2. Verfahrensgebühr, VV 4104   297,00 EUR
3. Terminsgebühr, VV 4108   495,00 EUR
Gesamt   **1.152,00 EUR**
IV. Haftung des Nebenklägers
Die alleinige Haftung des Nebenklägers liegt jetzt
bei (1.152,00 EUR − 960,00 EUR =)   192,00 EUR
und die gesamtschuldnerische Haftung zusammen mit dem Beschuldigten bei   768,00 EUR
zusammen   960,00 EUR
V. Anrechnung
Der Nebenkläger zahlt also zunächst auf seine Einzelhaftung   192,00 EUR
die erst gar nicht unter Abs. 3 S. 1 fallen.
Auf die Gesamtschuld und damit nach Abs. 3 S. 1 anzurechnen sind
(300,00 EUR − 192,00 EUR =)   108,00 EUR
Von diesem nach Abs. 3 S. 1 zu berücksichtigenden Vorschuss sind wiederum 512,00 EUR anrechnungsfrei, so dass keine Anrechnung auf die Pflichtverteidigervergütung erfolgt. Der Anwalt erhält aus der Staatskasse daher die vollen   512,00 EUR
VI. Gesamt
Der Anwalt erhält danach an Nettogebühren insgesamt:
vom Nebenkläger   300,00 EUR
und aus der Staatskasse   512,00 EUR
Gesamt   **812,00 EUR**
VII. Weiter gehender Anspruch gegen den Nebenkläger
Daneben verbleibt ihm noch ein restlicher Zahlungsanspruch gegen den
Nebenkläger i.H.v. (960,00 EUR − 300,00 EUR) =   660,00 EUR
Hiervon sind allerdings nur noch (512,00 EUR − 108,00 EUR =)   404,00 EUR
anrechnungsfrei.
Die weiter gehenden   256,00 EUR
müsste der Anwalt an die Staatskasse zurückzahlen (Abs. 3 S. 2).

70 Soweit demgegenüber nach einem Teil der Rechtsprechung und Literatur die Zahlungen des Nebenklägers gar nicht angerechnet werden sollen, weil er nicht Dritter sei, ist dies unzutreffend und mit dem Gesetz nicht in Einklang zu bringen. Dies ergibt sich aus § 422 BGB. Die Erfüllung eines Gesamtschuldners wirkt auch für den anderen. Soweit also der Nebenkläger auf die Gesamtschuld zahlt, zahlt er automatisch auch auf die (Gesamt-)Schuld des Beschuldigten. Es gibt über die Einzelhaftung hinaus keine „eigene Schuld", sondern nur die Gesamtschuld. Daher muss jeder auf die Gesamtschuld gezahlte Betrag nach Abs. 3 S. 1 vorbehaltlich des Abs. 2 S. 2 angerechnet werden.

Wie oben erwähnt (siehe Rdn 52 ff.), sind privatrechtliche Vereinbarungen über den Ausschluss der Anrechnung nicht möglich. Das kann nicht auf dem Umweg unterlaufen werden, dass der Nebenkläger erklärt, nur auf seine „eigene Schuld" zu leisten. Würde man dieser Auffassung folgen, hätten die Beteiligten die Verrechnung selbst in der Hand. Der Beschuldigte könnte ausdrücklich erklären, für den Nebenkläger zu zahlen, um die Anrechnung zu vermeiden. Er könnte auch dem Nebenkläger den Vorschuss geben, damit dieser ihn verrechnungsfrei einzahle. Das aber wiederum würde den unstrittigen Grundsatz unterlaufen, dass privatrechtliche Vereinbarungen über den Ausschluss einer Anrechnung nach Abs. 3 nicht möglich sind.

b) Begrenzung auf die Höchstgebühr eines Wahlanwalts (Abs. 3 S. 4)

Neu eingeführt worden ist in Abs. 3 S. 4 eine weitere Anrechnungsgrenze, nämlich die Höchstgebühr des Wahlanwalts. — 71

Anlass der Ergänzung war die Frage, ob Abs. 3 auch verhindern soll, dass der gerichtlich bestellte oder beigeordnete Anwalt mehr erhält, als er erhalten würde, wenn er als Wahlverteidiger tätig geworden wäre. — 72

Nach einer Auffassung[65] war in Kauf zu nehmen, dass der gerichtlich bestellte oder beigeordnete Anwalt in bestimmten Fällen mehr erhalten konnte als die höchstmögliche Wahlanwaltsvergütung. — 73

Nach anderer Auffassung war bei der Festsetzung der Vergütung des gerichtlich bestellten oder beigeordneten Anwalts dagegen zu berücksichtigen, dass dieser neben den vollen Pflichtanwaltsgebühren zusammen mit den bereits erhaltenen Zahlungen und Vorschüssen nicht mehr erhalten sollte, als ihm als Wahlanwaltsvergütung zustehen würde.[66] Dafür wurde insbesondere die Regelung des § 52 Abs. 1 S. 2 RVG herangezogen, wonach die aus der Staatskasse gezahlten Pflichtanwaltsgebühren auf den Anspruch gegen den Beschuldigten auf Zahlung der Wahlverteidigergebühren anzurechnen sind. Hierdurch soll nämlich erreicht werden, dass der Rechtsanwalt nicht mehr als die Wahlvergütung erhält. Dann konnte aber im Rahmen des § 58 Abs. 3 RVG auch nichts anderes gelten. — 74

In dem neuen Abs. 3 S. 4 ist deshalb gesetzlich klargestellt worden, dass unabhängig von der Regelung des Abs. 3 S. 3 auch unterhalb des Doppelten der Pflichtverteidigergebühren anzurechnen und zurückzuzahlen ist, wenn der Anwalt seine Vergütung in Höhe der höchstmöglichen Wahlanwaltsvergütung erhalten hat. — 75

> **Beispiel: Anrechnung auch bei Erreichen der Wahlanwaltsvergütung** — 76
> Der Verteidiger nimmt an der Hauptverhandlung vor dem AG teil. Es findet nur ein Termin statt, der jedoch sechs Stunden dauert. Der Verteidiger hat einen Vorschuss in Höhe von 350 EUR netto erhalten.
> Aus der Landeskasse würde der Pflichtverteidiger jetzt erhalten:
>
> | | |
> |---|---:|
> | 1. Verfahrensgebühr, VV 4106 | 132,00 EUR |
> | 2. Terminsgebühr, VV 4108 | 220,00 EUR |
> | 3. Zuschlag, VV 4110 | 110,00 EUR |
> | **Gesamt** | **462,00 EUR** |
> | Das Doppelte (§ Abs. 3 S. 3) beträgt | 924,00 EUR |
>
> Die Höchstgebühren des Wahlanwalts betragen:
>
> | | |
> |---|---:|
> | 1. Verfahrensgebühr, VV 4106 | 290,00 EUR |
> | 2. Terminsgebühr, VV 4108 | 480,00 EUR |
> | **Gesamt** | **770,00 EUR** |
>
> Nach Abs. 3 S. 3 würde die Summe von Vorschuss (350 EUR) und Vergütung aus der Landeskasse (462 EUR) mit 812 EUR insgesamt das Doppelte der Pflichtverteidigervergütung (924 EUR) nicht überschreiten, so dass nichts anzurechnen wäre.
> Da aber die Höchstgebühren des Wahlanwalts überschritten sind, ergibt sich eine Pflicht zur Anrechnung aus Abs. 3 S. 4 RVG in Höhe von:
>
> | | |
> |---|---:|
> | Vorschuss | 350,00 EUR |
> | Gebühren aus der Landeskasse | 462,00 EUR |
> | abzüglich Höchstgebühren des Wahlanwalts | – 770,00 EUR |

---

[65] OLG Hamm JurBüro 1979, 71; *Mertens/Stutz*, Rn 1134.
[66] OLG Jena AGS 2011, 281 = Rpfleger 2010, 107 = Jur-Büro 2010, 81 = StRR 2010, 199 = RVGreport 2010, 24; Gerold/Schmidt/*Burhoff*, § 58 Rn 71.

Anrechnungsbetrag	42,00 EUR
Die Landeskasse muss also nur zahlen:	
Gebühren aus der Landeskasse	462,00 EUR
abzüglich Anrechnungsbetrag	– 42,00 EUR
	420,00 EUR
Damit erhält der Anwalt also mit	
Gebühren aus der Landeskasse	420,00 EUR
Vorschuss Auftraggeber	350,00 EUR
	770,00 EUR

genau so viel, wie ein Wahlanwalt höchstens abrechnen könnte.

3. Anrechnung auf die Pauschvergütung nach § 51

77   Erhält der Pflichtverteidiger eine Pauschvergütung nach § 51, so sind ebenfalls alle Zahlungen und Vorschüsse des Beschuldigten oder eines Dritten nach Abs. 3 S. 1 anzurechnen. Infolge der Änderung der Vorschrift durch das KostRÄndG 1994 wird § 99 BRAGO/§ 51 RVG und damit die Pauschvergütung nicht mehr erwähnt. Es sind daher nicht nur diejenigen Vorschüsse und Zahlungen auf die Pauschvergütung anzurechnen, die das Doppelte der Pauschvergütung übersteigen, sondern alle Zahlungen und Vorschüsse, die das Doppelte der gesetzlichen Pflichtverteidigergebühren übersteigen.[67]

4. Anrechnung auf Auslagen

78   Probleme bereitet häufig auch die Anrechnung von Zahlungen und Vorschüssen auf Auslagen. Die Vorschrift des Abs. 3 S. 1 regelt diese nicht, sie spricht nur von der Anrechnung auf Gebühren. Hier gilt analog Abs. 3 S. 1 Folgendes:

79   Soweit Vorschüsse und Zahlungen auf Auslagen erfolgt sind, sind diese auch auf die entstanden Auslagen nach Abs. 3 S. 1 anzurechnen.[68]

Beispiel: Der Beschuldigte hat einen Vorschuss i.H.v. 100 EUR auf die zu erwartenden Auslagen, insbesondere die anfallenden Reisekosten geleistet.

Der Vorschuss darf nicht auf die Gebühren angerechnet werden (siehe Rdn 48). Dagegen ist der Vorschuss in vollem Umfang auf die Postentgeltpauschale nach VV 7002 und auf die Auslagen nach §§ 45 Abs. 1, 46 anzurechnen.

80   Die Regelung des Abs. 3 S. 2 gilt hier nicht, da es keine Unterscheidung zwischen Pflichtverteidigerauslagen und Wahlverteidigerauslagen gibt. Nicht einmal die Postentgeltpauschale divergiert, da diese sich nach den gesetzlichen Wahlverteidigergebühren richtet, nicht nach den Pflichtverteidigergebühren.

81   Soweit Vorschüsse oder Zahlungen auf Auslagen geleistet werden, die nicht von der Pflichtverteidigervergütung erfasst werden, hat eine Anrechnung allerdings zu unterbleiben.

82   Das Gleiche gilt für Auslagen, die zwar während der Pflichtverteidigerbestellung anfallen, aber nach § 46 Abs. 1 nicht zu vergüten sind.

Beispiel: Der Pflichtverteidiger hat beim Gericht beantragt, die Notwendigkeit einer Reise festzustellen. Das Gericht hat dies abgelehnt. Daraufhin zahlt der Beschuldigte dem Verteidiger einen Vorschuss auf die Kosten dieser Reise.

Der Vorschuss des Beschuldigten darf nicht nach Abs. 3 S. 1 angerechnet werden.[69]

---

[67] *Enders*, JurBüro 1998, 449, 451; *Hansens*, BRAGO, § 101 Rn 1; auf die zum Teil gegenteiligen Entscheidungen aus der Zeit vor 1994 kann nicht zurückgegriffen werden.

[68] OLG Frankfurt AGS 2007, 193 = StraFo 2007, 219 = StV 2007, 476 = NStZ-RR 2007, 328 = StRR 2007, 158.

[69] OLG Zweibrücken JurBüro 1998, 75 = NStZ-RR 1998, 63 = Rpfleger 1998, 136 = StV 1998, 93.

Anzurechnen ist dagegen, wenn die Staatskasse die Auslagen zu übernehmen hat. 83

> **Beispiel:** Im vorbereitenden Verfahren erhält der Verteidiger auch einen Vorschuss auf Auslagen für Besuche in der JVA. Später wird der Anwalt als Pflichtverteidiger bestellt.

Da hier § 48 Abs. 6 greift, werden auch die Reisekosten für die Besuche in der JVA aus der Staatskasse gezahlt. Der Vorschuss muss folglich angerechnet werden.

Wird bei der Leistung keine Bestimmung abgegeben, so ist im Zweifel auf die Gesamtvergütung gezahlt, so dass auch auf Auslagen angerechnet werden kann.[70] 84

5. Anzeigepflicht, § 55 Abs. 5

Nach § 55 Abs. 5 ist der Anwalt verpflichtet, Vorschüsse und Zahlungen gegenüber der Staatskasse anzuzeigen. Der Anwalt ist daher nicht nur verpflichtet, bei Anbringung seines Festsetzungsantrages anzugeben, welche Zahlungen und Vorschüsse er bislang erhalten hat; ihn trifft vielmehr auch die Pflicht, nachträgliche Zahlungen noch anzugeben, da anderenfalls die Staatskasse ihren Rückforderungsanspruch nicht geltend machen könnte. Die Erklärung bedarf keiner besonderen Form; der Anwalt ist auch nicht verpflichtet, die nach § 55 Abs. 5 S. 2 erforderliche Erklärung über (nicht) erhaltene Vorschüsse im Original einzureichen.[71] 85

Umstritten war nach der Fassung des § 101 Abs. 3 BRAGO, ob der Anwalt nur solche Zahlungen angeben musste, die sich im Ergebnis auch auf die Höhe der festzusetzenden Kosten oder auf einen eventuellen Rückzahlungsanspruch auswirken, oder ob er alle Zahlungen angeben musste. Grund für diese Streitfrage war die Fassung des § 101 Abs. 3 BRAGO, wonach die Anzeigepflicht nur bestand, wenn die Zahlungen für die Anrechnung oder die Pflicht zur Rückzahlung von Bedeutung war. *Madert* war daher der Auffassung, dass nur solche Zahlungen und Vorschüsse angegeben werden müssten, die sich im Ergebnis auch auf die Festsetzung oder die Rückzahlung auswirken.[72] Diese Auffassung war seinerzeit jedoch schon unzutreffend und lässt sich anhand des klaren Wortlauts des § 55 Abs. 5, 2. Hs. nicht mehr aufrechterhalten. Nach dem eindeutigen Wortlaut sind alle Vorschüsse und Zahlungen anzugeben und nicht nur solche, die die Zahlungspflicht der Staatskasse reduzieren. Dies muss deshalb schon so sein, weil sie mit eventuellen weiteren Zahlungen zu einer Anrechnung führen können, auch wenn sie für sich genommen ohne Bedeutung sind. 86

> **Beispiel:** Die Pflichtverteidigervergütung liegt bei 428 EUR. Der Beschuldigte hat 300 EUR Vorschuss gezahlt; weitere 200 EUR werden nachträglich von dessen Ehefrau gezahlt.
> Für sich genommen führt keine Zahlung zu einer Anrechnung. Insgesamt ergibt sich jedoch eine Anrechnung von 72 EUR, die letztlich auf der Zahlung der Ehefrau beruht. Ohne die Angabe des an sich nicht anzurechnenden Vorschusses des Beschuldigten wäre eine Berechnung dieser Anrechnung aber gar nicht möglich.

Dass die Anzeigepflicht umfassend sein und sämtliche Zahlungen und Vorschüsse beinhalten muss, ergibt sich daraus, dass es nicht Sache des Anwalts ist, die Anrechnung vorzunehmen und durchzurechnen. Es ist vielmehr Aufgabe des für die Festsetzung zuständigen Urkundsbeamten zu prüfen, ob und inwieweit eine Anrechnung vorzunehmen ist.[73] Dies kann er aber nur dann, wenn ihm auch sämtliche Zahlungen und Vorschüsse offenbart werden. Daher müssen alle Zahlungen und Vorschüsse angegeben werden.[74] Der Anwalt ist im Übrigen auch berufsrechtlich verpflichtet, alle Zahlungen und Vorschüsse anzugeben.[75] 87

Lediglich solche Zahlungen, die auf andere Gebühren geleistet worden sind, wie etwa Vorschüsse auf ein Gnadenverfahren, oder für eine andere Instanz oder für nicht erstattungsfähige Auslagen, 88

---

70 OLG Frankfurt KostRsp. BRAGO § 101 Nr. 15 m. Gründen.
71 KG AGS 2014, 405 = zfs 2014, 408 = NStZ-RR 2014, 328 = JurBüro 2015, 25 = NJW-Spezial 2014, 540 = RVGreport 2014, 391 = RVGprof. 2014, 189.
72 Ebenso *Hartmann*, § 101 BRAGO Rn 14; *Schumann/Geißinger*, § 101 Rn 13.
73 OLG Hamburg AnwBl 1987, 246 = JurBüro 1987, 551 = Rpfleger 1987, 176 = MDR 1987, 255; OLG Düsseldorf JurBüro 1991, 1091; *Hansens*, BRAGO, § 101 Rn 6.
74 OLG Hamburg AnwBl 1987, 246 = JurBüro 1987, 551 = Rpfleger 1987, 176 = MDR 1987, 255; OLG Düsseldorf JurBüro 1991, 1091; AnwGH Baden-Württemberg NJW-RR 137; *Hansens*, BRAGO, § 101 Rn 6.
75 EGH Schleswig AnwBl 1968, 198; AnwGH Baden-Württemberg NJW-RR 1998, 1374; *Hansens*, BRAGO, § 101 Rn 6.

braucht der Anwalt nicht anzugeben, da sie in jedem Falle ohne Bedeutung sind (zu weiteren Einzelheiten zur Anzeigepflicht gem. § 55 Abs. 5 vgl. auch § 55 Rdn 50 ff.).

6. Rückzahlung (Abs. 3 S. 2)

89 Erhält der Anwalt nach Festsetzung Zahlungen, die gemäß Abs. 3 S. 1, S. 3 anzurechnen sind, so ist er nach Abs. 3 S. 2 zur Rückzahlung verpflichtet. Das Gleiche gilt, wenn der Anwalt von dem Beschuldigten und Dritten Vorschüsse nach § 9 und von der Staatskasse Vorschüsse nach § 47 erhalten hat und die Summe der davon nach Abs. 3 S. 1 anzurechnenden Vorschüsse den anrechnungsfreien Betrag nach Abs. 3 S. 3 übersteigen.

90 **Rückzahlungsschuldner** ist allein der Anwalt, niemals der Beschuldigte oder ein Dritter.

91 Die **Anspruchsgrundlage** ergibt sich insoweit unmittelbar aus Abs. 3 S. 2, nicht aus § 1 Abs. 1 Nr. 8 JBeitrO. Der Anwalt kann sich daher insbesondere nicht auf Entreicherung berufen. Unzutreffend ist daher die Bezugnahme auf die Entscheidung des OLG Düsseldorf,[76] der ein Fall zugrunde lag, in dem die Pflichtverteidigervergütung nicht wegen Zahlungen Dritter zurückzuzahlen war, sondern weil sich im Nachhinein herausstellte, dass es an einer wirksamen Pflichtverteidigerbestellung fehlte.

7. Festsetzung, § 55

92 Da die Festsetzung der Pflichtverteidigervergütung nach § 55 vorzunehmen ist, ist in diesem Verfahren auch zu klären, ob und inwieweit Vorschüsse anzurechnen sind. Die Erklärung bedarf keiner besonderen Form; der Anwalt ist auch nicht verpflichtet, die nach § 55 Abs. 5 S. 2 erforderliche Erklärung über (nicht) erhaltene Vorschüsse im Original einzureichen.[77] Ist der Anwalt mit der Berechnung des Urkundsbeamten nicht einverstanden, so hat er die Möglichkeit der Erinnerung und der Beschwerde nach § 56.

93 Auch über den Rückzahlungsanspruch nach Abs. 3 S. 2 entscheidet der Urkundsbeamte der Geschäftsstelle analog § 55 Abs. 1 in einem Festsetzungsverfahren. Er führt die Anrechnung durch und setzt dann den Rückzahlungsanspruch fest. Auch hiergegen hat der Anwalt die Möglichkeit der Erinnerung und der Beschwerde nach § 56.

Auch über den Rückzahlungsanspruch nach Abs. 3 S. 2 entscheidet der Urkundsbeamte der Geschäftsstelle analog § 55 Abs. 1 in einem Festsetzungsverfahren. Er führt die Anrechnung durch und setzt dann den Rückzahlungsanspruch fest. Auch hiergegen hat der Anwalt die Möglichkeit der Erinnerung und der Beschwerde nach § 56.

C. Empfehlungen für die zivilrechtliche Praxis

94 Steht der Anwalt vor der Aufgabe, seine Beiordnung im Wege der Prozesskostenhilfe zu erwirken, sollte er spätestens **im Zeitpunkt der Antragstellung** für sich geklärt haben, wie er sich seine **Entlohnung** vorstellt. Dazu hat er insbesondere dann Veranlassung, wenn eine Geschäftsgebühr angefallen, aber noch nicht bezahlt sein sollte. In diesen Fällen ist es angesichts der Rechtsprechung von der Anrechenbarkeit auf die PKH-Vergütung (siehe dazu Rdn 12) dringend geboten, die Gebühr rechtzeitig abzurechnen. Im Übrigen gilt:

95 Hat bei **antragsgemäßer Entscheidung** die Staatskasse **in voller Höhe** für die gesetzlichen Gebühren aufzukommen (bei Rahmengebühren und bei festen Gebühren bis zu einem Gegenstandswert von 4.000 EUR), so beschränkt sich das **Eigeninteresse des Anwalts** hinsichtlich seiner Entlohnung auf die **Berücksichtigung der Alternative**, dass **Prozesskostenhilfe nicht oder nur teilweise** bewilligt werden sollte. Für diesen Fall besteht die Möglichkeit einer Absicherung der Vergütung durch **Vorschusszahlung vor Antragstellung**, indem diese davon abhängig gemacht wird, oder

---

76 AnwBl 1991, 409.
77 KG AGS 2014, 405 = zfs 2014, 408 = NStZ-RR 2014, 328 = JurBüro 2015, 25 = NJW-Spezial 2014, 540 = RVGreport 2014, 391 = RVGprof. 2014, 189.

durch vereinbarungsgemäße **Zahlungen während des Antragsverfahrens**. Im Interesse der Partei sollte der Anwalt bedenken, dass sämtliche Zahlungen vor Antragstellung auch bei Bewilligung von Prozesskostenhilfe ohne Zahlungsbestimmung für die Partei verloren sind, wenn kein Leistungsvorbehalt erklärt wird (vgl. Rdn 30), weil sie dann jedenfalls zugunsten der Staatskasse angerechnet werden. Andererseits können **Zahlungen** der Partei **nach Beantragung** von Prozesskostenhilfe von dem Anwalt ohne Weiteres einseitig wieder **rückgängig** gemacht werden (vgl. Rdn 31). Deshalb sollte der Anwalt entweder veranlassen, dass Zahlungen vor Antragstellung mit dem Leistungsvorbehalt der Tilgungswirkung nur bei Ablehnung des Antrages auf Gewährung von Prozesskostenhilfe versehen sind (vgl. Rdn 32 f.), oder aber sich mit einer Verpflichtung zufrieden geben, dass bestimmte Zahlungen nach Antragstellung erbracht werden.

Braucht bei **antragsgemäßer Entscheidung** die Staatskasse **nur für einen Teil** der gesetzlichen Vergütung **aufzukommen** (bei Wertgebühren und Gegenstandswerten über 3.000 EUR), besteht auch für den Fall der Bewilligung von Prozesskostenhilfe ein Eigeninteresse des Anwalts an der Sicherung seiner Entlohnung. Jedenfalls in Höhe des **Unterschiedsbetrags** zwischen Vergütung nach der Gebührentabelle des § 49 und der Vergütung eines Wahlanwalts (§ 13) sollte er dafür Sorge tragen, dass die Partei an ihn Zahlungen erbringt. Ob diese **vor oder nach Antragstellung** erfolgen, ist gleichgültig, da sie in dieser Höhe allein ihm und nicht der Staatskasse zugutekommen. Jedoch muss die **Regulierung vor Bewilligung** von Prozesskostenhilfe **abgeschlossen** sein, weil er sich ansonsten dem Risiko ausgesetzt sieht, die Zahlung nicht mehr durchsetzen zu können (vgl. § 122 Abs. 1 Nr. 3 ZPO).

96

§ 59 Übergang von Ansprüchen auf die Staatskasse

(1) ¹Soweit dem im Wege der Prozesskostenhilfe oder nach § 138 des Gesetzes über das Verfahren in Familiensachen und in den Angelegenheiten der freiwilligen Gerichtsbarkeit, auch in Verbindung mit § 270 des Gesetzes über das Verfahren in Familiensachen und in den Angelegenheiten der freiwilligen Gerichtsbarkeit, beigeordneten oder nach § 67a Abs. 1 Satz 2 der Verwaltungsgerichtsordnung bestellten Rechtsanwalt wegen seiner Vergütung ein Anspruch gegen die Partei oder einen ersatzpflichtigen Gegner zusteht, geht der Anspruch mit der Befriedigung des Rechtsanwalts durch die Staatskasse auf diese über. ²Der Übergang kann nicht zum Nachteil des Rechtsanwalts geltend gemacht werden.

(2) ¹Für die Geltendmachung des Anspruchs sowie für die Erinnerung und die Beschwerde gelten die Vorschriften über die Kosten des gerichtlichen Verfahrens entsprechend. ²Ansprüche der Staatskasse werden bei dem Gericht des ersten Rechtszugs angesetzt. ³Ist das Gericht des ersten Rechtszugs ein Gericht des Landes und ist der Anspruch auf die Bundeskasse übergegangen, wird er insoweit bei dem jeweiligen obersten Gerichtshof des Bundes angesetzt.

(3) Absatz 1 gilt entsprechend bei Beratungshilfe.

A. Allgemeines 1	4. Der nach § 138 FamFG beigeordnete und
B. Regelungsgehalt 6	der nach § 67a VwGO bestellte Anwalt . . . 30
I. Gläubigerwechsel vom Anwalt auf den Fiskus (Abs. 1 S. 1) 6	III. Durchsetzung des übergegangenen Anspruchs (Abs. 2) 31
1. Gegenstand des Forderungsübergangs 6	1. Feststellung des Anspruchs 31
2. Umfang des Forderungsübergangs 11	2. Geltendmachung des Erstattungsanspruchs gegen den Gegner 32
3. Konkurrenz der übergegangenen Forderungen 12	3. Geltendmachung des Vergütungsanspruchs gegen die Partei 34
4. Speziell: Zum Übergang eines Beitreibungsrechts 15	IV. „Verteidigung" gegen den Kostenansatz (Abs. 2) 37
II. Vorrang des beigeordneten oder bestellten Anwalts (Abs. 1 S. 2) 24	V. Entsprechende Anwendung des Abs. 1 bei Beratungshilfe (Abs. 3) 38
1. Die bürgenähnliche Stellung der Staatskasse 24	C. Erstattungsfragen 41
2. Bedeutung für das Beitreibungsrecht nach § 126 ZPO 26	I. Der Gegner haftet nur mit einer Quote . . . 41
3. Besondere Behandlung von Zahlungen der Partei gemäß § 120 ZPO 28	II. Auch der Gegner hat Prozesskostenhilfe . . 44
	D. Praxisempfehlungen 48

A. Allgemeines

1 Durch die Bewilligung von Prozesskostenhilfe mit Beiordnung eines Anwalts entsteht eine **Dreiecksverbindung** zwischen **Partei, Fiskus und Anwalt**. Die Einschaltung der Staatskasse stellt sicher, dass einerseits die Partei in einer nicht aussichtslosen Sache anwaltlich vertreten wird und dass zum anderen der Anwalt für seine Tätigkeit ein Honorar erhält. Diese Interessenlage und -verknüpfung ähnelt der einer **Bürgschaft** gemäß den §§ 765 ff. BGB (vgl. § 45 Rdn 7). Gleichsam wie ein Bürge fördert die Staatskasse durch ihre gesetzliche Vergütungspflicht den Abschluss des Anwaltsvertrages für die Partei und dessen Erfüllung durch den Anwalt. Dem trägt § 59 Rechnung, indem er mit **Abs. 1** ebenso wie bei der Bürgschaft (§ 774 Abs. 1 BGB) einen **gesetzlichen Forderungsübergang (S. 1) mit subsidiärer Durchsetzbarkeit** für den Erwerber (**S. 2**) normiert.

2 Allerdings reicht der Anspruchsübergang weiter als nach § 774 BGB, weil nicht nur die Forderung des Anwalts gegen die von ihm vertretene Partei (Hauptschuldnerin), sondern auch sein **eigenes Beitreibungsrecht** gegen einen ersatzpflichtigen Gegner (§ 126 ZPO) **auf den Fiskus** übergeht. Damit ist jedoch keine abweichende Gewichtung der beteiligten Interessen verbunden. Das eigene Beitreibungsrecht wird dem Anwalt gleichsam als **Sicherheit kraft Gesetzes** für die Erfüllung seines Vergütungsanspruchs gegen die eigene Partei gewährt; Sicherheiten gehen aber bei einer Bürgschaft ebenfalls mit über (§§ 412, 401 BGB).

3 Im Fall einer **Beiordnung nach § 138 FamFG** oder einer **Bestellung nach § 67a Abs. 1 S. 2 VwGO** ähnelt die bürgenähnliche Stellung der Staatskasse noch mehr dem gesetzlichen Leitbild, weil hier ihre **Haftung erst** eingreift, wenn sich der zur Zahlung Verpflichtete **in Verzug befindet** (§§ 45 Abs. 2, 47 S. 2). Die **Hauptforderung** des Anwalts gegen den Vertretenen ist nicht wie bei einer Beiordnung im Wege der Prozesskostenhilfe einredebehaftet und damit für den Fiskus **ohne weiteres durchsetzbar**.

4 Was die Beitreibung eines übergegangenen Anspruchs anbelangt, hat die Staatskasse mit einem Bürgen allerdings nichts Gemeinsames mehr. Im formellen Recht gewährt ihr der Gesetzgeber stets eine **privilegierte Position**, wenn es um **fiskalische Belange öffentlich-rechtlicher Art** geht. Eigene Ansprüche kann sie grundsätzlich, und so auch hier, **im Verwaltungsweg** festlegen (lassen) und **beitreiben**. Zwar findet eine funktionale Trennung statt, indem der Urkundsbeamte der Geschäftsstelle den Anspruch weisungsunabhängig ermittelt. Das reicht aber bereits für eine hoheitliche Durchsetzung. Der **Kostenschuldner** wird nicht gehört und von Anfang an **in die Rolle des Angreifers gedrängt**, falls er einen vermeintlichen Anspruch (so) nicht gelten lassen will. Im Verhältnis zu seiner Rechtsstellung gegenüber einem sonstigen Gläubiger ist das eine **Verschlechterung**, die er nach Abs. 2 als Schuldner des beigeordneten oder bestellten Anwalts hinnehmen muss, soweit die Staatskasse einen Forderungsübergang für sich reklamiert.

5 Im Fall der **Beratungshilfe (Abs. 3)** besteht die Besonderheit, dass der Anwalt von dem Rechtsuchenden keinesfalls mehr als 10 EUR verlangen kann (VV 2500). Die **Gebühren** im Rahmen der Beratungshilfe (**VV 2501 ff.**) **schuldet allein die Staatskasse**. Diese rechtliche Konstruktion beruht aber nicht auf einer anderen Bewertung des Interesses der Staatskasse an einem Rückgriff infolge geleisteter Zahlungen noch führt sie zu einer abweichenden Bewertung. Gegenstand des Forderungsübergangs kann hier allein der **Anspruch** des Anwalts **gegen den Gegner des Rechtsuchenden** sein (§ 9 S. 2 BerHG). Insoweit erscheint die entsprechende Anwendung des Abs. 1 nur konsequent (vgl. Rdn 38).

B. Regelungsgehalt

I. Gläubigerwechsel vom Anwalt auf den Fiskus (Abs. 1 S. 1)

1. Gegenstand des Forderungsübergangs

6 Ein gesetzlicher Forderungsübergang bezweckt im Allgemeinen, wie auch hier, dass der hilfsweise Leistende bei dem „eigentlichen" (Haupt-)Schuldner Rückgriff nehmen können soll, soweit er in dessen Interesse den Gläubiger befriedigt hat. Übergehen kann daher nur ein **Anspruch in der Person des Gläubigers** und **gegenüber dem Schuldner**, der von der Zahlung profitiert. Als übergangsfähige Forderung des beigeordneten oder bestellten Anwalts kommt daher einerseits sein

Vergütungsanspruch gegen die Partei und zum anderen sein zusätzliches Beitreibungsrecht gegen den Gegner in Betracht. Abs. 1 S. 1 lässt beide Forderungen übergehen.

Der Übergang erfolgt gemäß **§ 412 BGB**.[1] Diese Vorschrift erfasst alle Fälle eines gesetzlichen Forderungsübergangs. Daher gelten die für entsprechend anwendbar erklärten §§ 399 bis 404 und 406 bis 410 BGB auch hier, soweit diese Bestimmungen einschlägig sind. Anwendbar sind insbesondere § 401 BGB (Übergang von Sicherungsrechten), § 402 BGB (Auskunftspflicht des Anwalts über den Bestand der Forderung), § 404 BGB (Fortbestand von Einwendungen)[2] sowie der Gutglaubensschutz nach den §§ 406 und 407 BGB.

Nicht erfasst vom gesetzlichen Forderungsübergang wird hingegen ein **Anspruch** des beigeordneten Anwalts **gegenüber einem Streitgenossen** der bedürftigen Partei, den er ebenfalls in der nämlichen Sache vertritt. Dieser haftet zwar auch in voller Höhe (siehe § 7 Rdn 49). Für ihn ist die Staatskasse aber nicht unterstützungspflichtig und sie leistet nicht für ihn. Dem Streitgenossen der bedürftigen Partei kommt die Zahlung an den gemeinsamen Anwalt bis zur Höhe der Vergütung nach der Gebührentabelle des § 49[3] allerdings **wirtschaftlich zugute**, falls die Staatskasse damit mehr zahlt, als die Partei im Innenverhältnis ihrem Streitgenossen gegenüber zu zahlen gehabt hätte (vgl. Rdn 27). In diesem Fall stünde der Partei, würde sie selbst geleistet haben, ein **interner Ausgleichsanspruch** zu, der gemäß § 426 Abs. 2 S. 1 BGB durch den gesetzlichen Übergang der Vergütungsforderung des Anwalts gesichert wäre. Dieser Anspruch **kann** jedoch nach den Grundsätzen des gesetzlichen Forderungsübergangs **nicht auf die Staatskasse übergehen**, weil sie nicht in der Person des von ihr befriedigten Anwalts besteht.[4]

Der Staatskasse ist es daher verwehrt, einen ausgleichungspflichtigen Streitgenossen der bedürftigen Partei nach § 59 auf Zahlung in Anspruch zu nehmen. Sie hat nur die Möglichkeit, anstelle der Partei **zivilrechtlich**[5] vorzugehen, soweit sie für diese gezahlt hat. Kommt der Streitgenosse einer solchen Zahlungsaufforderung des Urkundsbeamten der Geschäftsstelle (vgl. Teil A Nr. 2.4.2 VwV Vergütungsfestsetzung) nicht freiwillig nach, so hat dieser den Vorgang dem **Gerichtspräsidenten** vorzulegen, der darüber **entscheidet**, ob zivilrechtliche **Leistungsklage** erhoben werden soll, Teil A Nr. 2.4.3 S. 2 VwV Vergütungsfestsetzung. Um auf den Gesichtspunkt des Gesamtschuldnerausgleichs aufmerksam zu machen, hat der Urkundsbeamte der Geschäftsstelle in dem Beschluss über die Festsetzung der Vergütung des beigeordneten Anwalts zu **vermerken**, ob und welche Streitgenossen der Partei dieser vertreten hat und ob ein **Ausgleichsanspruch** der Staatskasse gegen die Streitgenossen geltend gemacht oder weshalb davon abgesehen worden ist (Teil A Nr. 2.4.4 VwV Vergütungsfestsetzung).

Anders verhält es sich indes bei einer **Bestellung nach § 67a Abs. 1 S. 2 VwGO**. Diese umfasst alle Streitgenossen, weshalb die Staatskasse im Zweifel für alle zahlen will, soweit ihre Leistung als **Erfüllung einer Gesamtschuld** angesehen werden kann. Entsprechend geht die Forderung des bestellten Anwalts gegen die vertretenen Personen in dem Umfang auf sie über, wie die Staatskasse auf den Haftungsanteil einer oder mehrerer Personen zahlt.

2. Umfang des Forderungsübergangs

Der Wortlaut des Abs. 1 S. 1 lässt die Auslegung zu, dass der Vergütungsanspruch des Anwalts oder dessen Beitreibungsrecht gegenüber dem erstattungspflichtigen Gegner – soweit diese Ansprüche bestehen – stets in voller Höhe und nur dann auf die Staatskasse übergehen, wenn diese dem Anwalt in Höhe des Anspruchs „Befriedigung" verschafft hat. Ein solches Verständnis würde indes dem Sinn und Zweck des gesetzlichen Forderungsübergangs nicht gerecht. Einerseits besteht das **Interesse der Staatskasse an einem Rückgriff** auf die Schuldner auch schon dann, wenn sie den Anwalt **nur teilweise** – etwa in Höhe eines Vorschusses – **befriedigt**. Und zum anderen ist sie jeweils **nur**

---

1 LAG MV BeckRS 2012, 76130.
2 LAG MV BeckRS 2012, 76130.
3 Vgl. OLG Düsseldorf OLGR 1997, 340; OLG München NJW-RR 1997, 191; OLG Stuttgart JurBüro 1997, 200; OLG Karlsruhe AGS 2013, 20; OLG Naumburg AGS 2013, 132; vgl. hingegen auch: OLG München AGS 2011, 76; OLG Köln OLGR 1998, 438 = NJW-RR 1999, 725. Die Entscheidung des BGH NJW 1993, 1715 betrifft die verfahrensrechtliche Beiordnung, nicht den Umfang der Vergütung. Deshalb besteht insoweit kein Widerspruch.
4 A.A. OLG Karlsruhe AGS 2013, 20; OLG Naumburg AGS 2013, 132.
5 Vgl. OLG Bamberg JurBüro 1971, 78 m.w.N. und Anm. *Mümmler*.

schutzwürdig, soweit ihre Zahlungen **nicht bereits anderweitig gedeckt** sind.[6] Deshalb kann der **Forderungsübergang** einen für sie noch **offenen (ungedeckten) Restbetrag nicht übersteigen**. In dem Umfang, wie die Staatskasse den Anwalt aus eigenen Mitteln befriedigt, gehen dessen Ansprüche über (vgl. den Wortlaut des § 774 Abs. 1 S. 1 BGB).[7]

3. Konkurrenz der übergegangenen Forderungen

12 Besteht neben dem Vergütungsanspruch des Anwalts auch ein Beitreibungsrecht nach § 126 ZPO, so gehen beide Forderungen **gleichermaßen und nebeneinander** jeweils bis zu derselben Höhe auf die Staatskasse über, wie diese den Anwalt (ohne Deckung) befriedigt. Sie kann beide Forderungen (alternativ oder kumulativ) im jeweils gegebenen Rahmen **wahlweise** geltend machen. Weder ist sie gehalten, einen dieser Ansprüche vorrangig zu verfolgen, noch bewirkt die Auswahl des einen den Verlust des anderen.

13 Nach den Grundsätzen des gesetzlichen Forderungsübergangs hat allerdings die erfolgreiche Durchsetzung eines der Ansprüche zur Folge, dass die Staatskasse den anderen wieder verliert, soweit dieser dem Betrag nach die verbleibende Deckungslücke – d.h. ihre noch ungedeckten Zahlungen an den Anwalt – übersteigt. Die Partei und der erstattungspflichtige Gegner sind also hinsichtlich des Rückgriffs der Staatskasse **gesamtverpflichtet**; sie haften ihr wie Gesamtschuldner.

> **Beispiel:** Der Partei wurde Prozesskostenhilfe mit Monatsraten von 30 EUR bewilligt. Die Staatskasse hat an den Anwalt schon vor Eingang der ersten Rate einen Vorschuss von 600 EUR ausbezahlt (§ 47). Es ergeht eine Kostenentscheidung, wonach der Gegner erstattungspflichtig ist. Bis dahin sind von dem Vorschuss durch zwischenzeitlich eingegangene Raten 390 EUR gedeckt. Bevor der Rechtspfleger die Ratenzahlungen aussetzt (§ 120 Abs. 3 Nr. 2 ZPO), gehen zwei weitere Raten zu je 30 EUR ein.
> Mit Auszahlung des Vorschusses ging der zu diesem Zeitpunkt allein bestehende Vergütungsanspruch des Anwalts gegen die Partei in Höhe des Auszahlungsbetrages von 600 EUR auf die Staatskasse über. Bei Erlass der Kostenentscheidung belief sich der übergegangene Anspruch infolge anzurechnender Zahlungen nur noch auf 210 EUR. Das nunmehr entstandene Beitreibungsrecht des Anwalts ging alsdann ebenfalls auf die Staatskasse über, allerdings nur noch in Höhe des nicht gedeckten Betrages von 210 EUR. Durch die weiteren Rateneingänge von 60 EUR hat die Staatskasse dieses Recht aber in gleicher Höhe wieder verloren.

14 Zum Schicksal des Anspruchs, den die Staatskasse infolge **Erfüllung** des anderen Anspruchs (teilweise) wieder verliert, trifft das Gesetz keine Regelung. Ein **(neuerlicher) Forderungsübergang** auf den jeweils Leistenden entsprechend **§ 426 Abs. 2 BGB** kommt **nicht** in Betracht. Hat der erstattungspflichtige Gegner gezahlt, scheidet eine Ausgleichung im Verhältnis zur bedürftigen Partei aus, weil er letztendlich die Kosten tragen soll. Hat die bedürftige Partei gezahlt, so bedarf es keiner Ausgleichsregelung, weil sie ohnehin ein Kostenfestsetzungsverfahren gegen den Gegner betreiben kann.

> **Variante:** Der Gegner zahlt freiwillig auf den im Kostenfestsetzungsbeschluss nach § 126 ZPO vermerkten Betrag von 210 EUR (vgl. § 55 Rdn 115) an den Gerichtsvollzieher 100 EUR.
> Das vom Anwalt auf die Staatskasse übergegangene Beitreibungsrecht ist i.H.v. 100 EUR erloschen, nachdem es infolge der beiden zwischenzeitlich eingegangenen Raten nur noch i.H.v. 150 EUR bestanden hatte. Erloschen ist ebenfalls der auf die Staatskasse übergegangene Vergütungsanspruch des Anwalts gegen die Partei in gleicher Höhe, so dass der Staatskasse nur noch ein Restbetrag von 50 EUR zusteht.

Zwar könnte im Einzelfall der beigeordnete **Anwalt** ein **Interesse** daran haben, dass sein **Beitreibungsrecht wieder an ihn zurückfällt**, falls dieses bei Kostenquotelung seinen Vergütungsanspruch gegen die Partei nicht vollständig abgedeckt hat und soweit der übergegangene Anspruch die verbliebene Sicherungslücke schließen würde. Jedoch bedürfte ein **Rückfall der Forderung** kraft Gesetzes einer solchen Regelung, die hier **nicht vorgesehen** ist. Die Praxis behilft sich insoweit damit, den Abs. 1 S. 2 zugunsten des Anwalts extensiv auszulegen (vgl. Rdn 26).

4. Speziell: Zum Übergang eines Beitreibungsrechts

15 Ob die Staatskasse einen **Ausgleich** ihrer Zahlungen an den Anwalt erreichen kann, ist bei **ratenfreier Prozesskostenhilfe** regelmäßig **vom Übergang eines Beitreibungsrechts** des Anwalts gegen

---

6 So auch Teil A Nr. 2.3.3 VwV Vergütungsfestsetzung.   7 LAG MV BeckRS 2012, 76130.

den Gegner **abhängig**. Der auf die Staatskasse übergehende Vergütungsanspruch des Anwalts hat hingegen so gut wie keine praktische Bedeutung, da er grundsätzlich nicht durchsetzbar ist; § 122 Abs. 1 Nr. 1 Buchst. b ZPO. Nur wenn die Bewilligung der Prozesskostenhilfe aufgehoben wird (§ 124 ZPO), darf der Anspruch geltend gemacht werden; Teil A Nr. 2.4.1 S. 4 VwV Vergütungsfestsetzung. Auch bei einer **Prozesskostenhilfe mit Zahlungsanordnung** kann der Ausgleich der an den Anwalt geleisteten Vergütung vom Übergang eines Beitreibungsrechts gegen den Gegner auf die Staatskasse abhängen, wenn nämlich die angeordneten **Zahlungen insgesamt nicht hinreichen**, die Gerichtskosten nebst Grundvergütung des Anwalts zu decken, oder aber nicht bis zu dieser Höhe aufgebracht werden (können).

Das Beitreibungsrecht des Anwalts ist **aus dem prozessualen Kostenerstattungsanspruch** der **16** Partei **abgeleitet** und setzt daher notwendig einen zur Zwangsvollstreckung geeigneten **Titel** voraus; § 103 Abs. 1 S. 1 ZPO (vgl. § 55 Rdn 112). Es reicht nicht hin, dass die Partei eine solche **Kostengrundentscheidung** zu erwirken vermag; solange sie nicht vorliegt, besteht keine Erstattungspflicht des Gegners und also auch kein Beitreibungsrecht des Anwalts, welches auf die Staatskasse übergehen könnte. Weder der Anwalt noch die Staatskasse haben die Befugnis, einen noch nicht titulierten Kostenerstattungsanspruch der Partei an ihrer Statt zu verfolgen.[8] Kommt es zu einer Kostengrundentscheidung zugunsten der Partei, die schon zuvor **auf eine Kostenerstattung verzichtet** hat, **kein Beitreibungsrecht** des Anwalts, das übergehen könnte.[9]

Ergeht eine Kostengrundentscheidung nur **auf Antrag**, so hat **allein die Partei** darüber zu befinden, ob dieser gestellt werden soll. Unterbleibt der Antrag, so kann ein Beitreibungsrecht mangels Entstehung nicht übergehen.[10] Nach der bisherigen Rechtslage bestand deshalb für die Staatskasse keine Möglichkeit einer Inanspruchnahme des Klägers, wenn dieser seine Klage gegen einen Beklagten zurücknimmt, dem Prozesskostenhilfe gewährt worden ist, und der Beklagte keinen Kostenantrag gemäß § 269 Abs. 4 ZPO stellt. Das PKH-Änderungsgesetz vom 31.8.2013 hat zur Vermeidung einer solchen Konstellation § 269 Abs. 4 ZPO ergänzt. Ist dem Beklagten Prozesskostenhilfe bewilligt und wird die Klage zurückgenommen, entscheidet das Gericht nicht auf Antrag, sondern von Amts wegen über die Kosten des Rechtsstreits.

Kommt es zu einer Entscheidung, wonach der Gegner die Prozesskosten (ganz oder teilweise) zu **17** tragen hat, so ist ein **Beitreibungsrecht** des beigeordneten Anwalts nach § 126 ZPO zwar entstanden,[11] aber in seinem **Fortbestand erst sicher**, wenn dieser **Titel bestandskräftig** wird und der daraus erwachsene Anspruch nicht vor seiner Geltendmachung durch zwischenzeitliche Verfügungen über den konkurrierenden Kostenerstattungsanspruch der Partei wieder untergegangen ist.

Solange das Verfahren, auf das sich die Beiordnung erstreckt, noch rechtshängig, also noch nicht **18** endgültig abgeschlossen ist, umfasst die **Dispositionsbefugnis der Partei** auch den **Kostenausspruch**. Etwa durch (einverständliche) Klagerücknahme, einen Prozessvergleich oder auch durch einen außergerichtlichen Vergleich mit dem Gegner kann sie **über einen bereits ergangenen Titel verfügen** und eine **neue Kostenregelung** herbeiführen, wonach ihr kein Erstattungsanspruch zustehen soll.[12] Dadurch **entfällt das Beitreibungsrecht** des Anwalts **ex tunc** (Argument aus § 269 Abs. 1 und 3 ZPO).

Diese Rechtsfolge tritt auch dann ein, wenn die bedürftige Partei die Kostenentlastung des Gegners **19** vorgenommen hat in dem **Bewusstsein**, hierdurch dessen Inanspruchnahme seitens des Anwalts oder der Staatskasse zu verhindern. Wirken allerdings die Prozessparteien insoweit **kollusiv** zusammen, indem die bedürftige Partei „freiwillig" die Kosten übernimmt, etwa um einen Nachlass bei ihren Schulden zu erreichen, so kann darin eine **sittenwidrige Schädigung** gemäß § 826 BGB liegen. Diese Handlungsweise hätte **zwar nicht** die **Unwirksamkeit des Kostentitels** zu Folge, wohl aber, dass sich der **Gegner darauf nicht berufen** könnte. Vielmehr wäre er dem Geschädigten gegenüber schadenersatzpflichtig und deshalb so zu stellen, als wäre eine dem Sach- und Streitstand

---

8 BGH AGS 1998, 174 = MDR 1998, 1248; OLG Köln OLGR 1998, 103 = Rpfleger 1998, 129; vgl. auch Brandenburgisches OLG OLGR 1996, 46; OLG Düsseldorf OLGR 1999, 347; Gerold/Schmidt/*Müller-Rabe*, § 59 Rn 13.
9 BGH MDR 2007, 558 = FamRZ 2007, 123.
10 Brandenburgisches OLG OLGR 1996, 46; OLG Düsseldorf OLGR 1999, 347.
11 Das gilt allerdings nicht für den Sonderfall der Kostenaufhebung (§ 92 Abs. 1 S. 2 ZPO), weshalb hier ein Forderungsübergang ausscheidet (OLG Hamm OLGR 2003, 16).
12 Für den außergerichtlichen Vergleich str., vgl. Zöller/*Vollkommer*, § 91a Rn 58 (unter: Vergleich).

20 Mit **Rechtskraft der Kostengrundentscheidung** ist die **Partei nicht mehr befugt**, zulasten des Anwalts **über den Titel zu verfügen**. Sein Beitreibungsrecht nach Maßgabe des Kostenausspruchs wird im Bestand geschützt (vgl. § 55 Rdn 122). Soweit die **Staatskasse** zwischenzeitlich **Zahlungen an den Anwalt erbracht** hat und dessen Beitreibungsrecht (nachrangig) übergegangen ist, **wirkt der Schutz auch für diese**. Zahlt die Staatskasse erst nach Eintritt der Rechtskraft, erhält sie sogleich ein bestandsgeschütztes Beitreibungsrecht.

entsprechende Kostenregelung getroffen worden. Ebenso würde die **Partei** einerseits als Mittäterin und zum anderen wegen Verletzung von Nebenpflichten im Rahmen des Anwaltsvertrages oder der Prozesskostenhilfe **auf Schadensersatz haften**. Hat der Anwalt an einer solchen Schädigung der Staatskasse mitgewirkt, kann diese ihm den **Einwand der Arglist** im Rahmen des Festsetzungsverfahrens nach § 55 entgegenhalten[13] (siehe auch § 45 Rdn 45).

21 Der **Bestandsschutz** eines **dem Anwalt verbliebenen Beitreibungsrechts** kann allerdings **wieder entfallen**, wenn er davon **keinen Gebrauch macht**, während die Partei ihren konkurrierenden Erstattungsanspruch gegen den Gegner verfolgt und einen Festsetzungsbeschluss erwirkt hat. Dann kann sich auch der Anspruch des Anwalts durch Erfüllungshandlungen des Gegners erledigen.[14] Dieses Risiko trifft grundsätzlich die Staatskasse gleichermaßen, sobald sie durch gesetzlichen Forderungsübergang an die Stelle des Anwalts tritt. Ist jedoch zu diesem Zeitpunkt noch kein Kostenfestsetzungsbeschluss zugunsten der Partei ergangen, steht ein Verlust des Beitreibungsrechts kaum zu befürchten. Mit dem Kostenfestsetzungsgesuch der Partei erhält die Staatskasse Kenntnis von der Geltendmachung des konkurrierenden Anspruchs und kann durch **organisatorische Maßnahmen** (vgl. Teil A Nr. 2.3.1 S. 2 VwV Vergütungsfestsetzung) sicherstellen, dass sie ihren (übergegangenen) **Anspruch rechtzeitig anmeldet**. Das steht einer Festsetzung inhaltsgleicher Ansprüche zugunsten der Partei entgegen.

22 War bei Forderungsübergang ein **Kostenfestsetzungsbeschluss zugunsten der Partei bereits ergangen**, aber noch nicht erledigt, so muss die Staatskasse den übergegangenen Anspruch umgehend erheben, wenn sie diese Rückgriffsmöglichkeit sichern will. **Ab Kenntnis** der Anmeldung des Anspruchs aus § 126 ZPO – sei es durch den Anwalt oder die Staatskasse – **kann der Gegner** einerseits **nicht mehr mit befreiender Wirkung erfüllen**[15] und zum anderen gegenüber der Partei den Einwand der fehlenden Verfügungsbefugnis erheben, notfalls im Wege der Vollstreckungsgegenklage.[16]

23 Fordert der beigeordnete oder bestellte **Anwalt** seine **Vergütung von der Staatskasse** erst ein, **nachdem** er sein **Beitreibungsrecht** durch eine erledigte Kostenfestsetzung zugunsten der Partei wieder **verloren** hat, so **scheidet ein gesetzlicher Forderungsübergang auf die Staatskasse aus**. Aus diesem Grunde kann sie allerdings berechtigt sein, die Auszahlung einer Vergütung an den Anwalt zu verweigern (vgl. § 45 Rdn 48 f.). Steht ihr dieses Recht nicht zu und kommt es also zur Auszahlung, ist sie letztlich so gestellt, als wäre der Gegner nicht erstattungspflichtig.

II. Vorrang des beigeordneten oder bestellten Anwalts (Abs. 1 S. 2)

1. Die bürgenähnliche Stellung der Staatskasse

24 Durch die Bewilligung von Prozesskostenhilfe wird die Staatskasse von Gesetzes wegen verpflichtet, die Entlohnung des beigeordneten Anwalts bis zur Höhe der Grundvergütung sicherzustellen und notfalls aus eigenen Mitteln zu bestreiten. Es handelt sich um eine selbstständige Verbindlichkeit, die als (gesetzliche) **„Hilfsschuld"** neben die (vertragliche) **Hauptschuld** der Partei tritt, allerdings mit der Besonderheit, dass der Anwalt regelmäßig (siehe Rdn 3 zur Ausnahme) nicht (zuerst) auf die Hauptschuld, sondern nur auf die „Hilfsschuld" zugreifen kann, weil sein Anspruch gegen die Partei grundsätzlich nicht durchsetzbar ist (§ 122 Abs. 1 Nr. 3 ZPO). Das ändert jedoch nichts an der gesetzlichen Konzeption der Beziehung Anwalt – Partei – Fiskus. Soweit es um die Entlohnung des Anwalts geht, hat die **Staatskasse** bis zur Höhe der Grundvergütung gleichsam wie bei einer **Bürgschaft (auf erstes Anfordern)** für die Regelgebühren einzustehen, die aufgrund der anwaltli-

---

[13] Vgl. LG Würzburg JurBüro 1987, 1193 m.w.N.
[14] OLG München OLGR 1997, 153.
[15] OLG Jena OLGR 1998, 327.
[16] Vgl. OLG Bremen MDR 1989, 460.

chen Tätigkeit im Verhältnis zur Partei anfallen.[17] Darüber hinaus gehört es bei Prozesskostenhilfe zu ihren **gesetzlichen Aufgaben**, an der **vollen Vergütung** des Anwalts **mitzuwirken**, soweit die Verhältnisse das hergeben (§ 50).

Aus dieser Gestaltung der Rechtsbeziehung zwischen Staatskasse und dem im Wege der Prozesskostenhilfe (§ 12) beigeordneten Anwalt folgt, dass der Gesetzgeber das **Erfüllungsinteresse des Anwalts in den Vordergrund** gerückt hat und ein damit kollidierendes Interesse der Staatskasse, für den von ihr aufgebrachten Teil der Vergütung einen Ausgleich zu erlangen, als nachrangig einstuft. Durch die **Gleichstellung** der **Beiordnung nach § 138 FamFG** sowie der **Bestellung nach § 67a Abs. 1 S. 2 VwGO** mit der Beiordnung im Wege der Prozesskostenhilfe (Abs. 1 S. 1) gilt das auch innerhalb dieser Schuldverhältnisse. Dem trägt die **Subsidiaritätsklausel zum übergegangenen Anspruch** in Abs. 1 S. 2 Rechnung, wie sie sich auch bei der Bürgschaft in § 774 Abs. 1 S. 2 BGB und an anderer Stelle jeweils dort wiederfindet, wo die wirtschaftlichen Belange des Gläubigers gegenüber dem Leistenden als schutzwürdig angesehen werden (vgl. § 426 Abs. 2 S. 2 BGB). 25

2. Bedeutung für das Beitreibungsrecht nach § 126 ZPO

Das an die Staatskasse gerichtete Verbot, ein auf sie übergegangenes Beitreibungsrecht nach § 126 ZPO entgegen den Erfüllungsinteressen des beigeordneten Anwalts geltend zu machen, erschöpft sich nicht darin, dass die übergegangene Forderung bei der Staatskasse „ruht", solange der Anwalt noch nicht vollständig befriedigt ist. Vielmehr kommen Sinn und Zweck des Gesetzes nur zur Geltung, wenn der Anwalt auch den auf die Staatskasse übergegangenen Anteil seines Erstattungsanspruchs gegen den Gegner weiterhin für seine Entlohnung einzusetzen berechtigt ist, soweit er ihn dafür benötigt. In diesen Fällen bleibt die **Einziehungsbefugnis bei ihm**, obwohl er **nicht mehr Inhaber der Forderung** ist. Deshalb darf der Anwalt eine Vergütung aus der Staatskasse zunächst in vollem Umfang auf diejenigen Kosten verrechnen, für die er (teilweise) erstattungspflichtiger Gegner nicht haftet.[18] **Erst wenn er alle Gebühren und Auslagen erhalten** hat, kann die **Staatskasse** den dann noch **verbleibenden Teil** des auf sie übergegangenen Beitreibungsrechts nach § 126 ZPO **für sich einsetzen**.[19] 26

> Beispiel: Es ist ratenfreie Prozesskostenhilfe bewilligt worden. Die Staatskasse hat die Grundvergütung von 600 EUR bezahlt, die vollen Regelgebühren des beigeordneten Anwalts belaufen sich auf 950 EUR. Der gesamte Erstattungsanspruch gegen den nur teilweise kostentragungspflichtigen Gegner beträgt 380 EUR. Durch die Befriedigung des Anwalts i.H.v. 600 EUR ist dessen Beitreibungsrecht bis zu dieser Höhe, mithin also vollständig auf die Staatskasse übergegangen. Der Anwalt benötigt die Forderung aber teilweise für sich selbst, da von den Regelgebühren noch 350 EUR offen sind und er anderweitig keine Erfüllung erlangen kann. Deshalb darf er die Zahlungen aus der Staatskasse auf den „ungedeckten" Teil seiner Vergütung verrechnen und den Restbetrag von 350 EUR im Wege der Kostenfestsetzung vom Gegner einfordern. Erst wenn er voll befriedigt ist, kann die Staatskasse die übergegangene Forderung in Höhe der verbleibenden 30 EUR geltend machen.

Der Vorrang des Anwalts bei der Durchsetzung seines Beitreibungsrechts „setzt eine **Konkurrenzsituation** voraus, sei es **in der Vollstreckung**, sei es schon **bei der Festsetzung** infolge Bildung einer Kostenquote".[20] Diese Rivalität besteht allerdings nicht im Verhältnis der einzelnen Gebührentatbestände zueinander, die einerseits Gegenstand der Vergütung aus der Staatskasse und andererseits des Beitreibungsrechts gegen den (nur teilweise) erstattungspflichtigen Gegner sind. Vielmehr geht es bei Abs. 1 S. 2 darum, dass die **Restforderung** aus dem Anwaltsvertrag, die von einem Erstattungsanspruch gegen den Gegner gedeckt ist, mit dem **Rückgriffsanspruch** der Staatskasse aus eben diesem Erstattungsanspruch **kollidiert**. Auf welche Gebührenanmeldung des beigeordneten Anwalts die Staatskasse gezahlt hat, also weshalb deren Beitreibungsrecht besteht, ist angesichts des geschützten Erfüllungsinteresses für den Vorrang des Anwalts unerheblich.[21] So kann der Anwalt etwaige **Zahlungen der Staatskasse** zuerst **auf** die **Umsatzsteuer verrechnen**, weil ein voll erstattungs- 27

---

17 Siehe auch *Hartmann*, Kostengesetze, § 59 RVG Rn 7: „Zwischen dem beigeordneten oder bestellten Anwalt und der Staatskasse besteht ein bürgschaftsähnliches Verhältnis."

18 Das entspricht der Regelung des § 58 Abs. 2 zur Verrechnung von Zahlungen auf den Teil der Vergütung, für den die Staatskasse nicht haftet.

19 LAG Nürnberg AnwBl 1988, 181 m.w.N.

20 OLG Schleswig AnwBl 1994, 304.

21 A.A. OLG Schleswig AnwBl 1994, 304, wonach der Vorrang hinsichtlich solcher Gebühren, die der Gegner voll zu erstatten hat, entfallen soll, soweit die Staatskasse darauf gezahlt hat.

pflichtiger Gegner insoweit nicht haftet, und die (restlichen) Nettogebühren nach § 126 ZPO beitreiben, während die Staatskasse nur noch den danach verbleibenden Erstattungsanspruch gegen den Gegner erheben kann (siehe § 55 Rdn 128 ff.). Der Vorrang greift allerdings nur so weit, wie ein Vergütungsanspruch des Anwalts gegen die bedürftige Partei entstanden ist. Hat der Anwalt neben dieser noch einen **Streitgenossen ohne Prozesskostenhilfe** vertreten (siehe § 48 Rdn 107 f.; zur Abrechnung bei mehreren Auftraggebern mit PKH siehe § 55 Rdn 134 ff.) und wird die Auffassung geteilt, dass in einem solchen Fall eine **Wahlanwaltsvergütung nur kopf- oder wertanteilig** entsteht (siehe § 7 Rdn 49), bestünde ein Vorrang auch nur in diesem Umfang. Das ist jedoch **zum Schutz des Anwalts abzulehnen**.[22]

3. Besondere Behandlung von Zahlungen der Partei gemäß § 120 ZPO

28 Soweit der Partei mit der Bewilligung von Prozesskostenhilfe Raten und/oder Einmalzahlungen auferlegt wurden (§ 120 Abs. 1 ZPO), dienen diese zwar auch zur Befriedigung des Anwalts. **Kostengläubigerin** ist jedoch die **Staatskasse** (§ 120 Abs. 2 ZPO).[23] Der Vergütungsanspruch des Anwalts gegen die Partei erstreckt sich nicht unmittelbar auf diese Zahlungen; selbige finden lediglich als **Haftungsmasse** (auch) **zur Erfüllung des Vergütungsanspruchs** Verwendung. Deshalb **unterliegen** die Zahlungen nach § 120 Abs. 1 ZPO **nicht dem Vorrang** des Abs. 1 S. 2. Insoweit hat der Gesetzgeber mit § 50 eine **andere Rangordnung** aufgestellt, indem daraus zunächst die Gerichts- und Gerichtsvollzieherkosten (§ 122 Abs. 1 Nr. 1 Buchst. a ZPO) sowie die Zahlungen der Staatskasse an den Anwalt (§ 122 Abs. 1 Nr. 1 Buchst. b ZPO) gedeckt werden sollen. Es handelt sich um einen **Fall der gesetzlichen Verrechnung**, weil der **Anspruchsübergang** auf die Staatskasse als **rechtlicher Grund** für das **Behaltendürfen** der Zahlungen nach § 120 Abs. 1 ZPO eingesetzt wird. Damit scheidet insoweit die von Abs. 1 S. 2 vorausgesetzte Konkurrenzsituation aus.

29 Die Verrechnung gemäß § 50 findet jedoch keine Anwendung auf die **Differenz** zwischen Regelvergütung und Grundvergütung, der **durch Zahlungen** nach § 120 Abs. 1 ZPO **nicht gedeckt** ist. Sollte diese infolge **Aufhebung der Prozesskostenhilfe** (§ 124 ZPO) nicht mehr einredebehaftet sein, sondern **voll fällig** werden, hat der Anwalt bei der Durchsetzung dieses restlichen Anspruchs gegen die Partei im Verhältnis zur Staatskasse **ebenso Vorrang** wie bei der Inanspruchnahme eines erstattungspflichtigen Gegners. Das gilt insbesondere bei einer **Festsetzung nach § 11**.[24]

4. Der nach § 138 FamFG beigeordnete und der nach § 67a VwGO bestellte Anwalt

30 In diesen Fällen hat der **Vorrang** des Anwalts in Bezug auf seinen **Vergütungsanspruch** die nämliche Bedeutung wie bei seinem Beitreibungsrecht (vgl. Rdn 26). Auch soweit der Anspruch gegen den oder die Vertretenen infolge einer Zahlung der Staatskasse gemäß den §§ 45 Abs. 2, 47 Abs. 1 S. 2 auf diese übergegangen ist, darf der Anwalt ihn **bis zur Erlangung der vollen Regelvergütung** weiterhin einziehen. Erst wenn er voll befriedigt ist, kann die Staatskasse den Anspruchsübergang nach Abs. 1 S. 1 für ihre Zwecke nutzen.

III. Durchsetzung des übergegangenen Anspruchs (Abs. 2)

1. Feststellung des Anspruchs

31 Sobald eine Kostenentscheidung ergeht, ein Vergleich geschlossen oder das Verfahren sonst wie beendet wird, setzt der Kostenbeamte (§ 2 KostVfG) die Kosten nach dem jeweiligen Gerichtskostengesetz (GKG, FamGKG, GNotKG) an (z.B. § 19 GKG) und stellt die Kostenschuldner fest. In die **Kostenrechnung** nimmt er die **Gerichtskosten und die nach § 59 übergegangenen Ansprüche** auf; Nr. 7.1 DB-PKHG. Gemäß Teil A Nr. 2.4.1 VwV Vergütungsfestsetzung ist der Urkundsbeamte der Geschäftsstelle damit betraut, „in jedem Fall zu prüfen und nötigenfalls **zu überwachen**, ob die **aus der Staatskasse gezahlte Vergütung** vom erstattungspflichtigen Gegner oder von der Partei

---

22 Zutreffend OLG Brandenburg JurBüro 2007, 259.
23 Nach Nr. 4.1 DB-PKHG sind die Raten „wie Kostenforderungen" zu behandeln und von der Geschäftsstelle unmittelbar einzufordern.

24 Siehe dazu Teil A Nr. 2.3.6 VwV Vergütungsfestsetzung und Nr. 9.1 DB-PKHG.

eingefordert werden kann". Zwecks Anspruchsverfolgung hat er dafür Sorge zu tragen, dass die Parteien ihre Kostenberechnungen einreichen, oder er hat den Ausgleichsanspruch der Staatskasse nach Aktenlage zu berechnen.

2. Geltendmachung des Erstattungsanspruchs gegen den Gegner

Sowohl der für die Vergütungsfestsetzung zuständige Kostenbeamte als auch der für die Kostenfestsetzung zuständige Rechtspfleger – in der Regel besteht insoweit Personalunion – haben zu ermitteln, ob der beigeordnete Anwalt gemäß § 49 eine Vergütung aus der Staatskasse erhalten hat und inwieweit diese Vergütung durch Zahlungen der Partei nach § 120 ZPO gedeckt ist. **Soweit** eine **Deckung fehlt**, haben sie den Erstattungsanspruch des beigeordneten Anwalts gegen den Gegner festzustellen und zu berechnen, ob und gegebenenfalls um wie viel dieser Anspruch zuzüglich Vergütung aus der Staatskasse die Regelgebühren übersteigt.

32

> **Beispiel:** Die Klägerin hat Prozesskostenhilfe mit Zahlungsanordnung und obsiegt überwiegend. Von den Kosten des Rechtsstreits trägt sie 1/5 und der Beklagte 4/5. Die von der Klägerin aufgebrachten Raten sind i.H.v. 400 EUR auf die Anwaltskosten zu verrechnen. Der beigeordnete Anwalt hat die Vergütung nach der Tabelle des § 49 in Höhe von 720 EUR aus der Staatskasse erhalten. Die vollen Gebühren nach der Wahlanwaltsgebührentabelle (§ 13) belaufen sich auf brutto 1.100 EUR.
>
> | | |
> |---|---:|
> | Aus der Staatskasse gem. § 49 gezahlt | 720 EUR |
> | Davon durch Zahlungen der Partei gedeckt | 400 EUR |
> | Anspruchsübergang nach § 59 (Differenz) | 320 EUR |
> | Wahlanwaltsvergütung des beigeordneten Anwalts | 1.100 EUR |
> | Davon hat der Gegner zu tragen (4/5) | 880 EUR |
> | Der Gegner kann aufrechnen/ausgleichen mit seinen Prozesskosten von 1.100 EUR zu 1/5 | 220 EUR |
> | Es verbleibt ein **Beitreibungsrecht** von (Differenz) | 660 EUR |
> | Aus der Staatskasse hat der Anwalt **erhalten** | 720 EUR |
> | Die **Summe von Beitreibungsrecht und Zahlung aus der Staatskasse** | 1.380 EUR |
> | **übersteigt** die **Wahlanwaltsvergütung** von | 1.100 EUR |
> | um die **Differenz** von | **280 EUR** |
>
> Dieser im Verhältnis zum Anwalt nachrangig durchsetzbare Betrag ist geringer als der Anspruchsübergang und kann daher voll geltend gemacht werden.

Der Kostenbeamte stellt den errechneten **Betrag zum Soll** zwecks **Einziehung** durch die Gerichtskasse und der **Rechtspfleger** vermerkt ihn in einem zu erlassenden **Kostenfestsetzungsbeschluss** als **durchsetzbare Forderung der Staatskasse** (Teil A Nr. 2.3.1 VwV Vergütungsfestsetzung).[25] Das gilt auch, wenn dem Gegner seinerseits Prozesskostenhilfe bewilligt worden ist (vgl. Rdn 45 ff.). Zahlt der Gegner aufgrund des Vermerks im Kostenfestsetzungsbeschluss oder die Kostenrechnung nicht freiwillig, ist letztere nach der **Justizbeitreibungsordnung** (§ 1 Abs. 1 Nr. 4 JBeitrO) durch die Gerichtskasse als Vollstreckungsbehörde (§ 2 Abs. 1 S. 1 JBeitrO) oder die Justizbeitreibungsstelle des jeweiligen Bundesgerichts (§ 2 Abs. 2 JBeitrO) zu vollstrecken.

33

3. Geltendmachung des Vergütungsanspruchs gegen die Partei

Infolge **Bewilligung von Prozesskostenhilfe** ist jeder Vergütungsanspruch des beigeordneten Anwalts gegen die Partei für seine Tätigkeiten im Rahmen der Beiordnung grundsätzlich **einredebehaftet** (§ 122 Abs. 1 Nr. 3 ZPO). Er besteht nur in der Rechtsqualität einer **Naturalobligation**. Die Einrede der mangelnden Durchsetzbarkeit gehört zu den **Einwendungen** des § **404 BGB**. Dieser Begriff ist aus Gründen des Schuldnerschutzes im weitesten Sinne zu verstehen. Der Schuldner darf durch einen Gläubigerwechsel grundsätzlich keinerlei Rechtsnachteil erfahren. Da § 404 BGB auf den gesetzlichen Forderungsübergang entsprechend anwendbar ist (vgl. Rdn 7), kann die Partei die Einrede **auch der Staatskasse entgegenhalten**, soweit diese durch eine Zahlung an den Anwalt zur neuen Gläubigerin wird (§ 122 Abs. 1 Nr. 1 Buchst. b ZPO). Die **Sperrwirkung** des § 122 Abs. 1

34

---

[25] Betreibt die Partei das Kostenfestsetzungsverfahren, greift die Staatskasse aus eigenem Recht in dieses Verfahren ein und macht das auf sie übergegangene Beitreibungsrecht des Anwalts durch Abzug von der Erstattungsforderung mittelbar geltend.

Nr. 3 ZPO **hindert** auch eine **Verrechnung** des übergegangenen Vergütungsanspruchs **mit Gegenforderungen der Partei** etwa aufgrund überhöhter Gerichtskostenzahlungen, solange der PKH-Beschluss nicht aufgehoben oder abgeändert wurde.[26] Sie greift hingegen dort nicht ein, wo auch der **Anwalt berechtigt** wäre, seinen Vergütungsanspruch durchzusetzen. Eine solche Konstellation kann sich aus den **Anrechnungsvorschriften VV Vorbem. 3 Abs. 4 oder VV 4100 Abs. 2** ergeben, wenn die Partei den anrechenbaren Teil einer (vor Beiordnung oder Bestellung) angefallenen **Geschäfts- bzw. Grundgebühr noch nicht gezahlt** hat. Denn die Anrechnung als solche vermag den **Vergütungsanspruch** des Anwalts gegen die Staatskasse **nicht zu reduzieren**, selbst wenn dieser Teil der Gebühr als Erstattungsforderung der Partei gegen den Gegner **bereits tituliert** ist, sondern nur jede Zahlung auf den anrechenbaren Betrag (siehe § 58 Rdn 12 ff.). Deshalb geht, soweit die Verfahrensgebühr von der Staatskasse getragen wird, ein noch bestehender **Anspruch des Anwalts** auf den insoweit anzurechnenden Teil der Geschäfts- bzw. Grundgebühr **einredefrei** auf diese **über**. Bei der Geltendmachung ist allerdings der **Vorrang** des Anwalts gemäß Abs. 1 S. 2 ebenso zu beachten wie im Fall einer Zahlung an den Anwalt selbst (§ 58 Abs. 2 und 3).

35 Hat das Gericht eine **Zahlungsbestimmung** nach § 120 Abs. 1 ZPO getroffen und die Partei Zahlungen erbracht, besteht insoweit allerdings **keine Notwendigkeit einer Erhebung des übergegangenen Vergütungsanspruchs gegen die Partei**, um die von der Staatskasse an den Anwalt geleistete Vergütung auszugleichen. Nach § 50 sind diese **Zahlungen** (auch) **mit** der **Gebührenschuld** der Partei ursprünglich dem Anwalt und nunmehr der Staatskasse gegenüber zu **verrechnen** (vgl. Rdn 28). Um die hierdurch eröffnete Möglichkeit der Ausgleichung auszuschöpfen, hat gemäß Nr. 7.1 Abs. 3 DB-PKHG der Kostenbeamte die Akten nach Aufstellung der Kostenrechnung, die den übergegangenen Anspruch einschließt (Nr. 7.1 Abs. 1 DB-PKHG), unverzüglich dem Rechtspfleger vorzulegen, der darüber befindet, was zur **Wiederaufnahme oder Einstellung der Zahlungen** zu veranlassen ist; Nr. 8.1 bis 8.4 DB-PKHG.

36 Der im Fall einer **Beiordnung** des Anwalts **gemäß § 138 FamFG** oder seiner **Bestellung gemäß § 67a Abs. 1 S. 2 VwGO** nach Zahlung der Staatskasse auf diese übergegangene **Anspruch des Anwalts gegen den oder die Vertretenen** hat für das Ziel einer Kostenfreistellung der Staatskasse grundsätzlich die **nämliche Bedeutung** wie das übergegangene Beitreibungsrecht des Anwalts gegen den Gegner. Auf seine **Durchsetzbarkeit** ist die Staatskasse sogar **angewiesen**, falls der **Gegner nicht erstattungspflichtig** ist. Auch hier hat der Kostenbeamte den Betrag zu ermitteln, der von dem Vertretenen oder dem einzelnen Streitgenossen nach vollständiger Befriedigung des Anwalts noch verlangt werden kann, sowie zu prüfen und darüber zu befinden, inwieweit diese Verpflichtungen für eine Kostenentlastung der Staatskasse einzusetzen sind. Sodann stellt er den jeweiligen Betrag zum Soll zwecks Einziehung durch die Gerichtskasse (vgl. Rdn 32 f.).

IV. „Verteidigung" gegen den Kostenansatz (Abs. 2)

37 Das PKH-Änderungsgesetz hat in § 59 Abs. 2 S. 1 klargestellt, dass nicht nur für den Ansatz, sondern auch für die Rechtsbehelfe gegen die Geltendmachung dieser übergegangenen Forderungen das jeweilige Kostengesetz (GKG, FamGKG, GNotKG) entsprechend gilt.[27] Mithin kann der jeweilige „Kostenschuldner", wenn er den festgestellten Anspruch des Anwalts im Umfang des (vermeintlichen) Forderungsübergangs auf die Staatskasse nicht gelten lassen will, gegen die Kostenrechnung in **zwei Stufen** vorgehen, nämlich zunächst **Erinnerung** einlegen (z.B. § 66 Abs. 1 GKG) und alsdann eine ihm ungünstige Entscheidung über diese Erinnerung mit der **Beschwerde** überprüfen lassen (z.B. § 66 Abs. 2 GKG), soweit die formellen Voraussetzungen gegeben sind. Bei der Erinnerung und Beschwerde handelt es sich um eine Anfechtungsmöglichkeiten, die von dem jeweiligen Hauptsacheverfahren abgekoppelt und als **selbstständiges Rechtsbehelfe** normiert wurde. Die Erinnerung ist **nicht befristet**. Die Beschwerde ist binnen einer Zwei-Wochen-Frist einzulegen.

---

26 KG MDR 2007, 304 = Rpfleger 2006, 662.
27 A.A. LSG NRW BeckRS 2015, 66479: Das Verfahrensgesetz der Hauptsache ist anzuwenden.

V. Entsprechende Anwendung des Abs. 1 bei Beratungshilfe (Abs. 3)

Die Beratungshilfe versteht sich ebenso wie die Prozesskostenhilfe ohne Zahlungsanordnung als staatliche **Unterstützungsleistung** mittels **dauerhafter Kostenfreistellung**. Eine **Rückzahlung** der von der Staatskasse an den Anwalt gezahlten Vergütung durch den Rechtsuchenden **scheidet aus**. Nur wenn ein Dritter ebenfalls für die Kosten einzustehen hat, kommt eine Entlastung der Staatskasse in Betracht. Um dieses Ziel zu erreichen, geht das Gesetz bei der Beratungshilfe einen anderen Weg als bei der Prozesskostenhilfe ohne Ratenzahlungsanordnung. Soweit der **Gegner** für die Kosten des Rechtsuchenden **einzustehen** hat, lässt es den Erstattungsanspruch des Rechtsuchenden **originär** auf den Anwalt **übergehen** (§ 9 S. 2 BerHG), weil der Rechtsuchende mit Ausnahme der Gebühr nach VV 2500 keine eigene Kostenbelastungen hat.

38

Dieser Anspruchsübergang hat für den Anwalt **materiell-rechtlich** die gleiche Bedeutung wie sein **Beitreibungsrecht** nach § 126 ZPO in einem gerichtlichen Verfahren. Er kann auf einen (weiteren) Schuldner zugreifen, um seine Vergütungsforderung zu realisieren. Soweit die **Staatskasse** den Anwalt bezahlt, erfüllt sie damit **zugleich** eine **Verpflichtung des Gegners**. Die **Interessenlage entspricht** damit dem **Tatbestand des Abs. 1**. Zur Rangordnung gilt auch hier, dass die **Belange des Mandanten zuvorderst** gewahrt werden (§ 9 S. 3 BerHG) (zur Rechtslage bei der Prozesskostenhilfe (siehe § 55 Rdn 117 ff.), alsdann die **Interessen des Anwalts auf Regelvergütung** folgen (siehe Rdn 26 f.), und dass erst **an letzter Stelle** der **Rückgriff der Staatskasse** auf den Gegner steht.

39

Eine entsprechende **Anwendung** des **Abs. 2 scheidet** aus, weil die Beratungshilfe nicht in einem gerichtlichen Verfahren stattfindet, sondern eine **außergerichtliche Tätigkeit** darstellt. Damit fehlt der Staatskasse die Zugriffsmöglichkeit über das Kostenrecht. Wenn der erstattungspflichtige Gegner nicht freiwillig zahlt, bleibt ihr nur der **Klageweg**.

40

C. Erstattungsfragen

I. Der Gegner haftet nur mit einer Quote

Bei **voller Kostentragungspflicht des Gegners** macht die Berechnung des Beitreibungsrechts nach § 126 ZPO und eines Forderungsübergangs nach § 59 – von dem Sonderfall der Vorsteuerabzugsberechtigung der bedürftigen Partei einmal abgesehen (vgl. Rdn 27, § 55 Rdn 128 ff.) – keine Schwierigkeiten, weil der Erstattungsanspruch gegen den Gegner auf die volle Vergütung des Anwalts geht und eine **Konkurrenz zur Staatskasse** infolge teilweisen Übergangs **nur bei der Vollstreckung** besteht. Hingegen stellt sich bei einer **Kostenverteilung nach Quoten** schon das **Problem der Anspruchszuordnung** (siehe Rdn 26); beigeordnete Anwälte können einerseits nur „ihre Gebühren und Auslagen" (§ 126 Abs. 1 ZPO) anmelden, die von einem hierauf beschränkten Teilerstattungsanspruch ohnehin nicht voll abgedeckt werden, und zum anderen müssen sie eine Aufrechnung des Gegners mit seinem Teilerstattungsanspruch hinnehmen (§ 126 Abs. 2 ZPO).

41

Beispiel: Die Partei hat ratenfreie Prozesskostenhilfe und soll 1/3 der Kosten tragen, während der Gegner 2/3 trägt. Die Staatskasse hat die Vergütung nach der Gebührentabelle des § 49 von 720 EUR an den beigeordneten Anwalt gezahlt. Dieser meldet 960 EUR zur Festsetzung an. Der Gegner hat erstattungsfähige Kosten von 1.680 EUR (950 EUR Anwaltskosten und 730 EUR Parteiauslagen).

Gebühren des beigeordneten Anwalts als Wahlanwalt (§ 13)	960 EUR
Davon hat der Gegner zu tragen (2/3)	640 EUR
Der Gegner kann aufrechnen mit Prozesskosten von 1.680 zu 1/3	560 EUR
Es verbleibt ein Beitreibungsrecht von (Differenz)	80 EUR
Aus der Staatskasse hat der Anwalt erhalten	720 EUR
Die Summe von	800 EUR
ist geringer als der volle Vergütungsanspruch von	960 EUR

Damit darf der Anwalt das Beitreibungsrecht auch nach Zahlung der Vergütung nach der Gebührentabelle des § 49 weiterhin für sich beanspruchen, weil ein Forderungsübergang zwar eingetreten, aber für die Staatskasse nicht durchsetzbar ist (Vorrang gemäß Abs. 1 S. 2, vgl. Rdn 26). Die Einziehungsbefugnis verbleibt bei dem Anwalt.

Macht **neben dem Anwalt** auch **die Partei selbst** einen Erstattungsanspruch geltend (vgl. § 55 Rdn 120 ff.), tritt die weitere Fragestellung hinzu, ob und inwieweit dem Anwalt gegenüber **aufge-**

42

rechnet (§ 126 Abs. 2 ZPO) **oder** der Partei gegenüber die **Kostenausgleichung** (§ 106 ZPO) betrieben wird. Beide Möglichkeiten unterliegen der Dispositionsbefugnis des Gegners und können daher wahlweise (alternativ oder kumulativ) Anwendung finden.

> **Variante 1:** Die Partei stellt i.H.v. 1.830 EUR Kostenausgleichungsantrag. Darin sind die Gebühren eines Wahlanwalts (§ 13) für den beigeordneten Anwalt, der diese ebenfalls angemeldet hat, mit 960 EUR enthalten. Die restlichen 870 EUR betreffen erstattungsfähige Reise- und Gutachterkosten. Der Gegner wendet sich nur gegen das Festsetzungsgesuch des Anwalts mit der Begründung, dass er seinen Erstattungsanspruch gegen rechne.
>
> Für den Anwalt verbleibt es bei der Ausgangsberechnung, da die Erklärung des Gegners als Ausübung der Aufrechnungsbefugnis nach § 126 Abs. 2 ZPO auszulegen ist. Die Partei kann angesichts der Verstrickung ihres weiter gehenden Erstattungsanspruchs mit der Festsetzung ihrer Auslagen zwar nichts weiter erreichen, erhält insoweit aber mit 580 EUR die volle Quote (2/3 von 870 EUR), weil eine Kostenausgleichung ausscheidet.

43 Trifft der Gegner keinerlei Bestimmung, wie sein Erstattungsanspruch eingesetzt werden soll, könnte eine entsprechende Anwendung des **§ 366 Abs. 2 BGB** interessengerecht sein. Ob eine Zuordnung nach unterschiedlicher Lästigkeit der Erstattungsforderungen einerseits der Partei und andererseits des Anwalts bzw. der Staatskasse den Umständen nach in Betracht kommen kann, erscheint zweifelhaft. Praxisgerecht dürfte eher eine **verhältnismäßige Aufteilung des Gegenanspruchs** gemäß der letztgenannten Auffangregelung des § 366 Abs. 2 BGB sein.

> **Variante 2:** Der Gegner meldet seine Kosten „zwecks Ausgleichung" an und lässt eine Anfrage, ob er eine bestimmte Verrechnung wünsche, unbeantwortet.
>
> Der Anteil der beitreibungsfähigen Kosten von 960 EUR an den gesamten erstattungsfähigen Kosten der Partei von 1.830 EUR beträgt 52 %. Mithin braucht sich der Anwalt an aufrechenbaren Kosten des Gegners nur 52 % von dessen erstattungsfähigen Kosten (560 EUR) = 291,20 EUR entgegenhalten zu lassen. Die Partei muss eine Ausgleichung von 48 % dieser Kosten = 268,80 EUR hinnehmen, so dass ihr 311,20 EUR (580 EUR − 268,80 EUR) verbleiben. Die Abrechnung nach § 59 ändert sich wie folgt:
>
> | | |
> |---|---:|
> | Gebühren des beigeordneten Anwalts als Wahlanwalt (§ 13) | 960,00 EUR |
> | Davon hat der Gegner zu tragen (2/3) | 640,00 EUR |
> | Aufrechnen kann der Gegner mit 52 % von 560 EUR (= 1/3 von 1.680) | 291,20 EUR |
> | Es verbleibt ein **Beitreibungsrecht** von (Differenz) | 348,80 EUR |
> | **Aus** der **Staatskasse** hat der Anwalt **erhalten** | 720,00 EUR |
> | Die **Summe** von | 1.068,80 EUR |
> | **übersteigt** die **Gebühren** eines Wahlanwalts (§ 13) von | 960,00 EUR |
> | um die **Differenz** von | 108,80 EUR |
>
> Dieser im Verhältnis zum Anwalt nachrangig durchsetzbare Betrag ist geringer als der Forderungsübergang und kann daher von der Staatskasse voll geltend gemacht werden.

II. Auch der Gegner hat Prozesskostenhilfe

44 Dann gilt die Regelung des **§ 123 ZPO**, wonach die Bewilligung von Prozesskostenhilfe keinen Einfluss auf die prozessuale Kostenerstattungspflicht dem Gegner gegenüber entfaltet, in beiden Richtungen. Ist der Gegner ganz oder teilweise zur Kostentragung verpflichtet, haftet er ungeachtet seiner persönlichen und wirtschaftlichen Verhältnisse auf die vollen Beträge. Also ist auch ein Beitreibungsrecht des beigeordneten Anwalts als solches nicht beeinträchtigt, falls dem Gegner ebenfalls Prozesskostenhilfe bewilligt wurde. Allerdings erweist sich die **Vollstreckung häufig als problematisch**. Das ist jedoch nicht zwingend, da die Vermögensverhältnisse für die Bewilligung von Prozesskostenhilfe keineswegs so ungünstig sein müssen wie bei einer Unpfändbarkeit. Deshalb kann durchaus hinreichende Haftungsmasse vorhanden sein, auch wenn der Gegner Prozesskostenhilfe hat.

45 Umstritten ist jedoch das **Schicksal des Beitreibungsrechts**, soweit es auf die **Staatskasse** übergeht und von dieser **ohne Vorrang des beigeordneten Anwalts geltend gemacht** werden kann. Denn die Durchsetzung erfolgt **mittels Kostenrechnung** so, als wenn es sich um Gerichtskosten handeln würde (vgl. Rdn 31). Diese Handhabung spricht für eine einheitliche Anwendung des § 122 Abs. 1 Nr. 1 Buchst. a ZPO auch auf das übergegangene Beitreibungsrecht des Anwalts, obwohl es sich der

Sache nach um außergerichtliche Kosten handelt.[28] Danach könnte die Staatskasse Rückgriff für ihrerseits aufgebrachte Anwaltskosten bei dem erstattungspflichtigen Gegner nur nehmen, soweit dieser gemäß § 120 Abs. 1 ZPO im Rahmen der Prozesskostenhilfe Zahlungen zu erbringen hat.

Dem steht allerdings entgegen, dass § 122 Abs. 1 Nr. 1 Buchst. b ZPO eine solche Einschränkung des übergegangenen Anspruchs (auch) für das Beitreibungsrecht des Anwalts gegen den Gegner nicht vorsieht. Deshalb wird von anderer Seite vertreten, dass die Staatskasse trotz der Gleichbehandlung des Erstattungsanspruchs mit Gerichtskosten **verschiedene Durchsetzungsmöglichkeiten** hat, nämlich bei den Kosten gemäß § 122 Abs. 1 ZPO nur die **Verrechnung** (mit Zahlungen des Gegners gemäß § 120 Abs. 1 ZPO), hingegen bei den von ihr aufgebrachten Anwaltskosten die **Vollstreckung** (nach der Justizbeitreibungsordnung).[29]

Diese **Lösung** ist zwar umständlich, aber **sachgerecht**. Einerseits vermag ein Rechtsübergang nicht den Rechtscharakter der Forderung zu ändern. Deshalb ist auch ein solcher Gegner der Staatskasse zur Befriedigung des übergegangenen Erstattungsanspruchs verpflichtet, der gemäß § 2 GKG von Zahlung der Gerichtskosten befreit ist.[30] Den nach § 122 Abs. 1 ZPO befreiten Gegner anders zu behandeln, wäre inkonsequent. Außerdem ergibt sich ein durchsetzbarer Erstattungsanspruch für die Staatskasse nur, wenn sie eine Vergütung an den beigeordneten Anwalt geleistet hat, die nicht durch eine Zahlung der Partei nach § 120 Abs. 1 ZPO gedeckt ist. Soweit die Partei derartige Zahlungen erbracht hat, ist diese selbst (uneingeschränkt) Inhaberin des Erstattungsanspruchs.[31] Nach der erstgenannten Meinung wäre also der Charakter des Kostenerstattungsanspruchs gegen den Gegner einmal als voll und zum anderen als nur bedingt durchsetzbar jeweils davon abhängig, inwieweit die Partei Zahlungen nach § 120 Abs. 1 ZPO erbracht hat. Dieser Umstand ist jedoch kein taugliches Differenzierungsmerkmal, weil er nicht in einem inneren oder auch nur äußeren Zusammenhang mit der Kostenschuld des Gegners steht.

D. Praxisempfehlungen

Bei einer Prozesskostenhilfe mit Zahlungsbestimmung und nur eingeschränkter Einstandspflicht der Staatskasse sollte der beigeordnete Anwalt überschlägig ermitteln, ob die angeordneten Zahlungen (bei Ratenzahlungen höchstens 48 Monatsbeträge; § 115 Abs. 1 S. 4 ZPO) voraussichtlich ausreichen werden, seine volle Anwaltsvergütung eines Wahlanwalts (§ 13) und die Gerichtskosten zu decken. Ist das der Fall, erweist sich sein Interesse an einer Entlohnung mit den vollen Gebühren regelmäßig als gesichert. Reichen hingegen die Zahlungen wohl nicht oder ist ratenfreie Prozesskostenhilfe bewilligt, so kann der Anwalt **über die Vergütung** nach der Gebührentabelle des § 49 **hinaus** eine **weitere Entlohnung** nur erreichen, wenn es ihm gelingt, zu seinen Gunsten eine Erstattungspflicht des Gegners zu erwirken.

Sein besonderes Augenmerk sollte deshalb zunächst der **Kostenregelung** gelten. Soweit er darauf Einfluss nehmen kann, wäre es verfehlt, dem Gegner durch eine großzügige Quote entgegenzukommen, etwa um die Hauptschuld der Partei gering zu halten, falls per Saldo ein **Überschuss zugunsten der Partei** erreicht werden könnte. Dann verbietet sich auch eine Kostenaufhebung gemäß § 92 Abs. 1 S. 2 ZPO. Ein **Aktivsaldo in der Kostenendabrechnung** setzt **nicht notwendig** eine **Haftungsquote des Gegners von 50 % oder mehr** voraus. Entscheidend sind die jeweils angefallenen Kosten dem Betrag nach. Sind diese bei der Partei deutlich höher, kann auch eine Erstattungspflicht des Gegners von unter 50 % zu einem nennenswerten Überschuss führen. Das gilt insbesondere dann, wenn die Partei ein **selbstständiges Beweisverfahren** auf eigene Kosten betrieben hat.

---

28 So etwa OLG München MDR 2001, 596; OLG Karlsruhe OLGR 1999, 223; OLG Braunschweig JurBüro 1990, 508; OLG Zweibrücken JurBüro 1989, 237 = Rpfleger 1989, 114; OLG Hamburg JurBüro 1983, 612; siehe auch *Mümmler*, JurBüro 1988, 957 unter Berufung auf die auszugsweise zitierte Begründung des Regierungsentwurfs v. 17.7.1979 (BT-Drucks 8/3068, S. 30).

29 OLG Zweibrücken MDR 2008, 1245; OLG Nürnberg MDR 2008, 233; OLG Koblenz MDR 2008, 172 = AGS 2008, 566 = RVGreport 2008, 219; LG Mönchengladbach AnwBl 2003, 595; BGH JurBüro 1997, 648 = MDR 1997, 887; OLG Oldenburg JurBüro 1991, 1373; OLG Schleswig JurBüro 1991, 1207.

30 OLG Düsseldorf OLGR 1999, 497; BGH MDR 1996, 1150.

31 Vgl. OLG Schleswig JurBüro 1991, 1207.

50 Dem beigeordneten oder bestellten Anwalt sollte im eigenen Interesse daran gelegen sein, **möglichst viele Kostenpositionen** der Partei mit **in die Abrechnung** einzubringen, damit sich die **Abzüge** bei seinem Beitreibungsrecht infolge gegnerischer Erstattungsansprüche (§ 126 Abs. 2 ZPO) **relativieren**. Je geringer der Anteil der beitreibbaren Anwaltskosten an den Gesamtkosten der Partei ist, umso weniger werden diese Kosten bei gleichzeitiger Geltendmachung der sonstigen Parteikosten durch eine Aufrechnung belastet (siehe Rdn 43).

51 Eine besondere Problematik ergibt sich aus dem Zusammenspiel von **Anrechnung (§ 15a)** nur bei tatsächlicher Zahlung (§ 58) in folgender Situation: Dem Antragsteller wird Prozesskostenhilfe bewilligt. Dem Antragsteller wird im Rechtsstreit die Erstattung der außergerichtlichen Geschäftsgebühr VV 2300 zugesprochen. Der Rechtsanwalt erhält die volle Verfahrensgebühr VV 3100 im Wege der Prozesskostenhilfe aus der Staatskasse ausgezahlt. Sodann treibt der Rechtsanwalt für den Antragsteller die titulierte außergerichtliche Geschäftsgebühr bei. Bei einem solchen Sachverhalt ist der Rechtsanwalt verpflichtet, den anrechenbaren und nicht mit der Differenzvergütung zu verrechnenden Anteil der Geschäftsgebühr an die Staatskasse **zurückzuführen** (vgl. § 59, ggf. analog).[32] Der Rechtsanwalt ist auch verpflichtet, von selbst und nicht erst auf Anfrage die Staatskasse zu benachrichtigen, dass Zahlungen auf die außergerichtlichen Geschäftsgebühr eingegangen sind (vgl. § 55 Abs. 5 S. 4).

§ 59a Beiordnung und Bestellung durch Justizbehörden

(1) ¹Für den durch die Staatsanwaltschaft beigeordneten Zeugenbeistand gelten die Vorschriften über den gerichtlich beigeordneten Zeugenbeistand entsprechend. ²Über Anträge nach § 51 Absatz 1 entscheidet das Oberlandesgericht, in dessen Bezirk die Staatsanwaltschaft ihren Sitz hat. ³Hat der Generalbundesanwalt einen Zeugenbeistand beigeordnet, entscheidet der Bundesgerichtshof.

(2) ¹Für den nach § 87e des Gesetzes über die internationale Rechtshilfe in Strafsachen in Verbindung mit § 53 des Gesetzes über die internationale Rechtshilfe in Strafsachen durch das Bundesamt für Justiz bestellten Beistand gelten die Vorschriften über den gerichtlich bestellten Rechtsanwalt entsprechend. ²An die Stelle des Urkundsbeamten der Geschäftsstelle tritt das Bundesamt. ³Über Anträge nach § 51 Absatz 1 entscheidet das Bundesamt gleichzeitig mit der Festsetzung der Vergütung.

(3) ¹Gegen Entscheidungen der Staatsanwaltschaft und des Bundesamts für Justiz nach den Vorschriften dieses Abschnitts kann gerichtliche Entscheidung beantragt werden. ²Zuständig ist das Landgericht, in dessen Bezirk die Justizbehörde ihren Sitz hat. ³Bei Entscheidungen des Generalbundesanwalts entscheidet der Bundesgerichtshof.

A. Allgemeines 1	3. Geltung weiterer Vorschriften (Abs. 2 S. 1) 19
B. Regelungsgehalt 5	4. Kein Wahlgebührenanspruch gemäß § 53 20
I. Anwendungsbereich 5	
1. Persönlicher Anwendungsbereich 5	5. Pauschgebühr (§ 51)/Festsetzung der Vergütung (§ 55) 21
2. Sachlicher Anwendungsbereich 7	
II. Von der Staatsanwaltschaft beigeordneter Zeugenbeistand (Abs. 1) 9	IV. Rechtsmittel (Abs. 3) 23
1. Vergütungsanspruch gegen die Staatskasse (Abs. 1 S. 1) 9	1. Gerichtliche Entscheidung (Abs. 3 S. 1) .. 23
2. Geltung weiterer Vorschriften (Abs. 1 S. 1) 11	2. Zuständigkeit (Abs. 3 S. 2, 3) 24
3. Festsetzung gemäß § 55 (Abs. 1 S. 1) 12	3. Verfahren 25
4. Pauschgebühr (Abs. 1 S. 2, 3) 13	a) Keine Geltung von § 57, § 62 OWiG .. 25
III. Beistandsbestellung durch das Bundesamt für Justiz (Abs. 2) 15	b) Bei Beiordnung durch die Staatsanwaltschaft 26
1. Vergütungsanspruch gegen die Staatskasse (Abs. 2 S. 1) 15	c) Bei Bestellung durch das Bundesamt für Justiz 28
2. Rückwirkung der Bestellung durch das Gericht 18	4. Rechtsbehelfsbelehrung (§ 12c) 29

---

[32] Vgl. näher *Enders*, JurBüro 2010, 113 mit Berechnungsbsp.

A. Allgemeines

Die Regelungen des RVG über den beigeordneten oder bestellten Rechtsanwalt in §§ 44 bis 59 haben bislang nur den vom **Gericht** oder der **Verwaltungsbehörde** in Bußgeldverfahren nach dem OWiG beigeordneten oder bestellten Rechtsanwalt berücksichtigt. Seit dem 1.10.2009 kann aber gemäß §§ 161a Abs. 1 S. 2, 163 Abs. 3 S. 2, 68b StPO auch die **Staatsanwaltschaft** einem Zeugen einen anwaltlichen Beistand für polizeiliche Vernehmungen oder staatsanwaltliche Vernehmungen beiordnen. Nach §§ 87e, 53 des Gesetzes über die internationale Rechtshilfe in Strafsachen (IRG) kann darüber hinaus das **Bundesamt für Justiz** seit dem 28.10.2010 im Verfahren auf Bewilligung der Vollstreckung von Geldstrafen und Geldbußen im Rechtshilfeverkehr mit den Mitgliedstaaten der Europäischen Union (§§ 87 ff. IRG) einen anwaltlichen Beistand bestellen. 1

Im Rahmen der Änderungen der Verfahrensordnungen (StPO, IRG) ist aber übersehen worden, dass § 45 insbesondere nur für den im Wege der **Prozesskostenhilfe** beigeordneten oder den vom **Gericht** oder in Bußgeldverfahren nach dem OWiG von der **Verwaltungsbehörde** bestellten oder beigeordneten Rechtsanwalt einen Vergütungsanspruch gegen die Staatskasse vorsieht. Dem von der Staatsanwaltschaft beigeordneten Zeugenbeistand und dem vom Bundesamt der Justiz gemäß §§ 87e, 53 IRG bestellten Beistand steht jedenfalls nach dem Wortlaut von § 45 kein Vergütungsanspruch gegen die Staatskasse zu. § 45 Abs. 3 konnte für den von der Staatsanwaltschaft beigeordneten Zeugenbeistand deshalb allenfalls entsprechend angewendet werden.[1] 2

Für den Fall der Bestellung eines Beistands durch das Bundesamt für Justiz kannte das RVG keinen ausdrücklichen Vergütungsanspruch gegen die Staatskasse.[2] § 45 Abs. 5 ist insoweit nicht anwendbar, weil das Bewilligungsverfahren vor dem Bundesamt nach §§ 87 ff. IRG kein Bußgeldverfahren ist. Bußgeldverfahren sind Verfahren, die sich verfahrensmäßig originär nach dem OWiG richten, nicht aber Verfahren, in denen einzelne Vorschriften des OWiG für entsprechend oder sinngemäß anwendbar erklärt werden. Ein Vergütungsanspruch gegen die Staatskasse hinsichtlich der Verfahrensgebühr VV 6100 konnte sich daher bislang nur dann ergeben, wenn der Rechtsanwalt in dem dem Bewilligungsverfahren gemäß § 87g oder § 87i IRG nachfolgenden gerichtlichen Verfahren zum Beistand bestellt worden ist. Denn gemäß § 48 Abs. 5 S. 1 erhält der in Angelegenheiten nach VV Teilen 4 bis 6 im ersten Rechtszug gerichtlich bestellte Rechtsanwalt die Vergütung auch für seine Tätigkeit vor dem Zeitpunkt seiner Bestellung. 3

Die durch die fehlende Anpassung des RVG an die verfahrensrechtlichen Änderungen im StPO und dem IRG entstandenen Lücken soll § 59a schließen. Für den durch die Staatsanwaltschaft beigeordneten Zeugenbeistand werden die Vorschriften über den gerichtlich beigeordneten Zeugenbeistand für entsprechend anwendbar erklärt (Abs. 1). Für den nach §§ 87e, 53 IRG durch das Bundesamt für Justiz bestellten Beistand gelten die Vorschriften über den gerichtlich bestellten Rechtsanwalt entsprechend (Abs. 2). Abs. 1 S. 2, 3 und Abs. 2 S. 2, 3 enthalten besondere Regelungen zur Pauschgebühr gemäß § 51. Abs. 3 regelt, wie Entscheidungen der Staatsanwaltschaft nach Abs. 1 und des Bundesamtes für Justiz nach Abs. 2 anzufechten sind. 4

B. Regelungsgehalt

I. Anwendungsbereich

1. Persönlicher Anwendungsbereich

Abs. 1 gilt für den gemäß §§ 161a Abs. 1 S. 2, 163 Abs. 3 S. 2, 68b StPO durch die **Staatsanwaltschaft** für polizeiliche Vernehmungen oder staatsanwaltliche Vernehmungen beigeordneten anwaltlichen Zeugenbeistand. 5

Abs. 2 gilt für den nach §§ 87e, 53 IRG durch das **Bundesamt für Justiz** im Verfahren auf Bewilligung der Vollstreckung von Geldstrafen und Geldbußen im Rechtshilfeverkehr mit den Mitgliedstaaten der Europäischen Union (§§ 87 ff. IRG) bestellten anwaltlichen Beistand. 6

---

[1] LG Düsseldorf RVGreport 2013, 226 = StRR 2012, 400.
[2] BT-Drucks 17/11471 (neu), S. 271.

2. Sachlicher Anwendungsbereich

7 § 59a bestimmt, dass für die in Abs. 1 und 2 genannten Beistände die Vorschriften über den gerichtlich beigeordneten Zeugenbeistand bzw. über den gerichtlich bestellten Rechtsanwalt entsprechend gelten. Voraussetzung ist, dass eine Beiordnung als Zeugenbeistand durch die Staatsanwaltschaft bzw. eine Bestellung als Beistand nach § 87e IRG durch das Bundesamt für Justiz vorliegt.

8 Für die Frage, ab welchem Zeitpunkt § 59a anwendbar ist, wird jedenfalls im Ergebnis nicht auf die **Übergangsregelung** in § 60 oder auf den Zeitpunkt der Beiordnung bzw. Bestellung als Beistand abgestellt werden können. Denn für den von der Staatsanwaltschaft beigeordneten Zeugenbeistand ist schon vor Inkrafttreten des § 59a der § 45 Abs. 3 entsprechend angewandt und dem Zeugenbeistand ein Vergütungsanspruch gegen die Staatskasse eingeräumt worden,[3] weil aus der Gesetzesbegründung zum 2. Opferrechtsreformgesetz[4] nicht ersichtlich ist, dass der Gesetzgeber an dem bis zum 30.9.2009 bestehenden Vergütungsanspruch beigeordneter Zeugenbeistände gegen die Staatskasse etwas ändern wollte, nur weil diese im Ermittlungsverfahren nicht mehr durch das Gericht beigeordnet werden müssen. Der Gesetzgeber habe vielmehr auch an eine Übertragung der Beiordnungsbefugnis an die Polizei gedacht, habe eine solche jedoch verworfen, weil eine solche Entscheidung mit Kostenfolgen verbunden sei.[5] Wird davon ausgegangen, dass der Gesetzgeber die Anpassung der Bestimmungen des RVG im Rahmen der Änderungen der Verfahrensordnungen (vgl. Rdn 1, 2) versehentlich unterlassen hat, ist es gerechtfertigt, die Regelungen in § 59a auch auf **Altfälle** anzuwenden.

II. Von der Staatsanwaltschaft beigeordneter Zeugenbeistand (Abs. 1)

1. Vergütungsanspruch gegen die Staatskasse (Abs. 1 S. 1)

9 Nach § 59a Abs. 1 S. 1 gelten für den durch die Staatsanwaltschaft beigeordneten Zeugenbeistand die Vorschriften über den gerichtlich beigeordneten Zeugenbeistand entsprechend. Damit ist ausdrücklich klargestellt, dass auch für den durch die Staatsanwaltschaft beigeordneten Zeugenbeistand gemäß §§ 59a Abs. 1 S. 1, 45 Abs. 3 ein Vergütungsanspruch gegen die Staatskasse besteht. Abs. 1 S. 3 zeigt, dass Staatsanwalt i.S.v. Abs. 1 S. 1 auch der Generalbundesanwalt ist.

10 Die Höhe des Vergütungsanspruchs des Zeugenbeistands in einer Strafsache ist umstritten. Teilweise wird VV Teil 4 Abschnitt 1, teilweise aber auch VV Teil 4 Abschnitt 3 (Einzeltätigkeit) für einschlägig gehalten.[6] Das 2. KostRMoG hat insoweit keine Klärung gebracht.[7] Die BReG hat im Gesetzgebungsverfahren lediglich darauf hingewiesen, dass die in der Praxis aufgetretenen Fragen bei der Vergütung eines Zeugenbeistands in einem Strafverfahren einer genaueren Überprüfung unterzogen werden sollten und erst in einem späteren Gesetzgebungsvorhaben geklärt werden.[8]

2. Geltung weiterer Vorschriften (Abs. 1 S. 1)

11 § 59a Abs. 1 S. 1 ordnet die entsprechende Geltung der Vorschriften über den gerichtlich beigeordneten Zeugenbeistand an. Der von der Staatsanwaltschaft beigeordnete Zeugenbeistand
– erhält seine Vergütung gemäß § 45 Abs. 3 S. 1 aus der **Landeskasse**, wenn er von einer Staatsanwaltschaft eines Bundeslandes bestellt worden ist; wenn er vom **Generalbundesanwalt** beigeordnet worden ist (vgl. Abs. 2 S. 3), ist die **Bundeskasse** zahlungspflichtig. Hat zuerst der Generalbundesanwalt und sodann eine Staatsanwaltschaft den Zeugenbeistand beigeordnet, zahlt die Bundeskasse die Vergütung, die der Rechtsanwalt während der Dauer der Beiordnung durch den Generalbundesanwalt verdient hat, die Landeskasse die dem Rechtsanwalt darüber hinaus zustehende Vergütung. Dies gilt entsprechend, wenn zuerst eine Staatsanwaltschaft und sodann der Generalbundesanwalt den Zeugenbeistand beigeordnet hat (§ 45 Abs. 3 S. 2, 3);

---

3 LG Düsseldorf RVGreport 2013, 226 = StRR 2012, 400.
4 BT-Drucks 16/12098.
5 BT-Drucks 16/12098, S. 27; LG Düsseldorf RVGreport 2013, 226.
6 Zur Höhe dieses Vergütungsanspruchs vgl. *Burhoff*, RVGreport 2011, 446; *Burhoff*, RVGreport 2011, 85.
7 Gerold/Schmidt/*Burhoff*, Vorbem. 4.1 VV Rn 6.
8 BT-Drucks 17/11471 (neu), S. 357.

- erhält unter den Voraussetzungen des § 46 seine **Auslagen** und **Aufwendungen** aus der Staatskasse ersetzt;
- hat unter den in § 47 genannten Voraussetzungen Anspruch auf einen **Vorschuss** aus der Staatskasse;
- kann die Bewilligung einer **Pauschgebühr** gemäß § 51 beantragen (vgl. Abs. 1 S. 2),
- kann gemäß § 53 Abs. 2 die Gebühren eines **gewählten Beistands** nur von dem Verurteilten verlangen;
- hat gemäß § 55 Abs. 5 S. 2 und 4 in seinem gegen die Staatskasse gerichteten Vergütungsantrag anzugeben, ob und welche **Zahlungen** er bis zum Tag der Antragstellung erhalten hat, und muss Zahlungen, die er nach der Antragstellung erhalten hat, der Staatskasse unverzüglich anzeigen;
- muss sich erhaltene Zahlungen ggf. nach § 58 Abs. 3 auf seinen Vergütungsanspruch gegen die Staatskasse **anrechnen** lassen.

3. Festsetzung gemäß § 55 (Abs. 1 S. 1)

Das Verfahren bei der Festsetzung der Vergütung des von der Staatsanwaltschaft beigeordneten Zeugenbeistands richtet sich wie bei dem gerichtlich beigeordneten Zeugenbeistand nach §§ 59a Abs. 1 S. 1, 55. Zuständig ist, wenn das Verfahren nicht gerichtlich anhängig geworden ist, entsprechend § 55 Abs. 1 S. 2 der Urkundsbeamte der Staatsanwaltschaft, die den Zeugenbeistand bestellt hat.[9] Ansonsten ergibt sich die Zuständigkeit zur Festsetzung aus § 55 Abs. 1 S. 1. Im Übrigen gelten für das Festsetzungsverfahren die Erläuterungen zu § 55 entsprechend (siehe § 55 Rdn 1 ff.).

4. Pauschgebühr (Abs. 1 S. 2, 3)

Abs. 1 S. 2, 3 ist zu entnehmen, das auch der von der Staatsanwaltschaft beigeordnete Zeugenbeistand einen Antrag auf Bewilligung einer **Pauschgebühr** gemäß § 51 stellen kann.[10] Über Anträge nach § 51 Abs. 1 entscheidet nach Abs. 1 S. 2 abweichend von § 51 Abs. 2 nicht das Oberlandesgericht, zu dessen Bezirk das Gericht des ersten Rechtszugs gehört, sondern das Oberlandesgericht, in dessen Bezirk die Staatsanwaltschaft, die den Zeugenbeistand beigeordnet hat, ihren Sitz hat. Hat der Generalbundesanwalt den Zeugenbeistand beigeordnet, entscheidet nach Abs. 1 S. 3 der Bundesgerichtshof über die Bewilligung der Pauschgebühr.

Für das Verfahren bei der Bewilligung der Pauschgebühr nach § 51 wird auf die Erläuterungen zu § 51 verwiesen (siehe § 51 Rdn 1 ff.). Die **Zuständigkeit** zur Festsetzung der Pauschgebühr nach Bewilligung durch das OLG bzw. durch den BGH und das **Festsetzungsverfahren** richten sich nach § 55 (siehe Rdn 12, § 55 Rdn 6).

III. Beistandsbestellung durch das Bundesamt für Justiz (Abs. 2)

1. Vergütungsanspruch gegen die Staatskasse (Abs. 2 S. 1)

Nach §§ 87e, 53 IRG kann das Bundesamt für Justiz im Verfahren auf Bewilligung der Vollstreckung von Geldstrafen und Geldbußen im Rechtshilfeverkehr mit den Mitgliedstaaten der Europäischen Union (§§ 87 ff. IRG) einen anwaltlichen Beistand bestellen. Da für diesen Beistand die Vorschriften für den gerichtlich bestellten Rechtsanwalt entsprechend gelten, erhält der Beistand seine Vergütung gemäß § 45 Abs. 3 aus der Staatskasse. Zahlungspflichtig ist in entsprechender Anwendung von § 45 Abs. 3 S. 1 die Bundeskasse, weil die Bestellung durch eine Justizbehörde des Bundes erfolgt ist. Das Bundesamt für Justiz ist eine **obere Bundesbehörde** (Art. 86 GG).

Die Bestellung des Beistands nach §§ 87e, 53 IRG ist sinngemäß im gesamten Verfahren auf der Grundlage des Europäischen Geldsanktionsgesetzes anzuwenden.[11] Wird der Beistand erst im

---

9 Gerold/Schmidt/*Burhoff*, § 59a Rn 15; So auch schon vor Inkrafttreten des § 59a OLG Düsseldorf, Beschl. v. 3.5.2012 – III-1 Ws 126/12, JurionRS 2012, 20128; LG Düsseldorf RVGreport 2013, 226 = StRR 2012, 400; LG Essen, Beschl. v. 8.7.2011 – 22 AR 5/11 (n.v.).

10 Zur Bewilligung einer Pauschgebühr für den gerichtlich beigeordneten Zeugenbeistand gemäß § 68b StPO vgl. OLG Jena AGS 2011, 483 = StraFo 2011, 292 (Ls) = JurBüro 2011, 473.

11 BR-Drucks 34/10, S. 42.

gerichtlichen Verfahren vom **Amtsgericht** (§§ 87g, 87i IRG) oder im Rechtsbeschwerdeverfahren vom **OLG** (§ 87l IRG) bestellt, gilt § 45 Abs. 3 S. 1 unmittelbar und ist die jeweilige Landeskasse zahlungspflichtig.

17 Hat zunächst im Bewilligungsverfahren das Bundesamt für Justiz und sodann im gerichtlichen Verfahren das Amtsgericht oder im Rechtsbeschwerdeverfahren das OLG den Beistand bestellt, zahlt die Bundeskasse die Vergütung, die der Rechtsanwalt während der Dauer der Bestellung durch das Bundesamt verdient hat (Gebühr VV 6100 nebst Auslagen), die zuständige Landeskasse die dem Beistand darüber hinaus zustehende Vergütung (§ 45 Abs. 3 S. 2).

2. Rückwirkung der Bestellung durch das Gericht

18 Gemäß § 48 Abs. 5 S. 1 erhält der gerichtlich bestellte Rechtsanwalt bei erstmaliger Bestellung durch das **AG** die Vergütung auch für seine Tätigkeit vor dem Zeitpunkt seiner Bestellung, also ggf. auch die für die Tätigkeit im Bewilligungsverfahren vor dem Bundesamt für Justiz angefallene Verfahrensgebühr VV 6100 zuzüglich Auslagen.[12] Bei erstmaliger Bestellung im **Rechtsbeschwerdeverfahren** durch das **OLG** (§ 87l IRG) gilt § 48 Abs. 5 S. 2. Der Beistand erhält seine Vergütung im Rechtsbeschwerdeverfahren auch für seine Tätigkeit vor dem Zeitpunkt seiner Bestellung. Die Gebühr VV 6100 nebst Auslagen für die Tätigkeit vor dem Bundesamt und die erstinstanzliche Vergütung für das Verfahren vor dem AG zahlt die Landeskasse dann nicht.

3. Geltung weiterer Vorschriften (Abs. 2 S. 1)

19 § 59a Abs. 2 S. 1 ordnet die entsprechende Geltung der Vorschriften über den gerichtlich bestellten Rechtsanwalt an. Der von dem Bundesamt für Justiz bestellte Beistand
- erhält unter den Voraussetzungen des § 46 seine **Auslagen** und **Aufwendungen** aus der Staatskasse ersetzt;
- hat unter den in § 47 genannten Voraussetzungen Anspruch auf einen **Vorschuss** aus der Staatskasse;
- kann die Bewilligung einer **Pauschgebühr** gemäß § 51 beantragen (vgl. Abs. 2 S. 3);
- hat gemäß § 55 Abs. 5 S. 2 und 4 in seinem gegen die Staatskasse gerichteten Vergütungsantrag anzugeben, ob und welche **Zahlungen** er bis zum Tag der Antragstellung erhalten hat, und muss Zahlungen, die er nach der Antragstellung erhalten hat, der Staatskasse unverzüglich anzeigen;
- muss sich erhaltene Zahlungen ggf. nach § 58 Abs. 3 auf seinen Vergütungsanspruch gegen die Staatskasse anrechnen lassen.

4. Kein Wahlgebührenanspruch gemäß § 53

20 § 53 findet auf den nach §§ 87e, 53 IRG bestellten Beistand **keine Anwendung**, da **keine Beiordnung** i.S.v. § 53 Abs. 1, sondern eine **Bestellung** vorliegt, und der Rechtsanwalt nicht als Beistand für den in § 53 Abs. 2 enumerativ aufgeführten Personenkreis bestellt worden ist.[13] § 53 Abs. 2 stellt nicht auf den gerichtlich bestellten Rechtsanwalt, sondern auf den dem Nebenkläger, dem nebenklageberechtigten Verletzten oder dem Zeugen als Beistand bestellten Rechtsanwalt ab, so dass über § 59a Abs. 2 S. 1 der § 53 Abs. 2 nicht entsprechend anwendbar ist.

5. Pauschgebühr (§ 51)/Festsetzung der Vergütung (§ 55)

21 Das Bundesamt für Justiz setzt eine **Pauschgebühr** gemäß § 51 – wie in § 51 Abs. 3 im Bußgeldverfahren nach dem OWiG die Verwaltungsbehörde – selbst fest. Über Anträge auf Bewilligung einer Pauschgebühr entscheidet das Bundesamt gleichzeitig mit der Festsetzung der Vergütung (§ 55;

---

12 Burhoff/*Volpert*, RVG Straf- und Bußgeldsachen, Vorb. 6.1.1 Rn 17.
13 So auch Gerold/Schmidt/*Burhoff*, § 53 Rn 1; Burhoff/*Volpert*, RVG Straf- und Bußgeldsachen, § 53 Rn 33, 35; Hartung/*Hartung*, § 53 Rn 14.

siehe Rdn 22). Für das Verfahren bei der Bewilligung der Pauschgebühr nach § 51 wird auf die Erläuterungen zu § 51 verwiesen (vgl. § 51 Rdn 1 ff.). Die **Zuständigkeit** zur Festsetzung der Pauschgebühr nach Bewilligung durch das Bundesamt und das **Festsetzungsverfahren** vor dem Bundesamt richten sich nach § 55 (siehe Rdn 22, § 55 Rdn 6).

Die Festsetzung der Vergütung sowie einer Pauschgebühr (§ 51) erfolgt nicht durch den Urkundsbeamten der Geschäftsstelle (vgl. § 55 Abs. 1), sondern durch das Bundesamt.[14] Das Festsetzungsverfahren beim Bundesamt richtet sich nach § 55. Für das Festsetzungsverfahren gelten die Erläuterungen zu § 55 entsprechend (siehe § 55 Rdn 1 ff.).

IV. Rechtsmittel (Abs. 3)

1. Gerichtliche Entscheidung (Abs. 3 S. 1)

Gegen Entscheidungen der Staatsanwaltschaft und des Bundesamts für Justiz nach den Vorschriften des Abschnitts 8 (§§ 44 ff.), kann **Antrag auf gerichtliche Entscheidung** gestellt werden. Abs. 3 soll nach dem **Vorbild des § 57** den Rechtsbehelf gegen Entscheidungen der Justizbehörde regeln.[15] Abs. 3 erfasst alle Entscheidungen der Staatsanwaltschaft sowie des Bundesamtes für Justiz, die in §§ 44 ff. für den gerichtlich beigeordneten Zeugenbeistand oder den gerichtlich bestellten Rechtsanwalt enthalten sind. Das Rechtsmittelverfahren gegen die Festsetzung der Vergütung des Zeugenbeistands durch die Staatsanwaltschaft bzw. des Beistands durch das Bundesamt für Justiz richtet sich damit nicht nach § 56 (Erinnerung bzw. Beschwerde).[16]

2. Zuständigkeit (Abs. 3 S. 2, 3)

Abs. 3 S. 1 bestimmt nur, dass gegen Entscheidungen der Staatsanwaltschaft und des Bundesamts für Justiz gerichtliche Entscheidung beantragt werden kann und dass nach Abs. 3 S. 2 über diesen Antrag das Landgericht entscheidet, in dessen Bezirk die Justizbehörde ihren Sitz hat. Bei der Beiordnung des Zeugenbeistands durch die Staatsanwaltschaft (Abs. 1) entscheidet das LG, bei dem die Staatsanwaltschaft ihren Sitz hat (vgl. §§ 141, 143 GVG). Bei Entscheidungen des in Bonn ansässigen Bundesamts für Justiz entscheidet deshalb nach Abs. 3 S. 2 das Landgericht Bonn. Bei Entscheidungen des Generalbundesanwalts entscheidet nach Abs. 3 S. 3 der Bundesgerichtshof.

3. Verfahren

a) Keine Geltung von § 57, § 62 OWiG

Abs. 3 enthält keine Bestimmungen über die Ausgestaltung des Verfahrens über den Antrag auf gerichtliche Entscheidung (z.B. Form, Frist, Inhalt und Abhilfemöglichkeit). Aus der Gesetzbegründung ergibt sich lediglich, dass Abs. 3 nach dem **Vorbild des § 57** den Rechtsbehelf gegen Entscheidungen der Justizbehörde regeln soll.[17] Wird das als Verweisung auf das Verfahren nach § 57 angesehen, würde für das Verfahren über § 57 S. 2 der **§ 62 OWiG** gelten.

b) Bei Beiordnung durch die Staatsanwaltschaft

§ 57 regelt aber nur den Rechtsbehelf gegen Entscheidungen der Verwaltungsbehörde nach §§ 44 ff. in **Bußgeldsachen**. Insoweit gilt § 62 OWiG. Die von § 59a Abs. 1 und 2 erfassten Verfahren sind aber keine Bußgeldsachen, sondern Strafsachen und Rechtshilfeverfahren mit dem Ausland in strafrechtlichen Angelegenheiten (§ 1 Abs. 1, 2 IRG).[18] Bußgeldverfahren sind Verfahren, die sich

---

14 Gerold/Schmidt/*Burhoff*, § 59a Rn 23, 24.
15 BT-Drucks 17/11471 (neu), S. 271.
16 Gerold/Schmidt/*Burhoff*, § 59a Rn 27 ff.; anders noch OLG Düsseldorf, Beschl. v. 3.5.2012 – III-1 Ws 126/12, JurionRS 2012, 20128; LG Düsseldorf RVGreport 2013, 226 = StRR 2012, 400.
17 BT-Drucks 17/11471 (neu), S. 271.
18 Vgl. dazu Burhoff/*Volpert*, RVG Straf- und Bußgeldsachen, Vorb. 6.1.1 Rn 16.

verfahrensmäßig originär nach dem OWiG richten, nicht aber Verfahren, in denen einzelne Vorschriften des OWiG für entsprechend oder sinngemäß anwendbar erklärt werden.

27 Das Verfahren über den Antrag auf gerichtliche Entscheidung richtet sich deshalb nicht nach § 62 OWiG. Maßgebend ist bei der Beiordnung des Zeugenbeistands durch die Staatsanwaltschaft deshalb § 161a Abs. 3 S. 2, 1 StPO.[19] Danach kann gegen Entscheidungen der Staatsanwaltschaft i.S.v. § 68b StPO (Beiordnung eines Zeugenbeistands) gerichtliche Entscheidung beantragt werden. Nach § 161a Abs. 3 S. 3 StPO gelten für das Verfahren die §§ 297 bis 300, 302, 306 bis 309, 311a und 473a StPO jeweils entsprechend.[20] Da nach § 161a Abs. 3 S. 3 StPO für das Verfahren u.a. 306 StPO entsprechend gilt, ist der Antrag auf gerichtliche Entscheidung bei der Staatsanwaltschaft bzw. beim Bundesamt für Justiz zu stellen, weil die anfechtbare Entscheidung dort erlassen worden ist. Die von dem nach Abs. 3 S. 2, 3 zuständigen LG getroffene gerichtliche Entscheidung ist gemäß § 161a Abs. 3 S. 4 StPO unanfechtbar.

c) Bei Bestellung durch das Bundesamt für Justiz

28 Für die Bestellung des Beistandes durch das Bundesamt für Justiz (§§ 87e, 53 IRG) verweist § 53 Abs. 3 IRG auf §§ 137 bis150 StPO mit Ausnahme der §§ 140, 141 Abs. 1 bis 3 und § 142 Abs. 2 StPO. § 161a Abs. 3 StPO ist damit nicht in Bezug genommen. Gleichwohl wird man für Anträge auf gerichtliche Entscheidung gegen Entscheidungen des Bundesamts für Justiz auch das Verfahren nach § 161a Abs. 3 StPO anwenden können.[21]

4. Rechtsbehelfsbelehrung (§ 12c)

29 Nach dem durch das Gesetz zur Einführung einer Rechtsbehelfsbelehrung im Zivilprozess und zur Änderung anderer Vorschriften vom 5.12.2012 in das RVG eingefügten § 12c (Inkrafttreten: 1.1.2014) muss jede **anfechtbare Entscheidung** eine Belehrung über den statthaften Rechtsbehelf sowie über das Gericht, bei dem dieser Rechtsbehelf einzulegen ist, über dessen Sitz und über die einzuhaltende Form und Frist enthalten. Zur Rechtsbehelfsbelehrung bei der Festsetzung gemäß § 55 siehe § 55 Rdn 70.

30 Nach § 59a Abs. 3 kann gegen die Entscheidungen der Staatsanwaltschaft und des Bundesamts für Justiz über die Vergütungsfestsetzung **gerichtliche Entscheidung beantragt** werden. Die Pflicht zur Rechtsbehelfsbelehrung gemäß § 12c ist insoweit nur zu bejahen, wenn der Antrag auf gerichtliche Entscheidung überhaupt als ein Rechtsbehelf i.S.v. § 12c anzusehen ist.

Nach § 161a Abs. 3 S. 3 StPO (siehe Rdn 28) gilt für das Verfahren u.a. § 306 StPO entsprechend. Danach wäre der Antrag auf gerichtliche Entscheidung bei der Staatsanwaltschaft bzw. beim Bundesamt für Justiz zu stellen, weil die anfechtbare Entscheidung dort erlassen worden ist. Die Formulierung in § 12c, dass die Belehrung auch das **Gericht**, bei dem dieser Rechtsbehelf einzulegen ist, nennen muss, greift deshalb für diese Fälle zu kurz.

---

[19] Gerold/Schmidt/*Burhoff*, § 59a Rn 27; Vgl. dazu die Kommentierung bei Meyer-Goßner/*Schmitt*, StPO § 163a Rn 19 ff.; *Burhoff*, EV Rn 364 ff.

[20] Vgl. dazu die Kommentierung bei Meyer-Goßner/*Schmitt*, StPO § 163a Rn 19 ff.; *Burhoff*, EV Rn 364 ff.

[21] Gerold/Schmidt/*Burhoff*, § 59a Rn 27.

Abschnitt 9
Übergangs- und Schlussvorschriften

§ 59b   Bekanntmachung von Neufassungen

¹Das Bundesministerium der Justiz und für Verbraucherschutz kann nach Änderungen den Wortlaut des Gesetzes feststellen und als Neufassung im Bundesgesetzblatt bekannt machen. ²Die Bekanntmachung muss auf diese Vorschrift Bezug nehmen und angeben
1. den Stichtag, zu dem der Wortlaut festgestellt wird,
2. die Änderungen seit der letzten Veröffentlichung des vollständigen Wortlauts im Bundesgesetzblatt sowie
3. das Inkrafttreten der Änderungen.

A. Allgemeines 1   B. Regelungsgehalt 2

A. Allgemeines

§ 59b ist durch Art. 16 des Gesetzes zur Umsetzung der Dienstleistungsrichtlinie in der Justiz und zur Änderung weiterer Vorschriften vom 22.12.2010 in das RVG eingefügt worden. Die Vorschrift ist am 28.12.2010 in Kraft getreten. Eine gleichlautende Vorschrift ist auch in andere Kostengesetze eingefügt worden (vgl. § 70a GKG, § 62a FamGKG). Das Gesetz enthält in den Art. 1, 2 bis 5 und 8, 9 bis 11, 15 und Art. 18 Änderungen der BRAO, des RDG, des EGInsO, der PatO, des StBerG, der ZPO, der VwGO, des SGG, des BVerGG, der JVKostO und der WPO, die teilweise der Umsetzung der Richtlinie 2006/123/EG des Europäischen Parlaments und des Rates vom 12.12.2006 über Dienstleistungen im Binnenmarkt dienen. Diese Richtlinie erforderte Rechtsanpassungen im Bereich der Justiz insbesondere in den Verfahren der Berufszulassung zu den rechtsberatenden Berufen.   1

B. Regelungsgehalt

§ 59a erlaubt es dem Bundesministerium der Justiz, das RVG bei Bedarf in der neuen Fassung bekannt zu machen, um die Übersichtlichkeit der aktuellen Rechtslage weiter zu gewährleisten. Das hält der Gesetzgeber für erforderlich, weil der Wortlaut des RVG in der Vergangenheit mehrfach und in größerem Umfang geändert worden ist. § 59a räumt dem Bundesministerium der Justiz deshalb die allgemeine Erlaubnis zur Bekanntmachung von Neufassungen ein, da das RVG und die anderen Kostengesetze wegen ihrer Abhängigkeit von zahlreichen Verfahrensgesetzen einer häufigen Änderung unterliegen. Oft seien mehrere Änderungen gleichzeitig im Gesetzgebungsverfahren und es lasse sich nicht abschätzen, welches Gesetz als letztes verabschiedet werde und somit den Anlass für eine Neubekanntmachungserlaubnis gebe.[1]   2

§ 60   Übergangsvorschrift

(1) ¹Die Vergütung ist nach bisherigem Recht zu berechnen, wenn der unbedingte Auftrag zur Erledigung derselben Angelegenheit im Sinne des § 15 vor dem Inkrafttreten einer Gesetzesänderung erteilt oder der Rechtsanwalt vor diesem Zeitpunkt bestellt oder beigeordnet worden ist. ²Ist der Rechtsanwalt im Zeitpunkt des Inkrafttretens einer Gesetzesänderung in derselben Angelegenheit bereits tätig, ist die Vergütung für das Verfahren über ein Rechtsmittel, das nach diesem Zeitpunkt eingelegt worden ist, nach neuem Recht zu berechnen. ³Die Sätze 1 und 2 gelten auch, wenn Vorschriften geändert werden, auf die dieses Gesetz verweist.

---
1 BT-Drucks 17/3356, S. 20 f.

(2) Sind Gebühren nach dem zusammengerechneten Wert mehrerer Gegenstände zu bemessen, gilt für die gesamte Vergütung das bisherige Recht auch dann, wenn dies nach Absatz 1 nur für einen der Gegenstände gelten würde.

A.	Allgemeines	1	26. Ruhen des Verfahrens	68
I.	Allgemeiner Grundsatz (Abs. 1 S. 1)	3	27. Selbstständiges Beweisverfahren	69
II.	Ausnahme: Rechtsmittelverfahren (Abs. 1 S. 2)	8	28. Straf- und Bußgeldverfahren	71
			29. Streitverkündung	74
III.	Sonderfall: Zusammengerechnete Werte (Abs. 2)	15	30. Stufenklage/Stufenantrag	75
			31. Terminsvertreter	76
B.	Bisherige Bedeutung	16	32. Unterbrechung	77
C.	Übergangsrecht aus Anlass des 2. KostRMoG	23	33. Urkunden-, Wechsel- und Scheckprozess und Nachverfahren oder Verfahren nach Abstandnahme	78
I.	Anwendbares Recht	23	34. Verbindung	79
1.	Abgabe	24	35. Verbundverfahren	82
2.	Anfechtung eines Prozessvergleichs	25	36. Verfahrenskostenhilfe	83
3.	Anrechnung	28	37. Verfahrenstrennung	84
4.	Anwalt in eigener Sache	30	38. Vergleich	85
5.	Anwaltswechsel	31	39. Verkehrsanwalt	86
6.	Arrest- und einstweiliges Verfügungsverfahren	32	40. Verweisung	87
7.	Auslagen	36	41. Verwaltungsverfahren	88
8.	Außergerichtliche Vertretung	38	42. Wiederaufnahmeverfahren	91
9.	Aussetzung	39	43. Widerklage, Drittwiderklage (Widerantrag, Drittwiderantrag)	92
10.	Bedingter Auftrag	40	44. Zulassung eines Rechtsmittels	93
11.	Beratungshilfe	47	45. Zurückverweisung	95
12.	Beschwerde	48	46. Zusammengerechnete Werte	97
13.	Einspruch gegen Versäumnisurteil	49	47. Zwangsvollstreckung	98
14.	Einstweilige Anordnungen	50	48. Zwei-Jahres-Frist	100
15.	Einstweiliges Verfügungsverfahren	51	II. Kostenerstattung	102
16.	Erinnerung	52	1. Grundsatz	102
17.	Erneuter Auftrag	53	2. Anwaltswechsel	103
18.	Hinzutreten eines weiteren Anwalts	54	III. Änderung von anderen Kostengesetzen	107
19.	Hinzutreten weiterer Auftraggeber	57	D. Vereinbarte Vergütungen	109
20.	Klageerweiterung	58	E. Verfahrensvorschriften	110
21.	Mahnverfahren	60	F. Vergütungsvereinbarungen	111
22.	Parteiwechsel	61	G. Änderungen durch das FGG-Reformgesetz	113
23.	Prozesskostenhilfeprüfungsverfahren	64		
24.	Räumungsfrist	66		
25.	Rechtsmittelverfahren	67		

A. Allgemeines

1 Die Vorschrift des § 60 betrifft im Gegensatz zu § 61 nicht den Übergang von der BRAGO zum RVG, sondern Übergangsfälle, die nach einer Änderung des RVG aufgetreten sind bzw. zukünftig auftreten.

2 Bei der Beurteilung, welches Recht anzuwenden ist, sind die folgenden Regeln zu beachten:

I. Allgemeiner Grundsatz (Abs. 1 S. 1)

3 Wie in allen Übergangsfällen gilt auch hier, dass es grundsätzlich auf den Tag der **unbedingten Auftragserteilung** zur Erledigung derselben Angelegenheit i.S.d. § 15 ankommt bzw. auf den Tag der **Bestellung oder Beiordnung** (Abs. 1 S. 1). Vereinfacht ausgedrückt:
– Ist dem Anwalt der Auftrag vor dem jeweiligen Stichtag erteilt worden, ist er vor diesem Tag bestellt oder beigeordnet worden, dann gilt nach wie vor noch altes Recht.
– Ist der Anwalt nach dem jeweiligen Stichtag beauftragt, beigeordnet oder bestellt worden, gilt bereits neues Recht.

4 Zu beachten ist, dass auf die jeweilige Auftragserteilung, Bestellung oder Beiordnung zur jeweiligen Angelegenheit i.S.d. § 15 abzustellen ist. Dies kann dazu führen, dass sich während eines laufenden Mandats das zugrunde liegende Recht ändert, wenn eine neue Angelegenheit beginnt. Das betrifft z.B. den Übergang von der außergerichtlichen Vertretung zum Rechtsstreit[1] oder auch den Übergang vom Mahnverfahren zum streitigen Verfahren.

Beispiel: Mahnverfahren/streitiges Verfahren
Der Anwalt war vor einer Änderung des RVG mit der Einleitung eines Mahnverfahrens beauftragt worden. Nach der Änderung hat er den Auftrag zur Durchführung des streitigen Verfahrens erhalten. Mahnverfahren und streitiges Verfahren sind verschiedene Angelegenheiten (§ 17 Nr. 2). Für das Mahnverfahren gilt die alte Gesetzesfassung, für das streitige Verfahren die neue Gesetzesfassung.

Die Anwendung dieses Grundsatzes kann dazu führen, dass der Anwalt der einen Partei bereits nach neuem Recht abrechnet, während der andere noch nach altem Recht abzurechnen hat.

Beispiel: Unterschiedliches Recht für mehrere Anwälte
Anwalt A hatte für den Kläger vor einer Änderung des RVG Klage erhoben. Die Klage ist dem Beklagten nach der Änderung zugestellt worden, worauf dieser Anwalt B mit seiner Vertretung beauftragt. Später legt Anwalt A das Mandat nieder, sodass der Kläger nunmehr Anwalt C beauftragt.
Für Anwalt A gilt altes Recht, da er vor der Änderung des RVG beauftragt worden war. Für die Anwälte B und C gilt dagegen bereits neues Recht, da ihnen der Auftrag erst nach der Änderung des RVG erteilt worden ist. Dass Anwalt C ein „Altmandat" übernommen hat, ist insoweit unerheblich.

II. Ausnahme: Rechtsmittelverfahren (Abs. 1 S. 2)

In Rechtsmittelverfahren gilt der allgemeine Grundsatz nicht uneingeschränkt. Hier ist zu differenzieren, ob der Anwalt vorinstanzlich tätig war oder nicht.
- War der Anwalt vorinstanzlich nicht tätig, bleibt es beim allgemeinen Grundsatz des Abs. 1 S. 1. Es kommt auf die Auftragserteilung an.
- War der Anwalt bereits in der Vorinstanz tätig, dann gilt nach Abs. 1 S. 2 abweichend von dem allgemeinen Grundsatz nicht das Datum der Auftragserteilung, sondern der Tag, an dem das Rechtsmittel eingelegt worden ist, wenn die Einlegung nach dem 31.7.2013 erfolgte. Ansonsten bleibt es auch hier bei der Auftragserteilung.

Überblick Rechtsmittelverfahren:
I. Der Anwalt war erstinstanzlich nicht tätig:
Auftrag ist entscheidend, unabhängig davon, wann das Rechtsmittel eingelegt worden ist.
II. Der Anwalt war erstinstanzlich bereits tätig:

Rechtsmittel ist vor der Änderung eingereicht worden:		
Rechtsmittelführer:		immer altes Recht
Rechtsmittelgegner:	Auftrag vor der Änderung	altes Recht
	Auftrag nach der Änderung	neues Recht
Rechtsmittel ist nach der Änderung eingereicht worden:		
Rechtsmittelführer:	Auftrag vor der Änderung	neues Recht
	Auftrag nach der Änderung	neues Recht
Rechtsmittelgegner:		immer neues Recht

Beispiel: Rechtsmittelverfahren ohne Vorbefassung (I)
Die Partei hatte ein Erbscheinverfahren selbst betrieben und den Anwalt im Juli 2013 beauftragt, Beschwerde einzulegen.
a) Die Beschwerde ist noch im Juli 2013 eingereicht worden.
b) Die Beschwerde ist erst im August 2013 eingereicht worden.
Da es ausschließlich auf die Auftragserteilung ankommt, gilt das im Juli 2013 geltende Recht. Der Anwalt erhält also nur die Gebühren nach VV Teil 3 Abschnitt 5 (VV 3500, 3513 – jeweils 0,5-Gebühr) nach den Beträgen des § 13 a.F. Auf das Datum der Einlegung der Beschwerde kommt es nicht an.

---

1 FG Münster AGS 2015, 570 = EFG 2015, 2107 = NJW-Spezial 2015, 763.

§ 60

11 **Beispiel: Rechtsmittelverfahren ohne Vorbefassung (II)**
Wie vorangegangenes Beispiel; der Auftrag zur Einlegung der Beschwerde war jedoch erst im August 2013 erteilt worden.
Jetzt erhält der Anwalt nach VV Vorb. 3.2.1 Nr. 2 Buchst. b) die Gebühren eines Berufungsverfahrens nach den VV 3200 ff. und zwar nach den Gebührenbeträgen des § 13 n.F.

12 Wird der Anwalt im Rechtsmittelverfahren beauftragt und war er bereits in der Vorinstanz tätig, dann gilt nach Abs. 1 S. 2 abweichend von dem allgemeinen Grundsatz nicht das Datum der Auftragserteilung, sondern der Tag, an dem das Rechtsmittel eingelegt worden ist, wenn es nach dem Stichtag eingelegt wurde.

13 **Beispiel: Rechtsmittelverfahren mit Vorbefassung (Anwalt des Rechtsmittelführers)**
Der Anwalt war im Erbscheinverfahren tätig und hatte noch im Juli 2013 den Auftrag erhalten, Beschwerde einzulegen.
a) Die Beschwerde ist noch im Juli eingereicht worden.
b) Die Beschwerde ist erst im August eingereicht worden.
Im Fall a) gilt noch altes Recht, da die Beschwerde noch vor Inkrafttreten des neuen Rechts eingelegt worden ist. Im Fall b) richtet sich die Vergütung dagegen gemäß Abs. 1 S. 2 nach neuem Recht.

14 Trotz massiver Kritik an dieser Vorschrift hat der Gesetzgeber bislang daran festgehalten. Ein Grund für diese Differenzierung will allerdings nach wie vor nicht einleuchten, zumal der Anwalt danach die Möglichkeit hat, durch die verzögerte Einlegung des Rechtsmittels die Höhe seiner Vergütung zu steuern.

III. Sonderfall: Zusammengerechnete Werte (Abs. 2)

15 Sind Gebühren nach dem zusammengerechneten Wert mehrerer Gegenstände zu bemessen, gilt für die gesamte Vergütung das bisherige Recht, sofern für einen der Gegenstände altes Recht gilt. Bedeutung hat dies nur für die Fälle der Verbindung (siehe Rdn 79). In allen anderen Fällen (Klageerweiterung, Widerklage, Antrag auf Folgesache etc.) gilt altes Recht bereits nach Abs. 1 S. 1.

B. Bisherige Bedeutung

16 Der Anwendungsbereich dieser Vorschrift war bislang äußerst gering. Zwar hatte das RVG seit seinem Inkrafttreten bereits zahlreiche Änderungen erfahren; diese haben jedoch bis auf wenige Ausnahmen kaum praktische Bedeutung. Jedenfalls ergaben sich hier in Übergangsfällen bislang keine Probleme. Ein erstes Problem war durch den neuen § 15a aufgetreten, das aber letztlich gar nicht als Anwendungsfall des § 60 behandelt worden ist (siehe Rdn 19 f.).

17 Bedeutung hatte § 60 z.B. für die Terminsgebühr im Mahnverfahren, die im Gesetz zunächst nicht vorgesehen war, dann – zunächst anrechnungsfrei – eingeführt und später für anrechenbar erklärt wurde.

Beispiel: Mahnverfahren mit Besprechung (Auftrag vor dem 1.1.2005)
Der Anwalt hatte am 12.12.2004 den Auftrag erhalten, einen Mahnbescheid über 10.000 EUR zu beantragen. Im Januar 2005 hatte er mit dem Gegner telefonische Einigungsverhandlungen geführt, die mit einem Vergleich endeten.
Maßgebend ist das Datum der Auftragserteilung (12.12.2004). Die damals geltende Fassung des RVG sah im Mahnverfahren keine Terminsgebühr vor. Neben der Verfahrensgebühr nach VV 3305 entstand daher keine Terminsgebühr, sondern nur eine Einigungsgebühr nach VV 1000, 1003. Dass die Besprechung erst in 2005 geführt worden ist, ist unerheblich, da es auf den Auftrag zur Angelegenheit ankommt.
1. 1,0-Verfahrensgebühr, VV 3305
   (Wert: 10.000,00 EUR)   486,00 EUR
2. 1,0-Einigungsgebühr, VV 1000, 1003
   (Wert: 10.000,00 EUR)   486,00 EUR

Abschnitt 9. Übergangs- und Schlussvorschriften § 60

3. Postentgeltpauschale, VV 7002   20,00 EUR
   Zwischensumme   992,00 EUR
4. 16 % Umsatzsteuer, VV 7008[2]   158,72 EUR
Gesamt   **1.150,72 EUR**

Beispiel: Mahnverfahren mit Besprechung (Auftrag nach dem 31.12.2004)
Der Anwalt hatte am 15.1.2005 den Auftrag erhalten, einen Mahnbescheid über 10.000 EUR zu beantragen. Im Februar hat er mit dem Gegner telefonische Einigungsverhandlungen geführt, die mit einem Vergleich endeten.
Maßgebend ist wiederum das Datum der Auftragserteilung (15.1.2005). Die seit diesem Zeitpunkt geltende Fassung des RVG sieht auch im Mahnverfahren eine **1,2-Terminsgebühr** vor (VV Vorb. 3.3.2.), so dass der Anwalt jetzt auch noch nach VV Vorb. 3 Abs. 3, 3. Var., VV 3104 eine Terminsgebühr erhielt.

1. 1,0-Verfahrensgebühr, VV 3305
   (Wert: 10.000,00 EUR)   486,00 EUR
2. 1,2-Terminsgebühr, VV 3104
   (Wert: 10.000,00 EUR)   583,20 EUR
3. 1,0-Einigungsgebühr, VV 1000, 1003
   (Wert: 10.000,00 EUR)   486,00 EUR
4. Postentgeltpauschale, VV 7002   20,00 EUR
   Zwischensumme   1.575,20 EUR
5. 16 % Umsatzsteuer, VV 7008[3]   252,00 EUR
Gesamt   **1.827,20 EUR**

Beispiel: Mahnverfahren mit Besprechung (Auftrag nach dem 31.12.2004) und anschließendes streitiges Verfahren (Auftrag vor dem 31.12.2006)
Der Anwalt hatte im August 2006 den Auftrag erhalten, einen Mahnbescheid über 10.000 EUR zu beantragen und mit Gegner telefonische Einigungsverhandlungen geführt, die jedoch kein Ergebnis brachten. Er erhielt daraufhin im Oktober den Auftrag zur Durchführung des streitigen Verfahrens. Dort findet im März 2007 die mündliche Verhandlung statt.
Im Mahnverfahren war eine Terminsgebühr entstanden, ebenso im streitigen Verfahren. Da der Auftrag für das streitige Verfahren noch in 2006 erteilt worden ist, ist gemäß Abs. 1 S. 1 die damalige Fassung des RVG anzuwenden, die eine Anrechnung der Terminsgebühr des Mahnverfahrens im streitigen Verfahren nicht vorsah.[4] Die Terminsgebühr entstand also im streitigen Verfahren anrechnungsfrei. Nur die Mahnverfahrensgebühr war anzurechnen (Anm. zu VV 3305).

I. Mahnverfahren
1. 1,0-Verfahrensgebühr, VV 3305
   (Wert: 10.000,00 EUR)   486,00 EUR
2. 1,2-Terminsgebühr, VV 3104
   (Wert: 10.000,00 EUR)   583,20 EUR
3. Postentgeltpauschale, VV 7002   20,00 EUR
   Zwischensumme   1.089,20 EUR
4. 16 % Umsatzsteuer, VV 7008[5]   174,27 EUR
Gesamt   **1.263,47 EUR**

II. Streitiges Verfahren
1. 1,3-Verfahrensgebühr, VV 3100
   (Wert: 10.000,00 EUR)   631,80 EUR
2. anzurechnen gem. Anm. zu VV 3305, 1,0 aus 10.000,00 EUR   – 486,00 EUR
3. 1,2-Terminsgebühr, VV 3104
   (Wert: 10.000,00 EUR)   583,20 EUR
4. Postentgeltpauschale, VV 7002   20,00 EUR
   Zwischensumme   749,00 EUR
5. 19 % Umsatzsteuer, VV 7008   142,31 EUR
Gesamt   **891,31 EUR**

Beispiel: Mahnverfahren mit Besprechung (Auftrag nach dem 31.12.2004) und anschließendes streitiges Verfahren (Auftrag nach dem 30.12.2006)
Der Anwalt hatte im Dezember 2006 den Auftrag erhalten, einen Mahnbescheid über 10.000 EUR zu beantragen und anschließend im Januar 2007 mit dem Gegner telefonische Einigungsverhandlungen ge-

---

[2] Anzuwenden ist hier der USt-Satz i.H.v. 16 %.
[3] Anzuwenden ist hier der USt-Satz i.H.v. 16 %.
[4] OLG Brandenburg AGS 2007, 560.
[5] Anzuwenden ist hier der USt-Satz i.H.v. 16 %.

führt, die jedoch kein Ergebnis brachten. Er erhielt daraufhin den Auftrag zur Durchführung des streitigen Verfahrens. Dort findet im Mai 2007 die mündliche Verhandlung statt.

Da der Auftrag für das streitige Verfahren in 2007 erteilt worden ist, galt hierfür jetzt das RVG in der Fassung des 2. JuMoG. Dieses sieht in Anm. Abs. 4 zu VV 3104 auch eine Anrechnung der im Mahnverfahren angefallenen Terminsgebühr vor. Abzustellen ist insoweit auf den Auftrag für das streitige Verfahren, nicht auf den für das Mahnverfahren, da die Anrechnung nicht das Mahnverfahren betrifft, sondern das streitige Verfahren und die Anrechnung daher auch in nicht in VV Teil 3 Abschnitt 3 Unterabschnitt 2 geregelt ist, sondern in VV Teil 3 Abschnitt 1.

I. Mahnverfahren
1. 1,0-Verfahrensgebühr, VV 3305
   (Wert: 10.000,00 EUR) — 486,00 EUR
2. 1,2-Terminsgebühr, VV 3104
   (Wert: 10.000,00 EUR) — 583,20 EUR
3. Postentgeltpauschale, VV 7002 — 20,00 EUR
   Zwischensumme — 1.089,20 EUR
4. 16 % Umsatzsteuer, VV 7008[6] — 174,27 EUR
Gesamt — 1.263,47 EUR

II. Streitiges Verfahren
1. 1,3-Verfahrensgebühr, Nr. 3310 VV
   (Wert: 10.000,00 EUR) — 631,80 EUR
2. anzurechnen gem. Anm. zu VV 3305, 1,0 aus
   10.000,00 EUR — – 486,00 EUR
3. 1,2-Terminsgebühr, VV 3104
   (Wert: 10.000,00 EUR) — 583,20 EUR
4. anzurechnen gem. Anm. Abs. 4 zu Nr. 3104 VV, 1,2 aus
   10.000,00 EUR — – 583,20 EUR
5. Postentgeltpauschale, VV 7002 — 20,00 EUR
   Zwischensumme — 165,80 EUR
6. 19 % Umsatzsteuer, VV 7008 — 31,50 EUR
Gesamt — 197,30 EUR

18 Weitere Bedeutung hatte § 60 in Beratungsfällen.

Beispiel: Der Anwalt war im Juni 2006 beauftragt worden, den Auftraggeber wegen einer Gewährleistung aus einem Kaufvertrag zu beraten. Im Juli 2006 erhielt er den Auftrag zu einer weiteren Beratung wegen einer Unterhaltsberechnung.

Für die Beratung hinsichtlich der Gewährleistung aus dem Kaufvertrag gilt nach Abs. 1 S. 1 die bis zum 30.6.2006 gültige Fassung des RVG. Der Anwalt erhält also für die Beratung eine Gebühr nach VV 2100 a.F. zuzüglich Auslagen nach VV Teil 7. Die Anrechnung der Ratsgebühr bestimmte sich nach Anm. zu VV 2100 a.F.

Für die Beratung über die Unterhaltsfrage galt dagegen nach Abs. 1 S. 1 die neue Fassung des RVG ab dem 1.7.2006. Eine Beratungsgebühr ist nicht mehr vorgesehen. Hat der Anwalt keine Gebührenvereinbarung getroffen, so gilt § 34 Abs. 1. Der Anwalt erhält nach § 612 Abs. 1 BGB eine angemessene Vergütung zuzüglich Auslagen nach VV Teil 7. Die Anrechnung bestimmt sich jetzt nach § 34 Abs. 2.

19 Strittig war und ist, ob § 60 auch auf die zum 5.8.2009 neu eingeführte Regelung des § 15a auch auf Mandate anzuwenden sei, in denen der Anwalt schon vor dem 5.8.2009 beauftragt worden war.

20 Für die **Zivilgerichtsbarkeit** ist die Frage durch die Entscheidung des II. Senats des BGH[7] erledigt, der klargestellt hat, dass die frühere Rspr. des VIII. Senat unzutreffend war und daher auch rückwirkend so abzurechnen ist, wie es § 15a vorgibt. Bei der Vorschrift des § 15a handele es sich nicht um eine Gesetzesänderung, sondern nur um eine Klarstellung dessen, was schon immer gegolten habe. Daher sind die klarstellenden Regelungen des § 15a auch in allen noch nicht abgeschlossenen Altfällen anzuwenden.[8]

---

6 Anzuwenden ist hier der USt-Satz i.H.v. 16 %.
7 AGS 2009, 466 = NJW 2009, 3101 = zfs 2009, 646 = Rpfleger 2009, 646 = BGHR 2009, 1233 = BRAK-Mitt 2009, 294.
8 Ebenso BGH XII. Senat, AGS 2010, 256; IV. Senat, Beschl. v. 15.9.2010 – IV ZB 5/10; Beschl. v. 15.9.2010 – IV ZB 41/09; V. Senat NJW-Spezial 2010, 605; VIII. Senat, BGH, Beschl. v. 14.9.2010 – VIII ZB 33/10; IX. Senat AGS 2010, 159 = JurBüro 2010, 358 = RVGreport 2010, 190 = VRR 2010, 199 = AnwBl 2010, 448; XII. Senat AGS 2010, 54 = MDR 2010, 471; AGS 2010, 106.

Daher ist in Altfällen auch eine **Nachfestsetzung** möglich.[9]

Die **Verwaltungsgerichtsbarkeit**[10] und die **Finanzgerichtsbarkeit**[11] stellen sich demgegenüber gegen die Rspr. des BGH und betrachten die Regelung des § 15a als eine Gesetzesänderung, auf die § 60 anzuwenden ist, ebenso auch zum Teil die **Arbeitsgerichtsbarkeit**.[12]

C. Übergangsrecht aus Anlass des 2. KostRMoG

I. Anwendbares Recht

Zum 1.8.2013 ist eine neue Fassung des RVG in Kraft getreten. Es gelten die oben (siehe Rdn 3 ff.) bereits dargestellten Regeln. Im Einzelfall bedeutet dies Folgendes:

1. Abgabe

Es gilt das Gleiche wie bei einer Verweisung (siehe Rdn 87).

2. Anfechtung eines Prozessvergleichs

Das Verfahren vor und nach Anfechtung eines Prozessvergleichs ist eine einzige Angelegenheit. Daher bleibt es beim alten Gebührenrecht, wenn der Vergleich vor dem 31.7.2013 geschlossen und danach angefochten worden ist.

Etwas anderes gilt nur dann, wenn der Anwalt erstmals mit der Anfechtung des Vergleichs beauftragt worden ist.

Neues Recht ist allerdings anzuwenden, wenn zwischen Vergleich und Anfechtung mehr als zwei Kalenderjahre liegen.[13]

3. Anrechnung

Bei aufeinander anzurechnenden Gebühren liegen grundsätzlich verschiedene Angelegenheiten vor. Dies gilt insbesondere für zeitlich aufeinander folgende Tätigkeiten wie Beratung, außergerichtliche Vertretung, Mahnverfahren, Rechtsstreit etc. Für die jeweilige Angelegenheit ist der Tag ihrer Auftragserteilung maßgebend. In der neuen Angelegenheit werden dann aber nur die Beträge nach altem Recht angerechnet. Es kann nicht mehr angerechnet werden, als der Anwalt erhalten hat.

> **Beispiel: Anrechnung der Gebühren nach altem Recht**
> Der Anwalt war im Mai 2013 beauftragt worden, den Mandanten außergerichtlich zu vertreten. Im August 2013 erhält der Anwalt Klageauftrag. Der Gegenstandswert beträgt 8.000 EUR.
> Für die außergerichtliche Vertretung gilt altes Recht, für die gerichtliche Vertretung gilt neues Recht. Die Geschäftsgebühr ist nach den alten Beträgen hälftig auf die Verfahrensgebühr anzurechnen ist (VV Vorb. 3 Abs. 4).

---

9 BGH AGS 2010, 580 = zfs 2011, 101 = Rpfleger 2011, 178 = NJW 2011, 1367 = RVGreport 2011, 28; AGS 2011, 259= NJW-Spezial 2011, 379.
10 OVG Nordrhein-Westfalen, Beschl. v. 10.6.2010 – 18 E 1722/09; VG Minden, Beschl. v. 8.10.2011 – 9 K 1572/09.
11 FG Düsseldorf, Beschl. v. 2.5.2011 – 15 Ko 521/11 KF; Beschl. v. 31.1.2011 – 15 Ko 521/11 KF; EFG 2011, 78.
12 LAG Hessen, Beschl. v. 8.11.2010 – 13 Ta 374/10.
13 BGH AGS 2010, 477 = MDR 2010, 1218 = AnwBl 2010, 804 = BRAK-Mitt 2010, 274 = RVGreport 2011, 17 = RVGprof. 2011, 40.

Der Anwalt erhält:
I. Außergerichtliche Vertretung
1. 1,3-Geschäftsgebühr, VV 2300   535,60 EUR
2. Postentgeltpauschale, VV 7002   20,00 EUR
   Zwischensumme   555,60 EUR
3. 19 % Umsatzsteuer, VV 7008   105,56 EUR
Gesamt   **661,16 EUR**

II. Gerichtliches Verfahren
1. 1,3-Verfahrensgebühr, VV 3100   592,80 EUR
2. gem. VV Vorb. 3 Abs. 4 anzurechnen   − 267,80 EUR
3. 1,2-Terminsgebühr, VV 3104   547,20 EUR
4. Postentgeltpauschale, VV 7002   20,00 EUR
   Zwischensumme   892,20 EUR
5. 19 % Umsatzsteuer, VV 7008   169,52 EUR
Gesamt   **1.061,72 EUR**

4. Anwalt in eigener Sache

30 Wird ein Rechtsanwalt in eigener Sache tätig, so kann er seine Kosten nach neuem Gebührenrecht erstattet verlangen (§ 91 Abs. 2 S. 3 ZPO), wenn seine Tätigkeit nach dem Stichtag begonnen hat.[14]

5. Anwaltswechsel

31 Bei einem Anwaltswechsel kann der neue Anwalt, sofern er nach dem Stichtag beauftragt worden ist, nach neuem Recht abrechnen.[15] Nach der Rechtsprechung sind in diesem Fall allerdings nur die Kosten nach altem Recht zu erstatten, wenn der Anwaltswechsel nicht ausnahmsweise notwendig war.[16] Diese Auffassung ist jedoch unzutreffend. Bei einem Anwaltswechsel sind zwar nur die Kosten eines Anwalts erstattungsfähig; das muss aber nicht der billigere Anwalt sein.

6. Arrest- und einstweiliges Verfügungsverfahren

32 Arrest- und einstweilige Verfügungsverfahren stellen nach § 17 Nr. 4 Buchst. a) und b) gegenüber dem Hauptsacheverfahren eine eigene Angelegenheit dar. Ist vor dem 1.8.2013 ein Arrest- oder einstweiliges Verfügungsverfahren eingeleitet worden und erst nach dem 31.7.2013 das Hauptsacheverfahren, so stehen dem Anwalt im Hauptsacheverfahren die Gebühren nach neuem Recht zu, es sei denn, der Auftrag zur Hauptsache ist ihm bereits zusammen und unbedingt bei der Mandatierung im Arrest- und einstweiligen Verfügungsverfahren erteilt worden.

33 Wird umgekehrt vor dem Stichtag das Hauptsacheverfahren betrieben und erhält der Anwalt erst nach dem Inkrafttreten der Gebührenänderung den Auftrag für ein Arrest- oder ein einstweiliges Verfügungsverfahren, so erhält er hierfür die Vergütung nach neuem Recht.

34 Anders verhält es sich bei Anordnungs- und Abänderungs- oder Aufhebungsverfahren, da insoweit nur eine Angelegenheit vorliegt (§ 16 Nr. 5).

35 **Beispiel: Einstweilige Verfügung und Aufhebungsverfahren**
Der Anwalt hatte im Mai 2013 eine einstweilige Verfügung erwirkt. Im August 2013 beantragt der Gegner, die Verfügung wegen veränderter Umstände aufzuheben.
Da der Erlass der einstweiligen Verfügung und das Aufhebungsverfahren eine einzige Angelegenheit sind, bleibt es bei den Gebühren nach altem Recht, sofern überhaupt neue Gebühren anfielen.

---

14 OLG München AGS 2005, 342 = OLGR 2005, 636 = RVGreport 2005, 301 = FamRZ 2006, 355; KG JurBüro 1976, 762.
15 OLG München MDR 1995, 967 = OLGR 1995, 264 = JurBüro 1995, 415; OLG Nürnberg JurBüro 1995 475.
16 AG Kleve AGS 2015, 306 m. abl. Anm. *N. Schneider* = RVGreport 2015, 149 = NJW-Spezial 2015, 413; LG Detmold, Beschl. v. 20.10.2014 – 4 Qs 134/14; LG Berlin JurBüro 1988 752 = Rpfleger 1988, 123; OLG München JurBüro 1989, 977; LG Duisburg AGS 2005, 446 m. Anm. *Schons* und *N. Schneider*.

7. Auslagen

Die Vorschrift des § 60 gilt auch für Auslagen des Rechtsanwalts.[17] Nach der Legaldefinition des § 1 Abs. 1 sind unter dem Begriff „Vergütung" sowohl die Gebühren als auch die Auslagen zu verstehen. 36

Unternimmt der Anwalt eine Geschäftsreise, in der er Termine in verschiedenen Angelegenheiten wahrnimmt, die zum Teil nach altem Recht, zum Teil nach neuem Recht zu beurteilen sind, so ist auch hier zu differenzieren und nach VV Vorb. 7 Abs. 3 getrennt nach der jeweiligen Quote und Höhe abzurechnen (zur Berechnung siehe Vorb. 7 Rdn 54). 37

8. Außergerichtliche Vertretung

Die außergerichtliche Vertretung ist eine Angelegenheit, unabhängig davon, wie lange sie andauert.[18] 38

9. Aussetzung

Ist das Verfahren vor dem 1.8.2013 ausgesetzt und erst nach dem 31.7.2013 wieder aufgenommen worden, bleibt es beim bisherigen Recht. Auf den Zeitpunkt der Wiederaufnahme kommt es nicht an, selbst wenn zwischenzeitlich zwei Kalenderjahre abgelaufen sind. 39

10. Bedingter Auftrag

War lediglich ein bedingter Auftrag erteilt worden, so ist nach Abs. 1 S. 1 der spätere Zeitpunkt des Bedingungseintritts (§ 158 BGB) maßgebend.[19] 40

Häufigster Anwendungsfall ist der, dass der Anwalt mit einer bestimmten Tätigkeit beauftragt wird und für den Fall, dass diese zu keinem Erfolg führe, er bereits den Auftrag zu weiterer Tätigkeit erhält.[20] 41

Beispiel: Unbedingter Auftrag zur außergerichtlichen Vertretung und bedingter Auftrag zur Klage 42
Der Anwalt hatte vom Mandanten im Juli 2013 den Auftrag erhalten, den Schuldner anzumahnen, und für den Fall, dass dieser nicht bis zum 2.8.2013 zahle, Klage zu erheben.
Die außergerichtliche Tätigkeit richtet sich nach altem Recht, da der Auftrag hierzu noch vor dem 1.8.2013 erteilt worden ist. Der Auftrag zur Klage ist zwar auch noch vor dem 1.8.2013 erteilt worden; er stand jedoch unter einer Bedingung, nämlich der Nichtzahlung seitens des Schuldners. Erst mit Eintritt der Bedingung (§ 158 BGB), also mit Ablauf des 2.8.2013 wurde dieser Auftrag zu einem unbedingten. Damit gilt insoweit also neues Recht.

Gleiches gilt für den Auftrag zum Mahnverfahren und den gleichzeitig bedingten Auftrag zur Durchführung des streitigen Verfahrens, da es sich um zwei verschiedene Angelegenheiten i.S.d. § 15 handelt (§ 17 Nr. 2). Der Anwalt erhält für das Mahnverfahren die Vergütung nach altem Recht, für das streitige Verfahren nach neuem Recht, wenn die Bedingung (Mitteilung des Widerspruchs) erst nach dem Stichtag eingetreten ist. 43

Hiervon zu unterscheiden ist eine Bedingung innerhalb der Angelegenheit. In diesem Fall bleibt es bei dem bisherigen Recht. 44

Beispiel: Vollstreckungsandrohung und bedingter Auftrag zur Zwangsvollstreckung 45
Der Anwalt hatte vom Mandanten im Juli 2013 den Auftrag erhalten, dem Schuldner die Zwangsvollstreckung anzudrohen, wenn er nicht bis zum 2.8.2013 zahle. Der Schuldner zahlte nicht, sodass vollstreckt wurde.

---

17 OLG Koblenz JurBüro 1989, 208; OLG Schleswig SchlHA 1989, 80; VG Braunschweig JurBüro 1989, 806.
18 BGH AnwBl 1995, 377 = NJW 1995, 1431 = NZV 1995, 229.
19 OLG Bamberg JurBüro 1987, 1678; 1989, 497.
20 OLG Nürnberg JurBüro 1976, 1643; OLG Bamberg JurBüro 1989, 497; LG Berlin JurBüro 1988, 752 = Rpfleger 1988, 123; OLG Koblenz AGS 1995, 133 = MDR 1995, 1173.

Die Zwangsvollstreckung richtet sich nach altem Recht, da der Auftrag zur Vollstreckungsandrohung maßgebend ist. Androhung (als Vorbereitung) und Durchführung der Zwangsvollstreckung sind dieselbe Angelegenheit (§ 18 Abs. 1 Nr. 1). Mit dem Eintritt der Bedingung für die Durchführung der Zwangsvollstreckung ist daher keine neue Angelegenheit ausgelöst worden.

46 Erteilt der Auftraggeber dem Anwalt zunächst nur den Auftrag, Prozesskostenhilfe zu beantragen und für den Fall der Bewilligung Prozessauftrag, so liegt zwar ein bedingter Auftrag vor; gebührenrechtlich ist dies jedoch irrelevant, da das Prozesskostenhilfeprüfungsverfahren bereits zum Rechtszug gehört (§ 16 Nr. 2). Nähere Ausführungen beim Stichwort Prozesskostenhilfeprüfungsverfahren (siehe Rdn 64).

11. Beratungshilfe

47 Maßgebend ist nicht die Erteilung des Beratungshilfescheins, sondern die Erteilung des Auftrags an den Anwalt, die allerdings auch vor der Erteilung des Scheins liegen kann.

Sind im Rahmen der Beratungshilfe mehrere Angelegenheiten gegeben, ist nach allgemeinen Grundsätzen auf den jeweiligen Auftrag abzustellen.

12. Beschwerde

48 Die Beschwerde ist ein Rechtsmittel, sodass auf die dortigen Ausführungen (siehe Rdn 8 ff.) verwiesen wird.

Soweit die Beschwerde ausnahmsweise keine neue Angelegenheit auslöst, so in der Regel in Verfahren nach VV Teil 4 bis 6 (§ 19 Abs. 1 S. 2 Nr. 10a), bleibt es dagegen beim bisherigen Recht.

13. Einspruch gegen Versäumnisurteil

49 Wird der Einspruch gegen ein Versäumnisurteil verworfen oder zurückgenommen, verbleibt es beim bisherigen Gebührenrecht. Der Einspruch ist kein Rechtsmittel. Eine Regelung – wie noch in der BRAGO, dass das weitere Verfahren eine eigene Angelegenheit sei – kennt das RVG nicht.

14. Einstweilige Anordnungen

50 Da einstweilige Anordnungen nach §§ 17 Nr. 4 Buchst. b) selbstständige Angelegenheiten darstellen, gilt das Gleiche wie bei einer einstweiligen Verfügung (siehe Rdn 51). Werden mehrere einstweilige Anordnungen beantragt, ist für jede das Datum der Auftragserteilung bzw. Beiordnung gesondert festzustellen. Anordnungs- und Abänderungsverfahren sind auch hier dieselbe Angelegenheit (§ 16 Nr. 5), sodass es gegebenenfalls beim alten Recht bleibt.

15. Einstweiliges Verfügungsverfahren

51 Zum einstweiligen Verfügungsverfahren siehe Arrest- und einstweiliges Verfügungsverfahren (siehe Rdn 32 ff.).

16. Erinnerung

52 Die Erinnerung ist kein Rechtsmittel, sondern nur ein Rechtsbehelf, sodass Abs. 1 S. 2 nicht greift. Nur dann, wenn die Erinnerung eine eigene Angelegenheit darstellt (§ 18 Abs. 1 Nr. 3), gilt für sie neues Recht, wenn der Auftrag hierzu nach dem Stichtag liegt. Bei anderen Erinnerungen stellt sich die Frage des Gebührenrechts nicht, da solche Verfahren keine neue Angelegenheit darstellen (§ 19 Abs. 1 S. 2 Nr. 5), es sei denn, der Anwalt ist ausschließlich mit der Erinnerung beauftragt worden; dann gilt Abs. 1 S. 2.

17. Erneuter Auftrag

War der nach bisherigem Recht erteilte Auftrag beendet (z.B. infolge Mandatsniederlegung) und erhält der Anwalt später den Auftrag, wieder tätig zu werden, bleibt es bei der Anwendung des bisherigen Rechts (§ 15 Abs. 5 S. 1), es sei denn, es liegt ein Fall des § 15 Abs. 5 S. 2 vor. Nähere Ausführungen beim Stichwort Zwei-Jahres-Frist (siehe Rdn 100).

18. Hinzutreten eines weiteren Anwalts

Werden nebeneinander mehrere Anwälte beauftragt, gilt § 5. Jeder Anwalt kann seine Vergütung gesondert nach dem für ihn geltenden Recht abrechnen.

Beispiel: Beauftragung mehrere Anwälte
Der Mandant hatte im Mai 2013 in einer Strafsache seinen Anwalt A als Verteidiger mandatiert. Im August 2013 beauftragte er den Anwalt B als weiteren Verteidiger.
Da Rechtsanwalt A vor dem 1.8.2013 beauftragt worden ist, erhält er seine Vergütung nach altem Recht. Rechtsanwalt B dagegen ist erst nach dem 31.7.2013 beauftragt worden. Er erhält folglich seine Vergütung nach neuem Recht.

Nähere Ausführungen auch beim Stichwort Verkehrsanwalt (siehe Rdn 86) und beim Stichwort Terminsvertreter (siehe Rdn 76).

19. Hinzutreten weiterer Auftraggeber

Wird der Anwalt neben dem bisherigen Auftraggeber nach Inkrafttreten der Gesetzesänderung von weiteren Auftraggebern beauftragt, so ist zu differenzieren:
– Stellt der Auftrag des weiteren Auftraggebers eine eigene Angelegenheit i.S.d. § 15 dar, richtet sich die Vergütung nach neuem Recht.
– Wird durch das Hinzutreten des neuen Auftraggebers jedoch lediglich die bereits bestehende Angelegenheit erweitert, ist nach Abs. 1 S. 1 einheitlich nach bisherigem Gebührenrecht abzurechnen.[21]
– Kommt es infolge des Hinzutretens des weiteren Auftraggebers zu einer Gebührenerhöhung nach VV 1008, bleibt es auch für die Berechnung der Erhöhung beim bisherigen Recht.[22]

20. Klageerweiterung

Die Klageerweiterung eröffnet weder für den Anwalt des Klägers noch für den des bisherigen Beklagten eine neue Angelegenheit, sondern stellt nur eine Erweiterung der bisherigen Angelegenheit dar, sodass es bei der Anwendung des bisherigen Rechts verbleibt.[23]

Wird allerdings durch die Klageerweiterung erstmals ein Dritter in den Rechtsstreit einbezogen, kann für seinen Anwalt neues Gebührenrecht gelten, wenn er den Auftrag zum Tätigwerden erst nach dem Stichtag erhält.[24] Es kommt dann zu gespaltenem Kostenrecht.

Beispiel: Klageerweiterung
In einem Verkehrsunfallprozess gegen den Halter des gegnerischen Fahrzeugs erweitert der Kläger nach dem 31.7.2013 die Klage nunmehr auch gegen den Fahrer, um diesen als Zeugen auszuschließen. Der Fahrer bestellt einen eigenen Anwalt.
Der Anwalt des Fahrers kann seine Gebühren nach neuem Recht berechnen. Für den Anwalt des Klägers ändert sich dagegen nichts.

---

21 OLG Karlsruhe MDR 1976, 676; OLG München JurBüro 1978, 1492.
22 BGH AGS 2006, 583 = BGHR 2007, 41 = zfs 2007, 226 = FamRZ 2007, 41 = RVGreport 2007, 25 = RVGprof. 2007, 27; OVG Berlin-Brandenburg AGS 2006, 166 m. Anm. *N. Schneider*.
23 OLG Hamburg JurBüro 1976, 489; OLG Karlsruhe MDR 1976, 676; OLG Hamm JurBüro 1976, 1493 u. 1644; KG JurBüro 1976, 1056; OLG München JurBüro 1978, 1491; OLG Frankfurt JurBüro 1979, 1503.
24 OLG Düsseldorf JurBüro 1988, 1680 = AnwBl 1989, 61.

21. Mahnverfahren

60 Erhält der Anwalt den Auftrag zum Mahnverfahren vor dem Stichtag und den Auftrag zur Durchführung des streitigen Verfahrens nach Inkrafttreten der Gesetzesänderung, gilt für das Mahnverfahren altes Recht und für das streitige Verfahren neues Recht, da es sich um zwei verschiedene Angelegenheiten handelt (§ 17 Nr. 2). Das gilt auch dann, wenn der Anwalt schon zusammen mit dem Auftrag für das Mahnverfahren den Auftrag erhält, bei Einlegung eines Widerspruchs oder Einspruchs das streitige Verfahren durchzuführen. Näheres auch beim Stichwort Bedingter Auftrag (siehe Rdn 40).

22. Parteiwechsel

61 Wird nach einem Parteiwechsel derselbe Anwalt, der die austretende Partei vertreten hat, auch für die eintretende Partei tätig, so liegt nach der Rechtsprechung des BGH[25] keine neue Angelegenheit vor, sodass sich die Vergütung gegenüber der neuen Partei ebenfalls nach altem Recht berechnet.

62 **Beispiel: Parteiwechsel**
Gegen A war im Mai 2013 Klage erhoben worden. Im August 2013 wurde die Klage gegen A zurückgenommen und gleichzeitig gegen B erhoben. Für beide Beklagten war derselbe Anwalt tätig geworden.
Es liegt für die Anwälte beider Parteien nur eine Angelegenheit vor. Der Anwalt des Klägers erhält die einfachen Gebühren. Der Anwalt des Beklagten erhält nach VV 1008 eine um 0,3 erhöhte Verfahrensgebühr, jeweils nach altem Recht.

63 Bei einer Gesetzesänderung sind die Pflichtverteidigergebühren nach der neuen Rechtslage zu berechnen, wenn die Pflichtverteidigerbestellung nach dem jeweiligen Stichtag des Inkrafttretens der Neuregelung erfolgte. Dies gilt auch dann, wenn der Verteidiger vor dem Stichtag bereits das Wahlmandat innehatte.[26]

23. Prozesskostenhilfeprüfungsverfahren

64 Hatte der Anwalt den Auftrag, zunächst Prozesskostenhilfe zu beantragen, richtet sich die Vergütung sowohl für das Prozesskostenhilfeprüfungsverfahren (VV 3335) als auch für das Hauptsacheverfahren (VV 3100 ff.) nach bisherigem Recht, wenn der Auftrag vor Inkrafttreten der Gesetzesänderung erteilt worden ist. Das gilt auch dann, wenn dem Anwalt zunächst nur der Auftrag für das Prozesskostenhilfeverfahren erteilt worden ist und nur bedingt für den Fall der Prozesskostenhilfebewilligung auch der Prozessauftrag.[27] Ein Großteil der Rechtsprechung sieht dies anders und stellt auf den Zeitpunkt der Bewilligung ab.[28] Da ist jedoch unzutreffend. Dazu auch das Stichwort Bedingter Auftrag (siehe Rdn 40).

65 **Beispiel: Prozesskostenhilfeauftrag und bedingter Auftrag zur Klage**
Der Anwalt war im Mai 2013 beauftragt worden, für eine Klage Prozesskostenhilfe zu beantragen. Soweit Prozesskostenhilfe bewilligt werde, sollte der Anwalt dann auch Klage erheben. Im August wird Prozesskostenhilfe bewilligt und der Anwalt beigeordnet.
Der Anwalt erhält insgesamt seine Vergütung nach altem Recht.

24. Räumungsfrist

66 Stellt das Verfahren über die Gewährung einer Räumungsfrist nach VV 3334 eine selbstständige Angelegenheit dar, so ist hierfür – unabhängig vom Hauptsacheverfahren – die Anwendung des maßgebenden Gebührenrechts gesondert zu prüfen.

---

25 AGS 2006, 583 = BGHR 2007, 41 = zfs 2007, 226 = FamRZ 2007, 41 = RVGreport 2007, 25 = RVGprof. 2007, 27.
26 AG Pirmasens AGS 2014, 232 = RVGreport 2014, 187 = NJW-Spezial 2014, 349 = RVGprof. 2014, 170.
27 OLG Saarbrücken AGS 2014, 275 = MDR 2014, 932 = RVGreport 2014, 310 = NZFam 2014, 711; OLG Köln AGS 2005, 448 = OLGR 2005, 586; OLG Zweibrücken AGS 2006, 81; LG Berlin AGS 2005, 403; OLG Koblenz AGS 2006, 183 m. Anm. *N. Schneider* = Rpfleger 2006, 200 = JurBüro 2006, 198 = RVGreport 2006, 100 = FamRZ 2006, 638.
28 OLG Dresden AGS 2007, 625 = OLGR 2006, 706 = FamRZ 2006, 1671 = NJ 2007, 319; KG AGS 2006, 79 = RVGreport 2005, 380; AG Tempelhof-Kreuzberg JurBüro 2005, 365.

25. Rechtsmittelverfahren

Grundsätzlich ist auch hier auf das Datum der Auftragserteilung abzustellen (zu Einzelheiten siehe Rdn 8 ff.).

26. Ruhen des Verfahrens

Wurde das Verfahren vor dem 1.8.2004 zum Ruhen gebracht und wird es erst nach dem 31.7.2013 wieder fortgeführt, bleibt es bei der Anwendung alten Rechts. Auf den Zeitpunkt der Wiederaufnahme kommt es nicht an, selbst wenn zwischenzeitlich zwei Kalenderjahre abgelaufen sind (§ 15 Abs. 5 S. 2 RVG).

27. Selbstständiges Beweisverfahren

Beweis- und Hauptsacheverfahren sind jeweils eigene Angelegenheiten. Daher ist die Anwendung des jeweiligen Gebührenrechts gesondert zu prüfen.[29]

> **Beispiel: Selbstständiges Beweisverfahren und Hauptsache**
> Der Mandant hatte dem Anwalt im Januar 2013 den Auftrag zur Durchführung eines selbstständigen Beweisverfahrens erteilt. Nach Abschluss des Beweisverfahrens erteilte der Mandant im August 2013 den Auftrag zur Hauptsacheklage.
> Das Beweisverfahren ist nach altem Recht abzurechnen, das Hauptsacheverfahren nach neuem Recht. Angerechnet (VV Vorb. 3 Abs. 5) werden die Beträge nach altem Recht.

28. Straf- und Bußgeldverfahren

Nach der Auffassung des BGH[30] bilden in Straf- und Bußgeldsachen das vorbereitende Verfahren und das gerichtliche Verfahren eine Angelegenheit. Danach wäre die Änderung des Gebührenrechts unerheblich, wenn der Auftrag zur Verteidigung im Ermittlungsverfahren bereits vor dem 1.8.2013 erteilt worden ist, für das gerichtliche Verfahren aber erst nach dem 31.7.2013. Dass es sich nach neuem Recht um eine eigene Angelegenheit handelt, ist unerheblich. Anders verhält es sich, wenn man zutreffender Weise schon nach altem Recht von gesonderten Angelegenheiten ausgeht. Dann wäre die Änderung des Gebührenrechts zu beachten.

Wird das Strafverfahren eingestellt und die Sache als Ordnungswidrigkeit weiter verfolgt, ist eine zwischenzeitliche Gebührenänderung dagegen zu beachten, da es sich hier um zwei verschiedene Angelegenheiten handelt (§ 17 Nr. 10).

> **Beispiel: Einstellung des Strafverfahrens und Abgabe an die Bußgeldbehörde**
> Der Anwalt hatte im Mai 2013 den Auftrag zur Verteidigung in einem Verfahren wegen fahrlässiger Körperverletzung im Straßenverkehr erhalten. Das Verfahren wird am 6.8.2103 eingestellt und an die Verwaltungsbehörde abgegeben, die ein Bußgeldverfahren wegen des Verdachts einer Vorfahrtverletzung einleitet.
> Für das Strafverfahren erhält der Anwalt die Gebühren nach altem Recht; für das Bußgeldverfahren berechnet sich die Vergütung dagegen nach neuem Recht.

29. Streitverkündung

Die Streitverkündung eröffnet keine neue Angelegenheit. Der Anwalt des Streitverkündeten erhält allerdings, sofern er bislang im Rechtsstreit noch nicht tätig war, seine Gebühren nach neuem Recht, wenn er den Auftrag zum Tätigwerden erst nach dem Stichtag erhalten hat, unabhängig davon, wann den Anwälten der Hauptparteien der Auftrag erteilt worden ist.

---

[29] BGH AGS 2007, 357 = BGHR 2007, 734 = NJW 2007, 3578 = RVGreport 2007, 297 = RVGprof. 2007, 148; AGS 2007, 459.

[30] AGS 2013, 56 = AnwBl 2013, 234 = BRAK-Mitt 2013, 89 = Rpfleger 2013, 291 = JurBüro 2013, 187 = NJW 2013, 1610.

30. Stufenklage/Stufenantrag

75 Im Falle einer Stufenklage/eines Stufenantrags kommt es nur auf den Zeitpunkt des Auftrags zur Einleitung des Stufenverfahrens an. Unerheblich ist, wann der Leistungsanspruch beziffert und verlesen wird.[31]

31. Terminsvertreter

76 Für den Terminsvertreter ist die Anwendung des maßgebenden Gebührenrechts unabhängig davon zu prüfen, wann dem Hauptbevollmächtigten der Auftrag erteilt worden ist.[32] Umgekehrt richtet sich die Vergütung des Hauptbevollmächtigten nur nach dem für ihn maßgebenden Gebührenrecht, unabhängig davon, welches Gebührenrecht für den Terminsvertreter gilt. Hier kann es also zu unterschiedlichem Gebührenrecht kommen.

32. Unterbrechung

77 Wird das Verfahren unterbrochen und später wieder fortgeführt, so bleibt das ursprüngliche Auftragsdatum weiterhin maßgebend. Durch die Fortsetzung des Rechtsstreits entsteht keine neue Angelegenheit, auch nicht, wenn zwischenzeitlich zwei Kalenderjahre vergangen sind. Die Regelung des § 15 Abs. 5 S. 2 greift hier nicht.[33]

33. Urkunden-, Wechsel- und Scheckprozess und Nachverfahren oder Verfahren nach Abstandnahme

78 Das Nachverfahren und das Verfahren nach Abstandnahme stellen gegenüber dem Urkunden-, Wechsel- oder Scheckprozess eine gesonderte Angelegenheit dar (§ 17 Nr. 5). Der Anwalt erhält daher für das Nachverfahren bzw. das Verfahren nach Abstandnahme bereits die Gebühren nach neuem Recht, wenn er den Auftrag hierzu erst nach dem 31.7.2013 erhalten hat.

34. Verbindung

79 Werden mehrere selbstständige Verfahren miteinander verbunden, so berechnen sich nach Verbindung die Gebühren aus den zusammengerechneten Werten der verbundenen Verfahren. Soweit für das eine Verfahren altes Recht galt und für das andere bereits neues Recht, gilt nach Verbindung gemäß Abs. 2 fortan neues Recht; auf das Datum der einzelnen Auftragserteilungen kommt es nicht an.

80 **Beispiel: Verbindung altes und neues Verfahren**
Der Anwalt hatte im April 2013 Klage gegen B erhoben, die im Mai 2013 zugestellt worden ist. Im August 2013 erhebt B eine selbstständige Klage gegen A. Beide Verfahren werden im September gemäß § 145 ZPO verbunden und gemeinsam verhandelt.

81 Die Vergütung im Klageverfahren des A richtet sich nach altem Recht; die Vergütung im Klageverfahren des B nach neuem Recht. Da sich nach der Verbindung die Gebühren gemäß § 23 Abs. 1 S. 1 i.V.m. § 45 Abs. 1 GKG aus den zusammengerechneten Werten berechnen, gilt nach Abs. 2 für die weiteren Gebühren, die nach der Verbindung entstehen, neues Recht. Für die bis zur Verbindung angefallenen Gebühren bleibt es dagegen bei Abs. 1 S. 1. Es gilt hier gespaltenes Kostenrecht.

---

31 AG Koblenz AGS 2008, 349.
32 OLG Nürnberg JurBüro 1977, 346; LG Berlin JurBüro 1987, 1827 = Rpfleger 1987, 123.
33 Für Unterbrechung nach § 240 ZPO: Saarländisches FG AGS 2008, 290; OLG Hamm JurBüro 1989, 1403 = Rpfleger 1989, 525; OLG München JurBüro 1989, 977; für die Unterbrechung nach §§ 239 ff. ZPO: LG Berlin JurBüro 1988, 601; OLG Bamberg JurBüro 1991, 239.

35. Verbundverfahren

Im Scheidungsverbundverfahren erhält der Anwalt die Gebühren jeweils nur einmal. Das gesamte Verbundverfahren bildet gebührenrechtlich eine einzige Angelegenheit (§ 16 Nr. 4). Die jeweiligen Gebühren sind daher aus den nach § 23 Abs. 1 RVG i.V.m. § 44 Abs. 2 S. 2 FamGKG zusammengerechneten Werten von Ehe- und Folgesachen zu berechnen. Daher gilt für das gesamte Verbundverfahren altes Recht, wenn der Auftrag vor dem 1.8.2013 erteilt worden ist. Auch für Folgesachen, zu denen der Anwalt den Auftrag erst nach dem 31.7.2013 erhält, gilt das bisherige Gebührenrecht.[34]

82

Werden gesonderte Verfahren anhängig gemacht, die nicht zum Verbund zählen, z.B. Trennungsunterhalt, oder werden einstweilige Anordnungsverfahren eingeleitet, ist die Anwendung des jeweiligen Gebührenrechts für die isolierten Verfahren gesondert zu prüfen.

36. Verfahrenskostenhilfe

Zur Verfahrenskostenhilfe vergleiche die Ausführungen zum Stichwort Prozesskostenhilfe (siehe Rdn 64).

83

37. Verfahrenstrennung

Nach einer Verfahrenstrennung verbleibt es grundsätzlich beim bisherigen Recht, auch wenn zwischenzeitlich eine Gebührenänderung eingetreten ist. Infolge der Verfahrenstrennung erhält der Anwalt keinen neuen Auftrag. Aus dem ursprünglich gemeinsamen Auftrag werden infolge der Trennung jetzt lediglich zwei verschiedene Angelegenheiten.

84

38. Vergleich

Der Abschluss eines Vergleichs löst keine neue Angelegenheit aus, so dass sich die Einigungsgebühr nach dem Gebührenrecht der zugrunde liegenden Angelegenheit richtet. Das gilt auch für einen Mehrwertvergleich. Die Auffassung des OLG Hamburg,[35] dass ein vor einer Änderung des Gebührenrechts beauftragter Anwalt, der in einem gerichtlichen Verfahren einen Vergleich auch über einen nicht rechtshängigen Gegenstand schließt, für den anhängigen Anspruchs eine Einigungsgebühr nach altem Gebührenrecht erhalte und aus dem Mehrwert nach neuem Gebührenrecht, ist mit dem Gesetz nicht zu vereinbaren.

85

39. Verkehrsanwalt

Die Anwendung des maßgeblichen Gebührenrechts für einen Verkehrsanwalt richtet sich nach dem Datum des ihm erteilten Auftrags, unabhängig davon, wann der Hauptbevollmächtigte beauftragt worden ist.

86

40. Verweisung

Durch eine Verweisung entsteht grundsätzlich keine neue Angelegenheit (§ 20 S. 1), sodass weiterhin das bisherige Gebührenrecht fort gilt. Eine Ausnahme greift nur dann, wenn nach § 20 S. 2 eine neue Angelegenheit beginnt. Dann richtet sich das Verfahren nach Verweisung nach neuem Recht, wenn die Verweisung nach dem 31.7.2013 erfolgt ist.

87

41. Verwaltungsverfahren

Verwaltungsverfahren und Nachprüfungsverfahren sind zwei verschiedene Angelegenheiten (§ 17 Nr. 1a). Ist der der Auftrag für das Verwaltungsverfahren vor dem 1.8.2013 erteilt worden, gilt

88

---

34 OLG Düsseldorf JurBüro 1996, 253; OLG Nürnberg RVGreport 2005, 220.

35 AGS 2014, 557 = MDR 2014, 1295 = Rpfleger 2015, 170 = RVGprof. 2015, 43.

ungeachtet dessen für das Nachprüfungsverfahren neues Recht (einschließlich der Anrechnung nach VV Vorb. 2.3 Abs. 4), wenn der Auftrag für das Nachprüfungsverfahren erst nach dem 31.7.2013 erteilt worden ist.

89 **Beispiel: Vertretung im Verwaltungsverfahren und im Widerspruchsverfahren (Verwaltungsrecht)**
Der Anwalt wird im Mai 2013 im Verwaltungsverfahren beauftragt. Im August 2013 erhält er den Auftrag für das Widerspruchsverfahren.
Die Geschäftsgebühr des Verwaltungsverfahrens (VV 2300) richtet sich nach den Gebührenbeträgen des § 13 a.F.; die Geschäftsgebühr des Widerspruchsverfahren richtet dagegen bereits nach den Gebührenbeträgen des § 13 n.F. Angerechnet (VV Vorb. 2.3 Abs. 4) wird die hälftige Geschäftsgebühr nach den alten Gebührenbeträgen.

90 **Beispiel: Vertretung im Verwaltungsverfahren und im Widerspruchsverfahren (Sozialrecht)**
Der Anwalt wird im Mai 2013 im Verwaltungsverfahren beauftragt. Im August 2013 erhält er den Auftrag für das Widerspruchsverfahren.
Die Geschäftsgebühr im Verwaltungsverfahren richtet sich nach VV 2400 a.F. nach dem alten Gebührenrahmen; das Widerspruchsverfahren dagegen richtet sich bereits nach VV 2302 Nr. 1. Es greift keine Ermäßigung. Stattdessen wird gemäß VV Vorb. 2.3 Abs. 4 die erste (alte) Geschäftsgebühr hälftig angerechnet.

42. Wiederaufnahmeverfahren

91 Das Wiederaufnahmeverfahren stellt unabhängig von dem zugrunde liegenden Rechtsstreit eine eigene Angelegenheit dar (siehe § 17 Nr. 13), sodass die Anwendung des maßgebenden Gebührenrechts gesondert zu prüfen ist.

43. Widerklage, Drittwiderklage (Widerantrag, Drittwiderantrag)

92 Für eine Widerklage gilt das Gleiche wie für die Klageerweiterung. Auch die Widerklage eröffnet keine neue Angelegenheit. Es gilt einheitlich bisheriges Recht, auch wenn der Auftrag zur Widerklage bzw. zum Widerantrag nach dem Stichtag erteilt worden ist.[36]

Nur dann, wenn eine bisher nicht beteiligte Partei einbezogen wird, also durch eine Drittwiderklage, gilt für deren Anwalt neues Gebührenrecht, wenn er bislang noch nicht tätig war.[37]

44. Zulassung eines Rechtsmittels

93 Das Verfahren auf Zulassung eines Rechtsmittels ist bereits Teil des Rechtsmittelverfahrens und bildet mit dem zugelassenen Rechtsmittel eine einzige Angelegenheit (§ 16 Nr. 11). Eine Änderung des Gebührenrechts zwischen dem Auftrag zum Zulassungsantrag und der Zulassung des Rechtsmittels ist daher unerheblich.[38]

Anders verhält es sich allerdings im Falle der Nichtzulassungsbeschwerde. Diese stellt gegenüber dem auf die Beschwerde hin zugelassenen Rechtsmittel nach § 17 Nr. 9 eine eigene Angelegenheit dar, sodass hier eine Änderung des Gebührenrechts zu beachten ist.

94 **Beispiel: Berufung und Nichtzulassungsbeschwerde**
Auf die im Januar 2013 eingereichte Klage hatte das OLG im Juni 2013 ein Urteil erlassen und die Revision nicht zugelassen. Hiergegen erhebt der Anwalt auftragsgemäß Nichtzulassungsbeschwerde, die im Oktober beschieden wird und Erfolg hat.
Das Berufungsverfahren richtet sich nach altem Recht, ebenso das Verfahren über die Nichtzulassungsbeschwerde. Für die Revision gilt dagegen neues Recht. Anzurechnen sind die alten Beträge (Anm. zu VV 3506).

---

36 OLG Bamberg JurBüro 1978, 364; OLG Hamm JurBüro 1979, 45; OLG Düsseldorf JurBüro 1980, 852.
37 OLG Bamberg AnwBl 1989, 627.
38 VG Dresden, Beschl. v. 23.3.2016 – 2 O 16/16 (zu 2 K 1028/10).

45. Zurückverweisung

Wird ein Verfahren nach dem 31.7.2013 zurückverwiesen, so richten sich die Gebühren im Verfahren nach Zurückverweisung nach neuem Recht[39] und zwar in allen Verfahren, also auch in Strafsachen.[40] Hier ist allerdings bei Zurückverweisung an ein bereits mit der Sache befasstes Gericht in Verfahren nach VV Teil 3 gemäß VV Vorb. 3 Abs. 6 die Anrechnung der (alten) Verfahrensgebühr zu beachten.

> **Beispiel: Zurückverweisung nach dem 31.7.2013**
> Das Verfahren aus 2012 (Wert 5.000 EUR) wird im August 2013 vom Berufungsgericht zurückverwiesen.
> Der Anwalt erhält:
> **I. Verfahren vor Zurückverweisung**
> 1. 1,3-Verfahrensgebühr, VV 3100   391,30 EUR
> 2. 1,2-Terminsgebühr, VV 3104   361,20 EUR
> 3. Postentgeltpauschale, VV 7002   20,00 EUR
>   Zwischensumme   772,50 EUR
> 4. 19 % Umsatzsteuer, VV 7008   146,78 EUR
>   **Gesamt**   **919,28 EUR**
> **II. Verfahren nach Zurückverweisung**
> 1. 1,3-Verfahrensgebühr, VV 3100   393,90 EUR
> 2. gem. VV Vorb. 3 Abs. 6 anzurechnen   − 391,30 EUR
> 3. 1,2-Terminsgebühr, VV 3104   363,60 EUR
> 4. Postentgeltpauschale, VV 7002   20,00 EUR
>   Zwischensumme   386,20 EUR
> 5. 19 % Umsatzsteuer, VV 7008   73,38 EUR
>   **Gesamt**   **459,58 EUR**

46. Zusammengerechnete Werte

Berechnen sich die Gebühren nach dem zusammengerechneten Wert mehrerer Gegenstände, so gilt für die gesamte Vergütung das bisherige Recht, wenn dies nach Abs. 2 nur für einen Teil der Gegenstände gelten würde. Der Anwendungsbereich dieser Vorschrift beschränkt sich ausschließlich auf Verfahrensverbindung, was zumeist verkannt wird (siehe Rdn 15, 79).

47. Zwangsvollstreckung

Eine eigene Angelegenheit stellt auch die Zwangsvollstreckung dar (§ 18 Abs. 1 Nr. 1). Hier kommt es auf den jeweiligen Vollstreckungsauftrag an. Einen Vollstreckungsauftrag vor Erlass des Vollstreckungstitels wird man in der Regel als bedingten Auftrag ansehen müssen, sodass es auf den Zeitpunkt ankommt, in dem der Anwalt von der Existenz des Titels Kenntnis erhält. Bei mehreren Vollstreckungsverfahren (Mobiliarpfändung, Lohnpfändung, Vermögensauskunft etc.) ist jeweils auf den einzelnen Auftrag abzustellen. Wird von vornherein ein genereller Auftrag zur Vollstreckung erteilt, so ist dieser in der Regel als unbedingter Auftrag zu einer ersten Vollstreckungsmaßnahme (z.B. Mobiliarvollstreckung) zu verstehen und als bedingter Auftrag zu weiteren Vollstreckungen (z.B. Verfahren auf Abgabe der Vermögensauskunft nach Erhalt der Fruchtlosigkeitsbescheinigung). Hier ist es also auch die zwischenzeitliche Gebührenänderung zu berücksichtigen.

> **Beispiel: Mobiliarvollstreckungsauftrag und bedingter Auftrag zur Abgabe der Vermögensauskunft**
> Der Anwalt hatte im Mai 2013 einen sog. „Kombi-Auftrag" erhalten. Er beauftragt zunächst den Gerichtsvollzieher, der im August 2013 die Fruchtlosigkeit feststellt und sodann antragsgemäß das Verfahren auf Abgabe der Vermögensauskunft einleitet.
> Das Mobiliar-Vollstreckungsverfahren ist nach den alten Beträgen abzurechnen, das Verfahren auf Abgabe der Vermögensauskunft dagegen nach den neuen Beträgen und dem neuen Höchstwert des § 25 Abs. 1 Nr. 4).

---

[39] LG München AGS 2007, 459; OLG München AGS 2007, 624 = OLGR 2008, 152 = NJW-Spezial 2007, 524 = RVG prof. 2008, 45; OLG Düsseldorf AGS 2008, 242 OLGR 2008, 435 = NJW-Spezial 2008, 189.

[40] KG AGS 2005, 449 = RVGreport 2005, 343 = RVGprof. 2005, 178; OLG Düsseldorf JurBüro 1988, 1352.

48. Zwei-Jahres-Frist

100 Erhält der Anwalt nach Ablauf von zwei Kalenderjahren nachdem der Erstauftrag erledigt worden ist den Auftrag zu weiterer Tätigkeit, so gilt diese weitere Tätigkeit nach § 15 Abs. 5 S. 2 als neue Angelegenheit.[41] Die Gebühren richten sich in diesem Fall nach für die weitere Tätigkeit nach neuem Recht, wenn der Auftrag dazu nach dem 31.7.2013 erteilt worden ist.

101 Die Vorschrift ist nicht anzuwenden bei bloßem Ruhen des Verfahrens oder einer Aussetzung (siehe Rdn 39, 77).[42]

II. Kostenerstattung

1. Grundsatz

102 Richtet sich die Vergütung nach neuem Recht, so ist diese nach § 91 ZPO auch zu erstatten. Es gibt keine Obliegenheit, eine Klage früher einzureichen, um Kosten zu sparen.

2. Anwaltswechsel

103 Bei der Kostenerstattung können dann allerdings Probleme auftreten, wenn ein Anwaltswechsel stattgefunden hat und der neue Anwalt nach neuem Recht liquidieren kann. War der Anwaltswechsel **notwendig**, dann ergeben sich keine Probleme; die Kosten beider Anwälte sind zu erstatten.[43]

104 War der Wechsel dagegen **nicht notwendig**, so ist die Erstattungsfrage strittig. Eine Auffassung differenziert wie folgt: Es sind die tatsächlich entstandenen Kosten nur bis zu dem Betrag zu erstatten, den der zuerst beauftragte Anwalt nach bisherigem Recht hätte liquidieren können, wenn er die Sache zu Ende geführt hätte. Sofern dessen Vergütung geringer gewesen wäre, kann die Erstattung nur nach bisherigem Recht verlangt werden. Sofern die Kosten des ersten Anwalts allerdings höher gewesen wären, sind auch die Mehrkosten des neuen Anwalts in Höhe dieser Differenz zu erstatten. Nach zutreffender Auffassung sind stets die höheren Kosten zu erstatten, da es der Partei frei steht, zu entscheiden, ob und wann sie einen Anwalt beauftragt. Die Kosten sind daher stets bis zur Höhe des höchsten Vergütungsanspruchs nach neuem oder bisherigem Recht zu erstatten.[44]

105 **Beispiel: Kostenerstattung bei Anwaltswechsel (I)**
Der siegreiche Kläger hatte im Verfahren (Streitwert 50.000 EUR) den Anwalt gewechselt. Der erste Anwalt hätte nach den alten Beträgen für das gesamte Verfahren folgende Vergütung erhalten:

1. 1,3-Verfahrensgebühr, VV 3100	1.359,80 EUR
2. 1,2-Terminsgebühr, VV 3104	1.255,10 EUR
3. Postentgeltpauschale, VV 7002	20,00 EUR
Zwischensumme	2.634,90 EUR
4. 19 % Umsatzsteuer, VV 7008	500,63 EUR
Gesamt	**3.135,53 EUR**

Infolge der vorzeitigen Beendigung hat er jedoch nur folgende Vergütung verdient:

1. 1,3-Verfahrensgebühr, VV 3100	1.359,80 EUR
2. Postentgeltpauschale, VV 7002	20,00 EUR
Zwischensumme	1.379,80 EUR
3. 19 % Umsatzsteuer, VV 7008	262,16 EUR
Gesamt	**1.641,96 EUR**

Der neue Anwalt rechnet nach den neuen Beträgen wie folgt ab:

1. 1,3-Verfahrensgebühr, VV 3100	1.511,90 EUR
2. 1,2-Terminsgebühr, VV 3104	1.395,60 EUR

---

[41] BGH AGS 2010, 477 = MDR 2010, 1218 = FamRZ 2010, 1723 = VersR 2010, 1664 = JurBüro 2010, 640 = AnwBl 2010, 804; OLG München AGS 2006, 369.

[42] OLG Köln AGS 2011, 321; FG Baden Württemberg AGS 2010, 606 = EFG 2011, 373 = StE 2010, 729.

[43] LG Berlin JurBüro 1988 752 = Rpfleger 1988, 123; OLG München JurBüro 1989, 977.

[44] *Schneider/Thiel*, Das ABC der Kostenerstattung 2013, Stichwort „Anwaltswechsel"; a.A. LG Duisburg AGS 2005, 446 m. Anm. *Schons* und *N. Schneider*.

3. Postentgeltpauschale, VV 7002	20,00 EUR
Zwischensumme	2.927,50 EUR
4. 19 % Umsatzsteuer, VV 7008	556,23 EUR
Gesamt	**3.483,73 EUR**

Nach der ersten Ansicht sind lediglich 3.135,53 EUR erstattungsfähig. Die Mehrkosten verbleiben beim Kläger. Nach der zweiten Ansicht sind die vollen 3.483,73 EUR zu erstatten.

Beispiel: Kostenerstattung bei Anwaltswechsel (II) — 106

Wie vorangegangenes Beispiel (siehe Rdn 105); jedoch betrug der Streitwert nur 1.000 EUR.
Der erste Anwalt hätte erhalten:

1. 1,3-Verfahrensgebühr, VV 3100	110,50 EUR
2. 1,2-Terminsgebühr, VV 3104	102,00 EUR
3. Postentgeltpauschale, VV 7002	20,00 EUR
Zwischensumme	232,50 EUR
4. 19 % Umsatzsteuer, VV 7008	44,18 EUR
Gesamt	**276,68 EUR**

Infolge der vorzeitigen Beendigung hat er jedoch nur folgende Vergütung verdient:

1. 1,3-Verfahrensgebühr, VV 3100	110,50 EUR
2. Postentgeltpauschale, VV 7002	20,00 EUR
Zwischensumme	130,50 EUR
3. 19 % Umsatzsteuer, VV 7008	24,80 EUR
Gesamt	**155,30 EUR**

Der neue Anwalt rechnet nach den neuen Beträgen wie folgt ab:

1. 1,3-Verfahrensgebühr, VV 3100	104,00 EUR
2. 1,2-Terminsgebühr, VV 3104	96,00 EUR
3. Postentgeltpauschale, VV 7002	20,00 EUR
Zwischensumme	220,00 EUR
4. 19 % Umsatzsteuer, VV 7008	41,80 EUR
Gesamt	**261,80 EUR**

Nach beiden Ansichten kann der Kläger die vollen 261,80 EUR verlangen sowie weitere 14,88 EUR, die der erste Anwalt mehr gekostet hätte.

III. Änderung von anderen Kostengesetzen

Soweit sich in anderen Kostengesetzen, auf die das RVG Bezug nimmt, Änderungen ergeben, gelten die vorstehenden Ausführungen entsprechend (Abs. 1 S. 3). Es kommt also auch hier grundsätzlich auf den Tag der Auftragserteilung an bzw. im Rechtsmittelverfahren gegebenenfalls auf den Tag der Einlegung des Rechtsmittels. — 107

Beispiel: Abweichende Wertfestsetzung für den Anwalt — 108

Der Antragsteller hatte im Juli 2013 die Scheidung eingereicht. Im August beauftragt die Antragsgegnerin einen Anwalt mit ihrer Vertretung im Verbundverfahren. Nach Abschluss des Verfahrens setzt das Gericht den Verfahrenswert für die Ehesache auf den Mindestwert des § 43 Abs. 1 S. 2 FamGKG a.F. in Höhe von 2.000 EUR fest.
Dieser Wert gilt für die Gerichtsgebühren und die Anwaltsgebühren des Verfahrensbevollmächtigten des Antragstellers. Für den Verfahrensbevollmächtigten der Antragsgegnerin gilt dagegen gemäß Abs. 1 S. 3 RVG der neue Mindestwert des § 43 Abs. 1 S. 2 FamGKG n.F. in Höhe von 3.000 EUR.[45]

D. Vereinbarte Vergütungen

Treffen die Parteien eine Vergütungsvereinbarung und nehmen sie Bezug auf die gesetzliche Vergütung (etwa das Doppelte, Dreifache o.Ä.), kann es zu Auslegungsfragen kommen, die gegebenenfalls zur Unbestimmtheit, Unklarheit und damit zur Unwirksamkeit der Vergütungsvereinbarung führen können.[46] Ist die gesetzliche Vergütung nicht näher bezeichnet, dann ist im Zweifel auf diejenige — 109

---

[45] AG Meiningen JurBüro 2012, 146.
[46] Ausführlich *N. Schneider*, Die Vergütungsvereinbarung, Rn 475 ff.

gesetzliche Vergütung abzustellen, die bei Abschluss der Vereinbarung galt. Insoweit kommt es dann auf die Übergangsregelung des § 60 an.

> **Beispiel:** Die Parteien haben vereinbart, dass das Doppelte der gesetzlichen Gebühren abzurechnen sei. War der Auftrag vor dem 1.8.2013 erteilt worden, wären bei gesetzlicher Abrechnung die Gebührenbeträge der bis zum 31.7.2013 geltenden Fassung anzuwenden. Daher wäre auch von diesen Beträgen im Rahmen der Vergütungsvereinbarung auszugehen.
> War der Auftrag dagegen erst nach dem 31.7.2013 erteilt worden, hätte sich die gesetzliche Vergütung nach den neuen Beträgen berechnet, so dass dann von diesen Beträgen im Rahmen der Vergütungsvereinbarung auszugehen wäre.

Der Anwalt sollte sich aber nicht darauf verlassen und insbesondere in Übergangszeiten klarstellen, auf welche gesetzliche Vergütung er Bezug nimmt.

E. Verfahrensvorschriften

110 Im Gegensatz zu § 61 gilt die Vorschrift des § 60 nur für die Vergütung, also für Gebühren und Auslagen (§ 1 Abs. 1 S. 1). Die Vorschrift gilt nicht für Verfahrensregelungen. Werden also im RVG enthaltene Verfahrensregelungen, etwa für das Vergütungsfestsetzungsverfahren (§ 11) oder das Streitwertfestsetzungs- und Beschwerdeverfahren (§ 33) geändert, ist nicht auf § 60 abzustellen. Sofern bei solchen Änderungen keine Übergangsregelungen getroffen werden, gelten diese Vorschriften mit ihrem Inkrafttreten.

F. Vergütungsvereinbarungen

111 Probleme kann es bei Abschluss einer Vergütungsvereinbarung geben, wenn sich zwischenzeitlich die gesetzlichen Anforderungen an das Zustandekommen einer Vereinbarung geändert haben. Hier ist nach der Rechtsprechung des BGH nicht auf den Zeitpunkt der unbedingten Auftragserteilung abzustellen, sondern auf die am **Tag des Vertragsabschlusses** geltende Rechtslage.[47]

> **Beispiel:** Der Anwalt war bereits im Januar 2008 beauftragt worden. Im August haben die Parteien eine Vergütungsvereinbarung für das im Januar erteilte Mandat getroffen.
> Obwohl das Mandat vor dem 1.7.2008 erteilt worden ist, muss sich die Wirksamkeit der Vergütungsvereinbarung bereits an den §§ 3a ff. RVG n.F. messen lassen und nicht an § 4 RVG a.F.

112 Das dürfte auch im Falle einer **bedingten Vereinbarung**, gelten, also einer Vereinbarung, die vor dem 1.7.2008 geschlossen worden ist und eine Vergütung für den Fall regelt, dass das Mandat nachträglich erteilt wird.

> **Beispiel:** Die Parteien hatten für die erste Instanz eine Vergütungsvereinbarung getroffen. Sie treffen am 25.6.2008 eine Vergütungsvereinbarung für den Fall, dass es zu einem Berufungsverfahren kommt. Am 8.7.2008 legt der Gegner Berufung ein.
> Obwohl das Mandat erst mit Bedingungseintritt am 8.7.2008 zustande gekommen ist, bleibt für die Vereinbarung § 4 RVG a.F. maßgebend. Die Wirksamkeit der Vereinbarung richtet sich nicht an den §§ 3a ff. RVG n.F.

G. Änderungen durch das FGG-Reformgesetz

113 Für die Frage, wann das RVG in der Fassung des FGG-ReformG (gültig seit dem 1.9.2009) anzuwenden ist und wann das bisherige Recht gilt, richtet sich nicht nach § 60. Hier ist vielmehr auf die Übergangsregelung des Art. 111 FGG-ReformG abzustellen. Vereinfacht ausgedrückt gilt Folgendes:
– Richtet sich das Verfahren noch nach altem Verfahrensrecht, dann gilt auch altes Gebührenrecht.
– Richtet sich das Verfahren dagegen bereits nach den neuen Vorschriften des FGG-ReformG, dann gilt insoweit auch neues Gebührenrecht.

---

47 BGH AGS 2012, 118 = zfs 2011, 701 = AnwBl 2012, 97 = RVGreport 2012, 21 = FamRZ 2012, 126 = RVGprof. 2012, 23.

Nach Art. 111 FGG-ReformG gilt im Einzelnen Folgendes: 114
(1) Auszugehen ist von der Anwendung des neuen Rechts nach dem FGG-ReformG.
(2) Ist das Verfahren vor dem 1.9.2009 eingeleitet worden (Amtsverfahren) oder ist seine Einleitung vor dem 1.9.2009 beantragt worden (Antragsverfahren), gilt grundsätzlich weiterhin das bisherige Recht (Art. 111 Abs. 1 S. 1 FGG-ReformG). Dabei ist unter Verfahren i.d.S. nach Art. 111 Abs. 1 S. 2 FGG-ReformG jedes gerichtliche Verfahren zu verstehen, das mit einer Endentscheidung abgeschlossen wird.
(3) Auch wenn die Voraussetzungen des Art. 111 Abs. 1 S. 1 FGG-ReformG vorliegen, gilt dennoch neues Recht,
– wenn das Verfahren am 1.9.2009 ausgesetzt oder zum Ruhen gebracht war oder später ausgesetzt oder zum Ruhen gebracht und nach dem 1.9.2009 fortgesetzt wird (Art. 111 Abs. 3 FGG-ReformG),
– wenn ein Versorgungsausgleichsverfahren, am 1.9.2009 abgetrennt war oder danach abgetrennt worden ist (Art. 111 Abs. 4 S. 1 FGG-ReformG). Das gilt auch für alle weiteren Folgesachen, die mit dem abgetrennten Versorgungsausgleichsverfahren noch im Verbund stehen. Diese werden zu selbstständigen Familiensachen und richten sich dann nach neuem Recht (Art. 111 Abs. 4 S. 2 FGG-ReformG).
– wenn in einem Versorgungsausgleichsverfahren, am 31.8.2010 im ersten Rechtszug noch keine Endentscheidung erlassen worden war. Das gilt auch auf für die mit solchen Verfahren im Verbund stehenden Scheidungs- und Folgesachen (Art. 111 Abs. 5 FGG-ReformG).
– Zur Abrechnung in den Fällen des Art. 111 Abs. 4 FGG-ReformG siehe § 21 Rdn 102 ff.
– In den Fällen des Art. 111 Abs. 5 FGG-ReformG ist auf alle Versorgungsausgleichsverfahren, für die nicht ohnehin schon Art. 111 Abs. 4 FGG-ReformG gilt, neues Recht anzuwenden, wenn über den Versorgungsausgleich nicht bis zum 31.8.2010 im ersten Rechtszug entschieden worden ist.
– Im Gegensatz zu Art. 111 Abs. 4 FGG-ReformG sieht Art. 111 Abs. 5 FGG-ReformG nicht vor, dass der Versorgungsausgleich nunmehr zu einem selbstständigen Verfahren wird. Der Verbund bleibt in diesen Fällen also erhalten, so dass nur einheitlich abgerechnet werden kann.
– Die Vorschrift des Art. 111 Abs. 5 FGG-ReformG ordnet an, dass das Verfahren über den Versorgungsausgleich, wenn bis zum 31.8.2010 erstinstanzlich noch keine Entscheidung ergangen ist, fortan nach neuem Recht behandelt wird. Das bedeutet nicht nur, dass neues Verfahrensrecht Anwendung findet, sondern auch, dass neues Kostenrecht gilt. Damit nicht genug: Art. 111 Abs. 5 FGG-ReformG ordnet darüber hinaus auch an, dass sich diese Wirkung nicht nur auf die Folgesache Versorgungsausgleich beschränkt, sondern sich auch auf die damit im Verbund stehende Ehesache und sämtliche Folgesachen erstreckt. Damit ist also das gesamte Verbundverfahren nach neuem Recht und damit nach neuem Kostenrecht zu behandeln.
– Für den Anwalt richten sich die Gebühren jetzt nach den neuen Verfahrenswerten des FamGKG. Der Wortlaut ist insoweit eindeutig, zumal der Anwalt nach § 32 Abs. 1 an die vom Gericht festgesetzten Werte gebunden ist. Soweit sich die Verfahrenswerte erhöht haben, ergeben sich für den Anwalt keine Probleme. Soweit sich die Werte verringert haben, dürfte die Sache beim Anwalt im Ergebnis auch unproblematisch sein, da aus § 15 Abs. 4 der Grundsatz folgt, dass einmal verdiente Gebühren nicht nachträglich entfallen können. Gebühren, die nach einem früheren höheren Wert angefallen sind, müssen daher m.E. dem Anwalt erhalten bleiben.

§ 61 Übergangsvorschrift aus Anlass des Inkrafttretens dieses Gesetzes

(1) ¹Die Bundesgebührenordnung für Rechtsanwälte in der im Bundesgesetzblatt Teil III, Gliederungsnummer 368–1, veröffentlichten bereinigten Fassung, zuletzt geändert durch Artikel 2 Abs. 6 des Gesetzes vom 12. März 2004 (BGBl. I S. 390), und Verweisungen hierauf sind weiter anzuwenden, wenn der unbedingte Auftrag zur Erledigung derselben Angelegenheit im Sinne des § 15 vor dem 1. Juli 2004 erteilt oder der Rechtsanwalt vor diesem Zeitpunkt gerichtlich bestellt oder beigeordnet worden ist. ²Ist der Rechtsanwalt am 1. Juli 2004 in derselben Angelegenheit und, wenn ein gerichtliches Verfahren anhängig ist, in demselben Rechtszug

bereits tätig, gilt für das Verfahren über ein Rechtsmittel, das nach diesem Zeitpunkt eingelegt worden ist, dieses Gesetz. ³§ 60 Abs. 2 ist entsprechend anzuwenden.

(2) Auf die Vereinbarung der Vergütung sind die Vorschriften dieses Gesetzes auch dann anzuwenden, wenn nach Absatz 1 die Vorschriften der Bundesgebührenordnung für Rechtsanwälte weiterhin anzuwenden und die Willenserklärungen beider Parteien nach dem 1. Juli 2004 abgegeben worden sind.

1 Im Gegensatz zu der Vorschrift des § 60, der die Frage regelt, welche Fassung des RVG anzuwenden ist, regelt die Vorschrift des § 61, ob das RVG überhaupt anzuwenden ist oder ob noch die BRAGO gilt. In Anbetracht dessen, dass diese Übergangsfälle 12 Jahre nach Inkrafttreten des RVG keine praktische Bedeutung mehr haben, wird von einer Kommentierung abgesehen und auf die Vorauflage verwiesen.

§ 62 Verfahren nach dem Therapieunterbringungsgesetz

Die Regelungen des Therapieunterbringungsgesetzes zur Rechtsanwaltsvergütung bleiben unberührt.

Literatur: *Hagen Schneider*, Kosten in Verfahren nach dem Therapieunterbringungsgesetz, AGS 2011, 209; *ders.*, Kosten in Unterbringungs- und Freiheitsentziehungsverfahren, AGS 2012, 1; *Volpert*, Die anwaltliche Vergütung bei der Tätigkeit anlässlich des Therapieunterbringung, StRR 2011, 298; *ders.*, Die Anwaltsvergütung bei Tätigkeiten im Rahmen des Therapieunterbringungsgesetzes, RVGreport 2011, 402.

A. Allgemeines 1	5. Einstweilige Anordnung 22
B. Regelungsgehalt 4	6. Beschwerdeverfahren 24
I. Gerichtskosten 4	V. Gebühren in sonstigen Verfahren (§ 20
II. Anwaltsvergütung 5	Abs. 1 ThUG, VV 6302, 6303) 26
1. § 20 ThUG 5	1. Verfahren auf Verlängerung und Aufhebung 26
2. Bedeutung von § 62 7	2. Anwendende Gebührenregelungen ... 27
3. Anwendung weiterer Bestimmungen des RVG 8	3. Verfahrens- und Terminsgebühr 28
III. Persönlicher Geltungsbereich 10	4. Angelegenheit 29
IV. Gebühren im Anordnungsverfahren (§ 20 Abs. 1 ThUG, VV 6300, 6301) 11	VI. Tätigkeit während der Therapieunterbringung zwischen mehreren gerichtlichen Verfahren (§ 20 Abs. 3 ThUG) 31
1. Verfahren 11	VII. Gerichtlich beigeordneter Rechtsanwalt
2. Anzuwendende Gebührenregelungen 13	(Beistand) 33
3. Verfahrensgebühr VV 6300 14	1. Überblick 33
a) Höhe 14	2. Anspruch gegen die Staatskasse 35
b) Abgeltungsbereich 15	3. Umfang der Beiordnung 37
4. Terminsgebühr VV 6301 17	4. Anspruch auf Wahlanwaltsgebühren 41
a) Höhe 17	5. Pauschgebühr 46
b) Abgeltungsbereich 18	

A. Allgemeines

1 Die Vorschrift ist mit Wirkung vom 1.1.2011 durch Art. 6 des Gesetzes zur Neuordnung des Rechts der Sicherungsverwahrung und zu begleitenden Regelungen (SiVerwNOG) eingeführt worden. Durch dieses Gesetz ist insbesondere die in § 66b Abs. 1 und 2 StGB a.F. enthaltene rechtsstaatlich umstrittene nachträgliche Sicherungsverwahrung weitgehend abgeschafft worden.

Anlass hierfür war das seit 10.5.2010 endgültige Urteil des EGMR vom 17.12.2009.[1] Der EGMR (Europäischer Gerichtshof für Menschenrechte) hatte darin entschieden, dass die nachträgliche Verlängerung der Sicherungsverwahrung über die zulässige Höchstdauer zur Tatzeit hinaus gegen Art. 5 Abs. 1 und Art. 7 Abs. 1 EMRK (Recht auf Freiheit, keine Strafe ohne Gesetz) verstößt. Die Sicherungsverwahrung sei aus der Perspektive der EMRK als eine dem strikten Rückwirkungsverbot des Art. 7 Abs. 1 S. 2 EMRK unterliegende Strafe anzusehen. Außerdem verstoße eine nachträgliche

---

1 Az.: 19359/04; NJW 2010, 2495 = NStZ 2010, 263 = DÖV 2010, 276.

Aufhebung der früheren Vollstreckungshöchstfrist von zehn Jahren auch gegen Art. 5 Abs. 1 S. 2 Buchstabe a EMRK.

Diese Rechtsprechung hat der EGMR nach Inkrafttreten des SiVerwNOG zum 1.1.2011 durch drei weitere Urteile vom 13.1.2011 bestätigt.[2]

Darüber hinaus hat der EGMR durch ein weiteres Urt. v. 13.1.2011[3] entschieden, dass auch die nachträgliche Anordnung der Sicherungsverwahrung gegen die EMRK (Art. 5 EMRK) verstößt. Das ist deshalb problematisch, weil der durch Art. 4 des SiVerwNOG eingefügte Art. 316e EGStGB für Altfälle die nachträgliche Sicherungsverwahrung weiterhin zulässt.

Das SiVerwNOG enthält neben Änderungen des StGB, der StPO, des GVG, des JGG sowie des EGStGB in den Art. 1 bis 4 in Art. 5 das Gesetz zur Therapierung und Unterbringung psychisch gestörter Gewalttäter (Therapieunterbringungsgesetz – ThUG). Das Gesetz soll für die Betroffenen gelten, die infolge des seit dem 10.5.2010 rechtskräftigen Urteils des EGMR aus der Sicherungsverwahrung entlassen wurden oder werden, vgl. § 1 Abs. 2 ThUG. Die Therapieunterbringung kommt im Anschluss an eine zu beendende oder bereits beendete Sicherungsverwahrung nur in Betracht, wenn der Betroffene eine oder mehrere Straftaten begangen hat, welche die Anordnung der Sicherungsverwahrung zur Folge hatten.[4]

Das BVerfG hat durch Urteile vom 4.5.2011[5] die Regelungen zur Sicherungsverwahrung teilweise für verfassungswidrig erklärt und dem Gesetzgeber aufgegeben, bis zum 31.5.2013 eine Neuregelung vorzunehmen. Zumindest bis zu diesem Zeitpunkt bleiben die Regelungen des ThUG anwendbar und es gelten Übergangsbestimmungen, wonach in Altfällen nur unter bestimmten Voraussetzungen eine nachträgliche Sicherungsverwahrung angeordnet werden darf.[6]

Das am 1.6.2013 in Kraft getretene Gesetz zur bundesrechtlichen Umsetzung des Abstandsgebotes im Recht der Sicherungsverwahrung soll diese Vorgaben des BVerfG umsetzen.

Neben den materiell-rechtlichen Voraussetzungen der Therapieunterbringung regelt das ThUG auch das Verfahren. Dafür gelten – abgesehen von einigen Besonderheiten – gemäß § 3 ThUG die Vorschriften über das Verfahren in Unterbringungssachen des Gesetzes über das Verfahren in Familiensachen und in den Angelegenheiten der freiwilligen Gerichtsbarkeit (FamFG) entsprechend (§§ 312 ff. FamFG).

Das Verfahren nach dem ThUG ist gerichtsverfassungsrechtlich **keine Strafsache**, sondern **ein Verfahren der freiwilligen Gerichtsbarkeit**.[7] Denn Ziel des Verfahrens ist die Unterbringung einer Person zum Zwecke der Therapierung, was mit einer Unterbringung nach §§ 312 ff. FamFG vergleichbar ist. Abweichend von § 23a Abs. 1 S. 1 Nr. 2 GVG (Zuständigkeit des Amtsgerichts) ergibt sich aber aus § 4 Abs. 1 ThUG die sachliche Zuständigkeit der **Zivilkammern der Landgerichte**. Denn für die zu den Zivilsachen gehörenden Angelegenheiten der freiwilligen Gerichtsbarkeit (vgl. § 13 GVG) sind die Zivilkammern der Landgerichte sachlich zuständig.

B. Regelungsgehalt

I. Gerichtskosten

Das ThUG enthält neben materiell-rechtlichen und verfahrensrechtlichen Regelungen auch kostenrechtliche Bestimmungen. § 19 ThUG bestimmt, dass in Verfahren über die Anordnung (§ 5 ThUG), Verlängerung (§ 12 ThUG) oder Aufhebung der Therapieunterbringung (§ 13 ThUG) **keine Gerichtskosten** erhoben werden. Der Gesetzgeber begründet dies mit der vergleichbaren Regelung für Unterbringungsverfahren nach § 312 FamFG, die gemäß § 128b der Kostenordnung (KostO) kostenfrei sind. Auch im GNotKG sind Unterbringungsverfahren gem. § 312 FamFG gerichtsgebührenfrei.[8]

---

2 Az.: 17792/07, Az.: 20008/07, Az.: 27360/04 und 42225/07.
3 Az.: V – 6587/04.
4 BT-Drucks 17/3403, S. 53.
5 Az: 2 BvR 2365/09, Az: 2 BvR 740/10, Az: 2 BvR 2333/08, Az: 2 BvR 1152/10 und Az: 2 BvR 571/10, BGBl I 2011, 1003 = NJW 2011, 1931; vgl. auch BGH,

Beschl. v. 23.5.2011 – StR 394/10, 5 StR 440/10, 5 StR 474/10 = NJW 2011, 1981.
6 Vgl. *Leipold*, NJW-Spezial 2011, 312.
7 BT-Drucks 17/3403, S. 55.
8 NK-GK/*Friedrich*, § 26 GNotKG Rn 23; BT-Drucks 17/11471 (neu), S. 194.

Eine gerichtliche Wertfestsetzung für die Gerichtsgebühren ist deshalb überflüssig. Auch der Rechtsanwalt kann keine Wertfestsetzung gem. § 33 beantragen, weil im Verfahren nach dem ThUG für die Tätigkeit als Wahlanwalt Betragsrahmengebühren und als gerichtlich beigeordneter Beistand Festgebühren anfallen.[9]

II. Anwaltsvergütung

1. § 20 ThUG

5 Das RVG enthält keine besonderen bzw. eigenständigen Vergütungsregelungen für die Tätigkeit des Rechtsanwalts in Verfahren nach dem ThUG. Die Vergütung des Rechtsanwalts richtet sich nach der besonderen Vergütungsregelung in § 20 ThUG, die folgenden Wortlaut hat:

> **§ 20 ThUG Vergütung des Rechtsanwalts**
>
> (1) In Verfahren nach diesem Gesetz über die Anordnung, Verlängerung oder Aufhebung der Therapieunterbringung erhält der Rechtsanwalt Gebühren in entsprechender Anwendung von Teil 6 Abschnitt 3 des Vergütungsverzeichnisses zum Rechtsanwaltsvergütungsgesetz.
>
> (2) § 52 Absatz 1 bis 3 und 5 des Rechtsanwaltsvergütungsgesetzes ist auf den beigeordneten Rechtsanwalt (§ 7) entsprechend anzuwenden. Gegen den Beschluss nach § 52 Absatz 2 des Rechtsanwaltsvergütungsgesetzes ist die Beschwerde statthaft; § 16 Abs. 2 ist anzuwenden.
>
> (3) Der beigeordnete Rechtsanwalt erhält für seine Tätigkeit nach rechtskräftigem Abschluss eines Verfahrens nach Absatz 1 bis zur ersten Tätigkeit in einem weiteren Verfahren eine Verfahrensgebühr nach Nummer 6302 des Vergütungsverzeichnisses zum Rechtsanwaltsvergütungsgesetz. Die Tätigkeit nach Satz 1 ist eine besondere Angelegenheit im Sinne des Rechtsanwaltsvergütungsgesetzes.

6 VV Teil 6 Abschnitt 3 musste in § 20 Abs. 1 ThUG für Verfahren über die Anordnung, Verlängerung oder Aufhebung der Therapieunterbringung für entsprechend anwendbar erklärt werden, weil VV 6300 bis 6303 nur für Freiheitsentziehungsmaßnahmen nach § 415 FamFG, Unterbringungssachen nach § 312 FamFG und bei Unterbringungsmaßnahmen nach § 151 Nr. 6 und 7 FamFG gelten (zur Verweisung auf § 52 Abs. 1 bis 3, 5 in § 20 Abs. 2 ThUG vgl. Rdn 41 ff.).

2. Bedeutung von § 62

7 Die Aufnahme der Vergütungsregelung in das ThUG (§ 20) ist mit der Einfügung von § 62 in das RVG verbunden. Dort ist bestimmt, dass die Regelungen des ThUG zur Rechtsanwaltsvergütung in § 20 unberührt bleiben. Die Einfügung von § 62 war erforderlich, weil das RVG hinsichtlich seines in § 1 geregelten Geltungsbereichs keinen Vorbehalt für andere bundesgesetzliche Regelungen enthält.[10] § 62 stellt damit eine Ergänzung zu § 1 dar.

3. Anwendung weiterer Bestimmungen des RVG

8 § 20 Abs. 1 und Abs. 2 ThUG erklären für die anwaltliche Tätigkeit in Verfahren über die Anordnung (§ 5 ThUG), Verlängerung (§ 12 ThUG) oder Aufhebung (§ 13 ThUG) ausdrücklich VV Teil 6 Abschnitt 3 und § 52 Abs. 1 bis 3, 5 für entsprechend anwendbar. § 20 Abs. 3 ThUG regelt die Vergütung des beigeordneten Rechtsanwalts für Tätigkeiten nach rechtskräftigem Abschluss eines Verfahrens. Diese Tätigkeit gilt als besondere Angelegenheit, in der eine Verfahrensgebühr nach VV 6302 anfällt.

9 Vor diesem Hintergrund stellt sich die Frage, ob in § 20 ThUG nicht ausdrücklich genannte weitere Bestimmungen des RVG in Verfahren nach dem ThUG ebenfalls Anwendung finden. Diese Frage ist zu bejahen.[11] § 62 stellt nur sicher, dass die besondere Vergütungsregelung des § 20 ThUG in den dort genannten Verfahren angewandt werden kann (siehe Rdn 7). Durch § 62 und § 20 ThUG wird aber die Geltung anderer Bestimmungen des RVG in Verfahren nach dem ThUG nicht ausgeschlossen. Insoweit gilt das RVG bei anwaltlicher Tätigkeit schon wegen § 1 Abs. 1. Deshalb

---

9 OLG Nürnberg AGS 2012, 473 = RVGreport 2012, 382 = NJW-RR 2012, 1407.

10 BT-Drucks 17/3403, S. 60.

11 BT-Drucks 17/3403, S. 59.

bestimmen sich z.B. die **Auslagen** des Rechtsanwalts in Verfahren nach dem ThUG unmittelbar nach VV Teil 7.[12]

III. Persönlicher Geltungsbereich

Nach § 7 Abs. 1 ThUG hat das Gericht dem Betroffenen im gerichtlichen Verfahren und für die Dauer der Therapieunterbringung einen Rechtsanwalt beizuordnen (zum Umfang vgl. Rdn 37 ff.), der gemäß § 6 Abs. 2 ThUG durch die Beiordnung als Verfahrensbeteiligter zugezogen wird. Die Vergütungsregelung in § 20 ThUG ist daher in erster Linie auf den **gerichtlich beigeordneten Rechtsanwalt** zugeschnitten (vgl. Rdn 33 ff.).[13] Wird ein **Wahlanwalt** tätig, gilt § 20 Abs. 1 ThUG aber ebenfalls.[14] Der Wahlanwalt erhält die in VV 6300 ff. geregelten **Betragsrahmengebühren**, der gerichtlich beigeordnete Rechtsanwalt hingegen die dort bestimmten **Festgebühren**. Im Übrigen kann sich für den gerichtlich beigeordneten Rechtsanwalt aus §§ 20 Abs. 2 ThUG, 52 RVG ein Anspruch auf Wahlanwaltsgebühren ergeben (siehe Rdn 41 ff.). Im Übrigen gilt § 1. Deshalb richtet sich das Verfahren auf Festsetzung der Vergütung des beigeordneten Beistands gegen die Staatskasse nach §§ 45 ff. (siehe Rdn 35).

IV. Gebühren im Anordnungsverfahren (§ 20 Abs. 1 ThUG, VV 6300, 6301)

1. Verfahren

Für das Verfahren nach dem ThUG gelten – abgesehen von einigen Besonderheiten – gemäß § 3 ThUG die Verfahrensvorschriften für Unterbringungssachen nach §§ 312 ff. FamFG entsprechend. Eine Vergleichbarkeit ist insbesondere zu den Unterbringungsverfahren nach § 312 Nr. 3 FamFG, der freiheitsentziehenden Unterbringung Volljähriger nach den Landesgesetzen über die Unterbringung psychisch Kranker, gegeben. Hierbei handelt es sich um eine öffentlich-rechtliche Unterbringung, mit der die Therapieunterbringung nach diesem Gesetz durchaus vergleichbar ist.[15]

Das gerichtliche Verfahren wird gemäß § 5 ThUG auf **Antrag** eingeleitet, wenn Gründe für die Annahme bestehen, dass die Voraussetzungen für eine Therapieunterbringung nach § 1 ThUG gegeben sind. Der Antrag ist bereits vor der Entlassung des Betroffenen aus der Sicherungsverwahrung zulässig. Beteiligte in dem Verfahren sind gemäß § 6 Abs. 1 und 2 ThUG der Betroffene, der Antragsteller sowie der dem Betroffenen gemäß § 7 ThUG beigeordnete Rechtsanwalt. Zuständig zur Entscheidung ist gemäß § 4 ThUG ausschließlich die **Zivilkammer** des Landgerichts. Nach § 8 ThUG hat das Gericht die Beteiligten in einem **Anhörungstermin** anzuhören. Der Betroffene ist stets persönlich anzuhören. Die Entscheidung des Gerichts (§ 10 ThUG) muss gemäß § 10 Abs. 2 ThUG den Zeitpunkt benennen, an dem die Therapieunterbringung endet. Die Therapieunterbringung darf zunächst für höchstens 18 Monate angeordnet werden, § 12 Abs. 1 ThUG (zur Verlängerung und Aufhebung vgl. Rdn 26). Im Hauptsacheverfahren kann gemäß § 14 ThUG auf **Antrag** (§§ 3, 5 ThUG, 51 Abs. 1 FamFG) durch **einstweilige Anordnung** für die Dauer von drei Monaten eine vorläufige Unterbringung angeordnet werden. Die im ersten Rechtszug ergangene **Endentscheidung** ist gemäß §§ 3 ThUG, 58 ff. FamFG mit der **Beschwerde** anfechtbar, über die das **Oberlandesgericht** entscheidet. Die Beschwerdeberechtigten sowie die Beschwerdefrist ergeben sich aus § 16 ThUG. **Rechtsbeschwerde** (§§ 70 ff. FamFG) und **Sprungrechtsbeschwerde** (§ 75 FamFG) sind in Verfahren nach dem ThUG gem. § 17 ThUG ausgeschlossen.

2. Anzuwendende Gebührenregelungen

Weil sich das Verfahren nach dem ThUG gemäß § 3 ThUG an den Verfahrensvorschriften in §§ 312 ff. FamFG orientiert (vgl. Rdn 11), hat der Gesetzgeber über § 20 Abs. 1 ThUG im Anordnungsverfahren die Regelungen in VV 6300 und VV 6301 für entsprechend anwendbar erklärt. Denn VV 6300 und VV 6301 gelten (vgl. VV Vorbem. 3 Abs. 7) u.a. in **Unterbringungssachen** nach § 312 FamFG, in **Freiheitsentziehungsverfahren** nach § 415 FamFG und § 62 AufenthG (**Abschie-**

---

12 So auch *Hansens*, Anm. zu OLG Nürnberg RVGreport 2012, 382 = AGS 2012, 473 = NJW-RR 2012, 1407.
13 BT-Drucks 17/3403, S. 60.
14 BT-Drucks 17/3403, S. 60.
15 BT-Drucks 17/3403, S. 55.

behaftsachen).[16] VV 6300 und VV 6301 regeln damit die Vergütung im gerichtlichen Anordnungsverfahren (zur Vergütung für die Zeit der Therapieunterbringung vgl. § 20 Abs. 3 S. 1 ThUG und siehe Rdn 31 ff.).[17]

3. Verfahrensgebühr VV 6300

a) Höhe

14 Der **gerichtlich beigeordnete Rechtsanwalt** (§ 7 ThUG) erhält im Anordnungsverfahren (vgl. §§ 5 ThUG) aus der Staatskasse als Verfahrensgebühr nach § 20 Abs. 1 ThUG, VV 6300 eine **Festgebühr** in Höhe von 204 EUR.[18] Soweit hier ein Wahlanwalt tätig wird (vgl. dazu Rdn 10), fällt eine Betragsrahmengebühr von 40 bis 470 EUR an. Die **Mittelgebühr** beträgt 255 EUR. Für die Bemessung der Gebühr gilt § 14.

b) Abgeltungsbereich

15 Für den **Abgeltungsbereich** der Verfahrensgebühr gilt VV Vorb. 6 Abs. 2. Die Bestimmung ist anwendbar, weil über § 20 Abs. 1 ThUG eine in VV Teil 6 geregelte Verfahrensgebühr (VV 6300) entsteht. Die Verfahrensgebühr entsteht für das Betreiben des Geschäfts einschließlich der Information. Sie entsteht mit der ersten Tätigkeit, in der Regel mit der Entgegennahme der Information und deckt sämtliche Tätigkeiten des Rechtsanwalts ab, ausgenommen die Teilnahme am gerichtlichen Anhörungstermin (§ 8 ThUG), für die die Terminsgebühr VV 6301 entsteht.

16 Die Verfahrensgebühr gilt daher auch die erstmalige Einarbeitung in den Rechtsfall ab, weil eine **Grundgebühr** in VV Teil 6 Abschnitt 3 nicht vorgesehen ist. Weder die Grundgebühren aus VV Teil 4 und VV Teil 5 (Straf- und Bußgeldsachen) noch die Grundgebühr nach VV 6200 für das Disziplinarverfahren können aufgrund der Gesetzessystematik herangezogen werden.[19]

Im Übrigen wird auf die Erläuterungen zu VV 6300 verwiesen.

4. Terminsgebühr VV 6301

a) Höhe

17 Der **gerichtlich beigeordnete Rechtsanwalt** (§ 7 ThUG) erhält im Anordnungsverfahren (vgl. §§ 5 ThUG) aus der Staatskasse als Terminsgebühr nach § 20 Abs. 1 ThUG, VV 6301 eine **Festgebühr** in Höhe von 204 EUR. Soweit hier ein Wahlanwalt tätig wird (vgl. dazu Rdn 10), fällt eine Betragsrahmengebühr von 40 bis 470 EUR an. Die **Mittelgebühr** beträgt 255 EUR. Für die Bemessung der Gebühr gilt § 14.

b) Abgeltungsbereich

18 Für die Entstehung der Terminsgebühr gilt die Anm. zu VV 6301. Sie entsteht danach für die Teilnahme an **gerichtlichen Terminen**. Nach § 8 ThUG hat das Gericht die Beteiligten in einem **Anhörungstermin** anzuhören. Nimmt der Rechtsanwalt an diesem gerichtlichen Anhörungstermin teil, entsteht die Terminsgebühr.

---

16 BGH AGS 2012, 472 = NJW-RR 2012, 959 = JurBüro 2012, 528 = RVGreport 2012, 302; BGH JurBüro 2012, 528 = Rpfleger 2012, 637 = MDR 2012, 1004 = FamRZ 2012, 1377 = RVGreport 2012, 381.
17 OLG Nürnberg AGS 2012, 473 = RVGreport 2012, 382 = NJW-RR 2012, 1407.
18 OLG Nürnberg AGS 2012, 473 = RVGreport 2012, 382 = NJW-RR 2012, 1407.
19 Vgl. Burhoff/*Volpert*, RVG Straf- und Bußgeldsachen, 4. Aufl., Teil A: Sicherungsverwahrung/Therapieunterbringung, Rn 1798; vgl. zur vergleichbaren Problematik einer Grundgebühr in der Strafvollstreckung auch VV Teil 4 Abschnitt 2 auch KG RVGreport 2008, 463 = JurBüro 2008, 83; OLG Schleswig AGS 2005, 120 = RVGreport 2005, 70.

Tätigkeiten und **Besprechungen** außerhalb des Anhörungstermins lösen daher keine Terminsgebühr aus, sondern werden mit der Verfahrensgebühr VV 6300 abgegolten. Eine mit VV Vorb. 3 Abs. 3 vergleichbare Regelung ist in VV Teil 6 nicht enthalten.

Ausreichend für die Entstehung ist die **Teilnahme** des Rechtsanwalts am gerichtlichen Termin, also die bloße Anwesenheit. Es müssen keine Anträge gestellt und es muss auch nicht zu bestimmten Fragen Stellung genommen werden (arg. e. VV Vorb. 6 Abs. 3 S. 2). Die Terminsgebühr entsteht, sobald das Gericht mit der Anhörung begonnen hat. Der Rechtsanwalt muss nicht bis zum Ende des Termins anwesend sein, § 15 Abs. 4. Unerheblich ist auch, ob der Betroffene anwesend war.

VV Vorb. 6 Abs. 3 ist anwendbar, weil über § 20 Abs. 1 ThUG eine in VV Teil 6 geregelte Terminsgebühr entsteht. Die Terminsgebühr entsteht daher auch, wenn der Anwalt zu einem anberaumten Anhörungstermin erscheint, dieser aber aus Gründen, die er nicht zu vertreten hat, nicht stattfindet (**geplatzter Termin**; VV Vorb. 6 Abs. 3 S. 2). Dies gilt nicht, wenn er rechtzeitig von der Aufhebung oder Verlegung des Termins in Kenntnis gesetzt worden ist (VV Vorb. 6 Abs. 3 S. 3).

Nimmt der Rechtsanwalt an **mehreren Anhörungsterminen** teil, entsteht die Terminsgebühr VV 6301 im Anordnungsverfahren insgesamt nur einmal.[20] Das folgt aus der Formulierung in VV 6301, wonach die Terminsgebühr für die Teilnahme an gerichtlichen Terminen (Plural) entsteht und insbesondere aus § 15 Abs. 2.

Im Übrigen wird auf die Kommentierung zu VV 6301 verwiesen.

5. Einstweilige Anordnung

§ 3 ThUG erklärt die Vorschriften des Allgemeinen Teils des FamFG (§§ 1 bis 110 FamFG) für entsprechend anwendbar, soweit in §§ 4 ff. ThUG nichts Abweichendes bestimmt ist. Aus der Formulierung in § 14 Abs. 1 ThUG, dass das Gericht **im Hauptsacheverfahren** eine einstweilige Anordnung erlassen kann, ist zu schließen, dass die einstweilige Anordnung nach dem ThUG **verfahrensrechtlich** kein von der Hauptsache unabhängiges bzw. selbstständiges Verfahren ist. § 51 Abs. 3 FamFG (Selbstständigkeit des Verfahrens der einstweiligen Anordnung, auch wenn eine Hauptsache anhängig ist) gilt daher wegen §§ 3, 14 Abs. 1 ThUG nicht.[21]

Kostenrechtlich ist das Verfahren der einstweiligen Anordnung nach dem ThUG gemäß § 17 Nr. 4b jedoch eine vom Hauptsacheverfahren **verschiedene Angelegenheit**.[22] § 17 Nr. 4b ist anwendbar, weil die Unterbringung nach dem ThUG ein Verfahren der **freiwilligen Gerichtsbarkeit** ist (vgl. Rdn 3) Für Verfahren der freiwilligen Gerichtsbarkeit ist anerkannt, dass § 17 Nr. 4b anzuwenden ist.[23] Außerdem betrifft § 17 Nr. 4 sämtliche Verfahren über den einstweiligen Rechtsschutz.[24] Auch wenn die einstweilige Anordnung gem. § 14 ThUG **von Amts wegen** erlassen wird, bildet das Verfahren über die einstweilige Anordnung deshalb eine von der Hauptsache verschiedene Angelegenheit. Das hat der Gesetzgeber klargestellt, indem er im Rahmen des 2. KostRMoG im Wortlaut von § 17 Nr. 4 die Wörter „über einen Antrag auf" gestrichen hat.[25] Der Rechtsanwalt, der sowohl im Verfahren über die Anordnung der Therapieunterbringung als auch im Verfahren über die einstweilige Anordnung gemäß § 14 ThUG tätig ist, erhält somit jeweils die Verfahrensgebühr VV 6300 und ggf. jeweils die Terminsgebühr VV 6301. Auch die Postentgeltpauschale VV 7002 entsteht daher jeweils gesondert, weil verschiedene Angelegenheiten vorliegen.[26]

6. Beschwerdeverfahren

Im Beschwerdeverfahren gegen eine **erstinstanzliche Endentscheidung** (§§ 3, 16 ThUG, §§ 58 ff. FamFG) entsteht die Verfahrensgebühr VV 6300 nach der Anm. zu VV 6300 gesondert. Eine vergleichbare Anmerkung findet sich bei der Terminsgebühr VV 6301 zwar nicht. Dies ist aber auch nicht erforderlich, weil sich bereits aus der allgemeinen Regelung in § 15 Abs. 2 ergibt, dass die Gebühren in jedem Rechtszug erneu entstehen.

---

20 So auch *H. Schneider*, AGS 2011, 209.
21 BT-Drucks 17/3403, S. 58.
22 BT-Drucks 17/3403, S. 60.
23 Vgl. BT-Drucks 15/1971, S. 191 ff.; OLG Frankfurt, Beschl. v. 31.8.2006 – 2 Ws 44/06, www.burhoff.de;
OLG München RVGreport 2006, 57 = Rpfleger 2006, 186 = NJW-RR 2006, 931.
24 BT-Drucks 17/11471 (neu), S. 267.
25 BT-Drucks 17/11471 (neu), S. 267.
26 So auch *H. Schneider*, AGS 2011, 209.

Der Rechtsanwalt, der sowohl im erstinstanzlichen Verfahren als auch im Beschwerdeverfahren tätig ist, erhält somit jeweils die Verfahrensgebühr VV 6300 und ggf. jeweils die Terminsgebühr VV 6301. Auch die Postentgeltpauschale VV 7002 entsteht daher jeweils gesondert, weil verschiedene Angelegenheiten vorliegen.[27]

25 Die verfahrensrechtlich gemäß § 14 Abs. 1 ThUG zur Hauptsache gehörende **einstweilige Anordnung** (vgl. Rdn 22) bildet in der ersten Instanz eine besondere gebührenrechtliche Angelegenheit (siehe Rdn 23). Wird gegen eine einstweilige Anordnung Beschwerde eingelegt, entstehen die Gebühren VV 6300 und VV 6301 gemäß § 15 Abs. 2 nur dann erneut, wenn die einstweilige Anordnung als rechtszugsbeendende Entscheidung anzusehen ist.[28] Der Charakter der einstweiligen Anordnung als den Rechtszug beendende Entscheidung erscheint fraglich, weil die einstweilige Anordnung erstinstanzlich Teil der Hauptsache ist. Die Gesetzesbegründung spricht aber dafür, dass der Gesetzgeber die einstweilige Anordnung als den Rechtszug beendende Entscheidung ansieht. Denn danach ist die Beschwerde statthaft gegen die im ersten Rechtszug ergangenen Endentscheidungen, zu denen auch die Entscheidungen über die Verlängerung der Therapieunterbringung (§ 12 Abs. 2 ThUG) und der vorläufigen Unterbringung (§ 14 Abs. 3 ThUG) gehören.[29]

Vor diesem Hintergrund ist es vertretbar, auch im Beschwerdeverfahren gegen eine einstweilige Anordnung von einer besonderen gebührenrechtlichen Angelegenheit auszugehen.

V. Gebühren in sonstigen Verfahren (§ 20 Abs. 1 ThUG, VV 6302, 6303)

1. Verfahren auf Verlängerung und Aufhebung

26 Die Therapieunterbringung darf zunächst für höchstens 18 Monate angeordnet werden (§ 12 Abs. 1 ThUG). Das Ende der Therapieunterbringung ist gemäß § 10 Abs. 2 ThUG in der gerichtlichen Entscheidung zu bestimmen. Soll die Therapieunterbringung über diesen Zeitraum hinaus **verlängert** werden, gelten gemäß § 12 Abs. 1 ThUG die Vorschriften über die erstmalige Anordnung entsprechend. Auch im Verlängerungsverfahren hat das Gericht die Beteiligten in einem **Anhörungstermin** anzuhören. Das von Amts wegen durchzuführende **Aufhebungsverfahren** richtet sich nach § 13 ThUG. Auch hier soll ein **Anhörungstermin** stattfinden (zur Beschwerde vgl. Rdn 12).

2. Anzuwendende Gebührenregelungen

27 Weil sich das Verfahren nach dem ThUG gemäß § 3 ThUG an den Verfahrensvorschriften in §§ 312 ff. FamFG orientiert (vgl. Rdn 11), hat der Gesetzgeber über § 20 Abs. 1 ThUG im Verlängerungs- und Aufhebungsverfahren die Regelungen in VV 6302 und VV 6303 für entsprechend anwendbar erklärt. Denn VV 6302 und VV 6303 gelten u.a. in Verfahren über die Verlängerung oder Aufhebung einer **Unterbringung** (vgl. §§ 329 f. FamFG). VV 6302 und VV 6303 regeln damit die Vergütung im gerichtlichen Verlängerungs- oder Aufhebungsverfahren (zur Vergütung für die Zeit der Therapieunterbringung vgl. § 20 Abs. 3 S. 1 ThUG und siehe Rdn 31 ff.).

3. Verfahrens- und Terminsgebühr

28 Der **gerichtlich beigeordnete Rechtsanwalt** (§ 7 ThUG) erhält im Verfahren über die Verlängerung (§ 12 ThUG) bzw. Aufhebung (vgl. § 13 ThUG) der Therapieunterbringung aus der Staatskasse als Verfahrens- und Terminsgebühr nach § 20 Abs. 1 ThUG, VV 6302, 6303 **Festgebühren** in Höhe von 128 EUR. Soweit hier ein Wahlanwalt tätig wird (vgl. dazu Rdn 10), fällt jeweils eine Betragsrahmengebühr von 20 bis 300 EUR an. Die **Mittelgebühr** beträgt jeweils 160 EUR. Für die Bemessung der Gebühren gilt § 14 (siehe im Übrigen die Erläuterungen zu VV 6302, 6303 und vgl. Rdn 14 ff.).

---

27 So auch *H. Schneider*, AGS 2011, 209.
28 Vgl. OLG Düsseldorf JurBüro 1985, 729.
29 Vgl. BT-Drucks 17/3403, S. 59.

4. Angelegenheit

Nach § 20 Abs. 1 ThUG und der Anm. zu VV 6302 entsteht die Verfahrensgebühr **für jeden** 29 **Rechtszug** des Verfahrens über die Verlängerung oder Aufhebung einer Therapieunterbringung. Für die Terminsgebühr VV 6303 gilt das ebenfalls (vgl. Rdn 24). Daraus ergibt sich zunächst, dass das Verfahren auf Verlängerung oder Aufhebung gegenüber dem Anordnungsverfahren (§§ 5 ff. ThUG, vgl. Rdn 11 ff.) eine **besondere Angelegenheit** bildet.[30] Der Rechtsanwalt, der im Anordnungs- und später im Verlängerungsverfahren tätig wird, erhält also die Gebühren nach VV 6300, 6301 und VV 6302, 6303 gesondert. Auch die Postentgeltpauschale entsteht in jeder dieser Angelegenheiten.

Ist ein Verlängerungs- oder Aufhebungsverfahren abgeschlossen worden, bilden spätere Verfahren, in denen erneut über die Verlängerung oder Aufhebung entschieden wird, neue gebührenrechtliche Angelegenheiten.[31]

Das Beschwerdeverfahren gegen die Verlängerung oder Aufhebung der Therapieunterbringung bildet gegenüber dem erstinstanzlichen Verfahren eine besondere Angelegenheit (vgl. Rdn 24).

Die **einstweilige Anordnung** bildet eine **besondere** gebührenrechtliche **Angelegenheit**, auch im 30 Beschwerdeverfahren (vgl. Rdn 23 und 25). Die im Verfahren über die Anordnung der Therapieunterbringung (vgl. § 5 ThUG) und in einem späteren Verfahren über die Aufhebung der Therapieunterbringung (§ 13 ThUG) erlassenen einstweiligen Anordnungen bilden jedoch gemäß § 16 Nr. 5 insgesamt **dieselbe Angelegenheit**.

VI. Tätigkeit während der Therapieunterbringung zwischen mehreren gerichtlichen Verfahren (§ 20 Abs. 3 ThUG)

Die gerichtliche Beiordnung gilt gemäß § 7 Abs. 1 ThUG zum Einen für das **gerichtliche Verfahren** 31 über die Therapieunterbringung. Die Beiordnung umfasst daher im gerichtlichen Verfahren sowohl das Anordnungsverfahren (§§ 5 ff. ThUG) als auch das Verlängerungs- (§ 12 ThUG) und das Aufhebungsverfahren (§ 13 ThUG). Darüber hinaus gilt die Beiordnung aber auch für die **gesamte Dauer der Therapieunterbringung** (vgl. Rdn 37).[32]

§ 20 Abs. 1 ThUG, VV 6300–6303 gewähren Vergütungsansprüche nur im **gerichtlichen Verfahren** über die Anordnung, Verlängerung und Aufhebung der Therapieunterbringung (vgl. Rdn 11 ff. und 26 ff.). Ist die Therapieunterbringung oder deren Verlängerung (vgl. § 12 ThUG: bis zu 18 Monaten) rechtskräftig angeordnet, ist der Rechtsanwalt somit zwar auch für die dann folgende Dauer der Therapieunterbringung beigeordnet, erhält jedoch hierfür nach dem RVG keine weitere Gebühr.

Deshalb billigt § 20 Abs. 3 ThUG dem Rechtsanwalt für die Tätigkeit während der Therapieunterbringung 32 zwischen dem Anordnungs- bzw. dem Verlängerungsverfahren und einem weiteren Verfahren über die Therapieunterbringung einen zusätzlichen Vergütungsanspruch zu. Für die Zeit der Therapieunterbringung zwischen zwei gerichtlichen Verfahren entsteht daher die Vergütung gesondert. Für die Tätigkeit nach rechtskräftigem Abschluss eines Verfahrens bis zur ersten Tätigkeiten in einem weiteren Verfahren erhält der beigeordnete Rechtsanwalt eine weitere Verfahrensgebühr nach VV 6302 i.H.v. 128 EUR aus der Staatskasse. Nach § 20 Abs. 3 S. 2 ThUG bildet die Tätigkeit zwischen gerichtlichen Verfahren über die Therapieunterbringung somit jeweils eine **besondere gebührenrechtliche Angelegenheit**, in der auch die Postentgeltpauschale VV 7002 erneut anfällt.[33] Durch diese Regelung ist nach Auffassung des Gesetzgebers eine eindeutige Abgrenzung der Angelegenheiten gewährleistet, insbesondere aber auch die Frage der **Fälligkeit** dieses Vergütungsanspruch geklärt.[34] Die Verfahrensgebühr wird fällig mit der ersten Tätigkeit in einem weiteren gerichtlichen Verfahren, weil dann die Angelegenheit i.S.v. § 20 Abs. 3 S. 1 ThUG beendet ist.

> **Beispiel:** Für den sicherungsverwahrten Betroffenen wird am 1.9.2013 ein Verfahren auf Anordnung der Therapieunterbringung eingeleitet. Rechtsanwalt R wird dem Betroffenen beigeordnet. Das Gericht ordnet gemäß § 14 ThUG durch einstweilige Anordnung die vorläufige Unterbringung an und ordnet R auch insoweit bei. Das LG ordnet nach Durchführung eines Anhörungstermins am 20.9.2013 die Therapieunter-

---

30 So auch *H. Schneider*, AGS 2011, 209.
31 Gerold/Schmidt/*Mayer*, RVG, VV 6300–6303 Rn 7; Burhoff/*Volpert*, RVG Straf- und Bußgeldsachen, VV 6302 Rn 11.

32 BT-Drucks 17/3403, S. 56, 60.
33 So auch *H. Schneider*, AGS 2011, 209.
34 BT-Drucks 17/3403, S. 60.

bringung bis zum 31.3.2014 an (§ 10 Abs. 2 ThUG). Die Beschwerde des Betroffenen weist das OLG zurück. R wird auch im Verfahren auf Verlängerung der Therapieunterbringung tätig, in dem ein Anhörungstermin stattfindet. R kann wie folgt abrechnen:

I. Im Anordnungsverfahren:
1. Verfahrensgebühr, VV 6300 — 204,00 EUR
2. Terminsgebühr, VV 6301 — 204,00 EUR
3. Postentgeltpauschale, VV 7002 — 20,00 EUR
   Zwischensumme — 428,00 EUR
4. 19 % Umsatzsteuer, VV 7008 — 81,32 EUR
Gesamt — 509,32 EUR

II. Im Verfahren der einstweiligen Anordnung:
1. Verfahrensgebühr, VV 6300 — 204,00 EUR
2. Postentgeltpauschale, VV 7002 — 20,00 EUR
   Zwischensumme — 224,00 EUR
3. 19 % Umsatzsteuer, VV 7008 — 42,56 EUR
Gesamt — 266,56 EUR

III. Im Beschwerdeverfahren:
1. Verfahrensgebühr, VV 6300 — 204,00 EUR
2. Postentgeltpauschale, VV 7002 — 20,00 EUR
   Zwischensumme — 224,00 EUR
3. 19 % Umsatzsteuer, VV 7008 — 42,56 EUR
Gesamt — 266,56 EUR

IV. Während der Therapieunterbringung:
1. Verfahrensgebühr, VV 6302 — 128,00 EUR
2. Postentgeltpauschale, VV 7002 — 20,00 EUR
   Zwischensumme — 148,00 EUR
3. 19 % Umsatzsteuer, VV 7008 — 28,12 EUR
Gesamt — 176,12 EUR

V. Im Anordnungsverfahren:
1. Verfahrensgebühr, VV 6302 — 128,00 EUR
2. Terminsgebühr, VV 6303 — 128,00 EUR
3. Postentgeltpauschale, VV 7002 — 20,00 EUR
   Zwischensumme — 276,00 EUR
4. 19 % Umsatzsteuer, VV 7008 — 52,44 EUR
Gesamt — 328,44 EUR

VII. Gerichtlich beigeordneter Rechtsanwalt (Beistand)

1. Überblick

33 § 20 ThUG gilt sowohl für den **Wahlanwalt** als auch für den gemäß § 7 Abs. 1 ThUG **gerichtlich beigeordneten** Rechtsanwalt (vgl. § 20 Abs. 2 S. 1 ThUG).[35] Die Beiordnung erfolgt gemäß § 7 Abs. 1 ThUG zur Wahrnehmung der Rechte des Betroffenen im Verfahren und für die Dauer der Therapieunterbringung. Gemäß § 6 Abs. 2 ThUG wird der beigeordnete Rechtsanwalt durch seine Beiordnung als Beteiligter zum Verfahren hinzugezogen. Die Beiordnung geht über die Interessenwahrnehmung eines in einer Unterbringungssache (§ 312 FamFG, vgl. § 3 ThUG) bestellten **Verfahrenspflegers** nach § 317 FamFG hinaus (vgl. auch § 1 Rdn 261 ff.).[36]

34 Für das Beiordnungsverfahren gilt gemäß § 7 Abs. 1 S. 2 ThUG der § 78c Abs. 1, 3 ZPO entsprechend. Der gerichtlich beigeordnete Rechtsanwalt hat nach § 7 Abs. 2 S. 1 ThUG die Stellung eines **Beistands** nach § 12 FamFG.[37] Beistand i.S.v. § 12 FamFG ist, wer nicht an Stelle eines Beteiligten, sondern neben ihm auftritt. Durch die Verweisung auf § 48 Abs. 1 Nr. 3, Abs. 2 BRAO ist sichergestellt, dass der beigeordnete Rechtsanwalt die Beistandschaft übernehmen muss, bei wichtigen Gründen aber deren Aufhebung beantragen kann. Der Betroffene kann dem beigeordneten Rechtsan-

---

35 BT-Drucks 17/3403, S. 60.
36 BT-Drucks 17/3403, S. 59; zur Mittlerrolle des Verfahrenspflegers – § 274 Abs. 2 FamFG – vgl. Keidel/Budde, FamFG, § 317 Rn 9, § 276 Rn 12 f.
37 BT-Drucks 17/3403, S. 56.

walt eine Verfahrensvollmacht erteilen, die zu einer umfassenden Vertretungsmacht des Rechtsanwalts führt. Die Übernahme der Vertretung durch den beigeordneten Rechtsanwalt ist nicht von der Zahlung eines Gebührenvorschusses abhängig.[38]

2. Anspruch gegen die Staatskasse

Der Vergütungsanspruch des gerichtlichen beigeordneten Rechtsanwalts gegen die **Staatskasse** ergibt sich aus § 45 Abs. 3 S. 1, der auch in Verfahren nach dem ThUG anwendbar ist (vgl. Rdn 8 f.). Denn die Beiordnung nach § 7 ThUG ist eine sonstige, nicht von § 45 Abs. 1, 2 erfasste Beiordnung.

Das **Verfahren** bei der **Festsetzung** der Vergütung richtet sich nach § 55 Abs. 1, 5 (zur Zuständigkeit siehe § 55 Rdn 58), das **Rechtsmittelverfahren** gegen die Vergütungsfestsetzung nach § 56 (siehe Rdn 10). **Auslagen** sind unter den Voraussetzungen von § 46 erstattungsfähig (siehe Rdn 9). Das Recht auf einen **Vorschuss** ergibt sich aus § 47.

Nach § 55 Abs. 5 S. 2 ff. ist im Festsetzungsantrag anzugeben, ob und welche **Zahlungen** der RA bis dahin erhalten hat. Unklar ist, nach welcher Vorschrift sich die **Anrechnung** ggf. erhaltener Zahlungen richtet. Als Anrechnungsbestimmung kommt lediglich § 58 Abs. 3 in Betracht. Dessen Anwendung setzt aber voraus, dass das Verfahren nach dem ThUG eine Angelegenheit ist, in der sich die Gebühren nach VV Teil 4 bis 6 richten. Über § 20 Abs. 1 ThUG ist VV Teil 6 Abschnitt 3 (VV 6300 bis 6303) entsprechend anwendbar. Wenn hierdurch eine Angelegenheit nach VV Teil 6 bejaht wird, gilt § 58 Abs. 3. Allerdings bleibt die Frage offen, warum dann § 52 Abs. 1 bis 3,5 in § 20 Abs. 2 ThUG ausdrücklich für entsprechend anwendbar erklärt worden ist. Denn wenn das Verfahren nach dem ThUG eine Angelegenheit ist, in der sich die Gebühren nach VV Teil 6 bestimmen, gilt für den gemäß § 7 ThUG beigeordneten Rechtsanwalt § 52 über § 53 Abs. 1 ohnehin (vgl. dazu Rdn 41 ff.).

Vor diesem Hintergrund wird auch die Anwendbarkeit von **§ 48 Abs. 5** zu bejahen sein.

3. Umfang der Beiordnung

Der Umfang der Beiordnung bestimmt über die Höhe des Vergütungsanspruchs gegen die Staatskasse (vgl. auch § 48 Abs. 1).

Die Beiordnung gilt gemäß § 7 Abs. 1 ThUG zum Einen für das **gerichtliche Verfahren** über die Therapieunterbringung. Die Beiordnung gilt daher im gerichtlichen Verfahren sowohl für die Anordnung (§§ 5 ff. ThUG) als auch die Verlängerung (§ 12 ThUG) und die Aufhebung (§ 13 ThUG) der Therapieunterbringung. Darüber hinaus gilt die Beiordnung auch für die **gesamte Dauer der Therapieunterbringung** (zum Vergütungsanspruch gemäß § 20 Abs. 3 S. 1 ThUG vgl. Rdn 31 ff.).[39]

Deshalb **endet** die Beiordnung erst mit der Entlassung des Betroffenen aus der geschlossenen Einrichtung, wenn zu diesem Zeitpunkt kein gerichtliches Verfahren anhängig ist, andernfalls mit dem rechtskräftigen Abschluss dieses Verfahrens. Auf diese Weise ist gewährleistet, dass der Betroffene während der gesamten Dauer einer Therapieunterbringung anwaltlich vertreten ist und zu jeder Zeit eine Information der zuständigen Stellen über einen Wegfall der Voraussetzungen der Therapieunterbringung möglich ist. Die Beiordnung endet zudem mit ihrer Aufhebung (vgl. hierzu § 7 Abs. 3 ThUG, § 48 Abs. 2 BRAO).[40]

Die Beiordnung erstreckt sich auch auf das **Beschwerdeverfahren**.[41] Beschwerde kann gemäß § 16 Abs. 1 ThUG auch vom beigeordneten Rechtsanwalt eingelegt werden. Die Beistandsstellung des gerichtlich beigeordneten Rechtsanwalts nach § 7 Abs. 2 S. 1 ThUG dürfte mit der Stellung des gemäß § 397a Abs. 1 StPO dem Nebenkläger bestellten Beistands vergleichbar sein, für den anerkannt ist, dass die Bestellung über die jeweilige Instanz hinaus bis zum rechtskräftigen Verfahrensabschluss wirkt.[42]

Weil die Beiordnung für das gesamte gerichtliche Verfahren gilt (siehe Rdn 37), spricht das dafür, dass auch die verfahrensrechtlich gemäß § 14 Abs. 1 ThUG zur Hauptsache zählende **einstweilige**

---

38 BT-Drucks 17/3403, S. 56.
39 BT-Drucks 17/3403, S. 56, 60.
40 BT-Drucks 17/3403, S. 56.

41 So auch *H. Schneider*, AGS 2011, 209.
42 BGH StraFo 2005, 343; BGH NStZ-RR 2003, 293.

Anordnung (vgl. Rdn 22) von der Beiordnung umfasst ist.[43] Kostenrechtlich bildet die einstweilige Anordnung aber gemäß § 17 Nr. 4b eine besondere gebührenrechtliche Angelegenheit (siehe Rdn 23). Deshalb ist § 48 Abs. 4 S. 2 Nr. 2 zu beachten, der für die einstweilige Anordnung eine **ausdrückliche Beiordnung** fordert. Jedenfalls nach dem Wortlaut entsteht ohne diese ausdrückliche Beiordnung nach § 48 Abs. 4 kein Vergütungsanspruch gegen die Staatskasse.

40 Die Beratung und Vertretung des Betroffenen in **Vollzugsangelegenheiten** (vgl. §§ 3 ThUG, 327 FamFG) ist von der Beiordnung gemäß § 7 Abs. 4 ThUG dagegen nicht umfasst. Zu den Vollzugsangelegenheiten zählt zum Beispiel die Erstellung eines Behandlungsplans. Die gerichtliche Beiordnung eines Rechtsanwalts kommt in Vollzugsangelegenheiten nur im Zusammenhang mit der Bewilligung von Verfahrenskostenhilfe in Betracht (§ 78 FamFG).[44]

4. Anspruch auf Wahlanwaltsgebühren

41 § 52 verschafft dem gerichtlich bestellten Rechtsanwalt einen Anspruch auf Zahlung von Wahlanwaltsgebühren gegen den Beschuldigten. § 52 Abs. 1 bis 3, Abs. 5 ist in § 20 Abs. 2 S. 1 ThUG vom Gesetzgeber für entsprechend anwendbar erklärt worden. Das erscheint bei isolierter Betrachtung von § 52 erforderlich, weil § 52 nur für den gerichtlich bestellten Rechtsanwalt gilt.[45] Im Verfahren nach dem ThUG erfolgt nämlich **keine gerichtliche Bestellung** eines Rechtsanwalts für den **Beschuldigten**, sondern eine **gerichtliche Beiordnung** für den **Betroffenen**, § 7 Abs. 1 ThUG.

42 Allerdings dürfte § 52 auch ohne die Verweisung in § 20 Abs. 2 ThUG über § 53 Abs. 1 anwendbar sein. Nach § 53 Abs. 1 gilt § 52 für den Anspruch des – sonst in Angelegenheiten, in denen sich die Gebühren nach VV Teil 4, VV Teil 5 oder 6 bestimmen – beigeordneten Rechtsanwalts entsprechend. Über § 20 Abs. 1 ThUG ist VV Teil 6 Abschnitt 3 (VV 6300 bis 6303) entsprechend anwendbar. Wenn hierdurch eine Angelegenheit nach VV Teil 6 bejaht wird, ist § 52 bereits über § 53 Abs. 1 anwendbar.

Über § 53 Abs. 2 ergibt sich im Übrigen keine Anwendbarkeit von § 52. Der gerichtlich beigeordnete Rechtsanwalt hat zwar nach § 7 Abs. 2 S. 1 ThUG die Stellung eines **Beistands**. Es liegt aber keine Beistandsbestellung für den in § 53 Abs. 2 genannten Personenkreis vor.[46]

43 § 20 Abs. 2 S. 1 ThUG erklärt 52 Abs. 1 bis 3, 5 für entsprechend anwendbar. Danach kann der gemäß § 7 Abs. 1 ThUG beigeordnete Rechtsanwalt **Wahlanwaltsgebühren** nach VV Nr. 6300 bis 6303 (Betragsrahmengebühren) von dem Betroffenen fordern. **Auslagen** können vom Betroffenen nicht gefordert werden (§§ 20 Abs. 2 S. 1 ThUG bzw. § 53 Abs. 1, 52 Abs. 1 S. 1, 1. Hs.). Diese erhält der beigeordnete Rechtsanwalt gemäß §§ 45 f., 55 ohnehin aus der Staatskasse (vgl. im Übrigen die Erläuterungen zu § 52).

44 Voraussetzung für die Geltendmachung der Wahlanwaltsgebühren ist gemäß §§ 20 Abs. 2 S. 1 ThUG, 53 Abs. 1, 52 Abs. 2, dass das Landgericht (vgl. § 4 ThUG: **Zivilkammer** beim Landgericht) auf **Antrag** des Rechtsanwalts festgestellt hat, dass der Betroffene, ohne Beeinträchtigung des für ihn und seine Familie notwendigen Unterhalts, zur Zahlung oder zur Leistung von Raten in der Lage ist. Stellt der beigeordnete Rechtsanwalt den Feststellungsantrag, verfährt das Gericht nach § 52 Abs. 3. Gibt der Betroffene zu dem Antrag keine Erklärung ab, wird vermutet, dass er leistungsfähig ist. Weil gemäß §§ 20 Abs. 2 S. 1 ThUG, 53 Abs. 1, 52 Abs. 1 kein **Vorschuss** auf die Wahlgebühren gefordert werden darf, ist die **Fälligkeit** der Gebühren erforderlich. Die Fälligkeit richtet sich nach § 8.

45 Die Feststellungsentscheidung des Landgerichts (Zivilkammer) ist gemäß §§ 20 Abs. 2 S. 2, 16 Abs. 2 ThUG mit der Beschwerde anfechtbar, die binnen einer Frist von zwei Wochen ab Zustellung der Entscheidung der Zivilkammer einzulegen ist.

---

[43] So auch *H. Schneider*, AGS 2011, 209.
[44] BT-Drucks 17/3403, S. 57; so auch *H. Schneider*, AGS 2011, 209.
[45] Burhoff/*Volpert*, RVG Straf- und Bußgeldsachen, 4. Aufl., § 52 Rn 3 und § 53 Rn 19.
[46] Vgl. Burhoff/*Volpert*, 4. Aufl., RVG Straf- und Bußgeldsachen, § 53 Rn 19; Gerold/Schmidt/*Burhoff*, RVG, § 53 Rn 1.

5. Pauschgebühr

Eine **Pauschgebühr** wegen besonderem Umfang und besonderer Schwierigkeit entsprechend § 51, kann dem gemäß § 7 Abs. 1 ThUG gerichtlich beigeordneten Rechtsanwalt nicht bewilligt werden. Trotz der für das Verfahren sowie die gesamte Dauer einer Therapieunterbringung geltenden Beiordnung gilt § 51 in Straf- und Bußgeldsachen, in Verfahren nach dem Gesetz über die internationale Rechtshilfe in Strafsachen (IRG) und in Verfahren nach dem Gesetz über die Zusammenarbeit mit dem Internationalen Strafgerichtshof (IStGH-Gesetz), in Freiheitsentziehungs- und Unterbringungssachen sowie bei Unterbringungsmaßnahmen nach § 151 Nr. 6 und 7 FamFG. Der Anwendungsbereich von § 51 ist durch das 2. KostRMoG zum 1.8.2013 zwar um den Bereich Freiheitsentziehungs- und Unterbringungssachen sowie um Unterbringungsmaßnahmen nach § 151 Nr. 6 und 7 FamFG erweitert worden.[47] In Verfahren nach dem ThUG kommt mangels Erwähnung in § 20 ThUG sowie § 51 RVG gleichwohl keine Pauschgebühr in Frage.

46

---

47 BT-Drucks 17/11471 (neu).

Anlage 1
(zu § 2 Abs. 2)

Vergütungsverzeichnis

Teil 1
Allgemeine Gebühren

Nr.	Gebührentatbestand	Gebühr oder Satz der Gebühr nach § 13 RVG
Vorbemerkung 1: Die Gebühren dieses Teils entstehen neben den in anderen Teilen bestimmten Gebühren.		

A. Überblick 1
B. Die Gebühren nach VV Teil 1 6
I. Einigungs-, Erledigungs- und Aussöhnungsgebühr, VV 1000 bis 1004 6
II. Die Vorschriften zur Höhe des Gebührensatzes 7
C. Die Gebührenerhöhung nach VV 1008 12
D. Die Hebegebühr, VV 1009 17
E. Die Zusatzgebühr für besonders umfangreiche Beweisaufnahmen, VV 1010 18

A. Überblick

In **VV Teil 1** sind „**Allgemeine Gebühren**" geregelt, wobei es sich zum Teil gar nicht um eigene Gebühren handelt. 1

Die Gebühren nach VV Teil 1 können grundsätzlich **in allen Angelegenheiten** entstehen, wie sich aus der Vorb. „*neben den in anderen Teilen bestimmten Gebühren*" ergibt, wobei zum Teil allerdings Ausnahmen gelten. 2

Die Vorschriften der VV 1000 bis 1008 gelten auch in **Prozess- und Verfahrenskostenhilfemandaten** (§ 45 Abs. 1). 3

Ebenso sind die VV 1000 und VV 1008 für den in Verfahren nach VV Teil 4 und 5 **beigeordneten oder bestellten Anwalt** anzuwenden. 4

In der **Beratungshilfe** ist allerdings nur VV 1008 anzuwenden. Im Übrigen ist in VV 2508 eine gesonderte Gebühr für Einigung und Erledigung vorgesehen. 5

B. Die Gebühren nach VV Teil 1

I. Einigungs-, Erledigungs- und Aussöhnungsgebühr, VV 1000 bis 1004

In den VV 1000 bis 1004 sind Einigungs-, Erledigungs- und Aussöhnungsgebühr geregelt. Es handelt sich um folgende Gebühren: 6
– VV 1000 Nr. 1: Allgemeine Einigungsgebühr,
– VV 1000 Nr. 2: Einigungsgebühr bei Zahlungsvereinbarungen,
– Anm. Abs. 5 S. 3 zu VV 1000: Einigungsgebühr bei außergerichtlicher Vereinbarung in Kindschaftssachen,
– VV 1001 S. 1: Aussöhnungsgebühr in Ehesachen,
– VV 1001 S. 2: Aussöhnungsgebühr in Lebenspartnerschaftssachen,
– VV 1002: Erledigungsgebühr in verwaltungs- und sozialrechtlichen Angelegenheiten,
– Anm. Abs. 2 zu VV 1003: Einigungsgebühr in gerichtlichen Verfahren in Kindschaftssachen,
– Anm. Abs. 2 zu VV 1003 i.V.m. Anm. Abs. 2 zu VV 1003 Einigungsgebühr in gerichtlichen Verfahren in Kindschaftssachen im Beschwerdeverfahren.

II. Die Vorschriften zur Höhe des Gebührensatzes

7 Ergänzend hierzu regeln die VV 1003 bis 1006 und VV 4147 die Höhe dieser Gebühren, ohne eigene Tatbestände zu regeln:
- VV 1003: grundsätzlich 1,0 bei gerichtlicher Anhängigkeit,
- VV 1004: grundsätzlich 1,3 bei Anhängigkeit in Rechtsmittelverfahren,
- Abs. 1 S. 1 u. 2 zu VV 1005: Gebührenrahmen bei außergerichtlicher Vertretung in sozialrechtlichen Angelegenheiten, die nach Betragsrahmen abgerechnet werden,
- Abs. 1 S. 3 zu VV 1005: Gebührenrahmen bei Beratung in sozialrechtlichen Angelegenheiten, die nach Betragsrahmen abgerechnet werden,
- VV 1006: Gebührenrahmen bei gerichtlicher Vertretung in sozialrechtlichen Angelegenheiten, die nach Betragsrahmen abgerechnet werden,
- VV 4147: Gebührenhöhe bei Privatklagevergleich.

8 Die Gebühren der VV 1000 bis 1002 können grundsätzlich **in allen Angelegenheiten** entstehen – also auch in Strafsachen (VV Teil 4), Bußgeldsachen (VV Teil 5), sofern sich aus der Natur der Sache nichts anderes ergibt.[1] So dürfte eine Aussöhnungsgebühr nach VV 1001 in Strafsachen wohl kaum vorkommen. Ebenso kann die Erledigungsgebühr nur in verwaltungs-, sozial- oder steuerrechtlichen Angelegenheiten anfallen. Grundsätzlich sind jedoch keine Einschränkungen vorgesehen. So ist z.B. die Einigungsgebühr auch in Strafsachen möglich, etwa in Privatklage- und Adhäsionsverfahren.

9 In Verfahren nach VV Teil 6 können Einigungs- oder Erledigungsgebühren nicht vorkommen. Daher sind solche im RVG auch nicht geregelt.

10 Lediglich in der **Beratungshilfe** entstehen die Gebühren, also die VV 1000 bis 1006, nicht (VV Vorb. 2.5); hier ist in VV 2508 eine gesonderte Gebühr vorgesehen, die allerdings auf die Tatbestände der VV 1000, 1002 Bezug nimmt. Ob VV 2508 auch auf VV 1001 Bezug nimmt, ist strittig (siehe VV 2508 Rdn 12).

11 Eine Gebühr nach VV 1000 bis 1006 kann nur **neben den Gebühren anderer Teile** entstehen. Sie kann daher nie isoliert entstehen.[2] Sie entsteht immer neben den Gebühren der jeweiligen Angelegenheit, also in der Regel neben Verfahrens- und Terminsgebühren.

C. Die Gebührenerhöhung nach VV 1008

12 In VV 1008 ist die Gebührenerhöhung bei **Vertretung mehrerer Auftraggeber** geregelt. Tatsächlich handelt es sich hierbei gar nicht um eine Gebühr, sondern nur eine Erhöhungsvorschrift, die zur Erhöhung einer Geschäfts- oder Verfahrensgebühr führen kann.

13 Auch die Gebührenerhöhung nach VV 1008 kann **in allen Angelegenheiten** anfallen, zumal auch in Straf- und Bußgeldsachen jetzt ausdrücklich Verfahrensgebühren vorgesehen sind und auch hier eine Vertretung mehrerer Auftraggeber – etwa mehrerer Neben- oder Privatkläger – in Betracht kommt.

14 Die Gebührenerhöhung greift auch bei **Prozess- und Verfahrenskostenhilfe**, soweit hier die Gebührenerhöhung nach VV 1008 in Betracht kommt, allerdings nicht für die Beratungshilfegebühr der VV 2500.

15 Ebenso ist VV 1008 für den in Verfahren nach VV Teil 4 und 5 **beigeordneten oder bestellten Anwalt** anzuwenden, etwa bei Vertretung mehrerer Neben- oder Privatkläger.

---

1 Völlig unzutreffend und mit dem Gesetz unvereinbar Vergabekammer des Saarlands (AGS 2009, 393), wonach neben einer Geschäftsgebühr keine Einigungsgebühr anfallen können soll.

2 OLG Schleswig AGS 2011, 115 = MDR 2011, 394.

Auch in der **Beratungshilfe** kommt hier die Gebührenerhöhung nach VV 1008 in Betracht,[3] allerdings nicht für die Beratungshilfegebühr der VV 2500.

D. Die Hebegebühr, VV 1009

In VV 1009 ist die Hebegebühr geregelt. Die zugrunde liegende Tätigkeit ist stets eine eigene Angelegenheit, sodass diese Gebühr immer gesondert entsteht, also nicht „neben" anderen Gebühren (siehe VV 1009 Rdn 8).

E. Die Zusatzgebühr für besonders umfangreiche Beweisaufnahmen, VV 1010

Die durch das 2. KostRMoG zum 1.8.2103 neu eingeführte Vorschrift der VV 1010 soll den Wegfall der nach der BRAGO noch vorgesehenen Beweisgebühr in bestimmten Ausnahmefällen kompensieren. Der zum Teil erhebliche Arbeitsaufwand des Anwalts soll durch eine Zusatzgebühr honoriert werden. Die Gebühr gilt allerdings nur für Verfahren nach VV Teil 3 und ist damit streng genommen keine Allgemeine Gebühr.

Nr.	Gebührentatbestand	Gebühr oder Satz der Gebühr nach § 13 RVG
1000	Einigungsgebühr	1,5
	(1) Die Gebühr entsteht für die Mitwirkung beim Abschluss eines Vertrags, durch den 1. der Streit oder die Ungewissheit über ein Rechtsverhältnis beseitigt wird oder 2. die Erfüllung des Anspruchs bei gleichzeitigem vorläufigem Verzicht auf die gerichtliche Geltendmachung und, wenn bereits ein zur Zwangsvollstreckung geeigneter Titel vorliegt, bei gleichzeitigem vorläufigem Verzicht auf Vollstreckungsmaßnahmen geregelt wird (Zahlungsvereinbarung). Die Gebühr entsteht nicht, wenn sich der Vertrag ausschließlich auf ein Anerkenntnis oder einen Verzicht beschränkt. Im Privatklageverfahren ist Nummer 4147 anzuwenden. (2) Die Gebühr entsteht auch für die Mitwirkung bei Vertragsverhandlungen, es sei denn, dass diese für den Abschluss des Vertrags im Sinne des Absatzes 1 nicht ursächlich war. (3) Für die Mitwirkung bei einem unter einer aufschiebenden Bedingung oder unter dem Vorbehalt des Widerrufs geschlossenen Vertrag entsteht die Gebühr, wenn die Bedingung eingetreten ist oder der Vertrag nicht mehr widerrufen werden kann. (4) Soweit über die Ansprüche vertraglich verfügt werden kann, gelten die Absätze 1 und 2 auch bei Rechtsverhältnissen des öffentlichen Rechts.	

---

3 KG AGS 2007, 466 = KGR 2007, 703 = Rpfleger 2007, 553 = JurBüro 2007, 543 = RVGreport 2007, 299; OLG Nürnberg FamRZ 2007, 844 = OLGR 2007, 686; OLG Oldenburg AGS 2007, 45 = OLGR 2007, 164 = JurBüro 2007, 140 = NJW-RR 2007, 431 = RVGreport 2006, 465; KG AGS 2007, 466 = KGR 2007, 703 = Rpfleger 2007, 553 = JurBüro 2007, 543 = RVGreport 2007, 299; OLG Düsseldorf AGS 2006, 244 = RVGreport 2006, 225; LG Kleve AGS 2006, 244; OLG Nürnberg FamRZ 2007, 844 = OLGR 2007, 686.

Nr.	Gebührentatbestand	Gebühr oder Satz der Gebühr nach § 13 RVG
	(5) Die Gebühr entsteht nicht in Ehesachen und in Lebenspartnerschaftssachen (§ 269 Abs. 1 Nr. 1 und 2 FamFG). Wird ein Vertrag, insbesondere über den Unterhalt, im Hinblick auf die in Satz 1 genannten Verfahren geschlossen, bleibt der Wert dieser Verfahren bei der Berechnung der Gebühr außer Betracht. In Kindschaftssachen ist Absatz 1 Satz 1 und 2 auch für die Mitwirkung an einer Vereinbarung, über deren Gegenstand nicht vertraglich verfügt werden kann, entsprechend anzuwenden.	

Literatur: *Bischof*, Außergerichtliche Vergleichsverhandlungen zwischen den Instanzen durch den erstinstanzlichen Prozessbevollmächtigten, AGS 1997, 121, 1998, 177; *Bräuer*, Zur Berechnung des Gegenstandswertes bei Ratenzahlungsvereinbarungen, JurBüro 2008, 62; *Clausnitzer*, Streitwert bei Vergleich über einstweilige Verfügung und nicht anhängige Hauptsache, ZAP Fach 24, S. 609; *von Eicken*, Außergerichtliche Vergleichsverhandlungen während des Rechtsmittelverfahrens, AGS 1994, 39; *ders.*, Praktische Fragen zur Neuregelung der Vergleichsgebühr insbesondere unter Berücksichtigung des Übergangsrechts, AGS 1995, 8; *ders.*, Neue Probleme der erhöhten Vergleichsgebühr, AGS 1995, 45; *ders.*, Zur Berechnung der Vergleichsgebühr bei Hilfsaufrechnung, AGS 1997, 108; *Kronenbitter*, Nochmals: Gibt es eine 19,5/10-Vergleichsgebühr?, AGS 1995, 82; *Madert*, Einbeziehung nicht rechtshängiger Ansprüche in den gerichtlichen Vergleich – Entsteht eine 10/10 oder eine 15/10-Vergleichsgebühr?, AGS 1998, 145; *ders.*, Höhe der Einigungsgebühr in der Mobiliarvollstreckung, AGS 2005, 475; *Mock*, Die gebührenrechtliche Betrachtung von Ratenzahlungsvereinbarungen bei der Zwangsvollstreckung nach dem RVG, AGS 2004, 469; *N. Schneider*, Höhe der Vergleichsgebühr bei Miteinbeziehung nichtanhängiger Ansprüche im Berufungsverfahren, MDR 1998, 197; *ders.*, Gebühren für Vergleichsprotokollierung und Rechtsmittelverzicht in Scheidungsverfahren, ZAP Fach 24, S. 603; *ders.*, Gebühren bei Abschluss eines Vergleichs im Rechtsmittelverfahren, ZAP Fach 24, S. 577; *ders.*, Kosten des Vergleichs bei Einbeziehung nicht rechtshängiger Ansprüche, ZAP Fach 24, S. 405; *ders.*, Lücken des RVG im Rechtsmittelverfahren, AnwBl 2005, 2022; *ders.*, Einigungs- und Erledigungsgebühr in berufungsgleichen Verfahren nach Vorbemerkung 3.2.1 Abs. 1 VV RVG, NJW 2007, 2666; *ders.*, Die Einigungsgebühr in der Zwangsvollstreckung, AGS 2010, 417; *ders.*, Zwei Einigungsgebühr bei Vergleich durch Terminsvertreter, NJW-Spezial 2010, 27.

A. Allgemeines ... 1
B. Regelungsgehalt ... 13
  I. Anwendungsbereich ... 13
  II. Einigung (Anm. Abs. 1 S. 1) ... 29
    1. Allgemeines ... 29
    2. Abschluss eines gegenseitigen Vertrags ... 35
      a) Gegenseitiger Vertrag ... 35
      b) Form ... 47
      c) Genehmigungsbedürftige Einigung ... 52
      d) Bedingte Einigung ... 54
      e) Einigung unter Widerrufsvorbehalt ... 55
      f) Anfechtung der Einigung ... 57
      g) Rücktritt von der Einigung ... 58
    3. Streit über ein Rechtsverhältnis ... 59
    4. Nachgeben ... 64
    5. Beseitigung von Streit oder Ungewissheit ... 70
    6. Einzelfälle ... 76
      a) Abfindungsvereinbarungen ... 76
      b) Abrechnungsfälle ... 77
        aa) 1. Fallgruppe ... 78
        bb) 2. Fallgruppe ... 79
        cc) 3. Fallgruppe ... 80
      c) Anerkenntnis ... 81
      d) Aufhebungsvertrag ... 82
      e) Berufungsrücknahme ... 83
      f) Erledigung der Hauptsache ... 84
      g) Gewährleistung ... 85
      h) Klagerücknahme und Anerkenntnis ... 86
      i) Kündigung ... 93
      j) Klageverzicht ... 94
      k) Nacherfüllung ... 95
      l) Nebenintervention ... 96
      m) Ratenzahlungsvereinbarung ... 97
      n) Rechtsmittel ... 100
      o) Sozialplan ... 102
      p) Streithelfer ... 103
      q) Teileinigung ... 104
      r) Unterwerfungsvergleich ... 105
      s) Versorgungsausgleich ... 106
      t) Verwaltungsrechtsstreit ... 111
      u) Zwangsvollstreckung ... 112
      v) Zwischeneinigung ... 119
    7. Abschluss einer Zahlungsvereinbarung (Anm. Abs. 1 S. 1b) ... 120
  III. Mitwirkung (Anm. Abs. 1 S. 1) ... 125
    1. Voraussetzungen ... 125
      a) Allgemeines ... 125
      b) Mitwirkung ... 126
      c) Ursächlichkeit ... 127
    2. Beweislast ... 133
  IV. Rechtsverhältnisse des öffentlichen Rechts (Anm. Abs. 4) ... 136
  V. Keine Einigungsgebühr in Ehesachen (Abs. 5) ... 140
    1. Überblick ... 140
    2. Keine Einigungsgebühr in Ehesachen (S. 1) ... 141
    3. Gegenstandswert bei Einigung anlässlich der Ehesache (S. 2) ... 142
    4. Einigungsgebühr in Kindschaftssachen (S. 3) ... 143
  VI. Mehrere Einigungen ... 146
    1. Einmaligkeit der Gebühr ... 146
    2. Mehrere Angelegenheiten ... 149
  VII. Höhe der Einigungsgebühr ... 151
    1. Allgemeines ... 151
    2. Die 1,5-Einigungsgebühr ... 153
    3. Die 1,0-Einigungsgebühr nach VV 1003 ... 155
    4. Die 1,3-Einigungsgebühr nach VV 1004 ... 161
    5. Einzelfälle zur Anhängigkeit ... 169

6. Die 1,0-Einigungsgebühr nach Anm. zu
   VV 1003 170
   a) Allgemeines 170
   b) Die vier Varianten 173
7. Mischfälle 177
8. Erhöhung der Verfahrensgebühr/Verfahrensdifferenzgebühr 178
9. Einigung im Rechtsmittelverfahren 185
   a) Allgemeines 185
   b) Die Parteien einigen sich nur über die im Rechtsmittelverfahren anhängigen Gegenstände 186
   c) Die Parteien beziehen anderweitig anhängige Gegenstände in die Einigung ein 187
      aa) Allgemeines 187
      bb) Höhe der Einigungsgebühr 189
      cc) Verfahrensgebühr aus dem Mehrwert 190
   (1) Der Anwalt ist in dem Verfahren über die mitverglichenen Gegenstände nicht tätig 190
   (2) Der Anwalt ist auch in dem Verfahren über die mitverglichenen Gegenstände tätig 191
   d) Die Parteien beziehen Gegenstände in die Einigung mit ein, über die kein gerichtliches Verfahren anhängig ist 195
VIII. Gegenstandswert 196
C. Prozesskostenhilfe 208
D. Gerichtskosten 224
E. Kostenerstattung 229
F. Vergütungsfestsetzung 233
G. Rechtsschutzversicherung 235

A. Allgemeines

In VV 1000 ist die Einigungsgebühr geregelt. Aus ihrer Stellung in VV Teil 1 „Allgemeine Gebühren" ergibt sich, dass die Einigungsgebühr grundsätzlich in sämtlichen Angelegenheiten – auch bei Rechtsverhältnissen des öffentlichen Rechts (Anm. Abs. 4) – entstehen kann (siehe dazu Rdn 136 ff.). **1**

Anknüpfungspunkt für die Höhe der Einigungsgebühr ist nicht die Instanz, in der die Einigung geschlossen wird. Vielmehr knüpft die Regelung daran an, ob und wo der Gegenstand der Einigung zum Zeitpunkt der Einigung anhängig ist. **2**

Ist der Gegenstand der Einigung nicht anhängig, so gilt nach VV 1000 ein Gebührensatz in Höhe von 1,5. Ist der Gegenstand erstinstanzlich anhängig, so gilt nach VV 1003 ein Gebührensatz in Höhe von 1,0. Soweit der Gegenstand der Einigung im Berufungs- oder Revisionsverfahren anhängig ist, gilt nach VV 1004 ein Gebührensatz von 1,3. **3**

Eine geringere Gebühr als nach VV 1000, 1003 kann niemals anfallen, selbst dann nicht, wenn in dem Verfahren geringere Grundgebühren gelten, wie etwa die 0,3-Gebühren in der Zwangsvollstreckung (VV 3309). **4**

Der Anwalt muss die Einigung nicht persönlich abgeschlossen haben. Es reicht aus, wenn er am Abschluss der Einigung **mitgewirkt** hat und seine Tätigkeit zumindest **mitursächlich** war (Anm. Abs. 2). **5**

Anm. Abs. 3 bestätigt nochmals, was sich zum Teil ohnehin aus VV 1000 ergibt, dass nämlich die Einigung wirksam zustande gekommen sein muss, dass also eine unter **aufschiebender Bedingung** geschlossene Einigung noch nicht die Einigungsgebühr auslöst. Dies folgt an sich schon aus § 158 BGB, da es bis zum Bedingungseintritt an einer wirksamen Einigung fehlt. Darüber hinaus ist in Anm. Abs. 3 aber auch angeordnet, dass selbst bei Abschluss einer wirksamen Einigung die Einigungsgebühr nicht entsteht, solange diese widerruflich ist oder den Parteien ein **vertragliches Rücktrittsrecht** (**Widerrufsvorbehalt**) zusteht. **6**

Anm. Abs. 4 stellt darüber hinaus klar, dass eine Einigungsgebühr auch in **öffentlich-rechtlichen Angelegenheiten** entstehen kann, soweit die Parteien über den Streitstoff verfügen können (siehe dazu Rdn 136 ff.). **7**

Eine Einigungsgebühr kann **niemals isoliert** entstehen. Sie setzt immer eine zugehörige Betriebsgebühr voraus, bei einer außergerichtlichen Vertretung also eine Geschäftsgebühr nach VV 2300 ff., bei einer Beratung eine Gebühr nach § 34 Abs. 1, im Rechtsstreit eine Verfahrensgebühr nach VV 3100 ff., im Prozesskostenhilfe-Prüfungsverfahren nach VV 3335 f., in der Zwangsvollstreckung nach VV 3309 etc. **8**

Die Einigungsgebühr kann auch niemals nach einem höheren Gegenstandswert anfallen als die zugehörige(n) Betriebsgebühr(en). Bei einer außergerichtlichen Tätigkeit erhöht sich der Wert der Geschäftsgebühr, soweit die Einigung einen Mehrwert hat. Ein höherer oder geringerer Aufwand **9** bei Abschluss der Einigung kann zudem im Rahmen des § 14 Abs. 1 berücksichtigt werden. Wird eine Einigung mit Mehrwert in einem Rechtsstreit geschlossen, erhöht sich der Gegenstandswert der vollen Verfahrensgebühr oder es entsteht neben der vollen Verfahrensgebühr aus dem Wert der anhängigen Gegenstände zusätzlich aus dem Mehrwert der Einigung eine reduzierte Verfahrensgebühr (z.B. VV 3101, 3202). Insgesamt darf dann jedoch nicht mehr als eine volle Gebühr aus dem Gesamtwert berechnet werden (§ 15 Abs. 3).

10 Im Einzelfall kann die Abgrenzung schwierig sein, welche Betriebsgebühr anfällt. Dies gilt insbesondere für außergerichtliche Einigungsverhandlungen und -abschlüsse während eines laufenden Verfahrens oder nach Abschluss einer Instanz während der Rechtsmittelfrist. In diesen Fällen kommt es auf den erteilten Auftrag an, der allerdings häufig mangels ausdrücklicher Absprachen schwierig zu ermitteln ist. Dieses Problem ist jedoch keine Frage der VV 1000, so dass insoweit ergänzend auf die Kommentierung zu VV 3100 und VV 2300 verwiesen wird.

11 Zu den Gebühren bei **Vollstreckbarerklärung eines Anwaltsvergleichs nach § 796a ZPO** siehe VV 3327.

12 Mit dem 2. KostRMoG neu eingeführt worden ist in Anm. Abs. 1 S. 1 Nr. 2 die Einigungsgebühr für eine Zahlungsvereinbarung.

B. Regelungsgehalt

I. Anwendungsbereich

13 Aus der Stellung der Vorschrift in VV Teil 1 „Allgemeine Gebühren" folgt, dass die Einigungsgebühr grundsätzlich in jeder Angelegenheit entstehen kann. Verfehlt ist daher die Auffassung des LG Saarbrücken,[1] neben einer Geschäftsgebühr nach VV 2300 könne keine Einigungsgebühr anfallen, weil VV Teil 2 eine abschließende Regelung enthalte.[2]

14 Insbesondere kann die Einigungsgebühr bei **außergerichtlicher Tätigkeit** (VV 2300) entstehen sowie im **Rechtsstreit** (VV 3100). Auch in Vor- und Nebenverfahren des Rechtsstreits sind Einigungen möglich, also im **Mahnverfahren** (VV 3305 f.), im **Verfahren über die Bewilligung von Prozesskostenhilfe** (VV 3335 f.),[3] im **Räumungsfristverfahren** (VV 3334) sowie in **Arrest- und einstweiligen Verfügungsverfahren** (VV 3100 ff.).

15 Auch im Rahmen der **Beratung** (§ 34 Abs. 1) ist der Abschluss einer Einigung möglich.[4] Wie sich aus Anm. Abs. 1 ergibt, muss der Anwalt die Einigung nicht selbst abgeschlossen haben. Es genügt, dass er für den Abschluss der Einigung mitursächlich war. Dies kann auch bei einer Beratung durchaus der Fall sein. In Anm. Abs. 1 S. 3 zu VV 1005 wird hierzu klargestellt, dass in Angelegenheiten, in denen Betragsrahmengebühren entstehen, die Einigungsgebühr bei einer Beratung 150 EUR beträgt.

> **Beispiel 1:** Der Mandant wird vom Anwalt über die Höhe des ihm zustehenden Unterhalts beraten und lässt sich einen Einigungsvorschlag ausarbeiten. Auf der Basis dieses Vorschlages schließt der Mandant dann unmittelbar mit der Gegenseite eine Einigung.
>
> **Beispiel 2:** Der Anwalt berät den Mandanten darüber, ob er eine von der Gegenseite angebotene Einigung annehmen soll, was dann auch auf den Rat des Anwalts hin geschieht.[5]
>
> **Beispiel 3:** Der Anwalt rät davon ab, eine unter Widerrufsvorbehalt geschlossene Einigung zu widerrufen. In sämtlichen Beispielen hat der Anwalt auch eine Einigungsgebühr nach VV 1000 verdient.

16 Ebenso kann eine Einigung in **Zwangsvollstreckungssachen** (VV 3309 f.), in **Zwangsversteigerungs- und Zwangsverwaltungssachen** (VV 3311 ff.) etc. geschlossen werden.[6]

17 Auch der **Verkehrsanwalt** (VV 3400), der **Terminsvertreter** (VV 3401 f.) sowie der mit **Einzeltätigkeiten** beauftragte Anwalt (VV 3403) können neben ihren dortigen Gebühren eine Einigungsge-

---

1 LG Saarbrücken AGS 2009, 393.
2 Abgeändert durch OLG Saarbrücken, Beschl. v. 15.5.2009 – I Verg 1/09.
3 OLG Hamburg JurBüro 1996, 62.
4 AG Neumünster AGS 2011, 475 = zfs 2011, 406.
5 BGH VersR 1963, 826.
6 Vgl. *N. Schneider*, AGS 2010, 417.

bühr verdienen, wenn sie beim Abschluss einer Einigung mitwirken (vgl. Rdn 130 f.). Ebenso kann der **Vertreter eines Nebenintervenienten** eine Einigungsgebühr verdienen (vgl. Rdn 96).

In **Strafsachen** ist eine Einigung ebenfalls möglich, soweit dort **vermögensrechtliche Ansprüche** abgehandelt werden, also im **Adhäsionsverfahren** (VV 4143 ff.) oder im **Privatklageverfahren**, wenn die Parteien sich nicht nur über die Privatklage einigen, sondern auch über zivilrechtliche Ansprüche, wie z.B. einen Schmerzensgeldanspruch (Anm. zu VV 4147). Daneben ist sogar eine Einigungsgebühr möglich, wenn sich die Parteien im Privatklageverfahren hinsichtlich des Strafausspruchs oder des Kostenerstattungsanspruchs – dem Grunde nach – einigen (VV 4147). 18

Auch in **Verwaltungsgerichtsverfahren** sowie in **Sozialgerichtsverfahren**, in denen sich die Gebühren nach dem Wert richten (§ 3 Abs. 1 S. 2), ist grundsätzlich eine Einigungsgebühr nach VV 1000 ff. möglich. Hier ist allerdings Anm. Abs. 4 zu beachten. In aller Regel werden die Parteien über den Streitstoff nicht verfügen können, so dass der Abschluss einer Einigung bereits aus materiell-rechtlichen Gründen nicht in Betracht kommt. In diesen Fällen kommt aber regelmäßig der Anfall einer Erledigungsgebühr in Betracht. 19

Keine Anwendung findet VV 1000 dagegen in **Rechtsverhältnissen des öffentlichen Rechts**, soweit die Parteien über den Streitstoff vertraglich nicht verfügen können (Anm. Abs. 4).[7] Dies gilt auch dann, wenn die Parteien sich im finanzgerichtlichen Verfahren über die Höhe der Steuerfestsetzung einigen.[8] In diesen Verfahren kann allerdings eine **Erledigungsgebühr** nach VV 1002 entstehen, die der Einigungsgebühr ähnlich ist.[9] 20

In **Sozialgerichtsverfahren, in denen das GKG nicht gilt** (§ 3 Abs. 1 S. 1) und daher Rahmengebühren vorgesehen sind, ist ebenfalls eine Einigungsgebühr möglich. Der frühere Ausschluss nach § 116 Abs. 4 S. 1 BRAGO für die Vergleichsgebühr ist abgeschafft. Allerdings sind auch hier Rahmengebühren vorgesehen, so dass nicht die VV 1000 ff. gelten, sondern die VV 1005 ff. 21

In **Ehesachen** ist eine Einigungsgebühr ebenfalls ausgeschlossen (Anm. Abs. 5 S. 1). Die Anwälte erhalten im Falle der **Aussöhnung der Eheleute** eine Gebühr nach VV 1001. Der Ausschluss nach Anm. Abs. 5 gilt nur für die Ehesache selbst, nicht auch für Folgesachen (Anm. Abs. 5 S. 2). Gleiches gilt in Verfahren nach dem Lebenspartnerschaftsgesetz. Auch hier ist die Einigungsgebühr ausgeschlossen; in Folgesachen ist sie dagegen möglich. 22

Auch in den **Güte- und Schlichtungsverfahren** nach VV 2303 kann eine Einigungsgebühr entstehen. Zwar ist die frühere Verweisung auf § 36 (vgl. Anm. Abs. 1 S. 2 zu VV 1000 a.F.) durch das 2. KostRMoG aufgehoben worden. Dies beruht jedoch nicht auf dem Willen des Gesetzgebers, in Güteverfahren keine Einigungsgebühren zuzulassen. Grund für die Streichung war vielmehr, dass die Verweisung unzutreffend war: § 36 enthält überhaupt keine Regelung über Güteverfahren, sondern vielmehr über schiedsrichterliche Verfahren nach der ZPO sowie Verfahren vor dem Schiedsgericht nach § 104 ArbGG. Darüber hinaus war die Verweisung auch überflüssig, weil es sich bei den Güteverfahren ohnehin um kein gerichtliches Verfahren handelt und der Gebührentatbestand nach VV 1000 daher unmittelbar anzuwenden ist. 23

Im obligatorischen Streitschlichtungsverfahren nach § 15a EGZPO kann der Anwalt eine Einigungsgebühr neben der Geschäftsgebühr nach VV 2303 verdienen. Die dort früher vorgesehene Einigungsgebühr nach § 65 Abs. 2 BRAGO, die im Gegensatz zu § 23 BRAGO nicht einen Vergleich voraussetzte, ist nunmehr überflüssig geworden, da nach VV 1000 ohnehin kein Vergleich mehr erforderlich ist. 24

In **Privatklageverfahren** kann ebenfalls eine Einigungsgebühr entstehen (**Anm. Abs. 1 S. 3**), soweit sich die Parteien hinsichtlich des Strafausspruchs oder des Kostenerstattungsanspruchs – dem Grunde nach – einigen (VV 4147). Vorgesehen ist dann allerdings eine Rahmengebühr in Höhe der jeweiligen Verfahrensgebühr. Gleiches gilt für das vorausgehende Sühneverfahren. 25

Soweit die Parteien sich daneben im Privatklageverfahren auch über zivilrechtliche Ansprüche einigen, kann auch hier eine weitere Einigungsgebühr nach VV 1000 entstehen (Anm. zu VV 4147). 26

---

7 VG Berlin NJW 1967, 366.
8 FG Düsseldorf EFG 1987, 582.
9 FG Greifswald EFG 2010, 1447.

Beispiel: In der Hauptverhandlung einigen sich Privatkläger und -beklagter dahin gehend, dass sich der Privatbeklagte für seine geäußerten Beleidigungen entschuldigt und gegen Rücknahme der Privatklage darüber hinaus anstelle des geforderten Schmerzensgeldes in Höhe von 1.000 EUR einen Betrag von 800 EUR zahlt.
Hinsichtlich der Beendigung des Privatklageverfahrens greift VV 4147 i.V.m. VV 1000. Hinsichtlich der Einigung über das Schmerzensgeld greifen VV 1000, 1003. Hier erhalten die Anwälte aus dem Wert von 1.000 EUR eine zusätzliche 1,5-Einigungsgebühr (VV 1000) oder eine 1,0- bzw. 1,3-Einigungsgebühr, wenn das Schmerzensgeld bereits anhängig ist (VV 1003, 1004).

27 Auch in einem **Verfahren vor dem Nachlassgericht** kann eine Einigung geschlossen werden, wobei sich der Gegenstandswert nach § 23 RVG richtet.[10]

28 In **Beratungshilfesachen** kann eine Gebühr nach VV 1000 ff. nicht anfallen (VV Vorb. 2.5). Hier erhält der Anwalt stattdessen eine Festgebühr in Höhe von 150 EUR nach VV 2508, die aber wiederum auf die tatbestandlichen Voraussetzungen der VV 1000 verweist (Anm. zu VV 2508).

II. Einigung (Anm. Abs. 1 S. 1)

1. Allgemeines

29 Voraussetzung für die Anwendung der VV 1000 ff. ist, dass die Parteien eine Einigung i.S.d. Anm. Abs. 1 S. 1 geschlossen haben. Aus der ausdrücklichen Erläuterung in Anm. Abs. 1 S. 1 ergibt sich, welche materiell-rechtlichen Voraussetzungen gegeben sein müssen.

30 Der Abschluss eines Vergleichs i.S.d. § 779 BGB ist nicht mehr erforderlich. Das Gesetz sieht jetzt lediglich noch eine **Einigung** vor. Nach dem Wortlaut der VV 1000 ist unter einer Einigung i.S.d. Gesetzes faktisch ein Vergleich i.S.d. § 779 BGB ohne gegenseitiges Nachgeben zu verstehen.[11] Es ist also dieses Tatbestandsmerkmal eliminiert worden.

31 Gleichzeitig ist in Anm. Abs. 1 S. 2 wiederum klargestellt worden, dass eine Einigung dann nicht ausreicht, wenn sie sich auf die **Abgabe eines Anerkenntnisses oder eines Verzichts** beschränkt. Damit bleibt also nach wie vor ein gewisses Nachgeben erforderlich. Ein völliges einseitiges Zugeständnis reicht nicht aus, auch wenn die Parteien sich darüber „einigen". Mit dieser Umgestaltung des Gebührentatbestandes wollte der Gesetzgeber eigentlich die früher häufigen Auseinandersetzungen über die Frage vermeiden, ob nicht ein Vergleich i.S.d. § 779 BGB vorliegt. Sowohl durch die Änderung der Bezeichnung von „Vergleichsgebühr" in „Einigungsgebühr" sowie auch durch die dafür formulierten Voraussetzungen sollte klargestellt werden, dass es nicht mehr auf den Abschluss eines echten Vergleichs ankommt, vielmehr soll es genügen, wenn durch Vertrag der Streit oder die Ungewissheit der Parteien über ein Rechtsverhältnis beseitigt wird. Allerdings soll ein vollständiges Anerkenntnis oder ein vollständiger Verzicht nicht ausreichen für den zusätzlichen Anfall der Einigungsgebühr.

32 In der Praxis haben sich damit jedoch die zahlreichen bisherigen Streitfragen zum Entstehen der Vergleichsgebühr, insbesondere zur Frage des gegenseitigen Nachgebens, nicht immer befriedigend lösen lassen. Die Praxis tat sich zum Teil noch sehr schwer mit der neuen Vorschrift und löst viele Fälle letztlich doch noch nach der BRAGO, denn durch die Einschränkung, dass die Einigung sich nicht auf einen Verzicht oder ein Anerkenntnis beschränken dürfe, wurde faktisch doch wieder ein Nachgeben und damit auch ein beiderseitiges Nachgeben gefordert. In den Fällen, in denen die Rechtsprechung die Vergleichsgebühr mangels gegenseitigen Nachgebens abgelehnt hat, wurde ihr durch die Einschränkung von Anerkenntnis und Verzicht nach wie vor die Möglichkeit gegeben, auch hier die Einigungsgebühr abzulehnen, indem das Fehlen des gegenseitigen Nachgebens mit Anerkenntnis oder Verzicht gleichgestellt wurde. Jedenfalls im Hinblick auf den Abschluss von (Raten-)Zahlungsvereinbarungen hat der Gesetzgeber nunmehr reagiert und mit dem 2. KostRMoG eine entsprechende ergänzende Regelung getroffen (vgl. dazu Rdn 97 ff.).

33 Erforderlich ist der Abschluss einer Zahlungsvereinbarung oder eines gegenseitigen Vertrages, durch den der Streit oder die Ungewissheit über ein Rechtsverhältnis beseitigt wird, es sei denn, der Vertrag bzw. die Vereinbarung beschränkt sich ausschließlich auf ein Anerkenntnis oder einen Verzicht.

---

10 Zur bisherigen Rechtslage unter Geltung der KostO: BayObLG KostRsp. BRAGO § 23 Nr. 152.

11 BGH FamRZ 2009, 43; OLG Köln AGS 2010, 218.

Die Einigung muss in der betreffenden Angelegenheit geschlossen worden sein. Wird in einem Rechtsstreit ein in einem anderen Verfahren rechtshängiger Anspruch mit verglichen, fällt allein dadurch eine Einigungsgebühr in dem anderen Verfahren nicht an.[12] 34

2. Abschluss eines gegenseitigen Vertrags

a) Gegenseitiger Vertrag

Eine Einigungsgebühr entsteht nur dann, wenn zwischen den Parteien ein gegenseitiger Vertrag abgeschlossen wird. Dieser Vertrag muss nicht notwendigerweise mit der Gegenpartei geschlossen werden. Die Einigung kann auch mit einem **Dritten** geschlossen werden.[13] Dies gilt insbesondere dann, wenn der Dritte kraft vertraglicher oder gesetzlicher Ermächtigung berechtigt ist, für einen der unmittelbar Beteiligten eine Einigung abzuschließen. 35

> **Beispiel:** Der Privathaftpflichtversicherer des Schädigers schließt mit dem Geschädigten eine Abfindungsvereinbarung, wonach dieser gegen Zahlung eines Abfindungsbetrages auf weiter gehende Schadensersatzansprüche gegen den Versicherungsnehmer verzichtet.

Auch dann, wenn der Dritte keine Vertretungsmacht für den Gegner hat, kann der Abschluss einer Einigung in Betracht kommen. 36

> **Beispiel:** Nach einer Gehaltspfändung bietet der Arbeitgeber an, gemäß § 267 Abs. 1 S. 1 BGB für den Arbeitnehmer zwei Drittel der Gesamtforderung zu zahlen, wenn der Gläubiger dafür auf den Rest seiner Forderung verzichtet und sämtliche Vollstreckungsmaßnahmen zurücknimmt.
> Die Einigung ist zwischen Gläubiger und Arbeitgeber zustande gekommen. Der Anwalt erhält die Gebühr nach VV 1000.

An den Abschluss eines gegenseitigen Vertrages sind keine hohen Anforderungen zu stellen. Der Vertrag kann auch durch schlüssiges Handeln zustande kommen. Einer ausdrücklichen Angebots- und Annahmeerklärung bedarf es nicht. 37

> **Beispiel:** Der Anwalt macht für seinen Mandanten Schadensersatzansprüche aus einem Reisevertrag geltend. Der Versicherer des Reiseveranstalters bestreitet die Reisemängel und schickt einen Verrechnungsscheck i.H.v. 300 EUR mit der Maßgabe, dass sämtliche eventuellen Ersatzansprüche bei Einlösung des Schecks abgegolten sein sollen. Der Mandant ist einverstanden und zieht den Scheck ein.
> Der Einigungsvertrag ist durch schlüssiges Verhalten zustande gekommen. Auf eine ausdrückliche Annahmeerklärung hat der Versicherer verzichtet (§ 151 BGB).

Einer besonderen **Form** bedarf die Einigung grundsätzlich nicht, es sei denn, eine solche Form ist gesetzlich vorgeschrieben (im Einzelnen siehe dazu Rdn 47 ff.). 38

Nicht erforderlich ist es, dass die Parteien die Einigung auch als solche bezeichnen. Es kommt nicht auf die **Bezeichnung** an, sondern allein auf den Inhalt.[14] So liegt auch dann eine Einigung vor, wenn der Beklagte erklärt, ein mangelhaftes Werk zurückzugeben, und der Kläger erklärt, nach fristgerechter Rückgabe die Klage auf Zahlung des Werklohns zurückzunehmen, auch wenn das Gericht die Erklärung der Parteien bewusst nicht als Vergleich oder Einigung protokolliert hat, weil diese Vereinbarung nach seiner Auffassung keinen vollstreckbaren Inhalt habe.[15] Umgekehrt liegt nicht schon dann eine Einigung vor, wenn die Parteien sie als solche oder gar als Vergleich bezeichnen.[16] 39

Kein gegenseitiger Vertrag liegt vor, wenn eine Partei lediglich einseitig die Forderung der Gegenseite anerkennt (vgl. Rdn 81). 40

Umstritten war, ob in Verfahren über die **elterliche Sorge** und das **Umgangsrecht** eine Einigungsgebühr anfallen konnte.[17] 41

---

12 OLG Stuttgart AGS 2005, 256 = KostRsp. RVG-VV 1000 Nr. 7 = JurBüro 2005, 303 = NJW-RR 2005, 940 = MDR 2005, 838 = OLGR 2005, 559 = Justiz 2005, 327 = RVG-Letter 2005, 39 = Rpfleger 2005, 486.
13 Hansens, BRAGO, § 23 Rn 3.
14 Hansens, BRAGO, § 23 Rn 3.
15 OLG Frankfurt AnwBl 1982, 248 = JurBüro 1982, 716 = VersR 1982, 606.
16 So aber offenbar LAG Halle AnwBl 2000, 696 = BB 2000, 1631 = JurBüro 2000, 528 = MDR 2000, 1034.
17 Siehe dazu die 5. Auflage VV 1000 Rn 40 ff.

42 Zum Teil wurde die Auffassung vertreten, eine Einigungsgebühr könne nicht anfallen, da die Parteien weder endgültig noch verbindlich über das Sorge- und das Umgangsrecht verfügten und somit keinen verbindlichen Vertrag hierüber schließen könnten. Es sei ihnen lediglich möglich, übereinstimmende Vorschläge zu unterbreiten, denen das Gericht folgen könne. Dies reiche aber noch nicht für eine Einigung i.S.d. Anm. Abs. 1 aus.

Die ganz h.M. gewährte demgegenüber schon nach der BRAGO sowohl bei einer Einigung über das Umgangs- als auch über das Sorgerecht eine Vergleichsgebühr. Auch wenn die Parteien letztlich über das Sorgerecht keine verbindliche vertragliche Regelung treffen können, beseitigt eine Einigung über das Sorge- und Umgangsrecht ebenso einen gegenseitigen Streit wie eine Entscheidung des Gerichts.

43 Da das Gericht grundsätzlich auch nicht von dem übereinstimmenden Willen der Eltern abweichen darf, sprach schon jeher alles dafür, die Bemühungen des Anwalts um eine solche Einigung entsprechend zu honorieren.[18] Zwischenzeitlich hat der Gesetzgeber auf diese Streitfrage reagiert. Mit dem FGG-ReformG hat er durch die Anm. Abs. 5 S. 3 klargestellt, dass für die beteiligten Anwälte eine Einigungsgebühr entsteht, wenn eine einvernehmliche Regelung zur elterlichen Sorge erzielt wird.

44 Eine förmliche Protokollierung der Vereinbarung zum Umgangs- oder Sorgerecht ist nicht erforderlich.[19]

45 Eine materiell-rechtliche Einigung ist ebenfalls nicht erforderlich. Ausreichend ist, dass die Parteien bei gegenseitigem Nachgeben eine das Verfahren beendende Vereinbarung und eine Kostenregelung treffen[20] (zu Einzelfällen im Übrigen siehe Rdn 76 ff.).

46 Eine Einigung abgelehnt hat das OLG Karlsruhe[21] für den Fall, dass der Rechtsanwalt dabei mitwirkt, dass sich die Eltern nach streitigem Verfahren mit dem Jugendamt über die Unterbringung eines Kindes in einer Pflegefamilie und sonstige Maßnahmen verständigen. Ebenso wird die Möglichkeit einer Einigung abgelehnt, wenn es um ein Verfahren geht, das die Entziehung des Sorgerechts wegen Gefährdung des Kindeswohles zum Gegenstand hat.[22]

b) Form

47 Der Abschluss der Einigung bedarf grundsätzlich keiner Form. Er ist formfrei möglich. Insbesondere kann die Einigung auch mündlich oder durch schlüssiges Verhalten getroffen werden.[23]

48 Soweit allerdings nach materiellem Recht ein **Formzwang** besteht, wird die Einigung nur wirksam, wenn die Formvorschriften beachtet sind. Ist dies nicht der Fall, fehlt es an einer wirksamen Einigung (§ 125 BGB), so dass auch keine Einigungsgebühr entsteht.

49 **Formvorschriften** bestehen insbesondere bei:
– Grundstücksgeschäften (§ 311b Abs. 1 S. 1, Abs. 3 BGB),
– Vereinbarungen über den Zugewinnausgleich während des Ehescheidungsverfahrens oder für den Fall der Scheidung (§ 1378 Abs. 3 S. 2 BGB),
– Vereinbarungen über den Versorgungsausgleich (§§ 1408 Abs. 2 S. 1, 1410 BGB),
– Vereinbarungen über den nachehelichen Unterhalt vor Rechtskraft der Scheidung (§ 1585c S. 2 BGB),
– Verfügungen über einen Anteil am Nachlass (§ 2033 Abs. 1 S. 2 BGB).

50 Ist eine Einigung danach formbedürftig, so ersetzt die **gerichtliche Protokollierung** eines Vergleichs gemäß § 127a BGB jegliche Form, so dass die Einigung mit der Protokollierung zustande kommt.[24]

---

18 Vgl. OLG Celle NJW 2010, 2962; OLG Koblenz MDR 2010, 1350; OLG Hamburg FamRZ 2009, 2110; OLG Düsseldorf OLGR 2009, 566; OLG Stuttgart AGS 2009, 381 m. Anm. *N. Schneider*; OLG Saarbrücken AnwBl 2009, 726; OLG Braunschweig FamRZ 2008, 1465.
19 OLG Dresden FamRZ 1999, 1290 = MDR 1999, 1201.
20 OLG Koblenz AGS 2003, 536 = JurBüro 2003, 637 = OLGR 2004, 72.
21 OLG Karlsruhe OLGR 2007, 923 = FamRZ 2007, 1672.
22 KG AGS 2010, 426; OLG Celle NJW 2010, 2962; OLG Koblenz MDR 2010, 1350.
23 OLG München AGS 2010, 423; LG Darmstadt AnwBl 1972, 235.
24 AG Groß-Gerau JurBüro 1998, 76.

Ist die gesetzliche Form dagegen nicht gewahrt, so liegt auch keine wirksame Einigung i.S.d. VV 1000 vor.

> **Beispiel 1:** Die Parteien einigen sich außergerichtlich über den Verkauf eines Grundstücks.
> Wegen Verstoßes gegen § 311a S. 1 BGB fällt keine Einigungsgebühr an.[25]

> **Beispiel 2:** Die Parteien schließen während des Scheidungsverfahrens außergerichtlich den Zugewinnausgleich aus.
> Wegen Verstoßes gegen § 1378 Abs. 3 S. 2 BGB wird auch hier keine Einigungsgebühr ausgelöst.

Zu beachten ist in diesem Zusammenhang, dass die Vorschrift des § 127a BGB nicht geändert worden ist. Zwar wird nach wie vor die vorgeschriebene notarielle Beurkundung durch die gerichtliche Protokollierung nach § 127a BGB ersetzt. Erforderlich ist aber weiterhin, dass ein Vergleich protokolliert wird. Hier reicht der Abschluss einer bloßen Einigung daher nicht aus.

> **Beispiel 3:** Die Parteien einigen sich vor Gericht über die Übertragung eines Grundstücks und lassen die Einigung ordnungsgemäß protokollieren.
> Die Vereinbarung bedarf nach § 311a S. 1 BGB der notariellen Beurkundung, die nicht vorliegt. Das gerichtliche Protokoll ersetzt hier nach § 127a BGB die Form, da die Protokollierung einer Einigung nicht ausreicht. Erforderlich ist die Protokollierung eines Vergleichs. Mangels Heilung nach § 127a BGB ist die getroffene Einigung somit nichtig. Den beteiligten Anwälten entsteht daher keine Einigungsgebühr. Wohl wird die Verfahrensgebühr nach VV 3100, 3101 Nr. 2 ausgelöst, die der Anwalt seinem Mandanten aber wohl wegen unsachgemäßer Bearbeitung des Mandats nicht wird in Rechnung stellen können.

Dagegen reicht es für den Abschluss einer Einigung aus, wenn diese nur materiell-rechtlich wirksam ist, jedoch keinen **Prozessvergleich** i.S.d. § 794 Abs. 1 Nr. 1 ZPO darstellt. Dies ist insbesondere dann der Fall, wenn das Gericht vergisst, den Vergleich vorzulesen/abzuspielen und genehmigen zu lassen. Mangels Einhaltung der Protokollierungsform (§§ 160 ff. ZPO) fehlt es in diesen Fällen an einem wirksamen prozessualen Vergleich. Materiell-rechtlich liegt jedoch eine wirksame Einigung vor, aus der ggf. geklagt werden kann. Gleiches gilt dann, wenn die Parteien im Verbundverfahren eine Einigung schließen, jedoch nur eine Partei anwaltlich vertreten ist,[26] auch dann liegt kein prozessual wirksamer Vergleich vor. Materiell-rechtlich kann die Einigung jedoch wirksam sein, etwa beim Unterhalt. Sofern notarielle Beurkundung erforderlich ist, wie beim Versorgungs- oder Zugewinnausgleich, reicht die Einigung mit dem anwaltlich nicht vertretenen Gegner dagegen nicht. 51

c) Genehmigungsbedürftige Einigung

Schließen die Parteien eine Einigung, die einer Genehmigung bedarf, so entsteht die Einigungsgebühr erst mit Erteilung der Genehmigung. Dies gilt insbesondere dann, wenn die Parteien auf die Durchführung des Versorgungsausgleichs verzichten und dieser Verzicht nach § 1587o Abs. 2 S. 3 BGB vom Gericht zu genehmigen ist. A.A. ist allerdings das OLG Zweibrücken, wonach die Einigungsgebühr grundsätzlich bereits mit der Vereinbarung anfalle, nicht erst mit der Genehmigung.[27] 52

Ist eine Einigung **familiengerichtlich zu genehmigen**, so fällt die Einigungsgebühr erst mit Vollzug der Genehmigung an.[28] 53

d) Bedingte Einigung

Schließen die Parteien eine Einigung unter einer **aufschiebenden Bedingung**, so wird die Einigungsgebühr erst ausgelöst, wenn die Bedingung eingetreten ist (Anm. Abs. 3, 1. Alt.). Die Bedingung kann von den Parteien ausdrücklich vereinbart worden sein. Sie kann sich auch aus den Umständen ergeben. Dies ist in der Regel bei einer Scheidungsfolgenvereinbarung der Fall. Hier entsteht die Einigungsgebühr erst mit Eintritt der Rechtskraft des Scheidungsurteils.[29] 54

---

[25] LG Hanau AnwBl 1987, 243.
[26] OLG Koblenz OLGR 1999, 456.
[27] OLG Zweibrücken JurBüro 1983, 226 m. Anm. *Mümmler.*
[28] OLG Koblenz Rpfleger 1982, 441 = JurBüro 1982, 1829 = VersR 1983, 567.
[29] OLG Hamm Rpfleger 1980, 445; OLG Düsseldorf FamRZ 1999, 1683 = FF 1999, 93 = OLGR 1999, 279.

e) Einigung unter Widerrufsvorbehalt

55 Schließen die Parteien eine Einigung unter dem Vorbehalt des Widerrufs, so vereinbaren sie damit ein **vertragliches Rücktrittsrecht** nach den §§ 346 ff. BGB. Nach materiellem Recht kommt die Einigung mit ihrem Abschluss wirksam zustande. Ungeachtet dessen ordnet Anm. Abs. 3, 2. Alt. jedoch an, dass die Einigungsgebühr erst dann entsteht, wenn die Einigung nicht mehr widerrufen werden kann, also wenn ein vertraglicher Rücktritt von der Einigung nicht mehr möglich ist. Unerheblich ist, ob der Mandant während der Widerrufsfrist verstirbt.[30]

56 Nicht erforderlich ist, dass beiden Parteien ein Widerrufsvorbehalt eingeräumt worden ist. Auch für den Rechtsanwalt, der die Einigung ohne Widerrufsvorbehalt abschließt, entsteht die Einigungsgebühr erst, wenn die Widerrufsfrist für die Gegenseite abgelaufen ist. Widerruft die Gegenseite, entsteht für keinen der beteiligten Anwälte eine Einigungsgebühr.[31]

f) Anfechtung der Einigung

57 Wird eine Einigung im Nachhinein angefochten, so gilt sie damit nach § 142 BGB als von Anfang an nichtig. Diese Rechtsfolge ist auch für das Gebührenrecht beachtlich, so dass eine Einigungsgebühr nicht anfällt.[32] Die Gegenauffassung[33] vermag nicht zu überzeugen. Ist die Einigung nach materiellem Recht nichtig, so haben es die Anwälte gerade nicht erreicht, eine einigungsweise Erledigung herbeizuführen. Der angestrebte Erfolg ist nicht eingetreten. Hinzu kommt, dass infolge der Anfechtung der Einigung die Angelegenheit nicht erledigt ist und den Anwälten ohnehin weitere Gebühren entstehen. Es ist ihnen unbenommen, erneut eine – diesmal wirksame – Einigung abzuschließen.

g) Rücktritt von der Einigung

58 Tritt eine Partei aufgrund eines gesetzlichen Rücktrittsrechts von der Einigung zurück, bleibt die Einigungsgebühr bestehen. Anm. Abs. 3 gilt nur für das vertraglich vereinbarte Rücktrittsrecht – in der Regel in der Form eines Widerrufsvorbehalts –, nicht aber für ein gesetzlich bestehendes Rücktrittsrecht.[34] Im Gegensatz zur Anfechtung wird infolge des ausgeübten Rücktritts die Einigung nicht rückwirkend unwirksam, sondern sie wird rückabgewickelt (§ 346 BGB). Daher bleibt die Einigungsgebühr bestehen.

> **Beispiel:** Die Parteien vereinbaren, dass der Schuldner zum Ausgleich einer Forderung in Höhe von 8.000 EUR einen Betrag in Höhe von 5.000 EUR in monatlichen Raten zu 500 EUR zahlen soll. Der Schuldner zahlt nicht, so dass der Gläubiger schließlich nach Fristsetzung von der Einigung zurücktritt und wiederum die vollen 8.000 EUR geltend macht.
> Die Einigung ist wirksam zustande gekommen. Die Ausübung des Rücktrittsrechts berührt nicht die Wirksamkeit der Einigung. Die Einigungsgebühr bleibt daher bestehen.

3. Streit über ein Rechtsverhältnis

59 Zwischen den Parteien der Einigung muss ein Rechtsverhältnis streitig sein. Nicht erforderlich ist, dass ein Rechtsverhältnis tatsächlich besteht. Es genügt, wenn ein solches Rechtsverhältnis von einer der Parteien behauptet wird. Der Streit über das Bestehen und den Umfang des Rechtsverhältnisses soll ja gerade durch die Einigung beseitigt werden.

60 Der **Begriff des Rechtsverhältnisses** ist äußerst weit zu fassen.[35] Erfasst werden sämtliche Rechtsverhältnisse des materiellen Rechts, sofern die Parteien hierüber verfügen können. Insbesondere zählen also schuldrechtliche, dingliche, familien- und erbrechtliche Rechtsverhältnisse hierzu. Auch vertragliche Nebenpflichten und vorvertragliche Pflichten können ein Rechtsverhältnis i.S.d. Anm.

---

[30] OVG Lüneburg KostRsp. BRAGO § 23 Nr. 19.
[31] OLG Frankfurt JurBüro 1979, 849 = Rpfleger 1979, 229.
[32] OLG Jena AGS 2012, 127 m. Anm. *N. Schneider*; OLG München KostRsp. BRAGO § 23 Nr. 59 m. zust. Anm. *Herget*.
[33] OLG Schleswig JurBüro 1991, 923 = SchlHA 1991, 67; OLG Karlsruhe OLGR 1999, 332.
[34] So auch Gerold/Schmidt/*Müller-Rabe*, RVG, VV 1000 Rn 87.
[35] *Hansens*, BRAGO, § 23 Rn 4; Gerold/Schmidt/*Müller-Rabe*, RVG, VV 1000 Rn 97.

Abs. 1 S. 1 begründen, ebenso Ansprüche, die aus einem Vertrag mit Schutzwirkung zugunsten Dritter hergeleitet werden. Gleiches gilt für gesetzliche Rechtsverhältnisse, etwa aus deliktischer Haftung. So begründen Schadensersatzforderungen nach §§ 823 ff. BGB, § 7 StVG ein Rechtsverhältnis, ebenso Rechtsbeziehungen, die keinen Vertrag voraussetzen wie Geschäftsführung ohne Auftrag, bereicherungsrechtliche Anspruchsverhältnisse. Ein Rechtsverhältnis liegt auch dann vor, wenn die Forderung nicht klagbar ist, also bei so genannten Naturalobligationen oder auch bei bloßen „moralischen Verpflichtungen".[36]

Auch **Rechtsverhältnisse des öffentlichen Rechts** kommen in Betracht, soweit die Parteien über den Streitgegenstand verfügen können (Anm. Abs. 4).   61

Strittig ist, ob das **Prozessrechtsverhältnis** für sich genommen schon als Rechtsverhältnis ausreicht.[37] Siehe hierzu auch OLG Koblenz.[38]   62

Für das **Aushandeln eines Vertrages** steht dem Rechtsanwalt eine Einigungsgebühr nur zu, wenn sich zuvor ein Vertragspartner einer Rechtsposition berühmt hat.[39] Das bloße Aushandeln von Verträgen, mit denen ein Rechtsverhältnis eingegangen oder aufgehoben werden soll, stellt für sich genommen noch keine Einigung dar (Anm. Abs. 1). Voraussetzung ist, dass zwischen den Parteien zuvor entweder Streit über das Bestehen oder Nichtbestehen des Vertragsverhältnisses bestand oder über den Inhalt des Vertragsverhältnisses und dieser Streit dann durch den Abschluss oder die Aufhebung des Vertragsverhältnisses beseitigt werden sollte. Bei Abschluss eines Vertrages müsste also darüber Streit bestehen, ob ein Vertragsverhältnis bereits begründet worden ist oder ob zwischen den Parteien ein Vorvertrag besteht, aufgrund dessen der Abschluss des Vertrages verlangt werden kann. Verhandeln die Parteien dagegen über wirtschaftliche Positionen, löst der Vertragsschluss keine Einigungsgebühr aus, auch dann nicht, wenn jede Partei schließlich von ihren wirtschaftlichen Standpunkten im Wege des gegenseitigen Nachgebens abrückt.   63

> **Beispiel:** Der Abschluss eines Mietaufhebungsvertrages für sich allein löst noch keine Einigungsgebühr aus. Die Einigungsgebühr entsteht nur dann, wenn durch den Mietaufhebungsvertrag der Streit oder die Ungewissheit über ein Rechtsverhältnis beseitigt werden sollte.[40] Ebenso löst der Abschluss eines gesellschaftsrechtlichen Auflösungsvertrages keine Einigungsgebühr aus.[41]

4. Nachgeben

Die Parteien müssen den Streit oder die Ungewissheit durch ein **Nachgeben** beseitigt haben. Ein gegenseitiges Nachgeben ist nicht mehr erforderlich (siehe Rdn 30). Da Anerkenntnis und Verzicht jedoch nicht ausreichen, bleibt es dabei, dass ein Mindestmaß an Nachgeben erforderlich bleiben wird. Ein Nachgeben i.S.d. VV 1000 ist schon bei **geringsten Zugeständnissen** gegeben. An dieses Tatbestandsmerkmal sind keine hohen Voraussetzungen zu stellen. Jedes noch so geringe Opfer reicht aus.[42]   64

Es ist auch nicht einmal erforderlich, dass die Parteien tatsächlich nachgegeben haben. Es genügt insoweit, wenn lediglich aus Sicht der Parteien ein Nachgeben vorliegt.   65

> **Beispiel:** Der Kläger verlangt vom Beklagten Verzugszinsen auf die von ihm getätigten Verwendungen. Die Parteien streiten darüber, ob der Beklagte in Verzug geraten ist. Sie einigen sich schließlich darauf, dass die Hälfte der Zinsen gezahlt wird.
> Beide Parteien haben aus ihrer Sicht nachgegeben. Dass seitens des Beklagten tatsächlich kein Nachgeben vorlag, weil er unabhängig vom Verzug nach § 256 BGB zur Zinszahlung verpflichtet war, ist unerheblich, da es auf die subjektive Sicht der Parteien ankommt.

---

36 *Hansens*, BRAGO, § 23 Rn 4.
37 Dafür: OLG Koblenz MDR 2006, 237; Mayer/Kroiß/*Klees*, RVG, VV 1000 Rn 14; *Hansens*, BRAGO, § 23 Rn 4; Gerold/Schmidt/*Müller-Rabe*, RVG, VV 1000 Rn 131; dagegen OLG Köln MDR 2006, 539; VGH München RVGreport 2008, 385.
38 OLG Koblenz MDR 2006, 237; OLG Koblenz AGS 2003, 536 = JurBüro 2003, 637 = OLGR 2004, 72.
39 OLG Düsseldorf AGS 2003, 496 m. Anm. *N. Schneider*.
40 LG Köln AGS 2002, 64, 210 = JurBüro 2001, 643.
41 OLG Düsseldorf JurBüro 2001, 87 = OLGR 2001, 259.
42 BGHZ 39, 60; OLG Düsseldorf JurBüro 1992, 96; LAG München JurBüro 1992, 96.

66 Das Nachgeben muss nicht darin liegen, dass die Parteien hinsichtlich desselben Gegenstandes von ihren Vorstellungen abrücken. Ein Nachgeben kann auch dann vorliegen, wenn jede Partei ihren Standpunkt hinsichtlich eines Teilgegenstandes voll durchsetzt.

> **Beispiel:** Im Rahmen einer Unfallschadenregulierung macht der Geschädigte eine Nutzungsentschädigung i.H.v. 500 EUR geltend sowie ein Schmerzensgeld i.H.v. 1.000 EUR. Der Versicherer erhebt Einwände gegen den Nutzungsausfall dem Grunde nach und gegen das Schmerzensgeld zur Höhe. Die Parteien einigen sich schließlich, dass das Schmerzensgeld in voller Höhe von 1.000 EUR gezahlt werde und der Geschädigte im Gegenzug auf die Nutzungsentschädigung verzichte.
> Hier liegt zwar hinsichtlich jeder Position für sich betrachtet kein Nachgeben vor, da jeweils eine Partei mit ihren Vorstellungen voll durchgedrungen ist. Insgesamt liegt aber sogar ein gegenseitiges Nachgeben vor, da das Schmerzensgeld nur anerkannt worden ist, weil gleichzeitig auf die Nutzungsentschädigung verzichtet wurde.

67 Ein Nachgeben liegt auch dann vor, wenn der Geschädigte anstelle der ursprünglich geltend gemachten Mithaftungsquote des Anspruchstellers eine geringere Quote akzeptiert und der Haftpflichtversicherer auf eine präjudizielle Wirkung hinsichtlich der Haftungsquote verzichtet.[43]

68 Die Frage, ob und wann ein Nachgeben vorliegt, ist der häufigste Streitpunkt beim Abschluss einer Einigung. Da diese Frage aber stets im Zusammenhang mit anderen Tatbestandsvoraussetzungen steht, z.B. ob es auf einem Vertrag beruht, wird insoweit auf die alphabetische Zusammenstellung der Einzelfälle (siehe Rdn 76 ff.) verwiesen.

69 Das Nachgeben muss nach dem Wortlaut der VV 1000 **nicht** mehr **gegenseitig** sein. Einseitige Zugeständnisse können daher reichen, sofern nicht ein Anerkenntnis oder ein Verzicht vorliegt. Über dieses Tatbestandsmerkmal entstand häufig Streit, insbesondere dann, wenn eine Klage oder eine Berufung zurückgenommen wurde, wenn eine Unterlassungserklärung abgegeben wurde oder bei so genannten Abrechnungsfällen. Hier werden sich einige Streitfragen erledigen. Auch hier sei insoweit auf die alphabetische Darstellung der Einzelfälle (siehe Rdn 76 ff.) verwiesen.

5. Beseitigung von Streit oder Ungewissheit

70 Durch den Vertrag muss der Streit oder die Ungewissheit der Parteien über ein Rechtsverhältnis beseitigt worden sein. An dieser Voraussetzung hat sich durch das 2. KostRMoG nichts geändert. Ungewissheit über ein Rechtsverhältnis liegt dabei auch vor, wenn die Verwirklichung des Anspruchs unsicher ist (analog § 779 Abs. 2 BGB).

71 Zunächst einmal ist also Voraussetzung, dass zwischen den Parteien **Streit** bestand, dass sie also hinsichtlich des bestehenden Rechtsverhältnisses und der sich daraus ergebenden Folgen verschiedener Ansicht waren. Auch hier sind keine hohen Anforderungen an die Voraussetzungen eines „Streits" zu stellen. Insoweit genügt es, wenn die Parteien unterschiedliche Standpunkte zur Sach- oder Rechtslage behauptet haben.[44] Ausreichend ist insoweit bereits die **Ungewissheit**. Die Parteien müssen also von ihren Rechtsstandpunkten nicht überzeugt sein. Es genügt, dass aus Sicht der Parteien keine Klarheit besteht, mag die Rechtslage für einen Dritten auch völlig klar sein.[45]

72 Der Streit muss bei **beiden Parteien** vorliegen. Es reicht also nicht aus, wenn für eine Partei die Sache klar ist und die Ungewissheit lediglich bei der anderen Partei besteht.

73 Im Falle des § 779 Abs. 2 BGB reicht ausnahmsweise eine einseitige Ungewissheit, nämlich dann, wenn für den Gläubiger ungewiss ist, ob er seine Forderung wird realisieren können.[46]

74 Soweit ein Streit oder eine Ungewissheit nur hinsichtlich eines **Teils** besteht, kommt auch nur insoweit eine Einigung in Betracht.[47]

---

[43] AG Alzey AGS 2003, 494.
[44] Hansens, BRAGO, § 23 Rn 6.
[45] BGHZ 66, 250; Gerold/Schmidt/*Müller-Rabe*, RVG, VV 1000 Rn 106; Hansens, BRAGO, § 23 Rn 6.
[46] A.A. offenbar OLG Hamm AGS 2005, 326 m. abl. Anm. *Madert* = KostRsp. RVG-VV 1000 Nr. 3 = RVGreport 2005, 224 = JurBüro 2005, 588 = OLGR 2005, 419.
[47] Hansens, BRAGO, § 23 Rn 6.

Beispiel 1: Die Parteien streiten darüber, ob die Kündigung eines Mietverhältnisses zum 31.8. oder zum 30.9. wirksam geworden ist.
Der Streit besteht nicht über die Kündigung insgesamt, sondern nur über den Zeitpunkt, so dass der Gegenstandswert hier nicht der volle Jahresmietwert ist, sondern lediglich der Monatsmietwert.

Beispiel 2: Nach einem Verkehrsunfallprozess erkennt der gegnerische Haftpflichtversicherer die Schadenspositionen weitgehend an. Er bestreitet lediglich die Höhe des geltend gemachten Schmerzensgeldes. Eine Einigung kommt hier nur in Höhe der Schmerzensgeldforderung in Betracht, da im Übrigen weder Streit noch Ungewissheit bestehen.

Durch die Einigung muss der Streit oder die Ungewissheit **beseitigt** worden sein. Hier werden sich in aller Regel keine Probleme ergeben. Problematisch sind lediglich zwei Fallgruppen: 75
– Sofern die Parteien lediglich eine **Zwischeneinigung** schließen, kann fraglich sein, ob damit der Streit beigelegt ist. Hier wird es auf den Einzelfall ankommen. Wegen des Zusammenhangs wird auch hier auf die Darstellung der Einzelfälle verwiesen (siehe „Zwischeneinigung", Rdn 119).
– Darüber hinaus ist in der **Zwangsvollstreckung** häufig schwierig zu beurteilen, ob ein Streit oder eine Ungewissheit beseitigt worden ist. Auch insoweit wird auf die Darstellung der Einzelfälle verwiesen (siehe „Zwangsvollstreckung", Rdn 112 ff.).

6. Einzelfälle

a) Abfindungsvereinbarungen

Schließen die Parteien oder schließt eine Partei mit einem Dritten – etwa dem Haftpflichtversicherer des Schädigers – eine Abfindungsvereinbarung, so liegt in der Regel eine Einigung vor, da durch die Abfindungsvereinbarung nicht nur der Streit über bestehende Schadenspositionen beseitigt werden soll, sondern auch die Ungewissheit über zukünftige Schadenspositionen. Eine solche Abfindungsvereinbarung ist insbesondere dann gegeben, wenn ein Versicherer bereits einen Teil des Schadens einseitig abgerechnet hat und sich dann nach Einigung über den Restschaden eine Abfindungserklärung unter Verzicht auf weitere Ansprüche geben lässt. Es liegt dann eine Einigung vor, und zwar über die Gesamtforderung.[48] 76

b) Abrechnungsfälle

Eine stillschweigend geschlossene Einigung wird häufig diskutiert, wenn ein Versicherer die vom Geschädigten geltend gemachten Ansprüche teilweise erfüllt und sich der Geschädigte mit der Zahlung begnügt, etwa weil er das Risiko einer weiteren Rechtsverfolgung scheut. Ob in diesen Fällen eine Einigung i.S.d. Anm. Abs. 1 S. 1 vorliegt, wird von der Rechtsprechung unterschiedlich beurteilt. Letztlich wird es immer auf den Einzelfall ankommen, wie das Verhalten der Beteiligten zu würdigen ist. Dabei sind **drei Fallgruppen** zu unterscheiden: 77

aa) 1. Fallgruppe. Der Gegner (zumeist ein Versicherer) erkennt Einzelpositionen an und bezahlt diese oder er erkennt den Schaden der Höhe nach an, wendet aber ein Mitverschulden in bestimmter Höhe ein und zahlt nur in Höhe der anerkannten Quote. 78

Nach zutreffender Ansicht handelt es sich in diesen Fällen lediglich um eine „Abrechnung", die keine Einigungsgebühr auslöst.[49] Eine solche Abrechnung liegt selbst dann noch vor, wenn der Gegner auf die Gegenvorstellung des Geschädigten hin seine bereits abgerechnete Leistung nochmals erhöht.[50] Die Gegenmeinung,[51] die auch hier eine Einigung annimmt, verkennt, dass der Gegner durch seine Zahlung gerade keine Einigung herbeiführen, sondern dass er lediglich die nach seiner Ansicht berechtigten Ansprüche erfüllen will. Würde man in einem solchen Fall eine Einigung annehmen, so ließe sich eine Einigungsgebühr immer dadurch herbeiführen, dass der Anspruchsteller zunächst überhöhte Ansprüche stellt und sich dann schließlich mit der Zahlung des Gegners einver-

---

48 LG Karlsruhe AnwBl 1981, 95.
49 BGH AGS 2007, 57 2006, 2779 = BGHR 2007, 183 = SP 2007, 86 = JurBüro 2007, 73 = Rpfleger 2007, 168 = NZV 2007, 132 = zfs 2007, 165 = DAR 2007, 176 = MDR 2007, 492 = NJW-RR 2007, 359 = VersR 2007, 810 = VRR 2007, 38 = NJW-Spezial 2007, 65 = RVGreport 2007, 65 = RVGprof. 2007, 37; so auch schon bereits NJW 1970, 1172; AG Düsseldorf SP 2007, 159.
50 BGH NJW 1970, 1172.
51 AG Ansbach AnwBl 1978, 70.

standen erklärt. Dieser hätte keine Möglichkeit, sich gegen eine ihm aufgezwungene „Einigung" zu wehren. Abgesehen davon fehlt es in diesem Fall auch an einem gegenseitigen Nachgeben. Der Gegner gibt aus seiner Sicht nicht nach, sondern zahlt das, was von ihm als gerechtfertigt angesehen wird.

79 bb) 2. Fallgruppe. Die Zahlung des Gegners beruht nicht darauf, dass er nur den nach seiner Ansicht berechtigten Betrag zahlen will, sondern er zahlt einen Betrag, der nach seiner Auffassung im Bereich des Vertretbaren liegt, weil er die Sache abschließen will.

In diesem Fall liegt keine reine Abrechnung mehr vor, weil der Versicherer nicht nur die von ihm für begründet erachteten Ansprüche erfüllen will, sondern darüber hinausgeht und mehr zahlt, um die Regulierung abzuschließen. Nimmt der Geschädigte dieses Angebot an und verfolgt er die Sache nicht weiter, dann liegt hierin zumindest eine konkludente Einigung der Beteiligten.[52] Selbst die Erklärung des Gegners, keine Einigung abschließen zu wollen, ist in diesem Falle unbeachtlich.[53]

80 cc) 3. Fallgruppe. Der Gegner zahlt sofort ohne Überprüfung.

Nach Auffassung des AG München[54] soll sogar dann ein Nachgeben vorliegen, das eine Einigungsgebühr auslöse, wenn der Gegner auf weitere Überprüfung der Ansprüche verzichte und den geforderten Betrag sofort zahle. Diese Entscheidung dürfte jedoch zu weit gehen, da es hier wohl an einem Vertrag fehlen wird und eher von einem bloßen Anerkenntnis auszugehen sein dürfte.

c) Anerkenntnis

81 Läuft die Regelung in einer als „Einigung" bezeichneten Vereinbarung darauf hinaus, dass praktisch ein vollkommenes Anerkenntnis des Beklagten gegeben wird, fehlt es an dem erforderlichen Nachgeben der Parteien, so dass keine Einigungsgebühr ausgelöst wird.[55] Dies wird in Anm. Abs. 1 S. 2 ausdrücklich klargestellt.

Läuft die „Einigung" dagegen auf ein Anerkenntnis der Klageansprüche hinaus, so ist dennoch von einer Einigung auszugehen, wenn die unterlassene Kostenregelung in der als Einigung bezeichneten Einigung im Hinblick auf § 98 ZPO dazu führt, dass der Kläger mit der Hälfte der Gerichtskosten in Anspruch genommen wird.[56]

Nach OLG Karlsruhe[57] konnte eine Vergleichsgebühr nicht entstehen, wenn nach Erörterung ein Anerkenntnisurteil erging und sich anschließend der Kläger mit einer vom Beklagten erbetenen Ratenzahlung einverstanden erklärte. Hier wird man jetzt wohl von einer Einigung ausgehen müssen[58] (siehe „Zwangsvollstreckung", Rdn 112 ff.).

Wird Zug um Zug gegen das Anerkenntnis eines Teils der Klageforderung die Klage wegen des restlichen Teils zurückgenommen, so liegt eine Einigung vor (siehe „Klagerücknahme und Anerkenntnis", Rdn 86 ff.). Die Einigungsgebühr entsteht daher auch, wenn die Parteien den Rechtsstreit einverständlich beilegen, indem der Beklagte den Klageanspruch in der mündlichen Verhandlung anerkennt, daraufhin Anerkenntnisurteil ergeht und sodann der Kläger den titulierten Betrag stundet, indem er dem Beklagten Ratenzahlung einräumt.[59]

Geht ein Verfügungsbeklagter im Rahmen eines gerichtlich geschlossenen Vergleichs weitergehende Verpflichtungen ein, (wie z.B. ein Vertragsstrafeversprechen), die nicht Gegenstand des ursprünglichen Antrags auf Erlass der einstweiligen Verfügung waren, entsteht eine Einigungsgebühr. Die Ausnahmeregelung der Anm. Abs. 1 S. 2 greift auch hier nicht ein.[60]

---

[52] AG Seligenstadt AnwBl 1977, 30; AG Brühl AnwBl 1978, 467; AG Lübeck AnwBl 1968, 98; AG München AnwBl 1968, 99; AG Biedenkopf AnwBl 1969, 97; *Onderka*, Rn 111.
[53] OLG München AnwBl 1970, 78.
[54] AG München AnwBl 1969, 99.
[55] LAG Baden-Württemberg JurBüro 1984, 871 m. Anm. *Mümmler*.
[56] LAG Düsseldorf JurBüro 1991, 380 = MDR 1991, 284.
[57] OLG Karlsruhe Justiz 1989, 348.
[58] So zu Recht OLG Rostock, Beschl. v. 26.5.2008 – 5 W 94/08.
[59] OLG Rostock AGS 2008, 326 = OLGR 2008, 716 = MDR 2008, 1308 = RVGreport 2008, 261.
[60] OLG Celle OLGR 2008, 346 = RVGreport 2008, 25.

d) Aufhebungsvertrag

Regeln die Parteien eines Abmahnprozesses die Beendigung des Arbeitsverhältnisses im Vergleichswege, beseitigt dies die Ungewissheit darüber, ob und wann das Arbeitsverhältnis durch den Arbeitgeber einseitig beendet werden kann. Zudem ist jedenfalls der Gebührentatbestand der Anm. Abs. 2 erfüllt.[61]

82

e) Berufungsrücknahme

Nähere Ausführungen im Absatz „Rechtsmittel" (siehe Rdn 100 f.).

83

f) Erledigung der Hauptsache

Die übereinstimmende Erklärung der Parteien, der Rechtsstreit sei in der Hauptsache erledigt, löst keine Einigungsgebühr nach VV 1000 aus.[62] Vereinbaren die Parteien dagegen, dass sie zur Vermeidung eines weiteren Streits den Rechtsstreit in der Hauptsache für erledigt erklären, ist dies ein Vertrag und damit eine Einigung, die eine Einigungsgebühr nach VV 1000 auslöst.[63] Insofern ist es nicht erforderlich, dass sich die Einigung „punktgenau" auf den Verfahrensgegenstand bezieht. Ausreichend ist, dass die Einigung dazu führt, dass sich der Klagegegenstand erledigt.[64]

84

g) Gewährleistung

Allein die Entgegennahme einer aufgrund eines Kaufvertrages als Nacherfüllung geforderten Leistung führt nicht zu einem Vertrag, auch wenn die geforderte Leistung von der vertraglich geschuldeten Leistung abweicht.[65]

85

h) Klagerücknahme und Anerkenntnis

Strittig ist, ob eine Einigung vorliegt, wenn der Kläger die Klage zum Teil zurücknimmt und der Beklagte im Übrigen die Klageforderung anerkennt. Problematisch waren im Rahmen der früheren Vergleichsgebühr die Tatbestandsmerkmale des gegenseitigen Nachgebens sowie des gegenseitigen Vertrages (beachte auch „Klageverzicht", Rdn 94).

86

Da ein gegenseitiges Nachgeben bei der Einigungsgebühr nicht mehr erforderlich ist, wird deren Entstehung zu bejahen sein, wenn die Klagerücknahme Zug um Zug gegen Abgabe des Anerkenntnisses erfolgt. Nur dann, wenn der Kläger ausnahmsweise von der teilweisen Unzulässigkeit oder Unbegründetheit seiner Klage überzeugt ist und der Beklagte von der teilweisen Begründetheit der Klage im Übrigen und beide unabhängig voneinander ihre Prozesserklärungen abgeben, wird es an einer Ungewissheit und damit an den Voraussetzungen der VV 1000 fehlen. Dies dürfte allerdings eher eine theoretische Ausnahme sein.

87

Vielmehr wird es in solchen Fällen entscheidend darauf ankommen, ob das wechselseitige Vorgehen der Parteien auf einer vertraglichen Vereinbarung beruht. Im Hinblick darauf, dass an die vertragliche Vereinbarung jedoch keine hohen Anforderungen zu stellen sind und eine solche Vereinbarung auch formlos durch schlüssiges Verhalten getroffen werden kann, wird in der Regel von einer zumindest konkludenten vertraglichen Absprache und damit von einer Einigung auszugehen sein.[66]

88

---

61 LAG Köln, Beschl. v. 12.9.2007 – 2 Ta 268/07.
62 OLG Nürnberg, Beschl. v. 28.10.2010 – 3 W 2169/10 (juris); OLG Köln KostRsp. RVG-VV 1000 Nr. 13 = OLGR 2006, 30 = RVGreport 2005, 470; JurBüro 2006, 588 = OLGR 2006, 848 = RVGreport 2007, 66.
63 OLG Köln AGS 2010, 218; OLG Saarbrücken AGS 2008, 171; AG Ottweiler JurBÜro 2012, 20; OLG Köln JurBüro 2011, 526.
64 *Hansens*, RVGreport 2012, 148; a.A. OVG Berlin-Brandenburg RVG report 2012, 147.
65 KG KGR 2006, 122 = RVGreport 2005, 424.
66 OLG Koblenz AGS 2006, 539 = JurBüro 2006, 638 = OLGR 2007, 35 = MDR 2007, 244 = RVGreport 2006, 426; OLG Stuttgart AGS 2012, 128; OLG Frankfurt AnwBl 1990, 101 = Rpfleger 1990, 91 = KostRsp. BRAGO § 23 Nr. 55 m. Anm. *Herget*; OLG Hamburg MDR 1983, 589 = JurBüro 1983, 1039; a.A. OLG Köln JurBüro 1982, 553; OLG Hamburg JurBüro 1991, 221 = MDR 1991, 65; MDR 1999, 189; OLG Zweibrücken FamRZ 1999, 799 = OLGR 1999, 71; AG München AGS 2010, 120.

89 Nicht ausreichend sind jedoch rein prozessuale Gestaltungserklärungen ohne materiell-rechtliche Grundlage, die eine Mitwirkung des Prozessgegners erfordern (hier: Zustimmung zur Klagerücknahme).[67] Hat der Beklagte die Klageforderung erfüllt und erklärt er gegenüber dem Gericht, im Falle der Rücknahme die Kosten des Verfahrens zu übernehmen, so verneint das OLG München[68] das Anfallen einer Einigungsgebühr: Die prozessualen Gestaltungserklärungen der Parteien beruhten nicht auf einer – sei es auch stillschweigenden – Vereinbarung. Vielmehr beruhe die Erklärung des Beklagten, die Kosten übernehmen zu wollen, auf seinem Wunsch nach einer Reduzierung der Gerichtskosten.

90 Eindeutig ist die Situation, wenn die Parteien vor Klagerücknahme und Anerkenntnis eine Vereinbarung schließen, insbesondere dann, wenn sie ausdrücklich protokollieren lassen, dass der Kläger sich bereit erklärt, Zug um Zug gegen Anerkenntnis einer Teilforderung die restliche Klageforderung zurückzunehmen.[69]

91 Vereinbaren die Prozessparteien dagegen, dass der Beklagte die Klageforderung nebst Zinsen und Kosten begleichen solle und der Kläger anschließend die Klage zurücknehme, so soll es an einer Einigung fehlen.[70] Anderer Auffassung ist dagegen das AG München,[71] das eine Vergleichsgebühr angenommen hatte, wenn der Beklagte Zug um Zug gegen Erfüllung der Klageforderung und Rücknahme der Klage auch die Kosten übernahm, da die Parteien sich abweichend von der Regelung des § 269 Abs. 3 ZPO über die Kosten des Verfahrens einigten[72] und der Kläger auf eine rechtskräftige Titulierung seiner Forderung verzichtete.

92 Entgegen der früheren Rechtsprechung, wonach die Festsetzung einer Einigungsgebühr es erforderte, dass die Parteien einen als Vollstreckungstitel tauglichen Vergleich nach § 794 Abs. 1 Nr. 1 ZPO haben protokollieren lassen (§§ 160 Abs. 3 Nr. 1, 162 f. ZPO)[73] reicht es jetzt für die Festsetzbarkeit einer Einigungsgebühr aus, dass glaubhaft gemacht wird, dass die Parteien eine Vereinbarung i.S.v. VV 1000 geschlossen haben.[74] Die Protokollierung eines als Vollstreckungstitel tauglichen Vergleichs nach § 794 Abs. 1 Nr. 1 ZPO ist nicht mehr erforderlich.

i) Kündigung

93 Nimmt der Arbeitgeber im Kündigungsschutzverfahren seine Kündigung zurück und besteht zwischen den Parteien Einigkeit, dass nach Rücknahme der Kündigung durch den Arbeitgeber das Arbeitsverhältnis in ungekündigter Art und Weise fortbestehen soll, so lag nach einem Teil der

---

67 OLG München AGS 2010, 423; OLG Koblenz MDR 2012, 876; OLG Düsseldorf AGS 2009, 20; OLG Koblenz AGS 2006, 539 = JurBüro 2006, 638 = OLGR 2007, 35 = MDR 2007, 244 = RVGreport 2006, 426.
68 OLG München AGS 2010, 423.
69 OLG Hamburg JurBüro 1995, 196 = MDR 1995, 322 = KostRsp. BRAGO § 23 Nr. 75 m. Anm. *Herget*; OLG Nürnberg JurBüro 2000, 583 = MDR 2000, 908 = OLGR 2000, 213.
70 LG Düsseldorf JurBüro 1993, 420 = MDR 1993, 182; OLG Zweibrücken FamRZ 1999, 799 = OLGR 1999, 279 = FF 1999, 92.
71 AG München AGS 2010, 120; AG München AGS 2000, 68 = AnwBl 2000, 375.
72 OLG Nürnberg JurBüro 2000, 583 = MDR 2000, 908 = OLGR 2000, 213.
73 BGH AGS 2003, 84 = KostRsp. BRAGO § 23 Nr. 164 = BB 2002, 2304 (LS) = BRAGOreport 2002, 172 m. Anm. *Hansens* = EBE/BGH 2002, 338 = MDR 2002, 1395 = NJW 2002, 3713 = Rpfleger 2002, 651; ebenso OLG Brandenburg KostRsp. RVG-VV 1000 Nr. 15 = JurBüro 2006, 24 = Rpfleger 2005, 700 = RVGreport 2005, 468; OLG Nürnberg AnwBl. 2006, 145 = JurBüro 2006, 75 = OLGR 2005, 907 = RVGreport 2005, 478; OLG Stuttgart Rpfleger 2005, 486.
74 BGH AGS 2007, 366 = RVG-Letter 2007, 62 = FamRZ 2007, 1096 = WM 2007, 1145 = AnwBl 2007, 551 = NJW 2007, 2187 = ZVI 2007, 357 = MDR 2007, 979 = Rpfleger 2007, 506 = BGHR 2007, 847 = JurBüro 2007, 411 = zfs 2007, 469 = BB 2007, 1302 = NJW-Spezial 2007, 336 = RVGreport 2007, 275 = BRAK-Mitt 2007, 177 = RVGprof. 2007, 151 = VRR 2007, 359.

Rechtsprechung kein gegenseitiges Nachgeben vor, das eine Vergleichsgebühr auslösen konnte.[75] Hier wird jetzt aufgrund der weiter gehenden Fassung der VV 1000 von einer Einigung auszugehen sein.[76]

Nimmt der Arbeitgeber die Kündigung zurück und einigen sich die Parteien, dass der Arbeitnehmer von seinen Arbeitspflichten freigestellt wird, liegt eine Vereinbarung vor, die auf jeden Fall die Einigungsgebühr auslöst.[77]

j) Klageverzicht

Willigt der Beklagte in die bereits erklärte Klagerücknahme unter der Bedingung ein, dass der Kläger auf die Klage verzichte, so fällt eine Einigungsgebühr nach VV 1000 auch dann nicht an, wenn der Kläger den Klageverzicht erklärt.[78]

94

k) Nacherfüllung

Nähere Ausführungen im Absatz „Gewährleistung" (siehe Rdn 85).

95

l) Nebenintervention

Soweit der Vertreter des Nebenintervenienten beim Abschluss einer Einigung mitwirkt, kann auch er eine Einigungsgebühr erhalten. Zwei Voraussetzungen müssen allerdings gegeben sein.

96

Zum einen muss der Nebenintervenient Partei des Einigungsvertrages geworden sein.[79] Dazu reicht es aus, dass der Nebenintervenient der Einigung beigetreten ist, dass also die zwischen den Parteien getroffenen Regelungen auch gegenüber ihm für eventuelle Regressansprüche o.Ä. verbindlich sein sollen.

Darüber hinaus ist es erforderlich, dass durch die Einigung auch Interessen des Nebenintervenienten betroffen sind.[80] Eine Einigungsgebühr entsteht daher nicht, wenn die zwischen den Hauptparteien geschlossene Einigung ausschließlich deren Rechtsverhältnis regelt und keinerlei Wirkung für das Verhältnis des Streithelfers zu den Prozessparteien hat.[81]

---

75 Zu den bisherigen Problemfällen siehe LAG Düsseldorf, Beschl. v. 15.10.1998 – 7 Ta 285/98, MDR 1999, 445 = JurBüro 1999, 361 = KostRsp. BRAGO § 23 Nr. 114 (Vergleich abgelehnt mangels gegenseitigen Nachgebens); LAG Halle MDR 2000, 1034 = AnwBl 2000, 696 = BB 2000, 1631 = JurBüro 2000, 528 = KostRsp. BRAGO § 23 Nr. 129 (gegen LAG Düsseldorf, Vergleich bejaht); LAG Düsseldorf MDR 2000, 976 = JurBüro 2000, 528 = KostRsp. BRAGO § 23 Nr. 131 (Vergleich bejaht bei „Unterwerfungsvergleich"); LAG Köln MDR 2001, 656 = NZA-RR 2001, 440 = LAGE § 23 BRAGO Nr. 10 = KostRsp. BRAGO § 23 Nr. 143 (ebenfalls gegen LAG Düsseldorf Vergleichsgebühr bejaht); LAG Hannover MDR 2001, 654 = NZA-RR 2001, 439 = JurBüro 2001, 413 = LAGE § 23 BRAGO Nr. 11 = KostRsp. BRAGO § 23 Nr. 144 (Vergleich abgelehnt mangels gegenseitigen Nachgebens); LAG Nürnberg MDR 2002, 544 = KostRsp. BRAGO § 23 Nr. 154 (keine Vergleichsgebühr mangels gegenseitigen Nachgebens).
76 LAG Niedersachsen AGS 2005, 281 m. Anm. *Schaefer* = KostRsp. RVG-VV 1000 Nr. 4 = RVG-B 2005, 98; LAG Berlin MDR 2005, 23 = JurBüro 2005, 644; LAG Düsseldorf JurBüro 2005, 643 = Rpfleger 2006, 45; JurBüro 2005, 644; RVGreport 2005, 422 = JurBüro 2005, 644; LAG Köln RVGreport 2005, 468.
77 BAG NZA 2006, 693 = NJW 2006, 1997 = AR-Blattei ES 160.13 Nr. 281 = JurBüro 2006, 581 u. 587 = EzA-SD 2006, Nr. 10, 13 = DB 2006, 1280 = RVG-Letter 2006, 69 = ArbuR 2006, 215 = RVGreport 2006, 222 = FA 2006, 212 = ArbRB 2006, 203 = RVGprof. 2006, 128; LAG Düsseldorf AGS 2006, 324 = JurBüro 2006, 529 = MDR 2007, 59 = RVGreport 2006, 385; so schon zur Vergleichsgebühr: BAG KostRsp. RVG-VV 1000 Nr. 12 = RVGreport 2006, 23. LG Stuttgart AGS 2000, 68 = AnwBl 2000, 375.
78 OLG Düsseldorf KostRsp. RVG-VV 1000 Nr. 14 = RVGreport 2005, 469; OLG Köln AGS 2012, 129.
79 OLG München JurBüro 1990, 1619; OLG Stuttgart Justiz 1999, 396.
80 OLG Düsseldorf RVGreport 2012, 262.
81 OLG Stuttgart Justiz 1999, 396; OLG Karlsruhe AnwBl 1996, 290 = NJW-RR 1996, 447; OLG Hamm OLGR 1993, 300; OLG Bamberg JurBüro 1990, 1449 = KostRsp. BRAGO § 23 Nr. 57 m. Anm. *Herget*; OLG Koblenz KostRsp. BRAGO § 23 Nr. 151 = AGS 2002, 99 = JurBüro 2002, 193 = MDR 2002, 296; OLG Hamm AGS 2002, 54 = JurBüro 2002, 194 = OLGR 2002, 229; OLG Düsseldorf AGS 2008, 589 = JurBüro 2009, 26 = OLGR 2009, 94.

Beispiel: Der Käufer eines Pkw klagt gegen den Verkäufer auf „Rücktritt" wegen arglistigen Verschweigens eines Unfallschadens. Der Verkäufer verkündet dem Vorbesitzer den Streit, da er behauptet, von diesem arglistig getäuscht worden zu sein, und behält sich Regressansprüche vor. Der Vorbesitzer tritt dem Rechtsstreit bei. Anschließend einigen sich Verkäufer und Käufer unter Mitwirkung des Vorbesitzers – jeweils vertreten durch ihre Anwälte – über eine Minderung und behalten sich ausdrücklich Ersatzansprüche gegen den Vorbesitzer vor.

Eine Einigung ist nur zwischen den Prozessparteien zustande gekommen. Das Rechtsverhältnis zum Nebenintervenienten (Vorbesitzer) ist nicht geregelt worden; die Regelung ist vielmehr ausdrücklich vorbehalten worden. Der Anwalt des Nebenintervenienten erhält daher keine Einigungsgebühr.

m) Ratenzahlungsvereinbarung

97 Mit der Ergänzung von Anm. Abs. 1 S. 1 um die weitere Tatbestandsalternative in Nr. 2 hat der Gesetzgeber den Anwendungsbereich der Einigungsgebühr auf den Abschluss von (Raten-)Zahlungsvereinbarungen erweitert. Dies war zuvor problematisch: War die Titulierung eines Anspruchs bereits erfolgt, bestand grundsätzlich über das Rechtsverhältnis kein Streit mehr. Deshalb hatte die Rechtsprechung vielfach die Entstehung einer Einigungsgebühr[82] bzw. deren Erstattungsfähigkeit[83] in diesen Fällen abgelehnt. Anders wurden nur diejenigen Fallkonstellationen bewertet, in denen fraglich war, ob und inwieweit die titulierte Forderung realisierbar war und diese Unsicherheit durch Vereinbarung einer Ratenzahlung beseitigt werden konnte.[84] Da also auch die Änderungen bei Inkrafttreten des RVG keine Sicherheit in der Behandlung der entsprechenden Fälle gab, hat der Gesetzgeber dem nunmehr mit dem 2. KostRMoG Rechnung getragen. Die Einigungsgebühr fällt auch bei einer Vereinbarung über die Erfüllung des Anspruchs unter gleichzeitigem Verzicht auf Titulierung bzw. Vollstreckungsmaßnahmen an.

98 Nach der Neufassung von Anm. Abs. 1 S. 1 Nr. 2 zu VV 1000 ist eine Einigung erforderlich, in welcher die Schuldner die Erfüllung des Anspruchs zusagt und der Gläubiger ihm durch die Gewährung von Ratenzahlung oder Stundung entgegenkommt und gleichzeitig für den Zeitraum der Ratenzahlung oder Stundung vorläufig auf eine Titulierung bzw. auf Vollstreckungsmaßnahmen verzichtet. Durch diese Regelung erübrigt sich der bisherige Streit in der Rechtsprechung, ob eine Einigungsgebühr auch in solchen Fällen entstehen kann, in denen die Forderung als solche nicht streitig ist.[85]

Ebenso lässt das AG Lörrach[86] eine Teilzahlungsvereinbarung ausreichen, um die Einigungsgebühr entstehen zu lassen. Es hält diese Kosten als notwendige Kosten der Zwangsvollstreckung insbesondere dann für erstattungsfähig, wenn die Vereinbarung vor Einleitung der Vollstreckungsmaßnahmen und unter Anerkennung der hierdurch entstandenen Kosten durch den Schuldner getroffen wurde. Trotz freiwilliger Übernahme der Kosten durch den Schuldner wird von der Rechtsprechung jedoch vielfach die Erstattungsfähigkeit abgelehnt.[87]

99 Mit Anm. Abs. 1 S. 1 Nr. 2, 1. Alt. (vorläufiger Verzicht auf eine Titulierung) sollen die Fälle erfasst werden, in denen kein Streit über den Bestand der Forderung (mehr) besteht, die betreffende Forderung noch nicht tituliert ist, dem Schuldner die Forderung gestundet oder ihm Ratenzahlung eingeräumt wird und der Gläubiger vorläufig auf eine Titulierung verzichtet.

Mit Anm. Abs. 1 S. 1 Nr. 2, 2. Alt. (vorläufiger Verzicht auf eine Vollstreckung) sollen die Fälle erfasst werden, in denen kein Streit über den Bestand der Forderung (mehr) besteht, die betreffende Forderung bereits tituliert oder noch tituliert werden soll, dem Schuldner die Forderung gestundet

---

[82] AG Koblenz DGVZ 2012, 127; AG Koblenz, Beschl. v. 8.1.2009 – 40 UR IIa 1368/08; KG JurBüro 2006, 530; AG Plön AGS 2011, 323.

[83] AG Bottrop KostRsp. RVG-VV 1000 Nr. 16 = DGVZ 2005, 173; AG Siegburg KostRsp. RVG-VV 1000 Nr. 16 = DGVZ 2005, 173; AG Bruchsal KostRsp. RVG-VV 1000 Nr. 16 = DGVZ 2005, 173.

[84] BGH AGS 2005, 140.

[85] KG KostRsp. AGS 2006, 65 = RVG-VV 1000 Nr. 11 = NJ 2005, 563 = OLGR 2005, 837 = Rpfleger 2005, 697 = RVG-B 2005, 177 = RVGprof. 2005, 199 = RVGreport 2005, 383; KG AGS 2006, 66; ebenso OLG Naumburg (AGS 2011, 607), wenn ein Vergleichsangebot der Gegenseite angenommen wird, das eine Ratenzahlungsvereinbarung enthält (a.A. AG Koblenz KostRsp. VV 1000 Nr. 72, wenn nur die Zahlungsmodalitäten geregelt werden).

[86] AG Lörrach KostRsp. RVG-VV 1000 Nr. 16 = DGVZ 2005, 175.

[87] AG Bottrop KostRsp. RVG-VV 1000 Nr. 16 = DGVZ 2005, 173; AG Siegburg KostRsp. RVG-VV 1000 Nr. 16 = DGVZ 2005, 173; AG Bruchsal KostRsp. RVG-VV 1000 Nr. 16 = DGVZ 2005, 173.

oder ihm Ratenzahlung eingeräumt wird und der Gläubiger vorläufig auf eine Vollstreckung verzichtet.

Die Einigungsgebühr entsteht, wenn die Parteien den Rechtsstreit einverständlich beilegen, indem der Beklagte den Klageanspruch in der mündlichen Verhandlung anerkennt, daraufhin Anerkenntnisurteil ergeht und sodann der Kläger den titulierten Betrag stundet, indem er dem Beklagten Ratenzahlung einräumt.[88] Gleiches gilt im Falle eines vereinbarten Versäumnisurteils gegen Bewilligung von Ratenzahlung.[89] In diesem Fall gilt Anm. Abs. 1 S. 1 Nr. 1, so dass die Einigungsgebühr aus dem vollen Wert entsteht.[90]

Siehe auch „Anerkenntnis" (Rdn 81) und „Zwangsvollstreckung" (Rdn 112 ff.).

n) Rechtsmittel

Verzichtet der Beklagte auf eine weitere rechtliche Überprüfung der Klageforderung, indem er sein Rechtsmittel zurücknimmt, und verzichtet der Kläger im Gegenzug auf einen Teil der Forderung für den Fall pünktlicher Ratenzahlung, so löst dies eine Einigungsgebühr aus, auch dann, wenn die Parteien diese Vereinbarung nicht ausdrücklich als Einigung bezeichnen.[91]

100

Gleiches gilt, wenn der Berufungsbeklagte erklärt, er werde im Falle der Berufungsrücknahme aus dem erstinstanzlichen Urteil einen längeren Zeitraum nicht vollstrecken.[92]

Ebenso liegt eine Einigung vor, wenn der Kläger im Berufungsverfahren seine Klage teilweise zurücknimmt, der Beklagte dem zustimmt und sodann seine Berufung im Übrigen zurücknimmt, sofern die Erklärungen der Parteien so miteinander verknüpft waren, dass die Erklärung nicht ohne die andere abgegeben worden wäre.[93] Insoweit sind an die Voraussetzungen einer Einigung keine hohen Anforderungen zu stellen. Erforderlich ist lediglich, dass die wechselseitige Rücknahme aufgrund eines Einvernehmens erfolgte.

101

o) Sozialplan

Verständigen sich die Betriebspartner über einen Interessenausgleich und schließen sie einen Sozialplan ab, so handelt es sich nicht um eine Einigung i.S.d. VV 1000.[94]

102

p) Streithelfer

Nähere Ausführungen im Absatz „Nebenintervention" (siehe Rdn 96).

103

q) Teileinigung

Es ist nicht erforderlich, dass die Parteien sich über den gesamten Streitstoff einigen. Auch Teileinigungen sind möglich. Zu berücksichtigen ist, dass sich dann der Gegenstandswert der Einigungsgebühr allerdings auch nur nach diesem Teil richtet (§ 23 Abs. 1 RVG, § 36 GKG).

104

---

88 OLG Rostock AGS 2008, 326 = OLGR 2008, 716 = MDR 2008, 1308 = RVGreport 2008, 261.
89 AG Siegburg, Urt. v. 25.5.2016 – 127 C 25/14.
90 OLG Rostock AGS 2008, 326 = OLGR 2008, 716 = MDR 2008, 1308 = RVGreport 2008, 261; AG Siegburg, Urt. v. 25.5.2016 – 127 C 25/14; unzutreffend OLG München AGS 2014, 411 = RVGreport 2014, 188 = RVGprof. 2014, 132.
91 LG Tübingen AnwBl 1998, 346.
92 LG Berlin VersR 1989, 409.
93 LG Berlin AnwBl 1984, 540 = JurBüro 1984, 1517; a.A. OLG Hamm KostRsp. BRAGO § 23 Nr. 153 = AGS 2002, 173 = BRAGOreport 2002, 104 m. Anm. Hansens = MDR 2002, 296 = JurBüro 2002, 364.
94 ArbG Berlin NZA-RR 2006, 543 = RVGreport 2006, 425; so auch schon zur BRAGO: BAG AGS 1998, 161 = BB 1999, 426 = DB 1998, 1670 = JurBüro 1999, 24.

r) Unterwerfungsvergleich

105 Wird der Beklagte auf Unterlassung in Anspruch genommen und gibt er die geforderte Unterlassungs- oder Unterwerfungserklärung ab, so liegt darin grundsätzlich keine Einigung,[95] und zwar selbst dann nicht, wenn die Parteien anschließend die Hauptsache übereinstimmend für erledigt erklären.[96]

s) Versorgungsausgleich

106 Schließen die Parteien den Versorgungsausgleich aus und genehmigt das Familiengericht diese Vereinbarung oder wird die Vereinbarung notariell beurkundet, so war früher strittig, ob und wann dies eine Einigungsgebühr auslöst und wann noch von einem Verzicht i.S.d. Anm. Abs. 1 S. 1, 2. Hs. auszugehen ist. Nach derzeitiger Rechtslage stellt sich das Problem in der Regel nicht mehr, da nach §§ 10 ff. VersAusglG jetzt ein Hin- und Her-Ausgleich für jedes einzelne Anrecht der Beteiligten vorzunehmen ist. Dies bedeutet das Ende des sog. Einmalausgleichs, auf dem die bisher die Einigungsgebühr ablehnende Meinung beruht. Nach bisherigem Recht wurde insgesamt saldiert und der Wertunterschied hälftig ausgeglichen, was zur Folge hatte, dass nur einer der Eheleute ausgleichsberechtigt bzw. -verpflichtet sein konnte. Nunmehr wird jedes Anrecht innerhalb des jeweiligen Versorgungssystems geteilt, so dass man im Rahmen der Einigungsgebühr regelmäßig von wechselseitigen Verzichtserklärungen der Eheleute ausgehen kann. Dieser wechselseitige Verzicht löst immer eine Einigungsgebühr nach Anm. Abs. 1 zu VV 1000 aus.[97]

107 Lediglich im Falle eines einseitigen Verzichts ist eine Einigungsgebühr abzulehnen, also wenn nur ein Ehegatte ausgleichsberechtigt ist und dieser ohne weitere Vereinbarungen auf die Durchführung des Versorgungsausgleichs verzichtet.

108 Eine Einigungsgebühr entsteht nicht bereits dadurch, dass die Verfahrensbevollmächtigten der Beteiligten in einem Telefongespräch den vom FamG übermittelten Entscheidungsentwurf übereinstimmend billigen.[98]

109 Die Einigungsgebühr kann auch aus einem geringen Wert anfallen, wenn die Beteiligten sich nur über einen Teil der Anrechte einigen.

> **Beispiel:** Isoliertes Verfahren über den Versorgungsausgleich mit Teil-Einigung
> In einem wiederaufgenommenen Verfahren zum Versorgungsausgleich ist der Anwalt im September 2013 beauftragt worden. Das Nettoeinkommen beider Ehegatten beläuft sich auf 4.000 EUR. Vorhanden sind zwei gesetzliche Anwartschaften und zwei Betriebsrenten. Es wird eine Einigung geschlossen, wonach die Betriebsrenten wechselseitig nicht ausgeglichen werden, sondern nur die gesetzlichen Anwartschaften. Der Verfahrenswert wird auf 4.800 EUR festgesetzt, der Wert der Einigung auf 2.400 EUR.
> Verfahrens- und Terminsgebühr entstehen aus 4.800 EUR. Die Einigungsgebühr entsteht nur aus dem geringeren Wert von 2.400 EUR.
>
> | | |
> |---|---:|
> | 1. 1,3-Verfahrensgebühr, VV 3100 (Wert: 4.800,00 EUR) | 393,90 EUR |
> | 2. 1,2-Terminsgebühr, VV 3104 (Wert: 4.800,00 EUR) | 363,60 EUR |
> | 3. 1,0-Einigungsgebühr, VV 1000, 1003 (Wert: 2.400,00 EUR) | 201,00 EUR |
> | 4. Postentgeltpauschale, VV 7002 | 20,00 EUR |
> | Zwischensumme | 978,50 EUR |
> | 5. 19 % Umsatzsteuer, VV 7008 | 185,92 EUR |
> | **Gesamt** | **1.164,42 EUR** |

---

[95] Noch zu § 23 BRAGO: LAG Düsseldorf JurBüro 2000, 528 = MDR 2000, 976; OLG Köln JurBüro 1986, 222.
[96] OLG Schleswig JurBüro 1983, 1818 = SchlHA 1983, 199.
[97] OLG Frankfurt/M. AGS 2010, 424 = FamRZ 2010, 922 = FamRB 2010, 79 = RVGreport 2010, 296; OLG München AGS 2012, 174 = NJW 2012, 1089 = MDR 2012, 495 = JurBüro 2012, 193 = Rpfleger 2012, 354 = FamRZ 2012, 1580 = NJW-Spezial 2012, 123 = FamFR 2012, 131 = RVGreport 2012, 103 = FF 2012, 466; OLG Karlsruhe AGS 2012, 135 = FamRZ 2012, 395 = NJW-RR 2012, 328 = FamFR 2011, 573.
[98] OLG Dresden AGS 2012, 459 = NJW-Spezial 2012, 668 = FamFR 2012, 448 = FamRZ 2013, 729.

Die Einigungsgebühr entsteht nicht nur dann, wenn durch die Einigung eine gerichtliche Entscheidung über den Versorgungsausgleich insgesamt entbehrlich wird, sondern bereits dann, wenn sich die Beteiligten über eine wesentliche Grundlage für die Durchführung des Versorgungsausgleichs, z.B.
– Berechnung der Startgutschriften[99] oder
– Verzicht auf Kontenklärung[100]
endgültig einigen. Der Gegenstandswert der Einigungsgebühr richtet sich in diesem Fall nach dem Wert des Teilvergleichs und ist in der Regel niedriger als der Gegenstandswert der Verfahrensgebühr.

Beispiel: In einem wiederaufgenommenen Verfahren zum Versorgungsausgleich ist der Anwalt im September 2013 beauftragt worden. Das Nettoeinkommen beider Ehegatten beläuft sich auf 4.000 EUR. Im Termin wird festgestellt, dass die Auskunft zu einer der fünf Anwartschaften zu einem unzutreffenden Bewertungsstichtag berechnet ist. Die Beteiligten einigen sich, dass diese Auskünfte dennoch der gerichtlichen Entscheidung zugrunde gelegt werden sollen. Der Verfahrenswert wird auf 6.000 EUR festgesetzt, der Wert der Einigung auf 1.200 EUR.
Verfahrens- und Terminsgebühr entstehen aus 6.000 EUR. Die Einigungsgebühr entsteht aus einem geringeren Wert von 1.200 EUR.

1.	1,3-Verfahrensgebühr, VV 3100 (Wert: 6.000,00 EUR)	460,20 EUR
2.	1,2-Terminsgebühr, VV 3104 (Wert: 6.000,00 EUR)	424,80 EUR
3.	1,0-Einigungsgebühr, VV 1000, 1003 (Wert: 1.200,00 EUR)	115,00 EUR
4.	Postentgeltpauschale, VV 7002	20,00 EUR
	Zwischensumme	1.000,00 EUR
5.	19 % Umsatzsteuer, VV 7008	190,00 EUR
	Gesamt	**1.190,00 EUR**

t) Verwaltungsrechtsstreit

Für eine Einigung reicht es aus, wenn die Parteien eines auf ein Bescheidungsurteil gerichteten öffentlich-rechtlichen Rechtsstreits sich auf die Aufhebung eines bestehenden Widerspruchsbescheides einigen.[101]

u) Zwangsvollstreckung

In der Zwangsvollstreckung liegt in der Regel bereits ein rechtskräftiger Vollstreckungstitel vor, so dass Streit über die titulierte Forderung nicht bestehen kann, was bisher dazu führte, dass die Entstehung einer Einigungsgebühr abgelehnt wurde. Daher lösten bloße Ratenzahlungsvereinbarungen grundsätzlich keine Einigungsgebühr aus.[102] Etwas anderes wurde nur bei vorläufig vollstreckbaren Titeln vertreten, also wenn vor Abschluss des Rechtsmittelverfahrens bereits aus dem erstinstanzlichen Titel vollstreckt wird. Hier wurde aufgrund des nach wie vor bestehenden Streits über die Berechtigung der Forderung ein gegenseitiges Nachgeben bejaht.

Gleiches galt dann, wenn der Schuldner, dem im Rahmen eines Teilzahlungsvergleichs Ratenzahlung zugebilligt wurde, seinerseits konkrete Zugeständnisse machte, die über die bloße Erklärung, zahlen zu wollen, hinausgingen.[103]

---

99 OLG Hamm AGS 2012, 464 = MDR 2012, 1468 = FamRZ 2013, 397 = FamFR 2012, 377 = NJW-Spezial 2012, 605 = RVGreport 2012, 459.
100 AG Unna, Beschl. v. 15.8.2016 – 12 F 933/15.
101 Noch zur Vergleichsgebühr: BGH KostRsp. RVG-VV 1000 Nr. 18 = AGS 2006, 77 = Rpfleger 2006, 98 = RVGreport 2006, 22.
102 OLG Köln AnwBl 1976, 167 = NJW 1976, 975 = JurBüro 1976, 332 = KostRsp. BRAGO § 23 Nr. 4 m. Anm. *E. Schneider*; OLG Zweibrücken JurBüro 1999, 80 = MDR 1999, 383 = OLGR 1999, 143 = Rpfleger 1999, 83; LG München I AGS 1999, 26 = JurBüro 1999, 81; AG Kamen DGVZ 1999, 14; 1999, 47; AG Berlin-Schöneberg DGVZ 1978, 174; LG Berlin JurBüro 1997, 367 = Rpfleger 1997, 408; LG Ravensburg JurBüro 1990, 46 = DGVZ 1989, 173 = Rbeistand 1989, 69; LG Koblenz JurBüro 1990, 1620; LG Berlin JurBüro 1985, 545 m. Anm. *Mümmler*; OLG Hamburg JurBüro 1984, 1358 m. Anm. *Mümmler*; OLG Nürnberg JurBüro 1984, 1675 = MDR 1984, 1036.
103 LG Mainz KostRsp. BRAGO § 23 Nr. 165 = JurBüro 2002, 646.

114 Schließlich galt auch dann eine Ausnahme, wenn die Ungewissheit, ob sich die titulierte Forderung realisieren lassen werde, gerade durch die Ratenzahlungsvereinbarung beseitigt werden sollte. In diesem Falle waren die Voraussetzungen des § 779 Abs. 2 BGB gegeben, auch wenn bei einer vereinbarten Ratenzahlung die Realisierung der Forderung in der Regel nach wie vor zweifelhaft bleibt, so dass die Ungewissheit nicht unbedingt beseitigt wird. Daher wurde hier die Entstehung der Einigungsgebühr bejaht.[104]

115 Aufgrund der Neuregelung in Anm. Abs. 1 S. 2 Nr. 2 haben sich diese Streitfragen erledigt: Künftig kann nunmehr auch bei einer Einigung der Parteien im Rahmen der Zwangsvollstreckung eine Einigungsgebühr entstehen, auch wenn der Bestand der Forderung nicht (mehr) streitig ist.

Eine Einigungsgebühr wird daneben immer dann ausgelöst, wenn ein ungeachtet des rechtskräftigen Titels fortbestehender Streit oder neu entstandener Streit beseitigt werden soll. Ein solcher Fall ist z.B. dann gegeben, wenn der Beklagte mit einer Vollstreckungsgegenklage wegen neuer Einwendungen droht und die Parteien sich dann einigen.

116 Der abstrakte Verzicht des Schuldners auf Einwendungen gegen die titulierte Forderung für sich genommen genügt nicht, soweit es sich insoweit lediglich um eine „Leerformel" handelt.[105] Von einer Einigung kann nur ausgegangen werden, wenn bereits Einwendungen vorgetragen sind, etwa eine nachträgliche Erfüllung oder Aufrechnung.

117 Eine Einigungsgebühr entsteht auch dann, wenn der Gläubiger dem Schuldner einen **Teilerlass** der Forderung in Aussicht stellt, falls dieser binnen einer bestimmten Frist zahle.[106] Es kommt nicht darauf an, ob der Schuldner diesen Vorteil auch wahrnimmt.

118 Erklärt sich der Gläubiger allgemein **dem Gerichtsvollzieher gegenüber** mit der Gestattung von Ratenzahlungen durch den Schuldner einverstanden, löst dies keine Einigungsgebühr nach VV 1000 aus.[107] Nach LG Koblenz[108] genügt das Einverständnis des Gläubigers, durch den Gerichtsvollzieher eine Forderung im Rahmen der Zwangsvollstreckung in Raten beim Schuldner einzuziehen, noch nicht aus, um überhaupt eine Einigung anzunehmen. Es handele sich vielmehr um eine Verfahrenserklärung, die gegenüber dem Gerichtsvollzieher abgegeben werde; ein die Einigungsgebühr nach VV 1000 auslösender Vertrag zwischen den Parteien lasse sich hierdurch nicht begründen.

v) Zwischeneinigung

119 Bei sog. Zwischeneinigungen (bisher „Zwischenvergleich"), also Einigungen, die nicht zu einer abschließenden Klärung der Sach- und Rechtslage führen, kommt es auf den Einzelfall an, ob bereits eine Einigung i.S.d. VV 1000 vorliegt.

Eine Einigungsgebühr wird dann ausgelöst, wenn durch die Zwischeneinigung zumindest einzelne Streitpunkte oder bestimmte Ungewissheiten zwischen den Parteien endgültig beseitigt werden.[109] Die Gegenansicht lehnt für eine Zwischeneinigung eine solche Gebühr ab, weil dadurch der Streit nicht beseitigt, sondern nur ein vorläufiger Zustand geregelt werde.[110] Ebenso hat das OLG Köln[111] bei einer nur vorläufigen einvernehmlichen Regelung über vorerst zehn begleitete Umgangskontakte entsprechend einem ausdrücklich so bezeichneten „Zwischenvergleich" entschieden.

---

104 OLG Jena OLG-NL 2006, 210 = FamRZ 2006, 1692 = MDR 2006, 1436 = OLGR 2007, 83 = RVGreport 2006, 345 = Rpfleger 2006, 547; OLG Braunschweig DGVZ 2006, 113; *N. Schneider*, AGS 2010, 417.
105 LG Heidelberg JurBüro 1988, 1166; LG Berlin JurBüro 1985, 545 m. Anm. *Mümmler*.
106 OLG München AGS 2000, 3 = JurBüro 1999, 634 = MDR 1999, 1286 = OLGR 2000, 134.
107 BGH AGS 2006, 496 = FamRZ 2006, 1372 = DGVZ 2006, 133 = BGHR 2006, 1392 = Rpfleger 2006, 674 = NJW 2006, 3640 = MDR 2006, 1373 = InVo 2007, 39 = JurBüro 2007, 24; RVGprof. 2006, 167 = RVGreport 2006, 382.
108 LG Koblenz KostRsp. RVG-VV 1000 Nr. 10 = DGVZ 2005, 170.
109 Vgl. Gerold/Schmidt/*Müller-Rabe*, RVG, VV 1000 Rn 150 ff. Eine andere Frage ist dann, welcher Gegenstandswert für die Zwischeneinigung anzusetzen ist, insbesondere also, ob der volle Wert der Hauptsache maßgebend ist oder nur ein geringerer Wert.
110 OLG Brandenburg KostRsp. BRAGO § 23 Nr. 170 = AGS 2003, 206 m. Anm. *N. Schneider*.
111 OLG Köln AGS 2009, 383 m. Anm. *N. Schneider* = FamRZ 2009, 714 = OLGR 2009, 473 = FF 2009, 218.

Ausreichend ist eine Zwischeneinigung in folgenden Fällen:
- Die Parteien einigen sich auf die Wirksamkeit eines privatschriftlichen Vertrages sowie über die Regelung der Modalitäten von Zahlungen und Sicherheiten.[112]
- Die Parteien vereinbaren die Einholung eines Schiedsgutachtens. Die Einigungsgebühr fällt sogar dann an, wenn es infolge der Klagerücknahme nicht mehr zur Einholung des Schiedsgutachtens kommt.[113]
- Durch die Zwischeneinigung werden bestimmte Streitfragen endgültig geregelt.[114]
- Die Parteien einigen sich über die Haftungsquote und führen anschließend die Regulierung oder den Rechtsstreit zur Höhe weiter.
- Die Parteien einigen sich über die Höhe des Schadens und behalten sich die Festlegung der Haftungsquote vor.[115] Die gegenteilige Auffassung des OLG Köln[116] ist unzutreffend: Wenn die Parteien sich über die Höhe des Schadens definitiv einigen, so wird damit der Streit oder zumindest die Ungewissheit insoweit beseitigt, so dass eine Einigung vorliegt, die eine Einigungsgebühr auslöst. Schließlich sind die Parteien später an die vereinbarte Höhe des Schadens gebunden.
- Nach OLG Karlsruhe[117] entsteht dagegen keine Einigungsgebühr, wenn lediglich ein prozessualer Schwebezustand geschaffen wird (hier Vereinbarung im Umgangsrechtsverfahren, dass für die Dauer von 14 Monaten kein Umgangsrecht ausgeübt werde).

Zu einer Zwischeneinigung im Rahmen der elterlichen Sorge siehe auch VV 1003 Rdn 12 ff.

7. Abschluss einer Zahlungsvereinbarung (Anm. Abs. 1 S. 1b)

Durch die Änderung der Anm. zu VV 1000 wird klargestellt, dass auch die Mitwirkung am Abschluss einer Vereinbarung, durch den die Erfüllung eines Anspruchs bei gleichzeitigem vorläufigen Verzicht auf die gerichtliche Geltendmachung geregelt wird (1. Alt) oder durch den, wenn bereits ein zur Zwangsvollstreckung geeigneter Titel vorliegt, ein vorläufiger Verzicht auf die Einleitung von Vollstreckungsmaßnahmen geregelt wird, den Anfall einer Einigungsgebühr auslöst. **120**

Die erneute Klarstellung war erforderlich geworden, da die bisherige Regelung nicht deutlich genug gemacht hatte, wann der Abschluss einer Ratenzahlungsvereinbarung zum Anfall der Einigungsgebühr führe sollte.[118]

Nunmehr steht aber fest, dass beim Bestehen einer (unstreitigen) Forderung, eine Einigung über **121**
- den vorläufigen Verzicht auf eine Titulierung oder
- den vorläufigen Verzicht auf die Vollstreckung aus einer titulierten Forderung

zum Entstehen einer Einigungsgebühr führt.

Nach der Rechtsprechung soll die erforderliche Mitwirkung des Rechtsanwalts (siehe dazu auch **122**
Rdn 125 ff.) nicht vorliegen, wenn sich der Schuldner allein mit dem Gerichtsvollzieher auf den ratenweisen Ausgleich der Schuld verständigt und mit dem Rechtsanwalt des Gläubigers zuvor Einigungsgespräche geführt wurden[119] oder sich der anwaltlich vertretene Gläubiger nur im allgemeinen gegenüber dem Gerichtsvollzieher mit dem ratenweisen Ausgleich der Schuld einverstanden erklärt hat.[120]

Diese strenge Auffassung ist abzulehnen. Vorausgesetzt ist die „Mitwirkung" beim Abschluss eines Vergleichs. Weder ist eine besondere Mühewaltung erforderlich noch muss der Vergleich auf einem Vorschlag des Rechtsanwalts beruhen.[121] Auch die Absprache, die zwischen Gerichtsvollzieher und

---

112 OLG Koblenz MDR 1980, 860 = JurBüro 1986, 1526 = Rpfleger 1986, 448 = KostRsp. BRAGO § 23 Nr. 40 m. Anm. *Lappe*.
113 KG MDR 1979, 529 = JurBüro 1979, 695 = KostRsp. BRAGO § 23 Nr. 8 m. Anm. *E. Schneider*; ebenso KG JurBüro 1985, 1499 m. Anm. *Mümmler*; a.A. OLG Stuttgart JurBüro 1984, 550 m. Anm. *Mümmler* = Justiz 1984, 99.
114 OLG Karlsruhe JurBüro 1988, 1665.
115 OLG Hamm BRAGOreport 2002, 38 m. Anm. *Hansens* = JurBüro 2002, 27 = OLGR 2002, 39.
116 OLG Köln MDR 1974, 1026.
117 OLG Karlsruhe FamRZ 1999, 381 = JurBüro 1998, 591.
118 Zum Streitstand *Schneider/Thiel*, Das neue Gebührenrecht, § 3 Rn 347–356 mit zahlr. Bsp. aus der Rspr.; zur ursprünglichen Zielsetzung des Gesetzgebers BT-Drucks 15/1971 S. 215.
119 AG Wiesbaden DGVZ 2007, 159.
120 BGH AGS 2006, 496; BGH, Urt. v. 28.6.2006 – VII ZB 157/05.
121 So aber SG Magdeburg in einem unveröffentlichten Beschl. und dazu ablehnend *Schafhausen*, ASR 2012, 43.

Schuldner über den ratenweisen Ausgleich der Schuld getroffen wird, bedarf der Zustimmung des Gläubigers (§ 806b S. 2 ZPO).

123 Nach § 31b beträgt der Gegenstandswert der Einigungsgebühr in diesen Fällen 20 % der Forderung. Dies gilt auch dann, wenn nur für einen bestimmten Zeitraum auf die Vollstreckung verzichtet wird (Stundung).

124 Der Gebührensatz beträgt 1,5; nur dann, wenn bereits ein Vollstreckungsverfahren anhängig ist, beträgt der Satz 1,3. Dabei steht aber das Verfahren vor dem Gerichtsvollzieher einem gerichtlichen Verfahren gleich (Anm. 1 S. 3 zu Nr. 1003).

III. Mitwirkung (Anm. Abs. 1 S. 1)

1. Voraussetzungen

a) Allgemeines

125 Die Einigungsgebühr erhält der Anwalt nur, wenn er bei den Einigungsverhandlungen mitgewirkt hat, es sei denn, dass seine Mitwirkung für den Abschluss der Einigung nicht ursächlich war. Erforderlich ist also eine **Mitursächlichkeit** für die abgeschlossene Einigung. Daran hat sich durch das 2. KostRMoG nichts geändert. Soweit der Anwalt an Einigungsverhandlungen mitgewirkt hat, wird die **Ursächlichkeit vermutet** (Anm. Abs. 2). Der Gebührenschuldner muss die fehlende Ursächlichkeit **beweisen** (siehe Rdn 133 ff.).

b) Mitwirkung

126 Der Anwalt muss beim Abschluss der Einigung **mitgewirkt** haben. Bei diesem Tatbestandsmerkmal dürften sich in der Regel keine Probleme ergeben. In welcher Form der Anwalt an dem Abschluss mitgewirkt hat, ist für die Einigungsgebühr unerheblich. Anm. Abs. 2 nennt insoweit nur beispielhaft die Mitwirkung an Einigungsverhandlungen. Es reicht hier jegliche Tätigkeit aus, die auf den Abschluss der Einigung ausgerichtet war.[122] Es ist nicht erforderlich, dass es sich bei der Tätigkeit des Anwalts um die ausschlaggebende Ursache für den Abschluss der Einigung handelt. Es genügt, dass der Anwalt nur in irgendeiner nicht völlig unbedeutenden Weise kausal tätig geworden ist. Dies hat der BGH beispielsweise bei der Ausarbeitung eines Vertragsentwurfs, der einen Tag später von den vertragsschließenden Parteien unverändert übernommen wird und eine auf ein Rechtsverhältnis bezogene Unsicherheit beseitigte, bejaht.[123]

c) Ursächlichkeit

127 Die Mitwirkung des Anwalts muss zumindest **mitursächlich** für den Abschluss der Einigung gewesen sein; sie muss also eine nicht hinwegzudenkende Handlung darstellen. Eine Mitursächlichkeit des Anwalts ist insbesondere in folgenden Fällen gegeben:
– Der Anwalt prüft und begutachtet einen Einigungsvorschlag der Gegenseite oder berät den Mandanten über Umfang und Auswirkungen des Einigungsangebots der Gegenseite, worauf die Einigung abgeschlossen wird.[124]
– Der Anwalt fertigt einen Vertragsentwurf, der später – ohne Beteiligung des Anwalts – von den Parteien unverändert so abgeschlossen wird.[125]
– Der vom Anwalt ausgearbeitete Einigungsvorschlag wird zunächst nicht angenommen; später schließen die Parteien jedoch allein oder durch einen anderen Anwalt die Einigung doch noch.[126]

---

122 Gerold/Schmidt/*Müller-Rabe*, RVG, VV 1000, 256 ff.
123 BGH AGS 2009, 109 = BRAK-Mitt 2009, 30 = AnwBl 2009, 233 = NJW 2009, 922 = BGHReport 2009, 375 = zfs 2009, 285 = RVGreport 2009, 140 = FamRB 2009, 143.
124 BGH VersR 1963, 826; LSG Erfurt JurBüro 2001, 474; OVG Münster RVGreport 2011, 458.
125 BGH AGS 2009, 109.
126 OLG Celle MDR 1962, 489; KG AnwBl 1970, 290; LG Krefeld VersR 1974, 894; OLG München AnwBl 1997, 119 = OLGR 1997, 21.

- Der unter Mitwirkung des Anwalts protokollierte Vergleich wird widerrufen. Sodann schließen die Parteien (ohne Anwalt) den gleichen bzw. einen weitgehend entsprechenden Vergleich.[127]
- Die Parteien haben bereits eine Einigung unter Widerrufsvorbehalt geschlossen. Der Anwalt berät den Mandanten und empfiehlt ihm, das Widerrufsrecht nicht auszuüben, was auch geschieht.
- Der Anwalt holt eine zur Wirksamkeit der Einigung erforderliche Genehmigung ein.
- Der Anwalt hat die Einigung nur protokolliert, sie aber selbst nicht ausgehandelt: Grundsätzlich genügt die bloße Protokollierung nicht, um eine Einigungsgebühr auszulösen, da die Einigung in aller Regel bereits vorher wirksam geschlossen ist und die Protokollierung lediglich noch deklaratorischen Charakter hat. Soll ausnahmsweise gemäß § 154 Abs. 2 BGB die Einigung erst mit ihrer Protokollierung zustande kommen oder ist die Einigung formbedürftig, so dass erst mit Wahrung der Form des § 127a BGB (Protokollierung als Vergleich) die Einigung wirksam wird, ist die Mitwirkung des Anwalts ursächlich, so dass er für die Protokollierung die Einigungsgebühr erhält.[128]
- Der Anwalt greift auf eine zwischen den Parteien schon ausgearbeitete Scheidungsfolgenregelung zurück, wobei aber auf seine Initiative einzelne Punkte angepasst bzw. neu geregelt werden.[129]

Dagegen **fehlt** die **Ursächlichkeit** in folgenden Fällen: **128**
- Der Mandant schließt die Einigung später selbst ab, nachdem der Rechtsanwalt von der Annahme des gegnerischen Einigungsvorschlags abgeraten hat.[130]
- Der Anwalt erklärt, die Einigungsverhandlungen seien gescheitert; anschließend schließen die Parteien allein oder unter Mitwirkung eines anderen Anwalts die Einigung doch noch.[131]
- Der Anwalt ist lediglich mit der Protokollierung einer bereits abgeschlossenen – nicht formbedürftigen – Einigung beauftragt.[132]
- Der Anwalt spricht lediglich eine allgemeine Empfehlung aus, den Streit gütlich beizulegen, ohne sich an konkreten Einigungsverhandlungen zu beteiligen.[133]
- Der Anwalt hat lediglich tatsächliche und rechtliche Informationen zum Abschluss einer von anderen Anwälten oder den Parteien ausgehandelten Einigung beigetragen.[134]
- Die Forderung wird mit Zustimmung des Gläubigervertreters in Raten durch den Gerichtsvollzieher eingezogen.[135]
- Der Anwalt erscheint im Termin erst, nachdem bereits mit dem Diktat des Einigungstextes begonnen wurde, und es ist nicht ersichtlich, welchen Beitrag er zum Abschluss der Einigung noch geleistet haben soll.[136]

Sind **mehrere Anwälte** tätig, so kann grundsätzlich für jeden von ihnen die Einigungsgebühr **129** anfallen, so z.B. auch für den Verkehrsanwalt[137] und den Terminsvertreter.[138] Erforderlich ist allerdings, dass jeder der Anwälte mitgewirkt hat.

Dem **Verkehrsanwalt** oder dem **Terminsvertreter** erwächst eine Einigungsgebühr nur, wenn ihre **130** Mitwirkung ausschlaggebend für das Zustandekommen der Einigung war.[139] Die bloße Beratung hinsichtlich der einigungsweisen Beendigung des Rechtsstreits oder die bloße Übermittlung des Einigungsvorschlags an den Prozessbevollmächtigten lösen dagegen noch keine Einigungsgebühr aus.[140] Der Verkehrsanwalt muss vielmehr beratend oder vermittelnd in die Einigungsverhandlungen eingegriffen haben, um die Einigungsgebühr zu verdienen.[141]

---

127 LG Offenburg AGS 2010, 123.
128 OLG Brandenburg OLGR 1995, 186.
129 OLG Karlsruhe KostRsp. BRAGO § 23 Nr. 167 = AnwBl 2003, 115 = OLGR 2003, 106.
130 OLG Celle NdsRpfl 1967, 88.
131 OLG Koblenz JurBüro 1992, 603.
132 OLG Düsseldorf FamRZ 1992, 1209 = JurBüro 1992, 95.
133 OLG Hamm JurBüro 1965, 466.
134 OLG Frankfurt JurBüro 1983, 573 m. Anm. *Mümmler*.
135 Dies soll selbst dann gelten, wenn vor Einleitung der Zwangsvollstreckung zwischen den Parteivertretern Verhandlungen über die Möglichkeit einer Ratenzahlung stattgefunden haben (vgl. AG Wiesbaden DGVZ 2007, 159). Kritisch dazu *Schneider/Thiel*, Das neue Gebührenrecht für Rechtsanwälte, Rn 368.
136 LG Frankfurt Rpfleger 1985, 166.
137 OLG Hamburg MDR 1984, 949 = JurBüro 1984, 1832 = AnwBl 1984, 623.
138 OLG München AGS 2008, 52 u. 102 = JurBüro 2007, 595 = OLGR 2007, 1001 = RVGreport 2007, 392 = NJW-Spezial 2008, 60.
139 OLG Bamberg JurBüro 1982, 1513; OLG Düsseldorf JurBüro 1992, 728 = OLGR 1993, 316.
140 OLG Düsseldorf Rpfleger 1983, 86 = AnwBl 1983, 187 m. Anm. *Chemnitz* = MDR 1983, 327 = JurBüro 1983, 564 = MDR 1983, 589 m. Anm. *Schmidt*.
141 OLG Frankfurt JurBüro 1984, 59 = AnwBl 1984, 101 = MDR 1984, 240.

131 Der **Terminsvertreter**, der lediglich eine Einigung protokollieren soll (VV 3403), erhält grundsätzlich keine Einigungsgebühr, da die Einigung in aller Regel zwischen den Hauptbevollmächtigten bereits ausgehandelt ist und die Einigung lediglich noch deklaratorisch protokolliert werden soll. Etwas anderes gilt jedoch dann, wenn die Einigung formbedürftig ist und erst mit Protokollierung wirksam wird (§ 127a BGB). Daher erhält der „Fluranwalt" in Familiensachen die Einigungsgebühr, soweit die Einigung formbedürftig war, insbesondere bei einer Einigung über den Zugewinn- oder den Versorgungsausgleich (§§ 1278 Abs. 3 S. 2, 1587o BGB), nicht dagegen auch bei einer Einigung über den Unterhalt, da diese formlos möglich ist.[142]

Hat der Unterbevollmächtigte im Gerichtstermin dagegen die Vergleichsverhandlungen geführt, so entsteht bei ihm die Einigungsgebühr. Prüft der Prozessbevollmächtigte (Hauptbevollmächtigte) sowohl den Einigungs- und Vergleichsvorschlag als auch den widerruflich abgeschlossenen Vergleich und berät den Mandanten insoweit, so fällt auch für ihn die Einigungsgebühr an.[143]

132 Eine bloße Ratenzahlungsbewilligung des Gerichtsvollziehers gemäß §§ 806b, 900 Abs. 3 ZPO im Rahmen des Verfahrens der Abgabe einer eidesstattlichen Versicherung genügt nicht, sofern nicht der Gläubiger auf die Entscheidung des Gerichtsvollziehers in irgendeiner Weise eingewirkt hat.[144]

2. Beweislast

133 Die Beweislast dafür, dass der Anwalt an der Einigung **mitgewirkt** hat, liegt immer bei ihm.

134 Die Beweislast dafür, dass die Mitwirkung des Anwalts **ursächlich** war, liegt nur grundsätzlich bei ihm. Steht seine Mitwirkung bei den Einigungsverhandlungen fest, wird die Ursächlichkeit für den Abschluss gesetzlich vermutet (Anm. Abs. 2). Hier wechselt die Beweislast. Der Gebührenschuldner muss also beweisen, dass die Mitwirkung bei den Einigungsverhandlungen ausnahmsweise nicht ursächlich für den späteren Abschluss war.

135 Hat der Anwalt selbst mitgeteilt, dass die Einigungsverhandlungen gescheitert seien, und wird die Einigung dann von der Partei unmittelbar oder durch einen anderen Anwalt geschlossen, ist die gesetzliche Vermutung jedoch widerlegt.[145]

IV. Rechtsverhältnisse des öffentlichen Rechts (Anm. Abs. 4)

136 Nach Anm. Abs. 4 gilt VV 1000 entsprechend bei Rechtsverhältnissen des öffentlichen Rechts, soweit die Parteien hierüber vertraglich verfügen können. Die Vorschrift hat nur eine geringe Bedeutung, da in der Regel in verwaltungs- und finanzgerichtlichen Verfahren Einigungen nicht in Betracht kommen. Stattdessen erhalten die Anwälte die Erledigungsgebühr nach VV 1002.

137 Eine Einigungsgebühr wird daher nicht ausgelöst, wenn die Parteien sich im finanzgerichtlichen Verfahren darauf einigen, auf welchen Prozentsatz vom Umsatz der Gewinn zu schätzen ist.[146]

138 Dagegen entsteht eine Einigungsgebühr, wenn der Kläger die Bescheidung seines Antrags auf Erteilung einer unbefristeten Aufenthaltserlaubnis vom Zeitpunkt der Antragstellung an begehrt hat und er damit einverstanden ist, dass die Beklagte über seinen Antrag lediglich mit Wirkung für die Zukunft entscheidet.[147]

139 Ebenso wird eine Einigungsgebühr ausgelöst, wenn die Beklagte eine strittige Erschließungsbeitragsfestsetzung um den vom Gericht vorgeschlagenen pauschalen Betrag mindert und die Klägerin ihr auf uneingeschränkte Aufhebung des angefochtenen Bescheides gerichtetes Klagebegehren nicht weiterverfolgt.[148]

---

142 Ausführlich *N. Schneider*, ZAP Fach 24, S. 603.
143 AG Berlin Mitte JurBüro 2006, 422 = AnwBl 2007, 91.
144 AG Bersenbrück DGVZ 2006, 202; kritisch *Schneider/Thiel*, Das neue Gebührenrecht für Rechtsanwälte, Rn 368.
145 OLG Koblenz JurBüro 1992, 603.
146 FG Düsseldorf EFG 1987, 582.
147 OVG Bremen AGS 2001, 7.
148 OVG Münster AnwBl 1993, 693 = JurBüro 1994, 458 = NVwZ-RR 1994, 703 = Rpfleger 1994, 127.

V. Keine Einigungsgebühr in Ehesachen (Abs. 5)

1. Überblick

Anm. Abs. 5 regelt die Anwendung der VV 1000 in Familiensachen:
- S. 1 stellt klar, dass eine Einigungsgebühr in Ehesachen und in Lebenspartnerschaftssachen (§ 269 Abs. 1 Nr. 1 und 2 FamFG) nicht anfallen kann.
- Wird anlässlich einer Ehesache (insbesondere im Scheidungsverbund) eine Einigung geschlossen bleibt der Wert der Ehesache bei der Berechnung der Einigungsgebühr außer Betracht.
- S. 3 wiederum stellt klar, dass auch in Kindschaftssachen eine Einigungsgebühr anfällt, wenn der Anwalt an einer Vereinbarung mitwirkt, über deren Gegenstand nicht vertraglich verfügt werden kann.

2. Keine Einigungsgebühr in Ehesachen (S. 1)

In einer Ehesache, gleich ob Scheidung, Aufhebung oder Nichtigerklärung kann eine Einigungsgebühr nicht anfallen, da diese Gegenstände nicht zur Disposition der Eheleute stehen.

In einer Ehesache oder einem Verfahren auf Aufhebung der Ehe kann stattdessen eine Aussöhnungsgebühr anfallen (siehe VV 1001 Rdn 1 ff.).

In einem Verfahren auf Nichtigerklärung einer Ehe kann auch noch nicht einmal eine Aussöhnungsgebühr entstehen.

3. Gegenstandswert bei Einigung anlässlich der Ehesache (S. 2)

Wird anlässlich einer Ehesache eine Einigung über anderweitige Gegenstände geschlossen, bleibt beim Gegenstandswert der Einigung der Wert der Ehesache unberücksichtigt. Das ist an sich eine Selbstverständlichkeit, wird durch Abs. 5 S. 2 aber noch einmal klargestellt.

Hauptanwendungsfall ist das Verbundverfahren, wenn es zu einer Scheidungsfolgenvereinbarung über weitergehende Gegenstände kommt. Das Gesetz nennt insoweit exemplarisch eine Einigung über Unterhalt.

> **Beispiel:** In einem Scheidungsverbundverfahren (Wert: Ehesache 6.000 EUR, Versorgungsausgleich 1.200 EUR) schließen die Beteiligten einen Scheidungsfolgenvergleich über den Versorgungsausgleich und nicht anhängigen Unterhalt (Wert 3.600 EUR).
> Die Einigungsgebühr berechnet sich aus dem Wert von 4.800 EUR, wobei aus 1.200 EUR lediglich die ermäßigte 1,0-Gebühr nach VV 1000 anfällt und aus 3.600 EUR die volle 1,5-Gebühr. Der Wert der Ehesache bleibt dagegen bei der Einigungsgebühr außer Ansatz.

4. Einigungsgebühr in Kindschaftssachen (S. 3)

Durch das 2. KostRMoG wird allein die Verweisung angepasst, da die bisherige Anm. durch einen neuen Satz 2 ergänzt wurde, auf den ebenfalls zu verweisen ist.

Klargestellt ist jetzt in Abs. 5 S. 3, dass eine Einigungsgebühr in gerichtlichen Verfahren auch in Kindschaftssachen anfallen kann, wenn die Beteiligten am Abschluss eines gerichtlich gebilligten Vergleichs mitwirken (§ 156 Abs. 2 FamFG) und hierdurch eine gerichtliche Entscheidung entbehrlich wird oder wenn die Entscheidung der getroffenen Vereinbarung folgt. Die bloße richterliche Feststellung nach Erörterung der Sach- und Rechtslage, dass die elterliche Sorge des Vaters ruht und die Mutter diese allein ausübt (§ 1674 BGB), reicht dagegen nicht aus.[149]

In der Praxis betrifft dies vor allem Einigungen der Eltern betreffen das Umgangs- oder Sorgerecht.

Eine dauerhafte Vereinbarung ist nicht erforderlich. So kann eine Einigung der Kindeseltern, dass das anhängige Sorgerechtsverfahren ruhen soll, ausreichen, um eine Einigungsgebühr entstehen zu

---

149 AG Koblenz AGS 2010, 324 = JurBüro 2010, 474 = FamRZ 2011, 837.

lassen, da ein vorübergehender Zustand endgültig (nämlich im Sinne eines gemeinsamen Sorgerechts) geregelt worden ist.[150]

145 In einem Sorgerechtsverfahren nach § 1666 BGB soll dagegen auch nach der Ergänzung in Abs. 5 S. 3 eine Einigungsgebühr nicht in Betracht kommen.[151] Dies dürfte unzutreffend sein.[152] Der Gesetzgeber wollte erreichen, dass auch eine Einigung über nicht disponible Verfahrensgegenstände zukünftig möglich ist. Das Argument des OLG – Verfahren nach § 1666 BGB könnten jederzeit wieder aufgenommen oder ein neues Verfahren eingeleitet werden – geht deshalb ins Leere, weil dies auch bei einer Einigung im Verfahren nach § 1671 BGB aus den selbst in Bezug genommenen Gründen immer möglich bleibt. In diesen Verfahren kann aber auch nach Auffassung des OLG eine Einigungsgebühr ausgelöst werden. Das OLG Stuttgart verdrängt neben den geltenden Vorschriften ein weiteres wesentliches Argument: Neben der Beseitigung eines Streits über ein Rechtsverhältnis soll die Einigungsgebühr die Entlastung der Gerichte honorieren.[153] Es besteht deshalb auch bei denjenigen Verfahrensgegenständen, die der Dispositionsbefugnis der Beteiligten entzogen ist, kein Grund im Falle einer wirksamen Einigung eine Einigungsgebühr zu versagen. Dies muss jedenfalls dann gelten, wenn das Gericht dem Einigungsvorschlag der Beteiligten folgt.[154] Hätte der Gesetzgeber ein abweichendes Ziel vor Augen gehabt, hätte er die Ausnahme in Anm. Abs. 5 S. 1 geregelt.

VI. Mehrere Einigungen

1. Einmaligkeit der Gebühr

146 Die Einigungsgebühr kann in derselben Angelegenheit grundsätzlich nur einmal entstehen. Hiervon gibt es zwei Ausnahmen:
– Einigen sich die Parteien in einem **Privatklageverfahren** sowohl hinsichtlich des Strafausspruchs oder des Kostenerstattungsanspruchs als auch über zivilrechtliche Ansprüche, so entstehen zwei Einigungsgebühren.
– Eine weitere Ausnahme gilt dann, wenn die Einigungsgebühr nach unterschiedlichen Gebührensätzen anfällt (§ 15 Abs. 3) (siehe Rdn 185).

147 Im Übrigen gilt § 15 Abs. 2 S. 1: Der Anwalt kann die Gebühren in derselben Angelegenheit nur einmal fordern. Dabei ist es unerheblich, ob sich die Parteien über verschiedene Gegenstände einigen oder ob die Parteien mehrere Teileinigungen oder eine Zwischen- und Schlusseinigung schließen. Die gegenteilige Auffassung, es entstünden mehrere Einigungsgebühren,[155] ist unzutreffend. Sie verstößt gegen § 15 Abs. 2 S. 1. Auch soweit diese Auffassung dann nach § 15 Abs. 3 dem Anwalt insgesamt nicht mehr als eine Gebühr aus dem Gesamtwert zubilligen will, ist dies unzutreffend, da § 15 Abs. 3 voraussetzt, dass unterschiedliche Gebührensätze angefallen sind. Anderenfalls könnte die Gebührendegression dazu führen, dass die Teilgebühren unter einer Gebühr aus dem Gesamtwert liegen.

> **Beispiel:** In einem Rechtsstreit über eine Forderung von 80.500 EUR einigen sich die Parteien zunächst über eine Teilforderung von 500 EUR, später über die restlichen 80.000 EUR.
> Die Gegenansicht würde hinsichtlich der Einigungsgebühr(en) wie folgt rechnen:
> 1,0-Einigungsgebühr, VV 1000, 1003 (500 EUR)   45,00 EUR
> 1,0-Einigungsgebühr, VV 1000, 1003 (80.000 EUR)   1.333,00 EUR
> **Gesamt**   **1.378,00 EUR**
> Obwohl sich die Parteien über die gesamte Klageforderung verglichen haben, würden sie weniger erhalten als eine Einigungsgebühr aus dem Gesamtwert:
> 1,0-Einigungsgebühr, VV 1000, 1003 (80.500 EUR)   1.418,00 EUR
> Ebenso wie bei der Verfahrens- oder Terminsgebühr bleibt es daher bei einer Gebühr. Lediglich der Gegenstandswert erhöht sich bei mehreren Teileinigungen (§ 22 Abs. 1).

---

150 AG Tempelhof-Kreuzberg AGS 2009, 487 = JurBüro 2009, 423.
151 OLG Stuttgart AGS 2011, 276 = MDR 2011, 698 = Rpfleger 2011, 463 = RVGreport 2011, 225.
152 Siehe dazu die abl. Anm. von *Thiel* zu OLG Stuttgart AGS 2011, 276.
153 BGH AGS 2007, 366 = AnwBl 2007, 551 367 = NJW 2007, 2187 = BGHReport 2007, 847 = zfs 2007, 469 = BRAK-Mitt 2007, 177.
154 Gerold/Schmidt/*Müller-Rabe*, VV 1003, 1004 Rn 36.
155 Zur Vergleichsgebühr OLG München NJW 1960, 1958; *Hansens*, BRAGO, § 23 Rn 15.

Ebenfalls nur einmal entstehen die Gebühren dann, wenn die Parteien einen Rechtsstreit zunächst durch eine Einigung abgeschlossen haben und anschließend **Streit über die Wirksamkeit der Einigung** entsteht. Das Verfahren über die Wirksamkeit der geschlossenen Einigung gehört noch zur selben Angelegenheit. Der Anwalt erhält also keine neuen Gebühren. Einigen sich die Parteien später über die Wirksamkeit einer bereits geschlossenen Einigung, entsteht keine neue Einigungsgebühr. 148

2. Mehrere Angelegenheiten

Liegen dagegen verschiedene Angelegenheiten vor, kann die Einigungsgebühr auch mehrmals entstehen. Dies ist z.B. dann der Fall, wenn zunächst auf Feststellung geklagt wird und später dann der Rechtsstreit zur Höhe folgt. 149

> **Beispiel:** Der Geschädigte erhebt gegen den Schädiger Klage auf Feststellung, dass dieser verpflichtet sei, ihm seinen gesamten Schaden zu 100 % zu erstatten. Die Parteien einigen sich dahin gehend, dass der Kläger 75 % seines Schadens erstattet erhält. Anschließend verhandeln die Parteien zur Höhe. Es kommt erneut zum Rechtsstreit. In diesem Rechtsstreit einigen sich die Parteien über die Höhe des Schadens. Beide Rechtsstreite sind eigene Angelegenheiten. Die Anwälte erhalten daher die Einigungsgebühr zweimal.

Gleiches gilt, wenn in verschiedenen Instanzen Einigungen geschlossen werden. 150

> **Beispiel:** Im erstinstanzlichen Schadensersatzprozess über 100.000 EUR einigen sich die Parteien dahin gehend, dass von einer Haftungsquote von 50 % auszugehen sei. Das Gericht verurteilt anschließend den Beklagten zur Zahlung von 40.000 EUR, weil es nur von einem Gesamtschaden von 80.000 EUR ausgeht. Hiergegen wird vom Beklagten Berufung eingelegt. Im Berufungsverfahren einigen sich die Parteien dahin gehend, dass zum Ausgleich noch 30.000 EUR gezahlt werden.
> In erster Instanz haben die Anwälte eine Einigungsgebühr aus 100.000 EUR verdient, in zweiter Instanz eine Einigungsgebühr aus 40.000 EUR.

VII. Höhe der Einigungsgebühr

1. Allgemeines

Nach VV 1000 beläuft sich die Einigungsgebühr grundsätzlich auf **1,5**. Soweit der Gegenstand der Einigung bereits gerichtlich anhängig ist, reduziert sich die Gebühr auf 1,0 (VV 1003); ist der Gegenstand der Einigung im Berufungs- oder Revisionsverfahren bzw. im Verfahren über die Beschwerde gegen die Nichtzulassung eines dieser Rechtsmittel oder im Verfahren vor dem Rechtsmittelgericht über die Zulassung des Rechtsmittels anhängig, erhöht sich die Gebühr wiederum auf 1,3 (VV 1004). Die drei Gebührensätze gelten auch dann, wenn in dem zugrunde liegenden Verfahren geringere Gebühren anfallen. Dies gilt insbesondere in Zwangsvollstreckungssachen. Hier erhält der Anwalt nicht etwa lediglich eine 0,3-Gebühr.[156] 151

Möglich ist auch, dass für eine einheitliche Einigung mehrere Einigungsgebühren nach unterschiedlichen Sätzen anfallen, wenn ein Teil des Streitgegenstandes anhängig ist, der andere dagegen nicht oder die Gegenstände in verschiedenen Instanzen anhängig sind (siehe Rdn 173). 152

2. Die 1,5-Einigungsgebühr

Grundsätzlich beläuft sich die Einigungsgebühr auf 1,5 (VV 1000). Die geringere 1,0- oder 1,3-Gebühr erhält der Anwalt nur dann, wenn sich aus den VV 1003, 1004 etwas anderes ergibt. 153

Sinn und Zweck der seinerzeitigen Erhöhung der Vergleichsgebühr von ursprünglich 10/10 auf 15/10 durch das KostRÄndG 1994 war es, einen Anreiz dafür zu schaffen, Streitigkeiten bereits außergerichtlich zu regeln, und die Gerichte zu entlasten. Daher sollte sich die Gebühr dann auf 10/10 reduzieren, wenn es den Anwälten nicht gelungen ist, eine außergerichtliche Regelung herbeizuführen, und bereits die Gerichte mit der Sache bemüht werden mussten. Diese Regelung ist im RVG beibehalten worden. 154

---

156 OLG Hamburg JurBüro 1974, 1138 = MDR 1974, 942.

3. Die 1,0-Einigungsgebühr nach VV 1003

155 Ist über den Gegenstand, der der Einigung zugrunde liegt, ein **gerichtliches Verfahren anhängig (ausgenommen ein selbstständiges Beweisverfahren oder ein darauf gerichtetes Prozesskostenhilfeverfahren)**, so reduziert sich die Einigungsgebühr nach VV 1003 auf 1,0 (Ausnahme wiederum VV 1004). Der Gegenstand muss nicht in dem Verfahren anhängig sein, in dem die Einigung geschlossen wird. Auch bei anderweitiger Anhängigkeit entsteht nur eine 1,0-Gebühr nach VV 1003.

156 Das Verfahren vor dem Gerichtsvollzieher ab dem Vollstreckungsantrag, steht einem gerichtlichen Verfahren gleich (Anm. 1 S. 3 zu VV 1003).

157 Ausreichend ist die Anhängigkeit, also der Eingang einer Klage oder Antragsschrift bei Gericht. Auf die Zustellung kommt es nicht an. Daher kann sich die Einigungsgebühr auch schon dann reduzieren, wenn dem Anwalt die Anhängigkeit der Forderung gar nicht bekannt war.

> **Beispiel:** Der Anwalt reicht für seinen Mandanten eine Klage ein. Bevor der Gerichtskostenvorschuss gezahlt und die Klage zugestellt ist, wird eine Einigung geschlossen.
> Für die Anwälte beider Parteien entsteht jeweils nur eine 1,0-Einigungsgebühr, da die Anhängigkeit bereits eingetreten war. Es kommt weder auf die Rechtshängigkeit noch auf die Kenntnis der Anhängigkeit an.

158 Die Anhängigkeit muss zum Zeitpunkt der Einigung bestehen. Daher hindert eine frühere Anhängigkeit nicht den Anfall der 1,5-Einigungsgebühr nach VV 1000.

> **Beispiel:** Der Anwalt reicht für seinen Mandanten eine Klage vor dem ArbG ein. Nach Hinweis des Gerichts, dass es sich um eine allgemeine Zivilsache handele, wird die Klage im Gütetermin zurückgenommen. Anschließend einigen sich die Parteien außergerichtlich.
> Zum Zeitpunkt der Einigung war keine Anhängigkeit gegeben. Die frühere Anhängigkeit ist unbeachtlich. Die Einigungsgebühr richtet sich daher nach VV 1000 und beträgt 1,5.

159 Ebenso wenig führt es zur Anwendung der VV 1000, wenn über den Gegenstand der Einigung bereits ein rechtskräftiger Titel vorliegt.

> **Beispiel:** Die Parteien streiten darüber, ob die titulierte Forderung nachträglich durch Erfüllung erloschen ist. Zur Vermeidung einer Vollstreckungsgegenklage schließen die Parteien eine außergerichtliche Einigung.
> Zum Zeitpunkt der Einigung war keine Anhängigkeit gegeben. Die frühere Anhängigkeit ist auch hier unbeachtlich. Die Einigungsgebühr richtet sich nach VV 1000. Anders wäre es, wenn die Vollstreckungsgegenklage bereits anhängig gewesen wäre.

160 Durch das Zweite Justizmodernisierungsgesetz (in Kraft getreten am 31.12.2006) ist die Anm. zu VV 1003 um einen S. 2 ergänzt worden. In VV 1003 war bislang lediglich von einer Anhängigkeit in einem gerichtlichen Verfahren die Rede. Unklar war, wann im Rahmen der Zwangsvollstreckung wegen Anhängigkeit lediglich eine reduzierte 1,0-Einigungsgebühr anfiel. Soweit ein gerichtliches Verfahren anhängig war (z.B. §§ 888, 890 ZPO), fiel unstrittig nur die 1,0-Einigungsgebühr nach VV 1000, 1003 an. Nach überwiegender Auffassung galt gleiches, wenn der Gerichtsvollzieher mit einer Mobiliarvollstreckung beauftragt war. Insoweit wurde VV 1003 entsprechend ausgelegt. Diese Reduzierung auf 1,0 wird jetzt gesetzlich festgeschrieben (siehe dazu VV 1003 Rdn 10 ff.).

4. Die 1,3-Einigungsgebühr nach VV 1004

161 Ist der Gegenstand der Einigung im Berufungs- oder Revisionsverfahren oder in einem Beschwerdeverfahren gegen die Nichtzulassung eines dieser Rechtsmittel oder in einem Verfahren vor dem Rechtsmittelgericht über die Zulassung des Rechtsmittels anhängig, so erhöht sich der Gebührensatz auf 1,3. Für die Höhe der Gebühr kommt es also entscheidend darauf an, in welcher Instanz der Gegenstand anhängig ist, unabhängig davon, wo die Parteien die Einigung schließen.

> Gerade hier zeigt sich also der Unterschied zwischen der bisherigen Regelung und der neuen Regelung in VV 1003.

162 Denkbar ist, dass ein Gegenstand gleichzeitig in mehreren Instanzen anhängig ist.

> **Beispiel:** Der Kläger erhebt Klage auf Schadensersatz in Höhe von 20.000 EUR. Das Landgericht erlässt ein Grundurteil, wonach der Schadensersatzanspruch zu 50 % dem Grunde nach für gerechtfertigt erklärt wird. Der Beklagte erhebt hiergegen Berufung. Im Berufungsverfahren einigen sich die Parteien über sämtliche Ansprüche, also über Grund und Höhe.

Es entstehen nunmehr zwei getrennte Einigungsgebühren, je nach Anhängigkeit der Gegenstände. Sodann ist nach § 15 Abs. 3 zu kürzen. Hierbei ist allerdings zu berücksichtigen, dass wirtschaftlich identische Gegenstände nicht addiert werden dürfen. Das bedeutet, dass hier die Werte von Grund- und Betragsverfahren nicht zu addieren sind. Insoweit gilt der höchste Wert.

Zu rechnen ist also wie folgt:
1. 1,0-Einigungsgebühr, VV 1000, 1003 (Wert: 20.000 EUR)   742,00 EUR
2. 1,3-Einigungsgebühr, VV 1000, 1004 (Wert: 10.000 EUR)   725,40 EUR
   gem. § 15 Abs. 3 nicht mehr als 1,3 aus 20.000 EUR
                                                   964,60 EUR

163 Nach dem früheren Wortlaut der VV 1004 trat eine Erhöhung auf eine 1,3-Gebühr nur dann ein, wenn der Gegenstand in einem Berufungs- oder Revisionsverfahren anhängig ist. Damals war übersehen worden, dass es berufungs- und revisionsgleiche Verfahren gab, die ebenfalls den Ansatz einer höheren Einigungs-, Aussöhnungs- oder Erledigungsgebühr gerechtfertigt hätten. Die Rechtsprechung hatte in diesen Fällen teilweise in analoger Anwendung eine höhere Gebühr gewährt.[157]

164 Mit Inkrafttreten des FamFG ist VV 1004 bereits auf Beschwerde- und Rechtsbeschwerdeverfahren nach den VV Vorbem. 3.2.1 und 3.2.2. erweitert worden. Dabei ist jedoch übersehen worden, dass es noch weitere Verfahren gab, die ebenfalls eine Erhöhung rechtfertigen. Dies wird nunmehr durch das 2. KostRMoG nachgeholt. Betroffen sind von dieser Erhöhung die Beschwerde nach § 544 ZPO, § 72a ArbGG, § 133 VwGO, § 115 Abs. 3 FGO, § 160a SGG gegen die Nichtzulassung der Revision, die Beschwerde nach § 75 Abs. 1 GWB, § 25 Abs. 1 VSchDG, § 87 EnWG, § 92a ArbGG gegen die Nichtzulassung der Rechtsbeschwerde sowie die Beschwerde nach § 145 SGG gegen die Nichtzulassung der Berufung.

165 Die Anhebung der Einigungsgebühr gilt für folgende Beschwerden gegen die Nichtzulassung einer Berufung, Revision oder Rechtsbeschwerde:
– Beschwerde nach **§ 544 ZPO** gegen die Nichtzulassung der Revision nach §§ 542 ff. ZPO,
– Beschwerde nach **§ 72a ArbGG** gegen die Nichtzulassung der Revision nach §§ 72 ff. ArbGG,
– Beschwerde nach **§ 92a ArbGG** gegen die Nichtzulassung der Rechtbeschwerde nach §§ 92 ff. ArbGG,
– Beschwerde nach **§ 75 GWB** gegen die Nichtzulassung der Rechtsbeschwerde nach den §§ 74 ff. GWB,
– Beschwerde nach **§ 25 Abs. 1 VSchDG** gegen die Nichtzulassung der Rechtsbeschwerde nach den §§ 24 ff. VSchG,
– Beschwerde nach **§ 87 EnWG** gegen die Nichtzulassung der Rechtsbeschwerde nach den §§ 86 ff. EnWG,
– Beschwerde nach **§ 133 VwGO** gegen die Nichtzulassung der Revision nach §§ 132 ff. VwGO,
– Beschwerde nach **§ 115 Abs. 3 FGO** gegen die Nichtzulassung der Revision nach §§ 115 ff. FGO,
– Beschwerde nach **§ 145 SGG** gegen die Nichtzulassung der Berufung nach §§ 143 ff. SGG in sozialgerichtlichen Verfahren, in denen nicht nach Betragsrahmengebühren abzurechnen ist,
– Beschwerde nach **§ 160a SGG** gegen die Nichtzulassung der Revision nach §§ 160 ff. SGG in sozialgerichtlichen Verfahren, in denen nicht nach Betragsrahmengebühren abzurechnen ist.

166 Demgegenüber gehört das Verfahren auf Zulassung eines Rechtsmittels zum jeweiligen Rechtsmittelverfahren, sodass schon nach der bisherigen Rechtslage die Einigungsgebühr zu erhöhen war. Die Änderung dient der Klarstellung.

167 Für **sonstige Rechtsmittel- und Rechtsbehelfsverfahren**, insbesondere Beschwerdeverfahren o.Ä., sofern sie nicht den der Berufung oder Revision gleichgestellt sind (VV Vorb. 3.2.1 und 3.2.2), also z.B. die Rechtsbeschwerde nach § 574 ZPO, gilt VV 1004 dagegen nicht. Angesichts der nun zweifachen Änderung der Vorschrift kann nicht davon ausgegangen werden, dass der Gesetzgeber die entsprechenden Verfahren übersehen hat und aus diesem Grunde eine Regelungslücke bestünde.[158]

168 Der 1,3-Gebührensatz gilt nicht in **erstinstanzlichen finanzgerichtlichen** Verfahren. Die frühere gegenteilige Auffassung ist nicht mehr haltbar (siehe VV 1004 Rdn 6).

---

[157] Vgl. OLG Nürnberg AGS 2007, 493; OLG Schleswig AGS 2008, 444.

[158] Vgl. *Schneider/Thiel*, Das neue Gebührenrecht für Rechtsanwälte, Rn 416.

5. Einzelfälle zur Anhängigkeit

169 Wann im Einzelnen eine **Anhängigkeit** i.S.d. VV 1003, 1004 gegeben ist, kann schwierig zu beurteilen sein. Wegen des übergreifenden Zusammenhangs zwischen den Fällen der VV 1000, 1003 und 1004 wird insoweit Bezug genommen auf die alphabetische Darstellung im Anhang zu VV 1003, 1004.

6. Die 1,0-Einigungsgebühr nach Anm. zu VV 1003

a) Allgemeines

170 Eine Anhängigkeit im Sinne der VV 1003 ist auch dann gegeben, wenn über den Gegenstand der Einigung ein **Verfahren über die Bewilligung von Prozesskostenhilfe anhängig** ist (Anm. zu VV 1003).

171 Soweit eine Partei Prozesskostenhilfe beantragt und zunächst noch keine unbedingte Klage oder einen anderweitigen unbedingten Antrag (etwa einen Beweisantrag) eingereicht hat, greift zwar VV 1003 nicht, da es dann an einer Anhängigkeit fehlt. Um diese Lücke zu schließen, ordnet jedoch Anm. zu VV 1003 an, dass bereits der Antrag auf Bewilligung von Prozesskostenhilfe genügt, um die Einigungsgebühr auf 1,0 zu reduzieren.

172 Die Reduzierung gilt für die Anwälte sämtlicher Parteien, also auch für den Anwalt derjenigen Partei, die keine Prozesskostenhilfe beantragt hat.

b) Die vier Varianten

173 Zu unterscheiden sind nach Anm. zu VV 1003 folgende vier Fälle:

Erster Fall: Für die Mehreinigung über nicht anhängige Ansprüche wird weder Prozesskostenhilfe beantragt, noch erstreckt sich die bewilligte Prozesskostenhilfe kraft Gesetzes auf die Mehreinigung.

Schließen die Parteien eine Einigung über nicht anhängige Ansprüche und wird weder für die Einigung Prozesskostenhilfe beantragt, noch erstreckt sich die für das Verfahren bewilligte Prozesskostenhilfe kraft Gesetzes auf die Mehreinigung, so erhält der Anwalt nach fast einhelliger Auffassung neben der 1,0-Einigungsgebühr für die anhängigen Ansprüche zusätzlich für die Mehreinigung unter Beachtung des § 15 Abs. 3 eine 1,5-Einigungsgebühr nach VV 1000;[159] unzutreffend dagegen LAG Frankfurt,[160] wonach einheitlich, also auch für die Mehreinigung, nur eine 1,0-Gebühr aus dem Gesamtwert anzusetzen sei.

174 Zweiter Fall: Die für den Rechtsstreit bewilligte Prozesskostenhilfe erstreckt sich kraft Gesetzes auf die Mehreinigung, ohne dass es eines Antrags bedarf (§ 48 Abs. 3).

Hier war die Berechnung früher strittig. Verschiedene Gerichte hatten sich für Anhängigkeit ausgesprochen. Von der überwiegenden Rechtsprechung wurde dies jedoch zu Recht abgelehnt. Diese Streitfrage ist nunmehr in Anm. zu VV 1003 gesetzlich geregelt. Da für diese Gegenstände kein Prozesskostenhilfeverfahren mit Prüfung der Bedürftigkeit und der Erfolgsaussicht durchzuführen ist, kommt die Anwendung der VV 1003 nicht in Betracht. Es bleibt bei 1,5.

175 Dritter Fall: Die für den Rechtsstreit bewilligte Prozesskostenhilfe erstreckt sich nicht kraft Gesetzes auf die Mehreinigung (§ 48 Abs. 3); es wird aber Prozesskostenhilfe für den Abschluss der Einigung beantragt und bewilligt.

---

[159] BAG AGS 2003, 346; LAG Stuttgart JurBüro 1995, 583; LAG Bremen AGS 1997, 15 m. Anm. *Madert* = zfs 1997, 148; *Hansens*, BRAGO, § 23 Rn 15.

[160] LAG Frankfurt VersR 1998, 385 (zu § 23 BRAGO).

Dieser Fall ist umstritten. An sich ist in Anm. zu VV 1003 klar geregelt, dass es hier beim Satz von 1,5 verbleibt, da insoweit weder eine Prüfung der Bedürftigkeit noch eine Prüfung der Erfolgsaussicht stattfindet.[161] Nach a.A. soll hier dagegen eine Reduzierung eintreten.[162]

Vierter Fall: Die für den Rechtsstreit bewilligte Prozesskostenhilfe erstreckt sich nicht kraft Gesetzes auf die Mehreinigung (§ 48 Abs. 3); es war aber bereits für die Geltendmachung der noch nicht anhängigen Gegenstände Prozesskostenhilfe beantragt. 176

Dieser Fall wiederum ist unstrittig. Nach einhelliger Auffassung erhält der Anwalt nur eine einheitliche 1,0-Einigungsgebühr aus dem gesamten Einigungswert, da in diesem Fall der Prozesskostenhilfeantrag der Anhängigkeit gleichsteht (Anm. zu VV 1003).[163]

7. Mischfälle

Von dem Grundsatz, dass innerhalb derselben Angelegenheit die Einigungsgebühr insgesamt nur einmal anfallen kann (§ 15 Abs. 1, Abs. 2 S. 1), gibt es neben dem Fall der Privatklage (siehe Rdn 146 ff.) eine weitere Ausnahme, nämlich dann, wenn hinsichtlich verschiedener Teile des Gegenstands, über den die Einigung geschlossen worden ist, unterschiedliche Gebührenhöhen nach VV 1000, 1003, 1004 gelten. In diesem Fall entstehen aus den jeweiligen Teilwerten jeweils einzelne Gebühren (§ 23 Abs. 1 RVG i.V.m. § 36 GKG). Insgesamt darf der Anwalt jedoch nicht mehr als eine Gebühr aus dem Gesamtwert (§ 22 Abs. 1; § 39 GKG) nach dem höchsten Gebührensatz berechnen (§ 15 Abs. 3). 177

> **Beispiel:** In einem Rechtsstreit werden 10.000 EUR eingeklagt. Die Parteien einigen sich in der mündlichen Verhandlung über die gesamte Klageforderung sowie über weitere 8.000 EUR, die bislang nicht anhängig waren.
> Die Einigungsgebühr entsteht aus dem vollen Wert von 18.000 EUR, da sich die Parteien über diesen Betrag insgesamt geeinigt haben. Hier ist aber nunmehr zu differenzieren: Aus einem Teilwert von 10.000 EUR entsteht lediglich die 1,0-Gebühr nach VV 1000, 1003. Aus dem weitergehenden Wert von 8.000 EUR entsteht dagegen die 1,5-Gebühr nach VV 1000.
> Nunmehr ist § 15 Abs. 3 zu beachten. Der Anwalt kann an Gebühren nicht mehr berechnen als eine Gebühr aus dem höchsten Satz, also 1,5, berechnet aus dem Gesamtwert (§ 22 Abs. 1), also 18.000 EUR.
> Dies ergibt folgende Berechnung:
> 1,0-Einigungsgebühr, VV 1003 (Wert: 10.000 EUR)   558,00 EUR
> 1,5-Einigungsgebühr, VV 1000 (Wert: 8.000 EUR)   684,00 EUR
> gem. § 15 Abs. 3 nicht mehr als 1,5 aus 18.000 EUR   1.044,00 EUR

8. Erhöhung der Verfahrensgebühr/Verfahrensdifferenzgebühr

Wird in einem Verfahren nach VV Teil 3 auch über nicht anhängige Gegenstände eine Einigung geschlossen, protokolliert oder wird dort nur über dort nicht anhängige Gegenstände erörtert oder verhandelt wird, entsteht aus dem Mehrwert wiederum eine Verfahrensgebühr. 178

In einigen Verfahren wird insoweit nicht differenziert, so dass die volle Verfahrensgebühr anfällt, so etwa im Beschwerdeverfahren (VV 3500). 179

In anderen Verfahren wird dagegen differenziert, so dass die Höhe der Verfahrensgebühr von der Tätigkeit des Anwalts abhängt. Es sind dies 180
– **Rechtsstreit erster Instanz** (VV 3100, 3101)
– **Berufung** (VV 3200, 3201)
– **Revision** (VV 3207, 3209 i.V.m. Anm. zu VV 3201)
– **Mahnverfahren** (VV 3505, 3506)

---

161 LAG Baden-Württemberg AGS 2016, 323 = FA 2016, 224 (unter Aufgabe seiner bisherigen Rspr.); LAG Düsseldorf AGS 2014, 503 = AnwBl 2015, 100 = NZA-RR 2015, 48 = JurBüro 2015, 28 = NJW-Spezial 2014, 700 = FA 2014, 379.
162 LAG Schleswig-Holstein, Beschl. v. 18.11.2011 – 1 Ta 191/11; LAG Rheinland-Pfalz Rpfleger 2011, 403;
LAG Hamm NZA-RR 2007, 601; LAG Nürnberg NZA-RR 2009, 556 = ArbuR 2009, 371 = AE 2009, 349 = NZA 2010, 62.
163 LAG Nürnberg JurBüro 1998, 190 = MDR 1998, 372 = Rpfleger 1998, 165.

- **Termins- und Verkehrsanwalt** (VV 3337)
- **Rechtsbeschwerde** nach § 574 ZPO (VV 3503 i.V.m. VV 3201)
- **Nichtzulassungsbeschwerden** (VV 3505, 3507, 3509 jeweils i.V.m. VV 3201)

Hier gilt Folgendes:

181 – Nimmt der Anwalt an einem gerichtlichen Termin teil und wirkt er dort an dem Abschluss der Einigung mit, so entsteht insoweit die volle Verfahrensgebühr aus dem Gesamtwert (§ 23 Abs. 1 RVG i.V.m. § 39 Abs. 1 GKG, § 33 Abs. 1 FamGKG), da weder VV 3101 Nr. 1, Nr. 2 noch die Regelung in VV 3201 Abs. 1greifen.[164]

Beispiel: In einem Rechtsstreit werden 10.000 EUR eingeklagt. Die Parteien einigen sich in der mündlichen Verhandlung über die gesamte Klageforderung sowie über weitere 8.000 EUR, die bislang nicht anhängig waren.
Die 1,3-Verfahrensgebühr sowie die Terminsgebühr berechnen sich nach dem vollen Wert von 18.000 EUR. Auch die Einigungsgebühr entsteht aus dem vollen Wert von 18.000 EUR, da sich die Parteien über diesen Betrag insgesamt geeinigt haben; allerdings ist hier nunmehr zu differenzieren: Aus einem Teilwert von 10.000 EUR entsteht lediglich die 1,0-Gebühr nach VV 1000, 1003. Aus dem weitergehenden Wert von 8.000 EUR entsteht dagegen die 1,5-Gebühr nach VV 1000.
Für die Einigungsgebühren gilt nunmehr § 15 Abs. 3. Der Anwalt kann an Einigungsgebühren nicht mehr berechnen als eine Gebühr aus dem höchsten Satz, also 1,5, berechnet aus dem Gesamtwert, also 18.000 EUR.
Dies ergibt folgende Berechnung:
1. 1,3-Verfahrensgebühr, VV 3100
   (Wert: 18.000 EUR)   904,80 EUR
2. 1,2-Terminsgebühr, VV 3104
   (Wert: 18.000 EUR)   835,20 EUR
3. 1,0-Einigungsgebühr, VV 1000, 1003
   (Wert: 10.000 EUR)   558,00 EUR
4. 1,5-Einigungsgebühr, VV 1000
   (Wert: 8.000 EUR)   684,00 EUR
   gem. § 15 Abs. 3 nicht mehr als
   1,5 aus 18.000 EUR   1.044,00 EUR
5. Postentgeltpauschale, VV 7002   20,00 EUR
   Zwischensumme   2.804,00 EUR
6. 19 % Umsatzsteuer, VV 7008   532,76 EUR
   Gesamt   **3.336,76 EUR**

182 – Schließen die Parteien eine Einigung auch über nicht anhängige Gegenstände ohne dass hierüber ein gerichtlicher Termin stattgefunden hat – auch wenn nach § 278 Abs. 6 ZPO protokolliert worden ist –, entsteht unter Beachtung des § 15 Abs. 3 neben der vollen Gebühr aus den anhängigen Gegenständen nur die ermäßigte Verfahrensgebühr (VV 3101 Nr. 1; VV 3201 Abs. 1 Nr. 1) aus dem Mehrwert.

Beispiel: In einem Rechtsstreit werden 10.000 EUR eingeklagt. Die Parteien einigen sich ohne mündliche Verhandlung über die gesamte Klageforderung sowie über weitere 8.000 EUR, die bislang nicht anhängig waren.
Die 1,3-Verfahrensgebühr entsteht jetzt nur aus 10.000 EUR; aus den weiteren 8.000 EUR entsteht die Verfahrensgebühr nach VV 3100, 3101 Nr. 1. Zu beachten ist § 15 Abs. 3. Die Terminsgebühr berechnet sich nach dem vollen Wert von 18.000 EUR. Bei der Einigungsgebühr ist wiederum zu differenzieren.
Dies ergibt folgende Berechnung:
1. 1,3-Verfahrensgebühr, VV 3100
   (Wert: 10.000 EUR)   725,40 EUR
2. 0,8-Verfahrensgebühr, VV 3100, 3101 Nr. 1
   (Wert: 8.000 EUR)   364,80 EUR
   gem. § 15 Abs. 3 nicht mehr als
   1,3 aus 18.000 EUR   904,80 EUR
3. 1,2-Terminsgebühr, VV 3104
   (Wert: 18.000 EUR)   835,20 EUR

---

[164] Siehe *N. Schneider*, AGS 2007, 277; *Mayer*, Gebührenformulare, § 5 Rn 79; *Mock*, AGS 2007, 329.

4. 1,0-Einigungsgebühr, VV 1000, 1003
   (Wert: 10.000 EUR)   558,00 EUR
5. 1,5-Einigungsgebühr, VV 1000
   (Wert: 8.000 EUR)   684,00 EUR
   gem. § 15 Abs. 3 nicht mehr als
   1,5 aus 18.000 EUR   1.044,00 EUR
6. Postentgeltpauschale, VV 7002   20,00 EUR
   Zwischensumme   2.804,00 EUR
7. 19 % Umsatzsteuer, VV 7008   532,76 EUR
Gesamt   **3.336,76 EUR**

– Wird ein Vergleich nur protokolliert, ohne dass der Anwalt an der Einigung mitgewirkt hat, entsteht neben der vollen Gebühr aus den anhängigen Gegenständen unter Beachtung des § 15 Abs. 3 aus dem Mehrwert die ermäßigte Verfahrensgebühr der VV 3101 Nr. 2, Alt. 1; VV 3201 Abs. 1 Nr. 2. **183**

Beispiel: In einem Rechtsstreit werden 10.000 EUR eingeklagt. Im Termin wird eine Einigung über die 10.000 EUR getroffen. Darüber hinaus werden weitere 8.000 EUR protokolliert, über die sich die Parteien bereits ohne die Anwälte geeinigt hatten.
Die 1,3-Verfahrensgebühr entsteht jetzt nur aus 10.000 EUR; aus den weiteren 8.000 EUR entsteht die Verfahrensgebühr nach VV 3100, 3101 Nr. 2, 1. Alt. Zu beachten ist wiederum § 15 Abs. 3. Die Terminsgebühr berechnet sich jetzt nur nach 10.000 EUR (Anm. Abs. 3 zu VV 3104). Gleiches gilt für die Einigungsgebühr.
Dies ergibt folgende Berechnung:
1. 1,3-Verfahrensgebühr, VV 3100
   (Wert: 10.000 EUR)   725,40 EUR
2. 0,8-Verfahrensgebühr, VV 3100, 3101 Nr. 2, 1 Alt.
   (Wert: 8.000 EUR)   364,80 EUR
   gem. § 15 Abs. 3 nicht mehr als
   1,3 aus 18.000 EUR   904,80 EUR
3. 1,2-Terminsgebühr, VV 3104
   (Wert: 10.000 EUR)   669,60 EUR
4. 1,0-Einigungsgebühr, VV 1000, 1003
   (Wert: 10.000 EUR)   558,00 EUR
5. Postentgeltpauschale, VV 7002   20,00 EUR
   Zwischensumme   2.152,40 EUR
6. 19 % Umsatzsteuer, VV 7008   408,96 EUR
Gesamt   **2.561,36 EUR**

Nimmt der Anwalt an Einigungsverhandlungen im gerichtlichen Termin teil, ohne dass eine Einigung zustande kommt, entsteht unter Beachtung des § 15 Abs. 3 aus dem Mehrwert die ermäßigte Verfahrensgebühr der VV 3100, 3101 Nr. 2, 2. Alt.; VV 3201 Abs. 1 Nr. 2. **184**

Beispiel: In einem Rechtsstreit werden 10.000 EUR eingeklagt. Im Termin wird eine Einigung über die 10.000 getroffen. Darüber hinaus wird versucht, weitere 8.000 EUR mit in die Einigung einzubeziehen, was aber scheitert.
Die 1,3-Verfahrensgebühr entsteht jetzt nur aus 10.000 EUR; aus den weiteren 8.000 EUR entsteht die Verfahrensgebühr nach VV 3100, 3101 Nr. 2, 1. Alt. Zu beachten ist wiederum § 15 Abs. 3. Die Terminsgebühr berechnet sich jetzt nach 18.000 EUR (Anm. Abs. 3 zu VV 3104); die Einigungsgebühr dagegen nur nach 10.000 EUR.
Dies ergibt folgende Berechnung:
1. 1,3-Verfahrensgebühr, VV 3100
   (Wert: 10.000 EUR)   725,40 EUR
2. 0,8-Verfahrensgebühr, VV 3100, 3101 Nr. 2, 2 Alt.
   (Wert: 8.000 EUR)   364,80 EUR
   gem. § 15 Abs. 3 nicht mehr als
   1,3 aus 18.000 EUR   904,80 EUR
3. 1,2-Terminsgebühr, VV 3104
   (Wert: 18.000 EUR)   835,20 EUR

4. 1,0-Einigungsgebühr, VV 1000, 1003
      (Wert: 10.000 EUR)   558,00 EUR
   5. Postentgeltpauschale, VV 7002   20,00 EUR
      Zwischensumme   2.317,20 EUR
   6. 19 % Umsatzsteuer, VV 7008   440,27 EUR
      Gesamt   **2.757,47 EUR**

9. Einigung im Rechtsmittelverfahren

a) Allgemeines

185 Im Rechtsmittelverfahren erhöhen sich die Gebühren. Hinsichtlich der Gebührenberechnung ergeben sich gegenüber dem erstinstanzlichen Verfahren kaum Unterschiede. Dennoch treten insbesondere nach Abschluss einer Einigung im Rechtsmittelverfahren zusätzliche Abrechnungsprobleme auf. Zu unterscheiden sind **folgende Fallgruppen:**

b) Die Parteien einigen sich nur über die im Rechtsmittelverfahren anhängigen Gegenstände

186 Schließen die Parteien im Rechtsmittelverfahren nur über solche Gegenstände eine Einigung, die auch dort anhängig sind, so ist die Gebührenabrechnung einfach. Der Anwalt erhält die erhöhte Verfahrensgebühr, die Terminsgebühren sowie die erhöhte Einigungsgebühr nach VV 1004.

> **Beispiel:** Gegen das erstinstanzliche Urteil i.H.v. 10.000 EUR wurde in vollem Umfang Berufung eingelegt. Nach streitiger Verhandlung einigen sich die Parteien.
> 1. 1,6-Verfahrensgebühr, VV 3200
>   (Wert: 10.000 EUR)   892,80 EUR
> 2. 1,2-Terminsgebühr, VV 3202
>   (Wert: 10.000 EUR)   669,60 EUR
> 3. 1,3-Einigungsgebühr, VV 1000, 1004
>   (Wert: 10.000 EUR)   725,40 EUR
> 4. Postentgeltpauschale, VV 7002   20,00 EUR
>   Zwischensumme   2.307,80 EUR
> 5. 19 % Umsatzsteuer, VV 7008   438,48 EUR
>   **Gesamt**   **2.746,28 EUR**

c) Die Parteien beziehen anderweitig anhängige Gegenstände in die Einigung ein

187 **aa) Allgemeines.** Einigen sich die Parteien im Rechtsmittelverfahren (auch) über Gegenstände, die anderweitig anhängig sind, so war je nach Fallgestaltung die Höhe der Vergleichsgebühren strittig. Diese Streitfragen sind durch die Neufassung beseitigt.

188 Zu beachten ist allerdings auch hier, dass dann, wenn im Rechtsmittelverfahren eine Einigung geschlossen, protokolliert oder dort nur über dort nicht anhängige Gegenstände erörtert wird, aus dem Mehrwert wiederum eine **Verfahrensgebühr** entsteht, VV Vorb. 3 Abs. 2. Die Höhe hängt von der Tätigkeit des Anwalts ab.
- Nimmt der Anwalt an einem Termin teil und wirkt er an dem Abschluss der Einigung mit, so entsteht insoweit die volle Verfahrensgebühr aus dem Gesamtwert (§ 22 Abs. 1), da weder VV 3201 Abs. 1 Nr. 1 noch VV 3201 Abs. 1 Nr. 2 eingreifen.
- Schließen die Parteien eine Einigung auch über nicht anhängige Gegenstände, ohne dass hierüber ein Termin stattgefunden hat – selbst wenn nach § 278 Abs. 6 ZPO protokolliert wird – entsteht neben der vollen Gebühr aus den im Rechtsmittelverfahren anhängigen Gegenständen unter Beachtung des § 15 Abs. 3 die reduzierte Verfahrensgebühr nach VV 3201 Abs. 1 Nr. 1 aus dem Mehrwert.
- Wird ein Vergleich nur protokolliert, ohne dass der Anwalt an der Einigung mitgewirkt hat, entsteht neben der vollen Gebühr aus den im Rechtsmittelverfahren anhängigen Gegenständen unter Beachtung des § 15 Abs. 3 die reduzierte Verfahrensgebühr nach VV 3201 Abs. 1 Nr. 2 1. Alt aus dem Mehrwert.

– Nimmt der Anwalt an Einigungsverhandlungen im gerichtlichen Termin teil, ohne dass eine Einigung zustande kommt, entsteht neben der vollen Gebühr aus den im Rechtsmittelverfahren anhängigen Gegenständen unter Beachtung des § 15 Abs. 3 die reduzierte Verfahrensgebühr nach VV 3201 Abs. 1 Nr. 2 2. Alt. aus dem Mehrwert.

bb) Höhe der Einigungsgebühr. Die Einbeziehung anderweitig anhängiger Gegenstände in eine Einigung ist dadurch geregelt, dass in den VV 1000, 1003, 1004 nicht auf die Instanz abgestellt wird, in der die Einigung geschlossen worden ist, sondern auf die Anhängigkeit des Gegenstandes (siehe Rdn 155 ff.). **189**

cc) Verfahrensgebühr aus dem Mehrwert. (1) Der Anwalt ist in dem Verfahren über die mitverglichenen Gegenstände nicht tätig. Werden in die Einigung, Protokollierung oder Einigungsverhandlungen anderweitig anhängige Gegenstände miteinbezogen und ist der Anwalt hinsichtlich dieser anderweitig anhängigen Gegenstände bislang nicht beauftragt, so erhält er nach einhelliger Auffassung aus dem Mehrwert der Einigung eine Verfahrensgebühr. **190**

> **Beispiel:** Gegen ein Urteil i.H.v. 20.000 EUR wird Berufung eingelegt. Nach Erörterung wird eine Einigung geschlossen unter Einbeziehung einer anderweitig in erster Instanz anhängigen Forderung i.H.v. 5.000 EUR. In dem anderweitigen Verfahren waren die Berufungsanwälte nicht tätig.
> 1. 1,6-Verfahrensgebühr, VV 3200
>   (Wert: 25.000 EUR)   1.260,80 EUR
> 2. 1,2-Terminsgebühr, VV 3202
>   (Wert: 25.000 EUR)   945,60 EUR
> 3. 1,3-Einigungsgebühr, VV 1000, 1004
>   (Wert: 20.000 EUR)   964,60 EUR
> 4. 1,0-Einigungsgebühr, VV 1000, 1003
>   (Wert: 5.000 EUR)   303,00 EUR
>   gem. § 15 Abs. 3 nicht mehr als
>   1,3 aus 25.000 EUR   1.024,40 EUR
> 5. Postentgeltpauschale, VV 7002   20,00 EUR
>   Zwischensumme   3.250,80 EUR
> 6. 19 % Umsatzsteuer, VV 7008   617,65 EUR
> **Gesamt**   **3.868,45 EUR**

(2) Der Anwalt ist auch in dem Verfahren über die mitverglichenen Gegenstände tätig. Wurde dem Anwalt auch in dem Verfahren über die mitverglichenen Gegenstände ein Auftrag erteilt und hat er dort bereits die Verfahrensgebühr verdient, so ist umstritten, ob er bei einer Einigung im Rechtsmittelverfahren zusätzlich noch eine Verfahrensgebühr aus dem Mehrwert verdienen kann. Diese Situation tritt insbesondere dann auf, wenn der erstinstanzliche Anwalt gegen ein Teilurteil Berufung einlegt und in der Berufungsinstanz dann das gesamte Verfahren verglichen wird. Die gleiche Problematik stellt sich aber auch dann, wenn wechselseitige Klagen in getrennten Verfahren erhoben werden und im Berufungsverfahren über die eine Klage gleichzeitig das andere Klageverfahren mitverglichen wird. **191**

> **Beispiel (Berufung gegen Teilurteil):** Auf eine Klage über 25.000 EUR ergeht ein Teilurteil über 5.000 EUR, gegen das der Beklagte Berufung einlegt. Im Berufungsverfahren einigen sich die Parteien über die gesamten 25.000 EUR.

> **Beispiel (Berufung bei mehreren Verfahren):** In einer Verkehrsunfallsache werden in getrennten Verfahren wechselseitig Schadensersatzklagen i.H.v. 20.000 EUR und 25.000 EUR erhoben. In beiden Verfahren sind dieselben Anwälte beteiligt. In dem Verfahren über 20.000 EUR ergeht ein klageabweisendes Urteil, gegen das Berufung eingelegt wird. In der Berufungsinstanz werden beide Verfahren verglichen.

Nach Ansicht einiger Gerichte soll dem Anwalt in diesem Falle keine Verfahrensgebühr nach VV 3200, 3201 zustehen. Begründet wird dies damit, dass der Anwalt aus dem Mehrbetrag der Einigung bereits erstinstanzlich die volle Verfahrensgebühr nach VV 3100 verdient habe. Durch diese Gebühr würden weitere Bemühungen um eine einigungsweise Erledigung abgegolten, so dass der Anwalt insoweit nicht doppelt abrechnen dürfe.[165] Zu rechnen wäre danach wie folgt: **192**

---

[165] OLG Bamberg JurBüro 1990, 993; OLG München JurBüro 1994, 25; LAG Bremen MDR 1994, 83; KG Rpfleger 1998, 373; LAG Erfurt BB 1997, 2115 = MDR 1997, 1167.

1. 1,6-Verfahrensgebühr, VV 3200 (Wert: 20.000 EUR)	1.187,20 EUR
2. 1,2-Terminsgebühr, VV 3202 (Wert: 25.000 EUR)	945,60 EUR
3. 1,3-Einigungsgebühr, VV 1000, 1004 (Wert: 20.000 EUR)	964,60 EUR
4. 1,0-Einigungsgebühr, VV 1000, 1003 (Wert: 5.000 EUR)	303,00 EUR
gem. § 15 Abs. 3 nicht mehr als 1,3 aus 25.000 EUR	1.024,40 EUR
5. Postentgeltpauschale, VV 7002	20,00 EUR
Zwischensumme	3.177,20 EUR
6. 19 % Umsatzsteuer, VV 7008	603,67 EUR
Gesamt	**3.780,87 EUR**

193 Diese Auffassung ist unzutreffend. Nach § 15 Abs. 2 S. 2 erhält der Anwalt in jedem Rechtszug gesonderte Gebühren. Schließt er im Berufungsrechtszug eine Einigung über Ansprüche, die anderweitig anhängig sind, so werden sie durch die Einigung (auch) zum Gegenstand der gebührenrechtlichen Angelegenheit des Berufungsverfahrens, unabhängig davon, ob der Anwalt hinsichtlich dieser Gegenstände seine Gebühren bereits anderweitig schon einmal verdient hat.[166] Abgesehen davon kann in einer Angelegenheit nie eine Gebühr nach einem höheren Wert anfallen als die Verfahrensgebühr(en). Hinzu kommt, dass die Anm. Abs. 1 zu VV 3101; Anm. Abs. 1 S. 2 zu VV 3201; Anm. zu VV 3207 i.V.m. Anm. Abs. 1 zu VV 3202 nur eine Anrechnung der Gebühren nach VV 3101 Nr. 2, VV 3201 Nr. 2 vorsehen, nicht aber auch der Gebühren nach VV 3100 und VV 3200 oder VV 3206. Zu rechnen ist daher wie folgt:

1. 1,6-Verfahrensgebühr, VV 3200 (Wert: 25.000 EUR)	1.260,80 EUR
2. 1,2-Terminsgebühr, VV 3202 (Wert: 25.000 EUR)	945,60 EUR
3. 1,3-Einigungsgebühr, VV 1000, 1004 (Wert: 20.000 EUR)	964,60 EUR
4. 1,0-Einigungsgebühr, VV 1000, 1003 (Wert: 5.000 EUR)	303,00 EUR
gem. § 15 Abs. 3 nicht mehr als 1,3 aus 25.000 EUR	1.024,40 EUR
5. Postentgeltpauschale, VV 7002	20,00 EUR
Zwischensumme	3.250,80 EUR
6. 19 % Umsatzsteuer, VV 7008	617,65 EUR
Gesamt	**3.868,45 EUR**

194 Entgegen der Auffassung des KG[167] führt dies auch nicht zwingend zu Mehrkosten, also zu einer höheren Vergütung des Anwalts. Im Gegenteil kann es für die Parteien kostengünstiger sein, in der Berufungsinstanz eine Gesamteinigung abzuschließen, als die jeweils in den Instanzen anhängigen Gegenstände einzeln zu einigen. Durch die Gesamteinigung entsteht zwar zusätzlich eine 0,8- oder 1,1-Verfahrensgebühr; andererseits verringert sich die Höhe der Einigungsgebühr(en) infolge der Gebührendegression.

Beispiel: Auf eine Klage über 25.000 EUR ergeht ein Teilurteil über 20.000 EUR. Hiergegen legt der Beklagte Berufung ein. Im Berufungsverfahren einigen sich die Parteien über die gesamten 25.000 EUR. Bei getrennten **Teileinigungen** würden folgende Einigungsgebühren ausgelöst:

I. Erstinstanzliches Verfahren

1. 1,3-Verfahrensgebühr, VV 3100 (Wert: 25.000 EUR)	1.024,40 EUR
2. 1,2-Terminsgebühr, VV 3104 (Wert: 25.000 EUR)	945,60 EUR

---

166 OLG Düsseldorf 1988, 461; OLG Hamburg JurBüro 1997, 191 = MDR 1997, 203; LG Berlin JurBüro 1967, 221.

167 KG Rpfleger 1998, 373.

Teil 1. Allgemeine Gebühren — VV 1000

3. 1,0-Einigungsgebühr, VV 1000, 1003 (Wert: 5.000 EUR)		303,00 EUR
4. Postentgeltpauschale, VV 7002		20,00 EUR
Zwischensumme	2.293,00 EUR	
5. 19 % Umsatzsteuer, VV 7008		435,67 EUR
Gesamt		**2.728,67 EUR**

II. Berufungsverfahren

1. 1,6-Verfahrensgebühr, VV 3200 (Wert: 20.000 EUR)		1.187,20 EUR
2. 1,2-Terminsgebühr, VV 3202 (Wert: 20.000 EUR)		890,40 EUR
3. 1,3-Einigungsgebühr, VV 1000, 1004 (Wert: 20.000 EUR)		964,60 EUR
4. Postentgeltpauschale, VV 7002		20,00 EUR
Zwischensumme	3.062,20 EUR	
5. 19 % Umsatzsteuer, VV 7008		581,82 EUR
Gesamt		**3.644,02 EUR**
Gesamt I + II		**6.372,69 EUR**

Bei **gemeinsamer Einigung** würden sich dagegen nur folgende Gebühren ergeben:

I. Erstinstanzliches Verfahren

1. 1,3-Verfahrensgebühr, VV 3100 (Wert: 25.000 EUR)		1.024,40 EUR
2. 1,2-Terminsgebühr, VV 3104 (Wert: 25.000 EUR)		945,60 EUR
3. Postentgeltpauschale, VV 7002		20,00 EUR
Zwischensumme	1.990,00 EUR	
4. 19 % Umsatzsteuer, VV 7008		378,10 EUR
Gesamt		**2.368,10 EUR**

II. Berufungsverfahren

1. 1,6-Verfahrensgebühr, VV 3200 (Wert: 20.000 EUR)	1.187,20 EUR	
2. 1,1-Verfahrensgebühr, VV 3201 Nr. 2 (Wert: 5.000 EUR)	333,30 EUR	
gem. § 15 Abs. 3 nicht mehr als 1,6 aus 25.000 EUR		1.260,80 EUR
3. 1,2-Terminsgebühr, VV 3202 (Wert: 25.000 EUR)		945,60 EUR
4. 1,3-Einigungsgebühr, VV 1000, 1004 (Wert: 20.000 EUR)	964,60 EUR	
5. 1,0-Einigungsgebühr, VV 1000, 1003 (Wert: 5.000 EUR)	303,00 EUR	
gem. § 15 Abs. 3 nicht mehr als 1,3 aus 25.000 EUR		1.024,40 EUR
6. Postentgeltpauschale, VV 7002		20,00 EUR
Zwischensumme	3.250,80 EUR	
7. 19 % Umsatzsteuer, VV 7008		617,65 EUR
Gesamt		**3.868,45 EUR**
Gesamt I + II		**6.236,55 EUR**

d) Die Parteien beziehen Gegenstände in die Einigung mit ein, über die kein gerichtliches Verfahren anhängig ist

Werden im Berufungsverfahren in eine Einigung Gegenstände einbezogen, die bislang nicht anhängig sind, so erhält der Anwalt unstreitig aus dem Wert dieser Gegenstände eine Verfahrensgebühr (zur Berechnung der Höhe siehe Rdn 151) sowie eine Einigungsgebühr nach VV 1000 und VV 1000, 1004.

Beispiel: Gegen die Verurteilung i.H.v. 20.000 EUR legt der Beklagte Berufung ein. Ohne Terminswahrnehmung einigen sich die Parteien nach einer außergerichtlichen Besprechung über die 20.000 EUR sowie weitere nicht anhängige 5.000 EUR.

1. 1,6-Verfahrensgebühr, VV 3200
   (Wert: 20.000 EUR)   1.187,20 EUR
2. 1,1-Verfahrensgebühr, VV 3201 Nr. 2
   (Wert: 5.000 EUR)   333,30 EUR
   gem. § 15 Abs. 3 nicht mehr als
   1,6 aus 25.000 EUR   1.260,80 EUR
3. 1,2-Terminsgebühr, VV 3202
   (Wert: 25.000 EUR)   945,60 EUR
4. 1,3-Einigungsgebühr, VV 1000, 1004
   (Wert: 20.000 EUR)   964,60 EUR
5. 1,5-Einigungsgebühr, VV 1000
   (Wert: 5.000 EUR)   454,50 EUR
   gem. § 15 Abs. 3 nicht mehr als
   1,3 aus 25.000 EUR   1.024,40 EUR
6. Postentgeltpauschale, VV 7002   20,00 EUR
   Zwischensumme   3.250,80 EUR
7. 19 % Umsatzsteuer, VV 7008   617,65 EUR

Gesamt   **3.868,45 EUR**

VIII. Gegenstandswert

196 Der Gegenstandswert für die Einigungsgebühr berechnet sich nicht danach, auf welche Leistungen sich die Parteien verständigt haben, sondern allein nach dem Wert derjenigen Gegenstände, **über die sie sich geeinigt haben**.[168] Hinsichtlich der Wertberechnung gelten die §§ 22 ff. Wird die Einigung in einem **Verfahren vor dem Nachlassgericht** getroffen, richtet sich der Gegenstandswert nach den Vorschriften des GNotKG.[169]

197 Der Wert der Einigungsgebühr muss nicht notwendigerweise mit dem Wert des zugrunde liegenden Verfahrens übereinstimmen. Der für die Einigungsgebühr maßgebliche Gegenstandswert kann geringer liegen als der Wert des Verfahrens, nämlich dann, wenn die Parteien sich nur über Teile des Verfahrensgegenstandes einigen.[170]

Beispiel: Nach Klageerhebung zahlt der Beklagte auf die Klageforderung von 8.000 EUR einen Betrag i.H.v. 2.000 EUR. Insoweit wird der Rechtsstreit in der Hauptsache für erledigt erklärt. Anschließend einigen sich die Parteien über die restlichen 6.000 EUR.
Die Verfahrensgebühr berechnet sich aus dem vollen Wert von 8.000 EUR. Die Einigungsgebühr dagegen lediglich aus dem Wert von 6.000 EUR.

198 Der Gegenstandswert der Einigungsgebühr kann dagegen niemals höher liegen als der Gegenstandswert des Verfahrens. Sofern erst durch eine Einigung zusätzliche Ansprüche einbezogen werden, wirkt sich dies immer auf die jeweilige Verfahrensgebühr aus. In außergerichtlichen Tätigkeiten erhöht sich der Wert der Geschäftsgebühr (VV 2300). Wird der Anwalt hinsichtlich der angestrebten Einigung über eine Mehrforderung tätig, so kann man davon ausgehen, dass der Mandant ihn insoweit mit einer außergerichtlichen Vertretung im Sinne von VV 2300 beauftragt hat.

Beispiel: Die Parteien streiten außergerichtlich über 5.000 EUR. Die Parteien einigen sich unter Mithilfe ihrer Anwälte über die 5.000 EUR sowie weitere 3.000 EUR.
Die Anwälte erhalten die Geschäftsgebühr der VV 2300 und die Einigungsgebühr aus dem vollen Wert von 8.000 EUR.

199 In Angelegenheiten des VV Teil 3 erhöht sich entweder der Wert der jeweiligen Verfahrensgebühr (so etwa im Fall der VV 3334 – Räumungsfristverfahren) oder der Anwalt erhält eine zusätzliche

---

168 BGH NJW 1964, 1523 = AnwBl 1965, 204; OLG Frankfurt AGS 2011, 562; OLG Hamburg JurBüro 1981, 1182; OLG Schleswig SchlHA 1991, 115; OLG Düsseldorf KostRsp. RVG-VV 1000 Nr. 8 = FA 2005, 256 = JurBüro 2005, 479 = OLGR 2005, 651.

169 BayObLG KostRsp. BRAGO § 23 Nr. 152 zur früheren Rechtslage nach der KostO.

170 OLG Hamburg JurBüro 1981, 1581.

Verfahrensdifferenzgebühr aus dem Mehrwert der Einigung (VV 3100, 3101 Nr. 1, 2; VV 3202 Nr. 1; Anm. zu VV 3207).

> **Beispiel:** Die Parteien führen einen Rechtsstreit über 5.000 EUR. Der Anwalt des Beklagten erhält den Auftrag, eine Widerklage i.H.v. weiteren 3.000 EUR zu erheben. Bevor es zur Widerklage kommt, einigen sich die Parteien ohne Termin und ohne gerichtliche Protokollierung über die Gesamtforderung in Höhe von 8.000 EUR.
> Neben der 1,3-Verfahrensgebühr aus 5.000 EUR erhalten die Anwälte der Parteien eine 0,8-Verfahrensgebühr nach VV 3100, 3101 Nr. 1.

> **Beispiel:** Die Parteien streiten in einem isolierten Räumungsfristverfahren über eine Räumungsfrist (Wert: 900 EUR). Sodann vergleichen sie sich über die Räumungsfrist und weitere 960 EUR Nebenkosten.
> Hier ist eine Verfahrensdifferenzgebühr nicht vorgesehen. Verfahrensgebühr (VV 3334) und Einigungsgebühr berechnen sich aus dem Wert von 1.860 EUR.

Wird eine Einigung über mehrere Gegenstände erzielt, so sind deren Werte zusammenzurechnen (§ 22 Abs. 1 RVG; § 39 GKG). Das gilt auch dann, wenn eine Einigung über das Hauptsacheverfahren und ein einstweiliges Anordnungsverfahren geschlossen wird.[171] **200**

Soweit nicht anhängige Gegenstände in eine gerichtliche Einigung einbezogen werden, ist ihr voller Wert zu berücksichtigen.[172] **201**

Strittig war bisher die Berechnung des Gegenstandswertes, wenn **unstreitige Forderungen** in die Einigung mit einbezogen werden, insbesondere wenn die Forderungen bereits tituliert waren. Grundsätzlich wurde vertreten, dass der Wert solcher Ansprüche außer Ansatz zu bleiben habe, wenn es insoweit an einer Einigung fehle. Entsprechende Forderungen würden in der Regel nur als Rechnungsposten aufgenommen. **202**

> **Beispiel:** Eingeklagt worden sind 10.000 EUR. Der Beklagte hat einen Teilbetrag i.H.v. 4.000 EUR anerkannt; ein Anerkenntnisurteil ist allerdings noch nicht ergangen. Hiernach einigen sich die Parteien über die restlichen 6.000 EUR, die noch zur Hälfte gezahlt werden sollen. Sie protokollieren eine Einigung, dass zum Ausgleich der gesamten Klageforderung 7.000 EUR gezahlt werden.
> Eine Einigung liegt hier lediglich hinsichtlich der nicht anerkannten 6.000 EUR vor, so dass nur dieser Wert zu berücksichtigen ist. Über die weiter gehenden 4.000 EUR, die bereits anerkannt waren, haben die Parteien keine Einigung erzielt (siehe Anm. Abs. 1 S. 1), so dass dieser Betrag bei der Festsetzung des Gegenstandswertes für die Einigung außer Betracht zu bleiben hat.

Der Mehrwert unstrittiger oder titulierter Forderungen konnte schon nach früherer Rechtslage allerdings dann Bedeutung haben, wenn hinsichtlich dieses Gegenstandes eine Ratenzahlung bewilligt wird und gerade dadurch ein Streit oder die Ungewissheit der Realisierung beseitigt wird.[173] **203**

Bei einer Einigung der Parteien auch über die **titulierte Forderung** war auch deren Wert zu berücksichtigen. **204**

> **Beispiel:** Auf eine Klage in Höhe von 8.000 EUR ist bereits ein Teilanerkenntnisurteil in Höhe von 3.000 EUR ergangen. Über die restlichen 5.000 EUR einigen sich die Parteien. Darüber hinaus einigen sich die Parteien auch über den titulierten Betrag dergestalt, dass dem Beklagten die Hälfte erlassen wird, wenn er innerhalb eines Monats zahlt.
> In diesem Fall haben die Parteien auch über die titulierte Forderung eine Einigung geschlossen. Es liegt ein Nachgeben vor, mit dem die Ungewissheit über die Zahlungsfähigkeit des Beklagten beseitigt werden soll. Die Einigungsgebühr entsteht daher aus dem Gesamtwert.

Der Gesetzgeber hat nunmehr diese Frage geklärt und in § 31b angeordnet, dass der Gegenstandswert 20 % der Forderung betrage. Die Neuregelung soll sicherstellen, dass als Wert einer Zahlungsvereinbarung nach VV 1000 Abs. 1 Nr. 2 – entsprechend der bisherigen Rechtsprechung[174] – immer nur ein Bruchteil der zugrunde liegenden Forderung für die Berechnung der Einigungsgebühr maßgebend ist. **205**

Wird in einem Rechtsstreit eine Einigung sowohl über die **Hauptsache** als auch über ein anhängiges **einstweiliges Verfügungs- oder Arrestverfahren** geschlossen, so sind die Werte beider Verfahren **206**

---

[171] OLG Düsseldorf KostRsp. RVG-VV 1000 Nr. 6 = AGS 2006, 37 = JurBüro 2005, 310 = RVG-B 2005, 161.
[172] OLG Bamberg JurBüro 1989, 201.
[173] Anders noch bei der Vergleichsgebühr, die ein gegenseitiges Nachgeben erforderte, das hier verneint wurde,

OLG Hamburg MDR 1981, 945 = JurBüro 1981, 1182 = KostRsp. BRAGO § 23 Nr. 12 m. Anm. *E. Schneider.*
[174] Vgl. KG KGR 2004, 309; KG KGR 2004, 446; AG Lüdenscheid AGS 2008, 251.

zu addieren.[175] Dies ergibt sich aus § 22 Abs. 1, wonach die Werte verschiedener Gegenstände zusammenzurechnen sind. Ein Additionsverbot besteht hier nicht. Insbesondere liegt keine wirtschaftliche Identität vor. Im Arrest- oder einstweiligen Verfügungsverfahren geht es lediglich um die Sicherung, in der Hauptsache jedoch um die volle Befriedigung. Daher sind verschiedene Gegenstände gegeben, so dass zu addieren ist.[176] Soweit die Hauptsache noch nicht anhängig ist, entsteht neben der 1,0-Einigungsgebühr (VV 1003) aus dem Wert des Verfügungs- oder Arrestverfahrens zusätzlich aus dem vollen Wert der Hauptsache sogar eine 1,5-Einigungsgebühr nach VV 1000.[177] Zu beachten ist allerdings die Begrenzung nach § 15 Abs. 3.

207 Nach § 31b beträgt der Gegenstandswert der Einigungsgebühr bei dem Abschluss einer Ratenzahlungsvereinbarung 20 % der Forderung. Dies gilt auch dann, wenn nur für einen bestimmten Zeitraum auf die Vollstreckung verzichtet wird (Stundung).

C. Prozesskostenhilfe

208 Ist dem Mandanten Prozesskostenhilfe bewilligt worden, so erhält der Anwalt auch die Einigungsgebühr aus der Staatskasse (§ 44), allerdings aus den Beträgen des § 49. Soweit die Parteien sich nur über Gegenstände einigen, hinsichtlich deren der Anwalt beigeordnet worden ist, ergeben sich keine Probleme.

209 Schließen die Parteien dagegen eine Einigung auch über **weiter gehende Ansprüche**, also solche, für die Prozesskostenhilfe abgelehnt worden oder erst gar nicht beantragt worden ist, kann eine Einigungsgebühr nur gegen die Staatskasse geltend gemacht werden, wenn die Prozesskostenhilfebewilligung auch auf den Abschluss der Einigung erstreckt wird.

210 Eine Ausnahme bilden nur die Fälle des **§ 48 Abs. 3**. Danach erstreckt sich die Prozesskostenhilfe in einer Ehesache auch auf den Abschluss einer Einigung über:
– Ehegattenunterhalt,
– Kindesunterhalt,
– Sorgerecht für gemeinsame Kinder,
– Umgangsrecht für gemeinsame Kinder,
– Rechte an Ehewohnung und Hausrat sowie
– Ansprüche aus dem ehelichen Güterrecht.

Einer besonderen Bewilligung bedarf es für die Einigung nicht.

211 Diese Regelung ist nicht analog auf andere Familiensachen anwendbar. So erstreckt sich die Prozesskostenhilfe-Bewilligung im Verfahren über die elterliche Sorge nicht auch auf eine über ein nicht anhängiges Umgangsrecht geschlossene Einigung.[178] Ebenso gilt diese Regelung nicht für eine Einigung über die Auseinandersetzung des gemeinsamen Vermögens oder gemeinsamer Schulden.[179]

212 Umstritten ist, ob der Anwalt die Einigungsgebühr aus der Staatskasse auch dann erhält, wenn in einem gerichtlichen Verfahren eine **außergerichtliche Einigung** geschlossen wird. Nach einem Teil der Rechtsprechung[180] ist der Abschluss einer Prozesseinigung erforderlich; eine außergerichtlich geschlossene Einigung genügt danach auch dann nicht, wenn über die darin enthaltenen Regelungsgegenstände ein gerichtliches Verfahren anhängig ist. Die Beiordnung des Rechtsanwalts im Wege

---

175 OLG München AnwBl 1993, 530 = JurBüro 1993, 673 = OLGR 1993, 188 = Rpfleger 1993, 463 = KostRsp. BRAGO § 23 Nr. 70 m. Anm. *Lappe*; OLG Hamburg JurBüro 1991, 1065 = MDR 1991, 904 = KostRsp. BRAGO § 23 Nr. 65 m. Anm. *Lappe*; OLG Stuttgart JurBüro 1996, 137 = Justiz 1996, 60.

176 OLG Düsseldorf AnwBl 1972, 131; OLG Hamburg MDR 1979, 401; OLG München NJW 1969, 938; OLG Stuttgart ZAP Fach 24, S. 609; *Clausnitzer*, ZAP Fach 24, S. 609; a.A. KG AnwBl 1978, 80.

177 OLG Stuttgart ZAP Fach 24, S. 609; *Clausnitzer*, ZAP Fach 24, S. 609.

178 OLG Zweibrücken KostRsp. BRAGO § 122 Nr. 108 = Rpfleger 2001, 557; OLG München BRAGOreport 2001, 13 m. Anm. *Hansens* = AGS 2000, 31 = FamRZ 2000, 1389 = JurBüro 1999, 589; OLG Koblenz KostRsp. BRAGO § 122 Nr. 106 = JurBüro 2001, 311; KG KostRsp. BRAGO § 122 Nr. 101 = KGR 1999, 183; a.A. OLG Stuttgart FamRZ 1999, 389.

179 OLG Koblenz AGS 2004, 157 m. Anm. *N. Schneider*.

180 OLG Brandenburg KostRsp. BRAGO § 122 Nr. 107 = FamRZ 2001, 1394; KG KostRsp. BRAGO § 122 Nr. 93 = MDR 1998, 1484 = KGR 1998, 347; LAG Köln AGS 1998, 37 m. abl. Anm. *Madert*; OLG Köln JurBüro 1994, 478 = MDR 1994, 313 = OLGR 1994, 28; OLG Schleswig AGS 2003, 166.

der Prozesskostenhilfe umfasst danach nur dann die Vergütung für eine außergerichtliche Einigung, wenn hierfür eine ausdrückliche Beiordnung erfolgt ist.[181] Nach zutreffender Ansicht ist dem im Rahmen der Prozesskostenhilfe uneingeschränkt beigeordneten Anwalt auch bei Abschluss einer außergerichtlichen Einigung eine Einigungsgebühr aus der Staatskasse zuzubilligen.[182] Aus der Formulierung in § 45 Abs. 1 folgt nur, dass die Tätigkeit des Anwalts „in Verfahren vor Gerichten" stattfinden muss. Diese Voraussetzung ist aber auch dann erfüllt, wenn in einem gerichtlichen Verfahren eine Einigung geschlossen, aber nicht vor Gericht protokolliert wird.

213 Das gilt auch dann, wenn außergerichtlich eine Einigung über Gegenstände getroffen wird, die unter 48 Abs. 3 fallen.[183]

214 Soweit der Anwalt die Einigungsgebühr aus der Staatskasse erhält, sind die Beträge des § 49 maßgebend.

215 Der **Gebührensatz** richtet sich nach VV 1003, wenn der Gegenstand der Einigung anhängig oder wenn er Gegenstand eines Verfahrens auf Bewilligung von Prozesskostenhilfe ist (Anm. zu VV 1003). Erstreckt sich die Prozesskostenhilfebewilligung dagegen nur kraft Beschlusses oder nach § 48 Abs. 3 auch auf Gegenstände, für deren Geltendmachung oder Abwehr bisher keine Prozesskostenhilfe beantragt worden ist, gilt der Gebührensatz der VV 1000 (vgl. Rdn 173 ff.).

216 Strittig ist ferner, ob dem beigeordneten **Verkehrsanwalt** wegen der Einigungsgebühr ein Anspruch gegen die Staatskasse zusteht. Dies wird zum Teil verneint;[184] es sei denn, in dem Beiordnungsbeschluss wurde er ausdrücklich auch für den Abschluss der Einigung beigeordnet. Das gilt auch bei einer Einigung in einer Scheidungssache.

217 Diese Auffassung ist u.E. unzutreffend[185] und lässt sich nur mit fiskalischen Interessen erklären. Nach § 121 Abs. 4 ZPO kann der Partei „zur Vermittlung des Verkehrs mit dem Prozessbevollmächtigten" ein weiterer Rechtsanwalt beigeordnet werden. Folglich hat der beigeordnete Rechtsanwalt gemäß § 48 Abs. 3 Anspruch auf Übernahme seiner Kosten durch die Staatskasse im Rahmen des Bewilligungsbeschlusses. Sofern der Bewilligungsbeschluss keine Einschränkung enthält, gilt auch für den Verkehrsanwalt folglich § 48 Abs. 3, wonach sich die Beiordnung in einer Ehesache auch auf den Abschluss einer Einigung über dort näher genannte Folgesachen erstreckt.

218 Dass auch der Verkehrsanwalt die Einigungsgebühr verdienen kann, wenn er am Zustandekommen der Einigung mitwirkt, ist einhellige Auffassung (siehe VV 3400 Rdn 61 m.w.N.). Dass diese Regelung nicht für den im Rahmen der Prozesskostenhilfe beigeordneten Rechtsanwalt gelten soll, findet im Gesetz keine Stütze.

219 Zur Vermeidung späterer Gebührenverluste sollte der Verkehrsanwalt rechtzeitig bei Gericht beantragen, dass die Beiordnung im Rahmen der Prozesskostenhilfe auch zum Abschluss einer Folgenvereinbarung erfolgt. Soweit der Bewilligungsbeschluss den Abschluss der Einigung mit beinhaltet, kann der Anwalt die Einigungsgebühr unstrittig gegenüber der Staatskasse abrechnen.

220 Versäumt der Anwalt, sich auch für die Einigung beiordnen zu lassen, wird er die Partei kaum in Anspruch nehmen können. Sie wird ihm den Einwand entgegenhalten können, er hätte durch einen rechtzeitigen Antrag auf Erweiterung der Beiordnung auch zum Zwecke des Abschlusses der Einigung Prozesskostenhilfe erlangen können. Nur dann, wenn das Gericht die Beiordnung zum Zwecke des Abschlusses des Vergleichs abgelehnt hat oder feststeht, dass diese abgelehnt worden wäre, kann die Partei in Anspruch genommen werden.

---

181 OLG Brandenburg KostRsp. BRAGO § 122 Nr. 107 = FamRZ 2001, 1394.
182 BGH NJW 1988, 494 = MDR 1988, 210 = LM Nr. 1 zu § 121 BRAGO = Rpfleger 1987, 519 = JurBüro 1988, 1376 = BGHWarn 1987, Nr. 319 = BGHR BRAGO § 121 Vergleich 1 = BGH-DAT Zivil = FPR 1997, 289 = VersR 1988, 941 = Rpfleger 1988, 83 = BB 1988, 439; OLG Hamm KostRsp. BRAGO § 122 Nr. 102 = AGS 2001, 54 = OLGR 2000, 381 (Abkehr von der bisherigen Senatsrechtsprechung); OLG Frankfurt/M. OLGR 1988, 91; OLG Oldenburg FamRZ 1996, 682 = JurBüro 1994, 545 = NdsRpfl 1993, 369; LG Berlin JurBüro 1994, 481; LG Osnabrück NdsRpfl 1994, 121; OLG München AGS 2004, 156; KG RVGreport 2005, 418; OLG Köln AGS 2006, 138 m. Anm. *N. Schneider*; VGH München AGS 2009, 449 = AuAS 2009, 166 = NJW-Spezial 2009, 524.
183 OLG Köln AGS 2006, 138 m. Anm. *N. Schneider*.
184 OLG München AGS 2003, 511 m. abl. Anm. *N. Schneider*.
185 So auch OLG Düsseldorf JurBüro 1981, 563; OLG Stuttgart JurBüro 1979, 865.

221 Angesichts dessen, dass die bedürftige Partei davon ausgeht, sämtliche Kosten würden durch die Prozesskostenhilfe übernommen, wird den Anwalt in diesem Falle wohl eine Hinweispflicht treffen. Er muss die bedürftige Partei darauf hinweisen, dass er nur als Verkehrsanwalt beigeordnet ist und dass Mehrkosten, die durch den Einigungsabschluss entstehen, von der Partei selbst zu tragen sind.

222 Auch wenn der Verkehrsanwalt die Einigungsgebühr nicht erhält, erhält er doch zusätzlich aus dem Mehrwert der Einigung die 0,8-Gebühr nach VV 3100, 3101 Nr. 2 (bis zur Höhe einer Gesamtgebühr von 1,0, vgl. § 15 Abs. 3). Dies ergibt sich unmittelbar aus VV 3400, wonach der Verkehrsanwalt die Verfahrensgebühr in der Höhe erhält, in der sie auch der Verfahrensbevollmächtigte erhält. Dieser verdient aber für die Protokollierung der Einigung eine zusätzliche 0,8-Verfahrensgebühr nach VV 3100, 3101 Nr. 2 unter Beachtung des § 15 Abs. 3. Jedenfalls insoweit bedarf es m.E. keiner gesonderten Bewilligung, da diese zusätzliche Gebühr nicht für den Abschluss der Einigung, sondern für die Vermittlung des Verkehrs zwischen bedürftiger Partei und Prozessbevollmächtigtem entsteht. Vorsorglich sollte der Verkehrsanwalt aber auch insoweit seine Beiordnung beantragen.

223 Auch dem Anwalt, der im PKH-Prüfungsverfahren eine Einigung schließt, steht nach Beiordnung für die Instanz und die Einigung ein Anspruch auf eine Einigungsgebühr zu.[186]

D. Gerichtskosten

224 Der Abschluss einer Einigung ist durch die Gerichtsgebühren des jeweiligen Verfahrens nach dem GKG-KostVerz. oder FamGKG-KostVerz. abgegolten.

225 Soweit die Parteien das Verfahren durch einen Vergleich endgültig erledigen, reduzieren sich die Gerichtsgebühren nach GKG-KostVerz. 1211 Nr. 3, 1222 Nr. 3, 1232 Nr. 3. Wieso hier nach wie vor auf einen „Vergleich" abgestellt wird und nicht auf eine „Einigung", ist nicht nachzuvollziehen. Vermutlich dürfte es sich hier um ein Redaktionsversehen handeln. Auch dann, wenn sich das Verfahren durch eine Einigung erledigt, die nicht den Anforderungen des § 779 BGB genügt, muss eine Ermäßigung der Gerichtskosten eintreten. Allein dies entspricht dem Sinn und Zweck des Gesetzes.

226 Im Gegensatz zu den übrigen Erledigungstatbeständen setzt die Einigung jedoch voraus, dass die Kostenentscheidung nicht dem Gericht überlassen bleibt, sondern auch die Kosten des Verfahrens einschließt. Enthält die Einigung dagegen keine Kostenregelung, sondern betrifft sie nur die Hauptsache und bleibt die Kostenentscheidung deshalb dem Gericht überlassen, so greift die Gebührenreduzierung nicht.[187] Es sind dies vor allem die Fälle, in denen die Parteien im Hinblick auf die Einigung den Rechtsstreit in der Hauptsache für erledigt erklären und eine Kostenentscheidung nach § 91a ZPO beantragen. Dies reicht für eine Gebührenermäßigung nicht aus, denn die übereinstimmende Erledigungserklärung als solche ist ausdrücklich nicht privilegiert (z.B. GKG-KostVerz. 1211 Nr. 4, 1222 Nr. 4, 1232 Nr. 4), es sei denn, die Entscheidung des Gerichts folgt einer zuvor mitgeteilten Einigung der Parteien über die Kostentragung oder der Kostenübernahmeerklärung einer Partei.

227 Unschädlich ist es dagegen, wenn die Parteien eine Einigung abschließen und auch die Kosten verteilen, allerdings die Kosten des Nebenintervenienten unberücksichtigt lassen, so dass das Gericht insoweit noch eine Kostenentscheidung nach § 101 ZPO treffen muss.[188]

228 Enthält die Einigung dagegen einen Mehrwert, werden also auch nicht anhängige Ansprüche mitverglichen, so entsteht aus dem Mehrwert eine weitere 0,25-Gerichtsgebühr nach GKG-KostVerz. 1900 in Zivilsachen und nach GKG-KostVerz. 5600 in verwaltungsgerichtlichen Verfahren und GKG-KostVerz. 7600 in sozialgerichtlichen Verfahren. In Strafsachen löst eine Einigung über zivilrechtliche Ansprüche, etwa im Adhäsionsverfahren oder im Privatklageverfahren, keine Gebühren aus, da dort Gebühren nur im Falle einer gerichtlichen Entscheidung entstehen.

---

186 OLG Jena KostRsp. BRAGO § 23 Nr. 161 = OLGR 2002, 325.
187 OLG München MDR 1996, 424 = KostRsp. GKG-KostVerz. Nr. 18; OLG Hamburg MDR 1997, 103 = OLGR 1996, 320 = KostRsp. GKG-KostVerz. Nr. 33.
188 OLG München AGS 1998, 88 = AnwBl 1998, 286 = JurBüro 1998, 373 = MDR 1998, 739.

E. Kostenerstattung

Endet das Verfahren durch Abschluss einer Einigung, so zählt die Einigungsgebühr grundsätzlich zu den nach § 91 Abs. 2 ZPO zu erstattenden Kosten und ist auf Grundlage der ergangenen Kostenentscheidung oder, sofern sich die Parteien auch über die Kosten geeinigt haben, aufgrund der Einigung zu erstatten. **229**

Entgegen der früheren Rechtsprechung, wonach die Festsetzung einer Einigungsgebühr es erforderte, dass die Parteien einen als Vollstreckungstitel tauglichen Vergleich nach § 794 Abs. 1 Nr. 1 ZPO haben protokollieren lassen (§§ 160 Abs. 3 Nr. 1, 162 f. ZPO),[189] reicht es jetzt für die Festsetzbarkeit einer Einigungsgebühr es aus, dass glaubhaft gemacht wird, dass die Parteien eine Vereinbarung i.S.v. VV 1000 geschlossen haben.[190] Die Protokollierung eines als Vollstreckungstitel tauglichen Vergleichs nach § 794 Abs. 1 Nr. 1 ZPO ist nicht mehr erforderlich. Die Festsetzung ist daher auch dann möglich, wenn die Voraussetzungen der Einigungsgebühr streitig sind.[191] **230**

In aller Regel vereinbaren die Parteien in der Einigung eine Kostenregelung. Ist dies nicht geschehen, so hat das Gericht nach §§ 98, 91a ZPO eine Kostenentscheidung zu treffen. Hierbei gilt im Zweifel, dass die Kosten des Verfahrens und der Einigung gegeneinander aufzuheben sind (§ 98 ZPO), auch wenn diese Vorschrift nach wie vor von einem Vergleich spricht. Eine Erstattung der Einigungsgebühren kommt dann nicht in Betracht; jede Partei trägt ihre eigene Einigungsgebühr selbst. **231**

Im Rahmen der Zwangsvollstreckung ist die Einigungsgebühr gemäß § 788 ZPO ebenfalls zu erstatten. Soweit die Parteien eine Einigung schließen und keine anderweitige Kostenregelung vereinbaren, zählt die Einigungsgebühr zu den notwendigen Kosten der Zwangsvollstreckung. **232**

F. Vergütungsfestsetzung

Die Einigungsgebühr ist nach § 11 festsetzbar. Dies gilt auch dann, wenn die Einigung nicht vor Gericht protokolliert worden ist, sondern außergerichtlich geschlossen wurde. Voraussetzung ist lediglich, dass sich die Einigung zum Teil auch auf Gegenstände erstreckt, die im gerichtlichen Verfahren anhängig waren, da eine Vergütungsfestsetzung nur im gerichtlichen Verfahren in Betracht kommt (siehe § 11 Rdn 59 f.). **233**

Soweit die Parteien sich im Vergütungsfestsetzungsverfahren darüber streiten, ob der Anwalt beim Abschluss der Einigung mitgewirkt hat, kann die Festsetzung gemäß § 11 Abs. 5 S. 1 abzulehnen sein (siehe § 11 Rdn 211). **234**

G. Rechtsschutzversicherung

Die Einigungsgebühr ist im Rahmen der Rechtsschutzversicherung grundsätzlich mit gedeckt. Strittig ist dies allerdings für die Einigungsgebühr des **Verkehrsanwalts**. Hier wird eine Einigungsgebühr überwiegend abgelehnt.[192] **235**

Bei **Beratungsrechtsschutz** ist dagegen eine Einigungsgebühr vom Versicherungsschutz gedeckt.[193] **236**

---

189 BGH AGS 2003, 84 = KostRsp. BRAGO § 23 Nr. 164 = BB 2002, 2304 (LS) = BRAGOreport 2002, 172 m. Anm. *Hansens* = EBE/BGH 2002, 338 = MDR 2002, 1395 = NJW 2002, 3713 = Rpfleger 2002, 651; ebenso OLG Brandenburg KostRsp. RVG-VV 1000 Nr. 15 = JurBüro 2006, 24 = Rpfleger 2005, 700 = RVGreport 2005, 468; OLG Nürnberg AnwBl. 2006, 145 = JurBüro 2006, 75 = OLGR 2005, 907 = RVGreport 2005, 478; OLG Stuttgart Rpfleger 2005, 486.

190 BGH AGS 2007, 366 = RVG-Letter 2007, 62 = FamRZ 2007, 1096 = WM 2007, 1145 = AnwBl 2007, 551 = NJW 2007, 2187 = ZVI 2007, 357 = MDR 2007, 979 = Rpfleger 2007, 506 = BGHR 2007, 847 = JurBüro 2007, 411 = zfs 2007, 469 = BB 2007, 1302 = NJW-Spezial 2007, 336 = RVGreport 2007, 275 = BRAK-Mitt 2007, 177 = RVGprof. 2007, 151 = VRR 2007, 359.

191 KG AGS 2009, 33 = JurBüro 2009, 35 = KGR 2009, 77 = Rpfleger 2009, 275 = RVGreport 2009, 60.

192 LG Stuttgart zfs 1986, 271; LG Hanau zfs 1986, 146; weit. Nachw. bei *Harbauer*, § 2 Rn 78.

193 AG Kirchhain, Urt. v. 8.8.1997–7 C 302/97, n.v.; *Riedel*, ZErb 2001, 165; *Bonefeld*, Der Erbprozess, S. 641 Rn 6; *Schmidt*, AnwBl 1978, 132.

237 Im außergerichtlichen Bereich ist stets § 2 Abs. 3a ARB 1975 = § 5 Abs. 3b ARB 1994 = ARB 2000 zu beachten. Der Rechtsschutzversicherer ist nach den Versicherungsbedingungen zur Übernahme der Einigungsgebühr nur dann verpflichtet, wenn die Kosten dem Verhältnis des vom Versicherungsnehmer angestrebten Ergebnisses zu dem erzielten Ergebnis entsprechen, es sei denn, dass eine hiervon abweichende Kostenverteilung gesetzlich vorgeschrieben ist. Berücksichtigt der Anwalt diese Vorgabe nicht, macht er sich gegenüber dem Mandanten schadensersatzpflichtig, der wiederum eine Obliegenheitsverletzung gegenüber dem Versicherer begeht. Mit der Regelung in § 2 Abs. 3a ARB 1975 = § 5 Abs. 3b ARB 1994 = ARB 2000 soll verhindert werden, dass eine rechtsschutzversicherte Partei zu Lasten ihres Versicherers eine Einigung abschließt, etwa indem sie bei den Kosten mehr als nötig nachgibt, um in der Hauptsache größere Zugeständnisse zu erhalten.

238 Wird gegen die Obliegenheit verstoßen, so ist der Versicherer zur Übernahme der Kosten nur insoweit verpflichtet, als diese entstanden wären, wenn eine am Erfolg orientierte Kostenverteilungsquote vereinbart worden wäre.

> **Beispiel:** In einem Rechtsstreit über eine Forderung von 6.000 EUR einigen sich die Parteien dahin gehend, dass 4.000 EUR gezahlt werden. Die Kosten heben sie gegeneinander auf.
> Zutreffend wäre es hier gewesen, die Kosten im Verhältnis 1/3 zu 2/3 zu verteilen. Der Rechtsschutzversicherer darf daher von der Versicherungsleistung denjenigen Betrag abziehen, der bei einer Kostenverteilung 2/3 zu 1/3 dem Kläger als Erstattungsanspruch entstanden wäre.

239 Zu beachten ist, dass ein umfassender, abschließender außergerichtlicher Vergleich beinhalten kann, dass Kostenerstattungsansprüche ausgeschlossen sind, so dass eine konkludente Kostenregelung insoweit auch dahingehend vorliegt, dass jede Partei ihre außergerichtlichen Kosten selbst trägt. Das kann eine Obliegenheitsverletzung darstellen.[194]

240 Ein für den Ausschlusstatbestand erforderliches Kostenzugeständnis des Versicherungsnehmers liegt allerdings dann noch nicht vor, wenn im Rahmen einer außergerichtlichen Einigung Kostenaufhebung vereinbart wird und ein materiell-rechtlicher Kostenerstattungsanspruch gegen den Gegner nicht bestand.[195]

241 In Zweifelsfällen empfiehlt es sich, eine Einigung mit einer von der Hauptsache abweichenden Kostenregelung nur unter Widerrufsvorbehalt abzuschließen und die Einigung vom Rechtsschutzversicherer genehmigen zu lassen. Alternativ bietet es sich an, die Kostenentscheidung dem Gericht nach § 91a ZPO zu überlassen. An dessen Entscheidung ist der Rechtsschutzversicherer gebunden.[196] Allerdings werden hierdurch höhere Kosten verursacht, da eine Reduzierung der Gerichtsgebühr nach GKG-KostVerz. 1211 Nr. 1 Buchst. c nicht eintritt, sofern die Parteien nicht auf eine Begründung des Beschlusses verzichten.[197]

Nr.	Gebührentatbestand	Gebühr oder Satz der Gebühr nach § 13 RVG
1001	Aussöhnungsgebühr	1,5
	Die Gebühr entsteht für die Mitwirkung bei der Aussöhnung, wenn der ernstliche Wille eines Ehegatten, eine Scheidungssache oder ein Verfahren auf Aufhebung der Ehe anhängig zu machen, hervorgetreten ist und die Ehegatten die eheliche Lebensgemeinschaft fortsetzen oder die eheliche Lebensgemeinschaft wieder aufnehmen. Dies gilt entsprechend bei Lebenspartnerschaften.	

Literatur: *Jungbauer*, Grundsätzliches zur Aussöhnungsgebühr, FuR 2002, 202; *N. Mertens-Meinecke*, Die Versöhnung der Ehegatten – Risiken und Nebenwirkungen. FF 2014, 349; *N. Schneider*, Gilt § 15 Abs. 3 RVG auch im Verhältnis von Einigungs- und Aussöhnungsgebühr?, ZFE 2006, 429.

---

[194] AGS 2006, 571 = VersR 2006, 404 = NJW 2006, 1281 = BGHReport 2006, 567 = MDR 2006, 871; LG Düsseldorf, Urt. v. 24.3.2016 – 9 S 19/15.
[195] BGH AGS 2013, 155 = VersR 2013, 232 = MDR 2013, 219 = zfs 2013, 159 = RuS 2013, 71 = NJW 2013, 1007 = JurBüro 2013, 267 = NZV 2013, 182.
[196] OLG Hamm AGS 2006, 154 m. Anm. *N. Schneider* = OLGR 2005, 288.
[197] OLG München AGS 2004, 33 m. Anm. *N. Schneider* = OLGR 2003, 352; LG Bonn AGS 2004, 80.

A. Allgemeines 1	3. Aussöhnung 15
B. Regelungsgehalt 6	4. Mitwirkung des Rechtsanwalts; Nachweis 23
I. Aussöhnung von Eheleuten (Anm. S. 1 zu VV 1001) 6	5. Gegenstandswert 26
1. Umfang der Angelegenheit 6	6. Termingebühr 29
2. Die Tatbestände der Anm. S. 1 zu VV 1001, VV 1003, 1004 7	7. Aussöhnung und Einigung 30
a) Verfahrensstadien 7	8. Ermäßigte Verfahrensgebühr im gerichtlichen Verfahren bei nicht anhängiger Aussöhnung 37
b) Ehesache nicht anhängig (Anm. S. 1 zu VV 1001) 8	9. Verfahrenskostenhilfe 39
c) Ehesache erstinstanzlich anhängig, VV 1001, 1003 13	10. Beratungshilfe 40
d) Ehesache im Rechtsmittelverfahren anhängig, VV 1001, 1004 14	II. Aussöhnung von Lebenspartnern (Anm. S. 2 zu VV 1001) 41

A. Allgemeines

Anm. Abs. 5 S. 1 zu VV 1000 bestimmt, dass die Einigungsgebühr nach VV 1000 in Ehesachen (§ 121 FamFG) und Lebenspartnerschaftssachen (§ 269 Abs. 1 Nr. 1 und 2 FamFG) nicht entstehen kann, also eine **Einigungsgebühr nicht** anfällt in: 1

– Verfahren auf Scheidung oder Aufhebung einer Ehe bzw. Lebenspartnerschaft,
– Verfahren auf Feststellung des Bestehens oder Nichtbestehens einer Ehe bzw. Lebenspartnerschaft zwischen den Eheleuten oder Lebenspartnern,
– Verfahren auf Herstellung des ehelichen Lebens bzw. der Lebenspartnerschaft.

Wird im Hinblick auf eine Ehesache über Scheidungsfolgesachen oder Lebenspartnerschaftssachen, insbesondere über den Unterhalt, eine Einigung geschlossen, bleibt der Wert der Ehesache bzw. Lebenspartnerschaftssache bei der Berechnung der Einigungsgebühr außer Betracht (**Anm. Abs. 5 S. 2 zu VV 1000**). 2

Als Ausgleich hierfür regeln die **VV 1001, 1003, 1004**[1] die anwaltlichen Gebühren für den Fall, dass der Rechtsanwalt an einer **Aussöhnung** der Eheleute oder Lebenspartner mitwirkt. Die VV 1001, 1003, 1004 regeln damit die gebührenrechtlichen Konsequenzen für den Fall, dass sich ein Rechtsanwalt um die Aussöhnung von Eheleuten oder Lebenspartnern verdient macht, seine Tätigkeit also nicht auf die Beendigung der Ehe oder Lebenspartnerschaft, sondern auf deren Fortbestand gerichtet war und er hierbei mitgewirkt hat. 3

Wird der Anwalt im Rahmen der **Beratungshilfe** tätig, ist eine Aussöhnungsgebühr nicht vorgesehen (VV 2508). Dort ist nur die Rede von einer Einigungs- und Erledigungsgebühr. Ein Grund dafür, die Aussöhnungsgebühr bei der Beratungshilfe auszunehmen, ist aber eigentlich nicht erkennbar. Allerdings beurteilt die Rechtsprechung dies abweichend und geht davon aus, dass die Aussöhnungsgebühr in Beratungshilfemandaten nicht entstehen kann, insbesondere weil VV 2508 vom Wortlaut her nur die Entstehung einer Einigungs- und Erledigungsgebühr regelt.[2] Für die von der Rechtsprechung vertretene Auffassung spricht insoweit auch die Anm. zu VV Vorb. 2.5, wonach im Rahmen der Beratungshilfe Gebühren ausschließlich nach „diesem Abschnitt" entstehen und Anm. zu VV Vorb. 1, wonach die Gebühren des Teils 1 neben den in anderen Teilen bestimmten Gebühren entstehen, deshalb nicht zu einer anderen Beurteilung führen dürfte, weil Anm. zu VV Vorb. 2.5 gegenüber Anm. zu VV Vorb. 1 vorrangig ist. Dies bringt der Gesetzgeber auch dadurch zum Ausdruck, dass er für die Einigung oder Erledigung in Beratungshilfemandaten abweichend von VV 1000 ff. eine feste Gebühr in Höhe von 150 EUR bestimmt. Der Gesetzgeber hat das Inkrafttreten des 2. KostRMoG nicht zum Anlass genommen, die VV 2508 um die Aussöhnungsgebühr zu erweitern, sodass eher sein dahingehender Wille zu unterstellen sein dürfte, dass für die Aussöhnungsgebühr im Rahmen der Beratungshilfe kein Raum ist. 4

Eine Ermäßigung der Verfahrensgebühr nach den VV 3101 Nr. 2, 3201 Nr. 2 dürfte der Gesetzgeber allerdings übersehen haben, für den Fall, dass die Eheleute oder Lebenspartner anlässlich eines 5

---

[1] Diese Gebühr entspricht – bis auf die Höhe der Gebühr – inhaltsgleich dem früheren § 36 Abs. 3 BRAGO. Die hierzu ergangene ältere Rspr. kann auf VV 1001 weiterhin übertragen werden.

[2] AG Mainz, Beschl. v. 28.4.2009 – 75 UR II 260/09; AG Meppen NdsPfl 1995, 105; LG Berlin JurBüro 1986, 1842; LG Darmstadt KostRsp BRAGebO § 132 Nr. 7; LG Kleve JurBüro 1985, 1844.

anderen Verfahrens auch über die in dem dortigen Verfahren nicht anhängige Ehe- oder Lebenspartnerschaftssache lediglich verhandeln oder lediglich eine Aussöhnung protokollieren. Insoweit dürfte von einem Versehen des Gesetzgebers auszugehen sein, sodass die VV 3101 Nr. 2, 3201 Nr. 2 entsprechend anzuwenden sind (siehe Rdn 37).

B. Regelungsgehalt

I. Aussöhnung von Eheleuten (Anm. S. 1 zu VV 1001)

1. Umfang der Angelegenheit

6 Die Aussöhnung der Eheleute ist **keine selbstständige Gebührenangelegenheit**. Eine Aussöhnungsgebühr nach Anm. S. 1 zu VV 1001, VV 1003, 1004 kommt daher nur anlässlich einer anderen Angelegenheit in Betracht. Hierbei kann es sich nach der hier vertretenen Auffassung um eine Beratungstätigkeit, eine außergerichtliche Tätigkeit, um eine isolierte Familiensache oder auch um ein Verbundverfahren handeln. Auch im Rechtsmittelverfahren ist eine Aussöhnung noch möglich (arg. e VV 1004).

2. Die Tatbestände der Anm. S. 1 zu VV 1001, VV 1003, 1004

a) Verfahrensstadien

7 Im Gegensatz zum früheren § 36 Abs. 2 BRAGO ist die Höhe der Aussöhnungsgebühr nach dem VV – ebenso wie bei der Einigungsgebühr – gestaffelt, je nachdem, ob die Ehesache
– nicht anhängig (Anm. S. 1 zu VV 1001) ist, dann entsteht eine 1,5-Gebühr,
– erstinstanzlich anhängig (VV 1003) ist, dann entsteht eine 1,0-Gebühr oder
– im Rechtsmittelverfahren anhängig (VV 1004) ist, dann entsteht eine 1,3-Gebühr.

b) Ehesache nicht anhängig (Anm. S. 1 zu VV 1001)

8 Voraussetzung für das Entstehen der Aussöhnungsgebühr nach Anm. S. 1 ist, dass eine Scheidungssache oder ein Verfahren auf Aufhebung einer Ehe noch **nicht anhängig** ist, aber der ernstliche Wille eines Ehegatten hervorgetreten ist, ein solches Verfahren anhängig zu machen. Ist die Ehesache oder ein Verfahren auf Aufhebung einer Ehe bereits anhängig oder ein Antrag auf Verfahrenskostenhilfe zur Durchführung eines solchen Verfahrens gestellt, gilt nicht Anm. S. 1 zu VV 1001, sondern VV 1003 oder VV 1004 (Anm. S. 1 zu VV 1003).

9 Es muss der **ernstliche Wille** eines Ehegatten bestehen, die Scheidung oder ein Verfahren zur Aufhebung der Ehe zu beantragen. Dieser Wille muss nach außen hervorgetreten sein.[3] Hierbei genügt es, einen Rechtsanwalt mit der Durchführung des Verfahrens zu beauftragen oder einen Antrag auf Gewährung von Verfahrenskostenhilfe für das Verfahren zu stellen. Nicht ausreichend ist es jedoch, dass ein Ehegatte aus der gemeinsamen Ehewohnung auszieht oder dass nur eine anwaltliche Beratung über den Verlauf eines Scheidungsverfahrens erfolgt.[4] Dies beurteilt das LG Duisburg abweichend: Es spricht eine tatsächliche Vermutung dafür, dass ein Sinneswandel der zur Scheidung bereiten Eheleute nach Durchführung einer Beratung durch den Anwalt jedenfalls auch auf die Beratung des Anwalts über die rechtlichen Folgen einer Scheidung zurückzuführen ist. Insoweit dieser Vermutung nicht hinreichend entgegen getreten wird, ist die Beratung auch als ursächlich für die Aussöhnung anzusehen, sodass die Aussöhnungsgebühr ausgelöst wird.[5]

10 Für das Entstehen der Aussöhnungsgebühr genügt es deshalb allein, dass nach den gesamten Umständen der Angelegenheit die Überzeugung begründet ist, dass die Tätigkeit des Anwalts irgendwie ursächlich für die Aussöhnung gewesen ist.[6]

---

[3] Vgl. Gerold/Schmidt/*Müller-Rabe*, VV 1001 Rn 7.
[4] AG Oberhausen JurBüro 2011, 245.
[5] LG Duisburg JurBüro 2011, 245; OLG Bamberg JurBüro 1985, 233.
[6] LG Duisburg JurBüro 2011, 245; OLG Bamberg JurBüro 1985, 233.

Die **Ehesache** darf allerdings nicht anhängig sein. 11

> **Beispiel:** Der Anwalt beantragt für die Ehefrau Zahlung von Trennungsunterhalt. Er ist zudem auch beauftragt, außergerichtlich mit dem Ehemann wegen der Scheidung (Wert: 6.000 EUR) zu verhandeln. Hierbei erreicht der Anwalt eine Aussöhnung der Eheleute.
> In der Ehesache war der Anwalt außergerichtlich tätig und erhält hierfür eine Geschäftsgebühr nach VV 2300. Hinzu kommt eine 1,5-Aussöhnungsgebühr nach VV 1001. Eine Reduzierung nach VV 1003 tritt nicht ein, da die Ehesache selbst nicht anhängig war. Die Anhängigkeit anderer Gegenstände ist insoweit unerheblich, selbst dann, wenn es sich um Gegenstände handelt, die im Falle des Scheidungsantrags als Verbundsache zu führen gewesen wären.
>
> 1. 1,5-Geschäftsgebühr, VV 2300 (Wert: 6.000 EUR)   531,00 EUR
> 2. 1,5-Aussöhnungsgebühr, VV 1001 (Wert: 6.000 EUR)   531,00 EUR
> 3. Postentgeltpauschale, VV 7002   20,00 EUR
>   Zwischensumme   1.082,00 EUR
> 4. 19 % Umsatzsteuer, VV 7008   205,58 EUR
>   **Gesamt**   **1.287,58 EUR**

Dass noch andere Verfahren, etwa Unterhalt oder Sorgerecht anhängig sind, ist unerheblich. Es 12
entsteht dann gegebenenfalls nur die ermäßigte Verfahrensgebühr analog VV 3101 Nr. 2 sowie eine Terminsgebühr nach VV 3104 aus dem Gesamtwert.

> **Beispiel:** Im Unterhaltsverfahren (Wert: 3.600 EUR) söhnen sich die Beteiligten aus (Wert Ehesache: 6.000 EUR); der Unterhaltsantrag wird daraufhin zurückgenommen.
>
> 1. 1,3-Verfahrensgebühr, VV 3100 (Wert: 3.600 EUR)   327,60 EUR
> 2. 0,8-Verfahrensgebühr, analog[7] VV 3101 Nr. 2
>   (Wert: 6.000 EUR) (die Höchstgrenze des § 15 Abs. 3 (1,3
>   aus 9.600 EUR =) 725,40 EUR ist nicht überschritten)   283,20 EUR
> 3. 1,2-Terminsgebühr, VV 3104 (Wert: 9.600 EUR)   669,60 EUR
> 4. 1,5-Aussöhnungsgebühr, VV 1001, 1003
>   (Wert: 6.000 EUR)   531,00 EUR
> 5. Postentgeltpauschale, VV 7002   20,00 EUR
>   Zwischensumme   1.831,40 EUR
> 6. 19 % Umsatzsteuer, VV 7008   347,97 EUR
>   **Gesamt**   **2.179,37 EUR**

c) Ehesache erstinstanzlich anhängig, VV 1001, 1003

Die Gebühr nach VV 1001, 1003 i.H.v. 1,0 verdient der Anwalt, wenn das Verfahren auf Ehescheidung oder auf Aufhebung der Ehe zumindest **anhängig** ist, sei es als isoliertes Verfahren oder als Verbundsache. Der Scheidungsantrag darf für das Entstehen der Aussöhnungsgebühr auch nicht vorher zurückgenommen oder schon rechtskräftig darüber entschieden worden sein. Es reicht aus, wenn bereits von einem der Ehepartner Verfahrenskostenhilfe für die Ehesache beantragt worden ist. Dagegen reicht die Anhängigkeit einer isolierten Familiensache oder eines entsprechenden Verfahrenskostenhilfeprüfungsverfahrens für eine isolierte Familiensache nicht aus. 13

> **Beispiel:** Die Ehefrau reicht beim FamG einen Antrag auf Zahlung von Trennungsunterhalt ein und stellt ferner einen Antrag auf Übertragung des alleinigen Sorgerechts. Anschließend söhnen sich die Eheleute aus.
> Die Gebühr richtet sich nach VV 1001, da die Ehesache selbst nicht anhängig war.

d) Ehesache im Rechtsmittelverfahren anhängig, VV 1001, 1004

Die Gebühr nach VV 1001, 1004 verdient der Anwalt, wenn das Verfahren auf Ehescheidung oder 14
auf Aufhebung der Ehe **im Beschwerde- oder Rechtsbeschwerdeverfahren**[8] anhängig ist (Anm. zu VV 1004). Auch hier reicht es aus, wenn für das Rechtsmittelverfahren Verfahrenskostenhilfe beantragt worden ist.

---

7 Siehe Rdn 28.   8 In Altfällen: Berufungs- und Revisionsverfahren.

3. Aussöhnung

15 Allen Tatbeständen von Anm. S. 1 zu VV 1001, 1003, 1004 ist gemeinsam, dass eine **Aussöhnung** der Eheleute stattgefunden haben muss. Bei einer Aussöhnung muss der **beiderseitige ernstliche Wille**, die Ehe wieder aufzunehmen oder fortzusetzen, erkennbar sein.[9] Dieser Vorgang ist nicht rechtlicher, sondern ausschließlich tatsächlicher Natur. Eine Aussöhnung der Eheleute i.S.v. Anm. S. 1 zu VV 1001, 1003, 1004 ist bei bereits eingereichtem Scheidungsantrag grundsätzlich dann anzunehmen, wenn die Anträge zurückgenommen werden. Die Antragsrücknahme lässt aber nicht in jedem Fall auf eine Aussöhnung schließen.

16 Eine Aussöhnung ist nicht anzunehmen, wenn die Ehegatten nur aus finanziellen, steuerlichen oder gesellschaftlichen Gründen verheiratet bleiben, ohne die eheliche Gemeinschaft wieder aufzunehmen. Von einer Aussöhnung ist auch dann nicht auszugehen, wenn die Rücknahme des Antrags nur erfolgt, um der Drohung des Ehepartners, im Falle einer Scheidung belastende Tatsachen vorzutragen, entgegenzutreten.[10] Ebenso reicht die Rücknahme des Scheidungsantrags nicht, wenn ein Ehegatte beabsichtigt, zu einem späteren – ihr im Hinblick auf Versorgungs- und Zugewinnausgleich günstigeren – Zeitpunkt den Scheidungsantrag erneut zu stellen.[11]

17 Allein **objektiv erkennbare Umstände** entscheiden darüber, ob es – wenigstens für kurze Zeit – zu einer Aussöhnung gekommen ist. Es reicht insoweit zwar aus, dass die Aussöhnung nur vorübergehend war, allerdings wird von der Rechtsprechung für die Annahme der Fortsetzung der ehelichen Lebensgemeinschaft oder deren Aufnahme eine gewisse Dauer der Lebensgemeinschaft nach der Aussöhnung verlangt.[12] Wann in dem vorgenannten Sinn von einer **gewissen Dauer** gesprochen werden kann, ist unklar. Das Gesetz verwendet den Begriff der „gewissen Dauer" überhaupt nicht, er entstammt der Rechtsprechung, die auf diese Weise zur Objektivierung des Begriffs der Aussöhnung beizutragen glaubt. Das Vorliegen der Voraussetzungen für das Entstehen der Aussöhnungsgebühr sollte aber nicht an konkrete Wochenangaben geknüpft, sondern vielmehr nach den gesetzlichen Kriterien bestimmt werden.

18 Der Wortlaut der Anm. S. 1 zu VV 1001 spricht eindeutig gegen eine gewisse Dauer der Fortsetzung oder Wiederaufnahme der Lebensgemeinschaft als Voraussetzung für das Entstehen der Aussöhnungsgebühr. Es ist dem Gesetzgeber sogar zu unterstellen, dass er dieses Kriterium bewusst deshalb außen vor gelassen hat, weil eine Einbeziehung nicht nur nicht praxisgerecht, sondern gar nicht durchführbar ist. Wie lange soll der Anwalt denn warten, bis er die aus seiner Sicht entstandene Aussöhnungsgebühr abrechnen kann? Im Falle der Bewilligung von Verfahrenskostenhilfe würden sich die Vergütungsfestsetzungsverfahren nicht erledigen können, weil sich die vermeintliche „Frist" der gewissen Dauer noch nicht vollendet hat. Die Argumentation zeigt, dass zeitliche Kriterien grundsätzlich nie für das Entstehen einer Gebühr herangezogen werden können und ausnahmsweise nur dann Regulativ sein könnten, wenn das Gesetz dazu eine ausdrückliche Bestimmung enthält. Das ist bei VV 1001 aber nicht der Fall. Dem Wortlaut der S. 1 der Anm. zu VV 1001 ist deshalb auch eher das Gegenteil zu entnehmen, dass nämlich auch eine kurze Zeit der Fortsetzung und Wiederaufnahme der ehelichen Lebensgemeinschaft die Aussöhnungsgebühr nach VV 1001 auslöst, wenn sie nur von einem ernstlichen Willen getragen ist.

19 Die Tatsache, dass die Eheleute einige Wochen – und sei es auch nur während einer Urlaubsreise – als Eheleute wieder zusammengelebt haben, reicht deshalb regelmäßig für die Feststellung aus, dass die eheliche Gemeinschaft wieder aufgenommen worden ist. Es ist nicht einmal erforderlich, dass eine häusliche Lebensgemeinschaft wiederhergestellt wird.[13] Der Wortlaut der Anm. zu VV 1001 fordert lediglich die Fortsetzung oder Wiederaufnahme der ehelichen Lebensgemeinschaft.

20 Hingegen reicht eine **versuchsweise Aussöhnung** nicht aus.[14] Eine derartige versuchsweise Aussöhnung dokumentiert sich in der Regel im anwaltlichen Schriftwechsel, wobei indessen die Formulierung „man wolle es noch einmal versuchen" eine nur versuchsweise Aussöhnung nicht zwingend belegt. Ratsam ist es deshalb, derartige Formulierungen zu vermeiden und klarzustellen, dass die

---

9 OLG Koblenz OLGR 2000, 428 = KostRsp. BRAGO § 36 Nr. 11.
10 OLG Düsseldorf Rpfleger 1965, 380.
11 *Finke/Ebert*, § 14 Rn 211.
12 OLG Koblenz OLGR 2000, 428 = KostRsp. BRAGO § 36 Nr. 11; KG NJ 1994, 16 = FuR 1996, 38.
13 OLG Hamburg MDR 1962, 417.
14 OLG Hamm JurBüro 1964, 733 = KostRsp. BRAGO § 36 Nr. 3.

Eheleute einen Streit beigelegt und beendet und Frieden miteinander geschlossen und die eheliche Lebensgemeinschaft wiederaufgenommen haben.

Es muss allerdings der **beiderseitige ernstliche Wille** vorhanden gewesen sein, die eheliche Lebensgemeinschaft **wieder aufzunehmen oder fortzusetzen**. Haben sich die Eheleute in diesem Sinne „ausgesöhnt", so hat der Rechtsanwalt die Gebühr nach Anm. S. 1 zu VV 1001, 1003, 1004 verdient, selbst wenn die tatsächliche Aussöhnung im Ergebnis nicht auf Dauer ist.[15] Nach der Auffassung des OLG Hamburg[16] ist es wenigstens gebührenrechtlich unschädlich, wenn die Eheleute während einer Urlaubsreise zusammenleben und die Aussöhnung bereits mit dem Ende der Urlaubsreise wieder ihr Ende gefunden hat (siehe Rdn 19). Die Gebühr entfällt auch nicht dadurch, dass sich die ausgesöhnten Eheleute zu einem späteren Zeitpunkt wieder trennen.[17]

Wird die Aussöhnung an **Bedingungen oder Vorbehalte** geknüpft, entsteht die Gebühr nach Anm. S. 1 zu VV 1001, 1003, 1004 nur, wenn diese Bedingungen erfüllt werden oder die Vorbehalte entfallen und sich das Verfahren endgültig erledigt. Die Aussöhnungsgebühr entsteht noch nicht, wenn aufgrund einer unter Mitwirkung des Anwalts zustande gekommenen Absprache die eheliche Lebensgemeinschaft von den Eheleuten einer Ehesache fortgesetzt oder wieder aufgenommen wird, diese Absprache aber an Bedingungen geknüpft und insbesondere mit dem Vorbehalt verbunden ist, für den Fall eines erneuten Fehlverhaltens des Ehepartners das Verfahren weiter zu betreiben. In einem solchen Fall handelt es sich erst um einen Aussöhnungsversuch oder eine bedingte Aussöhnung, die nicht ausreicht, um eine Gebühr nach Anm. S. 1 zu VV 1001, 1003, 1004 auszulösen.[18] Es stellt aber noch keine Bedingung dar, wenn die Eheleute gleichzeitig – vorsorglich – eine Scheidungsfolgenvereinbarung abschließen.

4. Mitwirkung des Rechtsanwalts; Nachweis

Der Rechtsanwalt muss bei der Aussöhnung der Eheleute mitgewirkt haben, damit er die Gebühr der VV 1001 abrechnen darf. Dabei kommt es nicht allein auf ein Tätigwerden an, sondern auch auf den **Erfolg**. Die eheliche Gemeinschaft muss – zumindest auch – aufgrund der Aussöhnung, bei der der Rechtsanwalt mitgewirkt hat, wieder aufgenommen worden sein.[19] Unter **„Mitwirkung"** ist zu verstehen, dass der Rechtsanwalt die Bereitschaft der Eheleute zur Aussöhnung weckt oder bei vorhandener Aussöhnungsbereitschaft weiter fördert.[20] Dabei reicht es aus, wenn seine Beratung die Versöhnungsbereitschaft seines Auftraggebers gefördert hat, und sei es auch nur, dass er im Hinblick auf die beabsichtigte Aussöhnung seinem Mandanten empfohlen hat, bis zur Aussöhnung das Ruhen des Scheidungsverfahrens zu beantragen.[21] Irgendeine **Ursächlichkeit** muss aber festgestellt werden können. Voraussetzung ist dabei nicht, dass gerade der Beitrag des Rechtsanwalts die maßgebliche Ursache der Aussöhnung war, ausreichend ist vielmehr, dass der Rechtsanwalt eine der Ursachen für die Aussöhnung gesetzt hat.[22] Die Mitwirkung eines Rechtsanwalts an der Aussöhnung setzt weder dessen Teilnahme an den Aussöhnungsgesprächen noch ein Verhalten voraus, das maßgeblich zum Erfolg beigetragen hat. Es genügt eine Tätigkeit, die geeignet war, diesen (mit) herbeizuführen.[23] Es reicht nicht aus, dass sich die Mitwirkung in der verfahrensrechtlichen Umsetzung der Aussöhnung beschränkt.

Die Aussöhnungsgebühr entsteht, wenn der Rechtsanwalt **glaubhaft machen** kann, dass er sich um eine Aussöhnung bemüht hat. Dies gilt selbst dann, wenn er unmittelbar bei der Aussöhnung selbst nicht mitgewirkt hat. Es genügt, wenn diese Bemühungen die Aussöhnung gefördert haben.[24] An die Glaubhaftmachung der Mitwirkung dürfen keine zu hohen Anforderungen gestellt werden; es reicht aus, wenn nach den gesamten Umständen die Überzeugung begründet ist, dass die Bemühungen des Rechtsanwalts irgendwie ursächlich für die Aussöhnung der Eheleute gewesen sind.[25] Es kann in der Regel davon ausgegangen werden, dass der Rechtsanwalt auch dann an der Versöhnung

---

15 OLG Hamburg MDR 1962, 417.
16 OLG Hamburg MDR 1962, 417.
17 Gerold/Schmidt/*Müller-Rabe*, RVG, VV 1001 Rn 10.
18 OLG Hamm JurBüro 1964, 733 = KostRsp. BRAGO § 36 Nr. 3.
19 OLG Bamberg JurBüro 1985, 233.
20 OLG Hamm JurBüro 1964, 735.
21 OLG München JurBüro 1963, 99 = NJW 1963, 962 = KostRsp. BRAGO § 36 Nr. 2.
22 LG Hildesheim JurBüro 1964, 894 = KostRsp. BRAGO § 36 Nr. 3.
23 OLG Zweibrücken JurBüro 2000, 199.
24 KG AnwBl 1972, 24 = JurBüro 1971, 1029 = MDR 1972, 156 = KostRsp. BRAGO § 36 Nr. 6; OLG Bamberg JurBüro 1985, 233.
25 KG Rpfleger 1969, 439; OLG Bamberg JurBüro 1974, 1393.

mitgewirkt hat, wenn der Richter im Termin mit den Eheleuten ein Aussöhnungsgespräch führt und die Eheleute alsbald oder auch später unter dem Eindruck des Aussöhnungsgesprächs die eheliche Lebensgemeinschaft aufnehmen und fortsetzen. Denn es ist von vornherein nicht anzunehmen, dass der Rechtsanwalt untätig dabei steht, wenn zur Aussöhnung verhandelt wird. Dabei braucht das Protokoll über die Tätigkeit des Rechtsanwalts bei der Aussöhnungsverhandlung selbst nichts auszusagen.[26]

25 Ausreichend für die Teilnahme oder **Mitwirkung an der Aussöhnung** dürften folgende Tätigkeiten des Rechtsanwalts sein:
— Teilnahme an Gesprächen zwischen den Eheleuten und Beratung über Scheidungsfolgen,[27]
— Gespräch und Erörterung der Probleme mit dem anderen Ehegatten,
— Telefonische Erörterung mit dem Rechtsanwalt des anderen Ehegatten,
— Beratung des Auftraggebers dahingehend, eine verfahrensrechtliche Maßnahme nicht zu ergreifen, um die Aussöhnung nicht zu gefährden oder zu ermöglichen,[28]
— Beratung zum Procedere für den Fall der Aussöhnung,
— Empfehlung, das Ruhen des Scheidungsverfahrens zu beantragen,[29]

Nicht ausreichend ist es dagegen, wenn der Rechtsanwalt lediglich die verfahrensrechtlichen Erklärungen zur Beendigung des Verfahrens abgegeben hat, ohne sonst an der Aussöhnung mitgewirkt zu haben.[30]

5. Gegenstandswert

26 Der Gegenstandswert der Aussöhnungsgebühr richtet sich in gerichtlichen Verfahren nach dem für die Ehesache festgesetzten Wert (§ 23 Abs. 1 S. 1), der sich wiederum nach § 43 FamGKG[31] bestimmt und danach mindestens 3.000 EUR beträgt.[32]

27 Nach OLG Frankfurt[33] soll der Gegenstandswert der Aussöhnungsgebühr sogar höher liegen, wenn neben der Aussöhnung noch weitere Verpflichtungen übernommen werden. Diese Auffassung lässt sich dogmatisch aber nicht rechtfertigen. Zutreffend dürfte es jedoch sein, insoweit eine Einigungsgebühr nach VV 1000, 1003 zu gewähren.[34]

28 Soweit eine außergerichtliche Aussöhnung stattfindet, gilt nach § 23 Abs. 1 S. 3, S. 1 der Wert, der für die Ehesache gelten würde. Maßgebend für die Bewertung ist der Zeitpunkt der Aussöhnung.

6. Terminsgebühr

29 Neben der Aussöhnungsgebühr kann eine Terminsgebühr nach VV Vorb. 3 Abs. 3 S. 3 Nr. 2 entstehen, wenn die Mitwirkung an der Aussöhnung in Gesprächen mit dem Verfahrensgegner besteht, die auf die Vermeidung oder Erledigung des Verfahrens ohne Beteiligung des Gerichts gerichtet sind.[35]

7. Aussöhnung und Einigung

30 Unklar ist die gesetzliche Regelung, wenn sich die Eheleute in der Ehesache aussöhnen und dabei gleichzeitig eine Einigung über weitere Gegenstände treffen.[36]

31 **Beispiel:** Im Scheidungsverfahren (Werte: Ehesache 6.000 EUR; Versorgungsausgleich 1.000 EUR) söhnen sich die Eheleute im Termin aus und vergleichen sich nach Verhandlung dahingehend, dass ab sofort

---

26 OLG Bamberg JurBüro 1974, 1393.
27 LG Duisburg JurBüro 2011, 245; OLG Bamberg JurBüro 1985, 233.
28 OLG Zweibrücken JurBüro 2000, 199.
29 OLG München JurBüro 1963, 99 = NJW 1963, 962 = KostRsp. BRAGO § 36 Nr. 2.
30 OLG Hamm JurBüro 1964, 735 = Rpfleger 1965, 245 = KostRsp. BRAGO § 36 Nr. 5.
31 In Altfällen: § 48 Abs. 2, Abs. 3 S. 1 GKG.
32 Siehe *Schneider/Herget*, Rn 7085 ff.
33 AnwBl 1970, 136.
34 *Madert/Müller-Rabe*, Kostenhandbuch Familiensachen, Streitwerte und Gebühren in Ehe- und Familiensachen, 2001, G Rn 9; *Finke/Ebert*, § 14 Rn 216; *Gerold/Schmidt/Müller-Rabe*, RVG, VV 1001 Rn 23 ff.
35 OLG Düsseldorf AGS 2008, 174 = Rpfleger 2008, 229 = JurBüro 2008, 195 = OLGR 2008, 334.
36 Siehe ausführlich *N. Schneider* ZFE 2006, 429.

Gütertrennung vereinbart und auf einen bisher angefallenen Zugewinnausgleich wechselseitig verzichtet werde. Das Gericht setzt den Wert des Vergleichs auf 8.000 EUR fest.

32 Umstritten ist bereits die Abrechnung. Nach OLG Frankfurt[37] soll nur eine Aussöhnungsgebühr anfallen. Ihr Gegenstandswert soll allerdings den der Ehesache[38] übersteigen, wenn – wie hier – neben der Aussöhnung noch weitere Verpflichtungen übernommen werden. Danach wäre eine Aussöhnungsgebühr aus 14.000 EUR anzusetzen, dafür aber keine Einigungsgebühr. Für eine solche Abrechnung gibt das Gesetz jedoch keine Grundlage. Im Gegenteil folgt aus Anm. Abs. 5 zu VV 1000 eindeutig, dass für einen Vertrag über Folgesachen oder andere Gegenstände „*im Hinblick auf die Ehesache*" eine Einigungsgebühr anfällt. Nach zutreffender Ansicht sind daher für Aussöhnung und eine begleitende Einigung gesonderte Gebühren abzurechnen.[39]

> Im Beispiel erhält der Anwalt also zunächst für die Aussöhnung eine Aussöhnungsgebühr nach VV 1001 aus dem Wert der Ehesache. Da die Ehesache anhängig war, beläuft sich die Gebühr gemäß VV 1003 auf lediglich 1,0.
> Für die Vereinbarung der Gütertrennung sowie den Verzicht auf wechselseitige Zugewinnausgleichsansprüche erhält der Anwalt weiterhin eine Einigungsgebühr nach VV 1000 aus dem festgesetzten Wert von 8.000 EUR. Die Höhe beläuft sich auf 1,5, da eine güterrechtliche Folgesache nicht anhängig war.
> Im Anschluss stellt sich nunmehr die Frage, ob beide Gebühren gemäß § 15 Abs. 3 auf eine 1,5-Gebühr aus dem Gesamtwert zu kürzen sind. Dies würde folgende Berechnung ergeben:
> 1. 1,3-Verfahrensgebühr, VV 3100 (Wert: 15.000 EUR) — 845,00 EUR
> 2. 1,2-Termingebühr, VV 3104 (Wert: 15.000 EUR) — 780,00 EUR
> 3. 1,0-Aussöhnungsgebühr, VV 1001, 1003 (Wert: 6.000 EUR) — 354,00 EUR
> 4. 1,5-Einigungsgebühr, VV 1000 (Wert: 8.000 EUR) — 684,00 EUR
>   gem. § 15 Abs. 3 nicht mehr als 1,5 aus 14.000 EUR — 975,00 EUR
> 5. Postentgeltpauschale, VV 7002 — 20,00 EUR
>   Zwischensumme — 2.620,00 EUR
> 6. 19 % Umsatzsteuer, VV 7008 — 497,80 EUR
> **Gesamt** — **3.117,80 EUR**

33 Gegen eine Anwendung des § 15 Abs. 3 spricht jedoch, dass es hier nicht um Teilgebühren desselben Gebührentatbestands geht. Hier sind nicht zwei verschiedene Einigungsgebühren angefallen, sondern eine Einigungs- und eine Aussöhnungsgebühr. Andererseits spricht § 15 Abs. 3 nicht ausdrücklich davon, dass es sich um denselben Gebührentatbestand handeln muss, was aber wohl gemeint ist. Bei weiterer Auslegung ließe der Wortlaut, der ja nur davon spricht, dass „*für Teile des Gegenstands verschiedene Gebührensätze anzuwenden*" sind, eine solche extensive Auslegung zu. Für eine großzügige Auslegung könnte zudem sprechen, dass die Aussöhnungsgebühr faktisch eine Einigungsgebühr darstellt, wie sich aus der Anm. Abs. 5 S. 1 zu VV 1000 ergibt; die Eheleute einigen sich darüber, die Ehe fortzusetzen; eine Einigungsgebühr kann insoweit lediglich wegen Anm. Abs. 5 S. 1 zu VV 1000 nicht entstehen. Andererseits ist eine Aussöhnung durchaus etwas anderes als eine Einigung, zumal eine Einigung einen Vertrag voraussetzt (Anm. Abs. 1 zu VV 1000), der bei der Aussöhnung gerade nicht erforderlich ist.

34 Es kann auch nicht davon ausgegangen werden, dass dem Gesetzgeber dieses Problem gänzlich unbekannt war, sodass daraus, dass eine dem § 15 Abs. 3 vergleichbare Begrenzung hier nicht geregelt ist, folgt, dass eine Kürzung auch nicht vorzunehmen sein soll.[40] Abzurechnen ist im Beispiel Rdn 31 daher wie folgt:

> 1. 1,3-Verfahrensgebühr, VV 3100 (Wert: 15.000 EUR) — 845,00 EUR
> 2. 1,2-Termingebühr, VV 3104 (Wert: 15.000 EUR) — 780,00 EUR
> 3. 1,0-Aussöhnungsgebühr, VV 1001, 1003 (Wert: 6.000 EUR) — 354,00 EUR

---

37 AnwBl 1970, 136; ebenso Göttlich/Mümmler/*Xanke*, „Aussöhnung" Anm. 5.
38 Für die Aussöhnung selbst gilt der Wert der Ehesache nach § 23 Abs. 1 S. 1 i.V.m. § 43 FamGKG (in Altfällen: 48 Abs. 2, 3 GKG); OLG Bamberg JurBüro 1985, 233.
39 *Madert/Müller-Rabe*, Kostenhandbuch Familiensachen, Streitwerte und Gebühren in Ehe- und Familiensachen, 2001, G Rn 9; *Finke/Ebert*, § 14 Rn 214; *Mayer/Kroiß/Ebert*, VV 1001 Rn 29 ff.; Gerold/Schmidt/*Müller-Rabe*, RVG, VV 1001 Rn 24.
40 So wohl auch *Mayer/Kroiß/Ebert*, VV 1001 Rn 29 ff.; Gerold/Schmidt/*Müller-Rabe*, VV 1001 Rn 24, beide jedoch ohne ausdrücklich auf die Problematik des § 15 Abs. 3 einzugehen.

4. 1,5-Einigungsgebühr, VV 1000 (Wert: 8.000 EUR)	684,00 EUR
5. Postentgeltpauschale, VV 7002	20,00 EUR
Zwischensumme 2.683,00 EUR	
6. 19 % Umsatzsteuer, VV 7008	509,77 EUR
Gesamt	**3.192,77 EUR**

35 Gegen die Auffassung, es sei nach § 15 Abs. 3 zu kürzen, spricht auch die Abwandlung des Beispiels (siehe Rdn 31):

> **Beispiel:** Im Scheidungsverfahren (Werte: Ehesache 6.000 EUR; Versorgungsausgleich 1.000 EUR) hatte die Ehefrau auch Zugewinnausgleichsansprüche in Höhe von 8.000 EUR geltend gemacht. Im Termin söhnen sich die Eheleute aus und einigen sich nach Verhandlung dahingehend, dass ab sofort Gütertrennung vereinbart wird und die Ehefrau für den Fall einer späteren Scheidung für den bisherigen Zugewinn 8.000 EUR erhalten solle.

36 Auch hier entsteht sowohl die Aussöhnungsgebühr als auch die Einigungsgebühr zu 1,0 (Nr. 1003 VV), da sowohl die Ehesache als auch der verglichene Zugewinn anhängig sind. Jetzt kommt aber nach dem eindeutigen Wortlaut keine Kürzung nach § 15 Abs. 3 in Betracht, da hierfür Voraussetzung ist, dass für Teile des Gegenstands „*verschiedene Gebührensätze anzuwenden*" sind. Gerade daran fehlt es aber, weil beide Gebühren nach demselben Gebührensatz anfallen. Daher kommt hier eine Kürzung nach § 15 Abs. 3 erst Recht nicht in Betracht.

Zu rechnen ist wie folgt:

1. 1,3-Verfahrensgebühr, VV 3100 (Wert: 15.000 EUR)	845,00 EUR
2. 1,2-Terminsgebühr, VV 3104 (Wert: 15.000 EUR)	780,00 EUR
3. 1,0-Aussöhnungsgebühr, VV 1001, 1003 (Wert: 6.000 EUR)	354,00 EUR
4. 1,0-Einigungsgebühr, VV 1000 (Wert: 8.000 EUR)	456,00 EUR
5. Postentgeltpauschale, VV 7002	20,00 EUR
Zwischensumme 2.455,00 EUR	
6. 19 % Umsatzsteuer, VV 7008	466,45 EUR
Gesamt	**2.921,45 EUR**

8. Ermäßigte Verfahrensgebühr im gerichtlichen Verfahren bei nicht anhängiger Aussöhnung

37 Wird eine Aussöhnung zwischen den Eheleuten anlässlich eines anderen gerichtlichen Verfahrens als der Ehesache getroffen, stellt sich die Frage, welche Betriebsgebühr der Anwalt aus dem Wert der Ehesache erhält. Im Gegensatz zur Einigung (VV 3101 Nr. 2, 3201 Nr. 2) fehlte für die Aussöhnung eine ausdrückliche Regelung. Zutreffend wurden VV 3101 Nr. 2, 3201 Nr. 2 analog angewandt und dem Anwalt nur eine entsprechend ermäßigte Verfahrensgebühr wie bei Abschluss einer Einigung über nicht anhängige Gegenstände gewährt. Es war nicht verständlich, bei vorzeitiger Erledigung, bloßen Verhandlungen oder einer bloßen Protokollierung die volle Verfahrensgebühr anzunehmen.

> **Beispiel:** Anlässlich eines Sorgerechtsverfahrens (Verfahrenswert: 3.000 EUR) söhnen sich die Eheleute unter Mitwirkung ihrer Anwälte aus. Der Sorgerechtsantrag wird zurückgenommen. Der Wert der Ehesache beträgt 6.000 EUR.

1. 1,3-Verfahrensgebühr, VV 3100 (Wert: 3.000 EUR)	261,30 EUR
2. 0,8-Verfahrensgebühr, analog VV 3101 Nr. 2 (Wert: 6.000 EUR)	283,20 EUR
(die Höchstgrenze gemäß § 15 Abs. 3, nicht mehr als 1,3 aus 9.000 EUR, also 659,10 EUR, ist nicht überschritten)	
3. 1,2-Terminsgebühr, VV 3104 (Wert: 9.000 EUR)	608,40 EUR
4. 1,5-Aussöhnungsgebühr, VV 1001, 1003 (Wert: 6.000 EUR)	531,00 EUR
5. Postentgeltpauschale, VV 7002	20,00 EUR
Zwischensumme 1.703,90 EUR	
6. 19 % Umsatzsteuer, VV 7008	323,74 EUR
Gesamt	**2.027,64 EUR**

Mit der Änderung der VV 3101 Nr. 2 durch das 2. KostRMoG[41] hat der Gesetzgeber nunmehr klargestellt, dass allein Verhandlungen der Beteiligten über nicht rechtshängige Ansprüche die Ermäßigung auslösen. Die bisher insoweit vorhandene Regelungslücke hat der Gesetzgeber damit geschlossen, sodass auf die VV 3101 Nr. 2 unmittelbar zurückgegriffen werden kann. **38**

9. Verfahrenskostenhilfe

Wird ein Rechtsanwalt in einer Ehescheidungssache beigeordnet, erstreckt sich seine Tätigkeit auch auf eine Aussöhnung, ohne dass es hierfür eines besonderen Beschlusses bedarf.[42] Bei einer Mitwirkung seinerseits erhält er die Gebühr aus der Staatskasse, jedoch ab einem Gegenstandswert von mehr als 4.000 EUR aus den ermäßigten Beträgen des § 49. **39**

10. Beratungshilfe

Bei den Gebühren für die Beratungshilfe wird die Aussöhnung nicht erwähnt (siehe Rdn 37). Nach VV 2508 wird dort eine Gebühr nur für eine Einigung oder eine Erledigung gewährt. Dies war im Übrigen schon zu BRAGO-Zeiten der Fall (§ 133 Abs. 3 BRAGO). Die Rechtsprechung hat daher eine Aussöhnungsgebühr im Rahmen der Beratungshilfe nicht gewährt.[43] Von daher dürfte es sich wohl um nicht um ein Redaktionsversehen handeln (siehe Rdn 4), zumal der Gesetzgeber auch mit dem Inkrafttreten des 2. KostRMoG keine entsprechende Regelung getroffen hat. **40**

II. Aussöhnung von Lebenspartnern (Anm. S. 2 zu VV 1001)

Nach Anm. S. 2 gilt im Verfahren über die Aufhebung der Lebenspartnerschaft (§ 269 FamFG) Anm. S. 1 entsprechend. Es kann auf die Ausführungen zur Ehesache verwiesen werden (siehe Rdn 6 ff.). **41**

Nr.	Gebührentatbestand	Gebühr oder Satz der Gebühr nach § 13 RVG
1002	Erledigungsgebühr, soweit nicht Nummer 1005 gilt	1,5
	Die Gebühr entsteht, wenn sich eine Rechtssache ganz oder teilweise nach Aufhebung oder Änderung des mit einem Rechtsbehelf angefochtenen Verwaltungsakts durch die anwaltliche Mitwirkung erledigt. Das Gleiche gilt, wenn sich eine Rechtssache ganz oder teilweise durch Erlass eines bisher abgelehnten Verwaltungsakts erledigt.	

Literatur: *Just*, Zum Entstehen einer Erledigungsgebühr nach § 24 BRAGO, NVwZ 2003, 180; *Meyer*, Zur Erledigungsgebühr im verwaltungsgerichtlichen Vorverfahren (VVVG 1002, 1005), JurBüro 2004, 419; *N. Schneider*, Lücken des RVG im Rechtsmittelverfahren, AnwBl 2005, 202; *ders.*, Einigungs- und Erledigungsgebühr in berufungsgleichen Verfahren nach Vorbem. 3.2.1 VV RVG, NJW 2007, 2666; *ders.*, Die Einigungs- und Erledigungsgebühr des Terminvertreters, ASR 2014, 36.

---

41 *Schneider/Thiel*, Das neue Gebührenrecht für Rechtsanwälte, § 3 Rn 794.
42 KG NJ 1994, 126 = FPR 1996, 38.
43 LG Kleve JurBüro 1985, 1844; AG Meppen NdsRpfl. 1995, 105, AG Mainz Beschl. v. 28.4.2009 – 75 UR II; LG Berlin JurBüro 1986, 1842; LG Darmstadt KostRsp BRAGebO § 132 Nr. 7.

A. Allgemeines	1	V. Darlegungslast	26
B. Regelungsgehalt	6	VI. Gebühren	27
I. Grundsätze	6	1. Erledigungsgebühr gemäß VV 1002	27
II. Rechtssache	7	2. Erledigungsgebühr gemäß VV 1003	28
III. Erledigung durch Aufhebung oder Änderung	13	3. Erledigungsgebühr gemäß VV 1004	32
		C. Gegenstandswert	39
IV. Mitwirkung des Rechtsanwalts	20	D. Erstattungsfragen	40

A. Allgemeines

1 Die Regelung der VV 1002 entspricht der ehemaligen Regelung in § 24 BRAGO mit einer klarstellenden Ergänzung in Anm. S. 2 sowie einer Erhöhung des bisherigen Gebührensatzes in den Fällen, in denen noch kein Verfahren in der 1. Instanz anhängig ist, auf **1,5**. Hinsichtlich der Höhe des Gebührensatzes enthalten VV 1003 für den Fall eines bereits anhängigen gerichtlichen Verfahrens und VV 1004 für den Fall, dass hinsichtlich des Gegenstandes ein Berufungs- oder Revisionsverfahren anhängig ist, gesonderte Regelungen (siehe Rdn 28 ff.).

In **öffentlich-rechtlichen Angelegenheiten** ist eine vergleichsweise Regelung nur möglich, soweit über die Ansprüche vertraglich verfügt werden kann (vgl. Anm. Abs. 4 zu VV 1000). Dies trifft nur auf bestimmte Teilbereiche des öffentlichen Rechts zu. Welche Teilbereiche dies sind, ergibt sich aus dem für den Einzelfall maßgebenden materiellen öffentlichen Recht. So ist anerkannt, dass Vergleiche z.B. in Umlegungsverfahren zulässig sind. In Verfahren vor den **Finanzbehörden und -gerichten** wird ein Vergleich üblicherweise nicht zustande kommen,[1] wobei streitig ist, ob ein Vergleichsschluss rechtlich überhaupt zulässig ist.[2]

2 Die Erledigungsgebühr dient dazu, den Anwalt in Fällen, in denen ein Vergleich nicht möglich ist, aber aufgrund seiner über das normale, mit dem Betreiben des Verfahrens üblicherweise verbundene Maß hinausgehenden Tätigkeit der angefochtene Verwaltungsakt zurückgenommen oder in sonstiger Weise erledigt wird, für diese seine für alle Beteiligten nützlichen Bemühungen um eine Lösung ohne gerichtliche Entscheidung mit einer zusätzlichen Gebühr zu entlohnen. Der Vorteil für den Mandanten liegt darin, dass er sich die mit einem Weiterbetreiben des Verfahrens verbundenen Unannehmlichkeiten, Unsicherheiten, Zeitverluste sowie Kostenrisiken erspart; für das Gericht besteht er darin, dass es eine streitige Entscheidung zur Sache nicht zu erlassen braucht. Der Anwalt soll in dieser Situation nicht schlechter stehen, nur weil – bei vergleichbarem zusätzlichem Arbeitsaufwand – ein Vergleich aufgrund des materiell-öffentlichen Rechts nicht möglich ist. Aus diesem Normzweck[3] ergibt sich andererseits, dass hinsichtlich desselben Gegenstandes eine Erledigungsgebühr **nicht zusätzlich zu einer Vergleichsgebühr**[4] geltend gemacht werden kann.

3 Die Gebühr kann für **jeden Anwalt** entstehen, auch für den, der nur beratend tätig geworden ist, wenn er nur in dem erforderlichen Maße an der Erledigung mitgewirkt hat.[5] Im Hinblick auf die Erledigungsgebühr, die in Angelegenheiten entsteht, in denen nach Betragsrahmengebühren abzurechnen ist (§ 3 Abs. 1 Abs. 2), wird dies nunmehr auch durch Anm. Abs. 1 S. 4 zu VV 1005 klargestellt. Dort ist bestimmt, dass in Angelegenheiten, in denen dem Rechtsanwalt ausschließlich eine Gebühr nach § 34 zusteht, die (Einigungs-) oder Erledigungsgebühr die Hälfte des in der Anm. zu VV 2302 genannten Betrages, also die Hälfte der Schwellengebühr, mithin $1/2$ von 300 EUR, also 150 EUR beträgt (siehe dazu VV 1005–1006 Rdn 13 ff.).

---

[1] FG Köln EFG 2009, 515; Gerold/Schmidt/*Müller-Rabe*, RVG, VV 1002 Rn 3.

[2] Vgl. FG Hamburg EFG 2011, 1468; FG Bremen EFG 2000, 95.

[3] Vgl. dazu Riedel/Sußbauer/*Fraunholz*, BRAGO, § 23 Rn 1; Gerold/Schmidt/*Müller-Rabe*, RVG, VV 1002 Rn 3; *Hartmann*, VV 1002 Rn 2; *Just*, NVwZ 2003, 181.

[4] So die h.M., vgl. VGH Mannheim NVwZ-RR 2000, 329; Gerold/Schmidt/*Müller-Rabe*, VV 1002 Rn 65;

Hansens/*Braun*/Schneider, Teil 5 Rn 13; *Mayer*/Kroiß, RVG, VV 1002 Rn 3; Bischof/*Curkovic*, RVG, VV 1002 Rn 4; Hartung/Schons/*Enders*, RVG, VV 1002 Rn 9; a.A. *Hartmann*, KostG, RVG VV 1002 Rn 1.

[5] Riedel/Sußbauer/*Fraunholz*, BRAGO, § 24 Rn 20; Gerold/Schmidt/*Müller-Rabe*, RVG, VV 1002 Rn 30; *Mayer*/Kroiß, RVG, VV 1002 Rn 3; a.A. OVG Lüneburg MDR 1966, 705; *Hansens*, BRAGO, § 24 Rn 5.

Ist der Anwalt allerdings im Wege der **Beratungshilfe** tätig geworden, verdrängt die spezielle Regelung des VV 2508 die der VV 1002, die aber ausweislich der Anm. Abs. 1 zu VV 2508 im Übrigen tatbestandlich erfüllt sein muss.

Verdrängt wird die Regelung der VV 1002 auch in **sozialrechtlichen Angelegenheiten, in denen im gerichtlichen Verfahren Betragsrahmengebühren entstehen,** durch die Regelung in VV 1005 bis 1006. Gehören weder der Kläger noch der Beklagte zu den in § 183 SGG genannten Personen, findet gemäß § 3 Abs. 1 S. 2 das GKG Anwendung und damit VV 1002 (§ 197a SGG; vgl. auch VV 1005–1006 Rdn 2).

VV 1002 stimmt auch nicht mit VV 5115 überein, der die **Erledigung in Bußgeldsachen** betrifft und ein Weniger an anwaltlicher Mitwirkung voraussetzt. Die zu VV 5115 entwickelten Grundsätze lassen sich daher nicht auf VV 1002 übertragen.[6]

B. Regelungsgehalt

I. Grundsätze

Zur Entstehung der Erledigungsgebühr ist die Erfüllung aller Tatbestandsvoraussetzungen notwendig. Dieser lapidare Hinweis ist deshalb angebracht, weil in Rechtsprechung und Literatur insbesondere bei der Frage, warum keine Erledigungsgebühr angefallen ist, nicht immer ausreichend zwischen den einzelnen Tatbestandsmerkmalen differenziert wird. Die Frage des berechtigten Ansatzes einer Erledigungsgebühr ist im konkreten Fall jedoch besser abschätzbar, wenn man die publizierten Entscheidungen daraufhin überprüft, welches Tatbestandsmerkmal im konkret entschiedenen Fall ausschlaggebend war.

II. Rechtssache

Seit der Änderung des § 24 BRAGO durch die Novelle im Jahre 1975 ist durch die Verwendung des Begriffs „**Rechtssache**" statt „Rechtsstreit" klargestellt, dass der Regelungsbereich des § 24 BRAGO und der diesem nunmehr entsprechenden VV 1002 den gesamten Bereich der Verwaltungsangelegenheiten betrifft, also sowohl die Verfahren vor den Verwaltungsbehörden als auch die gerichtlichen Verfahren, soweit deren Gegenstand ein mit einem Rechtsbehelf angefochtener Verwaltungsakt ist.

1. Grundsätzliche Voraussetzung ist entweder die **Existenz eines Verwaltungsaktes und dessen Anfechtung mit einem Rechtsbehelf** oder der **Erlass eines bisher abgelehnten Verwaltungsaktes**. Die Einfügung der zweiten Fallvariante durch S. 2 der Anmerkung entspricht der bisher schon h.M.[7] zu § 24 BRAGO und dient der Rechtsklarheit. Da VV 1002 anders als der bisherige § 24 BRAGO nicht mehr ausschließlich an der Eingriffsverwaltung ausgerichtet ist, andererseits sich der Gesetzesbegründung nicht entnehmen lässt, dass es sich bei der Erweiterung in S. 2 der Anmerkung um eine abschließende Regelung handelt, wird man die Vorschrift nunmehr erst recht erweiternd auslegen müssen. Sie findet daher – wie schon der bisherige § 24 BRAGO – auch in folgenden Verfahren **entsprechende Anwendung:**

---

[6] BGH AGS 2008, 491 = Rpfleger 2009, 48.
[7] BVerwGE 17, 117; OVG Münster NWVBl. 1998, 73; OVG Lüneburg JurBüro 1991, 1068; OVG Bremen JurBüro 1991, 1071; OVG Koblenz NVwZ-RR 1989, 335; Gerold/Schmidt/*von Eicken*, BRAGO, § 24 Rn 4; Riedel/Sußbauer/*Fraunholz*, BRAGO, § 24 Rn 11; *Hansens*, BRAGO, § 24 Rn 2.

- Verfahren wegen Untätigkeit der Behörde (**Untätigkeitsklagen**)[8]
- Verfahren auf Feststellung der Nichtigkeit oder Unwirksamkeit eines Verwaltungsaktes (**Nichtigkeitsklagen**)[9]
- Verfahren nach § 80 Abs. 5 und 6 VwGO/§ 69 Abs. 3 FGO.[10]

§ 80 VwGO

(1) ¹Widerspruch und Anfechtungsklage haben aufschiebende Wirkung. ²Das gilt auch bei rechtsgestaltenden und feststellenden Verwaltungsakten sowie bei Verwaltungsakten mit Doppelwirkung (§ 80a).

(2) ¹Die aufschiebende Wirkung entfällt nur
1. bei der Anforderung von öffentlichen Abgaben und Kosten,
2. bei unaufschiebbaren Anordnungen und Maßnahmen von Polizeivollzugsbeamten,
3. in anderen durch Bundesgesetz oder für Landesrecht durch Landesgesetz vorgeschriebenen Fällen, insbesondere für Widersprüche und Klagen Dritter gegen Verwaltungsakte, die Investitionen oder die Schaffung von Arbeitsplätzen betreffen,
4. in den Fällen, in denen die sofortige Vollziehung im öffentlichen Interesse oder im überwiegenden Interesse eines Beteiligten von der Behörde, die den Verwaltungsakt erlassen oder über den Widerspruch zu entscheiden hat, besonders angeordnet wird.

²Die Länder können auch bestimmen, dass Rechtsbehelfe keine aufschiebende Wirkung haben, soweit sie sich gegen Maßnahmen richten, die in der Verwaltungsvollstreckung durch die Länder nach Bundesrecht getroffen werden.

(3)–(4) ...

(5) ¹Auf Antrag kann das Gericht der Hauptsache die aufschiebende Wirkung in den Fällen des Absatzes 2 Nr. 1 bis 3 ganz oder teilweise anordnen, im Falle des Absatzes 2 Nr. 4 ganz oder teilweise wiederherstellen. ²Der Antrag ist schon vor Erhebung der Anfechtungsklage zulässig. ³Ist der Verwaltungsakt im Zeitpunkt der Entscheidung schon vollzogen, so kann das Gericht die Aufhebung der Vollziehung anordnen. ⁴Die Wiederherstellung der aufschiebenden Wirkung kann von der Leistung einer Sicherheit oder von anderen Auflagen abhängig gemacht werden. ⁵Sie kann auch befristet werden.

(6) ¹In den Fällen des Absatzes 2 Nr. 1 ist der Antrag nach Absatz 5 nur zulässig, wenn die Behörde einen Antrag auf Aussetzung der Vollziehung ganz oder zum Teil abgelehnt hat. ²Das gilt nicht, wenn
1. die Behörde über den Antrag ohne Mitteilung eines zureichenden Grundes in angemessener Frist sachlich nicht entschieden hat oder
2. eine Vollstreckung droht.

(7)–(8) ...

§ 69 FGO

(1) ¹Durch Erhebung der Klage wird die Vollziehung des angefochtenen Verwaltungsakts vorbehaltlich des Absatzes 5 nicht gehemmt, insbesondere die Erhebung einer Abgabe nicht aufgehalten. ²Entsprechendes gilt bei Anfechtung von Grundlagenbescheiden für die darauf beruhenden Folgebescheide.

(2) ¹Die zuständige Finanzbehörde kann die Vollziehung ganz oder teilweise aussetzen. ...

(3) ¹Auf Antrag kann das Gericht der Hauptsache die Vollziehung ganz oder teilweise aussetzen; Absatz 2 Satz 2 bis 6 und § 100 Abs. 2 Satz 2 gelten sinngemäß. ²Der Antrag kann schon vor Erhebung der Klage gestellt werden. ³Ist der Verwaltungsakt im Zeitpunkt der Entscheidung schon vollzogen, kann das Gericht ganz oder teilweise die Aufhebung der Vollziehung, auch gegen Sicherheit, anordnen. ⁴Absatz 2 Satz 8 gilt entsprechend. ⁵In dringenden Fällen kann der Vorsitzende entscheiden.

(4) ¹Der Antrag nach Absatz 3 ist nur zulässig, wenn die Behörde einen Antrag auf Aussetzung der Vollziehung ganz oder zum Teil abgelehnt hat. ²Das gilt nicht, wenn

---

[8] VGH BaWü JurBüro 1991, 1358; FG Düsseldorf EFG 2006, 909; VG Ansbach AnwBl 1962, 228; *Hansens*, BRAGO, § 24 Rn 2; *Hartmann*, KostG, RVG VV 1002 Rn 3; *Mayer/Kroiß*, RVG, VV 1002 Rn 8; Gerold/Schmidt/*Müller-Rabe*, RVG, VV 1002 Rn 19; Hartung/Schons/*Enders*, RVG, VV 1002 Rn 9; *Just*, NVwZ 2003, 181; a.A. LSG NRW AGS 2008, 550; SG Berlin, Beschl. v. 25.8.2010 – S 180 SF 1297/09 E; SG Freiburg AGS 2003, 211 mit unzutreffender Begründung.

[9] *Mayer/Kroiß*, RVG, VV 1002 Rn 8.

[10] BayVGH, Beschl. v. 23.1.2009 – 10 C 08.2037 (juris); OVG Münster, Beschl. v. 4.7.2002 – 3 E 867/01 (juris);

VG Darmstadt NJW 1975, 1716; FG Hamburg EFG 2011, 1468; Gerold/Schmidt/*Müller-Rabe*, RVG, VV 1002, Rn 18; *Hartmann*, RVG VV 1002 Rn 5, 8; *Mayer/Kroiß*, RVG, VV 1002 Rn 8; Hansens/*Braun/Schneider*, Teil 5 Rn 95; *Finkelnburg/Külpmann*, Vorläufiger Rechtsschutz im Verwaltungsstreitverfahren, 6. Aufl. 2011, Rn 928 f.; *Just*, NVwZ 2003, 181; a.A. BFH NJW 1969, 344; Sächs FG JurBüro 2002, 640; FG Köln EFG 1990, 268; FG BaWü EFG 1986, 578 und Beschl. v. 20.10.2006 – 3 KO 3/04 (juris); VG Düsseldorf AnwBl 1982, 131 – ohne Begründung.

1. die Finanzbehörde über den Antrag ohne Mitteilung eines zureichenden Grundes in angemessener Frist sachlich nicht entschieden hat oder
2. eine Vollstreckung droht.

(5)–(6) ...

(7) ¹Lehnt die Behörde die Aussetzung der Vollziehung ab, kann das Gericht nur nach den Absätzen 3 und 5 Satz 3 angerufen werden.

Zwar trifft es zu, dass Gegenstand dieser Verfahren nicht ein Verwaltungsakt der Behörde, sondern eine gerichtliche Maßnahme (Aussetzung der Vollziehung/Anordnung bzw. Wiederherstellung der aufschiebenden Wirkung) ist.[11] Dies ist allerdings allein durch die gesetzlichen Besonderheiten bedingt: Die Behörde muss in diesen Fällen grundsätzlich vorher die Aussetzung der Vollziehung abgelehnt haben. Hiergegen könnte wiederum geklagt werden, doch schließt dies § 69 Abs. 7 FGO ausdrücklich aus. Ebenso ist anerkannt, dass § 80 Abs. 5 VwGO lex specialis gegenüber einem Rechtsbehelf gegen die Ablehnung der Aussetzung ist.[12] Da VV 1002 vom Sinn und Zweck der Regelung her auf diese Verfahren ansonsten gleichermaßen zutrifft, ist es nicht gerechtfertigt, eine entsprechende Tätigkeit des Anwalts nur an diesen verfahrensrechtlichen Besonderheiten scheitern zu lassen.

Keine Anwendung findet VV 1002 hingegen bei:
– reinen Leistungsklagen (Klagen, mit denen eine Leistung verlangt wird, ohne dass damit zugleich ein Verwaltungsakt angegriffen oder erlassen werden soll, z.B. Rückzahlung zu viel gezahlter Steuern gemäß Steuerbescheid, Zahlung von Beamtengehältern);
– Feststellungsklagen, die nicht die Unwirksamkeit oder Nichtigkeit eines Verwaltungsaktes zum Gegenstand haben (§ 43 VwGO; § 55 SGG; § 41 FGO);[13]
– Normenkontrollverfahren (§ 47 VwGO).

2. Zu den **Verfahren vor einer Verwaltungsbehörde** gehören insbesondere:
– Angelegenheiten der inneren Verwaltung
– Tätigkeiten vor Rechtsausschüssen und Widerspruchsbehörden.

Da der Verwaltungsakt bereits erlassen und mit einem Rechtsbehelf angefochten bzw. der Erlass eines Verwaltungsaktes abgelehnt worden sein muss, gehören insoweit **nicht** dazu:
– Verfahren, die dem Erlass/der Ablehnung des Verwaltungsaktes vorausgehen (z.B. § 9 VwVfG);
– Gegenvorstellungen.

3. Der **Zweig der Gerichtsbarkeit** ist bei den **gerichtlichen Verfahren** ohne Bedeutung. Daher kommen insbesondere in Betracht:
– Anfechtungs-, Verpflichtungs- sowie Untätigkeitsklagen vor den Verwaltungs- und Finanzgerichten;
– Verfahren vor den ordentlichen Gerichten sowie Landwirtschaftsgerichten, soweit Gegenstand die Aufhebung, Änderung oder der Erlass eines Verwaltungsaktes ist. Dazu gehören beispielsweise Verfahren gemäß §§ 217 ff. BauGB; § 212 BEG; § 111 BNotO; § 112a ff. BRAO; §§ 23 ff. EGGVG; §§ 66 ff. GKG; § 63 GWB; §§ 6, 8 JBeitrO; § 18 GNotKG; § 2 LwVG; §§ 109 Abs. 3, 138 Abs. 3 StVollzG.[14]
– Verfahren vor den Patentgerichten in Beschwerde- und Rechtsbeschwerdeverfahren, §§ 73 ff., 100 PatG.

Nicht hierzu gehören:
– Beschwerden im Prozesskostenhilfe-Prüfungsverfahren[15]
– Erledigung der Hauptsache im Zivilprozess.

Für Verfahren vor den **Sozialgerichten**, in denen in gerichtlichen Verfahren Betragsrahmengebühren entstehen, greift die speziellere Regelung der VV 1005. Gehören weder der Kläger noch der Beklagte zu den in § 183 SGG genannten Personen, findet gemäß § 3 Abs. 1 S. 2 das GKG Anwendung und damit VV 1002 (§ 197a SGG, vgl. auch VV 1005–1006 Rdn 2).

---

11 Dies ist das Argument der gegenteiligen Auffassung.
12 *Kopp/Schenke*, VwGO, 17. Aufl. 2011, § 80 Rn 119.
13 *Hartmann*, KostG, RVG VV 1002 Rn 6; *Mayer*/Kroiß, RVG, VV 1002 Rn 9.
14 Zur Situation in Niedersachen s. LG Hildesheim NdsRpfl 2007, 22.
15 OVG Bremen JurBüro 1986, 1360.

III. Erledigung durch Aufhebung oder Änderung

13 Eine **Erledigung** i.S.d. VV 1002 liegt vor, wenn eine abschließende streitige gerichtliche Entscheidung in der Hauptsache ganz oder auch nur teilweise nicht mehr notwendig ist.[16] Eine Erledigung ist daher auch noch im Rechtsmittelverfahren möglich.[17] Hat das Gericht allerdings rechtskräftig zur Hauptsache entschieden, kommt eine Erledigung i.S.v. VV 1002 nicht in Betracht.[18] Ein gegenseitiges Nachgeben ist ebenso wenig erforderlich wie eine übereinstimmende Erledigungserklärung.[19]

14 **Keine** Erledigung liegt somit vor, wenn:
- der Antragsteller trotz Abänderung des angefochtenen Verwaltungsaktes sein ursprüngliches Ziel weiterverfolgt, weil er in gleicher Weise in seinen Rechten verletzt sei;
- der Antragsteller nunmehr die Feststellung begehrt, dass der angefochtene Verwaltungsakt rechtswidrig gewesen ist (Fortsetzungsfeststellungsklage, § 113 Abs. 1 S. 4 VwGO).

15 **Zusätzlich** muss jedoch die weitere Voraussetzung gegeben sein, dass die **Behörde** von einem gegenüber dem Antragsteller eingenommenen **ungünstigen Rechtsstandpunkt ganz oder teilweise abgerückt** ist. Sie muss also einen erlassenen Verwaltungsakt teilweise, sei es auch nur geringfügig, aufgehoben oder abgeändert bzw. einen bislang vollständig verweigerten Verwaltungsakt jedenfalls in Teilbereichen erlassen haben. Die bloße Aufgabe einer Rechtsansicht ohne eine der vorgenannten Konsequenzen genügt demnach nicht.[20] Der nunmehr verwandte Begriff „**Aufhebung**" bedeutet gegenüber dem in § 24 BRAGO verwendeten Wort „Zurücknahme" keine inhaltliche Änderung, sondern ist als Oberbegriff für die Rücknahme bzw. den Widerruf eines Verwaltungsaktes zu verstehen (vgl. §§ 48, 49 VwVfG).

16 **Erledigung** im vorgenannten Sinn liegt daher vor:
- bei übereinstimmender Erledigung der Hauptsache, auch wenn über die Kosten weiter gestritten wird;
- wenn die Behörde erkennt, dass der Verwaltungsakt mangels ordnungsgemäßer Zustellung nicht wirksam geworden ist und deshalb erklärt, aus diesem nicht zu vollstrecken;[21]
- wenn der angefochtene Bescheid aus formellen Gründen aufgehoben wird, auch wenn gleichzeitig ein inhaltsähnlicher Bescheid erlassen wird;[22] zwar hat sich dabei nur das erste Klageverfahren erledigt, nicht aber auch das Verfahren vor der Verwaltungsbehörde, dies genügt aber für die Rechtssache (vgl. Rdn 7);
- wenn die beklagte Behörde die Erledigung bestreitet, sie aber gerichtlich festgestellt wird;[23]
- bei Anfechtung mehrerer Verwaltungsakte in demselben Verfahren, von denen einer zurückgenommen wird;
- wenn der angefochtene Verwaltungsakt zur Zufriedenheit des Antragstellers abgeändert wird, die gleichzeitig erhobene Verpflichtungsklage jedoch weiterverfolgt wird.[24]

17 **Keine Erledigung** im vorgenannten Sinn ist eingetreten, wenn sich die Rechtssache zwar erledigt hat, dies jedoch auf einem **anderen Grund** als der Rücknahme oder Abänderung des für den Antragsteller ungünstigen Standpunktes der am Verfahren beteiligten Behörde erfolgt.

Beispiele:
- Erlass der angeforderten Gebühren für die Musikschule allein aufgrund enger finanzieller Verhältnisse sowie Ersatz durch Nachrückschüler.[25]
- Eine dritte Behörde erteilt den beantragten Bescheid.[26]

---

[16] Hansens, BRAGO, § 24 Rn 3; Hartmann, KostG, RVG VV 1002 Rn 7; Mayer/Kroiß, RVG, VV 1002 Rn 12; Gerold/Schmidt/Müller-Rabe, RVG, VV 1002 Rn 21.
[17] Mayer/Kroiß, RVG, VV 1002 Rn 12; Riedel/Sußbauer/Fraunholz, BRAGO, § 24 Rn 15.
[18] BVerwG NVwZ 1982, 36; OVG Münster NWVBl 1998, 73; Hartmann, KostG, RVG VV 1002 Rn 7.
[19] BSG RVGreport 2011, 256 und JurBüro 2009, 481; FG Berlin EFG 2006, 1456; VG Wiesbaden JurBüro 2001, 250; SG Aachen, Beschl. v. 16.3.2005 – S 11 RJ 90/04; Mayer/Kroiß, RVG, VV 1002 Rn 12; Hartmann, KostG, RVG VV 1002 Rn 7; Just, NVwZ 2003, 181.
[20] FG BaWü EFG 1986, 519.
[21] OVG Koblenz NVwZ-RR 1989, 335.
[22] Gerold/Schmidt/Müller-Rabe, RVG, VV 1002 Rn 21; a.A. NdsFG EFG 1997, 373.
[23] FG RhPf EFG 1989, RS 13; VG Wiesbaden JurBüro 2001, 250; Hartmann, KostG, RVG VV 1002 Rn 7.
[24] OVG Münster NWVBl 1998, 73; Riedl/Sußbauer/Fraunholz, BRAGO, § 24 Rn 12.
[25] AG Koblenz JurBüro 2006, 364.
[26] BayVGH BayVBl 2006, 740; OVG Hamburg NVwZ-RR 1994, 621; Hartmann, KostG, RVG VV 1002 Rn 8; Hansens, BRAGO, § 24 Rn 3; Hansens/Braun/Schneider, Teil 5 Rn 99.

- Änderung der Rechtslage, durch die der Kläger anspruchsberechtigt wird.[27]
- Der Antragsteller erfüllt die von der Behörde verlangten Voraussetzungen.[28]
- Rücknahme eines Rechtsmittels der Behörde bei einem für sie ungünstigen Urteil.[29]
- Der Antragsteller nimmt im Laufe des Verfahrens den angefochtenen Verwaltungsakt hin, indem er die Klage oder den Rechtsbehelf zurücknimmt. Hier fehlt es an einer Handlung der Behörde.
- Etwas anderes muss jedoch im Hinblick auf den Grund der Norm – Ersparen einer gerichtlichen Entscheidung in der Hauptsache durch besondere Mühewaltung des Anwalts – gelten, wenn die Rücknahme der Klage oder des Rechtsbehelfs nur der formellen Beendigung dient, weil sich das Verfahren sachlich bereits ganz oder teilweise erledigt hat[30] bzw. auf einer zuvor getroffenen Absprache beruht, dass die Behörde für diesen Fall dem Antragsteller entgegenkommt, also z.B. die Kosten des Verfahrens übernimmt oder auf Kostenerstattung verzichtet.[31]

Die gelegentlich anzutreffende Formulierung, eine Angelegenheit sei auch dann erledigt, wenn sich der Antragsteller mit einem **Weniger**, als er begehrt hat, zufriedengibt, ist hingegen nicht genau genug. 18

> **Beispiel:** Gegenstand des Verfahrens war allein die Baugenehmigung für ein vierstöckiges Haus, weil sich der Antragsteller mit der in Aussicht gestellten Genehmigung für ein dreistöckiges Gebäude nicht begnügen wollte.
> Hier liegt eine Zurücknahme oder Änderung i.S.d. VV 1002 nicht vor, wenn der Antragsteller es sich im Laufe des Verfahrens anders überlegt und daraufhin die Genehmigung für das dreistöckige Gebäude erteilt wird. Denn die Behörde ist nicht von ihrem Rechtsstandpunkt abgerückt.

Entsprechendes gilt, wenn ein **Asyl** Begehrender den Asylantrag oder die Klage auf Asylbewilligung zurücknimmt und sich mit einer Bleiberechtsregelung mit befristeter Aufenthaltsgenehmigung statt des Asyls zufrieden gibt oder sich das Verfahren auf Zuweisung in eine staatliche Gemeinschaftsunterkunft erledigt, weil der Kläger aufgrund eines – anderen – Verfahrens nach dem Aufenthaltsgesetz vom Beklagten einen Aufenthaltstitel zugesprochen bekommen hat.[32] Eine Erledigung gemäß VV 1002 scheitert hier ebenfalls daran, dass die an den Verfahren beteiligte Behörde ihren Rechtsstandpunkt nicht aufgegeben hat. 19

IV. Mitwirkung des Rechtsanwalts

Die Erledigungsgebühr hat eine **Doppelnatur**. Einerseits ist sie eine **Erfolgsgebühr**, d.h. ohne den Eintritt der Erledigung erwächst sie nicht. Andererseits ist sie aber auch eine **Tätigkeitsgebühr**. Der Anwalt erhält sie nur, wenn er an dem eingetretenen Erfolg – Erledigung – mindestens mitursächlich „mitgewirkt" hat, die Tätigkeit also nicht hinweggedacht werden kann, ohne dass es zu einer streitigen Erledigung des Rechtsstreits gekommen wäre. Dies entspricht insoweit allgemeiner Meinung.[33] Nicht notwendig ist, dass er sie allein oder überwiegend herbeigeführt hat. 20

Das eigentliche Problem liegt aber darin, dass eine derartige (Mit-)Ursächlichkeit sich schon aus dem Betreiben des Geschäfts als solchem ergeben könnte, der Anwalt dafür aber bereits eine andere Gebühr (Verfahrens-/Geschäftsgebühr) erhält. Aus der Formulierung der Norm „... durch die anwaltliche Mitwirkung erledigt ..." ergibt sich jedoch, dass das bloße mitursächliche Tätigwerden des Anwalts in dem erledigten Verfahren als solches nicht ausreicht, er die Gebühr vielmehr nur dann erhalten soll, wenn er eine **besondere, nicht nur unwesentliche**[34] **und gerade auf die außergerichtliche Erledigung gerichtete Tätigkeit** entfaltet hat, z.B. durch Einwirken auf eine vorgesetzte 21

---

27 OVG RhPf, Beschl. v. 18.12.2007 – 2 E 11030/07, AGS 2008, 81.
28 LG Berlin JurBüro 1989, 1270 = MDR 1989, 923.
29 Denn es ist eine Entscheidung zur Hauptsache erfolgt, und zwar nicht durch die Behörde, sondern durch das Gericht: BFH NJW 1961, 2376; BVerwGE 17, 117 = DVBl 1964, 79; OVG Lüneburg JurBüro 1991, 1068; VGH Kassel AnwBl 1986, 411.
30 OVG Münster AnwBl 1998, 345; VG Weimar ThürVBl 2003, 42; *Just*, NVwZ 2003, 181.
31 VGH München AnwBl 1981, 162; OVG Bremen AnwBl 1992, 94 = JurBüro 1991, 1071; *Hansens*, BRAGO, § 24 Rn 3; in einer solchen Vereinbarung kann aber auch ein zulässiger Vergleich liegen, vgl. FG Bremen EFG 2000, 95.
32 VGH München NVwZ-RR 1994, 299 und Beschl. v. 9.3.2006 – 21 C 06.332 (juris); OVG Lüneburg JurBüro 1991, 1068; a.A. OVG Bremen JurBüro 1991, 1071; *Mayer/Kroiß*, RVG, VV 1002 Rn 19.
33 Vgl. nur BayVGH AGS 2007, 622.
34 FG BaWü AGS 2001, 31 = EFG 2000, 398: Beschleunigung um 6 bis 7 Wochen genügt nicht.

Behörde, Einwirken auf den Kläger durch zusätzliche Beratungsleistungen auf eine nicht unwesentliche[35] Einschränkung des Klagebegehrens, Unterbreiten eines Erledigungsvorschlags. Ansonsten hätte statt des Wortes „Mitwirkung" der Begriff „Tätigkeit" nahe gelegen und ausgereicht, zumal der Gesetzgeber bei Erlass des RVG die entsprechende Rechtsprechung zu § 24 BRAGO kannte.

Diese im Ergebnis von der h.M.[36] vertretene Auslegung entspricht auch dem Regelungsgehalt der Einigungsgebühr gemäß VV 1000, die ebenfalls eine „Mitwirkung", also eine weiter gehende Tätigkeit des Anwalts, gerichtet auf die materiell-rechtliche Erledigung des Rechtsstreits, voraussetzt. Es genügt daher nicht, dass die Sache sich bereits materiell-rechtlich erledigt hatte und sich die Mitwirkung des Anwalts auf die formale Beendigung beschränkt.[37] Die Schwierigkeit liegt nun darin, festzustellen, wann eine nicht unwesentliche weiter gehende Tätigkeit vorliegt. Das kann jeweils nur **aufgrund der konkreten Umstände des Einzelfalles** entschieden werden, doch lassen sich anhand der entschiedenen Fälle dafür Anhaltspunkte gewinnen.

22 Liegt eine entsprechende Tätigkeit des Rechtsanwalts vor, ist es unschädlich, wenn das erledigende Ereignis bereits vor seiner Tätigkeit eingetreten war.[38]

23 Eine Erledigungserklärung muss nicht zwingend durch den Anwalt persönlich abgegeben werden; es genügt, wenn dies durch einen damit von ihm im Einzelnen beauftragten Dritten geschieht, der auch der Auftraggeber selbst sein kann.[39]

24 Eine **ausreichende Mitwirkung** wurde u.a. in folgenden Fällen **bejaht**:
 – Schriftliche oder mündliche Verhandlungen – auch außergerichtlich bzw. während des Ruhens des Verfahrens[40] – mit einem in dem konkreten Fall entscheidungsbefugten Vertreter[41] der Verwaltungsbehörde oder deren Aufsichtsbehörde mit dem Ziel des Einlenkens.[42]
 – Erhebung einer Aufsichtsbeschwerde an den Behördenleiter, aufgrund dessen es zur Aufhebung des Flurbereinigungsbeschlusses kommt.[43]
 – Einlenken des Beklagten aufgrund der Tätigkeit des Anwalts unter Aufrechterhaltung des bisherigen Rechtsstandpunktes.[44]
 – Einwirkung auf den Mandanten, sich mit einem Teilerfolg bzw. der vorgeschlagenen Erledigungserklärung zufrieden zu geben.[45]

---

[35] Diese liegt nach FG Köln EFG 2007, 145 und EFG 2009, 515 sowie 1597 bei mehr als 10 % vor.
[36] BVerwG AnwBl 1986, 41; BFH BStBl 1970 II S. 251 und BFH/NV 2007, 1109; BSG AGS 2007, 195 = JurBüro 2007, 584 und JurBüro 2009, 132; OVG Bremen JurBüro 2008, 533; BayVGH AGS 2007, 622; SächsOVG JurBüro 2003, 136; OVG Lüneburg JurBüro 2001, 249; OVG Hamburg AGS 1999, 151 = JurBüro 1999, 361; OVG Greifswald JurBüro 1997, 641; VGH BaWü JurBüro 1994, 31; VGH Kassel MDR 1994, 316 und DÖV 2007, 620; OVG Münster AnwBl 2000, 376 und NVwZ 2007, 500; OVG RhPf NVwZ-RR 2007, 564; FG BaWü EFG 2004, 144 und AGS 2010, 606; FG Düsseldorf EFG 2001, 595; HessFG EFG 2003, 490; NdsFG EFG 1998, 1360; FG Hamburg EFG 1983, 146; FG Bremen EFG 1990, 596 und EFG 1995, 381; SchlHolFG AGS 2007, 244; OLG Köln OLGR Köln 2008, 61; Gerold/Schmidt/*Müller-Rabe*, RVG, VV 1002 Rn 38 ff.; *Hansens*, BRAGO, § 24 Rn 4; *Hartmann*, KostG, RVG VV 1002 Rn 9 ff.; *Mayer/Kroiß*, RVG, VV 1002 Rn 17; *Just*, NVwZ 2003, 181; *Meyer*, JurBüro 2004, 419 – alle m.w.N.; a.A FG Berlin EFG 1982, 523; FG BaWü EFG 1982, 534; Sächs. LSG, Beschl. v. 12.8.2008 – L 6 B 327/08 AS-KO (juris): besondere Bemühungen nur im Vorverfahren notwendig.
[37] OVG Münster, Beschl. v. 25.1.2011 – 1 E 32/11 (juris); OVG Meckl.-Vorp., Beschl. v. 5.5.2010 – 1 O 27/10 (juris); OVG Lüneburg NJW 2009, 460; OVG Berlin-Brandenburg, Beschl. v. 5.11.2010 – OVG 1 K 231.09.
[38] VGH BaWü AGS 2007, 194.
[39] FG Kassel EFG 1974, 213; FG Düsseldorf EFG 1985, 577; *Hartmann*, KostG, RVG VV 1002 Rn 13.
[40] VGH BaWü NVwZ-RR 1992, 335.
[41] FG München EFG 2011, 833; FG BaWü EFG 2010, 670 = JurBüro 2010, 30.
[42] BayVGH AGS 2007, 622 und Beschl. v. 23.1.2009 – 10 C 08.2037 (juris); OVG Lüneburg JurBüro 2007, 78; HessFG EFG 2000, 236; FG Köln AGS 2002, 89 und JurBüro 2000, 434; OVG Koblenz NVwZ-RR 1989, 335; VG Leipzig JurBüro 2001, 136.
[43] BayVGH, Urt. v. 17.7.2009 – 13 A 08.2954 (juris).
[44] LG Hildesheim NdsRpfl 2007, 22, betr. Zuweisung einer Einzelzelle.
[45] Thür. LSG, Beschl. v. 24.11.2010 – L 6 SF 563/10 B zu Nr. 1005, 1002; BayVGH AGS 2007, 622; OVG Münster NVwZ-RR 1999, 348 und AnwBl 1985, 391; OVG Münster, Beschl. v. 30.8.2011 – 6 E 775/11 (juris); OVG Lüneburg AnwBl 1983, 282; BFH NJW 1969, 344; FG Berlin EFG 2006, 1456; FG Köln EFG 2009, 1597 und JurBüro 2004, 651 (Einschränkung mehr als 10 %); HessFG EFG 2000, 236; FG Düsseldorf EFG 1994, 318 und EFG 2005, 975; FG Hamburg EFG 1988, 594; Gerold/Schmidt/*Müller-Rabe*, RVG, VV 1002 Rn 50; Riedel/Sußbauer/*Fraunholz*, BRAGO, § 24 Rn 19.

- Mitwirkung an einer tatsächlichen Verständigung im Verhandlungs-/Erörterungstermin[46] bzw. in einem unmittelbaren zeitlichen und sachlichen Zusammenhang damit.[47]
- Prüfung eines Gerichtsbescheides und Beratung des Mandanten, keinen Antrag auf mündliche Verhandlung zu stellen.[48]
- Intensive Kontakte des Anwalts mit dem Antragsgegner darüber, wie der Rechtsstreit zu beenden sei, und Umgestaltung der vorgeschlagenen Klagerücknahme in eine Erledigungserklärung.[49]
- Erstmalige Ermittlung der Haftungsquote in einer USt-Haftungssache, selbst wenn dies in der Klagebegründung geschieht, weil die Feststellungslast hinsichtlich der Haftungsquote beim Finanzamt liegt.[50]
- Erteilung eines schriftlichen Hinweises durch den Anwalt, wonach der Auftraggeber entgegen der Auffassung der Behörde nicht klaglos gestellt sei.[51]
- Der Anwalt veranlasst eine Untersuchung seines Mandanten, aufgrund deren Ergebnisses die Behörde den Bescheid erlässt bzw. aufhebt.[52]
- Vorlage einer eidesstattlichen Versicherung durch den Anwalt auf Verlangen der Behörde.[53]
- Gespräch des Anwalts in einer Sitzungspause mit Mandanten und Gegner, das zu beiderseitigem Nachgeben führt.[54]
- Konsequentes und überdurchschnittliches Bemühen des Anwalts in Form von Beibringung aktueller medizinischer Berichte, Aufspüren von Spezialisten und Beantragung eines zweiten Gutachtens eines für den konkreten Fall sehr geeigneten Spezialisten, das die Wende brachte.[55]
- Eigene Recherchen des Anwalts (u.a. Befragung dritter Personen) zum nach Auffassung des Gerichts entscheidungserheblichen Sachverhalt und Unterbreitung des Ergebnisses.[56]
- Einwirken auf den Beigeladenen, eine Folgeänderung eigener Bescheide nach § 174 Abs. 4 und 5 AO 1977 zu ermöglichen, es sei denn, der Anwalt vertritt sowohl den Kläger wie auch gleichzeitig den Beigeladenen und es ist von einer Interessen-Übereinstimmung auszugehen.[57]
- Hinweis auf laufendes Strafverfahren, der Behörde veranlasst, das Widerspruchverfahren ruhend zu stellen, laufende Unterrichtung über Stand des Strafverfahrens und Vorlage des Strafurteils führt zur Aufhebung des Bescheides.[58]
- Vorlage eines auf Anregung des Rechtsanwalts von dem Mandanten selbstbeschafften Befundberichts.[59]
- Beratung des Mandanten im Hinblick auf die Abgabe einer Versicherung an Eides statt.[60]
- Unterstützung bei der Suche nach einer angemessenen Wohnung in einer Grundsicherungsangelegenheit.[61]

Hingegen liegt die geforderte ausreichende Mitwirkung **nicht** vor:
- Abwarten des Ausgangs eines anderen Prozesses („**Musterverfahren**"), selbst wenn der Anwalt das Ruhen des Verfahrens bis zu dessen Entscheidung beantragt, wobei die Übernahme des dortigen Ergebnisses signalisiert wird; das Ausgangsverfahren erledigt sich schließlich durch Aufhebung oder Änderung des angefochtenen Verwaltungsaktes oder auf sonstige Weise aufgrund der Entscheidung im Musterprozess. Zwar wäre die Anordnung des Ruhens ohne die Mitwirkung des Anwalts nicht möglich gewesen, doch ist diese Tätigkeit durch die Verfahrensge-

---

[46] FG Münster JurBüro 2004, 485; FG Bremen EFG 1995, 381; FG Münster EFG 1991, 566; BFH BStBl 1985 II S. 354.
[47] Hess FG EFG 2003, 490.
[48] FG Saarbrücken EFG 2004, 743.
[49] VG Frankfurt/M NVwZ 2003, 244, 245.
[50] Saarl FG EFG 1996, 608.
[51] VG Stuttgart JurBüro 1983, 1518 = AnwBl 1983, 283.
[52] BSG JurBüro 2009, 132; VG Ansbach AnwBl 1984, 54.
[53] FG Bremen EFG 1990, 596.
[54] OVG Münster KostRspr. BRAGO § 24 Nr. 20; Gerold/Schmidt/*Müller-Rabe*, RVG, VV 1002 Rn 50.
[55] SG Düsseldorf AGS 2001, 226.
[56] FG BaWü EFG 2004, 144.
[57] FG Köln AGS 2002, 165 = EFG 2001, 1321.
[58] BSG, Urt. v. 17.12.2013 – B 11 AL 15/12 R m. Anm. *Hansens*, RVGReport 2014, 151.
[59] BSG ASR 2009, 53 m. Anm. *Schafhausen*, ASR 2009, 55.
[60] SG Berlin ASR 2010, 137.
[61] SG Darmstadt ASR 2012, 75. Dagegen sollen „anwaltliche Serviceleistungen", die über das von einem Anwalt nach dem Berufs,- Standes- oder Gebührenrecht erwartete und geforderte Maß hinausgehen – hier: Sortieren von Unterlagen – nicht zum Entstehen der Erledigungsgebühr ausreichen, LSG Sachsen, Urt. v. 8.11.2012 – 3 AS 1118/11, BeckRS 2013, 68831 m. insoweit kritischer Anm. *Mayer*, FD-RVG 2013, 346513.

bühr mit abgegolten.⁶² Eine verwaltungsrechtliche Besonderheit liegt in einem solchen Fall nicht vor. Bei gleicher Sachlage erhält der Anwalt im Zivilprozess ebenfalls keine zusätzliche Gebühr.
- Erledigungserklärung, weil die Erfolgsaussicht aufgrund des Ergebnisses eines anderen Verfahrens nicht mehr wahrscheinlich ist.⁶³
- Tätigkeit in einem anderen Verfahren, selbst wenn es Einfluss auf die Erledigung gehabt haben sollte. Die Tätigkeiten des Anwalts können immer nur in dem jeweiligen konkreten Verfahren berücksichtigt werden.⁶⁴
- Publizierung von Aufsätzen und Einführung in den Prozess.⁶⁵
- Eine auch noch so sorgfältig gefertigte Klage- oder Widerspruchsbegründung, auch mit Vorlage präsenter Beweismittel.⁶⁶
- Schriftliche und mündliche Darlegung der maßgeblichen Tatsachen sowie der Auffassung des Mandanten zur Sach- und Rechtslage, Stellungnahme zu den Ausführungen der Gegenseite, Stellung von Anträgen.⁶⁷
- Ergänzung einer Einspruchs- oder Klagebegründung.⁶⁸
- Schriftsätzlicher Hinweis auf ein einschlägiges BFH-Urteil außerhalb der Klagebegründung, woraufhin Erledigung eintritt.⁶⁹
- Die Behörde nimmt lediglich aufgrund von Äußerungen des Berichterstatters im Rahmen eines Erörterungstermins den Bescheid zurück oder ändert ihn ab.⁷⁰
- Stellung und Begründung eines Antrags nach § 80 Abs. 5 VwGO, der zur Aussetzung der Vollziehung durch die Verwaltungsbehörde führt.⁷¹
- Erklärung der Zustimmung zur Aussetzung des Verfahrens, anschließende Erledigungserklärung in der Hauptsache, nachdem die Behörde einen Abhilfebescheid erlassen hat.⁷²
- Die beantragte gerichtliche Aussetzung der Vollziehung erübrigt sich, weil die Behörde selbst die beantragte Aussetzung der Heranziehungsbescheide vornimmt; für die Antragstellerin gab es somit keinen „Raum von Möglichkeiten" prozessualen Verhaltens, in welchem der Anwalt die zum Ansatz der Erledigungsgebühr notwendigen besonderen Bemühungen hätte entfalten können.⁷³
- Vorlage der Erklärung zur wirtschaftlichen Leistungsfähigkeit der Tochter des Mandanten.⁷⁴
- Vorlage maßgeblicher Belege an die beklagte Behörde, die daraufhin einen Abhilfebescheid erlässt, selbst wenn dies unter Umgehung des Gerichts geschieht.⁷⁵ Demnach erst recht nicht,

---

62 Vgl. OVG Mecklenburg-Vorpommern, Beschl. v. 28.8.2008 – 2 O 57/08, (juris); VGH Kassel MDR 1994, 316 = NVwZ-RR 1994, 300; OVG Lüneburg AnwBl 1982, 537 und NdsRpfl 2007, 390; FG Köln EFG 2001, 711; FG Düsseldorf EFG 2001, 595; FG Saarland EFG 1983, 253; FG BaWü EFG 1995, 382; HessFG EFG 1969, 255; SG Hamburg, Beschl. v. 28.1.2002 – S 3 SF 101/01 K (juris); *Hartmann*, KostG, RVG VV 1002 Rn 15; Gerold/Schmidt/*Müller-Rabe*, RVG, VV 1002 Rn 41, 42; *Hansens*, BRAGO, § 24 Rn 3; *Just*, NVwZ 2003, 182; a.A. OVG Münster MDR 1983, 872; FG BaWü EFG 1982, 534; FG Düsseldorf EFG 1980, 307; *Mayer/Kroiß*, RVG, VV 1002 Rn 19.
63 OVG Lüneburg, Beschl. v. 7.1.2008 – 10 OA 250/07; NVwZ-RR 2008, 500.
64 BayVGH, Beschl. v. 9.3.2006 – 21 C 06.332, (juris); FG Düsseldorf EFG 2001, 595; FG Köln AGS 2003, 506 und EFG 2001, 711; OVG Münster AnwBl 2000, 376 und DÖV 2011, 168; NdsFG EFG 1998, 1360; VGH Kassel MDR 1994, 316; FG Hamburg EFG 1971, 222; *Hartmann*, RVG, VV 1002 Rn 12.
65 FG Düsseldorf EFG 2001, 595; FG Köln EFG 2001, 711; FG BaWü EFG 1995, 1077.
66 Abgegolten mit der Prozessgebühr: BSG MDR 1996, 642 und JurBüro 2009, 132; BVerwG NVwZ 1982, 36 und NVwZ 1992, 36; LSG Rh-Pf AGS 2009, 179; Hess LSG RVGreport 2009, 221; SG Düsseldorf AGS 2001, 226; FG Meckl.-Vorp. EFG 2010, 1447; FG BaWü EFG 2007, 221 und 1972; FG Köln EFG 2007, 145; FG Düsseldorf EFG 2001, 595 und EFG 2010, 443; HessFG EFG 2003, 490; LG Koblenz AnwBl 1997, 45 = JurBüro 1997, 639 m. zust. Anm. *Hansens*; BFH BStBl 1970 II S. 251; *Hartmann*, KostG, RVG VV 1002 Rn 10; Gerold/Schmidt/*Müller-Rabe*, RVG, VV 1002 Rn 44; *Mayer/Kroiß*, RVG, VV 1002 Rn 18.
67 Abgegolten mit der Prozessgebühr: SchHolFG AGS 2008, 548; FG Köln EFG 2001, 711; FG Düsseldorf EFG 2001, 595; OVG Lüneburg JurBüro 2001, 249; BVerwG NVwZ 1992, 36; FG BaWü EFG 1995, 1077; VGH BaWü JurBüro 1994, 31, a.A. FG Bremen EFG 1993, 344; FG Berlin EFG 1981, 523.
68 BFH BFH/NV 2007, 1109; FG Bremen EFG 1994, 316.
69 FG BaWü EFG 1995, 1077; a.A. SaarlFG EFG 1983, 253 und EFG 1989, 254; *Mayer/Kroiß*, RVG, VV 1002 Rn 19; *Hansens*, BRAGO, § 24 Rn 4.
70 FG Münster EFG 2010, 592; FG Köln EFG 2008, 1235.
71 OVG Hamburg AGS 1999, 151 = JurBüro 1999, 361; OVG Münster NVwZ-RR 1993, 111.
72 BSG JurBüro 1994, 673.
73 OVG Münster, Beschl. v. 4.7.2002 – 3 E 867/01 (juris).
74 FG Düsseldorf EFG 2001, 595; HessFG EFG 1989, 203.
75 FG Hamburg, Beschl. v. 19.4.2011 – 3 KO 24/11 (juris); HessFG EFG 2000, 236; VGH BaWü 1990, 1450.

wenn die Behörde sich selbst die Auskünfte besorgt bzw. der Anwalt nur auf Unterlagen in Behördenakten hingewiesen hat.[76]
- Nach Aufhebung des angefochtenen Verwaltungsaktes zieht der Kläger einen Anwalt hinzu, der den Rechtsstreit dann in der Hauptsache für erledigt erklärt.[77]
- Das Widerspruchsverfahren war im Zeitpunkt der Beratung durch den Anwalt bereits beendet.[78]
- Umfassende Erledigungserklärung des Anwalts nach bloßer Beitragsreduzierung, wenn er dies vorab mit dem im Termin nicht anwesenden Mandanten so besprochen und dieser die Entscheidung in das Ermessen des Anwalts gelegt hatte.[79]
- Zustimmung des Beigeladenen („Abnicken") zur übereinstimmenden Erledigungserklärung der Hauptbeteiligten.[80]
- Einlegung der Beschwerde im Prozesskostenhilfeverfahren.[81]
- Bitte an das Gericht, eine baldige Entscheidung herbeizuführen, die dann zur Erledigung führt.[82]
- Bloßer Rat des Anwalts zur Erledigungserklärung nach Eintritt der Erledigung.[83]
- Beratung des Mandanten dahin gehend, gegen den Widerspruchsbescheid keine Klage zu erheben.[84]
- Rat des Anwalts an den Mandanten nach Aufhebung des Verwaltungsaktes, nicht zu einer Fortsetzungsfeststellungsklage nach § 113 Abs. 1 S. 4 VwGO/§ 131 Abs. 1 SGG überzugehen.[85]
- Beratung im Zusammenhang mit einer Selbstanzeige gegenüber dem Finanzamt.[86]
- Gespräche mit der Behörde allein über die Art und Weise der formellen Erledigung ohne Eingehen auf die Fragen der materiell-rechtlichen Erledigung des Rechtsstreits.[87]
- Übersendung eines arbeitsgerichtlichen Protokolls, besondere Mühewaltung in einer parallelen Kündigungsschutzklage.[88]
- Serviceleistungen, die über das von einem Rechtsanwalt zu erwartende Maß hinausgehen, hier: Sortieren von Unterlagen.[89]

V. Darlegungslast

Anders als bei der Einigungsgebühr (vgl. Anm. Abs. 2 S. 2 zu VV 1000) wird von Gesetzes wegen nicht vermutet, dass die Tätigkeit des Anwalts für die Erledigung des Rechtsstreits ursächlich war. Dem Anwalt obliegt daher die **Darlegungslast** für seine Tätigkeit sowie deren Ursächlichkeit, wobei ihm hinsichtlich der Ursächlichkeit eine tatsächliche Vermutung zugute kommen dürfte.[90]

---

76 SächsFG, Beschl. v. 27.4.2009 – 3 Ko 635/09 (juris).
77 HessFG EFG 1999, 664; OVG Hamburg JurBüro 1999, 361; FG BaWü EFG 1995, 382; NdsFG EFG 1995, 1076; OVG Münster NVwZ-RR 1993, 111.
78 LSG SchlHol NZS 2003, 389.
79 OVG Münster AGS 2000, 226 = NVwZ-RR 1999, 812; *Hartmann*, KostG, RVG VV 1002 Rn 15; *Just*, NVwZ 2003, 182. Das überzeugt nicht. Konsequenz für den Anwalt kann daraus nur sein, um Unterbrechung zu bitten, dem Mandanten – per Handy – die anwaltliche Ermessensentscheidung zu vermitteln, auf ihn im Sinne der beabsichtigten Lösung einzuwirken und dann die Erledigung zu erklären; das würde genügen (vgl. die Nachw. in Rdn 23) wie hier auch Gerold/Schmidt/*Müller-Rabe*, RVG, VV 1002 Rn 52.
80 OVG Lüneburg JurBüro 2001, 249.
81 OVG Bremen JurBüro 1986, 1360.
82 BFH BFH/NV 2007, 1109; OVG Münster NJW 1973, 112.
83 OVG Greifswald AnwBl 1998, 346.
84 LSG SchlHol NZS 2003, 389.
85 OVG Münster AnwBl 1961, 293 sowie NVwZ-RR 1993, 111; VGH München AnwBl 1961, 291; 23; zutreffend die a.A. Gerold/Schmidt/*Müller-Rabe*, RVG, VV 1002 Rn 35 f; Riedel/Sußbauer/*Fraunholz*, BRAGO, § 24 Rn 19; *Luetgebrune*, NJW 1960, 1606.
86 OVG Lüneburg NdsRpfl 2011, 57.
87 OVG Münster, Beschl. v. 6.6.2011 – 6 E 305/11 (juris); OVG Münster, Beschl. v. 25.1.2011 – 1 E 32/11 (juris); OVG Meckl.-Vorp., Beschl. v. 5.5.2010 – 1 O 27/10 (juris); OVG Lüneburg NJW 2009, 460.
88 BSG AGS 2011, 27. Anders noch das LSG NRW, Urt. v. 5.5.2009 – L 1 AL 55/08.
89 LSG Sachsen, Urt. v. 8.11.2012 – 3 AS 1118/11, BeckRS 2013, 68831 m. insoweit kritischer Anm. *Mayer*, FD-RVG 2013, 346513.
90 VGH München NVwZ-RR 1994, 299 und Urt. v. 16.7.2009 – 13 A 08.2954 (juris); Gerold/Schmidt/*Müller-Rabe*, RVG, VV 1002 Rn 56; *Hartmann*, KostG, RVG VV 1002 Rn 11; *Mayer/Kroiß*, RVG, VV 1004 Rn 20; *Hansens*, BRAGO, § 24 Rn 5; *Teubel*, jurisPR-ArbR 5/2007 Anm. 6; abw. OVG Bremen AnwBl 1992, 94.

VI. Gebühren

1. Erledigungsgebühr gemäß VV 1002

27 Die Erledigungsgebühr fällt stets nur neben einer anderen Gebühr (z.B. Verfahrens-, Termins-[91] oder Geschäftsgebühr) an. Der Gebührensatz hat sich – nur – in den Fällen, in denen kein gerichtliches Verfahren wegen des Gegenstandes anhängig ist, von einer vollen Gebühr auf einen Gebührensatz von **1,5** erhöht; eine Ausnahme besteht insoweit lediglich für ein selbstständiges Beweisverfahren, weil es sich dabei nicht um ein streitiges Verfahren handelt (vgl. VV 1003). Der Grund für die Erhöhung liegt in der Gleichstellung mit der Einigungsgebühr, weil inhaltsgleiches Ziel beider Vorschriften die Förderung und Belohnung des anwaltlichen Bestrebens ist, Streitigkeiten möglichst ohne Anrufung des Gerichts beizulegen. Es entsteht in diesen Fällen stets eine Gebühr mit einem Gebührensatz von 1,5; dies gilt selbst dann, wenn die daneben erforderliche sonstige verdiente Gebühr geringer ist. Gerechtfertigt ist der Gebührenansatz von 1,5 auch dann, wenn **andere** Gegenstände, wegen deren noch kein gerichtliches Verfahren anhängig ist, außergerichtlich, erstinstanzlich oder im Berufungs- oder Revisionsverfahren mit erledigt werden.[92] Das Gesamtaufkommen der Einigungsgebühren ist ggf. gemäß § 15 Abs. 3 zu kürzen.

Streitig ist, ob die Festsetzung einer **Differenzverfahrensgebühr** möglich ist, wenn im Rahmen der Erledigung eines Verfahrens ein anderes Verfahren mit erledigt wird. Dies ist nach Sinn und Zweck der VV 3201 Nr. 1 bzw. VV 3101 Nr. 1 zu bejahen.[93]

2. Erledigungsgebühr gemäß VV 1003

28 Erfolgt die Erledigung erst, nachdem bereits ein **gerichtliches Verfahren** wegen desselben Gegenstandes **anhängig** ist, wurde eines der mit der Erledigungsgebühr verfolgten Ziele – die Nichtinanspruchnahme der Gerichte – nicht erreicht. Andererseits bleibt gleichwohl ein Vorteil, müssen die Gerichte doch wegen der Erledigung keine Entscheidung in der Sache selbst mehr treffen. Die dafür ursächliche Tätigkeit des Anwalts soll deshalb durch eine gesonderte Gebühr belohnt werden, jedoch nur zu dem reduzierten Gebührensatz von **1,0**.

29 Wird in dem erledigten Verfahren gleichzeitig ein **anderes Verfahren mit erledigt**, kommt bei beiden Verfahren nicht VV 1002 mit einer 1,5-Gebühr zur Anwendung, sondern eine Gebühr nach VV 1003 oder VV 1004, je nachdem, in welcher Instanz die mit einbezogene Sache anhängig ist.[94]

30 Da es auch im Rahmen eines **Prozesskostenhilfeverfahrens** zu einer Prüfung der Sach- und Rechtslage kommt (Prüfung der Erfolgsaussicht), führt auch die bloße Anhängigkeit eines Prozesskostenhilfeverfahrens zu dem reduzierten Gebührensatz von 1,0, soweit es nicht um die Prozesskostenhilfe für ein selbstständiges Beweisverfahren oder die gerichtliche Protokollierung des Vergleichs geht (siehe Anm. zu § 1003). Aufgrund der abstrakten Regelung kommt es weder hierbei noch bei einer Anhängigkeit des Hauptverfahrens darauf an, ob sich im Zeitpunkt der Erledigung das Gericht überhaupt schon mit der Sache selbst befasst hatte.

31 Ausdrücklich unschädlich ist hingegen, dass ein **selbstständiges Beweisverfahren** oder ein Prozesskostenhilfeverfahren für ein solches anhängig ist. Denn dieses dient lediglich zur Beweissicherung und ist kein Streitverfahren im eigentlichen Sinne. Wenn Letzteres durch die Tätigkeit des Anwalts vermieden wird, hat er die Erledigungsgebühr nach VV 1002 mit dem Gebührensatz von 1,5 verdient.

---

91 OVG Lüneburg JurBüro 2007, 78; Gerold/Schmidt/*Müller-Rabe*, RVG, VV 1002 Rn 60, 64; *Hartmann*, KostG, RVG VV 1002 Rn 1.
92 So ausdrücklich die Begründung zu VV 1004, BT-Drucks 15/1971, S. 205.
93 *N. Schneider*, AGS 2007, 455; a.A. FG BaWü 2007, 454.
94 OLG Zweibrücken JurBüro 2007, 78 = AGS 2007, 609 m. Berechnungsbsp. von *N. Schneider*.

3. Erledigungsgebühr gemäß VV 1004

Im **Berufungs- oder Revisionsverfahren** erhöht sich der Gebührensatz auf **1,3**. 32

Eine Änderung durch das 2. KostRMoG vom 23.7.2013 stellt klar, dass die Erledigungsgebühr nach VV 1004 auch 33
- in Nichtzulassungsbeschwerdeverfahren auf Zulassung der Berufung oder der Revision oder
- in Verfahren vor dem Rechtsmittelgericht zu führende Verfahren auf Zulassung des Rechtsmittels entstehen kann.[95]

Das Nichtzulassungsbeschwerdeverfahren ist dabei „verschiedene" Angelegenheit zum Rechtsmittelverfahren, § 17 Nr. 9 und gehört nicht zum Rechtsmittelverfahren. Es entstehen eigene Gebühren, die zum Teil gesondert geregelt sind (etwa VV 3506, 3516) oder für die über die Vorb. 3.2.1 und 3.2.2 die für das Berufungs- oder Revisionsverfahren entstehenden Gebühren für entsprechend anwendbar erklärt werden.

Das auf die Zulassung des Rechtsmittels vor dem Rechtsmittel geführte Verfahren gehört dagegen zu dem Rechtsmittelverfahren, § 16 Nr. 11. Der Klarstellung hätte es nicht bedurft, da VV 1004 schon in der bisherigen Fassung anzuwenden gewesen ist.

Bereits durch die Einfügung der Anm. Abs. 1 durch Art. 47 Abs. 6 Nr. 19d des FGG-RG ist nun 34 klargestellt, dass VV 1004 auch auf alle in VV Vorb. 3.2.1 sowie Vorb. 3.2.2 aufgeführten **Beschwerde- und Rechtsbeschwerdeverfahren** Anwendung findet. Das 2. KostRMoG übernimmt diese Regelung für das Nichtzulassungsbeschwerde und das Verfahren auf Zulassung eines Rechtsmittels vor dem Rechtsmittelgericht in VV 1004.

Dies gilt auch für Beschwerde- und Rechtsbeschwerdeverfahren der freiwilligen Gerichtsbarkeit. 35 Nach Vorb. 3.2.1 Nr. 2b) ist nämlich vorgesehen, dass die Gebühren für das Berufungsverfahren auch in Beschwerdeverfahren gegen eine Entscheidung wegen des Hauptgegenstandes in den Angelegenheiten der freiwilligen Gerichtsbarkeit entstehen.

Ebenso entsteht die Erledigungsgebühr nach VV 1004 in Beschwerdeverfahren wegen des Hauptgegenstandes in Verfahren über den einstweiligen oder vorläufigen Rechtsschutz der Verwaltungs- oder Sozialgerichtsbarkeit, da in diesen Verfahren nach Vorb. 3.2.1 Nr. 2a) die für das Berufungsverfahren geltenden Gebühren entstehen. In sozialrechtlichen Angelegenheiten gilt dies aber nur für Verfahren, in denen im gerichtlichen Verfahren keine Betragsrahmengebühren entstehen. Gehören weder der Kläger noch der Beklagte zu den in § 183 SGG genannten Personen, findet gemäß § 3 Abs. 1 S. 2 das GKG Anwendung und damit VV 1004 (§ 197a SGG; vgl. auch VV 1005–1006 Rdn 2). 36

Auf **Verfahren vor den Finanzgerichten** findet VV 1004 jedoch keine Anwendung. Zwar würde 37 die Anwendung der VV 1004 den sonstigen Regelungen, die im VV für das Verfahren vor den Finanzgerichten getroffen worden sind, entsprechen, weil gemäß VV Teil 3 Abschnitt 2 Vorb. 3.2.1 Nr. 1 der Unterabschnitt 1 Anwendung in Verfahren vor dem Finanzgericht findet mit der Folge, dass in Verfahren vor dem Finanzgericht die Gebührensätze wie bei Berufungsverfahren gelten. Durch die im Rahmen des FGG-Reformgesetzes vorgenommene Änderung der VV 1004 hat der Gesetzgeber in Anm. Abs. 1 jedoch ausdrücklich nur die Einigung in den Beschwerde- und Rechtsbeschwerdeverfahren nach VV Vorb. 3.2.1 bzw. Vorb. 3.2.2 aufgewertet. Auch wenn in der Gesetzesbegründung[96] die Problematik des finanzgerichtlichen Verfahrens nicht angesprochen wurde, andererseits aber die Problematik allgemein bekannt war, wird man nicht mehr umhin können, VV 1004 nicht auf finanzgerichtliche Verfahren anzuwenden.[97]

Geklärt ist nach der Änderung des VV 1004 durch das 2. KostRMoG nunmehr auch, dass VV 1004 38 auch für das Verfahren der **Nichtzulassungsbeschwerde** (§ 116 FGO; §§ 84 Abs. 2 Nr. 4, 133 VwGO; §§ 145, 160a SGG; § 544 ZPO) gilt.

---

[95] Zu den betroffenen Verfahren siehe *Schneider/Thiel*, Das neue Gebührenrecht, § 3 Rn 402 und VV 1004 Rn 394 ff.
[96] BT-Drucks 16/6308, S. 294.
[97] So auch FG München EFG 2011, 833; FG Münster EFG 2010, 2021; FG Köln, Beschl. v. 12.6.2011 – 10 Ko 1662/11 (juris); HessFG, Beschl. v. 10.8.2011 – 10 KO 690/11 (juris); Gerold/Schmidt/*Müller-Rabe*, RVG, VV 1003, 1004 Rn 56; *Mayer/Kroiß*, RVG, VV 1004 Rn 7; offen: Hartung/Schons/*Enders*, RVG, VV 1004 Rn 19; a.A. *Hartmann*, KostG, RVG VV 1004 Rn 3; *Schneider/Thiel*, Das neue Gebührenrecht für Rechtsanwälte, § 3 Rn 432 f.

C. Gegenstandswert

39 Der Gegenstandswert bemisst sich nach dem Wert des Gegenstandes, der erledigt worden ist. Das Interesse nicht am Rechtsstreit beteiligter Dritter am Ausgang des Prozesses („Musterprozess") findet dabei keine Berücksichtigung.[98] Bei einer Teil-Erledigung ist maßgebend der Wert des erledigten Teiles. Hat allerdings die Teilrücknahme im Ergebnis zu einer Gesamterledigung geführt, dann ist der Gesamtwert maßgeblich.[99] Nach ersatzloser Aufhebung des angefochtenen Bescheides und Abgabe der Erledigungserklärung beschränkt sich der Wert auf die bis dahin angefallenen gerichtlichen und erstattungsfähigen außergerichtlichen Kosten, weil das Rechtsschutzinteresse bei diesem Erfolg nur noch hinsichtlich der Kosten besteht.[100] Wird ein Hilfsantrag für erledigt erklärt, kann ein gesonderter Gegenstandswert festgesetzt werden, wenn die gerichtliche Streitwertfestsetzung den Wert des Hilfsantrags nach § 45 Abs. 1 S. 2 GKG nicht berücksichtigt.[101]

D. Erstattungsfragen

40 Die Erledigungsgebühr gehört zu den Kosten des Verfahrens, die durch das Betreiben der Rechtssache entstanden sind. Soweit Kosten dem Gegner auferlegt worden sind, ist auch die Erledigungsgebühr von diesem zu erstatten.

41 **§ 151 Abs. 2 FGO** enthält eine abschließende Aufzählung von Vollstreckungstiteln für den Bereich der Finanzgerichtsbarkeit. Im Gegensatz zu § 168 Abs. 1 Nr. 3 VwGO sowie § 794 Abs. 1 Nr. 1 ZPO stellt ein **gerichtlicher Vergleich keinen Vollstreckungstitel** dar; eine Kostenfestsetzung scheitert demnach an dem gemäß § 155 FGO i.V.m. § 103 Abs. 1 ZPO notwendigen Erfordernis eines zur Zwangsvollstreckung geeigneten Titels.[102]

42 Beantragt der Anwalt eine nicht in Betracht kommende Vergleichsgebühr, ist das Gericht von Amts wegen verpflichtet zu prüfen, ob die geltend gemachten Aufwendungen aus einem anderen rechtlichen Gesichtspunkt erstattungsfähig sind („**Gebührenauswechselung**").[103]

43 Eine nachträgliche Festsetzung von Kosten betreffend denselben Titel, sog. **Nachliquidation**, kommt im Hinblick auf die Rechtskraft des Kostenfestsetzungsbeschlusses in folgenden Fällen in Betracht:[104]
- Eine Gebühr ist dem Grunde nach berücksichtigt worden, jedoch war diese nicht in voller Höhe angemeldet worden.
- Die jetzt geltend gemachte Gebühr war bislang noch nicht geltend gemacht worden.
- Eine angemeldete Gebühr ist offensichtlich versehentlich vom Kostenfestsetzungsbeamten übersehen worden.

44 Streitig ist, ob der Anwalt im eigenen Namen einen Rechtsbehelf gegen einen Kostenfestsetzungsbeschluss einlegen kann.[105]

45 Hinsichtlich der **Zuständigkeit** für die Entscheidung über die Erinnerung gemäß § 149 Abs. 2 FGO/ § 165 VwGO gegen den Kostenfestsetzungsbeschluss ist streitig, ob insoweit § 79a Abs. 4, Abs. 1

---

98 VGH Mannheim NVwZ-RR 2000, 329.
99 *Hansens*, BRAGO, § 24 Rn 7; Riedel/Sußbauer/*Fraunholz*, BRAGO, § 24 Rn 21.
100 HessFG EFG 1999, 664; a.A. Wert der Hauptsache: *Hansens*, BRAGO, § 24 Rn 7; Riedel/Sußbauer/*Fraunholz*, BRAGO, § 24 Rn 21.
101 VGH BaWü, Beschl. v. 6.12.2007 – 11 S 2402/07 (juris) = AGS 2008, 138.
102 FG Bremen EFG 2000, 95.
103 OLG Rostock AGS 2008, 283 = MDR 2008, 1066; HambOVG Rpfleger 2008, 46; VGH Mannheim NVwZ-RR 2000, 329; OVG Münster AnwBl 2000, 376 und 1999, 612 = NVwZ-RR 1999, 348; FG Bremen EFG 1995, 381; Zöller/*Herget*, § 104 Rn 21 „Gebührenauswechselung" m.w.N.; *Hartmann*, KostG, RVG VV 1002 Rn 1.
104 Vgl. Brandenb.OLG JurBüro 2008, 364; ThürFG EFG 2000, 651.
105 Vgl. BFH BFH/NV 2007, 1144; OVG Hamburg AGS 1999, 151; Nds OVG JurBüro 2001, 249 m. zahlr. Nachw.

Nr. 5 FGO/§ 87a Abs. 1 Nr. 5 VwGO Anwendung findet, sodass der Berichterstatter zuständig ist,[106] oder ob es gemäß § 5 Abs. 3 FGO der Senat ist, weil § 79a FGO sich nur auf die Kostengrundentscheidung beziehen soll.[107]

Nr.	Gebührentatbestand	Gebühr oder Satz der Gebühr nach § 13 RVG
1003	Über den Gegenstand ist ein anderes gerichtliches Verfahren als ein selbstständiges Beweisverfahren anhängig: Die Gebühren 1000 bis 1002 betragen .... (1) Dies gilt auch, wenn ein Verfahren über die Prozesskostenhilfe anhängig ist, soweit nicht lediglich Prozesskostenhilfe für ein selbstständiges Beweisverfahren oder die gerichtliche Protokollierung des Vergleichs beantragt wird oder sich die Beiordnung auf den Abschluss eines Vertrags im Sinne der Nummer 1000 erstreckt (§ 48 Abs. 3 RVG). Die Anmeldung eines Anspruchs zum Musterverfahren nach dem KapMuG steht einem anhängigen gerichtlichen Verfahren gleich. Das Verfahren vor dem Gerichtsvollzieher steht einem gerichtlichen Verfahren gleich. (2) In Kindschaftssachen entsteht die Gebühr auch für die Mitwirkung am Abschluss eines gerichtlich gebilligten Vergleichs (§ 156 Abs. 2 FamFG) und an einer Vereinbarung, über deren Gegenstand nicht vertraglich verfügt werden kann, wenn hierdurch eine gerichtliche Entscheidung entbehrlich wird oder wenn die Entscheidung der getroffenen Vereinbarung folgt.	1,0

A. **Allgemeines** 1
B. **Anhängigkeit** 4
C. **Anhängigkeit in einem selbstständigen Beweisverfahren** 5
D. **Anhängigkeit in einem Prozess- oder Verfahrenskostenhilfeverfahren** 6
E. **Anhängigkeit eines Verfahrens vor dem Gerichtsvollzieher** 10
F. **Einigungsgebühr in Kindschaftssachen (Abs. 2)** 12
G. **Mischfälle** 20

A. Allgemeines

VV 1003 stellt an sich keinen eigenen Gebührentatbestand dar, sondern enthält nur eine Regelung zur Höhe des Gebührensatzes. Die Vorschrift baut auf die Gebührentatbestände der VV 1000, 1001 und 1002 auf. Deren Tatbestandsvoraussetzungen müssen zunächst einmal gegeben sein. Siehe dazu die Kommentierungen zu den VV 1000, 1001 und 1002. Abweichend von dem dort jeweils vorgesehenen Gebührensatz von 1,5 ordnet VV 1003 einen auf 1,0 ermäßigten Gebührensatz an. 1

Ist über den Gegenstand, der der Einigung, Aussöhnung oder Erledigung zugrunde liegt, **ein anderes gerichtliches Verfahren** als ein selbstständiges Beweisverfahren oder ein darauf gerichtetes PKH- oder VKH-Verfahren anhängig, so reduzieren sich nach **VV 1003** die 1,5-Einigungsgebühr der VV 1000, die 1,5-Aussöhnungsgebühr der VV 1001 sowie die 1,5-Erledigungsgebühr der VV 1002 auf einen Satz von **1,0**. 2

Etwas systemwidrig ist mit dem FGG-ReformG in Anm. Abs. 2 ein **zusätzlicher Gebührentatbestand für Kindschaftssachen** eingefügt worden. 3

---

106 FG Hamburg, Beschl. v. 19.4.2011 – 3 KO 24/11 (juris); FG Meckl.-Vorp. EFG 2010, 1447; zur Parallelvorschrift § 87a Abs. 1 Nr. 5 VwGO: BVerwG, Beschl. v. 13.3.1995 – 4 A 1/92 = NJW 1995, 2179; differenzierend BVerwG JurBüro 2005, 314 = Rpfleger 2005, 331: Die Zuständigkeit des Berichterstatters/Vorsitzenden ist nicht mehr gegeben, wenn eine mündliche Verhandlung vor dem Spruchkörper stattgefunden hat und das Verfahren darin – streitig oder unstreitig – beendet worden ist.

107 FG Sachsen-Anhalt EFG 2011, 901; HessFG, Beschl. v. 10.8.2011 – 10 KO 690/11 (juris); FG Berlin-Brandenburg, Beschl. v. 5.4.2011- 13 KO 13326/10 (juris) = EFG 2011, 1551; SächsFG, Beschl. v. 30.5.2011 – 3 Ko 489/11 (juris); *Reuß*, EFG 2010, 1449; OVG Lüneburg, Beschl. v. 12.2.2010 – 5 LC 58/08 (juris).

B. Anhängigkeit

4 Die Anhängigkeit i.S.d. VV 1003 ist im prozessualen Sinn zu verstehen. Wegen Einzelheiten und zur Abgrenzung von dem 1,5-Gebührensatz der VV 1000 einerseits und dem 1,3-Gebührensatz der VV 1004 wird auf die zusammenfassende alphabetische Darstellung im Anhang zu VV 1003, 1004 verwiesen.

C. Anhängigkeit in einem selbstständigen Beweisverfahren

5 Obwohl auch im selbstständigen Beweisverfahren an sich eine Anhängigkeit gegeben ist, ordnet VV 1003 an, dass es hier dennoch bei einer 1,5-Gebühr verbleibt. Damit soll ein Anreiz geschaffen werden, sich bereits im Beweisverfahren um eine Einigung zu bemühen und damit die Gerichte zu entlasten. Nach der BRAGO entstand hier nur eine 10/10-Vergleichsgebühr (zu Einzelheiten siehe „Selbstständiges Beweisverfahren", vgl. VV 1003, 1004 Anh. Rdn 122).[1]

D. Anhängigkeit in einem Prozess- oder Verfahrenskostenhilfeverfahren

6 Nach **Anm. zu VV 1003** beträgt der Gebührensatz auch dann 1,0, wenn ein Verfahren über die **Prozess- oder Verfahrenskostenhilfe anhängig** ist, soweit nicht lediglich Prozess- oder Verfahrenskostenhilfe für ein selbstständiges Beweisverfahren oder die gerichtliche Protokollierung des Vergleichs beantragt wird (siehe VV 1003, 1004 Anh. Rdn 105 ff.; VV 1000 Rdn 155 ff.) oder sich die Verfahrenskostenhilfe nach § 48 Abs. 3 auf eine Einigung über nicht anhängige Gegenstände erstreckt.

7 Die Ergänzung der Anm. Abs. 1 S. 1[2] sollte eine nicht beabsichtigte Ungleichbehandlung beseitigen. Nach dem ursprünglichen Wortlaut der VV 1003 führte die Anhängigkeit in einem Prozess- oder Verfahrenskostenhilfeverfahren immer zu einer Reduzierung nach VV 1003. Das hätte zu der Annahme verleiten können, dass die Anhängigkeit eines Prozess- oder Verfahrenskostenhilfeprüfungsverfahrens für ein selbstständiges Beweisverfahren sinnwidrig zu einer Reduzierung auf 1,0 führe. Die Praxis ist zu Recht anders verfahren und hat dem Anwalt auch in diesen Fällen die 1,5-Einigungsgebühr zugebilligt. Bei genauer Betrachtung handelte es sich bei dem Prozess- oder Verfahrenskostenhilfeverfahren insoweit nämlich nicht um ein „anderes" Verfahren als ein selbstständiges Beweisverfahren. Aus § 16 Nr. 2 folgt, dass das Verfahren über die Prozess- oder Verfahrenskostenhilfe mit der Hauptsache eine Angelegenheit bildet und damit kein „anderes" Verfahren ist. Wie dem auch sei, hat der Gesetzgeber im Nachgang ausdrücklich klargestellt, dass ein Verfahren über die Prozess- oder Verfahrenskostenhilfe für ein selbstständiges Beweisverfahren nicht zu einer Reduzierung nach VV 1003 führt, sondern dass es bei der vollen 1,5-Gebühr nach VV 1000 bis 1002 verbleibt.

> **Beispiel:** Der Anwalt führt für seinen Auftraggeber ein Beweisverfahren durch. Der Gegner beantragt für seine Vertretung Prozesskostenhilfe. Anschließend verhandeln die Anwälte telefonisch zur Vermeidung eines Hauptsacheverfahrens und erzielen eine Einigung.
> Es entsteht trotz Anhängigkeit eine 1,5-Einigungsgebühr (VV 1000).

8 Die Klarstellung betrifft sowohl den Fall einer Einigung (VV 1000) als auch den einer Erledigung (VV 1002) während der Anhängigkeit eines Prozess- oder Verfahrenskostenhilfeverfahrens für ein selbstständiges Beweisverfahren; auch in verwaltungsgerichtlichen Verfahren (§ 98 VwGO i.V.m. §§ 485 bis 494 ZPO) und in sozialgerichtlichen Verfahren nach § 3 Abs. 1 S. 2 kommt ein selbstständiges Beweisverfahren in Betracht (§ 76 SGG). Wie ein Beweisverfahren über eine Ehesache geführt werden soll, ist allerdings unklar, so dass der Fall der VV 1001 wohl eher theoretischer Natur sein dürfte.

9 Einzelheiten sind hier strittig. Auch insoweit wird daher auf die zusammenfassende Darstellung im Anhang zu VV 1003, 1004 „Prozesskostenhilfe" und „Verfahrenskostenhilfe" Bezug genommen.

---

1 AG Hildesheim AGS 1999, 54; AnwK-BRAGO/
 N. Schneider, § 23 Rn 127.

2 Eingeführt durch das Zweite Justizmodernisierungsgesetz, in Kraft getreten bereits am 31.12.2006.

E. Anhängigkeit eines Verfahrens vor dem Gerichtsvollzieher

Die mit dem Zweiten Justizmodernisierungsgesetz (in Kraft getreten am 31.12.2006) eingefügte Ergänzung der Anm. S. 2 zu VV 1003 hat zu einer weiteren Klarstellung geführt. In VV 1003 war bislang lediglich von einer Anhängigkeit in einem gerichtlichen Verfahren die Rede. Unklar war, wann im Rahmen der Zwangsvollstreckung wegen Anhängigkeit lediglich eine reduzierte 1,0-Einigungsgebühr anfiel. Soweit ein gerichtliches Verfahren anhängig war (z.B. §§ 888, 890 ZPO), fiel unstrittig nur die 1,0-Einigungsgebühr nach VV 1000, 1003 an. Nach überwiegender Auffassung galt gleiches, wenn der Gerichtsvollzieher mit einer Mobiliarvollstreckung beauftragt war. Insoweit wurde VV 1003 entsprechend ausgelegt (siehe VV 1003, 1004 Anh. Rdn 77).[3] Diese Reduzierung auf 1,0 ist zwischenzeitlich gesetzlich festgeschrieben.

Einzelheiten sind auch hier strittig, sodass auch hier auf die zusammenfassende Darstellung im Anhang zu VV 1003, 1004 „Gerichtsvollzieher" verwiesen wird.

F. Einigungsgebühr in Kindschaftssachen (Abs. 2)

Die frühere Streitfrage, ob eine Einigung über die elterliche Sorge und das Umgangsrecht möglich ist, hat der Gesetzgeber auch für das gerichtliche Verfahren entschieden (zur außergerichtlichen Einigung siehe VV 1000 Abs. 5 S. 3). In Anm. Abs. 2 ist jetzt ausdrücklich geregelt, dass der Anwalt in Kindschaftssachen auch dann eine Einigungsgebühr erhält, wenn er
– am Abschluss eines gerichtlich gebilligten Vergleichs (§ 156 Abs. 2 FamFG) oder
– an einer Vereinbarung mitwirkt, über deren Gegenstand nicht vertraglich verfügt werden kann,
– wenn hierdurch eine gerichtliche Entscheidung entbehrlich wird oder
– die Entscheidung der getroffenen Vereinbarung folgt.

Soweit in einem erstinstanzlichen gerichtlichen Verfahren über die elterliche Sorge oder das Umgangsrecht eine Einigung erzielt wird, entsteht die Einigungsgebühr der VV 1000 lediglich in Höhe von 1,0 (VV 1003). Das gilt auch in einem Vermittlungsverfahren nach § 165 FamFG.

Soweit in einem erstinstanzlichen Verfahren über die elterliche Sorge das nicht anhängige Umgangsrecht mit in eine Einigung einbezogen wird, entsteht insoweit aus dem Mehrwert des Umgangsrechts eine 1,5-Einigungsgebühr, allerdings unter Beachtung des § 15 Abs. 3. Gleichzeitig erhöhen sich dann der Wert der Verfahrensgebühr sowie der der Terminsgebühr. Gleiches gilt im umgekehrten Fall.

Beispiel: Der Ehemann beantragt die Übertragung der elterlichen Sorge. Im gerichtlichen Termin verhandeln die Beteiligten auch zum Umgangsrecht und erzielen eine Einigung.
Abzurechnen ist wie folgt:

1. 1,3-Verfahrensgebühr, VV 3100 (Wert: 3.000 EUR)		261,30 EUR
2. 0,8-Verfahrensgebühr, VV 3100, 3101 Nr. 2 (Wert: 3.000 EUR) die Grenze des § 15 Abs. 3, nicht mehr als 1,3 aus 6.000 EUR (460,20 EUR) ist nicht überschritten		160,80 EUR
3. 1,2-Terminsgebühr, VV 3104 (Wert: 6.000 EUR)		424,80 EUR
4. 1,0-Einigungsgebühr, VV. 1000, 1003 (Wert: 3.000 EUR)		201,00 EUR
5. 1,5-Einigungsgebühr, VV 1000 (Wert: 3.000 EUR) die Grenze des § 15 Abs. 3, nicht mehr als 1,5 aus 6.000 EUR (531,00 EUR) ist nicht überschritten	531,00 EUR	301,50 EUR
6. Postentgeltpauschale, VV 7002		20,00 EUR
Zwischensumme	1.369,40 EUR	
7. 19 % Umsatzsteuer, VV 7008		260,19 EUR
Gesamt		**1.629,59 EUR**

---

[3] So auch schon zur Vergleichsgebühr: *von Eicken*, AGS 1995, 10.

15 Zu Unrecht abgelehnt wird allerdings die Einigungsgebühr in Verfahren nach § 1666 BGB (Kindeswohlgefährdung), weil die Verfahrensbeteiligten keine das Gericht bindende Vereinbarungen schließen könnten.[4] Nach dem eindeutigen Wortlaut des Gesetzes entsteht die Gebühr auch für die Mitwirkung am Abschluss eines gerichtlich gebilligten Vergleichs (§ 156 Abs. 2 FamFG) **und** an einer Vereinbarung, über deren Gegenstand nicht vertraglich verfügt werden kann, wenn hierdurch eine gerichtliche Entscheidung entbehrlich wird oder wenn die Entscheidung der getroffenen Vereinbarung folgt (Anm. Abs. 2).[5] Eindeutiger und verständlicher geht es kaum. Eine abweichende Auffassung[6] dürfte nach dem eindeutigen Wortlaut deshalb nicht mehr vertretbar sein. Auch den Verfahren nach § 1671 BGB liegt ein Vertragsgegenstand zugrunde, über den nicht vertraglich verfügt werden kann. Deshalb ist Anm. Abs. 2 anzuwenden, wenn der Anwalt daran mitwirkt, dass eine gerichtliche Entscheidung aufgrund des Einvernehmens der Beteiligten entbehrlich wird. Dies entspricht auch dem Willen des Gesetzgebers, der erreichen wollte, dass auch eine Einigung über nicht disponible Verfahrensgegenstände zukünftig möglich ist. Das dagegen vorgebrachte Argument, Verfahren nach § 1666 BGB könnten jederzeit wieder aufgenommen oder ein neues Verfahren eingeleitet werden, geht deshalb ins Leere, weil dies auch bei einer Einigung im Verfahren nach § 1671 BGB immer möglich bleibt. In diesen Verfahren kann aber auch nach einhelliger Rechtsprechung eine Einigungsgebühr nach Anm. Abs. 2 ausgelöst werden. Die Rechtsprechung verkennt, dass die Vorschrift der Anm. Abs. 2 neben der Beseitigung eines Streits über ein Rechtsverhältnis die Entlastung der Gerichte honorieren soll. Es besteht deshalb auch bei denjenigen Verfahrensgegenständen, die der Dispositionsbefugnis der Beteiligten entzogen ist, kein Grund im Falle einer wirksamen Einigung eine Einigungsgebühr zu versagen. Dies muss jedenfalls dann gelten, wenn das Gericht dem Einigungsvorschlag der Beteiligten folgt.[7] Hätte der Gesetzgeber ein abweichendes Ziel vor Augen gehabt, hätte er die Ausnahme in Anm. Abs. 2 geregelt.

16 Nach Auffassung des AG Koblenz[8] fällt eine Einigungsgebühr in einem Sorgerechtsverfahren dann nicht an, wenn das Gericht nach Erörterung der Sach- und Rechtslage lediglich das Ruhen der elterlichen Sorge des Vaters und Alleinsorge durch die Mutter anordnet. Dem Beschluss ist nicht zu entnehmen, ob die gerichtliche Entscheidung einer Vereinbarung der Beteiligten folgt. In diesem Fall hätte eine Einigungsgebühr aber nach Anm. Abs. 2 ausgelöst werden können. Insoweit das Entstehen der Einigungsgebühr aber deshalb abgelehnt wurde, weil über den Verfahrensgegenstand nicht verfügt werden könne, ist die Begründung der Entscheidung jedenfalls unzutreffend.

17 Treffen die Beteiligten über den Verfahrensgegenstand nur eine **vorläufige Regelung** oder eine **Zwischenvereinbarung**, so geht das OLG Hamm[9] davon aus, dass eine Einigungsgebühr nach Anm. Abs. 2 nicht ausgelöst werde. In diesem Fall werde der Verfahrensgegenstand nicht erledigt; insbesondere würde der Streit und die Ungewissheit über das Rechtsverhältnis nicht beseitigt. Das OLG Köln[10] ist der Auffassung, eine „Zwischeneinigung" über eine vorläufige einvernehmliche Regelung von vorerst 10 begleiteten Umgangskontakten könne allenfalls dann eine Einigungsgebühr rechtfertigen, wenn aus der vorläufigen eine endgültige Regelung geworden sei und aus diesem Grund das Umgangsrechtsverfahren ohne eine abschließende Entscheidung des Familiengerichts geendet habe. Bestätigt hat das OLG Köln seine Auffassung in einer weiteren Entscheidung.[11] Danach, könne eine Einigungsgebühr in Kindschaftssachen nur dann entstehen, wenn die Notwendigkeit einer gerichtlichen Entscheidung hierdurch entfalle oder die gerichtliche Entscheidung der Vereinbarung folge;[12] der Abschluss eines Zwischenvergleichs erfülle diese Voraussetzungen aller-

---

4 OLG Koblenz MDR 2010, 1350 = FamRZ 2011, 245 = FF 2011, 131; FamRZ 2006, 720 = Rpfleger 2006, 442 = NJW-RR 2006, 1151 = FuR 2006, 323; OLG Karlsruhe OLGR 2007, 923 = FamRZ 2007, 1672; OLG Stuttgart AGS 2011, 276 m. abl. Anm. *Thiel* = MDR 2011, 698 = Rpfleger 2011, 463 = Justiz 2011, 291 = RVGreport 2011, 225; a.A. OLG Sachsen-Anhalt AGS 2013, 62; OLG Saarbrücken AnwBl 2009, 726; OLG Düsseldorf OLGR 2009, 566.

5 OLG Sachsen-Anhalt AGS 2013, 62; OLG Saarbrücken AnwBl 2009, 726; OLG Düsseldorf OLGR 2009, 566.

6 OLG Koblenz MDR 2010, 1350 = FamRZ 2011, 245 = FF 2011, 131; AG Koblenz AGS 2010, 324 = JurBüro 2010, 474 = FamRZ 2011, 837.

7 So auch Gerold/Schmidt/*Müller-Rabe*, VV 1003, 1004 Rn 36.

8 AG Koblenz AGS 2010, 324 = JurBüro 2010, 474 = FamRZ 2011, 837.

9 OLG Hamm AGS 2013, 226 = JurBüro 2013, 242 = FamFR 2013, 110 = RVGreport 2013, 146; OLG Hamm, Beschl. v. 27.12.2012 – 6 WF 255/12.

10 AGS 2012, 62.

11 AGS 2009, 383 = FamRZ 2009, 714 = OLGR 2009, 473 = FF 2009, 218.

12 Ebenso OLG Celle AGS 2008, 336 u. 543 = OLGR 2009, 162 = FamRZ 2009, 715 = NJW-RR 2009, 1230.

dings nicht, da er das Verfahren nicht beende. Das OLG Celle[13] wiederum ist der Auffassung, eine Einigungsgebühr nach VV 1003 entstehe bei einer Zwischenvereinbarung zum Sorgerecht anlässlich der Einholung eines Sachverständigengutachtens nur dann, wenn ein konkretes gerichtliches Verfahren (einstweiliges Anordnungsverfahren) vermieden worden sei. Soweit dieses noch nicht anhängig sei, müsse es zumindest mit einer gewissen Wahrscheinlichkeit bevorgestanden haben.

Diese enge Auffassung ist jedoch unzutreffend, da auch Teilvergleiche die Einigungsgebühr auslösen. 18 Eine Zwischenvereinbarung setzt gerade keine endgültige Regelung voraus und daher auch nicht, dass durch sie eine abschließende Entscheidung des Gerichts erspart wird.[14] Es stellt sich dann lediglich die Frage, ob für die befristete Regelung – vergleichbar dem Inhalt einer einstweiligen Anordnung – nicht ein geringerer Wert anzusetzen ist.[15] In diese Richtung geht auch das KG,[16] wonach auch ein Zwischenvergleich im Umgangsregelungsverfahren eine Einigungsgebühr auslösen kann, soweit die im Zwischenvergleich getroffene Regelung nicht lediglich auf eine Verständigung über die weitere Verfahrensweise beschränkt ist. Dies wiederum sei der Fall, wenn mit der Einigung der Eltern für den Zeitraum bis zu einer endgültigen Regelung eine Vereinbarung getroffen würde, die vom späteren Ausgang des Verfahrens nicht mehr berührt werden könne. Das ist bei einer solchen vorläufigen Regelung aber immer der Fall, da bei einer späteren Hauptsacheentscheidung über vergangene Zeiträume nicht mehr entschieden werden kann. Ähnlich auch das OLG Oldenburg,[17] wonach eine Zwischeneinigung der Beteiligten dann eine Einigungsgebühr auslösen soll, wenn der Inhalt der Einigung Gegenstand eines selbstständigen Verfahrens sein könnte (nämlich eines einstweiligen Anordnungsverfahrens) und durch die Einigung der damit verbundene Kostenaufwand vermieden werde.

Für das gegenüber einem Gericht lediglich erklärte Einverständnis mit der Einrichtung einer Umgangspflegschaft entsteht hingegen keine Gebühr nach Anm. Abs. 2.[18] 19

G. Mischfälle

In sog. **„Mischfällen"**, in denen die Einigungs-, Aussöhnungs- oder Erledigungsgebühr sowohl aus 20 einem Teilwert nach dem 1,0-Gebührensatz der VV 1003 anfällt als auch zu 1,5 nach VV 1000 und/oder zu 1,3 nach VV 1004, ist § 15 Abs. 3 zu beachten. Zunächst ist die Einigungsgebühr nach den unterschiedlichen Sätzen aus den jeweiligen Teilwerten zu berechnen. Anschließend ist dann das Gebührenaufkommen nach § 15 Abs. 3 auf den Gebührenbetrag aus dem höchsten Satz nach dem Gesamtwert zu kürzen. Zur Berechnung in diesen Fällen siehe VV 1003, 1004 Anh. Rdn 178 sowie § 15 Rdn 218 ff.

---

13 AGS 2015, 325 = FamRZ 2016, 255 = RVGreport 2015, 258.
14 OLG Zweibrücken AGS 2014, 269 = FamRZ 2014, 1939 = RVGreport 2014, 272 = NZFam 2014, 654.
15 So OLG Dresden AGS 2016, 164 = MDR 2016, 241 = JurBüro 2016, 130 = RVGreport 2016, 60 = NZFam 2016, 82 = NJ 2016, 87 = FamRB 2016, 140, das allerdings von einem Teilvergleich ausgeht.
16 FamRZ 2014, 1940.
17 AGS 2015, 69 = NJW 2013, 1613 = Rpfleger 2013, 417 = MDR 2013, 880 = JurBüro 2013, 361 = FamRZ 2014, 1939 = FamFR 2013, 159 = RVGreport 2013, 191.
18 OLG Saarbrücken Rpfleger 2012, 470.

Nr.	Gebührentatbestand	Gebühr oder Satz der Gebühr nach § 13 RVG
1004	Über den Gegenstand ist ein Berufungs- oder Revisionsverfahren, ein Verfahren über die Beschwerde gegen die Nichtzulassung eines dieser Rechtsmittel oder ein Verfahren vor dem Rechtsmittelgericht über die Zulassung des Rechtsmittels anhängig: Die Gebühren 1000 bis 1002 betragen .... (1) Dies gilt auch in den in den Vorbemerkungen 3.2.1 und 3.2.2 genannten Beschwerde- und Rechtsbeschwerdeverfahren. (2) Absatz 2 der Anmerkung zu Nummer 1003 ist anzuwenden.	1,3

Literatur: *N. Schneider*, Einigungs- und Erledigungsgebühr in berufungsgleichen Verfahren nach Vorbemerkung 3.2.1 Abs. 1 VV RVG, NJW 2007, 2666; *ders.*, Lücken des RVG im Rechtsmittelverfahren – Unklarheiten bei der erhöhten Einigungs- und Erledigungsgebühr, AnwBl 2005, 202; *ders.*, Höhe der Einigungsgebühr in PKH-Verfahren für ein Rechtsmittel, NJW-Spezial 2011, 283.

A. Überblick	1	IV. Prozess- oder Verfahrenskostenhilfeverfahren	10
B. Die Erhöhung nach Abs. 1	2	C. Kindschaftssachen, Abs. 2 i.V.m.	
I. Anwendungsbereich	2	Anm. Abs. 2 zu VV 1003	11
II. Erhöhung	7	D. Mischfälle	12
III. Anwendungsfälle	9		

A. Überblick

1 Ist der Gegenstand der Einigung in einem der in VV genannten Verfahren anhängig, so reduziert sich die 1,5-Einigungsgebühr (VV 1000) auf 1,3. Ebenfalls reduzieren sich die 1,5-Aussöhnungsgebühr nach VV 1001 sowie die 1,5-Erledigungsgebühr nach VV 1002 auf 1,3, wenn über den Gegenstand der Aussöhnung oder Erledigung eines der vorgenannten Verfahren anhängig ist. VV 1004 geht insoweit der VV 1003 vor.

B. Die Erhöhung nach Abs. 1

I. Anwendungsbereich

2 In der ursprünglichen Fassung der VV 1004 war eine Erhöhung der Einigungs- (VV 1000), Aussöhnungs- (VV 1001) oder Erledigungsgebühr (VV 1002) nur vorgesehen bei einer Einigung, Aussöhnung oder Erledigung in einem Berufungs- oder Revisionsverfahren. Bereits damals war übersehen worden, dass es berufungs- und revisionsgleiche Verfahren gab, so z.B. Beschwerden und Rechtsbeschwerden in Familiensachen, die ebenfalls den Ansatz einer höheren Einigungs-, Aussöhnungs- oder Erledigungsgebühr gerechtfertigt hätten. Die Rechtsprechung hatte in diesen Fällen bereits überwiegend in analoger Anwendung eine höhere Gebühr gewährt, so insbesondere in Familiensachen.[1] Mit Inkrafttreten des FamFG (1.9.2009) ist die Vorschrift der VV 1004 zunächst auf Beschwerde- und Rechtsbeschwerdeverfahren nach den VV Vorb. 3.2.1 und 3.2.2 erweitert worden (Anm. Abs. 1 zu VV. 1004). Dabei ist jedoch übersehen worden, dass es noch weitere Verfahren gibt, die ebenfalls eine Erhöhung rechtfertigen. Dies wird jetzt nachgeholt.

3 Erfasst werden nach VV 1004 folgende Verfahren
- **Berufungsverfahren,**
- **Revisionsverfahren,**
- **Verfahren der Beschwerde gegen die Nichtzulassung der Berufung,**

---

1 OLG Nürnberg AGS 2007 493 = OLGR 2007, 731 = MDR 2007, 1105 = FamRZ 2007, 1672 = Rpfleger 2007, 577; OLG Schleswig AGS 2008, 444 = SchlHA 2008, 461 = OLGR 2008, 674 = JurBüro 2008, 415 = FamRZ 2008, 1876 = MDR 2008, 1247; a.A. OLG Hamm AGS 2007, 238 = RVGreport 2007, 223.

– Verfahren der Beschwerde gegen die Nichtzulassung der Revision,
– Verfahren auf Zulassung der Berufung,
– Verfahren auf Zulassung der Revision,

wobei die beiden letzteren Ergänzungen an sich überflüssig sind, da Verfahren auf Zulassung eines Rechtsmittels nach § 16 Nr. 11 ohnehin schon zum Rechtsmittelverfahren zählten, so dass VV 1004 in diesen Fällen schon immer anwendbar war.

Hinzu kommen nach Anm. Abs. 1 4
– Beschwerdeverfahren nach VV Vorb. 3.2.1 Nr. 2 u. 3 sowie nach VV Vorb. 3.2.2 Nr. 2 u. 3,
– Rechtsbeschwerdeverfahren nach VV Vorb. 3.2.1 Nr. 4 sowie VV Vorb. 3.2.2 Nr. 1.

Nicht ausdrücklich erwähnt sind 5
– **Verfahren auf Zulassung einer Rechtsbeschwerde** nach VV Vorb. 3.2.1 Nr. 4 sowie VV Vorb. 3.2.2 Nr. 1.2 und
– **Verfahren der Beschwerde gegen die Nichtzulassung der Rechtsbeschwerde.**

Insoweit wird man diese Verfahren allerdings aus dem Zusammenspiel von VV 1004 und Anm. Abs. 1 auch als erfasst ansehen müssen.

Eine Erhöhung in erstinstanzlichen **finanzgerichtlichen Verfahren** ist dagegen bewusst nicht vorgesehen (siehe dazu VV 1003, 1004 Anh. Rdn 63). 6

II. Erhöhung

VV 1004 enthält – vorbehaltlich der Anm. Abs. 2 – **keinen eigenen Gebührentatbestand**, sondern nur eine Vorschrift, die die Höhe der Gebühren VV 1000, 1001, 1002 regelt. Zum Entstehen der jeweiligen Gebühr wird auf die Ausführungen zu VV 1000 bis 1002 verwiesen. 7

Für **sozialgerichtliche Verfahren**, in denen sich die Gebühren gemäß § 3 Abs. 1 nicht nach dem Wert richten, enthielt VV 1007 früher eine entsprechende Regelung. Diese ist jetzt nicht mehr erforderlich, da VV 1006 die Einigungsgebühr immer in Höhe der jeweiligen Verfahrensgebühr ansiedelt und der Anwalt automatisch an dem höheren Gebührensatz des Rechtsmittel-, Zulassungs- oder Beschwerdeverfahrens partizipiert. 8

III. Anwendungsfälle

Zu den einzelnen Anwendungsfällen der VV 1004 sowie zur Abgrenzung zu den Gebührensätzen der VV 1000 und VV 1003 siehe die alphabetische Darstellung im Anhang zu VV 1003, 1004. 9

IV. Prozess- oder Verfahrenskostenhilfeverfahren

Im Gegensatz zu VV 1003 wird der Fall der Anhängigkeit in einem **Prozess- oder Verfahrenskostenhilfeverfahren** nicht geregelt, also wenn Prozess- oder Verfahrenskostenhilfe für eines der genannten Rechtsmittel-, Zulassungs- oder Nichtzulassungsbeschwerdeverfahren beantragt wird. Hier dürfte jedoch entsprechend von VV 1004 auszugehen sein,[2] wenn eine Einigung, Aussöhnung oder Erledigung in einem Verfahren auf Bewilligung von Prozess- oder Verfahrenskostenhilfe für ein unter VV 1004 fallendes Verfahren erzielt wird (Stichworte „Prozesskostenhilfe" und „Verfahrenskostenhilfe" siehe VV 1003, 1004 Anh. Rdn 52 ff. und 106 ff.). 10

C. Kindschaftssachen, Abs. 2 i.V.m. Anm. Abs. 2 zu VV 1003

Die Verweisung in Anm. Abs. 2 auf die Anm. Abs. 2 zu VV 1003 ist an sich systemwidrig, da VV 1004 keinen Gebührentatbestand enthält. Sie stellt jedoch klar, dass der Anwalt in Kindschaftssachen auch dann eine erhöhte 1,3-Einigungsgebühr erhält, wenn er in einem der genannten Rechtsmittelverfahren (VV Vorb. 3.2.1 Nr. 2 Buchst. b, VV Vorb. 3.2.2 Nr. 1 Buchst. a) 11

---

[2] *N. Schneider*, NJW-Spezial 2011, 283.

- am Abschluss eines gerichtlich gebilligten Vergleichs (§ 156 Abs. 2 FamFG) oder
- an einer Vereinbarung mitwirkt, über deren Gegenstand nicht vertraglich verfügt werden kann,
- wenn hierdurch eine gerichtliche Entscheidung entbehrlich wird oder
- die Entscheidung der getroffenen Vereinbarung folgt.

Zu Einzelheiten wird auf die Kommentierung in VV 1003 verwiesen (siehe VV 1003 Rdn 13 f.).

D. Mischfälle

12 In sog. **„Mischfällen"**, in denen die Einigungs-, Aussöhnungs- oder Erledigungsgebühr sowohl aus einem Teilwert nach dem 1,3-Gebührensatz der VV 1004 anfällt als auch zu 1,5 nach VV 1000 und/oder zu 1,0 nach VV 1003, ist § 15 Abs. 3 zu beachten. Zunächst ist die Einigungsgebühr nach den unterschiedlichen Sätzen aus den jeweiligen Teilwerten zu berechnen. Anschließend ist dann das Gebührenaufkommen nach § 15 Abs. 3 auf den Gebührenbetrag aus dem höchsten Satz nach dem Gesamtwert zu kürzen (zur Berechnung in diesen Fällen siehe VV 1003, 1004 Anh. Rdn 178, § 15 Rdn 213 ff.).

Anhang zu VV 1003, 1004

A. Allgemeines 1
B. Einzelfälle 8
C. Mischfälle 178

A. Allgemeines

1 Die jeweiligen Grundtatbestände der Einigungs-, Erledigungs- oder Aussöhnungsgebühr sind in den VV 1000, 1001 und 1002 geregelt. Grundsätzlich ist bei Wertgebühren von einem Gebührensatz i.H.v. 1,5 auszugehen. Entgegen der häufig anzutreffenden Bezeichnung handelt es sich dabei nicht um den „außergerichtlichen Gebührensatz", sondern einfach um den Grundtatbestand. Mit gerichtlicher/außergerichtlicher Tätigkeit hat dies nichts zu tun. Die Parteien können sich auch außergerichtlich über anhängige Gegenstände einigen und vor Gericht über nicht anhängige Gegenstände.

2 Soweit der Gegenstand einer Einigung, Erledigung oder die Ehesache im Falle der Aussöhnung gerichtlich anhängig ist (mit Ausnahme des selbstständigen Beweisverfahrens und eines PKH-Antrags dafür), ermäßigt sich der Gebührensatz, und zwar in den Fällen der VV 1003 auf 1,0 und in den Fällen der VV 1004 auf 1,3.

3 Die VV 1003 und 1004 gelten nur bei Abrechnung nach Wertgebühren. Soweit Rahmengebühren abzurechnen sind, enthält das Gesetz gesonderte Regelungen (siehe VV 1005, 1006, 4147).

4 Von einer **Anhängigkeit** i.S.d. VV 1003, 1004 ist grundsätzlich dann auszugehen, wenn der Gegenstand der Einigung durch Anträge Gegenstand eines gerichtlichen Verfahrens geworden ist, so dass das Gericht ohne die Einigung über die geltend gemachten Ansprüche hätte entscheiden müssen. Dem steht es gleich, wenn ein Antrag auf Bewilligung von Prozess- oder Verfahrenskostenhilfe zur Durchführung eines solchen Verfahrens gestellt worden ist. Der Antrag auf Erstreckung der PKH/VKH auf den Mehrwert eines Vergleichs reicht hingegen nicht (siehe Rdn 52), erst recht nicht die gesetzliche VKH-Erstreckung in einer Ehesache (§ 48 Abs. 3), siehe Rdn 57.

Darüber hinaus führt auch ein Verfahren vor dem Gerichtsvollzieher zu einer Anhängigkeit (Anm. Abs. 1 S. 3 zu VV 1003).

Keine Anhängigkeit ist gegeben, wenn der Gegenstand der Einigung lediglich Gegenstand eines selbstständigen Beweisverfahrens oder eines darauf gerichteten Prozess- oder Verfahrenskostenhilfeverfahrens ist.

5 Die Anhängigkeit endet mit dem formellen Eintritt der Rechtskraft, der Klage- oder Antragsrücknahme oder anderweitiger Erledigung des Verfahrens.

Wann und in welchem Umfang eine Anhängigkeit der VV 1003, 1004 gegeben ist, kann mitunter schwierig und sogar strittig sein. Das nachfolgende Stichwort-ABC gibt eine Übersicht über die einzelnen Fallkonstellationen.

Zu beachten ist, dass für verschiedene Gegenstände derselben Angelegenheit unterschiedliche Gebührensätze gelten können (sog. Mischfälle). Dann ist für jeden Gegenstand der Gebührensatz zunächst gesondert zu ermitteln und daraus jeweils eine Teilgebühr zu berechnen. Zu beachten ist dann, dass die Summe der Teilgebühren den Betrag einer Gebühr aus dem Gesamtwert nach dem höchsten Gebührensatz nicht übersteigen darf.

B. Einzelfälle

– Adhäsionsverfahren

Ist der Gegenstand in einem erstinstanzlichen Adhäsionsverfahren (§§ 403 ff. StPO) anhängig, so entsteht nur die 1,0-Gebühr nach VV 1003.

Das Gleiche gilt, wenn zivilrechtliche Ansprüche **erstmals im Berufungsverfahren** geltend gemacht werden (analog Anm. Abs. 1 zu VV 4143). Dabei bleibt es auch, wenn Beschwerde (§ 406a Abs. 1 S. 1 StPO) gegen den Beschluss nach § 406 Abs. 5 S. 2 StPO erhoben worden ist.

Ist dagegen ein **Berufungs- oder Revisionsverfahren** über die geltend gemachten Ansprüche anhängig, entsteht die Einigungsgebühr zu 1,3 (VV 1004).

Soweit im Adhäsionsverfahren **nicht anhängige Forderungen** mit in eine Einigung einbezogen werden, entsteht die 1,5-Gebühr nach VV 1000, wobei § 15 Abs. 3 zu beachten ist.

– Antrag auf Bestellung eines Notanwalts

Wird die Bestellung eines Notanwalts beantragt, ohne dass das zugrunde liegende Verfahren bereits anhängig ist, und wird in dieser Phase noch eine Einigung getroffen, greift keine Reduzierung. Es bleibt bei einer 1,5-Gebühr. Das Verfahren auf Bestellung eines Notanwalts steht einem Prozess- oder Verfahrenskostenhilfeverfahren (siehe Anm. Abs. 1 S. 1 zu VV 1003) nicht gleich, weil dort die Erfolgsaussichten nicht geprüft werden.

– Antrag auf gerichtliche Entscheidung

Anträge auf gerichtliche Entscheidung führen zur Anhängigkeit, so dass sich die Einigungsgebühr auf 1,0 beläuft (VV 1003).

– Antrag auf Vollstreckbarerklärung

Vgl. „Vollstreckbarerklärung" (Rdn 149 f.).

– Arrest

Soweit der Gegenstand der Einigung in einem Arrestverfahren anhängig ist, führt dies zur Reduzierung der Einigungsgebühr.

Ist das Arrestverfahren **erstinstanzlich anhängig**, greift VV 1003. Es gilt ein Gebührensatz von 1,0.

Das gilt auch dann, wenn das **Berufungs- oder Beschwerdegericht nach § 943 ZPO erstinstanzlich zuständig** ist (siehe VV Vorb. 3.2 Rdn 6 ff.).

Ebenso bleibt es nach VV 1003 bei 1,0 in einem Verfahren über die **sofortige Beschwerde gegen den Nichterlass eines Arrests**. Das gilt selbst dann, wenn das Beschwerdegericht Termin zur mündlichen Verhandlung anberaumt (siehe dazu VV 3514 Rdn 25).

Im Verfahren über die **Berufung** gegen ein Urteil in einem Arrestverfahren beträgt die Einigungsgebühr dagegen 1,3 (VV 1004). Gleiches gilt in Familiensachen für die **Beschwerde** nach § 58 FamFG gegen einen Arrestbeschluss in Familienstreitsachen.

Einigen sich die Parteien oder Beteiligten im Berufungs- oder Beschwerdeverfahren nach § 58 FamFG über nicht **anhängige Gegenstände**, fällt insoweit eine 1,5-Einigungsgebühr nach VV 1000 an. Das gilt auch dann, wenn die **nicht anhängige Hauptsache** mit verglichen wird. War die Hauptsache dagegen bereits anhängig, entsteht insoweit nur der geringere Satz nach VV 1003, 1004.

21 – Aufrechnung

Ist eine Forderung zur **(Primär-)Aufrechnung** gestellt, so wird sie damit zwar nicht anhängig. Die Einigung wird jedoch nicht über die Aufrechnungsforderung getroffen, sondern über die Hauptforderung, nämlich, inwieweit diese erloschen ist (§ 389 BGB). Es gilt damit VV 1003, 1004, so dass sich die Einigungsgebühr auf eine 1,0- oder 1,3-Gebühr reduziert. Im Falle der **Hilfsaufrechnung** (siehe Rdn 90) gilt allerdings etwas anderes.

22 – Auskunftsklage/-antrag

Wird eine isolierte Auskunftsklage bzw. ein isoliertes Auskunftsverfahren erhoben, so wird damit nur die Auskunft anhängig. Soweit eine Einigung über die Auskunft geschlossen wird, entsteht nur die 1,0 Gebühr. Zur abweichenden Rechtslage bei der Stufenklage siehe Rdn 127.

23 Wird im Auskunftsverfahren **nur der nicht anhängige Leistungsanspruch** verglichen, so dass sich damit die Auskunft erledigt, entsteht von vornherein nur eine 1,5-Gebühr aus dem Wert der Leistung.

24 **Beispiel:** Der Pflichtteilsberechtigte klagt auf Auskunft gegen den Erben (Streitwert: 3.000 EUR). Im Termin zur mündlichen Verhandlung einigen sich die Parteien über den Pflichtteilsanspruch (Wert: 10.000 EUR).
In diesem Fall ist die Einigungsgebühr nur aus dem Mehrwert angefallen, da über die Auskunft keine Einigung erzielt worden ist. Diese hat sich vielmehr durch den Vergleich über den Leistungsanspruch erledigt. Es entsteht nur die 1,5-Einigungsgebühr aus dem Leistungsanspruch, also aus 10.000 EUR).

25 Werden **Auskunft und Leistung verglichen**, entsteht aus dem Wert der Auskunft die reduzierte Einigungsgebühr wegen Anhängigkeit nach VV 1003, 1004, während aus der Auskunft die 1,5-Einigungsgebühr entsteht. Zu beachten ist allerdings § 15 Abs. 3. Hierbei wiederum ist zu berücksichtigen, dass der Gesamtwert in entsprechender Anwendung der § 44 GKG, § 38 FamGKG den Wert des höchsten Anspruchs nicht übersteigen darf. Faktisch läuft dies auf eine 1,5-Gebühr aus dem Leistungsantrag hinaus, es sei denn, der Auskunftsantrag hätte ausnahmsweise einmal einen höheren Wert.

26 **Beispiel:** Der Pflichtteilsberechtigte klagt auf Auskunft gegen den Erben (Streitwert: 3.000 EUR). Im Termin zur mündlichen Verhandlung einigen sich die Parteien über den Auskunfts- und den Pflichtteilsanspruch (Wert: 10.000 EUR).
In diesem Fall ist die 1,0-Einigungsgebühr aus 3.000 EUR angefallen (VV 1003) sowie eine 1,5-Einigungsgebühr (VV 1000) aus dem Mehrwert des Leistungsantrags. Gemäß § 15 Abs. 3 darf jedoch nicht mehr abgerechnet werden als 1,5 aus dem Gesamtwert, der sich wegen § 44 GKG aber nur auf den Wert des höheren Leistungsanspruchs beläuft. Im Ergebnis entsteht auch hier nur die 1,5-Einigungsgebühr aus dem Wert des Leistungsanspruchs.

27 – Außergerichtliche Mediation

Im Falle einer außergerichtlichen Mediation entsteht grundsätzlich die 1,5-Gebühr, es sei denn, der Gegenstand ist bereits anhängig. Die Mediation selbst ist kein gerichtliches Verfahren und führt daher nicht zu einer Anhängigkeit. Siehe auch „Gerichtliche Mediation" (Rdn 74).

28 – Aussetzung der Vollziehung

Ein Verfahren auf Aussetzung der Vollziehung oder der sofortigen Vollziehung führt zur Anhängigkeit i.S.d. VV 1003, 1004, allerdings nur hinsichtlich der Aussetzung, nicht auch hinsichtlich der Hauptsache. Diese ist gesondert zu prüfen.

29 – Beratung

Im Falle einer Beratung beläuft sich die Einigungs-, Aussöhnungs- oder Erledigungsgebühr grundsätzlich auf 1,5, es sei denn, es wird über anhängige Gegenstände beraten. Dann gilt der entsprechende geringere Satz der VV 1003, 1004.

30 – Beratungshilfe

Eine bewilligte Beratungshilfe oder ein darauf gerichteter Antrag selbst haben keinen Ausfluss auf den Gebührensatz der Einigung.

31 Ist Beratungshilfe bewilligt, erhält der **Anwalt der bedürftigen Partei** ohnehin keine Einigungs- oder Erledigungsgebühr nach VV 1000, sondern die Festgebühr nach VV 2508 in Höhe von 150 EUR. Die Anhängigkeit hat hier keine Bedeutung.

Für den **Gegner der bedürftigen Partei** ist eine Bewilligung der Beratungshilfe ebenfalls unbeachtlich. Das Bewilligungsverfahren hindert für die andere Partei nicht den Ansatz einer 1,5-Gebühr nach VV 1000, solange der Hauptgegenstand nicht anhängig ist. Das Beratungshilfe-Bewilligungsverfahren selbst führt nicht zu einer Anhängigkeit wie das Verfahren über einen Antrag auf Bewilligung von Verfahrens- oder Prozesskostenhilfe (arg e Anm. Abs. 1 S. 1 zu VV 1003). 32

– **Berufung** 33

Soweit der Gegenstand der Einigung oder Erledigung in einem Berufungsverfahren anhängig ist, entsteht die 1,3-Gebühr nach VV 1004.

Einigen sich die Parteien dort auch über nicht **anhängige Gegenstände**, fällt unter Beachtung des § 15 Abs. 3 insoweit eine 1,5-Einigungsgebühr nach VV 1000 an. Werden weitergehende **erstinstanzliche Ansprüche** mitverglichen, entsteht unter Beachtung des § 15 Abs. 3 eine 1,0-Einigungsgebühr. Gleiches gilt für eine Erledigung. 34

– **Beschwerde** 35

Hier ist nach Beschwerdeverfahren zu differenzieren:

Soweit der Gegenstand der Einigung oder Erledigung in einem **einfachen Beschwerdeverfahren** anhängig ist, entsteht nur die 1,0-Gebühr nach VV 1003. Einfache Beschwerdeverfahren sind einem Rechtsmittelverfahren nach VV 1004 nicht gleichzustellen.

Anders verhält es sich bei den **in VV Vorb. 3.2.1 und 3.2.2 Nr. 2 und 3 genannten Beschwerdeverfahren**. Hier entstehen nach VV 1004 bzw. Anm. zu VV 1004 die höheren 1,3-Gebühren. Siehe im Übrigen bei Rechtsbeschwerde, Nichtzulassungsbeschwerde, Weitere Beschwerde. 36

– **Beweisverfahren** 37

Siehe unter „Selbstständiges Beweisverfahren" (Rdn 122).

– **Billigung einer Einigung** 38

Die gerichtliche Billigung einer Einigung der Beteiligten über nicht anhängige Kindschaftssachen durch das Gericht nach § 156 Abs. 2 FamFG führt nicht zu einer Anhängigkeit. Es bleibt bei einer 1,5-Einigungsgebühr.

– **Einstweiliges Anordnungsverfahren, Familiensache** 39

Auch ein einstweiliges Anordnungsverfahren führt zur Anhängigkeit i.S.d. VV 1003, 1004, allerdings wiederum nur hinsichtlich der einstweiligen oder vorläufigen Regelung.

> **Beispiel:** Während der Anhängigkeit einer Ehesache wird eine einstweilige Anordnung beantragt. Die entsprechende Folgesache ist nicht anhängig.
> a) Die Beteiligten einigen sich über eine vorläufige Regelung.
> b) Die Beteiligten einigen sich über die Hauptsache.
> c) Die Beteiligten einigen sich über eine vorläufige Regelung und auch die Hauptsache.
> Im Fall a) entsteht die Einigungsgebühr nur zu 1,0 (VV 1003) aus dem Wert des einstweiligen Anordnungsverfahrens, da sich die Beteiligten nur über die anhängige vorläufige Regelung einigen.
> Im Fall b) entsteht die Einigungsgebühr zu 1,5 (VV 1000), da sich die Beteiligten nur über die Hauptsache einigen und diese nicht anhängig ist.
> Im Fall c) entsteht die Einigungsgebühr zu 1,5 (VV 1000) aus dem Wert des Anordnungsverfahrens und zu 1,0 (VV 1003) aus dem Wert der Hauptsache. Zu beachten ist § 15 Abs. 3.

Ist das Beschwerdegericht nach § 50 Abs. 1 S. 2 FamFG erstinstanzlich zuständig, bleibt es bei einer 1,0-Einigungsgebühr (analog VV Vorb. 3.2 Abs. 2 S. 1). 40

Ist gegen den Erlass einer einstweiligen Anordnung oder gegen die Zurückweisung eines darauf gerichteten Antrags Beschwerde erhoben worden und wird dann im Beschwerdeverfahren eine Einigung erzielt, entsteht aus dem Wert der einstweiligen Anordnung die 1,3-Gebühr nach VV 1004 (Anm. zu VV 1004), da es sich insoweit um eine Beschwerde nach VV Vorb. 3.2.1 Nr. 2 Buchst. b) handelt. 41

42 **– Einstweilige Verfügung**

Soweit der Gegenstand der Einigung in einem einstweiligen Verfügungsverfahren anhängig ist, führt dies zur Reduzierung der Einigungsgebühr. Ist das einstweilige Verfügungsverfahren erstinstanzlich anhängig, greift VV 1003. Es gilt ein Gebührensatz von 1,0.

43 Das gilt auch dann, wenn das Berufungsgericht nach § 943 ZPO erstinstanzlich zuständig ist (VV Vorb. 3.2 Abs. 2 S. 1).

44 Ebenso bleibt es nach VV 1003 bei einer 1,0-Gebühr in einem Verfahren über die sofortige Beschwerde gegen den Nichterlass einer einstweiligen Verfügung. Das gilt selbst dann, wenn das Berufungsgericht Termin zur mündlichen Verhandlung anberaumt (siehe dazu VV 3514 Rdn 25).

45 Im Verfahren über die Berufung gegen den Erlass oder Nichterlass einer einstweiligen Verfügung beträgt die Einigungsgebühr dagegen 1,3 (VV 1004).

46 Einigen sich die Beteiligten (auch) über die Hauptsache, fällt insoweit (ggf. unter Beachtung des § 15 Abs. 3) eine 1,5-Einigungsgebühr nach VV 1000 an, es sei denn, auch die Hauptsache war anhängig. Dann gilt nur der geringere Satz nach VV 1003, 1004.

47 **– Erbscheinverfahren**

Eine Einigung über die Erteilung des Erbscheins ist nicht möglich. Allerdings kann anlässlich eines Erbscheinverfahrens eine Einigung über Ansprüche anlässlich des Erbfalls getroffen werden. Die Anhängigkeit eines Erbscheinverfahrens berührt diese Ansprüche nicht. Soweit sie nicht anhängig sind, bleibt es bei einer 1,5-Gebühr (VV 1000).

48 **– Erinnerungsverfahren**

Der Gegenstand eines Erinnerungsverfahrens ist anhängig und führt somit zur Reduzierung der Einigungsgebühr. Entscheidend ist, ob die Erinnerung in einem erstinstanzlichen Verfahren oder in einem der genannten Rechtsmittelverfahren geführt wird.

49 **– Erstinstanzliche Verfahren**

Bei Anhängigkeit in erstinstanzlichen gerichtlichen Verfahren – ausgenommen das selbstständige Beweisverfahren (siehe Rdn 122) – reduziert sich die Einigungsgebühr auf 1,0 (VV 1003).

50 Das gilt auch dann, wenn für das erstinstanzliche Verfahren die Gebühren eines Berufungsverfahrens vorgesehen sind, wie etwa in finanzgerichtlichen Verfahren, erstinstanzlichen Verfahren vor einem OLG, OVG, VGH, LSG, LAG oder dem BGH, dem BVerwG, dem BAG oder dem BSG. Wird hier eine Einigung oder Erledigung auch über weitergehende **nicht anhängige Gegenstände** erzielt, entsteht aus dem Mehrwert unter Berücksichtigung des § 15 Abs. 3 eine 1,5-Gebühr nach VV 1000.

51 Wird eine Einigung oder Erledigung auch über weitergehende **nicht anhängige Gegenstände** erzielt, entsteht aus dem Mehrwert unter Berücksichtigung des § 15 Abs. 3 eine 1,5-Gebühr nach VV 1000.

52 **– Erstreckung der Prozesskostenhilfe**

a) durch Beschluss auf Einigung über nicht anhängige Gegenstände

Die Erstreckung der Prozesskostenhilfe durch Beschluss auf den Mehrwert eines Vergleichs führt nicht zu einer Anhängigkeit im PKH-Prüfungsverfahren, da insoweit keine Erfolgsaussichten geprüft werden. Daher ist in Anm. Abs. 1 S. 1 zu VV 1003 ausdrücklich klargestellt, dass der Abschluss eines Mehrvergleichs, für den ebenfalls Prozesskostenhilfe bewilligt worden ist, nicht zur Reduzierung der Einigungs- oder Erledigungsgebühr führt.[1]

53 Nach einer vor allem in der Arbeitsgerichtsbarkeit vertretenen Auffassung soll der Rechtsanwalt die Gebühr nur dann unvermindert erhalten, wenn die Prozesskostenhilfe nur zur Protokollierung der Einigung beantragt und das Gericht ausschließlich als „Beurkundungsorgan" in Anspruch genommen

---

[1] LAG Bremen AGS 1997, 15 m. Anm. *Madert* = zfs 1997, 148; LAG Baden-Württemberg, Beschl. v. 27.4.2016 – 5 Ta 118/15 unter Aufgabe der bisherigen Rspr.; OLG Düsseldorf AGS 2014, 503 = AnwBl 2015, 100 = NZA-RR 2015, 48 = JurBüro 2015, 28 = NJW-Spezial 2014, 700 = FA 2014, 379; AGS 2014, 505 = NZA-RR 2014, 661 = JurBüro 2015, 73 = NJW-Spezial 2014, 764 = FA 2014, 380; OLG Hamm AGS 2016, 133.

wird.² Soweit der Vergleich zuvor vor Gericht erörtert wird, soll nur die ermäßigte 1,0-Gebühr nach VV 1003 anfallen. Diese Auffassung ist gesetzeswidrig (siehe Anm. Abs. 1 S. 1 zu VV 1003) und lässt sich nur mit fiskalischen Gründen erklären.

b) nach § 48 Abs. 2 (Vollziehung oder Vollstreckung)

54

Die Erstreckung der Verfahrenskostenhilfe nach § 48 Abs. 2 auf die Vollziehung einer einstweiligen Verfügung, einstweiligen Anordnung oder eines Arrests oder der Vollstreckung einer sonstigen Eilentscheidung führt ebenfalls nicht zu einer Anhängigkeit, solange kein gerichtliches Vollstreckungsverfahren oder ein Verfahren vor dem Gerichtsvollzieher anhängig ist. So entsteht die 1,5-Einigungsgebühr, wenn die Vollstreckung lediglich angedroht worden war und es dann noch zu einer Einigung gekommen ist.

– Erstreckung der Verfahrenskostenhilfe

55

a) durch Beschluss für Einigung über nicht anhängige Gegenstände

Auch in den Fällen, in denen sich die Verfahrenskostenhilfe aufgrund eines (ergänzenden) Beiordnungsbeschlusses auch auf den Abschluss einer Einigung über nicht anhängige Gegenstände erstreckt, führt dies nicht zu einer Ermäßigung des Gebührensatzes, da sich das Gericht nicht mit der Erfolgsaussicht der Hauptsache befassen muss (siehe Rdn 152.)

b) nach § 48 Abs. 2 (Vollstreckung)

56

Die Erstreckung der Verfahrenskostenhilfe nach § 48 Abs. 2 auf die Vollstreckung einer einstweiligen Anordnung oder Vollziehung eines Arrests führt ebenfalls nicht zu einer Anhängigkeit, solange kein gerichtliches Vollstreckungsverfahren oder ein Verfahren vor dem Gerichtsvollzieher anhängig ist.

> **Beispiel:** Nach Erlass der einstweiligen Anordnung auf Unterhalt, für die der Antragstellerin Verfahrenskostenhilfe bewilligt worden war, droht der Anwalt nach einer Wartefrist die Vollstreckung an, worauf sodann eine Einigung getroffen wird.
> Die Verfahrenskostenhilfe für das einstweilige Anordnungsverfahren erstreckt sich nach § 48 Abs. 2 auf die Vollstreckung der Anordnung. Sie führt jedoch nicht zur Reduzierung der Einigungsgebühr. Solange die Vollstreckung noch nicht anhängig ist, bleibt es beim vollen Gebührensatz.

c) nach § 48 Abs. 3

57

Die Erstreckung der Verfahrenskostenhilfe nach § 48 Abs. 3 führt nicht zu einer Anhängigkeit im VKH-Prüfungsverfahren, da insoweit keine Erfolgsaussichten geprüft werden. Daher ist in Anm. Abs. 1 S. 1 VV 1003 ausdrücklich klargestellt, dass der Abschluss eines von § 48 Abs. 3 gedeckten Mehrvergleichs nicht zur Reduzierung der Einigungsgebühr führt.

– EuRAG, Verfahren nach –

58

Ist der Anwalt in einem Verfahren nach dem EuRAG tätig und an einer Einigung oder Erledigung beteiligt, so richtet sich die Höhe der Einigungsgebühr nach dem zugrunde liegenden Verfahren.

– Familiensachen

59

In Familiensachen gelten grundsätzlich keine Besonderheiten. Ein Verfahren über eine den Hauptgegenstand betreffende Beschwerde oder Rechtsbeschwerde führt nach der zwischenzeitlichen Klarstellung in Anm. Abs. 1 zu VV 1004 zu einer erhöhten 1,3-Einigungsgebühr.

– Feststellungsklage

60

Wird eine Feststellungsklage erhoben, ist zu differenzieren:

Bei einer Einigung über die **Feststellung** richtet sich die Höhe der Einigungsgebühr nach VV 1003 oder 1004, je nachdem, in welcher Instanz der Feststellungsantrag anhängig ist.

61

Wird auch über die der Feststellung zugrunde liegenden, aber nicht anhängigen, **Leistungsansprüche** eine Einigung getroffen, so ist die Rechtslage umstritten.

62

---

2 LAG Schleswig-Holstein, Beschl. v. 18.11.2011 – 1 Ta 191/11; LAG Mainz Rpfleger 2011, 403; LAG Nürnberg NZA-RR 2009, 556 = ArbuR 2009, 371 = AE 2009, 349 = NZA 2010, 62; das LAG Baden-Württemberg hat seine bisherige gegenteilige Rspr. aufgegeben.

Beispiel: Da der Geschädigte seinen Schaden der Höhe nach noch nicht beziffern kann, der Haftungsgrund aber streitig ist, erhebt er Klage auf Feststellung, dass der Beklagte ihm aus dem betreffenden Ereignis zu 100 % schadenersatzpflichtig ist. Die Höhe der zu erwartenden Schadenersatzansprüche wird mit 30.000 EUR beziffert. Das Gericht setzt daraufhin den Streitwert auf 20 % der zu erwartenden Ansprüche, also auf 6.000 EUR fest. Im Verlauf des Rechtsstreits bietet der Beklagte an, sich auf der Basis einer 75 %igen Haftung zu einigen. Der Kläger stimmt dem zu. Um einen weiteren Rechtsstreit zu vermeiden, einigen sich die Parteien dann auch über die Höhe der Schadenersatzansprüche und vereinbaren im Wege des schriftlichen Vergleichs nach § 278 Abs. 6 ZPO, dass der Beklagte zum Ausgleich aller Forderungen aus dem Unfallereignis einen Betrag in Höhe von 20.000 EUR zahle.

Der Streitwert der Klage beträgt 6.000 EUR. Der Wert des Vergleichs beläuft sich auf 30.000 EUR, da maßgebend ist, worüber man sich vergleicht, nicht, worauf man sich einigt. Dass sich der Vergleich nicht nur über die Höhe, sondern auch inzidenter über die Haftungsgrund verhält, ist unerheblich, da insoweit jedenfalls wirtschaftliche Identität besteht und die „Inzidenteinigung" über die Haftungsquote nicht werterhöhend ist, zumal ihr aufgrund des abschließenden Vergleichs keine weitergehende Wirkung zukommt.

Unstrittig ist, dass hinsichtlich des Haftungsgrunds lediglich eine 1,0-Einigungsgebühr (VV 1000, 1003) angefallen ist, da der Haftungsgrund im Wege der Feststellungsklage anhängig war.

Hinsichtlich des Leistungsantrags wird zum Teil die Auffassung vertreten, auch insoweit sei nur eine 1,0-Einigungsgebühr angefallen, weil die Rechtshängigkeit des Feststellungsantrags auch die Anhängigkeit des Leistungsanspruchs bewirke.[3] Das ergebe sich schon daraus, dass der Feststellungsantrag auch die Verjährung des Leistungsantrags hemme. Auch die Rechtsgedanken der §§ 256 Abs. 2, 264 Nr. 2 ZPO sprächen hierfür. Danach wäre insgesamt eine 1,0-Einigungsgebühr aus 30.000 EUR zu berechnen:

1,0-Einigungsgebühr   863,00 EUR

Nach Auffassung von *Müller-Rabe*[4] ist insoweit nicht von einer Anhängigkeit auszugehen, als der Wert des Leistungsanspruchs aus der Feststellung des Feststellungsantrags übersteigt. Danach wäre aus 20 % Feststellungsinteresse eine 1,0-Gebühr (VV 1003) zu berechnen und aus dem weiteren 80 % Leistungsinteresse eine 1,5-Gebühr (VV 1000), wobei wiederum § 15 Abs. 3 zu berücksichtigen wäre. Dies würde folgende Berechnung ergeben:

1. 1,0-Einigungsgebühr, (Wert: 6.000 EUR)   354,00 EUR
2. 1,5-Einigungsgebühr, (Wert: 24.000 EUR)   1.182,00 EUR
    gem. § 15 Abs. 3 RVG nicht mehr als 1,5
    aus 30.000 EUR   1.294,50 EUR

Zutreffend ist es, die Gebühren aus Feststellungs- und Leistungsantrag gesondert zu berechnen und dann § 15 Abs. 3 anzuwenden. Soweit sich die Parteien über den anhängigen Haftungsgrund verglichen haben, ist eine 1,0-Gebühr aus 6.000 EUR angefallen. Der Leistungsantrag selbst war nicht anhängig. Die Anhängigkeit des Feststellungsantrags führt nicht zur Anhängigkeit des Leistungsantrags. Auch der Hinweis auf die Hemmung der Verjährung trägt insoweit nicht, sondern spricht für das Gegenteil. Wenn der Leistungsanspruch mit dem Feststellungsantrag anhängig würde, bedürfte es keiner gesonderten Vorschriften, dass der Feststellungsantrag die Verjährung des Leistungsantrags hemmt. Gerade daraus, dass eine solche Vorschrift im Gesetz enthalten ist, ergibt sich, dass das Gesetz nicht von einer Anhängigkeit ausgeht. Auch § 264 Nr. 2 ZPO spricht für diese Lösung. Tatsächlich ist der Übergang vom Feststellungsbegehren auf das Leistungsbegehren eine Klageänderung. Weil dies aber nicht gewünscht ist, fingiert § 264 Nr. 2 ZPO, dass der Übergang nicht als Klageänderung angesehen werden soll. Auch hieraus ergibt sich, dass das Gesetz hinsichtlich Feststellungs- und Leistungsantrag von verschiedenen Streitgegenständen ausgeht. Demzufolge ist aus dem vollen Wert des Leistungsantrags eine 1,5-Einigungsgebühr zu berechnen. Sodann ist § 15 Abs. 3 zu berücksichtigen. Insgesamt darf nicht mehr als eine Gebühr aus dem höchsten Gebührensatz (hier: 1,5) nach dem Gesamtwert abgerechnet werden. Bei der Berechnung des Gesamtwerts darf hier aber nicht nach § 39 Abs. 1 GKG addiert werden; vielmehr ist zu berücksichtigen, dass hinsichtlich Feststellung und Leistung wirtschaftliche Identität besteht, so dass nur der höhere Wert des Leistungsantrags herangezogen werden darf.

Abzurechnen ist daher wie folgt:

1. 1,0-Einigungsgebühr, VV 1000, 1003
    (Wert: 6.000 EUR)   354,00 EUR
2. 1,5-Einigungsgebühr, VV 1000
    (Wert: 30.000 EUR)   1.294,50 EUR
    gem. § 15 Abs. 3 nicht mehr als 1,5 aus 30.000 EUR   1.294,50 EUR

---

[3] LG Frankenthal AGS 2015, 16 = RVGprof. 2015, 83; Kompaktkommentar/*Bischof*, 5. Aufl. 2013, VV 1003, Rn 15.

[4] Gerold/Schmidt/*Müller-Rabe*, 19. Aufl. 2011, VV 1003, 1004, Rn 30.

– **Finanzgerichtliche Verfahren**

63 In **erstinstanzlichen Verfahren vor den Finanzgerichten** entsteht nur die 1,0-Gebühr nach VV 1003. Nach Einführung des RVG wurde zwar anfangs vertreten, dass die erhöhte Gebühr nach VV 1004 gelte.[5] Begründet wurde dies damit, es handele sich zwar um ein erstinstanzliches Verfahren; es sei jedoch nicht einzusehen, dass sich Verfahrens- und Terminsgebühren gemäß VV Vorb. 3.2.1 Nr. 1 nach den erhöhten Gebühren für die Berufung (VV Teil 3 Abschnitt 6 Unterabschnitt 2) bemessen, die Einigungsgebühr sich dagegen nach den einfachen Beträgen der ersten Instanz richten soll.[6] Diese Auffassung ist jedoch nicht mehr haltbar. Der Gesetzgeber hat in Kenntnis dieses Problems in VV 1004 bereits bei der ersten Änderung der Vorschrift durch das FGG-ReformG vom 17.12.2008 ausdrücklich nur die Einigung in den Beschwerden und Rechtsbeschwerden nach VV Vorb. 3.2.1, 3.2.2 aufgewertet. Die Einigungs- und Erledigungsgebühr in finanzgerichtlichen Verfahren hat er bewusst nicht verändert. Hier erschien ihm die Besserstellung bei der Verfahrensgebühr ausreichend.[7] Nachdem er auch jetzt bei der zweiten Änderung dieser Vorschrift durch das 2. KostRMoG die finanzgerichtlichen Verfahren nicht erwähnt hat, kann eine Gesetzeslücke nicht mehr angenommen werden.[8]

64 In **erstinstanzlichen Verfahren vor dem BFH** entsteht ebenfalls nur die 1,0-Gebühr nach VV 1003.

65 Ist die Sache dagegen im **Revisionsverfahren** oder im **Verfahren auf Zulassung der Revision** anhängig, dann gilt VV 1004.

66 Soweit im Verfahren auch eine Einigung oder Erledigung über **nicht anhängige Ansprüche** erzielt wird, entsteht insoweit unter Beachtung des § 15 Abs. 3 die 1,5-Gebühr nach VV 1000.

– **Folgesache, anhängig**

67 Wird eine Einigung über eine anhängige Folgesache (§ 137 FamFG) getroffen, so entsteht im erstinstanzlichen Verfahren lediglich die 1,0-Gebühr (VV 1003) und im Beschwerde- oder Rechtsbeschwerdeverfahren die 1,3-Gebühr (VV 1004).

– **Folgesache, nicht anhängig**

68 Einigen sich die Beteiligten im Scheidungsverbundverfahren über nicht anhängige Gegenstände, die als Folgesachen im Verbund geltend gemacht werden könnten (§ 137 FamFG), so reicht die Anhängigkeit der Ehesache nicht aus, um eine Reduzierung der Einigungsgebühr nach VV 1003, 1004 herbeizuführen. Erforderlich ist vielmehr, dass auch die Folgesache selbst anhängig war. Daher entsteht z.B. bei einer Einigung über Unterhalt oder über das Umgangsrecht eine 1,5-Einigungsgebühr, wenn der Unterhalt oder das Umgangsrecht bislang nicht durch einen Folgeantrag zum Gegenstand des Verfahrens gemacht worden war.

69 Etwas anderes gilt allerdings dann, wenn das Gericht von Amts wegen bereits mit dem Verfahren der elterlichen Sorge oder des Umgangs befasst war.[9] Dann entsteht nur die ermäßigte Einigungsgebühr nach VV 1003 oder VV 1004.

70 Bei einer 1,5-Einigungsgebühr bleibt es auch dann, wenn in der Ehesache Verfahrenskostenhilfe bewilligt worden ist und diese sich gemäß § 48 Abs. 3 auf den Vergleichsmehrwert erstreckt, wie sich ausdrücklich aus Anm. Abs. 1 S. 1 zu VV 1003 ergibt (siehe Rdn 59).

71 War dagegen bereits für die Einleitung der Folgesache Verfahrenskostenhilfe beantragt worden, dann gilt nur der geringere Gebührensatz der VV 1003, 1004.

---

[5] FG Baden-Württemberg AGS 2007, 349 = JurBüro 2007, 198; FG Rheinland-Pfalz AGS 2008, 181 = EFG 2008, 409 = StE 2008, 74 = NJW-Spezial 2008, 157 = RVGreport 2008, 105.

[6] Mayer/Kroiß, RVG, VV 1004 Rn 6; Schneider, AnwBl 2005, 202.

[7] FG Köln EFG 2011, 1832 = StE 2011, 603; Gerold/Schmidt/Müller-Rabe, VV 1003, 1004 Rn 56 im Hinblick auf die eingefügte Anm., die nach ihrem Wortlaut nur Beschwerde- und Rechtsbeschwerdeverfahren betrifft.

[8] FG Hamburg EFG 2014, 1817; FG Köln AGS 2012, 522 = EFG 2012, 2236 = StE 2012, 619 = NJW-Spezial 2012, 699.

[9] OLG Düsseldorf AGS 1997, 125 = FamRZ 1998, 114 = JurBüro 1997, 636.

72 **– Gehörsrüge**

Die Gehörsrüge führt zur (Aufrechterhaltung der) Anhängigkeit des zugrunde liegenden Gegenstands, so dass sich Einigungs- und Erledigungsgebühr nach VV 1003, 1004 ermäßigen. Die Höhe der Gebühr hängt davon ab, in welchem Rechtszug die Gehörsrüge erhoben worden ist.

73 **– Gerichtliche Entscheidung**

Siehe „Antrag auf gerichtliche Entscheidung" (Rdn 13).

74 **– Gerichtliche Mediation**

Ob ein gerichtliches Mediationsverfahren selbst zur Anhängigkeit führt, kann dahinstehen, da hier zwingend ein anhängiges gerichtliches Verfahren zugrunde liegen muss, so dass sich die Höhe der Einigungs- oder Erledigungsgebühr nach diesem zugrunde liegenden Verfahren bestimmt.

75 Werden im Rahmen der gerichtlichen Mediation allerdings weitergehende, nicht anhängige, Gegenstände in eine Einigung oder Erledigung mit einbezogen, bleibt es insoweit unter Beachtung des § 15 Abs. 3 bei der 1,5-Einigungsgebühr.

76 Siehe „Außergerichtliche Mediation" (Rdn 27).

77 **– Gerichtsvollzieher**

Die Ergänzung der Anm. S. 2 zu VV 1003[10] sollte zu einer weiteren Klarstellung führen. In VV 1003 war bis dahin lediglich von einer Anhängigkeit in einem gerichtlichen Verfahren die Rede. Unklar war, wann im Rahmen der Vollstreckung wegen Anhängigkeit lediglich eine reduzierte 1,0-Einigungsgebühr anfiel. Soweit ein gerichtliches Verfahren anhängig war (z.B. §§ 888, 890 ZPO), fiel unstrittig nur die 1,0-Einigungsgebühr nach VV 1000, 1003 an. Nach überwiegender Auffassung galt gleiches, wenn der Gerichtsvollzieher mit einer Mobiliarvollstreckung beauftragt war. Insoweit wurde VV 1003 entsprechend ausgelegt.[11] Diese Reduzierung auf 1,0 ist jetzt gesetzlich festgeschrieben.

Beispiel: Der Anwalt erhält einen Auftrag zur Mobiliarvollstreckung und beauftragt den Gerichtsvollzieher (Wert: 3.000 EUR). Während der Vollstreckung wird eine Ratenzahlungsvereinbarung getroffen (Wert: 20 % aus 3.000 EUR = 600 EUR).
Die Einigungsgebühr entsteht nur zu 1,0 (Anm. Abs. 1 S. 3 zu VV 1003).

1. 0,3-Verfahrensgebühr, VV 3309 (Wert: 3.000 EUR)	60,30 EUR
2. 1,0-Einigungsgebühr, VV 1000, 1003 (Wert: 600 EUR)	80,00 EUR
3. Postentgeltpauschale, VV 7002	20,00 EUR
Zwischensumme	160,30 EUR
4. 19 % Umsatzsteuer, VV 7008	30,46 EUR
Gesamt	**190,76 EUR**

78 Solange die Vollstreckung durch den Gerichtsvollzieher nur angedroht wird, bleibt es dagegen bei der 1,5-Einigungsgebühr. Eine bloße Vollstreckungsandrohung führt noch nicht zur Reduzierung nach VV 1003, weil das Verfahren vor dem Gerichtsvollzieher noch nicht anhängig ist.

Beispiel: Der Anwalt erhält einen Auftrag zur Mobiliarvollstreckung und droht dem Schuldner zunächst die Vollstreckung an (Wert: 3.000 EUR). Daraufhin wird eine Ratenzahlungsvereinbarung getroffen (Wert: 20 % aus 3.000 = 600 EUR).
Die Einigungsgebühr entsteht nur zu 1,5.

1. 0,3-Verfahrensgebühr, VV 3309 (Wert: 3.000 EUR)	60,30 EUR
2. 1,5-Einigungsgebühr, VV 1000, 1003 (Wert: 600 EUR)	120,00 EUR
3. Postentgeltpauschale, VV 7002	20,00 EUR
Zwischensumme	200,30 EUR
4. 19 % Umsatzsteuer, VV 7008	38,06 EUR
Gesamt	**238,36 EUR**

79 Nicht eindeutig geregelt ist, was mit einem „Verfahren vor dem Gerichtsvollzieher" alles gemeint ist. Erfasst werden sollen auf jeden Fall **Mobiliarvollstreckungen** (§§ 808 ff. ZPO) und auch die **Verfahren auf Abgabe der Vermögensauskunft** (§ 802c ZPO).

---

[10] Eingeführt durch das Zweite Justizmodernisierungsgesetz, in Kraft getreten bereits am 31.12.2006.

[11] So auch schon zur Vergleichsgebühr nach der BRAGO: *von Eicken*, AGS 1995, 10.

Unklar ist, ob die **Zustellung eines Vergleichs** durch den Gerichtsvollzieher ebenfalls schon zu einer Reduzierung der Einigungsgebühr führt. Um ein Verfahren vor dem Gerichtsvollzieher im engeren Sinne handelt es sich nicht, erst recht nicht um ein Vollstreckungsverfahren, zumal zum Zeitpunkt der Zustellung noch gar nicht feststeht, ob später überhaupt der Gerichtsvollzieher mit einer Vollstreckung beauftragt werden wird. Anderenfalls könnte man als nächstes auch überlegen, ob die Zustellung von Anwalt zu Anwalt zu einer Reduzierung der Einigungsgebühr führen soll.

> **Beispiel:** Die Parteien haben einen Vergleich vor Gericht geschlossen (Wert: 3.000 EUR). Der Gläubiger lässt den Vergleich durch den Gerichtsvollzieher dem Schuldner zustellen. In dieser Phase einigen sich die Parteien dahingehend, dass die Vergleichssumme in Raten gezahlt werden darf, dafür aber zu verzinsen ist.
> U.E. muss hier die 1,5-Gebühr nach VV 1000 anfallen, da es sich nicht um ein Verfahren vor dem Gerichtsvollzieher handelt, sondern um die bloße Zustellung.

Schwieriger wird die Situation schon bei einem vorläufigen Zahlungsverbot.

> **Beispiel:** Nach Erhalt des Urteils bringt der Gläubigeranwalt ein vorläufiges Zahlungsverbot aus. In dieser Phase kommt es zu einer Einigung über die Forderung.

Hier spricht Vieles dafür, allein schon die auf die Zustellung des **vorläufigen Zahlungsverbots** beschränkte Tätigkeit des Gerichtsvollziehers als Verfahren vor dem Gerichtsvollzieher anzusehen, da dieses bereits eine – zulässigerweise private – Vollstreckung darstellt und der Gerichtsvollzieher die Voraussetzungen der Vollstreckung prüfen muss (§ 178 Nr. 3 GVGA).[12] Dementsprechend erwächst für den mit der Veranlassung des vorläufigen Zahlungsverbots beauftragten Anwalt auch die Vollstreckungsgebühr nach VV 3309 (siehe VV 3009 Rdn 246). Daher erscheint es sachgerecht, hier auch nur eine 1,0-Einigungsgebühr anzunehmen.

Eine weitere Frage ist, wann ein Verfahren vor dem Gerichtsvollzieher abgeschlossen ist – mit Beendigung der Vollstreckungshandlung, mit Ausstellung der Fruchtlosigkeitsbescheinigung, mit Übersendung des Protokolls oder mit Zustellung der Vorpfändung etc.?

Zu beachten ist, dass ein Verfahren vor dem Gerichtsvollzieher nicht zwingend zu einer 1,0-Gebühr führt. Möglich ist auch eine 1,5- oder eine 1,3-Gebühr.

Ist die titulierte Forderung im **Berufungs-** oder **Revisionsverfahren** anhängig oder in einem Beschwerde- oder Rechtsbeschwerdeverfahren nach den VV Vorb. 3.2.1, 3.2.2, entsteht die 1,3-Gebühr nach VV 1004 (Anm. Abs. 1 zu VV 1004).

> **Beispiel:** Nach Erhalt des erstinstanzlichen Urteils beauftragt der Gläubiger den Gerichtsvollzieher mit einer Mobiliarvollstreckung. Der Schuldner legt Berufung ein. Im Rahmen des Vollstreckungsverfahrens (Wert: 3.000 EUR) kommt es zu einer Gesamteinigung, durch die sich auch die Berufung erledigt.
> Da die Forderung im Berufungsverfahren anhängig ist, gilt VV 1004, so dass ein Gebührensatz von 1,3 anfällt.
>
> | | |
> |---|---:|
> | 1. 0,3-Verfahrensgebühr, VV 3309 | 60,30 EUR |
> | 2. 1,3-Einigungsgebühr, VV 1000, 1004 | 261,30 EUR |
> | 3. Postentgeltpauschale, VV 7002 | 20,00 EUR |
> | Zwischensumme | 341,60 EUR |
> | 4. 19 % Umsatzsteuer, VV 7008 | 64,90 EUR |
> | **Gesamt** | **406,50 EUR** |

Möglich ist auch, dass neben der 1,0-Einigungsgebühr eine 1,5-Einigungsgebühr anfällt.

> **Beispiel:** Der Gläubiger vollstreckt durch den Gerichtsvollzieher aus einem Unterhaltstitel über fälligen und zukünftigen Unterhalt wegen der derzeit fälligen Beträge i.H.v. 3.000 EUR. Während der Vollstreckung laufen weitere 2.000 EUR Unterhaltsrückstände auf. Insoweit ist allerdings noch kein Vollstreckungsauftrag erteilt. Die Beteiligten einigen sich über die offenen 5.000 EUR.
> Die ursprünglich nur nach dem Wert von 3.000 EUR entstandene Verfahrensgebühr der VV 3309 berechnet sich jetzt nach dem Gesamtwert von 5.000 EUR (§ 22 Abs. 1). Eine Verfahrensdifferenzgebühr ist in der Vollstreckung nicht vorgesehen.

---

12 Zöller/*Stöber*, § 845 Rn 4.

Hinzu kommt die Einigungsgebühr zu 1,0 aus 3.000 EUR, weil insoweit ein Verfahren vor dem Gerichtsvollzieher anhängig ist (VV 1003). In Höhe der weiteren 2.000 EUR entsteht die Einigungsgebühr zu 1,5, da es insoweit an einem Verfahren fehlt. Zu beachten ist § 15 Abs. 3.

1. 0,3-Verfahrensgebühr, VV 3309
   (Wert: 5.000 EUR) — 90,90 EUR
2. 1,0-Einigungsgebühr, VV 1000, 1003
   (Wert: 3.000 EUR) — 201,00 EUR
3. 1,5-Einigungsgebühr, VV 1000
   (Wert: 2.000 EUR) — 225,00 EUR
   (die Höchstgrenze nach § 15 Abs. 3 von nicht mehr als 1,5 aus 5.000 EUR ist nicht überschritten) — 454,50 EUR
4. Postentgeltpauschale, VV 7002 — 20,00 EUR
   Zwischensumme — 536,90 EUR
5. 19 % Umsatzsteuer, VV 7008 — 102,01 EUR
   Gesamt — **638,91 EUR**

88 **– Güte- und Schlichtungsverfahren**

Güte- und Schlichtungsverfahren sind außergerichtliche Tätigkeiten. Ist der geltend gemachte Anspruch Gegenstand eines Güteverfahrens oder eines Verfahrens der obligatorischen Streitschlichtung, führt dies noch nicht zur Reduzierung der Einigungsgebühr, da es sich nicht um ein gerichtliches Verfahren handelt. Etwas anderes gilt nur dann, wenn der Gegenstand des Güte- oder Schlichtungsverfahrens bereits anhängig ist, was in der Praxis aber kaum vorkommen dürfte, da Güte- und Schlichtungsverfahren vor Rechtshängigkeit durchzuführen sind.

89 **– Hilfsantrag**

Der Hilfsantrag führt bereits zur (auflösend bedingten) Anhängigkeit,[13] so dass bei einer Einigung über einen hilfsweise eingeklagten Gegenstand nur eine 1,0-/1,3-Gebühr entsteht.

90 **– Hilfsaufrechnung**

Die Hilfsaufrechnung als solche führt im Gegensatz zur Aufrechnung (siehe Rdn 21) nicht zur Anhängigkeit der Aufrechnungsforderung.[14] Nur die Klageforderung wird in diesem Fall anhängig. Daher erhält der Anwalt bei einer Einigung, die auch eine hilfsweise zur Aufrechnung gestellte Forderung beinhaltet, aus dem Wert der Hilfsaufrechnung eine 1,5-Einigungsgebühr.[15]

91 **Beispiel:** In einem Rechtsstreit über 10.000 EUR erklärt der Beklagte die Hilfsaufrechnung mit einer streitigen Gegenforderung in Höhe von 10.000 EUR. Im Termin erzielen die Parteien eine Einigung auch über die Gegenforderung.

1. 1,3-Verfahrensgebühr, VV 3100
   (Wert: 20.000 EUR) — 964,60 EUR
2. 1,2-Terminsgebühr, VV 3104
   (Wert: 20.000 EUR) — 890,40 EUR
3. 1,0-Einigungsgebühr, VV 1000, 1003
   (Wert: 10.000 EUR) — 558,00 EUR
4. 1,5-Einigungsgebühr, VV 1000
   (Wert: 10.000 EUR) — 837,00 EUR
   gem. § 15 Abs. 3 RVG nicht mehr als 1,5 aus 20.000 EUR — 1.113,00 EUR
5. Postentgeltpauschale, Nr. 7002 VV — 20,00 EUR
   Zwischensumme — 2.988,00 EUR
6. 19 % Umsatzsteuer, Nr. 7008 VV — 567,72 EUR
   Gesamt — **3.555,72 EUR**

---

[13] Zöller/*Vollkommer*, ZPO, § 33 Rn 26; Zöller/*Greger*, ZPO, § 260 Rn 4.
[14] BGH MDR 1995, 349.
[15] OLG Hamm JurBüro 1999, 470 = KostRsp. BRAGO § 23 Nr. 122 m. Anm. *N. Schneider*; *N. Schneider*, BRAGOreport 2000, 4 m. Berechnungsbsp.; *ders.*, AGS 2003, 150 m. Berechnungsbsp.; *H. Schneider*, Wert- und Kostenberechnung bei hilfsweiser Aufrechnung, AGS 2012, 553.

– Hilfswiderklage

92

Die Hilfswiderklage führt im Gegensatz zur Hilfsaufrechnung bereits zu einer (auflösend bedingten) Anhängigkeit.[16] Eine Einigung über den Gegenstand der Hilfswiderklage löst daher nur die 1,0-/ 1,3-Gebühr nach VV 1003, 1004 aus.

– Insolvenzverfahren

93

Dass über das Vermögen des Schuldners das Insolvenzverfahren eröffnet oder ein entsprechender Antrag gestellt worden ist, macht die Forderungen gegen den Schuldner noch nicht anhängig. Eine Anhängigkeit ist auch dann nicht gegeben, wenn die Forderung zur Insolvenztabelle angemeldet wird. Erst die Klage auf Feststellung zur Insolvenztabelle führt zur Anhängigkeit.

– Mahnverfahren

94

Bei Anhängigkeit im Mahnverfahren entsteht nur die 1,0-Gebühr nach VV 1003. Das Mahnverfahren dauert an entweder
- nach Widerspruch bis zur Abgabe an das Gericht des streitigen Verfahrens oder
- nach Erlass des Vollstreckungsbescheids bis zum Ablauf der Einspruchsfrist oder Einlegung des Einspruchs, wobei im letzteren Fall sofort die Anhängigkeit im gerichtlichen Verfahren eintritt.

– Mediation

95

Eine Mediation führt ebenso wenig wie eine Beratung zu einer Ermäßigung der Einigungsgebühr, so dass grundsätzlich die 1,5-Einigungs- oder die Aussöhnungsgebühr entsteht. Anders verhält es sich, wenn die Gegenstände der Mediation bereits anderweitig anhängig sind. Dann ist auf die dortigen Verfahren abzustellen. Siehe auch Rdn 27 und 74.

– Mehrwertvergleich

96

Wird ein sog. Mehrwertvergleich geschlossen, also ein Vergleich über nicht in dem betreffenden Verfahren anhängige Gegenstände, so entsteht aus dem Mehrwert unter Beachtung des § 15 Abs. 3 die 1,5-Gebühr. Soweit allerdings die weitergehenden Gegenstände in einem anderen Verfahren oder in einem Prozesskosten- oder Verfahrenskostenhilfeverfahren anhängig sind, entsteht nur eine 1,0- oder 1,3-Gebühr.

97

Die bloße Erstreckung der Prozess- oder Verfahrenskostenhilfe auch auf den Abschluss eines Mehrwertvergleichs durch einen entsprechenden Beschluss oder im Falle des § 48 Abs. 3 führt dagegen nicht zu einer Ermäßigung der Gebühr (siehe Rdn 52 ff.).

– Musterverfahren

98

Wird in einem Musterverfahren eine Einigung getroffen, errechnet sich die Einigungsgebühr nur aus dem Wert der dort anhängigen Gegenstände. Soweit aufgrund der Entscheidung des Musterverfahrens oder eines dort geschlossenen Vergleichs in nicht anhängigen Angelegenheiten im Hinblick auf den Ausgang des Musterverfahrens eine Einigung getroffen wird, bleibt es bei der 1,5-Einigungsgebühr. Die Anhängigkeit des Musterverfahrens wirkt nur für die dort anhängigen Ansprüche.

– Nebenintervention

99

Soweit die Parteien eine Einigung treffen und der Nebenintervenient sich daran beteiligt, entsteht für ihn ebenfalls nur die ermäßigte Einigungsgebühr.

100

Soweit allerdings im Rahmen einer Einigung Ansprüche im Verhältnis der Parteien zum Streithelfer oder mehrerer Streithelfer untereinander geregelt werden, entsteht insoweit ein nicht anhängiger Mehrwert,[17] aus dem dann die 1,5-Einigungsgebühr anfällt. Eine Streitverkündung führt nicht zur Anhängigkeit derjenigen Ansprüche, die durch die Streitverkündung „gesichert" werden sollen.

---

16 Zöller/*Greger*, ZPO, § 260 Rn 4.
17 OLG Koblenz JurBüro 1999, 196; OLG Köln MDR 1973, 324; Schneider/Herget/*Kurpat*, Streitwertkommentar, Rn 4263; Zöller/*Herget*, ZPO, Rn 16, § 3 „Nebenintervention".

101 – **Nichtzulassungsbeschwerdeverfahren**

Verfahren über Beschwerden gegen die Nichtzulassung eines Rechtsmittels sind nach § 17 Nr. 9 – im Gegensatz zu den Verfahren auf Zulassung eines Rechtsmittels, die nach § 16 Nr. 11 zum Rechtsmittelzug gehören – eigene Angelegenheiten und zählen daher gebührenrechtlich nicht zum jeweiligen Rechtsmittelverfahren. Für diese Verfahren enthielt das RVG zunächst keine gesonderten Regelungen hinsichtlich der Einigungs- oder Erledigungsgebühr, sofern die Nichtzulassungsbeschwerdeverfahren selbst nicht bereits unter VV Vorb. 3.2.1, 3.2.2 fielen. Dem Wortlaut nach wäre danach eine 1,0-Gebühr anzusetzen gewesen. Überwiegend wurde jedoch die analoge Anwendung der VV 1004 befürwortet. Mit der Neufassung der VV 1004 ist jetzt klargestellt, dass in diesen Verfahren die erhöhte Einigungs- und Erledigungsgebühr der VV 1004 anzusetzen ist. Betroffen von der Anhebung der Einigungs- und Erledigungsgebühr sind alle Verfahren über die Beschwerde gegen die Nichtzulassung einer Berufung, Revision sowie einer Beschwerde oder Rechtsbeschwerde nach VV Vorb. 3.2.1, 3.2.2, sofern sich die Gebühren nach dem Gegenstandswert richten (§ 2 Abs. 1, 3 Abs. 1 S. 2 und 3).

102 – **Notanwalt**

Siehe „Antrag auf Bestellung eines Notanwalts" (Rdn 12).

103 – **Privatklage**

Dass ein Privatklageverfahren anhängig ist, lässt den 1,5-Gebührensatz der VV 1000 grundsätzlich unberührt, wenn eine Einigung über die daraus resultierenden Ansprüche erzielt wird (siehe auch Anm. zu VV 4147). Das gilt auch dann, wenn die Einigung vor dem Strafgericht getroffen wird.

104 Sind die Ansprüche allerdings zugleich im Wege des Adhäsionsantrags geltend gemacht worden, tritt eine Ermäßigung ein. Siehe dazu „Adhäsionsverfahren" (Rdn 8).

105 – **Protokollierung**

Die Protokollierung in einer Einigung über nicht anhängige Gegenstände führt nicht zu einer Anhängigkeit, so dass es bei einer 1,5-Gebühr verbleibt. Strittig ist, wenn das Gericht die Prozess- oder Verfahrenskostenhilfe auf den Mehrwert der Einigung erstreckt (siehe Rdn 52).

106 – **Prozesskostenhilfe**

Ein Verfahren über die **Bewilligung von Prozess- oder Verfahrenskostenhilfe** führt grundsätzlich zur Anhängigkeit i.S.d. VV 1003 (Anm. zu VV 1003).

107 Eine Ausnahme gilt für einen Antrag auf Bewilligung von Prozesskostenhilfe für ein **selbstständiges Beweisverfahren**. Die Ergänzung der Anm. Abs. 1 S. 1[18] sollte eine nicht beabsichtigte Ungleichbehandlung beseitigen. Nach VV 1003 führte die Anhängigkeit in einem Prozess- oder Verfahrenskostenhilfeverfahren immer zu einer Reduzierung nach VV 1003. Das hätte nach dem früheren Wortlaut zu der Annahme verleiten können, dass die Anhängigkeit eines Prozess- oder Verfahrenskostenhilfeprüfungsverfahrens für ein selbstständiges Beweisverfahren sinnwidrig zu einer Reduzierung auf 1,0 geführt hätte. Die Praxis ist zu Recht anders verfahren und hat dem Anwalt auch in diesen Fällen die 1,5-Einigungsgebühr zugebilligt. Bei genauer Betrachtung handelte es sich bei dem Prozesskostenhilfeverfahren insoweit nämlich nicht um ein „anderes" Verfahren als ein selbstständiges Beweisverfahren. Aus § 16 Nr. 2 folgt, dass das Verfahren über die Prozess- oder Verfahrenskostenhilfe mit der Hauptsache eine Angelegenheit bildet und damit kein „anderes" Verfahren ist. Wie dem auch sei, hat der Gesetzgeber jetzt ausdrücklich klargestellt, dass ein Verfahren über die Prozess- oder Verfahrenskostenhilfe für ein selbstständiges Beweisverfahren nicht zu einer Reduzierung nach VV 1003 führt, sondern dass es bei der vollen 1,5-Gebühr nach VV 1000 bis 1002 verbleibt.

> **Beispiel:** Der Anwalt führt für seinen Auftraggeber ein selbstständiges Beweisverfahren durch. Der Gegner beantragt für seine Vertretung Prozesskostenhilfe. Anschließend verhandeln die Anwälte telefonisch zur Vermeidung eines Hauptsacheverfahrens und erzielen eine Einigung.
> Es entsteht trotz Anhängigkeit eine 1,5-Einigungsgebühr (VV 1000).

108 Die Klarstellung betrifft sowohl den Fall einer Einigung (VV 1000) als auch den einer Erledigung (VV 1002) während der Anhängigkeit eines Prozesskostenhilfeverfahrens für ein selbstständiges

---

[18] Eingeführt durch das Zweite Justizmodernisierungsgesetz, in Kraft getreten bereits am 31.12.2006.

Beweisverfahren; auch in verwaltungsgerichtlichen Verfahren (§ 98 VwGO i.V.m. §§ 485 bis 494 ZPO) und in sozialgerichtlichen Verfahren nach § 3 Abs. 1 S. 2 kommt ein selbstständiges Beweisverfahren in Betracht (§ 76 SGG). Wie ein Beweisverfahren über eine Ehesache geführt werden soll, ist allerdings unklar, so dass der Fall der VV 1001 wohl eher theoretischer Natur sein dürfte. Zur Höhe der Einigungs- oder Erledigungsgebühr bei **Erstreckung der Prozesskostenhilfe** siehe Rdn 52.

– Prüfung der Erfolgsaussicht eines Rechtsmittels 109

Ist der Anwalt beauftragt worden, die Erfolgsaussicht eines Rechtsmittels zu prüfen und kommt es in dieser Phase zu einer Einigung, richtet sich die Höhe der Einigungsgebühr nach dem vorinstanzlichen Verfahren, da die Rechtshängigkeit erst mit Eintritt der formellen Rechtskraft endet. Ist das Rechtsmittel ausnahmsweise bereits eingelegt, richtet sich die Höhe der Gebühr nach dem jeweiligen Rechtsmittelverfahren.

– Räumungsfrist 110

Das Räumungsfristverfahren führt zur Anhängigkeit i.S.d. VV 1003 des Räumungsfristantrags; es entsteht nur eine 1,0-Einigungsgebühr, soweit eine Einigung über die Räumungsfrist getroffen wird.

Wird im Räumungsrechtsstreit eine Einigung über eine Räumungsfrist geschlossen, ohne dass der 111 Räumungsfristantrag anhängig ist, entsteht insoweit die 1,5-Gebühr. Das gilt insbesondere in den Fällen, in denen im Rahmen eines Räumungsvergleichs auf Räumungs- und Vollstreckungsschutz verzichtet wird.[19]

> **Beispiel:** Der Vermieter kündigt fristlos das Mietverhältnis (monatliche Kaltmiete: 500 EUR) und erhebt im Januar Räumungsklage. Im März findet der Termin zur mündlichen Verhandlung statt. Dort vergleichen sich die Parteien dahingehend, dass der Mieter zum 31. Mai des Jahres die Wohnung räumt und herausgibt. Gleichzeitig vereinbaren die Parteien, dass der Mieter – soweit gesetzlich zulässig – im Gegenzug auf Räumungs- und Vollstreckungsschutz verzichtet.
> Es liegt eine Einigung vor. Ausgehend von dem Klageantrag hätte der Mieter sofort räumen müssen. Ihm ist eine „Ziehfrist" bis Ende Mai bewilligt worden. Dafür verzichtet er im Gegenzug auf weitere Fristverlängerungen.
> Der Wert der Räumungsklage beläuft sich gem. § 42 Abs. 1, 2 GKG auf den Jahresmietwert, also auf 6.000 EUR. Der Vergleich hat einen nicht anhängigen Mehrwert in Höhe von 20 % der Jahresmiete, also 1.200 EUR.
> Abzurechnen ist daher wie folgt:
>
> | | |
> |---|---:|
> | 1. 1,3-Verfahrensgebühr, VV 3100 (Wert: 6.000 EUR) | 460,20 EUR |
> | 2. 0,8-Verfahrensgebühr, VV 3100, 3101 (Wert 1.200 EUR) | 92,00 EUR |
> | (die Grenze des § 15 Abs. 3, nicht mehr als 1,3 aus 7.200 EUR, wird nicht überschritten) 592,80 EUR | |
> | 3. 1,2-Terminsgebühr, VV 3104 (Wert: 7.200 EUR) | 547,20 EUR |
> | 4. 1,0-Einigungsgebühr, VV 1000, 1003 (Wert: 6.000 EUR) | 354,00 EUR |
> | 5. 1,5-Einigungsgebühr, VV 1000 (Wert: 1.200 EUR) | 172,50 EUR |
> | (die Grenze des § 15 Abs. 3, nicht mehr als 1,5 aus 7.200 EUR, wird nicht überschritten) 684,00 EUR | |
> | 6. Postentgeltpauschale, VV 7002 | 20,00 EUR |
> | Zwischensumme 1.645,90 EUR | |
> | 7. 19 % Umsatzsteuer, VV 7008 | 312,72 EUR |
> | **Gesamt** | **1.958,62 EUR** |

---

19 OLG Düsseldorf AGS 2009, 496 = WuM 2009, 543 = GE 2009, 1188 = OLGR 2009, 645 = ZMR 2010, 177 = MietRB 2009, 292 = DWW 2010, 38; AG Saarbrücken AGS 2016, 9 = NJW-Spezial 2016, 156.

112 – **Rechtsbeschwerde**

Hier ist nach Rechtsbeschwerdeverfahren zu differenzieren:

113 Soweit der Gegenstand der Einigung oder Erledigung in einem **Rechtsbeschwerdeverfahren nach VV Vorb. 3.2.2 Nr. 2 und 3** anhängig ist, entstehen nach VV 1004 bzw. Anm. zu VV 1004 die höheren 1,3-Gebühren.

114 Ist der Gegenstand dagegen in einem **einfachen Rechtsbeschwerdeverfahren** anhängig (etwa nach § 574 ZPO oder § 78 S. 2 des ArbGG), entsteht nur die 1,0-Gebühr nach VV 1003. Einfache Beschwerdeverfahren sind einem Rechtsmittelverfahren nach VV 1004 nicht gleichzustellen.

115 – **Revision**

Ist der Gegenstand in einem Revisionsverfahren anhängig, entsteht die erhöhte 1,3-Gebühr nach VV 1004.

116 – **Scheckverfahren**

Es gilt das Gleiche wie bei einem Urkundenverfahren (siehe Rdn 137).

117 – **Scheidungsverfahren**

Im erstinstanzlichen Scheidungsverfahren entsteht aus dem Wert der Ehesache nur eine 1,0-Aussöhnungsgebühr (VV 1003). Bei Anhängigkeit im Beschwerde- oder Rechtsbeschwerdeverfahren entsteht die Gebühr zu 1,3 (VV 1004).

118 Soweit neben der Aussöhnung in der Ehesache über weitere Gegenstände eine Einigung erzielt wird, hängt die Höhe der Gebühr davon ab, ob und wo diese Gegenstände anhängig sind. Siehe dazu auch „Folgesachen" (Rdn 67 ff.).

119 – **Schiedsgerichtliches Verfahren**

Die Anhängigkeit in einem schiedsgerichtlichen Verfahren führt nicht zur Reduzierung der Einigungsgebühr nach VV 1003, 1004. Es bleibt bei einer 1,5-Gebühr. Eine Vertretung im schiedsgerichtlichen Verfahren ist eine außergerichtliche Tätigkeit (siehe § 36 Rdn 1 ff., 25), da es sich bei den Schiedsgerichten nicht um staatliche Gerichte handelt.

120 – **Schiedsrichterliche Verfahren**

Ein schiedsrichterliches Verfahren führt nicht zur Reduzierung der Einigungsgebühr nach VV 1003, 1004. Es bleibt bei einer 1,5-Gebühr.

121 – **Schlichtungsverfahren**

Siehe „Güte- und Schlichtungsverfahren" (Rdn 88).

122 – **Selbstständiges Beweisverfahren**

Ist über den Gegenstand der Einigung ein selbstständiges Beweisverfahren anhängig, so fällt die Gebühr dennoch in Höhe von 1,5 an. Zwar ist eine Anhängigkeit gegeben; im Gegensatz zur Rechtslage nach der BRAGO[20] ist eine Ermäßigung auf 1,0 aber ausgeschlossen (VV 1003). Damit soll ein Anreiz geschaffen werden, sich bereits im Beweisverfahren um eine Einigung zu bemühen und damit die Gerichte zu entlasten.

123 Das gilt allerdings nur, solange die Hauptsache nicht zugleich anhängig ist. Wird ein selbstständiges Beweisverfahren während eines laufenden Rechtsstreits eingeleitet, bleibt es bei einer 1,0- bzw. im Berufungs- oder Revisionsverfahren bei einer 1,3-Einigungsgebühr.

124 Bei einer 1,5-Gebühr verbleibt es auch dann, wenn für ein selbstständiges Beweisverfahren Prozess- oder Verfahrenskostenhilfe beantragt wird (siehe Rdn 107).

125 – **Strafverfahren**

Die Anhängigkeit eines Strafverfahrens ist grundsätzlich unbeachtlich. Lediglich dann, wenn Ansprüche im Wege des Adhäsionsverfahrens geltend gemacht worden sind, tritt eine Reduzierung nach VV 1003, 1004 ein.

---

20 AG Hildesheim AGS 1999, 54 = JurBüro 1999, 138.

Siehe auch unter „Privatklage" (Rdn 103).

– Streitverkündung 126

Siehe oben „Nebenintervention" (Rdn 99).

– Stufenklage, -antrag 127

Mit Einreichung der Stufenklage bzw. des Stufenantrags in einer Familiensache werden sämtliche Stufen, also Auskunft und Leistungsanspruch und ggf. Anspruch auf Abgabe der eidesstattlichen Versicherung sofort anhängig, so dass in erster Instanz nur die ermäßigte 1,0-Einigungsgebühr nach VV 1003 und im Rechtsmittelverfahren die ermäßigte 1,3-Gebühr nach VV 1004 anfällt. Dass der Leistungsanspruch in diesem Fall noch nicht beziffert worden ist, spielt keine Rolle.

> **Beispiel:** Der Kläger beantragt im Wege der Stufenklage Auskunft und Zahlung eines noch zu beziffernden Pflichtteilsanspruchs. Das Gericht beraumt Termin zur mündlichen Verhandlung über die Auskunft an. In diesem Termin einigen sich die Parteien über den Pflichtteilsanspruch.
> Die Einigungsgebühr entsteht nur zu 1,0 (VV 1003) aus dem Wert des Pflichtteilsanspruchs, da dieser – wenn auch unbeziffert – anhängig ist.

Zu beachten ist hier, dass es nicht darauf ankommt, in welcher Instanz die Einigung geschlossen wird, sondern darauf, in welcher Instanz die Gegenstände anhängig sind. 128

> **Beispiel:** Gegen die Verurteilung zur Erteilung der Auskunft wird Berufung eingelegt. Im Berufungsverfahren einigen sich die Parteien über den Leistungsanspruch.
> Die Einigungsgebühr entsteht nur zu 1,0 (VV 1003) aus dem Wert des Leistungsanspruchs, da dieser nach wie vor in erster Instanz und nicht im Berufungsverfahren anhängig ist.

Zu beachten ist ferner, dass die Einigungsgebühr in derselben Angelegenheit insgesamt nur einmal, ggf. unter Beachtung des § 15 Abs. 3, anfallen kann und dass hierbei ggf. das Additionsverbot der § 44 GKG, § 38 FamGKG zu beachten ist. 129

> **Beispiel:** Wie vorheriges Beispiel (siehe Rdn 128); die Parteien einigen sich sowohl über den Auskunftsanspruch als auch über den Leistungsanspruch. Die Werte werden wie folgt festgesetzt; Leistung: 50.000 EUR, Auskunft: 2.000 EUR.
> Aus dem Wert des Auskunftsanspruchs entsteht jetzt eine 1,3-Gebühr (VV 1004), aus dem Wert des Leistungsanspruchs nur die 1,0-Gebühr (VV 1003). Insgesamt darf gemäß § 15 Abs. 3 nicht mehr verlangt werden als eine 1,3-Gebühr aus dem Gesamtwert, wobei hier das Additionsverbot des § 44 GKG zu berücksichtigen ist.
>
> | | |
> |---|---:|
> | 1. 1,0-Einigungsgebühr, VV 1000, 1003 (Wert: 50.000 EUR) | 1.163,00 EUR |
> | 2. 1,3-Einigungsgebühr, VV 1000, 1004 (Wert: 2.000 EUR) | 195,00 EUR |
> | (die Grenze des § 15 Abs. 3 RVG, nicht mehr als 1,3 aus 50.000 EUR, ist nicht überschritten) | 1.511,90 EUR |
> | 3. Postentgeltpauschale, VV 7002 | 20,00 EUR |
> | Zwischensumme | 1.378,00 EUR |
> | 4. 19 % Umsatzsteuer, VV 7008 | 261,82 EUR |
> | **Gesamt** | **1.639,82 EUR** |

– Teilklage 130

Die Erhebung einer Teilklage führt nur zur Anhängigkeit im Umfang der Teilklage. Werden auch weitergehende Ansprüche verglichen, so entsteht die Einigungsgebühr zu 1,5.

> **Beispiel:** Nach einem Verkehrsunfall wird nur der Sachschaden in Höhe von 3.000 EUR eingeklagt. Im Termin einigen sich die Parteien auch über den Nutzungsausfall, Schmerzensgeld, Kostenpauschale und Wertminderung (insgesamt weitere 2.000 EUR).
> Aus dem Wert des Sachschadens (3.000 EUR) entsteht eine 1,0-Gebühr (VV 1000), aus dem Wert des weitergehenden Schadens entsteht eine 1,5-Gebühr (VV 1000). Insgesamt darf gemäß § 15 Abs. 3 nicht mehr verlangt werden als eine 1,5-Gebühr aus dem Gesamtwert.
>
> | | |
> |---|---:|
> | 1. 1,0-Einigungsgebühr, VV 1000, 1003 (Wert: 3.000 EUR) | 201,00 EUR |
> | 2. 1,5-Einigungsgebühr, VV 1000 (Wert: 2.000 EUR) | 225,00 EUR |
> | (die Grenze des § 15 Abs. 3 RVG, nicht mehr als 1,5 aus 5.000 EUR, ist nicht überschritten) | 454,50 EUR |

3. Postentgeltpauschale, VV 7002		20,00 EUR
Zwischensumme	446,00 EUR	
4. 19 % Umsatzsteuer, VV 7008		84,74 EUR
Gesamt		**530,74 EUR**

131 Das gilt z.B. auch dann, wenn eine Klage nur zum Anspruchsgrund (z.B. auf Feststellung einer Haftungsquote) erhoben wird, die Parteien sich dann aber über den Anspruch selbst einigen.

132 **– Teilungsversteigerung**

Kommt es in der Teilungsversteigerung zu einer Einigung über den Ausgleich der zugrunde liegenden Forderung, entsteht insoweit nur eine 1,0-Einigungsgebühr nach VV 1003.

133 **– Titulierte Forderungen**

Einigen sich die Parteien über eine rechtskräftig titulierte Forderung, so gilt grundsätzlich VV 1000. Eine Reduzierung der Einigungsgebühr nach VV 1003, 1004 findet nur dann statt, wenn die Anhängigkeit im Zeitpunkt der Einigung noch fortbesteht.

134 Daher entsteht insbesondere dann eine 1,5-Einigungsgebühr, wenn die Parteien sich zur Abwendung einer Vollstreckungsabwehrklage einigen.[21] Das Gleiche gilt, wenn die Parteien sich zur Vermeidung einer Drittwiderspruchsklage einigen.[22] Ebenso ist eine 1,5-Einigungsgebühr anzusetzen, wenn die Parteien über die Wiederaufnahme eines Verfahrens streiten oder darüber, ob die Anfechtung eines durch Prozessvergleich beendeten Verfahrens möglich ist, und sie sich außergerichtlich hierüber einigen.

135 Ist dagegen bereits eine Vollstreckungsabwehrklage oder eine Drittwiderspruchsklage eingereicht oder ist die Wiederaufnahme des Verfahrens beantragt oder die Anfechtung des Prozessvergleichs erklärt, dann entsteht die Einigungsgebühr nur zu 1,0 (VV 1003).

136 Des Weiteren entsteht bei einer titulierten Forderung nur eine 1,0-Einigungsgebühr, wenn daraus bereits ein gerichtliches Vollstreckungsverfahren eingeleitet worden ist oder ein Verfahren vor dem Gerichtsvollzieher (Anm. Abs. 2 zu VV 1003).

137 **– Urkundenverfahren**

Ist der Gegenstand im Urkundenverfahren anhängig, so bestimmt sich die Einigungsgebühr je nach Instanz nach VV 1003 oder VV 1004. Es bleibt auch dann bei einer 1,0-Gebühr, wenn ein Vorbehaltsurteil ergangen ist und die Parteien sich vergleichen, bevor eine von ihnen den Antrag auf Durchführung des Nachverfahrens gestellt hat. Mit Erlass des Vorbehaltsurteils endet noch nicht die Anhängigkeit.

138 **– Verbundverfahren**

Im Scheidungsverbundverfahren entsteht die Aussöhnungsgebühr zu 1,0 (VV 1003) bzw. im Beschwerdeverfahren zu 1,3 (VV 1004). Hinsichtlich sonstiger Gegenstände ist zu differenzieren:

139 Sind weitere Gegenstände als Folgesachen anhängig oder ist für deren Durchführung Verfahrenskostenhilfe beantragt, entsteht bei einer Einigung über diese Gegenstände ebenfalls nur die 1,0-Gebühr (VV 1003) bzw. im Beschwerdeverfahren die 1,3-Gebühr (VV 1004).

140 Gleiches gilt, wenn weitergehende Gegenstände, die anderweitig anhängig sind, z.B. als isolierte Familiensachen, mit in eine Einigung einbezogen werden.

141 Werden dagegen weitere Gegenstände in die Einigung mit einbezogen, die nicht anhängig sind, entsteht die 1,5-Gebühr nach VV 1000 (ggf. unter Beachtung des § 15 Abs. 3). Das gilt auch dann, wenn in der Ehesache Verfahrenskostenhilfe bewilligt worden ist und sich diese gemäß § 48 Abs. 3 auf den Mehrwert der Einigung erstreckt oder wenn für den Mehrwert der Einigung Verfahrenskostenhilfe bewilligt worden ist (siehe Rdn 52).

---

21 *Von Eicken*, AGS 1995, 10; *Madert*, AGS 2004, 475.   22 *Von Eicken*, AGS 1995, 10; *Madert*, AGS 2004, 475.

– Vereinfachtes Verfahren auf Festsetzung des Unterhalts Minderjähriger   142

Bei Anhängigkeit im Verfahren auf Festsetzung des Unterhalts Minderjähriger nach den §§ 249 ff. FamFG entsteht nur die 1,0-Gebühr nach VV 1003 und im Beschwerdeverfahren die 1,3-Gebühr (VV 1004).

– Verfahrenskostenhilfe   143

Siehe „Prozesskostenhilfe" (Rdn 106 ff.).

– Verfahren vor dem Gerichtshof der Europäischen Gemeinschaften   144

Nach § 38 Abs. 1 gelten in Vorabentscheidungsverfahren vor dem Gerichtshof der Europäischen Gemeinschaften die Vorschriften in Teil 3 Abschnitt 2 Unterabschnitt 2 des Vergütungsverzeichnisses entsprechend. Sollte es hier zu einer Einigung oder Erledigung kommen, würde sich die Gebühr nach VV 1003 richten, da das Verfahren in VV 1004 nicht erwähnt wird.

– Verfassungsbeschwerde   145

Ein Verfahren der Verfassungsbeschwerde erhält die Anhängigkeit eines dem Verfahren zugrunde liegenden Gegenstands aufrecht.

– Vergabeverfahren   146

Das Vergabeverfahren vor der Behörde sowie die Überprüfungsverfahren vor der Vergabekammer sind außergerichtliche Tätigkeiten, so dass eine Einigungs- oder Erledigungsgebühr zu 1,5 anfällt. Erst mit Anhängigkeit vor dem Vergabesenat tritt Anhängigkeit ein. In dieser Phase entstehen Einigungs- und Erledigungsgebühr zu 1,3, da Verfahren über die Beschwerde gemäß Anm. zu 1004 i.V.m. VV Vorb. 3.2.1 Nr. 2 Buchst. e) die erhöhte 1,3-Gebühr nach VV 1004 auslösen.

– Vergütungsfestsetzung   147

Einigen sich Anwalt und Auftraggeber über die Höhe der zu zahlenden Vergütung, die bereits nach § 11 zur Festsetzung angemeldet ist, reduziert sich die Einigungsgebühr nach VV 1003. Die Geltendmachung im Vergütungsfestsetzungsverfahren steht einer Anhängigkeit gleich, was sich insbesondere aus § 11 Abs. 7 ergibt. Eine Erhöhung im Beschwerdeverfahren nach VV 1004 kommt nicht in Betracht, da es sich um einfache Beschwerdeverfahren handelt, die nicht unter Anm. Abs. 1 zu VV 1004 fallen.

– Vermittlungsverfahren   148

Bei Anhängigkeit im Vermittlungsverfahren nach § 165 FamFG entsteht nur die 1,0-Gebühr nach VV 1003.

– Vollstreckbarerklärung eines Anwaltsvergleichs   149

Soweit sich an die anwaltliche Einigung ein Verfahren auf Vollstreckbarerklärung nach § 796a ZPO anschließt, führt dies nicht (rückwirkend) zur Anhängigkeit i.S.d. VV 1003.[23] Kommt es allerdings in diesem Verfahren zu einer erneuten oder weiteren Einigung, entsteht insoweit nur die 1,0-Gebühr (VV 1003).

– Vollstreckbarerklärung eines Schiedsspruchs   150

Es gilt das Gleiche wie bei der Vollstreckbarerklärung eines Anwaltsvergleichs (siehe Rdn 149).

– Vollstreckbarerklärung nach § 537 ZPO   151

Bei Anhängigkeit im Verfahren auf Vollstreckbarerklärung des nicht angefochtenen Teils eines Urteils nach § 537 ZPO entsteht im Falle einer Einigung die 1,3-Gebühr der VV 1004, da das Verfahren auf Vollstreckbarerklärung bereits dem Rechtsmittelverfahren zuzuordnen ist.

– Vollstreckung   152

Siehe „Zwangsvollstreckung" (Rdn 177).

---

[23] *H. Schneider*, AGS 2013, 1 ff.

153 – **Vollstreckungsabwehrklage**

Wird eine Vollstreckungsabwehrklage nach § 767 ZPO erhoben, führt dies zur Anhängigkeit des titulierten Anspruchs, der abgewehrt werden soll. Erstinstanzlich entsteht also eine 1,0-Einigungsgebühr nach VV 1000 und im Berufungs- oder Revisionsverfahren in Höhe von 1,5.

154 Wird eine Einigung zur Abwendung einer Vollstreckungsabwehrklage getroffen, also vor deren Anhängigkeit, entsteht eine 1,5-Einigungsgebühr.[24] Die vorherige Anhängigkeit ist unbeachtlich. Siehe dazu auch „Titulierte Forderungen" (Rdn 133).

155 Gleiches gilt für einen Vollstreckungsabwehrantrag nach § 113 Abs. 1 S. 2 FamFG i.V.m. § 767 ZPO in Familiensachen.

156 – **Vollstreckungsschutzantrag**

Wird ein Vollstreckungsschutzantrag gestellt, so tritt hinsichtlich dessen Anhängigkeit ein, so dass bei einem Vergleich nur eine 1,0-Einigungsgebühr nach VV 1000 anfällt.

157 – **Vorabentscheidungsverfahren**

Siehe „Verfahren vor dem Gerichtshof der Europäischen Gemeinschaften" (Rdn 144).

158 – **Vorläufiges Zahlungsverbot**

Wird ein Vorläufiges Zahlungsverbot ausgebracht und kommt es hiernach zur Einigung, entsteht die Einigungsgebühr nur zu 1,0 (VV 1003). Das vorläufige Zahlungsverbot gehört bereits zur Vollstreckung. Da insoweit bereits der Gerichtsvollzieher tätig wird und zwar in seiner Eigenschaft als Vollstreckungsorgan, greift insoweit Anm. Abs. 1 S. 3 zu VV 1003 (siehe auch Rdn 177).

159 – **Wechselprozess**

Es gilt das Gleiche wie bei einem Urkundenverfahren (siehe Rdn 137).

160 – **Widerklage, Widerantrag**

Einigen sich die Parteien über Gegenstände, die in einer Widerklage anhängig gemacht wurden, entsteht die Einigungsgebühr zu 1,3 (VV 1004).

161 – **Wiedereinsetzung**

Soweit ein Antrag auf Wiedereinsetzung in den vorherigen Stand beantragt wird, bleibt die Sache anhängig, so dass die Einigungs- bzw. Erledigungsgebühr entsteht, die in dem zugrunde liegenden Verfahren anfallen würde.

162 – **Zahlungsverbot**

Vgl. „Vorläufiges Zahlungsverbot" (Rdn 158).

163 – **Zahlungsvereinbarung**

Die Höhe der Einigungsgebühr für eine Zahlungsvereinbarung (Anm. Abs. 1 S. 1 Nr. 2 zu VV 1000) richtet sich nach den VV 1000, 1003, 1004. Ist die Forderung nicht (mehr) anhängig und ist auch keine Vollstreckungsmaßnahme anhängig, beträgt der Gebührensatz 1,5. Dass die Forderung zuvor in einem gerichtlichen Verfahren anhängig war, steht dem Anfall der 1,5-Gebühr nicht entgegen.

164 **Beispiel:** Der Kläger hat gegen den Beklagten ein rechtskräftiges Urteil über einen Betrag i.H.v. 1.860 EUR nebst Zinsen erwirkt. Nach Androhung der Zwangsvollstreckung (aufgelaufene Zinsen: 100 EUR) wird ein Vergleich geschlossen, wonach der Beklagte die Forderung nebst Zinsen in monatlichen Raten zu je 150 EUR tilgen kann und der Kläger auf Vollstreckungsmaßnahmen verzichtet, solange die Raten pünktlich gezahlt werden.
Der Anwalt erhält zunächst eine 0,3-Verfahrensgebühr nach VV 3309 aus dem vollen Wert (§ 25 Abs. 1 Nr. 1).
Hinzu kommt eine 1,5-Einigungsgebühr für die Zahlungsvereinbarung, da der Kläger für den Fall der pünktlichen Ratenzahlung auf die Vollstreckung verzichtet hat. Die Höhe der Gebühr beläuft sich auf 1,5, da die Forderung aufgrund der Rechtskraft des Urteils nicht (mehr) anhängig und ein Vollstreckungsverfah-

---

24 *Von Eicken*, AGS 1995, 10; *Madert*, AGS 2004, 475.

ren (noch) nicht eingeleitet ist. Maßgebend ist hier allerdings nur ein Gegenstandswert i.H.v. 20 % des Anspruchs (§ 31b).

1. 0,3-Verfahrensgebühr, VV 3309
   (Wert: 1.960 EUR)   45,00 EUR
2. 1,5-Einigungsgebühr, VV 1000
   (Wert: 392 EUR)   67,50 EUR
3. Postentgeltpauschale, VV 7002   20,00 EUR
   Zwischensumme   132,50 EUR
4. 19 % Umsatzsteuer, VV 7008   25,18 EUR
   Gesamt   **157,68 EUR**

Nur eine 1,0-Einigungsgebühr (VV 1003) entsteht, wenn zum Zeitpunkt der Einigung ein Vollstreckungsverfahren anhängig ist (dazu gehört auch ein Vollstreckungsauftrag an den Gerichtsvollzieher – Anm. Abs. 1 S. 2 zu VV 1003).

Beispiel: Der Kläger hat gegen den Beklagten ein rechtskräftiges Urteil über einen Betrag i.H.v. 1.860 EUR nebst Zinsen erwirkt. Während des bereits eingeleiteten Vollstreckungsverfahrens (aufgelaufene Zinsen: 100 EUR) wird ein Vergleich geschlossen, wonach der Beklagte die Forderung nebst Zinsen in monatlichen Raten zu 150 EUR tilgen kann und der Kläger auf Vollstreckungsmaßnahmen verzichtet, solange die Raten pünktlich gezahlt werden.
Jetzt entsteht die Einigungsgebühr nur zu 1,0 (VV 1003).

1. 0,3-Verfahrensgebühr, VV 3309
   (Wert: 1.960 EUR)   45,00 EUR
2. 1,0-Einigungsgebühr, VV 1000, 1003
   (Wert: 392 EUR)   45,00 EUR
3. Postentgeltpauschale, VV 7002   18,00 EUR
   Zwischensumme   108,00 EUR
4. 19 % Umsatzsteuer, VV 7008   20,52 EUR
   Gesamt   **128,52 EUR**

Ebenso entsteht nur eine 1,0-Einigungsgebühr, wenn die Hauptsache noch anhängig ist.

Beispiel: Der Kläger hat gegen den Beklagten ein Versäumnisurteil über einen Betrag i.H.v. 1.860 EUR nebst Zinsen erwirkt. Der Beklagte legt dagegen Einspruch ein. Ungeachtet dessen droht der Kläger die Vollstreckung an. Es wird daraufhin ein Vergleich geschlossen, wonach der Beklagte die Forderung nebst Zinsen in monatlichen Raten zu je 150 EUR tilgen kann und der Kläger auf Vollstreckungsmaßnahmen verzichtet, solange die Raten pünktlich gezahlt werden.
Auch jetzt entsteht die Einigungsgebühr nur zu 1,0 (VV 1003), da die Hauptsache noch anhängig ist.

Möglich ist auch eine 1,3-Einigungsgebühr, wenn die Hauptsache in einem Rechtsmittelverfahren anhängig ist.

Beispiel: Der Kläger hat gegen den Beklagten ein vorläufig vollstreckbares Urteil über 1.860 EUR nebst Zinsen erwirkt. Der Beklagte legt dagegen Berufung ein. Daraufhin leistet der Gläubiger Sicherheit und vollstreckt (zwischenzeitliche Zinsen: 100 EUR). Sodann wird ein Vergleich geschlossen, wonach der Beklagte die Forderung nebst Zinsen in monatlichen Raten tilgen kann und der Kläger auf Vollstreckungsmaßnahmen verzichtet, solange die Raten pünktlich gezahlt werden.
Jetzt entsteht die Einigungsgebühr zu 1,3 (VV 1004), da die Forderung im Berufungsverfahren anhängig ist.

1. 0,3-Verfahrensgebühr, VV 3309
   (Wert: 1.960 EUR)   45,00 EUR
2. 1,3-Einigungsgebühr, VV 1000, 1004
   (Wert: 392 EUR)   58,50 EUR
3. Postentgeltpauschale, VV 7002   20,00 EUR
   Zwischensumme   123,50 EUR
4. 19 % Umsatzsteuer, VV 7008   23,47 EUR
   Gesamt   **146,97 EUR**

– Zulassung eines Rechtsmittels

Für Verfahren auf Zulassung eines Rechtsmittels ergab sich die höhere Einigungs- und Erledigungsgebühr der VV 1004 bereits nach der bisherigen Rechtslage daraus, dass Verfahren auf Zulassung eines Rechtsmittels gemäß § 16 Nr. 11 zum jeweiligen Rechtsmittelverfahren gehören und somit VV 1004 bereits unmittelbar anwendbar ist. Zur Klarstellung wird jedoch auch hier angeordnet, dass die höhere 1,3-Gebühr nach VV 1004 anfällt. Das gilt auch dann, wenn der Antrag auf Zulassung vor dem Ausgangsgericht eingereicht wird, wie z.B. im Fall des § 124a Abs. 4 VwGO.

172 – **Zurückverweisung**

Wird eine Sache vom Rechtsmittelgericht aufgehoben und an die Vorinstanz zurückverwiesen und wird hiernach eine Einigung getroffen oder kommt es dort zu einer Erledigung oder Aussöhnung, richtet sich die Höhe der Gebühr nach der Instanz, in die zurückverwiesen worden ist, also bei Verweisung in die erste Instanz nach VV 1003 und bei Verweisung in die Berufungs- oder Beschwerdeinstanz nach VV 1004. Mit Zurückverweisung beginnt wieder eine neue Angelegenheit vor dem Empfangsgericht.

173 – **Zuständigkeitsbestimmungsverfahren**

Das Verfahren auf Bestimmung des zuständigen Gerichts nach § 36 ZPO führt noch nicht zur Anhängigkeit, zumal bei dem Antrag auf Bestimmung des Gerichts der beabsichtigte Klageantrag noch gar nicht mitgeteilt werden muss, so dass sich ohnehin nicht der Umfang der Anhängigkeit feststellen ließe. Im Falle einer Einigung in diesem Vorstadium bleibt es also bei einer 1,5-Gebühr.

174 War die Hauptsache dagegen bereits anhängig, entsteht nur die 1,0-Einigungsgebühr nach VV 1003.

175 – **Zwangsversteigerung**

Kommt es in der Zwangsversteigerung zu einer Einigung über den Ausgleich der zugrunde liegenden Forderung, entsteht insoweit nur eine 1,0-Einigungsgebühr nach VV 1003.

176 – **Zwangsverwaltung**

Kommt es in der Zwangsverwaltung zu einer Einigung über den Ausgleich der zugrunde liegenden Forderung, entsteht insoweit nur eine 1,0-Einigungsgebühr nach VV 1003.

177 – **Zwangsvollstreckung**

Soweit die Forderung Gegenstand eines gerichtlichen Vollstreckungsverfahrens ist, wozu auch die Mobiliarvollstreckung durch den Gerichtsvollzieher zählt, ist von einer Anhängigkeit i.S.d. VV 1003 auszugehen, so dass die Einigungsgebühr nur i.H.v. 1,0 entsteht. Siehe hierzu auch „Gerichtsvollzieher" (Rdn 77).

C. Mischfälle

178 Möglich ist auch, dass es zu sog. **„Mischfällen"** kommt, also zu Fällen, in denen nur ein Teil des Gegenstands anhängig ist, der andere aber nicht. Ebenso kann es vorkommen, dass zwar alle Gegenstände anhängig sind, jedoch in verschiedenen Instanzen. In allen diesen Fällen ist der jeweilige Gebührensatz aus dem jeweiligen Teilwert zu ermitteln und sodann nach § 15 Abs. 3 ggf. zu kürzen.

179 **Beispiel (anhängig/nicht anhängig):** In einem erstinstanzlichen Rechtsstreit werden 10.000 EUR eingeklagt. Die Parteien einigen sich über die Klageforderung sowie über weitere 6.000 EUR, die bislang nicht anhängig waren.
Aus dem Wert der anhängigen 10.000 EUR entsteht eine 1,0-Einigungsgebühr (VV 1003). Aus dem Wert der nicht anhängigen 6.000 EUR entsteht die Einigungsgebühr zu 1,5 (VV 1000). Gemäß § 15 Abs. 3 darf der Anwalt nicht mehr berechnen als eine 1,5-Gebühr aus 16.000 EUR.

1. 1,0-Einigungsgebühr, VV 1000, 1003 (Wert: 10.000 EUR)	558,00 EUR
2. 1,5-Einigungsgebühr, VV 1000 (Wert: 6.000 EUR) gem. § 15 Abs. 3 nicht mehr als 1,5 aus 16.000 EUR	531,00 EUR 975,00 EUR
3. Postentgeltpauschale, VV 7002	20,00 EUR
Zwischensumme	995,00 EUR
4. 19 % Umsatzsteuer, VV 7008	189,05 EUR
Gesamt	**1.184,05 EUR**

Beispiel (anhängig im Rechtsmittelverfahren/nicht anhängig): Gegen die Verurteilung zur Zahlung eines Betrags in Höhe von 10.000 EUR wird Berufung eingelegt. Die Parteien einigen sich im Berufungsverfahren über die Klageforderung sowie über weitere 6.000 EUR, die bislang nicht anhängig waren.
Aus dem Wert der im Berufungsverfahren anhängigen 10.000 EUR entsteht eine 1,3-Einigungsgebühr (VV 1003). Aus dem Wert der nicht anhängigen 6.000 EUR entsteht wiederum die Einigungsgebühr zu 1,5 (VV 1000). Gemäß § 15 Abs. 3 darf der Anwalt auch hier nicht mehr berechnen als eine 1,5-Gebühr aus 16.000 EUR.

1. 1,3-Einigungsgebühr, VV 1000, 1004
   (Wert: 10.000 EUR)   725,40 EUR
2. 1,5-Einigungsgebühr, VV 1000
   (Wert: 6.000 EUR)   531,00 EUR
   gem. § 15 Abs. 3 nicht mehr als 1,5 aus
   16.000 EUR   975,00 EUR
3. Postentgeltpauschale, VV 7002   20,00 EUR
   Zwischensumme   995,00 EUR
4. 19 % Umsatzsteuer, VV 7008   189,05 EUR
Gesamt   **1.184,05 EUR**

Beispiel (anhängig im Rechtsmittelverfahren/anhängig in erster Instanz): Gegen die Verurteilung zur Zahlung eines Betrags in Höhe von 10.000 EUR wird Berufung eingelegt. Die Parteien einigen sich im Berufungsverfahren über die Klageforderung sowie über weitere 6.000 EUR, die in einem anderen erstinstanzlichen Verfahren anhängig sind.
Aus dem Wert der im Berufungsverfahren anhängigen 10.000 EUR entsteht eine 1,3-Einigungsgebühr (VV 1004). Aus dem Wert der nicht anhängigen 6.000 EUR entsteht die Einigungsgebühr nur zu 1,0 (VV 1003). Gemäß § 15 Abs. 3 darf der Anwalt jetzt nicht mehr berechnen als eine 1,3-Gebühr aus 16.000 EUR.

1. 1,3-Einigungsgebühr, VV 1000, 1004
   (Wert: 10.000 EUR)   725,40 EUR
2. 1,0-Einigungsgebühr, VV 1000, 1003
   (Wert: 6.000 EUR)   354,00 EUR
   gem. § 15 Abs. 3 nicht mehr als 1,3
   aus 16.000 EUR   845,00 EUR
3. Postentgeltpauschale, VV 7002   20,00 EUR
   Zwischensumme   865,00 EUR
4. 19 % Umsatzsteuer, VV 7008   164,35 EUR
Gesamt   **1.029,35 EUR**

Möglich ist auch, dass alle drei Gebührensätze zur Anwendung kommen. Dann ist entsprechend zu verfahren.

Beispiel: Gegen die Verurteilung zur Zahlung eines Betrags in Höhe von 10.000 EUR wird Berufung eingelegt. Die Parteien einigen sich im Berufungsverfahren über die Klageforderung sowie über weitere 6.000 EUR, die in einem anderen erstinstanzlichen Verfahren anhängig sind und weitere 4.000 EUR, die nicht anhängig sind.
Aus dem Wert der anhängigen 10.000 EUR entsteht eine 1,3-Einigungsgebühr (VV 1003). Aus dem Wert der erstinstanzlich anhängigen 6.000 EUR entsteht die Einigungsgebühr nur zu 1,0 (VV 1003). Hinzu kommt noch eine 1,5-Gebühr aus dem Wert der nicht anhängigen Gegenstände von 4.000 EUR (VV 1000). Gemäß § 15 Abs. 3 darf der Anwalt jetzt nicht mehr berechnen als eine 1,5-Gebühr aus 20.000 EUR.

1. 1,3-Einigungsgebühr, VV 1000, 1004
   (Wert: 10.000 EUR)   725,40 EUR
2. 1,0-Einigungsgebühr, VV 1000
   (Wert: 6.000 EUR)   354,00 EUR
3. 1,5-Einigungsgebühr, VV 1000
   (Wert: 4.000 EUR)   378,00 EUR
   gem. § 15 Abs. 3 nicht mehr als 1,5
   aus 20.000 EUR   1.113,00 EUR
4. Postentgeltpauschale, VV 7002   20,00 EUR
   Zwischensumme   1.133,00 EUR
5. 19 % Umsatzsteuer, VV 7008   215,27 EUR
Gesamt   **1.348,27 EUR**

Nr.	Gebührentatbestand	Gebühr oder Satz der Gebühr nach § 13 RVG
1005	Einigung oder Erledigung in einem Verwaltungsverfahren in sozialrechtlichen Angelegenheiten, in denen im gerichtlichen Verfahren Betragsrahmengebühren entstehen (§ 3 RVG): Die Gebühren 1000 und 1002 entstehen .... (1) Die Gebühr bestimmt sich einheitlich nach dieser Vorschrift, wenn in die Einigung Ansprüche aus anderen Verwaltungsverfahren einbezogen werden. Ist über einen Gegenstand ein gerichtliches Verfahren anhängig, bestimmt sich die Gebühr nach Nummer 1006. Maßgebend für die Höhe der Gebühr ist die höchste entstandene Geschäftsgebühr ohne Berücksichtigung einer Erhöhung nach Nummer 1008. Steht dem Rechtsanwalt ausschließlich eine Gebühr nach § 34 RVG zu, beträgt die Gebühr die Hälfte des in der Anmerkung zu Nummer 2302 genannten Betrags. (2) Betrifft die Einigung oder Erledigung nur einen Teil der Angelegenheit, ist der auf diesen Teil der Angelegenheit entfallende Anteil an der Geschäftsgebühr unter Berücksichtigung der in § 14 Abs. 1 RVG genannten Umstände zu schätzen.	in Höhe der Geschäftsgebühr
1006	Über den Gegenstand ist ein gerichtliches Verfahren anhängig: Die Gebühr 1005 entsteht .... (1) Die Gebühr bestimmt sich auch dann einheitlich nach dieser Vorschrift, wenn in die Einigung Ansprüche einbezogen werden, die nicht in diesem Verfahren rechtshängig sind. Maßgebend für die Höhe der Gebühr ist die im Einzelfall bestimmte Verfahrensgebühr in der Angelegenheit, in der die Einigung erfolgt. Eine Erhöhung nach Nummer 1008 ist nicht zu berücksichtigen. (2) Betrifft die Einigung oder Erledigung nur einen Teil der Angelegenheit, ist der auf diesen Teil der Angelegenheit entfallende Anteil an der Verfahrensgebühr unter Berücksichtigung der in § 14 Abs. 1 RVG genannten Umstände zu schätzen.	in Höhe der Verfahrensgebühr

A. Allgemeines 1
B. Regelungsgehalt 5
  I. Anwendungsbereich 5
  II. Einigung oder Erledigung 6
  III. Gebühren 12
    1. Allgemeines 12
    2. Erledigung im Rahmen der Beratung ... 13
    3. Erledigung im Verwaltungs- oder Widerspruchsverfahren 16
      a) Ohne Vorbefassung 16
      b) Mit Vorbefassung 18
    4. Erledigung im Gerichtsverfahren 19
      a) Klageverfahren ohne Vorbefassung ... 20
      b) Klageverfahren mit Vorbefassung 21
      c) Berufungs- und Revisionsverfahren ... 22
    5. Teileinigung oder -erledigung 25
    6. Einbeziehung weiterer Gegenstände in die Einigung oder die Erledigung 27
      a) Einbeziehung von Ansprüchen aus anderen Verwaltungsverfahren 27
      b) Einbeziehung nicht anhängiger oder in anderen Gerichtsverfahren anhängiger Gegenstände in das gerichtliche Verfahren 30
    7. Erledigung bei mehreren Auftraggebern .. 32
C. Erstattungsfragen 33

A. Allgemeines

1 In VV 1005 und 1006 ist geregelt, in welcher Höhe der Rechtsanwalt eine Einigungsgebühr (VV 1000) oder Erledigungsgebühr (VV 1002) erhält, wenn in sozialrechtlichen Angelegenheiten Betragsrahmengebühren anfallen.

2 Die Einigungs- und Erledigungsgebühr **außerhalb eines gerichtlichen Verfahrens** nach VV 1005 wird in Höhe der nach VV 2302 angefallenen **außergerichtlichen Geschäftsgebühr** gezahlt. Ist ein **gerichtliches Verfahren** anhängig, wird die Einigungs- und Erledigungsgebühr nach VV 1006 in Höhe der **jeweiligen Verfahrensgebühr** gezahlt.

3 Besonderheiten sind bei den Geschäfts- und Verfahrensgebühren zu beachten, die bei der Vertretung mehrerer Auftraggeber entstehen oder bei einer Vorbefassung, die nach den Neuregelungen, zu einer Anrechnung der zuvor anfallenden Gebühr führt. Die Einigungs- und Erledigungsgebühr fällt dann ohne Berücksichtigung des Mehrvertretungszuschlag nach VV 1008 oder des Anrechnungsbetrages an. Der Wortlaut insbesondere der Anm. Abs. 1 S. 3 VV 1005 ist missverständlich, Telos und Systematik der Regelung lassen aber ein anderes Verständnis nicht zu.

Es finden sich Regelungen bei einer Teilerledigung oder einem Teilvergleich sowie Regelungen, die vorsehen, wie bei einem Mehrvergleich oder einer Erledigung zu verfahren ist, die nicht nur die Angelegenheit zum Gegenstand hat, in der die Erledigung erreicht wird.

Mit Anbindung der Einigungs- und Erledigungsgebühr an die Geschäfts- und Verfahrensgebühr entschärft der Gesetzgeber die häufigen Auseinandersetzungen um die Höhe der Gebühr (und trägt dem Umstand Rechnung, dass bei der Bestimmung der billigen Gebühr keine eigenen Kriterien nach § 14 Abs. 1 zur Verfügung stehen).

B. Regelungsgehalt

I. Anwendungsbereich

Voraussetzung der Anwendung von VV 1005, 1006 ist, dass in sozialrechtlichen Angelegenheiten Betragsrahmengebühren anfallen. Dies ist nach § 3 Abs. 1 S. 1 dann der Fall, wenn das GKG nicht anwendbar ist. Nach **§ 1 Abs. 2 Nr. 3 GKG** ist das GKG in Verfahren vor den Gerichten der Sozialgerichtsbarkeit anzuwenden, soweit dies im SGG bestimmt ist. Das SGG regelt in **§§ 183, 197a SGG** die Verfahren, in denen das GKG und mithin § 3 Abs. 1 S. 1 anwendbar ist. Nach § 197a Abs. 1 S. 1, 1. Hs. SGG findet das GKG keine Anwendung, wenn in einem Rechtszug weder Kläger noch Beklagter zu den in § 183 SGG genannten Personen gehören. Ausschlaggebend für die **Anwendung des GKG** ist mithin, ob eine **in § 183 SGG genannte Person an dem Rechtsstreit im betreffenden Rechtszug beteiligt** ist. Zu der Frage, wann dies der Fall ist, wird auf die entsprechenden Erläuterungen zu § 3 Abs. 1 S. 1 verwiesen (siehe § 3 Rdn 8 ff.).

II. Einigung oder Erledigung

Weitere Voraussetzung der Anwendung von VV 1005, 1006 ist, dass in sozialrechtlichen Angelegenheiten, in welchen Betragsrahmengebühren anfallen, es zu einer Einigung und Erledigung gekommen ist. Zum Anfall der Einigungs- und Erledigungsgebühr im Allgemeinen unter Berücksichtigung der Änderungen gegenüber der bisherigen Rechtslage wird auf die Erläuterungen zu VV 1000 und 1002 verwiesen.

Zur Erledigungsgebühr nach VV 1005, 1002 ist darauf hinzuweisen, dass die Gebührenposition im Widerspruchsverfahren nach Auffassung der Rechtsprechung regelmäßig eine **qualifizierte anwaltliche Mitwirkung bei der Erledigung der Rechtssache** voraussetzt, die über die bloße Einlegung und Begründung des Widerspruchs hinausgeht.[1] Das ergibt sich aus dem Wortlaut von VV 1005, ihrem systematischem Zusammenhang mit vergleichbaren Gebührenpositionen, Sinn und Zweck der Regelung sowie ihrer Entstehungsgeschichte.

Um den Begriff der „Erledigung" auszufüllen, verweist VV 1005 auf VV 1002. Die Erläuterung zu VV 1002 bestimmt in Satz 1, dass die Gebühr entsteht, wenn sich „eine Rechtssache ganz oder teilweise nach Aufhebung oder Änderung des mit einem Rechtsbehelf angefochtenen Verwaltungsakts durch die anwaltliche Mitwirkung erledigt". Das Gleiche gilt nach Satz 2, „wenn sich eine Rechtssache ganz oder teilweise durch Erlass eines bisher abgelehnten Verwaltungsakts erledigt". Nach Satz 1 muss mithin ein Verwaltungsakt mit einem Rechtsbehelf angefochten worden sein, der zu seiner Aufhebung oder Änderung führt; in der Folge, d.h. nach Tätigwerden sowohl der Behörde als auch des Anwalts, muss sich die Rechtssache dann erledigen. Die bloße Rücknahme eines eingelegten Rechtsbehelfs kann damit ebenso wenig für die Erfüllung des Tatbestands ausreichen wie umgekehrt die umgehende vollständige Abhilfe der Behörde ohne besondere anwaltliche Aktivität. Die anwaltliche Mitwirkung muss vielmehr gerade kausal für die Erledigung der Rechtssache gewesen sein. Bereits das Wort „Mitwirkung" erfordert deshalb ein auf die Erledigung der Rechtssache gerichtetes Tätigwerden, das über die reine Widerspruchseinlegung und -begründung hinausgeht.

---

[1] BSG ASR 2009, 53; AGS 2007, 195 und RVGreport 2007, 101 und 421 jew. m.w.N.; LSG Baden-Württemberg, Urt. v. 20.12.2006 – L 8 SB 212/06; Bay. LSG, Urt. v. 6.3.2007 – L 18 SB 18/06; LSG NRW RVGreport 2006, 427; SG Marburg AGS 2008, 238.

Nur in diese Auslegung fügt sich auch der Wortlaut der inhaltlich neuen Erläuterung zu VV 1002 S. 2 ein, die den unter Geltung der BRAGO noch nicht ausdrücklich geregelten Fall betrifft, dass sich eine Rechtssache ganz oder teilweise durch Erlass eines bisher abgelehnten Verwaltungsakts erledigt (Verpflichtungswiderspruch). Die Worte „Das Gleiche gilt" stellen klar, dass es für das Entstehen einer Erledigungsgebühr sowohl in einer Anfechtungssituation als auch bei einem Verpflichtungsrechtsbehelf auf die auf Erledigung gerichtete Mitwirkung des Anwalts ankommt. Nichts anderes kann für eine Verwaltungsentscheidung gelten, die einer kombinierten Anfechtungs- und Leistungsklage vorgelagert ist. Die Regelungssystematik bestätigt das Erfordernis einer qualifizierten erledigungsgerichteten Mitwirkung des Rechtsanwalts. Auch in den anderen Fällen (Einigungsgebühr und Aussöhnungsgebühr) ist der Rechtsanwalt in einer Weise tätig geworden, die über die allgemeine Wahrnehmung verfahrensmäßiger bzw. rechtlicher Interessen für seinen Mandanten hinausgeht und damit eine Entstehung neben den in anderen Teilen bestimmten Gebühren rechtfertigt. Für die Auslegung der VV 1002 und damit insoweit auch der VV 1005 hat dann Gleiches zu gelten. Sinn und Zweck von VV 1005 entspricht es ebenfalls allein, vom Rechtsanwalt eine besondere Mitwirkung bei der Erledigung der Rechtssache zu verlangen. Die Gebührentatbestände der VV 1000 ff. sollen nämlich durch die erfolgende zusätzliche Honorierung die streitvermeidende Tätigkeit des Rechtsanwalts fördern und damit eine gerichtsentlastende Wirkung herbeiführen. Die Richtigkeit der Auslegung wird schließlich durch die Gesetzesmaterialien bestätigt. Danach entstammt VV 1002, dementsprechend aber auch VV 1005, dem bis 30.6.2004 geltenden § 24 BRAGO. Die Regelungen sollen, selbst soweit sie über dessen Regelungsgehalt hinausgehen, der schon zu dieser Vorgängerregelung in Rechtsprechung und Literatur vertretenen Auffassung entsprechen. Nach § 24 BRAGO erhielt der Rechtsanwalt eine volle Gebühr, wenn sich eine Rechtssache ganz oder teilweise nach Zurücknahme oder Änderung des mit einem Rechtsbehelf angefochtenen Verwaltungsaktes erledigte und der Rechtsanwalt bei der Erledigung mitgewirkt hatte (Erledigungsgebühr). In den Verfahren nach § 183 SGG erhöhte sich gemäß § 116 Abs. 4 BRAGO in diesen Fällen der Betragsrahmen. Das setzte nach der Rechtsprechung des Bundessozialgerichts ein „besonderes Bemühen" des Rechtsanwalts um eine außergerichtliche Erledigung des Rechtsstreits voraus. Die alleinige Einlegung und Begründung eines Rechtsbehelfs, einer Klage oder eines Rechtsmittels war dagegen noch nicht ausreichend, um den Gebührentatbestand zu erfüllen. Um die erhöhte Gebühr beanspruchen zu können, musste der Rechtsanwalt auch in isolierten Vorverfahren vielmehr ein besonderes Bemühen um eine Einigung – sei es durch Einwirkung auf seinen Mandanten oder auf die Behörde – an den Tag legen. Diese Rechtsprechung ist nach dem erkennbaren Willen des Gesetzgebers auch auf VV 1005 zu übertragen.[2]

7 Für das Entstehen der Erledigungsgebühr bedarf es keines zusätzlichen „beiderseitigen Nachgebens" der Beteiligten.[3] Hierfür ergeben sich unter Geltung des RVG keine tragfähigen rechtlichen Gesichtspunkte. Der 9. Senat des BSG hat seine Rechtsprechung insoweit aufgegeben, als er vor dem Inkrafttreten des RVG die Auffassung vertreten hatte, dass eine gebührenrechtlich erhebliche Mitwirkungshandlung eines Bevollmächtigten nach § 116 Abs. 3 S. 2 BRAGO nur dann vorlag, wenn sich die Rechtssache durch beiderseitiges Nachgeben erledigt hatte.[4] Diese Rechtsprechung ist aufgrund des Wortlauts der inhaltlich neuen Erläuterung zu VV 1002 überholt, mit welcher die teilweise und die vollständige Abhilfe gleichgestellt werden. Dieser Rechtsprechung hat sich der erkennende Senat bereits angeschlossen und ausdrücklich darauf hingewiesen, dass der geänderte Wortlaut von VV 1002 S. 2 nicht mehr auf ein beiderseitiges Nachgeben abstellt, sondern teilweise und vollständige Abhilfe gleichstellt.[5] Wird daher ein Widerspruchsführer von seinem Rechtsanwalt dazu veranlasst, sich einen **ärztlichen Befundbericht erstellen** zu lassen, und führt dessen Vorlage zum Erfolg, so fällt eine Erledigungsgebühr an.[6] Eine qualifizierte, eine Erledigungsgebühr begründende Tätigkeit liegt auch vor, wenn der Rechtsanwalt zum Zwecke des Beweises entscheidungserheblicher Tatsachen **unaufgefordert neue, bisher noch nicht bekannte Beweismittel beibringt**.[7] Nach Auffassung des Sächs. LSG gilt dies auch dann, wenn der Rechtsanwalt präsente Beweismittel unaufge-

---

2 Bay. LSG, Beschl. v. 26.1.2011 – L 15 SF 169/10 B E; LSG NRW, Beschl. v. 28.2.2011 – L 7 B 275/08 AS; BSG, Urt. v. 9.12.2010 – B 13 R 63/09 R; BSG, Urt. v. 5.5.2009 – B 13 R 137/08 R; Sächs. LSG, Beschl. v. 10.6.2009 – L 7 B 334/08 AS-PKH.
3 BSG, Urt. v. 9.12.2010 – B 13 R 63/09 R.
4 BSGE 97, 153.
5 BSG, Urt. v. 2.10.2008 – B 9/9a SB 3/07 R.
6 BSG ASR 2009, 53.
7 BSG, Urt. v. 9.12.2010 – B 13 R 63/09 R; SG Karlsruhe, Beschl. v. 14.12.2009 – S 5 KR 2267/09; SG Düsseldorf, Beschl. v. 22.12.2009 – S 35 SB 152/09.

fordert vorlegt.[8] Eine Erledigungsgebühr fällt auch an, wenn zwar unter besonderer Mitwirkung des bevollmächtigten Rechtsanwalts lediglich eine **Teilabhilfe** erfolgte, der Kläger aber aufgrund des Einwirkens des Anwalts **von einer Klage** gegen den im Übrigen ergangenen Widerspruchsbescheid **absieht**.[9] Ebenso ist eine Erledigungsgebühr gerechtfertigt, wenn es für den Prozessbevollmächtigten erforderlich war, mit dem Kläger die **gewechselten Schriftsätze zu besprechen**, um diesen von der Richtigkeit der Rechtsauffassung der Gegenseite zu überzeugen[10] und auch dann, wenn **auf den Auftraggeber eingewirkt** wurde, einen Vergleichsvorschlag der Gegenseite anzunehmen.[11] Weiter fällt die Erledigungsgebühr an, wenn sich der Anwalt mit seinem Mandanten auseinandersetzt und überzeugend auf ihn einwirkt, sich mit einem Weniger zufrieden zu geben, als dieser ursprünglich begehrt hat.[12] In der Vermeidung eines weitergehenden Verfahrens liegt der besondere Erfolg des Anwalts, der durch die Erledigungsgebühr zusätzlich honoriert werden soll. Sie fällt ebenso an, wenn der Anwalt den Rahmen seiner Mitwirkungspflicht überschreitet und hierdurch eine unstreitige Erledigung der Rechtssache mit herbeiführt.[13] Auch durch die hauptsächlich für das Widerspruchsverfahren bedeutsamen besonderen Bemühungen im Kündigungsschutzprozess, deren Ergebnis der Rechtsanwalt unverzüglich in das Widerspruchsverfahren eingeführt hat, wird die zusätzliche Erledigungsgebühr verdient.[14]

Die alleinige Vorlage eines **präsenten Privatgutachtens** löst dagegen nach Auffassung des Bundessozialgerichts die Erledigungsgebühr ebenso wenig aus[15] wie die Erhebung und kurze Begründung einer Untätigkeitsklage, die sich nach Klageerhebung ohne Weiteres durch Erlass des Widerspruchsbescheids unstreitig erledigt[16] oder eine mündliche (telefonische) Erweiterung der Klagebegründung.[17] Ebenfalls nicht ausreichend ist das Beschaffen von Verwaltungsvorschriften sowie die Vornahme einer Akteneinsicht.[18] Auch die Anregung, bestimmte Beweisunterlagen beizuziehen oder das Stellen von Beweisanträgen beinhaltet ein besonderes Bemühen des Rechtsanwalts.[19] Weiter kann in der Übersendung des Protokolls eines arbeitsgerichtlichen Vergleichs keine die Erledigungsgebühr rechtfertigende besondere, über die Begründung des Widerspruchs bzw. die Mitwirkungsobliegenheiten hinausgehende Tätigkeit gesehen werden.[20]

Ein „besonderes Bemühen" ist nach Auffassung der Rechtsprechung auch bei einem Anerkenntnis Voraussetzung für das Entstehen der Erledigungsgebühr, die dementsprechend auch nicht alleine durch die Annahme eines vollen Anerkenntnisses verdient wird.[21] Dem Sächs. LSG ist aber zuzustimmen, dass die Erledigungsgebühr im gerichtlichen Verfahren schon dann anfällt, wenn der Rechtsanwalt das Anerkenntnis annimmt, denn nach den verfahrensrechtlichen Vorschriften beendet erst das angenommene Anerkenntnis den Rechtsstreit – § 101 Abs. 2 SGG.[22] Ohne eine Annahmeerklärung muss, trotz des Anerkenntnisses, mündlich verhandelt oder die Sache zumindest durch Gerichtsbescheid entschieden werden. Die mit der Einigungs- und Erledigungsgebühr verfolgte Zwecksetzung der Entlastung der Gerichte rechtfertigt in diesen Fällen den Anfall der Gebühr.

Eine Einigungsgebühr entsteht als zusätzliche Gebühr für die Mitwirkung beim Abschluss eines Vertrages dann, wenn durch ihn der Streit oder die Ungewissheit der Beteiligten über ein Rechtsverhältnis beseitigt wird, es sei denn, der Vertrag beschränkt sich ausschließlich auf ein Anerkenntnis

8

---

8 Sächs. LSG, Beschl. v. 6.6.2012 – L 7 AS 625/10 NZB. Anders dagegen LSG Niedersachsen-Bremen AGS 2012, 237–238.
9 SG Gießen ASR 2008, 56.
10 SG Darmstadt ASR 2007, 184.
11 LSG Thüringen ASR 2008, 52.
12 LSG Sachsen-Anhalt, Beschl. v. 21.12.2011 – L 3 SF 76/11 E, RVGreport 2012, 146 (Verzicht auf Großteil der erstinstanzlich zugesprochenen Rente, im Gegenzug aber Gewährung einer Dauerrente).
13 SG Lüneburg, Beschl. v. 14.4.2010 – S 12 SF 154/09 E und v. 27.7.2009 – S 12 SF 104/09 E; LSG Schleswig-Holstein, Beschl. v. 12.8.2009 – L 1 B 141/09 SF E.
14 LSG NRW, Beschl. v. 5.5.2009 – L 1 AL 55/08.
15 BSG, Urt. v. 2.10.2008 – B 9/9a SB 3/07 R; BSG, Urt. v. 9.12.2010 – B 13 R 63/09 R; Bay. LSG, Beschl. v. 21.10.2010 – L 19 R 97/06. Anders aber Sächs. LSG, Beschl. v. 6.6.2012 – L 7 AS 625/10 NZB.

16 SG Marburg AGS 2008, 238.
17 LSG Thüringen ASR 2008, 52.
18 LSG NRW, Urt. v. 31.5.2007 – L 16 KR 229/06.
19 SG Stuttgart, Beschl. v. 8.4.2011 – S 24 SF 574/10 E; SG Berlin, Beschl. v. 26.7.2010 – S 180 SF 1443/09 E.
20 BSG AGS 2011, 27.
21 Bay. LSG ASR 2008, 57 und Beschl. v. 26.1.2011 – L 15 SF 169/10 B E; LSG NRW, Beschl. v. 23.3.2010 – L 6 SB 64/09; SG Dresden, Beschl. v. 7.9.2009 – S 5 SF 285/09 E; SG Berlin, Beschl. v. 6.3.2009 – S 164 SF 118/09 E; a.A. Sächs. LSG, Beschl. v. 12.8.2008 – L 6 B 327/08 AS-KO; Sächs. LSG ASR 2009, 55, welches die Erledigungsgebühr durch bloße Annahme eines Anerkenntnisses ausgelöst sieht.
22 Sächs. LSG, Beschl. v. 30.7.2008 – L 6 B 337/08 AS-KO, ASR 2009, 55–58. SG Leipzig, Beschl. v. 2.5.2011 – S 17 SF 150/10 E, ASR 2011, 169.

oder einen Verzicht[23] oder bei Abschluss einer Zahlungsvereinbarung im Sinne von Anm. Abs. 1 S. 1 Nr. 2 zu VV 1000. Die Rücknahme einer Klage löst nicht dadurch eine Einigungsgebühr aus, dass sie anlässlich eines anderweitigen Vergleichs erfolgt, das Verfahren also „miterledigt" wird.[24] Kommt der Gegner dem Anerkennenden durch Übernahme eines Teils der Kosten entgegen, reicht dies aber für die Annahme einer Einigung i.S.d. VV 1000 aus.[25] Die Einigungsgebühr in einem sozialgerichtlichen Beschwerdeverfahren des einstweiligen Rechtsschutzes, in dem Betragsrahmengebühren anfallen, richtet sich nach der für das Beschwerdeverfahren anfallenden Verfahrensgebühr nach VV 3204 i.V.m. VV Vorbem. 3.2.1 Abs. 3a. Die von dem SG Berlin vertretene Rechtsauffassung[26] ist durch die klarstellende Änderung der VV Vorbem. 3.2.1 überholt.

9 Die Einigungsgebühr fällt aber auch dann an, wenn mit einem Sozialversicherungsträger eine **Ratenzahlungs-** oder **Stundungsvereinbarung** getroffen wird. VV 1005 verweist selbstverständlich auch auf Anm. 1 Nr. 2 zu VV 1002. Ein „zur Zwangsvollstreckung geeigneter Titel" (Anm. 1 Nr. 2, 2. Alt. zu VV 1002) ist dabei bei einer Vollstreckung zugunsten einer Bundesbehörde, einer bundesunmittelbaren Körperschaft, Anstalt oder Stiftung des öffentlichen Rechts eine Vollstreckungsanordnung nach §§ 3 VwVG, 66 Abs. 1 SGB X. Für die Vollstreckung der übrigen (Landes-)Behörden gelten die jeweiligen landesrechtlichen Vorschriften[27] über das Vollstreckungsverfahren.

10 Tritt eine Erledigung im dargestellten Sinne nach Erhebung einer **Untätigkeitsklage** ein, muss aber die der Untätigkeitsklage eigene Minderung vorgenommen werden, denn die Untätigkeitsklage ist ein rein prozessuales Instrument zur Beschleunigung des Verfahrens und eröffnet – anders als insbesondere im verwaltungsgerichtlichen Verfahren – keinen unmittelbaren Weg zur Erlangung der begehrten Sozialleistung.[28] Zur Bestimmung der angemessenen Betragsrahmengebühr nach VV 1006 bei der Untätigkeitsklage wird der Ansatz der vierfachen Mindestgebühr (120 EUR, jetzt 200 EUR)[29] ebenso diskutiert wie die Absenkung der Mittelgebühr um 25 % (142,50 EUR, jetzt 225 EUR)[30] und der Ansatz der doppelten Mindestgebühr (100 EUR). Es bleibt aber auch hier dabei, dass die Konzeption des § 14 Abs. 1 eine pauschalierte, vom Einzelfall losgelöste Gebührenbestimmung nicht zulässt.

11 Daneben ist hinsichtlich eines Vergleichs in einer sozialrechtlichen Angelegenheit – wie stets bei Vergleichen in öffentlich-rechtlichen Angelegenheiten – zu beachten, dass ein solcher den Anforderungen an einen **öffentlich-rechtlichen Vertrag** genügen muss.[31] Insoweit ist anerkannt, dass auch im Bereich der Sozialverwaltung Rechtsbeziehungen sowohl durch subordinationsrechtliche als auch durch koordinationsrechtliche öffentlich-rechtliche Verträge begründet werden können.[32] Voraussetzung für den Abschluss eines Vergleichs ist allerdings, dass die **Parteien über den Gegenstand des Vergleichs verfügen können**. Ob ein Versicherungsträger oder eine andere Behörde über den Gegenstand des Vergleichs verfügen kann, beurteilt sich dabei danach, ob sie den Gegenstand des Vergleichs auch durch Verwaltungsakt wirksam regeln kann.[33] Daneben kann nach § 54 SGB X ein

---

23 LSG NRW, Beschl. v. 22.12.2010 – L 19 AS 1138/10 B; Thür. LSG, Beschl. v. 14.2.2011 – L 6 SF 1376/10 B.
24 Bay. LSG, Beschl. v. 1.7.2011 – L 15 SF 82/10 B E.
25 SG Berlin, Beschl. v. 14.1.2011 – S 165 SF 1919/09 E.
26 SG Berlin AGS 2011, 232.
27 **Baden-Württemberg**: LVwVG v 12.3.1974 (GBl S 93), zuletzt geändert durch G v 1.7.2004 (GBl S 469 488); **Bayern**: G v 11.11.1970 (GVBl 1971 S 1), zuletzt geändert durch G v 26.7.2006 (GVBl S 387); **Berlin**: Gem § 5a des Gesetzes über das Verfahren der Berliner Verwaltung v 8.12.1976 (GVBl S 2735) gilt das VwVG; **Brandenburg**: G v 18.12.1991 (GVBl S 661), zuletzt geändert durch G v 17.12.2003 (GVBl S. 298); **Bremen**: G v 15.12.1981 (GVBl S 283), zuletzt geändert durch G v 24.9.1984 (GBl S 231); **Hamburg**: G v 13.3.1961 (GVBl S 79, 136), zuletzt geändert durch G v 11.7.2007 (HessVwVG v 12.12.2008 (GVBl 2009, S 2); **Mecklenburg-Vorpommern**: G v 26.2.2004 (GVBl S 106), zuletzt geändert durch G v 10.7.2006 (GVBl S 527); **Niedersachsen**: G v 2.6.1982 (GVBl S 139), zuletzt geändert durch G v 5.11.2004 (GVBl S 394); **Nordrhein-Westfalen**: G v 19.2.2003 (GV NRW S 156), zuletzt geändert G v 9.10.2007 (GV NRW S 379); **Rheinland-Pfalz**: G v 8.7.1957 (GVBl S 101), zuletzt geändert durch G v 12.6.2007 (GVBl S 92); **Saarland**: G v 27.3.1974 (Amtbl S 430), zuletzt geändert durch G v 15.2.2006 (Amtsbl S 474); **Sachsen**: G v 10.9.2003 (GVBl S 614); **Sachsen-Anhalt**: G v 23.6.1994 (GVBl S 710), zuletzt geändert durch G v 18.11.2005 (GVBl S 698); **Schleswig-Holstein**: G v 2.6.1992 (GVBl S 181), zuletzt geändert durch G v 15.8.2008 (GVBl S 292); **Thüringen**: G v 5.2.2009 (GVBl S 24).
28 SG Aachen, Urt. v. 19.4.2005 – S 13 KR 15/05, BeckRS 2005, 41699.
29 Sächs. LSG, Beschl. v. 2.7.2004 – L 2 B 73/03 AL-PKH, BeckRS 9999 09671.
30 SG Düsseldorf, Beschl. v. 23.3.1992 – S 20 An 207/91, SGB 1992, 361.
31 *Meyer-Ladewig/Keller/Leitherer*, § 101 SGG Rn 7.
32 *Meyer-Ladewig/Keller/Leitherer*, § 101 SGG Rn 7.
33 BSGE 26, 210; BSG SozR § 101 Nr. 9, 10; BSG SozVers 81, 244.

subordinationsrechtlicher Vergleich geschlossen werden, wenn die Behörde den Vergleichsabschluss zur Beseitigung der Ungewissheit nach pflichtgemäßem Ermessen für zweckmäßig erachtet. Ein Prozessvergleich kann nach § 54 Abs. 2 SGB X insbesondere auch dann geschlossen werden, wenn die beklagte Behörde zur Leistung verpflichtet ist. Im Vergleich können dann Zweifel über tatsächliche Voraussetzungen des Anspruchs oder die Rechtslage beseitigt werden.[34] Die Behörde kann sich auch zum Erlass eines Verwaltungsaktes verpflichten und der Kläger auf einen Rechtsbehelf verzichten.[35] Unzulässig ist ein Vergleich nur, wenn zwingende Gesetze oder allgemeine Grundsätze des öffentlichen Rechts oder überwiegende öffentliche Interessen entgegenstehen.[36]

III. Gebühren

1. Allgemeines

Wurde unter Berücksichtigung dieser Vorgaben ein wirksamer Vergleich geschlossen oder eine Einigung i.S.v. VV 1000 oder eine Erledigung i.S.v. VV 1002 erreicht, so erhält der Rechtsanwalt
- nach **VV 1005, 2302** bei Einigung oder Erledigung **außerhalb eines gerichtlichen Verfahrens** eine Betragsrahmengebühr in Höhe von **50 EUR bis 640 EUR** (Mittelgebühr 345 EUR),
- nach **VV 1006, 3102** bei Einigung oder Erledigung **in einem gerichtlichen Verfahren**, das kein Berufungs- oder Revisionsverfahren ist, eine Betragsrahmengebühr in Höhe von **50 EUR bis 550 EUR** (Mittelgebühr 300 EUR),
- nach **VV 1006, 3206** bei Einigung oder Erledigung **in einem Berufungs-, Beschwerde- oder Nichtzulassungsbeschwerdeverfahren, das vor dem Landessozialgericht zu führen ist,** eine Betragsrahmengebühr in Höhe von **60 EUR bis 680 EUR** (Mittelgebühr 370 EUR) oder
- nach **VV 1006, 3206** bei Einigung oder Erledigung **in einem Revisions-, oder Nichtzulassungsbeschwerdeverfahren, das vor dem Bundessozialgericht zu führen ist,** eine Betragsrahmengebühr in Höhe von **80 EUR bis 880 EUR** (Mittelgebühr 480 EUR).

Eine Einigungs- oder Erledigungsgebühr erhält der Rechtsanwalt nach VV Vorb. 1 neben den in anderen Teilen des VV bestimmten Gebühren. Eine Anrechnung erfolgt nicht.

2. Erledigung im Rahmen der Beratung

Anm. 1 S. 4 stellt klar, dass auch bei einer Beratung (bei der keine Gebühr nach dem Gebührenverzeichnis anfällt), eine Einigungs- oder Erledigungsgebühr anfallen kann. Neben der Beratungsgebühr nach § 34 entsteht eine Einigungs- oder Erledigungsgebühr in Höhe der Hälfte der Schwellengebühr der Anm. zu VV 2302.

Der Rechtsanwalt hat im Rahmen einer Beratung an der Einigung oder Erledigung mitgewirkt, wenn seine Tätigkeit zumindest mitursächlich dafür gewesen ist, dass der Mandant mit dem Sozialleistungsträger einer Einigung oder Erledigung erzielen kann.

1. Beratungsgebühr, § 34 Abs. 1 RVG	250,00 EUR
2. Erledigungsgebühr, Nr. 1002, Anm. Abs. 1 S. 4 zu VV 1005	150,00 EUR
3. Postentgeltpauschale, VV 7002	20,00 EUR
Zwischensumme 420,00 EUR	
4. 19 % Umsatzsteuer, VV 7008	79,80 EUR
Gesamt	**499,80 EUR**

Die Höhe der Einigungs- oder Erledigungsgebühr richtet sich nur dann nicht nach der Anm. Abs. 1 S. 4 zu VV 1005, wenn der Rechtsanwalt mit seinem Auftraggeber eine Gebührenvereinbarung getroffen hat, die auch regelt, in welcher Höhe (und unter welchen Voraussetzungen) eine Einigungs- oder Erledigungsgebühr anfällt.

---

34 BSG SozR § 101 Nr. 1; BVerwGE 14, 105.
35 Meyer-Ladewig/Keller/Leitherer, § 101 SGG Rn 7a.
36 LSG Berlin Breith. 96, 87; BVerwGE 14, 103.

3. Erledigung im Verwaltungs- oder Widerspruchsverfahren

a) Ohne Vorbefassung

16 Erledigt sich eine Angelegenheit, in der der Rechtsanwalt eine Betragsrahmengebühr erhält, entspricht die Einigungs- oder Erledigungsgebühr der Geschäftsgebühr nach VV 2302 Nr. 1. Fällt die Mittelgebühr an, so gilt Folgendes:

1. Geschäftsgebühr, VV 2302 Nr. 1	345,00 EUR
2. Erledigungsgebühr, VV 1002, 1005	345,00 EUR
3. Postentgeltpauschale, VV 7002	20,00 EUR
Zwischensumme	710,00 EUR
4. 19 % Umsatzsteuer, VV 7008	134,90 EUR
Gesamt	**844,90 EUR**

17 Ist die Geschäftsgebühr auf die Schwellengebühr nach der Anm. zu VV 2302 begrenzt, führt dies ebenfalls zu einer Begrenzung der Einigungs- oder Erledigungsgebühr.

b) Mit Vorbefassung

18 Die bei einer Vorbefassung – der Rechtsanwalt war zunächst im Antrags- und anschließend im Widerspruchsverfahren tätig, in dem es dann zu einer Einigung oder Erledigung kommt – vorgesehene **Anrechnung** der hälftigen Geschäftsgebühr, nicht aber mehr als 175 EUR (VV Vorbem. 2.3 Abs. 4), führt nicht (auch) zu einer Kürzung der Einigungs- oder Erledigungsgebühr. Es ist auf die jeweilige Betriebsgebühr abzustellen und nicht auf den Gebührenbetrag, der nach der Anrechnung verbleibt. Zu beachten ist auch § 15a Abs. 1, der bestimmt, dass der Rechtsanwalt jede andere Gebühr ohne Anrechnung fordern kann.

Dies bedeutet für das Beispiel unter Rdn 16:

1. Geschäftsgebühr, VV 2302 Nr. 1	345,00 EUR
2. Anrechung, VV Vorbem. 2.3 Abs. 4	– 172,50 EUR
3. Erledigungsgebühr, VV 1002, 1005	345,00 EUR
4. Postentgeltpauschale, VV 7002	20,00 EUR
Zwischensumme	537,50 EUR
5. 19 % Umsatzsteuer, VV 7008	102,13 EUR
Gesamt	**639,63 EUR**

4. Erledigung im Gerichtsverfahren

19 Erledigt sich eine Angelegenheit, in der der Rechtsanwalt eine Betragsrahmengebühr erhält, im Gerichtsverfahren, gilt Folgendes:

a) Klageverfahren ohne Vorbefassung

20 War die Angelegenheit besonders umfangreich und schwierig und hatte eine überragende Bedeutung für den Mandanten, so dass die Verfahrensgebühr nach VV 3102 in Höhe der Höchstgebühr anfällt, so entsteht auch die Einigungs- oder Erledigungsgebühr in dieser Höhe:

1. Verfahrensgebühr, VV 3102	550,00 EUR
2. Terminsgebühr, VV 3106	510,00 EUR
3. Erledigungsgebühr, VV 1002, 1006	550,00 EUR
4. Postentgeltpauschale, VV 7002	20,00 EUR
Zwischensumme	1.630,00 EUR
5. 19 % Umsatzsteuer, VV 7008	309,70 EUR
Gesamt	**1.939,70 EUR**

In einem Klageverfahren, in dem jeweils die Mittelgebühr entsteht, gilt Folgendes:

1. Verfahrensgebühr, VV 3102	300,00 EUR
2. Terminsgebühr, VV 3106	280,00 EUR

3. Erledigungsgebühr, VV 1002, 1006	300,00 EUR
4. Postentgeltpauschale, VV 7002	20,00 EUR
Zwischensumme	900,00 EUR
5. 19 % Umsatzsteuer, VV 7008	171,00 EUR
Gesamt	**1.071,00 EUR**

b) Klageverfahren mit Vorbefassung

Auch im Gerichtsverfahren führt eine Vorbefassung – der Rechtsanwalt war zunächst im Widerspruchs- und dann im Klageverfahren tätig, in dem es dann zu einer Einigung oder Erledigung kommt – nicht (auch) zu einer Kürzung der Einigungs- oder Erledigungsgebühr (VV Vorbem. 3 Abs. 4). Es ist auf die jeweilige Geschäftsgebühr abzustellen und nicht auf den Gebührenbetrag, der nach der Anrechnung verbleibt. Zu beachten ist auch § 15a Abs. 1, der bestimmt, dass der Rechtsanwalt jede andere Gebühr ohne Anrechnung fordern kann.   **21**

Dies bedeutet für das vorgenannte Beispiel (siehe Rdn 20):

1. Verfahrensgebühr, VV 3102	300,00 EUR
Anrechnung. VV Vorb. 3 Abs. 4	– 150,00 EUR
2. Terminsgebühr, VV 3106	280,00 EUR
3. Erledigungsgebühr, VV 1002, 1006	300,00 EUR
4. Postentgeltpauschale, VV 7002	20,00 EUR
Zwischensumme	750,00 EUR
5. 19 % Umsatzsteuer, VV 7008	142,50 EUR
Gesamt	**892,50 EUR**

c) Berufungs- und Revisionsverfahren

In einem „durchschnittlichen" Berufungsverfahren ergeben sich hingegen folgende Gebühren: **22**

1. Verfahrensgebühr, VV 3204	370,00 EUR
2. Terminsgebühr, VV 3205	280,00 EUR
3. Erledigungsgebühr, VV 1002, 1006	370,00 EUR
4. Postentgeltpauschale, VV 7002	20,00 EUR
Zwischensumme	1.040,00 EUR
5. 19 % Umsatzsteuer, VV 7008	197,60 EUR
Gesamt	**1.237,60 EUR**

Die Erledigungsgebühr entspricht der Verfahrensgebühr nach VV 3204 auch in Nichtzulassungsbeschwerdeverfahren, die vor dem LSG geführt werden.

In einem Revisionsverfahren, in dem die Höchstgebühren anfallen, gilt Folgendes: **23**

1. Verfahrensgebühr, VV 3212	880,00 EUR
2. Terminsgebühr, VV 3213	830,00 EUR
3. Erledigungsgebühr, VV 1002, 1006	880,00 EUR
4. Postentgeltpauschale, VV 7002	20,00 EUR
Zwischensumme	2.610,00 EUR
5. 19 % Umsatzsteuer, VV 7008	495,90 EUR
Gesamt	**3.105,90 EUR**

Fällt jeweils nur die Mittelgebühr an, gilt Folgendes:

1. Verfahrensgebühr, VV 3212	480,00 EUR
2. Terminsgebühr, VV 3213	455,00 EUR
3. Erledigungsgebühr, VV 1002, 1006	480,00 EUR
4. Postentgeltpauschale, VV 7002	20,00 EUR
Zwischensumme	1.435,00 EUR
5. 19 % Umsatzsteuer, VV 7008	272,65 EUR
Gesamt	**1.707,65 EUR**

24 Die Erledigungsgebühr entspricht der Verfahrensgebühr nach VV 3512 auch in Nichtzulassungsbeschwerdeverfahren, die vor dem BSG geführt werden.

5. Teileinigung oder -erledigung

25 Bei einer Teileinigung ist nach der Anm. 2 zu VV 1005 und Anm. 2 zu VV 1006 vorgesehen, dass der auf den erledigten Teil der Angelegenheit entfallende Anteil der Geschäfts- bzw. Verfahrensgebühr unter Berücksichtigung der in § 14 Abs. 1 genannten Umstände zu schätzen ist. Ausgehend von der bestimmten Höhe der Verfahrens- oder Geschäftsgebühr ist unter Berücksichtigung der Kriterien des § 14 Abs. 1 – Umfang und Schwierigkeit der Angelegenheit, Bedeutung und Vermögenssituation – die Höhe der (Teil-)Einigungs- oder Erledigungsgebühr zu bemessen.

26 Wird etwa in einem gerichtlichen Verfahren, in dem um die Gewährung einer Rente wegen Erwerbsminderung gestritten wird, eine Einigung dahingehend erzielt, dass der Versicherungsfall der Erwerbsminderungsrente im Zeitpunkt der Begutachtung durch den gerichtlich bestellten Sachverständigen vorliegt und wird der Rechtsstreit um die Gewährung der Rente ab Antragstellung weitergeführt, so könnte Folgendes gelten. Unter Berücksichtigung des Umfangs und der Schwierigkeit ist die Frage, ob überhaupt eine Rente zu gewähren ist, höher zu bewerten als die Frage, ob der Versicherungsfall schon im Zeitpunkt der Rentenantragstellung vorlag. Die Bedeutung der Frage, ob überhaupt eine Rente gewährt werden soll, ist für den Mandanten im Übrigen ebenfalls höher, so dass es gerechtfertigt ist, unter Berücksichtigung der Kriterien des § 14 Abs. 1 eine Erfolgsquote von 80 % anzunehmen. Wegen der Begutachtung einerseits und der Bedeutung der Angelegenheit für den Mandanten andererseits ist eine Verfahrensgebühr in Höhe von Dreiviertel der Höchstgebühr (550,00 EUR nach VV 3102) anzunehmen:

1. Verfahrensgebühr, VV 3102	415,00 EUR
2. Terminsgebühr, VV 3106	382,50 EUR
3. Erledigungsgebühr, VV 1002, 1006 (80 v.H. von 415,00 EUR)	332,00 EUR
4. Postentgeltpauschale, VV 7002	20,00 EUR
Zwischensumme	1.149,50 EUR
5. 19 % Umsatzsteuer, VV 7008	218,41 EUR
Gesamt	**1.367,91 EUR**

6. Einbeziehung weiterer Gegenstände in die Einigung oder die Erledigung

a) Einbeziehung von Ansprüchen aus anderen Verwaltungsverfahren

27 Nach Anm. 1 S. 1 zu VV 1005 ist bestimmt, dass sich die Einigungsgebühr einheitlich nach VV 1005 bestimmt, wenn in die Einigung Ansprüche aus anderen Verwaltungsverfahren einbezogen werden. Werden hingegen Ansprüche in die Einigung oder Erledigung einbezogen, die in einem gerichtlichen Verfahren anhängig sind – Hauptsache oder Eilverfahren –, bemisst sich die Einigungs- oder Erledigungsgebühr nach VV 1006 (Anm. 1 S. 2 zu VV 1005).

28 Die Höhe der Einigungsgebühr entspricht dann der **höchsten entstandenen Geschäftsgebühr** ohne Berücksichtigung einer Erhöhung nach VV 1008.

> **Beispiel:** Der Rechtsanwalt vertritt seinen Mandanten sowohl in einem Widerspruchsverfahren, in dem um eine medizinische Teilhabemaßnahme gestritten wird, als auch in einem Rentenantragsverfahren. In dem Antragsverfahren kommt es zu einer Einigung. Nach Einholung mehrerer Gutachten ist die Rentenversicherung bereit, eine Rente wegen voller Erwerbsminderung zu gewähren. Die Rentenversicherung besteht nicht mehr darauf, dass zunächst eine medizinische Teilhabemaßnahme durchgeführt wird.
> In dem Widerspruchsverfahren entsteht eine Mittelgebühr, im Antragsverfahren (Bedeutung, Umfang und Schwierigkeit) die Höchstgebühr. Im Widerspruchsverfahren (cave: Erstattung nach § 63 SGB X!) entsteht die Einigungsgebühr nach der höheren Geschäftsgebühr des Antragsverfahrens.

Widerspruchsverfahren Teilhabe – Mittelgebühr, aber Einigungsgebühr

1. Geschäftsgebühr, VV 2302 Nr. 1   345,00 EUR
2. Einigungsgebühr, VV 1002, 1005   640,00 EUR
3. Postentgeltpauschale, VV 7002   20,00 EUR
   Zwischensumme   1.005,00 EUR
4. 19 % Umsatzsteuer, VV 7008   190,95 EUR
Gesamt   **1.195,95 EUR**

Antragsverfahren Erwerbsminderungsrente – Höchstgebühr

1. Geschäftsgebühr, VV 2302 Nr. 1   640,00 EUR
2. Postentgeltpauschale, VV 7002   20,00 EUR
   Zwischensumme   660,00 EUR
3. 19 % Umsatzsteuer, VV 7008   125,40 EUR
Gesamt   **785,40 EUR**

Werden hingegen Ansprüche in die Einigung oder Erledigung einbezogen, die in einem gerichtlichen Verfahren anhängig sind – Hauptsache oder Eilverfahren –, bemisst sich die Einigungs- oder Erledigungsgebühr nach VV 1006 (Anm. 1 S. 2 zu VV 1005).   29

b) Einbeziehung nicht anhängiger oder in anderen Gerichtsverfahren anhängiger Gegenstände in das gerichtliche Verfahren

Wird in einem gerichtlichen Verfahren eine Einigung auch im Hinblick auf nicht anhängige oder in anderen Gerichtsverfahren anhängige Gegenstände erzielt oder erstreckt sich die Erledigung hierauf, gilt nach Anm. 1 zu VV 1006 Folgendes: Die Einigungsgebühr bemisst sich einheitlich nach VV 1006.   30

Für die Höhe der Einigungsgebühr ist die Verfahrensgebühr maßgebend, in der die Einigung erzielt wird (Anm. 1 S. 2 zu VV 1006).   31

> **Beispiel:** Der Rechtsanwalt vertritt seinen Mandanten sowohl in einem Widerspruchsverfahren, in dem um eine medizinische Teilhabemaßnahme gestritten wird, als auch in einem Klageverfahren, in dem um die Gewährung einer Rente wegen Erwerbsminderung gestritten wird. In dem Klageverfahren kommt es zu einer Einigung, nachdem mehrere Gutachten das weggefallene Leistungsvermögen des Klägers bestätigt hatten. Die Rentenversicherung besteht nicht mehr darauf, dass zunächst eine medizinische Teilhabemaßnahme durchgeführt wird.
> In dem Widerspruchsverfahren entsteht eine Mittelgebühr, im Klageverfahren (Bedeutung, Umfang und Schwierigkeit) die Höchstgebühr. Die Einigungsgebühr entsteht im Klageverfahren:

Widerspruchsverfahren Teilhabe – Mittelgebühr

1. Geschäftsgebühr, VV 2302 Nr. 1   345,00 EUR
2. Postentgeltpauschale, VV 7002   20,00 EUR
   Zwischensumme   365,00 EUR
3. 19 % Umsatzsteuer, VV 7008   69,35 EUR
Gesamt   **434,35 EUR**

Klageverfahren Rente wegen Erwerbsminderung – Höchstgebühr

1. Verfahrensgebühr, VV 3102   550,00 EUR
2. Terminsgebühr, VV 3106   510,00 EUR
3. Erledigungsgebühr, VV 1002, 1006   550,00 EUR
4. Postentgeltpauschale, VV 7002   20,00 EUR
   Zwischensumme   1.630,00 EUR
5. 19 % Umsatzsteuer, VV 7008   309,70 EUR
Gesamt   **1.939,70 EUR**

Zusammen

1. Widerspruchsverfahren   434,35 EUR
2. Klageverfahren   1.939,70 EUR
Gesamt   **2.374,05 EUR**

Beispiel: Wurde hingegen die Einigung in dem vor dem Sozialgericht anhängigen Klageverfahren über die medizinische Teilhabemaßnahme erzielt (Mittelgebühr) und dabei auch das Widerspruchsverfahren, über die Bewilligung einer Erwerbsminderungsrente miterledigt (Höchstgebühr), gilt Folgendes:

Widerspruchsverfahren Rente – Höchstgebühr

1. Geschäftsgebühr, VV 2302 Nr. 1 — 640,00 EUR
2. Postentgeltpauschale, VV 7002 — 20,00 EUR
   Zwischensumme — 660,00 EUR
3. 19 % Umsatzsteuer, VV 7008 — 125,40 EUR
   Gesamt — **785,40 EUR**

Klageverfahren Teilhabe – Mittelgebühr

1. Verfahrensgebühr, VV 3102 — 300,00 EUR
2. Terminsgebühr, VV 3106 — 280,00 EUR
3. Erledigungsgebühr, VV 1002, 1006 — 300,00 EUR
4. Postentgeltpauschale, VV 7002 — 20,00 EUR
   Zwischensumme — 900,00 EUR
5. 19 % Umsatzsteuer, VV 7008 — 171,00 EUR
   Gesamt — **1.071,00 EUR**

Zusammen

1. Widerspruchsverfahren — 785,40 EUR
2. Klageverfahren — 1.071,00 EUR
   Gesamt — **1.856,40 EUR**

7. Erledigung bei mehreren Auftraggebern

32 Anm. 1 S. 3 zu VV 1005 und Anm. 1 S. 3 zu VV 1006 sehen übereinstimmend vor, dass bei der der Einigungs- oder Erledigungsgebühr im Verwaltungs- oder gerichtlichen Verfahren Erhöhungen nach VV 1008 nicht berücksichtigt werden. Vertritt ein Rechtsanwalt mehrere Auftraggeber in einer Angelegenheit, in der eine Einigung oder eine Erledigung erzielt wird, ist die **Geschäfts- oder Verfahrensgebühr** nach folgender Formel zu erhöhen:

erhöhte Gebühr = Gebühr + (Gebühr x 0,3 x Anzahl der weiteren Auftraggeber).

Diese Erhöhung ist bei der Bestimmung der **Einigungs- oder Erledigungsgebühr** nach VV 1005, 1006 nach folgender Formel wieder heraus zu rechnen:

Einigungs-/Erledigungsgebühr = erhöhte Gebühr/(1 + 0,3 x Anzahl der weiteren Auftraggeber)

Beispiel: In einer Grundsicherungsangelegenheit vertritt der Rechtsanwalt eine Bedarfsgemeinschaft aus 5 Personen. Im Widerspruchsverfahren kommt es zu einer Einigung. Die Angelegenheit war durchschnittlich.

1. Geschäftsgebühr, VV 2302 Nr. 1 — 345,00 EUR
2. Mehrvertretungszuschlag, VV 1008 (345 EUR x 0,3 x 4) — 414,00 EUR
3. Erledigungsgebühr, VV 1002, 1005, Anm. 1 S. 4 zu
   VV 1005: 759,00 EUR/(1+0,3 x 4) — 345,00 EUR
4. Postentgeltpauschale, VV 7002 — 20,00 EUR
   Zwischensumme — 1.124,00 EUR
5. 19 % Umsatzsteuer, VV 7008 — 213,56 EUR
   Gesamt — **1.337,56 EUR**

C. Erstattungsfragen

33 Zu Erstattungsfragen, insbesondere zur Bestimmung der Betragsrahmengebühr, der Kostenfestsetzung und Kostenerstattung innerhalb und außerhalb gerichtlicher Verfahren in sozialrechtlichen Angelegenheiten wird auf die ausführliche Darstellung zu § 3 (siehe § 3 Rdn 114 ff.) verwiesen.

Teil 1. Allgemeine Gebühren VV 1008

Nr.	Gebührentatbestand	Gebühr oder Satz der Gebühr nach § 13 RVG
1007	*(aufgehoben)*	

Nr.	Gebührentatbestand	Gebühr oder Satz der Gebühr nach § 13 RVG
1008	Auftraggeber sind in derselben Angelegenheit mehrere Personen: Die Verfahrens- oder Geschäftsgebühr erhöht sich für jede weitere Person um .... (1) Dies gilt bei Wertgebühren nur, soweit der Gegenstand der anwaltlichen Tätigkeit derselbe ist. (2) Die Erhöhung wird nach dem Betrag berechnet, an dem die Personen gemeinschaftlich beteiligt sind. (3) Mehrere Erhöhungen dürfen einen Gebührensatz von 2,0 nicht übersteigen; bei Festgebühren dürfen die Erhöhungen das Doppelte der Festgebühr und bei Betragsrahmengebühren das Doppelte des Mindest- und Höchstbetrags nicht übersteigen. (4) Im Fall der Anmerkung zu den Gebühren 2300 und 2302 erhöht sich der Gebührensatz oder Betrag dieser Gebühren entsprechend.	0,3 oder 30 % bei Festgebühren, bei Betragsrahmengebühren erhöhen sich der Mindest- und Höchstbetrag um 30 %

A. **Allgemeines** 1
  I. Grundsatz 1
  II. Keine Erhöhungsgebühr 3
  III. Berechnung der Erhöhung 5
B. **Regelungsgehalt** 6
  I. Mehrpersonenverhältnis des Anwalts 6
    1. Auftraggeber und Mandanten 6
      a) Mehrere Personen als Auftraggeber ... 6
      b) Staatskasse als Auftraggeber 7
      c) Begriff der Personen 8
    2. „Personen" als Sammelbegriff 9
    3. Tatbestandliche Einschränkung 13
    4. Mehrfachvertretung 15
      a) Verschiedene Einzelinteressen 15
      b) Die BGB-Gesellschaft als Mandantin .. 17
        aa) Aktiv- und Passivprozesse der GbR 17
        bb) Hinzutreten von Gesellschaftern .. 18
        cc) Streitigkeiten unter Gesellschaftern 19
      c) Der nichtrechtsfähige Verein und die Vor-GmbH 20
      d) Der Erblasser und die Erben – Erbengemeinschaft 22
      e) Bruchteilsgemeinschaft und Wohnungseigentümergemeinschaft 27
        aa) Verband 27
        bb) Mehrere Einzelpersonen 32
      f) Anwendungs-ABC 34
  II. Dieselbe Angelegenheit 35
    1. Dieselbe Angelegenheit für mehrere Auftraggeber 35
    2. Problemfälle 40
      a) Sukzessive Vertretung 40
      b) Mehrfache Parteirolle 41
      c) Verfassungsbeschwerdeverfahren 42
      d) Mehrere Privat- oder Nebenkläger 43
      e) Beistand für mehrere Zeugen 44
  III. Derselbe Gegenstand bei Wertgebühren (Anm. Abs. 1) 45
    1. Mehrere Auftraggeber und Wertgebühren 45
      a) Gebührenerhöhung oder Wertzusammenrechnung 45
      b) Satzrahmengebühren 46
      c) Mischfälle Gegenstandsidentität und -verschiedenheit 47
    2. Begriff des Gegenstandes 48
      a) Recht oder Rechtsverhältnis 48
      b) Abgrenzung verschiedener Gegenstände 49
    3. Abgrenzung zur Angelegenheit 50
    4. Gegenstandsidentität oder Gegenstandsverschiedenheit 51
    5. Häufung von identischen Gegenständen (Trennung/Verbindung) 54
    6. Besonderheiten bei der Verfassungsbeschwerde 57
    7. Derselbe Gegenstand und gemeinschaftliche Beteiligung (Anm. Abs. 1, 2) 58
      a) Gemeinschaftliche Rechtsverfolgung .. 59
      b) Keine gemeinschaftliche Rechtsverfolgung 61
      c) Gemeinschaftliche Rechtsverteidigung 64
      d) Keine gemeinschaftliche Rechtsverteidigung (Abwehr von Unterlassungsansprüchen) 66
  IV. Erhöhung ohne Gegenstandsidentität 69
    1. Gegenstandswertunabhängige Vergütung .. 69
      a) Betragsrahmengebühren 69
      b) Satzrahmengebühren (modifizierte Wertgebühr) 71
      c) Festgebühren 72
      d) Besonderheiten bei der Beratungshilfe 75
    2. Vergütung des beigeordneten Anwalts aus der Staatskasse 76
  V. Berechnung der Erhöhung 77
    1. Erhöhungsfähige Gebühren 77
      a) Geschäfts- und Verfahrensgebühr 77

b) Beratung/Gutachten (bis 30.6.2006) . . . 79	f) Höchstsatz der Erhöhung 116
c) Beratung/Gutachten (§ 34, ab 1.7.2006) 81	aa) Wertgebühren und Satzrahmengebühren 116
d) Gebühr für die Prüfung der Erfolgsaussicht eines Rechtsmittels/Gutachten (VV 2100–2103) 84	bb) Betragsrahmengebühren 120
	cc) Festgebühren 121
e) Beratungshilfe 85	4. Teilerhöhung – unterschiedliche Beteiligung mehrerer Auftraggeber 123
f) Mahnverfahren 86	a) Ausgangslage 123
g) Einigungs-, Aussöhnungs- und Erledigungsgebühr, Hebegebühr 88	b) Anwendung von § 15 Abs. 3 125
h) Grundgebühr VV 4100, 5100, 6200 . . . 89	c) Wertaddition und Erhöhungsgebühr . . . 128
i) Verkehrsanwalt/Terminsvertreter 90	**C. Erstattungsfragen** 138
j) Zusätzliche Gebühren nach VV 4141–4146, 5115, 5116 und 6216 91	I. Problemstellung 138
	II. Unterschiedliches Verfahrensergebnis für mehrere Gesamtschuldner 142
2. Mehrere erhöhungsfähige Gebühren 93	III. PKH/VKH nur für einen Teil der Streitgenossen 145
a) Jede Gebühr wird erhöht 93	1. Beiordnung für alle Streitgenossen 145
b) Anrechnung bei erhöhter Geschäftsgebühr, VV 2300 98	2. Beiordnung nur für einen Streitgenossen . . 146
3. Art und Umfang der Erhöhung 103	a) Anspruch ist auf die Gebührenerhöhung nach VV 1008 beschränkt 147
a) Wertgebühren 103	b) Erstattung der vollen von der PKH umfassten Vergütung 148
b) Betragsrahmengebühren 108	
c) Satzrahmengebühren 110	c) Erstattung des Bruchteils, der der Beteiligung des Streitgenossen am Rechtsstreit entspricht 152
d) Festgebühren 112	
e) Schwellengebühr/Regelgebühr VV 2300 und 2302 und Erhöhung (Anm. Abs. 4) 113	**D. Praxisempfehlungen** 154

A. Allgemeines

I. Grundsatz

1 In **VV 1008** regelt das RVG die zusätzliche Vergütung des Anwalts für die vermutete Mehrarbeit und den vermuteten Mehraufwand in einem Mehrpersonenverhältnis.[1] Dabei wird an dem **Grundsatz** festgehalten, dass **jeder zusätzliche Auftraggeber** dem Anwalt eine **höhere Entlohnung** für seine Tätigkeit bringt und dass sich die Höhe des weiteren Verdienstes nach der Art der Mehrbelastung richtet (vgl. § 7 Rdn 3). Hier geht es um die geringste Stufe der Erhöhung, indem **nur eine Regelgebühr** (entweder die Verfahrens- oder die Geschäftsgebühr) **angehoben** wird.

2 Die Gebührenerhöhung soll den **Mehraufwand** und die Mehrarbeit des Rechtsanwalts sowie das **erhöhte Haftungsrisiko** des Rechtsanwalts bei einer Auftraggebermehrheit abgelten.[2] Die Gebührenerhöhung entsteht, ohne dass es darauf ankommt, ob durch die Vertretung mehrerer Auftraggeber tatsächlich Mehraufwand für den Rechtsanwalt angefallen ist.[3]

---

1 BGH NJW 2010, 1377; BGH NJW 2011, 3723 = RVGreport 2011, 459 = NZM 2012, 31 = ZMR 2012, 203 = WuM 2012, 221.

2 BT-Drucks 15/1971, S. 205; vgl. auch BGH AGS 2014, 249 = NJW-RR 2014, 186 = MDR 2014, 187 = JurBüro 2014, 140; BGH NJW 2011, 3723 = RVGreport 2011, 459 = NZM 2012, 31 = ZMR 2012, 203 = WuM 2012, 221; BGH AGS 2010, 166 = NJW 2010, 1377 = RVGreport 2010, 100 = zfs 2010, 166 = JurBüro 2010, 247; OLG Naumburg 22.4.2014 – 2 Verg 5/12, juris; OLG Köln AGS 2014, 451 = RVGreport 2014, 362 =

Rpfleger 2015, 51 = JurBüro 2014, 528; OLG Nürnberg AGS 2010, 167 = MDR 2010, 532.

3 BGH AnwBl 1984, 208 = JurBüro 1984, 377 = Rpfleger 1984, 202; OLG Naumburg 22.4.2014 – 2 Verg 5/12, juris; OLG Köln AGS 2014, 451 = RVGreport 2014, 362 = Rpfleger 2015, 51 = JurBüro 2014, 528; OLG Schleswig MDR 2008, 713 = AGS 2008, 382 = NJW-RR 2008, 1114 = JurBüro 2008, 365; SG Berlin AGS 2011, 178 = JurBüro 2011, 252 = RVGreport 2011, 222; LG Düsseldorf ZMR 2011, 160 = ZWE 2011, 183.

II. Keine Erhöhungsgebühr

In der Praxis wird die Erhöhung der Regelgebühr häufig als **Erhöhungsgebühr** bezeichnet.[4] Das ist **ungenau und irreführend**, weil nach der Systematik des Gesetzes der Anwalt im Mehrpersonenverhältnis **keine gesonderte Gebühr** erhält, was mit § 7 Abs. 1 unvereinbar wäre, **sondern nur** – ähnlich wie bei einer Tätigkeit in der Rechtsmittelinstanz – mit einem **anderen Gebührensatz** abrechnen kann.[5]

Durch die Regelung der Erhöhung unter „Allgemeine Gebühren" in Teil 1 VV im Zusammenhang mit selbstständigen Gebühren wird allerdings der Anschein erweckt, auch bei der Erhöhung nach VV 1008 handele es sich um eine selbstständige Gebühr, die auf die Geschäfts- oder Verfahrensgebühr aufgesattelt werde.[6] Diese Interpretation wäre indes systemwidrig. Es entsteht eine **Gebührenerhöhung**. Die erhöhte Geschäfts- oder Verfahrensgebühr stellt eine **einheitliche Gebühr** dar.[7] Auch aus der Formulierung in VV Vorb. 1, wonach die Gebühren des Teils 1 VV neben den in anderen Teilen bestimmten Gebühren entstehen, kann nicht geschlossen werden, dass VV 1008 einen selbstständigen Gebührentatbestand regelt. Hiermit ist gemeint, dass die Gebührentatbestände des Teils 1 VV neben den anderen Gebühren der Teile 2–6 VV anfallen können. Die Erhöhung bezieht sich somit auf alle Verfahrens- und Geschäftsgebühren.[8]

III. Berechnung der Erhöhung

Die Erhöhung wird bei Wertgebühren (§ 13) **nicht prozentual** von der jeweiligen Ausgangsgebühr ermittelt, **sondern als fester Betrag** mit jeweils 0,3 Gebühreneinheiten **aufgeschlagen**. Rechnerisch handelt es sich also **nicht mehr** um einen Erhöhungs**faktor**.[9] Das begünstigt den Anwalt bei einer Ausgangsgebühr von weniger als 1,0 und belastet ihn bei einer solchen von mehr als 1,0.

B. Regelungsgehalt

I. Mehrpersonenverhältnis des Anwalts

1. Auftraggeber und Mandanten

a) Mehrere Personen als Auftraggeber

Für eine Erhöhung der Verfahrens- oder Geschäftsgebühr reicht es nicht, dass der Anwalt **mehrere Personen als Auftraggeber** (Vertragspartner) hat (zur Begrifflichkeit siehe § 7 Rdn 7). Aus den Anmerkungen zu VV 1008 folgt, dass eine Erhöhung (bei Wertgebühren) nur in Betracht kommt, wenn mehrere Personen an der anwaltlichen Tätigkeit gemeinschaftlich beteiligt sind. Der Anwalt muss also (auch) **mehrere Mandanten vertreten**.[10] Denn die Erhöhung berechnet sich nach dem

---

[4] Vgl. z.B. BVerfG 4.11.2014 – 2 BvR 2238/13, juris; OLG Celle AGS 2014, 116 = MDR 2014, 117 = NJW-Spezial 2014, 187; LG Mannheim GRUR-RR 2014, 370; AG Euskirchen DGVZ 2015, 259; BGH RVGreport 2004, 189, noch zu § 6 Abs. 1 S. 2 BRAGO; zutr. insoweit die Krit. von *N. Schneider*, RVGreport 2004, 190.

[5] Dieser erhöhte Satz ist die Gebühr i.S.d. § 13 Abs. 2; vgl. *Hansens*, RVGreport 2005, 372; so auch BGH RVGreport 2005, 464.

[6] Siehe auch VV Vorb. 1: „Die Gebühren dieses Teils entstehen neben…".

[7] OLG Stuttgart AGS 2010, 121; OLG Stuttgart ZMR 2008, 907 = NJW-Spezial 2008, 674; KG AGS 2009, 4 = RVGreport 2008, 391 = JurBüro 2008, 585 = VRR 2008, 439 = Rpfleger 2008, 669; LSG Nordrhein-Westfalen, 4.1.2010 – L 19 B 316/09 AS, JurionRS 2010,

10263; LG Berlin RVGreport 2006, 306 = AGS 2006, 484; Gerold/Schmidt/*Müller-Rabe*, RVG, VV 1008 Rn 3, 283.

[8] KG AGS 2007, 466 = RVGreport 2007, 299 = Rpfleger 2007, 553.

[9] So allerdings die Gesetzesbegründung (ein Faktor ist eine Vervielfältigungszahl, mit der eine andere Zahl multipliziert wird. So wurde nach der BRAGO gerechnet, indem der jeweilige Gebührensatz mit – mindestens – 0,3 malgenommen wurde).

[10] BGH AGS 2014, 249 = NJW-RR 2014, 186 = MDR 2014, 187 = JurBüro 2014, 140; OLG Köln AGS 2014, 451 = RVGreport 2014, 362 = Rpfleger 2015, 51 = JurBüro 2014, 528; a.A. OLG Köln RVGreport 2008, 300 (Erhöhung selbst bei nur einem Mandanten, wenn dieser in verschiedenen Funktionen betroffen ist).

Betrag (Gegenstandswert), „an dem die Personen gemeinschaftlich beteiligt sind" (Anm. Abs. 2), so dass ohne eine solche Beteiligung keine Erhöhung eintreten kann.

Im **Regelfall** sind **Auftraggeber und Mandanten identisch**, also die Mandanten eines Anwalts zugleich auch seine Auftraggeber (**eigennützige Beauftragung**; vgl. § 7 Rdn 6, 13 ff.).

b) Staatskasse als Auftraggeber

7 Wird der Rechtsanwalt **gerichtlich beigeordnet** oder bestellt (vgl. aber auch § 59a), ist „Auftraggeber" die **Staatskasse**. Dann liegt zwar nur **ein Auftraggeber** im weiteren Sinne vor, der jedoch im Interesse verschiedener Personen handelt. Die Beiordnung oder Bestellung durch das Gericht für Mehrere kann gebührenrechtlich aber nicht anders zu behandeln sein als eine unmittelbare Beauftragung durch diese selbst. Nach dem Sinn und Zweck von § 7 ist deshalb darauf abzustellen, wem die Beauftragung nützt. Es ist also bei einer gerichtlichen Beiordnung oder Bestellung für Mehrere von einer Beauftragung durch mehrere Auftraggeber i.S.v. VV 1008 auszugehen.[11] Die Staatskasse ist aber kein für die Berechnung der Gebührenerhöhung nach VV 1008 mit zu berücksichtigender Auftraggeber.

c) Begriff der Personen

8 VV 1008 verwendet **neben** dem **Begriff des Auftraggebers auch den der Person**. Die **Gesetzesbegründung** erklärt das Nebeneinander dieser Begriffe wie folgt:

> „Sind Auftraggeber mehrere Personen, soll es nicht darauf ankommen, ob gegenüber dem Anwalt eine oder mehrere dieser Personen auftreten. Selbst wenn eine Personenmehrheit eine Person bevollmächtigt, gegenüber dem Anwalt aufzutreten, kann dies für den Anwalt zu einem erhöhten Haftungsrisiko führen. Die Neuregelung soll den bestehenden Streit über die Anwendung der Vorschrift beseitigen."

Danach sieht der Gesetzgeber den Sonderfall als regelungsbedürftig an, dass sich die **Auftraggeber** durch Einzelne von ihnen oder **durch** eine dritte **Person vertreten lassen**. Dann soll es für die Erhöhung der Regelgebühren nicht auf die Vertreter-Person(en), sondern auf die Vertretenen ankommen. Das erscheint bei einer **Stellvertretung** selbstverständlich,[12] lässt hingegen den nach der Interessenlage einschlägigen Sonderfall der **Prozessstandschaft** ungeregelt.

2. „Personen" als Sammelbegriff

9 S. 1 des Gebührentatbestandes setzt **Auftraggeber mit Personen gleich**. Hier bezeichnen die Personen die Vertragspartner des Anwalts. In S. 2 der Vorschrift und in der **Anm. Abs. 2** ist **nur noch** von **Person(en)** die Rede. Zwar spricht der unmittelbare Regelungszusammenhang dafür, dass auch hier jeweils Auftraggeber gemeint sind. Das ist jedoch nicht zwingend und widerspräche der Zielvorstellung des Gesetzgebers, die Erhöhung der Regelgebühren nach der Mehrarbeit des Anwalts zu bemessen. **Insoweit** kommt es nicht auf die Anzahl der Vertragspartner (Auftraggeber), sondern auf die Anzahl der von ihm **vertretenen Personen** (**Mandanten**) an. Diese müssen nicht zugleich auch seine Auftraggeber sein.[13]

10 Der **unterschiedliche Bedeutungsgehalt** des Begriffs der Person in ein und derselben Vergütungsregelung ist zwar verwirrend, aber **sachlich zu begrüßen**. Die **Erhöhung** der Regelgebühren greift **auch bei fremdnützigen Beauftragungen** (vgl. § 7 Rdn 6, 13 ff.) ein, etwa wenn die Eltern den

---

11 BGH AGS 2014, 249 = NJW-RR 2014, 186 = MDR 2014, 187 = JurBüro 2014, 140. So zur Beiordnung für mehrere Zeugen OLG Düsseldorf AGS 2010, 71 = Rpfleger 2010, 47 = JurBüro 2010, 33 = StRR 2009, 443 = RVGprof. 2010, 6; Burhoff/*Volpert*, RVG Straf- und Bußgeldsachen, Teil A: Mehrere Auftraggeber Rn 1457.

12 Vgl. OLG Schleswig MDR 2008, 713 = AGS 2008, 382 m.w.N.

13 Vgl. BGH AGS 2014, 249 = NJW-RR 2014, 186 = MDR 2014, 187 = JurBüro 2014, 140.

Anwalt damit beauftragen, die Interessen ihrer Kinder wahrzunehmen: Die Eltern haften nach § 7 für Gebühren, die der Anwalt nach der Anzahl der Kinder gem. VV 1008 verdient.[14]

Unerheblich ist daher, ob gegenüber dem Rechtsanwalt mehrere Personen als zahlungspflichtige Auftraggeber i.S.v. § 7 Abs. 2 (Vertragspartner) aufgetreten sind. Mehrere Auftraggeber i.S.v. VV 1008 sind vorhanden, wenn derselbe Rechtsanwalt für verschiedene natürliche oder juristische Personen auftragsgemäß in derselben Angelegenheit gleichzeitig tätig werden soll.[15] Auf die Anzahl der Geschäftsbesorgungsverträge kommt es nicht an, sondern ausschließlich darauf, für wie viele Personen der Rechtsanwalt tätig wird.[16]

Ob es einen oder mehrere Auftraggeber gibt, hängt somit nicht davon ab, wer dem Anwalt den Auftrag erteilt hat. Erteilt eine Person für eine Personenmehrheit den Auftrag, sind die mehreren Personen Auftraggeber des Rechtsanwalts.[17] Entscheidend für die Anwendung von VV 1008 ist damit nicht, ob der Anwalt bei Beauftragung durch einen Dritten einen oder mehrere Mandanten vertritt, sondern allein die **Zahl der Vertragspartner des Rechtsanwalts**.[18] Ob es einen oder mehrere Auftraggeber gibt, hängt also nicht davon ab, wer dem Rechtsanwalt persönlich den Auftrag erteilt hat.[19]

3. Tatbestandliche Einschränkung

Gemessen an dem gesetzgeberischen Ziel, bei der Erhöhung nach VV 1008 nicht auf die Personenmehrheit der Auftraggeber, sondern auf die Anzahl der vertretenen Personen (Mandanten) abzustellen (siehe Rdn 6), ist die **Fassung des Tatbestandes missglückt**. Da nach S. 1 stets mehrere Personen zugleich Auftraggeber sein müssen, wird etwa der Fall **nicht erfasst**, wo Bruchteilseigentümer ihren Verwalter ermächtigen, im eigenen Namen einen Anwalt zu beauftragen, ihre Interessen zu vertreten. Gleiches würde für einen **Haftpflichtprozess** gelten, wenn davon ausgegangen wird, dass der Versicherer auch dann alleiniger Auftraggeber des Anwalts sei, wenn er diesen nach § 7 Abs. 2 Nr. 5 AKB ebenfalls zur Vertretung des Versicherten einschaltet.[20] Dann hat der **Anwalt nur einen Auftraggeber, aber eine Vielzahl von Mandanten** (vgl. § 7 Rdn 10, 16). Diese Auffassung ist allerdings abzulehnen, weil bei interessengerechter Betrachtung sowohl der Versicherer als auch der Versicherte jeweils Auftraggeber sind.[21] Nach Rechtsprechung des BGH wird der Rechtsanwalt hier für mehrere Personen i.S.v. VV 1008 tätig.[22] Zur Rechtslage bei einer Wohnungseigentümergemeinschaft siehe Rdn 27 ff.

Diese Variante lässt sich auch durch subjektive oder teleologische Auslegung **nicht** in den Gebührentatbestand **einbeziehen**, weil eine **Reduzierung auf nur einen Auftraggeber** gegen den klaren Wortlaut der Vorschrift **zu Lasten des Schuldners ausscheidet**. Es geht hier zwar nur um ein **redaktionelles Versehen**. Dieses ist aber nicht offenkundig, sondern erschließt sich erst nach Interpretation der Gesetzesbegründung. Es ließe sich allerdings durch eine vereinfachte Fassung des Tatbestandes **korrigieren**, wenn bestimmt würde:

„Vertritt der Anwalt in derselben Angelegenheit mehr als eine Person, erhöht sich die Verfahrens- oder Geschäftsgebühr für jede weitere Person um..."

Da es bei VV 1008 nur um die Höhe der Vergütung und **nicht** um die **vertragliche Anspruchsgrundlage** geht, bedarf es gesetzestechnisch keiner Erwähnung eines Vertragspartners.

---

14 Vgl. KG AGS 2007, 466 = RVGreport 2007, 299 = Rpfleger 2007, 553 (Auftraggeber sind die Eltern; Mandanten des Anwalts sind sowohl diese als auch ihre 4 Kinder, insgesamt also 6 Personen); vgl. auch BGH AGS 2014, 249 = NJW-RR 2014, 186 = MDR 2014, 187 = JurBüro 2014, 140.

15 Vgl. OLG Köln AGS 2014, 451 = RVGreport 2014, 362 = Rpfleger 2015, 51 = JurBüro 2014, 528; KG AGS 2007, 466 = RVGreport 2007, 299 = Rpfleger 2007, 553.

16 OLG Köln AGS 2014, 451 = RVGreport 2014, 362 = Rpfleger 2015, 51 = JurBüro 2014, 528.

17 BGH AGS 2014, 249 = NJW-RR 2014, 186 = MDR 2014, 187 = JurBüro 2014, 140; BGH NJW 2011, 3723 = NZM 2012, 31 = ZMR 2012, 203 = RVGreport 2011, 459; OLG München 27.5.2011 – 15 U 4940/10, juris.

18 OLG München 27.5.2011 – 15 U 4940/10, juris.

19 BGH AGS 2014, 249 = NJW-RR 2014, 186 = MDR 2014, 187 = JurBüro 2014, 140; BGH NJW 2011, 3723 = NZM 2012, 31 = ZMR 2012, 203 = RVGreport 2011, 459; OLG Naumburg 22.4.2014 – 2 Verg 5/12, juris.

20 Vgl. BGH VersR 2004, 622.

21 So zutr. *Schmidt*, AnwBl 1978, 67 zu dem nur im Ergebnis richtigen Urt. des OLG Köln AnwBl 1978, 65.

22 BGH AGS 2010, 166 = NJW 2010, 1377 = RVGreport 2010, 100 = zfs 2010, 166 = JurBüro 2010, 247.

4. Mehrfachvertretung

a) Verschiedene Einzelinteressen

15 Hat der Anwalt **mindestens zwei Auftraggeber**, ist insoweit S. 1 Genüge getan und die Möglichkeit eröffnet, die Verfahrens- oder Geschäftsgebühr **nach** der **Anzahl der Mandanten zu erhöhen**, falls auch die weiteren Voraussetzungen gegeben sind. Ob nur eine Einzelvertretung vorliegt oder mindestens eine weitere Person hinzutritt und damit eine **Mehrfachvertretung** gegeben ist, beurteilt sich nach den **verschiedenen Interessen**, die **an der Vertretung beteiligt** sind. Sind diese personenverschieden, so hat das für den Anwalt die typischerweise vermutete Mehrbelastung gegenüber einer Einzelvertretung zur Folge.

16 An dieser Vielfalt kann es allerdings grds. fehlen, wenn der Anwalt nicht die Summe der jeweiligen Einzelinteressen vertritt, sondern ein **bereits gebündeltes Gesamtinteresse** von eigenständiger Bedeutung vorfindet. Deshalb wird eine **Mehrfachvertretung** in Rechtsprechung und Literatur **teilweise dann verneint**, wenn die **Interessen mehrerer Personen** ausnahmsweise derart **verselbstständigt, gleichgerichtet und vereinheitlicht** sind, dass tatsächlich nur von einer einzigen Interessenwahrnehmung gesprochen werden kann.[23]

b) Die BGB-Gesellschaft als Mandantin

17 aa) Aktiv- und Passivprozesse der GbR. Nach der Rechtsprechung (siehe § 7 Rdn 18) kann die Gesellschaft bürgerlichen Rechts (**GbR**) selbst als **Mandantin** auftreten mit dem Ziel einer **eigennützigen Interessenvertretung**. Soweit es um ihre „persönlichen" Belange geht, bedarf es nicht einer Vertretung der (gesamthänderisch verbundenen) Einzelinteressen der Gesellschafter, sondern findet eine **unmittelbare Vertretung des Gesamthandsinteresses** statt, weil diesem **eigene Subjektivität** zukommt.[24] So werden **Sozietäten** von Rechtsanwälten,[25] Ingenieuren,[26] Steuerberatern[27] oder Architekten,[28] aber auch ärztliche **Gemeinschaftspraxen**[29] teilweise wie ein Auftraggeber behandelt, wenn sie Honoraransprüche verfolgen (Aktivprozesse) oder sich gegen die Ansicht zur Wehr setzen, solche Ansprüche stünden ihnen nicht zu (Passivprozesse).[30] Gleiches gilt für sog. **Vermietungsgesellschaften** im Geschäftsleben, insbesondere wenn sie als Firma auftreten,[31] oder für Arbeitsgemeinschaften (**Arge**) von Bauunternehmen.[32]

18 bb) Hinzutreten von Gesellschaftern. Von der GbR als alleiniger Mandantin zu unterscheiden ist die Fallgestaltung, wo es um **persönliche Verpflichtungen von Gesellschaftern** geht. Wird etwa nicht nur von der Gesellschaft, sondern daneben auch von den Gesellschaftern persönlich Zahlung verlangt, so vertritt der Anwalt **nicht nur das Gesamthandsinteresse**, sondern darüber hinaus **auch die einzelnen Abwehrinteressen** der Gesellschafter. Diese sind unmittelbar betroffen und als

---

23 Vgl. OLG Naumburg 22.4.2014 – 2 Verg 5/12, juris, für eine Bietergemeinschaft im Vergabenachprüfungsverfahren; OLG Karlsruhe AGS 2008, 84 (faktischer Zusammenschluss von Unternehmen zwecks Bündelung des Beschaffungsbedarfs und zur Durchführung einer gemeinsamen Ausschreibung).

24 Zur Parteibezeichnung in diesen Fällen siehe *Wertenbruch*, NJW 2002, 324 und *Kemke*, NJW 2002, 2218. Unklar BGH AnwBl 2004, 251.

25 Vgl. OLG Hamburg MDR 2012, 433; OLG Düsseldorf NJW-RR 2002, 645; OLG Düsseldorf AnwBl 2000, 629 = MDR 2000, 851 = Rpfleger 2000, 427 und JurBüro 1998, 142; OLG Koblenz JurBüro 1994, 729.

26 OLG Hamm JurBüro 1986, 54; LG Hannover JurBüro 1986, 868.

27 OLG Hamm 4.1.1996 – 23 W 205/95 (n.v.); 26.8.1996 – 23 W 330/96 (n.v.).

28 OLG Hamm JurBüro 1983, 225 m. Anm. *Mümmler*; OLG Nürnberg JurBüro 1979, 1007.

29 OLG Köln RVGreport 2006, 264; SG Dortmund JurBüro 1995, 586 m. Anm. *Hansens* und JurBüro 1994, 731 m. Anm. *Mümmler*; OLG Köln JurBüro 1996, 80 = MDR 1995, 1074.

30 OLG Hamm 10.8.2001 – 23 W 253/01 (n.v.); OLG Hamm 30.1.1997 – 23 W 514/96 (n.v.).

31 BFHE 206, 168 = NJW 2004, 2774; OLG Hamm OLGR 1998, 348; OLG Hamm 20.8.2001 – 23 W 219/01 (n.v.); OLG Hamm 15.5.2000 – 23 W 194/00 (n.v.); a.A. wohl BGH NJW 2002, 2958 = MDR 2002, 1216 m. abl. Anm. *Schütt*.

32 OLG Nürnberg NJW-RR 1997, 1286 = MDR 1997, 689 = Rpfleger 1997, 406 und JurBüro 1983, 1656; a.A. OLG Koblenz JurBüro 1986, 556; die voraussichtliche Dauer des Zusammenschlusses ist für die maßgebliche Außenwirkung unerheblich und deshalb entgegen SchlHOLG JurBüro 1987, 1038 nicht beachtlich.

Mandanten neben der Gesellschaft[33] gemeinschaftlich beteiligt.[34] In Betracht kommt nach der BGH-Rechtsprechung allerdings auch, dass **nur die Gesellschaft als solche Auftraggeberin** des Anwalts geworden ist[35] und dass die Gesellschafter als vertraglich nicht gebundene Personen von ihm mit vertreten werden. Dann fällt ein **Mehrvertretungszuschlag nicht** an.[36]

cc) **Streitigkeiten unter Gesellschaftern.** Bei **Streitigkeiten der Gesellschafter untereinander**, die von mehreren Gesellschaftern gegen einen oder mehrere Gesellschafter betrieben werden, handelt der Anwalt, der **mehrere Gesellschafter als seine Mandanten** vertritt, **nicht im – gebündelten – Gesamthandsinteresse**, sondern in gemeinschaftlicher Wahrnehmung aller Einzelinteressen der von ihm vertretenen Gesellschafter. Die **Verfahrens- oder Geschäftsgebühr erhöht sich**.[37] **Anders** verhält es sich, wenn die **Gesellschaft gegen** einen ihrer **Gesellschafter** vorgeht, der deshalb auf der Aktivseite fehlt.[38]

19

c) Der nichtrechtsfähige Verein und die Vor-GmbH

Bei diesen Vereinigungsformen handelt es sich um **körperschaftlich strukturierte Rechtsgebilde**, die als juristische Personen vom Gesetz nicht anerkannt werden bzw. nicht vorgesehen sind.

20

Ebenso wie bei der BGB-Gesellschaft, deren Recht teilweise Anwendung findet (§ 54 S. 1 BGB), ist aber die **Verselbstständigung im Rechtsleben** sowohl des nichtrechtsfähigen Vereins als auch der **Vor-GmbH weiter fortgeschritten**. So sieht der BGH[39] die Vor-GmbH im Zivilprozess als aktiv parteifähig an. Unter Berufung auf diese Entwicklung und angesichts einer Vielzahl von entsprechenden Einzelregelungen in verschiedenen Gesetzen[40] bejaht der BGH[41] die **aktive Parteifähigkeit** für alle nichtrechtsfähigen Vereine.[42] In diesen Fällen ist jeweils **nur die körperschaftliche Struktur** als solche **an ihrer anwaltlichen Vertretung beteiligt**; eine Mehrfachvertretung ihrer Mitglieder liegt nicht vor.

Eine **Einzelvertretung** nur **der Vereinigung** ist auch **auf der Passivseite** gegeben, wenn **lediglich diese in Anspruch genommen** wird.[43] Geht es hingegen **auch um die persönliche Haftung einzelner Mitglieder** (vgl. § 54 S. 2 BGB), so sind diese ebenfalls unmittelbar und also **zusammen mit der (parteifähigen) Vereinigung gemeinschaftlich beteiligt**. Soweit mindestens zwei den Anwalt mit der Mehrfachvertretung beauftragt haben, fällt für jedes persönlich in Anspruch genommene Mitglied jeweils eine Erhöhung der Gebühr an. Werden **nur die haftenden Mitglieder** – als Gesamtschuldner – in Anspruch genommen, ergeben sich keinerlei Besonderheiten. Ebenso **wie bei jeder anderen Gesamtschuldnerschaft** von natürlichen oder juristischen Personen ist eine gemeinschaftliche Beteiligung aller an der anwaltlichen Tätigkeit gegeben.

21

d) Der Erblasser und die Erben – Erbengemeinschaft

Verstirbt der Auftraggeber des Rechtsanwalts, **ohne** dass es zu einer weiteren **Beauftragung durch Rechtsnachfolger** kommt, so hat der Anwalt **weiterhin nur einen Vertragspartner**. VV 1008 ist nicht anwendbar (vgl. Rdn 11), auch wenn der Rechtsanwalt nunmehr die Interessen mehrerer Erben wahrnimmt. Diese Fallgestaltung findet sich aber i.d.R. nur dort, wo die **Erben unbekannt** sind oder aus sonstigen Gründen **keinen Kontakt zum Anwalt** haben.[44] Sind hingegen mindestens zwei

22

---

33 BGH NJW 2001, 1056.
34 OLG Düsseldorf MDR 2005, 1257; OLG Schleswig MDR 2003, 1202; OLG Saarbrücken OLGR 2002, 260; OLG Nürnberg MDR 2001, 1378 = JurBüro 2001, 527 = OLGR 2001, 333; OLG Hamburg MDR 1999, 256 und MDR 1989, 922; OLG Hamm AnwBl 1987, 196; OLG München MDR 1981, 328.
35 Das hindert eine Vergütungsfestsetzung gegen die Gesellschafter; BGH NJW 2005, 156 = RVG-Letter 2004, 128; OLG Koblenz NJW 2003, 1130 = AnwBl 2003, 182.
36 Zu den gebühren- und erstattungsrechtlichen Folgen der Partei- und Rechtsfähigkeit der BGB-Gesellschaft siehe *Hansens*, BRAGOreport 2001, 99.
37 OLG Hamburg MDR 1999, 381; OLG Hamm 31.3.2000 – 23 W 127/00 (n.v.).
38 OLG Hamm MDR 2002, 721 (GbR fordert von einem Gesellschafter Rechenschaft).
39 Siehe BGH NJW 1998, 1079.
40 § 3 PartG, § 61 Nr. 2 VwGO, § 70 Nr. 2 SGG, § 58 Abs. 2 FGO, § 10 ArbGG.
41 BGH NJW 2008, 69 ff./ 74.
42 Palandt/*Heinrichs*, BGB, § 54 Rn 10 f.
43 OLG München JurBüro 1994, 729; vgl. § 50 Abs. 2 ZPO und zur Vor-GmbH Zöller/*Vollkommer*, ZPO, § 50 Rn 33.
44 Vgl. OLG München MDR 1990, 933 = Rpfleger 1990, 436.

Erben mit einer Fortsetzung der **Vertretung des Nachlasses** durch den Anwalt **einverstanden**, so wird darin jedenfalls seine **schlüssige Beauftragung** zu sehen sein, nunmehr die Interessen der Erben zu vertreten. Dann hat er mehrere Auftraggeber.[45]

23 Der Anwalt vertritt die Erben auch **gemeinschaftlich** und **nicht** etwa nur den **Nachlass als Sondervermögen**.[46] Zwar liegt hier ebenso wie bei der Gesellschaft bürgerlichen Rechts eine gesamthänderische Bindung vor. Es fehlt jedoch an der zielgerichteten Bündelung von Einzelinteressen zum Wohle eines übergeordneten Ganzen (vgl. Rdn 15). Die **Erbengemeinschaft** ist keine Vereinigung von Personen, die sich aus eigenem Antrieb zur Verfolgung eines gemeinsamen Zwecks (§ 705 BGB) zusammengefunden haben. **Typischerweise** hat der Anwalt es nicht mit einem homogenen Gebilde und klaren Willensbildungskonzept zu tun, sondern er sieht sich **den jeweiligen Einzelinteressen der Erben ausgesetzt**.[47]

24 Die Erbengemeinschaft ist weder **rechtsfähig** noch **parteifähig**. Die Grundsätze zur Rechtsfähigkeit der Gesellschaft bürgerlichen Rechts (Rdn 17 ff.) und zur Rechtsfähigkeit der Gemeinschaft der Wohnungseigentümer sind also nicht auf die Erbengemeinschaft zu übertragen (Rdn 27 ff.).[48]

25 Die tatsächlichen Voraussetzungen für die **Erhöhung der Gebühr** liegen also grds. vor.[49] Sie ist auch dann vorzunehmen, wenn die Regelgebühr schon vor dem Erbfall verdient war, da eine Gebühr mit jeder einschlägigen Tätigkeit erneut zur Entstehung gelangt.

26 **Ausnahmsweise** kann allerdings auch die anwaltliche Vertretung einer Erbengemeinschaft nicht als eine solche der einzelnen Erben, sondern als eine Vertretung der Gesamtheit (**Einzelvertretung**) anzusehen sein, wenn etwa das **Unternehmen des Erblassers wie ein selbstständiges Rechtsgebilde in ungeteilter Erbengemeinschaft** fortgeführt und vertreten wird. Dann finden die Grundsätze der Gesellschaft bürgerlichen Rechts Anwendung (vgl. Rdn 17 ff.), da sich die **Entscheidung zur gemeinsamen Fortführung** als besondere, den Einzelinteressen der Miterben **übergeordnete Zweckrichtung** des im Unternehmen gebundenen Gesamthandvermögens darstellt.

e) Bruchteilsgemeinschaft und Wohnungseigentümergemeinschaft

27 **aa) Verband.** Die **Bruchteilsgemeinschaft** erschöpft sich in der gemeinschaftlichen Berechtigung (§§ 741 ff. BGB). Ihr fehlt schon im Ansatz die Verselbstständigung einer Vermögensmasse, der losgelöst von den Einzelinteressen der Mitglieder eigenständige Rechtsqualität zukommen könnte. Hier gilt ebenso wie bei allen anderen Personenmehrheiten, deren Bedeutung nur in der **Bündelung von gleichartigen Einzelinteressen** besteht (z.B. Gesamtschuldverhältnisse), dass grds. **jeder Einzelne** von ihnen als Person an der anwaltlichen Tätigkeit **beteiligt** ist,[50] falls diese nicht als Gesamtheit auftreten (siehe Rdn 17).

28 Die **Wohnungseigentümergemeinschaft** ist zwar wie eine Bruchteilgemeinschaft konzipiert,[51] nimmt aber eine **Sonderrolle** ein, weil das nur die sachenrechtliche Seite, nicht aber ihre korporative Ausgestaltung im Rechtsverkehr betrifft. Die organisatorische Struktur, ihre Entstehungsgeschichte und die normierte Verwaltung weisen die Wohnungseigentümergemeinschaft als **überindividuellen**

---

45 OLG Brandenburg AGS 2008, 21 m. Anm. *N. Schneider*; OLG Düsseldorf MDR 1996, 1300; OLG Nürnberg MDR 1993, 691; OLG Bamberg JurBüro 1991, 821; OLG Saarbrücken JurBüro 1990, 1612; FG Saarland JurBüro 1990, 602; OLG Schleswig JurBüro 1990, 57; OLG Stuttgart MDR 1990, 1126; OLG Hamburg MDR 1989, 830; OLG Hamm JurBüro 1989, 192; OLG Köln MDR 1988, 155; OLG München JurBüro 1985, 1651 = MDR 1985, 856; a.A. OLG Koblenz MDR 1993, 284; LAG Hamm JurBüro 1984, 389 = MDR 1984, 174.

46 Ist ein Testamentsvollstrecker Partei (kraft Amtes), so vertritt er diesen und nicht die Erben.

47 Aus der Anerkennung der Rechtsfähigkeit der GbR und der WEG ergibt sich für die Erbengemeinschaft keine andere Rechtsstellung (BGH NJW 2006, 3715 und Rpfleger 2002, 625).

48 BGH NJW 2006, 3715 = AnwBl 2004, 450 = Rpfleger 2007, 75; OLG Köln AGS 2014, 451 = RVGreport 2014, 362 = Rpfleger 2015, 51 = JurBüro 2014, 528.

49 KG MDR 2006, 177 = AGS 2005, 495 mit Anm. *N. Schneider*; BGH MDR 2004, 905 = AnwBl 2004, 450 = AGS 2004, 278; OLG Düsseldorf JurBüro 1995, 304; OLG Hamm JurBüro 1991, 821; OLG Köln AnwBl 1988, 251 = JurBüro 1987, 1871 und JurBüro 1984, 1354. Siehe auch *Hansens*, AnwBl 2001, 581.

50 OLG Koblenz AGS 2009, 160; KG BRAGOreport 2002, 167; OLG Düsseldorf AnwBl 1988, 70 und JurBüro 1996, 584 = AnwBl 1996, 475; OLG München JurBüro 1987, 1178 = AnwBl 1988, 251 = Rpfleger 1987, 388; BGH MDR 1984, 564; OLG Frankfurt MDR 1983, 764 = JurBüro 1983, 1191. Siehe auch *Hansens*, AnwBl 2001, 581.

51 BGHZ 78, 166 = NJW 1981, 282.

Verband eigener Art aus.[52] Dieser ist nach der Rechtsprechung des BGH[53] **teilrechtsfähig**, soweit er im Rahmen der Verwaltung des gemeinschaftlichen Eigentums als Gemeinschaft am Rechtsverkehr teilnimmt. Es geht um eine rechtliche Verselbstständigung des Verwaltungsvermögens,[54] also um Forderungen und Verbindlichkeiten, die von der Gemeinschaft bei der Teilnahme am Rechtsverkehr begründet wurden oder ihr gesetzlich zustehen[55] sowie um die Verfolgung von Individualansprüchen im Wege der **gesetzlichen Prozessstandschaft** durch den Verwalter.[56] Dann vertritt der Anwalt mit der Gemeinschaft jeweils **nur eine Person**.[57]

Das gilt aber auch, wenn eine Wohnungseigentümergemeinschaft in **gewillkürter Prozessstandschaft** Ansprüche verfolgt, die in einem engen rechtlichen und wirtschaftlichen Zusammenhang mit der Verwaltung des gemeinschaftlichen Eigentums stehen und an deren Durchsetzung sie ein eigenes schutzwürdiges Interesse hat. Die Gemeinschaft kann von den einzelnen Wohnungseigentümern zudem auch ermächtigt werden, neben den Ansprüchen wegen Mängeln des Gemeinschaftseigentums Ansprüche wegen Mängeln des Sondereigentums[58] oder aus einer Bauträgerbürgschaft[59] geltend zu machen. Zu beachten ist, dass die Wohnungseigentümergemeinschaft durch Mehrheitsbeschluss die Durchsetzung bestimmter Rechte einzelner Wohnungseigentümer an sich ziehen kann. Wenn sie von dieser Möglichkeit Gebrauch macht, tritt die Wohnungseigentümergemeinschaft im Gerichtsverfahren als gesetzlicher Prozessstandschafter auf.[60] Der Rechtsanwalt hat dann nur **einen Auftraggeber**. 29

Nur eine Person wird auch vertreten, wenn die Wohnungseigentümergemeinschaft im Innenverhältnis Beitrags- oder Schadensersatzansprüche gegen einzelne Wohnungseigentümer geltend macht.[61] Auch bei Verfahren über Ansprüche der Wohnungseigentümergemeinschaft gegen einzelne Wohnungseigentümer auf Zahlung von rückständigem Wohngeld oder auf Zahlung einer beschlossenen Umlage[62] und gegen Dritte wegen Ansprüchen aus Lieferungsverträgen betr. Gas, Wasser, Strom oder wegen Ansprüchen aus einem Bau- oder Architektenvertrag hat der Rechtsanwalt nur einen Auftraggeber.[63] 30

Auch die **werdende Wohnungseigentümergemeinschaft** kann beschränkt rechts- und parteifähig sein und nur eine Person bilden. Denn nur hierdurch wird ein Auseinanderlaufen der Rechtslage bei Eintritt weiterer Wohnungseigentümer verhindert.[64] **Keine Gebührenerhöhung** soll anfallen, wenn eine Anfechtungsklage gegen den Verband „Wohnungseigentümergemeinschaft" erhoben wird und keine Klageänderung auf die passivlegitimierten übrigen Wohnungseigentümer vorgenommen wird.[65] 31

bb) Mehrere Einzelpersonen. Geht es jedoch um die persönliche Rechtswahrnehmung mehrerer Wohnungseigentümer auch hinsichtlich der **Willensbildung innerhalb der Gemeinschaft**, bleibt die Angelegenheit eine solche von Einzelpersonen.[66] Deren gemeinschaftliches Vorgehen begründet und bestimmt für ihren Anwalt eine **Mehrvertretungszuschlag** (vgl. Rdn 19). Der Zuschlag fällt auch an, wenn der Verband **mehrere Personen**, insbesondere Wohnungseigentümer, durch Mehrheitsbeschluss **ermächtigt**, Ansprüche aus der Verwaltung des Gemeinschaftseigentums **im eigenen Namen** geltend zu machen.[67] Lautet ein **Titel** auf die einzelnen Wohnungseigentümer einer Gemein- 32

---

52 Ausf. und lesenswert: BGH NJW 2005, 2061 = AGS 2005, 427; siehe dazu Anm. *Mock*, AGS 2005, 545.
53 Vgl. BGH NJW 2005, 2061 und BGH NJW 2007, 2987; BGH MDR 2007, 830.
54 Zu den Auswirkungen auf das Gewährleistungsrecht siehe *Pause/Vogel*, NJW 2006, 3670.
55 Nicht hingegen um grundstücksbezogene Ansprüche (BGH NJW 2006, 2187; OLG München NJW 2005, 3006) oder um Erwerberrechte (BGH ZfBR 2007, 548 und 553).
56 BGH ZfBR 2007, 548.
57 Unklar *Bub/Petersen*, NJW 2005, 2590.
58 BGH NJW 2007, 1952 = MDR 2007, 1006.
59 BGH NJW 2007, 1957 = NZM 2007, 407.
60 BGH NJW 2007, 1952 = MDR 2007, 1006.
61 KG RVGreport 2006, 224 = JurBüro 2006, 474 = AGS 2006, 317; KG RVGreport 2006, 223.
62 KG RVGreport 2006, 224 = JurBüro 2006, 474 = AGS 2006, 317; KG AGS 2007, 444 = RVGreport 2007, 267 = NJW 2007, 2193 = MDR 2007, 922.
63 *Hansens*, RVGreport 2005, 281.
64 OLG München RVGreport 2006, 386 = NJW 2006, 1293.
65 LG Hannover ZMR 2010, 639.
66 AG München AGS 2008, 205; BGH NJW 2005, 2061/2068.
67 Siehe dazu BGH NJW 2005, 3146 m.w.N.

schaft, sind nur sie berechtigt; dann fällt im **Vollstreckungsverfahren** für ihren gemeinsamen Anwalt der Zuschlag ebenfalls an.[68]

33 Der Rechtsanwalt, der im **Beschlussanfechtungsverfahren** die verklagten „übrigen Wohnungseigentümer" vertritt, kann die Gebührenerhöhung fordern. Das gilt auch, wenn die Mandatierung durch und die Korrespondenz über den Wohnungseigentumsverwalter erfolgt ist.[69] Denn es kommt nicht darauf an, wer den Auftrag erteilt hat (vgl. Rdn 10). Entscheidend ist, dass bei der Beschlussanfechtung mehrere Personen auf einer Seite stehen und sich anwaltlich vertreten lassen.[70]

f) Anwendungs-ABC

34 Nach Stichworten alphabetisch geordnet werden nachstehend typische Einzelfälle unter dem Gesichtspunkt aufgelistet, ob VV 1008 anwendbar ist. **Ja bedeutet**, dass der Anwalt die **Erhöhung** für den zweiten und jeden weiteren Mandanten geltend machen kann, wenn er zumindest zwei Auftraggeber hat (vgl. Rdn 15). **Nein bedeutet**, dass **VV 1008 nicht** eingreift, weil der Anwalt nur einen Auftraggeber hat oder/und nur ein Gesamtinteresse (Mandat) vertritt oder weil (bei Wertgebühren) zwar mehrere Mandanten, aber mit verschiedenen Gegenständen beteiligt sind.

- **Angeklagte (mehrere):** Nein, die Vertretung mehrerer Angeklagter oder Betroffener im **Straf- und Bußgeldverfahren** ist nicht möglich, da nach § 146 StPO das **Verbot der Mehrfachverteidigung** gilt. VV 1008 findet daher für den Verteidiger keine Anwendung.[71] Ja, in den in VV Teil 6 geregelten **sonstigen Verfahren**, hier gilt das Verbot der **Mehrfachverteidigung** aus § 146 StPO **nicht**.[72]
- **Anwaltssozietät:** In Aktivprozessen grds. nein, ungeachtet der Rechtsform (ausgenommen → Bürogemeinschaft). Auch wenn die Sozietät lediglich als → **Gesellschaft bürgerlichen Rechts** betrieben wird, ist sie nur eine Mandantin und gilt VV 1008 nicht (vgl. Rdn 17).[73] Das gilt auch bei der Geltendmachung wettbewerbsrechtlicher Unterlassungsansprüche durch die Sozietät.[74] In Passivprozessen ist zu klären, ob ein Anspruch gegen die Sozietät oder Einzelansprüche gegen deren Mitglieder oder beides geltend gemacht wird. Ist Gegner nur die Sozietät als solche, nein; richtet sich der Anspruch auch gegen einzelne Sozietätsmitglieder persönlich, ja (siehe Rdn 17); Nein bei → Partnerschaftsgesellschaft.
- **Arbeitsgemeinschaft (ARGE):** Gemeint ist die Verbindung von Unternehmen zwecks Durchführung gemeinsamer Projekte. Dabei handelt es sich normaler Weise um eine → Gesellschaft bürgerlichen Rechts, die als solche Mandantin des Anwalts ist (vgl. Rdn 17). Dann gelten die dort aufgezeigten Grundsätze.
- **Architekturbüro:** I.d.R. nein (vgl. Rdn 17). Handelt es sich nur um eine → Bürogemeinschaft, bedarf es der Klärung, um welche Angelegenheit es geht. Sowohl in Honorarsachen als auch in Gewährleistungs- und Haftungssachen ist für gewöhnlich nur ein Mitglied betroffen, weil jedes von ihnen selbstständig arbeitet (nein). Geht es um mehrere Mitglieder, fehlt es getrennter Aufträge wegen bei Wertgebühren regelmäßig an der Gegenstandsidentität (vgl. Rdn 51 ff.), nein. Handelt es sich um eine → Gesellschaft bürgerlichen Rechts, greift die Erhöhung nur in Sonderfällen ein (siehe dort).
- **Ärztegemeinschaft:** → Gemeinschaftspraxis
- **Asylverfahren:** Nein, bei Vertretung mehrerer Personen in demselben Verfahren, weil das Gesetz jedes Asylgesuch als eigenen Gegenstand definiert (vgl. § 30 Rdn 24).

---

68 BGH AGS 2010, 152 = RVGreport 2010, 77 = NJW 2010, 1007 = JurBüro 2010, 219 = NZM 2010, 127; BGH AGS 2007, 373 = RVGreport 2007, 278 = NJW-RR 2007, 955 = MDR 2007, 1161.
69 BGH NJW 2011, 3723 = RVGreport 2011, 459 = NZM 2012, 31 = ZMR 2012, 203 = WuM 2012, 221; OLG Schleswig MDR 2008, 713 = AGS 2008, 382 = NJW-RR 2008, 1114 = JurBüro 2008, 365; LG Düsseldorf ZMR 2011, 160 = ZWE 2011, 183.
70 BGH NJW 2011, 3723 = RVGreport 2011, 459 = NZM 2012, 31 = ZMR 2012, 203 = WuM 2012, 221.
71 *Burhoff*, RVGreport 2006, 16.
72 Gerold/Schmidt/*Mayer*, RVG, VV 6100–6102 Rn 13, 19 und VV 6300–6303 Rn 12.
73 Vgl. OLG Hamburg MDR 2012, 433; OLG Düsseldorf NJW-RR 2002, 645.
74 OLG Hamburg MDR 2012, 433; OLG Düsseldorf NJW-RR 2002, 645.

- **Bedarfsgemeinschaft:** Ja, da Ansprüche nach dem SGB als Individualansprüche nicht der Lebensgemeinschaft zuzurechnen sind.[75] Ja, auch wenn der Rechtsanwalt neben einem Elternteil für mehrere Kinder in der Bedarfsgemeinschaft tätig wird.[76]
- **Beratungshilfe:** Ja, da unabhängig von dem Gegenstand der Mehrfachvertretung nach Festgebühren abgerechnet wird (siehe Rdn 72 ff.).[77]
- **Bietergemeinschaft (Vergabenachprüfungsverfahren):** Nein, wenn sie – wie häufig – als BGB-Gesellschaft oder in angenäherter Rechtsform auftritt[78] oder mehrere öffentliche Auftraggeber zum Zwecke der Durchführung eines gemeinsamen Beschaffungsvorgangs einem Auftraggeber die ausschließliche Vertretung der Gemeinschaft im Vergabe- und Vergabenachprüfungsverfahren vertraglich übertragen haben.[79]
- **Bruchteilsgemeinschaft:** Grds. ja,[80] es sei denn, sie tritt nach außen als Unternehmerin (z.B. gewerbliche Vermieterin[81]) auf (siehe Rdn 17). Dann liegt in dieser Tätigkeit zugleich ein Gesellschaftszweck, so dass sie insoweit als → Gesellschaft bürgerlichen Rechts zu behandeln ist (siehe dort). Nein, mangels Gegenstandsidentität, wenn die Bruchteilseigentümer weder als → Gesamtgläubiger noch als → Gesamtschuldner vertreten werden und nach Wertgebühren abzurechnen ist. Die → Wohnungseigentümergemeinschaft ist nach neuer Rechtsprechung keine Bruchteilsgemeinschaft, sondern ein Verband eigener Art.
- **Bürogemeinschaft:** Darunter wird der äußerliche Zusammenschluss von getrennt arbeitenden Einzelpersonen oder Sozietäten verstanden.[82] Geht es um die Interessen mehrerer Mitglieder, ja, allerdings bei Wertgebühren nur wenn Gegenstandsidentität gegeben ist (vgl. Rdn 51 ff.). Tritt die Bürogemeinschaft als solche im Rechtsverkehr auf (z.B. als Mieterin von Gewerbeflächen), qualifiziert sie sich insoweit regelmäßig als → Gesellschaft bürgerlichen Rechts (siehe dort).
- **Eheleute:** Grds. ja,[83] es sei denn, die Eheleute sind auch gesellschaftsrechtlich miteinander verbunden, indem sie gemeinschaftlich etwa als Gewerbetreibende auftreten. Wird allein das dahinter stehende Gesamtinteresse vertreten, hat der Anwalt nur ein Mandat (→ Gesellschaft bürgerlichen Rechts).
- **Einziehungs-** oder **Nebenbeteiligte** im Strafverfahren: Ja, → Nebenkläger.
- **Eltern:** Nein, wenn die Eltern unbeteiligt sind und als gesetzliche Vertreter für **ein** Kind auftreten; ja, bei gesetzlicher Vertretung **mehrerer** Kinder.[84] Ja, bei Vertretung sowohl der Eltern als auch der Kinder.[85] Ja, bei Vertretung beider Elternteile in Verfahren auf Entziehung der elterlichen Sorge.[86] Siehe auch bei **Unterhalt**.
- **Erbengemeinschaft:** Ja (vgl. Rdn 22 ff.). Die Gemeinschaft ist als solche kein „Mandatsträger", weil die Einzelinteressen der Erben von keinem übergeordneten Gesamtinteresse überlagert

---

75 Vgl. BSG AGS 2014, 458 = RVGreport 2014, 341; LSG Berlin-Brandenburg 19.11.2014 – L 18 AS 2523/14 WA, juris; OLG Jena AGS 2012, 141 = JurBüro 2012, 140, für die Beratungshilfe; LSG Nordrhein-Westfalen 14.5.2012 – L 19 AS 1992/11, juris; LSG Mecklenburg-Vorpommern AGS 2008, 286; SG Berlin JurBüro 2011, 25 = AGkompakt 2010, 137 = RVGreport 2011, 20; SG Darmstadt 17.1.2012 – S 13 SF 83/10 E, juris = ASR 2012, 75; SG Düsseldorf AGS 2007, 617; SG Duisburg AnwBl 2006, 858 = AGS 2007, 42 = RVGreport 2007, 347; SG Hildesheim RVGreport 2006, 280.

76 Vgl. BSG AGS 2014, 458 = RVGreport 2014, 341; LSG Berlin-Brandenburg 19.11.2014 – L 18 AS 2523/14 WA, juris; SG Berlin AGS 2011, 178 = JurBüro 2011, 252 = RVGreport 2011, 222.

77 Siehe dazu OLG Jena AGS 2012, 141 = JurBüro 2012, 140; OLG Naumburg JurBüro 2010, 472 = Rpfleger 2010, 603 = RVGreport 2010, 382; KG AGS 2007, 466 = RVGreport 2007, 299; OLG Düsseldorf RVGreport 2006, 225; OLG Oldenburg NJW-RR 2007, 431 = RVGreport 2006, 465 = AGS 2007, 45; LG Kleve RVGreport 2006, 101 = AGS 2006, 244 = zfs 2006, 48; a.A. AG Kiel AGS 2010, 96 = Rpfleger 2010, 126; AG Kiel SchlHA 2011, 35.

78 OLG Jena JurBüro 2001, 208; OLG München Rpfleger 2005, 572; OLG Saarbrücken AGS 2009, 393; OLG Düsseldorf NZBau 20076, 199; OLG Karlsruhe Rpfleger 2007, 684.

79 OLG Naumburg 22.4.2014 – 2 Verg 5/12, juris.

80 KG BRAGOreport 2002, 167; OLG Düsseldorf AnwBl 1988, 70 und JurBüro 1996, 584 = AnwBl 1996, 475; OLG München JurBüro 1987, 1178 = AnwBl 1988, 251 = Rpfleger 1987, 388; BGH MDR 1984, 564; OLG Frankfurt MDR 1983, 764 = JurBüro 1983, 1191; siehe auch *Hansens*, AnwBl 2001, 581.

81 BFHE 206, 168 = NJW 2004, 2774; OLG Hamm 6.9.2004 – 23 W 208/04 (n.v.).

82 Zum Begriff siehe BFH NJW 2006, 111.

83 BGH NJW 2005, 3786 = AGS 2006, 69 = RVGreport 2005, 464; OVG Lüneburg MDR 1983, 785; OLG Düsseldorf AnwBl 1982, 529 = JurBüro 1982, 1347 = VersR 1982, 1008; LG Duisburg MDR 1982, 155.

84 KG AGS 2007, 466 = RVGreport 2007, 299 = Rpfleger 2007, 553; OLG Düsseldorf AGS 2004, 279.

85 BSG 21.12.2009 – B 14 AS 83/08 R, juris (Tz 21); LSG Nordrhein-Westfalen 14.5.2012 – L 19 AS 1992/11, juris.

86 Vgl. *N. Schneider* ZAP Fach 24, 1239.

werden.[87] Mangels Gegenstandsidentität bei Wertgebühren nein, wenn der Anwalt im Rahmen der Auseinandersetzung mehrere Erben vertritt (§ 22).
- **Freiheitsentziehungsverfahren:** Ja, wenn der Anwalt mehrere Betroffene in demselben Verfahren vertritt. Nein bei verschiedenen Verfahren, weil jedes für sich eine eigene Angelegenheit darstellt.[88]
- **Gemeinsamer Vertreter (§ 6 SpruchG):** Nein, weil der gemeinsame Vertreter im Spruchverfahren nicht für mehrere Personen tätig ist.[89]
- **Gemeinschaftspraxis:** Darunter wird das gemeinsame Praktizieren von Heilberuflern (Ärzten, Heilpraktikern, Osteopathen, Krankengymnasten u.a.) verstanden, was häufig in der Rechtsform einer → Gesellschaft bürgerlichen Rechts stattfindet (siehe auch dort).[90] Nein, wenn die Gemeinschaft BGB-Gesellschaft ist und eine dieser Ärztegemeinschaft zustehende Forderung geltend gemacht wird; anders nur, wenn ein Honoraranspruch ersichtlich als Individualanspruch der Gesellschafter geltend gemacht wird.[91] Besteht nur eine → Praxisgemeinschaft, in der getrennt gearbeitet, aber die Einrichtung gemeinsam verwaltet und betrieben wird, gelten andere Grundsätze (siehe dort).
- **Gesamtgläubiger:** Ja (vgl. Rdn 59). Im Gegensatz zu Gesamthandsgläubigern verfolgt hier jeder Gläubiger nur seine persönliche Rechtsstellung und nicht (zugleich auch) ein Gesamthandsinteresse (→ Gesellschaft bürgerlichen Rechts). Mangels Gegenstandsidentität bei Wertgebühren nein, wenn und soweit es um die interne Auseinandersetzung geht (§ 22).
- **Gesamthandsgläubiger:** Ja, wenn sie nicht lediglich als Mitglieder einer gesamten Hand auftreten, die als solche rechtsfähig ist.
- **Gesamtschuldner:** Ja, weil mehrere Personen in gleicher Weise betroffen sind. Nein bei Wertgebühren, wenn und soweit es um die interne Auseinandersetzung geht. Dann sind sie – ebenso wie Gesamtgläubiger – unechte → Streitgenossen.
- **Gesellschaft bürgerlichen Rechts:** Grds. nein bei einer Außengesellschaft, die als solche am Rechtsverkehr teilnimmt, insoweit rechtsfähig und deshalb eine eigenständige Mandantin des Anwalts ist (vgl. Rdn 17).[92] In Passivprozessen sind daneben oder anstatt der Gesellschaft auch die Gesellschafter Mandanten, soweit es um deren persönliche Haftung geht (dann ja). Bei Streitigkeiten der → Gesellschafter untereinander fehlt ein übergeordnetes Gemeinschaftsinteresse (vgl. Rdn 19); der Anwalt hat so viele Mandanten, wie er Personen vertritt (ja).
- **Gesellschafter:** Ungeachtet der Rechtsform ihrer Verbindung ja, wenn sie als → Gesamtschuldner einer persönlichen Haftung wegen in Anspruch genommen werden. Mangels Gegenstandsidentität bei Wertgebühren nein, wenn es um Rechte oder Pflichten der jeweiligen Gesellschafter geht. Schließt sich ein Teil der Gesellschafter zusammen, um als Gesellschaft gegen andere Gesellschafter vorzugehen, ist die Gesellschaft als solche Mandantin des Anwalts (nein).
- **GmbH & Co KG:** Vertritt der Anwalt nur die KG, keine. Ist im Passivprozess neben der KG auch die GmbH Partei, grds. ja (→ Gesellschafter), es sei denn bei einer Inanspruchnahme als → Störer und Abrechnung nach Wertgebühren.
- **Insolvenzverwalter:** → Partei kraft Amtes
- **Kinder:** Ja, → Eltern
- **Mehrfache Parteirolle:** Gemeint sind die Fälle, wo **eine Person** in **verschiedenen Funktionen** an dem Verfahren beteiligt ist (z.B.: als Partei und Streithelfer/Nebenintervenient,[93] auch als im Wege des Direktanspruchs mitverklagte Partei und als Streithelfer,[94] Kläger und Widerbeklagter, Streithelfer und Drittwiderbeklagter, als Partei und Beigeladener, als Angeklagter und Nebenklä-

---

87 OLG Köln AGS 2014, 451 = RVGreport 2014, 362 = Rpfleger 2015, 51 = JurBüro 2014, 528; vgl. auch BGH NJW 2006, 3715 = AnwBl 2004, 450 = Rpfleger 2007, 75.
88 Vgl. *Hansens*, JurBüro 1989, 903.
89 BGH AGS 2014, 249 = NJW-RR 2014, 186 = MDR 2014, 187 = JurBüro 2014, 140.
90 Auch als Belegärztegemeinschaft.
91 OLG Köln AGS 2006, 277–278 = RVGreport 2006, 264; AG Euskirchen DGVZ 2015, 259; AG Euskirchen DGVZ 2012, 103.
92 AG Schwabach AGS 2005, 244 (betr. Gemeinschaftspraxis).
93 BGH AGS 2010, 166 = NJW 2010, 1377 = RVGreport 2010, 100 = zfs 2010, 166 = JurBüro 2010, 247; OLG Celle AGS 2014, 116 = MDR 2014, 117 = NJW-Spezial 2014, 187; OLG Koblenz JurBüro 2004, 484; OLGR Braunschweig 2001, 181.
94 BGH AGS 2010, 166 = NJW 2010, 1377 = RVGreport 2010, 100 = zfs 2010, 166 = JurBüro 2010, 247.

ger). Nein, weil der Anwalt nur einen Mandanten hat (vgl. § 7 Rdn 11). Ja, wenn der Anwalt hier für **verschiedene Personen** tätig wird (Partei und Streithelfer sind personenverschieden).[95]
- **Miterben:** Grds. ja (vgl. Rdn 22 ff.), es sei denn, die Erben setzen sich auseinander und der Anwalt, der mehrere von ihnen gemeinsam vertritt, rechnet nach Wertgebühren ab (keine Gegenstandsidentität).[96]
- **Mieter:** Bei gemeinsamer Anmietung ja, z.B. wenn der Anwalt mehrere Mieter gegen eine Räumungsklage verteidigt (vgl. Rdn 64 ff.). Gegenstandsidentität ist auch insoweit gegeben, weil es um eine gemeinschaftliche Schuld geht. Nein, wenn die Mieter in einer (teil)rechtsfähigen Verbindung auftreten und nur als deren Mitglieder beteiligt sind.
- **Mitgläubiger:** Ja, da es stets um Forderungen geht, die mehreren Personen gemeinschaftlich zusteht (§ 432 BGB). Der Anwalt vertritt für jede Person denselben Gegenstand.
- **Nebenintervenient und Partei:** → Mehrfache Parteirolle
- **Nebenkläger:** Ja, bei Vertretung mehrerer **Nebenkläger** in demselben Verfahren, jedenfalls dann, wenn keine entgegengesetzte Interessenlage der Nebenkläger besteht.[97] Fällt für den Vertreter der Nebenkläger eine **Wertgebühr** an, ist für deren Erhöhung aber zudem Gegenstandsidentität und gemeinschaftliche Beteiligung am Verfahrensgegenstand erforderlich.[98]
- **Nichtrechtsfähiger Verein:** Nein, weil er dem rechtsfähigen Verein gleichgestellt (vgl. Rdn 20 f.) und deshalb ein eigenständiger Mandant des Anwalts ist. Ja, falls der Anwalt (auch) einzelne Mitglieder vertritt, weil diese allein oder neben dem Verein persönlich in Anspruch genommen werden.
- **Partei kraft Amtes (Insolvenzverwalter, Zwangsverwalter, Nachlassverwalter, → Testamentsvollstrecker):** Nein, Auftraggeber ist die Partei kraft Amtes, nicht die betroffenen Personen (z.B. Erben). Ja, Auftrag durch mehrere Parteien kraft Amtes.[99] Ja (h.M.), bei Inanspruchnahme des Insolvenzverwalters als Partei kraft Amtes und als natürliche Person.[100]
- **Parteiwechsel:** Ja, bei gleichzeitiger Vertretung und nach BGH sogar auch dann, wenn der Anwalt die Vertretung des neuen Mandanten erst übernommen hat, nachdem der alte Mandant aus dem Verfahren ausgeschieden war (vgl. § 7 Rdn 30).[101] Der Rechtsanwalt ist hier in derselben Angelegenheit tätig.
- **Partnerschaftsgesellschaft** (eingetragene): Nein, sie kann nach §§ 7 Abs. 2 PartGG i.V.m. § 124 HGB unter ihrem Namen Rechte erwerben, Verbindlichkeiten eingehen und vor Gericht klagen und verklagt werden wie eine oHG; → Personenhandelsgesellschaft, auch für den Fall der Auftragserteilung durch die Partnerschaft und einem oder mehreren Partnern im eigenen Namen[102]
- **Personenhandelsgesellschaft:** Sie ist selbstständige Rechtsträgerin und als solche Mandantin des Anwalts (oHG, KG). Vertritt der Anwalt nur deren Interesse, nein; vertritt er daneben in Passivprozessen auch die einzelnen → Gesellschafter als Anspruchsgegner, grds. ja.
- **Pfändungsgläubiger:** Nein, wenn der Anwalt sie gemeinsam in einer Drittwiderspruchsklage vertritt und sie wegen verschiedener Forderungen in verschiedene Sachen[103] oder in dieselbe Sache[104] vollstreckt haben (jeweils keine Gegenstandsidentität, daher § 22). Ja, wenn sie wegen derselben Forderung (→ Gesamtgläubiger) vollstreckt haben.
- **Pflichtteilsberechtigte:** Nein (bei Wertgebühren), wenn sie gemeinsam Ansprüche gegen den Erben geltend machen, da verschiedene Gegenstände vorliegen (§ 22).[105]

---

[95] BGH AGS 2010, 166 = NJW 2010, 1377 = RVGreport 2010, 100 = zfs 2010, 166 = JurBüro 2010, 247; OLG Celle AGS 2014, 116 = MDR 2014, 117 = NJW-Spezial 2014, 187; KG 16.5.2014 – 2 W 136/13, juris.

[96] Vgl. OLG Karlsruhe JurBüro 1990, 334 (mehrere Miterben klagen auf Verteilung eines hinterlegten Erlöses).

[97] OLG Brandenburg AGS 2009, 325 = RVGreport 2009, 341; OLG Celle RVGreport 2008, 144; OLG Koblenz AGS 2005, 504 = StraFo 2005, 526 = JurBüro 2005, 589; LG Hamburg RVGreport 2011, 134; vgl. Burhoff/Volpert, RVG Straf- und Bußgeldsachen, Teil A: Mehrere Auftraggeber Rn 1452.

[98] OLG Brandenburg, AGS 2009, 325 = RVGreport 2009, 341; vgl. Burhoff/Volpert, RVG Straf- und Bußgeldsachen, Teil A: Mehrere Auftraggeber Rn 1453.

[99] BGH Rpfleger 1994, 271; OLG Düsseldorf JurBüro 1983, 1034.

[100] OLG Köln AGS 2008, 443 = JurBüro 2009, 308 = RVGreport 2008, 300; OLG Frankfurt Rpfleger 1983, 499.

[101] BGH AGS 2006, 583 = RVGreport 2007, 25 = NJW 2007, 769 = zfs 2007, 226; OLG Nürnberg AGS 2010, 167 = MDR 2010, 532, auch wenn die verklagte Partei bei Klageerhebung nicht mehr existiert.

[102] VG Düsseldorf AGS 2011, 215; LG Berlin Rpfleger 1997, 190 = JurBüro 1998, 141.

[103] OLG Bamberg JurBüro 1977, 489.

[104] OLG Düsseldorf JurBüro 1978, 1649 = Rpfleger 1978, 426 = AnwBl 1978, 422.

[105] OLG München JurBüro 1990, 602.

- **Praxisgemeinschaft:** Sie beschreibt einen nur äußerlichen Zusammenschluss von getrennt arbeitenden Heilberuflern[106] und ist der → Bürogemeinschaft von Anwälten, Steuerberatern oder Architekten vergleichbar (siehe dort); siehe auch → Gemeinschaftspraxis.
- **Privatkläger:** Ja, wenn der Anwalt mehrere von ihnen in einem Verfahren vertritt, → Nebenkläger (vgl. Rdn 73).[107]
- **Prozessstandschaft:** Nein, Auftraggeber ist der Prozessstandschafter. Er ist nicht Vertreter mehrerer Personen.[108] Auftrag durch **mehrere Prozessstandschafter**: Ja
- **Prozessverbindung:** → Verfahrensverbindung
- **Schädiger:** Ja, wenn und soweit gegen sie dieselben Schadenspositionen geltend gemacht werden (Haftung als → Gesamtschuldner). Nein bei Wertgebühren, wenn es jeweils um unterschiedliche Schadenspositionen geht (keine Gegenstandsidentität).
- **Spruchverfahren (SpruchG):** → Gemeinsamer Vertreter
- **Steuerberatersozietät:** Sie wird regelmäßig in der Rechtsform einer → Gesellschaft bürgerlichen Rechts (siehe dort) und vergleichbar einer → Anwaltssozietät betrieben (siehe dort). Sind die Steuerberater/-bevollmächtigten nur äußerlich zusammen geschlossen und in diesem Rahmen getrennt tätig, liegt eine → Bürogemeinschaft vor (siehe dort).
- **Störer:** Vgl. Rdn 59 ff. und 64 ff. und → Unterlassungsansprüche
- **Streitgenossen:** Grds. ja mit einer Ausnahme: es handelt sich um unechte Streitgenossen (keine Gegenstandsidentität) und der Anwalt rechnet nach Wertgebühren ab (vgl. Rdn 51 ff.).
- **Streithelfer und Partei:** → Mehrfache Parteirolle
- **Teilgläubiger:** Die Forderung eines jeden Gläubigers ist gegenüber der des anderen rechtlich selbstständig (§ 420 BGB). Mithin liegen verschiedene Gegenstände vor. Wird die Angelegenheit nach Wertgebühren abgerechnet, nein; wird sie nach Fest- oder Rahmengebühren abgerechnet, ja.
- **Teilschuldner:** Der Gläubiger hat gegenüber jedem Schuldner einen selbstständigen Anspruch auf die jeweils zu erbringende Teilleistung (§ 420 BGB). Daher mangels Gegenstandsidentität nein bei Wertgebühren, ansonsten ja.
- **Testamentsvollstrecker:** Ja, wenn der Anwalt mehrere Testamentsvollstrecker desselben Nachlasses (§ 2224 BGB) vertritt, da diese nicht Vertreter, sondern Partei kraft eigenen Amtes, also mehrere Auftraggeber/Mandanten sind.[109]
- **Unterhaltsgläubiger:** Nein, die Unterhaltsansprüche mehrerer Unterhaltsgläubiger betreffen in derselben Angelegenheit verschiedene Gegenstände – auch bei Geltendmachung von Kindesunterhalt in Prozessstandschaft und für sich selbst, so dass gem. § 22 Abs. 1 Wertaddition erfolgt.[110] Ja, bei Festgebühren in der Beratungshilfe (vgl. Rdn 72 ff.).
- **Unterlassungsansprüche von Streitgenossen:** Ja, wenn ein Anspruch der Gesellschaft durch die BGB-Gesellschafter als → Streitgenossen für die Gesellschaft[111] geltend gemacht wird oder wenn Gesamthänder einen der Gemeinschaft zustehenden Anspruch geltend machen;[112] dann besteht Gegenstandsidentität; Im Übrigen Nein, weil auch gleichlautende Unterlassungsansprüche dann selbstständig und unabhängig nebeneinander bestehen (siehe Rdn 59 ff. und 64 ff.).[113]
- **Unterlassungsansprüche gegen Streitgenossen:** Nein, weil es an der erforderlichen Gegenstandsidentität fehlt. Denn die Ansprüche entstehen gegenüber Jedem gesondert, treffen also Jeden unabhängig voneinander und sind durch jeden Einzelnen von ihnen isoliert zu erfüllen.[114]

---

106 Zum Begriff siehe BFH NJW 2006, 111.
107 OLG Brandenburg AGS 2009, 325 = RVGreport 2009, 341; OLG Celle RVGreport 2008, 144; OLG Koblenz AGS 2005, 504 = StraFo 2005, 526 = JurBüro 2005, 589; LG Hamburg RVGreport 2011, 134; vgl. Burhoff/Volpert, RVG Straf- und Bußgeldsachen, Teil A: Mehrere Auftraggeber Rn 1452.
108 BGH NJW 1987, 2240; LAG München AGS 2009, 212 und AGS 2009, 252; OLG Koblenz JurBüro 200, 529.
109 OLG Düsseldorf JurBüro 1983, 1034 = AnwBl 1983, 518.
110 BGH NJW-RR 1991, 119 = AnwBl 1991, 54; OLG Bamberg JurBüro 1983, 129 = OLG Stuttgart JurBüro 1982, 1358.
111 OLG Düsseldorf NJW-RR 2002, 645; OLG Hamburg JurBüro 2000, 582 = MDR 2000, 727; OLG Köln JurBüro 1994, 157; Gerold/Schmidt/*Müller-Rabe*, RVG, VV 1008 Rn 211.
112 KG MDR 2006, 177; KG AGS 2005, 495 = JurBüro 2005, 589.
113 KG AGS 2005, 495 = JurBüro 2005, 589; OLG Düsseldorf JurBüro 1994, 544; OLG Hamburg JurBüro 1998, 541; Gerold/Schmidt/*Müller-Rabe*, RVG, VV 1008 Rn 211.
114 BGH AGS 2008, 327 = AnwBl 2008, 638 = RVGreport 2008, 337 OLG Frankfurt MDR 2002, 236 = JurBüro 2002, 139; OLG Zweibrücken AnwBl 2000, 695; OLG Hamburg JurBüro 1990, 855; OLG Hamm 28.2.2002 – 23 W 421/01 (n.v.); OLG Hamm 12.2.2002 – 23 W 261/01 (n.v.).

Gleiches gilt, wenn gegen sie inhaltlich gleich lautende **Auskunftsansprüche** erhoben werden (vgl. auch Rdn 64 ff.).[115]
- **Verfahrensverbindung:** Ja, bei Wertgebühren aber nur wenn Gegenstandsidentität vorliegt (ansonsten Addition gem. § 22). Der Anwalt darf wählen, ob er die vor der Verbindung entstandenen Verfahrensgebühren oder die danach entstandene abrechnen will.
- **Verteidiger:** → Angeklagte
- **Vor-GmbH (GmbH i.G.):** Sie beschreibt das Stadium der GmbH-Gründung nach Abschluss des notariellen GmbH-Vertrages aber vor Eintragung in das Handelsregister. Nein, wenn der Anwalt Interessen der Gesellschaft vertritt, die als solche so behandelt wird, als sei sie schon eingetragen (vgl. Rdn 20 f.). Nein auch für die Vorgründungsgesellschaft (Stadium zwischen – privatschriftlicher – Verabredung zur GmbH-Gründung und Abschluss des notariellen Vertrages), die als → Gesellschaft bürgerlichen Rechts verstanden wird (siehe dort).
- **Wohnungseigentümergemeinschaft:** Grds. nein, nachdem der BGH die Teilrechtsfähigkeit des Verbandes anerkannt hat (vgl. Rdn 27 ff.).[116] Ausgenommen sind Angelegenheiten der Wohnungseigentümer als Einzelpersonen untereinander. Dann ja, bei Wertgebühren aber nur im Fall von Gegenstandsidentität (siehe Rdn 51 ff.).
- **Zeugenbeistand:** Ja, ein Rechtsanwalt, der in einer Hauptverhandlung **mehreren Zeugen** beisteht, wird für **mehrere Auftraggeber** in **derselben Angelegenheit** tätig und erhält deshalb einmalig die Gebühren nach VV Teil 4, Abschnitt 1 oder 3, allerdings mit der Erhöhung nach VV 1008[117] (vgl. Rdn 44).[118]
- **Zusammenveranlagte Ehegatten:** Ja, wenn zusammenveranlagte Ehegatten aus einem Steuerbescheid als Gesamtschuldner in Anspruch genommen werden.[119]

II. Dieselbe Angelegenheit

1. Dieselbe Angelegenheit für mehrere Auftraggeber

Voraussetzung für die Gebührenerhöhung nach VV 1008 ist, dass der Rechtsanwalt in **derselben Angelegenheit** mehrere Personen als Auftraggeber hat. Gem. § 15 Abs. 2 kann der Rechtsanwalt die Gebühren in derselben Angelegenheit nur einmal fordern. Der Begriff der Angelegenheit hat für die Geschäftsbesorgung des Anwalts damit zentrale Bedeutung, weil hierdurch der mit dem Auftrag individuell festgelegte **Rahmen der Interessenvertretung** beschrieben wird (vgl. § 15 Rdn 22 ff.).[120] Betrifft die Mehrfachvertretung in derselben Angelegenheit **mehrere Auftraggeber,** so wird **nur eine Gebühr** (Verfahrens- oder Geschäftsgebühr) nach VV 1008 abhängig vom Gebührentyp erhöht (z.B. eine Wertgebühr mit 0,3).[121] Für jeden weiteren Auftraggeber erhält der Anwalt jeweils **nur eine** weitere **Erhöhung,** die insgesamt maximal das Doppelte der einfachen Gebühr erreichen kann (VV 1008). Entscheidend für die Anhebung der Verfahrens- oder Geschäftsgebühr ist die Personenverschiedenheit der Auftraggeber.

Da **jede Angelegenheit gebührenrechtlich** eine **eigene Abrechnungseinheit** darstellt (§ 15 Abs. 1), ist das Gesetz bestrebt, diesen Rahmenbegriff gegenständlich möglichst klar auszufüllen. Eine allgemein gültige Definition des sachlichen Gehalts wird aber angesichts der vielfältigen Variations-

---

[115] OLG München JurBüro 2004, 376; OLG Frankfurt MDR 2002, 236 = JurBüro 2002, 139; OLG Düsseldorf GRUR 2000, 825.

[116] Zum „Übergangsrecht" siehe BGH RVGreport 2008, 185; BGH AGS 2007, 371 = MDR 2007, 683; OLG Zweibrücken JurBüro 2006, 536; OLG München RVGreport 2006, 386.

[117] OLG Celle Nds.Rpfl. 2007, 351 = RVGreport 2008, 144; OLG Düsseldorf AGS 2010, 71 = Rpfleger 2010, 47 = JurBüro 2010, 33 = StRR 2009, 443 = RVGprof. 2010, 6; OLG Koblenz JurBüro 2005, 589 = AGS 2005, 504 = RVGreport 2006, 430; LG Hamburg RVGreport 2011, 134 = RVGprof. 2010, 80, allerdings aufgehoben durch OLG Hamburg NStZ-RR 2011, 64; *Burhoff*, RVGreport 2004, 458; OLG Düsseldorf JurBüro 1991, 70, noch zur BRAGO.

[118] Zur Höhe der Vergütung des Zeugenbeistands vgl. *Burhoff*, RVGreport 2016, 122; *Burhoff*, RVG Straf- und Bußgeldsachen, VV Vorb. 4.1 Rn 5 ff.

[119] FG Köln AGS 2010, 489 = EFG 2010, 1638 = DStRE 2011, 187.

[120] BGH AGS 2014, 263 = RVGreport 2014, 388 = NJW 2014, 2126 = Rpfleger 2014, 554 = JurBüro 2014, 471.

[121] BGH AGS 2014, 263 = RVGreport 2014, 388 = NJW 2014, 2126.

möglichkeiten gar nicht erst versucht.[122] Weisungsgemäß erbrachte anwaltliche Leistungen betreffen i.d.R. dieselbe Angelegenheit, wenn zwischen ihnen ein innerer Zusammenhang besteht und sie sowohl inhaltlich als auch in der Zielsetzung so weitgehend übereinstimmen, dass von einem einheitlichen Rahmen der anwaltlichen Tätigkeit gesprochen werden kann.[123] Auf die Erl. zu § 7 Rdn 19 ff. wird verwiesen.

37 Da VV 1008 voraussetzt, dass der Anwalt **mindestens zwei Auftraggeber** (Vertragspartner) haben muss, wenn er für eine Mehrfachvertretung die Erhöhung der Verfahrens- oder Geschäftsgebühr geltend machen will (vgl. Rdn 15 f.), **bedarf** es stets einer **gemeinsamen Beauftragung** oder **mehrerer Einzelaufträge in derselben Angelegenheit**.(zur Unanwendbarkeit von VV 1008 bei getrennten Verfahren siehe § 7 Rdn 22[124]). Dass der Anwalt seinen Auftrag von mehreren Auftraggebern erhalten hat, steht der Annahme eines einheitlichen Auftrags und damit derselben Angelegenheit nicht entgegen.[125] Diese Fallgestaltung ist tatbestandlich in § 7 enthalten und dort kommentiert (siehe § 7 Rdn 19 ff.).

38 Hervorzuheben bleibt, dass keine gemeinsame Beauftragung gegeben sein muss. Vielmehr reicht es aus, wenn nur ein **zeitlich begrenzter Abschnitt** oder ein **einzelner Gegenstand** der anwaltlichen Tätigkeit von verschiedenen Auftraggebern getragen wird. Ist insoweit die „gemeinschaftliche"[126] Beteiligung eingeschränkt, wird das bei der Berechnung der Erhöhung berücksichtigt (Anm. Abs. 2). Regelmäßig ist das gerichtliche Verfahren in einem Rechtszug eine Angelegenheit. Es liegt dieselbe gebührenrechtliche Angelegenheit vor, wenn Ansprüche gegen zwei Parteien von vornherein zum Gegenstand eines Klageverfahrens gemacht werden und das Gericht eine Trennung wegen des zwischen den verschiedenen Gegenständen der anwaltlichen Tätigkeit bejahten Zusammenhangs ablehnt.[127]

39 Dieselbe Angelegenheit i.S.d. § 15 Abs. 2 kann auch vorliegen, wenn mehrere Auftraggeber einen Rechtsanwalt zu **unterschiedlichen Zeitpunkten** beauftragen.[128]

2. Problemfälle

a) Sukzessive Vertretung

40 Nach der Rechtsprechung des BGH[129] liegt dieselbe Angelegenheit vor und ist die Beteiligung auch dann „gemeinschaftlich", wenn der Anwalt die Mandanten nacheinander vertritt (der Anwalt übernimmt die Vertretung des neuen Mandanten erst, nachdem der alte Mandant aus dem Verfahren ausgeschieden war; vgl. § 7 Rdn 30). VV 1008 ist anwendbar, weil der Rechtsanwalt mehrere Mandanten hat (vgl. Rdn 26).[130]

---

122 OLG Köln 11.6.2014 – 17 W 59/14, juris. Siehe aber die abstrakte Begriffsausfüllung durch die Rspr.: Eine Angelegenheit liegt vor, wenn innerlich zusammengehörende Gegenstände in einem einheitlichen Rahmen bearbeitet und von einem einheitlichen Auftrag umfasst werden (vgl. BGH AGS 2014, 263 = RVGreport 2014, 388 = NJW 2014, 2126; BGH NJW 2011, 782; BGH AGS 2008, 164; BVerwG AGS 2001, 246; OLG Düsseldorf AGS 2015, 128 = NStZ-RR 2014, 359 = RVGreport 2015, 64; OLG Stuttgart AGS 2013, 324 = NJW-RR 2013, 63).
123 Vgl. BVerfG RVGreport 2014, 303; BGH AGS 2016, 61 = RVGreport 2016, 94; BGH AGS 2014, 263 = RVGreport 2014, 388 = NJW 2014, 2126; OLG Düsseldorf NStZ-RR 2014, 359 = RVGreport 2015, 64; OLG Düsseldorf AGS 2011, 534 = JurBüro 2011, 592, Tz 40; OLG Celle AGS 2014, 116 = MDR 2014, 117 = NJW-Spezial 2014, 187; N. Schneider, NJW-Spezial 2014, 187 = NJW 2011, 998.
124 Siehe auch LSG Schleswig-Holstein AGS 2007, 407.
125 Vgl. BSG AGS 2014, 458 = RVGreport 2014, 341; BGH MDR 2011, 949 = RVGreport 2011, 339 = NJW 2011, 3167; OLG Celle AGS 2014, 116 = MDR 2014, 117 = NJW-Spezial 2014, 187; VG Düsseldorf AGS 2011, 215.
126 Nach BGH NJW 2007, 769 = MDR 2007, 385 = AGS 2007, 582 ist die Beteiligung auch dann „gemeinschaftlich", wenn der Anwalt die Mandanten nacheinander vertritt (vgl. § 7 Rdn 30).
127 BGH AGS 2016, 316 = RVGreport 2016, 215 = NJW-RR 2016, 883.
128 BGH AGS 2014, 263 = RVGreport 2014, 388 = NJW 2014, 2126 = Rpfleger 2014, 554 = JurBüro 2014, 471; BGH MDR 2011, 949 = RVGreport 2011, 339 = NJW 2011, 3167.
129 BGH AGS 2006, 583 = RVGreport 2007, 25 = NJW 2007, 769 = zfs 2007, 226.
130 BGH AGS 2010, 166 = NJW 2010, 1377 = RVGreport 2010, 100 = zfs 2010, 166 = JurBüro 2010, 247; OLG Celle AGS 2014, 116 = MDR 2014, 117 = NJW-Spezial 2014, 187.

b) Mehrfache Parteirolle

Vertritt der Rechtsanwalt bspw. sowohl den Beklagten als auch dessen Streithelfer, ist gebührenrechtlich von derselben Angelegenheit auszugehen, wenn ein innerer Zusammenhang im Sinne eines einheitlichen von dem Rechtsanwalt zu prüfenden Lebenssachverhalt auszugehen ist. Sind die Mandanten personenverschieden, fällt die Erhöhung nach VV 1008 an.[131] **41**

c) Verfassungsbeschwerdeverfahren

Nach ständiger Rechtsprechung des **BVerfG** liegen **keine verschiedenen Angelegenheiten** vor, wenn die Begehren mehrerer Auftraggeber einheitlich in demselben **Verfassungsbeschwerdefahren** geltend gemacht werden und zwischen den Begehren ein innerer Zusammenhang besteht.[132] Wegen § 7 Abs. 1 erhält der Rechtsanwalt, der in demselben Verfassungsbeschwerdeverfahren für mehrere Auftraggeber tätig wird, die Verfahrensgebühr VV 3206 daher nur einmal (zur Frage der Gebührenerhöhung nach VV 1008 oder der Wertaddition gem. § 22 Abs. 1 vgl. Rdn 53). **42**

d) Mehrere Privat- oder Nebenkläger

Bei der Vertretung mehrerer Privat- oder **Nebenkläger** in demselben gerichtlichen Verfahren liegt stets **dieselbe gebührenrechtliche Angelegenheit** vor. Denn ein Strafverfahren bildet dieselbe Angelegenheit i.S.v. §§ 7 Abs. 1, 15 Abs. 2.[133] Auch die Vertretung mehrerer Nebenkläger in **demselben Adhäsionsverfahren** betrifft wegen §§ 7 Abs. 1, 15 Abs. 2 stets dieselbe gebührenrechtliche Angelegenheit.[134] Allerdings können verschiedene Gegenstände betroffen sein, was bei Wertgebühren nicht zu einer Erhöhung nach VV 1008, sondern zu einer Wertzusammenrechnung gem. § 22 Abs. 1 führt.[135] **43**

e) Beistand für mehrere Zeugen

Der in einer Strafsache **mehreren Zeugen** als **Beistand** gem. § 68b Abs. 2 StPO beigeordnete oder sonst für mehrere Zeugen tätige Rechtsanwalt wird ebenfalls für mehrere Auftraggeber in derselben Angelegenheit tätig und erhält deshalb die Gebühren gem. §§ 7 Abs. 1, 15 Abs. 2 – mit der Erhöhung nach VV 1008 – nur einmal. Der Zeugenbeistand kann deshalb nicht für jeden Zeugen gesonderte Gebühren abrechnen, weil das gleiche Strafverfahren stets dieselbe Angelegenheit i.S.v. §§ 7 Abs. 1, 15 Abs. 2 darstellt.[136] Wenn die mehreren Zeugen, denen der Rechtsanwalt als Beistand beigeordnet worden ist, in dem Strafverfahren zu verschiedenen Anklagevorwürfen vernommen werden, sollen nach einer Auffassung verschiedene Angelegenheiten vorliegen.[137] Denn die Beiordnung erfolge hier nicht in derselben Angelegenheit i.S.v. § 7 Abs. 1. Diese Auffassung ist abzulehnen. Die Tätig- **44**

---

131 BGH AGS 2010, 166 = NJW 2010, 1377 = RVGreport 2010, 100 = zfs 2010, 166 = JurBüro 2010, 247; OLG Celle AGS 2014, 116 = MDR 2014, 117 = NJW-Spezial 2014, 187.

132 BVerfG 4.11.2014 – 2 BvR 2238/13, juris; BVerfG 27.10.2010 – 1 BvR 2736/08, RVGreport 2011, 59; BVerfG NJW-RR 2001, 139; BVerfG AGS 1998, 19 = NJW 1997, 3430 = JurBüro 1998, 78 = Rpfleger 1998, 82.

133 OLG Brandenburg AGS 2009, 325 = RVGreport 2009, 341; OLG Düsseldorf AGS 2010, 71 = Rpfleger 2010, 47 = JurBüro 2010, 33 = StRR 2009, 443 = RVGprof. 2010, 6; OLG Celle Nds.Rpfl. 2007, 351 = RVGreport 2008, 144; OLG Koblenz JurBüro 2005, 589 = AGS 2005, 504 = StraFo 2005, 526; a.A., verschiedene Angelegenheiten KG AGS 2009, 529 = AnwBl 2009, 727 = JurBüro 2009, 529 = RVGreport 2009, 302 = VRR 2009, 238; auch OLG Hamburg 2.8.2010 – 2 Ws 95/10, JurionRS 2010, 26004, allerdings zum Zeugenbeistand.

134 OLG Brandenburg AGS 2009, 325 = RVGreport 2009, 341.

135 OLG Brandenburg AGS 2009, 325 = RVGreport 2009, 341.

136 OLG Düsseldorf AGS 2010, 71 = Rpfleger 2010, 47 = JurBüro 2010, 33 = StRR 2009, 443 = RVGprof. 2010, 6; OLG Brandenburg AGS 2009, 325 = RVGreport 2009, 341; OLG Celle Nds.Rpfl. 2007, 351 = RVGreport 2008, 144; OLG Koblenz JurBüro 2005, 589 = AGS 2005, 504 = StraFo 2005, 526; *Burhoff*, RVGreport 2016, 122; a.A. OLG Hamburg 2.8.2010 – 2 Ws 95/10, JurionRS 2010, 26004; so auch KG AGS 2009, 529 = AnwBl 2009, 727 = JurBüro 2009, 529 = RVGreport 2009, 302 = VRR 2009, 238, zur Vertretung mehrerer Nebenkläger.

137 So OLG Hamburg 2.8.2010 – 2 Ws 95/10, JurionRS 2010, 26004; so auch KG AGS 2009, 529 = AnwBl 2009, 727 = JurBüro 2009, 529 = RVGreport 2009, 302 = VRR 2009, 238, zur Vertretung mehrerer Nebenkläger.

keiten des Beistands für die zu verschiedenen Anklagevorwürfen vernommenen mehreren Zeugen betreffen verschiedene Gegenstände, nicht aber verschiedene Angelegenheiten.

III. Derselbe Gegenstand bei Wertgebühren (Anm. Abs. 1)

1. Mehrere Auftraggeber und Wertgebühren

a) Gebührenerhöhung oder Wertzusammenrechnung

45 Die Erhöhung nach VV 1008 tritt bei **Wertgebühren** (§ 13) nur ein, wenn und soweit Gegenstandsidentität vorliegt, der Gegenstand der anwaltlichen Tätigkeit somit derselbe ist.[138] Betrifft die anwaltliche Tätigkeit für mehrere Auftraggeber in derselben Angelegenheit dagegen verschiedene Gegenstände, erfolgt keine Gebührenerhöhung nach VV 1008, sondern ggf. **Wertaddition** gem. § 22.[139] Der Mehraufwand für mehrere Auftraggeber wird also grds. durch die Gebührenerhöhung nach VV 1008 (bei Gegenstandsidentität) **oder** durch Wertzusammenrechnung nach § 22 Abs. 1 (bei Wertgebühren) abgegolten.[140] Die Erhöhung nach VV 1008 sowie die Wertaddition gem. § 22 schließen sich grds. aus.[141]

b) Satzrahmengebühren

46 Auch die **Satzrahmengebühr** (z.B. die Geschäftsgebühr VV 2300, 2301) ist im Ergebnis eine Wertgebühr. Nach Bestimmung des Gebührensatzes (§ 14 Abs. 1) wird die Höhe der Gebühr anhand des Gegenstandswertes aus der Gebührentabelle (§ 13) abgelesen. Auch die Erhöhung der Satzrahmengebühr setzt daher Gegenstandsidentität für die mehreren Auftraggeber voraus.

c) Mischfälle Gegenstandsidentität und -verschiedenheit

47 Zu Mischfällen, wenn bei mehreren Auftraggebern tlw. Gegenstandsverschiedenheit und tlw. Gegenstandidentität vorliegt, vgl. Rdn 123 ff.

2. Begriff des Gegenstandes

a) Recht oder Rechtsverhältnis

48 Der Begriff des gebührenrechtlichen Gegenstandes ist vom Gesetzgeber nicht näher bestimmt worden. Es geht hierbei um den **Gegenstand der anwaltlichen Tätigkeit**. Maßgeblich ist allein der **sachliche Gehalt** dieser Tätigkeit **ungeachtet der jeweiligen Person desjenigen, für den der Anwalt** tätig wird.[142] Das folgt ohne weiteres aus der gesetzlichen Vorgabe in Anm. Abs. 1, ein Gegenstand könne **trotz Mehrzahl und Verschiedenheit der Mandanten derselbe** sein. Worum es jeweils geht, bestimmt sich nach der anwaltlichen **Aufgabenstellung im Einzelfall**. Dabei handelt es sich zwar stets um die **Wahrnehmung von einseitigen Rechtspositionen,** nämlich um Rechtsverfolgung oder um Rechtsverteidigung (vgl. § 91 Abs. 1 S. 1 ZPO). Diese werden aber – ähnlich wie

---

138 BVerfG 4.11.2014 – 2 BvR 2238/13, juris; BGH AGS 2014, 263 = RVGreport 2014, 388 = NJW 2014, 2126; OVG NRW AGS 2012, 235 = NJW-Spezial 2012, 252; OLG Koblenz AGS 2009, 160 = JurBüro 2009, 249.
139 BGH AGS 2014, 263 = RVGreport 2014, 388 = NJW 2014, 2126; OLG Köln AGS 2015, 284 = RVGreport 2015, 458 = NJW-Spezial 2015, 476; OVG NRW AGS 2012, 235 = NJW-Spezial 2012, 252; OLG Koblenz AGS 2009, 160 = JurBüro 2009, 249; VG Darmstadt 10.1.2015 – 5 O 1394/15.DA, juris.
140 OLG Köln AGS 2015, 284 = RVGreport 2015, 458 = NJW-Spezial 2015, 476; OVG NRW AGS 2012, 235 = NJW-Spezial 2012, 252; OVG NRW NJW 2012, 1750 = Rpfleger 2012, 357; FG Köln 23.4.2012 – 10 Ko 1766/11, juris = EFG 2012, 1498.
141 OLG Köln AGS 2015, 284 = RVGreport 2015, 458 = NJW-Spezial 2015, 476; OLG Köln 11.6.2014 – 17 W 59/14, juris; VG Darmstadt 10.1.2015 – 5 O 1394/15.DA, juris; vgl. auch LG Mannheim AGS 2012, 324 = AnwBl 2013, 149 = RVGreport 2012, 414.
142 Vgl. BGH NJW 2005, 3786 = AGS 2006, 89 = AnwBl 2006, 74; OLG Hamm OLGR 1999, 111.

beim Streitgegenstand eines Prozesses[143] – erst durch die konkreten Daten eines Sachverhalts und die daran geknüpften Rechtsfolgen festgelegt. Der Gegenstand der anwaltlichen Tätigkeit wird aus dem Recht oder Rechtsverhältnis gebildet, auf das sich die jeweilige Tätigkeit des Anwalts bezieht.[144]

b) Abgrenzung verschiedener Gegenstände

Da die anwaltliche Tätigkeit zugleich mehrere Gegenstände umfassen kann (§ 22 Abs. 1), bedarf es der **Abgrenzung von Gegenständen untereinander**. Dies geschieht durch eine Beschränkung der Sache nach auf die **kleinste Einheit einer Rechtsposition** anhand der **Bestimmungsgrößen Sachverhalt und Rechtsfolge:** 49
- **Verschiedene Rechtsfolgen** ergeben **verschiedene Gegenstände**, auch wenn sie aus demselben Sachverhalt hergeleitet werden.
- **Verschiedene Sachverhalte** ergeben **verschiedene Gegenstände**, auch wenn die daraus hergeleiteten Rechtsfolgen inhaltsgleich sind.
- So stellt etwa jede einzelne Schadensposition, die **aus einer einzigen unerlaubten Handlung als anspruchsbegründendem Sachverhalt** hergeleitet wird, einen eigenen Gegenstand dar. Andererseits besteht etwa ein **einziges Zahlungsbegehren als geltend gemachte Rechtsposition** aus so vielen Gegenständen, wie es voneinander unabhängige Tatbestände zur Grundlage hat.

3. Abgrenzung zur Angelegenheit

Während der **Gegenstand** inhaltlich eine **Rechtsposition** umschreibt, die von dem Anwalt vertreten wird,[145] steht in Abgrenzung dazu der Begriff der **Angelegenheit** für den **Vorgang**, der den **äußeren Rahmen bei der Wahrnehmung dieser Rechtsposition** abgibt (im Übrigen siehe auch § 7 Rdn 24 f.).[146] Die Angelegenheit ist deshalb nicht identisch mit dem gebührenrechtlichen Begriff des Gegenstands.[147] **Gegenstand** und **Angelegenheit** verhalten sich **ähnlich** zueinander **wie** das **Begriffspaar Streitgegenstand und Rechtsstreit**. Einerseits wird die Sache als solche angesprochen und zum anderen das Verfahren, in dem sie dargelegt wird. Die Angelegenheit bildet den Rahmen, der eine Vielzahl von anwaltlichen Tätigkeiten in einer gebührenrechtlichen Einheit zusammenschließt.[148] Eine Angelegenheit kann mehrere Gegenstände umfassen.[149] 50

4. Gegenstandsidentität oder Gegenstandsverschiedenheit

Für jeden Gegenstand, auf den der Anwalt seine Tätigkeit erstreckt, fallen die (wertabhängigen) Regelgebühren entweder nach dem einzelnen Gegenstandswert oder nach einem zusammengerechneten Wert an, falls in derselben Angelegenheit noch weitere Gegenstände hinzukommen (§ 22 51

---

143 Dieser beschreibt allerdings keine einseitige Interessenvertretung, sondern im Gegensatz zum Gegenstand der anwaltlichen Tätigkeit ein (mehrseitiges) Rechtsverhältnis, was eine Gleichstellung hindert (a.A. SchlHOLG JurBüro 1980, 1505 ff.).
144 BGH AGS 2014, 263 = RVGreport 2014, 388 = NJW 2014, 2126 = Rpfleger 2014, 554 = JurBüro 2014, 471; BGH AGS 2010, 213 = RVGreport 2010, 272 = NJW 2010, 1373 = zfs 2010, 342 = MDR 2010, 718; BGH AGS 2010, 587 = NJW 2010, 3037 = RVGreport 2011, 15; OVG NRW NJW 2012, 1750 = Rpfleger 2012, 357; LG Mannheim GRUR-RR 2014, 370; OLG Celle AGS 2014, 116 = MDR 2014, 117 = NJW-Spezial 2014, 187.
145 BGH AGS 2014, 263 = RVGreport 2014, 388 = NJW 2014, 2126; BGH NJW 2011, 3167 = RVGreport 2011, 339 = JurBüro 2011, 522; BGH AGS 2010, 213 = RVGreport 2010, 272 = NJW 2010, 1373 = zfs 2010, 342 = MDR 2010, 718; OLG Köln 11.6.2014 – 17 W 59/14, juris.
146 BSG AGS 2014, 458 = RVGreport 2014, 341; BGH MDR 2005, 1376 = RVGreport 2005, 339 = Rpfleger 2005, 629; NJW 2004, 1043 = MDR 2004, 715 = JurBüro 2004, 562; NJW 1995, 1431 = MDR 1995, 641; BGH AnwBl 1984, 501; OLG Köln 11.6.2014 – 17 W 59/14, juris; OLG Köln 20.5.2010 – 17 W 80/10, juris.
147 BGH AGS 2014, 263 = RVGreport 2014, 388 = NJW 2014, 2126; BGH NJW 2011, 3167 = RVGreport 2011, 339 = JurBüro 2011, 522; OLG Köln 11.6.2014 – 17 W 59/14, juris; OLG Köln 20.5.2010 – 17 W 80/10, juris.
148 BSG AGS 2014, 458 = RVGreport 2014, 341; BGH AGS 2014, 263 = RVGreport 2014, 388 = NJW 2014, 2126; OLG Köln 20.5.2010 – 17 W 80/10, juris.
149 BGH AGS 2014, 263 = RVGreport 2014, 388 = NJW 2014, 2126 = Rpfleger 2014, 554 = JurBüro 2014, 471; OLG Köln 11.6.2014 – 17 W 59/14, juris.

Abs. 1).[150] Ob diese **nur einen oder mehrere Mandanten** betreffen, ist **gebührenrechtlich ohne Belang**. Die Zusammenrechnung der Gegenstandswerte gilt auch, wenn ein Anwalt in derselben Angelegenheit mehrere Mandanten vertritt und insoweit jeweils verschiedene Gegenstände vorliegen (unechte Streitgenossen).

52 Handelt es sich hingegen bei einer **Mehrfachvertretung in derselben Angelegenheit** lediglich um **ein und denselben Gegenstand**, so bleibt es zwar bei dem Grundsatz, dass der Anwalt die **Regelgebühren nur einmal** erhält (§ 7 Abs. 1). Gleichwohl findet nach VV 1008 eine **Gebührenerhöhung** statt, weil auch hier wie bei jeder Mehrfachvertretung mit verschiedenen Gegenständen zu vermuten ist, dass der Anwalt gegenüber einer Einzelvertretung **zusätzliche Leistungen** erbringen muss. Dabei geht das Gesetz allerdings davon aus, dass sich die Mehrbelastung des Anwalts typischerweise in engeren Grenzen hält, wenn und soweit er dieselbe Sache vertritt.

53 Ob bei einer Mehrfachvertretung in derselben Angelegenheit die **Wertgebühren** des Anwalts **nach VV 1008 oder nach § 22 Abs. 1** zu bemessen sind, richtet sich also allein danach, ob er für seine Mandanten **einen Gegenstand** oder **verschiedene Gegenstände** vertritt: Im ersten Fall erhält er nur eine Erhöhung der Verfahrens- oder Geschäftsgebühr, andernfalls sämtliche Regelgebühren nach den zusammengerechneten Werten.[151]

5. Häufung von identischen Gegenständen (Trennung/Verbindung)

54 Soll der Anwalt **verschiedene Rechtsfolgen** durchsetzen oder abwehren, ergibt sich daraus ohne Weiteres eine **Vielzahl von Gegenständen**. Unterscheiden sich jedoch die vertretenen **Rechtspositionen** sachlich nicht voneinander, stellt sich die Frage, ob sie **nur gleichartig** – d.h. zwar äußerlich gleich, aber inhaltlich verschieden – **oder identisch** sind. Letzteres trifft einzig dann zu, wenn sie **demselben Rechtsverhältnis entstammen und das nämliche Ziel verfolgen**.[152]

55 Eine **Häufung von identischen Gegenständen** in derselben Angelegenheit ist möglich. Sie liegt z.B. vor, wenn mehrere Rechtsinhaber Schadensersatz verlangen (Identität auf der **Aktivseite** für den gemeinsamen Anwalt der Gläubiger), und zwar von mehreren Störern als Gesamtschuldnern (Identität auf der **Passivseite** für den gemeinsamen Anwalt der Schuldner).

56 Zu einer **Trennung von identischen Gegenständen** kommt es, wenn die Angelegenheit, in der sie enthalten sind, etwa durch **Verfahrenstrennung** auseinander fällt. In verschiedenen Angelegenheiten vertretene Gegenstände können durch **Verfahrensverbindung** zu identischen Gegenständen **zusammenwachsen**.

6. Besonderheiten bei der Verfassungsbeschwerde

57 Der Rechtsanwalt, der die Begehren mehrerer Auftraggeber einheitlich in demselben **Verfassungsbeschwerdefahren** gem. § 13 Nr. 8a BVerfGG geltend macht, wird in **derselben Angelegenheit** tätig, wenn zwischen den Begehren ein innerer Zusammenhang besteht. Verfassungsbeschwerden mehrerer Auftraggeber betreffen **verschiedene Gegenstände**, auch wenn sie gegen denselben Akt der öffentlichen Gewalt gerichtet sind und demgemäß im Antrag übereinstimmen.[153] Die durch § 22 Abs. 1 für diese Fälle vorgeschriebene Wertaddition kann aber im Verfassungsbeschwerdeverfahren nicht erfolgen, weil sie in § 37 gesetzlich nicht vorgesehen ist. Die Tätigkeit für mehrere Auftraggeber muss hier gem. § 37 Abs. 2 S. 2 bei der gem. § 14 Abs. 1 vorzunehmenden Festsetzung des Gegenstandswertes berücksichtigt werden (vgl. § 37 Rdn 20 ff.).[154]

---

150 Zu den Ausnahmen (keine Zusammenrechnung etwa in den Fällen der sog. wirtschaftlichen Einheit) siehe die Erl. zu § 22.
151 BGH AGS 2014, 263 = RVGreport 2014, 388 = NJW 2014, 2126; OVG NRW AGS 2012, 235 = NJW-Spezial 2012, 252; OVG NRW NJW 2012, 1750 = Rpfleger 2012, 357; OLG Köln 20.5.2010 – 17 W 80/10, juris; FG Köln 23.4.2012 – 10 Ko 1766/11, juris = EFG 2012, 1498; LG Mannheim AGS 2012, 324 = AnwBl 2013, 149 = RVGreport 2012, 414.
152 OLG Hamm 22.11.1999 – 23 W 429/99 (n.v.).
153 Vgl. BVerfG 4.11.2014 – 2 BvR 2238/13, juris.
154 Vgl. BVerfG 4.11.2014 – 2 BvR 2238/13, juris.

7. Derselbe Gegenstand und gemeinschaftliche Beteiligung (Anm. Abs. 1, 2)

Nach Abs. 1 der Anm. zu VV 1008 ist für die Erhöhung von Wertgebühren erforderlich, dass der **Gegenstand** der anwaltlichen Tätigkeit **derselbe** ist. Nach Abs. 2 der Anm. zu VV 1008 wird die Erhöhung dann nach dem Betrag berechnet, an dem die Personen gemeinschaftlich beteiligt sind. 58

> **Beispiel:**
> Der Anwalt reicht für 4 Auftraggeber wegen eines gemeinschaftlichen Zahlungsanspruchs i.H.v. 5.000 EUR Klage ein.
> **Lösung:**
> 2,2 Verfahrensgebühr VV 3100, 1008   Wert 5.000 EUR   666,60 EUR
> (1,3 Verfahrensgebühr zzgl. Erhöhung um 0,9 nach VV 1008)

Umstritten ist, wie die Gebührenerhöhung zu berechnen ist, wenn für mehrere Auftraggeber bei denselben oder unterschiedlichen Gebührensätzen teilweise Gegenstandsidentität und teilweise Gegenstandsverschiedenheit vorliegt bzw. die Auftraggeber **teilweise gemeinschaftlich** bzw. **unterschiedlich** am Wert beteiligt sind (siehe hierzu Rdn 123 ff.).

a) Gemeinschaftliche Rechtsverfolgung

Sind in derselben Angelegenheit mehrere Mandanten an einer **Rechtsverfolgung gemeinschaftlich** beteiligt, so ist **Gegenstandsidentität** gegeben, wenn und soweit der Anwalt **für jeden dasselbe Begehren** erhebt. Der Gegenstand der anwaltlichen Tätigkeit ist dann derselbe, wenn der Rechtsanwalt für mehrere Auftraggeber wegen desselben Rechts oder Rechtsverhältnisses tätig wird.[155] Regelmäßig wird deshalb auf Seiten der **angreifenden Parteien** das Vorliegen desselben Gegenstandes für mehrere Auftraggeber nur angenommen, wenn diese ein einheitliches Recht in gemeinschaftlicher Trägerschaft, insbesondere als **Gesamt- oder Gesamthandsgläubiger**, geltend machen.[156] 59

Das ist z.B. der Fall, 60
– wenn **Gesamtgläubiger** gemeinsam Zahlung verlangen,[157]
– **Bruchteilseigentümer** (Mitgläubiger)[158] gemeinsam Gewährleistungsansprüche geltend machen[159] oder eine Löschungsbewilligung[160] einfordern,
– **Gesamthänder** in ihrer Verbundenheit auf **Unterlassung** klagen,[161]
– **mehrere Inhaber eines (absoluten) Rechts** gemeinsam **Unterlassung** von Störungen begehren oder den Störer auf Auskunft in Anspruch nehmen,[162]
– **mehrere Käufer** aufgrund des notariellen Kaufvertrags auf **Verschaffung von Bruchteilseigentum** klagen,[163]
– **mehrere Mitinhaber eines Patents** einen Verletzer wegen Patentverletzung abmahnen.[164]

b) Keine gemeinschaftliche Rechtsverfolgung

Selbstständig nebeneinander bestehende Rechte, auch wenn sie jeweils den gleichen Inhalt haben und auf das gleiche Ziel gerichtet sind, erfüllen dagegen nicht den Begriff desselben Gegenstandes.[165] 61

---

155 BGH AGS 2011, 277; BGH AGS 2010, 213 = RVGreport 2010, 272 = NJW 2010, 1373 = zfs 2010, 342 = MDR 2010, 718; BGH AGS 2008, 327 = AnwBl 2008, 638 = RVGreport 2008, 337; BGH NJW 2005, 3786 = AGS 2006, 69; OLG Köln AGS 2015, 284 = RVGreport 2015, 458 = NJW-Spezial 2015, 476; LG Mannheim GRUR-RR 2014, 370; VG München 30.5.2014 – M 2 M 13.197, juris; VG Kassel 11.11.2013 – 4 O 1011/13.KS, juris.
156 VG Kassel 11.11.2013 – 4 O 1011/13.KS, juris.
157 OLG München AnwBl 1988, 251 = JurBüro 1987, 1178 = Rpfleger 1987, 388; siehe auch OLG Nürnberg RVGreport 2008, 259 (Anwalt vertritt Zessionar sowie den einem Vergleich mit dem Schuldner beigetretenen Zedenten).
158 OLG Hamm 10.6.1998 – 23 W 175/98 (n.v.).
159 OLG Düsseldorf AnwBl 1988, 70.
160 OLG Düsseldorf AnwBl 1996, 475 = JurBüro 1996, 585.
161 KG AGS 2005, 495 m. Anm. *N. Schneider.*
162 OLG Köln JurBüro 1994, 157 (zu § 8 Abs. 2 UrhG); OLG Hamm 30.8.1996 – 23 W 310/96 (n.v.). Gleiches gilt, wenn mehrere Verkäufer gemeinsam auf Abnahme klagen (a.A. OLG Köln JurBüro 1987, 1354).
163 OLG Koblenz AGS 2009, 160 = JurBüro 2009, 249.
164 LG Mannheim GRUR-RR 2014, 370.
165 Vgl. BGH AGS 2014, 263 = RVGreport 2014, 388 = NJW 2014, 2126 = Rpfleger 2014, 554 = JurBüro 2014, 471; BVerfG AGS 1998, 19 = NJW 1997, 3430 = JurBüro 1998, 78 = Rpfleger 1998, 82; VG Kassel 11.11.2013 – 4 O 1011/13.KS, juris; VG Darmstadt 10.1.2015 – 5 O 1394/15.DA, juris.

An der Identität fehlt es, wenn mehrere Mandanten aus ein und demselben Vertrag individuelle Rechte herleiten, auch wenn diese jeweils inhaltlich gleich sind.[166] Ist durch einen Verwaltungsakt jeder Mandant in seinem persönlichen Recht betroffen und fechten die mehreren Mandanten diese **Verwaltungsakte** in einem gerichtlichen Verfahren durch ihren gemeinsamen Rechtsanwalt an, sind verschiedene Gegenstände betroffen.[167]

62 Vertritt der Rechtsanwalt den **Kläger** und den **Drittwiderbeklagten** in demselben gerichtlichen Verfahren, sind verschiedene Gegenstände betroffen mit der Folge, dass die Werte gem. § 22 Abs. 1 zu addieren sind und eine Gebührenerhöhung nach VV 1008 ausscheidet.[168]

63 Auch die **Unterhaltsansprüche** mehrerer Unterhaltsgläubiger betreffen verschiedene Gegenstände – auch bei Geltendmachung von Kindesunterhalt in Prozessstandschaft und für den Ehegatten-, so dass gem. § 22 Abs. 1 Wertaddition erfolgt.[169] Das gilt allerdings nicht in der **Beratungshilfe**, weil hier ggf. die Geschäftsgebühr nach VV 2503 anfällt, für deren Erhöhung es nicht auf Gegenstandsidentität ankommt (vgl. Rdn 72 ff.).

c) Gemeinschaftliche Rechtsverteidigung

64 Ob dasselbe Recht oder Rechtsverhältnis betroffen ist, bestimmt sich auch für den Beklagten nach dem Begehren des Klägers.[170] Bei einer **gemeinschaftlichen Rechtsverteidigung** von mehreren Auftraggebern **in derselben Angelegenheit** ist bspw. der **Gegenstand identisch**, wenn dem Anwalt die Aufgabe zuteil wird,
- einen **gegen mehrere Gesamtschuldner** gerichteten Zahlungsanspruch abzuwehren,[171]
- **Räumungsbegehren gegen mehrere Mieter** aus einem gemeinsamen Mietverhältnis zu Fall zu bringen,[172]
- einem **Herausgabeverlangen** gegen mehrere Mitbesitzer den Boden zu entziehen,[173] der Einziehung eines gemeinschaftlichen Erbscheins zu begegnen[174]
- oder die Abgabe von gleich lautenden Erklärungen aufgrund einheitlicher Verpflichtung zu verhindern.[175]

65 **Derselbe Gegenstand** ist also betroffen, wenn die gegen mehrere Personen gerichteten Begehren von jeder Person für alle anderen erfüllt werden können.[176]

d) Keine gemeinschaftliche Rechtsverteidigung (Abwehr von Unterlassungsansprüchen)

66 An der von Anm. Abs. 1 vorausgesetzten **Identität fehlt** es hingegen, wenn mehrere Mandanten im Rahmen gesetzlicher Schuldverhältnisse gleichermaßen auf **Unterlassung** in Anspruch genommen werden. Diese Ansprüche erscheinen zwar äußerlich wie ein und dasselbe, entstehen aber **gegenüber jedem Störer gesondert**, treffen also die Mandanten unabhängig voneinander und sind durch jeden

---

166 Vgl. BGH AGS 2014, 263 = RVGreport 2014, 388 = NJW 2014, 2126 = Rpfleger 2014, 554 = JurBüro 2014, 471; OLG Koblenz AGS 2009, 160 = JurBüro 2009, 249 (mehrere Gläubiger klagen gemeinsam auf Verschaffung von Bruchteilseigentum); OVG NRW BRAGOreport 2003, 153 (Teilgläubiger verlangen jeweils ihren Teil).
167 VG München 30.5.2014 – M 2 M 13.197, juris.
168 OLG Köln AGS 2015, 284 = RVGreport 2015, 458 = NJW-Spezial 2015, 476; vgl. aber auch OLG Celle 30.12.2014 – 2 W 279/14, juris; OLG Stuttgart AGS 2013, 324 = NJW 2013, 63, vgl. aber BGH AGS 2016, 61 = RVGreport 2016, 94.
169 BGH NJW-RR 1991, 119 = AnwBl 1991, 54; *N. Schneider* ZAP Fach 24, 1239.
170 BGH AGS 2010, 213 = RVGreport 2010, 272 = NJW 2010, 1373 = zfs 2010, 342 = MDR 2010, 718; BGH AGS 2008, 327 = AnwBl 2008, 638 = RVGreport 2008, 337; OLG Köln 11.6.2014 – 17 W 59/14, juris.
171 OLG München AnwBl 1988, 251.
172 BGH NJW 2005, 3786 = AGS 2006, 69 = AnwBl 2006, 74 = RVGreport 2005, 464 = RVG-Letter 2005, 136; OLG Hamm AGS 2000, 103 = Rpfleger 2000, 40; OLG Düsseldorf JMBl NW 1998, 283 = AGS 1998, 7 und OLGR 1993, 316; a.A. OLG Köln AnwBl 2000, 375.
173 Vgl. auch KG AGS 1999, 6 (Unterlassungsverlangen gegen mehrere duldungspflichtige Grundstückseigentümer); a.A. OLG Köln JurBüro 1987, 857.
174 LG München I AGS 2009, 158.
175 OLG Düsseldorf JurBüro 1996, 584; OLG Hamm 8.1.1999 – 23 W 478/98 (n.v.); a.A. OLG Köln AGS 1999, 50.
176 OLG Köln 16.1.2015 – 17 W 16–18/15, juris; OLG Köln 11.6.2014 – 17 W 59/14, juris.

Einzelnen von ihnen gleichsam isoliert zu erfüllen. Deshalb liegen mehrere Gegenstände vor und es findet § 22 Abs. 1 Anwendung; die Mandanten sind **unechte Streitgenossen**.[177] Gleiches gilt, wenn gegen sie inhaltlich gleich lautende **Auskunftsansprüche** erhoben werden.[178]

Liegen bei Streitgenossen selbstständige Verpflichtungen vor, die jeder Streitgenosse nur für sich selbst erbringen bzw. erfüllen kann, liegen ebenfalls verschiedene Gegenstände vor.[179] 67

Die Geltendmachung eines Schadensersatzanspruchs gegen einen Beklagten und eines Herausgabeanspruchs gegen den anderen Beklagten betrifft verschiedene Gegenstände.[180]

Verschiedene Gegenstände sind also betroffen, wenn die gegen mehrere Personen gerichteten Begehren von jeder Person nur für sich selbst und nicht die anderen erfüllt werden können.[181] 68

IV. Erhöhung ohne Gegenstandsidentität

1. Gegenstandswertunabhängige Vergütung

a) Betragsrahmengebühren

Erhält der Anwalt für seine Tätigkeit eine **Betragsrahmengebühr** wie etwa in den Verfahren vor den Sozialgerichten (§ 3) oder in Straf- und Bußgeldsachen (VV 4100, 5100 ff.), so stellt ein Gegenstandswert dieser Tätigkeit keine Berechnungsgröße für die Höhe der Gebühr dar. Der Wert kann lediglich innerhalb des vorgegebenen Gebührenrahmens bei der Bestimmung des Betrages gem. § 14 Berücksichtigung finden (vgl. § 14 Abs. 1 S. 3). Den Rahmen selbst vermag er jedoch nicht zu beeinflussen. Insoweit ist es unerheblich, wie hoch er ist, wie er sich zusammensetzt und wer daran in welchem Umfang beteiligt ist. Damit scheidet auch eine Erhöhung nach § 22 Abs. 1 durch Wertaddition verschiedener Gegenstände aus. 69

Die Vertretung mehrerer Angeklagter oder Betroffener im Straf- und Bußgeldverfahren ist nicht möglich, da nach § 146 StPO das **Verbot der Mehrfachverteidigung** gilt. VV 1008 findet daher für den Verteidiger keine Anwendung.[182] Die Anwendung von VV 1008 kommt bei den in Teil 4 und 5 VV geregelten Angelegenheiten in erster Linie in Betracht, wenn der Rechtsanwalt mehrere **Neben- oder Privatkläger** vertritt[183] oder als Beistand oder Vertreter mehrerer **Einziehungs- oder Nebenbeteiligter** oder von mehreren Zeugen oder Sachverständigen tätig wird.[184] Fällt für den Vertreter der Nebenkläger eine **Wertgebühr** an, ist für deren Erhöhung aber zudem Gegenstandsidentität und gemeinschaftliche Beteiligung am Verfahrensgegenstand erforderlich.[185] Ein Rechtsanwalt, der in einer Hauptverhandlung **mehreren Zeugen** beisteht, wird für **mehrere Auftraggeber** in 70

---

177 BGH AGS 2008, 327 = AnwBl 2008, 638 = RVGreport 2008, 337OLG Frankfurt MDR 2002, 236 = JurBüro 2002, 139; OLG Zweibrücken AnwBl 2000, 695; OLG Hamburg JurBüro 1990, 855; OLG Hamm 28.2.2002 – 23 W 421/01 (n.v.); v. 12.2.2002 – 23 W 261/01 (n.v.); LG Mannheim GRUR-RR 2014, 370; anders aber KG 16.5.2014 – 2 W 136/13, juris, das durch eine einheitliche Wertfestsetzung auf 40.000 EUR von Gegenstandsidentität ausgegangen ist.
178 OLG München JurBüro 2004, 376; OLG Frankfurt MDR 2002, 236 = JurBüro 2002, 139; OLG Düsseldorf GRUR 2000, 825.
179 OLG Hamm AGS 2010, 394 = RVGreport 2010, 273.
180 OLG Köln 16.1.2015 – 17 W 16–18/15, juris.
181 OLG Köln 16.1.2015 – 17 W 16–18/15, juris; OLG Köln 11.6.2014 – 17 W 59/14, juris.
182 *Burhoff*, RVGreport 2006, 16; *Burhoff/Volpert*, RVG Straf- und Bußgeldsachen, Teil A: Mehrere Auftraggeber Rn 959, 1454.
183 OLG Brandenburg, AGS 2009, 325 = RVGreport 2009, 341; OLG Celle RVGreport 2008, 144; OLG Koblenz AGS 2005, 504 = StraFo 2005, 526 = JurBüro 2005, 589; LG Hamburg RVGreport 2011, 134; vgl. Burhoff/*Volpert*, RVG Straf- und Bußgeldsachen, Teil A: Mehrere Auftraggeber Rn 1452.
184 Gerold/Schmidt/*Müller-Rabe*, RVG, VV 1008 Rn 175; *Burhoff*, RVGreport 2005, 16; *Schneider*, in: Hansens/Braun/Schneider, Teil 15, Rn 597, 623; noch zur BRAGO: OLG Düsseldorf JurBüro 1991, 70; OLG Hamburg JurBüro, 1997, 195; OLG Naumburg JurBüro 1994, 157; LG Krefeld AnwBl 1981, 27).
185 OLG Brandenburg AGS 2009, 325 = RVGreport 2009, 341.

derselben **Angelegenheit** tätig und erhält deshalb einmalig die Gebühren, allerdings mit der Erhöhung nach VV 1008 (vgl. Rdn 44).[186]

b) Satzrahmengebühren (modifizierte Wertgebühr)

71 Im Gegensatz dazu sind die **Satzrahmengebühren** (z.B. VV 2100, 2300) wertabhängig. Sie nehmen eine Zwitterstellung ein, weil es sich **sowohl** um **Wertgebühren** (§ 13) **als auch** um **Rahmengebühren** (§ 14) handelt. Nur der Gebührensatz ist variabel. Wird er festgelegt, bestimmt sich danach die Gebühr ebenso aus dem Gegenstandswert wie bei einem von vornherein festen Gebührensatz. Deshalb wirken sich verschiedene Gegenstände über § 22 Abs. 1 gebührenerhöhend aus, so dass eine **Erhöhung nach VV 1008** auch hier **nur bei identischen Gegenständen** in Betracht kommt. Satzrahmengebühren sind Wertgebühren i.S.v. Anm. Abs. 1 (zur Berechnung der Erhöhung siehe Rdn 110).

c) Festgebühren

72 Bei **Festgebühren**, wie sie etwa in der **Beratungshilfe** oder i.d.R. in Strafsachen für den gerichtlich bestellten oder beigeordneten Rechtsanwalt anfallen (VV 2500 ff., VV 4100 ff.), besteht keinerlei Möglichkeit, den Gegenstandswert gebührenbestimmend zu berücksichtigen. Die Zusammenrechnung der Werte verschiedener Gegenstände (§ 22 Abs. 1) lässt die Festgebühr unverändert. Die im Verhältnis zur Einzelvertretung vermutete Mehrbelastung des Anwalts bei einer Mehrfachvertretung lässt sich allein über die Anhebung der Festgebühr zusätzlich erfassen. Dabei kann nur auf die Anzahl der Mandanten, nicht hingegen auf deren wertmäßige Beteiligung abgestellt werden.

73 Mangels Bedeutung des Gegenstandes sowohl für die **Betragsrahmen-** als auch für die **Festgebühr** ist es in diesen Fällen **unerheblich**, ob insoweit **verschiedene oder identische Gegenstände** vorliegen. Die **Erhöhung nach VV 1008 greift in beiden Fällen** ein.[187] Einerseits verlangt Anm. Abs. 1 nur für Wertgebühren, dass derselbe Gegenstand vorliegen muss. Zum anderen wäre es systemwidrig, wenn der Anwalt, der für mehrere Mandanten in **derselben Angelegenheit** (§§ 16 ff.) verschiedene Gegenstände wahrnimmt, mangels Anwendbarkeit des § 22 keinerlei zusätzliche Vergütung erhielte, obwohl diese Konstellation nach der gesetzlichen Vermutung eine größere Mehrbelastung darstellt als die gemeinschaftliche Vertretung bei identischem Gegenstand.

74 Das bedeutet für die Beratungshilfe, dass der mehrere Unterhaltsgläubiger vertretende Rechtsanwalt eine nach VV 1008 erhöhte Geschäftsgebühr VV 2503 verdient. Zwar betreffen die **Unterhaltsansprüche** mehrerer Unterhaltsgläubiger verschiedene Gegenstände.[188] Die bei Wertgebühren gem. § 22 Abs. 1 vorzunehmende Addition der Gegenstandswerte der einzelnen Unterhaltsansprüche wirkt sich bei Festgebühren aber nicht aus, so dass nur die Gebührenerhöhung nach VV 1008 in Betracht kommen kann.[189] Mehrere Auftraggeber liegen dabei auch vor, soweit ein Elternteil Unterhalt für sich und die Kinder in Verfahrensstandschaft geltend macht, vgl. aber VV 2503 Rdn 9 f.[190]

d) Besonderheiten bei der Beratungshilfe

75 – **VV 1008 gilt** trotz der Regelung in VV Vorb. 2.5 auch in der Beratungshilfe. VV Vorb. 2.5 bezieht sich lediglich auf die in den anderen Abschnitten des Teils 2 VV geregelten Gebühren.

---

186 OLG Celle Nds.Rpfl. 2007, 351 = RVGreport 2008, 144; OLG Düsseldorf AGS 2010, 71 = Rpfleger 2010, 47 = JurBüro 2010, 33 = StRR 2009, 443 = RVGprof. 2010, 6; OLG Koblenz JurBüro 2005, 589 = AGS 2005, 504 = RVGreport 2006, 430; LG Hamburg 4.1.2010 – 619 KLs 4/08, JurionRS 2010, 11801 = RVGprof. 2010, 80; *Burhoff*, RVGreport 2004, 458; *Burhoff/Volpert*, RVG Straf- und Bußgeldsachen, Teil A: Mehrere Auftraggeber, Rn 1456.

187 Noch zur BRAGO siehe *H. Schmidt*, AnwBl 1985, 388; Gerold/Schmidt/*von Eicken*, BRAGO, § 6 Rn 36. A.A. *Mümmler*, JurBüro 1986, 360.

188 BGH NJW-RR 1991, 119 = AnwBl 1991, 54.

189 AG Heidenheim AGS 2009, 338; AG Traunstein FamRZ 2009, 717; *N. Schneider* ZAP Fach 24, 1239; Gerold/Schmidt/*Müller-Rabe*, RVG, VV 1008 Rn 263.

190 Vgl. auch AG Heidenheim AGS 2009, 338, m.w.N.: Die Geltendmachung von Kindesunterhalt kann im von der Beratungshilfe erfassten außergerichtlichen Bereich nicht im Wege der Verfahrensstandschaft erfolgen.

Wegen VV Vorb. 1 ist VV 1008 somit auch in der Beratungshilfe anwendbar; VV Vorb. 2.5 schließt VV Vorb. 1 nicht aus.[191] Im Einzelnen gilt hier Folgendes: Die **Beratungshilfegebühr** VV 2500 i.H.v. 15 EUR schuldet nach § 44 S. 2 nur der Rechtsuchende. Sie ist in VV 1008 nicht als erhöhungsfähige Gebühr genannt und erhöht sich daher nicht. Sind mehrere Rechtsuchende vorhanden, kann der Rechtsanwalt die Beratungshilfegebühr i.H.v. 15 EUR daher von jedem Rechtsuchenden verlangen (vgl. VV 2500 Rdn 3).
- Teilweise wird eine Erhöhung der in VV 2501 geregelten **Beratungsgebühr** i.H.v. 35 EUR für möglich gehalten, obwohl die Beratungsgebühr in VV 1008 nicht aufgeführt ist. Die mittlerweile wohl herrschende Meinung lehnt jedoch die Erhöhung ab, weil die Beratungsgebühr nicht vom Gesetzeswortlaut erfasst ist (vgl. auch Rdn 81).[192]
- Die in der Beratungshilfe vorgesehene **Geschäftsgebühr VV 2503** in Höhe v. 85 EUR wird allgemein als erhöhungsfähig angesehen, weil sie vom Wortlaut von VV 1008 erfasst wird.[193]

2. Vergütung des beigeordneten Anwalts aus der Staatskasse

Schuldet die Staatskasse einem beigeordneten Anwalt zwar eine wertbezogene Vergütung, jedoch nur die **verminderten Gebühren nach § 49**, so kann sich angesichts der Gebührenobergrenze bei Werten über 30.000 EUR der **Sonderfall** ergeben, dass sich eine **Werterhöhung gem. § 22 Abs. 1** durch Addition der Werte verschiedener Gegenstände gebührenrechtlich **nicht mehr auswirken** würde. Das verstößt gegen den Grundsatz der leistungsbezogenen Vergütung und erscheint sachlich durch nichts gerechtfertigt. Deshalb kommt dem beigeordneten Anwalt, der für mehrere Mandanten tätig ist, **auch bei Verschiedenheit der Gegenstände** die erhöhte Gebühr nach **VV 1008 zugute, wenn und soweit eine Werterhöhung nach § 22 Abs. 1 zu keiner Mehrvergütung führt** (siehe § 49 Rdn 14 ff.).[194]

76

V. Berechnung der Erhöhung

1. Erhöhungsfähige Gebühren

a) Geschäfts- und Verfahrensgebühr

VV 1008 nennt als zu erhöhende Gebühren ausdrücklich nur die **Verfahrensgebühr** und die **Geschäftsgebühr**. Deshalb kommt eine Erhöhung von **Terminsgebühren** nicht in Betracht.[195] Die im VV ausdrücklich als Geschäfts- oder Verfahrensgebühr bezeichneten Gebühren sind danach ohne Weiteres zu erhöhen bzw. erhöhungsfähig. Das gilt unabhängig davon, in welchem VV Teil des RVG die Geschäfts- oder Verfahrensgebühren geregelt sind. Auch die in den VV Teilen 4–6 geregelten Geschäfts- und Verfahrensgebühren sind daher erhöhungsfähig, VV Vorb. 1 (vgl. z.B. die Geschäftsgebühr VV 4136 und die Verfahrensgebühren VV 4104–4106, VV 4200 f., VV 4300 ff.; VV 5103, VV 6100 f.).[196]

77

---

191 Siehe dazu OLG Jena AGS 2012, 141 = JurBüro 2012, 140; OLG Naumburg JurBüro 2010, 472 = Rpfleger 2010, 603 = RVGreport 2010, 382; KG AGS 2007, 466 = RVGreport 2007, 299; OLG Düsseldorf RVGreport 2006, 225; OLG Oldenburg NJW-RR 2007, 431 = RVGreport 2006, 465 = AGS 2007, 45; LG Kleve RVGreport 2006, 101 = AGS 2006, 244 = zfs 2006, 48; a.A. AG Kiel AGS 2010, 96 = Rpfleger 2010, 126; AG Kiel SchlHA 2011, 35.
192 KG MDR 2007, 805 = Rpfleger 2007, 301 = JurBüro 2007, 543 = RVGreport 2007, 143 = StRR 2007, 277 = AGS 2007, 312; AG Köthen VRR 2007, 80; AG Koblenz FamRZ 2008, 912; AG Koblenz AGS 2011, 139; AG Traunstein FamRZ 2009, 717; Gerold/Schmidt/*Müller-Rabe*, RVG, VV 1008 Rn 22.
193 Vgl. dazu OLG Naumburg JurBüro 2010, 472 = Rpfleger 2010, 603 = RVGreport 2010, 382; KG AGS 2007,

466 = RVGreport 2007, 299; OLG Nürnberg FamRZ 2007, 844; OLG Düsseldorf RVGreport 2006, 225; OLG Oldenburg NJW-RR 2007, 431 = RVGreport 2006, 465 = AGS 2007, 4; AG Traunstein FamRZ 2009, 717.
194 Vgl. BGH Rpfleger 1981, 437 = NJW 1981, 2757; VGH Baden-Württemberg AGS 2009, 501 und 547 = JurBüro 2009, 490; OLG Hamm AGS 2003, 200 = AnwBl 2003, 179.
195 VGH Baden-Württemberg AGS 2009, 501 und 547 = JurBüro 2009, 490.
196 Vgl. hierzu ausf. *Burhoff/Volpert*, RVG Straf- und Bußgeldsachen, Teil A: Mehrere Auftraggeber (§ 7, Nr. 1008 VV), Rn 1428 ff.

78 Durch die Terminologie ist auch geklärt, dass die Gebühren für außergerichtliche **Vertretungen geringen Umfangs** oder entsprechende **Einzeltätigkeiten** in einem Verfahren erhöhungsfähig sind, da sie ausdrücklich als **Geschäftsgebühr** (VV 2302, VV 2305 i.V.m. VV 2300) oder **Verfahrensgebühren** bezeichnet werden (VV 3403).[197] Fallen für den Rechtsanwalt eine Geschäfts- oder Verfahrensgebühr nacheinander an, werden beide Gebühren erhöht (siehe Rdn 93, zur Anrechnung siehe Rdn 98).

b) Beratung/Gutachten (bis 30.6.2006)

79 Teilweise wird die Auffassung vertreten, dass eine Erhöhung nicht nur dort eintreten kann, wo die Gebühren ausdrücklich als Geschäfts- oder Verfahrensgebühr bezeichnet werden (z.B. VV 2300, 2301 und VV 3100). Die Begriffe „Geschäftsgebühr" und „Verfahrensgebühr" stünden als **Synonym** jeweils für die **Gebühr, die für das Betreiben der Angelegenheit anfalle**, also unter den einschlägigen Regelgebühren **gleichsam eine Grundgebühr** oder allgemeine „**Betriebsgebühr**"[198] verkörperten. Deshalb gelte der „Mehrvertretungs-Zuschlag" nicht nur dort, wo ausdrücklich von Geschäftsgebühr oder Verfahrensgebühr die Rede sei, sondern ebenso für nicht näher bezeichnete Gebühren, mit denen das Betreiben einer – sonstigen – Angelegenheit abgegolten werden solle.[199]

80 Zu diesen Gebühren wurde bis 30.6.2006 die **Beratungsgebühr VV 2100 a.F.** gezählt. VV 1008 sieht nach dem Wortlaut aber nur eine Erhöhung der Geschäfts- oder Verfahrensgebühr, nicht aber der Beratungsgebühr vor. Die Frage der Erhöhung der Beratungsgebühr nach § 20 Abs. 1 BRAGO war bereits zu § 6 Abs. 1 BRAGO umstritten. Der Gesetzgeber hat in VV 1008 nicht klargestellt, ob auch die Beratungsgebühr eine erhöhungsfähige Gebühr ist, obwohl ihm der insoweit bestehende Streit in der kostenrechtlichen Literatur und in der Rechtsprechung bekannt gewesen sein dürfte. Aufgrund des eindeutigen Wortlauts von VV 1008 ist daher teilweise die Erhöhungsfähigkeit der Beratungsgebühr abgelehnt worden. Die wohl h.M. hielt aber auch eine Erhöhung der Beratungsgebühr VV 2100 a.F. für möglich. Dies wurde u.a. damit begründet, dass die in Abs. 2 der Anm. zu VV 2100 a.F. vorgeschriebene Anrechnung der Beratungsgebühr auf die Geschäfts- bzw. Verfahrensgebühr erkennen lasse, dass es sich bei der Beratungsgebühr um eine mit der erhöhungsfähigen Geschäfts- und Verfahrensgebühr vergleichbare allgemeine Betriebsgebühr handele.

c) Beratung/Gutachten (§ 34, ab 1.7.2006)

81 Seit dem 1.7.2006 gilt für die Vergütung bei der außergerichtlichen Beratung § 34. Danach soll der Rechtsanwalt bei der Beratung auf den Abschluss einer **Gebührenvereinbarung** hinwirken. Da es sich bei der vereinbarten Gebühr für die Beratung nicht um eine Geschäfts- oder Verfahrensgebühr handelt, ist die **Erhöhung** nach VV 1008 **ausgeschlossen**. Die in der Beratungshilfe anfallende **Beratungsgebühr** VV 2501 wird deshalb von der h.M. nicht für erhöhungsfähig gehalten wird, weil sie in VV 1008 nicht als erhöhungsfähige Gebühr genannt ist (siehe Rdn 75).[200]

82 Die Erhöhung der vereinbarten Gebühr gem. § 34 nach VV 1008 findet insbesondere auch deshalb nicht statt, weil die Gebühr für die Beratung nicht mehr im VV geregelt ist. Denn nach VV Vorb. 1 entsteht die Erhöhung nach VV 1008 nur neben den in anderen Teilen des VV geregelten Gebühren.[201] Deshalb kann auch die in § 34 Abs. 2 enthaltene Anrechnungsregelung nicht als Argument für die Erhöhung der vereinbarten Beratungsgebühr herangezogen werden (vgl. Rdn 79).

83 Eine analoge Anwendung von VV 1008 auf die vereinbarte Beratungsgebühr ist mangels planwidriger Regelungslücke ausgeschlossen. Der Gesetzgeber hat die Gebühr für die Beratung nicht in den

---

197 Siehe früher zur BRAGO AnwK-BRAGO/*Schnapp*, § 6 Rn 40, speziell Fn 61 f.
198 *Lappe*, Rpfleger 1996, 130 zu § 6 Abs. 1 S. 2 BRAGO.
199 So noch AnwK-RVG/*Schnapp*, 5. Aufl., VV 1008 Rn 39.
200 Vgl. KG MDR 2007, 805 = Rpfleger 2007, 301 = JurBüro 2007, 543 = RVGreport 2007, 143 = StRR 2007, 277 = AGS 2007, 312; AG Köthen VRR 2007, 80; AG Koblenz FamRZ 2008, 912; AG Koblenz 19.10.2010 – 40 UR II 192/10, www.burhoff.de.
201 Gerold/Schmidt/*Müller-Rabe*, RVG, VV 1008 Rn 20; Riedel/Sußbauer/*Ahlmann*, RVG, § 7 Rn 36; *Hartmann*, KostG, VV 1008 Rn 5; **a.A.** Gerold/Schmidt/*Mayer*, RVG, § 34 Rn 55; *Schneider*, RENOpraxis 2006, 154; zweifelnd aber *Schneider* ZAP Fach 24, S. 981; Hansens, in: Hansens/Braun/Schneider, Praxis des Vergütungsrechts, Teil 8, Rn 81.

Katalog der erhöhungsfähigen Gebühren aufgenommen. Deshalb muss davon ausgegangen werden, dass eine Erhöhung der Beratungsgebühr nicht gewollt ist. Die Erhöhung ist aus den genannten Gründen im Übrigen auch für die in § 34 geregelten Höchstbeträge i.H.v. 190 EUR bzw. 250 EUR ausgeschlossen.[202]

d) Gebühr für die Prüfung der Erfolgsaussicht eines Rechtsmittels/Gutachten (VV 2100–2103)

Die Gebühren für die Prüfung der Erfolgsaussicht eines Rechtsmittels sowie die Gutachtengebühr nach VV 2100–2103 sind nach VV 1008 erhöhungsfähig (vgl. VV 2100 Rdn 36).[203] Die Gebühren sind anders als die vereinbarte Gebühr für die Beratung (§ 34) im VV geregelt, so dass VV 1008 nach VV Vorb. 1 grds. anwendbar ist (vgl. Rdn 81). Ferner schreiben die Anm. zu VV 2100 und VV 2102 vor, dass diese Gebühren auf die Gebühren für ein Rechtsmittelverfahren anzurechnen sind. Wenn unterstellt wird, dass hiermit die **Verfahrensgebühren** des jeweiligen Rechtsmittelverfahrens gemeint ist, erfassen diese Gebühren jedenfalls einen Teilbereich der anwaltlichen Tätigkeit, der unter den Abgeltungsbereich der Verfahrensgebühr für das Rechtsmittelverfahren bzw. in Angelegenheiten nach den VV Teilen 4–6 (§ 19 Abs. 1 S. 2 Nr. 10) unter den der Verfahrensgebühr für die erste Instanz fällt. Von der Nähe der Gebühren für die Prüfung der Erfolgsaussicht eines Rechtsmittels sowie der Gutachtengebühr zur Verfahrensgebühr dürfte deshalb auszugehen sein, weil das RVG Gebührenanrechnungen regelmäßig nur bei gleichartigen Gebühren vorsieht. Denn die Anrechnung soll erreichen, dass für gleichartige Tätigkeiten Gebühren nicht mehrfach anfallen.[204]

84

e) Beratungshilfe

Zur Beratungshilfe siehe oben Rdn 75.

85

f) Mahnverfahren

Das RVG verfolgt eine **einheitliche Gesetzessprache**, indem die Gebühr für das Betreiben des Geschäfts jeweils durchweg als **Geschäftsgebühr** bei **außergerichtlichen Tätigkeiten** und als **Verfahrensgebühr** bei **gerichtlichen Tätigkeiten** bezeichnet wird. Das vereinfacht die Anwendung des Vergütungsverzeichnisses erheblich. So ist schon begrifflich klargestellt, dass der Anwalt für die Vertretung des Antragstellers im **Mahnverfahren** eine „**Verfahrensgebühr**" erhält (VV 3305), die als solche **erhöhungsfähig** ist. Gleiches gilt für die Vertretung des Antragsgegners (VV 3307). Die Anwendung des VV 1008 scheitert auch nicht daran, dass jeder Schuldner einen gesonderten Mahnbescheid erhält und der gemeinsame Anwalt auf jeden dieser Bescheide hin gesondert tätig werden muss. Die Anspruchstrennung ist lediglich verfahrenstechnisch bedingt und bewirkt keine Aufteilung der Angelegenheit.

86

Auch die Vertretung des Antragstellers im Verfahren über den **Antrag auf Erlass eines Vollstreckungsbescheides** wird durch eine „**Verfahrensgebühr**" abgegolten (VV 3308). Diese Tätigkeit des Anwalts ist nach der Sach- und Interessenlage **vergleichbar** mit der **Beantragung eines Versäumnisurteils**. Dafür gibt es eine **Terminsgebühr** (VV 3105). Demnach wären an sich für den Anwalt von mehreren Antragstellern im Mahnverfahren bei Gegenstandsidentität **alle** anfallenden Gebühren erhöhungsfähig. Um diese (ungewollte) Konsequenz zu vermeiden, wird in **Anm. S. 2 zu VV 3308** ausdrücklich angeordnet, dass **VV 1008 nicht anzuwenden** ist, wenn sich bereits für denselben Rechtsanwalt die Verfahrensgebühr nach VV 3305 erhöht.

87

---

[202] Gerold/Schmidt/*Müller-Rabe*, RVG, VV 1008 Rn 20; a.A. Gerold/Schmidt//*Mayer*, RVG, § 34 Rn 55 ff.; Mayer/Kroiß/Teubel/*Winkler*, RVG, 4. Aufl., § 34 Rn 143 ff.

[203] Gerold/Schmidt/*Mayer*, RVG, VV 2100–2103 Rn 16; Hergenröder, AGS 2007, 53; a.A. Gerold/Schmidt/*Müller-Rabe*, RVG, VV 1008 Rn 21.

[204] So auch Baumgärtel/Hergenröder/*Houben*, RVG, 15. Aufl., Nr. 1008 VV Rn 20.

g) Einigungs-, Aussöhnungs- und Erledigungsgebühr, Hebegebühr

88 Diese Gebühren können nicht nach VV 1008 erhöht werden, weil es sich nicht um Geschäfts- oder Verfahrensgebühren handelt.[205]

h) Grundgebühr VV 4100, 5100, 6200

89 Die Grundgebühren VV 4100, 5100 und 6200 werden nicht nach VV 1008 erhöht (vgl. VV 4100 Rdn 25).[206] Im Übrigen besteht auch keine Notwendigkeit zur Erhöhung der Grundgebühr, weil in derselben Angelegenheit in demselben Verfahrensabschnitt gleichzeitig eine Verfahrensgebühr anfallen wird, die sich nach VV 1008 erhöht.[207]

i) Verkehrsanwalt/Terminsvertreter

90 Die diesen Anwälten zustehenden Verfahrensgebühren nach VV 3400, 3401 erhöhen sich nach VV 1008.

j) Zusätzliche Gebühren nach VV 4141–4146, 5115, 5116 und 6216

91 Die zusätzlichen Gebühren in VV **4142, 4143, 4144, 4145, 4146 und 5116** sind als Verfahrensgebühren ausgestaltet, sodass VV 1008 **anwendbar ist** (vgl. VV 4142 Rdn 27).[208]

92 Die Befriedungsgebühr nach VV 4141 erhöht sich dagegen nicht nach VV 1008. Das wird durch Abs. 3 S. 3 der Anm. zu VV 4141 ausdrücklich ausgeschlossen.[209]

Für die **Befriedungsgebühren** VV 5115 und 6216 gilt das aber nicht, weil in diesen Gebührentatbeständen auf die jeweilige Verfahrensgebühr Bezug genommen wird und der Anwalt diese zusätzlichen Gebühren als Verfahrensgebühren erhält. Erhöht sich insoweit die jeweils in Bezug genommene Verfahrensgebühr, erhöht sich auch die zusätzliche Gebühr.[210]

2. Mehrere erhöhungsfähige Gebühren

a) Jede Gebühr wird erhöht

93 Erfüllt die Tätigkeit des gemeinsamen Anwalts die Tatbestände für **mehrere Gebühren**, die nach VV 1008 **erhöhungsfähig** sind, so ist jede dieser Gebühren zu erhöhen. Das ist insbesondere der Fall, wenn der Anwalt die Mandanten (vgl. dazu Rdn 69) in einer **Strafsache** im Ermittlungs- und im Hauptverfahren vertritt. Die Verfahrensgebühren VV 4104 und VV 4106 werden dann erhöht.[211]

94 Gleiches gilt für die Vertretung einerseits im **Mahnverfahren** (VV 3305) und zum anderen im folgenden **Rechtsstreit** (VV 3100). Beide Gebühren werden bei Erfüllung der Voraussetzungen von VV 1008 erhöht. Eine Ausnahme ergibt sich nur für die Verfahrensgebühr VV 3305 sowie die Verfahrensgebühr VV 3308, vgl. die Anm. zu VV 3308.

95 Vertritt der Rechtsanwalt die Mandanten in einer **Zivilsache** zunächst außergerichtlich und anschließend in einem gerichtlichen Verfahren, erhöht sich **sowohl die Geschäftsgebühr** VV 2300, 2301 **als auch die Verfahrensgebühr** VV 3100.[212] Etwas anderes ergibt sich auch nicht aus der Verwen-

---

205 Gerold/Schmidt/*Müller-Rabe*, RVG, VV 1008 Rn 12; *Hergenröder*, AGS 2007, 53; so auch Baumgärtel/*Hergenröder*/*Houben*, RVG, 15. Aufl., Nr. 1008 VV Rn 17.
206 *Burhoff/Volpert*, Teil A: Mehrere Auftraggeber (§ 7, Nr. 1008 VV), Rn 1443; Gerold/Schmidt/*Müller-Rabe*, RVG, VV 1008 Rn 23; *Hergenröder*, AGS 2007, 53; **a.A.** Baumgärtel/Hergenröder/*Houben*, Nr. 1008 Rn 22.
207 *Burhoff/Volpert*, Teil A: Mehrere Auftraggeber (§ 7, Nr. 1008 VV), Rn 1443.
208 *Burhoff*, Nr. 4143 VV Rn 31, Nr. 5116 VV Rn 11.
209 *Burhoff*, Nr. 4141 VV Rn 91.
210 *Burhoff*, Nr. 5115 VV Rn 61.
211 *Burhoff/Volpert*, Teil A: Mehrere Auftraggeber (§ 7, Nr. 1008 VV), Rn 1458.
212 KG AGS 2009, 4 = RVGreport 2008, 391 = JurBüro 2008, 585 = VRR 2008, 439 = Rpfleger 2008, 669; LG Ulm AnwBl 2008, 73; LG Düsseldorf AGS 2007, 381 = JurBüro 2007, 480 = Rpfleger 2007, 629 = VRR 2007, 399 = RVGreport 2007, 298; LG Saarbrücken AGS 2009, 315; **a.A.** AG Düsseldorf VRR 2007, 80 = AGS 2006, 593.

dung des Wortes „oder" in VV 1008. Denn die in VV 1008 benutzte Verknüpfung „oder" stellt zum Einen nur klar, welche Gebühren überhaupt erhöhungsfähig sind, nämlich die Gebühren, die im RVG als **Geschäfts- oder Verfahrensgebühr** bezeichnet werden. Nicht erhöhungsfähig sind daher z.B. die Einigungs-, Aussöhnungs- und Erledigungsgebühr, die Hebegebühr und die Grundgebühren nach VV 4100, 5100, 6200 (siehe dazu Rdn 81 ff.).

Zum anderen bedeutet die Verwendung der Verknüpfung „oder" lediglich, dass in **derselben Angelegenheit** nur die eine oder die andere Gebühr erwachsen kann.[213] Die Erhöhung sowohl der Geschäfts- als auch der Verfahrensgebühr ergibt sich auch daraus, dass VV 1008 den Mehraufwand des Anwalts vergüten soll, den dieser durch die Vertretung mehrerer Auftraggeber in **derselben Angelegenheit** hat. Vertritt der Anwalt daher in **verschiedenen Angelegenheiten** jeweils **mehrere Auftraggeber**, entsteht die Gebührenerhöhung in jeder der Angelegenheiten.[214] 96

Gegen eine Erhöhung nur einer der beiden Gebühren spricht auch die Gesetzessystematik. Denn VV 1008 regelt lediglich allgemein, bei welchen in den VV Teilen 2 bis 6 geregelten Gebühren eine Gebührenerhöhung überhaupt in Betracht kommt. Dort wird aber nicht geregelt, welche Gebührenerhöhungen andere Gebührenerhöhungen ausschließen. Nach Satz 2 der Anm. zu VV 3308 ist im Mahnverfahren eine Erhöhung der Verfahrensgebühr VV 3308 ausgeschlossen, wenn sich bereits die Gebühr VV 3305 erhöht (siehe auch Rdn 86 f.). Dies macht deutlich, dass der Gesetzgeber den Fall der Erhöhung bei zwei nacheinander anfallenden Gebühren durchaus gesehen und dies nur in VV 3308 ausgeschlossen hat. Hätte der Gesetzgeber daher die Gebührenerhöhung bei der Geschäftsgebühr VV 2300, 2301 und der nachfolgenden gerichtlichen Verfahrensgebühr ausschließen wollen, hätte er dies ausdrücklich z.B. in VV Vorb. 3 geregelt.[215] 97

b) Anrechnung bei erhöhter Geschäftsgebühr, VV 2300

Zu beachten sind aber die **unterschiedlichen Anrechnungen**.[216] Während z.B. die nach VV 1008 (erhöhte) Verfahrensgebühr aus dem **Mahnverfahren** (VV 3305) stets **insgesamt** auf die (erhöhte) Verfahrensgebühr des Rechtsstreits **angerechnet** wird (Anm. VV 3305, 3307), gilt nach Vorb. 3 Abs. 4 eine **Obergrenze** für die Anrechnung der **Geschäftsgebühr von 0,75** in allen Fällen und also auch dann, wenn diese Gebühr erhöht ist.[217] Die Anrechnungsregelung z.B. in VV Vorb. 3 Abs. 4 unterscheidet nämlich nicht zwischen der Vertretung eines oder mehrerer Auftraggeber. Nach VV 1008 entsteht keine besondere „Erhöhungsgebühr", sondern ein einheitliche erhöhte Geschäftsgebühr, die der Anrechnung zugrunde zu legen ist (vgl. Rdn 3 f.).[218] Weil eine einheitliche erhöhte Geschäftsgebühr entsteht, ist diese einheitliche Gebühr zur Hälfte, höchstens aber mit 0,75 auf die Verfahrensgebühr anzurechnen. Damit verdient der Anwalt die Erhöhung jenseits einer 1,5- Geschäftsgebühr **doppelt**.[219] 98

Allein diese Berechnung entspricht dem gesetzgeberischen Willen. Der Gesetzgeber weist in den Motiven[220] zu dem am 1.8.2013 in Kraft getretenen 2. KostRMoG zu VV 1008 ausdrücklich darauf hin, dass sich mangels einer ausdrücklichen Regelung die Streitfrage geklärt haben dürfte, dass sich die Höchstgrenze für die Anrechnung der Geschäftsgebühr nach VV Vorb. 3 Abs. 4 bei mehreren Auftraggebern nicht erhöht. Sinn der Höchstgrenze sei es, ein Mehr an Umfang und Schwierigkeit der außergerichtlichen Tätigkeit auch nach einer Anrechnung angemessen zu entgelten. Erhöhe man die Anrechnungsgrenze auch bei mehreren Auftraggebern, würde dem Anwalt durch die Anrechnung gerade die für die Mehrarbeit zusätzlich angefallene Gebühr wieder entzogen. 99

---

213 KG AGS 2009, 4 = RVGreport 2008, 391 = JurBüro 2008, 585 = VRR 2008, 439 = Rpfleger 2008, 669.
214 LG Düsseldorf AGS 2007, 381 = JurBüro 2007, 480 = Rpfleger 2007, 629 = VRR 2007, 399 = RVGreport 2007, 298.
215 LG Düsseldorf AGS 2007, 381 = JurBüro 2007, 480 = Rpfleger 2007, 629 = VRR 2007, 399 = RVGreport 2007, 298.
216 Zur Anrechnungstechnik siehe BGH MDR 2007, 984 und NJW 2007, 3500.

217 KG AGS 2009, 4 = RVGreport 2008, 391 = JurBüro 2008, 585 = VRR 2008, 439 = Rpfleger 2008, 669; LG Saarbrücken AGS 2009, 315; LG Ulm AnwBl 2008, 73; LG Düsseldorf AGS 2007, 381; so wohl auch OLG Stuttgart ZMR 2008, 907 = NJW-Spezial 2008, 674.
218 KG AGS 2009, 4, LG Düsseldorf AGS 2007, 381; Gerold/Schmidt/*Müller-Rabe*, RVG, VV 1008 Rn 282 ff.
219 So zutr. LG Ulm AGS 2008, 163 = AnwBl 2008, 73.
220 BT-Drucks 17/11471 (neu), S. 272.

100 Diese Grundsätze gelten auch bei anderen Anrechnungen, z.B. der Anrechnung der im selbstständigen Beweisverfahren angefallenen Verfahrensgebühr auf die Verfahrensgebühr des Rechtsstreits nach VV Vorb. 3 Abs. 5.[221]

> **Beispiel:**
> Rechtsanwalt R vertritt außergerichtlich 3 Auftraggeber wegen einer Forderung über 5.000 EUR. Die anwaltliche Tätigkeit rechtfertigt die 1,3 Regelgebühr nach VV 2301. Da der Gegner nicht zahlt, reicht R auftragsgemäß Klage für die 3 Auftraggeber ein.
> **a) Außergerichtliche Vertretung**
> 1,9 Geschäftsgebühr VV 2300, 1008, Wert 5.000 EUR (1,3 Geschäftsgebühr zzgl. 0,6 Erhöhung)   575,70 EUR
> **b) Gerichtliche Vertretung**
> 1,9 Verfahrensgebühr VV 3100, 1008, Wert 5.000 EUR (1,3 Verfahrensgebühr zzgl. 0,6 Erhöhung)   575,70 EUR
> Auf die Verfahrensgebühr i.H.v. 575,70 EUR ist gem. VV Vorb. 3 Abs. 4 die Hälfte der Geschäftsgebühr (0,95),
> höchstens aber 0,75 mit anzurechnen   – 227,25 EUR
> Nach Anrechnung verbleiben von der Verfahrensgebühr   348,45 EUR

101 An dieser Berechnung wird teilweise kritisiert, dass dann die Erhöhung nach VV 1008 bei der Anrechnung nicht berücksichtigt wird bzw. anrechnungsfrei verbleibt. Dies stelle einen vom Gesetzgeber nicht gewollten Anreiz für das Betreiben eines gerichtlichen Verfahrens dar, so dass daher auch die Erhöhung VV 1008 analog VV Vorbemerkung 3 Abs. 4 S. 1 zur Hälfte anzurechnen sei.[222] Die Befürworter dieser Auffassung erhöhen daher die Anrechnungsgrenze nach VV Vorb. 3 Abs. 4 für jeden weiteren Auftraggeber um 0,15 (die Hälfte von 0,3). Im Beispiel (siehe Rdn 100) würde deshalb die Geschäftsgebühr i.H.v. 0,95 (je die Hälfte der 1,3 Geschäftsgebühr VV 2300 und der 0,6 Gebührenerhöhung VV 1008) auf die Verfahrensgebühr angerechnet.

102 Teilweise wird auch die Auffassung vertreten, dass die Gebührenerhöhung der Geschäftsgebühr überhaupt nicht anzurechnen ist. VV 1008 wird von dieser abzulehnenden Auffassung (vgl. Rdn 3 f. und Rdn 103) als eigener Gebührentatbestand (Erhöhungsgebühr) angesehen, der in VV Vorb. 3 Abs. 4 S. 1 nicht erwähnt und deshalb von der Anrechnungsvorschrift nicht erfasst wird.[223] Nach dieser Auffassung würde im Beispiel (siehe Rdn 100) von der Geschäftsgebühr lediglich ein Satz i.H.v. 0,65 (die Hälfte von 1,3) angerechnet.

Für beide Auffassungen finden sich im Gesetz keine Rechtfertigungen.

3. Art und Umfang der Erhöhung

a) Wertgebühren

103 Bei der **Ermittlung des unselbstständigen Erhöhungsbetrages**, der auf die Verfahrens- oder Geschäftsgebühr aufgeschlagen wird (siehe Rdn 3 f.), gilt **im Grundsatz** die **30 %-Regelung** für den zweiten und jeden weiteren Mandanten. Während jedoch die 30 % **bei den Betragsrahmen- und Festgebühren** weiterhin **von der Ausgangsgebühr** berechnet werden, indem einerseits der konkrete Gebührenrahmen und zum anderen der jeweilige Fixbetrag um 30 % erhöht werden, geht der Gesetzgeber **bei den Wertgebühren** (§ 13) einen anderen Weg. Hier ist ungeachtet der Ausgangsgebühr für jede weitere Person ein **Aufschlag von 0,3** vorzunehmen.[224] Die Erhöhung erfolgt somit unabhängig vom Gebührensatz der Ausgangsgebühr (zur Erhöhung der **Mindestgebühr** vgl. § 13 Rdn 19, 22 ff.).[225]

---

[221] OLG Stuttgart AGS 2010, 121; OLG Stuttgart ZMR 2008, 907 = NJW-Spezial 2008, 674.
[222] Vgl. *Schneider/Mock*, Das neue Gebührenrecht für Anwälte, § 14 Rn 60; *Hergenröder*, AGS 2007, 53 und RVGreport 2004, 362.
[223] Vgl. *Hartung/Römermann/Schons*, RVG, 2. Aufl., VV Vorb. 3 Rn 87; *Mock*, RVG-Berater 2004, 87.
[224] OLG Stuttgart 2007, 33; LG Hamburg AGS 2005, 497; OLG München AGS 2006, 475 = RVGreport 2006, 307 = NJW-RR 2006, 1727 = JurBüro 2006, 312 = Rpfleger 2006, 441 = MDR 2006, 1016; LG Frankfurt NJW 2004, 3642 = AGS 2005, 18 = RVGreport 2005, 65.
[225] OLG München AGS 2006, 475 = RVGreport 2006, 307 = NJW-RR 2006, 1727 = JurBüro 2006, 312 = Rpfleger 2006, 441 = MDR 2006, 1016; LG Köln ZMR 2006, 78.

Beispiel: Der Anwalt wird von den Gesamtschuldnern A und B damit beauftragt, gegen Mahnbescheide über jeweils 17.500 EUR nebst Zinsen Widerspruch einzulegen. Das Verfahren erledigt sich und wird nicht weiter betrieben.
Für den Anwalt ist eine erhöhte Verfahrensgebühr mit einem Satz von 0,8 angefallen (VV 3307 = 0,5 + VV 1008 = 0,3). Sie beläuft sich netto auf 556,80 EUR. Die Gesamtforderung einschl. Postentgeltpauschale und USt beträgt 686,39 EUR.

Bei **Ausgangsgebühren über 1,0** ist die **Berechnungsmethode** für den Anwalt **ungünstig**. Da bereits die Grund- oder Betriebsgebühr für Rechtsstreitigkeiten 1,3 beträgt (VV 3100), wirkt sich der **Nachteil schon bei gewöhnlichen Mandaten** aus. Die Verfahrensgebühr erhöht sich bei zwei Mandanten auf 1,6, bei drei auf 1,9, bei vier auf 2,2, bei fünf auf 2,5, bei sechs auf 2,8, bei sieben auf 3,1 und bei acht auf 3,3. Rechnerisch würde der letzte Gebührensatz zwar 3,4 betragen. Wegen der Kappungsgrenze in Anm. 3 bringt der achte Mandant jedoch nur noch eine Erhöhung von 0,2 und jeder weitere Mandant keinerlei Erhöhung mehr.[226] **104**

Demgegenüber erhöht sich die 1,6-fache Verfahrensgebühr in VV 3200 und 3206 nur um jeweils 0,3 bis zum maximalen Satz von 3,6.

Bei einer **Ausgangsgebühr unter 1,0 begünstigt** die Berechnungsmethode den Anwalt (Beispiel siehe Rdn 103). So erhält er etwa in der **Zwangsvollstreckung** bei zwei Gesamtgläubigern (siehe Rdn 34) eine 0,6-Verfahrensgebühr (VV 3309, 1008).[227] Die Erhöhung beträgt also auch hier 0,3 und nicht 0,3 von 0,3 (= 0,09).[228] **105**

Der **Terminsvertreter** erhält nach VV 3401 eine Verfahrensgebühr in Höhe der Hälfte der dem Verfahrensbevollmächtigten zustehenden Verfahrensgebühr. Es ist daher zunächst die bei Vertretung eines Auftraggebers anfallende Verfahrensgebühr VV 3401, 3405 des Terminsvertreters einschließlich der dort vorgesehenen Kappung zu berechnen. Diese Verfahrensgebühr ist dann nach VV 1008 zu erhöhen. Die Kappung der Verfahrensgebühr des Terminsvertreters nach VV 3401, 3405 ist somit vor und nicht erst nach der Erhöhung nach VV 1008 vorzunehmen. **106**

Entsprechend ist bei der Erhöhung der Verfahrensgebühr des **Verkehrsanwalts** nach VV 3400 vorzugehen, wenn dieser mehrere Auftraggeber hat.[229] **107**

b) Betragsrahmengebühren

Bei den erhöhungsfähigen **Betragsrahmengebühren** in sozialrechtlichen Angelegenheiten (VV 2102 und 2103, 2302, 3102,[230] 3204, 3212, 3400 und 3405, 3501, 3511 und 3512) sowie in Straf- und Bußgeldsachen und in sonstigen Verfahren (VV Teil 4–6) gilt, dass sich der Mindestbetrag und der Höchstbetrag für den zweiten und jeden weiteren Mandanten um 30 % erhöhen bis zur Höchstgrenze der Erhöhung von 200 %. **Grenzgebühren** sind keine Fixgebühren, sondern **begrenzen** einen bestehenden **Gebührenrahmen in der Anwendung** entweder durch einen Geldhöchstbetrag oder wie bei VV 2300 (Satzrahmengebühr) durch einen Gebührenhöchstsatz (1,3-Geschäftsgebühr bei durchschnittlichen Sachen). **108**

Bei Betragsrahmengebühren ist das Vorliegen desselben Gegenstands **keine Erhöhungsvoraussetzung**. Da eine Wertzusammenrechnung nach § 22 Abs. 1 bei verschiedenen Gegenständen wie bei Wertgebühren nicht in Betracht kommt, erhöhen sich Betragsrahmengebühren daher **immer**, wenn **Auftraggeber** des Rechtsanwalts in derselben Angelegenheit **mehrere Personen** sind. Anders als bei Wertgebühren richtet sich die Erhöhung nach der **Ausgangsgebühr**, denn bei Betragsrahmengebühren erhöhen sich der Mindest- und der Höchstbetrag des Rahmens um 30 %. Hieraus ergibt sich **109**

---

226 Nach altem Recht lägen die Erhöhungsbeträge jeweils bei 0,39 und der Höchstsatz bei 3,9; siehe dazu AnwK-BRAGO/*Schnapp*, § 6 Rn 45.
227 Vgl. LG Hamburg AGS 2005, 497; LG Frankfurt NJW 2004, 3642 = AGS 2005, 18 = RVGreport 2005, 65; LG Köln MDR 2005, 1318 = ZMR 2006, 78; AG Solingen DGVZ 2015, 154; *Hansens*, RVGreport 2005, 162, 169; *Volpert*, RVGreport 2004, 450, 452; *ders.*, ZAP Fach 24, 907, 910; vgl. auch die Bsp. in der BT-Drucks 15/1971, S. 205: Eine Gebühr von 1,0 erhöht sich auf 1,3 und eine Gebühr von 0,5 auf 0,8.
228 OLG München AGS 2006, 475 = RVGreport 2006, 307 = NJW-RR 2006, 1727 = JurBüro 2006, 312 = Rpfleger 2006, 441 = MDR 2006, 1016; AG Solingen DGVZ 2015, 154; so aber unzutr. AG Recklinghausen RVGreport 2005, 226 = DGVZ 2005, 30.
229 Gerold/Schmidt/*Müller-Rabe*, RVG, VV 1008 Rn 273 ff.; *Wolf*, JurBüro 2004, 518; *Hergenröder*, AGS 2007, 53.
230 Zur Erhöhung dieser Gebühr bei einer Bedarfsgemeinschaft siehe SG Duisburg AnwBl 2006, 858 = RVGreport 2007, 347.

gleichzeitig, dass erst die Erhöhung des Gebührenrahmens nach VV 1008 vorzunehmen und sodann aus diesem erhöhten Gebührenrahmen die im Einzelfall angemessene Gebühr nach § 14 Abs. 1 zu bestimmen ist.[231] Die Zahl der Auftraggeber kann bei der Bewertung nach § 14 Abs. 1 nicht mehr berücksichtigt werden, weil hierdurch bereits eine Erhöhung des Gebührenrahmens erfolgt ist.[232]

c) Satzrahmengebühren

110 Wie die **Erhöhung bei** einer **Satzrahmengebühr** (vgl. Rdn 71) vorzunehmen ist, legt das Gesetz nicht ausdrücklich fest. Die **Erhöhung** des Gebührensatzes ist **stets mit 0,3** für jeden weiteren Mandanten anzusetzen. Soweit es um Gebührensätze geht, sieht VV 1008 ausnahmslos einen festen Erhöhungsbetrag vor, und die prozentuale Erhöhung eines Rahmens ist allein für die Betragsrahmengebühren bestimmt.

111 Die **vorrangige Festlegung des konkreten Gebührensatzes** hat zudem den Vorteil, dass damit die Berechnungsgröße ermittelt ist für den Haftungsanteil des einzelnen Auftraggebers (§ 7 Abs. 2). Da es sich bei der Satzrahmengebühr nach der Bestimmung des Gebührensatzes innerhalb des vorgesehenen Gebührenrahmens um eine Wertgebühr handelt, ist sie bei Erfüllung der in Abs. 1 und 2 der Anm. zu VV 1008 aufgeführten Erhöhungsvoraussetzungen somit nicht wie eine Betragsrahmengebühr, sondern wie eine Wertgebühr für jeden weiteren Auftraggeber um 0,3 zu erhöhen.

> **Beispiel:** Rechtsanwalt R macht auftragsgemäß für die beiden Mandanten den ihnen gemeinschaftlich zustehenden Anspruch über 5.000 EUR außergerichtlich gegen den Schädiger geltend. Angemessen ist die 1,3 Geschäftsgebühr VV 2300.
> 1,6 Geschäftsgebühr VV 1008, 2301, Wert 5.000 EUR: 484,80 EUR

d) Festgebühren

112 Anders als bei Wertgebühren richtet sich die Erhöhung nach der Ausgangsgebühr, denn die Erhöhung beträgt 30 % der Festgebühr für jeden weiteren Auftraggeber. Bei Festgebühren ist das Vorliegen desselben Gegenstands keine Erhöhungsvoraussetzung. Hat der Rechtsanwalt daher z.B. in der Beratungshilfe 3 Auftraggeber, beträgt die Geschäftsgebühr VV 2503 136 EUR (85 EUR Geschäftsgebühr zzgl. 60 % Erhöhung für zwei weitere Auftraggeber).[233]

e) Schwellengebühr/Regelgebühr VV 2300 und 2302 und Erhöhung (Anm. Abs. 4)

113 Nach der Anm. zu VV 2300 kann eine höhere Geschäftsgebühr als 1,3 nur gefordert werden, wenn die Tätigkeit des Anwalts umfangreich oder schwierig war. Für sozialrechtliche Angelegenheiten, in denen im gerichtlichen Verfahren Betragsrahmengebühren entstehen (§ 3), befindet sich eine gleichlautende Regelung in der Anm. zu VV 2302. Danach kann eine Gebühr von mehr als 300 EUR nur gefordert werden, wenn die Tätigkeit umfangreich oder schwierig war.

114 Die 1,3 Geschäftsgebühr VV 2300 (Anm. zu VV 2300) bzw. die Geschäftsgebühr VV 2302 i.H.v. 300 EUR (Anm. zu VV 2302) sind daher die Regelgebühr bzw. **Schwellengebühr**. VV 2302 ist unter Aufhebung von VV 2400 f. durch das 2. KostRMoG zum 1.8.2013 in das RVG eingefügt worden. Bis dahin ergab sich die Schwellen- oder Regelgebühr bzw. die Kappungsgrenze bei der Geschäftsgebühr VV 2400 aus der Anm. zu VV 2400.

115 Nach h.M. gilt die Begrenzung auf die Schwellen- oder Regelgebühr aber nicht, wenn der Rechtsanwalt mehrere Auftraggeber vertreten hat und eine Erhöhung nach VV 1008 erfolgt. Nach Sinn und

---

231 BSG NJW 2010, 3533 = AGS 2010, 373 = Jur-Büro 2010, 525 = RVGreport 2010, 258; LSG Nordrhein-Westfalen 4.1.2010 – L 19 B 316/09 AS, JurionRS 2010, 10263; SG Karlsruhe AGS 2009, 488 = RVGprof. 2010, 54 = NJW-Spezial 2009, 685; SG Aachen AGS 2010, 80 = NJW-Spezial 2010, 157; SG Lüneburg 30.6.2009 – S 12 SF 89/09 E juris; SG Berlin 24.2.2010 – S 164 SF 1396/09, JurionRS 2010, 11945; Gerold/Schmidt/*Müller-Rabe*, RVG, VV 1008 Rn 265 ff.; a.A. LSG Mecklenburg-Vorpommern 29.11.2007 – L 8 AS 39/06.

232 LSG Nordrhein-Westfalen 4.1.2010 – L 19 B 316/09 AS, JurionRS 2010, 10263.

233 Vgl. OLG Oldenburg AGS 2007, 45; OLG Düsseldorf AGS 2006, 244; LG Kleve AGS 2006, 244 jeweils zu VV 2503 (siehe auch *Hergenröder*, AGS 2007, 53). Unrichtig LSG NRW RVGreport 2008, 303 m. abl. Anm. *Hansens*.

Zweck der Regelung gilt die Regelgebühr oder Schwellengebühr nur für die Tätigkeit für einen Auftraggeber. Bei mehreren Auftraggebern erhöht sich die Gebühr für jeden weiteren Auftraggeber um 0,3 bzw. um 30 %.[234] Durch die durch das 2. KostRMoG angefügte Anm. Abs. 4 zu VV 1008 hat der Gesetzgeber ausdrücklich klargestellt, dass sich bei der Vertretung mehrerer Auftraggeber die Schwellen- oder Regelgebühr für jeden weiteren Auftraggeber um 0,3 bzw. 30 % erhöht.[235]

f) Höchstsatz der Erhöhung

aa) Wertgebühren und Satzrahmengebühren. Mehrere Erhöhungen dürfen bei Wert- und Satzrahmengebühren nach Abs. 3 der Anm. zu VV 1008 einen **Gebührensatz von 2,0 nicht übersteigen**. Der Höchstbetrag von 2,0 wirkt sich erst dann aus, wenn mehr als acht Personen Auftraggeber sind. Das gilt auch bei Gebührensätzen unter 1,0 wie z.B. bei der 0,3 Verfahrensgebühr in der Zwangsvollstreckung nach VV 3309. Die 0,3 Verfahrensgebühr VV 3309 beträgt daher einschließlich aller möglichen Erhöhungen höchstens 2,3 und nicht 0,9 (vgl. dazu auch Rdn 104).[236]

116

> **Beispiel 1: Gebührensatz unter 1,0**
> Rechtsanwalt R beantragt für die acht von ihm vertretenen Gläubiger wegen eines gemeinschaftlichen, titulierten Anspruchs über 5.000 EUR den Erlass eines Pfändungs- und Überweisungsbeschlusses.
> R kann folgende Gebühr abrechnen:
> 2,3 Verfahrensgebühr, VV 3309, 1008, Wert: 5.000 EUR   **696,90 EUR**
> 0,3 Verfahrensgebühr VV 3309 zuzüglich 2,0 Erhöhung VV 1008: Die Erhöhung beträgt eigentlich 2,1 [7 × 0,3], es gilt aber der Höchstbetrag von 2,0. Für den siebten weiteren Auftraggeber kommt die Erhöhung daher nur noch teilweise i.H.v. 0,2 statt 0,3 zum Tragen.

117

> **Beispiel 2: Gebührensatz über 1,0**
> Rechtsanwalt R vertritt neun Kläger im Berufungsverfahren wegen eines vermögensrechtlichen Anspruchs über 5.000 EUR.
> 3,6 Verfahrensgebühr
> einschl. Erhöhung VV 3200, 1008,
> Wert 5.000 EUR   **1.090,80 EUR**
> 1,6 Verfahrensgebühr 3200 zuzüglich 2,0 Erhöhung: Die Erhöhung beträgt eigentlich 2,4 [8 × 0,3], es gilt aber der Höchstbetrag von 2,0. Für den siebten weiteren Auftraggeber kommt die Erhöhung daher nur noch teilweise i.H.v. 0,2 statt 0,3 zum Tragen, ab dem achten Auftraggeber erfolgt keine Erhöhung mehr.

118

> **Beispiel 3: Gebührensatz über 1,0**
> Rechtsanwalt R vertritt außergerichtlich neun Mandanten wegen eines vermögensrechtlichen Anspruchs über 5.000 EUR. Die Tätigkeit rechtfertigt eine 2,5 Geschäftsgebühr VV 2300.
> 4,5 Geschäftsgebühr
> einschl. Erhöhung VV 2300, 1008,
> Wert 5.000 EUR   **1.363,50 EUR**
> 2,5 Geschäftsgebühr VV 2300 zuzüglich 2,0 Erhöhung: Die Erhöhung beträgt eigentlich 2,4 [8 × 0,3], es gilt aber der Höchstbetrag von 2,0. Für den siebten weiteren Auftraggeber kommt die Erhöhung daher nur noch teilweise i.H.v. 0,2 statt 0,3 zum Tragen, ab dem achten Auftraggeber erfolgt keine Erhöhung mehr.

119

---

234 So zur Schwellengebühr nach VV 2400 BSG AGS 2014, 458 = RVGreport 2014, 341; BSG NJW 2010, 3533 = AGS 2010, 373 = JurBüro 2010, 525 = RVGreport 2010, 258; LSG Berlin-Brandenburg 19.11.2014 – L 18 AS 2523/14 WA, juris; LSG Mecklenburg-Vorpommern AGS 2008, 286; SG Aachen, AGS 2010, 80; SG Karlsruhe AGS 2009, 488 = RVGprof. 2010, 54 = NJW-Spezial 2009, 685; a.A. LSG Baden-Württemberg, AGS 2009, 73 = RVGreport 2010, 145.

235 SG Freiburg AGS 2015, 378 = NZS 2015, 520; BT-Drucks 17/11471 (Neu), S. 272.

236 LG Hamburg AGS 2005, 498 = DGVZ 2005, 142; LG Köln MDR 2005, 1318 = ZMR 2006, 78; AG Solingen DGVZ 2015, 154; Gerold/Schmidt/*Müller-Rabe*, VV 1008 Rn 226; **a.A.** AG Offenbach RVGreport 2005, 226 = AGS 2005, 198, das aufgrund der fehlerhaften Bewertung der Verfahrensgebühr VV 3309 als Festgebühr unzutreffend nur zu einer Höchstgebühr von 0,6 gelangt.

120 bb) Betragsrahmengebühren. Nach Abs. 3 der Anm. zu VV 1008 dürfen bei Betragsrahmengebühren mehrere Erhöhungen das **Doppelte** des Mindest- und des Höchstbetrages **nicht überschreiten.** Insgesamt sind der Mindest- und Höchstsatz für den Höchstsatz daher zu **verdreifachen** und nicht lediglich zu verdoppeln.[237] Denn Abs. 3 der Anm. zu VV 1008 regelt nur den Höchstsatz der Erhöhung, nicht aber den Höchstsatz der erhöhten Gebühr. Der Höchstsatz der Erhöhung wirkt sich erst dann aus, wenn Auftraggeber mehr als acht Personen sind.

121 cc) Festgebühren. Nach Abs. 3 der Anm. zu VV 1008 dürfen bei Festgebühren mehrere Erhöhungen das **Doppelte** der Festgebühr **nicht überschreiten.** Der Höchstsatz der Erhöhung wirkt sich erst dann aus, wenn Auftraggeber mehr als acht Personen sind.

122 Hat der Rechtsanwalt daher z.B. in der Beratungshilfe 8 Auftraggeber, beträgt die Geschäftsgebühr VV 2503 höchstens 255 EUR (85 EUR Geschäftsgebühr zzgl. 210 % Erhöhung für sieben weitere Auftraggeber, aber Höchstbetrag: Das Doppelte der Festgebühr i.H.v. 170 EUR; Geschäftsgebühr 85 EUR zzgl. Höchstbetrag 170 EUR = 255 EUR).

4. Teilerhöhung – unterschiedliche Beteiligung mehrerer Auftraggeber

a) Ausgangslage

123 Abs. 2 der Anm. zu VV 1008 schreibt vor, dass die Erhöhung bei der **Wertgebühr** nach dem Betrag berechnet wird, an dem die Personen gemeinschaftlich beteiligt sind (siehe dazu Rdn 58 ff.).

Ist die Verfahrensgebühr nach einem zusammengerechneten Gegenstandswert zu ermitteln (verschiedene Gegenstände, § 22 Abs. 1) und gelten für Teile davon **verschiedene Gebührensätze**, so bestimmt **§ 15 Abs. 3**, dass die Gebühren für die Wertteile gesondert zu berechnen sind und der Anwalt die Summe aller Teilgebühren erhält, jedoch nicht mehr als die nach dem höchsten Gebührensatz aus dem Gesamtwert berechnete Gebühr.

124 Umstritten ist, wie die Gebührenerhöhung zu berechnen ist, wenn für mehrere Auftraggeber bei denselben oder unterschiedlichen Gebührensätzen teilweise Gegenstandsidentität und teilweise Gegenstandsverschiedenheit vorliegt bzw. die Auftraggeber **teilweise gemeinschaftlich** bzw. **unterschiedlich** am Wert beteiligt sind

b) Anwendung von § 15 Abs. 3

125 Nach einer Auffassung gilt § 15 Abs. 3 schon seinem Wortlaut nach bzw. wird entsprechend angewandt, wenn in derselben Angelegenheit **neben einer Mehrfachvertretung mit identischem Gegenstand** (z.B. für zwei Personen) von dem Anwalt **auch noch eine Einzelvertretung** (z.B. für eine dieser Personen) wahrgenommen wird. Dann sollen nämlich für Teile des Gesamtwertes **verschiedene Gebührensätze** eingreifen: Einerseits gelten **1,6 hinsichtlich des Gegenstandswertes der Mehrfachvertretung** und zum anderen **1,3 für den Gegenstandswert der Einzelvertretung** (vgl. § 15 Rdn 229 ff.).[238]

> **Beispiel:** Der Anwalt klagt für die Eheleute S eine gemeinsame Mietforderung von 4.500 EUR und für Frau S einen Schadensersatzanspruch von 720 EUR ein, weil der Mieter M beim Einparken ihr Fahrrad beschädigt hat. M soll also 5.220 EUR zahlen, und zwar davon 4.500 EUR an beide Kläger als Gesamtgläubiger.

---

[237] LSG Nordrhein-Westfalen 14.5.2012 – L 19 AS 1992/11, juris; LSG Nordrhein-Westfalen 4.1.2010 – L 19 B 316/09 AS, JurionRS 2010, 10263; SG Aachen AGS 2010, 80 = NJW-Spezial 2010, 157; SG Fulda RVGreport 2012, 222 = ASR 2012, 127; SG Darmstadt 17.1.2012 – S 13 SF 83/10 E, juris = ASR 2012, 75; SG Berlin JurBüro 2011, 25 = AGkompakt 2010, 137 = RVGreport 2011, 20; SG Berlin 24.2.2010 – S 164 SF 1396/09, JurionRS 2010, 11945; a.A. aber LSG Nordrhein-Westfalen RVGreport 2008, 303.

[238] So Riedel/Sußbauer/*Ahlmann*, RVG, § 15 Rn 42 ff.; AnwK-RVG/*Schnapp*, 5. Aufl., VV 1008 Rn 49; LG Saarbrücken AGS 2012, 56 = DAR 2012, 177 = NJW-Spezial 2012, 27 = VRR 2012, 120; AG Augsburg AGS 2008, 343 m. Anm. *N. Schneider*; LG Bonn AGS 1998, 115; OLG Hamburg MDR 1978, 767; *Lappe*, Rpfleger 1981, 94; *N. Schneider*, MDR 1998, 1439 f.; *Hergenröder*, AGS 2007, 53; *N. Schneider*, VRR 2007, 176; *Lappe*, Rpfleger 1981, 94.

Die Verfahrensgebühr des Anwalts berechnet sich (netto) wie folgt:

1,6-Gebühr (VV 3100 + VV 1008), Wert 4.500 EUR	484,80 EUR
1,3-Gebühr (VV 3100), Wert 720 EUR	104,00 EUR
Gesamt	**588,80 EUR**

Gem. § 15 Abs. 3 nicht mehr als eine 1,6 Verfahrensgebühr (Wert 5.220 EUR) mit 566,40, die hier die Obergrenze bilden.[239]

Es wird bei dieser Berechnungsweise somit zunächst die nach VV 1008 erhöhte Verfahrensgebühr aus dem Wert berechnet, an dem die Personen gemeinschaftlich beteiligt sind (4.500 EUR). Sodann wird noch eine nicht erhöhte Verfahrensgebühr aus dem Wert berechnet, an dem nur einer der Auftraggeber beteiligt ist (720 EUR). Schließlich wird nach § 15 Abs. 3 geprüft, ob eine nach dem höchsten angewandten Gebührensatz (1,6) nach dem Gesamtstreitwert (5.220 EUR) berechnete Verfahrensgebühr nicht überschritten wird. **126**

§ 15 Abs. 3 ist bei Anfall der Verfahrensgebühr VV 3100 neben einer erhöhten Verfahrensgebühr VV 3100, 1008 nicht einschlägig, so dass dieser Auffassung nicht gefolgt werden kann. Denn § 15 Abs. 3 setzt voraus, dass für Teile des Gegenstands verschiedene Gebührensätze anzuwenden sind, also verschiedene Gebührentatbestände aufeinandertreffen.[240] Hierdurch soll vermieden werden, dass in derselben gebührenrechtlichen Angelegenheit Mehrkosten anfallen, wenn für Teile des Gegenstands Gebühren mit unterschiedlichen Gebührensätzen anfallen. Bei Entstehung der Verfahrensgebühr neben einer nach VV 1008 erhöhten Verfahrensgebühr treffen aber keine verschiedenen Gebührentatbestände mit unterschiedlichen Gebührensätzen zusammen. Vielmehr fällt als Ausgangsgebühr für den gesamten Streitwert eine Verfahrensgebühr an, die nur für einen Teilwert nach VV 1008 zu erhöhen ist.[241] **127**

c) Wertaddition und Erhöhungsgebühr

Nach der **zutreffenden** und **wohl herrschenden Gegenauffassung** wird zunächst die Verfahrensgebühr ohne Erhöhung nach VV 1008 aus dem Gesamtwert bzw. dem gem. § 22 Abs. 1 zusammengerechneten Wert ermittelt und sodann eine Erhöhung nach VV 1008 aus dem Wert der gemeinschaftlichen Beteiligung berechnet. § 15 Abs. 3 wird nicht angewandt.[242] **128**

Beispiel:
Im Beispiel oben (siehe Rdn 125) ergibt sich dann folgende Berechnung:

1,3-Verfahrensgebühr (VV 3100), Wert 5.220 EUR	460,20 EUR
0,3-Verfahrensgebühr (VV 1008), Wert 720 EUR	24,00 EUR
Gesamt	**484,20 EUR**

Gegen diese Berechnungsweise spricht vordergründig, dass die Gebührenerhöhung nach VV 1008 hierbei als eigener Gebührentatbestand erscheint (Erhöhungsgebühr), obwohl nach VV 1008 eine einheitliche Verfahrensgebühr einschließlich Erhöhung entsteht (siehe Rdn 3 f.). **129**

Für diese **Berechnung spricht** aber, dass zutreffend gem. § 22 Abs. 1 in derselben Angelegenheit zunächst die Werte mehrerer verschiedener Gegenstände zusammengerechnet werden und erst anschließend die Gebührenerhöhung aus dem Wert der gemeinschaftlichen Beteiligung angesetzt wird. **130**

Beispiel 1: Rechtsanwalt R vertritt den Fahrer A, den Halter B und dessen Haftpflichtversicherung C, die auf Zahlung i.H.v. 20.000 EUR in Anspruch genommen worden sind. Der Halter B und die Haftpflichtversicherung C erheben durch Rechtsanwalt R Widerklage gegen den Kläger und dessen Haftpflichtversicherung auf Zahlung i.H.v. 10.000 EUR. A macht im Wege der Widerklage einen Anspruch i.H.v. 2.000 EUR gegen den Kläger geltend. **131**

---

239 Ein weiteres Bsp. findet sich bei *Enders*, JurBüro 2005, 409.
240 *Baumgärtel/Hergenröder/Houben*, RVG, § 15 Rn 35.
241 So zutr. Gerold/Schmidt/*Müller-Rabe*, RVG, VV 1008 Rn 231 ff.; OLG Celle AGS 2014, 165 = RVGreport 2014, 151 = VRR 2014, 273.
242 OLG Celle AGS 2014, 165 = RVGreport 2014, 151 = VRR 2014, 273; OVG NRW AGS 2012, 235 = NJW-Spezial 2012, 252; OLG Jena 18.7.2011 – 9 W 254/11, juris; OLG Hamburg RVGreport 2008, 105; Gerold/

Schmidt/*Müller-Rabe*, RVG, VV 1008 Rn 229 ff.; Volpert, RVGprofessionell 2012, 104; *Hansens*, RVGreport 2012, 92; *Herold/Rudy*, JurBüro 2009, 566; *Braun/Volpert*, in: *Hansens/Braun/Schneider*, Teil 6, Rn 213; noch zur BRAGO: OLG Köln JurBüro 1987, 692; OVG Berlin-Brandenburg AGS 2006, 166; OLG Düsseldorf JurBüro 1990, 601; OLG Hamburg JurBüro 2001, 27; OLG München MDR 1998, 1439; OLG Schleswig JurBüro 1994, 26; OLG Saarbrücken JurBüro 1988, 189; *Hansens*, BRAGO, § 6 Rn 11.

1. Berechnungsmöglichkeit (siehe Rdn 125 f.):

1,9 Verfahrensgebühr VV 3100, 1008, Wert 20.000 EUR	1.409,80 EUR
1,6 Verfahrensgebühr VV 3100, 1008, Wert 10.000 EUR	892,80 EUR
1,3 Verfahrensgebühr VV 3100, Wert 2.000 EUR	195,00 EUR
Gesamt	**2.497,60 EUR**

Gem. § 15 Abs. 3 nicht mehr als eine 1,9 Verfahrensgebühr (Wert 32.000 EUR) mit **1.782,20 EUR**, die hier die Obergrenze bilden.

2. Berechnungsmöglichkeit (siehe Rdn 128 f.):

1,3 Verfahrensgebühr VV 3100, Wert 32.000 EUR	1.219,40 EUR
0,6 Erhöhung VV 1008, Wert 20.000 EUR	445,20 EUR
0,3 Erhöhung VV 1008, Wert 10.000 EUR	167,40 EUR
Gesamt	**1.832,00 EUR**

Beispiel nach *Kindermann*, Gebührenpraxis für Anwälte, Teil 1 Rn 145.

Bei der ersten Berechnungsmöglichkeit entfällt somit unter Berücksichtigung des nach § 15 Abs. 3 ermittelten Höchstbetrages auf die Gebührenerhöhung im Ergebnis lediglich ein Betrag i.H.v. 562,80 EUR. Das ergibt sich aus folgender Berechnung:

1.782,20 EUR	(1,9 Verfahrensgebühr – höchster Gebührensatz – aus 32.000 EUR gem. § 15 Abs. 3)
– 1.219,40 EUR	(1,3 Verfahrensgebühr – ohne Erhöhung – aus 32.000 EUR)
= 562,80 EUR	Entspricht 0,6 Erhöhung aus 32.000 EUR

Bei der ersten Berechnungsmöglichkeit (§ 15 Abs. 3) wird damit nach der Gebührentabelle zu § 13 im Ergebnis eine 0,6 Erhöhung für zwei weitere Auftraggeber aus einem zusammengerechneten Wert i.H.v. 32.000 EUR berechnet.

R hat aber nicht zwei weitere Auftraggeber wegen 32.000 EUR, sondern zwei weitere Auftraggeber wegen 20.000 EUR, einen anderen weiteren Auftraggeber wegen 10.000 EUR und nur einen Auftraggeber wegen 2.000 EUR vertreten, was bei der zweiten Berechnungsmethode berücksichtigt wird.[243]

Die Berechnungen zeigen, dass die Erhöhungen bei der 2. Berechnungsmöglichkeit nur nach den Beträgen berechnet werden, an dem die mehreren Auftraggeber auch tatsächlich gemeinschaftlich beteiligt sind. Noch deutlicher zeigt sich das bei dem nachfolgenden Beispiel:

132 **Beispiel 2:** Rechtsanwalt R vertritt den Fahrer A, den Halter B und dessen Haftpflichtversicherung C, die auf Zahlung i.H.v. 20.000 EUR in Anspruch genommen worden sind. Der Halter B und die Haftpflichtversicherung C erheben durch Rechtsanwalt R Widerklage gegen den Kläger und dessen Haftpflichtversicherung auf Zahlung i.H.v. 10.000 EUR. A macht im Wege der Widerklage einen Anspruch i.H.v. 2.000 EUR, B i.H.v. 4.000 EUR gegen den Kläger geltend.

1. Berechnungsmöglichkeit (siehe Rdn 125 f.):

1,9 Verfahrensgebühr VV 3100, 1008 (Wert 20.000 EUR)	1.409,80 EUR
1,6 Verfahrensgebühr VV 3100, 1008 (Wert 10.000 EUR)	892,80 EUR
1,3 Verfahrensgebühr VV 3100 (Wert 2.000 EUR)	195,00 EUR
1,3 Verfahrensgebühr VV 3100 (Wert 4.000 EUR)	327,60 EUR
Gesamt	**2.825,20 EUR**

Gem. § 15 Abs. 3 nicht mehr als eine 1,9 Verfahrensgebühr (Wert 36.000 EUR) mit **1.924,70 EUR**, die hier die Obergrenze bilden.

2. Berechnungsmöglichkeit (siehe Rdn 128 f.): **Wertaddition und dann Gebührenerhöhung VV 1008:**

1,3 Verfahrensgebühr VV 3100 (Wert 36.000 EUR)	1.316,90 EUR
0,6 Erhöhung VV 1008 (Wert 20.000 EUR)	445,20 EUR
0,3 Erhöhung VV 1008 (Wert 10.000 EUR)	167,40 EUR
Gesamt	**1.929,50 EUR**

Bei der ersten Berechnungsmöglichkeit entfällt somit unter Berücksichtigung des nach § 15 Abs. 3 ermittelten Höchstbetrages auf die Gebührenerhöhung im Ergebnis lediglich ein Betrag i.H.v. 607,80 EUR. Das ergibt sich aus folgender Berechnung:

1.924,70 EUR	(1,9 Verfahrensgebühr – höchster Gebührensatz – aus 36.000 EUR gem. § 15 Abs. 3)
– 1.316,90 EUR	(1,3 Verfahrensgebühr – ohne Erhöhung – aus 36.000 EUR)
= 607,80 EUR	Entspricht 0,6 Erhöhung aus 36.000 EUR

---

[243] Gerold/Schmidt/*Müller-Rabe*, RVG, VV 1008 Rn 235.

Bei der ersten Berechnungsmöglichkeit (§ 15 Abs. 3) wird damit nach der Gebührentabelle zu § 13 im Ergebnis eine 0,6 Erhöhung für zwei weitere Auftraggeber aus einem zusammengerechneten Wert i.H.v. 36.000 EUR berechnet.

R hat aber nicht zwei weitere Auftraggeber wegen 36.000 EUR, sondern zwei weitere Auftraggeber wegen 20.000 EUR, einen anderen weiteren Auftraggeber wegen 10.000 EUR und jeweils einen Auftraggeber wegen 2.000 EUR und 4.000 EUR vertreten.

Das Ergebnis nach der 1. Berechnungsmethode kann deshalb nicht richtig sein, weil sich im Vergleich zu Beispiel 1 an der gemeinschaftlichen Beteiligung der Auftraggeber nichts geändert hat. Hinzugekommen ist lediglich die Geltendmachung einer Forderung über 4.000 EUR für einen einzelnen Auftraggeber. Das darf sich aber auf die Berechnung der Gebührenerhöhung nach VV 1008 nicht auswirken.

Bei der zweiten Berechnungsmethode bleiben daher folgerichtig die Gebührenerhöhungen unverändert. Es fällt weiterhin lediglich eine 0,6 Erhöhung nach 20.000 EUR und eine weitere 0,3 Erhöhung wegen 10.000 EUR an. Der im Vergleich zu Beispiel 1 neu hinzugetretene Anspruch von B über 4.000 EUR führt zutreffend durch die insoweit nach § 22 Abs. 1 vorzunehmende Wertzusammenrechnung nur zu einer Erhöhung der 1,3 Verfahrensgebühr VV 3100.

Beispiel 3: Rechtsanwalt R vertritt die Beklagten A, B, C und D. Während gegen A und B als Gesamtschuldner eine Forderung über 10.000 EUR geltend gemacht wird, sollen C und D als Gesamtschuldner zur Zahlung einer weiteren Forderung über 30.000 EUR verurteilt werden. **133**

1. Berechnungsmöglichkeit (siehe Rdn 125 f.):
1,6 Verfahrensgebühr VV 3100, 1008, Wert 10.000 EUR   892,80 EUR
1,6 Verfahrensgebühr VV 3100, 1008, Wert 30.000 EUR   1.380,80 EUR
Gesamt   **2.273,60 EUR**

Gem. § 15 Abs. 3 nicht mehr als eine 1,6 Verfahrensgebühr (Wert 40.000 EUR) mit 1.620,80 **EUR**, die hier die Obergrenze bilden.

2. Berechnungsmöglichkeit (siehe Rdn 128 f.):
1,3 Verfahrensgebühr VV 3100, Wert 40.000 EUR   1.316,90 EUR
0,3 Erhöhung VV 1008, Wert 10.000 EUR   167,40 EUR
0,3 Erhöhung VV 1008, Wert 30.000 EUR   258,90 EUR
Gesamt   **1.743,20 EUR**

Bei der ersten Berechnungsmöglichkeit entfällt somit unter Berücksichtigung des nach § 15 Abs. 3 ermittelten Höchstbetrages auf die Gebührenerhöhung im Ergebnis lediglich ein Betrag i.H.v. 303,90 EUR. Das ergibt sich aus folgender Berechnung: **134**

1.620,80 EUR	(1,6 Verfahrensgebühr – höchster Gebührensatz – aus 40.000 EUR gem. § 15 Abs. 3)
− 1.316,90 EUR	(1,3 Verfahrensgebühr – ohne Erhöhung – aus 40.000 EUR)
= 303,90 EUR	Entspricht 0,3 Erhöhung aus 40.000 EUR

Bei der ersten Berechnungsmöglichkeit (§ 15 Abs. 3) wird damit nach der Gebührentabelle zu § 13 im Ergebnis eine 0,3 Erhöhung für einen weiteren Auftraggeber aus einem Wert i.H.v. 40.000 EUR berechnet.

R hat aber nicht einen weiteren Auftraggeber wegen 40.000 EUR, sondern einen weiteren Auftraggeber wegen 10.000 EUR und einen anderen weiteren Auftraggeber wegen 30.000 EUR vertreten.[244]

Dies wird bei der Berechnung nach der zweiten Berechnungsmöglichkeit berücksichtigt, so dass diese daher vorzugswürdig ist. Die Gebührenerhöhung nach der zweiten Berechnungsmethode beträgt damit insgesamt 426,30 EUR (167,40 EUR + 258,90 EUR) statt 303,90 EUR bei der ersten Berechnungsmethode.

Beispiel 4: Rechtsanwalt R vertritt die Beklagten A, B, C und D. Während gegen A und B als Gesamtschuldner eine Forderung über 10.000 EUR geltend gemacht wird, sollen C und D als Gesamtschuldner zur Zahlung einer weiteren Forderung über 30.000 EUR verurteilt werden. Ferner wird für C noch eine Forderung über 20.000 EUR geltend. **135**

1. Berechnungsmöglichkeit (siehe Rdn 125 f.):
1,6 Verfahrensgebühr VV 3100, 1008, Wert 10.000 EUR   892,80 EUR
1,6 Verfahrensgebühr VV 3100, 1008, Wert 30.000 EUR   1.380,80 EUR
1,3 Verfahrensgebühr VV 3100, Wert 20.000 EUR   964,60 EUR
Gesamt   **3.238,20 EUR**

---

[244] Gerold/Schmidt/*Müller-Rabe*, RVG, VV 1008 Rn 235.

Gem. § 15 Abs. 3 nicht mehr als eine 1,6 Verfahrensgebühr (Wert 60.000 EUR) mit **1.996,80 EUR**, die hier die Obergrenze bilden.
2. Berechnungsmöglichkeit (siehe Rdn 128 f.):

1,3 Verfahrensgebühr VV 3100, Wert 60.000 EUR	1.622,40 EUR
0,3 Erhöhung VV 1008, Wert 10.000 EUR	167,40 EUR
0,3 Erhöhung VV 1008, Wert 30.000 EUR	258,90 EUR
Gesamt	**2.048,70 EUR**

136 Bei der ersten Berechnungsmöglichkeit entfällt somit unter Berücksichtigung des nach § 15 Abs. 3 ermittelten Höchstbetrages auf die Gebührenerhöhung im Ergebnis ein Betrag i.H.v. 374,40 EUR. Das ergibt sich aus folgender Berechnung:

1.996,80 EUR	(1,6 Verfahrensgebühr – höchster Gebührensatz – aus 60.000 EUR gem. § 15
− 1.622,40 EUR	(1,3 Verfahrensgebühr – ohne Erhöhung – aus 60.000 EUR)
= 374,40 EUR	Entspricht 0,3 Erhöhung aus 60.000 EUR

Bei der ersten Berechnungsmöglichkeit wird damit im Ergebnis eine 0,3 Erhöhung für einen weiteren Auftraggeber aus einem Wert i.H.v. 60.000 EUR berechnet. Dieses Ergebnis kann aber nicht richtig sein, weil sich im Vergleich zu Beispiel 3 (siehe Rdn 133) an der gemeinschaftlichen Beteiligung der Auftraggeber nichts geändert hat. R hat weiterhin einen weiteren Auftraggeber wegen 10.000 EUR und einen anderen weiteren Auftraggeber wegen 30.000 EUR vertreten. Hinzugekommen ist lediglich die Geltendmachung einer Forderung über 20.000 EUR für einen einzelnen Auftraggeber. Das darf sich aber auf die Berechnung der Gebührenerhöhung nach VV 1008 nicht auswirken.

137 Bei der zweiten Berechnungsmethode bleiben daher folgerichtig die Gebührenerhöhungen unverändert. Es fällt weiterhin eine 0,3 Erhöhung nach 10.000 EUR und eine weitere 0,3 Erhöhung wegen 30.000 EUR an. Der im Vergleich zu Beispiel 3 (siehe Rdn 133) neu hinzugetretene Anspruch von C über 20.000 EUR führt zutreffend durch die insoweit nach § 22 Abs. 1 vorzunehmende Wertzusammenrechnung nur zu einer Erhöhung der 1,3 Verfahrensgebühr VV 3100. Die Gebührenerhöhung nach der zweiten Berechnungsmethode beträgt damit wie im Beispiel 3 (siehe Rdn 133) unverändert insgesamt 426,30 EUR statt 374,40 EUR bei der ersten Berechnungsmethode.

C. Erstattungsfragen

I. Problemstellung

138 VV 1008 regelt als Gebührentatbestand einen Sonderfall der Mehrfachvertretung. Soweit es um Erstattungsfragen von allgemeiner Bedeutung geht, werden diese bei § 7 (siehe § 7 Rdn 70 ff.) besprochen. Im Zusammenhang mit VV 1008 soll nur die **spezielle praxisrelevante Streitfrage** erörtert werden, wie ein Verfahren mit Wertgebühren abzurechnen ist, in dem von **zwei echten Streitgenossen der eine obsiegt und der andere unterliegt**.

139 Die **Abrechnung** von Verfahren, in denen **Streitgenossen (teilweise) obsiegen**, ist gesetzlich **nicht geregelt**. Das gilt schon für die **Kostengrundentscheidung**.[245] Nach allgemeiner Meinung sind die Verfahrenskosten **analog § 92 ZPO** in der Weise zu quoteln, wie das Ergebnis des Verfahrens für die Streitgenossen unterschiedlich ausfällt. Das geschieht durchweg nach der sog. **Baumbach'schen Formel** sowohl bei einer echten Streitgenossenschaft (Gegenstandsidentität) als auch bei einer unechten Streitgenossenschaft (verschiedene Gegenstände; Beispiel siehe § 7 Rdn 96) sowie **unabhängig davon**, wie der einzelne Streitgenosse vertreten ist und **welche tatsächlichen Kosten** bei ihm angefallen sind.

> **Beispiel:** G verklagt A und B als Gesamtschuldner auf Zahlung von 2.700 EUR. A lässt sich nicht vertreten und verliert; er hat keine Auslagen. B ist anwaltlich vertreten und gewinnt; er hat Terminreisekosten von 280 EUR.
> Nach der Baumbach'schen Formel muss G die Kosten des B voll tragen, weil er insoweit verloren hat. Zwar hat er „zur Hälfte" obsiegt, weil er von A volle Zahlung verlangen kann. In Anwendung der Formel fallen ihm letztlich gleichwohl sämtliche außergerichtlichen Kosten der Gegenseite zur Last. Das ist jedoch

---

245 Vgl. Zöller/*Herget*, ZPO, § 100 Rn 3.

sachgerecht. Würden ihm nach dem Gesamtergebnis die außergerichtlichen Kosten der Streitgenossen zur Hälfte auferlegt, bliebe B auf der Hälfte seiner Kosten sitzen, obwohl er voll gewonnen hat.

140 Grds. bereitet eine Kostenverteilung nach der Baumbach'schen Formel keine Anwendungsprobleme. Werden die Streitgenossen allerdings durch einen gemeinsamen Anwalt vertreten, besteht **Uneinigkeit** darüber, **wie** dessen **Vergütung** als Kostenlast **den einzelnen Streitgenossen** mit Wirkung für und gegen die (teilweise) unterlegene Gegenpartei **zuzuordnen** ist. Bei der Ausfüllung der Kostengrundentscheidung ist darüber zu befinden, **ob** die Streitgenossen **intern regeln** können, wer von ihnen welchen Anteil der gemeinsamen Anwaltskosten zu tragen hat, und **ob** eine solche Absprache **für den Gegner verbindlich** ist.

141 Diese Frage stellt sich bei jeder Mehrfachvertretung, weil es dort stets um gemeinsame Kosten und also um die Aufteilung derselben geht. Deshalb ist sie auch Gegenstand der Erörterung zu § 7 (siehe § 7 Rdn 73 ff.). Im Rahmen des **VV 1008** erlangt sie allerdings besonderes Gewicht, weil die Fälle relativ häufig sind, dass mehrere mit unterschiedlichem Erfolg als Gesamtschuldner in Anspruch genommen werden.

II. Unterschiedliches Verfahrensergebnis für mehrere Gesamtschuldner

142 Wie die Kosten des gemeinsamen Anwalts der Streitgenossen auf die einzelnen Schuldner zu verteilen sind, schreibt das Gesetz nicht vor. Eine derartige **Norm wäre** ein **verfassungswidriger Eingriff** in die grundrechtlich geschützte Privatautonomie. Der Gesetzgeber darf insoweit **nur Hilfestellungen** anbieten, falls für eine individuelle Regelung nichts ersichtlich ist. So wird der kopfteilige Innenausgleich nach § 426 BGB zutreffend als bloße Hilfsregel verstanden (siehe § 7 Rdn 60 ff.), die erst dann eingreifen kann, **wenn** sich **kein anderweitiger Wille der Gesamtschuldner** aufzeigen lässt. Wie zu § 7 (siehe § 7 Rdn 65 ff.) ausgeführt, entspricht es der Interessenlage aller Streitgenossen, dass derjenige unter ihnen mit dem höchsten Erstattungsanspruch gegen den (teilweise) kostentragungspflichtigen Gegner den größtmöglichen Anteil soll tragen müssen, um so das Prozesskostenrisiko aller Streitgenossen zu minimieren (siehe § 7 Rdn 87).

143 Obsiegt nur einer von zwei echten **Streitgenossen** und **meldet** dieser nicht lediglich die Hälfte der gemeinsamen Anwaltskosten, sondern seinen **vollen Haftungsanteil gem. § 7 Abs. 2** zur Festsetzung an, so ist davon auszugehen, dass er im Innenverhältnis zu dem unterlegenen Streitgenossen diese **Kostenlast** auch **tragen** soll. Das Erstattungsbegehren hat **seine Kosten des Rechtsstreits** zum Gegenstand, die als solche **erstattungsfähig** sind, soweit sie **notwendig** waren (§ 91 Abs. 1 S. 1).

144 **Anwaltskosten** sind **grds. zu erstatten** (§ 91 Abs. 2 S. 1 ZPO). Dem Anspruch des obsiegenden Streitgenossen **könnte** jedoch **entgegenstehen**, dass er ihn **unredlich erworben** habe (§ 242 BGB),[246] weil ihm von den gemeinsamen Anwaltskosten **mehr zugeordnet** worden sind, **als** das nach seiner wertmäßigen Beteiligung **erforderlich** gewesen wäre. Diese Kostenverteilung beurteilt sich jedoch **nicht als missbräuchlich**, sondern als **konsequente Umsetzung** einer zulässigen **Gestaltungsfreiheit** (im Einzelnen siehe § 7 Rdn 89 f.). Im allgemeinen Privatrecht gibt es **keine Pflicht zur gleichmäßigen Risikoverteilung**. Der unterlegene Gegner kann nicht darauf vertrauen, dass die außergerichtlichen Kosten von Streitgenossen stets gleich hoch sind (Beispiel siehe Rdn 139) oder dass er nur insoweit für mehr als den wertmäßigen Anteil bis hin zu den vollen Anwaltskosten des obsiegenden Streitgenossen einstehen müsse, als der unterlegene Streitgenosse weniger als seinen wertmäßigen Anteil an den gegnerischen Anwalt zahlen kann oder will.[247] Das **Gebot von Treu und Glauben** verlangt **keine** rechtliche **Unterstützung des Kostenschuldners**, indem dieser vor dem Erstattungsanspruch des obsiegenden Streitgenossen bewahrt, hingegen der Risikogemeinschaft der Streitgenossen der Schutz der Rechtsordnung verweigert wird. Deshalb verdient nach wie vor die Ansicht den Vorzug, dass der **obsiegende Gesamtschuldner** seinen **Haftungsanteil gem. § 7 Abs. 2** geltend machen kann.[248]

---

246 Zum unredlichen Rechtserwerb siehe etwa Palandt/Heinrichs, BGB, § 242 Rn 43.
247 So wohl BGH MDR 2003, 1140 (VIII. ZS). Anders jedoch BGH AGS 2006, 92 (VI. ZS), der dem Gegner sogar eine interne Kostenverteilung der Streitgenossen aufbürden will, die über die gesetzliche Haftung des Einzelnen hinausgeht (siehe § 7 Rn 81).
248 Ausf. OLG Hamm JurBüro 2005, 91 = AGS 2005, 34 = OLGR 2005, 142 gegen BGH (VIII. ZS) MDR 2003, 1140 – zurückgewiesen durch BGH (II. ZS) MDR 2006, 1193 = AGS 2006, 620.

Beispiel: Im Ausgangsfall (vgl. Rdn 139) werden A und B durch denselben Anwalt vertreten. Das Gericht erkennt auf eine Einzelschuld des A, weshalb dieser verliert und B gewinnt. B ist vorsteuerabzugsberechtigt. B kann wie bei einer Einzelvertretung, also netto alle Anwaltskosten mit Ausnahme des Erhöhungsbetrages nach VV 1008 sowie seine Terminsreisekosten zur Festsetzung anmelden. (Wäre B nicht vorsteuerabzugsberechtigt, würde die dann mögliche Erstattung der Umsatzsteuer die Erklärung erfordern, dass A mit den angemeldeten Umsatzsteuern nicht belastet ist; vgl. § 7 Rdn 101).

III. PKH/VKH nur für einen Teil der Streitgenossen

1. Beiordnung für alle Streitgenossen

145 Wird in derselben gerichtlichen Angelegenheit wegen desselben Gegenstands allen von dem Rechtsanwalt vertretenen Streitgenossen Prozesskostenhilfe bewilligt und der Rechtsanwalt beigeordnet, erhält der beigeordnete Rechtsanwalt neben der übrigen Vergütung auch eine nach VV 1008 erhöhte Verfahrensgebühr aus der Staatskasse.

2. Beiordnung nur für einen Streitgenossen

146 Auf die Erl. zu § 48 Rdn 107 ff. wird zunächst verwiesen.

Wird dagegen nicht allen Streitgenossen PKH bewilligt, stellt sich die Frage, welche Gebühren die Staatskasse an den beigeordneten Rechtsanwalt zu erstatten hat. Insoweit ist umstritten, ob der beigeordnete Rechtsanwalt die vollen, durch die Vertretung der bedürftigen Partei gem. § 49 entstandenen Gebühren aus der Staatskasse erhält, oder ob der Anspruch gegen die Staatskasse auf die Gebührenerhöhung nach VV 1008 beschränkt ist. Hierzu werden drei Auffassungen vertreten:

a) Anspruch ist auf die Gebührenerhöhung nach VV 1008 beschränkt

147 Der BGH hatte zu § 6 Abs. 1 S. 2 BRAGO entschieden, dass sich die Bewilligung der PKH bezüglich der Anwaltsgebühren auf die Erhöhungsbeträge nach § 6 Abs. 1 S. 2 BRAGO beschränkt, wenn der Rechtsanwalt mehrere Streitgenossen vertritt, die nicht alle die persönlichen Voraussetzungen für die Bewilligung von PKH erfüllen.[249] Insbesondere unter Hinweis auf diese Entscheidung des BGH wird vereinzelt die Auffassung vertreten, dass von der Staatskasse nur die Gebührenerhöhung nach VV 1008 zu erstatten ist.[250]

b) Erstattung der vollen von der PKH umfassten Vergütung

148 Die Entscheidung des BGH[251] betraf allerdings eine von vornherein ausdrücklich auf die Erhöhungsbeträge nach § 6 Abs. 1 S. 2 BRAGO beschränkte PKH-Bewilligung.[252] Hieraus wird zutreffend gefolgert, dass der beigeordnete Rechtsanwalt aus der Staatskasse nur dann lediglich die Gebührenerhöhung erhält, wenn sich die PKH-Bewilligung lediglich auf den Erhöhungsbetrag beschränkt. Allerdings sind gebührenrechtliche Beschränkungen im Rahmen der PKH-Bewilligung unzulässig.[253] Bei der Beschränkung der PKH auf die Gebührenerhöhung nach VV 1008 könnte für den mittellosen Streitgenossen unter Umständen die Gefahr bestehen, auf den Rechtsanwalt nicht den gleichen Einfluss nehmen zu können wie der vermögende Streitgenosse. Letzterer könnte gegenüber dem mittellosen Streitgenossen ein ihm zustehendes größeres Einflussrecht auf den Rechtsanwalt mit einem höheren Kostenrisiko begründen. Wenn die Staatskasse nur die Gebührenerhöhung zahlt, hat

---

249 BGH NJW 1993, 1715 = MDR 1993, 913 = Rpfleger 1993, 452 = JurBüro 1994, 174 = AGS 1995, 25.
250 OLG Koblenz Rpfleger 2001, 503 = JurBüro 2001, 652 und AGS 2004, 249 = JurBüro2004, 384; OLG Naumburg Rpfleger 2004, 168.
251 BGH NJW 1993, 1715 = MDR 1993, 913 = Rpfleger 1993, 452 = JurBüro 1994, 174 = AGS 1995, 25.
252 Vgl. BayLSG AGS 2013, 478 = RVGreport 2013, 467; LSG Sachsen AGS 2014, 577 = RVGreport 2015, 17.
253 Vgl. BayLSG AGS 2013, 478 = RVGreport 2013, 467; OLG Köln JurBüro 2005, 429; OLG Bremen NJW-RR 2001, 1229; OLG Koblenz MDR 2002, 175; OLG Oldenburg FamRZ 2004, 706; OLGR Schleswig 2003, 353; LG Berlin JurBüro 1996, 434 = NJW-RR 1997, 382.

für die weiter entstandenen Gebühren und Auslagen nämlich zunächst der vermögende Streitgenosse einzustehen.[254]

Ist PKH uneingeschränkt bewilligt worden, ist deshalb **nach h.M.** von der Staatskasse grds. die volle PKH-Vergütung, allerdings ohne die Gebührenerhöhung nach VV 1008 zu erstatten.[255] Die Staatskasse zahlt also die Vergütung, die entstanden wäre, wenn der Rechtsanwalt nur den bedürftigen Streitgenossen vertreten hätte.

149

Hierfür spricht, dass der vermögende Streitgenosse nach Zahlung der restlichen Vergütung an den Anwalt gem. § 7 Abs. 2, § 426 BGB einen Ausgleichsanspruch gegen den mittellosen Streitgenossen erwirbt. Der Ausgleich kann von dem mittellosen Streitgenossen nicht verweigert werden, weil § 122 Abs. 1 Nr. 3 ZPO im Verhältnis zu dem anderen Streitgenossen nicht gilt. Der mittellose Streitgenosse müsste durch den Ausgleichsanspruch letztlich doch die Anwaltskosten tragen, von denen ihn die PKH eigentlich freistellen sollte.[256]

150

Auch die bundeseinheitlich geltenden Verwaltungsbestimmungen zur Festsetzung der Vergütung des im Wege der PKH beigeordneten Rechtsanwalts aus der Staatskasse (VwV Vergütungsfestsetzung; siehe auch § 55 Anhang) sprechen für die volle Erstattungspflicht der Staatskasse. Denn nach Ziffer 2.4.2 VwV hat der mit der Festsetzung der Vergütung befasste Urkundsbeamte Streitgenossen der Partei, die von dem dieser Partei beigeordneten Rechtsanwalt als Wahlanwalt vertreten werden, zur Zahlung des auf sie entfallenden Anteils an der aus der Staatskasse gezahlten Vergütung aufzufordern, soweit dies nicht aus besonderen Gründen, z.B. wegen feststehender Zahlungsunfähigkeit, untunlich erscheint.

151

Diese Regelung ergäbe keinen Sinn, wenn die Staatskasse in diesen Fällen nicht von ihrer vollen Einstandspflicht ausgehen würde.[257]

c) Erstattung des Bruchteils, der der Beteiligung des Streitgenossen am Rechtsstreit entspricht

Nach der dritten Auffassung ist die Erstattungspflicht der Staatskasse der Höhe nach auf denjenigen Bruchteil der Wahlanwaltsvergütung des gemeinsamen Prozessbevollmächtigten beschränkt, welcher der Beteiligung des bedürftigen Streitgenossen am Rechtsstreit entspricht.[258] Diese Auffassung überträgt die Rechtsprechung des BGH zur Kostenerstattung zwischen den Parteien (§ 91 ZPO) auf die Erstattungspflicht der Staatskasse. Der BGH entscheidet in ständiger Rechtsprechung, dass bei Beauftragung eines gemeinsamen Rechtsanwalts durch Streitgenossen der obsiegende Streitgenosse von dem unterlegenen Gegner nur in Höhe des seiner Beteiligung am Rechtsstreit entsprechenden Bruchteils (Kopfteils), nicht entsprechend seinem Haftungsanteil nach § 7 Abs. 2 Erstattung seiner außergerichtlichen Kosten verlangen kann.[259] Nach Auffassung des BGH kommt es nicht darauf an, dass jeder der Streitgenossen einen eigenen Anwalt mit der Vertretung hätte beauftragen können, so dass dem obsiegenden Streitgenosse dann die Kosten seines eigenen Rechtsanwalts zu erstatten

152

---

254 *Rönnebeck*, NJW 1994, 2273; *Notthoff*, AnwBl 1996, 612.
255 BayLSG AGS 2013, 478 = RVGreport 2013, 467; LSG Sachsen AGS 2014, 577 = RVGreport 2015, 17; LSG Thüringen 25.3.2015 – L 6 SF 163/15 B, juris; OLG Naumburg 31.7.2012 – 2 W 58/11, juris; OLG München AGS 2011, 76 = JurBüro 2011, 146 = MDR 2011, 326; OLG Köln AGS 2010, 496; OLG Brandenburg JurBüro 2007, 259; OLG Celle AGS 2007, 250 = Rpfleger 2007, 161; OLG Schleswig JurBüro 1998, 476 = AGS 1998, 164; LAG Rheinland-Pfalz MDR 1997, 1166 = JurBüro 1998, 30; OLG Köln NJW-RR 1999, 725; OLG Hamm AGS 2003, 509 = Rpfleger 2003, 447; OLG Stuttgart MDR 2000, 545; OLG Bamberg 2001, 28; OLGR Zweibrücken 2004, 139; OLG Düsseldorf Rpfleger 1997, 532; OLG Hamm AGS 2003, 509 = Rpfleger 2003, 447.
256 OLG Naumburg 31.7.2012 – 2 W 58/11, juris; LG Berlin JurBüro 1996, 434; OLG Stuttgart JurBüro 1997, 200; OLG München JurBüro 1997, 89; *Lappe*, ZAP 1993, 731.
257 Vgl. Hansens/Braun/Schneider/*Volpert*, Teil 6 Rn 326 ff.
258 So LSG Niedersachsen-Bremen, Beschl. v. 22.6.2016 – L 7 AS 152/15 B, juris; OLG Köln NJW-RR 1999, 725; OLG Jena Rpfleger 2006, 663 = OLGR Jena 2007, 163; LG Berlin JurBüro 1996, 434 = NJW-RR 1997, 382; OLG Köln NJW-RR 1999, 725.
259 Vgl. BGH RVGreport 2006, 235 = Rpfleger 2006, 339; BGH NJW-RR 2003, 1217; BGH NJW-RR 2003, 1507; so auch KG RVGreport 2008, 138; OLGR Köln 2009, 526; OLG Koblenz JurBüro 2008, 428; OLG Düsseldorf NJW-RR 2005, 509; a.A.: OLG Hamm AGS 2005, 34 = JurBüro 2005, 91.

gewesen wären. Abzustellen ist bei der Erstattung auf die tatsächlich aus der Prozessführung entstandenen Kosten.

153 Bei Übertragung dieser Rechtsprechung auf den Vergütungsanspruch des nur einem von mehreren Streitgenossen beigeordneten Rechtsanwalts bedeutet dies, dass der beigeordnete Rechtsanwalt nicht die sich aus § 7 Abs. 2 ergebende volle Vergütung ohne Gebührenerhöhung nach VV 1008 gegen die Staatskasse geltend machen kann, sondern grds. nur den Anteil des seiner Beteiligung am Rechtsstreit entsprechenden Bruchteils bzw. Kopfteils der Anwaltsvergütung.[260] Der im Wege der PKH beigeordnete Rechtsanwalt kann aus der Staatskasse dann nur den Betrag beanspruchen, den der bedürftige Mandant im Innenverhältnis zu den anderen vom Anwalt vertretenen Streitgenossen zu tragen hat.[261] Wird dieser Auffassung gefolgt, müsste der beigeordnete Rechtsanwalt im Festsetzungsverfahren gem. § 55 darlegen und glaubhaft machen, warum er eine höhere als die dem Kopfteil des bedürftigen Streitgenossen entsprechende Vergütung aus der Staatskasse verlangen kann.

D. Praxisempfehlungen

154 Die **Regeln der Kostentragungspflicht** sind **sensibel**. Sie gehören mit zur **Streitkultur** und werden in dieser Bedeutung von den Entscheidungsträgern **oft unterschätzt**.[262] Während die Parteien der Kostenverteilung und Kostenfestsetzung häufig großes Gewicht beimessen, werden diese Aufgaben von den staatlichen Institutionen in aller Regel nur als lästig empfunden. Viele Versuche einer gütlichen Einigung scheitern letztlich an der Kostenregelung.

155 Die **Kostenlast** des unterlegenen Gegners hat für die obsiegende Partei **Genugtuungsfunktion**. Dass der Gegner die Kosten tragen muss, gibt ihr eine **Befriedigung** dafür, zu **Unrecht** der gegnerischen **Rechtsposition ausgesetzt** gewesen zu sein. Einerseits gehört es zu den **Schwächen eines Rechtsstaats**, dass jedermann **unberechtigte Angriffe führen** oder sich **unlauter verteidigen** kann. Das bedarf zum anderen der **Kompensation**, wie sie **mit der Kostenverteilung** vorgesehen und in der Grundregel des § 91 Abs. 1 ZPO niedergelegt ist.

156 Der obsiegenden Partei über die **bestmögliche Kostenfreistellung** Genugtuung zu verschaffen, ist **Aufgabe des Anwalts**. Mit einer Unterstützung durch die Entscheidungsträger kann er insoweit nicht rechnen. Deshalb sollte er sein **Augenmerk** besonders **auf Erstattungsfragen** richten und bemüht sein, bei einer Mehrfachvertretung eine **Absprache** der Streitgenossen herbeizuführen, die eine **Minimierung des gemeinsamen Kostenrisikos** bewirkt (siehe § 7 Rdn 120 ff.).

157 Sollte der BGH nicht alsbald in seiner Gänze[263] zu seiner früheren Rechtsprechung zurückfinden und den Streitgenossen bei einer Mehrfachvertretung wieder die **Bewegungsfreiheit** einräumen, die das Gesetz ihnen **zur Absicherung ihres Kostenrisikos** eröffnet, könnte in zweifelhaften Einzelfällen verstärkt die **Beratung des Anwalts** gefragt sein, ob eine **Mehrfachvertretung** überhaupt **sinnvoll** erscheint (siehe § 7 Rdn 111 ff.). Hat der Anwalt zunächst nur **einen** Auftraggeber in eigener Sache **mit guten Erfolgsaussichten** und ist nun darüber zu befinden, ob ein Streitgenosse mit schlechten Erfolgsaussichten von ihm ebenfalls vertreten werden soll, muss der Anwalt unter Umständen darauf **hinweisen**, dass die Begründung eines gemeinsamen Vertretungsverhältnisses dem (bisherigen) Mandanten nur **Nachteile** (z.B. Verlust an Vertraulichkeit), aber keinerlei Vorteile bringt. Ebenso können aus prozesstaktischen Erwägungen **mehrere Einzelvertretungen** durch ihn selbst oder durch verschiedene Anwälte vorzugswürdig erscheinen. Um nicht auch hier dem Vorwurf des Rechtsmissbrauchs ausgesetzt zu sein, sollte jedoch von Anbeginn auf eine **klare Trennung** der Vertretungsverhältnisse geachtet werden (siehe § 7 Rdn 117 ff.).

---

260 So OLG Jena Rpfleger 2006, 663 = OLGR Jena 2007, 163; OLG Köln AGS 2010, 496; OLG Köln NJW-RR 1999, 725; OLGR Zweibrücken 2004, 139; LG Berlin JurBüro 1996, 434 = NJW-RR 1997, 382; LG Frankenthal MDR 1997, 208 = JurBüro 1997, 91.

261 OLGR Zweibrücken 2004, 139.

262 BGH RVGreport 2006, 235 = Rpfleger 2006, 339; BGH NJW-RR 2003, 1217; BGH NJW-RR 2003, 1507.

263 Zum ersten Ansatz in diese Richtung siehe BGH AGS 2006, 92 (VI. ZS).

Nr.	Gebührentatbestand	Gebühr oder Satz der Gebühr nach § 13 RVG
1009	Hebegebühr	
	1. bis einschließlich 2 500,00 €	1,0 %
	2. von dem Mehrbetrag bis einschließlich 10 000,00 €	0,5 %
	3. von dem Mehrbetrag über 10 000,00 €	0,25 %
	(1) Die Gebühr wird für die Auszahlung oder Rückzahlung von entgegengenommenen Geldbeträgen erhoben.	des aus- oder zurückgezahlten Betrags – mindestens 1,00 €
	(2) Unbare Zahlungen stehen baren Zahlungen gleich. Die Gebühr kann bei der Ablieferung an den Auftraggeber entnommen werden.	
	(3) Ist das Geld in mehreren Beträgen gesondert ausgezahlt oder zurückgezahlt, wird die Gebühr von jedem Betrag besonders erhoben.	
	(4) Für die Ablieferung oder Rücklieferung von Wertpapieren und Kostbarkeiten entsteht in den Absätzen 1 bis 3 bestimmte Gebühr nach dem Wert.	
	(5) Die Hebegebühr entsteht nicht, soweit Kosten an ein Gericht oder eine Behörde weitergeleitet oder eingezogene Kosten an den Auftraggeber abgeführt oder eingezogene Beträge auf die Vergütung verrechnet werden.	

Literatur: *Hansens*, Die Hebegebühr des Rechtsanwalts, JurBüro 1990, 416; *Madert*, Zur angeblich unverstandenen Hebegebühr, AGS 1995, 130; *Martini*, Die Erstattungsfähigkeit der Hebegebühr, JR 1961, 331; *Mümmler*, Anfall der Hebegebühr bei Zahlungen an die Rechtsschutzversicherung, JurBüro 1987, 505; *ders.*, Berechnung der Hebegebühr bei Teilzahlungen des Schuldners, JurBüro 2001, 295; *Mümmler/Roidl*, Zur Erstattungsfähigkeit der Hebegebühr, JurBüro 1992, 178; *H. Schmidt*, Die Hebegebühr des § 22 BRAGO, JurBüro 1963, 667; *Thiel*, Entstehung und Erstattungsfähigkeit der Hebegebühr, AGS 2011, 573.

A.	Allgemeines	1	IV. Abgeltungsbereich der Hebegebühr	48
B.	Regelungsgehalt	3	V. Höhe der Gebühr	52
	I. Anwendungsbereich	3	VI. Auslagen	58
	II. Auszahlungen und Rückzahlungen (Anm. Abs. 1)	8	VII. Entnahmerecht (Anm. Abs. 2 S. 2)	60
	1. Besondere Angelegenheit	8	VIII. Einforderbarkeit, Hinweispflicht, Verzicht	64
	2. Auftrag	11	1. Hinweispflicht	64
	3. Entstehen der Gebühr	16	2. Verzicht	67
	a) Aus- und Rückzahlungen	16	IX. Kostenerstattung	69
	b) Vorlage aus eigenen Mitteln	25	1. Materiell-rechtliche Kostenerstattung ...	70
	c) Teilzahlungen	26	2. Prozessuale Erstattungspflicht	74
	aa) Die Zahlung geht in Teilbeträgen ein und wird in einem Betrag ausgezahlt	27	a) Zahlung im oder während des Verfahrens	74
	bb) Die Auszahlung erfolgt in Teilbeträgen	30	b) Zahlung an den Prozessbevollmächtigten aufgrund eines Vergleichs	75
	d) Mehrere Auftraggeber	32	c) Zahlung aufgrund Zwangsvollstreckung	76
	4. Ausschluss nach Anm. Abs. 5 ...	33	d) Hinterlegung einer Sicherheit	80
	a) Weiterleitung von Kosten an Gericht oder Behörde	34	3. Einzelfälle aus der Rechtsprechung	81
	b) Abführung eingezogener Kosten an Auftraggeber	37	X. Prozess- und Verfahrenskostenhilfe	82
	c) Verrechnung auf die Vergütung	40	XI. Pflichtverteidiger	83
	III. Ab- oder Rücklieferung von Wertpapieren und Kostbarkeiten (Anm. Abs. 4) ...	41	XII. Rechtsschutzversicherung	84
			XIII. Übergangsrecht, §§ 60, 61	86

A. Allgemeines

Das Einziehen und Weiterleiten von Zahlungen durch den Rechtsanwalt wird weder durch die allgemeinen Verfahrensgebühren (z.B. VV 3305, 3100, 4104 u.a.) noch die Geschäftsgebühren (VV 2300, 2303 u.a.) noch etwa die Grundgebühren (VV 4100, 5100 u.a.) abgegolten. Die darin liegende zusätzliche Verwahrungs- und Verwaltungstätigkeit des Anwalts zählt nicht mehr zu der Gebührenangelegenheit, anlässlich der Gelder weitergeleitet werden, sondern stellt vielmehr ein **eigenes Verwahrungsgeschäft** dar und ist damit gebührenrechtlich eine **selbstständige Angelegen-**

heit i.S.d. § 15.[1] Für diese Tätigkeit erhält der Anwalt daher gesonderte Gebühren nach VV 1009.[2] Wie sich die Gebühren der Höhe nach berechnen, ergibt sich aus Nr. 1 bis 3. Ergänzend gelten die Anm. Abs. 2 und 3. In bestimmten Fällen schließt Anm. Abs. 5 wiederum die Gebührentatbestände der Abs. 1 bis 3 aus.

2 Für die Ablieferung oder Rücklieferung von **Wertpapieren und Kostbarkeiten** gelten die Gebührentatbestände der Anm. Abs. 1 bis 3 entsprechend (Anm. Abs. 4).

B. Regelungsgehalt

I. Anwendungsbereich

3 Die Vorschrift des VV 1009 gilt für alle **anwaltlichen Tätigkeiten, die nach dem RVG** zu vergüten sind. Wird der Anwalt in einem Aufgabenbereich nach § 1 Abs. 2 tätig, ist VV 1009 nicht anwendbar, so dass kein Anspruch auf die Hebegebühren entsteht.[3]

4 Für **Notare** fand sich bislang eine inhaltsgleiche Regelung in § 149 KostO. Ab dem 1.8.2013 erhält ein Notar nach Nr. 25300 GNotKG-KostVerz. je Auszahlung bei Beträgen bis 13 Mio. EUR eine 1,0-Gebühr nach Tabelle B und bei darüber hinausgehenden Beträgen 0,1 % des Auszahlungsbetrags. Gleiches gilt nach Nr. 25301 GKG-KostVerz. für die Entgegennahme von Wertpapieren und Kostbarkeiten zur Verwahrung.

Für den **Anwaltsnotar** kommt es darauf an, ob er Gelder in seiner Eigenschaft als Rechtsanwalt verwahrt (dann gilt VV 1009) oder ob es sich um notarielle Tätigkeit handelt (dann gelten die Nrn. 25300, 25301 GNotKG-KostVerz.).

5 Ob Hebegebühren **neben einer nach §§ 3a ff. vereinbarten Vergütung** zusätzlich gefordert werden können, kann nicht generell beantwortet werden. Es kommt stets auf den Einzelfall an. Im Zweifel wird man bei Pauschalhonoraren auch eventuelle Hebegebühren als durch das vereinbarte Honorar abgegolten ansehen müssen.[4] Es empfiehlt sich daher, in der Vergütungsvereinbarung eine gesonderte Regelung zu treffen.

6 Lässt sich der Anwalt auf die von einigen Haftpflichtversicherern angebotenen **Abrechnungsgrundsätze** ein, sind Hebegebühren nach den meisten Grundsätzen durch die Pauschalen abgegolten. Siehe hierzu Anhang I.

7 Nimmt der Anwalt einen Geldbetrag auf sein Anderkonto, um diesen Betrag später nach Weisung des Mandanten zu verwenden, ohne dass diese Empfangnahme und Weiterleitung mit einer im RVG geregelten Berufstätigkeit in Zusammenhang steht, entsteht keine Hebegebühr nach VV 1009.[5] Der Anwalt kann in diesem Fall für die Aufbewahrung und Weiterleitung nur eine angemessene Vergütung nach §§ 631, 632 BGB verlangen. Die Bemessung dieser Vergütung kann sich aber wiederum an der Gebühr nach VV 1009 orientieren.[6]

II. Auszahlungen und Rückzahlungen (Anm. Abs. 1)

1. Besondere Angelegenheit

8 Die Aus- oder Rückzahlung der an den Anwalt geleisteten Zahlungen gehört nicht mehr zu der Gebührenangelegenheit, anlässlich der die Gelder weitergeleitet werden, sondern stellt ein eigenes Verwahrungsgeschäft und damit gebührenrechtlich eine **selbstständige Angelegenheit** i.S.d. § 15

---

1 OLG München JurBüro 1967, 228; *Schumann/Geißinger*, § 22 Rn 4.
2 Die Vorschrift entspricht wortgleich der früheren Hebegebühr nach § 22 BRAGO. Die zu dieser Vorschrift ergangene Rspr. kann daher in vollem Umfang auf das RVG übertragen werden.
3 Gerold/Schmidt/*Mayer*, RVG, VV 1009 Rn 2.
4 Ausführlich *N. Schneider*, Vergütungsvereinbarung, Rn 1086, 1186.
5 OLG Frankfurt/M. AGS 2002, 222 = zfs 2002, 247 = KostRsp. BRAGO § 22 Nr. 8.
6 OLG Frankfurt/M. AGS 2002, 222 = zfs 2002, 247 = KostRsp. BRAGO § 22 Nr. 8.

dar.[7] Missverständlich ist daher die teilweise verwendete Formulierung, die Hebegebühr könne in derselben Angelegenheit mehrmals entstehen. Die Hebegebühr entsteht nicht in einer Angelegenheit, sondern anlässlich einer **anderen Angelegenheit**,[8] also z.B. anlässlich der außergerichtlichen Tätigkeit, anlässlich des Rechtsstreits, anlässlich der Zwangsvollstreckung u.Ä. Jeder Verwahrungsvorgang ist dabei eine eigene Angelegenheit und löst somit auch jeweils eigene Hebegebühren aus.

Dies hat u.a. Bedeutung für die Berechnung der Hebegebühren bei mehreren Auszahlungen. Hier gilt nicht § 15 Abs. 2 S. 1, sondern es entstehen in jeder Auszahlungsangelegenheit eigene Gebühren (vgl. Rdn 1, 55); der Anwalt erhält auch für jeden Auszahlungsvorgang eine **gesonderte Postentgeltpauschale** nach VV 7002.

9

Auch im Übrigen hat die Selbstständigkeit der Gebühren nach VV 1009 durchaus Bedeutung, etwa für die Verjährung. Da es sich bei der Entgegennahme und Weiterleitung um eine eigene Angelegenheit handelt, wird der **Verjährungsbeginn** der Vergütung aus der zugrunde liegenden Angelegenheit hiervon nicht berührt. Die Verjährung beginnt unabhängig davon, wann die Gelder ausgezahlt werden:[9]

10

> **Beispiel:** Der Anwalt hatte im Dezember 2012 für seinen Mandanten einen außergerichtlichen Vergleich geschlossen, wonach dieser 5.000 EUR von der Gegenseite erhalten soll. Der Gegner hatte die Vergleichssumme im Januar 2013 an den Anwalt gezahlt, der diese sofort weiterleitet hat.
> Die außergerichtliche Tätigkeit war mit Abschluss des Vergleichs, also noch in 2012, beendet, so dass die Gebühren für die außergerichtliche Tätigkeit mit Ablauf des 31.12.2015 verjährt sind.[10]
> Die Weiterleitung der Zahlung war dagegen eine neue selbstständige Angelegenheit; die Hebegebühr ist daher noch nicht verjährt; sie verjährt erst mit Ablauf des 31.12.2016.

2. Auftrag

Voraussetzung für den Anfall der Hebegebühr ist, dass der Anwalt von seinem Mandanten (auch) den Auftrag erhalten hat, Gelder auszuzahlen. Zumeist geht damit auch der Auftrag einher, diese Gelder zuvor einzuziehen oder entgegenzunehmen.[11] Denkbar ist aber auch ein isolierter Auszahlungs- oder Weiterleitungsauftrag, der ausreicht, da es nach VV 1009 nur auf die Auszahlung ankommt. Solche Fälle kommen vor, wenn unaufgefordert an den Anwalt gezahlt wird.

11

> **Beispiel:** Der Gegner zahlt unmittelbar an den Anwalt, obwohl er dazu nicht aufgefordert worden war und der Anwalt auch keinen Auftrag hatte, die Forderung einzuziehen.
> Soweit der Anwalt den eingegangenen Betrag nicht auf seine Vergütung verrechnet (Anm. Abs. 5), sondern den Auftrag erhält, die Gelder auszuzahlen oder weiterzuleiten, entsteht die Gebühr nach VV 1009.

Meist wird bei der Mandatserteilung darüber nicht gesprochen, so dass in den seltensten Fällen ein **ausdrücklicher Auftrag** vorliegt. Eine gesetzliche Regelung dazu, inwieweit das Einziehen und Auszahlen von Fremdgeldern noch vom Auftrag erfasst ist, fehlt. Aus § 81 ZPO folgt lediglich die Bevollmächtigung, zu erstattende Kosten des Rechtsstreits zu vereinnahmen. Zur Einziehung von Fremdgeldern berechtigt § 81 ZPO dagegen nicht.[12] In den meisten Fällen wird daher lediglich ein konkludent erteilter Auftrag in Betracht kommen.

12

Von einem solchen **konkludent erteilten Auftrag** wird man in aller Regel ausgehen können, wenn der Anwalt nach dem Inhalt seines Mandats Gelder bei der Gegenseite beitreiben und auch einziehen soll[13] oder wenn der Auftraggeber dem Anwalt Gelder zur Weiterleitung übergibt.[14] Das Mandat zur Erledigung eines Auftrags erstreckt sich nämlich mangels entgegenstehender Abreden grundsätzlich auf alle im Zusammenhang mit der Ausführung des Geschäfts anfallenden Maßnahmen und Handlungen, die aus Sicht des Anwalts sinnvoll sind und der zügigen und einfachen Abwicklung dienen. Für den Mandanten ist in diesen Fällen von vornherein klar, dass Gelder fließen sollen. Bei verständiger Betrachtung weiß er oder muss er zumindest wissen, dass der Zahlungsverkehr zweckmäßigerweise

13

---

7 OLG München JurBüro 1967, 228; Riedel/Sußbauer/Fraunholz, VV 1009 Rn 1; a.A. offenbar Mümmler, JurBüro 2001, 295; Enders, JurBüro 1998, 131.
8 Riedel/Sußbauer/Fraunholz, VV 1009 Rn 1.
9 AG Köln AGS 1999, 150 = AnwBl 1999, 487 = JurBüro 1999, 528.
10 AG Köln AGS 1999, 150 = AnwBl 1999, 487 = JurBüro 1999, 528.
11 BGHZ 70, 247, 251 = VersR 1978, 445.
12 Hansens, § 22 Rn 3; a.A. AG Westerstede AGS 1994, 84.
13 AG Speyer VersR 1978, 930.
14 Gerold/Schmidt/Mayer, RVG, VV 1009 Rn 3; Göttlich/Mümmler/Xanke, „Hebegebühr" 4.

über den Anwalt abgewickelt wird. Es kann dem Anwalt auch nicht zugemutet werden, im Laufe der Beitreibung einer Forderung, die häufig in mehreren Teilzahlungen abläuft, ständig beim Mandanten nachzufragen, ob und in welcher Höhe die geforderten Beträge eingegangen sind. Es gehört mit zur Aufgabe des Anwalts nachzuprüfen, ob die Abrechnungen und Zahlungen des Gegners zutreffend und ob alle Nebenpositionen wie Zinsen und Kosten berücksichtigt und bezahlt worden sind. Diese Aufgabe kann der Anwalt im Grunde nur erfüllen, wenn die Zahlungen auch über ihn abgewickelt werden. Es ist nun einmal ein wesentlicher Tätigkeitsbereich des Anwalts, mit fremdem Geld umzugehen. Daher muss man also grundsätzlich von einem konkludent erteilten Auftrag ausgehen, auch Zahlungen entgegenzunehmen. Dies gilt erst recht, wenn in der Vollmachtsurkunde zugleich die Ermächtigung zur Entgegennahme von Geldern enthalten ist.[15] Zwar ersetzt die Vollmacht nicht den Auftrag,[16] sie ist jedoch ein Indiz für dessen Umfang.[17] Will der Mandant nicht, dass der Zahlungsverkehr über den Anwalt abgewickelt wird, so muss er angesichts dieser Sach- und Rechtslage seinen entgegenstehenden Willen rechtzeitig ausdrücklich erklären.[18] Eine andere Frage ist es, ob und inwieweit der Anwalt sich u.U. schadensersatzpflichtig macht, wenn er nicht auf das Entstehen von Hebegebühren hinweist (vgl. Rdn 64 f.). Diese Frage hat jedoch mit dem Entstehen der Gebühr nichts zu tun, sondern betrifft ihre Durchsetzbarkeit, was häufig verwechselt wird.

14 Zum Teil wird auch in der Entgegennahme der vom Anwalt eingezogenen Beträge die **(nachträgliche) konkludente Auftragserteilung** gesehen.[19] Dies geht m.E. jedoch zu weit. Ist das Geld erst einmal an den Anwalt gezahlt, muss es zwingend an den Mandanten ausgekehrt werden (§ 43a Abs. 5 S. 2 BRAO). Einen rechtsgeschäftlichen Willen des Mandanten wird man in der Entgegennahme daher wohl nicht sehen können, zumal man ihm wohl kaum zumuten kann, zur Vermeidung der Gebühren die Entgegennahme seines Geldes abzulehnen.[20]

15 Klarzustellen ist, dass das Mandatsverhältnis auch hinsichtlich des Verwahrungsgeschäfts immer mit dem **eigenen Mandanten** zustande kommt und er allein – ungeachtet einer eventuellen Erstattungspflicht Dritter – Gebührenschuldner wird. Soweit vereinzelt die Auffassung vertreten wird, durch die Zahlung des (erstattungspflichtigen) Dritten komme ein Auftragsverhältnis zwischen diesem und dem Anwalt zustande, so dass dieser auf die Hebegebühren hafte,[21] ist dies rechtlich nicht zu begründen.[22] Hier wird wieder einmal die Frage des Entstehens der Gebühren mit der Frage ihrer Erstattung verwechselt.

3. Entstehen der Gebühr

a) Aus- und Rückzahlungen

16 Der Anwalt verdient die Hebegebühr nicht – wie vielfach irrtümlich angenommen – schon mit der Entgegennahme des Geldes, sondern erst mit dessen **Auszahlung oder Rückzahlung** an den Auftraggeber oder an Dritte. Dazu zählt auch die Hinterlegung des Geldes zu Zwecken der Sicherheitsleistung.[23]

17 Hinsichtlich desselben Betrages kann die Hebegebühr sowohl für die Auszahlung als auch für die Rückzahlung anfallen.

> **Beispiel:** Der Auftraggeber übergibt dem Anwalt 2.000 EUR, die dieser auftragsgemäß bei der Hinterlegungsstelle einzahlt. Nach Abschluss des Rechtsstreits nimmt der Anwalt das Geld wieder in Empfang und zahlt es an den Auftraggeber zurück.
> Der Anwalt kann sowohl für die Einzahlung bei der Hinterlegungsstelle als auch für die Rückzahlung an den Mandanten jeweils eine Hebegebühr beanspruchen.

---

15 Gerold/Schmidt/*Mayer*, RVG, VV 1009 Rn 3; *Mümmler*, JurBüro 2001, 295.
16 So aber AG Westerstede AGS 1994, 84.
17 Gerold/Schmidt/*Mayer*, RVG, VV 1009 Rn 3.
18 Siehe ausführlich hierzu *Kronenbitter*, 5/2.10.
19 LG Traunstein AnwBl 1977, 261; LG Hagen AnwBl 1982, 541; Gerold/Schmidt/*Mayer*, VV 1009 Rn 3; a.A. Riedel/Sußbauer/*Fraunholz*, VV 1009 Rn 21.
20 Göttlich/Mümmler/*Xanke*, „Hebegebühr" 4.
21 AG Gronau zfs 1988, 356.
22 Gerold/Schmidt/*Mayer*, RVG, VV 1009 Rn 4; Göttlich/Mümmler/*Xanke*, „Hebegebühr" 4.
23 OLG Nürnberg JurBüro 1972, 505; Gerold/Schmidt/*Mayer*, VV 1009 Rn 7.

Ob der Anwalt die Gelder vom Auftraggeber oder von einem Dritten erhalten hat, ist unerheblich.[24] Daher fällt die Hebegebühr auch dann an, wenn der Anwalt nicht verbrauchte Gelder an den Mandanten zurückzahlt.[25]

> **Beispiel:** Der Auftraggeber überweist dem Anwalt die Urteilssumme, damit er diese an die Gegenseite weiterleitet. Der Gläubiger hatte zwischenzeitlich jedoch schon vollstreckt und die Forderung im Wege der Gehaltspfändung beigetrieben, so dass der Anwalt den erhaltenen Betrag an den Auftraggeber zurückzahlt. Für die Rückzahlung steht dem Anwalt die Hebegebühr nach Anm. Abs. 1 zu.

Die bloße Einverständniserklärung des Anwalts, dass die durch ihn hinterlegten Gelder freigegeben und an den Auftraggeber ausgezahlt werden können, löst die Hebegebühr dagegen nicht aus.[26]

Unter „Zahlungen" sind sowohl **Barzahlungen** an den Anwalt als auch **Überweisungen** oder **sonstige Einzahlungen auf dessen Konten** zu verstehen (**Anm. Abs. 2**). Die Hingabe von Schecks und Wechseln, ohne dass diese vom Anwalt eingelöst werden, fällt dagegen nicht unter Anm. Abs. 2, wohl aber unter Anm. Abs. 4 (siehe Rdn 43).

Auch die Weiterleitung **ausländischer Zahlungsmittel** fällt unter Anm. Abs. 1.[27] Soweit der Anwalt zusätzlich mit dem Umtausch des Geldes beauftragt wird, ist dies allerdings eine gesonderte Angelegenheit, die nach VV 2300 zu vergüten ist.

Auch wenn der Anwalt die Gebühr für sog. durchlaufende Gelder erhält, ist doch erforderlich, dass er ein **Mindestmaß an Verantwortung und Verwaltung** übernimmt. Die unkontrollierte Weitergabe von Geldern genügt nicht, um die Hebegebühr auszulösen.[28]

Nach der Auffassung von *Mümmler*[29] soll die Hebegebühr auch dann mehrmals anfallen, wenn die Überweisung des Anwalts aufgrund der **Angabe einer falschen Bankverbindung** durch den Auftraggeber zurückgelangt und die Gelder erneut angewiesen werden müssen. Dies dürfte zu weit gehen. Die Hebegebühr knüpft an die Aus- oder Rückzahlung an. Scheitert die Überweisung wegen einer unzutreffenden Angabe der Bankverbindung, dann kommt es gerade nicht zur Aus- oder Rückzahlung, so dass das Verwahrungsgeschäft noch nicht abgeschlossen ist. Die Hebegebühr fällt daher nur einmal an. Allerdings hat der Mandant die zusätzlichen Kosten der Rückbuchung zu tragen (vgl. Rdn 59).

Nach Auffassung des KG[30] soll keine Hebegebühr anfallen, wenn der Anwalt Fremdgeld zunächst einbehält, weil er die eingegangene Zahlung auf vermeintliche Vergütungsansprüche verrechnet und er dann erst nach Verurteilung auf Auszahlung dieses Betrages das Geld weiterleitet. Die Hebegebühr stelle eine Entschädigung des Rechtsanwalts für die verantwortungsvolle und aus dem Rahmen seiner sonstigen Tätigkeiten herausfallende Auszahlung und die damit verbundene Verwaltung von Geldern dar. Entnehmen dürfe der Anwalt die Gebühr zwar, wenn er das Geld beim Mandanten abliefert; bestreitet der Anwalt jedoch seine Ablieferungspflicht und zahlt er erst, soweit **er zur Herausgabe verurteilt** wird, leiste er – wenn er zahle – auf eine eigene, ihm mit dem Urteil auferlegte Pflicht, für deren Erfüllung er eine Hebegebühr nicht mehr verlangen könne. Diese Auffassung ist jedoch jedenfalls dann abzulehnen, wenn der Anwalt nach dem Urteil umgehend auszahlt. Der gesetzliche Wortlaut ist eindeutig: „Der Anwalt erhält für die Auszahlung von Geldern eine Hebegebühr". Dass dem Anwalt die Hebegebühr dann nicht zustehen soll, wenn er zur Herausgabe verurteilt wird, lässt sich dem Gesetz nicht entnehmen. Es mag in bestimmten Fällen möglicherweise treuwidrig sein, wenn der Anwalt eine Hebegebühr berechnet, etwa wenn er Fremdgelder veruntreut hat und zur Herauszahlung verurteilt wird. Geht der Anwalt aber guten Glaubens davon aus, dass er mit eigenen Vergütungsansprüchen aufrechnen könne, bestreitet er also seine Auszahlungspflicht nach Grund und Höhe nicht, sondern wendet er nur eigene Vergütungsansprüche ein, dann kann dies nicht zum Wegfall der Hebegebühr führen, wenn anschließend ein Streit über die Höhe der Vergütung geführt wird, bei dem der Anwalt unterliegt. Dass der Anwalt die Aufrechnung mit Vergütungsansprüchen erklärt und sich die Aufrechnung im Nachhinein als unberechtigt erweist, entbindet ihn nämlich nicht, etwas von dem Geld ordnungsgemäß zu verwahren und verzinslich auszuzahlen. Dass der Anwalt mit der Auszahlung eine eigene Pflicht erfüllt, ist der Auszahlung

---

24 OLG München Rpfleger 1962, 230.
25 *Schumann/Geißinger*, § 22 Rn 10; Gerold/Schmidt/*Mayer*, RVG, VV 1009 Rn 12.
26 OLG München Rpfleger 1961, 417; OLG München Rpfleger 1962, 230; *Schumann/Geißinger*, § 22 Rn 10.
27 Gerold/Schmidt/*Mayer*, RVG, VV 1009 Rn 13.
28 OLG Frankfurt JurBüro 1959, 520; LG Berlin JurBüro 1985, 221; *Hansens*, § 22 Rn 5.
29 JurBüro 2001, 295.
30 AGS 2013, 61.

von Fremdgeldern immer immanent. Ob er dazu verurteilt worden ist oder nicht, ist insoweit unerheblich.

b) Vorlage aus eigenen Mitteln

25 Die Hebegebühr entsteht auch dann, wenn der Anwalt den Zahlbetrag aus eigenen Mitteln vorlegt und erst anschließend beim Mandanten einfordert.

> **Beispiel:** Der Anwalt zahlt die Vergleichssumme aus eigenen Mitteln an den Gegner und lässt sich diesen Betrag anschließend vom Mandanten erstatten.

Dass in diesem Fall nicht „empfangene Gelder" weitergeleitet werden, sondern der zeitliche Ablauf umgekehrt ist, steht dem Anfall der Hebegebühr nicht entgegen.[31]

c) Teilzahlungen

26 Bei Teilzahlungen können mehrere Hebegebühren anfallen, je nachdem, ob die Zahlungen in Teilbeträgen eingehen oder ob sie in Teilbeträgen ausgezahlt werden.

27 **aa) Die Zahlung geht in Teilbeträgen ein und wird in einem Betrag ausgezahlt.** Werden mehrere Teilbeträge von demselben oder von verschiedenen Personen an den Anwalt gezahlt, aber in einer Summe weitergeleitet, so ist zu **differenzieren**:

28 Stammen die Zahlungen aus **demselben Auftrag**, entsteht bei der Gesamtauszahlung ungeachtet des getrennten Zahlungseingangs nur eine Hebegebühr aus dem Gesamtwert.[32]

> **Beispiel 1:** Die beiden auf 20.000 EUR verurteilten Gesamtschuldner zahlen jeweils 10.000 EUR an den Anwalt des Gläubigers. Dieser zahlt den Betrag in einer Summe an den Mandanten aus.
> Es fällt nur eine Hebegebühr aus dem Wert von 20.000 EUR an.
>
> **Beispiel 2:** Der Gegner zahlt die Vergleichssumme in drei Raten zu 3.000 EUR. Nach Eingang der letzten Rate leitet der Anwalt die Gesamtsumme in Höhe von 9.000 EUR weiter.
> Der Anwalt erhält nur eine Hebegebühr aus 9.000 EUR.

29 Resultieren die Zahlungen dagegen aus **verschiedenen Aufträgen**, fallen ungeachtet der Gesamtzahlung mehrere Hebegebühren an.

> **Beispiel:** Am selben Tage gehen beim Anwalt 2.000 EUR aus einer Verkehrsunfallregulierung sowie 1.500 EUR aus einer Werklohnklage ein. Der Anwalt überweist die Summe von 3.500 EUR in einem Betrag.
> Da die Zahlungen aus verschiedenen Aufträgen stammen, liegen trotz einheitlicher Überweisung mehrere Angelegenheiten nach Anm. Abs. 1 vor. Der Anwalt erhält jeweils eine Gebühr aus 2.000 EUR und eine aus 1.500 EUR.

30 **bb) Die Auszahlung erfolgt in Teilbeträgen.** Werden die eingegangenen Gelder in Teilbeträgen ausgezahlt, so entstehen – unabhängig davon, ob die Gelder auch in Teilbeträgen oder in einer Gesamtsumme eingegangen sind – jeweils eigene Hebegebühren aus den einzelnen Auszahlungsbeträgen, da nach Abs. 2 jede Auszahlung eine eigene Angelegenheit i.S.d. § 15 darstellt. Dies gilt unabhängig davon, ob die Gelder in einer Summe an den Anwalt gezahlt worden sind oder in Teilbeträgen. Ebenso ist unerheblich, ob die verschiedenen Auszahlungen an dieselbe Person bewirkt werden oder an verschiedene Personen (z.B. mehrere Auftraggeber oder verschiedene Dritte).

> **Beispiel 1:** In einer Verkehrsunfallsache zahlt der Versicherer 15.000 EUR an den Anwalt. Dieser leitet aufgrund der vorliegenden Abtretungen vereinbarungsgemäß 500 EUR an den Sachverständigen weiter, 9.500 EUR an die Reparaturwerkstatt und zahlt die restlichen 5.000 EUR an den Mandanten aus.
> Es sind drei Hebegebühren angefallen, und zwar nach 500 EUR, 9.500 EUR und 5.000 EUR.
>
> **Beispiel 2:** An den Anwalt werden aus einem Räumungsvergleich treuhänderisch 10.000 EUR gezahlt mit der Maßgabe, 5.000 EUR sofort auszuzahlen und die weiteren 5.000 EUR erst nach Rückgabe der Wohnung.
> Der Anwalt erhält bei entsprechender Auszahlung zwei Hebegebühren aus jeweils 5.000 EUR.

31 Zur Berechnung der einzelnen Gebühren bei Teilzahlungen siehe oben (vgl. Rdn 26 ff.).

---

31 RG HRR 41 Nr. 951. 32 Gerold/Schmidt/*Mayer*, RVG, VV 1009 Rn 17.

d) Mehrere Auftraggeber

Vertritt der Anwalt mehrere Auftraggeber, an die er Zahlungen zu erbringen hat, so kann er von jedem der einzelnen Auftraggeber nur die Hebegebühr nach dem Betrag verlangen, den er an ihn auszahlt. Ein Auftraggeber haftet nicht für Hebegebühren aus Zahlungen, die der Anwalt an einen anderen Auftraggeber weiterleitet (§ 7 Abs. 2 S. 2). Wird eine Summe an mehrere Auftraggeber gemeinschaftlich ausgezahlt, so bleibt es bei der einfachen Gebühr; VV 1008 ist auf Hebegebühren nicht anwendbar. 32

> **Beispiel:** Der Anwalt vertritt ein Vermieterehepaar, hat für sie rückständige Mieten beigetrieben und überweist diese Beträge auf deren gemeinsames Konto.
> Die Geschäftsgebühr der VV 2300 wird zwar nach VV 1008 um 0,3 angehoben. Die Hebegebühr erhöht sich jedoch nicht.

4. Ausschluss nach Anm. Abs. 5

Nach **Anm. Abs. 5** ist das Entstehen einer Hebegebühr **in drei Fällen ausgeschlossen**: 33

a) Weiterleitung von Kosten an Gericht oder Behörde

Eine Hebegebühr fällt nicht an, wenn **Kosten an ein Gericht oder eine Behörde weitergeleitet** werden. Obwohl vom Wortlaut nicht gedeckt, wird man auch die Weiterleitung von Kosten an den **Gerichtsvollzieher** unter diese Vorschrift fassen müssen. 34

Unter **Kosten** i.S.d. Vorschrift sind Gebühren und Auslagen des Anwalts (§ 1 Abs. S. 1), des Gerichts (§ 1 GKG) oder einer Behörde zu verstehen. Den Hauptanwendungsfall der Anm. Abs. 5 dürfte daher das **Weiterleiten von Gerichtsgebühren und Auslagenvorschüssen an die Gerichtskasse** darstellen. Nicht zu den Kosten gehören Bußgelder, Strafen, Geldbußen oder Kautionen. Soweit der Anwalt diese Gelder weiterleitet, steht ihm die Hebegebühr zu. 35

Unerheblich ist, ob die weitergeleiteten Kosten vom Auftraggeber, dessen Rechtsschutzversicherer oder einem Dritten stammen. 36

> **Beispiel:** In einer Verkehrsunfallsache zahlt der gegnerische Haftpflichtversicherer mit 5.000 EUR lediglich die Hälfte des geltend gemachten Schadens. Der Anwalt entnimmt vereinbarungsgemäß hiervon 393 EUR und zahlt diese als Gerichtskostenvorschuss für die Klage über den Restbetrag ein. An den Mandanten werden lediglich 4.607 EUR ausgezahlt.
> Der Anwalt erhält die Hebegebühr nur aus 4.607 EUR. Aus dem Betrag von 393 EUR kann er nach Anm. Abs. 5 keine Hebegebühr berechnen.

b) Abführung eingezogener Kosten an Auftraggeber

Eine Hebegebühr fällt ebenfalls nicht an, wenn der Anwalt **eingezogene Kosten** an den **Auftraggeber abführt**. Unter Kosten sind in diesem Zusammenhang nur die mit der Erledigung des zugrunde liegenden Auftrags verbundenen Kosten als **Nebenforderung**, § 23 Abs. 3 i.V.m. § 37 Abs. 1 S. 1 GNotKG (§ 18 Abs. 2 S. 2 KostO a.F.), zu verstehen. Soweit Kosten dagegen die **Hauptforderung** darstellen, also z.B. in einem Rechtsstreit gegen den Rechtsschutzversicherer auf Kostenübernahme oder in einem Schadensersatzprozess auf Ersatz aufgewandter Anwaltskosten, ist Anm. Abs. 5 nicht anzuwenden. 37

> **Beispiel:** Der Anwalt wird damit beauftragt, einen materiell-rechtlichen Kostenerstattungsanspruch aus Verzug einzuklagen. Nach erfolgreich abgeschlossenem Prozess zahlt der Gegner die Urteilssumme an den Anwalt.
> Es handelt sich jetzt nicht um eingezogene Kosten i.S.d. Anm. Abs. 5, da die zu ersetzenden Kosten als Hauptsache anzusehen sind. Nur soweit an den Anwalt die Kosten dieses Verfahrens gezahlt werden und er diese an den Mandanten weiterleitet, wird die Hebegebühr ausgeschlossen.

Der Ausschluss greift ebenfalls nicht, wenn die Kosten zur Hauptsache geworden sind, etwa wenn der Anwalt wegen festgesetzter Kosten für den Mandanten vollstreckt.[33] 38

---

[33] *Schumann/Geißinger*, § 22 Rn 15.

Beispiel: Der Anwalt wird damit beauftragt, aus einem Kostenfestsetzungsbeschluss (1.800 EUR) zu vollstrecken. Er treibt die festgesetzten Kosten nebst den Vollstreckungskosten (60 EUR) bei und leitet den Gesamtbetrag i.H.v. 1.860 EUR an den Mandanten weiter, der die Kosten des Anwalts bereits bezahlt hatte.
Die festgesetzten Kosten sind im Vollstreckungsverfahren Hauptsache, so dass der Anwalt hieraus die Hebegebühr erhält. Nur bei den 60 EUR handelt es sich um Kosten i.S.d. Vorschrift. Dieser Betrag bleibt bei der Berechnung der Hebegebühr unberücksichtigt.

39 Die Kosten müssen **eingezogen** worden sein. Der Anwalt muss die Kosten also aufgrund einer Kostenentscheidung eingefordert haben. Die Entgegennahme und Weiterleitung nicht verbrauchter Kostenvorschüsse fällt daher nicht unter Anm. Abs. 5 und löst die Hebegebühr aus.[34]

Beispiel: Nach Anerkenntnis des Beklagten überweist die Gerichtskasse die nicht verbrauchte 2,0-Gerichtsgebühr nach Nr. 1211 GKG-KostVerz. an den Anwalt des Klägers, der diesen Betrag an den Auftraggeber weiterleitet.

Soweit *Mayer*[35] auch für die Rückzahlung eines nicht verbrauchten Gebührenvorschusses auf die Anwaltsvergütung (§ 9 RVG) eine Hebegebühr gewähren will, dürfte dies zu weit gehen. Diese Tätigkeit ist vielmehr durch die allgemeinen Gebühren abgegolten, wie sich aus § 19 Abs. 1 S. 2 Nr. 14 ergibt.

c) Verrechnung auf die Vergütung

40 Schließlich erhält der Anwalt nach Anm. Abs. 5 auch dann keine Hebegebühr, wenn er eingezogene Beträge **auf seine Vergütung verrechnet**. Ausgenommen hiervon ist allerdings die Entnahme der Hebegebühr selbst.

Beispiel 1: Der Beklagte zahlt die Urteilssumme in Höhe von 4.000 EUR. Der Anwalt verrechnet hiervon 1.000 EUR mit seiner Honorarforderung aus dem Rechtsstreit und zahlt 3.000 EUR an den Mandanten aus.
Dem Anwalt steht eine Hebegebühr nur aus 3.000 EUR zu.

Beispiel 2: Entnimmt der Anwalt im vorangegangenen Beispiel den restlichen 3.000 EUR auch noch seine Hebegebühren in Höhe von 42,84 EUR (30 EUR Gebühr + 6 EUR Postentgeltpauschale + 6,84 EUR Umsatzsteuer) und leitet nur noch 2.957,16 EUR an den Auftraggeber weiter, so hat dies keinen Einfluss auf die Gebührenberechnung.
Der Anwalt erhält auch in diesem Fall die Hebegebühr aus 3.000 EUR, obwohl er diesen Betrag nicht in voller Höhe weiterleitet.

III. Ab- oder Rücklieferung von Wertpapieren und Kostbarkeiten (Anm. Abs. 4)

41 Die Hebegebühr fällt nach **Anm. Abs. 4** auch dann an, wenn der Anwalt Wertpapiere oder Kostbarkeiten entgegennimmt und diese an den Auftraggeber oder Dritte ab- oder zurückliefert.

42 Unter **Wertpapieren** i.S.d. Anm. Abs. 4 sind Urkunden zu verstehen, die als Träger einer Forderung einen bestimmten Wert haben.[36]

43 Hauptanwendungsfall der Anm. Abs. 4 sind **Schecks** und **Wechsel**, die der Anwalt entgegennimmt und weiterleitet, ohne dass er sie auf sein Konto einzieht.[37] Zieht der Anwalt einen Scheck oder Wechsel ein, gilt Anm. Abs. 2 S. 1 (siehe Rdn 20).

44 Zu den Wertpapieren i.S.d. Anm. Abs. 4 zählen weiterhin Aktien, Anleihen, Kuxe, alle sonstigen Papiere mit Börsenkurs,[38] Konossemente, Pfandscheine, Schuldverschreibungen auf den Inhaber sowie die Urkunden des § 363 HGB.[39]

---

34 Hansens, § 22 Rn 6; Gerold/Schmidt/*Mayer*, RVG, VV 1009 Rn 12.
35 Gerold/Schmidt/*Mayer*, RVG, VV 1009 Rn 12.
36 *Schumann/Geißinger*, § 22 Rn 18; RGZ 8, 373, 375; KG DNotV 28, 633.
37 LG Traunstein AnwBl 1977, 261; Gerold/Schmidt/*Mayer*, RVG, VV 1009 Rn 13.
38 OLG Frankfurt JurBüro 1957, 504.
39 *Schumann/Geißinger*, § 22 Rn 18.

Keine Wertpapiere i.S.d. Anm. Abs. 4 sind dagegen Ausweispapiere, bloße Beweisurkunden, Hypotheken-, Grund- und Rentenschuldbriefe,[40] Kraftfahrzeugbriefe,[41] Schuldurkunden,[42] Versicherungsscheine. Auch Sparbücher sind keine Wertpapiere i.S.d. Anm. Abs. 4. Hier kann der Anwalt die Hebegebühr nur nach Anm. Abs. 2 S. 1 verdienen, soweit er aufgrund einer Ermächtigung von dem Sparbuch Gelder abhebt und diese weiterleitet.[43] Denkbar wäre es allerdings, das Sparbuch als Kostbarkeit i.S.d. Abs. 4 anzusehen.

Die Weitergabe einer Bürgschaftsurkunde löst nach h.M. ebenfalls keine Hebegebühr aus.[44] Wirkt der Anwalt an der Beschaffung der Bürgschaft mit, erhält er allerdings eine Geschäftsgebühr nach VV 2300. Für die Zustellung der Bürgschaftsurkunde kann er darüber hinaus keine Vergütung verlangen, wie § 19 Abs. 1 S. 2 Nr. 7 jetzt klarstellt.

Unter **Kostbarkeiten** i.S.d. Anm. Abs. 4 sind Gegenstände von bedeutendem Wert zu verstehen, deren Wert im Verhältnis zu Größe und Umfang besonders hoch ist und die nach allgemeiner Verkehrsanschauung als solche angesehen werden.[45] Nach *Schumann/Geißinger*[46] zählen hierzu Autogramme, Antiquitäten, Briefmarkensammlungen und -raritäten, kostbare Bücher, Edelmetallsachen, Gemälde[47] und sonstige Kunstwerke, Münzen, Schmucksachen, wertvolle Pelze und Wertzeichen.

IV. Abgeltungsbereich der Hebegebühr

Die Hebegebühr gilt im Falle der Anm. Abs. 1 alle mit dem Zahlungsverkehr zusammenhängenden Tätigkeiten ab, insbesondere die Überwachung der Einzahlung, Kontrolle der Gutschrift, Berechnung anfallender Bankzinsen, Einlösung von Schecks sowie die Auszahlung selbst.[48] Hierzu zählt auch die Korrespondenz betreffend die Errichtung eines Anderkontos.[49]

Nicht abgegolten sind Umtauschkosten, Postgebühren und Bankspesen. Der Ersatz dieser Kosten kann zusätzlich gefordert werden. Auch der Umtausch in eine andere Währung ist nicht abgegolten, sondern wird nach VV 2300 gesondert vergütet.

Im Falle der Anm. Abs. 4 wird durch die Hebegebühr die Entgegennahme und Ablieferung oder Rücklieferung abgegolten. Weitere Tätigkeiten sind durch die Hebegebühren nicht abgedeckt. Sonstige Handlungen, z.B. die Veräußerung eines Wertgegenstandes und die Auskehr des Erlöses, sind daher ebenfalls nach VV 2300 gesondert zu vergüten.

Ebenfalls nicht durch die Hebegebühr abgegolten ist die mit einer Hinterlegung verbundene Tätigkeit des Anwalts. Auch diese Tätigkeit löst eine gesonderte Vergütung nach VV 2300 aus, die gegebenenfalls sogar vom Gegner zu erstatten ist.[50]

V. Höhe der Gebühr

Die Höhe der Gebühr berechnet sich in den Fällen der Nr. 1 bis 3 nach dem Nominalbetrag der Aus- oder Rückzahlung zuzüglich eventuell bereits entnommener Hebegebühren (vgl. Anm. Abs. 2 S. 2). Zinsen und sonstige Nebenforderungen – ausgenommen Kosten nach Anm. Abs. 5 – werden entgegen § 23 Abs. 1 S. 2 i.V.m. § 43 Abs. 1 GKG, § 37 Abs. 1 FamGKG, § 37 Abs. 1 GNotKG (§ 18 Abs. 2 S. 2 KostO a.F.) in voller Höhe mitberechnet. Sind Beträge in fremder Währung ausgezahlt, so sind diese Beträge in EUR umzurechnen, um die Hebegebühren zu ermitteln.

---

40 RG JW 1931, 3119.
41 *Schumann/Geißinger*, § 22 Rn 18 m. Nachw. einer unveröffentlichten Entscheidung des AG München.
42 RG JR 1927, 1261.
43 *Schmidt*, JurBüro 1963, 667.
44 OLG Hamburg MDR 1958, 349 = Rpfleger 1962, 233; OLG Bremen Rpfleger 1965, 97; a.A. KG JW 1922, 501.
45 *Schumann/Geißinger*, § 22 Rn 18; *Hansens*, § 22 Rn 5.
46 *Schumann/Geißinger*, § 22 Rn 19.
47 OLG München OLGR 1997, 96 = KostRsp. BRAGO § 22 Nr. 7.
48 *Schumann/Geißinger*, § 22 Rn 5.
49 LG Traunstein AnwBl 1977, 261.
50 OLG München NJW 1964, 409; MDR 1967, 412; OLG Nürnberg AnwBl 1967, 440; OLG Karlsruhe AGS 1997, 1115 = JurBüro 1997, 306 = MDR 1997, 509 = Rpfleger 1997, 232 = VersR 1997, 983; a.A. OLG Düsseldorf AGS 2008, 72 = JurBüro 2007, 525.

53 Die Höhe der Hebegebühren errechnet sich nach Nr. 1 bis 3 wie folgt:

Nr. 1: Bei Auszahlungen bis zu 2.500 EUR einschließlich erhält der Anwalt

– aus dem Auszahlungsbetrag 1,0 %.

Nr. 2: Bei einem Betrag bis zu 10.000 EUR einschließlich erhält er

– 1 % aus 2.500 EUR = 25,00 EUR
– aus dem darüber hinausgehenden Wert weitere 0,5 %.

Nr. 3: Bei Zahlungen über 10.000 EUR steht ihm zu:

– 1 % aus 2.500 EUR = 25,00 EUR
– zuzüglich 0,5 % aus 7.500 EUR = 37,50 EUR
– aus dem Mehrwert über 10.000 EUR weitere 0,25 %.

54 In einheitlichen Formeln ausgedrückt gilt Folgendes:

1. Beträge oder Werte bis einschließlich 2.500 EUR
– Betrag x 1 % oder
– Betrag / 100.

2. Beträge oder Werte von 2.500,01 EUR bis einschließlich 10.000 EUR
– (Betrag – 2.500,00 EUR) x 0,5 % + 25,00 EUR oder
– (Betrag – 2.500,00 EUR) / 200 + 25,00 EUR

3. Beträge oder Werte über 10.000 EUR
– (Betrag – 7.500,00 EUR) x 0,25 % + 62,50 EUR oder
– (Betrag – 7.500,00 EUR) / 400 + 62,50 EUR

55 Bei **Teilzahlungen** ist jede Hebegebühr für sich zu berechnen. Da es sich jeweils um eigene Angelegenheiten handelt, ist § 15 Abs. 5 und 6 nicht anwendbar. Das Gesamtaufkommen der einzelnen Hebegebühren darf daher höher liegen als eine Hebegebühr aus dem Gesamtbetrag.[51] Auch die Prozentsätze der Gebühren sind jeweils nach Nr. 1 bis 3 neu zu berechnen; es findet keine Zusammenrechnung statt.[52]

Beispiel: An den Anwalt werden 5.000 EUR gezahlt, die er in zwei Teilbeträgen zu jeweils 2.500 EUR auszahlt.

Für beide Auszahlungen erhält der Anwalt 1 % des Zahlbetrages. Bei der zweiten Zahlung handelt es sich nicht um den „Mehrbetrag" i.S.d. Nr. 2, so dass hieraus etwa nur noch 0,5 % erhoben werden könnten.[53]

56 In den Fällen der Anm. Abs. 4 berechnet sich die Gebühr nach dem **Verkehrswert der Sache**, § 23 Abs. 3, § 36 Abs. 1 GNotKG (§ 18 Abs. 1 KostO a.F.).

57 Die **Mindestgebühr** beträgt 1 EUR. Die Aufrundung auf die Dezimalstelle, die nach dem bis zum 31.12.2001 geltenden Recht in § 11 Abs. 2 BRAGO noch vorgesehen war (volle zehn Pfennige), ist mit der Einführung des EUR bereits weggefallen. Die Hebegebühr ist daher bis auf den Cent genau zu berechnen. Lediglich Beträge unter einem Cent werden auf einen vollen Cent angehoben; ab 0,5 Cent wird aufgerundet (§ 2 Abs. 2 S. 2). Die früher gängigen Tabellen zur Hebegebühr sind nach Wegfall der Aufrundungsvorschrift daher nicht mehr praktikabel.

VI. Auslagen

58 Neben der Hebegebühr hat der Anwalt jeweils Anspruch auf Erstattung seiner Auslagen. So kann er insbesondere die Erstattung seiner Telekommunikationskosten verlangen,[54] die er – wie üblich – konkret nach VV 7001 oder pauschal nach VV 7002 berechnen kann. Zu beachten ist, dass jede Auszahlung eine eigene Pauschale auslöst.

59 Darüber hinaus steht dem Anwalt auch der Ersatz seiner zusätzlichen Kosten nach §§ 670, 675 BGB zu, insbesondere Kosten des Bankverkehrs (etwa die Mehrkosten einer Blitzüberweisung), Botenkosten bei persönlicher Überbringung oder auch zusätzliche Rückbuchungskosten infolge falscher Kontoangabe des Mandanten.

---

[51] *Mümmler*, JurBüro 2001, 295.
[52] *Mümmler*, JurBüro 2001, 295.
[53] *Mümmler*, JurBüro 2001, 295.
[54] Gerold/Schmidt/*Mayer*, VV 1009 Berechnungsbsp. in Rn 18.

VII. Entnahmerecht (Anm. Abs. 2 S. 2)

Der Anwalt ist berechtigt, die ihm zustehenden Hebegebühren unmittelbar bei Weiterleitung der Fremdgelder an den Auftraggeber zu entnehmen (Abs. 2 S. 2). Es handelt sich bei dieser Vorschrift um ein **spezielles Vorschussrecht**, denn auch die Hebegebühr wird gemäß § 8 S. 1 erst mit Beendigung des Auftrags fällig, also mit Ablieferung des Geldes. Das Entnahmerecht entbindet den Anwalt daher auch nicht davon, die Hebegebühr nachträglich gemäß § 10 Abs. 2 S. 1, Abs. 3 ordnungsgemäß abzurechnen. 60

Die Höhe der zu entnehmenden Gebühr berechnet sich – entgegen dem Wortlaut – nicht nach dem ausgezahlten Betrag, sondern nach dem ohne Entnahme auszuzahlenden Betrag, auch wenn dieser infolge der Entnahme nicht mehr in voller Höhe ausgezahlt wird. 61

> **Beispiel:** Der Anwalt muss einen Betrag in Höhe von 2.000 EUR an den Mandanten auszahlen. Er kann hierfür berechnen:
> 1. Hebegebühr, VV 1009
>   (Wert: 2.000 EUR) 20,00 EUR
> 2. Postentgeltpauschale, VV 7002 4,00 EUR
>   Zwischensumme 24,00 EUR
> 3. 19 % Umsatzsteuer, VV 7008 4,56 EUR
>   **Gesamt** **28,56 EUR**
>
> Diesen Betrag kann der Anwalt einbehalten und muss lediglich 1.971,44 EUR auszahlen.

Zur Entnahme seiner weiteren Vergütung ist der Anwalt nicht berechtigt. Hier bleibt ihm nur die Möglichkeit aufzurechnen (§§ 387 ff. BGB). Allerdings sind einer solchen Aufrechnung enge rechtliche und berufsrechtliche Grenzen gesetzt.[55] 62

Soweit der Anwalt Gelder an Dritte weiterleitet, ist er zur Entnahme seiner Hebegebühren ebenfalls nicht berechtigt, da anderenfalls der Auftrag nicht vollständig ausgeführt würde.[56] Hier kann ihm – ebenso wie bei der Ab- und Rücklieferung von Wertpapieren und Kostbarkeiten – allenfalls ein Zurückbehaltungsrecht (§ 320 BGB) zustehen.[57] Nach Treu und Glauben dürfte in aller Regel ein solches Zurückbehaltungsrecht jedoch ausgeschlossen sein, da dies den Auftrag gefährden würde, insbesondere wenn die Gelder, Wertpapiere oder Kostbarkeiten innerhalb einer bestimmten Frist abgeliefert sein müssen.[58] 63

VIII. Einforderbarkeit, Hinweispflicht, Verzicht

1. Hinweispflicht

Fraglich ist, ob der Anwalt den Mandanten darauf hinweisen muss, dass durch die Einziehung und Weiterleitung von Geldern **zusätzliche Gebühren** anfallen und dass diese voraussichtlich nicht erstattungsfähig sein werden. Soweit man dies annimmt, würde der Verstoß hiergegen den Anwalt bei einem entgegenstehenden Willen des Mandanten schadensersatzpflichtig machen mit der Folge, dass er insoweit seinen Gebührenanspruch nicht durchsetzen könnte. 64

M.E. ist ein solcher Hinweis nicht erforderlich. Ein Anwalt braucht den Mandanten grundsätzlich nicht darüber zu belehren, dass seine Tätigkeit Gebühren auslöst; dies ist eine Selbstverständlichkeit. Lediglich dann, wenn der Anwalt eine besondere Tätigkeit ausführt, die über den Normalfall hinausgehende, nicht erstattungsfähige Gebühren verursacht, kommt eine Hinweispflicht in Betracht. Um derart außergewöhnliche Kosten handelt es sich bei der Hebegebühr jedoch nicht. Auch der Höhe nach sind diese Kosten nicht ungewöhnlich. Es dürfte heute allgemein bekannt sein, dass auch im bargeldlosen Zahlungsverkehr Kosten anfallen und dass es dem Anwalt nicht zuzumuten ist, diese Kosten aus eigener Tasche zu bezahlen. 65

Dem Wortlaut des Gesetzes nach ist aber ein Hinweis nach § 49b Abs. 5 BRAO (siehe hierzu § 2 Rdn 50 ff.) erforderlich, da sich auch die Hebegebühr nach dem Gegenstandswert berechnet. 66

---

55 OLG Düsseldorf OLGR 1998, 435.
56 EGH 15, 206; 18, 209; *Schumann/Geißinger*, Rn 7.
57 Göttlich/Mümmler/*Xanke*, „Hebegebühr" 5.
58 Gerold/Schmidt/*Mayer*, VV 1009 Rn 18.

2. Verzicht

67 Ausgeschlossen ist die Hebegebühr allerdings dann, wenn der Anwalt gegenüber dem (potentiell) erstattungspflichtigten Dritten darauf verzichtet hat. Hauptanwendungsfall ist die Abrechnung nach den **Abrechnungsgrundsätzen einiger Haftpflichtversicherer** (siehe hierzu Anhang I Rdn 5 ff.). Soweit der Anwalt nach den Abrechnungsgrundsätzen abrechnet, decken die Pauschbeträge unter Umständen auch eventuelle Gebühren nach VV 1009 ab. Der Anwalt kann diese daher auch nicht dem Auftraggeber in Rechnung stellen.

68 Auch in den übrigen Fällen, in denen der Anwalt namens des Mandanten gegenüber dem Dritten auf die Erstattung der Hebegebühr verzichtet, kann er diese dem Auftraggeber nicht in Rechnung stellen. Von einem solchen Verzicht sollte der Anwalt aus berufsrechtlichen Gründen allerdings zurückhaltend Gebrauch machen. Dennoch kann ein solcher Verzicht angebracht sein. Häufig ist es aufwendiger, wenn die Zahlungen zur Vermeidung der Hebegebühren unmittelbar an den Mandanten erbracht werden, weil dieser den Anwalt vielfach nicht oder nur unzureichend über den Zahlungseingang unterrichtet. Letztlich hat der Anwalt dadurch einen höheren Arbeits- und Kostenaufwand, so dass er günstiger fährt, die Zahlungen selbst abzuwickeln und hierfür keine Hebegebühr zu berechnen.

IX. Kostenerstattung

69 Inwieweit die Hebegebühren vom Gegner zu erstatten sind, hängt vom Einzelfall ab.

1. Materiell-rechtliche Kostenerstattung

70 Im Rahmen einer **außergerichtlichen Vertretung** – insbesondere bei Verkehrsunfallregulierungen – wird die Erstattung der Hebegebühr überwiegend verneint. Obwohl es sich bei den Hebegebühren in der Regel nur um Minimalbeträge handelt, zeigt sich die Rechtsprechung hier sehr kleinlich. Diese Kosten sollen nur dann gemäß § 249 BGB einen ersatzfähigen Schaden darstellen, wenn sie notwendige Kosten der Rechtsverfolgung sein. Das wiederum sei grundsätzlich nicht der Fall. Für die Entgegennahme der Ersatzleistung sei keine anwaltliche Hilfe erforderlich. Erstattungsfähig ist die Hebegebühr nach der Rechtsprechung daher nur, wenn ausnahmsweise die Hinzuziehung eines Anwalts erforderlich war. Hierzu zählt z.B. der Fall, dass der Mandant im Ausland wohnt,[59] dass er über kein eigenes Konto verfügt oder dass er krankheits- oder verletzungsbedingt nicht in der Lage ist, über sein Konto zu verfügen. Diese restriktive Haltung ist m.E. unzutreffend. Das Einziehen von Geldern durch den Anwalt ist in aller Regel zweckentsprechend, da er den Eingang zu überwachen und die Abrechnungen zu kontrollieren hat. Diese Aufgabe kann er nur wahrnehmen, wenn er die Zahlungseingänge selbst überwacht. Dass die Hebegebühr noch ein adäquat kausaler Schaden ist, lässt sich wohl kaum in Abrede stellen, da es mit Sicherheit nicht außerhalb der Wahrscheinlichkeit liegt, dass der Anwalt auch mit der Einziehung der Ersatzsumme beauftragt wird. Daher sollte man auch die Hebegebühr **grundsätzlich** ohne Einschränkung als **erstattungsfähig** ansehen.

71 Darauf, ob die Beauftragung des Anwalts mit der Einziehung der Gelder erforderlich war, kommt es bei der außergerichtlichen Schadensregulierung dann allerdings nicht an, wenn der Schuldner ohne Aufforderung unmittelbar an den Anwalt zahlt.[60] Des Weiteren wird die Erstattungsfähigkeit bejaht, wenn sich der Gegner im Vergleich verpflichtet hat, unmittelbar an den Anwalt zu zahlen.[61]

72 Fordert der Anwalt den Schuldner dagegen auf, unmittelbar an ihn zu zahlen, wird die Hebegebühr nur dann als erstattungsfähig angesehen, wenn er gleichzeitig auf die dadurch entstehenden Kosten hinweist.[62]

---

59 OLG München AnwBl 1963, 339.
60 OLG Düsseldorf JurBüro 1985, 714; LG Hagen AnwBl 1982, 541; AG Ahaus AnwBl 1982, 438; AG Wiesbaden AGS 1993, 66; AG Steinfurt AGS 1995, 135.
61 KG JurBüro 1981, 1349; OLG Schleswig SchlHA 1979, 59; OLG Hamm JurBüro 1971, 241; OLG Düsseldorf Rpfleger 193, 188; a.A. OLG Hamburg MDR 1991, 679.
62 LG Mannheim AGS 2015, 495.

Bei Abrechnung nach den **Abrechnungsgrundsätzen** einiger Haftpflichtversicherer (siehe hierzu Anhang I Rdn 5 ff.) sind Hebegebühren durch die Pauschbeträge abgegolten. Dies gilt auch dann, wenn der Versicherer trotz ausdrücklicher Bitte des Anwalts nicht an den Mandanten, sondern an den Anwalt zahlt.

2. Prozessuale Erstattungspflicht

a) Zahlung im oder während des Verfahrens

Zahlt der Gegner „freiwillig" während oder nach Abschluss des Rechtsstreits außerhalb einer Vollstreckungsmaßnahme, können Hebegebühren, soweit sie erstattungsfähig sind, nach §§ 103 ff. ZPO festgesetzt werden, wobei umstritten ist, ob es sich noch um Kosten des Rechtsstreits (§ 91 ZPO) oder um Kosten der Zwangsvollstreckung (§ 788 ZPO) handelt. Einig ist man sich jedoch, dass bei Zahlungen durch den Gegner, sei es während oder nach Abschluss des Rechtsstreits, eine Kostenerstattung gemäß § 91 ZPO und damit eine Festsetzung ebenfalls nur unter den oben dargestellten engen Voraussetzungen (vgl. Rdn 69 ff.) in Betracht kommt.[63]

b) Zahlung an den Prozessbevollmächtigten aufgrund eines Vergleichs

Verpflichtet sich der Schuldner in einem Prozessvergleich zur Zahlung an den Prozessbevollmächtigten des Klägers, ist die durch die spätere Weiterleitung anfallende Hebegebühr zu erstatten.[64]

c) Zahlung aufgrund Zwangsvollstreckung

Zahlt der Gegner nach Einleitung einer Vollstreckungsmaßnahme an den Anwalt oder führt der Gerichtsvollzieher oder der Drittschuldner die beizutreibenden Gelder an den Anwalt ab, sind die durch deren Auszahlung ausgelösten grundsätzlichen Hebegebühren erstattungsfähig und damit nach § 788 ZPO festsetzbar. Diese Kosten können auch sogleich nach § 788 ZPO als Kosten der Zwangsvollstreckung beigetrieben werden.

Dies gilt insbesondere dann, wenn die titulierte Forderung vom Schuldner in Raten gezahlt wird. In diesem Fall ist die Entgegennahme und Weiterleitung der einzelnen Teilbeträge und die Überwachung der Zahlungen durch den Anwalt notwendig i.S.d. §§ 91, 788 ZPO.[65] A.A. ist das LG Saarbrücken,[66] wenn der Gläubiger ein Unternehmen betreibt, dessen Buchhaltung unschwer die Überwachung von Ratenzahlungseingängen erledigen kann. Dann komme die Erstattung einer anwaltlichen Hebegebühr allenfalls dann in Betracht, wenn der Schuldner vor seiner Leistung auf die Gebührenentstehung hingewiesen und ihm die Möglichkeit gegeben worden ist, zur Einsparung der Hebegebühr jeweils unmittelbar an den Gläubiger zu zahlen.

Nach der h.M. in Rechtsprechung und Literatur ist die Inanspruchnahme eines Rechtsanwalts bei Geldforderungen zwar nur unter besonderen Umständen gerechtfertigt, und zwar u.a. dann, wenn besondere Gründe in der Person oder dem Verhalten des Schuldners die Einschaltung des Rechtsanwalts rechtfertigen; ein solcher Ausnahmefall ist jedoch insbesondere zu bejahen, wenn der Schuldner die titulierte Schuldsumme nur in **unregelmäßiger und zeitweiser Zahlungsweise** ablöst oder langwierige Lohnpfändung verursacht und damit eine Überwachungstätigkeit des Anwalts notwendig ist.[67] Der Schuldner kann solche Vollstreckungskosten sehr leicht vermeiden, indem er schlicht und ergreifend zahlt.[68] Insbesondere dann, wenn der Gerichtsvollzieher – wie im Fall des AG Limburg – ohne dazu beauftragt zu sein, die Raten nicht unmittelbar an die Partei, sondern an den Anwalt auszahlt, ist die Hebegebühr notwendig, weil die Partei darauf keinen Einfluss hatte.

---

63 Gerold/Schmidt/*Mayer*, VV 1009 Rn 19 f.
64 KG JurBüro 1981, 1349; OLG Nürnberg JurBüro 1962, 342, 343; OLG Nürnberg Rpfleger 1963, 137; a.A. OLG Hamburg MDR 1991, 679; OLG München NJW-RR 1998, 1452, 1453; offen lassend OLG Nürnberg JurBüro 1968, 398, 399; OLG Schleswig JurBüro 1999, 137, 138.
65 AG Limburg AGS 2005, 308 m. Anm. *N. Schneider* = RVG-B 2005, 122 = RVGreport 2005, 357.
66 JurBüro 2006, 316.
67 So auch vgl. OLG Düsseldorf, Beschl. v. 8.8.1994 – 3 VS 88/94.
68 Siehe hierzu auch LG Frankfurt/M. AGS 2005, 18.

79 Solche besonderen Umstände, die zur Erstattungsfähigkeit führen, liegen auch dann vor, wenn die Rechtslage schwierig ist und/oder das Verhalten des Schuldners die Hinzuziehung des Rechtsanwalts erforderlich erscheinen lässt, insbesondere dann, wenn Verdachtsmomente dafür bestehen, der Schuldner werde bei Vorliegen mehrerer Vollstreckungen seine Zahlungspflichten nicht in der gebotenen chronologischen Reihenfolge vornehmen.[69]

d) Hinterlegung einer Sicherheit

80 Hinterlegt der Prozessbevollmächtigte eine Sicherheit zur Abwendung der Zwangsvollstreckung, ist die dadurch anfallende Hebegebühr grundsätzlich erstattungsfähig.[70]

3. Einzelfälle aus der Rechtsprechung

81 In folgenden Fallkonstellationen ist die **Erstattung der Hebegebühr bejaht** worden:
- Zahlung an Rechtsanwalt ohne Aufforderung durch Rechtsanwalt oder Partei.[71] Dies soll auch dann gelten, wenn der Rechtsanwalt zur Entgegennahme von Zahlungen aufgrund einer entsprechenden Vollmacht befugt war.[72]
- Schuldner leistet freiwillig den Vergleichsbetrag in Raten an den Rechtsanwalt.[73] Dies soll insbesondere in den Fällen gelten, in denen der Schuldner die titulierte Schuldsumme nur in unregelmäßiger und zeitraubender Zahlungsweise ablöst und langwierige Lohnpfändungen verursacht und damit eine Überwachungstätigkeit des Rechtsanwalts erforderlich macht.[74]
- Wenn die titulierte Forderung vom Schuldner in Raten gezahlt wird und damit die Entgegennahme und Weiterleitung der einzelnen Teilbeträge und die Überwachung der Zahlungen durch den Anwalt notwendig i.S.d. §§ 91, 788 ZPO ist.[75]
- Wenn die Rechtslage schwierig ist und/oder das Verhalten des Schuldners die Hinzuziehung des Rechtsanwalts erforderlich erscheinen lässt, insbesondere dann, wenn Verdachtsmomente dafür bestehen, der Schuldner werde bei Vorliegen mehrerer Vollstreckungen seine Zahlungspflichten nicht in der gebotenen chronologischen Reihenfolge vornehmen.[76]
- Wenn es sich wegen der im Vergleich vereinbarten Art der Zahlungsabwicklung aus objektiven Gründen anbot, diese über das Konto eines der beiden Prozessbevollmächtigten laufen zu lassen.[77]
- Bei Zahlungen durch die Haftpflichtversicherung, wenn der Rechtsanwalt die Versicherung nicht zur Zahlung an ihn aufgefordert hat.[78]
- Bei Zahlungen aufgrund eines Vergleichs, wenn unaufgefordert an den Prozessbevollmächtigten der anderen Partei gezahlt wird.[79] Dies soll selbst dann gelten, wenn seine Partei sich in einem gerichtlichen Vergleich zur unmittelbaren Zahlung zu Händen des gegnerischen Rechtsanwalts verpflichtet hat.[80] Jedenfalls dann sollen diese Kosten übernommen werden müssen, wenn in dem Fall gleich eine mehrfach gestufte Verteilklausel vorgesehen ist, deren Voraussetzungen der Rechtsanwalt jeweils zu prüfen hat.[81]

---

[69] AG Eisenhüttenstadt Rpfleger 2005, 384 m. Anm. *Winkler.*
[70] OLG Düsseldorf AGS 2008, 72 = JurBüro 2007, 525.
[71] AG Gronau AGS 2000, 211; AG Rostock RuS 1997, 88; AG Wiesbaden AGS 1993, 66; AG Krefeld Schaden-Praxis 1992, 292; LG Hanau zfs 1989, 126; AG Gronau zfs 1988, 357; AG Gronau zfs 1988, 356; OLG Schleswig AnwBl 1989, 169; LG Frankfurt AnwBl 1989, 109; OLG Schleswig JurBüro 1985, 394; AG Ahaus JurBüro 1982, 1187; LG Hagen AnwBl 1982, 541; OLG Frankfurt JurBüro 1981, 1181; OLG Düsseldorf AnwBl 1980, 264; OLG Schleswig SchlHA 1979, 59.
[72] AG Ahaus JurBüro 1982, 1187 = AnwBl 1982, 438 = RuS 1982, 222 = zfs 1982, 367.
[73] AG Charlottenburg JurBüro 1996, 607; AG Erlangen DGVZ 1995, 14.
[74] OLG Düsseldorf JurBüro 1995, 49 = AGS 1998, 115 = zfs 1999, 178. Die Differenzierung überzeugt nicht: Bevor der Anwalt eingeschaltet wird, weiß der Mandant in der Regel nicht, ob die Schuldsumme in „unregelmäßiger und zeitraubender Zahlungsweise" erfolgt und „langwierige Lohnpfändungen verursacht" werden.
[75] AG Limburg AGS 2005, 308 m. Anm. *N. Schneider* = RVG-B 2005, 122 = RVGreport 2005, 357.
[76] AG Eisenhüttenstadt Rpfleger 2005, 384 m. Anm. *Winkler.*
[77] OLG Karlsruhe AGS 2006, 406 = OLGR 2006, 365.
[78] AG Steinfurt AGS 1995, 135 = zfs 1996, 72; LG Hanau zfs 1989, 126; AG Gronau zfs 1988, 356, 357.
[79] OLG Schleswig SchlHA 1979, 59.
[80] KG JurBüro 1981, 1349 = Rpfleger 1981, 410.
[81] OLG Schleswig JurBüro 1999, 137 = AGS 1999, 163 = SchlHA 1999, 161 = OLGR 1999, 78.

- Bei Zahlungen an den Rechtsanwalt, wenn der Mandant im Ausland wohnt.[82]
- Bei Zahlung unmittelbar an den Prozessbevollmächtigten, obwohl eine ausdrückliche Aufforderung vorlag, unmittelbar an die Partei zu leisten.[83]
- In Eilfällen.[84]
- Im Arbeitsrecht, wenn der Schädiger auf einen auf den Arbeitgeber des Geschädigten übergegangenen Anspruch durch Zahlung an den Prozessbevollmächtigten des Arbeitgebers leistet.[85]

Die Notwendigkeit der Hinzuziehung eines Rechtsanwaltes und damit die Erstattungsfähigkeit der **Hebegebühr** wurde **verneint**:
- Bei Zahlung an den Rechtsanwalt, wenn dieser eine Vollmacht, die zum Geldempfang berechtigt, übersandt hat.[86]
- Bei Zahlung unmittelbar an den Prozessbevollmächtigten, wenn dieser die Zahlung an ihn nicht ausdrücklich veranlasst hat.[87]
- Bei Leistung von Abschlagszahlungen.[88]
- Bei Zahlung durch eine Kfz-Haftpflichtversicherung an einen Rechtsanwalt.
- Wenn der Geschädigte nicht auf die Entstehung der Gebühr aufmerksam gemacht hat.[89]
- Wenn der Rechtsanwalt nach Vorlage einer Geldempfangsvollmacht Zahlung an sich verlangt.[90]
- Die erstattungspflichtige Partei verpflichtet sich in einem Prozessvergleich, den Vergleichsbetrag an den Prozessbevollmächtigten des Gegners zu zahlen.[91]
- Bei Einzug durch den Gerichtsvollzieher und Zahlung an den Prozessbevollmächtigten, wenn die Zahlung durch den Gerichtsvollzieher auch unmittelbar an den Gläubiger hätte erfolgen können.[92]
- Wenn im Rahmen eines Räumungstermins die Zahlung unmittelbar an den Rechtsanwalt erfolgt.[93]
- Bei Zahlung des Schuldners an den Prozessbevollmächtigten in Anwesenheit des Gläubigers.[94]
- Bei Übergabe eines Schecks durch den Beklagten an den Prozessbevollmächtigten, ohne dass dieser auf die Entstehung der Gebühr hinweist.[95]
- Wenn der Gläubiger den Schuldner zur Zahlung an seinen Rechtsanwalt veranlasst hat.[96]
- In einer Zahlungsaufforderung eines Rechtsanwalts, in der nur die Konten des Anwalts aufgeführt sind.[97]
- Bei Zurückweisung eines ungedeckten Schecks des Vollstreckungsschuldners und anschließender Entgegennahme eines Schecks des Schuldnervertreters.[98]
- Wenn eine Teilleistung zurücküberwiesen wird.
- Der Schuldner zahlt die titulierte Forderung in mehreren Raten über den Gerichtsvollzieher an den Anwalt, der diese Zahlungen vereinnahmt und ohne dass besondere Berechnungsprobleme auftreten.[99]
- Ebenso bei fünf Zahlungseingängen innerhalb eines Jahres.[100]

X. Prozess- und Verfahrenskostenhilfe

Im Rahmen der Prozess- und Verfahrenskostenhilfe werden Hebegebühren grundsätzlich nicht übernommen. Hierfür wäre eine gesonderte Beiordnung erforderlich, für die jedoch keine Notwendigkeit

---

82 AG Bruchsal VersR 1986, 689.
83 LG Berlin zfs 1990, 413 = NZV 1991, 74; OLG Düsseldorf, JurBüro 1985, 714 = RBeistand 1985, 27 = VersR 1986, 243.
84 AG Ulm zfs 1988, 388.
85 AG Gronau VersR 1997, 1155.
86 AG Bonn VersR 1984, 196 (Der Anwalt hätte ausdrücklich darauf hinweisen müssen, dass die Zahlung auf eines seiner Konten die Hebegebühr entstehen lässt. Das ist jedoch unzutreffend, da jeder Bürger in Deutschland weiß, dass ein Anwalt nicht unentgeltlich arbeitet); OLG Hamburg OLGR 2000, 210 (ein sachlicher Grund wird gefordert, warum die Zahlung einer Partei auf das Konto des Verfahrensbevollmächtigten erfolgen soll).
87 OLG Hamburg MDR 1991, 679.
88 OLG Celle DAR 1970, 328; LG Detmold AGS 2003, 129 = Rpfleger 2003, 36.
89 AG Rostock NZV 1997, 524.
90 AG Dortmund VersR 1981, 490.
91 OLG München MDR 1998, 438 = AGS 1998, 93 = AnwBl 1999, 58.
92 AG Neukölln DGVZ 1995, 13; OLG Frankfurt OLGR 1993, 171; LG Stuttgart Justiz 1997, 213.
93 OLG Schleswig JurBüro 1983, 1527.
94 LG Berlin JurBüro 1985, 221.
95 OLG München JurBüro 1992, 178.
96 AG Frankfurt DGVZ 1995, 79.
97 AG Dorsten zfs 1991, 199.
98 OLG Nürnberg JurBüro 1992, 107; AG Limburg AGS 2005, 308 m. Anm. N. Schneider = RVG-B 2005, 122 = RVGreport 2005, 357.
99 AG Freiburg AGS 2009, 199 = JurBüro 2009, 499.
100 AG Cloppenburg DGVZ 2008, 15.

besteht. Abgesehen davon dürfte sich auch um eine außergerichtliche Tätigkeit handeln, für die ein Anspruch auf Prozess- oder Verfahrenskostenhilfe nicht besteht.

XI. Pflichtverteidiger

83 Auch der Pflichtverteidiger erhält aus der Staatskasse keine Hebegebühren. Die Bestellung erstreckt sich nicht auch auf solche Tätigkeiten.[101]

XII. Rechtsschutzversicherung

84 Im Rahmen der Rechtsschutzversicherung sind Hebegebühren zwar grundsätzlich vom Deckungsschutz erfasst.[102] Nach h.M. begeht der Versicherte allerdings eine Obliegenheitsverletzung nach § 15 ARB 75 = § 17 Abs. 5c Buchst. cc ARB 1994/2000, wenn er Zahlungen über den Anwalt abwickelt, da dies nicht notwendig sei.[103] In dieser generellen Form ist diese Auffassung allerdings nicht haltbar. Eine Obliegenheitsverletzung setzt ein Verschulden, zumindest eine Verursachung des Versicherten voraus. Daran fehlt es, wenn der Gegner eigenmächtig ohne Veranlassung des Versicherten an dessen Anwalt zahlt. Abgesehen davon gibt es auch Fälle, in denen die Zahlungsabwicklung über den Anwalt geboten ist (z.B. bei einem längeren Auslandsaufenthalt des Auftraggebers) und somit nicht gegen den Grundsatz der kostensparenden Interessenwahrnehmung verstößt. Insoweit ist dann auch ein Rechtsschutzversicherer eintrittspflichtig.[104] Letztlich wird man hier die gleichen Maßstäbe anlegen können wie bei der Kostenfestsetzung.

85 Weiter geht zu Recht das AG Hamburg,[105] das darauf hinweist, dass es nicht einzusehen sei, weshalb der Versicherungsnehmer den Anwalt zur Durchsetzung seiner Ansprüche im Klageverfahren beauftragen dürfe, nicht jedoch nachher bei der Überprüfung, ob der zu zahlende Betrag auch eingegangen ist; die Versicherungsbedingungen stellten allein darauf ab, ob Aussicht auf Erfolg bestehe; nur dann, wenn die Rechtsverfolgung mutwillig sei, könne der Versicherungsschutz eingeschränkt werden. Das sei aber nicht schon dann der Fall, wenn der Versicherte den Anwalt beauftrage, Zahlungen einzuziehen.

XIII. Übergangsrecht, §§ 60, 61

86 Probleme in Übergangsfällen BRAGO/RVG stellen sich nicht. Auf den Zeitpunkt des Auftrags wird es hier letztlich nicht ankommen, da die Vergütungsregelung des VV 1009 identisch ist mit der Regelung des § 22 BRAGO.

87 Probleme in Übergangsfällen des 2. KostRMoG stellen sich ebenfalls nicht, da sich keine Änderungen ergeben.

---

101 LG Duisburg/OLG Düsseldorf AGS 2005, 501.
102 *Van Bühren/Plote*, ARB, § 5 Rn 40; siehe dazu auch *Henke* in Anm. zu OLG Karlsruhe AGS 2006, 408.
103 AG Schorndorf JurBüro 1982, 1348; LG Hagen zfs 1990, 14.
104 Siehe dazu *Henke* in Anm. zu OLG Karlsruhe AGS 2006, 408.
105 VersR 1975, 798.

Nr.	Gebührentatbestand	Gebühr oder Satz der Gebühr nach § 13 RVG
1010	Zusatzgebühr für besonders umfangreiche Beweisaufnahmen in Angelegenheiten, in denen sich die Gebühren nach Teil 3 richten und mindestens drei gerichtliche Termine stattfinden, in denen Sachverständige oder Zeugen vernommen werden .... Die Gebühr entsteht für den durch besonders umfangreiche Beweisaufnahmen anfallenden Mehraufwand.	0,3 oder bei Betragsrahmengebühren erhöhen sich der Mindest- und Höchstbetrag der Terminsgebühr um 30 %

Literatur: *Hambloch*, Die Tätigkeit des Rechtsanwalts vor, während und nach einem selbständigen Beweisverfahren, JurBüro 2014, 624; *Hanses*, Anfall der Zusatzgebühr bei Ortstermin des gerichtlich bestellten Sachverständigen, RVGreport 2015, 340; *N. Schneider*, Die Zusatzgebühr für besonders umfangreiche Beweisaufnahmen in Familiensachen, NZFam 2015, 411; *ders.*, Verjährungsfallen im Verbundverfahren, NJW-Spezial 2009, 251; *N. Schneider/Thiel*, Die neue Zusatzgebühr für besonders umfangreiche Beweisaufnahmen, AGS 2013, 5; *Straßfeld*, Auswirkungen des 2. Kostenrechtsmodernisierungsgesetzes auf das sozialgerichtliche Verfahren, SGb 2013, 562; *Volpert*, Zusatzgebühr für besonders umfangreiche Beweisaufnahmen nach Nr. 1010 RVG: Wiedereinführung der BRAGO-Beweisgebühr?, VRR 2014, 136.

A. Sinn und Zweck der Regelung 1	D. Höhe der Gebühr 26
B. Anwendungsbereich 3	I. Überblick 26
C. Voraussetzungen 5	II. Wertgebühren 27
I. Überblick 5	1. Zusatzgebühr 27
II. Besonderer Umfang 6	2. Gebührensatz 29
III. Mindestens drei gerichtliche Termine zur Vernehmung von Zeugen oder Sachverständigen 12	3. Gegenstandswert 31
	III. Betragsrahmengebühren 34
1. Überblick 12	E. Kostenerstattung 37
2. Zeugenvernehmungstermine 15	F. Prozess- und Verfahrenskostenhilfe 38
3. Termine zur Vernehmung eines Sachverständigen 21	G. Rechtsschutzversicherung 39

A. Sinn und Zweck der Regelung

Mit der neu eingeführten Vorschrift der VV 1010 soll der Wegfall der nach der BRAGO noch vorgesehenen Beweisgebühr in bestimmten Ausnahmenfällen kompensiert werden, namentlich in umfangreichen Bau- oder Arzthaftungssachen. Die Gebühr soll den mit besonders umfangreichen Beweisaufnahmen anfallenden Mehraufwand durch eine zusätzliche Gebühr bzw. durch eine Anhebung der Terminsgebühr ausgleichen. **1**

Nach dem Wortlaut der Gesetzesbegründung[1] soll die Zusatzgebühr bzw. die Erhöhung der Terminsgebühr: **2**

> „den besonderen Aufwand bei sehr umfangreichen Beweisaufnahmen ausgleichen. Durch diese Gebühr sollen aber keine Fehlanreize gesetzt werden, die dazu animieren könnten, zusätzliche Beweisaufnahmetermine zu provozieren. Die Hürde bis zu einem dritten Beweistermin erscheint hierfür ausreichend."

B. Anwendungsbereich

Systematisch hätte die Vorschrift der VV 1010 an sich in VV Teil 3 angesiedelt werden müssen, da sie für alle Verfahren nach diesem Teil – aber auch nur für diesen Teil – gilt. Der Gesetzgeber hat sich allerdings dazu entschlossen, sie als Allgemeine Gebühr in VV Teil 1 zu regeln. Letztlich ist dies unerheblich. Anwendung findet diese Zusatzgebühr jedenfalls nur in Verfahren nach VV Teil 3. Um welche Art Verfahren es sich dabei handelt ist unerheblich. Sie gilt sowohl für Verfahren in **3**

---

[1] BT-Drucks 17/11471, S. 272.

denen nach dem Gegenstandswert abgerechnet wird (§ 2 Abs. 1) als auch in Verfahren, in denen nach Betragsrahmen abzurechnen ist (§ 3 Abs. 1).

4   VV 1010 ist auch nicht auf Erkenntnisverfahren beschränkt, sondern kann auch in anderen Verfahren greifen, z.B. in einem selbstständigen Beweisverfahren. Sie gilt auch für einen Terminsvertreter oder einen Beweisanwalt (VV 3401), wenn diese an den genannten Beweisterminen teilnehmen. Für den Verkehrsanwalt (VV 3400) ist VV 1010 dagegen nicht anzuwenden, da er nicht an der Beweisaufnahme teilnimmt.

C. Voraussetzungen

I. Überblick

5   Voraussetzungen der Zusatzgebühr bzw. der Gebührenerhöhung sind
- besonders umfangreiche Beweisaufnahmen einerseits und
- mindestens drei gerichtliche Termine, in denen Sachverständige oder Zeugen vernommen werden andererseits.
- Beide Voraussetzungen müssen kumulativ erfüllt sein.

II. Besonderer Umfang

6   Zunächst einmal ist Voraussetzung, dass eine „besonders umfangreiche Beweisaufnahme" stattgefunden hat. Eine bloß umfangreiche Beweisaufnahme genügt nicht. Sie muss **besonders** umfangreich gewesen sein.

7   Die entsprechenden Kriterien wird die Rechtsprechung sicherlich noch herausarbeiten. Insoweit kann man sich gegebenenfalls an die §§ 42 und 51 anlehnen, die ebenfalls einen „besonderen Umfang" voraussetzen.

8   Klargestellt ist jedenfalls durch das Tatbestandsmerkmal der „besonders umfangreichen Beweisaufnahme", dass drei gerichtliche Termine zur Vernehmung von Sachverständigen oder Zeugen für sich allein nicht ausreichen, um einen besonderen Umfang anzunehmen.

9   **Beispiel:** In einem Verfahren kommt es zu drei Beweisterminen, in denen jeweils ein Zeuge für jeweils zehn Minuten vernommen wird.
Von einem besonderen Umfang der Beweisaufnahme kann nicht ausgegangen werden. Eine Zusatzgebühr entsteht nicht.

10   Andererseits fordert der Wortlaut nicht, dass sich der besondere Umfang gerade aus der Vernehmung von Sachverständigen oder Zeugen ergeben muss. Es genügt, dass die Beweisaufnahme insgesamt besonders umfangreich war.

11   **Beispiel:** Wie vorangegangenes Beispiel. Vor der Vernehmung der Zeugen war es zu zahlreichen und umfangreichen Sachverständigenterminen und mehreren Gutachten gekommen.
Jetzt kann ein besonderer Umfang vorliegen, sodass durch die drei Zeugenvernehmungstermine die Zusatzgebühr ausgelöst wird.

III. Mindestens drei gerichtliche Termine zur Vernehmung von Zeugen oder Sachverständigen

1. Überblick

12   Zum besonderen Umfang hinzukommen muss, dass mindestens drei gerichtliche Termine zur Vernehmung von Zeugen oder Sachverständigen stattgefunden haben.

13   Die Termine müssen in derselben Angelegenheit i.S.d. § 15 stattgefunden haben, also im selben Rechtszug (siehe § 17 Nr. 1).

14   Zu beachten ist, dass das selbstständige Beweisverfahren und das Hauptsacheverfahren oder ein Verfahren vor und nach Zurückverweisung jeweils gesonderte Angelegenheiten darstellen, sodass

jeweils gesondert gezählt werden muss. Die Anrechnung der Verfahrensgebühr in diesen Fällen (VV Vorb. 3 Abs. 5) ist unerheblich, zumal die Terminsgebühren jeweils gesondert anfallen.

2. Zeugenvernehmungstermine

Termine zur Vernehmung eines Zeugen müssen solche nach den §§ 394 ff. ZPO oder nach vergleichbaren Vorschriften anderer Verfahrensordnungen sein. Schriftliche Zeugenaussagen nach § 377 Abs. 3 ZPO zählen nicht hierzu. Unerheblich ist, ob der Zeuge vor dem erkennenden Gericht, dem beauftragten oder ersuchten Richter vernommen worden ist. 15

Erforderlich ist eine Vernehmung des Zeugen. Dazu reicht bereits die Vernehmung zur Person, auch wenn er sich zur Sache auf ein Zeugnis- oder Aussageverweigerungsrecht beruft. 16

Dagegen reicht es nicht aus, wenn der geladene Zeuge erschienen ist, es aber nicht mehr zur Vernehmung kommt, etwa weil sich die Parteien doch noch zuvor einigen, die Beweisfrage unstreitig wird, der Beweisführer auf den Zeugen verzichtet oder der Zeuge ohnehin nur vorbereitend geladen war und letztlich doch nicht benötigt wird. 17

Wird derselbe Zeuge in mehreren Terminen vernommen, so zählen diese gesondert. 18

Andererseits ist es unerheblich, wie viele Zeugen vernommen werden. 19

Werden Zeugen und Sachverständige in einem Termin vernommen, zählt dies nur als ein Termin. 20

3. Termine zur Vernehmung eines Sachverständigen

Termine zur Vernehmung eines Sachverständigen müssen solche nach § 411 Abs. 3 ZPO oder nach vergleichbaren Vorschriften anderer Verfahrensordnungen sein. 21

Schriftliche Gutachten zählen nicht hierzu, ebenso wenig Termine, die von einem gerichtlichen Sachverständigen anberaumt worden sind, da es sich insoweit nicht um gerichtliche Termine handelt. Das ergibt sich eindeutig aus der Unterscheidung in VV Vorb. 3 Abs. 3 S. 1 u. S. 3 Nr. 1. Abgesehen davon wird der Sachverständige nicht vernommen, wenn er selbst einen Termin abhält. Die gegenteilige Auffassung[2] ist daher mit dem Gesetz nicht zu vereinbaren. 22

Kommt es nicht mehr zur Vernehmung des geladenen Sachverständigen, reicht dies nicht aus (siehe Rdn 17). 23

Wird derselbe Sachverständige in mehreren Terminen vernommen, so zählen diese Termine gesondert. 24

Werden Zeuge und Sachverständiger in einem Termin vernommen, zählt dies dagegen nur als ein Termin. 25

D. Höhe der Gebühr

I. Überblick

Wie sich die besonders umfangreiche Beweisaufnahme auf die Vergütung auswirkt, hängt davon ab, ob sich die Gebühren gem. § 2 Abs. 1 nach dem Gegenstandswert richten oder ob nach Betragsrahmen abzurechnen ist (§ 3 Abs. 1). 26

---

[2] LG Ravensburg AGS 2016, 393 m. abl. Anm.
N. Schneider = RVGreport 2015, 340.

II. Wertgebühren

1. Zusatzgebühr

27 Bei Abrechnung nach Wertgebühren entsteht eine gesonderte Zusatzgebühr, die neben den anderen Gebühren (Verfahrens- Termins-, und gegebenenfalls Einigungsgebühr) entsteht. Die Gebühr muss daher auch in der Rechnung gesondert ausgewiesen werden (§ 10).

28 Die Gebühr kann in jedem Rechtszug erneut anfallen (§ 17 Nr. 1), sodass sie im Verlaufe eines Rechtsstreits mehrmals entstehen kann.

2. Gebührensatz

29 Die Höhe des Gebührensatzes beträgt immer 0,3. Das gilt unabhängig davon, in welcher Instanz die Gebühr anfällt. Eine Erhöhung im Rechtmittelverfahren ist nicht vorgesehen.

30 Auch eine Erhöhung der Zusatzgebühr bei mehreren Auftraggebern nach VV 1008 findet nicht statt, da es sich nicht um eine Verfahrensgebühr handelt.

3. Gegenstandswert

31 Maßgebender Gegenstandswert ist der Gesamtwert der Gegenstände, über die Beweis erhoben worden ist (§ 22 Abs. 1). Dieser Wert kann hinter dem Wert der Hauptsache zurückbleiben und ist dann auf Antrag nach § 33 Abs. 1 gesondert festzusetzen.

32 **Beispiel:** In dem Verfahren (Wert: 200.000 EUR) kommt es zu einer umfangreichen Beweisaufnahme mit drei Terminen zur Vernehmung von Zeugen und Sachverständigen.
Neben der Verfahrens- und der Terminsgebühr entsteht jetzt die Zusatzgebühr der VV 1010.

1. 1,3-Verfahrensgebühr, VV 3100
   (Wert: 200.000 EUR)   2.616,90 EUR
2. 1,2-Terminsgebühr, VV 3104
   (Wert: 200.000 EUR)   2.415,60 EUR
3. 0,3-Zusatzgebühr, VV 1010
   (Wert: 200.000 EUR)   603,90 EUR
4. Postentgeltpauschale, VV 7002   20,00 EUR
   Zwischensumme   5.656,40 EUR
5. 19 % Umsatzsteuer, VV 7008   1.074,72 EUR
Gesamt   **6.731,12 EUR**

33 **Beispiel:** In dem Verfahren (Wert: 200.000 EUR) kommt es wegen eines Teils der Forderungen i.H.v. 120.000 EUR zu einer umfangreichen Beweisaufnahme mit drei Terminen zur Vernehmung von Zeugen und Sachverständigen.
Neben der Verfahrens- und der Terminsgebühr aus dem Gesamtwert entsteht jetzt die Zusatzgebühr der VV 1010 nur aus dem Wert von 120.000 EUR.

1. 1,3-Verfahrensgebühr, VV 3100
   (Wert: 200.000 EUR)   2.616,90 EUR
2. 1,2-Terminsgebühr, VV 3104
   (Wert: 200.000 EUR)   2.415,60 EUR
3. 0,3-Zusatzgebühr, VV 1010
   (Wert: 120.000 EUR)   476,40 EUR
4. Postentgeltpauschale, VV 7002   20,00 EUR
   Zwischensumme   5.528,90 EUR
5. 19 % Umsatzsteuer, VV 7008   1.050,49 EUR
Gesamt   **6.579,39 EUR**

III. Betragsrahmengebühren

34 Bei Betragsrahmengebühren entsteht keine Zusatzgebühr. Vielmehr erhöht sich die Terminsgebühr um 30 %. Die Verfahrensgebühr bleibt unberührt.

Das bedeutet, dass Mindest- und der Höchstbetrag der Terminsgebühr um 30 % angehoben werden. Dadurch ergibt sich dann zugleich eine um 30 % erhöhte Mittelgebühr. **35**

> **Beispiel:** Der Anwalt vertritt einen Auftraggeber. Es kommt zu einer umfangreichen Beweisaufnahme mit drei Terminen zur Vernehmung von Zeugen und Sachverständigen. In Anbetracht des Umfangs dürfte hier dann zugleich auch jeweils die Höchstgebühr anzunehmen sein. Ausgehend davon ergibt sich folgende Berechnung: **36**
> 1. Verfahrensgebühr, VV 3102   550,00 EUR
> 2. Terminsgebühr, VV. 3106, 1010   663,00 EUR
> 3. Postentgeltpauschale, VV 7002   20,00 EUR
>   Zwischensumme   1.233,00 EUR
> 4. 19 % Umsatzsteuer, VV 7008   234,27 EUR
> **Gesamt**   **1.467,27 EUR**

E. Kostenerstattung

Da es sich um eine gesetzliche Gebühr handelt, dürften sich hinsichtlich der Kostenerstattung keine Probleme ergeben. **37**

F. Prozess- und Verfahrenskostenhilfe

Soweit einer Partei oder einem Beteiligten Prozess- oder Verfahrenskostenhilfe bewilligt ist, erstreckt sich die Beiordnung auch auf die Zusatzgebühr bzw. die Gebührenerhöhung nach VV 1000. **38**

G. Rechtsschutzversicherung

Auch im Rahmen einer Rechtsschutzversicherung dürften sich keine Probleme ergeben. Als gesetzliche Gebühr ist sie mitversichert. **39**

Teil 2
Außergerichtliche Tätigkeiten einschließlich der Vertretung im Verwaltungsverfahren

Vor VV Teil 2

1 VV Teil 2 ist durch das 2. KostRMoG in erheblichem Maße neu gestaltet worden. Ältere Rechtsprechung kann daher nur eingeschränkt verwertet werden.

2 Abschnitt 1 – Prüfung der Erfolgsaussicht eines Rechtsmittels ist bis auf eine Anhebung der Rahmengebühren unberührt geblieben. Allerdings ist hier zu beachten, dass dieser Abschnitt bis zum 1.7.206 noch Abschnitt 2 war, sodass die betreffenden Gebühren in den VV 2200 ff. geregelt waren. Darauf ist bei älteren Entscheidungen, die nach wie vor verwertet werden können, zu achten

3 Ebenso ist Abschnitt 2 – Herstellung des Einvernehmens gleich geblieben (bis zum 30.6.2006 Abschnitt 3).

4 Die bisherige Trennung der „Vertretung" (Abschnitt 3) und der „Vertretung in bestimmten Angelegenheiten" (Abschnitt 4) ist dagegen aufgegeben worden (bis zum 30.6.2006 Abschnitt 4 und Abschnitt 5).

5 Die bis zum 31.7.2013 in Abschnitt 4 enthaltenen Geschäftsgebühren für Verwaltungs- und Nachprüfungsverfahren (VV 2400, 2401 a.F.) in
– sozialrechtlichen Angelegenheiten, in denen im gerichtlichen Verfahren Betragsrahmengebühren entstehen (§ 3 Abs. 2 i.V.m. Abs. 1 S. 1),
– Verfahren nach der WBO, wenn im gerichtlichen Verfahren das Verfahren vor dem Truppendienstgericht oder vor dem BVerwG an die Stelle des Verwaltungsrechtswegs gem. § 82 SG tritt und
– Verfahren nach der WDO (Beschwerde nach § 42 WDO)
sind nunmehr in Abschnitt 3 mit geregelt.

6 Es bleibt allerdings dabei, dass in sozialrechtlichen Angelegenheiten des § 3 Abs. 2 i.V.m. Abs. 1 S. 1 und in Verfahren der WBO und der WDO nach Betragsrahmen abgerechnet wird.

7 Aufgehoben wurde sowohl bei den Wertgebühren als auch bei den Betragsrahmengebühren die frühere Zweispurigkeit für die Geschäftsgebühr in Nachprüfungsverfahren (i.d.R. Widerspruchsverfahren). Nach dem bis zum 30.6.2013 geltenden Recht hing die Höhe der Geschäftsgebühr in einem Nachprüfungsverfahren davon ab, ob der Anwalt bereits im vorangegangenen Verwaltungsverfahren tätig war oder nicht. Bei Vorbefassung im Verwaltungsverfahren war nach der früheren Fassung jeweils ein verminderter Gebührenrahmen vorgesehen (VV 2301, 2401). Nunmehr erhält der Anwalt sowohl im Verwaltungsverfahren als auch im Nachprüfungsverfahren dieselbe Gebühr mit demselben Gebührenrahmen. Rechtsprechung zu der Fassung vor dem 1.8.2013 ist daher nur eingeschränkt verwertbar.

8 Im Gegenzug ist dann allerdings bei Vorbefassung im Verwaltungsverfahren die dort entstandene Geschäftsgebühr hälftig auf die weitere Geschäftsgebühr des Nachprüfungsverfahrens anzurechnen (VV Vorb. 2 Abs. 4 und 5). Darüber hinaus wird die Anrechnung begrenzt, und zwar bei Wertgebühren auf maximal 0,75 und bei Betragsrahmengebühren auf maximal 175,00 EUR (VV Vorb. 2 Abs. 4 S. 1, 2; Abs. 5). Gleichzeitig ist geregelt, dass bei der zweiten Geschäftsgebühr die Vorbefassung nicht gebührenmindernd berücksichtigt werden darf, weil dies bereits durch die Anrechnung erfasst wird.

9 Beibehalten werden dagegen die Kappungsgrenzen (Anm. zu VV 2300, Anm. zu VV 2400 a.F. = jetzt Anm. zu VV 2302), wenn die Tätigkeit des Anwalts weder umfangreich noch schwierig war.

10 Bei der jetzt noch verbliebenen einzigen Betragsrahmengebühr ist gleichzeitig der Betragsrahmen von bisher 40 EUR bis 520 EUR (Mittelgebühr 280 EUR) auf 50 bis 640 EUR (Mittelgebühr 345 EUR) angehoben worden. Auch die sog. Schwellengebühr ist von 240 auf nunmehr 300 EUR gestiegen (Anm. zu VV 2302).

11 Infolge des Wegfalls der ermäßigten Geschäftsgebühren sowie der Übernahme der bisher in Abschnitt 4 (VV 2400 ff. a.F.) geregelten Gebühren in Abschnitt 3, ergeben sich nunmehr folgende Geschäftsgebühren:

12

Nr.	Gebühr
VV 2300	Geschäftsgebühr nach Wert
VV 2302	Einfaches Schreiben
VV 2302	Geschäftsgebühr nach Betragsrahmen
VV 2303	Geschäftsgebühr in Güte- und Schlichtungsverfahren

13 Synopse Abschnitt 3 und 4 alt/neu

alt		neu
VV 2300	Geschäftsgebühr nach Wert	VV 2300
VV 2301	Geschäftsgebühr im Nachprüfungsverfahren nach Wert	aufgehoben
VV 2302	Einfaches Schreiben	VV 2301
VV 2303	Geschäftsgebühr in Güte- und Schlichtungsverfahren	VV 2303
VV 2400	Geschäftsgebühr nach Betragsrahmen	VV 2302
VV 2401	Geschäftsgebühr im Nachprüfungsverfahren nach Betragsrahmen	aufgehoben

14 Unverändert geblieben ist wiederum Abschnitt 5 (Beratungshilfe). Hier sind lediglich die Gebührenbeträge angehoben worden.

Nr.	Gebührentatbestand	Gebühr oder Satz der Gebühr nach § 13 RVG
	Vorbemerkung 2: (1) Die Vorschriften dieses Teils sind nur anzuwenden, soweit nicht die §§ 34 bis 36 RVG etwas anderes bestimmen. (2) Für die Tätigkeit als Beistand für einen Zeugen oder Sachverständigen in einem Verwaltungsverfahren, für das sich die Gebühren nach diesem Teil bestimmen, entstehen die gleichen Gebühren wie für einen Bevollmächtigten in diesem Verfahren. Für die Tätigkeit als Beistand eines Zeugen oder Sachverständigen vor einem parlamentarischen Untersuchungsausschuss entstehen die gleichen Gebühren wie für die entsprechende Beistandsleistung in einem Strafverfahren des ersten Rechtszugs vor dem Oberlandesgericht.	

A. Allgemeines 1	1. Allgemeines 5
B. Regelungsgehalt 2	2. Verwaltungsverfahren (Abs. 2 S. 1) 6
I. Anwendungsbereich (Abs. 1) 2	3. Parlamentarischer Untersuchungsausschuss
II. Beistand für einen Zeugen oder Sachverständigen (Abs. 2) 5	(Abs. 2 S. 2) 10

A. Allgemeines

1 In VV Teil 2 sind die Gebührentatbestände für die außergerichtliche Tätigkeit des Rechtsanwalts zusammengefasst worden. Die im VV Teil 2 Abschnitt 1 „Beratung und Gutachten" (VV 2100 bis VV 2103) einmal vorgesehenen Beratungsgebühren sind mit Ablauf des 30.6.2006 weggefallen. Sie sind durch die zum 1.7.2006 in Kraft getretene Neufassung von § 34 ersetzt worden. Auf die Erläuterungen zu § 34 wird verwiesen.

Teil 2. Außergerichtliche Tätigkeiten, Vertretung im Verwaltungsverfahren VV Vorb. 2

Die Gliederung des VV Teil 2 ist folgendermaßen gefasst:

Abschnitt 1 Prüfung der Erfolgsaussicht eines Rechtsmittels

Abschnitt 2 Herstellung des Einvernehmens

Abschnitt 3 Vertretung

Abschnitt 4 (weggefallen)[1]

Abschnitt 5 Beratungshilfe

Die VV Vorb. 2 **Abs. 1** bestimmt, dass die Gebührentatbestände für die außergerichtliche Tätigkeit nur anzuwenden sind, soweit sich aus den §§ 34 bis 36 nichts anderes ergibt.

Nach **Abs. 2 S. 1** entstehen für die Tätigkeit des Rechtsanwalts in einem Verwaltungsverfahren als Beistand eines Zeugen oder Sachverständigen die gleichen Gebühren wie für einen Bevollmächtigten in diesem Verfahren. Demgegenüber bestimmen sich gemäß **Abs. 2 S. 2** die Gebühren für die anwaltliche Tätigkeit als Beistand eines Zeugen oder Sachverständigen vor einem parlamentarischen Untersuchungsausschuss nach den Gebühren für eine entsprechende Beistandsleistung in einem erstinstanzlichen Strafverfahren vor dem Oberlandesgericht.

B. Regelungsgehalt

I. Anwendungsbereich (Abs. 1)

Nach Abs. 1 sind die Vorschriften von **VV Teil 2 nur anzuwenden, soweit nicht die §§ 34 bis 36 etwas anderes bestimmen**. Danach sind die Vorschriften von VV Teil 2 zunächst nicht anzuwenden für eine Tätigkeit als Berater, Gutachter oder Mediator.

Für einen mündlichen oder schriftlichen Rat oder eine Auskunft (Beratung) oder für eine Gutachtenerstellung, die nicht mit einer anderen gebührenpflichtigen Tätigkeit zusammenhängt, soll der Rechtsanwalt auf eine **Gebührenvereinbarung** hinwirken, soweit in VV Teil 2 Abschnitt 1 keine Gebühren bestimmt sind (§ 34 Abs. 1 S. 1). Eine Pflicht zur Erwirkung oder auch nur zum Versuch der Erwirkung einer Gebührenvereinbarung besteht für den Rechtsanwalt jedoch nicht. Wenn keine Vereinbarung getroffen ist, erhält der Rechtsanwalt Gebühren nach den Vorschriften des **BGB** (§ 34 Abs. 1 S. 2). Die übrigen Gebührenvorschriften des RVG gelten nicht. Abzustellen ist stattdessen auf die übliche Vergütung, insbesondere i.S.v. § 612 Abs. 2 BGB. Fehlt es an einer Gebührenvereinbarung für eine Beratungstätigkeit und richten sich die Gebühren deshalb nach den Vorschriften des BGB, so besteht in § 34 Abs. 1 S. 3 der Höhe nach eine Gebührenbegrenzung, wenn der Auftraggeber Verbraucher ist. Für die Beratung eines Verbrauchers darf die Gebühr höchstens 250 EUR betragen, wobei § 14 Abs. 1 zu berücksichtigen ist. Entsprechendes gilt für die Ausarbeitung eines Gutachtens. Sogar nur 190 EUR darf die Höchstgebühr für ein erstes Beratungsgespräch mit dem Verbraucher betragen. Die Gebührenbegrenzungen von 250 EUR bzw. 190 EUR sind Höchstbeträge, keine Festbeträge. Ob die Höchstbeträge erreicht werden, ergibt sich erst aus der Gebührenbestimmung nach § 14 Abs. 1. Die Gebührenbegrenzung gilt nicht für eine Vereinbarung über die Vergütung für die Beratungstätigkeit. § 34 Abs. 1 S. 1 bezieht die Begrenzung ausschließlich auf den Fall einer **fehlenden** Gebührenvereinbarung. Die Gebühr für die Beratung oder für die Gutachtenerstellung ist auf eine Gebühr für eine sonstige Tätigkeit anzurechnen, die mit der Beratung zusammenhängt, wenn nicht ein anderes vereinbart ist (§ 34 Abs. 2). Im Übrigen wird auf die Erläuterungen zu § 34 verwiesen.

Weiter sind die Vorschriften von VV Teil 2 nicht anzuwenden auf die Hilfeleistung in Steuersachen. Für die Hilfeleistung bei der Erfüllung allgemeiner Steuerpflichten und bei der Erfüllung steuerlicher Buchführungs- und Aufzeichnungspflichten finden nach **§ 35 Abs. 1** die §§ 23 bis 39 StBVV i.V.m. §§ 10 und 13 StBVV entsprechende Anwendung. Auf die Erläuterungen zu § 35 wird verwiesen.

Schließlich sind die Vorschriften von VV Teil 2 nicht anzuwenden auf die Tätigkeit des Rechtsanwalts in schiedsrichterlichen Verfahren nach dem Zehnten Buch der ZPO und in Verfahren vor dem Schiedsgericht nach § 104 ArbGG. Dort entstehen für den Rechtsanwalt nach **§ 36** Gebühren in

---

[1] Aufgehoben durch das 2. KostRMoG.

entsprechender Anwendung der Gebührentatbestände für den ersten Rechtszug und für die Rechtsmittelrechtszüge nach VV Teil 3 Abschnitt 1, 2 und 4. Auf die Erläuterungen zu § 36 wird verwiesen.

II. Beistand für einen Zeugen oder Sachverständigen (Abs. 2)

1. Allgemeines

5 Zu den wesentlichen Grundsätzen eines rechtsstaatlichen Verfahrens zählt das **Recht auf ein faires Verfahren**. Als ein unverzichtbares Element gewährleistet es dem Betroffenen, prozessuale Rechte und Möglichkeiten mit der erforderlichen Sachkunde selbstständig wahrnehmen und Übergriffe der im vorstehenden Sinn rechtsstaatlich begrenzten Rechtsausübung staatlicher Stellen oder anderer Verfahrensbeteiligter angemessen abwehren zu können. Die einem fairen Verfahren immanente Forderung nach verfahrensmäßiger Selbstständigkeit des in ein justizförmiges Verfahren hineingezogenen Bürgers bei der Wahrnehmung ihm eingeräumter prozessualer Rechte und Möglichkeiten gegenüber anderen Verfahrensbeteiligten gebietet es, auch dem **Zeugen grundsätzlich das Recht zuzubilligen, einen Rechtsbeistand seines Vertrauens zu der Vernehmung hinzuzuziehen**, wenn er das für erforderlich hält, um von seinen prozessualen Befugnissen selbstständig und seinen Interessen entsprechend sachgerecht Gebrauch zu machen.[2] Das **Rechtsstaatsprinzip** zieht jedoch einem allgemeinen Recht des Zeugen auf Rechtsbeistand **Grenzen**. Es wäre mit dem Postulat der Aufrechterhaltung einer funktionsfähigen, wirksamen Rechtspflege nicht vereinbar, den Rechtsbeistand des Zeugen in allen Fällen ohne Einschränkungen zuzulassen. Der Grundsatz der Verhältnismäßigkeit verlangt vielmehr eine Abwägung zwischen dem Anspruch des Zeugen und dem öffentlichen Interesse an der Effizienz des Prozesses und ähnlicher Verfahren, die die Behörden und Gerichte unter Abwägung aller persönlichen und tatsächlichen Umstände des Einzelfalles vorzunehmen haben. Für die **Hinzuziehung eines Rechtsbeistandes bedarf** es daher stets einer besonderen **rechtsstaatlichen Legitimation**, die sich in unterschiedlicher Ausprägung aus der jeweiligen besonderen Lage des Zeugen, insbesondere aus den ihm im eigenen Interesse eingeräumten prozessualen Befugnissen bei der Erfüllung der allgemeinen staatsbürgerlichen Zeugenpflichten, ergibt.[3]

2. Verwaltungsverfahren (Abs. 2 S. 1)

6 Für die Tätigkeit als Beistand für einen Zeugen oder Sachverständigen in einem **Verwaltungsverfahren**, für das sich die Gebühren nach VV Teil 2 bestimmen, entstehen nach Abs. 2 S. 1 die **gleichen Gebühren wie für einen Bevollmächtigten** in diesem Verwaltungsverfahren. Durch den in dem Wortlaut der Vorschrift enthaltenen Verweis auf „die gleichen Gebühren wie für einen Bevollmächtigten" ist klar, dass die Tätigkeit als Beistand nicht als Einzeltätigkeit zu vergüten ist (siehe auch Rdn 11).[4]

7 Demnach erhält der Rechtsanwalt, der als Beistand für einen Zeugen in einem Verwaltungsverfahren tätig wird, nach **VV 2300** eine 0,5 bis 2,5-**Geschäftsgebühr**. Ist die Tätigkeit weder schwierig noch umfangreich beträgt die Gebühr nach der Anm. zu VV 2300 höchstens **1,3**.

8 Wird der Rechtsanwalt mit der Tätigkeit als Beistand sowohl im Verwaltungsverfahren als auch in einem weiteren, der Nachprüfung eines Verwaltungsaktes dienenden Verwaltungsverfahren beauftragt, so erhält er in **beiden Angelegenheiten** (§ 17 Nr. 1a) jeweils die Geschäftsgebühr VV 2300.

Indes ist die **Anrechnung nach Abs. 4 zu VV Vorb. 2.3** zu berücksichtigen. Die Anrechnungsbestimmung Abs. 4 S. 1 sieht vor, dass grundsätzlich die Hälfte der im Erstverfahren angefallenen Geschäftsgebühr auf die Geschäftsgebühr für das nachfolgende Verfahren angerechnet wird. Die Anrechnung hat höchstens mit einem Gebührensatz von 0,75 zu erfolgen (Abs. 4 S. 2). Abs. 4 S. 3 stellt klar, dass der durch die vorangegangene Tätigkeit ersparte Aufwand ausschließlich durch die nunmehr vorgeschriebene Anrechnung berücksichtigt wird und nicht nochmals bei der konkreten Bestimmung der Gebühr für das nachfolgende Verfahren.

---

2 BVerfGE 38, 105.
3 BVerfGE 38, 105.
4 Wie demgegenüber die Tätigkeit als anwaltlicher Beistand in Strafsachen (vgl. VV Vorb. 4 Abs. 1) zu vergüten war, ist seit dem 1. KostRMoG umstritten. Das 2. KostRMoG hat den Streit nicht aufgelöst.

Bei der Anrechnung ist § 15a zu beachten. § 15a Abs. 1 definiert die Anrechnung im Innenverhältnis zwischen dem Rechtsanwalt und dem Auftraggeber. Beide aufeinander anzurechnenden Gebühren bleiben grundsätzlich unangetastet erhalten. Der Rechtsanwalt kann also beide von der Gebührenanrechnung betroffenen Gebühren jeweils in voller Höhe geltend machen.[5] Ihm ist es lediglich verwehrt, insgesamt mehr als den um den Anrechnungsbetrag verminderten Gesamtbetrag der beiden Gebühren zu verlangen.[6] § 15a Abs. 1 stellt die Anrechnungsreihenfolge grundsätzlich frei. Die Anrechnungsreihenfolge des Abs. 4 der Vorb. bleibt allein für die Ermittlung der Höhe des Anrechnungsbetrages relevant.[7]

Hat der Rechtsanwalt demnach im Verwaltungsverfahren und im Nachprüfungsverfahren jeweils eine 1,3-Geschäftsgebühr nach VV 2300 verdient, ist der Gesamtbetrag um den Anrechnungsbetrag in Höhe der Hälfte einer 1,3-Gebühr (= 0,65) zu kürzen.

Beschränkt sich die anwaltliche Tätigkeit auf eine Beistandsleistung in einem der **Nachprüfung eines Verwaltungsaktes** dienenden Verwaltungsverfahren, erhält er die Geschäftsgebühr **VV 2300**. Auf eine Anrechnung (VV Vorb. 2.3 Abs. 4) kommt es nicht an, weil er nur in einer Angelegenheit tätig geworden ist und nur einmal eine Geschäftsgebühr verdient hat. 9

3. Parlamentarischer Untersuchungsausschuss (Abs. 2 S. 2)

Für die Tätigkeit als Beistand eines Zeugen oder Sachverständigen vor einem **parlamentarischen Untersuchungsausschuss** erhält der Rechtsanwalt nach Abs. 2 S. 2 die **gleichen Gebühren wie für die entsprechende Beistandsleistung in einem Strafverfahren des ersten Rechtszugs vor dem Oberlandesgericht**. 10

Welche Vergütung allerdings der – gewählte bzw. nach § 68b StPO beigeordnete – anwaltliche Zeugenbeistand bzw. Sachverständigenbeistand in **Strafsachen** (vgl. Abs. 1 zu VV Vorb. 4) zu erhalten hat, ist in der Rechtsprechung **sehr umstritten**. Vertreten wird, dass 11
– der anwaltliche Zeugenbeistand wie ein Verteidiger zu vergüten ist,[8]
– er die Vergütung für eine Einzeltätigkeit (VV 4300 ff.) erhält[9] oder
– er die Grundgebühr und die Terminsgebühr, nicht aber die Verfahrensgebühr verdient.[10]

Die Bundesregierung beabsichtigte, durch das 2. KostRMoG in Abs. 1 zu VV Vorb. 4 klarzustellen, dass der anwaltliche Beistand für einen Zeugen oder Sachverständigen die gleichen Gebühren erhalten sollte wie ein Verteidiger.[11] Jedoch stimmte die Bundesregierung[12] dem Vorschlag des Bundesrates[13] zu, die beabsichtigte Änderung zu streichen.

Der zur Vergütung des Beistands in Strafsachen ausgetragene Streit sich setzt aufgrund der Verweisung aus Abs. 2 S. 2 zu VV Vorb. 2 für den Beistand im parlamentarischen Untersuchungsausschuss fort. Zwar heißt es in der Gesetzesbegründung des 1. KostRMoG zu VV Vorb. 2 Abs. 2 S. 2, es würden Gebühren nach den VV 4118 ff. in Betracht kommen.[14] Jedoch haben Teile der Rechtsprechung vergleichbaren Darlegungen in der Gesetzesbegründung des 1. KostRMoG zu Abs. 1 zu VV Vorb. 4[15] keine maßgebliche Bedeutung beigemessen. 12

---

5 BT-Drucks 16/12717, S. 58 f.
6 BT-Drucks 16/12717, S. 58 f.
7 Vgl. *Fölsch*, MDR 2009, 1137 (1138).
8 Vgl. u.a. OLG Koblenz NStZ-RR 2006, 254; OLG Schleswig NStZ-RR 2007, 126; OLG Stuttgart NStZ 2007, 343; OLG München AGS 2008, 120; OLG Hamm AGS 2008, 124; OLG München BeckRS 2008, 7258; OLG München AGS 2009, 449; OLG Düsseldorf AGS 2010, 71; so auch abrechnend: BGH v. 17.4.2007 – StB 1/06.
9 Vgl. u.a. OLG Oldenburg JurBüro 2006, 197; OLG Oldenburg BeckRS 2007, 5652; OLG Zweibrücken BeckRS 2008, 5957; OLG Frankfurt NStZ-RR 2008, 264; OLG Stuttgart NStZ-RR 2008, 328; OLG Düsseldorf BeckRS 2009, 14703; OLG Hamburg NStZ-RR 2011, 64; OLG Stuttgart BeckRS 2011, 21796.
10 Vgl. u.a. KG NStZ-RR 2007, 532; OLG Dresden AGS 2008, 126; OLG Köln AGS 2008, 128. Diese Rechtsprechung dürfte überholt sein, nachdem das 2. KostRMoG klargestellt hat, dass die Grundgebühr (VV 4100) immer neben der jeweiligen Verfahrensgebühr entsteht.
11 BT-Drucks 17/11471, S. 281.
12 BT-Drucks 17/11471, S. 357.
13 BT-Drucks 17/11471, S. 329 f.
14 BT-Drucks 15/1971, S. 205.
15 BT-Drucks 15/1971, S. 220.

13 Auf der Grundlage der Auffassung, dass der anwaltliche Beistand eines Zeugen oder Sachverständigen im parlamentarischen Untersuchungsausschuss wie ein Verteidiger in einem erstinstanzlichen Strafverfahren vor dem OLG zu vergüten ist, ergeben sich folgende Gebühren:

Der Rechtsanwalt erhält nach **VV 4118** eine **Verfahrensgebühr** i.H.v. 100 EUR bis 690 EUR (Mittelgebühr 395 EUR). Weiterhin erhält der Rechtsanwalt nach **VV 4120** je Verhandlungstag eine **Terminsgebühr** i.H.v. 130 EUR bis 930 EUR (Mittelgebühr 530 EUR). Der Rechtsanwalt erhält die Terminsgebühr auch, wenn er zu einem anberaumten Termin erscheint, dieser aber aus Gründen, die er nicht zu vertreten hat, nicht stattfindet (Abs. 3 S. 2 zu VV Vorb. 4). Dies gilt nicht, wenn er rechtzeitig von der Aufhebung oder Verlegung des Termins in Kenntnis gesetzt worden ist (Abs. 3 S. 3 zu VV Vorbem. 4). Befindet sich der **Zeuge** (Sachverständige) **nicht auf freiem Fuß**, entstehen Verfahrens- und Terminsgebühr mit **Zuschlag**. Nach **VV 4119** beträgt die **Verfahrensgebühr mit Zuschlag** 100 EUR bis 862,5 EUR (Mittelgebühr 481,25 EUR). Nach **VV 4121** beträgt die **Terminsgebühr mit Zuschlag** 130 EUR bis 1.162,50 EUR (Mittelgebühr 646,25 EUR). Der Rechtsanwalt erhält außerdem nach **VV 4100** eine **Grundgebühr** i.H.v. 40 EUR bis 360 EUR (Mittelgebühr 200 EUR). Die Gebühr entsteht für die erstmalige Einarbeitung in den Rechtsfall nur einmal, unabhängig davon, in welchem Verfahrensabschnitt sie erfolgt (Anm. Abs. 1 zu VV 4100). Befindet sich der **Zeuge** (Sachverständige) **nicht auf freiem Fuß**, entsteht die Grundgebühr mit **Zuschlag**. Nach **VV 4101** beträgt die **Grundgebühr mit Zuschlag** 40 EUR bis 450 EUR (Mittelgebühr 245 EUR).

Abschnitt 1. Prüfung der Erfolgsaussicht eines Rechtsmittels

Vorbemerkung zu VV 2100 ff.

1 In VV Teil 2 Abschnitt 1 sind besondere Beratungstätigkeiten des Anwalts „ausgelagert". Die Prüfung der Erfolgsaussicht eines Rechtsmittels war früher in § 20 BRAGO geregelt, und zwar als allgemeine Beratung in § 20 Abs. 1 BRAGO und als Abrategebühr in § 20 Abs. 2 BRAGO. Mit Inkrafttreten des RVG unterscheidet das Gesetz nicht mehr danach, ob der mit der Prüfung der Erfolgsaussicht eines Rechtsmittels beauftragte Anwalt mit der Sache noch nicht befasst war,[1] ob er von dem Rechtsmittel abrät und auch hiermit nicht beauftragt wird (so aber noch § 20 Abs. 2 BRAGO). Im Gegensatz zur BRAGO wird die Prüfung der Erfolgsaussicht auch nicht mehr auf Angelegenheiten beschränkt, in denen nach dem Gegenstandswert abzurechnen ist (§ 2 Abs. 1); geregelt ist auch die Prüfung der Erfolgsaussicht in Angelegenheiten, in denen nach Betragsrahmengebühren abgerechnet wird. Darüber hinaus wird auch nicht mehr zwischen Berufung und Revision einerseits und sonstigen Rechtsmitteln andererseits differenziert – so aber noch die BRAGO. Nach dem RVG gelten für alle **Rechtsmittelprüfungen** die Vorschriften nach VV Teil 2 Abschnitt 1. Nicht anzuwenden sind die Vorschriften dagegen auf Rechtsbehelfe, wie Einspruch, Widerspruch oder Gehörsrüge, ebenso wenig auf die Erinnerung oder einen Antrag auf gerichtliche Entscheidung.

2 In Abschnitt 1 sind insgesamt vier Gebührentatbestände enthalten:

VV 2100: Gebühr für die Prüfung der Erfolgsaussicht eines Rechtsmittels, soweit in VV 2102 nichts anderes bestimmt ist.

Dieser Gebührentatbestand gilt für Angelegenheiten, in denen nach dem Gegenstandswert abgerechnet wird. Er gilt daher auch in Straf- und Bußgeldsachen und in Verfahren nach VV Teil 6, sofern dort Wertgebühren anfallen, wie z.B. nach VV 4142, 4143 f. oder 5116. Die frühere gegenteilige Gesetzesfassung in VV Vorb. 2 Abs. 3 a.F., wonach die Gebühren der VV 2100, 2101 nicht in Angelegenheiten nach den VV Teilen 4 bis 6 anzuwenden sein sollten, ist aufgehoben.
- VV 2100 gilt nicht, soweit der Anwalt mit der Erstellung eines schriftlichen Gutachtens beauftragt ist; dann greift VV 2101.
- Vorgesehen ist ein Rahmen von 0,5 bis 1,0; die Mittelgebühr beträgt 0,75.

VV 2101: Prüfung der Erfolgsaussicht eines Rechtsmittels verbunden mit der Ausarbeitung eines schriftlichen Gutachtens.

---

1 OLG Düsseldorf AGS 2006, 482 = JurBüro 2006, 635 = OLGR 2007, 294 = RVGreport 2007, 67 = VRR 2007, 77; LG Berlin AGS 2006, 73; *Gerold/Schmidt/* *Mayer*, VV 2100 Rn 2; a.A. KG AGS 2006, 433 = RVGreport 2007, 347.

Abschnitt 1. Prüfung der Erfolgsaussicht eines Rechtsmittels   **VV 2100**

– Ist der Auftrag zur Prüfung des Rechtsmittels in Angelegenheiten, die nach dem Wert abgerechnet werden (§ 2 Abs. 1), verbunden mit dem Auftrag, ein schriftliches Gutachten hierüber auszuarbeiten, so gilt der speziellere Gebührenrahmen der VV 2101, die § 34 Abs. 1 verdrängt. Auch hier entsteht eine Gebühr nach VV 2100. Es fällt jedoch ein höherer (fester) Gebührensatz an, nämlich 1,3.

VV 2102: Gebühr für die Prüfung der Erfolgsaussicht eines Rechtsmittels in sozialrechtlichen Angelegenheiten, in denen im gerichtlichen Verfahren Betragsrahmengebühren entstehen (§ 3), sowie in Angelegenheiten nach VV Teil 4 bis 6, soweit hier nicht nach dem Gegenstandswert abgerechnet wird (VV 4142, 4143 f. oder 5116).

– Diese Vorschrift ist das Pendant zu VV 2100 für Angelegenheiten, in denen die Gebühren sich nicht nach dem Wert richten, also für sozialrechtliche Verfahren nach § 3 Abs. 1 S. 1, sowie für Straf- und Bußgeldsachen und in Verfahren nach VV Teil 6. Hier steht dem Anwalt an Stelle des Satzrahmens ein Betragsrahmen zur Verfügung, und zwar von 30 EUR bis 320 EUR; die Mittelgebühr beträgt 175 EUR.

VV 2103: Prüfung der Erfolgsaussicht eines Rechtsmittels, verbunden mit der Ausarbeitung eines schriftlichen Gutachtens in Verfahren, deren Gebühren nicht nach dem Wert abzurechnen sind.

– Dies ist die Entsprechung zu VV 2101. In sozialrechtlichen Verfahren nach § 3 Abs. 1 S. 1 sowie in Straf- und Bußgeldsachen und in Verfahren nach VV Teil 6 steht dem Anwalt ein höherer Gebührenrahmen zur Verfügung, wenn er zusätzlich mit der Ausarbeitung eines schriftlichen Gutachtens beauftragt ist, und zwar in Höhe von 50 EUR bis 500 EUR; die Mittelgebühr beträgt 300 EUR.

Allen Vorschriften gemeinsam ist, dass die Gebühr **anzurechnen** ist, wenn anschließend das Rechtsmittel durchgeführt wird (Anm. zu VV 2100; Anm. zu VV 2102).   3

Da es sich um eine außergerichtliche Tätigkeit handelt, kann keine **Prozesskostenhilfe** bewilligt werden (siehe VV 2100 Rdn 47 f.), wohl aber **Beratungshilfe**, (siehe VV 2100 Rdn 49 f.). Dagegen ist die Prüfungstätigkeit von der **Pflichtverteidigerbestellung** erfasst (siehe VV 2100 Rdn 50).

Nr.	Gebührentatbestand	Gebühr oder Satz der Gebühr nach § 13 RVG
2100	Gebühr für die Prüfung der Erfolgsaussicht eines Rechtsmittels, soweit in Nummer 2102 nichts anderes bestimmt ist .... Die Gebühr ist auf eine Gebühr für das Rechtsmittelverfahren anzurechnen.	0,5 bis 1,0

VV 2100 entspricht inhaltsgleich der früheren VV 2200, die aufgrund des Wegfalls der Gebühren der VV 2100 ff. a.F. durch Art. 5 des 1. KostRMoG zum 1.7.2006 eine neue Nummer erhalten hat. Auf die Rechtsprechung zur vormaligen VV 2200 kann weiterhin zurückgegriffen werden.

Literatur: *Hartung*, Prozesskostenhilfe (PKH) für Rechtsmittelprüfung, AnwBl 2005, 206; *Onderka*, Anwaltliche Gebühren für die Prüfung der Erfolgsaussicht eines Rechtsmittels nach dem RVG, RVG-B 2004, 130; *Schmidt*, Beratung über die Aussichten eines Rechtsmittels, AnwBl 1979, 474; *N. Schneider*, Beratung über die Erfolgsaussichten von Berufung und Revision, ZAP Fach 24, 527; *ders.*, Vergütung für die Prüfung der Erfolgsaussichten eines Rechtsmittels, ZAP Fach 24 S. 861; *ders.*, Fälle und Lösungen, 2. Aufl. 2008, § 6.

A. Allgemeines 1
B. Regelungsgehalt 6
    I. Persönlicher Anwendungsbereich 6
    II. Abrechnung nach Wertgebühren 7
    III. Rechtsmittel 10
    IV. Auftrag 18
       1. Auftrag zur Prüfung der Erfolgsaussicht 18
       2. Kein weiter gehender Auftrag 20
       3. Die einzelnen Verfahrenskonstellationen 21
          a) Überblick 21
          b) Zunächst Prüfungsauftrag – dann Rechtsmittelauftrag 22
          c) Prüfungsauftrag mit bedingtem Rechtsmittelauftrag 23
          d) Uneingeschränkter Rechtsmittelauftrag – Anwalt rät ganz oder teilweise ab 25
            aa) Anwalt rät insgesamt ab – Rechtsmittel wird nicht eingelegt 28
            bb) Anwalt rät teilweise ab – Rechtsmittel wird sodann eingelegt und mit eingeschränktem Antrag durchgeführt 29

cc) Rechtsmittel wird auftragsgemäß eingelegt – Anwalt rät sodann ab – Rechtsmittel wird zurückgenommen 30	VII. Höhe der Gebühr 34
dd) Rechtsmittel wird auftragsgemäß eingelegt – Anwalt rät sodann teilweise ab – Rechtsmittel wird nur eingeschränkt begründet 31	VIII. Anrechnung (Anm. zu VV 2100) 40
	IX. Gegenstandswert 45
	X. Vergütungsfestsetzung 46
	XI. Prozess- und Verfahrenskostenhilfe 47
V. Ergebnis der Prüfung 32	XII. Beratungshilfe 49
	XIII. Pflichtverteidigung 50
	XIV. Rechtsschutzversicherung 51
VI. Kein Postulationszwang 33	XV. Kostenerstattung 53

A. Allgemeines

1 Erhält der Anwalt den Auftrag, die Erfolgsaussicht eines Rechtsmittels zu prüfen, so handelt es sich hierbei gegenüber dem Verfahren, in dem die anzufechtende Entscheidung ergangen ist, um eine selbstständige Angelegenheit i.S.d. § 15. Erforderlich ist insoweit allerdings ein gesonderter Auftrag. Die Abgrenzung kann mitunter Schwierigkeiten bereiten.

2 Die Beratung über die Aussicht eines Rechtsmittels zählt **nicht mehr zur Instanz**.[1] Unzutreffend ist insoweit die Ansicht des OLG Koblenz,[2] die Tätigkeit sei durch die erstinstanzliche Verfahrensgebühr abgegolten.[3] Insbesondere wird diese Tätigkeit nicht durch § 19 Abs. 1 S. 2 Nr. 9 erfasst, da danach nur die Zustellung und Empfangnahme von Rechtsmittelschriften gedeckt ist.[4] Die beratende Tätigkeit des Anwalts ist vielmehr nach VV 2100 ff. gesondert zu vergüten. Voraussetzung hierfür ist selbstverständlich, dass ein entsprechender **Auftrag** erteilt worden ist. Sofern der Anwalt unaufgefordert über die Aussicht eines Rechtsmittels berät, erhält er keine Vergütung.

3 Abzugrenzen ist ferner von § 19 Abs. 1 S. 1. Die Beratung über den Inhalt des Urteils und die allgemeine Anfechtungsmöglichkeit gehört noch zur Vorinstanz. Erst wenn dem Anwalt der zusätzliche Auftrag erteilt worden ist, die konkrete Erfolgsaussicht, also Zulässigkeit und Begründetheit, gesondert zu prüfen, liegt ein eigener Auftrag vor, der die Gebühren nach VV 2100 ff. auslöst.[5] Die Prüfung der Erfolgsaussicht richtet sich dann nach VV 2100.

4 Soll der Anwalt darüber hinaus ein **schriftliches Gutachten** über die Erfolgsaussicht eines Rechtsmittels erstatten, bemisst sich die Vergütung nach VV 2101 (Anm. Abs. 1 zu VV 2103), die lex specialis zu § 34 Abs. 1 ist (vormals VV 2103). Für ein mündlich zu erstattendes Gutachten über die Erfolgsaussicht eines Rechtsmittels ist § 34 Abs. 1 ebenfalls nicht anwendbar; es bleibt bei VV 2100.

5 Abzugrenzen ist die Tätigkeit nach den VV 2100 ff. ferner von der **Verkehrsanwaltsgebühr** nach Anm. zu VV 3400. Danach erhält der Anwalt eine gesonderte Gebühr, wenn er die Übersendung der Handakten an den Rechtsmittelanwalt auftragsgemäß mit gutachterlichen Äußerungen verbindet. Das entscheidende Abgrenzungskriterium zwischen den Gebührentatbeständen der VV 2100 ff. und Anm. zu VV 3400 liegt im Adressaten. Die gutachterlichen Äußerungen der Anm. zu VV 3400 müssen sich an den Rechtsmittelanwalt richten, die Prüfung der Erfolgsaussicht nach VV 2100 ff. richtet sich dagegen an den Auftraggeber.

---

1 AG Saarbrücken AGS 2016, 367.
2 KostRsp. BRAGO § 20 Nr. 2 m. Anm. *E. Schneider*.
3 Zutreffend daher KG Rpfleger 1982, 160.
4 KG Rpfleger 1982, 160; OLG Hamm AnwBl 1992, 286; OLG Düsseldorf JurBüro 1992, 39; OLG Saarbrücken NJW-RR 1997, 190; OLG Zweibrücken JurBüro 1998, 22 m. Anm. *Enders*; *Enders*, JurBüro 1997, 113; *Hansens*, § 20 Nr. 4; a.A. OLG Koblenz KostRsp. BRAGO § 20 Nr. 2 m. Anm. *E. Schneider*.
5 OLG Düsseldorf AGS 2006, 482 = JurBüro 2006, 635 = OLGR 2007, 294 = RVGreport 2007, 67.

B. Regelungsgehalt

I. Persönlicher Anwendungsbereich

VV 2100 gilt grundsätzlich für jeden Anwalt, unabhängig davon, ob er bereits in der Vorinstanz tätig war,[6] und auch unabhängig davon, ob ihm später der Rechtsmittelauftrag erteilt wird oder nicht. In diesem Falle ist lediglich die Prüfungsgebühr nach Anm. zu VV 2100 auf die entsprechende Verfahrensgebühr des Rechtsmittelverfahrens anzurechnen (siehe Rdn 32).

II. Abrechnung nach Wertgebühren

VV 2100 gilt nur dann, wenn im Rechtsmittelverfahren nach Wertgebühren abzurechnen ist, also wenn sich die Gebühren im Rechtsmittelverfahren gemäß §§ 2 Abs. 1, 3 Abs. 1 S. 2 nach dem Gegenstandswert richten. VV 2100 gilt also nur für:
- Rechtsmittelverfahren in Zivilsachen,
- Rechtsmittelverfahren in Familiensachen nach dem FamFG,
- Rechtsmittelverfahren in Arbeitsgerichtsstreitigkeiten,
- Rechtsmittel in Verwaltungsrechtsstreitigkeiten,
- Rechtsmittel in sozialgerichtlichen Verfahren, in denen gemäß § 3 Abs. 1 S. 2 nach dem Wert abzurechnen ist,
- Rechtsmittel in finanzgerichtlichen Verfahren,
- Rechtsmittel in Verfahren nach VV Teil VV 4 bis 6
  - im Adhäsionsverfahren, also soweit über ein Rechtsmittel gegen die Entscheidung hinsichtlich der vermögensrechtlichen Ansprüche
  - gegen Entscheidungen über Einziehung und verwandte Maßnahmen
  - soweit nach Vorb. 4 Abs. 5, 5 Abs. 4, 6 Abs. 4 auf VV Teil 3 verwiesen wird und Rechtsmittel somit nachdem Gegenstandswert abzurechnen sind.

Nach der früheren Gesetzesfassung widersprach dies VV Vorb. 2 Abs. 3 a.F., wonach die Gebühren der VV 2100, 2101 nicht in Angelegenheiten nach den VV Teilen 4 bis 6 anzuwenden sein sollten. Man war sich nach der damaligen Gesetzesfassung jedoch schon einig, dass die VV 2100, 2101 in Angelegenheiten nach den VV Teilen 4 bis 6 jedenfalls dann gelten sollten, wenn dort nach dem Gegenstandswert abgerechnet wird. Durch den Wegfall der Vorb. 2 Abs. 3[7] ist jetzt klargestellt, dass die Wertgebühren der VV 2100, 2101 auch in Verfahren nach den VV Teilen 4 bis 6 anzuwenden sind, wenn sich die Gebühren dort nach dem Wert richten.

Soweit im Rechtsmittelverfahren Betragsrahmengebühren gelten, also
- in sozialrechtlichen Verfahren nach § 3 Abs. 1 S. 1,
- in Strafsachen (ausgenommen Adhäsionsverfahren, Verfahren über Einziehung und verwandte Maßnahmen, Verfahren nach VV Vorb. 4 Abs. 5),
- in Bußgeldsachen (ausgenommen Verfahren über Einziehung und verwandte Verfahren nach VV Vorb. 5 Abs. 4),
- in Verfahren nach VV Teil 6 (ausgenommen Verfahren nach VV Vorb. 6 Abs. 4),

gilt nicht VV 2100, sondern VV 2102.

Auch kann es zu **Mischfällen** kommen, etwa wenn sowohl die Erfolgsaussicht einer Berufung gegen die Verurteilung in der Hauptsache geprüft werden soll als auch die Erfolgsaussicht, eine Adhäsionsentscheidung anzugreifen. In diesem Fall wird man ebenso wie früher bei der allgemeinen Beratung vorgehen müssen. Es wird dann also eine Rahmengebühr bemessen für die Prüfung der Erfolgsaussicht in der Hauptsache (VV 2102). Zu dieser Rahmengebühr wird dann zusätzlich eine Wertgebühr nach VV 2100 für die zusätzliche Beratung über die Erfolgsaussicht hinsichtlich der vermögensrechtlichen Ansprüche hinzugesetzt.

---

6 OLG Düsseldorf AGS 2006, 482 = JurBüro 2006, 635 = OLGR 2007, 294 = RVGreport 2007, 67 = VRR 2007, 77; LG Berlin AGS 2006, 73; a.A. KG AGS 2006, 433 = RVGreport 2007, 347; OLG Dresden AGS 2014, 221.

7 Aufgehoben durch das WehrrechtsänderungsG vom 31.7.2008.

Beispiel: Der Anwalt wird beauftragt, zu prüfen, ob gegen die Verurteilung zu 50 Tagessätzen sowie die Verurteilung zur Zahlung eines Schmerzensgeldes in Höhe von 2.000 EUR eine Berufung Aussicht auf Erfolg hätte.

1. Prüfungsgebühr, VV 2102	175,00 EUR
2. 0,75-Prüfungsgebühr, VV 2100 (Wert: 2.000,00 EUR)	112,50 EUR
3. Postentgeltpauschale, VV 7002	20,00 EUR
Zwischensumme	307,50 EUR
4. 19 % Umsatzsteuer, VV 7008	5.843 EUR
Gesamt	**365,93 EUR**

III. Rechtsmittel

10 Im Gegensatz zur früheren Rechtslage nach der BRAGO muss sich die Prüfung nicht auf die Erfolgsaussicht einer
– Berufung oder
– Revision
beschränken. Anzuwenden ist VV 2100 auf sämtliche Rechtsmittel, also auch auf die Prüfung der Erfolgsaussicht einer
– Beschwerde (insbesondere in den berufungsgleichen Beschwerdeverfahren nach dem FamFG – §§ 58 ff. FamFG),
– Nichtzulassungsbeschwerde oder
– Rechtsbeschwerde (insbesondere in den revisionsgleichen Rechtsbeschwerdeverfahren nach dem FamFG – §§ 70 ff. FamFG).

11 Strittig ist, ob die Prüfung der Erfolgsaussicht einer **Verfassungsbeschwerde** unter VV 2100 fällt.[8] Dafür spricht, dass die Verfassungsbeschwerde einem Rechtsmittel gleich kommt und zur Aufhebung der angefochtenen Entscheidung führen kann. So wird auch im Rahmen des § 21 die Verfassungsbeschwerde wie ein Rechtsmittel (siehe Vor §§ 20, 21 Rdn 48), was in der Tat dafür spricht, VV 2100 anzuwenden.

12 Sofern man eine Prüfungstätigkeit nach VV 2100 ablehnt, müsste man sinnvoll von einer Beratungsgebühr nach § 34 ausgehen. In diesem Fall ist eine Gebührenvereinbarung dringend geboten, da die Beratung eines Verbrauchers – und um den wird es sich in der Regel handeln – mit 250 EUR keinesfalls angemessen vergütet sein kann.

13 Auf bloße **Rechtsbehelfe**, wie
– den Einspruch gegen einen Vollstreckungsbescheid oder gegen ein Versäumnisurteil,[9]
– Erinnerungen,[10]
– Gegenvorstellungen[11]
– Wiedereinsetzungs- und Wiederaufnahmeanträge,
– Anträge auf Urteilsergänzung oder -berichtigung,
– Nichtigkeits- und Restitutionsklagen,[12]
– Anträge auf gerichtliche Entscheidung in Bußgeldsachen, soweit VV Vorb. 5 Abs. 4 greift,
ist diese Vorschrift dagegen nicht anzuwenden. Hier wird die Prüfung durch die jeweilige Verfahrensgebühr mit abgegolten, wenn der Rechtsbehelf keine eigene Angelegenheit darstellt. Stellt der Rechtsbehelf eine neue Angelegenheit dar, wie z.B. im Fall einer Erinnerung nach § 18 Abs. 1 Nr. 3, dann löst auch die Prüfung der Erfolgsaussicht auch hier eine weitere Vergütung aus, und zwar – sofern nichts anderes bestimmt ist – eine Beratungsgebühr nach § 34.

14 Die Prüfung der Erfolgsaussicht einer **Gehörsrüge** fällt nicht unter VV 2100.

---

8 So *Kleine-Cosack*, Verfassungsbeschwerden und Menschenrechtsbeschwerden, 2. Aufl. 2007 Rn 1082.
9 Mayer/Kroiß/*Winkler*, VV 2100 Rn 25.
10 Mayer/Kroiß/*Winkler*, VV 2100 Rn 25.
11 Mayer/Kroiß/*Winkler*, VV 2100 Rn 25.
12 Mayer/Kroiß/*Winkler*, VV 2100 Rn 25.

Der Tatbestand der VV 2100 greift ebenfalls nicht bei der Beratung über einzelne Angriffs- oder Verteidigungsmittel im Rechtsmittelverfahren, z.B.
- die Aussicht einer Klageerweiterung,[13]
- einer erstmaligen Hilfsaufrechnung oder
- einer Streitverkündung.

Aus dem Wortlaut der VV 2100 ergibt sich dagegen nicht, dass es sich um das **eigene Rechtsmittel** handeln muss.[14] Die Gebühr nach VV 2100 fällt also nicht nur dann an, wenn der Anwalt über die Aussicht eines Rechtsmittels berät, das der Mandant einlegen will, sondern auch dann, wenn der Anwalt über die Aussicht eines Rechtsmittels beraten soll, das die Gegenseite eingelegt hat oder einzulegen beabsichtigt.

> **Beispiel:** Der Beklagte war auf Zahlung eines Betrages in Höhe von 1.500 EUR verklagt worden und ist zur Zahlung von 1.000 EUR verurteilt worden. Er ist an sich entschlossen, gegen seine Verurteilung Berufung einzulegen. Er befürchtet allerdings, dass der Kläger, der selbst mangels erforderlicher Beschwer keine Berufung einlegen kann, dann eine unselbstständige Anschlussberufung einlegen wird. Er beauftragt den Anwalt daher, zu prüfen, ob eine solche Anschlussberufung Aussicht auf Erfolg hätte.
> Der Anwalt erhält eine Prüfungsgebühr aus 500 EUR, die anzurechnen wäre, wenn der Beklagte Berufung und der Kläger sodann Anschlussberufung einlegen würde.

Möglich ist auch die Beratung über Erfolgsaussicht von **Rechtsmitteln Dritter**, etwa wenn sich der Auftraggeber darüber beraten lassen will, ob und inwieweit ein eventuelles Rechtsmittel eines Nebenintervenienten o.Ä. Aussicht auf Erfolg haben könnte.

IV. Auftrag

1. Auftrag zur Prüfung der Erfolgsaussicht

Dem Anwalt muss der Auftrag zur Prüfung der Erfolgsaussicht eines Rechtsmittels erteilt worden sein.[15] Daran fehlt es, wenn der Anwalt die Übernahme des Mandats davon abhängig macht, ob das Rechtsmittel Aussicht auf Erfolg hat, und er dieses nach Prüfung der Sache verneint. In diesem Fall ist erst gar kein Auftrag zustande gekommen, so dass dem Anwalt überhaupt keine Vergütung zusteht.[16] Ebenso wenig entsteht die Vergütung nach VV 2100, soweit der Anwalt unaufgefordert über die Aussicht eines Rechtsmittels berät. Auch hierfür erhält er keine Vergütung.[17]

Ein Auftrag zur Prüfungstätigkeit ist allerdings noch nicht anzunehmen, wenn der Revisionsbeklagte sich durch seinen Prozess- oder Verfahrensbevollmächtigten der ersten und zweiten Instanz dahin beraten lässt, ob eine Vertretung durch einen am BGH zugelassenen Rechtsanwalt erforderlich sei und der Anwalt dies verneint, weil ein Versäumnisurteil ausgeschlossen werden könne.[18]

2. Kein weiter gehender Auftrag

Der Auftrag muss ausschließlich zur Prüfung erteilt worden sein. Der Anwalt darf daher noch keinen unbedingten Prozess- oder Verfahrensauftrag für das Rechtsmittel erhalten haben. Anderenfalls wird seine Tätigkeit durch die entsprechende Verfahrensgebühr für das Rechtsmittelverfahren abgegolten, die auch die Beratung abdeckt (§ 19 Abs. 1 S. 1). Ein bedingter Auftrag schadet dagegen nicht (siehe Rdn 23).

---

13 OLG Hamm MDR 1996, 424 = OLGR 1996, 47 = KostRsp. BRAGO § 20 Nr. 12 m. Anm. *Herget*.
14 Mayer/Kroiß/*Winkler*, VV 2100 Rn 26 f.; anders noch bei § 20 Abs. 2 BRAGO: OLG München MDR 1980, 1027; *Hartmann*, § 20 BRAGO Rn 20, der seine Ansicht aber jetzt offenbar aufgegeben hat.
15 BGH NJW 1991, 2084.
16 OLG Bremen KostRsp. BRAGO § 20 Nr. 1 = BB 1970, 194.
17 OLG Zweibrücken JurBüro 1998, 21 m. Anm. *Enders*; OLG Hamm KostRsp BRAGO § 20 Nr. 26 = OLGR 2001, 168 = AGS 2001, 174 = BRAGOreport 2001, 136 m. Anm. *N. Schneider*; OLG Karlsruhe OLGR 2001, 315.
18 OLG Stuttgart OLGR 2008, 732 = FamRZ 2009, 146 = Justiz 2009, 69 = MDR 2008, 1367 = RVGreport 2009, 64.

3. Die einzelnen Verfahrenskonstellationen

a) Überblick

21 Der Auftrag muss ausschließlich zur Prüfung erteilt worden sein. Der Anwalt darf daher noch keinen unbedingten Prozess- oder Verfahrensauftrag für das Rechtsmittel erhalten haben. Anderenfalls wird seine Tätigkeit durch die entsprechende Verfahrensgebühr für das Rechtsmittelverfahren abgegolten, die auch die Beratung abdeckt (§ 19 Abs. 1 S. 1). Ein bedingter Auftrag schadet dagegen nicht (siehe Rdn 23). Im Einzelnen gilt Folgendes.

b) Zunächst Prüfungsauftrag – dann Rechtsmittelauftrag

22 Wird der Anwalt zunächst beauftragt, die Erfolgsaussicht des Rechtsmittels zu prüfen und erhält er nach der Prüfung den Auftrag das Rechtsmittel einzulegen, dann ist die Sache eindeutig. Es liegen zwei Angelegenheiten i.S.d. § 15 vor. Der Anwalt erhält für die Prüfung die Gebühr der VV 2100 und für das Rechtsmittelverfahren die Verfahrensgebühr des Rechtsmittelverfahrens. Die Prüfungsgebühr ist auf die Verfahrensgebühr nach Anm. zu VV 2100 anzurechnen, soweit sich die Gegenstände von Prüfung und Rechtsmittel decken (zur Abrechnung siehe Rdn 40 ff.).

c) Prüfungsauftrag mit bedingtem Rechtsmittelauftrag

23 Nicht anders verhält es sich, wenn dem Anwalt mit dem Auftrag, die Erfolgsaussicht des Rechtsmittels zu prüfen, bereits der bedingte Auftrag zur Einlegung des Rechtsmittels erteilt wird, wenn also der Anwalt für den Fall, dass er im Rahmen seiner Prüfung zu einer Erfolgsaussicht gelangt, das Rechtsmittel auch einlegen soll. Der Anwalt erhält dann für die Prüfung wiederum die Gebühr der VV 2100. Kommt er zu dem Ergebnis, dass Erfolgsaussicht besteht, so wird damit gemäß § 158 BGB der Auftrag für das Rechtsmittelverfahren wirksam, sodass damit die Verfahrensgebühr des Rechtsmittelverfahrens ausgelöst wird. Soweit der Anwalt die Erfolgsaussicht insgesamt bejaht, entsteht die Verfahrensgebühr aus dem vollen Wert. Soweit der Anwalt die Erfolgsaussicht nur teilweise bejaht, entsteht die Verfahrensgebühr nur aus diesem Teilbetrag. Die Prüfungsgebühr ist dann wiederum auf die Verfahrensgebühr anzurechnen, soweit sich die Gegenstände von Prüfung und Rechtsmittel decken (zur Abrechnung siehe Rdn 40 ff.).

24 Das LG Köln geht davon aus, dass ein Mandant, der vor Besprechung der Berufungsaussichten bereits den Auftrag für eine Berufungseinlegung erteilt, erwartet, dass er vor Durchführung der Berufung noch eine entsprechende – auch kostenpflichtige – Beratung zum Umfang der Verfolgung der Berufung erhält. Insoweit soll in der Regel ein konkludenter umfassender Beratungsauftrag vorliegen, der gleichzeitig mit dem bedingten Auftrag zur Berufungseinlegung im Rahmen der Erfolgsaussicht erteilt wird.[19]

d) Uneingeschränkter Rechtsmittelauftrag – Anwalt rät ganz oder teilweise ab

25 Hat der Anwalt bereits einen unbedingten Prozess- oder Verfahrensauftrag für das Rechtsmittelverfahren erhalten und rät er anschließend von der Einlegung oder Durchführung des Rechtsmittels ganz oder teilweise ab, so entsteht nur die Verfahrensgebühr des jeweiligen Rechtsmittelverfahrens, da diese Gebühr bereits mit der Entgegennahme der Information anfällt (z.B. VV Vorb. 3 Abs. 2) und sie gleichzeitig auch die Beratungstätigkeit des Anwalts über die Erfolgsaussicht des Rechtsmittels abdeckt (§ 19 Abs. 1 S. 1). Für die Anwendung der VV 2100 ist daneben kein Raum, da es an einem gesonderten Auftrag fehlt. Insoweit kann die Anm. Abs. 1 zu VV 2100 a.F. entsprechend herangezogen werden. Die Prüfung der Erfolgsaussicht darf nicht mit einer „anderen gebührenpflichtigen Tätigkeit" zusammenhängen.

26 A.A. war das OLG Köln,[20] das ohne Begründung den früheren § 20 Abs. 2 BRAGO, also jetzt VV 2100, auch dann anwenden wollte, wenn zunächst ein Rechtsmittel uneingeschränkt eingelegt, dann aber nach Beratung im beschränkten Umfang begründet und durchgeführt worden ist. Diese

---

19 LG Köln AGS 2012, 385 = NJW-RR 2012, 1471 = NJW-Spezial 2012, 571.

20 OLGR 2000, 143 = AGS 2000, 145.

Auffassung ist mit dem Gesetz jedoch nicht zu vereinbaren. Die Vorschrift der VV 2100 ist nur dann anzuwenden, wenn nicht sogleich Rechtsmittelauftrag erteilt worden ist, sondern der Auftraggeber zunächst nur eine Beratung über die Erfolgsaussicht des beabsichtigten Rechtsmittels erteilt.

Die vorzeitige Beendigung des Rechtsmittelauftrags kann in diesem Fall allerdings zur Folge haben, dass sich die Verfahrensgebühr ganz oder teilweise ermäßigt. 27

aa) Anwalt rät insgesamt ab – Rechtsmittel wird nicht eingelegt. Erhält der Anwalt von vornherein den uneingeschränkten Rechtsmittelauftrag, rät danach vom Rechtsmittel ab und wird dieses auch nicht mehr eingelegt, dann entsteht nur die jeweilige Verfahrensgebühr, die sich gegebenenfalls wegen vorzeitiger Erledigung ermäßigt, sofern dies vorgesehen ist. 28

> **Beispiel:** Der Mandant ist zur Zahlung von 20.000 EUR verurteilt worden. Der Anwalt soll prüfen, ob eine Berufung Aussicht auf Erfolg hat. Er verneint dies. Daher wird die Berufung nicht eingelegt.
> Der Anwalt erhält nur die Prüfungsgebühr aus 20.000,00 EUR.

bb) Anwalt rät teilweise ab – Rechtsmittel wird sodann eingelegt und mit eingeschränktem Antrag durchgeführt. Erhält der Anwalt von vornherein den uneingeschränkten Rechtsmittelauftrag und rät er danach vom Rechtsmittel teilweise ab und wird dieses dann auch nur beschränkt durchgeführt, dann ist wiederum die Verfahrensgebühr des jeweiligen Rechtsmittelverfahrens entstanden. Sofern im VV vorgesehen, ermäßigt sich die Verfahrensgebühr dann allerdings aus dem Wert, aus dem das Rechtsmittel nicht durchgeführt worden ist. Anderenfalls bleibt es mangels Ermäßigungsvorschrift bei der vollen Gebühr. 29

> **Beispiel:** Der Mandant ist zur Zahlung von 20.000 EUR verurteilt worden. Der Anwalt soll prüfen, ob eine Berufung Aussicht auf Erfolg. Er bejaht die Erfolgsaussicht in Höhe von 10.000,00 EUR. In diesem Umfang wird die Berufung eingelegt und durchgeführt.
> Der Anwalt erhält die Prüfungsgebühr aus 20.000 EUR und die Gebühren des Berufungsverfahrens aus 10.000 EUR. Die Prüfungsgebühr aus 10.000 EUR ist anzurechnen (Anm. zu VV 2100).

cc) Rechtsmittel wird auftragsgemäß eingelegt – Anwalt rät sodann ab – Rechtsmittel wird zurückgenommen. Hatte der Anwalt von vornherein den uneingeschränkten Rechtsmittelauftrag erhalten und das Rechtsmittel auftragsgemäß uneingeschränkt eingelegt, dann ist in jedem Fall die volle Verfahrensgebühr entstanden. Selbst dann, wenn das VV eine Ermäßigung vorsieht, greift diese nicht mehr, da die Einlegung des Rechtsmittels eine Ermäßigung ausschließt. Der Gegenstandswert richtet sich in diesem Fall immer nach der vollen Beschwer (siehe Rdn 45). 30

> **Beispiel:** Der Mandant ist zur Zahlung von 20.000 EUR verurteilt worden. Der Anwalt soll fristwahrend Berufung einlegen. Nach Einlegung der Berufung rät der Anwalt ab. Die Berufung wird sodann zurückgenommen.
> Der Anwalt erhält keine Prüfungsgebühr, sondern vielmehr eine volle 1,6-Verfahrensgebühr aus 20.000 EUR.

dd) Rechtsmittel wird auftragsgemäß eingelegt – Anwalt rät sodann teilweise ab – Rechtsmittel wird nur eingeschränkt begründet. Hatte der Anwalt von vornherein den uneingeschränkten Rechtsmittelauftrag erhalten und das Rechtsmittel auftragsgemäß uneingeschränkt eingelegt, so bleibt es auch dann bei der vollen Verfahrensgebühr, wenn vor der Begründung von der Durchführung teilweise abgeraten wird und das Rechtsmittel dann auch nur mit eingeschränktem Antrag durchgeführt wird. Wenn die vollständige Rücknahme vor Begründung die Gebühr nicht mehr reduziert, dann kann dies erst Recht nicht gelten, wenn das Rechtsmittel sogar noch teilweise durchgeführt wird. 31

> **Beispiel:** Der Mandant ist zur Zahlung von 20.000 EUR verurteilt worden. Der Anwalt soll fristwahrend Berufung einlegen. Nach Einlegung der Berufung rät der Anwalt in Höhe von 12.000 EUR ab. Die Berufung wird sodann nur in Höhe von 8.000 EUR durchgeführt.
> Der Anwalt erhält auch hier keine Prüfungsgebühr, sondern vielmehr eine volle 1,6-Verfahrensgebühr (VV 3200) aus 8.000 EUR und eine 1,1-Verfahrensgebühr (VV 3200, 3201) aus 12.000 EUR, wobei die Begrenzung des § 15 Abs. 3 zu beachten ist. Die weiteren Gebühren (Terminsgebühr, Einigungsgebühr) entstehen nur aus 8.000 EUR.

Zwar richtet sich der Wert des gerichtlichen Verfahrens in diesem Fall gemäß §§ 47 GKG, 40 FamGKG nur nach dem Wert des Antrags. Das ändert aber nichts daran, dass der Auftrag zunächst auf die Einlegung des uneingeschränkten Rechtsmittels ging und daher dann auch so vergütet werden muss. Durch eine nachträgliche Beschränkung des (Durchführungs-)Auftrags kann eine einmal entstandene Gebühr nicht mehr entfallen.

V. Ergebnis der Prüfung

32 Im Gegensatz zum früheren § 20 Abs. 2 BRAGO ist das Ergebnis der Prüfung des Rechtsmittels für den Gebührentatbestand unerheblich. Die Gebühr fällt also unabhängig davon an, ob der Anwalt zum Rechtsmittel rät oder nicht. Ebenso ist unerheblich, ob der Mandant dem Rat folgt und das Rechtsmittel einlegt bzw. von der Einlegung des Rechtsmittels absieht.

VI. Kein Postulationszwang

33 Dass der Anwalt an dem betreffenden Rechtsmittelgericht zugelassen sein muss, ist nicht erforderlich. Daher erhält der Anwalt die Gebühr auch dann, wenn er nach § 78 ZPO gar nicht in der Lage wäre, das Rechtsmittel einzulegen.[21] Die noch zu § 20 BRAGO vertretene gegenteilige Ansicht[22] findet im Gesetz jedenfalls heute keine Stütze. Sie würde zudem mit VV 2101 nicht in Einklang stehen. Für ein schriftliches Gutachten ist die Postulationsfähigkeit ebenfalls nicht Voraussetzung. Es ist kein Grund ersichtlich, beide Fälle unterschiedlich zu behandeln.

VII. Höhe der Gebühr

34 Dem Anwalt steht ein Gebührenrahmen von 0,5 bis 1,0 zu. Die Mittelgebühr beträgt 0,75. Die Gebührenhöhe bestimmt der Anwalt unter Berücksichtigung der Kriterien des § 14 Abs. 1 im Einzelfall.

35 Der Höchstsatz von 1,0 rechtfertigt sich in der Regel dann, wenn es sich bei dem zugrundeliegenden Fall um eine rechtlich schwierige, umfangreiche Sache handelt (hier Arzthaftungssache mit insgesamt fünf Beklagten). Bei der Gebührenbestimmung kann zu berücksichtigen sein, dass das VV für eine vorzeitige Erledigung des Rechtsmittelverfahrens bereits eine höhere Gebühr als 1,0 vorsieht (z.B. VV 3201, 3207: 1,1).[23]

36 Berät der Anwalt **mehrere Auftraggeber** gemeinschaftlich hinsichtlich desselben Gegenstandes, so erhöht sich der Gebührensatzrahmen um jeweils 0,3 je weiteren Auftraggeber,[24] obwohl es sich nicht um eine Geschäfts- oder Verfahrensgebühr handelt. Bei zwei Auftraggebern beträgt der Gebührenrahmen somit 0,8 bis 1,3. Die **Mittelgebühr** beträgt dann 1,05. Höchstens kann der Gebührenrahmen bei 2,5 bis 3,6 liegen, wenn der Anwalt acht oder mehr Auftraggeber vertritt.

37 Eine Begrenzung der Gebührenhöhe wie in § 34 ist nicht vorgesehen. Insbesondere gilt die Kappungsgrenze für eine Erstberatung auch dann nicht, wenn sich die Prüfung auf ein erstes Gespräch beschränkt. Auf die Gebühren nach Abschnitt 2 sind die Beschränkungen des § 34 auch nicht entsprechend anwendbar.[25]

38 Unklar ist, ob eine Begrenzung der Prüfungsgebühr nach der Neufassung des § 15 Abs. 6[26] in Betracht kommt. Grundsätzlich gilt § 15 Abs. 6 nur für Einzeltätigkeiten, die nach § 19 Teil der Hauptsache sein können, nicht aber für Tätigkeiten, die besondere Angelegenheiten darstellen, wie die Prüfung der Erfolgsaussicht eines Rechtsmittels. Ob hier in analoger Anwendung eine Begrenzung anzunehmen ist, erscheint fraglich.

> **Beispiel:** Der Anwalt ist beauftragt, zu prüfen, ob Aussicht besteht, gegen einen Kostenfestsetzungsbeschluss sofortige Beschwerde einzulegen (Gegenstandswert: 50.000 EUR).
> Für die Prüfung der Erfolgsaussicht steht dem Anwalt eine Gebühr i.H.v. 0,5 bis 1,0 zu; die Mittelgebühr beträgt 0,75. Für die Beschwerde erhält der Anwalt jedoch nur eine 0,5-Verfahrensgebühr nach VV 3500, auf die die Prüfungsgebühr anzurechnen wäre (Anm. zu VV 2100). Es erscheint auf den ersten Blick seltsam, wenn ein Anwalt für die Prüfung der Erfolgsaussicht eines Rechtsmittels höhere Gebühren erhalten könnte als für das Rechtsmittelverfahren selbst. Zwar greift § 15 Abs. 6 nicht unmittelbar, da die Prüfung der Erfolgsaussicht gegenüber dem Rechtsmittel eine eigene Angelegenheit darstellt. Andererseits wäre

---

21 Mayer/Kroiß/*Winkler*, VV 2100 Rn 19.
22 Riedel/Sußbauer/*Fraunholz*, § 20 Rn 25.
23 LG Köln AGS 2012, 385 = NJW-RR 2012, 1471 = NJW-Spezial 2012, 571.
24 Mayer/Kroiß/*Winkler*, RVG, VV 2100 Rn 31; Gerold/Schmidt/*Mayer*, RVG, VV 2100 Rn 2.
25 AG Essen AnwBl 1998, 214.
26 Eingeführt durch das 2. JuMoG, in Kraft getreten bereits am 31.12.2006.

im Falle des sofortigen Rechtsmittelauftrags die Prüfungstätigkeit mit abgegolten (§ 19 Abs. 1 S. 1). Dies spricht dafür, jedenfalls im Rahmen des § 14 Abs. 1 zu berücksichtigen, dass im Rechtsmittelverfahren nur eine 0,5-Verfahrensgebühr abgerechnet werden darf, so dass die Prüfungstätigkeit hier auf die Mindestgebühr zu begrenzen wäre.

I. Prüfung der Erfolgsaussicht

1. 0,5-Prüfungsgebühr, VV 2100 (Wert: 50.000,00 EUR)		581,50 EUR
2. Postentgeltpauschale, VV 7002		20,00 EUR
Zwischensumme	601,50 EUR	
3. 19 % Umsatzsteuer, VV 7008		114,29 EUR
Gesamt		**715,79 EUR**

II. Rechtsmittelverfahren

1. 0,5-Verfahrensgebühr, VV 3500 (Wert: 50.000,00 EUR)		581,50 EUR
2. gem. Anm. zu VV 2100 anzurechnen, 0,5 aus 50.000,00 EUR		– 581,50 EUR
3. Postentgeltpauschale, VV 7002		20,00 EUR
Zwischensumme	20,00 EUR	
4. 19 % Umsatzsteuer, VV 7008		3,80 EUR
Gesamt		**23,80 EUR**

Endet der Auftrag vorzeitig, also bevor der Anwalt die Erfolgsaussicht des Rechtsmittels geprüft hat, so findet eine Reduzierung des Gebührenrahmens nicht statt. Eine der Anm. zu VV 3201 u.a. entsprechende Vorschrift ist nicht vorgesehen. Die vorzeitige Beendigung ist lediglich bei der Bemessung nach § 14 Abs. 1 zu berücksichtigen. Es ist dann eine Gebühr im unteren Bereich, ggf. die Mindestgebühr anzusetzen. 39

VIII. Anrechnung (Anm. zu VV 2100)

Nach Anm. zu VV 2100 ist die Prüfungsgebühr nach VV 2100 auf eine Gebühr für das Rechtsmittelverfahren anzurechnen. Gemeint sein kann hier nur, dass auf eine Verfahrensgebühr anzurechnen ist. Keinesfalls kann auf sonstige Gebühren, etwa auf Termins- oder Einigungsgebühren angerechnet werden. Dies würde dem allgemeinen Anrechnungssystem widersprechen. 40

Der Anwalt muss im nachfolgenden Rechtsmittelverfahren nicht Verfahrensbevollmächtigter sein. Anzurechnen ist z.B. auch auf die Verfahrensgebühr des Verkehrsanwalts oder Terminsvertreters im Rechtsmittelverfahren. 41

Angerechnet wird nur auf die Gebühren eines Verfahrens, über dessen Erfolgsaussicht der Anwalt auch beraten hat. 42

Berät der Anwalt über die Erfolgsaussicht eines Rechtsmittels und kommt er zu dem Ergebnis, dass dieses Rechtsmittel keine Aussicht auf Erfolg hat, und wird daraufhin ein anderes Rechtsmittel eingelegt, so wird nicht angerechnet. 43

> **Beispiel 1:** Eingeklagt werden 10.000 EUR. Der Beklagte erkennt 5.000 EUR an. Das Gericht weist die Klage im Übrigen ab und legt die gesamten Kosten dem Kläger auf, da es von einem kostenbefreienden Anerkenntnis nach § 93 ZPO ausgeht. Der Kläger beauftragt daraufhin seinen Anwalt, die Erfolgsaussicht einer Berufung zu prüfen. Der Anwalt rät jedoch von der Berufung ab. Er empfiehlt allerdings eine sofortige Beschwerde nach § 99 Abs. 1 ZPO gegen die Kostenentscheidung einzulegen, da das Gericht die Voraussetzungen des § 93 ZPO zu Unrecht angenommen habe. Der Anwalt erhält entsprechenden Auftrag zum Beschwerdeverfahren.
> Für die Prüfung der Erfolgsaussicht erhält der Anwalt die Gebühr nach VV 2100. Eine Anrechnung auf die Gebühren des Beschwerdeverfahrens findet nicht statt, da das Rechtsmittel, über das der Anwalt beraten sollte, nämlich die Berufung, nicht eingelegt worden ist. Über die Erfolgsaussicht einer Beschwerde hatte der Anwalt nicht zu beraten, so dass insoweit also keine Anrechnung stattfindet. Der Anwalt erhält für die Kostenbeschwerde vielmehr die Gebühren nach VV 3500 anrechnungsfrei.

Wird der Anwalt anschließend mit dem Rechtsmittelverfahren beauftragt, ist eine Anrechnung vorzunehmen. Keine Probleme ergeben sich, wenn die Werte von Beratung und Rechtsmittel identisch sind. 44

Beispiel 2: Gegen seine erstinstanzliche Verurteilung von 20.000 EUR will der Beklagte Berufung einlegen und lässt sich beraten, ob die Berufung Aussicht auf Erfolg hat. Der beauftragte Anwalt prüft dies und bejaht die Erfolgsaussicht, so dass ihm hiernach der Auftrag zur Berufung erteilt und diese auch durchgeführt wird.

Abzurechnen ist wie folgt:
I. Prüfung der Erfolgsaussicht (Wert: 20.000 EUR)
1. 0,75-Prüfungsgebühr, VV 2100   556,50 EUR
2. Postentgeltpauschale, VV 7002   20,00 EUR
    Zwischensumme   576,50 EUR
3. 19 % Umsatzsteuer, VV 7008   109,54 EUR
Gesamt   **686,04 EUR**
II. Rechtsmittelverfahren
1. 1,6-Verfahrensgebühr, VV 3200   1.187,20 EUR
2. gem. Anm. zu VV 2100 anzurechnen 0,75 aus 20.000 EUR   − 556,50 EUR
3. 1,2-Terminsgebühr, VV 3202   890,40 EUR
4. Postentgeltpauschale, VV 7002   20,00 EUR
    Zwischensumme   1.541,10 EUR
5. 19 % Umsatzsteuer, VV 7008   292,81 EUR
Gesamt   **1.833,91 EUR**

Ist der Anwalt lediglich teilweise mit dem Rechtsmittel beauftragt, so findet analog VV Vorb. 3 Abs. 4 S. 3 auch nur nach dem entsprechenden Wert eine Anrechnung statt.

Beispiel 3: Wie Beispiel 2; der Anwalt rät jedoch lediglich zu einer Berufung in Höhe von 10.000 EUR, für die er dann auch den Auftrag erhält und die dann auch durchgeführt wird.

Abzurechnen ist wie folgt:
I. Prüfung der Erfolgsaussicht (Wert: 20.000 EUR)
1. 0,75-Prüfungsgebühr, VV 2100   556,50 EUR
2. Postentgeltpauschale, VV 7002   20,00 EUR
    Zwischensumme   576,50 EUR
3. 19 % Umsatzsteuer, VV 7008   109,54 EUR
Gesamt   **686,04 EUR**
II. Rechtsmittelverfahren
(Wert: 10.000 EUR)
1. 1,6-Verfahrensgebühr, VV 3200   892,80 EUR
2. gem. Anm. zu VV 2100 anzurechnen 0,75 aus 10.000,00 EUR   − 418,50 EUR
3. 1,2-Terminsgebühr, VV 3202   669,60 EUR
4. Postentgeltpauschale, VV 7002   20,00 EUR
    Zwischensumme   1.163,90 EUR
5. 19 % Umsatzsteuer, VV 7008   221,14 EUR
Gesamt   **1.385,04 EUR**

IX. Gegenstandswert

45   Der Gegenstandswert bemisst sich nach dem Umfang des Prüfungsauftrags. Soll der Anwalt über ein uneingeschränktes Rechtsmittel beraten, so ist der volle Wert der Beschwer maßgebend (vgl. § 23 Abs. 1 S. 3 i.V.m. § 47 Abs. 2 GKG, § 40 Abs. 2 FamGKG, § 61 Abs. 2 S. 1 GNotKG). Der Wert kann gemäß § 23 Abs. 1 S. 3 i.V.m. § 47 Abs. 2 S. 1 GKG, § 40 Abs. 2 S. 1 FamGKG, § 61 Abs. 2 S. 1 GNotKG nicht höher sein als der Wert der Instanz, gegen deren Entscheidung sich das Rechtsmittel richten soll. Beschränkt sich der Auftrag auf einzelne Gegenstände, wird also nur ein beschränkter Prüfungsauftrag erteilt, so ist nur dieser beschränkte Wert maßgebend.

Beispiel 1: Eingeklagt waren erstinstanzlich 30.000 EUR. Der Beklagte ist verurteilt worden, 20.000 EUR zu zahlen. Er beauftragt den Anwalt, die Erfolgsaussicht einer eigenen Berufung zu prüfen.
Die Gebühren erster Instanz berechnen sich nach 30.000 EUR. Die Beschwer beträgt allerdings nur 20.000 EUR, so dass für den Prüfungsauftrag der Gegenstandswert von 20.000 EUR maßgebend ist.

Beispiel 2: Wie Beispiel 1; der Mandant beauftragt den Anwalt jedoch lediglich zu prüfen, ob ein Rechtsmittel wegen einer Teilforderung in Höhe von 10.000 EUR Aussicht auf Erfolg habe.
Obwohl die Beschwer nach wie vor bei 20.000 EUR liegt, beträgt der Gegenstandswert für die Prüfungsgebühr jetzt noch 10.000 EUR, da ein beschränkter Auftrag vorliegt.

X. Vergütungsfestsetzung

Nach h.M. ist eine Festsetzung der Prüfungsgebühr im Verfahren nach § 11 nicht möglich, da diese Gebühr nicht im Rahmen eines gerichtlichen Verfahrens entstanden sei.[27] M.E. ist diese Auffassung zu eng.[28] Unstritig muss die Tätigkeit des Anwalts, der die Festsetzung betreibt, nicht gegenüber dem Gericht entfaltet worden sein (siehe § 11 Rdn 54 f.). Daher kann z.B. die reduzierte Verfahrensgebühr der VV 3101 Nr. 1 festgesetzt werden. Für die Festsetzung kann es aber keinen Unterschied machen, ob der abratende Anwalt bereits Prozess- oder Verfahrensauftrag hatte und das Rechtsmittel mangels Erfolgsaussicht nicht mehr eingelegt hat oder ob der Anwalt ohne Prozess- oder Verfahrensauftrag von dem Rechtsmittel abgeraten hat. Dem Zweck des § 11, die Gerichte zu entlasten und zügig einen Titel zu schaffen, entspricht es, die Festsetzung zuzulassen. In diese Richtung geht auch die Entscheidung des OLG Köln,[29] das eine Festsetzung nach § 11 zulässt, soweit der Gegenstand der Beratung anhängig geworden ist.

46

XI. Prozess- und Verfahrenskostenhilfe

Umstritten ist, ob für die Prüfung der Erfolgsaussicht eines Rechtsmittels Prozess- oder Verfahrenskostenhilfe bewilligt werden kann. *Hartung*[30] ist der Auffassung, dass für eine Rechtsmittelprüfung Prozess- oder Verfahrenskostenhilfe gewährt werden könne. Die ganz überwiegende Rechtsprechung hat von Anfang an die Bewilligung von Prozess- oder Verfahrenskostenhilfe jedoch zu Recht abgelehnt.[31] Die Prüfung der Erfolgsaussicht eines Rechtsmittels ist keine Prozess- oder Verfahrensführung i.S.d. §§ 114 ZPO. Es handelt sich – wie sich schon aus der Stellung der Gebühr in VV Teil 2 ergibt – um eine außergerichtliche Vertretung und nicht um eine außergerichtliche Tätigkeit in einem gerichtlichen Verfahren. Zudem kann Prozess- oder Verfahrenskostenhilfe nur bewilligt werden, wenn hinreichende Erfolgsaussicht besteht. Ob dies der Fall ist, soll die Tätigkeit des Anwalts ja gerade erst herausfinden. Der BGH hat diese Rechtsprechung zwischenzeitlich bestätigt.[32]

47

Ist allerdings – wenn auch zu Unrecht – Prozess- oder Verfahrenskostenhilfe bewilligt, dann sind die Festsetzungsinstanzen daran gebunden. Ihre Prüfungskompetenz erstreckt sich nicht auf die Frage, ob die Bewilligung und Beiordnung durch das Gericht zu Recht erfolgt sind.[33]

48

XII. Beratungshilfe

Wohl kann Beratungshilfe für die Prüfung der Erfolgsaussicht eines Rechtsmittels bewilligt werden.[34]

49

XIII. Pflichtverteidigung

Für den Pflichtverteidiger ist Prüfung der Erfolgsaussicht eines Rechtsmittels von seiner Bestellung erfasst, so dass seine Vergütung dafür aus der Staatskasse erhalten kann.[35]

50

---

27 OLG Düsseldorf MDR 1954, 625; MDR 1990, 453 = JurBüro 1990, 453; OLG Hamm JurBüro 1996, 416 m. Anm. *Hansens*.
28 So auch Mayer/Kroiß/*Winkler*, VV 2100 Rn 45.
29 OLGR 2000, 144 = AGS 2000, 145.
30 AnwBl 2005, 206.
31 OLG Düsseldorf AGS 2005, 567 m. Anm. *Schons*; AnwBl 2005, 656; OLG Frankfurt AGS 2006, 137 = RVGreport 2005, 280 = RVGprof. 2005, 185.
32 AGS 2007, 360 m. Anm. Schons = FamRZ 2007, 1088 = Rpfleger 2007, 476 = MDR 2007, 1032 = Jur-Büro 2007, 436 = AnwBl 2007, 634 = NJW-RR 2007, 1439 = FuR 2007, 316 = FamRB 2007, 267 = RVGreport 2007, 353.
33 OLG Düsseldorf AGS 2006, 482 = JurBüro 2006, 635 = OLGR 2007, 294 = RVGreport 2007, 67 = VRR 2007, 77.
34 OLG Düsseldorf AGS 2005 m. Anm. *Schons*; AnwBl 2005, 656.
35 LG Berlin AGS 2006, 73.

XIV. Rechtsschutzversicherung

51 Die Gebühr für die Beratung über die Aussicht eines Rechtsmittels oder deren Prüfung ist im Rahmen der Rechtsschutzversicherung grundsätzlich mitversichert,[36] es sei denn, es besteht offensichtlich keine Erfolgsaussicht, so dass eine Beratung mutwillig erscheint (§ 1 ARB 1975; § 17 Abs. 1 ARB 1994/2000). Häufig beschränkt der Rechtsschutzversicherer sogar seine Deckungsschutzzusage für das Rechtsmittelverfahren zunächst auf eine Prüfung der Erfolgsaussicht, um dann aufgrund der Stellungnahme des Anwalts zu entscheiden, ob für die Durchführung des Rechtsmittels Deckungsschutz gewährt wird. Die zum Teil von einigen Rechtsschutzversicherern vorgebrachte Auffassung, es sei Sache des Versicherers zu prüfen, ob Erfolgsaussicht bestehe, ist mit dem Gesetz und den ARB nicht zu vereinbaren.

52 Der Antrag auf Deckungsschutz kann auch nachträglich gestellt werden. Zwar sind Maßnahmen, die Kosten auslösen, grundsätzlich mit dem Versicherer abzustimmen. Allerdings wird hier die Verletzung dieser Pflicht weder für den Eintritt noch die Feststellung des Rechtsschutzfalles bzw. den Umfang der Versicherungsleistung ursächlich sein.[37]

XV. Kostenerstattung

53 Eine Kostenerstattung der Prüfungsgebühr kann in Betracht kommen. Zu berücksichtigen ist allerdings, dass die Gebühr für eine außergerichtliche Tätigkeit anfällt und außergerichtliche Gebühren grundsätzlich nicht erstattungsfähig sind. Eine Erstattung kann aber unter dem Gesichtspunkt der Ersparnis anderer Kosten, die erstattungsfähig wären, in Betracht kommen.

54 Bei der Prüfung der Erfolgsausicht eines **eigenen Rechtsmittels** wird eine Erstattungsfähigkeit in der Regel ausscheiden. Soweit vom Rechtsmittel abgeraten und dieses nicht durchgeführt wird, fehlt es an der Anhängigkeit und damit einem Prozess- oder Verfahrensrechtsverhältnis, so dass bereits aus diesem Grunde eine Erstattung ausscheidet. Wird das Rechtsmittel nach Prüfung eingelegt, so entsteht insoweit die gerichtliche Verfahrensgebühr, in der die Prüfungsgebühr kraft Anrechnung aufgeht, so dass – abgesehen von der Postentgeltpauschale – keine zusätzlichen Kosten verbleiben.

55 **Bei einem Rechtsmittel des Gegners** kann allerdings eine Erstattung in Betracht kommen.[38] Beauftragt der Rechtsmittelgegner seinen bisherigen Prozess- oder Verfahrensvertreter oder einen anderen Rechtsanwalt mit einer Beratung betreffend des weiteren Vorgehens, stellt dies grundsätzlich eine Maßnahme dar, die geeignet ist, seinen rechtlichen Interessen zu entsprechen. Da nach der Rechtsprechung des BGH eine Partei, deren Gegner ein Rechtsmittel einlegt, berechtigt ist, umgehend einen Rechtsanwalt zu beauftragen und dessen Kosten dann auch erstattungsfähig sind, müssen die geringeren Kosten einer Prüfungstätigkeit folglich ebenfalls erstattungsfähig sein. Insoweit gilt das Gleiche wie bei sinnvoller Beauftragung eines am BGH nicht zugelassenen Anwalts (siehe dazu VV 3403 Rdn 66).

Nr.	Gebührentatbestand	Gebühr oder Satz der Gebühr nach § 13 RVG
2101	Die Prüfung der Erfolgsaussicht eines Rechtsmittels ist mit der Ausarbeitung eines schriftlichen Gutachtens verbunden: Die Gebühr 2100 beträgt	1,3

VV 2101 entspricht inhaltsgleich der früheren VV 2201, die aufgrund des Wegfalls der Gebühren der VV 2100 ff. a.F. durch Art. 5 des KostRMoG zum 1.7.2006 eine neue Nummer erhalten hat. Auf die Rspr. zur vormaligen VV 2201 kann weiterhin zurückgegriffen werden.

Literatur: siehe VV 2100

---

36 AG Saarbrücken AGS 2016, 367; *Hartung/Schons/Enders*, VV 2100 Rn 26.
37 AG Saarbrücken AGS 2016, 367.
38 Für den Fall einer Nichtzulassungsbeschwerde: OLG Frankfurt/M. AGS 2009, 25 = JurBüro 2008, 538.

A. Allgemeines	1	V. Gutachter	10
B. Regelungsgehalt	2	VI. Gebühr	13
I. Anwendungsbereich	2	VII. Gegenstandswert	16
II. Gutachten	4	VIII. Anrechnung gemäß Anm. zu VV 2100	19
III. Schriftform	5	IX. Kostenerstattung	22
IV. Erfolgsaussicht eines Rechtsmittels	6	X. Rechtsschutzversicherung	26

A. Allgemeines

Nach VV 2101 erhält der Anwalt für die Ausarbeitung eines schriftlichen Gutachtens über die Erfolgsaussicht eines Rechtsmittels eine 1,3-Gebühr. Diese Vorschrift ist **lex specialis** zu § 34 und geht der dortigen Regelung vor. Die Vorschrift beruht auf der früheren Praxis der Rechtsanwälte am Reichsgericht und am Bundesgerichtshof, die für ihre Gutachten über die Aussichten der Revision eine Prozessgebühr berechnet hatten. Die BRAGO hat diese Handhabung 1965 durch Einführung des § 21a BRAGO übernommen. Mit Gesetz v. 20.8.1975 ist der Gebührentatbestand dann auch auf Gutachten über die Erfolgsaussicht von Berufungen erweitert worden. Diese Regelung ist dann mit Inkrafttreten des RVG in VV 2201 a.F. übernommen worden und jetzt in VV 2101 enthalten. Eine vergleichbare Gebühr für Rahmengebühren findet sich in VV 2103.

1

B. Regelungsgehalt

I. Anwendungsbereich

Klarzustellen ist vorab, dass es sich bei der VV 2101 nicht um einen eigenen Gebührentatbestand handelt, sondern lediglich um eine **Regelung zur Höhe der Gebühr VV 2100**. Die Gebühr selbst bestimmt sich nach VV 2100, wie sich unschwer aus dem Gesetzeswortlaut ergibt: „Die Gebühr 2100 beträgt". Daher gilt insbesondere Auch die Anm. zu VV 2100.

2

Nach VV 2101 findet die Vorschrift nur in denjenigen **Verfahren** Anwendung, in denen die **Gebühren nach dem Gegenstandswert** zu berechnen sind (§§ 2 Abs. 1, 3 Abs. 1 S. 2), also für:
- Rechtsmittelverfahren in Zivilsachen,
- Rechtsmittelverfahren in Familiensachen,
- Rechtsmittelverfahren in Verfahren der freiwilligen Gerichtsbarkeit,
- Rechtsmittelverfahren in Arbeitsgerichtsstreitigkeiten,
- Rechtsmittel in Verwaltungsrechtsstreitigkeiten,
- Rechtsmittel in sozialgerichtlichen Verfahren, in denen gemäß § 3 Abs. 1 S. 2 nach dem Wert abzurechnen ist,
- Rechtsmittel in finanzgerichtlichen Verfahren,
- Rechtsmittel in Verfahren nach VV Teil 4 bis 6
  - im Adhäsionsverfahren, also soweit über ein Rechtsmittel gegen die Entscheidung hinsichtlich der vermögensrechtlichen Ansprüche
  - gegen Entscheidungen über Einziehung und verwandte Maßnahmen
  - soweit nach Vorb. 4 Abs. 5, 5 Abs. 4, 6 Abs. 4 auf VV Teil 3 verwiesen wird und Rechtsmittel somit nach dem Gegenstandswert abzurechnen sind.

Nach der früheren Gesetzesfassung widersprach dies VV Vorb. 2 Abs. 3 a.F., wonach die Gebühren der VV 2100, 2101 nicht in Angelegenheiten nach den VV Teilen 4 bis 6 anzuwenden sein sollten. Man war sich nach der damaligen Gesetzesfassung jedoch schon einig, dass die VV 2100, 2101 in Angelegenheiten nach den VV Teilen 4 bis 6 jedenfalls dann gelten sollten, wenn dort nach dem Gegenstandswert abgerechnet wird. Durch den Wegfall der Vorb. 2 Abs. 3[1] ist jetzt klargestellt, dass die Wertgebühren der VV 2100, 2101 auch in Verfahren nach den VV Teilen 4 bis 6 anzuwenden sind, wenn sich die Gebühren dort nach dem Wert richten.

Dagegen ist VV 2101 insbesondere in straf- und bußgeldrechtlichen Angelegenheiten (Ausnahme: Einziehung und verwandte Mahnamen (VV 4142) und Adhäsionsverfahren nach VV 4143 f.) sowie in sozialgerichtlichen Verfahren, die nach § 3 Abs. 2 S. 1 vergütet werden, nicht anwendbar.

3

---

[1] Aufgehoben durch das WehrrechtsänderungsG vom 31.7.2008.

II. Gutachten

4 Dem Anwalt muss der **Auftrag** zur Erstellung eines Gutachtens erteilt worden sein. Es muss sich um ein **Gutachten** i.S.d. § 34 handeln,[2] so dass auf die dortigen Ausführungen (siehe § 34 Rdn 43 ff.) Bezug genommen wird.

III. Schriftform

5 Das Gutachten muss schriftlich erstellt sein und eine juristische Begründung enthalten.[3] Die Einhaltung der strengen Schriftform des § 126 BGB ist dabei nicht erforderlich. Das Erfordernis der Schriftlichkeit dient keinem Beweiszweck, sondern soll den Auftraggeber in die Lage versetzen, die Ausführungen des Anwalts in Ruhe zu studieren und gegebenenfalls Dritten vorzulegen, die an der Entscheidung über das Rechtsmittel beteiligt sind. Daher reicht auch die Übermittlung des Gutachtens per **Telefax** aus. Auch die Versendung in **elektronischer Form** dürfte der Schriftform genügen, wenn der Empfänger ohne weiteres in der Lage ist, den Text des Gutachtens selbst auszudrucken, etwa bei einer Versendung per **E-Mail** oder pdf-Datei.

IV. Erfolgsaussicht eines Rechtsmittels

6 Inhalt des Gutachtens muss die Stellungnahme zur Erfolgsaussicht eines Rechtsmittels sein. Die Beschränkung auf **Berufung** oder **Revision**, wie sie noch in § 21a BRAGO enthalten war, ist weggefallen. Unter VV 2101 fallen daher auch andere Rechtsmittel als Berufung oder Revision, also insbesondere das Verfahren der Nichtzulassungsbeschwerde[4] (z.B. § 544 ZPO), der Rechtsbeschwerde (z.B. § 574 ZPO), sonstige Beschwerden, insbesondere die Beschwerden in Familiensachen und in Verfahren der freiwilligen Gerichtsbarkeit.

7 Auf **bloße Rechtsbehelfe** wie den Einspruch gegen einen Vollstreckungsbescheid oder ein Versäumnisurteil, Erinnerungen, Gehörsrüge, Gegenvorstellungen, Wiedereinsetzungs- oder Wiederaufnahmeanträge, Nichtigkeits- und Restitutionsklagen, Anträge auf gerichtliche Entscheidung in Bußgeldsachen, soweit VV Vorb. 5 Abs. 4 greift, findet VV 2101 keine Anwendung (siehe VV 2100 Rdn 13 m. Nachw.). Es gilt dann § 34.

8 Ob das **Rechtsmittel bereits eingelegt** ist oder noch nicht, spielt für den Anwendungsbereich der VV 2101 keine Rolle. Die Gutachtengebühr entsteht unabhängig hiervon, wobei allerdings die Gutachten- und die Verfahrensgebühr aufeinander anzurechnen sind, wenn derselbe Anwalt, der bereits das Rechtsmittel eingelegt hat, über dessen Aussichten noch ein Gutachten anfertigen soll (VV 2101 i.V.m. Anm. zu VV 2100) oder auch im umgekehrten Fall (zur Anrechnung siehe Rdn 19 ff.).

9 Es muss sich nicht um ein eigenes Rechtsmittel handeln. Auch ein Gutachten über das von der Gegenseite eingelegte Rechtsmittel fällt unter VV 2101 (siehe VV 2100 Rdn 16).

> **Beispiel:** Gegen das Urteil des OLG legt der Gegner Revision ein und begründet diese. Der Mandant beauftragt den Anwalt, ein Gutachten über die Aussichten dieser gegnerischen Revision zu erstatten, um abwägen zu können, ob er ein gleichzeitig unterbreitetes Vergleichsangebot der Gegenseite annehmen soll.[5]

V. Gutachter

10 Gutachter i.S.d. VV 2101 kann jeder Anwalt sein. Es ist nicht erforderlich, dass er an dem zuständigen Rechtsmittelgericht **zugelassen** ist. Es kann also auch ein Anwalt die Gutachtengebühr verdie-

---

[2] OLG München JurBüro 1992, 103 = Rpfleger 1992, 175.
[3] OLG München JurBüro 1992, 103 = Rpfleger 1992, 175.
[4] Dies war früher umstritten; siehe AG Brühl KostRsp. BRAGO § 20 Nr. 11; AnwK-BRAGO/*N. Schneider*, 1. Aufl., § 21a Rn 7.
[5] Meyer/Kroiß/*Winkler*, VV 2101 Rn 42; Gerold/Schmidt/*Mayer*, VV 2101 Rn 4.

nen, der selbst gar nicht zulässigerweise den Auftraggeber im späteren Rechtsmittelverfahren vertreten könnte (siehe VV 2100 Rdn 12).

Auch der **vorinstanzliche Prozessbevollmächtigte** kann die Gebühr nach VV 2101 verdienen.[6] Wird er mit der Erstellung eines schriftlichen Gutachtens über die Aussicht des Rechtsmittels beauftragt, ist dies für ihn eine neue selbstständige Angelegenheit und zählt keineswegs noch zur Vorinstanz. Hier ist allerdings zur Anm. zu VV 3400 abzugrenzen: Der erstinstanzliche Anwalt, der die Übersendung der Handakten an den Rechtsmittelanwalt auftragsgemäß mit gutachterlichen Äußerungen verbindet, erhält hierfür eine Gebühr nach Anm. zu VV 3400 in Höhe einer Verfahrensgebühr des Rechtsmittelanwalts, höchstens allerdings eine 1,0-Gebühr. Solche gutachterlichen Äußerungen i.S.d. Anm. zu VV 3400 erfüllen noch nicht den Tatbestand der VV 2101 (zur Abgrenzung zwischen Gutachten und gutachterlichen Äußerungen siehe VV 3400 Rdn 118 ff., 128 ff.).

Zweckmäßigerweise wird der Auftraggeber einen am Rechtsmittelgericht zugelassenen Anwalt mit der Erstellung des Gutachtens beauftragen, da dieser die Rechtsprechung „seines Gerichts" am besten kennt. Zudem ist dies kostengünstiger, da bei Durchführung der Revision die Gutachtengebühr auf die Verfahrensgebühr anzurechnen ist (VV 2101 i.V.m. Anm. zu VV 2100). Zwingend ist dies jedoch nicht. Häufig wird auch ein **„Spezialanwalt"** herangezogen, der mit der Materie besonders vertraut ist (zur Erstattungsfähigkeit der Kosten eines Spezialanwalts siehe Rdn 24).

VI. Gebühr

Für die Erstellung des Gutachtens erhält der Anwalt eine 1,3-Gebühr (auch dies entspricht dem früheren Recht nach der BRAGO: 13/10-Gebühr). Dies gilt auch dann, wenn ein am BGH zugelassener Rechtsanwalt die Erfolgsaussicht einer Revision zum BGH prüft. Die VV 2101 differenziert hier nicht. Eine der VV 3208 o.Ä. vergleichbare Vorschrift fehlt. Zudem erfordert die Erstellung eines Gutachtens über eine Revision zum BGH nicht die Zulassung des Anwalts an diesem Gericht, so dass die Voraussetzungen dieser Erhöhungsvorschriften ohnehin nicht erfüllt wären.

Wird der Gutachtenauftrag von **mehreren Auftraggebern** erteilt, so erhöht sich die Gutachtengebühr – ebenso wie die frühere Beratungsgebühr der VV 2100 a.F. – nach VV 1008 um jeweils 0,3 je weiteren Auftraggeber,[7] maximal um 2,0, sofern der Gegenstand derselbe ist.

Kommt es nach Auftragserteilung nicht mehr zur Fertigstellung des Gutachtens, so gilt auch hier § 649 BGB. Insoweit gelten die gleichen Grundsätze wie bei § 34, so dass auf die dortige Kommentierung (siehe § 34 Rdn 68 ff.) verwiesen werden kann. Kündigt also der Auftraggeber den Gutachterauftrag vorzeitig, weil er sich zwischenzeitlich entschlossen hat, das Rechtsmittel nicht durchzuführen, weil versäumt worden ist, das Rechtsmittel fristgerecht einzureichen, oder weil er sich entschlossen hat, das Rechtsmittel auf jeden Fall, also auch ohne das Gutachten, durchzuführen, so behält der Anwalt den Anspruch auf seine Vergütung. Er muss sich allerdings ersparte Aufwendungen anrechnen lassen. Liegt es dagegen in seiner Sphäre, dass das Gutachten nicht fertig gestellt wird, hat der Anwalt keinen Anspruch auf die Vergütung.

VII. Gegenstandswert

Der Gegenstandswert für die Gutachtengebühr bemisst sich bei uneingeschränktem Auftrag nach dem Wert, mit dem der Auftraggeber durch das vorinstanzliche Urteil **beschwert** ist (§ 23 Abs. 2 S. 3 RVG, § 47 GKG, § 40 FamGKG). Schränkt der Auftraggeber den Gutachtenauftrag von vornherein dahin gehend ein, dass nur die Erfolgsaussicht eines gegenständlich **beschränkten Rechtsmittels** begutachtet werden sollen, so ist lediglich der Wert der Gegenstände maßgebend, hinsichtlich deren die Erfolgsaussicht geprüft werden sollen. Sollen die Aussichten eines gegnerischen Rechtsmittels geprüft werden (vgl. Rdn 9), so ist die Beschwer der Gegenseite maßgebend.

Der Wert des Prüfungsauftrags kann gemäß § 23 Abs. 1 S. 3 i.V.m. § 47 Abs. 2 GKG, § 40 Abs. 2 FamGKG grundsätzlich nicht höher sein als der Wert der Instanz, gegen deren Entscheidung sich

---

[6] OLG Düsseldorf AGS 2006, 482 = JurBüro 2006, 635 = OLGR 2007, 294 = RVGreport 2007, 67 = VRR 2007, 77; LG Berlin AGS 2006, 73; a.A. KG AGS 2006, 433 = RVGreport 2007, 347.

[7] RMOLK RVG/*Baumgärtel*, VV 2101 Rn 4; Mayer/ Kroiß/*Winkler*, VV 2101 Rn 32.

das Rechtsmittel richten soll. Lediglich dann, wenn der Prüfungsauftrag über die Beschwer hinausgeht, kann sich ein höherer Wert ergeben, also wenn z.B. die Möglichkeit einer Hilfsaufrechnung, Klageerweiterung oder Widerklage im Rechtsmittelverfahren geprüft werden soll.

18 Zu den Fällen der **missbräuchlichen Auftragsbeschränkung** siehe VV 3201.

VIII. Anrechnung gemäß Anm. zu VV 2100

19 Nach VV 2101 i.V.m. Anm. zu VV 2100 ist die Gutachtengebühr auf die **Verfahrensgebühr**, die im Rechtsmittelverfahren entsteht, **anzurechnen** (siehe hierzu VV 2100 Rdn 40 ff.).

20 Ungeachtet der Anrechnung handelt es sich bei der Gutachtentätigkeit um eine **selbstständige Angelegenheit** i.S.d. § 15, so dass der Anwalt auch bei vollständiger Anrechnung der Gebühr eine volle **Postentgeltpauschale** nach VV 7002 erhält.

Beispiel: Der am BGH zugelassene Anwalt erhält den Auftrag, ein Gutachten über die Erfolgsaussicht einer Revision gegen das Urteil des OLG zu erstellen (Beschwer 70.000 EUR). Er verfasst das Gutachten und rät zu einer Revision, die er dann auch auftragsgemäß einlegt und über die verhandelt wird. Der Anwalt erhält:

I. Gutachten (Wert: 70.000 EUR)
1. 1,3-Gutachtengebühr, VV 2100, 2101 — 1.732,90 EUR
2. Postentgeltpauschale, VV 7002 — 20,00 EUR
   Zwischensumme — 1.752,90 EUR
3. 19 % Umsatzsteuer, VV 7008 — 333,05 EUR
   Gesamt — **2.085,95 EUR**

II. Revisionsverfahren (Wert: 70.000 EUR)
1. 2,3-Verfahrensgebühr, VV 3206, 3208 — 3.065,90 EUR
2. gem. VV 2101 i.V.m. Anm. zu VV 2100 anzurechnen,
   1,3-Gebühr aus 70.000 EUR — − 1.732,90 EUR
3. 1,5-Terminsgebühr, VV 3210 — 1.999,50 EUR
4. Postentgeltpauschale, VV 7002 — 20,00 EUR
   Zwischensumme — 3.352,50 EUR
5. 19 % Umsatzsteuer, VV 7008 — 636,98 EUR
   Gesamt — **3.989,48 EUR**

21 War der Anwalt beauftragt, die Aussichten eines **unbeschränkten Rechtsmittels** zu prüfen, und wird er entsprechend seiner Empfehlung anschließend beauftragt, das **Rechtsmittelverfahren teilweise** durchzuführen, so ist die Gutachtengebühr analog Vorb. 3 Abs. 4 nur nach demjenigen Streitwert anzurechnen, nach dem das Rechtsmittel durchgeführt wird.

Beispiel: Der am BGH zugelassene Anwalt erhält den Auftrag, ein Gutachten über die Erfolgsaussicht einer Revision gegen das Urteil des OLG zu erstellen (Beschwer 70.000 EUR). Er verfasst das Gutachten und rät zu einer Revision in Höhe von 40.000 EUR, die er dann auch auftragsgemäß einlegt und über die verhandelt wird. Der Anwalt erhält:

I. Gutachten (Wert: 70.000 EUR)
1. 1,3-Gutachtengebühr, VV 2100, 2101 — 1.732,90 EUR
2. Postentgeltpauschale, VV 7002 — 20,00 EUR
   Zwischensumme — 1.752,90 EUR
3. 19 % Umsatzsteuer, VV 7008 — 333,05 EUR
   Gesamt — **2.085,95 EUR**

II. Revisionsverfahren (Wert: 40.000 EUR)
1. 2,3-Verfahrensgebühr, VV 3206, 3208 — 2.329,90 EUR
2. gem. VV 2101 i.V.m. Anm. zu VV 2100 anzurechnen,
   1,3-Gebühr aus 40.000 EUR — − 1.316,90 EUR
3. 1,5-Terminsgebühr, VV 3210 — 1.519,50 EUR
4. Postentgeltpauschale, VV 7002 — 20,00 EUR
   Zwischensumme — 2.552,50 EUR
5. 19 % Umsatzsteuer, VV 7008 — 484,98 EUR
   Gesamt — **3.037,48 EUR**

IX. Kostenerstattung

Die Kosten für eine Begutachtung über die Erfolgsaussicht eines Rechtsmittels sind **grundsätzlich nicht erstattungsfähig**.[8]

Die Frage der Erstattungspflicht stellt sich ohnehin nicht, wenn der begutachtende Anwalt mit der Durchführung des Rechtsmittelverfahrens beauftragt worden ist, da dann infolge der Anrechnung – abgesehen von der zweiten Postentgeltpauschale – keine zusätzlichen Kosten entstehen.

War dagegen ein anderer als der im Rechtsmittelverfahren tätige Anwalt mit der Erstellung eines Gutachtens beauftragt, so scheitert die Erstattungsfähigkeit der Kosten in aller Regel bereits an § 91 Abs. 2 S. 1 ZPO, wonach die Kosten eines zweiten Anwalts grundsätzlich nicht zu erstatten sind. Lediglich bei schwierigen Rechtsgebieten können die Kosten eines **„Spezialanwalts"** erstattungsfähig sein. Insoweit kann auf die Rechtsprechung zur früheren Gutachtengebühr nach VV 2103 a.F./ § 21 BRAGO Bezug genommen werden.

Eine Erstattungsfähigkeit ist ferner ausnahmsweise dann gegeben, wenn der begutachtende Anwalt das Rechtsmittel infolge unvorhergesehener Aufgabe seiner Zulassung oder anderer unvorhersehbarer Hinderungsgründe nicht mehr durchführen kann, wenn also ein Fall des **notwendigen Anwaltswechsels** vorliegt.[9]

X. Rechtsschutzversicherung

Die Gebühr für ein Gutachten über die Aussichten eines Rechtsmittels ist im Rahmen der Rechtsschutzversicherung grundsätzlich mitversichert, soweit derjenige Anwalt beauftragt wird, der später das Rechtsmittel durchführen soll. Der Rechtsschutzversicherer kann seine Deckungsschutzzusage für das Rechtsmittelverfahren auch zunächst auf eine Begutachtung über die Erfolgsaussicht beschränken, um dann aufgrund des Gutachtens zu entscheiden, ob er auch für die Durchführung des Verfahrens Deckungsschutz gewährt. Die Beauftragung eines weiteren Anwalts als Gutachter ist vom Versicherungsschutz dagegen nicht gedeckt, da auch der Rechtsschutzversicherer bedingungsgemäß nur die Kosten eines Anwalts trägt.

Nr.	Gebührentatbestand	Gebühr oder Satz der Gebühr nach § 13 RVG
2102	Gebühr für die Prüfung der Erfolgsaussicht eines Rechtsmittels in sozialrechtlichen Angelegenheiten, in denen im gerichtlichen Verfahren Betragsrahmengebühren entstehen (§ 3 RVG), und in den Angelegenheiten, für die nach den Teilen 4 bis 6 Betragsrahmengebühren entstehen .... Die Gebühr ist auf eine Gebühr für das Rechtsmittelverfahren anzurechnen.	30,00 bis 320,00 €

A. Allgemeines	1	II. Anrechnung (Anm. zu VV 2102)	5
B. Regelungsgehalt	3	C. Pflichtverteidigung	7
I. Höhe der Gebühr	3	D. Rechtsschutzversicherung	8

A. Allgemeines

Diese Vorschrift entspricht von ihrem Anwendungsbereich der Vorschrift der VV 2100. Im Gegensatz zu VV 2100, der nur für die Beratung von Rechtsmitteln gilt, in denen sich das Rechtsmittelverfahren

---

8 OLG München JurBüro 1992, 103 = Rpfleger 1992, 175.
9 Siehe z.B. OLG Frankfurt AnwBl. 1980, 517 = MDR 1980, 1026 = VersR 1980, 933 = JurBüro 1981, 126 = Rpfleger 1981, 29.

nach Wertgebühren richtet, gilt VV 2102 ausschließlich für solche Beratungen, in denen im Rechtsmittelverfahren **Betragsrahmengebühren** anfallen würden, also
- in sozialrechtlichen Verfahren nach § 3 Abs. 1 S. 1,
- in Strafsachen (ausgenommen Adhäsionsverfahren, Verfahren auf Einziehung und verwandte Maßnahmen und Verfahren nach VV Vorb. 4 Abs. 5),
- in Bußgeldverfahren (ausgenommen Verfahren auf Einziehung und verwandte Maßnahmen sowie Verfahren nach Vorb. 5 Abs. 4),
- in Verfahren nach VV Teil 6 (ausgenommen Verfahren nach VV Vorb. 6 Abs. 3).

Hinsichtlich der Voraussetzungen gilt nichts anderes als für die Gebühr nach VV 2100, so dass insoweit auf die dortige Kommentierung Bezug genommen wird.

2   Zu beachten ist, dass die Einlegung des Rechtsmittels nach § 19 Abs. 1 S. 2 Nr. 10 in Straf- und Bußgeldsachen sowie in Verfahren nach VV Teil 6 noch zur Ausgangsinstanz gehört, sofern der Anwalt im vorangegangenen Verfahren Verteidiger war. Mit dem Auftrag, das Rechtsmittel einzulegen, ist also die Anwendung der VV 2102 – im Gegensatz zu VV 2100 – noch nicht ausgeschlossen, da dies noch kein Rechtsmittelauftrag i.S.d. VV Teil 4 bis 6 darstellt. Nur dann, wenn der Anwalt bereits den Auftrag hat, über die Einlegung des Rechtsmittels hinaus das Rechtsmittel auch durchzuführen, ist die Anwendung der VV 2102 daneben ausgeschlossen.

B. Regelungsgehalt

I. Höhe der Gebühr

3   Die Höhe der Gebühr richtet sich nicht nach dem Wert. Daher ist hier ein Betragsrahmen vorgesehen. Dieser beläuft sich nach der Neufassung auf 30 EUR bis 320 EUR. Die Mittelgebühr beträgt 175 EUR. Soweit der Anwalt **mehrere Auftraggeber** vertritt, erhöht sich der Gebührenrahmen um 30 % je weiteren Auftraggeber, maximal jedoch um 200 %. Aus dem jeweiligen Rahmen bemisst der Anwalt dann unter Berücksichtigung der Kriterien des § 14 Abs. 1 die jeweils im Einzelfall geschuldete Gebühr.

4   Bei der Prüfung der Erfolgsaussicht eines Rechtsmittels in Straf- und Bußgeldsachen entsteht **keine Grundgebühr** nach VV 4100, 5100. Die Beratung fällt nicht unter VV Teil 4 oder 5, so dass die Grundgebühr nicht anfällt. Gleiches gilt für Verfahren nach VV Teil 6 Abschnitt 2.

II. Anrechnung (Anm. zu VV 2102)

5   Auch bei der Gebühr nach VV 2102 ist eine Anrechnung vorgesehen (Anm. zu VV 2102). Soweit der Anwalt also Rechtsmittelauftrag erhält, ist die Prüfungsgebühr auf die entsprechende Verfahrensgebühr des nachfolgenden Rechtsmittelverfahrens anzurechnen.

> **Beispiel:** Der Anwalt ist beauftragt, die Aussicht einer Berufung gegen das Urteil des Schöffengerichts zu prüfen und hierüber ein Gutachten zu verfassen. Der Anwalt rät zur Berufung und wird anschließend mit dem Berufungsverfahren beauftragt und nimmt an der Hauptverhandlung teil.
>
> **I. Prüfung der Erfolgsaussicht**
> | | | |
> |---|---:|---:|
> | 1. Prüfungsgebühr, VV 2102 | | 175,00 EUR |
> | 2. Postentgeltpauschale, VV 7002 | | 20,00 EUR |
> | Zwischensumme | 195,00 EUR | |
> | 3. 19 % Umsatzsteuer, VV 7008 | | 37,05 EUR |
> | **Gesamt** | | **232,05 EUR** |
>
> **II. Revisionsverfahren**
> | | | |
> |---|---:|---:|
> | 1. Grundgebühr, VV 4100 | | 200,00 EUR |
> | 2. Verfahrensgebühr, VV 4130 | | 615,00 EUR |
> | 3. gem. Anm. zu VV 2102 anzurechnen | | – 175,00 EUR |
> | 4. Terminsgebühr, VV 4133 | | 410,00 EUR |
> | 5. Postentgeltpauschale, VV 7002 | | 20,00 EUR |
> | Zwischensumme | 1.070,00 EUR | |
> | 6. 19 % Umsatzsteuer, VV 7008 | | 203,30 EUR |
> | **Gesamt** | | **1.273,30 EUR** |

Abschnitt 1. Prüfung der Erfolgsaussicht eines Rechtsmittels VV 2103

Soweit der Rechtsmittelauftrag später nur eingeschränkt erteilt wird, muss entsprechend den Grundsätzen bei Wertgebühren anteilig angerechnet werden. Es ist dann zu ermitteln, welcher Anteil auf die Beratung derjenigen Verfahrensgegenstände entfällt, hinsichtlich der das Rechtsmittel nicht eingelegt worden ist. Dieser Anteil verbleibt dem Anwalt dann anrechnungsfrei. 6

> **Beispiel:** Der Angeklagte ist wegen Diebstahls und Betruges verurteilt worden. Er beauftragt seinen Verteidiger, zunächst die Erfolgsaussicht einer Revision zu prüfen. Der Anwalt kommt zu dem Ergebnis, dass eine Revision gegen die Verurteilung wegen Betruges aussichtslos ist und empfiehlt nur, wegen des Diebstahls Revision einzulegen, was dann auch geschieht.
> Ausgehend davon, dass sich die Prüfung auf zwei Taten erstreckt, soll hier von einer überdurchschnittlichen Gebühr (240 EUR) ausgegangen werden, wobei ferner davon ausgegangen werden soll, dass die Prüfung für beide Taten den gleichen Umfang hatte, so dass die Hälfte der Prüfungsgebühr anzurechnen wäre.
>
> **I. Prüfung der Erfolgsaussicht**
> 1. Prüfungsgebühr, VV 2102   240,00 EUR
> 2. Postentgeltpauschale, VV 7002   20,00 EUR
>   Zwischensumme   260,00 EUR
> 3. 19 % Umsatzsteuer, VV 7008   49,40 EUR
> **Gesamt**   **309,40 EUR**
>
> **II. Strafverfahren**
> 1. Verfahrensgebühr, VV 4130   615,00 EUR
> 2. gem. Anm. zu VV 2102 anzurechnen   – 120,00 EUR
> 3. Postentgeltpauschale, VV 7002   20,00 EUR
>   Zwischensumme   515,00 EUR
> 4. 19 % Umsatzsteuer, VV 7008   97,85 EUR
> **Gesamt**   **612,85 EUR**
>
> Anzurechnen ist auch hier nur auf die jeweiligen Verfahrensgebühren, nicht auf sonstige Gebühren, also auch nicht auf eine Grundgebühr oder eine Terminsgebühr.

C. Pflichtverteidigung

Für den Pflichtverteidiger ist die Prüfung der Erfolgsaussicht eines Rechtsmittels von seiner Bestellung erfasst, so dass er seine Vergütung dafür aus der Staatskasse erhalten kann.[1] 7

D. Rechtsschutzversicherung

Die Gebühr für die Beratung über die Aussicht eines Rechtsmittels oder deren Prüfung ist im Rahmen der Rechtsschutzversicherung grundsätzlich mitversichert. Es gilt das gleiche wie zu VV 2100. 8

Nr.	Gebührentatbestand	Gebühr oder Satz der Gebühr nach § 13 RVG
2103	Die Prüfung der Erfolgsaussicht eines Rechtsmittels ist mit der Ausarbeitung eines schriftlichen Gutachtens verbunden: Die Gebühr 2102 beträgt	50,00 bis 550,00 €

Bei dieser Vorschrift handelt es sich um die Entsprechung der VV 2101 für Angelegenheiten, in denen im Rechtsmittelverfahren nicht nach dem Gegenstandswert abzurechnen ist, also in sozialgerichtlichen Verfahren nach § 3 Abs. 1 S. 1 sowie in Verfahren nach VV Teil 4 bis 6, ausgenommen Adhäsionsverfahren und Verfahren auf Einziehung und verwandte Maßnahmen. Ist in diesen Fällen der Auftrag zur Prüfung der Erfolgsaussicht mit dem Auftrag zur Ausarbeitung eines schriftlichen Gutachtens (siehe dazu VV 2101 Rdn 4) verbunden, erhöht sich die Gebühr nach VV 2102 auf 50 EUR bis 550 EUR. Die Mittelgebühr beträgt 300 EUR. Auch hier gilt, dass bei **mehreren Auftraggebern** der Gebührenrahmen nach VV um jeweils 30 % zu erhöhen ist. 1

---

1 LG Berlin AGS 2006, 73.

2 Diese Gebühr ist ebenfalls **anzurechnen**, wenn es anschließend zur Durchführung des Rechtsmittelverfahrens kommt. Dies ergibt sich daraus, dass VV 2103 keinen eigenen Gebührentatbestand darstellt, sondern lediglich den Gebührentatbestand der VV 2102 modifiziert, so dass also auch die dortige Anrechnungsvorschrift gilt (siehe VV 2102 Rdn 5).

> **Beispiel:** Der Anwalt ist beauftragt, ein Gutachten über die Aussicht einer Revision gegen das Urteil des Landessozialgerichts zu erstellen. Er kommt zu dem Ergebnis, dass eine Revision Aussicht auf Erfolg hat; sie wird anschließend auch durchgeführt.
>
> **I. Prüfung der Erfolgsaussicht**
> 1. Prüfungsgebühr, VV 2102, 2103   300,00 EUR
> 2. Postentgeltpauschale, VV 7002   20,00 EUR
>   Zwischensumme   320,00 EUR
> 3. 19 % Umsatzsteuer, VV 7008   60,80 EUR
> **Gesamt**   **380,80 EUR**
>
> **II. Revisionsverfahren**
> 1. Verfahrensgebühr, VV 3212   480,00 EUR
> 2. gem. Anm. zu VV 2102 anzurechnen   − 300,00 EUR
> 3. Terminsgebühr, VV 3213   455,00 EUR
> 4. Postentgeltpauschale, VV 7002   20,00 EUR
>   Zwischensumme   655,00 EUR
> 5. 19 % Umsatzsteuer, VV 7008   124,45 EUR
> **Gesamt**   **779,45 EUR**

Abschnitt 2. Herstellung des Einvernehmens

Nr.	Gebührentatbestand	Gebühr oder Satz der Gebühr nach § 13 RVG
2200	Geschäftsgebühr für die Herstellung des Einvernehmens nach § 28 EuRAG	in Höhe der einem Bevollmächtigten oder Verteidiger zustehenden Verfahrensgebühr
2201	Das Einvernehmen wird nicht hergestellt: Die Gebühr 2200 beträgt	0,1 bis 0,5 oder Mindestbetrag der einem Bevollmächtigten oder Verteidiger zustehenden Verfahrensgebühr

Literatur: *Bach*, Anwaltsvergütungen in Europa, Rpfleger 1991, 7; *von Eicken*, Änderungen der BRAGO im Jahre 1990, AnwBl 1991, 187.

A. Allgemeines 1	4. Höhe der Vergütung 28
I. Entstehung der Vorschrift 1	a) Überblick 28
II. EuRAG (Auszug) 3	b) Wertgebühren 30
III. Verfahren 4	aa) Geschäftsgebühr 30
IV. Gebühren 11	bb) Gegenstandswert 36
B. Regelungsgehalt 13	c) Streitwertunabhängige Gebühren 38
I. Anwendungsbereich 13	d) Mehrere Auftraggeber 40
1. Persönlicher Anwendungsbereich 13	III. Einvernehmen wird nicht hergestellt
2. Sachlicher Anwendungsbereich 14	(VV 2201) 44
II. Herstellung des Einvernehmens	IV. Mischfälle 50
(VV 2200) 16	V. Auslagen 51
1. Allgemeines 16	VI. Anrechnung 52
2. Abgeltungsbereich 18	C. Vergütungsfestsetzung 53
3. Umfang der Angelegenheit 22	D. Kostenerstattung 54

A. Allgemeines

I. Entstehung der Vorschrift

Die Vorschriften der VV 2200, 2201 waren als § 24a Abs. 1 bis 3 BRAGO mit Wirkung zum 22.3.1990 in die BRAGO eingefügt worden. Die frühere Vorschrift des § 24a BRAGO regelte zunächst die Tätigkeit des Anwalts, der das Einvernehmen nach dem **Rechtsanwaltsdienstleistungsgesetz (RADG)** herstellte. Die Einführung des RADG war aufgrund der Entscheidung des EuGH vom 25.2.1988[1] erforderlich geworden. Das RADG ist zwischenzeitlich durch das **Gesetz über die Tätigkeit europäischer Rechtsanwälte in Deutschland (EuRAG)** abgelöst worden.

In der Fassung des RVG zum 1.7.2004 fanden sich dann die Regelungen des § 24a BRAGO in den VV 2300, 2301 wieder. Infolge des Wegfalls der Beratungs- und Gutachtengebühren nach VV 2100 ff. a.F. durch Art. 5 des 1. KostRMoG mit Wirkung zum 1.7.2006 sind die VV 2300 ff. zu den VV 2200 ff. aufgerückt. Inhaltlich hat sich dadurch jedoch nichts geändert.

II. EuRAG (Auszug)

Gesetz über die Tätigkeit europäischer Rechtsanwälte in Deutschland (EuRAG) vom 9.3.2000

§ 1 EuRAG Persönlicher Anwendungsbereich

Dieses Gesetz regelt für natürliche Personen, die berechtigt sind, als Rechtsanwalt unter einer der in der Anlage zu dieser Vorschrift genannten Berufsbezeichnungen selbstständig tätig zu sein (europäische Rechtsanwälte), die Berufsausübung und die Zulassung zur Rechtsanwaltschaft in Deutschland.

§ 27 EuRAG Rechte und Pflichten

(1) [1]Der dienstleistende europäische Rechtsanwalt hat im Zusammenhang mit der Vertretung oder Verteidigung eines Mandanten im Bereich der Rechtspflege oder vor Behörden die Stellung eines Rechtsanwalts, insbesondere dessen Rechte und Pflichten, soweit diese nicht die Zugehörigkeit zu einer Rechtsanwaltskammer sowie die Kanzlei betreffen. [2]Beschränkungen der Vertretungsbefugnis, die sich aus dem Erfordernis der Zulassung bei dem Bundesgerichtshof ergeben, bleiben unberührt.

(2) [1]Bei der Ausübung sonstiger Tätigkeiten sind die für einen Rechtsanwalt geltenden Regeln einzuhalten; hierbei sind insbesondere die beruflichen Pflichten zu befolgen, die sich aus den §§ 43, 43a, 43b und 45 der Bundesrechtsanwaltsordnung ergeben. [2]Diese Regeln gelten nur insoweit, als sie nicht mit der Niederlassung in Deutschland untrennbar verbunden sind, sie wegen ihrer allgemeinen Bedeutung beachtet werden können und das Verlangen, sie einzuhalten, gerechtfertigt ist, um eine ordnungsgemäße Ausübung der Tätigkeiten des Rechtsanwalts sowie die Wahrung des Ansehens und des Vertrauens zu gewährleisten, welche die Stellung des Rechtsanwalts erfordert.

§ 28 EuRAG Vertretung und Verteidigung im Bereich der Rechtspflege

(1) [1]Der dienstleistende europäische Rechtsanwalt darf in gerichtlichen Verfahren sowie in behördlichen Verfahren wegen Straftaten, Ordnungswidrigkeiten, Dienstvergehen oder Berufspflichtverletzungen, in denen der Mandant nicht selbst den Rechtsstreit führen oder sich verteidigen kann, als Vertreter oder Verteidiger eines Mandanten nur im Einvernehmen mit einem Rechtsanwalt (Einvernehmensanwalt) handeln.

(2) [1]Der Einvernehmensanwalt muss zur Vertretung oder Verteidigung bei dem Gericht oder der Behörde befugt sein. [2]Ihm obliegt es, gegenüber dem dienstleistenden europäischen Rechtsanwalt darauf hinzuwirken, dass dieser bei der Vertretung oder Verteidigung die Erfordernisse einer geordneten Rechtspflege beachtet.

(3) [1]Zwischen dem Einvernehmensanwalt und dem Mandanten kommt kein Vertragsverhältnis zustande, wenn die Beteiligten nichts anderes bestimmt haben.

(4) (aufgehoben)

---

1 NJW 1988, 887.

§ 29 EuRAG Nachweis des Einvernehmens, Widerruf

(1) ¹Das Einvernehmen ist bei der ersten Handlung gegenüber dem Gericht oder der Behörde schriftlich nachzuweisen.

(2) ¹Ein Widerruf des Einvernehmens ist schriftlich gegenüber dem Gericht oder der Behörde zu erklären. ²Er hat Wirkung nur für die Zukunft.

(3) ¹Handlungen, für die der Nachweis des Einvernehmens zum Zeitpunkt ihrer Vornahme nicht vorliegt, sind unwirksam.

§ 30 EuRAG Besonderheiten bei Verteidigung

(1) ¹Der dienstleistende europäische Rechtsanwalt darf einen Mandanten, dem in einem Strafverfahren die Freiheit aufgrund gerichtlicher oder behördlicher Anordnung entzogen ist, nur in Begleitung eines Einvernehmensanwalts nach § 28 Abs. 1 besuchen und mit dem Mandanten nur über einen solchen schriftlich verkehren. ²Mit dem Einvernehmensanwalt ist das Einvernehmen über die Ausübung des Besuchs- und Schriftverkehrs herzustellen.

(2) ¹Das Gericht oder die Behörde kann den Besuch ohne Begleitung oder den unmittelbaren schriftlichen Verkehr gestatten, wenn eine Gefährdung der Sicherheit nicht zu besorgen ist.

(3) ¹Die §§ 138a bis 138d, 146, 146a und 148 der Strafprozessordnung sowie §§ 26, 27 Abs. 3, § 29 Abs. 1 und § 31 Abs. 4 des Strafvollzugsgesetzes sind auf den Einvernehmensanwalt entsprechend anzuwenden.

§ 31 EuRAG Zustellungen in behördlichen und gerichtlichen Verfahren

(1) ¹Der dienstleistende europäische Rechtsanwalt hat einen Zustellungsbevollmächtigten, der im Inland wohnt oder dort einen Geschäftsraum hat, zu benennen, sobald er in Verfahren vor Gerichten oder Behörden tätig wird. ²Die Benennung erfolgt gegenüber der Behörde oder dem Gericht. ³Zustellungen, die für den dienstleistenden europäischen Rechtsanwalt bestimmt sind, sind an den Zustellungsbevollmächtigten zu bewirken. ³An ihn kann auch von Anwalt zu Anwalt (§§ 174 und 195 der Zivilprozessordnung) zugestellt werden.

(2) ¹Ist ein Zustellungsbevollmächtigter nicht benannt, so gilt in den in § 28 Abs. 1 aufgeführten Verfahren der Einvernehmensanwalt als Zustellungsbevollmächtigter; kann nicht an einen Zustellungsbevollmächtigten im Geltungsbereich dieses Gesetzes zugestellt werden, so kann die Zustellung durch Aufgabe zur Post bewirkt werden (§ 184 der Zivilprozessordnung).

Anlage zu § 1 EuRAG Rechtsanwaltsberufe in Mitgliedstaaten der Europäischen Union, anderen Vertragsstaaten des Abkommens über den Europäischen Wirtschaftsraum und der Schweiz

- in Belgien: Avocat/Advocaat/Rechtsanwalt
- in Bulgarien: Адвокат (Advokat)
- in Dänemark: Advokat
- in Estland: Vandeadvokaat
- in Finnland: Asianajaja/Advokat
- in Frankreich: Avocat
- in Griechenland: Δικηγόρος (Dikigoros)
- in Großbritannien: Advocate/Barrister/Solicitor
- in Irland: Barrister/Solicitor
- in Island: Lögmaur
- in Italien: Avvocato
- in Kroatien: Odvjetnik
- in Lettland: Zvērināts advokāts
- in Liechtenstein: Rechtsanwalt
- in Litauen: Advokatas
- in Luxemburg: Avocat
- in Malta: Avukat/Prokuratur Legali
- in den Niederlanden: Advocaat
- in Norwegen: Advokat
- in Österreich: Rechtsanwalt
- in Polen: Adwokat/Radca prawny
- in Portugal: Advogado
- in Rumänien: Avocat
- in Schweden: Advokat

– in der Schweiz:	Advokat, Rechtsanwalt, Anwalt, Fürsprecher, Fürsprech/Avocat/ Avvocato
– in der Slowakei:	Advokát/Komerčný právnik
– in Slowenien:	Odvetnik/Odvetnica
– in Spanien:	Abogado/Advocat/Avogado/Abokatu
– in der Tschechischen Republik:	Advokát
– in Ungarn:	Ügyvéd
– in Zypern:	Δικηγόρος (Dikigoros)

III. Verfahren

Nach dem EuRAG sind die in § 1 EuRAG aufgeführten Rechtsanwälte aus anderen Mitgliedstaaten der Europäischen Union, den anderen Vertragsstaaten des Abkommens über den Europäischen Wirtschaftsraum und der Schweiz berechtigt, sowohl in gerichtlichen Verfahren als auch in behördlichen Verfahren wegen Straftaten, Ordnungswidrigkeiten, Dienstvergehen oder Berufspflichtverletzungen in der Bundesrepublik Deutschland einen Mandanten zu vertreten oder zu verteidigen. Soweit sich in diesen Verfahren der Mandant selbst nicht vertreten oder verteidigen darf, also soweit Anwaltszwang besteht (§ 78 ZPO, § 140 StPO) ist die Vertretung oder Verteidigung eines Mandanten durch den ausländischen Anwalt nach § 28 Abs. 1 EuRAG (früher: § 4 RADG) nur im **Einvernehmen** mit einem deutschen Rechtsanwalt möglich; dieser wiederum muss zur Vertretung oder Verteidigung bei dem betreffenden Gericht oder der betreffenden Behörde befugt sein (§ 28 Abs. 2 S. 1 EuRAG). Den deutschen Anwalt bezeichnet das EuRAG in § 28 Abs. 1 als **Einvernehmensanwalt**.

Das Einvernehmen nach § 29 Abs. 1 EuRAG ist jeweils bei der ersten Handlung gegenüber dem Gericht oder der Behörde **nachzuweisen**.

Das Einvernehmen wird **schriftlich** hergestellt und ist so lange wirksam, bis es **schriftlich widerrufen** wird (§ 29 Abs. 2 EuRAG).

Dem deutschen Anwalt, der das Einvernehmen mit dem ausländischen Anwalt herstellt, obliegt es, gegenüber dem ausländischen Rechtsanwalt darauf hinzuwirken, dass dieser bei der Vertretung oder Verteidigung des Mandanten die **Erfordernisse einer geordneten Rechtspflege** beachtet (§ 28 Abs. 2 EuRAG). Es ist dagegen nicht Aufgabe des deutschen Anwalts, ohne zusätzlichen Auftrag darüber hinaus tätig zu werden. Er hat also weder die Prozessführung zu überwachen noch zu beobachten; er hat auch nicht darauf zu achten, ob der ausländische Rechtsanwalt seinen vertraglichen Pflichten gegenüber dem Mandanten nachkommt.[2]

Ein **Vertragsverhältnis zwischen dem Einvernehmensanwalt und dem Mandanten** kommt nicht zustande, sofern nicht etwas anderes vereinbart wird (§ 28 Abs. 3 EuRAG).

Aufgrund des Einvernehmens kann der ausländische Anwalt vor dem deutschen Gericht oder der Behörde als Prozess- oder Verfahrensbevollmächtigter tätig werden. Lediglich vor dem BGH kann der ausländische Rechtsanwalt nicht als Prozessbevollmächtigter auftreten (§ 27 Abs. 1 S. 2 EuRAG). Hier ist es allerdings möglich, dass ihm nach § 52 Abs. 2 BRAO die Ausführung der Parteirechte überlassen wird (§ 28 Abs. 4 EuRAG).

Nach § 30 Abs. 1 S. 2 EuRAG bedarf ein ausländischer Rechtsanwalt ebenfalls des Einvernehmens mit einem deutschen Rechtsanwalt, wenn ersterer den Verkehr mit einem **in Haft befindlichen** oder **untergebrachten Mandanten** führen will. Darüber hinaus darf der ausländische Rechtsanwalt den in Haft befindlichen oder untergebrachten Mandanten nur in Begleitung des deutschen Rechtsanwalts besuchen und nur über ihn mit dem Mandanten schriftlich verkehren (§ 30 Abs. 1 EuRAG). Das Gericht oder die Behörde kann den Besuch ohne Begleitung oder den unmittelbaren schriftlichen Verkehr gestatten, wenn eine Gefährdung der Sicherheit nicht zu besorgen ist (§ 30 Abs. 2 EuRAG).

---

2 *Hansens*, BRAGO, § 24a Rn 1.

IV. Gebühren

11 Bei der Gebühr nach VV 2200 handelt es sich um eine (Teil-)Erfolgsgebühr. Die vollen Gebühren nach VV 2200 entstehen nur, wenn das Einvernehmen auch hergestellt wird. Kommt es nicht zum Einvernehmen, erhält der Anwalt nur eine geringere Vergütung nach VV 2201.

12 Die Vorschriften der VV 2200, 2201 sehen **zwei Gebührentatbestände** vor: In **VV 2200** ist die Vergütung geregelt, die dem Anwalt zusteht, wenn er das Einvernehmen herstellt. In **VV 2201** ist die Vergütung geregelt, die der Anwalt erhält, wenn es **nicht** zur Herstellung des Einvernehmens kommt.

B. Regelungsgehalt

I. Anwendungsbereich

1. Persönlicher Anwendungsbereich

13 VV 2200 gilt nur für den **deutschen Rechtsanwalt**, den das Gesetz als **Einvernehmensanwalt** bezeichnet (§ 28 Abs. 1 EuRAG). Die Vergütung des ausländischen Rechtsanwalts für die Vertretung des Mandanten richtet sich ausschließlich nach dem Heimatrecht des ausländischen Rechtsanwalts.

2. Sachlicher Anwendungsbereich

14 In VV 2200 ist nur die Vergütung für die Herstellung des Einvernehmens geregelt. Dies betrifft also ausschließlich das Rechtsverhältnis zwischen dem ausländischen Anwalt und dem deutschen Einvernehmensanwalt. Ein Vertragsverhältnis zwischen dem Einvernehmensanwalt und dem Mandanten kommt dagegen nicht zustande, sofern die Beteiligten nichts anderes bestimmt haben (§ 28 Abs. 3 EuRAG).

15 **Gebührenschuldner** des Einvernehmensanwalts ist daher auch allein der ausländische Anwalt, nicht dessen Mandant.

II. Herstellung des Einvernehmens (VV 2200)

1. Allgemeines

16 Für die Herstellung des Einvernehmens nach den §§ 28 Abs. 1 und 30 Abs. 1 S. 2 EuRAG erhält der Einvernehmensanwalt die Vergütung nach VV 2200. Wie sich die Gebühr berechnet, richtet sich nach den Gebühren, die der Einvernehmensanwalt erhalten würde, wenn er selbst als Prozess-, Verfahrensbevollmächtigter oder Verteidiger vom Mandanten beauftragt worden wäre.

17 Die volle Gebühr nach VV 2200 setzt voraus, dass das Einvernehmen hergestellt worden ist. Kommt es nicht zur Herstellung des Einvernehmens, richtet sich die Vergütung nach VV 2201 (ausführlich siehe Rdn 44 ff.).

2. Abgeltungsbereich

18 Die Gebühr nach VV 2200 **entsteht** mit der ersten Tätigkeit des Einvernehmensanwalts nach Erteilung des Auftrags, also in der Regel mit der Entgegennahme der Information (VV Vorb. 2.3 Abs. 3).

19 Die Einvernehmensgebühr nach VV 2200 deckt die **gesamte Tätigkeit** des Einvernehmensanwalts im Verfahren über die Herstellung des Einvernehmens ab, also insbesondere die Beratung und Belehrung des ausländischen Rechtsanwalts über die Erfordernisse einer geordneten Rechtspflege, die Belehrung über das prozessuale Vorgehen, insbesondere die Beachtung von Formalien der Klageerhebung,[3] über die Zahlung von Gerichtskostenvorschüssen, die Wahrnehmung von Terminen

---

3 *Hansens*, BRAGO, § 24a Rn 3.

sowie die Wahrung von Schriftsatz- und Rechtsmittelfristen.[4] Der inländische Anwalt muss sämtliche möglichen Verfahrenskonstellationen mit dem ausländischen Anwalt abwägen und beraten.[5]

Ebenfalls durch die Gebühr nach VV 2200 wird die Abgabe des **schriftlichen Nachweises** des Einvernehmens gegenüber der Behörde oder dem Gericht gemäß § 29 Abs. 1 EuRAG abgegolten, sowie gegebenenfalls der **Widerruf** (§ 29 Abs. 2 S. 1 EuRAG). Darüber hinaus zählt zum Abgeltungsbereich der Gebühr VV 2200 auch die Tätigkeit als **Zustellungsbevollmächtigter** (§ 31 EuRAG). 20

Ist der Anwalt hinsichtlich des Einvernehmens nach § 30 EuRAG tätig, so deckt die Einvernehmensgebühr auch die Mitwirkung beim Schriftverkehr sowie die Begleitung in die Haft oder Unterbringungsanstalt mit ab. 21

3. Umfang der Angelegenheit

Hinsichtlich des Umfangs der Angelegenheit gilt § 15. Für jede selbstständige Angelegenheit muss ein Einvernehmen hergestellt werden, so dass die Gebühren nach VV 2200 insoweit also auch jeweils gesondert anfallen.[6] 22

> **Beispiel:** Der inländische Anwalt wird beauftragt, das Einvernehmen mit dem ausländischen Anwalt bei zwei anhängigen Gerichtsverfahren herzustellen.
> Da es sich bei den Gerichtsverfahren jeweils um eigene Angelegenheiten nach § 15 Abs. 2 S. 1 handelt, erhält der deutsche Anwalt für jedes Einvernehmen die Gebühr nach VV 2200 gesondert.

Auch soweit der ausländische Anwalt nach Abschluss des Verfahrens in der Zwangsvollstreckung tätig wird und hierfür das Einvernehmen hergestellt werden muss, etwa bei einer Vollstreckungsgegenklage oder einem Bestrafungsantrag vor dem LG, muss das Einvernehmen erneut hergestellt werden, so dass die Gebühr nach VV 2200 erneut entsteht. 23

Darüber hinaus erhält der Anwalt die Einvernehmensgebühr für jeden Rechtszug gesondert. 24

> **Beispiel:** Der inländische Anwalt wird beauftragt, das Einvernehmen mit dem ausländischen Anwalt für ein Strafverfahren vor der großen Strafkammer herzustellen. Nach Abschluss des Verfahrens will der Mandant Revision einlegen. Auch für dieses Verfahren soll der Anwalt das Einvernehmen herstellen.
> Der Anwalt erhält die Gebühr nach VV 2200 für jedes Einvernehmen gesondert.

Soweit das RVG in bestimmten Fällen anordnet, dass innerhalb desselben prozessualen Rechtszuges eine neue Gebührenangelegenheit beginnt (etwa Urkunden- und Nachverfahren, § 17 Nr. 5), entsteht gleichwohl nur eine Einvernehmensgebühr, da das Einvernehmen nicht erneut hergestellt werden muss. 25

Dagegen erhält der Anwalt zwei Gebühren nach VV 2200, wenn das Einvernehmen sowohl für ein einstweiliges Verfügungs- oder Arrestverfahren hergestellt werden soll als auch für das Hauptsacheverfahren. 26

Verschiedene Gebührenangelegenheiten bilden auch das Einvernehmen nach § 28 Abs. 1 EuRAG und nach § 30 Abs. 1 S. 2 EuRAG. Soweit der Anwalt also nicht nur das Einvernehmen für die Vertretung in einem behördlichen oder gerichtlichen Verfahren herstellen soll, sondern auch das Einvernehmen für den Verkehr mit dem inhaftierten Mandanten oder dessen Besuch, so erhält er die Gebühr nach VV 2200 mehrmals. 27

> **Beispiel:** Der inländische Anwalt wird beauftragt, das Einvernehmen mit dem ausländischen Anwalt für ein Strafverfahren herzustellen. Des Weiteren soll er das Einvernehmen für einen Besuch in der JVA herstellen.
> Der Anwalt erhält zwei Gebühren nach VV 2200, eine für das Einvernehmen im Verfahren nach § 28 Abs. 1 EuRAG und eine für das Einvernehmen beim Besuch des inhaftierten Mandanten (§ 30 Abs. 1 S. 2 EuRAG).

---

4 *Hansens*, BRAGO, § 24a Rn 3; *Raiser*, NJW 1991, 2049.
5 *Hansens*, BRAGO, § 24a Rn 3.
6 Mayer/Kroiß/*Teubel*, RVG, VV 2200–2201 Rn 9.

4. Höhe der Vergütung

a) Überblick

28 Die **Höhe der Gebühr** richtet sich nach der jeweiligen Verfahrensgebühr, die dem Anwalt als Verfahrensbevollmächtigtem oder Verteidiger zustünde. Insoweit wird die bisherige Rechtslage weiter gelten. Abzustellen ist also darauf, welche Gebühr der Einvernehmensanwalt erhalten hätte, wenn er selbst Verfahrensbevollmächtigter oder Verteidiger gewesen wäre.

29 Vorgesehen sind nach VV 2201 **Festgebühren**. Der Anwalt erhält nicht die gleiche Gebühr wie der Bevollmächtigte oder der Verteidiger, sondern eine feste Geschäftsgebühr, für deren Höhe lediglich eine konkret bestimmte andere (fiktive) Gebühr maßgebend ist. Lediglich im Fall der VV 2201 ist ein eigener Betragsrahmen vorgesehen.

b) Wertgebühren

30 **aa) Geschäftsgebühr.** Wird der Anwalt zur Herstellung des Einvernehmens in solchen Angelegenheiten tätig, in denen sich seine Vergütung, wäre er Verfahrensbevollmächtigter, nach dem Wert richten würde (§ 2 Abs. 1; § 3 Abs. 1 S. 2), so erhält er eine Einvernehmensgebühr in Höhe der Verfahrens- oder Geschäftsgebühr, die ihm dann zustehen würde. Der Einvernehmensanwalt erhält also nicht die Verfahrens- oder Geschäftsgebühr, die er als Bevollmächtigter verdient hätte, sondern eine eigenständige Geschäftsgebühr nach VV 2200, für deren Höhe lediglich die fiktive Verfahrens- oder Geschäftsgebühr als Maßstab heranzuziehen ist.

Dies bedeutet Folgendes:

31 – Würde für den Anwalt als Prozessbevollmächtigten die **volle Verfahrensgebühr**, z.B. nach VV 3100, entstehen, dann erhält der Einvernehmensanwalt eine Geschäftsgebühr in Höhe der vollen Verfahrensgebühr.

32 – **Vertritt der Hauptbevollmächtigte mehrere Auftraggeber gemeinschaftlich** wegen desselben Gegenstands, so hätte der Einvernehmensanwalt als Verfahrensbevollmächtigter eine nach VV 1008 erhöhte Verfahrensgebühr erhalten. Folglich richtet sich die Einvernehmens-Geschäftsgebühr nach der erhöhten fiktiven Gebühr eines Bevollmächtigten.

Beispiel: Der ausländische Anwalt vertritt zwei Kläger nach einem Wert von 5.000 EUR.
Die Verfahrensgebühr (VV 3100), die der deutsche Anwalt erhalten würde, wäre er Prozessbevollmächtigter, beliefe sich gemäß VV 1008 auf 1,6. In Höhe dieser Gebühr erhält der Einvernehmensanwalt also die Geschäftsgebühr nach VV 2200, somit auf 476,60 EUR. Stellt der deutsche Anwalt dann auch noch das Einvernehmen für mehrere ausländische Anwälte her, so erhöht sich die Gebühr nochmals – jetzt unmittelbar – nach VV 1008 um 30 % je weiteren Auftraggeber.

33 – Würde die Verfahrensgebühr nur reduziert entstehen, etwa nach VV 3101 Nr. 1; Anm. Nr. 1 zu VV 3201, dann erhält auch der Einvernehmensanwalt lediglich die Geschäftsgebühr in Höhe der reduzierten fiktiven Verfahrensgebühr.

Beispiel: Der Anwalt stellt das Einvernehmen für die Erhebung einer Klage i.H.v. 20.000 EUR her. Vor Erhebung der Klage erledigt sich die Sache.
Die Gebühr nach VV 2201 entsteht nur i.H.v. 552,80 EUR, da auch die Verfahrensgebühr des Anwalts, wäre er Prozessbevollmächtigter, nur zu 0,8 entstanden wäre.

34 – Würde für den Bevollmächtigten zusätzlich eine Verfahrensdifferenzgebühr entstehen, etwa nach VV 3101 Nr. 2, so erhält auch der Einvernehmensanwalt in dieser Höhe seine Gebühr. Er erhält allerdings insoweit nicht zwei Gebühren, sondern von vornherein nur eine einzige Geschäftsgebühr.

Beispiel: Es wird Klage über 10.000 EUR erhoben. Im Termin einigen sich die Parteien über die 10.000 EUR sowie weitere 5.000 EUR.
Ein Verfahrensbevollmächtigter würde erhalten:
1. 1,3-Verfahrensgebühr, VV 3100
   (Wert: 10.000 EUR) 725,40 EUR
2. 0,8-Verfahrensgebühr, VV 3101 Nr. 2
   (Wert: 5.000 EUR) 242,40 EUR
   gem. § 15 Abs. 3 nicht mehr als 1,3 aus 15.000 EUR 845,00 EUR
   Die Geschäftsgebühr des Einvernehmensanwalts nach VV 2200 beträgt somit 845,00 EUR

Auf die Höhe der Geschäftsgebühr haben Ermäßigungsvorschriften wie die VV 3101, 3201 u.a. unmittelbar keinen Einfluss; insoweit gilt vielmehr VV 2201. Nur mittelbar können diese Vorschriften allerdings Einfluss haben, nämlich insoweit, als sich das Verfahren, für das das Einvernehmen hergestellt worden ist, erledigt, ohne dass der ausländische Anwalt eine die volle Gebühr auslösende Handlung vorgenommen hat (siehe Rdn 30 ff.). 35

bb) Gegenstandswert. Maßgeblicher Gegenstandswert für die Berechnung der Gebühren nach VV 2200 ist der Zeitpunkt der Auftragserteilung.[7] Auf den Wert, zu welchem dem ausländischen Anwalt der Auftrag erteilt worden ist, kommt es nicht an. 36

> **Beispiel:** Dem ausländischen Anwalt wird der Auftrag erteilt, eine Klage in Höhe von 30.000 EUR einzureichen. Bevor der ausländische Mandant das Einvernehmen mit dem inländischen Anwalt herstellen kann, werden 10.000 EUR gezahlt, so dass der Auftrag zum Einvernehmen nur noch wegen einer Klage über 20.000 EUR erteilt wird.
> Für die Gebühr nach VV 2200 ist jetzt nur noch der Wert in Höhe von 20.000 EUR maßgebend.
> War der Auftrag für das Einvernehmen dagegen bereits erteilt worden, bevor der Gegner die 10.000 EUR gezahlt hatte, bleibt es bei dem Wert von 30.000 EUR. Allerdings fällt dann die volle Gebühr nach VV 2200 nur aus dem Wert von 20.000 EUR an und die halbe Gebühr nach VV 2201 aus den restlichen 10.000 EUR; zu beachten ist dann § 15 Abs. 3 (siehe Rdn 33).

Umgekehrt kommt dagegen eine Erhöhung des Gegenstandswerts auch dem inländischen Anwalt zugute, da sich das Einvernehmen dann auch auf den höheren Wert erstreckt. 37

> **Beispiel:** Der Anwalt stellt das Einvernehmen für eine Abwehr einer Klage in Höhe von 10.000 EUR her. Später wird die Klage um weitere 5.000 EUR erweitert oder eine Widerklage erhoben.
> Die Geschäftsgebühr nach VV 2200 bemisst sich nach einer Verfahrensgebühr aus dem Gegenstandswert von 15.000 EUR.

c) Streitwertunabhängige Gebühren

Wird das Einvernehmen für ein Verfahren hergestellt, in dem sich die Gebühren nicht nach dem Gegenstandswert richten, also insbesondere bei einem Einvernehmen für ein Strafverfahren oder ein sozialgerichtliches Verfahren nach § 3 Abs. 1 S. 1, erhält der Einvernehmensanwalt ebenfalls eine Geschäftsgebühr in Höhe der Gebühr, die ihm zustünde, wenn er als Bevollmächtigter oder als Verteidiger beauftragt wäre. Zu verfahren ist hier wie folgt: 38
1. Zunächst ist zu ermitteln, welche Gebühren ein inländischer Anwalt unter Berücksichtigung der Kriterien des § 14 Abs. 1 verdient hätte. Eventuelle Erhöhungen, etwa nach VV 1008, oder der höhere Gebührenrahmen in Strafsachen, wenn sich der Auftraggeber nicht auf freiem Fuß befindet, sind jeweils zu berücksichtigen. Bei der Abwägung nach § 14 Abs. 1 sind ausschließlich die Umstände des Verfahrens zu berücksichtigen, nicht die Umstände bei der Herstellung des Einvernehmens.
2. Der so ermittelte Betrag ergibt dann die Geschäftsgebühr, die dem Einvernehmensanwalt zusteht.

Ist der Anwalt damit beauftragt, das Einvernehmen über die Ausübung des Verkehrs mit dem nicht auf freiem Fuß befindlichen Mandanten oder Besuche in der Haft oder Unterbringungsanstalt herzustellen (§ 30 Abs. 1 S. 2 EuRAG i.V.m. § 28 EuRAG), so ist auch hier zunächst zu ermitteln, welche Gebühr der Anwalt bei eigener Tätigkeit erhalten würde. In der Regel wird sich seine Vergütung nach VV 4302 Nr. 3 berechnen. Es ist dann wiederum unter Berücksichtigung der Kriterien des § 14 Abs. 1 die angemessene fiktive Gebühr zu ermitteln. Anderer Auffassung ist *Hansens*,[8] der nach der BRAGO eine Gebühr für die Tätigkeit außerhalb der Hauptverhandlung annehmen will und hier wohl zur Anwendung einer Verfahrensgebühr nach VV 4106, 4112, 4118 kommen würde. Dies ist m.E. jedoch unzutreffend. Da das Herstellen des Einvernehmens nach § 30 Abs. 1 S. 2 EuRAG eine eigene gebührenrechtliche Angelegenheit ist, muss auf die fiktiven Gebühren abgestellt werden, die der Anwalt erhalten würde, wenn er nur mit einem Besuch in der Unterbringungsanstalt oder nur mit der Führung des Verkehrs beauftragt worden wäre. Ein solcher Anwalt wäre gerade nicht Verteidiger und erhielte somit die Gebühren nach VV 4302 Nr. 3 und nicht nach VV 4100 ff. 39

---

[7] *Hansens*, BRAGO, § 24a Rn 6.   [8] *Hansens*, BRAGO, § 24a Rn 7.

d) Mehrere Auftraggeber

40 Vertritt der inländische Anwalt mehrere Auftraggeber, so erhöht sich die Einvernehmensgebühr um jeweils 30 % je weiteren Auftraggeber. Die Einvernehmensgebühr ist eine Geschäftsgebühr und fällt daher unter VV 1008.

41 Bei der Frage, ob mehrere Auftraggeber vorliegen, kommt es nicht darauf an, wie viele Mandanten der ausländische Anwalt vertritt, da zwischen den Mandanten und dem inländischen Rechtsanwalt kein Vertragsverhältnis zustande kommt (§ 28 Abs. 3 EuRAG). Entscheidend ist vielmehr, von wie vielen ausländischen Anwälten der inländische Anwalt beauftragt worden ist, das Einvernehmen herzustellen, da nur sie seine Auftraggeber sind.[9]

42 Die Erhöhung beträgt 30 % und nicht 0,3. Das folgt daraus, dass der Einvernehmensanwalt keine Wertgebühr erhält, sondern eine feste Gebühr, die sich gegebenenfalls lediglich nach einer fiktiven Wertgebühr berechnet.

43 Wird der Anwalt von mehreren ausländischen Anwälten beauftragt, so ist also der sich nach VV 2200 ergebende Betrag um 30 % je weiteren Auftraggeber zu erhöhen. Das kann letztlich zu einer doppelten Anwendung der VV 1008 führen.

> **Beispiel:** Der ausländische Anwalt vertritt drei Kläger. Die Verfahrensgebühr, die der deutsche Anwalt erhalten würde, wäre er Prozessbevollmächtigter, beliefe sich auf 1,9. In Höhe dieser Gebühr erhält der deutsche Anwalt die Gebühr nach VV 2200. Stellt der Anwalt das Einvernehmen für mehrere ausländische Anwälte her, so erhöht sich die Gebühr nach VV 1008 um 30 % je weiteren Auftraggeber, also je weiteren ausländischen Anwalt.

III. Einvernehmen wird nicht hergestellt (VV 2201)

44 Nach VV 2201 erhält der Anwalt eine geringere Vergütung, wenn es nicht zur Herstellung des Einvernehmens kommt. Mit der neuen Fassung dieser Reduzierungsvorschrift sind die Auslegungsfragen des sprachlich misslungenen Vorgängers (§ 24a Abs. 3 BRAGO) beseitigt. Der Gesetzgeber bringt jetzt klar zum Ausdruck, dass sämtliche Fälle erfasst werden sollen, in denen es nicht mehr zur Herstellung des Einvernehmens kommt, also nicht nur diejenigen Fälle, in denen (so noch der Wortlaut des § 24a Abs. 3 BRAGO) der Rechtsanwalt nach Prüfung der Sach- und Rechtslage die Herstellung des Einvernehmens ablehnt, sondern auch die Fälle, in denen das Einvernehmen aus anderen Gründen nicht mehr hergestellt wird, etwa weil der ausländische Anwalt kündigt oder weil sich das Verfahren, für das das Einvernehmen hergestellt werden soll, anderweitig erledigt hat.

> **Beispiele:** Die gegen den Mandanten erhobene Klage ist zurückgenommen worden. – Das Strafverfahren wurde eingestellt. – Der Mandant hat sich entschlossen, von der eigenen Klageerhebung abzusehen.

45 Ist ein solcher Fall der vorzeitigen Erledigung gegeben, so erhält der Anwalt nur geringere Gebühren:

46 **Soweit in dem zugrunde liegenden Verfahren Wertgebühren gelten** (§ 2 Abs. 1; § 3 Abs. 1 S. 2), erhält er die Geschäftsgebühr nach VV 2200 lediglich i.H.v. 0,1 bis 0,5; die Mittelgebühr liegt bei 0,3. Jetzt ist für den Einvernehmensanwalt ein eigener Gebührenrahmen vorgesehen und nicht mehr eine Festgebühr. Die Höhe dieser Gebühr bestimmt der Einvernehmensanwalt nach § 14 Abs. 1. Hier handelt es sich um eine echte Rahmengebühr, so dass es darauf ankommt, inwieweit die Umstände des Verfahrens zur Herstellung des Einvernehmens die Kriterien des § 14 Abs. 1 erfüllen.

47 Sollte der Anwalt das Einvernehmen für mehrere ausländische Anwälte herstellen, so erhöht sich der Gebührensatz um 0,3 je weiteren Auftraggeber, also bei zwei Auftraggebern auf 0,4 bis 0,8; Mittelgebühr: 0,6.

48 Soweit in dem zugrunde liegenden Verfahren **Betragsrahmengebühren** gelten, erhält der Anwalt lediglich den **Mindestbetrag** der Verfahrensgebühr, die er als Bevollmächtigter oder Verteidiger in dem Verfahren erhalten hätte. Hier ist also wieder eine **Festgebühr** vorgesehen. Ein **Zuschlag** zur Verfahrensgebühr nach VV Teil 4 bis 6, wenn sich der Mandant des ausländischen Anwalts nicht auf freiem Fuß befindet, ist zu beachten.

---

9 Mayer/Kroiß/*Teubel*, RVG, VV 2200, 2201 Rn 10.

Die Mindestbeträge erhöhen sich nach VV 1008 um jeweils 30 %, soweit der Anwalt das Einvernehmen für mehrere ausländische Anwälte herstellen sollte.

IV. Mischfälle

In Betracht kommen auch Mischfälle, nämlich wenn das **Einvernehmen nur teilweise hergestellt** wird. In diesem Fall greift § 15 Abs. 3 nicht unmittelbar, da dem Einvernehmensanwalt jedenfalls keine zwei Gebührensätze zustehen, sondern – jedenfalls nach VV 2200 – Festgebühren. Die Begrenzung nach § 15 Abs. 3 ist allerdings analog anzuwenden.

> **Beispiel:** Der ausländische Anwalt beauftragt den deutschen Anwalt, das Einvernehmen herzustellen für eine Klage über 24.000 EUR. Bevor es hierzu kommt, erledigt sich die Sache teilweise in Höhe von 4.000 EUR, so dass das Einvernehmen nur noch für eine Klage über 20.000 EUR herbeigeführt und in dieser Höhe die Klage auch eingereicht wird.
> Der Einvernehmensanwalt erhält:
> 1. Geschäftsgebühr, VV 2200, Maßstab 1,3 aus 20.000 EUR   964,60 EUR
> 2. 0,3-Geschäftsgebühr, VV 2201
>   (Wert: 4.000 EUR)   75,60 EUR
>   analog § 15 Abs. 3 nicht mehr als 1,3 aus 24.000 EUR   1.024,40 EUR
>   Die Geschäftsgebühr des Einvernehmensanwalts nach VV 2200, 2201 beträgt somit   1.024,40 EUR

V. Auslagen

Neben den Gebühren nach VV 2200 erhält der Anwalt selbstverständlich auch Ersatz seiner Auslagen, insbesondere also eine Postentgeltpauschale nach VV 7002. Sofern der Einvernehmensanwalt Geschäftsreisen unternehmen muss, also etwa bei Besuchen in der JVA, bei denen er anwesend sein muss (§ 30 Abs. 1 S. 2 EuRAG i.V.m. § 28 EuRAG), erhält er auch Fahrtkosten nach VV 7003 und Abwesenheitsgelder nach VV 7004. Umsatzsteuer nach VV 7008 fällt dagegen nicht an (siehe VV 7008 Rdn 6 ff.).

VI. Anrechnung

Eine Anrechnung der Einvernehmensgebühr nach VV 2200 ist im Gegensatz zur früheren Regelung in § 24a Abs. 1 S. 2 und Abs. 2 S. 2 BRAGO nicht mehr vorgesehen. VV 2200 selbst enthält keine Anrechnungsvorschrift. In VV Vorb. 3 Abs. 4 wiederum ist nur die Geschäftsgebühr nach den VV 2300 bis 2303 aufgeführt, nicht aber die Geschäftsgebühr nach VV 2200. Wird der Einvernehmensanwalt also später zum Verfahrensbevollmächtigten oder zum Verteidiger bestellt, kann er seine Vergütung also **anrechnungsfrei** nochmals verlangen. Mit dem Wegfall der Anrechnung soll nach dem Willen des Gesetzgebers der gesteigerten Pflichten des Einvernehmensanwalts, insbesondere den erheblich erweiterten Aufsichtspflichten gegenüber dem dienstleistenden ausländischen Anwalt Rechnung getragen werden. Der Gesetzgeber hält es nicht mehr für gerechtfertigt, die Gebühren für die Tätigkeit im Einvernehmensverfahren auf eine völlig anders strukturierte Tätigkeit als Bevollmächtigter oder Verteidiger anzurechnen.

C. Vergütungsfestsetzung

Eine Vergütungsfestsetzung nach § 11 ist ausgeschlossen. Die Festsetzung scheitert daran, dass der deutsche Rechtsanwalt nicht in einem gerichtlichen Verfahren tätig wird (§ 11 Abs. 1).

D. Kostenerstattung

54 Umstritten war bislang die Frage der Kostenerstattung. Nach früherer Ansicht der Rspr.[10] sollten Kosten des deutschen Anwalts für die Herstellung des Einvernehmens nur insoweit erstattungsfähig sein, als sie die Kosten nicht übersteigen, die bei unmittelbarer Beauftragung eines deutschen Anwalts entstanden wären, also gegebenenfalls einschließlich Informationskosten. Anderer Ansicht war bereits *Bach*,[11] der darauf hingewiesen hat, dass diese Rechtsprechung dem freien Dienstleistungsverkehr innerhalb der EU widerspreche. Der EuGH[12] hat zwischenzeitlich entschieden, dass auch die Kosten beider Anwälte grundsätzlich erstattungsfähig sind. Dem folgt jetzt auch die deutsche Rspr.[13]

Abschnitt 3. Vertretung

Nr.	Gebührentatbestand	Gebühr oder Satz der Gebühr nach § 13 RVG
Vorbemerkung 2.3:		
(1) Im Verwaltungszwangsverfahren ist Teil 3 Abschnitt 3 Unterabschnitt 3 entsprechend anzuwenden.		
(2) Dieser Abschnitt gilt nicht für die in den Teilen 4 bis 6 geregelten Angelegenheiten.		
(3) Die Geschäftsgebühr entsteht für das Betreiben des Geschäfts einschließlich der Information und für die Mitwirkung bei der Gestaltung eines Vertrags.		
(4) Soweit wegen desselben Gegenstands eine Geschäftsgebühr für eine Tätigkeit im Verwaltungsverfahren entstanden ist, wird diese Gebühr zur Hälfte, bei Wertgebühren jedoch höchstens mit einem Gebührensatz von 0,75, auf eine Geschäftsgebühr für eine Tätigkeit im weiteren Verwaltungsverfahren, das der Nachprüfung des Verwaltungsakts dient, angerechnet. Bei einer Betragsrahmengebühr beträgt der Anrechnungsbetrag höchstens 175,00 €. Bei der Bemessung einer weiteren Geschäftsgebühr innerhalb eines Rahmens ist nicht zu berücksichtigen, dass der Umfang der Tätigkeit infolge der vorangegangenen Tätigkeit geringer ist. Bei einer Wertgebühr erfolgt die Anrechnung nach dem Wert des Gegenstands, der auch Gegenstand der weiteren Verfahrens ist.		
(5) Absatz 4 gilt entsprechend bei einer Tätigkeit im Verfahren nach der Wehrbeschwerdeordnung, wenn darauf eine Tätigkeit im Beschwerdeverfahren oder wenn der Tätigkeit im Beschwerdeverfahren eine Tätigkeit im Verfahren der weiteren Beschwerde vor den Disziplinarvorgesetzten folgt.		
(6) Soweit wegen desselben Gegenstands eine Geschäftsgebühr nach Nummer 2300 entstanden ist, wird diese Gebühr zur Hälfte, jedoch höchstens mit einem Gebührensatz von 0,75, auf eine Geschäftsgebühr nach Nummer 2303 angerechnet. Absatz 4 Satz 4 gilt entsprechend.		

Literatur: *Bauerschmidt*, Der materiell-rechtliche Anspruch auf Erstattung von Rechtsanwaltskosten, JuS 2011, 601; *Bonnen*, Terminsgebühr nach dem RVG – Gebührenanspruch auch im außergerichtlichen Verfahren, MDR 2005, 1084; *Enders*, Umfang der anwaltlichen Tätigkeit, JurBüro 2004, 459; *ders.*, Schwierigkeit der anwaltlichen Tätigkeit, JurBüro 2004, 515; *ders.*, Gerichtliche Geltendmachung nicht anzurechnender Anwaltsgebühren – Erhöhung des Gegenstandswertes?, JurBüro 2004, 571; *ders.*, Verkehrsunfallsachen – Geschäftsgebühr bei nur teilweiser außergerichtlicher Regulierung, JurBüro 2005, 505; *ders.*, Durchsetzung nicht anzurechnender Teil der Geschäftsgebühr gegenüber dem Gegner, JurBüro 2004, 571; *Hansens*, Einholung der Deckungszusage, RVGreport 2010, 241; *ders.*, Schadensersatzanspruch wegen der Anwaltskosten für die Einholung der Deckungszusage, RVGreport 2010, 321; *Hauskötter*, Den anrechnungsfreien Teil der Geschäftsgebühr bei Prozessvertretung richtig geltend machen, RVG professionell 2005, 32; *ders.*, Geschäftsgebühr als Verzugsschaden im Mahnverfahren, RVG professionell 2005, 1; *Lensing*, Die Deckungsanfrage: Gesetzliches Honorar oder Kulanzleistung, AnwBl. 2010, 688; *Madert*, Probleme bei den Bestimmungen des Vergütungsverzeichnisses zum Teil 2, „Außergerichtliche Tätigkeit einschließlich der Vertretung in Verwaltungsverfahren", AGS 2005, 2; *Meinel*, Die Erstattungsfähigkeit von Gebühren für die Einholung einer Deckungszusage beim Rechtsschutzversicherer gegenüber dem Unfallverur-

---

10 OLG München AGS 1999, 47 m. Anm. *von Eicken* = AnwBl 1999, 352 = MDR 1998, 1054 = NJW-RR 1998, 1692 = OLGR 1998, 334 = NJW-RR 1998, 1692 = Rpfleger 1998, 538 = RIW 1999, 389 = BRAK-Mitt 2004, 31 m. Anm. *Struve*.
11 Rpfleger 1991, 7.
12 RVGreport 2004, 32 = BRAK-Mitt 2004, 28 m. Anm. *Struve* = MDR 2004, 358 m. Anm. *Kilian* = NJW 2004, 833 = EuGHE I 2003, 15059 = ABl EU 2004, Nr. C 47, 9 = BB 2004, 67 = RIW 2004, 145 = IStR 2004, 106 = EuZW 2004, 92 = EWS 2004, 80 m. Anm. *Hartung* = EuLF 2004, 73 = ZZPInt 2003, 527 m. Anm. *Adolphsen* = EWS 2004, 48 = DVBl 2004, 390 = VkBl 2004, 690.
13 OLG München (unter Aufgabe seiner bisherigen Rspr.) OLGR 2004, 240 = JurBüro 2004, 380 = MDR 2004, 841 = NJW-RR 2004, 1508 = FamRZ 2004, 1803 = Rpfleger 2004, 653.

sacher, zfs 2010, 312; *Meyer*, Die Geschäftsgebühr nach Nr. 2400 VV in der Praxis der Schadensregulierung bei Verkehrsunfällen, AGS 2004, 468; *ders.*, Förderung der außergerichtlichen Streitbeilegung durch das RVG oder Anreiz zur zusätzlichen Belastung der Gerichte im Falle einer Einigung?, JurBüro 2004, 575; *Mock*, Gesonderte Abrechnung einer Einwohnermeldeamtsanfrage, AGS 2003, 528; *Möller*, Deckungszusage für außergerichtliche Tätigkeit, RVG professionell 2005, 145; *Ruess*, Anwaltsvergütung – Die Geltendmachung vorgerichtlicher Rechtsverfolgungskosten als Nebenforderungen, MDR 2005, 313; *N. Schneider*, Rechtsschutz für außergerichtliche Vertretung in Kündigungsschutzsachen, RVG professionell 2005, 170; *ders.*, Die Kündigung eines Mietverhältnisses – Einfaches Schreiben oder Geschäftstätigkeit?, AGS 2003, 525; *ders.*, Welche Vergütung erhält der Anwalt für den Entwurf eines Testaments?, AGS 2006, 60; *ders.*, Gesonderte Vergütung für Kaskoregulierung, RVG professionell 2007, 25; *ders.*, Über den Un-Sinn, die halbe Geschäftsgebühr mit einzuklagen, NJW 2007, 2001; *ders.*, Anrechnung der Geschäftsgebühr im Kostenfestsetzungsverfahren, RVG professionell 2007, 145; *Schons*, Die ersten Entscheidungen zur Geschäftsgebühr Nr. 2400 VV RVG, NJW 2005, 1024; *Stöber*, Die gerichtliche Geltendmachung des Anspruchs auf Erstattung des nicht anzurechnenden Teils der Geschäftsgebühr, AGS 2005, 45; *ders.*, Ansprüche auf Erstattung vorprozessualer Anwaltskosten bei unberechtigter Inanspruchnahme, AGS 2006, 261; *Volpert*, BGH zur Anrechnung der Geschäftsgebühr: Was ist in der Praxis zu beachten?, RVG professionell 2007, 127; *Volpert/Möller*, Kann der Beklagte den nicht anrechenbaren Teil der Geschäftsgebühr geltend machen?, RVG professionell 2007, 45; *Zorn*, Nicht anrechenbarer Teil der Geschäftsgebühr und Haftpflichtversicherer, RVG professionell 2006, 205.

A. Allgemeines ... 1	a) Überblick ... 77
B. Regelungsgehalt ... 11	b) Gegenüberstellung altes/neues Recht ... 82
I. Verwaltungszwangsverfahren (Abs. 1) ... 11	c) Gesonderte Prüfung der Schwellengebühr ... 87
II. Ausschluss der Anwendung von VV Teil 2 Abschnitt 3 (Abs. 2) ... 15	d) Begrenzung der Anrechnung ... 88
III. Geschäftsgebühr (Abs. 3) ... 27	e) Anrechnung bei mehreren Auftraggebern ... 89
1. Anwendungsbereich ... 27	f) Anrechnung der Geschäftsgebühr im gerichtlichen Verfahren ... 90
a) Berufsspezifische Tätigkeit ... 27	V. Anrechnung nach Abs. 5 ... 91
b) Außergerichtliche Tätigkeit ... 28	1. Überblick ... 91
c) Abgrenzungen ... 32	2. Verfahren nach der Wehrbeschwerdeordnung (WBO) ... 92
aa) Spezialregelungen ... 32	a) Überblick ... 92
bb) Rat und Gutachten ... 36	b) Anrechnung auf die Geschäftsgebühr ... 95
cc) Einfaches Schreiben ... 39	c) Anrechnung der Geschäftsgebühr im gerichtlichen Verfahren ... 99
dd) Einzelfälle ... 40	3. Verfahren nach der Wehrdisziplinarordnung (WDO) ... 100
2. Abgeltungsbereich ... 49	VI. Anrechnung in Güte- und Schlichtungsverfahren (Abs. 6) ... 101
3. Höhe der Gebühr ... 56	1. Grund der Neufassung ... 101
IV. Anrechnung in verwaltungs- und sozialrechtlichen Angelegenheiten (Abs. 4) ... 57	2. Allgemeines ... 102
1. Überblick ... 57	3. Anrechnung der Geschäftsgebühr ... 103
2. Anrechnung in verwaltungsrechtlichen Angelegenheiten und sozialrechtlichen Angelegenheiten, die nach dem Gegenstandswert berechnet werden ... 59	4. Gegenstandswert ... 104
a) Überblick ... 59	5. Postentgeltpauschale ... 105
b) Gegenüberstellung altes/neues Recht ... 66	6. Anrechnung auf gerichtliches Verfahren ... 106
c) Gesonderte Prüfung der Schwellengebühr ... 71	C. Erstattungsfragen ... 108
d) Begrenzung der Anrechnung ... 72	I. Bei öffentlich-rechtlichen Angelegenheiten nach Abs. 1 und 2 ... 108
e) Anrechnung bei geringerem Wert ... 74	II. Bei der Geschäftsgebühr nach Abs. 3 ... 109
f) Anrechnung bei mehreren Auftraggebern ... 75	1. Bedeutung der Erstattungsfähigkeit ... 109
g) Anrechnung der Geschäftsgebühr im gerichtlichen Verfahren ... 76	2. Anspruchsgrundlagen ... 119
3. Anrechnung in sozialrechtlichen Angelegenheiten, die nicht nach dem Gegenstandswert berechnet werden ... 77	3. Prozessuales ... 124
	4. Gegenstandswert ... 130
	D. Praxisempfehlungen ... 135

A. Allgemeines

In **VV Teil 2 Abschnitt 3** (Vertretung) sind mit einigen Ausnahmen (siehe Rdn 2 f.) die Gebühren für außergerichtliche Vertretungen zusammengefasst worden. Hierzu gehören grundsätzlich alle bürgerlich-rechtlichen und öffentlich-rechtlichen Streitigkeiten und solche Angelegenheiten, für die im gerichtlichen Verfahren das Gesetz über das Verfahren in Familiensachen und in den Angelegenheiten der freiwilligen Gerichtsbarkeit (FamFG) gilt (zu Einzelheiten siehe Rdn 27 ff.). **1**

Nach **Abs. 1** richten sich im Verwaltungszwangsverfahren die Gebühren nach den für die Zwangsvollstreckung vorgesehenen Vorschriften nach VV Teil 3 Abschnitt 3 Unterabschnitt 3 (VV 3309 und 3310). Der ausdrückliche Hinweis ist erforderlich, weil das Verwaltungszwangsverfahren ein **2** außergerichtliches Verfahren ist und sich für außergerichtliche Tätigkeiten die Gebühren grundsätzlich nach VV Teil 2 bestimmen.

3 **Abs. 2** stellt klar, dass die Gebühren nach VV Teil 2 Abschnitt 3 in Angelegenheiten der Teile 4 bis 6 ausgeschlossen sind. Dieser Ausschluss gilt allerdings nicht uneingeschränkt. So ist VV Teil 2 Abschnitt 3 anwendbar
- in der einem Adhäsionsverfahren vorangehenden außergerichtlichen Vertretung; hier gilt VV 2300;
- in vorgerichtlichen Verfahren nach der WDO; hier gilt VV 2302 Nr. 2;
- in vorgerichtlichen Verfahren nach der WBO; auch hier gilt VV 2302 Nr. 2.

4 In **Abs. 3** wird der Anfall der Geschäftsgebühr geregelt.

5 In **Abs. 4** ist zum 1.8.2013 die Anrechnung der Geschäftsgebühr in sozialrechtlichen Verwaltungsverfahren, in denen sich die Gebühren nicht nach dem Gegenstandswert berechnen (§ 3 Abs. 2, Abs. 1 S. 1), eingeführt. Auch diese Anrechnung gab es bis dato nicht. Vielmehr entstand auch hier im Nachprüfungsverfahren die Geschäftsgebühr (VV 2400 a.F.) zu ermäßigten Sätzen (VV 2401 a.F.). Nunmehr ist der ermäßigte Betragsrahmen im Nachprüfungsverfahren aufgehoben worden. Stattdessen wird die vorangegangene Geschäftsgebühr hälftig, höchstens mit einem Betrag von 175 EUR auf die zweite Geschäftsgebühr angerechnet.

6 In **Abs. 5** wird ebenso wie in sozialrechtlichen Angelegenheiten die Anrechnung der Geschäftsgebühr in Verfahren nach der Wehrbeschwerdeordnung (WBO) und der Wehrdienstordnung (WDO), in denen ebenfalls nach Betragsrahmen abzurechnen ist (VV 2301 Nr. 2), eingeführt. Auch hier fallen damit die bisherigen ermäßigten Gebührenrahmen ersatzlos weg.

7 Bei dem neu eingefügten **Abs. 6** handelt es sich dagegen im Gegensatz zu den Abs. 3 bis 5 nicht um eine neue Regelung. Aus systematischen Gründen ist hier lediglich die bislang in der Anmerkung zu VV 2303 enthaltene Anrechnungsvorschrift für eine vorangegangene Geschäftsgebühr nach VV 2300 auf die Geschäftsgebühr eines Güte- und Schlichtungsverfahrens nach VV 2303 versetzt worden. Damit sind jetzt alle Anrechnungsvorschriften zusammengefasst.

8 Unberührt von den neu eingefügten Anrechnungsregelungen bleibt die Anrechnung der Geschäftsgebühren im gerichtlichen Verfahren. Diese Anrechnungsregelung findet sich für Verfahren nach VV Teil 3 nach wie vor in VV Vorb. 3 Abs. 4. Allerdings ist auch hier die Anrechnung erweitert worden auf sozialrechtliche Verfahren nach Betragsrahmen.

9 Die Anrechnung in Verfahren nach der WBO und der WDO findet sich in VV Vorb. 6.4 Abs. 2.

10 Eine Anrechnung der Geschäftsgebühr in Verfahren nach VV Teil 4 ist nach wie vor nicht vorgesehen, so dass im Adhäsionsverfahren keine Anrechnung vorzunehmen ist (siehe VV 4143 Rdn 56 ff.).

B. Regelungsgehalt

I. Verwaltungszwangsverfahren (Abs. 1)

11 Nach **§ 18 Abs. 1 Nr. 1, 1. Hs.** ist jede Vollstreckungsmaßnahme zusammen mit den durch diese vorbereiteten weiteren Vollstreckungshandlungen bis zur Befriedigung des Gläubigers eine besondere Angelegenheit. Dies gilt nach **§ 18 Abs. 1 Nr. 1, 2. Hs.** entsprechend im Verwaltungszwangsverfahren (Verwaltungsvollstreckungsverfahren). Die Gebühren für die Tätigkeit des Rechtsanwalts in Verwaltungszwangsverfahren fallen damit neben den Gebühren des Rechtsanwalts in einem vorausgegangenen Verwaltungs- und/oder Nachprüfungsverfahren bezüglich der behördlichen Entscheidung an, die vollstreckt werden soll.

12 Dies gilt aber nicht in dem Fall, in welchem die **Grundverfügung** der Behörde zugleich **mit** der **Androhung eines Zwangsmittels** verbunden worden ist. Erhebt der Rechtsanwalt gegen einen Bescheid, in welchem Grundverfügung und Androhung des Zwangsmittels verbunden worden sind, Widerspruch, so sprechen die Einheitlichkeit des Lebenssachverhaltes, des Auftrages des Rechtsanwalts sowie der Entscheidung der Behörde gegen die Annahme einer besonderen Angelegenheit. Dementsprechend erhält der Rechtsanwalt in diesem Fall die Gebühren für die Tätigkeit im Verwaltungszwangsverfahren nicht neben den Gebühren für die Tätigkeit in einem vorausgegangenen

Verwaltungs- und/oder Nachprüfungsverfahren bezüglich der behördlichen Entscheidung, die vollstreckt werden soll.

Der Rechtsanwalt erhält für eine Tätigkeit in der Verwaltungsvollstreckung die für Zwangsvollstreckung in bürgerlich-rechtlichen Angelegenheiten vorgesehenen Gebühren. Dementsprechend bestimmt **Abs. 1**, dass im Verwaltungszwangsverfahren **VV Teil 3 Abschnitt 3 Unterabschnitt 3 entsprechend anzuwenden** ist. Danach erhält der Rechtsanwalt für seine Tätigkeit im Verwaltungszwangsverfahren nach **VV 3309** eine **0,3-Verfahrensgebühr** sowie nach **VV 3310** eine **0,3-Terminsgebühr**.

Die Verfahrensgebühr entsteht für die Tätigkeit im Verwaltungszwangsverfahren, die Terminsgebühr für die Teilnahme an einem von der vollstreckenden Behörde bestimmten Verhandlungs-, Erörterungs- oder Beweisaufnahmetermin oder für die Mitwirkung an auf die Vermeidung oder Erledigung des Verwaltungszwangsverfahrens gerichteten Besprechungen mit der vollstreckenden Behörde. Der Gesetzgeber hat auf den gesamten VV Teil 3 Abschnitt 3 Unterabschnitt 3 in Abs. 1 verwiesen, ohne die Terminsgebühr auszunehmen. Damit findet VV 3310 auch ihre entsprechende Anwendung in der außergerichtlichen Tätigkeit im Verwaltungszwangsverfahren.

II. Ausschluss der Anwendung von VV Teil 2 Abschnitt 3 (Abs. 2)

VV Vorb. 2.3 geht ausweislich seiner Überschrift davon aus, dass alle außergerichtlichen Vertretungen nach den Vorschriften dieses Abschnitts zu vergüten sind. Ausgehend hiervon regelt Abs. 2, in welchen Angelegenheiten die Anwendung der Gebührentatbestände nach VV Teil 2 Abschnitt 3 ausgeschlossen ist. Während nach der bis zum 31.7.2013 geltenden Fassung noch die außergerichtlichen Gebühren in sozialrechtlichen Angelegenheiten, die nach Betragsrahmen abzurechnen sind, sowie in Verfahren nach der WBO und WDO in VV Teil 2 Abschnitt 4 geregelt waren, sind diese jetzt ebenfalls in Abschnitt 3 geregelt. Daher ist der bisherige Vorrang der Gebühren nach Abschnitt 4 mangels Inhalt aufgehoben worden. Geblieben ist dagegen der grundsätzliche Ausschluss der Gebührentatbestände nach VV Teil 2 Abschnitt 3 für Angelegenheiten der VV Teile 4 bis 6. Daneben sind die VV 2300 ff. – obwohl ausdrücklich nicht genannt – unanwendbar, soweit die Vertretung im Rahmen der Beratungshilfe erfolgt. Auch § 35 ist in diesem Zusammenhang zu beachten. Im Einzelnen gilt Folgendes:

Erbringt der Anwalt **Hilfeleistung bei der Erfüllung allgemeiner Steuerpflichten und bei der Erfüllung steuerlicher Buchführungs- und Aufzeichnungspflichten**, sind die Gebühren nach VV Teil 2 Abschnitt 3 gemäß § 35 ausgeschlossen. Anzuwenden sind in diesem Fall die entsprechenden Vorschriften der StBVV. Erst im Einspruchsverfahren gelten die VV 2300 ff. (zu Einzelheiten siehe § 35 Rdn 1 ff.).

Wird der Anwalt im Rahmen der **Beratungshilfe** vertretend tätig, gelten die entsprechenden Vertretungstatbestände der VV 2503 ff. Daneben sind die VV 2300 ff. unanwendbar. Eine Möglichkeit, die Wahlanwaltsgebühren der VV 2300 oder die Differenz zwischen Wahl- und Pflichtanwaltsgebühren vom Mandanten zu erlangen, wie bei Prozess- oder Verfahrenskostenhilfe über § 50, besteht bei den Geschäftsgebühren nicht. Soweit der Anwalt allerdings über § 9 BerHG einen Erstattungsanspruch gegen den Gegner erwirbt, richtet sich dieser nach den Gebühren der VV 2300 ff. Das gilt auch dann, wenn sich der Erstattungsanspruch in verwaltungs- oder sozialrechtlichen Angelegenheiten im Falle eines erfolgreichen Widerspruchsverfahrens gegen die Behörde richtet.

In **Strafsachen** sind die VV 2300 ff. im vorbereitenden Verfahren nicht anwendbar. Soweit allerdings vor einem Adhäsionsverfahren nach §§ 403 ff. StPO die Ansprüche zunächst außergerichtlich geltend gemacht werden, sind die VV 2300 ff. anzuwenden. Ferner gelten die VV 2300 ff., wenn Schadensersatzansprüche nach § 10 StrEG außergerichtlich geltend gemacht werden.

Für **Gnadenanträge**, bei denen es sich streng genommen um Verwaltungsverfahren handelt, gelten die VV 2300 ff. ebenfalls nicht, da VV Teil 4 insoweit in VV 4304 eine vorrangige Regelung enthält.

In Angelegenheiten des **Strafvollzugs** sind die VV 2300 ff. dagegen wiederum anwendbar.

In **Bußgeldsachen** sind die VV 2300 ff. unanwendbar.

22 Ebenfalls keine Anwendung finden die VV 2300 ff. in **Verfahren nach dem Gesetz über die internationale Rechtshilfe in Strafsachen** (IStGH-Gesetz). Die Gebühren sind geregelt in VV Teil 6 Abschnitt 1 (VV 6100 ff.).

23 In **Disziplinarverfahren** sind die VV 2300 ff. grundsätzlich unanwendbar; es gelten die VV 6202 ff. Ausgenommen sind
– die vorgerichtliche Vertretung in Verfahren nach der WBO und WDO (VV Vorb. 6.4 Abs. 1) sowie
– die Vertretung gegenüber der Aufsichtsbehörde außerhalb eines Disziplinarverfahrens (VV Vorb. 6.2 Abs. 2).

Hier entstehen jeweils die Gebühren nach Teil 2, also nach VV 2302 Nr. 2.

24 In **berufsgerichtlichen Verfahren wegen Verletzung einer Berufspflicht** sind die VV 2300 ff. grundsätzlich unanwendbar. Es gelten die VV 6202 ff. Ausgenommen ist wiederum die Vertretung gegenüber der Aufsichtsbehörde außerhalb eines Disziplinarverfahrens (VV Vorb. 6.2 Abs. 2). Hier entstehen jeweils die Gebühren nach VV Teil 2, also nach VV 2302 Nr. 2.

25 In **gerichtlichen Verfahren bei Freiheitsentziehung**, sind die VV 2300 ff. unanwendbar.

26 Auch in **Unterbringungssachen** sind die VV 2300 ff. unanwendbar.

III. Geschäftsgebühr (Abs. 3)

1. Anwendungsbereich

a) Berufsspezifische Tätigkeit

27 Die Geschäftsgebühr kann nur anfallen, wenn der Rechtsanwalt eine berufsspezifische Tätigkeit entfaltet, auf die das RVG anwendbar ist. Dies ergibt sich zwar nicht aus dem Wortlaut der Vorschrift, aber daraus, dass sie Bestandteil des RVG ist, das nur auf **anwaltliche Tätigkeit** anwendbar ist (siehe § 1 Rdn 124 ff.). Es entsteht daher keine Geschäftsgebühr, wenn der Anwalt im Rahmen der Aufgaben gemäß § 1 Abs. 2 oder beispielsweise als Aufsichtsratmitglied, Geschäftsführer einer GmbH, Erbenvertreter, Hausverwalter etc. tätig wird.

b) Außergerichtliche Tätigkeit

28 Die Geschäftsgebühr kann nur für **außergerichtliche** Tätigkeiten des Anwalts entstehen. Erfasst wird dabei sowohl die Tätigkeit in zivilrechtlichen als auch in verwaltungsrechtlichen Angelegenheiten, nicht dagegen die Tätigkeit in Strafsachen; für Letztere sind die Gebühren in VV Teil 4 geregelt. Bezieht sich die Tätigkeit auf ein gerichtliches Verfahren, kann die Geschäftsgebühr nach VV Teil 2 ebenfalls nicht entstehen. Maßgeblich ist dabei nicht, ob es tatsächlich zu einem gerichtlichen Verfahren kommt, sondern welchen (unbedingten) **Auftrag** der Rechtsanwalt hat.[1] Es kommt also darauf an, ob seine Tätigkeit nach dem Willen des Auftraggebers auf ein gerichtliches Verfahren oder auf eine außergerichtliche Vertretung abzielen soll (arg. e VV Vorb. 3 Abs. 1).[2]

> **Beispiel:** Beauftragt ein Mandant den Rechtsanwalt mit der gerichtlichen Durchsetzung seiner Forderung, der daraufhin zunächst den Gegner außergerichtlich zur Zahlung auffordert, woraufhin der Gegner zahlt, ist keine Geschäftsgebühr entstanden. Der Gebührenanspruch des Anwalts richtet sich vielmehr nach den Vorschriften nach VV Teil 3, weil er von vornherein Klageauftrag hatte.[3]

---

1 *Bischof/Jungbauer/Bräuer/Curkovic/Mathias/Uher*, RVG, Vorbemerkung 2.3 VV Rn 17; Gerold/Schmidt/*Mayer*, RVG, VV 2300, 2301 Rn 6; *Hartmann*, Kostengesetze, RVG, VV 2300 Rn 3; Hartung/Römermann/*Schons*, RVG, VV 2300 Rn 6; *Hansens*, RVGReport 2004, 57; *Hergenröder*, AGS 2005, 473; vgl. zur konkludenten Auftragserteilung BGH JurBüro 2005, 141 = RVG-Berater 2004, 103 m. Anm. *Onderka*.

2 *Volpert*, RVG professionell 2004, 111; Gerold/Schmidt/*Mayer*, RVG, VV 2300, 2301 Rn 6; *Hartmann*, Kostengesetze, RVG, VV 2300 Rn 3; Riedel/Sußbauer/*Schneider*, RVG, VV Teil 2 Rn 45.

3 BGH NJW 1968, 2334; OLG Oldenburg MDR 1961, 245; *Bischof/Jungbauer/Bräuer/Curkovic/Mathias/Uher*, RVG, Vorbemerkung 2.3 VV Rn 18 ff.

Bezieht sich der Auftrag zwar auf eine außergerichtliche Tätigkeit des Anwalts, die jedoch keine Vertretung, sondern eine **Beratung** des Mandanten zum Gegenstand hat, fällt die Geschäftsgebühr ebenfalls nicht an. In diesem Tätigkeitsbereich ist der Anwalt auf eine Honorarvereinbarung angewiesen, anderenfalls er nach den Vorschriften des BGB abrechnen muss (siehe § 34 Rdn 18 f.).

Der **Inhalt des Auftrags** ist durch **Auslegung** zu ermitteln. In der Praxis beauftragt häufig ein Mandant den Rechtsanwalt mit der Durchsetzung einer Forderung, wobei die Gegenseite zunächst außergerichtlich zur Zahlung aufgefordert werden, der Anspruch aber dann gerichtlich geltend gemacht werden soll. Darin können zwei Aufträge liegen: Entweder ein unbedingter Auftrag zur außergerichtlichen Geltendmachung der Forderung und zusätzlich der unter einer aufschiebenden Bedingung erteilte Auftrag, im Falle des Scheiterns der außergerichtlichen Durchsetzung Klage einzureichen, oder aber ein unbedingter Auftrag zur Klageeinreichung, wobei der Rechtsanwalt lediglich die Gegenseite noch außergerichtlich zur Leistung auffordern soll, um sie in Verzug zu setzen.[4]

29

> **Beispiel:** Der Anwalt wird beauftragt 10.000 EUR einzuklagen, soll jedoch zuvor den Gegner letztmalig zur Zahlung auffordern. Auf das entsprechende Schreiben des Anwalts erfüllt der Gegner freiwillig die Forderung.
> Hier ist bereits Prozessauftrag erteilt worden, so dass sich die Vergütung des Anwalts wie folgt berechnet:
> 1. 0,8-Verfahrensgebühr, VV 3101   446,40 EUR
> 2. Auslagenpauschale, VV 7002   20,00 EUR
>   Zwischensumme   466,40 EUR
> 3. 19 % Umsatzsteuer, VV 7008   88,62 EUR
> **Gesamt**   **555,02 EUR**
> Wird der Anwalt beauftragt, die Forderung von 10.000 EUR außergerichtlich geltend zu machen und zahlt der Gegner auf das entsprechende Schreiben, so berechnen sich die Gebühren des Anwalts bei einer durchschnittlichen Angelegenheit wie folgt:
> 1. 1,3-Geschäftsgebühr, VV 2300   725,40 EUR
> 2. Auslagenpauschale, VV 7002   20,00 EUR
>   Zwischensumme   745,40 EUR
> 3. 19 % Umsatzsteuer, VV 7008   141,63 EUR
> **Gesamt**   **887,03 EUR**

Bei außergerichtlichen Verhandlungen mit **Versicherern** spricht eine Vermutung dafür, dass der Anwalt zunächst mit der Herbeiführung einer außergerichtlichen Regelung beauftragt war und die Prozessvollmacht nur für den Fall erteilt wurde, dass dies scheitern sollte.[5] Einen allgemeinen Rechtssatz, wonach ein Anwalt im Zweifel einen gerichtlichen bzw. außergerichtlichen Auftrag erhalten hat, wird man darüber hinaus jedoch kaum aufstellen können, da immer die Umstände des Einzelfalls entscheidend sind.

30

Der Inhalt der vom Mandanten erteilten **Vollmacht** ist bei der Auslegung des Auftrags lediglich ein Indiz.[6] Denn die Vollmacht – zumal in der Praxis oft als sehr umfassende Formularvollmacht ausgestaltet – betrifft nur das Außenverhältnis und bildet nicht zwingend den genauen Inhalt des im Innenverhältnis erteilten Auftrags ab.[7] Daher können auch dann ein unbedingter Auftrag zum außergerichtlichen Tätigwerden und ein bedingter Auftrag zur Einleitung des Klageverfahrens vorliegen, wenn dem Rechtsanwalt bereits eine unterschriebene Prozessvollmacht vorliegt.[8] Andererseits spricht es für die Erteilung zweier Aufträge, wenn der Mandant zwei getrennte Vollmachten sowohl für die außergerichtliche als auch für die gerichtliche Beitreibung des Anspruchs unterschreibt. Daher ist es aus anwaltlicher Sicht zu empfehlen, sich für die außergerichtliche Geltendmachung des Anspruchs und das anschließende Klageverfahren gesonderte Vollmachten unterschreiben zu lassen.[9] Für die Erteilung zweier Aufträge spricht es auch, wenn der Rechtsanwalt dem Mandanten

31

---

4 Vgl. Gerold/Schmidt/*Mayer*, RVG, VV 2300, 2301 Rn 6; Riedel/Sußbauer/*Schneider*, RVG, VV Teil 2 Rn 27.
5 Noch weitergehender Gerold/Schmidt/*Mayer*, RVG, VV 2300, 2301 Rn 6, wonach generell eine Vermutung dafür spricht, dass der Anwalt zunächst versuchen soll, die Sache gütlich zu bereinigen, dass er also in erster Linie einen nach VV 2300 zu vergütenden Auftrag erhalten hat; vgl. auch *Madert*, AGS 1999, 97.
6 *Kindermann*, in: Kindermann, Gebührenpraxis für Anwälte, S. 307.
7 Vgl. Hartung/Römermann/*Schons*, RVG, VV 2300 Rn 20; *Onderka*, BRAGO professionell 2004, 30.
8 Gerold/Schmidt/*Mayer*, RVG, VV 2300, 2301 Rn 6.
9 *Schmidt*, AnwBl 1969, 72; *Madert*, zfs 1990, 289; *Madert*, AGS 1999, 97.

getrennte Auftragsbestätigungen übersendet oder für das gerichtliche und das außergerichtliche Vorgehen gesonderte Vorschüsse anfordert.[10]

c) Abgrenzungen

32 **aa) Spezialregelungen.** Zwar ist die Geschäftsgebühr einerseits nur bei außergerichtlichen Tätigkeiten anwendbar, andererseits werden aber nicht sämtliche außergerichtlichen Tätigkeiten von diesem Tatbestand erfasst. Es ist stets zu prüfen, ob nicht **vorrangige Spezialregelungen** greifen. Ist dies der Fall, ist nicht die Geschäftsgebühr abzurechnen, sondern der in den jeweiligen spezielleren Normen vorgesehene Gebührentatbestand.

33 So ist die **Hilfeleistung in Steuersachen** gemäß § 35 nach der Steuerberatergebührenordnung abzurechnen; für die Geschäftsgebühr nach VV 2300 bleibt daher kein Raum.[11] Für **Mediationstätigkeiten** sieht § 34 Abs. 1 vor, dass der Rechtsanwalt eine Honorarvereinbarung schließen soll. Die Tätigkeit im **schiedsrichterlichen Verfahren** (§§ 1025 ff. ZPO) und vor dem Schiedsgericht (§ 104 ArbGG) werden nach Teil 3 Abschnitt 1, 2 und 4 vergütet (§ 36 Abs. 1). Die außergerichtliche Tätigkeit in **Strafsachen** ist in VV Teil 4 gesondert geregelt, so dass hier die Geschäftsgebühr nicht anfallen kann. Für den **Zeugenbeistand** war lange Zeit umstritten, welche Gebührentatbestände auf seine Tätigkeit anzuwenden seien. Teilweise wurde die Anwendung des § 118 BRAGO befürwortet.[12] Da diese Tätigkeit inzwischen spezialgesetzlich für die jeweiligen Verfahren geregelt und der Tätigkeit des Prozessvertreters gleichgestellt ist, ist klargestellt, dass die Geschäftsgebühr nicht einschlägig ist. Das gilt auch für die Tätigkeit eines Zeugenbeistandes in einem Untersuchungsausschuss, die bislang jedenfalls nach einer in der Literatur vertretenen Auffassung nach § 118 BRAGO zu vergüten war.[13] Die Tätigkeit in sozialrechtlichen Angelegenheiten wird nach VV 2302 Nr. 1[14] vergütet.

34 Ist der Rechtsanwalt im Rahmen der **Beratungshilfe** tätig, stellt VV 2500 eine abschließende Spezialregelung für die Vergütung dieser Tätigkeit dar (vgl. VV Vorb. 2.5 Abs. 1), so dass die Geschäftsgebühr nach VV Teil 2 nicht anfällt.

35 Werden gleichzeitig mit einem Rechtsstreit gerichtlich **nicht anhängige Ansprüche** behandelt, hängt der einschlägige Gebührentatbestand für die Verhandlung über die nicht anhängigen Ansprüche davon ab, ob der Rechtsanwalt hinsichtlich dieser Ansprüche einen Verfahrensauftrag hatte.[15] Ist das der Fall, richten sich die Gebühren nach VV Teil 3. Besteht dagegen kein Klageauftrag, sondern nur ein Auftrag zur außergerichtlichen Geltendmachung, richtet sich der Gebührenanspruch für die nicht anhängigen Ansprüche nach VV 2300.[16]

> **Beispiel:** Der Anwalt vertritt den Mandanten in einem Rechtsstreit über 10.000 EUR. Es kommt in einem außergerichtlichen Termin zwischen den Anwälten zu einer Einigung über die Klagesumme und weiterer 5.000 EUR, die nicht anhängig sind und hinsichtlich derer auch kein Klageauftrag besteht.
> Wert: 10.000 EUR
> 1. 1,3-Verfahrensgebühr, VV 3100   725,40 EUR
> 2. 1,2-Terminsgebühr, VV 3104   669,60 EUR
> 3. 1,0-Einigungsgebühr, VV 1003   558,00 EUR
> Wert: 5.000 EUR
> 4. 1,3-Geschäftsgebühr, VV 2300   393,90 EUR
> 5. 1,5-Einigungsgebühr, VV 1000   454,50 EUR
> Der Gesamtwert der Einigungsgebühr ist gemäß § 15 Abs. 3 begrenzt auf eine 1,5-Einigungsgebühr aus 15.000 EUR (975 EUR). Eine Terminsgebühr für die Einigungsverhandlung über die nicht anhängigen Ansprüche kann nicht entstehen, weil die Anwälte insoweit keinen Klageauftrag haben.[17] Dass eine Bespre-

---

10 OLG Bamberg JurBüro 2000, 640; *Madert*, zfs 1990, 289.
11 Zur Abgrenzung der Tätigkeit von Rechtsanwalt und Steuerberater vgl. OLG Düsseldorf RVG-Berater 2004, 101 m. Anm. *Onderka*.
12 *Hansens*, BRAGO, § 118 Rn 5.
13 *Madert*, Anwaltsgebühren in Straf- und Bußgeldsachen, S. 81.
14 Früher VV 2400; geändert durch 2. KostRMoG.
15 BGH NJW 1969, 932; Gerold/Schmidt/*Mayer*, RVG, VV 2300, 2301 Rn 7; Riedel/Sußbauer/*Schneider*, RVG, VV Teil 2 Rn 45.
16 Vgl. BGH NJW 1969, 932.
17 Vgl. *Bonnen*, MDR 2005, 1084, 1085; *Meyer*, JurBüro 2004, 575. Zur Streitfrage, ob die Entstehung einer Terminsgebühr für eine Besprechung ein bereits anhängiges gerichtliches Verfahren voraussetzt, vgl. Vorb. 3 Rdn 139 f.

chung stattgefunden hat, wird nur bei der Bestimmung der Geschäftsgebühr im Rahmen von § 14 Abs. 1 berücksichtigt.

Beispiel: Der Anwalt vertritt den Mandanten in einem Rechtsstreit über 10.000 EUR. Es kommt in einem außergerichtlichen Termin zwischen den Anwälten zu einer Einigung über die Klagesumme und weiteren 5.000 EUR, die nicht anhängig sind und hinsichtlich derer auch kein Klageauftrag besteht. Die Einigung wird dann gerichtlich protokolliert.

Wert: 10.000 EUR
1. 1,3-Verfahrensgebühr, VV 3100   725,40 EUR
2. 1,2-Terminsgebühr, VV 3104   669,60 EUR
3. 1,0-Einigungsgebühr, VV 1003   558,00 EUR
   Wert: 5.000 EUR
4. 1,3-Geschäftsgebühr, VV 2300   393,90 EUR
5. 1,5-Einigungsgebühr, VV 1000   454,50 EUR

Der Gesamtwert der Einigungsgebühr ist gemäß § 15 Abs. 3 begrenzt auf eine 1,5-Einigungsgebühr aus 15.000 EUR (975 EUR). Für die Protokollierung fällt gemäß VV 3104 Anm. Abs. 3 keine Terminsgebühr an. Auch die Einigungsverhandlung über die nicht anhängigen Ansprüche löst keine Terminsgebühr aus, da es wie im vorhergehenden Beispiel an einem Klageauftrag fehlt.[18]

Beispiel: In einem Rechtsstreit über 10.000 EUR einigen sich die Anwälte außergerichtlich über die Klageforderung und eine weitere Forderung i.H.v. 5.000 EUR, die nicht anhängig ist. Für die weitere Forderung besteht jedoch Klageauftrag.

Wert: 10.000 EUR
1. 1,3-Verfahrensgebühr, VV 3100   725,40 EUR
   Wert: 5.000 EUR:
2. 0,8-Verfahrensgebühr, VV 3101 Nr. 2   242,40 EUR
   gem. § 15 Abs. 3 max. 1,3 aus 15.000 EUR   845,00 EUR
   Wert: 10.000 EUR:
3. 1,0-Einigungsgebühr, VV 1003   558,00 EUR
   Wert: 5.000 EUR:
4. 1,5-Einigungsgebühr, VV 1000   454,50 EUR
   gem. § 15 Abs. 3 max. 1,5 aus 15.000 EUR   975,00 EUR
   Wert: 15.000 EUR:
5. 1,2-Terminsgebühr, VV 3104   780,00 EUR

bb) Rat und Gutachten. Für Beratung und schriftliche Gutachten sieht § 34 Abs. 1 vor, dass der Anwalt eine Honorarvereinbarung schließen soll. Aus diesem Grunde kommt der Abgrenzung zwischen einer Beratung oder Gutachtenerstellung einerseits und einer außergerichtlichen Vertretung im Sinne von VV 2300 andererseits eine nicht unerhebliche Bedeutung zu. Denn kommt das Gericht beispielsweise im Rahmen einer Honorarklage zu der Einschätzung, dass der Anwalt keine Geschäftstätigkeit, sondern eine Beratung durchgeführt hat, dann ist er – mangels Abschluss einer Honorarvereinbarung – auf die Vergütung nach dem BGB und bei einem Verbraucher sogar auf eine Vergütung i.H.v. maximal 250 EUR beschränkt. Dies kann im Einzelfall zu empfindlichen Vergütungseinbußen führen. 36

Maßgeblich für die Abgrenzung zwischen Beratung und Gutachten einerseits sowie Geschäftstätigkeit andererseits sind der Auftrag sowie die auftragsgemäße Tätigkeit des Rechtsanwalts (vgl. auch § 34 Rdn 17 ff.). 37

In Abgrenzung zur **Beratung** bezieht sich der eine Geschäftsgebühr auslösende Auftrag nicht auf eine Auskunft oder Verhaltensempfehlung in einer bestimmten Situation, sondern auf eine weiter gehende Befassung mit den tatsächlichen und rechtlichen Problemen der Angelegenheit. In Abgrenzung zum **Gutachten** ist er nicht auf eine wissenschaftliche Auseinandersetzung mit Rspr. und Literatur, sondern auf die Erreichung eines konkreten wirtschaftlichen oder sonstigen Zieles gerichtet. Die Übergänge können im Einzelfall fließend sein. Wird der Anwalt auftragsgemäß **gegenüber Dritten** tätig, ist dies ein sicheres Zeichen für eine Vertretung im Sinne von VV 2300. Die Geschäftsgebühr kann jedoch auch entstehen, ohne dass ein solches Auftreten nach außen erfolgt. Beispiels-

---

18 Hier ist allerdings im Einzelfall zu prüfen, ob in dem Einverständnis des Mandanten mit der gerichtlichen Protokollierung nicht ein konkludenter Verfahrensauftrag hinsichtlich der nicht anhängigen Ansprüche liegt. An einen solchen konkludenten Auftrag sind strenge Anforderungen zu stellen, da der Mandant im Zweifel sein wirtschaftliches Ziel mit möglichst geringen (Anwalts-)Kosten erreichen will.

weise fertigt der Anwalt einen Vertragsentwurf und bespricht diesen im Hinblick auf mögliche Einwendungen des Vertragspartners mit dem Mandanten.

38 Die Geschäftsgebühr kann ferner auch dann entstehen, wenn sich die Tätigkeit des Rechtsanwalts in tatsächlicher Hinsicht in der Erteilung eines Rates erschöpft, sofern der Auftrag auf eine Tätigkeit gerichtet war, für die die Geschäftsgebühr anfällt.

> **Beispiel:**[19] Der Mandant beauftragt den Anwalt mit der Vertretung in einer Nachlasssache. Nach einer Beratung bittet der Rechtsanwalt den Mandanten, noch weitere Unterlagen beizubringen. Der Mandant kündigt das Mandat, ohne dass der Rechtsanwalt ihm hierzu Anlass gegeben hätte.
> Auch wenn der Rechtsanwalt hier lediglich einen Rat erteilt hat, ist die Geschäftsgebühr angefallen, weil der Auftrag auf eine entsprechende Tätigkeit gerichtet war. Der Umfang der tatsächlich geleisteten Tätigkeit ist jedoch bei der Gebührenbemessung nach § 14 zu berücksichtigen.

39 **cc) Einfaches Schreiben.** Die früher unter Geltung von § 120 BRAGO strittige Frage, ob es sich um einen eigenen Gebührentatbestand handelte oder lediglich um eine Reduzierung der Gebühren des § 118 BRAGO, hat sich durch das RVG erledigt. Das RVG sieht eine Anrechnung der Gebühr nach VV 2301 ausdrücklich vor. Auch für einfache Schreiben ist die Geschäftsgebühr einschlägig, allerdings wird gemäß VV 2301 ein fester geringerer Gebührenrahmen vorgegeben (siehe VV 2301 Rdn 5 ff.).

40 **dd) Einzelfälle.** Die Tätigkeiten, die durch die Geschäftsgebühr abgegolten werden können, sind so vielfältig wie der Anwaltsberuf selbst. Eine vollzählige Aufzählung ist daher ebenso wenig möglich wie eine vollständige Systematisierung. Hier seien daher nur einige Tätigkeiten beispielhaft genannt.

41 Für das **Aufsetzen einer wettbewerbsrechtlichen Abmahnung** erhält der Rechtsanwalt eine Geschäftsgebühr.[20] Nach Ansicht des BGH[21] ist für eine wettbewerbsrechtliche Abmahnung in einem durchschnittlichen Fall eine Geschäftsgebühr von 1,3 nicht zu beanstanden. Das **Abschlussschreiben** gehört nicht mehr zum einstweiligen Verfügungsverfahren und wird daher durch die Gebühr für dieses nicht abgegolten.[22] Hinsichtlich der Gebühren für das Abschlussschreiben ist zu differenzieren: Hat der Anwalt lediglich den Auftrag, die Gegenseite zur Unterzeichnung des Abschlussschreibens aufzufordern, erhält er hierfür die Geschäftsgebühr.[23] Hat er dagegen bereits Klageauftrag und fordert den Gegner zur Unterzeichnung des Abschlussschreibens auf, damit dieser Anlass zur Klageerhebung gibt, entstehen die Gebühren für das gerichtliche Verfahren (zu den Einzelheiten vgl. VV Vorb. 3 Rdn 98 ff.).

42 Beauftragt ein Mandant, der rechtsschutzversichert ist, den Anwalt mit der Einholung einer **Deckungszusage**, erhält der Anwalt für diese Tätigkeit eine Geschäftsgebühr. Die Einholung der Deckungszusage ist im Verhältnis zur sonstigen Tätigkeit des Anwalts im Rahmen des Versicherungsfalls nach zutreffender Ansicht eine gesonderte Angelegenheit und daher gesondert zu vergüten.[24] Nach der Gegenmeinung handelt es sich bei dieser Tätigkeit dagegen um eine Vorbereitungshandlung im Sinne von § 19 Abs. 1 S. 2 Nr. 1[25] bzw. um eine Serviceleistung des Anwalts,[26] die keine gesonderte Gebühr auslöst. Gegenstandswert einer solchen Anfrage sind die Kosten, von denen der Mandant befreit werden möchte, also die eigenen Kosten sowie diejenigen des Gegners und die Gerichtskosten.[27] Eine eventuelle Selbstbeteiligung des Mandanten ist abzuziehen, da in dieser

---

19 Nach Gerold/Schmidt/*Mayer*, RVG, VV 2300, 2301 Rn 14.
20 *Hansens*, BRAGO, § 118 Rn 4; LG München I AGS 2007, 288 m. Anm. *N. Schneider*; zur Erstattungsfähigkeit dieser Gebühr vgl. OLG Hamburg MDR 2005, 898.
21 BGH RVGreport 2010, 456 m. Anm. *Hansens* = WRP 2010, 1495.
22 BGH AGS 2008, 270; *Berneke*, Die einstweilige Verfügung in Wettbewerbssachen, S. 226; anders *Schönemann* (RVG professionell 2005, 197), wenn der Auftrag dahin geht, den Verzicht auf die Erhebung des Widerspruchs zu verlangen. Dann gehört diese Tätigkeit noch zum einstweiligen Verfügungsverfahren.
23 *Berneke*, Die einstweilige Verfügung in Wettbewerbssachen, S. 226.
24 LG Duisburg zfs 2010, 520; LG Ulm zfs 2010, 521; AG Karlsruhe AGS 2009, 355; AG Karlsruhe AGS 2008, 372; AG Ettenheim AGS 2006, 275 m. Anm. *Winkler*; AG Charlottenburg JurBüro 2002, 25; *Lensing*, AnwBl 2010, 688; *Hansens*, RVGreport 2010, 241; *Kindermann*, in: Kindermann, Gebührenpraxis für Anwälte, S. 32.
25 OLG München JurBüro 1993, 163; LG Koblenz VersR 2010, 1331.
26 AG Schwäbisch-Hall VersR 2010, 1332.
27 AG Karlsruhe AGS 2009, 355; *Hansens*, RVGreport 2010, 241, 242.

Höhe der Forderung von vornherein keine Eintrittpflicht des Rechtsschutzversicherers besteht.[28] Zu beachten ist, dass der Mandant die Kosten für die Deckungsanfrage selbst zu tragen hat. Der Rechtsschutzversicherer ist nicht eintrittpflichtig, weil das Vorgehen gegen ihn selbst nicht vom Versicherungsschutz umfasst ist.[29] Auch der Gegner hat für die Kosten der Deckungsanfrage regelmäßig nicht aufzukommen.[30] Die Kosten können nicht als Kosten der Rechtsverfolgung angesehen werden, weil den Mandanten insoweit eine Obliegenheit zur Schadensminderung trifft, in deren Rahmen er die Deckungsanfrage selbst vorzunehmen hat.[31] Vorsorglich sollte der Mandant darauf hingewiesen werden, dass er die Kosten für die Deckungsanfrage selbst bezahlen muss – teilweise gehen die Gerichte von einer Hinweispflicht aus.[32]

Bei Tätigkeiten in Zusammenhang mit einem so genannten **Patiententestament** (Patientenverfügung) oder einer **Betreuungsverfügung** ist schon fraglich, ob eine anwaltliche Tätigkeit vorliegt. Bejaht man dies, dürfte nur von einer Beratungstätigkeit auszugehen sein (zu den Einzelheiten der Geschäftsgebühr bei Tätigkeiten in der Vertrags- und Urkundengestaltung vgl. Rdn 51). 43

Die **Mediation** und die **Steuerberatung** sind durch das RVG spezialgesetzlich geregelt. Die Tätigkeit in Verfahren nach dem **Gewaltschutzgesetz** ist eine gerichtliche Tätigkeit, für die die Geschäftsgebühr nicht einschlägig ist. Dagegen unterfallen Tätigkeiten in **Sanierungs- und Beratungsangelegenheiten** dem Tatbestand der Geschäftsgebühr; hier werden aber in der Praxis wohl regelmäßig Honorarvereinbarungen geschlossen. 44

Die Tätigkeit im **Vergabenachprüfungsverfahren** (§§ 97 ff. GWB) vor der Vergabekammer sind nach VV 2300 zu vergüten.[33] Früher war umstritten, ob dies auch dann galt, wenn der Anwalt schon im Vergabeverfahren tätig war oder ob er in diesem Fall nur eine Geschäftsgebühr aus dem reduzierten Rahmen von VV 2301 a.F. erhielt.[34] 45

Der BGH hatte sich in seiner Entscheidung vom 23.9.2008[35] der zweiten Meinung angeschlossen, wobei die Begründung kaum geeignet war, den bestehenden Meinungsstreit zu beenden: Der BGH stützte seine Argumentation maßgeblich auf § 128 Abs. 4 S. 3 GWB, wonach sich die Kostenerstattung bei Anrufung der Vergabekammer nach § 80 VwVfG bzw. den entsprechenden Vorschriften der Verwaltungsverfahrensgesetze der Länder richtet. Aus diesem Verweis in § 128 Abs. 4 S. 3 GWB folgerte der BGH, dass angesichts der Gleichsetzung des vergaberechtlichen Nachprüfungsverfahrens mit dem verwaltungsrechtlichen Widerspruchsverfahren die speziellen Gebührenregelungen des Widerspruchsverfahrens auch für das vergaberechtliche Nachprüfungsverfahren gelten müsse. Dabei sei unerheblich, ob im Vergabeverfahren tatsächlich ein Verwaltungsakt ergehe, der im Nachprüfungsverfahren überprüft werde. Unerheblich sei ferner, ob dem Anwalt die vorausgegangene Tätigkeit im Vergabeverfahren im späteren Nachprüfungsverfahren im gleichen Maße zugute komme, wie dies im Verhältnis von Verwaltungs- und Widerspruchsverfahren der Fall sei.

Aufgrund der Änderung von VV Vorb. 2.3 durch das 2. KostRMoG stellt sich dieses Problem nun unter etwas anderen Vorzeichen: Der vorangegangenen Tätigkeit des Anwalts im Verwaltungsverfahren wird nunmehr nicht mehr mit einer geringeren Geschäftsgebühr für das Nachprüfungsverfahren (VV 2301 a.F.), sondern durch eine Anrechnungsregelung in VV Vorb. 2.3 Abs. 4 Rechnung getragen. Eine solche Anrechnung findet aber nur statt, wenn wegen desselben Gegenstands eine Geschäftsgebühr für eine Tätigkeit im Verwaltungsverfahren entstanden ist. Insofern kommt es auch 46

---

28 *Hansens*, RVGreport 2010, 241, 242.
29 LG Nürnberg-Fürth, Urt. v. 9.9.2010 – 8 O 1617/10 (juris), m. Anm. *Schöller*.
30 Vgl. zu den Ausnahmefällen: BGH AGS 2012, 152 (eine Ersatzpflicht des Haftpflichtversicherers besteht bei Verzug mit der Regulierung, wenn die Anwaltskosten erforderlich und zweckmäßig waren); LG Nürnberg-Fürth AGS 2010, 257; AG Hersbruck AGS 2010, 257.
31 *Kindermann*, in: Kindermann, Gebührenpraxis für Anwälte, S. 33.
32 OLG München JurBüro 1963, 163.
33 OLG Saarbrücken AGS 2009, 487; OLG München AGS 2007, 86; OLG München AGS 2006, 171; OLG Düsseldorf ZfBR 2005, 622; BayObLG AGS 2005, 205; OLG Jena AGS 2005, 204; jetzt auch *Bischof/Jungbauer/Bräuer/Curkovic/Mathias/Uher*, RVG, Nr. 2300 VV Rn 13, wohl unter Aufgabe der in der 1. Auflage (S. 570) vertretenen Meinung, wonach die für das Verfahren vor dem Vergabesenat einschlägigen VV 3300 ff. anzuwenden seien.
34 Vgl. OLG München AGS 2007, 86 für eine Geschäftsgebühr nach VV 2300; OLG Düsseldorf RVGreport 2006, 184 und OLG Frankfurt AGS 2010, 82 für eine Geschäftsgebühr nach VV 2301 a.F.
35 BGH AGS 2008, 553 m. Anm. *N. Schneider*.

weiterhin – nun im Rahmen der Anrechnung – auf die Frage an, ob es sich beim Vergabeverfahren um ein Verwaltungsverfahren i.S.d. VV Vorb. 2.3 handelt.

Die vom BGH angeführte Begründung überzeugt nicht. Die Regelung in § 80 VwVfG, auf die § 128 Abs. 4 S. 3 GWB Bezug nimmt, bestimmt lediglich, dass der im Widerspruchsverfahren Obsiegende seine notwendigen Aufwendungen erstattet erhält und dass die Kosten eines Anwalts erstattungsfähig sind, wenn seine Zuziehung notwendig war. Die Frage der Erstattungsfähigkeit von Kosten besagt aber nichts darüber, welche Gebühren für den Anwalt zunächst einmal entstanden sind. Ebenso wenig kann man beispielsweise die Frage, welche Anwaltsgebühren im Zivilprozess entstanden sind, aus der Erstattungsregelung in § 91 ZPO ableiten. Die Frage, welche konkreten Gebühren für einen im Widerspruchsverfahren tätigen Anwalt entstehen, wird in § 80 VwVfG gerade nicht beantwortet – schon aus diesem Grund kann man die Geltung bestimmter Gebührentatbestände für das vergaberechtliche Nachprüfungsverfahren nicht auf diese Verweisung stützen. Der Verweis in § 128 Abs. 4 S. 3 GWB besagt demnach nur, dass die dem Anwalt im Nachprüfungsverfahren tatsächlich entstandenen Kosten ggf. auf einen bestimmten Betrag begrenzt werden müssen (nämlich auf die notwendigen Kosten), soweit eine Erstattung vom Gegner verlangt wird.

47 Kann damit für die Frage der Entstehung der Gebühren nicht auf § 128 Abs. 4 S. 3 GWB i.V.m. § 80 VwVfG zurückgegriffen werden, sind – wie üblich – die Gebührentatbestände des Vergütungsverzeichnisses maßgeblich. Insofern ist – entgegen der Ansicht des BGH – von entscheidender Bedeutung, ob das Vergabeverfahren ein Verwaltungsverfahren i.S.v. VV Vorb. 2.3 Abs. 4 ist. Gerade der Verweis in § 128 Abs. 4 S. 3 GWB auf die Erstattungsregelungen des Verwaltungsrechts ist ein erstes und wichtiges Indiz dafür, dass dies nicht der Fall ist. Denn wäre das Vergabeverfahren ohne Weiteres als „klassisches" Verwaltungsverfahren einzustufen, hätte es einer solchen Verweisung nicht bedurft. Daneben ist weiter zu berücksichtigen, dass im Vergabeverfahren eben kein Verwaltungsakt ergeht, sondern zivilrechtliche Verträge mit den Bietern geschlossen werden. Insofern handelt es sich nicht um ein Verwaltungsverfahren, sondern um ein vorvertragliches Auswahlverfahren sui generis, mit dem der Staat im Rahmen des privaten Wirtschaftsrechts Beschaffungstätigkeit durchführt.

48 Will man eine analoge Anwendung von VV Vorb. 2.3 Abs. 4 auf das vergaberechtliche Nachprüfungsverfahren in Betracht ziehen, so müsste zumindest der gesetzgeberische Zweck dieser Vorschrift erfüllt sein. Gemäß § 17 Nr. 1a sind das Verwaltungsverfahren und das anschließende Nachprüfungsverfahren gebührenrechtlich verschiedene Angelegenheiten. Der vom Gesetzgeber intendierte gebührenrechtliche Ausgleich – sei es durch eine geringere Gebühr für das Nachprüfungsverfahren, sei es durch eine Anrechnung – soll dem Umstand Rechnung tragen, dass der Anwalt eine Tätigkeit erbringt, in die er durch seine Vorbefassung im Verwaltungsverfahren schon eingearbeitet war. Gerade die Frage der Arbeitserleichterung durch eine Vorbefassung, die der BGH als unerheblich dahinstehen lässt, muss also geprüft werden und kann in vergaberechtlichen Nachprüfungsverfahren eben nicht regelmäßig angenommen werden. Denn während im Vergabeverfahren ein bestimmter Bieter mit dem Ziel vertreten wird, dessen Angebot zum Erfolg zu verhelfen, geht es im Nachprüfungsverfahren darum, sich mit den Mietbietern, ihren Angeboten und Argumenten für/gegen den Zuschlag auseinanderzusetzen.

2. Abgeltungsbereich

49 Der Anwalt erhält die Gebühr für das **Betreiben des Geschäfts**. Durch die Gebühr abgegolten werden somit sämtliche Tätigkeiten, die zur sachgemäßen Bearbeitung des Mandats erforderlich sind, wie die Entgegennahme der Information, Besprechungen mit dem Mandanten oder Dritten, Einsicht in Gerichts- oder Behördenakten, Ortstermine usw. Die Geschäftsgebühr ist eine **Pauschgebühr**. Sie entsteht, sobald der Anwalt die Information entgegennimmt.[36] Ob nur eine Einzeltätigkeit durchgeführt oder ein umfangreicher Sachverhaltskomplex bearbeitet werden muss, ist für die Frage der Entstehung der Gebühr ohne Belang. Sämtliche Tätigkeiten innerhalb des erteilten Auftrags werden durch die Geschäftsgebühr abgegolten (§ 15 Abs. 1). Der Umfang der Tätigkeit ist dann lediglich bei der Gebührenbemessung nach § 14 zu berücksichtigen.

---

36 *Kindermann*, in: Burhoff/Kindermann, RVG 2004, S. 40; *Hartmann*, Kostengesetze, RVG, VV 2300 Rn 11; Gerold/Schmidt/*Mayer*, RVG, VV 2300 Rn 13; Riedel/Sußbauer/*Schneider*, RVG, VV Teil 2 Rn 25.

Weder die Teilnahme an Beweisaufnahmen noch an Besprechungen mit Dritten lösen gesonderte Gebühren aus. Dennoch können diese Tätigkeiten des Anwalts natürlich bei der Gebührenbemessung gemäß § 14 Abs. 1 berücksichtigt werden.[37] Der Wegfall der Besprechungsgebühr sollte nach dem Willen des Gesetzgebers die außergerichtlichen Erledigungen fördern, weil der Griff zum Telefon und die damit mögliche gütliche Einigung nicht mehr aus gebührenrechtlichen Gründen gemieden werden.[38] Dieses Ziel wird jedoch gerade im Bereich des Massengeschäfts der Versicherer auf Kosten der an der Schadensregulierung beteiligten Anwälte verwirklicht. Während früher für eine Schadensregulierung inkl. Telefonat eine Geschäfts- und eine Besprechungsgebühr von je 7,5/10 entstanden ist, entsteht nunmehr in den meisten Fällen nur eine Gebühr in Höhe des Schwellenwertes von 1,3. Denn allein durch ein Telefonat mit der Gegenseite oder deren Versicherer wird die Tätigkeit in der Regel weder umfangreich noch schwierig.[39] 50

Der Wortlaut von Abs. 3 der Vorb. 2.3 stellt ausdrücklich klar, dass auch **Tätigkeiten in der Vertragsgestaltung** die Geschäftsgebühr auslösen. Dies gilt beispielsweise für das Entwerfen von Allgemeinen Geschäfts- oder Lieferbedingungen, wo die Geschäftsgebühr einschlägig ist.[40] Auch die Mitwirkung an Vertragsverhandlungen oder Gesellschaftsgründungen wird durch die Geschäftsgebühr abgegolten.[41] Ebenso liegt es bei Erb- oder Erbverzichtsverträgen.[42] Bei Tätigkeiten in der Kautelarjurisprudenz ist häufig die Abgrenzung zur Beratung problematisch. Wenn der Anwalt auftragsgemäß lediglich einen ihm vorgelegten Vertrag prüft, wird dies regelmäßig nur eine Beratung und keine Tätigkeit nach VV 2300 darstellen.[43] Das Entwerfen eines Vertrages löst dagegen die Geschäftsgebühr aus.[44] Insoweit reicht bereits der Auftrag, einen Vertragsentwurf zu prüfen, sofern damit der Auftrag verbunden ist, gegebenenfalls Änderungen vorzuschlagen.[45] 51

Das Entwerfen einer (einseitigen) Erklärung löst keine Geschäftsgebühr aus, sondern ist Beratungstätigkeit. 52

Zu einer solchen einseitigen Erklärung gehört insbesondere der Entwurf eines Testaments.[46] Soweit die Rechtsprechung bei wechselseitigen Testamenten danach differenziert, ob die Vereinbarungen wechselbezüglich sind (dann Geschäftstätigkeit nach Teil 2 VV)[47] oder ob sie nicht wechselbezüglich sind (dann Beratungstätigkeit nach § 34 RVG),[48] ist dies unzutreffend. Auch wechselbezügliche Vereinbarungen stellen noch keinen Vertrag dar, sondern bleiben einseitige Erklärungen ohne vertragliche Bindung. Dazu müsste schon ein Erbvertrag geschlossen werden. 53

Auch ein für den Mandanten vorgefertigtes Schreiben (Mahnung, Kündigung o.Ä.) gilt als Beratungstätigkeit.[49] 54

Werden Vertrags- oder Urkundenentwürfe von Anwälten gefertigt, die zugleich **Notare** sind, fällt die Geschäftsgebühr nur an, wenn sie als Anwalt tätig geworden sind (vgl. § 1 Rdn 104, 138). Ansonsten ergibt sich die Vergütung aus § 119 GNotKG. Die Abgrenzung zwischen einer Tätigkeit als Anwalt und einer Tätigkeit als Notar ist nach § 24 Abs. 2 BNotO vorzunehmen.[50] 55

---

37 *Schneider/Mock*, Das neue Gebührenrecht für Anwälte, § 13 Rn 6; *Enders*, JurBüro 2004, 459 (461); *Madert*, AGS 2000, 185, 187; Gerold/Schmidt/*Mayer*, RVG, VV 2300, 2301 Rn 17; *Bischof/Jungbauer/Bräuer/Curkovic/Mathias/Uher*, RVG, Nr. 2300 VV Rn 39. Soweit das AG Stuttgart (JurBüro 2005, 308) auf die objektiv erforderliche Dauer der Besprechung abstellt, überzeugt dies nicht. Entscheidend ist der tatsächliche Aufwand des Anwalts – wenn dieser aufgrund der besonderen Lebensumstände des Mandanten erhöht war, muss dies bei der Bestimmung der Rahmengebühr Berücksichtigung finden (zutreffend insoweit LG Essen MDR 2005, 899).
38 Vgl. BT-Drucks 15/1971, S. 207.
39 So auch *Meyer*, AGS 2004, 468.
40 Gerold/Schmidt/*Mayer*, RVG, VV 2300, 2301 Rn 14; Riedel/Sußbauer/*Schneider*, RVG, VV Teil 2 Rn 29.
41 *Hansens*, BRAGO, § 118 Rn 11; *Schumann/Geißinger*, BRAGO, A 137; *Hartmann*, Kostengesetze, RVG, VV 2300 Rn 16 f.
42 *Limberger*, BRAGO professionell 1999, 49; *Madert*, AGS 2005, 2, 5.
43 *Kindermann*, in: Kindermann, Gebührenpraxis für Anwälte, S. 439. Dagegen hat das AG Lörrach (AGS 2009, 163) die Prüfung einer notariellen Unterhaltsurkunde als Indiz für einen Vertretungsauftrag angesehen.
44 OLG Karlsruhe JurBüro 1986, 1049.
45 LG Nürnberg-Fürth AGS 2015, 320 = RVGreport 2015, 306 = NJW-Spezial 2015, 508.
46 AG Hamburg Altona AGS 2008, 166 = ZEV 2008, 294 = ErbR 2008, 129 = ZFE 2008, 439 = NJW-Spezial 2008, 187.
47 OLG Frankfurt AGS 2015, 505.
48 OLG Düsseldorf AGS 2012, 454 = NJW-Spezial 2012, 635.
49 OLG Nürnberg AnwBl 2010, 805 = AGS 2010, 480 = zfs 2011, 44 = NJW 2011, 621 = NJW-Spezial 2010, 667 = RVGreport 2010, 459 = FamRZ 2011, 668 = RVGprof. 2011, 170.
50 Riedel/Sußbauer/*Schneider*, RVG, VV Teil 2 Rn 30.

3. Höhe der Gebühr

56 Die Höhe der Geschäftsgebühr ist in VV Vorb. 2.3 nicht geregelt. Sie ergibt sich aus den einzelnen Tatbeständen der VV 2300 ff., die die anwaltliche Tätigkeit näher beschreiben.

IV. Anrechnung in verwaltungs- und sozialrechtlichen Angelegenheiten (Abs. 4)

1. Überblick

57 War der Anwalt sowohl im Verwaltungsverfahren als auch im nachfolgenden Nachprüfungsverfahren tätig, so erhält er gemäß § 17 Nr. 1a jeweils eine gesonderte Geschäftsgebühr. Da durch die mehrfache Befassung in nachfolgenden außergerichtlichen Angelegenheiten insoweit ein Entlastungs- und Synergieeffekt eintritt, soll die Vergütung in der nachfolgenden Angelegenheit nach dem Willen des Gesetzgebers grundsätzlich geringer ausfallen. Bislang war dies dadurch geregelt, dass in dem nachfolgenden Verwaltungsverfahren (dem Widerspruchsverfahren) nur geringere Gebührensätze oder -rahmen anzuwenden waren. Dies hat der Gesetzgeber – nicht zuletzt wegen verfassungsrechtlicher Bedenken – aufgegeben und sich mit dem 2. KostRMoG für eine Anrechnungslösung entschieden. Diese findet sich in VV Vorb. 3 Abs. 4.

58 Da jetzt auch die Geschäftsgebühren in sozialrechtlichen Angelegenheiten, die nach Betragsrahmen abzurechnen sind, in VV Teil 2 Abschnitt 3 geregelt sind (VV 2302 Nr. 1, 2304), war auch insoweit hier eine Anrechnungsregelung erforderlich.
Im Einzelnen gilt Folgendes:

2. Anrechnung in verwaltungsrechtlichen Angelegenheiten und sozialrechtlichen Angelegenheiten, die nach dem Gegenstandswert berechnet werden

a) Überblick

59 In sämtlichen verwaltungsrechtlichen Angelegenheiten und in denjenigen sozialrechtlichen Angelegenheiten, in denen sich die Gebühren nach dem Gegenstandswert richten (§ 3 Abs. 1 S. 2, Abs. 2), entsteht seit dem 1.8.2013 sowohl im Verwaltungsverfahren als auch im Nachprüfungsverfahren eine Geschäftsgebühr nach VV 2300.

60 Anstelle der früheren Gebührenermäßigung im Nachprüfungsverfahren wegen Vorbefassung im Verwaltungsverfahren (VV 2301) ist jetzt nach Abs. 4 eine hälftige Anrechnung der zuvor entstandenen Geschäftsgebühr vorgesehen.

61 Zugleich wird wie in VV Vorb. 3 Abs. 4 eine Anrechnungsgrenze eingeführt. Es darf nicht mehr als 0,75 angerechnet werden (VV Vorb. 2 Abs. 4 S. 1). Bis zu einer 1,5-Geschäftsgebühr ist also die Hälfte anzurechnen. Ein darüber hinausgehender Gebührensatz bleibt anrechnungsfrei.

62 Soweit das Nachprüfungsverfahren einen geringeren Wert hat als das Verwaltungsverfahren, wird nur nach dem Wert des Gegenstands angerechnet, der auch in das Nachprüfungsverfahren übergegangen ist (Abs. 4 S. 4).

63 Ungeachtet der Umstellung von gesonderten Gebührenrahmen auf eine Gebührenanrechnung bleibt es damit dabei, dass der im Nachprüfungsverfahren gegebene geringere Umfang infolge der vorangegangenen Tätigkeit im Verwaltungsverfahren berücksichtigt wird, jetzt allerdings durch eine hälftige und zudem der Höhe nach begrenzte Gebührenanrechnung. Dafür darf dann andererseits aber im Nachprüfungsverfahren der eventuell geringere Umfang durch die vorherige Einarbeitung nicht im Rahmen des § 14 Abs. 1 Gebühren mindernd berücksichtigt werden.

64 Die vorgesehene Umstellung auf eine „echte" Anrechnungslösung kann im Einzelfall zu einem geringeren Gebührenaufkommen führen als bisher (siehe Rdn 66 f.). Andererseits findet künftig § 15a Abs. 2 Anwendung, was sich dann insbesondere bei der Kostenerstattung auswirkt, an der der Anwalt vor allem in Beratungshilfesachen profitiert, da er dann über § 9 S. 2 BerHG einen höheren Erstattungsanspruch geltend machen kann als bisher (siehe Rdn 66). Auch im Falle der Beiordnung im Wege der Prozesskostenhilfe kann er nach § 126 ZPO insoweit den Erstattungsanspruch in eigenem Namen geltend machen und festsetzen lassen.

Auch gegenüber der Rechtsschutzversicherung wirkt sich die Anrechnung günstiger aus als die bisherige Regelung der ermäßigten Gebühren.

Im Einzelnen gilt Folgendes:

b) Gegenüberstellung altes/neues Recht

Beispiel: Anrechnung der Geschäftsgebühr im Widerspruchsverfahren (Vergleich neues Recht/altes Recht)
Der Anwalt wird im Verwaltungsverfahren vor der Behörde beauftragt (Wert: 6.000 EUR). Gegen den Bescheid der Behörde legt er Widerspruch ein. Sowohl im Verwaltungsverfahren als auch im Widerspruchsverfahren war die Sache umfangreich und schwierig, aber durchschnittlich.
Der Anwalt erhält im Verwaltungsverfahren eine 1,5-Geschäftsgebühr nach VV 2300.
Im Widerspruchsverfahren ist wegen der dort ebenso gegebenen Schwierigkeit und des Umfangs ebenfalls die Mittelgebühr von 1,5 anzusetzen. Die Vorbefassung im Beschwerdeverfahren darf nicht Gebühren mindernd berücksichtigt werden (Abs. 4 S. 3).
Zu beachten ist, dass die erste Geschäftsgebühr jetzt hälftig auf die zweite Gebühr anzurechnen ist (Abs. 4 S. 1).

I. Verwaltungsverfahren
1. 1,5-Geschäftsgebühr, VV 2300 (Wert: 6.000,00 EUR)   531,00 EUR
2. Postentgeltpauschale, VV 7002   20,00 EUR
    Zwischensumme   551,00 EUR
3. 19 % Umsatzsteuer, VV 7008   104,69 EUR
Gesamt   **655,69 EUR**

II. Widerspruchsverfahren
1. 1,5-Geschäftsgebühr, VV 2300 (Wert: 6.000,00 EUR)   531,00 EUR
2. gem. VV Vorb. 2.3 Abs. 4 S. 1 anzurechnen, 0,75 aus 6.000,00 EUR   – 265,50 EUR
3. Postentgeltpauschale, VV 7002   20,00 EUR
    Zwischensumme   285,50 EUR
4. 19 % Umsatzsteuer, VV 7008   54,25 EUR
Gesamt   **339,75 EUR**
Gesamt I. + II.   **955,34 EUR**

Insgesamt ergibt sich damit ein Gebührenaufkommen i.H.v. (1,5 + 1,5 – 0,75 =) 2,25.

Zu erstatten wäre bei erfolgreichem Widerspruchsverfahren unter Berücksichtigung des § 15a Abs. 2 die volle Geschäftsgebühr unbeschadet der Anrechnung:

1. 1,5-Geschäftsgebühr, VV 2300 (Wert: 6.000,00 EUR)   531,00 EUR
2. Postentgeltpauschale, VV 7002   20,00 EUR
    Zwischensumme   551,00 EUR
3. 19 % Umsatzsteuer, VV 7008   104,69 EUR
Gesamt   **655,69 EUR**

Nach dem bis zum 31.7.2013 geltenden Recht wäre – ausgehend von den damaligen Gebührenbeträgen – wie folgt zu rechnen:

I. Verwaltungsverfahren
1. 1,5-Geschäftsgebühr, VV 2300 a.F. (Wert: 6.000,00 EUR)   507,00 EUR
2. Postentgeltpauschale, VV 7002   20,00 EUR
    Zwischensumme   527,00 EUR
3. 19 % Umsatzsteuer, VV 7008   100,13 EUR
Gesamt   **627,13 EUR**

II. Widerspruchsverfahren
1. 0,9-Geschäftsgebühr, VV 2300, 2301 a.F. (Wert: 6.000,00 EUR)   304,20 EUR
2. Postentgeltpauschale, VV 7002   20,00 EUR
    Zwischensumme   324,20 EUR
3. 19 % Umsatzsteuer, VV 7008   61,60 EUR
Gesamt   **385,80 EUR**
Gesamt I. + II.   **1.012,93 EUR**

Insgesamt ergab sich damit ein Gebührenaufkommen i.H.v. (1,5 + 0,9 =) 2,4, also ein höheres Aufkommen als nach neuem Recht. Trotz der geringeren Gebührenbeträge liegt das Gesamtaufkommen hier nach altem Recht sogar höher als nach neuem Recht.

69 Zu erstatten wären bei erfolgreichem Widerspruchsverfahren jetzt allerdings nur 385,80 EUR, also deutlich weniger als nach neuem Recht. Die Kostenerstattung wirkt sich daher nach neuem Recht für den Auftraggeber und gegebenenfalls auch für den Anwalt (§ 9 S. 2 BerHG) günstiger aus.

70 Auch im rechtsschutzversicherten Mandat wirkt sich die Anrechnung günstiger aus. Für das Verwaltungsverfahren besteht grundsätzlich kein Versicherungsschutz. Dieser setzt frühestens im Widerspruchsverfahren ein. Während nach der bisherigen Regelung der Rechtsschutzversicherer bei einer Vorbefassung des Anwalts nur die Gebühr nach dem geringeren Rahmen (VV 2301 a.F.) erstattet werden musste, gilt nach neuem Recht auch für ihn § 15a Abs. 2 mit der Folge, dass er die volle Geschäftsgebühr für das Widerspruchsverfahren zahlen muss, ohne sich auf die Anrechnung berufen zu können.

c) Gesonderte Prüfung der Schwellengebühr

71 Zu beachten ist, dass die Anwendung der Schwellengebühr für jeden Verfahrensabschnitt gesondert zu prüfen ist. Schwierigkeit und Umfang im Verwaltungsverfahren begründen noch keine Schwierigkeit und keinen Umfang im Nachprüfungsverfahren und umgekehrt. Es ist also möglich, dass in einem Verfahrensabschnitt die Schwellengebühr greift, in dem anderen aber nicht, dass sie in beiden Verfahrensabschnitten greift oder in gar keinem.

Beispiel: Anrechnung der Geschäftsgebühr im Widerspruchsverfahren (jeweils Schwellengebühr)
Der Anwalt wird im Verwaltungsverfahren vor der Behörde beauftragt (Wert: 6.000 EUR). Gegen den Bescheid der Behörde legt er Widerspruch ein. Sowohl im Verwaltungsverfahren als auch im Widerspruchsverfahren war die Sache weder umfangreich noch schwierig.
Der Anwalt erhält sowohl im Verwaltungsverfahren als auch im Widerspruchsverfahren eine 1,3-Geschäftsgebühr nach VV 2300. Anzurechnen ist i.H.v. 0,65.

I. Verwaltungsverfahren
1. 1,3-Geschäftsgebühr, VV 2300 (Wert: 6.000,00 EUR)   460,20 EUR
2. Postentgeltpauschale, VV 7002   20,00 EUR
   Zwischensumme   480,20 EUR
3. 19 % Umsatzsteuer, VV 7008   91,24 EUR
Gesamt   **571,44 EUR**

II. Widerspruchsverfahren
1. 1,3-Geschäftsgebühr, VV 2300 (Wert: 6.000,00 EUR)   460,20 EUR
2. gem. VV Vorb. 2.3 Abs. 4 S. 1 anzurechnen, 0,65 aus
   6.000,00 EUR   – 230,10 EUR
3. Postentgeltpauschale, VV 7002   20,00 EUR
   Zwischensumme   250,10 EUR
4. 19 % Umsatzsteuer, VV 7008   47,52 EUR
Gesamt   **297,62 EUR**

Beispiel: Anrechnung der Geschäftsgebühr im Widerspruchsverfahren (Schwellengebühr im Verwaltungsverfahren/Mittelgebühr im Nachprüfungsverfahren)
Der Anwalt wird im Verwaltungsverfahren vor der Behörde beauftragt (Wert: 6.000 EUR). Gegen den Bescheid der Behörde legt er Widerspruch ein. Im Verwaltungsverfahren war die Sache weder umfangreich noch schwierig; im Widerspruchsverfahren war sie dagegen umfangreich und schwierig, aber durchschnittlich.
Der Anwalt erhält im Verwaltungsverfahren eine 1,3-Geschäftsgebühr und im Widerspruchsverfahren eine 1,5-Geschäftsgebühr. Anzurechnen ist i.H.v. 0,65.

I. Verwaltungsverfahren
1. 1,3-Geschäftsgebühr, VV 2300 (Wert: 6.000,00 EUR)   460,20 EUR
2. Postentgeltpauschale, VV 7002   20,00 EUR
   Zwischensumme   480,20 EUR
3. 19 % Umsatzsteuer, VV 7008   91,24 EUR
Gesamt   **571,44 EUR**

II. Widerspruchsverfahren
1. 1,5-Geschäftsgebühr, VV 2300 (Wert: 6.000,00 EUR)   531,00 EUR
2. gem. VV Vorb. 2.3 Abs. 4 S. 1 anzurechnen, 0,65 aus 6.000,00 EUR   − 230,10 EUR
3. Postentgeltpauschale, VV 7002   20,00 EUR
    Zwischensumme   320,90 EUR
4. 19 % Umsatzsteuer, VV 7008   60,97 EUR
Gesamt   **381,87 EUR**

Beispiel: Anrechnung der Geschäftsgebühr im Widerspruchsverfahren (Mittelgebühr im Verwaltungsverfahren/Schwellengebühr im Nachprüfungsverfahren)
Der Anwalt wird im Verwaltungsverfahren vor der Behörde beauftragt (Wert: 6.000 EUR). Gegen den Bescheid der Behörde legt er Widerspruch ein. Im Verwaltungsverfahren war die Sache umfangreich und schwierig, aber durchschnittlich; im Widerspruchsverfahren war sie dagegen weder umfangreich noch schwierig.
Der Anwalt erhält im Verwaltungsverfahren eine 1,5-Geschäftsgebühr und im Widerspruchsverfahren i.H.v. 1,3. Anzurechnen ist i.H.v. 0,75.

I. Verwaltungsverfahren
1. 1,5-Geschäftsgebühr, VV 2300 (Wert: 6.000,00 EUR)   531,00 EUR
2. Postentgeltpauschale, VV 7002   20,00 EUR
    Zwischensumme   551,00 EUR
3. 19 % Umsatzsteuer, VV 7008   104,69 EUR
Gesamt   **655,69 EUR**

II. Widerspruchsverfahren
1. 1,3-Geschäftsgebühr, VV 2300 (Wert: 6.000,00 EUR)   460,20 EUR
2. gem. VV Vorb. 2.3 Abs. 4 S. 1 anzurechnen, 0,75 aus 6.000,00 EUR   − 265,50 EUR
3. Postentgeltpauschale, VV 7002   20,00 EUR
    Zwischensumme   214,70 EUR
4. 19 % Umsatzsteuer, VV 7008   40,79 EUR
Gesamt   **255,49 EUR**

Beispiel: Anrechnung der Geschäftsgebühr im Widerspruchsverfahren (jeweils Mittelgebühr)
Der Anwalt wird im Verwaltungsverfahren vor der Behörde beauftragt (Wert: 6.000 EUR). Gegen den Bescheid der Behörde legt er Widerspruch ein. Sowohl im Verwaltungsverfahren als auch im Widerspruchsverfahren war die Sache umfangreich und schwierig, aber durchschnittlich.
Der Anwalt erhält sowohl im Verwaltungsverfahren als auch im Widerspruchsverfahren eine 1,5-Geschäftsgebühr nach VV 2300. Anzurechnen ist i.H.v. 0,75.

I. Verwaltungsverfahren
1. 1,5-Geschäftsgebühr, VV 2300 (Wert: 6.000,00 EUR)   531,00 EUR
2. Postentgeltpauschale, VV 7002   20,00 EUR
    Zwischensumme   551,00 EUR
3. 19 % Umsatzsteuer, VV 7008   104,69 EUR
Gesamt   **655,69 EUR**

II. Widerspruchsverfahren
1. 1,5-Geschäftsgebühr, VV 2300 (Wert: 6.000,00 EUR)   531,00 EUR
2. gem. VV Vorb. 2.3 Abs. 4 S. 1 anzurechnen, 0,75 aus 6.000 EUR   − 265,50 EUR
3. Postentgeltpauschale, VV 7002   20,00 EUR
    Zwischensumme   285,50 EUR
4. 19 % Umsatzsteuer, VV 7008   54,25 EUR
Gesamt   **339,75 EUR**

d) Begrenzung der Anrechnung

Zu beachten ist, dass die Anrechnung gemäß Abs. 4 S. 2 auf einen Gebührensatz von 0,75 begrenzt ist. Diese Grenze greift immer dann, wenn die anzurechnende Geschäftsgebühr über einem Gebührensatz von 1,5 liegt.

Beispiel: Anrechnung der Geschäftsgebühr im Widerspruchsverfahren (Begrenzung der Anrechnung)

Wie vorangegangenes Beispiel (siehe Rdn 71); jedoch war die Tätigkeit im Verwaltungsverfahren äußerst umfangreich und schwierig, so dass ein Gebührensatz über der Mittelgebühr (hier 1,8) anzusetzen ist. Jetzt ist zu beachten, dass die Anrechnung auf maximal 0,75 beschränkt ist (Abs. 4 S. 2).

I. Verwaltungsverfahren
1. 1,8-Geschäftsgebühr, VV 2300 (Wert: 6.000,00 EUR) — 637,20 EUR
2. Postentgeltpauschale, VV 7002 — 20,00 EUR
   Zwischensumme — 657,20 EUR
3. 19 % Umsatzsteuer, VV 7008 — 124,87 EUR
   Gesamt — **782,07 EUR**

II. Widerspruchsverfahren
1. 1,5-Geschäftsgebühr, VV 2300 (Wert: 6.000,00 EUR) — 531,00 EUR
2. gem. VV Vorb. 2.3 Abs. 4 S. 1, 2 anzurechnen, 0,75 aus 6.000,00 EUR — − 265,50 EUR
3. Postentgeltpauschale, VV 7002 — 20,00 EUR
   Zwischensumme — 285,50 EUR
4. 19 % Umsatzsteuer, VV 7008 — 54,25 EUR
   Gesamt — **339,75 EUR**
   Gesamt I. + II. — **1.121,82 EUR**

Zu erstatten wären bei erfolgreichem Widerspruchsverfahren unter Berücksichtigung des § 15a Abs. 2 wiederum:
1. 1,5-Geschäftsgebühr, VV 2300 (Wert: 6.000,00 EUR) — 531,00 EUR
2. Postentgeltpauschale, VV 7002 — 20,00 EUR
   Zwischensumme — 551,00 EUR
3. 19 % Umsatzsteuer, VV 7008 — 104,69 EUR
   Gesamt — **655,69 EUR**

73 Nach bisherigem Recht wäre wie folgt zu rechnen:

I. Verwaltungsverfahren
1. 1,8-Geschäftsgebühr, VV 2300 a.F. (Wert: 6.000,00 EUR) — 608,40 EUR
2. Postentgeltpauschale, VV 7002 — 20,00 EUR
   Zwischensumme — 628,40 EUR
3. 19 % Umsatzsteuer, VV 7008 — 119,40 EUR
   Gesamt — **747,80 EUR**

II. Widerspruchsverfahren
1. 0,9-Geschäftsgebühr, VV 2300, 2301 a.F. (Wert: 6.000,00 EUR) — 304,20 EUR
2. Postentgeltpauschale, VV 7002 — 20,00 EUR
   Zwischensumme — 324,20 EUR
3. 19 % Umsatzsteuer, VV 7008 — 61,60 EUR
   Gesamt — **385,80 EUR**
   Gesamt I. + II. — **1.133,59 EUR**

Auch in diesem Fall steht sich der Anwalt nach neuem Recht schlechter als nach dem bisherigen Recht. Dafür ist bei erfolgreichem Widerspruchsverfahren nach neuem Recht mit 655,69 EUR von der Gegenseite deutlich mehr zu erstatten als nach altem Recht (385,80 EUR).

e) Anrechnung bei geringerem Wert

74 Soweit das Nachprüfungsverfahren einen geringeren Wert hat als das Verwaltungsverfahren, wird nur nach dem Wert des Gegenstands gerechnet, der auch in das Nachprüfungsverfahren übergegangen ist (Abs. 4 S. 4).

Beispiel: Anrechnung der Geschäftsgebühr im Widerspruchsverfahren (Begrenzung der Anrechnung)

Das Straßenverkehrsamt droht die Verhängung einer Fahrtenbuchauflage für die Dauer von zwei Jahren an. Schließlich wird die Fahrtenbuchauflage nur für ein Jahr angeordnet. Dagegen wird Widerspruch eingelegt.

Der Gegenstandswert des Verwaltungsverfahrens beläuft sich gemäß Nr. 46.12 des Streitwertkatalogs für die Verwaltungsgerichtsbarkeit[51] auf 9.600 EUR.[52] Der Gegenstandswert des Widerspruchsverfahrens beträgt dagegen nur 4.800 EUR. Daher wird auch nur nach diesem Wert angerechnet.
Ausgehend jeweils von der Mittelgebühr ist wie folgt zu rechnen:

I. Verwaltungsverfahren
1. 1,5-Geschäftsgebühr, VV 2300 (Wert: 9.600,00 EUR) — 837,00 EUR
2. Postentgeltpauschale, VV 7002 — 20,00 EUR
   Zwischensumme — 857,00 EUR
3. 19 % Umsatzsteuer, VV 7008 — 162,83 EUR
Gesamt — **1.019,83 EUR**

II. Widerspruchsverfahren
1. 1,5-Geschäftsgebühr, VV 2300 (Wert: 4.800,00 EUR) — 454,50 EUR
2. gem. VV Vorb. 2.3 Abs. 4 S. 1 anzurechnen, 0,75 aus 4.800,00 EUR — − 227,25 EUR
3. Postentgeltpauschale, VV 7002 — 20,00 EUR
   Zwischensumme — 247,25 EUR
4. 19 % Umsatzsteuer, VV 7008 — 46,98 EUR
Gesamt — **294,28 EUR**

f) Anrechnung bei mehreren Auftraggebern

Vertritt der Anwalt mehrere Auftraggeber, so greift die Erhöhung nach VV 1008 für beide Geschäftsgebühren. Anzurechnen ist dann aber dennoch maximal eine 0,75-Gebühr. Die Anrechnungsgrenze erhöht sich bei mehreren Auftraggebern nicht, sondern bleibt bei 0,75.[53]

Beispiel: Anrechnung der Geschäftsgebühr im Widerspruchsverfahren (Begrenzung der Anrechnung)
Der Anwalt ist von zwei Auftraggebern zunächst im Verwaltungsverfahren und sodann im Widerspruchsverfahren beauftragt worden. Der Gegenstandswert beläuft sich auf 6.000 EUR. Die Sache war weder im Verwaltungsverfahren noch im Widerspruchsverfahren umfangreich oder schwierig.
Ausgehend jeweils von der erhöhten Schwellengebühr (siehe Anm. Abs. 4 zu VV 1008) ist wie folgt zu rechnen:

I. Verwaltungsverfahren
1. 1,6-Geschäftsgebühr, VV 2300, 1008 (Wert: 6.000,00 EUR) — 566,40 EUR
2. Postentgeltpauschale, VV 7002 — 20,00 EUR
   Zwischensumme — 586,40 EUR
3. 19 % Umsatzsteuer, VV 7008 — 111,42 EUR
Gesamt — **697,82 EUR**

II. Widerspruchsverfahren
1. 1,6-Geschäftsgebühr, VV 2300, 1008 (Wert: 6.000,00 EUR) — 566,40 EUR
2. gem. VV Vorb. 2.3 Abs. 4 S. 1, 2 anzurechnen, 0,75 aus 6.000,00 EUR — − 265,50 EUR
3. Postentgeltpauschale, VV 7002 — 20,00 EUR
   Zwischensumme — 320,90 EUR
4. 19 % Umsatzsteuer, VV 7008 — 60,97 EUR
Gesamt — **381,87 EUR**

---

[51] Vom 7./8.7.2004 (abgedr. in AGS 2004, 417 ff. und NVwZ 2004, 1327 ff.).
[52] Nach Auffassung des Hessischen VGH nur auf 5.800 EUR (AGS 2012, 248 = RVGprof. 2012, 60 = VRR 2012, 83 = DÖV 2012, 407 = NJW-Spezial 2012, 348).
[53] LG Düsseldorf AGS 2007, 381 = MDR 2007, 1164 = JurBüro 2007, 480 = Rpfleger 2007, 629 = RVGreport 2007, 298 = VRR 2007, 399 = RVG prof. 182; AG Stuttgart AGS 2007, 385 = MDR 2007, 1107 = ZMR 2007, 737 = JurBüro 2007, 522 = NJW-RR 2007, 1725; LG Ulm AGS 2008, 163 = AnwBl. 2008, 73 = NJW-Spezial 2008, 155; KG AGS 2009, 4 = NJ 2008, 461 = Rpfleger 2008, 669 = KGR 2008, 968 = JurBüro 2008, 585 = RVGreport 2008, 391 = NJW-Spezial 2009, 92 = VRR 2008, 439.

g) Anrechnung der Geschäftsgebühr im gerichtlichen Verfahren

76 Kommt es nach einem Widerspruchsverfahren oder unmittelbar nach einem Verwaltungsverfahren zu einem gerichtlichen Verfahren, dann ist die Geschäftsgebühr bzw. die zuletzt entstandene Geschäftsgebühr hälftig, höchstens mit 0,75 auf die Verfahrensgebühr nach VV Teil 3 anzurechnen (VV Vorb. 3 Abs. 4) (siehe dazu VV Vorb. 3 Rdn 218 ff.).

3. Anrechnung in sozialrechtlichen Angelegenheiten, die nicht nach dem Gegenstandswert berechnet werden

a) Überblick

77 In sozialrechtlichen Angelegenheiten, in denen sich die Gebühren nicht nach dem Gegenstandswert richten (§ 3 Abs. 1 S. 1, Abs. 2), entsteht seit dem 1.8.2013 sowohl im Verwaltungsverfahren als auch im Nachprüfungsverfahren eine Geschäftsgebühr nach VV 2302 Nr. 1 (bis 31.7.2013: VV 2400).

78 Anstelle der früheren Gebührenermäßigung (VV 2401 a.F.) ist auch hier nach Abs. 4 eine hälftige Anrechnung der zuvor entstandenen Geschäftsgebühr vorzunehmen.

79 Zugleich ist auch hier eine Anrechnungsgrenze eingeführt worden. Es dürfen nicht mehr als 175 EUR angerechnet werden (VV Vorb. 2 Abs. 4 S. 2). Bis zu einer Geschäftsgebühr von 350 EUR ist also die Hälfte anzurechnen. Ein darüber hinaus gehender Gebührenbetrag bleibt anrechnungsfrei.

80 Auch hier gilt, dass der im Nachprüfungsverfahren gegebene geringere Umfang infolge der vorangegangenen Tätigkeit im Verwaltungsverfahren berücksichtigt wird, jetzt allerdings durch eine hälftige und zudem der Höhe nach begrenzte Gebührenanrechnung. Dafür darf dann andererseits aber im Nachprüfungsverfahren auch der eventuell geringere Umfang durch die vorherige Einarbeitung im Rahmen des § 14 Abs. 1 nicht Gebühren mindernd berücksichtigt werden (VV Vorb. 2 Abs. 4 S. 4).

81 Im Gegensatz zu den Wertgebühren führt hier die Umstellung auf eine „echte" Anrechnungslösung nicht zu einem geringeren Gebührenaufkommen. Dagegen findet auch hier § 15a Abs. 2 Anwendung, was sich dann insbesondere auf die Kostenerstattung auswirkt, an der der Anwalt insbesondere in Beratungshilfesachen profitiert, da er dann über § 9 S. 2 BerHG einen höheren Erstattungsanspruch geltend machen kann als bisher (siehe Rdn 84). Gleiches gilt im Falle der Verfahrenskostenhilfe (analog § 126 ZPO, § 9 S. 2 BerHG).

Im Einzelnen gilt Folgendes:

b) Gegenüberstellung altes/neues Recht

82 **Beispiel: Anrechnung der Geschäftsgebühr im Widerspruchsverfahren (neues Recht/altes Recht)**
Der Anwalt wird im Verwaltungsverfahren vor der Behörde beauftragt. Gegen den Bescheid der Behörde legt er Widerspruch ein. Verwaltungsverfahren und Widerspruchsverfahren sind umfangreich und schwierig, allerdings durchschnittlich.
Der Anwalt erhält sowohl im Verwaltungsverfahren als auch im Widerspruchsverfahren eine Geschäftsgebühr nach VV 2302 Nr. 1 (§ 17 Nr. 1a). Auszugehen ist wegen Umfangs und Schwierigkeit jeweils von der Mittelgebühr.
Die Vorbefassung im Beschwerdeverfahren darf nicht Gebühren mindernd berücksichtigt werden (Abs. 4 S. 3).
Zu beachten ist noch, dass die erste Geschäftsgebühr hälftig auf die zweite Gebühr anzurechnen ist (Abs. 4 S. 1).

I. Verwaltungsverfahren
1. Geschäftsgebühr, VV 2302 Nr. 1   345,00 EUR
2. Postentgeltpauschale, VV 7002   20,00 EUR
    Zwischensumme   365,00 EUR
3. 19 % Umsatzsteuer, VV 7008   69,35 EUR
Gesamt   **434,35 EUR**

II. Widerspruchsverfahren
1. Geschäftsgebühr, VV 2302 Nr. 1   345,00 EUR
2. gem. VV Vorb. 2.3 Abs. 4 S. 1 anzurechnen   − 172,50 EUR
3. Postentgeltpauschale, VV 7002   20,00 EUR

Zwischensumme	192,50 EUR	
4. 19 % Umsatzsteuer, VV 7008		36,58 EUR
Gesamt		**229,08 EUR**
Gesamt I. + II.		**663,43 EUR**

Im Falle eines erfolgreichen Widerspruchsverfahrens wäre von der Behörde die volle Geschäftsgebühr nebst Auslagen zu erstatten. Auf die Anrechnung könnte sich die Behörde gemäß § 15a Abs. 2 nicht berufen. Zu erstatten wären demnach:

1. Geschäftsgebühr, VV 2302 Nr. 1		345,00 EUR
2. Postentgeltpauschale, VV 7002		20,00 EUR
Zwischensumme	365,00 EUR	
3. 19 % Umsatzsteuer, VV 7008		69,35 EUR
Gesamt		**434,35 EUR**

Nach bisherigem Recht wäre – ausgehend von den damaligen Gebührenrahmen – wie folgt abzurechnen: **83**

I. Verwaltungsverfahren

1. Geschäftsgebühr, VV 2400 a.F.		280,00 EUR
2. Postentgeltpauschale, VV 7002		20,00 EUR
Zwischensumme	300,00 EUR	
3. 19 % Umsatzsteuer, VV 7008		57,00 EUR
Gesamt		**357,00 EUR**

II. Widerspruchsverfahren

1. Geschäftsgebühr, VV 2400, 2401 a.F.		150,00 EUR
2. Postentgeltpauschale, VV 7002		20,00 EUR
Zwischensumme	170,00 EUR	
3. 19 % Umsatzsteuer, VV 7008		32,30 EUR
Gesamt		**202,30 EUR**
Gesamt I. + II.		**559,30 EUR**

Im Falle eines erfolgreichen Widerspruchsverfahrens wären von der Behörde jetzt nur 202,30 EUR zu erstatten. Das neue Recht kommt somit sowohl bei der Vergütung als auch bei der Kostenerstattung zu einem günstigeren Ergebnis. **84**

Würde sich jetzt noch ein gerichtliches Verfahren anschließen, in dem die Partei obsiegt und dem zufolge der Behörde die Kosten auch des Vorverfahrens auferlegt würden, und würde die Notwendigkeit der Hinzuziehung eines Anwalts ausgesprochen, könnte dieser in analoger Anwendung der § 126 ZPO, § 9 S. 2 BerHG auch die volle Geschäftsgebühr zu seinen Gunsten festsetzen lassen. **85**

Auch im rechtsschutzversicherten Mandat wirkt sich die Anrechnung bei den Rahmengebühren günstiger aus. Für das Verwaltungsverfahren besteht in Sozialsachen grundsätzlich kein Versicherungsschutz. Dieser setzt frühestens im Widerspruchsverfahren, regelmäßig erst im Klageverfahren ein. Während nach der bisherigen Regelung der Rechtsschutzversicherer bei einer Vorbefassung des Anwalts nur die Gebühr nach dem geringeren Rahmen (VV 2401 a.F.) übernehmen musste, gilt nach neuem Recht auch für ihn § 15a Abs. 2 mit der Folge, dass er die volle Geschäftsgebühr für das Widerspruchsverfahren zahlen muss, ohne sich auf die Anrechnung berufen zu können. Insoweit gilt das Gleiche wie bei der Kostenerstattung (siehe vorangegangenes Beispiel, Rdn 82). **86**

c) Gesonderte Prüfung der Schwellengebühr

Zu beachten ist, dass die Anwendung der Schwellengebühr auch hier für jeden Verfahrensabschnitt gesondert zu prüfen ist. Schwierigkeit und Umfang im Verwaltungsverfahren begründen noch keine Schwierigkeit und keinen Umfang im Nachprüfungsverfahren und umgekehrt. Es ist also möglich, dass in einem Verfahrensabschnitt die Schwellengebühr greift, in dem anderen aber nicht, dass sie in beiden Verfahrensabschnitten greift oder in gar keinem. **87**

Beispiel: Anrechnung der Geschäftsgebühr im Widerspruchsverfahren (jeweils Schwellengebühr)
Der Anwalt wird im Verwaltungsverfahren vor der Behörde beauftragt. Gegen den Bescheid der Behörde legt er Widerspruch ein. Sowohl im Verwaltungsverfahren als auch im Widerspruchsverfahren war die Sache weder umfangreich noch schwierig.
Der Anwalt erhält sowohl im Verwaltungsverfahren als auch im Widerspruchsverfahren die Geschäftsgebühr nur i.H.v. 300 EUR. Anzurechnen ist i.H.v. 150 EUR.

I. Verwaltungsverfahren
1. Geschäftsgebühr, VV 2302 Nr. 1   300,00 EUR
2. Postentgeltpauschale, VV 7002   20,00 EUR
    Zwischensumme   320,00 EUR
3. 19 % Umsatzsteuer, VV 7008   60,80 EUR
Gesamt   **380,80 EUR**

II. Widerspruchsverfahren
1. Geschäftsgebühr, VV 2302 Nr. 1   300,00 EUR
2. gem. VV Vorb. 2.3 Abs. 4 S. 1 anzurechnen   – 150,00 EUR
3. Postentgeltpauschale, VV 7002   20,00 EUR
    Zwischensumme   170,00 EUR
4. 19 % Umsatzsteuer, VV 7008   32,30 EUR
Gesamt   **202,30 EUR**

Beispiel: Anrechnung der Geschäftsgebühr im Widerspruchsverfahren (Schwellengebühr im Verwaltungsverfahren/Mittelgebühr im Nachprüfungsverfahren)
Der Anwalt wird im Verwaltungsverfahren vor der Behörde beauftragt. Gegen den Bescheid der Behörde legt er Widerspruch ein. Im Verwaltungsverfahren war die Sache weder umfangreich noch schwierig; im Widerspruchsverfahren war sie dagegen umfangreich und schwierig, aber durchschnittlich.
Der Anwalt erhält im Verwaltungsverfahren die Geschäftsgebühr lediglich i.H.v. 300 EUR, im Widerspruchsverfahren dagegen i.H.v. 345 EUR. Anzurechnen ist i.H.v. 150 EUR.

I. Verwaltungsverfahren
1. Geschäftsgebühr, VV 2302 Nr. 1   300,00 EUR
2. Postentgeltpauschale, VV 7002   20,00 EUR
    Zwischensumme   320,00 EUR
3. 19 % Umsatzsteuer, VV 7008   60,80 EUR
Gesamt   **380,80 EUR**

II. Widerspruchsverfahren
1. Geschäftsgebühr, VV 2302 Nr. 1   345,00 EUR
2. gem. VV Vorb. 2.3 Abs. 4 S. 1 anzurechnen   – 150,00 EUR
3. Postentgeltpauschale, VV 7002   20,00 EUR
    Zwischensumme   215,00 EUR
4. 19 % Umsatzsteuer, VV 7008   40,85 EUR
Gesamt   **255,85 EUR**

Beispiel: Anrechnung der Geschäftsgebühr im Widerspruchsverfahren (Mittelgebühr im Verwaltungsverfahren/Schwellengebühr im Nachprüfungsverfahren)
Der Anwalt wird im Verwaltungsverfahren vor der Behörde beauftragt. Gegen den Bescheid der Behörde legt er Widerspruch ein. Im Verwaltungsverfahren war die Sache umfangreich und schwierig, aber durchschnittlich; im Widerspruchsverfahren war sie dagegen weder umfangreich noch schwierig.
Der Anwalt erhält im Verwaltungsverfahren eine Geschäftsgebühr i.H.v. 345 EUR und im Widerspruchsverfahren i.H.v. 300 EUR. Anzurechnen ist i.H.v. 172,50 EUR.

I. Verwaltungsverfahren
1. Geschäftsgebühr, VV 2302 Nr. 1   345,00 EUR
2. Postentgeltpauschale, VV 7002   20,00 EUR
    Zwischensumme   365,00 EUR
3. 19 % Umsatzsteuer, VV 7008   69,35 EUR
Gesamt   **434,35 EUR**

II. Widerspruchsverfahren
1. Geschäftsgebühr, VV 2302 Nr. 1   300,00 EUR
2. gem. VV Vorb. 2.3 Abs. 4 S. 1 anzurechnen   – 172,50 EUR
3. Postentgeltpauschale, VV 7002   20,00 EUR
    Zwischensumme   147,50 EUR
4. 19 % Umsatzsteuer, VV 7008   28,03 EUR
Gesamt   **175,53 EUR**

Beispiel: Anrechnung der Geschäftsgebühr im Widerspruchsverfahren (jeweils Mittelgebühr)
Der Anwalt wird im Verwaltungsverfahren vor der Behörde beauftragt. Gegen den Bescheid der Behörde legt er Widerspruch ein. Sowohl im Verwaltungsverfahren als auch im Widerspruchsverfahren war die Sache umfangreich und schwierig, aber durchschnittlich.
Der Anwalt erhält sowohl im Verwaltungsverfahren als auch im Widerspruchsverfahren eine Geschäftsgebühr i.H.v. 345 EUR. Anzurechnen ist i.H.v. 172,50 EUR.

I. Verwaltungsverfahren

1. Geschäftsgebühr, VV 2302 Nr. 1		345,00 EUR
2. Postentgeltpauschale, VV 7002		20,00 EUR
Zwischensumme	365,00 EUR	
3. 19 % Umsatzsteuer, VV 7008		69,35 EUR
Gesamt		**434,35 EUR**

II. Widerspruchsverfahren

1. Geschäftsgebühr, VV 2302 Nr. 1		345,00 EUR
2. gem. VV Vorb. 2.3 Abs. 4 S. 1 anzurechnen		– 172,50 EUR
3. Postentgeltpauschale, VV 7002		20,00 EUR
Zwischensumme	192,50 EUR	
4. 19 % Umsatzsteuer, VV 7008		36,58 EUR
Gesamt		**229,08 EUR**

d) Begrenzung der Anrechnung

Zu beachten ist, dass die Anrechnung gemäß Vorb. 2.3 Abs. 4 S. 1 auf einen Betrag von 175 EUR begrenzt ist. Diese Grenze greift immer dann, wenn die anzurechnende Geschäftsgebühr oberhalb von 350 EUR liegt.

88

Beispiel: Anrechnung der Geschäftsgebühr im Widerspruchsverfahren (II.)
Wie vorangegangenes Beispiel; jedoch war die Tätigkeit im Verwaltungsverfahren äußerst umfangreich und schwierig, so dass ein Betrag i.H.v. 50 % über der Mittelgebühr anzusetzen ist.
Jetzt ist zu beachten, dass die Anrechnung auf maximal 175 EUR beschränkt ist.

I. Verwaltungsverfahren

1. Geschäftsgebühr, VV 2302 Nr. 1		517,50 EUR
2. Postentgeltpauschale, VV 7002		20,00 EUR
Zwischensumme	537,50 EUR	
3. 19 % Umsatzsteuer, VV 7008		102,13 EUR
Gesamt		**639,63 EUR**

II. Widerspruchsverfahren

1. Geschäftsgebühr, VV 2302 Nr. 1		345,00 EUR
2. gem. VV Vorb. 2.3 Abs. 4 anzurechnen		– 175,00 EUR
3. Postentgeltpauschale, VV 7002		20,00 EUR
Zwischensumme	190,00 EUR	
4. 19 % Umsatzsteuer, VV 7008		36,10 EUR
Gesamt		**226,10 EUR**
Gesamt I. + II.		**865,73 EUR**

Im Falle eines erfolgreichen Widerspruchsverfahrens wären von der Behörde unter Berücksichtigung des § 15a Abs. 2 zu erstatten:

1. Geschäftsgebühr, VV 2302 Nr. 1		345,00 EUR
2. Postentgeltpauschale, VV 7002		20,00 EUR
Zwischensumme	365,00 EUR	
3. 19 % Umsatzsteuer, VV 7008		69,35 EUR
Gesamt		**434,35 EUR**

Nach bisherigem Recht wäre wie folgt zu rechnen:

I. Verwaltungsverfahren

1. Geschäftsgebühr, Nr. 2400		420,00 EUR
2. Postentgeltpauschale, VV 7002		20,00 EUR
Zwischensumme	440,00 EUR	
3. 19 % Umsatzsteuer, VV 7008		83,60 EUR
Gesamt		**523,60 EUR**

II. Widerspruchsverfahren

1. Geschäftsgebühr, VV 2400, 2401 a.F.		150,00 EUR
2. Postentgeltpauschale, VV 7002		20,00 EUR
Zwischensumme	170,00 EUR	
3. 19 % Umsatzsteuer, VV 7008		32,30 EUR
Gesamt		**202,30 EUR**
Gesamt I. + II.		**725,90 EUR**

Im Falle eines erfolgreichen Widerspruchsverfahrens wären von der Behörde jetzt nur 202,30 EUR zu erstatten.

e) Anrechnung bei mehreren Auftraggebern

89 Vertritt der Anwalt mehrere Auftraggeber, so greift die Erhöhung nach VV 1008 für beide Geschäftsgebühren. Anzurechnen ist dann aber dennoch maximal eine Gebühr i.H.v. 175 EUR. Die Anrechnungsgrenze erhöht sich bei mehreren Auftraggebern nicht, sondern bleibt bei 175 EUR.[54]

> **Beispiel: Anrechnung der Geschäftsgebühr im Widerspruchsverfahren bei mehreren Auftraggebern**
> Der Anwalt ist von einer aus vier Personen bestehenden Bedarfsgemeinschaft sowohl im Verwaltungsverfahren als auch im Widerspruchsverfahren beauftragt worden. Auszugehen ist jeweils von der Schwellengebühr.
> Die Schwellengebühr erhöht sich in beiden Angelegenheiten um 90 % und beträgt somit 570 EUR. Die erste Geschäftsgebühr ist gemäß Abs. 4 S. 1 hälftig auf die zweite anzurechnen, höchstens jedoch mit 175 EUR (Abs. 4 S. 2).
> Abzurechnen ist wie folgt:
> **I. Verwaltungsverfahren**
> 1. Geschäftsgebühr, VV 2302 Nr. 1, 1008   570,00 EUR
> 2. Postentgeltpauschale, VV 7002   20,00 EUR
>   Zwischensumme   590,00 EUR
> 3. 19 % Umsatzsteuer, VV 7008   112,10 EUR
> **Gesamt**   **702,10 EUR**
> **II. Widerspruchsverfahren**
> 1. Geschäftsgebühr, VV 2302 Nr. 1, 1008   570,00 EUR
> 2. gem. VV Vorb. 2.3 Abs. 4 S. 1 anzurechnen   – 175,00 EUR
> 3. Postentgeltpauschale, VV 7002   20,00 EUR
>   Zwischensumme   415,00 EUR
> 4. 19 % Umsatzsteuer, VV 7008   78,85 EUR
> **Gesamt**   **493,85 EUR**

f) Anrechnung der Geschäftsgebühr im gerichtlichen Verfahren

90 Kommt es nach einem Widerspruchsverfahren oder unmittelbar nach einem Verwaltungsverfahren zu einem gerichtlichen Verfahren, dann ist künftig die Geschäftsgebühr bzw. die zuletzt entstandene Geschäftsgebühr hälftig auf die Verfahrensgebühr nach Teil 3 anzurechnen (VV Vorb. 3 Abs. 4) (siehe dazu VV Vorb. 3 Rdn 218 ff.).

V. Anrechnung nach Abs. 5

1. Überblick

91 VV Vorb. 2.3. Abs. 5 entspricht im Wesentlichen der Regelung des Abs. 4. Wegen der Besonderheiten der Verfahren nach der WBO hat der Gesetzgeber diesen Fall gesondert geregelt. Auch hier rückt der Gesetzgeber von einem ermäßigten Gebührenrahmen bei Vorbefassung ab und führt die Gebührenanrechnung ein.

Entsprechend anzuwenden ist Abs. 5 in Verfahren nach der WDO.

---

[54] Zur entsprechenden Rechtslage bei den Wertgebühren: LG Düsseldorf AGS 2007, 381 = MDR 2007, 1164 = JurBüro 2007, 480 = Rpfleger 2007, 629 = RVGreport 2007, 298 = VRR 2007, 399 = RVG prof. 182; AG Stuttgart AGS 2007, 385 = MDR 2007, 1107 = ZMR 2007, 737 = JurBüro 2007, 522 = NJW-RR 2007, 1725; LG Ulm AGS 2008, 163 = AnwBl. 2008, 73 = NJW-Spezial 2008, 155; KG AGS 2009, 4 = NJ 2008, 461 = Rpfleger 2008, 669 = KGR 2008, 968 = JurBüro 2008, 585 = RVGreport 2008, 391 = NJW-Spezial 2009, 92 = VRR 2008, 439.

2. Verfahren nach der Wehrbeschwerdeordnung (WBO)

a) Überblick

Abs. 5 erklärt die Anrechnung nach Abs. 4 in Verfahren nach der WBO für entsprechend anwendbar. **92**

In Verfahren nach der WBO, bei denen im gerichtlichen Verfahren das Verfahren vor dem Truppendienstgericht oder das Verfahren vor dem BVerwG an die Stelle des Verwaltungsrechtswegs gemäß § 82 SG tritt, erhält der Anwalt jeweils eine Geschäftsgebühr nach VV 2302 Nr. 2 (siehe VV 2302 Rdn 30 ff.).

Abs. 5 geht insoweit gemäß § 17 Nr. 1a von drei möglichen Verfahrensabschnitten aus, in denen jeweils eine Geschäftsgebühr anfallen kann, nämlich **93**
– im Ausgangsverfahren (unklar ist, ob es solche Verfahren überhaupt gibt),
– im Beschwerdeverfahren nach den §§ 1 ff. WBO und
– im Verfahren der weiteren Beschwerde nach den §§ 17 ff. WBO.

Ist der Anwalt in mehreren dieser aufeinanderfolgenden Verfahrensabschnitte tätig, so entstehen die Geschäftsgebühren zwar gesondert, weil es sich jeweils um verschiedene Angelegenheiten handelt (§ 17 Nr. 1a); die Geschäftsgebühren sind allerdings nach Abs. 5 in entsprechender Anwendung der VV Vorb. 2.3. Abs. 4 aufeinander anzurechnen. **94**

Im Einzelnen gilt Folgendes:

b) Anrechnung auf die Geschäftsgebühr

Ist der Anwalt in mehreren Verfahrensabschnitten tätig, so erhält er auch in Verfahren nach der WBO jeweils eine gesonderte Geschäftsgebühr (§ 17 Nr. 1a). Allerdings muss er sich auch hier die erste Geschäftsgebühr nach Abs. 5 i.V.m. Abs. 4 S. 1 hälftig auf die zweite Geschäftsgebühr anrechnen lassen, höchstens jedoch mit 175 EUR (Abs. 5 i.V.m. Abs. 4 S. 2). Dafür ist bei der Bemessung einer weiteren Geschäftsgebühr innerhalb eines Rahmens nicht zu berücksichtigen, dass der Umfang der Tätigkeit infolge der vorangegangenen Tätigkeit geringer ist (Abs. 5 i.V.m Abs. 4 S. 3). **95**

Insoweit kann ergänzend auf die Ausführungen zur Anrechnung der VV 2302 Nr. 1 Bezug genommen werden. **96**

> **Beispiel: Anrechnung der Geschäftsgebühr im Verfahren der weiteren Beschwerde nach der WBO**
> Der Anwalt legt für seinen Mandanten Beschwerde nach den §§ 1 ff. WBO ein. Nachdem diese zurückgewiesen worden ist, legt er weitere Beschwerde nach den §§ 17 ff. WBO ein. Das Beschwerdeverfahren ist weder umfangreich noch schwierig. Das Verfahren der weiteren Beschwerde ist dagegen umfangreich, allerdings durchschnittlich.
> Der Anwalt erhält sowohl im Verfahren über die Beschwerde als auch im Verfahren über die weitere Beschwerde eine Geschäftsgebühr nach VV 2302 Nr. 2. Im Verfahren der Beschwerde ist lediglich die Schwellengebühr der VV 2304 anzusetzen. Im Verfahren der weiteren Beschwerde ist dagegen die Mittelgebühr anzusetzen. Die Vorbefassung im Beschwerdeverfahren darf nicht Gebühren mindernd berücksichtigt werden (Abs. 5 i.V.m Abs. 4 S. 3). Zu beachten ist noch, dass die erste Geschäftsgebühr hälftig auf die zweite Gebühr anzurechnen ist (Abs. 5 i.V.m. Abs. 4 S. 1).
>
> **I. Beschwerdeverfahren**
> 1. Geschäftsgebühr, VV 2302 Nr. 2   300,00 EUR
> 2. Postentgeltpauschale, VV 7002   20,00 EUR
>   Zwischensumme   320,00 EUR
> 3. 19 % Umsatzsteuer, VV 7008   60,80 EUR
> **Gesamt   380,80 EUR**
>
> **II. Weitere Beschwerde**
> 1. Geschäftsgebühr, VV 2302 Nr. 2   345,00 EUR
> 2. gem. VV Vorb. 2.3 Abs. 5 i.V.m. Abs. 4 S. 1 anzurechnen   – 150,00 EUR
> 3. Postentgeltpauschale, VV 7002   20,00 EUR
>   Zwischensumme   215,00 EUR
> 4. 19 % Umsatzsteuer, VV 7008   40,85 EUR
> **Gesamt   255,85 EUR**

97 Zu beachten ist, dass die Anrechnung gemäß Abs. 5 i.V.m. Abs. 4 S. 2 auf einen Betrag von 175 EUR begrenzt ist. Diese Grenze greift also immer dann, wenn die anzurechnende Geschäftsgebühr über 350 EUR liegt.

> **Beispiel: Anrechnung der Geschäftsgebühr im Verfahren der weiteren Beschwerde nach der WBO**
> Wie vorangegangenes Beispiel (siehe Rdn 96); jedoch war die Tätigkeit im Beschwerdeverfahren äußerst umfangreich und schwierig, so dass ein Betrag über der Mittelgebühr anzusetzen ist. Jetzt ist zu beachten, dass die Anrechnung auf maximal 175 EUR beschränkt ist.
>
> **I. Beschwerdeverfahren**
> 1. Geschäftsgebühr, VV 2302 Nr. 2   550,00 EUR
> 2. Postentgeltpauschale, VV 7002   20,00 EUR
>   Zwischensumme   570,00 EUR
> 3. 19 % Umsatzsteuer, VV 7008   108,30 EUR
> **Gesamt**   **678,30 EUR**
>
> **II. Weitere Beschwerde**
> 1. Geschäftsgebühr, VV 2302 Nr. 2   345,00 EUR
> 2. gem. VV Vorb. 2.3 Abs. 5 i.V.m. Abs. 4 anzurechnen   – 175,00 EUR
> 3. Postentgeltpauschale, VV 7002   20,00 EUR
>   Zwischensumme   190,00 EUR
> 4. 19 % Umsatzsteuer, VV 7008   36,10 EUR
> **Gesamt**   **226,10 EUR**

98 Soweit man auch eine Tätigkeit im „Verfahren" für möglich hält, würde dort eine gesonderte Geschäftsgebühr entstehen, die hälftig auf die Gebühr eines Beschwerdeverfahrens anzurechnen wäre. Diese Gebühr wäre dann wiederum hälftig anzurechnen auf die eines weiteren Beschwerdeverfahrens.

> **Beispiel: Anrechnung der Geschäftsgebühr im Verfahren der Beschwerde und der weiteren Beschwerde nach der WBO**
> Der Anwalt ist für seinen Mandanten zunächst im „Verfahren" tätig und anschließend im Verfahren der Beschwerde nach den §§ 1 ff. WBO und hiernach im Verfahren der weiteren Beschwerde nach den §§ 17 ff. WBO.
> Der Anwalt erhält sowohl im Verfahren als auch im Verfahren über die Beschwerde und im Verfahren der weiteren Beschwerde eine Geschäftsgebühr nach VV 2302 Nr. 2. Die erste Geschäftsgebühr ist dabei hälftig auf die zweite Gebühr anzurechnen und die zweite Geschäftsgebühr auf die dritte.
>
> **I. Verfahren**
> 1. Geschäftsgebühr, VV 2302 Nr. 2   345,00 EUR
> 2. Postentgeltpauschale, VV 7002   20,00 EUR
>   Zwischensumme   365,00 EUR
> 3. 19 % Umsatzsteuer, VV 7008   69,35 EUR
> **Gesamt**   **434,35 EUR**
>
> **II. Beschwerdeverfahren**
> 1. Geschäftsgebühr, VV 2302 Nr. 2   345,00 EUR
> 2. gem. VV Vorb. 2.3 Abs. 5 i.V.m. Abs. 4 S. 1 anzurechnen   – 172,50 EUR
> 3. Postentgeltpauschale, VV 7002   20,00 EUR
>   Zwischensumme   192,50 EUR
> 4. 19 % Umsatzsteuer, VV 7008   36,58 EUR
> **Gesamt**   **229,08 EUR**
>
> **III. Verfahren der weiteren Beschwerde**
> 1. Geschäftsgebühr, VV 2302 Nr. 2   345,00 EUR
> 2. gem. VV Vorb. 2.3 Abs. 5 i.V.m. Abs. 4 S. 1 anzurechnen   – 172,50 EUR
> 3. Postentgeltpauschale, VV 7002   20,00 EUR
>   Zwischensumme   192,50 EUR
> 4. 19 % Umsatzsteuer, VV 7008   36,58 EUR
> **Gesamt**   **229,08 EUR**

c) Anrechnung der Geschäftsgebühr im gerichtlichen Verfahren

99 Kommt es nach einem Beschwerdeverfahren oder einem Verfahren der weiteren Beschwerde zu einem gerichtlichen Verfahren vor dem Truppendienstgericht oder dem BVerwG, dann ist die zuletzt entstandene Geschäftsgebühr hälftig auf die Verfahrensgebühr nach VV Teil 6 Abschnitt 4 (VV 6400, 6402) anzurechnen (siehe dazu VV Vorb. 3 Rdn 218 ff.).

3. Verfahren nach der Wehrdisziplinarordnung (WDO)

Im Gegensatz zu den gerichtlichen Verfahren nach der WDO, die sich gemäß VV Vorb. 6.4 Abs. 1 nach VV Teil 6 Abschnitt 4 richten, fehlt für die vorgerichtliche Tätigkeit in diesen Verfahren eine entsprechende Regelung. Man wird hier VV 2302 Nr. 2 und damit auch die Anrechnung nach Abs. 5 i.V.m. Abs. 4 entsprechend anwenden müssen. **100**

Insoweit gilt das gleiche wie in Verfahren nach der WBO (siehe Rdn 92 ff.). Auf eine gesonderte Darstellung wird daher verzichtet.

VI. Anrechnung in Güte- und Schlichtungsverfahren (Abs. 6)

1. Grund der Neufassung

VV Vorb. 2.3. Abs. 6 übernimmt die Anrechnungsbestimmung aus der bisherigen Anm. zu VV 2303 (Anrechnung einer vorangegangenen Geschäftsgebühr auf die Geschäftsgebühr eines Güte- oder Schlichtungsverfahrens). **101**

Die Verlagerung der Anrechnungsregelung dient lediglich der Übersichtlichkeit, weil dadurch alle Anrechnungsregelungen nach diesem Abschnitt in der VV Vorb. 2.3 zusammengefasst sind. Sachlich ändert sich hier gegenüber der Anm. zu VV 2303 a.F. nichts.

2. Allgemeines

Die Anmerkung sieht eine teilweise Anrechnung einer bereits entstandenen Geschäftsgebühr auch auf die Gebühr für ein Verfahren nach VV 2303 vor. Geregelt wird also die Frage, inwieweit die Geschäftsgebühr nach VV 2300 auf die Geschäftsgebühr im späteren Verfahren nach VV 2303 angerechnet wird. Dagegen ist die Frage der Anrechnung der Gebühr des Verfahrens nach VV 2303 auf die Verfahrensgebühren eines späteren gerichtlichen Verfahrens nach VV Teil 3 in VV Vorb. 3 Abs. 4 geregelt. **102**

3. Anrechnung der Geschäftsgebühr

Entsteht zunächst die Geschäftsgebühr nach VV 2300, weil der Rechtsanwalt außergerichtlich ohne Klageauftrag tätig wird, ist diese auf die Gebühr für ein Verfahren nach VV 2303 teilweise anzurechnen. Die Vorschrift sieht grundsätzlich eine **hälftige Anrechnung** vor, begrenzt diese aber nach oben auf einen Satz von **0,75**. Diese **Kappungsgrenze** spielt eine Rolle in den Fällen, in denen der Rechtsanwalt für die Geschäftsgebühr nach VV 2300 einen höheren Gebührensatz als 1,5 veranschlagt, weil in diesem Fall der hälftige Betrag höher wäre als ein Gebührensatz von 0,75. Die Regelung entspricht derjenigen für die Anrechnung der Geschäftsgebühr auf ein späteres gerichtliches Verfahren (vgl. VV Vorb. 3 Abs. 4). Dem Rechtsanwalt bleibt also immer mindestens die Hälfte der Geschäftsgebühr nach VV 2303 erhalten. **103**

> **Beispiel:** Der Rechtsanwalt wird beauftragt, eine Forderung über 300 EUR außergerichtlich beizutreiben. Als der Schuldner nicht zahlt, erhält er Klageauftrag und soll zuvor das Streitschlichtungsverfahren durchführen.
> Der Anwalt erhält (Gegenstandswert: 300 EUR):
> **I. Außergerichtliche Vertretung**
> 1. 1,3-Geschäftsgebühr, VV 2300   58,50 EUR
> 2. Postentgeltpauschale, VV 7002   11,70 EUR
>   Zwischensumme   70,20 EUR
> 3. 19 % Umsatzsteuer, VV 7008   13,34 EUR
> **Gesamt**   **83,54 EUR**

II. Schlichtungsverfahren
1. 1,5-Geschäftsgebühr, VV 2303 Nr. 1 — 67,50 EUR
2. gem. VV Vorb. 2.3 Abs. 6 anzurechnen, 0,75 aus 300,00 EUR — – 33,75 EUR
3. Postentgeltpauschale, VV 7002 (20 % aus 67,50 EUR) — 13,50 EUR
   Zwischensumme — 47,25 EUR
4. 19 % Umsatzsteuer, VV 7008 — 8,98 EUR
   Gesamt — **56,23 EUR**

Beispiel: Wie vor, jedoch ist die Angelegenheit diesmal höchst umfangreich und schwierig. Der Anwalt erhält (Gegenstandswert: 300 EUR):

I. Außergerichtliche Tätigkeit
1. 2,5-Geschäftsgebühr, VV 2300 — 112,50 EUR
2. Postentgeltpauschale, VV 7002 — 20,00 EUR
   Zwischensumme — 132,50 EUR
3. 19 % Umsatzsteuer, VV 7008 — 25,18 EUR
   Gesamt — **157,68 EUR**

II. Schlichtungsverfahren
1. 1,5-Geschäftsgebühr, VV 2303 Nr. 1 — 67,50 EUR
2. Anrechnung gem. VV Vorb. 2.3 Abs. 6 von 0,75 aus 300,00 EUR — – 33,75 EUR
3. Postentgeltpauschale, VV 7002 — 13,50 EUR
   Zwischensumme — 47,25 EUR
4. 19 % Umsatzsteuer, VV 7008 — 8,98 EUR
   Gesamt — **56,23 EUR**

4. Gegenstandswert

104 Die anzurechnenden Gebühren sind nach dem Wert des Gegenstandes zu berechnen, der in das Verfahren nach VV 2303 übergegangen ist. Dies hat Bedeutung in Fällen, in denen im Verfahren nach VV 2303 ein anderer Betrag geltend gemacht wird als außergerichtlich – beispielsweise, weil der Gegner inzwischen einen Teil bezahlt hat. Die Regelung entspricht auch insoweit derjenigen in VV Vorb. 3 Abs. 4, sodass insoweit auf die dortige Kommentierung verwiesen wird.

5. Postentgeltpauschale

105 Eine Anrechnung der Postentgeltpauschale erfolgt nicht; diese bleibt dem Rechtsanwalt vielmehr erhalten (vgl. hierzu auch VV 7002 Rdn 38 ff.).

6. Anrechnung auf gerichtliches Verfahren

106 Für den Fall, dass das Schlichtungsverfahren in das gerichtliche Verfahren übergeht, bestimmt VV Vorb. 3 Abs. 4, dass für die Anrechnung nur die zuletzt entstandene Gebühr maßgeblich ist. Es wird also lediglich die Hälfte der Geschäftsgebühr für das Schlichtungsverfahren nach VV 2303 – also 0,75 – auf die Gebühren im gerichtlichen Verfahren angerechnet. Das gilt auch bei mehreren Auftraggebern.[55] Eine Anrechnung der Geschäftsgebühr nach VV 2300 für die außergerichtliche Tätigkeit erfolgt dagegen nicht. Insoweit bleibt es bei der einmaligen Anrechnung auf die Gebühr für das Schlichtungsverfahren. Dem Anwalt bleibt also der nicht anzurechnende Teil der Geschäftsgebühr unabhängig davon erhalten, ob es nach dem Schlichtungsverfahren noch zu einer gerichtlichen Auseinandersetzung kommt oder nicht.

---

[55] LG Düsseldorf AGS 2007, 381 = JurBüro 2007, 480 = RVGreport 2007, 298; AG Stuttgart AGS 2007, 385; LG Ulm AGS 2008, 163 = AnwBl. 2008, 73.

Beispiel: Der Rechtsanwalt wird beauftragt, eine Forderung über 200 EUR zunächst außergerichtlich geltend zu machen. Als dies fruchtlos bleibt, wird das Schlichtungsverfahren durchgeführt und anschließend Klage erhoben. Nach mündlicher Verhandlung ergeht ein Urteil. Der Rechtsanwalt erhält bei durchschnittlichen Umständen:

I. Außergerichtliche Tätigkeit (Wert: 200,00 EUR)
1. 1,3-Geschäftsgebühr, VV 2300 — 58,50 EUR
2. Postentgeltpauschale, VV 7002 — 11,70 EUR
   Zwischensumme — 70,20 EUR
3. 19 % Umsatzsteuer, VV 7008 — 13,34 EUR
   Gesamt — 83,54 EUR

II. Schlichtungsverfahren (Wert: 200,00 EUR)
1. 1,5-Geschäftsgebühr, VV 2303 Nr. 4 — 67,50 EUR
2. Anrechnung gem. VV Vorb. 2.3 Abs. 6, 0,65 aus 300,00 EUR — – 29,35 EUR
3. Postentgeltpauschale, VV 7002 (20 % aus 67,50 EUR) — 13,50 EUR
   Zwischensumme — 51,65 EUR
4. 19 % Umsatzsteuer, VV 7008 — 9,81 EUR
   Gesamt — 61,46 EUR

III. Rechtsstreit (Wert: 200,00 EUR)
1. 1,3-Verfahrensgebühr, VV 3100 — 58,50 EUR
2. Anrechnung gem. VV Vorb. 3 Abs. 4 von 0,75 aus 200,00 EUR — – 33,75 EUR
3. 1,2-Terminsgebühr, VV 3104 — 54,00 EUR
4. Postentgeltpauschale, VV 7002 (20 % aus 100,00 EUR) — 20,00 EUR
   Zwischensumme — 98,75 EUR
5. 19 % Umsatzsteuer, VV 7008 — 18,76 EUR
   Gesamt — 117,51 EUR

Die Anrechnung erfolgt nur insoweit, als sich die Gegenstände von Güte- oder Schlichtungsverfahren und nachfolgendem Rechtsstreit decken.

Beispiel: Das Schlichtungsverfahren wegen einer Forderung i.H.v. 600 EUR scheitert. Im anschließenden Rechtsstreit werden nur noch 300 EUR geltend gemacht und über diese verhandelt.

I. Schlichtungsverfahren (Wert: 600,00 EUR)
1. 1,5-Geschäftsgebühr, VV 2303 Nr. 1 — 67,50 EUR
2. Postentgeltpauschale, VV 7002 — 13,50 EUR
   Zwischensumme — 81,00 EUR
3. 19 % Umsatzsteuer, VV 7008 — 15,39 EUR
   Gesamt — 96,39 EUR

II. Rechtsstreit (Wert: 300 EUR)
1. 1,3-Verfahrensgebühr, VV 3100 — 58,50 EUR
2. Anrechnung gem. VV Vorb. 3 Abs. 4 von 0,75 aus 300,00 EUR — – 33,75 EUR
3. 1,2-Terminsgebühr, VV 3104 — 54,00 EUR
4. Postentgeltpauschale, VV 7002 (20 % aus 100,00 EUR) — 20,00 EUR
   Zwischensumme — 98,75 EUR
5. 19 % Umsatzsteuer, VV 7008 — 18,76 EUR
   Gesamt — 117,51 EUR

C. Erstattungsfragen

I. Bei öffentlich-rechtlichen Angelegenheiten nach Abs. 1 und 2

Zu Erstattungsfragen betreffend öffentlich-rechtliche Angelegenheiten (Verwaltungszwangsverfahren, Kosten für die Zuziehung eines Rechtsanwalts für ein Verwaltungs- und/oder Nachprüfungsverfahren, isoliertes Vorverfahren) wird auf die entsprechenden Ausführungen bei den §§ 3 und 17 verwiesen (siehe § 3 Rdn 114 ff. und § 17 Rdn 54 ff.).

II. Bei der Geschäftsgebühr nach Abs. 3

1. Bedeutung der Erstattungsfähigkeit

109 Die außergerichtlich entstandenen Gebühren können nicht vom Gericht gegen den Gegner festgesetzt werden[56] und zwar weder als Kosten des Mahnverfahrens im Sinne des § 699 Abs. 3 ZPO noch als Kosten des Rechtsstreits im Sinne des § 91 Abs. 1 ZPO.[57] Denn sie stehen nicht in einem unabdingbaren, unmittelbaren Zusammenhang mit der Prozessführung.

110 Die Geschäftsgebühr wird zur Hälfte, höchstens mit einem Satz von 0,75, auf die Verfahrensgebühr eines nachfolgenden Rechtsstreits angerechnet (siehe VV Vorb. 3 Abs. 4).[58] Seit Einführung des RVG war es fast einhellige Meinung in Rechtsprechung und Literatur, dass nach Anrechnung auf die Verfahrensgebühr damit ein Teil der Geschäftsgebühr verbleibt, der nicht im Verfahren nach § 103 ZPO festgesetzt werden kann. Da der Auftraggeber in der Regel erwarte, im Falle des Obsiegens sämtliche Gebühren vom Gegner erstattet zu bekommen, müsse der Teil der Geschäftsgebühr, der nicht in späteren Gebühren aufgehe (aber auch nur dieser Teil!), gesondert geltend gemacht werden.[59] Als Nebenforderung im Hauptsacheverfahren könne dieser Gebührenanteil kostenneutral (§ 43 Abs. 1 GKG, § 4 Abs. 1 ZPO) mit eingeklagt bzw. im Mahnantrag mit geltend gemacht werden.[60] Habe der Mandant allerdings die Vergütung noch nicht bezahlt, könne er gegen den Gegner nur einen Anspruch auf Freistellung von der Verbindlichkeit gegenüber seinem Anwalt geltend machen.

111 Mit seiner Entscheidung vom 7.3.2007 hatte der 8. Zivilsenat des BGH[61] dieser Vorgehensweise jedoch eine Absage erteilt.[62] Nach dem Gesetzeswortlaut in VV Vorb. 3 Abs. 4 sei die gerichtliche Verfahrensgebühr zu mindern und nicht die vorgerichtliche Geschäftsgebühr.[63] Dieser klare Wortlaut dürfe auch nicht aus Gründen der Prozessökonomie vor dem Hintergrund ignoriert werden, dass die Geschäftsgebühr im Kostenfestsetzungsverfahren nach §§ 103, 104 ZPO nicht berücksichtigt werden könne.

---

56 BGH RVGreport 2008, 272 = AGS 2008, 366; BGH RVGreport 2008, 436; BGH RVGreport 2008, 467; BGH AGS 2007, 283; BGH AGS 2006, 357; BGH JurBüro 2005, 261 (Gebühren für außergerichtliche Vergleichsverhandlungen); OLG Hamburg MDR 2005, 898; OLG Frankfurt JurBüro 2005, 202; OLG Koblenz JurBüro 2005, 313; OLG Köln RVGreport 2005, 76; OLG Oldenburg RVGreport 2005, 433; OLG München MDR 2002, 237; OLG Nürnberg JurBüro 1995, 592; *Enders*, JurBüro 2004, 169, 170; *Hartung*, NJW 2004, 1409, 1415; *Hauskötter*, RVGprofessionell 2005, 32; *Mock*, RVG-Berater 2004, 69; *Ruess*, MDR 2005, 313, 314; *Schönemann*, RVGprofessionell 2004, 97; Zöller/Herget, ZPO, § 104 Rn 21 Stichwort „Außergerichtliche Anwaltskosten"; Gerold/Schmidt/*Müller-Rabe*, RVG, § 1 Rn 247; offengelassen: OLG Schleswig OLGR 2005, 528; a.A.: *Stöber*, AGS 2005, 45; *Hünnekens*, Rpfleger 2004, 445; OLG Hamburg zfs 2005, 201 (aus Gründen der Prozessökonomie); AG Grevenbroich AGS 2005, 462; AG Hamburg ZMR 2005, 79.

57 BGH Nürnberg AGS 2006, 202; OLG Hamburg AGS 2007, 104; *Hauskötter* (RVG professionell 2005, 32) weist zutreffend darauf hin, dass dieser Teil der Gebühr natürlich vom Mandanten verlangt werden kann, eine solche Vorgehensweise nach erfolgreichem Prozessverlauf jedoch das Mandatsverhältnis empfindlich belasten dürfte.

58 Die Frage der Anrechnung bleibt bei der Festsetzung der Verfahrensgebühr gegen den erstattungspflichtigen Gegner außer Betracht (vgl. KG AGS 2005, 515 m. Anm. *N. Schneider*), soweit nicht ein materiell-rechtlicher Erstattungsanspruch bereits tituliert ist.

59 BGH AGS 2006, 357 = NJW 2006, 2560; OLG Oldenburg RVGreport 2005, 433 m. Anm. *Hansens*; OLG Schleswig OLGR 2005, 528; OLG Koblenz JurBüro 2005, 313; LG Mönchengladbach JurBüro 2006, 479; LG Köln NJW 2006, 2640; LG Berlin JurBüro 2005, 427; AG Stuttgart RVG-Berater 2005, 54 m. Anm. *Mock*; AG Kenzingen AGS 2007, 214 m. Anm. *N. Schneider*; AG Siegburg AGS 2007, 324 m. Anm. *Hansens* und *N. Schneider*; AG Hamburg-Harburg AGS 2007, 324; *Enders*, JurBüro 2004, 57; *N. Schneider*, AGS 2004, 277; *Stöber*, AGS 2005, 45; *Volpert*, RVGreport 2005, 241; ausführlich zu den Risiken und Nachteilen dieser Vorgehensweise: *N. Schneider*, NJW 2007, 2001.

60 OLG Oldenburg RVGreport 2005, 433; BGH RVGprofessionell 2005, 68; OLG Koblenz RVGprofessionell 2005, 134; OLG Zweibrücken RVGprofessionell 2005, 139; AG Hagen JurBüro 2005, 472; *Volpert*, RVGprofessionell 2004, 185, 187.

61 So auch LG Baden-Baden JurBüro 2007, 205; AG Nürtingen JurBüro 2007, 206.

62 Vgl. BGH AGS 2007, 283 m. Anm. *N. Schneider*, *Schons* und *Hansens*; inzwischen h.M., vgl. BGH AGS 2007, 289; BGH AGS 2008, 41.

63 So auch BayVGH NJW 2006, 1990; *Schultze-Rhonhof*, RVGreport 2005, 374; *Hansens*, RVGreport 2005, 392.

Schons[64] hatte dieser Entscheidung entgegengehalten, durch sie werde das Problem der Höhe einer Rahmengebühr ins Kostenfestsetzungsverfahren verlagert. Da es seit Einführung des RVG geradezu zu ein Sport geworden sei, die Höhe einer anwaltlichen Rahmengebühr in Zweifel zu ziehen, werde sich der Streit um die Geschäftsgebühr als Verzugsschaden schon im Hauptverfahren verschärfen. Die Geltendmachung entsprechender Einwände dann im Festsetzungsverfahren würde jedenfalls die Gefahr einer Verzögerung desselben mit sich bringen. Diese Bedenken greifen m.E. nicht durch: Warum der Streit um die Höhe des Verzugsschadens im Hauptsacheverfahren besonders problematisch sein soll, erschließt sich nicht recht. Wie bei jeder Schadensersatzforderung wird das Gericht prüfen, ob dem Mandanten eine materiell-rechtliche Anspruchsgrundlage zusteht und ob die Gebühr der Höhe nach – unter Berücksichtigung des anwaltlichen Ermessensspielraums – angemessen ist. *Hansens*[65] hatte in diesem Zusammenhang zu Recht darauf hingewiesen, dass der Streit um die volle Gebühr wohl kaum mit mehr Energie geführt werden wird, als in der Vergangenheit die Auseinandersetzung um den anrechnungsfreien Teil.

Soweit *Hansens*[66] ein Problem in denjenigen Fällen sah, in denen die Entscheidung über den materiell-rechtlichen Erstattungsanspruch hinsichtlich der Geschäftsgebühr im Rechtsmittelzug geändert wird, dürfte dies in der Praxis nur selten zum Streitfall werden. Denn das Kostenfestsetzungsverfahren wird regelmäßig ausgesetzt, wenn die Hauptsache mit einem Rechtsmittel angegriffen wird, und erst nach Vorliegen einer rechtskräftigen Entscheidung wieder aufgenommen.

Heftig war in Rspr. und Literatur daneben umstritten, ob die Anrechnung im Kostenfestsetzungsverfahren auch zu berücksichtigen sei, wenn der Mandant mit dem materiell-rechtlichen Kostenerstattungsanspruch nicht durchdringt (vgl. hierzu ausführlich VV Vorb. 3 Rdn 218 ff.). Nach einer Ansicht[67] konnte er in diesen Fällen seinen vollen prozessualen Kostenerstattungsanspruch im Festsetzungsverfahren anmelden, da in diesem Verfahren eine Anrechnung nur berücksichtigt werde, wenn die Geschäftsgebühr tituliert bzw. unstreitig gezahlt worden sei. Nach der Gegenansicht,[68] der sich die Mehrzahl der Senate des BGH[69] angeschlossen haben, war die Anrechnung der außergerichtlichen Geschäftsgebühr auf die Verfahrensgebühr dagegen immer zu berücksichtigen. Dies gelte sowohl dann, wenn zugunsten der erstattungsberechtigten Partei ein materiell-rechtlicher Erstattungsanspruch auf Zahlung der Geschäftsgebühr nicht bestehe, als auch dann, wenn die Geschäftsgebühr nicht geltend gemacht, nicht tituliert und auch vom Gegner nicht bezahlt worden sei.

Sowohl hinsichtlich der gebührenrechtlichen Ausführungen als auch hinsichtlich der praktischen Auswirkungen auf die Durchführung des Kostenfestsetzungsverfahrens sind die Entscheidungen des BGH auf vehemente Kritik gestoßen.[70] Insbesondere *Hansens*[71] hat hier eingehend dargelegt, dass die vom BGH geforderte substantiierte Darlegung des Erstattungspflichtigen zum Anfall und zur Höhe der Geschäftsgebühr nur in Ausnahmefällen möglich ist, dass keine Ausführungen dazu erfolgt sind, wie zu verfahren ist, wenn der Erstattungspflichtige seiner Glaubhaftmachungslast zur Höhe der Geschäftsgebühr nicht genügt, dass die Fälle der seit dem 31.12.2006 möglichen rückwärtigen Anrechnung sowie der Anrechnung einer Beratungsgebühr und der Anrechnung im Mahnverfahren nicht befriedigend gelöst werden können. Es blieb allerdings – da sich die übrigen Senate des BGH

---

64 *Schons*, AGS 2007, 284.
65 *Hansens*, AGS 2007, 286.
66 *Hansens*, AGS 2007, 286.
67 KG RVGreport 2009, 28; OLG Celle JurBüro 2008, 191; KG AGS 2008, 216 m. Anm. *N. Schneider*, KG AGS 2007, 439 mit Anm. *N. Schneider* = JurBüro 2007, 582; OLG Stuttgart AGS 2008, 43; OLG Karlsruhe AGS 2007, 494; AG Köln AGS 2007, 499; OLG Koblenz AGS 2007, 642 = JurBüro 2007, 636; OLG Koblenz AnwBl 2008, 149; OLG Rostock AGS 2008, 46; OLG Saarbrücken AGS 2008, 46; OLG Hamm AGS 2008, 47 = JurBüro 2008, 80; OLG München JurBüro 2007, 637; LG Heidelberg JurBüro 2007, 638; AG St. Goar JurBüro 2008, 26; AG Fritzlar JurBüro 2008, 81; OLG Schleswig AGS 2008, 42 (Anrechnung auch dann, wenn der Erstattungsanspruch durch Aufrechnung erloschen ist); *Schons*, AnwBl 2008, 356; *Hansens*, RVGreport 2008, 149; *N. Schneider*, AGS 2008, 218.
68 OLG Hamburg AGS 2008, 48; OLG Nürnberg AGS 2008, 49; OLG Frankfurt AGS 2007, 643; OLG Frankfurt, Beschl. v. 30.10.2007 – 18 W 282/07; OLG Nürnberg AGS 2008, 49; AG Hohenschönhausen AGS 2008, 44.
69 Vgl. BGH RVGreport 20098, 111; BGH RVGreport 2009, 27; BGH RVGreport 2008, 310; BGH RVGreport 2008, 311; BGH AGS 2008, 158 = RVGreport 2008, 148 m. Anm. *Hansens*; BGH RVG professionell 2008, 117.
70 Vgl. nur KG AGS 2008, 216; *Hansens*, AnwBl 2007, 841; *Hansens*, AGS 2008, 1; *Hansens*, RVGreport 2008, 121 und 149; *N. Schneider*, AGS 2008, 218; *Schons*, AnwBl 2008, 356; *Nugel*, zfs 2007, 491; *Enders*, JurBüro 2007, 561.
71 *Hansens*, AnwBl 2007, 841; *Hansens*, AGS 2008, 1; *Hansens*, RVGreport 2008, 121 und 149.

ohne eine nähere Auseinandersetzung mit diesen Argumenten der Ansicht des 8. Senats angeschlossen haben – dem Gesetzgeber überlassen, die Auswirkungen dieser Rspr. mit dem neu eingeführten § 15a wieder zu beseitigen (zu den Einzelheiten vgl. die Kommentierung zu § 15a).

116 Hinsichtlich der Erstattung der außergerichtlichen Geschäftsgebühr gilt demnach Folgendes: Will der Mandant diesen Teil der anwaltlichen Vergütung vom Gegner erstattet erhalten, so muss er die (volle) Geschäftsgebühr als materiell-rechtlichen Schadensersatzanspruch im Hauptsacheverfahren einklagen oder im Mahnverfahren[72] geltend machen,[73] was in Gestalt einer Nebenforderung kostenneutral möglich ist (zu den möglichen Anspruchsgrundlagen vgl. Rdn 119 ff.). Erfolgt dies nicht, sondern eine Geltendmachung durch eigene Klage, so droht der Einwand des Schädigers, gegen die Schadensminderungspflicht verstoßen zu haben.[74] Hat der Mandant die Vergütung noch nicht bezahlt, besteht nur ein Anspruch auf Freistellung von der Verbindlichkeit gegenüber seinem Anwalt. Scheidet die Geltendmachung als Nebenforderung aus, müssen die betreffenden Gebühren selbstständig eingeklagt werden.

117 Wird die Geschäftsgebühr nicht zugesprochen, scheidet eine Erstattung durch den Gegner naturgemäß aus und der Mandant muss diesen Teil der Vergütung selbst an seinen Anwalt zahlen. Wird die Geschäftsgebühr dagegen tituliert, so ist im anschließenden Kostenfestsetzungsverfahren die Neuregelung des § 15a Abs. 2 zu beachten: Meldet der Anwalt die volle 1,3-Verfahrensgebühr (VV 3100) zur Festsetzung an[75] und beruft sich der Gegner auf die bereits erfolgte Titulierung der außergerichtlichen Kosten, wird die Geschäftsgebühr nach VV Vorb. 3 Abs. 4 angerechnet und die Verfahrensgebühr nur in entsprechend reduziertem Umfang festgesetzt. Die Rechtskraft des Titels ist dafür nicht erforderlich.[76]

118 Gegen den eigenen Mandanten kann der Anwalt die Geschäftsgebühr im Verfahren nach § 11 Abs. 8 geltend machen, wenn sie zu den Vorbereitungskosten des gerichtlichen Verfahrens gehört bzw. wenn sie prozessbezogen ist.[77]

2. Anspruchsgrundlagen

119 Wie ausgeführt, kann die vorprozessual bzw. in solchen Verfahren entstandene Gebühr, in denen es gar nicht zu einer gerichtlichen Auseinandersetzung gekommen ist, nicht festgesetzt werden. Eine Erstattungspflicht der Gegenseite kann sich mangels analoger Anwendbarkeit von § 91 ZPO nur aus **materiell-rechtlichen Anspruchsgrundlagen** ergeben.[78] Als Anspruchsgrundlagen für den materiell-rechtlichen Kostenerstattungsanspruch kommen gesetzliche oder vertragliche Ansprüche in Betracht.[79] Zu beachten ist allerdings, dass ein materiell-rechtlicher Anspruch durch prozessuale Vorschriften ausgeschlossen sein kann. Beispielsweise sperrt **§ 12a ArbGG**, der Kostenerstattungsansprüche für das arbeitsgerichtliche Verfahren erster Instanz ausschließt, auch den Rückgriff auf materiell-rechtliche Ansprüche.[80] Dies gilt auch für den Fall, dass es nicht zu einem Prozess gekommen ist.[81] Allerdings steht die Vorschrift einer Geltendmachung von Anwaltskosten als Verzugsschaden im Beschlussverfahren nicht entgegen.[82]

---

72 Vgl. zur Geltendmachung im Mahnverfahren unter Berücksichtigung der Neuregelung in § 15a RVG: *Hansens*, RVGreport 2009, 323.

73 Vgl. BGH RVGprof. 2005, 68; OLG Oldenburg RVGreport 2005, 433; OLG Koblenz RVGprof. 2005, 134; OLG Zweibrücken RVGprof. 2005, 139; AG Hagen JurBüro 2005, 472; *Volpert*, RVGprof. 2004, 185; *Hansens*, RVGreport 2007, 121.

74 KG JurBüro 2002, 36. Um dies auch angesichts der neuen Rspr. des BGH zur Anrechnung zu vermeiden, ist ggf. in laufenden Verfahren der bisher eingeklagte „anrechnungsfreie Teil" auf die volle Geschäftsgebühr zu erhöhen – vgl. dazu ausführlich *Nugel*, zfs 2007, 491.

75 Zur Nachfestsetzung des Anrechnungsbetrages bzw. zur Erinnerung gegen die Anrechnung in Altfällen vgl. *Hansens*, RVGreport 2009, 375 und 417.

76 *Hansens*, RVGreport 2009, 201, 205.

77 *Hansens/Braun/Schneider*, Teil 3 Rn 194 m.w.N.; a.A.: *Hünnekens*, Rpfleger 2004, 445.

78 BGH AGS 2007, 267; BGH NJW 1988, 2032; BGH NJW 1983, 284; *Hauskötter*, RVG professionell 2005, 1, 2; *Schneider*, MDR 1981, 353, 354; *Stöber*, AGS 2005, 45, 46.

79 Ausführlich: *Stöber*, AGS 2006, 261.

80 *Germelmann/Matthes/Prütting*, Arbeitsgerichtsgesetz, 3. Aufl. 1999, § 12a Rn 9; *Helml*, in: Hauck/Helml, Arbeitsgerichtsgesetz, 2. Aufl. 1999, § 12a Rn 7.

81 *Grunsky*, Arbeitsgerichtsgesetz, 7. Aufl. 1999, § 12a Rn 7.

82 BAG MDR 1995, 936, 937.

Im Bereich der vertraglichen Ansprüche kann sich eine Erstattungspflicht der Gegenseite aus einer **vertraglichen Übernahme der Kosten** ergeben. Strafbewehrte Unterlassungserklärungen im Wettbewerbsrecht enthalten häufig die Klausel, dass derjenige, der sich zur Unterlassung verpflichtet, die Kosten für die Tätigkeit des gegnerischen Anwalts übernimmt, wobei hier allerdings in der Regel ohnehin eine Verpflichtung nach den Grundsätzen der Geschäftsführung ohne Auftrag besteht. Möglich ist auch, dass der Schädiger bzw. sein Versicherer vertraglich die Anwaltskosten des Geschädigten übernimmt.[83]

Vertragliche Ansprüche können sich ferner aus den **Grundsätzen der positiven Forderungsverletzung**, gesetzlich mittlerweile normiert in § 280 BGB bzw. § 241 BGB, ergeben, beispielsweise durch die Ausübung nicht bestehender Gestaltungsrechte (Rücktritt, Anfechtung, Kündigung) oder die Geltendmachung unbegründeter Ansprüche im Rahmen bestehender Schuldverhältnisse. Der Schadensersatzanspruch umfasst hier auch die Kosten eines beauftragten Rechtsanwalts.[84] Allerdings begründet die unberechtigte Inanspruchnahme wegen einer Geldforderung nicht ohne weiteres einen Erstattungsanspruch hinsichtlich der dadurch verursachen Anwaltskosten des angeblichen Schuldners, denn mit unberechtigten Ansprüchen konfrontiert zu werden, gehört zum allgemeinen Lebensrisiko, soweit nicht die Voraussetzungen einer speziellen Haftungsnorm vorliegen.[85] Die Kosten für dessen Einschaltung sind weiter nur dann ersatzfähig, wenn der Geschädigte im einzelnen Schadensfall die Heranziehung eines Rechtsanwalts für erforderlich halten durfte.[86] Teilweise wird allerdings auch die Auffassung vertreten, dass die Erstattungspflicht hinsichtlich der Anwaltskosten nur dann nicht bestehe, wenn die Einschaltung des Rechtsanwalts mutwillig gewesen sei.[87]

Die wohl häufigste Anspruchsgrundlage für die Erstattung der Kosten anwaltlicher Tätigkeit ist **§ 286 BGB** (Verzugsschaden). Hier ist zu beachten, dass nach ganz h.M. die Kosten für die verzugsauslösende Mahnung durch einen Anwalt nicht erstattungsfähig sind.[88] Ist Verzug jedoch eingetreten, sind die Anwaltskosten in der Regel ersatzfähig, denn es wird in der Mehrzahl der Fälle der Wahrscheinlichkeit entsprechen, dass der Geschädigte zur Wahrnehmung seiner Rechte einen Rechtsanwalt einschaltet, so dass dieser Schaden adäquat verursacht ist.[89] Zur Durchsetzung seines Anspruchs ist der Gläubiger berechtigt, einem Rechtsanwalt zunächst einen Auftrag zur außergerichtlichen Geltendmachung und einen weiteren bedingten Klageauftrag für den Fall, dass sich der Anspruch außergerichtlich nicht durchsetzen lässt, zu erteilen. Der Gläubiger muss sich im Rahmen seiner Schadensminderungspflicht nicht darauf verweisen lassen, dem Anwalt zunächst nur einen Auftrag für ein Schreiben einfacher Art (VV 2301) oder direkt einen Klageauftrag zu erteilen.[90]

Nach Auffassung des BGH können sich bei wettbewerbsrechtlichen Abmahnungen sowie Abschlussschreiben auch Erstattungsansprüche aus den Grundsätzen der **Geschäftsführung ohne Auftrag** (§§ 677, 683 BGB) ergeben. Diese Konstruktion wird zwar in der Literatur bestritten, hat sich aber in der Praxis durchgesetzt. Darüber hinaus sind nach h.M. die Kosten der vorprozessualen Abmahnung im Rahmen eines Schadensersatzanspruchs zu ersetzen. Zum ersatzfähigen Schaden gehören dabei auch die Aufwendungen für die anwaltliche Beratung und Vertretung bei der Abmahnung. Diese sind auch dann ersatzfähig, wenn die Gegenseite die begehrte strafbewehrte Unterlassungser-

---

83 Vgl. Gerold/Schmidt/*Müller-Rabe*, RVG, § 1 Rn 245; AG Stuttgart AnwBl 1971, 112.
84 Palandt/*Heinrichs*, BGB, § 249 Rn 39; BGH NJW 1986, 2244; LG Münster JurBüro 1981, 1194.
85 BGH AGS 2007, 267 m.w.N.
86 BGHZ 127, 350; AG Düren AnwBl 2002, 730; *Hartmann*, Kostengesetze, RVG, VV 2300 Rn 46 ff.; vgl. auch AG Kehl (NZV 2004, 416 und Urt. v. 4.1.2005– 4 C 740/04 (n.v.)), wonach die Gebühr nach VV 2300 nicht erstattungsfähig ist, wenn es ausreichend gewesen wäre, den Anwalt zunächst mit einem einfachen Schreiben zu beauftragen. Dies erscheint im Hinblick auf die tägliche Praxis ebenso als übertrieben strenge Anforderung an den Gläubiger – im Regelfall juristischer Laie – wie die Entscheidung des AG Geldern (JurBüro 2005, 363), wonach die anwaltlichen Mahnkosten nur erstattungsfähig seien, wenn der Gläubiger davon ausgehen durfte, dass der Schuldner ohne gerichtliches Verfahren zahlen werde.
87 Göttlich/Mümmler/*Feller*, RVG, Kostenfestsetzung 2.1.5. m.w.N.
88 BGH NJW 1985, 324; AG Nürnberg AnwBl 1981, 198; Palandt/*Heinrichs*, BGB, § 286 Rn 47.
89 BGHZ 30, 154, 156; AG Köln AGS 2004, 321.
90 BGH AGS 2015, 589 = NJW 2015, 3793 = MDR 2015, 1408 = AnwBl 2016, 77 = DAR 2016, 56 = zfs 2016, 44 = Schaden-Praxis 2016, 28 = Rpfleger 2016, 118 = ZIP 2016, 237 = DGVZ 2016, 25 = JurBüro 2016, 88 = WM 2016, 565 = VersR 2016, 874 = BB 2015, 2881 = RVGreport 2016, 25 = IBR 2016, 45 = NJW-Spezial 2016, 29 = MittdtschPatAnw 2016, 142. LG Kassel JurBüro 2008, 362; vgl. auch OLG Celle AGS 2008, 161 = JurBüro 2008, 319; OLG Hamm NJW-RR 2006, 242; a.A. AG Walsrode AGS 2008, 103.

klärung nicht abgibt, weil sie sich bereits gegenüber einem anderem unterworfen hat. Denn durch diese Unterwerfung wird lediglich die Wiederholungsgefahr beseitigt, nicht aber der Schadensersatzanspruch.[91] Wenn dem Abmahnenden kein Schadensersatzanspruch zusteht, weil er als Verband kein Mitbewerber ist, ergibt sich der Ersatzanspruch regelmäßig aus den Grundsätzen der Geschäftsführung ohne Auftrag.

3. Prozessuales

124 Die Geschäftsgebühr ist eine **Rahmengebühr**. Der Rechtsanwalt muss die konkrete Höhe der Gebühr nach den **Kriterien des § 14** und unter Berücksichtigung des Schwellenwertes von 1,3 (Anm. zu VV 2300) bestimmen. Macht er die Geschäftsgebühr im Prozess gegen den Gegner geltend – sei es im Zusammenhang mit der Hauptforderung oder allein –, muss er zur Bestimmung der Gebühr substantiiert vortragen. Er muss also darlegen, welche Kriterien er wie gewichtet hat und wie er zu der Gebühr in der geltend gemachten Höhe kommt.[92] Im Gegensatz zur Auffassung von *Braun*[93] ist jedoch kein Gutachten der Rechtsanwaltskammer über die Angemessenheit der Gebühren einzuholen. § 14 Abs. 2, der die Einholung dieses Gutachtens regelt, entspricht, was diese Regelung betrifft, dem früheren § 12 Abs. 2 BRAGO. Für diese Vorschrift war aber anerkannt, dass sie die Einholung eines Kammergutachtens nur im Gebührenprozess zwischen dem Rechtsanwalt und seinem Auftraggeber regelt,[94] in einem Rechtsstreit zwischen dem Gebührenschuldner und einem Erstattungspflichtigen aber gerade nicht gilt.[95] Es deutet nichts darauf hin, dass der Gesetzgeber diese Konzeption ändern wollte, zumal ja die Gerichte schon im Zusammenhang mit Kostenfestsetzungsverfahren im FGG-Verfahren oder bei Freisprüchen in Strafsachen Erfahrung mit der Bemessung von Rahmengebühren haben.[96] Es bedarf also keines Gutachtens der Rechtsanwaltskammer. Beim Sachvortrag zu den Kriterien des § 14 Abs. 1 ist auf die **Person des Auftraggebers** abzustellen. Es kommt also auf dessen wirtschaftlichen Verhältnisse und auf die Bedeutung der Sache für ihn an, nicht dagegen auf die wirtschaftlichen Verhältnisse des Gegners.

125 Bei der Prüfung der Angemessenheit der Gebühren ist zu berücksichtigen, dass dem Anwalt bei der Bemessung von Rahmengebühren ein **Beurteilungsspielraum** zusteht.[97] Im Erstattungsprozess des Anwalts gegen den Dritten ist das Gericht angesichts dieses Ermessens auf eine Kontrolle dahin gehend beschränkt, ob die Gebührenbestimmung unbillig ist (§ 14 Abs. 1 S. 4). Im Zahlungsprozess des Anwalts gegen den Mandanten ist die Leistungsbestimmung des Anwalts gemäß § 315 Abs. 3 BGB nur dann verbindlich, wenn sie der Billigkeit entspricht. Im Hinblick auf den Beurteilungsspielraum des Anwalts sieht die Rechtsprechung eine Gebührenbestimmung dann noch als billig an, wenn sie nicht mehr als 20 % von derjenigen Gebühr abweicht, die das Gericht als billig ansehen würde.[98] Dieser Beurteilungsspielraum (sog. Toleranzbereich) steht dem Anwalt aber nicht zu, wenn es um die Beantwortung der Frage geht, ob die Angelegenheit umfangreich oder schwierig war und deshalb der Schwellenwert nach der Anm. zu VV 2300 überschritten werden darf (vgl. dazu die Ausführungen zu § 14 Rdn 86 ff.). Die Gebühr darf also nur dann vom Gericht herabgesetzt werden, wenn die vom Rechtsanwalt angesetzte Gebühr mehr als 20 % über der Gebühr liegt, die das Gericht für angemessen hält.

---

91 OLG München GRUR 1988, 843.
92 Hartung/Römermann/*Schons*, RVG, VV 2300 Rn 46.
93 *Braun*, Gebührenabrechnung nach dem neuen RVG, S. 67; so auch *Schons*, NJW 2005, 1024.
94 Riedel/Sußbauer/*Fraunholz*, RVG, § 14 Rn 15 m.w.N.
95 BVerwG, Urt. v. 17.8.1005 – 6 C 13/04 und 6 C 7/04, n.v.; BVerwG JurBüro 1982, 857; AG Bremen AnwBl 2005, 588; AG Aachen JurBüro 2005, 192; *Hansens* RVGreport 2005, 42; a.A.: *Schons* (NJW 2005, 1024 und AGS 2007, 501) unter Hinweis darauf, dass der Wortlaut des § 14 Abs. 2 eine solche Differenzierung nicht stütze.
96 Burhoff/Kindermann, RVG 2004, S. 44.
97 *Braun*, Gebührenabrechnung nach dem neuen RVG, S. 47.
98 BGH AGS 2007, 28; OLG München JurBüro 1991, 1485; OLG Düsseldorf Rpfleger 2002, 330; LG Zweibrücken MDR 1992, 196; AG Aachen Schaden-Praxis 2005, 284; AG Brühl NZV 2004, 416; AG Düsseldorf AGS 2004, 191; AG Kehlheim JurBüro 2005, 195; ebenso: Hartung/Römermann/*Schons*, RVG, § 14 Rn 88 ff.; *Hansens*, RVGreport 2005, 42, 46; a.A.: LG Krefeld JurBüro 1985, 397: Toleranzbereich von nur 10 %; generell kritisch zum Toleranzbereich: BVerwG, Urt. v. 17.8.1005 – 6 C 13/04 und 6 C 7/04 n.v.

126 Soweit in Literatur und Rechtsprechung[99] aufgrund der Einführung des RVG mit seinen weiteren Gebührenrahmen eine Erweiterung des Toleranzbereichs von 20 % auf 30 % befürwortet wird, kann dem nicht zugestimmt werden: Man mag gegen einen prozentualen Aufschlag im Bereich einer Ermessensüberprüfung schon grundsätzliche Einwände haben. Diese können jedoch nicht darüber hinweghelfen, dass die Praxis ein brauchbareres Instrumentarium zur Überprüfung der anwaltlichen Gebührenbestimmung (noch) nicht gefunden hat. Sie wird also weiter mit einem Toleranzbereich arbeiten, ohne nachvollziehbar begründen zu können, warum eine um 20 % höhere Gebühr noch billig ist, eine um 28 % oder 30 % erhöhte Gebühr dagegen nicht mehr. Allerdings stellt sich die Frage, ob, gerade aufgrund der Einführung des RVG, der Toleranzbereich erweitert werden darf. Bei den straf- und bußgeldrechtlichen Angelegenheiten ist dies nicht zu rechtfertigen. Denn das Verhältnis von Höchst- zu Mindestgebühr, also die Spannweite des Gebührenrahmens, hat sich durch die Einführung des RVG im Vergleich zur BRAGO nicht wesentlich verändert. Zwar ist das Gebührensystem – insbesondere in Bußgeldsachen – weitgehend neu gestaltet worden. Die maßgeblichen Betragsrahmengebühren weisen jedoch in ihrer Spannweite keine relevanten Unterschiede auf.

127 Bei den zivil- und verwaltungsrechtlichen Angelegenheiten kann zwar im Hinblick auf die Satzrahmengebühr des VV 2300 eine erhebliche Erweiterung des Gebührenrahmens festgestellt werden. *Jungbauer*[100] lehnt eine daraus abgeleitete Erweiterung des Toleranzbereiches dennoch aus dem Grund ab, dass sich dieser nicht auf den Rahmen beziehe, sondern vielmehr auf die vom Anwalt nach seinem Ermessen festgelegte Gebühr. Dem ist zuzustimmen, da es beim Toleranzbereich um die Frage geht, wie stark die vom Anwalt aus einem Rahmen bestimmte Gebühr von einer Gebühr abweichen darf, die ein Gericht bei objektiver Überprüfung der Gebührenbestimmung eben aus demselben Gebührenrahmen für billig hält. Die vom Gericht bzw. vom Erstattungspflichtigen zu tolerierende Abweichung kann aber nicht deshalb höher festgesetzt werden, weil der Anwalt nunmehr die Geschäftsgebühr aus einem weiteren Rahmen bestimmen kann.

128 Zwar ist zuzugeben, dass bei einer Spannweite des Gebührenrahmens von 0,5 bis 2,5 das Risiko des Anwalts, bei der Gebührenbestimmung „daneben zu liegen", zunächst einmal höher erscheint als bei einem Gebührenrahmen von 5/10 bis 10/10. Auch diese Überlegung verfängt jedoch letztlich nicht, da bei der Frage, ob die Erweiterung des Toleranzbereichs gerechtfertigt ist, auch die Entstehungsgeschichte des neuen Gebührenrahmens in VV 2300 sowie dessen konkrete Ausgestaltung berücksichtigt werden muss: Nach § 118 Abs. 1 BRAGO konnte der Anwalt für die außergerichtliche Vertretung des Auftraggebers eine Geschäfts-, Besprechungs- und Beweisaufnahmegebühr i.H.v. jeweils 5/10 bis 10/10 der vollen Gebühr verdienen. Da im RVG nicht mehr drei verschiedene Gebührentatbestände, sondern nur noch eine einheitliche Geschäftsgebühr existieren, musste diese zwangsläufig einen entsprechend weiteren Rahmen aufweisen, um den unterschiedlichsten anwaltlichen Tätigkeiten Raum zu bieten. Im Unterschied zur früheren Regelung ist darüber hinaus in der Anm. zu VV 2300 ein Schwellenwert eingeführt worden, der die Geschäftsgebühr auf maximal 1,3 begrenzt, soweit die Angelegenheit weder umfangreich noch schwierig war. Dies spiegelt im Wesentlichen die frühere Rechtslage wieder: Ohne Durchführung einer Besprechung oder einer Beweisaufnahme, welche die Angelegenheit regelmäßig zeitaufwendig bzw. schwierig werden ließen, musste der Anwalt nach der BRAGO seine Gebühr aus einem Rahmen von 5/10 bis 10/10 bestimmen. Auch der nun nach dem RVG abrechnende Anwalt ist durch den Schwellenwert bei Angelegenheiten, die weder umfangreich noch schwierig sind, auf eine Gebührenbestimmung innerhalb eines Rahmens von 0,5 bis 1,3 beschränkt. In den sonstigen Fällen (schwierige oder umfangreiche Angelegenheit) spielt sich die Gebührenbestimmung dagegen regelmäßig im oberen Bereich des Gebührenrahmens von 1,3 bis 2,5 ab. Im Ergebnis kann man daher festhalten, dass es nach dem RVG zwar einen weiteren Gebührenrahmen für die außergerichtliche Vertretung gibt, dem Anwalt auf der anderen Seite vom Gesetz aber auch mehr „Anhaltspunkte" zur Verfügung gestellt werden, an denen er die konkrete Gebührenbestimmung orientieren kann. Daher stellt die Erweiterung des Gebührenrahmens in VV 2300 keinen durchgreifenden Grund für einen auf 30 % angehobenen Toleranzbereich dar.

---

[99] AnwK-RVG/*Rick*, RVG, 4. Aufl., § 14 Rn 76; *Braun*, RVGreport 2004, 287; Mayer/Kroiß/*Teubel*, Das neue Gebührenrecht, § 4 Rn 95; LG Potsdam AGS 2009, 590; AG Limburg AGS 2009, 161.

[100] In: *Bischof/Jungbauer/Bräuer/Curkovic/Mathias/Uher*, RVG, 3. Auflage, § 14 Rn 59.

129 Im Verhältnis des Mandanten zu seinem Versicherer vertritt das AG Wiesbaden[101] bei Verkehrsunfallregulierungen eine rein schadensersatzrechtliche Betrachtungsweise: Hat der Geschädigte die für eine Unfallregulierung ihm in Rechnung gestellten Anwaltskosten gezahlt, so muss ihn der Haftpflichtversicherer diese Kosten auch dann ersetzen, wenn die Abrechnung des Anwalts überhöht ist. Denn entscheidend sei in diesem Erstattungsverhältnis nicht die Angemessenheit der Gebührenforderung im Hinblick auf § 14 RVG bzw. § 315 Abs. 3 BGB, sondern allein §§ 249 ff. BGB, wonach – in den Grenzen des § 254 Abs. 2 BGB – derjenige Betrag zu erstatten sei, den ein wirtschaftlich denkender Mensch in der Lage des Geschädigten für zweckmäßig und notwendig halten durfte. Das Risiko einer erhöhten Abrechnung trage der Haftpflichtversicherer, der sich eventuelle Rückforderungsansprüche gegen den Anwalt abtreten lassen und dann selbst verfolgen könne.

4. Gegenstandswert

130 Der Gegenstandswert zur Berechnung der Gebühren für die außergerichtliche Tätigkeit des Anwalts bestimmt sich in der Regel nach den für die Gerichtsgebühren geltenden Vorschriften (§ 23 Abs. 1 S. 3).[102] Fehlt es an einer solchen Vorschrift, so ist der objektive Wert zu schätzen, den der Gegenstand der anwaltlichen Tätigkeit im Zeitpunkt der Auftragserteilung für den Auftraggeber hat.[103]

> **Beispiel:** Soll der Anwalt den Mandanten im Hinblick auf eine Erbauseinandersetzung vertreten und gibt der Mandant den Wert seiner Nachlassforderung mit 50.000 EUR an, so berechnet sich die Geschäftsgebühr auch dann nach diesem Wert, wenn sich später herausstellt, dass der Anteil des Mandanten am Nachlass nur einen geringeren Wert hat.

131 Diese Bewertungsmethode gilt zunächst nur im Innenverhältnis zwischen dem Anwalt und seinem Auftraggeber. Verlangt der Mandant die an den Anwalt gezahlte Vergütung im Wege des Schadensersatzes vom Gegner oder dessen Versicherer zurück, kann er Ersatz nur insoweit verlangen, als seine Forderung objektiv berechtigt war. Denn der Schädiger ist nicht verpflichtet, Kosten zu ersetzen, die aufgrund einer unbegründeten Inanspruchnahme verursacht wurden.[104] Die Differenz zwischen den (auftragsgemäß) entstandenen und den vom Dritten erstatteten Gebühren muss der Anwalt gegenüber dem Mandanten bzw. dessen Rechtsschutzversicherer geltend machen.[105] Der teilweisen Unbegründetheit der Forderung wird also kostenrechtlich nicht – wie im gerichtlichen Verfahren – über eine Quote, sondern über die Höhe des Gegenstandswertes Rechnung getragen.

> **Beispiel:** Der Mandant beauftragt den Anwalt mit der Geltendmachung eines Unfallschadens i.H.v. 10.000 EUR. Nach längeren Verhandlungen mit dem gegnerischen Versicherer zahlt dieser 7.500 EUR. Der Mandant nimmt von der Geltendmachung der Restforderung Abstand.
> Für den Anwalt sind folgende Gebühren entstanden (Wert: 10.000 EUR)
>
> | | |
> |---|---:|
> | 1. 1,5-Geschäftsgebühr, VV 2300 | 837,00 EUR |
> | 2. Auslagenpauschale, VV 7002 | 20,00 EUR |
> | Zwischensumme | 857,00 EUR |
> | 3. 19 % Umsatzsteuer, VV 7008 | 162,83 EUR |
> | **Gesamt** | **1.019,83 EUR** |
>
> Gegenüber dem Versicherer kann der Mandant folgende Gebühren als Teil des Schadensersatzanspruchs verlangen (Wert: 7.500 EUR):
>
> | | |
> |---|---:|
> | 1. 1,5-Geschäftsgebühr, VV 2300 | 684,00 EUR |
> | 2. Auslagenpauschale, VV 7002 | 20,00 EUR |
> | Zwischensumme | 704,00 EUR |
> | 3. 19 % Umsatzsteuer, VV 7008 | 133,76 EUR |
> | **Gesamt** | **837,76 EUR** |
>
> Die Differenz zum anwaltlichen Gebührenanspruch muss der Mandant selbst bzw. sein Rechtsschutzversicherer an den Anwalt zahlen.

---

[101] AG Wiesbaden AGS 2007, 186 m. Anm. *Zorn*; AG Wiesbaden AGS 2006, 19; so auch AG Brilon VRR 2005, 215.
[102] Vgl. zu den Gegenstandswerten in Verkehrsunfallsachen: *N. Schneider*, AGS 2005, 323.
[103] OLG Karlsruhe AnwBl 2003, 119; *Enders*, JurBüro 2005, 505, 506.
[104] BGH NJW 2005, 1112; OLG Saarbrücken OLGR 2004, 530.
[105] Ausführlich mit Berechnungsbsp.: *Enders*, JurBüro 2005, 505, 506; *Onderka*, Anwaltsgebühren in Verkehrssachen, 3. Auflage 2010, Rn 419 ff.

Die Geltendmachung der Geschäftsgebühr als Schadensersatz erhöht den Streitwert des gerichtlichen Verfahrens nicht.[106] Denn Gebühren für die vorgerichtliche Geltendmachung des Anspruchs sind nach h.M. Kosten, die bei der Berechnung des Gegenstandswertes unberücksichtigt bleiben, wenn sie als Nebenforderungen geltend gemacht werden.[107] An der Qualifikation als **Nebenforderung** (§ 43 GKG, § 4 ZPO) ändert es auch nichts, wenn diese Forderung im Klageantrag nicht gesondert ausgewiesen, sondern als Teil der Hauptsacheforderung geltend gemacht wird.[108]

Diese Rechtsprechung des BGH wird von den Instanzgerichten zwar überwiegend nicht mehr in Zweifel gezogen – überzeugen kann sie jedoch nicht. Die Einstufung der vorgerichtlichen Anwaltskosten als Nebenforderung wird damit begründet, dass ein Anspruch auf ihre Erstattung nur nach dem Forderungsbetrag bestünde, der berechtigt geltend gemacht würde. Daraus resultiere das Abhängigkeitsverhältnis der Kostenforderung zur Hauptforderung. Bei Sachverständigenkosten und Unkostenpauschalen sei dies anders (und diese daher auch keine Nebenforderungen), da ihre Ersatzfähigkeit nicht davon abhänge, in welchem Umfang Ersatz für den eigentlichen Sachschaden zu leisten sei. Allerdings ist Folgendes zu bedenken: Das Abhängigkeitsverhältnis von Sachverständigenkosten und der Hauptforderung besteht gleichermaßen, da der Umfang der Erstattung der Sachverständigenkosten vom Erfolg der Hauptsacheforderung abhängt. Bei teilweisem Unterliegen im Unfallersatzprozess werden die entsprechenden Kosten auch nur anteilig ersetzt. Hinsichtlich der vorgerichtlichen Anwaltskosten wird dies ähnlich gehandhabt, indem der erstattungsfähige Teil der Anwaltskosten aus dem Wert der berechtigten Forderung berechnet wird – ebenso gut hätte man die Anwaltskosten aus der geltend gemachten Gesamtforderung berechnen und sodann die Quote bilden können. Warum allein diese unterschiedliche Berechnungsart (mit marginalen Unterschieden im Ergebnis aufgrund der nicht linearen Gebührenstruktur des RVG) eine unterschiedliche rechtliche Einordnung der beiden Forderungen begründen soll, leuchtet nicht ein.

Wird dagegen nur noch die Gebühr des Anwalts eingeklagt – beispielsweise weil die Hauptforderung in der Zwischenzeit beglichen wurde –, bestimmt die Höhe der Gebühr den Gegenstandswert, weil die Gebührenforderung nun Hauptsacheforderung ist.

D. Praxisempfehlungen

Bei der **Abgrenzung** zwischen dem Auftrag zur außergerichtlichen Vertretung und dem Prozessauftrag kommt es mitunter zu Diskussionen mit den Rechtsschutzversicherern. Umstritten ist, ob ein gekündigter Arbeitnehmer auch dann Anspruch auf Deckungsschutz für die außergerichtliche Vertretung hat, wenn dieser noch ein Kündigungsschutzverfahren folgt. Nach einer Meinung[109] verstößt der Versicherungsnehmer gegen seine Schadensminderungspflicht, wenn er nicht sofort Klageauftrag erteilt und damit die Hälfte der Geschäftsgebühr anrechnungsfrei bestehen bleibt.[110] Die Gegenmeinung[111] verneint eine Obliegenheitsverletzung des Versicherers, da nicht von vornherein feststellbar sei, ob der zunächst erteilte außergerichtliche Auftrag Mehrkosten gegenüber einem sofort erteilten Prozessauftrag verursache. Im Falle einer Einigung ohne gerichtliches Verfahren ist nämlich der Auftrag zur außergerichtlichen Vertretung günstiger; bei Scheitern der Verhandlungen dagegen der sofortige Auftrag zur Klageerhebung. Ob es jedoch bei den außergerichtlichen Verhandlungen zu einer Einigung kommt, ist nicht vorhersehbar. Um Streitigkeiten mit den Versicherern zu vermeiden, empfiehlt es sich in solchen Fällen, unmittelbar um Deckungsschutz nachzusuchen und sich aus-

---

106 BGH NJW-RR 1988, 1199; *Burhoff/Kindermann*, RVG 2004, S. 45; *Enders*, JurBüro 2004, 57, 58; *Ruess*, MDR 2005, 313, 314.

107 *Thomas/Putzo*, ZPO, § 4 Rn 8; *Zöller/Herget*, ZPO, § 4 Rn 12; LG Berlin JurBüro 2005, 427; *Hauskötter*, RVGprofessionell 2005, 32, 33. Nach Ansicht von *Ruess* (MDR 2005, 313, 315) sind vorgerichtlich angefallene Rechtsverfolgungskosten im Interesse des Mandanten daher – soweit dies möglich ist – als Nebenforderung einzuklagen, da so überflüssige Prozesskosten vermieden werden können.

108 *Thomas/Putzo*, ZPO, § 4 Rn 8; BGH NJW-RR 1988, 1196, 1199; LG Berlin JurBüro 2005, 427; *Enders*, JurBüro 2004, 57.

109 LG Hamburg AGS 2006, 574 m. Anm. *Henke*; AG Hamburg-St. Georg AGS 2006, 310 und 311; LG München I AGS 2005, 365.

110 Ähnlich hat das AG Düsseldorf (Urt. v. 28.7.2005 – 56 C 5845/05, n.v.) entschieden, dass der durch den zusätzlichen außergerichtlichen Auftrag anrechnungsfrei bleibende Teil der Geschäftsgebühr vom Versicherungsnehmer selbst zu tragen sei.

111 AG Essen-Steele RVGprofessionell 2005, 145 m. Anm. *Möller*; *N. Schneider*, RVGprofessionell 2005, 170, 173.

drücklich bestätigen zu lassen, ob zunächst eine außergerichtliche Vertretung durchgeführt werden kann. In einem solchen Fall muss sich der Versicherer dann eindeutig dazu erklären, ob er allein für die gerichtliche Vertretung Deckungsschutz gewährt und damit das Risiko eingeht, dass diese Kosten auch höher liegen können als die Kosten einer nur außergerichtlichen Vertretung.[112]

136 Im Rahmen der **Auftragserteilung** ist eine schriftliche Bestätigung des Mandanten sinnvoll, um späteren Einwendungen zu begegnen, der Auftrag sei nicht bzw. nicht in diesem Umfang erteilt worden. Ebenso ist ein Hinweis gegenüber dem Mandanten zu empfehlen, dass für die Einholung einer **Kostendeckungszusage** des Versicherers eine eigene Gebühr in Rechnung gestellt wird, damit er sich überlegen kann, diese ggf. selbst einzuholen.

Nr.	Gebührentatbestand	Gebühr oder Satz der Gebühr nach § 13 RVG
2300	Geschäftsgebühr, soweit in den Nummern 2302 und 2303 nichts anderes bestimmt ist .... Eine Gebühr von mehr als 1,3 kann nur gefordert werden, wenn die Tätigkeit umfangreich oder schwierig war.	0,5 bis 2,5

Literatur: *Enders*, Umfang der anwaltlichen Tätigkeit, JurBüro 2004, 459; *ders.*, Schwierigkeit der anwaltlichen Tätigkeit, JurBüro 2004, 515; *ders.*, Verkehrsunfallsachen – Geschäftsgebühr bei nur teilweiser außergerichtlicher Regulierung, JurBüro 2005, 505; *Hansens*, Die Rechtsprechung über die Höhe der Geschäftsgebühr in Verkehrsunfallsachen, RVGreport 2005, 134; *Meyer*, Die Geschäftsgebühr nach Nr. 2400 VV RVG in der Praxis der Schadensregulierung bei Verkehrsunfällen, AGS 2004, 468; *Mock*, Gesonderte Abrechnung einer Einwohnermeldeamtsanfrage, AGS 2003, 528; *Monschau*, Gesonderte Gebühren für die außergerichtliche Kündigung des Mietverhältnisses, AGS 2003, 194; *Onderka*, Anwaltsgebühren in Verkehrssachen, 3. Auflage 2010; *Otto*, Die neue Geschäftsgebühr mit Kappungsgrenze nach dem Rechtsanwaltsvergütungsgesetz, NJW 2004, 1420; *Podlech-Trappmann*, Geschäftsgebühr und Terminsgebühr, JurBüro 2004, 351; *N. Schneider*, Die Kündigung eines Mietverhältnisses – Einfaches Schreiben oder Geschäftstätigkeit, AGS 2003, 525; *ders.*, Gebührenbeträge nach den Abrechnungsgrundsätzen, AGS 2005, 273 und 369; *Schons*, Die ersten Entscheidungen zur Geschäftsgebühr Nr. 2400 VV RVG, NJW 2005, 1024.

A. Allgemeines 1	2. Bestimmung der Gebühr 9
B. Regelungsgehalt 3	III. Mehrere Auftraggeber 15
I. Gebührenrahmen 3	C. Erstattungsfragen 16
II. Schwellenwert (Anm. zu VV 2300) 4	D. Praxisempfehlungen 17
1. Meinungsstand 4	

A. Allgemeines

1 Wenn feststeht, dass die Geschäftsgebühr nach VV Vorb. 2.3 Abs. 3 angefallen ist, stellt sich die Frage, von welchem **Gebührenrahmen** auszugehen ist. Dies bestimmt sich nach den VV 2300 ff., wobei – entsprechend den allgemeinen Regeln – jeweils die speziellste Regelung anzuwenden ist. **VV 2300** ist dabei der **grundlegende Gebührensatz** für die Höhe der Geschäftsgebühr. Er ist immer dann einschlägig, wenn keiner der Tatbestände der VV 2302 und 2303 gegeben ist. Während im Rahmen des 2. KostRMoG zunächst vorgesehen war, den in der Anm. zu VV 2300 geregelten Schwellenwert in eine eigene Nummer im Vergütungsverzeichnis zu überführen, hat man davon im Zuge des Gesetzgebungsverfahrens Abstand genommen und es bei der alten Regelung belassen.

2 Der Gebührenrahmen der Geschäftsgebühr – ausgenommen vom Sonderfall der VV 2301 – reicht von **0,5 bis 2,5**. Diese Erweiterung des Gebührenrahmens gegenüber der BRAGO bietet einen Ausgleich für den ersatzlosen Wegfall der Besprechungsgebühr und der Beweisaufnahmegebühr. Tätigkeiten, die früher durch diese Gebühren abgegolten wurden, können nunmehr im Rahmen der Gebührenbemessung nach § 14 berücksichtigt werden, wofür der erweiterte Gebührenrahmen mehr Spielraum bietet. Darüber hinaus trägt die Erhöhung des Gebührenrahmens entsprechend einer Zielsetzung des Gesetzgebers bei Einführung des RVG der gesteigerten Bedeutung der außergerichtlichen Tätigkeit des Anwalts Rechnung.

---

112 Vgl. ausführlich: *N. Schneider*, RVGprofessionell 2005, 170.

B. Regelungsgehalt

I. Gebührenrahmen

VV 2300 ist eine **Rahmengebühr**. Welcher konkrete Gebührensatz innerhalb des Rahmens angemessen ist, ist nach § 14 Abs. 1 zu bestimmen.[1] Die Mittelgebühr beträgt 1,5. Dabei sieht die Vorschrift jedoch in der Anmerkung einen Schwellenwert vor: Der Gebührensatz von **1,3** darf nur dann überschritten werden, wenn die Angelegenheit umfangreich oder schwierig war. Die Gebühr von 1,3 wird vom Gesetzgeber teilweise als Regelgebühr bezeichnet. Die ebenfalls gebräuchliche Bezeichnung Schwellenwert ist sowohl der Bezeichnung Regelgebühr als auch der Bezeichnung Schwellengebühr vorzuziehen. Denn sie betont zutreffend, dass es sich nicht um eine eigenständige Gebühr, sondern nur um eine vom Gesetzgeber gezogene Grenze innerhalb eines einheitlichen Gebührenrahmens handelt.

II. Schwellenwert (Anm. zu VV 2300)

1. Meinungsstand

Soweit früher von *Braun*[2] vertreten wurde, dass die Gebühr nach VV 2300 aufgrund der Begrenzung durch einen Schwellenwert **zwei Gebührenrahmen mit zwei Mittelgebühren** enthalte, nämlich einen Gebührenrahmen von 1,3 bis 2,5 für eine umfangreiche oder schwierige Sache sowie einen Gebührenrahmen von 0,5 bis 1,3 mit einer Mittelgebühr von 0,9, wenn die Sache weder umfangreich noch schwierig sei, hat er diese Ansicht zwischenzeitlich wieder aufgegeben.[3]

Nunmehr wird – soweit ersichtlich auch weitgehend einheitlich – die Auffassung vertreten, dass es sich bei dem Gebührensatz von 1,3 um einen Schwellenwert handelt.[4] Weder der Gesetzeswortlaut noch die Gesetzessystematik lassen erkennen, dass der Gesetzgeber zwei verschiedene Gebührenrahmen hat einführen wollen. In der Gesetzesbegründung wird vielmehr ausgeführt, dass die Schwellengebühr zur Regelgebühr werden darf.[5]

Die Begrenzung auf den Schwellenwert von 1,3 war Ausdruck eines Kompromisses im Gesetzgebungsverfahren. Die Mittelgebühr des Gebührenrahmens von 0,5 bis 2,5 beträgt 1,5. Diese ursprünglich vorgesehene Mittelgebühr war bei der Versicherungswirtschaft auf Widerstand gestoßen, die vor allem bei der Unfallregulierung das Entstehen der Besprechungsgebühr vermeiden wollte.[6] Mit Rücksicht darauf sah der Gesetzesentwurf zunächst eine Mittelgebühr von 1,5 mit der gleichzeitigen Einschränkung vor, dass eine Überschreitung dieser Gebühr nur in besonders umfangreichen oder besonders schwierigen Angelegenheiten überschritten werden sollte. Da die Begriffe „besonders umfangreich" und „besonders schwierig" jedoch bereits im Zusammenhang mit § 99 BRAGO bekannt waren, der die Pauschvergütung des Pflichtverteidigers regelte, und dort von der Rechtsprechung hohe Anforderungen gestellt wurden, hatte die Anwaltschaft sich dafür eingesetzt, das Wort „besonders" jeweils zu streichen. Dem ist entsprochen worden. Allerdings wurde im Gegenzug die Gebühr, die bei nicht schwierigen und nicht umfangreichen Angelegenheiten anfallen sollte, auf 1,3

---

1 *Schneider/Mock*, Das neue Gebührenrecht für Anwälte, § 13 Rn 4; *Burhoff/Kindermann*, RVG 2004, S. 122.
2 *Braun*, Gebührenabrechnung nach dem neuen RVG, S. 62.
3 Vgl. Fachanwalt Arbeitsrecht 2004, Fn 13 und 14. Allerdings sind die Nachwirkungen dieser Meinung immer noch in der Rechtsprechung zu erkennen, beispielsweise in den Entscheidungen des OLG Jena (AGS 2005, 201: Ermessensfehler bei Nichtbeachten der Kappungsgrenze) und AG Worms (RVGreport 2005, 229: Gebühr für einfach gelagerte Schadenregulierung bestimmt sich innerhalb eines Gebührenrahmens von 0,5 bis 1,3).
4 *Gerold/Schmidt/Mayer*, RVG, VV 2300, 2301 Rn 26 f.; *Bischof/Jungbauer/Bräuer*, RVG, Nr. 2300 VV Rn 25 ff.; *Hartmann*, Kostengesetze, RVG, VV 2300 Rn 24; *Riedel/Sußbauer/Schneider*, RVG, VV Teil 2 Rn 39; *Enders*, JurBüro 2004, 459, 460; *Schneider/Mock*, Das neue Gebührenrecht für Anwälte, § 13 Rn 8 f.; *Hansens*, RVGreport 2004, 59, 61; *Henke*, AnwBl 2004, 263; *Burhoff/Kindermann*, RVG 2004, S. 42; *Madert*, AGS 2004, 185; *Otto*, NJW 2004, 1420, 1421; bedenklich allerdings OLG Jena AGS 2005, 201, wonach die Kappungsgrenze von 1,3 das Ermessen des Anwalts bei der Bestimmung der Gebühr insofern einschränkt, als die Überschreitung dieser Grenze einen Ermessensfehlgebrauch darstellt, der die Gebührenbestimmung – unabhängig von der Einhaltung der 20 %-Grenze – unwirksam sein lässt.
5 *Hansens*, RVGreport 2004, 57, 59.
6 Vgl. *Otto*, NJW 2004, 1420, 1421.

herabgesetzt. Damit sollte jedoch keine Änderung in der Sache einhergehen. D.h., die so genannte Regel- oder Schwellengebühr sollte – wie sonst die Mittelgebühr – in durchschnittlich gelagerten Fällen eingreifen und dem Rechtsanwalt einen besonderen Begründungsaufwand ersparen. Insofern wurde die Mittelgebühr hinsichtlich der beiden, nach der Systematik des Rechtsanwaltsvergütungsgesetzes wichtigsten Kriterien (Umfang und Schwierigkeit der Sache) um 0,2 nach unten verschoben.[7] Eine ausdrückliche Benennung als Mittelgebühr war nur deshalb nicht möglich, weil der Wert von 1,3 eben nicht das mathematische Mittel des Gebührenrahmens ist.[8]

7   Nur dies entspricht auch der allgemeinen Konzeption des RVG, mit dem unter anderem die anwaltliche Vergütung der wirtschaftlichen Entwicklung angepasst werden sollte. Diesem Zweck kann das Gesetz nur gerecht werden, wenn die Abschaffung der Besprechungs- und Beweisaufnahmegebühr des § 118 BRAGO durch diejenige im Rahmen der VV 2300 mehr als nur kompensiert wird. Insofern fehlt ein Anhaltspunkt für die Annahme, dass es eine neue allgemeine Mittelgebühr von 0,9 in nicht umfangreichen oder schwierigen Sachen geben sollte.

8   Die auf den ersten Blick systemwidrig wirkende **Vorrangstellung** der Kriterien „Umfang" und „Schwierigkeit" im Rahmen der Abwägung nach § 14 Abs. 1 erklärt sich aus der Herkunft der betreffenden Gebühr. Unter der Geltung von § 118 Abs. 1 BRAGO konnte der Anwalt für die außergerichtliche Vertretung jeweils Geschäfts-, Besprechungs- und Beweisaufnahmegebühr in Höhe von jeweils 5/10 bis 10/10 verdienen. Da diese drei Gebührentatbestände nunmehr in einem einheitlichen Tatbestand mit weitem Rahmen aufgegangen sind, muss die künftige Abwägung berücksichtigen, dass auch nach früherem Recht weder die Einkommens- und Vermögensverhältnisse des Mandanten noch die Bedeutung der Angelegenheit oder das Haftungsrisiko eine Gebühr von mehr als 10/10 rechtfertigen konnten. Diese Schwelle konnte vielmehr nur dann überschritten werden, wenn der Anwalt weitere Tätigkeiten, beispielsweise die Teilnahme an Besprechungen oder einer Beweisaufnahme vornahm.

> **Beispiel:** Der Anwalt berät einen sehr wohlhabenden Mandanten im Hinblick auf Unterlassungs- und Schadensersatzansprüche gegen eine Zeitung, die Privatfotos des Mandanten veröffentlicht hat. Nach einer einstündigen Besprechung mit dem Mandanten fertigt er ein erstes kurzes Schreiben an die Gegenseite. Diese gibt sofort die begehrte Unterlassungserklärung ab und verpflichtet sich zur Schadensersatzzahlung. Ohne die Kappungsgrenze würde der Anwalt aufgrund der überdurchschnittlichen Einkommens- und Vermögensverhältnisse des Mandanten und der hohen Bedeutung der pressewirksamen Angelegenheit eine Geschäftsgebühr oberhalb der Mittelgebühr von 1,5 abrechnen können.

2. Bestimmung der Gebühr

9   Die Bestimmung der konkreten Geschäftsgebühr hat daher in folgenden Schritten zu erfolgen:
   – Auszugehen ist von der Mittelgebühr von 1,5.
   – Sodann sind die Kriterien des § 14 Abs. 1 zu prüfen.
   – Ergibt diese Prüfung, dass die Angelegenheit durchschnittlich ist, greift der Schwellenwert von 1,3.
   – Sodann ist isoliert anhand der Kriterien „Umfang" und „Schwierigkeit" zu prüfen, ob dieser Schwellenwert überschritten werden darf.[9]

> **Beispiel:** Der Rechtsanwalt wird von einem Mandanten mit der Prüfung und eventuellen (außergerichtlichen) Durchsetzung einer Forderung über 7.000 EUR beauftragt. Hierzu muss er zwei umfangreiche Ordner mit Korrespondenz zwischen den Parteien durchsehen. Alle übrigen Faktoren des § 14 sind durchschnittlich. Da die Angelegenheit überdurchschnittlich umfangreich ist, kann der Anwalt den Schwellenwert von 1,3, die in der Anm. zu VV 2300 vorgesehen ist, überschreiten. Da alle übrigen Faktoren durchschnittlich sind, rechnet er die Mittelgebühr von 1,5 ab. Er erhält:
> **Wert: 7.000 EUR**
> 1. 1,5-Geschäftsgebühr, VV 2300   607,50 EUR
> 2. Auslagenpauschale, VV 7002   20,00 EUR
>   Zwischensumme   627,50 EUR

---

[7] So *Otto*, NJW 2004, 1420, 1421; vgl. auch *Henke*, AnwBl 2004, 579.

[8] So auch *Bonefeld*, Gebührenabrechnung familien- und erbrechtlicher Mandate nach dem RVG und GKG, 2004, S. 17.

[9] *Schneider/Mock*, Das neue Gebührenrecht für Anwälte, § 13 Rn 6; *Madert*, AGS 2004, 185, 187.

3. 19 % Umsatzsteuer, VV 7008	119,23 EUR
Gesamt	**746,73 EUR**

Zu beachten ist, dass eine Überschreitung des Schwellenwertes von 1,3 gemäß Anm. zu VV 2300 bereits dann gerechtfertigt ist, wenn die **Angelegenheit umfangreich oder schwierig** ist. Es müssen also nicht beide Faktoren überdurchschnittlich sein.[10]

Im Zusammenhang mit dem Umfang und der Schwierigkeit ist die **Besprechung mit Dritten oder der Gegenseite** von besonderer Bedeutung. Sie löst zwar keine eigene Gebühr mehr aus, kann aber natürlich bei der Gebührenbemessung im Rahmen des § 14 bzw. im Hinblick auf die Frage, ob die Angelegenheit umfangreich oder schwierig ist, berücksichtigt werden. Allerdings ist eine Sache nicht schon allein deshalb als umfangreich oder schwierig anzusehen, weil ein kurzes Telefonat stattgefunden hat.[11] Denn das Wegfallen der Besprechungsgebühr dient auch dazu, die außergerichtliche Erledigung einer Angelegenheit zu erleichtern. Es soll verhindert werden, dass das klärende Telefonat mit der Gegenseite nur deshalb unterlassen wird, um keine Besprechungsgebühr entstehen zu lassen. Dieser Zweck würde unterlaufen, wenn generell jede Besprechung dazu führen würde, dass die Angelegenheit als umfangreich und schwierig anzusehen ist und damit der Schwellenwert von 1,3 überschritten werden kann. Andererseits darf man nicht vergessen, dass die Besprechungsgebühr nach § 118 BRAGO dazu diente, einen tatsächlichen Mehraufwand bei der Mandatsbearbeitung abzugelten. Dieser Mehraufwand kann natürlich auch weiterhin entstehen und muss dann auch abgegolten werden. Daher führen Besprechungen, die über lediglich **kurze Mitteilungen, Sachstandsanfragen** oder die **bloße Informationsbeschaffung** hinausgehen, dazu, dass eine Angelegenheit als umfangreich und schwierig anzusehen ist.[12] Das gilt vor allem dann, wenn es zu einem Austausch widerstreitender Argumente kommt. Hierbei ist auch zu berücksichtigen, dass das Gesetz durch die Neuregelung die außergerichtliche Streitbeilegung fördern wollte. Dann muss aber auch das Bemühen des Anwalts um die Vermeidung eines Prozesses vergütet werden.[13] Allerdings können Angelegenheiten auch umfangreich oder schwierig sein, wenn keine Besprechungen stattfinden.[14]

Insgesamt lässt sich feststellen, dass durch die Streichung der ehemals vorgesehenen Formulierung „**besonders schwierig/umfangreich**" im Hinblick auf die befürchteten Darstellungsschwierigkeiten nicht viel gewonnen wurde. Der Streit verlagert sich jetzt auf die Frage, wann eine Sache nur **durchschnittlich schwierig/umfangreich** ist.[15] Da es aufgrund der Vielzahl von Fallgestaltungen hier keine eindeutige Abgrenzung gibt, kann nur der Vergleich mit Einzelfällen weiterhelfen.

Eine überdurchschnittliche **Schwierigkeit** zum Ansatz einer Geschäftsgebühr von mehr als 1,3 kann sich beispielsweise ergeben aus:
– Beschäftigung mit einer Spezialmaterie (Arzthaftungsrecht,[16] Steuerrecht,[17] Vergaberecht,[18] Konzernrecht, EU-Beihilferecht, u.U. auch Wettbewerbsrecht[19] etc.),
– Einsatz von Fremdsprachenkenntnissen,

---

10 BayObLG AGS 2005, 205; *N. Schneider*, AnwBl 2004, 129, 137.
11 *Burhoff/Kindermann*, RVG 2004, S. 41; *Podlech-Trappmann*, JurBüro 2004, 351, 354.
12 Vgl. auch *Madert*, AGS 2004, 185, 186.
13 Gerold/Schmidt/*Mayer*, RVG, VV 2300, 2301 Rn 17 und 33 f.: Allein die Durchführung einer Besprechung, die nicht in der Nähe einer bloßen Nachfrage liegt, kann dazu führen, dass die Mittelgebühr mit 1,5 gerechtfertigt ist.
14 *Schneider/Mock*, Das neue Gebührenrecht für Anwälte, § 13 Rn 5; *Hartung/Römermann/Schons*, RVG, VV 2300 Rn 3.
15 In diesem Sinne verhalten sich auch die Stellungnahmen der Gebührenreferenten der BRAK auf der 49. Gebührenreferentenkonferenz (vgl. RVGprof. 2005, 29).
16 Vgl. auch LG Saarbrücken AGS 2005, 245 = JurBüro 2005, 306, wo aufgrund der schwerwiegenden Verletzungen des Unfallgeschädigten und einer mehrwöchigen Arbeitsunfähigkeit (Verdienstausfallansprüche) eine besondere Schwierigkeit bei der außergerichtlichen Schadensregulierung angenommen wurde.
17 FG Köln AGS 2010, 610 = EFG 2009, 1595.
18 Im Vergaberecht spielt die Kappungsgrenze aufgrund der erheblichen Schwierigkeit der Materie regelmäßig keine Rolle, vgl. KG AGS 2010, 544; BKartA AGS 2008, 82; OLG Düsseldorf ZfBR 2005, 622; BayObLG ZfBR 2005, 417 = AGS 2005, 208 m. Anm. *N. Schneider*; OLG München AGS 2006, 171; OLG München AGS 2007, 86 m. Anm. *N. Schneider*; OLG Jena AGS 2005, 204 m. Anm. *N. Schneider*. Dies gilt auch für die anwaltliche Vertretung des Beigeladenen im Vergabenachprüfungsverfahren, und zwar auch dann, wenn der Beiladungsbeschluss erst kurz vor Abschluss des Nachprüfungsverfahrens ergangen ist (vgl. BKartA IBR 2005, 282).
19 LG Köln AGS 2007, 499 m. Anm. *Schons* im Hinblick auf das notwendige Spezialwissen einerseits und die erforderlichen aufwendigen Recherche- und Dokumentationsarbeiten andererseits.

- Umständen in der Persönlichkeit des Auftraggebers,[20]
- Prüfung von Einwendungen gegen ein Sachverständigengutachten (insbesondere bei medizinischen oder psychiatrischen Gutachten),[21]
- Notwendigkeit buchhalterischer Kenntnisse.

14 Ein überdurchschnittlicher **Umfang** zum Ansatz einer Geschäftsgebühr von mehr als 1,3 unter Überschreitung des Schwellenwertes nach der Anm. zu VV 2300 kann sich beispielsweise ergeben aus:
- umfassendem Aktenstudium (z.B. Punktesachen im Baurecht),
- aufwendiger Recherche einer streitigen Frage in Rechtsprechung und Schrifttum,[22]
- Durchführung von Besprechungen, die über Sachstandsanfragen hinausgehen,[23]
- Besichtigung der Unfallstelle.[24]
- Kürzungen von Schadenspositionen durch den Gegner und dadurch erforderliche Rücksprache mit dem Sachverständigen.[25]

III. Mehrere Auftraggeber

15 Wird ein Rechtsanwalt für mehrere Auftraggeber tätig, erhält er nach § 7 Abs. 1 die Gebühren nur einmal. Diese erhöhen sich aber gemäß **VV 1008** für jeden weiteren Auftraggeber um 0,3, wobei der Höchstsatz bei mehreren Erhöhungen 2,0 beträgt (Anm. Abs. 3). Diese Gebührenerhöhung gilt nach dem eindeutigen Wortlaut des Gesetzes auch für die Geschäftsgebühr. Darüber hinaus ist auch der Schwellenwert bei mehreren Auftraggebern anzuheben, wie der Gesetzgeber nachträglich in Anm. Abs. 4 zu VV 1008 klargestellt hat.

Beispiel: Der Rechtsanwalt wird von drei Auftraggebern mit der Beitreibung einer Forderung von 5.500 EUR beauftragt. Die Angelegenheit ist durchschnittlich aber weder umfangreich noch schwierig. Der Rechtsanwalt erhält:

Wert: 5.500 EUR
1. 1,9-Geschäftsgebühr, VV 2300, 1008	672,60 EUR
2. Auslagenpauschale, VV 7002	20,00 EUR
Zwischensumme	692,60 EUR
3. 19 % Umsatzsteuer, VV 7008	131,59 EUR
Gesamt	**824,19 EUR**

Ebenso verhält es sich, wenn die Regelgebühr überschritten werden kann, weil die Angelegenheit überdurchschnittlich umfangreich oder besonders schwierig ist.

Beispiel: Der Rechtsanwalt wird von fünf Personen mit der Durchsetzung einer Forderung beauftragt (Wert: 100.000 EUR). Die Angelegenheit ist durchschnittlich, aber umfangreich, sodass von der Mittelgebühr (1,5) auszugehen ist. Der Anwalt erhält unter Berücksichtigung der Erhöhung für vier weitere Auftraggeber:

Wert: 100.000 EUR
1. 2,7-Geschäftsgebühr, VV 2300, 1008	4.058,10 EUR
2. Auslagenpauschale, VV 7002	20,00 EUR
Zwischensumme	4.078,10 EUR
3. 19 % Umsatzsteuer, VV 7008	774,84 EUR
Gesamt	**4.852,94 EUR**

Zur Anrechnung bei mehreren Auftraggebern siehe die Kommentierung zu VV Vorb. 3 Abs. 4 (vgl. VV Vorb. 3 Rdn 248 ff.).

---

[20] SG Aachen RVGreport 2005, 353 (starke Sehbehinderung); KG, Beschl. v. 9.8.2005–3 Ws 59/05, n.v. (Schwerhörigkeit); *Henke*, AnwBl 2004, 579; *Enders*, JurBüro 2004, 515, 516 (Sprachschwierigkeiten; emotional verhärtete Fronten).

[21] *Enders*, JurBüro 2004, 459, 461.
[22] AG Köln AGS 2005, 287.
[23] *Kitzinger*, FamRZ 2005, 11, 12.
[24] Vgl. AG Ansbach AGS 2007, 237.
[25] AG Köln AGS 2005, 287.

C. Erstattungsfragen

Wegen der Erstattungsfragen wird auf die Ausführungen in VV Vorb. 2.3 (siehe VV Vorb. 2.3 Rdn 40 ff.) verwiesen. 16

D. Praxisempfehlungen

Um die einzelnen Umstände vor Gericht darlegen zu können, die zur Bestimmung der konkreten Gebühr aus dem Rahmen von VV 2300 erforderlich sind, empfiehlt sich die Anfertigung von **Aktennotizen** nach jeder Besprechung mit dem Mandanten. Denn nach Abschluss eines Mandates ist es mit erheblichen Schwierigkeiten verbunden, sämtliche Einzelheiten zu rekonstruieren, die die Angelegenheit überdurchschnittlich umfangreich oder schwierig gemacht haben. 17

Da die Merkmale „Umfang" und „Schwierigkeit" im Rahmen des § 14 Abs. 1 einen besonderen Stellenwert einnehmen, empfiehlt sich der Abschluss einer **Vergütungsvereinbarung** insbesondere in den Fällen, in denen diese Merkmale nur durchschnittlich, andere Merkmale jedoch überdurchschnittlich sind. Prägnantestes Beispiel ist hier der wohlhabende Mandant, der in einer für ihn sehr bedeutungsvollen Angelegenheit vertreten werden will, ohne dass die Sache als umfangreich oder schwierig bezeichnet werden kann. Dass die Merkmale „Einkommens- und Vermögensverhältnisse" sowie „Bedeutung der Angelegenheit" überdurchschnittlich sind, würde aufgrund des Schwellenwertes eine höhere Gebühr als 1,3 nicht rechtfertigen können. 18

Häufig diskutiert wird seit Geltung des RVG die Frage, wie die außergerichtliche Schadenregulierung bei **Verkehrsunfällen** zu vergüten ist.[26] Aufgrund des weitgehenden Auslaufens der Regulierungsempfehlungen (sog. DAV-Abkommen) bei Inkrafttreten des RVG ist eine recht intensive Diskussion zwischen Versicherern und Anwaltschaft um die Frage entstanden, ob die Regulierung eines „üblichen" Verkehrsunfalls generell mit einer 1,3-Geschäftsgebühr abgerechnet werden kann, ohne dass die Umstände des Einzelfalls dargelegt werden müssen. Unter Berufung auf die Ansicht von *Braun*, wonach es bei nur durchschnittlich umfangreichen bzw. schwierigen Sachen einen zweiten Gebührenrahmen von 0,5 bis 1,3 gebe, haben viele Haftpflichtversicherer lediglich eine aus diesem Rahmen berechnete Mittelgebühr von 0,9 erstattet und hinsichtlich des Restbetrages Klage anheim gestellt.[27] Die inzwischen fast unübersehbare Menge amtsgerichtlicher Urteile zu dieser Frage zeigt, dass sich eine Vielzahl von Anwälten mit dieser Vorgehensweise nicht abfinden wollte. Inzwischen hat sich die Situation insofern teilweise entschärft, als einige Versicherer Abrechnungsgrundsätze anbieten, die von Gebührensätzen zwischen 1,8 und 2,7 bzw. zwischen 1,5 und 2,25 ausgehen.[28] 19

Es ist jedoch zu vermuten, dass auch durch diese Abrechnungsgrundsätze der Streit um die Abrechnung einer außergerichtlichen Unfallschadenregulierung nicht vollständig beigelegt wird. Für die künftige Praxis ist daher – soweit der Anwalt sich nicht an angebotene Abrechnungsgrundsätze gebunden hat – Folgendes zu beachten: 20

Soweit die Gerichte teilweise eine in Rechnung gestellte **Geschäftsgebühr in Höhe von 1,3** unbeanstandet lassen, nur weil sich die Tätigkeit auf einen Verkehrsunfall bezog,[29] wird dies im Wesentlichen mit zwei Argumenten begründet. Einmal wird darauf abgestellt, dass Verkehrsunfälle ein Massenphänomen sind und daher im Interesse einer einfachen und praktikablen Handhabung die 1,3-Geschäftsgebühr im Wege der Schematisierung anzusetzen sei.[30] Zum anderen wird auf die Entwicklung der neuen Gebührentatbestände abgestellt. Da der Anwalt durch den Übergang von den Gebühren des § 118 BRAGO auf die Geschäftsgebühr VV 2300 in der Gesamtbetrachtung keine Gebührenminderung erleiden sollte, müsse der Wegfall von Gebührentatbeständen (Besprechungs- und Beweisaufnahmegebühr) im Rahmen einer Gesamtbetrachtung ausgeglichen werden.

---

26 Vgl. ausführlich: *Onderka*, Anwaltsgebühren in Verkehrssachen, Rn 92 ff.
27 Vgl. *Madert*, AGS 2005, 225.
28 *N. Schneider*, AGS 2005, 369.
29 Vgl. AG Brilon RVG-Letter 2005, 53; AG Köln JurBüro 2005, 307; AG Bad Neustadt AGS 2005, 254; AG Gießen RVG-Letter 2005, 33; AG München DAR 2005, 299; AG Landstuhl AGS 2005, 62; AG Bremen AnwBl 2005, 588; im Ergebnis auch *Meyer*, AGS 2004, 468.
30 Vgl. AG Würzburg AGS 2005, 247.

21 Für den schematischen Ansatz einer 1,3-Geschäftsgebühr bei der Unfallregulierung überzeugt keine dieser Begründungen. Die Regelung zur Bestimmung der Rahmengebühr in § 14 Abs. 1 basiert auf einer Abwägung **aller Umstände des Einzelfalls**. Warum gerade die Abwicklung von Verkehrsunfällen – mögen sie auch ein Massenphänomen darstellen – diesem Abwägungsgebot nicht unterfallen soll, ist nicht ersichtlich. Eine solche Schematisierung sieht § 14 Abs. 1 nicht vor. Sie kann allein durch Abrechnungsgrundsätze mit den Versicherern vereinbart werden. Die weiter aufgestellte These, die Abwicklung eines Verkehrsunfalls sei generell eine durchschnittlich schwierige und umfangreiche Angelegenheit, weshalb der Anwalt den Ansatz der 1,3-Geschäftsgebühr nicht näher begründen müsse, vermag ebenfalls nicht zu überzeugen. Durch den Wegfall der Besprechungs- und Beweisaufnahmegebühr ergibt sich insofern keine Gebührenminderung für den Anwalt, als er den konkret erhöhten Aufwand bei der Gebührenbestimmung aus dem Rahmen von VV 2300 geltend machen kann. Soweit dieser Aufwand allerdings nicht vorliegt, weil es keine Besprechung, keine Ortsbesichtigung etc. gegeben hat, ist weder nach der BRAGO noch nach dem RVG eine im Bereich von 1,3 liegende Gebühr gerechtfertigt.

22 Auch wenn eine Vielzahl von Entscheidungen dies suggeriert:[31] Den typischen „durchschnittlichen" Verkehrsunfall gibt es nicht und damit auch nicht eine typische Geschäftsgebühr in Höhe von 1,3 für dessen außergerichtliche Regulierung.[32] Da die Regelung des § 14 nicht allein auf die vom Anwalt zu bearbeitende Materie abstellt, sondern auf verschiedene Einzelkriterien, bleibt es dabei, dass sich der Anwalt bei der Gebührenforderung – schon aus Gründen der Vorsicht – nicht schlicht auf die Darlegung beschränken sollte, dass er eine Unfallschadensregulierung vorgenommen habe.[33] Denn auch wenn aus einem Umkehrschluss der Anmerkung zu VV 2300 gefolgert werden kann, dass eine 1,3-Geschäftsgebühr dann anfällt, wenn die Angelegenheit durchschnittlich umfangreich und schwierig ist, bleibt es dabei, dass der Rahmen der Geschäftsgebühr bereits bei 0,5 beginnt. Es gibt durchaus Fälle, in denen lediglich eine Gebühr im Bereich von 0,8 bis 1,0 abgerechnet werden kann, weil die Abwägungsmerkmale insgesamt eine nur unterdurchschnittliche Angelegenheit ergeben.[34] Damit wird auch kein weiterer Gebührenrahmen von 0,5 bis 1,3 geschaffen. Vielmehr bleibt es – auch in Verkehrsunfallsachen – dabei, dass die einzelnen Umstände für die Gebührenbestimmung dargetan werden müssen.[35] Auch der BGH hat in seiner Entscheidung vom 31.10.2006[36] nicht die generelle Erstattungsfähigkeit einer 1,3-Geschäftsgebühr für die Regulierung eines „durchschnittlichen" bzw. „normalen" Verkehrsunfalls bejaht, sondern klargestellt, dass dies von den Umständen des Einzelfalls abhänge und eine Gebühr von 1,3 durchaus auch unbillig (hoch) sein könne.

23 Allerdings ist in diesem Zusammenhang zu beachten, dass die Gebührenbestimmung des Anwalts – sei es nun im Rechtsstreit mit einem Dritten oder im Rahmen der Honorarklage gegen den Mandanten – nur im Hinblick auf **Ermessensfehler** überprüft werden kann. Denn nach § 14 Abs. 1 S. 4 bzw. § 315 Abs. 3 BGB ist die Bestimmung der Gebühr nur dann nicht bindend, wenn sie unbillig ist. Aufgrund des von der Rechtsprechung zugebilligten Toleranzbereiches wird die vom Anwalt

---

[31] Vgl. bspw. AG Hagen AGS 2005, 62; AG Hamburg-Barmbek JurBüro 2005, 307; AG Heidelberg JurBüro 2005, 254; AG Gießen RVGreport 2005, 149; AG Greifswald MDR 2005, 659; AG Würzburg AGS 2005, 247; AG Chemnitz AGS 2005, 252 (Verkehrsunfälle sind nur in Ausnahmefällen unterdurchschnittlich) sowie die ausführliche Zusammenstellung von *Sonderkamp* in NJW 2006, 1477, 1479 (Fn 22).

[32] So auch AG Herne AGS 2005, 149 m. abl. Anm. *Mock*; AG Mainz JurBüro 2005, 308; AG Chemnitz RVGreport 2005, 108 sowie der Beschluss der 49. Gebührenreferentenkonferenz (RVGprof. 2005, 27), wonach die konkreten Gebühren im Einzelfall nach § 14 aus dem vollen Gebührenrahmen bestimmt werden müssen und aus diesem Grunde eine substantiierte Darlegung der maßgeblichen Gesichtspunkte des Einzelfalls bereits mit der Gebührenrechnung empfohlen wird.

[33] Anders hinsichtlich der Darlegungs- und Beweislast OLG München (AGS 2006, 540), wonach der Geschädigte lediglich einen die 1,3-Geschäftsgebühr rechtfertigenden Regelfall konkret behaupten muss und es dann dem Schädiger obliegt, im Einzelnen darzulegen, welche Gesichtspunkte für einen unterdurchschnittlichen Fall sprechen.

[34] Vgl. LG Dortmund AGS 2006, 370; LG Coburg VersR 2005, 1101; AG Arnstadt Schaden-Praxis 2005, 252; AG Berlin-Mitte Schaden-Praxis 2005, 104; AG Bayreuth RVGreport 2005, 112; AG Karlsruhe RVGreport 2005, 269; AG Ettlingen Schaden-Praxis 2005, 250; AG Gronau JurBüro 2005, 194; AG Hamburg-St. Georg RVGreport 2005, 228; AG Gütersloh JurBüro 2005, 363; AG Duisburg-Hamborn VersR 2005, 853; AG Duisburg-Ruhrort Schaden-Praxis 2005, 250; AG Osnabrück JurBüro 2005, 308; unzutreffend insofern AG Lüdenscheid (JurBüro 2005, 196), wonach der Anwalt nicht verpflichtet sei, den Gebührenrahmen nach unten hin „auszuschöpfen".

[35] *Schons*, NJW 2005, 1024.

[36] BGH AGS 2007, 28 m. Anm. *Schons*; ebenso BGH RVGreport 2008, 455.

gewählte Gebühr durch das Gericht nur dann korrigiert, wenn sie die „billige" Gebühr um mehr als 20 % übersteigt.[37]

Im Verhältnis des Mandanten zu seinem Versicherer vertritt das AG Wiesbaden[38] bei Verkehrsunfallregulierungen eine rein schadensersatzrechtliche Betrachtungsweise: Hat der Geschädigte die für eine Unfallregulierung ihm in Rechnung gestellten Anwaltskosten gezahlt, so muss ihm der Haftpflichtversicherer diese Kosten auch dann ersetzen, wenn die Abrechnung des Anwalts überhöht ist. Denn entscheidend sei in diesem Erstattungsverhältnis nicht die Angemessenheit der Gebührenforderung im Hinblick auf § 14 bzw. § 315 Abs. 3 BGB, sondern allein §§ 249 ff. BGB, wonach – in den Grenzen des § 254 Abs. 2 BGB – derjenige Betrag zu erstatten sei, den ein wirtschaftlich denkender Mensch in der Lage des Geschädigten für zweckmäßig und notwendig halten durfte. Das Risiko einer erhöhten Abrechnung trage der Haftpflichtversicherer, der sich eventuelle Rückforderungsansprüche gegen den Anwalt abtreten lassen und dann selbst verfolgen könne. Einen Verstoß gegen die Schadensminderungspflicht sieht das Gericht durch Zahlung einer zu hohen Gebührennote erst dann, wenn sich die Unangemessenheit der Abrechnung aufdrängt bzw. ein Zusammenwirken von Anwalt und Mandant erkennbar ist.

24 Geht man von einem in jeder Hinsicht **unterdurchschnittlichen Verkehrsunfall** aus, nämlich einem Unfall mit folgenden Merkmalen:
– Unfallverlauf unstreitig,
– Schäden eindeutig feststellbar,
– keine Rückfragen an Gutachter,
– einfaches Anspruchsschreiben an Versicherer,
– Versicherer erkennt Haftung zu 100 % an,
– Regulierung erfolgt unproblematisch und innerhalb kurzer Zeit (1 bis 2 Wochen),
– keine weiteren Probleme des Mandanten (Differenzbesteuerung, Mietwagen, Totalschaden etc.),
der höchstens mit einer 0,8 bis 0,9-Geschäftsgebühr abzurechnen sein dürfte,[39] so können weitere Umstände dazu führen, dass der Anwalt eine Gebühr von bis zu 1,3 verlangen kann.

25 Eine Gebühr in Höhe von 1,3 kann gefordert werden, wenn ein **regelmäßiger und durchschnittlicher Arbeitsumfang** vorliegt. Dies ist zu bejahen, wenn:
– ein persönliches oder telefonisches Erstgespräch mit dem Mandanten geführt wird,
– in diesem Erstgespräch der Sachverhalt, Haftungsgrund und Schadenshöhe festgestellt werden,
– die sich daraus ergebende Beurteilung der Rechtslage erfolgt,
– der Anwalt die Schadenregulierung steuernde tatsächliche Hinweise oder rechtliche Ratschläge an den Mandanten erteilt,
– das Anspruchsschreiben an den gegnerischen Haftpflichtversicherer mit der Darlegung von Haftungsgrund und Schadenspositionen mit Dokumentation fertigt,
– die Reaktion des Haftpflichtversicherers überwacht und dem Mandanten bewertend weiterleitet,
– seine Vergütung unter Anwendung der Vorschriften des RVG abrechnet und den Vollzug der Vergütungsberechnung überwacht.

26 Liegt ein solcher durchschnittlicher Arbeitsumfang vor, ist weiter zu prüfen, ob die Angelegenheit darüber hinaus umfangreich oder schwierig war. Ein **abschließender** Katalog von Umständen, bei deren Vorliegen die Angelegenheit regelmäßig als umfangreich bzw. schwierig einzustufen ist, kann in diesem Zusammenhang sicherlich nicht aufgestellt werden. Dazu ist die anwaltliche Tätigkeit in diesem Bereich einfach zu vielschichtig. Jedoch kann man einen **beispielhaften** Katalog von

---

37 AG Aachen JurBüro 2005, 192; AG Kehlheim JurBüro 2005, 195; AG Kempen JurBüro 2005, 252; AG Brühl NZV 2004, 416; AG Bielefeld AnwBl 2005, 224 m. Anm. *Henke*; *Hartung/Römermann/Schons*, RVG, § 14 Rn 90; *Hansens*, RVGreport 2005, 42, 46; *Mayer/Kroiß/Winkler*, RVG, § 14 Rn 46; *Gerold/Schmidt/Mayer*, RVG, § 14 Rn 12.

38 AG Wiesbaden AGS 2007, 186 m. Anm. *Zorn*; AG Wiesbaden AGS 2006, 19; so auch AG Brilon VRR 2005, 215.

39 Vgl. LG Mannheim AnwBl 2006, 573; LG Dortmund AGS 2006, 370; LG Coburg VersR 2005, 1101; AG Arnstadt Schaden-Praxis 2005, 252; AG Berlin-Mitte Schaden-Praxis 2005, 104; AG Bayreuth RVGreport 2005, 112; AG Karlsruhe RVGreport 2005, 269; AG Ettlingen Schaden-Praxis 2005, 250; AG Gronau JurBüro 2005, 194; AG Hamburg-St. Georg RVGreport 2005, 228; AG Gütersloh JurBüro 2005, 363; AG Duisburg-Hamborn VersR 2005, 853; AG Duisburg-Ruhrort Schaden-Praxis 2005, 250; AG Osnabrück JurBüro 2005, 308; unzutreffend insofern AG Lüdenscheid (JurBüro 2005, 196), wonach der Anwalt nicht verpflichtet sei, den Gebührenrahmen nach unten hin „auszuschöpfen".

Einzelumständen aufstellen, der in der Praxis als Orientierung dient. Solche Umstände können beispielsweise sein:[40]
- Einkommens- und Vermögensverhältnisse des Mandanten sowie Bedeutung der Angelegenheit für ihn,[41]
- mehrere Besprechungen mit dem Mandanten oder Besprechungen außerhalb der Bürozeiten,[42]
- schwierige Besprechung mangels Sprachkenntnissen des Mandanten,[43]
- erhöhter Beratungs- und Besprechungsaufwand wegen Unfallflucht des Gegners,[44]
- schwere Verletzungen des Mandanten und Prüfung von Verdienstausfallansprüchen,[45]
- zusätzlicher Aufwand durch Einziehung von zu Unrecht einbehaltenen Fremdgeldern,[46]
- zusätzlicher Aufwand durch Vereinbarung mit dem Gutachter, um Finanzierungsengpass des Mandanten abzuwenden,[47]
- zusätzlicher Aufwand durch Korrespondenz mit dem Mietwagenunternehmen,[48]
- Rücksprache mit Zeugen zum Unfallverlauf,[49]
- Eingehen auf Einwendungen des Versicherers zu Schadenspositionen,[50]
- Nachfragen beim Sachverständigen[51] oder Teilnahme an Begutachtung des Fahrzeugs,[52]
- ungerechtfertigte Kürzung sachverständig geschätzter Beträge, die eine Rückfrage beim Sachverständigen und weitere Korrespondenz erforderlich macht,[53]
- vertiefte Befassung mit Schadensersatzrecht einschließlich Rechtsprechungsrecherche,[54]
- gesonderte Ermittlung des Nutzungsausfallschadens mangels Listenwert,[55]
- Erstattung Gutachterkosten bzw. Totalschaden zu prüfen,[56]
- ausführliche Erörterung der Sach- und Rechtslage mit dem Sachbearbeiter des Versicherers,[57]
- Termin mit dem Sachverständigen, um Altschäden von Unfallschäden abzugrenzen bzw. die Kausalität des Unfalls für bestimmte Schäden zu klären[58]
- Verkehrsunfall mit Todesfolge, bei dem eine Prüfung von Schmerzensgeld-, Haushaltsführungs- und Unterhaltsansprüchen erforderlich ist[59]
- zögerliche Regulierung.[60]

27 Treten mehrere dieser Umstände auf, kann eine Geschäftsgebühr in Höhe der Mittelgebühr von 1,5 oder sogar darüber hinaus als nicht unbillig angesehen werden.[61] Die Verwendung von Textbausteinen wird überwiegend nicht als gebührenmindernd angesehen, da der Aufwand zu berücksichtigen sei, den die Erstellung solcher Textbausteine oder Formularschreiben erfordere.[62]

28 Die entsprechenden Umstände sind schon in der Korrespondenz mit dem Versicherer darzulegen, um diesen zur Erstattung der vollen Gebühr zu bewegen. Wird der Klageweg erforderlich, so sollte – da die streitigen Beträge im Regelfall unter 600 EUR liegen dürften – stets geprüft werden, ob der Antrag auf Zulassung der Berufung gestellt wird.

---

40 Bei den folgenden Entscheidungen ist zu beachten, dass es sich jeweils um eine Billigkeitsüberprüfung handelte. Es kann also nicht gefolgert werden, dass die Gerichte die entsprechende Gebührenhöhe ebenfalls angesetzt hätten. Sie haben sie aber jedenfalls unter Berücksichtigung der Toleranzgrenze nicht beanstandet.
41 AG Hamburg RVGreport 2005, 268 = AnwBl 2005, 588; AG Aachen AGS 2005, 109 m. Anm. *N. Schneider*.
42 AG Mannheim AGS 2008, 538; AG Freiburg RVGprof. 2007, 116; AG Mainz AGS 2006, 371; AG Wuppertal JurBüro 2005, 363.
43 AG München RVGprof. 2008, 6; AG Essen MDR 2005, 899 = zfs 2005, 513 m. Anm. *Madert*; vgl. auch *Schröder*, RVGprof. 2010, 122 zur Regulierung von Verkehrsunfällen mit Auslandsbezug.
44 AG Karlsruhe zfs 2007, 583.
45 AG Mannheim AGS 2008, 538; LG Saarbrücken JurBüro 2005, 306; *Enders*, JurBüro 2004, 515, 516.
46 AG Düsseldorf AGS 2004, 192 m. Anm. *N. Schneider*.
47 AG St. Ingbert AGS 2005, 334.
48 AG Karlsruhe RVGprof. 2007, 39.
49 AG Aachen Schaden-Praxis 2005, 284.
50 AG Völklingen AGS 2007, 235; AG Jülich JurBüro 2005, 194; AG Aachen JurBüro 2005, 253.
51 AG Aachen AGS 2005, 109 m. Anm. *N. Schneider*; AG Aachen JurBüro 2005, 253 m. Anm. *Enders*.
52 AG Saarbrücken zfs 2008, 228; AG Ansbach AGS 2007, 237.
53 AG St. Ingbert AGS 2005, 334; AG Köln AGS 2005, 287.
54 AG Karlsruhe AGS 2007, 183; AG Meiningen AGS 2006, 20 (Unfallersatztarif); AG Köln AGS 2005, 287.
55 AG Aachen AGS 2005, 109 m. Anm. *N. Schneider*.
56 AG München AGS 2005, 109; AG Aachen JurBüro 2005, 253 m. Anm. *Enders*; AG Nettetal RVGreport 2005, 228.
57 AG Gießen RVGreport 2005, 149.
58 AG Saarbrücken zfs 2008, 228; AG Ansbach AGS 2007, 237; AG Essen MDR 2005, 899 = zfs 2005, 513 m. Anm. *Madert*.
59 LG Zweibrücken zfs 2008, 708.
60 AG Weimar AGS 2006, 219.
61 Vgl. AG Köln AGS 2005, 287; AG Mannheim AGS 2008, 538 zum Ansatz der Höchstgebühr.
62 AG Magdeburg RVGreport 2005, 268.

Abschnitt 3. Vertretung

Nr.	Gebührentatbestand	Gebühr oder Satz der Gebühr nach § 13 RVG
2301	Der Auftrag beschränkt sich auf ein Schreiben einfacher Art: Die Gebühr 2300 beträgt .... Es handelt sich um ein Schreiben einfacher Art, wenn dieses weder schwierige rechtliche Ausführungen noch größere sachliche Auseinandersetzungen enthält.	0,3

Literatur: *Jungjohann*, Anwaltliche Gebühren bei Kündigung und anschließender Räumungsklage, MDR 2005, 904; *Mock*, Gesonderte Abrechnung einer Einwohnermeldeamtsanfrage, AGS 2003, 528; *Monschau*, Gesonderte Gebühren für außergerichtliche Kündigung des Mietverhältnisses, AGS 2003, 194; *N. Schneider*, Die Kündigung eines Mietverhältnisses – Einfaches Schreiben oder Geschäftstätigkeit?, AGS 2003, 525.

A. Allgemeines	1	III. Beweislast	11	
B. Regelungsgehalt	5	IV. Gebührenhöhe	12	
I. Einfaches Schreiben	5	1. Allgemeines	12	
1. Begriff	5	2. Mehrere Auftraggeber	13	
2. Entstehen der Gebühr	8	3. Anrechnung	14	
II. Auftrag	9	V. Kostenerstattung	15	

A. Allgemeines

Durch das 2. KostRMoG ist die frühere Regelung in VV 2302 in VV 2301 umbenannt, ohne dass damit inhaltliche Änderungen verbunden sind. Ältere Entscheidungen sind daher weiterhin verwertbar; allerdings ist hier auch die abweichende Nummerierung zu beachten. **1**

Die Vorschrift hat weitgehend den früheren § 120 Abs. 1 BRAGO übernommen, sodass die Rechtsprechung hierzu weiterhin Gültigkeit hat. Ausdrücklich festgelegt ist, dass es für die Abgrenzung der Geschäftsgebühr nach VV 2300 und der Geschäftsgebühr für einfache Schreiben auf den **Auftrag** ankommt. Damit ist eine ältere Entscheidung des BGH[1] zu den Vorgängervorschriften der §§ 118/ 120 BRAGO umgesetzt worden.

§ 120 BRAGO nannte als Beispiele für einfache Schreiben die Kündigung und die Mahnung. Diese sind jetzt nicht mehr erwähnt, was dafür spricht, dass solche Schreiben grundsätzlich nach VV 2300 zu vergüten sind. **2**

In § 120 Abs. 2 BRAGO war eine Beschränkung auf die Mindestgebühr von 10 EUR bei Schreiben vorgesehen, die nur den **Verfahrensgang** betreffen. Diese Beschränkung ist entfallen. Ein Schreiben für den Verfahrensbetrieb löst keine geringere Vergütung als ein sonstiges Schreiben einfacher Art.[2] Werden solche Schreiben allerdings durch den Prozessbevollmächtigten verfasst, ist zunächst zu prüfen, ob die entsprechende Tätigkeit nicht gemäß § 19 Abs. 1 S. 2 zum Rechtszug gehört und deshalb keine gesonderte Gebühr auslösen kann. Dies gilt beispielsweise für Sachstandsanfragen an das erkennende Gericht, für die Übersendung von Protokollen oder Entscheidungen mit Begleitnachricht an den Mandanten, nicht jedoch für die Ermittlung der Anschrift eines Zeugen beim Einwohnermeldeamt,[3] da die Informationsbeschaffung dem Mandanten obliegt. **3**

Abzugrenzen ist VV 2301 von einem einfachen Schreiben in einem gerichtlichen Verfahren; insoweit gilt VV 3404. **4**

---

[1] BGH NJW 1983, 2451 = JurBüro 1983, 1498 = AnwBl 1983, 512 = Rpfleger 1983, 457 = MDR 1984, 127 = DB 1983, 2084 = BB 1983, 1566; vgl. auch BT-Drucks 15/1971, S. 207.

[2] Vgl. BGH MDR 2004, 776 zur Aufenthaltsermittlung.
[3] hierzu ausführlich *Mock*, AGS 2003, 528.

B. Regelungsgehalt

I. Einfaches Schreiben

1. Begriff

5 Der Gebührensatz der Geschäftsgebühr reduziert sich bei Aufträgen zu Schreiben einfacher Art auf 0,3. Die **Anm. zu VV 2301 definiert Schreiben einfacher Art** als solche, die weder schwierige rechtliche Ausführungen noch größere sachliche Auseinandersetzungen enthalten. Maßgeblich ist, ob das Schreiben im Vergleich zu den im Allgemeinen in einer durchschnittlichen Kanzlei anfallenden Schreiben nur einfacher Art ist,[4] wie beispielsweise bei einer in Form eines Zweizeilers ausgesprochenen ordentlichen Kündigung[5] eines Mietverhältnisses, bei der Mahnung hinsichtlich einer Forderung, die keiner eingehenden Begründung bedarf,[6] beim Widerruf,[7] bei einer Handelsregister- oder einer Einwohnermeldeamtsanfrage.[8]

6 Der **Umfang** eines Schreibens kann ein Indiz für die Anwendung von VV 2301 bilden,[9] er ist aber kein allein entscheidendes Merkmal.[10] Denn häufig kann sich eine vorangegangene gründliche Prüfung der Rechtslage in einem kurzen Schreiben äußern. Beispielsweise ist ein Schreiben, mit dem ein geltend gemachter Anspruch in wenigen Zeilen zurückgewiesen wird, kein einfaches Schreiben, wenn zuvor die Forderung in rechtlicher Hinsicht geprüft wurde und der Rechtsanwalt einen entsprechenden Auftrag hatte. Auch die Verwendung eines **Formulars** spricht nicht notwendigerweise für das Vorliegen eines einfachen Schreibens. Zum einen erfordert die Erstellung eines derartigen Formulars häufig große Mühe, zum anderen kann die Prüfung, ob und inwieweit es im jeweiligen Fall anwendbar ist, rechtlich schwierige Fragen aufwerfen.[11]

7 Unter der Geltung der BRAGO nannte das Gesetz in § 120 Abs. 1 als Beispiele für einfache Schreiben die Kündigung und die Mahnung. Dennoch war auch nach früherer Rechtslage nicht davon auszugehen, dass schlechthin jede Kündigung oder Mahnung als einfaches Schreiben anzusehen war. Denn auch **Kündigungsschreiben** oder **Mahnungen** konnten mit größeren rechtlichen Schwierigkeiten verbunden sein, beispielsweise wenn die Höhe der angemahnten Forderung noch eingehend begründet werden musste.[12] Jedenfalls folgt aber aus dem Umstand, dass der Gesetzgeber die Kündigung und die Mahnung nicht mehr als Beispiele für Schreiben einfacher Art erwähnt, dass diese nicht per se VV 2301 unterfallen. Hierfür spricht auch keine Vermutung;[13] es kommt vielmehr nach allgemeinen Kriterien darauf an, ob auftragsgemäß eine fundierte rechtliche Prüfung vorzunehmen war.

2. Entstehen der Gebühr

8 Die Gebühr entsteht bereits durch **ein Schreiben**.[14] Für die Rechtslage nach der BRAGO war andererseits anerkannt, dass die Gebühr auch dann nur einmal entsteht, wenn mehrere Schreiben einfacher Art gefertigt werden.[15] Soweit dies mit der Verwendung der Mehrzahl in § 120 Abs. 1 BRAGO begründet wurde,[16] gilt dieses Argument für die neue RVG-Fassung nicht mehr.[17] Denn

---

4 Hartmann, RVG, VV 2301 Rn 3.
5 LG Hildesheim AnwBl 1985, 54.
6 Vgl. AG Borna AGS 2008, 623.
7 AG München MDR 1005, 969.
8 Bischof/Jungbauer/Bräuer/Curkovic/Mathias/Uher, RVG, Nr. 2301 VV Rn 12; Mock, AGS 2003, 528, 530. Die Einwohnermeldeamtsanfrage ist in der Praxis vielfach mit einem Verfahrensauftrag verbunden und wird dann durch die Verfahrensgebühr abgegolten (vgl. BGH BB 2004, 352).
9 Gerold/Schmidt/Mayer, RVG, VV 2301 Rn 4; Hansens, RVGreport 2004, 62.
10 Hartmann, RVG, VV 2301 Rn 6.
11 Hartmann, RVG, VV 2301 Rn 5; OLG Hamburg Magazindienst 2009, 762; LG Berlin JurBüro 1981, 1528; LG Hannover AnwBl 1989, 687.
12 Gerold/Schmidt/Madert, BRAGO, § 120 Rn 3; vgl. auch N. Schneider, MDR 2000, 685; Monschau, AGS 2003, 194; jetzt auch für die Neuregelung: Gerold/Schmidt/Mayer, RVG, VV 2301 Rn 3; Riedel/Sußbauer/Schneider, RVG, VV Teil 2 Rn 81.
13 So auch Hartmann, RVG, VV 2301 Rn 3; N. Schneider, AGS 2003, 525.
14 Göttlich/Mümmler/Feller, RVG, Einfaches Schreiben 3).
15 Hansens, BRAGO, § 120 Rn 2; Hartmann, § 120 BRAGO Rn 7; Mümmler, JurBüro 1988, 1126, 1131.
16 Hartmann, § 120 BRAGO Rn 7.
17 Bischof/Jungbauer/Bräuer/Curkovic/Mathias/Uher/Jungbauer, RVG, Nr. 2301 VV Rn 13 f.

dort ist von „einem" Schreiben einfacher Art die Rede, wobei zugegebenermaßen weder aus dem Wortlaut noch aus der Gesetzesbegründung eindeutig erkennbar ist, ob diese Formulierung in quantitativer Hinsicht verwendet werden sollte. Auch hier kommt es folglich allein auf den **Auftrag** an. Beauftragt der Mandant den Rechtsanwalt beispielsweise mit der Fertigung eines Mahnschreibens, ist mit diesem Schreiben der Auftrag abgeschlossen. Ein weiteres Schreiben erfolgt dann im Rahmen eines neuen Auftrags und löst erneut Gebühren aus.[18] Da nur die wenigsten Mandanten sich über derartige Fragen Gedanken machen, sollte dies im Erstgespräch geklärt werden. Ansonsten ist, wenn der Anwalt im Rahmen seines Auftrags mehrere Schreiben fertigt, der Anwendungsbereich der VV 2300 eröffnet.[19]

II. Auftrag

Dadurch, dass nunmehr im Wortlaut der Vorschrift auf den **Auftrag** abgestellt wird, wird klargestellt, dass es für die Anwendbarkeit des Gebührentatbestandes nicht auf die Tätigkeit des Rechtsanwaltes ankommt oder darauf, ob das Schreiben ein solches einfacher Art ist.[20] Vielmehr ist allein maßgeblich, ob der Anwalt den Auftrag hatte, ein einfaches Schreiben zu erstellen. Auch wenn der Rechtsanwalt lediglich ein einfaches Schreiben verfasst hat, greift VV 2301 also dann nicht ein, wenn der Auftrag auf eine umfangreichere Tätigkeit gerichtet war.[21] 9

> **Beispiel:** Der Mandant beauftragt den Rechtsanwalt mit der Prüfung und (außergerichtlichen) Beitreibung einer Forderung. Der Rechtsanwalt fordert die Gegenseite zunächst in einem dreizeiligen Schreiben unter Fristsetzung zur Zahlung auf. Daraufhin wird die Forderung beglichen.
> Auch wenn das Schreiben selbst einfacher Art ist und keine rechtlichen Ausführungen enthält, ist dennoch VV 2301 nicht anwendbar. Denn der Auftrag des Anwalts war auf eine umfangreichere Tätigkeit, nämlich die umfassende Prüfung und (außergerichtliche) Durchsetzung der Forderung gerichtet. Der Rechtsanwalt erhält also die Geschäftsgebühr nach VV 2300, wobei er im Streitfall darlegen muss, dass er einen entsprechend umfangreichen Auftrag erhalten hat.[22] Der konkrete Umfang der Tätigkeit ist dann im Rahmen der Gebührenbemessung nach § 14 Abs. 1 zu berücksichtigen.

Umgekehrt erhält der Anwalt nur die Vergütung nach VV 2301, wenn der Auftrag auf ein einfaches Schreiben gerichtet war, er aber auftragswidrig in diesem Schreiben umfangreiche rechtliche Prüfungen vornimmt oder tatsächliche Ausführungen macht. Erkennt der Anwalt also nach Annahme eines solchen Auftrags, dass allein die Abfassung eines einfachen Schreibens nicht reicht, sondern umfassende Vorarbeiten o.Ä. erforderlich sind, muss er auf eine entsprechende Erweiterung des Auftrages hinwirken. 10

III. Beweislast

Da es sich bei VV 2301 um einen Ausnahmefall der VV 2300 handelt, liegt die Beweislast für diese Ermäßigung beim Mandanten. Der Anwalt muss den Geschäftsauftrag nachweisen. Der Mandant muss demgegenüber nachweisen, dass der Geschäftsauftrag auf ein Schreiben beschränkt war. 11

IV. Gebührenhöhe

1. Allgemeines

Der vorgesehene **Gebührensatz** bei einfachen Schreiben beträgt **0,3**. Da es sich um eine Festgebühr handelt, ist der Umfang der im Einzelfall durchgeführten Tätigkeiten für die Gebührenhöhe unbeachtlich. 12

---

18 *Hansens*, RVGreport 2004, 62; a.A.: Gerold/Schmidt/*Mayer*, RVG, VV 2301 Rn 6; Riedel/Sußbauer/*Schneider*, RVG, VV Teil 2 Rn 81; *Hartmann*, RVG, VV 2301 Rn 7, weil auch die mehrfache Mahnung, wenn sie in derselben Angelegenheit erfolgt, gemäß § 15 Abs. 2 die Gebühr nicht mehrfach entstehen lasse.
19 *Schneider/Mock*, Das neue Gebührenrecht für Anwälte, § 13 Rn 14 f.
20 Darauf wird in der Praxis fälschlicherweise häufig abgestellt (vgl. z.B. OLG Hamburg RVGreport 2010, 66).
21 So auch Riedel/Sußbauer/*Schneider*, RVG, VV Teil 2 Rn 80; Gerold/Schmidt/*Mayer*, RVG, VV 2301 Rn 2; *Hartmann*, RVG, VV 2301 Rn 3; Bischof/Jungbauer/Bräuer/Curkovic/Mathias/*Uher*, RVG, Nr. 2301 VV Rn 7.
22 Vgl. BGH NJW 1983, 2451 (unter II 3.c).

2. Mehrere Auftraggeber

13 Auch die Gebühr für ein einfaches Schreiben erhöht sich bei mehreren Auftraggebern nach VV 1008 um 0,3 für jeden weiteren Auftraggeber, sofern eine gemeinschaftliche Beteiligung vorliegt.[23] Holt der Anwalt also beispielsweise für zwei Auftraggeber einen Handelsregisterauszug ein, so erhält er eine 0,6-Geschäftsgebühr nach VV 2301, 1008 zuzüglich Auslagenpauschale und Umsatzsteuer.

3. Anrechnung

14 Die Geschäftsgebühr für ein Schreiben einfacher Art ist auf die Verfahrensgebühr für ein nachfolgendes gerichtliches Verfahren über denselben Gegenstand zur Hälfte, also mit einem Gebührensatz von 0,15 aus dem Wert des Gegenstands anzurechnen, der in das gerichtliche Verfahren übergegangen ist.[24] Die in Abs. 4 der Vorb. 3 geregelte Anrechnung bezieht sich auch auf VV 2301, weil diese nur eine Ermäßigung der Geschäftsgebühr nach VV 2300 anordnet. Dies wird durch die Änderung, die das 2. KostRMoG mit sich gebracht hat, noch unterstrichen: Denn nunmehr ist nach VV Vorb. 3 Abs. 4 eine Anrechnung vorgesehen, soweit „eine Geschäftsgebühr nach Teil 2" entsteht. Hatte der Anwalt bei Abfassung des einfachen Schreibens (z.B. der vorgerichtlichen Mahnung) allerdings bereits einen Prozessauftrag, so löst dieses Schreiben keine Gebühr nach VV 2301 aus, sondern wird von der Verfahrensgebühr VV 3100 mit abgegolten.[25]

V. Kostenerstattung

15 Die Geschäftsgebühr der VV 2301 ist unter denselben Voraussetzungen zu erstatten wie die der VV 2300. Es besteht auch in rechtlich einfach gelagerten Fällen keine Veranlassung, das Mandat auf ein Schreiben einfacher Art zu beschränken.[26] Ein Verstoß gegen die Schadensminderungspflicht kann darin grundsätzlich nicht gesehen werden, denn der Gläubiger kann gar nicht wissen, wie der Schuldner reagiert, welche Einwände er erhebt etc.

Nr.	Gebührentatbestand	Gebühr oder Satz der Gebühr nach § 13 RVG
2302	Geschäftsgebühr in 1. sozialrechtlichen Angelegenheiten, in denen im gerichtlichen Verfahren Betragsrahmengebühren entstehen (§ 3 RVG), und 2. Verfahren nach der Wehrbeschwerdeordnung, wenn im gerichtlichen Verfahren das Verfahren vor dem Truppendienstgericht oder vor dem Bundesverwaltungsgericht an die Stelle des Verwaltungsrechtswegs gemäß § 82 SG tritt .... Eine Gebühr von mehr als 300,00 € kann nur gefordert werden, wenn die Tätigkeit umfangreich oder schwierig war.	50,00 bis 640,00 €

---

23 *N.-Schneider*, AGS 2003, 525, 526; *Schneider/Mock*, Das neue Gebührenrecht für Anwälte, § 13 Rn 10; a.A. (noch zu § 120 BRAGO) AG Köln AGS 2003, 542.
24 Zur Anrechnung der Gebühr für ein einfaches Schreiben unter Berücksichtigung der Mindestgebühr vgl. *N. Schneider*, AGS 2005, 325.
25 *Hartmann*, RVG, VV 2301 Rn 1.

26 BGH AGS 2015, 589 = ZInsO 2015, 2437 = NJW 2015, 3793 = MDR 2015, 1408 = AnwBl 2016, 77 = DAR 2016, 56 = zfs 2016, 44 = Schaden-Praxis 2016, 28 = Rpfleger 2016, 118 = ZIP 2016, 237 = DGVZ 2016, 25 = JurBüro 2016, 88 = WM 2016, 565 = VersR 2016, 874 = BB 2015, 2881 = RVGreport 2016, 25 = IBR 2016, 45 = NJW-Spezial 2016, 29.

Abschnitt 3. Vertretung — VV 2302

A. Allgemeines 1
B. Regelungsgehalt 11
  I. Geschäftsgebühr in sozialrechtlichen Angelegenheiten, in denen das GKG nicht anzuwenden ist (Nr. 1) 11
    1. Überblick 11
    2. Vertretung im Verwaltungsverfahren 13
    3. Vertretung im Widerspruchsverfahren 14
    4. Vertretung im Verwaltungs- und anschließenden Widerspruchsverfahren – Anrechnung der Geschäftsgebühr 15
      a) Anrechnung der Geschäftsgebühr in sozialrechtlichen Angelegenheiten, in denen nach Betragsrahmengebühren abzurechnen ist 15
      b) Anrechnung nach mehreren Auftraggebern 20
      c) Erstattung bei Anrechnung 22
    5. Höhe der Geschäftsgebühr 26
      a) Ein Auftraggeber 26
      b) Mehrere Auftraggeber 28
  II. Geschäftsgebühr in Verfahren nach der WBO (Nr. 2) 30
    1. Überblick 30
    2. Ausgangsverfahren 33
    3. Beschwerdeverfahren 34
    4. Verfahren der weiteren Beschwerde 38
    5. Höhe der Geschäftsgebühr 40
    6. Schwellengebühr (Anm. zu VV 2302) 42
    7. Anrechnung der Geschäftsgebühr der VV 2302 Nr. 2 43
      a) Anrechnung im Beschwerdeverfahren 43
      b) Anrechnung gerichtlichen Verfahren .. 44
  III. Verfahren nach der Wehrdisziplinarordnung (WDO) 46

A. Allgemeines

Durch das 2. KostRMoG wurden die Geschäftsgebühren in sozialrechtlichen Angelegenheiten, in denen im gerichtlichen Verfahren Betragsrahmengebühren entstehen, und in Verfahren nach der WBO, wenn das Verfahren vor dem Truppendienstgericht oder dem Bundesverwaltungsgericht an die Stelle des Verwaltungsrechtswegs nach § 82 SGG tritt, die Gebührentatbestände in wesentlichen Punkten neugeregelt. Die bisherige Regelung bei einer Vorbefassung ist weggefallen und wurde durch eine Anrechnungsregelung in VV Vorb. 2.3 Abs. 4, 5 ersetzt. Die „Schwellengebühr", die anfällt, wenn eine Sache weder umfangreich oder schwierig ist, ist nunmehr wieder in der Anm. zu VV 2302 geregelt. Zunächst war vorgesehen, die „Schwellengebühr" in eine eigene Gebührenziffer zu fassen, hiervon ist der Gesetzgeber aber wieder abgerückt. Die Regelungen wurden der geänderten Bezifferung angepasst. Bereits das Wehrrechtsänderungsgesetz vom 31.7.2008 hatte VV Teil 2 Abschnitt 4 mit Wirkung vom 1.2.2009 neu gefasst. Seitdem gelten die dort befindlichen Gebührentatbestände nicht mehr nur für die Vertretung in sozialrechtlichen Verwaltungsverfahren in Angelegenheiten, in denen im Sozialgerichtsverfahren das GKG nicht anzuwenden ist und demnach Betragsrahmengebühren entstehen. Vielmehr ist die Anwendung dieser Gebührentatbestände nunmehr auch auf die Verfahren vor den Disziplinarvorgesetzten nach der Wehrbeschwerdeordnung (WBO) erstreckt. **1**

Das **Verwaltungsverfahren** ist die nach außen wirkende Tätigkeit der Behörden, die auf die Prüfung der Voraussetzungen, die Vorbereitung und den Erlass eines Verwaltungsaktes oder auf den Abschluss eines öffentlich-rechtlichen Vertrages gerichtet ist (§ 9 VwVfG, § 8 SGB X). Es beginnt mit dem Tätigwerden der Verwaltungsbehörde von Amts wegen oder auf Antrag eines Bürgers und endet mit dem Erlass eines Verwaltungsaktes. In der Regel schließt sich an das Verwaltungsverfahren ein weiteres Verwaltungsverfahren an, welches der Nachprüfung des Verwaltungsaktes dient (**Nachprüfungsverfahren**: Vorverfahren (Widerspruchsverfahren), Einspruchsverfahren, Beschwerdeverfahren, Abhilfeverfahren). Das Nachprüfungsverfahren endet mit einer Entscheidung der für die Nachprüfung zuständigen Behörde (Widerspruchsbescheid, Einspruchsentscheidung) oder mit Erhebung einer Untätigkeitsklage. **2**

Nach § 1 WBO kann der Soldat sich beschweren, wenn er glaubt, von Vorgesetzten oder von Dienststellen der Bundeswehr unrichtig behandelt oder durch pflichtwidriges Verhalten von Kameraden verletzt worden zu sein. Das Beschwerderecht der Vertrauensperson regelt das Soldatenbeteiligungsgesetz. Der Soldat kann die Beschwerde auch darauf stützen, dass ihm auf einen Antrag innerhalb eines Monats kein Bescheid erteilt worden ist. Nach Beendigung eines Wehrdienstverhältnisses steht dem früheren Soldaten das Beschwerderecht zu, wenn der Beschwerdeanlass in die Wehrdienstzeit fällt. Über die Beschwerde entscheidet nach § 9 WBO der Disziplinarvorgesetzte, der den Gegenstand der Beschwerde zu beurteilen hat, nach Aufklärung des Sachverhaltes nach § 10 WBO. Über Beschwerden gegen Dienststellen der Bundeswehrverwaltung entscheidet die nächsthöhere Dienststelle. Über die Beschwerde wird nach § 12 WBO schriftlich entschieden. Der Beschwerdebescheid ist zu begründen. Ist die Beschwerde in truppendienstlichen Angelegenheiten erfolglos geblieben, kann der Beschwerdeführer innerhalb eines Monats nach Zustellung des Be- **3** schwerdebescheides weitere Beschwerde einlegen. Für die Entscheidung über die weitere Beschwerde ist nach § 16 WBO der nächsthöhere Disziplinarvorgesetzte zuständig.

4 Nach **§ 17 Nr. 1a** stellen das **Verwaltungsverfahren** und das weitere, der Nachprüfung des Verwaltungsaktes dienende Verwaltungsverfahren (**Nachprüfungsverfahren**: Vorverfahren (Widerspruchsverfahren), Einspruchsverfahren, Beschwerdeverfahren, Abhilfeverfahren) **verschiedene Angelegenheiten** dar. Ebenso stellen das Verfahren über die Beschwerde und die weitere Beschwerde nach der WBO nach § 17 Nr. 1a verschiedene Angelegenheiten dar. Der Rechtsanwalt kann mithin sowohl für das Verwaltungsverfahren als auch für das Nachprüfungsverfahren ebenso wie für das das Verfahren über die Beschwerde und der weiteren Beschwerde nach der WBO die hierfür bestimmten Gebühren verlangen. Es soll jedoch berücksichtigt werden, dass die Tätigkeit im Verwaltungsverfahren / Beschwerdeverfahren nach der WBO die Tätigkeit im weiteren Verwaltungsverfahren / im Verfahren der weiteren Beschwerde nach der WBO durchaus erleichtert. **VV 2302 Nr. 2** bestimmt dementsprechend die Geschäftsgebühr für die Tätigkeit des Rechtsanwalts im Verwaltungsverfahren / Beschwerdeverfahren nach der WBO oder im Nachprüfungsverfahren / im Verfahren der weiteren Beschwerde nach der WBO, wenn er im vorangegangenen Verwaltungsverfahren / Beschwerdeverfahren nach der WBO **nicht tätig** gewesen ist. Nach **VV Vorb. 2.3 Abs. 4** erhält der Rechtsanwalt eine **Geschäftsgebühr** mit einem niedrigeren Rahmen für den Fall, dass er **bereits im Verwaltungsverfahren / Beschwerdeverfahren nach der WBO** tätig geworden ist und dort die Geschäftsgebühr nach VV 2302 erhalten hat. Daneben wird mit **VV Vorb. 2.3 Abs. 4 S. 3** klargestellt, dass der durch die **vorangegangene Tätigkeit** ersparte Aufwand ausschließlich durch die Anwendung des geringeren Rahmens und **nicht mehr bei der Bemessung der konkreten Gebühr berücksichtigt** wird.[1]

5 Weiter werden in der Anm. zu VV 2302 die nach Ansicht des Gesetzgebers **angemessenen Gebühren** für Angelegenheiten festgelegt, die weder umfangreich oder schwierig sind.

6 VV 2302 betrifft ausschließlich Verwaltungsverfahren (Nachprüfungsverfahren) zu Angelegenheiten, in welchen in einem Sozialgerichtsverfahren das GKG nicht anwendbar ist (§ 3 Abs. 1 S. 1). Nach **§ 1 Abs. 2 Nr. 3 GKG** ist das GKG in Verfahren vor den Gerichten der Sozialgerichtsbarkeit anzuwenden, soweit dies im SGG bestimmt ist. Das SGG regelt in **§§ 183, 197a SGG** die Verfahren, in denen das GKG nicht und mithin § 3 Abs. 1 S. 1 anwendbar ist. Nach § 197a Abs. 1 S. 1, 1. Hs. SGG findet das GKG keine Anwendung, wenn in einem Rechtszug weder Kläger noch Beklagter zu den in § 183 SGG genannten Personen gehören. **Ausschlaggebend für die Anwendung des GKG ist mithin, ob eine in § 183 SGG genannte Person an dem Rechtstreit im betreffenden Rechtszug beteiligt** ist. Zu der Frage, wann dies der Fall ist, wird auf die grundlegenden Erläuterungen zu § 3 Abs. 1 S. 1 verwiesen (siehe § 3 Rdn 8 ff.).

7 Nach **§ 82 Abs. 1 SG** ist für Klagen der Soldaten, der Soldaten im Ruhestand, der früheren Soldaten, der Dienstleistungspflichtigen gemäß § 59 Abs. 3 S. 1 SG und der Hinterbliebenen aus dem Wehrdienstverhältnis **der Verwaltungsrechtsweg gegeben**, soweit nicht ein anderer Rechtsweg gesetzlich vorgeschrieben ist. Einen anderen Rechtsweg i.S.v. § 82 SG bestimmt zunächst **§ 17 Abs. 2 WBO**, wonach das **Verfahren vor dem Truppendienstgericht** insoweit **an die Stelle des Verwaltungsrechtsweges gemäß § 82 SG tritt**. Nach § 21 Abs. 2 WBO gelten für den Antrag auf Entscheidung des Bundesverwaltungsgerichts gegen Entscheidungen oder Maßnahmen des Bundesministers der Verteidigung einschließlich der Entscheidungen über Beschwerden oder weitere Beschwerden und für das Verfahren die §§ 17 bis 20 WBO entsprechend. Damit tritt auch in diesen Fällen das Verfahren nach der WBO an die Stelle des Verwaltungsrechtsweges gemäß § 82 SG.

8 Für diese Verfahren nach der WBO, für welche im gerichtlichen Verfahren das Verfahren vor dem Truppendienstgericht oder vor dem Bundesverwaltungsgericht als Rechtsweg vorgegeben ist und der nach § 82 SG bestimmte Verwaltungsrechtsweg daher nicht zu beschreiten ist, bestimmen sich die Gebühren des Rechtsanwalts für eine außergerichtliche Tätigkeit im Beschwerdeverfahren nach VV 2302 Nr. 2. Dies gilt auch für **Beschwerdeverfahren nach** Beschwerden der Soldaten und der früheren Soldaten gegen **Disziplinarmaßnahmen** sowie gegen sonstige Maßnahmen und Entscheidungen des Disziplinarvorgesetzten und vorläufige Festnahmen. Auf diese sind ebenfalls nach **§ 42 Wehrdisziplinarordnung (WDO)** die Vorschriften der WBO mit in § 42 WDO bestimmten Modifikationen anzuwenden. Auch für diese Beschwerdeverfahren wird nach §§ 17 Abs. 2, 21 Abs. 2 WBO der Verwaltungsrechtsweg nach § 82 SG durch den durch die WBO bestimmten Rechtsweg

---

[1] BR-Drucks 830/03, S. 259.

ersetzt, so dass nach VV Vorb. 2.3 Abs. 5 der Rechtsanwalt auch in diesen Beschwerdeverfahren die Gebühren nach VV 2302 erhält.

Nach **§ 23 Abs. 1 WBO** tritt das Beschwerdeverfahren nach der WBO an die Stelle des Vorverfahrens, wenn für eine Klage aus dem Wehrdienstverhältnis der Verwaltungsrechtsweg gegeben ist. Eine weitere Beschwerde ist dann nach § 23 Abs. 3 WBO nicht zulässig. Für ein solches Beschwerdeverfahren nach der WBO im Sinne eines Vorverfahrens des nach § 82 SG bestimmten Verwaltungsrechtsweges entstehen die Gebühren des Rechtsanwalts für eine außergerichtliche Tätigkeit im Beschwerdeverfahren nicht nach VV 2302, sondern nach VV Teil 2 Abschnitt 3 und mithin nach VV 2300.

Zur Betragsrahmengebühr in sozialrechtlichen Angelegenheiten, in denen das GKG nicht anwendbar ist, wird ergänzend auf die grundlegenden Ausführungen bei § 3 verwiesen (siehe § 3 Rdn 8 ff.).

B. Regelungsgehalt

I. Geschäftsgebühr in sozialrechtlichen Angelegenheiten, in denen das GKG nicht anzuwenden ist (Nr. 1)

1. Überblick

Wird der Rechtsanwalt in einem sozialrechtlichen Verwaltungsverfahren zu einer Angelegenheit, in welcher in einem Sozialgerichtsverfahren das GKG nicht anwendbar ist (§ 3 Abs. 1 S. 1), oder ausschließlich in einem eine solche Angelegenheit betreffenden Nachprüfungsverfahren tätig, so erhält er nach **VV 2302** eine **Geschäftsgebühr** i.H.v. **50 EUR bis 640 EUR (Mittelgebühr 345 EUR)**. Die Geschäftsgebühr nach VV 2302 entsteht auch in dem dem Klageverfahren zeitlich nachfolgenden Neubescheidungsverfahren, da es sich insoweit um ein neues Vorverfahren handelt.[2] Die Geschäftsgebühr erhält der Rechtsanwalt nach **VV Vorb. 2.3 Abs. 3** für das Betreiben des Geschäfts einschließlich der Information und für die Mitwirkung bei der Gestaltung eines Vertrags. Auf die Erläuterungen zu VV Vorb. 2.3 Abs. 3 wird verwiesen (siehe VV Vorb. 2.3 Rdn 27 ff.). Im Untätigkeitsklageverfahren kann eine Gebühr nach VV 2302 nicht anfallen, da es in seiner Gesamtheit grds. von der Verfahrensgebühr gedeckt wird. Eine ergänzende Tätigkeit vor der Behörde benötigt das Untätigkeitsklageverfahren daneben nicht.[3]

Gemäß der Anm. zu **VV 2302** kann der Rechtsanwalt eine Gebühr von **mehr als 300 EUR** nur fordern, wenn die **Tätigkeit umfangreich oder schwierig** war.[4] Die Bemessungskriterien „Tätigkeit weder umfangreich oder schwierig" nach der Anm. zu VV 2302 stimmen mit den Kriterien des Umfangs und der Schwierigkeit der anwaltlichen Tätigkeit in **§ 14 Abs. 1** überein. Daher wird zu der Frage, ob eine Gebühr von mehr als 300 EUR wegen umfangreicher oder schwieriger Tätigkeit im Verwaltungsverfahren gefordert werden kann, auf die entsprechenden Erläuterungen zu § 14 Abs. 1 und zu § 3 verwiesen (siehe § 14 Rdn 21 ff. und § 3 Rdn 114 ff.). Da die Geschäftsgebühr i.H.v. 300 EUR nach der Anm. zu VV 2302 bereits die Mittelgebühr aus dem Gebührenrahmen von VV 2302 unterschreitet, wird der Ansatz dieser Geschäftsgebühr i.H.v. 300 EUR stets angemessen sein.[5] Ergänzend wird auf die Ausführungen zu VV 2300 verwiesen (siehe VV 2300 Rdn 4 ff.).

2. Vertretung im Verwaltungsverfahren

Im Verwaltungsverfahren (etwa Antrags-, Feststellungs- und Anhörungsverfahren) erhält der Rechtsanwalt eine Geschäftsgebühr nach VV 2302 Nr. 1.

---

2 SG Aachen AGS 2006, 551.
3 SG Cottbus AGS 2011, 130.
4 LSG Rheinland-Pfalz AGS 2006, 381.

5 SG Aachen, Urt. v. 19.4.2005 – S 13 KR 15/05, BeckRS 2005, 41699.

3. Vertretung im Widerspruchsverfahren

14 Wird der Rechtsanwalt erst im Widerspruchsverfahren beauftragt, richtet sich die anfallende Gebühr ebenfalls nach VV 2302 Nr. 1.

4. Vertretung im Verwaltungs- und anschließenden Widerspruchsverfahren – Anrechnung der Geschäftsgebühr

a) Anrechnung der Geschäftsgebühr in sozialrechtlichen Angelegenheiten, in denen nach Betragsrahmengebühren abzurechnen ist

15 War der Rechtsanwalt in dem Verwaltungsverfahren tätig, welches zu dem Verwaltungsakt geführt hat, auf welchen sich seine weitere Tätigkeit im Nachprüfungsverfahren zu diesem Verwaltungsakt bezieht, so erhält der Rechtsanwalt für seine Tätigkeit im Nachprüfungsverfahren keine Geschäftsgebühr mehr, die sich nach einem niedrigeren Gebührenrahmen bemisst. Vielmehr ist in VV Vorb. 2.3 Abs. 4, 5 nunmehr vorgesehen, dass die Geschäftsgebühr für das vorherige Verwaltungsverfahren zur Hälfte auf die Geschäftsgebühr des Nachprüfungsverfahrens anzurechnen ist. Dabei ist der Anrechnungsbetrag auf 175 EUR begrenzt. Dies gilt aber **nur** dann, wenn der **Rechtsanwalt sowohl im Verwaltungsverfahren als auch im Nachprüfungsverfahren** wird.[6] Wirkt der Rechtsanwalt dagegen in einer anderen Eigenschaft, wie hier als Betreuer, in dem Verwaltungsverfahren mit, kann eine Anrechnung nicht stattfinden.[7] Beschränkt sich die Tätigkeit des Rechtsanwalts auf das Verwaltungsverfahren/Beschwerdeverfahren nach der WBO oder das Nachprüfungsverfahren/Verfahren der weiteren Beschwerde nach der WBO, so erhält er für diese Tätigkeit die Geschäftsgebühr nach VV 2302.

16 Nach VV Vorb. 2.3 Abs. 4 S. 2 ist die hälftige Anrechnung auf 175 EUR begrenzt. Nur bis zu einer Geschäftsgebühr von 350 EUR (knapp über der Mittelgebühr) findet eine Anrechnung statt. Ein darüber hinaus gehender Betrag bleibt anrechnungsfrei.

17 Bei der Bemessung einer weiteren Geschäftsgebühr innerhalb eines Rahmens darf nicht (noch einmal) berücksichtigt werden, dass der Umfang der Tätigkeit wegen der Vorbefassung geringer ist – VV Vorb. 2.3 Abs. 4 S. 4.

> **Beispiel: Anrechnung der Geschäftsgebühr im Widerspruchsverfahren**
> Der Anwalt wird im Verwaltungsverfahren vor der Behörde beauftragt. Gegen den Bescheid der Behörde legt er Widerspruch ein. Verwaltungsverfahren und Widerspruchsverfahren sind umfangreich und schwierig, allerdings durchschnittlich.
> Der Anwalt erhält sowohl im Verwaltungsverfahren als auch im Widerspruchsverfahren eine Geschäftsgebühr nach VV 2302 Nr. 1 (§ 17 Nr. 1a). Auszugehen ist wegen Umfang und Schwierigkeit jeweils von der Mittelgebühr.
> Die Vorbefassung im Beschwerdeverfahren darf nicht Gebühren mindernd berücksichtigt werden (Abs. 4 S. 3), die erste Geschäftsgebühr ist aber hälftig auf die zweite Gebühr anzurechnen (Abs. 4 S. 1).
>
> **I. Verwaltungsverfahren**
> 1. Geschäftsgebühr, VV 2302 Nr. 1   345,00 EUR
> 2. Postentgeltpauschale, VV 7002   20,00 EUR
>   Zwischensumme   365,00 EUR
> 3. 19 % Umsatzsteuer, VV 7008   69,35 EUR
>   **Gesamt**   **434,35 EUR**
>
> **II. Widerspruchsverfahren**
> 1. Geschäftsgebühr, VV 2302 Nr. 1   345,00 EUR
> 2. gem. VV Vorb. 2.3 Abs. 4 S. 1 anzurechnen   – 172,50 EUR
> 3. Postentgeltpauschale, VV 7002   20,00 EUR
>   Zwischensumme   192,50 EUR
> 4. 19 % Umsatzsteuer, VV 7008   36,58 EUR
>   **Gesamt**   **229,08 EUR**

---

6 BSG BSGE 106, 21 und Urt. v. 9.12.2010 – B 13 R 63/09 R; SG Chemnitz AGS 2011, 440.

7 Noch zur alten Rechtslage SG Berlin, Beschl. v. 26.7.2010 – S 180 SF 1443/09 E.

Zu keiner Anrechnung kommt es nach zutreffender Auffassung des Bay. LSG,[8] wenn parallel ein Nachprüfungsverfahren und ein **Eilrechtsschutzverfahren** (Anordnung der aufschiebenden Wirkung des Widerspruchs) geführt werden. Es handelt sich hierbei nicht um denselben Gegenstand i.S.v. VV Vorb. 3 Abs. 4. Das LSG führt dazu aus: „Denn Gegenstand eines Widerspruchsverfahrens ist die – dem Klageverfahren vorgeschaltete – Überprüfung der Rechtmäßigkeit des angefochtenen Verwaltungsakts. Gegenstand des Eilrechtsschutzverfahrens in der hier vorliegenden Ausprägung ist jedoch nicht die inhaltliche Prüfung des Verwaltungsakts, sondern dessen Durchsetzbarkeit im weiteren Sinn bzw. die rechtlichen Wirkungen des Widerspruchs."[9] Es ist ein anderes „Prüfprogramm" zu durchlaufen, das nach der Rspr. des BVerfG eine Abwägungsentscheidung in den Vordergrund rückt und materiell-rechtliche Erwägungen zurückstellt.[10]   18

Zu keiner Anrechnung kommt es im Übrigen auch, wenn parallel zu einem Widerspruchsverfahren eine **Untätigkeitsklage** geführt wird.[11]   19

b) Anrechnung nach mehreren Auftraggebern

Vertritt der Rechtsanwalt mehrere Auftraggeber, kommt es nach VV 1008 zu einer Erhöhung des Gebührenrahmens. Die Erhöhung berechnet sich nach folgender Formel: 20

erhöhte Geschäftsgebühr = Geschäftsgebühr + (Geschäftsgebühr x 0,3 x Anzahl der weiteren Auftraggeber)

Siehe dazu § 3 Rdn 26, VV 1008 Rdn 108, 120. Die **Erhöhung** ist dabei auf das **2-fache** der Geschäftsgebühr begrenzt.

Die Erhöhung gilt aber **nicht** für die **Begrenzung des Anrechnungsbetrages auf 175 EUR**. Dies stellt der Gesetzgeber in den Gesetzesmaterialien ausdrücklich klar. Dort heißt es: 21

> „Mangels einer ausdrücklichen Regelung dürfte sich damit auch eine andere Streitfrage klären, nämlich die Frage, ob sich die Höchstgrenze für die Anrechnung (Vorbemerkung 3 Absatz 4 VV RVG) bei mehreren Auftraggebern erhöht. Da hierfür keine entsprechende Regelung in das Gesetz eingefügt werden soll, wird klar, dass sich dieser Betrag nicht erhöhen soll. Sinn der Höchstgrenze ist es, ein Mehr an Umfang und Schwierigkeit der außergerichtlichen Tätigkeit auch nach einer Anrechnung angemessen zu entgelten. Erhöht man die Anrechnungsgrenze auch bei mehreren Auftraggebern, würde dem Anwalt durch die Anrechnung gerade die für die Mehrarbeit zusätzlich angefallene Gebühr wieder entzogen."[12]

Beispiel: Anrechnung der Geschäftsgebühr im Widerspruchsverfahren bei mehreren Auftraggebern
Der Anwalt ist von einer aus vier Personen bestehenden Bedarfsgemeinschaft sowohl im Verwaltungsverfahren als auch im Widerspruchsverfahren beauftragt worden. Auszugehen ist jeweils von der Schwellengebühr.
Die Schwellengebühr erhöht sich in beiden Angelegenheiten um 90 % und beträgt somit 570 EUR. Die erste Geschäftsgebühr ist gemäß Abs. 4 S. 1 hälftig auf die zweite anzurechnen, höchstens jedoch mit 175 EUR (Abs. 4 S. 2).
Abzurechnen ist wie folgt:

I. Verwaltungsverfahren
1. Geschäftsgebühr, VV 2302 Nr. 1   300,00 EUR
   Mehrvertretungszuschlag, VV 1008
   (300 EUR + (300 x 0,3 x 3))   270,00 EUR
2. Postentgeltpauschale, VV 7002   20,00 EUR
   Zwischensumme   590,00 EUR
3. 19 % Umsatzsteuer, VV 7008   112,10 EUR
   Gesamt   **702,10 EUR**

II. Widerspruchsverfahren
1. Geschäftsgebühr, VV 2302 Nr. 1   300,00 EUR
   Mehrvertretungszuschlag, VV 1008
   (300 EUR + (300 x 0,3 x 3))   270,00 EUR

---

[8] Bay. LSG, Beschl. v. 2.12.2015 – L 15 SF 133/15; Beschl. v. 21.6.2016 – L 15 SF 39/14 E; a.A. Hess. LSG, Beschl. v. 31.5.2016 – L 2 AS 603/15 B, krit. hierzu auch SG Gießen, Beschl. v. 1.8.2016 – S 23 SF 48/14 E.
[9] Bay. LSG, Beschl. v. 21.6.2016 – L 15 SF 39/14 E, juris Rn 44.
[10] Bay. LSG, Beschl. v. 21.6.2016 – L 15 SF 39/14 E, juris Rn 44.
[11] SG Gießen, Beschl. v. 1.8.2016 – S 23 SF 48/14 E.
[12] BT-Drucks 17/11471 (neu), S. 272.

2. gem. VV Vorb. 2.3 Abs. 4 S. 1 anzurechnen	– 175,00 EUR
3. Postentgeltpauschale, VV 7002	20,00 EUR
Zwischensumme	415,00 EUR
4. 19 % Umsatzsteuer, VV 7008	78,85 EUR
Gesamt	**493,85 EUR**

c) Erstattung bei Anrechnung

22 Bei der Erstattung der Gebühren (insbesondere nach § 63 SGB X) durch die Behörde, aber auch im Verhältnis zur Rechtsschutzversicherung ist § 15a zu beachten. Demnach kann der Rechtsanwalt beide Gebühren fordern, jedoch nicht mehr als den um den Anrechnungsbetrag verminderten Gesamtbetrag beider Gebühren – § 15a Abs. 1. Ein Dritter kann sich aber grundsätzlich nicht auf die Aufrechnung berufen. Der im Widerspruchsverfahren obsiegende Mandant kann also von der erstattungspflichtigen Behörde den vollen Betrag der (zweiten) Geschäftsgebühr verlangen. Von diesem Grundsatz sieht § 15a Abs. 2 nur Ausnahmen vor, wenn der erstattungspflichtige Dritte die Geschäftsgebühr bereits gezahlt oder anderweitig erfüllt hat. Gleiches gilt, für sozialrechtliche Angelegenheiten eher ungewöhnlich, wenn einer dieser Ansprüche bereits tituliert ist, etwa aus einer isolierten Kostensache schon ein erstinstanzliches Urteil vorliegt, bevor in der Hauptsache eine Kostenentscheidung zu treffen ist, oder in demselben Verfahren beide Gebühren gegen den Dritten geltend gemacht werden. In Angelegenheiten, in denen PKH bewilligt wurde, ist die Staatskasse nicht Dritter i.S.v. § 15a Abs. 2, sondern Kostenschuldner des Rechtsanwalts.[13]

I. Verwaltungsverfahren	
1. Geschäftsgebühr, VV 2302 Nr. 1	345,00 EUR
2. Postentgeltpauschale, VV 7002	20,00 EUR
Zwischensumme	365,00 EUR
3. 19 % Umsatzsteuer, VV 7008	69,35 EUR
Gesamt	**434,35 EUR**
II. Widerspruchsverfahren	
1. Geschäftsgebühr, VV 2302 Nr. 1	345,00 EUR
2. gem. VV Vorb. 2.3 Abs. 4 S. 1 anzurechnen	– 172,50 EUR
3. Postentgeltpauschale, VV 7002	20,00 EUR
Zwischensumme	192,50 EUR
4. 19 % Umsatzsteuer, VV 7008	36,58 EUR
Gesamt	**229,08 EUR**
Gesamt I. + II.	**663,43 EUR**

Im Falle eines erfolgreichen Widerspruchsverfahrens wäre von der Behörde die volle Geschäftsgebühr nebst Auslagen zu erstatten. Auf die Anrechnung könnte sich die Behörde gemäß § 15a Abs. 2 nicht berufen. Zu erstatten wären demnach:

1. Geschäftsgebühr, VV 2302 Nr. 1	345,00 EUR
2. Postentgeltpauschale, VV 7002	20,00 EUR
Zwischensumme	365,00 EUR
3. 19 % Umsatzsteuer, VV 7008	69,35 EUR
Gesamt	**434,35 EUR**

23 Da in sozialrechtlichen Angelegenheiten regelmäßig eine Kostenerstattung nur für das Widerspruchs- und die gerichtlichen Verfahren in Betracht kommt, kommt eine Berücksichtigung der Anrechnung bei der Abrechnung eines Widerspruchsverfahrens nicht in Betracht. Bei einer Vertretung im Widerspruchs- und anschließenden Klageverfahren ist aber die hälftige Geschäftsgebühr auf die anschließende Verfahrensgebühr anzurechnen. Auch dieser Anrechnungsbetrag ist auf 175 EUR begrenzt.

24 Dritte i.S.d. § 15a Abs. 2 ist auch die Rechtsschutzversicherung, die sich auf die Anrechnung der hälftigen Geschäftsgebühr im Widerspruchsverfahren nur berufen kann, wenn sie, was regelmäßig die Versicherungsbedingungen nicht vorsehen, auch schon für das Verwaltungsverfahren Gebühren gezahlt hat.

---

13 Bay. LSG, Beschl. v. 21.6.2016 – L 15 SF 39/14 E; SG Fulda AGS 2014, 207–212 E m. Anm. *Kindermann*, ASR 2014, 212–213, dazu auch nachfolgend Hess. LSG AGS 2015, 206–208 und *Hansens*, RVGreport 2015, 299–301.

Schließt sich ein gerichtliches Verfahren an, so wird die zweite (nicht aber auch die erste) Geschäftsgebühr auf die Verfahrensgebühr zur Hälfte, aber höchstens mit 175 EUR angerechnet, VV Vorb. 3 Abs. 4 S. 3 (siehe VV Vorb. 3 Rdn 218 ff.).

5. Höhe der Geschäftsgebühr

a) Ein Auftraggeber

Die Höhe der Geschäftsgebühr bestimmt sich anstelle der bisherigen unterschiedlichen Gebührenrahmen der VV 2400, 2401 a.F. in allen Verfahrensabschnitten gem. VV 2302 Nr. 1 nach einem Gebührenrahmen von **50 bis 640 EUR**, Mittelgebühr **345 EUR**, aus dem der Anwalt die im Einzelfall billige Gebühr bestimmt. Maßgebend sind die Kriterien des § 14 Abs. 1, wobei allerdings eine Vorbefassung in einem früheren Verfahrensabschnitt nicht Gebühren mindernd berücksichtigt werden darf (VV Vorb. 2.3 Abs. 4 S. 3).

Die Mittelgebühr beträgt 345 EUR (zur Schwellengebühr siehe Rdn 12).

> **Beispiel:** Der Anwalt wird im Widerspruchsverfahren tätig. Die Sache ist umfangreich aber durchschnittlich.
> Ausgehend von der Mittelgebühr kann der Anwalt verlangen:
> 1. Geschäftsgebühr, VV 2302 Nr. 1   345,00 EUR
> 2. Postentgeltpauschale, VV 7002   20,00 EUR
>   Zwischensumme   365,00 EUR
> 3. 19 % Umsatzsteuer, VV 7008   69,35 EUR
>   **Gesamt**   **434,35 EUR**

b) Mehrere Auftraggeber

Vertritt der Rechtsanwalt mehrere Auftraggeber, erhöht sich die Geschäftsgebühr um 30 % pro weiteren Auftraggeber. Die Erhöhung – nicht die erhöhte Geschäftsgebühr (siehe VV 1008 Rdn 120) – ist dabei auf 200 % der Geschäftsgebühr beschränkt. Die Erhöhung ist bei der Einigungsgebühr, die der Höhe der Geschäftsgebühr entspricht (VV 1005 Abs. 1 S. 3), nicht zu berücksichtigen.

Die erhöhte Geschäftsgebühr berechnet sich nach folgender Formel:

erhöhte Geschäftsgebühr = Geschäftsgebühr + (Geschäftsgebühr x 30 % x Anzahl zusätzlicher Mandant)

	1	2	3	4	5	6	7	8
	Auftraggeber							
Mindestgebühr	50 EUR	65 EUR	80 EUR	95 EUR	110 EUR	125 EUR	140 EUR	150 EUR
Schwellengebühr	300 EUR	390 EUR	480 EUR	570 EUR	660 EUR	750 EUR	840 EUR	900 EUR
Mittelgebühr	345 EUR	448,50 EUR	552 EUR	655,50 EUR	759 EUR	862,50 EUR	966 EUR	1.035 EUR
Höchstgebühr	640 EUR	832 EUR	1.024 EUR	1.216 EUR	1.408 EUR	1.640 EUR	1.792 EUR	1.920 EUR

Die Begrenzung nach VV 1008 Abs. 3 führt also ab der gemeinsamen Vertretung von 8 und mehr Auftraggebern zu der Kappung des Mehrvertretungszuschlags auf das 2-fache der Erhöhung.

II. Geschäftsgebühr in Verfahren nach der WBO (Nr. 2)

1. Überblick

In Verfahren nach der WBO, bei denen
– das Verfahren vor dem Truppendienstgericht an die Stelle des gerichtlichen Verfahrens
– oder das Verfahren vor dem BVerwG an die Stelle des Verwaltungsrechtswegs gem. § 82 SG

tritt, erhielt der Anwalt bislang nach VV Vorb. 2.4 S. 1 Nr. 2 die gleiche Geschäftsgebühr wie in sozialrechtlichen Verfahren, die nicht nach dem Gegenstandswert abgerechnet wurden. Diese Gleichstellung wird beibehalten und nunmehr in VV 2302 Nr. 2 verankert.

31 Möglich sind hier nach § 17 Nr. 1a drei Verfahrensabschnitte und damit drei Angelegenheiten i.S.d. § 15, in denen jeweils eine Geschäftsgebühr anfallen kann, nämlich
– im Ausgangsverfahren (unklar ist, ob es solche Verfahren nach der WBO überhaupt gibt) (siehe Rdn 33),
– im Beschwerdeverfahren nach den §§ 1 ff. WBO und
– im Verfahren der weiteren Beschwerde nach den §§ 17 ff. WBO.

32 Ist der Anwalt in mehreren dieser aufeinander folgenden Verfahrensabschnitte tätig, so entstehen die Geschäftsgebühren zwar gesondert, weil es sich jeweils um besondere Angelegenheiten handelt (§ 17 Nr. 1a). Die Geschäftsgebühren sind allerdings nach VV Vorb. 2.3 Abs. 5 i.V.m. Abs. 4 S. 1 aufeinander anzurechnen.

2. Ausgangsverfahren

33 In VV 2302 Nr. 2 und in VV Vorb. 2.3 Abs. 5 geht das Gesetz davon aus, es gebe zunächst ein „Verfahren nach der WBO". Fraglich ist u.E., ob es überhaupt ein solches „Ausgangsverfahren" gibt. Die Verfahren nach der WBO dürften vielmehr erst mit der Beschwerde nach den §§ 1 ff. WBO beginnen. Ein „Vorverfahren" oder „Verwaltungsverfahren" kennt die WBO nicht. Unterstellt man, es gebe ein solches Verfahren, dann würde bereits hier eine erste Geschäftsgebühr nach VV 2302 Nr. 2 entstehen.

3. Beschwerdeverfahren

34 Kommt es zu einem Verfahren der Beschwerde nach den §§ 1 ff. WBO, erhält der Anwalt ebenfalls eine Geschäftsgebühr nach VV 2302 Nr. 2.

35 Diese Gebühr erhält er nach § 17 Nr. 1a gesondert neben einer gegebenenfalls im Ausgangsverfahren verdienten Geschäftsgebühr. Die erste Geschäftsgebühr ist dann allerdings nach VV Vorb. 2.3 Abs. 5 i.V.m. Abs. 4 hälftig, höchstens zu 175 EUR, auf die zweite Geschäftsgebühr anzurechnen. Dafür darf bei der Bemessung der weiteren Geschäftsgebühr innerhalb des Betragsrahmens nicht berücksichtigt werden, dass der Umfang der Tätigkeit infolge der vorangegangenen Tätigkeit geringer ist (VV Vorb. 2.3 Abs. 5 i.V.m Abs. 4 S. 3 VV).

36 Soweit eine weitere Beschwerde folgt, ist die Geschäftsgebühr wiederum hälftig anzurechnen (VV Vorb. 2.3 Abs. 5 i.V.m. Abs. 4 S. 1 VV RVG), höchstens zu 175 EUR (VV Vorb. 2.3 Abs. 5 i.V.m. Abs. 4 S. 2 VV RVG).

37 Zu Einzelheiten siehe die Kommentierung zu VV Vorb. 2.3 (siehe VV Vorb. 2.3 Rdn 91 ff.).

4. Verfahren der weiteren Beschwerde

38 Das Verfahren der weiteren Beschwerde nach den §§ 17 ff. WBO ist für den Anwalt gem. § 17 Nr. 1a eine selbstständige Angelegenheit, in der ebenfalls die Geschäftsgebühr nach VV 2302 Nr. 2 – gegebenenfalls neben der zuvor im Beschwerdeverfahren verdienten Geschäftsgebühr – entsteht.

39 War der Anwalt bereits im Beschwerdeverfahren tätig, muss er sich allerdings nach VV Vorb. 2.3 Abs. 5 i.V.m. Abs. 4 S. 1 die erste Geschäftsgebühr hälftig auf die zweite Geschäftsgebühr anrechnen lassen, höchstens jedoch mit 175 EUR (VV Vorb. 2.3 Abs. 5 i.V.m. Abs. 4 S. 2). Dafür darf bei der Bemessung der weiteren Geschäftsgebühr innerhalb des Betragsrahmens nicht berücksichtigt werden, dass der Umfang der Tätigkeit infolge der vorangegangenen Tätigkeit geringer ist (VV Vorb. 2.3 Abs. 5 i.V.m Abs. 4 S. 3).

5. Höhe der Geschäftsgebühr

Die Höhe der Geschäftsgebühr bestimmt sich anstelle der bisherigen unterschiedlichen Gebührenrahmen der VV 2400, 2401 a.F. in allen Verfahrensabschnitten gem. VV 2302 Nr. 2 nach einem Gebührenrahmen von 50 bis 640 EUR, aus dem der Anwalt die im Einzelfall billige Gebühr bestimmt. Maßgebend sind die Kriterien des § 14 Abs. 1, wobei allerdings eine Vorbefassung in einem früheren Verfahrensabschnitt nicht Gebühren mindernd berücksichtigt werden darf (VV Vorb. 2.3 Abs. 5 i.V.m Abs. 4 S. 3). 40

Die Mittelgebühr beträgt 345 EUR (zur Schwellengebühr siehe Rdn 42). 41

> **Beispiel:** Der Anwalt wird im Verfahren der Beschwerde nach §§ 1 ff. WBO beauftragt. Die Sache ist umfangreich aber durchschnittlich.
> Ausgehend von der Mittelgebühr kann der Anwalt verlangen:
> 1. Geschäftsgebühr, VV 2302 Nr. 2   345,00 EUR
> 2. Postentgeltpauschale, VV 7002   20,00 EUR
>   Zwischensumme   365,00 EUR
> 3. 19 % Umsatzsteuer, VV 7008   69,35 EUR
> **Gesamt**   **434,35 EUR**

6. Schwellengebühr (Anm. zu VV 2302)

In der Anm. zu VV 2302 ist die Schwellengebühr geregelt, die früher in der Anm. zu VV 2400 a.F. enthalten war. Ist die Tätigkeit weder umfangreich oder schwierig, darf der Anwalt gem. der Anm. zu VV 2302 nicht mehr als 300 EUR verlangen. Dies gilt auch in Verfahren nach der WBO und der WDO. 42

7. Anrechnung der Geschäftsgebühr der VV 2302 Nr. 2

a) Anrechnung im Beschwerdeverfahren

Zur Anrechnung der Geschäftsgebühr und auf die Geschäftsgebühr im Beschwerdeverfahren oder im Verfahren der weiteren Beschwerde siehe die Kommentierung zu VV Vorb. 2.3 Abs. 5. 43

b) Anrechnung gerichtlichen Verfahren

Kommt es nach einem Beschwerdeverfahren oder einem Verfahren der weiteren Beschwerde zu einem gerichtlichen Verfahren vor dem Truppendienstgericht oder dem BVerwG, dann ist die zuletzt entstandene Geschäftsgebühr nach VV Vorb. 6.4 Abs. 2 hälftig auf die Verfahrensgebühr nach VV Teil 6 Abschnitt 4 (VV 6400, 6402) anzurechnen. 44

Zu Einzelheiten der Anrechnung siehe die Kommentierung zu VV Vorb. 6.4 Abs. 2 (vgl. VV Vorb. 6.4 Rdn 16 ff.). 45

III. Verfahren nach der Wehrdisziplinarordnung (WDO)

Im Gegensatz zu den gerichtlichen Verfahren nach der WBO, die sich gem. VV Vorb. 6.4 Abs. 1 nach VV Teil 6 Abschnitt 4 richten, fehlt für die vorgerichtliche Tätigkeit in diesen Verfahren eine entsprechende Regelung. Man wird hier VV 2302 Nr. 2 entsprechend anwenden müssen, zumal § 42 WDO ausdrücklich auf die Beschwerde nach der WBO Bezug nimmt und damit auch auf die Anrechnung nach VV Vorb. 2.3 Abs. 5 i.V.m. Abs. 4. 46

Insoweit gilt das Gleiche wie in Verfahren nach der WBO (siehe Rdn 30 ff.). Auf eine gesonderte Darstellung wird daher verzichtet. 47

48 Zur Anrechnung im Nachprüfungsverfahren siehe die Kommentierung zu VV Vorb. 2.3 (vgl. VV Vorb. 2.3 Rdn 91, 100).

49 Zur Anrechnung im gerichtlichen Verfahren siehe die Kommentierung zu VV Vorb. 6.4 Abs. 2 (vgl. VV Vorb. 6.4 Rdn 16 ff.).

Nr.	Gebührentatbestand	Gebühr oder Satz der Gebühr nach § 13 RVG
2303	Geschäftsgebühr für 1. Güteverfahren vor einer durch die Landesjustizverwaltung eingerichteten oder anerkannten Gütestelle (§ 794 Abs. 1 Nr. 1 ZPO) oder, wenn die Parteien den Einigungsversuch einvernehmlich unternehmen, vor einer Gütestelle, die Streitbeilegung betreibt (§ 15a Abs. 3 EGZPO), 2. Verfahren vor einem Ausschuss der in § 111 Abs. 2 des Arbeitsgerichtsgesetzes bezeichneten Art, 3. Verfahren vor dem Seemannsamt zur vorläufigen Entscheidung von Arbeitssachen und 4. Verfahren vor sonstigen gesetzlich eingerichteten Einigungsstellen, Gütestellen oder Schiedsstellen	1,5

Literatur: *Enders*, Anwaltsgebühren im Güteverfahren nach dem neuen Gesetz zur Förderung der außergerichtlichen Streitbeilegung, JurBüro 2000, 114; *Hergenröder*, Anwaltskosten im Verfahren vor dem Schlichtungsausschuss bei Berufsausbildungsstreitigkeiten, AGS 2007, 161; *Mümmler*, Die Vergütung des Rechtsanwalts bei Tätigkeiten vor einer Schiedsstelle, JurBüro 1987, 1315; *ders.*, Anwaltsgebühren für die Tätigkeiten vor einer Einigungsstelle nach dem Personalvertretungsgesetz, JurBüro 1981, 1148; *N. Schneider*, Kosten und Gebühren im obligatorischen außergerichtlichen Streitschlichtungsverfahren nach den Ausführungsgesetzen zu § 15a EGZPO, AnwBl 2001, 327; *ders.*, Kostenerstattung im obligatorischen außergerichtlichen Streitschlichtungsverfahren nach den Ausführungsgesetzen zu § 15a EGZPO, BRAGOreport 2001, 83; *Zietsch/Roschmann*, Die Umsetzung des § 15a EGZPO in den Ländern, NJW-Beilage zu Heft 51/2001.

A. Allgemeines 1	b) Anrechnung der Geschäftsgebühr nach Nr. 1 30
I. Umfang der Angelegenheit 1	4. Anträge auf gerichtliche Entscheidung .. 36
II. Anwendungsbereich 2	5. Zwangsvollstreckung 38
III. Anrechnung 4	6. Die Gebühren des nachfolgenden Rechtsstreits 40
B. Regelungsgehalt 6	7. Kostenerstattung 44
I. Güteverfahren vor einer durch die Landesjustizverwaltung eingerichteten oder anerkannten Gütestelle, § 794 Abs. 1 Nr. 1 ZPO, oder, wenn die Parteien den Einigungsversuch einvernehmlich unternehmen, vor einer Gütestelle, die Streitbeilegung betreibt, § 15a Abs. 3 EGZPO (Nr. 1) 6	a) Kostenerstattung im Schlichtungsverfahren 44
	b) Kostenerstattung im nachfolgenden Verfahren 46
	aa) Verfahrenskosten 46
	bb) Erstattung der Anwaltskosten ... 49
1. Allgemeines 6	8. Prozesskostenhilfe 53
2. Vergütung 8	9. Beratungshilfe 54
a) Gebühren 8	10. Vergütungsfestsetzung 57
aa) Geschäftsgebühr 8	11. Rechtsschutzversicherung 59
bb) Einigungsgebühr, VV 1000 ff. ... 16	II. Verfahren vor einem Ausschuss nach § 111 Abs. 2 ArbGG (Nr. 2) 60
(1) Einigung 16	1. Allgemeines 60
(2) Mitwirkung 17	2. Regelungsgehalt 61
(3) Gebührenhöhe 18	3. Erstattungsfragen 62
(4) Einbeziehung weiterer Gegenstände in die Einigung 20	III. Verfahren vor dem Seemannsamt (Nr. 3) .. 65
cc) Sonstige Gebühren 23	IV. Verfahren vor sonstigen gesetzlich eingerichteten Einigungsstellen, Gütestellen und Schiedsstellen (Nr. 4) 67
b) Gegenstandswert 25	
c) Auslagen, Umsatzsteuer, VV 7000 ff. 26	
3. Anrechnung 27	
a) Anrechnung auf die Geschäftsgebühr der Nr. 1 27	

A. Allgemeines

I. Umfang der Angelegenheit

Wird der Anwalt in einem der in § 17 Nr. 7 genannten Güte- oder Schlichtungsverfahren tätig, so richtet sich seine Vergütung hierfür nach VV 2303. Nach § 17 Nr. 7 stellen die dort genannten Güte- und das Schlichtungsverfahren eine eigene Angelegenheit dar. Dies gilt sowohl gegenüber der vorangegangenen außergerichtlichen Vertretung als auch gegenüber einem nachfolgenden gerichtlichen Verfahren. Insgesamt können also drei Angelegenheiten gegeben sein, nämlich
– die außergerichtliche Vertretung,
– die Tätigkeit im Güte- oder Schlichtungsverfahren oder einem sonstigen Verfahren nach VV 2303 und
– die Tätigkeit im nachfolgenden gerichtlichen Verfahren.

In allen drei Angelegenheiten erhält der Anwalt seine Vergütung gesondert, insbesondere auch eine gesonderte Postentgeltpauschale nach VV 7002.

II. Anwendungsbereich

VV 2303 zählt ebenso wie die korrespondierende Vorschrift des § 17 Nr. 7 verschiedene Verfahren auf, für die dieser Gebührentatbestand gilt. Es handelt sich um Verfahren vor:
– den **Gütestellen, die gemäß § 794 Abs. 1 Nr. 1 ZPO durch die Landesjustizverwaltung eingerichtet oder anerkannt** sind (Nr. 1, 1. Alt.),
– den Gütestellen zur **obligatorischen außergerichtlichen Streitschlichtung** nach § 15a Abs. 3 EGZPO (Nr. 1, 2. Alt.),
– einem **Ausschuss gemäß § 111 Abs. 2 ArbGG** (Nr. 2). Hierbei handelt es sich um Ausschüsse, die im Bereich des Handwerks von der Handwerksinnung und im Übrigen von den sonst zuständigen Stellen i.S.d. Berufsbildungsgesetzes eingerichtet sind. Solche Ausschüsse sollen dazu dienen, Streitigkeiten aus einem bestehenden Berufsausbildungsverhältnis zwischen Auszubildenden und Ausbilder beizulegen. Das Verfahren vor einem solchen Ausschuss ist in § 111 Abs. 2 S. 2 bis 7 ArbGG geregelt.
– dem **Seemannsamt zur vorläufigen Entscheidung von Arbeitssachen** (Nr. 3). Obwohl das Seearbeitsgesetz vom 20.4.2013 das Beschwerderecht von Besatzungsmitgliedern im Vergleich zum Seemannsgesetz erheblich erweitert hat,[1] bleibt es bei dem Gebührentatbestand der Nr. 3. Die Bedeutung dieser Vorschrift war bislang schon äußerst gering; da die Zuständigkeit für das Beschwerdeverfahren zu der Berufsgenossenschaft Verkehr gewechselt ist, verliert dieser Gebührentatbestand seinen Anwendungsbereich. Eine entsprechende Anwendung scheidet aus, da nicht mehr angeordnet ist, dass vor einer Entscheidung ein gütlicher Ausgleich versucht werden soll.
– **gesetzlich eingerichteten Einigungsstellen, Gütestellen und Schiedsstellen** (Nr. 4). Hiervon erfasst ist die Tätigkeit im:
  – Verfahren vor der Schiedsstelle für Urheberrechtsfälle beim Deutschen Patentamt,[2]
  – Verfahren bei den von den Industrie- und Handelskammern eingerichteten Einigungsstellen nach § 15 UWG n.F.,
  – Verfahren vor den Schiedsämtern,
  – Verfahren vor den Schiedsstellen nach § 14 WahrnG[3] – jetzt geregelt in § 124 VGG,
  – Verfahren vor Einigungsstellen nach §§ 39 ff. des Gesetzes über die Erstreckung von gewerblichen Schutzrechten,
  – Verfahren vor der Schiedsstelle für Ansprüche gegen den Entschädigungsfonds nach § 14 Nr. 3a PflVG,
  – Verfahren vor der bei der Bundesrechtsanwaltskammer eingerichteten Schlichtungsstelle der Rechtsanwaltschaft nach § 119f BRAO,
  – Verfahren vor der Schlichtungsstelle nach § 111b EnWG,
  – Verfahren vor der Schiedsstelle nach § 78g SGB VIII,
  – Verfahren vor der Schiedsstelle nach § 76 SGB XI,

---

[1] BT-Drucks 17/10959, S. 88, 104.
[2] OLG München Rpfleger 1994, 316.
[3] OLG München Rpfleger 1994, 316.

- Verfahren vor der Schiedsstelle Qualitätssicherung nach § 113b SGB XI,
- Verfahren vor der Schiedsstelle nach §§ 77 Abs. 1 S. 3, 80 SGB XII,
- Verfahren vor der Schiedsstelle (Bundesverwaltungsamt) nach § 108 SGB XII,
- Verfahren vor der Schiedsstelle nach § 18a Abs. 1 KHG und § 13 KHEntgG,
- Einigungsstellenverfahren nach § 76a BetrVG,[4]
- Einigungsstellenverfahren nach § 112 BetrVG.[5]

3 **Nicht** zu den Verfahren vor gesetzlich eingerichteten Einigungsstellen, Gütestellen oder Schiedsstellen i.S.v. Nr. 4 zählen:
- das Verfahren vor dem Güterichter nach dem MediationsG, das nach § 19 Abs. 1 S. 2 Nr. 1 zum Rechtszug gehört;[6]
- das Verfahren vor der Gutachterkommission bei der Landeszahnärztekammer, da diese Gutachterkommission keine gesetzlich eingerichtete Güte- oder Schiedsstelle i.S.v. VV 2303 darstellt;[7] es gelten die VV 2300, 2301;
- sonstige privat eingerichtete Schlichtungsstellen wie z.B. die **ärztlichen Schlichtungsstellen**[8] oder Verfahren vor einer **kirchlichen Vermittlungsstelle**, deren Anrufung arbeitsvertraglich vereinbart ist;[9]
- das Verfahren vor dem Integrationsamt nach den §§ 85 ff. SGB IX; es gilt VV 2300; der Gegenstandswert richtet sich nach dem Regelstreitwert von 5.000 EUR;[10]
- die Güteverhandlung vor dem Vorsitzenden nach § 54 ArbGG; es gelten die VV 3100 ff. und bei einem Einzelauftrag die VV 3401, 3402.

III. Anrechnung

4 Die bisherige Anrechnungsregelung der Anm. zu VV 2303 a.F. ist jetzt aus systematischen Gründen in die VV Vorb. 2.3 Abs. 6 versetzt worden. Inhaltlich hat sich damit aber nichts geändert. Es bleibt nach wie vor dabei, dass die eine vorangegangene Geschäftsgebühr für eine außergerichtliche Vertretung zur Hälfte, höchstens mit 0,75 auf die Geschäftsgebühr eines nachfolgend Güte- oder Schlichtungsverfahrens anzurechnen ist.

5 An der Anrechnung der Geschäftsgebühr des Güte- oder Schlichtungsverfahrens auf ein nachfolgendes gerichtliches Verfahren hat sich ohnehin nichts geändert. Hier bleibt es bei VV Vorb. 3 Abs. 4.

---

4 *Mümmler*, JurBüro 1981, 1148.
5 BAG AnwBl 1982, 203, 205 = KostRsp. BRAGO § 65 Nr. 1.
6 OLG Rostock AGS 2007, 126 = OLGR 2007, 336 = JurBüro 2007, 194 = NJ 2007, 230; AGS 2007, 124 u. 343 = RVGreport 2007, 28 = OLGR 2007, 159 = NJ 2007, 76; OLG Braunschweig AGS 2007, 127 u. 393; Rpfleger 2007, 114 OLGR 2007, 162 = AnwBl 2007, 88 = JurBüro 2007, 196 = MDR 2007, 684 = RVGreport 2007, 27 = FamRB 2007, 42.
7 OLG Karlsruhe JurBüro 1985, 236 = KostRsp. BRAGO § 65 Nr. 2.
8 BGH AGS 2004, 384 m. Anm. *Madert* = RVGreport 2004, 472 = MDR 2005, 118 = Rpfleger 2005, 114 = JurBüro 2005, 83 m. Anm. *Enders* = MedR 2005, 96 = NJW-RR 2005, 499 = VersR 2005, 707 = r+s 2005, 268 = ArztR 2005, 187 = BGHR ZPO § 91 Abs. 2 S. 1 Anwaltskosten 1 = BGHR BRAGO § 118 Abs. 1 Nr. 3 Beweisgebühr 1 = EBE/BGH 2004, BGH-Ls 901/04 = RVG-B 2005, 49 m. Anm. *Onderka*.
9 BGH AGS 2011, 117 = MDR 2011, 393 = NJW-RR 2011, 573 = zfs 2011, 284 = JurBüro 2011, 247 = NJW-Spezial 2011, 187 = RVGprof. 2011, 59 = FA 2011, 117 = RVGreport 2011, 138.
10 Vgl. Nr. 39.1 des Streitwertkatalogs der Verwaltungsgerichtsbarkeit.

B. Regelungsgehalt

I. Güteverfahren vor einer durch die Landesjustizverwaltung eingerichteten oder anerkannten Gütestelle, § 794 Abs. 1 Nr. 1 ZPO, oder, wenn die Parteien den Einigungsversuch einvernehmlich unternehmen, vor einer Gütestelle, die Streitbeilegung betreibt, § 15a Abs. 3 EGZPO (Nr. 1)

1. Allgemeines

Ausdrücklich genannt sind in Nr. 1 die Gütestellen gemäß **§ 794 Abs. 1 Nr. 1 ZPO**, also solche **Gütestellen, die von der Landesjustizverwaltung eingerichtet oder anerkannt** sind. Auf Grund der zum 1.1.2000 eingeführten Vorschrift des § 15a EGZPO sind die Landesjustizverwaltungen ermächtigt worden, Gütestellen zur obligatorischen außergerichtlichen Streitschlichtung einzurichten. Von der Möglichkeit eines solchen Ausführungsgesetzes machen derzeit die Länder Baden-Württemberg,[11] Bayern,[12] Nordrhein-Westfalen,[13] Hessen,[14] Brandenburg,[15] Saarland,[16] Sachsen-Anhalt,[17] Hamburg,[18] Mecklenburg-Vorpommern,[19] Niedersachsen,[20] Rheinland-Pfalz,[21] Sachsen[22] und Schleswig-Holstein[23] Gebrauch. Die Stellen der obligatorischen außergerichtlichen Streitschlichtung sind Gütestellen i.S.d. § 794 Abs. 1 Nr. 1 ZPO (§ 15a Abs. 6 EGZPO; § 1 Abs. 1 GüSchlG NRW; § 13 Abs. 1 SchlG BW; Art. 5 BaySchlG).

6

Die Vorschrift der Nr. 1 ist auch anzuwenden, wenn die Parteien den Einigungsversuch einvernehmlich vor einer Gütestelle, die Streitbeilegung betreibt (§ 15a Abs. 3 EGZPO), unternehmen. Dazu gehören Gütestellen der Industrie- und Handelskammer, der Handwerkskammer, einer Innung oder auch Gütestellen einer Rechtsanwaltskammer, die zwischen Anwalt und Mandant Güteverfahren durchführt.

7

> **§ 15a EGZPO [Einigungsversuch vor einer Gütestelle]**
>
> (1) ¹Durch Landesgesetz kann bestimmt werden, dass die Erhebung der Klage erst zulässig ist, nachdem von einer durch die Landesjustizverwaltung eingerichteten oder anerkannten Gütestelle versucht worden ist, die Streitigkeit einvernehmlich beizulegen
> 1. in vermögensrechtlichen Streitigkeiten vor dem Amtsgericht über Ansprüche, deren Gegenstand an Geld oder Geldeswert die Summe von 750 EUR nicht übersteigt,
> 2. in Streitigkeiten über Ansprüche aus dem Nachbarrecht nach den §§ 910, 911, 923 des Bürgerlichen Gesetzbuchs und nach § 906 des Bürgerlichen Gesetzbuchs sowie nach den landesgesetzlichen Vorschriften im Sinne des Artikels 124 des Einführungsgesetzes zum Bürgerlichen Gesetzbuche, sofern es sich nicht um Einwirkungen von einem gewerblichen Betrieb handelt,
> 3. in Streitigkeiten über Ansprüche wegen Verletzung der persönlichen Ehre, die nicht in Presse oder Rundfunk begangen worden sind,
> 4. in Streitigkeiten über Ansprüche nach Abschnitt 3 des Allgemeinen Gleichbehandlungsgesetzes.
>
> ²Der Kläger hat eine von der Gütestelle ausgestellte Bescheinigung über einen erfolglosen Einigungsversuch mit der Klage einzureichen. ³Diese Bescheinigung ist ihm auf Antrag auch auszustellen, wenn binnen einer Frist von drei Monaten das von ihm beantragte Einigungsverfahren nicht durchgeführt worden ist.

---

11 Gesetz zur obligatorischen außergerichtlichen Streitschlichtung (SchlG BW) v. 28.6.2000 (GVBl S. 470).
12 Bayerisches Schlichtungsgesetz (BaySchlG) v. 24.5.2000 (GVBl S. 268).
13 Gütestellen- und Schlichtungsgesetz (GüSchlG NRW) v. 9.5.2000 (GVBl S. 476).
14 Gesetz zur Regelung der außergerichtlichen Streitschlichtung (Hess SchlG) v. 6.2.2001 (GVBl II S. 210–82).
15 Gesetz zur Fortentwicklung des Schlichtungsrechts im Land Brandenburg (BbGSchlG) v. 5.10.2000 (GVBl I S. 134).
16 Gesetz Nr. 1464 zur Ausführung des § 15a des Gesetzes betreffend die Einführung der Zivilprozessordnung und zur Änderung von Rechtsvorschriften (Landesschlichtungsgesetz – LSchlG) vom 5.10.2000 (ABl des Saarlandes 2001, S. 532).
17 Gesetz zur Änderung des Schiedsstellengesetzes und anderer Vorschriften v. 17.5.2001 (GVBl S. 174).
18 Gesetz über die Öffentliche Rechtsauskunft- und Vergleichsstelle (ÖRA-Verordnung) v. 1.2.2011 (HmbGVBl 2011, S. 49).
19 Schiedsstellen- und Schlichtungsgesetz (SchStG M-V) v. 13.9.1990 (GBl I Nr. 61 1990, S. 1527).
20 Niedersächsisches Schlichtungsgesetz (NSchlG) v. 17.12.2009 (Nds.GVBl Nr. 28/2009 S. 482).
21 Keine gesetzliche Regelung, aber Anerkennung einer Gütestelle durch Justizministerium möglich.
22 Sächsisches Schieds- und Gütestellengesetz (SächsSchiedsGütStG) v. 27.5.1999.
23 Gesetz zur Ausführung von § 15a des Gesetzes betreffend die Einführung der Zivilprozessordnung v. 16.11.2001 (Landesschlichtungsgesetz – LSchliG).

(2) ¹Absatz 1 findet keine Anwendung auf
1. Klagen nach den §§ 323, 323 a, 324, 328 der Zivilprozessordnung, Widerklagen und Klagen, die binnen einer gesetzlichen oder gerichtlich angeordneten Frist zu erheben sind,
2. (aufgehoben)
3. Wiederaufnahmeverfahren,
4. Ansprüche, die im Urkunden- oder Wechselprozess geltend gemacht werden,
5. die Durchführung des streitigen Verfahrens, wenn ein Anspruch im Mahnverfahren geltend gemacht worden ist,
6. Klagen wegen vollstreckungsrechtlicher Maßnahmen, insbesondere nach dem Achten Buch der Zivilprozessordnung.

²Das Gleiche gilt, wenn die Parteien nicht in demselben Land wohnen oder ihren Sitz oder eine Niederlassung haben.

(3) ¹Das Erfordernis eines Einigungsversuchs vor einer von der Landesjustizverwaltung eingerichteten oder anerkannten Gütestelle entfällt, wenn die Parteien einvernehmlich einen Einigungsversuch vor einer sonstigen Gütestelle, die Streitbeilegungen betreibt, unternommen haben. ²Das Einvernehmen nach Satz 1 wird unwiderleglich vermutet, wenn ein Verbraucher eine Verbraucherschlichtungsstelle, eine branchengebundene andere Gütestelle oder eine andere Gütestelle der Industrie- und Handelskammer, der Handwerkskammer oder der Innung angerufen hat. ³Absatz 1 Satz 2 gilt entsprechend.

(4) ¹Zu den Kosten des Rechtsstreits im Sinne des § 91 Abs. 1, 2 der Zivilprozessordnung gehören die Kosten der Gütestelle, die durch das Einigungsverfahren nach Absatz 1 entstanden sind.

(5) ¹Das Nähere regelt das Landesrecht; es kann auch den Anwendungsbereich des Absatzes 1 einschränken, die Ausschlussgründe des Absatzes 2 erweitern und bestimmen, dass die Gütestelle ihre Tätigkeit von der Einzahlung eines angemessenen Kostenvorschusses abhängig machen und gegen eine im Gütetermin nicht erschienene Partei ein Ordnungsgeld festsetzen darf.

(6) ¹Gütestellen im Sinne dieser Bestimmung können auch durch Landesrecht anerkannt werden. ²Die vor diesen Gütestellen geschlossenen Vergleiche gelten als Vergleiche im Sinne des § 794 Abs. 1 Nr. 1 der Zivilprozessordnung.

2. Vergütung

a) Gebühren

8 **aa) Geschäftsgebühr.** In den in Nr. 1 genannten Verfahren erhält jeder dort tätige Rechtsanwalt eine **1,5-Geschäftsgebühr**. Im Gegensatz zur Geschäftsgebühr nach VV 2300 steht dem Anwalt kein Ermessensspielraum zu. Der Gebührensatz steht fest. Das gilt auch im Falle einer vorzeitigen Erledigung. Eine der VV 3101 Nr. 1 vergleichbare Ermäßigung ist hier nicht vorgesehen.

9 Eine **Schwellengebühr** (VV 2301) ist ebenfalls nicht vorgesehen. Die 1,5-Gebühr entsteht daher auch, wenn die Tätigkeit weder umfangreich noch schwierig war.

10 Vertritt der Anwalt **mehrere Auftraggeber** wegen desselben Gegenstands, so erhöht sich diese Gebühr nach VV 1008 um 0,3 je weiterem Auftraggeber, höchstens jedoch um 2,0 (auf max. 3,5). Die Erhöhung der Gebühr nach Nr. 1 greift auch dann, wenn schon eine vorangegangene Geschäftsgebühr (VV 2300) wegen mehrerer Auftraggeber erhöht worden war.[24] Erforderlich ist eine gemeinschaftliche Beteiligung der Auftraggeber. Sie müssen den Anwalt also hinsichtlich desselben Gegenstands beauftragt haben. Soweit mehrere Auftraggeber den Anwalt wegen verschiedener Gegenstände beauftragen, sind die einzelnen Werte zusammenzurechnen (§§ 23 Abs. 1 S. 3, 1 i.V.m. § 39 Abs. 1 GKG).

11 Die Gebühr der Nr. 1 **entsteht** mit der Entgegennahme der Information (VV Vorb. 2.3 Abs. 3). Sie gilt die **gesamte Tätigkeit** des Anwalts im Verfahren ab.[25] Welcher Art und wie umfangreich die Tätigkeit ist, spielt keine Rolle.[26] Der Anwalt erhält die Gebühr schon dann, wenn er „irgendeine"[27] Tätigkeit ausübt, also auch dann, wenn er nur mit **Einzeltätigkeiten** beauftragt ist; die VV 3401,

---

[24] LG Düsseldorf AGS 2007, 381 = MDR 2007, 1164 = JurBüro 2007, 480 = NZM 2007, 743 = Rpfleger 2007, 629 = RVGreport 2007, 298 = VRR 2007, 399 = RVGprof. 2007, 182; AG Stuttgart AGS 2008, 78 = VRR 2008, 80 = RVGreport 2008, 21 = NJW-Spezial 2008, 61; LG Ulm AGS 2008, 164 = AnwBl 2008, 73.

[25] *Enders*, JurBüro 2000, 114.
[26] *Enders*, JurBüro 2000, 114.
[27] *Hartmann*, KostG, RVG, VV 2203 Rn 4; Gerold/Schmidt/*Mayer*, RVG, VV 2303 Rn 10; ebenso *Enders*, JurBüro 2000, 114.

3402 sind insoweit nicht anwendbar.[28] So reicht es insbesondere bereits aus, wenn der Anwalt nur einen Termin wahrnimmt oder einen Schriftsatz entwirft. Auch die beratende Tätigkeit löst schon die volle Gebühr nach Nr. 1 aus, sofern der Anwalt den Auftrag zur Vertretung hatte. War dem Anwalt dagegen nur ein Beratungsauftrag erteilt worden, so richtet sich die Vergütung nach § 34 Abs. 1. Ebenso entsteht die Gebühr in voller Höhe, wenn der Rechtsanwalt erst während des bereits laufenden Verfahrens beauftragt wird.

Da Nr. 1 das gesamte Verfahren abdeckt, fällt folglich **keine** zusätzliche **Terminsgebühr** für eine Teilnahme an der mündlichen Verhandlung an.[29] Lediglich für das Mitwirken an einer **Einigung** erhält der Anwalt eine weitere Gebühr nach VV 1000. 12

Die VV 3400 ff. sind ebenfalls nicht anwendbar. Ist ein **Terminsvertreter oder Verkehrsanwalt** neben dem Verfahrensbevollmächtigten bestellt, so erhalten beide die Gebühr unmittelbar nach Nr. 1.[30] 13

Auch eine **Differenzgebühr** nach VV 3101 Nr. 1 oder 2 ist nicht möglich. Der Anwalt erhält für die **Protokollierung einer Einigung** oder für **Einigungsverhandlungen betreffend weiter gehender Ansprüche** ebenfalls die 1,5-Gebühr aus Nr. 1. 14

> **Beispiel:** Das Schlichtungsverfahren (VV 3101 Nr. 1) ist wegen einer Forderung von 450 EUR eingeleitet worden. Die Parteien einigen sich im Termin über die 350 EUR sowie weitere 250 EUR.
> Der Anwalt erhält die volle Geschäftsgebühr der VV 3101 Nr. 1 aus 700 EUR.

Endigt der **Auftrag vorzeitig**, so ist VV 3101 Nr. 1 jedenfalls unmittelbar nicht anwendbar; es bleibt bei der vollen Gebühr. Demgegenüber wollte die h.M. früher § 32 Abs. 1 BRAGO entsprechend anwenden, wenn der Auftrag endete, bevor der Anwalt einen Schriftsatz eingereicht oder einen Termin wahrgenommen hatte.[31] Nach dieser Auffassung müsste jetzt VV 3101 Nr. 1 entsprechend anzuwenden sein. Für die unmittelbare Anwendung der VV 3101 Nr. 1 gibt das Gesetz jedoch keine Handhabe. Bei der Gebühr der Nr. 1 handelt es sich nicht mehr um eine Verfahrensgebühr nach VV Teil 3. Nachdem der Gesetzgeber jetzt sogar noch die Verfahrensgebühr gegenüber der BRAGO angehoben hat und ausdrückliche Anrechnungsbestimmungen getroffen worden sind, kann nicht mehr davon ausgegangen werden, dass daneben noch eine Reduzierung analog VV 3101 Nr. 1 eintreten soll. Abgesehen davon fällt die Gebühr schon mit der geringsten Tätigkeit (siehe Rdn 11) an, so dass weder das Einreichen von Schriftsätzen noch die Wahrnehmung eines Termins zur Voraussetzung für eine volle Gebühr gemacht werden kann. In entsprechender Anwendung der VV 3101 Nr. 2 könnte sich die Gebühr daher ohnehin allenfalls dann reduzieren, wenn sich der Auftrag erledigt, bevor der Anwalt, wie *Madert*[32] es ausdrückt, „irgendetwas" veranlasst hat. 15

bb) Einigungsgebühr, VV 1000 ff. (1) Einigung. Neben der Gebühr der Nr. 1 kann der Anwalt eine Einigungsgebühr nach VV 1000 ff. verdienen. Wird die Einigung nur unter einem Widerrufsvorbehalt oder unter einer Bedingung geschlossen, gilt Anm. Abs. 3 zu VV 1000 entsprechend. Die Gebühr der VV 1000 entsteht dann erst mit Eintritt der Bedingung bzw. mit Ablauf der Widerrufsfrist (§ 158 BGB).[33] Wird die Einigung dagegen widerrufen, so entsteht keine Gebühr nach VV 1000. Betraf die widerrufene Einigung auch weiter gehende Ansprüche, so bleibt (ebenso wie bei VV 3101 Nr. 2) die Gebühr der Nr. 1 erhalten, da diese bereits mit Einbeziehung der anderweitigen Ansprüche entsteht, unabhängig davon, ob die Einigung Bestand behält. 16

> **Beispiel:** Ein Schlichtungsverfahren ist wegen einer Forderung von 500 EUR eingeleitet worden. Die Parteien schließen vor der Schlichtungsstelle eine Einigung unter Widerrufsvorbehalt. Dabei beziehen sie auch eine weitere Forderung von 600 EUR mit ein. Die Einigung wird rechtzeitig widerrufen.
> Der Anwalt erhält keine Gebühr nach VV 1000, da letztlich keine Einigung zustande gekommen ist (Anm. Abs. 3 zu VV 1000). Die Gebühr nach Nr. 1 erhält er dagegen aus 1.100 EUR, da er nach diesem Wert im Schlichtungsverfahren tätig geworden ist. Selbstverständlich ist diese Gebühr dann später auch aus dem gesamten Wert anzurechnen, wenn diese Forderungen zum Gegenstand eines gerichtlichen Verfahrens werden.

---

28 Gerold/Schmidt/*Mayer*, RVG, VV 2302 Rn 9.
29 *Enders*, JurBüro 2000, 114.
30 Gerold/Schmidt/*Mayer*, RVG, VV 2303 Rn 9, 14.
31 *Enders*, JurBüro 2000, 114; Gerold/Schmidt/*Mayer*, RVG, VV 2303 Rn 10.
32 Gerold/Schmidt/*Mayer*, RVG, VV 2303 Rn 10; *Enders*, JurBüro 2000, 114.
33 *Enders*, JurBüro 2000, 114.

17 **(2) Mitwirkung.** Der Anwalt erhält die Gebühr nach VV 1000 nur, wenn er an der Einigung **mitgewirkt** hat. Er muss die Einigung nicht selbst ausgehandelt haben und auch nicht bei der Protokollierung zugegen gewesen sein. Er muss noch nicht einmal im Termin zugegen gewesen sein, in dem die Einigung getroffen worden ist.[34] Es reicht aus, dass die Tätigkeit des Anwalts lediglich (mit-)ursächlich für die Einigung gewesen ist. Daher genügt es, wenn er die Einigung vorbereitet hat und die Parteien die Einigung dann selbst schließen oder dass eine von ihm ausgearbeitete Einigung zunächst abgelehnt und dann von den Parteien unmittelbar doch abgeschlossen worden ist[35] oder die Parteien bereits selbst eine Einigung unter Widerrufsvorbehalt getroffen haben und der Anwalt der Partei rät, den Widerruf nicht auszuüben (siehe VV 1000 Rdn 127).

18 **(3) Gebührenhöhe.** Die **Höhe** der Einigungsgebühr beläuft sich nach VV 1000 auf **1,5**. Die „Anhängigkeit" im Schlichtungsverfahren führt nicht zu einer Anhängigkeit i.S.d. VV 1003, da es sich bei dem Schlichtungsverfahren nicht um ein gerichtliches Verfahren handelt, sondern um eine außergerichtliche Tätigkeit.

19 Erzielen die Parteien unter Mitwirkung ihrer Anwälte nur eine **teilweise Einigung**, dann stehen den Anwälten die Einigungsgebühren der VV 1000 nur aus dem Teilwert zu (§ 23 Abs. 1 S. 3, 1 i.V.m. § 36 Abs. 1 GKG).

> **Beispiel:** Das Schlichtungsverfahren (Nr. 1) ist wegen zweier Mietforderungen zu jeweils 300 EUR eingeleitet worden, insgesamt also wegen 300 EUR. Die Parteien einigen sich im Termin über eine der Mieten, also über 300 EUR; im Übrigen scheitert die Einigung.
> Die Anwälte erhalten:
> 1. 1,5-Geschäftsgebühr, VV 2303 Nr. 1
>   (Wert: 600,00 EUR)   120,00 EUR
> 2. 1,5-Einigungsgebühr, VV 1000
>   (Wert: 300,00 EUR)   67,50 EUR
> 3. Postentgeltpauschale, VV 7002   20,00 EUR
>   Zwischensumme   207,50 EUR
> 4. 19 % Umsatzsteuer, VV 7008   39,43 EUR
>   **Gesamt**   **246,93 EUR**

20 **(4) Einbeziehung weiterer Gegenstände in die Einigung.** Werden in die Einigung weitere Gegenstände einbezogen, so erhält der Anwalt die Verfahrensgebühr aus dem Gesamtwert der anhängigen und mitgeeinigten Ansprüche (§ 23 Abs. 1 S. 3, 1 RVG i.V.m. § 39 Abs. 1 GKG) in voller Höhe. Die Reduzierung nach VV 3101 Nr. 2 greift nicht (siehe Rdn 14).

21 Auch die Einigungsgebühr erhält der Anwalt aus dem Gesamtwert (§ 23 Abs. 1 S. 3, 1 RVG i.V.m. § 39 Abs. 1 GKG) i.H.v. 1,5, und zwar unabhängig davon, ob auch hinsichtlich dieser Gegenstände ein Schlichtungsantrag gestellt worden ist oder hätte gestellt werden können, etwa weil der mitgeeinigte Gegenstand nicht in die Zuständigkeit der Schlichtungsstellen fällt.

> **Beispiel:** Ein Schlichtungsverfahren ist wegen einer Forderung von 500 EUR eingeleitet worden. Die Parteien einigen sich im Termin über die 500 EUR sowie über eine Unterhaltsforderung in Höhe weiterer 400 EUR.
> Obwohl wegen familienrechtlicher Ansprüche ein Schlichtungsverfahren nicht zulässig ist (§ 15a EGZPO), können sich die Parteien hierüber einigen. Der Anwalt erhält also sowohl die Verfahrensgebühr als auch die Einigungsgebühr aus dem Gesamtwert (§§ 23 Abs. 3 S. 3, 1, RVG i.V.m. § 39 Abs. 1 GKG) von 900 EUR.

22 Soweit Gegenstände mit in die Einigung einbezogen werden, die bereits anhängig sind, etwa in einem Rechtsstreit, im Mahnverfahren oder für die auch nur Prozesskostenhilfe beantragt worden ist (Anm. Abs. 1 S. 1 zu VV 1003), so reduziert sich die Einigungsgebühr nach VV 1003 auf 1,0.

23 **cc) Sonstige Gebühren.** Weitere Gebühren außer denen der Nr. 1 und der Einigungsgebühr nach VV 1000 kann der Anwalt im Schlichtungsverfahren nicht verdienen. Verhandlungen und Beweisaufnahmen sind bereits durch die Gebühr nach Nr. 1 abgegolten.

---

[34] Gerold/Schmidt/*Mayer*, RVG, VV 2303 Rn 13.
[35] OLG Celle NdsRpfl 1962, 112 = MDR 1962, 489 = Rpfleger 1964, 197; KG AnwBl 1970, 290 = MDR 1970, 936 = JurBüro 1970, 775; LG Krefeld VersR 1974, 894.

Nur soweit eine neue Angelegenheit beginnt, kommen weitere Gebühren in Betracht, etwa für Beschwerdeverfahren, Anträge auf gerichtliche Entscheidung oder für die Zwangsvollstreckung (siehe Rdn 37 ff.).

b) Gegenstandswert

Für die Berechnung des Gegenstandswertes gilt § 23 Abs. 1 S. 3, 1 i.V.m. den Wertvorschriften des GKG, der ZPO und des GNotKG (in Altfällen gegebenenfalls noch nach der KostO.[36] Maßgebend sind nach §§ 23 Abs. 1 S. 3, 1 RVG i.V.m. § 39 Abs. 1 GKG die Werte sämtlicher Gegenstände, die anhängig waren oder über die eine Einigung erzielt worden ist. Ob für die Bewertung des Gegenstandswertes analog § 40 GKG auf den Zeitpunkt abzustellen ist, in dem der Antrag auf Streitschlichtung bei der Schlichtungsstelle eingeht, erscheint fraglich, da es sich nicht um ein gerichtliches Verfahren handelt. Nachträgliche Werterhöhungen sind m.E. daher zu berücksichtigen.

c) Auslagen, Umsatzsteuer, VV 7000 ff.

Dem Anwalt steht auch ein Anspruch auf Ersatz seiner Auslagen zu. Insbesondere kann er nach VV 7001 f. die Erstattung seiner Telekommunikationskosten verlangen, wahlweise konkret (VV 7001) oder pauschal (VV 7002). Ebenso stehen ihm Dokumentenpauschalen (VV 7000) und Reisekosten (VV 7003 f.) zu, gleichfalls Umsatzsteuer (VV 7008).

3. Anrechnung

a) Anrechnung auf die Geschäftsgebühr der Nr. 1

Ist dem Schlichtungsverfahren eine **Beratung** vorausgegangen, so wird eine Beratungsgebühr gemäß § 34 Abs. 2 auf die Geschäftsgebühr des Schlichtungsverfahrens angerechnet, soweit nichts Abweichendes vereinbart ist.

Ist eine **außergerichtliche Vertretung** vorausgegangen, so wird die Geschäftsgebühr der VV 2300 auf die Geschäftsgebühr nach VV 2303 angerechnet (**VV Vorb. 2.3 Abs. 6 S. 1**). Das gilt auch dann, wenn die Begrenzung nach VV 2301 oder VV 2302 greift. Die Anrechnung ist jedoch auf die Hälfte der zuvor angefallenen Geschäftsgebühr aus VV 2300 begrenzt.

Darüber hinaus darf kein höherer Gebührensatz als 0,75 angerechnet werden (VV Vorb. 2.3 Abs. 6 S. 1). Das gilt auch bei mehreren Auftraggebern.[37] Dies wiederum hat zur Folge, dass von der Geschäftsgebühr der VV 2303 mindestens 0,75 nach Anrechnung verbleiben.

Soweit die Gegenstände von außergerichtlicher Vertretung unterschiedlich sind, wird nur nach dem Wert angerechnet, der in das Schlichtungsverfahren übergegangen ist.

b) Anrechnung der Geschäftsgebühr nach Nr. 1

Kommt es nach dem Güte- oder Schlichtungsverfahren zum Rechtsstreit oder einem anderen gerichtlichen Verfahren nach VV Teil 3, so wird nach VV Vorb. 3 Abs. 4 auch die Geschäftsgebühr nach Nr. 1 auf die Verfahrensgebühr eines nachfolgenden Verfahrens gemäß VV Teil 3 angerechnet.

Da hier gegebenenfalls außergerichtlich mehrere Geschäftsgebühren anfallen können (VV 2300 und VV 2303 Nr. 1), ist angeordnet, dass nur die letzte Geschäftsgebühr, also hier die der Nr. 1, angerechnet wird (VV Vorb. 3 Abs. 4 S. 2). Anzurechnen ist auch hier nur hälftig, höchstens mit einem Gebührensatz von 0,75 (VV Vorb. 3 Abs. 4). Diese Begrenzung kann sich nur bei mehreren Auftraggebern auswirken (siehe Rdn 10). Auch hier wird bei unterschiedlichen Gegenständen nur nach dem Wert angerechnet, der in das gerichtliche Verfahren übergegangen ist (VV Vorb. 3 Abs. 4 S. 4).

---

36 Enders, JurBüro 2000, 114.
37 LG Düsseldorf AGS 2007, 381 = MDR 2007, 1164 = JurBüro 2007, 480 = NZM 2007, 743 = Rpfleger 2007, 629 = RVGreport 2007, 298 = VRR 2007, 399 = RVGprof. 2007, 182; AG Stuttgart AGS 2008, 78 = VRR 2008, 80 = RVGreport 2008, 21 = NJW-Spezial 2008, 61; LG Ulm AGS 2008, 164 = AnwBl 2008, 73.

32 Die im Schlichtungsverfahren entstandenen **Auslagen** bleiben dagegen dem Anwalt ungekürzt erhalten, auch dann, wenn er sie pauschal berechnet, da die Postentgeltpauschale aus dem Gebührenaufkommen vor Anrechnung bemessen wird.[38]

Beispiel: Der Anwalt wird beauftragt, eine Forderung von 400 EUR außergerichtlich geltend zu machen. Anschließend wird das Schlichtungsverfahren nach § 15a EGZPO durchgeführt und hiernach Klage erhoben. Nach mündlicher Verhandlung ergeht ein Urteil.

I. Außergerichtliche Tätigkeit (Wert: 400 EUR)
1.	1,3-Geschäftsgebühr, VV 2300	58,50 EUR
2.	Postentgeltpauschale, VV 7002 (20 % aus 58,50 EUR)	11,70 EUR
	Zwischensumme	70,20 EUR
3.	19 % Umsatzsteuer, VV 7008	13,34 EUR
	Gesamt	**83,54 EUR**

II. Schlichtungsverfahren (Wert: 400 EUR)
1.	1,5-Geschäftsgebühr, VV 2303 Nr. 1	67,50 EUR
2.	gem. VV Vorb. 3 Abs. 6 anzurechnen, 0,65 aus 400,00 EUR	– 29,25 EUR
3.	Postentgeltpauschale, VV 7002 (20 % aus 67,50 EUR)	13,50 EUR
	Zwischensumme	51,75 EUR
4.	19 % Umsatzsteuer, VV 7008	9,83 EUR
	Gesamt	**61,58 EUR**

III. Zweites Gerichtsverfahren (Wert: 400 EUR)
1.	1,3-Verfahrensgebühr, VV 3100	58,50 EUR
2.	gem. VV Vorb. 3 Abs. 4 anzurechnen, 0,75 aus 400 EUR	– 33,75 EUR
3.	1,2-Terminsgebühr, VV 3104	54,00 EUR
4.	Postentgeltpauschale, VV 7002 (20 % aus 58,50 EUR)	11,70 EUR
	Zwischensumme	90,45 EUR
5.	19 % Umsatzsteuer, VV 7008	17,19 EUR
	Gesamt	**107,64 EUR**

33 Wird das Klageverfahren nur wegen **eines Teils der** im Schlichtungsverfahren anhängigen **Forderung** durchgeführt, ist die Verfahrensgebühr der Nr. 1 nur aus diesem Teilwert anzurechnen; angerechnet wird auch hier nur, soweit sich die Gegenstände von Güte- oder Schlichtungsverfahren und nachfolgendem Rechtsstreit decken (VV Vorb. 3 Abs. 4 S. 4).

Beispiel: Das Schlichtungsverfahren wegen einer Forderung von 600 EUR scheitert; es kommt anschließend zum Rechtsstreit über 300 EUR, in dem streitig verhandelt wird.
Der Anwalt erhält:

I. Schlichtungsverfahren (Wert: 600 EUR)
1.	1,5-Geschäftsgebühr, VV 2303 Nr. 1	120,00 EUR
2.	Postentgeltpauschale, VV 7002	20,00 EUR
	Zwischensumme	140,00 EUR
3.	19 % Umsatzsteuer, VV 7008	26,60 EUR
	Gesamt	**166,60 EUR**

II. Rechtsstreit (Wert: 300 EUR)
1.	1,3-Verfahrensgebühr, VV 3100	58,50 EUR
2.	gem. VV Vorb. 3 Abs. 4 anzurechnen, 0,75 aus 300,00 EUR	– 33,75 EUR
3.	1,2-Terminsgebühr, VV 3104	54,00 EUR
4.	Postentgeltpauschale, VV 7002	20,00 EUR
	Zwischensumme	98,75 EUR
5.	19 % Umsatzsteuer, VV 7008	18,76 EUR
	Gesamt	**117,51 EUR**

34 Schließen die Parteien vor der Gütestelle eine Einigung oder einen Vergleich, die aus formalen oder inhaltlichen Gründen nicht vollstreckbar sind, und muss anschließend aus dem Vergleich heraus

---

[38] *Enders*, JurBüro 2000, 115. Zur Berechnung der Auslagenpauschale in Anrechnungsfällen siehe ausführlich *N. Schneider*, ZAP Fach 24, S. 585.

geklagt oder gar ein neues Schlichtungsverfahren betrieben werden, dann stellt dieses Verfahren eine neue Angelegenheit i.S.d. § 15 dar. Eine Anrechnung der Gebühren findet dann nicht statt.[39]

Die Einigungsgebühr der VV 1000 ist niemals anzurechnen.[40]   35

4. Anträge auf gerichtliche Entscheidung

Gegen bestimmte Entscheidungen der Schlichtungsstelle können die Parteien einen Antrag auf gerichtliche Entscheidung stellen (so z.B. gegen einen Ordnungsgeldbeschluss nach § 39 Abs. 6 SchAG NRW). Von der Rechtsnatur her handelt es sich insoweit um Rechtsbehelfe, die der Beschwerde (§ 567 ZPO) vergleichbar sind. Das spricht dafür, dem Anwalt in diesen Verfahren eine Gebühr nach VV 3500 aus dem Wert des Ordnungsgeldverfahrens zuzusprechen, da die Beschwerde eine neue Angelegenheit eröffnet (§ 17 Nr. 1).[41]   36

Soweit Einwendungen gegen den Kostenansatz erhoben werden (z.B. § 49 SchAG NRW), dürfte VV 3500 anzuwenden sein, so dass der Anwalt auch hier eine zusätzliche 0,5-Gebühr aus dem Kostenwert erhält.   37

5. Zwangsvollstreckung

Wird vor einer der in Nr. 1 genannten Stellen eine Einigung protokolliert, so kann hieraus gegebenenfalls die Zwangsvollstreckung betrieben werden (§ 794 Abs. 1 Nr. 1 ZPO; § 13 SchlG BW; § 1 GüSchlG NRW; Art. 18 BaySchlG). Der Anwalt erhält für die Vollstreckung dann die Gebühren nach den VV 3309 f. ebenso wie bei einer gewöhnlichen Vollstreckung.[42]   38

Die Beschaffung der vollstreckbaren Ausfertigung zählt auch hier noch zur Instanz (§ 19 Abs. 1 S. 2 Nr. 13) und löst noch keine Vollstreckungsgebühr aus.   39

6. Die Gebühren des nachfolgenden Rechtsstreits

Im nachfolgenden Rechtsstreit entstehen die Gebühren der VV 3100 ff. Abgesehen von der Anrechnung nach VV Vorb. 3 Abs. 4 hat das Verfahren nach Nr. 1 keinen Einfluss auf die Gebühren des nachfolgenden Verfahrens vor dem Zivilgericht.   40

Fraglich ist, ob für die **Streitwertfestsetzung** nach § 40 GKG auf den **Zeitpunkt** der Klageerhebung oder den des Schlichtungsantrags abzustellen ist. Zutreffend dürfte es sein, auf die Klageerhebung abzustellen, da es sich bei dem Schlichtungsverfahren um eine außergerichtliche Tätigkeit handelt und hierfür § 40 GKG nicht gilt. Wesentliche Bedeutung dürfte dieser Frage jedoch nicht zukommen.   41

Häufig wird es vorkommen, dass ein Anwalt (insbesondere ein auswärtiger Anwalt aus einem anderen Bundesland) in Unkenntnis des jeweiligen Landesrechts die Klage einreicht, ohne zuvor ein Schlichtungsverfahren betrieben zu haben. Da nach Klageerhebung die Nachholung des Schlichtungsverfahrens nicht möglich ist,[43] bleibt in diesem Fall nichts anderes übrig, als die Klage zurückzunehmen und nach Scheitern des Schlichtungsverfahrens erneut einzureichen. Es handelt sich dann bei Erst- und Zweitklage um zwei verschiedene Angelegenheiten, so dass die Gebühren ein zweites Mal entstehen.[44] Es findet auch keine Anrechnung der Verfahrensgebühr (VV 3100) auf das nachfolgende Schlichtungsverfahren statt.   42

---

39 OLG München JurBüro 1995, 85.
40 *Enders*, JurBüro 2000, 115.
41 Gerold/Schmidt/*Mayer*, RVG, VV 2303 Rn 15.
42 Gerold/Schmidt/*Mayer*, RVG, VV 2303 Rn 15.
43 BGH AnwBl 2005, 292 = BGHZ 161, 145 = WuM 2005, 64 = EBE/BGH 2005, 12 = NJW 437 m. Anm. *Rimmelspacher* = FamRZ 2005, 264 = JZ 2005, 208 = NZM 2005, 154 = MDR 2005, 285 m. Anm. *Jordans* = BGHR 2005, 387 m. Anm. *Wesche* = ZMR 2005, 181 = VersR 2005, 708 = ZKM 2005, 137 = JR 2005, 458 m. Anm. *Friedrich* = Info M 2004, Nr. 5, 11 m. Anm. *Hannemann*; EBE/BGH 2005, BGH-Ls 44/05 = ZIP 2005, 276 = DAR 2005, 80 = Mietrecht kompakt 2005, 37 = MietRB 2005, 90 m. Anm. *N. Schneider* = Prozessrecht aktiv 2005, 67 = ProzRB 2005, 141 m. Anm. *Moehren* = JA 2005, 680.
44 OLG Hamm AnwBl 1978, 425 = JurBüro 1978, 1655.

Beispiel: Der Anwalt reicht eine Klage über 400 EUR vor dem AG ein. Auf gerichtlichen Hinweis nimmt er die Klage zurück und leitet dann ein Schlichtungsverfahren ein. Nach dessen Scheitern wird erneut Klage erhoben und hierüber verhandelt. Die Vergütung berechnet sich wie folgt:

I. Erstes Gerichtsverfahren (Wert: 400 EUR)
1. 1,3-Verfahrensgebühr, VV 3100 — 58,50 EUR
2. Postentgeltpauschale, VV 7002 (20 % aus 58,50 EUR) — 11,70 EUR
   Zwischensumme — 70,20 EUR
3. 19 % Umsatzsteuer, VV 7008 — 13,34 EUR
Gesamt — 83,54 EUR

II. Schlichtungsverfahren (Wert: 400 EUR)
1. 1,5-Geschäftsgebühr, VV 2303 Nr. 1 — 67,50 EUR
2. Postentgeltpauschale, VV 7002 — 13,50 EUR
   Zwischensumme — 81,00 EUR
3. 19 % Umsatzsteuer, VV 7008 — 15,39 EUR
Gesamt — 96,39 EUR

III. Zweites Gerichtsverfahren (Wert: 400 EUR)
1. 1,3-Verfahrensgebühr, VV 3100 — 58,50 EUR
2. gem. VV Vorb. 3 Abs. 4 anzurechnen, 0,75 aus 400 EUR — – 33,75 EUR
3. 1,2-Terminsgebühr, VV 3104 — 54,00 EUR
4. Postentgeltpauschale, VV 7002 (20 % aus 100 EUR) — 20,00 EUR
   Zwischensumme — 98,75 EUR
5. 19 % Umsatzsteuer, VV 7008 — 18,76 EUR
Gesamt — 117,51 EUR

43 Der Anwalt, der die Klage ohne vorheriges Schlichtungsverfahren eingereicht hat, wird sich in diesem Fall seinem Mandanten schadensersatzpflichtig gemacht haben und keine Kosten für das erste Klageverfahren liquidieren können. Darüber hinaus wird er den Mandanten von der Kostenerstattung an die Gegenseite (§ 269 Abs. 3 ZPO) und den Gerichtskosten freistellen müssen.

7. Kostenerstattung

a) Kostenerstattung im Schlichtungsverfahren

44 Eine Kostenentscheidung in Schlichtungsverfahren ist nicht vorgesehen. Daher kommt insoweit eine Kostenerstattung auch nicht in Betracht (ausdrücklich: § 20 Abs. 1 SchlG BW). Lediglich dann, wenn die Parteien vor der Schlichtungsstelle eine **Einigung** schließen, können sie sich über die zu ersetzenden Kosten anderweitig einigen (z.B. § 20 Abs. 2 SchlG BW).

45 Haben die Parteien eine Einigung geschlossen, ohne dass darin auch eine Vereinbarung über die Kosten enthalten ist, so gilt in NRW in den Verfahren vor den Schiedsämtern nach § 42 Abs. 3 SchAG NRW, dass die Kosten des Schlichtungsverfahrens jede Partei zur Hälfte trägt (Gedanke des § 98 ZPO). Für die Verfahren vor anderen Schlichtungsstellen wird man diese Regelung übertragen können, soweit die jeweiligen Schlichtungs- und Kostenordnungen keine entsprechende Regelung enthalten.

b) Kostenerstattung im nachfolgenden Verfahren

46 aa) Verfahrenskosten. Kommt es nach dem Verfahren der Nr. 1 zum Rechtsstreit, so werden die Kosten des Verfahrens nach § 91 Abs. 3 ZPO zu den Kosten des Rechtsstreits i.S.d. § 91 Abs. 1 und 2 ZPO und sind zu erstatten.[45] Dieselbe Rechtsfolge ergibt sich für das Schlichtungsverfahren nach § 15 EGZPO aus § 15a Abs. 4 EGZPO. Soweit in dem Rechtsstreit eine Kostenentscheidung ergeht oder ein Vergleich über die Kosten getroffen wird, sind also auch die Kosten des vorangegangenen Verfahrens entsprechend zu erstatten und festzusetzen.

47 Werden die Kosten des nachfolgenden Rechtsstreits gegeneinander aufgehoben (§ 92 Abs. 2 ZPO), so trägt jede Partei ihre eigenen Kosten selbst; nur die Gerichtskosten werden geteilt. Zu diesen

---
[45] *Enders*, JurBüro 2000, 115.

Gerichtskosten zählen nicht die im Verfahren nach Nr. 1 angefallenen Gebühren. Nach der Legaldefinition des GKG (§ 1 Abs. 1 GKG) sind Gerichtskosten nur „Gebühren und Auslagen nach diesem Gesetz". Da sich die Gebühren in den Verfahren nach Nr. 1 jedoch nicht nach dem GKG richten, sondern nach landesrechtlichen Vorschriften, fallen sie nicht unter die Gerichtskosten. Es handelt sich insoweit um Parteiauslagen, ähnlich wie die Kosten der Zustellung einer einstweiligen Verfügung oder die Kosten eines von der Partei gestellten Zeugen, die jede Partei selbst trägt.

Soll auch insoweit eine Teilung der Kosten stattfinden, muss dies vom Gericht entweder in der Kostenentscheidung ausdrücklich angeordnet oder von den Parteien einvernehmlich geregelt werden. 48

bb) Erstattung der Anwaltskosten. Eine Erstattung der in den Verfahren nach Nr. 1 angefallenen Anwaltskosten soll nach ganz h.M. nicht in Betracht kommen, es sein denn die Parteien haben die Erstattung z.B. in einem Vergleich vereinbart.[46] Dies wird aus den gleich lautenden Formulierungen in § 91 Abs. 3 ZPO und § 15a Abs. 4 EGZPO gefolgert. Dort heißt es nur, dass die „Kosten der Gütestelle" zu den Prozesskosten nach § 91 Abs. 1 und 2 ZPO zählen. Von den außergerichtlichen Kosten der Parteien ist dort nicht die Rede. Die im Schlichtungsverfahren angefallenen Anwaltskosten, so das OLG Hamm,[47] seien Teil eines besonderen Vorverfahrens, das nicht dem nachfolgenden Gerichtsverfahren zuzuordnen sei. So würden in § 91 Abs. 2 ZPO ausdrücklich nur die durch ein solches Verfahren bei der Gütestelle entstandenen Gebühren den Kosten des Rechtsstreits i.S.d. § 91 Abs. 1 und 2 ZPO zugeordnet. Einer solchen Regelung hätte es nicht bedurft, wäre das Güteverfahren sowieso Teil des gerichtlichen Verfahrens und damit auch die dort erwachsenen Anwaltskosten. Die Erstattungsfähigkeit dieser Kosten würde sich in diesem Fall bereits insgesamt aus § 91 Abs. 1 und 2 ZPO ergeben.[48] Gegen die Einbeziehung der Anwaltskosten in die Kosten des nachfolgenden Rechtsstreits spreche zudem Sinn und Zweck des Güteverfahrens. Damit solle den Parteien die Möglichkeit eingeräumt werden, ihren Streit ohne Inanspruchnahme eines Gerichts in einem relativ frühen Stadium einvernehmlich beizulegen. Die Hinzuziehung eines Anwalts in diesem Verfahren sei daher ähnlich wie im Prozesskostenhilfeverfahren nicht notwendig.[49] Daher kämen Erstattungsansprüche nur aus materiellem Recht (etwa Verzug oder Delikt) in Betracht, die aber wiederum nicht Gegenstand eines Kostenfestsetzungsverfahrens sein können. 49

Zutreffend dürfte es wohl sein, eine Erstattung der Anwaltskosten zu bejahen. Auf § 15a EGZPO oder § 91 Abs. 3 ZPO kommt es insoweit gar nicht an, da die Anwaltskosten jedenfalls als notwendige Vorbereitungskosten gemäß § 91 Abs. 2 ZPO erstattungsfähig sind.[50] Die Durchführung des Verfahrens nach Nr. 1 vor Klageerhebung ist gesetzlich vorgeschrieben und damit notwendig i.S.d. § 91 Abs. 1 ZPO. Die Hinzuziehung eines Anwalts muss daher auch in diesen Fällen nach § 91 Abs. 2 ZPO erstattungsfähig sein.

Gleiches muss aber auch bei Güteverfahren gelten, die freiwillig sind. Solche Verfahren dienen der Prozessvermeidung. Bemüht sich aber eine Partei darum, den Rechtsstreit zu vermeiden, indem sie zuvor eine Gütestelle in Anspruch nimmt, dann wäre es unbillig, ihr die Erstattung der Kosten im nachfolgenden Rechtsstreit zu versagen, wenn das Güteverfahren keinen Erfolg gehabt hat,[51] weil ein solcher Schlichtungsversuch unter dem Gesichtspunkt einer kostensparenden Prozessführung zur zweckentsprechenden Rechtsverfolgung nicht notwendig sei. 50

Erstattungsfähig sind aufgrund der Anrechnungsvorschrift nur die Kosten **eines** Anwalts. Wechselt der Mandant den Anwalt nach dem Verfahren, so kann er die hiermit verbundenen Mehrkosten nicht 51

---

46 OLG Hamm AGS 2007, 429 = JurBüro 2007, 489 = OLGR 2007, 672; LG München I Rpfleger 1997, 408; Baumbach/Lauterbach/*Hartmann*, ZPO, § 91 Rn 43; Stein/Jonas/*Bork*, ZPO, § 91 Rn 43; Gerold/Schmidt/*Mayer*, RVG, VV 2303 Rn 16.

47 OLG Hamm AGS 2007, 429 = JurBüro 2007, 489 = OLGR 2007, 672.

48 So auch OLG Hamburg, MDR 2002, 115 m. zahlreichen w. Nachw.

49 OLG Hamm AGS 2007, 429 = JurBüro 2007, 489 = OLGR 2007, 672.

50 OLG Köln zfs 2010, 45 = Rpfleger 2010, 164 = MDR 2010, 295 =JurBüro 2010, 206 = NJW-RR 2010, 431 = RVGreport 2010, 191; OLG Karlsruhe AGS 2009, 98;

LG Freiburg AGS 2009, 99 m. Anm. *Winkler*; BayObLG AGS 2004, 410 = RVGreport 2004, 353 = BayObLGZ 2004, 169 = BayObLGZ 2004, Nr. 35 = MDR 2004, 1263 = JurBüro 2004, 598 m. Anm. *Enders* = ZKM 2004, 281 m. Anm. *Wagner* = MittBayNot 2005, 73 = NJW-RR 2005, 724 = Rpfleger 2004, 652 = BayObLGR 2004, 402 = BauR 2004, 1835 = MittdtschPatAnw 2005, 394; AG Schwäbisch-Gmünd AGS 2010, 45 = NJW 2009, 3441; LG Freiburg AGS 2009, 99. *Enders*, JurBüro 2000, 116; Zöller/*Gummer*, § 15a EGZPO Rn 26.

51 A.A. LG Mönchengladbach JurBüro 2003, 207 = AnwBl 2003, 313.

erstattet verlangen. Nur in den Fällen des notwendigen Anwaltswechsels (siehe § 6 Rdn 32 ff.) wird ausnahmsweise die Gebühr der Nr. 1 neben der der VV 3100 erstattungsfähig sein. Die Situation ist hier anders zu beurteilen als bei einem Anwaltswechsel zwischen einer gewöhnlichen außergerichtlichen Tätigkeit und dem nachfolgenden Rechtsstreit,[52] da hier die außergerichtliche Tätigkeit zwingende prozessuale Voraussetzung ist und die Geschäftsgebühr der VV 2303 – im Gegensatz zu der der VV 2300 – festgesetzt werden kann.[53]

52 Nach OLG Frankfurt[54] ist allerdings die Notwendigkeit der Einleitung eines Schlichtungsverfahrens zu prüfen. Das Gericht hält die Durchführung eines nicht obligatorischen Güteverfahrens für nicht zweckmäßig, wenn der Anwalt daneben auch außergerichtlich tätig ist, etwa indem er ein außergerichtliches Aufforderungsschreiben verschickt.

8. Prozesskostenhilfe

53 Eine Prozesskostenhilfebewilligung in den Verfahren nach Nr. 1 kommt nicht in Betracht, da es sich nicht um ein gerichtliches Verfahren handelt. Der Mandant kann hier allenfalls Beratungshilfe erhalten.[55]

9. Beratungshilfe

54 Für die anwaltliche Vertretung im Schlichtungsverfahren kann Beratungshilfe bewilligt werden.[56] Der Anwalt erhält eine Geschäftsgebühr nach VV 2503. Eine Differenzierung wie bei den Wahlanwaltsgebühren VV 2300/VV 2303 ist im Bereich der Beratungshilfe nicht vorgesehen.

55 Wird der Anwalt zunächst mit der außergerichtlichen Vertretung beauftragt und anschließend mit der Durchführung des Schlichtungsverfahrens, handelt es sich auch hier um zwei verschiedene Angelegenheiten (§ 17 Nr. 7), so dass der Anwalt die Gebühr nach VV 2503 zwei Mal erhält.

56 Im Gegensatz zu VV Vorb. 2.3 Abs. 4 (bislang Anm. zu VV 2305) ist in diesem Fall eine Anrechnung nicht vorgesehen (Anm. Abs. 2 zu VV 2503). Das Schlichtungsverfahren ist weder ein gerichtliches noch ein behördliches Verfahren. Man wird hier auch nicht von einer Regelungslücke ausgehen können, da alle anderen Anrechnungsfälle ausdrücklich erwähnt sind. Die Nichtanrechnung dürfte hier vielmehr der Ausgleich dafür sein, dass hier ohnehin nur geringe Gebühren vorgesehen sind.

Beispiel: Der Anwalt wird beauftragt, eine Forderung von 400 EUR außergerichtlich geltend zu machen. Anschließend wird das Schlichtungsverfahren nach § 15a EGZPO durchgeführt und hiernach Klage erhoben. Nach mündlicher Verhandlung ergeht ein Urteil. Für die außergerichtliche Vertretung und das Schlichtungsverfahren war Beratungshilfe bewilligt worden, für den Rechtsstreit Prozesskostenhilfe. Der Anwalt erhält die Gebühr der VV 2503 nebst Auslagen zweimal (§ 17 Nr. 7), und zwar ohne Anrechnung. Hinzu kommen die Gebühren nach VV 3100 ff. aus den Werten des § 49, die in dieser Gebührenstufe identisch mit den Wahlanwaltsgebühren sind, so dass es auf § 58 Abs. 2 nicht ankommt.

I. Außergerichtliche Tätigkeit
1. Geschäftsgebühr, VV 2503   85,00 EUR
2. Postentgeltpauschale, VV 7002   17,00 EUR
   Zwischensumme   102,00 EUR
3. 19 % Umsatzsteuer, VV 7008   19,38 EUR
   Gesamt   **121,38 EUR**

II. Schlichtungsverfahren
1. Geschäftsgebühr, VV 2503   85,00 EUR
2. Postentgeltpauschale, VV 7002   17,00 EUR

---

52 Vgl. OLG Koblenz AGS 2009, 166 = OLGR 2009, 425 = JurBüro 2009, 309 = NJW-Spezial 2009, 219 = FamRZ 2009, 1244; OLG München AGS 2009, 164 = OLGR 2009, 455 = JurBüro 2009, 477 = RVGreport 2009, 112 = AnwBl 2009, 311 = NJW 2009, 1220.
53 Zur vergleichbaren Lage im Verwaltungsrechtsstreit: VGH Baden-Württemberg AGS 2011, 465 = NVwZ-RR 2011, 384 = NJW-Spezial 2011, 477 = DÖV 2011, 455.
54 AGS 2013, 538 = RVGreport 2014, 27 = NJW-Spezial 2014, 220.
55 AG Nürnberg JurBüro 2002, 147; Zöller/*Gummer*, § 15a EGZPO Rn 26.
56 AG Nürnberg JurBüro 2002, 147; Zöller/*Gummer*, § 15a EGZPO Rn 26.

Zwischensumme	102,00 EUR	
3. 19 % Umsatzsteuer, VV 7008		19,38 EUR
Gesamt		**121,38 EUR**

III. Rechtsstreit (Wert: 400 EUR)

1. 1,3-Verfahrensgebühr, VV 3100		58,50 EUR
2. gem. Vorb. 2.3 Abs. 6 anzurechnen, 0,65 aus 400 EUR		– 29,25 EUR
3. 1,2-Terminsgebühr, VV 3104		54,00 EUR
4. Postentgeltpauschale, VV 7002 (20 % aus 58,50 EUR)		11,70 EUR
Zwischensumme	94,95 EUR	
5. 19 % Umsatzsteuer, VV 7008		18,04 EUR
Gesamt		**112,99 EUR**

10. Vergütungsfestsetzung

Die Gebühren der Nr. 1 sind nach § 11 Abs. 1 festsetzbar, wenn es anschließend zum Rechtsstreit kommt. Zwar handelt es sich insoweit nicht um die Vergütung, die im Rechtsstreit vor dem Prozessgericht entstanden ist. Das ist jedoch unerheblich. Auch sonstige Vergütungen, die nicht vor dem Prozessgericht entstanden sind, können nämlich festgesetzt werden, wenn die Vergütung „im Rahmen des gerichtlichen Verfahrens" entstanden ist.[57] So sind z.B. auch die Kosten eines Verwaltungsvorverfahrens oder die eines Schlichtungsverfahrens nach § 111 Abs. 2 ArbGG[58] festsetzbar; für das Schlichtungsverfahren nach § 15a EGZPO kann nichts anderes gelten. Insoweit kann auf die Rspr. zur Kostenfestsetzung (siehe Rdn 44 ff.) Bezug genommen werden. 57

Eine Festsetzung nach § 11 Abs. 1 kommt allerdings dann nicht in Betracht, wenn es nicht zum Rechtsstreit gekommen ist. Endet die Tätigkeit des Anwalts mit Abschluss des Schlichtungsverfahrens, so ist mangels eines gerichtlichen Verfahrens die Vergütung nicht nach § 11 Abs. 1 festsetzbar.[59] Der Anwalt muss hier ein Mahnverfahren einleiten oder Klage erheben. 58

11. Rechtsschutzversicherung

Die Tätigkeit des Anwalts ist, soweit Deckungsschutz besteht, im Rahmen der Rechtsschutzversicherung stets mitversichert, da es sich insoweit um die gesetzliche Vergütung handelt (§ 5 Abs. 1 Nr. 1 ARB 1994 und 2000 = § 2 Abs. 1 ARB 1975).[60] 59

II. Verfahren vor einem Ausschuss nach § 111 Abs. 2 ArbGG (Nr. 2)

1. Allgemeines

Nach **§ 111 Abs. 2 ArbGG** können zur Beilegung von **Streitigkeiten** zwischen Ausbildenden und Auszubildenden **aus** einem bestehenden **Berufsausbildungsverhältnis** im Bereich des Handwerks die Handwerksinnungen, im Übrigen die zuständigen Stellen i.S.d. Berufsbildungsgesetzes Ausschüsse bilden, denen Arbeitgeber und Arbeitnehmer in gleicher Zahl angehören müssen. Der Ausschuss hat die Parteien mündlich zu hören. Wird der von ihm gefällte Spruch nicht innerhalb einer Woche von beiden Parteien anerkannt, so kann binnen zwei Wochen nach ergangenem Spruch Klage beim zuständigen Arbeitsgericht erhoben werden. Der Klage muss in allen Fällen die Verhandlung vor dem Ausschuss vorangegangen sein. Aus Vergleichen, die vor dem Ausschuss geschlossen worden sind, und aus Sprüchen des Ausschusses, die von beiden Seiten anerkannt worden sind, findet die Zwangsvollstreckung statt. 60

---

[57] Gerold/Schmidt/*Mayer*, RVG, § 11 Rn 81 ff.
[58] LAG Hamm JurBüro 1989, 197 = AnwBl 1989, 625; Gerold/Schmidt/*Mayer*, RVG, § 11 Rn 81 ff.
[59] OLG München Rpfleger 1994, 316 (Patentamt).
[60] OLG Düsseldorf, Urt. v. 27.6.2014 – 4 U 222/12; Urt. v. 27.6.2014 – 4 U 3/13.

2. Regelungsgehalt

61 Bei der Tätigkeit vor einem Ausschuss nach § 111 Abs. 2 ArbGG handelt es sich um eine außergerichtliche Tätigkeit. **Nr. 2** bestimmt die Höhe der für die Tätigkeit des Rechtsanwalts in Verfahren vor einem Ausschuss nach § 111 Abs. 2 ArbGG anfallenden Geschäftsgebühr. Danach erhält der Rechtsanwalt eine **1,5-Geschäftsgebühr**. Diese wird ihm nach VV Vorb. 2.3 Abs. 3 für das Betreiben des Geschäfts einschließlich der Information und für das Mitwirken bei der Gestaltung eines Vertrags gewährt; auf die dortigen Erläuterungen wird verwiesen. Die Geschäftsgebühr nach Nr. 2 ist eine **Festgebühr**.

3. Erstattungsfragen

62 Nach der **VV Vorb. 2.3 Abs. 6** ist eine wegen desselben Gegenstandes entstandene **Geschäftsgebühr nach VV 2300** auf die Geschäftsgebühr nach Nr. 2 **anzurechnen**. Anzurechnen ist die Hälfte der nach VV 2300 entstandenen Geschäftsgebühr nach dem Wert des Gegenstandes, der in das Verfahren vor einem Ausschuss nach § 111 Abs. 2 ArbGG übergegangen ist, jedoch höchstens mit einem Gebührensatz von 0,75.

> **Beispiel 1:** Ein Rechtsanwalt betreibt für einen Ausbildenden die außerordentliche Kündigung eines Ausbildungsverhältnisses. Im Rahmen des ihm übertragenen Mandates ist er zur außerordentlichen Kündigung des Ausbildungsverhältnisses bevollmächtigt. Er formuliert und begründet daraufhin die außerordentliche Kündigung und stellt diese zu. Der Auszubildende ruft den Ausschuss nach § 111 Abs. 2 ArbGG an. Der Gegenstandswert für das Betreiben des Geschäfts der fristlosen Kündigung des Ausbildungsverhältnisses und die Tätigkeit vor dem Ausschuss nach § 111 Abs. 2 ArbGG ist identisch. In dem Verfahren vor diesem Ausschuss wird der Rechtsanwalt wiederum für den Ausbildenden tätig.
> Für das Betreiben des Geschäfts der fristlosen Kündigung des Ausbildungsverhältnisses erhält der Rechtsanwalt nach VV 2300 eine 1,3-Geschäftsgebühr. Für seine Tätigkeit vor dem Ausschuss nach § 111 Abs. 2 ArbGG erhält der Rechtsanwalt nach VV 2303 Nr. 2 eine 1,5-Geschäftsgebühr. Die 1,3-Geschäftsgebühr nach VV 2300 wird nach der VV Vorb. 2.3 Abs. 6 zur Hälfte, also zu 0,65 auf die Geschäftsgebühr nach VV 2303 angerechnet. Der Rechtsanwalt erhält daher nach VV 2300 eine 1,3-Geschäftsgebühr und nach VV 2303 Nr. 2 eine 0,85-Geschäftsgebühr.

> **Beispiel 2:** Sachverhalt wie in Beispiel 1. Der Rechtsanwalt erhält aber nach VV 2300 eine 2,0-Geschäftsgebühr und der Gegenstandswert für das Betreiben des Geschäfts der fristlosen Kündigung des Ausbildungsverhältnisses beträgt 3.000 EUR, derjenige für die Tätigkeit vor dem Ausschuss nach § 111 Abs. 2 ArbGG 1.500 EUR.
> In diesem Fall erhält der Rechtsanwalt zunächst nach VV 2300 eine 2,0-Geschäftsgebühr aus dem Gegenstandswert von 3.000 EUR. Nach der VV Vorb. 2.3 Abs. 6 wird diese Geschäftsgebühr zur Hälfte, jedoch höchstens zu 0,75, und nur nach dem Gegenstandswert, der in das Verfahren vor dem Ausschuss nach § 111 Abs. 2 ArbGG übergegangen ist, auf die Geschäftsgebühr nach VV 2303 angerechnet. Der Rechtsanwalt erhält daher neben der 2,0-Geschäftsgebühr aus dem Gegenstandswert i.H.v. 3.000 EUR nach VV 2300 eine 0,75-Geschäftsgebühr nach VV 2303 Nr. 2 aus einem Gegenstandswert i.H.v. 1.500 EUR.

63 Nach VV Vorb. 3 Abs. 4 sind nach VV 2300 bis 2303 wegen desselben Gegenstandes entstandene Geschäftsgebühren auf die Verfahrensgebühr für ein nachfolgendes gerichtliches Verfahren anzurechnen. Die Anrechnung erfolgt zur Hälfte, jedoch höchstens mit einem Gebührensatz von 0,75. Sind mehrere Gebühren entstanden, ist für die Anrechnung die zuletzt entstandene Gebühr maßgebend. Die Anrechnung erfolgt nach dem Wert des Gegenstandes, der in das gerichtliche Verfahren übergegangen ist.

> **Beispiel 3:** Sachverhalt wie in Beispiel 1. Der Spruch des Ausschusses nach § 111 Abs. 2 ArbGG wird vom Auszubildenden nicht anerkannt. Er erhebt binnen zwei Wochen Klage zum Arbeitsgericht. Der Rechtsanwalt des Ausbildenden wird auch vor dem Arbeitsgericht für den Ausbildenden tätig. Der Gegenstandswert für die Tätigkeit vor dem Arbeitsgericht entspricht dem Gegenstandswert für das Betreiben des Geschäftes der fristlosen Kündigung des Ausbildungsverhältnisses sowie für die Tätigkeit vor dem Ausschuss nach § 111 Abs. 2 ArbGG.
> Der Rechtsanwalt erhält im Verfahren erster Instanz vor dem Arbeitsgericht nach VV 3100 eine 1,3-Verfahrensgebühr. Da sowohl eine Geschäftsgebühr nach VV 2300 als auch eine Geschäftsgebühr nach VV 2303 entstanden sind, ist für die Anrechnung auf die Verfahrensgebühr nach VV Vorb. 3 Abs. 4 S. 2 die zuletzt entstandene Gebühr maßgebend. Dies ist die 0,85-Geschäftsgebühr nach VV 2303. Diese wird zur Hälfte, also zu 0,425, auf die Verfahrensgebühr angerechnet. Der Rechtsanwalt erhält für seine Tätigkeit vor dem Arbeitsgericht damit eine 0,875-Verfahrensgebühr nach VV 3100.

Beispiel 4: Sachverhalt wie Beispiel 2. Der Auszubildende akzeptiert den Spruch des Ausschusses nach § 111 Abs. 2 ArbGG nicht. Er erhebt binnen zwei Wochen Klage zum Arbeitsgericht. Der Rechtsanwalt des Ausbildenden wird für den Ausbildenden auch vor dem Arbeitsgericht tätig. Der Gegenstandswert für die Tätigkeit vor dem Arbeitsgericht beträgt 1.000 EUR.
Der Rechtsanwalt erhält nach VV 3100 eine 1,3-Verfahrensgebühr für eine Tätigkeit vor dem Arbeitsgericht aus dem Gegenstandswert i.H.v. 1.000 EUR. Auf diese Verfahrensgebühr wird wiederum, nachdem die Geschäftsgebühren nach VV 2300 und nach VV 2303 entstanden sind, die 0,75-Geschäftsgebühr nach VV 2303 zur Hälfte (0,375) angerechnet. Eine Anrechnung erfolgt allerdings nur nach dem Gegenstandswert des Arbeitsgerichtsverfahrens, also nach dem Gegenstandswert i.H.v. 1.000 EUR. Der Rechtsanwalt erhält daher eine 0,925-Verfahrensgebühr nach VV 3100 aus einem Gegenstandswert i.H.v. 1.000 EUR.

Eine Erstattung der Rechtsanwaltskosten für die unterliegende Partei hat bereits wegen § 12a Abs. 1 S. 1 ArbGG, der dies ausschließt, auszuscheiden. 64

III. Verfahren vor dem Seemannsamt (Nr. 3)

Die Zuständigkeit der **Seemannsämter**, nach dem SeemannsG in verschiedenen Arbeitssachen **eine vorläufige Regelung** zu treffen, ist weggefallen. Das Seearbeitsgesetz weist der Berufsgenossenschaft Verkehr neben der Zuständigkeit, über die Seediensttauglichkeit der Seeleute zu entscheiden (§§ 11 ff. SeeArbG), auch Zuständigkeiten im Beschwerdeverfahren (§§ 127 f. SeeArbG) zu. Die Berufsgenossenschaft hat dabei sicherzustellen, dass Beschwerden von Besatzungsmitgliedern jederzeit entgegengenommen und untersucht werden und ihnen nach Möglichkeit abgeholfen wird (§ 128 Abs. 7 SeeArbG). Ein obligates Schlichtungsverfahren ist nicht mehr vorgesehen. Der Regelung fehlt der Anwendungsbereich. 65

Wird der Rechtsanwalt in solchen Verfahren tätig, erhält er vielmehr eine Geschäftsgebühr nach VV 2300 aus einem Gebührenrahmen von 0,5 bis 2,5. Trotz der Zuständigkeit der BG Verkehr handelt es sich nicht um eine Angelegenheit i.S.v. § 3, so dass keine Betragsrahmengebühr entsteht. 66

IV. Verfahren vor sonstigen gesetzlich eingerichteten Einigungsstellen, Gütestellen und Schiedsstellen (Nr. 4)

Der Tatbestand der Nr. 4, der durch das 2. KostRMoG keine Änderung erfahren hat, erfasst die Verfahren vor sonstigen „**gesetzlich eingerichteten**" Einigungsstellen, Gütestellen und Schiedsstellen, also soweit sie nicht schon unter Nr. 1 bis 3 fallen. Ob eine derartige „gesetzlich eingerichtete" Stelle öffentlich-rechtlich oder privatrechtlich betrieben wird, ist für den Tatbestand des Nr. 4 irrelevant. Maßgeblich ist vielmehr, ob die Stelle durch ein Gesetz oder aufgrund einer in einem Gesetz enthaltenen Ermächtigung eingerichtet worden ist.[61] Von der Regelung in Nr. 4 ist u.a. erfasst die Tätigkeit des Rechtsanwalts im: 67
– Verfahren vor der Schiedsstelle für Urheberrechtsfälle beim Deutschen Patentamt,[62]
– Verfahren bei den von den Industrie- und Handelskammern eingerichteten Einigungsstellen nach § 15 UWG,
– Verfahren vor den Schiedsämtern,
– Verfahren vor den Schiedsstellen nach § 14 WahrnG,[63] jetzt § 124 VGG,
– Verfahren vor Einigungsstellen nach §§ 39 ff. des Gesetzes über die Erstreckung von gewerblichen Schutzrechten,
– Verfahren vor der bei der Bundesrechtsanwaltskammer eingerichteten Schlichtungsstelle der Rechtsanwaltschaft nach § 119f BRAO,
– Verfahren vor der Schlichtungsstelle nach § 111b EnWG,
– Verfahren vor der Schiedsstelle für Ansprüche gegen den Entschädigungsfonds nach § 14 Nr. 3a PflVG,
– Verfahren vor der Schiedsstelle nach § 78g SGB VIII,
– Verfahren vor der Schiedsstelle nach § 76 SGB XI,

---

61 Gerold/Schmidt/*Mayer*, RVG, VV 2303 Rn 7; *Hartmann*, Kostengesetze, RVG, § 17 Rn 33; OLG Karlsruhe JurBüro 1985, 236 = KostRsp. BRAGO § 65 Nr. 2.
62 OLG München Rpfleger 1994, 316.
63 OLG München Rpfleger 1994, 316.

- Verfahren vor der Schiedsstelle Qualitätssicherung nach § 113b SGB XI,
- Verfahren vor der Schiedsstelle nach §§ 77 Abs. 1 S. 3, 80 SGB XII,
- Verfahren vor der Schiedsstelle (Bundesverwaltungsamt) nach § 108 SGB XII,
- Verfahren vor der Schiedsstelle nach § 18a Abs. 1 KHG und § 13 KHEntgG,
- Einigungsstellenverfahren nach § 76a BetrVG,[64]
- Einigungsstellenverfahren nach § 112 BetrVG.[65]

68 Nicht hierzu zählen:
- das Verfahren vor der Gutachterkommission bei der Landeszahnärztekammer oder bei der ärztlichen Schlichtungsstelle,[66] da diese Gutachterkommission keine gesetzlich eingerichtete Güte- oder Schiedsstelle i.S.v. VV 2303 darstellt;[67] es gilt die VV 2300;
- Verfahren vor einer kirchlichen Vermittlungsstelle, deren Anrufung vor Beschreiten des Rechtsweges rein arbeitsvertraglich vereinbart ist;[68]
- das Verfahren vor dem Integrationsamt nach den §§ 85 ff. SGB IX; es gilt die VV 2300; der Gegenstandswert richtet sich nach dem Regelstreitwert von 5.000 EUR;[69]
- die Güteverhandlung vor dem Vorsitzenden nach § 54 ArbGG; es gelten die VV 3100 ff.

69 Der Anwalt erhält auch in diesen Verfahren eine 1,5-Geschäftsgebühr. Hinsichtlich der weiteren Einzelheiten zur Vergütung in diesen Verfahren kann auf die Ausführungen zu Nr. 1 Bezug genommen werden (siehe Rdn 8 ff.).

Abschnitt 4. Vertretung in bestimmten Angelegenheiten

Aufgehoben.

Abschnitt 5. Beratungshilfe

Vorbemerkung zu Abschnitt 5

Literatur: *Becker*, Ablehnungsbefugnis des Anwalts bei direkter Inanspruchnahme nach §§ 4, 7 BerHG durch den Ratsuchenden?, AnwBl 1982, 290; *Beicht*, Beratungshilfe bei außergerichtlichem Einigungsversuch durch eine gemeinnützige geeignete Stelle, ZVI 2005, 71; *Bischof*, Praxisprobleme des Beratungshilfegesetzes, NJW 1981, 894; *Brangsch*, Wahlfreiheit der Partei und Ablehnungsbefugnis des Rechtsanwalts bei der Anwaltsbeiordnung, AnwBl 1982, 99; *Bratfisch*, Zur gerichtlichen Erforderlichkeitsprüfung bei anwaltlicher Tätigkeit im Rahmen der Beratungshilfe, Rpfleger 1992, 69; *Büttner*, Beratungshilfe – Spielball wirtschaftlicher Interessen?, InVo 2007, 87; *Dornhöfer*, Prozesskosten- und Beratungshilfe für Anfänger; *Eckert*, Der nachträgliche Beratungshilfeantrag, FamRZ 2001, 536; *Enders*, Beratungshilfe/zwei Angelegenheiten/Regelung des Umgangsrechts und spätere Neuregelung, JurBüro 2005, 294; *ders.*, Bedeutung der Anrechnung im Falle der Beratungshilfe und der anschließenden weiteren Tätigkeit, JurBüro 2001, 169; *ders.*, Beratungshilfe – Kann der Rechtsanwalt bei erfolgreicher Tätigkeit nachliquidieren?, JurBüro 2009, 519; *ders.*, Beratungshilfe und Vergütungsvereinbarung – Teil I, JurBüro 2014, 225; *ders.*, Beratungshilfe und Vergütungsvereinbarung – Teil II, JurBüro 2014, 281; *Fölsch*, Beratungshilfe – Ein Kurzüberblick, NJW 2010, 350; *Greißinger*, Betrachtungen zum Beratungshilfegesetz, JurBüro 1984, 176; *ders.*, Beratungshilfe – eine Zwischenbilanz, NJW 1985, 1671; *ders.*, Rechtsprechung in Beratungshilfesachen, AnwBl 1986, 417; 1989, 573; 1992, 49; *ders.*, „Dieselbe Angelegenheit" in der Beratungshilfe, AnwBl 1993, 11; *Hansens*, Die Vergütung des Rechtsanwalts bei der Beratungshilfe aus Sicht der Praxis, JurBüro 1986, 1; *ders.*, Die Entwicklung des Rechts der Anwaltsvergütung für die Beratungshilfe im Jahre 1986, JurBüro 1987, 329; *ders.*, Das Recht der Anwaltsvergütung nach der Herstellung der Einheit Deutschlands in Ost und West; *ders.*, Die Vergütung des Rechtsanwalts für Beratungshilfe in Ehesachen, JurBüro 1987, 23; *ders.*, Vordruckzwang für Beratungshilfe ohne Vordrucke, RVGreport 2004, 461; *ders.*, Rechtsbehelfe bei Festsetzung der Beratungshilfe- und Prozesskostenhilfe-Vergütung, RVGreport 2005, 2; *ders.*, Beratungshilfe in Strafsachen, RVGreport 2008, 172; *Hartung/Römermann*, Beratungshilfe zu Dumpingpreisen – verfassungswidrig!, ZRP 2003, 149; *Hellstab*, Die Entwicklung des Kostenrechts, einschließlich Prozesskostenhilfe- und Beratungshilferecht seit 2001, Rpfleger 2004, 271, 337; *ders.*, Rechtsbehelfe bei Festsetzung der Beratungshilfe- und Prozesskostenhilfe-Vergütung, RVGreport 2005, 2; *Janlewing*, Anwaltliche und öffentliche geförderte Schuldnerberatung – zwei

---

64 *Mümmler*, JurBüro 1981, 1148.
65 BAG AnwBl 1982, 203, 205 = KostRsp. BRAGO § 65 Nr. 1.
66 BGH RVG-Berater 2005, 49 m. Anm. *Onderka*.
67 OLG Karlsruhe JurBüro 1985, 236 = KostRsp. BRAGO § 65 Nr. 2; *Madert*, AGS 2001, 50.
68 BGH AGS 2011, 117 = MDR 2011, 393 = NJW-RR 2011, 573 = zfs 2011, 284 = JurBüro 2011, 247 = NJW-Spezial 2011, 187 = RVGprof. 2011, 59 = FA 2011, 117 = RVGreport 2011, 138.
69 Vgl. Nr. 38 des Streitwertkatalogs der Verwaltungsgerichtsbarkeit.

gleichberechtigte Hilfsangebote für Überschuldete, ZVI 2005, 617; *Kalthoener/Büttner/Wrobel-Sachs*, Prozesskostenhilfe und Beratungshilfe, 3. Auflage 2005; *Kammeier*, Überblick über die Beratungshilfe, Rpfleger 1998, 501; *Kindermann*, Anwalts- und Gerichtsgebühren im Prozesskostenhilfeverfahren und die Beratungshilfe FPR 2005, 390; *Klein*, Die Aufklärungsverpflichtung und Antragstellung des Anwaltes bei Beratungshilfe, JurBüro 2001, 172; *Klinge*, Die gebührenrechtliche Stellung des Rechtsanwalts in der Beratungs- und in der Prozesskostenhilfe, AnwBl 1981, 166; *ders.*, Der Rechtsbehelf gegen die Versagung der Beratungshilfe, AnwBl 1982, 291; *Kreppel*, Nachträglicher Antrag auf Beratungshilfe, Rpfleger 1986, 86; *Kundler*, Die Änderungen der Beratungshilfegesetzes (BerHG) ZFE 2004, 143; *Lindemann/Trenk-Hinterberger*, Beratungshilfegesetz, Kommentar, 1987; *Lissner*, Beratungshilfe auf dem Gebiet des Ausländerrechts, ZAR 2013, 110; *ders.*, Beratungshilfe – ein Überblick, RPfleger 2007, 448; *ders.*, Beratungshilfe – ein weiterer Überblick im Anschluss an RPfleger 2007, 448 ff., RPfleger 2012, 122; *ders.*, Beratungshilfe im Insolvenzverfahren, ZInsO, 2012, 104; *ders.*, Die Antragstellungsverfahren in der Beratungshilfe, AGS 2013, 105; *ders.*, Die neue Beratungshilfe – Segen oder Fluch für die Anwaltschaft?; *ders.*, Die „Angelegenheit" in der Beratungshilfe, FamRZ 2013, 1271; *ders.*, Die Rechtsmittel in der Beratungshilfe, AGS 2013, 497; *ders.*, Himmlisches Glück auf Erden oder doch Wunschdenken – Die neue Honorar- und Vergütungsvereinbarung in der Beratungshilfe, AGS 2014, 1; *ders.*, Die „Angelegenheit" in der Beratungshilfe, FamRZ 2013, 1271; Die Erforderlichkeitsprüfung in § 2 BerHG – nur ein redaktionelles Versehen?, AGS 2014, 209; *ders.*, Neue denkbare Wege in der Beratungshilfe – ein Blick in die Zukunft, AGS 2014, 313; *ders.*, Neues vom außergerichtlichen Einigungsversuch, AGS 2014, 442; *ders.*, Die Entwicklung des Beratungshilferechts seit Inkrafttreten der Reform, AGS 2015, 53; *ders.*, Die Ablehnung der Beratungshilfe – die Schriftform und ihre Praxisauswirkungen, JurBüro 2015, 451; *ders.*, Die Flüchtlingsproblematik erreicht die Beratungshilfe, RVGreport 2016, 162; *Lissner/Schneider*, Die neue Antragstellung in der Beratungshilfe, AGS 2014, 157; *Madert*, Beratungshilfe für die gleichzeitige Geltendmachung von Kindesunterhalt und für ein Umgangsrecht – dieselbe Angelegenheit oder mehrere Angelegenheiten? AGS 2003, 77; *Meyer*, Gebührenansprüche des Rechtsanwalts für die Beschaffung eines Berechtigungsscheins nach dem BerHG für den Rechtsuchenden, JurBüro 2011, 123; *Mümmler*, Nachträgliche Bewilligung von Beratungshilfe, JurBüro 1987, 340; *Nickel*, Beratungshilfe: Rückwirkende Entziehung des Berechtigungsscheins, FamRB 2005, 238; *ders.*, Das neue Beratungshilferecht, MDR 2013, 950; *ders.*, Fehlerquellen im Umgang mit Beratungshilfe, NZFam 2015, 494; *Reuß*, Anrechnung der außergerichtlichen Geschäftsgebühr auf die anwaltliche Verfahrensgebühr, EFG 2009, 50; *Sarres*, Beratungshilfesachen im Familienrecht, FuR 2005, 219; *Schaich*, Zum Inkrafttreten des Beratungshilfegesetzes, AnwBl 1981, 2; *Schoreit/Dehn*, Beratungshilfe – Prozesskostenhilfe, Kommentar, 7. Auflage 2001; *E. Schneider*, Der Antrag auf Beratungshilfe, BRAGOreport 2000, 38; *ders.*, Der Antrag auf Beratungshilfe, ZAP Fach 24, S. 623; *N. Schneider*, Dieselbe oder mehrere Angelegenheit bei Beratungshilfe in Familiensachen, FamRB 2003, 162; *ders.*, Die Gebühren in der Beratungshilfe nach dem RVG, MDR 2004, 494; *ders.*, Aktuelle Gebührenpraxis: Gebührenanrechnung in der Beratungshilfe, RVG-B 2005, 73; *ders.*, Welche Vergütung erhält der Anwalt im Verfahren vor dem Sozialgericht, wenn er zuvor im Rahmen der Beratungshilfe tätig war? AGS 2005, 539; *ders.*, Gebührenerhöhung nach Nr. 1008 VV RVG in der Beratungshilfe, ZAP Fach 24, S. 889; *ders.*, Vergütungsvereinbarungen bei Beratungsmandaten, ZAP Fach 24, 981; *ders.*, Wegfall der Anrechnung der Beratungshilfegeschäftsgebühr in sozialrechtlichen Angelegenheiten, AGS 2011, 417; *Winter*, Der Anspruch auf Beratungshilfe für die Vertretungstätigkeit von Anwälte im Rahmen der außergerichtlichen Einigung, ZVI 2011, 397; *Zuck*, Die verfassungsrechtlichen Rahmenbedingungen der Beratungshilfe, NZS 2012, 441; *ders.*, Praktische Hinweise zur Beratungshilfe, NJW 2012, 2170.

A. Allgemeines ... 1	5. Umsatzsteuer, VV 7008 ... 146
B. Gesetz über Rechtsberatung und Vertretung für Bürger mit geringem Einkommen (Beratungshilfegesetz – BerHG) – Kurzerläuterungen ... 3	6. Dolmetscherkosten ... 147
	7. Ärztliche Kurzgutachten ... 148
	III. Umfang der Angelegenheit, §§ 15, 16 ff. ... 149
	1. Begriff der Angelegenheit, § 15 ... 149
C. Vergütung im Rahmen von Beratungshilfe ... 127	2. Angelegenheiten in Familiensachen ... 157
I. Gebühren ... 127	3. Asylangelegenheiten ... 159
II. Auslagen ... 134	4. Weitere Rechtsprechungsnachweise ... 162
1. Grundsatz ... 134	a) Schuldenregulierung ... 162
2. Post- und Telekommunikationsentgelte, VV 7001, 7002 ... 135	b) Mietsachen ... 163
	c) Urheberrechtsverletzung ... 164
3. Dokumentenpauschale, VV 7000 ... 141	d) Weitere Einzelfälle ... 165
4. Reisekosten, VV 7003 ff. ... 143	IV. Festsetzung der Beratungshilfevergütung ... 167

A. Allgemeines

Durch das **Beratungshilfegesetz (BerHG)** sind die Rechtsberatung und Rechtsvertretung für Bürger mit geringem Einkommen durch Bundesgesetz einheitlich geregelt worden. Das Gesetz soll sicherstellen, dass Bürger nicht durch ihre finanzielle Lage daran gehindert werden, sich außerhalb eines gerichtlichen Verfahrens sachkundigen Rechtsrat zu verschaffen.[1] Die Vorschriften des BerHG regeln die **Voraussetzungen** für die Bewilligung der Beratungshilfe (§§ 1 ff. BerHG) sowie das **Verfahren** der Bewilligung (§§ 3 ff. BerHG). Es besteht eine Verpflichtung des Rechtsanwalts, den erkennbar

---

1 Vgl. BT-Drucks 8/3311, 1; BVerfG NJW 2009, 209 = Rpfleger 2009, 30 = FamRZ 2008, 2179.

mittellosen Mandanten auf die Möglichkeit der Beratungshilfe hinzuweisen bzw. diese zu beantragen. Diese Pflichtenlage gilt auch für den betreuenden Rechtsanwalt gegenüber dem mittellosen Betreuten.[2] Die **Vergütung**, die der Anwalt vom **Rechtsuchenden** erhält, ist seit dem 1.7.2004 nicht mehr im BerHG geregelt. Die bisherige Vorschrift des § 8 Abs. 1 BerHG findet sich in VV 2500. Die **Vergütung**, die dem Anwalt aus der **Staatskasse** zusteht, ist in § 10 BerHG geregelt. Die dort enthaltenen Vergütungsvorschriften sind in VV Teil 2 Abschnitt 5 (VV 2501 ff.) aufgenommen worden. Die aus der Staatskasse zu erstattenden Gebühren und Auslagen setzen allerdings die Bewilligung von Beratungshilfe voraus. Neben der Vergütung, die der Anwalt aus der Staatskasse erhält, ist ferner angeordnet, dass der Anwalt – insoweit ähnlich wie bei der Prozesskostenhilfe (§ 126 ZPO) – aus **eigenem Recht** einen **erstattungspflichtigen Gegner** in Anspruch nehmen kann (§ 9 S. 2 BerHG).

2 Wesentliche Änderungen haben die Beratungshilfevorschriften zuletzt durch das Gesetz zur Änderung des Prozesskostenhilfe- und Beratungshilferechts (im Folgenden: BerH-Änderungsgesetz) erfahren. Das BerH-Änderungsgesetz ist zum 1.1.2014 in Kraft getreten. Eine Übergangsvorschrift ist in § 13 BerHG vorgesehen.

Das BerH-Änderungsgesetz enthält im Wesentlichen folgende Neuerungen:
– Inanspruchnahme der Beratungshilfe als neuer Bezugspunkt der Mutwilligkeitsprüfung (§ 1 Abs. 1 Nr. 3 BerHG)
– Absenken der Beweisanforderungen für die Feststellung der Mutwilligkeit (§ 1 Abs. 1 Nr. 3 BerHG)
– Definition der Mutwilligkeit (§ 1 Abs. 3 BerHG)
– Definition der Erforderlichkeit der Vertretung (§ 2 Abs. 1 BerHG)
– Erweiterung der beratungshilfefähigen Angelegenheiten (§ 2 Abs. 2 BerHG)
– Erweiterung des Personenkreises der die Beratungshilfe gewährenden Berufsgruppen (§ 3 Abs. 1 BerHG)
– Neuregelung der Erklärungspflichten des Rechtsuchenden (§ 4 BerHG)
– Beschränkung der nachträglichen Antragstellung auf eine Ausschlussfrist von 4 Wochen (§ 6 Abs. 2 BerHG)
– Regelung der Aufhebung der Bewilligung von Beratungshilfe bei anfänglichem Fehlen oder nachträglichem Wegfall (§ 6a BerHG)
– Vergütung aller Beratungspersonen nach dem RVG (§ 8 Abs. 1 BerHG)
– Wirkung der Bewilligung von Beratungshilfe für Vergütungsanspruch der Beratungsperson gegen Rechtsuchenden (§ 8 Abs. 2 BerHG)
– Folgen der Aufhebung von Beratungshilfe für Vergütungs- und Regressansprüche im Verhältnis Beratungsperson, Staatskasse, Rechtsuchender (§ 8a Abs. 1–3 BerHG)
– Vergütungsanspruch der Beratungsperson bei nachträglich beantragter, aber abgelehnter Beratungshilfe (§ 8a Abs. 4 BerHG)
– Erweiterung der Erstattungspflicht zugunsten aller Beratungspersonen (§ 9 BerHG)
– Öffnungsklausel für eine ausschließliche Zuständigkeit von Beratungsstellen i.S.v. § 3 Abs. 1 BerHG zur Gewährung von Beratungshilfe (§ 12 Abs. 3 BerHG)

B. Gesetz über Rechtsberatung und Vertretung für Bürger mit geringem Einkommen (Beratungshilfegesetz – BerHG) – Kurzerläuterungen

3 **Inhalt**

§ 1 [Voraussetzungen]
§ 2 [Beratung; Vertretung]
§ 3 [Gewährung der Beratungshilfe durch Beratungspersonen oder Amtsgerichte]
§ 4 [Entscheidung über den Antrag]
§ 5 [Verfahren]
§ 6 [Berechtigungsschein; nachträglicher Antrag]
§ 6a [Aufhebung der Beratungshilfe]

---

2 LG Münster BtPrax 2010, 146.

§ 7 [Erinnerung]
§ 8 [Vergütung der Beratungsperson]
§ 8a [Vergütungsanspruch der Beratungsperson nach Aufhebung der Beratungshilfe]
§ 9 [Kostenersatz durch Gegner]
§ 10 [Streitsachen mit grenzüberschreitendem Bezug nach der Richtlinie 2003/8/EG]
§ 10a [Unterhaltssachen nach der Verordnung (EG) Nr. 4/2009]
§ 11 [Formulare]
§ 12 Sonderbestimmungen für Bremen, Hamburg und Berlin
§ 13 [Übergangsregelung]
§ 14 Inkrafttreten

§ 1 BerHG [Voraussetzungen]

(1) ¹Hilfe für die Wahrnehmung von Rechten außerhalb eines gerichtlichen Verfahrens und im obligatorischen Güteverfahren nach § 15a des Gesetzes betreffend die Einführung der Zivilprozessordnung (Beratungshilfe) wird auf Antrag gewährt, wenn
1. der Rechtsuchende die erforderlichen Mittel nach seinen persönlichen und wirtschaftlichen Verhältnissen nicht aufbringen kann,
2. nicht andere Möglichkeiten für eine Hilfe zur Verfügung stehen, deren Inanspruchnahme dem Rechtsuchenden zuzumuten ist,
3. die Inanspruchnahme nicht mutwillig erscheint.

(2) ¹Die Voraussetzungen des Absatzes 1 Nr. 1 sind gegeben, wenn dem Rechtsuchenden Prozeßkostenhilfe nach den Vorschriften der Zivilprozeßordnung ohne einen eigenen Beitrag zu den Kosten zu gewähren wäre. ²Die Möglichkeit sich durch einen Rechtsanwalt unentgeltlich oder gegen Vereinbarung eines Erfolgshonorars beraten oder vertreten zu lassen, ist keine andere Möglichkeit der Hilfe im Sinne des Absatzes 1 Nr. 2.

(3) ¹Mutwilligkeit liegt vor, wenn Beratungshilfe in Anspruch genommen wird, obwohl ein Rechtsuchender, der keine Beratungshilfe beansprucht, bei verständiger Würdigung aller Umstände der Rechtsangelegenheit davon absehen würde, sich auf eigene Kosten rechtlich beraten oder vertreten zu lassen. ²Bei der Beurteilung der Mutwilligkeit sind die Kenntnisse und Fähigkeiten des Antragstellers sowie seine besondere wirtschaftliche Lage zu berücksichtigen.

Auf Antrag ist Beratungshilfe zu bewilligen, wenn folgende Voraussetzungen des § 1 und § 2 BerHG vorliegen: **4**
– Der Rechtsuchende kann die erforderlichen Mittel nach seinen persönlichen und wirtschaftlichen Verhältnissen nicht aufbringen (§ 1 Abs. 1 Nr. 1, Abs. 2 BerHG, § 115 ZPO).
– Dem Rechtsuchenden stehen nicht andere Möglichkeiten für eine Hilfe zur Verfügung, deren Inanspruchnahme dem Rechtsuchenden zuzumuten ist (§ 1 Abs. 1 Nr. 2 BerHG).
– Die Beratungshilfe muss die Wahrnehmung von Rechten, d.h. eine rechtliche Angelegenheit, betreffen (§ 1 Abs. 1, § 2 Abs. 2 BerHG).
– Die Beratungshilfe muss die Wahrnehmung eigener Rechte betreffen.
– Die Wahrnehmung der Rechte muss außerhalb eines gerichtlichen Verfahrens oder im obligatorischen Güteverfahren nach § 15a EGZPO erfolgen (§ 1 Abs. 1 BerHG).
– Die Beratungshilfe muss einen Inlandsbezug aufweisen (§ 2 Abs. 3 BerHG).
– Die Inanspruchnahme von Beratungshilfe erscheint nicht mutwillig (§ 1 Abs. 1 Nr. 3, Abs. 3 BerHG).
– Das allgemeine Rechtsschutzbedürfnis muss vorliegen.[3]
– Die Beratungshilfe muss in der Beratung und, soweit erforderlich, in der Vertretung bestehen (§ 2 Abs. 1 BerHG).

Abs. 1 Nr. 1 (Wirtschaftliche Verhältnisse): Der Rechtsuchende darf die erforderlichen Mittel **5** nach seinen persönlichen und wirtschaftlichen Verhältnissen selbst nicht aufbringen können. Die Voraussetzungen des § 1 Abs. 1 Nr. 1 BerHG sind gegeben, wenn dem Rechtsuchenden im Rahmen eines gerichtlichen Verfahrens ratenfreie Prozesskostenhilfe zu bewilligen wäre. Käme danach eine Prozesskostenhilfebewilligung nur unter Anordnung von Ratenzahlungen in Betracht, scheidet Beratungshilfe aus. Eine Beratungshilfe mit Ratenzahlungsanordnungen ist nicht vorgesehen. Auf die Erläuterungen zu § 115 ZPO (siehe § 12 Anhang Rdn 15 ff.) wird Bezug genommen. **Maßgebender**

---

3 *Büttner/Wrobel-Sachs/Gottschalk/Dürbeck,* Prozess- und Verfahrenskostenhilfe, Beratungshilfe, Rn 960.

Zeitpunkt für die **Beurteilung** der Voraussetzungen ist grundsätzlich derjenige der Beschlussfassung.[4] Im Fall einer Verzögerung durch das Gericht ist der Beurteilungszeitpunkt der Zeitpunkt der Entscheidungsreife.[5] Wird indes ein Rechtsanwalt direkt aufgesucht und der Antrag auf Bewilligung von Beratungshilfe nachträglich gestellt, wird vertreten, dass auf die Einkommens- und Vermögensverhältnisse im Zeitpunkt des Beginns der gewährten anwaltlichen Beratung abzustellen sei.[6]

6 Besteht eine **Rechtsschutzversicherung**, die für das konkrete Verfahren eine Deckungszusage – ohne Selbstbeteiligung – gegeben hat, liegt eine Hilfebedürftigkeit des Rechtsuchenden nicht vor.[7] Wird der Rechtsschutzversicherer nicht in Anspruch genommen, liegt zwar eine Hilfebedürftigkeit vor. Gehört aber der Beratungsgegenstand grundsätzlich zum Umfang des Versicherungsschutzes, erscheint die Inanspruchnahme von Beratungshilfe mutwillig, wenn der Rechtsuchende den Deckungsschutz nicht herbeiführt oder zumindest herbeizuführen versucht.

7 **Abs. 1 Nr. 2 (Keine anderweitige Möglichkeit):** Dem Rechtsuchenden darf **keine andere Möglichkeit** für eine Hilfe zur Verfügung stehen, deren Inanspruchnahme für ihn zumutbar ist.

Die andere Hilfemöglichkeit muss
– kostenfrei oder jedenfalls nicht die Gebühr VV 2500 (15 EUR) übersteigen,
– erlaubt und geeignet und
– für den Rechtsuchenden zumutbar
sein. Hierbei kommt es auf die Umstände des Einzelfalls an.

8 Andere zumutbare Möglichkeiten sind unter anderem – vorbehaltlich einer Einzelfallprüfung – die
– Öffentliche Rechtsberatung bei Gemeinden,[8]
– Jugendämter (vgl. § 18 SGB VIII),[9]
– Verbraucherschutzvereine,
– Wohlfahrtsverbände,[10]
– Schuldnerberatungsstellen,[11]
nicht aber die
– Petitionsausschüsse der Parlamente,
– Bürgerbeauftragten für soziale Angelegenheiten (§§ 1 ff. Bürgerbeauftragtengesetz S.-H.),
– Landesbeauftragten für Behinderte (§ 6 Bürgerbeauftragtengesetz S.-H.).

Mit dieser Voraussetzung ist einem Rechtsuchenden keineswegs der Zugang zu einem Rechtsanwalt verwehrt. Jedoch übernimmt die Allgemeinheit die Kosten für die Inanspruchnahme eines Rechtsanwalts nur dann, wenn nicht vorrangige Hilfemöglichkeiten durch den Rechtsuchenden nutzbar gemacht wurden, soweit dies dem Rechtsuchenden zumutbar ist.

Eine deutliche verfassungsrechtliche Grenze hat aber das BVerfG[12] gezogen: Die Versagung von Beratungshilfe für einen Widerspruch gegen die Kürzung von Leistungen nach dem SGB II verletzt den grundgesetzlichen Anspruch auf Rechtswahrnehmungsgleichheit, wenn bei der Anwendung des § 1 Abs. 1 Nr. 2 BerHG davon ausgegangen wird, dass ein vernünftiger Rechtsuchender in denjenigen Fällen, in denen Ausgangs- und Widerspruchsbehörde identisch sind, keine anwaltliche Hilfe für das Widerspruchsverfahren in Anspruch genommen hätte. Der Rechtsuchende darf nicht pauschal auf die Beratungspflicht der den Bescheid erlassenden Behörde verwiesen werden.[13] Hingegen verstößt es nach Auffassung des BVerfG[14] grundsätzlich nicht gegen die Rechtswahrnehmungsgleichheit, wenn im Verfahrensstadium der Anhörung, also vor Erlass einer belastenden Entscheidung, der Beratungshilfeantrag mit der Begründung abgelehnt wird, es sei dem Leistungsempfänger zumutbar,

---

[4] So auch: *Groß*, § 1 BerHG, Rn 49; vgl. zur Prozesskostenhilfe: Musielak/Voit/*Fischer*, § 119 ZPO, Rn 14; Zöller/*Geimer*, § 119 ZPO, Rn 44; str.

[5] So auch: *Groß*, § 1 BerHG, Rn 49; vgl. zur Prozesskostenhilfe: Musielak/Voit/*Fischer*, § 119 ZPO, Rn 14; Zöller/*Geimer*, § 119 ZPO, Rn 45 f.

[6] *Groß*, § 1 BerHG, Rn 49.

[7] Vgl. zur Prozesskostenhilfe: BGH NJW 1991, 109.

[8] AG Kiel BeckRS 2012, 21499.

[9] Str.; vgl. hierzu u.a. AG Leverkusen AGS 2003, 125 m. Anm. *Benkelberg*; AG Zeven FamRZ 2008, 165; AG Helmstedt AGS 2010, 391; AG Halle AGS 2011, 384; AG Leverkusen BeckRS 2012, 16575; AG Vechta AGS 2012, 26.

[10] A.A.: Gerold/Schmidt/*Mayer*, RVG, VV 2500–2508, Rn 4.

[11] BVerfG NJW-RR 2007, 119; OLG Jena v. 20.8.2012 – 9 W 345/12; AG Darmstadt BeckRS 2012, 23624.

[12] Vgl. BVerfG NJW 2009, 3417.

[13] Z.B: BVerfG NJW 2015, 2322; BVerfG AGS 2016, 202.

[14] Vgl. BVerfG NJW 2009, 3420; BVerfG NZS 2016, 504.

sich zunächst durch Nachfrage bei der Ausgangsbehörde um eine Klärung der Angelegenheit zu bemühen.

Es ist auch zumutbar, eine der **öffentlich anerkannten Schuldnerberatungsstellen** aufzusuchen, da diese eine andere Art der Hilfe in diesem Sinne darstellen.[15] Umstände, die die Inanspruchnahme einer Schuldnerberatungsstelle im Einzelfall als unzumutbar erscheinen lassen, sind mit dem Antrag auf Bewilligung von Beratungshilfe im Einzelnen darzulegen und glaubhaft zu machen.[16]

Ob die **Auskunfts- und Belehrungspflicht der Ausländerbehörde** eine andere Möglichkeit der Rechtsberatung in diesem Sinne darstellt, wird unterschiedlich beurteilt. Verbreitet wird dies in der instanzgerichtlichen Rechtsprechung bejaht.[17] Das BVerfG hat dargelegt, dass gegen diese Handhabung aus verfassungsrechtlicher Sicht keine Bedenken bestehen.[18] Nach der Gegenauffassung soll demgegenüber dem Rechtsuchenden der Verweis auf die Möglichkeit der Inanspruchnahme der Ausländerbehörde nicht zumutbar sein.[19]

Die Frage nach der **Selbsthilfe** ist im Rahmen des BerHG umstritten.

Für das BVerfG ist unter verfassungsrechtlichen Gesichtspunkten kein Verstoß gegen das Gebot der Rechtswahrnehmungsgleichheit erkennbar, wenn dem unbemittelten Rechtsuchenden die Bewilligung von Beratungshilfe wegen ausreichender Selbsthilfemöglichkeiten versagt wird.[20] Denn auch ein bemittelter Rechtsuchender würde bei ausreichend bestehenden Selbsthilfemöglichkeiten die Einschaltung eines Rechtsanwalts vernünftigerweise nicht in Betracht ziehen.[21] Der unbemittelte Rechtsuchende ist nämlich nur einem solchen bemittelten Rechtsuchenden gleichzustellen, der bei seiner Entscheidung für die Inanspruchnahme von Rechtsrat auch die hierdurch entstehenden Kosten berücksichtigt und vernünftig abwägt.[22] Ein kostenbewusster Rechtsuchender wird dabei insbesondere prüfen, inwieweit er fremde Hilfe zur effektiven Ausübung seiner Rechte braucht oder selbst dazu in der Lage ist.[23] Einfachrechtlich ist die Einordnung Selbsthilfe als Voraussetzung für die Bewilligung von Beratungshilfe zwar streitig. Vertreten wird, dass die Selbsthilfe eine andere Möglichkeit im Sinne von § 1 Abs. 1 Nr. 2 BerHG ist. Vertreten wird aber auch – m.E. zu Recht –, dass die Selbsthilfe im Rahmen des allgemeinen Rechtsschutzbedürfnisses einzuordnen ist. Ob ausreichende Selbsthilfemöglichkeiten bestehen, hängt insbesondere davon ab, ob der dem Beratungsanliegen zugrunde liegende Sachverhalt schwierige Tatsachen- oder Rechtsfragen aufwirft und der Rechtsuchende über ausreichende Rechtskenntnisse verfügt.[24] Abgestellt werden kann aber – ungeachtet der Schwierigkeit der Sach- und Rechtslage – darauf, dass der unbemittelte Rechtsuchende im konkreten Fall in der Lage ist, seine Rechte persönlich, d.h. ohne anwaltliche Hilfe, wahrzunehmen.[25]

Beratungshilfe kann nicht pauschal mit dem Verweis auf einen **Parallelfall** versagt werden.[26] Die Verweisung auf Selbsthilfe kommt aber dann in Betracht, wenn im konkreten Einzelfall feststeht, dass auch ein kostenbewusster Bemittelter das aufgrund der Erstberatung vorhandene Wissen selbstständig auf einen Parallelfall einsetzen würde.[27] Zur Beratungshilfe in Parallelfällen bei der Verteidigung gegen Abmahnungen wegen **Urheberrechtsverletzungen** hat das BVerfG dann weiter geäußert:[28]

---

15 BVerfG RVGreport 2007, 40; AG Oldenburg, Beschl. v. 28.12.2007 – 17 II 423/06, 17 II 423/06 – 940 (juris); AG Halle (Saale), Beschl. v. 21.9.2010 – 103 II 3768/10 (juris); AG Weißenfels BeckRS 2015, 12409.
16 BVerfG NJW-RR 2007, 119; AG Stadthagen BeckRS 2010, 28978.
17 LG Hannover InfAuslR 1877, 274 ff.; AG Zeven Rpfleger 2007, 403; AG Rendsburg Rpfleger 1987, 378 f.; AG Esslingen Rpfleger 1988, 319; vgl. auch BVerfG, Beschl. v. 26.4.1989 – 1 BvR 505/89 (n.v.).
18 BVerfG, Beschl. v. 6.2.1992 – 2 BvR 1804/91; ebenso bereits BVerfG, Beschl. v. 26.4.1989 – 1 BvR 505/89; AG Oldenburg, Beschl. v. 27.4.2010 – 17 II 1154/09 (juris).
19 AG Oldenburg (Oldenburg) AnwBl. 1994, 432; AG Lünen Rpfleger 1989, 514 f.; AG Gießen Rpfleger 1988, 488; *Freckmann*, InfAuslR 1988, 275 f.; *Gerken*, Rpfleger 1989, 27 f.
20 Vgl. z.B. BVerfG NZS 2011, 462; BVerfG NJW 2015, 2322; BVerfG AGS 2016, 202.
21 Vgl. BVerfG NJW 2009, 2417; BVerfG NZS 2011, 462.
22 BVerfGE NJW 2009, 209; BVerfG NJW 2009, 3417; BVerfG NZS 2011, 462.
23 BVerfG NZS 2011, 462; BVerfG AGS 2016, 202.
24 Vgl. BVerfG NJW 2009, 3417; BVerfG NJW 2011, 2711; BVerfG NZS 2011, 462; BVerfG NJW 2015, 2322; BVerfG AGS 2016, 202.
25 BVerfG NZS 2011, 462; BVerfG AGS 2016, 202.
26 BVerfG NJW 2011, 2711.
27 BVerfG NJW 2011, 2711.
28 Vgl. BVerfG NJW 2011, 2711.

„*[11]* b) Die Notwendigkeit anwaltlicher Beratung kann verfassungskonform nicht stets und pauschal mit der Verweisung auf ein Parallelverfahren verneint werden. Gerade die Frage, ob ein Parallelfall vorliegt, kann bei Rechtsunkundigen den Beratungsbedarf begründen (vgl. *BVerfG* [3. Kammer des Ersten Senats], NZS 2011, 462).

[12] Wenn hingegen die Parallelität der Fallgestaltungen auf der Hand liegt und die in einem Fall erhaltene Beratung ohne wesentliche Änderungen auf die übrigen Fälle übertragen werden kann, gebietet es das Grundrecht auf Rechtsschutzgleichheit nicht, dem unbemittelten Rechtsuchenden für jeden einzelnen Gegenstand erneut Beratungshilfe zu gewähren. Denn durch die in einer Sache gewährte Beratung wurde er in die Lage versetzt, die rechtliche Situation auch in den Parallelfällen hinreichend zu beurteilen („unechtes Musterverfahren"). Aus der Erstberatung und den aus ihr hervorgegangenen Dokumenten (Anwaltsschreiben) bezieht der Beratene bei Vorliegen mehrerer sachlich und rechtlich (nahezu) gleich gelagerter Fälle spezifische Rechtskenntnisse, die eine im Prinzip rechtlich anspruchsvolle Materie auch für den Laien handhabbar machen können. Die Verweisung auf Selbsthilfe stellt dann keine unverhältnismäßige Einschränkung der Rechtswahrnehmung dar, weil auch ein kostenbewusster Bemittelter das aufgrund der Erstberatung vorhandene Wissen selbstständig auf die späteren Fälle übertragen würde.

[13] c) Im Einzelfall kann sich dies indes anders darstellen; Anhaltspunkte dafür muss die Verfassungsbeschwerde substanziiert darlegen (§§ 23I 2, 92 BVerfGG). Der Grundsatz der Subsidiarität der Verfassungsbeschwerde (vgl. BVerfGE 107, 395 [414] = NJW 2003, 1924; BVerfGE 112, 50 [60 ff.] = NJW 2005, 1413) verlangt darüber hinaus, dass der Bf. solche besonderen Umstände auch schon beim *AG* vorgetragen hat, wobei seine diesbezügliche Darlegungslast nicht allzu hoch angesetzt werden darf, falls er im Zuge des Beratungshilfe-Bewilligungsverfahrens nicht anwaltlich vertreten war.

[...]

[17] 3. Auch bei urheberrechtlichen Abmahnfällen kann sich die Bewilligung von Beratungshilfe von Verfassungs wegen regelmäßig auf den ersten Fall beschränken, wenn der Rechtsuchende im Auftrag verschiedener Rechteinhaber von verschiedenen Rechtsanwälten wegen angeblicher Urheberrechtsverletzungen abgemahnt wurde, die sich aus jeweils ähnlichem Verhalten des Rechtsuchenden ergeben sollen. Erfahrungsgemäß kann davon ausgegangen werden, dass die in solchen Fällen verwendeten, dem (tatsächlichen oder vermeintlichen) Urheberrechtsverletzer zur Unterschrift vorgelegten Unterlassungserklärungen einen vergleichbaren Inhalt haben und in weitgehend gleicher Weise beantwortet und gegebenenfalls modifiziert werden können. Ohne Bedeutung wird es dabei regelmäßig sein, ob die zugrunde liegenden angeblichen Urheberrechtsverletzungen im Zuge eines einheitlichen Ladevorgangs oder verteilt über einige Tage, Wochen oder Monate erfolgt sind; auch wird es keine Rolle spielen, ob es sich um Musik-, Film-, Computerspiel- oder andere urheberrechtlich geschützte Dateien handelt.

[18] Auch in urheberrechtlichen Abmahnfällen obliegt es dem Bf., etwaige rechtserhebliche Besonderheiten der späteren gegenüber den früheren Fällen darzulegen.

[19] 4. Im Streitfall war danach das *AG* von Verfassungs wegen nicht gehalten, dem Bf. über die bereits in mehreren Fällen gewährte Beratungshilfe hinaus für weitere Fälle von Abmahnungen wegen gleichgelagerter angeblicher Urheberrechtsverletzungen im Internet Beratungshilfe zu bewilligen. Konkrete Unterschiede in den Fallkonstellationen, die eine wesentlich abweichende Reaktion seitens des Bf. auf die späteren Abmahnschreiben erfordern würden, lassen sich der Verfassungsbeschwerde nicht entnehmen."

14 Keine andere Möglichkeit der Hilfe sind die unentgeltliche oder gegen ein Erfolgshonorar vereinbarte Beratung oder Vertretung durch einen Rechtsanwalt (§ 1 Abs. 2 S. 2 BerHG).

15 **Abs. 1 Nr. 3 (Keine Mutwilligkeit):** Die Inanspruchnahme von Beratungshilfe durch den Rechtsuchenden darf nicht mutwillig erscheinen. Durch das BerH-Änderungsgesetz ist Bezugspunkt der Mutwilligkeit nicht mehr die Wahrnehmung der Rechte,[29] sondern die Inanspruchnahme von Beratungshilfe. Mutwilligkeit besteht nunmehr auch in solchen Fallkonstellationen, in denen sich zwar die Rechtswahrnehmung selbst nicht als mutwillig darstellt, es aber mutwillig erscheint, zur Wahrnehmung der Rechte die staatliche Beratungshilfe in Anspruch zu nehmen.[30] Dies kann beispielsweise dann der Fall sein, wenn ein Rechtsuchender mit anwaltlicher Hilfe einen berechtigten Anspruch verfolgen möchte, diesen aber auch durch eine einfache Rücksprache mit dem Gegner selbst realisieren könnte.[31] Gleiches kann gelten, wenn der Rechtsuchende mit dem Gegner nur eine Ratenzahlungsvereinbarung treffen möchte.[32]

Beratungshilfe ist bereits dann zu versagen, wenn die Inanspruchnahme mutwillig erscheint, nicht erst wenn sie mutwillig ist. Das BerH-Änderungsgesetz hat die Beweisanforderungen in § 1 Abs. 1 Nr. 3 BerHG abgesenkt.

---

29 Vgl. hierzu: BVerfG NJW 2011, 2711.
30 BT-Drucks 17/11472, S. 36.
31 BT-Drucks 17/11472, S. 36.
32 BT-Drucks 17/11472, S. 36.

Die Mutwilligkeit wird in § 1 Abs. 3 BerHG definiert. Abs. 3 ist durch das BerH-Änderungsgesetz eingefügt worden. In der Gesetzesbegründung heißt es zur Mutwilligkeit:[33]

> Die mit diesem Entwurf in Satz 1 der Vorschrift eingeführte Definition soll mehr Rechtssicherheit und -klarheit schaffen, indem sie benennt, worauf bei der Beurteilung des Mutwillens abzustellen ist. Maßgebend ist danach ein Vergleich zwischen dem bedürftigen Rechtsuchenden und dem verständigen Selbstzahler. Soweit sich ein nicht unter die Beratungshilfe fallender Rechtsuchender in derselben Situation wie der Antragsteller durch eine Beratungsperson beraten oder vertreten lassen würde, soll dies auch dem bedürftigen Rechtsuchenden offenstehen. Eine mutwillige Inanspruchnahme von Beratungshilfe kann – neben dem bereits oben genannten Fall möglicher Eigeninitiative – demnach beispielsweise vorliegen, wenn wiederholt Anträge in derselben Angelegenheit gestellt werden, lediglich um die Auskunft eines Rechtsanwalts durch einen weiteren Rechtsanwalt überprüfen zu lassen. Wird dagegen ein anwaltlicher Beratungsvertrag vorzeitig beendet, kann eine nachfolgende Inanspruchnahme weiterer anwaltlicher Hilfe in derselben Angelegenheit nicht generell als mutwillig eingestuft bezeichnet werden.
>
> Satz 2 der neuen Vorschrift soll ausdrücklich festlegen, dass beim Vergleich zwischen bedürftigem Rechtsuchenden und verständigem Selbstzahler ein individueller Maßstab anzulegen ist. Ziel ist es, zu verhindern, dass durch Anwendung eines auf den Durchschnittsbürger bezogenen Vergleichsmaßstabes sozial schwache und wenig gebildete Personen benachteiligt werden. Zum einen stellt die Vorschrift deshalb auf die individuellen Kenntnisse und Fähigkeiten des Antragstellers ab und trägt damit der Tatsache Rechnung, dass einkommensschwache Personen nicht selten unterdurchschnittlich gebildet sowie rede- und schreibgewandt sind (...). Soweit sich der Rechtspfleger diesbezüglich nicht ohnehin bei der Antragstellung einen persönlichen Eindruck vom Rechtsuchenden verschaffen kann, sollen für die Beurteilung in der Regel die sich aus dem Antragsformular ergebenden Gesichtspunkte, insbesondere zu Beruf und Erwerbstätigkeit, ausreichen. Zum anderen sind bei der Beurteilung die besonderen wirtschaftlichen Verhältnisse des Rechtsuchenden zu berücksichtigen. Denn in der angespannten wirtschaftlichen Situation eines Beratungshilfeempfängers können auch geringe Forderungen für den Einzelnen erheblich bedeutsamer sein als für Bürgerinnen und Bürger, deren wirtschaftliche Lage einen gewissen Spielraum zulässt. So kann es in der Situation eines Beratungshilfeempfängers berechtigt sein, eine geringe Forderung auf ihre Realisierbarkeit hin prüfen zu lassen, auch wenn ein selbstzahlender Gläubiger in Abwägung der Kosten für die Rechtsberatung einerseits sowie des potenziellen Vermögenszuwachses und der Chancen auf die Realisierbarkeit der Forderung andererseits auf anwaltlichen Rat verzichtet hätte. Mutwilligkeit kann anhand dieses Vergleichs aber etwa dann vorliegen, wenn der Rechtsuchende Beratungshilfe durch Vertretung in Anspruch nimmt, obwohl die Beratung ergeben hat, dass die beabsichtigte Rechtsverfolgung oder -verteidigung keine Aussicht auf Erfolg hat.

Die Beratung oder Vertretung des Rechtsuchenden muss sich auf seine **eigenen** subjektiven Rechte beziehen.[34]

16

Entscheidungserheblicher Zeitpunkt für die Beurteilung, ob ein Antragsteller ein eigenes oder ein fremdes Recht geltend macht, ist frühestens der Zeitpunkt, in dem der Antrag bei Gericht eingereicht wird. Dies gilt auch, wenn ein Rechtsanwalt direkt aufgesucht und der Antrag auf Bewilligung von Beratungshilfe nachträglich gestellt wird.[35] Ein anderes erfordert auch das aus Art. 3 Abs. 1 GG abzuleitende Recht auf Rechtswahrnehmungsgleichheit[36] nicht.

17

Durch die Worte „Wahrnehmung von Rechten" verdeutlicht § 1 Abs. 1 BerHG, dass Beratungshilfe nicht die allgemeine Interessen- oder Lebensberatung meint, sondern nur die **Rechtsberatung**. Dies geht einher mit der Bestimmung in § 2 Abs. 2 S. 1 BerHG, dass Beratungshilfe in rechtlichen Angelegenheiten zu gewähren ist.

18

Keine Prüfung der Erfolgsaussichten: Im Rahmen der Beratungshilfe ist – im Gegensatz zur Bewilligung von Prozesskostenhilfe – nicht zu prüfen, ob die Rechtsverfolgung oder Rechtsverteidigung Aussicht auf Erfolg hat. Die Beratungshilfe soll gerade dazu dienen, diese Frage abzuklären.[37]

19

Staatsangehörigkeit des Rechtsuchenden: Auf die Staatsangehörigkeit des Rechtsuchenden kommt es nicht an. Auch Rechtsuchende, die weder die deutsche Staatsangehörigkeit besitzen noch im Gebiet der Bundesrepublik wohnen, haben Anspruch auf Beratungshilfe.[38] Allerdings ist die Beratungshilfe ausgeschlossen, wenn Gegenstand der Beratung ausländisches Recht ist und der Sachverhalt keinen Zusammenhang zum Inland aufweist (vgl. Rdn 34).

20

---

33 BT-Drucks 17/11472, S. 37.
34 *Groß*, § 1 BerHG, Rn 15.
35 AG Kiel BeckRS 2012, 23563.
36 Vgl. BVerfG NJW 2009, 3417.
37 *Groß*, § 1 BerHG, Rn 42.
38 BVerfG NJW 1993, 383.

21 **Wahrnehmung von Rechten außerhalb eines gerichtlichen Verfahrens:** Nach § 1 Abs. 1 BerHG kann Beratungshilfe nur für die Wahrnehmung von Rechten **außerhalb eines gerichtlichen Verfahrens** gewährt werden. Diese Voraussetzung wird häufig missverstanden. Gemeint ist, dass Beratungshilfe dann nicht gewährt werden kann, wenn sich der Rechtsuchende im gerichtlichen Verfahren vertreten lässt, also wenn er den Anwalt mit Prozesshandlungen beauftragt.[39] Solange noch keine aktive Beteiligung im gerichtlichen Verfahren vorhanden ist, besteht jedoch Anspruch auf Beratungshilfe. Daher ist Beratungshilfe insbesondere dann zu bewilligen, wenn der Rechtsuchende prüfen lassen will, ob Aussichten bestehen, einen Anspruch gerichtlich geltend zu machen, ob Aussichten bestehen, sich gegen eine Klage zu verteidigen, oder der mittellose Schuldner beabsichtigt, einen Insolvenzantrag nebst Verfahrenskostenstundung und Restschuldbefreiung zu stellen.[40] Anders verhält es sich, wenn sich der Rechtsuchende im Verfahren bereits hat vertreten lassen. Hat er z.B. den Anwalt bereits als Prozessbevollmächtigten beauftragt oder mit der Einlegung eines Einspruchs gegen einen Vollstreckungsbescheid, ist die Bewilligung von Beratungshilfe ausgeschlossen.[41]

Für eine Tätigkeit in einem Prozesskostenhilfeprüfungsverfahren ist Beratungshilfe nicht zu bewilligen.[42] Das Prozesskostenhilfeprüfungsverfahren ist ein gerichtliches Verfahren in diesem Sinne.[43] Allerdings steht die Anhängigkeit eines Verfahrens der Beratungshilfe nicht entgegen, wenn der Rechtsanwalt nur außergerichtlich tätig wird, beispielsweise über die Aussichten einer Rechtsverteidigung gegen die Klage berät.[44] Keineswegs kann jedoch von einer Tätigkeit außerhalb eines gerichtlichen Verfahrens i.S.v. § 1 BerHG gesprochen werden, wenn der Anwalt seine Partei im Prozesskostenhilfeprüfungsverfahren vertritt, insbesondere den Antrag auf Bewilligung von Prozesskostenhilfe stellt.[45]

22 In einem Verfahren der **obligatorischen Streitschlichtung nach § 15a EGZPO** ist Beratungshilfe zu bewilligen.

23 Auch dann, wenn der Rechtsuchende einem **gerichtlichen Vergleich als Dritter beitreten** will, handelt es sich nicht um eine Interessenwahrnehmung in einem gerichtlichen Verfahren, sondern lediglich anlässlich eines gerichtlichen Verfahrens. Ebenso ist für die Beratung eines Beschuldigten, gegen den bereits ein gerichtliches Strafverfahren anhängig ist, Beratungshilfe zu gewähren, sofern er den Anwalt noch nicht mit seiner Vertretung beauftragt hat. Insoweit kann der Anwalt allerdings lediglich die Ratsgebühr nach VV 2501 verlangen. Die Vertretungsgebühr nach VV 2503 ist ausgeschlossen.

24 Für die **Prüfung der Erfolgsaussicht eines Rechtsmittels** gemäß VV 2100 ff. kann Prozesskostenhilfe nicht bewilligt werden, da es sich insoweit nicht um eine Tätigkeit in einem gerichtlichen Verfahren handelt. Für die Rechtsmittelprüfung kommt jedoch Beratungshilfe in Betracht.[46]

25 Im **Mahnverfahren** kommt die Bewilligung von Beratungshilfe nicht in Betracht, da sie nur außerhalb eines gerichtlichen Verfahrens gewährt werden kann. Hat der Prozessbevollmächtigte Einspruch gegen einen Vollstreckungsbescheid eingelegt, kann die Partei weder insoweit noch zu der sich anschließenden außergerichtlichen Korrespondenz Beratungshilfe beanspruchen.[47]

> **§ 2 BerHG [Beratung; Vertretung]**
>
> (1) ¹Die Beratungshilfe besteht in Beratung und, soweit erforderlich, in Vertretung. ²Eine Vertretung ist erforderlich, wenn der Rechtsuchende nach der Beratung angesichts des Umfangs, der Schwierigkeit oder der Bedeutung der Rechtsangelegenheit für ihn seine Rechte nicht selbst wahrnehmen kann.
>
> (2) ¹Beratungshilfe nach diesem Gesetz wird in allen rechtlichen Angelegenheiten gewährt. ²In Angelegenheiten des Strafrechts und des Ordnungswidrigkeitenrechts wird nur Beratung gewährt.
>
> (3) ¹Beratungshilfe nach diesem Gesetz wird nicht gewährt in Angelegenheiten, in denen das Recht anderer Staaten anzuwenden ist, sofern der Sachverhalt keine Beziehung zum Inland aufweist.

26 Die Vorschrift regelt, auf welche Weise und in welchen Angelegenheiten Beratungshilfe gewährt wird.

---

39 Ausführlich *Lindemann/Trenk-Hinterberger*, § 1 BerHG Rn 9 ff.
40 BGH WM 2007, 1035; BGH WuM 2008, 158.
41 AG Koblenz AGS 2004, 119.
42 OLG München NJW-RR 1999, 648; BGH NJW 1984, 2106 steht nicht entgegen, weil sich die Ausführungen nur auf eine Beratung, nicht auch Vertretung beziehen.
43 OLG München NJW-RR 1999, 648.
44 OLG München NJW-RR 1999, 648.
45 OLG München NJW-RR 1999, 648.
46 OLG Düsseldorf AGS 2005, 567 m. Anm. *Schons*; OLG Frankfurt AGS 2006, 137.
47 AG Koblenz AGS 2005, 119.

§ 2 Abs. 1 S. 1 BerHG normiert den Grundsatz, dass Beratungshilfe zusätzlich zur Beratung auch 27
die Vertretung umfasst, allerdings nur soweit erforderlich. § 2 Abs. 1 S. 2 BerHG bestimmt den
Maßstab, anhand dessen die **Erforderlichkeit** zu beurteilen ist. Die Regelung in S. 2 ist durch das
BerH-Änderungsgesetz eingefügt worden.

Ob eine Vertretung erforderlich ist, ergibt sich aus der Abwägung einerseits von Umfang, Schwierig- 28
keit oder Bedeutung der Rechtsangelegenheit und andererseits von persönlichen Fähigkeiten des
Rechtsuchenden.[48] Abzustellen ist dabei auf die individuelle Möglichkeit der Selbstvertretung des
konkreten Antragstellers, nicht auf den durchschnittlichen Rechtsuchenden.[49] Dies bedeutet, dass
insbesondere die Schul- und sonstige Bildung zu berücksichtigen sind und sodann in Relation zur Komplexität der Angelegenheit zu setzen sind, in der um Vertretung durch die Beratungsperson nachgesucht wird.[50] Die Regelung legt außerdem ausdrücklich fest, dass sich die Beurteilung, ob eine
Vertretung erforderlich ist, auf den **Zeitpunkt nach erfolgter Beratung** bezieht.[51] Die Vertretung
durch eine Beratungsperson ist demnach in der Regel dann nicht erforderlich, wenn nur noch ein
einfaches Schreiben mit einer Tatsachenmitteilung zu fertigen, ein Widerspruch ohne Begründung
einzulegen oder eine einfache Kündigung zu formulieren ist. Eine Vertretung soll dann nicht erforderlich sein, wenn keine rechtliche Würdigung bzw. Auseinandersetzung mit Rechtsprechung oder
juristischer Literatur erfolgte und die Vertretung sich nur im Tatsachenvortrag erschöpft.[52] Eine
anwaltliche Vertretung gegenüber dem Arbeitgeber ist nicht erforderlich, wenn es dem Rechtsuchenden zumutbar ist, entsprechend des im Beratungsschreiben des Rechtsanwalts enthaltenen Entwurf
insoweit eigenständig zu handeln.[53] Ist hingegen bekannt, dass die betroffene Behörde Widersprüchen, die mit keiner Begründung versehen sind, stets ohne weitere Prüfung nicht abhilft oder dass
Kündigungsgründe vom Gegner einer Kündigung bereits in Abrede gestellt worden sind, kann die
Erforderlichkeit einer Vertretung gegeben sein.[54] In einem sozialrechtlichen Widerspruchsverfahren
ist die Zuziehung eines Rechtsanwalts dann erforderlich, wenn es dem Rechtsuchenden nach seinen
persönlichen Verhältnissen sowie wegen der Schwierigkeit der Sache nicht zuzumuten ist, das
Widerspruchsverfahren selbst zu führen.[55] Betrifft der Widerspruch etwa lediglich einen – ggf.
wiederholten – Hinweis auf eine einfach gelagerte Frage zum Sachverhalt, kann es naheliegen, einen
solchen schlichten tatsächlichen Hinweis – ggf. nach anwaltlicher Beratung – in einem Widerspruchsschreiben selbst zu geben.[56]

Die Erforderlichkeit der Vertretung wird erst im Vergütungsfestsetzungsverfahren, nicht schon im 29
Bewilligungsverfahren geprüft. Sie ist vom Rechtsanwalt darzulegen und ggf. glaubhaft zu machen.
Für die Beurteilung reichen in der Regel die sich aus der Akte ergebenden Gesichtspunkte, insbesondere zu Beruf und Erwerbstätigkeit, aus, soweit das Gericht (Rechtspfleger) nicht ohnehin schon
einen persönlichen Eindruck von dem Rechtsuchenden gewinnen konnte.[57] Ein Ermessens- oder
Beurteilungsspielraum, ob eine Vertretung in der Angelegenheit erforderlich ist, besteht für den
Rechtsanwalt nicht.[58]

Nach § 2 Abs. 2 S. 1 BerHG wird Beratungshilfe in allen rechtlichen Angelegenheiten gewährt. Die 30
Erweiterung auf alle Rechtsgebiete ist durch das BerH-Änderungsgesetz erfolgt. Die umfassende
Beschreibung ergibt, dass von der Beratungshilfe kein Rechtsgebiet ausgenommen ist. Beratungshilfe
ist damit beispielsweise auf den Rechtsgebieten des Zivilrechts, Arbeitsrechts, Verwaltungsrechts,
Sozialrechts, Steuerrechts, Straf- und Ordnungswidrigkeitenrechts möglich.

Im Straf- und Ordnungswidrigkeitenrecht darf Beratungshilfe aber nur in der Form der Beratung 31
gewährt werden (§ 2 Abs. 2 S. 2 BerHG). Das bedeutet, dass für die Vertretung in straf- oder
ordnungswidrigkeitsrechtlichen Angelegenheiten keine Beratungshilfe gewährt werden kann. Die
Geschäftsgebühr VV 2503 ist in diesen Angelegenheiten nicht vorgesehen. Für einen Gnadenantrag
kann Beratungshilfe auch für die Vertretung bewilligt werden.[59]

---

48 BT-Drucks 17/11472, S. 37 f.
49 BT-Drucks 17/11472, S. 37 f.
50 BT-Drucks 17/11472, S. 37 f.
51 BT-Drucks 17/11472, S. 37 f.
52 AG Lichtenberg, Beschl. v. 4.2.2011 – 170a II 4786/10 (juris), AG Halle BeckRS 2014, 7730.
53 AG Koblenz AGS 2008, 461.
54 BT-Drucks 17/11472, S. 37 f.
55 KG BeckRS 2012, 5449.
56 KG BeckRS 2012, 5449.
57 BT-Drucks 17/11472, S. 37 f.
58 A.A. *Groß*, § 2 BerHG, Rn 12.
59 AG Köln BeckRS 2008, 23959.

32 Den Begriff der Angelegenheit definiert das BerHG nicht. Der Begriff der Angelegenheit ist im Rahmen der Bewilligung von Beratungshilfe aber genauso zu verstehen wie bei der anwaltlichen Vergütung im RVG (zum Begriff der gebührenrechtlichen Angelegenheit vgl. Rdn 149 ff.).

33 Durch das Wort „rechtliche" verdeutlicht § 2 Abs. 2 S. 1 BerHG, dass Beratungshilfe nicht die allgemeine Interessen- oder Lebensberatung meint, sondern nur die Rechtsberatung. Dies geht einher mit der Bestimmung in § 1 Abs. 1 BerHG, dass Beratungshilfe die Hilfe für die Wahrnehmung von Rechten ist.

34 Nach § 2 Abs. 3 BerHG ist Beratungshilfe in den Fällen generell ausgeschlossen, in denen **ausländisches Recht** anzuwenden ist, sofern der Sachverhalt nicht einen Bezug zum Inland aufweist.[60] Damit sind solche Fälle ausgeschlossen, in denen in Deutschland ansässige Ausländer sich wegen rechtlicher Fragen beraten lassen, die ausschließlich ihr Heimatland betreffen. Betrifft die Beratung die Anerkennung einer ausländischen Entscheidung im Inland (vgl. für das gerichtliche Verfahren in Familiensachen: §§ 107 ff. FamFG), darf Beratungshilfe nicht versagt werden.[61] Dagegen kommt Beratungshilfe über die die Anerkennung eines in Deutschland ergangenen Scheidungsbeschlusses im Ausland nicht in Betracht. Ein zureichender Inlandsbezug ist nicht allein durch den Wohnsitz oder Aufenthalt im Inland[62] und auch nicht durch eine im Inland durchgeführte Beratung gegeben.

§ 3 BerHG [Gewährung der Beratungshilfe durch Beratungspersonen oder Amtsgerichte]

(1) ¹Die Beratungshilfe wird durch Rechtsanwälte und durch Rechtsbeistände, die Mitglied einer Rechtsanwaltskammer sind, gewährt. ²Im Umfang ihrer jeweiligen Befugnis zur Rechtsberatung wird sie auch gewährt durch
1. Steuerberater und Steuerbevollmächtigte,
2. Wirtschaftsprüfer und vereidigte Buchprüfer sowie
3. Rentenberater.

Sie kann durch die in Satz 1 und 2 genannten Personen (Beratungspersonen) auch in Beratungsstellen gewährt werden, die auf Grund einer Vereinbarung mit der Landesjustizverwaltung eingerichtet sind.

(2) ¹Die Beratungshilfe kann auch durch das Amtsgericht gewährt werden, soweit dem Anliegen durch eine sofortige Auskunft, einen Hinweis auf andere Möglichkeiten für Hilfe oder die Aufnahme eines Antrags oder einer Erklärung entsprochen werden kann.

35 Die Beratungshilfe wird durch eine sog. Beratungsperson im Sinne von § 3 Abs. 1 BerHG gewährt. Sie wird in erster Linie durch
– Rechtsanwälte und
– Rechtsbeistände, die Mitglied einer Rechtsanwaltskammer sind,
gewährt (vgl. S. 1). Das BerH-Änderungsgesetz hat auch Angehörige weiterer Berufsgruppen mit der Gewährung von Beratungshilfe betraut (vgl. S. 2), nämlich
– Steuerberater
– Steuerbevollmächtigte
– Wirtschaftsprüfer
– Vereidigte Buchprüfer sowie
– Rentenberater.

36 Die Erweiterung der zur Gewährung von Beratungshilfe berechtigten Berufsgruppen steht im Zusammenhang mit der Erweiterung der beratungshilfefähigen Angelegenheiten. Oberbegriff für alle Personen, die im Wege der Beratungshilfe rechtsberatend und -vertretend tätig sein können, ist die **„Beratungsperson"**.

37 Der Begriff der Gewährung von Beratungshilfe ist zu unterscheiden von dem Begriff Bewilligung von Beratungshilfe. Die Beratungshilfe wird durch eine Beratungsperson gewährt, indem sie den Rechtsuchenden außergerichtlich berät oder vertritt. Die Bewilligung von Beratungshilfe ist die Entscheidung des Gerichts, dass die Vergütung der Beratungsperson aus der Staatskasse gezahlt wird. Sie bewirkt gleichzeitig, dass die Beratungsperson gegen den Rechtsuchenden keinen Anspruch auf Vergütung (Ausnahme: VV 2500) geltend machen kann (§ 8 Abs. 2 S. 1 BerHG).

---

[60] Vgl. zu dieser Vorschrift auch: BVerfG NJW 1993, 383.
[61] Vgl. zu einem solchen Sachverhalt: BVerfG NJW 1993, 383.
[62] AG Aschaffenburg JurBüro 1983, 723.

Nach § 49a BRAO ist der Rechtsanwalt verpflichtet, Beratungshilfe zu übernehmen. Er darf dies **38** nur im Einzelfall aus wichtigem Grund ablehnen. Die die Gewährung von Beratungshilfe betreffende Berufspflicht wird durch §§ 16, 16a BORA weiter ausgestaltet.

Inhaltlich richtet sich die Befugnis zur Erteilung von Beratungshilfe durch Angehörige der steuerbe- **39** ratenden Berufe und durch Rentenberater nach dem jeweiligen Umfang ihrer **Rechtsberatungsbefugnis**. Diese erstreckt sich nach geltender Rechtslage hinsichtlich der **steuerberatenden Berufe** zum einen auf die in § 1 StBerG genannten Steuersachen und ergibt sich zum anderen aus der Annexkompetenz des § 5 Absatz 1 des Rechtsdienstleistungsgesetzes (RDG). Die Annexkompetenz kann sich auch auf die Befugnis zur Schuldnerberatung und -vertretung für den außergerichtlichen Schuldnerbereinigungsversuch nach § 305 InsO erstrecken, soweit die Angehörigen der steuerberatenden Berufe durch ein landesrechtliches Ausführungsgesetz als geeignete Personen im Sinne von § 305 Abs. 1 Nr. 1 InsO anerkannt sind. Die Rechtsberatungsbefugnis der Rentenberater ergibt sich aus dem in § 10 Abs. 1 Nr. 2 RDG festgelegten Umfang.

Beratungshilfe kann durch die Beratungspersonen auch in Beratungsstellen gewährt werden, die **40** aufgrund einer Vereinbarung mit der Landesjustizverwaltung eingerichtet sind (§ 3 Abs. 1 S. 2 BerHG). Eine solche Beratungsstelle im Sinne von § 3 Abs. 1 BerHG, § 44 S. 1 ist aber nicht eine anerkannte Stelle für Verbraucherinsolvenzberatung.[63] Gegen diese Ungleichbehandlung bestehen keine verfassungsrechtlichen Bedenken.[64]

Übernimmt die Beratungsperson die Angelegenheit der Beratungshilfe, so hat sie sie mit derselben **41** Sorgfalt zu bearbeiten, die er auch bei der Erledigung sonstiger Aufträge anwendet.

Die Vergütung einschließlich des Vergütungsfestsetzungsverfahrens aller Beratungspersonen im **42** Sinne von § 3 Abs. 1 BerHG richtet sich grundsätzlich nach den §§ 44 ff., VV 2500 ff. (§ 8 Abs. 1 BerHG). Sind für die Beratungsstellen besondere Vereinbarungen getroffen, sind diese vorrangig (§ 44 S. 2).

Nach § 3 Abs. 2 kann die Beratungshilfe auch durch das **Amtsgericht** gewährt werden. Zuständig **43** ist nach § 24a Abs. 1 Nr. 2 RPflG der **Rechtspfleger**. Die Gewährung der Beratungshilfe durch den Rechtspfleger ist möglich, soweit dem Rechtsuchenden durch eine sofortige Auskunft oder einen Hinweis auf andere Hilfemöglichkeiten geholfen werden kann. Es handelt sich hierbei um eine Ermessensvorschrift. Der Rechtspfleger kann sofortige Beratungshilfe gewähren, er ist hierzu aber nicht verpflichtet.[65] Erledigt sich der Beratungshilfeantrag nicht durch die Erteilung seiner Hinweise, muss über den Antrag durch Beschluss entschieden werden, der im Falle der Zurückweisung eine Begründung und eine Rechtsbehelfsbelehrung enthalten muss (vgl. § 5 BerHG i.V.m. §§ 38, 39 FamFG).[66]

§ 4 BerHG [Entscheidung über den Antrag]

(1) ¹Über den Antrag auf Beratungshilfe entscheidet das Amtsgericht, in dessen Bezirk der Rechtsuchende seinen allgemeinen Gerichtsstand hat. ²Hat der Rechtsuchende im Inland keinen allgemeinen Gerichtsstand, so ist das Amtsgericht zuständig, in dessen Bezirk ein Bedürfnis für Beratungshilfe auftritt.

(2) ¹Der Antrag kann mündlich oder schriftlich gestellt werden. ²Der Sachverhalt, für den Beratungshilfe beantragt wird, ist anzugeben.

(3) ¹Dem Antrag sind beizufügen:
1. eine Erklärung des Rechtsuchenden über seine persönlichen und wirtschaftlichen Verhältnisse, insbesondere Angaben zu Familienstand, Beruf, Vermögen, Einkommen und Lasten, sowie entsprechende Belege und
2. eine Versicherung des Rechtsuchenden, dass ihm in der derselben Angelegenheit Beratungshilfe bisher weder gewährt noch durch das Gericht versagt worden ist, und dass in derselben Angelegenheit kein gerichtliches Verfahren anhängig ist oder war.

(4) ¹Das Gericht kann verlangen, dass der Rechtsuchende seine tatsächlichen Angaben glaubhaft macht, und kann insbesondere auch die Abgabe einer Versicherung an Eides Statt fordern. ²Es kann Erhebungen anstellen, insbesondere, die Vorlegung von Urkunden anordnen und Auskünfte einholen. ³Zeugen und Sachverständige werden nicht vernommen.

---

63 OLG Düsseldorf RPfleger 2008, 208; LG Landau i.d. Pfalz NZI 2005, 639; a.A. AG Landau i.d. Pfalz NZI 2005, 407 = Rpfleger 2005, 369.
64 Vgl. BVerfG NZI 2007, 181.
65 *Lindemann/Trenk-Hinterberger*, § 3 BerHG Rn 14.
66 BVerfG NJW 2015, 2322.

(5) ¹Hat der Rechtsuchende innerhalb einer von dem Gericht gesetzten Frist Angaben über seine persönlichen und wirtschaftlichen Verhältnisse nicht glaubhaft gemacht oder bestimmte Fragen nicht oder ungenügend beantwortet, so lehnt das Gericht die Bewilligung von Beratungshilfe ab.

(6) In den Fällen nachträglicher Antragstellung (§ 6 Absatz 2) kann die Beratungsperson vor Beginn der Beratungshilfe verlangen, dass der Rechtsuchende seine persönlichen und wirtschaftlichen Verhältnisse belegt und erklärt, dass ihm in der derselben Angelegenheit Beratungshilfe bisher weder gewährt noch durch das Gericht versagt worden ist, und dass in derselben Angelegenheit kein gerichtliches Verfahren anhängig ist oder war.

44 Die Vorschrift des § 4 BerHG regelt Form und Inhalt des Antrags. Das BerH-Änderungsgesetz hat die Erklärungspflichten des Rechtsuchenden erweitert und die Regelung über die nachträgliche Antragstellung aus § 4 Abs. 2 S. 4 BerHG gestrichen. Eine nachträgliche Antragstellung binnen einer Ausschlussfrist ist in § 6 Abs. 2 BerHG geregelt.

Über den Antrag auf Beratungshilfe entscheidet das Amtsgericht, und zwar nach der derzeitigen Fassung des § 4 BerHG dasjenige Amtsgericht, in dessen Bezirk der Rechtsuchende seinen allgemeinen Gerichtsstand hat. Der allgemeine Gerichtsstand einer Person wird durch den Wohnsitz bestimmt. So ist es in § 13 ZPO geregelt. Eine Verweisung auf diese Vorschrift enthält das BerHG nicht. § 5 BerHG verweist zwar auf das FamFG. Es fehlt für Beratungshilfesachen aber an einer Weiterverweisung auf § 13 ZPO.

Die Zuständigkeit bestimmt sich auch dann nach dem allgemeinen Gerichtsstand des Antragstellers zum Zeitpunkt des Antragseingangs, wenn Beratungshilfe erst nachträglich (§ 7 BerHG) beantragt wird und der Antragsteller zwischenzeitlich seinen Wohnsitz gewechselt hat.[67] Soweit der Antragsteller von Beratungshilfe zum Zeitpunkt der anwaltlichen Beratung noch keinen Wohnsitz im Inland hat, ist das Gericht des Ortes, in dem die anwaltliche Beratung stattgefunden hat, für die Bewilligung von Beratungshilfe örtlich zuständig.[68]

45 Der Antrag auf Bewilligung von Beratungshilfe kann mündlich oder schriftlich beim Amtsgericht gestellt werden. Dabei ist der Sachverhalt anzugeben. Hieran sind zumindest gewisse Anforderungen zu stellen. Die **Angelegenheit ist so genau wie möglich zu bezeichnen**. Sie muss von anderen Angelegenheiten abgrenzbar sein (Angaben wie „erbrechtliche Angelegenheit" genügen daher nicht). Solche allgemeinen Aussagen führen in Konsequenz dazu, dass der Antrag abzulehnen ist. Es muss **insbesondere feststellbar** sein, ob
– es sich um eine Rechtsberatung handelt
– andere Hilfsmöglichkeiten in Betracht kommen
– durch sofortige Auskunft/Antragsaufnahme die Sache erledigt werden kann
– die Inanspruchnahme von Beratungshilfe mutwillig erscheint.[69]

46 Abs. 3 benennt die dem Antrag **beizufügenden Erklärungen und Unterlagen**. Dies sind zum einen die Erklärung über die persönlichen und wirtschaftlichen Verhältnisse sowie entsprechende Belege. Zum anderen hat der Rechtsuchende eine Versicherung zur erstmaligen Antragstellung und zur fehlenden Anhängigkeit eines Gerichtsverfahrens abzugeben.

47 Wird der Antrag von einem Rechtsuchenden, der eine natürliche Person ist, schriftlich gestellt, besteht für die Erklärung über die persönlichen und wirtschaftlichen Verhältnisse gemäß § 11 BerHG i.V.m. § 1 Nr. 1 BerHFV ein Formularzwang (siehe Rdn 114 ff.). Wird der Antrag mündlich gestellt, muss sich der Rechtsuchende zwar zu seinen persönlichen und wirtschaftlichen Verhältnissen erklären, ein Formularzwang besteht über § 1 Nr. 1 BerHFV aber nicht.

48 Das Gericht kann im Rahmen der Prüfung nach Abs. 4 S. 1 verlangen, dass der Rechtsuchende seine tatsächlichen Angaben glaubhaft macht. Mittel der Glaubhaftmachung ist auch die Versicherung an Eides statt. Das Gericht kann Erhebungen anstellen (§ 4 Abs. 4 S. 2 BerHG). Zeugen und Sachverständige dürfen aber nicht vernommen werden (§ 4 Abs. 4 S. 3 BerHG), auch nicht schriftlich.

---

[67] KG Berlin Rpfleger 2008, 656; OLG Hamm AGS 2009, 188 (unter Aufgabe der bisherigen Rechtsprechung); BayObLG JurBüro 1995, 366 f.; OLG Zweibrücken NJW-RR 1998, 1075 f.; OLG Köln AGS 2001, 258 f.

[68] AG Bochum, Beschl. v. 7.12.2007 – 52 II 5608/06 (juris).

[69] AG Konstanz, Beschl. v. 4.5.2007 – UR II 61/07 (juris).

Das Gericht ist beispielsweise befugt, auch ohne konkreten Anlass die Vorlage von Bankkontoauszügen von dem Antragsteller zu verlangen.[70] Es entspricht einer für § 4 Abs. 4 S. 2 BerHG ausreichenden Ermessensausübung, wenn das Gericht die Bankkontoauszüge der letzten drei Monate anfordert.[71] Dieses ist für den Antragsteller nicht unzumutbar und steht auch nicht außer Verhältnis. Bezogen auf diesen Regelfall muss die Anordnung keine nähere Ermessensausübung erkennen lassen.[72]

Hat der Rechtsuchende innerhalb der von dem Gericht gesetzten Frist Angaben über seine persönlichen und wirtschaftlichen Verhältnisse nicht glaubhaft gemacht oder bestimmte Fragen nicht oder ungenügend beantwortet, so lehnt das Gericht gemäß § 4 Abs. 5 BerHG die Bewilligung von Beratungshilfe insoweit ab. Die Frist ist aber keine Ausschlussfrist.[73] Die Angaben und Glaubhaftmachungen können im Erinnerungsverfahren grundsätzlich noch nachgeholt werden.[74] Dies gilt auch dann, wenn zum Zeitpunkt des ergänzenden Beschwerdevorbringens (§ 571 Abs. 2 ZPO) die Hauptsache beendet ist.[75]

Die Ablehnung von Beratungshilfe wegen fehlender Mitwirkung reicht aber nur so weit, wie sich gerade wegen der fehlenden Angaben eine Aussage über die Voraussetzungen der Bewilligung nicht treffen lässt. Soweit die Voraussetzungen gleichwohl bejaht werden können, ist Beratungshilfe zu bewilligen.[76]

Abs. 6 regelt die Mitteilungspflichten des Rechtsuchenden gegenüber der Beratungsperson in den Fällen der nachträglichen Antragstellung und ist dem § 7 BerHG a.F. angelehnt. Zweck der Vorschrift ist, die Beratungsperson vor dem Risiko zu schützen, trotz erbrachter Beratungsleistung keine Vergütung zu erhalten. Die Vorschrift steht im Zusammenhang zu § 8a Abs. 4 BerHG. Diese Regelung gesteht der Beratungsperson gegen den Rechtsuchenden auch bei Nichtvorliegen der persönlichen und wirtschaftlichen Voraussetzungen einen Vergütungsanspruch zu, wenn sie glaubhaft macht, dass sie weder Kenntnis noch grob fahrlässige Unkenntnis vom Fehlen der Voraussetzungen hatte.

§ 5 BerHG [Verfahren]

[1]Für das Verfahren gelten die Vorschriften des Gesetzes über das Verfahren in Familiensachen und in den Angelegenheiten der freiwilligen Gerichtsbarkeit entsprechend, soweit in diesem Gesetz nichts anderes bestimmt ist. [2]§ 185 Abs. 3 und § 189 Abs. 3 des Gerichtsverfassungsgesetzes gelten entsprechend.

Die Norm wurde durch das FGG-Reformgesetz vom 17.12.2008 neu gefasst. Die Regelung verweist zum Verfahren subsidiär auf die Vorschriften des FamFG. Das FamFG-Verfahren ist grundsätzlich flexibler und einfacher zu handhaben ist als das strengere ZPO-Verfahren.[77]

Das FamFG-Verfahren unterliegt dem Grundsatz der Amtsermittlung (§ 26 FamFG). Dem Gericht obliegt die Feststellung der entscheidungserheblichen Tatsachen von Amts wegen. Es entscheidet nach pflichtgemäßem Ermessen, ob es sich zur Beschaffung der für seine Entscheidung erheblichen Tatsachen mit formlosen Ermittlungen (§ 29 FamFG) begnügen kann oder ob es eine förmliche Beweisaufnahme nach den Vorschriften der ZPO (§ 30 FamFG) durchführen muss. Das Gericht wird Ermittlungsmaßnahmen nur ergreifen, wenn der erkennbare Sachverhalt hierfür Anhaltspunkte bietet.

---

70 OLG Celle FamRZ 2010, 1751 = BeckRS 2010, 11046 m. Verw. auf BSG NVwZ-RR 2009, 1005; vgl. auch BVerfG v. 13.8.2009 – 1 BvR 1737/09; a.A.: LG Kiel v. 11.2.2009 – 1 T 10/09: Wenn der Antragsteller Leistungen zur Sicherung des Lebensunterhalts nach dem SGB II bezieht und der dem Gericht vorgelegte Leistungsbescheid die finanziellen Verhältnisse vollständig ausweist, darf das Gericht ohne konkreten Anlass die ausreichende Glaubhaftmachung der Bedürftigkeit nicht zusätzlich an die Vorlage von Kontoauszügen knüpfen; a.A. auch: LAG Kiel SchlHA 2012, 114: Die gerichtliche Auflage, ungeschwärzt alle Kontoauszüge mit allen Kontobewegungen aller Konten der letzten drei Monate vorzulegen, überschreitet das Übermaßverbot und stellt eine unverhältnismäßige Ausforschung der persönlichen Lebensverhältnisse dar.
71 OLG Celle BeckRS 2010, 11046 m. Verw. auf BSG NVwZ-RR 2009, 1005.
72 OLG Celle BeckRS 2010, 11046 m. Verw. auf BSG NVwZ-RR 2009, 1005.
73 Vgl. OLG Celle MDR 2013, 364; LAG Rheinland-Pfalz BeckRS 2015, 67902; VGH Kassel NJW 2014, 1322; OVG Lüneburg NJW 2014, 169.
74 Vgl. BAG MDR 2004, 415; OLG Celle MDR 2013, 364; LAG Rheinland-Pfalz BeckRS 2015, 67902; VGH Kassel NJW 2014, 1322; OLG Hamm BeckRS 2014, 10191 im Überprüfungsverfahren; a.A. OVG Lüneburg NJW 2014, 169.
75 A.A. BAG MDR 2004, 415; OLG Celle MDR 2013, 364.
76 Vgl OLG Nürnberg FamRZ 2007, 159; OLG Karlsruhe FamRZ 2006, 1852.
77 BT-Drucks 16/6308, S. 324.

Solche Anhaltspunkte sind vor allem in Antragsverfahren vom Rechtsuchenden zu bringen. Eine subjektive Beweislast im Sinne einer Beweisführungslast ist in FamFG-Verfahren nicht gegeben. Hingegen besteht eine objektive Feststellungslast, wenn eine Tatsache nicht mehr aufklärbar ist. Dann trägt der Rechtsuchende die Feststellungslast für die Voraussetzungen einer ihm günstigen Norm.

55 Allerdings begründet § 27 Abs. 1 FamFG im Wege einer Soll-Vorschrift eine Mitwirkungspflicht für den Rechtsuchenden. Der Rechtsuchende soll bei der Ermittlung des Sachverhalts mitwirken. Er soll, soweit er dazu in der Lage ist, durch Angabe von Tatsachen und Beweismitteln eine gerichtliche Aufklärung ermöglichen.[78] Eine verweigerte zumutbare Mitwirkung des Rechtsuchenden beeinflusst darüber hinaus den Umfang gerichtlicher Ermittlungen.[79] Die Darlegungslast des Rechtsuchenden erhöht sich dabei in gleichem Maß, wie das Gericht auf deren Mitwirkung bei der Sachaufklärung angewiesen ist.[80] Der Rechtsuchende kann bei Vernachlässigung der ihm obliegenden Pflicht nicht erwarten, dass das Gericht zur Aufklärung des Sachverhalts allen denkbaren Möglichkeiten von Amts wegen nachgeht.[81] Wenn der Rechtsuchende seine Mitwirkung verweigert und ansonsten kein Anlass zu weiteren, erfolgversprechenden Ermittlungen besteht, hat das Gericht seiner Untersuchungspflicht Genüge getan.[82] Der Rechtsuchende muss dann hinnehmen, dass sich die Feststellungslast gegebenenfalls zu seinem Nachteil auswirkt.

56 § 29 Abs. 1 S. 1 FamFG bestimmt den Grundsatz des Freibeweises. Das Gericht erhebt die Beweise in der ihm geeignet erscheinenden Form, ohne an förmliche Regeln gebunden zu sein. Als Form des Freibeweises kommt etwa die informelle persönliche, telefonische oder schriftliche Befragung einer Auskunftsperson oder die Beiziehung von Akten in Betracht.[83] Eine abschließende Aufzählung der im Freibeweis zulässigen Beweismittel enthält das FamFG nicht, um den Charakter des Freibeweises als flexibles Erkenntnisinstrument zu wahren.[84] Das Gericht ist bei der Beweiserhebung nicht an das Vorbringen des Rechtsuchenden gebunden (§ 29 Abs. 1 S. 2 FamFG).[85] Das Gericht muss die Wahrheit ermitteln und zu diesem Zweck Beweis erheben.[86] Ein förmliches Beweisantragsrecht steht einem Rechtsuchenden nicht zu.[87] Eine Auseinandersetzung des Gerichts mit Beweisanträgen des Rechtsuchenden bleibt auch ohne ein solches förmliches Beweisantragsrecht gewährleistet.[88] Denn das Gericht hat die tragenden Erwägungen in dem Beschluss darzulegen.[89]

57 Für die Tatsachenermittlung trifft § 4 Abs. 4 BerHG eine besondere Bestimmung, die die Voraussetzung der persönlichen und wirtschaftlichen Verhältnisse betrifft. Danach kann das Gericht verlangen, dass der Rechtsuchende die diesbezüglichen tatsächlichen Angaben glaubhaft macht, kann insbesondere auch die Abgabe einer Versicherung an Eides Statt fordern. Das Gericht kann Erhebungen anstellen, insbesondere die Vorlage von Urkunden anordnen und Auskünfte einholen. Zeugen und Sachverständige dürfen nicht vernommen werden.

58 Zur Prüfung, ob die Voraussetzungen für eine Bewilligung von Beratungshilfe vorliegen, kann das Gericht einen Termin zur Erörterung anberaumen und den Antragsteller laden (§ 5 S. 1 BerHG i.V.m. § 32 Abs. 1 FamFG). Anstelle eines langwierigen Schriftverkehrs kann eine mündliche Erörterung im Einzelfall sinnvoll sein. Wird der Rechtsuchende im Bewilligungsverfahren von einem Rechtsanwalt vertreten, ist auch dieser zu laden. Eine Terminsgebühr wird dem Rechtsanwalt aber nicht aus der Staatskasse vergütet.

59 Förmliche Entscheidungen im Beratungshilfebewilligungsverfahren müssen die Formvorgaben aus § 5 BerHG i.V.m. §§ 38, 89 FamFG einhalten.[90] Wird Beratungshilfe auf einen nicht nachträglichen Antrag bewilligt, gelten die Erleichterungen des § 6 Abs. 1 BerHG. Im Übrigen hat die Entscheidung über die Bewilligung von Beratungshilfe durch einen schriftlichen Beschluss zu ergehen.[91] Wird der Antrag auf Bewilligung von Beratungshilfe zurückgewiesen, ist der Beschluss zu begründen und mit einer Rechtsbehelfsbelehrung über die Erinnerung zu versehen.[92]

---

78 BT-Drucks 16/6308, S. 186.
79 BT-Drucks 16/6308, S. 186 f., 406.
80 BT-Drucks 16/6308, 186.
81 BT-Drucks 16/6308, 186 f.
82 Vgl. OLG Köln NJW-RR 1991, 1285 (1286).
83 BT-Drucks 16/6308, 188.
84 BT-Drucks 16/6308, 188.
85 BT-Drucks 16/6308, 188.
86 BT-Drucks 16/6308, 188.
87 BT-Drucks 16/9733, 288.
88 BT-Drucks 16/9733, 288.
89 BT-Drucks 16/9733, 288.
90 Vgl auch BVerfG NJW 2015, 2322.
91 Vgl auch BVerfG NJW 2015, 2322.
92 Vgl auch BVerfG NJW 2015, 2322.

§ 5 S. 2 BerHG verweist des Weiteren für die Hinzuziehung von Dolmetschern auf die Verfahrenserleichterungen in § 185 Abs. 3 und § 189 Abs. 3 GVG. Einer solchen Verweisung hätte es allerdings nicht bedurft, weil das GVG auf das Beratungshilfeverfahren ohnehin Anwendung findet und sich aus der Verweisung von S. 1 ergibt, dass es sich bei Beratungshilfesachen um FamFG-Sachen handelt.

§ 6 BerHG [Berechtigungsschein; nachträglicher Antrag]

(1) ¹Sind die Voraussetzungen für die Gewährung von Beratungshilfe gegeben und wird die Angelegenheit nicht durch das Amtsgericht erledigt, stellt das Amtsgericht dem Rechtsuchenden unter genauer Bezeichnung der Angelegenheit einen Berechtigungsschein für Beratungshilfe durch eine Beratungsperson seiner Wahl aus.

(2) ¹Wenn sich der Rechtsuchende wegen Beratungshilfe unmittelbar an eine Beratungsperson wendet, kann der Antrag auf Bewilligung der Beratungshilfe nachträglich gestellt werden. ²In diesem Fall ist der Antrag spätestens vier Wochen nach Beginn der Beratungshilfetätigkeit zu stellen.

§ 6 regelt die Erteilung des Beratungshilfescheins sowie die Ausschlussfrist für eine nachträgliche Antragstellung. Die Möglichkeit nachträglicher Antragstellung ist durch das BerH-Änderungsgesetz erheblich eingeschränkt worden.

Soweit das Gericht die Voraussetzungen für die Gewährung von Beratungshilfe bejaht und sich die Angelegenheit nicht durch eine sofortige Auskunft nach § 3 Abs. 2 BerHG erledigen lässt, bewilligt das Gericht Beratungshilfe, indem es dem Rechtsuchenden einen **Berechtigungsschein** durch eine Beratungsperson ausstellt. Der Rechtsuchende hat die freie Wahl, wen er als Beratungsperson auswählt, soweit der Beratungsgegenstand von der Rechtsberatungsbefugnis der Beratungsperson umfasst ist. Die Angelegenheit ist im Berechtigungsschein genau zu bezeichnen. Weder die Entscheidung(en) über die Bewilligung von Beratungshilfe noch die Anzahl erteilter Beratungshilfescheine entfalten eine Bindungswirkung für das Vergütungsfestsetzungsverfahren für die Prüfung der Anzahl der zu vergütenden Angelegenheiten.[93] So kann trotz mehrerer Berechtigungsscheine nur eine Angelegenheit vorliegen. Umgekehrt können mehrere Angelegenheiten vorliegen, obwohl nur ein Berechtigungsschein erteilt worden ist. Den Begriff der Angelegenheit definiert das BerHG nicht. Der Begriff der Angelegenheit ist im Rahmen der Bewilligung von Beratungshilfe aber genauso zu verstehen wie bei der anwaltlichen Vergütung im RVG (zum Begriff der gebührenrechtlichen Angelegenheit vgl. auch Rdn 149 ff.).

Zur Entscheidung über den Antrag auf Bewilligung von Beratungshilfe ist der **Rechtspfleger** nach § 24a Abs. 1 Nr. 1 RPflG berufen. Zuständig ist stets die allgemeine Zivilabteilung des Amtsgerichts – und nicht das Familiengericht – auch wenn die Beratung Angelegenheiten betroffen hat, für die bei gerichtlicher Geltendmachung das Familiengericht zuständig gewesen wäre.[94]

Im Falle der nachträglichen Antragstellung (Abs. 2) ist der Antrag auf Bewilligung von Beratungshilfe binnen einer **Frist von 4 Wochen** ab Beginn der auf die Beratungshilfe gerichteten Tätigkeit zu stellen. Bei der Frist handelt es sich um eine **Ausschlussfrist**.[95] Sie ist durch das BerHG-Änderungsgesetz eingeführt worden. Die Frist dient der zügigen Rechtssicherheit für alle Beteiligten. Gleichzeitig verhindert die Vorschrift, dass Mandate ex post zu Beratungshilfemandaten erklärt werden, weil sich die Eintreibung der Vergütungsforderung vom Mandanten als schwierig erwiesen hat.[96]

Die Frist beginnt mit der „Beratungshilfetätigkeit".[97] Gemeint ist damit der Zeitpunkt der Entgegennahme der Auftragserteilung zur Beratungshilfe durch die Beratungsperson.[98] Hingegen beginnt die Beratungshilfetätigkeit nicht erst mit der rechtlichen Prüfung des Einzelfalls bzw. der Beratung des Rechtsuchenden.[99] So gehört z.B. auch die Entgegennahme von Informationen zur Beratungshilfetätigkeit bzw. die Vertretungsanzeige (vor einer rechtlichen Beratung) zur Beratungshilfetätigkeit.[100] Für den Fristbeginn ist nicht zwischen einer Beratung und einer später erforderlich werdenden

---

93 OLG Köln NJOZ 2011, 458; KG AGS 2010, 612; OLG Rostock NJW-RR 2011, 871; a.A., also für eine Bindungswirkung: OLG Oldenburg BeckRS 2010, 12535; LG Mönchengladbach AGS 2003, 76 m. Anm. *Madert* = JurBüro 2002, 421 = Rpfleger 2002, 463.
94 OLG Nürnberg FamRZ 2005, 740; ebenso LG Flensburg, Beschl. v. 7.6.2002 – 5 T 67/02 (juris).
95 BT-Drucks 17/11472, S. 41.
96 BT-Drucks 17/11472, S. 41.
97 Vgl. auch BT-Drucks 17/11472, S. 41: „Beginn der Beratungshilfetätigkeit".
98 So auch *Lissner*, AGS 2015, 53, 54.
99 A.A. AG Königswinter NJW-RR 2015, 384.
100 A.A. AG Königswinter NJW-RR 2015, 384.

Vertretung in derselben Angelegenheit zu unterscheiden; die Frist beginnt einheitlich mit dem „ersten" Auftrag zum Tätigwerden in der Beratungshilfeangelegenheit.

66 Zur Wahrung der Ausschlussfrist des § 6 Abs. 2 BerHG ist es erforderlich, dass ein Antrag gestellt worden ist, der der Form des § 4 Abs. 2 BerHG genügt, und dass dem Antrag die Erklärung und Versicherung i.S.v. § 4 Abs. 3 BerHG (Beratungshilfeformular) beigefügt sind.[101] Weil es sich bei der Frist des § 6 Abs. 2 BerHG um eine Ausschlussfrist handelt, reicht es nicht aus, die nach § 4 Abs. 3 BerHG erforderlichen Erklärungen nach Ablauf der Ausschlussfrist nachzureichen.[102] Die Möglichkeit, dem Rechtsuchenden eine Nachfrist (vgl. § 4 Abs. 5 BerHG) zu setzen, besteht mit Ablauf der Ausschlussfrist (§ 6 Abs. 2 BerHG) nicht mehr.

67 Der Beginn der Beratungshilfetätigkeit (Auftragserteilung) ist von dem Rechtsuchenden darzulegen. Im Beratungshilfeformular ist dementsprechend auch vorgesehen, dass durch den Rechtsuchenden das Datum des Beginns der Beratung anzugeben ist. Das Gericht kann ggf. Freibeweis (§ 5 S. 1 BerHG i.V.m. § 29 FamFG) erheben. Der Zeitpunkt des Ausfüllens des Beratungshilfeformulars und der Unterschrift hierauf mag ein Kriterium zur Beweiswürdigung für den Beginn der Ausschlussfrist sein.[103]

Wird die Ausschlussfrist nicht eingehalten, ist der Antrag als unbegründet zurückzuweisen und nicht als unzulässig zu verwerfen.

68 § 6 Abs. 2 BerHG schreibt nicht vor, dass der nachträgliche Antrag schriftlich gestellt werden muss.[104] Es besteht auch die Möglichkeit, dass der Rechtsuchende im Verlaufe der Gewährung von Beratungshilfe mündlich den Antrag auf Bewilligung von Beratungshilfe stellt. Die Regelung schließt diese Möglichkeit nicht aus. Im Rahmen der Antragstellung wird der Rechtsuchende anzugeben haben, dass ihm von der Beratungsperson Beratungshilfe gewährt wird. Beratungspersonen empfehlen die mündliche Antragstellung in der (nicht von der Hand zu weisenden) Annahme, dass Beratungshilfe auf mündliche Anträge eher bewilligt wird, als auf über Beratungspersonen eingereichte schriftliche Anträge.

69 **§ 6a BerHG [Aufhebung der Beratungshilfe]**

(1) Das Gericht kann die Bewilligung von Amts wegen aufheben, wenn die Voraussetzungen für die Beratungshilfe zum Zeitpunkt der Bewilligung nicht vorgelegen haben und seit der Bewilligung nicht mehr als ein Jahr vergangen ist.

(2) ¹Die Beratungsperson kann die Aufhebung der Bewilligung beantragen, wenn der Rechtsuchende aufgrund der Beratung oder Vertretung, für die ihm Beratungshilfe bewilligt wurde, etwas erlangt hat. Der Antrag kann nur gestellt werden, wenn die Beratungsperson
1. noch keine Beratungshilfevergütung nach § 44 Satz 1 des Rechtsanwaltsvergütungsgesetzes beantragt hat und
2. den Rechtsuchenden bei der Mandatsübernahme auf die Möglichkeit der Antragstellung und der Aufhebung der Bewilligung sowie auf die sich für die Vergütung nach § 8a Absatz 2 ergebenden Folgen in Textform hingewiesen hat.

²Das Gericht hebt den Beschluss über die Bewilligung von Beratungshilfe nach Anhörung des Rechtsuchenden auf, wenn dieser aufgrund des Erlangten die Voraussetzungen hinsichtlich der persönlichen und wirtschaftlichen Verhältnisse für die Bewilligung von Beratungshilfe nicht mehr erfüllt.

§ 6a BerHG ermöglicht die **Aufhebung** von Beratungshilfe. Die Vorschrift regelt in Abs. 1 die Aufhebung bei anfänglichem Fehlen der Bewilligungsvoraussetzungen und in Abs. 2 die Aufhebung in einem speziellen Fall des nachträglichen Wegfalls. Welche Folgen die Aufhebung für die Vergütung der Beratungsperson hat, bestimmt § 8a BerHG.

70 Die Regelung in Abs. 1 setzt voraus, dass die Voraussetzungen für Beratungshilfe im Zeitpunkt der Bewilligung nicht vorgelegen haben. Im Aufhebungsverfahren prüft das Gericht alle Bewilligungsvoraussetzungen. Abs. 1 stellt die Entscheidung über die Aufhebung in das Ermessen des Gerichts, wenn es – etwa aus anderen bei Gericht anhängigen Verfahren – davon Kenntnis erhält, dass die Voraussetzungen für die Bewilligung nicht vorgelegen haben. Damit wird der Tatsache Rechnung getragen, dass sich die Aufhebung und die damit verbundenen Rückabwicklungsfolgen aus § 8a

---

101 AG Winsen (Luhe) BeckRS 2015, 14174; *Lissner*, AGS 2015, 53, 54 f.; a.A. *Groß*, § 6 BerHG Rn 12.
102 AG Winsen (Luhe) BeckRS 2015, 14174; *Lissner*, AGS 2015, 53, 54 f.; a.A. *Groß*, § 6 BerHG Rn 12.
103 Vgl. zum Zeitpunkt der Unterschriftsleistung auch *Lissner*, AGS 2014, 157, 160 f.
104 A.A. wohl *Groß*, § 6 Rn 10 ff.; *Lissner*, AGS 2014, 157, 159.

BerHG unverhältnismäßig aufwändig gestalten können.[105] Denn es ist nicht Sinn und Zweck der Aufhebung, die Staatskasse mit gegebenenfalls noch höheren Kosten zu belasten.[106]

Die Aufhebung ist ausgeschlossen, wenn seit der Bewilligung mehr als ein Jahr vergangen ist. Es wird für den Fristbeginn allein auf den Zeitpunkt der Bewilligung abgestellt.[107] **71**

§ 6a Abs. 2 BerHG verschafft der Beratungsperson die Möglichkeit, die Vergütung eines Wahlanwalts von dem Rechtsuchenden zu erhalten. Die Vorschrift trägt Fällen Rechnung, in denen der Rechtsuchende nachträglich aufgrund der Hilfeleistung der Beratungsperson die persönlichen und wirtschaftlichen Voraussetzungen für die Beratungshilfe nicht mehr erfüllt. **72**

Die Aufhebung nach Abs. 2 erfolgt nur **auf Antrag der Beratungsperson**. Das Antragsrecht liegt allein bei der Beratungsperson. Antragsvoraussetzung ist, dass der Rechtsuchende aus der gewährten Beratungshilfe „etwas erlangt" hat. Der Aufhebungsantrag ist in zeitlicher Hinsicht nur zulässig, solange der Vergütungsfestsetzungsantrag noch nicht gestellt ist (Abs. 2 S. 2 Nr. 1). Die Beratungsperson kann also nicht die Beratungshilfevergütung aus der Staatskasse geltend machen und nur wegen der Differenz zur Wahlanwaltsvergütung den Weg des § 6a Abs. 2 BerHG beschreiten. **73**

Die Beratungsperson kann den Antrag auf Aufhebung der Beratungshilfe nur stellen kann, wenn sie den Rechtsuchenden bei Mandatsübernahme auf diese Möglichkeit sowie auf die sich hieraus für ihre Vergütung und das Rückforderungsrecht der Staatskasse nach § 8a Absatz 2 ergebenden Folgen hingewiesen hat. Der Hinweis ist zu Vermeidung von Beweisschwierigkeiten[108] in Textform zu geben. **74**

Voraussetzung der Aufhebung nach Abs. 2 ist, dass der Rechtsuchende aufgrund des Erlangten die erforderlichen Mittel für die Kosten einer Beratungsperson nach seinen persönlichen und wirtschaftlichen Verhältnissen aufbringen kann (vgl. § 6a Abs. 2 S. 3 BerHG). Vor der Aufhebung ist der Rechtsuchende anzuhören. Beschließt das Gericht die Aufhebung der Beratungshilfebewilligung, sieht § 8a Abs. 2 BerHG vor, dass die Beratungsperson ihre Vergütung nach den allgemeinen Vorschriften verlangen kann. Gleichzeitig schließt § 8a Abs. 1 Nr. 2 BerHG die Vergütung aus der Staatskasse aus. **75**

§ 7 BerHG [Erinnerung]

Gegen den Beschluss, durch den der Antrag auf Bewilligung von Beratungshilfe zurückgewiesen oder durch den die Bewilligung von Amts wegen oder auf Antrag der Beratungsperson wieder aufgehoben wird, ist nur die Erinnerung statthaft.

§ 7 BerHG regelt die Rechtsbehelfe gegen Beschlüsse in Beratungshilfeverfahren. Das BerH-Änderungsgesetz hat die bisherige Rechtsbehelfsmöglichkeit des § 6 Abs. 2 BerHG a.F. erweitert. **76**

Statthafter Rechtsbehelf ist weiterhin die Erinnerung. Sie ist statthaft gegen den Beschluss des Amtsgerichts (Rechtspfleger) über **77**
– die Zurückweisung des Antrags auf Bewilligung von Beratungshilfe (§ 7 BerHG)
– die Aufhebung von Beratungshilfe (§ 7 BerHG)

Erinnerung gegen die Ablehnung von Beratungshilfe: Die Erinnerung gegen die Ablehnung von Beratungshilfe (§ 7 BerHG) ist unbefristet und nicht von einem Mindesterinnerungswert abhängig. Erinnerungsberechtigt ist nur der Rechtsuchende, nicht der ihn vertretende Rechtsanwalt. Ein Rechtsanwalt, der für den Rechtsuchenden einen Antrag auf Bewilligung von Beratungshilfe stellt, wird durch die Zurückweisung dieses Antrags nur mittelbar (reflexartig) berührt.[109] Eine vom Rechtsanwalt gegen die Zurückweisung des Antrags im eigenen Namen eingelegte Erinnerung ist deshalb wegen fehlender Beschwer unzulässig.[110] **78**

Erinnerung gegen die Aufhebung von Beratungshilfe: Die Erinnerung gegen die Ablehnung von Beratungshilfe (§ 7 BerHG) ist unbefristet und nicht von einem Mindesterinnerungswert abhängig. Erinnerungsberechtigt ist der Rechtsuchende. Erinnerungsberechtigt kann auch der Rechtsanwalt sein, soweit die Aufhebung von Beratungshilfe den Vergütungsanspruch des Rechtsanwalts gegen die Staatskasse berührt (vgl. § 8a Abs. 1 S. 2 BerHG). Die Erinnerungsmöglichkeit ist durch das **79**

---

105 BT-Drucks 17/11472, S. 41.
106 BT-Drucks 17/11472, S. 41.
107 BT-Drucks 17/11472, S. 41.
108 BT-Drucks 17/11472, S. 41.
109 Vgl. auch BVerfG NJW 2006, 1504.
110 Vgl. auch BVerfG NJW 2006, 1504.

BerH-Änderungsgesetz neu eingefügt worden und steht im Zusammenhang mit der ebenfalls neu eingeführten Regelungen über die Aufhebung von Beratungshilfe in §§ 6a, 8a BerHG.

80 **Erinnerung gegen die Bewilligung von Beratungshilfe:** Die Erinnerung gegen die Bewilligung von Beratungshilfe ist nicht anfechtbar. Der Staatskasse steht insoweit kein Erinnerungsrecht zu.

81 **Verfahren, Entscheidung, Anfechtbarkeit:** Der Rechtspfleger kann nach § 11 Abs. 2 S. 1 RPflG der Erinnerung abhelfen. Geschieht dies nicht, so hat er die Erinnerung nach § 11 Abs. 2 S. 2 RPflG dem Richter vorzulegen. Das Amtsgericht entscheidet dann durch den Richter endgültig über die Erinnerung.

82 Gegen die Erinnerungsentscheidung des Amtsgerichts (Richter) ist kein Rechtsmittel gegeben.[111] An der Unanfechtbarkeit der Erinnerungsentscheidung hat sich auch durch die Geltung des FamFG seit dem FGG-Reformgesetz nichts geändert. Schon die Auslegung des Wortlautes von § 7 Abs. 1 BerHG ergibt, dass gegen die Beratungshilfeversagung allein der Rechtsbehelf der Erinnerung gegeben ist. Durch das Wort „nur" schließt der Wortlaut der Vorschrift den Rechtsweg zu den Rechtsmittelgerichten aus. Auch der Gesetzgeber hat bei Schaffung des § 6 Abs. 2 BerHG a.F. zum Ausdruck gebracht, dass Rechtsmittelgerichte mit der Ablehnung von Beratungshilfe nicht befasst werden sollen. In dem Regierungsentwurf[112] für ein Beratungshilfegesetz vom 2.11.1979 heißt es:

> Hilft der Rechtspfleger nicht ab, so hat er sie dem Richter vorzulegen (§ 11 Abs. 2 S. 3, 4 RPflG). Abweichend von § 11 Abs. 2 S. 3, 4 RPflG soll dieser aus Gründen der Beschleunigung in jedem Fall über die Erinnerung entscheiden, so dass eine Vorlage an die Beschwerdekammer beim Landgericht unterbleibt.

Der Rechtsausschuss des Bundestages bekundete am 22.2.1980:[113]

> Um die Entscheidung in einem möglichst unkomplizierten Verfahren herbeizuführen, war jedoch zu bestimmen, ... dass der Richter am Amtsgericht abschließend über die Erinnerung entscheidet. Um dies klarzustellen, ... und zugleich in § 6 Abs. 2 BerHG festzulegen, dass gegen den zurückweisenden Beschluss als Rechtsbehelf nur die Erinnerung statthaft ist.

Nach dem Willen des Gesetzgebers enthält der Wortlaut dieser Vorschrift den Ausschluss von Rechtsmitteln zu Gerichten höherer Ordnung.

83 Außerordentliche Rechtsbehelfe können die **Anhörungsrüge** nach § 5 S. 1 BerHG i.V.m. § 44 FamFG sowie die **Gegenvorstellung** sein. Eine Gegenvorstellung gegen einen richterlichen Beschluss, mit dem gemäß § 6 Abs. 2 BerHG die Erinnerung gegen den Beschluss des Rechtspflegers zurückgewiesen wird, ist in **Ausnahmefällen** zulässig.[114] Dies gilt wenn z.B. ein Verstoß gegen das Gebot des gesetzlichen Richters (Art. 101 Abs. 1 S. 2 GG) substantiiert gerügt wird oder wenn geltend gemacht wird, dass die angegriffene Entscheidung mit der Rechtsordnung schlechthin unvereinbar sei. Die Gegenvorstellung ist hingegen nicht statthaft, wenn der Antragsteller lediglich geltend macht, dass die gerichtliche Entscheidung fehlerhaft sei.[115]

§ 8 BerHG [Vergütung der Beratungsperson]

(1) ¹Die Vergütung der Beratungsperson richtet sich nach den für die Beratungshilfe geltenden Vorschriften des Rechtsanwaltsvergütungsgesetzes. ²Die Beratungsperson, die nicht Rechtsanwalt ist, steht insoweit einem Rechtsanwalt gleich.

(2) ¹Die Bewilligung von Beratungshilfe bewirkt, dass die Beratungsperson gegen den Rechtsuchenden keinen Anspruch auf Vergütung mit Ausnahme der Beratungshilfegebühr (§ 44 Satz 2 des Rechtsanwaltsvergütungsgesetzes) geltend machen kann. ²Dies gilt auch in den Fällen nachträglicher Antragstellung (§ 6 Absatz 2) bis zur Entscheidung durch das Gericht.

84 § 8 regelt die Vergütung der Beratungsperson.

85 Abs. 1 verweist für alle Beratungspersonen auf das RVG. Die Vergütung in Beratungshilfesachen richtet sich einheitlich für alle Beratungspersonen nach den Vorschriften des RVG. Dies gilt nicht nur hinsichtlich derjenigen Vorschriften, die die Vergütung unmittelbar betreffen, sondern schließt sämtliche Vorschriften des RVG zur Beratungshilfe ein, insbesondere diejenigen über die Anrech-

---

111 OLG Hamm NJOZ 2011, 649; OLG Celle NJOZ 2011, 410; OLG Brandenburg NJOZ 2011, 409; OLG Naumburg NJOZ 2011, 1097; OLG Schleswig v. 5.1.2011 – 2 W 271/10; OLG Schleswig v. 18.1.2011 – 2 W 8/11; OLG Köln BeckRS 2015, 7676; a.A. LG Potsdam AGS 2010, 89 m. abl. Anm. *Fölsch*.

112 BT-Drucks 8/3311, S. 14.

113 BT-Drucks 8/3695, S. 9.

114 AG Halle (Saale), Beschl. v. 9.3.2011– 103 II 7496/10 (juris).

115 FG München, Beschl. v. 4.12.2003 – 13 S 4635/03 (juris).

nung von Vorschüssen und Zahlungen (§ 58), den Übergang von Ansprüchen auf die Staatskasse (§ 59) und die Vergütungsfestsetzung (§ 55 Abs. 4).[116]

§ 8 Abs. 2 BerHG bestimmt, dass die Beratungsperson gegen den Rechtsuchenden mit Bewilligung von Beratungshilfe eine Vergütung nicht geltend machen kann. Hierbei kommt es nicht darauf an, ob es sich um eine gesetzliche Vergütung nach den allgemeinen Vorschriften oder um eine vereinbarte Vergütung handelt. Entsprechendes gilt im Fall nachträglicher Antragsteller ab Beginn der Gewährung von Beratungshilfe bis zur Entscheidung des Gerichts über die Bewilligung von Beratungshilfe. Wird die Beratungshilfebewilligung wieder aufgehoben oder lehnt das Gericht im Falle nachträglicher Antragstellung die Bewilligung ab, kann die Beratungsperson den Rechtsuchenden aus der Vergütungsvereinbarung in Anspruch nehmen. 86

§ 8 Abs. 2 BerHG enthält – anders als der bisherige § 8 BerHG a.F. – kein Verbot für den Abschluss von Vergütungsvereinbarungen. Für die Vergütungsvereinbarung eines die Beratungshilfe gewährenden Rechtsanwalts gelten die allgemeinen Regelungen aus den §§ 3a–4b. Darüber hinaus hat der Rechtsanwalt darauf zu achten, dass er den Rechtsuchenden vorab über die Möglichkeit der Aufhebung der bewilligten Beratungshilfe (§§ 6a Abs. 2 Nr. 2, 8a Abs. 2 Nr. 2 BerHG) oder der Nichtbewilligung der nachträglich beantragten Beratungshilfe (§ 8 Abs. 4) und die daraus resultierenden Folgen für den Vergütungsanspruch hinweist. Die Belehrung muss in Textform erfolgen. 87

§ 8a BerHG [Vergütungsanspruch der Beratungsperson nach Aufhebung der Beratungshilfe]

(1) ¹Wird die Beratungshilfebewilligung aufgehoben, bleibt der Vergütungsanspruch der Beratungsperson gegen die Staatskasse unberührt. ²Dies gilt nicht, wenn die Beratungsperson
1. Kenntnis oder grob fahrlässige Unkenntnis davon hatte, dass die Bewilligungsvoraussetzungen im Zeitpunkt der Beratungshilfeleistung nicht vorlagen, oder
2. die Aufhebung der Beratungshilfe selbst beantragt hat (§ 6a Absatz 2).

(2) ¹Die Beratungsperson kann vom Rechtsuchenden Vergütung nach den allgemeinen Vorschriften verlangen, wenn sie
1. keine Vergütung aus der Staatskasse fordert oder einbehält und
2. den Rechtsuchenden bei der Mandatsübernahme auf die Möglichkeit der Aufhebung der Bewilligung sowie auf die sich für die Vergütung ergebenden Fragen hingewiesen hat.

²Soweit der Rechtsuchende die Beratungshilfegebühr (Nummer 2500 der Anlage 1 des Rechtsanwaltsvergütungsgesetzes) bereits geleistet hat, ist sie auf den Vergütungsanspruch anzurechnen.

(3) Wird die Bewilligung der Beratungshilfe aufgehoben, weil die persönlichen und wirtschaftlichen Voraussetzungen hierfür nicht vorgelegen haben, kann die Staatskasse vom Rechtsuchenden Erstattung des von ihr an die Beratungsperson geleisteten und von dieser einbehaltenen Betrages verlangen.

(4) ¹Wird im Fall nachträglicher Antragstellung Beratungshilfe nicht bewilligt, kann die Beratungsperson vom Rechtsuchenden Vergütung nach den allgemeinen Vorschriften verlangen, wenn sie ihn bei der Mandatsaufnahme hierauf hingewiesen hat. ²Absatz 2 Satz 2 gilt entsprechend.

§ 8a regelt die Folgen, die die Aufhebung für den Vergütungsanspruch der Beratungsperson haben und unter welchen Voraussetzungen die Staatskasse gegebenenfalls den Rechtsuchenden in Regress nehmen kann. 88

Den **Grundsatz legt Abs. 1 S. 1** fest: Wird die Beratungshilfebewilligung aufgehoben, **bleibt** der **Vergütungsanspruch der Beratungsperson** gegen die Staatskasse **unberührt**. Eine bereits erhaltene Vergütung kann sie daher behalten und eine noch nicht erhaltene Vergütung weiter beanspruchen. Die Beratungsperson, die mit der Beratungshilfeleistung eine auf sie übertragene Aufgabe des Sozialstaates wahrnimmt, wird damit nicht mit dem Risiko einer späteren, die Bewilligung wieder aufhebenden Entscheidung belastet, und ist dann auf Vergütungsansprüche gegen den Rechtsuchenden selbst angewiesen. 89

Auf die Bewilligung durch das Gericht darf sich die Beratungsperson daher grundsätzlich verlassen. **Ausnahmen** sollen dementsprechend nach S. 2 nur dort gelten, wo schutzwürdiges Vertrauen fehlt: Hatte die Beratungsperson Kenntnis oder grob fahrlässige Unkenntnis vom Fehlen der Bewilligungsvoraussetzungen (S. 2 Nr. 1) oder hat sie den Antrag auf Aufhebung nach § 6a BerHG selbst gestellt (S. 2 Nr. 2), besteht kein Anlass, ihren Anspruch auf Vergütung aus der Staatskasse fortbestehen zu lassen. 90

[116] BT-Drucks 17/11472, S. 42.

91 Die den Anspruch ausschließenden Tatsachen hat die Staatskasse einzuwenden.[117] Sie trägt insoweit die Beweislast.[118]

92 Abs. 2 S. 1 gibt der **Beratungsperson die Möglichkeit**, von dem Grundsatz des Abs. 1 abzuweichen und die **Vergütung statt aus der Staatskasse nach den allgemeinen Vorschriften direkt vom Rechtsuchenden zu verlangen**. Voraussetzung ist, dass die Beratungsperson die Vergütung aus der Staatskasse noch nicht erhalten hat oder sie zurückerstattet. Außerdem muss die Beratungsperson den Rechtsuchenden bei Mandatsübernahme auf diese Möglichkeit hingewiesen haben, da ihm die Gelegenheit gegeben sein muss, die potentiellen finanziellen Folgen der Inanspruchnahme einer Beratungsperson abzuschätzen.

93 Der Verweis auf die allgemeinen Vorschriften führt bei Tätigwerden eines Rechtsanwaltes für die Fälle reiner Beratung zur „üblichen Vergütung" nach den § 34 Abs. 1 S. 2 i.V.m. § 612 Abs. 2 BGB, für Vertretungsfälle hingegen zur Vergütung nach VV Teil 2, sofern keine anderweitige Vergütungsvereinbarung geschlossen worden ist.[119]

94 Die gezahlte Beratungshilfegebühr (VV 2500) ist mit dem Vergütungsanspruch zu verrechnen (§ 8a Abs. 2 S. 2 BerHG).

95 Wird die Beratungshilfe aufgehoben, weil der **Rechtsuchende nicht bedürftig** ist, kann ihn die Staatskasse nach Abs. 3 grundsätzlich in **Regress** nehmen und von ihm die Erstattung der an die Beratungsperson bezahlten Vergütung verlangen. Die Geltendmachung des Regressanspruchs steht im Ermessen der Staatskasse.

96 Die Beratungsperson kann im Fall **nachträglicher Antragstellung** nach Abs. 4 ihre Vergütung nach den allgemeinen Vorschriften **direkt vom Rechtsuchenden verlangen, wenn** sie ihn bei der Mandatsübernahme auf diese Möglichkeit hingewiesen hat. Die Beratungsperson bleibt also nicht vergütungslos, wenn sie ihre Leistung bereits erbracht hat, aber das Gericht die nachträgliche Beratungshilfe ablehnt. Der Beratungsperson steht auch die Möglichkeit offen, für den Fall der Nichtbewilligung von Beratungshilfe eine Vergütungsvereinbarung zu schließen.[120]

§ 9 BerHG [Kostenersatz durch Gegner]

¹Ist der Gegner verpflichtet, dem Rechtsuchenden die Kosten der Wahrnehmung seiner Rechte zu ersetzen, hat er für die Tätigkeit der Beratungsperson die Vergütung nach den allgemeinen Vorschriften zu zahlen. ²Der Anspruch geht auf die Beratungsperson über. ³Der Übergang kann nicht zum Nachteil des Rechtsuchenden geltend gemacht werden.

97 § 9 BerHG bezweckt, dass der Gegner des Rechtsuchenden keinen Nutzen daraus ziehen soll, dass durch die Beratungshilfe die Rechtsverfolgung verbilligt ist. Deshalb bestimmt § 9 S. 1 BerHG, dass sich die Höhe eines Ersatzanspruchs des Rechtsuchenden gegen den Gegner nach der Höhe der Vergütung der Beratungsperson nach den allgemeinen Vorschriften richtet. Ist die Beratungsperson ein Rechtsanwalt, ist die Vergütung eines Wahlanwalts gemeint, nicht etwa die Beratungshilfevergütung.[121] § 9 S. 1 BerHG ist durch das BerH-Änderungsgesetz auf alle Beratungspersonen erweitert worden.

98 Nach § 9 S. 2 BerHG geht ein Anspruch des Rechtsuchenden gegen seinen Gegner auf Ersatz der Rechtsverfolgungskosten **in Höhe der gesetzlichen Rechtsanwaltsgebühren** auf die Beratungsperson über. Hierbei handelt es sich um einen **gesetzlichen Anspruchsübergang**, bei dem der Rechtsuchende sein Recht verliert und die Beratungsperson dieses Recht erwirbt. Die Beratungsperson tritt damit an die Stelle des Rechtsuchenden als Gläubiger des Ersatzanspruchs. Der Ersatzanspruch ist dann im eigenen Namen der Beratungsperson geltend zu machen. Der Anspruch auf Ersatz von Rechtsverfolgungskosten geht nur über, soweit der Anspruch überhaupt besteht.[122] Steht dem Rechtsuchenden kein Erstattungsanspruch gegen den Gegner zu, kann auch kein Anspruch übergehen. Das den Anspruchsübergang auslösende Ereignis ist in § 9 BerHG nicht ausdrücklich geregelt. Die Anhängigkeit eines Antrags auf Bewilligung von Beratungshilfe genügt indes nicht. Auch die Gesetzesbegründung[123] geht ersichtlich davon aus, dass der Ersatzanspruch nicht vor der Bewilligung von Beratungshilfe übergeht. Das zum Anspruchsübergang führende Ereignis besteht erst in der

---

117 BT-Drucks 17/11472, S. 43.
118 BT-Drucks 17/11472, S. 43.
119 BT-Drucks 17/11472, S. 43 f.
120 BT-Drucks 17/11472, S. 44.
121 Vgl. § 9 S. 2 BerHG a.F.: BGH AGS 2011, 262 = NJW 2011, 2300.
122 BT-Drucks 8/3311, S. 15 zu § 12 BerHG-RegE.
123 BT-Drucks 8/3311, S. 15 zu § 12 BerHG-RegE.

Bewilligung von Beratungshilfe. Auch im Falle direkten Gewährung von Beratungshilfe durch den Rechtsanwalt findet der Anspruchsübergang erst mit der nachträglichen Bewilligung von Beratungshilfe statt,[124] falls diese nicht ausdrücklich getroffen wird, spätestens mit der Auszahlung der Beratungshilfevergütung.[125]

Ist der Anspruchsübergang erfolgt, kann der Rechtsuchende im eigenen Namen weder Beratungshilfe für die Angelegenheit der Geltendmachung der Rechtsverfolgungskosten erhalten[126] noch Klage[127] erheben. **99**

Die Beratungsperson ist nicht verpflichtet, von seinen Rechten aus § 9 BerHG Gebrauch zu machen. **100**

Der Anspruchsübergang kann **nicht zum Nachteil des Rechtsuchenden** geltend gemacht werden. Das bedeutet zum einen, dass der Anwalt gegen den ersatzpflichtigen Dritten keine Ansprüche geltend machen kann, solange noch Ansprüche des Rechtsuchenden gegen den Gegner bestehen. Zum anderen sind Zahlungen der Gegenseite – entgegen den §§ 367, 366 BGB – zunächst einmal auf die Forderung des Rechtsuchenden einzuziehen.[128] **101**

Auch hinsichtlich der Gebühr nach VV 2500 ist der Rechtsuchende bevorrechtigt. Soweit ihm ein Ersatzanspruch gegen den Gegner zusteht und er die Gebühr nach VV 2500 gezahlt hat, steht ihm insoweit materiell-rechtlich ein Ersatzanspruch zu. Würde der gesamte Anspruch ohne Beachtung der bereits gezahlten 15 EUR auf den Anwalt übergehen, so wäre der Rechtsuchende benachteiligt, was § 9 S. 3 BerHG gerade verhindern will.[129] **102**

Einwendungen des erstattungspflichtigen Dritten, die aus dem Verhältnis zu dem Rechtsuchenden resultieren, sind im Rahmen des § 9 BerHG nicht ausgeschlossen, sondern können nach §§ 412, 406 BGB geltend gemacht werden. Insofern gibt es im BerHG – im Gegensatz zur Prozesskostenhilfe – keine zu § 126 Abs. 2 S. 1 ZPO vergleichbare Vorschrift. Deshalb kann etwa ein Leistungsträger nach dem SGB II gegenüber der Beratungsperson auch mit einer Erstattungsforderung gegenüber Rechtsverfolgungskosten des Leistungsempfängers aufrechnen.[130] **103**

Zahlungen des Anspruchsgegners auf die Rechtsanwaltsvergütung werden gemäß § 58 Abs. 1 erst dann auf die aus der Staatskasse zu zahlende Beratungshilfevergütung verrechnet, wenn der dem Rechtsanwalt zustehende Anspruch auf eine Wahlanwaltsvergütung voll befriedigt ist.[131] **104**

§ 10 BerHG [Streitsachen mit grenzüberschreitendem Bezug nach der Richtlinie 2003/8/EG]

(1) ¹Bei Streitsachen mit grenzüberschreitendem Bezug nach der Richtlinie 2003/8/EG des Rates vom 27.1.2003 zur Verbesserung des Zugangs zum Recht bei Streitsachen mit grenzüberschreitendem Bezug durch Festlegung gemeinsamer Mindestvorschriften für die Prozesskostenhilfe in derartigen Streitsachen (ABl EG Nr. L 26 S. 41, ABl EU Nr. L 32 S. 15) wird Beratungshilfe gewährt
1. für die vorprozessuale Rechtsberatung im Hinblick auf eine außergerichtliche Streitbeilegung,
2. für die Unterstützung bei einem Antrag nach § 1077 der Zivilprozessordnung, bis das Ersuchen im Mitgliedstaat des Gerichtsstands eingegangen ist.

(2) ¹§ 2 Abs. 3 findet keine Anwendung.

(3) ¹Für die Übermittlung von Anträgen auf grenzüberschreitende Beratungshilfe gilt § 1077 der Zivilprozessordnung entsprechend.

(4) ¹Für eingehende Ersuchen um grenzüberschreitende Beratungshilfe ist das in § 4 Abs. 1 Satz 2 bezeichnete Amtsgericht zuständig. ²§ 1078 Abs. 1 Satz 1, Abs. 2 Satz 2 und Abs. 3 der Zivilprozessordnung gilt entsprechend.

§ 10 BerHG ist durch das EG-Prozesskostenhilfegesetz vom 15.12.2004 eingefügt worden. **105**

---

124 A.A. LSG Niedersachsen-Bremen BeckRS 2014, 70032.
125 LSG Berlin-Brandenburg BeckRS 2013, 72587.
126 AG Kiel BeckRS 2012, 23563.
127 LSG Berlin-Brandenburg BeckRS 2013, 72587; LSG Niedersachsen-Bremen BeckRS 2014, 70032; LSG Rheinland-Pfalz BeckRS 2015, 70350.
128 *Lindemann/Trenk-Hinterberger*, § 9 BerHG Rn 2.
129 Vgl. hierzu auch die Anm. von *Hansens* zu SG Berlin RVGreport 2016, 67.

130 Zur Aufrechnung eines Leistungsträgers nach dem SGB II mit einer Erstattungsforderung gegenüber Rechtsverfolgungskosten des Leistungsempfängers, wenn Beratungshilfe noch nicht bewilligt ist, vgl. LSG Hessen BeckRS 2012, 75886.
131 LG Saarbrücken AGS 2009, 290; a.A. wegen des Wortlauts in § 58 Abs. 1: OLG Celle NJW-RR 2011, 719; OLG Naumburg BeckRS 2011, 25203; LG Detmold BeckRS 2011, 21131; AG Mosbach NJW-RR 2011, 698.

106 Art. 1 und 2 der Richtlinie 2003/8/EG des Rates vom 27. Januar 2003 zur Verbesserung des Zugangs zum Recht bei Streitsachen mit grenzüberschreitendem Bezug durch Festlegung gemeinsamer Mindestvorschriften für die Prozesskostenhilfe in derartigen Streitsachen[132]

Artikel 1 [Ziele und Anwendungsbereich]

(1) Ziel dieser Richtlinie ist die Verbesserung des Zugangs zum Recht bei Streitsachen mit grenzüberschreitendem Bezug durch Festlegung gemeinsamer Mindestvorschriften für die Prozesskostenhilfe in derartigen Streitsachen.

(2) Diese Richtlinie gilt für Streitsachen mit grenzüberschreitendem Bezug in Zivil- und Handelssachen, ohne dass es auf die Art der Gerichtsbarkeit ankommt. Sie erfasst insbesondere keine Steuer- und Zollsachen und keine verwaltungsrechtlichen Angelegenheiten.

(3) Im Sinne dieser Richtlinie bezeichnet der Ausdruck „Mitgliedstaat" alle Mitgliedstaaten mit Ausnahme Dänemarks.

Artikel 2 [Grenzüberschreitende Streitsachen]

(1) Eine grenzüberschreitende Streitigkeit im Sinne dieser Richtlinie liegt vor, wenn die im Rahmen dieser Richtlinie Prozesskostenhilfe beantragende Partei ihren Wohnsitz oder gewöhnlichen Aufenthalt in einem anderen Mitgliedstaat als dem Mitgliedstaat des Gerichtsstands oder dem Vollstreckungsmitgliedstaat hat.

(2) Der Wohnsitzmitgliedstaat einer Prozesspartei wird gemäß Artikel 59 der Verordnung (EG) Nr. 44/2001 des Rates vom 22. Dezember 2000 über die gerichtliche Zuständigkeit und die Anerkennung und Vollstreckung von Entscheidungen in Zivil- und Handelssachen[133] bestimmt.

(3) Der maßgebliche Augenblick für Feststellung, ob eine Streitsache mit grenzüberschreitendem Bezug vorliegt, ist der Zeitpunkt, zu dem der Antrag gemäß dieser Richtlinie eingereicht wird.

107 § 1076 ZPO [Anwendbare Vorschriften]

Für die grenzüberschreitende Prozesskostenhilfe innerhalb der Europäischen Union nach der Richtlinie 2003/8/EG des Rates vom 27. Januar 2003 zur Verbesserung des Zugangs zum Recht bei Streitsachen mit grenzüberschreitendem Bezug durch Festlegung gemeinsamer Mindestvorschriften für die Prozesskostenhilfe in derartigen Streitsachen (ABl EG Nr. L 26 S. 41, ABl EU Nr. L 32 S. 15) gelten die §§ 114 bis 127a, soweit nachfolgend nichts Abweichendes bestimmt ist.

§ 1077 ZPO [Ausgehende Ersuchen]

(1) ¹Für die Entgegennahme und Übermittlung von Anträgen natürlicher Personen auf grenzüberschreitende Prozesskostenhilfe ist das Amtsgericht zuständig, in dessen Bezirk der Antragsteller seinen Wohnsitz oder gewöhnlichen Aufenthalt hat (Übermittlungsstelle). ²Die Landesregierungen können die Aufgaben der Übermittlungsstelle einem Amtsgericht für die Bezirke mehrerer Amtsgerichte durch Rechtsverordnung zuweisen. ³Sie können die Ermächtigung durch Rechtsverordnung auf die Landesjustizverwaltungen übertragen. ⁴§ 21 Satz 1 des Auslandsunterhaltsgesetzes bleibt unberührt.

(2) ¹Das Bundesministerium der Justiz und für Verbraucherschutz wird ermächtigt, durch Rechtsverordnung mit Zustimmung des Bundesrates die in Artikel 16 Abs. 1 der Richtlinie 2003/8/EG vorgesehenen Standardformulare für Anträge auf grenzüberschreitende Prozesskostenhilfe und für deren Übermittlung einzuführen. ²Soweit Standardformulare für Anträge auf grenzüberschreitende Prozesskostenhilfe und für deren Übermittlung eingeführt sind, müssen sich der Antragsteller und die Übermittlungsstelle ihrer bedienen.

(3) ¹Die Übermittlungsstelle kann die Übermittlung durch Beschluss vollständig oder teilweise ablehnen, wenn der Antrag offensichtlich unbegründet ist oder offensichtlich nicht in den Anwendungsbereich der Richtlinie 2003/8/EG fällt. ²Sie kann von Amts wegen Übersetzungen von dem Antrag beigefügten fremdsprachigen Anlagen fertigen, soweit dies zur Vorbereitung einer Entscheidung nach Satz 1 erforderlich ist. ³Gegen die ablehnende Entscheidung findet die sofortige Beschwerde nach Maßgabe des § 127 Abs. 2 Satz 2 und 3 statt.

(4) ¹Die Übermittlungsstelle fertigt von Amts wegen Übersetzungen der Eintragungen im Standardformular für Anträge auf Prozesskostenhilfe sowie der beizufügenden Anlagen
  a) in eine der Amtssprachen des Mitgliedstaats der zuständigen Empfangsstelle, die zugleich einer der Amtssprachen der Europäischen Union entspricht, oder
  b) in eine andere von diesem Mitgliedstaat zugelassene Sprache.

---

[132] ABl L 26 vom 31.1.2003, S. 41; Berichtigung: ABl L 32 vom 7.2.2003, S. 15 (2003/8/EG).

[133] ABl L 12 vom 16.1.2001, S. 1. Geändert durch die Verordnung (EG) Nr. 1496/2002 der Kommission (ABl L 225 vom 22.8.2002, S. 13).

²Die Übermittlungsstelle prüft die Vollständigkeit des Antrags und wirkt darauf hin, dass Anlagen, die nach ihrer Kenntnis zur Entscheidung über den Antrag erforderlich sind, beigefügt werden.

(5) ¹Die Übermittlungsstelle übersendet den Antrag und Anlagen ohne Legalisation oder gleichwertige Förmlichkeiten an die zuständige Empfangsstelle des Mitgliedstaats des Gerichtsstands oder des Vollstreckungsmitgliedstaats. ²Die Übermittlung erfolgt innerhalb von 14 Tagen nach Vorliegen der gemäß Absatz 4 zu fertigenden Übersetzungen.

(6) ¹Hat die zuständige Stelle des anderen Mitgliedstaats das Ersuchen um Prozesskostenhilfe auf Grund der persönlichen und wirtschaftlichen Verhältnisse des Antragstellers abgelehnt oder eine Ablehnung angekündigt, so stellt die Übermittlungsstelle auf Antrag eine Bescheinigung der Bedürftigkeit aus, wenn der Antragsteller in einem entsprechenden deutschen Verfahren nach § 115 Abs. 1 und 2 als bedürftig anzusehen wäre. ²Absatz 4 Satz 1 gilt für die Übersetzung der Bescheinigung entsprechend. ³Die Übermittlungsstelle übersendet der Empfangsstelle des anderen Mitgliedstaats die Bescheinigung der Bedürftigkeit zwecks Ergänzung des ursprünglichen Ersuchens um grenzüberschreitende Prozesskostenhilfe.

§ 1078 Eingehende Ersuchen

(1) ¹Für eingehende Ersuchen um grenzüberschreitende Prozesskostenhilfe ist das Prozessgericht oder das Vollstreckungsgericht zuständig. ²Die Anträge müssen in deutscher Sprache ausgefüllt und die Anlagen von einer Übersetzung in die deutsche Sprache begleitet sein. ³Eine Legalisation oder gleichwertige Förmlichkeiten dürfen nicht verlangt werden.

(2) ¹Das Gericht entscheidet über das Ersuchen nach Maßgabe der §§ 114 bis 116. ²Es übersendet der übermittelnden Stelle eine Abschrift seiner Entscheidung.

(3) ¹Der Antragsteller erhält auch dann grenzüberschreitende Prozesskostenhilfe, wenn er nachweist, dass er wegen unterschiedlich hoher Lebenshaltungskosten im Mitgliedstaat seines Wohnsitzes oder gewöhnlichen Aufenthalts einerseits und im Geltungsbereich dieses Gesetzes andererseits die Kosten der Prozessführung nicht, nur zum Teil oder nur in Raten aufbringen kann.

(4) ¹Wurde grenzüberschreitende Prozesskostenhilfe bewilligt, so gilt für jeden weiteren Rechtszug, der von dem Antragsteller oder dem Gegner eingeleitet wird, ein neuerliches Ersuchen um grenzüberschreitende Prozesskostenhilfe als gestellt. ²Das Gericht hat dahin zu wirken, dass der Antragsteller die Voraussetzungen für die Bewilligung der grenzüberschreitenden Prozesskostenhilfe für den jeweiligen Rechtszug darlegt.

§ 10a BerHG [Unterhaltssachen nach VO (EG) Nr. 4/2009]

(1) ¹Bei Unterhaltssachen nach der Verordnung (EG) Nr. 4/2009 des Rates vom 18.12.2008 (ABl L 7 vom 10.1.2009, S. 1) erfolgt die Gewährung der Beratungshilfe in den Fällen der Artikel 46 und 47 dieser Verordnung unabhängig von den persönlichen und wirtschaftlichen Verhältnissen des Antragstellers.

(2) ¹Für ausgehende Anträge in Unterhaltssachen auf grenzüberschreitende Beratungshilfe nach § 10 Abs. 1 ist das Amtsgericht am Sitz des Oberlandesgerichts, in dessen Bezirk der Antragsteller seinen gewöhnlichen Aufenthalt hat, zuständig. ¹Für eingehende Ersuchen ist das in § 4 Abs. 1 S. 2 bezeichnete Gericht zuständig.

§ 10a BerHG ist durch das Gesetz zur Durchführung der Verordnung (EG) Nr. 4/2009 und zur Neuordnung bestehender Aus- und Durchführungsbestimmungen auf dem Gebiet des internationalen Unterhaltsverfahrensrechts vom 23.5.2011 eingefügt worden.

Die Regelung in Abs. 1 dient der Durchführung der Art. 46 und 47 Abs. 2 der Unterhaltsverordnung, die auch im außergerichtlichen Bereich Geltung beanspruchen.

Abs. 2 bestimmt das zuständige Amtsgericht für das Beratungshilfebewilligungsverfahren bei ausgehenden Anträgen bzw. eingehenden Ersuchen.

Art. 1, 46, 47, 56 der VERORDNUNG (EG) Nr. 4/2009 DES RATES
vom 18. Dezember 2008 über die Zuständigkeit, das anwendbare Recht, die Anerkennung und Vollstreckung von Entscheidungen und die Zusammenarbeit in Unterhaltssachen

Artikel 1 [Anwendungsbereich]

(1) Diese Verordnung findet Anwendung auf Unterhaltspflichten, die auf einem Familien-, Verwandtschafts-, oder eherechtlichen Verhältnis oder auf Schwägerschaft beruhen.

(2) In dieser Verordnung bezeichnet der Begriff „Mitgliedstaat" alle Mitgliedstaaten, auf die diese Verordnung anwendbar ist.

[...]

Artikel 46 [Unentgeltliche Prozesskostenhilfe bei Anträgen auf Unterhaltsleistungen für Kinder, die über die Zentralen Behörden gestellt werden]

(1) Der ersuchte Mitgliedstaat leistet unentgeltliche Prozesskostenhilfe für alle von einer berechtigten Person nach Artikel 56 gestellten Anträge in Bezug auf Unterhaltspflichten aus einer Eltern-Kind-Beziehung gegenüber einer Person, die das 21. Lebensjahr noch nicht vollendet hat.

(2) Ungeachtet des Absatzes 1 kann die zuständige Behörde des ersuchten Mitgliedstaats in Bezug auf andere Anträge als solche nach Artikel 56 Absatz 1 Buchstaben a und b die Gewährung unentgeltlicher Prozesskostenhilfe ablehnen, wenn sie den Antrag oder einen Rechtsbehelf für offensichtlich unbegründet erachtet.

Artikel 47 [Fälle, die nicht unter Artikel 46 fallen]

(1) In Fällen, die nicht unter Artikel 46 fallen, kann vorbehaltlich der Artikel 44 und 45 die Gewährung der Prozesskostenhilfe gemäß dem innerstaatlichen Recht insbesondere von den Voraussetzungen der Prüfung der Mittel des Antragstellers oder der Begründetheit des Antrags abhängig gemacht werden.

(2) Ist einer Partei im Ursprungsmitgliedstaat ganz oder teilweise Prozesskostenhilfe oder Kosten- und Gebührenbefreiung gewährt worden, so genießt sie ungeachtet des Absatzes 1 in jedem Anerkennungs-, Vollstreckbarerklärungs- oder Vollstreckungsverfahren hinsichtlich der Prozesskostenhilfe oder der Kosten- und Gebührenbefreiung die günstigste oder umfassendste Behandlung, die das Recht des Vollstreckungsmitgliedstaats vorsieht.

(3) Hat eine Partei im Ursprungsmitgliedstaat ein unentgeltliches Verfahren vor einer in Anhang X aufgeführten Verwaltungsbehörde in Anspruch nehmen können, so hat sie ungeachtet des Absatzes 1 in jedem Anerkennungs-, Vollstreckbarerklärungs- oder Vollstreckungsverfahren Anspruch auf Prozesskostenhilfe nach Absatz 2. Zu diesem Zweck muss sie ein von der zuständigen Behörde des Ursprungsmitgliedstaats erstelltes Schriftstück vorlegen, mit dem bescheinigt wird, dass sie die wirtschaftlichen Voraussetzungen erfüllt, um ganz oder teilweise Prozesskostenhilfe oder Kosten- und Gebührenbefreiung in Anspruch nehmen zu können. Die für die Zwecke dieses Absatzes zuständigen Behörden sind in Anhang XI aufgelistet. Dieser Anhang wird nach dem Verwaltungsverfahren des Artikels 73 Absatz 2 erstellt und geändert.

[…]

Artikel 56 [Zur Verfügung stehende Anträge]

(1) Eine berechtigte Person, die Unterhaltsansprüche nach dieser Verordnung geltend machen will, kann Folgendes beantragen:
a) Anerkennung oder Anerkennung und Vollstreckbarerklärung einer Entscheidung;
b) Vollstreckung einer im ersuchten Mitgliedstaat ergangenen oder anerkannten Entscheidung;
c) Herbeiführen einer Entscheidung im ersuchten Mitgliedstaat, wenn keine Entscheidung vorliegt, einschließlich, soweit erforderlich, der Feststellung der Abstammung;
d) Herbeiführen einer Entscheidung im ersuchten Mitgliedstaat, wenn die Anerkennung und Vollstreckbarerklärung einer Entscheidung, die in einem anderen Staat als dem ersuchten Mitgliedstaat ergangen ist, nicht möglich ist;
e) Änderung einer im ersuchten Mitgliedstaat ergangenen Entscheidung;
f) Änderung einer Entscheidung, die in einem anderen Staat als dem ersuchten Mitgliedstaat ergangen ist.

(2) Eine verpflichtete Person, gegen die eine Unterhaltsentscheidung vorliegt, kann Folgendes beantragen:
a) Anerkennung einer Entscheidung, die die Aussetzung oder Einschränkung der Vollstreckung einer früheren Entscheidung im ersuchten Mitgliedstaat bewirkt;
b) Änderung einer im ersuchten Mitgliedstaat ergangenen Entscheidung;
c) Änderung einer Entscheidung, die in einem anderen Staat als dem ersuchten Mitgliedstaat ergangen ist.

(3) Bei Anträgen nach diesem Artikel werden der Beistand und die Vertretung nach Artikel 45 Buchstabe b durch die Zentrale Behörde des ersuchten Mitgliedstaats entweder unmittelbar oder über öffentliche Aufgaben wahrnehmende Einrichtungen oder andere Stellen oder Personen geleistet.

(4) Sofern in dieser Verordnung nichts anderes bestimmt ist, werden Anträge gemäß den Absätzen 1 und 2 nach dem Recht des ersuchten Mitgliedstaats behandelt und unterliegen den in diesem Mitgliedstaat geltenden Zuständigkeitsvorschriften.

§ 11 BerHG [Formulare]

¹Das Bundesministerium der Justiz und für Verbraucherschutz wird ermächtigt, zur Vereinfachung und Vereinheitlichung des Verfahrens durch Rechtsverordnung mit Zustimmung des Bundesrats Formulare für den Antrag auf Gewährung von Beratungshilfe und auf Zahlung der Vergütung der Beratungsperson nach Abschluß der Beratungshilfe einzuführen und deren Verwendung vorzuschreiben.

Das Bundesministerium der Justiz und für Verbraucherschutz hat von der Ermächtigungsgrundlage des § 11 BerHG Gebrauch gemacht und eine Beratungshilfeformularverordnung (BerHFV) erlassen. Sie ist am 9.1.2014 in Kraft getreten. Im Bereich der Beratungshilfe besteht ein Formularzwang für den Antrag des Rechtsuchenden auf Bewilligung von Beratungshilfe sowie für den Antrag der Beratungsperson auf Festsetzung der Vergütung.

Nach § 1 Nr. 1 BerHFV besteht im Bewilligungsverfahren ein Formularzwang für den Antrag auf Bewilligung von Beratungshilfe, wenn der Rechtsuchende eine natürliche Person ist und den Antrag schriftlich stellt. Es ist dann das in der Anlage 1 der BerHFV bestimmte Formular zu verwenden.

Stellt der Rechtsuchende den Antrag gegenüber dem Amtsgericht mündlich, kann das Amtsgericht dem Rechtsuchenden nicht verbindlich aufgeben, dass der Antrag und insbesondere die Erklärung über die persönlichen und wirtschaftlichen Verhältnisse unter Verwendung des Formulars eingereicht werden muss. Es ist ausreichend, wenn sich der Rechtsuchende zu seinen persönlichen und wirtschaftlichen Verhältnissen mündlich erklärt und Belege hierzu vorlegt.

Für einen Antrag auf Vergütungsfestsetzung besteht ebenfalls ein Formularzwang (§ 1 Nr. 2 BerHFV). Es ist dann das in der Anlage 2 der BerHFV bestimmte Formular zu verwenden.

Bezieht ein Rechtsuchender laufende Leistungen zum Lebensunterhalt nach dem SGB XII, muss er nach § 2 BerHFV die Abschnitte C bis G des Formulars für den Antrag auf Bewilligung von Beratungshilfe nicht ausfüllen. Er muss dann lediglich einen aktuellen Bewilligungsbescheid des Sozialamts beifügen. Abweichend hierzu kann das Amtsgericht anordnen, dass der Rechtsuchende Angaben in den Abschnitten C bis G zu machen hat.

Von der Regelung erfasst sind Rechtsuchende, die nach dem SGB XII Hilfe zum Lebensunterhalt (3. Kapitel SGB XII) bzw. Grundsicherung im Alter und bei Erwerbsminderung (4. Kapitel SGB XII) erhalten.[134] Rechtsuchende, die Leistungen nach dem SGB II erhalten, sind zur vereinfachten Antragstellung nach § 2 BerHFV nicht berechtigt.[135]

Verordnung zur Verwendung von Formularen im Bereich der Beratungshilfe (Beratungshilfeformularverordnung – BerHFV)

§ 1 Formulare

Im Bereich der Beratungshilfe sind zu verwenden:
1. vom Rechtsuchenden für den Antrag auf Gewährung von Beratungshilfe das in Anlage 1 bestimmte Formular mit Hinweisblatt, falls der Rechtsuchende eine natürliche Person ist und den Antrag nicht mündlich stellt,
2. von der Beratungsperson für ihren Antrag auf Zahlung einer Vergütung das in Anlage 2 bestimmte Formular.

§ 2 Vereinfachter Antrag

Ein Rechtsuchender, der nach dem Zwölften Buch Sozialgesetzbuch laufende Leistungen zum Lebensunterhalt bezieht, muss die Abschnitte C bis G des Formulars nach § 1 Nummer 1 vorbehaltlich einer anderweitigen Anordnung des Amtsgerichts nicht ausfüllen, wenn er der Erklärung den zum Zeitpunkt der Antragstellung gültigen Bewilligungsbescheid des Sozialamts beifügt.

§ 3 Zulässige Abweichungen

(1) In Abweichung von den Formularen nebst Hinweisblatt, die in den Anlagen 1 und 2 bestimmt sind, sind Ergänzungen oder Änderungen zulässig, die auf einer Änderung von Rechtsvorschriften beruhen, insbesondere die Berücksichtigung von Änderungen der Beträge für die kleineren Barbeträge (Feld F der Ausfüllhinweise des Hinweisblatts zum in Anlage 1 bestimmten Formular).

(2) Die Länder dürfen Änderungen oder Anpassungen von den in den Anlagen 1 und 2 bestimmten Formularen zulassen, die es, ohne den Inhalt zu verändern oder dessen Verständnis zu erschweren, ermöglichen, das Formular in elektronischer Form auszufüllen und dem bearbeitenden Gericht als strukturierten

---

134 Vgl. BR-Drucks 779/13 (B), S. 3.   135 Vgl. hierzu näher BR-Drucks 779/13, S. 13.

Datensatz zu übermitteln. Diese Befugnis kann durch Verwaltungsabkommen auf eine zentrale Stelle übertragen werden.

§ 4 Inkrafttreten, Außerkrafttreten

Diese Verordnung tritt am Tag nach der Verkündung in Kraft. Gleichzeitig tritt die Beratungshilfevordruckverordnung vom 17. Dezember 1994 (BGBl. I S. 3839), die zuletzt durch Artikel 15 des Gesetzes vom 30. Juli 2004 (BGBl. I S. 2014) geändert worden ist, außer Kraft.

Abschnitt 5. Beratungshilfe   **Vor 2.5**

Anlage 1

An das

Amtsgericht ....

....
Postleitzahl, Ort

> Geschäftsnummer des Amtsgerichts
>
> **Diese Felder sind nicht vom Antragsteller auszufüllen.**
>
> Eingangsstempel des Amtsgerichts:

Antrag auf Bewilligung von Beratungshilfe

Antragsteller (Name, Vorname, ggf. Geburtsname)	Beruf, Erwerbstätigkeit	Geburtsdatum	Familienstand
Anschrift (Straße, Hausnummer, Postleitzahl, Wohnort)		Tagsüber telefonisch erreichbar unter Nummer	

A — Ich beantrage Beratungshilfe in folgender Angelegenheit (bitte Sachverhalt kurz erläutern):

B
- ☐ In der vorliegenden Angelegenheit tritt keine Rechtsschutzversicherung ein.
- ☐ In dieser Angelegenheit besteht für mich nach meiner Kenntnis keine andere Möglichkeit, kostenlose Beratung und Vertretung in Anspruch zu nehmen.
- ☐ In dieser Angelegenheit ist mir bisher Beratungshilfe weder bewilligt noch versagt worden.
- ☐ In dieser Angelegenheit wird oder wurde von mir bisher kein gerichtliches Verfahren geführt.

Wichtig: Wenn Sie nicht alle diese Kästchen ankreuzen können, kann Beratungshilfe nicht bewilligt werden. Eine Beantwortung der weiteren Fragen ist dann **nicht** erforderlich.

Wenn Sie laufende Leistungen zum Lebensunterhalt nach dem Zwölften Buch Sozialgesetzbuch („Sozialhilfe") beziehen und den derzeit gültigen Bescheid einschließlich des Berechnungsbogens des Sozialamtes beifügen, müssen Sie keine Angaben zu den Feldern C bis G machen, es sei denn, das Gericht ordnet dies ganz oder teilweise an. Wenn Sie dagegen Leistungen nach dem Zweiten Buch Sozialgesetzbuch („Arbeitslosengeld II") beziehen, müssen Sie die Felder ausfüllen.

C — Ich habe monatliche Einkünfte in Höhe von brutto ....EUR, netto .... EUR.
☐ Mein Ehegatte/meine Ehegattin bzw. mein eingetragener Lebenspartner/meine eingetragene Lebenspartnerin hat monatliche Einkünfte von netto ....EUR.

D — Meine Wohnung hat eine Größe von .... m². Die Wohnkosten betragen monatlich insgesamt ....EUR. Ich zahle davon .... EUR. Ich bewohne diese Wohnung ☐ allein / ☐ mit .... weiteren Person(en).

E

	Welchen Angehörigen gewähren Sie Unterhalt? Unterhalt kann in Form von Geldzahlungen, aber auch durch Gewährung von Unterkunft, Verpflegung etc. erfolgen. Bitte nennen Sie hier Name, Vorname dieser Angehörigen (Anschrift nur, wenn sie von Ihrer Anschrift abweicht)	Geburts-datum	Familienverhältnis des Angehörigen zu Ihnen (z. B. Ehegatte, Kind)	Wenn Sie den Unterhalt ausschließlich durch Zahlung leisten Ich zahle mtl. EUR:	Hat dieser Angehörige eigene Einnahmen? (z. B. Ausbildungsvergütung, Unterhaltszahlung vom anderen Elternteil)	
					nein ☐	ja, mtl. EUR netto:
1					nein ☐	ja, mtl. EUR netto:
2					nein ☐	ja, mtl. EUR netto:
3					nein ☐	ja, mtl. EUR netto:
4					nein ☐	ja, mtl. EUR netto:

Fölsch   1815

Vor 2.5 — Teil 2. Außergerichtliche Tätigkeiten, Vertretung im Verwaltungsverfahren

F Bankkonten/Grundeigentum/Kraftfahrzeuge/Bargeld/Vermögenswerte

Bitte geben Sie unter „Eigentümer/Inhaber" an, wem dieser Gegenstand gehört: A = mir allein, B = meinem Ehegatten/eingetragenen Lebenspartner allein bzw. meiner Ehegattin/meiner eingetragenen Lebenspartnerin allein, C = meinem Ehegatten/eingetragenen Lebenspartner bzw. meiner Ehegattin/eingetragenen Lebenspartnerin und mir gemeinsam

	Inhaber:		
Giro-, Sparkonten und andere Bankkonten, Bausparkonten, Wertpapiere ☐ Nein ☐ Ja	☐ A ☐ B ☐ C	Bezeichnung der Bank, Sparkasse/des sonstigen Kreditinstituts; bei Bausparkonten Auszahlungstermin und Verwendungszweck:	Kontostand in EUR:
Grundeigentum (zum Beispiel Grundstück, Familienheim, Wohnungseigentum, Erbbaurecht) ☐ Nein ☐ Ja	Eigentümer: ☐ A ☐ B ☐ C	Bezeichnung nach Lage, Größe, Nutzungsart:	Verkehrswert in EUR:
Kraftfahrzeuge ☐ Nein ☐ Ja	Eigentümer: ☐ A ☐ B ☐ C	Fahrzeugart, Marke, Typ, Bau-, Anschaffungsjahr, km-Stand:	Verkehrswert in EUR:
Sonstige Vermögenswerte (zum Beispiel Kapitallebensversicherung, Bargeld, Wertgegenstände, Forderungen, Anspruch aus Zugewinnausgleich) ☐ Nein ☐ Ja	Inhaber: ☐ A ☐ B ☐ C	Bezeichnung des Gegenstands:	Rückkaufswert oder Verkehrswert in EUR:

G Zahlungsverpflichtungen und sonstige besondere Belastungen

Haben Sie oder Ihr Ehegatte/eingetragener Lebenspartner bzw. Ihre Ehegattin/eingetragene Lebenspartnerin Zahlungsverpflichtungen?
☐ Nein ☐ Ja

Verbindlichkeit (z. B. „Kredit")	Gläubiger (z.B. „Sparkasse")	Verwendungszweck:	Raten laufen bis:	Restschuld EUR:	Ich zahle darauf mtl. EUR:	Ehegatte/eingetr. Lebenspartner bzw. Ehegattin/ eingetr. Lebenspartnerin zahlt darauf mtl.. EUR:

1816   Fölsch

Abschnitt 5. Beratungshilfe **Vor 2.5**

Haben Sie oder Ihr Ehegatte/eingetragener Lebenspartner bzw. Ihre Ehegattin/eingetragene Lebenspartnerin sonstige besondere Belastungen? ☐ Nein ☐ Ja		
Art der Belastung und Begründung dafür:	Ich zahle dafür mtl. EUR:	Ehegatte/eingetr. Lebenspartner bzw. Ehegattin/ eingetr. Lebenspartnerin zahlt mtl. EUR:

Ich habe mich unmittelbar an eine Beratungsperson gewandt. Die Beratung und/oder Vertretung hat erstmals am
....stattgefunden.

Name und Anschrift der Beratungsperson (ggf. Stempel):
....

Ich versichere, dass mir in derselben Angelegenheit Beratungshilfe weder gewährt noch durch das Gericht versagt worden ist und dass in derselben Angelegenheit kein gerichtliches Verfahren anhängig ist oder war.

Ich versichere, dass meine Angaben vollständig und wahr sind. Die Allgemeinen Hinweise und die Ausfüllhinweise zu diesem Formular habe ich erhalten.

Mir ist bekannt, dass das Gericht verlangen kann, dass ich meine Angaben glaubhaft mache und insbesondere auch die Abgabe einer Versicherung an Eides statt fordern kann.

Mir ist bekannt, dass unvollständige oder unrichtige Angaben die Aufhebung der Bewilligung von Beratungshilfe und ggf. auch eine Strafverfolgung nach sich ziehen können.

Ort, Datum	Unterschrift des Antragstellers/der Antragstellerin

Dieses Feld ist nicht vom Antragsteller auszufüllen.	
Belege zu folgenden Angaben haben mir vorgelegen: ☐ Bewilligungsbescheid für laufende Leistungen zum Lebensunterhalt nach SGB XII ☐ Einkünfte ☐ Wohnkosten ☐ Sonstiges:	
Ort, Datum	Unterschrift des Rechtspflegers/der Rechtspflegerin

Fölsch

Hinweisblatt zum Antrag auf Beratungshilfe

Allgemeine Hinweise

Wozu Beratungshilfe?

Bürgerinnen und Bürger mit geringem Einkommen können Beratungshilfe bekommen, um sich rechtlich beraten und, soweit erforderlich, vertreten zu lassen. Beratungshilfe kann auf allen Rechtsgebieten erteilt werden. Näheres erfahren Sie bei den Gerichten und den Rechtsanwältinnen/Rechtsanwälten sowie den sonstigen Beratungspersonen.

Wer erhält Beratungshilfe, was sind die Voraussetzungen dafür?

Beratungshilfe erhält, wer nach seinen persönlichen und wirtschaftlichen Verhältnissen die für eine Beratung oder Vertretung erforderlichen **Mittel nicht aufbringen kann**. Dies sind in der Regel Personen, die laufende Leistungen zum Lebensunterhalt nach dem Zwölften Buch Sozialgesetzbuch („Sozialhilfe") beziehen. Aber auch bei anderen Personen mit geringem Einkommen können die Voraussetzungen dafür vorliegen. Nähere Auskünfte erteilen ggf. die Amtsgerichte und die Beratungspersonen.

Es darf Ihnen zudem **keine andere Möglichkeit zur** kostenlosen **Beratung und/oder Vertretung** in der von Ihnen genannten Angelegenheit zur Verfügung stehen (wie z. B. in der Regel als Mitglied in einer Gewerkschaft, einem Mieterverein oder wenn Sie eine Rechtsschutzversicherung abgeschlossen haben). Es darf Ihnen in **derselben Angelegenheit** auch **nicht bereits Beratungshilfe bewilligt** oder vom Gericht versagt worden sein. Ob es sich um dieselbe Angelegenheit handelt, muss ggf. im Einzelfall beurteilt werden.

Da die Beratungshilfe für die Wahrnehmung von Rechten außerhalb eines gerichtlichen Verfahrens gewährt wird, darf in derselben Angelegenheit **kein gerichtliches Verfahren anhängig** sein. Dazu gehört z. B. auch ein Streitschlichtungsverfahren vor einer Gütestelle, das in einigen Ländern vor Erhebung einer Klage durchgeführt werden muss (obligatorisches Güteverfahren nach § 15a des Gesetzes betreffend die Einführung der Zivilprozessordnung). Wer sich in einem gerichtlichen Verfahren vertreten lassen möchte, kann Prozesskosten- beziehungsweise Verfahrenskostenhilfe bekommen.

Des Weiteren darf die beabsichtigte Inanspruchnahme der Beratungshilfe **nicht mutwillig** sein. Sie ist dann nicht mutwillig, wenn Sie nicht von Beratung absehen würden, wenn Sie die Kosten selbst tragen müssten.

Erforderlich ist ein **Antrag**, der mündlich oder schriftlich gestellt werden kann. Für einen schriftlichen Antrag ist das anhängende Formular zu benutzen. Sie können den Antrag bei dem Amtsgericht stellen oder Sie können unmittelbar eine der unten genannten Beratungspersonen Ihrer Wahl mit der Bitte um Beratungshilfe aufsuchen. **In diesen Fällen muss der Antrag binnen 4 Wochen nach Beratungsbeginn beim Amtsgericht eingehen, sonst wird der Antrag auf Beratungshilfe abgelehnt.**

Liegen die Voraussetzungen für die Gewährung von Beratungshilfe vor, stellt das Amtsgericht, sofern es nicht selbst die Beratung vornimmt, Ihnen einen **Berechtigungsschein für Beratungshilfe** durch eine Beratungsperson Ihrer Wahl aus. Gegen einen Beschluss des Amtsgerichts, durch den Ihr Antrag zurückgewiesen wird, ist der nicht befristete Rechtsbehelf der Erinnerung statthaft. Das bedeutet, dass Sie dem Gericht schriftlich darlegen können, warum Sie mit der Entscheidung nicht einverstanden sind.

Wer gewährt Beratungshilfe?

Die Beratungshilfe gewähren zum einen die **Beratungspersonen** (Rechtsanwältinnen und Rechtsanwälte sowie in Kammern zugelassene Rechtsbeistände, in steuerrechtlichen Angelegenheiten auch Steuerberater und Wirtschaftsprüfer; in Rentenangelegenheiten auch Rentenberater). Besondere **anwaltliche Beratungsstellen**, die aufgrund einer Vereinbarung mit den Landesjustizverwaltungen eingerichtet worden sind, gewähren ebenfalls Beratungshilfe. Sie alle sind – außer in besonderen Ausnahmefällen – zur Beratungshilfe verpflichtet.

Auch das **Amtsgericht** gewährt direkt Beratungshilfe. Es erteilt eine sofortige Auskunft, soweit Ihrem Anliegen dadurch entsprochen werden kann. Das Amtsgericht weist auch auf andere Möglichkeiten der Hilfe hin. Im Übrigen nimmt es Ihren Antrag auf Beratungshilfe oder Ihre Erklärung auf und stellt ggf. einen Berechtigungsschein aus.

Abschnitt 5. Beratungshilfe

Was kostet mich die Beratungshilfe?

Wird die Beratungshilfe nicht bereits durch das Amtsgericht selbst, sondern durch eine Beratungsperson gewährt, so haben Sie an die Beratungsperson 15 Euro zu bezahlen. Die Beratungsperson kann auf diese Gebühr auch verzichten. Alle übrigen Kosten der Beratungshilfe trägt in aller Regel die Landeskasse.

Weitergehende Gebühren können auf Sie zukommen, wenn das Amtsgericht Ihren Antrag auf Beratungshilfe **ablehnt, nachdem eine Beratung bereits erfolgt ist,** oder die Bewilligung von Beratungshilfe wieder **aufgehoben** wird. In diesen Fällen müssen Sie die Kosten für die Beratungshilfe tragen. Nähere Auskünfte dazu erteilen ggf. die Amtsgerichte und die Beratungspersonen.

Weitere Kosten können auch auf Sie zukommen, wenn Sie infolge der Beratung durch Beratungshilfe etwas erlangt haben. Die Beratungsperson kann dann den Antrag stellen, dass die Beratungshilfe aufgehoben wird und von Ihnen die vorher mit Ihnen für diesen Fall vereinbarten Gebühren verlangen. Darauf müssen Sie aber im Vorwege bei der Mandatsübernahme von der Beratungsperson schriftlich **hingewiesen** werden.

Was ist bei der Antragstellung zu beachten?

Lesen Sie bitte das Antragformular sorgfältig durch und füllen Sie es gewissenhaft aus. Sie finden auf der nächsten Seite Hinweise, die Ihnen die Beantwortung der Fragen erleichtern sollen. Wenn Sie beim Ausfüllen Schwierigkeiten haben, wird Ihnen das Amtsgericht oder Ihre Beratungsperson behilflich sein.

Sollte der Raum im Antragsformular nicht ausreichen, können Sie Angaben auf einem gesonderten Blatt machen. Bitte weisen Sie in dem betreffenden Feld auf das beigefügte Blatt hin.

Da die Mittel für Beratungshilfe von der Allgemeinheit durch Steuern aufgebracht werden, muss das Gericht prüfen, ob Sie Anspruch darauf haben. Das Formular soll diese Prüfung erleichtern. Haben Sie daher bitte Verständnis dafür, dass Sie Ihre persönlichen und wirtschaftlichen Verhältnisse darlegen müssen.

Wichtig:

Bitte fügen Sie alle notwendigen Belege (insbesondere über Ihr Einkommen, Ihr Vermögen und Ihre Belastungen) in Kopie bei. Sie ersparen sich Rückfragen, die das Verfahren verzögern. Antworten Sie wahrheitsgemäß und vollständig, sonst kann schonbewilligte Beratungshilfe wieder aufgehoben werden und Sie müssen die angefallenen Kosten nachzahlen.

Das Gericht kann Sie auch auffordern, fehlende Belege nachzureichen und Ihre Angaben an Eides statt zu versichern. Wenn Sie angeforderte Belege nicht nachreichen, kann dies dazu führen, dass Ihr Antrag auf Bewilligung von Beratungshilfe zurückgewiesen wird. Bei bewusst falschen oder unvollständigen Angaben droht Ihnen außerdem strafrechtliche Verfolgung.

Ausfüllhinweise

A Geben Sie bitte an, was vorgefallen ist und weshalb Sie beraten werden wollen. Stellen Sie dazu den **Sachverhalt** kurz dar und geben Sie gegebenenfalls Name und Anschrift Ihres Gegners an.

B **Rechtsschutzversicherung**: Sollten Sie eine Rechtsschutzversicherung haben, klären Sie bitte vorher mit Ihrer Versicherung, ob diese für die Kosten aufkommt. Beratungshilfe kann nur bewilligt werden, wenn dies vorab geklärt ist (bitte fügen Sie das Schreiben der Rechtsschutzversicherung ggf. bei).

Anderweitige Möglichkeit der Beratung/Vertretung Organisationen wie zum Beispiel Mietervereine oder Gewerkschaften bieten für ihre Mitglieder in der Regel kostenlose Beratung und Vertretung. Dann haben Sie in der Regel keinen Anspruch auf Beratungshilfe. Wenn Sie diese Möglichkeit für nicht ausreichend halten, begründen Sie dies bitte auf einem gesonderten Blatt.

Bisherige Bewilligung von Beratungshilfe: Wurde Ihnen Beratungshilfe in derselben Angelegenheit zu einem früheren Zeitpunkt bereits bewilligt, muss Ihr Antrag abgelehnt werden. Wenn bezüglich einer bereits bewilligten Beratungshilfe Zweifel bestehen könnten, ob es sich um die dieselbe Angelegenheit handelt, geben Sie bitte auf einem gesonderten Blatt das Datum der damaligen Bewilligung, den Namen und die Anschrift der Beratungsperson an und benennen Sie die Gründe, weshalb Sie erneut Beratungshilfe beantragen.

Anhängiges gerichtliches Verfahren: Beratungshilfe kann nur bewilligt werden, wenn in derselben Angelegenheit kein gerichtliches Verfahren geführt wurde oder wird. Dies müssen Sie auch ausdrücklich versichern. Wenn bezüglich eines anhängigen oder durchgeführten Gerichtsverfahrens Zweifel bestehen könnten, geben Sie bitte auf einem gesonderten Blatt das zuständige Gericht und das dortige Aktenzeichen an und benennen Sie kurz die Gründe, warum es sich nicht um dieselbe Angelegenheit handelt.

C Als **Bruttoeinkommen** geben Sie hier bitte alle Ihre Einkünfte in Geld oder Geldeswert an, insbesondere

- Lohn, Gehalt (auch Weihnachtsgeld und Urlaubsgeld), Arbeitslosengeld, Einkünfte aus selbständiger Arbeit, Renten,
- Einkünfte aus Vermietung oder Verpachtung, Einkünfte aus Kapitalvermögen,
- Unterhaltsleistungen,
- Kindergeld, Wohngeld, Ausbildungsförderung.

Als **Nettoeinkommen** gilt der Betrag, der zur Verfügung steht, nachdem alle nötigen Leistungen abgezogen wurden, insbesondere

- die auf das Einkommen zu entrichtenden Steuern,
- Pflichtbeiträge zur Sozialversicherung (Renten-, Kranken-, Pflege-, Arbeitslosenversicherung),
- Beiträge zu sonstigen Versicherungen wie z.B. eine sogenannte Riester-Altersvorsorge (bitte auf einem gesonderten Blatt erläutern),
- Werbungskosten (notwendige Aufwendungen für Erwerb Sicherung und Erhalt der Einnahmen, zum Beispiel Berufskleidung, Gewerkschaftsbeitrag, Kosten für die Fahrt zur Arbeit.

Maßgebend ist in der Regel der letzte Monat vor der Antragstellung; bei Einkünften aus selbständiger Arbeit sowie bei unregelmäßig anfallenden Einkünften ist jedoch ein Zwölftel der voraussichtlichen Jahreseinkünfte anzugeben. Das Einkommen des Ehegatten oder eingetragenen Lebenspartners bzw. der Ehegattin oder eingetragenen Lebenspartnerin ist anzugeben, weil er oder sie unter Umständen als unterhaltsverpflichtete Person in wichtigen und dringenden Angelegenheiten für die Kosten der Inanspruchnahme einer Beratungsperson aufkommen muss.

Fügen Sie bitte für alle Angaben Belege bei, zum Beispiel Lohn- oder Gehaltsabrechnungen, einen Bewilligungsbescheid nach dem Zweiten Buch Sozialgesetzbuch mit Berechnungsbogen, oder wenn Sie selbstständig sind, bitte den letzten Steuerbescheid.

D Die **Kosten für Ihre Unterkunft** werden berücksichtigt, soweit sie nicht in einem auffälligen Missverhältnis zu Ihren Lebensverhältnissen stehen. Für die monatlichen Wohnkosten geben Sie bitte bei Mietwohnungen die Miete nebst Heizungs- und Nebenkosten (das sind die auf den Mieter umgelegten Betriebskosten) an. Stromkosten (soweit es sich nicht um Heizkosten handelt) und Kosten für Telefon gehören dagegen nicht zu den Wohnkosten. Bei Wohneigentum geben Sie bitte die Zins- und Tilgungsraten auf Darlehen/Hypotheken/Grundschulden nebst Heizungs- und Betriebskosten an.

E   Es liegt in Ihrem Interesse anzugeben, welchen Personen Sie **Unterhalt gewähren** und ob diese eigene Einkünfte haben. Denn die Unterhaltsleistung wird berücksichtigt, wenn Sie zu dieser gesetzlich verpflichtet sind. Wenn Sie den Unterhalt nicht ausschließlich durch Zahlung gewähren (beispielsweise weil ein Kind nicht nur Zahlungen von Ihnen erhält, sondern ganz oder teilweise bei Ihnen wohnt und versorgt wird), lassen Sie diese Spalte bitte frei. Es wird dann für jeden Angehörigen ein gesetzlich festgelegter Unterhaltsfreibetrag angesetzt.

F   Geben Sie bitte zunächst alle Bankkonten an, die Ihnen, Ihrem Ehegatten/eingetragenen Lebenspartner bzw. Ihrer Ehegattin/ eingetragenen Lebenspartnerin jeweils alleine oder gemeinsam gehören. Diese Angaben sind auch bei fehlendem Guthaben erforderlich, da die Kontostände ggf. mit anderen Vermögenswerten aufgerechnet werden können. Beratungshilfe kann auch dann bewilligt werden, wenn zwar **Vermögenswerte** vorhanden sind, diese aber zur Sicherung einer angemessenen Lebensgrundlage oder einer angemessenen Vorsorge dienen. Solche Vermögenswerte sind zum Beispiel

- ein selbst genutztes angemessenes Hausgrundstück (Familienheim),
- ein von Ihnen oder der Familie genutztes angemessenes Kraftfahrzeug, sofern dieses für die Berufsausbildung oder die Berufsausübung benötigt wird,
- kleinere Barbeträge oder Geldwerte (Beträge bis insgesamt 2600 Euro für Sie persönlich zuzüglich 256 Euro für jede Person, der Sie Unterhalt gewähren, sind in der Regel als ein solcher kleinerer Betrag anzusehen),
- Hausrat und Kleidung sowie Gegenstände, die für die Berufsausbildung oder die Berufsausübung benötigt werden (diese müssen Sie nur angeben, wenn sie über das Übliche hinausgehen oder wertvoll sind),
- der angesparte Betrag einer sogenannten Riester-Altersvorsorge.

Sollte der Einsatz oder die Verwertung eines anderen Vermögensgegenstandes für Sie und Ihre Familie eine Härte bedeuten, erläutern Sie dies bitte auf einem gesonderten Blatt.

G   **Zahlungsverpflichtungen** und sonstige **besondere Belastungen** können berücksichtigt werden, soweit dies angemessen ist. Unter **Zahlungsverpflichtungen** fallen insbesondere Kreditraten, sofern sie tatsächlich getilgt werden. Sonstige **besondere Belastungen** können zum Beispiel zusätzliche ärztliche Behandlungskosten, Aufwendungen für außerschulische Lernförderung, BAföG-Darlehensraten oder Mehrausgaben für einen behinderten Angehörigen sein. Auch eine Unterhaltsbelastung des Ehegatten oder eingetragenen Lebenspartners bzw. der Ehegattin oder eingetragenen Lebenspartnerin aus seiner bzw. ihrer früheren Ehe oder eingetragenen Lebenspartnerschaft kann hier angegeben werden. Bitte fügen Sie sowohl für die geltend gemachte Zahlungsverpflichtung oder sonstige Belastung als auch für die Zahlungen, die Sie leisten, und die Restschuld Belege bei (z. B. Kopie des Kreditvertrags, Kopien der Kontoauszüge o. Ä.).!!

Wenn Sie Leistungen nach dem Zweiten oder Zwölften Buch Sozialgesetzbuch erhalten und sich in einer besonderen Lebenssituation befinden, werden die bei Ihnen **anerkannten Mehrbedarfe** gemäß § 21 SGB II oder § 30 SGB XII ebenfalls als besondere Belastung berücksichtigt. Beispiele hierfür sind:
- Feststellung des Merkzeichens G und Erreichen der Altersgrenze/volle Erwerbsminderung
- Werdende Mütter nach der 12. Schwangerschaftswoche
- Alleinerziehende Personen, die mit einem oder mehreren minderjährigen Kindern zusammenleben
- Behinderte Personen, denen bestimmte Leistungen gem. SGB XII zuerkannt werden
- Personen, die medizinisch bedingt einer kostenaufwändigen Ernährung bedürfen
- Dezentrale Warmwasserversorgung
- Unabweisbarer laufender Mehraufwand.

Weisen Sie auf die anerkannten Mehrbedarfe aufgrund Ihrer besonderen Lebenssituation bitte ggf. hin. Angaben zu Zahlungen dafür sind in diesen Fällen nicht erforderlich.

Fölsch

Anlage 2

Antragsteller
(Stempel des Rechtsanwalts/
der Rechtsanwältin
oder sonstigen Beratungsperson)

Geschäftsnummer des Amtsgerichts
(Berechtigungsschein)

Amtsgericht _____

Postleitzahl, Ort

Eingangsstempel des Amtsgerichts

Ich habe Beratungshilfe gewährt Herrn/Frau	In der Zeit vom / am
Anschrift (Straße, Hausnummer, PLZ, Ort)	

☐ Der Berechtigungsschein im Original oder ☐ der Antrag auf nachträgliche Bewilligung der Beratungshilfe ist beigefügt.

Über die in Nr. 2500 VV RVG bestimmte Gebühr hinaus habe ich Zahlungen von einem Dritten
☐ nicht erhalten ☐ in Höhe von _____ EUR erhalten.

Ist der Gegner verpflichtet, die Kosten zu erstatten (§ 9 BerHG i. V. m. § 59 Absatz 1, 3 RVG)?
☐ nein ☐ ja; Name und Anschrift sowie die Begründung der Erstattungspflicht ergeben sich aus der Anlage.

Ist die Beratung oder die Vertretung in ein gerichtliches Verfahren / (weiteres) Verwaltungsverfahren in diesem Mandat übergegangen (Abs. 2 der Anmerkungen zu den Nummern 2501 oder 2503 VV RVG)?
☐ nein ☐ ja, und zwar bei (Gericht/Behörde, Ort, Aktenzeichen): _____

Ich beantrage, nachstehend berechnete Gebühren und Auslagen, deren Entstehung ich versichere, festzusetzen und auszuzahlen durch Überweisung auf das Konto IBAN-Nr.: _ _ _ _ | _ _ _ _ | _ _ _ _ | _ _ _ _ | _ _ _ _ | _ _ _ _ | _ _

BIC: _ _ _ _ _ _ _ _ | _ _ _ zum Geschäftszeichen _____

_____ _____
Ort, Datum   Rechtsanwalt /Rechtsanwältin /sonstige Beratungsperson

Kostenberechnung (nach RVG)

Bezeichnung	Vergütungsverzeichnis Nummer(n)	Betrag EUR	Festzusetzen auf EUR
Beratungsgebühr	2501		
	2502		
Geschäftsgebühr Meine Tätigkeit bestand in:	2503		
Einigungs- und Erledigungsgebühr Inhalt bzw. Darstellung der Erledigung ergeben sich aus der Anlage	2508		
Entgelte für Post- und Telekommunikationsdienstleistungen	Einzelberechnung 7001		
	Pauschale 7002		
Dokumentenpauschale (Seiten à 0,50 EUR, Seiten à 0,15 EUR)	7000		
	Summe		
Umsatzsteuer auf die Vergütung	7008		
	Summe		
Abzüglich Zahlungen gemäß § 9 BerHG i. V. m. § 58 Absatz 1 RVG; § 55 Absatz 5 Satz 3 RVG			
zu zahlender Betrag			

Dieses Feld bitte nicht ausfüllen.

§ 12 BerHG [Sonderbestimmungen für Bremen, Hamburg und Berlin]

(1) ¹In den Ländern Bremen und Hamburg tritt die eingeführte öffentliche Rechtsberatung an die Stelle der Beratungshilfe nach diesem Gesetz, wenn und soweit das Landesrecht nichts anderes bestimmt.

(2) ¹Im Land Berlin hat der Rechtsuchende die Wahl zwischen der Inanspruchnahme der dort eingeführten öffentlichen Rechtsberatung und Beratungshilfe nach diesem Gesetz, wenn und soweit das Landesrecht nichts anderes bestimmt.

(3) Die Länder können durch Gesetz die ausschließliche Zuständigkeit von Beratungsstellen nach § 3 Absatz 1 zur Gewährung von Beratungshilfe bestimmen.

(4) ¹Berater nach den Absätzen 1 bis 3, die über die Befähigung zum Richteramt verfügen, sind in gleicher Weise wie ein beauftragter Rechtsanwalt zur Verschwiegenheit verpflichtet und mit schriftlicher Zustimmung des Ratsuchenden berechtigt, Auskünfte aus Akten zu erhalten und Akteneinsicht zu nehmen.

119

§ 12 BerHG ist eine Ausnahmevorschrift zu § 3 BerHG. **120**

Die sog. Stadtstaatenklausel des § 12 Abs. 1 BerHG nimmt die Länder Bremen und Hamburg von dem Anwendungsbereich des BerHG aus. Dort tritt die Öffentliche Rechtsberatung an die Stelle der Beratungshilfe. Der in Bremen oder Hamburg ansässige Rechtsanwalt, der einem außerhalb dieser Länder wohnenden Rechtsuchenden Beratungshilfe gewährt, hat aber Anspruch auf die Beratungshilfevergütung.[136] **121**

In Hamburg ist die Rechtsgrundlage in einem ÖRA-Gesetz,[137] einer ÖRA-Verordnung[138] sowie einer ÖRA-GebO[139] geschaffen. Die Rechtsberatung (einschließlich Vertretung) findet durch die Öffentliche Rechtsauskunfts- und Vergleichsstelle statt. In Bremen besteht ein ÖRechtberG.[140] Die öffentliche Rechtsberatung (einschließlich Vertretung) wird von der Arbeitnehmerkammer im Auftrag der Freien Hansestadt Bremen durchgeführt. **122**

Im Land Berlin hat der Rechtsuchende nach der weiteren Stadtstaatenklausel des § 12 Abs. 2 BerHG die Wahl zwischen öffentlicher Rechtsberatung und Beratungshilfe. Durch die Wahlmöglichkeit im Land Berlin scheiden weder andere Möglichkeiten der Hilfe nach § 1 Abs. 1 Nr. 2 BerHG noch die Beratungshilfe durch das Amtsgericht nach § 3 Abs. 2 BerHG aus, wenn der Rechtsuchende von der Option der öffentlichen Rechtsberatung keinen Gebrauch macht.[141] **123**

In den übrigen Ländern ist ebenso die Öffentliche Rechtsberatung durch Behörden möglich. So sind nach § 8 Abs. 1 Nr. 2 RDG Rechtsdienstleistungen, die Behörden im Rahmen ihres Aufgaben- und Zuständigkeitsbereichs erbringen, erlaubt. Darüber hinaus gibt es zum Beispiel für Schleswig-Holstein einen ministeriellen Runderlass über die „Grundsätze für die Errichtung von Rechtsauskunfts- und Beratungsstellen für Bürger mit niedrigem Einkommen".[142] Öffentliche Rechtsberatungsstellen können dann eine andere zumutbare Möglichkeit der Hilfe i.S.v. § 1 Abs. 1 Nr. 2 BerHG sein, soweit ihr Angebot das Spektrum der benötigten Beratung und ggf. Vertretung abdeckt.[143] **124**

§ 12 Abs. 3 BerHG erlaubt den Ländern, durch Landesgesetz die ausschließliche Zuständigkeit einzelner Beratungsstellen i.S.v. § 3 Abs. 1 zur Gewährung von Beratungshilfe zu bestimmen, die öffentliche Rechtsberatung einzuführen und sie als vorrangige oder parallele Anlaufstelle für Rechtsuchende zu erklären. Die Öffnungsklausel ist durch das BerH-Änderungsgesetz eingeführt worden. **125**

---

136 LG Verden Rpfleger 1988, 41.
137 Gesetz über die Öffentliche Rechtsauskunfts- und Vergleichsstelle vom 16.11.2010 (HmbGVBl. 2010, S. 603), zuletzt geändert durch Gesetz v. 12.11.2013 (HmbGVBl. 2013, S. 461).
138 Verordnung über die Öffentliche Rechtsauskunfts- und Vergleichsstelle vom 1.2.2011 (HmbGVBl. 2011, S. 49), zuletzt geändert durch Verordnung v. 18.12.2012 (HmbGVBl. 2012, S. 532).
139 Gebührenordnung für die Öffentliche Rechtsauskunfts- und Vergleichsstelle vom 1.2.2011 (HmbGVBl. 2011, S. 51), zuletzt geändert durch Verordnung v. 13.12.2011 (HmbGVBl. 2011, S. 524).
140 Gesetz über die öffentliche Rechtsberatung in der Freien Hansestadt Bremen vom 1.7.1975 (Brem.GBl 1975, S. 297), zuletzt geändert durch Gesetz v. 24.11.2009 (Brem.GBl 2009, S. 525).
141 Vgl. BT-Drucks 17/11472, S. 44.
142 Runderlass des Innenministers des Landes Schleswig-Holstein vom 13.7.1974 über die „Grundsätze für die Errichtung von Rechtsauskunfts- und Beratungsstellen für Bürger mit niedrigem Einkommen" (Amtsblatt S.-H. 1974, S. 595).
143 Vgl. AG Kiel BeckRS 2012, 21499.

§ 13 BerHG [Übergangsregelung]

¹Ist der Antrag auf Beratungshilfe vor dem 1.1.2014 gestellt worden oder ist die Beratungshilfe vor dem 1.1.2014 gewährt worden, ist dieses Gesetz in der bis zum 31.12.2013 geltenden Fassung anzuwenden.

126 Bei § 13 handelt es sich um die Übergangsvorschrift anlässlich des BerH-Änderungsgesetzes. Bei den zum Zeitpunkt des Inkrafttretens am 1.1.2014 bereits anhängigen Beratungshilfebewilligungsverfahren sind die bisherigen Vorschriften des BerHG a.F. anzuwenden. Bei nachträglichen Anträgen, die auf einer vor dem Inkrafttreten durch den Rechtsanwalt gewährten Beratungshilfe beruhen, sind ebenfalls die vorherigen Vorschriften anzuwenden.[144]

§ 14 BerHG Inkrafttreten

Dieses Gesetz tritt mit Ausnahme des § 14 am 1.1.1981 in Kraft. § 14 tritt am Tag nach der Verkündung in Kraft.

C. Vergütung im Rahmen von Beratungshilfe

I. Gebühren

127 In den VV 2500 ff. sind die Gebühren geregelt, die im Rahmen der Beratungshilfetätigkeit für den Rechtsanwalt entstehen können. Die Gebühren VV 2501 ff. erhält der Rechtsanwalt nur aus der Landeskasse (vgl. § 44 S. 1). § 44 S. 2 stellt klar, dass die Gebühr VV 2500 nur der Ratsuchende schuldet. Die Beratungshilfegebühren aus der Landeskasse bleiben deutlich hinter den Gebühren für außergerichtliche Tätigkeiten eines Wahlanwalts zurück. Die Kürzung des gegen die Landeskasse gerichteten Vergütungsanspruchs im Vergleich zum Vergütungsanspruch des Wahlanwalts ist verfassungsrechtlich nicht grundsätzlich zu beanstanden.[145] Die Kürzung lässt sich verfassungsrechtlich auf das Profitieren des Rechtsanwalts von einem verlässlichen Vergütungsschuldner sowie auf das Ziel der Schonung öffentlicher Kassen stützen.[146]

Die Bezeichnung „**Gebühren**" in den VV 2501 ff. ist genau genommen unzutreffend. Unter „Gebühren" ist grundsätzlich nur das aus einem Anwaltsvertrag vom Auftraggeber geschuldete Entgelt zu verstehen. Bei der Vergütung, die der Anwalt aus der Landeskasse erhält, handelt es sich aber nicht um eine solche rechtsgeschäftlich vereinbarte Vergütung, sondern um den **öffentlich-rechtlichen Entschädigungsanspruch** des auf Beratungshilfe in Anspruch genommenen Anwalts.[147] Ungeachtet dessen soll der vom Gesetzgeber verwandte Begriff der Gebühren auch im Folgenden beibehalten werden.

128 Die Vorschriften der VV 2501 ff. regeln **sechs Gebührentatbestände**:
- VV 2501: die **allgemeine Beratungsgebühr**
- VV 2502: die **Beratungsgebühr bei der Schuldenregulierung** nach § 305 Abs. 1 Nr. 1 InsO
- VV 2503: die **allgemeine Geschäftsgebühr**
- VV 2504: die **Geschäftsgebühr bei der Schuldenregulierung** nach § 305 Abs. 1 Nr. 1 InsO bei **bis zu 5 Gläubigern**
- VV 2505: die **Geschäftsgebühr bei der Schuldenregulierung** nach § 305 Abs. 1 Nr. 1 InsO bei **6 bis 10 Gläubigern**
- VV 2506: die **Geschäftsgebühr bei der Schuldenregulierung** nach § 305 Abs. 1 Nr. 1 InsO bei **11 bis 15 Gläubigern**
- VV 2507: die **Geschäftsgebühr bei der Schuldenregulierung** nach § 305 Abs. 1 Nr. 1 InsO bei **mehr als 15 Gläubigern**
- VV 2508: die **Einigungs- und Erledigungsgebühr**.

129 Die Beratungsgebühr (VV 2501, 2502) kann nur allein entstehen, nicht auch neben einer Geschäftsgebühr (Anm. Abs. 1 zu VV 2501).

130 Neben den Gebührentatbeständen der Beratungs- und Geschäftsgebühr sind auch die entsprechenden **Anrechnungsvorschriften**, die für die Wahlanwaltsgebühren gelten, im Rahmen der Vergütung für die Beratungshilfe übernommen worden. So ordnet **Anm. Abs. 2 zu VV 2501** an, dass die

---

144 So auch AG Weißenfels v. 22.6.2015 – 13 II 673/14.
145 BVerfG AGS 2011, 603.
146 BVerfG AGS 2011, 603.

147 Gerold/Schmidt/*Mayer*, RVG, VV 2500–2508 Rn 26; Mayer/Kroiß/*Pukall*, VV 2501 Rn 1.

Beratungsgebühr auf eine nachfolgende Tätigkeit anzurechnen ist (entsprechend der Anrechnungsvorschrift des § 34 Abs. 2 (früher Anm. Abs. 2 zu VV 2100 a.F.). **Anm. Abs. 2 zu VV 2503** wiederum ordnet die hälftige Anrechnung der Geschäftsgebühr auf eine nachfolgende Tätigkeit an (vergleichbar der VV Vorb. 3 Abs. 4). Für die Anrechnungsvorschriften ist zudem § 15a zu beachten.

Sämtliche Gebühren der VV 2501 ff. sind **Festgebühren**. Sie sind unabhängig davon, wie viel Arbeit und Aufwand die Angelegenheit tatsächlich verursacht hat. Die Gebühren sind auch unabhängig von der Höhe des Gegenstandswerts. Es kann daher vorkommen, dass die Gebühren nach VV 2501 ff. über den Gebühren liegen, die ein Wahlanwalt erhalten würde. Der im Rahmen der Beratungshilfe tätige Anwalt kann dann die vollen Gebühren nach VV 2501 ff. verlangen. Er muss sich nicht auf die geringeren Wahlanwaltsgebühren verweisen lassen. In aller Regel werden die Gebühren nach VV 2501 ff. jedoch weit unter den Gebühren des Wahlanwalts liegen. Insoweit bleibt dem Anwalt allerdings die Möglichkeit offen, nach § 9 S. 2 BerHG eventuelle Erstattungsansprüche in Höhe der weitergehenden Wahlanwaltsgebühren gegen einen ersatzpflichtigen Dritten im eigenen Namen geltend zu machen. 131

Vertritt der Anwalt **mehrere Auftraggeber**, so soll nach h.M. VV 1008 gelten (vgl. VV Vorb. 2.5 Rdn 4). Unter Zugrundelegung der h.M. würden sich die Beratungs- und die Geschäftsgebühren um 30 % je weiteren Auftraggeber erhöhen. Auf eine gemeinschaftliche Beteiligung käme es nicht mehr an (im Einzelnen: für die Geschäftsgebühr vgl. VV 2503 Rdn 9; für die Beratungsgebühr vgl. VV 2501 Rdn 11). 132

In VV 2502 und VV 2504 ff. ist die Vergütung des Anwalts geregelt, der im Rahmen der Beratungshilfe zur **Herbeiführung einer außergerichtlichen Einigung mit den Gläubigern über die Schuldenbereinigung auf der Grundlage eines Plans (§ 305 Abs. 1 Nr. 1 InsO)** beratend bzw. vertretend tätig wird. Insoweit bestehen allerdings keine zusätzlichen Gebührentatbestände; vielmehr erhält der Anwalt auch hier die Beratungs- und Geschäftsgebühren nach VV 2501, 2503. Allerdings ergeben sich hier abweichende Beträge. Die Beratungsgebühr erhöht sich auf das Doppelte; die Geschäftsgebühr beträgt 270 EUR und erhöht sich jeweils um den Ausgangsbetrag von 135 EUR bei mehr als fünf, mehr als zehn und mehr als fünfzehn Gläubigern. Die Einigungsgebühr bleibt dagegen in diesen Fällen unberührt. 133

II. Auslagen

1. Grundsatz

Der Anwalt, der Beratungshilfe gewährt, hat im gleichen Umfang Anspruch auf Ersatz seiner Auslagen wie ein im Wege der Prozesskostenhilfe beigeordneter Rechtsanwalt (§ 46). Die VV Vorb. 2.5 schließt die Anwendung von VV Teil 7 nicht aus, weil sich die Vorb. 2.5 nur auf Gebühren, nicht auf Auslagen bezieht. Auslagen werden nach § 46 Abs. 1 nicht vergütet, wenn sie zur sachgemäßen Durchführung der Angelegenheit nicht erforderlich waren. Aus der Formulierung des § 46 Abs. 1 folgt, dass dem Rechtsanwalt im Rahmen seiner **Tätigkeit** einen gewissen Spielraum belassen will. Der Anwalt hat in jeder Lage des Verfahrens eigenständig darüber zu befinden, wie er die Rechtsposition der vertretenen Person bestmöglich wahrt. Durch die doppelte Verneinung wird zum Ausdruck gebracht, dass **Auslagen im Zweifel als erforderlich anzuerkennen** sind.[148] Die **Beweislast** für eine gegenteilige Feststellung liegt bei der **Staatskasse**.[149] Hat der Rechtsanwalt Bedenken, ob die Durchführung eine Reise oder Aufwendungen i.S.v. § 670 BGB als notwendig anerkannt werden, kann er die entsprechende **Feststellung nach § 46 Abs. 2 S. 1, 3** beantragen. Die Feststellung ist für die Vergütungsfestsetzung bindend. Voraussetzung für ein Feststellungsverfahren ist aber, dass dem Auftraggeber bereits Beratungshilfe bewilligt wurde. Dies ergibt sich daraus, dass der 8. Abschnitt des RVG Regelungen zur Vergütung aus der Staatskasse trifft. Eine Vergütung aus der Staatskasse erfolgt in Beratungshilfesachen aber erst nach einer entsprechenden Bewilligung. 134

---

148 OLG Schleswig OLGR 1998, 307; *Mümmler*, JurBüro 1995, 249.

149 Vgl. OLG Brandenburg AGS 2007, 400; OLG Hamm AGS 2007, 37.

2. Post- und Telekommunikationsentgelte, VV 7001, 7002

135 Der Rechtsanwalt erhält Entgelte für die von ihm getätigten Post- und **Telekommunikationsdienstleistungen**. Diese kann er wahlweise nach VV 7001 konkret berechnen oder nach VV 7002 pauschal. Die Höhe der Pauschale beträgt 20 % der Gebühren, höchstens 20 EUR. Maßgebend sind die im Rahmen der Beratungshilfe verdienten und von der Staatskasse zu vergütenden Gebühren (vgl. Anm. Abs. 2 zu VV 7002), nicht dagegen die Gebühren eines Wahlanwalts. Die Anm. Abs. 2 ist durch das BerH-Änderungsgesetz[150] eingefügt worden und beendet die vormals streitige Frage.[151]

136 Ist der Gegner des Auftraggebers verpflichtet, an den Auftraggeber die Kosten der Rechtsverfolgung zu erstatten, erfasst dieser Erstattungsanspruch die Post- und Telekommunikationspauschale nach den Wahlanwaltsgebühren, weil der Gegner auch die Gebühren nach den Wahlanwaltsgebühren zu erstatten hat (vgl. § 9 S. 1 „Vergütung nach den allgemeinen Vorschriften"). Dieser Erstattungsanspruch geht auf den Rechtsanwalt nach § 9 S. 2 mit Bewilligung von Beratungshilfe bzw. Auszahlung der Beratungshilfevergütung über.[152]

137 Voraussetzung für die Berechnung der Post- und Telekommunikationspauschale nach VV 7002 ist stets, dass überhaupt eine Post- oder Telekommunikationsdienstleistung erfolgt ist. Eine pauschale Berechnung ist nur dann möglich, wenn tatsächlich Auslagen angefallen sind.[153] Nicht entstandene Auslagen können auch nicht pauschal abgerechnet werden.

138 Gewährt der Anwalt im Rahmen der Beratungshilfe lediglich einen **Rat** oder eine **Auskunft**, so wird es in der Regel an Telekommunikationsauslagen fehlen, es sei denn, der Anwalt ruft den Ratsuchenden an und gewährt die Beratung telefonisch oder das Beratungsergebnis wird schriftlich zusammengefasst und dem Auftraggeber zugeschickt.[154] Anderenfalls steht dem Anwalt kein Auslagenersatz zu. Die Versendung des Beratungshilfeantrags löst ebenso wenig wie die Versendung des Festsetzungsantrags Auslagen nach VV 7001, 7002 aus (vgl. Anm. zu VV 7001).[155]

139 Da nach VV 2501 Festgebühren gewährt werden, kommen folglich nur folgende **Postentgeltpauschalen** in Betracht:

Gebührentatbestand	Gebühr	Pauschale bei 1 Auftraggeber	Pauschale bei 2 Auftraggebern*	Pauschale bei Einigung oder Erledigung unabhängig von Anzahl der Auftraggeber
VV 2501	35,00 EUR	7,00 EUR	9,10 EUR	20,00 EUR
VV 2502	70,00 EUR	14,00 EUR	18,20 EUR	20,00 EUR
VV 2503	85,00 EUR	17,00 EUR	20,00 EUR	20,00 EUR
VV 2504	270,00 EUR	20,00 EUR	20,00 EUR	20,00 EUR
VV 2505	405,00 EUR	20,00 EUR	20,00 EUR	20,00 EUR

---

150 Vgl. hierzu BT-Drucks 17/11472, S. 50.
151 Eine Berechnung nach den Gebühren im Rahmen von Beratungshilfe befürwortend: OLG Düsseldorf AGS 2007, 630; OLG Bamberg JurBüro 2007, 645; OLG Nürnberg NJW-RR 2008, 1671; OLG Celle NJOZ 2009, 344; OLG Brandenburg BeckRS 2010, 1959; OLG Hamm BeckRS 2009, 3325; OLG Dresden BeckRS 2009, 6821; eine Berechnung nach den Wahlanwaltsgebühren befürwortend: OLG Nürnberg AGS 2007, 253 = OLGR 2007, 191 = JurBüro 2007, 209 = MDR 2007, 805 = RVGreport 2007, 150; AG Köln AGS 2006, 25 m. Anm. *Mock* = RVGreport 2006, 68; AG Oschatz AGS 2007, 631 = FamRZ 2007, 1671 = NJW-Spezial 2007, 525; AG Eutin AGS 2007, 631; AG Siegburg AGS 2008, 298.
152 Vgl. AG Kiel BeckRS 2012, 23563.
153 LG Berlin JurBüro 1985, 1667; AG Koblenz AGS 2004, 158 m. Anm. *N. Schneider*.
154 LG Berlin JurBüro 1985, 1667.
155 So auch: Gerold/Schmidt/*Müller-Rabe*, RVG, VV 7001, 7002 Rn 11.

Gebührentatbestand	Gebühr	Pauschale bei 1 Auftraggeber	Pauschale bei 2 Auftraggebern*	Pauschale bei Einigung oder Erledigung unabhängig von Anzahl der Auftraggeber
VV 2506	540,00 EUR	20,00 EUR	20,00 EUR	20,00 EUR
VV 2507	675,00 EUR	20,00 EUR	20,00 EUR	20,00 EUR

*Für die Tabelle wird unterstellt, dass bei mehreren Auftraggebern die Gebührenerhöhung nach VV 1008 anfallen kann (vgl. hierzu VV Vorb. 2.5 Rdn 4, VV 2501 Rdn 11, VV 2503 Rdn 9).

Eine im Rahmen der Beratungshilfe verdiente Postentgeltpauschale ist nicht anzurechnen auf ein nachfolgendes Verfahren, auch nicht auf ein PKH-Bewilligungsverfahren.[156] Eine Anrechnung findet nur zwischen Gebühren statt (vgl. auch § 15a).[157] Bei einem Beratungshilfeverfahren und dem nachfolgenden Prozesskostenhilfeprüfungsverfahren handelt sich nicht um dieselbe Angelegenheit, so dass die Postentgeltpauschale für beide Angelegenheiten gesondert entstehen kann.[158] Die Postentgeltpauschale wird jeweils aus dem Gebührenaufkommen vor Anrechnung berechnet.[159]

140

3. Dokumentenpauschale, VV 7000

Der Rechtsanwalt erhält im Rahmen von Beratungshilfe auch die **Dokumentenpauschale** vergütet. Die Dokumentenpauschale kann insbesondere berechtigt sein, wenn der Anwalt Kopien aus einer Gerichtsakte (bzw. Akte der Staatsanwaltschaft, Verwaltungsbehörde) fertigen muss (vgl. VV 7000 Nr. 1), soweit deren Herstellung zur sachgemäßen Bearbeitung der Rechtssache geboten war.[160] Dabei ist es im Grundsatz geboten i.S.v. VV 7000 Nr. 1 und erforderlich i.S.v. § 46 Abs. 1, dass die gesamte Verfahrensakte kopiert wird.[161] Nur die vollständig kopierte Akte kann dem Rechtsanwalt ein sachgerechtes Bild von dem Ablauf des Verfahrens geben. Dieses Bild kann sich der Rechtsanwalt nicht in gleicher Weise aus der urschriftlichen Gerichtsakte verschaffen, wenn ihm die Akte durch das Gericht nur für wenige Tage überlassen wird. In dieser kurzen Zeit wird ein Rechtsanwalt in aller Regel nicht entscheiden können, welche Aktenbestandteile für die weitere Beratung oder Vertretung relevant sind oder werden können.

141

Die Praxis zeigt, dass die Gerichte bei der Prüfung der Gebotenheit der Kopien i.S.v. VV 7000 Nr. 1 und Erforderlichkeit i.S.v. § 46 Abs. 1 einen engen Prüfungsmaßstab anlegen. Eine solche enge Betrachtungsweise berücksichtigt aber die Einschätzungsprärogative des Rechtsanwalts nicht.[162] Der Anfall und die Höhe sind glaubhaft zu machen, wobei die daran zu stellenden Anforderungen nicht überspannt werden dürfen. Die Nachprüfung hat sich darauf zu beschränken, ob die Entscheidung des Rechtsanwalts offensichtlich fehlerhaft getroffen war, d.h. ob Ablichtungen offensichtlich unnötig und überflüssig waren.[163]

142

Verlangt der Kostenbeamte zur Glaubhaftmachung die Vorlage von Kopien der Kopien, ist dieses Vorgehen nicht sachgerecht.[164] Indes kann der Kostenbeamte aber die Vorlage der gefertigten Kopien anfordern.

4. Reisekosten, VV 7003 ff.

Auch **Reisekosten** nach VV 7003 ff. können erstattungsfähig sein.[165] Sie sind jedoch nur ausnahmsweise erforderlich, etwa wenn der Rechtsanwalt den auswärts wohnenden Gegner oder einen Dritten aus erheblichen Gründen selbst aufsuchen muss. Auslagen für eine Reise zum Anhörungstermin vor

143

---

156 AG Kassel AGS 2007, 133 = JurBüro 2006, 592.
157 AG Kassel AGS 2007, 133 = JurBüro 2006, 592.
158 AG Kassel AGS 2007, 133 = JurBüro 2006, 592.
159 AG Kassel AGS 2007, 133 = JurBüro 2006, 592.
160 Vgl. Hierzu auch: LG Frankfurt JurBüro 1986, 733.
161 Vgl. auch AG Riesa AGS 2012, 485.
162 AG Riesa AGS 2012, 485.
163 AG Bremen NStZ-RR 2011, 177.
164 AG Gera AGS 2005, 351.
165 LG Hannover JurBüro 1986, 120; LG Bochum JurBüro 1986, 403 = Rpfleger 1986, 55.

dem Bundesamt für die Anerkennung ausländischer Flüchtlinge sind nach Auffassung des LG Göttingen[166] nicht zu ersetzen. Nach a.A. sind in diesem Fall dagegen Reisekosten insoweit zu ersetzen, als dadurch Kosten für einen weiteren im Wege der Beratungshilfe beigeordneten Rechtsanwalt am Terminsort angefallen wären.[167] Bei Asylverfahren von größerer Bedeutung sollen auch höhere Reisekosten ersatzfähig sein.[168]

144 Auch dem im Rahmen der Beratungshilfe beigeordneten Rechtsanwalt steht die Möglichkeit der **Vorabentscheidung** nach § 46 Abs. 2 S. 1 für die Feststellung der Notwendigkeit von Reisekosten zu.[169] Der Anwalt kann in diesem Verfahren klären lassen, ob die Reisekosten notwendig sind. Zuständig ist der Rechtspfleger.

145 An die gerichtliche Feststellung der Notwendigkeit ist der Urkundsbeamte der Geschäftsstelle bei der späteren Festsetzung gebunden. Wird die Notwendigkeit dagegen abgelehnt, kann der Urkundsbeamte ungeachtet dessen später die Reisekosten festsetzen, wenn sich nachträglich herausstellt, dass die Reise doch notwendig war. Ein Rechtsmittel gegen eine ablehnende Entscheidung nach § 46 Abs. 2 ist nicht möglich.

5. Umsatzsteuer, VV 7008

146 Auf die Beratungshilfevergütung ist **Umsatzsteuer** zu berechnen (VV 7008). Dies gilt allerdings nicht, wenn die Umsatzsteuer nach § 19 UStG unerhoben bleibt (Anm. zu VV 7008). Auf eine Vorsteuerabzugsberechtigung kommt es indes nicht an, weil sie nicht innerhalb des Vergütungsschuldverhältnisses zwischen Rechtsanwalt und Auftraggeber relevant wird, sondern lediglich in einem Schadensersatzrechtsverhältnis zwischen Auftraggeber und Anspruchsgegner. Insofern ist auch die Vorschrift des § 104 Abs. 2 S. 3 ZPO nicht – auch nicht entsprechend – anwendbar.

6. Dolmetscherkosten

147 Auch die **Kosten eines Dolmetschers oder Übersetzers** sind zu ersetzen, soweit sie erforderlich waren. Dies kann etwa zur Übersetzung von Urkunden oder zur Verständigung mit dem Rechtsuchenden der Fall sein.[170] Die vom Urkundsbeamten der Geschäftsstelle zu überprüfende Höhe der Dolmetscher- bzw. Übersetzerkosten orientiert sich gemäß § 46 Abs. 2 S. 3 an den §§ 8 ff. JVEG.[171] Übersetzt der Anwalt selbst, kommt gleichermaßen eine Vergütung nach den §§ 8 ff. JVEG in Betracht.[172]

7. Ärztliche Kurzgutachten

148 Auch die Kosten eines ärztlichen Kurzgutachtens kann der Rechtsanwalt ggf. als Auslagen von der Staatskasse ersetzt verlangen.[173]

III. Umfang der Angelegenheit, §§ 15, 16 ff.

1. Begriff der Angelegenheit, § 15

149 Bei der Vergütungsberechnung im Rahmen der VV 2501 ff. stellt sich häufig die Frage, ob eine Angelegenheit oder mehrere Angelegenheiten vorliegen. Die Frage wird zumeist im Rahmen der Beratungsgebühr nach VV 2501 diskutiert, hat aber ebenso auch Bedeutung für die Geschäftsgebühr nach VV 2503 und eine eventuelle Einigungsgebühr nach VV 2508.

---

166 JurBüro 1985, 596.
167 LG Hannover JurBüro 1986, 120.
168 LG Bochum JurBüro 1986, 403 = Rpfleger 1986, 55.
169 *Hansens*, JurBüro 1986, 339, 342.
170 LG Bochum JurBüro 1986, 403 = Rpfleger 1986, 55; LG Hannover JurBüro 1986, 1214; AG Bochum AnwBl 1983, 477; LG Göttingen JurBüro 1988, 605;

AG Wermelskirchen AGS 2002, 20 = Rpfleger 2001, 504; LG Bochum JurBüro 2002, 147.
171 LG Hannover JurBüro 1986, 1214.
172 Vgl. LG Stuttgart MDR 1973, 594 (zur Prozesskostenhilfevergütung); a.A.: Hansens, JurBüro 1986, 339, 343.
173 AG Hanau AnwBl 1989, 62.

150 Für die Frage, ob **eine Angelegenheit** gegeben ist **oder** ob **mehrere Angelegenheiten** vorliegen, ist auch im Rahmen der Beratungshilfe an sich auf § 15 abzustellen. Die gerichtliche Praxis wird hierzu zum Teil als sehr restriktiv empfunden. Ein Grund dafür, dass über die Frage der Anzahl der Angelegenheiten im Rahmen der Beratungshilfe besonders gestritten wird, liegt darin, dass die wirtschaftlichen Auswirkungen hier größer sind. Während bei den Wahlanwaltsgebühren ein gewisser Ausgleich über die Erhöhung des Gegenstandswertes nach § 22 Abs. 1, 23 Abs. 1 S. 3 i.V.m. § 39 GKG, § 33 FamGKG stattfindet, bleibt es im Rahmen der Beratungshilfe immer bei den Festgebühren, so dass hier das Alles-oder-Nichts-Prinzip gilt.

151 § 15 Abs. 1 regelt, dass die Gebühren die gesamte Tätigkeit des Rechtsanwalts vom Auftrag bis zur Erledigung der Angelegenheit abgelten, soweit im Gesetz nichts anderes bestimmt ist. § 15 Abs. 2 bestimmt, dass der Rechtsanwalt die Gebühren in derselben Angelegenheit – von der Ausnahme des § 15 Abs. 5 abgesehen – nur einmal fordern kann. Die §§ 16 bis 18 enthalten nicht abschließende Regelungen, welche Verfahren bzw. Verfahrensabschnitte noch dieselbe Angelegenheit bzw. verschiedene oder besondere Angelegenheiten sind.

152 Den Begriff der Angelegenheit definiert das RVG nicht. Nach der Rechtsprechung des BGH[174] ergeben sich folgende Grundsätze zur gebührenrechtlichen Angelegenheit, die für jedes anwaltliche Mandat – und damit auch für das Beratungshilfemandat – zu beachten sind: Unter derselben Angelegenheit im gebührenrechtlichen Sinne ist das gesamte Geschäft zu verstehen, das der Rechtsanwalt für den Auftraggeber besorgen soll. Ihr Inhalt bestimmt den Rahmen, innerhalb dessen der Rechtsanwalt tätig wird. Die Angelegenheit ist von dem Gegenstand der anwaltlichen Tätigkeit abzugrenzen, der das konkrete Recht oder Rechtsverhältnis bezeichnet, auf das sich die anwaltliche Tätigkeit bezieht. Eine Angelegenheit kann mehrere Gegenstände umfassen. Für die Annahme eines einheitlichen Rahmens der anwaltlichen Tätigkeit ist es grundsätzlich ausreichend, wenn die verschiedenen Gegenstände in dem Sinne einheitlich vom Anwalt bearbeitet werden können, dass sie verfahrensrechtlich zusammengefasst bzw. in einem einheitlichen Vorgehen geltend gemacht werden können. Ein innerer Zusammenhang ist zu bejahen, wenn die verschiedenen Gegenstände bei objektiver Betrachtung und unter Berücksichtigung des mit der anwaltlichen Tätigkeit nach dem Inhalt des Auftrags erstrebten Erfolgs zusammengehören. Die Annahme derselben Angelegenheit im gebührenrechtlichen Sinne setzt nicht voraus, dass der Anwalt nur eine Prüfungsaufgabe zu erfüllen hat. Von einem einheitlichen Rahmen der anwaltlichen Tätigkeit kann vielmehr grundsätzlich auch dann noch gesprochen werden, wenn der Anwalt zur Wahrnehmung der Rechte des Mandanten verschiedene, in ihren Voraussetzungen voneinander abweichende Anspruchsgrundlagen zu prüfen bzw. mehrere getrennte Prüfungsaufgaben zu erfüllen hat. Eine Angelegenheit kann auch vorliegen, wenn ein dem Rechtsanwalt zunächst erteilter Auftrag vor dessen Beendigung später ergänzt wird.[175]

Die Abgrenzung ist keine Frage der generellen Definition, sondern des konkreten Einzelfalls.[176]

153 **Zusammenfassung**
Die Angelegenheit ist der Rahmen, innerhalb dessen sich die anwaltliche Tätigkeit abspielt, wobei im Allgemeinen der dem Anwalt erteilte Auftrag entscheidet.[177]
– Die Angelegenheit ist nicht identisch mit dem Gegenstand der anwaltlichen Tätigkeit. In einer Angelegenheit können mehrere Gegenstände behandelt werden.
– Die Angelegenheit ist auch nicht identisch mit dem Auftrag. Ein einheitlicher Auftrag kann mehrere Angelegenheiten umfassen.

154 **Checkliste Angelegenheit**
Zu prüfen ist also:
– ein einheitlicher, nicht notwendig zeitgleicher Auftrag,
– ein gleichartiger Rahmen der Tätigkeit (z.B.: gleiches Verfahren, Bearbeitung in einem Schreiben an den Gegner möglich),
– ein innerer Zusammenhang, das heißt eine innere Zusammengehörigkeit der Gegenstände.

155 Die Frage, ob eine Angelegenheit vorliegt oder ob mehrere Angelegenheiten gegeben sind, ist einerseits im Vergütungsfestsetzungsverfahren durch den **Urkundsbeamten der Geschäftsstelle**

---

174 BGH MDR 1972, 765; BGH NJW-RR 2008, 656; BGH NJW-RR 2010, 428; BGH NJW 2010, 3035; BGH NJW 2010, 3037; BGH NJW 2011, 155; BGH NJW 2011, 782; BGH NJW 2011, 2509; BGH NJW 2011, 2591; BGH NJW 2011, 3167; BGH NJW 2014, 2126.
175 BGH NJW 2011, 3167, Rn 14; BGH NJW 2014, 2126, Rn 19.
176 *Lindemann/Trenk-Hinterberger*, § 132 BerHG Rn 5.
177 Vgl. BGH MDR 1972, 765.

im Rahmen der Festsetzung **zu prüfen**. Weder die Entscheidung(en) über die Bewilligung von Beratungshilfe noch die Anzahl erteilter Beratungshilfescheine entfalten eine Bindungswirkung für das Vergütungsfestsetzungsverfahren für die Prüfung der Anzahl der zu vergütenden Angelegenheiten.[178] So kann trotz mehrerer Berechtigungsscheine nur eine Angelegenheit vorliegen. Umgekehrt können mehrere Angelegenheiten vorliegen, obwohl nur ein Berechtigungsschein erteilt worden ist.

Andererseits kann es schon an einem Rechtsschutzbedürfnis für einen Antrag auf Bewilligung von Beratungshilfe fehlen, wenn in derselben Angelegenheit bereits Beratungshilfe bewilligt ist oder wird.[179] Dies gilt, unabhängig davon, dass zusätzlich im Vergütungsfestsetzungsverfahren eine abschließende Beurteilung der gebührenrechtlichen Auswirkungen der anwaltlichen Tätigkeit darauf stattzufinden hat, ob die Tätigkeit in einer oder in mehreren Angelegenheiten erfolgt ist.[180]

156   Eine generelle klare Linie der **Rechtsprechung** lässt sich nicht aufzeigen, was schon darauf beruht, dass die Sachen in der Regel von den Amtsgerichten rechtskräftig entschieden werden. Selbst landgerichtliche und oberlandesgerichtliche Beschwerdeverfahren führen hier nicht zu einer einheitlichen Rechtsprechung. Der Anwalt muss sich daher mit seiner örtlichen Rechtsprechung vertraut machen und ggf. in die Beschwerde gehen. Die Erfahrung zeigt, dass die Oberlandesgerichte zu einer großzügigeren Betrachtung neigen.

2. Angelegenheiten in Familiensachen

157   Der Begriff der Angelegenheit ist insbesondere bei Beratungshilfe in **Familiensachen** umstritten. Vertreten wird etwa:
– Es handelt sich um zwei Angelegenheiten, wenn die Beratungshilfe Regelungen für die Zeit vor der Scheidung (Trennungssachen) und solche danach (Scheidungssachen) betrifft. Die Vorschrift des § 16 Nr. 4 sei entsprechend anwendbar, so dass aus ihr gefolgert werden könne, wenn sich die Beratungshilfe auf Scheidungssachen und Folgesachen bezieht.[181]
– Eine (entsprechende) Anwendung des § 16 Nr. 4 ist nicht möglich, weil diese Vorschrift lediglich das gerichtliche Verbundverfahren betrifft. Ohne weitere Anhaltspunkte kann auch nicht ein innerer Zusammenhang der zu regelnden Gegenstände (Trennung, Scheidung, Folgesachen) angenommen werden. Deshalb ist jeweils von verschiedenen Angelegenheiten auszugehen.[182]
– In **generalisierender Betrachtungsweise ist von bis zu vier Angelegenheiten** auszugehen, nämlich:
  – **Scheidung als solche**,
  – **persönliche Verhältnisse zu den Kindern (Personensorge, Umgangsrecht)**,
  – **Fragen im Zusammenhang mit der Ehewohnung und dem Hausrat**,
  – **finanzielle Auswirkungen von Trennung und Scheidung (Unterhalt, Güterrecht, Vermögensauseinandersetzung)**.[183]
– Die einzelnen Trennungs- und Scheidungsfolgen können derart unterschiedliche Lebenssachverhalte zum Gegenstand haben, dass die Annahme jeweils nur einer Angelegenheit verfehlt sei. Andererseits ginge die Auffassung zu weit, nach der die Beratung zu jedem Gegenstand, zu dem Beratungsbedarf anfalle, eine eigene Gebühr auslöse. Die Scheidung bildet keine Zäsur, so dass für Beratungen für die Zeit der Trennung und nach der Scheidung nicht von dem Vorliegen nur zweier Angelegenheiten auszugehen ist. § 16 Nr. 4 ist nicht (analog) anwendbar.

---

178 OLG Köln NJOZ 2011, 458; KG AGS 2010, 612; OLG Rostock NJW-RR 2011, 871; OLG München 2014, 354; a,A., also für eine Bindungswirkung: OLG Oldenburg BeckRS 2010, 12535; LG Mönchengladbach AGS 2003, 76 m. Anm. *Madert* = JurBüro 2002, 421 = Rpfleger 2002, 463.
179 Insoweit zutreffend: OLG Oldenburg NJOZ 2010, 1939 (1941).
180 OLG Köln NJOZ 2011, 458; KG BeckRS 2010, 26106; a.A.: NJOZ 2010, 1939 (1940).
181 Vgl. OLG Stuttgart BeckRS 2006, 12351; OLG München AGS 2012, 25 (aufgegeben in NJW 2015, 2435).
182 Vgl. insbesondere den von dem OLG Düsseldorf BeckRS 2012, 22128 entschiedenen Fall: 8 Angelegenheiten bei Beratung über Trennungsunterhalt, Kindesunterhalt, Versorgungsausgleich, Vermögensauseinandersetzung, Scheidung, Besuchsrecht bei den Kindern, elterliche Sorge, Hausrat; vgl. auch: OLG Naumburg BeckRS 2013, 10553: 6 Angelegenheiten bei Beratung über Scheidung, Kindschaftssachen, Ehewohnungs- und Haushaltssachen, Versorgungsausgleichssachen, Unterhaltssachen (Kindschafts- und Ehegattenunterhalt), Güterrecht einschließlich sonstiger Vermögensauseinandersetzung.
183 So z.B. zuletzt: OLG Nürnberg NJW 2011, 3108; OLG Celle NJW 2011, 3109; OLG Koblenz BeckRS 2011, 28631; OLG Stuttgart NJOZ 2013, 2013; OLG Schleswig BeckRS 2013, 9394; OLG München AGS 2014, 529; OLG Frankfurt NJW-RR 2014, 1351; OLG München NJW 2015, 2435.

- In **generalisierender Betrachtungsweise** ist von bis zu sechs Angelegenheiten auszugehen, nämlich:
  - **Ehesachen**,
  - **Kindschaftssachen**,
  - **Ehewohnungs- und Hausratssachen**,
  - **Versorgungsausgleichssachen**,
  - **Unterhaltssachen (Kindes- und Ehegattenunterhalt)**,
  - **Güterrecht und sonstige Vermögensauseinandersetzungen**.[184]
- Es sei als sachgerecht anzusehen, die Beratung in Unterhaltssachen, Güterrechtssachen und Versorgungsausgleichssachen im Regelfall als eigenständige Angelegenheiten zu bewerten, es sei denn, es liege ein besonders einfach gelagerter Fall vor.[185] Die Beratungen würden sich hinsichtlich der jeweiligen Zielrichtungen bei der erforderlichen Sachaufklärung und der erforderlichen rechtlichen Beurteilung deutlich von den allgemeinen Vermögensauseinandersetzungen zwischen Geschiedenen, insbesondere im Rahmen des Güterrechts abheben.[186]

Das BVerfG formuliert übrigens:[187]

> „Aus verfassungsrechtlicher Sicht spricht vieles dafür, dass die Beratung über den Unterhalt des Kindes und das Umgangsrecht des Vaters nicht als dieselbe Angelegenheit gemäß § 13 Abs. 2 S. 2 BRAGO anzusehen sind, um den Rechtsanwalt, der in der Beratungshilfe ohnehin zu niedrigeren Gebühren tätig wird, nicht unnötig zu belasten."

In der Rechtsprechung[188] wurde häufig unter Berufung auf § 16 Nr. 4 lediglich eine Angelegenheit angenommen, wenn der Anwalt den Mandanten in der Ehe- und verschiedenen Folgesachen (also solchen, die später gemäß § 237 FamFG – vormals § 623 Abs. 3 ZPO – als Folgesachen anhängig zu machen wären) berät. Dieser Ansatzpunkt ist unzutreffend.[189] Bei der Vorschrift des § 16 Nr. 4 handelt es sich um eine Fiktion. Ehe- und Folgesachen sind nach § 15 betrachtet selbstständige Angelegenheiten; anderenfalls wäre die Vorschrift des § 16 Nr. 4 überflüssig. Die Fiktion des § 16 Nr. 4 gilt – wie der Wortlaut bereits zeigt – nur für gerichtliche Verfahren. Nur bei Anhängigkeit der Ehesache gibt es ein Verbundverfahren, nicht auch schon bei außergerichtlicher Tätigkeit. Eine entsprechende Anwendung des § 16 Nr. 4 ist ebenso unzulässig. Die Interessenlage ist nicht vergleichbar. Als Ausgleich für die Zusammenfassung von Ehe- und Folgesachen zu einer einzigen Angelegenheit nach § 16 Nr. 4 folgt aus § 22 Abs. 1; § 23 Abs. 1 S. 3 i.V.m. § 33 FamGKG, dass die Gegenstandswerte zu addieren sind. Gerade an dieser Ausgleichsmöglichkeit fehlt es jedoch bei der Beratungshilfe. Die Anwendung des § 16 Nr. 4 würde hier vielmehr dazu führen, dass der Anwalt in der Ehesache und in sämtlichen Folgesachen für dieselbe Vergütung tätig werden müsste, die er schon allein für die Ehesache oder eine einzige Folgesache erhielte.

3. Asylangelegenheiten

Auch in **Asylangelegenheiten** ist die Frage, ob eine oder mehrere Angelegenheiten vorliegen, heftig umstritten. Zutreffend dürfte es auch hier sein, für jeden Antragsteller eine eigene Angelegenheit anzunehmen, da jeder Antragsteller individuell zu beraten und zu vertreten ist. Jeder erstrebt sein Rechtsschutzziel für sich allein. Das Verfahren kann durchaus unterschiedlich verlaufen. Daher kann es nicht schon zur Annahme einer Angelegenheit ausreichen, dass mehrere Asylbewerber den Anwalt gemeinsam aufsuchen, selbst dann, wenn sie zur selben Familie gehören.

Eine Angelegenheit wurde in folgenden Fällen angenommen:
- Vertretung mehrerer Familienmitglieder im Asylverfahren[190]
- mehrere Antragsteller, von denen nur einer einen Asylanspruch wegen politischer Verfolgung geltend macht und die übrigen abgeleitete Ansprüche auf Familienasyl[191]
- Vertretung mehrerer Antragsteller derselben Familie, darunter zwei volljährige Kinder[192]

---

184 So z.B. OLG Hamm BeckRS 2016, 11374.
185 OLG Hamm BeckRS 2016, 11374.
186 OLG Hamm BeckRS 2016, 11374.
187 BVerfG AGS 2002, 273.
188 Z.B. OLG Stuttgart BeckRS 2006, 12351; OLG München AGS 2012, 25 (aufgegeben in NJW 2015, 2435).
189 So z.B. auch zuletzt: OLG Nürnberg NJW 2011, 3108; OLG Celle NJW 2011, 3109; OLG Stuttgart NJOZ 2013, 2013; OLG Schleswig BeckRS 2013, 9394; OLG Düsseldorf BeckRS 2012, 22128; OLG Naumburg BeckRS 2013, 10553; OLG München AGS 2014, 529; OLG Frankfurt NJW-RR 2014, 1351; OLG München NJW 2015, 2435.
190 LG Berlin Rpfleger 1996, 464.
191 LG Osnabrück NdsRpfl 1998, 239.
192 LG Osnabrück JurBüro 2000, 140 = NdsRpfl 2000, 42.

- Vertretung mehrerer Familienmitglieder im Verfahren auf Erteilung einer Duldung[193]
- Asylverfahren und Zuweisung in ein bestimmtes Lager[194]
- mehrere Anträge für einen Asylbewerber.[195]

161 **Mehrere Angelegenheiten** haben Gerichte dagegen in folgenden Fällen angenommen:
- Asylanträge mehrerer Personen[196]
- Anträge mehrerer Personen, auch dann, wenn diese derselben Familie angehören[197]
- mehrere Asylbewerber.[198]

4. Weitere Rechtsprechungsnachweise

a) Schuldenregulierung

162 Die Schuldenregulierung für den Rechtsuchenden wird **stets als eine Angelegenheit** angesehen, auch dann, wenn die Regulierung mit verschiedenen Gläubigern erfolgt.[199] Das gilt insbesondere dann, wenn mehrere Gläubiger in einem einheitlichen Rundschreiben angeschrieben werden.[200] Auch die Schuldenregulierung nach VV 2502, 2504 ff. ist unabhängig von der Zahl der Gläubiger immer nur eine Angelegenheit.[201]

b) Mietsachen

163 Eine Angelegenheit:
- Rückforderung überzahlten Mietzinses und Forderung auf Nebenkostenabrechnung[202]
- mehrere Ansprüche aus demselben Mietverhältnis[203]
- zwei Nebenkostenabrechnungen für verschiedene Jahre, auch dann, wenn gegenüber beiden Abrechnungen unterschiedliche Einwendungen erhoben werden und der Anwalt seine Stellungnahme in zwei Schreiben aufteilt.[204]

c) Urheberrechtsverletzung

164 Die Verteidigung eines Auftraggebers gegen urheberrechtliche Abmahnungen verschiedener Urheberrechtsinhaber wegen unterschiedlicher Urheberrechtsverletzungen bilden in aller Regel mehrere Angelegenheiten.[205] Denn bei den Abmahnungen der Urheberrechtsinhaber (Gegner) handelt es sich nicht um gleichgerichtete, sondern lediglich um eine gleichartige Handlungen. So beziehen sich die Abmahnungen der Urheberrechtsinhaber auf verschiedene und nicht nur eine einzige Urheberrechtsverletzung des rechtsuchenden Auftraggebers.

Die „Beratungshilfe in Parallelfällen" bedarf aber schon bei der Bewilligung von Beratungshilfe als auch bei der Festsetzung der Beratungshilfevergütung einer genaueren Betrachtung. Das BVerfG beanstandete es verfassungsrechtlich nämlich nicht, wenn nach gewährter Erstberatung die Verweigerung von Beratungshilfe für Parallelfälle auf das fehlende Rechtsschutzbedürfnis, auf die Möglichkeit der Selbsthilfe oder auf die Mutwilligkeit der Wahrnehmung der Rechte gestützt wird.[206]

---

193 AG Osnabrück NdsRpfl 1999, 171.
194 AG Bielefeld Rpfleger 1991, 116.
195 AG Kulmbach JurBüro 1986, 1215.
196 AG Lüdenscheid AnwBl 1987, 342.
197 LG Stade JurBüro 1998, 196; ebenso LG Berlin JurBüro 1984, 239 m. Anm. *Mümmler* = AnwBl 1984, 105 = Rpfleger 1984, 162.
198 AG Aachen AnwBl 1986, 345; LG Lüneburg JurBüro 1988, 1332 = NdsRpfl 1998, 140.
199 LG Bielefeld Rpfleger 1989, 375; LG Wuppertal JurBüro 1988, 235.
200 LG Berlin JurBüro 2007, 38 = RVGreport 2006, 464 = RVGreport 2007, 302.
201 LG Berlin BRAGOreport 2001, 93 m. Anm. *N. Schneider* = KostRsp. BRAGO § 132 Nr. 119 m. Anm. *N. Schneider* = AnwBl 2001, 694 = JurBüro 2001, 694.
202 LG Darmstadt JurBüro 1985, 556.
203 LG Kleve JurBüro 1986, 886.
204 OLG Köln AGS 2010, 188 = RPfleger 2010, 378 = MDR 2010, 474.
205 LG Halle AGS 2012, 291 m. zust. Anm. *Fölsch*; a.A. AG Halle (Saale) AGS 2011, 335 (im Beratungshilfebewilligungsverfahren); AG Halle AGS 2011, 336 (im Vergütungsfestsetzungsverfahren).
206 Vgl. BVerfG NJW 2011, 2711; vgl. zu Parallelfällen auch: BVerfG NJW 2012, 1275.

d) Weitere Einzelfälle

Eine Angelegenheit:
- identische Schreiben an verschiedene Gläubiger[207]
- wiederholte Anfechtung eines Bewilligungsbescheides für Arbeitslosengeld[208]
- Beratung mehrerer Miteigentümer eines Grundstücks, die als Gesamtschuldner in Anspruch genommen werden, auch dann, wenn gesonderte Bescheide gegen sie ergangen sind[209]
- Gewährung von Erziehungsgeld für mehrere Kinder[210]
- Regelung der Kosten der Altenheimunterbringung sowie Schreiben an Telekom und Gebühreneinzugszentrale (GEZ) mit dem Ziel rückwirkender Ermäßigung bzw. Befreiung von Gebühren[211]
- Anfechtung mehrerer Sozialhilfebescheide[212]
- Vertretung einer fünfköpfigen Familie im Widerspruchsverfahren gegen einen Sozialhilfebescheid[213]
- Schreiben an den Arbeitgeber wegen restlicher Ausbildungsvergütung, Schreiben an die AOK wegen Sozialversicherungsbeiträgen und Schreiben an das Arbeitsamt wegen Arbeitslosenhilfe[214]
- Forderungen aus Kauf- und Werklieferungsverträgen gegen verschiedene Schuldner[215]
- Rückforderung von Arbeitslosengeld und Ablehnung des Antrags auf Arbeitslosenhilfe.[216]

Verschiedene Angelegenheiten sind dagegen angenommen worden in folgenden Fällen:
- Vertretung mehrerer Antragsteller hinsichtlich der von ihnen beantragten Ausbildungsförderung[217]
- Vertretung mehrerer Antragsteller[218]
- Antrag auf Zuweisung einer Wohnung im Rahmen der Sozialfürsorge und Abwehr von Schadensersatzansprüchen aus einem früheren Mietverhältnis mit der Stadt[219]
- Auskunft über den Nachlass und mögliche Erbschaftsausschlagung[220]
- Feststellung der Staatsangehörigkeit mehrerer Antragsteller einer Familie.[221]

IV. Festsetzung der Beratungshilfevergütung

Die aus der Staatskasse auszuzahlende Beratungshilfevergütung wird im **Vergütungsfestsetzungsverfahren** nach § 55 festgesetzt. Antragsteller ist hier der die Beratungshilfe gewährende Anwalt. Die Entstehung der Vergütung ist glaubhaft zu machen.[222] Hierzu kann im Einzelfall eine Versicherung an Eides statt, eine anwaltliche Versicherung, aber auch der vorlegte Schriftwechsel genügen.[223]

Der im Wege der Beratungshilfe tätige Anwalt hat weder für seine Gebühren noch für seine Auslagen einen Anspruch auf Vorschuss. Dies ergibt sich aus § 47 Abs. 2.[224] Voraussetzung einer Vergütungsfestsetzung ist damit, dass die Vergütung **fällig** im Sinne von § 8 ist.[225] Eine Vergütungsfestsetzung noch im laufenden Beratungshilfemandat kommt damit nicht in Betracht, sondern erst nach dessen Abschluss. In der Praxis ist gleichwohl häufig anzutreffen, dass Vergütungsfestsetzungsanträge trotz noch fehlender Fälligkeit der Vergütung gestellt werden.

Wird die beantragte Vergütung durch den Urkundsbeamten versagt, ist hiergegen gemäß § 56 Abs. 1 S. 1, Abs. 2 S. 1 die **Erinnerung** statthaft. Sie ist nicht an eine Frist gebunden und nicht von einem Mindestwert abhängig. Erinnerungsberechtigt ist der die Beratungshilfe gewährende Rechtsanwalt, nicht aber der Mandant.

---

207 AG Bayreuth JurBüro 1991, 543.
208 AG Osnabrück JurBüro 1986, 870.
209 AG Koblenz KostRsp. BRAGO § 132 Nr. 118.
210 LG Münster Rpfleger 2000, 200.
211 AG Koblenz Rpfleger 1999, 30.
212 AG Osnabrück FamRZ 1999, 392 = NdsRpfl 1998, 176; LG Göttingen JurBüro 2002, 251 = NdsRpfl 2002, 85 = Rpfleger 2002, 160.
213 LG Koblenz FamRZ 1997, 952 = JurBüro 1997, 33 = NJW-RR 1997, 446 = Rpfleger 1997, 29.
214 LG Koblenz JurBüro 1996, 546 = NJW-RR 1996, 631 = Rpfleger 1996, 116.
215 LG Stade AnwBl 1987, 198.
216 AG Mainz Rpfleger 1990, 231.
217 LG Berlin AnwBl 1985, 109.
218 LG Bayreuth JurBüro 1984, 1047 m. Anm. *Mümmler.*
219 LG Bayreuth JurBüro 1989, 1675.
220 LG Kleve JurBüro 1986, 734.
221 LG Göttingen NdsRpfl 1991, 113.
222 OLG Düsseldorf NJOZ 2009, 2625.
223 OLG Düsseldorf NJOZ 2009, 2625.
224 Vgl. auch AG Berlin-Lichtenberg BeckRS 2010, 8636.
225 Vgl. auch LG München v. 4.3.2015 – 13 T 22917/14.

Über die Erinnerung nach § 56 Abs. 1 S. 1, Abs. 2 S. 1 entscheidet nach streitiger Auffassung[226] der Rechtspfleger, weil dem Rechtspfleger als Gericht des ersten Rechtszuges das zugrunde liegende Verfahren (Bewilligung von Beratungshilfe) gemäß § 3 Nr. 3f i.V.m. § 24a RPflG übertragen ist. Von der Entscheidung über die Erinnerung als Rechtspfleger ist aber diejenige Gerichtsperson ausgeschlossen, die zuvor als Urkundsbeamter die angefochtene Vergütungsfestsetzungsentscheidung getroffen hat.[227] Gegen die Erinnerungsentscheidung des Rechtspflegers ist die Beschwerde statthaft, wenn der Wert des Beschwerdegegenstands 200 EUR übersteigt oder wenn sie zugelassen ist (§ 56 Abs. 2 S. 1). Ist eine Beschwerde nicht gegeben, ist gegen die Erinnerungsentscheidung des Rechtspflegers die Erinnerung nach § 11 Abs. 1 S. 1 RPflG zulässig, über die der Richter entscheidet. Die Erinnerungsentscheidung des Richters ist mit der Beschwerde anfechtbar, wenn wiederum der Wert des Beschwerdegegenstands 200 EUR übersteigt oder wenn sie zugelassen ist.

170 Nach gegenteiliger Auffassung[228] entscheidet über die Erinnerung nach § 56 Abs. 1 S. 1, Abs. 2 S. 1 unmittelbar der Richter. Gegen die Erinnerungsentscheidung des Richters ist dann die Beschwerde nach § 56 Abs. 2 S. 1 gegeben, soweit der Wert des Beschwerdegegenstandes 200 EUR übersteigt oder die Beschwerde zugelassen ist (siehe § 56 Rdn 29 ff.).

Nr.	Gebührentatbestand	Gebühr oder Satz der Gebühr nach § 13 RVG
Vorbemerkung 2.5: Im Rahmen der Beratungshilfe entstehen Gebühren ausschließlich nach diesem Abschnitt.		

A. Allgemeines 1
B. Regelungsgehalt 2
   I. Überblick 2
   II. Problemfall VV 1008 4

A. Allgemeines

1 Ist der der Rechtsanwalt im Rahmen der Beratungshilfe tätig, kann er die Staatskasse in Anspruch nehmen (§ 44 S. 1). Für die Gebühren bestimmt die Vorb. 2.5, dass sie ausschließlich nach den VV 2500 bis 2508 entstehen.

Dies gilt gemäß § 8 Abs. 1 BerHG entsprechend für alle weiteren Beratungspersonen im Sinne von § 3 Abs. 1 BerHG.

B. Regelungsgehalt

I. Überblick

2 Die aus der Staatskasse zu zahlenden Gebühren richten sich nach den VV 2501 ff. Nur die Beratungshilfegebühr (VV 2500) kann der Anwalt vom Mandanten verlangen (§ 44 S. 2).

3 Neben den Gebühren dieses Abschnitts kommen im Rahmen der Beratungshilfe keine weiteren Gebühren in Betracht, wie es sich auch ausdrücklich aus der VV Vorb. 2.5 ergibt. Anwendbar bleiben dagegen die allgemeinen §§-Vorschriften des RVG und auch die Auslagentatbestände nach VV Teil 7. Indes wird es teilweise streitig gesehen, ob ein Rückgriff auf die Gebührenvorschriften des VV Teil 1 in Betracht kommt. Für die Einigungs- und Erledigungsgebühr enthält Anm. Abs. 1 zu VV 2508 einen Verweis auf die Anm. der VV 1000 und 1002 (hinsichtlich der Aussöhnungsgebühr

---

[226] LG Mönchengladbach BeckRS 2008, 26402; AG Kiel AGS 2009, 126 = RPfleger 2009, 249; AG Kiel AGS 2010, 96 = RPfleger 2010, 126; AG Kiel BeckRS 2010, 19260; vgl. in Grundbuchsachen etwa auch: OLG Düsseldorf BeckRS 2010, 26117; OLG Schleswig BeckRS 2011, 1850.

[227] AG Kiel AGS 2010, 96 = RPfleger 2010, 126; AG Kiel BeckRS 2010, 19260; Binz/Dörndorfer/Petzold/Zimmermann, GKG, § 66 Rn 36.

[228] OLG Düsseldorf NJOZ 2005, 61; LG Gießen BeckRS 2010, 525; AG Halle (Saale) AGS 2011, 84.

siehe VV 2508 Rdn 12). Die Entstehung einer Hebegebühr (vgl. VV 1009) im Beratungshilfemandat dürfte in der Praxis wohl kaum relevant werden.

II. Problemfall VV 1008

Keine Einigkeit besteht, ob im Rahmen der Beratungshilfe die Gebührenerhöhung nach VV 1008 anzuwenden ist. So meint das AG Kiel, dass eine Gebührenerhöhung nach VV 1008 im Rahmen der Beratungshilfe nicht in Betracht kommt.[1] Nach Auffassung des AG Kiel schließe die VV Vorb. 2.5. einen Rückgriff auf Vorschriften aus VV Teil 1 aus. Dem Einwand, VV 1008 regele nicht die Entstehung einer Gebühr, sondern nur deren Höhe (nämlich Erhöhung, Zuschlag), stellt das AG Kiel entgegen, dass eine Gebühr nicht als solche entstünde, sondern stets in einer bestimmten Höhe. Die Besonderheiten des Abschnitts über die Gebühren im Beratungshilfemandat lägen zudem nicht in besonderen Voraussetzungen des Entstehens der dort vorgesehenen Gebühren, sondern in der besonderen Höhe der Gebühren, jeweils verglichen mit den entsprechenden Gebühren eines Wahlanwalt im außergerichtlichen Mandat. Deshalb regele der Abschnitt VV 2.5 gerade auch die Höhe der Gebühren abschließend. Die Auffassung führe auch nicht dazu, dass der Beratungshilfeanwalt mit der Vergütung der Auslagen ausgeschlossen sei. Denn die VV Vorb. 2.5 beziehe sich nur auf die Gebühren, nicht auf die Auslagen.

Hingegen befürwortet die ganz h.M. eine Anwendbarkeit der VV 1008 in Beratungshilfesachen.[2] Indes ist aber – eine Anwendbarkeit der VV 1008 voraussetzend – umstritten, ob VV 1008 auch die Beratungsgebühr VV 2501 erfasst, weil VV 1008 ausdrücklich nur Geschäfts- und Verfahrensgebühren benennt, nicht aber auch Beratungsgebühren (vgl. dazu VV 2501 Rdn 11).

Nr.	Gebührentatbestand	Gebühr oder Satz der Gebühr nach § 13 RVG
2500	Beratungshilfegebühr .... Neben der Gebühr werden keine Auslagen erhoben. Die Gebühr kann erlassen werden.	15,00 €

Nach VV 2500 i.V.m. § 44 S. 2 erhält der Anwalt unmittelbar vom Rechtsuchenden die sogenannte Beratungshilfegebühr (auch als „Schutzgebühr" oder „Handgeld" bezeichnet). Sie beträgt **15 EUR**. Der Gebührenbetrag ist durch das 2. KostRMoG von **10 EUR** auf **15 EUR** angehoben worden. Bei der Gebühr handelt es sich um eine **Pauschalgebühr**, auf die nicht noch zusätzlich **Auslagen** zu erheben sind (Anm. S. 1 zu VV 2500). Auch VV 7008 gilt nicht; die Pauschalgebühr von 15 EUR beinhaltet vielmehr bereits die **Umsatzsteuer**, da es sich bei der Umsatzsteuer nach dem RVG um einen Auslagentatbestand handelt (VV 7008).[1] Die Gebühr beträgt also netto 12,61 EUR.

Wird in **mehreren Angelegenheiten** Beratungshilfe gewährt, entsteht die Gebühr nach VV 2500 mehrmals (§ 15 Abs. 1).[2]

Gewährt der Anwalt **mehreren Rechtsuchenden** Beratungshilfe, kommt eine Erhöhung nach VV 1008 nicht in Betracht (siehe einerseits zur Anwendbarkeit von VV 1008 im Allgemeinen bei VV Vorb. 2.5 und andererseits zur Anwendbarkeit von VV 1008 auf Beratungsgebühren bei

---

1 Vgl. AG Kiel BeckRS 2010, 19260; so auch AG Köthen NJOZ 2010, 246.
2 OLG Düsseldorf AGS 2006, 244 = RVGreport 2006, 225; LG Kleve AGS 2006, 244; OLG Oldenburg AGS 2007, 45 = OLGR 2007, 164 = JurBüro 2007, 140 = NJW-RR 2007, 431 = RVGreport 2006, 465; OLG Nürnberg FamRZ 2007, 844 = OLGR 2007, 686 = RVGprof. 2007, 40 = RVG-Letter 2007, 36; KG AGS 2007, 466 = KGR 2007, 703 = Rpfleger 2007, 553 = JurBüro 2007, 543 = RVGreport 2007, 299 = NJ 2008, 83; OLG Naumburg BeckRS 2010, 18503; OLG Jena AGS 2012, 141; AG Halle (Saale) AGS 2012, 189; Gerold/Schmidt/*Mayer*, RVG, VV 2500–2508 Rn 33, 36; *Mayer/Kroiß/Pukall*, VV 2501 Rn 13, VV 2503, Rn 6.

1 *Henke*, AnwBl 2006, 484; Gerold/Schmidt/*Mayer*, RVG, VV 2500–2508 Rn 28; *Mayer/Kroiß/Pukall*, RVG, VV 2500 Rn 4; *Groß*, § 44 RVG Rn 60.
2 LG Köln AnwBl. 1986, 255; *Groß*, § 44 RVG Rn 61; a.A. *Lindemann/Trenk-Hinterberger*, § 8 BerHG Rn 1.

VV 2501, vgl. VV Vorb. 2.5 Rdn 4, VV 2501 Rdn 11).[3] Vielmehr soll der Anwalt von jedem Rechtsuchenden die Gebühr nach VV 2500 gesondert verlangen können (a.A. VV 1008 Rdn 75).[4]

4 Der Anwalt kann dem Rechtsuchenden die Zahlung der Gebühr **erlassen** (Anm. S. 2 zu VV 2500). Es handelt sich hierbei um eine freie Ermessensentscheidung, die in aller Regel nicht gerichtlich überprüfbar ist. Der Erlass kommt insbesondere bei Empfängern von Leistungen zur Sicherung des Lebensunterhalts nach dem SGB II oder SGB XII in Betracht.

5 Die Gebühr nach VV 2500 ist nicht nach § 11 festsetzbar, da sie nicht in einem gerichtlichen Verfahren entsteht.[5]

Nr.	Gebührentatbestand	Gebühr oder Satz der Gebühr nach § 13 RVG
2501	Beratungsgebühr .... (1) Die Gebühr entsteht für eine Beratung, wenn die Beratung nicht mit einer anderen gebührenpflichtigen Tätigkeit zusammenhängt. (2) Die Gebühr ist auf eine Gebühr für eine sonstige Tätigkeit anzurechnen, die mit der Beratung zusammenhängt.	35,00 €

A. Allgemeines 1	III. Anrechnung der Beratungsgebühr (Anm. Abs. 2) 16
B. Regelungsgehalt 2	IV. Post- und Telekommunikationsentgelte
I. Rat und Auskunft 2	(VV 7001, 7002) 28
II. Mehrere Auftraggeber 11	

A. Allgemeines

1 Die Vorschrift regelt die bloße Beratungstätigkeit und ist insoweit der bisherigen VV 2100 (i.d.F. bis zum 30.6.2006) nachgebildet. Auch hier gilt, dass eine Gebühr nur dann entsteht, wenn die Beratung nicht mit einer anderen gebührenpflichtigen Tätigkeit zusammenhängt. Beginnt eine weitere Tätigkeit dagegen erst nach der Beratung, stellt sie also eine neue Angelegenheit i.S.d. § 15 dar, so entsteht die Gebühr nach VV 2501 (Anm. Abs. 1). Dann aber hat eine Anrechnung zwischen der Beratungsgebühr und der Gebühr für eine sonstige Tätigkeit, die mit der Beratung zusammenhängt, in Höhe der vollen Beratungsgebühr stattzufinden (§ 15a, Anm. Abs. 2 zu VV 2501). Der Gebührenbetrag ist durch das 2. KostRMoG erhöht worden.

B. Regelungsgehalt

I. Rat und Auskunft

2 Für die Erteilung eines **mündlichen oder schriftlichen Rats** oder einer **Auskunft** erhält der Anwalt eine Gebühr nach VV 2501. Die Höhe der Gebühr beläuft sich auf 35 EUR. Der Gebührenbetrag ist durch das 2. KostRMoG von 30 EUR auf 35 EUR erhöht worden.

3 Der Gebührentatbestand der Anm. Abs. 1 ist dem der VV 2100 i.d.F. bis zum 30.6.2006 (jetzt § 34 Abs. 1) nachgebildet. Insoweit kann zu den Voraussetzungen des Gebührentatbestandes auf die Kommentierung zu § 34 verwiesen werden. Insbesondere sind die Begriffe von Rat und Auskunft gleichbedeutend. Auch das Abraten ist eine Ratserteilung i.S.d. Vorschrift.[1]

4 Da die VV 2501 ff. für die Prüfung der Erfolgsaussicht eines Rechtsmittels im Gegensatz zu den VV 2100 ff. (VV 2200 ff. a.F.) keine besonderen Gebührentatbestände vorsehen, fällt diese Tätigkeit

---

[3] A.A. *Groß*, § 44 RVG Rn 61.
[4] So *Hansens/Braun/Schneider*, Teil 7 Rn 50.
[5] AG Mainz Rpfleger 1985, 324; *Groß*, § 44 RVG Rn 60.

[1] Gerold/Schmidt/*Mayer*, RVG, VV 2500–2508 Rn 29; Mayer/Kroiß/*Pukall*, VV 2501 Rn 2.

ebenfalls unter VV 2501.² Ebenso entsteht die Gebühr VV 2501 für die Beratung über die Einlegung eines Widerspruchs gegen einen Verwaltungsakt oder für die Beratung über eine Klageerhebung gegen einen Widerspruchsbescheid.³

Unerheblich ist, zu welchem Ergebnis die Beratung führt. Ebenso kommt es nicht darauf an, ob der Rechtsuchende in der Hauptsache oder nur in einem Nebenpunkt beraten wird. Jede Beratung, die sich im Rahmen der Bewilligung bewegt, löst die volle Vergütung nach VV 2501 aus.⁴

Erteilt der Rechtsanwalt lediglich eine einmalige sofortige Auskunft, erhält er auch hierfür die Beratungsgebühr VV 2501. Nach § 3 Abs. 2 BerHG kann eine sofortige Auskunft aber auch durch das Amtsgericht (Rechtspfleger) gegeben werden, soweit dem Anliegen des Rechtsuchenden hierdurch entsprochen werden kann. Wird eine solche Auskunft durch das Gericht erteilt, bedarf es keiner Bewilligung von Beratungshilfe mehr. Begibt sich der Rechtsuchende mit einem Anliegen, dem durch eine sofortige Auskunft entsprochen werden kann, direkt zu einem Rechtsanwalt, erscheint es in aller Regel nicht naheliegend, dass das Anliegen derart von besonderer Eilbedürftigkeit ist, dass nach § 6 Abs. 2 BerHG nachträglich Beratungshilfe zu bewilligen wäre.

Auf die **Dauer** der gewährten Beratung kommt es nicht an, ebenso wenig darauf, **wie viele Beratungstermine** stattgefunden haben. Solange sich der Rechtsuchende in derselben Angelegenheit beraten lässt, liegt nur **eine** Beratung vor, so dass die Gebühr nur einmal anfällt.⁵

Eine **Erstberatung** ist im Rahmen der Beratungshilfe nicht vorgesehen. Auch für eine solche Beratung fällt die volle Gebühr VV 2501 an.

Problematisch ist die Abgrenzung, ob **eine oder mehrere Angelegenheiten** vorliegen, wenn der Anwalt **mehrere Personen berät** oder **eine Person über verschiedene Gegenstände**. Diese Probleme stellen sich insbesondere häufig in Asylsachen, wenn mehreren Personen ein gemeinschaftlicher Beratungshilfeschein erteilt worden ist. Ebenso häufig tritt das Problem auf, wenn sich ein Ehegatte wegen der Ehesache und verschiedener anderer Sachen beraten lässt, die in einem späteren Verbundverfahren als Folgesachen anhängig zu machen wären. Aber auch in SGB-II-Sachen sind oftmals diese Fragen nicht ganz eindeutig zu beantworten, insbesondere bei einer Bedarfsgemeinschaft (§ 7 SGB II) und ihrem handelnden Vertreter (§ 38 SGB II). Obwohl diese Zweifelsfälle häufig im Rahmen der Beratungsgebühr nach VV 2501 diskutiert werden, handelt es sich um allgemeine und gleichgelagerte Probleme der VV 2501 ff., die auch für die Geschäftsgebühr nach VV 2503 und somit auch für die Vergleichs- und die Erledigungsgebühr nach VV 2508 bestehen (vgl. näher zum Umfang beratungshilferechtlicher Angelegenheiten VV Vor 2.5 Rdn 149 ff.).

Der Rat oder die Auskunft darf **nicht in Zusammenhang mit einer anderen gebührenpflichtigen Tätigkeit** stehen (Anm. Abs. 1 zu VV 2501). Ein Zusammenhang mit einer anderen gebührenpflichtigen Tätigkeit liegt insbesondere in folgenden Fällen vor:
– Der Rechtsuchende lässt sich zugleich vom Anwalt vertreten.
  Beispiel: Der Anwalt verfasst für den Rechtsuchenden ein Schreiben, in dem die Anfechtung eines Kaufvertrages erklärt wird. Gleichzeitig berät er den Rechtsuchenden, wie er sich weiterhin zu verhalten habe.
  Die Beratung geschieht hier anlässlich einer anderen gebührenpflichtigen Tätigkeit, nämlich der Vertretung. Eine Gebühr nach VV 2501 fällt somit nicht an. Der Anwalt erhält vielmehr nur die Gebühr nach VV 2503.
  Beispiel: Der Anwalt ist für einen ausländischen JVA-Häftling tätig. Er besucht ihn in der U-Haft, berät dabei gebietsübergreifend auch im Ausländer- und Asylrecht und korrespondiert anschließend mit dem Haftrichter.
  Die Tätigkeit geht über eine Beratung i.S.v. § 2 Abs. 2 BerHG, VV 2501 hinaus.⁶

---

2 Vgl. in diesem Zusammenhang: BGH NJW-RR 2007, 1439.
3 Nach Auffassung des AG Aachen BeckRS 2010, 11079 darf die Bewilligung von Beratungshilfe über die Erfolgsaussichten einer Klage gegen einen behördlichen Bescheid nicht wegen Mutwilligkeit versagt werden.
4 *Hansens*, JurBüro 1986, 170.
5 AG Bayreuth JurBüro 1983, 1844 m. Anm. *Mümmler*; AG Würzburg JurBüro 1982, 101 und 102 m. Anm.

Mümmler; AG Mannheim JurBüro 1984, 1856 m. Anm. *Mümmler* = KostRsp. BRAGO § 132 m. Anm. *Lappe*.
6 AG Köln AGS 2007, 468 = RVGreport 2007, 301, das allerdings einen Gebührenanspruch nach VV 2503 bejaht hat.

- Gleiches gilt, wenn der Anwalt für den Rechtsuchenden bereits gerichtlich tätig ist und er ihn anlässlich des gerichtlichen Verfahrens berät. Auch hier steht die beratende Tätigkeit mit einer anderen gebührenpflichtigen Tätigkeit, nämlich der Führung des Rechtsstreits, in Zusammenhang, so dass nicht nach VV 2501 abgerechnet werden kann, abgesehen davon, dass die Beratungshilfe ohnehin nur für Tätigkeiten außerhalb eines gerichtlichen Verfahrens erteilt werden darf (§ 1 Abs. 1 BerHG).
- Lediglich, wenn neben der gerichtlichen Vertretung ein gesonderter Beratungsauftrag erteilt wird, kann wiederum VV 2501 greifen.
  Beispiel: Der Anwalt war erstinstanzlich tätig. Er soll anschließend prüfen, ob eine Berufung gegen das landgerichtliche Urteil Aussicht auf Erfolg hat.
  Die Prüfung der Erfolgsaussicht eines Rechtsmittels ist eine eigene Angelegenheit. Für sie kann allerdings keine Prozesskostenhilfe bewilligt werden. Jedoch ist die Bewilligung von Beratungshilfe möglich.[7]
- Führt die Beratung zu einer **Einigung** oder zu einer **Erledigung**, so entsteht neben der Gebühr nach VV 2501 die der VV 2508. Im Gegensatz zur BRAGO, bei der nach dem ausdrücklichen Wortlaut des § 132 Abs. 3 BRAGO die Vergleichs- und die Erledigungsgebühr des § 132 Abs. 3 BRAGO nur neben der Gebühr des § 132 Abs. 2 S. 1 BRAGO (Geschäftsgebühr) entstehen konnte, ist eine solche Einschränkung im RVG nicht vorgesehen.

II. Mehrere Auftraggeber

11 Vertritt der Anwalt **mehrere Auftraggeber** in derselben Beratungshilfe-Angelegenheit, so soll sich nach streitiger Meinung die Gebühr um 30 % je weiteren Auftraggeber gemäß VV 1008 erhöhen (siehe aber auch VV 1008 Rdn 75, 79).[8] Teilweise wird eine Gebührenerhöhung der Beratungsgebühr VV 2501 wie auch der Geschäftsgebühr VV 2503 – m.E. zu Recht – grundsätzlich abgelehnt (im Einzelnen bei der Kommentierung, auch mit Hinweisen zu der insoweit entgegenstehenden h.M., siehe VV Vorb. 2.5 Rdn 4).[9] Teilweise wird lediglich eine Erhöhung der Beratungsgebühr VV 2501 verneint mit dem Argument, die Erhöhung betreffe nach dem Wortlaut von VV 1008 lediglich Geschäfts- und Verfahrensgebühren, nicht aber eine Beratungsgebühr.[10] Dieser zuletzt genannten Auffassung wird entgegengehalten, dass sie zu formal sei. Die VV 1008 solle generell die Betriebsgebühren erfassen und die Beratungsgebühr sei eine solche Betriebsgebühr (siehe VV 1008 Rdn 75, 79).

12 Auf der Grundlage der eine Erhöhung der Beratungsgebühr befürwortenden Auffassung ergeben sich die weiteren **Folgerungen:**

Ist der Anwalt für **mehrere Rechtsuchende** tätig, so erhöht sich die Gebühr um 30 % je weiteren Auftraggeber, also um jeweils 10,50 EUR (siehe VV 1008). Der Höchstbetrag der Erhöhung beläuft sich auf 70 EUR (200 % von 35 EUR), so dass die höchstmögliche Gebühr 105 EUR beträgt.

13 Die Erhöhung ist **unabhängig davon**, ob der Anwalt für die verschiedenen Rechtsuchenden auch **hinsichtlich desselben Gegenstands tätig wird oder nicht**. Auf dieses Erfordernis wird bei Festgebühren verzichtet.

14 **Beispiel:** Die rechtskräftig geschiedene Ehefrau sucht den Anwalt auf und beauftragt ihn mit einer Beratung über Unterhaltsansprüche für sich und das gemeinsame Kind gegen den Ehemann und Kindesvater. Das Beratungsergebnis wird schriftlich zusammengefasst und dem Mandanten zugeschickt.
Abzurechnen ist wie folgt:
1. Beratungsgebühr, VV 2501, 1008   45,50 EUR
2. Postentgeltpauschale, VV 7002   9,10 EUR
   Zwischensumme   54,60 EUR
3. 19 % Umsatzsteuer, VV 7008   10,37 EUR
   Gesamt   **64,97 EUR**

---

[7] BGH NJW-RR 2007, 1439.
[8] So OLG Oldenburg NJW-RR 2007, 431 = AGS 2007, 45; Gerold/Schmidt/*Mayer*, RVG, VV 2500–2508 Rn 33; Mayer/Kroiß/*Pukall*, RVG, VV 2501 Rn 13.
[9] So AG Kiel BeckRS 2010, 19260; AG Köthen NJOZ 2010, 246.
[10] KG AGS 2007, 312 = Rpfleger 2007, 401 = MDR 2007, 805 = KGR 2007, 611 = RVGreport 2007, 143 = RVG-Letter 2007, 46 = NJ 2007, 229; AG Koblenz AGS 2008, 356; Gerold/Schmidt/*Müller-Rabe*, RVG, VV 1008 Rn 22.

Es liegt nicht derselbe Gegenstand vor, da jeder der Rechtsuchenden einen eigenen Unterhaltsanspruch geltend macht.[11] Die Voraussetzungen des § 1629 BGB lagen nicht vor, so dass sich der Anwalt zwei Auftraggebern gegenübersah.

Im Gegensatz zur BRAGO (§ 6 Abs. 1 S. 2 BRAGO), wonach eine Gebührenerhöhung nur dann in Betracht kam, wenn der Gegenstand der anwaltlichen Tätigkeit derselbe war, stellt VV 1008 darauf nicht mehr ab. Die Einschränkung der Anm. Abs. 1 zu VV 1008 dahingehend, dass die Gebührenerhöhung nur dann greift, wenn der Gegenstand der anwaltlichen Tätigkeit derselbe ist, gilt nur bei Wertgebühren. Bei der Ratsgebühr nach VV 2501 handelt es sich aber um eine wertunabhängige Festgebühr. Daher greift die Ausschlussklausel der Anm. Abs. 1 Nr. 1 VV 1008 nicht, so dass es somit bei der 30%-igen Erhöhung je weiteren Auftraggeber verbleibt.[12] Dies mag letztlich als Ausgleich dafür verstanden werden, dass im Gegensatz zu den Wertgebühren eine Addition verschiedener Gegenstände (§ 22 Abs. 1) bei den Festgebühren nicht in Betracht kommt.

Nur ein Auftraggeber liegt vor, wenn die Ehefrau Ansprüche der Kinder im eigenen Namen geltend macht.[13]

> **Beispiel:** Die Ehefrau lässt sich von dem Anwalt im Rahmen der Beratungshilfe wegen Trennungsunterhaltes sowie wegen Kindesunterhalts beraten. Die Ehe ist noch nicht rechtskräftig geschieden, die Scheidungssache ist aber schon anhängig.
> Eine Erhöhung nach VV 1008 kommt nicht in Betracht. Die Ehefrau handelt nicht als Vertreterin. Nur sie allein ist Auftraggeberin für die Gewährung von Beratungshilfe. Die Kindesunterhaltsansprüche kann die Ehefrau nach § 1629 Abs. 3 S. 1 BGB für die bei ihr lebenden Kinder im eigenen Namen geltend machen. Die Inhaberschaft für diese Ansprüche vereinigen sich daher gemeinsam mit der Inhaberschaft für den Trennungsunterhaltsanspruch allein in ihrer Person.

III. Anrechnung der Beratungsgebühr (Anm. Abs. 2)

Hinsichtlich der **Anrechnung** der Beratungsgebühr nach Anm. Abs. 2 gilt das Gleiche wie bei der Beratungsgebühr nach VV 2100 i.d.F. bis zum 30.6.2006 (jetzt § 34 Abs. 1, Abs. 2). Schließt sich der Beratung eine nachfolgende anwaltliche Tätigkeit an, ist die Beratungsgebühr nach VV 2501 – im Gegensatz zur Gebühr der VV 2503 – nicht nur zur Hälfte, sondern in voller Höhe anzurechnen. Insbesondere hat eine Anrechnung mit einer Gebühr nach VV 2503, mit Gebühren nach VV 2300 ff., wenn für die außergerichtliche Vertretung keine Beratungshilfe gewährt wird, und mit den Gebühren der VV 3100 ff., unabhängig davon, ob der Rechtsuchende im nachfolgenden Rechtsstreit Prozesskostenhilfe erhält oder nicht, stattzufinden. Auch bei einer Beratung in Straf- oder Bußgeldsachen oder in Verfahren nach VV Teil 6 ist anzurechnen; ebenso bei einer Beratung in sozialrechtlichen Angelegenheiten.

Angerechnet wird nur die **Gebühr** des VV 2501; **Auslagen** nach § 46, VV 7000 ff. sind nicht anzurechnen.

Indes ist § 15a zu beachten. § 15a Abs. 1 definiert die Anrechnung im Innenverhältnis zwischen dem Rechtsanwalt und dem Auftraggeber. Sie gilt aber auch im Verhältnis zur Staatskasse.[14] Beide aufeinander anzurechnenden Gebühren bleiben grundsätzlich unangetastet erhalten. Der Rechtsanwalt kann also beide von der Gebührenanrechnung betroffenen Gebühren jeweils in voller Höhe geltend machen.[15] Ihm ist es lediglich verwehrt, insgesamt mehr als den um den Anrechnungsbetrag verminderten Gesamtbetrag der beiden Gebühren zu verlangen.[16] § 15a Abs. 1 stellt die Anrechnungsreihenfolge grundsätzlich frei. Die Anrechnungsreihenfolge der Anm. Abs. 2 zu VV 2501 bleibt allein für die Ermittlung der Höhe des Anrechnungsbetrages relevant.[17]

Hieraus folgt, dass der Anrechnungsbetrag der Beratungsgebühr VV 2501 und der weiteren von der Anrechnung betroffenen Gebühr über Anm. Abs. 2 zu VV 2501 stets 30,00 EUR beträgt. Dem

---

11 Siehe OLG Karlsruhe Rpfleger 1981, 1222 = AnwBl 1981, 72; OLG Hamburg JurBüro 1982, 1179; OLG Bamberg JurBüro 1983, 129.
12 OLG Oldenburg NJW-RR 2007, 431 = AGS 2007, 45; Mayer/Kroiß/*Pukall*, RVG, VV 2501 Rn 13.
13 Vgl. auch BGH NJW 1987, 2240; LAG München AGS 2009, 212.
14 *Fölsch*, MDR 2009, 1137, 1140.
15 BT-Drucks 16/12717, S. 58 f.
16 BT-Drucks 16/12717, S. 58 f.
17 Vgl. *Fölsch*, MDR 2009, 1137, 1138.

Anwalt verbleibt aus § 15a Abs. 1 grundsätzlich das Wahlrecht, von welcher Gebühr der Anrechnungsbetrag abzuziehen ist.

20 Die Staatskasse kann sich indes auf eine Anrechnung unter anderem **nur dann** berufen, wenn der Anwalt **eine den Anrechnungsbetrag erfassende tatsächliche Zahlung** erhalten hat.[18] Dies gilt auch bei der Beratungshilfevergütung.[19]

Hierbei kommt es nicht darauf an, ob diese tatsächliche Zahlung von dem Auftraggeber, einem Kostenerstattungsschuldner oder der Staatskasse herrührt. Zweifelhaft ist allerdings, ob sich diese Voraussetzung bereits aus § 15a Abs. 2 ergibt. Denn dass die Staatskasse Dritte i.S.v. § 15a Abs. 2 ist, kann deshalb fraglich sein, weil die Staatskasse Vergütungsschuldner und nicht Kostenerstattungsschuldner ist.[20] Ist die Staatskasse gleichwohl als Dritte anzusehen,[21] kann sie sich gemäß § 15a Abs. 2 auf eine Anrechnung unter anderem nur berufen, wenn der Anwalt eine den Anrechnungsbetrag erfassende tatsächliche Zahlung erhalten hat. Dasselbe Ergebnis ergibt sich aber auch schon aus § 15a Abs. 1 i.V.m. § 58.[22] Denn der Rechtsanwalt kann über § 15a Abs. 1 wählen, an welchen Vergütungsschuldner er sich wendet.[23] Die Grenze ist lediglich, dass er nicht mehr als beide Gebühren gekürzt um den Anrechnungsbetrag beanspruchen kann. Verlangt der Rechtsanwalt z.B. für die gerichtliche Tätigkeit nicht oder nicht mehr die volle, sondern nur die um den Anrechnungsbetrag gekürzte Verfahrensgebühr, muss die Staatskasse die volle Beratungsgebühr (VV 2501) vergüten. Hinzu kommt, dass gemäß § 58 Abs. 2 eine Anrechnung nur bei einer tatsächlichen Zahlung von der Staatskasse berücksichtigt werden kann. § 58 Abs. 2 ist anwendbar, weil es um die Anrechnung mit Gebühren nach VV Teil 3 geht und § 15a die Reihenfolge, worauf anzurechnen ist, freistellt. Nach § 55 Abs. 5 S. 3 hat der Rechtsanwalt Zahlungen auf eine anzurechnende Gebühr anzugeben, wobei die Angabe auch den Gebührensatz oder den Betrag der Gebühr und bei Wertgebühren auch den zugrunde gelegten Wert einschließt. Auch hieraus ergibt sich mittelbar, dass eine Gebührenanrechnung im Verhältnis zur Staatskasse dann nicht zu berücksichtigen ist, wenn der Rechtsanwalt keine Zahlungen auf die außergerichtliche Geschäftsgebühr erhalten hat.[24]

21 Zahlungen gemäß § 58 Abs. 2 können aber **nur dann** als Anrechnungsbeträge für eine Anrechnung nach § 15a, Anm. Abs. 2 S. 1 zu VV 2503 herangezogen werden, soweit sie noch **nach einer Verrechnung auf den Differenzbetrag zwischen Wahlanwaltsvergütung und Beratungshilfevergütung verbleiben**. Der Gesetzgeber hat indes bei Einführung des § 15a die vergleichbare, im Rahmen der Festsetzung der Prozesskostenhilfevergütung aufgeworfene Frage nicht geklärt, ob die Zahlungen gemäß § 58 Abs. 2 auf den Differenzbetrag zwischen Wahlanwalts- und Prozesskostenhilfevergütung zu verrechnen sind[25] oder nicht,[26] **bevor** eine Anrechnung gemäß § 15a, Anm. zu VV 2501 vorzunehmen ist.

---

18 *Fölsch*, MDR 2009, 1137 (1140); OLG Frankfurt AGS 2013, 531 (unter Aufgabe von OLG Frankfurt NJOZ 2012, 1501); OLG Celle NJOZ 2014, 49; LSG Hessen AGS 2014, 581; LSG Hessen BeckRS 2015, 66969; a.A. LAG Hessen NZA-RR 2009, 608.

19 A.A. Gerold/Schmidt/*Müller-Rabe*, RVG, § 58 Rn 30; vgl. auch LG Berlin JurBüro 1983, 1060 = AnwBl 1983, 478.

20 *Fölsch*, MDR 2009, 1137 (1140); so auch OLG Frankfurt NJOZ 2012, 1501; OLG Frankfurt NJW-RR 2013, 319; OLG Frankfurt AGS 2013, 531; OVG Lüneburg BeckRS 2013, 51064; LSG Hessen BeckRS 2015, 66969.

21 So etwa: *Schneider*, DAR 2009, 353 (356); *Schneider*, AGS 2009, 361 (364); OLG Zweibrücken BeckRS 2010, 13507; OLG Zweibrücken NJOZ 2010, 1880; wohl auch LAG Nürnberg AGS 2012, 346; a.A. *Volpert* in der Kommentierung zu § 55 m.w.N.; vgl. auch *Müller-Rabe*, NJW 2009, 2913 (1925); LAG Hamm BeckRS 2010, 69151.

22 *Fölsch*, MDR 2009, 1137 (1140).

23 BT-Drucks 16/12717, S. 58 f.

24 Vgl. OLG Brandenburg AGS 2011, 549; OLG Oldenburg AGS 2011, 611; OLG Koblenz BeckRS 2012, 18514; LAG Nürnberg AGS 2012, 346; *Hansens*, AnwBl 2009, 535; *Enders*, JurBüro 2009, 393 (398 f.).

25 Vgl. zur entsprechenden Problematik bei der Festsetzung der anwaltlichen Prozesskostenhilfevergütung: OLG Schleswig MDR 2008, 947; OLG Schleswig v. 3.7.2008 – 9 W 89/08; OLG München JurBüro 2010, 193; OLG Zweibrücken BeckRS 2010, 13507; OLG Zweibrücken NJOZ 2010, 1880; OLG Koblenz AGS 2013, 75; OLG Frankfurt NJOZ 2014, 1343 (unter Aufgabe von OLG Frankfurt NJOZ 2010, 1876).

26 Vgl. zur entsprechenden Problematik bei der Festsetzung der anwaltlichen Prozesskostenhilfevergütung: OLG Dresden MDR 2009, 470; OLG Jena JurBüro 2009, 23; OLG Düsseldorf AGS 2009, 120; LAG Schleswig-Holstein v. 13.12.2009 – 3 Ta 202/09; LAG Hessen NZA-RR 2009, 608; OVG Lüneburg BeckRS 2013, 51064; OVG Lüneburg NJW 2013, 1618; vgl. auch schon LG Berlin JurBüro 1983, 1060 = AnwBl. 1983, 478 zu § 129 BRAGO a.F.

| Abschnitt 5. Beratungshilfe | VV 2501 |

Die Beratungsgebühr wird zunächst auf den Differenzbetrag zwischen den PKH-Gebühren und den Wahlanwaltsgebühren angerechnet. Verbleibt dann noch ein Restbetrag von der hälftigen Geschäftsgebühr, so ist dieser dann auf die PKH-Gebühren anzurechnen. **22**

> **Beispiel:** Der Anwalt hat den Mandanten außergerichtlich im Rahmen der Beratungshilfe wegen der Beitreibung einer Forderung in Höhe von 6.000 EUR beraten. Aus der Staatskasse wird die Beratungshilfevergütung gezahlt. Da der Schuldner nicht zahlt, wird Klage erhoben, für die dem Mandanten Prozesskostenhilfe bewilligt wird.
> Im Rahmen der **Beratungshilfe** erhält der Anwalt
> **I. Beratung**
> 1. Beratungsgebühr, VV 2501   35,00 EUR
> 2. Postentgeltpauschale, VV 7002   7,00 EUR
>   Zwischensumme   42,00 EUR
> 3. 19 % Umsatzsteuer, VV 7008   7,98 EUR
> **Gesamt**   **49,98 EUR**
> Im **Rechtsstreit** erhält der Anwalt eine 1,3-Verfahrensgebühr (VV 3100) nach dem Wert von 6.000 EUR aus der PKH-Gebührentabelle des § 49 in Höhe von   347,10 EUR
> Als Wahlanwalt hätte er demgegenüber eine Verfahrensgebühr aus der Wahlanwaltsgebührentabelle des § 13 verlangen können, also   460,20 EUR
> Dies ergibt einen **Differenzbetrag** in Höhe von   **113,10 EUR**
> Auf diesen Differenzbetrag ist zunächst die Beratungsgebühr zu verrechnen.   113,10 EUR
>   − 35,00 EUR
>   **78,10 EUR**
> Für eine Anrechnung auf die PKH-Verfahrensgebühr verbleibt daher kein Raum mehr, da noch 78,10 EUR bis zur Wahlanwaltsgebühr verbleiben. Der Anwalt erhält daher im gerichtlichen Verfahren anrechnungsfrei:
> **II. Gerichtliches Verfahren (Wert: 6.000 EUR)**
> 1. 1,3-Verfahrensgebühr, VV 3100, § 49   347,10 EUR
> 2. 1,2-Verfahrensgebühr, VV 3104, § 49   320,40 EUR
> 3. Postentgeltpauschale, VV 7002   20,00 EUR
>   Zwischensumme   687,50 EUR
> 4. 19 % Umsatzsteuer, VV 7008   130,63 EUR
> **Gesamt**   **818,13 EUR**

Der umgekehrte Fall ist auch möglich. Hat der Anwalt die volle Vergütung für z.B. die Vertretung im gerichtlichen Verfahren erhalten, wird zu prüfen sein, ob der Anrechnungsbetrag von 30 EUR in voller Höhe auf die Beratungsgebühr VV 2501 anzurechnen ist oder ob ein Anrechnungsbetrag nach einer vorrangigen Verrechnung mit Differenzkosten zwischen der Beratungsgebühr im Rahmen von Beratungshilfe und Wahlanwaltsgebühren noch verbleibt. Indes ergibt sich aus § 58, dass die Wahlanwaltsgebühren gesetzlich vorgesehen sein müssen. Dies ist für die Beratung in der Regel nicht der Fall, weshalb insoweit oftmals die Möglichkeit einer vorrangigen Verrechnung entfällt. Anders liegt dies aber etwa, wenn der Anwalt über ein Rechtsmittel berät. Hierfür besteht die gesetzliche Wahlanwaltsgebühr VV 2100. **23**

Die Beratungsgebühr nach VV 2501 ist auch dann in voller Höhe auf die Verfahrensgebühr eines nachfolgenden Rechtsstreits anzurechnen, wenn nur ein **Teil des Gegenstands der Beratungstätigkeit** zum Gegenstand des gerichtlichen Verfahrens geworden ist.[27] **24**

In **strafrechtlichen Angelegenheiten** ist die Beratungsgebühr des VV 2501 auf nachfolgende Gebühren anzurechnen, die der Anwalt als Verteidiger, als Neben- oder Privatklagevertreter, als Beistand oder als ein mit Einzeltätigkeiten beauftragter Anwalt erhält. **25**

Wird der Anwalt zunächst mit einer Beratung beauftragt und erst anschließend mit einer Vertretung, so ist zunächst einmal die Gebühr nach VV 2501 entstanden. Es hat dann eine Anrechnung zwischen der Beratungsgebühr VV 2501 und der Geschäftsgebühr nach VV 2503 in Höhe von 35 EUR stattzu- **26**

---

27 AG Aschaffenburg JurBüro 1988, 1351.

finden.[28] Insgesamt erhält der Anwalt zwar nicht mehr an Gebühren, als wenn er von vornherein mit der Vertretung beauftragt worden wäre. Die Postentgeltpauschale nach VV 7002 erhält er jedoch zweimal (vgl. VV 7001–7002 Rdn 36).[29] Zu rechnen ist daher wie folgt:

> **Beispiel:** Der Anwalt ist zunächst beauftragt zu beraten. Später erhält er einen neuen Auftrag zu vertreten. Der Anwalt wählt nach § 15a, dass auf die Geschäftsgebühr VV 2503 anzurechnen ist.
> 1. Beratungsgebühr, VV 2501   35,00 EUR
> 2. Postentgeltpauschale, VV 7002   7,00 EUR
>   Zwischensumme   42,00 EUR
> 3. 19 % Umsatzsteuer, VV 7008   7,98 EUR
> **Gesamt**   **49,98 EUR**
> 1. Geschäftsgebühr, VV 2503   85,00 EUR
> 2. Postentgeltpauschale, VV 7002   17,00 EUR
> 3. gem. § 15a, Anm. Abs. 2 zu VV 2501 anzurechnen   – 35,00 EUR
>   Zwischensumme   67,00 EUR
> 4. 19 % Umsatzsteuer, VV 7008   12,73 EUR
> **Gesamt**   **79,73 EUR**

27 Ist der Anwalt in mehreren Angelegenheiten beratend tätig geworden, so findet eine Anrechnung der Gebühren nach VV 2501 nur insoweit statt, als der weitergehenden Tätigkeit derselbe Gegenstand zugrunde liegt. Im Übrigen hat eine Anrechnung zu unterbleiben. Eine solche Situation kann sich insbesondere in Familiensachen ergeben.

> **Beispiel:** Dem Rechtsuchenden war in mehreren Angelegenheiten (Unterhalt, Hausrat, Umgangsrecht, Ehesache) Beratungshilfe bewilligt worden. Ihm ist jeweils ein gesonderter Berechtigungsschein ausgestellt worden. Der Anwalt hat für jede Beratung eine gesonderte Gebühr nach VV 2501 festgesetzt erhalten. Später kommt es dann zum Scheidungsverfahren, in dem auch die Folgesache Umgangsrecht anhängig wird.
> Anzurechnen sind nur die beiden Gebühren nach VV 2501 für die Beratung in der Ehesache und in der Angelegenheit betreffend das Umgangsrecht. Die Beratungsgebühren im Zusammenhang mit der Auseinandersetzung des Hausrats und der Regelung des Unterhalts sind dagegen nicht anzurechnen, da es insoweit nicht zu einem nachfolgenden Verfahren gekommen ist.[30]

IV. Post- und Telekommunikationsentgelte (VV 7001, 7002)

28 Der Rechtsanwalt erhält Entgelte für die von ihm getätigten Post- und **Telekommunikationsdienstleistungen**. Diese kann er wahlweise nach VV 7001 konkret berechnen oder nach VV 7002 pauschal. Die Höhe der Pauschale beträgt 20 % der Gebühren, höchstens 20 EUR. Maßgebend sind die im Rahmen der Beratungshilfe verdienten und von der Staatskasse zu vergütenden Gebühren (vgl. Anm. Abs. 2 zu VV 7002), nicht dagegen die Gebühren eines Wahlanwalts. Die Anm. Abs. 2 ist durch das BerH-Änderungsgesetz[31] eingefügt worden und beendet die vormals streitige Frage.[32]

Die Post- und Telekommunikationsentgelte bzw. -pauschalen nach VV 7001, 7002 fallen nur an, wenn tatsächlich auch Auslagen entstanden sind, also etwa dann, wenn die Beratung schriftlich erfolgt ist oder der Anwalt das mündliche Beratungsgespräch wunschgemäß nochmals schriftlich zusammenfasst und dem Auftraggeber zugesandt hat. Sie entsteht auch, wenn der Rechtsanwalt mit dem Auftraggeber telefoniert oder per E-Mail korrespondiert. Eine bloß mündliche Beratung löst den Auslagentatbestand nicht aus.[33]

---

28 LG Frankfurt AnwBl 1982, 319 = JurBüro 1982, 1368 m. Anm. *Mümmler.*
29 A.A. LG Berlin Rpfleger 1988, 42 = JurBüro 1987, 1689 = VersR 1988, 727.
30 OLG Düsseldorf JurBüro 1986, 299 = MDR 1986, 157 = AnwBl 1986, 162.
31 Vgl. hierzu BT-Drucks 17/11472, S. 50.
32 Eine Berechnung nach den Gebühren im Rahmen von Beratungshilfe befürwortend: OLG Düsseldorf AGS 2007, 630; OLG Bamberg JurBüro 2007, 645; OLG Nürnberg NJW-RR 2008, 1671; OLG Celle NJOZ 2009, 344; OLG Brandenburg BeckRS 2010, 1959; OLG Hamm BeckRS 2009, 3325; OLG Dresden BeckRS 2009, 6821; eine Berechnung nach den Wahlanwaltsgebühren befürwortend: OLG Nürnberg AGS 2007, 253 = OLGR 2007, 191 = JurBüro 2007, 209 = MDR 2007, 805 = RVGreport 2007, 150; AG Köln AGS 2006, 25 m. Anm. *Mock* = RVGreport 2006, 68; AG Oschatz AGS 2007, 631 = FamRZ 2007, 1671 = NJW-Spezial 2007, 525; AG Eutin AGS 2007, 631; AG Siegburg AGS 2008, 298.
33 Siehe zuletzt AG Koblenz AGS 2004, 185 m. Anm. *N. Schneider.*

Abschnitt 5. Beratungshilfe — VV 2503

Nr.	Gebührentatbestand	Gebühr oder Satz der Gebühr nach § 13 RVG
2502	Beratungstätigkeit mit dem Ziel einer außergerichtlichen Einigung mit den Gläubigern über die Schuldenbereinigung auf der Grundlage eines Plans (§ 305 Abs. 1 Nr. 1 InsO): Die Gebühr 2501 beträgt	70,00 €

In VV 2502 ist die Vergütung des Anwalts geregelt, der im Rahmen der Beratungshilfe zur **Herbeiführung einer außergerichtlichen Einigung mit den Gläubigern über die Schuldenbereinigung auf der Grundlage eines Plans (§ 305 Abs. 1 Nr. 1 InsO)** beratend tätig wird. Die **Beratungsgebühr** VV 2501 erhöht sich auf das Doppelte, also auf 70 EUR. Der Gebührenbetrag ist durch das 2. KostRMoG von 60 EUR auf 70 EUR erhöht worden. Eine Erhöhung nach Anzahl der Gläubiger ist hier – im Gegensatz zu VV 2504 bis 2507 – nicht vorgesehen.   1

Die Gebühr entsteht auch dann, wenn nur ein Gläubiger vorhanden ist und sich die Beratung darauf erstreckt (vgl. auch bei der Kommentierung zur Geschäftsgebühr VV 2504–2507 Rdn 6).

Die Vorschrift der VV 2502 verdoppelt lediglich die Beratungsgebühr gemäß VV 2501. An dem Charakter der Gebühr als Beratungsgebühr und somit an ihrer Anrechenbarkeit auf Gebühren für sonstige Tätigkeiten ändert sich deshalb nichts.[1]

Nr.	Gebührentatbestand	Gebühr oder Satz der Gebühr nach § 13 RVG
2503	Geschäftsgebühr .... (1) Die Gebühr entsteht für das Betreiben des Geschäfts einschließlich der Information oder die Mitwirkung bei der Gestaltung eines Vertrags. (2) Auf die Gebühren für ein anschließendes gerichtliches oder behördliches Verfahren ist diese Gebühr zur Hälfte anzurechnen. Auf die Gebühren für ein Verfahren auf Vollstreckbarerklärung eines Vergleichs nach den §§ 796a, 796b und 796c Abs. 2 Satz 2 ZPO ist die Gebühr zu einem Viertel anzurechnen.	85,00 €

A. Allgemeines 1
B. Gebührentatbestand der Geschäftsgebühr (Anm. Abs. 1) 3
   I. Abgeltungsbereich 3
   II. Mehrere Auftraggeber 9
   III. Weitere Gebühren bei Vertretung des Auftraggebers im Rahmen von Beratungshilfe 12
C. Anrechnung der Geschäftsgebühr (Anm. Abs. 2) 13
   I. Allgemeines 13
   II. Anschließendes gerichtliches oder behördliches Verfahren (Anm. Abs. 2 S. 1) 14

1. Grundlagen 14
2. Weitere Geschäftsgebühr außerhalb eines gerichtlichen oder behördlichen Verfahrens 25
3. Weitere Geschäftsgebühr in einem behördlichen Verfahren 27
4. Verfahrensgebühr in einem gerichtlichen Verfahren 30
   III. Anschließendes Verfahren auf Vollstreckbarerklärung eines Vergleichs (Anm. Abs. 2 S. 2) 34
D. Post- und Telekommunikationsentgelte 37

A. Allgemeines

Ist der Rechtsanwalt mit der außergerichtlichen Vertretung beauftragt, erhält er die Geschäftsgebühr nach VV 2503. Sie beträgt 85 EUR. Der Gebührenbetrag ist durch das 2. KostRMoG von 70 EUR auf 85 EUR erhöht worden.   1

Das 2. KostRMoG hat aus der Anm. Abs. 2 S. 1 die Ergänzung, dass die Anrechnung der Geschäftsgebühr bei Beratungshilfe auf die ermäßigten Geschäftsgebühren nach den VV 2401 a.F. und VV 3103 a.F. nicht erfolgt, gestrichen.   2

---

[1] OLG Zweibrücken AGS 2008, 610 = JurBüro 2008, 423 = OLGR 2008, 787 = RVGreport 2008, 386.

B. Gebührentatbestand der Geschäftsgebühr (Anm. Abs. 1)

I. Abgeltungsbereich

3 Die Vergütung nach VV 2503 kann in allen Angelegenheiten des § 2 Abs. 2 S. 1 BerHG entstehen, soweit Beratungshilfe für eine solche Angelegenheit bewilligt ist. Das BerHG-Änderungsgesetz hat § 2 Abs. 2 S. 1 BerHG erweitert, sodass Beratungshilfe in allen rechtlichen Angelegenheiten, d.h. in allen Rechtsgebieten, bewilligt werden kann. Die Festsetzung der Geschäftsgebühr aus der Staatskasse ist nach § 2 Abs. 1 BerHG aber zusätzlich davon abhängig, dass die Vertretung erforderlich gewesen ist. Erforderlich ist die Vertretung dann, wenn der Rechtsuchende nach der Beratung angesichts des Umfangs, der Schwierigkeit oder der Bedeutung der Rechtsangelegenheit für ihn, seine Rechte nicht selbst wahrnehmen kann. Die Erforderlichkeit der Vertretung wird erst im Vergütungsfestsetzungsverfahren geprüft.

4 In Angelegenheiten des Strafrechts und des Ordnungswidrigkeitenrechts kann nach § 2 Abs. 2 S. 2 BerHG Beratungshilfe nur für eine Beratung, nicht aber auch für eine Vertretung bewilligt werden. Dementsprechend kann keine Gebühr nach VV 2503 für die Vertretung festgesetzt werden, sondern nur die Gebühr nach VV 2501 für die Beratung.[1] Auch für eine Akteneinsichtnahme kann in dieser Angelegenheit keine Gebühr nach VV 2503 begehrt werden.[2] Denn die Gebühr VV 2503 ist eine Geschäftsgebühr für das Betreiben des Geschäfts, mithin für die außergerichtliche Vertretung. Dann aber würde die Festsetzung der Geschäftsgebühr der ratio des § 2 Abs. 2 S. 2 BerHG widersprechen.[3]

5 Die Gebühr nach VV 2503 fällt an, sobald der Rechtsanwalt eine der in Anm Abs. 1 genannten Tätigkeiten ausübt. Der Abgeltungsbereich entspricht dem Abgeltungsbereich der Geschäftsgebühr nach VV 2300 (vgl. VV Vorb. 2.3 Abs. 3). Der Anwalt erhält die Gebühr für das Betreiben des Geschäfts einschließlich der Information oder der Mitwirkung bei der Gestaltung eines Vertrags. Die Überprüfung eines Vertragsentwurfs ist noch keine (nach außen) gerichtete Mitwirkung an der Gestaltung eines Vertrags.[4] Die Geschäftsgebühr VV 2503 entsteht auch dann nicht, wenn der Rechtsanwalt beauftragt wird, bei der Gestaltung einseitiger Erklärungen,[5] wie z.B. Testamenten[6] oder Kündigungen, mitzuwirken. (siehe dazu VV Vorb. 2.3 Rdn 51 ff.). In diesen Fällen kann allenfalls eine Gebühr für die Beratung (VV 2501) anfallen.

6 Für ein Akteneinsichtsgesuch kann die Geschäftsgebühr VV 2503 entstehen.[7] Hierbei ist in einem ersten Schritt zu klären, ob der anwaltliche Auftrag auf eine Beratung oder eine Vertretung gerichtet ist. Steht dies fest, ist in einem zweiten Schritt zu prüfen, ob in dem Beratungsmandat die Beratungsgebühr (VV 2501) bzw. im Vertretungsmandat die Geschäftsgebühr (VV 2503) entstanden ist. Die Abgrenzung zwischen einem Beratungsmandat und einem Vertretungsmandat ist oftmals schwierig. Regelmäßig entscheidendes Kriterium für die Abgrenzung ist, ob der Anwalt aufgrund des ihm erteilten Mandats nach außen hin tätig werden soll (siehe § 34 Rdn 18). Abzugrenzen ist also nach dem Auftrag und nicht nach der konkret ausgeführten anwaltlichen Tätigkeit (vgl. § 34 Rdn 18). Tritt indes der Anwalt nach außen hervor, kann dies allerdings ein sicheres Zeichen für einen Auftrag zur Vertretung sein.[8] Von einem Beratungsmandat wird nicht (mehr) auszugehen sein, wenn der

---

1 Vgl. in diesem Zusammenhang auch LG Braunschweig NdsRpfl 1985, 122 = KostRsp. BRAGO § 132 Nr. 48; LG Braunschweig NdsRpfl 1986, 66 = KostRsp. BRAGO § 132 Nr. 66; LG Frankfurt JurBüro 1986, 732; LG Göttingen NdsRpfl 1983, 161 = KostRsp. BRAGO § 132 Nr. 16 (Strafvollzug); AG Mainz KostRsp. BRAGO § 132 Nr. 16; KostRsp. BRAGO § 132 Nr. 64.

2 LG Braunschweig NdsRpfl 1985, 122 = KostRsp. BRAGO § 132 Nr. 48; LG Braunschweig NdsRpfl 1986, 198; LG Frankfurt JurBüro 1986, 732; a.A. AG Braunschweig AnwBl 1984, 517 = StV 1984, 347 = NdsRpfl 1984, 174. Im Zusammenhang mit der Bewilligung von Beratungshilfe vgl. auch AG Konstanz BeckRS 2007, 10914: Die Vorlage einer Vertretungsvollmacht spricht für eine Vertretung im Strafverfahren. Hat der Rechtsuchende einen Vertretungsauftrag gegeben, schließt dies eine Bewilligung von Beratungshilfe (für eine Beratung) aus. Beratungshilfe ist nämlich kein Auffangtatbestand für eine nicht bewilligte Pflichtverteidigung.

3 *Groß*, § 44 RVG, Rn 20.

4 AA LG Nürnberg-Fürth AGS 2015, 320 m. abl. Anm. *Schons*.

5 OLG Nürnberg NJW 2011, 621 zum Entwurf eines Schreibens an den Gegner.

6 OLG Düsseldorf AGS 2012, 454.

7 So auch AG Halle AGS 2013, 244; AG Rostock AGS 2011, 192; AG Osnabrück AnwBl 1985, 335; AG Freiburg JurBüro 1999, 147; a.A. AG Halle AGS 2012, 239 m. abl. Anm. *Fölsch*.

8 Gerold/Schmidt/*Mayer*, § 34 RVG, Rn 14; a.A. OLG Bamberg AGS 2016, 143.

Auftrag zur Beratung damit verbunden ist, dass der Anwalt zur sachgerechten Beratung von Dritten Informationen einholen soll bzw. muss (siehe § 34 Rdn 18). Denn die Informationsbeschaffung ist eine Tätigkeit des Anwalts, bei der er nach außen, d.h. gegenüber Dritten, auftritt. Die anwaltliche Aufgabe erschöpft sich nicht mehr ausschließlich in der Beratung gegenüber dem Mandanten. Entsprechend liegt es auch für ein Akteneinsichtsgesuch gegenüber der aktenführenden Stelle. Damit geht einher, dass in aller Regel Akteneinsichtsgesuche mit einer Vertretungsanzeige nebst Vorlage einer Vollmachtsurkunde verbunden sind. Im Vertretungsmandat führt das Akteneinsichtsgesuch zur Entstehung der Geschäftsgebühr nach VV 2503. Gemäß VV 2503 Anm. Abs. 1 entsteht die Geschäftsgebühr für das Betreiben des Geschäfts einschließlich der Information oder die Mitwirkung bei der Gestaltung eines Vertrags. Hierzu gehören auch das Akteneinsichtsgesuch und die Akteneinsicht. Die Geschäftsgebühr VV 2503 entsteht nicht erst durch „eine inhaltliche Auseinandersetzung mit der Sache". Eine solche Auslegung wird bereits dem Begriff der Information aus VV 2503 Anm. Abs. 1 nicht gerecht. So dient die genommene Akteneinsicht der Information des Anwalts. Die Akteneinsicht und das Akteneinsichtsgesuch als Instrument der Informationsbeschaffung dienen gleichzeitig dem Betreiben des Geschäfts. Das Betreiben des Geschäfts im Sinne der VV 2503 Anm. Abs. 1 wird einhellig dahingehend verstanden, dass durch die Gebühr sämtliche Tätigkeiten abgegolten werden, die zur sachgemäßen Bearbeitung des Mandats erforderlich sind (VV Vorb. 2.3 Rdn 49).[9] Eine sachgerechte anwaltliche Vertretung bedarf auch der Kenntnis der zugrunde liegenden Tatsachen, also auch derjenigen Tatsachen, die Inhalt einer behördlichen Akte sind.

Für die Höhe der Gebühr nach VV 2503 ist es unerheblich, wie **umfangreich** die Tätigkeit des Anwalts war. Es bleibt in jedem Fall bei der Festgebühr. Auch ein äußerst **hoher Gegenstandswert** hat keinen Einfluss auf die Gebühr. Umgekehrt erhält der Anwalt auch dann die volle Gebühr, wenn die Tätigkeit äußerst **gering** oder der **Gegenstandswert niedrig** war. Insbesondere erhält der Anwalt auch die volle Gebühr, wenn sich die Angelegenheit **vorzeitig erledigt**. Weder ist VV 3101 Nr. 1 entsprechend anwendbar, noch kann – wie im Falle der VV 2300, 2302 – der Gebührensatz oder Gebührenrahmen herabgesetzt werden, da es sich um eine Festgebühr handelt. Die Gebühr des Anwalts entsteht vielmehr mit der ersten Tätigkeit, in der Regel der Entgegennahme der Information, und fällt nachträglich nicht mehr weg. 7

Wird der Anwalt in verschiedenen Angelegenheiten tätig, so erhält er die Geschäftsgebühr in jeder Angelegenheit gesondert. So zählen auch in Beratungshilfesachen das Verwaltungsverfahren und ein Nachprüfungsverfahren als gesonderte Angelegenheiten (§ 17 Nr. 1) oder eine außergerichtliche Vertretung und die Vertretung in einem Schlichtungsverfahren (§ 17 Nr. 7). 8

II. Mehrere Auftraggeber

Vertritt der Anwalt **mehrere Auftraggeber** in derselben Beratungshilfe-Angelegenheit, so soll sich – jedenfalls nach **h.M.**, m.E. zu Unrecht (vgl. im Einzelnen VV Vorb. 2.5 Rdn 4, VV 1008 Rdn 75), – auch diese Gebühr nach **VV 1008** um 30 % je weiterem Auftraggeber erhöhen,[10] also um jeweils 25,50 EUR je weiteren Auftraggeber. Auf Basis der h.M. ergeben sich die weiteren **Folgerungen**: Der Höchstbetrag der Erhöhung beläuft sich auf 200 %, also auf 170 EUR, so dass sich eine maximale Gebühr i.H.v. 255 EUR ergeben kann. Auch hier ist die Erhöhung unabhängig davon, ob der Anwalt für die verschiedenen Rechtsuchenden auch hinsichtlich desselben Gegenstands tätig wird. 9

> **Beispiel:** Eine Bedarfsgemeinschaft, bestehend aus drei Personen, sucht den Anwalt auf und beauftragt ihn, die gesamte Bedarfsgemeinschaft betreffende Leistungsansprüche gegen die Sozialbehörde geltend zu machen. Hierfür war Beratungshilfe bewilligt worden.

---

9 Vgl. auch Gerold/Schmidt/*Mayer*, Nr. 2300, 2301 VV RVG, Rn 13.
10 OLG Düsseldorf AGS 2006, 244 = RVGreport 2006, 225; LG Kleve AGS 2006, 244; OLG Oldenburg AGS 2007, 45 = OLGR Oldenburg 2007, 164 = JurBüro 2007, 140 = NJW-RR 2007, 431 = RVGreport 2007, 465; OLG Nürnberg FamRZ 2007, 844 = OLGR 2007, 686 = RVGprof. 2007, 40 = RVG-Letter 2007, 36; KG AGS 2007, 466 = KGR 2007, 703 = Rpfleger 2007, 553 = JurBüro 2007, 543 = RVGreport 2007, 299 = NJ 2008, 83; OLG Naumburg BeckRS 2010, 18503; OLG Jena AGS 2012, 141; AG Halle (Saale) AGS 2012, 189; Gerold/Schmidt/*Mayer*, RVG, VV 2500–2508, Rn 36; Mayer/Kroiß/*Pukall*, RVG, VV 2503, Rn 6; a.A. AG Kiel BeckRS 2010, 19260; AG Köthen NJOZ 2010, 246.

Abzurechnen – bei drei Auftraggebern (siehe Rdn 10) – ist wie folgt:

1. Geschäftsgebühr, VV 2503, 1008   136,00 EUR
2. Postentgeltpauschale, VV 7002   20,00 EUR
   Zwischensumme   156,00 EUR
3. 19 % Umsatzsteuer, VV 7008   29,64 EUR
   Gesamt   **185,64 EUR**

Nach § 6 Abs. 1 S. 2 BRAGO kam eine Gebührenerhöhung bei einer Geschäftsgebühr nur dann in Betracht, wenn der Gegenstand der anwaltlichen Tätigkeit derselbe war. Daran würde es hier fehlen, da jeder der drei Rechtsuchenden einen eigenen Unterhaltsanspruch geltend macht.[11] Nach dem RVG verhält es sich jedoch anders: Gemäß VV 1008 erhöhen sich wertabhängige Geschäfts- und Verfahrensgebühren um 0,3 und Festgebühren um 30 % je weiteren Auftraggeber. Zwar enthält Anm. Abs. 1 zu VV 1008 eine Einschränkung dahingehend, dass die Gebührenerhöhung bei Wertgebühren nur dann greift, wenn der Gegenstand der anwaltlichen Tätigkeit derselbe ist. Diese Einschränkung betrifft aber nicht die Geschäftsgebühr nach VV 2503, da es sich um eine wertunabhängige Festgebühr handelt. Damit greift die Ausschlussklausel der Anm. Abs. 1 Nr. 1 zu VV 1008 nicht, so dass es somit bei der 30 %igen Erhöhung je weiteren Auftraggeber verbleibt, und zwar unabhängig davon, ob derselbe Gegenstand vorliegt oder nicht.[12] Das mag letztlich als Ausgleich verstanden werden dafür, dass im Gegensatz zu den Wertgebühren eine Addition verschiedener Gegenstände (§ 23 Abs. 1 i.V.m. §§ 39 Abs. 1, 45 Abs. 1 GKG, 46 Abs. 1 GKG a.F., 30 Abs. 1, 49, 44 FamGKG; § 22 Abs. 1) bei den Festgebühren nicht in Betracht kommt.

10 Mehrere Auftraggeber sind auch im Rahmen der Beratungshilfe bei Vertretung einer Bedarfsgemeinschaft (§ 7 SGB II) gegeben.[13] Denn die Mitglieder einer Bedarfsgemeinschaft sind Individualauftraggeber. Inhaber des Anspruchs auf Leistungen nach dem SGB II ist nämlich jeweils das einzelne Mitglied der Bedarfsgemeinschaft.[14] Ein Anspruch der Bedarfsgemeinschaft als solcher existiert nicht.[15] Kinder bis zur Vollendung des 15. Lebensjahres haben dagegen keine eigenen Individualansprüche.[16]

11 Nur ein Auftraggeber liegt dagegen vor, wenn die Ehefrau Ansprüche der Kinder im eigenen Namen geltend macht.[17]

> **Beispiel:** Die Ehefrau lässt sich von dem Anwalt im Rahmen der Beratungshilfe wegen Trennungsunterhaltes sowie wegen Kindesunterhalts außergerichtlich vertreten. Die Ehe ist noch nicht rechtskräftig geschieden, die Scheidungssache ist aber schon anhängig.
> Eine Erhöhung nach VV 1008 kommt nicht in Betracht. Die Ehefrau handelt nicht als Vertreterin. Nur sie allein ist Auftraggeberin. Die Kindesunterhaltsansprüche kann die Ehefrau nach § 1629 Abs. 3 S. 1 BGB für die bei ihr lebenden Kinder im eigenen Namen geltend machen. Die Inhaberschaft für diese Ansprüche vereinigen sich daher gemeinsam mit der Inhaberschaft für den Trennungsunterhaltsanspruch allein in ihrer Person.
>
> 1. Geschäftsgebühr, VV 2503   85,00 EUR
> 2. Postentgeltpauschale, VV 7002   17,00 EUR
>   Zwischensumme   102,00 EUR
> 3. 19 % Umsatzsteuer, VV 7008   19,38 EUR
>   **Gesamt**   **121,38 EUR**

---

11 Vgl. OLG Karlsruhe Rpfleger 1981, 1222 = AnwBl 1981, 72; OLG Hamburg JurBüro 1982, 1179; OLG Bamberg JurBüro 1983, 129.
12 Gerold/Schmidt/*Mayer*, RVG, VV 2500–2508, Rn 36; Mayer/Kroiß/*Pukall*, RVG, VV 2503, Rn 6.
13 Vgl. OLG Naumburg BeckRS 2010, 18503; OLG Jena AGS 2012, 141; so auch im Rahmen der Prozesskostenhilfevergütung: LSG Mecklenburg-Vorpommern AGS 2008, 286; LSG Nordrhein-Westfalen BeckRS 2010, 66105; so auch zur Kostenerstattung: BSG AGS 2012, 69.
14 BSG AGS 2012, 69LSG Mecklenburg-Vorpommern AGS 2008, 286; LSG Nordrhein-Westfalen BeckRS 2010, 66105.
15 LSG Mecklenburg-Vorpommern AGS 2008, 286; LSG Nordrhein-Westfalen BeckRS 2010, 66105.
16 Aus diesem Grunde ist ihnen keine Beratungshilfe zu bewilligen: AG Halle (Saale) AGS 2012, 189.
17 Vgl. auch BGH NJW 1987, 2240; LAG München AGS 2009, 212.

III. Weitere Gebühren bei Vertretung des Auftraggebers im Rahmen von Beratungshilfe

Führt die Tätigkeit des Anwalts im Rahmen des VV 2503 zu einer Einigung oder zu einer Erledigung, so kann neben diese Gebühr auch eine **Einigungs- oder Erledigungsgebühr** nach VV 2508 hinzutreten. Ob auch eine Aussöhnungsgebühr anfallen kann, ist umstritten (siehe VV 2508 Rdn 12). 12

C. Anrechnung der Geschäftsgebühr (Anm. Abs. 2)

I. Allgemeines

Auch hinsichtlich der Gebühr nach VV 2503 ist eine **Anrechnung** angeordnet (Anm. Abs. 2 S. 1 und 2). Anzurechnen ist auch im Rahmen der Anm. Abs. 2 S. 1 und 2 nur die Gebühr; Auslagen bleiben anrechnungsfrei. Dies gilt auch für die Postentgeltpauschale nach VV 7002.[18] Der **Umfang** der Anrechnung hängt von der nachfolgenden Angelegenheit ab. Das 2. KostRMoG hat aus der Anm. Abs. 2 S. 1 die Ergänzung, dass die Geschäftsgebühr bei Beratungshilfe nicht auf die ermäßigten Geschäftsgebühren nach den VV 2401 a.F. und 3103 nicht erfolgt, gestrichen, weil beide Gebühren aufgehoben wurden. 13

II. Anschließendes gerichtliches oder behördliches Verfahren (Anm. Abs. 2 S. 1)

1. Grundlagen

Schließt sich an die Tätigkeit des Anwalts ein **gerichtliches oder behördliches Verfahren** an, so ist die Gebühr nach Anm. Abs. 2 S. 1 **zur Hälfte** anzurechnen. Die Anrechnungsvorschrift entspricht der in VV Vorb. 3 Abs. 4. Indes ist § 15a zu beachten. § 15a Abs. 1 definiert die Anrechnung im Innenverhältnis zwischen dem Rechtsanwalt und dem Auftraggeber. Sie gilt aber auch im Verhältnis zur Staatskasse.[19] Beide aufeinander anzurechnende Gebühren bleiben grundsätzlich unangetastet erhalten. Der Rechtsanwalt kann also beide von der Gebührenanrechnung betroffenen Gebühren jeweils in voller Höhe geltend machen.[20] Ihm ist es lediglich verwehrt, insgesamt mehr als den um den Anrechnungsbetrag verminderten Gesamtbetrag der beiden Gebühren zu verlangen.[21] § 15a Abs. 1 schließt somit die Anwendung der Rechtsprechung des BGH aus, wonach infolge der Anrechnung der Geschäftsgebühr die Verfahrensgebühr von Anfang an in gekürzter Höhe entstehen würde.[22] § 15a Abs. 1 stellt die Anrechnungsreihenfolge grundsätzlich frei. Die Anrechnungsreihenfolge der Anm. Abs. 2 S. 1 zu VV 2503 bleibt allein für die Ermittlung der Höhe des Anrechnungsbetrages relevant.[23] 14

Zu berechnen ist folgendermaßen: 15
- Zunächst sind die einzelnen, von der Anrechnung erfassten, Gebühren zu ermitteln.[24]
- Sodann ist der Anrechnungsbetrag zu berechnen,[25] und zwar in der Anrechnungsreihenfolge, die die spezielle Anrechnungsvorschrift vorgibt (z.B.: Anm. Abs. 2 S. 1 zu VV 2503: anzurechnen ist die halbe Geschäftsgebühr).[26]
- Anschließend ist der Gesamtbetrag der Gebühren zu ermitteln, die von der Gebührenanrechnung erfasst sind.[27]
- Von diesem Gesamtbetrag ist der Anrechnungsbetrag abzuziehen.[28]

Hieraus folgt, dass der Anrechnungsbetrag der Geschäftsgebühr VV 2503 und der weiteren von der Anrechnung betroffenen Gebühr über Anm. Abs. 2 S. 1 zu VV 2503 stets 35,00 EUR beträgt. Dem

---

18 AG Kassel AGS 2007, 133 = JurBüro 2006, 592.
19 *Fölsch*, MDR 2009, 1137 (1140).
20 BT-Drucks 16/12717, S. 58 f.
21 BT-Drucks 16/12717, S. 58 f.
22 *Hansens*, AnwBl 2009, 535 (537); *Schneider*, DAR 2009, 353; *Enders*, JurBüro 2009, 393; *Müller-Rabe*, NJW 2009, 2913.
23 Vgl. *Fölsch*, MDR 2009, 1137 (1138).
24 *Hansens*, AnwBl 2009, 535 (537).
25 *Hansens*, AnwBl 2009, 535 (537).
26 So wohl auch *Schneider*, DAR 2009, 353 (Beispielsfälle auf S. 355); *Schneider*, AGS 2009, 361; *Enders*, JurBüro 2009, 393 (Beispielsfälle auf S. 395).
27 *Hansens*, AnwBl 2009, 535 (537).
28 *Hansens*, AnwBl 2009, 535 (537).

Anwalt verbleibt aus § 15a Abs. 1 grundsätzlich das Wahlrecht, von welcher Gebühr der Anrechnungsbetrag abzuziehen ist.

16 **Beispiel:** Der Anwalt vertritt den Mandanten außergerichtlich im Rahmen von Beratungshilfe. Sodann vertritt der Rechtsanwalt den Mandanten im Rechtsstreit, der ohne mündliche Verhandlung endet. Der Gegenstandswert bzw. Streitwert beträgt 1.500,00 EUR. Wie hoch ist die Vergütung des Anwalts, die er insgesamt beanspruchen darf?

I. Außergerichtliche Vertretung
1. Geschäftsgebühr, VV 2503   85,00 EUR
2. Postentgeltpauschale, VV 7002   17,00 EUR
    Zwischensumme   102,00 EUR
3. 19 % Umsatzsteuer, VV 7008   19,38 EUR
Gesamt   **121,38 EUR**

II. Vertretung im Rechtsstreit
1. 1,3-Verfahrensgebühr, VV 3100
(Wert: 1.500 EUR)   149,50 EUR
2. Postentgeltpauschale, VV 7002   20,00 EUR
    Zwischensumme   169,50 EUR
3. 19 % Umsatzsteuer, VV 7008   32,21 EUR
Gesamt   **201,71 EUR**

III. Anrechnung und Gesamtvergütung
1. Gesamt außergerichtliche Vertretung   121,38 EUR
2. Gesamt Vertretung im Rechtsstreit   201,71 EUR
3. Anrechnungsbetrag (§ 15a, Anm. Abs. 2 S. 1 zu VV 2503)   – 42,50 EUR
Gesamtvergütung   **280,59 EUR**

Aus Anm. Abs. 2 S. 1 zu VV 2503 ist die Maßgabe zu entnehmen, dass sich der Anrechnungsbetrag lediglich auf Höhe der halben Geschäftsgebühr (VV 2503) von 42,50 EUR beläuft und nicht auf Höhe der halben Verfahrensgebühr (VV 3100) in Höhe von 74,75 EUR.

17 Die Staatskasse kann sich indes auf eine Anrechnung unter anderem **nur dann** berufen, wenn der Anwalt **eine den Anrechnungsbetrag erfassende tatsächliche Zahlung** erhalten hat.[29] Dies gilt auch bei der Beratungshilfevergütung.[30]

Hierbei kommt es nicht darauf an, ob diese tatsächliche Zahlung von dem Auftraggeber, einem Kostenerstattungsschuldner oder der Staatskasse herrührt. Zweifelhaft ist allerdings, ob sich diese Voraussetzung bereits aus § 15a Abs. 2 ergibt. Denn dass die Staatskasse Dritte i.S.v. § 15a Abs. 2 ist, kann deshalb fraglich sein, weil die Staatskasse Vergütungsschuldner und nicht Kostenerstattungsschuldner ist.[31] Ist die Staatskasse gleichwohl als Dritte anzusehen,[32] kann sie sich gemäß § 15a Abs. 2 auf eine Anrechnung unter anderem nur berufen, wenn der Anwalt eine den Anrechnungsbetrag erfassende tatsächliche Zahlung erhalten hat. Dasselbe Ergebnis ergibt sich aber auch schon aus § 15a Abs. 1 i.V.m. § 58.[33] Denn der Rechtsanwalt kann über § 15a Abs. 1 wählen, an welchen Vergütungsschuldner er sich wendet.[34] Die Grenze ist lediglich, dass er nicht mehr als beide Gebühren gekürzt um den Anrechnungsbetrag beanspruchen kann. Verlangt der Rechtsanwalt z.B. für die gerichtliche Tätigkeit nicht oder nicht mehr die volle, sondern nur die um den Anrechnungsbetrag gekürzte Verfahrensgebühr, muss die Staatskasse die volle Geschäftsgebühr (VV 2503) vergüten. Hinzu kommt, dass gemäß § 58 Abs. 2 eine Anrechnung nur bei einer tatsächlichen Zahlung von der Staatskasse berücksichtigt werden kann. § 58 Abs. 2 ist anwendbar, weil es um die Anrechnung mit Gebühren nach VV Teil 3 geht und § 15a die Reihenfolge, worauf anzurechnen ist, freistellt. Nach § 55 Abs. 5 S. 3 hat der Rechtsanwalt Zahlungen auf eine anzurechnende Gebühr anzugeben,

---

[29] *Fölsch*, MDR 2009, 1137 (1140); OLG Frankfurt AGS 2013, 531 (unter Aufgabe von OLG Frankfurt NJOZ 2012, 1501); OLG Celle NJOZ 2014, 49; LSG Hessen AGS 2014, 581; LSG Hessen BeckRS 2015, 66969; a.A. LAG Hessen NZA-RR 2009, 608.

[30] A.A. Gerold/Schmidt/*Müller-Rabe*, § 58, Rn 30; vgl. auch LG Berlin JurBüro 1983, 1060 = AnwBl 1983, 478.

[31] *Fölsch*, MDR 2009, 1137 (1140); so auch OLG Frankfurt NJOZ 2012, 1501; OLG Frankfurt NJW-RR 2013, 319; OLG Frankfurt AGS 2013, 531; OVG Lüneburg BeckRS 2013, 51064; LSG Hessen BeckRS 2015, 66969.

[32] So etwa: *Schneider*, DAR 2009, 353 (356); *Schneider*, AGS 2009, 361 (364); OLG Zweibrücken BeckRS 2010, 13507; OLG Zweibrücken NJOZ 2010, 1880; wohl auch LAG Nürnberg AGS 2012, 346; a.A. *Volpert* in der Kommentierung zu § 55 m.w.N.; vgl. auch *Müller-Rabe*, NJW 2009, 2913 (1925); LAG Hamm BeckRS 2010, 69151.

[33] *Fölsch*, MDR 2009, 1137 (1140).

[34] BT-Drucks 16/12717, S. 58 f.

wobei die Angabe auch den Gebührensatz oder den Betrag der Gebühr und bei Wertgebühren auch den zugrunde gelegten Wert einschließt. Auch hieraus ergibt sich mittelbar, dass eine Gebührenanrechnung im Verhältnis zur Staatskasse dann nicht zu berücksichtigen ist, wenn der Rechtsanwalt keine Zahlungen auf die außergerichtliche Geschäftsgebühr erhalten hat.[35]

Zahlungen gemäß § 58 Abs. 2 können aber **nur dann** als Anrechnungsbeträge für eine Anrechnung nach § 15a, Anm. Abs. 2 S. 1 zu VV 2503 herangezogen werden, soweit sie noch **nach einer Differenzbetrag auf den Differenzbetrag zwischen Wahlanwaltsvergütung und Beratungshilfevergütung verbleiben.** Der Gesetzgeber hat indes bei Einführung des § 15a die vergleichbare, im Rahmen der Festsetzung der Prozesskostenhilfevergütung aufgeworfene Frage nicht geklärt, ob die Zahlungen gemäß § 58 Abs. 2 auf den Differenzbetrag zwischen Wahlanwalts- und Prozesskostenhilfevergütung zu verrechnen sind[36] oder nicht,[37] **bevor** eine Anrechnung gemäß § 15a, VV 2503 Anm. Abs. 2 S. 1 vorzunehmen ist. 18

Die beiden genannten (siehe Rdn 17, 18) Voraussetzungen für eine konkret durchzuführende Anrechnung, dass eine den Anrechnungsbetrag erfassende tatsächliche Zahlung geleistet ist und dass ein Anrechnungsbetrag auch nach einer vorrangigen Verrechnung mit Differenzkosten verbleibt, sind sowohl dann zu prüfen, wenn eine Anrechnung auf die Geschäftsgebühr im Rahmen der Beratungshilfe VV 2503 als auch wenn eine Anrechnung auf die Verfahrensgebühr für die gerichtliche Vertretung VV 3100, 3101 erfolgen soll. Denkbar ist, dass es rechnerische Unterschiede ergeben kann, je nachdem, für welche Anrechnungsreihenfolge sich der Anwalt entscheidet. Diese vielleicht überraschende Erkenntnis ist aber gesetzgeberischer Ausfluss, dass § 15a Abs. 1 dem Anwalt das Wahlrecht gegeben hat, welche Gebühr auf welche Gebühr anzurechnen hat. 19

Beispiel: Der Anwalt wird außergerichtlich im Rahmen von Beratungshilfe tätig. Sodann vertritt der Anwalt den Mandanten auch im Rechtsstreit. Der Mandant obsiegt und der Gegner erstattet die Kosten ohne Anrechnung nach den Wahlanwaltsgebühren. Der Gegenstandswert bzw. Streitwert beträgt 9.000,00 EUR. Ist bei der Festsetzung der Vergütung im Rahmen von Beratungshilfe die Anrechnung durchzuführen? 20

I. Außergerichtliche Vertretung
1. Geschäftsgebühr, VV 2503   85,00 EUR
2. Postentgeltpauschale, VV 7002   17,00 EUR
    Zwischensumme   102,00 EUR
3. 19 % Umsatzsteuer, VV 7008   19,38 EUR
Gesamt   **121,38 EUR**

II. Vertretung im Rechtsstreit
1. 1,3-Verfahrensgebühr, VV 3100
(Wert: 9.000 EUR)   659,10 EUR
2. Postentgeltpauschale, VV 7002   20,00 EUR
    Zwischensumme   679,10 EUR
3. 19 % Umsatzsteuer, VV 7008   129,03 EUR
Gesamt   **808,13 EUR**

III. Anrechnung
Im Grundansatz gibt nun Anm. Abs. 2 S. 1 zu VV 2503 vor, dass der Anrechnungsbetrag 42,50 EUR beträgt (siehe dazu Rdn 15). Weil der Anwalt die volle Vergütung für das gerichtliche Verfahren ohne Anrechnung bereits erhalten hat, folgt aus § 15a Abs. 1, dass die Anrechnung nunmehr auf die Vergütung für die außergerichtliche Vertretung erfolgen müsste. Der Anwalt kann aber den anzurechnenden Betrag von 42,50 EUR zunächst auf die Differenz zwischen der Wahlanwaltsvergütung und der Beratungshilfever-

---

35 Vgl. OLG Brandenburg AGS 2011, 549; OLG Oldenburg AGS 2011, 611; OLG Koblenz AGS 2013, 75; LAG Nürnberg AGS 2012, 346; *Hansens*, AnwBl 2009, 535; *Enders*, JurBüro 2009, 393 (398 f.).

36 Vgl zur entsprechenden Problematik bei der Festsetzung der anwaltlichen Prozesskostenhilfevergütung: OLG Schleswig MDR 2008, 947; OLG Schleswig v. 3.7.2008 – 9 W 89/08; OLG München JurBüro 2010, 193; OLG Zweibrücken BeckRS 2010, 13507; OLG Zweibrücken NJOZ 2010, 1880; OLG Koblenz AGS 2013, 75; OLG Frankfurt NJOZ 2014, 1343 (unter Aufgabe von OLG Frankfurt NJOZ 2010, 1876).

37 Vgl zur entsprechenden Problematik bei der Festsetzung der anwaltlichen Prozesskostenhilfevergütung: OLG Dresden MDR 2009, 470; OLG Jena JurBüro 2009, 23; OLG Düsseldorf AGS 2009, 120; LAG Schleswig-Holstein v. 13.12.2009 – 3 Ta 202/09; LAG Hessen NZA-RR 2009, 608; OVG Lüneburg BeckRS 2013, 51064; OVG Lüneburg NJW 2013, 1618; vgl. auch schon LG Berlin JurBüro 1983, 1060 = AnwBl. 1983, 478 zu § 129 BRAGO a.F.

gütung verrechnen. Die 1,3-Geschäftsgebühr nach VV 2300 beträgt 659,10 EUR (zzgl. der Pauschale VV 7002 von 20 EUR). Die Geschäftsgebühr im Rahmen der Beratungshilfe beträgt 85 EUR (zzgl. der Pauschale VV 7002 von 17 EUR). Die Differenz beträgt also 574,10 EUR. Dieser Differenzbetrag ist von dem Anrechnungsbetrag abzuziehen. Es verbleibt damit im Ergebnis kein Anrechnungsbetrag. Dem Anwalt ist die **volle Geschäftsgebühr ohne Anrechnung aus der Staatskasse** zuzüglich Auslagen festzusetzen, mithin 121,38 EUR.

Der Anwalt erhält das außergerichtliche und das gerichtliche Mandat eine Vergütung von zusammen **929,51 EUR.**

21 **Beispiel:** Der Anwalt wird außergerichtlich im Rahmen von Beratungshilfe tätig. Die Vergütung wird festgesetzt und ausgezahlt. Sodann vertritt der Anwalt den Mandanten auch im Rechtsstreit. Der Mandant erhält Prozesskostenhilfe. Der Rechtsstreit endet ohne Termin. Der Gegenstandswert bzw. Streitwert beträgt 9.000,00 EUR. Der Anwalt begehrt die Festsetzung der Prozesskostenhilfevergütung. Ist bei der Festsetzung der Vergütung im Rahmen von Beratungshilfe die Anrechnung durchzuführen?

I. Außergerichtliche Vertretung
1. Geschäftsgebühr, VV 2503   85,00 EUR
2. Postentgeltpauschale, VV 7002   17,00 EUR
   Zwischensumme   102,00 EUR
3. 19 % Umsatzsteuer, VV 7008   19,38 EUR
Gesamt   **121,38 EUR**

II. Vertretung im Rechtsstreit
1. 1,3-Verfahrensgebühr, VV 3100, § 49
   (Wert: 9.000 EUR)   386,10 EUR
2. Postentgeltpauschale, VV 7002   20,00 EUR
   Zwischensumme   406,10 EUR
3. 19 % Umsatzsteuer, VV 7008   77,16 EUR
Gesamt   **483,26 EUR**

III. Anrechnung
Im Grundansatz gibt Anm. Abs. 2 S. 1 zu VV 2503 vor, dass der Anrechnungsbetrag 42,50 EUR beträgt (siehe dazu Rdn 15). Weil der Anwalt die volle Vergütung für das außergerichtliche Mandat im Rahmen von Beratungshilfe ohne Anrechnung bereits erhalten hat, folgt aus § 15a Abs. 1, dass die Anrechnung nunmehr auf die Vergütung für die gerichtliche Vertretung erfolgen müsste. Der Anwalt kann aber den anzurechnenden Betrag von 42,50 EUR zunächst auf die Differenz zwischen der Wahlanwaltsvergütung und der Prozesskostenhilfevergütung verrechnen. Die 1,3-Verfahrensgebühr VV 3100 nach der Wahlanwaltsgebührentabelle (zuzüglich Pauschale VV 7002) beträgt 659,10 EUR. Die 1,3 Verfahrensgebühr nach der Prozesskostenhilfegebührentabelle des § 49 (zuzüglich Pauschale VV 7002) beträgt 406,10 EUR. Die Differenz beträgt also 253,00 EUR. Dieser Differenzbetrag ist von dem Anrechnungsbetrag abzuziehen. Es verbleibt damit im Ergebnis kein Anrechnungsbetrag. Dem Anwalt ist die **volle Verfahrensgebühr ohne Anrechnung aus der Staatskasse** zuzüglich Auslagen festzusetzen, mithin 483,26 EUR. Der Anwalt erhält für das außergerichtliche und das gerichtliche Mandat eine Vergütung von zusammen **604,64 EUR.** Wie im vorherigen Beispiel kommt es wegen der vorrangigen Verrechnung mit Differenzkosten zu keiner Anrechnung. Der rechnerische Unterschied zum vorhergehenden Beispiel beruht also nicht auf der Anrechnungsfrage, sondern darauf, dass in diesem Beispiel für das gerichtliche Mandat die Prozesskostenhilfevergütung und im vorhergehenden Beispiel die Wahlanwaltsvergütung ausgezahlt wurde.

22 Zahlungen des Anspruchsgegners auf die Rechtsanwaltsvergütung werden gemäß § 58 Abs. 1 erst dann auf die aus der Staatskasse zu zahlende Beratungshilfevergütung verrechnet, wenn der dem Rechtsanwalt zustehende Anspruch auf eine Wahlanwaltsvergütung voll befriedigt ist.[38]

23 **Beispiel:** Der Anwalt vertritt den Mandanten im Rahmen von Beratungshilfe. Er macht für den Mandanten einen Anspruch über 9.000,00 EUR geltend. Der Gegner zahlt auf die Hauptforderung 4.500,00 EUR und erstattet Anwaltskosten in Höhe von 491,54 EUR.
Die fiktive Wahlanwaltsvergütung würde betragen:
1. 1,3-Geschäftsgebühr, VV 2300   659,10 EUR
2. Postentgeltpauschale, VV 7002   20,00 EUR
   Zwischensumme   679,10 EUR
3. 19 % Umsatzsteuer, VV 7008   129,03 EUR
Gesamt   **808,13 EUR**

---

[38] LG Saarbrücken AGS 2009, 290; a.A. wegen des Wortlauts in § 58 Abs. 1: OLG Celle NJW-RR 2011, 719; OLG Naumburg BeckRS 2011, 25203; LG Detmold BeckRS 2011, 21131; AG Mosbach NJW-RR 2011, 698.

Unter Berücksichtigung der tatsächlichen Zahlung des Gegners über 491,54 EUR würde die fiktive Wahlanwaltsvergütung in Höhe von noch **316,59 EUR** nicht erfüllt sein.
Die Vergütung des Anwalts im Rahmen der Beratungshilfe berechnet sich folgendermaßen:

1. Geschäftsgebühr, VV 2503   85,00 EUR
2. Postentgeltpauschale, VV 7002   17,00 EUR
   Zwischensumme   102,00 EUR
3. 19 % Umsatzsteuer, VV 7008   19,38 EUR
Gesamt   **121,38 EUR**

Dieser Betrag ist der Staatskasse festzusetzen. Auf den Betrag ist dagegen nicht die Zahlung des Gegners von **491,54 EUR** anzurechnen. Denn die fiktive und offengebliebene Wahlanwaltsvergütung von 316,59 EUR übersteigt den Vergütungsanspruch von 121,38 EUR gegen die Staatskasse. Erst wenn eine Wahlanwaltsvergütung offenstehen würde, die die festzusetzende Beratungshilfevergütung nicht übersteigen würde, käme eine Verrechnung in Betracht.

Erhält der Rechtsanwalt die volle Geschäftsgebühr im Rahmen der Beratungshilfe aus der Staatskasse ausgezahlt und erhält der Rechtsanwalt für den Mandanten im anschließenden Rechtsstreit sämtliche Kosten einschließlich der Verfahrensgebühr von dem Gegner erstattet, so ist der Anwalt verpflichtet, den anrechenbaren Betrag von 42,50 EUR eventuell abzüglich eines mit der Differenzvergütung zu verrechnenden Anteils an die Staatskasse zurückzuführen (vgl. § 59, ggf. analog).[39] Der Anwalt ist ohnehin verpflichtet, von selbst und ohne ausdrückliche Anfrage die Staatskasse zu benachrichtigen, dass Zahlungen auf die Geschäftsgebühr eingegangen sind (vgl. § 55 Abs. 5 S. 4).

2. Weitere Geschäftsgebühr außerhalb eines gerichtlichen oder behördlichen Verfahrens

Entsteht eine zweite Geschäftsgebühr außerhalb eines gerichtlichen oder behördlichen Verfahrens, verbleiben beide entstandenen Geschäftsgebühren **anrechnungsfrei**, da es insoweit an einer zu Anm. Abs. 6 zu VV Vorb. 2.3 vergleichbaren Anrechnungsregelung in VV 2503 fehlt.

> **Beispiel:** Der Anwalt wird vom Rechtsuchenden beauftragt, ihn in außergerichtlich zu vertreten. Anschließend kommt es zu einem obligatorischen Streitschlichtungsverfahren nach § 15a EGZPO, in dem der Anwalt den Rechtsuchenden ebenfalls vertritt.
> Es liegen zwei Angelegenheiten i.S.d. § 15 vor, da das Streitschlichtungsverfahren gegenüber der vorangegangenen außergerichtlichen Vertretung eine eigene Angelegenheit darstellt (§ 17 Nr. 7 Buchst. a). Es entstehen also zwei Geschäftsgebühren. Eine Anrechnung findet nicht statt. Bei einem Schlichtungsverfahren handelt es sich weder um ein gerichtliches noch um ein behördliches Verfahren. Zwar werden die Schlichtungsstellen von der Landesjustizverwaltung eingerichtet; das macht sie aber nicht zu staatlichen Behörden. Erst Recht findet kein „behördliches Verfahren" statt, da keine Entscheidung ergehen kann, sondern nur geschlichtet wird.
>
> **I. Außergerichtliche Vertretung**
> 1. Geschäftsgebühr, VV 2503   85,00 EUR
> 2. Postentgeltpauschale, VV 7002   17,00 EUR
>   Zwischensumme   102,00 EUR
> 3. 19 % Umsatzsteuer, VV 7008   19,38 EUR
> **Gesamt**   **121,38 EUR**
>
> **II. Vertretung im Streitschlichtungsverfahren**
> 1. Geschäftsgebühr, VV 2503   85,00 EUR
> 2. Postentgeltpauschale, VV 7002   17,00 EUR
>   Zwischensumme   102,00 EUR
> 3. 19 % Umsatzsteuer, VV 7008   19,38 EUR
> **Gesamt**   **121,38 EUR**

Kommt es nach einem Verfahren i.S.d. § 17 Nr. 7 zu einem gerichtlichen Verfahren, verbleiben die Geschäftsgebühren zueinander anrechnungsfrei. Im Verhältnis zur Verfahrensgebühr für die Vertretung im gerichtlichen Verfahren greift indes Anm. Abs. 2 S. 1 zu VV 2503 und es ist insoweit hälftig anzurechnen. Obwohl hier eine ausdrückliche Regelung fehlt, dürfte analog VV Vorb. 3 Abs. 4 S. 3 auch hier die Anrechnung nur die zweite Geschäftsgebühr betreffen.

---

39 Vgl. näher *Enders*, JurBüro 2010, 113.

Beispiel: Der Anwalt wird von einem Auszubildenden im Rahmen der Beratungshilfe beauftragt, ihn außergerichtlich hinsichtlich der Abwehr einer Kündigung zu vertreten. Anschließend kommt es zum Schlichtungsverfahren nach § 111a ArbGG und hiernach zum Kündigungsschutzprozess vor dem Arbeitsgericht (Streitwert: 1.500 EUR). Der Anwalt wählt, dass eine Anrechnung auf die Verfahrensgebühr für die Vertretung vor dem Arbeitsgericht erfolgen soll.

Die Geschäftsgebühr der außergerichtlichen Vertretung ist nicht anzurechnen (siehe Rdn 25). Nach § 15a, Anm. Abs. 2 S. 1 zu VV 2503 beträgt der Anrechnungsbetrag die Hälfte der Geschäftsgebühr des Schlichtungsverfahrens, also 42,50 EUR. Das Wahlrecht, auf welche Gebühr der Anrechnungsbetrag anzurechnen ist, folgt aus § 15a Abs. 1.

I. Außergerichtliche Vertretung
1. Geschäftsgebühr, VV 2503 — 85,00 EUR
2. Postentgeltpauschale, VV 7002 — 17,00 EUR
   Zwischensumme — 102,00 EUR
3. 19 % Umsatzsteuer, VV 7008 — 19,38 EUR
   Gesamt — 121,38 EUR

II. Vertretung im Schlichtungsverfahren
1. Geschäftsgebühr, VV 2503 — 85,00 EUR
2. Postentgeltpauschale, VV 7002 — 17,00 EUR
   Zwischensumme — 102,00 EUR
3. 19 % Umsatzsteuer, VV 7008 — 19,38 EUR
   Gesamt — 121,38 EUR

III. Vertretung im Kündigungsschutzprozess
1. 1,3-Verfahrensgebühr, VV 3100
   (Wert: 1.500 EUR) — 149,50 EUR
2. gem. § 15a, Anm. Abs. 1 S. 2 zu VV 2503 anzurechnen — – 42,50 EUR
3. 1,2-Terminsgebühr, VV 3104
   (Wert: 1.500 EUR) — 138,00 EUR
4. Postentgeltpauschale, VV 7002 — 20,00 EUR
   Zwischensumme — 265,00 EUR
5. 19 % Umsatzsteuer, VV 7008 — 50,35 EUR
   Gesamt — 315,35 EUR

3. Weitere Geschäftsgebühr in einem behördlichen Verfahren

27 In Betracht kommt auch eine **Anrechnung der Geschäftsgebühr auf eine weitere Geschäftsgebühr**, nämlich z.B. dann, wenn der Anwalt den Rechtsuchenden zunächst außergerichtlich im Verwaltungsverfahren vertritt und anschließend im Nachprüfungsverfahren. Die Vorschrift des § 17 Nr. 1a gilt auch in der Beratungshilfe; es liegen daher auch hier zwei gesonderte Angelegenheiten i.S.d. § 15 vor. Da es sich bei den anschließenden Nachprüfungsverfahren um ein behördliches Verfahren handelt, hat also nach Anm. Abs. 2 S. 1 zu VV 2503 i.V.m. § 15a eine Anrechnung zwischen der ersten Geschäftsgebühr und der zweiten Geschäftsgebühr in Höhe einer hälftigen Geschäftsgebühr von 42,50 EUR stattzufinden.

Beispiel: Der Anwalt wird vom Mandanten beauftragt, ihn in einem Verwaltungsverfahren im Wege der Beratungshilfe zu vertreten. Die Staatskasse zahlt die Vergütung ohne Anrechnung für die Vertretung aus. Anschließend erhält der Anwalt den Auftrag, den Mandanten auch im Widerspruchsverfahren im Wege der Beratungshilfe zu vertreten.

Es liegen nach § 17 Nr. 1 zwei Angelegenheiten vor, in denen jeweils eine Geschäftsgebühr entsteht. Der Anwalt hat für die Vertretung im Verwaltungsverfahren die volle Vergütung ohne Anrechnung aus der Staatskasse erhalten. Es ist dann der Anrechnungsbetrag in Höhe der hälftigen ersten Geschäftsgebühr von 35,00 EUR gemäß Anm. Abs. 2 S. 1 zu VV 2503 zur Hälfte auf die zweite Geschäftsgebühr anzurechnen.

I. Außergerichtliche Vertretung im Verwaltungsverfahren
1. Geschäftsgebühr, VV 2503 — 85,00 EUR
2. Postentgeltpauschale, VV 7002 — 17,00 EUR
   Zwischensumme — 102,00 EUR
3. 19 % Umsatzsteuer, VV 7008 — 19,38 EUR
   Gesamt — 121,38 EUR

II. Außergerichtliche Vertretung im Nachprüfungsverfahren

1. Geschäftsgebühr, VV 2503		85,00 EUR
2. gem. § 15a, Anm. Abs. 2 S. 1 zu VV 2503 anzurechnen[40]		– 42,50 EUR
3. Postentgeltpauschale, VV 7002		17,00 EUR
Zwischensumme	59,50 EUR	
4. 19 % Umsatzsteuer, VV 7008		11,31 EUR
Gesamt		**70,81 EUR**

Beispiel: Der Anwalt wird vom Rechtsuchenden beauftragt, ihn im Ausgangs- und im Widerspruchsverfahren zu vertreten. Der Rechtsuchende erhält nur für das Ausgangsverfahren Beratungshilfe. Der Gegenstandswert des Widerspruchverfahrens beträgt 1.500 EUR. Der Rechtsanwalt macht von seinem Wahlrecht nach § 15a Abs. 1 Gebrauch, wonach der Anrechnungsbetrag aus Anm. Abs. 1 zu VV 2503 über 42,50 EUR auf die Geschäftsgebühr des Widerspruchsverfahrens anzurechnen ist. Aus der Staatskasse hat der Rechtsanwalt die Beratungshilfevergütung erhalten.

Es ist der Anrechnungsbetrag in Höhe der hälftigen Geschäftsgebühr in Höhe von 42,50 EUR gemäß Anm. Abs. 2 S. 1 zu VV 2503 auf die Verfahrensgebühr anzurechnen.

I. Außergerichtliche Vertretung im Verwaltungsverfahren

1. Geschäftsgebühr, VV 2503		85,00 EUR
2. Postentgeltpauschale, VV 7002		17,00 EUR
Zwischensumme	102,00 EUR	
3. 19 % Umsatzsteuer, VV 7008		19,38 EUR
Gesamt		**121,38 EUR**

II. Außergerichtliche Vertretung im Nachprüfungsverfahren

1. 1,3-Verfahrensgebühr, VV 2300 (Wert: 1.500 EUR)		149,50 EUR
2. gem. § 15a, Anm. Abs. 2 S. 1 zu VV 2503 anzurechnen[41]		– 42,50 EUR
3. Postentgeltpauschale, VV 7002		20,00 EUR
Zwischensumme	127,00 EUR	
4. 19 % Umsatzsteuer, VV 7008		24,13 EUR
Gesamt		**151,13 EUR**

Vergleichbar ist auch in sozialrechtlichen behördlichen Verfahren abzurechnen. Insoweit ergeben sich hier keine Besonderheiten (Beispiel siehe Rdn 31).

4. Verfahrensgebühr in einem gerichtlichen Verfahren

Kommt es nach dem Nachprüfungsverfahren zum gerichtlichen Verfahren (Anfechtungsklage o.Ä.), ergibt sich aus § 15a, Anm. Abs. 2 S. 1 zu VV 2503, dass zwischen der Geschäftsgebühr und der Verfahrensgebühr in Höhe der halben Geschäftsgebühr von 42,50 EUR anzurechnen ist.

Beispiel: Der Anwalt wird vom Rechtsuchenden beauftragt, ihn im Widerspruchsverfahren zu vertreten. Hiernach wird Anfechtungsklage vor dem Verwaltungsgericht erhoben (Streitwert: 1.500 EUR). Der Anwalt bestimmt, dass eine Anrechnung auf die Verfahrensgebühr erfolgen soll. Welche Vergütung kann er insgesamt verlangen?

Es ist der Anrechnungsbetrag in Höhe der hälftigen Geschäftsgebühr in Höhe von 42,50 EUR gemäß Anm. Abs. 2 S. 1 zu VV 2503 auf die Verfahrensgebühr anzurechnen.

I. Außergerichtliche Vertretung im Verwaltungsverfahren

1. Geschäftsgebühr, VV 2503		85,00 EUR
2. Postentgeltpauschale, VV 7002		17,00 EUR
Zwischensumme	102,00 EUR	
3. 19 % Umsatzsteuer, VV 7008		19,38 EUR
Gesamt		**121,38 EUR**

II. Gerichtliche Vertretung

1. 1,3-Verfahrensgebühr, VV 3100 (Wert: 1.500 EUR)	149,50 EUR
2. gem. § 15a, Anm. Abs. 2 S. 1 zu VV 2503 anzurechnen[42]	– 42,50 EUR

---

40 Die Frage einer Verrechnung mit Differenzkosten wird bei diesem Beispiel außen vor gelassen.

41 Die Frage einer Verrechnung mit Differenzkosten wird bei diesem Beispiel außen vor gelassen.

42 Die Frage einer Verrechnung mit Differenzkosten wird bei diesem Beispiel außen vor gelassen.

    3. 1,2-Terminsgebühr, VV 3104
       (Wert: 1.500 EUR)   138,00 EUR
    4. Postentgeltpauschale, VV 7002   20,00 EUR
       Zwischensumme   265,00 EUR
    5. 19 % Umsatzsteuer, VV 7008   50,35 EUR
    Gesamt   **315,35 EUR**

31 **Beispiel:** Der Anwalt wird von einem Rechtsuchenden beauftragt, ihn in einem sozialrechtlichen Widerspruchsverfahren zu vertreten, das nach § 3 Abs. 1 S. 1 nicht nach dem Wert abgerechnet wird. Hiernach kommt es zum gerichtlichen Verfahren vor dem Sozialgericht.
Für die Vertretung im Widerspruchsverfahren entsteht eine Geschäftsgebühr nach VV 2503. Im Sozialgerichtsverfahren entsteht die Verfahrensgebühr nach VV 3102.
Es ist der Anrechnungsbetrag in Höhe der hälftigen Geschäftsgebühr in Höhe von 42,50 EUR gemäß Anm. Abs. 2 S. 1 zu VV 2503 auf die Verfahrensgebühr anzurechnen.

I. Außergerichtliche Vertretung im Widerspruchsverfahren
1. Geschäftsgebühr, VV 2503   85,00 EUR
2. Postentgeltpauschale, VV 7002   17,00 EUR
   Zwischensumme   102,00 EUR
3. 19 % Umsatzsteuer, VV 7008   19,38 EUR
Gesamt   **121,38 EUR**

II. Gerichtliche Vertretung
1. Verfahrensgebühr, VV 3102   300,00 EUR
2. gem. § 15a, Anm. Abs. 2 S. 1 zu VV 2503 anzurechnen[43]   – 42,50 EUR
3. Terminsgebühr, VV 3106   280,00 EUR
4. Postentgeltpauschale, VV 7002   20,00 EUR
   Zwischensumme   557,50 EUR
5. 19 % Umsatzsteuer, VV 7008   105,93 EUR
Gesamt   **663,43 EUR**

32 Das 2. KostRMoG hat aus der Anm. Abs. 2 S. 1 die Ergänzung, dass die Anrechnung der Geschäftsgebühr bei Beratungshilfe auf die ermäßigten Geschäftsgebühren nach den VV 2401 und 3103 nicht erfolgt, gestrichen. Hintergrund der – nunmehr gestrichenen – Ergänzung war folgender: Wurde ein Rechtsanwalt **sowohl im verwaltungs- oder sozialbehördlichen Ausgangsverfahren also auch im Nachprüfungsverfahren tätig** und wurde dem Auftraggeber aber **nur für das Ausgangsverfahren Beratungshilfe bewilligt**, hätte der Rechtsanwalt für die Tätigkeit im Nachverfahren wegen der Vorbefassung nur die reduzierte Geschäftsgebühr nach VV 2401 a.F. und nicht die Geschäftsgebühr VV 2400 a.F. verdient. Zusätzlich hätte noch die Anrechnung nach Anm. Abs. 1 zu VV 2503 stattfinden müssen. Eine solche doppelte Reduzierung durch die doppelte Berücksichtigung des durch die Vorbefassung ersparten Aufwands ist verfassungswidrig.[44] Die Ergänzung in Anm. Abs. 1 zu VV 2503 a.F. schloss die Anrechnung auf die Gebühren VV 2401 und 3103 a.F. aus.[45]

Das 2. KostRMoG hat die Anwendung zweier unterschiedlich hoher Satzrahmengebühren für die außergerichtliche Tätigkeit (nämlich VV 2400 a.F. und 2401 a.F.) aufgegeben und sich für eine reine Anrechnungslösung entschieden.[46] Im Zuge dessen ist in Abs. 4 S. 3 zu VV 2.3 für alle Geschäftsgebühren bestimmt, dass **bei der Bemessung der weiteren Geschäftsgebühr innerhalb eines Rahmens nicht zu berücksichtigen** ist, dass der Umfang der Tätigkeit infolge der vorangegangenen Tätigkeit geringer ist. Damit ist die vorbeschriebene **Problemlage neu gelöst** worden.

33 Kommt es nach dem Verwaltungsverfahren und dem Nachprüfungsverfahren zum gerichtlichen Verfahren (Anfechtungsklage o.Ä.), bedarf es zweimal einer Anrechnung. Zum einen ist zwischen den Geschäftsgebühren anzurechnen (§ 15a, Anm. Abs. 2 S. 1 zu VV 2503). Des Weiteren ist zwischen der zweiten Geschäftsgebühr und der Verfahrensgebühr anzurechnen. Dass eine Anrechnung der Verfahrensgebühr nur mit der zweiten Geschäftsgebühr stattzufinden hat, dürfte sich analog VV Vorb. 3 Abs. 4 S. 3 ergeben. Bei der Anrechnung zwischen der zweiten Geschäftsgebühr und der Verfahrensgebühr bleibt unberücksichtigt, dass eine Anrechnung zwischen der ersten und zweiten

---

43 Die Frage einer Verrechnung mit Differenzkosten wird bei diesem Beispiel außen vor gelassen.
44 BVerfG BeckRS 2011, 54837.
45 Die parallele Problematik bei der Satzgebühr VV 2301 a.F. übersah der Gesetzgeber.
46 Vgl. BR-Drucks 517/12, S. 206 und 423 f.

Geschäftsgebühr stattgefunden hat. Denn § 15a ist zudem zu entnehmen, dass eine ursprüngliche entstandene Gebühr anzurechnen ist und nicht erst eine um eine Anrechnung verminderte Gebühr.[47]

Beispiel: Der Anwalt wird vom Rechtsuchenden beauftragt, ihn in einem Verwaltungsverfahren zu vertreten und anschließend im Widerspruchsverfahren. Hiernach wird Anfechtungsklage vor dem Verwaltungsgericht erhoben (Streitwert: 1.500 EUR). Der Anwalt bestimmt, dass eine Anrechnung auf die zweite Geschäftsgebühr bzw. auf die Verfahrensgebühr erfolgen soll. Welche Vergütung kann er insgesamt verlangen?

Es ist der Anrechnungsbetrag in Höhe der hälftigen ersten Geschäftsgebühr in Höhe von 42,50 EUR gemäß Anm. Abs. 2 S. 1 zu VV 2503 auf die zweite Geschäftsgebühr anzurechnen. Des Weiteren ist der Anrechnungsbetrag in Höhe der hälftigen zweiten Geschäftsgebühr in Höhe von 42,50 EUR gemäß Anm. Abs. 2 S. 1 zu VV 2503 auf die Verfahrensgebühr anzurechnen. § 15a ist zu entnehmen, dass eine ursprüngliche entstandene Gebühr anzurechnen ist und nicht erst eine um eine Anrechnung verminderte Gebühr. Deshalb beläuft sich auch der zweite Anrechnungsbetrag auf 42,50 EUR.

I. Außergerichtliche Vertretung im Verwaltungsverfahren
1. Geschäftsgebühr, VV 2503   85,00 EUR
2. Postentgeltpauschale, VV 7002   17,00 EUR
    Zwischensumme   102,00 EUR
3. 19 % Umsatzsteuer, VV 7008   19,38 EUR
Gesamt   **121,38 EUR**

II. Außergerichtliche Vertretung im Nachprüfungsverfahren
1. Geschäftsgebühr, VV 2503   85,00 EUR
2. gem. § 15a, Anm. Abs. 2 S. 1 zu VV 2503 anzurechnen[48]   − 42,50 EUR
3. Postentgeltpauschale, VV 7002   17,00 EUR
    Zwischensumme   59,50 EUR
4. 19 % Umsatzsteuer, VV 7008   11,31 EUR
Gesamt   **70,81 EUR**

III. Gerichtliche Vertretung
1. 1,3-Verfahrensgebühr, VV 3100
   (Wert: 1.500 EUR)   149,50 EUR
2. gem. § 15a, Anm. Abs. 2 S. 1 zu VV 2503 anzurechnen[49]   − 42,50 EUR
3. 1,2-Terminsgebühr, VV 3104
   (Wert: 1.500 EUR)   138,00 EUR
4. Postentgeltpauschale, VV 7002   20,00 EUR
    Zwischensumme   265,00 EUR
5. 19 % Umsatzsteuer, VV 7008   50,35 EUR
Gesamt   **315,35 EUR**

III. Anschließendes Verfahren auf Vollstreckbarerklärung eines Vergleichs (Anm. Abs. 2 S. 2)

Handelt es sich bei dem nachfolgenden Verfahren um ein Verfahren auf Vollstreckbarerklärung eines Vergleichs nach den §§ 796a, 796b und 796c Abs. 2 S. 2 ZPO, so wird die in VV 2503 genannte Gebühr nur **zu einem Viertel** angerechnet.   34

Auch im Rahmen der Beratungshilfe können die Parteien einen Anwaltsvergleich schließen, der anschließend vom Gericht für vollstreckbar erklärt werden kann. In dem nachfolgenden Verfahren auf Vollstreckbarerklärung erhält der Anwalt die Vergütung nach VV 3100 ff. Die Anrechnung zwischen diesen Gebühren und der Geschäftsgebühr VV 2503 beträgt ein Viertel der Gebühr nach VV 2503. Gleichermaßen kommt § 15a zur Anwendung. Der Anrechnungsbetrag ergibt stets 21,25 EUR.   35

Auch hier ist bei der Anrechnung zu beachten, dass zunächst mit dem Differenzbetrag zur Wahlanwaltsvergütung zu verrechnen ist. Im Übrigen gilt die voranstehende Kommentierung (siehe Rdn 15 ff.) entsprechend.   36

---

47 Vgl. BGH NJW 2011, 1368.
48 Die Frage einer Verrechnung mit Differenzkosten wird bei diesem Beispiel außen vor gelassen.
49 Die Frage einer Verrechnung mit Differenzkosten wird bei diesem Beispiel außen vor gelassen.

D. Post- und Telekommunikationsentgelte

37 Der Rechtsanwalt erhält Entgelte für die von ihm getätigten Post- und **Telekommunikationsdienstleistungen**. Diese kann er wahlweise nach VV 7001 konkret berechnen oder nach VV 7002 pauschal. Die Höhe der Pauschale beträgt 20 % der Gebühren, höchstens 20 EUR. Maßgebend sind die im Rahmen der Beratungshilfe verdienten und von der Staatskasse zu vergütenden Gebühren (vgl. Anm. Abs. 2 zu VV 7002), nicht dagegen die Gebühren eines Wahlanwalts. Die Anm. Abs. 2 ist durch das BerH-Änderungsgesetz 2013[50] eingefügt worden und beendet die vormals streitige Frage.[51]

Nr.	Gebührentatbestand	Gebühr oder Satz der Gebühr nach § 13 RVG
2504	Tätigkeit mit dem Ziel einer außergerichtlichen Einigung mit den Gläubigern über die Schuldenbereinigung auf der Grundlage eines Plans (§ 305 Abs. 1 Nr. 1 InsO): Die Gebühr 2503 beträgt bei bis zu 5 Gläubigern	270,00 €
2505	Es sind 6 bis 10 Gläubiger vorhanden: Die Gebühr 2503 beträgt	405,00 €
2506	Es sind 11 bis 15 Gläubiger vorhanden: Die Gebühr 2503 beträgt	540,00 €
2507	Es sind mehr als 15 Gläubiger vorhanden: Die Gebühr 2503 beträgt	675,00 €

1 In den VV 2504 ff. ist die Vergütung des Anwalts geregelt, der im Rahmen der Beratungshilfe zur **Herbeiführung einer außergerichtlichen Einigung mit den Gläubigern über die Schuldenbereinigung auf der Grundlage eines Plans (§ 305 Abs. 1 Nr. 1 InsO)** vertretend tätig wird. Mit der gegenüber VV 2503 erhöhten Gebühr wird auch der erhöhte anwaltliche Arbeitsaufwand, der mit der Aufstellung eines Plans nach § 305 InsO verbunden ist, abgegolten.[1]

2 § 305 Abs. 1 InsO regelt die Voraussetzungen des Antrags eines Schuldners auf Eröffnung eines gerichtlichen Verbraucherinsolvenzverfahrens. Diesem Antrag ist nach Nr. 1 eine Bescheinigung beizufügen, die von einer geeigneten Person oder Stelle auf der Grundlage persönlicher Beratung und eingehender Prüfung der Einkommens- und Vermögensverhältnisse des Schuldners ausgestellt ist und aus der sich ergibt, dass eine außergerichtliche Einigung mit den Gläubigern über die Schuldenbereinigung auf der Grundlage eines Plans innerhalb der letzten sechs Monate vor dem Eröffnungsantrag erfolglos versucht worden ist.[2] Unter einem Plan ist schon dem Wortlaut nach eine zusammenfassende, die Einzelheiten integrierende und ergebnisorientierte Gesamtdarstellung eines Komplexes zu verstehen.[3] Ein solcher Plan muss schriftlich vorliegen und als Schuldenbereinigungsplan erkennbar sein.[4] Die Gläubiger müssen zweifelsfrei erkennen können, ob sie an den Schuldenbereinigungsplan gebunden sein sollen.[5] In jeden Schuldenbereinigungsplan gehört eine Erklärung, ob Sicherheiten einzelner Gläubiger vorhanden sind oder nicht.[6] Inhaltlich muss der Plan für den

---

50 Vgl. hierzu BT-Drucks 17/11472, S. 50.
51 Eine Berechnung nach den Gebühren im Rahmen von Beratungshilfe befürwortend: OLG Düsseldorf AGS 2007, 630; OLG Bamberg JurBüro 2007, 645; OLG Nürnberg NJW-RR 2008, 1671; OLG Celle NJOZ 2009, 344; OLG Brandenburg BeckRS 2010, 1959; OLG Hamm BeckRS 2009, 3325; OLG Dresden BeckRS 2009, 6821; eine Berechnung nach den Wahlanwaltsgebühren befürwortend: OLG Nürnberg AGS 2007, 253 = OLGR 2007, 191 = JurBüro 2007, 209 = MDR 2007, 805 = RVGreport 2007, 150; AG Köln AGS 2006, 25 m. Anm. *Mock* = RVGreport 2006, 68; AG Oschatz AGS 2007, 631 = FamRZ 2007, 1671 = NJW-Spezial 2007, 525; AG Eutin AGS 2007, 631; AG Siegburg AGS 2008, 298.

1 KG Rpfleger 2008, 647 = JurBüro 2008, 591 = Rpfleger 2009, 88 = RVGreport 2008, 388 = NJ 2008, 515.
2 Trotz entgegenstehenden Gesetzesvorschlags (vgl. BT-Drucks 17/11268) ist der außergerichtliche Einigungsversuch gesetzlich beibehalten worden (vgl. BT-Drucks 17/13535, S. 40 f.).
3 KG Rpfleger 2008, 647 = JurBüro 2008, 591 = Rpfleger 2009, 88 = RVGreport 2008, 388 = NJ 2008, 515.
4 KG Rpfleger 2008, 647 = JurBüro 2008, 591 = Rpfleger 2009, 88 = RVGreport 2008, 388.
5 KG Rpfleger 2008, 647 = JurBüro 2008, 591 = Rpfleger 2009, 88 = RVGreport 2008, 388.
6 KG Rpfleger 2008, 647 = JurBüro 2008, 591 = Rpfleger 2009, 88 = RVGreport 2008, 388.

außergerichtlichen Einigungsversuch auch die Gläubigerinteressen sowie die Vermögens- und Familienverhältnisse des Schuldners berücksichtigen.[7]

Die gesamte Schuldenregulierung für den Rechtsuchenden ist unabhängig von der Zahl der Gläubiger immer nur eine Angelegenheit.[8] Das gilt insbesondere dann, wenn mehrere Gläubiger in einem einheitlichen Rundschreiben angeschrieben werden.[9] 3

Es handelt sich dagegen nicht um „eine Angelegenheit" i.S.d. § 2 Abs. 2 S. 1 BerHG, wenn Ehegatten die Gewährung von Beratungshilfe jeweils für die Durchführung eines außergerichtlichen Schuldenbereinigungsverfahrens stellen.[10] 4

Die Entstehung der Gebühr nach VV 2504 setzt voraus, dass der Anwalt eine Tätigkeit entfaltet, die auf die Erstellung eines Plans zur außergerichtlichen Schuldenbereinigung nach § 305 Abs. 1 Nr. 1 InsO als Grundlage zur Herbeiführung einer außergerichtlichen Einigung mit den Gläubigern gerichtet ist. Für die Entstehung der Gebühr ist nicht erforderlich, dass ein schriftlicher Schuldenbereinigungsplan, der auch die Gläubiger schon erkennen lässt, schon vollständig erstellt ist.[11] Denn Voraussetzung ist nach VV 2504 nur, dass die anwaltliche Tätigkeit dieses Ziel hat. Allerdings muss die anwaltliche Tätigkeit zumindest eine Ausarbeitung erkennen lassen, welche wenigstens in einzelnen konzeptionellen Elementen das ernsthafte Bemühen für die Schuldnerseite erkennen lässt, eine Verhandlungsbasis gegenüber der Gläubigerseite für eine einvernehmliche Lösung anzubieten.[12] 5

Die anwaltliche Tätigkeit muss sich auf einen außergerichtlichen Schuldenbereinigungsversuch, der eine gewisse Gesamtschau der Forderungen jedenfalls im Ansatz einschließlich irgendwie gearteter ergebnisorientierter Überlegungen zum Lösungsvorschlag enthält, beziehen.[13] Diese Anforderungen erfüllt ein lediglich Erkundungen einziehendes Einzelschreiben keinesfalls.[14] Ebenfalls genügt es nicht, wenn der Anwalt den Gläubigern nur einen so genannten starren Nullplan mit dem Erklärungsgehalt des Schuldners „Ich zahle jetzt und auch später – nichts!" übermittelt hat,[15] unabhängig von der weiteren Rechtsfrage, ob ein starrer Nullplan überhaupt eine zulässige Grundlage eines Schuldenbereinigungsverfahrens nach § 305 Abs. 1 Nr. 1 InsO sein kann.[16]

Erforderlich ist nicht, dass der Anwalt gegenüber mehreren Gläubigern tätig wird. Die Gebühr VV 2504 fällt bereits an, wenn der Anwalt nur gegenüber einem (möglicherweise dem einzigen) Gläubiger des Schuldners tätig wird.[17] Zwar ist in VV 2504 von „Gläubigern" die Rede, was dafür spricht, dass mindestens zwei Gläubiger vorhanden sein müssen. Indes benennt VV 2504 einen Gebührenbetrag „bei bis zu 5 Gläubigern", ohne eine Mindestzahl der Gläubiger anzugeben. Der Maßgabe von bis zu 5 Gläubigern unterfällt auch ein einziger Gläubiger. 6

Die **Geschäftsgebühr** nach VV 2503 beläuft sich im Grundtatbestand der VV 2504 auf 270 EUR. Sie erhöht sich jeweils um 135 EUR, wenn der Anwalt gegenüber mehr als fünf, mehr als zehn oder mehr als fünfzehn Gläubigern tätig wird. Die Gebührenbeträge sind durch das 2. KostRMoG um Beträge zwischen 46 EUR (VV 2504) und 115 EUR (VV 2507) erhöht worden. Die Gebühren nach VV 2504 ff. belaufen sich nunmehr wie folgt: 7

– bis fünf Gläubiger: 270 EUR
– sechs bis zehn Gläubiger: 405 EUR
– elf bis fünfzehn Gläubiger: 540 EUR
– sechzehn Gläubiger und mehr: 675 EUR.

---

7 KG Rpfleger 2008, 647 = JurBüro 2008, 591 = Rpfleger 2009, 88 = RVGreport 2008, 388.
8 LG Berlin BRAGOreport 2001, 93 m. Anm. *N. Schneider* = KostRsp. BRAGO § 132 Nr. 119 m. Anm. *N. Schneider* = AnwBl 2001, 694 = JurBüro 2001, 694.
9 LG Berlin JurBüro 2007, 387 = RVGreport 2006, 464 = RVGreport 2007, 302.
10 AG Oldenburg, Beschl. v. 28.12.2007 – 17 II 423/06 – 940.
11 A.A. KG Rpfleger 2008, 647 = JurBüro 2008, 591 = Rpfleger 2009, 88 = RVGreport 2008, 388; AG Darmstadt v. 23.8.2012 – 3 UR 1030/12.
12 OLG Bamberg NZI 2010, 949.
13 OLG Frankfurt JurBüro 2008, 422.
14 OLG Frankfurt JurBüro 2008, 422.
15 OLG Bamberg NZI 2010, 949.
16 Vgl. insoweit MüKo-Inso/*Ott/Vuia*, § 305 InsO, Rn 65 ff.; BGH NJW-RR 2005, 416.
17 Gerold/Schmidt/*Mayer*, RVG, VV 2500–2508, Rn 40; a.A. KG Rpfleger 2008, 647 = JurBüro 2008, 591 = Rpfleger 2009, 88 = RVGreport 2008, 388 = NJ 2008, 515; OLG Bamberg NZI 2010, 949; zweifelnd auch OLG Frankfurt AGS 2008, 394 = JurBüro 2008, 422 = OLGR 2009, 81 = RVGreport 2008, 387.

Nr.	Gebührentatbestand	Gebühr oder Satz der Gebühr nach § 13 RVG
2508	Einigungs- und Erledigungsgebühr .... (1) Die Anmerkungen zu Nummern 1000 und 1002 sind anzuwenden. (2) Die Gebühr entsteht auch für die Mitwirkung bei einer außergerichtlichen Einigung mit den Gläubigern über die Schuldenbereinigung auf der Grundlage eines Plans (§ 305 Abs. 1 Nr. 1 InsO).	150,00 €

A. Allgemeines 1
B. Regelungsgehalt 2
  I. Einigungsgebühr 3
    1. Überblick 3
    2. Abschluss eines Vertrags 4
    3. Wirksamkeit des Vertrags 6
    4. Streit oder Ungewissheit über Rechtsverhältnis 7
    5. Einzelfragen 8

    a) Kein gegenseitiges Nachgeben erforderlich 8
    b) Ratenzahlungsvereinbarung 9
    6. Mitwirkung des Rechtsanwalts 10
    7. Vergütungsfestsetzung 11
    8. Besonderheiten in Familiensachen 12
  II. Erledigungsgebühr 15
  III. Einigungsgebühr bei Schuldenbereinigung (Anm. Abs. 2) 16

A. Allgemeines

1 Nach VV 2508 erhält der Anwalt eine weitere Gebühr, wenn die Tätigkeit des Anwalts nach VV 2501 ff. zu einer **Einigung (VV 1000)** oder einer **Erledigung der Rechtssache (VV 1002)** geführt hat. Die Gebühr nach VV 2508 erhält der Anwalt **gesondert neben** den Gebühren nach VV 2501 ff. Die Höhe der Gebühr beläuft sich für eine Einigung oder Erledigung einheitlich auf 150 EUR. Der Gebührenbetrag ist durch das 2. KostRMoG von 125 EUR auf 150 EUR erhöht worden. Weiterhin hat das 2. KostRMoG die Anm. zu VV 1000 geändert (vgl. hierzu Rdn 9), auf die die Anm. Abs. 1 zu VV 2508 unmittelbar Bezug nimmt.

B. Regelungsgehalt

2 Hinsichtlich der **Voraussetzungen** für die Gebühr nach VV 2508 gelten aufgrund des Verweises in Anm. Abs. 1 zu VV 2508 die gleichen Anforderungen wie für die entsprechenden Gebühren nach **VV 1000, 1002**, so dass auf die dortige Kommentierung grundsätzlich verwiesen werden kann.

I. Einigungsgebühr

1. Überblick

3 Die Einigungsgebühr entsteht für die Mitwirkung beim Abschluss eines Vertrages, durch den der Streit oder die Ungewissheit der Parteien über ein Rechtsverhältnis beseitigt wird, es sei denn, der Vertrag beschränkt sich ausschließlich auf ein Anerkenntnis oder einen Verzicht (VV 1000 Anm. Abs. 1). Diese Einschränkung ist notwendig, damit nicht schon die Erfüllung des geltend gemachten Anspruchs oder der Verzicht auf Weiterverfolgung eines Anspruchs die Einigungsgebühr auslösen können.[1] Eine Einigungsgebühr kann demnach aber dann entstehen, wenn eine Einigung wechselseitig auf ein Anerkenntnis und auf einen Verzicht gerichtet ist.[2] Eine solche Einigung hat nämlich nicht, wie von VV 1000 Anm. Abs. 1 negativ vorausgesetzt, ausschließlich das Anerkenntnis der gesamten Forderung durch den Schuldner oder den Verzicht des Gläubigers auf den gesamten Anspruch zum Inhalt.[3] Ein vollständiges Anerkenntnis liegt nicht vor, wenn der Rechtsanwalt für den Auftraggeber ein Vergleichsangebot der Gegenseite annimmt, welches gegenüber deren ursprünglicher Forderung einen Teilverzicht beinhaltet oder wenn der Rechtsanwalt für den Auftrag-

---

[1] BT-Drucks 15/1971, S. 204.
[2] BGH NJW-RR 2007, 359.
[3] BGH NJW-RR 2007, 359.

geber eine modifizierte Annahme – z.B. Anbieten einer Ratenzahlungsvereinbarung – erklärt und die Gegenseite dies annimmt.[4]

2. Abschluss eines Vertrags

Die Einigung setzt den Abschluss eines Vertrages voraus. Der Abschluss der Einigung bedarf keiner besonderen Form, es sei denn, aus dem materiellen Recht ergibt sich ein Formzwang. Allein die Entgegennahme einer aufgrund eines Kaufvertrages als Nacherfüllung geforderten Leistung führt nicht zu einer Einigung i.S.d. VV 1000, auch wenn die geforderte Leistung von der vertraglich geschuldeten Leistung abweicht.[5] Denn die Erfüllung einer geltend gemachten Forderung ist keine (neue) vertragliche Einigung über diese Forderung. Betrifft die Einigung einen von mehreren Ansprüchen oder einen Teil eines Anspruchs, so fällt die Einigungsgebühr an.[6] Dies gilt auch dann, wenn die Teileinigung nur einen unerheblichen Teil der Angelegenheit betrifft.[7] Gibt sich der Mandant mit einer Teilzahlung des Gegners zufrieden, entsteht keine Einigungsgebühr. Denn es fehlt auch hier an einer Einigung, einem Vertrag, zwischen dem Mandanten und dem Gegner.[8] Eine Einigungsgebühr dagegen fällt an, wenn die Teilzahlung von einer Abfindungserklärung des Mandanten abhängig gemacht wird und der Mandant diese abgibt.[9]

Auch eine Einigung mit einem Dritten kann ausreichen.[10] Bei der Einigung, die die Parteien schließen, kann es sich auch um eine **gerichtliche Einigung** handeln, sofern der Rechtsuchende am Verfahren selbst nicht beteiligt war, sondern nur zum Zwecke der Einigung beigetreten ist.[11] Der Ausschluss nach § 1 Abs. 1 BerHG steht dann nicht entgegen.

3. Wirksamkeit des Vertrags

Schließen die Parteien eine Einigung die einer Genehmigung bedarf, entsteht die Einigungsgebühr erst mit Erteilung der Genehmigung. Schließen die Parteien eine Einigung unter einer aufschiebenden Bedingung oder unter einem Widerrufsvorbehalt, so entsteht die Einigungsgebühr erst, wenn die Bedingung eingetreten ist oder die Einigung nicht mehr widerrufen werden kann (VV 1000 Anm. Abs. 3). Ist die Einigung „von vornherein" nichtig (z.B. wegen Verstoßes gegen ein gesetzliches Verbot), ist zu keinem Zeitpunkt ein wirksamer Vergleich zustande gekommen; infolgedessen erwächst auch keine Einigungsgebühr.[12] Nichts anderes gilt aber bei einer anfechtbaren Einigung, weil eine anfechtbare Einigung als von Anfang an nichtig gilt, wenn sie im Nachhinein angefochten wird (siehe VV 1000 Rdn 57).[13]

4. Streit oder Ungewissheit über Rechtsverhältnis

Zwischen den Parteien muss ein Streit oder eine Ungewissheit über ein Rechtsverhältnis bestanden haben. Der Begriff des Rechtsverhältnisses ist weit zu fassen. Erfasst werden sämtliche Rechtsverhältnisse des materiellen Rechts, sofern die Parteien hierüber verfügen können. Der Abschluss eines Vertrages (z.B. eines Kfz-Kaufvertrages) genügt für sich genommen nicht, um die Einigungsgebühr entstehen zu lassen.[14] Denn vor Abschluss des Vertrages verhandeln die Parteien in der Regel nicht über rechtliche Positionen, da in diesem Zeitpunkt eine rechtliche Bindung noch nicht bestand. Verhandelt wird in einem solchen Fall nur über wirtschaftliche Positionen.

---

4 OLG Naumburg AGS 2012, 607.
5 KG AGS 2006, 71 = KGR 2006, 122 = RVGreport 2005, 424.
6 OLG Frankfurt BeckRS 2016, 12819; OLG Stuttgart v. 18.3.2016 – 8 W 183/14.
7 A.A. OLG Frankfurt BeckRS 2016, 12819; OLG Stuttgart v. 18.3.2016 – 8 W 183/14.
8 BGH JurBüro 2007, 73; *Enders*, JurBüro 2005, 617 f.; *Madert/Müller-Rabe*, NJW 2007, 1920 (1923).
9 *Enders*, JurBüro 2005, 618; *Madert/Müller-Rabe*, NJW 2007, 1920 (1923).
10 *Groß*, § 44 RVG Rn 35.
11 *Lindemann/Trenk-Hinterberger*, § 132 BerHG Rn 22.
12 Gerold/Schmidt/*Müller-Rabe*, RVG, VV 1000 Rn 90.
13 Gerold/Schmidt/*Müller-Rabe*, RVG, VV 1000 Rn 89; str.
14 Gerold/Schmidt/*Müller-Rabe*, RVG, VV 1000 Rn 99; OLG Düsseldorf AGS 2003, 496 = OLG-Report 2003, 342 zu § 23 BRAGO a.F.

5. Einzelfragen

a) Kein gegenseitiges Nachgeben erforderlich

8 Ein gegenseitiges Nachgeben ist keine Voraussetzung für das Entstehen der Einigungsgebühr.[15] Auch der BGH hat ausdrücklich entschieden, dass ein gegenseitiges Nachgeben für die Einigungsgebühr nicht erforderlich ist.[16] Für die Einigungsgebühr kommt es damit nicht auf den Abschluss eines Vergleiches im Sinne von § 779 BGB an.[17] VV 1000 Anm. Abs. 1 S. 1 unterscheidet sich von derjenigen des § 779 Abs. 1 BGB gerade durch die Auslassung der Worte „im Wege gegenseitigen Nachgebens".[18] Es genügt demnach der Abschluss irgendeines Vertrages, der zumindest aber kausal für die Beseitigung eines Streites bzw. einer Ungewissheit über ein Rechtsverhältnis ist.[19]

Teilweise wird nach wie vor ein Mindestmaß an gegenseitigem Nachgeben für das Entstehen der Einigungsgebühr für erforderlich gehalten. Zwar ergebe sich durch den Wortlaut und die Gesetzesbegründung zu VV 1000, dass ein gegenseitiges Nachgeben nicht mehr erforderlich sei. Jedoch werde ebenfalls aus dem Wortlaut und der Gesetzesbegründung zu VV 1000 deutlich, dass ein bloß einseitiges Nachgeben wie bei einem vollständigen Anerkenntnis bzw. einem vollständigen Verzicht nicht ausreiche. Dem ist jedoch entgegenzutreten. Denn der Umstand, dass bestimmte Formen eines einseitigen Nachgebens ausgeschlossen sind, gebietet weder die Schlussfolgerung, dass überhaupt ein Nachgeben erforderlich ist, noch, dass ein gegenseitiges Nachgeben vorliegen muss. Verträge, die kausal für die Beseitigung eines Streites bzw. einer Ungewissheit über ein Rechtsverhältnis sind, können auch ohne (gegenseitiges) Nachgeben zur Entstehung der Einigungsgebühr führen. Mit der VV 1000 Anm. Abs. 1 S. 1 hat der Gesetzgeber auch gar nicht in erster Linie die Verträge oder die Prozesserklärungen im Sinne der §§ 306, 307 ZPO über ein Anerkenntnis oder einen Verzicht in Blick genommen, sondern vor allem auf die Fälle der Erfüllung oder der Nichtweiterverfolgung eines Anspruchs abgestellt.[20]

b) Ratenzahlungsvereinbarung

9 Die Mitwirkung des Anwalts bei einer Ratenzahlungsvereinbarung zu einer
– titulierten (z.B. Urteil, gerichtlicher Vergleich) oder
– unstreitigen
Forderung kann die Einigungsgebühr entstehen lassen.

Auch der Gesetzgeber ging mit dem 1. KostRMoG 2004 davon aus, dass die Einigungsgebühr bei Mitwirkung an einer Ratenzahlungsvereinbarung anfallen würde,[21] zumal ein gegenseitiges Nachgeben keine Voraussetzung mehr für die Einigungsgebühr ist. Die Ratenzahlungsvereinbarung beseitigt nämlich die Ungewissheit der Parteien über ein Rechtsverhältnis.[22] Das materielle Rechtsverhältnis ist dasjenige, welches der Forderung zugrunde lag und immer noch liegt. Wie bei § 779 Abs. 2 BGB steht es der Ungewissheit über ein Rechtsverhältnis gleich, wenn die Verwirklichung des Anspruchs unsicher ist.[23] So kann beispielsweise die Unsicherheit in dem Zweifel über einen späteren Vollstreckungserfolg liegen (z.B. Unsicherheit über Pfändungsgrenzen oder über die Zahlungsunfähigkeit des Schuldners). Da indes die Ratenzahlungsvereinbarung in der gerichtlichen Praxis vor allem uneinheitlich war, wenn bereits ein Titel vorliegt, ist durch das 2. KostRMoG die Anm. Abs. 1 zu VV 1000 überarbeitet worden.

---

15 Vgl BT-Drucks 15/1971, S. 204.
16 BGH NJW 2007, 1213; BGH NJW-RR 2007, 359.
17 BT-Drucks 15/1971, S. 204.
18 Das noch in § 23 BRAGO a.F. erforderliche gegenseitige Nachgeben war einer der Hauptstreitpunkte in Bezug auf das Entstehen der Vergleichsgebühr.
19 So auch: *Enders*, JurBüro 2004, 233 (234); Gerold/Schmidt/*Müller-Rabe*, RVG, VV 1000 Rn 126 ff.
20 Vgl BT-Drucks 15/1971, S. 204.
21 Vgl BT-Drucks 15/1971, S. 215.

22 So schon: *Schumann*, MDR 1960, 457.
23 BGH AGS 2009, 21; OLG Jena FamRZ 2006, 1692; *Madert/Müller-Rabe*, NJW 2006, 1927 (1929); *Madert/Müller-Rabe*, NJW 2007, 1920 (1923); *Enders*, JurBüro 2004, 233 (234); *Mock*, AGS 2004, 469 (470); siehe auch: BT-Drucks 15/1971, S. 215 (zu Nr. 3310 VV RVG); a.A: *Hansens*, RVG-Report 2004, 115, der meint, § 779 Abs. 2 BGB sei für die Auslegung von Anmerkung Abs. 1 S. 1 zu Nr. 1000 VV RVG nicht heranzuziehen.

So entsteht die Einigungsgebühr nach Anm. Abs. 1 Nr. 2 zu VV 1000 beim Abschluss eines Vertrages durch den geregelt wird:
- die Erfüllung des Anspruchs,
- gleichzeitig der vorläufige Verzicht auf die gerichtliche Geltendmachung,
- und – im Fall des Vorliegens eines Zwangsvollstreckungstitels – gleichzeitig der vorläufige Verzicht auf Vollstreckungsmaßnahmen.

Hinweis
Zahlungsvereinbarung während eines gerichtlichen Verfahrens – außerhalb von Beratungshilfe
Um eine Zahlungsvereinbarung entsprechend der Vorschrift Anm. Abs. 1 Nr. zu VV 1000 handelt es sich auch, wenn ein gerichtliches Verfahren anhängig ist, und der Schuldner auf die weitere Rechtsverteidigung verzichtet, damit der Gläubiger einen Vollstreckungstitel erhält. So kann es beispielsweise mit dem Verzicht oder der Rücknahme eines Widerspruchs gegen einen ergangenen Mahnbescheid der Fall sein. Anm. Abs. 1 Nr. 2 trifft zwar Regelungen für Fallkonstellationen vor Anhängigkeit eines Gerichtsverfahrens und bei Vorliegen eines Vollstreckungstitels. Der Gesetzgeber hat indes die Fallkonstellation übersehen, dass Zahlungsvereinbarungen oftmals auch während eines gerichtlichen Mahnverfahrens getroffen werden. Die Höhe der Einigungsgebühr ergibt sich dann aus VV 1003. Der Gegenstandswert bestimmt sich nach § 31b.

6. Mitwirkung des Rechtsanwalts

Für den Anfall der Einigungsgebühr nach VV 2508 ist weiter erforderlich, dass der Anwalt an dem Abschluss der Einigung mitgewirkt hat. Ausreichend ist grundsätzlich jede mitursächliche Tätigkeit des Rechtsanwalts, die zum Abschluss der Einigung führt.[24] Die Mitwirkung kann beispielsweise in der Beratung, in der Teilnahme an Verhandlungen oder in der Niederschrift eines Vergleichs liegen.

7. Vergütungsfestsetzung

Im Vergütungsfestsetzungsverfahren ist die Entstehung der Einigungsgebühr ggf. **glaubhaft** zu machen. Die Anforderungen dürfen auch hier nicht überzogen werden. Für die Festsetzung einer Einigungsgebühr bedarf es weder einer die wechselseitigen Willenserklärungen ausweisenden einheitlichen Vertragsurkunde, noch gar einer gemeinsamen Protokollierung der Einigung. Es genügt z.B., wenn sich aus einem Schriftwechsel die Voraussetzungen einer Einigungsgebühr, insbesondere eine vertragliche Einigung, ergeben.

8. Besonderheiten in Familiensachen

Da die Gebühr der **VV 1001** nicht erwähnt ist, erhält der Anwalt für die Mitwirkung an der **Aussöhnung von Eheleuten** dem Wortlaut der Vorschrift nach keine Gebühr nach VV 2508.[25] Dort ist nur die Rede von einer Einigungs- und Erledigungsgebühr. Gleichwohl wird vertreten, dass VV 2508 auch bei einer Aussöhnung anfallen dürfte, weil ein Grund, die Aussöhnungsgebühr aus dem Bereich der VV 2508 auszunehmen nicht erkennbar sei (siehe hingegen VV 1001 Rdn 40). Ohnehin dann, wenn anlässlich der Aussöhnung auch eine Einigung i.S.d. VV 1000 geschlossen wird, etwa hinsichtlich gemeinsamer Vermögensgegenstände, fällt die Gebühr nach VV 2508 an.

Der Verweis in Anm. Abs. 1 zu VV 2508 erfasst den Ausschluss der Einigungsgebühr nach Anm. Abs. 5 zu VV 1000. Nach dessen S. 1 entsteht die Einigungsgebühr nicht in Ehesachen und nicht in Lebenspartnerschaftssachen (§ 269 Abs. 1 Nr. 1, 2 FamFG).

In Kindschaftssachen (vgl. zum Begriff: § 151 FamFG) kann für die Mitwirkung an einer Vereinbarung auch dann eine Einigungsgebühr entstehen, wenn über deren Gegenstand nicht vertraglich verfügt werden kann (Anm. Abs. 1 zu VV 2508, Anm. Abs. 5 S. 3 zu VV 1000).[26] Dies ist insofern eine Ausnahme, als die Einigungsgebühr ansonsten – wie im Bereich des öffentlichen Rechts aus Anm. Abs. 4 deutlich wird –, die Dispositionsbefugnis der Einigungsparteien als Wirksamkeitsvo-

---

24 Vgl. LG Mönchengladbach JurBüro 2007, 306 = Rpfleger 2007, 478; LG Münster Rpfleger 2008, 391.
25 So LG Darmstadt KostRsp. BRAGO § 132 Nr. 47; AG Meppen NdsRpfl 1995, 105; LG Kleve JurBüro 1985, 1844; LG Berlin JurBüro 1986, 1842; AG Mainz BeckRS 2009, 89211; Gerold/Schmidt/*Mayer*, RVG, VV 2500–2508 Rn 39; Mayer/Kroiß/*Pukall*, RVG, VV 2508 Rn 4; *Groß*, § 44 RVG Rn 33.
26 So auch schon zur vorherigen Rechtslage: OLG Braunschweig FamRZ 2008, 1465.

raussetzung der Einigung voraussetzt.[27] Mit der Ausnahmeregelung der Anm. Abs. 5 S. 3 zu VV 1000 wird die besondere Bedeutung der streitvermeidenden Einigung gerade in Kindschaftssachen unterstrichen.[28]

II. Erledigungsgebühr

15 Für die **Erledigungsgebühr** nach **VV 2508** müssen die Voraussetzungen der VV 1002 erfüllt sein. Im Rahmen der Beratungshilfe gelten keine geringeren Anforderungen.[29] Auch hier lässt die Rspr. ein bloßes Mitwirken eines Rechtsanwalts im Rahmen der allgemeinen Verfahrensförderung nicht ausreichen. Der Rechtsanwalt muss vielmehr eine besondere Tätigkeit entfalten, die über das bloße Einlegen und Begründen des Rechtsmittels hinausgeht.[30]

III. Einigungsgebühr bei Schuldenbereinigung (Anm. Abs. 2)

16 Die Einigungsgebühr der VV 2508 erhält der Anwalt auch dann, wenn er bei einer außergerichtlichen Einigung mit den Gläubigern über die Schuldenbereinigung auf der Grundlage eines Plans (§ 305 Abs. 1 Nr. 1 InsO) mitwirkt (siehe Anm. Abs. 2).

17 Erforderlich ist auch hier nicht, dass der Anwalt gegenüber mehreren Gläubigern tätig geworden ist und eine Einigung erzielt hat.[31] VV 2508 ist also auch dann anwendbar, wenn
– der Anwalt nur gegenüber dem einzigen Gläubiger tätig geworden ist und eine Einigung mit diesem erzielt hat,
– mehr als ein Gläubiger vorhanden ist, der Anwalt aber nur (noch) gegenüber einem tätig wird und ihn zur Einigung bewegt.

18 Die frühere Verdoppelung der **Vergleichsgebühr** in diesen Fällen war bereits nach der BRAGO wieder aufgehoben worden. Die Gebühr entsteht daher hier in derselben Höhe wie auch in anderen Angelegenheiten. Auch eine Staffelung wie bei der Geschäftsgebühr (VV 2504 ff.) ist hier nicht vorgesehen. Die Gebühr entsteht im Falle einer außergerichtlichen Einigung mit den Gläubigern über die Schuldenbereinigung auf der Grundlage eines Plans gemäß § 305 Abs. 1 Nr. 1 InsO nur einmal. Eine Erhöhung oder Vervielfachung dieser Erfolgsgebühr ist, wie bei der Geschäftsgebühr als Tätigkeitsgebühr nach VV 2503 bis 2507 bezogen auf die Anzahl der Gläubiger, nicht vorgesehen.[32]

---

27 So auch Gerold/Schmidt/*Müller-Rabe*, RVG, VV 1000 Rn 65 ff.
28 BT-Drucks 16/6308, S. 341.
29 LG Braunschweig NdsRpfl 1984, 261 = JurBüro 1985, 398; AG Gießen JurBüro 1984, 1694 m. Anm. *Mümmler*; LG Aachen JurBüro 1999, 20; LG Dortmund Rpfleger 1984, 117; LG Berlin JurBüro 1989, 127 = MDR 1989, 923; LG Koblenz FamRZ 1997, 386 = JurBüro 1996, 378 = Rpfleger 1996, 414; LG Osnabrück JurBüro 1996, 378 = NdsRpfl 1995, 330; AG Michelstadt AnwBl 1986, 111; LG Darmstadt KostRsp. BRAGO § 132 Nr. 62; LG Frankfurt JurBüro 1986, 886.
30 OLG Köln OLGR Köln 2008, 61; LG Dessau-Roßlau v. 4.9.2013 – 1 T 314/12.
31 So auch Gerold/Schmidt/*Mayer*, RVG, VV 2500–2508 Rn 40.
32 OLG Stuttgart Rpfleger 2008, 502 = OLGR 2008, 696 = ZVI 2008, 501.

Teil 3
Zivilsachen, Verfahren der öffentlich-rechtlichen Gerichtsbarkeiten, Verfahren nach dem Strafvollzugsgesetz, auch in Verbindung mit § 92 des Jugendgerichtsgesetzes, und ähnliche Verfahren

Nr.	Gebührentatbestand	Gebühr oder Satz der Gebühr nach § 13 RVG

Vorbemerkung 3:
(1) Gebühren nach diesem Teil erhält der Rechtsanwalt, dem ein unbedingter Auftrag als Prozess- oder Verfahrensbevollmächtigter, als Beistand für einen Zeugen oder Sachverständigen oder für eine sonstige Tätigkeit in einem gerichtlichen Verfahren erteilt worden ist. Der Beistand für einen Zeugen oder Sachverständigen erhält die gleichen Gebühren wie ein Verfahrensbevollmächtigter.
(2) Die Verfahrensgebühr entsteht für das Betreiben des Geschäfts einschließlich der Information.
(3) Die Terminsgebühr entsteht sowohl für die Wahrnehmung von gerichtlichen Terminen als auch für die Wahrnehmung von außergerichtlichen Terminen und Besprechungen, wenn nichts anderes bestimmt ist. Sie entsteht jedoch nicht für die Wahrnehmung eines gerichtlichen Termins nur zur Verkündung einer Entscheidung. Die Gebühr für außergerichtliche Termine und Besprechungen entsteht für
1. die Wahrnehmung eines von einem gerichtlich bestellten Sachverständigen anberaumten Termins und
2. die Mitwirkung an Besprechungen, die auf die Vermeidung oder Erledigung des Verfahrens gerichtet sind; dies gilt nicht für Besprechungen mit dem Auftraggeber.
(4) Soweit wegen desselben Gegenstands eine Geschäftsgebühr nach Teil 2 entsteht, wird diese Gebühr zur Hälfte, bei Wertgebühren jedoch höchstens mit einem Gebührensatz von 0,75, auf die Verfahrensgebühr des gerichtlichen Verfahrens angerechnet. Bei Betragsrahmengebühren beträgt der Anrechnungsbetrag höchstens 175,00 €. Sind mehrere Gebühren entstanden, ist für die Anrechnung die zuletzt entstandene Gebühr maßgebend. Bei einer Betragsrahmengebühr ist nicht zu berücksichtigen, dass der Umfang der Tätigkeit im gerichtlichen Verfahren infolge der vorangegangenen Tätigkeit geringer ist. Bei einer wertabhängigen Gebühr erfolgt die Anrechnung nach dem Wert des Gegenstands, der auch Gegenstand des gerichtlichen Verfahrens ist.
(5) Soweit der Gegenstand eines selbstständigen Beweisverfahrens auch Gegenstand eines Rechtsstreits ist oder wird, wird die Verfahrensgebühr des selbstständigen Beweisverfahrens auf die Verfahrensgebühr des Rechtszugs angerechnet.
(6) Soweit eine Sache an ein untergeordnetes Gericht zurückverwiesen wird, das mit der Sache bereits befasst war, ist die vor diesem Gericht bereits entstandene Verfahrensgebühr auf die Verfahrensgebühr für das erneute Verfahren anzurechnen.
(7) Die Vorschriften dieses Teils sind nicht anzuwenden, soweit Teil 6 besondere Vorschriften enthält.

Literatur: *Burhoff*, Vergütung des Zeugenbeistands, RVG professionell 2006, 22; *Busch*, Die Terminsgebühr nach Nr. 3104 VV vor Verfahrensanhängigkeit, AGS 2006, 157; *Enders*, Erstattung der Geschäftsgebühr – Anrechnung in der Kostenfestsetzung bei Kostenquotelung, JurBüro 2007, 561; *Fölsch*, Die „Besprechungsgebühr" im Verfahren ohne vorgeschriebene mündliche Verhandlung, MDR 2008, 1; *Hansens*, Anrechnung der Geschäftsgebühr beim Prozesskostenhilfe-Anwalt, RVGreport 2008, 1; *ders.*, Drei berichtigende Absätze des Gesetzgebers zur Gebührenanrechnung, AnwBl 2009, 535; *ders.*, Die Gebührenanrechnung nach §§ 15a, 55 Abs. 5 Satz 2 und 3 RVG, RVGreport 2009, 201 und 241; *ders.*, Die Hoffnung stirbt zuletzt: Wege aus der Kürzungsfalle bei PHK, AnwBl 2009, 293; *ders.*, Des Anwalts Müh' ist oft umsonst – Keine Vergütung für nicht beschiedene Hilfsaufrechnung, AnwBl 2009, 205; *ders.*, Terminsgebühr bei Hauptsacheerledigung, RVGreport 2010, 121; *ders.*, Die Tücken der Terminsgebühr beim Anerkenntnisurteil, RVGreport 2012, 407; *Hauskötter*, Terminsgebühr ohne Klageanhängigkeit, RVG professionell 2007, 95; *Hergenröder*, Probleme mit der „neuen Terminsgebühr" im anwaltlichen Gebührenrecht, AGS 2006, 106; *dies.*, Anwaltsgebühren bei Anerkenntnis der Klageforderung, AGS 2006, 1; *dies.*, Die reduzierte Terminsgebühr, AGS 2007, 437; *Jungbauer*, Terminsgebühr bei Erledigung der Hauptsache, DAR 2008, 56; *Mock*, Terminsgebühr für Protokollierung eines Vergleichs im PKH-Prüfungsverfahren, AGS 2006, 54; *ders.*, Das ewige Missverständnis: Entstehung und Kostenerstattung der anwaltlichen Vergütung, AGS 2007, 329; *Möller*, OLG gewährt Terminsgebühr für telefonische Diskussion ohne Vereinbarung, RVG professionell 2006, 183; *dies.*, Volle Terminsgebühr beim Versäumnisurteil, RVG professionell 2007, 75; *dies.*, Ist der Parteiwechsel auf Beklagtenseite eine neue gebührenrechtliche Angelegenheit?, RVG professionell 2007, 27; *dies.*, Teilidentität des Streitgegenstands mit dem Hauptsacheverfahren, RVG professionell 2007, 80; *Onderka*, Anwaltskosten im Berufungsverfahren, AGS 2007, 221; *N. Schneider*, Außergerichtliche Besprechungen mit Erlass eines Versäumnisurteils – Gebühren und Festsetzung, AGS 2006, 580; *ders.*, Berechnung der Verfahrensgebühr(en) bei Abschluss einer Einigung auch über nicht anhängige Gegenstände im gerichtlichen Termin, AGS 2007, 277; *ders.*, Terminsgebühr für Besprechungen zur Vermeidung eines gerichtlichen Verfahrens vor Anhängigkeit?, AGS 2006, 261; *ders.*, Anrechnung der Geschäftsgebühr für die fristlose Kündigung im Räumungsprozess, RVG professionell 2006, 82; *Schönemann*, Welche Gebühren fallen für die Tätigkeit als Zeugenbeistand an?, RVG professionell 2006, 215; *ders.*, Selbstständiges Beweisverfahren – So rechnen Sie richtig ab, RVG professionell 2006, 134; *ders.*, Anfall der Terminsgebühr ohne Anhängigkeit eines gerichtlichen Verfahrens, RVG professionell 2007, 111; *Schons*, Immer Ärger mit der Terminsgebühr, AGS 2006, 209; *ders.*, Die Anrechnung der Geschäftsgebühr – der Fluch der bösen Tat, AnwBl 2009, 203; *Thiel*, Die Kosten in isolierten Wohnungszuweisungssachen nach neuem Recht, AGS 2009, 309; *Volpert*, Erledigung der Hauptsache vor dem Termin, RVG professionell 2006, 207; *ders.*, Volle Terminsgebühr beim zweiten Versäumnisurteil, RVG professionell 2006, 181; *ders.*, Terminsgebühr bei schriftlichem Vergleich, RVG professionell 2006, 25, *ders.*, Rechtsprechungsübersicht zu Teil 3 VV RVG aus den Jahren 2008 bis 2010, VRR 2010, 172 und 255.

A. Beistand für einen Zeugen oder Sachverständigen (Abs. 1)	1
I. Allgemeines	1
II. Regelungsgehalt	2
1. Tätigkeit als Beistand	2
2. Art und Weise bzw. Zeitpunkt der Tätigkeit	4
3. Verfahrensarten	6
4. Vergütung	7
III. Erstattungsfragen	10
B. Verfahrensgebühr (Abs. 2)	12
I. Allgemeines	12
II. Regelungsgehalt	16
1. Abgeltungsbereich	16
2. Entstehung der Gebühr	22
a) Auftrag	22
b) Tätigkeit	26
3. Verfahrensgebühr vor Rechtshängigkeit	28
4. Verfahrensgebühr trotz fehlender Postulationsfähigkeit	31
5. Verfahrensgebühr für den Nebenintervenienten	37
6. Prozesskostenhilfe	41
a) Innenverhältnis beim Prozesskostenhilfeantrag	41
b) Teilweise Bewilligung von Prozesskostenhilfe	44
c) Gebühren des Rechtsanwalts des Antragsgegners	45
7. Mahnverfahren gemäß §§ 688 ff. ZPO	49
a) Allgemeines	49
b) Klageabweisungsantrag im Widerspruchsschreiben	50
c) Antrag auf Durchführung des streitigen Verfahrens gemäß § 696 ZPO	53
d) Verfahrensgebühr nach Abgabe an das Prozessgericht	58
aa) Anwalt des Beklagten	58
bb) Anwalt des Klägers	60
8. Verbindung mehrerer Rechtsstreitigkeiten	62
9. Trennung in mehrere Rechtsstreitigkeiten	67
a) Trennung gemäß § 145 ZPO	67
b) Trennung durch gesonderte Durchführung der streitigen Verfahren	69
10. Parteiwechsel	70
a) Auf Klägerseite	70
b) Auf Beklagtenseite	71
11. Gegenseitiger Ausschluss von Verfahrens- und Verkehrsgebühr	77
12. Arrest und Arrestpfändung	80
13. Verfahrensgebühr nach Zurückverweisung	82
14. Verfahrensgebühr nach Endes des Prozesses	83
15. Gegenstandswert der Verfahrensgebühr	86
a) Allgemeines	86
b) Erledigung	88
c) Stufenklage	94
d) Kostenwiderspruch	96
C. Terminsgebühr (Abs. 3)	100
I. Allgemeines	100
II. Regelungsgehalt	105
1. Vertretung im Gerichtstermin	105
a) Bloße passive Anwesenheit	105
b) Aktive Anwesenheit	107
c) Schweigen des Beklagtenvertreters auf Klagerücknahme	110
d) Verhandlung über Zuständigkeitsfragen	111
e) Flucht in die Säumnis	113
2. Termin	116
a) Verhandlungstermin	117
b) Erörterungstermin	119
c) Beweisaufnahmetermin	121
aa) Allgemeines	121
bb) Beginn und Ende des Beweisaufnahmetermins	125
cc) Arten der Beweisaufnahme	126
d) Dauer des Termins	130
e) Inhalt des Termins	131
3. Wahrnehmung eines Sachverständigentermins	134
a) Allgemeines	134
b) Wahrnehmung	136
4. Verfahrensbeendende Besprechungen	139
a) Allgemeines	139
b) Mitwirken	143
c) Besprechung	145
d) Ziel der Besprechung	150
e) Gegenstand der Besprechung	153
f) Beteiligung des Gerichts an der Besprechung	158
g) Praxishinweise	159
h) Erstattungsfragen	161
5. Besprechungen mit dem Auftraggeber	165
6. Terminsgebühr ohne gerichtlichen Termin	166
a) Allgemeines	166
b) Entscheidung ohne mündliche Verhandlung	167
c) Vergleichsschluss	170
7. Nebenintervention	172
8. Urkunden-, Wechsel- und Scheckprozess	174
a) Allgemeines	174
b) Anerkenntnis unter Vorbehalt der Rechte	176
c) Entscheidung durch Versäumnisurteil	177
9. Terminsgebühr bei Erledigung des Rechtsstreits	183
a) Übereinstimmende Erledigungserklärungen erstmals im Termin	184
b) Übereinstimmende Erledigungserklärungen vor dem Termin	188
c) Einseitige Erledigungserklärung	190
d) Teilweise Erledigung	195
aa) Abgabe der Erledigungserklärung im Termin	195
bb) Abgabe der Erledigungserklärung vor dem Termin	196

10. Anerkenntnis bezüglich der Hauptsache, Streit über die Kosten 201	1. Anrechnung nur der Verfahrensgebühr .. 263
11. Streitwert 202	2. Identität der Gegenstände 264
a) Erhöhung 203	3. Identität der Parteien 267
b) Verminderung 204	4. Anwendbarkeit von § 15 Abs. 5 S. 2 (Zwei-Jahres-Frist) 269
12. Stufenklage 205	5. Mehrere Verfahren 271
13. Terminsgebühr nach Einspruch gegen ein Versäumnisurteil 206	6. Selbstständiges Beweisverfahren in der Berufungsinstanz 275
a) Terminsgebühr für den Prozessbevollmächtigten des Beklagten 207	7. Streitwert 277
b) Terminsgebühr für den Prozessbevollmächtigten des Klägers 209	III. Erstattungsfragen 282
	1. Allgemeines 282
c) Terminsgebühr für das 2. Versäumnisurteil 211	2. Kostenerstattung 283
	3. Verwertung im Hauptsacheverfahren 285
14. Verfahrensverbindung, Verfahrenstrennung 212	4. Art der Entscheidung in der Hauptsache 286
15. Terminsgebühr nach VV 3401 216	5. Identität der Gegenstände (sachliche Identität) 288
D. Anrechnung der Geschäftsgebühr (Abs. 4) 218	6. Identität der Parteien (persönliche Identität) 292
I. Allgemeines 218	7. Gesamtheit der Kosten 295
II. Regelungsgehalt 225	8. Rücknahme des Antrags auf Durchführung des selbstständigen Beweisverfahrens 296
1. Allgemeines 225	
2. Wegen desselben Gegenstands 226	
3. Geschäftsgebühr 231	9. Anwaltswechsel 297
a) Vergütungsvereinbarung 232	10. Kosten des Beschwerdeverfahrens im selbstständigen Beweisverfahren 298
b) Beratungshilfe 233	
c) Vereinbarter Anrechnungsausschluss 234	11. Verfahren nach § 494a ZPO 299
	a) Kostenentscheidung nach § 494a ZPO 299
d) Erstattungsproblematik 235	
4. Anzurechnender Betrag 236	b) Keine Anwendung von § 494a ZPO bei Zurückweisung, Erledigung und Zurücknahme 301
5. Gegenstandswert des gerichtlichen Verfahrens (Abs. 4 S. 5) 240	
a) Identischer Gegenstandswert 241	c) Analoge Anwendung von § 494a ZPO 302
b) Gerichtlicher Gegenstandswert geringer 242	
	aa) Bei Verzicht auf die im selbstständigen Beweisverfahren behaupteten Ansprüche 302
c) Gerichtlicher Gegenstandswert höher 243	
6. Maßgeblichkeit der letzten Gebühr (Abs. 4 S. 3) 244	bb) Bei Rücknahme des Antrags auf Durchführung des selbstständigen Beweisverfahrens 303
7. Anrechnung bei mehreren Auftraggebern 248	d) Kostenentscheidung bei Erfüllung des Hauptsacheanspruchs 304
8. Anrechnung bei Prozesskostenhilfe 251	e) Kostenentscheidung bei nur teilweiser Klageerhebung 305
9. Anrechnung bei Vergabeverfahren 252	
10. Anrechnung bei Abmahnung und einstweiliger Verfügung 253	12. Erstattungsfähigkeit der Gebühren des erst nach Gutachtenerstattung tätigen Rechtsanwalts 306
11. Anrechnung der Auslagenpauschale 256	
12. Außergerichtliche Tätigkeit vor Inkrafttreten des RVG 257	F. Anrechnung der Verfahrensgebühr bei Zurückweisung der Sache (Abs. 6) 310
III. Erstattungsfragen 260	G. Vorrang besonderer Vorschriften des VV Teil 6 (Abs. 7) 315
E. Anrechnung bei selbstständigem Beweisverfahren (Abs. 5) 261	
I. Allgemeines 261	H. Vorrang der Vorschriften des VV Teil 4 319
II. Regelungsgehalt 263	I. Vorrang der Vorschriften des VV Teil 5 323

A. Beistand für einen Zeugen oder Sachverständigen (Abs. 1)

I. Allgemeines

Die in **Abs. 1** enthaltene Regelung beschäftigt sich mit der Vergütung des Rechtsanwalts, der als Beistand für einen Zeugen oder Sachverständigen tätig wird.[1] Betroffen sind jedoch nur die in VV Teil 3 geregelten Verfahren.

---

[1] Vgl. ausführlich: *Schönemann*, RVGprof. 2006, 215; *Burhoff*, RVGprof. 2006, 22.

II. Regelungsgehalt

1. Tätigkeit als Beistand

2 Voraussetzung ist zunächst, dass der Rechtsanwalt als **Beistand** für einen Zeugen oder Sachverständigen tätig wird. Dem Rechtsanwalt muss der Auftrag erteilt worden sein, dem Zeugen oder Sachverständigen in einem gerichtlichen Verfahren beizustehen. Das Gesetz bezeichnet die Tätigkeit des Rechtsanwalts ausdrücklich als Beistandsleistung und grenzt diese Tätigkeit damit von der eines Verfahrensbevollmächtigten für eine der Prozessparteien ab.

3 Die Tätigkeit des Beistands wird in der Regel darin bestehen, dem Gericht gegenüber zu erläutern, aus welchen Gründen sich das von dem Zeugen in Anspruch genommene **Zeugnisverweigerungsrecht** ergibt. Dabei sind die Gründe für die Zeugnisverweigerung dem Gericht so anzugeben, dass es die Berechtigung für die Weigerung nachprüfen kann.[2]

2. Art und Weise bzw. Zeitpunkt der Tätigkeit

4 Grundsätzlich beginnt die Tätigkeit des als Beistand tätigen Rechtsanwalts mit der Entgegennahme des Auftrags. Es ist als Voraussetzung lediglich zu verlangen, dass der Zeuge oder Sachverständige als solcher vom Gericht bereits geladen worden ist. Nicht ausreichend ist es aber, wenn der Zeuge oder Sachverständige von einer der Prozessparteien bisher nur schriftsätzlich benannt worden ist oder benannt werden könnte. Denn erst mit der Ladung durch das Gericht kann die Stellung eines Zeugen oder Sachverständigen erlangt werden.

5 Die Art und Weise der Beistandsleistung bzw. der Zeitpunkt der Abgabe der Begründung des Zeugnisverweigerungsrechts sind gleichgültig. So kann der Rechtsanwalt die Begründung dem Gericht schriftsätzlich oder mündlich in einem Termin, aber auch außerhalb des Termins mitteilen. Auf die einmal entstandene Gebühr ist es ohne Einfluss, wenn das Gericht später von der Vernehmung des Zeugen oder der Einholung des Sachverständigengutachtens absieht, da es sich nicht um eine Erfolgsgebühr handelt. Soweit die Voraussetzungen von VV 3101 Nr. 1 vorliegen, reduziert sich die Verfahrensgebühr allerdings auf eine 0,8-Gebühr.

3. Verfahrensarten

6 Eine Beistandstätigkeit des Rechtsanwalts ist in verschiedenen Verfahren denkbar:
– Nach §§ 386 ff. ZPO kann sich ein Zeuge in einem Zwischenstreit über die Berechtigung zur Zeugnisverweigerung anwaltlich vertreten lassen.
– Nach § 402 ZPO gelten die Vorschriften der §§ 386 ff. ZPO für den Sachverständigen entsprechend.
– Nach § 98 VwGO sind die genannten Vorschriften auf das verwaltungsgerichtliche Verfahren entsprechend anzuwenden.
– Nach § 46 ArbGG gelten die Vorschriften der ZPO entsprechend und damit auch die Vorschriften der §§ 386 ff. ZPO.

4. Vergütung

7 Der als Beistand für einen Zeugen oder Sachverständigen tätige Rechtsanwalt erhält die gleichen Gebühren wie ein Verfahrensbevollmächtigter, so dass hinsichtlich der einzelnen Gebühren auf die jeweiligen Vorschriften des VV verwiesen werden kann. Hat der Anwalt vor dem Auftrag zur Beistandsleistung den Zeugen beraten, so erhält er dafür die Vergütung nach der getroffenen Gebührenvereinbarung (§ 34 Abs. 1 S. 1) oder nach den Vorschriften des Bürgerlichen Gesetzbuches (§ 34 Abs. 1 S. 2). Soweit nichts anderes vereinbart ist, wird die Beratungsgebühr auf die späteren Gebühren für die Beistandsleistung im gerichtlichen Verfahren angerechnet (§ 34 Abs. 2).

8 Als Wert für die Gebühren ist nicht der Gegenstandswert des Verfahrens, in dem der Zeuge oder Sachverständige aussagt, zugrunde zu legen. Denn der Auftrag des Anwalts bezieht sich nicht auf

---

2 *Baumbach u.a.*, ZPO, § 386 Rn 3.

die Forderung in der Hauptsache, sondern auf die Beistandsleistung, deren Wert am Interesse des Zeugen bzw. Sachverständigen im Hinblick auf seine Aussage bzw. Gutachtenerstattung zu bemessen ist. Demgemäß richtet sich der Wert nach § 23 Abs. 3 S. 2[3] und wird im Regelfall 5.000 EUR betragen.

Leistet der Anwalt in einem Verfahren mehreren Zeugen oder Sachverständigen Beistand, so handelt es sich um verschiedene Gegenstände, so dass die Gebührenerhöhung nach VV 1008 keine Anwendung finden kann. Gegenstand des Auftrags ist es nämlich, jedem einzelnen Auftraggeber Beistand zu leisten.[4] Insofern erhält der Anwalt die Gebühren von jedem Zeugen/Sachverständigen gesondert. Wird der Zeuge allerdings in einem Verfahren mehrfach vernommen, so stellen die ihn betreffenden verschiedenen Beistandsleistungen des Anwalts nur eine gebührenrechtliche Angelegenheit dar.[5]

9

III. Erstattungsfragen

Sofern kein gerichtlicher Zwischenstreit über eine Berechtigung zur Zeugnisverweigerung entsteht, ergeht auch keine Kostenentscheidung, die über die Kosten des Zwischenstreits entscheidet.[6] In diesen Fällen wird der Zeuge die Kosten seines Beistands selber tragen müssen. Auch eine materiellrechtliche Anspruchsgrundlage gegen die benennende Partei kommt nicht in Betracht, da es weder eine Pflichtverletzung im Sinne der §§ 280 ff. BGB noch eine unerlaubte Handlung darstellt, eine andere Person in einem gerichtlichen Verfahren als Zeuge zu benennen, selbst wenn man weiß bzw. wissen muss, dass sich diese Person auf ein Zeugnisverweigerungsrecht berufen kann.

10

Entsteht jedoch Streit darüber, ob der Zeuge zur Zeugnisverweigerung berechtigt ist, gilt Folgendes: Die durch einen Zwischenstreit (§ 387 ZPO) entstehenden Kosten, die über die Kosten des Hauptverfahrens hinausgehen, trägt entsprechend § 91 ZPO der Unterliegende des Verfahrens, u.U. also der Zeuge selbst.[7] Soweit der Zeuge obsiegt, hat er grundsätzlich einen Anspruch auf Kostenerstattung. Die Inanspruchnahme anwaltlicher Hilfe wird man nur dann als nicht erforderlich i.S.v. § 91 ZPO ansehen dürfen, wenn die Berechtigung zur Zeugnisverweigerung völlig offensichtlich und die Ausübung des Rechts im Einzelfall auch für einen juristischen Laien möglich war. Beispielsweise bedarf es keiner anwaltlichen Hilfe im Falle des § 383 ZPO, wohl aber in Fällen der §§ 384, 385 ZPO.

11

B. Verfahrensgebühr (Abs. 2)

I. Allgemeines

Die Verfahrensgebühr kann in allen von der amtlichen Überschrift des VV Teil 3 genannten Verfahrensarten entstehen. Wird ein solches Verfahren anhängig gemacht, ist es für die Gebührenentstehung unbeachtlich, ob das angerufene Gericht möglicherweise unzuständig ist.

12

Abs. 2 beschreibt den Abgeltungsbereich der Verfahrensgebühr Die Verfahrensgebühr kann nur für denjenigen Rechtsanwalt entstehen, der beauftragt wurde, das Verfahren als Ganzes zu führen.[8] Für Einzeltätigkeiten greifen die Gebührentatbestände von VV Teil 3 Abschnitt 4 ein.

13

Der Gebührensatz für die Verfahrensgebühr beträgt erstinstanzlich **1,3**, um dem Umfang und der Bedeutung der Vorarbeiten des Rechtsanwalts vor Beginn eines Verfahrens gerecht zu werden. Der Schwerpunkt der Arbeit eines Rechtsanwalts liegt meist vor Beginn des Verfahrens, d.h. außerhalb der Verhandlung vor Gericht.[9]

14

---

3 BT-Drucks 15/1971, S. 209; vgl. auch Bischof/Jungbauer/*Bräuer/Bischof*, RVG, Vorb. 3 VV Rn 20.
4 A.A. OLG Koblenz AGS 2005, 504 bezüglich der Beistandsleistung für zwei Zeugen im Strafverfahren. Der Senat hat das Vorliegen zwei verschiedener gebührenrechtlicher Angelegenheiten verneint und dem Anwalt nur eine Gebühr nebst Erhöhung zugebilligt.
5 So auch: Gerold/Schmidt/*Müller-Rabe*, RVG, VV Vorb. 3 Rn 20.
6 Gerold/Schmidt/*Müller-Rabe*, RVG, VV Vorb. 3 Rn 21.
7 *Baumbach u.a.*, ZPO, § 387 Rn 4; Zöller/*Greger*, ZPO, § 387 Rn 5.
8 Gerold/Schmidt/*Müller-Rabe*, RVG, VV 3100 Rn 8.
9 RVG-E v. 7.11.2003, BT-Drucks 830/03, S. 260 zu VV Teil 3.

15 Die Verfahrensgebühr fällt als **volle Gebühr** an, sobald der Rechtsanwalt vom Mandanten mit der Tätigkeit in einem gerichtlichen Verfahren beauftragt wird und seine Tätigkeit aufnimmt, also in der Regel durch das erste Informationsgespräch. Endet der Auftrag jedoch, bevor der Anwalt die Klage, den ein Verfahren einleitenden Antrag oder einen Schriftsatz, der Sachanträge, die Zurücknahme der Klage oder die Zurücknahme des Antrags enthält, bei Gericht einreicht oder für seinen Mandanten einen Termin wahrnimmt, erhält er aufgrund der Beauftragung als Prozessbevollmächtigter gemäß VV 3101 Nr. 1 nur eine reduzierte Verfahrensgebühr i.H.v. 0,8. Die nachfolgenden Ausführungen zur Verfahrensgebühr sind daher um die Ausführungen zu VV 3101 Nr. 1 zu ergänzen.

II. Regelungsgehalt

1. Abgeltungsbereich

16 Der zum Prozess- oder Verfahrensbevollmächtigten bestellte Rechtsanwalt erhält die Verfahrensgebühr für das **Betreiben des Geschäfts einschließlich der Information**. Die Verfahrensgebühr deckt damit die gesamte Tätigkeit des Rechtsanwalts ab, die dieser außerhalb der mündlichen Verhandlung erbringt, und zwar vom Beginn des ihm erteilten Auftrags hinsichtlich des gerichtlichen Verfahrens bis zum Abschluss der Instanz. Unerheblich ist, in welchem Verfahrensstadium der Rechtsanwalt zum Prozessbevollmächtigten bestellt wird. Es ist also für das Entstehen der Verfahrensgebühr gleichgültig, ob oder wie lange ein gerichtliches Verfahren schon anhängig ist oder ob dieses erst nach Beauftragung des Anwalts anhängig gemacht werden soll.[10]

17 Mit der Verfahrensgebühr wird die **gesamte Tätigkeit des Rechtsanwalts** während des Rechtszugs vergütet, soweit nicht andere Tatbestände, wie z.B. VV 3104 (Terminsgebühr) oder VV 1003 (Einigungsgebühr), gesonderte Gebühren vorsehen. Welche Tätigkeiten gebührenrechtlich zum Rechtszug gehören und daher von der Verfahrensgebühr abgegolten sind, ergibt sich aus § 19. Ausdrücklich nennt Abs. 2 die Information, also die durch den Rechtsanwalt geleistete und das gerichtliche Verfahren betreffende **Informationsbeschaffung und -vermittlung**, die grundsätzlich neben der Verfahrensgebühr nicht gesondert vergütet wird. Dies gilt auch dann, wenn die Informationsbeschaffung sehr arbeitsaufwändig sein sollte.[11]

18 Auch die **Kommunikation in einer fremden Sprache** wird dem zum Prozessbevollmächtigten bestellten Rechtsanwalt im Regelfall nicht gesondert vergütet, wenn er die Fremdsprache selbst beherrscht.[12] Von diesem Grundsatz wird man jedoch dann eine Ausnahme machen müssen, wenn die Übersetzungstätigkeit des Rechtsanwalts eine über den normalen Tätigkeitsbereich erheblich hinausgehende Arbeit darstellt, z.B. dann, wenn in erheblichem Umfang genau zu übersetzende Texte in eine fremde Sprache übertragen werden müssen.[13] Dies folgt schon daraus, dass der Anwalt, wenn er mangels eigener Sprachkenntnisse die Übersetzung durch Dritte vornehmen lassen würde, die entsprechenden Aufwendungen nach VV Teil 7 erstattet bekäme.

19 Ausgehend von diesem Grundsatz wird man sagen können, dass diejenige Tätigkeit von der Verfahrensgebühr abgedeckt wird, die von dem Rechtsanwalt keine besonderen **Fachkenntnisse** abverlangt, die außerhalb des juristischen Bereichs liegen.[14] Werden darüber hinausgehende Fähigkeiten verlangt, die der Anwalt nur durch eine zusätzliche Ausbildung erlangen konnte, kann er eine zusätzliche Gebühr geltend machen, die sich nach dem JVEG richtet.[15] Da die dort festgelegten Gebührensätze für eine Anwaltskanzlei in den seltensten Fällen auch nur kostendeckend sind, empfiehlt sich eine

---

10 Gerold/Schmidt/*Müller-Rabe*, RVG, VV 3100 Rn 22 ff.; Riedel/Sußbauer/*Keller*, RVG, VV Teil 3 Vorb. 3 Rn 10; OLG Hamm AGS 2005 338 = JurBüro 2005, 593. Soweit im Folgenden von Kläger/Beklagtem, Klageschrift oder Prozess die Rede ist, sind damit auch Antragsteller/Antragsgegner, Antragsschrift und Verfahren gemeint, da sich die Gebühren nach VV Teil 3 auch auf Verfahren der freiwilligen Gerichtsbarkeit, des Strafvollzugsgesetzes und ähnliche Verfahren beziehen.

11 RVG-E v. 7.11.2003, BT-Drucks 830/03, S. 258 zu VV Abschnitt 1; Riedel/Sußbauer/*Keller*, RVG, VV Teil 3 Vorb. 3 Rn 23.

12 OLG Stuttgart JurBüro 1981, 65 = Rpfleger 1981, 32 = KostRsp. BRAGO § 31 Ziff. 1 Nr. 50; Gerold/Schmidt/*Müller-Rabe*, RVG, VV 3100 Rn 67.

13 OLG Stuttgart JurBüro 1981, 65 = Rpfleger 1981, 32 = KostRsp. BRAGO § 31 Ziff. 1 Nr. 50; *Hartmann*, Kostengesetze, VV 3100 Rn 26; Gerold/Schmidt/*Müller-Rabe*, RVG, VV 3100 Rn 68.

14 Riedel/Sußbauer/*Keller*, RVG, VV Teil 3 Vorb. 3 Rn 24; OLG Düsseldorf Rpfleger 1983, 367; KG JurBüro 1967, 77; OLG Stuttgart Justiz 1980, 440.

15 Vgl. auch Gerold/Schmidt/*Müller-Rabe*, RVG, VV 3100 Rn 69.

Honorarvereinbarung mit dem Mandanten, sobald die Notwendigkeit besonderer Fachkenntnisse erkennbar wird.

Ferner deckt die Verfahrensgebühr auch den Aufwand für sämtliche **Besprechungen und sonstige Kontaktaufnahmen** ab, die der Rechtsanwalt mit seinem Auftraggeber führt. Für Besprechungen, die der Rechtsanwalt mit dem Gegner oder dessen Rechtsanwalt führt, gilt Folgendes: Bei solchen Besprechungen mit dem Gegner oder dessen Anwalt ohne Beteiligung des Gerichts wird die Abgrenzung zwischen der Geschäftsgebühr gemäß VV 2300 und der Verfahrens- bzw. Terminsgebühr nach VV 3100, 3104 nach dem Inhalt des Auftrags vorgenommen: 20

– Hat der Anwalt zunächst nur den Auftrag zur **außergerichtlichen Geltendmachung**, so wird seine gesamte Tätigkeit, inklusive eventueller Besprechungen mit der Gegenseite, mit der Geschäftsgebühr nach VV 2300 abgegolten. Eine Terminsgebühr entsteht für diese Besprechungen nicht, da mangels eines unbedingten Auftrags zur Tätigkeit in einem gerichtlichen Verfahren der Anwendungsbereich von VV Teil 3 nicht eröffnet ist. Schließt sich an eine solche außergerichtliche Tätigkeit später ein Prozessauftrag an, wird die Geschäftsgebühr nach VV Vorb. Abs. 4 zur Hälfte – maximal mit 0,75 – auf die Verfahrensgebühr angerechnet.

– Hat der Anwalt im Zeitpunkt der außergerichtlichen Geltendmachung bereits einen unbedingten **Prozess- oder Verfahrensauftrag**, so wird seine Tätigkeit mit der Verfahrensgebühr und eventuelle Besprechungen mit der Gegenseite, die der Vermeidung des gerichtlichen Verfahrens dienen, mit der Terminsgebühr abgegolten. Für die außergerichtliche Tätigkeit fällt dagegen keine Geschäftsgebühr mehr an.[16]

Da der Gebührenrahmen für eine **Geschäftsgebühr nach VV 2300** zwischen 0,5 und 2,5 liegt und nach Abs. 4 die Geschäftsgebühr nur zur Hälfte, höchstens mit einem Gebührensatz von 0,75 auf die Verfahrensgebühr des gerichtlichen Verfahrens angerechnet wird, ist es denkbar, dass – soweit es später zum Prozess kommt – bei einer zunächst außergerichtlichen Tätigkeit des Rechtsanwalts vor Annahme eines Prozessauftrags die gesamten Gebühren höher sind als bei der sofortigen Annahme eines Prozessauftrags. Dies gilt insbesondere dann, wenn im Rahmen des Mandates umfangreicher Schriftwechsel, arbeitsintensive Vorbereitungen oder Besprechungen durchgeführt werden müssen, die keine Terminsgebühr auslösen (beispielsweise, weil sie nicht auf die Vermeidung eines Verfahrens gerichtet sind). Will der Rechtsanwalt dieses unerfreuliche Ergebnis vermeiden, sollte er sich den **Prozessauftrag aufschiebend bedingt** – die Bedingung ist das erfolglos bleibende Gespräch oder die erfolglose Korrespondenz mit dem Gegner – erteilen lassen. Formulierungen gegenüber dem Gegner oder dem eigenen Rechtsschutzversicherer, dass ein Prozessauftrag bereits erteilt sei, wirken sich insoweit eher negativ aus und sollten unterbleiben. 21

2. Entstehung der Gebühr

a) Auftrag

Für die Entstehung der Verfahrensgebühr muss der Anwalt vom Mandanten gemäß VV Vorb. 3 Abs. 1 S. 1 zum Prozess- bzw. Verfahrensbevollmächtigten bestellt werden.[17] Dabei spielt jedoch nicht die Vollmacht, sondern der im Innenverhältnis erteilte Auftrag die maßgebliche Rolle,[18] der schriftlich, mündlich oder auch durch konkludentes Handeln erteilt werden kann. 22

Zwar ergibt sich aus § 81 ZPO, dass die dem Rechtsanwalt erteilte Prozessvollmacht „zu allen den Rechtsstreit betreffenden Prozesshandlungen, einschließlich derjenigen, die durch eine Widerklage, eine Wiederaufnahme des Verfahrens und die Vollstreckung veranlasst werden" ermächtigt. Damit 23

---

16 *Bonnen*, MDR 2005, 1084; *Meyer*, JurBüro 2004, 575.
17 *Hartmann*, Kostengesetze, VV 3100 Rn 4; Riedel/Sußbauer/*Keller*, RVG, VV Teil 3 Vorb. 3 Rn 9; *Bonnen*, MDR 2005, 1084; *Meyer*, JurBüro 2004, 575; *Podlech-Trappmann*, JurBüro 2004, 351, 356; *Volpert*, RVGprof. 2004, 145; OLG Brandenburg JurBüro 2002, 365; OLG Bremen MDR 2003, 1143; OVG Koblenz NJW 1983, 1509. Nach OLG Koblenz (AGS 2004, 443 = JurBüro 2004, 593) ist die Rüge des Mandanten, er habe keinen Auftrag erteilt, im Festsetzungsverfahren nach § 11 unbeachtlich, wenn sich aus aktenkundigen Schreiben des Mandanten ergibt, dass diese Einwendung aus der Luft gegriffen ist.
18 Gerold/Schmidt/*Müller-Rabe*, RVG, VV 3100 Rn 14 ff. und 33; *Hartmann*, Kostengesetze, VV 3100 Rn 12 f.; Riedel/Sußbauer/*Keller*, RVG, VV Teil 3 Vorb. 3 Rn 11; OLG Hamm JurBüro 1997, 311; OLG München AnwBl 1993, 576; OLG Saarbrücken NJW-RR 1997, 189.

wird aber nur der Umfang der Prozessvollmacht im Außenverhältnis festgelegt. Für die Frage, welchen Auftrag der Mandant im Innenverhältnis erteilt und für den er folglich gebührenrechtlich auch einzustehen hat, ist die Prozessvollmacht nur ein Indiz. Denn sie betrifft nur das Außenverhältnis und bildet nicht zwingend den genauen Inhalt des Auftrags ab, zumal sie in der Praxis oft als sehr umfassende Formularvollmacht erteilt wird.

24 Wenn im Außenverhältnis beispielsweise Prozessvollmacht erteilt wurde, im Innenverhältnis aber nur ein Auftrag zu einer Einzeltätigkeit, dann kann die Verfahrensgebühr nach VV 3100 nicht entstehen.[19] Der Inhalt des Auftrags ist im Einzelfall durch Auslegung zu ermitteln. Im Ergebnis zutreffend heißt es in der Entscheidung des OLG Koblenz[20] wie folgt:

„Zwar ermächtigt die Prozessvollmacht (gemäß § 81 ZPO im Außenverhältnis) den Prozessbevollmächtigten auch zur Verteidigung gegen die Widerklage. Die Partei kann jedoch im Innenverhältnis den Prozessauftrag beschränken und ein Mandat zur Verteidigung gegen die Widerklage ablehnen. Behauptet der Rechtsanwalt, seine Partei habe ihm nach vorangegangener ausdrücklicher Mandatsablehnung in der mündlichen Verhandlung ein Widerklagemandat erteilt, so trägt er dafür die Darlegungs- und Beweislast. Ein solches Mandat wird nicht schlüssig dadurch erteilt, dass die Partei bei der Antragstellung zur Widerklage in der mündlichen Verhandlung zugegen ist."

Die Differenzierung zwischen Vollmacht und Auftrag ist zutreffend. Soweit der Senat jedoch ausführt, dass allein die Anwesenheit bei der Antragstellung hinsichtlich des Widerklageantrags nicht ausreichen würde, um von einer Mandatserweiterung auszugehen, kann dem nicht gefolgt werden. Da die Erweiterung des Auftrags auch stillschweigend erfolgen kann, kann in der widerspruchslosen Hinnahme der Antragstellung durch den Anwalt eine solche schlüssige Mandatserweiterung gesehen werden.

25 Entscheidend ist die Auslegung auch in Fällen der **bedingten Auftragserteilung**: Wird der Anwalt mit der Durchsetzung einer Forderung beauftragt, wobei er die Gegenseite zunächst außergerichtlich zur Zahlung auffordern und dann den Anspruch gerichtlich geltend machen soll, können darin zwei unterschiedliche Aufträge liegen.
– Entweder ein unbedingter Auftrag zur außergerichtlichen Geltendmachung der Forderung und zusätzlich der unter einer aufschiebenden Bedingung erteilte Auftrag, im Fall des Scheiterns der außergerichtlichen Durchsetzung Klage einzureichen.
– Oder aber ein unbedingter Auftrag zur Klageeinreichung, wobei der Anwalt lediglich die Gegenseite noch außergerichtlich zur Leistung auffordern soll, um sie in Verzug zu setzen.

Bei Verhandlungen mit Versicherern dürfte eine Vermutung dafür sprechen, dass der Anwalt zunächst mit einer außergerichtlichen Regelung beauftragt war und die Prozessvollmacht nur für den Fall erteilt wurde, dass diese scheitert.[21] Einen allgemeinen Rechtssatz, wonach der Anwalt im Zweifel einen gerichtlichen bzw. außergerichtlichen Auftrag erhalten hat, wird man darüber hinaus jedoch kaum aufstellen können, da immer die Umstände des Einzelfalls entscheidend sind.

b) Tätigkeit

26 Die Verfahrensgebühr entsteht nicht erst dann, wenn der Rechtsanwalt sich beim Gericht für den Mandanten legitimiert hat. Denn gebührenrechtlich entscheidend ist nicht das Auftreten des Anwalts gegenüber dem Gericht, sondern das Innenverhältnis zum Mandanten. Dies ergibt sich bereits aus der Formulierung des Abs. 2, wonach der zum Prozessbevollmächtigten bestellte Rechtsanwalt die volle Gebühr **„für das Betreiben des Geschäfts einschließlich der Information"** erhält. Notwendigerweise beginnt das Betreiben des Geschäfts bereits mit der Entgegennahme der erforderlichen Informationen. Dies ergibt sich weiter aus einem Umkehrschluss zu VV 3101, welche eine Verfahrensgebühr in reduzierter Höhe vorsieht, soweit der Auftrag endet, bevor der Anwalt eine Tätigkeit gegenüber dem Gericht vorgenommen hat. Auch in diesen Fällen entsteht also eine Verfahrensgebühr. Es ist für das Entstehen der Verfahrensgebühr nicht erforderlich, dass die Tätigkeit des Rechtsanwalts nach außen in Erscheinung tritt oder dass es tatsächlich zum gerichtlichen Verfahren kommt. Dies

---

19 Gerold/Schmidt/*Müller-Rabe*, RVG, VV 3100 Rn 15.
20 OLG Koblenz JurBüro 1991, 860 = KostRsp. BRAGO § 31 Ziff. 1 Nr. 101.
21 Vgl. *Madert*, AGS 1999, 97.

ist allenfalls für die Höhe der Verfahrensgebühr von Bedeutung.[22] Ausreichend für die Entstehung der Verfahrensgebühr ist irgendeine Tätigkeit zur Ausführung des prozessbezogenen Auftrags.[23] Beauftragt der Mandant den Anwalt mit der Einholung einer Rechtsschutz-Deckungszusage mit dem Schreiben *„Sollten die entstehenden Kosten nicht von der Versicherung getragen werden, bitte um kurze Info und weitere Vorgehensweise"*, so steht der Auftrag unter der aufschiebenden Bedingung, dass eine Deckungszusage erteilt wird.[24]

Die Verfahrensgebühr entsteht in **voller Höhe** von **1,3** z.B. in folgenden Fällen: 27
– Schriftsätzliche Rüge der örtlichen Unzuständigkeit[25]
– Klagerücknahmeerklärung[26]
– Antrag auf Durchführung des streitigen Verfahrens gemäß § 696 ZPO[27]
– Tätigkeit des Anwalts im gerichtlichen Verfahren zur Vollstreckbarerklärung eines Anwaltsvergleichs[28]
– Rücknahme des Widerspruchs gegen den Mahnbescheid[29]
– Erklärung des Rechtsmittelverzichts im Termin[30]
– Einreichung von Klage oder eines ein Verfahren einleitenden Antrags
– Einreichung eines Schriftsatzes, der Sachvortrag enthält.

3. Verfahrensgebühr vor Rechtshängigkeit

Die Verfahrensgebühr gemäß VV 3100 kann entsprechend den vorstehenden Ausführungen auch schon vor Rechtshängigkeit, d.h. vor Zustellung der Klage, entstehen, wenn dem Anwalt Prozessauftrag erteilt wird und er in Wahrnehmung dieses Auftrags eine Tätigkeit (z.B. Informationsbeschaffung) durchführt. Kommt es in der Folgezeit nicht mehr zur Rechtshängigkeit der Klage, dann ist hinsichtlich der Höhe der Verfahrensgebühr zu prüfen, inwiefern die Voraussetzungen von VV 3101 vorliegen und die Gebühr ggf. nur in reduzierter Höhe von 0,8 anfällt.[31] 28

Auf **Klägerseite** fällt die Verfahrensgebühr mit der Bestellung zum Prozessbevollmächtigten an, also mit der Erteilung des Auftrags zur Klageerhebung bzw. zur Einleitung eines gerichtlichen Verfahrens. Voraussetzung für das Entstehen der Verfahrensgebühr auf **Beklagtenseite** ist grundsätzlich die Zustellung der Klage- bzw. Antragsschrift, da zuvor ein Prozessrechtsverhältnis noch nicht begründet worden ist. Allerdings ist es auch denkbar, dass der Beklagte dem Gegner schon vor Klageerhebung mitteilt, dass die Zustellung der Klage an einen bestimmten Rechtsanwalt erfolgen kann. Bei dieser Konstellation hätte der Rechtsanwalt schon einen wirksamen Auftrag zur Vertretung als Prozessbevollmächtigter des künftigen Beklagten erhalten.[32] Dieser Auftrag würde eine Verfahrensgebühr entstehen lassen. Der BGH hat in seiner Entscheidung vom 1.7.2010[33] einen Verfahrensauftrag der Anwälte des (künftigen) Beklagten zur (künftigen) gerichtlichen Abwehr von Ansprü- 29

---

22 *Hartmann*, Kostengesetze, VV 3100 Rn 5; Gerold/Schmidt/*Müller-Rabe*, RVG, VV 3100 Rn 58 ff.; VG Dessau JurBüro 1999, 78 = KostRsp. BRAGO § 31 Ziff. 1 Nr. 119; VGH Mannheim JurBüro 1995, 474 = AGS 1996, 65 = Justiz 1995, 188 = KostRsp. BRAGO § 31 Ziff. 1 Nr. 106.

23 *Hartmann*, Kostengesetze, VV 3100 Rn 13; Riedel/Sußbauer/*Keller*, RVG, VV Teil 3 Vorb. 3 Rn 26; OLG Hamm AGS 2005, 338 = JurBüro 2005, 593; OLG Bremen MDR 2003, 1143; VGH Mannheim JurBüro 1995, 474; VG Dessau JurBüro 1999, 79.

24 OLG München AGS 2012, 58.

25 OLG Schleswig AnwBl 1997, 125 = JurBüro 1997, 86 = AGS 1996, 135 = KostRsp. BRAGO § 31 Ziff. 1 Nr. 112; *Mock*, AGS 2004, 45.

26 OLG Koblenz JurBüro 1996, 370 = AGS 1996, 38 = KostRsp. BRAGO § 31 Ziff. 1 Nr. 109; Gerold/Schmidt/*Müller-Rabe*, RVG, VV 3100 Rn 67.

27 OLG Hamm AnwBl 1989, 682 = JurBüro 1989, 980 = MDR 1989, 648 = KostRsp. BRAGO § 31 Ziff. 1 Nr. 99.

28 OLG München AGS 2009, 574.

29 OLG München AnwBl 1985, 206 = JurBüro 1985, 402 = Rpfleger 1985, 167 = KostRsp. BRAGO § 31 Ziff. 1 Nr. 83.

30 OLG Schleswig JurBüro 1983, 1657 = KostRsp. BRAGO § 31 Ziff. 1 Nr. 68; bei Erklärung außerhalb der Verhandlung nur 5/10-Verfahrensgebühr gemäß § 32 BRAGO: OLG Hamm JurBüro 1974, 208 = Rpfleger 1974, 79 = NJW 1974, 465 = KostRsp. BRAGO § 31 Ziff. 1 Nr. 21.

31 Vgl. OLG Karlsruhe JurBüro 1996, 420 = MDR 1997, 107 = KostRsp. BRAGO § 31 Ziff. 1 Nr. 110 und OLG Hamburg JurBüro 1970, 958 zur Entstehung der reduzierten Gebühr durch Entgegennahme der Information und Korrespondenz mit dem Mandanten als Vorbereitung der Rechtsverteidigung.

32 So auch: *Henke*, AnwBl 06, 347; Gerold/Schmidt/*Müller-Rabe*, RVG, VV 3100 Rn 22 ff.; Hartung/Römermann/*Schons*, RVG, VV Vorb. 3 Rn 36.

33 BGH AGS 2010, 483 = JurBüro 2010, 580.

chen, die bisher nur außergerichtlich geltend gemacht worden waren, schlicht „aus den Gesamtumständen" abgeleitet, was jedenfalls zu weitgehend sein dürfte.

30 Ob die entsprechende Verfahrensgebühr vom Gegner erstattet verlangt werden kann, hängt davon ab, ob die entsprechenden Anwaltskosten i.S.v. § 91 ZPO notwendig waren bzw. aus materiellrechtlichen Gründen ersetzt verlangt werden können. Die beklagte Aktiengesellschaft, die in Erwartung von Anfechtungsklagen einen Rechtsanwalt mit ihrer Vertretung beauftragt und dadurch vor der Verbindung in jedem Klageverfahren eine Verfahrensgebühr nach VV 3101 auslöst, handelt nicht rechtsmissbräuchlich.[34]

4. Verfahrensgebühr trotz fehlender Postulationsfähigkeit

31 Ob der Anwalt auch dann eine Verfahrensgebühr verdienen kann, wenn er vor dem entsprechenden Gericht nicht postulationsfähig ist, ist umstritten. Nach einer Ansicht[35] kann bei „sinnvoller Tätigkeit" des Anwalts das Fehlen der Postulationsfähigkeit unerheblich sein. Nach anderer Ansicht[36] wird die Postulationsfähigkeit für die Entstehung der Verfahrensgebühr unabhängig von der Art der vorgenommenen Tätigkeit verlangt. Der BGH hat sich in seiner Entscheidung vom 1.2.2007[37] der zweiten Meinung angeschlossen und ausgeführt, dass die Gegenansicht zu einem mit den Grundsätzen des Vertragsrechts unvereinbaren Ergebnis gelange, weil sie dem nicht postulationsfähigen Rechtsanwalt ein Entgelt für eine anwaltliche Tätigkeit zuerkenne, die er nicht erfüllen könne. Soweit der Anwalt auch ohne postulationsfähig zu sein, einzelne Tätigkeiten für seinen Auftraggeber ausführen könne, würde dies von VV 3403 erfasst.[38]

32 Bei dieser Frage muss unterschieden werden zwischen der Entstehung der Gebühr und ihrer Erstattungsfähigkeit. Für die **Entstehung** der Gebühr reicht es aus, wenn der Anwalt mit der Führung des Verfahrens beauftragt wurde und eine entsprechende Tätigkeit ausgeführt hat. Ob ein solcher Verfahrensauftrag vorliegt, ist durch Auslegung zu entscheiden, wobei allein die Willenserklärungen der beteiligten Parteien (Anwalt und Mandant), nicht aber rechtliche Zulässigkeitserwägungen eine Rolle spielen dürfen. Schon diese Auslegung wird in der Rechtsprechung jedoch nicht immer konsequent durchgeführt.

> **Beispiel:** In seinem Beschl. v. 4.5.2006[39] hatte der 3. Zivilsenat des BGH einen Verfahrensauftrag verneint, obwohl der Mandant dem Anwalt den Auftrag erteilt hatte „alles zu tun, um die Rücknahme der Nichtzulassungsbeschwerde sofort zu erreichen". Der Senat ließ den umfassenden Verfahrensauftrag maßgeblich daran scheitern, dass der betreffende Anwalt beim BGH nicht zugelassen war. Diese Argumentation ist jedoch nicht stichhaltig, denn für den Umfang des Auftrags kommt es allein darauf an, was zwischen Anwalt und Mandant vereinbart wurde und nicht darauf, welche konkreten Tätigkeiten der Anwalt dann rechtlich zulässigerweise hätte ausführen können. Angesichts der im Streitfall gewählten Formulierung „alles zu tun ..." wäre es interessant zu erfahren, bei Verwendung welcher Worte der BGH denn von einem umfassenden Auftrag ausgegangen wäre. Mehr als „alles zu tun", geht kaum.

33 Das OLG Frankfurt unterliegt in seinem Beschl. v. 24.6.2008[40] zwar demselben Fehler wie der BGH, weil es vom Umfang der Postulationsfähigkeit des Anwalts auf den Inhalt des ihm erteilten Auftrages zurückschließt – ganz nach dem Motto: Was ein Anwalt rechtlich nicht tun darf, damit kann man ihn auch nicht beauftragen! Im Ergebnis ist die Auslegung allerdings nicht zu beanstanden, denn da der Anwalt zunächst nur die Aussichten der von der Gegenseite eingelegten Nichtzulassungsbeschwerde prüfen sollte, ohne selbst gegenüber dem BGH tätig zu werden, kam kein umfassender Verfahrensauftrag, sondern nur ein Auftrag zu einer Einzeltätigkeit (VV 3403) oder zur Prüfung der Erfolgsaussicht eines Rechtsmittels (VV 2100) in Betracht.

---

34 BGH ZIP 2010, 1413 = Rpfleger 2010, 696.
35 OLG Köln AGS 2010, 530 m. Anm. *N. Schneider* (unter ausdrücklicher Aufrechterhaltung der abweichenden Entscheidung des Senats in AGS 2007, 301); OLG München AGS 2010, 217; OLG Hamm AnwBl 1986, 208; OLG Koblenz JurBüro 1995, 264; OLG Düsseldorf JurBüro 1991, 683; KG NJW-RR 1996, 53; OLG Zweibrücken OLGR 2001, 72; OLG Frankfurt/M. AGS 2009, 25; *Hartmann*, Kostengesetze, VV 3100 Rn 47.
36 Riedel/Sußbauer/*Keller*, RVG, VV Teil 3 Vorb. 3 Rn 10; OLG Stuttgart AGS 2009, 220 = FamRZ 2009, 146 = RVGreport 2009, 64 m. Anm. *Hansens*; OLG Koblenz JurBüro 1996, 307; OLG Frankfurt JurBüro 1987, 859; OLG Zweibrücken Rpfleger 1994, 228; OLG Saarbrücken NJW-RR 1997, 189; OLG Köln AGS 2007, 301.
37 BGH AGS 2007, 298 m. Anm. *N. Schneider*.
38 So auch OLG Frankfurt AGS 2012, 250.
39 BGH AGS 2006, 491 m. Anm. *N. Schneider*.
40 OLG Frankfurt/M. AGS 2009, 25.

Ob dem Gebührenanspruch möglicherweise wegen subjektiver Unmöglichkeit eine dauerhafte Einrede entgegensteht, ist für die Entstehung der Gebühr unbeachtlich. Insofern greift auch die Kritik des BGH in seiner Entscheidung vom 1.2.2007 zu kurz: Dem Anwalt entsteht gerade nicht – unter dem beanstandeten Verstoß gegen die Grundsätze des Vertragsrechts – ein Gebührenanspruch für einen Auftrag, den er subjektiv nicht erfüllen kann. Sondern es entsteht nach den Tatbestandsvoraussetzungen des Vergütungsverzeichnisses zunächst die Verfahrensgebühr und erst in einem zweiten Schritt ist zu prüfen, ob diese – im Hinblick auf mögliche Einreden – vom eigenen Mandanten bzw. – im Hinblick auf die Notwendigkeit i.S.d. § 91 ZPO – vom unterlegenen Gegner verlangt werden kann. In der Praxis wird sich dieses Problem aufgrund des Umstandes, dass die Anwälte aufgrund der Neufassung des § 78 ZPO bei allen Landgerichten postulationsfähig sind, jedenfalls in erster Instanz nicht mehr stellen.

Bei der sich anschließenden Frage der **Erstattungsfähigkeit** einer solchen Gebühr ist der Grundsatz zu beachten, dass Kosten, die durch eine überflüssige oder zwecklose Prozessmaßnahme verursacht worden sind, nicht erstattungsfähig sind. Die Tätigkeit eines nicht postulationsfähigen Anwalts kann jedoch nicht generell als überflüssig oder zwecklos eingestuft werden. Vielmehr ist für die Beurteilung dieser Frage – und damit auch für die Frage der Erstattungsfähigkeit der Gebühren – auf den konkreten Verfahrensverlauf abzustellen. Zutreffend weist das OLG Frankfurt[41] darauf hin, dass es dem Rechtsmittelgegner frei steht, einen Anwalt zu beauftragen, sobald das Rechtsmittel eingelegt ist. Soweit neben diesem beratend und prüfend tätigen Rechtsanwalt nicht noch ein weiterer (postulationsfähiger) Anwalt für das Rechtsmittelverfahren beauftragt wird, sind die Kosten i.S.v. § 91 Abs. 1 ZPO erforderlich und damit erstattungsfähig.[42] Denn durch die konkrete Vorgehensweise sind letztlich Gebühren eines zugelassenen Rechtsanwalts erspart worden. Entsprechendes kann beispielsweise gelten, wenn der nicht postulationsfähige Anwalt des Beklagten auf eine Schiedsgerichtsvereinbarung oder auf die Unzuständigkeit des Gerichts hinweist, woraufhin der Kläger die Klage zurücknimmt. Dann sind für den Prozessbevollmächtigten des Beklagten eine Verfahrensgebühr gemäß VV 3101 Nr. 1 i.H.v. 0,8 aus dem Wert der Hauptsache sowie eine Verfahrensgebühr gemäß VV 3100 i.H.v. 1,3 aus dem Kostenwert erstattungsfähig, wenn nach erfolgter Klagerücknahme der Kostenantrag nach § 269 Abs. 4 ZPO gestellt wird.[43]

Entsprechendes gilt, wenn beispielsweise der nicht postulationsfähige Anwalt des Beklagten auf eine Schiedsgerichtsvereinbarung hinweist, woraufhin der Kläger die Klage zurücknimmt. Dann sind für den Prozessbevollmächtigten des Beklagten eine Verfahrensgebühr gemäß VV 3101 Nr. 1 i.H.v. 0,8 aus dem Wert der Hauptsache sowie eine Verfahrensgebühr i.H.v. 1,3 gemäß VV 3100 aus dem Kostenwert erstattungsfähig, wenn nach erfolgter Klagerücknahme der Kostenantrag nach § 269 Abs. 4 ZPO gestellt wird. Der nicht postulationsfähige Anwalt sollte also in jedem Fall im Kostenfestsetzungsverfahren darlegen, warum seine Tätigkeit im konkreten Verfahren sinnvoll war und eine Vergleichsrechnung vorlegen, welche Gebühren für einen zugelassenen Rechtsanwalt durch seine Tätigkeit erspart worden sind.

5. Verfahrensgebühr für den Nebenintervenienten

Die Entstehung einer Verfahrensgebühr setzt nicht zwingend voraus, dass der Anwalt für Kläger oder Beklagten tätig wird. Auch die auftragsgemäße Vertretung anderer Beteiligter eines gerichtlichen Verfahrens, wie beispielsweise des Nebenintervenienten, kann die Verfahrensgebühr auslösen. Für den Rechtsanwalt des Nebenintervenienten gilt dasselbe wie für den Rechtsanwalt von Kläger und Beklagtem: Er kann die volle 1,3-Verfahrensgebühr nur dann verlangen, wenn er eine der in VV 3101 aufgeführten Tätigkeiten ausgeführt hat. Ansonsten steht ihm nur eine 0,8-Verfahrensgebühr zu. Unproblematisch sind dabei die Fälle, in denen der Rechtsanwalt für seinen Mandanten den Beitritt

---

41 OLG Frankfurt/M. AGS 2009, 25; ebenso OLG München AGS 2010, 217; vgl. auch schon BGH AGS 2006, 491. In der Entscheidung v. 1.2.2007 (AGS 2007, 298) hat der BGH die Frage der Erstattungsfähigkeit nach § 91 ZPO ausdrücklich offengelassen, weil er schon die Entstehung der Gebühren verneint hat.

42 Eine Erstattungsfähigkeit scheidet natürlich aus, wenn der nicht postulationsfähige Anwalt neben einem am BGH zugelassenen Anwalt tätig wird, vgl. OLG Nürnberg AGS 2010, 622 m. Anm. *N. Schneider*. Anders kann die Rechtslage ggf. bei einer sukzessiven Beauftragung beurteilt werden, vgl. OLG Frankfurt AGS 2012, 150 m. Anm. *N. Schneider*.

43 OLG Karlsruhe JurBüro 1997, 143; vgl. auch *von Eicken*, Die Kostenfestsetzung, 17. Auflage, B 507 m.w.N.; OLG Düsseldorf JurBüro 1991, 683.

zum Rechtsstreit erklärt und sodann einen Sachantrag stellt bzw. sich dem Antrag „seiner" Partei anschließt oder Sachvortrag macht.

Im Falle der Nebenintervention ist es jedoch auch möglich, dass der Rechtsanwalt des Nebenintervenienten Sachvortrag macht, ohne zuvor beigetreten zu sein bzw. dem Rechtsstreit auf der Seite eines der Prozess- oder Verfahrensbeteiligten beitritt, ohne einen Antrag zu stellen. Fraglich ist, ab welchem Zeitpunkt dem Rechtsanwalt eines Nebenintervenienten die volle Verfahrensgebühr i.H.v. 1,3 zusteht.

38 Der Beitritt allein ist weder ein Sachantrag noch Sachvortrag, so dass durch ihn nicht die volle 1,3-Verfahrensgebühr ausgelöst wird.[44] Erklärt also der Rechtsanwalt des Nebenintervenienten den Beitritt zum Rechtsstreit auf Seiten einer Partei, ohne zur Sache einen Antrag zu stellen oder Sachausführungen zu machen, erhält er nur die reduzierte Verfahrensgebühr gemäß VV 3101 Nr. 1 i.H.v. 0,8. Erst dann, wenn er sich z.B. dem Antrag der Partei anschließt, der er beigetreten ist, oder wenn er einen Schriftsatz einreicht, der Sachvortrag enthält, erhält er die volle Verfahrensgebühr i.H.v. 1,3 nach VV 3100.

39 Bei der Frage, ob der Anwalt des Nebenintervenienten schon vor dem Beitritt eine 1,3-Verfahrensgebühr verdienen kann, ist zwischen Entstehung und Erstattungsfähigkeit der Gebühr zu differenzieren: Die volle 1,3-Verfahrensgebühr entsteht, wenn der Anwalt als Prozessbevollmächtigter beauftragt wird und für den Streitgenossen Ausführungen zur Sache macht. Sie ist jedoch nicht erstattungsfähig, weil die Tätigkeit des Anwalts vor dem Beitritt des Streitgenossen keinerlei Wirkung entfalten kann und damit eine nutzlose Prozesshandlung darstellt.[45] Gleiches gilt, wenn der Rechtsanwalt des Nebenintervenienten für diesen einen **Termin** – nicht notwendig Gerichtstermin – **wahrnimmt**. Erfolgt diese Terminswahrnehmung vor dem Beitritt, reicht dies schon aus dem Grunde nicht für eine 1,3-Verfahrensgebühr, weil es keine Teilnahme als Verfahrensbevollmächtigter ist.

40 Die Anwaltsgebühren für die Vertretung des Nebenintervenienten berechnen sich gemäß § 23 Abs. 1 nach dem für die Gerichtsgebühren geltenden Wert. Dieser ist gemäß § 3 ZPO zu schätzen, wobei maßgeblich das Interesse des Streithelfers bzw. die drohende Einwirkung der Hauptsachentscheidung auf seine vermögensrechtlichen Verhältnisse ist.[46]

6. Prozesskostenhilfe

a) Innenverhältnis beim Prozesskostenhilfeantrag

41 Soll das gerichtliche Verfahren mit Prozesskostenhilfe geführt werden, ist für die Entstehung der Verfahrensgebühr nach VV 3100 – in Abgrenzung zur Verfahrensgebühr nach VV 3335 – auf den Inhalt des Auftrags abzustellen:

Soweit der Rechtsanwalt einen **Auftrag zur Durchführung des Rechtsstreits** hat und dann einen Antrag auf Bewilligung von Prozesskostenhilfe stellt, entsteht die Verfahrensgebühr schon durch diese Antragstellung.[47] Allerdings kann der Wille, sofort ein uneingeschränktes Prozessmandat zu erteilen, mit dem die Partei schon vor der erhofften Anwaltsbeiordnung den Gebührentatbestand verwirklicht und jedenfalls insoweit von vornherein auf die Vorteile der PKH-Bewilligung nach § 122 Abs. 1 Nr. 3 ZPO verzichtet, nur ausnahmsweise angenommen werden, nämlich nur dann, wenn sich die Partei bei Mandatserteilung darüber im Klaren war, dass sie auch bei Bewilligung von Prozesskostenhilfe zur Zahlung von Gebühren verpflichtet sein würde, sie dies jedoch wegen ihres Interesses an der sofortigen Rechtsverfolgung in Kauf nehmen wollte. Angesichts der Tatsache, dass es sich dabei um einen atypischen Geschehensverlauf handelt, der der objektiven Interessenlage der den Auftrag erteilenden Partei in aller Regel widerspricht, bedarf es hierfür indessen der näheren

---

44 Gerold/Schmidt/*Müller-Rabe*, RVG, VV 3101 Rn 67 f.

45 Vgl. Gerold/Schmidt/*Müller-Rabe*, RVG, VV 3101 Rn 70, der zutreffend darauf hinweist, dass der Anwalt des Streitgenossen vor dem Beitritt erstattungsrechtlich so zu behandeln ist wie ein nicht postulationsfähiger Rechtsanwalt.

46 OLG Karlsruhe JurBüro 2003, 83; vgl. auch *Schneider/Herget*, Streitwertkommentar, Rn 4115 m. ausführlichen Nachw. zum Streitstand.

47 *Hartmann*, Kostengesetze, VV 3100 Rn 37; Riedel/Sußbauer/*Keller*, RVG, VV Teil 3 Abschnitt 3 Rn 207; OLG Nürnberg MDR 2003, 835.

Darlegung und Glaubhaftmachung der dafür sprechenden Umstände. Solche Umstände ergeben sich insbesondere nicht schon aus der einschränkungslosen Unterzeichnung einer Prozessvollmacht.[48]

Der bloße **Auftrag, Prozesskostenhilfe zu beantragen**, begründet für sich noch keine Verfahrensgebühr nach VV 3100, sondern nur die Gebühr nach VV 3335.[49] Insofern kann das Mandat, Prozesskostenhilfe zu beantragen und Klage zu erheben, grundsätzlich nur dahin verstanden werden, dass der Auftrag befristet ist und erst mit der positiven oder negativen Entscheidung über die Gewährung von Prozesskostenhilfe wirksam werden soll. Allerdings ist es auch in den Fällen, in denen der Mandant eine Beiordnung seines Rechtsanwalts im Wege der Prozesskostenhilfe anstrebt, gleichwohl durchaus denkbar, dass er ihm einen sofortigen Prozessauftrag erteilt. Die Ursache für eine derartige Verfahrensweise kann z.B. darin liegen, dass dem Mandanten an einer Beschleunigung des Verfahrens gelegen ist und er die Verzögerung, die durch die isolierte Durchführung eines Prozesskostenhilfebewilligungsverfahrens zwangsläufig entsteht, vermeiden will. 42

Ist davon auszugehen, dass die Klage sofort eingereicht werden sollte, ohne dass zuvor Prozesskostenhilfe bewilligt worden ist, bedeutet dies hinsichtlich des **Gebührenanspruches gegenüber der Staatskasse**, dass der Rechtsanwalt die volle Verfahrensgebühr i.H.v. 1,3 nur verlangen kann, wenn er nach der Bewilligung von Prozesskostenhilfe eine Handlung i.S.v. VV 3101 Nr. 1 vornimmt, die die Voraussetzungen der Verfahrensgebühr erfüllt. Er muss also z.B. einen Schriftsatz einreichen, der einen Sachantrag oder Sachvortrag enthält, oder einen Termin wahrnehmen. 43

b) Teilweise Bewilligung von Prozesskostenhilfe

Für den Rechtsanwalt des Antragstellers, der die Klage unter dem Vorbehalt der Prozesskostenhilfebewilligung eingereicht hat, entsteht die volle Verfahrensgebühr nach VV 3100 bereits immer dann, wenn die Prozesskostenhilfe in der beantragten Höhe bewilligt wird.[50] Irgendeiner weiteren Erklärung des Rechtsanwalts bedarf es in diesen Fällen nicht mehr. Wird die Prozesskostenhilfe jedoch nur teilweise bewilligt, kann die Rechtslage anders sein. Nach einer in der Rechtsprechung vertretenen Auffassung entsteht die Verfahrensgebühr in diesen Fällen nur bei Einreichung einer berichtigten Klageschrift oder der Erklärung, dass die bereits eingereichte Klage trotzdem in vollem Umfang aufrechterhalten wird.[51] Diese Auffassung ist jedoch abzulehnen. Die Verfahrensgebühr entsteht nach dem Umfang der Bewilligung von Prozesskostenhilfe, ohne dass es einer weiteren Erklärung des Rechtsanwalts bedarf. Dies ergibt sich aus der Überlegung, dass der Antragsteller im Regelfall die Klage mindestens in dem Umfang durchführen will, in dem ihm Prozesskostenhilfe bewilligt wird. Die Sachlage wäre nur dann anders, wenn sich aus dem Vorbringen des Antragstellers etwas Gegenteiliges ergibt. Wird nach teilweiser Bewilligung von Prozesskostenhilfe nur hinsichtlich des entsprechenden Teils der Forderung das Hauptsacheverfahren durchgeführt, entsteht unter Beachtung von § 15 Abs. 3 die Gebühr nach VV 3335 aus dem ursprünglichen Wert, die dann i.H.v. 1,0 nach dem späteren Hauptsachewert in der Verfahrensgebühr nach VV 3100 aufgeht.[52] 44

c) Gebühren des Rechtsanwalts des Antragsgegners

Fordert das Gericht vom Antragsgegner zunächst nur eine Anwaltstätigkeit im Prozesskostenhilfeverfahren ein – üblicherweise eine Stellungnahme zum Prozesskostenhilfegesuch des Antragstellers –, erhält der Antragsgegneranwalt dafür nur die Gebühr nach VV 3335.[53] 45

Ist eine Klage zwar anhängig, wird vom Gericht aber zunächst nur der gleichzeitig eingereichte Prozesskostenhilfeantrag dem Beklagten zugestellt und wird die Klage nach Zurückweisung der Prozesskostenhilfe noch vor ihrer Zustellung zurückgenommen, stellt sich die Frage, welche Gebühren bei dem Prozessbevollmächtigten des Antragsgegners angefallen sind. 46

---

48 KG JurBüro 1989, 1551 = KostRsp. BRAGO § 31 Ziff. 1 Nr. 100.
49 So auch *Hartmann*, Kostengesetze, VV 3100 Rn 38; Riedel/Sußbauer/*Keller*, RVG, VV Teil 3 Abschnitt 3 Rn 207.
50 *Hartmann*, Kostengesetze, VV 3100 Rn 37; OLG München MDR 1988, 972.
51 OLG München JurBüro 1988, 1713 = MDR 1988, 972 = KostRsp. BRAGO § 31 Ziff. 1 Nr. 97 m. Anm. *Lappe*.
52 Hartung/Römermann/*Schons*, RVG, VV 3335 Rn 14; *Mock*, RVG-Berater 2005, 187.
53 *Hartmann*, Kostengesetze, VV 3100 Rn 38; OLG Karlsruhe JurBüro 1999, 191.

47 Die **Entstehung** der Verfahrensgebühr richtet sich wieder nach dem erteilten Auftrag: Hat der Antragsgegner seinem Anwalt bereits ein unbedingtes Prozessmandat für den künftigen Rechtsstreit erteilt, so löst die Stellungnahme auf den Prozesskostenhilfeantrag der Gegenseite bereits die 1,3-Verfahrensgebühr nach VV 3100 aus. Der Umstand, dass mangels Zustellung der Klageschrift noch kein Prozessrechtsverhältnis zwischen den Parteien besteht, ist für die Frage der Entstehung der Gebühr unbeachtlich. Hat der Antragsgegner dagegen seinen Anwalt nur beauftragt, zum Prozesskostenhilfeantrag Stellung zu nehmen – von einem solchen eingeschränkten Auftrag wird man in der Praxis im Regelfall auszugehen haben, da der Wille des Mandanten auf eine möglichst kostengünstige Rechtsverteidigung gerichtet ist – entsteht für den Anwalt nur die Verfahrensgebühr nach VV 3335 sowie eine 1,3-Verfahrensgebühr aus dem Kostenwert, wenn er nach Rücknahme der Klage eine Kostenentscheidung erwirkt.[54]

48 Der Rechtsanwalt des Antragsgegners kann also in derartigen Fällen von seinem Mandanten keine Verfahrensgebühr nach VV 3100 i.H.v. 1,3, sondern nur eine Verfahrensgebühr i.H.v. 1,0 nach VV 3335 aus dem Hauptsachewert sowie zusätzlich eine Verfahrensgebühr i.H.v. 1,3 nach VV 3100 nach dem Wert der entstandenen Kosten, die durch das Erwirken der Entscheidung nach § 269 Abs. 4 ZPO entstanden sind. Dabei ist jedoch zu beachten, dass gemäß § 15 Abs. 3 die Summe dieser beiden Gebühren nicht höher sein darf als die aus dem Gesamtbetrag der Werteile nach dem höchsten Gebührensatz berechnete Gebühr. Die **Erstattung** der Gebühren des Antragsgegners durch den Antragsteller ist nach § 118 Abs. 1 S. 4 ZPO ausgeschlossen.

7. Mahnverfahren gemäß §§ 688 ff. ZPO

a) Allgemeines

49 Grundsätzlich ist in VV 3305 bis 3308 geregelt, welche Gebühren für den im Mahnverfahren tätigen Rechtsanwalt anfallen. Es kann also auf die dortige Kommentierung verwiesen werden. Hier sollen nur einige Besonderheiten behandelt werden, die im Mahnverfahren zum Entstehen einer Verfahrensgebühr nach VV 3100 führen können.

b) Klageabweisungsantrag im Widerspruchsschreiben

50 Die Einlegung des Widerspruchs durch den Antragsgegner ist mit der Gebühr nach VV 3307 abgegolten und lässt keine zusätzliche Verfahrensgebühr nach VV 3100 entstehen.[55] Verknüpft der Prozessbevollmächtigte des Antragsgegners den Widerspruch gemäß § 694 ZPO mit dem Antrag, die Klage abzuweisen, stellt sich einerseits die Frage, ob hierdurch eine volle Verfahrensgebühr i.H.v. 1,3 entsteht, andererseits gegebenenfalls die weitere Frage, ob eine solche Verfahrensgebühr auch erstattungsfähig ist.

51 Da der Anwalt des Antragsgegners mit der Vertretung im Verfahren beauftragt wurde und der Klageabweisungsantrag einen Sachantrag darstellt, ist die volle 1,3-Verfahrensgebühr nach VV 3100 entstanden.[56] **Erstattungsfähig** ist die volle Verfahrensgebühr aber nicht, da mangels Vorliegen einer Anspruchsbegründung im Regelfall keine Notwendigkeit besteht, zu diesem Zeitpunkt einen Klageabweisungsantrag zu stellen. Es ist vielmehr nur die Verfahrensgebühr VV 3101 i.H.v. 0,8 erstattungsfähig, auf die die Verfahrensgebühr nach VV 3307 angerechnet wird.[57]

52 Stellt der Rechtsanwalt des Antragsgegners aber in der Widerspruchsschrift den Antrag auf Durchführung des streitigen Verfahrens (§ 696 Abs. 1 S. 2 ZPO) oder auf Verweisung des Rechtsstreits, so nimmt er eine Prozesshandlung im Streitverfahren vor, wodurch ihm eine volle 1,3-Verfahrensgebühr erwächst. Gleiches gilt, wenn er nach Untätigkeit des Antragstellers den Kostenvorschuss zahlt, Abgabe an das Streitgericht beantragt und dort – nach weiterem erfolglosem Zuwarten – einen Antrag nach § 697 Abs. 3 ZPO stellt.[58]

---

54 Vgl. dazu KG JurBüro 1990, 1276.
55 OLG Düsseldorf JurBüro 2005, 473 = AGS 2006, 22 m. Anm. *N. Schneider.*
56 OLG Frankfurt JurBüro 1980, 540 = AnwBl 1980, 159; OLG Schleswig JurBüro 1980, 1523; OLG Koblenz AGS 2002, 140.
57 OLG Koblenz AGS 2010, 517; OLG Koblenz AGS 2002, 140.
58 OLG Naumburg RVGreport 2012, 223.

c) Antrag auf Durchführung des streitigen Verfahrens gemäß § 696 ZPO

Stellt der Prozessbevollmächtigte des Antragsgegners den Antrag gemäß § 696 Abs. 1 ZPO, das Verfahren an das Prozessgericht zur Durchführung des streitigen Verfahrens abzugeben, erwächst ihm hierfür eine volle Verfahrensgebühr i.H.v. 1,3, da es sich um einen verfahrenseinleitenden Antrag i.S.v. VV 3101 Nr. 1 handelt.[59]

Die Frage der **Erstattungsfähigkeit** ist hiervon zu unterscheiden: Hat der Gläubiger bereits im Mahnbescheid den Antrag auf Durchführung des streitigen Verfahrens gestellt, so soll ein gleich lautender Antrag des Beklagten zusammen mit seinem Widerspruch überflüssig sein, die Gebühr damit nicht erstattungsfähig.[60]

Hat der Kläger den entsprechenden Antrag im Mahnbescheid noch nicht gestellt bzw. hat er ihn zum Zeitpunkt des gleich lautenden Antrags des Beklagten noch nicht gestellt, ist die volle Verfahrensgebühr des Beklagten erstattungsfähig.[61] Die Rechtsprechung vertritt insoweit die Auffassung, dass der Beklagte berechtigt ist, die Abgabe des Mahnverfahrens an das Streitgericht zu beantragen, wenn dies von Seiten des Klägers nicht getan und von diesem auch nicht die Rücknahme des Mahnbescheids erklärt wird. Bei dieser Sachlage ist der von dem Beklagten gestellte Antrag auf Durchführung des streitigen Verfahrens und Abgabe an das Streitgericht zur zweckentsprechenden Rechtsverteidigung notwendig.[62]

Die volle Verfahrensgebühr i.H.v. 1,3 fällt auch dann an und ist erstattungsfähig, wenn der Antragsteller den Antrag auf Durchführung des streitigen Verfahrens zurücknimmt und der Rechtsanwalt des Antragsgegners daraufhin seinerseits die Durchführung des streitigen Verfahrens beantragt.[63]

Der Erstattungsfähigkeit steht im Übrigen auch nicht die Erwägung entgegen, dass der Beklagte selbst in der Lage gewesen wäre, den entsprechenden Antrag auf Durchführung des streitigen Verfahrens zu stellen, weil er aufgrund seiner Ausbildung wissensmäßig hierzu in der Lage gewesen wäre, da insoweit kein Anwaltszwang besteht. Bei der Frage der Erstattungsfähigkeit kommt es auf diese Gesichtspunkte nicht an. Die Kosten eines Rechtsanwalts sind immer erstattungsfähig, wenn die einzelne Maßnahme zur zweckentsprechenden Führung des Rechtsstreits notwendig war.[64]

d) Verfahrensgebühr nach Abgabe an das Prozessgericht

aa) Anwalt des Beklagten. Ist das Mahnverfahren auf Antrag des Klägers an das Streitgericht abgegeben worden und stellt der Prozessbevollmächtigte des Beklagten einen Klageabweisungsantrag noch vor Einreichung der Klagebegründung, ist für ihn eine volle Verfahrensgebühr i.H.v. 1,3 angefallen, die in Höhe einer 0,8-Verfahrensgebühr nach VV 3101 Nr. 1 erstattungsfähig ist. In diesem Zusammenhang hat das KG in seiner Entscheidung vom 9.3.2007[65] unter Aufgabe seiner bisherigen Rechtsprechung in überzeugender Weise auf die Rechtsprechung des BGH zur Erstattung der Kosten in Berufungssachen Bezug genommen: Im Falle einer nur fristwahrend eingelegten und noch nicht begründeten Berufung darf der Berufungsbeklagte unmittelbar einen Rechtsanwalt beauftragen, der sich für die Instanz bestellt. Die hierdurch entstehende 1,1-Verfahrensgebühr nach VV 3201 ist erstattungsfähig.[66] In einer solchen Lage befindet sich auch der Antragsgegner im Mahnverfahren, wenn die Streitsache nach Abgabe an das Prozessgericht dort anhängig geworden ist. Der Beklagte kann in diesen Fällen regelmäßig nicht selbst beurteilen, was zu seiner Rechtsverteidigung sachgerecht zu veranlassen ist, so dass ihm nicht zugemutet werden kann, ohne anwaltliche Hilfe die Klagebegründung oder die vom Prozessgericht zur Klagebegründung gesetzte Frist abzu-

---

[59] *Hartmann*, Kostengesetze, VV 3100 Rn 46 Stichwort „Widerspruch"; OLG Hamburg JurBüro 1993, 95 = KostRsp. BRAGO § 31 Ziff. 1 Nr. 104 m.w.N.; OLG Hamburg JurBüro 1994, 608 m.w.N.; OLG Jena JurBüro 2000, 472 = KostRsp. BRAGO § 31 Ziff. 1 Nr. 127; LG Kiel JurBüro 1998, 360 = KostRsp. BRAGO § 31 Ziff. 1 Nr. 118; OLG Hamm AnwBl 1989, 682 = JurBüro 1989, 980 = MDR 1989, 648 = KostRsp. BRAGO § 31 Ziff. 1 Nr. 99; OLG Koblenz JurBüro 2002, 76; OLG Köln JurBüro 2000, 78.

[60] OLG Bamberg JurBüro 1986, 228; OLG Köln JurBüro 1989, 491.

[61] *Mümmler* in Anm. zu OLG Hamburg JurBüro 1994, 608 m.w.N.

[62] OLG Jena JurBüro 2000, 472 = KostRsp. BRAGO § 31 Ziff. 1 Nr. 127.

[63] OLG Koblenz JurBüro 1980, 1835 = KostRsp. BRAGO § 31 Ziff. 1 Nr. 48.

[64] OLG Jena JurBüro 2000, 472 m.w.N. = KostRsp. BRAGO § 31 Ziff. 1 Nr. 127.

[65] KG OLGR 2007, 602.

[66] BGH NJW 2003, 756.

warten. In erstattungsrechtlicher Hinsicht darf er also einem Anwalt Prozessauftrag erteilen und dieser darf sich gegenüber dem Prozessgericht als Bevollmächtigter melden, was eine 0,8-Verfahrensgebühr nach VV 3101 Nr. 1 auslöst.

Gegen die Erstattungsfähigkeit der vollen **1,3-Verfahrensgebühr** nach VV 3100 spricht in solchen Fällen, dass es vor Anspruchsbegründung noch nicht notwendig ist, einen Sachantrag zu stellen. Denn in diesem Stadium ist dem Beklagten noch gar nicht bekannt, mit welchen sachlichen Gründen der Kläger ihn in Anspruch nehmen will, und ihm droht aus einem fehlenden Klageabweisungsantrag auch kein prozessualer Nachteil.[67]

59 Erfolgt nach Übergang in das streitige Verfahren eine Klagerücknahme, so ist hinsichtlich der Gebühren des Beklagtenanwalts zu differenzieren:
– Hatte der Anwalt für das streitige Verfahren noch keinen Auftrag erhalten, sondern erst nach Rücknahme, dann ist für ihn die Verfahrensgebühr nach VV 3100 erst nach Rücknahme entstanden und somit nur nach dem Kostenstreitwert.[68] Neben der 0,5-Verfahrensgebühr nach VV 3307 nebst Auslagenpauschale und Umsatzsteuer für das Mahnverfahren kann er eine 1,3-Verfahrensgebühr nach VV 3100 aus dem Kostenwert nebst Auslagenpauschale und Umsatzsteuer verlangen, wobei eine 0,5-Verfahrensgebühr aus dem Kostenwert aus die 1,3-Verfahrensgebühr anzurechnen ist.
– War dem Anwalt dagegen für das streitige Verfahren bereits ein Auftrag erteilt worden, fällt die 1,3-Verfahrensgebühr nach VV 3100 aus dem vollen Streitwert an. Infolge der vorzeitigen Erledigung durch Klagerücknahme kann allerdings nur der ermäßigte Satz von 0,8 nach VV 3101 Nr. 1 angesetzt werden. Auch in diesem Fall kann zusätzlich eine 1,3-Verfahrensgebühr nach VV 3100 aus dem Kostenwert verlangt werden, wobei die Kürzung nach § 15 Abs. 3 zu beachten ist.

60 bb) Anwalt des Klägers. Geht das Mahnverfahren mit dem vollen Streitwert in das streitige Verfahren über, erhält der Rechtsanwalt des Klägers eine volle Verfahrensgebühr i.H.v. 1,3 gemäß VV 3100 nach diesem Wert. Soweit er allerdings für den Kläger bereits im Mahnverfahren tätig war, wird die dabei entstandene Gebühr i.H.v. 1,0 gemäß Anm. zu VV 3305 auf die Verfahrensgebühr angerechnet.

61 Hat der Rechtsanwalt den Prozessauftrag erst erhalten, nachdem der Beklagte vor Zustellung des Mahnbescheids einen Teil der im Mahnbescheid aufgeführten Forderung bezahlt hat, erhält er gleichwohl eine Verfahrensgebühr nach dem ursprünglichen Wert.[69]

8. Verbindung mehrerer Rechtsstreitigkeiten

62 Die Verbindung mehrerer Verfahren nach § 147 ZPO ist eine prozessuale Maßnahme, die Auswirkungen auf die anwaltlichen Gebühren haben kann. Zu prüfen ist zunächst in jedem Fall, ob das Gericht eine **echte Prozessverbindung** i.S.v. § 147 ZPO, § 93 VwGO vornehmen wollte oder ob es sich nur um eine vorübergehende Maßnahme handeln sollte, die der Vereinfachung des Prozessablaufs dient.[70] Diese Prüfung ist auch dann vorzunehmen, wenn ein Verbindungsbeschluss vorliegt. Dabei stellt die Terminierung von zwei Verfahren auf dieselbe Zeit und die gemeinsame Verhandlung noch keine Verbindung dar, sondern erfolgt regelmäßig aus Gründen der Prozessökonomie und zur Erleichterung des jeweiligen Parteivortrags. Eine solche Vereinfachung kann auch darin bestehen, sich die mehrfache Vernehmung von Zeugen zu ersparen. Der Rechtsanwalt kann dann die Gebühren nur nach den Einzelstreitwerten der jeweiligen Verfahren berechnen.

63 Werden mehrere Rechtsstreitigkeiten gemäß § 147 ZPO verbunden, lässt dies die bisher angefallenen Gebühren unberührt.[71] Denn nach § 15 Abs. 4 können einmal entstandene Gebühren durch nachträglich eintretende Ereignisse nicht mehr entfallen. Bis zur Verbindung sind die Verfahren selbstständige

---

[67] A.A. LG Berlin JurBüro 1997, 138 = KostRsp. BRAGO § 31 Ziff. 1 Nr. 114, wonach die volle Verfahrensgebühr erstattungsfähig ist.
[68] Vgl. OLG Düsseldorf AGS 2006, 22 m. Anm. *N. Schneider.*
[69] OLG Frankfurt AnwBl 1983, 567 = JurBüro 1983, 863 = VersR 1983, 643 (LS) = KostRsp. BRAGO § 31 Ziff. 1 Nr. 70.
[70] BGH NJW 1957, 183; OVG Hamburg, Beschl. v. 19.2.2009 – 3 So 197/08; VGH Mannheim JurBüro 1998, 83; OLG München JurBüro 1990, 393.
[71] Gerold/Schmidt/*Müller-Rabe*, RVG, VV 3100 Rn 83; *Hartmann*, Kostengesetze, VV 3100 Rn 54.

Angelegenheiten.[72] Der Rechtsanwalt kann also die Verfahrensgebühren der jeweiligen Verfahren nach den Einzelstreitwerten berechnen. Sind die Gebührentatbestände sowohl vor als auch nach der Verbindung erfüllt worden, dann steht dem Anwalt ein Wahlrecht zu.[73] Er kann die Gebühren aus den Einzelwerten vor Verbindung oder aus dem Gesamtwert nach Verbindung berechnen.[74]

Beispiel: A klagt gegen B auf Zahlung von 6.000 EUR (Az. 1/16). B erhebt gleichzeitig Klage gegen A auf Zahlung von 7.000 EUR (Az. 2/16). Nachdem in beiden Verfahren mündlich verhandelt worden ist, wird die Klage des B als Widerklage zum Verfahren 1/16 verbunden. Anschließend erfolgt eine weitere mündliche Verhandlung.
In beiden Verfahren ist sowohl die Verfahrens- als auch die Terminsgebühr vor und nach der Verbindung angefallen. Die getrennte Abrechnung dieser Gebühren nach den Einzelwerten der Verfahren ist günstiger.

I. Gebühren des verbundenen Verfahrens (Wert: 13.000 EUR)
1. 1,3-Verfahrensgebühr, VV 3100 — 785,20 EUR
2. 1,2-Terminsgebühr, VV 3104 — 724,80 EUR
3. Auslagenpauschale, VV 7002 — 20,00 EUR
  Zwischensumme — 1.530,00 EUR
4. 19 % Umsatzsteuer, VV 7008 — 290,70 EUR
Gesamt — 1.820,70 EUR

II. Verfahren 1/16 vor Verbindung (Wert: 6.000 EUR)
1. 1,3-Verfahrensgebühr, VV 3100 — 460,20 EUR
2. 1,2-Terminsgebühr, VV 3104 — 424,80 EUR
3. Auslagenpauschale, VV 7002 — 20,00 EUR
  Zwischensumme — 905,00 EUR
4. 19 % Umsatzsteuer, VV 7008 — 171,95 EUR
Gesamt — 1.076,95 EUR

III. Verfahren 2/16 vor Verbindung (Wert: 7.000 EUR)
1. 1,3-Verfahrensgebühr, VV 3100 — 526,50 EUR
2. 1,2-Terminsgebühr, VV 3104 — 486,00 EUR
3. Auslagenpauschale, VV 7002 — 20,00 EUR
  Zwischensumme — 1.032,50 EUR
4. 19 % Umsatzsteuer, VV 7008 — 196,18 EUR
Gesamt — 1.228,68 EUR

Summe aus den beiden Einzelverfahren (II. und III.): 2.305,63 EUR

Sind die Gebühren nach dem zusammengerechneten Wert der verbundenen Prozesse höher als die Summe der nach den Einzelstreitwerten berechneten Verfahrensgebühren, die der Rechtsanwalt alternativ verlangen könnte, kann der Rechtsanwalt die höheren Gebühren verlangen. **64**

Beispiel: Eine Räumungsklage (Az. 1/16, Wert: 6.000 EUR) wird mit der Klage auf Nachforderung aus einer Nebenkostenabrechnung (Az. 2/16, Wert: 250 EUR) verbunden, nachdem in beiden Verfahren verhandelt worden ist.
Auch hier sind Verfahrens- und Terminsgebühr sowohl vor als auch nach der Verbindung angefallen. Allerdings ist jetzt die gemeinsame Abrechnung günstiger.

I. Gebühren des verbundenen Verfahrens (Wert: 6.250 EUR)
1. 1,3-Verfahrensgebühr, VV 3100 — 526,50 EUR
2. 1,2-Terminsgebühr, VV 3104 — 486,00 EUR
3. Auslagenpauschale, VV 7002 — 20,00 EUR
  Zwischensumme — 1.032,50 EUR
4. 19 % Umsatzsteuer, VV 7008 — 196,18 EUR
Gesamt — 1.228,68 EUR

II. Verfahren 1/16 vor Verbindung (Wert: 6.000 EUR)
1. 1,3-Verfahrensgebühr, VV 3100 — 460,20 EUR
2. 1,2-Terminsgebühr, VV 3104 — 424,80 EUR
3. Auslagenpauschale, VV 7002 — 20,00 EUR
  Zwischensumme — 905,00 EUR
4. 19 % Umsatzsteuer, VV 7008 — 171,95 EUR
Gesamt — 1.076,95 EUR

---

[72] OLG Koblenz JurBüro 1986, 1523.
[73] BGH AGS 2010, 317 = NJW 2010, 3377; ebenso Gerold/Schmidt/*Müller-Rabe*, RVG, VV 3100 Rn 84 ff.
[74] Riedel/Sußbauer/*Keller*, RVG, VV Teil 3 Vorb. 3 Rn 36; VGH Kassel JurBüro 1987, 1360.

III. Verfahren 2/16 vor Verbindung (Wert: 250 EUR)
1. 1,3-Verfahrensgebühr, VV 3100 — 58,50 EUR
2. 1,2-Terminsgebühr, VV 3104 — 54,00 EUR
3. Auslagenpauschale, VV 7002 — 20,00 EUR
   Zwischensumme — 132,50 EUR
4. 19 % Umsatzsteuer, VV 7008 — 25,18 EUR
Gesamt — **157,68 EUR**
Summe aus den beiden Einzelverfahren (II. und III): 1.234,63 EUR

65 Dieses Wahlrecht kann allerdings nicht dahingehend ausgeübt werden, dass der Anwalt die Gebühren aus den Verfahren vor der Verbindung und dazu die Gebühren aus dem (verbundenen) Verfahren verlangt. Denn das verbundene Verfahren bildet mit den vorhergehenden Einzelverfahren dieselbe Angelegenheit i.S.d. § 15 Abs. 2.

66 Der erst nach der Verbindung beauftragte Anwalt erhält die Gebühren nur einmal und zwar aus dem Wert des verbundenen Verfahrens.[75]

9. Trennung in mehrere Rechtsstreitigkeiten

a) Trennung gemäß § 145 ZPO

67 Nach § 145 Abs. 1 ZPO kann das Gericht anordnen, dass mehrere in einer Klage erhobene Ansprüche in getrennten Prozessen verhandelt werden. Gemäß § 145 Abs. 2 ZPO gilt das Gleiche, wenn von dem Beklagten eine Widerklage erhoben worden ist, die nicht in einem rechtlichen Zusammenhang mit der erhobenen Klage steht. Kommt es zu einer derartigen Trennung des Prozesses, so sind ab dem Zeitpunkt der Trennung mehrere selbstständige Angelegenheiten i.S.d. § 15 gegeben. Der beteiligte Rechtsanwalt kann wählen, ob er einheitlich die Gebühren nach dem Gesamtstreitwert oder gesondert aus den getrennten Verfahren mit den jeweiligen Einzelstreitwerten geltend macht.[76] Dies gilt allerdings nur hinsichtlich der Gebühren, die sowohl vor als auch nach der Trennung ausgelöst worden sind. Im Regelfall wird diese Art der Gebührenabrechnung für den Rechtsanwalt günstiger sein als die Abrechnung nach dem Gesamtgegenstandswert.

> **Beispiel:** Es wurde eine Klage auf Zahlung von insgesamt 30.000 EUR erhoben. Das Gericht verhandelt in einem Termin über die Klage, die Anträge werden gestellt. Das Gericht trennt die Prozesse sodann in ein Verfahren mit einem Streitwert von 10.000 EUR und in ein weiteres Verfahren über 20.000 EUR auf, in denen es jeweils einen weiteren Termin gibt. Die Rechtsanwälte können jeweils folgende Gebühren geltend machen:
> **I. Einzelabrechnung**
> Streitwert: 20.000 EUR
> 1. 1,3-Verfahrensgebühr, VV 3100 — 964,60 EUR
> 2. 1,2-Terminsgebühr, VV 3104 — 890,40 EUR
> Streitwert: 10.000 EUR
> 3. 1,3-Verfahrensgebühr, VV 3100 — 725,40 EUR
> 4. 1,2-Terminsgebühr, VV 3104 — 669,60 EUR
> **Summe aus 1.–4.** — **3.250,00 EUR**
> **II. Vergleichsberechnung bei Gesamtberechnung**
> Streitwert: 30.000 EUR
> 1. 1,3-Verfahrensgebühr, VV 3100 — 1.121,90 EUR
> 2. 1,2-Terminsgebühr, VV 3104 — 1.035,60 EUR
> **Summe aus 1.–2.** — **2.157,50 EUR**
> Der Vorteil für den Rechtsanwalt beträgt bei der o.g. Einzelabrechnung 1.092,50 EUR.

68 Voraussetzung für das Wahlrecht ist in jedem Fall, dass die betreffenden Gebühren sowohl in dem verbundenen als auch in dem getrennten Verfahren angefallen sind. Sofern eine Gebühr nur in dem

---

[75] LG Düsseldorf AGS 2005, 286; LG Koblenz JurBüro 2005, 255 m. Anm. *Enders*.
[76] Riedel/Sußbauer/*Keller*, RVG VV Teil 3 Vorb. 3 Rn 36; OLG Düsseldorf AGS 2009, 436 m. Anm. *N. Schneider*; OLG Düsseldorf AGS 2000, 84 = Rpfleger 2000, 84 = FamRZ 2000, 1385 = KostRsp. BRAGO § 31 Ziff. 1 Nr. 126; FG Münster KostRsp. BRAGO § 31 Ziff. 1 Nr. 111; VGH Baden-Württemberg KostRsp. BRAGO § 31 Ziff. 1 Nr. 90, OLG Zweibrücken AGS 2003, 534. Ob die Trennung prozessual zulässig ist, ist für die Berechnung der Anwaltsgebühren ohne Belang.

verbundenen Verfahren angefallen ist oder eine Gebühr nur in dem getrennten Verfahren anfällt, besteht kein Wahlrecht.[77] Sind in dem getrennten Verfahren noch nicht alle Gebühren entstanden, so können nach der Trennung in dem durch die Trennung neu entstandenen Prozess sämtliche Gebühren von neuem entstehen.[78]

> **Beispiel:** Eine gemeinsame Klage (Az. 1/16) über 6.000 EUR Kaufpreis und 4.000 EUR Miete wird nach mündlicher Verhandlung in zwei Verfahren getrennt. Das Verfahren über die Miete wird mit dem Az. 2/16 geführt. In diesem Verfahren wird die Klage später zurückgenommen, ohne dass ein erneuter Termin stattgefunden hat.
> Die Verfahrensgebühr ist in beiden Verfahren entstanden, insoweit besteht wiederum ein Wahlrecht. Die getrennte Abrechnung ist günstiger. Die Terminsgebühr ist dagegen nur im Verfahren 1/16 entstanden und kann nur dort berechnet werden, und zwar aus dem Gesamtwert (§ 22 Abs. 1).
>
> **I. Verfahren 1/16**
> Wert: 6.000 EUR
> 1. 1,3-Verfahrensgebühr, VV 3100   460,20 EUR
> Wert: 10.000 EUR
> 2. 1,2-Terminsgebühr, VV 3104   669,60 EUR
> 3. Auslagenpauschale, VV 7002   20,00 EUR
>   Zwischensumme   1.149,80 EUR
> 4. 19 % Umsatzsteuer, VV 7008   218,46 EUR
> **Gesamt**   **1.368,26 EUR**
>
> **II. Verfahren 2/16**
> Wert: 4.000 EUR
> 1. 1,3-Verfahrensgebühr, VV 3100   327,60 EUR
> 2. Auslagenpauschale, VV 7002   20,00 EUR
>   Zwischensumme   347,60 EUR
> 3. 19 % Umsatzsteuer, VV 7008   66,04 EUR
> **Gesamt**   **413,64 EUR**

b) Trennung durch gesonderte Durchführung der streitigen Verfahren

Richtet sich ein Mahnbescheid gegen verschiedene Antragsgegner, ist es durchaus denkbar, dass der eine Antragsgegner gegen den Mahnbescheid Widerspruch einlegt, während gegen den anderen Antragsgegner ein Vollstreckungsbescheid ergeht, der dann mangels Einspruch in Rechtskraft erwächst. Gegen den Antragsgegner, der Widerspruch eingelegt hat, muss das streitige Verfahren durchgeführt werden, soweit die Vollstreckung gegen den anderen Antragsgegner nicht zuvor zu einer Befriedigung des Antragstellers geführt hat. Die gleiche Konstellation ist denkbar, wenn sich der Antragsteller nach Widerspruch beider Antragsgegner dazu entschließt, zunächst nur gegen den einen Antragsgegner das streitige Verfahren durchzuführen. In derartigen Fällen kann der Rechtsanwalt des Antragstellers seine Gebühren für jedes Verfahren gesondert geltend machen; sie sind auch erstattungsfähig, soweit ihm nicht ein unzweckmäßiges Verfahren vorgeworfen werden kann. Wird aber bei einer so herbeigeführten Trennung der Verfahren – ein Widerspruch beider Antragsgegner gegen den Mahnbescheid unterstellt – vom Gericht die **Verbindung der Verfahren** gemäß § 147 ZPO angeordnet, entsteht für den Rechtsanwalt des Antragstellers die Verfahrensgebühr i.H.v. 1,3 nach VV 3100 nur einmal.[79]

10. Parteiwechsel

a) Auf Klägerseite

Erfolgt auf der Klägerseite ein Parteiwechsel, fällt für den Rechtsanwalt des Beklagten die Verfahrensgebühr i.H.v. 1,3 nur einmal an.[80] Denn auch wenn er den Beklagten im Rechtsstreit gegen

---

[77] *N. Schneider*, AGS 2003, 535.
[78] OLG Zweibrücken AGS 2003, 534 m. Anm. *N. Schneider*.
[79] OLG Karlsruhe Justiz 1987, 185 = KostRsp. BRAGO § 31 Ziff. 1 Nr. 93.
[80] OLG Koblenz KostRsp. BRAGO § 31 Ziff. 1 Nr. 79; LG Nürnberg JurBüro 1975, 1465 = KostRsp. BRAGO § 31 Ziff. 1 Nr. 28.

verschiedene Kläger vertritt, handelt es sich um dieselbe gebührenrechtliche Angelegenheit, für die die Verfahrensgebühr nur einmal abgerechnet werden kann.

b) Auf Beklagtenseite

71 Sofern der Rechtsanwalt nach Klageerhebung feststellt, dass er den „falschen" Beklagten verklagt hat, kann er die Klage zurücknehmen und die Klage gegen den „richtigen" Beklagten erneut erheben. Diese Verfahrensweise ist allerdings in mehrfacher Hinsicht nachteilig. Die Klagerücknahme führt nicht zu einer vollständigen, sondern gemäß Nr. 1211 GKG-KostVerz. nur zu einer teilweisen Erstattung der Gerichtsgebühren, während die erneute Klageerhebung zu einem neuerlichen Anfall von Gerichtsgebühren führt. Ferner verliert der Kläger Zeit, da er eine neue Klagezustellung veranlassen muss.

72 Zur Vermeidung derartiger Nachteile ist daher eine **subjektive Klageänderung** zu empfehlen. Eine solche kann gerichtskostenneutral dergestalt durchgeführt werden, dass anstelle der zunächst verklagten Partei der Prozess nunmehr gegen einen anderen Beklagten fortgeführt wird, worin eine Klagerücknahme gegenüber dem alten Beklagten verbunden mit einer Klageerhebung gegen den neuen Beklagten zu sehen ist. Dieses prozessuale Vorgehen wird von der herrschenden Meinung in analoger Anwendung von § 263 ZPO als zulässig angesehen.[81] Für den Rechtsanwalt des Klägers entstehen keine neuen Gebühren, da er weiterhin denselben Mandanten im selben Verfahren vertritt.

73 Für den Rechtsanwalt, der zunächst den alten Beklagten und später den neuen Beklagten vertritt, hängt die Frage, ob eine weitere 1,3-Verfahrensgebühr nach VV 3100 entsteht, vom prozessualen Ablauf der subjektiven Klageänderung ab, wobei die Einzelheiten umstritten sind:

Wird der Anwalt vom neuen Beklagten erst zu einem Zeitpunkt mandatiert, zu dem der alte Beklagte bereits aus dem Rechtsstreit ausgeschieden ist, entsteht nach einer Meinung die 1,3-Verfahrensgebühr nach VV 3100 erneut.[82] Dabei ist zu berücksichtigen, dass die Klagerücknahme sofort mit dem Eingang beim Prozessgericht wirksam ist, während es hinsichtlich des neuen Beklagten der erneuten Zustellung der Klage bedarf. Diese Zustellung kann nicht an den bisherigen Rechtsanwalt erfolgen, da dieser insoweit noch gar nicht mandatiert ist. Erfolgen die Prozessaufträge damit zeitlich nacheinander, dann handelt es sich kostenrechtlich um gesonderte Verfahren. Mit dem Parteiwechsel endet das ursprüngliche Prozessverhältnis zwischen dem Kläger und dem früheren Beklagten und beginnt ein neues Prozessrechtsverhältnis zwischen dem Kläger und dem nunmehrigen Beklagten.

74 Nach der Gegenmeinung entsteht für den Rechtsanwalt, der beide Parteien nacheinander vertritt, die Verfahrensgebühr nur einmal, allerdings gemäß VV 1008 um 0,3 erhöht.[83] Diese Ansicht überzeugt jedoch nicht. Wenn der BGH in seiner Entscheidung vom 19.10.2006[84] darauf abstelle, dass die bei einem Parteiwechsel vorliegende Kontinuität des gerichtlichen Verfahrens und die gebührenrechtliche Einheit des Rechtszugs die Vertretung wechselnder Parteien zu einer einzigen gebührenrechtlichen Angelegenheit verbindet, ist dies eine These und keine Begründung. Für die Gebührenfrage ist nicht die Kontinuität eines gerichtlichen Verfahrens, sondern der gebührenrechtliche Begriff der Angelegenheit entscheidend.

75 Nach § 17 Abs. 1 Nr. 1 gilt jeder Rechtszug als eine besondere Angelegenheit. Dies bedeutet jedoch im Umkehrschluss nicht, dass innerhalb desselben (prozessualen) Rechtszugs nicht mehrere gebührenrechtliche Angelegenheiten vorliegen können. Es gibt vielmehr eine Reihe von Situationen, in denen der prozessuale und der gebührenrechtliche Rechtszug nicht deckungsgleich sind, beispielsweise im Verhältnis Mahnverfahren und streitiges Verfahren sowie Urkundsverfahren und Nachverfahren. Der Anwalt wird für den neuen Beklagten aufgrund eines gesonderten Auftrags tätig und zwar zu einem Zeitpunkt, zu dem das Prozessrechtsverhältnis zwischen dem Kläger und dem ursprünglichen Beklagen bereits beendet ist. Lediglich aufgrund einer besonderen zivilprozessualen

---

[81] OLG München JurBüro 1994, 490; so auch OLG Köln JurBüro 1992, 319; OLG Köln JurBüro 2006, 249; OLG Schleswig JurBüro 1997, 584; OLG Karlsruhe JurBüro 2001, 88.

[82] OLG München JurBüro 1994, 490; so auch OLG Köln JurBüro 1992, 319; OLG Köln JurBüro 2006, 249; OLG Schleswig JurBüro 1997, 584; OLG Karlsruhe JurBüro 2001, 88.

[83] BGH AGS 2006, 583 = RVGprof. 2007, 27; OLG Nürnberg AGS 2010, 167; OLG Stuttgart AGS 2010, 7 m. Anm. *N. Schneider*; OLG Koblenz JurBüro 1985, 1822 = MDR 1985, 942 = KostRsp. BRAGO § 31 Ziff. 1 Nr. 87; OLG Koblenz AGS 2007, 342 m. Anm. *N. Schneider*; OLG Hamburg AGS 2003, 198 m. Anm. *N. Schneider*; OLG Koblenz AGS 2005, 194.

[84] BGH AGS 2006, 583 = RVGprof. 2007, 27.

Konstruktion kann das Verfahren mit einer neuen Partei fortgesetzt werden, die eigentlich im Rahmen eines neuen Verfahrens in Anspruch genommen werden müsste. Dass es sich in diesen Fällen gebührenrechtlich um einen neuen Rechtszug handelt, wird auch dadurch verdeutlicht, dass sich der Beklagte ohne Weiteres von einem anderen Rechtsanwalt vertreten lassen könnte, ohne dass es sich dabei um einen unnötigen Anwaltswechsel i.S.d. Kostenrechts handeln würde.

Etwas anderes gilt dann, wenn die Verfahren gegen beide Beklagten zumindest eine gewisse Zeit **gleichzeitig** parallel **anhängig** waren. In prozessualer Hinsicht setzt dies voraus, dass der zunächst in Anspruch genommene Beklagte erst ausscheidet, nachdem derselbe Rechtsanwalt durch den weiteren Beklagten mandatiert worden ist,[85] indem erst die Erweiterung der Klage auf den neuen Beklagten vorgenommen und erst nach Wirksamwerden dieser Erweiterung die Rücknahme gegenüber dem alten Beklagten erklärt wird. In diesen Fällen entsteht die Verfahrensgebühr für den Beklagtenanwalt nicht noch einmal gesondert, sondern es tritt nur eine Erhöhung der Verfahrensgebühr nach VV 1008 ein. Nur die Terminsgebühr kann, sofern sie vor der Klageänderung schon einmal angefallen war, noch einmal entstehen, wenn erneut verhandelt wird.[86] Aus der Sicht des Prozessbevollmächtigten des Klägers ist diese Verfahrensweise – Erweiterung der Klage auf die weitere Partei und erst spätere Klagerücknahme gegenüber der zunächst verklagten Partei – zu bevorzugen, da hierdurch das Entstehen höherer Kosten vermieden wird. Gegenüber dem Mandanten ist der Prozessbevollmächtigte des Klägers sogar zu dieser Verfahrensweise verpflichtet. 76

11. Gegenseitiger Ausschluss von Verfahrens- und Verkehrsgebühr

Bei Gebührentatbeständen, die der Verfahrensgebühr ähnlich oder verwandt sind, findet – sofern dies nicht bereits durch das Gesetz, wie z.B. in VV 3305, angeordnet ist – eine Anrechnung statt. Wenn also eine im vorgenannten Sinne wesensgleiche Gebühr schon angefallen war, ist es ausgeschlossen, dass daneben noch eine Verfahrensgebühr anfällt (bzw. diese zwar grundsätzlich anfällt, insgesamt aber nur eine Gebühr angesetzt werden kann).[87] Ist eine der beiden Gebühren höher, kann insgesamt nur diese Gebührenhöhe – wenn auch aus unterschiedlichen Vorschriften – verlangt werden. Umgekehrt kann eine derartig verwandte Gebühr nicht noch zusätzlich anfallen, wenn zuvor bereits im gleichen Rechtsstreit eine Verfahrensgebühr angefallen war. Nach herrschender Auffassung kann also derselbe Rechtsanwalt neben der Verfahrensgebühr nach VV 3100 nicht zusätzlich eine Verkehrsgebühr nach VV 3400 und dementsprechend auch nicht neben der Verkehrsgebühr zusätzlich eine Verfahrensgebühr erhalten. Die Gebühren schließen sich infolge ihrer Wesensgleichheit gegenseitig aus[88] bzw. sind gegeneinander anzurechnen. Im Ergebnis kann der Rechtsanwalt also nur insgesamt 1,3-Gebühren verlangen. 77

> **Beispiel:** Der zunächst nur als Verkehrsanwalt i.S.v. VV 3400 tätige Rechtsanwalt wird von dem Mandanten später zum Prozessbevollmächtigten bestellt. Die Gebühr nach VV 3400 beträgt 1,0, so dass durch die Bestellung zum Prozessbevollmächtigten eine restliche Verfahrensgebühr nur noch i.H.v. 0,3 anfallen kann.

Hiervon zu unterscheiden ist die Frage der **Erstattungsfähigkeit** der angefallenen Gebühren. Bei der Prüfung der Erstattungsfähigkeit ist jeder Gebührentatbestand einzeln heranzuziehen. Wenn z.B. der Mahnanwalt später Verkehrsanwalt wird, kann die – evtl. nicht erstattungsfähige – Gebühr der VV 3400 als Gebühr gemäß VV 3305 erstattungsfähig sein, wenn mit einem Widerspruch gegen den Mahnbescheid nicht zu rechnen war. Umgekehrt ist es denkbar, dass die Mahngebühr nicht erstattungsfähig ist, aber die später entstandene Gebühr gemäß VV 3400, weil z.B. die fiktiven Informationsreisekosten der Partei gleich hoch gewesen wären oder die Hinzuziehung eines Korrespondenzanwalts als notwendig anzusehen ist. 78

Tritt der ursprüngliche Verkehrsanwalt nach Verweisung des Rechtsstreits bei dem Gericht, an das verwiesen wird, nunmehr als Hauptbevollmächtigter auf, führt dies dazu, dass bei einer Anrufung eines unzuständigen Gerichts die im dortigen Verfahren zunächst angefallene Verkehrsanwaltsgebühr 79

---

[85] OLG Celle JurBüro 1978, 1661; OLG Koblenz JurBüro 1985, 1822 und 1989, 193; OLG Karlsruhe AGS 2001, 125. Beispielsweise erklärt der „alte" Beklagte seine Zustimmung zu der in der mündlichen Verhandlung erklärten Klagerücknahme erst zu einem Zeitpunkt, als sich der Prozessbevollmächtigte schon für den „neuen" Beklagten bestellt hat.

[86] OLG Karlsruhe AGS 2001, 125.

[87] OLG Hamm JurBüro 1965, 377 = NJW 1965, 1025 = KostRsp. BRAGO § 31 Ziff. 1 Nr. 9.

[88] So z.B. OLG Bamberg JurBüro 1994, 544 m.w.N.; ebenso OLG Koblenz JurBüro 1995, 251.

nicht festsetzungsfähig ist. Die Anrufung des unzuständigen Landgerichts führt also zu keiner besonderen Kostenmehrbelastung des Beklagten, für die der Kläger aufzukommen hätte.[89]

12. Arrest und Arrestpfändung

80 Für die Vertretung des Schuldners im Zwangsvollstreckungsverfahren entstehen die Vollstreckungsgebühren gemäß VV 3309 und 3310. Gleiches gilt auch bei der Vollziehung eines Arrestes oder einer einstweiligen Verfügung. Bemüht sich der Prozessbevollmächtigte des Arrestklägers um die Pfändung oder der Anwalt des Arrestbeklagten um eine Aufhebung der Arrestpfändung, fallen die Gebühren gemäß VV 3309 (Verfahrensgebühr) bzw. VV 3310 (Terminsgebühr) an, also jeweils eine Gebühr i.H.v. 0,3.

81 Verbindet der Prozessbevollmächtigte des Arrestbeklagten den Antrag auf Aufhebung des Arrestes mit einem Antrag auf Aufhebung der Arrestpfändung, so entstehen kumulativ die Gebühr nach VV 3309 i.H.v. 0,3 und die Gebühren gemäß VV 3100 ff. i.H.v. 1,3 für den Hauptantrag.[90]

13. Verfahrensgebühr nach Zurückverweisung

82 Wird der Rechtsstreit vom Rechtsmittelgericht an die untere Instanz zurückverwiesen, ergibt sich die gebührenrechtliche Folge aus § 21 Abs. 1. Danach gilt das Verfahren nach der Zurückverweisung als neuer Rechtszug, was gemäß § 15 Abs. 2 zur Folge hat, dass der Anwalt – soweit er vor und nach der Zurückverweisung tätig wird – die Gebühren nebst Auslagenpauschale und Umsatzsteuer erneut verlangen kann. Die Verfahren vor und nach Zurückverweisung werden wie zwei getrennte Prozesse behandelt. Hinsichtlich der Verfahrensgebühr für das weitere Verfahren ist in **Abs. 6** eine **Anrechnung** vorgesehen. Auf die Verfahrensgebühr für das weitere Verfahren ist die bereits entstandene Verfahrensgebühr anzurechnen, wenn das untergeordnete Gericht bereits mit der Sache befasst war. Der Begriff „Gericht" meint in diesem Zusammenhang das Gericht als Justizbehörde und nicht als konkreten Spruchkörper, so dass die Verfahrensgebühr auch dann der Anrechnung unterliegt, wenn aufgrund der zwischenzeitlich geänderten Geschäftsverteilung oder aufgrund der ausdrücklichen Zurückverweisung an eine andere Kammer nicht mehr derselbe Spruchkörper für das weitere Verfahren zuständig ist.[91] Eine engere Auslegung des Begriffs der Vorbefassung hätte zur Folge, dass auch bei einem Wechsel der personellen Besetzung des Spruchkörpers die Anrechnung entfallen müsste. Denn auch wenn der Rechtsstreit an denselben Spruchkörper verwiesen wird, müsste der Anwalt diesem Gericht mit entsprechender Mehrarbeit den Prozessstoff vertraut machen, wenn sich – wie in der Praxis häufig – in der Zwischenzeit die Besetzung der Kammer geändert hätte. Das Abstellen auf den konkreten Spruchkörper ist daher abzulehnen.

14. Verfahrensgebühr nach Endes des Prozesses

83 Die Verfahrensgebühr kann auch nach Abschluss des Rechtsstreits entstehen, wenn der beauftragte Anwalt entsprechend tätig wird. So fällt für den Prozessbevollmächtigten des Beklagten auch dann eine volle Verfahrensgebühr i.H.v. 1,3 gemäß VV 3100 an, wenn er erst nach Klagerücknahme einen Sachantrag oder einen Schriftsatz mit Sachvortrag bei Gericht einreicht, ihm aber zu diesem Zeitpunkt noch nicht bekannt war oder hätte bekannt sein müssen, dass die Klage zurückgenommen worden ist.[92] Die volle Verfahrensgebühr ist in diesem Fall auch erstattungsfähig.[93]

84 Beruht die Unkenntnis des Prozessbevollmächtigten des Beklagten allerdings auf einem in der Sphäre des Beklagten liegenden Kommunikationsmangel, kann der Beklagte vom Kläger nur die

---

[89] OLG Koblenz JurBüro 1995, 251.
[90] OLG Karlsruhe JurBüro 1997, 193.
[91] OLG Düsseldorf RVGprof. 2009, 93; OLG Hamm JurBüro 1995, 139 m.w.N.
[92] OLG Celle RVGreport 2010, 195; OLG Naumburg AGS 2003, 324 m.w.N.; OLG Köln JurBüro 1991, 930; Riedel/Sußbauer/*Keller*, RVG, VV Teil 3 Vorb. 3 Rn 30.
[93] OLG Celle RVGreport 2010, 195; OLG Naumburg AGS 2003, 324 m. Anm. *N. Schneider* = JurBüro 2003, 419; OLG Hamburg JurBüro 1998, 303; OLG Köln JurBüro 1995, 641 m.w.N. = OLGR 1995, 328 = KostRsp. BRAGO § 31 Ziff. 1 Nr. 107; OLG Köln JurBüro 1986, 1197 = KostRsp. BRAGO § 31 Ziff. 1 Nr. 89; OLG Karlsruhe JurBüro 1996, 420; OLG Koblenz JurBüro 1998, 537; VGH Mannheim NVwZ-RR 1998, 342; a.A.: OLG Düsseldorf RVGreport 2009, 22 m. Anm. *Hansens*; OLG Brandenburg RVGreport 2010, 194 m. Anm. *Hansens*.

reduzierte Gebühr nach VV 3101 Nr. 1 i.H.v. 0,8 erstattet verlangen.[94] Soweit im Innenverhältnis zwischen dem Beklagten und seinem Anwalt die Unkenntnis des Prozessbevollmächtigten bezüglich der Klagerücknahme von dem Mandanten zu verantworten ist, erscheint es angemessen, dem Rechtsanwalt den vollen Gebührenanspruch i.H.v. 1,3 gegenüber dem Mandanten zuzusprechen.

Wird der Anwalt des Beklagten nach Klagerücknahme nur hinsichtlich der Kostenentscheidung tätig, so entsteht die (volle) Verfahrensgebühr nur aus dem Kostenwert.[95] Ist vor Klagerücknahme von dem Prozessbevollmächtigten des Beklagten das Tätigkeitsniveau des VV 3101 Nr. 1 nicht überschritten worden, erhält der Rechtsanwalt für seine Tätigkeit bis zur Klagerücknahme eine Verfahrensgebühr i.H.v. 0,8 nach VV 3101 Nr. 1 aus dem Wert der zurückgenommenen Klage[96] sowie eine volle Verfahrensgebühr i.H.v. 1,3 nach VV 3100 für den Kostenantrag nach § 269 Abs. 4 ZPO aus dem Kostenwert.[97] Die beiden Verfahrensgebühren dürfen gemäß § 15 Abs. 3 zusammen nicht höher sein als eine 1,3-Gebühr aus dem Hauptsachewert.

> **Beispiel:** Es wird eine Klage auf Zahlung von 10.000 EUR erhoben und dem Beklagten auch zugestellt. Der Beklagte beauftragt einen Rechtsanwalt mit der Wahrnehmung seiner Interessen in diesem Klageverfahren. Noch bevor der Rechtsanwalt einen Schriftsatz (z.B. mit einem Klageabweisungsantrag) bei Gericht eingereicht hat, nimmt der Kläger die Klage zurück. Der Rechtsanwalt des Beklagten beantragt daraufhin gemäß § 269 Abs. 4 ZPO, dem Kläger die Kosten des Rechtsstreits durch Beschluss aufzuerlegen. Es ergeht ein entsprechender Beschluss. Der Rechtsanwalt des Beklagten kann folgende Gebühren berechnen:
> Streitwert: 10.000 EUR
> 1. 0,8-Verfahrensgebühr, VV 3101 Nr. 1   446,40 EUR
> Streitwert: (geschätzte Kosten des Verfahrens) bis 1.500 EUR
> 2. 1,3-Verfahrensgebühr, VV 3100   149,50 EUR
> Kontrolle gemäß § 15 Abs. 3: Die Summe aus 1. und 2. darf nicht höher sein als eine Verfahrensgebühr i.H.v. 1,3 nach dem Wert von 10.000 EUR. Hier beträgt die Summe 595,90 EUR. Da eine Gebühr i.H.v. 1,3 nach dem ursprünglichen Wert 725,40 EUR beträgt, verbleibt es bei den oben berechneten Gebühren. Die Kosten bleiben bei der Bemessung des Streitwertes unberücksichtigt, es ist bei der Kontrolle nur der Streitwert der Hauptsache heranzuziehen.

15. Gegenstandswert der Verfahrensgebühr

a) Allgemeines

Der Gegenstandswert der Verfahrensgebühr richtet sich immer nach dem in der Instanz erreichten höchsten Wert, hinsichtlich dessen der Rechtsanwalt beauftragt ist. Bei einer Festsetzung des Wertes durch das Gericht ist dieser Wert für die Gebühren des Rechtsanwalts gemäß § 23 Abs. 1 S. 1 maßgeblich, soweit der Gegenstand des gerichtlichen Verfahrens sich mit dem dem Rechtsanwalt erteilten Auftrag deckt. Ist dies nicht der Fall, muss der Anwalt die gesonderte Festsetzung des Wertes für die Anwaltsgebühren beantragen (§ 33 Abs. 1).

> **Beispiel:** Anwalt R soll im Auftrag des B den Schuldner S auf Zahlung von 10.000 EUR verklagen. Vor Klageeinreichung zahlt S einen Teilbetrag von 4.000 EUR.
> Der Wert des gerichtlichen Verfahrens beträgt damit nur 6.000 EUR. Da R für seine Tätigkeit eine 1,3-Verfahrensgebühr aus 6.000 EUR sowie eine 0,8-Verfahrensgebühr aus 4.000 EUR erhält (insgesamt gemäß § 15 Abs. 3 begrenzt auf eine 1,3-Verfahrensgebühr aus 10.000 EUR) muss er eine ergänzende Wertfestsetzung für die Anwaltsgebühren beantragen.

Eine nachträgliche Verringerung des Gegenstandswertes lässt die einmal entstandene Verfahrensgebühr nach dem höchsten Wert unberührt.[98] Daher ist z.B. für die Berechnung der Verfahrensgebühr einer gegen den Schuldner vor Insolvenzeröffnung eingereichten Leistungsklage allein der Gegenstandswert dieser Leistungsklage und nicht der geringere Wert der nachfolgenden Feststellungsklage

---

[94] OLG Hamburg JurBüro 1998, 303 = MDR 1998, 561 = KostRsp. BRAGO § 31 Ziff. 1 Nr. 117.
[95] *Hartmann*, Kostengesetze, VV 3100 Rn 53 Stichwort „Klagerücknahme"; a.A. LG Berlin NJW-RR 1997, 61.
[96] OLG Nürnberg AGS 2002, 247.
[97] LG Berlin JurBüro 1997, 309 m.w.N.; OLG Düsseldorf JurBüro 1971, 683 = Rpfleger 1971, 250 = KostRsp. BRAGO § 31 Ziff. 1 Nr. 13.
[98] *Hartmann*, Kostengesetze, VV 3100 Rn 50, 53.

maßgeblich.[99] Diejenigen Gebühren, die erst nach der Verringerung des Gegenstandswertes entstehen, berechnen sich natürlich aus dem reduzierten Wert. Für den Klageabweisungsantrag ist der Wert der Hauptsache maßgeblich; für den Antrag nach § 269 Abs. 4 ZPO der Wert der Kosten.[100]

b) Erledigung

88 Bei der Frage, wie sich eine Erledigung des Rechtsstreits auf die anwaltliche Verfahrensgebühr auswirkt, ist zu differenzieren: Wird die Erledigung **im Termin** erklärt, so ist die Verfahrensgebühr für beide Anwälte bereits aus dem vollen Wert der Hauptsache entstanden und kann durch die nachträgliche Verringerung des Gegenstandswertes nicht mehr beeinflusst werden.

89 Erfolgt eine schriftsätzliche Erledigungserklärung **vor dem Termin**, so bleibt die für den Anwalt des Klägers bereits entstandene Verfahrensgebühr aus dem vollen Wert davon unberührt. Ob für den Anwalt des Beklagten noch eine Verfahrensgebühr aus dem vollen Wert entsteht, hängt davon ab, wie sein Auftrag lautete. War er beispielsweise nur beauftragt, den Beklagten nach erfolgter Erledigungserklärung gegen die Kostenlast zu verteidigen, entsteht die Verfahrensgebühr nur aus dem Kostenwert,[101] ansonsten aus dem vollen Hauptsachewert.

90 Nach einer Entscheidung des OLG Düsseldorf[102] erhält der Anwalt des Beklagten dann die 1,3-Verfahrensgebühr nach dem ursprünglichen Wert der Hauptsache, wenn er rät, einen Teilbetrag zu bezahlen, und der Beklagte diesem Rat folgt. Maßgebend für die Höhe der Gebühr seien der Gegenstand, auf den sich der Auftrag beziehe, und der konkrete Wert dieses Gegenstands im Zeitpunkt der Entstehung der Gebühr. Der Streitwert reduziere sich erst mit der Abgabe der Erledigungserklärungen um den bezahlten Betrag, bei Erledigung der Hauptsache werde der Gegenstand also durch die übereinstimmende Erklärung der Parteien und nicht schon durch die tatsächliche Erledigung auf das Kosteninteresse reduziert.[103] Dieser Auffassung ist zuzustimmen. Die Verfahrensgebühr berechnet sich also grundsätzlich nach dem Wert der Klage, solange nicht zum Zeitpunkt der Erteilung des Auftrags an den Rechtsanwalt die Klage bereits (teilweise) rechtswirksam zurückgenommen worden ist. Wird im Termin die Hauptsache teilweise für erledigt erklärt, ändert dies also nichts daran, dass die Verfahrensgebühr nach dem vollen Gegenstandswert der Klage zu berechnen ist.[104]

91 Dies gilt sowohl für den Rechtsanwalt des Beklagten als auch für den Rechtsanwalt des Klägers. Hat also der Mandant den Prozess zunächst selbst oder durch einen anderen Rechtsanwalt geführt, erhält der später zum Prozessbevollmächtigten bestellte Rechtsanwalt eine volle Verfahrensgebühr auch dann nach dem vollen Wert der anhängigen Klage, wenn er die – vollständige oder teilweise – Erledigung der Hauptsache anzeigt.

Der Anwalt des Beklagten erhält die Verfahrensgebühr auch dann aus dem vollen Wert der Hauptsache, wenn er im Anschluss an eine außergerichtliche Erledigung der Hauptsache mit einem Antrag nach § 91a ZPO erstmals dem Gericht gegenüber tätig wird.[105] Denn der Gegenstand des Rechtsstreits wird erst durch die übereinstimmenden Erledigungserklärungen der Parteien reduziert und nicht schon durch die tatsächliche Erledigung.

92 Gleiches gilt im Innenverhältnis zwischen Rechtsanwalt und Mandant, wenn der Anwalt erst nach teilweiser Tilgung der Klageforderung mit der Ankündigung eines entsprechend verminderten Klageantrags einschließlich der Abgabe einer Erledigungserklärung beauftragt wird.[106] Von seinem Mandanten kann er dafür eine Verfahrensgebühr nach dem ursprünglichen Hauptsachewert verlangen,

---

99 OLG Frankfurt ZIP 1981, 638 = KostRsp. BRAGO § 31 Ziff. 1 Nr. 57.
100 Riedel/Sußbauer/*Keller*, RVG, VV Teil 3 Vorb. 3 Rn 33.
101 *Enders*, JurBüro 2005, 113.
102 OLG Düsseldorf AnwBl 1993, 578 = JurBüro 1994, 241 m. Anm. *Mümmler* = JR 1993, 327 = OLGR 1993, 235 = KostRsp. BRAGO § 31 Ziff. 1 Nr. 105.
103 OLG Düsseldorf AnwBl 1993, 578 = JurBüro 1994, 241 m. Anm. *Mümmler* = JR 1993, 327 = OLGR 1993, 235 = KostRsp. BRAGO § 31 Ziff. 1 Nr. 105; ebenso OLG Stuttgart JurBüro 1981, 860, 1351 = Justiz 1981, 316 = KostRsp. BRAGO § 31 Ziff. 1 Nr. 58.
104 KG AnwBl 1977, 470 = JurBüro 1977, 1379 = KostRsp. BRAGO § 31 Ziff. 1 Nr. 36 m. Anm. *E. Schneider*; *Hartmann*, Kostengesetze, VV 3100 Rn 51.
105 *Hartmann*, Kostengesetze, VV 3100 Rn 51; Riedel/Sußbauer/*Keller*, RVG, VV Teil 3 Vorb. 3 Rn 33; OLG Hamm JurBüro 1977, 663; OLG Stuttgart JurBüro 1981, 1351; OLG Frankfurt MDR 1984, 240; OLG Düsseldorf JurBüro 1991, 408.
106 OLG Frankfurt AnwBl 1984, 99 = JurBüro 1984, 59 = Rpfleger 1984, 37 = KostRsp. BRAGO § 31 Ziff. 1 Nr. 76 m. Anm. *Lappe*.

denn bis zur Abgabe übereinstimmender Erledigungserklärungen oder bis zur teilweisen Klagerücknahme bleibt der ursprünglich geltend gemachte Anspruch noch rechtshängig. Im Verhältnis zur anderen Prozesspartei wird man allerdings einen weiter gehenden, d.h. über den streitigen Teil hinausgehenden Klageabweisungsantrag möglicherweise als nicht notwendig i.S.v. § 91 ZPO anzusehen haben.

Hat der Beklagte jedoch dem Rechtsanwalt von Anfang an nur ein Mandat hinsichtlich des Teilbetrags erteilt, beispielsweise weil er schon vor der Mandatserteilung an den Rechtsanwalt die Absicht hatte, die Klageforderung teilweise auszugleichen, kann sich die Verfahrensgebühr nur nach dem Wert richten, den der eingereichte – verminderte – Klageabweisungsantrag hat. Voraussetzung ist, dass der Rechtsanwalt keinerlei Auftrag hinsichtlich desjenigen Teilbetrages erhält, den der Mandant zuvor ausgleichen will, also auch keinen Auftrag zur Abgabe einer Erledigungserklärung.   93

c) Stufenklage

Bei einer Stufenklage gemäß § 254 ZPO klagt der Kläger zunächst auf Auskunft, verbunden mit einem unbezifferten Zahlungs- oder Leistungsantrag, über den erst nach erteilter Auskunft verhandelt und entschieden werden soll.   94

Hinsichtlich der Berechnung der **Verfahrensgebühr** wird die Auffassung vertreten, dass bei einem unbezifferten Leistungsantrag allein auf den Wert des Auskunftsanspruchs abzustellen ist.[107] Nach der Gegenmeinung ist ausnahmslos der **Leistungsanspruch** als der höherwertige Anspruch für die Bewertung **maßgebend**.[108] Die Verfahrensgebühr entsteht nach dieser Auffassung immer nach dem Wert des erwarteten Leistungsanspruchs.   95

Diese letztgenannte Auffassung verdient schon deshalb den Vorzug, weil sie der – gemäß § 23 Abs. 1 auch für die Berechnung der Anwaltsgebühren maßgeblichen – Vorschrift des § 44 GKG entspricht, wonach bei mehreren in einer Stufenklage zusammengefassten Ansprüchen der höhere Anspruch für die Wertberechnung entscheidend ist. Die Gegenauffassung übersieht, dass bei einer Stufenklage auch der Leistungsantrag bereits mit Klageerhebung rechtshängig wird. Schließlich unterbricht die Stufenklage die Verjährung der später bezifferten Zahlungsansprüche,[109] so dass nicht einzusehen ist, warum die Verfahrensgebühr sich nur nach dem Wert des Auskunftsanspruchs richten soll, wenn es zu einem bezifferten Antrag nicht mehr kommt. Will der Mandant eine Gebührenberechnung auf der Basis des künftigen Leistungsanspruchs vermeiden, muss er den anwaltlichen Auftrag auf die Geltendmachung des Auskunftsanspruchs beschränken, was dann allerdings der Erhebung einer Stufenklage – mit all ihren prozessualen und materiell-rechtlichen Vorteilen – entgegensteht.

d) Kostenwiderspruch

Legt der Rechtsanwalt im Auftrag seines Mandanten gegen eine einstweilige Verfügung Widerspruch ein, entsteht für ihn eine volle Verfahrensgebühr i.H.v. 1,3 nach VV 3100 aus dem Wert der Hauptsache.   96

Bei einem vom Antragsgegner eingelegten sog. Kostenwiderspruch, also einem auf die Kosten beschränkten Widerspruch gegen eine ohne mündliche Verhandlung erlassene einstweilige Verfügung, ist hinsichtlich der Verfahrensgebühr zu differenzieren: War der Mandant von Anfang an entschlossen, die einstweilige Verfügung an sich zu akzeptieren und sich nur gegen die Kostenentscheidung zu wehren, steht dem so beauftragten Anwalt eine Verfahrensgebühr i.H.v. 1,3 nach dem Kostenstreitwert zu.[110] Denn zu einer Vertretung in der Hauptsache ist er in einem solchen Fall gar nicht beauftragt.   97

---

107 OLG Dresden MDR 1997, 691 = NJW-RR 1997, 1430 = OLGR 1997, 239 = KostRsp. BRAGO § 31 Ziff. 1 Nr. 116; OLG Stuttgart FamRZ 1990, 652; OLG Frankfurt FamRZ 1987, 1239; OLG Schleswig MDR 1995, 642.
108 OLG Celle AGS 2010, 38 (die Terminsgebühr richtet sich jedoch – wenn allein zur Auskunftsstufe verhandelt wird – nur nach dem Wert des Auskunftsanspruchs); OLG Karlsruhe Justiz 1985, 353; OLG Düsseldorf JurBüro 1984, 87 m. Anm. *Mümmler*; OLG Celle AnwBl 1987, 286.
109 *Baumbach u.a.*, ZPO, § 254 Rn 1 m.w.N.
110 OLG Hamburg AGS 2008, 413; BGH AGS 2003, 447 m.w.N. und m. Anm. *N. Schneider*; OLG Köln JurBüro 1999, 244 = OLGR 1999, 131 = KostRsp. BRAGO § 31 Ziff. 1 Nr. 120; ausführlich: *N. Schneider*, AGS 2008, 373.

98 Hatte der Prozessbevollmächtigte dagegen zunächst einen umfassenden Verfahrensauftrag und kommt er bei der Prüfung der Erfolgsaussichten zu dem Ergebnis, dass nur gegen die Kostenentscheidung Widerspruch eingelegt werden sollte, erhält er darüber hinaus eine auf 0,8 reduzierte Verfahrensgebühr gemäß VV 3101 Nr. 1 aus dem Wert der einstweiligen Verfügung.[111] Denn in diesen Fällen bezieht sich der Prozessauftrag des Anwalts zunächst auch auf das Verfahren in der Hauptsache. Aufgrund des Umstands, dass die Widerspruchsschrift wegen der Beschränkung auf die Kosten keine Sachanträge zum Verfügungsgegenstand enthält, fällt die Verfahrensgebühr aus dem Hauptsachestreitwert nur in reduzierte Höhe von 0,8 an.[112] Die Summe der 1,3-Verfahrensgebühr aus dem Kostenwert und der 0,8-Verfahrensgebühr aus dem Hauptsachewert darf nach § 15 Abs. 3 eine 1,3-Verfahrensgebühr aus dem Hauptsachewert[113] nicht übersteigen.

99 Hat der Anwalt zunächst den Auftrag, den Beklagten über das mögliche Vorgehen gegen die einstweilige Verfügung zu beraten und wird danach auftragsgemäß nur Kostenwiderspruch eingelegt, so entstehen Beratungsgebühren nach § 34, welche auf die 1,3-Verfahrensgebühr aus dem Kostenwert anzurechnen sind.

C. Terminsgebühr (Abs. 3)

I. Allgemeines

100 Für die in **Abs. 3** geregelte **Terminsgebühr** kommt es nicht darauf an, ob in dem Termin ein Antrag gestellt oder der Sachverhalt erörtert wird.[114] Es reicht vielmehr aus, dass der Rechtsanwalt einen Termin **wahrnimmt**. Unbeachtlich ist ferner, ob eine streitige oder unstreitige Verhandlung bzw. eine einseitige oder zweiseitige Erörterung vorliegen. Schließlich kann die Terminsgebühr auch für Besprechungen ohne Beteiligung des Gerichts entstehen, die mit dem Ziel der Streitbeilegung geführt werden.

101 Voraussetzung für die Entstehung einer Terminsgebühr ist immer, dass der Anwalt den Auftrag hat, in einem gerichtlichen Verfahren tätig zu werden – unabhängig davon, in welchem Stadium dieses Verfahren sich befindet, ob es schon begonnen hat oder überhaupt je stattfindet. Ohne Auftrag zur gerichtlichen Vertretung richten sich die anwaltlichen Gebühren nach VV Teil 2. Der Prozessbevollmächtigte kann die Terminsgebühr nach VV 3104 neben der Verfahrensgebühr nach VV 3100 verdienen, da mit der Terminsgebühr eine besondere Tätigkeit des Rechtsanwaltes, abgehoben vom allgemeinen Prozessbetrieb, honoriert wird. Die Höhe der Terminsgebühr beträgt grundsätzlich einheitlich 1,2. Eine Reduzierung der Terminsgebühr auf 0,5 erfolgt jedoch durch VV 3105 unter den dort genannten Voraussetzungen z.B. bei Beantragung nur eines Versäumnisurteils.

102 Mit der Terminsgebühr sind alle in Bezug auf den Auftragsgegenstand geführten Besprechungen, Erörterungen, Beweisaufnahmen und sonstige – auch mehrfach erforderliche – Termine in demselben Rechtszug abgegolten. Aufgrund des Charakters als Festgebühr kommt es auf den im Einzelfall erforderlichen Aufwand des Anwalts nicht an.

103 Durch die im Rahmen des 2. KostRMoG neu gefasste VV Vorb. 3 Abs. 3 soll zweierlei erreicht werden:
– Zum einen soll klargestellt werden, dass die Terminsgebühr für die Mitwirkung an auf die Vermeidung oder Erledigung des Verfahrens gerichteten außergerichtlichen Besprechungen unabhängig davon entsteht, ob für das gerichtliche Verfahren eine mündliche Verhandlung vorgeschrieben ist oder nicht. Damit beendet der Gesetzgeber den Streit in der Rechtsprechung, der anlässlich zweier Entscheidungen des BGH entstanden war (zu den Einzelheiten vgl. auch Rdn 140 ff.).[115]
– Zum anderen sollen alle gerichtlichen Termine – mit Ausnahme bloßer Verkündungstermine – eine Terminsgebühr auslösen; die Erweiterung zum 1.8.2013 bezieht sich insbesondere auf Anhörungstermine, aber auch Protokollierungstermine, Termine zur Abgabe einer eidesstattlichen

---

111 KG JurBüro 1985, 1238; ebenso KG JurBüro 1973, 967 = MDR 1974, 150 = KostRsp. BRAGO § 31 Ziff. 1 Nr. 20; wohl auch *Hartmann*, Kostengesetze, VV 3100 Rn 53; OLG Köln JurBüro 1999, 246.
112 KG JurBüro 1985, 1238.
113 Vgl. das Additionsverbot in § 43 Abs. 1 GKG.
114 BT-Drucks 15/1971, S. 209.
115 BGH AGS 2007, 298 und 397.

Versicherung, zur Parteianhörung oder zur Entgegennahme von Parteierklärungen können darunter gefasst werden.[116]

Zu diesem Zweck ist die Regelung zur Terminsgebühr in VV Vorb. 3 Abs. 3 systematisch umgestaltet worden und unterscheidet nunmehr zwischen gerichtlichen und außergerichtlichen Terminen.

II. Regelungsgehalt

1. Vertretung im Gerichtstermin

a) Bloße passive Anwesenheit

Nach Abs. 3, 1. Var. entsteht die Terminsgebühr für die Wahrnehmung von gerichtlichen Terminen, mit Ausnahme von bloßen Verkündungsterminen. Voraussetzung für die Entstehung einer Terminsgebühr ist also zunächst, dass der Anwalt den Termin für seinen Mandanten wahrnimmt. Dies setzt voraus, dass er sich **aktiv** an der gerichtlichen Verhandlung beteiligt. Für seine bloße **passive Anwesenheit** erhält er dagegen keine Terminsgebühr. Von einer solchen nur passiven Anwesenheit wird man z.B. immer dann sprechen können, wenn der Rechtsanwalt zwar bei Aufruf der Sache[117] im Gerichtssaal anwesend ist, jedoch nicht die Absicht hat, sich an dem Termin zu beteiligen.[118] Denkbar ist diese Konstellation etwa dann, wenn der Rechtsanwalt seinem Mandanten zuvor mitgeteilt hat, dass er den Termin z.B. wegen rückständiger Gebühren nicht wahrzunehmen gedenke oder dem Gericht nur seine Mandatsniederlegung mitteilt. Eine passive Anwesenheit liegt auch dann vor, wenn der Rechtsanwalt im Gerichtssaal ist, ihm jedoch wegen fehlender Aufmerksamkeit entgeht, dass es sich bei der aufgerufenen Sache um das von ihm vertretene Mandat handelt. Keine Terminsgebühr entsteht auch dann, wenn der Anwalt zwar zur Terminsstunde bei Gericht erschienen ist, auf die Mitteilung, dass der Termin sich verzögern werde, das Gericht aber wieder verlassen hat.[119]

Grundsätzlich wird man davon ausgehen können, dass eine die Terminsgebühr auslösende Wahrnehmung erst dann anzunehmen ist, wenn das Protokoll der Verhandlung – sofern ein solches geführt wird – den Rechtsanwalt als anwesend bezeichnet. In der Praxis wird man zur Vermeidung von Schwierigkeiten zum einen darauf zu achten haben, dass ein solches Protokoll geführt wird, auch wenn dies im Einzelfall nicht vorgeschrieben ist. Zum anderen sollte der Rechtsanwalt Wert darauf legen, dass seine Anwesenheit und Teilnahme in dem Protokoll korrekt vermerkt werden.

b) Aktive Anwesenheit

Es kommen je nach Art der Verhandlung unterschiedliche Beteiligungsformen in Betracht, von der ausdrücklichen Antragstellung in einer streitigen Verhandlung bis hin zur bloßen Stellungnahme zu einem Antrag oder Ausführungen des Gegners bzw. dem Stellen nur von Hilfsanträgen zur Hauptsache.[120] Für die Entstehung der Terminsgebühr ist die jeweilige Art der Beteiligung an dem gerichtlichen Termin unerheblich, solange darin zum Ausdruck kommt, dass der Anwalt für seinen Mandanten den Termin wahrnimmt. Von einer aktiven Anwesenheit kann auch dann gesprochen werden, wenn der Rechtsanwalt im Termin keinerlei Ausführungen gemacht hat, weil das Gericht sich mit seinen Ausführungen nur an die Gegenseite gewandt hat. In einem solchen Fall ist davon auszugehen, dass der Rechtsanwalt durch seine Kenntnisnahme der gerichtlichen Ausführungen und der Bereitschaft, mit der Gegenseite über die Rechtsauffassung des Gerichts zu streiten, für seinen Mandanten den Termin wahrgenommen hat. Auch dann, wenn der Anwalt bei Aufruf der Sache für seine Partei erscheint und sodann erklärt, er trete heute nicht auf, entsteht die volle 1,2-Terminsgebühr.[121]

---

116 Vgl. *Schneider/Thiel*, Das neue Gebührenrecht für Rechtsanwälte, Rn 718 ff.
117 OLG Stuttgart AGS 2005, 256 = JurBüro 2005, 303: Wird der Termin nicht mehr aufgerufen, weil die Parteien sich bereits in einem anderen Verfahren verglichen haben, entsteht die Terminsgebühr nicht.
118 Gerold/Schmidt/*Müller-Rabe*, RVG, VV Vorb. 3 Rn 66; Riedel/Sußbauer/*Keller*, RVG, VV Teil 3 Abschnitt 1 Rn 30; OLG Koblenz JurBüro 1982, 1675; OLG Zweibrücken JurBüro 1982, 1029.
119 OLG Zweibrücken RVGreport 2012, 30.
120 OLG Hamm JurBüro 1976, 338.
121 OLG Köln AGS 2008, 439 = RVGreport 2008, 306; KG AGS 2006, 117.

108 Schließlich kann eine Terminsgebühr in Verfahren ohne Anwaltszwang auch dann entstehen, wenn der Anwalt nicht nach außen tätig wird,[122] beispielsweise weil die Partei selbst alle prozesserheblichen Erklärungen in der mündlichen Verhandlung persönlich abgibt und der Anwalt nur unterstützend und beratend anwesend ist, im Notfall jedoch auch eingreifen soll und kann.[123] In einem derartigen Fall kann davon ausgegangen werden, dass der Rechtsanwalt für seinen Mandanten den Termin aktiv wahrgenommen hat.

109 Eine einmal entstandene Terminsgebühr entfällt nicht dadurch, dass die Anträge wieder zurückgenommen werden[124] oder der Rechtsanwalt mitteilt, dass er seine Teilnahme am Termin beende.[125] Insofern kann auch die sog. Flucht in die Säumnis (vgl. Rdn 113) nicht zu einem Wegfall der bereits durch die vertretungsbereite Anwesenheit des Anwalts bei Aufruf der Sache entstandenen Terminsgebühr führen.

c) Schweigen des Beklagtenvertreters auf Klagerücknahme

110 Nimmt der Kläger die Klage im Verhandlungstermin zurück, so ist für beide Anwälte durch die Wahrnehmung des Termins eine 1,2-Terminsgebühr entstanden. Dies gilt auch dann, wenn der Beklagtenvertreter auf die Klagerücknahme schweigt, da die Terminsgebühr weder eine streitige Verhandlung noch eine Erörterung der Sach- und Rechtslage voraussetzt. Es genügt, dass der Beklagtenvertreter für seine Partei den gerichtlichen Termin wahrgenommen hat.[126]

d) Verhandlung über Zuständigkeitsfragen

111 Widerspricht der Beklagte im Termin einer Verhandlung vor dem örtlich unzuständigen Gericht und beantragt daraufhin der Kläger die Verweisung des Rechtsstreits, entsteht eine volle Terminsgebühr, da auch in diesem Fall ein Termin wahrgenommen wird. Dies ist nunmehr durch den Gesetzestext klargestellt. Unerheblich ist im Übrigen auch, ob die Verweisung nur von einer Partei oder von beiden Parteien beantragt wird.

112 Werden dagegen übereinstimmende Verweisungsanträge im schriftlichen Verfahren gestellt und ergeht daraufhin eine Entscheidung des Gerichts, entsteht keine Terminsgebühr nach Anm. Abs. 1 Nr. 1 zu VV 3104, da für den Erlass eines Verweisungsbeschlusses keine mündliche Verhandlung vorgeschrieben ist (vgl. § 281 ZPO). Die Terminsgebühr kann erst durch eine eventuelle Verhandlung nach der Verweisung bzw. durch Erfüllung der sonstigen Alternativen nach VV Vorb. 3 Abs. 3 entstehen.

e) Flucht in die Säumnis

113 Nicht selten verlaufen die Verhandlungstermine in der Praxis in Abweichung von § 137 Abs. 1 ZPO so, dass das Gericht vor der Antragstellung zunächst seine vorläufige Rechtsauffassung mitteilt und ggf. auch den Parteien Hinweise erteilt. Entscheidet sich dann der Gegner, im Hinblick auf die vorläufige Rechtsauffassung des Gerichts keinen Antrag zu stellen, so hat diese sog. Flucht in die Säumnis keine gebührenrechtlichen Folgen. Für die Entstehung der vollen Terminsgebühr nach VV 3104 reicht es aus, wenn der gegnerische Anwalt vertretungsbereit im Termin erscheint, mag er sich auch später entschließen, keine Anträge für seine Partei zu stellen.

---

122 Gerold/Schmidt/*Müller-Rabe*, RVG, VV Vorb. 3 Rn 67.
123 Abw. zu § 31 BRAGO OLG München AnwBl 1993, 576 = JurBüro 1994, 218 = AGS 1994, 9 = OLGR 1993, 227 = KostRsp. BRAGO § 31 Ziff. 2 Nr. 84.
124 Vgl. Gerold/Schmidt/Müller-Rabe, RVG, VV Vorb. 3 Rn 61 ff.
125 Insofern ist die sog. Flucht in die Säumnis gebührenrechtlich nicht mehr relevant (vgl. OLG Koblenz JurBüro 2005, 360; *Zorn*, RVGprof. 2005, 152).
126 RVG-E v. 7.11.2003, BT-Drucks 830/03, S. 261 zu Nummer 3105.

Nach herrschender Meinung[127] erhält daher der Anwalt bei einer Flucht des gegnerischen Prozessbevollmächtigten in die Säumnis gleichwohl die volle 1,2 Terminsgebühr nach VV 3104. Dem ist zuzustimmen. Die Reduzierung nach VV 3105 setzt unter anderem voraus, dass eine Partei nicht erschienen oder nicht ordnungsgemäß vertreten ist. Die für den Fall der Flucht in die Säumnis entscheidende Frage ist dabei, auf welchen Zeitpunkt für das Vorliegen einer Vertretung abgestellt wird, denn zu Beginn des Termins ist der gegnerische Anwalt zweifelsohne noch als Vertreter für seine Partei aufgetreten.

114

Die Ausführungen in der VV Vorb. 3 helfen zwar in diesem Zusammenhang nicht weiter. Danach entsteht die Terminsgebühr „für die Wahrnehmung von gerichtlichen Terminen". Liegt nun eine Wahrnehmung im Sinne dieser Gebührenvorschriften nur dann vor, wenn der Anwalt während des gesamten Termins bereit ist, zur Sache zu verhandeln? Oder reicht für die Entstehung der Gebühr aus, dass der gegnerische Anwalt zu Anfang des Termins vertretungsbereit anwesend war? Nach dem Willen des Gesetzgebers dürfte die zweite Alternative ausreichend sein. Denn er hat in Absatz 3 der Anm. zu VV 3105 die gebührenrechtliche Säumnis ausdrücklich von der verfahrensrechtlichen Säumnis nach § 333 ZPO abgegrenzt und insofern keine Gleichstellung gewollt. Während eine Partei im verfahrensrechtlichen Sinne nach § 333 ZPO schon dann säumig ist, wenn sie im Termin zwar erscheint, aber nicht verhandelt, soll dies für die Frage der ordnungsgemäßen Vertretung im Sinne der VV 3105 eben nicht gelten. Mit anderen Worten: Der Anwalt, der für seine Partei zum Termin erschienen ist, aber nicht verhandelt, ist anwesend i.S.v. VV 3105, womit die Reduzierung der Terminsgebühr keine Anwendung finden kann.

115

2. Termin

Die Wahrnehmung des Termins durch den Prozessbevollmächtigten muss weiter in einem der in Abs. 3, 1. Var. genannten Termin stattfinden. In Betracht kommen zunächst Termine, in denen Anträge gestellt werden (Verhandlungstermin), in denen die Sach- oder Rechtslage erörtert wird (Erörterungstermin) oder in denen Beweis erhoben werden soll (Beweisaufnahmetermin). Nunmehr hat der Gesetzgeber durch die weite Formulierung „gerichtliche Termine" den Anwendungsbereich der Vorschrift auch auf die Anhörungstermine erweitert und damit dem Umstand Rechnung getragen, dass der Aufwand und die Verantwortung des Anwalts hier vergleichbar sind. Da die Rechtsfolgen jeweils dieselben sind, kann im Einzelfall für die Gebührenberechnung dahinstehen, welche konkrete Art von gerichtlichem Termin vorliegt.

116

a) Verhandlungstermin

Von einer Wahrnehmung eines gerichtlichen Termins wird man naturgemäß in jedem Fall dann sprechen können, wenn es sich um eine vom Gericht anberaumte **mündliche Verhandlung** handelt. Die mündliche Verhandlung wird gemäß § 137 ZPO dadurch eingeleitet, dass die Parteien ihre Anträge stellen und damit den Streitgegenstand bezeichnen. Die mündliche Verhandlung im zivilprozessualen Sinne beginnt erst mit der Stellung der Anträge. Sie hat also noch nicht begonnen, wenn vor Antragstellung zunächst Erörterungen über die Sach- und Rechtslage oder zur Prozessleitung erfolgen.

117

Für die Entstehung der Terminsgebühr kommt es nach der Regelung in Abs. 3 nicht darauf an, wann eine Erörterung stattfindet oder ob in dem Termin überhaupt Anträge gestellt werden, ob es sich also um eine mündliche Verhandlung i.S.v. § 137 ZPO handelt.[128] Insofern fallen der zivilprozessuale Verhandlungsbegriff und der gebührenrechtliche Terminsbegriff auseinander.

118

---

127 OLG Köln AGS 2008, 439; OLG Koblenz JurBüro 2005, 360; KG AGS 2006, 117 m. Anm. *Madert*; zustimmend: Gerold/Schmidt/*Müller-Rabe*, RVG, VV 3105 Rn 14; Bischof/Jungbauer/Bräuer/Curkovic/Mathias/Uher, RVG, Nr. 3105 VV Rn 12; Göttlich/Mümmler/*Rehberg*, RVG, Stichwort „Terminsgebühr" Ziffer 4.4.2; a.A. *Hartmann*, Kostengesetze, VV 3105 Rn 3, der bei einer Flucht in die Säumnis noch vor Antragstellung oder Erörterung keine ordnungsgemäße Vertretung durch den Prozessbevollmächtigten bejahen möchte.

128 BT-Drucks 15/1971, S. 209; Gerold/Schmidt/*Müller-Rabe*, RVG, VV 3105 Rn 5.

b) Erörterungstermin

119 Das Gesetz fordert in Abs. 3 nicht, dass es sich bei dem Termin, in dem eine Terminsgebühr verdient werden kann, um eine mündliche Verhandlung i.S.v. § 137 ZPO handeln muss. Vor dem Hintergrund, dass die Terminsgebühr auch durch bloße außergerichtliche Besprechungen des Rechtsanwalts mit dem Prozessbevollmächtigten der Gegenseite verdient sein soll,[129] wird man den Begriff des **Erörterungstermins**, in der Rechtsanwalt seinen Mandanten vertritt, sehr **weit** fassen können. Ein solcher Termin liegt auch dann vor, wenn das Gericht ohne jegliche schriftliche Ladung in einem anderen Termin dazu übergeht, die Sache zu erörtern.

120 Für diese weite Auslegung spricht im Übrigen auch, dass die Terminsgebühr dann schon verdient sein soll, wenn der Rechtsanwalt an auf die Erledigung des Verfahrens gerichteten Besprechungen ohne Beteiligung des Gerichts mitwirkt. Wenn dann zusätzlich auch noch das Gericht an solchen Gesprächen teilnimmt, kann man nicht noch allein aus diesem Grund verlangen, dass zuvor eine ordnungsgemäße Ladung erfolgt.

c) Beweisaufnahmetermin

121 **aa) Allgemeines.** Ein Beweisaufnahmetermin liegt vor:
- bei einer Beweisaufnahme durch das Prozessgericht gemäß § 355 ZPO
- bei einer Beweisaufnahme vor dem beauftragten Richter gemäß § 361 ZPO
- bei einer Beweisaufnahme vor dem ersuchten Richter gemäß § 362 ZPO
- bei einer Beweisaufnahme durch das gemäß § 365 ZPO hierum ersuchte Gericht.

122 Grundsätzlich soll die Beweiserhebung vom Gericht durch Beweisbeschluss angeordnet werden. Dabei kommt es bei der Bewertung, ob eine Beweisanordnung vorliegt, nicht auf die vom Gericht gewählte Bezeichnung an; maßgeblich ist der **objektive Inhalt** der getroffenen Anordnung.[130] So kann auch eine bloße Verfügung des Gerichts inhaltlich einem Beweisbeschluss gleichstehen, wenn sie unter Nennung des Beweisthemas eine Zeugenladung beinhaltet.[131] Selbst wenn der Beweisbeschluss völlig fehlt, kann die Terminsgebühr entstehen, wenn objektiv tatsächlich Beweis erhoben wurde.[132]

123 Hat das Gericht den **förmlichen Beweisbeschluss vergessen** und vernimmt dennoch die Parteien zu streitigen Fragen, so ist eine Terminsgebühr entstanden.[133] Ein Beginn der Beweisaufnahme kann möglicherweise auch darin zu sehen sein, dass das Gericht den gemäß § 273 Abs. 2 ZPO geladenen Zeugen im Termin über seine Rechte und Pflichten belehrt und der Zeuge bekundet, dass er keine Angaben machen wolle.[134]

124 Nicht erforderlich für die Annahme eines Beweisaufnahmetermins ist es, dass die Beweisaufnahme auch **tatsächlich durchgeführt** wird. Ausreichend ist es nach dem Wortlaut, dass der Rechtsanwalt in einem Termin erscheint, in dem eine Beweisaufnahme durchgeführt werden soll und er zur Vertretung der Interessen seines Mandanten bereit ist.[135]

125 **bb) Beginn und Ende des Beweisaufnahmetermins.** Die Beweisaufnahme beginnt mit Eröffnung des Termins, in dem die Beweisaufnahme durchgeführt werden soll. Sie endet mit Durchführung der Beweiserhebung, also beispielsweise mit Beendigung der Inaugenscheinnahme bzw. Entlassung der Zeugen oder Sachverständigen. Es reicht nicht aus, dass der Beweisbeschluss lediglich erlassen wird, da damit noch kein Termin stattgefunden hat. In der täglichen Praxis hat dies für den Rechtsanwalt erhebliche Konsequenzen: Wird der **Beweisbeschluss** vor einer Durchführung der Beweisaufnahme wieder **aufgehoben** oder die Klage zurückgenommen, ist allein durch den vorangegangenen Erlass eines Beweisbeschlusses eine Terminsgebühr nicht angefallen. Gleiches gilt bei einer Beweis-

---

[129] BT-Drucks 15/1971, S. 209.
[130] LG Aachen JurBüro 1975, 1080; OLG Hamm JurBüro 2000, 411 = AGS 2000, 169 = KostRsp. BRAGO § 31 Ziff. 3 Nr. 239.
[131] OLG Hamburg JurBüro 1998, 640 = MDR 1998, 1121 = KostRsp. BRAGO § 31 Ziff. 3 Nr. 211.
[132] OLG Celle NJW 1970, 477; OLG Frankfurt AnwBl 1979, 32; OLG Nürnberg AnwBl 1972, 132; OLG Düsseldorf JurBüro 1989, 634 = MDR 1989, 363 = KostRsp. BRAGO § 31 Ziff. 3 Nr. 156; OLG Frankfurt AnwBl 1983, 521 = JurBüro 1983, 1041 = KostRsp. BRAGO § 31 Ziff. 3 Nr. 109.
[133] OLG Frankfurt JurBüro 1963, 161.
[134] OLG Köln AGS 2000, 240 = MDR 2000, 1099 = KostRsp. BRAGO § 31 Ziff. 3 Nr. 244.
[135] So auch Gerold/Schmidt/*Müller-Rabe*, RVG, VV Vorb. 3 Rn 40.

aufnahme vor der mündlichen Verhandlung gemäß § 358a ZPO. Nach dieser Vorschrift kann das Gericht in den dort genannten Fällen eine Beweisaufnahme schon vor der mündlichen Verhandlung ausführen lassen, soweit angeordnet wird:
1. eine Beweisaufnahme vor dem beauftragten oder ersuchten Richter
2. die Einholung amtlicher Auskünfte
3. eine schriftliche Beantwortung einer Beweisfrage nach § 377 Abs. 3 ZPO
4. die Begutachtung durch Sachverständige
5. die Einnahme eines Augenscheins.

Bei einer Durchführung der Beweisaufnahme gemäß Ziff. 2, 3 oder 4 entsteht für den Rechtsanwalt im Regelfall keine Terminsgebühr, da es regelmäßig im Rahmen dieser Beweisaufnahmearten nicht zu einem Termin kommt. Der Rechtsanwalt wird also darauf achten müssen, ob er etwa im Falle einer Klagerücknahme die Terminsgebühr auf andere Weise verdient hat, etwa durch Besprechungen mit der Gegenseite ohne Beteiligung des Gerichts.

cc) Arten der Beweisaufnahme. Die **Vernehmung von Zeugen** ist stets eine Beweisaufnahme. Sie beginnt nach § 395 Abs. 2 ZPO zwar grundsätzlich erst mit der Vernehmung zur Person.[136] Dabei ist aber zu beachten, dass nach der Regelung in Abs. 3 allein das **Erscheinen des Prozessbevollmächtigten** mit den Zeugen im Beweistermin eine Terminsgebühr begründet, da damit die Partei in einem gerichtlichen Termin vertreten wird. Insofern stimmt der zivilprozessuale Beginn der Beweisaufnahme nicht mit dem für die Gebührenentstehung maßgeblichen Zeitpunkt überein.

126

Mit einer **Augenscheinseinnahme** kann der Zweck verfolgt werden, unstreitige Tatsachen besser zu veranschaulichen, oder sie kann zum Beweis erfolgen. Dabei kann nicht darauf abgestellt werden, ob ein Beweisbeschluss vorausgegangen ist, sondern ob das Vorgehen des Gerichts sich bei objektiver Beurteilung als Beweisaufnahme darstellt.[137]

127

Der **Sachverständigenbeweis** ist dem Zeugenbeweis sehr ähnlich. Dies gilt für den vom Gericht aufgrund Beweisantritts (§ 403 ZPO) oder von Amts wegen (§ 144 ZPO) hinzugezogenen Sachverständigen. Die Einführung von Privatgutachten in den Rechtsstreit begründet kein Beweisaufnahmeverfahren. Es handelt sich für den Prozessbevollmächtigten lediglich um die Vorlage von in den Händen seiner Partei befindlichen Urkunden.

128

Muss der Sachverständige zur **Erläuterung seines Gutachtens** vernommen werden, zählt das noch zur Beweisaufnahme.[138] Unerheblich ist es im Übrigen, dass der Sachverständige sein Gutachten deswegen nicht erstatten konnte, weil z.B. die Beweismittel vernichtet oder nicht auffindbar sind, da die erfolgreiche Durchführung der Beweisaufnahme für die Entstehung der Gebühr nicht erforderlich ist.[139]

129

d) Dauer des Termins

Eine Terminsgebühr für die Wahrnehmung eines gerichtlichen Termins entsteht nur, wenn der Termin auch stattfindet. Die Wahrnehmung beginnt mit dem Erscheinen des Rechtsanwalts im Termin, nachdem das Gericht den Termin gemäß § 220 ZPO aufgerufen oder sonst den Beginn mitgeteilt hat.[140] Ein Terminsbeginn setzt voraus, dass das Gericht – sofern der Termin nicht förmlich aufgerufen wird – zumindest konkludent mit dem Termin begonnen hat. Vor diesem Zeitpunkt ist zumindest die Vertretung in einem Termin ausgeschlossen. Wird dem Anwalt vom Gericht lediglich mitgeteilt, dass der Termin aus Krankheits- oder sonstigen dienstlichen Gründen nicht stattfindet, fällt die Terminsgebühr nach Abs. 3, 1. Alt. nicht an[141] und es ist zu prüfen, ob die Terminsgebühr für einen außergerichtlichen Termin entstanden ist (siehe Rdn 139 ff.). Ist der Termin beendet, d.h. die

130

---

136 OLG Düsseldorf JurBüro 1983, 234 = KostRsp. BRAGO § 31 Ziff. 3 Nr. 94.
137 OLG Hamburg JurBüro 1986, 1669; OLG Karlsruhe MDR 1976, 236; OLG Frankfurt AnwBl 1982, 200 = JurBüro 1982, 558 = KostRsp. BRAGO § 31 Ziff. 3 Nr. 77; OLG München AnwBl 1976, 21; OLG Frankfurt JurBüro 1980, 1524; Thüringer OLG JurBüro 2000, 139.
138 OLG Bamberg JurBüro 1985, 1200; KG JurBüro 1986, 64.
139 OLG Hamm JurBüro 2000, 411 = AGS 2000, 169 = KostRsp. BRAGO § 31 Ziff. 3 Nr. 238.
140 BGH AGS 2010, 527; vgl. auch Gerold/Schmidt/*Müller-Rabe*, RVG, VV Vorb. 3 Rn 48 ff.; OLG Düsseldorf JurBüro 1989, 70.
141 So auch BGH AGS 2010, 527 für den Fall, dass zu Beginn der Terminsstunde lediglich die Aufhebung des Termins wegen Rücknahme der Berufung mitgeteilt wird.

mündliche Verhandlung geschlossen (§ 136 Abs. 4 ZPO), kann der verspätet erschienene Rechtsanwalt diesen Termin nicht mehr wahrnehmen und damit die Terminsgebühr nicht mehr verdienen.[142] Etwas anderes gilt nur dann, wenn das Gericht – nachdem der Rechtsanwalt verspätet erschienen ist – die mündliche Verhandlung wiedereröffnet.

e) Inhalt des Termins

131 Es ist weder eine streitige Verhandlung, noch das Stellen von Anträgen im Termin erforderlich. Vielmehr reicht es aus, wenn das Gericht mit einer oder beiden Parteien den Rechtsstreit betreffende sachliche oder rechtliche Gesichtspunkte bespricht. Der Gesetzgeber wollte mit dieser weiten Fassung eine erhebliche Vereinfachung bewirken, viele Streitfragen beseitigen und somit die Justiz entlasten. Dieses gesetzliche Ziel wird nur erreicht, wenn man keine hohen Anforderungen an die inhaltliche Seite des Termins stellt.

132 Ein- oder zweiseitige Erörterungen reichen aus, nicht dagegen Verhandlungen nur zur Prozess- oder Sachleitung. Diese Anträge lösen nur eine Gebühr nach VV 3105 i.H.v. 0,5 aus. Anträge zur Prozess- oder Sachleitung betreffen z.B. die Anordnung des persönlichen Erscheinens einer Partei, die Zustellung oder die Verbindung oder Trennung mehrerer Rechtsstreitigkeiten (siehe auch VV 3105 Rdn 24 ff.). Werden darüber hinaus Fragen erörtert, die die Erfolgsaussichten der Rechtsverfolgung umfassen, entsteht die Terminsgebühr nach VV Vorb. 3 Abs. 3 i.V.m. VV 3104 i.H.v. 1,2.[143]

133 Die Tätigkeit des Anwalts für den Mandanten muss im gerichtlichen Termin stattfinden. Vorbereitungshandlungen oder sonstige auf diesen (künftigen oder abgeschlossenen) Termin bezogene Maßnahmen reichen für die Entstehung der Terminsgebühr nicht aus. Dies gilt beispielsweise für die terminvorbereitende Besprechung mit dem Mandanten, die Korrespondenz mit dem Gericht (z.B. ergänzende Fragen an den Sachverständigen, Mitteilung der Anschrift eines Zeugen etc.) oder für die Überprüfung und Weiterleitung von Protokollen über auswärtige Beweisaufnahmen.

3. Wahrnehmung eines Sachverständigentermins

a) Allgemeines

134 Nach Abs. 3 Nr. 1 lässt auch die Wahrnehmung eines von einem gerichtlich bestellten Sachverständigen anberaumten Termins eine volle Terminsgebühr i.H.v. 1,2 gemäß VV 3104 anfallen. Der Sachverständige ist in zivilprozessualer Hinsicht verpflichtet, die Parteien bei seiner Arbeit, d.h. z.B. bei Besichtigungen oder Befragungen, grundsätzlich beizuziehen.[144] Hauptanwendungsgebiet in der Praxis sind die Ortsbesichtigungen, die Sachverständige zur Erstattung ihres Gutachtens durchführen. Nimmt der Rechtsanwalt an einem solchen vom Sachverständigen anberaumten Termin teil, so erwächst ihm die Terminsgebühr nach VV 3104 ebenso wie bei der Teilnahme an einem Termin mit dem Gericht.[145]

135 Es muss sich um den Termin eines **gerichtlich bestellten** Sachverständigen handeln, also um einen Sachverständigen, der durch Beweisbeschluss bestellt wurde. Die Teilnahme an der Ortsbesichtigung oder einem sonstigen Termin eines Privatgutachters reicht nicht aus. Ist der Sachverständige nach **§ 273 Abs. 2 Nr. 4 ZPO** terminvorbereitend geladen und führt er zur Vorbereitung des Gerichtstermins eine Ortsbesichtigung durch – in der Praxis insbesondere häufig bei Verkehrsunfallsachen – so erhält der Anwalt für seine Teilnahme an dieser Ortsbesichtigung keine Terminsgebühr. Denn die gerichtliche Bestellung des Sachverständigen kann frühestens im anschließenden Verhandlungstermin erfolgen.[146]

---

142 OLG München AGS 2009, 532.
143 OLG München JurBüro 1978, 1521.
144 *Baumbach u.a.*, ZPO, § 407a Rn 15 m.w.N.
145 OLG Dresden RVGreport 2008, 349; vgl. auch KG AGS 2007, 648 für die Teilnahme an einem Sachverständigentermin im selbstständigen Beweisverfahren.

146 So auch Riedel/Sußbauer/*Keller*, RVG, VV Teil 3 Vorb. 3 Rn 47.

b) Wahrnehmung

Während früher das Gesetz in Abs. 3 a.F. bei dem Verhandlungs-, Erörterungs- oder Beweisaufnahmetermin von einer „**Vertretung**" durch den Rechtsanwalt sprach, während bei dem von einem Sachverständigen anberaumten Termin von einer „**Wahrnehmung**" eines solchen Termins durch den Rechtsanwalt die Rede war, sollte dadurch keine unterschiedliche Tätigkeitsqualität zum Ausdruck gebracht werden.[147] Nunmehr ist im Rahmen der Neufassung der VV Vorb. 3 Abs. 3 einheitlich von der „Wahrnehmung" eines Termins die Rede. Die Formulierung „Mitwirkung" in Abs. 3 Nr. 2 ist aus dem Grunde gewählt, weil an einer Besprechung schon begrifflich mitgewirkt und diese nicht wahrgenommen wird.

136

Der **Wahrnehmung** dieser Termine ist gebührenrechtlich eine nicht unerhebliche Bedeutung beizumessen. Denn in der Praxis geschieht es nicht selten, dass das Gericht eine Beweisaufnahme nach § 358a ZPO anordnet und der Kläger die Klage bei einem für ihn ungünstigen Ergebnis der Beweiserhebung schon vor einem Verhandlungstermin zurücknimmt. Hat der Rechtsanwalt des Beklagten an der Beweisaufnahme nicht teilgenommen, erwächst ihm nur die Verfahrensgebühr nach VV 3100. Dieses Ergebnis kann er vermeiden, indem er an dem vom Sachverständigen anberaumten Termin teilnimmt, wodurch ihm bereits die volle Terminsgebühr i.H.v. 1,2 nach VV 3104 erwächst.

137

Alternativ ist denkbar, dass der Rechtsanwalt mit dem Prozessbevollmächtigten des Klägers bespricht, ob und ggf. unter welchen Voraussetzungen dieser den Rechtsstreit angesichts des Ergebnisses der Beweisaufnahme nicht durch eine Klagerücknahme beenden will. Auch hierdurch entsteht eine Terminsgebühr i.H.v. 1,2 nach VV 3104 i.V.m. VV Vorb. 3 Abs. 3, da es sich bei einem solchen Gespräch um eine Mitwirkung „an Besprechungen, die auf die ... Erledigung des Verfahrens gerichtet sind" handelt.

138

4. Verfahrensbeendende Besprechungen

a) Allgemeines

Der Anwalt soll – so die Zielsetzung des Gesetzgebers – nach seiner Bestellung zum Verfahrens- oder Prozessbevollmächtigten in jeder Phase des Verfahrens zu einer möglichst frühen Beendigung desselben beitragen. Deshalb soll die Terminsgebühr auch dann schon verdient sein, wenn der Rechtsanwalt an einer auf die Erledigung des Verfahrens gerichteten Besprechung mitwirkt. Der Begriff der Bestellung ist in diesem Zusammenhang nicht im Sinne der ZPO gemeint, sondern im Sinne der Beauftragung des Anwalts, in einem gerichtlichen Verfahren tätig zu werden.[148] Ab dem Zeitpunkt, zu dem der Anwalt einen unbedingten **Verfahrensauftrag** erhalten hat, kann er also die Terminsgebühr verdienen, auch wenn es in der Folgezeit nicht zu einem gerichtlichen Verfahren kommt.[149] Der Gesetzgeber erhoffte sich davon eine verstärkte Anstrengung der Anwälte im Hinblick auf Einigungen ohne Inanspruchnahme der Gerichte.[150]

139

Umstritten war bisher, ob die Entstehung der Terminsgebühr für eine verfahrensbeendende Besprechung neben dem anwaltlichen Verfahrensauftrag voraussetzt, dass für das zu erledigende/vermeidende Verfahren eine **mündliche Verhandlung vorgeschrieben** ist: Nach einer Ansicht[151] musste eine solche mündliche Verhandlung oder Erörterung gesetzlich vorgesehen sein, damit eine Termins-

140

---

147 RVG-E v. 7.11.2003, BT-Drucks 830/03, S. 260 zu VV Teil 3; so auch Gerold/Schmidt/*Müller-Rabe*, RVG, VV Vorb. 3 Rn 64 ff.
148 *Bischof*, JurBüro 2004, 296, 297; *Bonnen*, MDR 2005, 1084, 1085; *Enders*, JurBüro 2005, 561.
149 *Meyer*, JurBüro 2004, 575; *Hauskötter*, RVGprof. 2004, 130.
150 BT-Drucks 15/1971, S. 209.
151 BGH AGS 2007, 397 = JurBüro 2007, 525; BGH RVGreport 2012, 184; BGH AGS 2007, 298 = NJW 2007, 1461; OVG Münster AGS 2010, 543 m. Anm. *N. Schneider*; OVG Lüneburg RVGreport 2010, 301; OVG Bautzen AGS 2010, 326 m. Anm. *N. Schneider*; OVG Berlin-Brandenburg AGS 2009, 539 m. Anm. *N. Schneider*; OLG Brandenburg AGS 2009, 107 m. Anm. *Onderka*; VGH Mannheim AGS 2007, 294 m. Anm. *N. Schneider*; KG JurBüro 2008, 473 = RVGprof. 2009, 4.

gebühr für eine außergerichtliche Besprechung entstehen kann.[152] Die Gegenansicht[153] hielt dies nicht für erforderlich. Der Gesetzgeber hat nunmehr im Rahmen des 2. KostRMoG – der zutreffenden Gegenansicht folgend – klargestellt, dass es für die Entstehung der Terminsgebühr nicht erforderlich ist, dass das zugrunde liegende Verfahren eine obligatorische mündliche Verhandlung vorsieht.

Dies gibt auch die bisherige Intention des Gesetzgebers zutreffend wieder: Eine Einschränkung dahingehend, dass die Terminsgebühr nach VV Vorb. 3 Abs. 3 nur anfällt, wenn für das betreffende Verfahren eine mündliche Verhandlung oder Erörterung vorgeschrieben ist, sah das Gesetz schon vor der Neuregelung weder dem Wortlaut noch dem Sinn und Zweck nach vor. An keiner Stelle in VV Vorb. 3 Abs. 3 Var. 3 war davon die Rede, dass die Besprechung eine eigentlich vorgesehene mündliche Verhandlung in dem zugrunde liegenden gerichtlichen Verfahren ersetzen soll. Voraussetzung war vielmehr, dass die Besprechung darauf gerichtet ist, das Verfahren zu vermeiden oder zu erledigen. Dies ergab sich auch daraus, dass für die Entstehung einer solchen Terminsgebühr die Erteilung eines Verfahrensauftrags ausreicht, das betreffende Verfahren aber noch gar nicht anhängig sein muss.[154] Insofern war gar nicht in allen Fällen sicher vorauszusehen, ob der Anwalt in Bezug auf ein Verfahren tätig werden würde, dass eine mündliche Verhandlung erfordert.

Soweit das OLG Brandenburg[155] darauf abgestellt hatte, dass der Begriff „Terminsgebühr" nur dann Sinn habe, wenn er sich auf eine gesetzlich vorgeschriebene mündliche Verhandlung bezieht, verkannte es u.E. den weiten Anwendungsbereich von VV Vorb. 3 Abs. 3. Hier wurde ausdrücklich die Entstehung der Terminsgebühr auch für Besprechungen ohne Beteiligung des Gerichts oder für die Teilnahme an Sachverständigenterminen angeordnet. Der Begriff „Termin" war vom Gesetzgeber also gerade nicht mit engem Anwendungsbereich des gerichtlichen Termins gemeint gewesen.

141 Auch aus dem Sinn und Zweck der Vorschrift ließ sich die vermeintlich erforderliche Verhandlungspflicht nicht ableiten: Der Anwalt sollte – so die Zielsetzung des Gesetzgebers – nach seiner Bestellung zum Verfahrens- oder Prozessbevollmächtigten in jeder Phase des Verfahrens zu einer möglichst frühen Beendigung desselben beitragen. Deshalb sollte die Terminsgebühr auch dann schon verdient sein, wenn der Rechtsanwalt an einer auf die Erledigung des Verfahrens gerichteten Besprechung ohne Beteiligung des Gerichts mitwirkt. Ab dem Zeitpunkt, zu dem der Anwalt einen Verfahrensauftrag erhalten hatte, konnte er also die Terminsgebühr verdienen, auch wenn es in der Folgezeit nicht zu einem gerichtlichen Verfahren kam.[156] Es ging nach der gesetzgeberischen Intention also nicht um die Vermeidung einer eigentlich erforderlichen mündlichen Verhandlung, sondern um eine mögliche Erledigung bzw. Vermeidung des Verfahrens insgesamt und damit um eine Entlastung der Gerichte. Auch Verfahren, die ohne mündliche Verhandlung entschieden werden, bedeuten Arbeitsaufwand für das Gericht und daher sollte auch in diesem Bereich dem Anwalt ein Anreiz geboten werden, durch eine außergerichtliche Besprechung ein solches Verfahren zu vermeiden.

142 Nur in den Fällen der Entscheidung im schriftlichen Verfahren (Anm. Abs. 1 zu VV 3104) ist Voraussetzung, dass eine mündliche Verhandlung an sich vorgeschrieben ist. Das betrifft aber nur die Fälle, in denen „im schriftlichen Verfahren entschieden" wird. Befindet sich also beispielsweise ein Berufungsverfahren noch im Prüfungsstadium nach § 522 ZPO, entsteht keine Terminsgebühr nach VV 3104 Abs. 1 Nr. 1 für den Zurückweisungsbeschluss des Gerichts nach § 522 Abs. 2 ZPO, da dieser keine mündliche Verhandlung erfordert. Wohl aber kann eine Terminsgebühr nach VV Vorb. 3 Abs. 3, Nr. 2 entstehen, wenn die Parteien – während sich das Berufungsverfahren noch im

---

152 Der BGH (AGS 2007, 397) hat daher die Terminsgebühr im Rahmen einer Nichtzulassungsbeschwerde (AGS 2007, 298) bzw. im Verfahrensstadium des § 522 Abs. 2 ZPO verneint. Allerdings genügt ihm zur Entstehung der Terminsgebühr, dass die mündliche Verhandlung für den Fall vorgeschrieben ist, dass eine der Parteien sie beantragt (BGH AGS 2012, 10 m. Anm. *Thiel*).

153 So zutreffend: BGH RVGreport 2008, 348; OLG München AGS 2010, 168; OLG München AGS 2010, 420 = RVGreport 2010, 419 m. Anm. *Hansens*; OLG Dresden AGS 2008, 333 m. zust. Anm. *N. Schneider*; im Ergebnis auch OLG Düsseldorf AGS 2009, 17 m. Anm. *Onderka*.

154 BGH AGS 2007, 166 m. Anm. *Schons*; AG Frankenthal AGS 2006, 327; LG Frankenthal AGS 2007, 67 m. Anm. *Schons*; AG Zeven AGS 2005, 254; *Busch*, AGS 2006, 157; *Schons*, AGS 2006, 209; *N. Schneider*, AGS 2006, 261; *Hauskötter*, RVGprof. 2007, 95; *Hartmann*, Kostengesetze, VV 3104 Rn 11; *Enders*, JurBüro 2005, 561, 562; *Meyer*, DRiZ 2004, 291; *Bischof*, JurBüro 2004, 297; *Hansens*, JurBüro 2004, 250; *Henke*, AnwBl 2004, 511; *Schönemann*, RVGprof. 2007, 111.

155 OLG Brandenburg AGS 2009, 107.

156 *Meyer*, JurBüro 2004, 575; *Hauskötter*, RVGprof. 2004, 130.

Stadium des § 522 ZPO befindet – eine Besprechung zur Erledigung des Verfahrens ohne Beteiligung des Gerichts führen.[157]

b) Mitwirken

Nach Abs. 3 entsteht dem Rechtsanwalt eine Terminsgebühr für das **Mitwirken** an einer auf die Vermeidung oder Erledigung des Verfahrens gerichteten Besprechung. Das Gesetz spricht nicht davon, dass der Rechtsanwalt die Besprechung selbst führt. Erforderlich und ausreichend ist es vielmehr, dass er dergestalt an der Besprechung teilnimmt, dass er **in der Lage ist, jederzeit in den Verlauf des Gesprächs einzugreifen** zu können. Eine Besprechung, an der der Rechtsanwalt teilnimmt, ohne einen eigenen Wortbeitrag zu leisten und bei der der Rechtsanwalt gleichwohl eine Terminsgebühr nach VV 3104 verdient, ist also durchaus möglich, beispielsweise wenn der Anwalt als Berater der Partei die Besprechung verfolgt, um notfalls eingreifen zu können.[158]

143

Ein Mitwirken i.S.v. Abs. 3 setzt auch nicht voraus, dass der Rechtsanwalt während des gesamten Gespräches anwesend ist. Die 1,2-Terminsgebühr kann vielmehr auch dann entstehen, wenn der Rechtsanwalt sich zeitweilig von der Besprechung entfernt hat. Eine bestimmte **Anwesenheits- oder Mitwirkungsdauer** ist nicht festgelegt und dürfte wohl auch schwerlich festzulegen sein. Von einer Mitwirkung kann man aber nur dann sprechen, wenn die Teilnahme des Rechtsanwalts inhaltlich oder zeitlich so umfassend war, dass er in der Lage war, dem Gespräch eine gewisse Richtung zu verleihen bzw. seine Aufgabe als Berater der Partei ordnungsgemäß auszuführen.

144

c) Besprechung

Wenn das Gesetz lediglich von „Besprechungen" redet, ohne gleichzeitig weitere Anforderungen zu stellen, wird damit zum Ausdruck gebracht, dass jede Art der Besprechung ausreicht. Die **gleichzeitige Anwesenheit** der Gesprächsteilnehmer an ein und demselben Ort wird beispielsweise nicht verlangt. Das Gesetz will allgemein die Teilnahme des Rechtsanwalts an Besprechungen honorieren, die bisher ohne Vergütung blieben.[159] Würde man verlangen, dass die Teilnehmer gleichzeitig persönlich an einem Ort anwesend sind, würde man dieses Ziel des Gesetzgebers konterkarieren.

145

Daher wird die Terminsgebühr auch durch **Telefonate mit der Gegenseite** ausgelöst.[160] Es reicht auch aus, dass der Rechtsanwalt an einem Termin lediglich telefonisch teilnimmt, während sein Mandant mit dem Gegner persönlich zusammensitzt. Der sehr weitgehenden Ansicht des OLG Koblenz,[161] wonach auch der Austausch von E-Mails durch die beteiligten Anwälte eine Besprechung darstelle, hat der BGH[162] zu Recht eine Absage erteilt. E-Mails sind keine Besprechung (im Sinne einer mündlichen oder fernmündlichen Äußerung von Worten in Rede und Gegenrede), sondern ein schriftlicher Meinungsaustausch. Der Austausch von Schriftzeichen per Brief, Telefax, SMS oder E-Mail lässt daher die Terminsgebühr nach VV Vorb. 3 Abs. 3 nicht entstehen.

146

Das Gespräch muss nicht mit dem Gegner persönlich geführt werden. Es genügt auch eine Besprechung mit einem Bevollmächtigten, wie etwa seinem Anwalt, Steuerberater oder Versicherer.[163] Die Terminsgebühr für die Besprechung fällt auch dann an, wenn sich der Gegner im Anwaltsprozess nicht vertreten lässt.[164] Erforderlich ist jedoch, dass der Anwalt, der die Terminsgebühr abrechnen will, **selbst** das Gespräch mit einer Person aus dem Lager des Verfahrensgegners führt. Es reicht nicht aus, wenn ein vom Anwalt hinzugezogener Steuerberater in dessen Abwesenheit die Gespräche

147

---

157 Vgl. dazu BGH AGS 2012, 124 (die hier vom BGH vorgenommene Einschränkung, dass die Besprechung vor dem gerichtlichen Hinweis nach § 522 Abs. 2 ZPO erfolgen muss, ist nach der gesetzlichen Neuregelung ebenfalls hinfällig); OLG Köln AGS 2012, 457.
158 *Enders*, JurBüro 2005, 561, 562.
159 RVG-E v. 7.11.2003, BT-Drucks 830/03, S. 260 zu VV Teil 3.
160 BGH AGS 2007, 129; OVG Lüneburg AGS 2007, 32; OLG Koblenz AGS 2005, 278; LG Regensburg RVG-Letter 2005, 100; Gerold/Schmidt/*Müller-Rabe*, RVG, VV Vorb. 3 Rn 117; *Meyer*, RVG-Letter 2004, 2;
Bischof, JurBüro 2004, 296, 298; *Bonnen*, MDR 2005, 1084, 1085; *Hauskötter*, RVGprof. 2004, 130.
161 OLG Koblenz AGS 2007, 347 m. Anm. *Schons* und *N. Schneider*; so auch VG Lüneburg AGS 2008, 282.
162 BGH AGS 2009, 530; ebenso OLG Köln, Beschl. v. 4.8.2009 – 17 W 194/09 (juris).
163 Gerold/Schmidt/*Müller-Rabe*, RVG, VV Vorb. 3 Rn 124; KG AGS 2012, 456 (Gespräch mit dem gegnerischen Haftpflichtversicherer).
164 BGH RVGreport 2008, 393; BGH RVGreport 2007, 103.

mit der Gegenseite führt.¹⁶⁵ Ob abwechselnde Telefonate der Parteien mit dem zuständigen Richter ausreichen, wird unterschiedlich beurteilt.¹⁶⁶

148 Inhaltlich setzt eine Besprechung voraus, dass mindestens entweder Sachargumente ausgetauscht oder Ausführungen zur Rechtslage gemacht werden, die von dem anderen Gesprächspartner jedenfalls zur Kenntnis genommen werden. Ausreichend ist die Bereitschaft der Gegenseite, in Überlegungen mit dem Ziel einer einvernehmlichen Beendigung des Verfahrens einzutreten.¹⁶⁷ Demzufolge fällt eine Terminsgebühr an, wenn der Gegner eine auf die Erledigung des Verfahrens gerichtete Erklärung zwecks Prüfung und Weiterleitung an seine Partei entgegennimmt.¹⁶⁸ Eine streitige Auseinandersetzung ist dagegen nicht erforderlich.

> **Beispiel:** Nach einer Entscheidung des OLG Koblenz¹⁶⁹ wird die Terminsgebühr schon dadurch ausgelöst, dass der Beklagtenanwalt die Zahlung der Forderung ankündigt und um Rücknahme der Klage bittet.¹⁷⁰

Besprechungen können auch dann die Terminsgebühr auslösen, wenn zwar schon ein schriftsätzlicher Einigungsvorschlag vorliegt, dieser aber den Klagegegenstand nicht verbindlich regelt.¹⁷¹ Erschöpft sich das Gespräch allerdings in Belanglosigkeiten oder gar Beleidigungen oder ist der Gesprächspartner von vornherein weder besprechungs- noch einigungsbereit, wird man nicht davon ausgehen können, dass es sich um eine Besprechung i.S.v. Abs. 3 handelt. Denn schließlich wäre ein solches Gespräch von vornherein nicht geeignet, das Verfahren zu erledigen oder zu vermeiden.¹⁷²

149 Nicht als Besprechung i.S.v. VV Vorb. 3 Abs. 3 ist auch eine bloße **Sachstandsanfrage** oder die bloße Information über das weitere prozessuale Vorgehen zu bewerten. Denn dabei handelt es sich nicht um einen auf ein bestimmtes Ziel gerichteten Gedankenaustausch, sondern nur um die Klärung eines tatsächlichen Vorgangs.¹⁷³

> **Beispiel:** Die telefonische Anfrage beim gegnerischen Anwalt auf Zustimmung zum Ruhen des Verfahrens löst keine Terminsgebühr aus, weil es sich weder um eine Besprechung handelt noch das Gespräch auf eine Erledigung des Verfahrens gerichtet ist.¹⁷⁴

d) Ziel der Besprechung

150 Nach der gesetzlichen Regelung in Abs. 3 Nr. 2 muss die Besprechung auf die **Vermeidung oder Erledigung des Verfahrens gerichtet** sein. Ein entsprechender Erfolg des Gesprächs ist nicht Voraussetzung für das Entstehen der Terminsgebühr. Auch wenn das Gespräch erfolglos bleibt, das Verfahren also fortgesetzt wird, ist durch diese Besprechung eine Terminsgebühr i.H.v. 1,2 nach VV 3104 verdient.¹⁷⁵ Gerade bei komplexen Sachverhalten und/oder mehreren Parallelverfahren kann es ausreichen, wenn bestimmte Rahmenbedingungen für eine mögliche Einigung abgeklärt

---

165 OLG Köln AGS 2007, 191.
166 Vgl. LSG Hessen RVGreport 2012, 225; SG Fulda AGS 2011, 601; OLG Düsseldorf KostRsp. Vorb. 3 Nr. 109; FG Berlin-Brandenburg RVGreport 2011, 341; LAG Berlin-Brandenburg AGS 2012, 15; OVG Berlin-Brandenburg RVGreport 2009, 268.
167 KG RVGreport 2012, 461.
168 BGH AGS 2010, 164; BGH AGS 2007, 129 m. Anm. *Schons*; OLG Köln AGS 2010, 9.
169 OLG Koblenz AGS 2005, 278.
170 *Enders* (JurBüro 2005, 561, 562) regt im Hinblick auf diese Entscheidung an, solche Vorschläge aus Gründen der Kostenersparnis schriftlich zu formulieren.
171 VG Berlin RVGreport 2012, 345.
172 So auch: *Bischof*, JurBüro 2004, 296, 298; OLG München NJW-Spezial 2009, 557; OVG Lüneburg AnwBl 1985, 533; LG München VersR 1968, 483.
173 KG AGS 2008, 27; KG AGS 2012, 173; LAG Köln AGS 2012, 14 (Telefonat bzgl. des Umstands, dass eine bevorstehende Entscheidung des BAG die Erledigung des bereits ausgesetzten Verfahren erleichtern werde); OLG Koblenz AGS 2012, 127 (Klärung, ob Rücknahme erfolgt); KG RVGreport 2012, 107; OLG Köln AGS 2012, 515 (Abstimmung des weiteren prozessualen Vorgehens); OLG Köln AGS 2008, 28; OLG Hamburg AGS 2007, 31; vgl. OLG Köln AGS 2006, 226 m. Anm. *Schons* für den Fall, dass der Klägeranwalt nachfragt, wo die von Beklagtenseite angekündigte Zahlung der Klageforderung bleibt. Diese war aufgrund eines internen Fehlers nicht erfolgt und wurde unmittelbar nachgeholt.
174 OLG Stuttgart AGS 2009, 316.
175 OLG München NJW-Spezial 2009, 557; OLG Zweibrücken RVGreport 2010, 30; AG Schleiden NJW-RR 2005, 1232.

und/oder unterschiedliche Vorstellungen über die Erledigung des Verfahrens ausgetauscht werden.[176] Ein allgemeines Gespräch über die abstrakte Möglichkeit einer außergerichtlichen Erledigung reicht nicht.[177]

Auf die Erledigung des Verfahrens ist eine Besprechung auch schon dann gerichtet, wenn sie nur dazu dient, das **Verfahren abzukürzen**. 151

> **Beispiel:** Der Kläger klagt auf Zahlung von Schmerzensgeld nach einem erlittenen Verkehrsunfall. Der Beklagte bestreitet sowohl die Verletzung an sich als auch die Verletzungsfolgen. Die Prozessbevollmächtigten vereinbaren in einer Besprechung, dass von dem Beklagten die Gesundheitsbeschädigung an sich, über die das Gericht ansonsten Beweis hätte erheben müssen, unstreitig wird. Damit wird eine Beweisaufnahme vermieden.

Die Terminsgebühr ist schon durch diese Besprechung verdient. Nach dem Ziel des Gesetzgebers soll der Rechtsanwalt in jeder Phase des Verfahrens zu einer möglichst frühen Beendigung des Verfahrens beitragen. Alle Besprechungen, die diesem Ziel dienen, werden mit der Terminsgebühr honoriert. Auch eine solche Besprechung, die nur eine **Verweisung des Verfahrens** an ein anderes Gericht vermeidet, dient diesem Ziel, da die Belastung eines weiteren Gerichts und eine damit verbundene Zeitverzögerung vermieden wird.

Ziel und/oder Inhalt des Gesprächs müssen nicht notwendigerweise auf eine **vergleichsweise** Regelung des Verfahrens gerichtet sein. Die Besprechung kann auch mit dem Ziel geführt werden, den Kläger zu **Klagerücknahme** oder den Beklagten zu einem **Anerkenntnis** des mit der Klage geltend gemachten Anspruchs zu veranlassen.[178] 152

> **Beispiel:** Das OLG Oldenburg[179] hat eine Terminsgebühr für den Fall bejaht, dass nach Erlass einer einstweiligen Anordnung (Zuweisung der Ehewohnung) der Antragsgegner ausgezogen ist und sich die Anwälte anschließend auf eine übereinstimmende Erledigungserklärung verständigt haben. Denn zur Entstehung der Terminsgebühr genüge auch eine Besprechung von Verfahrensfragen, wenn diese auf eine Erledigung des Verfahrens gerichtet sei.

e) Gegenstand der Besprechung

Die Besprechung ohne Beteiligung des Gerichts kann über anhängige Ansprüche, aber auch über solche geführt werden, die (noch) nicht den Gegenstand eines gerichtlichen Verfahrens bilden. Die Schnittstelle, bis zu der für ein mit dem Gegner geführtes Gespräch die Geschäftsgebühr nach VV 2300 anfällt bzw. ab der eine Terminsgebühr i.H.v. 1,2 nach Abs. 3 entsteht, wird im Gesetz nunmehr in VV Vorb. 3 Abs. 1 S. 1 ausdrücklich geregelt und entspricht der bisher überwiegenden Meinung. Der Anwalt muss einen unbedingten Auftrag als Prozess- oder Verfahrensbevollmächtigter haben, damit eine Besprechung die Terminsgebühr nach VV 3104 auslösen kann. 153

Ob darüber hinaus noch weitere Voraussetzungen erfüllt sein müssen, war umstritten: 154

Nach einer Meinung setzte die Entstehung einer Terminsgebühr voraus, dass über die fraglichen Ansprüche bereits ein gerichtliches Verfahren anhängig gemacht wurde.[180] Die zutreffende Gegenansicht lehnte diese zusätzliche Voraussetzung ab.[181] Dass es keines anhängigen Verfahrens bedarf, ergebe sich schon aus dem Wortlaut von Absatz 3. Danach entstehe die Terminsgebühr, wenn der Rechtsanwalt an auf die **Erledigung** oder **Vermeidung** des Verfahrens gerichteten Besprechungen teilnimmt. Aus dieser Wortwahl werd deutlich, dass ein Klageverfahren über den Gegenstand der Besprechung noch nicht zwingend anhängig sein muss: Ein anhängiges Verfahren kann man erledi-

---

176 BGH AGS 2007, 292 m. Anm. *Schons*; vgl. zur Berechnung der Terminsgebühr in solchen Fällen: KG AGS 2009, 175; OLG München AGS 2010, 122.
177 BGH AGS 2010, 164.
178 Gerold/Schmidt/*Müller-Rabe*, RVG, VV Vorb. 3 Rn 109; OLG Koblenz AGS 2005, 278.
179 OLG Oldenburg AGS 2007, 304.
180 LG Köln AGS 2006, 591 m. Anm. *N. Schneider* und *Schons*; LG Hamburg AGS 2007, 131 m. Anm. *Henke*; AG Wiesloch AGS 2007, 68 m. Anm. *N. Schneider* und *Schons*; AG Frankfurt AGS 2006, 429 m. Anm. *Henke* und *Schons*; LG Freiburg AGS 2006, 326 m. Anm. *N. Schneider*.
181 BGH AGS 2007, 166 m. Anm. *Schons*; AG Frankenthal AGS 2006, 327; LG Frankenthal AGS 2007, 67 m. Anm. *Schons*; AG Zeven AGS 2005, 254; *Busch*, AGS 2006, 157; *Schons*, AGS 2006, 209; *N. Schneider*, AGS 2006, 261; *Hauskötter*, RVGprof. 2007, 95; *Hartmann*, Kostengesetze, VV 3104 Rn 11; *Enders*, JurBüro 2005, 561, 562; *Meyer*, DRiZ 2004, 291; *Bischof*, JurBüro 2004, 297; *Hansens*, JurBüro 2004, 250; *Henke*, AnwBl 2004, 511; *Schönemann*, RVGprof. 2007, 111.

gen, ein noch nicht anhängiges Verfahren kann man vermeiden. Diese zweite Meinung wurde nun auch vom Gesetzgeber im 2. KostRMoG bestätigt. Denn da nunmehr in Abs. 1 ausdrücklich nur ein unbedingter Auftrag als Prozess- oder Verfahrensbevollmächtigter gefordert wird, kann daraus der Wille des Gesetzgebers abgeleitet werden, dass die entsprechenden Ansprüche nicht gerichtlich anhängig sein müssen.[182]

155 Da also die außergerichtliche Besprechung über nicht rechtshängige Ansprüche ebenfalls die Terminsgebühr auslösen kann, ist die Grenze zwischen Geschäftsgebühr einerseits und Verfahrens- bzw. Terminsgebühr andererseits nach dem Inhalt des dem Anwalt erteilten Auftrags zu ziehen: Hat er hinsichtlich der Ansprüche, die Gegenstand der Besprechung sind, einen Auftrag zur außergerichtlichen Vertretung, erhält er die Gebühr aus VV 2300, wobei die Durchführung der Besprechung bei der Bestimmung der Gebühr aus dem Rahmen von 0,5 bis 2,5 berücksichtigt werden kann, aber keine gesonderte Terminsgebühr auslöst. Hat der Anwalt hinsichtlich des Gegenstands der Besprechung bereits einen unbedingten Verfahrensauftrag, erhält er – neben der Verfahrensgebühr – die Terminsgebühr aus VV 3104.

156 Der **Rechtsanwalt des Klägers** erhält also für die nach Klageauftrag geführten Gespräche z.B. mit dem Prozessgegner eine Terminsgebühr i.H.v. 1,2. Dies gilt auch dann, wenn die Klage noch nicht eingereicht oder zugestellt worden ist. Führt er die Gespräche vor Erhalt des Klageauftrags, fällt nur eine Geschäftsgebühr nach VV 2300 an, sofern der Rechtsanwalt für die außergerichtliche Tätigkeit ein Mandat hatte.

157 Der **Rechtsanwalt des Beklagten** erhält für ein vor Zustellung der Klage geführtes Gespräch nur dann eine Terminsgebühr, wenn er schon einen Auftrag zur Vertretung im künftigen Klageverfahren hat.[183] Bei einem nur außergerichtlichen Mandat erhält er lediglich die Geschäftsgebühr nach VV 2300. Ein Verfahrensauftrag des Beklagtenanwalts wird im Stadium vor Klageeinreichung allerdings den Ausnahmefall darstellen, weil zu dieser Zeit für den Beklagten im Regelfall nicht erkennbar ist, dass er vom Kläger mit einem gerichtlichen Verfahren überzogen werden wird. Soweit der BGH[184] früher offen gelassen hat, ob der Anwalt des (künftigen) Beklagten tatsächlich schon ein auf Klageabwehr gerichtetes Prozessmandat haben muss, um für außergerichtliche Besprechungen eine Terminsgebühr zu verdienen, hat sich diese Frage durch die Neufassung von VV Vorb. 3 Abs. 1 erledigt, wonach ausdrücklich ein unbedingter Auftrag als Verfahrens- oder Prozessbevollmächtigter gefordert wird

f) Beteiligung des Gerichts an der Besprechung

158 Soweit früher in Abs. 3 a.F. davon die Rede war, dass die Terminsgebühr durch Besprechungen „ohne Beteiligung des Gerichts" anfallen sollte, war damit nicht gemeint, dass eine Beteiligung des Gerichts an der Besprechung gebührenschädlich ist. Die Anwesenheit des Gerichts bei der Besprechung steht der Entstehung einer Terminsgebühr nicht entgegen.[185] Inzwischen ist dies auch vom Gesetzgeber klargestellt worden. Noch weitergehend hat das LG Freiburg[186] eine Terminsgebühr für den Fall zugebilligt, dass der Anwalt Gespräche mit dem Einzelrichter durchgeführt hat, die zu einer Erledigung des Verfahrens führen. Dies dürfte allerdings vom Wortlaut sowie vom Sinn und Zweck der Vorschrift kaum noch erfasst sein, da die Gegenseite an den betreffenden Besprechungen beteiligt sein muss.[187]

---

182 Vgl. *Schneider/Thiel*, Das neue Gebührenrecht für Rechtsanwälte, Rn 749.
183 *Bonnen* MDR 2005, 1084; *Hansens*, RVGreport 2006, 241; *Henke* AnwBl 2006, 347; Gerold/Schmidt/*Müller-Rabe*, RVG, VV Vorb. 3 Rn 86 f.; *Hartung/Römermann/Schons*, RVG, 2. Aufl., Vorb. 3 VV Rn 36; ebenso wohl: Bischof/Jungbauer/Bräuer/*Bischof*, RVG, Vorb. 3 VV Rn 42 ff.
184 BGH AGS 2010, 483 m. Anm. *Schons*; im Ergebnis ebenso: OLG Koblenz AGS 2010, 66.
185 Im Ergebnis ebenso: *Bischof*, JurBüro 2004, 296, 298; Gerold/Schmidt/*Müller-Rabe*, RVG, VV Vorb. 3 Rn 122, der zutreffend darauf hinweist, dass eine Anwesenheit des Gerichts nicht gebührenschädlich sein kann, wenn schon eine Besprechung ohne Gericht die Terminsgebühr auslöse; a.A. wohl OLG Stuttgart AGS 2005, 256 = JurBüro 2005, 303.
186 LG Freiburg AGS 2007, 296 m. Anm. *N. Schneider*.
187 Vgl. allerdings OLG Düsseldorf (Beschl. v. 1.3.2011 – I-10 W 163/10) zu dem Fall, dass der zuständige Richter abwechselnd mit den Parteien telefoniert, um durch Vermittlung eine Einigung herbeizuführen.

Das Gesetz stellt nicht darauf ab, ob der Auftraggeber sein Einverständnis mit der Besprechung erklärt hat. Ob eine solche durchgeführt wird, liegt im pflichtgemäßen Ermessen des Anwalts.

g) Praxishinweise

In jedem Fall ist darauf zu achten, dass der Inhalt des Gesprächs hinreichend **detailliert dokumentiert** wird.[188] Dies ist schon deswegen zu empfehlen, da es sich um Besprechungen handelt, die außerhalb eines förmlichen Verfahrens, d.h. regelmäßig ohne amtliche Protokollführung, durchgeführt werden. Zur Vermeidung von Problemen im Kostenfestsetzungsverfahren ist es daher zu empfehlen, den Inhalt der Besprechung der Gegenseite schriftlich zu bestätigen. Auch der Gesprächspartner sollte nach Möglichkeit die Richtigkeit des Protokolls anerkennen, um etwaige spätere Einwendungen zu verhindern.

Soweit die außergerichtliche Besprechung über Gegenstände geführt wird, die in einem gerichtlichen Verfahren anhängig sind, ist eine solche Dokumentation ebenfalls zu empfehlen. Nach der Rechtsprechung des BGH[189] ist für die Festsetzung der entsprechenden Terminsgebühr zwar nicht erforderlich, dass sich die Besprechung aus den Gerichtsakten ergibt oder unstreitig ist.[190] Vielmehr reicht es aus, dass die tatsächlichen Voraussetzungen des geltend gemachten Kostentatbestandes mit überwiegender Wahrscheinlichkeit feststehen. Um entsprechende Feststellungen treffend zu können, sind entsprechende Beweisgrundlagen jedoch hilfreich.

Zur Vermeidung von Risiken sollte schließlich die dem Rechtsanwalt erteilte **Vollmacht** auch zur Führung solcher Gespräche berechtigen. Nach § 81 ZPO ermächtigt die Prozessvollmacht zu allen den Rechtsstreit betreffenden Prozesshandlungen. Zwar ist der Begriff der Prozesshandlung weit zu verstehen[191] und soll jede Handlung, die das Betreiben des Verfahrens einschließlich der Durchführung oder Beendigung umfasst, betreffen.[192] Da die Rechtsprechung hier jedoch nicht einheitlich ist, sollte die Vollmacht entsprechend formuliert sein und sich auch ausdrücklich auf solche Besprechungen beziehen.

h) Erstattungsfragen

Probleme können hinsichtlich der Frage auftreten, ob die durch eine Besprechung angefallenen Kosten **notwendig** i.S.v. § 91 ZPO waren. Der Begriff der Notwendigkeit wird vom Gesetz nicht näher definiert. Als „notwendig" werden die Kosten angesehen, die man in der konkreten Lage vernünftigerweise als sachdienlich bezeichnen kann.[193] Hier wird die Rechtsprechung zeigen, welche Kosten als notwendig anzusehen sind. Grundsätzlich besteht die Verpflichtung, die Kosten möglichst niedrig zu halten.[194] Der Begriff der Notwendigkeit kann aber nicht so weit gehen, dass nur die billigste Lösung akzeptiert wird.

Für die Frage der Festsetzung einer Verfahrens- bzw. Terminsgebühr für eine außergerichtliche Besprechung ist die Entscheidung des BGH vom 9.10.2008[195] zu beachten. Danach können nur diejenigen Gebühren nach §§ 103 f. ZPO festgesetzt werden, die im Hinblick auf den Klagegegenstand angefallen sind; nicht jedoch solche, die im Hinblick auf nicht rechtshängige Forderungen entstanden sind:

> **Ausgangsfall:** A verklagt B auf Zahlung von 5.000 EUR. Im Termin zur mündlichen Verhandlung scheitert eine Einigung und die Klage wird abgewiesen. Es sind folgende Gebühren aus einem Streitwert von 5.000 EUR entstanden:
> 1. 1,3-Verfahrensgebühr, VV 3100   393,90 EUR
> 2. 1,2-Terminsgebühr, VV 3104   363,60 EUR

---

188 Vgl. auch OLG Koblenz JurBüro 2005, 417 = AGS 2005, 411 m. Anm. *Madert*: Wenn der Inhalt einer anwaltlichen Besprechung bestritten wird, muss der Anspruchsteller seinen Sachvortrag beweisen.
189 BGH AGS 2007, 322; BGH AGS 2007, 292 m. Anm. *N. Schneider*; BGH RVGprof. 2007, 166.
190 Vgl. dazu BGH AGS 2007, 115: Zugeständnis durch die Gegenseite reicht jedenfalls aus; vgl. auch LG Bonn AGS 2007, 265 m. Anm. *N. Schneider*.
191 *Baumbach u.a.*, ZPO, § 81 Rn 3.
192 BGH VersR 1993, 121.
193 *Baumbach u.a.*, ZPO, § 91 Rn 29.
194 *Baumbach u.a.*, ZPO, § 91 Rn 29 m.w.N.
195 BGH AGS 2008, 582; so auch schon LG Bonn AGS 2009, 195; AG Siegburg AGS 2008, 579.

3. Auslagenpauschale, VV 7002	20,00 EUR
Zwischensumme	777,50 EUR
4. Umsatzsteuer, VV 7008	147,73 EUR
Gesamt	**925,23 EUR**

Dieser Gebührenanspruch kann in voller Höhe auf Grundlage der Kostenentscheidung des klageabweisenden Urteils im Verfahren nach §§ 103 ff. ZPO festgesetzt werden, da die Gebühren im Hinblick auf die Forderung entstanden sind, auf die sich der Rechtsstreit bezog.

163 **1. Abwandlung:** A verklagt B auf Zahlung von 5.000 EUR. Während des Rechtsstreits versuchen die Anwälte der Parteien in einem Telefonat vergeblich, eine Einigung über die Klageforderung herbeizuführen. Die Klage wird abgewiesen.

Es sind dieselben Gebühren wie im Ausgangsfall entstanden. Denn die Terminsgebühr entsteht nach VV Vorb. 3 Abs. 3 nicht nur für die Wahrnehmung von gerichtlichen Terminen, sondern auch für Besprechungen, die auf die Vermeidung bzw. Erledigung eines Verfahrens gerichtet sind. Voraussetzung ist in diesen Fällen nicht, dass die betreffende Forderung bereits rechtshängig ist. Vielmehr genügt es, wenn der Anwalt einen entsprechenden Verfahrensauftrag hat. Diese Anwaltskosten können ebenfalls in voller Höhe im Verfahren nach §§ 103 f. ZPO zur Festsetzung angemeldet werden. Auch die Terminsgebühr für die außergerichtliche Besprechung über den Klagegegenstand ist nach neuer Rechtsprechung festsetzungsfähig. Während früher die Einbeziehung außergerichtlich entstandener Gebühren in das Kostenfestsetzungsverfahren abgelehnt wurde, weil sich die für die Entstehung maßgeblichen Tatsachen nicht aus den Verfahrensakten ergeben und die Festsetzung damit ihren Charakter als Mittel zum zügigen Ausgleich von Kosten verliere,[196] beurteilt der BGH dies inzwischen anders. Eine Festsetzung der Terminsgebühr für eine außergerichtliche Besprechung kann erfolgen, wenn die tatbestandlichen Voraussetzungen für den Anfall der Gebühr unstreitig sind,[197] wenn sie nach § 138 Abs. 3 ZPO als zugestanden gelten[198] und sogar dann, wenn die Parteien über die tatsächlichen Voraussetzungen für den Anfall der Gebühr streiten, diese aber hinreichend glaubhaft gemacht sind.[199]

164 **2. Abwandlung:** A verklagt B auf Zahlung von 5.000 EUR. Im Termin zur mündlichen Verhandlung erörtern die Parteien eine Einigung unter Einbeziehung einer nicht rechtshängigen Forderung i.H.v. 3.000 EUR, hinsichtlich derer Prozessauftrag besteht. Eine Einigung scheitert jedoch und die Klage wird abgewiesen. Es sind folgende Gebühren entstanden:

1. 1,3-Verfahrensgebühr, VV 3100 aus 5.000 EUR		393,90 EUR
2. 0,8-Verfahrensgebühr, VV 3100, 3101 Nr. 2 aus 3.000 EUR	160,80 EUR	
gem. § 15 Abs. 3 max. eine 1,3-Verfahrensgebühr aus 8.000 EUR (wird nicht überschritten)		592,80 EUR
3. 1,2-Terminsgebühr aus 8.000 EUR, VV 3104		547,20 EUR
4. Auslagenpauschale, VV 7002		20,00 EUR
Zwischensumme	1.121,90 EUR	
5. 19 % Umsatzsteuer, VV 7008		213,16 EUR
Gesamt		**1.335,06 EUR**

Die Terminsgebühr entsteht aus der Höhe des Gesamtstreitwertes, weil auch die Verhandlung über im konkreten Verfahren nicht rechtshängige Ansprüche gemäß VV 3104 Abs. 2 eine Terminsgebühr auslöst. Es ist lediglich eine Anrechnung vorgesehen, falls die betreffenden Ansprüche in einem anderen Verfahren rechtshängig sind und dort wiederum eine Terminsgebühr anfällt.

Hinsichtlich der Festsetzung dieser Anwaltskosten im Verfahren nach §§ 103 f. ZPO ist nun zu differenzieren: Festsetzungsfähig sind nur diejenigen Gebühren, die im Hinblick auf die im konkreten Verfahren rechtshängige Forderung entstanden sind. Entscheidend ist also nicht, welcher Tatbestand der Terminsgebühr (außergerichtliche Besprechung, Verhandlungstermin vor Gericht etc.) im Einzelfall verwirklicht wurde, sondern auf welche Forderung sich die betreffende Verhandlung bezog. Gegen den Gegner können damit hier nur eine 1,3-Verfahrensgebühr sowie eine 1,2-Terminsgebühr nebst Auslagenpauschale und Umsatzsteuer aus dem Wert der rechtshängigen Forderung von

---

[196] Vgl. BGH NJW 2002, 3713; BGH BB 2005, 516; OLG Koblenz AGS 2005, 516; OLG Frankfurt JurBüro 2003, 201; OLG München MDR 2002, 237; OLG Rostock JurBüro 1998, 199.
[197] BGH AGS 2007, 115.
[198] BGH AGS 2008, 408; BGH zfs 2007, 285.
[199] BGH AGS 2007, 549; BGH AGS 2007, 322; a.A. LG Lübeck AGS 2008, 319.

5.000 EUR geltend gemacht werden. Die restlichen Gebühren kann der Anwalt – da gegen den Gegner im Regelfall eine materiellrechtliche Anspruchsgrundlage fehlen wird – nur vom eigenen Mandanten verlangen, in dessen Auftrag er über die nicht rechtshängige Forderung verhandelt hat.

5. Besprechungen mit dem Auftraggeber

Nach Abs. 3 Nr. 2, 2. Hs. entsteht durch eine Besprechung mit dem Auftraggeber keine Terminsgebühr. Dass der Auftraggeber bei einem der in Abs. 3 genannten Termine anwesend ist, ist natürlich unschädlich. Es darf sich jedoch bei der Besprechung nicht um einen Termin handeln, der allein mit dem Mandanten durchgeführt wird.[200]

165

6. Terminsgebühr ohne gerichtlichen Termin

a) Allgemeines

Ausnahmsweise kann die Terminsgebühr auch ohne gerichtlichen Termin allein durch das Wechseln von Schriftsätzen entstehen (vgl. Anm. Abs. 1 Nr. 1 zu VV 3104). Es sind dies die Fälle, in denen für das Verfahren eine mündliche Verhandlung vorgeschrieben ist und sodann
– im Einverständnis mit den Parteien (§ 128 Abs. 2 ZPO)
– nach § 495a ZPO
– nach § 307 ZPO
ohne mündliche Verhandlung entschieden wird oder in einem Verfahren, für das mündliche Verhandlung vorgeschrieben ist, ein schriftlicher Vergleich geschlossen wird.

166

b) Entscheidung ohne mündliche Verhandlung

In Verfahren, in denen beide Prozessbevollmächtigte erklären, mit einer Entscheidung im schriftlichen Verfahren einverstanden zu sein (**§ 128 Abs. 2 ZPO**), entsteht jedem von ihnen auch ohne mündliche Antragstellung in der Hauptsache die volle 1,2-Terminsgebühr. Dem liegt der Gedanke zugrunde, dass der Prozessbevollmächtigte die Terminsgebühr auch dann beanspruchen können soll, wenn er die Sache schriftsätzlich so vorbereitet hat, dass ohne eine Verhandlung entschieden werden kann.[201]

167

Handelt es sich um ein Verfahren, dessen Streitwert 600 EUR nicht übersteigt (**§ 495a S. 1 ZPO**), dann kann das Gericht nach billigem Ermessen bestimmen, ob mündlich verhandelt wird. Der Gesetzgeber verfolgt damit den Zweck, die Verfahren mit geringem Streitwert zu vereinfachen und zu beschleunigen. Auf Antrag muss jedoch mündlich verhandelt werden (§ 495a S. 2 ZPO). Würde in derartigen Fällen eine Terminsgebühr nur entstehen, wenn eine mündliche Verhandlung stattfindet, käme es häufig zu Anträgen auf Anordnung der mündlichen Verhandlung, nur um die Terminsgebühr in Ansatz bringen zu können. Damit würde die Absicht des Gesetzgebers unterlaufen, die Verfahren zu beschleunigen und zu vereinfachen. Somit erwächst in diesen Verfahren die Terminsgebühr allein durch Stellung der schriftsätzlichen Anträge, sofern im nachfolgenden Verfahren eine Entscheidung seitens des Gerichts ergeht.[202]

168

Erkennt eine Partei den gegen sie geltend gemachten Anspruch ganz oder zum Teil an, so kann ein entsprechendes Anerkenntnisurteil ergehen. Eine mündliche Verhandlung muss insoweit nicht durchgeführt werden (**§ 307 S. 2 ZPO**). Auch in diesem Fall verdienen die Anwälte ohne Durchführung eines Termins die Terminsgebühr.

169

c) Vergleichsschluss

Eine 1,2-Terminsgebühr nach VV 3104 Abs. 1 Nr. 1 fällt auch dann an, wenn in einem Verfahren, für das mündliche Verhandlung vorgeschrieben ist, ein **schriftlicher Vergleich** geschlossen wird. Es muss sich um ein Verfahren handeln, für das die mündliche Verhandlung vorgeschrieben ist oder

170

---

200 OLG Koblenz AGS 2005, 479 m. Anm. *Hansens*.
201 OLG Zweibrücken Rpfleger 1981, 368.
202 AG Hannover NdsRpfl 1994, 183; a.A. LG Mainz JurBüro 1993, 88 = KostRsp. BRAGO § 31 Ziff. 2 Nr. 83.

in dem gemäß § 495a ZPO im schriftlichen Verfahren entschieden werden könnte.[203] Ausreichend ist, dass der Anwalt bereits einen Verfahrensauftrag hat. Die Ansprüche müssen aber nicht bereits in einem gerichtlichen Verfahren anhängig sein.[204]

171 Vom Verfahrensablauf her sind verschiedene Konstellationen denkbar: Die Parteien schließen außergerichtlich einen schriftlichen Vergleich und beenden dann das gerichtliche Verfahren durch Rücknahme oder Erledigungserklärung. Oder die Parteien schließen – auf eigene Initiative oder auf Vorschlag des Gerichts – einen Vergleich, dessen Zustandekommen nach § 278 Abs. 6 ZPO festgestellt wird.

Hinsichtlich der Einzelheiten kann auf die Kommentierung zu VV 3104 verwiesen werden.

7. Nebenintervention

172 Auch Rechtsanwälten von Nebenintervenienten (Streithelfern) erwächst die Terminsgebühr in gleicher Weise wie den für die Parteien am Rechtsstreit beteiligten Prozessbevollmächtigten. Ein vorheriger Beitritt zum Verfahren ist für die Entstehung der Terminsgebühr nicht erforderlich.[205] Denn da die Terminsgebühr nur auf den Verfahrensauftrag und die Wahrnehmung eines Termins, nicht jedoch auf eine (wirksame) Antragstellung abstellt, kann es auch auf einen bereits erfolgten Beitritt nicht ankommen. Im Falle der Nebenintervention fällt eine Terminsgebühr also dann an, wenn der Rechtsanwalt des Nebenintervenienten von diesem mit der Vertretung im Rechtsstreit beauftragt wurde und einen Termin wahrnimmt.[206]

173 Soweit eine Terminsgebühr auch durch außergerichtliche Gespräche anfallen kann, gilt hier im Grundsatz nichts anderes als für die Prozessbevollmächtigten der Prozessparteien. Für den Prozessbevollmächtigten des Streithelfers kann die Terminsgebühr auch für ein Gespräch anfallen, das auf die Erledigung des Verfahrens gerichtet ist und mit dem Prozessbevollmächtigten nur einer Prozesspartei geführt wird. Gleiches gilt naturgemäß im umgekehrten Verhältnis, wenn der Rechtsanwalt einer Prozesspartei ein Gespräch mit dem Rechtsanwalt des Streithelfers führt.

8. Urkunden-, Wechsel- und Scheckprozess

a) Allgemeines

174 Nach § 599 ZPO ist dem Beklagten, der dem geltend gemachten Anspruch widersprochen hat, in allen Fällen, in denen er verurteilt wird, die Ausführung seiner Rechte vorzubehalten. Der Widerspruch muss zwar deutlich sein, liegt aber in jeder schlüssigen Handlung gegen eine unbedingte Verurteilung.[207] Dementsprechend ist allein die Erklärung, sich die Rechte im Nachverfahren vorzubehalten, ausreichend für die Annahme des Widerspruchs.

175 Für den **Prozessbevollmächtigten des Klägers** kommt es für die Frage, in welcher Höhe er die Terminsgebühr erhält, auf das Verhalten des Beklagten an, sofern die Terminsgebühr nicht aus anderen Gründen, z.B. durch außergerichtliche Besprechungen während des Rechtsstreits, bereits entstanden ist.

b) Anerkenntnis unter Vorbehalt der Rechte

176 Erkennt der **Prozessbevollmächtigte des Beklagten** im Verhandlungstermin die Forderung im Urkundenprozess an und behält sich die Ausführungen seiner Rechte im Nachverfahren vor, so erwächst beiden Prozessbevollmächtigten die volle Terminsgebühr i.H.v. 1,2 nach VV 3104. Denn

---

203 Gerold/Schmidt/*Müller-Rabe*, RVG, VV 3104 Rn 56; Riedel/Sußbauer/*Keller*, RVG, VV Teil 3 Abschnitt 1 Rn 51.
204 Gerold/Schmidt/*Müller-Rabe*, RVG, VV 3104 Rn 68.
205 Anders unter Geltung der BRAGO: OLG Koblenz JurBüro 1982, 723; KG AGS 1994, 42.
206 So auch OLG Düsseldorf AGS 2008, 589. Abzugrenzen ist wiederum die Frage der Erstattungsfähigkeit dieser Gebühr. Da der Anwalt des Nebenintervenienten vor dem Beitritt zum Verfahren noch keine wirksamen Prozesserklärungen abgeben kann, wird man die Erstattungsfähigkeit in der Regel verneinen müssen.
207 *Baumbach u.a.*, ZPO, § 599 Rn 4 m.w.N.

nach der Regelung in Abs. 3 ist es unerheblich, ob es sich um eine streitige oder nicht streitige Verhandlung handelt. Vielmehr reicht es aus, dass eine Vertretung im Verhandlungstermin erfolgt ist. Die Erklärung, sich die Rechte im Nachverfahren vorbehalten zu wollen, reicht für das Entstehen der vollen Terminsgebühr i.H.v. 1,2 aus, sofern sie denn in der mündlichen Verhandlung abgegeben wird.

c) Entscheidung durch Versäumnisurteil

Allein die schriftsätzliche Ankündigung des Widerspruchs reicht zwar aus, um sich die Rechte im Nachverfahren zu erhalten. Die Terminsgebühr fällt aber für den Beklagtenvertreter nur an, wenn er für seinen Mandanten den Termin wahrnimmt. 177

Ist der Beklagte selbst oder im Anwaltsprozess dessen Rechtsanwalt nicht anwesend und ergeht deswegen ein Versäumnisurteil, so erhält der Prozessbevollmächtigte des Klägers nur eine reduzierte Terminsgebühr nach VV 3105 i.H.v. 0,5. 178

Ist der Rechtsanwalt des Beklagten anwesend, gibt er aber keine Erklärungen ab, entsteht für den Rechtsanwalt des Klägers eine volle Terminsgebühr i.H.v. 1,2. Die **reine Anwesenheit im Termin** ohne Abgabe irgendwelcher Erklärungen reicht aus, und zwar auch dann, wenn trotz der Anwesenheit des Prozessbevollmächtigten des Beklagten gegen diesen ein **Versäumnisurteil** ergeht. Dies ergibt sich aus VV 3105. Nach dieser Vorschrift erfolgt eine Reduzierung der Terminsgebühr auf 0,5 nur dann, wenn im Termin stattgefunden hat, in dem deswegen ein Versäumnisurteil ergangen ist, weil eine Partei nicht erschienen oder nicht ordnungsgemäß vertreten ist. 179

Im Umkehrschluss bedeutet dies: Sind im Anwaltsprozess beide Parteien selbst zwar nicht erschienen, diese aber anwaltlich vertreten, d.h. deren Rechtsanwälte anwesend, steht beiden Rechtsanwälten die volle Terminsgebühr zu, auch wenn ein Versäumnisurteil ergeht.[208] 180

Die Reduzierung der Terminsgebühr findet also bei Erlass eines Versäumnisurteils gemäß VV 3105 nur statt: 181
– im Parteiprozess: wenn der Beklagte nicht anwaltlich vertreten ist und im Termin auch selbst nicht erscheint;
– im Anwaltsprozess: wenn der Beklagte im Termin durch seinen Anwalt nicht vertreten wird, dieser also nicht anwesend ist.

In allen übrigen Fällen steht dem Rechtsanwalt des Beklagten eine volle Terminsgebühr i.H.v. 1,2 gemäß VV 3104 zu.

Die Vorschrift des § 333 ZPO, wonach als nicht erschienen auch die Partei anzusehen ist, die in dem Termin zwar erscheint, aber nicht verhandelt, ist nach Anm. Abs. 1 zu VV 3105 ausdrücklich nicht anzuwenden. Der zivilprozessuale Begriff des „Nichterscheinens" geht also über den gebührenrechtlichen hinaus. 182

9. Terminsgebühr bei Erledigung des Rechtsstreits

Wird der Rechtsstreit in der Hauptsache für erledigt erklärt, kann dies zu einer Reduzierung des Gegenstandswertes führen. Inwiefern dies Auswirkungen auf die Terminsgebühr hat, hängt von Art und Zeitpunkt der Erledigungserklärung ab. 183

a) Übereinstimmende Erledigungserklärungen erstmals im Termin

Bei übereinstimmender Erledigungserklärung reduziert sich der Streitwert erst, wenn beide Erklärungen dem Gericht vorliegen, denn erst dann ist die Erledigungserklärung wirksam. Erfolgt die übereinstimmende Erledigungserklärung der Parteien im Termin zur mündlichen Verhandlung, entsteht die Terminsgebühr nach dem vollen Streitwert der Hauptsache, da ein Termin wahrgenommen wird und der Verfahrensgegenstand im maßgeblichen Zeitpunkt, d.h. bei Aufruf der Sache, noch unvermindert 184

---

208 RVG-E v. 7.11.2003, BT-Drucks 830/03, S. 265 zu Nummer 3105.

185 Insoweit ist darauf hinzuweisen, dass die Terminsgebühr aus dem vollen Hauptsachewert bereits dann anfällt, wenn ein Termin wahrgenommen wird. Auf die Stellung der Anträge kommt es nach dem Gesetzeswortlaut nicht an, so dass es auch nicht von Bedeutung ist, dass die mündliche Verhandlung nach § 137 ZPO durch die Stellung der Anträge eingeleitet wird. Abs. 3 verlangt nur die **Wahrnehmung** eines Termins, nicht aber die Stellung von Anträgen. Die Terminswahrnehmung ist schon in dem Moment gegeben, in dem der Termin aufgerufen wird und der Rechtsanwalt anwesend ist. Wenn damit aber bereits die Terminsgebühr i.H.v. 1,2 nach dem vollen Streitwert anfällt, kann eine spätere Erledigungserklärung nicht dazu führen, dass sich die Terminsgebühr nur nach dem Kostenstreitwert richtet.

> **Beispiel:** Der Kläger klagt auf Herausgabe einer Armbanduhr (Wert: 10.000 EUR). Der Beklagte bringt die Uhr zum Termin mit und übergibt sie dem Kläger vor Verhandlungsbeginn. Der Kläger erklärt daraufhin im Termin die Hauptsache für erledigt. Der Beklagte stimmt zu.
> Beide Anwälte haben die 1,2 Terminsgebühr aus dem vollen Wert der Hauptsache verdient, da sie einen Termin zur mündlichen Verhandlung wahrgenommen haben.
>
> | | |
> |---|---:|
> | 1. 1,3-Verfahrensgebühr, VV 3100 | 725,40 EUR |
> | 2. 1,2-Terminsgebühr, VV 3104 | 669,60 EUR |
> | 3. Auslagenpauschale, VV 7002 | 20,00 EUR |
> | Zwischensumme | 1.415,00 EUR |
> | 4. 19 % Umsatzsteuer, VV 7008 | 268,85 EUR |
> | **Gesamt** | **1.683,85 EUR** |

186 Etwas anderes mag allenfalls dann gelten, wenn der Rechtsanwalt von seinem Mandanten allein damit beauftragt wird, die Erledigungserklärung im Termin abzugeben oder wenn ein bisher nicht mit dem Rechtsstreit befasster Anwalt beauftragt wird, hinsichtlich der Kostenverteilung tätig zu werden.[211] In einem derartigen Fall mangelt es an einem entsprechenden Auftrag des Rechtsanwalts hinsichtlich der Hauptsache, so dass die Terminsgebühr nur noch aus dem Kostenwert entstehen kann.

187 Nach dem Vorhergesagten ist es damit für die Höhe des der Terminsgebühr zugrunde zu legenden Streitwertes auch irrelevant, ob die Hauptsache ganz oder **teilweise für erledigt** erklärt und über den Rest streitig verhandelt wird. Es entsteht grundsätzlich eine volle Terminsgebühr nach dem Wert der Hauptsache.

b) Übereinstimmende Erledigungserklärungen vor dem Termin

188 Geben die Parteien schon vor dem Termin zur mündlichen Verhandlung eine übereinstimmende Erledigungserklärung ab, entscheidet das Gericht nur noch über die Kosten. Diese Entscheidung kann ohne mündliche Verhandlung ergehen (§§ 128 Abs. 3, 91a Abs. 1 ZPO). Entscheidet das Gericht **ohne mündliche Verhandlung**, so fällt keine Terminsgebühr an,[212] auch keine solche nach Anm. Abs. 1 Nr. 1 zu VV 3104, da eine mündliche Verhandlung gemäß § 128 Abs. 3 ZPO nicht vorgeschrieben ist. Die Terminsgebühr kann in solchen Fällen nur nach VV Vorb. 3 Abs. 3 Nr. 2 durch eine auf die Erledigung des Verfahrens gerichtete Besprechung mit dem Gegner vor der schriftsätzlichen Erledigungserklärung ausgelöst werden.

189 Entscheidet das Gericht über die Kosten **aufgrund durchgeführter mündlicher Verhandlung**, fällt die Terminsgebühr i.H.v. 1,2 gemäß VV 3104 an, jedoch nur aus dem Wert der bis dahin insgesamt angefallenen Kosten.

---

209 OLG Koblenz JurBüro 2009, 425; LG Berlin AGS 2009, 174; *Enders*, JurBüro 2005, 113, 114; *N. Schneider*, AGS 2003, 99; ebenso, wenn die Parteien vor Abgabe der beiderseitigen Erledigungserklärungen eine Besprechung durchführen, vgl. KG AGS 2008, 65.

210 A.A. Gerold/Schmidt/Müller-Rabe/*Mayer*, RVG, Anh. VI. Gegenstandswert Rn 175 ff.

211 Vgl. *Enders*, JurBüro 2005, 113, 114.

212 So auch OLG Karlsruhe AGS 2007, 346.

c) Einseitige Erledigungserklärung

Welchen Einfluss die einseitige Erledigungserklärung auf den Gegenstandswert der Terminsgebühr hat, ist umstritten. Nach einer Meinung[213] bleibt es trotz Erledigungserklärung beim ursprünglichen Hauptsachewert, nach anderer Meinung[214] ist – vergleichbar mit den Fällen der positiven Feststellungsklage – ein Abschlag vom Hauptsachewert von ca. 50 % vorzunehmen. Nach einer dritten Meinung[215] reduziert sich der Gegenstandswert ab Erledigungserklärung auf den Kostenwert.

190

Wird die einseitige Erledigungserklärung vor dem Termin **schriftsätzlich** abgegeben und bestimmt das Gericht daraufhin Termin zur mündlichen Verhandlung, so entsteht die Terminsgebühr – folgt man der dritten Meinung – nur aus dem Kostenwert. Nach der zweiten Meinung entsteht die Terminsgebühr aus dem um 50 % reduzierten Hauptsachewert, nach der ersten Meinung aus dem vollen Hauptsachewert. Für den Fall, dass die einseitige Erledigungserklärung **im Termin** abgegeben wird, ist dieser Meinungsstreit unerheblich. Denn wenn die Partei nach Aufruf der Sache eine Erledigungserklärung abgibt, ist die Terminsgebühr nach dem Wert der Hauptsache bereits angefallen.[216]

191

Der BGH[217] hat für diese zweite Fallgestaltung jedoch eine – in der Praxis wichtige – **erstattungsrechtliche Einschränkung** vorgenommen: Zwar sei bis zum Zeitpunkt der Erledigungserklärung des Klägers der Streitwert der Hauptsache für die Gebührenberechnung des Anwalts maßgeblich. Wenn jedoch der Beklagte noch vor dem Termin die Klageforderung erfülle und damit ein erledigendes Ereignis vorliege, müsse der Kläger die Prozesskosten gering halten. Nach dem Maßstab von Treu und Glauben müsse er sich so behandeln lassen, als habe er vor dem Termin eine einseitige Erledigungserklärung abgegeben, wodurch sich sein Interesse auf das Kosteninteresse reduziert hätte.

192

Die Entscheidung des BGH ist abzulehnen. Mangels einschlägiger Vorschrift im RVG oder der ZPO griff der Senat zur Allzweckwaffe für „gerechte Entscheidungen", dem Gebot von Treu und Glauben. Die Anwendung dieses Grundsatzes nimmt dabei allerdings recht bizarre Auswüchse an: Der Beklagte darf nach Klagezustellung und Terminsladung mehrere Wochen überlegen, bis er sich dann doch entschließt, der Klageforderung vollumfänglich nachzukommen. Nachdem die Nachricht der Zahlung am Vortag des Termins bei Gericht und beim Kläger eingeht, wird von diesem nun verlangt, binnen 24 Stunden einen anwaltlichen Schriftsatz mit einer entsprechenden Erledigungserklärung ans Gericht zu schicken. Dem Kläger bei einem solchen Geschehensablauf ein treuwidriges Verhalten vorzuwerfen, wenn er nicht – quasi auf Zuruf der Beklagten – bestimmte prozessuale Erklärungen abgibt, um dessen Kostenlast zu mindern, mutet doch reichlich überzogen an. Die Beklagte hatte es immerhin selbst in der Hand, durch frühzeitige Zahlung der Klageforderung den Gegenstandswert entsprechend zu reduzieren, was aber in der vorliegenden Entscheidung nicht problematisiert wird. Der Senat macht auch keine Ausführungen dazu, ab welchem Zeitpunkt ein fehlender Erledigungsschriftsatz des Klägers nicht mehr treuwidrig gewesen wäre. Angesichts der modernen Kommunikationsmittel dürften aber nur noch Zahlungen unmittelbar vor Beginn des Termins darunter fallen.

193

Wenn der Gegner im Termin nicht erscheint und die Hauptsache durch **Versäumnisurteil** für erledigt erklärt wird, fällt für den das Versäumnisurteil erwirkenden Rechtsanwalt eine Terminsgebühr i.H.v. 0,5 nach VV 3105 an. Sind aber beide Parteien anwaltlich vertreten und beide Prozessbevollmächtigte im Termin auch anwesend, fällt die Terminsgebühr i.H.v. 1,2 nach VV 3104 an, wenn einer der beiden Prozessbevollmächtigten nicht zur Sache verhandelt und deswegen die Hauptsache durch Versäumnisurteil für erledigt erklärt wird.

194

---

213 OLG Schleswig OLGR 2004, 342; OLG Frankfurt JurBüro 1993, 557; OLG Düsseldorf NJW-RR 1993, 510; OLG Köln FamRZ 1995, 1214; OLG München JurBüro 1996, 368; Düsseldorf AnwBl 1960, 114; OLG Frankfurt AnwBl 1980, 161; OLG Karlsruhe AnwBl 1973, 360 = JurBüro 1973, 1067 = KostRsp. BRAGO § 31 Ziff. 2 Nr. 235.
214 OLG München JurBüro 1995, 644; OLG Köln JurBüro 1991, 832; OLG Brandenburg AGS 2001, 205.
215 BGH NJW-RR 2005, 1728; BGH WuM 2008, 35; BGH NJW 1961, 1210; BGH NJW-RR 1993, 765; BGH NJW-RR 1996, 1210; OLG München NJW 1995, 1086; OLG Hamm MDR 2000, 175; KG MDR 2004, 116; OLG Köln OLGR 2005, 19; OLG Hamm RVG-Berater 2004, 51; OLG Dresden NJW-RR 2001, 428; OLG Hamburg JurBüro 1993, 363.
216 A.A.: Gerold/Schmidt/*Müller-Rabe/Mayer*, RVG, Anh. VI. Gegenstandswert Rn 175 ff.
217 BGH MDR 2010, 1342.

d) Teilweise Erledigung

195 aa) Abgabe der Erledigungserklärung im Termin. Wird die Teilerledigungserklärung erstmals im Termin übereinstimmend abgegeben, so fällt für beide Prozessbevollmächtigte eine Terminsgebühr nach VV 3104 dem vollen Wert der Hauptsache an. Hier gilt nichts anderes als bei der vollständigen Erledigung der Hauptsache, die erst im Termin und nicht zuvor durch Schriftsätze übereinstimmend für erledigt erklärt wird.[218] Gleiches (Terminsgebühr aus dem vollen Wert) gilt, wenn die Parteien eine außergerichtliche Besprechung zur Erledigung des Rechtsstreits führen, nachdem sich der Rechtsstreit in der Hauptsache teilweise erledigt hat, aber noch nicht für erledigt erklärt worden ist.[219]

196 bb) Abgabe der Erledigungserklärung vor dem Termin. Geben die Parteien schon vor dem Termin übereinstimmende Teilerledigungserklärungen ab und kommt es dann zu einem Termin, stellt sich die Frage, nach welchem Wert eine Terminsgebühr anfallen kann.

197 Erledigen sich z.B. entweder die Klage oder die Widerklage und wird über den jeweils anderen Teil streitig verhandelt, so stellen die Kosten über den erledigten Teil einen nicht ausscheidbaren Teil der Gesamtkosten dar mit der Folge, dass die Terminsgebühr nur aus dem Wert der noch streitigen Forderung ohne Addition der Kosten des ausgeschiedenen Teils erwächst.[220] Das Gleiche gilt, soweit es sich um eine Teilerledigung der Hauptsache handelt.[221] Der BGH führt insoweit aus:

> „Erst dann, wenn der Hauptanspruch und alle Nebenforderungen aus dem Rechtsstreit ausgeschieden sind, können mithin die Kosten des gegenwärtigen Rechtsstreits der Kostenberechnung zugrunde gelegt werden, während diese dann, wenn der gebührenpflichtige Akt auch nur den geringsten Teil der Hauptsache (Hauptanspruch und Nebenforderung) noch betrifft, völlig außer Betracht zu bleiben haben."

198 Eine abweichende Auffassung vertritt das OLG Hamm[222] Danach sind neben dem Wert des nicht erledigten Teils der Hauptsache auch noch die auf den erledigten Teil entfallenden Kosten beim Gegenstandswert zu berücksichtigen. Das OLG Hamm argumentiert wie folgt:

> „Der Auffassung der Beklagten, dass bei teilweiser Erledigung der Hauptsache die bis dahin und insoweit entstandenen Kosten gebührenrechtlich ohne Einfluss seien, vermag sich der Senat nicht anzuschließen. Erklären beide Parteien übereinstimmend, dass ein Teil der geltend gemachten Forderung erledigt ist, so fällt dieser Teil als Streitobjekt aus. Damit werden die bis dahin und insoweit entstandenen Kosten, die an sich mit dem Schicksal der Hauptforderung verbunden sind, verselbstständigt, und sie rücken nunmehr neben die übrig gebliebene Restforderung der Klage in den Mittelpunkt des Verfahrens ... Die eigenständige Natur der nach Erledigung oder Teilerledigung noch im Streit befindlichen Kosten kommt in verschiedener Hinsicht deutlich zum Ausdruck. So unterliegen sie gemäß § 91a ZPO im weiteren Prozessverlauf einer besonderen rechtlichen Beurteilung, die sich von derjenigen der übrigen Kosten unterscheidet ... Nach hiesiger Auffassung hat der BGH[223] die prozessrechtlich eigenständige Natur des Kostenanspruchs nach übereinstimmender Erledigungserklärung auch nur eines Teils der Hauptsache nicht genügend beachtet. Eine Abkehr von dieser Rechtsprechung glaubt der Senat der neueren Rechtsprechung[224] entnehmen zu können."

199 Der ersten Ansicht ist zuzugeben, dass sie dem kostenrechtlichen System von ZPO und GKG entspricht, wonach Zinsen und Kosten dann nicht zum Gegenstandswert addiert werden, wenn sie als Nebenforderung geltend gemacht werden. Im Hinblick auf die Berechnung der Anwaltsgebühren greift eine solche Argumentation allerdings zu kurz: Der Anwalt hatte den Auftrag zur Geltendmachung bzw. Abwehr der gesamten Klageforderung. Diesen Auftrag erfüllt er u.a. dadurch, dass er im Termin die schon zuvor schriftsätzlich angekündigte Teilerledigungserklärung zu Protokoll gibt. Schon im Hinblick auf das damit verbundene Haftungsrisiko – der Anwalt hat dafür zu sorgen, dass er nach der Erledigungserklärung die richtigen Anträge stellt – spricht eine wirtschaftliche Betrachtungsweise dafür, eine Terminsgebühr auch für die widerstreitenden Kostenanträge zuzubilligen.

---

218 *Enders*, JurBüro 2005, 169, 170.
219 OLG Hamburg AGS 2007, 31; a.A. OLG München AGS 2008, 67 m. abl. Anm. *N. Schneider*.
220 OLG München JurBüro 1976, 801 = MDR 1976, 759 = Rpfleger 1976, 255 = KostRsp. BRAGO § 31 Ziff. 2 Nr. 49; OLG Hamm AnwBl 1973, 43; differenzierend: Gerold/Schmidt/*Müller-Rabe/Mayer*, RVG, Anh. VI. Gegenstandswert Rn 186 für eine Teilerledigung ohne Erledigungserklärung.
221 BGH NJW-RR 1995, 1089; BGH Rpfleger 1955, 12; vgl. auch OLG München JurBüro 1971, 1031 = KostRsp. BRAGO § 31 Ziff. 2 Nr. 22; OLG München JurBüro 1976, 801 = KostRsp. BRAGO § 31 Ziff. 2; OLG Hamm AnwBl 1973, 43.
222 OLG Hamm AnwBl 1973, 43.
223 BGH Rpfleger 1955, 12.
224 BGH NJW 1967, 1131; BGH NJW 1972, 1520.

Etwas anderes gilt lediglich für denjenigen Anwalt, dessen Auftrag sich von vornherein auf den nicht erledigten Teil des Verfahrensgegenstands beschränkte. Er kann dann auch die Terminsgebühr nur aus dem Wert des nicht erledigten Teils verdienen.

10. Anerkenntnis bezüglich der Hauptsache, Streit über Kosten

Sofern der Beklagte im Termin die Hauptforderung anerkennt, dies jedoch unter Protest gegen die Kostenlast, fällt die Terminsgebühr gleichwohl i.H.v. 1,2 aus dem Wert der Hauptsache an, da sie bereits mit Beginn des Termins entsteht und es auf die spätere Antragstellung nicht mehr ankommt.

11. Streitwert

Die Terminsgebühr wird nach dem Wert des Gegenstands im Zeitpunkt der Wahrnehmung des Termins durch den Anwalt berechnet.

a) Erhöhung

Bei Erhöhung des Streitwertes durch Klageerweiterung nach dem ersten gerichtlichen Termin berechnet sich die zunächst entstandene Terminsgebühr nach erneuter Terminswahrnehmung oder Erfüllung eines anderen Tatbestandsmerkmals des Abs. 3 nach dem erhöhten Gesamtbetrag des Streitwertes. Wird also eine Klage über 5.000 EUR nach Verhandlung auf einen Betrag von 8.000 EUR erweitert und sodann erneut verhandelt, so entsteht insgesamt nur eine 1,2-Terminsgebühr aus dem Gesamtwert von 8.000 EUR (§ 22 Abs. 1).

b) Verminderung

Vermindert sich der Streitwert nach dem wahrgenommenen Termin, ist dies auf die einmal entstandene Terminsgebühr ohne Einfluss. Denn der Anwalt kann einmal verdiente Gebühren nicht mehr nachträglich verlieren. Die nach der Verminderung des Streitwertes neu entstehenden Gebühren berechnen sich natürlich nur nach dem verminderten Wert.

12. Stufenklage

Bei der Stufenklage wird für die Berechnung der Terminsgebühr jeweils der Wert desjenigen Anspruchs zugrunde gelegt, der Gegenstand des Termins war.[225] Beschränkt sich der Termin beispielsweise auf den Auskunftsanspruch, ist nur der Wert der Auskunftserteilung maßgeblich. Da aufgrund des weiten Anwendungsbereichs der Terminsgebühr die klare Abgrenzungsmöglichkeit anhand der in der Verhandlung gestellten Anträge fehlt, sind die Grenzziehungen schwieriger: Werden z.B. im Verhandlungstermin auch Gespräche geführt, um eine Einigung über den Leistungsantrag zu ermöglichen, stellt dies einen Erörterungstermin über den Zahlungsanspruch dar, so dass der Streitwert entsprechend zu erhöhen ist.

13. Terminsgebühr nach Einspruch gegen ein Versäumnisurteil

Nach Erlass eines Versäumnisurteils folgt das Einspruchsverfahren, in welchem zur Hauptsache verhandelt oder die Hauptsache im Termin erörtert werden kann. Gebührenrechtlich bilden jedoch das Verfahren um den Erlass des ersten Versäumnisurteils und das weitere Verfahren nach dem Einspruch dieselbe gebührenrechtliche Angelegenheit, so dass der Anwalt unter Beachtung von § 15 Abs. 2 für das Verfahren maximal eine 1,2-Terminsgebühr nach VV 3104 erhalten kann.

---

[225] KG JurBüro 1983, 1822 = MDR 1984, 63 = Rpfleger 1983, 500 = KostRsp. BRAGO § 31 Ziff. 2 Nr. 71.

a) Terminsgebühr für den Prozessbevollmächtigten des Beklagten

207 Ist gegen den Beklagten ein Versäumnisurteil ergangen und gleichwohl für seinen Prozessbevollmächtigten eine volle Terminsgebühr i.H.v. 1,2 nach VV 3104 angefallen, weil die Voraussetzungen für eine Reduzierung nach VV 3105 nicht vorlagen, kann im Einspruchsverfahren keine weitere Terminsgebühr anfallen.

208 Ist der Prozessbevollmächtigte des Beklagten jedoch erst nach Erlass des Versäumnisurteils mandatiert worden, kann er erst hiernach eine Terminsgebühr unter den Voraussetzungen des Abs. 3 verdienen, weil vorher der nach Abs. 1 erforderliche unbedingte Auftrag fehlte. Sofern ihm der Auftrag erteilt worden ist, nur gegen einen Teil des Versäumnisurteils Einspruch einzulegen, kann ihm eine Terminsgebühr gemäß VV 3104 i.H.v. 1,2 nur aus dem Wert erwachsen, über den nach Einspruchseinlegung noch zu verhandeln ist.

b) Terminsgebühr für den Prozessbevollmächtigten des Klägers

209 Der Prozessbevollmächtigte des Klägers, der für die Erwirkung des Versäumnisurteils bereits eine Terminsgebühr nach VV 3104 i.H.v. 1,2 verdient hat, erhält für das Verfahren nach Einspruchseinlegung keine gesonderten Gebühren.

210 Hat der Prozessbevollmächtigte des Klägers für das Erwirken des Versäumnisurteils lediglich eine reduzierte Terminsgebühr i.H.v. 0,5 nach VV 3105 verdient, so kann ihm im nachfolgenden Einspruchsverfahren nur noch eine restliche Terminsgebühr nach VV 3104 i.H.v. 0,7 erwachsen. Dies ergibt sich zunächst daraus, dass nach dem Willen des Gesetzgebers u.a. die Unterschiede zwischen der streitigen und nichtstreitigen Verhandlung beseitigt werden sollten.[226] Ferner heißt es in VV 3105, dass unter den dort genannten Voraussetzungen „die Gebühr VV 3104" 0,5 beträgt. Auch in diesem Fall handelt es sich um eine Terminsgebühr nach VV 3104, die jedoch wegen § 15 Abs. 3 nur noch i.H.v. 0,7 geltend gemacht werden kann.

c) Terminsgebühr für das 2. Versäumnisurteil

211 Welche Gebühren der Anwalt erhält, der nach dem Termin, in welchem das erste Versäumnisurteil erging auch den Einspruchstermin wahrnimmt, in welchem ein zweites Versäumnisurteil erlassen ist, ist umstritten. Nach einer Ansicht[227] fällt auch für die Wahrnehmung des zweiten Säumnistermins nur die reduzierte Gebühr aus VV 3105 an, weil nicht auf die Anzahl der Termine, sondern auf den reduzierten Arbeitsaufwand im Termin abzustellen ist. Die herrschende Meinung,[228] der sich jetzt auch der BGH angeschlossen hat,[229] sieht die gesetzliche Formulierung („Wahrnehmung nur eines Termins...") als quantitative Beschränkung der Gebührenreduktion, die folglich dann nicht mehr eingreife, wenn derselbe[230] Anwalt mehr als einen Termin wahrnimmt.

Es sind daher für die Frage des Gebührenaufkommens die folgenden Konstellationen zu unterscheiden:

Zwei Säumnistermine

Die genannte Entscheidung des BGH bezieht sich auf einen Fall, in welchem der Anwalt zunächst in einem gerichtlichen Termin ein Versäumnisurteil erstreitet und sodann nach Einspruch des Beklagten in einem weiteren Verhandlungstermin, bei welchem der Anwalt wiederum anwesend ist, ein zweites Versäumnisurteil ergeht. Hier erhält der Anwalt für die Wahrnehmung des ersten Säumnistermins eine 0,5-Terminsgebühr nach VV 3105 und für die Wahrnehmung des zweiten Säumnistermins

---

226 RVG-E v. 7.11.2003, BT-Drucks 830/03, S. 260 zu VV Teil 3.
227 OLG Nürnberg OLGR 2006, 169 = AGS 2006, 163 m. Anm. *Schons*; *Hansens*, JurBüro 2004, 251.
228 OLG Celle NJW 2005, 1283 = AGS 2005, 188 m. Anm. *Onderka*; OLG München AGS 2006, 161 m. Anm. *Schons*; OLG Köln AGS 2006, 372; LG Düsseldorf AGS 2006, 162 m. Anm. *Schons*; LG Aachen AGS 2006, 373 m. Anm. *N. Schneider*; LG Bonn AGS 2006, 163 m. Anm. *Schons*; 50. Tagung der Gebührenreferenten BRAK-Mitt. 6/2005, S. 272; Hartung/Römermann/*Schons*, RVG, VV 3105 Rn 16.
229 BGH AGS 2006, 366 m. Anm. *N. Schneider*.
230 Dass für den Termin über ein zweites Versäumnisurteil generell die Gebühr nach VV 3104 geltend gemacht werden könne, hat auch das OLG Celle nicht vertreten. Es geht nur um die Wahrnehmung *mehrerer* solcher Termine durch denselben Anwalt.

eine 1,2-Terminsgebühr nach VV 3104, da im zweiten Termin die Gebührenreduzierung nach VV 3105 nicht mehr eingreift. Insgesamt erhält der Anwalt jedoch wegen § 15 Abs. 2 nur eine 1,2-Terminsgebühr aus dem Hauptsachewert.

Erstes Versäumnisurteil im schriftlichen Vorverfahren

Ergeht das erste Versäumnisurteil mangels Verteidigungsanzeige des Beklagten **im schriftlichen Vorverfahren** gemäß § 331 Abs. 3 ZPO und legt der Beklagte dagegen Einspruch ein, so erhält der Anwalt des Klägers für das Versäumnisurteil im schriftlichen Vorverfahren eine 0,5-Terminsgebühr nach VV 3105 Abs. 1 Nr. 2. Für seine Teilnahme am Einspruchstermin und den dort gestellten Antrag auf Erlass eines zweiten Versäumnisurteils (§ 345 ZPO) billigt der BGH[231] dem Anwalt die volle Terminsgebühr i.H.v. 1,2 nach VV 3104 zu.

Dies dürfte im Hinblick auf die im Übrigen vertretene Argumentation des BGH, der Wortlaut von VV 3105 enthalte eine quantitative Beschränkung zwar nicht ganz schlüssig sein. Denn in dem Fall, dass das erste Versäumnisurteil im schriftlichen Vorverfahren ergangen ist, hat der Anwalt nur einen Termin wahrgenommen. Jedoch argumentiert der BGH in diesem Zusammenhang damit, dass die Entscheidung nach § 331 Abs. 3 ZPO in Abs. 1 Nr. 2 der Anm. zu VV 3105 dem Versäumnisurteil nach § 331 Abs. 1 ZPO gleichgestellt sei.[232] Insgesamt erhält der Anwalt wegen § 15 Abs. 2 jedoch nur eine 1,2-Terminsgebühr aus dem Hauptsachestreitwert. Eine dem § 38 BRAGO vergleichbare Vorschrift, wonach das Verfahren über den Einspruch unter bestimmten Umständen als besondere Angelegenheit galt bzw. der Anwalt die Gebühr für das erste Versäumnisurteil unter bestimmten Umständen besonders erhielt, kennt das RVG nicht.[233]

Zweites Versäumnisurteil nach Vollstreckungsbescheid

Weiter ist der Fall zu untersuchen, dass zunächst ein **Vollstreckungsbescheid** ergeht, der gemäß § 700 Abs. 1 ZPO einem Versäumnisurteil gleichsteht und der Beklagte dann nach Einspruch zum Verhandlungstermin wiederum nicht erscheint, so dass ein zweites Versäumnisurteil erlassen wird. Für den Vollstreckungsbescheid kann der Anwalt – wenn dies auch in der Praxis selten sein dürfte – eine 1,2-Terminsgebühr nach VV 3104 erhalten, da diese Vorschrift auch im Vollstreckungsbescheidverfahren Anwendung findet (vgl. VV Vorb. 3.3.2). Für die Teilnahme am Säumnistermin erhält der Anwalt eine 0,5-Terminsgebühr nach VV 3105, da der Rechtsstreit nach dem Vollstreckungsbescheidverfahren eine eigene gebührenrechtliche Angelegenheit ist. Eine 1,2-Terminsgebühr entsteht hier – auch unter Berücksichtigung der BGH-Rechtsprechung – nicht, da der Anwalt nicht mehr als einen Termin wahrgenommen hat.[234]

14. Verfahrensverbindung, Verfahrenstrennung

212 Für Klagen, die getrennt erhoben und nach Entstehung der Terminsgebühr miteinander verbunden[235] oder nach Entstehung der Terminsgebühr getrennt werden, gilt bezüglich der Terminsgebühr das Gleiche wie bei der Verfahrensgebühr (siehe Rdn 62 ff.), wobei im Vorfeld zu klären ist, ob es sich tatsächlich um eine Verbindung im Sinne der Prozessordnung handelt. Wurde bei rechtlich getrennt bleibenden Prozessen lediglich gemeinsam verhandelt, ist eine Verbindung nicht eingetreten.[236] Denn die Terminierung verschiedener Verfahren auf dieselbe Zeit und die gemeinsame Verhandlung stellt noch keine Verbindung dar. Es entspricht vielmehr einer gerichtlichen Übung, Prozesse derselben oder auch verschiedener Personen, die um gleiche oder ähnliche Sachverhalte oder Rechtsfragen geführt werden, soweit möglich auf dieselbe Zeit zu terminieren. Dies erleichtert den beiderseitigen Vortrag.

213 **Vertreten verschiedene Prozessbevollmächtigte mehrere Kläger**, deren Klagen zur gemeinsamen Verhandlung verbunden sind, so verhandelt jeder der Rechtsanwälte nach dem seinen Mandanten

---

231 BGH AGS 2006, 366 m. Anm. *N. Schneider* und *Schons*.
232 Zustimmend *N. Schneider* und *Schons* in AGS 2006, 367.
233 OLG Koblenz AGS 2010, 464.
234 OLG Brandenburg AGS 2010, 243; OLG Köln AGS 2007, 296 m. Anm. *N. Schneider*.
235 Vgl. dazu LSG Thüringen AGS 2012, 279.
236 OVG Lüneburg AGS 2010, 229; OLG Köln AGS 2012, 62; OVG Münster AGS 2009, 576; OLG Düsseldorf AGS 2009, 269; VGH Baden-Württemberg Jur-Büro 1998, 83.

betreffenden Streitwert, so dass dieser für die Berechnung der einzelnen Terminsgebühren auch nach der Verbindung der Verfahren maßgeblich bleibt.[237]

214 Wurde bei getrennt anhängig gemachten Verfahren vor der Verbindung nur in einem Verfahren verhandelt, nach Verbindung jedoch über den verbundenen Streitgegenstand insgesamt, so ist die Frage der Gebührenberechnung umstritten:

Nach **einer Meinung** fällt außer der durch die frühere Verhandlung bereits verdienten Terminsgebühr für die Verhandlung nach der Verbindung eine Terminsgebühr aus dem Wert beider Sachen an, allerdings in dem Verhältnis gekürzt, das dem Anteil des Streitwerts der einen Sache, in der vor der Verbindung verhandelt worden war, an dem zusammengerechneten Streitwert entspricht.[238]

Beispiel: Der Kläger erhebt eine Klage auf Zahlung von 10.000 EUR, über die auch mündlich verhandelt wird. Hiernach wird dieses Klageverfahren mit einer weiter erhobenen Klage auf Zahlung von 40.000 EUR verbunden, über die noch nicht verhandelt worden war. Über die verbundene Klage wird sodann verhandelt, der Streitwert auf 50.000 EUR festgesetzt. Der Rechtsanwalt des Klägers, der diesen in beiden Verfahren vertreten hat, erhält folgende Gebühren:
I. Klageverfahren
Streitwert: 10.000 EUR
1. 1,3-Verfahrensgebühr, VV 3100   725,40 EUR
2. 1,2-Terminsgebühr, VV 3104   669,60 EUR
II. Klageverfahren
Streitwert: 40.000 EUR
3. 1,3-Verfahrensgebühr, VV 3100
Streitwert: 50.000 EUR   1.316,90 EUR
4. 1,2-Terminsgebühr, VV 3104   1.395,60 EUR
Berechnung: Das erste Klageverfahren über 10.000 EUR ist mit 20 % an dem Gesamtstreitwert von 50.000 EUR beteiligt. Die nach Verbindung entstandene Terminsgebühr nach dem Gesamtstreitwert von 50.000 EUR ist daher um 20 % zu kürzen. Dies ergibt folgende Berechnung: 1.163 EUR x 1,2 = 1.395,60 EUR abzüglich 20 % (entspricht 279,12 EUR) = 1.116,48 EUR.

215 Nach der **Gegenmeinung**[239] ist in solchen Fällen, in denen vor Verbindung nur in einem Verfahren die Terminsgebühr angefallen ist und nach Verbindung verhandelt wurde, die erste Terminsgebühr auf die spätere höhere Gebühr voll anzurechnen. Der aus der Verbindung entstandene Rechtsstreit ist nach dieser Ansicht für die Berechnung der Terminsgebühr so zu behandeln, als ob eine Klagehäufung oder Klageerweiterung bestanden bzw. eine Widerklage vorgelegen hätte. Der BGH hat dazu ausgeführt:

„Wie im Falle der Verbindung ist auch dort die gemeinsame Verhandlung – zumindest einer Partei – aufgezwungen. Es besteht insofern kein sachlich gerechtfertigter Grund, den Rechtsanwalt im Falle der Verbindung von Verfahren besser zu stellen als bei einer Klageerweiterung oder einer Widerklage. In diesen Fällen ist anerkannt, dass die bereits verdiente Gebühr in vollem Umfang auf die Gebühr aus dem Gesamtstreitwert anzurechnen und jeweils nur der höchste Wert der anwaltlichen Tätigkeit maßgeblich ist. Diese Gleichbehandlung von Verbindung einerseits und Klagerhöhung bzw. Widerklage andererseits steht im Einklang damit, dass es einem Rechtsanwalt nicht gestattet ist, anstehende Verfahren seines Auftraggebers nur in eigenem Gebühreninteresse zu vereinzeln, statt sie in ihrer objektiven Zusammengehörigkeit gebührenrechtlich als eine Angelegenheit zu behandeln und damit zu einer geringeren Kostenbelastung beizutragen. Auch hier ist kein Grund ersichtlich, warum der Antragsteller bezüglich der Terminsgebühr im verbundenen Verfahren besser stehen soll, als er stünde, wenn er nach Einklagen einer der beiden Forderungen und mündlicher Verhandlung die Klage um die weitere Forderung erhöht und es dann eine weitere Verhandlung über die im Wege der Klageerweiterung geltend gemachte Gesamtforderung gegeben hätte."

Beispiel: Sachverhalt wie im vorigen Beispiel. Die Terminsgebühr nach dem Gesamtstreitwert von 50.000 EUR berechnet sich wie folgt:

---

237 OVG Thüringen JurBüro 1998, 639 = AGS 1999, 114 = Rpfleger 1999, 99 = KostRsp. BRAGO § 31 Ziff. 2 Nr. 89.
238 OLG Düsseldorf Rpfleger 1995, 477; OLG Düsseldorf AnwBl 1978, 235; OLG Frankfurt Rpfleger 1958, 197.
239 BGH AGS 2010, 317 = NJW 2010, 3377; OLG Köln JurBüro 1987, 380; OLG München JurBüro 1986, 556; OLG Bamberg JurBüro 1986, 219; OLG Stuttgart JurBüro 1982, 1670; OLG Zweibrücken JurBüro 1981, 699; KG Rpfleger 1973, 441; Niedersächsisches FG EFG 2008, 242; VGH Baden-Württemberg NVwZ-RR 2006, 855; VG Hamburg NVwZ-RR 2008, 741; OLG Zweibrücken JurBüro 1981, 699; OLG München JurBüro 1986, 556; OLG Stuttgart JurBüro 1984, 1670; *Enders*, JurBüro 2007, 169; Gerold/Schmidt/*Müller-Rabe*, RVG, VV 3100 Rn 71 ff.

Streitwert: 50.000 EUR	
1,2-Terminsgebühr, VV 3104	1.395,60 EUR
abzüglich	
Streitwert: 10.000 EUR	
1,2-Terminsgebühr, VV 3104 (aus erster Klage)	669,60 EUR
Differenz = Terminsgebühr des verbundenen Verfahrens	726,00 EUR

Wie dieses Beispiel zeigt, ist die Terminsgebühr nach der Berechnungsmethode des OLG Zweibrücken um 385,68 EUR niedriger.

Dieser Ansicht ist jedoch nicht zu folgen. Nur die Auffassung des OLG Düsseldorf[240] wird dem Grundsatz gerecht, dass einer Prozessverbindung gebührenrechtlich keine rückwirkende Kraft mit der Folge von Gebührennachteilen zukommen kann. Bei einer Prozessverbindung lagen zunächst zwei verschiedene Angelegenheiten vor, während z.B. bei der Klageerweiterung und der Widerklage, wo sich die weitere Verfahrensentwicklung „negativ" auf bereits entstandene Gebühren auswirkt, durchgehend nur eine Angelegenheit vorlag.

15. Terminsgebühr nach VV 3401

Hat der Anwalt keinen umfassenden Verfahrensauftrag, sondern beschränkt sich sein Auftrag auf die **Vertretung in einem Termin**, erhält er hierfür eine Verfahrensgebühr gemäß VV 3401 in Höhe der dem Verfahrensbevollmächtigten zustehenden Verfahrensgebühr. Der Tätigkeit nach handelt es sich um eine Terminsgebühr, die gleichwohl als Verfahrensgebühr bezeichnet wird. 216

Sofern der Rechtsanwalt zunächst im Umfang des VV 3401 beauftragt wird, später jedoch den weiter gehenden Auftrag erhält, den Mandanten insgesamt im Verfahren zu vertreten, erhält er bei nochmaliger Vertretung in einem Termin insgesamt nicht mehr als eine 1,2-Terminsgebühr gemäß VV 3104. Denn § 15 Abs. 5 S. 1 legt fest, dass bei einem weiteren Auftrag in derselben Angelegenheit der Anwalt insgesamt nicht mehr Gebühren erhält, als er bekommen hätte, wenn er sofort in diesem Umfang beauftragt worden wäre. Der Anwalt erhält allerdings aufgrund des später erfolgten Verfahrensauftrages neben der 1,2-Terminsgebühr auch noch die 1,3-Verfahrensgebühr nach VV 3100. 217

D. Anrechnung der Geschäftsgebühr (Abs. 4)

I. Allgemeines

Eine Anrechnung der Geschäftsgebühr für die außergerichtliche Vertretung auf die Verfahrensgebühr des nachfolgenden Rechtsstreits erfolgt nur teilweise. Dabei bezieht sich die Regelung des **Abs. 4** ausdrücklich auf „eine Geschäftsgebühr nach Teil 2", also auch auf das einfache Schreiben, für das unter Geltung der BRAGO umstritten war, inwieweit eine Anrechnung zu erfolgen hatte. 218

Mit dem neu gefassten Abs. 4 der VV Vorb. 3 wird jetzt auch in sozialgerichtlichen Verfahren, in denen gemäß § 3 Abs. 1 Betragsrahmengebühren anfallen, eine Anrechnung der Geschäftsgebühr eingeführt und damit von den bei Vorbefassung ermäßigten Gebührenrahmen Abstand genommen. Mittelbar ergibt sich auch für die verwaltungsrechtlichen Verfahren eine Änderung bei der Gebührenberechnung, weil die nach VV Vorb. 3 Abs. 4 anzurechnende Gebühr jetzt immer nur die nach VV 2300 sein kann, da die Zweispurigkeit der Geschäftsgebühr mit und ohne Vorbefassung entfallen ist.[241] 219

Nach der Gesetzesbegründung ist die nur teilweise Anrechnung systematisch erforderlich. Eine Gleichbehandlung des Anwalts, der sogleich einen Klageauftrag erhalten habe, und eines Anwalts, der zunächst außergerichtlich tätig gewesen sei, sei nicht zu rechtfertigen. Andererseits sei die Anrechnung erforderlich, um dem Eindruck entgegenzuwirken, der Anwalt habe ein gebührenrechtli- 220

---

240 OLG Düsseldorf AnwBl 1978, 235.
241 Vgl. zu den Einzelheiten und mit Berechnungsbsp.: *Schneider/Thiel*, Das neue Gebührenrecht für Rechtsanwälte, Rn 755 ff.

ches Interesse an der Durchführung des Klageverfahrens. Dies entspreche dem Grundgedanken des RVG, die außergerichtliche Streitbeilegung zu fördern.

221 Die prozessualen Folgen dieser teilweisen Anrechnung waren über viele Jahre Gegenstand einer kontroversen Diskussion: Während es bei Inkrafttreten des RVG nahezu einhellige Meinung war, dass aufgrund der Anrechnungsvorschrift ein Teil der Geschäftsgebühr auf die Verfahrensgebühr verrechnet wird und der verbleibende Teil vom Anwalt – allein oder zusammen mit der Hauptforderung – gerichtlich geltend gemacht werden muss, hatte der BGH in seiner Entscheidung vom 7.3.2007 dieser Vorgehensweise eine Absage erteilt.[242] Nach dem Gesetzeswortlaut in VV Vorb. 3 Abs. 4 sei die gerichtliche Verfahrensgebühr zu mindern und nicht die vorgerichtliche Geschäftsgebühr.[243] Dieser klare Wortlaut dürfe auch nicht aus Gründen der Prozessökonomie vor dem Hintergrund ignoriert werden, dass die Geschäftsgebühr im Kostenfestsetzungsverfahren nach §§ 103, 104 ZPO nicht berücksichtigt werden könne.

222 Umstritten war dann als Folgeproblem der vom BGH entschiedenen Anrechnungsfrage in Rechtsprechung und Literatur, ob die Anrechnung zu berücksichtigen ist, wenn der Mandant mit dem materiellrechtlichen Kostenerstattungsanspruch nicht durchgedrungen war. Nach einer Ansicht[244] konnte er in diesen Fällen seinen vollen prozessualen Kostenerstattungsanspruch im Festsetzungsverfahren anmelden, da in diesem Verfahren eine Anrechnung nur berücksichtigt werde, wenn die Geschäftsgebühr tituliert bzw. unstreitig gezahlt worden sei. Nach der Gegenansicht,[245] der sich auch die Mehrzahl der Senate des BGH[246] angeschlossen hatten, war die Anrechnung der außergerichtlichen Geschäftsgebühr auf die Verfahrensgebühr dagegen immer zu berücksichtigen. Dies galt zum einen dann, wenn zugunsten der erstattungsberechtigten Partei ein materiell-rechtlicher Erstattungsanspruch auf Zahlung der Geschäftsgebühr nicht besteht und zum anderen auch dann, wenn die Geschäftsgebühr nicht geltend gemacht, nicht tituliert und auch vom Gegner nicht bezahlt worden ist.

Sowohl hinsichtlich der gebührenrechtlichen Ausführungen als auch hinsichtlich der praktischen Auswirkungen auf die Durchführung des Kostenfestsetzungsverfahrens ist die Entscheidung des BGH vom 22.1.2008 auf vehemente Kritik gestoßen.[247] Insbesondere *Hansens*[248] hat hier eingehend dargelegt, dass die vom BGH geforderte substantiierte Darlegung des Erstattungspflichtigen zum Anfall und zur Höhe der Geschäftsgebühr nur in Ausnahmefällen möglich ist, dass keine Ausführungen dazu erfolgt sind, wie zu verfahren ist, wenn der Erstattungspflichtige seiner Glaubhaftmachungslast zur Höhe der Geschäftsgebühr nicht genügt, dass die Fälle der seit dem 31.12.2006 möglichen rückwärtigen Anrechnung sowie der Anrechnung einer Beratungsgebühr und der Anrechnung im Mahnverfahren nicht befriedigend gelöst werden können.

Es blieb allerdings – da sich die übrigen Senate des BGH ohne eine nähere Auseinandersetzung mit den Argumenten der Gegenansicht der Meinung des 8. Senats angeschlossen haben – dem Gesetzgeber überlassen, die Auswirkungen dieser Rechtsprechung durch Einführung eines neuen § 15a zu

---

242 Vgl. BGH AGS 2007, 283 m. Anm. *N. Schneider, Schons* und *Hansens*. Bestätigt durch die folgenden Entscheidungen: BGH NJW 2007, 2049; BGH NJW 2007, 2050; BGH NJW 2007, 3500; BGH NJW 2008, 1323.

243 So auch BayVGH NJW 2006, 1990, *Schultze-Rhonhof*, RVGreport 2005, 374; *Hansens*, RVGreport 2005, 392.

244 OLG Celle JurBüro 2008, 191; KG AGS 2008, 216; KG AGS 2007, 439 mit Anm. *N. Schneider* = JurBüro 2007, 582; OLG Stuttgart AGS 2008, 43; OLG Karlsruhe AGS 2007, 494; AG Köln AGS 2007, 499; OLG Koblenz AGS 2007, 642 = JurBüro 2007, 636; OLG Koblenz AnwBl 2008, 149; OLG Rostock AGS 2008, 46; OLG Saarbrücken AGS 2008, 46; OLG Hamm AGS 2008, 47 = JurBüro 2008, 80; OLG München JurBüro 2007, 637; LG Heidelberg JurBüro 2008, 1; AG St. Goar JurBüro 2008, 26; AG Fritzlar JurBüro 2008, 81; OLG Schleswig AGS 2008, 42 (Anrechnung auch dann, wenn der Erstattungsanspruch durch Aufrechnung erloschen ist); *Schons*, AnwBl 2008, 356;

Hansens, RVGreport 2008, 149; *N. Schneider*, AGS 2008, 44.

245 OLG Hamburg AGS 2008, 48; OLG Nürnberg AGS 2008, 49; OLG Frankfurt AGS 2007, 643; OLG Frankfurt, Beschl. v. 30.10.2007 – 18 W 282/07; OLG Nürnberg AGS 2008, 49; AG Hohenschönhausen AGS 2008, 44.

246 Vgl. BGH RVGreport 2008, 310 = AGS 2008, 441; BGH RVGreport 2008, 311; BGH RVGreport 2008, 148 m. Anm. *Hansens*; BGH RVGprof 2008, 117 m. Anm. *Volpert*; ebenso OLG Frankfurt AGS 2008, 442 m. abl. Anm. *N. Schneider*.

247 Vgl. nur KG AGS 20087, 216; *Hansens*, AnwBl 2007, 841; *Hansens*, AGS 2008, 1; *Hansens*, RVGreport 2008, 121 und 149; *N. Schneider*, AGS 2008, 218; *Schons*, AnwBl 2008, 356; *Nugel*, zfs 2007, 491; *Enders*, JurBüro 2007, 561.

248 *Hansens*, AnwBl 2007, 841; *Hansens*, AGS 2008, 1; *Hansens*, RVGreport 2008, 121 und 149.

beseitigen. Hinsichtlich der Einzelheiten zur Durchführung der Anrechnung wird auf die Kommentierung zu § 15a verwiesen.

Hinsichtlich der Erstattung der außergerichtlichen Geschäftsgebühr gilt Folgendes: Will der Mandant diesen Teil der anwaltlichen Vergütung vom Gegner erstattet erhalten, so muss er die (volle) Geschäftsgebühr als materiell-rechtlichen Schadensersatzanspruch im Hauptsacheverfahren einklagen oder im Mahnverfahren[249] geltend machen,[250] was in Gestalt einer Nebenforderung kostenneutral möglich ist. Erfolgt dies nicht, sondern eine Geltendmachung durch eigene Klage, so droht der Einwand des Schädigers, gegen die Schadensminderungspflicht verstoßen zu haben.[251] Hat der Mandant die Vergütung noch nicht bezahlt, besteht nur ein Anspruch auf Freistellung von der Verbindlichkeit gegenüber seinem Anwalt. Scheidet die Geltendmachung als Nebenforderung aus, müssen die betreffenden Gebühren selbstständig eingeklagt werden.

Wird die Geschäftsgebühr nicht zugesprochen, scheidet eine Erstattung durch den Gegner naturgemäß aus und der Mandant muss diesen Teil der Vergütung selbst an seinen Anwalt zahlen. Wird die Geschäftsgebühr dagegen tituliert, so ist im anschließenden Kostenfestsetzungsverfahren die Neuregelung des § 15a Abs. 2 zu beachten: Meldet der Anwalt die volle 1,3-Verfahrensgebühr (VV 3100) zur Festsetzung an[252] und beruft sich der Gegner auf die bereits erfolgte Titulierung der außergerichtlichen Kosten, wird die Geschäftsgebühr nach VV Vorb. 3 Abs. 4 angerechnet und die Verfahrensgebühr nur in entsprechend reduziertem Umfang festgesetzt. Die Rechtskraft des Titels ist dafür nicht erforderlich.[253]

II. Regelungsgehalt

1. Allgemeines

Abs. 4 S. 1 regelt, in welchem Umfang bzw. in welcher Höhe eine Anrechnung der Geschäftsgebühr nach VV Teil 2 auf Gebühren in einem späteren gerichtlichen Verfahren erfolgen muss. Grundsätzlich erfolgt eine Anrechnung zur Hälfte. Es besteht jedoch eine Kappungsgrenze: Die Geschäftsgebühr wird **höchstens** mit einem Gebührensatz von **0,75** angerechnet. Sind mehrere Gebühren entstanden, so regelt **Abs. 4 S. 3**, dass für die Anrechnung die zuletzt entstandene Gebühr maßgebend ist. **Abs. 4 S. 5** sieht nunmehr ausdrücklich vor, dass die Anrechnung nur nach dem Wert des Gegenstands erfolgen soll, der auch in das gerichtliche Verfahren übergegangen ist.

2. Wegen desselben Gegenstands

Die Anrechnung erfolgt nur, wenn die Gebühren nach VV Teil 2 **„wegen desselben Gegenstands"** entstanden sind wie die Gebühren für das gerichtliche Verfahren, wofür von der Rechtsprechung ein zeitlicher, personeller und sachlicher Zusammenhang gefordert wird.

Es muss also zunächst ein **zeitlicher Zusammenhang** des gerichtlichen Verfahrens mit der außergerichtlichen Tätigkeit des Rechtsanwalts bestehen.[254] Das ist dann der Fall, wenn der Anwalt mit der Angelegenheit noch vertraut und keine vertiefte erneute Einarbeitung erforderlich ist. Ist dagegen der zeitliche Abstand so groß, dass gewissermaßen eine völlig neue Einarbeitung erforderlich ist, muss keine Anrechnung erfolgen. Denn es soll auf jeden Fall gesondert vergütet werden, wenn ein Anwalt sich neu mit einem Sachverhalt vertraut machen muss und zwar auch angesichts des Um-

---

249 Vgl. zur Geltendmachung im Mahnverfahren unter Berücksichtigung der Neuregelung in § 15a RVG: *Hansens*, RVGreport 2009, 323.

250 Vgl. BGH AGS 2005, 100 = RVGprof. 2005, 68; OLG Oldenburg OLGR 2006, 32 = RVGreport 2005, 433; OLG Koblenz AGS 2005, 516 = RVGprof. 2005, 134; OLG Zweibrücken OLGR 2005, 418 = RVGprof. 2005, 139; AG Hagen JurBüro 2005, 472; *Volpert*, RVGprof. 2004, 185; *Hansens*, RVGreport 2007, 121; unzutreffend OLG Düsseldorf (AGS 2012, 543), wonach kein Rechtsschutzbedürfnis für eine Klage bezüglich des anrechenbaren Anteils der Geschäftsgebühr bestehe.

251 KG JurBüro 2002, 36. Um dies auch angesichts der neuen Rspr. des BGH zur Anrechnung zu vermeiden, ist ggf. in laufenden Verfahren der bisher eingeklagte „anrechnungsfreie Teil" auf die volle Geschäftsgebühr zu erhöhen – vgl. dazu ausführlich *Nugel*, zfs 2007, 491.

252 Zur Nachfestsetzung des Anrechnungsbetrags bzw. zur Erinnerung gegen die Anrechnung in Altfällen vgl. *Hansens*, RVGreport 2009, 375 und 417.

253 *Hansens*, RVGreport 2009, 201, 205.

254 Gerold/Schmidt/*Müller-Rabe*, RVG, VV Vorb. 3 Rn 202; *Hergenröder*, AGS 2005, 274.

stands, dass nach dem RVG immer ein Teil der Geschäftsgebühr erhalten bleibt, der das Betreiben des außergerichtlichen Geschäfts abgilt. Denn ein Anwalt, der sich aufgrund eines Prozessauftrags wieder mit einem Sachverhalt vertraut machen muss, der ihm wegen des Zeitablaufs kaum noch bekannt ist, darf nicht schlechter stehen als ein Anwalt, der unmittelbar einen Klageauftrag erhält. Dies entspricht auch dem in der Gesetzesbegründung zum Ausdruck kommenden Zweck der Anrechnungsvorschrift. Wann ein zeitlicher Zusammenhang besteht, der eine Anrechnung erforderlich macht, bestimmt sich nach den Umständen des Einzelfalls.[255] Als Maximum kann die Zwei-Jahres-Frist des § 15 Abs. 5 S. 2 herangezogen werden.[256]

228 Neben dem zeitlichen muss auch ein **personeller Zusammenhang** bestehen. Derselbe Rechtsanwalt oder dieselbe echte Sozietät muss gegenüber der gleichen Person tätig werden.[257] Findet also zwischen der außergerichtlichen und der gerichtlichen Tätigkeit ein Anwaltswechsel statt, so scheidet eine Anrechnung der Geschäftsgebühr auf die Verfahrensgebühr aus, weil die jeweiligen Gebühren von verschiedenen Anwälten verdient wurden.[258] Der BGH hat zutreffend ausgeführt, dass in solchen Fällen auch nicht der Grundsatz herangezogen werden könnte, wonach eine Partei die Kosten so gering wie möglich zu halten habe. Der Erstattungsberechtigte müsse sich nicht so behandeln lassen, als habe er nur einen Anwalt beauftragt, da die Anrechnungsregelung in VV Vorb. 3 Abs. 4 nicht dem Schutz des Prozessgegners diene. Es bestehe daher kein Anlass, die Verfahrensgebühr nur deshalb zu kürzen, weil eine Partei vorprozessual von einem anderen Anwalt vertreten wurde, der allein die Geschäftsgebühr verdient habe.

229 Praktisch bedeutsam dürfte weiter die Frage sein, ob ein die Anrechnung begründender personeller Zusammenhang besteht, wenn der Rechtsanwalt im Rahmen der Unfallschadenregulierung zunächst den Haftpflichtversicherer des Gegners im Rahmen des Direktanspruchs zur Zahlung auffordert, dann aber lediglich den Unfallgegner selbst verklagt. Hier richtet sich das Begehren gegen zwei verschiedene Personen – nämlich den Schädiger und seinen Versicherer –, so dass eine Anrechnung nicht erfolgt.[259] Anderes gilt jedoch, wenn der Geschädigte keinen Direktanspruch gegen den (Berufs-)Haftpflichtversicherer des Schädigers hat. In diesem Fall ist die Geschäftsgebühr für die außergerichtlichen Vergleichsverhandlungen mit dem Versicherer auf die Gebühren des Klageverfahrens gegen den Schädiger anzurechnen.[260]

230 Schließlich muss auch ein **sachlicher Zusammenhang** zwischen der vorprozessualen Tätigkeit und dem gerichtlichen Verfahren bestehen. Der Streitstoff muss im Wesentlichen derselbe sein.[261] Diese Voraussetzung ist beispielsweise erfüllt, wenn der Rechtsanwalt den Schuldner in Verzug setzt und dann Schadensersatz wegen Nichterfüllung verlangt,[262] wenn nach Bezahlung eines Teils der geltend gemachten Forderung die Restforderung eingeklagt wird[263] oder wenn nach Geltendmachung von Behandlungsfehlern ein selbstständiges Beweisverfahren durchgeführt wird.[264] Dagegen besteht kein innerer Zusammenhang zwischen der Fertigung eines Entwurfs einer notariellen Anfechtungserklärung und der Klage auf Feststellung der Unwirksamkeit des notariellen Erbvertrags,[265] der außergerichtlichen Zahlungsaufforderung und der Klage auf Feststellung des Fälligkeitszeitpunktes für zukünftige Zahlungen[266] oder wenn isolierte Klage auf Erstattung der vorgerichtlichen Anwaltskosten erhoben wird, nachdem der Versicherer zwar den Verkehrsunfallschaden reguliert hat, sich aber geweigert hat, die Geschäftsgebühr für die Unfallschadensregulierung zu erstatten.[267]

---

255 *Hansens*, BRAGO, § 118 Rn 54.
256 Gerold/Schmidt/*Müller-Rabe*, RVG, VV Vorb. 3 Rn 203; *Enders*, JurBüro 1999, 505; *von Eicken*, NJW 1994, 2258; OLG München AnwBl 2000, 698.
257 OLG Koblenz AGS 2009, 166; Gerold/Schmidt/*Müller-Rabe*, RVG, VV Vorb. 3 Rn 194; *Hergenröder*, AGS 2005, 274.
258 BGH AGS 2010, 52 = zfs 2010, 220 = JurBüro 2010, 190; ebenso OLG Köln AGS 2009, 461.
259 Gerold/Schmidt/*Müller-Rabe*, RVG, VV Vorb. 3 Rn 200; *Schönemann*, RVGprof. 2004, 127, 128; OLG München AGS 2012, 229 (unter Aufgabe seiner bisherigen Rspr.); OLG Bamberg OLGR 1998, 121; OLG München AnwBl 1990, 325; LG Flensburg JurBüro 1986, 723; AG Charlottenburg zfs 1987, 112; a.A. OLG Karlsruhe AGS 1994, 43; LG Karlsruhe Rpfleger 1994, 40.
260 LG Bonn JurBüro 2004, 653.
261 Riedel/Sußbauer/*Keller*, RVG, VV Teil 3 Vorb. 3 Rn 64.
262 OLG Koblenz JurBüro 1989, 799.
263 *Hansens*, BRAGO, § 118 Rn 52.
264 BGH AGS 2008, 441.
265 Gerold/Schmidt/*Müller-Rabe*, RVG, VV Vorb. 3 Rn 200; OLG München MDR 1974, 149.
266 AG Cochem AGS 2007, 501.
267 LG Saarbrücken AGS 2007, 291.

Ob der erforderliche innere Zusammenhang zwischen der **Kündigung** einer Wohnung und dem nachfolgenden Räumungsprozess gegeben ist, ist in Rechtsprechung und Literatur umstritten. Nach einer Ansicht fehlt der innere Zusammenhang, weil die Kündigung auf die Beendigung des Mietverhältnisses abziele, der Räumungsanspruch die Beendigung aber gerade voraussetze.[268] Nach der Gegenmeinung muss eine wertende Betrachtung vorgenommen werden, wonach die Kündigung als anspruchsbegründende Voraussetzung für den Räumungsanspruch Gegenstand des Räumungsprozesses sei und die Aufspaltung in zwei unterschiedliche Gegenstände willkürlich.[269]

Die Begründung der zweiten Meinung überzeugt nicht. Zwar wird zutreffend zunächst das gesetzgeberische Ziel der Anrechnungsnorm dargelegt, wonach die gleiche Tätigkeit nicht zweimal honoriert werden soll, wenn sie zunächst als außergerichtliche und später als gerichtliche betrieben wird, während sie bei sofortiger gerichtlicher Geltendmachung nur einmal vergütet worden wäre. Anstatt aber nun diese Zielsetzung im Falle von Kündigung und Räumungsklage zu untersuchen, postuliert der BGH im folgenden Teil seiner Begründung die Notwendigkeit einer wirtschaftlichen Betrachtungsweise – wohl nicht zuletzt aus dem Grund, dass ihm die anwaltliche Vergütung ansonsten zu hoch erschien. Der Umstand, dass Kündigung und Räumungsklage naturgemäß einen engen Zusammenhang aufweisen, darf nicht darüber hinwegtäuschen, dass es sich um eine Angelegenheit handelt, die eben nicht unmittelbar gerichtlich geltend gemacht werden kann. Der Anwalt hat zunächst außergerichtlich die Kündigung zu erklären und sodann die Reaktion des Mieters abzuwarten, bevor er den Räumungsanspruch gerichtlich geltend machen kann. Allerdings dürfte sich diese Streitfrage in der Praxis nicht allzu häufig stellen, weil die überwiegende Zahl der Mandanten den (umfassenden) Auftrag erteilen wird, die für eine Wiederverfügbarkeit des Wohnraums notwendigen Schritte einzuleiten, wovon auch das Räumungsbegehren umfasst ist.

3. Geschäftsgebühr

Nach dem eindeutigen Wortlaut des Abs. 4 S. 1 erfolgt eine Anrechnung der Gebühren nach VV Teil 2. Damit ist klargestellt, dass auch die Gebühr für ein einfaches Schreiben nach VV 2302 angerechnet wird. Andere Sachverhalte scheiden jedoch aus der Anrechnung aus: **231**

a) Vergütungsvereinbarung

Hat der Anwalt für seine außergerichtliche Tätigkeit keine Geschäftsgebühr erhalten, sondern ein (Pauschal- oder Stunden-)Honorar aus einer Vergütungsvereinbarung, greift die Anrechnungsvorschrift nicht ein.[270] Denn die Anrechnung wird in VV Vorb. 3 Abs. 4 ausdrücklich auf „eine Geschäftsgebühr nach VV Teil 2" beschränkt. Schließt der Mandant mit seinem Anwalt eine Vergütungsvereinbarung, so kann eine „Geschäftsgebühr nach VV Teil 2" nicht entstehen und folglich auch nicht im Rahmen der Anrechnung berücksichtigt werden. Man kann die Regelung in VV Vorb. 3 Abs. 4 auch nicht dahingehend auslegen, dass sie auch fiktive Geschäftsgebühren erfassen will.[271] Denn dagegen spricht schon der klare Wortlaut der gesetzlichen Regelung („Soweit ... entsteht ..."). Die in der Praxis untragbaren Auswirkungen dieser Entscheidung werden deutlich, wenn man den Fall eines außergerichtlichen Pauschalhonorars untersucht, das unter den gesetzlichen **232**

---

268 *Mock*, BRAGOprof. 2000, 105; *Enders*, JurBüro 2004, 347, 351; *Jungjohann*, MDR 2005, 904; *Monschau*, AGS 2003, 194; LG Mönchengladbach AGS 2006, 6 m. Anm. *Mock*; LG Köln AGS 2006, 562; LG Karlsruhe AGS 2006, 112 m. Anm. *N. Schneider*; LG Bückeburg AGS 2007, 121 m. Anm. *N. Schneider*; OLG Köln MDR 2004, 178 m. Anm. *N. Schneider*; LG Köln MDR 2000, 730; a.A. OLG Frankfurt AGS 2005, 390 m. Anm. *N. Schneider*; AG Königstein NZM 2004, 548; AG München JurBüro 2003, 638; AG Kempten JurBüro 2004, 425 (allerdings nur für den Fall, dass außergerichtlich bereits ein Räumungsbegehren geltend gemacht wurde).

269 BGH AGS 2007, 289; OLG Frankfurt AGS 2005, 390 m. Anm. *N. Schneider*; AG Königstein NZM 2004, 548; AG München JurBüro 2003, 638; AG Hamburg-Altona AGS 2007, 24 m. Anm. *N. Schneider* und *Schons*; AG Kempten JurBüro 2004, 425 (allerdings nur für den Fall, dass außergerichtlich bereits ein Räumungsbegehren geltend gemacht wurde).

270 BGH AGS 2009, 523; OLG München AGS 2009, 379 m. Anm. *Schons* = JurBüro 2009, 476; OLG Frankfurt AGS 2009, 157; KG AGS 2009, 213 m. Anm. *N. Schneider* = zfs 2009, 226 m. Anm. *Hansens*; OLG Bremen AGS 2009, 215.

271 So OLG Stuttgart AGS 2008, 510 m. abl. Anm. *Schons* und *N. Schneider* = RVGreport 2008, 468 m. abl. Anm. *Hansens*, ähnlich VG Frankfurt RVGreport 2012, 177.

Gebühren liegt: Will der Mandant dies vom Gegner erstattet erhalten, so kann er nach einhelliger Meinung nur seine tatsächlichen Aufwendungen und nicht eine (höhere) fiktive Geschäftsgebühr verlangen. Im Rahmen der Kostenerstattung nach einem Rechtsstreit soll er sich dann aber im Rahmen der Anrechnung einen höheren Betrag entgegenhalten lassen?

b) Beratungshilfe

233 Eine Anrechnung der Geschäftsgebühr auf die Verfahrensgebühr, wenn der Anwalt außergerichtlich im Rahmen von Beratungshilfe tätig wurde, ist zwar nach dem neuen Wortlaut, der nicht mehr auf VV 2300–2303 a.F., sondern generell auf die Gebühren nach Teil 2 verweist, nicht mehr ausgeschlossen.[272] Jedoch enthält VV 2503 Abs. 2 insofern eine speziellere Anrechnungsregel.

c) Vereinbarter Anrechnungsausschluss

234 Schließlich muss der Anwalt sich die Geschäftsgebühr auch dann nicht auf die Verfahrensgebühr anrechnen lassen, wenn er mit seinem Mandanten einen Anrechnungsausschluss vereinbart hat. Die Vorschrift in VV Vorb. 3 Abs. 4 ist dispositiv und kann daher im Rahmen einer Vergütungsvereinbarung abbedungen werden.

d) Erstattungsproblematik

235 Die vorstehend geschilderten Fälle betreffen nur das Innenverhältnis des Anwalts zu seinem Auftraggeber. Von diesem kann der Anwalt im Hinblick auf vereinbartes Honorar, Beratungshilfe oder Anrechnungsausschluss die volle Verfahrensgebühr verlangen, ohne dass eine Kürzung vorgenommen wird. Von dieser Abrechnung im Innenverhältnis zu unterscheiden ist jedoch die Frage der Gebührenerstattung durch den Gegner. In diesem Verhältnis bestimmt § 15a Abs. 2, dass sich der erstattungspflichtige Gegner in bestimmten Fällen auf eine Anrechnung berufen kann. Ob dies auch dann gilt, wenn zwischen Anwalt und Mandant überhaupt keine Anrechnung stattfindet, ist in der Rechtsprechung noch weitgehend ungeklärt.[273] Zumindest in den Fällen, in denen die unterbliebene Anrechnung auf einer Vereinbarung zwischen Anwalt und Mandant beruht, also bei der Vereinbarung eines Pauschal- bzw. Stundenhonorars oder eines Anrechnungsausschlusses, erscheint es richtig, ein bereits tituliertes bzw. gezahltes Honorar in Höhe einer anzurechnenden Geschäftsgebühr bei der Festsetzung der Verfahrensgebühr zu berücksichtigen. Ansonsten würde der erstattungspflichtige Gegner durch einen unzulässigen Vertrag zu Lasten Dritter zu weitergehenden Erstattungsansprüchen herangezogen, als das Gesetz sie vorsieht.

4. Anzurechnender Betrag

236 Anzurechnen ist die Geschäftsgebühr auf die (ggf. verminderte[274]) Verfahrensgebühr[275] zur Hälfte, höchstens jedoch mit einem Gebührensatz von 0,75. Die Anrechnung der Geschäftsgebühr wird also auf einen **maximalen Gebührensatz** von **0,75** begrenzt. Diese **Kappungsgrenze** wird immer dann relevant, wenn der Rechtsanwalt einen Gebührensatz von mehr als 1,5 berechnet. In den anderen Fällen ist die Hälfte der Geschäftsgebühr ohnehin niedriger als die Höchstgrenze von 0,75.

---

272 OLG Düsseldorf JurBüro 2010, 137 zur alten Rechtslage.
273 Vgl. KG AGS 2010, 509; LG Berlin AGS 2010, 461; LG Berlin AGS 2010, 511 (jeweils unter Bejahung der Anrechnung im Rahmen der Kostenfestsetzung trotz Vereinbarung eines Anrechnungsausschlusses); a.A. KG AGS 2010, 511 (Anrechnung im Kostenfestsetzungsverfahren findet nicht statt).

274 Vgl. BGH AGS 2008, 539.
275 Der BGH (AGS 2012, 223 m. Anm. *N. Schneider*) nimmt auch eine Anrechnung auf die Verfahrensgebühr der zweiten Instanz vor, sofern nicht bereits eine Anrechnung auf erstinstanzliche Gebühren erfolgt ist.

Beispiel: Der Rechtsanwalt macht eine Forderung i.H.v. 4.500 EUR geltend. Alle Umstände sind durchschnittlich. Da keine Zahlung erfolgt, beauftragt sein Auftraggeber ihn, Klage zu erheben. Der Rechtsanwalt erhält:
Gegenstandswert: 4.500 EUR

I. Außergerichtliche Tätigkeit
1. 1,3-Geschäftsgebühr, VV 2300 — 393,90 EUR
2. Auslagenpauschale, VV 7002 — 20,00 EUR
   Zwischensumme — 413,90 EUR
3. 19 % Umsatzsteuer, VV 7008 — 78,64 EUR
   Gesamt — **492,54 EUR**

II. Gerichtliche Tätigkeit
1. 1,3-Verfahrensgebühr, VV 3100 — 393,90 EUR
2. 1,2-Terminsgebühr, VV 3104 — 363,60 EUR
3. ./. hälftige Geschäftsgebühr — − 196,95 EUR
   Zwischensumme — 560,55 EUR
4. Auslagenpauschale, VV 7002 — 20,00 EUR
   Zwischensumme — 580,55 EUR
5. 19 % Umsatzsteuer, VV 7008 — 110,30 EUR
   Gesamt — **690,85 EUR**

Dagegen greift die Kappungsgrenze, wenn die hälftige Geschäftsgebühr höher wäre als 0,75, weil der Rechtsanwalt einen Gebührensatz von mehr als 1,5 für angemessen hält.

Beispiel: Der Rechtsanwalt wird mit der Abwehr einer Forderung i.H.v. 6.800 EUR beauftragt. Da die Rechtslage sehr kompliziert ist und umfangreicher Schriftverkehr sowie zahlreiche Besprechungen erforderlich sind, bestimmt er als angemessene Geschäftsgebühr einen Gebührensatz von 2,0. Danach macht die Gegenseite die Forderung gerichtlich geltend. Der Anwalt wird mit der Abwehr der Klage beauftragt.

I. Außergerichtliche Tätigkeit
1. 2,0-Geschäftsgebühr, VV 2300 — 810,00 EUR
2. Auslagenpauschale, VV 7002 — 20,00 EUR
   Zwischensumme — 830,00 EUR
3. 19 % Umsatzsteuer, VV 7008 — 157,70 EUR
   Gesamt — **987,70 EUR**

Müsste im gerichtlichen Verfahren die Hälfte der Geschäftsgebühr angerechnet werden, ergäbe sich ein Betrag von 400 EUR. Hier greift jedoch die Kappungsgrenze von 0,75, so dass lediglich 303,75 EUR anzurechnen sind.

II. Gerichtliche Tätigkeit
1. 1,3-Verfahrensgebühr, VV 3100 — 526,50 EUR
2. 1,2-Terminsgebühr, VV 3104 — 486,00 EUR
3. ./. anzurechnende Geschäftsgebühr — − 303,75 EUR
4. Auslagenpauschale, VV 7002 — 20,00 EUR
   Zwischensumme — 728,75 EUR
5. 19 % Umsatzsteuer, VV 7008 — 138,46 EUR
   Gesamt — **867,21 EUR**

Berechnet der Rechtsanwalt also die Mindestgebühr von 0,5, werden 0,25 angerechnet. Stellt er die Regelgebühr von 1,3 in Rechnung, werden 0,65 angerechnet, bei einer Gebühr von 1,5 werden 0,75 angerechnet. Bei allen höheren Beträgen werden ebenfalls 0,75 angerechnet. Stellt der Rechtsanwalt beispielsweise einen Gebührensatz von 2,0 in Rechnung, werden 0,75 angerechnet, so dass 1,25 erhalten bleiben.

Trifft die Anrechnung nach VV Vorb. 3 Abs. 4 mit einer Kürzung des Gebührenaufkommens nach § 15 Abs. 3 zusammen, so ist nach richtiger Ansicht[276] zunächst die Anrechnung vorzunehmen und erst dann zu prüfen, ob das verbleibende Gebührenaufkommen noch nach § 15 Abs. 3 gekürzt werden muss. Denn wenn die Summe der (durch Anrechnung verminderten) Einzelgebühren die höchste Gebühr aus dem Gesamtwert nicht überschreitet, ist dem Sinn und Zweck von § 15 Abs. 3 Genüge getan. Nach der Gegenansicht[277] ist zunächst das Gebührenaufkommen nach § 15 Abs. 3 zu kürzen und dann die Anrechnung nach VV Vorb. 3 Abs. 4 vorzunehmen.

---

276 OLG Stuttgart AGS 2009, 56; OLG München AGS 2012, 176; OLG München AGS 2012, 231; OLG Karlsruhe AGS 2011, 165; *Hansens*, RVGreport 2009, 103; *Enders*, JurBüro 2009, 225; Gerold/Schmidt/*Müller-Rabe*, RVG, VV Vorb. 3 Rn 206.
277 LG Bonn AGS 2008, 484.

239 Schließen die Parteien einen Vergleich, wonach der Beklagte sich verpflichtet, dem Kläger 90 % der Geschäftsgebühr zu ersetzen, so muss sich der Kläger im Kostenfestsetzungsverfahren 90 % der hälftigen Geschäftsgebühr anrechnen lassen.[278]

5. Gegenstandswert des gerichtlichen Verfahrens (Abs. 4 S. 5)

240 Abs. 4 S. 5 trifft darüber hinaus eine Regelung für den Gegenstandswert, der bei der Anrechnung zugrunde zu legen ist. Die Anrechnung erfolgt nach dem Wert des Gegenstands, der in das gerichtliche Verfahren übergegangen ist. Hier sind zwei Fälle zu unterscheiden:
- Der Wert des Gegenstands, der in das gerichtliche Verfahren übergegangen ist, und der Wert des Gegenstands der außergerichtlichen Vertretung sind identisch.
- Der Wert des Gegenstands, der in das gerichtliche Verfahren übergegangen ist, weicht vom Wert des Gegenstands der außergerichtlichen Tätigkeit ab.

a) Identischer Gegenstandswert

241 Hier gelten keine Besonderheiten; es kann auf die Beispiele oben (vgl. Rdn 236 ff.) verwiesen werden.

b) Gerichtlicher Gegenstandswert geringer

242 Anders liegt es in Fällen, in denen außergerichtlich ein anderer Streitwert zugrunde zu legen ist als für das gerichtlich anhängige Verfahren – beispielsweise, weil eine Forderung in anderer Höhe geltend gemacht wurde. Hier kann der Gegenstandswert für die gerichtliche Tätigkeit geringer sein als für die außergerichtliche Tätigkeit.

> **Beispiel:** Der Rechtsanwalt wird mit der außergerichtlichen Geltendmachung einer Forderung i.H.v. 8.000 EUR beauftragt. Auf die Aufforderungen des Anwalts hin zahlt die Gegenseite 5.000 EUR. Nunmehr beauftragt der Mandant den Anwalt, den Restbetrag von 3.000 EUR einzuklagen.
> Der Rechtsanwalt erhält für die außergerichtliche Tätigkeit:
> Gegenstandswert: 8.000 EUR
>
> | | | |
> |---|---|---:|
> | 1. | 1,3-Geschäftsgebühr, VV 2300 | 592,80 EUR |
> | 2. | Auslagenpauschale, VV 7002 | 20,00 EUR |
> | | Zwischensumme | 612,80 EUR |
> | 3. | 19 % Umsatzsteuer, VV 7008 | 116,43 EUR |
> | | **Gesamt** | **729,23 EUR** |
>
> Die Angelegenheit ist lediglich mit einem Gegenstandswert i.H.v. 3.000 EUR in das gerichtliche Verfahren übergegangen. Von diesem Gegenstandswert ist nunmehr bei der Anrechnung der hälftigen Geschäftsgebühr auszugehen. Für die Tätigkeit im gerichtlichen Verfahren erhält der Rechtsanwalt somit:
> Gegenstandswert: 3.000 EUR
>
> | | | |
> |---|---|---:|
> | 1. | 1,3-Verfahrensgebühr, VV 3100 | 261,30 EUR |
> | 2. | 1,2-Terminsgebühr, VV 3104 | 241,20 EUR |
> | 3. | ./. 0,65 Geschäftsgebühr aus 3.000 EUR | – 130,65 EUR |
> | 4. | Auslagenpauschale, VV 7002 | 20,00 EUR |
> | | Zwischensumme | 391,85 EUR |
> | 5. | 19 % Umsatzsteuer, VV 7008 | 74,45 EUR |
> | | **Gesamt** | **466,30 EUR** |

c) Gerichtlicher Gegenstandswert höher

243 Andererseits kann es auch vorkommen, dass vorprozessual ein geringerer Gegenstandswert zugrunde zu legen ist als für das spätere Klageverfahren.

> **Beispiel:** Ein Händler macht gegen einen Kunden Forderungen aus Warenlieferungen geltend. Zunächst macht er lediglich einen Teil der Ansprüche geltend, um die Möglichkeiten für eine Einigung auszuloten. Er fordert den Kunden zur Zahlung von 2.300 EUR auf. Dieser beauftragt seinen Rechtsanwalt mit der

---

[278] OLG Düsseldorf AGS 2012, 357.

Abwehr der Forderungen. Der Händler erhebt nunmehr Klage über 4.800 EUR. Der Kunde beauftragt seinen Anwalt mit der Abwehr der Klage.
Hier erfolgt die Anrechnung auf Grundlage des vollen Gegenstandswerts für die außergerichtliche Tätigkeit, weil der vorprozessual geltend gemachte Anspruch voll in dem im Klageweg geltend gemachten enthalten ist.
Der Rechtsanwalt erhält für die außergerichtliche Tätigkeit:
Gegenstandswert: 2.300 EUR

1. 1,3-Geschäftsgebühr, VV 2300		261,30 EUR
2. Auslagenpauschale, VV 7002		20,00 EUR
Zwischensumme	281,30 EUR	
3. 19 % Umsatzsteuer, VV 7008		53,45 EUR
Gesamt		**334,75 EUR**

Für die gerichtliche Tätigkeit erhält der Anwalt:
Gegenstandswert: 4.800 EUR

1. 1,3-Verfahrensgebühr, VV 3100		393,90 EUR
2. 1,2-Terminsgebühr, VV 3104		363,60 EUR
3. ./. 0,65 Geschäftsgebühr aus 2.300 EUR		– 130,65 EUR
4. Auslagenpauschale, VV 7002		20,00 EUR
Zwischensumme	646,85 EUR	
5. 19 % Umsatzsteuer, VV 7008		122,90 EUR
Gesamt		**769,75 EUR**

6. Maßgeblichkeit der letzten Gebühr (Abs. 4 S. 3)

Abs. 4 S. 3 bestimmt, dass in Fällen, in denen mehrere Gebühren entstanden sind, die zuletzt angefallene Gebühr maßgeblich ist. Das betrifft vor allem Fälle, in denen dem gerichtlichen Verfahren ein Schlichtungsverfahren nach § 15a EGZPO vorausgegangen ist oder auch diejenigen Fälle, in denen einer außergerichtlichen Tätigkeit des Anwalts ein Mahnverfahren und sodann – nach Widerspruch des Gegners – eine Tätigkeit im streitigen Verfahren folgt. Für das Schlichtungsverfahren (VV 2303) bestimmt VV Vorb. 2.3, dass die Geschäftsgebühr auf die Gebühr für das Schlichtungsverfahren zur Hälfte, höchstens jedoch mit einem Satz von 0,75 anzurechnen ist. Geht das Schlichtungsverfahren dann in das gerichtliche Verfahren über, stellt sich die Frage, welche der Gebühren anzurechnen ist. Hier stellt Abs. 4 S. 3 klar, dass auf die zuletzt entstandene Gebühr, also auf die Geschäftsgebühr für das Schlichtungsverfahren abzustellen ist. Es ist also nur von der Gebühr nach VV 2303 auszugehen und diese teilweise anzurechnen, so dass sowohl ein Teil der außergerichtlichen Geschäftsgebühr – die nach VV Vorb. 2.3 nur teilweise auf die Gebühr im Schlichtungsverfahren angerechnet wird – als auch ein Teil der Geschäftsgebühr für das Schlichtungsverfahren erhalten bleibt.

Gegenstand der Anrechnung ist die „zuletzt entstandene Gebühr" in voller Höhe und nicht nur in Höhe des nach der ersten Anrechnung verbliebenen Differenzbetrages. Denn ansonsten hätte der Wortlaut von Abs. 4 S. 3 klarstellen müssen, dass nicht die „entstandene" Gebühr anzurechnen ist, sondern lediglich der Teil der Gebühr, auf den noch keine Anrechnung erfolgt ist. Es wird also beispielsweise bei einer außergerichtlichen Tätigkeit, der ein Schlichtungsverfahren nach § 15a EGZPO und sodann ein gerichtliches Verfahren folgt, auf die 1,3-Verfahrensgebühr (VV 3100) für das gerichtliche Verfahren die Hälfte der 1,5-Geschäftsgebühr für das Schlichtungsverfahren (VV 2303) angerechnet und nicht nur die Hälfte der nach Anrechnung der Geschäftsgebühr (VV 2300) verbliebenen Geschäftsgebühr von 0,85.

Beispiel:[279] Der Anwalt wird beauftragt, eine Forderung i.H.v. 400 EUR außergerichtlich geltend zu machen. Anschließend wird das Schlichtungsverfahren durchgeführt und hiernach Klage erhoben. Nach mündlicher Verhandlung ergeht ein Urteil. Der Rechtsanwalt erhält:

---

[279] Nach *Schneider/Mock*, Das neue Gebührenrecht für Anwälte, § 13 Rn 26; vgl. auch *Enders*, JurBüro 2004, 403, 406.

Gegenstandswert: 400 EUR
I. Außergerichtliche Tätigkeit
1. 1,3-Geschäftsgebühr, VV 2300   58,50 EUR
2. Auslagenpauschale, VV 7002   11,70 EUR
    Zwischensumme   70,20 EUR
3. 19 % Umsatzsteuer, VV 7008   13,34 EUR
Gesamt   **83,54 EUR**

II. Schlichtungsverfahren
1. 1,5-Geschäftsgebühr, VV 2303 Nr. 4   67,50 EUR
2. Auslagenpauschale, VV 7002   13,50 EUR
3. ./. hälftige Geschäftsgebühr (0,65)   – 29,25 EUR
    Zwischensumme   51,75 EUR
4. 19 % Umsatzsteuer, VV 7008   9,83 EUR
Gesamt   **61,58 EUR**

III. Gerichtliches Verfahren
1. 1,3-Verfahrensgebühr, VV 3100   58,50 EUR
2. 1,2-Terminsgebühr, VV 3104   54,00 EUR
3. Auslagenpauschale, VV 7002   20,00 EUR
4. ./. hälftige Geschäftsgebühr gemäß VV 2303 (0,75)   – 33,75 EUR
    Zwischensumme   98,75 EUR
5. 19 % Umsatzsteuer, VV 7008   18,76 EUR
Gesamt   **117,51 EUR**

246 Gleiches gilt, wenn einer außergerichtlichen Tätigkeit ohne Klageauftrag ein Mahnverfahren folgt, welches nach Widerspruch des Gegners ins streitige Verfahren übergeht. Bei Ansatz des Schwellenwertes entsteht hier zunächst eine 1,3-Geschäftsgebühr nach VV 2300, die später hälftig auf die 1,0-Verfahrensgebühr nach VV 3305 angerechnet wird. Von der Verfahrensgebühr für das Mahnverfahren verbleibt damit im Ergebnis ein Gebührensatz von 0,35. Nach Übergang ins streitige Verfahren wird auf die 1,3-Verfahrensgebühr nach VV 3100 die Verfahrensgebühr des Mahnverfahrens als „zuletzt entstandene Gebühr" in (voller) Höhe von 1,0 angerechnet, so dass im Ergebnis ein Gebührensatz von 0,3 verbleibt. Insgesamt erhält der Anwalt damit für seine Tätigkeit im außergerichtlichen Bereich, Mahnverfahren und streitigem Verfahren eine Gebühr i.H.v. 1,95.

Beispiel: Der Anwalt wird beauftragt, eine Forderung i.H.v. 20.000 EUR außergerichtlich geltend zu machen (insgesamt durchschnittliche Tätigkeit). Anschließend wird das Mahnverfahren durchgeführt und hiernach Klage erhoben. Nach mündlicher Verhandlung ergeht ein Urteil. Der Rechtsanwalt erhält:
Gegenstandswert: 20.000 EUR.

I. Außergerichtliche Tätigkeit
1. 1,3-Geschäftsgebühr, VV 2300   964,60 EUR
2. Auslagenpauschale, VV 7002   20,00 EUR
    Zwischensumme   984,60 EUR
3. 19 % Umsatzsteuer, VV 7008   187,07 EUR
Gesamt   **1.171,67 EUR**

II. Mahnverfahren
1. 1,0-Verfahrensgebühr, VV 3305   742,00 EUR
2. Auslagenpauschale, VV 7002   20,00 EUR
3. ./. hälftige Geschäftsgebühr VV 2300 (0,65)
    gem. VV Vorb. 3 Abs. 4   – 482,30 EUR
    Zwischensumme   279,70 EUR
4. 19 % Umsatzsteuer, VV 7008   53,14 EUR
Gesamt   **332,84 EUR**

III. Gerichtliches Verfahren
1. 1,3-Verfahrensgebühr, VV 3100   964,60 EUR
2. 1,2-Terminsgebühr, VV 3104   890,40 EUR
3. Auslagenpauschale, VV 7002   20,00 EUR
4. ./. Verfahrensgebühr VV 3305 (1,0)
    gem. Anm. VV 3305   – 742,00 EUR
    Zwischensumme   1.133,00 EUR
5. 19 % Umsatzsteuer, VV 7008   215,27 EUR
Gesamt   **1.348,27 EUR**

247 Entsprechend der oben (siehe Rdn 244) dargelegten Erwägungen muss bei der Anrechnung der Verfahrensgebühr nach VV 3305 auf die Verfahrensgebühr nach VV 3100 der volle Gebührenbetrag berücksichtigt werden und nicht nur der Gebührensatz, der nach Anrechnung der Geschäftsgebühr auf die Verfahrensgebühr des Mahnverfahrens verblieben ist.[280] Denn nur dies entspricht dem Wortlaut von Abs. 4 S. 3, der auf die „zuletzt entstandene Gebühr" und nicht auf den nach Anrechnung verbliebenen Gebührensatz abstellt. Zwar wird bei dieser Vorgehensweise letztlich ein Gebührensatz angerechnet, der in dieser konkreten Höhe schon nicht mehr besteht, weil er bereits Teil einer anderen Anrechnung wurde.[281] Andererseits würde eine Anrechnung nur des verbleibenden Gebührensatzes dazu führen, dass der Anwalt nur deshalb eine im Ergebnis deutlich höhere Gebühr erhalten würde, weil zwischen außergerichtlicher Tätigkeit und streitigem Verfahren ein Mahnverfahren liegt, welches aber nach dem Willen des Gesetzgebers im Rahmen einer Anrechnung gebührenreduzierend zu berücksichtigen ist, da es sich um annähernd dieselbe Tätigkeit des Anwalts handelt.

7. Anrechnung bei mehreren Auftraggebern

248 Weder VV Vorb. 3 Abs. 4 noch VV 1008 enthalten eine Regelung für die Anrechnung bei mehreren Auftraggebern. Insofern müsste es in Ermangelung einer anderen Regelung auch dann bei einer Anrechnung von maximal 0,75 bleiben, wenn sich die Gebühren des Rechtsanwalts erhöhen, weil er mehrere Auftraggeber hat.[282] Dies hätte zur Folge, dass die Gebührenerhöhung für mehrere Auftraggeber in bestimmten Konstellationen im Gerichtlichen völlig anrechnungsfrei bliebe – bis zu einer Erhöhung von 2,0 bei zehn Auftraggebern. Infolgedessen ist die Anrechnung einer wegen der Vertretung mehrerer Auftraggeber nach VV 1008 erhöhten Geschäftsgebühr umstritten. Dazu Folgendes:

> **Beispiel:** Anwalt R vertritt die Auftraggeber A, B und C hinsichtlich eines Räumungsanspruchs (Wert: 20.000 EUR) zunächst außergerichtlich. Es handelt sich um eine insgesamt durchschnittliche Angelegenheit. Als der Mieter dem Räumungsverlangen nicht nachkommt, erhebt R auftragsgemäß Klage, der nach mündlicher Verhandlung stattgegeben wird. Für die außergerichtliche Tätigkeit kann R folgende Vergütung verlangen:
>
> | | | |
> |---|---|---|
> | 1. | 1,9-Geschäftsgebühr, VV 2300, 1008 (1,3-Geschäftsgebühr, die für zwei weitere Auftraggeber um insgesamt 0,6 erhöht wird) | 1.409,80 EUR |
> | 2. | Auslagenpauschale, VV 7002 | 20,00 EUR |
> | | Zwischensumme | 1.429,80 EUR |
> | 3. | 19 % Umsatzsteuer, VV 7008 | 271,66 EUR |
> | | **Gesamt** | **1.701,46 EUR** |

Bei der Frage der Anrechnung der erhöhten Geschäftsgebühr nach VV Vorb. 3 Abs. 4 auf die Verfahrensgebühr nach VV 3100 werden nun drei verschiedene Meinungen vertreten.

249 Nach der **ersten Meinung** wird die Gebührenerhöhung nach VV 1008 überhaupt nicht von der Anrechnung umfasst, sondern bleibt vollständig anrechnungsfrei. Begründet wurde dies damit, dass der Wortlaut von VV Vorb. 3 Abs. 4 nur auf eine „nach den Nummern 2300 bis 2303" entstandene Geschäftsgebühr abstelle, wogegen die Regelung in VV 1008 nicht aufgeführt sei.[283] Auch habe der Gesetzgeber nicht – wie beispielsweise in der Anm. zu VV 3308 – eine ausdrückliche Regelung für den Fall der Gebührenerhöhung vorgenommen.[284] Da der Erhöhungsbetrag nach VV 1008 völlig anrechnungsfrei bleiben muss, berechnet sich der Anrechnungsbetrag nach dieser Meinung lediglich aus der nicht erhöhten Geschäftsgebühr. Da diese 1,3 beträgt, wird ein Gebührensatz von 0,65

---

280 So jetzt auch: BGH AGS 2010, 621 m. Anm. *N. Schneider*; vgl. auch OLG Köln AGS 2009, 476; *Meyer*, JurBüro 2008, 16.

281 Aus diesem Grund vertritt *Hansens* (RVGreport 2009, 81) die Ansicht, es dürfe nur noch die nach Anrechnung verbleibende Teilgebühr des Mahnverfahrens auf die Verfahrensgebühr des Hauptsacheverfahrens angerechnet werden.

282 *Hansens*, RVGreport 2004, 96; *Enders*, JurBüro 2004, 403, 405; *Volpert*, RVGprof. 2004, 185, 186; Beschl.

der 49. Gebührenreferentenkonferenz, RVGprof. 2005, 29.

283 Dies ist auch auf die Neuformulierung von VV Vorb. 3 Abs. 4 übertragbar, weil danach eine Anrechnung auf „eine Geschäftsgebühr nach Teil 2" vorgesehen und VV 1008 wiederum nicht ausdrücklich genannt ist.

284 Hartung/Römermann/*Schons*, RVG, VV Vorb. 3 Rn 87; *Mock*, RVG-Berater 2004, 87.

angerechnet. Nach dieser Meinung würde R im Ausgangsbeispiel also folgende Vergütung für seine Tätigkeit im gerichtlichen Verfahren erhalten:

1. 1,9-Geschäftsgebühr, VV 2300, 1008   1.409,80 EUR
   (1,3-Geschäftsgebühr, die für zwei weitere Auftraggeber
   um insgesamt 0,6 erhöht wird)
2. abzgl. 0,65-Geschäftsgebühr, VV Vorb. 3 Abs. 4   – 482,30 EUR
3. 1,2-Terminsgebühr, VV 3104   890,40 EUR
4. Auslagenpauschale, VV 7002   20,00 EUR
   Zwischensumme   1.837,90 EUR
5. 19 % Umsatzsteuer, VV 7008   349,20 EUR
   Gesamt   **2.187,10 EUR**

Nach der **zweiten Meinung** bezieht sich die Anrechnung zwar auch auf den Erhöhungsbetrag nach VV 1008. Insgesamt ist sie jedoch auch bei mehreren Auftraggebern auf den gesetzlich vorgesehenen Höchstsatz von 0,75 beschränkt.[285] Der Anrechnung unterliegt also im Ausgangsfall die erhöhte Geschäftsgebühr von 1,9. Es wird jedoch nicht die Hälfte dieser Gebühr (0,95) angerechnet, weil insoweit die Höchstgrenze der VV Vorb. 3 Abs. 4 von 0,75 eingreift. Nach dieser Meinung würde R folgende Vergütung für seine Tätigkeit im gerichtlichen Verfahren erhalten:

1. 1,9-Geschäftsgebühr, VV 2300, 1008   1.409,80 EUR
   (1,3-Geschäftsgebühr, die für zwei weitere Auftraggeber
   um insgesamt 0,6 erhöht wird)
2. abzgl. 0,75-Geschäftsgebühr, VV Vorb. 3 Abs. 4   – 556,50 EUR
3. 1,2-Terminsgebühr, VV 3104   890,40 EUR
4. Auslagenpauschale, VV 7002   20,00 EUR
   Zwischensumme   1.763,70 EUR
5. 19 % Umsatzsteuer, VV 7008   335,10 EUR
   Gesamt   **2.098,80 EUR**

Nach einer **dritten Meinung** schließlich gilt die Höchstgrenze von 0,75 bei Anrechnung einer Geschäftsgebühr für mehrere Auftraggeber nicht. Vielmehr ist auch der Erhöhungsbetrag entsprechend VV Vorb. 3 Abs. 4 zur Hälfte – also für jeden weiteren Auftraggeber mit einem Satz von 0,15 – anzurechnen.[286] Der Anrechnung unterliegt damit im Ausgangsbeispiel zunächst die nicht erhöhte Geschäftsgebühr (1,3), woraus sich ein Anrechnungsbetrag von 0,65 ergibt. Dieser wird für jeden weiteren Auftraggeber um 0,15 – also insgesamt um 0,3 – auf 0,95 erhöht. Nach dieser Meinung würde R also folgende Vergütung für seine Tätigkeit im gerichtlichen Verfahren erhalten:

1. 1,9-Geschäftsgebühr, VV 2300, 1008   1.409,80 EUR
   (1,3-Geschäftsgebühr, die für zwei weitere Auftraggeber
   um insgesamt 0,6 erhöht wird)
2. abzgl. 0,95-Geschäftsgebühr, VV Vorb. 3 Abs. 4   – 704,90 EUR
3. 1,2-Terminsgebühr, VV 3104   890,40 EUR
4. Auslagenpauschale, VV 7002   20,00 EUR
   Zwischensumme   1.615,30 EUR
5. 19 % Umsatzsteuer, VV 7008   306,91 EUR
   Gesamt   **1.922,21 EUR**

Die erste Meinung überzeugt nicht. Die Folgerung, dass der Erhöhungsbetrag nach VV 1008 völlig anrechnungsfrei bleibt, kann nicht aus dem Wortlaut von VV Vorb. 3 Abs. 4 hergeleitet werden. Zwar ist dort im Zusammenhang mit der Anrechnung die Regelung in VV 1008 tatsächlich nicht aufgeführt. Dies hat jedoch andere Gründe. Denn da es sich bei VV 1008 nicht um eine eigenständige Gebühr, sondern lediglich um eine abweichende Berechnungsform der Geschäftsgebühr nach

---

[285] LG Saarbrücken AGS 2009, 315; KG AGS 2009, 4 = RVGreport 2008, 391; LG Ulm AGS 2008, 163; LG Düsseldorf AGS 2007, 381; *Lappe*, Rpfleger 2006, 583; *Hansens*, RVGreport 2004, 96; *Enders*, JurBüro 2005, 449; Gerold/Schmidt/*Müller-Rabe*, RVG, VV 1008 Rn 256 ff.

[286] *Hergenröder*, AGS 2007, 53; *N. Schneider*, AnwK-RVG, 3. Aufl., VV Vorb. 3 Rn 206; ähnlich hat auch das OLG Köln (RVGreport 2012, 33) die Hälfte der erhöhten Geschäftsgebühr zur Anrechnung herangezogen, ohne die Höchstgrenze von 0,75 zu berücksichtigen – aus den Gründen wird jedoch nicht hinreichend deutlich, ob sich das Gericht damit bewusst über die Höchstgrenze von 0,75 hinwegsetzen wollte.

VV 2300 ff. handelt, bestand für den Gesetzgeber auch kein Anlass, die Vorschrift VV 1008 ausdrücklich in den Text von VV Vorb. 3 Abs. 4 aufzunehmen. Auch der von der ersten Meinung gezogene Vergleich mit der Regelung in VV 3308 („Nummer 1008 ist nicht anzuwenden, wenn sich bereits die Gebühr 3305 erhöht") liefert kein durchgreifendes Argument für einen völlig anrechnungsfreien Erhöhungsbetrag. Denn es geht hier nicht um die Frage, ob sich bei einer bereits erhöhten Geschäftsgebühr auch die Verfahrensgebühr für das gerichtliche Verfahren erhöht, sondern um die Frage, in welchem Umfang eine Anrechnung der einen erhöhten Gebühr auf die andere erhöhte Gebühr durchzuführen ist.

Gegen die dritte Meinung, wonach der Erhöhungsbetrag einer eigenständig zu berechnenden Anrechnung unterliegt, spricht entscheidend, dass die Regelung in VV Vorb. 3 Abs. 4 eine ausdrückliche (absolute) Höchstgrenze für die Anrechnung vorsieht und eben nicht danach differenziert, aus welchen „Teilen" sich die konkrete Geschäftsgebühr zusammensetzt. Somit fehlt es – ebenso wie bei der Anrechnung der Auslagenpauschale, die von den Vertretern der dritten Meinung (zutreffend) abgelehnt wird – an einer gesetzlichen Grundlage für die Anrechnung eines Satzes von 0,15 für jeden weiteren Auftraggeber.

Die Anrechnung ist daher nach der zweiten Meinung durchzuführen, wonach der Erhöhungsbetrag zwar an der Anrechnung teilnimmt, die Höchstgrenze von 0,75 jedoch zu beachten ist. Soweit der Anwalt also die Mittelgebühr (1,5) bzw. eine höhere Gebühr für seine außergerichtliche Tätigkeit in Rechnung stellen kann, bleibt der Erhöhungsbetrag – unabhängig von der genauen Zahl der weiteren Auftraggeber – im Ergebnis völlig anrechnungsfrei. Fällt für die außergerichtliche Tätigkeit dagegen eine Gebühr unterhalb der Mittelgebühr an, mindert die Anrechnung auch einen Teil des Erhöhungsbetrages.

250

Es ist daher bei einer Vertretung von sechs Auftraggebern und einem Streitwert von 9.000 EUR wie folgt zu rechnen:

I. Unterdurchschnittliche Angelegenheit
1. außergerichtliche Vertretung
0,8-Geschäftsgebühr plus 1,5 Erhöhung, VV 2300, 1008   1.166,10 EUR
2. Rechtsstreit
1,3-Verfahrensgebühr plus 1,5 Erhöhung, VV 3100, 1008   1.419,60 EUR
Anzurechnen 0,75   – 380,25 EUR

II. Insgesamt durchschnittliche Angelegenheit
1. außergerichtliche Vertretung
1,3-Geschäftsgebühr plus 1,5 Erhöhung, VV 2300, 1008   1.419,60 EUR
2. Rechtsstreit
1,3-Verfahrensgebühr plus 1,5 Erhöhung, VV 3100, 1008   1.419,60 EUR
Anzurechnen 0,75   – 380,25 EUR

III. Überdurchschnittliche Angelegenheit
1. außergerichtliche Vertretung
2,5-Geschäftsgebühr plus 1,5 Erhöhung, VV 2300, 1008   2.028,00 EUR
2. Rechtsstreit
1,3-Verfahrensgebühr plus 1,5 Erhöhung, VV 3100, 1008   1.419,60 EUR
Anzurechnen 0,75   – 380,25 EUR

8. Anrechnung bei Prozesskostenhilfe

Ähnlich wie die Frage der Anrechnung nach VV Vorb. 3 Abs. 4 im Rahmen der Kostenfestsetzung (vgl. dazu Rdn 218 ff.) war auch die Anrechnung der Geschäftsgebühr im Verfahren auf Festsetzung der Vergütung des Prozesskostenhilfeanwalts nach § 55 in der obergerichtlichen Rechtsprechung umstritten. Nach einer Meinung sollte die Geschäftsgebühr nur dann im Festsetzungsverfahren nach § 55 angerechnet werden, wenn der Mandant diese Gebühr gegenüber dem Anwalt auch tatsächlich ausgeglichen hatte.[287] Das OLG Oldenburg[288] nahm in diesem Zusammenhang nicht die Geschäftsgebühr nach VV 2300, sondern nur die Gebühr nach VV 2503 als Grundlage der Anrechnung, da der

251

---

[287] OLG Stuttgart AGS 2008, 561 = RVGreport 2008, 106; KG RVGreport 2009, 107; *Ascher*, MDR 2008, 477; *Enders*, JurBüro 2008, 561.

[288] OLG Oldenburg RVGreport 2008, 345 = JurBüro 2008, 528; ähnlich auch OLG Stuttgart RVGreport 2009, 106.

Anwalt seinen Mandanten darüber hätte belehren müssen, dass der außergerichtlich im Rahmen von Beratungshilfe hätte tätig werden sollen. Nach einer vereinzelt gebliebenen Auffassung sollte die Anrechnung der Geschäftsgebühr zu Lasten des im Wege der Prozesskostenhilfe beigeordneten Anwalts überhaupt nicht zu berücksichtigen sein.[289] Die überwiegend vertretene Gegenmeinung schließlich rechnete die Geschäftsgebühr bei der Festsetzung der Prozesskostenhilfevergütung immer an – also auch dann, wenn der Mandant diese Gebühr nicht an den Anwalt gezahlt hatte.[290]

Unter den Vertretern derjenigen Meinungen, die eine Anrechnung – sei es immer, sei es nur bei Zahlung durch den Mandanten – durchführten, war dann im Folgenden wiederum umstritten, wie diese Anrechnung durchgeführt werden sollte. Nach einer Auffassung sollte die Anrechnung entsprechend § 58 Abs. 2 auf die Differenz zwischen der Wahlanwalts- und der Prozesskostenhilfevergütung vorgenommen werden.[291] Andere Gerichte rechneten die nach der Tabelle für Wahlanwaltsgebühren (§ 13) angefallene Geschäftsgebühr auf die dem Anwalt aus der Staatskasse zustehende Verfahrensgebühr an, die sich aus der Tabelle nach § 49 berechnet.[292] Nach einer dritten Meinung schließlich war Grundlage der Anrechnung eine Geschäftsgebühr nach der Tabelle des § 49.[293]

Mit den Neuregelungen in § 55 Abs. 5 S. 2 und 3 („Der Antrag hat die Erklärung zu enthalten, ob und welche Zahlungen der Rechtsanwalt bis zum Tag der Antragstellung erhalten hat. Bei Zahlungen auf eine anzurechnende Gebühr sind diese Zahlungen, der Satz oder der Betrag der Gebühr und bei Wertgebühren auch der zugrunde gelegte Wert anzuhaben. Zahlungen, die der Rechtsanwalt nach der Antragstellung erhalten hat, hat er unverzüglich anzuzeigen") hat der Gesetzgeber nun auch in diesem Bereich versucht, die durch den Beschluss des BGH vom 22.1.2008[294] verursachten gebührenrechtlichen Probleme zu beheben. Aus dem Gesetzeswortlaut ergibt sich indirekt, dass der Anwalt sich gegenüber der Staatskasse eine Geschäftsgebühr nur dann anrechnen lassen muss, wenn der Mandant sie tatsächlich gezahlt hat. Hinsichtlich der Einzelheiten wird auf die Kommentierung zu § 55 verwiesen.

9. Anrechnung bei Vergabeverfahren

252 Wird der Anwalt in Vergabesachen zunächst vor der Vergabekammer tätig, so erhält er dafür eine Geschäftsgebühr nach VV 2300. Ob diese Gebühr auf die Verfahrensgebühr eines anschließenden Beschwerdeverfahrens (§ 116 GWB) vor dem Vergabesenat anzurechnen ist, war in der Rechtsprechung umstritten. Nach einer Meinung war die Anrechnung ausgeschlossen, da das Verfahren vor der Vergabekammer einerseits und das Beschwerdeverfahren vor dem Vergabesenat andererseits dem Stufenverhältnis zweier Rechtszüge gleiche und nicht dem Verhältnis zwischen außergerichtlicher Vertretung und nachfolgendem gerichtlichen Verfahren.[295] Die Gegenansicht[296] hatte dagegen die Anrechnung bejaht und darauf verwiesen, dass es sich bei dem Verfahren vor dem Vergabesenat nicht um ein Rechtsmittelverfahren handele. Zwar finde das Nachprüfungsverfahren vor dem Landgericht statt, dieses werde aber nicht als Spruchkörper, sondern als Aufsichtsbehörde in einem verwaltungsrechtlichen Verfahren tätig. Damit überprüfe der Vergabesenat keine gerichtliche, sondern eine (von einem Gericht erlassene) behördliche Entscheidung. Diese Auffassung hat der BGH jetzt im Rahmen einer Vorlage nach § 124 Abs. 2 GWB bestätigt.[297]

---

289 VG Berlin RVGreport 2008, 220 = zfs 2008, 346 m. Anm. *Hansens*.
290 OLG Bamberg RVGreport 2008, 343; OLG Düsseldorf RVGreport 2009, 69; OLG Braunschweig AGS 2008, 606; OLG Koblenz RVGreport 2009, 70; OLG Stuttgart RVGreport 2009, 106; LAG Düsseldorf VRR 2008, 199; OVG Hamburg RVGreport 2009, 105.
291 OLG Frankfurt JurBüro 2007, 148; *Hansens*, RVGreport 2008, 1; *Enders*, JurBüro 2008, 561.
292 OLG Braunschweig RVGreport 2009, 66, OLG Koblenz RVGreport 2009, 70; OVG Niedersachen RVGreport 2009, 71; OLG Braunschweig AGS 2008, 606; OVG Hamburg RVGreport 2009, 105.
293 KG RVGreport 2009, 107; OLG Celle RVGreport 2009, 68 m. Anm. *Hansens*; OLG Düsseldorf RVGreport 2009, 69 m. Anm. *Hansens*; OLG Bamberg Jur-Büro 2008, 640 m. Anm. *Enders*; OLG Oldenburg RVGreport 2008, 260 m. Anm. *Hansens*; OLG Oldenburg RVGreport 2008, 341; FG Düsseldorf RVGreport 2008, 461 m. Anm. *Hansens*; VG Ansbach RVGreport 2008, 344; *Volpert*, VRR 2008, 170.
294 BGH AGS 2008, 158.
295 OLG Celle RVGreport 2008, 355 m. Anm. *Hansens*; OLG Frankfurt a.M. AGS 2008, 555 m. Anm. *N. Schneider* = JurBüro 2008, 644 = NJW-Spezial 2008, 764; KG AGS 2005, 155 = AnwBl 2005, 366 m. Anm. *Schons* = JurBüro 2005, 256 = KGR 2005, 648; OLG München VergabeR 2009, 106 = ZfBR 2008, 733; *Rojahn*, VergabeR 2004, 454.
296 *N. Schneider*, AGS 2008, 556.
297 BGH AGS 2009, 540.

10. Anrechnung bei Abmahnung und einstweiliger Verfügung

Nach überwiegender Ansicht[298] ist die für eine **Abmahnung** entstandene Geschäftsgebühr nach VV Vorb. 3 Abs. 4 auf die Verfahrensgebühr eines nachfolgenden einstweiligen Verfügungsverfahrens anzurechnen. Nach der Gegenansicht[299] kommt eine Anrechnung nicht in Betracht, weil die Abmahnung und das einstweilige Verfügungsverfahren nicht denselben Gegenstand betreffen.

253

Dieser zweiten Ansicht ist zu folgen: Die Abmahnung will den Anspruch in der Hauptsache verwirklichen, nämlich die dauerhafte Unterlassung des beanstandeten Verhaltens. Dagegen ist das einstweilige Verfügungsverfahren nur auf eine vorläufige Sicherung dieses Anspruchs gerichtet. Die einstweilige Verfügung kann schon aufgrund ihres Charakters als Mittel einer nur vorläufigen Anspruchssicherung nicht denselben gebührenrechtlichen Gegenstand betreffen, wie die auf Durchsetzung des Anspruchs in der Hauptsache gerichtete Abmahnung. Die einstweilige Verfügung mag zwar gerade in Wettbewerbssachen, aufgrund der regelmäßig anzutreffenden zeitlichen Enge der Ereignisse, das einzige prozessuale Mittel darstellen, das die Parteien zur Durchsetzung ihres Unterlassungsanspruchs in Anspruch nehmen. Dieser faktische Verfahrensablauf kann jedoch nicht darüber hinwegtäuschen, dass der Anwalt im Rahmen der einstweiligen Verfügung mit einem anderen Gegenstand beauftragt wird als bei der Abmahnung. Damit bleiben dem Anwalt die Gebühren für das einstweilige Verfügungsverfahren auch bei einer vorangegangenen Tätigkeit im Rahmen der Abmahnung anrechnungsfrei erhalten.

Wird der Anwalt allerdings von vornherein mit der gerichtlichen Durchsetzung der Unterlassungsansprüche beauftragt und spricht er die Abmahnung aus, um die Kostenfolge des § 93 ZPO zu vermeiden, so erhält er für die erfolgreiche Abmahnung keine Geschäftsgebühr, sondern eine 0,8-Verfahrensgebühr nach VV 3101 Nr. 1 aus dem Hauptsachewert, da bereits Prozessauftrag erteilt war. Bei erfolgloser Abmahnung und nachfolgendem Verfügungsverfahren ist zu beachten, dass das einstweilige Verfügungsverfahren im Regelfall einen geringeren Streitwert aufweist, als die Abmahnung, da es sich nur um eine vorläufige Regelung handelt. Der Anwalt erhält also neben der 0,8-Verfahrensgebühr aus dem vollen Streitwert für die Abmahnung eine 1,3-Verfahrensgebühr aus dem Verfügungsstreitwert. Nach der hier vertretenen Ansicht ist § 15 Abs. 3 auf diesen Fall nicht anwendbar, da es sich um zwei verschiedene Angelegenheiten handelt.

254

Nach Abschluss des einstweiligen Verfügungsverfahrens kann vom Wettbewerber durch ein sog. **Abschlussschreiben** der Verzicht auf Rechtsmittel (§§ 924, 926, 927 ZPO) gefordert werden. Diese Tätigkeit gehört bereits zum Hauptsacheverfahren, welches gegenüber dem einstweiligen Verfügungsverfahren nach § 17 Nr. 4b eine eigene gebührenrechtliche Angelegenheit ist. Hat der Anwalt also bereits Prozessauftrag für das Hauptsacheverfahren, erhält er für ein erfolgreiches Abschlussschreiben eine 0,8-Verfahrensgebühr nach VV 3101 aus dem Hauptsachewert. Darauf anzurechnen ist die aus der Abmahnung entstandene Geschäftsgebühr, da beide Angelegenheiten denselben Gegenstand – den Anspruch in der Hauptsache – betreffen. Hat der Anwalt dagegen einen auf das Abschlussschreiben beschränkten Auftrag zur außergerichtlichen Vertretung, entsteht nach überwiegender Meinung dafür eine 1,3-Geschäftsgebühr (VV 2300). Sieht man allerdings das Abschlussschreiben zutreffend[300] als Fortsetzung der außergerichtlichen Tätigkeit hinsichtlich des Anspruchs in der Hauptsache an, so ergibt sich daraus, dass die Gebühren nicht erneut entstehen (§ 15 Abs. 5 S. 2).[301] Allenfalls kann die Abfassung des Abschlussschreibens dazu führen, dass sich der Gebührensatz für die außergerichtliche Vertretung erhöht.

255

11. Anrechnung der Auslagenpauschale

Die Auslagenpauschale ist nicht anzurechnen, da es hierfür an einer gesetzlichen Grundlage fehlt.[302] Das RVG sieht lediglich eine Anrechnung der Geschäftsgebühr vor. Die Pauschale ist auch nicht

256

---

[298] BGH RVGreport 2008, 470; BGH NJW 2008, 1744; OLG Karlsruhe RVGreport 2010, 457 m. Anm. *Hansens*, KG AGS 2009, 435 m. Anm. *N. Schneider*; KG RVGreport 2009, 28; KG RVGreport 2009, 29; OLG Frankfurt AGS 2008, 442; OLG Hamburg zfs 2005, 102.

[299] *N. Schneider*, NJW 2009, 2017; Gerold/Schmidt/*Müller-Rabe*, RVG, Anh. II Rn 102.

[300] Vgl. *N. Schneider*, NJW 2009, 2017.

[301] A.A. Gerold/Schmidt/*Müller-Rabe*, RVG, Anh. II Rn 100, der von zwei verschiedenen Angelegenheiten ausgeht.

[302] *Enders*, JurBüro 2004, 173; AG Hamburg AnwBl 1993, 293; AG Alzey AnwBl 1982, 399.

etwa nach den Gebühren zu berechnen, die nach erfolgter Anrechnung verbleiben.[303] Denn das Gesetz sieht vor, dass die Pauschale nach den gesetzlichen Gebühren berechnet wird und nicht nach den Gebühren, die nach Anrechnung verbleiben. Bei diesen handelt es sich lediglich um eine Berechnungsgröße.[304] Insofern sind zunächst sämtliche Gebühren nebst den jeweiligen Auslagenpauschalen zu berechnen. Erst dann ist die Anrechnung von den so ermittelten Beträgen vorzunehmen.

12. Außergerichtliche Tätigkeit vor Inkrafttreten des RVG

257 Problematisch wird die Anrechnung, wenn der Auftrag zur außergerichtlichen Tätigkeit vor Inkrafttreten des RVG erteilt worden ist, der Klageauftrag aber danach. Die Anrechnung einer Geschäftsgebühr nach altem Recht auf eine Verfahrensgebühr nach neuem Recht ist umstritten. Nach § 118 Abs. 2 BRAGO war eine Anrechnung in voller Höhe vorzunehmen. Dagegen bestimmt die Regelung in VV Vorb. 3 Abs. 4 eine Anrechnung nur i.H.v. 50 %, maximal mit einem Gebührensatz von 0,75. Welchem Recht die Anrechnung der Gebühren zu folgen hat, die teilweise nach der BRAGO und teilweise nach dem RVG entstanden sind, ist im Gesetz nicht geregelt. Die §§ 60, 61 behandeln nur die Frage, welche Vergütungsvorschriften anzuwenden sind.

258 Überwiegend wird vertreten, dass sich die Anrechnungsvorschrift nach dem Recht derjenigen Gebühr richtet, die angerechnet werden soll.[305] Für diese Ansicht spricht zunächst der Wortlaut der VV Vorb. 3 Abs. 4. Es ist nämlich nur von der Anrechnung einer „Geschäftsgebühr nach VV Teil 2" die Rede, nicht jedoch von sonstigen Gebühren, beispielsweise einer Geschäftsgebühr nach § 118 BRAGO. Weiter sprechen Vertrauensgesichtspunkte für die volle Anrechnung: Der Mandant hat noch zu Zeiten der Geltung der BRAGO ein sog. Anrechnungsguthaben erworben, welches ihm durch eine Gesetzesänderung nicht mehr genommen werden kann. Schließlich sind bei der Frage, welche Vorschrift anzuwenden ist, auch Sinn und Zweck der neuen Anrechnungsregel zu beachten. Der Gesetzgeber hat die Anrechnung auf 50 % reduziert, weil nach dem RVG die Geschäftsgebühr einen deutlich höheren Rahmen aufweist als früher. Während nämlich nach der BRAGO eine Geschäftsgebühr im Regelfall von 7,5/10 entstand und diese voll auf die Prozessgebühr angerechnet wurde, kann diese Gebühr nach dem RVG aus einem Rahmen von 0,5 bis 2,5 entstehen. Wäre der Gesetzgeber bei der vollen Anrechnung der Geschäftsgebühr auf die Verfahrensgebühr geblieben, hätte er dem Umstand nicht Rechnung getragen, dass es im RVG keine eigenständigen Besprechungs- und Beweisaufnahmegebühren gibt, die unter der Geltung der BRAGO von einer Anrechnung ausgeschlossen waren. Mit der Geschäftsgebühr nach § 118 Abs. 1 Nr. 1 BRAGO ist aber die Einarbeitung des Anwalts in das Mandat abgegolten, die im nachfolgenden Gerichtsverfahren nicht noch zusätzlich vergütet werden sollte.

259 Die Besprechungsgebühr und die Geschäftsgebühr aus einem behördlichen Verfahren unterliegen infolge der Anwendung von § 118 Abs. 2 BRAGO keiner Anrechnung auf die Verfahrensgebühr nach RVG.[306]

III. Erstattungsfragen

260 Zu den Einzelheiten der Erstattung der Geschäftsgebühr wird auf VV Vorb. 2.3 verwiesen (siehe VV Vorb. 2.3 Rdn 108 ff.).

---

303 So aber: *Hansens*, JurBüro 1987, 1744; *von Eicken*, AGS 1996, 109; LG Berlin JurBüro 1987, 1869; KG Rpfleger 2000, 238 = JurBüro 2000, 583.

304 *Enders*, JurBüro 2004, 173; *N. Schneider*, AGS 2003, 94, 96; *Hergenröder*, AGS 2005, 274; *Schönemann*, RVG professionell 2004, 127; OLG Köln AGS 1994, 65; LG Essen JurBüro 2002, 246.

305 OLG München AGS 2005, 344 m. Anm. *N. Schneider*; OLG Oldenburg JurBüro 2008, 643; AG Freiburg AGS 2005, 71 m. Anm. *N. Schneider*; *Madert*, AGS 2005, 2, 5; *N. Schneider*, AGS 2005, 49; *Mock*, RVG-B 2004, 87; *Volpert*, RVGprof. 2004, 154; *Wolf*, JurBüro 2004, 365; *Goebel*, RVG-B 2004, 56; *Hansens*, RVGreport 2004, 242; a.A.: Bischof/Jungbauer/Bräuer/*Jungbauer* RVG, § 61 Rn 111.

306 *Madert*, AGS 2005, 2, 5.

E. Anrechnung bei selbstständigem Beweisverfahren (Abs. 5)

I. Allgemeines

Nach dem RVG, welches das selbstständige Beweisverfahren in § 19 nicht nennt, stellt das selbstständige Beweisverfahren eine eigene gebührenrechtliche Angelegenheit dar, in der die Gebühren nach VV Teil 3 jeweils selbstständig neben denen des eventuellen Streitverfahrens entstehen können. Um eine doppelte Vergütung für (annähernd) dieselbe Tätigkeit zu vermeiden, erfolgt nach Abs. 5 eine Anrechnung der Verfahrensgebühr für das selbstständige Beweisverfahren auf die Verfahrensgebühr des Rechtsstreits. Diese Anrechnung setzt voraus, dass der Gegenstand des Beweisverfahrens auch Gegenstand eines Rechtsstreits ist oder wird.

261

Nach der Gesetzesänderung zum 1.4.1991 der §§ 485 ff. ZPO kann das selbstständige Beweisverfahren während oder außerhalb eines Streitverfahrens angeordnet werden. Zusätzlich zur eigentlichen Beweissicherung kann es auch mit dem Zweck durchgeführt werden, die rechtsstreitlose Beilegung eines Streitfalls zu ermöglichen. Das Gericht kann im selbstständigen Beweisverfahren die Parteien zur mündlichen Erörterung laden, wenn eine Einigung zu erwarten ist (§ 492 Abs. 3 ZPO). In der Praxis wird allerdings von den Gerichten von dieser Möglichkeit auch nach der Neuregelung der ZPO kaum Gebrauch gemacht.

262

II. Regelungsgehalt

1. Anrechnung nur der Verfahrensgebühr

Abs. 5 bestimmt ausdrücklich, dass nur die Verfahrensgebühr anzurechnen ist. Dies bedeutet, dass z.B. die Terminsgebühr nach VV 3104 aus dem selbstständigen Beweisverfahren auch bei nachfolgendem Hauptsacheverfahren anrechnungsfrei bleibt. Gleiches gilt für alle anderen, etwa noch anfallenden Gebühren. Auch die Auslagenpauschale unterliegt nicht der Anrechnung.[307] Die zeitliche Abfolge von selbstständigen Beweisverfahren bzw. Hauptsacheverfahren ist für die Anrechnung nicht entscheidend: Die Anrechnung der Verfahrensgebühr des selbstständigen Beweisverfahrens auf die Verfahrensgebühr des Rechtszugs erfolgt nicht nur dann, wenn das Beweisverfahren nicht dem Hauptsachverfahren vorgeschaltet ist, sondern auch dann, wenn es erst nach Einleitung des Hauptsacheverfahrens durchgeführt wird.[308] Denn VV Vorb. 3 Abs. 5 spricht davon, dass der Gegenstand eines selbstständigen Beweisverfahrens auch Gegenstand eines Rechtsstreits „ist oder wird".

263

2. Identität der Gegenstände

Eine Anrechnung der Verfahrensgebühr findet statt, soweit der Gegenstand des selbstständigen Beweisverfahrens auch Gegenstand eines Rechtsstreits ist bzw. wird.[309] Ob die Gegenstände identisch sind, ist in erster Linie nach dem Inhalt der gestellten Anträge zu ermitteln. Der Zeitpunkt, in dem die Identität gegeben ist, ist demgegenüber irrelevant. Der einzig entscheidende Punkt für die Frage der Anrechenbarkeit ist, dass zu irgendeinem Zeitpunkt die **Identität** gegeben ist.[310]

264

> **Beispiel:** Es wird ein selbstständiges Beweisverfahren zur Feststellung von Baumängeln durchgeführt. Der Antragsgegner klagt sodann auf Zahlung von Werklohn. In diesem Prozess beruft sich der Beklagte auf die fehlende Fälligkeit des Werklohns, hilfsweise rechnet er mit einer Forderung aus Mangelbeseitigung auf. Verneint in diesem Fall das Gericht bereits die Fälligkeit der Klageforderung, so ist der Gegenstand des selbstständigen Beweisverfahrens nicht mit dem des späteren Klageverfahrens identisch, so dass eine Anrechnung nicht in Betracht kommt.

---

307 *N. Schneider*, AGS 2004, 265, 267.
308 So auch *Hansens*, RVGreport 2008, 347; a.A. *N. Schneider* (AGS 2008, 384), der in diesen Fällen das Prioritätsprinzip anwendet. Dies ist allerdings mit dem eindeutigen Wortlaut von VV Vorb. 3 Abs. 5 nicht in Einklang zu bringen.
309 OLG Düsseldorf AGS 2010, 558; OLG Stuttgart RVGreport 2008, 346 = AGS 2008, 383 m. Anm. *N. Schneider*; Riedel/Sußbauer/*Keller*, RVG, VV Teil 3 Vorb. 3 Rn 76.
310 Vgl. KG JurBüro 1982, 441; OLG Hamburg JurBüro 1989, 976.

265 Unerheblich für die Frage der Anrechnung ist es, ob das selbstständige Beweisverfahren dem eigentlichen Rechtsstreit vorgeschaltet war oder ob dieses parallel betrieben wurde, was nach § 485 Abs. 1 ZPO zulässig ist.

Die Verfahrensgebühr des selbstständigen Beweisverfahrens ist auch dann auf die Verfahrensgebühr eines parallelen oder nachfolgenden Rechtsstreits anzurechnen, wenn das das Klageverfahren beendende Urteil wegen einer zulässigen Klageänderung nicht mehr über den Gegenstand des selbstständigen Beweisverfahrens, der zunächst Gegenstand des Rechtsstreits war, entscheidet, sondern über einen anderen Gegenstand.[311] Geht also ein Kläger, der sich auf einen Werkvertrag stützt, nach durchgeführtem selbstständigem Beweisverfahren von der Nachbesserung zum Schadenersatz über, wird die Verfahrensgebühr des Beweisverfahrens angerechnet, soweit diese streitwertmäßig (z.B. hinsichtlich der Mängel) im selbstständigen Beweisverfahren enthalten war.

266 Ist der Anwalt zuvor noch außergerichtlich für den Auftraggeber tätig gewesen, so ist wie folgt abzurechnen:[312]

Beispiel: Der Anwalt ist zunächst außergerichtlich wegen Baumängeln i.H.v. 30.000 EUR tätig. Die Sache ist sehr umfangreich, so dass eine 2,0-Gebühr angemessen ist. Anschließend führt der Anwalt das Beweisverfahren durch. Es findet ein Sachverständigentermin statt, an dem er teilnimmt. Hiernach kommt es zum Hauptsacheverfahren, in dem nach mündlicher Verhandlung ein Urteil ergeht.

I. Außergerichtliche Tätigkeit
1. 2,0-Geschäftsgebühr, VV 2300   1.726,00 EUR
2. Auslagenpauschale, VV 7002   20,00 EUR
   Zwischensumme   1.746,00 EUR
3. 19 % Umsatzsteuer, VV 7008   331,74 EUR
Gesamt   **2.077,74 EUR**

II. Selbstständiges Beweisverfahren
1. 1,3-Verfahrensgebühr, VV 3100   1.121,90 EUR
2. Anrechnung gem. VV Vorb. 3 Abs. 4 von 0,75   – 647,25 EUR
3. 1,2-Terminsgebühr, VV 3104   1.035,60 EUR
4. Auslagenpauschale, VV 7002   20,00 EUR
   Zwischensumme   1.530,25 EUR
5. 19 % Umsatzsteuer, VV 7008   290,75 EUR
Gesamt   **1.821,00 EUR**

III. Rechtsstreit
1. 1,3-Verfahrensgebühr, VV 3100   1.121,90 EUR
2. Anrechnung gem. VV Vorb. 3 Abs. 5 von 1,3   – 1.121,90 EUR
3. 1,2-Terminsgebühr, VV 3104   1.035,60 EUR
4. Auslagenpauschale, VV 7002   20,00 EUR
   Zwischensumme   1.055,60 EUR
5. 19 % Umsatzsteuer, VV 7008   200,56 EUR
Gesamt   **1.256,16 EUR**

3. Identität der Parteien

267 Die Anrechnung der Verfahrensgebühr aus dem selbstständigen Beweisverfahren auf die im Rechtsstreit anfallenden Verfahrensgebühr setzt weiter eine Identität der Parteien voraus. Die Verfahren müssen zwischen den Prozessparteien durchgeführt werden, der Prozessbevollmächtigte also für die gleiche Partei sowohl im selbstständigen Beweisverfahren als auch im nachfolgenden oder parallel laufenden Rechtsstreit tätig geworden sein.[313]

Dabei kommt es zumindest für den Prozessbevollmächtigten des Antragstellers für die Frage der Identität der Parteien nicht darauf an, ob im selbstständigen Beweisverfahren eine Veränderung der beteiligten Parteien z.B. durch eine Streitverkündung erfolgt oder ob auf Antrag des Antragsgegners ein weiterer Antragsgegner in das Verfahren einbezogen wird.[314] Insoweit könnte man meinen, dass

---

311 OLG München MDR 2000, 726 = Rpfleger 2000, 353 = KostRsp. BRAGO § 37 Nr. 38.
312 Bsp. nach *N. Schneider*, AGS 2008, 386; vgl. auch OLG München AGS 2009, 438 m. Anm. *N. Schneider*.
313 Riedel/Sußbauer/*Keller*, RVG, VV Teil 3 Vorb. 3 Rn 74.
314 OLG München JurBüro 2000, 484 = AGS 2000, 183 = MDR 2000, 603 = KostRsp. BRAGO § 37 Nr. 37.

bei der Einbeziehung einer weiteren Partei, z.B. im Wege der Streitverkündung mit anschließendem Beitritt dieser Partei, eine Identität der Parteien nicht mehr gegeben ist, wenn im nachfolgenden Hauptsacheprozess dieser Beitretende nicht mehr beteiligt ist. Da aber der Streitverkündete weder Partei noch Verfahrensbeteiligter des selbstständigen Beweisverfahrens ist und eine Streitverkündung im selbstständigen Beweisverfahren nur zur Interventionswirkung des § 68 ZPO führt, ändert eine solche Einbeziehung nichts an der Identität der Parteien. Dies bedeutet, dass eine Anrechnung der im selbstständigen Beweisverfahren angefallenen Verfahrensgebühr auch dann erfolgt, wenn in diesem Verfahren z.B. durch eine Streitverkündung eine weitere Partei in das Verfahren mit einbezogen wurde, die im nachfolgenden Hauptsacheprozess nicht mehr beteiligt ist.

Anders liegt die Sachlage aber für den Prozessbevollmächtigten, der im selbstständigen Beweisverfahren für den Streitverkündeten tätig war und diesen auch im folgenden Hauptsacheprozess vertritt. Da der Streitverkündete weder Partei noch Verfahrensbeteiligter des selbstständigen Beweisverfahrens ist, findet die Anrechnungsvorschrift keine Anwendung. Das selbstständige Beweisverfahren und das Klageverfahren sind für ihn gebührenrechtlich zwei selbstständige Angelegenheiten.[315] Im Beschluss des OLG Koblenz[316] wird dies wie folgt begründet: 268

> „Die Beklagte verkennt, dass zwischen den Parteien des vorliegenden Rechtsstreits und den Verfahrensbeteiligten des selbstständigen Beweisverfahrens [...] keine Identität bestand. Denn das selbstständige Beweisverfahren richtet sich ausschließlich gegen die B-GmbH. Richtig ist zwar, dass in jenem Verfahren [...] der jetzigen Beklagten der Streit verkündet wurde. Sie hat sich indes auch hiernach an dem selbstständigen Beweisverfahren nicht beteiligt. Durch die Tätigkeit der Prozessbevollmächtigten der Kläger in jenem Verfahren ist daher die Tätigkeit im vorliegenden Rechtsstreit nicht abgegolten (§ 13 BRAGO)."

Hieran hat sich auch nach der jetzt geltenden Rechtslage nichts geändert, so dass weiterhin auf diese Erwägungen verwiesen werden kann.

4. Anwendbarkeit von § 15 Abs. 5 S. 2 (Zwei-Jahres-Frist)

Der Rechtsanwalt, der die Partei in beiden Verfahren, also im selbstständigen Beweisverfahren und im Hauptsacheverfahren, vertritt, erhält die Verfahrensgebühr aufgrund der Anrechnung im Ergebnis nur einmal.[317] Liegt jedoch das selbstständige Beweisverfahren, d.h. der Abschluss dieses Verfahrens, zwei oder mehr Kalenderjahre zurück, bevor sich das Hauptsacheverfahren anschließt, stellt dieses gebührenrechtlich gemäß § 15 Abs. 5 S. 2 eine neue Angelegenheit dar mit der Folge, dass der Rechtsanwalt die im Hauptsacheverfahren entstehende Verfahrensgebühr zusätzlich zu der im selbstständigen Beweisverfahren entstandenen Verfahrensgebühr verlangen kann.[318] 269

Etwas anderes könnte allenfalls gelten, wenn dem Prozessbevollmächtigten von Anfang an der unbedingte Auftrag auch zur Vertretung in einem eventuellen Hauptsacheverfahren erteilt worden war. In einem solchen Fall würde § 15 Abs. 5 S. 2 nicht zur Anwendung kommen, da nicht mehr von einem „früheren" Auftrag im Sinne der genannten Vorschrift gesprochen werden könnte. Derartige Fälle dürften allerdings kaum vorkommen, da bei Beginn eines selbstständigen Beweisverfahrens nur in den seltensten Fällen absehbar ist, ob sich ein Hauptsacheverfahren anschließen wird. Von daher wird man im Regelfall von einem insoweit nur bedingten Auftrag ausgehen müssen. 270

5. Mehrere Verfahren

Handelt es sich nicht um ein einheitliches Verfahren, lassen mehrere Anträge auf selbstständige Beweisverfahren die Gebühren nach dem jeweiligen Gegenstandswert gesondert entstehen. Selbst wenn die Parteien eigenständig je ein selbstständiges Beweisverfahren mit fast gleichem Beweisthema beantragen, entstehen in jedem Verfahren die Gebühren gesondert nach dem jeweils festgesetzten Streitwert. 271

Ein solches weiteres selbstständiges Beweisverfahren – sogar mit identischer Fragestellung – kann z.B. dann angezeigt sein, wenn das Gutachten des ersten Verfahrens mit Mängeln behaftet ist. 272

---

315 OLG Koblenz AnwBl 1998, 668 = JurBüro 1998, 359 = AGS 1998, 67 = KostRsp. BRAGO § 37 Nr. 30.
316 OLG Koblenz AnwBl 1998, 668 = JurBüro 1998, 359 = AGS 1998, 67 = KostRsp. BRAGO § 37 Nr. 30.
317 OLG Koblenz MDR 1994, 522.
318 OLG Zweibrücken JurBüro 1999, 414 = AGS 2000, 64 m. Anm. *von Eicken* = KostRsp. BRAGO § 37 Nr. 34.

Durch ein weiteres Verfahren kann der Gefahr begegnet werden, dass die Ergebnisse des ersten selbstständigen Beweisverfahrens im Hauptsacheprozess verwertet werden. Im Hinblick auf ein möglicherweise fehlendes Rechtsschutzinteresse für ein solches weiteres Verfahren ist dieses sorgfältig zu begründen.

273 Haben die Parteien – aus diesem oder aus sonstigen Gründen – zwei selbstständige Beweisverfahren mit gleichem Beweisthema durchgeführt, stellt sich die Frage der Erstattungsfähigkeit der Gebühren. Die gemäß § 91 ZPO erforderliche Notwendigkeit eines weiteren Verfahrens wird man dann verneinen müssen,[319] wenn die Partei – im Wissen um den bereits gestellten Antrag – ein Verfahren hinsichtlich desselben Gegenstands einleitet, ohne dass aus Sicht eines objektiven Beobachters ein vernünftiger Grund für die Einleitung eines weiteren Verfahrens bestand. Dieser Grund kann z.B. darin gesehen werden, dass die Fragen des ersten Verfahrens, welches auf Antrag des Gegners initiiert worden war, nicht präzise oder auch nicht umfassend genug gestellt worden waren und der Gegner damit einen Rechtsverlust befürchten musste.

274 Die Gebühren des Rechtsanwalts errechnen sich – wenn die Kosten nur eines der Verfahren erstattungsfähig sind – zumindest im Kostenfestsetzungsverfahren nach dem höchsten Wert der beiden Verfahren.[320]

6. Selbstständiges Beweisverfahren in der Berufungsinstanz

275 Wird das selbstständige Beweisverfahren in der Berufungsinstanz durchgeführt, entsteht dem Rechtsanwalt eine 1,6-Verfahrensgebühr gemäß VV 3200 sowie – unter den entsprechenden Voraussetzungen – eine 1,2-Terminsgebühr nach VV 3202. Gleichgültig ist dabei, ob es sich bei dem in der Berufungsinstanz befindlichen Verfahren um ein Klageverfahren oder ein Verfahren auf Erlass einer einstweiligen Verfügung handelt. Die Verfahrensgebühr des selbstständigen Beweisverfahrens ist nach VV Vorb. 3 Abs. 5 auf die des Berufungsverfahrens anzurechnen.

> **Beispiel:** Nach Erlass des erstinstanzlichen Urteils über 15.000 EUR legt A Berufung ein. Noch vor Einreichung der Berufungsbegründung wird ein selbstständiges Beweisverfahren eingeleitet. Es findet ein Sachverständigentermin statt, an dem die Anwälte teilnehmen. Anschließend wird in der Hauptsache verhandelt und eine Einigung getroffen.
> Im Beweisverfahren entsteht die höhere Verfahrensgebühr nach VV 3200. Diese ist auf die Verfahrensgebühr des Berufungsverfahrens anzurechnen.
> Wert: 15.000 EUR
> **I. Selbstständiges Beweisverfahren**
> 1. 1,6-Verfahrensgebühr, VV 3200   1.040,00 EUR
> 2. 1,2-Terminsgebühr, VV 3202   780,00 EUR
> 3. Auslagenpauschale, VV 7002   20,00 EUR
>   Zwischensumme   1.840,00 EUR
> 4. 19 % Umsatzsteuer, VV 7008   349,60 EUR
>   **Gesamt**   **2.189,60 EUR**
> **II. Berufungsverfahren**
> 1. 1,6-Verfahrensgebühr, VV 3200   1.040,00 EUR
> 2. Anrechnung gem. VV Vorb. 3 Abs. 5 von 1,6
>   aus 15.000 EUR   – 1.040,00 EUR
> 3. 1,2-Terminsgebühr, VV 3202   780,00 EUR
> 4. 1,3-Einigungsgebühr, VV 1004   845,00 EUR
> 5. Auslagenpauschale, VV 7002   20,00 EUR
>   Zwischensumme   1.645,00 EUR
> 6. 19 % Umsatzsteuer, VV 7008   312,55 EUR
>   **Gesamt**   **1.957,55 EUR**

276 Von der Durchführung eines selbstständigen Beweisverfahrens in der Berufungsinstanz kann man allerdings nur dann sprechen, wenn sich dieses Verfahren ausschließlich mit Fragen beschäftigt, die Gegenstand eines Rechtsstreits sind, welcher sich bereits in der Berufungsinstanz befindet. Werden im selbstständigen Beweisverfahren auch Fragen gestellt, die sich auch auf ein erstinstanzliches oder überhaupt nicht anhängiges Verfahren beziehen, wird das selbstständige Beweisverfahren nicht

---

[319] OLG Hamburg JurBüro 1993, 158.   [320] LG Bielefeld AGS 1995, 100.

mehr in der Berufungsinstanz durchgeführt mit der Konsequenz, dass eine Erhöhung der Gebühren nicht eintritt. In derartigen Fällen sollte also überlegt werden, ob eine Aufteilung des selbstständigen Beweisverfahrens sinnvoll ist; dabei ist allerdings zu bedenken, dass hierdurch Probleme hinsichtlich der Frage der Erstattungsfähigkeit der Kosten des Verfahrens auftreten können.

7. Streitwert

Der Gegenstandswert im selbstständigen Beweisverfahren ist der objektive, nach dem Interesse des Antragstellers gemäß § 3 ZPO zu schätzende Wert.[321] Dabei ist auf die Tatsachenbehauptung bei Einleitung des selbstständigen Beweisverfahrens abzustellen, wobei der objektive Wert der Gegenstände dieses Verfahrens maßgeblich ist.[322]

277

Eine höhere, noch im Hintergrund stehende restliche Forderung hat bei der Bestimmung des Gegenstandswertes für das Beweisverfahren außer Betracht zu bleiben.[323] So wird bei einem selbstständigen Beweisverfahren eines Bauherrn über das Vorhandensein von Baumängeln nicht etwa der Betrag zum Streitwert, den der Bauherr wegen vorhandener Mängel von der Werklohnforderung einbehalten kann. Unbeachtlich ist bei einer derartigen Fallkonstellation also, dass das Zurückbehaltungsrecht in Höhe des dreifachen des zur Mängelbeseitigung erforderlichen Betrages ausgeübt werden kann. Schließlich bemisst sich der Streitwert der Beweisaufnahme des Hauptverfahrens auch nur nach dem Wert der Mängel.

278

Aufgrund des Verwertungsgebotes in § 493 Abs. 1 ZPO entspricht es herrschender Meinung, dass für den nach § 3 ZPO zu schätzenden Wert des selbstständigen Beweisverfahrens der **Wert des Hauptverfahrens** maßgeblich ist.[324] Dagegen wurde von den Vertretern der Bruchteilsbewertung[325] eingewandt, dass der Antrag im selbstständigen Beweisverfahren gerade nicht auf Verurteilung zur Zahlung einer bestimmten Geldsumme, sondern auf die Feststellung von Tatsachen und die Ermittlung von Grundlagen für einen möglichen künftigen Prozess gerichtet sei. Insofern dürfe ein solches Verfahren keinen höheren Wert haben als eine Feststellungsklage mit dem gleichen Ziel.

279

In seiner Entscheidung vom 16.9.2004[326] hat sich der BGH der herrschenden Meinung angeschlossen. Es komme bei der Wertfestsetzung nicht darauf an, ob das selbstständige Beweisverfahren als solches auf die Schaffung eines Titels ausgerichtet sei, sondern darauf, dass es bestimmt und geeignet sei, im Hauptsacheverfahren verwendet zu werden. Die Gleichstellung mit einer Beweisaufnahme vor dem Prozessgericht müsse sich auch in der Wertfestsetzung widerspiegeln. Dieser Entscheidung des BGH hat sich eine Vielzahl von Oberlandesgerichten angeschlossen.[327] Der Wert des selbstständigen Beweisverfahrens bestimmt sich daher nach dem Hauptsachewert bzw. dem Teil des Hauptsachewerts, auf den sich die Beweiserhebung bezieht. Der vom Antragsteller bei Einleitung des Verfahrens geschätzte Wert ist dabei weder bindend noch maßgeblich. Vielmehr setzt das Gericht nach Einholung des Sachverständigengutachtens den zutreffenden Wert – bezogen auf den Zeitpunkt der Verfahrenseinleitung und das Interesse des Antragstellers – fest.[328]

---

321 OLG Köln MDR 1992, 192.
322 OLG Köln JurBüro 1996, 31.
323 OLG Stuttgart JurBüro 1996, 373.
324 So OLG Köln MDR 1994, 414; OLG Köln JurBüro 1996, 31; OLG München JurBüro 1992, 561; OLG München MDR 1993, 287; OLG Karlsruhe NJW-RR 1992, 766; OLG Koblenz MDR 1993, 287; OLG Frankfurt OLGR 1995, 239; OLG Frankfurt JurBüro 1995, 554; OLG Stuttgart BauR 1993, 120; OLG Celle MDR 1993, 1019; OLG Celle OLGR 1994, 298; OLG Rostock BauR 1993, 367; OLG Oldenburg OLGR 1995, 64; OLG Düsseldorf BauR 2005, 142; OLG Nürnberg BauR 1995, 134; OLG Jena OLGR 1996, 12; OLG Braunschweig AGS 2003, 407.
325 Vgl. insb. OLG Schleswig SchlHA 2003, 257; OLG Karlsruhe MDR 1992, 812: 80 %; OLG Köln MDR 1992, 1190; OLG Frankfurt OLGR 1993, 228; OLG Schleswig AGS 2003, 515; BezG Frankfurt/O. MDR 1993, 480; OLG Celle MDR 1994, 415; OLG Düsseldorf OLGR 1995, 127: 1/2; OLG Hamm BauR 1995, 430.
326 BGH MDR 2005, 162.
327 OLG Karlsruhe OLGR 2005, 216; OLG Schleswig OLGR 2005, 217 – Aufgabe der bisherigen Rspr.; OLG Stuttgart MDR 2005, 347.
328 Insofern ist auch nicht schädlich, wenn (vgl. OLG Koblenz AGS 2000, 94) der Antragsteller zu Beginn des selbstständigen Beweisverfahrens nicht in der Lage ist, die voraussichtlichen Kosten zu schätzen.

Beispiel: Will der Antragsteller Mängel an einem Fahrzeug feststellen lassen, welches er für 25.000 EUR gekauft hat und das aufgrund der Mängel zurückgegeben werden soll, dann ist der Streitwert auch dann auf 25.000 EUR festzusetzen, wenn der Sachverständige nur Mängel i.H.v. 10.000 EUR feststellt, denn das Hauptsacheverfahren wird sich auf Rückgabe richten. Will der Antragsteller dagegen eine Klage auf Ersatz der Mängelbeseitigungskosten vorbereiten und schätzt er in seinem Antrag – aus Sicht des Laien – den Aufwand zur Beseitigung der vorhandenen Mängel auf 25.000 EUR, dann ist der Streitwert auf 10.000 EUR festzusetzen, wenn das Gutachten unter Bejahung aller behaupteten Mängel einen Aufwand von nur 10.000 EUR für die Beseitigung feststellt.

280 Der Wert des selbstständigen Beweisverfahrens ist auch dann nach den vorstehenden Ausführungen zu bestimmen, wenn es nicht mehr zum Hauptverfahren kommt, beispielsweise weil im selbstständigen Beweisverfahren gemäß § 492 Abs. 3 ZPO ein **Vergleich** abgeschlossen wird[329] oder der Antragsgegner die gutachterlich festgestellten Mängel freiwillig beseitigt. Unbeachtlich für die Streitwertbemessung bleibt auch das Ergebnis der Beweissicherung.[330]

281 Werden von dem selbstständigen Beweisverfahren mehrere Beweisfragen umfasst, an denen einige Antragsgegner nur teilweise beteiligt sind, ist der Gegenstandswert im Verhältnis zu den einzelnen Antragsgegnern jeweils getrennt nach dem Wert der zu sichernden Ansprüche festzusetzen.[331]

III. Erstattungsfragen

1. Allgemeines

282 Beauftragt die Partei wegen Differenzen mit dem ursprünglichen Rechtsanwalt für das Hauptverfahren einen anderen Prozessbevollmächtigten, so sind die Mehrkosten dieses Anwaltswechsels nicht i.S.d. § 91 Abs. 2 S. 3 ZPO notwendig und damit nicht erstattungsfähig (siehe auch Rdn 297).[332] Ebenfalls nicht notwendig und damit nicht erstattungsfähig sind die Mehrkosten, die dadurch entstehen, dass der Kläger im selbstständigen Beweisverfahren nicht sogleich einen am Ort des späteren Prozessgerichts ansässigen Rechtsanwalt beauftragt hat.[333] Etwas anderes gilt, wenn wegen der tatsächlichen Schwierigkeit des Sachverhalts ohne Beauftragung des Anwalts im selbstständigen Beweisverfahren Kosten für eine Informationsreise zum Prozessbevollmächtigten in (mindestens) der gleichen Höhe entstanden wären.[334]

2. Kostenerstattung

283 Ein Kostenerstattungstitel nach § 91 ZPO setzt ein **Prozessrechtsverhältnis** voraus. Das selbstständige Beweisverfahren ist noch kein Prozessrechtsverhältnis in diesem Sinne. Die Anwendung von § 91 ZPO kommt daher nur in Betracht,
 – wenn das selbstständige Beweisverfahren innerhalb einer bereits anhängigen Hauptsache angeordnet wurde oder
 – wenn das Hauptsacheverfahren nach durchgeführtem selbstständigen Beweisverfahren anhängig gemacht wird.

Die Kosten des selbstständigen Beweisverfahrens sind dann in der Regel Kosten der Hauptsache,[335] ohne dass es hierzu eines besonderen Ausspruchs in der Kostenentscheidung bedarf.[336] Vorsorglich kann jedoch ein Antrag auf Urteilsergänzung gemäß § 321 ZPO gestellt werden, um Nachteile zu vermeiden, sofern das Gericht diesbezüglich eine abweichende Auffassung vertritt. Dabei ist zu beachten, dass der Antrag auf Urteilsergänzung gemäß § 321 Abs. 2 ZPO binnen zwei Wochen seit der Zustellung des Urteils zu stellen ist.

---

329 *Schneider*, ZAP F.13 S. 173; *Schneider*, ZAP F.24, S. 189; MüKo-ZPO/*Lappe*, § 3 Rn 147; *Cuypers*, NJW 1994, 1985, 1990.
330 OLG Braunschweig AGS 2003, 407.
331 OLG Düsseldorf OLGR 1995, 64.
332 OLG Hamburg MDR 1998, 928; OLG Düsseldorf MDR 1997, 789; OLG Koblenz AnwBl 1994, 248; OLG München MDR 1999, 893.
333 Vgl. OLG Koblenz AnwBl 1994, 248; Gerold/Schmidt/*Müller-Rabe*, RVG, Anh. III Rn 69 ff.
334 OLG Hamburg OLGR 1998, 93.
335 BGH JurBüro 2005, 40; BGH NJW 2003, 1322; OLG Koblenz NJW-RR 2003, 1152.
336 OLG Nürnberg JurBüro 1994, 103; Gerold/Schmidt/*Müller-Rabe*, RVG, Anh. III Rn 31 ff.

Voraussetzung dafür, dass die Kosten des selbstständigen Beweisverfahrens zu den Kosten des Rechtsstreits i.S.v. § 91 ZPO – und zwar zu den Gerichtskosten[337] – zählen und damit erstattungsfähig sind, ist die persönliche und sachliche Identität (vgl. dazu Rdn 288 ff.). Es ist dagegen nicht erforderlich, dass das Ergebnis des selbstständigen Beweisverfahrens im Hauptsacheverfahren verwertet wird (siehe dazu Rdn 285), noch ist es erforderlich, dass im Hauptsacheverfahren in der Sache selbst entschieden wird (siehe dazu Rdn 286). Im Übrigen verbleibt es hinsichtlich der Kostenerstattung bei der Regelung des § 494a ZPO bzw. bei einem eventuellen materiell-rechtlichen Kostenerstattungsanspruch.

3. Verwertung im Hauptsacheverfahren

Für die Erstattungsfähigkeit der Kosten des selbstständigen Beweisverfahrens kommt es nicht darauf an, ob das Ergebnis der im selbstständigen Beweisverfahren durchgeführten Beweisaufnahme im Hauptsacheverfahren verwertet wird oder nicht.[338]

> **Beispiel:** Leitet der Besteller ein selbstständigen Beweisverfahren zur Feststellung eines Mangels an der Kellerdecke seines Neubaus ein und verklagt er den Unternehmer sodann auf Zahlung eines Kostenvorschusses und dieser erhebt Widerklage auf restlichen Werklohn, so sind die Kosten des Gutachtens im selbstständigen Beweisverfahrens auch dann zugunsten des Klägers in der Kostenfestsetzung zu berücksichtigen, wenn die Klage abgewiesen wird, weil eine Auslegung des Werkvertrages ergeben hat, dass die Herstellung des Kellers nicht vom Beklagten geschuldet ist.[339]

Auch wenn die Kosten eines selbstständigen Beweisverfahrens dogmatisch als Gerichtskosten einzuordnen sind, so dienen sie doch nicht der unmittelbaren Rechtsverfolgung einer Partei, sondern einem vorbereitenden Verfahren, welches nicht die Entscheidung der Hauptsache, sondern die Sicherung einer Beweisführung zum Ziel hat, deren Verlust oder Erschwerung durch Zeitablauf droht. Würde man im Rahmen der Erstattungsfähigkeit darauf abstellen, ob das Beweisergebnis im Hauptsacheverfahren verwertet wird,[340] so trüge die antragstellende Partei ein unangemessenes Risiko. Denn sie kann nicht voraussehen, welche Gesichtspunkte für die Entscheidung des Gerichts im Hauptsacheverfahren ausschlaggebend sind bzw. wie das Gericht eine bestimmte Rechts- oder Tatsachenfrage entscheiden wird. Es reicht also aus, wenn die Partei bei Antragstellung objektiv gerechtfertigt davon ausgehen durfte, dass eine Sicherung der Beweise erforderlich sein wird.

4. Art der Entscheidung in der Hauptsache

Für die Einbeziehung der Kosten des selbstständigen Beweisverfahrens in die Kosten des Rechtsstreits nach § 91 ZPO ist ferner ohne Belang, ob im Hauptsachverfahren eine Entscheidung in der Sache selbst ergeht oder aber die Klage als unzulässig abgewiesen wird bzw. aufgrund Klagerücknahme nur ein Kostenbeschluss ergeht.

> **Beispiel:** Der Unternehmer leitet ein selbstständiges Beweisverfahren ein, um klären zu lassen, ob der Bestellung zu Recht die Abnahme verweigert. Noch während dieses Verfahrens verklagt ihn der Besteller auf Beseitigung der behaupteten Mängel. Nachdem sich im selbstständigen Beweisverfahren herausgestellt hat, dass das Werk die behaupteten Mängel nicht aufweise, nimmt der Besteller seine Klage zurück.

Soweit vertreten wird, dass sich nur bei einer **Sachentscheidung in der Hauptsache** ergebe, ob aus den behaupteten Mängeln bzw. der sonstigen im selbstständigen Beweisverfahren untersuchten Umständen Ansprüche im Verhältnis zum Gegner hergeleitet werden könnten und es ansonsten an einer inneren Rechtfertigung für die Einbeziehung der entsprechenden Kosten fehle,[341] kann dem nicht zugestimmt werden.[342] Wird also die Klage ohne sachliche Entscheidung zum Gegenstand des Beweisverfahrens abgewiesen, gehören die dem Beklagten entstandenen notwendigen Kosten eines

---

337 BGH NJW 2003, 1322; BGH BauR 2003, 1255.
338 BGH AGS 2004, 354 m. Anm. *Onderka*; OLG Jena AGS 2001, 211; OLG Hamm JurBüro 1996, 376; KG JurBüro 1997, 319; OLG Koblenz JurBüro 1996, 34; OLG Schleswig AnwBl 1997, 569; Gerold/Schmidt/*Müller-Rabe*, RVG, Anh. III Rn 39.
339 Vgl. auch BGH MDR 2004, 1373 = BauR 2004, 1485.
340 So BGH NJW 2003, 1322.
341 KG Rpfleger 1982, 195 m.w.N.; OLG Hamm JurBüro 1996, 376; OLG München MDR 1999, 1347; OLG München MDR 2000, 726; OLG Nürnberg JurBüro 1996, 35; OLG Hamburg MDR 2000, 1124.
342 So auch: BGH NJW-RR 2005, 1015; OLG Düsseldorf BauR 1997, 349; OLG Hamburg MDR 2002, 1093; Gerold/Schmidt/*Müller-Rabe*, RVG, Anh. III Rn 36.

selbstständigen Beweisverfahrens zu den erstattungsfähigen Kosten des Rechtsstreits über die Angelegenheit, die das Beweisverfahren veranlasst hat.[343] Begründet wird dieses Ergebnis mit der Erwägung, dass die Einleitung des Rechtsstreits, in dem es nicht zu einer sachlichen Entscheidung über den Gegenstand des selbstständigen Beweisverfahrens gekommen ist, allein auf der Entscheidung des dortigen Klägers beruhte. Diese Verfahrensweise des Klägers hätte den Beklagten zu einer umfassenden Vorbereitung seiner Rechtsverteidigung einschließlich einer vorbereitenden Beweissicherung genötigt. In der Tat ist es in einer derartigen Konstellation nicht gerechtfertigt, die Kosten des vom Beklagten aufgewendeten Beweisverfahrens allein deswegen von der Erstattung auszunehmen, weil der Kläger schon aus anderen Gründen mit seiner Klage gescheitert ist, zumal eine sonstige Rechtsgrundlage für einen Kostenerstattungsanspruch fehlen wird.

287 Kommt es nicht zu einem Hauptsacheverfahren, weil der Antragsteller im selbstständigen Beweisverfahren seinen Antrag **zurücknimmt**, hat er die Kosten in entsprechender Anwendung von § 269 Abs. 3 S. 2 ZPO zu tragen. Dies gilt auch, wenn der Antragsteller das selbstständige Beweisverfahren einseitig für erledigt erklärt, obwohl eine gerichtliche Beweiserhebung noch möglich wäre.[344] Die entsprechende Erklärung des Antragstellers ist unter Berücksichtigung dieses Umstands nach Ansicht des BGH als Antragsrücknahme auszulegen, welche die Kostenfolge des § 269 Abs. 3 S. 2 ZPO nach sich zieht. Denn es sei nicht möglich, dem Antragsgegner ohne ein Verfahren in der Hauptsache und ohne Zustimmung zur Erledigungserklärung die Kosten des selbstständigen Beweisverfahrens aufzuerlegen.[345]

5. Identität der Gegenstände (sachliche Identität)

288 Die Erstattung der Kosten des selbstständigen Beweisverfahrens richtet sich nach der Kostenentscheidung des Hauptsacheverfahrens,[346] allerdings nur, soweit die Parteien und die Gegenstände identisch sind.[347] Grundsätzlich gilt, dass der Gegenstand des selbstständigen Beweisverfahrens und der Gegenstand des Hauptsacheverfahrens identisch sein müssen, wobei es zur Beurteilung der Frage der Identität nicht darauf ankommt, ob die Streitwerte der Verfahren identisch sind.[348] Die Identität richtet sich ausschließlich nach sachlichen Gesichtspunkten, also danach, ob sich das Gericht des Hauptsacheprozesses mit derselben Angelegenheit zu befassen hatte.[349] Identität des Streitgegenstandes liegt vor, wenn das selbstständige Beweisverfahren einen eindeutigen Bezug zu dem späteren Prozess aufweist, sich also das Hauptsacheverfahren als eine konsequente Fortführung des selbstständigen Beweisverfahrens darstellt. Sind die Gegenstände des Beweisverfahrens und der Hauptsache identisch, können die Kosten des selbstständigen Beweisverfahrens auf der Grundlage der Kostengrundentscheidung des Hauptsacheverfahrens festgesetzt werden.[350]

289 Identität des Streitgegenstandes liegt nicht nur vor, wenn im Klageverfahren lediglich ein Teil eines einheitlichen Anspruchs (z.B. Mängelbeseitigungskosten) weiter verfolgt wird, sondern auch dann, wenn der Antragsteller von mehreren selbstständigen Ansprüchen (z.B. mehrere Eigentumsverletzungen) nur einige im späteren Klageverfahren geltend macht.[351]

290 Wenn es über den vom selbstständigen Beweisverfahren erfassten Streitgegenstand nur **teilweise** zu einer rechtskräftigen Entscheidung kommt, können die Kosten des selbstständigen Beweisverfahrens nur anteilig in die Kosten des Hauptverfahrens eingehen.[352] Wie diese Anteile zu berechnen sind, dazu werden verschiedene Ansichten vertreten:

---

343 Gerold/Schmidt/*Müller-Rabe*, RVG, Anh. III Rn 36; OLG München JurBüro 1986, 230; KG JurBüro 1997, 319.
344 BGH AGS 2005, 31 m. Anm. *Onderka*.
345 So auch OLG Dresden JurBüro 1999, 594; OLG Hamburg MDR 1998, 242; KG BauR 2002, 1735; a.A.: OLG München MDR 2001, 1011; OLG Celle OLGR 2000, 197 für Kostentragung durch Antragsteller.
346 OLG Düsseldorf OLGR 1995, 284.
347 BGH AGS 2005, 24 m. Anm. *Onderka*; BGH MDR 2004, 1373 = BauR 2004, 1485; LG Ansbach JurBüro 1992, 476.
348 OLG München JurBüro 2000, 39; OLG Hamm AGS 2002, 138.
349 OLG Hamm AGS 2002, 138 m.w.N.; OLG Zweibrücken AGS 2008, 437.
350 OLG München JurBüro 2000, 39 m.w.N.
351 BGH AGS 2005, 24 m. Anm. *Onderka*.
352 OLG Hamburg JurBüro 1994, 105.

Nach einer Ansicht sind die Kosten im Verhältnis der Gegenstände des selbstständigen Beweisverfahrens zu den Gegenständen des Streitverfahrens zu quoteln.[353] Nach anderer Ansicht sind der obsiegenden Partei diejenigen Kosten zu erstatten, die entstanden wären, wenn das selbstständige Beweisverfahren von vornherein nur wegen der Gegenstände betrieben worden wäre, die auch Gegenstand des Streitverfahrens geworden sind. Eine dritte Ansicht schließlich will die wertabhängigen Kosten (Gerichts- und Anwaltsgebühren) quotal aufteilen und hinsichtlich der Auslagen (insb. Gutachter- und Reisekosten) danach differenzieren, ob sie einen Bezug zum späteren Streitverfahren haben.[354] Können die Auslagen nicht dem späteren Rechtsstreit zugeordnet werden, sollen sie nach dem Verhältnis der Kostenträchtigkeit aufgeteilt werden.

Die Beweissicherungskosten sind nicht auf der Grundlage der Kostenentscheidung des Hauptverfahrens erstattungsfähig, wenn der spätere Beklagte seinerseits vor dem Hauptverfahren ein selbstständiges Beweisverfahren über Ansprüche eingeleitet hatte, wegen derer er im nachfolgenden Prozess ein Zurückbehaltungsrecht oder eine hilfsweise Aufrechnung geltend macht, über das oder die dann aber im Ergebnis noch nicht entschieden wird.[355] Ebenso wird eine Identität der Gegenstände zu verneinen sein, wenn das Urteil im Hauptsacheverfahren wegen einer zulässigen Klageänderung nicht mehr über den Gegenstand des selbstständigen Beweisverfahrens entscheidet.[356]

291

6. Identität der Parteien (persönliche Identität)

Die Parteien des selbstständigen Beweisverfahrens und des Hauptverfahrens müssen identisch sein, und zwar als **Gegenparteien**.[357] Unproblematisch im Hinblick auf das Fehlen einer persönlichen Identität sind die Fälle, in denen der Antragsteller nach Durchführung des selbstständigen Beweisverfahrens einen Dritten klageweise in Anspruch nimmt, der im selbstständigen Beweisverfahren nicht beteiligt war – beispielsweise die Bank aus einer Gewährleistungsbürgschaft, nachdem im vorangegangenen Beweisverfahren gegen die Werkunternehmer bestimmte Mängel festgestellt wurden.[358]

292

Ob es an der persönlichen Identität aber auch dann fehlt, wenn nur **einer von mehreren Antragsgegnern** aus dem selbstständigen Beweisverfahren im Hauptsacheverfahren in Anspruch genommen wird, ist umstritten: Nach einer Meinung[359] kann bei einer Mehrheit von Antragsgegnern im selbstständigen Beweisverfahren, von denen nur einer (bzw. nur einige) im Hauptsacheverfahren in Anspruch genommen wird, auch nur eine anteilige Erstattung der Kosten des selbstständigen Beweisverfahrens verlangt werden und zwar nach Kopfteilen. Teilweise wird sogar gefordert, dass der bruchteilsmäßige Aufwand substantiiert dargelegt wird und eine pauschale Aufteilung nach Köpfen nicht möglich ist.[360] Nach der Gegenansicht[361] führt die Beteiligung von weiteren Antragsgegnern im selbstständigen Beweisverfahren jedenfalls dann nicht zu einer nur bruchteilsmäßigen Erstattung der Kosten, wenn die jeweiligen Streitgegenstände identisch sind und die gerichtlichen Kosten dem späteren Beklagten zugeordnet werden können.

Der letzten Ansicht ist zuzustimmen. Ist also der Beweisgegenstand im selbstständigen Beweisverfahren und im Hauptsacheverfahren derselbe, so wird der Erstattungsanspruch des obsiegenden Klägers nicht dadurch beeinflusst, dass er nur einen der beiden Antragsgegner verklagt hat.

> **Beispiel:** Der Besteller leitet gegen den Dachdecker und den Bauleiter ein selbstständiges Beweisverfahren wegen Mängeln an der Dacheindeckung ein. Im Hauptsacheverfahren verklagt er nur den Dachdecker auf Mängelbeseitigung, weil er nicht sicher ist, ob er gegen den Bauleiter einen vertraglichen Anspruch geltend machen kann. Hier kann er die vollen Kosten des selbstständigen Beweisverfahrens erstattet verlangen, denn in beiden Verfahren ging es um die Feststellung desselben Mangels zwischen denselben Parteien.

---

353 OLG Hamburg JurBüro 1994, 105; OLG Karlsruhe JurBüro 1996, 36; KG JurBüro 1986, 1242; OLG Köln NJW-RR 2000, 361.
354 OLG Schleswig AnwBl 1995, 269; Gerold/Schmidt/*Müller-Rabe*, RVG, Anh. III Rn 51 ff.; Zöller/*Herget*, ZPO, § 91 Rn 13 Stichwort „selbstständiges Beweisverfahren".
355 BGH NJW-RR 2005, 1688; OLG Hamm JurBüro 1996, 376; OLG Koblenz NJW-RR 1994, 1277.
356 OLG München JurBüro 2000, 726 = AGS 2000, 184.
357 BGH NJW-RR 2004, 1651 = BauR 2004, 1809 = AGS 2005, 81 m. Anm. *Onderka*; OLG München JurBüro 2000, 484; OLG Koblenz ZfBR 2004, 455.
358 Vgl. OLG Koblenz ZfBR 2004, 455.
359 OLG München MDR 2000, 603; OLG Hamburg JurBüro 1994, 105; LG Stuttgart JurBüro 1997, 532.
360 OLG Koblenz JurBüro 1990, 1009.
361 BGH NJW-RR 2004, 1651 = BauR 2004, 1809; OLG Schleswig AnwBl 1995, 270.

293 Geht der Beweisgegenstand des selbstständigen Beweisverfahrens über den des Hauptsacheverfahrens hinaus, so verbleibt dem Kläger nur ein anteiliger Erstattungsanspruch, wenn die im Hauptsacheverfahren nicht verfolgten Ansprüche nur den „ausgeschiedenen" Antragsgegner betreffen.

> **Beispiel:** Der Besteller leitet gegen Tiefbauer und Installateur ein selbstständiges Beweisverfahren wegen Feuchtigkeitsschäden im Keller und Rissen im Badezimmer ein. Der Sachverständige stellt fest, dass die Feuchtigkeit im Keller nicht baubedingt, sondern auf einen Hochwasserschaden zurückzuführen ist. Die Risse im Bad beruhen auf einer fehlerhaften Verlegung der Rohleitungen. Im Hauptsacheverfahren wird allein der Installateur wegen der Risse im Bad in Anspruch genommen. Der Kläger hat hier nur Anspruch auf Erstattung der anteiligen Gerichtskosten des selbstständigen Beweisverfahrens, soweit sie den Verfahrensgegenstand betreffen, an welchem der Beklagte beteiligt war.

294 Unerheblich ist für die Frage der Identität der Parteien im Hauptsacheverfahren und im selbstständigen Beweisverfahren, dass im Beweisverfahren eine Streitverkündung erfolgt ist. Ferner ist unerheblich, dass auf Antrag des Antragsgegners ein weiterer Antragsgegner in das Verfahren einbezogen wird.[362] Eine Identität der Parteien ist auch dann gegeben, wenn an die Stelle der Partei des selbstständigen Beweisverfahrens im Prozess der Insolvenzverwalter über das Vermögen dieser Partei getreten ist.[363]

7. Gesamtheit der Kosten

295 Die gesamten angefallenen Kosten im Beweisverfahren sind bei der Kostenfestsetzung mit einzubeziehen.[364] Gleiches gilt dann, wenn beide Verfahren dieselben Mängel betreffen und der Streitgegenstand der Hauptsache nur deshalb niedriger ist, weil die Klägerseite mit einem aus den Mängeln resultierenden Schadensersatzanspruch gegenüber einer unbestrittenen Forderung der Beklagtenseite aufgerechnet hat.[365]

> **Beispiel:** Der Kläger hat in einem selbstständigen Beweisverfahren zunächst die Mängel und die Mängelbeseitigungskosten an seinem von der Beklagten errichteten Haus feststellen lassen. Der Beklagten stehen aus dem Bauvorhaben noch Restwerklohnansprüche zu. Nach Abschluss des selbstständigen Beweisverfahrens erklärt der Kläger in Höhe des Restwerklohnanspruchs die Aufrechnung mit den festgestellten Mängelbeseitigungskosten und erhebt im Übrigen Klage auf Zahlung der restlichen Mängelbeseitigungskosten. In diesem Rechtsstreit erklärt die Beklagte die Aufrechnung mit ihrem Restwerklohnanspruch. Der Kläger gewinnt den Rechtsstreit in voller Höhe; die Aufrechnung der Beklagten greift wegen der von dem Kläger vorprozessual erklärten Aufrechnung nicht durch.

In einem derartigen Fall sind die Kosten des selbstständigen Beweisverfahrens in vollem Umfang nach der Kostenentscheidung des Hauptverfahrens zu erstatten, da beide Verfahren dieselben Mängel betreffen und der Streitgegenstand des Hauptsacheverfahrens nur deswegen niedriger ist, weil der Kläger vorprozessual die Aufrechnung mit Mängelbeseitigungskosten erklärt hat, die bereits Gegenstand des selbstständigen Beweisverfahrens waren. Die Klage konnte wegen der von der Beklagten im Prozess erklärten Aufrechnung nur dann in voller Höhe Erfolg haben, wenn alle Ansprüche des Klägers berechtigt waren, seine vorprozessual erklärte Aufrechnung daher durchgriff, während die von der Beklagten erklärte Aufrechnung aus den gleichen Gründen zurückzuweisen war, da deren Forderung bereits erloschen war.

8. Rücknahme des Antrags auf Durchführung des selbstständigen Beweisverfahrens

296 Wird der Antrag zur Durchführung eines selbstständigen Beweisverfahrens zurückgenommen, so sind die Verfahrenskosten dem Antragsteller in analoger Anwendung von § 269 Abs. 3 S. 2 ZPO aufzuerlegen.[366] Dies gilt auch dann, wenn später ein Prozess zur Hauptsache anhängig wird.[367] Das OLG Nürnberg[368] führt dazu aus:

---

362 OLG München JurBüro 2000, 484; noch weiter differenzierend: OLG Koblenz (JurBüro 1990, 1009), das eine substantiierte Darlegung des bruchteilsmäßigen Aufwandes verlangt.
363 OLG Köln JurBüro 1987, 433; OLG München JurBüro 2000, 39.
364 OLG München JurBüro 1996, 36.
365 OLG München JurBüro 2000, 39.
366 BGH RVG-B 2005, 38; BGH AGS 2005, 31 m. Anm. *Onderka*; LG Halle JurBüro 1997, 531.
367 OLG Nürnberg MDR 1994, 624.
368 OLG Nürnberg MDR 1994, 624.

"Zwar gehören die Kosten des Beweisverfahrens zu denen des Rechtsstreits, soweit sie diesem zuzuordnen sind; denn das selbstständige Beweisverfahren ist Teil des Hauptsacheverfahrens. Dies gilt jedoch nicht im Falle einer Rücknahme des Antrags auf Durchführung des selbstständigen Beweisverfahrens. Nach Antragsrücknahme kann nämlich das Klageverfahren nicht mehr als Hauptsache des ohne Beweisaufnahme abgeschlossenen Beweisverfahrens angesehen werden."

Wird jedoch der Antrag auf ein selbstständiges Beweisverfahren zurückgenommen, weil sich der Streit der Parteien durch einen außergerichtlichen Vergleich erledigt hat, ist kein Raum für eine Kostenerstattung. Die Parteien können eine Kostenregelung treffen, oder die Kostenregelung des § 98 ZPO ist entsprechend anzuwenden.[369]

9. Anwaltswechsel

Lässt sich eine Partei im selbstständigen Beweisverfahren von einem bei dem Hauptsachegericht nicht postulationsfähigen Rechtsanwalt vertreten, liegt in der Regel kein notwendiger Anwaltswechsel nach § 91 Abs. 2 S. 3 ZPO vor.[370] Denn bei Einleitung eines selbstständigen Beweisverfahrens ist regelmäßig mit einem nachfolgenden Rechtsstreit zu rechnen.[371] Die Kosten der Zuziehung eines zweiten Anwalts sind daher nicht erstattungsfähig.[372] Diese Frage wird zwar wegen der Änderungen zur Postulationsfähigkeit in der Praxis keine große Rolle mehr spielen. Die gleiche Frage wird sich aber auch künftig in den Fällen stellen, in denen im selbstständigen Beweisverfahren ein Rechtsanwalt tätig wird, der seinen Sitz nicht am Ort des Gerichts hat und der daher im Hauptsacheverfahren Reisekosten bzw. Kosten für die Einschaltung eines Unterbevollmächtigten anfallen. In diesen Fällen wird eine Erstattungsfähigkeit der Mehrkosten eines im Hauptverfahren tätigen Prozessbevollmächtigten zu verneinen sein, wenn die Partei im selbstständigen Beweisverfahren durch den späteren Verkehrsanwalt vertreten wird.[373]

10. Kosten des Beschwerdeverfahrens im selbstständigen Beweisverfahren

Wird im selbstständigen Beweisverfahren ein Beschwerdeverfahren durchgeführt, werden die Kosten für das Beschwerdeverfahren nicht von der im Hauptsacherechtsstreit ergangenen Kostenentscheidung erfasst. Über diese Kosten ist vielmehr im Beschwerdeverfahren zu befinden.[374]

11. Verfahren nach § 494a ZPO

a) Kostenentscheidung nach § 494a ZPO

Der Gesetzgeber wollte mit der Vorschrift des § 494a ZPO eine bis dahin bestehende Gesetzeslücke schließen und dem Antragsgegner ein Instrumentarium an die Hand geben, seine Kosten für ein i.S.d. Antragstellers erfolglos durchgeführtes selbstständiges Beweisverfahren erstattet zu bekommen.

> **§ 494a ZPO Frist zur Klageerhebung**
>
> (1) ¹Ist ein Rechtsstreit nicht anhängig, hat das Gericht nach Beendigung der Beweiserhebung auf Antrag ohne mündliche Verhandlung anzuordnen, dass der Antragsteller binnen einer zu bestimmenden Frist Klage zu erheben hat.
>
> (2) ¹Kommt der Antragsteller dieser Anordnung nicht nach, hat das Gericht auf Antrag durch Beschluss auszusprechen, dass er die dem Gegner entstandenen Kosten zu tragen hat. ²Die Entscheidung unterliegt der sofortigen Beschwerde.

Für den Fall, dass der Antragsteller nach dem selbstständigen Beweisverfahren kein Hauptsacheverfahren anhängig macht, hat der Gesetzgeber die in § 494a ZPO aufgeführten Möglichkeiten geschaffen. Damit kann der Antragsgegner des selbstständigen Beweisverfahrens erreichen, dass es entweder zu einem Klageverfahren kommt – wobei die Erhebung einer Widerklage ausreicht[375] – oder, wenn

---

369 OLG Köln JurBüro 1992, 632; kritisch OLG Braunschweig RVG-B 2005, 70.
370 OLG Düsseldorf Rpfleger 1995, 84; MDR 1997, 789.
371 OLG Schleswig AnwBl 1996, 646.
372 OLG Koblenz MDR 1994, 629.
373 OLG Koblenz JurBüro 2000, 137.
374 OLG Hamburg OLGR 1997, 96.
375 BGH AGS 2003, 410. Nicht ausreichend ist nach ganz h.M. jedoch eine auf Erstattung der Kosten des selbstständigen Beweisverfahrens gerichtete Klage.

eine Klage nicht erhoben wird, zu einer Kostengrundentscheidung über die Kosten im selbstständigen Beweisverfahren (§ 494a Abs. 2 ZPO).

300 Ist die Klage fristgerecht erhoben worden, ist für eine Kostenentscheidung nach § 494a Abs. 2 S. 1 ZPO kein Raum.[376] Die Klage auf Erstattung der Kosten des selbstständigen Beweisverfahrens ist dabei jedoch keine Hauptsacheklage i.S.d. § 494a Abs. 1 ZPO.

b) Keine Anwendung von § 494a ZPO bei Zurückweisung, Erledigung und Zurücknahme

301 Die bis zur Einführung von § 494a ZPO bestehende Gesetzeslücke wurde nicht vollständig geschlossen. § 494a ZPO findet u.a. keine – direkte – Anwendung, wenn der Antrag auf Durchführung des selbstständigen Beweisverfahrens zurückgewiesen, für erledigt erklärt oder zurückgenommen wird.[377] Diskutiert wird in diesen Fällen eine analoge Anwendung von § 494a ZPO.

c) Analoge Anwendung von § 494a ZPO

302 **aa) Bei Verzicht auf die im selbstständigen Beweisverfahren behaupteten Ansprüche.** Wird der Antrag nach § 494a Abs. 1 ZPO vom Gericht wegen fehlenden Rechtsschutzbedürfnisses als unzulässig zurückgewiesen, weil der Antragsteller nach Erstattung eines – für ihn ungünstigen – Sachverständigengutachtens im selbstständigen Beweisverfahren auf die bisher geltend gemachten Ansprüche verzichtet, sind dem Antragsteller in entsprechender Anwendung des § 494a Abs. 2 ZPO die dem Antragsgegner entstandenen Kosten aufzuerlegen.[378] Das OLG Karlsruhe[379] führt dazu Folgendes aus:

> „In analoger Anwendung des § 494a Abs. 2 ZPO war im vorliegenden Fall jedoch eine Kostenerstattung auszusprechen. Sinn des § 494a ZPO ist es, dass der Antragsteller, der nach Abschluss des Beweissicherungsverfahrens untätig bleibt, die Kosten des Antragsgegners tragen soll, denn an das Absehen von der Klageerhebung wird die Vermutung geknüpft, dass die Beweissicherung nicht das vom Antragsteller gewünschte Ergebnis brachte, er den Antragsgegner also zu Unrecht mit Beweissicherung überzogen hatte, wofür er deshalb haften soll. In der Kommentierung und auch in der Rechtsprechung ist anerkannt, dass die gesetzliche Regelung diesen Zweck nur unvollständig erreicht und Lücken aufweist. ... Es ist übereinstimmende Auffassung, dass diese offensichtliche Lücke im Gesetz im Wege der Analogie ausgefüllt werden muss."

303 **bb) Bei Rücknahme des Antrags auf Durchführung des selbstständigen Beweisverfahrens.** Eine analoge Anwendung des § 494a Abs. 2 ZPO wird teilweise vertreten, wenn ein Rechtsstreit zur Hauptsache nicht anhängig ist und der Antrag auf Durchführung eines selbstständigen Beweisverfahrens zurückgenommen oder als unzulässig verworfen worden ist.[380] Die Situation des Antragsgegners sei in diesem Fall derjenigen des Antragsgegners nach § 494a ZPO vergleichbar. Hier wie dort ist ein Hauptsacheverfahren nicht zu erwarten, so dass es an einer auch die Kosten des selbstständigen Beweisverfahrens umfassenden Kostengrundentscheidung fehlt. Jedenfalls für den Fall der Rücknahme des Antrags auf Durchführung des (noch möglich) selbstständigen Beweisverfahrens liegt allerdings eine analoge Anwendung von § 269 Abs. 3 S. 2 ZPO näher.[381]

d) Kostenentscheidung bei Erfüllung des Hauptsacheanspruchs

304 Hat der Antragsgegner während des selbstständigen Beweisverfahrens den Hauptsacheanspruch erfüllt und ist damit die beabsichtigte Klage gegenstandslos geworden, muss der Antragsteller, wenn eine entsprechende Anordnung nach § 494a Abs. 1 ZPO erlassen wurde, dennoch Hauptsacheklage erheben, um der Kostenfolge des § 494a Abs. 2 ZPO zu entgehen.[382] Der BGH hat in seiner Entscheidung vom 1.7.2004[383] ausgeführt, dass die Erfüllung der geltend gemachten Ansprüche einer Hauptsacheklage nicht entgegenstehe. Der Antragsteller müsse in diesen Fällen Klage auf Feststellung

---

376 BGH AGS 2003, 410.
377 Herget, MDR 1991, 314.
378 OLG Karlsruhe MDR 1996, 1303.
379 OLG Karlsruhe MDR 1996, 1303.
380 OLG Frankfurt OLGR 1996, 180; OLG Brandenburg JurBüro 1996, 372; dagegen lehnt OLG Koblenz MDR 1996, 101 eine Kostenentscheidung mangels gesetzlicher Regelung ab.
381 So BGH AGS 2005, 31; LG Halle JurBüro 1997, 531.
382 BGH AGS 2004, 400.
383 BGH AGS 2004, 400.

erheben, dass der Antragsgegner ursprünglich zur Beseitigung der Störung verpflichtet war. Nach anderer Ansicht ist, wenn die Hauptsacheforderung nicht mehr zwischen den Parteien streitig ist und dementsprechend der Beweisgegner nicht mehr ernsthaft glauben kann, ungerechtfertigt in Anspruch genommen worden zu sein, für eine Anwendbarkeit des § 494 Abs. 2 ZPO kein Raum mehr.[384]

e) Kostenentscheidung bei nur teilweiser Klageerhebung

Macht der Antragsteller den Gegenstand des selbstständigen Beweisverfahrens nur noch teilweise zum Streitgegenstand des Hauptsacheverfahrens, können ihm auf Antrag des Antragsgegners die Kosten des Beweisverfahrens durch Beschluss nach § 494a Abs. 2 ZPO mit der entsprechenden Quote auferlegt werden. Bezüglich der verbleibenden Quote der Kosten des selbstständigen Beweisverfahrens ist im Rahmen der Kostenentscheidung des Hauptsacheverfahrens zu befinden.[385]

305

12. Erstattungsfähigkeit der Gebühren des erst nach Gutachtenerstattung tätigen Rechtsanwalts

Es ist zu differenzieren:
- Der Rechtsanwalt wird mit der Überprüfung des Gutachtens aus dem selbstständigen Beweisverfahren etc. beauftragt.
- Der Rechtsanwalt wird nur mit der Herbeiführung einer Kostenentscheidung beauftragt.

306

Wird der Rechtsanwalt zwar erst nach Vorlage des Gutachtens beauftragt, allerdings mit der Maßgabe, die inhaltliche Richtigkeit des Gutachtens zu überprüfen, Einwendungen vorzutragen und etwa Ergänzungen zu beantragen, so wird er wohl noch im Rahmen des selbstständigen Beweisverfahrens tätig. Für ihn kann daher die Verfahrensgebühr anfallen, die auch grundsätzlich erstattungsfähig ist.

307

Wird der Rechtsanwalt jedoch erst nach Abschluss des selbstständigen Beweisverfahrens, d.h. z.B. geraume Zeit nach Vorlage des Gutachtens und Ablauf der in der gerichtlichen Übersendungsverfügung bestimmten Stellungnahmefrist nur noch damit beauftragt, eine Kostenentscheidung nach § 494a ZPO zu erreichen, so fällt nur eine Verfahrensgebühr aus dem Wert des Kosteninteresses an. Die Kosten sind auch in der Regel nicht erstattungsfähig,[386] da es sich in einem derartigen Fall nur noch um den kostenmäßigen Abschluss des Verfahrens geht. Da er zuvor anwaltlich nicht vertreten war, sind ihm insoweit regelmäßig keine Kosten entstanden, so dass ein Kostenantrag sinnlos ist. War die anwaltliche Tätigkeit aber sinnlos, sind die damit verbundenen Kosten nicht erstattungsfähig. Der insoweit tätige Rechtsanwalt kann jedoch – sofern er seinen Mandanten über die fehlende Erstattungsfähigkeit belehrt hat – die Verfahrensgebühr von diesem fordern.

308

Hat der Antragsgegner allerdings, ohne anwaltlich vertreten zu sein, Kosten im selbstständigen Beweisverfahren gehabt, also etwa Fahrtkosten, Verdienstausfall etc., dann sind auch die Kosten desjenigen Rechtsanwalts erstattungsfähig, der auftragsgemäß nur eine Kostenentscheidung herbeiführen soll.

309

F. Anrechnung der Verfahrensgebühr bei Zurückweisung der Sache (Abs. 6)

Wird eine Sache in einem Verfahren nach VV Teil 3 vom Rechtsmittelgericht an ein untergeordnetes Gericht zurückverwiesen, so ist das weitere Verfahren vor dem Gericht, das die angefochtene Entscheidung erlassen hat und das jetzt wieder nach Zurückverweisung mit der Sache befasst wird, nach § 21 Abs. 1 eine neue Angelegenheit. Es liegen also drei Angelegenheiten vor, nämlich
- das **Verfahren vor Zurückverweisung**,
- das **Rechtsmittelverfahren** und
- das **Verfahren nach Zurückverweisung**.

310

---

384 OLG Düsseldorf JurBüro 1994, 303.
385 OLG München OLGR 1992, 94; a.A. OLG Düsseldorf OLGZ 1993, 342.
386 OLG München MDR 2000, 787 = AnwBl 2001, 578.

311 Nur im Falle einer Zurückverweisung nach § 21 Abs. 2 bilden das Verfahren vor Zurückverweisung und das Verfahren nach Zurückverweisung eine Angelegenheit.

312 Soweit nach § 21 Abs. 1 das Verfahren nach Zurückverweisung eine neue Angelegenheit darstellt, wird die im Ausgangsverfahren entstandene Verfahrensgebühr auf die Verfahrensgebühr im Verfahren nach Zurückverweisung **angerechnet**. Dies ist jetzt in Abs. 6 geregelt. Wegen des Sachzusammenhangs wird insoweit auf die Kommentierung zu § 21 Bezug genommen, in der auch die Anrechnungsfälle einschließlich der damit verbundenen Probleme und Varianten dargestellt werden.

313 Liegen zwischen Beendigung des Ausgangsverfahrens und dem Neubeginn des Verfahrens nach Zurückverweisung **mehr als zwei Kalenderjahre**, so ist nach § 15 Abs. 2 S. 2 die **Anrechnung ausgeschlossen**. Das bedeutet, dass im Verfahren nach Zurückverweisung dann auch die Verfahrensgebühr anrechnungsfrei dem Anwalt verbleibt.

314 Zu Einzelheiten siehe die Kommentierung zu § 21.

G. Vorrang besonderer Vorschriften des VV Teil 6 (Abs. 7)

315 **Abs. 7** stellt klar, dass die Vorschriften des VV Teil 6 vorrangig sind. Dort sind spezielle gerichtliche Verfahren geregelt, die an sich unter VV Teil 3 fallen würden, soweit es sich um Verfahren der freiwilligen Gerichtsbarkeit oder um verwaltungsgerichtlichen Verfahren handelt, nämlich
- Verfahren nach dem Gesetz über die internationale Rechtshilfe in Strafsachen (VV 6100 ff.);
- Verfahren nach dem IStGH-Gesetz (VV 6100 ff.);
- Disziplinarverfahren (VV 6200 ff.);
- berufsgerichtliche Verfahren wegen der Verletzung einer Berufspflicht (VV 6200 ff.);
- gerichtliche Verfahren bei Freiheitsentziehungen (VV 6300 ff.);
- gerichtliche Verfahren in Unterbringungssachen (VV 6300 ff.);
- Verfahren auf gerichtliche Entscheidung nach der WBO vor dem Bundesverwaltungsgericht (VV 6002 f.);
- Verfahren auf gerichtliche Entscheidung nach der WDO vor dem Truppendienstgericht (VV 6400 f.);
- Verfahren auf Aufhebung oder Änderung einer Disziplinarmaßnahme (VV 6500);
- Verfahren vor dem Disziplinarvorgesetzten auf Aufhebung oder Abänderung einer Disziplinarmaßnahme (Anm. Abs. 4 zu VV 6500);
- gerichtliche Verfahren vor dem Wehrdienstgericht in dem vorstehenden Fall.

316 Für diese Verfahren enthält VV Teil 6 besondere Vorschriften, die denen des VV Teil 3 vorgehen. Auf die Gebühren nach VV Teil 3 kann insoweit nicht zurückgegriffen werden.[387] Auch die Vorbemerkungen zu VV Teil 3 gelten nicht und sind auch nicht entsprechend anwendbar. VV Teil 6 enthält eigene Vorbemerkungen.

317 Eine **Ausnahme** von diesem Grundsatz enthält lediglich VV Vorb. 6.2. Abs. 3 Danach entstehen Gebühren nach VV Teil 3
1. für das Verfahren über die Erinnerung oder die Beschwerde gegen einen Kostenfestsetzungsbeschluss, für das Verfahren über die Erinnerung gegen den Kostenansatz und für das Verfahren über die Beschwerde gegen eine Entscheidung über solche Erinnerungen;
   hier sind die VV 3500, 3513 anzuwenden;
2. in der Zwangsvollstreckung aus einer Entscheidung, die über die Erstattung von Kosten ergangen ist, einschließlich Erinnerung und Beschwerde;
   hier sind die VV 3309 ff. in der Zwangsvollstreckung und die VV 3500, 3513 in Erinnerungs- und Beschwerdeverfahren anzuwenden;
3. in Verfahren über eine Beschwerde gegen eine Entscheidung die über die Erstattung von Kosten;
   hier sind die VV 3500, 3513 anzuwenden.

---

[387] Mit umständlicher Begründung auch BGH AGS 2012, 473 = NJW-RR 2012, 959 = JurBüro 2012, 528 = RVGreport 2012, 302.

Anwendbar in den Verfahren nach VV Teil 6 bleiben dagegen die **Allgemeinen Gebühren nach VV Teil 1** und die **Gebühren nach VV Teil 2**. Ebenso gelten die Vorschriften des **Paragrafenteils**, so u.a. auch § 34 zu Beratung und Gutachten.

H. Vorrang der Vorschriften des VV Teil 4

Obwohl ausdrücklich nicht erwähnt, gelten die Vorschriften der VV 3100 ff. grundsätzlich auch nicht in Verfahren nach VV Teil 4, selbst wenn dort zivilrechtliche Ansprüche geltend gemacht werden, also

im Adhäsionsverfahren;

insoweit enthalten die VV 4143 f. gesonderte Regelungen, die den Gebühren des VV Teil 3 vorgehen. Nur dann, wenn die Sache im Adhäsionsverfahren nicht zu einer Entscheidung kommt und sich hiernach ein Verfahren vor dem Zivilgericht anschließt, richtet sich die (weitere) Vergütung nach VV Teil 3. Die Gebühr des VV 4143 wird dann auf die Gebühren nach VV Teil 3 zu einem Drittel angerechnet (Anm. Abs. 2 zu VV 4143); ebenso dürfte die isolierte Gehörsrüge in Adhäsionsverfahren nach VV 3330 abzurechnen sein und nicht nach der Rahmengebühr der VV 4202 Nr. 3.

im Verfahren nach dem Strafrechtlichen Rehabilitierungsgesetz (StRehaG);

Insoweit gelten den Gebühren nach VV Teil 4 entsprechend (VV Vorb. 4 Abs. 1 S. 2). Diese Verfahren waren früher nach § 96c BRAGO abzurechnen.

Dagegen gilt VV Teil 3 in **Verfahren nach dem Strafvollzugsgesetz**, wie sich aus der Überschrift zu VV Teil 3 ergibt.

Ebenso richten sich die Gebühren nach VV Teil 3 in Verfahren nach §§ 23 ff. EGGVG, die die Zurückstellung der Strafvollstreckung nach § 35 BtMG betreffen.[388]

Anwendbar sind die Gebühren des VV Teil 3 nach VV Vorb. 4 Abs. 5 ebenfalls
1. im Verfahren über die Erinnerung oder die Beschwerde gegen einen Kostenfestsetzungsbeschluss (§ 464b StPO), im Verfahren über die Erinnerung gegen den Kostenansatz und im Verfahren über die Beschwerde gegen die Entscheidung über solche Erinnerungen;
hier sind die VV 3500, 3513 anzuwenden;
2. in der Zwangsvollstreckung aus Entscheidungen, die über einen aus der Straftat erwachsenen vermögensrechtlichen Anspruch oder die Erstattung von Kosten ergangen sind (§§ 406b, 464b StPO), für die Mitwirkung bei der Ausübung der Veröffentlichungsbefugnis;
hier sind die VV 3309 ff. anzuwenden;
3. in Beschwerdeverfahren gegen eine der vorgenannten Entscheidungen;
hier sind die VV 3500, 3513 entsprechend anzuwenden.

Soweit sich aus einem Strafverfahren **zivilrechtliche Ansprüche** ergeben, die vor den **Zivilgerichten** einzuklagen sind, also z.B. Ansprüche nach dem Strafrechtlichen Entschädigungsgesetz (StrEG), die vor dem Zivilgericht geltend zu machen sind (§ 13 StrEG), gilt wiederum VV Teil 3 und nicht VV Teil 4.

I. Vorrang der Vorschriften des VV Teil 5

Auch in Verfahren nach VV Teil 5 sind die Gebühren des VV Teil 3 grundsätzlich nicht anwendbar.

Anwendbar sind die Gebühren des VV Teil 3 nach VV Vorb. 5 Abs. 4 wiederum
1. für das Verfahren über die Erinnerung oder die Beschwerde gegen einen Kostenfestsetzungsbeschluss, für das Verfahren über die Erinnerung gegen den Kostenansatz, für das Verfahren über die Beschwerde gegen die Entscheidung über diese Erinnerung und für Verfahren über den

---

388 OLG Zweibrücken AGS 2011, 433 = StraFo 2010, 515 = Rpfleger 2011, 116 = RVGreport 2011, 139 = RVGprof. 2011, 88 = NStZ-RR 2011, 32 = StRR 2010, 480.

Antrag auf gerichtliche Entscheidung gegen einen Kostenfestsetzungsbescheid und den Ansatz der Gebühren und Auslagen (§ 108 OWiG);
hier sind die VV 3500, 3513 anzuwenden;
2. in der Zwangsvollstreckung aus Entscheidungen, die über die Erstattung von Kosten ergangen sind,
hier sind die VV 3309 ff. sprechend anzuwenden;
für Beschwerdeverfahren gegen eine gerichtliche Entscheidung nach Nummer 1;
hier gelten wiederum die VV 3500, 3513.

Abschnitt 1. Erster Rechtszug

Nr.	Gebührentatbestand	Gebühr oder Satz der Gebühr nach § 13 RVG
Vorbemerkung 3.1:		
(1) Die Gebühren dieses Abschnitts entstehen in allen Verfahren, für die in den folgenden Abschnitten dieses Teils keine Gebühren bestimmt sind.		
(2) Dieser Abschnitt ist auch für das Rechtsbeschwerdeverfahren nach § 1065 ZPO anzuwenden.		

A. Anwendungsbereich der VV 3100 ff.
   (Abs. 1) 1

B. Rechtsbeschwerdeverfahren nach
   § 1065 ZPO (Abs. 2) 4

A. Anwendungsbereich der VV 3100 ff. (Abs. 1)

1 Wie sich bereits aus der Überschrift zu VV Teil 3 (Zivilsachen, Verfahren der öffentlich-rechtlichen Gerichtsbarkeiten, Verfahren nach dem Strafvollzugsgesetz und ähnliche Verfahren) ergibt, gelten die Gebühren nach diesem Teil in sämtlichen Angelegenheiten, also insbesondere in:
– Zivilrechtsstreitigkeiten,
– arbeitsrechtlichen Verfahren, auch Beschlussverfahren,
– Verfahren nach dem FamFG,
– verwaltungsgerichtlichen Verfahren,
– Sozialgerichtsverfahren,
– finanzgerichtlichen Verfahren,
– Landwirtschaftsverfahren.

Ferner gelten die VV 3100 ff. in **schiedsrichterlichen Verfahren und Verfahren vor dem Schiedsgericht** (§ 36). Während § 36 a.F. hinsichtlich der Gebühren für ein schiedsrichterliches Verfahren nur auf VV Teil 3 Abschnitt 1 und 2 verwies, hat der Gesetzgeber nunmehr dem Umstand Rechnung getragen, dass in diesen Verfahren auch Gebühren für den Verkehrsanwalt, den Terminsvertreter und für einen mit Einzeltätigkeiten beauftragten Anwalt anfallen konnten. Insofern ist durch das 2. KostRMoG (vgl. Art. 8 Abs. 1 Nr. 19) die Verweisung in § 36 Abs. 1 auch auf VV Teil 3 Abschnitt 4 ergänzt worden.

Darüber hinaus gelten die Gebühren nach VV Teil 3 Abschnitt 2 Unterabschnitt 2 in **Verfahren vor den Verfassungsgerichten** (§ 37 Abs. 2 S. 1). In **Verfahren vor dem EuGH** gelten wiederum die Gebühren nach VV Teil 3 Abschnitt 2 Unterabschnitt 2 entsprechend (§ 38 Abs. 1 S. 1). Durch die klarstellende Verweisung auf Unterabschnitt 2 in § 38 Abs. 1 S. 1 wird die bisher schon geltende Praxis[1] Gesetz, wonach für die Vorabentscheidungsverfahren vor dem EuGH die Vorschriften des jeweiligen Revisionsverfahrens des zugrunde liegenden Ausgangsverfahrens gelten. Allein durch die frühere Verweisung auf VV Teil 3 Abschnitt 2 war nicht eindeutig klargestellt, auf welchen Unterabschnitt, also auf welches Rechtsmittelverfahren (Berufung oder Revision) konkret Bezug genommen werden sollte. Dies ist nun ausdrücklich geregelt.

---

1 Vgl. BGH AGS 2012, 281 m. Anm. *N. Schneider*.

In allen diesen erstinstanzlichen Verfahren richten sich die Gebühren zukünftig nach den VV 3100 ff. Faktisch enthält die **VV Vorb. 3.1** damit eine **Auffangregelung** für alle gerichtlichen Verfahren, für die keine besonderen Gebühren bestimmt sind.[2]

Eine Ausnahme regelt VV Vorb. 3.2.1 Nr. 1: In **Verfahren vor dem Finanzgericht** richten sich die Gebühren nach den VV 3200 ff. Finanzgerichte sind auf der Ebene der Oberlandesgerichte angesiedelt. Daher gelten hier die Gebührenvorschriften, die ansonsten für das Berufungsverfahren vorgesehen sind.

B. Rechtsbeschwerdeverfahren nach § 1065 ZPO (Abs. 2)

In **Rechtsbeschwerdeverfahren nach § 1065 ZPO** gelten ebenfalls die VV 3100 ff. Es handelt sich hierbei um die Rechtsbeschwerden gegen Entscheidungen nach **§ 1062 Abs. 1 Nr. 2 und 4 ZPO**. Danach entscheidet das Oberlandesgericht, das in der Schiedsvereinbarung bezeichnet ist oder, wenn eine solche Bezeichnung fehlt, in dessen Bezirk der Ort des schiedsrichterlichen Verfahrens liegt, über Anträge betreffend:
- **Nr. 2:** die Feststellung der Zulässigkeit oder Unzulässigkeit eines schiedsrichterlichen Verfahrens (§ 1032 ZPO) oder die Entscheidung eines Schiedsgerichts, in der dieses seine Zuständigkeit in einem Zwischenentscheid bejaht hat (§ 1040 ZPO);
- **Nr. 4:** die Aufhebung (§ 1059 ZPO) oder die Vollstreckbarerklärung des Schiedsspruchs (§§ 1060 ff. ZPO) oder die Aufhebung der Vollstreckbarerklärung (§ 1061 ZPO).

Sofern gegen diese Entscheidungen nach § 1065 ZPO Rechtsbeschwerde zum BGH erhoben wird, gelten die Gebühren des ersten Rechtszugs nach VV Teil 3 Abschnitt 1. Dabei kommt es für die Gebührenentstehung nicht darauf an, ob die Rechtsbeschwerde tatsächlich zulässig ist.

Nr.	Gebührentatbestand	Gebühr oder Satz der Gebühr nach § 13 RVG
3100	Verfahrensgebühr, soweit in Nummer 3102 nichts anderes bestimmt ist	1,3
	(1) Die Verfahrensgebühr für ein vereinfachtes Verfahren über den Unterhalt Minderjähriger wird auf die Verfahrensgebühr angerechnet, die in dem nachfolgenden Rechtsstreit entsteht (§ 255 FamFG).	
	(2) Die Verfahrensgebühr für einen Urkunden- oder Wechselprozess wird auf die Verfahrensgebühr für das ordentliche Verfahren angerechnet, wenn dieses nach Abstandnahme vom Urkunden- oder Wechselprozess oder nach einem Vorbehaltsurteil anhängig bleibt (§§ 596, 600 ZPO).	
	(3) Die Verfahrensgebühr für ein Vermittlungsverfahren nach § 165 FamFG wird auf die Verfahrensgebühr für ein sich anschließendes Verfahren angerechnet.	

A. **Allgemeines** 1
B. **Anrechnung bei vorangegangenem vereinfachten Verfahren über den Unterhalt Minderjähriger nach § 255 FamFG (Anm. Abs. 1)** 4
C. **Anrechnung bei Urkunden- und Wechselprozess (Anm. Abs. 2)** 11
  I. Allgemeines 11
 II. Regelungsgehalt 16
    1. Verfahrensgebühr 16
    2. Verkehrsanwaltsgebühr, VV 3400 19
    3. Terminsgebühr 20
    4. Nachverfahren nach Vorbehaltsurteil gemäß § 302 ZPO 24
    5. Prozesskostenhilfe 26
    6. Berufungsverfahren 29
    7. Streitwertfragen 31
      a) Allgemeines 31
      b) Anträge im Nachverfahren über Teilbeträge 33
      c) Streitwerterhöhung im Nachverfahren .. 35
D. **Anrechnung bei vorangegangenem Vermittlungsverfahren nach § 165 FamFG (Anm. Abs. 3)** 39

---

[2] Hartung/Römermann/*Schons*, RVG, Vorbem. 3.1 VV Rn 2.

A. Allgemeines

1 VV 3100 bestimmt nur die Höhe der Verfahrensgebühr mit einem **Gebührensatz** von **1,3**. Die eigentlichen Tatbestandsmerkmale, die eine Verfahrensgebühr entstehen lassen, finden sich dagegen in VV Vorb. 3 Abs. 2, sodass auf die dortige Kommentierung zu diesen Tatbestandsmerkmalen verwiesen wird (siehe VV Vorb. 3 Rdn 12 ff.).

2 Vertritt der Anwalt mehrere Auftraggeber wegen desselben Gegenstands, erhöht sich der Gebührensatz um 0,3 je weiteren Auftraggeber, höchstens um 2,0, sodass also die Maximalgebühr 2,3 beträgt.

3 In bestimmten Fällen ermäßigt sich die Verfahrensgebühr der VV 3100 auf einen Gebührensatz zu 0,8. Siehe hierzu die Kommentierung zu VV 3101.

B. Anrechnung bei vorangegangenem vereinfachten Verfahren über den Unterhalt Minderjähriger nach § 255 FamFG (Anm. Abs. 1)

4 Nach §§ 349 ff. FamFG (früher §§ 645 ff. ZPO) kann das minderjährige Kind, das mit dem in Anspruch genommenen Elternteil nicht in einem Haushalt lebt, im vereinfachten Verfahren seinen Unterhalt festsetzen lassen. Auf dieses vereinfachte Verfahren sind die VV 3100 ff. entsprechend anzuwenden, da es sich um ein „ähnliches Verfahren" i.S.d. Überschrift zu VV Teil 3 handelt. Der Gegenstandswert bestimmt sich nach § 51 Abs. 1 S. 2, Abs. 2 S. 3 i.V.m. S. 1 u. 2 FamGKG. Der Anwalt erhält in diesen Verfahren also insbesondere die Verfahrensgebühr nach VV 3100 i.H.v. 1,3.

5 Erhebt der Unterhaltsschuldner Einwendungen, die nach § 252 Abs. 1 S. 3 FamFG nicht zurückzuweisen oder die nach § 252 FamFG unzulässig sind, können beide Parteien nach § 255 FamFG die Durchführung des streitigen Verfahrens beantragen. Geschieht dies, so ist nach § 255 Abs. 2 FamFG so zu verfahren, wie nach Klageerhebung. Das sich dann hieran anschließende streitige Verfahren stellt nach § 17 Nr. 3 eine neue Angelegenheit i.S.d. § 15 dar, sodass sämtliche Gebühren wiederum nach VV Teil 3 im streitigen Verfahren erneut entstehen können.

6 Eine Abänderung des Unterhaltstitels (früher § 655 ZPO) ist nicht mehr vorgesehen, sodass sich hier die Anrechnungsfrage nicht mehr stellt.

7 Weil dem Anwalt im Ergebnis die Gebühren nach VV 3100 ff. jedoch nicht in beiden Verfahren gesondert zustehen sollen, ordnet Anm. Abs. 1 für diese Fälle an, dass die Verfahrensgebühren des vereinfachten Verfahrens aus VV 3100 auf die Verfahrensgebühr nach VV 3100 des Rechtsstreits anzurechnen sind.

Beispiel: Es wird zunächst ein vereinfachtes Verfahren auf Festsetzung nach §§ 249 ff. FamFG (Wert: 3.000 EUR) eingeleitet. Der Unterhaltsschuldner erhebt Einwendungen, sodass nach § 255 FamFG das streitige Verfahren durchgeführt wird.
Zu rechnen ist wie folgt:

I. Vereinfachtes Verfahren
1. 1,3-Verfahrensgebühr, VV 3100 — 261,30 EUR
2. Postentgeltpauschale, VV 7002 — 20,00 EUR
   Zwischensumme — 281,30 EUR
3. 19 % Umsatzsteuer, VV 7008 — 53,45 EUR
   Gesamt — **334,75 EUR**

II. Streitiges Verfahren
1. 1,3-Verfahrensgebühr, VV 3100 — 261,30 EUR
2. gem. Anm. Abs. 1 zu VV 3100 anzurechnen, 1,3 aus 3.000 EUR — – 261,30 EUR
3. 1,2-Terminsgebühr, VV 3104 — 241,20 EUR
4. Postentgeltpauschale, VV 7002 — 20,00 EUR
   Zwischensumme — 261,20 EUR
5. 19 % Umsatzsteuer, VV 7008 — 49,63 EUR
   Gesamt — **310,83 EUR**

Soweit die Gegenstände nicht identisch sind, etwa weil die vereinfachte Festsetzung nicht in vollem Umfang angegriffen wird, ist auch nur teilweise anzurechnen, nämlich, soweit sich die Gegenstände der jeweiligen Verfahren decken.

> **Beispiel:** Es wird zunächst ein vereinfachtes Festsetzungsverfahren nach §§ 249 ff. FamFG (beantragte Festsetzung: 273 EUR monatlich) eingeleitet. Anschließend wird das streitige Verfahren wegen eines Differenzbetrages von 33 EUR eingeleitet.
> Im Festsetzungsverfahren entsteht eine 1,3-Verfahrensgebühr aus 3.276 EUR (12 x 273 EUR), während im Rechtsstreit die Gebühren nach VV 3100 ff. jetzt lediglich nach dem Wert von 396 EUR (12 x 33 EUR) entstehen. Anzurechnen ist nach Anm. Abs. 1 nur aus dem Wert von 396 EUR.
>
> **I. Vereinfachtes Verfahren**
> 1. 1,3-Verfahrensgebühr, VV 3100
>   (Wert: 3.276,00 EUR)   327,60 EUR
> 2. Postentgeltpauschale, VV 7002   20,00 EUR
>   Zwischensumme   347,60 EUR
> 3. 19 % Umsatzsteuer, VV 7008   66,04 EUR
>   **Gesamt**   **413,64 EUR**
>
> **II. Streitiges Verfahren**
> 1. 1,3-Verfahrensgebühr, VV 3100
>   (Wert: 396,00 EUR)   58,50 EUR
> 2. gem. Anm. Abs. 1 zu VV 3100 anzurechnen,
>   1,0 aus 396,00 EUR   – 58,50 EUR
> 3. 1,2-Terminsgebühr, VV 3104
>   (Wert: 396,00 EUR)   54,00 EUR
> 4. Postentgeltpauschale, VV 7002   20,00 EUR
>   Zwischensumme   74,00 EUR
> 5. 19 % Umsatzsteuer, VV 7008   14,06 EUR
>   **Gesamt**   **88,06 EUR**

Wird gegen den Festsetzungsbeschluss gemäß § 256 FamFG Beschwerde eingelegt, richtet sich die Vergütung nach Vorbem. 3.2.1 Abs. 1 Nr. 2 Buchst. b) i.V.m. VV 3200 ff.; der Rechtsanwalt erhält eine 1,6-Verfahrensgebühr. Eine Anrechnung nach Abs. 1 kommt dann nicht in Betracht.

Zur **Anrechnung der Terminsgebühr** nach Anm. Abs. 4 zu VV 3104[1] in diesen Fällen vgl. die Kommentierung dort (siehe VV 3104 Rdn 96).

C. Anrechnung bei Urkunden- und Wechselprozess (Anm. Abs. 2)

I. Allgemeines

Nach §§ 592 ff. ZPO können Ansprüche auf Zahlung einer bestimmten Geldsumme oder Leistung einer bestimmten Menge anderer vertretbarer Sachen oder Wertpapiere im Urkundenprozess geltend gemacht werden, wenn alle zur Begründung des Anspruchs erforderlichen Tatsachen durch Urkunden bewiesen werden können. Für den Wechselprozess gelten neben den vorgenannten Vorschriften gemäß § 602 ZPO die besonderen Vorschriften der §§ 603 bis 605 ZPO, für den Scheckprozess werden gemäß § 605a ZPO die Vorschriften des Wechselprozesses für entsprechend anwendbar erklärt.

Allen vorgenannten Verfahrensarten schließt sich im Regelfall, d.h. wenn der Beklagte dem geltend gemachten Anspruch widersprochen hat und ihm daher die Rechte im Nachverfahren gemäß § 599 Abs. 1 ZPO vorbehalten werden, das Nachverfahren gemäß § 600 ZPO an. Der Rechtsstreit bleibt in diesen Fällen im ordentlichen Verfahren anhängig. Obwohl Urkundsverfahren und weiteres Verfahren (nach Abstandnahme oder Vorbehaltsurteil) damit in demselben Rechtszug stattfinden, was nach § 15 Abs. 2 die Einordnung als eine einheitliche gebührenrechtliche Angelegenheit nach sich ziehen würde, erhält der Anwalt die Gebühren jeweils für beide Verfahren gesondert. Denn Urkundsverfahren und weiteres Verfahren sind nach § 17 Nr. 5 verschiedene gebührenrechtliche Angelegen-

---

[1] Eingeführt durch das 2. JuMoG, am 31.12.2006 in Kraft getreten.

heiten. Um aber dem Umstand gerecht zu werden, dass ein Teil der Arbeit des weiteren Verfahrens schon im Urkundsverfahren geleistet wurde, hat der Gesetzgeber die Anrechnung vorgesehen.

13 Für das Verfahren bis zum Vorbehaltsurteil oder bis zur Abstandnahme vom Urkunden- oder Wechselprozess entstehen die Gebühren wie in jedem bürgerlichen Rechtsstreit. Im ordentlichen Verfahren, dem sog. **Nachverfahren**, entstehen sämtliche Gebühren nochmals besonders. Anm. Abs. 2 bestimmt sodann, dass die Verfahrensgebühr für einen Urkunden- oder Wechselprozess auf die Verfahrensgebühr für das ordentliche Verfahren angerechnet wird, wenn dieses nach Abstandnahme vom Urkunden- oder Wechselprozess oder nach einem Vorbehaltsurteil anhängig bleibt.

14 Aufgrund der Anrechnung der Verfahrensgebühr kann sie – wenn derselbe Anwalt im Urkundsverfahren und im Nachverfahren tätig geworden ist – im Ergebnis nur einmal geltend gemacht werden.

15 Anm. Abs. 2 erwähnt den **Scheckprozess** gemäß § 605a ZPO nicht. Da aber sämtliche Vorschriften des Wechselprozesses gemäß § 605a ZPO für den Scheckprozess entsprechend anzuwenden sind, kann kein Zweifel daran bestehen, dass Anm. Abs. 2 auch für den Scheckprozess gilt.[2] Der Scheckprozess wird allgemein als weitere Art des Urkundsprozesses angesehen,[3] was ebenfalls für die Anwendung von Anm. Abs. 2 spricht.

II. Regelungsgehalt

1. Verfahrensgebühr

16 Die Verfahrensgebühr des Urkunden- oder Wechselprozesses wird auf die Verfahrensgebühr des Nachverfahrens angerechnet (vgl. Anm. Abs. 2), die Verfahrensgebühr kann insgesamt also nur einmal geltend gemacht werden. Unerheblich dabei ist, ob der Kläger nach Erlass eines Vorbehaltsurteils das Nachverfahren weiter betreibt oder bereits während des Rechtsstreits, d.h. vor Erlass eines Vorbehaltsurteils, vom Urkunden- oder Wechselprozess Abstand genommen hat.

> **Beispiel:** Der Kläger klagt im Wechselprozess eine Forderung von 5.000 EUR ein. Der Beklagte erhebt Einwendungen gegen die Echtheit der Urkunden und tritt Beweis an durch Parteivernehmung. Im Wechselprozess wird in einer mündlichen Verhandlung verhandelt, anschließend zur Echtheit der Urkunde Beweis erhoben. Es ergeht ein Vorbehaltsurteil. Der Beklagte beantragt die Durchführung des Nachverfahrens. Im Nachverfahren wird ebenfalls mündlich verhandelt. Das Gericht verkündet hiernach ein Endurteil, wonach das Vorbehaltsurteil für vorbehaltlos erklärt wird.
> **I. Wechselprozess (Wert: 5.000 EUR)**
> 1. 1,3-Verfahrensgebühr, VV 3100   393,90 EUR
> 2. 1,2-Terminsgebühr, VV 3104   363,60 EUR
> **II. Nachverfahren (Wert: 5.000 EUR)**
> 1. 1,2-Terminsgebühr, VV 3104   363,60 EUR
>
> Auf die im Nachverfahren entstandene 1,3-Verfahrensgebühr (VV 3100) wird die in gleicher Höhe im Wechselprozess entstandene Verfahrensgebühr angerechnet, sodass von der Verfahrensgebühr im Ergebnis nichts verbleibt.

17 Erhöht sich der Streitwert im Nachverfahren gegenüber dem Vorverfahren, führt dies dazu, dass sich auch die Verfahrensgebühr des Nachverfahrens erhöht und insoweit nur eine teilweise Anrechnung stattfindet (vgl. Rdn 35 ff.).

18 Wenn ein vor dem 1.7.2004 im Urkundenprozess beauftragter Verfahrensbevollmächtigter nach Abstandnahme vom Urkundenverfahren weiter im noch anhängigen ordentlichen Verfahren tätig wird, ist die im Urkundsprozess nach § 31 Abs. 1 Nr. 1 BRAGO entstandene Prozessgebühr auf die im ordentlichen Verfahren entstandene Verfahrensgebühr nach VV 3100 anzurechnen.[4]

2. Verkehrsanwaltsgebühr, VV 3400

19 Hinsichtlich der Verkehrsanwaltsgebühr nach VV 3400 gilt das zur Verfahrensgebühr Ausgeführte (siehe Rdn 16). Da die Verkehrsanwaltsgebühr der Verfahrensgebühr in der Funktion gleich steht,

---

2 So auch Riedel/Sußbauer/*Keller*, RVG, VV Teil 3 Abschnitt 1 Rn 13; Gerold/Schmidt/*Müller-Rabe*, RVG, VV 3100 Rn 256.
3 *Baumbach u.a.*, ZPO, § 605a Rn 1.
4 KG RVGreport 2005, 223.

kann sie nur einmal berechnet werden, ist also auf diese anzurechnen.[5] War der Anwalt im Urkundsverfahren Verkehrsanwalt und im Nachverfahren Verfahrensbevollmächtigter, so ist die Verfahrensgebühr nach VV 3400 auf die Verfahrensgebühr nach VV 3100 anzurechnen.[6] Zu beachten ist dabei, dass die Verkehrsanwaltsgebühr nach VV 3400 höchstens i.H.v. 1,0 anfallen kann, während dem Verfahrensbevollmächtigten eine höhere Gebühr zusteht.

3. Terminsgebühr

Stellt der Prozessbevollmächtigte des Beklagten in der mündlichen Verhandlung des Urkunden- und Wechselprozesses keinen Klageabweisungsantrag, sondern **widerspricht er lediglich dem Anspruch** oder **erkennt er diesen unter Vorbehalt der Rechte** im Nachverfahren an und beantragt, ihm die Geltendmachung seiner Rechte im Nachverfahren vorzubehalten, erhält er gleichwohl die Terminsgebühr nach VV 3104 i.H.v. 1,2.[7] Denn die Terminsgebühr erfordert keine Antragstellung – die Vertretung des Mandanten in einem Termin reicht aus. 20

Nimmt der Klägervertreter, nachdem er in der mündlichen Verhandlung zur Sache vorgetragen hat, **vom Wechselprozess Abstand**, ist eine 1,2-Terminsgebühr gemäß VV 3104 für ihn und den gegnerischen Prozessbevollmächtigten gleichwohl schon mit der Wahrnehmung des Termins entstanden. 21

Die Terminsgebühr erwächst dem Prozessbevollmächtigten im Nachverfahren nochmals, selbst wenn er sie im Vorverfahren schon verdient hat. Voraussetzung ist dabei selbstverständlich, dass im Nachverfahren ein Termin stattfindet oder der Prozessbevollmächtigte eine in VV Vorb. 3 Abs. 3 genannte Tätigkeit ausführt. Eine Anrechnung der Terminsgebühr des Urkundsverfahrens auf die Terminsgebühr des Nachverfahrens sieht das Gesetz nicht vor. 22

Im Hinblick auf diesen doppelten Anfall der Terminsgebühr sollte der Anwalt des Klägers folgendes beachten: Er sollte, wenn er vom Urkundsprozess Abstand nehmen will, dies vor Aufruf der Sache tun. Denn ist die Sache bei Anwesenheit des vertretungsbereiten Beklagtenanwalts erst einmal aufgerufen und damit die 1,2-Terminsgebühr für das Urkundsverfahren entstanden, fällt eine weitere Terminsgebühr und damit höhere Kosten für den Kläger an, wenn das Gericht – was prozessual möglich ist[8] – den Termin sofort fortsetzt. 23

Beispiel:[9] Es wird Scheckklage i.H.v. 10.000 EUR erhoben. Im Termin nimmt der Kläger Abstand vom Scheckverfahren. Sodann wird im ordentlichen Verfahren verhandelt.
Im Scheckverfahren haben die Parteien einen Termin wahrgenommen, auch wenn nur die Abstandnahme erklärt worden ist. Es entsteht daher für beide Anwälte neben der Verfahrensgebühr auch eine 1,2-Terminsgebühr.

I. Scheckverfahren (Wert: 10.000 EUR)
1. 1,3-Verfahrensgebühr, VV 3100   725,40 EUR
2. 1,2-Terminsgebühr, VV 3104   669,60 EUR
3. Postentgeltpauschale, VV 7002   20,00 EUR
   Zwischensumme   1.415,00 EUR
4. 19 % Umsatzsteuer, VV 7008   268,85 EUR
   Gesamt   **1.683,85 EUR**

II. Nachverfahren (Wert: 10.000 EUR)
1. 1,3 Verfahrensgebühr, VV 3100   725,40 EUR
2. gem. Anm. Abs. 2 zu VV 3100 anzurechnen,
   1,3 aus 10.000 EUR   – 725,40 EUR
3. 1,2-Terminsgebühr, VV 3104   669,60 EUR
4. Postentgeltpauschale, VV 7002   20,00 EUR
   Zwischensumme   689,60 EUR
5. 19 % Umsatzsteuer, VV 7008   131,02 EUR
   Gesamt   **820,62 EUR**

---

5 E. Schneider in Anm. zu OLG Nürnberg KostRsp. BRAGO § 39 Nr. 1.
6 Gerold/Schmidt/*Müller-Rabe*, RVG, VV 3100 Rn 263 f.; Riedel/Sußbauer/*Keller*, RVG, VV Teil 3 Abschnitt 1 Rn 14.
7 Gerold/Schmidt/*Müller-Rabe*, RVG, VV 3100 Rn 262.
8 Zöller/*Greger*, ZPO, § 596 Rn 9.
9 Beispiel nach N. Schneider, AGS 2005, 99, 100.

4. Nachverfahren nach Vorbehaltsurteil gemäß § 302 ZPO

24 Sofern der Beklagte im Prozess die Aufrechnung mit einer Gegenforderung geltend macht, die mit dem in der Klage geltend gemachten Gegenstand nicht in einem rechtlichen Zusammenhang steht, kann gemäß § 302 Abs. 1 ZPO ein Urteil unter Vorbehalt über die Entscheidung über die Aufrechnung ergehen, wenn der Rechtsstreit nur hinsichtlich der Klageforderung entscheidungsreif ist.

25 Auf das diesem Vorbehaltsurteil folgende Nachverfahren findet die Regelung des § 17 Nr. 5 keine Anwendung.[10] Folglich bilden das Verfahren, in welchem das Vorbehaltsurteil ergeht und das Nachverfahren dieselbe gebührenrechtliche Angelegenheit, da sie in demselben Rechtszug stattfinden (§ 15 Abs. 2). Insofern gilt auch die Bestimmung in Anm. Abs. 2 für ein derartiges Nachverfahren nach Erlass eines Urteils unter Vorbehalt der Entscheidung über eine Aufrechnung nach § 302 ZPO nicht. Da keine gesonderte Verfahrensgebühr entsteht, kann auch keine Anrechnung vorgenommen werden.[11]

5. Prozesskostenhilfe

26 Sofern der Prozessbevollmächtigte bereits **im Urkunden- oder Wechselprozess** im Wege der Prozesskostenhilfe beigeordnet worden ist, bedarf es für das Nachverfahren keiner erneuten Beiordnung. Die Bewilligung der Prozesskostenhilfe erfolgt gemäß § 119 ZPO für jeden Rechtszug besonders, aber eben für den ganzen Rechtszug. Da der Urkunden- und Wechselprozess mit dem Nachverfahren zwar keine gebührenrechtliche, jedoch eine zivilprozessuale Einheit bildet, erstreckt sich die Prozesskostenhilfe automatisch auf das Nachverfahren.[12]

27 Wird der Prozessbevollmächtigte hingegen erst **im Nachverfahren** beigeordnet, stellt sich die Frage, ob er gegenüber der Landeskasse die Verfahrensgebühr in Ansatz bringen kann. War er im Urkunden- oder Wechselprozess noch nicht tätig, kann er die Verfahrensgebühr im Rahmen der Prozesskostenhilfe abrechnen, da diese bei ihm noch nicht angefallen ist. Sofern der beigeordnete Prozessbevollmächtigte im Urkunden- oder Wechselprozess bereits als Wahlanwalt tätig war, erhält er die Verfahrensgebühr von der Landeskasse nur bei rückwirkender Bewilligung.

28 Hinsichtlich der Verfahrensgebühr für das Nachverfahren muss sich der zu diesem Zeitpunkt erstmals beigeordnete Rechtsanwalt, der im Urkundenprozess als Wahlanwalt tätig war, die bereits verdiente Verfahrensgebühr dann nicht im Hinblick auf die vorgeschriebene Anrechnung entgegenhalten lassen, wenn er diese von seiner Partei nicht erhalten hat.[13]

6. Berufungsverfahren

29 Das Vorbehaltsurteil sowie das Endurteil können jeweils im Rahmen der allgemeinen Vorschriften der §§ 511 ff. ZPO mit dem Rechtsmittel der Berufung angegriffen werden. Kostenrechtlich handelt es sich dabei um selbstständige Verfahren. Die Anrechnungsvorschrift in Anm. Abs. 2 findet keine Anwendung, da zwei voneinander unabhängige Rechtsmittelinstanzen eröffnet sind.[14] Der Wortlaut der Vorschrift begrenzt die Anrechnung auf das Verhältnis von Urkundsverfahren und Nachverfahren. Darüber hinaus spricht auch die systematische Stellung der Vorschrift in Teil 3 Abschnitt 1 („Erster Rechtszug") gegen eine Ausdehnung auf die Berufungsinstanz. Durch die Berufung gegen ein Vorbehaltsurteil wird das Nachverfahren beim Gericht des ersten Rechtszuges nicht berührt. Es ist sogar denkbar, dass die Berufung gegen das Vorbehaltsurteil noch anhängig ist, während es schon zur Berufung gegen das Urteil des Nachverfahrens kommt.

30 Wird das Vorbehaltsurteil durch das Berufungsgericht bestätigt, so verweist es die Sache an den unteren Rechtszug zurück. Das weitere Verfahren vor diesem Gericht stellt wiederum einen neuen Rechtszug dar. Die Verfahrensgebühr erhält der Rechtsanwalt jedoch nur zusätzlich, wenn die Sache

---

10 Gerold/Schmidt/*Müller-Rabe*, RVG, VV 3100 Rn 256.
11 OLG Nürnberg AnwBl 1972, 161 = JurBüro 1972, 404 = KostRsp. BRAGO § 39 Nr. 1; OLG Hamm JurBüro 1975, 1608; OLG Schleswig JurBüro 1987, 1189 = MDR 1975, 1029 = KostRsp. BRAGO § 39 Nr. 1 m. Anm. *E. Schneider*.

12 Gerold/Schmidt/*Müller-Rabe*, RVG, VV 3100 Rn 273 f.
13 Gerold/Schmidt/*Müller-Rabe*, RVG, VV 3100 Rn 274.
14 Gerold/Schmidt/*Müller-Rabe*, RVG, VV 3100 Rn 257; Riedel/Sußbauer/*Keller*, RVG, VV Teil 3 Abschnitt 1 Rn 15.

an ein Gericht zurückverwiesen ist, das mit der Sache noch nicht befasst war. Durch die Regelung in § 21 ist zwar festgelegt, dass im Falle einer Zurückverweisung der Sache an ein untergeordnetes Gericht das weitere Verfahren vor diesem Gericht einen neuen Rechtszug darstellt. VV Vorb. 3 Abs. 6 bestimmt jedoch, dass eine Anrechnung der Verfahrensgebühr auf die Verfahrensgebühr für das erneute Verfahren stattzufinden hat, soweit die Sache an ein untergeordnetes Gericht verwiesen wird, das bereits mit der Sache befasst war.

7. Streitwertfragen

a) Allgemeines

Der Streitwert des Vorverfahrens ist identisch mit dem des Nachverfahrens, wenn der gesamte ursprünglich geltend gemachte Anspruch im Nachverfahren weiter verfolgt wird. Er vermindert sich auch nicht, wenn der Beklagte **im Nachverfahren nur wegen eines Teils Klageabweisung** beantragt, da der Rechtsstreit verfahrensrechtlich eine Einheit bildet und gemäß § 600 Abs. 1 ZPO in vollem Umfang im ordentlichen Verfahren anhängig ist.[15]

31

Das Nachverfahren bildet mit dem Urkundenprozess eine Einheit, wobei für die Bestimmung des Streitgegenstandes und damit für den Streitwert immer nur der Antrag des Klägers maßgeblich ist. Dagegen sind Anträge des Beklagten für den Umfang des Streitgegenstandes ohne Bedeutung. Ging also der Antrag des Klägers dahin, das Vorbehaltsurteil für vorbehaltlos zu erklären, ist der Verhandlungsgebühr des Nachverfahrens der Streitwert des Urkundenprozesses zugrunde zu legen.

32

b) Anträge im Nachverfahren über Teilbeträge

Anders ist es jedoch zu bewerten, wenn beide Parteien im Nachverfahren nur Anträge über Teilbeträge stellen, die Klage also z.B. teilweise zurückgenommen wird. Die weiteren Gebühren entstehen den Prozessbevollmächtigten dann nur aus dem Wert, der noch Gegenstand des Verfahrens bzw. bei Aufruf der Sache noch anhängig ist. Die Verfahrensgebühr aus dem Streitwert des Vorverfahrens wird nur insoweit angerechnet, als der Gegenstand des Vorverfahrens in das Nachverfahren übergegangen ist. Da bei einer Verminderung des Gegenstandswertes im Nachverfahren die Verfahrensgebühr des Urkundsverfahrens immer höher ist, kann aufgrund der Anrechnung keine Verfahrensgebühr für das Nachverfahren verbleiben.

33

Beispiel: Der Kläger klagt in einem Urkundenprozess 15.000 EUR ein. Im Termin erkennt der Beklagte 5.000 EUR an. Über die Restsumme von 10.000 EUR wird verhandelt. Auf Antrag des Klägervertreters ergeht ein Vorbehalts- und Teilanerkenntnisurteil. Im Nachverfahren reduziert der Kläger sein Klagebegehren von 10.000 EUR auf 5.000 EUR. Nach mündlicher Verhandlung ergeht ein Endurteil.

I. Urkundenprozess (Wert: 15.000 EUR)
1. 1,3-Verfahrensgebühr, VV 3100   845,00 EUR
2. 1,2-Terminsgebühr, VV 3104   780,00 EUR
3. Postentgeltpauschale, VV 7002   20,00 EUR
    Zwischensumme   1.645,00 EUR
4. 19 % Umsatzsteuer, VV 7008   312,55 EUR
Gesamt   **1.957,55 EUR**

Die Terminsgebühr entsteht aus dem vollen Streitwert, da bei Aufruf der Sache noch kein Anerkenntnis des Beklagten und daher noch keine Reduzierung des Streitwertes erfolgt war.

II. Nachverfahren (Wert: 5.000 EUR)
1. 1,3-Verfahrengebühr, VV 3100   393,90 EUR
2. gem. Anm. Abs. 2 anzurechnen   – 393,90 EUR
3. 1,2-Terminsgebühr, VV 3104   363,60 EUR
4. Postentgeltpauschale, VV 7002   20,00 EUR
    Zwischensumme   383,60 EUR
5. 19 % Umsatzsteuer, VV 7008   72,88 EUR
Gesamt   **456,48 EUR**

---

15 OLG München MDR 1987, 766; Riedel/Sußbauer/*Keller*, RVG, VV Teil 3 Abschnitt 1 Rn 15; Gerold/Schmidt/*Müller-Rabe*, RVG, VV 3100 Rn 264 ff.; *Schneider/Herget*, Streitwertkommentar, Rn 5568; Zöller/*Herget*, ZPO, § 3 Rn 16 Stichwort „Nachverfahren".

34 Unerheblich ist es dagegen, wenn nur der Beklagte einen verminderten Klageabweisungsantrag stellt. Da das Vorbehaltsurteil seinem ganzen Umfang nach bestätigt werden muss, bleibt es bei dem ursprünglichen Wert.[16]

c) Streitwerterhöhung im Nachverfahren

35 Bei der Frage, ob sich Klageerweiterungen oder Widerklagen im Nachverfahren auf den Streitwert und damit auf die Verfahrensgebühr auswirken, ist zu differenzieren:

Verlangt der Beklagte im Nachverfahren neben der Aufhebung des Vorbehaltsurteils und der Klageabweisung auch die **Erstattung** der Kosten des Urkundenprozesses oder die **Rückzahlung** des auf der Grundlage des Vorbehaltsurteils Geleisteten, so bleiben diese Beträge bei der Berechnung des Gegenstandswertes außer Ansatz.[17] Insofern berechnet sich die Verfahrensgebühr des Nachverfahrens nach demselben Wert wie die Verfahrensgebühr des Urkundenverfahrens.

36 Wird dagegen im Nachverfahren eine nicht den gleichen Gegenstand betreffende **Widerklage** erhoben oder die Klage **erweitert**, kann eine Erhöhung des Streitwertes im Nachverfahren eintreten.

37 Die Verfahrensgebühr des Urkunden- oder Wechselprozesses wird auf die im Nachverfahren entstehende Verfahrensgebühr angerechnet. Bei Identität des Gegenstandes im Nachverfahren kann der Rechtsanwalt sie im Ergebnis nur einmal berechnen. Erhöht sich jedoch der Streitwert durch Klageerweiterung im Nachverfahren oder durch Widerklage, erhöht sich auch die Verfahrensgebühr. Unter Anrechnung der Gebühr des Vorverfahrens kann der Rechtsanwalt den Unterschiedsbetrag noch fordern.

38 Da die sonstigen Gebühren gesondert anfallen, eine Verrechnung mit den Gebühren des Vorverfahrens also nicht stattfindet, ergeben sich hier keine Besonderheiten. Die Gebühren des Nachverfahrens richten sich nach dem neuen – erhöhten oder auch verringerten – Streitwert.

Beispiel:[18] Der Kläger verlangt im Urkundenprozess einen Betrag von 10.000 EUR. Im Termin nimmt er vom Urkundenverfahren Abstand und erhöht im ordentlichen Verfahren die Klagesumme auf 15.000 EUR. Nach Durchführung einer Beweisaufnahme wird durch Urteil entschieden.

I. Urkundenverfahren (Wert: 10.000 EUR)
1. 1,3-Verfahrensgebühr, VV 3100   725,40 EUR
2. 1,2-Terminsgebühr, VV 3104   669,60 EUR
3. Postentgeltpauschale, VV 7002   20,00 EUR
   Zwischensumme   1.415,00 EUR
4. 19 % Umsatzsteuer, VV 7008   268,85 EUR
   Gesamt   **1.683,85 EUR**

II. Nachverfahren (Wert: 15.000 EUR)
1. 1,3-Verfahrensgebühr, VV 3100   845,00 EUR
2. gem. Anm. Abs. 2 anzurechnen,
   1,3 aus 10.000 EUR   – 725,40 EUR
3. 1,2-Terminsgebühr, VV 3104   780,00 EUR
4. Postentgeltpauschale, VV 7002   20,00 EUR
   Zwischensumme   919,60 EUR
5. 19 % Umsatzsteuer, VV 7008   174,72 EUR
   Gesamt   **1.094,32 EUR**

D. Anrechnung bei vorangegangenem Vermittlungsverfahren nach § 165 FamFG (Anm. Abs. 3)

39 Macht ein Elternteil geltend, dass der andere Elternteil die Durchführung einer gerichtlichen Verfügung über den Umgang mit dem gemeinschaftlichen Kind vereitelt oder erschwert, so vermittelt das

---

[16] LG Schweinfurt und LG Gießen AnwBl 1954, 88 f.
[17] Riedel/Sußbauer/*Keller*, RVG, VV Teil 3 Abschnitt 1 Rn 15; BGHZ 38, 237; a.A. RGZ 145, 298.
[18] Nach *Hansens/Braun/Schneider*, Teil 7 Rn 825.

Familiengericht auf Antrag eines Elternteils zwischen den Eltern (§ 165 FamFG – früher § 52a Abs. 1 S. 2 FGG). Die Vergütung in einem solchen Verfahren richtet sich nach VV 3100 ff.

Der Gegenstandswert bestimmt sich gemäß § 45 FamGKG und beläuft sich im Regelfall auf 3.000 EUR. **40**

Schließt sich bei Erfolglosigkeit des Vermittlungsversuchs an dieses Verfahren ein gerichtliches Verfahren von Amts wegen oder auf Antrag einer der Eltern an, so ist dies eine neue Angelegenheit i.S.d. § 15, in der die Gebühren dann erneut entstehen (§ 17 Nr. 8). Auch für diesen Fall wird angeordnet, dass die Verfahrensgebühren aufeinander anzurechnen sind. Die Verfahrensgebühr aus VV 3100, die im Vermittlungsverfahren nach § 165 FamFG entstanden ist, wird auf die Verfahrensgebühr des gerichtlichen Verfahrens nach VV 3100 angerechnet. Eine Anrechnung eventueller Terminsgebühren kommt dagegen nicht in Betracht. **41**

> **Beispiel:** Vor dem Familiengericht findet zunächst ein Vermittlungsverfahren nach § 156 FamFG statt. Da die Vermittlung trotz eines Vermittlungstermins (§ 156 Abs. 2 FamFG) scheitert, leitet die Mutter ein Umgangsrechtsverfahren ein, in dem wieder ein Termin stattfindet.
> **I. Vermittlungsverfahren nach § 165 FamFG (Wert: 3.000 EUR)**
> 1. 1,3-Verfahrensgebühr, VV 3100   261,30 EUR
> 2. 1,2-Terminsgebühr, VV 3104   241,20 EUR
> 3. Postentgeltpauschale, VV 7002   20,00 EUR
>   Zwischensumme   522,50 EUR
> 4. 19 % Umsatzsteuer, VV 7008   99,28 EUR
> **Gesamt**   **621,78 EUR**
> **II. Gerichtliches Umgangsrechtsverfahren (Wert: 3.000 EUR)**
> 1. 1,3-Verfahrensgebühr, VV 3100   261,30 EUR
> 2. gem. Anm. Abs. 3 zu VV 3100 anzurechnen, 1,3 aus 3.000 EUR   – 261,30 EUR
> 3. 1,2-Terminsgebühr, VV 3104   241,20 EUR
> 4. Postentgeltpauschale, VV 7002   20,00 EUR
>   Zwischensumme   261,20 EUR
> 5. 19 % Umsatzsteuer, VV 7008   49,63 EUR
> **Gesamt**   **310,83 EUR**

Eine Anrechnung der Terminsgebühr ist – im Gegensatz zum vereinfachten Verfahren auf Festsetzung des Unterhalts Minderjähriger – hier nicht vorgesehen. **42**

Nr.	Gebührentatbestand	Gebühr oder Satz der Gebühr nach § 13 RVG
3101	1. Endigt der Auftrag, bevor der Rechtsanwalt die Klage, den ein Verfahren einleitenden Antrag oder einen Schriftsatz, der Sachanträge, Sachvortrag, die Zurücknahme der Klage oder die Zurücknahme des Antrags enthält, eingereicht oder bevor er einen gerichtlichen Termin wahrgenommen hat; 2. soweit Verhandlungen vor Gericht zur Einigung der Parteien oder der Beteiligten oder mit Dritten über in diesem Verfahren nicht rechtshängige Ansprüche geführt werden; der Verhandlung über solche Ansprüche steht es gleich, wenn beantragt ist, eine Einigung zu Protokoll zu nehmen oder das Zustandekommen einer Einigung festzustellen (§ 278 Abs. 6 ZPO); oder 3. soweit in einer Familiensache, die nur die Erteilung einer Genehmigung oder die Zustimmung des Familiengerichts zum Gegenstand hat, oder in einem Verfahren der freiwilligen Gerichtsbarkeit lediglich ein Antrag gestellt und eine Entscheidung entgegengenommen wird, beträgt die Gebühr 3100	0,8

Nr.	Gebührentatbestand	Gebühr oder Satz der Gebühr nach § 13 RVG
	(1) Soweit in den Fällen der Nummer 2 der sich nach § 15 Abs. 3 RVG ergebende Gesamtbetrag der Verfahrensgebühren die Gebühr 3100 übersteigt, wird der übersteigende Betrag auf eine Verfahrensgebühr angerechnet, die wegen desselben Gegenstands in einer anderen Angelegenheit entsteht. (2) Nummer 3 ist in streitigen Verfahren der freiwilligen Gerichtsbarkeit, insbesondere in Verfahren nach dem Gesetz über das gerichtliche Verfahren in Landwirtschaftssachen, nicht anzuwenden.	

A. Vorzeitiges Auftragsende (Nr. 1) 1
  I. Allgemeines 1
  II. Regelungsgehalt 9
    1. Verfahrensarten 9
    2. Verfahrensauftrag 12
      a) Erteilung eines Verfahrensauftrags ... 12
      b) Beendigung des Auftrags 14
        aa) Arten der Beendigung 15
        bb) Gebühren bei Erledigung der Hauptsache 17
          (1) Erledigung der Hauptsache vor Antragstellung 17
          (2) Erledigung der Hauptsache im Termin 18
        cc) Teilerledigung vor Anhängigkeit .. 20
    3. Voraussetzungen für die volle Verfahrensgebühr 22
      a) Allgemeines 22
        aa) Tatsächlich erfolgte Einreichung .. 23
        bb) Absendung an das Gericht 24
        cc) Einreichung beim unzuständigen Gericht 27
        dd) Zustellung an den Gegner 28
      b) Klageschrift 29
      c) Verfahrenseinleitender Antrag 37
      d) Schriftsatz 38
        aa) Schriftsatz mit Sachantrag 38
          (1) Verteidigungsabsicht im schriftlichen Vorverfahren 41
          (2) Verteidigungsabsicht außerhalb des schriftlichen Vorverfahrens 42
          (3) Verweisungsantrag 43
          (4) Wiedereinsetzungsantrag 44
          (5) Ankündigung eines Anerkenntnisses 45
          (6) Kostenantrag nach § 269 Abs. 4 ZPO 46
          (7) Schutzschrift 48
          (8) Anzeige der Aufnahme eines durch Insolvenz unterbrochenen Verfahrens 49
        bb) Schriftsatz mit Sachvortrag 50
        cc) Schriftsatz mit Klage- oder Antragsrücknahme 53
      e) Terminswahrnehmung 54
      f) Drittschuldnerklage 62
      g) Selbstständiges Beweisverfahren gemäß §§ 485 ff. ZPO 64
      h) Legitimation nach letzter mündlicher Verhandlung 67
      i) Legitimation nach einstweiliger Verfügung 69
    4. Vorbereitende Tätigkeit 70
    5. Mehrere Personen als Auftraggeber 71
    6. Konkurrenz zu anderen Gebührenvorschriften 72
  III. Erstattungsfähigkeit 73
    1. Reduzierte Verfahrensgebühr wegen fehlender Erstattungsfähigkeit einer vollen Verfahrensgebühr 73
    2. Antragstellung nach – angekündigter – Klagerücknahme 75
B. Einigung (Nr. 2; Anm. Abs. 1) 78
  I. Allgemeines 78
  II. Regelungsgehalt 82
    1. Protokollierung/Feststellung einer Einigung (Nr. 2, 1. Alt) 82
      a) Einigung 83
      b) Einigungsgegenstand 89
      c) Antrag auf Protokollierung 92
      d) Antrag auf Feststellung 93
    2. Erfolglose Einigungsverhandlungen (Nr. 2, 2. Alt.) 94
    3. Anrechnung (Anm. Abs. 1) 103
      a) Anrechnung der Gebühr 103
      b) Anrechnung im anderen Verfahren 106
      c) Vertretung durch den gleichen Rechtsanwalt 108
      d) Identität der Gegenstände 110
      e) Zeitliche Reihenfolge 111
      f) Berechnung 112
        aa) Kürzung nach § 15 Abs. 3 112
        bb) Keine Kürzung nach § 15 Abs. 3 .. 113
        cc) Anrechnung bei Geltendmachung von Teilbeträgen 114
        dd) Anrechnung bei Einigung im Berufungsverfahren 115
  III. Erstattungsfragen 116
C. Familiensache, die nur die Erteilung einer Genehmigung oder die Zustimmung des Familiengerichts zum Gegenstand hat, oder Verfahren der freiwilligen Gerichtsbarkeit, in dem lediglich ein Antrag gestellt und eine Entscheidung entgegengenommen wird 117
  I. Überblick 117
  II. Familiensache, die nur die Erteilung einer Genehmigung oder die Zustimmung des Familiengerichts zum Gegenstand hat .. 120
  III. Verfahren der freiwilligen Gerichtsbarkeit, in dem lediglich ein Antrag gestellt und eine Entscheidung entgegengenommen wird 131
  IV. Ausschluss der Ermäßigung (Abs. 2) 136
    1. Überblick 136
    2. Landwirtschaftssachen 142
    3. Sonstige Fälle 144

A. Vorzeitiges Auftragsende (Nr. 1)

I. Allgemeines

Endet der Auftrag, bevor der Rechtsanwalt die Klage, den ein Verfahren einleitenden Antrag oder einen Schriftsatz, der Sachanträge, Sachvortrag, die Zurücknahme der Klage oder die Zurücknahme des Antrags enthält, eingereicht oder bevor er für seine Partei einen Termin wahrgenommen hat, so erhält er nach Nr. 1 nur eine **Verfahrensgebühr i.H.v. 0,8**. Die Einschränkung des Gebührenanspruchs aus VV 3100, der eigentlich bereits mit Auftragserteilung und Entgegennahme der Information i.H.v. 1,3 entstanden ist, beruht auf dem Gedanken, dass die Tätigkeit des Anwalts nur wenig aufwendig war bzw. nicht nach außen sichtbar geworden ist.[1] Insoweit handelt es sich auch um eine **Ausnahmevorschrift zu § 15 Abs. 4**. Nach dieser Vorschrift soll es – soweit das Gesetz nichts anderes bestimmt – für die Gebührenfrage grundsätzlich ohne Einfluss sein, wenn sich die Angelegenheit vorzeitig erledigt oder der Auftrag endet, bevor die Angelegenheit erledigt ist.

Durch die Regelung in Nr. 1 wird von diesem Grundsatz eine Ausnahme gemacht, die motiviert ist durch die Überlegung, dass das Nichterreichen eines bestimmten Tätigkeitsstadiums zum Zeitpunkt der Beendigung des Mandats ein Indiz für eine nur untergeordnete Tätigkeit des Prozessbevollmächtigten darstellt. Dass diese Überlegung häufig nicht zutrifft, ist allgemein bekannt. Gerade in den Fällen, in denen die Anfertigung einer Klageerwiderung viel Zeit in Anspruch nimmt, erscheint es unbillig, die Verfahrensgebühr auf 0,8 herabzusetzen, wenn die Klage dann noch vor Einreichen der Klageerwiderung zurückgenommen worden ist oder der Kläger in Insolvenz gerät und sich das Mandat auf diese Weise erledigt. Die Unbilligkeit tritt noch deutlicher hervor, wenn man bedenkt, dass die Herabsetzung der Gebühr schon dadurch vermieden werden kann, dass dem Gericht der schlichte Klageabweisungsantrag mit dem Bemerken übermittelt wird, dass eine Begründung dieses Antrags vorbehalten bleibe.

Soweit in der Begründung zum RVG-E[2] hervorgehoben wird, dass die vom Prozessbevollmächtigten geleistete Vorarbeit unter Umständen sehr zeitaufwendig sein kann, etwa wenn – wie ausgeführt – ein fertiger Klageentwurf an die Gegenseite übermittelt wird, ist diese zutreffende Einschätzung ohne adäquate Konsequenz geblieben. Solange die Vorschrift der Nr. 1 diesen Wortlaut hat, wird man sich mit der zumindest teilweise unbilligen Gebührenreduzierung abfinden müssen oder in der oben dargestellten Weise verfahren.

Die Regelung in VV 3101 Nr. 1 bis 3 enthält keinen eigenständigen Gebührentatbestand, sondern zählt diejenigen Fallgestaltungen auf, in denen die Verfahrensgebühr nach VV 3100 ausnahmsweise nicht i.H.v. 1,3, sondern lediglich i.H.v. 0,8 entsteht. Das Gesetz macht die Entscheidung, ab welchem Zeitpunkt dem Rechtsanwalt eine volle Verfahrensgebühr i.H.v. 1,3 zustehen soll, von folgenden **Tätigkeiten des Rechtsanwalts** abhängig:
– Einreichen einer Klage
– Einreichen eines ein Verfahren einleitenden Antrags
– Einreichen eines Schriftsatzes, der Sachanträge, Sachvortrag, die Zurücknahme der Klage oder die Zurücknahme des ein Verfahren einleitenden Antrags enthält
– Wahrnehmung eines Termins.

Soweit in der Begründung zum RVG-E[3] davon die Rede ist, dass für die Gebühr nach VV 3100, 3101 in Ausführung des Auftrags eine Tätigkeit seitens des Anwalts **tatsächlich entfaltet** worden sein muss, ist dies mindestens missverständlich. Für das Entstehen der reduzierten Gebühr reicht es nämlich aus, wenn der Rechtsanwalt den Auftrag entgegennimmt, ohne dass es einer weiteren Tätigkeit seinerseits bedarf.

Gegenüber der früheren Vorschrift des § 32 Abs. 1 BRAGO ist zusätzlich das Einreichen eines Schriftsatzes, der **Sachvortrag** enthält, ausdrücklich in den Gesetzestext aufgenommen worden. Damit wird dem Umstand Rechnung getragen, dass diese Regelung auf solche Verfahren ebenfalls Anwendung finden soll, die nach der bisherigen Rechtslage der Vorschrift des § 118 BRAGO unterfielen. Ferner soll klargestellt werden, dass der Reduktionstatbestand auch in solchen, besondere Sachanträge der Parteien nicht erfordernden Verfahren anzuwenden sein soll.[4] Mangels entgegenste-

---

1 OLG München MDR 1982, 418; OLG Koblenz JurBüro 1996, 307.
2 RVG-E v. 7.11.2003, BR-Drucks 830/03, S. 259.
3 RVG-E v. 7.11.2003, BR-Drucks 830/03, S. 259.
4 RVG-E v. 7.11.2003, BR-Drucks 830/03, S. 263 zu VV 3101.

hender Anhaltspunkte ist aber davon auszugehen, dass diese Alternative nicht nur in diesen Verfahren, sondern grundsätzlich eingreift, also z.B. auch im Rahmen eines selbstständigen Beweisverfahrens. Früher hätte der Prozessbevollmächtigte nur eine halbe Gebühr nach § 32 Abs. 1 BRAGO verlangen können, wenn er zum Zeitpunkt der Beendigung seiner Tätigkeit nur zur Sache vorgetragen hatte, ohne zusätzlich auch einen Antrag zu stellen. Die Regelung in Nr. 1 hat nunmehr zur Folge, dass allein das Einreichen eines Schriftsatzes, der Sachvortrag oder vergleichbaren Vortrag enthält, den vollen Gebührenanspruch (1,3-Verfahrensgebühr nach VV 3100) entstehen lässt.

7   Die Aufzählung in § 32 Abs. 1 BRAGO war abschließend,[5] so dass hiervon auch für die Vorschrift der Nr. 1 auszugehen ist. Auf diese Auslegung deutet auch die Begründung im RVG-E zu Nr. 1 hin, wenn es dort heißt, dass die Verfahrensgebühr „in bestimmten Fällen" auf 0,8 beschränkt werden solle.[6]

8   Durch das 2. KostRMoG ist VV 3101 Nr. 2 geändert worden.[7] Hintergrund der entsprechenden Klarstellung war der Wille des Gesetzgebers, einer in der Literatur vertretenen Meinung entgegenzutreten, wonach eine Reduzierung der Verfahrensgebühr nur dann erfolgen dürfe, wenn in einem Termin
  – entweder lediglich eine Einigung der Parteien oder der Beteiligten über nicht rechtshängige Ansprüche zu Protokoll genommen wurde
  – oder wenn lediglich erfolglos – also ohne Zustandekommen einer Einigung – über solche Ansprüche verhandelt wurde.

Damit wäre nach erfolgreicher Verhandlung im Termin und anschließender Protokollierung eine Ermäßigung der Verfahrensgebühr nach VV 3101 Nr. 2 nicht greifen, da weder „lediglich protokolliert" noch „lediglich verhandelt" wurde.[8] Ein solches Ergebnis war vom Gesetzgeber jedoch nicht gewollt; vielmehr sollte auch im Falle einer Verhandlung und Einigung über in dem betreffenden Verfahren nicht anhängige Gegenstände die Verfahrensgebühr nur in reduzierter Höhe entstehen.

II. Regelungsgehalt

1. Verfahrensarten

9   Die Vorschrift der Nr. 1 bezieht sich nach VV Vorb. 3.1 Abs. 1 zu Abschnitt 1 des VV Teils 3 („Bürgerliche Rechtsstreitigkeiten ...") grundsätzlich auf alle Verfahren des Abschnittes 1 („Erster Rechtszug") des VV Teils 3, soweit dort keine besonderen Gebühren bestimmt sind, in denen eine Verfahrensgebühr erwächst bzw. erwachsen kann. Nach VV Vorb. 3.1 Abs. 2 zu Abschnitt 1 des VV Teils 3 („Bürgerliche Rechtsstreitigkeiten ...") ist der Abschnitt 1 auch für das Rechtsbeschwerdeverfahren nach § 1065 ZPO bei Rechtsbeschwerden gegen die in § 1062 Abs. 1 Nr. 2 und 4 ZPO genannten Entscheidungen anzuwenden. Damit ist klargestellt, dass auch die Vorschrift der Nr. 1 in den genannten Fällen Anwendung findet.

10 **Entsprechende Regelungen** für die vorzeitige Beendigung des Auftrags finden sich z.B. in folgenden Gebührentatbeständen:
  – Berufung, bestimmte Beschwerden und Verfahren vor dem Finanzgericht: VV Vorb. 3.2.1 und VV 3201 (vorzeitige Beendigung des Auftrags)
  – Revision: VV 3207 und VV 3209
  – Besondere erstinstanzliche Verfahren nach VV 3300:
    – vor dem OLG nach § 129 VGG (VV 3300 Nr. 1)
    – vor dem BVerwG, dem BSG, einem OVG/VGH oder einem LSG (VV 3300 Nr. 2)
    – vor einem OLG, LSG, OVG/VGH oder einem obersten Gerichtshof in Verfahren bei überlangen Gerichtsverfahren und strafrechtlichen Ermittlungsverfahren (VV 3300 Nr. 3).
  – Mahnverfahren: VV 3306
  – Sonstige besondere Verfahren: VV 3337 in den Fällen der VV 3324 bis 3327, 3334 und 3335

---

[5] OLG Koblenz Rpfleger 1999, 567; OLG Hamm NJW 1974, 465.
[6] RVG-E v. 7.11.2003, BR-Drucks 830/03, S. 263.
[7] Vgl. Art. 8 Abs. 2 Nr. 25 2. KostRMoG.
[8] Vgl. *Schneider/Thiel*, Das neue Gebührenrecht für Anwälte, Rn 794 ff., die zutreffend darauf hinweisen, dass der Streit nur geringe praktische Bedeutung hatte, weil aufgrund der Anwendung von § 15 Abs. 3 i.d.R. keine Differenzen bei den verschiedenen Berechnungen auftauchten.

- Einzeltätigkeiten: VV 3405 für den Verkehrsanwalt oder Terminsvertreter
- Rechtsbeschwerde gemäß § 574 ZPO: VV 3503
- Nichtzulassungsbeschwerde: VV 3507 und 3509.

Schließlich soll nach dem RVG-E[9] die Regelung der Nr. 1 auch auf solche Verfahren anzuwenden sein, die nach der alten Rechtslage der Vorschrift des § 118 BRAGO unterfielen. Keine Gebührenreduktion findet nach alledem in solchen Verfahren statt, in denen sich keine ausdrückliche Vorschrift hierüber findet. In Anbetracht der dargestellten detaillierten Regelungen ist davon auszugehen, dass der Gesetzgeber die Tatbestände der **Gebührenreduktion abschließend** regeln wollte, so dass eine analoge Anwendung ausscheidet.

2. Verfahrensauftrag

a) Erteilung eines Verfahrensauftrags

Voraussetzung für die Entstehung einer Verfahrensgebühr ist zunächst, dass dem Rechtsanwalt ein Verfahrensauftrag seitens des Klägers, des Beklagten, eines Streitgenossen oder eines Streithelfers erteilt ist.[10] Ist dies schon nicht der Fall, kann überhaupt keine Verfahrensgebühr, auch keine nach VV 3101 reduzierte, entstehen.

> **Beispiel:** Während eines laufenden Rechtsstreits erhält der Rechtsanwalt von dem anwaltlich bereits vertretenen Mandanten den Auftrag, die Prozessführung des bisher tätigen Prozessbevollmächtigten auf ihre Richtigkeit und Zweckmäßigkeit zu überprüfen. Noch bevor der insoweit beauftragte Rechtsanwalt tätig geworden ist, überlegt es sich der Mandant anders und zieht den Auftrag zurück.
> In diesem Beispiel hat der Rechtsanwalt noch keinen Verfahrensauftrag erhalten; VV 3100, 3101 Nr. 1 findet daher keine Anwendung. Die auftragsgemäße Tätigkeit des Anwalts ist in diesem Fall am ehesten im Bereich Beratung bzw. Gutachten einzuordnen und damit – soweit keine Gebührenvereinbarung vorliegt – nach den Regelungen des Bürgerlichen Gesetzbuchs zu vergüten (§ 34 Abs. 1).

Beschränkt sich die Tätigkeit eines zum Prozessbevollmächtigten bestellten Anwalts auf die **Empfangnahme des Urteils und das Kostenfestsetzungsverfahren**, weil er erst nach der mündlichen Verhandlung in den Prozess eingetreten ist, so erwächst nur eine reduzierte Verfahrensgebühr nach VV 3100, 3101 i.H.v. 0,8.[11] Auch in diesem Fall ist die Tätigkeit des Prozessbevollmächtigten beendet, bevor ein in Nr. 1 genanntes Tatbestandsmerkmal erfüllt werden konnte.

b) Beendigung des Auftrags

Nr. 1 beschäftigt sich zum einen mit der Situation, dass die Angelegenheit, wegen derer der Rechtsanwalt beauftragt worden ist, erledigt ist, noch bevor der Rechtsanwalt eine weitergehende, d.h. in Nr. 1 beschriebene Tätigkeit entfalten konnte. Zum anderen betrifft Nr. 1 auch die Fälle, in denen dem Rechtsanwalt durch den Auftraggeber das Mandat entzogen wird bzw. er das Mandat von sich aus niederlegt, so dass sich die Angelegenheit aus diesem Grund für den Rechtsanwalt erledigt hat.

aa) Arten der Beendigung. Die **Beendigung des Auftrags** kann beispielsweise durch Kündigung des Mandats durch den Auftraggeber, durch Niederlegung des Mandats durch den Rechtsanwalt, durch Erledigung der Angelegenheit (z.B. durch Klagerücknahme), durch Tod des Prozessbevollmächtigten oder Rückgabe seiner Zulassung erfolgen. Sie muss sich auf das konkrete Mandat beziehen.[12] Der **Zeitpunkt** einer solchen Beendigung ist **objektiv bestimmbar** (z.B. durch Zugang der Kündigung, Zeitpunkt des Todes des Prozessbevollmächtigten oder Beendigung seiner Zulassung), so dass der Anwendungsbereich von VV 3101 objektiv abgegrenzt werden kann.

Wird der Auftrag auf andere Weise als durch eine Kündigung seitens des Auftraggebers oder durch Niederlegung des Mandats beendet, wird für die Anwendung des Reduktionstatbestands auf die

---

9 RegE v. 7.11.2003, BR-Drucks 830/03, S. 263.
10 *Hartmann*, Kostengesetze, RVG, VV 3101 Rn 3; Gerold/Schmidt/*Müller-Rabe*, RVG, VV 3101 Rn 4; a.A. *Mock*, AGS 2004, 45, 48: Die Regelung in VV 3101 Nr. 2 betrifft den Fall, dass der Anwalt ohne Prozessauftrag Einigungsverhandlungen über nicht anhängige Ansprüche führt.
11 LG Berlin JurBüro 1984, 1034 = KostRsp. BRAGO § 32 Nr. 44 zu § 32 BRAGO.
12 BGH NJW 2002, 3712.

Kenntnis des Rechtsanwalts abgestellt.[13] Hier ist der in § 674 BGB zum Ausdruck gekommene Rechtsgedanke heranzuziehen, nach dem ein Auftrag selbst bei einem durch objektive Umstände bewirkten nachträglichen Erlöschen gleichwohl zugunsten des Beauftragten als fortbestehend gilt, bis der Beauftragte von dem Erlöschen Kenntnis erlangt oder das Erlöschen kennen muss.[14] Entfaltet der Prozessbevollmächtigte nach dem Erlöschen, d.h. der Erledigung des Auftrags, in Unkenntnis dessen eine in VV 3101 Nr. 1 genannte Tätigkeit, z.B. Einreichen eines Schriftsatzes mit Sachanträgen, erwächst ihm die Verfahrensgebühr in voller Höhe.[15] Folgerichtig erhält beispielsweise der Prozessbevollmächtigte des Beklagten keine weiteren Gebühren, wenn er nach Rücknahme der Klage und deren Kenntnisnahme noch weitere Tätigkeiten entfaltet, also etwa einen Abweisungsantrag stellt.

17 **bb) Gebühren bei Erledigung der Hauptsache. (1) Erledigung der Hauptsache vor Antragstellung.** Erledigt sich der Auftrag nur hinsichtlich der Hauptsache, bevor der Anwalt eine der in VV 3101 Nr. 1 genannten Tätigkeiten ausgeführt hat, so kann neben der reduzierten Verfahrensgebühr aus dem Wert der Hauptsache die volle Verfahrensgebühr nach dem Wert der Kosten erwachsen.[16] Die Summe der Gebühren darf jedoch nicht mehr betragen, als eine volle Verfahrensgebühr aus dem Hauptsachewert (vgl. § 15 Abs. 3). Nimmt beispielsweise der Kläger nach Widerspruch des Beklagten gegen den Mahnbescheid und Abgabe des Verfahrens an das Streitgericht die Klage zurück, so kann der Beklagtenvertreter neben der reduzierten Verfahrensgebühr aus dem Hauptsachewert für den Kostenantrag nach § 269 Abs. 4 ZPO eine Verfahrensgebühr i.H.v. 1,3 aus dem Kostenwert verlangen.[17]

Beispiel: Klage auf Zahlung von 10.000 EUR. Der Beklagte beauftragt seinen Rechtsanwalt. Noch bevor dieser einen Klageabweisungsantrag beim Gericht eingereicht hat, wird die Klage zurückgenommen. Der Rechtsanwalt des Beklagten stellt daraufhin den Kostenantrag nach § 269 Abs. 4 ZPO, dem auch antragsgemäß stattgegeben wird. Die Gebühren des Rechtsanwalts des Beklagten berechnen sich wie folgt:

Streitwert: 10.000 EUR
1. 0,8-Verfahrensgebühr, VV 3101 Nr. 1   446,40 EUR
2. 1,3-Verfahrensgebühr, VV 3100 (Streitwert: bis 1.500 EUR; Kosten, d.h. die bis zur Klagerücknahme entstandenen gerichtlichen und außergerichtlichen Kosten beider Parteien, hier geschätzt)   149,50 EUR
Gesamt   **595,90 EUR**

Kontrolle gemäß § 15 Abs. 3: Die Summe aus 1. und 2. darf nicht mehr ergeben als eine 1,3- Verfahrensgebühr nach dem vollen Wert. Hier liegt die Grenze bei 785,20 EUR.

18 **(2) Erledigung der Hauptsache im Termin.** Kündigt der Anwalt des Beklagten schriftsätzlich einen Sachantrag an, wird dann jedoch die Hauptsache in der mündlichen Verhandlung übereinstimmend für erledigt erklärt, erhält er die ungekürzte 1,3-Verfahrensgebühr aus dem Hauptsachewert. Die volle Gebühr entsteht auch dann, wenn beide Parteien schriftsätzlich die Erledigung der Hauptsache ankündigen, da eine solche Ankündigung noch keine Reduzierung des Streitwertes bewirkt. Die Anwälte haben also einen Verfahrensauftrag hinsichtlich der Hauptsache erhalten und sind in Wahrnehmung dieses Auftrages tätig geworden. Die an das Gericht gerichteten Schriftsätze enthalten Sachvortrag und führen zum Entstehen der vollen Verfahrensgebühr.[18]

19 In der Praxis sollte daher grundsätzlich der Klageabweisungsantrag auch dann gestellt oder ein Schriftsatz mit Sachvortrag eingereicht werden, wenn von der Klägerseite die Abgabe einer Erledigungserklärung angekündigt worden ist. Nur bei dieser Verfahrensweise erhält der Rechtsanwalt des Beklagten eine Verfahrensgebühr i.H.v. 1,3 nach dem vollen Gegenstandswert, selbst wenn in der

---

13 Gerold/Schmidt/*Müller-Rabe*, RVG, VV 3101 Rn 10 ff.; OLG Düsseldorf JurBüro 1989, 363; OLG Hamburg MDR 1998, 561; OLG Köln JurBüro 1995, 641; OLG Naumburg JurBüro 2002, 419; OLG Oldenburg JurBüro 1992, 682.
14 OLG Bamberg JurBüro 1975, 1339 = KostRsp. BRAGO § 32 Nr. 15 m. Anm. *E. Schneider*; OLG Bamberg JurBüro 1981, 717; OLG Hamburg MDR 1998, 561; OLG Köln JurBüro 1995, 641; OLG Naumburg JurBüro 2003, 419.
15 OLG Hamm JurBüro 1969, 957; KG NJW 1975, 125; OLG Düsseldorf JurBüro 1980, 74; OLG München AnwBl 1983, 523; KG AnwBl 1984, 375 = JurBüro 1984, 880 = KostRsp. BRAGO § 32 Nr. 42; OLG Karlsruhe JurBüro 1996, 420; VGH Baden-Württemberg AnwBl 1997, 625 = AGS 1998, 61 = KostRsp. BRAGO § 32 Nr. 83; OLG Koblenz JurBüro 1998, 537; OLG Hamburg JurBüro 1998, 303 = MDR 1998, 561 = KostRsp. BRAGO § 32 Nr. 86; Gerold/Schmidt/*Müller-Rabe*, RVG, VV 3101 Rn 10; Riedel/Sußbauer/*Keller*, RVG, VV Teil 3 Abschnitt 1 Rn 29.
16 OLG Düsseldorf JurBüro 1971, 765; LG Berlin NJW-RR 1997, 61.
17 Unzutreffend AG Nürtingen, Beschl. v. 21.7.2016 – 17 C 2651/15.
18 Vgl. OLG Hamm JurBüro 1968, 889.

mündlichen Verhandlung dann die Erledigungserklärungen übereinstimmend abgegeben werden sollten.

cc) Teilerledigung vor Anhängigkeit. Bekommt der Prozessbevollmächtigte den Auftrag, eine bestimmte Summe einzuklagen, zahlt der Beklagte jedoch vor Klageeinreichung einen Teil der Forderung, so entsteht die volle Verfahrensgebühr nur aus dem Wert der Restforderung. Nach dem Wert der Teilerledigung erwächst dem Prozessbevollmächtigten daneben eine reduzierte Verfahrensgebühr nach VV 3101 Nr. 1, wobei er insgesamt aber nicht mehr als die volle Verfahrensgebühr nach dem ursprünglichen Streitwert verlangen kann.[19]

> **Beispiel:** Der Rechtsanwalt erhält von seinem Auftraggeber einen Auftrag zur Erhebung einer Klage auf Zahlung von 10.000 EUR. Noch bevor die Klage eingereicht ist, zahlt der Schuldner auf die offene Forderung 4.000 EUR. Die Klage wird über 6.000 EUR erhoben. Der Klage wird nach streitiger Verhandlung in dieser Höhe stattgegeben. Die Gebühren des Rechtsanwalts des Klägers berechnen sich wie folgt:
> 1. 1,3-Verfahrensgebühr, VV 3100   460,20 EUR
>   (Wert: 6.000 EUR)
> 2. 0,8-Verfahrensgebühr, VV 3101   201,60 EUR
>   (Wert: 4.000 EUR)
>   gem. § 15 Abs. 3 max. 1,3 aus 10.000 EUR   725,40 EUR
> 3. 1,2-Terminsgebühr, VV 3104   424,80 EUR
>   (Wert: 6.000 EUR)
> 4. Auslagenpauschale, VV 7002   20,00 EUR
>   Zwischensumme   1.170,20 EUR
> 5. 19 % Umsatzsteuer, VV 7008   222,34 EUR
>   **Gesamt**   **1.392,54 EUR**

Zu beachten ist insoweit jedoch, dass hinsichtlich des erledigten Teils möglicherweise eine Geschäftsgebühr nach VV 2300 entstanden ist, soweit – vor Erteilung eines Verfahrensauftrages – vom Anwalt auch eine Tätigkeit gemäß VV Vorb. 2.3 Abs. 3 entfaltet worden ist.

3. Voraussetzungen für die volle Verfahrensgebühr

a) Allgemeines

Damit die volle 1,3-Verfahrensgebühr nach VV 3100 entsteht, sind bestimmte Tätigkeiten des Verfahrensbevollmächtigten erforderlich. Er muss – bevor sein Auftrag endet – entweder die Klage bzw. einen ein Verfahren einleitenden Antrag oder einen Schriftsatz, der bestimmte Anforderungen erfüllen muss, eingereicht oder für seine Partei einen Termin wahrgenommen haben. Die jeweiligen Tätigkeiten müssen nicht kumulativ vorliegen, sondern können auch alternativ gegeben sein, so dass im Ergebnis schon ein Schriftsatz mit Sachvortrag für die Entstehung einer vollen 1,3-Verfahrensgebühr genügt.

aa) Tatsächlich erfolgte Einreichung. Eine Verfahrensgebühr i.H.v. 1,3 gemäß VV 3100 erwächst dem Prozessbevollmächtigten des Klägers, wenn er die Klage oder einen der sonstigen in VV 3101 Nr. 1 genannten Schriftsätze bei Gericht einreicht. Der betreffende Schriftsatz oder die Klage muss von dem Rechtsanwalt **unterzeichnet** sein, um die volle Verfahrensgebühr i.H.v. 1,3 gemäß VV 3100 zur Entstehung zu bringen.[20] Von einer **Einreichung** des Schriftsatzes i.S.v. VV 3101 Nr. 1 ist zunächst dann auszugehen, wenn dieser bei Gericht **tatsächlich eingeht**.

bb) Absendung an das Gericht. Von einer Einreichung wird man allerdings auch dann ausgehen können, wenn der entsprechende Schriftsatz des Prozessbevollmächtigten beim Gericht zwar noch nicht eingegangen, aber zumindest **so von ihm auf den Weg gebracht** wurde, dass der tatsächliche Zugang beim Gericht ausschließlich von der Tätigkeit unabhängiger Dritter (etwa der Deutsche Post

---

[19] OLG Düsseldorf JurBüro 1983, 1334; a.A. OLG Hamm JurBüro 1985, 873.
[20] OLG München JurBüro 1982, 402 m. Anm. *Mümmler* = MDR 1982, 418 = KostRsp. BRAGO § 32 Nr. 32;

Riedel/Sußbauer/*Keller*, RVG, VV Teil 3 Abschnitt 1 Rn 21.

AG), also nicht mehr von einer Tätigkeit des Anwalts abhängig ist.[21] In einem derartigen Fall wäre es unbillig, die Gebühr des Prozessbevollmächtigten auf 0,8 zu reduzieren, da ansonsten der reine, vom Anwalt nicht zu beeinflussende Zufall (Dauer des Postlaufs) über die Gebührenhöhe entscheiden würde. Auch wäre ein derartiges Ergebnis nicht mehr von der Motivation des Gesetzes gedeckt, die Gebühren nur dann zu reduzieren, wenn die Tätigkeit des Prozessbevollmächtigten augenscheinlich nur begrenzt zur Entwicklung gelangt ist.

25 In gleicher Weise wird man entscheiden müssen, wenn die Übermittlung des bereits angefertigten Schriftsatzes an das Gericht aus Gründen scheitert, die außerhalb des Verantwortungsbereichs des Prozessbevollmächtigten liegen, also etwa in folgenden Fällen
- Streik des Postzustellungsdienstes
- technische Schwierigkeiten des Telefaxgerätes auf Empfängerseite.

26 Generell wird man also in allen Fällen, in denen die Klage oder der sonstige Schriftsatz das Gericht nicht erreicht, eine Gebührenreduktion nur dann vornehmen können, wenn der Umstand, auf den das Nichterreichen zurückgeht, innerhalb des Verantwortungsbereichs des Prozessbevollmächtigten liegt. Ist das Nichterreichen z.B. darauf zurückzuführen, dass die von dem Prozessbevollmächtigten beauftragte Büroangestellte das Einreichen des Schriftsatzes vergessen hat, erfolgt eine Gebührenreduktion gemäß Nr. 1, wenn sich der Auftrag dann vor dem Zugang beim Gericht erledigt hat. Ansonsten erhält der Anwalt die volle Verfahrensgebühr i.H.v. 1,3.

27 cc) Einreichung beim unzuständigen Gericht. Eingereicht ist der Schriftsatz auch dann, wenn er beim unzuständigen Gericht eingereicht worden ist,[22] da der Prozessbevollmächtigte damit in der Sache selbst mit seiner Tätigkeit nach außen hervorgetreten ist. Dem Wortlaut von VV 3101 Nr. 1 lässt sich nicht entnehmen, dass die Gebührenreduktion nur dann entfällt, wenn der betreffende Schriftsatz an das zuständige Gericht übersandt wurde. Sinn und Zweck der Vorschrift sprechen eher für das Entstehen einer 1,3-Verfahrensgebühr auch bei Übersendung an ein unzuständiges Gericht. Denn reduziert werden sollte die Gebühr in den Fällen, in denen der Anwalt vor Auftragsende nicht mit seiner Tätigkeit nach außen in Erscheinung getreten ist, nicht dagegen in den Fällen, in denen er mangels Zuständigkeit des Gerichts ggf. keine wirksame Verfahrenshandlung vorgenommen hat. In einem derartigen Fall ist also für den Prozessbevollmächtigten des Beklagten die 1,3-Verfahrensgebühr auch dann verdient, wenn der Kläger die Klage vor Eingang des Schriftsatzes des Beklagten bei dem zuständigen Gericht zurückgenommen hat.[23]

28 dd) Zustellung an den Gegner. Die Zustellung der Klage oder des Schriftsatzes an den Prozessgegner ist für die Entstehung der vollen 1,3-Verfahrensgebühr schon nach dem klaren Wortlaut von VV 3101 Nr. 1 nicht erforderlich.[24]

b) Klageschrift

29 Nach dem Wortlaut von Nr. 1 markiert das Einreichen einer Klageschrift, des ein Verfahren einleitenden Antrags oder eines Schriftsatzes, der Sachanträge, Sachvortrag bzw. die Zurücknahme von Klage oder Antrag enthält, den Zeitpunkt, ab welchem dem Prozessbevollmächtigten eine volle Verfahrensgebühr i.H.v. 1,3 gemäß VV 3100 zusteht.

30 Im Falle der Klageerhebung ist im Rahmen eines Zivilprozesses wegen der Vorschrift des § 253 Abs. 2 ZPO erforderlich, dass die Klage den dort genannten Anforderungen entspricht und insbesondere auch eine Begründung enthält. Im Übrigen ist eine Begründung von gestellten oder angekündigten Anträgen nach dem Wortlaut von Abs. 1 nicht erforderlich. Aufgrund des Umstands, dass neben der Klage auch sonstige Schriftsätze – insbesondere solche, die lediglich Sachvortrag enthalten – zum Entstehen der vollen Verfahrensgebühr führen, wird allerdings in der Praxis kaum Streit darüber entstehen, ob im Einzelfall die Voraussetzungen von § 253 Abs. 2 ZPO erfüllt sind.

---

21 So auch Hartung/Römermann/*Schons*, RVG, VV 3101 Rn 13; a.A. *Hartmann*, Kostengesetze, RVG, VV 3101 Rn 10 ff.; Gerold/Schmidt/*Müller-Rabe*, RVG, VV 3101 Rn 15; Riedel/Sußbauer/*Keller*, RVG, VV Teil 3 Abschnitt 1 Rn 28: Die bloße Absendung ist nicht ausreichend, sondern das Schriftstück muss in die Verfügungsgewalt des Gerichtes gelangt sein.

22 OLG Nürnberg JurBüro 1966, 771; Gerold/Schmidt/ *Müller-Rabe*, RVG, VV 3101 Rn 17; *Hartmann*, Kostengesetze, RVG, VV 3101 Rn 10.

23 Vgl. auch OLG Nürnberg JurBüro 1966, 771.

24 Riedel/Sußbauer/*Keller*, RVG, VV Teil 3 Abschnitt 1 Rn 26; OLG Karlsruhe MDR 1997, 107.

Unter den Begriff „Klage" fällt nicht nur die eigentliche Klage, die erstmalig zur Einleitung eines Rechtsstreits führt. Vielmehr wird damit auch eine eventuelle **Klageerweiterung** erfasst, zu der erst im Laufe des Rechtsstreits Anlass besteht. Gleiches gilt auch für eine während des Rechtsstreits erhobene **Widerklage**. 31

Darüber hinaus erfasst VV 3101 Nr. 1 auch den Fall einer **Hilfswiderklage (Eventualwiderklage)**. Die Hilfswiderklage wird z.B. für den Fall erhoben, dass das Gericht eine erklärte Aufrechnung wegen eines vertraglich vereinbarten Aufrechnungsverbotes für unzulässig hält. Sie kann auch für den Fall erhoben werden, dass das Gericht einen bestimmten Rechtsstandpunkt des Beklagten teilt, woraus sich für diesen ein Gegenanspruch ergeben würde, den er dem Kläger entgegenhalten kann und zum Anlass für eine nunmehr gegen den Kläger gerichtete Widerklage nehmen will. Teilt das Gericht diesen Rechtsstandpunkt nicht, entscheidet es auch nicht mehr über die Hilfswiderklage. 32

Die Zulässigkeit einer derartigen Hilfswiderklage ist in der Rechtsprechung anerkannt.[25] Es ist im Rahmen der Zivilprozessordnung möglich, Anträge bedingt zu stellen, wenn die Antragstellung nicht von dem Eintritt eines außer-, sondern dem Eintritt eines innerprozessualen Ereignisses abhängt. Nach Auffassung des BGH[26] stellt diese Art der Widerklage eine rechtlich unbedenkliche Möglichkeit dar, die Kosten der Überprüfung eines Anspruchs gering zu halten. 33

In gebührenrechtlicher Hinsicht stellt sich die Frage, ob der **Rechtsanwalt, der die Hilfswiderklage erhoben** hat, von seinem Auftraggeber hierfür eine volle Verfahrensgebühr (VV 3100) oder nur eine reduzierte Verfahrensgebühr (VV 3101 Nr. 1) erhalten kann, soweit die innerprozessuale Bedingung nicht eintritt. Da für die Entstehung der vollen 1,3-Verfahrensgebühr nach VV 3100 schon ein Schriftsatz mit Sachvortrag ausreicht, kann es in gebührenrechtlicher Hinsicht nicht darauf ankommen, ob und mit welchen zivilprozessualen Auswirkungen die innerprozessuale Bedingung der Hilfswiderklage eingetreten ist. Für die Einreichung einer Hilfswiderklage entsteht für den Anwalt daher die volle 1,3-Verfahrensgebühr. 34

Eine andere Frage ist dagegen, ob die Gebühren für die Hilfswiderklage gegen den eigenen Auftraggeber oder den Gegner **festgesetzt** und von ihm **erstattet** verlangt werden können, wenn über die Hilfswiderklage nicht entschieden wurde. Da ein hilfsweise geltend gemachter Anspruch nur dann bei der Ermittlung des Gegenstandswertes berücksichtigt wird, wenn über ihn entschieden worden ist (§ 45 Abs. 1 S. 2 GKG), bleibt der Wert der Hilfswiderklage bei der Berechnung des Wertes für die Anwaltsgebühren und des Erstattungsanspruchs gegen den **Gegner** grundsätzlich unberücksichtigt, wenn über diese nicht entschieden wurde. Von diesem kann die Gebührendifferenz daher nicht verlangt werden. 35

Gegen den **eigenen Auftraggeber** steht dem Anwalt möglicherweise dann ein Gebührenanspruch zu, wenn er sich auftragsgemäß mit der Verteidigung gegen die Hilfswiderklage befasst hat, auch wenn über diese nicht entschieden wurde.[27] Von der überwiegenden Meinung in der Rechtsprechung wird eine Berücksichtigung des Wertes der nicht beschiedenen Hilfswiderklage (ebenso wie der Wert der nicht berücksichtigten Hilfsaufrechnung) für die Gebührenberechnung zwar abgelehnt.[28] Diese Ansicht verkennt allerdings die Grundstruktur des anwaltlichen Vergütungsrechts. Dem Anwalt stehen Gebühren für diejenigen Gegenstände zu, hinsichtlich derer er auftragsgemäß tätig wird. Beschäftigt er sich demnach auftragsgemäß mit der Hilfswiderklage, so entsteht die Gebühr aus dem (entsprechend erhöhten) Gegenstandswert auch dann, wenn über den betreffenden Anspruch keine Entscheidung ergeht und er daher für die Berechnung der Gerichtsgebühren nicht herangezogen werden kann. Diese Gebührenstruktur findet ihre Rechtfertigung auch im Aufgaben- und Verantwortungsbereich des Anwalts: Er haftet dem Mandanten für die korrekte Behandlung des mit der Widerklage geltend gemachten Anspruchs, beispielsweise für dessen Rücknahme. Dagegen muss sich das Gericht bei einem der Regelung des § 45 Abs. 1 S. 2 GKG entsprechenden Verfahrensverlauf 36

---

25 BGHZ 132, 390, 397 m.w.N.
26 BGHZ 132, 390, 398.
27 Entsprechendes gilt für die hilfsweise zur Aufrechnung gestellte Gegenforderung; vgl. auch LAG Köln AnwBl 2002, 185. Die früher (in: Gerold/Schmidt, RVG, 18. Aufl., VV 3101 Rn 75) vertretene Auffassung, dass gegen den Gegner ein Anspruch bestehen kann, wenn der Anwalt Sachvortrag zur Hilfswiderklage gemacht hat, hat *Müller-Rabe* nunmehr (in: Gerold/Schmidt, RVG, 19. Aufl., Anh. I G Rn 176) im Hinblick auf die Entscheidung des BGH (AGS 2008, 584 m. Anm. *Bischof* und *N. Schneider* = RVGreport 2009, 32 m. Anm. *Hansens* = AnwBl 2009, 148) aufgegeben.
28 KG RVGreport 2008, 316 m. Anm. *Hansens*; OLG Karlsruhe AGS 2007, 470 m. abl. Anm. *E. Schneider*; OLG Hamm AGS 2007, 254 m. abl. Anm. *E. Schneider*; KG JurBüro 2007, 488.

weder mit der Widerklage beschäftigten noch Konsequenzen aus der prozessualen Behandlung tragen. Dementsprechend haben in jüngerer Zeit andere Gerichte[29] vermehrt den Wert der Hilfswiderklage als erheblich angesehen, so dass der Anwalt für die Berechnung der eigenen Gebühren einen Antrag auf Wertfestsetzung nach § 33 Abs. 1 stellen konnte. Mit seiner Entscheidung vom 25.9.2008[30] hat sich der BGH für die Frage der Berücksichtigung der Hilfsaufrechnung bedauerlicherweise der vorherrschenden Meinung angeschlossen und die Zulässigkeit eines gesonderten Wertfestsetzungsantrags abgelehnt. Da damit der Inhalt der anwaltlichen Tätigkeit und insbesondere das aufgrund der Beschäftigung mit der Aufrechnungsforderung erhöhte Haftungsrisiko nicht ausreichend berücksichtigt wird, bleibt dem Anwalt nur der Weg über eine Gebührenvereinbarung mit seinem Mandanten.

c) Verfahrenseinleitender Antrag

37 Diese Alternative betrifft diejenigen Verfahren, die nicht durch eine Klage, sondern durch einen Antrag eingeleitet werden. Nicht vom Anwendungsbereich erfasst werden jedoch die Amtsverfahren, die für ihre Einleitung keines Antrags bedürfen. Hier kann ein dennoch gestellter Antrag auch keine Gebühr auslösen.[31] Verfahrenseinleitende Anträge sind insbesondere:
- die **Einlegung eines Rechtsmittels**, wobei die Ankündigung eines bestimmten Rechtsmittelantrags ebenso entbehrlich ist wie dessen Begründung,[32]
- der Antrag des Antragsgegners **auf Durchführung des streitigen Verfahrens** gemäß § 696 Abs. 1 ZPO.[33]
- der Antrag auf **Übergang vom Mahnverfahren in das streitige Verfahren**,[34] unabhängig davon, ob dieser Antrag separat oder bereits im Mahnbescheidsantrag gestellt wird,[35]
- der Einspruch gegen einen europäischen Zahlungsbefehl[36] – das OLG Nürnberg hat zutreffend darauf abgestellt, dass dieser eher dem Einspruch gegen einen Vollstreckungsbescheid entspreche als dem Widerspruch gegen einen Mahnbescheid, da das Europäische Mahnverfahren nur einstufig ist.

Keine verfahrenseinleitenden Anträge im Sinne von VV 3101 sind:
- der Antrag des Beklagten auf **Terminsanberaumung** gemäß § 697 Abs. 3 ZPO – dieser löst bei anschließender Klagerücknahme nur die reduzierte Verfahrensgebühr nach VV 3101 aus.[37]
- der **Antrag auf Bewilligung von Prozesskostenhilfe**[38] – stellt der Prozessbevollmächtigte nur den Antrag auf Bewilligung von Prozesskostenhilfe, ohne dass gleichzeitig (unbedingt) Klage erhoben wird, erhält er nur die Gebühr nach VV 3335.

d) Schriftsatz

38 **aa) Schriftsatz mit Sachantrag.** Der bei Gericht einzureichende und vom Anwalt unterschriebene Schriftsatz muss bei dieser Alternative Sachanträge enthalten, um die volle 1,3-Verfahrensgebühr nach VV 3100 entstehen zu lassen. Sachantrag ist derjenige, der den Inhalt der gewünschten Sachentscheidung bestimmt und begrenzt.[39] Der Prozessbevollmächtigte muss also einen **Antrag zur Sache selbst** stellen, wobei die Bezugnahme auf einen Parteiantrag als ausreichend anzusehen ist.[40] Stellt er nur Anträge, die sich lediglich mit dem Verfahren an sich beschäftigen (z.B. Anträge zur Verlänge-

---

29 LAG Nürnberg AGS 2008, 359 = DB 2008, 1332; LAG Berlin RVGreport 2008, 275 m. Anm. *Hansens*; VGH Mannheim AGS 2008, 138 m. zust. Anm. *E. Schneider* = RVGreport 2008, 154 m. zust. Anm. *Hansens*.
30 BGH AGS 2008, 584 m. Anm. *Bischof* und *N. Schneider* = RVGreport 2009, 32 m. Anm. *Hansens*.
31 Vgl. BT-Drucks 15/1971, S. 212.
32 OLG Zweibrücken JurBüro 1998, 26 = OLGR 1998, 436 = KostRsp. BRAGO § 32 Nr. 88; OLG Koblenz JurBüro 1986, 1830.
33 KG JurBüro 1984, 1362; OLG Hamm JurBüro 1989, 980; Gerold/Schmidt/*Müller-Rabe*, RVG, VV 3101 Rn 22; *Mock*, AGS 2004, 45.
34 OLG Schleswig JurBüro 1984, 405; LG Kiel JurBüro 1998, 360.
35 OLG Köln AGS 2007, 344 m. Anm. *N. Schneider*; OLG Hamburg MDR 1994, 520.
36 OLG Nürnberg AGS 2010, 12.
37 OLG Karlsruhe MDR 1993, 1246 = KostRsp. BRAGO § 32 Nr. 72.
38 OLG Saarbrücken JurBüro 1987, 713 = KostRsp. BRAGO § 32 Nr. 56.
39 *Hartmann*, Kostengesetze, RVG, VV 3101 Rn 12; Riedel/Sußbauer/*Keller*, RVG, VV Teil 3 Abschnitt 1 Rn 23; OLG Hamm MDR 1992, 308; KG Rpfleger 2000, 238; OLG Karlsruhe MDR 1993, 1246.
40 LG Köln AGS 2006, 589 m. Anm. *Schons*.

rung der Erwiderungsfrist, zur Terminsverlegung oder zur Terminsanberaumung), handelt es sich nicht um einen Sachantrag i.S.v. Nr. 1, so dass er nur eine reduzierte Verfahrensgebühr i.H.v. 0,8 verlangen kann.

Dementsprechend kann es für die Annahme eines Sachantrags auch nicht genügen, wenn ein **Nebenintervenient** lediglich seinen Beitritt erklärt, ohne nicht wenigstens andeutungsweise zu erklären, wie der Rechtsstreit entschieden werden soll.[41] Weiter sind weder die Anwaltsbestellung an sich noch die Bitte um Verlängerung der Klageerwiderungsfrist Sachanträge nach Nr. 1.[42] Die schriftsätzliche Ankündigung, im Termin eines Scheidungsrechtsstreits keinen Antrag zu stellen, ist ebenfalls kein Sachantrag.[43] Wird hingegen in dem Schriftsatz die Zustimmung zur Scheidung erklärt, ist darin ein Sachantrag zu sehen.[44] Legt der Rechtsanwalt im Auftrag seines Mandanten gegen eine einstweilige Verfügung oder einen Arrestbeschluss **Widerspruch gemäß § 924 ZPO** ein, handelt es sich bereits um einen Sachantrag i.S.v. Nr. 1, ohne dass ausdrücklich die Aufhebung der gerichtlichen Entscheidung beantragt werden müsste. Denn durch die Einlegung des unbeschränkten Widerspruchs lässt der Antragsgegner erkennen, dass er die Aufhebung der angefochtenen Entscheidung insgesamt und nicht nur im Kostenpunkt begehrt. 39

Dem Prozessbevollmächtigten des Beklagten erwächst eine volle 1,3-Verfahrensgebühr durch Einreichung eines Schriftsatzes mit Sachanträgen, in denen er – wenn ein früher erster Termin anberaumt ist – mehr als nur seine Verteidigungsabsicht darlegt. Dabei sind förmliche Anträge nicht unbedingt erforderlich; es muss nur zweifelsfrei erkennbar sein, dass es sich um einen Sachantrag (hier: Klageabweisungsbegehren) handelt,[45] der Beklagte also eine Abweisung der Klage anstrebt. Insbesondere kommen folgende Anträge in Betracht: 40

(1) Verteidigungsabsicht im schriftlichen Vorverfahren. Eine Anzeige der **Verteidigungsabsicht** im eigentlichen Sinn kann dann erfolgen, wenn das Gericht nach Einreichung einer Klage keinen frühen ersten Termin gemäß § 275 ZPO anberaumt, sondern vielmehr ein schriftliches Vorverfahren gemäß § 276 ZPO durchführt, im Rahmen dessen der Beklagte seine Verteidigungsbereitschaft anzuzeigen hat, wenn er sich gegen die Klage verteidigen will. Diese Anzeige ist nicht als Sachantrag gemäß Nr. 1 anzusehen, weil sie nicht erkennen lässt, welche Entscheidung angestrebt wird bzw. in welchem Umfang der Klage entgegengetreten wird.[46] Der Rechtsanwalt erhält in diesem Fall lediglich eine reduzierte Gebühr i.H.v. 0,8 gemäß Nr. 1. 41

(2) Verteidigungsabsicht außerhalb des schriftlichen Vorverfahrens. Von der soeben genannten Anzeige der Verteidigungsabsicht im eigentlichen Sinne zu unterscheiden ist die **Verteidigungsabsicht im weiteren Sinne**, also **außerhalb des Anwendungsbereichs von § 276 Abs. 1 S. 2 ZPO**, wenn der Prozessbevollmächtigte damit – untechnisch – zum Ausdruck bringen will, dass er seine Klageerwiderung erst in einem weiteren Schriftsatz übermitteln will. Ein Schriftsatz, der nicht mehr als die Anzeige der Verteidigungsabsicht im weiteren Sinne enthält, enthält erst Recht keinen Sachantrag nach Nr. 1, so dass der Prozessbevollmächtigte unter den dortigen Voraussetzungen nur eine reduzierte Verfahrensgebühr von 0,8 nach Nr. 1 erhält.[47] 42

(3) Verweisungsantrag. Nimmt der Rechtsanwalt des Beklagten auf Aufforderung des Gerichts zu einem Verweisungsantrag mit sachlichen Argumenten Stellung und beantragt er eine Verweisung des Rechtsstreits, so hat er eine Verfahrensgebühr nach VV 3100 i.H.v. 1,3 verdient. Denn unstreitig ist der Verweisungsantrag des Prozessbevollmächtigten des Beklagten, der auf eine Entscheidung des Gerichts über dessen örtliche Zuständigkeit gerichtet ist, ein Sachantrag,[48] mindestens aber 43

---

41 OLG Nürnberg AnwBl 1994, 197 = JurBüro 1994, 671 = KostRsp. BRAGO § 32 Nr. 74; Gerold/Schmidt/*Müller-Rabe*, RVG, VV 3101 Rn 66 ff.
42 OLG Koblenz JurBüro 1987, 1365.
43 OLG München AnwBl 1980, 259 = Rpfleger 1980, 355 = KostRsp. BRAGO § 32 Nr. 19.
44 OLG Frankfurt JurBüro 1981, 1527 = KostRsp. BRAGO § 32 Nr. 31.
45 BGH JurBüro 1970, 665; OLG München JurBüro 1991, 227 = MDR 1991, 165 = KostRsp. BRAGO § 32 Nr. 66.
46 LG Stuttgart AGS 2014, 501; OLG Koblenz JurBüro 1981, 151 = MDR 1981, 507 = KostRsp. BRAGO § 32 Nr. 27; OLG Düsseldorf AnwBl 1983, 520 = JurBüro 1983, 1334 = MDR 1983, 764 = KostRsp. BRAGO § 32 Nr. 38; OLG Düsseldorf MDR 2000, 1396 = Rpfleger 2000, 567 = KostRsp. AnwBl 1987, 338 m.w.N.; OLG Koblenz MDR 1981, 507; Gerold/Schmidt/*Müller-Rabe*, RVG, VV 3101 Rn 32.
47 OLG Koblenz JurBüro 1987, 1365; OLG Düsseldorf = JurBüro 2000, 485 = AGS 2001, 54 = MDR 2000, 1396 = Rpfleger 2000, 567 = KostRsp. BRAGO § 32 Nr. 99.
48 OLG Bamberg JurBüro 1987, 1675; OLG Schleswig AnwBl 1997, 125.

Sachvortrag i.S.v. Nr. 1. Es reicht jedoch nicht aus, wenn der Prozessbevollmächtigte des Beklagten in dem betreffenden Schriftsatz lediglich sein Einverständnis mit der vom Kläger beantragten Verweisung erklärt,[49] da diese Erklärung keine sachantragsähnliche Bedeutung hat und auch sonst keinen Sachvortrag enthält.

44 **(4) Wiedereinsetzungsantrag.** Die schriftsätzliche Zurückweisung eines Wiedereinsetzungsantrags bezieht sich direkt auf die Sachentscheidung des anhängigen Verfahrens und ist deshalb auch ein Sachantrag nach Nr. 1.[50] Es findet also keine Gebührenreduzierung auf 0,8 statt. Einer Begründung des Zurückweisungsantrags bedarf es zur Entstehung der vollen Gebühr nach VV 3100 jedoch nicht.

45 **(5) Ankündigung eines Anerkenntnisses.** Auch ein schriftsätzlich angekündigtes Anerkenntnis ist einem Sachantrag nach Nr. 1 gleichzustellen[51] und lässt damit nicht nur eine reduzierte Gebühr nach Nr. 1, sondern eine 1,3-Gebühr nach VV 3100 entstehen.

46 **(6) Kostenantrag nach § 269 Abs. 4 ZPO.** Stellt der erst nach erfolgter Klagerücknahme beauftragte Prozessbevollmächtigte des Beklagten einen Kostenantrag nach § 269 Abs. 4 ZPO, so handelt es sich dabei um einen Sachantrag gemäß Nr. 1, mit dem die volle Verfahrensgebühr i.H.v. 1,3 nach VV 3100, berechnet aus dem Wert der bis dahin aufgelaufenen Kosten, anfällt.[52]

47 Etwas anders verhält es sich, sofern der Prozessbevollmächtigte bereits vor Klagerücknahme beauftragt worden ist, ohne jedoch bisher eine in VV 3101 Nr. 1 genannte Tätigkeit entwickelt zu haben. Während damit die Verfahrensgebühr aus dem Wert der Hauptsache bis zum Zeitpunkt des Kostenantrags in Höhe einer 0,8-Verfahrensgebühr gemäß Nr. 1 erwachsen ist, erhält der Prozessbevollmächtigte für seine weitere, auf die Kostentragungspflicht gerichtete Tätigkeit die hierdurch entstehende Verfahrensgebühr i.H.v. 1,3 gemäß VV 3100 aus dem Kostenwert gesondert. Zu beachten ist dabei jedoch, dass diese weitere 1,3-Verfahrensgebühr zusammen mit der 0,8-Verfahrensgebühr aus dem Wert der Hauptsache gemäß § 15 Abs. 3 nicht mehr als eine volle 1,3-Verfahrensgebühr aus dem Wert der Hauptsache ausmachen darf (vgl. hierzu das Berechnungsbeispiel unter Rdn 20).

48 **(7) Schutzschrift.** Nach herrschender Meinung zur früheren Rechtslage erhielt der Anwalt für die Einreichung einer Schutzschrift nur eine 5/10-Prozessgebühr, da Anträge in der Schutzschrift mangels eines anhängigen Verfahrens nicht als Sachanträge angesehen wurden.[53] Unter der Geltung des RVG, das für die Entstehung der vollen 1,3-Verfahrensgebühr keinen Sachantrag mehr voraussetzt, sondern Sachvortrag genügen lässt (hierzu näher vgl. Rdn 50 ff.), wird man dies anders beurteilen müssen.

Reicht der Anwalt eine Schutzschrift in einer Wettbewerbssache ein, ist mit der späteren Einreichung des Verfügungsantrags die Schutzschrift Verfahrensbestandteil geworden, so dass sie von dem angerufenen Gericht bei seiner späteren Sachentscheidung zu berücksichtigen ist.[54] Damit ist nach einer Ansicht für den Rechtsanwalt des Antragsgegners eine volle 1,3-Verfahrensgebühr nach VV 3100 angefallen[55] handelt es sich dann nicht um einen Sachantrag, wenn der Rechtsanwalt in einer Wettbewerbssache eine Schutzschrift einreicht, in der er vorsorglich einen „Antrag" auf Zurückweisung des erwarteten Antrags auf Erlass einer einstweiligen Verfügung stellt.[56]

---

49 KG JurBüro 1987, 709; OLG Köln JurBüro 1986, 1041 = KostRsp. BRAGO § 32 Nr. 50; Gerold/Schmidt/*Müller-Rabe*, RVG, VV 3101 Rn 32.
50 OLG München JurBüro 1994, 603 = KostRsp. BRAGO § 32 Nr. 76.
51 OLG Celle NdsRpfl 1987, 282 = KostRsp. BRAGO § 32 Nr. 58; OLG Dresden JurBüro 1998, 470.
52 OLG Köln JurBüro 1989, 491 = KostRsp. BRAGO § 32 Nr. 33; OLG Düsseldorf JurBüro 1983, 1334 = MDR 1983, 764; OLG Frankfurt JurBüro 1985, 1831; unzutreffend AG Nürtingen, Beschl. v. 21.7.2016 – 17 C 2651/15.
53 BGH NJW 2003, 1257 = MDR 2003, 655; OLG München WRP 1992, 811; OLG Köln Rpfleger 1995, 518; a.A. OLG Koblenz JurBüro 1990, 1160; *N. Schneider*, AGS 2003, 272.
54 BGH RVGreport 2009, 265; BGH RVGreport 2008, 223 = AGS 2008, 274; OLG Hamburg AGS 2007, 449 unter Aufgabe der bisherigen Rechtsprechung; OLG Nürnberg AGS 2005, 339; OLG Koblenz JurBüro 1990, 1160 = WM 1989, 1706 = KostRsp. BRAGO § 32 Nr. 64; OLG Düsseldorf AGS 2006, 489 m. Anm. *N. Schneider*; Gerold/Schmidt/*Müller-Rabe*, RVG, Anhang II Rn 136; *Hartmann*, Kostengesetze, RVG, VV 3101 Rn 27.
55 BGH AGS 2003, 272; KG Berlin AnwBl 1995, 418; OLG Köln OLGR Köln 1996, 51; OLG Saarbrücken OLGR Saarbrücken 1998, 336 = KostRsp. BRAGO § 32 Nr. 90; AnwK-RVG/*Gebauer*, 2. Auflage, VV 3101 Rn 48.
56 OLG Hamm JurBüro 1979, 1015 = MDR 1979, 683 = KostRsp. BRAGO § 32 Nr. 18; OLG Hamburg JurBüro 1977, 1730; OLG Frankfurt JurBüro 1978, 1087; OLG Hamburg AnwBl 1980, 363 = KostRsp. BRAGO § 32 Nr. 21.

Denn zum Zeitpunkt der Einreichung könne der spätere Antragsgegner noch nicht wissen, ob überhaupt und gegebenenfalls mit welchem Inhalt ein Antrag auf Erlass einer einstweiligen Verfügung gestellt werden würde.

Dies überzeugt jedoch bei der Frage der Entstehung der Gebühr nicht, sondern bezieht sich vielmehr auf die Ebene der Erstattungsfähigkeit. Problematisieren kann man sicherlich, ob ein derartiger Antrag auf Zurückweisung des Antrags auf Erlass einer einstweiligen Verfügung notwendig im erstattungsrechtlichen Sinn war und deshalb bei der Erstattung außer Betracht zu bleiben hat, selbst wenn er im Verhältnis zur auftraggebenden Partei zur Entstehung einer vollen 1,3-Verfahrensgebühr führen sollte.[57] Hier ist auf den weiteren Verfahrensverlauf abzustellen. Kommt es später tatsächlich zu dem erwarteten einstweiligen Verfügungsverfahren, ist die Gebühr erstattungsfähig und zwar auch dann, wenn der Antrag auf Erlass der einstweiligen Verfügung zurückgenommen oder zurückgewiesen wird.[58]

(8) Anzeige der Aufnahme eines durch Insolvenz unterbrochenen Verfahrens. Gemäß § 240 ZPO wird ein Klageverfahren unterbrochen, wenn über das Vermögen einer der Prozessparteien das Insolvenzverfahren eröffnet wird. Nimmt nunmehr der Insolvenzverwalter das Verfahren wieder auf und lässt er dies durch seinen Prozessbevollmächtigten dem Gericht gegenüber erklären, stellt sich die Frage, wie diese Mitteilung des Rechtsanwalts gebührenrechtlich zu bewerten ist. Unter Geltung der BRAGO wurde die Entstehung von mehr als einer 5/10-Prozessgebühr nach § 32 BRAGO abgelehnt,[59] weil die Erklärung des Insolvenzverwalters, das gemäß § 240 ZPO unterbrochene Verfahren aufzunehmen, zwar eine Prozesshandlung mit unmittelbarer Gestaltungswirkung, aber keinen Sachantrag darstelle und nicht erklärt werde, welchen Inhalt das erbetene Endurteil haben solle. Die Aufnahmeanzeige löse daher bei anschließender Klage- bzw. Rechtsmittelrücknahme nur eine halbe Gebühr aus. 49

Dieser Ansicht kann unter Geltung des RVG nicht gefolgt werden. Zum einen ist auch auf eine Aufnahmeanzeige hin eine Sachentscheidung des Gerichts möglich. Denn soweit der Prozessgegner die Wirksamkeit der Aufnahme bestreitet oder soweit das Gericht die Wirksamkeit der Aufnahme von Amt wegen zu beachten hat, erlässt das Gericht ein Endurteil über die Zurückweisung der Aufnahme oder über die Verwerfung des zugehörigen Rechtsmittels. Zum anderen ist unabhängig von der Frage, ob die Aufnahmeanzeige einem Sachantrag gleichzustellen ist, sie jedenfalls als Sachvortrag i.S.v. Nr. 1 anzusehen. Dem Rechtsanwalt des Insolvenzverwalters erwächst daher mit Einreichung des Schriftsatzes bei Gericht, in dem die Aufnahme des Verfahrens erklärt wird, eine volle Verfahrensgebühr gemäß VV 3100 i.H.v. 1,3.

bb) Schriftsatz mit Sachvortrag. Nach Nr. 1 tritt eine Reduzierung der Verfahrensgebühr auf 0,8 auch dann ein, wenn der Auftrag endigt, bevor ein Schriftsatz, der **Sachvortrag** enthält, eingereicht worden ist. Im Umkehrschluss bedeutet dies, dass die Gebührenreduzierung dann nicht stattfindet, wenn ein Schriftsatz mit Sachvortrag beim Gericht eingereicht worden ist. Der Gesetzgeber war der Ansicht, dass die damit zwangsläufig bewirkte Erweiterung des Entstehens der vollen Verfahrensgebühr auch in den Streitverfahren sachgerecht sei. Denn es sei kein Grund ersichtlich, warum z.B. der Beklagtenvertreter, der auf die Klage erwidert, ohne ausdrücklich einen Klageabweisungsantrag zu stellen, gebührenrechtlich schlechter behandelt werden solle.[60] 50

Das Gesetz definiert nicht, was unter „Sachvortrag" zu verstehen ist, auch aus der Begründung zum Gesetzentwurf ergibt sich hierzu nichts. Es wäre sicherlich zu eng, wenn man Ausführungen verlangen würde, die sich mindestens auch mit tatsächlichen – also nicht nur rechtlichen – Fragen der zu klärenden Angelegenheit befassen müssen. Der Begriff „Sach"-Vortrag ist vielmehr weit und daher dahingehend auszulegen, dass **irgendeine Ausführung zu der Sache selbst** ausreicht, um einen Schriftsatz als Sachvortrag i.S.v. Nr. 1 anzusehen. Dazu gehören beispielsweise der Vortrag von Angriffs- und Verteidigungsmitteln, Erhebung von Einreden, die Aufrechnungserklärung und Beweisantritte. Der Beklagtenvertreter erhält somit auch dann eine volle 1,3-Verfahrensgebühr, wenn 51

---

[57] OLG Hamburg MDR 2002, 1153.
[58] BGH RVGreport 2009, 265; BGH AGS 2008, 274; BGH AGS 2003, 272; OLG Hamburg JurBüro 1983, 1819 = KostRsp. BRAGO § 32 Nr. 40.
[59] OLG Karlsruhe JurBüro 1997, 138 = KostRsp. BRAGO § 32 Nr. 79; so auch Riedel/Sußbauer/*Keller*, RVG, VV Teil 3 Abschnitt 1 Rn 24.
[60] BT-Drucks 15/1971, S. 938.

er einen Schriftsatz eingereicht hat, der z.B. nur die Klageerwiderung ohne Klageabweisungsantrag enthielt.[61]

52 Auch **reine Rechtsausführungen** reichen aus, solange diese sich mit der Sache selbst beschäftigen. Ein solcher Bezug zur Sache ist beispielsweise dann anzunehmen, wenn Rechtsausführungen zur Zulässigkeit der Klage gemacht werden. Daneben stellen auch Ausführungen zur Frage der örtlichen Zuständigkeit des angerufenen Gerichts einen Sachvortrag i.S.v. Nr. 1 dar. Die Richtigkeit dieser Auffassung ergibt sich aus dem Umstand, dass die Klage unter Umständen schon wegen der fehlenden Zuständigkeit des angerufenen Gerichts abgewiesen werden kann. Bei dieser Sachlage wäre es aber widersprüchlich, dem Prozessbevollmächtigten, der Ausführungen zu diesem Punkt gemacht hat, nur eine reduzierte Gebühr gemäß Nr. 1 zuzubilligen.

53 **cc) Schriftsatz mit Klage- oder Antragsrücknahme.** Enthält der vom Anwalt eingereichte Schriftsatz die Rücknahme der Klage oder des Antrags, so löst dies eine volle 1,3-Verfahrensgebühr aus. Entsprechendes gilt für die Rücknahme des Widerspruchs gegen einen Mahnbescheid.[62] Bei einer teilweisen Klagerücknahme ist die 1,3-Verfahrensgebühr aus dem Teilstreitwert zu berechnen.

e) Terminswahrnehmung

54 Hat der Prozessbevollmächtigte für seinen Auftraggeber einen gerichtlichen Termin wahrgenommen, so ist für ihn damit – unabhängig von seinen sonstigen Tätigkeiten – die volle 1,3-Verfahrensgebühr gemäß VV 3100 entstanden. Endet der ihm erteilte Auftrag nach dem Termin, ist für eine Kürzung der Verfahrensgebühr gemäß Nr. 1 dementsprechend kein Raum mehr. In der Praxis wird die Verfahrensgebühr regelmäßig schon vor einer Terminswahrnehmung durch schriftliches Vorbringen entstehen. Ist dies jedoch nicht der Fall – etwa weil der Anwalt erst kurz vor dem Termin mandatiert wird – kann die volle Verfahrensgebühr auch allein durch die Terminswahrnehmung entstehen.

55 Der Rechtsanwalt muss an einem **gerichtlichen** Termin teilnehmen. Der Gesetzgeber hat in den Text von Nr. 1 das Wort „Termin" durch die Wörter „gerichtlicher Termin" ersetzt, um klarzustellen, dass die Wahrnehmung eines außergerichtlichen Termins einer Ermäßigung der Verfahrensgebühr auf 0,8 nicht entgegensteht.[63] Es genügt ein jeglicher Termin, solange er nur vor Gericht stattfindet (Beweistermin, Gütetermin, Protokollierungstermin etc.). Nach Sinn und Zweck der Vorschrift dürfte auch der von einem gerichtlich bestellten Sachverständigen anberaumte Termin unter diese Vorschrift fallen, da der Sachverständige nach § 404a ZPO als Gehilfe des Gerichts tätig wird.[64]

56 Soweit in VV Vorb. 3 Abs. 3 festgelegt ist, dass die Mitwirkung an auf die Vermeidung oder Erledigung des Verfahrens gerichteten Besprechungen ohne Beteiligung des Gerichts ausreicht, um eine volle Terminsgebühr anfallen zu lassen, hat der Gesetzgeber diese Tatbestandsvoraussetzungen auf die Terminsgebühr beschränkt. Für die Verfahrensgebühr ist die Vorschrift in Nr. 1 vorrangig, die ausdrücklich von einem gerichtlichen Termin spricht.

57 Wahrgenommen hat der Prozessbevollmächtigte einen Termin dann, wenn er bei Aufruf der Sache (§ 220 Abs. 1 ZPO) **im Gerichtssaal anwesend** war in der **Absicht, die Interessen seiner Partei** angemessen, insbesondere bei dem Versuch einer gütlichen Beilegung des Rechtsstreits, **zu vertreten**.[65] Nicht ausreichend ist in diesem Zusammenhang, dass der Termin von dem Gericht zusammen mit anderen Terminen allgemein aufgerufen worden ist; erforderlich ist vielmehr, dass gerade die bestimmte einzelne Sache von dem Vorsitzenden aufgerufen wird, in der Absicht, sich mit dieser nunmehr zu befassen.[66]

58 Im Fall einer **Streitverkündung** ist es zunächst erforderlich, dass der Streitverkündete seinen Beitritt zum Rechtsstreit erklärt hat.[67] Denn ohne einen solchen Beitritt wird der Streitverkündete nicht zum Termin geladen und man kann daher nicht davon sprechen, dass es sich um einen gerichtlichen Termin handelt, den der Prozessbevollmächtigte für den Streitverkündeten wahrnimmt. Hat der

---

61 *Volpert*, RVGprof. 2004, 145, 146; vgl. auch BT-Drucks 15/1971, S. 211.
62 OLG München JurBüro 1985, 402; Riedel/Sußbauer/*Keller*, RVG, VV Teil 3 Abschnitt 1 Rn 27.
63 Vgl. BT-Drucks 15/2487, S. 175.
64 So auch Gerold/Schmidt/*Müller-Rabe*, RVG, VV 3101 Rn 49.

65 OLG München JurBüro 1994, 542 = OLGR 1994, 109 = KostRsp. BRAGO § 32 Nr. 73.
66 *Baumbach u.a.*, ZPO, § 220 Rn 4; *Hartmann*, Kostengesetze, RVG, VV 3101 Rn 17.
67 OLG Hamm JurBüro 1975, 913 = MDR 1975, 943 = KostRsp. BRAGO § 32 Nr. 11; *Hartmann*, Kostengesetze, RVG, VV 3101 Rn 19.

Prozessbevollmächtigte des Beitretenden schriftsätzlich bereits den Beitritt seines Mandanten erklärt und darüber hinaus auch einen Antrag gestellt, wie das Gericht in der Sache selbst entscheiden solle, oder sich sonst schriftsätzlich zum Verfahrensgegenstand geäußert, ist damit eine volle Verfahrensgebühr i.H.v. 1,3 nach VV 3100 angefallen, ohne dass es zum Anfallen der Verfahrensgebühr der Wahrnehmung eines Termins insoweit bedarf.[68]

Eine Anwesenheit des Prozessbevollmächtigten allein zum Zwecke der Mitteilung, dass er das **Mandat niederlege**, stellt keine Terminswahrnehmung dar,[69] da es ihm nicht mehr um die Wahrnehmung der Interessen seines Mandanten geht. Ging der Erklärung des Rechtsanwalts, dass er nicht auftrete, allerdings eine Erörterung der Sach- und Rechtslage voraus, ist für eine Gebührenreduzierung nach Nr. 1 kein Raum mehr, da die Verfahrensgebühr dann bereits i.H.v. 1,3 verdient ist.

Unerheblich ist, ob in dem Termin eine Sachentscheidung ergeht oder nicht oder ob der Termin nur vertagt wird. Gleichgültig ist es ferner, ob in diesem Termin der Prozessbevollmächtigte der Gegenseite erscheint oder der nicht anwaltlich vertretene Gegner. Denn anders als bei der Terminsgebühr (vgl. VV 3104, 3105) stellt das Gesetz in VV 3100, 3101 für die Entstehung der vollen 1,3-Verfahrensgebühr nicht darauf ab, ob der Gegner bzw. sein Anwalt den Termin ebenfalls wahrnehmen. Ausreichend für die Wahrnehmung eines Termins i.S.v. Nr. 1 ist demnach, dass ein solcher Termin überhaupt stattgefunden hat und der Prozessbevollmächtigte in diesem Termin zur Interessenwahrung für seinen Mandanten anwesend war.

Die **Stellung von Anträgen** in dem Termin ist nicht erforderlich, so dass jeglicher gerichtliche Termin in Betracht kommen, also auch Termine zur Durchführung einer Beweisaufnahme, Sühnetermine oder Verkündungstermine.[70] Dem steht die Neufassung von VV Vorb. 3 Abs. 3 S. 2[71] nicht entgegen, wonach die Wahrnehmung eines Termins nur zur Verkündung einer Entscheidung nicht ausreicht, weil sich diese Regelung nur auf die Terminsgebühr bezieht.

f) Drittschuldnerklage

Eine 0,8-Verfahrensgebühr fällt für den Prozessbevollmächtigten des Gläubigers an, wenn er den Drittschuldner unter Fristsetzung und Androhung einer Drittschuldnerklage zur Abgabe der Erklärung nach § 840 ZPO auffordert, nachdem dieser die Erklärung nicht innerhalb der 14-Tage-Frist des § 840 Abs. 1 ZPO abgegeben hat.[72] Die Gebühr des VV 3309 ist bereits dann entstanden, wenn der Prozessbevollmächtigte irgendeine Tätigkeit entfaltet, die auf eine Einziehung der gepfändeten und dem Gläubiger überwiesenen Forderung gerichtet ist. Es reicht insoweit aus, dass der Prozessbevollmächtigte den Drittschuldner zur Zahlung anhält oder eine Klage aus der überwiesenen Forderung androht. Kommt der Drittschuldner aber schon seiner Auskunftsverpflichtung aus § 840 ZPO nicht nach und droht der Prozessbevollmächtigte des Gläubigers daher eine Drittschuldnerklage an, geht diese Tätigkeit über den Bereich des VV 3309 hinaus und ist gesondert mit einer 0,8-Verfahrensgebühr gemäß Nr. 1 zu vergüten, wenn es noch vor entsprechender Klageerhebung zur begehrten Auskunft kommt.

Diese Kosten sind auch gemäß § 788 ZPO als Kosten der Zwangsvollstreckung gegen den Schuldner **festsetzungsfähig**, wenn sie bei dem Drittschuldner nicht beizutreiben oder aus sonstigen Gründen uneinbringlich sind.[73] Als Gegenstandswert wird der Wert der vollen Forderung zugrunde zu legen sein, wenn mangels entgegenstehender Anhaltspunkte davon auszugehen ist, dass Gegenstand eines solchen Prozesses die gesamte Forderung gewesen wäre.

---

[68] OLG Nürnberg AnwBl 1994, 197 = JurBüro 1994, 671 = KostRsp. BRAGO § 32 Nr. 74.
[69] OLG Hamm JurBüro 1975, 913 = MDR 1975, 943 = KostRsp. BRAGO § 32 Nr. 11.
[70] Hartmann, Kostengesetze, RVG, VV 3101 Rn 16; a.A. für den reinen Verkündungstermin Müller-Rabe (in: Gerold/Schmidt, RVG, VV 3101 Rn 51), weil die bloße Entgegennahme einer Entscheidung keine Interessenvertretung des Mandanten gegenüber dem Gericht darstelle.
[71] Vgl. 2. KostRMoG.
[72] LG Bonn JurBüro 2001, 26 m.w.N. = KostRsp. BRAGO § 32 Nr. 98.
[73] LG Bonn JurBüro 2001, 26 = KostRsp. BRAGO § 32 Nr. 98.

g) Selbstständiges Beweisverfahren gemäß §§ 485 ff. ZPO

64 Grundsätzlich ist die Vorschrift zur Gebührenreduktion in VV 3101 Nr. 1 auch im selbstständigen Beweisverfahren anwendbar,[74] da die Vorschriften des VV Teil 3 Abschnitt 1 (Bürgerliche Rechtsstreitigkeiten etc.) nach VV Vorb. 3.1 in allen Verfahren gelten, die dort erwähnt sind. Spätestens durch VV Vorb. 3 Abs. 5 ist klargestellt, dass die Verfahrensgebühr auch für die Tätigkeit im selbstständigen Beweisverfahren anfällt und folglich auch der Reduktionsmöglichkeit ausgesetzt ist.

65 Der **Rechtsanwalt des Antragstellers** erhält mit der Einreichung der Antragsschrift eine volle Verfahrensgebühr i.H.v. 1,3 gemäß VV 3100. Erledigt sich die Angelegenheit vor Einreichen der Antragsschrift, reduziert sich die Gebühr gemäß VV 3101 Nr. 1 auf 0,8.

66 Der **Rechtsanwalt des Antragsgegners** erhält bei vorzeitigem Ende des Auftrags nur eine reduzierte 0,8-Verfahrensgebühr gemäß VV 3101 Nr. 1, wenn er keine Gegenerklärung abgibt, die sich mit dem Antrag auf Durchführung des selbstständigen Beweisverfahrens, d.h. mit dem zugrunde liegenden Sachverhalt auseinander setzt oder wenn er nur verfahrensrechtliche Anregungen gibt.[75] Er muss also eine Gegenerklärung abgeben, die sich mit dem gestellten Antrag inhaltlich beschäftigt, wenn er die Gebührenreduzierung nach Nr. 1 vermeiden will. Allerdings wird man für das Entstehen der vollen Verfahrensgebühr nicht verlangen können, dass der Rechtsanwalt des Antragsgegners einen Gegenantrag stellt,[76] also beantragt, die Durchführung des selbstständigen Beweisverfahrens abzulehnen. Ausreichend für die Entstehung der vollen Verfahrensgebühr gemäß VV 3100 ist Sachvortrag, also eine Gegenerklärung, die sich inhaltlich mit dem gestellten Antrag auseinander setzt und z.B. das Vorhandensein von Mängeln oder die Verantwortlichkeit des Antragsgegners für diese in Abrede stellt.

h) Legitimation nach letzter mündlicher Verhandlung

67 Wird der Prozessbevollmächtigte erst nach der letzten mündlichen Verhandlung beauftragt und beschränkt sich seine Tätigkeit auf die Einreichung eines Schriftsatzes, in dem er den Rechtsmittelverzicht erklärt und die Erteilung eines Rechtskraftzeugnisses anfordert, so erwächst ihm nur die reduzierte 0,8-Verfahrensgebühren nach VV 3101 Nr. 1.[77] Der Rechtsanwalt hat zu diesem Zeitpunkt weder einen Schriftsatz eingereicht, der Sachanträge bzw. Sachvortrag oder die Zurücknahme eines Antrags enthielt, noch seine Partei in einem Termin vor Gericht vertreten.[78]

68 Wird der Rechtsanwalt jedoch nach der Verkündung des Urteils mit der Anweisung beauftragt, Rechtsmittelverzicht zu erklären, und erklärt er diesen noch in der mündlichen Verhandlung, hat er eine volle Verfahrensgebühr i.H.v. 1,3 gemäß VV 3100 verdient, da er die Partei in der mündlichen Verhandlung vertreten hat.[79] Dazu heißt es in der Entscheidung des OLG Hamburg:[80]

> „Die Bestellung zum Prozessbevollmächtigten ist so lange möglich, als das Verfahren in der Instanz anhängig ist. Ein Klageverfahren ist im ersten Rechtszug anhängig bis zur Rechtskraft oder bis zur Einlegung eines Rechtsmittels, also noch über den Zeitpunkt der Urteilsverkündung hinaus. Der Antragsteller konnte deshalb noch zum Prozessbevollmächtigten bestellt werden, obwohl bereits Urteil ergangen war. Die Verfahrensgebühr, die der Antragsteller verdient hat, ist in voller Höhe erwachsen. Da er den Rechtsmittelverzicht in der mündlichen Verhandlung – wenn auch nach Erlass des Urteils – abgegeben hat, hat er seine Partei in einem zur mündlichen Verhandlung bestimmten Termin vertreten."

i) Legitimation nach einstweiliger Verfügung

69 Wird der Rechtsanwalt nach Erlass einer ohne mündliche Verhandlung durch Beschluss erlassenen einstweiligen Verfügung lediglich damit beauftragt, einen auf die Kosten des Verfahrens beschränkten Widerspruch einzulegen, so entsteht eine Verfahrensgebühr i.H.v. 0,8 gemäß VV 3101 Nr. 1 aus

---

74 OLG Köln OLGR 2000, 162 = KostRsp. BRAGO § 32 Nr. 95.
75 OLG Köln OLGR 2000, 162 = KostRsp. BRAGO § 32 Nr. 95; OLG München Rpfleger 2000, 425.
76 So aber OLG München AnwBl 2000, 759 = JurBüro 2000, 485 = Rpfleger 2000, 425 = NJW-RR 2000,
1728 = KostRsp. BRAGO § 32 Nr. 97 m. Anm. *N. Schneider*.
77 OLG Karlsruhe NJW 1973, 202 m. krit. Anm. *Schmidt*.
78 OLG Hamm NJW 1974, 465.
79 OLG Hamburg NJW 1973, 202.
80 OLG Hamburg NJW 1973, 202.

dem Wert des Verfahrensgegenstands der einstweiligen Verfügung[81] sowie zusätzlich eine Verfahrensgebühr i.H.v. 1,3 gemäß VV 3100 aus dem Kosteninteresse. Jedoch darf die Summe dieser Gebühren gemäß § 15 Abs. 3 die volle Verfahrensgebühr i.H.v. 1,3 nach dem vollen Wert nicht übersteigen.

4. Vorbereitende Tätigkeit

Wenn der Prozessbevollmächtigte nur Informationen des Mandanten entgegennimmt und über die Entwicklung der Sache mit ihm korrespondiert, bevor er eine weitere Tätigkeit entwickeln kann, liegt darin eine Vorbereitung der Rechtsverfolgung oder -verteidigung, die als zum Rechtszug gehörig anzusehen ist.[82] Für diese vorbereitende Tätigkeit entsteht die reduzierte Verfahrensgebühr i.H.v. 0,8.

> **Beispiel:** Bekommt der Prozessbevollmächtigte des Beklagten unmittelbar vom Kläger eine Kopie der Klageschrift übersandt und korrespondiert er in diesem Vorstadium mit dem Beklagten über die Sache, hat er eine Verfahrensgebühr i.H.v. 0,8 verdient, wenn es in der Folgezeit mangels Zustellung der Klageschrift nicht zu einem gerichtlichen Verfahren kommt.
>
> Die reine Einflussnahme des Rechtsanwalts auf die gegnerische Partei, diese möge ihren Widerspruch gegen einen Mahnbescheid zurücknehmen, stellt noch keine Tätigkeit dar, die eine volle Verfahrensgebühr i.H.v. 1,3 auslöst. Vielmehr erhält der insoweit tätige Rechtsanwalt nur Gebühren i.H.v. 0,8 gemäß Nr. 1.[83] In derartigen Fällen empfiehlt es sich, dass der Rechtsanwalt dem Mahngericht mitteilt, dass er nunmehr den Antragsteller vertritt und den Antrag auf Durchführung des streitigen Verfahrens stellt. Dann erhält er eine Verfahrensgebühr i.H.v. 1,3.

5. Mehrere Personen als Auftraggeber

Ist der Prozessbevollmächtigte bei einem vorzeitigen Ende der Angelegenheit für mehrere Auftraggeber tätig geworden, so erhöht sich auch die reduzierte Verfahrensgebühr gemäß VV 1008 um 0,3.[84] Die Gebühr von 0,3 wird zur Ausgangsgebühr hinzugerechnet. Insofern erhöht sich die 0,8-Verfahrensgebühr durch einen weiteren Auftraggeber auf eine 1,1-Verfahrensgebühr.

6. Konkurrenz zu anderen Gebührenvorschriften

Sind durch andere Gebührenvorschriften höhere Gebühren als 0,8 angefallen, erfolgt keine Reduzierung durch VV 3101 Nr. 1. Erledigt sich also z.B. im Mahnverfahren nach eingelegtem Widerspruch der Auftrag zur Durchführung des streitigen Verfahrens, bevor der Rechtsanwalt des Antragstellers den Antrag beim zuständigen Gericht eingereicht hat, findet für den Rechtsanwalt des Antragstellers keine Reduzierung der Verfahrensgebühr (VV 3305) auf 0,8 statt. Denn die gesetzliche Regelung soll nicht dazu führen, dass aus anderen Gebührentatbeständen bereits entstandene Gebührenansprüche reduziert werden. In einem derartigen Fall verbleibt es für den Rechtsanwalt des Antragstellers bei der Gebühr i.H.v. 1,0 nach VV 3305.

Dies ergibt sich zum einen aus dem Wortlaut von VV 3101, wonach unter bestimmten Voraussetzungen eine Reduktion der Gebühr VV 3100 („...beträgt die Gebühr 3100 0,8") eintritt. Weder wird auf andere Verfahrensgebühren hinsichtlich einer entsprechenden Reduktionsmöglichkeit Bezug genommen, noch enthalten diese eine Verweisung auf VV 3101. Dies ergibt sich zum anderen auch aus dem Sinn und Zweck der Gebührenreduktion, welcher bei der oben beschriebenen Tätigkeit im Mahnverfahren gerade nicht einschlägig ist. Denn mit dem Auftreten des Anwalts im Mahnverfahren ist dieser nach außen tätig geworden und hat damit auch die volle für dieses Verfahren vorgesehene Gebühr nach VV 3305 verdient.

---

81 KG AnwBl 1985, 530 = JurBüro 1985, 1238 = MDR 1985, 770 = KostRsp. BRAGO § 32 Nr. 48; a.A. OLG Koblenz Rpfleger 1986, 407 = KostRsp. BRAGO § 32 Nr. 53; OLG München JurBüro 1987, 709.

82 OLG Hamburg JurBüro 1970, 957; Gerold/Schmidt/*Müller-Rabe*, RVG, VV 3101 Rn 58.

83 OLG Hamm AGS 2004, 13 m. Anm. *Madert*.

84 LG Tübingen AnwBl 1984, 506 = KostRsp. BRAGO § 32 Nr. 45.

III. Erstattungsfähigkeit

1. Reduzierte Verfahrensgebühr wegen fehlender Erstattungsfähigkeit einer vollen Verfahrensgebühr

73 Es ist durchaus möglich, dass die volle 1,3-Verfahrensgebühr nach VV 3100 zwar entstanden, aber nicht erstattungsfähig ist, weil keine notwendige Maßnahme der Rechtsverfolgung mehr gegeben ist, z.B. bei verspäteter Einreichung eines Klageabweisungsantrags nach der mündlichen Verhandlung, wenn der Termin zur Verkündung einer Entscheidung schon beschlossen wurde. In einer derartigen Situation ist die volle Verfahrensgebühr zwar angefallen und kann dem Mandanten grundsätzlich auch in Rechnung gestellt werden, erstattungsfähig gegenüber der Gegenseite ist jedoch nur eine reduzierte Verfahrensgebühr i.H.v. 0,8.[85] Denn der Klagabweisungsantrag ist bei dieser Fallgestaltung nur dann notwendig i.S.d. § 91 ZPO, wenn er unter der Bedingung gestellt wird, dass das Gericht die Wiedereröffnung der mündlichen Verhandlung anordnet. Erst wenn diese Bedingung eingetreten ist, kann die volle Verfahrensgebühr erstattet verlangt werden.

74 Von dem Mandanten wird die volle 1,3-Verfahrensgebühr nur dann verlangt werden können, wenn der Prozessbevollmächtigte ihn über die fehlende Erstattungsfähigkeit durch den Gegner unterrichtet und der Mandant gleichwohl auf der Einreichung des Schriftsatzes bestanden hat.

2. Antragstellung nach – angekündigter – Klagerücknahme

75 Wird der Prozessbevollmächtigte auf Beklagtenseite erst nach Zustellung der Klagerücknahme eingeschaltet, ist ebenfalls keine notwendige Maßnahme zur Rechtsverteidigung gegeben, da die Einschaltung des Prozessbevollmächtigten nicht mehr erforderlich war. Dies hat in der Regel die Konsequenz, dass eine reduzierte Verfahrensgebühr i.H.v. 0,8 für den Rechtsanwalt des Beklagten zwar entstanden, diese aber nicht erstattungsfähig ist.[86]

76 War der Klagerücknahmeschriftsatz bei Antragseinreichung noch nicht zugestellt, ist für den Prozessbevollmächtigten des Beklagten eine volle Verfahrensgebühr angefallen und auch erstattungsfähig. Auch in dem Fall, dass die Klagerücknahme lediglich angekündigt worden ist, ohne bereits vollzogen worden zu sein, wird man von dem Entstehen einer vollen 1,3-Verfahrensgebühr ausgehen müssen. Diese ist auch erstattungsfähig, solange die andere Partei keinen Rechtsanspruch auf die Klagerücknahme hat.

77 Im Berufungs- oder Revisionsverfahren handelt es sich auch dann nicht um eine notwendige Maßnahme zur Rechtsverteidigung, wenn die Gegenseite die Rücknahme der Revision dem Berufungsanwalt schon mitgeteilt hat[87] oder er davon außergerichtlich Kenntnis erlangt hat.[88] Der gleichwohl eingereichte Antrag auf Zurückweisung der Revision kann deshalb nicht mehr zu einer erstattungsfähigen vollen Verfahrensgebühr führen.[89]

B. Einigung (Nr. 2; Anm. Abs. 1)

I. Allgemeines

78 Die Verfahrensgebühr entsteht auch in denjenigen Fällen nur in reduzierter Höhe (0,8), in denen beantragt ist, eine Einigung über in diesem Verfahren nicht rechtshängige Ansprüche zu Protokoll zu nehmen oder festzustellen oder soweit Verhandlungen zur Einigung über solche Ansprüche geführt werden. Während VV 3101 Nr. 1 einen **Auftrag** des Anwalts zur gerichtlichen Durchsetzung oder Abwehr eines Anspruchs voraussetzt, reicht für den Tatbestand von Nr. 2 aus, dass der Anwalt beauftragt war, eine Einigung mit dem Gegner oder Dritten herbeizuführen bzw. protokollieren zu lassen.

79 Die Regelung in **Nr. 2** lehnt sich inhaltlich zunächst an die vormalige Regelung in § 32 Abs. 2 BRAGO an. Diese nahm Bezug auf § 32 Abs. 1 BRAGO und legte fest, dass das Gleiche gelte,

---

85 Vgl. LG Berlin JurBüro 1987, 707.
86 OLG Schleswig JurBüro 1990, 1621.
87 OLG Hamburg JurBüro 1976, 472.

88 OLG Dresden JurBüro 1998, 469.
89 OLG Hamburg JurBüro 1975, 1607 = KostRsp. BRAGO § 32 Nr. 14.

soweit lediglich beantragt sei, eine Einigung der Parteien zu Protokoll zu nehmen. Die jetzige Regelung in Nr. 2 geht sodann in mehrfacher Hinsicht darüber hinaus. So sind z.B. auch Einigungen mit Dritten und Einigungen, die im Rahmen eines Verfahrens nach § 278 Abs. 6 ZPO festgestellt werden, ausdrücklich einbezogen.

Die Regelung bezieht sich aber nach wie vor nicht auf den Fall, dass eine Einigung über die im betreffenden Verfahren rechtshängigen Ansprüche protokolliert wird. Sie bezieht sich vielmehr gerade darauf, dass eine Protokollierung bzw. Einigungsverhandlungen über andere, in diesem Verfahren nicht rechtshängige Ansprüche erfolgt. 80

In Zusammenhang mit Nr. 2 steht die Regelung **in Anm. Abs. 1**. Diese regelt den Fall, dass in einem Verfahren eine Einigung über solche Gegenstände erzielt wird, für die der Rechtsanwalt in einem anderen Verfahren eine Verfahrensgebühr erhält. Bei dieser Konstellation soll eine Anrechnung der Gebühr nach Nr. 2 stattfinden. 81

II. Regelungsgehalt

1. Protokollierung/Feststellung einer Einigung (Nr. 2, 1. Alt)

Beantragt der Rechtsanwalt, eine Einigung der Parteien über einen in diesem Verfahren nicht rechtshängigen Anspruch zu Protokoll zu nehmen oder eine Einigung gemäß § 278 Abs. 6 ZPO festzustellen, so erhält er eine 0,8-Verfahrensdifferenzgebühr gemäß VV 3101 Nr. 2, 1. Alt. aus dem Wert der nicht anhängigen Ansprüche. 82

> **Beispiel:** In einem Räumungsrechtsstreit (Wert: 10.000 EUR) erzielen die Anwälte nach Verhandlungen eine Einigung über die Räumung der Wohnung. Im Termin erklären die Parteien, sie hätten sich zwischenzeitlich untereinander – also ohne ihre Anwälte – auch über die Auszahlung der Mietkaution (5.000 EUR) geeinigt. Der Beklagte solle davon 3.000 EUR erhalten, den Rest dürfe der Kläger behalten. Die Anwälte mögen diese Einigung mitprotokollieren, was auch geschieht.
> Die Anwälte können abrechnen:
> 1. 1,3-Verfahrensgebühr, VV 3100
>   (Wert: 10.000 EUR)   725,40 EUR
> 2. 0,8-Verfahrensgebühr, VV 3101
>   (Wert: 5.000 EUR)   236,34 EUR
>   gem. § 15 Abs. 3 nicht mehr als 1,3
>   (Wert: 15.000 EUR)   845,00 EUR
> 3. 1,2-Terminsgebühr, VV 3104
>   (Wert: 10.000 EUR)   669,60 EUR
> 4. 1,0-Einigungsgebühr, VV 1003
>   (Wert: 10.000 EUR)   558,00 EUR
> 5. Auslagenpauschale, VV 7002   20,00 EUR
>   Zwischensumme   2.092,60 EUR
> 6. 19 % Umsatzsteuer, VV 7008   397,59 EUR
>   **Gesamt**   **2.490,19 EUR**

a) Einigung

In Nr. 2 ist die Rede von einer „Einigung", ohne dass dort dieser Begriff definiert wird. Die Begründung zum Entwurf des RVG gibt zur Auslegung nicht viel her. Zwar ist davon die Rede,[90] dass die Gebühr mit einem Gebührensatz von 0,8 auch bei einer gerichtlichen Protokollierung eines Vergleichs anfallen solle. Allerdings wird dort der Begriff der Einigung gleichzeitig auch im Sinne eines Vergleichs benutzt, was schon im Widerspruch zu VV 1000 steht, da VV 1000 ein gegenseitiges Nachgeben ausdrücklich nicht verlangt. Schon im Rahmen von § 32 BRAGO war es allgemeine Auffassung, dass der Begriff der Einigung weiter ist als der Begriff des Vergleichs. Eine **Einigung** stellt gegenüber einem Vergleich geringere Anforderungen, da **kein gegenseitiges Nachgeben** erforderlich ist, bezieht den Vergleich also mit ein.[91] 83

---

90 RVG-E v. 7.11.2003, BR-Drucks 830/03, S. 259.   91 *Hartmann*, Kostengesetze, RVG, VV 3101 Rn 60.

84 Es ist auch nicht davon auszugehen, dass der Begriff der Einigung in Nr. 2 inhaltlich identisch ist mit dem Begriff der Einigung in VV 1000. Nach der Regelung in VV 1000 ist dort Voraussetzung für eine Einigung bzw. für das Entstehen der Einigungsgebühr,
– dass ein Vertrag geschlossen wird, durch den der Streit oder die Ungewissheit der Parteien über ein Rechtsverhältnis beseitigt wird,
– dass dieser Vertrag sich nicht nur ausschließlich auf ein Anerkenntnis oder einen Verzicht beschränkt.

85 Verlangt wurde schon nach § 32 Abs. 2 BRAGO nicht, dass über einen Anspruch ein Vertrag geschlossen wurde, der zuvor streitig war. Es ist auch der Begründung zum RVG nicht zu entnehmen, dass man in Nr. 2 eine in diesem Punkt gegenüber § 32 BRAGO einschränkende Regelung treffen wollte. Schließlich hätte sonst nichts näher gelegen als in VV 3101 Nr. 2 auf den Begriff der Einigung in VV 1000 zu verweisen. Damit ist davon auszugehen, dass der Begriff der Einigung in Nr. 2 **alle Einigungen** umfasst, also nicht nur solche, die unter VV 1000 fallen. Erfasst wird von Nr. 2 damit jede Vereinbarung
– über Ansprüche, die nicht in diesem Verfahren rechtshängig sind,
– auch wenn über diese Ansprüche zuvor kein Streit bestand,
– auch wenn die Vereinbarung in einem Anerkenntnis oder Verzicht besteht,
– über Rechtsverhältnisse, auch wenn über diese keine Ungewissheit bestand.

> **Beispiel:** In einem Kündigungsschutzprozess wird vor dem Arbeitsgericht ein Vergleich über die Beendigung des Arbeitsverhältnisses des Klägers geschlossen. Gegenstand des Rechtsstreits war nur die Kündigung. In dem Vergleich werden zusätzlich Vereinbarungen über die Zeugniserteilung, die Aufhebung eines Wettbewerbsverbots sowie die Provisionszahlung aufgenommen. Über diese Punkte hatte kein Streit zwischen den Parteien bestanden. Für die Regelung dieser zusätzlichen Punkte fällt eine Verfahrensgebühr i.H.v. 0,8 nach Nr. 2 an.

86 Die Annahme einer Einigung setzt jedoch zumindest voraus, dass über die bloß deklaratorische Feststellung bestehender tatsächlicher Verhältnisse hinaus eine verwertbare Regelung getroffen worden ist. Sofern aber lediglich die tatsächlichen Verhältnisse festgestellt werden, stellt dies keine Einigung i.S.d. Nr. 2 dar.[92] Die reduzierte Verfahrensgebühr nach VV 3101 Nr. 2 setzt – anders als die Einigungsgebühr nach VV 1000 – nicht voraus, dass die betreffende Einigung zustande kommt bzw. dauerhaft Bestand hat.[93] Sie bleibt dem Anwalt vielmehr auch dann erhalten, wenn die Einigung z.B. widerrufen wird oder aus sonstigen Gründen später entfällt.

87 Die Einigung muss stattfinden entweder
– zwischen den Prozessparteien oder
– zwischen einer Prozesspartei und einem Dritten oder
– zwischen beiden Prozessparteien und einem oder mehreren Dritten.

Mit der Erstreckung auf Dritte sollen auch Einigungen mit Personen einbezogen werden, die am Prozess zwar beteiligt, jedoch nicht Prozesspartei sind, wie z.B. Streithelfer.

88 Soweit die Einigung zwischen den Parteien einen echten **Vertrag zugunsten Dritter** enthält, fällt hierfür ebenfalls unter den sonstigen Voraussetzungen der Nr. 2 eine reduzierte 0,8-Verfahrensgebühr an. Zwar ist dies in Nr. 2 nicht ausdrücklich erwähnt. Da jedoch der Dritte aus einer solchen Einigung einen eigenen Anspruch erwirbt und eine solche Verfahrensweise in der Regel nur gewählt wird, um ein weiteres Verfahren mit diesem Dritten zu vermeiden, ist die Interessenlage die Gleiche wie bei einer Beteiligung dieses Dritten am Rechtsstreit.

b) Einigungsgegenstand

89 Voraussetzung für das zusätzliche Entstehen einer reduzierten Verfahrensgebühr ist ferner, dass die Einigung über **in diesem Verfahren nicht rechtshängige Ansprüche** erfolgt. Die Rechtshängigkeit wird gemäß § 261 ZPO durch die Erhebung einer Klage begründet. Sie endet u.a. mit dem Eintritt der äußeren Rechtskraft des Urteils, mit der Wirksamkeit einer Klageänderung gegenüber dem ausscheidenden Beklagten, mit einem Prozessvergleich oder mit einer Klagerücknahme.[94] Sie endet

---

[92] OLG Celle JurBüro 1986, 69 = NdsRpfl 1985, 262 = KostRsp. BRAGO § 32 Nr. 49; Hartung/Römermann/Schons, RVG, VV 3101 Rn 34.
[93] KG NJW 1974, 323; OLG Düsseldorf JurBüro 1981, 70.
[94] *Baumbach u.a.*, ZPO, § 261 Rn 15 m.w.N.

dagegen nicht durch das Ruhen des Verfahrens oder einen reinen Stillstand des Verfahrens, ferner nicht beim Vorbehaltsurteil oder bei einem außergerichtlichen Vergleich.[95] Soweit also eine Einigung erfolgt, ist zu prüfen, ob diese Einigung einen Gegenstand betrifft, der **in diesem Verfahren** noch rechtshängig ist.

Erfasst werden von VV 3101 Nr. 2 nach zutreffender Ansicht neben den Ansprüchen, die überhaupt nicht rechtshängig sind auch diejenigen Ansprüche, die in einem anderen Verfahren rechtshängig sind.[96] Nach anderer Ansicht ist die Verfahrensdifferenzgebühr nach VV 3101 Nr. 2 unanwendbar, soweit der Anspruch in einem anderen Verfahren anhängig ist und der Anwalt dort bereits die Gebühr nach VV 3100 verdient hat.[97] Gegen letztere Meinung spricht allerdings, dass dann die Anrechnungsbestimmung nach Anm. Abs. 1 keinen Sinn haben würde. Sie sieht gerade die Anrechnung der Gebühr nach VV 3101 auf eine Verfahrensgebühr vor, die wegen desselben Gegenstands in einer anderen Angelegenheit entsteht. — 90

War der betreffende Anspruch zwar einmal in diesem Verfahren rechtshängig, ist diese Rechtshängigkeit mittlerweile aber beendet, liegt dem Wortlaut nach gleichwohl ein Fall der Nr. 2 vor mit der Konsequenz des Entstehens einer zusätzlichen reduzierten Verfahrensgebühr. Ein Fall der **Anrechnung** gemäß **Anm. Abs. 1** liegt dagegen streng genommen nicht vor, da die Anrechnung nur stattfinden soll, wenn der Anwalt wegen desselben Gegenstands in einem anderen Verfahren eine Verfahrensgebühr erhält. Hier handelt es sich aber um einen Anspruch, der im gleichen Verfahren einmal rechtshängig war. Bei dieser Konstellation erhält der Rechtsanwalt die zusätzliche reduzierte Verfahrensgebühr also gleichwohl ohne Anrechnung. — 91

c) Antrag auf Protokollierung

Die Tätigkeit des Anwalts im Rahmen von VV 3101 Nr. 2 1. Alt besteht darin, den Antrag zu stellen, die Einigung zu Protokoll zu nehmen. Für die Entstehung der reduzierten Verfahrensgebühr ist es nach dem eindeutigen Wortlaut nicht erforderlich, dass es nach Antragstellung tatsächlich zur Protokollierung kommt.[98] — 92

d) Antrag auf Feststellung

Der Anwalt muss auftragsgemäß den Antrag stellen, eine erfolgte Einigung zwischen den Parteien oder mit Dritten gemäß § 278 Abs. 6 ZPO festzustellen. Allerdings dürften aufgrund des Umstandes, dass der Gesetzestext ausdrücklich auf § 278 Abs. 6 ZPO Bezug nimmt, auch die sonstigen Möglichkeiten des Zustandekommens eines Beschlussvergleichs für die Entstehung einer reduzierten Verfahrensgebühr nach VV 3101 Nr. 2 ausreichen. Dies betrifft z.B. den Fall, dass die Parteien einen gerichtlichen Vergleichsvorschlag durch einen Schriftsatz gegenüber dem Gericht annehmen und das Gericht sodann – ohne dass es eines Antrags der Parteien bedarf – das Zustandekommen des Vergleichs durch Beschluss feststellt. — 93

2. Erfolglose Einigungsverhandlungen (Nr. 2, 2. Alt.)

Der Anwalt erhält auch dann eine reduzierte 0,8-Verfahrensgebühr, die neben der normalen Verfahrensgebühr für die in dem betreffenden Verfahren rechtshängigen Ansprüche verlangt werden kann, wenn er auftragsgemäß **vor Gericht Verhandlungen** zur Einigung über in diesem Verfahren nicht rechtshängige Ansprüche führt. — 94

Die Verfahrensdifferenzgebühr gemäß Nr. 2 entsteht dementsprechend, wenn die Parteien einen erfolglosen Einigungsversuch vor Gericht unternehmen sowie auch dann, wenn die Parteien Einigungsverhandlungen vor Gericht führen und dann beantragen, eine Einigung zu Protokoll zu nehmen. — 95

---

[95] *Baumbach u.a.*, ZPO, § 261 Rn 15 m.w.N.
[96] Burhoff/*Kindermann*, RVG, Rn 135; Hartung/Römermann/*Schons*, RVG VV 3101 Rn 31; *Volpert*, RVGprof. 2004, 145, 148; KG MDR 2000, 1459.
[97] *Hartmann*, Kostengesetze, RVG, VV 3101 Rn 65; OLG München MDR 2000, 544; OLG Nürnberg MDR 2004, 1263; OLG Zweibrücken Rpfleger 2003, 323.
[98] So auch *Mock*, AGS 2007, 329.

96 Um einen Gebührenanspruch allein durch bloße Verhandlungen entstehen zu lassen, ist es zunächst erforderlich, dass diese Verhandlungen **vor Gericht** geführt werden.[99] Nicht erforderlich ist, dass die Verhandlungen in einem eigens hierfür anberaumten Termin zur mündlichen Verhandlung geführt werden. Auch eine Verhandlung, die in einer anderen Angelegenheit vor dem Gericht geführt wird, ist eine Verhandlung vor Gericht i.S.v. Nr. 2 und kann damit eine reduzierte 0,8-Verfahrensgebühr auslösen. Der Begriff „Verhandlung" ist nicht im zivilprozessualen Sinne zu verstehen, sondern meint die mit entsprechender Gesprächsbereitschaft beider Seiten geführten Besprechungen und Erörterungen der betreffenden Ansprüche.

97 Daneben müssen die Verhandlungen über Ansprüche geführt werden, die **nicht** in dem betreffenden Verfahren **rechtshängig** sind. Betroffen sind also sowohl Ansprüche, die überhaupt nicht rechtshängig sind als auch Ansprüche, die in anderen Verfahren rechtshängig sind. Voraussetzung ist jedoch, dass der Anwalt einen Auftrag zur Verhandlung über diese Ansprüche im Gerichtsverfahren hat. Gegenüber dem Mandanten hat er insoweit einen Gebührenanspruch, als er von diesem zur Führung entsprechender Verhandlungen legitimiert war.[100]

98 Um Abrechnungsschwierigkeiten zu vermeiden, sollte der Rechtsanwalt schon bei Auftragserteilung darauf achten, dass ihm von dem Mandanten ein möglichst umfassender Auftrag erteilt wird. Denkbar wäre auch, den Mandatsvertrag auf diese Möglichkeit hin entsprechend zu ergänzen.

99 Ferner ist darauf zu achten, dass im Protokoll der mündlichen Verhandlung derartige Verhandlungen detailliert erwähnt werden, um Nachfragen im Kostenfestsetzungsverfahren zu vermeiden.

100 Die reduzierte Verfahrensgebühr fällt an, wenn die Tätigkeit der Anwälte über die in VV 3101 Nr. 2, 2. Alt. genannten Tatbestandsmerkmale nicht hinausgeht, wenn also lediglich Verhandlungen vor Gericht zur Einigung über die in diesem Verfahren nicht rechtshängigen Ansprüche geführt werden. Wird im Termin zur mündlichen Verhandlung dagegen eine Einigung getroffen, in die auch Gegenstände einbezogen werden, war früher umstritten, ob der Reduktionstatbestand nach VV 3101 Nr. 2 eingreift. Teilweise wurde entscheidend auf den Wortlaut der Vorschrift abgestellt, die eine Reduzierung der Verfahrensgebühr für den Fall vorsah, dass der Anwalt „lediglich" vor Gericht verhandelt hat. Geschehe im Termin aber mehr, greife die Ermäßigung nicht ein, sondern es falle die volle Verfahrensgebühr aus dem Mehrwert an.[101] Diesen Streit hat der Gesetzgeber nun durch eine klarstellende Formulierung der VV 3101 Nr. 2 dahingehend entschieden, dass auch bei erfolgreicher Verhandlung im Termin und anschließender Protokollierung eine Ermäßigung nach VV 3101 Nr. 2 eingreift.

101 Die Frage der **Erstattungsfähigkeit** ist in diesen Fällen gesondert zu betrachten. Regelmäßig wird es nicht als zur zweckentsprechenden Rechtsverfolgung oder Rechtsverteidigung erforderlich i.S.v. § 91 ZPO angesehen werden können, dass im laufenden Rechtsstreit Verhandlungen über Themen geführt werden, die außerhalb des Prozessgegenstands liegen. Sicherlich kann es hier Ausnahmen geben. Die Grenze dürfte aber eng zu ziehen sein, um nicht das Kostenrisiko für die Parteien ausufern zu lassen.

102 Eine Verfahrensgebühr nach VV 3101 Nr. 2 kann im Verfahren nach §§ 103 f. ZPO nur **festgesetzt** werden, wenn der betreffende Gegenstand rechtshängig ist.[102] Beziehen sich die Einigungsverhandlungen der Parteien dagegen auf nicht in diesem Verfahren rechtshängige Ansprüche, scheitert eine Festsetzung der Verfahrensdifferenz- und auch der Terminsgebühr für die außergerichtliche Besprechung am fehlenden Titel, da sich die gerichtliche Kostengrundentscheidung nur auf die im Verfahren rechtshängigen Ansprüche bezieht.

---

99 *Schons* (Hartung/Römermann, RVG, VV 3101 Rn 39) weist zu Recht darauf hin, dass der Meinungsstreit, ob auch die außergerichtlichen Verhandlungen eine Gebühr nach VV 3101 Nr. 2 auslösen können, in der Praxis aufgrund der Anwendungsbereiche von VV 2300 und VV 3104 keine große Rolle spielt.
100 Vgl. Hartung/Römermann/*Schons*, RVG, VV 3101 Rn 41; OLG Hamm MDR 1965, 586.
101 Vgl. *N. Schneider*, AGS 2007, 277; Mayer/Kroiß/*Mayer*, RVG, VV 3101 Rn 45; *Mayer*, Gebührenformulare, § 5 Rn 79.
102 BGH AGS 2008, 582 m. Anm. *N. Schneider*; so auch schon AG Siegburg AGS 2008, 579.

3. Anrechnung (Anm. Abs. 1)

a) Anrechnung der Gebühr

Nach der alten Regelung in § 32 BRAGO war umstritten, ob die weitere Verfahrensgebühr nach § 32 Abs. 2 BRAGO auch dann entsteht, wenn Ansprüche mitverglichen werden, die bereits Gegenstand eines anderen Prozesses sind, für die derselbe Prozessbevollmächtigte die volle Prozessgebühr bereits verdient hat.[103] Die gleiche Problematik stellte sich ferner dann, wenn in der Berufungsinstanz Ansprüche mitverglichen werden, die in dem gleichen Rechtsstreit noch in erster Instanz anhängig sind.

Eine Meinung lehnte das Entstehen einer weiteren Prozessgebühr nach § 32 Abs. 2 BRAGO ab, da der Sinn der Regelung darin bestehe, bezüglich nicht rechtshängiger Ansprüche diese gebührenrechtlich wenigstens mit einer halben Gebühr zu erfassen.[104] Die Gegenmeinung ließ den Prozessbevollmächtigten die zusätzliche halbe Prozessgebühr auch dann verdienen, wenn er hinsichtlich des übersteigenden Betrages die Prozessgebühr bereits in einem anderen Rechtsstreit verdient hatte.[105]

Durch die Neuregelung in **Anm. Abs. 1** hat sich dieser Meinungsstreit erledigt. Der Gesetzgeber hat sich für eine **Anrechnungslösung** entschieden, die quasi eine gebührenrechtliche Gesamtschau vornimmt: Erhält der Rechtsanwalt in einem anderen Verfahren eine Verfahrensgebühr wegen desselben Gegenstands, über den nunmehr in diesem Verfahren eine Einigung protokolliert bzw. festgestellt wird oder über den mit dem Ziel der Einigung verhandelt wird, erfolgt in dem anderen Verfahren eine Anrechnung. Damit wird der erforderliche gebührenrechtliche Ausgleich geschaffen. Angerechnet wird also der Mehrbetrag, der aufgrund der Einbeziehung der nicht rechtshängigen Ansprüche im Hinblick auf die 1,3-Verfahrensgebühr des Ausgangsverfahrens entstanden ist, wobei § 15 Abs. 3 beachtet werden muss.

b) Anrechnung im anderen Verfahren

Anm. Abs. 1 legt fest, dass die Gebühr nach dem Wert der nicht rechtshängigen Ansprüche auf eine Verfahrensgebühr, die der Rechtsanwalt wegen desselben Gegenstands in einem anderen Verfahren erhält, angerechnet wird. Aus dieser Formulierung ergibt sich, dass die Anrechnung **in dem anderen Verfahren** stattzufinden hat.

Von Bedeutung ist die Differenzierung der Frage, in welchem Verfahren die Anrechnung stattzufinden hat, insbesondere dann, wenn für das Verfahren, in dem die Einigung zu Protokoll genommen oder über sie verhandelt wurde, eine **Kostendeckungszusage** eines Rechtsschutzversicherers vorliegt, für das andere Verfahren jedoch nicht. Die unterschiedliche Reichweite der Kostendeckungszusage kann darauf zurückzuführen sein, dass die anderen Ansprüche nicht von der Rechtsschutzversicherung erfasst werden oder dort eine Leistungsfreiheit besteht. Da die Anrechnung nur in dem anderen Verfahren erfolgt, kann der Rechtsanwalt vom Rechtsschutzversicherer in dem Verfahren i.S.v. VV 3101 Nr. 2 unter Umständen die vollen Gebühren verlangen.

---

[103] OLG München MDR 2000, 544; OLG Nürnberg MDR 2004, 1263; OLG Zweibrücken Rpfleger 2003, 323.

[104] OLG Bremen JurBüro 1992, 97 = KostRsp. BRAGO § 32 Nr. 70; LAG Bremen AnwBl 1993, 531; OLG Saarbrücken JurBüro 1994, 32; OLG Karlsruhe JurBüro 1994, 672 = KostRsp. BRAGO § 32 Nr. 77; LAG Sachsen-Anhalt JurBüro 1997, 191 = KostRsp. BRAGO § 32 Nr. 82; LAG Thüringen MDR 1997, 2115; KG Rpfleger 1998, 373 = KGR 1998, 345 = KostRsp. BRAGO § 32 Nr. 89; OLG München Rpfleger 1993, 508; OLG München AGS 2000, 123.

[105] OLG Düsseldorf NJW 1967, 55; KG JurBüro 1973, 128; OLG Hamburg JurBüro 1984, 1026 = KostRsp. BRAGO § 32 Nr. 43; OLG Hamburg 1997, 191 = MDR 1997, 203 = KostRsp. BRAGO § 32 Nr. 80; OLG München JurBüro 1999, 358 = MDR 1999, 704 = Rpfleger 199, 418 = KostRsp. BRAGO § 32 Nr. 92; KG JurBüro 2001, 91 = AGS 2001, 75 = MDR 2000, 1458 = KostRsp. BRAGO § 32 Nr. 100 m. Anm. *N. Schneider*.

c) Vertretung durch den gleichen Rechtsanwalt

108 Die in Anm. Abs. 1 festgelegte Anrechnung erfolgt nur, soweit **der gleiche Rechtsanwalt** sowohl in dem einen wie in dem anderen Verfahren tätig war.[106] Zwar sieht dies der Wortlaut nicht ausdrücklich vor. Jedoch ergibt sich diese Auslegung aus der Überlegung, dass eine Anrechnung nur dann möglich ist, wenn der Anspruchsinhaber der gleiche ist. Sind zwei verschiedene Rechtsanwälte tätig, würde eine andere Auslegung zu der Konsequenz führen, dass der eine Rechtsanwalt durch seine Tätigkeit in dem von ihm betriebenen Verfahren Einfluss auf die Gebührenansprüche des anderen Rechtsanwalts hätte, die dieser in seinem Verfahren bereits erworben hat. Damit würde sich die Anrechnung quasi als unzulässiger Vertrag zu Lasten Dritter darstellen.

Ferner spricht für diese Auslegung, dass im RVG-E vom 27.8.2003[107] in Anm. Abs. 1 noch formuliert war, dass „der Rechtsanwalt" und nicht „ein Rechtsanwalt" in dem anderen Verfahren die Gebühren erhalten müsse. Der Gesetzestext wurde dann zwar im weiteren Verlauf verändert; aus der Begründung ergibt sich jedoch nicht, dass eine inhaltliche Änderung beabsichtigt war.

109 Bleibt damit der Gebührenanspruch gegenüber dem Mandanten im Innenverhältnis unberührt, so gilt im Verhältnis zum Prozessgegner etwas anderes: Im Rahmen von § 91 ZPO sind nur die Kosten als erstattungsfähig anzusehen, die angefallen wären, wenn lediglich ein Rechtsanwalt beauftragt worden wäre. Der Gegner ist also so zu stellen, als wäre nur ein Rechtsanwalt in beiden Angelegenheiten tätig und beauftragt worden, was wiederum die Möglichkeit der Anrechnung der Gebühren durch Anm. Abs. 1 eröffnet. Im Innenverhältnis zwischen dem Rechtsanwalt und seinem Mandanten bleibt der Gebührenanspruch des Rechtsanwalts unberührt, jeder der für denselben Mandanten tätigen Rechtsanwälte behält also seinen vollen Gebührenanspruch. Da es der Mandant selbst in der Hand hat, wie viele Rechtsanwälte er beauftragt, muss er in der Folge auch die gebührenrechtlichen Konsequenzen der von ihm gewählten Vorgehensweise tragen.

d) Identität der Gegenstände

110 Die in Anm. Abs. 1 geregelte Anrechnung der Gebühren erfolgt nur, wenn der Rechtsanwalt wegen **desselben Gegenstands** eine Verfahrensgebühr in einem anderen Verfahren erhält. Mit dem Begriff „Gegenstand" ist damit nicht der gesamte Lebenssachverhalt des anderen Verfahrens gemeint. Vielmehr ist die Identität nur bezogen auf die in der Einigung enthaltenen einzelnen Gegenstände bzw. Ansprüche. Für jeden der in der Einigung geregelten bzw. in die Einigungsverhandlung einbezogenen Ansprüche ist gesondert zu ermitteln, ob genau dieser Anspruch Gegenstand in einem anderen Verfahren war. Bei nur teilweiser Identität erfolgt demgemäß nur eine teilweise Anrechnung.

e) Zeitliche Reihenfolge

111 Für die Anrechnung ist ohne Belang, ob die anderweitige Verfahrensgebühr bereits entstanden ist, in einem parallel geführten Verfahren entsteht oder erst später entstehen wird.[108] Zwar ist der Wortlaut insofern etwas missverständlich formuliert. Entscheidend ist jedoch der Sinn und Zweck der Vorschrift, dass der Anwalt die Gebühr nicht doppelt verdienen soll.[109]

f) Berechnung

aa) Kürzung nach § 15 Abs. 3.

112 **Beispiel:** Im Prozess über 10.000 EUR verhandeln die Anwälte zusätzlich über nicht anhängige 8.000 EUR. Mangels Einigung ergeht ein Urteil über die 10.000 EUR. Die weitere Summe von 8.000 EUR wird später gesondert eingeklagt.

---

106 So auch Hartung/Römermann/*Schons*, RVG, VV 3101 Rn 54; Gerold/Schmidt/*Müller-Rabe*, RVG, VV 3101 Rn 98; *Mock*, AGS 2004, 45, 47.
107 RVG-E v. 27.8.2003, BR-Drucks 830/03, S. 259.
108 A.A. *Mock*, AGS 2004, 45.
109 So auch: Hartung/Römermann/*Schons*, RVG, VV 3101 Rn 53; Mayer/Kroiß/*Mayer*, RVG, VV 3101 Rn 60 ff.; Gerold/Schmidt/*Müller-Rabe*, RVG, VV 3101 Rn 101.

I. Gebühren des ersten Klageverfahrens
1. 1,3-Verfahrensgebühr, VV 3100
   (Wert: 10.000 EUR)   725,40 EUR
2. 0,8-Verfahrensgebühr, VV 3101 Nr. 2
   (Wert: 8.000 EUR)   364,80 EUR
   gem. § 15 Abs. 3 nicht mehr als 1,3 aus 18.000 EUR   904,80 EUR
3. 1,2-Terminsgebühr, VV 3104
   (Wert: 18.000 EUR)   835,20 EUR
4. Auslagenpauschale, VV 7002   20,00 EUR
   Zwischensumme   1.760,00 EUR
5. 19 % Umsatzsteuer, VV 7008   334,40 EUR
Gesamt   **2.094,40 EUR**

Eine 1,3-Verfahrensgebühr nach dem Gesamtstreitwert von 18.000 EUR beträgt 904,80 EUR. Dementsprechend beträgt die Differenz zwischen der 1,3-Verfahrensgebühr aus dem Ausgangsstreitwert (10.000 EUR) und der 1,3-Verfahrensgebühr aus dem Gesamtstreitwert (18.000 EUR) noch 179,40 EUR (904,80 EUR abzgl. 725,40 EUR). Nur dieser Betrag von 179,40 EUR wird gemäß VV 3101 Anm. Abs. 1 auf die Verfahrensgebühr des weiteren Verfahrens angerechnet.
Für die Terminsgebühr wird nach Anm. Abs. 2 zu VV 3104 die Differenz zwischen einer 1,2 Terminsgebühr aus 18.000 EUR und einer 1,2 Terminsgebühr aus 10.000 EUR (835,20 EUR – 669,60 EUR = 166,60 EUR) auf die Terminsgebühr des weiteren Verfahrens angerechnet.

II. Gebühren des zweiten Klageverfahrens
1. 1,3-Verfahrensgebühr, VV 3100   592,80 EUR
   (Wert: 8.000 EUR)
   gem. Anm. Abs. 1 zu VV 3101 anzurechnen   – 179,40 EUR
2. 1,2-Terminsgebühr, VV 3104
   (Wert: 8.000 EUR)   547,20 EUR
   gem. Anm. Abs. 2 zu VV 3104 anzurechnen   –165,60 EUR
3. Auslagenpauschale, VV 7002   20,00 EUR
   Zwischensumme   815,00 EUR
4. 19 % Umsatzsteuer, VV 7008   154,85 EUR
Gesamt   **969,85 EUR**

bb) Keine Kürzung nach § 15 Abs. 3. Muss keine Kürzung der Verfahrensgebühren aus den Einzelstreitwerten vorgenommen werden, weil der Höchstwert nach § 15 Abs. 3 nicht erreicht wird, unterfällt die volle 0,8-Verfahrensgebühr nach VV 3101 Nr. 2 der Anrechnung.

Beispiel: In einem Rechtsstreit über 2.000 EUR wird auch über weitere nicht anhängige 8.000 EUR verhandelt. Eine Einigung scheitert, so dass das Verfahren durch Urteil entschieden wird. In einem weiteren Verfahren werden die 8.000 EUR gesondert eingeklagt, wobei auch ein Termin stattfindet. Die Gebühren berechnen sich wie folgt:

I. Gebühren des ersten Klageverfahrens
1. 1,3-Verfahrensgebühr, VV 3100
   (Wert: 2.000 EUR)   195,00 EUR
2. 0,8-Verfahrensgebühr, VV 3101 Nr. 2
   (Wert: 8.000 EUR)   364,80 EUR
   Die Grenze des § 15 Abs. 3, nicht mehr als 1,3 aus
   10.000 EUR (725,40 EUR), ist nicht überschritten.
3. 1,2-Terminsgebühr, VV 3104
   (Wert: 10.000 EUR)   669,60 EUR
4. Auslagenpauschale, VV 7002   20,00 EUR
   Zwischensumme   1.249,40 EUR
5. 19 % Umsatzsteuer, VV 7008   237,39 EUR
Gesamt   **1.486,79 EUR**

II. Gebühren des zweiten Klageverfahrens
1. 1,3-Verfahrensgebühr, VV 3100   592,80 EUR
   (Wert: 8.000 EUR)
   gem. Anm. Abs. 1 zu VV 3101 anzurechnen, 0,8 aus
   8.000 EUR   – 364,80 EUR
2. 1,2-Terminsgebühr, VV 3104
   (Wert: 8.000 EUR)   547,20 EUR
3. gem. Anm. Abs. 2 zu VV 3104 anzurechnen   – 489,60 EUR

	4. Auslagenpauschale, VV 7002	20,00 EUR
	Zwischensumme	305,60 EUR
	5. 19 % Umsatzsteuer, VV 7008	58,06 EUR
	Gesamt	**363,66 EUR**

114 **cc) Anrechnung bei Geltendmachung von Teilbeträgen.** Die Anrechnungsbestimmungen sind auch dann einschlägig, wenn im weiteren Verfahren nur ein Teil der nicht anhängigen Gegenstände eingeklagt wird. Die Anrechnung erfolgt dann jedoch nur nach dem entsprechend geringeren Gegenstandswert.

> **Beispiel:** In einem Verfahren über 10.000 EUR verhandeln die Anwälte auch über weitere nicht anhängige 8.000 EUR, ohne dass es zu einer Einigung kommt. In einem weiteren Verfahren wird von der Forderung über 8.000 EUR nur ein Teilbetrag von 5.000 EUR eingeklagt und über diesen verhandelt.
>
> **I. Gebühren des ersten Klageverfahrens**
> 1. 1,3-Verfahrensgebühr, VV 3100
>   (Wert: 10.000 EUR)   725,40 EUR
> 2. 0,8-Verfahrensgebühr, VV 3101 Nr. 2
>   (Wert: 8.000 EUR)   364,80 EUR
>   gem. § 15 Abs. 3 nicht mehr als 1,3 aus 18.000 EUR   904,80 EUR
> 3. 1,2-Terminsgebühr, VV 3104
>   (Wert: 18.000 EUR)   835,20 EUR
> 4. Auslagenpauschale, VV 7002   20,00 EUR
>   Zwischensumme   1.760,00 EUR
> 5. 19 % Umsatzsteuer, VV 7008   334,40 EUR
>   **Gesamt**   **2.094,40 EUR**
>
> **II. Gebühren des zweiten Klageverfahrens**
> 1. 1,3-Verfahrensgebühr, VV 3100
>   (Wert: 5.000 EUR)   393,90 EUR
> 2. gem. Anm. Abs. 1 zu VV 3101 anzurechnen   − 119,60 EUR
> 3. 1,2-Terminsgebühr, VV 3104   363,60 EUR
> 4. gem. Anm. Abs. 2 zu VV 3104 anzurechnen   − 110,40 EUR
> 5. Auslagenpauschale, VV 7002   20,00 EUR
>   Zwischensumme   547,50 EUR
> 6. 19 % Umsatzsteuer, VV 7008   104,03 EUR
>   **Gesamt**   **651,53 EUR**
>
> Der Anrechnungsbetrag hinsichtlich der Verfahrensgebühr ergibt sich aus der Differenz zwischen einer 1,3-Verfahrensgebühr aus dem Ausgangswert von 10.000 EUR (725,40 EUR) und der nach § 15 Abs. 3 auf 845,00 EUR begrenzten Summe aus der 1,3-Verfahrensgebühr bzw. 0,8-Verfahrensgebühr aus den Einzelstreitwerten (10.000 EUR und 5.000 EUR).
>
> 1,3-Verfahrensgebühr aus 10.000 EUR   725,40 EUR
> 0,8-Verfahrensgebühr aus 5.000 EUR   242,80 EUR
> max. 1,3-Verfahrensgebühr aus 15.000 EUR   845,00 EUR
> abzgl. 1,3-Verfahrensgebühr aus 10.000 EUR   − 725,40 EUR
> Anrechnungsbetrag   119,60 EUR
>
> Der Anrechnungsbetrag hinsichtlich der Terminsgebühr ergibt sich aus der Differenz zwischen einer 1,2-Terminsgebühr aus dem Ausgangswert von 10.000 EUR und einer 1,2-Terminsgebühr aus dem Gesamtstreitwert von 15.000 EUR.
>
> 1,2-Terminsgebühr aus 15.000 EUR   780,00 EUR
> abzgl. 1,2-Terminsgebühr aus 10.000 EUR   − 669,60 EUR
> Anrechnungsbetrag   110,40 EUR

dd) Anrechnung bei Einigung im Berufungsverfahren.

115
> **Beispiel:** Im erstinstanzlichen Verfahren einigen sich die Parteien über die anhängigen 10.000 EUR sowie über nicht anhängige 8.000 EUR. Die Einigung wird später widerrufen. Im Berufungsverfahren schließlich einigt man sich erneut über die weiteren 8.000 EUR.
>
> **I. Gebühren in erster Instanz**
> 1. 1,3-Verfahrensgebühr, VV 3100
>   (Wert: 10.000 EUR)   725,40 EUR
> 2. 0,8-Verfahrensgebühr, VV 3101 Nr. 2
>   (Wert: 8.000 EUR)   364,80 EUR
>   gem. § 15 Abs. 3 nicht mehr als 1,3 aus 18.000 EUR   904,80 EUR

3. 1,2-Terminsgebühr, VV 3104	835,20 EUR
4. Auslagenpauschale, VV 7002	20,00 EUR
Zwischensumme	1.760,00 EUR
5. 19 % Umsatzsteuer, VV 7008	334,40 EUR
Gesamt	**2.094,40 EUR**

II. Gebühren im Berufungsverfahren

1. 1,6-Verfahrensgebühr, VV 3200 (Wert: 10.000 EUR)	892,80 EUR
2. 1,1-Verfahrensgebühr, VV 3201 Nr. 2 (Wert: 8.000 EUR)	501,60 EUR
3. gem. Anm. zu VV 3101 anzurechnen	– 179,40 EUR
gem. § 15 Abs. 3 nicht mehr als 1,6-Gebühr aus 18.000 EUR	1.113,60 EUR
4. 1,2-Terminsgebühr, VV 3202 (Wert: 18.000 EUR)	835,20 EUR
5. gem. Anm. Abs. 1 zu VV 3202 anzurechnen	– 165,60 EUR
6. 1,3-Einigungsgebühr, VV 1000, 1004 (Wert: 10.000 EUR)	725,40 EUR
7. 1,5-Einigungsgebühr, VV 1000 (Wert: 8.000 EUR)	684,00 EUR
gem. § 15 Abs. 3 nicht mehr als. 1,5 aus 18.000 EUR	1.044,00 EUR
8. Auslagenpauschale, VV 7002	20,00 EUR
Zwischensumme	2.847,20 EUR
9. 19 % Umsatzsteuer, VV 7008	540,97 EUR
Gesamt	**3.388,17 EUR**

III. Erstattungsfragen

Sofern von den Parteien ein Mehrvergleich über nicht rechtshängige Ansprüche protokolliert wird, gehört die Verfahrensdifferenzgebühr zu den Kosten des Vergleichs und nicht zu den Kosten des Rechtsstreits im Übrigen.[110] Wenn also im Vergleich vereinbart wird, dass die Kosten des Vergleichs gegeneinander aufgehoben werden, hat diese Vereinbarung zur Konsequenz, dass die Verfahrensdifferenzgebühr nicht in die sonst vereinbarte Kostenquotelung einbezogen ist. Begründet wird diese Auffassung mit der Überlegung, dass die mitverglichenen Ansprüche nicht zum Gegenstand des Rechtsstreits gemacht worden sind, sondern von vornherein nur Gegenstand der Vergleichsgespräche und des Vergleichsabschlusses waren, so dass die damit entstandenen Kosten zu den Kosten des Vergleichs gehören.

116

C. Familiensache, die nur die Erteilung einer Genehmigung oder die Zustimmung des Familiengerichts zum Gegenstand hat, oder Verfahren der freiwilligen Gerichtsbarkeit, in dem lediglich ein Antrag gestellt und eine Entscheidung entgegengenommen wird

I. Überblick

Dadurch, dass Verfahren der freiwilligen Gerichtsbarkeit im Gegensatz zur BRAGO nicht mehr gesondert geregelt sind (früher: Geschäftsgebühr nach § 118 BRAGO, sofern keine gesonderten Regelungen bestanden), sondern jetzt ebenfalls die Gebühren nach VV 3100 ff. auslösen (siehe vormalige Überschrift zu VV Teil 3), würde der Anwalt auch in diesen Verfahren bereits die volle 1,3-Verfahrensgebühr (VV 3100) erhalten, wenn er dort lediglich einen Antrag stellt, ohne diesen zu begründen, und er später dann die Entscheidung des Gerichts entgegennimmt. Nach früherem Recht konnte in diesem Fall der Gebührenrahmen herabgesetzt werden bis zur Mindestgebühr von 5/10.

117

---

110 OLG Köln AGS 2009, 610; OLG Frankfurt AGS 2003, 516; OLG Hamm AGS 2002, 85.

118 Diesem Umstand, dass der geringe Aufwand und auch die geringe Verantwortung nicht mehr bei der Bemessung der Gebühr berücksichtigt werden können, will Nr. 3 Rechnung tragen, indem sie
- in Familiensachen, die nur die Erteilung einer Genehmigung oder die Zustimmung des Familiengerichts zum Gegenstand haben oder
- in Verfahren der freiwilligen Gerichtsbarkeit, in dem lediglich ein Antrag gestellt und eine Entscheidung entgegengenommen wird

einen weiteren Fall der Gebührenermäßigung neben den Fällen der Nr. 1 und Nr. 2 anordnet. In Familiensachen (in Betracht kommen auch hier nur Verfahren der freiwilligen Gerichtsbarkeit) und in sonstigen Verfahren der freiwilligen Gerichtsbarkeit kommt es nämlich häufig vor, dass sich die Tätigkeit des Anwalts ausschließlich auf die Einholung einer Genehmigung oder die Stellung eines Antrags beschränkt und weitere Ausführungen nicht erforderlich sind. Dies wiederum kann seinen Grund zum einen darin haben, dass die entsprechenden Informationen dem Gericht bereits vorliegen, zum anderen darin, dass das Gericht von Amts wegen verpflichtet ist, die entsprechenden Ermittlungen anzustellen.

In der Begründung des Gesetzgebers zur früheren Fassung heißt es hierzu:[111]

> „Die Nummer 3 des Gebührentatbestandes soll verhindern, dass in nicht streitigen FGG-Verfahren, in denen sich die Tätigkeit des Anwalts darauf beschränkt, bei Gericht einen Antrag zu stellen und die Entscheidung entgegenzunehmen, die Gebühr mit einem Gebührensatz von 1,3 entsteht. Die Regelung soll z.B. angewendet werden, wenn der Rechtsanwalt einen Antrag auf Erteilung einer vormundschaftlichen Genehmigung stellt und die Entscheidung entgegennimmt. Die Regelung soll nicht anwendbar sein, wenn es sich um Streitverfahren nach dem FGG handelt. Dies soll durch Abs. 2 der Anm. klargestellt werden."

> **Beispiel:** Das minderjährige Kind hat durch notariellen Kaufvertrag ein Grundstück übertragen erhalten. Der Kaufvertrag muss noch familiengerichtlich genehmigt werden. Der Rechtsanwalt reicht im Auftrag des Kindes beim Familiengericht den Kaufvertrag ein und beantragt die Erteilung der notwendigen Genehmigung. Das Gericht erteilt die erforderliche Genehmigung.
> Es handelt sich um eine Familiensache der freiwilligen Gerichtsbarkeit. Da der Anwalt nur einen Antrag gestellt hat, ohne in der Sache vorzutragen, erhält er hierfür eine Verfahrensgebühr von 0,8.

119 Anwendbar ist Nr. 3 zum einen für sämtliche Familiensachen, die oder der Einholung einer Genehmigung oder Zustimmung zum Gegenstand haben. Zum anderen gilt diese Vorschrift zunächst einmal auch für alle Verfahren der freiwilligen Gerichtsbarkeit. Eine Einschränkung dieses Grundsatzes wird dann erst in Abs. 2 vorgenommen, wonach die streitigen Verfahren nicht in den Anwendungsbereich der Nr. 3 fallen.

II. Familiensache, die nur die Erteilung einer Genehmigung oder die Zustimmung des Familiengerichts zum Gegenstand hat

120 Die Ermäßigungsvorschrift der Nr. 3, 1. Alt., greift nur im Familiensachen, in denen es nur um die Erteilung einer Genehmigung oder die Zustimmung des Familiengerichts geht.

Der **Begriff der Familiensache** ist in § 111 FamFG geregelt. In Betracht kommen hier nur Verfahren der freiwilligen Gerichtsbarkeit wie z.B. folgende:

121 **Grundstücksgeschäfte (§§ 1643, 1821 BGB)**

Alle Verträge, die auf den entgeltlichen Erwerb eines Grundstücks oder eines Rechts an einem Grundstück gerichtet sind, sind genehmigungsbedürftig. Der für die praktische Anwendung am meisten relevanteste Fall ist der Kaufvertrag, durch den ein im Eigentum des Kindes stehendes Grundstück veräußert werden soll.

122 **Geschäfte über das Vermögen im Ganzen, Erbschaft, Erbteil, Pflichtteil (§§ 1643, 1822 Nr. 1 BGB)**

Die Eltern bedürfen der Genehmigung des Familiengerichts zu einem Rechtsgeschäft, durch das das Kind zu einer Verfügung über das Vermögen im Ganzen, über eine Erbschaft, einen künftigen Erbteil oder einen Pflichtteil verpflichtet wird.

---

[111] BT-Drucks 15/1971, S. 212.

Geschäfte, die auf den entgeltlichen Erwerb oder die Veräußerung eines Erwerbsgeschäfts gerichtet sind (§§ 1643, 1822 Nr. 3 BGB) 123

Nach §§ 1643, 1822 Nr. 3 BGB ist für Eltern ebenfalls der entgeltliche Erwerb, nicht aber der unentgeltliche Erwerb genehmigungsbedürftig. Genehmigungsbedürftig ist auch die entgeltlich oder unentgeltliche Veräußerung eines Erwerbsgeschäfts. Die Auflösung eines Erwerbsgeschäfts durch die Eltern ist allerdings nicht mehr genehmigungsbedürftig.

Der selbstständige Betrieb eines Erwerbsgeschäfts ist nach § 112 Abs. 1 S. 1 BGB durch den Minderjährigen zulässig. Ausgenommen sind diejenigen Geschäfte, zu denen die Eltern der Genehmigung des Familiengerichts bedürfen, § 112 Abs. 1 S. 2 BGG. Gleiches gilt nach § 113 Abs. 1 S. 1 BGB für Dienst- oder Arbeitsverhältnisse (§ 113 Abs. 1 S. 2 BGB). 124

Geschäfte, durch die das Kind zu wiederkehrenden Leistungen verpflichtet wird (§ 1643, 1822 Nr. 5 BGB) 125

Nach §§ 1643, 1822 Nr. 5 BGB ist auch der Abschluss eines Miet- oder Pachtvertrages oder eines anderen Vertrages, durch welchen das Kind zu wiederkehrenden Leistungen verpflichtet wird, genehmigungsbedürftig.

Geschäfte, durch die das Kind zur Aufnahme von Geld, Ausstellung einer Schuldverschreibung, Übernahme einer fremden Verbindlichkeit, Erteilung einer Prokura verpflichtet wird (§§ 1643, 1822 Nr. 8 bis 11 BGB) 126

Nach §§ 1643, 1822 Nr. 8 bis 11 BGB sind auch solche Geschäfte genehmigungsbedürftig, durch die das Kind aus einem Darlehen, aus einer Schuldverschreibung, einer Bürgschaft oder einer Prokura verpflichtet werden soll.

Ausschlagung einer Erbschaft und eines Vermächtnisses, Pflichtteilsverzicht (§ 1643 Abs. 2 BGB) 127

Genehmigungspflichtig sind nach § 1643 Abs. 2 BGB außerdem die Ausschlagung einer Erbschaft und eines Vermächtnisses sowie der Verzicht auf einen Pflichtteil. Nicht genehmigungspflichtig sind aber die Annahme einer Erbschaft oder eines Vermächtnisses sowie deren Anfechtung.

Genehmigung des Erbverzichts (§§ 2347 ff. BGB) 128

Verfügung über das Vermögen im Ganzen, Genehmigung von Verträgen, Verfügungen über Haushaltsgegenstände 129

Grundsätzlich kann sich ein Ehegatte nur verpflichten, über das Vermögen im Ganzen zu verfügen, wenn der andere Ehegatte zustimmt (§ 1365 Abs. 1 BGB). Liegen Gründe für die gesetzlich normierten Ausnahmefälle vor, so kann die Zustimmung des anderen Ehegatten durch das Familiengericht ersetzt werden (§ 1365 Abs. 2 BGB).

Das Gleiche gilt auch für den Abschluss von Verträgen, die der eine Ehegatte ohne die Zustimmung des anderen Ehegatten vornimmt (§ 1366 Abs. Abs. 3 S. 3 BGB) und für die Verfügung über Haushaltsgegenstände (§ 1369 Abs. 2 BGB).

Ersetzung der Zustimmung des anderen Ehegatten durch das Familiengericht bei der Verwaltung des Gesamtguts 130

§§ 1426, 1430, 1452 BGB treffen Regelungen zur ordnungsgemäßen Verwaltung des Gesamtguts durch die Eheleute und geben dem Familiengericht eine Ersetzungsbefugnis der Zustimmung des anderen Ehegatten, wenn diese verweigert wird, aber zur ordnungsgemäßen Verwaltung erforderlich ist.

III. Verfahren der freiwilligen Gerichtsbarkeit, in dem lediglich ein Antrag gestellt und eine Entscheidung entgegengenommen wird

Anzuwenden ist die Ermäßigungsvorschrift der Nr. 3, 2. Alt., wenn lediglich ein Antrag gestellt und eine Entscheidung entgegengenommen wird. Systematisch setzt Nr. 3 voraus, dass nicht bereits die Ermäßigungstatbestände der Nr. 1 oder Nr. 2 vorliegen. Ist dies der Fall, kommt es auf Nr. 3 nicht mehr an. Stellt der Anwalt also noch nicht einmal einen Antrag, sondern nimmt er nur die Entschei- 131 dung entgegen, liegt bereits der Ermäßigungstatbestand der Nr. 1 vor.[112] Dies wären etwa die Fälle, in denen der Auftraggeber den Antrag bereits selbst gestellt und erst hiernach den Anwalt beauftragt hatte oder solche, in denen der Antrag von der Gegenseite gestellt worden ist.

132 Die Aufzählung Antrag „und" Entscheidung ist nicht kumulativ gemeint. Die Ermäßigung tritt selbstverständlich erst recht dann ein, wenn nur ein Antrag gestellt wird, weil es nicht mehr zu einer Entscheidung kommt oder das Mandat vor Erlass der Entscheidung endet.

133 Die Ermäßigung der Nr. 3 greift nur dann, wenn „lediglich ein Antrag" gestellt worden ist. Daher ist Nr. 3 nicht anzuwenden
– wenn der Antrag begründet wird,
– wenn im Nachhinein – etwa auf Nachfragen des Gerichts oder auf Einwendungen der Gegenseite – Begründungen oder weitere Ausführungen nachgereicht werden.
– Des Weiteren dürfte Nr. 3 dann nicht anwendbar sein, wenn der Anwalt zwar keine Begründung oder Rechtsausführungen nachreicht, aber im Nachhinein noch weitere Unterlagen o.Ä. beibringt, die sich als erforderlich erweisen.

Nr. 3 will nämlich lediglich die Fälle erfassen, in denen der Anwalt nichts Weiteres tut, als den Antrag zu stellen und die Entscheidung entgegenzunehmen.

134 Die Gegenauffassung von *Müller-Rabe*,[113] dass die Ermäßigung nach Nr. 3 auch dann eingreifen müsse, wenn die Anträge begründet seien, ist abzulehnen. *Müller-Rabe* ist der Auffassung, dass die Vorschrift der Nr. 3 anderenfalls ins Leere laufe, weil in der Praxis die meisten Anträge in FG-Verfahren zumindest kurz begründet würden. Er will deshalb die Ermäßigung nach Nr. 3 nur dann ausschließen, wenn sich das Gericht nicht mit den Angaben der Antragsschrift zufrieden gibt und weitere Ausführungen vom Antragsteller fordert und der Rechtsanwalt diese für ihn abgibt.[114]

Diese Auffassung findet weder im Gesetz noch in der Begründung des Gesetzgebers eine Stütze. So räumt *Müller-Rabe* dann auch selbst ein, seine Auffassung könne dazu führen, dass ein Anwalt zunächst einmal den Antrag ohne Begründung einreicht und erst im Nachhinein begründet, um die Gebührenermäßigung zu umgehen. Dieses Problem will er dann mit Treu und Glauben (§ 242 BGB) lösen.[115]

135 Nimmt der Anwalt einen **gerichtlichen Termin** wahr, so entsteht dadurch nicht nur die Terminsgebühr nach VV 3104; vielmehr wird damit auch die Anwendung der Nr. 3 ausgeschlossen, da sich die Tätigkeit des Anwalts dann nicht mehr „lediglich auf einen Antrag" beschränkt. In diesem Fall kommt es also nicht darauf an, ob der Antrag begründet war oder nicht.

> **Beispiel:** Der Anwalt stellt lediglich einen Antrag, ohne ihn zu begründen. Später nimmt er an einem Termin teil und nimmt die spätere Entscheidung entgegen.
> Obwohl der Anwalt auch hier lediglich einen Antrag gestellt hat, ohne ihn zu begründen, greift Nr. 3 dennoch nicht, weil er zusätzlich noch einen Termin wahrgenommen hat.

IV. Ausschluss der Ermäßigung (Abs. 2)

1. Überblick

136 Die Vorschrift des Abs. 2 ist im Zusammenhang mit Nr. 3 zu sehen. Sofern die Voraussetzungen der Nr. 3 gegeben sind, also an sich eine Ermäßigung eintreten würde, weil der Anwalt lediglich einen Antrag gestellt und eine Entscheidung entgegengenommen hat, wird diese Vorschrift wieder ausgeschlossen, wenn es sich um streitige Verfahren der freiwilligen Gerichtsbarkeit handelt.

137 Die eingefügte **Anm. Abs. 2** stellt damit klar, dass der Ermäßigungstatbestand nur in solchen Verfahren anzuwenden ist, in denen besondere Sachanträge der Parteien nicht erforderlich sind. Im Umkehrschluss gilt, dass in den streitigen Verfahren der freiwilligen Gerichtsbarkeit auch dann – vorbehaltlich einer Ermäßigung nach Nr. 1 – die volle 1,3-Verfahrensgebühr beansprucht werden kann.

---

112 Gerold/Schmidt/*Müller-Rabe*, RVG, VV 3101 Rn 113.
113 Gerold/Schmidt/*Müller-Rabe*, RVG, VV 3101 Rn 110.
114 Gerold/Schmidt/*Müller-Rabe*, RVG, VV 3101 Rn 111.
115 Gerold/Schmidt/*Müller-Rabe*, RVG, VV 3101 Rn 112.

Es handelt sich hierbei nach dem Wegfall der Familiensachen und der Verfahren nach § 43 des Wohnungseigentumsgesetzes a.F. hauptsächlich um Verfahren nach dem Gesetz über das gerichtliche Verfahren in Landwirtschaftssachen (siehe Rdn 142).

Der Ausschlusstatbestand des Abs. 2 gilt ausschließlich für die Fälle der Nr. 3, nicht auch für die Fälle der Nr. 1 und 2.

Abs. 2 gilt auch für die einstweiligen Anordnungsverfahren in streitigen Verfahren, soweit sie als Hauptsache ein Verfahren der freiwilligen Gerichtsbarkeit wären. Auch dort löst die bloße Antragstellung bereits die volle 1,3-Verfahrensgebühr aus.

Ergeht dagegen eine einstweilige Anordnung von Amts wegen, handelt es sich um eine eigene Angelegenheit, wie die Neufassung der Nr. 17 Nr. 4 jetzt klar stellt. Prüft der Anwalt diese nur und veranlasst nichts Weiteres, bleibt es bei der Ermäßigung nach Nr. 1 auf eine 0,8-Verfahrensgebühr. Auf Nr. 3 kommt es in diesem Fall nicht an. Auch Abs. 2 kann in diesem Fall die Ermäßigung nicht verhindern.

Ungeachtet dessen darf die Nichtanwendbarkeit der Nr. 3 nicht dazu verleiten, voreilig der Auffassung zu sein, in streitigen Verfahren der freiwilligen Gerichtsbarkeit entstehe immer die die volle 1,3-Verfahrensgebühr. Auch hier ist eine Ermäßigung nach Nr. 1 und Nr. 2 möglich. Erforderlich für die volle 1,3-Gebühr nach VV 3100 bleibt daher auch hier, dass
– ein Antrag gestellt,
– ein Termin wahrgenommen oder
– ein Schriftsatz eingereicht wird, der
  – den Sachvortrag,
  – den Antrag auf Zurückweisung des gegnerischen Antrags oder
  – die Antragsrücknahme
enthält.
Fehlt es daran, verbleibt es auch hier bei einer 0,8-Verfahrensgebühr. Dies ergibt sich dann aus Nr. 1, die durch die Anm. 2 nicht abbedungen ist.

2. Landwirtschaftssachen

Landwirtschaftssachen sind zum Teil ZPO-Verfahren; dann kommt die Anwendung der Nr. 3 ohnehin nicht in Betracht, so dass es auf Abs. 2 nicht ankommt. Zum Teil handelt es sich aber auch um FG-Verfahren. Da diese Verfahren streitig geführt werden, gilt auch hier der Ausschluss der Nr. 3 nach Abs. 2.

Ebenso ist Nr. 3 auch hier in Verfahren über einstweilige Anordnungen ausgeschlossen.

3. Sonstige Fälle

Die Erwähnung der Landwirtschaftssachen ist im Gesetz nur beispielhaft aufgezählt. Dies folgt aus dem Zusatz „insbesondere": Die Ermäßigung nach Nr. 3 ist daher auch in anderen „streitigen" Verfahren der freiwilligen Gerichtsbarkeit ausgeschlossen. Da die freiwillige Gerichtsbarkeit als solche keine „streitigen Verfahren" kennt, dürfte darauf abzustellen sein, ob das Verfahren im Einzelfall streitig geführt wird. Während dies bei Landwirtschaftssachen vom Gesetzgeber unumstößlich vermutet wird, ist in den übrigen Fällen eine Prüfung im Einzelfall erforderlich.

Dies ergibt sich auch aus Sinn und Zweck der Vorschrift des Abs. 2. Lediglich die Fälle, in denen der Anwalt nicht mehr zu tun braucht, als den Antrag zu stellen und die Entscheidung entgegenzunehmen, sollen zur Ermäßigung führen. Muss der Anwalt sich dagegen in der Sache mit Einwendungen eines anderen Beteiligten auseinander setzen, wird die Ermäßigung ausgeschlossen, auch dann, wenn der Anwalt letztlich nicht mehr tut, als einen Antrag zu stellen.

> **Beispiel:** Der Anwalt beantragt für seinen Mandanten die Erteilung eines Erbscheins. An dem Verfahren wird der Bruder des Mandanten beteiligt, der der Auffassung ist, er sei Erbe und in umfangreichen Schriftsätzen ausführt, wieso der Erbschein nicht erteilt werden dürfe. Der Anwalt nimmt die Schriftsätze entgegen und prüft diese. Er ist der Auffassung, es sei nichts zu veranlassen. Hiernach erlässt das Nachlassgericht den beantragten Erbschein.

Hier könnte man schon darüber streiten, ob der Anwalt „lediglich einen Antrag" gestellt oder ob er nicht mehr veranlasst hat, indem er die Schriftsätze der Gegenseite geprüft hat. Jedenfalls handelt es sich infolge der Einwendungen der Gegenseite um ein „streitiges Verfahren", so dass nach Abs. 2 die Anwendung der Nr. 3 ausgeschlossen ist.

Nr.	Gebührentatbestand	Gebühr oder Satz der Gebühr nach § 13 RVG
3102	Verfahrensgebühr für Verfahren vor den Sozialgerichten, in denen Betragsrahmengebühren entstehen (§ 3 RVG)	50,00 bis 550,00 €

A. Allgemeines 1
B. Regelungsgehalt 4
  I. Verfahrensgebühr (VV 3102) 4
  II. Anrechnung der Verfahrensgebühr bei Vorbefassung – VV Vorb. 3 Abs. 4 5
    1. Anrechnung der Geschäftsgebühr in sozialrechtlichen Angelegenheiten, in denen nach Betragsrahmengebühren abzurechnen ist 5
    2. Anrechnung nach mehreren Auftraggebern 8
    3. Erstattung bei Anrechnung 10
    4. Verfahrensgebühr in Eilverfahren 13
    5. Verfahrensgebühr bei Untätigkeitsklage ... 15
  III. Gebührenanrechnung bei vorangegangenem Mahnverfahren (VV 3305 bis 3308) .. 17
C. Erstattungsfragen 18

A. Allgemeines

1 Nach § 17 Nr. 1a stellen das **Verwaltungsverfahren**, das weitere, der Nachprüfung des Verwaltungsaktes dienende Verwaltungsverfahren (**Nachprüfungsverfahren**: Vorverfahren (**Widerspruchsverfahren**), Einspruchsverfahren, Beschwerdeverfahren, Abhilfeverfahren) und ein nachfolgendes gerichtliches Verfahren **verschiedene Angelegenheiten** dar. Der Rechtsanwalt kann mithin für das Verwaltungsverfahren, für das Nachprüfungsverfahren und auch für das nachfolgende Gerichtsverfahren die hierfür bestimmten Gebühren verlangen. Es soll jedoch berücksichtigt werden, dass die Tätigkeit im Verwaltungsverfahren und im Nachprüfungsverfahren die Tätigkeit im nachfolgenden Gerichtsverfahren erleichtert. Für das Gerichtsverfahren ist daher nach **Vorb. 3 Abs. 4** für den Fall festgelegt worden, dass der Rechtsanwalt **bereits im Verwaltungsverfahren oder Nachprüfungsverfahren** tätig geworden ist und dort die Geschäftsgebühr nach VV 2302 erhalten hat, die Hälfte der Geschäftsgebühr, nicht aber mehr als 175 EUR auf die Verfahrensgebühr angerechnet wird. Daneben wird mit **Anm. zu VV 3102** klargestellt, dass der durch die vorangegangene Tätigkeit ersparte Aufwand ausschließlich bei der Anwendung des geringeren Rahmens und nicht mehr bei der Bemessung der konkreten Gebühr berücksichtigt wird.[1]

2 Nach dem Willen des Gesetzgebers ist die allgemeine Gebührenstruktur des RVG auch dann anzuwenden, wenn Betragsrahmengebühren vorgesehen sind. Der Rechtsanwalt erhält daher in Sozialgerichtsstreiten, in welchen das GKG nicht anwendbar ist, für seine Tätigkeit als Prozessbevollmächtigter nicht mehr eine Betragsrahmengebühr für jede Instanz, sondern je Instanz die **Verfahrens- und Terminsgebühr getrennt**.[2]

3 VV 3102 betreffen ausschließlich **Verfahren vor den Sozialgerichten, in welchen das GKG nicht anwendbar ist (§ 3 Abs. 1 S. 1)**. Nach **§ 1 Abs. 2 Nr. 3 GKG** ist das GKG in Verfahren vor den Gerichten der Sozialgerichtsbarkeit anzuwenden, soweit dies im SGG bestimmt ist. Das SGG regelt in **§§ 183, 197a SGG** die Verfahren, in denen das GKG nicht und mithin § 3 Abs. 1 S. 1 anwendbar ist. Nach § 197a Abs. 1 S. 1, 1. Hs. SGG findet das GKG keine Anwendung, wenn in einem Rechtszug weder Kläger noch Beklagter zu den in § 183 SGG genannten Personen gehören. **Ausschlaggebend für die Anwendung des GKG ist mithin, ob eine in § 183 SGG genannte Person an dem Rechtsstreit im betreffenden Rechtszug beteiligt ist.** Zu der Frage, wann dies der Fall ist, wird auf die entsprechenden Erläuterungen zu § 3 Abs. 1 S. 1 verwiesen (siehe § 3 Rdn 8 ff.).

---

[1] BR-Drucks 830/03, S. 264.
[2] BR-Drucks 830/03, S. 264.

B. Regelungsgehalt

I. Verfahrensgebühr (VV 3102)

Wird der Rechtsanwalt ausschließlich in einem Verfahren vor den Sozialgerichten, in welchen das GKG nicht anwendbar ist (§ 3 Abs. 1 S. 1), tätig, so erhält er nach **VV 3102** eine **Verfahrensgebühr in Höhe von 50 EUR bis 550 EUR (Mittelgebühr 300 EUR)**. Die Verfahrensgebühr erhält der Rechtsanwalt nach **VV Vorb. 3 Abs. 2** für das Betreiben des Geschäfts einschließlich der Beschaffung der Information. Auf die Erläuterungen zu VV Vorb. 3 Abs. 2 wird verwiesen (siehe VV Vorb. 3 Rdn 12 ff.).

II. Anrechnung der Verfahrensgebühr bei Vorbefassung – VV Vorb. 3 Abs. 4

1. Anrechnung der Geschäftsgebühr in sozialrechtlichen Angelegenheiten, in denen nach Betragsrahmengebühren abzurechnen ist

War der Rechtsanwalt in dem Nachprüfungsverfahren (Widerspruchsverfahren) tätig, welches zu dem Widerspruchsbescheid geführt hat, auf welchen sich seine weitere Tätigkeit im Klageverfahren bezieht, so erhält der Rechtsanwalt für seine Tätigkeit im Klageverfahren keine Geschäftsgebühr mehr, die sich nach einem niedrigeren Gebührenrahmen bemisst. Vielmehr ist in VV Vorb. 3 Abs. 4 nunmehr vorgesehen, dass die Geschäftsgebühr für das vorherige Verwaltungsverfahren zur **Hälfte auf die Verfahrensgebühr des Gerichtsverfahrens anzurechnen** ist. Dabei ist der Anrechnungsbetrag auf 175 EUR begrenzt. Dies gilt aber **nur** dann, wenn der **Rechtsanwalt** sowohl im **Nachprüfungsverfahren als auch im Klageverfahren tätig** wird.[3] Wirkt der Rechtsanwalt dagegen in einer anderen Eigenschaft, wie hier als Betreuer, in dem Verwaltungsverfahren mit, kann eine Anrechnung nicht stattfinden.[4] Gleiches gilt, wenn er im (ersten) Verwaltungsverfahren, nicht aber auch im Nachprüfungsverfahren tätig geworden war.

Demgegenüber haben aber das Vorverfahren und eine Untätigkeitsklage nicht denselben Gegenstand, so dass eine Anrechnung der Geschäftsgebühr für das Nachprüfungsverfahren auf die Geschäftsgebühr die dazu parallel geführte Untätigkeitsklage (nach § 88 SGG) nicht in Betracht kommt.[5] Dies gilt auch für das parallel zu einem Widerspruchsverfahren geführte Verfahren auf Eilrechtsschutz.[6]

Nach VV Vorb. 3 Abs. 4 S. 2 ist die hälftige Anrechnung auf 175 EUR begrenzt. Nur bis zu einer Verfahrensgebühr von 350 EUR findet eine Anrechnung statt. Ein darüber hinaus gehender Betrag bleibt anrechnungsfrei.

Bei der Bemessung einer weiteren Geschäftsgebühr innerhalb eines Rahmens darf nicht (noch einmal) berücksichtigt werden, dass der Umfang der Tätigkeit wegen der Vorbefassung geringer ist – VV Vorb. 3 Abs. 4 S. 4.

> **Beispiel: Anrechnung der Verfahrensgebühr im Widerspruchsverfahren**
> Der Anwalt wird im Widerspruchsverfahren vor der Behörde beauftragt. Gegen den Widerspruchsbescheid der Behörde erhebt er Klage. Verwaltungsverfahren und Widerspruchsverfahren sind umfangreich und schwierig, allerdings durchschnittlich.
> Der Anwalt erhält im Widerspruchsverfahren eine Geschäftsgebühr nach VV 2302 Nr. 1 (§ 17 Nr. 1a). Auszugehen ist wegen Umfang und Schwierigkeit jeweils von der Mittelgebühr.
> Die Vorbefassung im Beschwerdeverfahren darf nicht Gebühren mindernd berücksichtigt werden (Abs. 4 S. 3), die erste Geschäftsgebühr ist aber hälftig auf die zweite Gebühr anzurechnen (Abs. 4 S. 1).
> **I. Widerspruchsverfahren**
> 1. Geschäftsgebühr, VV 2302 Nr. 1   345,00 EUR
> 2. Postentgeltpauschale, VV 7002   20,00 EUR
>   Zwischensumme   365,00 EUR
> 3. 19 % Umsatzsteuer, VV 7008   69,35 EUR
> **Gesamt**   **434,35 EUR**

---

[3] BSG BSGE 106, 21 und Urt. v. 9.12.2010 – B 13 R 63/09 R; SG Chemnitz AGS 2011, 440.
[4] Noch zur alten Rechtslage: SG Berlin, Beschl. v. 26.7.2010 – S 180 SF 1443/09 E.
[5] SG Gießen, Beschl. v. 1.8.2016 – S 23 SF 48/14 E.
[6] Bay. LSG, Beschl. v. 21.6.2016 – L 15 SF 39/14 E; a.A. Hess. LSG, Beschl. v. 31.5.2016 – L 2 AS 603/15 B.

II. Klageverfahren

1. Verfahrensgebühr, VV 3102	300,00 EUR
2. gem. VV Vorb. 2.3 Abs. 4 S. 1 anzurechnen	– 172,50 EUR
3. Postentgeltpauschale, VV 7002	20,00 EUR
Zwischensumme	147,50 EUR
4. 19 % Umsatzsteuer, VV 7008	28,03 EUR
Gesamt	**175,53 EUR**

2. Anrechnung nach mehreren Auftraggebern

8 Vertritt der Rechtsanwalt mehrere Auftraggeber, kommt es nach VV 1008 zu einer Erhöhung des Gebührenrahmens. Die Erhöhung berechnet sich nach folgender Formel:

erhöhte Geschäftsgebühr = Geschäftsgebühr + (Geschäftsgebühr x 0,3 x Anzahl der weiteren Auftraggeber)

(siehe dazu § 3 Rdn 26, VV 1008 Rdn 108, 120). Die Erhöhung ist dabei auf das 2-fache der Geschäftsgebühr begrenzt.

9 Die Erhöhung gilt aber **nicht** für die **Begrenzung des Anrechnungsbetrages auf 175 EUR**. Dies stellt der Gesetzgeber in den Gesetzesmaterialien ausdrücklich klar. Dort heißt es:

„Mangels einer ausdrücklichen Regelung dürfte sich damit auch eine andere Streitfrage klären, nämlich die Frage, ob sich die Höchstgrenze für die Anrechnung (VV Vorb. 3 Abs. 4) bei mehreren Auftraggebern erhöht. Da hierfür keine entsprechende Regelung in das Gesetz eingefügt werden soll, wird klar, dass sich dieser Betrag nicht erhöhen soll. Sinn der Höchstgrenze ist es, ein Mehr an Umfang und Schwierigkeit der außergerichtlichen Tätigkeit auch nach einer Anrechnung angemessen zu entgelten. Erhöht man die Anrechnungsgrenze auch bei mehreren Auftraggebern, würde dem Anwalt durch die Anrechnung gerade die für die Mehrarbeit zusätzlich angefallene Gebühr wieder entzogen."[7]

Beispiel: Anrechnung der Verfahrensgebühr bei mehreren Auftraggebern
Der Anwalt ist von einer aus vier Personen bestehenden Bedarfsgemeinschaft sowohl im Widerspruchsverfahren als auch im Klageverfahren beauftragt worden. Auszugehen ist von der Schwellengebühr, im Klageverfahren von der Mittelgebühr.
Die Schwellengebühr erhöht sich um 90 % und beträgt somit 570 EUR. Die Verfahrensgebühr erhöht sich ebenfalls auf 570 EUR. Die Geschäftsgebühr ist gemäß Vorb. 3 Abs. 4 S. 1 zur Hälfte auf die Verfahrensgebühr anzurechnen, höchstens jedoch mit 175 EUR (Abs. 4 S. 2).
Abzurechnen ist wie folgt:

I. Widerspruchsverfahren

1. Geschäftsgebühr, VV 2303 Nr. 1	300,00 EUR
2. Mehrvertretungszuschlag, VV 1008	270,00 EUR
(300 EUR + (300 x 0,3 x 3)	
3. Postentgeltpauschale, VV 7002	20,00 EUR
Zwischensumme	590,00 EUR
4. 19 % Umsatzsteuer, VV 7008	112,10 EUR
Gesamt	**702,10 EUR**

II. Klageverfahren

1. Verfahrensgebühr, VV 3102	300,00 EUR
2. Mehrvertretungszuschlag, VV 1008	270,00 EUR
(300 EUR + (300 x 0,3 x 3)	
3. gem. VV Vorb. 2.3 Abs. 4 S. 1 anzurechnen	– 175,00 EUR
4. Postentgeltpauschale, VV 7002	20,00 EUR
Zwischensumme	415,00 EUR
5. 19 % Umsatzsteuer, VV 7008	78,85 EUR
Gesamt	**493,85 EUR**

3. Erstattung bei Anrechnung

10 Bei der Erstattung der Gebühren durch die Behörde, aber auch im Verhältnis zur Rechtsschutzversicherung ist § 15a zu beachten. Demnach kann der Rechtsanwalt beide Gebühren fordern, jedoch

---

[7] BT-Drucks 17/11471 (neu), S. 272.

nicht mehr als den um den Anrechnungsbetrag verminderten Gesamtbetrag beider Gebühren, § 15a Abs. 1. Ein Dritter kann sich aber grundsätzlich nicht auf die Aufrechnung berufen. Der im Widerspruchsverfahren obsiegende Mandant kann also von der erstattungspflichtigen Behörde den vollen Betrag der (zweiten) Geschäftsgebühr verlangen. Von diesem Grundsatz sieht § 15a Abs. 2 nur Ausnahmen vor, wenn der erstattungspflichtige Dritte die Geschäftsgebühr bereits gezahlt oder anderweitig erfüllt hat.[8] Gleiches gilt – für sozialrechtliche Angelegenheiten eher ungewöhnlich – wenn einer dieser Ansprüche bereits tituliert ist, etwa aus einer isolierten Kostensache schon ein erstinstanzliches Urteil vorliegt bevor in der Hauptsache eine Kostenentscheidung zu treffen ist, oder in demselben Verfahren beide Gebühren gegen den Dritten geltend gemacht werden.

Da in sozialrechtlichen Angelegenheiten regelmäßig eine Kostenerstattung nur für das Widerspruchsverfahren und die gerichtlichen Verfahren in Betracht kommt, kommt eine Berücksichtigung der Anrechnung bei der Abrechnung eines Widerspruchsverfahrens kaum in Betracht. Bei einer Vertretung im Widerspruchs- und anschließenden Klageverfahren ist aber die hälftige Geschäftsgebühr auf die anschließende Verfahrensgebühr anzurechnen. Auch dieser Anrechnungsbetrag ist auf 175 EUR begrenzt. **11**

Dritte im Sinne des § 15a Abs. 2 ist auch die Rechtsschutzversicherung, die sich auf die Anrechnung der hälftigen Geschäftsgebühr im Widerspruchsverfahren nur berufen kann, wenn sie, was regelmäßig die Versicherungsbedingungen nicht vorsehen, auch schon für das Verwaltungsverfahren Gebühren gezahlt hat. **12**

4. Verfahrensgebühr in Eilverfahren

Nach § 17 Nr. 4 Buchst. b sind die Verfahren über den Erlass einer **einstweiligen Anordnung** nach § 86b Abs. 2 SGG, nach § 17 Nr. 4 Buchst. c die Verfahren nach § 86b Abs. 1 SGG auf **Anordnung oder Wiederherstellung der aufschiebenden Wirkung**, auf **Aufhebung der Vollziehung oder Anordnung der sofortigen Vollziehung eines Verwaltungsakts** und nach § 17 Nr. 4 Buchst. d die **Verfahren auf Abänderung oder Aufhebung** einer in den Verfahren nach § 17 Nr. 4 Buchst. b und c ergangenen Entscheidung nach § 86 Abs. 1 S. 4 SGG im Verhältnis zu einem Verfahren in der Hauptsache verschiedene Angelegenheiten. Der Rechtsanwalt erhält mithin für seine Tätigkeit in einem solchen Verfahren, als auch für seine Tätigkeit im Hauptsacheverfahren die hierfür vorgesehenen Gebühren. Nach der Gesetzesänderung ist nicht mehr im Streit, **ob in diesen Verfahren die Verfahrensgebühr nach VV 3102 oder VV 3103 (a.F.) anfällt**. Die Verfahrensgebühr für das Eilverfahren bleibt grundsätzlich anrechnungsfrei.[9] Die Tätigkeit in einem Verwaltungs- oder Widerspruchsverfahren geht der Angelegenheit im Eilrechtsschutz nicht vor. Anzurechnen wäre daher nur dann, wenn es sich um denselben Streitgegenstand handelt. Dies ist beim einstweiligen Anordnungsverfahren im Verhältnis zum Hauptsacheverfahren nicht der Fall, denn im Gegensatz zum Hauptsacheverfahren geht es beim einstweiligen Rechtsschutzverfahren um die Regelung eines vorläufigen Zustandes, bei dem Anordnungsanspruch und Anordnungsgrund glaubhaft zu machen sind. Das jeweilige Eilverfahren gilt daher, wie oben ausgeführt, gegenüber dem Hauptsacheverfahren auch als eine „verschiedene" Angelegenheit. Dies ist auch dann der Fall, wenn das Eilverfahren und der Hauptprozess zeitlich zusammenfallen. **13**

Dies gilt nur dann nicht, wenn vor dem gerichtlichen Eilverfahren bei der Behörde ein Antrag gestellt worden war, die aufschiebende Wirkung wiederherzustellen.

Ebenfalls bedenklich erscheint die Vorgehensweise, die Mittelgebühr des Gebührenrahmens von VV 3102 zur Berücksichtigung von Synergieeffekten um $1/3$ abzusenken.[10] Dies entspricht nicht der gesetzgeberischen Intention des § 14 Abs. 1, denn bei Betragsrahmengebühren stehen nach § 14 andere Möglichkeiten für die Korrektur unbilliger Gebührenbestimmungen bzw. zur Würdigung des Charakters eines Verfahrens im einstweiligen Rechtsschutz zur Verfügung.[11] **14**

---

8 Bay. LSG, Beschl. v. 21.6.2016 – L 15 SF 39/14 E; Hess. LSG, Beschl. v. 3.2.2015 – L 2 AS 605/14 B.
9 Bay. LSG, Beschl. v. 21.6.2016 – L 15 SF 39/14 E; a.A. Hess. LSG, Beschl. v. 31.5.2016 – L 2 AS 603/15 B.
10 SG Berlin, Beschl. v. 10.6.2009 – S 165 SF 601/09 E und Beschl. v. 6.8.2010 – S 180 SF 1761/09 E; Bay.
LSG, Beschl. v. 21.6.2016 – L 15 SF 39/14 E unter Hinw. auf die eigene Rspr. zur alten Rechtslage, Beschl. v. 11.4.2013 – L 15 SF 43/12 B.
11 SG Berlin, Beschl. v. 22.2.2010 – S 165 SF 949/09 E.

5. Verfahrensgebühr bei Untätigkeitsklage

15 Hat der Rechtsanwalt nach Tätigkeit im Verwaltungsverfahren und/oder Nachprüfungsverfahren **Untätigkeitsklage** erhoben, bestimmt sich die **Verfahrensgebühr nach VV**. Bei der Höhe der Verfahrensgebühr nach VV 3102 nach Erhebung einer **Untätigkeitsklage** muss aber regelmäßig die der Untätigkeitsklage eigene Minderung vorgenommen werden, denn die Untätigkeitsklage ist ein rein prozessuales Instrument zur Beschleunigung des Verfahrens und eröffnet – anders als insbesondere im verwaltungsgerichtlichen Verfahren – keinen unmittelbaren Weg zur Erlangung der begehrten Sozialleistung.[12] Zur Bestimmung der angemessenen Betragsrahmengebühr bei Untätigkeitsklage wird der Ansatz der vierfachen Mindestgebühr (200 EUR)[13] und der dreifachen Mindestgebühr[14] ebenso diskutiert wie die Absenkung der Mittelgebühr um 25 % (225 EUR),[15] der Ansatz der doppelten Mindestgebühr (100 EUR)[16] oder die Minderung der Mittelgebühr um 25 % der Differenz zwischen Mittelgebühr (300 EUR) und Höchstgebühr (550 EUR), also um 75 EUR auf 225 EUR[17] oder der Ansatz der halben Mittelgebühr,[18] von 60 % der Mittelgebühr[19] oder von 75 % der Mittelgebühr.[20]

16 Zu einer Anrechnung nach Vorb. 3 Abs. 4 kommt es nicht. Gegenstand der Untätigkeitsklage ist „allein" die Untätigkeit der Behörde im Verwaltungs- oder Widerspruchsverfahren. Diesen Gegenstand (Untätigkeit) hat aber die Tätigkeit im Verwaltungs- oder Widerspruchsverfahren nicht. Zu einer Anrechnung kommt es aber nur, wenn die Geschäftsgebühr nach Teil 2 wegen „desselben Gegenstandes" (vgl. dazu § 16) entstanden ist.[21]

III. Gebührenanrechnung bei vorangegangenem Mahnverfahren (VV 3305 bis 3308)

17 Nach **§ 182a Abs. 1 S. 1 SGG** können Unternehmen der privaten Pflegeversicherung **Beitragsansprüche nach dem SGB XI** nach den Vorschriften der ZPO **im Mahnverfahren** vor dem Amtsgericht geltend machen. Für dieses Verfahren gelten die §§ 688 ff. ZPO mit der Maßgabe, dass mit Eingang der Akten beim Sozialgericht als dem Gericht, das für das streitige Verfahren zuständig ist, nach den Vorschriften des SGG zu verfahren ist. Nach **§ 116 Abs. 1 S. 3 BRAGO** wurde auf die Betragsrahmengebühr im Gerichtsverfahren die im Mahnverfahren nach § 43 Abs. 1 Nr. 1 oder Nr. 2 BRAGO entstandene Gebühr angerechnet. Diese Regelung befindet sich nunmehr bei den Gebührenbestimmungen zum Mahnverfahren. Auf **VV 3305 bis 3308** einschließlich der Erläuterungen zu diesen Bestimmungen wird verwiesen.

C. Erstattungsfragen

18 Zu Erstattungsfragen betreffend sozialrechtliche Angelegenheiten, in denen das GKG nicht anwendbar ist (Erstattung der Kosten für die Zuziehung eines Rechtsanwalts für ein Verwaltungs- und/oder Nachprüfungsverfahren, Kostenfestsetzung, Kostenerstattung), wird auf die grundlegenden Ausführungen zu Erstattungsfragen bei § 3 verwiesen (siehe § 3 Rdn 114 ff.).

---

12 SG Aachen, Urt. v. 19.4.2005 – S 13 KR 15/05, BeckRS 2005, 41699; SG Lüneburg RVGreport 2007, 262, jeweils noch zur alten Rechtslage.
13 LSG Sachsen, Beschl. v. 2.7.2004 – L 2 B 73/03 AL-PKH, jeweils noch zur alten Rechtslage.
14 SG Hamburg, Beschl. v. 5.7.2006 – S 58 AS 329/05, jeweils noch zur alten Rechtslage.
15 SG Düsseldorf, Beschl. v. 23.3.1992 – S 20 An 207/91, SGB 1992, 361, jeweils noch zur alten Rechtslage.
16 SG Köln, Beschl. v. 22.2.2001 – S 23 KG 7/00; LSG NRW AGS 2008, 550; LSG Berlin-Brandenburg, Beschl. vom 18.6.2007 – L 18 B 732/07 AS, jeweils noch zur alten Rechtslage.
17 SG Aachen, Beschl. v. 16.3.2005 – S 11 RJ 90/04, BeckRS 2005, 40957, jeweils noch zur alten Rechtslage.
18 SG Marburg, Beschl. v. 14.2.2008 – S 6 KR 72/07, AGS 2008, 238.
19 SG Hamburg, Beschl. v. 21.3.2007 – S 61 AS 1905/06.
20 SG Dortmund, Beschl. v. 15.5.2006 – S 6 KN 2/05.
21 SG Gießen, Beschl. v. 1.8.2016 – S 23 SF 48/14 E.

Abschnitt 1. Erster Rechtszug   **VV 3104**

Nr.	Gebührentatbestand	Gebühr oder Satz der Gebühr nach § 13 RVG
3103	*(aufgehoben)*	

Nr.	Gebührentatbestand	Gebühr oder Satz der Gebühr nach § 13 RVG
3104	Terminsgebühr, soweit in Nummer 3106 nichts anderes bestimmt ist	1,2

(1) Die Gebühr entsteht auch, wenn
1. in einem Verfahren, für das mündliche Verhandlung vorgeschrieben ist, im Einverständnis mit den Parteien oder Beteiligten oder gemäß § 307 oder § 495a ZPO ohne mündliche Verhandlung entschieden oder in einem solchen Verfahren ein schriftlicher Vergleich geschlossen wird,
2. nach § 84 Abs. 1 Satz 1 VwGO oder § 105 Abs. 1 Satz 1 SGG durch Gerichtsbescheid entschieden wird und eine mündliche Verhandlung beantragt werden kann oder
3. das Verfahren vor dem Sozialgericht, für das mündliche Verhandlung vorgeschrieben ist, nach angenommenem Anerkenntnis ohne mündliche Verhandlung endet.

(2) Sind in dem Termin auch Verhandlungen zur Einigung über in diesem Verfahren nicht rechtshängige Ansprüche geführt worden, wird die Terminsgebühr, soweit sie den sich ohne Berücksichtigung der nicht rechtshängigen Ansprüche ergebenden Gebührenbetrag übersteigt, auf eine Terminsgebühr angerechnet, die wegen desselben Gegenstands in einer anderen Angelegenheit entsteht.

(3) Die Gebühr entsteht nicht, soweit lediglich beantragt ist, eine Einigung der Parteien oder der Beteiligten oder mit Dritten über nicht rechtshängige Ansprüche zu Protokoll zu nehmen.

(4) Eine in einem vorausgegangenen Mahnverfahren oder vereinfachten Verfahren über den Unterhalt Minderjähriger entstandene Terminsgebühr wird auf die Terminsgebühr des nachfolgenden Rechtsstreits angerechnet.

A. Allgemeines 1	2. Entscheidung im Verfahren nach § 495a ZPO 76
B. Terminsgebühr bei Entscheidung ohne mündliche Verhandlung bzw. bei schriftlichem Vergleich (Anm. Abs. 1 Nr. 1) 7	V. Abschluss eines schriftlichen Vergleichs ... 78
I. Allgemeines 7	1. Mündliche Verhandlung vorgeschrieben .. 79
II. Anwendungsbereich 12	2. Vergleichsschluss 80
1. Mündliche Verhandlung grundsätzlich vorgeschrieben 12	C. Terminsgebühr bei Entscheidungen nach § 84 Abs. 1 S. 1 VwGO oder § 105 Abs. 1 SGG (Anm. Abs. 1 Nr. 2) 82
2. Alphabetische Übersicht 14	D. Terminsgebühr bei Anerkenntnis vor dem Sozialgericht (Anm. Abs. 1 Nr. 3) 87
III. Schriftliche Entscheidung mit Einverständnis der Parteien 58	E. Terminsgebühr für Einigungsverhandlungen (Anm. Abs. 2) 91
1. Einverständnis 58	F. Keine Terminsgebühr bei Protokollierungstermin (Anm. Abs. 3) 95
2. Entscheidung 62	G. Anrechnung der Terminsgebühr (Anm. Abs. 4) 96
3. Entscheidung nach übereinstimmender Erledigungserklärung 66	I. Überblick 96
4. Verweisungsbeschluss 68	II. Anrechnung im Mahnverfahren 98
5. Versäumnisurteil 69	III. Anrechnung im vereinfachten Verfahren über den Unterhalt Minderjähriger 111
6. Versäumnisbeschluss 71	
IV. Schriftliche Entscheidung nach §§ 307, 495a ZPO 72	
1. Anerkenntnisurteil 72	

A. Allgemeines

Durch die Regelung in VV 3104 wird zunächst festgelegt, dass der Rechtsanwalt im erstinstanzlichen Verfahren als **Terminsgebühr** grundsätzlich eine Gebühr i.H.v. **1,2** erhält. Die 1,2-Terminsgebühr verdient der Anwalt – in Verfahren, in denen keine Betragsrahmengebühren entstehen – immer dann,   1

Onderka/N. Schneider

wenn nicht die besonderen Voraussetzungen des VV 3105 vorliegen und sich damit die Gebühr auf einen Satz von 0,5 ermäßigt.

2   Die Tatbestände, nach denen eine Terminsgebühr anfällt, sind zunächst in VV Vorb. 3 Abs. 3 geregelt, so dass insoweit auf die dortigen Ausführungen verwiesen werden kann (siehe VV Vorb. 3 Rdn 100 ff.).

3   Neben den Fällen der Terminsgebühr der VV Vorb. 3 Abs. 3 enthält VV 3104 Anm. Abs. 1 weitere Fälle, in denen der Anwalt die Terminsgebühr erhält. Die Terminsgebühren dieser Tatbestände werden auch „fiktive Terminsgebühr" genannt, da hier die Terminsgebühr entsteht, ohne dass tatsächlich ein Termin stattgefunden hat.

4   In Anm. Abs. 2 zu VV 3104 ist eine Anrechnungsbestimmung für den Fall enthalten, dass der Anwalt eine Terminsgebühr für Verhandlungen über in diesem Verfahren nicht rechtshängige Ansprüche verdient und er in einer anderen Angelegenheit dafür ebenfalls eine Terminsgebühr erhält.

5   Nach Anm. Abs. 3 zu VV 3104 schließlich ist die Entstehung der Terminsgebühr ausgeschlossen, soweit lediglich beantragt ist, eine Einigung der Parteien oder mit Dritten über nicht rechtshängige Ansprüche zu Protokoll zu nehmen.

6   Anm. Abs. 4 zu VV 3104 wiederum enthält eine Anrechnungsregelung für Terminsgebühren, die im Mahnverfahren oder im vereinfachten Verfahren auf Festsetzung des Unterhalts Minderjähriger angefallen sind.

B. Terminsgebühr bei Entscheidung ohne mündliche Verhandlung bzw. bei schriftlichem Vergleich (Anm. Abs. 1 Nr. 1)

I. Allgemeines

7   Die Regelung in Anm. Abs. 1 Nr. 1 betrifft das Entstehen einer Terminsgebühr, wenn das Gericht nicht aufgrund einer mündlichen Verhandlung, sondern im Einverständnis der Parteien **im schriftlichen Verfahren** entscheidet. Damit tritt Anm. Abs. 1 Nr. 1 neben die Regelungen in VV Vorb. 3 Abs. 3 und ergänzt diese. Der hauptsächliche **Anwendungsbereich** von Anm. Abs. 1 Nr. 1 liegt bei **zivilrechtlichen Streitigkeiten gemäß § 128 Abs. 2 ZPO**, also bei Verfahren, die im beiderseitigen Einverständnis der Parteien ohne mündliche Verhandlung stattfinden.

8   Nach § 128 Abs. 1 ZPO ist grundsätzlich mündlich zu verhandeln. Die Terminsgebühr nach VV Vorb. 3 Abs. 3 entsteht daher also – abgesehen von den sonstigen Möglichkeiten des Entstehens der Terminsgebühr – nur, wenn der Rechtsanwalt seinen Mandanten in einem gerichtlichen Termin vertreten hat. Von diesem Grundsatz macht Anm. Abs. 1 Nr. 1 eine Ausnahme, da die ZPO auch Möglichkeiten vorsieht, ein Verfahren ausschließlich schriftlich, also ohne mündliche Verhandlung, zu betreiben. Da die Anwälte in solchen Fällen auch nur schriftsätzlich vortragen können, soll ihnen im Hinblick auf die Entstehung der Terminsgebühr kein Nachteil gegenüber dem Gebührenanfall bei Durchführung der eigentlich vorgeschriebenen mündlichen Verhandlung entstehen.

9   Ebenso erhält der Anwalt eine Terminsgebühr, wenn in einem Verfahren, für das mündliche Verhandlung vorgeschrieben ist, **ein schriftlicher Vergleich** geschlossen wird. Der Anwalt erhält die Terminsgebühr in diesen Fällen, weil das Aushandeln eines schriftlichen Vergleichs regelmäßig mit ähnlicher Arbeit verbunden ist, wie ein Vergleichsschluss in mündlicher Verhandlung. Darüber hinaus dient die Terminsgebühr als Anreiz für eine außergerichtliche Einigung der Parteien und damit der Entlastung der Gerichte.

10 Anm. Abs. 1 Nr. 1 bestimmt, dass in den dort aufgeführten Ausnahmefällen eine Terminsgebühr auch ohne mündliche Verhandlung entsteht. Im Einzelnen handelt es sich hier um Verfahren, für die eine mündliche Verhandlung grundsätzlich vorgeschrieben (nicht nur freigestellt) ist und in denen:
– nach **§ 128 Abs. 2 ZPO** mit Zustimmung der Parteien eine Entscheidung ohne mündliche Verhandlung ergeht;
– nach **§ 495a ZPO** bei einem Streitwert bis 600 EUR, das Gericht nach billigem Ermessen ohne mündliche Verhandlung entscheidet;

- nach § 307 ZPO ein Anerkenntnisurteil im schriftlichen Verfahren ergeht, weil der Beklagte im schriftlichen Vorverfahren (§ 276 Abs. 1 S. 1 ZPO) den Anspruch anerkannt hat;
- der Rechtsstreit durch Abschluss eines schriftlichen **Vergleichs** beendet wird.

Der Prozessbevollmächtigte muss in diesen Verfahren eine **schriftsätzliche oder sonstige Tätigkeit zur Förderung der Angelegenheit** vorgenommen haben, damit ihm die Terminsgebühr erwächst.[1] Nicht ausreichend ist es also, wenn der Rechtsanwalt sich lediglich zum Prozessbevollmächtigten bestellt oder eine Vollmacht vorgelegt hat, ohne Anträge zu stellen oder sonst eine Tätigkeit (z.B. Antrag auf Entscheidung im schriftlichen Verfahren, Anzeige der Verteidigungsabsicht, Schriftsatz mit Sachvortrag) zu entfalten.[2]

II. Anwendungsbereich

1. Mündliche Verhandlung grundsätzlich vorgeschrieben

Anm. Abs. 1 Nr. 1 findet nur bei Verfahren Anwendung, für die eine mündliche Verhandlung **vorgeschrieben** ist, auf die aber im Einverständnis mit den Parteien verzichtet werden kann.[3]

Eine mündliche Verhandlung ist i.S.d. Vorschrift nicht vorgeschrieben, wenn es im Ermessen des Gerichts steht, ob es aufgrund mündlicher Verhandlung durch Urteil oder ohne eine solche durch Beschluss entscheiden kann.[4] Wenn die mündliche Verhandlung im billigen Ermessen des Gerichts liegt, entsteht die Terminsgebühr nur, wenn die mündliche Verhandlung tatsächlich stattgefunden hat oder die sonstigen Voraussetzungen für die Entstehung der Terminsgebühr erfüllt sind. Eine freigestellte mündliche Verhandlung findet sich beispielsweise in Verfahren über
- Arrestanträge, § 922 Abs. 1 ZPO (str.)
- Anträge nach §§ 80, 123 VwGO
- Folgen der Rücknahme, §§ 269 Abs. 4, 346, 516 Abs. 3 ZPO
- Kostenentscheidung nach übereinstimmender Erledigung der Hauptsache, § 91a ZPO
- Verweisung, § 281 Abs. 1 ZPO, §§ 17a Abs. 4, 101 Abs. 2 GVG
- Verwerfung eines Einspruchs gegen einen Vollstreckungsbescheid oder ein Versäumnisurteil.

2. Alphabetische Übersicht

Abstammungssachen

Siehe Familiensachen der freiwilligen Gerichtsbarkeit (Rdn 27 ff.).

Arbeitsgerichtsverfahren

In arbeitsgerichtlichen Verfahren gelten grundsätzlich die gleichen Vorschriften wie in allgemeinen Zivilsachen, wobei im erstinstanzlichen Urteilsverfahren die Vorgehensweisen nach § 128 Abs. 2 und § 495a ZPO nicht vorgesehen sind (§ 46 Abs. 2 S. 2 ArbGG). Anwendbar ist VV 3104 Abs. 1 Nr. 1 daher nur bei einem Anerkenntnis im schriftlichen Verfahren. Im Berufungsverfahren ist dagegen eine Entscheidung ohne mündliche Verhandlung nach § 128 Abs. 2 ZPO möglich, so dass hier auch eine Terminsgebühr nach VV 3104 Abs. 1 Nr. 1 anfallen kann. Wird im Beschlussverfahren entschieden, gelten nicht die VV 3500 ff., sondern die VV 3100 ff. Hier kann das Gericht im Einverständnis der Beteiligten ohne mündliche Verhandlung entscheiden (§ 84 Abs. 4 S. 2 ArbGG). In diesem Fall entsteht dann auch eine Terminsgebühr nach VV 3104 Abs. 1 Nr. 1.[5]

Arrestverfahren

Da das Gericht über einen Antrag auf Erlass eines Arrestes ohne mündliche Verhandlung entscheiden kann (§ 922 Abs. 1 ZPO), wird eine fiktive Terminsgebühr nach Abs. 1 Nr. 1 überwiegend abgelehnt, da es an der vorgeschriebenen mündlichen Verhandlung fehlt.[6] Nach a.A. soll Anm. Abs. 1 Nr. 1 anzuwenden sein, weil auf Widerspruch mündlich verhandelt werden müsse.

---

[1] OLG Koblenz AnwBl 1989, 294.
[2] Gerold/Schmidt/*Müller-Rabe*, RVG, VV 3104 Rn 47; OLG Koblenz AnwBl 1989, 294.
[3] OLG Koblenz Rpfleger 2003, 539.
[4] OVG NW Rpfleger 1996, 477.
[5] Gerold/Schmidt/*Müller-Rabe*, RVG, VV 3104 Rn 33, 34.
[6] AG Hildesheim AGS 2009, 24.

17 Zutreffender Weise ist zu differenzieren. Im Anordnungsverfahren ist eine mündliche Verhandlung nicht vorgeschrieben, so dass Anm. Abs. 1 Nr. 1 nicht anzuwenden ist. Im Widerspruchs-, Aufhebungs- oder Abänderungsverfahren ist dagegen mündlich zu verhandeln, so dass die Anm. Abs. 1 Nr. 1 anzuwenden ist, wenn hier gemäß § 128 Abs. 2 ZPO im schriftlichen Verfahren oder gemäß § 495a ZPO entschieden wird oder ein Anerkenntnisurteil ergeht.

18 Über einen Kostenwiderspruch im Arrest- oder einstweiligen Verfügungsverfahren muss mit Rücksicht auf § 128 Abs. 3 ZPO nicht mündlich verhandelt werden, so dass auch keine Terminsgebühr für eine Entscheidung über den Kostenwiderspruch im schriftlichen Verfahren entsteht.[7]

19 **Beschwerde**

Die Entscheidung über eine sofortige Beschwerde nach § 567 ZPO ergeht nach § 572 Abs. 4 ZPO durch Beschluss. Da somit keine mündliche Verhandlung gesetzlich vorgeschrieben ist (vgl. § 128 Abs. 4 ZPO), kann auch die Terminsgebühr bei einer Entscheidung ohne mündliche Verhandlung nicht entstehen. Gleiches gilt für die Erinnerung nach § 573 Abs. 1 i.V.m. § 572 Abs. 4 ZPO sowie die Rechtsbeschwerde nach § 574 ZPO, über die nach § 577 Abs. 6 S. 1 ZPO ebenfalls durch Beschluss entschieden wird.

20 **Ehesachen- und Folgesachen**

Eine mündliche Verhandlung ist vorgeschrieben. Es gilt das Gleiche wie in Familienstreitsachen. Das gilt auch, wenn in der Ehesache ohne mündliche Verhandlung entschieden wird.[8]

21 **Ehewohnungssachen**

Siehe Familiensachen der freiwilligen Gerichtsbarkeit (Rdn 27 ff.).

22 **Einstweilige Anordnung in Familiensachen**

In Verfahren der einstweiligen Anordnung ist nach der Rechtsprechung des BGH[9] eine mündliche Verhandlung vorgeschrieben, da auf einen Antrag gemäß § 54 Abs. 2 FamFG mündlich verhandelt werden muss. Danach ist Anm. Abs. 1 Nr. 1 anzuwenden.[10] Allerdings wird bei einer Entscheidung ohne mündliche Verhandlung die Terminsgebühr nicht entstehen, weil das Gericht hierzu nicht die Zustimmung der Beteiligten braucht.

23 Unstreitig ist jedenfalls, dass nach Erlass einer einstweiligen Anordnung und einem nachfolgenden Antrag nach § 54 Abs. 2 FamFG mündlich verhandelt werden muss.

24 **Einstweiliges Verfügungsverfahren**

Im einstweiligen Verfügungsverfahren ist – im Gegensatz zum Arrestverfahren (§ 922 Abs. 1 ZPO) – eine mündliche Verhandlung vorgeschrieben (arg. e § 937 Abs. 2 ZPO). Insoweit zutreffend AG Hildesheim,[11] das allerdings verkennt, dass es an der zweiten Voraussetzung fehlt, wenn das Gericht nach § 937 Abs. 2 ZPO entscheidet. Das Gericht benötigt dafür nämlich keine Zustimmung der Parteien. Dagegen entsteht die Terminsgebühr nach Anm. Abs. 1 Nr. 1 im Falle eines Vergleichs[12] oder eines Anerkenntnisurteils.[13]

25 Wird nach einem Widerspruch oder im Verfahren über einen Antrag auf Abänderung oder Aufhebung gemäß § 128 Abs. 2 ZPO im schriftlichen Verfahren oder gemäß § 495a ZPO entschieden, dann entsteht konsequenterweise auch die Terminsgebühr nach Abs. 1 Nr. 1, da in dieser Phase des Verfahrens eine mündliche Verhandlung vorgeschrieben ist. Über einen Kostenwiderspruch im einstweiligen Verfügungsverfahren muss mit Rücksicht auf § 128 Abs. 3 ZPO dagegen nicht mündlich verhandelt werden, so dass auch keine Terminsgebühr für eine Entscheidung über den Kostenwiderspruch im schriftlichen Verfahren entsteht.[14]

---

7 OLG Frankfurt RVGreport 2007, 146.
8 OLG Stuttgart AGS 2008, 594.
9 AGS 2012, 10 = NJW 2012, 459 = MDR 2012, 57 = zfs 2012, 43 = FamRZ 2012, 110 = Rpfleger 2012, 102 = JurBüro 2012, 137 = FF 2012, 43 = FuR 2012, 93 = FamFR 2012, 36 = FamRB 2012, 47 = RVGreport 2012, 59 = NJW-Spezial 2012, 156.
10 Ausführlich *N. Schneider*, NZFam 2016, 695.
11 AG Hildesheim AGS 2009, 24.
12 A.A. OLG München AGS 2005, 486.
13 OLG Zweibrücken AGS 2015, 16 = NJW-Spezial 2014, 732 = RVGreport 2015, 20.
14 OLG Frankfurt RVGreport 2007, 146.

Entscheidung nach Lage der Akten

Ergeht eine Entscheidung nach Lage der Akten nach § 331a ZPO, weil eine Partei säumig ist, erhält der Anwalt der erschienen Partei eine 1,2-Terminsgebühr, weil er einen Termin wahrgenommen und nicht nur ein Versäumnisurteil beantragt hat. Der Unterschied zur Beantragung eines Versäumnisurteils – dann würde nur die 0,5-Terminsgebühr nach VV 3105 entstehen – liegt darin, dass bei einer Entscheidung nach Lage der Akten der Vortrag des Gegners Berücksichtigung finden soll.[15]

Familiensachen der freiwilligen Gerichtsbarkeit

In Familiensachen der freiwilligen Gerichtsbarkeit muss differenziert werden:

Soweit das FamFG noch nicht einmal eine Erörterung vorsieht, ist der Fall unstrittig. Insoweit entsteht bei einer Entscheidung im schriftlichen Verfahren keine Terminsgebühr, weil es sich nicht um Verfahren mit obligatorischer mündlicher Verhandlung bzw. obligatorischer Erörterung handelt.

Soweit das Gesetz eine Erörterung vor Gericht im Wege der Sollvorschrift vorsieht, ist die Frage dagegen strittig. Auch hier ist zwar eine „mündliche Verhandlung" nicht vorgesehen, da in Verfahren der freiwilligen Gerichtsbarkeit nicht mündlich verhandelt, sondern erörtert wird (vgl. § 32 FamFG). Diese Erörterung in Familiensachen der freiwilligen Gerichtsbarkeit steht aber der Verhandlung in den sonstigen Verfahren gleich, sodass die Anm. Abs. 1 Nr. 1 so zu lesen ist, dass es sich um ein Verfahren handeln muss, in dem eine Erörterung vorgeschrieben ist. Dabei wiederum reicht es aus, dass das Gesetz davon spricht, es solle mündlich verhandelt werden. Die gesetzliche Formulierung „soll" bedeutet in diesem Zusammenhang, dass das Gericht mündlich erörtern muss, wenn einer der Beteiligten dies beantragt. Nur wenn alle Beteiligten durch Unterlassen des Antrags im Termin konkludent zu erkennen geben, dass sie mit einer Entscheidung im schriftlichen Verfahren einverstanden sind, darf das Gericht ohne Erörterungstermin entscheiden. Auch Sinn und Zweck der Anm. Abs. 1 sprechen für deren Anwendung. Es wäre beim besten Willen nicht einzusehen, wieso für die Anwälte ein Anreiz geschaffen werden soll, in Familienstreitsachen den obligatorischen gerichtlichen Termin entbehrlich zu machen, in Familiensachen der freiwilligen Gerichtsbarkeit den obligatorischen Erörterungstermin aber nicht. Diese Gesetzesauslegung würde nicht dem Willen des Gesetzgebers entsprechen, durch einen Gebührenanreiz eine Vereinfachung und Beschleunigung der Verfahren und eine Entlastung der Gerichte zu erreichen. Dies alles spricht dafür, Anm. Abs. 1 Nr. 1 in diesen Fällen entsprechend anzuwenden und eine Terminsgebühr zu gewähren.[16]

Dies betrifft die Familiensachen der freiwilligen Gerichtsbarkeit, in denen in Buch 2 des FamFG angeordnet ist, dass das Gericht mit den Beteiligten die Sache erörtern soll, als
- Kindschaftssachen (§§ 155 Abs. 2, 157 Abs. 1 FamFG),
- Vermittlungsverfahren (§ 165 Abs. 2 FamFG),
- Abstammungssachen (§ 175 Abs. 2 FamFG),
- Ehewohnungs- und Haushaltssachen (§ 207 S. 1 FamFG) und
- Versorgungsausgleichssachen (§ 221 Abs. 1 FamFG).

Für den Abschluss eines schriftlichen Vergleichs gilt das Gleiche wie bei einer Entscheidung im schriftlichen Verfahren. Soweit das Gesetz eine Erörterung im Termin vorsieht, muss die Terminsgebühr auch dann anfallen, wenn ein schriftlicher Vergleich geschlossen wird.[17] Soweit eine mündliche Erörterung nicht erforderlich ist, löst auch der schriftliche Vergleich keine Terminsgebühr aus.

---

15 Gerold/Schmidt/*Müller-Rabe*, RVG, VV 3104 Rn 27.
16 Zutreffend OLG Stuttgart (elterliche Sorge) AGS 2010, 586 = NJW 2010, 3524 = JurBüro 2010, 644 = MDR 2011, 200 = Justiz 2011, 70 = FamRZ 2011, 591 = RVGreport 2010, 420 = NJW-Spezial 2010, 764 = FamRB 2011, 78 = FamFR 2010, 492 = FF 2011, 219; OLG Schleswig (elterliche Sorge) AGS 2007, 502 = OLGR 2007, 475 = SchlHA 2007, 391 = RVGreport 2007, 388; *N. Schneider*, Gebühren in Familiensachen, Rn 405 ff.; *Keuter*, NJW 2009, 2922; a.A. AG Koblenz (Kindeswohlgefährdung) FamRZ 2007, 233; OLG Koblenz (elterliche Sorge) AGS 2008, 339 = FamRZ 2008, 1971 = FGPrax 2008, 178 = OLGR 2008, 703 = FamRZ 2008, 1971= Rpfleger 2008, 599 = MDR 2008, 1005 = FamRB 2008, 273 = RVGreport 2008, 350; KG (Versorgungsausgleich) AGS 2011, 324; OLG Düsseldorf (Aufenthaltsbestimmungsrecht) AGS 2009, 114 = OLGR 2009, 364 = NJW-Spezial 2009, 156 = FamRB 2009, 145 = Rpfleger 2009, 416; OLG Braunschweig (elterliche Sorge) AGS 2009, 441= NdsRpfl 2009, 188 = OLGR 2009, 625; OLG Köln (Sorgerecht) AGS 2008, 593 = OLGR Köln 2009, 126.
17 A.A. OLG Düsseldorf AGS 2009, 114 = OLGR 2009, 364 = NJW-Spezial 2009, 156 = FamRB 2009, 145 = Rpfleger 2009, 416.

32 Familienstreitsachen

In Familienstreitsachen ist eine mündliche Verhandlung vorgeschrieben. Dies ergibt sich aus § 113 Abs. 1 S. 2 FamFG i.V.m. § 128 Abs. 1 ZPO. Zwar können Entscheidungen, die nicht Urteile sind, ohne mündliche Verhandlung ergehen (§ 128 Abs. 4 ZPO). Es ist jedoch einhellige Auffassung, dass diese Vorschrift nicht in Familienstreitsachen gilt. Gemeint sind in § 128 Abs. 4 ZPO Entscheidungen, die keine Endentscheidungen sind. Beschlüsse in Familiensachen, die als Endentscheidung ergehen und daher einem Urteil vergleichbar sind, erfordern nach einhelliger Auffassung eine vorherige mündliche Verhandlung, sodass es sich bei den Familienstreitsachen grundsätzlich um Verfahren mit obligatorischer mündlicher Verhandlung handelt.[18]

33 Wird in einem solchen Verfahren im Einverständnis der Beteiligten nach § 113 Abs. 1 S. 2 FamFG i.V.m. § 128 Abs. 2 ZPO ohne mündliche Verhandlung entschieden, muss entsprechend auch eine Terminsgebühr nach Anm. Abs. 1 Nr. 1 zu VV 3104 anfallen.

Beispiel: Die Ehefrau verlangt vom Ehemann 500 EUR Gesamtschuldnerausgleich. Im Einverständnis der Beteiligten (§§ 113 Abs. 1 S. 2 FamFG i.V.m. § 128 Abs. 2 ZPO) entscheidet das Gericht ohne mündliche Verhandlung.
Für beide Anwälte entsteht auch eine 1,2-Terminsgebühr nach Anm. Abs. 1 Nr. 1.

34 Darüber hinaus entsteht die Terminsgebühr auch dann, wenn nach § 113 Abs. 1 S. 2 i.V.m. § 307 S. 2 ZPO ein Anerkenntnisbeschluss ergeht.

Beispiel: Die Ehefrau verlangt 5.000 EUR Zugewinn. Der Ehemann erkennt schließlich die Forderung an, sodass nach § 113 Abs. 1 S. 2 FamFG i.V.m. § 307 ZPO ein Anerkenntnisbeschluss ergeht.
Nach Anm. Abs. 1 Nr. 1 entsteht die Terminsgebühr sowohl für den Anwalt des Klägers, der das Anerkenntnisurteil beantragt als auch für den Anwalt des Beklagten, der das Anerkenntnis abgibt.

35 Ein Bagatellverfahren nach § 495a ZPO ist in Familiensachen nicht möglich, da dieses Verfahren nur vor den Amtsgerichten stattfindet, § 113 Abs. 1 S. 2 FamFG jedoch für Familiensachen nur auf die Vorschriften über das Verfahren vor den Landgerichten verweist.

36 Dagegen ist in Familienstreitsachen auch eine Versäumnisentscheidung möglich. Ergeht diese im schriftlichen Vorverfahren – also ohne mündliche Verhandlung – nach § 113 Abs. 1 S. 2 FamFG i.V.m. §§ 333 Abs. 3, 276 Abs. 1 S. 2, Abs. 2 ZPO, dann entsteht nach Anm. Abs. 3 zu VV. 3105 auch die 0,5-Terminsgebühr.[19]

37 Darüber hinaus entsteht gemäß Anm. Abs. 1 Nr. 1 die Terminsgebühr auch dann, wenn ein schriftlicher Vergleich geschlossen wird.

Beispiel: Wie vorangegangenes Beispiel; die Beteiligten einigen sich außergerichtlich, dass der Ehemann 2.500 EUR zum Ausgleich des Zugewinns zahlt und beantragen bei Gericht das Zustandekommen des Vergleichs gem. § 113 Abs. 1 S. 2 FamFG i.V.m. § 278 Abs. 6 ZPO festzustellen.
Auch jetzt entsteht für beide Anwälte eine 1,2-Terminsgebühr nach Anm. Abs. 1 Nr. 1. Hinzu kommt eine 1,0-Einigungsgebühr nach VV 1000, 1003.

38 Freiwillige Gerichtsbarkeit (ohne Familiensachen)

Nach § 32 Abs. 1 S. 1 FamFG kann das Gericht in Angelegenheiten der freiwilligen Gerichtsbarkeit mit den Beteiligten die Sache in einem Termin erörtern, wenn es dies für sachdienlich hält. Damit liegt die Wahl zwischen einem mündlichen und einem schriftlichen Verfahren im Ermessen des Gerichts, so dass die Fiktion nach VV 3104 Abs. 1 Nr. 1, die das schriftliche Verfahren der mündlichen Verhandlung gleichstellt, in der Regel keine Anwendung finden kann. Eine Terminsgebühr entsteht also grundsätzlich nur, wenn eine mündliche Verhandlung tatsächlich stattgefunden hat oder eine andere Alternative des Tatbestandes der VV Vorb. 3 Abs. 3 erfüllt ist.

39 Zu den Besonderheiten in Familiensachen der freiwilligen Gerichtsbarkeit siehe Rdn 27 ff.

---

18 KG AGS 2011, 173 = FamRZ 2011, 591 = RVGreport 2011, 60 = NJW-Spezial 2011, 188 = FamFR 2011, 64 = FF 2011, 219; OLG Hamm, Beschl. v. 15.6.2011 – II – 6 WF 178/11.

19 OLG Hamm AGS 2012, 16 = FamRZ 2012, 246 = FamRB 2011, 276 = FamFR 2011, 475 = NJW-Spezial 2011, 699 = RVGreport 2012, 108.

Haushaltssachen 40

Siehe Familiensachen der freiwilligen Gerichtsbarkeit (Rdn 27 ff.).

Kindschaftssachen 41

Siehe Familiensachen der freiwilligen Gerichtsbarkeit (Rdn 27 ff.).

Kostenentscheidungen 42

Die gerichtlichen Entscheidungen über die Kostenverteilung (z.B. §§ 91a, 269 Abs. 4, 516 Abs. 3 ZPO) können ohne mündliche Verhandlung ergehen. Im Bereich der Kostenentscheidung ist daher eine tatsächlich durchgeführte mündliche Verhandlung oder eine Besprechung im Sinne von VV Vorb. 3 Abs. 3 erforderlich, damit die 1,2-Terminsgebühr nach VV 3104 entsteht.[20] Gleiches gilt für Verfahren über einen Kostenwiderspruch, da auch hier nach § 128 Abs. 3 ZPO eine Entscheidung ohne mündliche Verhandlung ergehen kann.[21]

Landwirtschaftssachen 43

In Verfahren nach dem LwVfG hat das Gericht gemäß § 15 Abs. 1 LwVfG eine mündliche Verhandlung anzuordnen, soweit einer der Beteiligten dies beantragt. Wird ein solcher Antrag nicht gestellt, kann das Gericht ohne mündliche Verhandlung durch Beschluss entscheiden. Nach einer Meinung kann auch in diesen Fällen eine Terminsgebühr entstehen.[22] *Schons* stellt in diesem Zusammenhang zutreffend darauf ab, dass es sich bei den Verfahren in Landwirtschaftssachen gerade nicht um den Fall einer freigestellten mündlichen Verhandlung handele, sondern sich der unterlassene Antrag der Beteiligten gewissermaßen als das Einverständnis bewerten lasse, ohne mündliche Verhandlung zu entscheiden. Nach der Gegenmeinung[23] fehlt es für diese Fälle, in denen eine mündliche Verhandlung nur auf Antrag stattfindet, an einer entsprechenden Regelung im Gesetz, wie z.B. § 63 Abs. 4 S. 2 BRAGO sie noch vorsah, so dass eine Terminsgebühr nicht entstehen könne. Der ersten Meinung dürfte der Vorzug zu geben sein. Wenn schon in Verfahren nach dem WEG, in denen die mündliche Verhandlung im pflichtgemäßen, zu einer Quasi-Verhandlungspflicht konkretisierten Ermessen des Gerichts steht, eine Terminsgebühr zugebilligt wird,[24] muss dies erst recht in solchen Verfahren gelten, in welchem die mündliche Verhandlung von einem der Beteiligten durch einen schlichten Antrag erzwungen werden kann und damit überhaupt nicht mehr im Ermessen des Gerichtes steht. Das Gericht ist in diesen Fällen – ebenso wie in den Fällen einer vom Gesetz vorgeschriebenen mündlichen Verhandlung – nicht frei in seiner Entscheidung, ob es eine solche durchführt.

Normenkontrollverfahren 44

In Normenkontrollverfahren ist eine mündliche Verhandlung nicht vorgeschrieben. Es kann gemäß § 47 Abs. 5 S. 1 VwGO ohne Einverständnis oder sogar gegen den erklärten Willen der Beteiligten von einer mündlichen Verhandlung abgesehen werden. Eine Terminsgebühr nach Anm. Abs. 1 Nr. 1 kann damit im schriftlichen Verfahren nicht erwachsen.[25]

Prozesskostenhilfeprüfungsverfahren 45

Im Prozesskostenhilfeprüfungsverfahren kann das Gericht ohne mündliche Verhandlung entscheiden, so dass eine Terminsgebühr nach VV 3104 Abs. 1 Nr. 1 nicht anfallen kann.[26]

Schiedsrichterliche Verfahren und Verfahren vor dem Schiedsgericht 46

Schiedsrichterliche Verfahren und Verfahren vor den Schiedsgerichten sind außergerichtliche Tätigkeiten, da es sich bei den Schiedsgerichten nicht um staatliche Gerichte handelt. Einschlägig wären an sich daher die Gebühren nach VV Teil 2. Das Gesetz enthält jedoch in § 36 Abs. 1 Nr. 1 und 2 eine gesonderte Regelung, die die Gebühren nach VV Teil 2 ausschließt (VV Vorb. 2 Abs. 1) und auf die Vorschriften nach VV Teil 3 Abschnitt 1, 2 und 4 verweist. Daher kann hier auch eine

---

20 Gerold/Schmidt/*Müller-Rabe*, RVG, VV 3104 Rn 24.
21 Vgl. OLG Frankfurt a.M. AGS 2007, 70 m. Anm. *N. Schneider*.
22 *Hansens*, RVGreport 2008, 425; *Schons*, AGS 2007, 490; *N. Schneider*, RdL 2007, 312; *Göttlich/Mümmler*, RVG, Stichwort „Landwirtschaftssachen".
23 Gerold/Schmidt/*Müller-Rabe*, RVG, VV 3104 Rn 32; *Hartmann*, Kostengesetze, RVG, VV 3104 Rn 17; OLG Oldenburg RVGreport 2008, 424 = AGS 2008, 331 m. Anm. *N. Schneider*.
24 Vgl. BGH AGS 2006, 268 m. Anm. *Onderka*; BGH AGS 2007, 14 m. Anm. *N. Schneider*.
25 VGH Baden-Württemberg JurBüro 1995, 421; OVG NW Rpfleger 1996, 477; VGH München KostRsp. BRAGO § 35 Nr. 21.
26 BGH NJW 2012, 1294.

Terminsgebühr nach VV 3104, 3202, 3210 entstehen, wenn der Anwalt an einem Termin des Schiedsgerichts teilnimmt (VV Vorb. 3 Abs. 3, 1. Var.) oder Besprechungen mit der Gegenseite führt (VV Vorb. 3 Abs. 3 S. 3 Nr. 2). Daneben entsteht die 1,2-Terminsgebühr nach VV 3104 auch dann, wenn im Einverständnis der Parteien schriftlich entschieden wird (VV 3104 Abs. 1 Nr. 1), bzw. wenn in einem schiedsrichterlichen Verfahren nach Buch 10 der ZPO der Schiedsspruch ohne mündliche Verhandlung ergeht (§ 36 Abs. 2 RVG).

47 Selbstständiges Beweisverfahren

Entscheidungen im selbstständigen Beweisverfahren können ohne mündliche Verhandlung ergehen (§§ 490, 128 Abs. 4 ZPO), so dass eine Terminsgebühr nach VV 3104 Abs. 1 Nr. 1 nicht entstehen kann.

48 Streithelfer

Auch ein Streithelfervertreter kann neben dem Vertreter der Partei, auf dessen Seite er beigetreten ist, eine Terminsgebühr nach VV 3104 Abs. 1 Nr. 1 verdienen, wenn in einem Verfahren, für das eine mündliche Verhandlung vorgeschrieben ist, im Einverständnis mit den Parteien ohne mündliche Verhandlung entschieden wird.[27]

49 Vermittlungsverfahren nach § 165 FamFG

Siehe Familiensachen der freiwilligen Gerichtsbarkeit (Rdn 27 ff.).

50 Versäumnisurteil nach § 331 Abs. 3 ZPO

Der Erlass eines Versäumnisurteils im schriftlichen Vorverfahren gemäß § 331 Abs. 3 ZPO, der früher ebenfalls der Vorschrift des § 35 BRAGO unterfiel, wird nunmehr in Anm. Abs. 1 Nr. 2 zu VV 3105 speziell geregelt, so dass auf die dortige Kommentierung verwiesen werden kann (siehe VV 3105 Rdn 17, 37).

51 Versorgungsausgleichsverfahren

Siehe Familiensachen der freiwilligen Gerichtsbarkeit (Rdn 27 ff.).

52 Verwaltungsgerichtliches Verfahren

Nach § 101 Abs. 2 VwGO kann im verwaltungsgerichtlichen Verfahren im Einverständnis der Beteiligten ohne mündliche Verhandlung entschieden werden, soweit nichts anderes bestimmt ist. Endet das Verfahren jedoch mit einer Entscheidung des Gerichts, die nicht Urteil ist, und ergeht die Entscheidung ohne mündliche Verhandlung nach § 101 Abs. 3 VwGO, entsteht kein Anspruch auf die Terminsgebühr, selbst wenn die Beteiligten zuvor auf die mündliche Verhandlung verzichtet haben.[28]

53 Verwerfung der Berufung (§ 522 Abs. 1 ZPO)

Wird eine Berufung nach § 522 Abs. 1 ZPO als unzulässig verworfen, so kann hierüber nach § 522 Abs. 1 S. 3 ZPO durch Beschluss, also ohne mündliche Verhandlung (§ 128 Abs. 4 ZPO), entschieden werden. Eine Terminsgebühr (VV 3202 Abs. 1 i.V.m. VV 3104 Abs. 1 Nr. 1) fällt in diesem Fall daher nicht an.

54 Verwerfung des Einspruchs

Wird der Einspruch gegen einen Vollstreckungsbescheid ohne mündliche Verhandlung als unzulässig verworfen, entsteht keine Terminsgebühr, da über die Zulässigkeit eines Einspruchs gemäß §§ 700 Abs. 1, 341 Abs. 2 ZPO auch ohne mündliche Verhandlung entschieden werden kann.[29]

---

27 OLG Hamburg RVGreport 2007, 147 = OLGR 2006, 885 = MDR 2007, 181.
28 Hess. VGH DVBl 1951, 705; OVG Münster AnwBl 1962, 227; Gerold/Schmidt/*Madert*, RVG, Anhang IV Rn 16 f.
29 AG Ansbach AGS 2006, 544 = RVGreport 2006, 388; LG Berlin RVGreport 2006, 347.

Wiedereinsetzung 55

Über einen Antrag auf Wiedereinsetzung in den vorigen Stand kann ohne mündliche Verhandlung entschieden werden, wenn durch Urteil (§ 341 Abs. 2 ZPO) oder durch Beschluss ein Einspruch oder ein Rechtsmittel als unzulässig verworfen wird (§§ 522 Abs. 2, 552 Abs. 2, 542 Abs. 4 ZPO). Eine Terminsgebühr nach Abs. 1 Nr. 1 kann in diesen Fällen nicht entstehen. Eine mündliche Verhandlung ist ebenfalls nicht erforderlich, wenn gemäß § 238 Abs. 1 S. 2 ZPO das Verfahren zunächst auf die Entscheidung über den Wiedereinsetzungsantrag beschränkt wird und dann durch Beschluss entschieden wird (§ 128 Abs. 4 ZPO). Eine Terminsgebühr entsteht in diesem Fall daher ebenfalls nicht.[30]

Wohnungseigentumsverfahren 56

Durch die WEG-Reform ist das gerichtliche Verfahren grundlegend verändert worden. Nach der ab dem 1.7.2007 geltenden Rechtslage werden alle Verfahren in Wohnungseigentumssachen nicht mehr als Verfahren der Freiwilligen Gerichtsbarkeit, sondern unter Anwendung der ZPO im streitigen Zivilprozess geführt, egal ob diese aus der Gemeinschaft der Wohnungseigentümer, ihrem Verhältnis zur teilrechtsfähigen Gemeinschaft oder aus der Verwaltung des gemeinschaftlichen Eigentums und den sich daraus ergebenden Rechten und Pflichten der Eigentümer untereinander und des Verwalters resultieren. Eine Terminsgebühr nach Abs. 1 Nr. 1 kann daher – insofern hat sich der frühere Meinungsstreit[31] erledigt – der grundsätzlichen Verhandlungspflicht (§ 128 Abs. 1 ZPO) auch bei einer Entscheidung im schriftlichen Verfahren entstehen.

Zivilverfahren 57

In Zivilverfahren ist nach § 128 Abs. 1 ZPO grundsätzlich eine mündliche Verhandlung vorgesehen. Nach § 128 Abs. 4 ZPO können allerdings Entscheidungen, die nicht Urteile sind, grundsätzlich ohne mündliche Verhandlung ergehen. Bei solchen Beschlussverfahren kann eine Terminsgebühr nach Anm. Abs. 1 Nr. 1 daher nur ausnahmsweise, nämlich nur dann entstehen, wenn gesetzlich bestimmt ist, dass dem Beschluss eine mündliche Verhandlung vorauszugehen hat (vgl. § 128 Abs. 4, 2. Hs. ZPO). Dies ist beispielsweise bei einem Beschluss nach § 1063 Abs. 2 ZPO der Fall.

III. Schriftliche Entscheidung mit Einverständnis der Parteien

1. Einverständnis

Im Falle des § 128 Abs. 2 ZPO muss die Entscheidung, ohne mündliche Verhandlung zu entscheiden, 58 mit Einverständnis der Parteien erlassen worden sein. Dieses Einverständnis kann ausdrücklich, aber auch stillschweigend erteilt werden, wenn der Erklärungsgehalt eindeutig bestimmbar ist. Reines Schweigen der Parteien auf die Ankündigung des Gerichts, ohne mündliche Verhandlung zu entscheiden, genügt nicht, da keine Pflicht der Parteien besteht, sich im Verfahren dementsprechend zu erklären.[32]

Ist zum Zeitpunkt der Entscheidung das Einverständnis noch nicht erklärt worden, hindert das die Anwendung der Anm. Abs. 1 Nr. 1 nicht, da dem vorher erklärten Einverständnis der Fall der **nachträglichen Zustimmung** gleichzustellen ist, die auch durch – stillschweigenden – Rügeverzicht erklärt werden kann.[33] Denn für die Zubilligung der Terminsgebühr muss letztlich maßgeblich sein, dass das Gericht sich allein aufgrund der schriftsätzlichen Vorbereitung durch die Anwälte zu einer Entscheidung in der Lage gesehen hat. Dagegen kann es nicht darauf ankommen, ob zuvor das Einverständnis der Parteien auch tatsächlich eingeholt worden ist.

---

30 Gerold/Schmidt/*Müller-Rabe*, RVG, VV 3104 Rn 25.
31 Vgl. dazu AnwK-RVG/*Onderka/N. Schneider/Wahlen*, 3. Aufl., VV 3104 Rn 12.
32 So auch: Gerold/Schmidt/*Müller-Rabe*, RVG, VV 3104 Rn 41; OLG Zweibrücken JurBüro 1982, 84; a.A. OLG Koblenz AnwBl 1988, 294.
33 Gerold/Schmidt/*Müller-Rabe*, RVG, VV 3104 Rn 43; Hartung/Römermann/*Schons*, RVG, VV 3104 Rn 13;
OLG Stuttgart AGS 2008, 594; OLG Hamm JurBüro 1966, 953; OLG Bamberg JurBüro 1986, 1362 = KostRsp. BRAGO § 35 Nr. 15; OLG Frankfurt JurBüro 1989, 74 = MDR 1988, 1067 = KostRsp. BRAGO § 35 Nr. 20; a.A. OLG Zweibrücken JurBüro 1982, 84 m. Anm. *Mümmler* = KostRsp. BRAGO § 35 Nr. 5 m. Anm. *E. Schneider*.

59 Nach abweichender Auffassung[34] reicht es allerdings nicht aus, wenn die Parteien sich lediglich nicht erklären, nachdem das Gericht ihnen schriftlich mitgeteilt hat, es werde das Einverständnis mit einer Entscheidung ohne mündliche Verhandlung annehmen, wenn innerhalb einer bestimmten Frist keine entgegenlautenden Anträge gestellt würden. Denn Schweigen bedeute nach allgemeiner Auffassung nur dann Zustimmung, wenn eine Pflicht zur Erklärung bestehe. Dieser Auffassung ist indessen nicht zu folgen. Anm. Abs. 1 Nr. 1 schreibt nicht vor, wie das Gericht zu der Annahme gelangen muss, dass die Parteien ihr Einverständnis mit der Entscheidung im schriftlichen Verfahren erklärt haben.

60 Hat allerdings mindestens eine der Parteien ihr Einverständnis nur unter bestimmten **Bedingungen** oder Voraussetzungen erklärt und werden diese nicht erfüllt, kann nicht mehr von einem Einverständnis ausgegangen werden, mit der Konsequenz, dass das Gericht nicht mehr im schriftlichen Verfahren entscheiden darf.[35]

61 Die vorstehenden Ausführungen gelten auch dann, wenn das Gericht eine Entscheidung ohne mündliche Verhandlung erlässt, obgleich seit der Einverständniserklärung der Parteien mehr als drei Monate verstrichen sind. § 128 Abs. 2 S. 3 ZPO bestimmt zwar, dass eine Entscheidung ohne mündlichen Verhandlung nach Ablauf dieses Zeitraums unzulässig ist. Auch in diesem Fall ist jedoch eine Entscheidung des Gerichts bei erteiltem Einverständnis tatsächlich ergangen.[36] Eine Terminsgebühr fällt daher in voller Höhe von 1,2 nach Anm. Abs. 1 Nr. 1 an.

2. Entscheidung

62 Eine weitere Voraussetzung für die Anwendung der Anm. Abs. 1 Nr. 1 und damit für das Entstehen der vollen 1,2-Terminsgebühr ist, dass eine **gerichtliche Entscheidung** ergangen ist. Eine Entscheidung im Sinne von Abs. 1 Nr. 1 muss nicht zwingend ein Urteil sein. Vielmehr genügt eine Entscheidung, durch die die Endentscheidung **wesentlich sachlich vorbereitet** wird,[37] nicht jedoch eine Entscheidung des Gerichts zur Prozess- oder Sachleitung. Erforderlich ist jedoch stets, dass die Entscheidung des betreffenden Verfahrens nach der einschlägigen Verfahrensordnung eigentlich einer mündlichen Verhandlung bedurft hätte.[38]

63 Werden vom Vorsitzenden des Gerichts oder vom Berichterstatter lediglich zur Vorbereitung des Haupttermins **Maßnahmen gemäß § 273 ZPO** getroffen, stellen sie keine Entscheidung nach Anm. Abs. 1 Nr. 1 dar.[39] Gleiches gilt für eine Beweisaufnahme nach § 358a ZPO, in deren Anschluss die Klage zurückgenommen wird.[40]

64 Denkbar ist ferner der Fall, dass sich die Parteien mit einer Entscheidung im schriftlichen Verfahren einverstanden erklären und das Gericht daraufhin **nur einen neuen Termin zur mündlichen Verhandlung anberaumt**. Die Anberaumung eines Termins zur mündlichen Verhandlung stellt zwar eine Entscheidung dar. Allerdings ist es weder eine Endentscheidung, noch wird diese sachlich vorbereitet. Vielmehr handelt es sich um eine prozessleitende Maßnahme, für die die Anwälte eine 0,5-Terminsgebühr nach VV 3105 Abs. 2 erhalten. Die volle Terminsgebühr erhalten sie nur für die Wahrnehmung des späteren Termins oder aber für die ggf. später ergehende Entscheidung im schriftlichen Verfahren.

65 Auch der **Erlass eines Hinweisbeschlusses** reicht für die Entstehung einer 1,2-Terminsgebühr nicht aus.[41] Zwar kann auch mit einem solchen Beschluss die Endentscheidung sachlich vorbereitet

---

34 OLG Zweibrücken JurBüro 1982, 84 m. Anm. *Mümmler* = KostRsp. BRAGO § 35 Nr. 5 m. Anm. *E. Schneider*.

35 Im Ergebnis ebenso *Müller-Rabe* (in: Gerold/Schmidt, RVG, VV 3104 Rn 42), der die Auffassung vertritt, dass ein nur unter einer Bedingung erklärtes Einverständnis schon generell nicht genügt.

36 Gerold/Schmidt/*Müller-Rabe*, RVG, VV 3104 Rn 45; OLG Schleswig JurBüro 1985, 1823; OLG Hamm JurBüro 1966, 953; OLG Bamberg JurBüro 1986, 1362 = KostRsp. BRAGO § 35 Nr. 15; OLG Frankfurt JurBüro 1989, 74 = MDR 1988, 1067 = KostRsp. BRAGO § 35 Nr. 20.

37 BGHZ 17, 118; KG JurBüro 1965, 720; *Enders*, JurBüro 2005, 561, 563.

38 OLG Hamburg BRAGOreport 2001, 11.

39 OLG Hamm NJW 1958, 1242 m. Anm. *Gerold* = KostRsp. BRAGO § 35 Nr. 1 m. Anm. *E. Schneider*; OLG Hamm JurBüro 1966, 497; Gerold/Schmidt/*Müller-Rabe*, RVG, VV 3104 Rn 23.

40 OLG München AGS 2008, 69.

41 A.A. *Hartung/Römermann/Schons*, RVG, VV 3104 Rn 16.

werden, beispielsweise wenn das Gericht in ihm zum Ausdruck bringt, dass es die Klage für unbegründet hält und der Kläger sodann die Klage zurücknimmt. Jedoch ist für den Erlass eines Hinweisbeschlusses keine mündliche Verhandlung vorgeschrieben, so dass es insoweit auf ein eventuelles Einverständnis der Parteien mit einer Entscheidung ohne mündliche Verhandlung gar nicht ankommt.[42]

3. Entscheidung nach übereinstimmender Erledigungserklärung

Wird nach übereinstimmenden Erledigungserklärungen nur noch über die Kosten nach § 91a ZPO ohne mündliche Verhandlung entschieden, entsteht grundsätzlich keine Terminsgebühr aus dem Kostenwert, da in einem Verfahren, in welchem lediglich noch eine Entscheidung über die Kosten ansteht, ohne mündliche Verhandlung entschieden werden kann (§ 91a Abs. 1 S. 2 ZPO).[43]

66

Zu differenzieren ist allerdings, wenn das Gericht nach Abgabe übereinstimmender Erledigungserklärungen zwar gemäß § 91a ZPO ohne mündliche Verhandlung entscheiden könnte, stattdessen aber entweder eine **mündliche Verhandlung anberaumt** oder das **schriftliche Verfahren gemäß § 128 ZPO** anordnet. Im ersteren Fall fällt selbstverständlich eine Terminsgebühr an, da die mündliche Verhandlung – wenn auch zivilprozessual überflüssig – durchgeführt worden ist. Im letzteren Fall kann keine Terminsgebühr nach Anm. Abs. 1 Nr. 1 anfallen. Es liegt ein Fall des § 128 Abs. 3 ZPO vor, da nur noch über die Kosten des Verfahrens zu entscheiden ist. Allerdings kann eine Terminsgebühr aus anderen, in VV Vorb. 3 Abs. 3 genannten Alternativen entstanden sein oder noch entstehen.

67

4. Verweisungsbeschluss

Ein Verweisungsbeschluss kann ohne mündliche Verhandlung ergehen, wenn der Kläger einen entsprechenden Antrag stellt (§ 281 Abs. 1 ZPO).[44] Eine 1,2-Terminsgebühr nach Anm. Abs. 1 Nr. 1 entsteht daher nicht, da keine mündliche Verhandlung vorgeschrieben ist.[45]

68

5. Versäumnisurteil

Eine 1,2-Terminsgebühr nach Anm. Abs. 1 Nr. 1 erwächst nicht, wenn im schriftlichen Verfahren nach § 331 Abs. 3 ZPO ein **echtes Versäumnisurteil** erlassen worden ist. Aufgrund ausdrücklicher gesetzlicher Anordnung entsteht nicht die volle 1,2-Terminsgebühr nach Anm. Abs. 1 Nr. 1, sondern nur eine reduzierte 0,5-Terminsgebühr nach Anm. Abs. 1 Nr. 2 zu VV 3105.

69

Im Einspruchsverfahren nach einem Versäumnisurteil ist für die **Verwerfung des Einspruchs** (z.B. wegen Versäumung der Einspruchsfrist) eine mündliche Verhandlung nicht obligatorisch (§ 341 Abs. 2 ZPO). Wird der Einspruch ohne mündliche Verhandlung durch Urteil als unzulässig verworfen, entsteht keine Terminsgebühr nach Anm. Abs. 1 Nr. 1.[46] Insofern ist die Entscheidungsform (Urteil) unerheblich – entscheidend ist der Umstand, dass für den Erlass dieses Urteils eine mündliche Verhandlung nicht vorgeschrieben ist.

Ergeht ein **unechtes Versäumnisurteil**, so ist hinsichtlich der Gebühren für den Klägervertreter zu differenzieren:

70

Wird das unechte Versäumnisurteil **im schriftlichen Vorverfahren** erlassen, was gemäß § 331 Abs. 3 S. 3 ZPO nur hinsichtlich einer Nebenforderung möglich ist, könnte man daran denken, dem Klägervertreter neben der 0,5-Terminsgebühr aus der Hauptforderung (VV 3105 Abs. 1 Nr. 2) noch eine 1,2-Terminsgebühr aus dem Wert der (abgewiesenen) Nebenforderung zuzusprechen. Denn

---

[42] So auch Gerold/Schmidt/*Müller-Rabe*, RVG, VV 3104 Rn 23; Riedel/Sußbauer/*Keller*, RVG, VV Teil 3 Abschnitt 1 Rn 50; OLG Karlsruhe JurBüro 2005, 596.

[43] OLG Rostock AGS 2008, 283; OLG Schleswig AnwBl 1994, 473; OLG Frankfurt/Main JurBüro 1998, 640; LG Köln NJW-RR 1998, 1692 = Rpfleger 1999, 1361 = KostRsp. BRAGO § 35 Nr. 26 m. Anm. *N. Schneider*.

[44] Zöller/*Greger*, ZPO, § 281 Rn 12.

[45] Riedel/Sußbauer/*Keller*, RVG, VV Teil 3 Abschnitt 1 Rn 50; Gerold/Schmidt/*Müller-Rabe*, RVG, VV 3104 Rn 23.

[46] OLG Koblenz AGS 2003, 399 m. Anm. *N. Schneider*; LG Berlin JurBüro 1989, 366; OLG Köln Rpfleger 1994, 432; LG Marburg Rpfleger 1996, 377.

gemäß § 331 Abs. 3 S. 3 ZPO darf die abweisende Entscheidung über die Nebenforderung nur nach rechtlichem Gehör ergehen. Dagegen spricht aber, dass eine schriftliche Stellungnahme des Klägers der Erörterung mit dem Gericht in einem Termin nicht gleichgesetzt werden kann. Insofern ist der Wortlaut von VV 3105 Abs. 1 Nr. 2 zu beachten, der lediglich darauf abstellt, dass eine Entscheidung nach § 331 Abs. 3 ZPO ergeht und nicht darauf, ob diese Entscheidung auch eine (teilweise) Klageabweisung enthält bzw. welche konkreten Tätigkeiten der Klägervertreter im Vorfeld dieser Entscheidung vorgenommen hat. Auch für die abgewiesene Nebenforderung entsteht daher nur eine 0,5-Terminsgebühr nach VV 3105 Abs. 1 Nr. 2.[47]

Ergeht das unechte Versäumnisurteil dagegen gemäß § 331 Abs. 2 ZPO **in einem Verhandlungstermin**, weil das Vorbringen des Klägers ganz oder teilweise seinen Antrag nicht rechtfertigt, erhält der Klägervertreter aus dem Wert der zurückgewiesenen Ansprüche die volle 1,2-Terminsgebühr. Hinsichtlich der Einzelheiten kann auf die Kommentierung zu VV 3105 (siehe VV 3105 Rdn 18) Bezug genommen werden.

6. Versäumnisbeschluss

71 Eine Terminsgebühr lediglich in reduzierter Höhe von 0,5 fällt auch dann an, wenn in Familiensachen ein Versäumnisbeschluss ergeht (siehe VV 3105 Rdn 43).[48]

IV. Schriftliche Entscheidung nach §§ 307, 495a ZPO

1. Anerkenntnisurteil

72 Nach VV 3104 Anm. Abs. 1 Nr. 1 entsteht eine volle 1,2-Terminsgebühr auch dann, wenn im schriftlichen Verfahren ein Anerkenntnisurteil nach § 307 ZPO ergeht. Der Anwalt soll keinen Nachteil bei den Gebühren erleiden, wenn seine Schriftsätze das Verfahren so gründlich vorbereitet haben, dass eine mündliche Verhandlung nicht mehr stattzufinden braucht.[49] Während nach § 307 Abs. 2 ZPO a.F. ein Anerkenntnisurteil ohne mündliche Verhandlung nur im schriftlichen Vorverfahren (§ 276 ZPO) ergehen konnte,[50] ist dies nach § 307 S. 2 ZPO nunmehr in jedem Verfahrensstadium möglich. Aufgrund dessen erfasst Anm. Abs. 1 Nr. 1 sämtliche Anerkenntnisurteile, die nicht in einer mündlichen Verhandlung ergehen.[51]

73 Kommt es im schriftlichen Vorverfahren zu einem **Anerkenntnis** seitens des Beklagten, ohne dass hiernach von Seiten des Gerichts ein Anerkenntnisurteil erlassen wurde, etwa weil der Rechtsstreit von beiden Prozessparteien zuvor für erledigt erklärt worden war, fällt keine Terminsgebühr für das Anerkenntnis an, weil es eben nicht zu der im Rahmen von Anm. Abs. 1 Nr. 1 erforderlichen gerichtlichen Entscheidung gekommen ist.[52] Für das sich dann anschließende Verfahren, in dem nur noch gemäß § 91a ZPO über die Kosten zu entscheiden ist, ist keine mündliche Verhandlung erforderlich, so dass auch insoweit eine 1,2-Terminsgebühr nach Anm. Abs. 1 Nr. 1 nicht anfallen kann.

74 Seit der Änderung von § 307 Abs. 2 ZPO a.F. durch das Zivilprozessreformgesetz vom 27.7.2001 kann ein Anerkenntnisurteil auch **ohne Antrag** des Klägers ergehen. Der Wegfall dieses Antragserfordernisses, der auch für die aktuelle Fassung des § 307 ZPO gilt,[53] führt jedoch nicht zu einer Änderung bei Entstehung der anwaltlichen Gebühren. Denn da der Gesetzgeber die Vorschrift über

---

[47] So im Ergebnis auch: BGH AGS 2004, 110 = JurBüro 2004, 136 (zu § 35 BRAGO); Gerold/Schmidt/*Müller-Rabe*, RVG, VV 3105 Rn 26; *Hansens/Braun/Schneider*, Teil 7 Rn 370.

[48] OLG Hamm AGS 2012, 16 = FamRZ 2012, 246 = FamRB 2011, 276 = FamFR 2011, 475 = NJW-Spezial 2011, 699 = RVGreport 2012, 108.

[49] BT-Drucks 15/1971, S. 209, 212; vgl. auch BGH NJW 2003, 3133.

[50] Auch in den Fällen, in denen im schriftlichen Verfahren ein Anerkenntnisurteil erlassen wurde, obgleich dieses nicht mehr hätte ergehen dürfen, entstand für den Prozessbevollmächtigten allerdings die Gebühr nach Anm. Abs. 1 Nr. 1, da es auf den tatsächlichen Verfahrensablauf und nicht auf die prozessuale Zulässigkeit ankommt.

[51] OLG Karlsruhe JurBüro 2006, 195; OLG Jena JurBüro 2005, 529; OLG München AGS 2006, 328; OLG Stuttgart AGS 2006, 24 m. Anm. *Mock*; LG Stuttgart AGS 2005, 328.

[52] OVG Lüneburg, Beschl. v. 18.10.2010 – 8 OA 223/10 (juris); OLG Hamburg OLGR 2000, 412 = KostRsp. BRAGO § 35 Nr. 29 m. Anm. *N. Schneider*.

[53] Zöller/*Vollkommer*, ZPO, § 307 Rn 1.

das Verfahren auf Erlass eines Anerkenntnisurteils im schriftlichen Verfahren im Text der Anm. Abs. 1 belassen hat, wird seine Absicht deutlich, dass es für die Terminsgebühr auf die Antragstellung nicht ankommt. Vielmehr ist nur entscheidend, ob ein Anerkenntnisurteil nach § 307 S. 1 ZPO erlassen wird.[54]

Die volle 1,2-Terminsgebühr für das Anerkenntnisurteil nach § 307 ZPO kann auch nicht durch eine erweiternde Auslegung von VV 3105 auf 0,5 reduziert werden. Denn zum einen würde dies dem Zweck der Vorschrift widersprechen, streitige Verhandlungen trotz einer Anerkenntnisbereitschaft aus Gebühreninteressen von Verfahrensbevollmächtigten zu vermeiden. Zum anderen ist auch die Lage bei der Abgabe eines Anerkenntnisses gegenüber einer Säumnissituation nicht vergleichbar. Bei einem Anerkenntnis wirkt der Prozessbevollmächtigte an der Schaffung eines Titels gegen die eigene Partei mit und ist damit einem erhöhten Haftungsrisiko ausgesetzt. Das Anerkenntnisurteil beruht allein auf dem Sachantrag der klagenden und dem Anerkenntnis der beklagten Partei,[55] während das Versäumnisurteil eine Schlüssigkeitsprüfung durch das Gericht verlangt, das dadurch einen Teil der Verantwortung von den Prozessbevollmächtigten nimmt.[56]

2. Entscheidung im Verfahren nach § 495a ZPO

Steht die Durchführung der mündlichen Verhandlung im Ermessen des Gerichts, so fehlt es im Regelfall an der für den Anfall der Terminsgebühr nach Anm. Abs. 1 Nr. 1 vorgeschriebenen Voraussetzung einer vom Gesetz vorgesehenen mündlichen Verhandlung. Eine Ausnahme bilden die Verfahren nach **§ 495a ZPO**. Hier entsteht die volle Terminsgebühr, obwohl das Gericht das Verfahren nach billigem Ermessen bestimmen kann,[57] da § 495a ZPO im Text von Anm. Abs. 1 Nr. 1 ausdrücklich genannt ist.

Nach § 495a ZPO kann das Gericht den Verlauf des Verfahrens nach billigem Ermessen bestimmen, wenn der Streitwert nicht über 600 EUR liegt. In der Praxis wird in solchen Fällen überwiegend ohne mündliche Verhandlung entschieden. Die volle Terminsgebühr entsteht dann trotzdem, wenn ein Urteil oder eine sonstige die Endentscheidung vorbereitende Entscheidung ergeht, die eigentlich einer mündlichen Verhandlung bedurfte.[58] Die 1,2-Terminsgebühr nach VV 3104 steht dem Prozessbevollmächtigten im Verfahren nach § 495a ZPO unabhängig davon zu, ob der Beklagte Einwendungen erhoben hat, mit denen sich das Urteil auseinander setzt.[59] Da sich das Gebührenrecht nach den Entscheidungen des Gerichts richtet, ist nicht eine schriftsätzliche Säumnis des Beklagten entscheidend, sondern der Umstand, dass das Gericht das Verfahren nach § 495a ZPO angeordnet und ein mit Entscheidungsgründen versehenes Urteil (kein Versäumnisurteil) erlassen hat.[60]

Bedurfte allerdings die im Verfahren nach § 495a ZPO erlassene Entscheidung ohnehin keiner mündlichen Verhandlung, entsteht auch im Verfahren nach § 495a ZPO keine Terminsgebühr. Denn die Anm. 1 Nr. 1 zu VV 3104 will den Anwalt nicht besser stellen, als er ohne die Anordnung des Verfahrens nach § 495a ZPO stehen würde. Es entsteht daher beispielsweise keine Terminsgebühr, wenn im Verfahren nach § 495a ZPO der Einspruch gegen einen Vollstreckungsbescheid verworfen wird, da diese Entscheidung gemäß §§ 700 Abs. 1, 341 Abs. 2 ZPO keiner mündlichen Verhandlung bedarf.[61]

---

54 OLG Thüringen JurBüro 2005, 529; OLG München AGS 2006, 328; OLG München AGS 2005, 342; OLG Stuttgart JurBüro 2005, 587 = MDR 2005, 1259; LG Stuttgart AGS 2005, 328; *Enders*, JurBüro 2005, 561, 563.
55 KG AGS 2004, 286.
56 OLG Stuttgart JurBüro 2005, 587 = MDR 2005, 1259.
57 LG Stuttgart MDR 1993, 86.
58 Auch in den Fällen, in denen im schriftlichen Verfahren ein Anerkenntnisurteil erlassen wurde, obgleich dieses nicht mehr hätte ergehen dürfen, entstand für den Prozessbevollmächtigten allerdings die Gebühr nach Anm. Abs. 1 Nr. 1, da es auf den tatsächlichen Verfahrensablauf und nicht auf die prozessuale Zulässigkeit ankommt.
59 OLG Düsseldorf RVGreport 2009, 185; AG Kleve AGS 2006, 542 m. Anm. *Schons*; a.A. AG München AGS 2007, 442 (m. Anm. *Schons*), wonach nur eine reduzierte Terminsgebühr nach VV 3105 entsteht, wenn sich der Beklagte im Verfahren nach § 495a ZPO nicht meldet und sodann ein streitiges Endurteil ergeht.
60 A.A. OLG Düsseldorf AGS 2009, 172; Gerold/Schmidt/*Müller-Rabe*, RVG, VV 3105 Rn 26, wonach der gestellte Antrag, nicht die erlassene Entscheidung maßgeblich ist.
61 AG Ansbach AGS 2006, 544 m. Anm. *N. Schneider*.

V. Abschluss eines schriftlichen Vergleichs

78 Nach der Regelung in Anm. Abs. 1 Nr. 1 fällt eine volle 1,2-Terminsgebühr schließlich auch dann an, wenn in einem der dort genannten Verfahren ein **schriftlicher Vergleich** geschlossen wird. Anders als in den sonstigen Fällen muss also keine „Entscheidung" vorliegen.

1. Mündliche Verhandlung vorgeschrieben

79 Es muss sich um ein Verfahren handeln, für das an sich eine mündliche Verhandlung vorgeschrieben ist, was auch in den Verfahren gemäß § 495a ZPO der Fall ist, wo angesichts der niedrigen Gegenstandswerte von der eigentlich vorgeschriebenen mündlichen Verhandlung abgesehen wird.[62]

Nach Auffassung des KG[63] soll auch bei Abschluss eines Vergleichs im **Prozesskostenhilfeverfahren** eine Terminsgebühr ausgelöst werden, da § 118 Abs. 1 S. 3 ZPO für den Vergleichsabschluss im Prozesskostenhilfebewilligungsverfahren einen gerichtlichen Termin vorsehe. Der Anwendungsbereich von VV 3104 Abs. 1 Nr. 1 dürfte allerdings bei dieser Fallgestaltung nicht eröffnet sein: Nach § 127 Abs. 1 ZPO ergehen nämlich Entscheidungen im Verfahren über die Prozesskostenhilfe ohne mündliche Verhandlung. Es handelt sich um ein schriftliches Beschlussverfahren. Der Gesetzgeber hat dem Gericht zwar in § 118 Abs. 3 S. 1 ZPO die Möglichkeit eingeräumt, die Parteien zu einem Termin zu laden, wenn eine Einigung zu erwarten ist. Damit hat er aber nicht eine gesetzliche Verpflichtung zur Durchführung einer mündlichen Verhandlung im Prozesskostenhilfebewilligungsverfahren eingeführt, sondern lediglich die Möglichkeit eröffnet, in einem gerichtlichen Termin einen Vergleich zu protokollieren. Auch soweit sich das KG auf die Entscheidung des BGH vom 22.2.2007[64] beruft, hilft dies nicht weiter. Zwar hat der BGH in diesem Beschluss klargestellt, dass auch der Abschluss eines Vergleichs nach § 278 Abs. 6 ZPO eine Terminsgebühr auslöst. Er hatte jedoch den Fall zu entscheiden, dass die Parteien in einem „normalen" Zivilverfahren einen Beschlussvergleich geschlossen haben, in welchem eine grundsätzliche Verhandlungspflicht gilt. Gerade dies ist aber im Prozesskostenhilfebewilligungsverfahren nicht der Fall.

2. Vergleichsschluss

80 Ein gewisser Bruch mit der Systematik des RVG ist insofern festzustellen, als der Gesetzeswortlaut von einem „Vergleich" und nicht, wie in den sonstigen Regelungen des Vergütungsverzeichnisses, von einer „Einigung" spricht. Diese Wortwahl legt die Vermutung nahe, dass nur solche Einigungen der Parteien eine Terminsgebühr auslösen, die ein gegenseitiges Nachgeben beinhalten. Dagegen spricht allerdings, dass es keinen sachlichen Grund gibt, warum bei der Entstehung der Terminsgebühr ein gegenseitiges Nachgeben gefordert wird, wenn dies das Gesetz noch nicht einmal bei der Entstehung der Einigungsgebühr zur Voraussetzung macht. Insofern liegt ein Redaktionsversehen näher.[65] Der Vergleich muss darüber hinaus wirksam geschlossen, darf also z.B. nicht widerrufen sein. Die Einhaltung der Schriftform ist nach dem Wortlaut der Anm. Abs. 1 Nr. 1 ebenfalls erforderlich.

81 Unter Anm. Abs. 1 Nr. 1 fallen nicht nur solche Vergleiche, die mit Beteiligung des Gerichts zustande kommen, wie z.B. die Vergleiche nach § 278 Abs. 6 ZPO, § 106 S. 2 VwGO,[66] sondern auch privatschriftliche Vergleiche, deren Inhalt nicht durch das Gericht nach § 278 Abs. 6 ZPO festgestellt wird.[67] Denn der Wortlaut der Anm. Abs. 1 Nr. 1 erwähnt die Regelung des § 278 Abs. 6 ZPO nicht,

---

62 Gerold/Schmidt/*Müller-Rabe*, RVG, VV 3104 Rn 53; Riedel/Sußbauer/*Keller*, RVG, VV Teil 3 Abschnitt 1 Rn 51.
63 KG AGS 2008, 68 = KGR 2007, 1019 = JurBüro 2008, 29 = RVGreport 2007, 458 = NJW-Spezial 2007, 619; a.A.: OLG Braunschweig Rpfleger 2008, 427 = OLGR 2009, 43.
64 BGH AGS 2007, 341.
65 So auch: Bischof/Jungbauer/Bräuer/*Uher*, RVG, Nr. 3104 VV Rn 54; Gerold/Schmidt/*Müller-Rabe*, RVG, VV 3104 Rn 57.
66 So aber: *Mock*, AGS 2003, 397, 398; anders als früher jetzt in der 3. Auflage: Bischof/Jungbauer/Bräuer/*Uher*, RVG, Nr. 3104 VV Rn 54.
67 OLG Köln, Beschl. v. 20.6.2016 – 17 W 98/16; Gerold/Schmidt/*Müller-Rabe*, RVG, VV 3104 Rn 60; *Enders*, JurBüro 2005, 561, 563; *Volpert*, RVGprof. 2004, 48, 49.

sondern spricht allgemein von einem schriftlichen Vergleich. Auch Sinn und Zweck der Neuregelung sprechen für diese Auslegung, da die Beilegung von Streitigkeiten möglichst ohne Inanspruchnahme der Gerichte gefördert werden und den Anwälten ein diesbezüglicher Anreiz über die Gebühren gegeben werden sollte. Festzuhalten ist daher, dass es für die Entstehung der Terminsgebühr ausreichend ist, wenn sich die Parteien ohne Mitwirkung des Gerichts schriftlich einigen.

C. Terminsgebühr bei Entscheidungen nach § 84 Abs. 1 S. 1 VwGO oder § 105 Abs. 1 SGG (Anm. Abs. 1 Nr. 2)

Nach § 84 Abs. 1 S. 1 VwGO kann das Gericht ohne mündliche Verhandlung durch Gerichtsbescheid entscheiden, wenn die Sache keine besonderen Schwierigkeiten tatsächlicher oder rechtlicher Art aufweist und der Sachverhalt geklärt ist. Nach § 84 Abs. 1 S. 2 VwGO sind die Beteiligten vorher anzuhören. Nach **§ 105 Abs. 1 S. 1 SGG** kann das Sozialgericht ohne mündliche Verhandlung durch Gerichtsbescheid entscheiden, wenn die Sache keine besonderen Schwierigkeiten tatsächlicher oder rechtlicher Art aufweist und der Sachverhalt geklärt ist. Nach § 105 Abs. 1 S. 2 SGG sind die Beteiligten vorher anzuhören. Der bisher hier ebenfalls geregelte Fall des § 130a VwGO ist nunmehr in VV 3202 Anm. Abs. 2 geregelt. 82

Nach **Anm. Abs. 1 Nr. 2** erhält der Rechtsanwalt in diesen Fällen die **volle Terminsgebühr** nach VV 3104, da der Gesetzgeber erkannt hat, dass ein Grund, weshalb diese Fälle anders als die in Anm. Abs. 1 Nr. 1 genannten Fälle behandelt werden sollten, nicht ersichtlich ist.[68] 83

Ein mit den nach § 84 Abs. 1 S. 2 VwGO vergleichbarer Sachverhalt ist in **§ 93a Abs. 2 S. 1 VwGO** geregelt. Nach dieser Vorschrift kann nach Abschluss von **Musterverfahren** i.S.v. § 93a Abs. 1 VwGO das Gericht nach Anhörung der Beteiligten über die wegen der Musterverfahren ausgesetzten Verfahren durch Beschluss entscheiden, wenn es einstimmig der Auffassung ist, dass diese Verfahren gegenüber den rechtskräftig entschiedenen Musterverfahren keine wesentlichen Besonderheiten tatsächlicher oder rechtlicher Art aufweisen und der Sachverhalt geklärt ist. Für dieses Anhörungsverfahren fehlt es aber an einer mit Anm. Abs. 1 Nr. 2 vergleichbaren Regelung. Nachdem diese Regelungslücke bereits in der BRAGO bestand und im Rahmen des RVG nicht beseitigt wurde, erhält der Rechtsanwalt in diesem Fall **keine Terminsgebühr**. 84

Nach **§ 153 Abs. 4 S. 1 SGG** kann das Landessozialgericht, außer in den Fällen des § 105 Abs. 2 S. 1 SGG, die Berufung durch Beschluss (ohne mündliche Verhandlung) zurückweisen, wenn es sie einstimmig für unbegründet und eine mündliche Verhandlung nicht für erforderlich hält. In diesem Fall erhielt der Rechtsanwalt nach § 116 Abs. 2 BRAGO noch eine halbe Verhandlungsgebühr. Auf die Übernahme dieser Regelung aus § 116 Abs. 2 BRAGO hat der Gesetzgeber aber ausweislich der Gesetzesbegründung bewusst verzichtet. Dies wird damit begründet, dass weder ein besonderer Aufwand des Anwalts ersichtlich ist, noch die Parteien eine Entscheidung ohne mündliche Verhandlung verhindern können.[69] 85

Zu Erstattungsfragen betreffend Angelegenheiten der Verwaltungs- und Sozialgerichtsbarkeit wird auf die grundlegenden Ausführungen zu Erstattungsfragen bei § 3 und § 17 verwiesen (siehe § 3 Rdn 114 ff., § 17 Rdn 54 ff.). 86

D. Terminsgebühr bei Anerkenntnis vor dem Sozialgericht (Anm. Abs. 1 Nr. 3)

Nach **§ 101 Abs. 2 SGG** erledigt auch das angenommene **Anerkenntnis** des geltend gemachten Anspruchs im Umfang des Anerkenntnisses den Rechtsstreit in der Hauptsache. Für diesen Fall bestimmt **Anm. Abs. 1 Nr. 3**, dass der Rechtsanwalt auch im Fall der Beendigung des Verfahrens durch Anerkenntnis die **volle Terminsgebühr** erhält.[70] Die Voraussetzungen eines Anerkenntnisses sind auch dann erfüllt, wenn die Erledigungserklärung des Beklagten einem Anerkenntnis gleichzusetzen ist. Dies ist dann der Fall, wenn die mit dem Antrag verfolgte Forderung während des 87

---

68 BT-Drucks 15/1971, S. 212.
69 BT-Drucks 15/1971, S. 212.

70 SG Nürnberg RVGreport 2007, 105.

laufenden Rechtsstreits erfüllt wird und der Beklagte deshalb der Erledigung des Rechtsstreits zugestimmt hat. Hier ist die Interessenlage mit derjenigen eines angenommenen Anerkenntnisses genau gleich. Denn Erledigungserklärungen, mit denen der Klageanspruch anerkannt wird, sind zur Vermeidung von konstruierten Umgehungen gegenüber eindeutigen Anerkenntnissen gebührenrechtlich nicht unterschiedlich zu behandeln.[71] Zu beachten ist aber, dass ein Anerkenntnis das im Wege einseitiger Erklärung gegebene uneingeschränkte Zugeständnis ist, dass der mit der Klage geltend gemachte prozessuale Anspruch besteht. Vor diesem Hintergrund ist Anm. Abs. 1 Nr. 3 zu VV 3104 so zu verstehen, dass nur ein Anerkenntnis gemeint ist, dessen Annahme den Rechtsstreit sofort gemäß § 101 Abs. 2 SGG in vollem Umfang erledigt, ohne dass es weiterer Erklärungen bedarf. Ein teilweises Anerkenntnis mit anschließender Klagrücknahme löst die Terminsgebühr nach Anm. Abs. 1 Nr. 3 zu VV 3104 nicht aus.[72] Hier entsteht vielmehr die Erledigungsgebühr nach VV 1006.[73] Aus diesem Grund kommt auch eine analoge Anwendung Anm. Abs. 1 Nr. 3 zu VV 3104 nicht in Betracht.

88 Eine Erledigung durch Anerkenntnis nach § 101 Abs. 2 SGG findet im Rahmen einer **Untätigkeitsklage** keine Anwendung, wenn eine Untätigkeit der Behörde dadurch beendet wird, dass diese den beantragten – stattgebenden oder ablehnenden – Verwaltungsakt innerhalb der Frist nach § 88 Abs. 1 S. 3 SGG erlässt und sie einen zureichenden Grund für die verspätete Entscheidung hatte. In diesem Fall ist die Hauptsache für erledigt zu erklären. Diese Erledigungsform steht nicht der in Anm. Abs. 1 Nr. 3 zu VV 3104 genannten Erledigungsart des „angenommenen Anerkenntnisses" i.S.v. § 101 Abs. 2 SGG gleich.[74] Ein Anerkenntnis i.S.v. § 101 Abs. 2 SGG liegt aber dann vor, wenn die Frist des § 88 Abs. 1 bzw. Abs. 2 SGG abgelaufen ist und die Behörde zusätzlich zum Erlass des Bescheides uneingeschränkt zugesteht, dass sie keinen zureichenden Grund für die verspätete Entscheidung hatte. Dies kann sich nicht nur aufgrund einer ausdrücklichen Erklärung der Behörde, sondern auch aus den gesamten Umständen der Bescheiderteilung ergeben. So liegt es nahe, dass die Behörde eingesteht, dass sie ohne zureichenden Grund binnen angemessener Frist nicht entschieden hat, wenn sie nichts zum Vorliegen eines zureichenden Grundes vorträgt, da sie grundsätzlich zureichende Gründe darzulegen hat. Gleiches gilt, wenn die Behörde ohne Einschränkungen oder Erläuterungen ein Kostenanerkenntnis dem Grunde nach abgibt, da sie damit eingesteht, dass die Untätigkeitsklage begründet war und sie Anlass zur Klage gegeben hat. Ansonsten müsste sie nämlich die außergerichtlichen Kosten des Klägers nicht übernehmen.[75]

89 Eine Terminsgebühr nach Anm. Nr. 3 zu VV 3106 entsteht aber, wenn ein **Verfahren des einstweiligen Rechtsschutzes** nach § 86b SGG durch Anerkenntnis endet.[76] Die Gegenmeinung[77] übersieht,

---

[71] SG Hannover NdsRpfl 2006, 383; SG Hannover, Beschl. v. 23.11.2009 – S 34 SF 168/09 E; SG Cottbus, Beschl. v. 28.10.2009 – S 27 SF 87/09 E; SG Lüneburg, Beschl. v. 30.7.2009 – S 12 SF 111/09 E.

[72] LSG Thüringen, Beschl. v. 26.11.2008 – L 6 B 130/08 SF, Beschl. v. 19.6.2007 – L 6 B 80/07 SF und Beschl. v. 29.7.2009 – L 6 B 15/09 SF; LSG NRW Beschl. v. 10.5.2006 – L 10 B 13/05 SB; SG Berlin, Beschl. v. 24.2.2010 – S 164 SF 1396/09 E; SG Osnabrück, Beschl. v. 20.8.2009 – S 1 SF 22/09 E; SG Stade, Beschl. v. 4.8.2009 – S 34 SF 60/08; LSG NRW, Beschl. v. 9.8.2007 – L 20 B 91/07 AS; SG Stuttgart, Beschl. v. 17.5.2011; S 24 SF 8468/09 E; a.A. etwa SG Koblenz, Beschl. v. 5.3.2009 – S 3 SF 28/09 E; SG Trier, Beschl. v. 25.1.2007 – S 6 SB 122/05 und Beschl. v. 25.3.2010 – S 5 SB 88/09; SG Dortmund, Beschl v. 28.1.2010 – S 47 SF 6/10 E.

[73] SG Lüneburg, Beschl. v. 28.8.2007 – S 15 SF 129/06; VG Bremen, Beschl. v. 3.1.2009 – S4 E 2409/08; LSG Mecklenburg-Vorpommern, Beschl. v. 17.7.2008 – L 6 B 93/07; SG Reutlingen, Beschl. v. 5.6.2008 – S 2 R 1573/08 KE.

[74] SG Aachen, Beschl. v. 11.5.2007 – S 13 KR 29/06; SG Marburg AGS 2008, 238; Sächs. LSG, Beschl. v. 9.12.2010 – 6 AS 438/10 B KO.

[75] SG Köln AGS 2008, 236; SG Aachen, Beschl. v. 16.6.2008 – S 4 R 89/07; a.A. LSG NRW AGS 2008, 550; SG Kiel, Beschl. v. 12.4.2011 – S 21 SF 8/11 E; LSG Hessen, Beschl. v. 12.5.2010 – L 2 SF 342/09 E; SG Schleswig Beschl. v. 31.3.2011 – S 4 SK 163/08; SG Würzburg, Beschl. v. 5.1.2010 – S 2 SF 50/09 E; SG Cottbus Beschl. v. 28.10.2009 – S 27 SF 87/09; SG Berlin, Beschl. v. 1.4.2010 – S 165 SF 2479/09 E; SG Lüneburg, Beschl. v. 28.9.2009 – S 12 SF 112/09 E; SG Hannover, Beschl. v. 19.2.2009 – S 34 SF 249/08; SG Hildesheim, Beschl. v. 23.1.2009 – S 12 SF 162/08; SG Aurich, Beschl. v. 25.8.2008 – S 21 SF 25/07 AS.

[76] LSG NRW AGS 2007, 508; *N. Schneider*, AGS 2007, 616.

[77] SG Reutlingen, Beschl. v. 12.9.2007 – S 2 AS 3109/07 KE und S 2 AS 3109/07; SG Düsseldorf, Beschl. v. 5.12.2007 – S 29 AS 131/06 ER; SG Lüneburg, Beschl. v. 5.9.2008 – S 25 SF 75/08; LSG NRW, u.a. Beschl. v. 28.12.2010 – L 19 AS 1954/10 B und 1.3.2011 – L 7 B 296/09 AS; SG Berlin, Beschl. v. 18.3.2011 – S 165 SF 1563/09 E; Schleswig-Holstein. LSG, Beschl. v. 10.9.2009 – L 1 B 158/09 SK.

dass die Vorschrift nicht so zu lesen ist, als sei die in Anm. Nr. 1 enthaltene Formulierung „in einem Verfahren, in dem mündliche Verhandlung vorgeschrieben ist" vor die Klammer gezogen. Einer derartigen Auslegung steht bereits der ausdrückliche Wortlaut der Regelung entgegen und sie widerspricht dem Zweck der gesetzlichen Regelung, wonach durch die fiktive Terminsgebühr gerade die außergerichtliche Einigung gefördert werden soll. Dem kann nicht entgegen gehalten werden, dass in Verfahren des einstweiligen Rechtsschutzes regelmäßig keine Terminierung stattfindet. Denn auch in derartigen Verfahren ist die Durchführung eines Termins möglich. Gemäß § 124 Abs. 3 SGG kann auch in Beschlussverfahren eine mündliche Verhandlung anberaumt werden, die Entscheidung hierüber liegt im Ermessen des Gerichts. Außerdem entsteht nach VV Vorb. 3 Abs. 3 die Terminsgebühr für die Vertretung in einem Verhandlungs-, Erörterungs- oder Beweisaufnahmetermin, für die Wahrnehmung eines von einem gerichtlich bestellten Sachverständigen anberaumten Termin oder für die Mitwirkung von auf die Vermeidung oder Erledigung des Verfahrens gerichteten Besprechungen auch ohne Beteiligung des Gerichts; dies gilt nicht für Besprechungen mit dem Auftraggeber. Diese in der Vorbemerkung genannten Termine umfassen damit nicht nur Verhandlungstermine. Auch die dort genannten weiteren Erörterungs- oder Beweisaufnahmetermine können in Verfahren des einstweiligen Rechtsschutzes anfallen bzw. durch eine der Intention der Anm. Nr. 3 entsprechende Handlung des Bevollmächtigten entfallen.[78]

Die in Anm. Abs. 1 Nr. 3 geregelte Situation, dass ein Verfahren vor dem Sozialgericht nach angenommenem Anerkenntnis ohne mündliche Verhandlung endet, ist keiner analogen Übertragung auf das Finanzgericht fähig. Einer solchen Analogie steht entgegen, dass es an der hierfür nach allgemeiner Rechtslehre erforderlichen Lücke in der Rechtslage fehlt. Vielmehr hat der Gesetzgeber, indem er die Annahme eines Anerkenntnis vor dem Sozialgericht zum Tatbestandsmerkmal gemacht hat, zugleich ausdrücklich entschieden, dass die Annahme von Anerkenntnissen vor anderen Gerichten (abgesehen von dem Fall des § 307 ZPO, der bereits in Anm. Abs. 1 Nr. 1 aufgegriffen wird) nicht in Betracht kommt. Dies ist umso nachdrücklicher festzuhalten, als in Anm. Abs. 1 Nr. 3 zu VV 3104 eben gerade Fragen öffentlich-rechtlicher Verfahrensarten – nämlich des Sozialgerichtsverfahrens – in Ergänzung der in Nr. 1 für das Zivilprozessrecht und den dort geltenden § 307 ZPO getroffenen Regelung angesprochen werden. Umso mehr hätte der Gesetzgeber Anlass gehabt, auch das allgemeine Verwaltungsgericht bzw. das Finanzgericht zu erwähnen, wenn er nicht nur vor dem Sozialgericht, sondern auch vor einer dieser Gerichtsbarkeiten angenommene Anerkenntnisse zum Anknüpfungspunkt für die Zuerkennung einer Terminsgebühr hätte machen wollen.[79]

Zu Erstattungsfragen betreffend Angelegenheiten der Sozialgerichtsbarkeit wird auf die grundlegenden Ausführungen zu Erstattungsfragen bei § 3 und § 17 verwiesen (siehe § 3 Rdn 114 ff., § 17 Rdn 54 ff.). **90**

E. Terminsgebühr für Einigungsverhandlungen (Anm. Abs. 2)

Führen die Parteien oder die Beteiligten in einem Termin auch Einigungsverhandlungen, die sich **91** auf in diesem Verfahren nicht rechtshängige Ansprüche beziehen, so lassen sich aus der Regelung in Anm. Abs. 2 zwei verschiedene Rechtsfolgen ableiten:[80] Zum einen wird klargestellt, dass auch diese nicht im Verfahren rechtshängigen Ansprüche bei der Berechnung der Terminsgebühr zu berücksichtigen sind. Zum anderen enthält die Vorschrift eine Anrechnungsregelung. Es entsteht also in dem Verfahren, in welchem der Termin stattfindet – nicht dagegen in dem Verfahren, dessen Gegenstand einbezogen wird[81] – eine 1,2-Terminsgebühr. Dieser Gebühr ist der Wert der rechtshängigen sowie der nicht in diesem Verfahren rechtshängigen Ansprüche zugrunde zu legen, die Gegenstand der Einigungsverhandlungen der Parteien waren.

> **Beispiel:** In einem Rechtsstreit auf Zahlung von 5.000 EUR verhandeln die Anwälte darüber, einen in diesem Verfahren nicht rechtshängigen Anspruch des Beklagten i.H.v. 3.000 EUR in einen Gesamtvergleich mit einzubeziehen. Die Einigung scheitert.
> Die 1,2-Terminsgebühr fällt hier aus einem Wert von 8.000 EUR an.

---

78 LSG NRW, Beschl. v. 14.7.2010 – L 1 AS 57/10 Bayer. LSG, Beschl. v. 26.8.2009, L 15 B 950/06 AS KO.
79 Sächsisches Finanzgericht, Beschl. v. 27.4.2009 – 3 Ko 635/09 und v. 27.11.2009 – 3 Ko 1688/09.
80 *Hartung/Römermann/Schons*, RVG VV 3104 Rn 29.
81 OLG Frankfurt AGS 2008, 224 mit zust. Anm. *N. Schneider*; OLG Stuttgart AGS 2005, 256.

92 Hinsichtlich der nicht rechtshängigen Ansprüche setzt die Entstehung der Terminsgebühr lediglich voraus, dass im Termin von den Anwälten oder Parteien Einigungsverhandlungen geführt wurden – sie müssen nicht erfolgreich gewesen sein. Aus dem Wortlaut ergibt sich weiter, dass die betreffenden Ansprüche im Verfahren nicht rechtshängig sein dürfen. Sie können also:
- überhaupt nicht rechtshängig sein oder
- in einem anderen Verfahren rechtshängig sein[82] oder
- bereits rechtskräftig festgestellt sein.[83]

93 Die Anrechnung der solchermaßen entstandenen Terminsgebühr auf die in einer anderen Angelegenheit entstandene Terminsgebühr erfolgt nur in begrenzter Höhe: Angerechnet wird die Terminsgebühr nur, soweit sie den sich ohne Berücksichtigung der nicht rechtshängigen Ansprüche ergebenden Gebührenbetrag übersteigt.

> **Beispiel:** Im obigen Beispiel (siehe Rdn 91) wird nach der gescheiterten Einigung die Forderung von 3.000 EUR gesondert eingeklagt. Die Terminsgebühr im Erstverfahren (Wert: 8.000 EUR) betrug 547,20 EUR. Ohne Berücksichtigung der nicht rechtshängigen Ansprüche wäre eine Terminsgebühr nur aus einem Wert von 5.000 EUR und damit i.H.v. 363,60 EUR entstanden. Folglich ist auch nur der Differenzbetrag von 183,60 EUR (547,20 EUR – 363,60 EUR) auf die Terminsgebühr des zweiten Verfahrens (Wert: 3.000 EUR) anzurechnen. Es ergibt sich folgende Abrechnung:
>
> **1. Verfahren:**
> 1,2-Terminsgebühr aus 8.000 EUR   547,20 EUR
>
> **2. Verfahren:**
> 1,2-Terminsgebühr aus 3.000 EUR   241,20 EUR
> abzgl. Anrechnung   – 183,60 EUR
> Gesamtbetrag Terminsgebühr   57,60 EUR

94 Da der Wortlaut der Anrechnungsvorschrift nicht von „einem anderen Verfahren", sondern vielmehr von „einer anderen Angelegenheit" spricht, greift die Anrechnungsregelung nicht erst dann, wenn die betreffenden Ansprüche in einem Verfahren rechtshängig sind. Erfasst wird vielmehr auch eine Terminsgebühr, die der Anwalt für eine außergerichtliche Besprechung vor Rechtshängigkeit erhält. In diesem Fall ist allerdings erforderlich, dass der Anwalt schon einen Verfahrensauftrag hat, so sonst die Terminsgebühr nach VV Vorb. 3 Abs. 3 nicht entstehen kann (im Einzelnen vgl. VV Vorb. 3 Rdn 139 ff.).

F. Keine Terminsgebühr bei Protokollierungstermin (Anm. Abs. 3)

95 Durch die Regelung in **Anm. Abs. 3** ist klargestellt, dass eine Terminsgebühr nicht hinsichtlich solcher Ansprüche anfällt, die
- zum einen **nicht rechtshängig** sind **und** bezüglich derer
- zum anderen **nur beantragt** ist, eine Einigung der Parteien oder mit Dritten zu Protokoll zu nehmen.

> **Beispiel 1:** Im Termin zur mündlichen Verhandlung erklären die Anwälte nach Aufruf der Sache, dass sie eine Einigung der Parteien zu Protokoll geben wollen. Diese Einigung bezieht sich auf die im Rechtsstreit anhängigen 20.000 EUR und auf weitere 10.000 EUR, die nicht rechtshängig sind.
> In diesem Fall fällt die 1,2-Terminsgebühr nur aus einem Wert von 20.000 EUR, nicht aus einem Wert von 30.000 EUR an.

Nach dem Wortlaut des Gesetzes müssen beide Voraussetzungen **kumulativ** vorliegen, um das Anfallen einer Terminsgebühr zu verhindern. Sind also die Ansprüche beispielsweise anderweitig rechtshängig, fällt eine Terminsgebühr auch an, soweit nur eine Einigung zu Protokoll genommen werden soll.

> **Beispiel 2:** In einem Rechtsstreit über 10.000 EUR haben sich die Parteien ohne Mitwirkung ihrer Anwälte über die Klageforderung geeinigt und beauftragen die Anwälte, diese Einigung vor Gericht protokollieren zu lassen. Das Gericht beraumt einen entsprechenden Protokollierungstermin an.
> Neben der Verfahrensgebühr ist auch die 1,2-Terminsgebühr aus einem Wert von 10.000 EUR angefallen. Denn die Anwälte haben zwar nur die bloße Protokollierung einer Einigung beantragt. Jedoch sind die

---

[82] OLG Hamm JurBüro 2007, 200; Gerold/Schmidt/*Müller-Rabe*, RVG, VV 3104 Rn 86.

[83] OLG München AnwBl 2006, 587.

von der Einigung betroffenen Ansprüche rechtshängig, so dass die zweite Voraussetzung der von VV 3104 Anm. Abs. 3 nicht erfüllt ist.[84] Der Wortlaut stellt für den Ausschluss der Terminsgebühr eindeutig darauf ab, dass die betreffenden Ansprüche nicht rechtshängig sind – insofern reicht eine Rechtshängigkeit in demselben Verfahren für die Entstehung der Terminsgebühr aus. Eine Einigungsgebühr erhalten die Anwälte allerdings nicht, da sie an dem Vergleich nicht mitgewirkt haben.

Sind die Ansprüche zwar nicht anderweitig rechtshängig, wird aber im Termin über sie im Rahmen eines sog. Mehrvergleichs verhandelt (und sei es ohne eine abschließende Einigung), fällt die Terminsgebühr aus dem Gesamtwert sowohl der rechtshängigen als auch der nicht rechtshängigen Ansprüche an.[85] Im Übrigen wird auf die Kommentierung zu VV 3101 Nr. 2 verwiesen (siehe VV 3101 Rdn 89 ff.).

G. Anrechnung der Terminsgebühr (Anm. Abs. 4)

I. Überblick

Abs. 4 ist zum 1.1.2007 durch das Zweite Justizmodernisierungsgesetz eingeführt worden und hat ein Novum geschaffen. Bislang war im RVG nur vorgesehen, dass Betriebsgebühren aufeinander angerechnet wurden, also Geschäfts- und Verfahrensgebühren (einschließlich der Beratungsgebühr, § 34 Abs. 2, und der Prüfungsgebühren, Anm. zu VV 2100, 2102). Weshalb der Gesetzgeber sich im Nachhinein veranlasst sah, die Anrechnung einer Terminsgebühr einzuführen, ist letztlich nicht nachzuvollziehen. Der Anwalt, der sich im Mahnverfahren oder im vereinfachten Verfahren auf Festsetzung Minderjährigenunterhalts bemüht, die Sache durch Besprechungen zu erledigen (VV Vorb. 3 Abs. 3 S. 3 Nr. 2), wird letztlich bestraft, wenn es nicht zu einer Einigung kommt. So wird der Anreiz, den das RVG ursprünglich geschaffen hatte, nachträglich wieder entwertet. 96

Beschränkt ist die Anrechnung der Terminsgebühr auf das **Mahnverfahren** und das **vereinfachte Verfahren auf Festsetzung Unterhalt Minderjähriger**. Die gleiche Situation besteht zwar in ähnlichen Fällen, in denen jedoch nach dem eindeutigen Wortlaut des Gesetzes eine Anrechnung der Terminsgebühr nach wie vor ausgeschlossen bleibt, z.B. 97
– in Verfahren über eine Nichtzulassungsbeschwerde und im nachfolgenden Rechtsmittelverfahren,
– im Verfahren nach § 165 FamFG (§ 52a FGG a.F.) und im nachfolgenden Umgangsrechtsverfahren,
– im selbständigen Beweisverfahren und Hauptsacheverfahren,
– in Urkunden- und Nachverfahren,
– in Verfahren vor und nach Zurückverweisung.

II. Anrechnung im Mahnverfahren

Anzurechnen ist nach Anm. Abs. 4 die in einem vorausgegangenen Mahnverfahren entstandene Terminsgebühr auf die Terminsgebühr des nachfolgenden Rechtsstreits. Da im Mahnverfahren eine Terminsgebühr (nur) unter den Voraussetzungen der VV Vorb. 3.3.2 Nr. 2 entstehen kann, beschränkt sich der Anwendungsbereich der Anrechnung folglich auch nur auf diese Gebühr. Sie ist anzurechnen, wenn es zu einem „nachfolgenden" Rechtsstreit kommt. 98

Mit **nachfolgendem Rechtsstreit** i.S.d. Anm. Abs. 4 dürfte nur das streitige Verfahren nach § 696 Abs. 1 S. 2, 700 Abs. 3 ZPO bzw. nach § 255 FamFG gemeint sein, also das Verfahren, das sich nach Widerspruch oder Einspruch an das Mahnverfahren anschließt, bzw. das gerichtliche Verfahren das sich im Falle von Einwendungen nach § 252 FamFG anschließt. Nicht gemeint sind andere nachfolgende Verfahren. So findet z.B. keine Anrechnung statt, wenn im Mahnverfahren ein Vollstreckungsbescheid ergeht und später eine Vollstreckungsgegenklage eingereicht wird oder wenn nach Festsetzung des Unterhalts gemäß § 240 FamFG eine Abänderungsklage erhoben wird. 99

---

[84] So auch: Gerold/Schmidt/*Müller-Rabe*, RVG, VV 3104 Rn 85 ff.; a.A. *N. Schneider*, RVG-Berater 2004, 93.
[85] OLG Hamm AGS 2007, 399; OLG Stuttgart AGS 2006, 592 = JurBüro 2006, 640; OLG Koblenz AGS 2006, 349 = JurBüro 2006, 473.

Beispiel: Der Anwalt erhält den Auftrag für ein Mahnverfahren über 7.500 EUR. Nach Erlass des Mahnbescheids verhandeln die Anwälte, jedoch ohne zu einer Einigung zu gelangen. Der Antragsgegner legt daraufhin Widerspruch ein. Nach Abgabe an das zuständige LG wird mündlich verhandelt.

Zwar ist die Terminsgebühr im Mahnverfahren entstanden (Vorb. 3.3.2 i.V.m. VV 3104); sie ist jedoch in vollem Umfang auf die Terminsgebühr des nachfolgenden Rechtsstreits (VV 3104) anzurechnen (Anm. Abs. 4 zu VV 3104).

I. Mahnverfahren

1. 1,0-Verfahrensgebühr, VV 3305   456,00 EUR
   (Wert: 7.500 EUR)
2. 1,2-Terminsgebühr, VV Vorb. 3.3.2, 3104   547,20 EUR
   (Wert: 7.500 EUR)
3. Postentgeltpauschale, VV 7002   20,00 EUR
   Zwischensumme   1.023,20 EUR
4. 19 % Umsatzsteuer, VV 7008   194,41 EUR

Gesamt   **1.217,61 EUR**

II. Streitiges Verfahren

1. 1,3-Verfahrensgebühr, VV 3100   592,80 EUR
   (Wert: 7.500 EUR)
2. anzurechnen gem. Anm. zu VV 3305,   – 456,00 EUR
   1,0 aus 7.500 EUR
3. 1,2-Terminsgebühr, VV 3104   547,20 EUR
   (Wert: 7.500 EUR)
4. anzurechnen gem. Anm. Abs. 4 zu VV 3104,   – 547,20 EUR
   1,2 aus 7.500 EUR
5. Postentgeltpauschale, VV 7002   20,00 EUR
   Zwischensumme   156,80 EUR
6. 19 % Umsatzsteuer, VV 7008   29,79 EUR

Gesamt   **186,59 EUR**

100 Hat das streitige Verfahren einen **geringeren Wert** als das Mahnverfahren, ist die Terminsgebühr ebenfalls anzurechnen, allerdings nur aus dem geringeren Wert. Eine ausdrückliche Regelung hierzu fehlt. Insoweit dürfte VV Vorb. 3 Abs. 4 analog heranzuziehen sein. Anzurechnen ist die Terminsgebühr nach dem Gegenstand, der dem Mahnverfahren und dem streitigen Verfahren gemeinsam ist.

Beispiel: Der Anwalt erhält einen Auftrag für ein Mahnverfahren über 7.500 EUR. Der Antragsgegner legt nach erfolglosen Einigungsgesprächen Widerspruch ein. Das streitige Verfahren wird nur wegen einer Forderung von 5.000 EUR durchgeführt.

I. Mahnverfahren

1. 1,0-Verfahrensgebühr, VV 3305   456,00 EUR
   (Wert: 7.500 EUR)
2. 1,2-Terminsgebühr, VV Vorb. 3.3.2, 3104   547,20 EUR
   (Wert: 7.500 EUR)
3. Postentgeltpauschale, VV 7002   20,00 EUR
   Zwischensumme   1.023,20 EUR
4. 19 % Umsatzsteuer, VV 7008   194,41 EUR

Gesamt   **1.217,61 EUR**

II. Streitiges Verfahren

1. 1,3-Verfahrensgebühr, VV 3100   393,90 EUR
   (Wert: 5.000 EUR)
2. anzurechnen gem. Anm. zu VV 3305,   – 303,00 EUR
   1,0 aus 5.000 EUR
3. 1,2-Terminsgebühr, VV 3104   363,60 EUR
   (Wert: 5.000 EUR)
4. anzurechnen gem. Anm. Abs. 4 zu VV 3104,   – 363,60 EUR
   1,2 aus 5.000 EUR
5. Postentgeltpauschale, VV 7002   20,00 EUR
   Zwischensumme   110,90 EUR
6. 19 % Umsatzsteuer, VV 7008   21,07 EUR

Gesamt   **131,97 EUR**

Abschnitt 1. Erster Rechtszug   VV 3104

Hat das nachfolgende streitige Verfahren einen **höheren Wert**, werden Verfahrens- und Terminsgebühr nur insoweit angerechnet, als sie tatsächlich angefallen sind, also wiederum nur, soweit sich die Gegenstände des Mahnverfahrens mit denen des nachfolgenden streitigen Verfahrens decken.   101

> **Beispiel:** Der Anwalt erhält den Auftrag für ein Mahnverfahren über 7.500 EUR. Der Antragsgegner legt nach erfolglosen Einigungsverhandlungen fristgerecht Widerspruch ein. Im streitigen Verfahren wird die Klage um 2.500 EUR erweitert.
> Angerechnet werden Mahnverfahrens- und Terminsgebühr nur nach 7.500 EUR.
>
> **I. Mahnverfahren**
> 1. 1,0-Verfahrensgebühr, VV 3305   456,00 EUR
>   (Wert: 7.500 EUR)
> 2. 1,2-Terminsgebühr, VV Vorb. 3.3.2, 3104   547,20 EUR
>   (Wert: 7.500 EUR)
> 3. Postentgeltpauschale, VV 7002   20,00 EUR
>   Zwischensumme   1.023,20 EUR
> 4. 19 % Umsatzsteuer, VV 7008   194,41 EUR
>   **Gesamt**   **1.217,61 EUR**
>
> **II. Streitiges Verfahren**
> 1. 1,3-Verfahrensgebühr, VV 3100   725,40 EUR
>   (Wert: 10.000 EUR)
> 2. anzurechnen gem. Anm. zu VV 3305,   – 456,00 EUR
>   1,0 aus 7.500 EUR
> 3. 1,2-Terminsgebühr, VV 3104   669,60 EUR
>   (Wert: 10.000 EUR)
> 4. anzurechnen gem. Anm. Abs. 4 zu VV 3104,   – 547,20 EUR
>   1,2 aus 7.500 EUR
> 5. Postentgeltpauschale, VV 7002   20,00 EUR
>   Zwischensumme   411,80 EUR
> 6. 19 % Umsatzsteuer, VV 7008   78,24 EUR
>   **Gesamt**   **490,04 EUR**

Beläuft sich der Gebührensatz der Terminsgebühr im nachfolgenden Verfahren auf einen **geringeren Satz**, ist selbstverständlich auch nur nach diesem geringeren Satz anzurechnen. Es kann nie mehr angerechnet werden, als der Anwalt erhalten hat.   102

> **Beispiel:** Der Anwalt erhält den Auftrag für ein Mahnverfahren über 7.500 EUR. Der Antragsgegner legt nach erfolglosen Einigungsverhandlungen fristgerecht Widerspruch ein. Im streitigen Verfahren ergeht ein Versäumnisurteil.
> Jetzt entsteht im Mahnverfahren die 1,2-Terminsgebühr (VV 3104), im Rechtsstreit dagegen nur eine 0,5-Terminsgebühr (VV 3105). Angerechnet werden daher auch nur 0,5.
>
> **I. Mahnverfahren**
> 1. 1,0-Verfahrensgebühr, VV 3305   456,00 EUR
>   (Wert: 7.500 EUR)
> 2. 1,2-Terminsgebühr, VV Vorb. 3.3.2, 3104   547,20 EUR
>   (Wert: 7.500 EUR)
> 3. Postentgeltpauschale, VV 7002   20,00 EUR
>   Zwischensumme   1.023,20 EUR
> 4. 19 % Umsatzsteuer, VV 7008   194,40 EUR
>   **Gesamt**   **1.217,61 EUR**
>
> **II. Streitiges Verfahren**
> 1. 1,3-Verfahrensgebühr, VV 3100   592,80 EUR
>   (Wert: 7.500 EUR)
> 2. anzurechnen gem. Anm. zu VV 3305,   – 456,00 EUR
>   1,0 aus 7.500 EUR
> 3. 0,5-Terminsgebühr, VV 3104   228,00 EUR
>   (Wert: 7.500 EUR)
> 4. anzurechnen gem. Anm. Abs. 4 zu VV 3104,   – 228,00 EUR
>   0,5 aus 7.500 EUR

	5. Postentgeltpauschale, VV 7002	20,00 EUR
	Zwischensumme	156,80 EUR
	6. 19 % Umsatzsteuer, VV 7008	29,79 EUR
	Gesamt	**186,59 EUR**

103 Anzurechnen ist die Terminsgebühr auch insoweit, als sie im Mahnverfahren aus dort **nicht anhängigen Gegenständen** angefallen ist.

> **Beispiel:** Der Anwalt erwirkt für den Mandanten einen Mahnbescheid über 10.000 EUR. Anschließend führen die Anwälte telefonisch Verhandlungen, wobei der Gegner noch eine Gegenforderung von 5.000 EUR einwendet. Es kommt jedoch zu keiner Einigung. Hiernach wird der Rechtsstreit wegen der 10.000 EUR durchgeführt. Dort werden die 5.000 EUR im Wege der Widerklage geltend gemacht.
> Während die Terminsgebühr aus dem Gesamtwert in voller Höhe aus 15.000 EUR anfällt, ist bei der Verfahrensgebühr zu differenzieren. Aus 10.000 EUR fällt die volle 1,0-Verfahrensgebühr (VV 3305) an, aus 5.000 EUR dagegen nur die ermäßigte Verfahrensgebühr (analog VV 3506, 3101 Nr. 2). Anzurechnen ist dagegen jeweils aus dem vollen Wert.
>
> **I. Mahnverfahren**
>
> | 1. 1,0-Verfahrensgebühr, VV 3305 (Wert: 10.000 EUR) | 558,00 EUR |
> |---|---|
> | 2. 0,5-Verfahrensgebühr, analog VV 3306, 3101 Nr. 2 (Wert: 5.000 EUR) | 151,50 EUR |
> | gem. § 15 Abs. 3 nicht mehr als 1,0 aus 15.000 EUR | 650,00 EUR |
> | 3. 1,2-Terminsgebühr, VV Vorb. 3.3.2, 3104 (Wert: 15.000 EUR) | 780,00 EUR |
> | 4. Postentgeltpauschale, VV 7002 | 20,00 EUR |
> | Zwischensumme | 1.450,00 EUR |
> | 5. 19 % Umsatzsteuer, VV 7008 | 275,50 EUR |
> | **Gesamt** | **1.725,50 EUR** |
>
> **II. Streitiges Verfahren**
>
> | 1. 1,3-Verfahrensgebühr, VV 3100 (Wert: 15.000 EUR) | 845,00 EUR |
> |---|---|
> | 2. anzurechnen gem. Anm. zu VV 3305, 1,0 aus 10.000 EUR | – 558,00 EUR |
> | 3. anzurechnen gem. Anm. zu VV 3305, 3306, 3101 Nr. 2, 0,5 aus 5.000 EUR gem. § 15 Abs. 3 nicht mehr als 1,0 aus 15.000 EUR | – 151,50 EUR – 650,00 EUR |
> | 4. 1,2-Terminsgebühr, VV 3104 (Wert: 15.000 EUR) | 780,00 EUR |
> | 5. anzurechnen gem. Anm. Abs. 4 zu VV 3104, 1,2 aus 15.000 EUR | – 780,00 EUR |
> | 6. Postentgeltpauschale, VV 7002 | 20,00 EUR |
> | Zwischensumme | 215,00 EUR |
> | 7. 19 % Umsatzsteuer, VV 7008 | 40,85 EUR |
> | **Gesamt** | **255,85 EUR** |

104 Ebenso wäre anzurechnen, wenn die Gegenforderung nicht eingeklagt worden wäre, sondern wenn die Parteien hierüber im Termin verhandelt und sich geeinigt hätten.

> **Beispiel:** Der Anwalt erwirkt für den Mandanten einen Mahnbescheid über 10.000 EUR. Anschließend führen die Anwälte telefonische Verhandlungen, wobei der Gegner noch eine Gegenforderung von 5.000 EUR einwendet. Es kommt jedoch zu keiner Einigung. Hiernach wird der Rechtsstreit wegen der 10.000 EUR durchgeführt. Dort werden die 5.000 EUR als nicht anhängige Ansprüche im Termin mitverhandelt; es kommt zu einer Gesamteinigung.
>
> **I. Mahnverfahren**
>
> | 1. 1,0-Verfahrensgebühr, VV 3305 (Wert: 10.000 EUR) | 558,00 EUR |
> |---|---|
> | 2. 0,5-Verfahrensgebühr, analog VV 3306, 3101 Nr. 2 (Wert: 5.000 EUR) | 151,50 EUR |
> | gem. § 15 Abs. 3 nicht mehr als 1,0 aus 15.000 EUR | 650,00 EUR |

3. 1,2-Terminsgebühr, VV Vorb. 3.3.2, 3104   780,00 EUR
   (Wert: 15.000 EUR)
4. Postentgeltpauschale, VV 7002   20,00 EUR
   Zwischensumme   1.450,00 EUR
5. 19 % Umsatzsteuer, VV 7008   275,50 EUR
Gesamt   **1.725,50 EUR**

II. Streitiges Verfahren
1. 1,3-Verfahrensgebühr, VV 3100   845,00 EUR
   (Wert: 15.000 EUR)
2. anzurechnen gem. Anm. zu VV 3305,   – 558,00 EUR
   1,0 aus 10.000 EUR
3. anzurechnen analog Anm. zu Nr. 3305, VV 3306,   – 151,50 EUR
   3101 Nr. 2,
   0,5 aus 5.000 EUR
   gem. § 15 Abs. 3 nicht mehr als   – 650,00 EUR
   1,0 aus 15.000 EUR
4. 1,2-Terminsgebühr, VV 3104 (Wert: 15.000 EUR)   780,00 EUR
5. anzurechnen gem. Anm. Abs. 4 zu VV 3104,   – 780,00 EUR
   1,2 aus 15.000 EUR
6. 1,0-Einigungsgebühr, VV 1000, 1003   558,00 EUR
   (Wert: 10.000 EUR)
7. 1,5-Einigungsgebühr, VV 1000   454,50 EUR
   (Wert: 5.000 EUR)
   gem. § 15 Abs. 3 nicht mehr als   975,00 EUR
   1,5 aus 15.000 EUR
8. Postentgeltpauschale, VV 7002   20,00 EUR
   Zwischensumme   1.190,00 EUR
9. 19 % Umsatzsteuer, VV 7008   226,10 EUR
Gesamt   **1.416,10 EUR**

Gleichfalls anzurechnen wäre, wenn die nicht anhängigen Gegenstände auch im nachfolgenden streitigen Verfahren lediglich erfolglos verhandelt worden wären.

Beispiel: Der Anwalt erwirkt für den Mandanten einen Mahnbescheid über 10.000 EUR. Anschließend führen die Anwälte telefonische Verhandlungen, wobei der Gegner noch eine Gegenforderung von 5.000 EUR einwendet. Es kommt jedoch zu keiner Einigung. Anschließend wird der Rechtsstreit wegen der 10.000 EUR durchgeführt. Dort werden die 5.000 EUR als nicht anhängige Ansprüche erneut verhandelt; es kommt wiederum nicht zu einer Einigung.

I. Mahnverfahren
1. 1,0-Verfahrensgebühr, VV 3305   558,00 EUR
   (Wert: 10.000 EUR)
2. 0,5-Verfahrensgebühr, analog VV 3306, 3101 Nr. 2   151,50 EUR
   (Wert: 5.000 EUR)
   gem. § 15 Abs. 3 nicht mehr als   650,00 EUR
   1,0 aus 15.000 EUR
3. 1,2-Terminsgebühr, VV Vorb. 3.3.2, 3104   780,00 EUR
   (Wert: 15.000 EUR)
4. Postentgeltpauschale, VV 7002   20,00 EUR
   Zwischensumme   1.450,00 EUR
5. 19 % Umsatzsteuer, VV 7008   275,50 EUR
Gesamt   **1.725,50 EUR**

II. Streitiges Verfahren
1. 1,3-Verfahrensgebühr, VV 3100   725,40 EUR
   (Wert: 10.000 EUR)
2. anzurechnen gem. Anm. zu VV 3305,   – 558,00 EUR
   1,0 aus 10.000 EUR
3. 0,8-Verfahrensgebühr, VV 3101 Nr. 2   242,40 EUR
   (Wert: 5.000 EUR)
4. anzurechnen analog Anm. zu VV 3305, 3306, 3101 Nr. 2,   – 151,50 EUR
   0,5 aus 5.000 EUR

5. 1,2-Terminsgebühr, VV 3104 (Wert: 10.000 EUR)	669,60 EUR
6. anzurechnen gem. Anm. Abs. 4 zu VV 3104, 1,2 aus 10.000 EUR	− 669,60 EUR
7. Postentgeltpauschale, VV 7002	20,00 EUR
Zwischensumme	278,30 EUR
8. 19 % Umsatzsteuer, VV 7008	52,88 EUR
Gesamt	**331,18 EUR**

106 Erforderlich ist allerdings eine **Abgabe**. So dürfte es nicht ausreichen, wenn die im Mahnverfahren anhängigen Ansprüche in einem anderen Verfahren im Rahmen von Einigungsverhandlungen aufgegriffen werden.

Beispiel: Der Anwalt erhält den Auftrag für ein Mahnverfahren über 7.500 EUR. Nach Erlass des Mahnbescheids verhandeln die Anwälte, jedoch ohne zu einer Einigung zu gelangen. Der Antragsgegner legt daraufhin Widerspruch ein. Eine Abgabe nach § 699 Abs. 1 ZPO erfolgt nicht. In einem anderen Rechtsstreit über 10.000 EUR werden die im Mahnverfahren anhängigen 7.500 EUR im Termin mit verhandelt und eine Einigung über alle Forderungen geschlossen.
Im Mahnverfahren sind Verfahrens- (VV 3305) und Terminsgebühr entstanden (VV Vorb. 3.3.2 i.V.m. VV 3104). Beide Gebühren werden jedoch nicht angerechnet.

I. Mahnverfahren

1. 1,0-Verfahrensgebühr, VV 3305 (Wert: 7.500 EUR)	456,00 EUR
2. 1,2-Terminsgebühr, VV Vorb. 3.2.2, 3104 (Wert: 7.500 EUR)	547,20 EUR
3. Postentgeltpauschale, VV 7002	20,00 EUR
Zwischensumme	1.023,20 EUR
4. 19 % Umsatzsteuer, VV 7008	194,41 EUR
Gesamt	**1.217,61 EUR**

II. Streitiges Verfahren

1. 1,3-Verfahrensgebühr, VV 3100 (Wert: 17.500 EUR)	904,80 EUR
2. 1,2-Terminsgebühr, VV 3104 (Wert: 17.500 EUR)	835,20 EUR
3. 1,0-Einigungsgebühr, VV 1000, 1003 (Wert: 17.500 EUR)	696,00 EUR
4. Postentgeltpauschale, VV 7002	20,00 EUR
Zwischensumme	2.456,00 EUR
5. 19 % Umsatzsteuer, VV 7008	466,64 EUR
Gesamt	**2.922,64 EUR**

107 Eine Anrechnung der **Vollstreckungsbescheidsgebühr** ist nicht vorgesehen. Hier bleibt es dabei, dass der Anwalt diese anrechnungsfrei verdient.[86]

Beispiel: Der Anwalt erhält den Auftrag für ein Mahnverfahren über 7.500 EUR. Es kommt zu einer Besprechung. Anschließend ergeht Vollstreckungsbescheid. Der Antragsgegner legt hiergegen Einspruch ein. Nach Abgabe an das zuständige LG wird mündlich verhandelt.

I. Mahnverfahren

1. 1,0-Verfahrensgebühr, VV 3305 (Wert: 7.500 EUR)	456,00 EUR
2. 1,2-Terminsgebühr, VV Vorb. 3.3.2, 3104 (Wert: 7.500 EUR)	547,20 EUR
3. 0,5-Verfahrensgebühr, VV 3308 (Wert: 7.500 EUR)	228,00 EUR
4. Postentgeltpauschale, VV 7002	20,00 EUR
Zwischensumme	1.251,20 EUR
5. 19 % Umsatzsteuer, VV 7008	237,73 EUR
Gesamt	**1.488,93 EUR**

---

[86] OLG Köln AGS 2007, 296 = RVGreport 2007, 189.

II. Streitiges Verfahren

1. 1,3-Verfahrensgebühr, VV 3100 (Wert: 7.500 EUR)		592,80 EUR
2. anzurechnen gem. Anm. zu VV 3305, 1,0 aus 7.500 EUR		– 456,00 EUR
3. 1,2-Terminsgebühr, VV 3104 (Wert: 7.500 EUR)		547,20 EUR
4. anzurechnen gem. Anm. Abs. 4 zu VV 3104, 1,2 aus 7.500 EUR		– 547,20 EUR
5. Postentgeltpauschale, VV 7002		20,00 EUR
Zwischensumme	156,80 EUR	
6. 19 % Umsatzsteuer, VV 7008		29,79 EUR
Gesamt		**186,59 EUR**

In Fällen wie dem vorstehenden (siehe Rdn 107) muss bei der **Kostenfestsetzung** Acht gegeben werden. Die Terminsgebühr kann jetzt als „weitere Kosten" in den Vollstreckungsbescheid mit aufgenommen worden sein.[87] Ist das der Fall, muss nicht nur die Anrechnung der Verfahrensgebühr nach Anm. zu VV 3305 im Festsetzungsverfahren des nachfolgenden streitigen Verfahrens nach Einspruch beachtet werden, sondern auch die Anrechnung nach Anm. Abs. 4 zu VV 3104. Wird dies versäumt, ergeht eine rechtskräftige Festsetzung, die auch mit der Vollstreckungsgegenklage nicht mehr angreifbar ist.

108

> **Beispiel:** Wie vorangegangenes Beispiel (vgl. Rdn 107). Der Anwalt des Antragstellers hatte die Terminsgebühr in den Vollstreckungsbescheid aufnehmen lassen. Der Einspruch wird verworfen bzw. der Vollstreckungsbescheid durch Urteil aufrechterhalten.
> Im streitigen Verfahren dürfen nur noch die nach Anrechnung verbleibenden Gebühren festgesetzt werden, also nur die 186,59 EUR.

Auch für den Vertreter des **Antragsgegners** ist eine Anrechnung der Terminsgebühr vorgeschrieben. Es gilt hier nichts anderes als beim Vertreter des Antragstellers.

109

> **Beispiel:** Gegen den Mandanten ist ein Mahnbescheid i.H.v. 3.000 EUR ergangen. Die Anwälte verhandeln zur Erledigung des Mahnverfahrens und Vermeidung des streitigen Verfahrens. Eine Einigung scheitert. Der Anwalt legt Widerspruch ein. Anschließend wird das streitige Verfahren durchgeführt und mündlich verhandelt.

I. Mahnverfahren

1. 0,5-Verfahrensgebühr, VV 3307 (Wert: 3.000 EUR)		100,50 EUR
2. 1,2-Terminsgebühr, VV Vorb. 3.3.2, 3104 (Wert: 3.000 EUR)		241,20 EUR
3. Postentgeltpauschale, VV 7002		20,00 EUR
Zwischensumme	361,70 EUR	
4. 19 % Umsatzsteuer, VV 7008		68,72 EUR
Gesamt		**430,42 EUR**

II. Streitiges Verfahren

1. 1,3-Verfahrensgebühr, VV 3100 (Wert: 3.000 EUR)	261,30 EUR
2. gem. Anm. zu VV 3307 anzurechnen, 0,5 aus 3.000 EUR	– 100,50 EUR
3. 1,2-Terminsgebühr, VV 3104 (Wert: 3.000 EUR)	241,20 EUR
4. gem. Anm. Abs. 4 zu VV 3104 anzurechnen, 1,2 aus 3.000 EUR	– 241,20 EUR

---

87 LG Bonn AGS 2007, 265 = RVGreport 2007, 231; AGS 2007, 2007, 447. Siehe auch zum vergleichbaren Fall der Aufnahme der Einigungsgebühr in den Vollstreckungsbescheid: KG AGS 2006, 65 = RVGreport 2005, 383 = KGR 2005, 837 = Rpfleger 2005, 697= RVGprof. 2005, 199 = NJ 2005, 563 = RVG-B 2005, 177; AGS 2006, 66.

5. Postentgeltpauschale, VV 7002	20,00 EUR
Zwischensumme	180,80 EUR
6. 19 % Umsatzsteuer, VV 7008	34,35 EUR
Gesamt	**215,15 EUR**

110 Soweit die Werte von Mahnverfahren und streitigem Verfahren nicht übereinstimmen, wird ebenso analog VV Vorb. 3 Abs. 4 teilweise angerechnet wie beim Vertreter des Antragsgegners.

III. Anrechnung im vereinfachten Verfahren über den Unterhalt Minderjähriger

111 Anzurechnen ist nach Anm. Abs. 4 ebenso die in einem vorausgegangenen vereinfachten Verfahren über den Unterhalt Minderjähriger (§§ 249 ff. FamFG) entstandene Terminsgebühr auf die Terminsgebühr des nachfolgenden „Rechtsstreits", wobei es in Familiensachen streng genommen keinen Rechtsstreit mehr gibt, sondern nur ein „Verfahren".

112 Da im vereinfachten Verfahren auf Unterhalt eine Terminsgebühr ebenfalls (nur) unter den Voraussetzungen der VV Vorb. 3.3.2 Nr. 2 entstehen kann, beschränkt sich der Anwendungsbereich der Anrechnung folglich auch hier nur auf diese Gebühr. Sie ist anzurechnen, wenn es zu einem „nachfolgenden" Unterhaltsverfahren nach § 255 FamFG vor dem FamG kommt.

113 Ebenso ist nach Anm. Abs. 1 zu VV 3100 die Verfahrensgebühr anzurechnen.

> **Beispiel:** Es wird zunächst ein vereinfachtes Verfahren auf Festsetzung nach §§ 249 ff. FamFG (Wert: 3.000 EUR) eingeleitet. Es kommt zu Besprechungen der beteiligten Anwälte, die jedoch kein Ergebnis bringen. Der Unterhaltsschuldner erhebt daraufhin Einwendungen, so dass nach § 255 FamFG das streitige Verfahren durchgeführt wird.
> Zu rechnen ist wie folgt:
>
> **I. Vereinfachtes Verfahren**
>
> | | |
> |---|---|
> | 1. 1,3-Verfahrensgebühr, VV 3100 | 261,30 EUR |
> | 2. 1,2-Terminsgebühr, VV 3104 | 241,20 EUR |
> | 3. Postentgeltpauschale, VV 7002 | 20,00 EUR |
> | Zwischensumme | 522,50 EUR |
> | 4. 19 % Umsatzsteuer, VV 7008 | 99,28 EUR |
> | **Gesamt** | **621,78 EUR** |
>
> **II. Streitiges Verfahren**
>
> | | |
> |---|---|
> | 1. 1,3-Verfahrensgebühr, VV 3100 | 261,30 EUR |
> | 2. gem. Anm. Abs. 1 zu VV 3100 anzurechnen, 1,3 aus 3.000 EUR | – 261,30 EUR |
> | 3. 1,2-Terminsgebühr, VV 3104 | 241,20 EUR |
> | 4. gem. Anm. Abs. 4 zu VV 3104 anzurechnen | – 241,20 EUR |
> | 5. Postentgeltpauschale, VV 7002 | 20,00 EUR |
> | Zwischensumme | 20,00 EUR |
> | 6. 19 % Umsatzsteuer, VV 7008 | 3,80 EUR |
> | **Gesamt** | **23,80 EUR** |

114 Soweit es hier zu unterschiedlichen Gegenstandswerten oder unterschiedlichen Gebührensätzen kommt, gilt das gleiche wie im Mahnverfahren, so dass auf die dortigen Ausführungen verwiesen werden kann.

Nr.	Gebührentatbestand	Gebühr oder Satz der Gebühr nach § 13 RVG
3105	Wahrnehmung nur eines Termins, in dem eine Partei oder ein Beteiligter nicht erschienen oder nicht ordnungsgemäß vertreten ist und lediglich ein Antrag auf Versäumnisurteil, Versäumnisentscheidung oder zur Prozess-, Verfahrens- oder Sachleitung gestellt wird: Die Gebühr 3104 beträgt . . . . (1) Die Gebühr entsteht auch, wenn 1. das Gericht bei Säumnis lediglich Entscheidungen zur Prozess-, Verfahrens- oder Sachleitung von Amts wegen trifft oder 2. eine Entscheidung gemäß § 331 Abs. 3 ZPO ergeht. (2) § 333 ZPO ist nicht entsprechend anzuwenden.	0,5

Literatur: *N. Schneider*, Volle Terminsgebühr trotz Versäumnisurteil, ErbR 2015, 427; *ders.*, Termminsgebühr bei Säumnis des Gegners, ZAP Fach 24, 1427; *ders.*, Terminsgebühr im Verfahren nach § 495a ZPO, ZAP Fach 24, 13; *ders.*, Mischfälle der Terminsgebühr – volle und ermäßigte Gebühr, RVGreport 2013, 82; *ders.*, Terminsgebühr bei Säumnis des Gegners, ZAP Fach 24, 1241; *ders.*, Versäumnisurteil in der Hauptsache – Erörterung über Nebenforderung, NJW-Spezial 2010, 347.

A. Allgemeines	1
B. Regelungsgehalt	5
I. Wahrnehmung eines Termins	5
II. Eine Partei erscheint nicht oder ist nicht ordnungsgemäß vertreten	7
III. Antrag auf Erlass eines Versäumnisurteils oder zur Prozess-, Verfahrens- oder Sachleitung	12
1. Stellung eines Antrags	12
2. Erlass eines Versäumnisurteils	15
a) Tatsächlicher Erlass eines Versäumnisurteils	15
b) Erlass eines unechten Versäumnisurteils	17
c) Erlass eines zweiten Versäumnisurteils	19
aa) Zwei Säumnistermine	21
bb) Erstes Versäumnisurteil im schriftlichen Vorverfahren	22
cc) Zweites Versäumnisurteil nach Vollstreckungsbescheid	23
3. Anträge zur Prozess-, Verfahrens- oder Sachleitung	24
4. Keine Notwendigkeit der Protokollierung des Antrags	29
5. Streitwert	30
6. Teilversäumnisurteil	31
IV. Entscheidungen zur Prozess-, Verfahrens- oder Sachleitung von Amts wegen (Anm. Abs. 1 Nr. 1)	35
V. Gebühr bei Entscheidung ohne mündliche Verhandlung gemäß § 331 Abs. 3 ZPO (Anm. Abs. 1 Nr. 2)	37
VI. Frühere Regelung in Anm. Abs. 2 a.F. . . .	40
VII. Keine Anwendbarkeit von § 333 ZPO (Anm. Abs. 2)	42
VIII. Versäumnisbeschluss in Familiensachen	43

A. Allgemeines

Die Regelung in VV 3105 betrifft nur den Fall, dass ein Antrag auf Erlass eines Versäumnisurteils oder in Familiensachen eines Versäumnisbeschlusses bzw. ein Antrag zur Prozess-, Verfahrens- oder Sachleitung gestellt wird. Die frühere Vorschrift des § 38 BRAGO, die das Einspruchsverfahren nach Erlass eines Versäumnisurteils erfasste, ist ersatzlos entfallen. Damit bildet das Einspruchsverfahren keinen besonderen Gebührentatbestand mehr, sondern geht gebührenmäßig in dem Verfahren auf Erlass des Versäumnisurteils auf. **1**

Die Reduzierung der 1,2-Terminsgebühr auf eine 0,5-Terminsgebühr nach VV 3105 wirkt sich jedoch nur aus, wenn im gesamten Rechtszug **nur ein Termin** anberaumt wurde, in dem nur eine Verhandlung zur Prozess-, Verfahrens- oder Sachleitung durchgeführt bzw. ein Antrag auf Erlass eines Versäumnisurteils oder -beschlusses gestellt wurde[1] und auch die Terminsgebühr nicht anderweitig ausgelöst worden ist. Die Entstehung der reduzierten Gebühr im Termin setzt also voraus, dass weder eine Verhandlung in Anwesenheit des Gegners stattgefunden hat, noch später stattfindet, da es sich um eine abgestufte Terminsgebühr handelt, die der Prozessbevollmächtigte nur dann **2**

---

[1] OLG Frankfurt JurBüro 1979, 1666 = MDR 1979, 1034 = KostRsp. BRAGO § 33 Nr. 19; OLG Frankfurt AnwBl 1981, 159; OLG München JurBüro 1992, 240.

erhält, wenn nur zur Prozess-, Verfahrens- oder Sachleitung, nicht aber auch zur Sache verhandelt worden ist.[2] Vorausgesetzt wird dabei, dass die andere Partei nicht erschienen oder nicht ordnungsgemäß vertreten ist.

3 Ergeht in der betreffenden Verhandlung ein **Anerkenntnisurteil**, verdient der an der mündlichen Verhandlung teilnehmende Rechtsanwalt eine volle 1,2-Terminsgebühr nach VV 3104. Eine analoge Anwendung von VV 3105 auf diesen Fall kommt mangels planwidriger Regelungslücke nicht in Betracht.

4 Die Vorschrift des § 333 ZPO, wonach als nicht erschienen auch die Partei anzusehen ist, die in dem Termin zwar erscheint, aber nicht verhandelt, ist nach Anm. Abs. 2 ausdrücklich nicht anzuwenden. Im Unterschied zu § 33 BRAGO gilt der verminderte Gebührensatz also nicht für den Fall, dass der Gegner zwar anwesend oder vertreten ist, aber nicht verhandelt (sog. Flucht in die Säumnis, vgl. dazu VV Vorb. 3 Rdn 113).

B. Regelungsgehalt

I. Wahrnehmung eines Termins

5 Die reduzierte Terminsgebühr nach VV 3105 setzt – ebenso wie die volle Terminsgebühr nach VV 3104 – zunächst voraus, dass der Anwalt einen Termin wahrnimmt. Gemeint ist damit ein Termin zur mündlichen Verhandlung, denn es muss bei Säumnis des Gegners ein Antrag auf Versäumnisurteil gestellt werden können. Insofern kommt bei Wahrnehmung eines **Sachverständigentermins** oder eines **Besprechungstermins** die Gebührenreduzierung nach VV 3105 nicht in Betracht.[3] Hinsichtlich des Tatbestandsmerkmals „Wahrnehmung" bestehen im Übrigen keine Besonderheiten gegenüber der Vorschrift des VV 3104, so dass auf die dortigen Ausführungen verwiesen werden kann.

6 Gibt der Rechtsanwalt einer Partei im Termin zwar keine Erklärungen ab, ist er aber ebenso wie die andere Partei oder der andere Prozessbevollmächtigte vertretungsbereit anwesend, entsteht für beide Rechtsanwälte eine volle 1,2-Terminsgebühr nach VV 3104 (siehe Rdn 7). Die reine Anwesenheit **beider Prozessbevollmächtigten** im Termin ohne Abgabe irgendwelcher Erklärungen reicht für das Entstehen der vollen Terminsgebühr aus, und zwar auch dann, wenn trotz der Anwesenheit des Prozessbevollmächtigten einer Partei gegen diese ein Versäumnisurteil ergeht. Die Reduzierung der Terminsgebühr von 1,2 auf 0,5 beruht nämlich nicht auf der verminderten Tätigkeit des Anwalts im Termin, sondern ebenso auf der Säumnis des Gegners. Dies ist bei der Abgrenzung zwischen VV 3104 und VV 3105 zu beachten: Sind beide Anwälte im Termin vertretungsbereit anwesend, kommt es für die Entstehung der vollen Terminsgebühr in Höhe von 1,2 nicht mehr darauf an, ob überhaupt und welche Anträge gestellt werden. Ist dagegen eine Partei selbst oder im Anwaltsprozess ihr Rechtsanwalt nicht anwesend und ergeht deswegen gegen sie antragsgemäß ein Versäumnisurteil, so erhält der Prozessbevollmächtigte der anderen Partei nur eine reduzierte 0,5-Terminsgebühr nach VV 3105.

II. Eine Partei erscheint nicht oder ist nicht ordnungsgemäß vertreten

7 Nach VV 3105 kommt eine Reduzierung der 1,2-Terminsgebühr auf eine 0,5-Terminsgebühr in personeller Hinsicht nur dann in Betracht, wenn ein Termin stattgefunden hat, in dem
 – entweder eine Partei **nicht erschienen** oder
 – eine Partei **nicht ordnungsgemäß vertreten** ist.

8 Im Umkehrschluss bedeutet dies für die Terminsgebühr:

Sind im **Anwaltsprozess** beide Parteien selbst zwar nicht erschienen, jedoch anwaltlich vertreten, d.h. ihre Rechtsanwälte anwesend, steht beiden Rechtsanwälten die volle 1,2-Terminsgebühr zu,

---
[2] OLG Köln KostRsp. BRAGO § 33 Nr. 38.
[3] Riedel/Sußbauer/*Keller*, RVG, VV Teil 3 Abschnitt 1 Rn 59.

auch wenn ein Versäumnisurteil ergeht.[4] Auf eine Erörterung oder Verhandlung kann hier nicht abgestellt werden, da das Gesetz diese Tätigkeiten zur Entstehung der 1,2-Terminsgebühr nicht verlangt.[5] Sind im Anwaltsprozess beide Parteien anwaltlich vertreten, erscheint aber im Termin eine Partei ohne ihren Anwalt, kann für den Prozessbevollmächtigten der anderen Partei – vorbehaltlich der sonstigen Voraussetzung nach VV 3105 – nur eine reduzierte 0,5-Terminsgebühr nach VV 3105 entstehen, da der Gegner nicht ordnungsgemäß vertreten ist. Das bloße Erscheinen der Partei ist verfahrensrechtlich unbeachtlich. Dies gilt auch dann, wenn im Termin mit der Partei die Vorschrift des § 78 ZPO erörtert wird. Denn dies ist lediglich der gerichtliche Hinweis an die ohne Anwalt erschienene Partei, dass sie als säumig zu behandeln ist.[6] Etwas anderes gilt allerdings dann, wenn das Gericht in einem solchen Fall mit dem erschienenen Anwalt die schriftsätzlich angekündigten Sachanträge oder die Zulässigkeit der Klage erörtert oder der Prozessbevollmächtigte mit der persönlich anwesenden Partei Möglichkeiten einer einvernehmlichen Regelung bespricht.[7] Denn in diesem Fall hat der anwesende Prozessbevollmächtigte mehr getan, als lediglich einen Antrag auf Erlass eines Versäumnisurteils oder zur Prozess-, Verfahrens- oder Sachleitung gestellt.

Sind im **Parteiprozess** beide Parteien anwaltlich vertreten und erscheinen beide Prozessbevollmächtigte, entsteht regelmäßig eine volle 1,2-Terminsgebühr nach VV 3104, und zwar auch dann, wenn später nur ein Versäumnisurteil ergeht. Ist im Parteiprozess nur eine Partei anwaltlich vertreten und erscheinen im Termin sowohl für die eine Partei deren Rechtsanwalt als auch die andere Partei persönlich, verdient der erschienene Rechtsanwalt eine volle 1,2-Terminsgebühr nach VV 3104, auch wenn ein Versäumnisurteil ergeht. 9

Der Gesetzgeber geht dabei davon aus, dass bei gleichzeitiger Anwesenheit bzw. Vertretung beider Parteien in dem Termin in der Regel ein Mehr an Tätigkeit erfolgt, so dass die Reduzierung nur gerechtfertigt ist, wenn die gegnerische Partei nicht erschienen oder nicht ordnungsgemäß vertreten ist. Dadurch soll sichergestellt werden, dass in den Fällen, in denen im Termin trotz Erlass eines Versäumnisurteils verhandelt bzw. erörtert werden konnte, weil die Parteien erschienen oder ordnungsgemäß vertreten waren, nicht nur die verminderte Terminsgebühr nach VV 3105 anfällt.[8] 10

Die Reduzierung der Terminsgebühr findet also gemäß VV 3105 nur statt, 11
– im Parteiprozess: wenn eine Partei nicht anwaltlich vertreten ist und im Termin auch selbst nicht erscheint,
– im Anwaltsprozess: wenn eine – auch evtl. persönlich anwesende – Partei im Termin durch ihren Anwalt nicht vertreten wird, dieser also nicht anwesend[9] ist,
und jeweils **zusätzlich**
– lediglich ein Antrag auf Versäumnisurteil oder zur Prozess-, Verfahrens- oder Sachleitung gestellt wird.

In allen übrigen Fällen steht dem anwesenden Rechtsanwalt eine volle 1,2-Terminsgebühr gemäß VV 3104 zu.

III. Antrag auf Erlass eines Versäumnisurteils oder zur Prozess-, Verfahrens- oder Sachleitung

1. Stellung eines Antrags

Die Reduzierung auf eine 0,5-Terminsgebühr erfolgt nach VV 3105 nur dann, wenn eine Partei nicht 12 erschienen oder nicht ordnungsgemäß vertreten ist und durch den Rechtsanwalt lediglich ein **Antrag auf Erlass eines Versäumnisurteils** oder zur Prozess-, Verfahrens- oder Sachleitung gestellt wird.

---

4 OLG Naumburg AGS 2014, 288 = JurBüro 2014, 581 = NJW-Spezial 2014, 539 = RVGreport 2014, 424 = RVGprof. 2014, 183.
BT-Drucks 830/03, S. 265 zu VV 3105; *Schönemann*, RVG prof. 2004, 150, 151; *Hansens/Braun/Schneider*, Teil 7 Rn 365. Dies kommt bspw. in Betracht, wenn einer der Anwälte nach Erörterung der Sach- und Rechtslage erklärt, nicht aufzutreten (sog. Flucht in die Säumnis).
5 BT-Drucks 830/03, S. 265 zu VV 3105.
6 OLG Köln AGS 2007, 238; OLG Köln AGS 2006, 277 m. Anm. *Schons*.
7 BGH AGS 2007, 226 m. Anm. *Schons*; KG AGS 2008, 541 m. Anm. *N. Schneider*.
8 BT-Drucks 830/03, S. 265 zu VV 3105.
9 Der fehlenden Anwesenheit des Anwalts steht es gleich, wenn dieser zwar erschienen, vor dem betreffenden Gericht jedoch ausnahmsweise nicht postulationsfähig ist (*Hartmann*, Kostengesetze, VV 3105 Rn 3).

Die Reduzierung scheidet also – im Hinblick auf die im Gesetzeswortlaut verwendete Formulierung „lediglich" – in denjenigen Fällen aus, in denen der Anwalt im Termin mehr tut, als nur den Antrag auf Erlass eines Versäumnisurteils bzw. zur Prozess-, Verfahrens- oder Sachleitung zu stellen.

> **Beispiel:** Hat der Anwalt zunächst mit dem Gericht die Schlüssigkeit der Klage erörtert, erhält er auch dann eine 1,2-Terminsgebühr, wenn er anschließend ein Versäumnisurteil beantragt.[10] Wird im Termin die Klage zurückgenommen, fällt ebenfalls eine 1,2-Terminsgebühr an, da der Anwalt keinen Antrag auf Erlass eines Versäumnisurteils gestellt hat.[11]

Die volle Terminsgebühr entsteht auch dann, wenn zunächst der Ablehnungsantrag des Gegners erörtert wird und erst nach Verkündung des Beschlusses zum Ablehnungsgesuch der Antrag auf Erlass eines Versäumnisurteils gestellt wird.[12]

Das AG Freiburg[13] hat die volle 1,2-Terminsgebühr sogar für den Fall zugebilligt, dass der anwesende Anwalt telefonisch mit dem Prozessbevollmächtigten der Gegenseite Kontakt aufnimmt, um abzuklären, ob dieser noch zum Termin erscheinen werde. Dies dürfte allerdings insofern bedenklich sein, als § 333 ZPO – dessen Anwendung in VV 3104 Anm. Abs. 2 ausgeschlossen wird – auf einen anwesenden Gegner abstellt, der in die Säumnis flüchtet, nicht jedoch eine per Telefon mitgeteilte Flucht in die Säumnis erfasst.

13 Soweit sich die weitergehende Tätigkeit des Anwalts im Termin nur auf einen Teil des Gegenstands bezieht, ist nach zutreffender Meinung die Terminsgebühr für die Teilgegenstände differenziert unter Beachtung von § 15 Abs. 3 zu berechnen.[14] Nach anderer Ansicht führt schon die Erörterung nur über Teilbeträge dazu, dass der Anwalt eine 1,2-Terminsgebühr aus dem vollen Hauptsachestreitwert erhält.[15]

> **Beispiel:** Es wird Klage über 10.000 EUR nebst 10 % Zinsen für ein Jahr erhoben. In der mündlichen Verhandlung erscheint der Beklagte ohne Anwalt. Das Gericht erörtert mit dem Klägervertreter den Zinsanspruch, woraufhin dieser die Zinsforderung auf 5 % reduziert. Sodann ergeht ein entsprechendes Versäumnisurteil.
> Der Anwalt erhält eine 0,5-Terminsgebühr aus 10.000 EUR sowie eine 1,2-Terminsgebühr aus 1.000 EUR (Zinsanspruch), maximal jedoch eine 1,2-Terminsgebühr aus 10.000 EUR (§ 15 Abs. 3).

14 Macht der Prozessbevollmächtigte in der mündlichen Verhandlung keine Ausführungen zur Sach- oder Rechtslage und stellt auch keinen Antrag, trifft das Gericht aber von Amts wegen eine **Entscheidung zur Prozess-, Verfahrens- oder Sachleitung**, fällt eine reduzierte 0,5-Terminsgebühr durch die Regelung in Anm. Abs. 1 Nr. 1 an. Insofern ist es – soweit das Gericht von Amts wegen eine Entscheidung zur Prozess-, Verfahrens- oder Sachleitung trifft – für die Entstehung der Terminsgebühr unbeachtlich, welche Tätigkeit der anwesende Anwalt zuvor gemacht hat.

2. Erlass eines Versäumnisurteils

a) Tatsächlicher Erlass eines Versäumnisurteils

15 Der tatsächliche Erlass eines Versäumnisurteils ist nach der Formulierung in VV 3105 nicht erforderlich, so dass die reduzierte 0,5-Terminsgebühr auch dann anfällt, wenn kein Versäumnisurteil ergeht, sondern nur der Antrag gestellt wird. Zwar findet sich in der Begründung zum Entwurf des RVG die Anmerkung, dass nur eine 0,5-Terminsgebühr entstehen soll, wenn ein Versäumnisurteil „ergeht". Diese Formulierung in der Begründung geht jedoch noch auf den Vorentwurf zum RVG vom 27.8.2003 zurück, in dem in der Tat in VV 3105 noch von einem „Ergehen" eines Versäumnisurteils die Rede war. Nachdem aber nunmehr in VV 3105 der Erlass des Versäumnisurteils nicht mehr erwähnt ist, ist nicht davon auszugehen, dass diesem Punkt eine eigenständige Bedeutung zukommt.

---

10 So auch: BGH AGS 2007, 226 (Erörterung der Anträge bzw. einer Einigungsmöglichkeit); KG AGS 2009, 60 = MDR 2008, 1424 = KGR 2009, 37 = JurBüro 2009, 29 = RVGreport 2009, 18 (Erörterung der Zulässigkeit der Klage); OLG Köln AGS 2006, 224 m. Anm. *Schons*; Gerold/Schmidt/*Müller-Rabe*, RVG, VV 3105 Rn 43 ff.; *Hartmann*, Kostengesetze, VV 3105 Rn 5.

11 LAG Baden-Württemberg AGS 2010, 528 m. Anm. *N. Schneider*, der zutreffend darauf hinweist, dass der Beklagte in solchen Fällen schon deshalb vor Kosten geschützt wird, als die Kosten bei einer Klagerücknahme im Regelfall der Kläger zu tragen hat.

12 LG Paderborn AGS 2015, 272 = JurBüro 2015, 35.

13 AG Freiburg AGS 2006, 329 m. Anm. *Schons*.

14 Gerold/Schmidt/*Müller-Rabe*, RVG, VV 3105 Rn 44; OLG Köln AGS 2006, 224 m. Anm. *Schons*.

15 *Hartung/Römermann/Schons*, RVG, VV 3105 Rn 8; ArbG Siegburg AGS 2011, 479.

Kommt es später zu einer Verhandlung in Anwesenheit auch des Beklagten oder seines Prozessbevollmächtigten, so greift die Gebühr nach VV 3104 wieder ein.

> **Beispiel:** Es ergeht aufgrund Säumnis des Beklagten im amtsgerichtlichen Termin ein Versäumnisurteil. Nach Einlegung eines Einspruchs erscheint der Beklagte im zweiten Verhandlungstermin und es wird streitig verhandelt.
> Die zunächst für die Tätigkeit im Säumnisverfahren ergangene 0,5-Terminsgebühr erstarkt durch die nachfolgende Verhandlung in Anwesenheit des Beklagten zu einer 1,2-Terminsgebühr. Eine zusätzliche 0,5-Terminsgebühr kann neben dieser 1,2-Terminsgebühr wegen § 15 Abs. 2 S. 1 nicht entstehen.

b) Erlass eines unechten Versäumnisurteils

Ergeht ein **unechtes Versäumnisurteil**, also ein Versäumnisurteil gegen den Kläger, so ist hinsichtlich der Gebühren für den Klägervertreter zu differenzieren:

Wird das unechte Versäumnisurteil **im schriftlichen Vorverfahren** erlassen, was gemäß § 331 Abs. 3 S. 3 ZPO nur hinsichtlich einer Nebenforderung möglich ist, könnte man daran denken, dem Klägervertreter neben der 0,5-Terminsgebühr aus der Hauptforderung (VV 3105 Abs. 1 Nr. 2) noch eine 1,2-Terminsgebühr aus dem Wert der (abgewiesenen) Nebenforderung zuzusprechen. Denn gemäß § 331 Abs. 3 S. 3 ZPO darf die abweisende Entscheidung über die Nebenforderung nur nach rechtlichem Gehör ergehen. Dagegen spricht aber, dass eine schriftliche Stellungnahme des Klägers der Erörterung mit dem Gericht in einem Termin nicht gleichgesetzt werden kann. Insofern ist der Wortlaut von VV 3105 Abs. 1 Nr. 2 zu beachten, der lediglich darauf abstellt, dass eine Entscheidung nach § 331 Abs. 3 ZPO ergeht und nicht darauf, ob diese Entscheidung auch eine (teilweise) Klageabweisung enthält bzw. welche konkreten Tätigkeiten der Klägervertreter im Vorfeld dieser Entscheidung vorgenommen hat. Auch für die abgewiesene Nebenforderung entsteht daher nur eine 0,5-Terminsgebühr nach VV 3105 Abs. 1 Nr. 2.[16]

Ergeht das unechte Versäumnisurteil dagegen gemäß § 331 Abs. 2 ZPO **in einem Verhandlungstermin**, weil das Vorbringen des Klägers ganz oder teilweise seinen Antrag nicht rechtfertigt, erhält der Klägervertreter aus dem Wert der zurückgewiesenen Ansprüche die volle 1,2-Terminsgebühr. Die Gebührenreduzierung nach VV 3105 ist **nach der hier vertretenen Meinung** nicht einschlägig. Der Gesetzgeber hat sie damit begründet, dass in bestimmten Fallkonstellationen regelmäßig von einem verminderten Arbeitsaufwand des Rechtsanwalts auszugehen sei und die Höhe der Gebühr dem Rechnung zu tragen habe.[17] Diese Motivation des Gesetzgebers ist aber dann nicht einschlägig, wenn das Gericht der Klage im Termin nicht stattgeben, sondern diese durch ein unechtes Versäumnisurteil abweisen will. Denn in derartigen Konstellationen kann nicht von einem verminderten Arbeitsaufwand des Rechtsanwalts ausgegangen werden. Vielmehr ist sein Arbeitsaufwand der gleiche, als wenn die gegnerische Partei anwesend oder durch einen Rechtsanwalt vertreten wäre, da er das Gericht von der Zulässigkeit oder Begründetheit der Klage überzeugen muss. Auch ist gegen ein derartiges unechtes Versäumnisurteil nicht der Einspruch, sondern nur das Rechtsmittel der Berufung oder Revision gegeben. Sofern also trotz des Säumnis des Gegners kein echtes Versäumnisurteil, sondern ein unechtes, klageabweisendes Versäumnisurteil ergeht, erfolgt keine Reduzierung der Terminsgebühr. Der Rechtsanwalt erhält in diesem Fall eine volle 1,2-Terminsgebühr nach VV 3104.

Nach **anderer Ansicht**[18] ist für die Reduzierung nach VV 3105 allein darauf abzustellen, ob ein Antrag auf Erlass eines Versäumnisurteils gestellt wurde, auch wenn dann später nicht das beantragte, sondern ein klageabweisendes Versäumnisurteil ergeht. Da dem unechten Versäumnisurteil aber in den meisten Fällen eine Erörterung des Klägervertreters mit dem Gericht zur Schlüssigkeit der Klage vorausgeht, fällt auch nach dieser Meinung regelmäßig die 1,2-Terminsgebühr aus VV 3104 an. Es ist in der Praxis schwer vorstellbar, dass der Klägervertreter zum gerichtlichen Termin erscheint und nach entsprechendem Hinweis des Gerichts auf die (teilweise) Unschlüssigkeit der Klage nicht versucht, diese Bedenken im Rahmen einer Erörterung auszuräumen. Mit einer solchen Erörterung

---

16 So im Ergebnis auch: BGH AGS 2004, 110 = JurBüro 2004, 136 (zu § 35 BRAGO); Gerold/Schmidt/*Müller-Rabe*, RVG, VV 3105 Rn 31; Hansens/Braun/Schneider, Teil 7 Rn 370.

17 BT-Drucks 830/03, S. 265 zu VV3105.

18 Gerold/Schmidt/*Müller-Rabe*, RVG, VV 3105 Rn 26; zu § 35 BRAGO: BGH AGS 2004, 110 = JurBüro 2004, 136; Hansens/Braun/Schneider, Teil 7 Rn 370; N. Schneider, Fälle und Lösungen zum RVG, § 12 Rn 16.

ist dann aber in der mündlichen Verhandlung mehr geschehen als nur der Antrag auf ein Versäumnisurteil, so dass VV 3105 nicht eingreift.

c) Erlass eines zweiten Versäumnisurteils

19 Ob der Ermäßigungstatbestand von VV 3105 auch auf ein zweites Versäumnisurteil Anwendung findet, wenn derselbe Prozessbevollmächtigte bereits den Verhandlungstermin wahrgenommen hat, in welchem das erste Versäumnisurteil erwirkt wurde, ist umstritten.

Nach **einer Ansicht**[19] ist im Wortlaut von VV 3105 das Wort „eines" nicht als Zahlwort, sondern als qualitative Beschreibung des Inhalts des Termins („in dem eine Partei nicht erschienen ...") zu verstehen. Damit fällt auch für die Wahrnehmung des zweiten Säumnistermins nur die reduzierte Gebühr aus VV 3105 an, weil nicht auf die Anzahl der Termine, sondern auf den reduzierten Arbeitsaufwand im Termin abzustellen ist. Die **herrschende Meinung**,[20] der sich auch der BGH angeschlossen hat,[21] sieht dagegen die gesetzliche Formulierung („Wahrnehmung nur eines Termins ...") als quantitative Beschränkung der Gebührenreduktion, die folglich dann nicht mehr eingreife, wenn derselbe[22] Anwalt mehr als einen Termin wahrnimmt.

20 Unter Berücksichtigung der herrschenden Meinung, muss im Bereich der Säumnisentscheidungen hinsichtlich der Entstehung der Terminsgebühr zwischen verschiedenen Fallgestaltungen differenziert werden:

21 **aa) Zwei Säumnistermine.** Die Entscheidung des BGH[23] bezieht sich auf einen Fall, in welchem der Anwalt zunächst in einem gerichtlichen Termin ein Versäumnisurteil erstreitet und sodann nach Einspruch des Beklagten in einem weiteren Verhandlungstermin, bei welchem der Anwalt wiederum anwesend ist, ein zweites Versäumnisurteil ergeht. Hier erhält der Anwalt für die Wahrnehmung des ersten Säumnistermins eine 0,5-Terminsgebühr nach VV 3105 und für die Wahrnehmung des zweiten Säumnistermins eine 1,2-Terminsgebühr nach VV 3104, da im zweiten Termin die Gebührenreduzierung nach VV 3105 nicht mehr eingreift. Insgesamt erhält der Anwalt jedoch wegen § 15 Abs. 2 nur eine 1,2-Terminsgebühr aus dem Hauptsachewert.

22 **bb) Erstes Versäumnisurteil im schriftlichen Vorverfahren.** Ergeht das erste Versäumnisurteil mangels Verteidigungsanzeige des Beklagten **im schriftlichen Vorverfahren** gemäß § 331 Abs. 3 ZPO und legt der Beklagte dagegen Einspruch ein, beurteilt sich die Gebührenfrage wie folgt: Für das Versäumnisurteil im schriftlichen Vorverfahren erhält der Anwalt des Klägers eine 0,5-Terminsgebühr nach VV 3105 Abs. 1 Nr. 2. Für seine Teilnahme am Einspruchstermin und den dort gestellten Antrag auf Erlass eines zweiten Versäumnisurteils (§ 345 ZPO) billigt der BGH[24] dem Anwalt die volle Terminsgebühr in Höhe von 1,2 nach VV 3104 zu.

Dies dürfte m.E. im Hinblick auf die im Übrigen vertretene Argumentation des BGH, der Wortlaut von VV 3105 enthalte eine quantitative Beschränkung zwar nicht ganz schlüssig sein. Denn in dem Fall, dass das erste Versäumnisurteil im schriftlichen Vorverfahren ergangen ist, hat der Anwalt nur

---

19 OLG Nürnberg OLGR 2006, 169 = AGS 2006, 163 m. Anm. *Schons*; *Hansens* JurBüro 2004, 251.
20 OLG Celle NJW 2005, 1283 = AGS 2005, 188 m. Anm. *Onderka*; OLG München AGS 2006, 161 m. Anm. *Schons*; OLG Köln AGS 2006, 372; LG Düsseldorf AGS 2006, 162 m. Anm. *Schons*; LG Aachen AGS 2006, 373 m. Anm. *N. Schneider*; LG Bonn AGS 2006, 163 m. Anm. *Schons*; 50. Tagung der Gebührenreferenten BRAK-Mitt. 6/2005, S. 272; *Hartung/Römermann/Schons*, RVG, VV 3105 Rn 16.
21 BGH AGS 2006, 487 = NJW 2006, 2927 = AnwBl 2006, 675 = Rpfleger 2006, 625 = BGHR 2006, 1391 = JurBüro 2006, 639 =MDR 2007, 178 = BB 2006, 1879 = RVGreport 2006, 428; BGH FamRZ 2006, 1836 = RVGreport 2007, 31 u. RVGreport 2007, 268.
22 Dass für den Termin über ein zweites Versäumnisurteil generell die Gebühr nach VV 3104 geltend gemacht werden könne, hat auch das OLG Celle nicht vertreten. Es geht nur um die Wahrnehmung *mehrerer* solcher Termine durch denselben Anwalt.
23 BGH AGS 2006, 366 m. Anm. *N. Schneider* und *Schons* = FamRZ 2006, 1273 = AnwBl 2006, 674 = BRAK-Mitt 2006, 228 = BGHReport 2006, 1394 = NJW 2006, 3430 = JurBüro 2006, 585 = RpflStud 2007, 25 = RVGreport 2006, 304 = BB 2006, 1879 = RVGprof. 2006, 181.
24 BGH AGS 2006, 366 m. Anm. *N. Schneider* und *Schons* = FamRZ 2006, 1273 = AnwBl 2006, 674 = BRAK-Mitt 2006, 228 = BGHReport 2006, 1394 = NJW 2006, 3430 = JurBüro 2006, 585 = RpflStud 2007, 25 = RVGreport 2006, 304 = BB 2006, 1879 = RVGprof. 2006, 181.

einen einzigen Termin wahrgenommen. Jedoch argumentiert der BGH in diesem Zusammenhang damit, dass die Entscheidung nach § 331 Abs. 3 ZPO in Abs. 1 Nr. 2 der Anm. zu VV 3105 dem Versäumnisurteil nach § 331 Abs. 1 ZPO gleichgestellt sei.[25]

Insgesamt erhält der Anwalt wegen § 15 Abs. 2 jedoch nur eine 1,2-Terminsgebühr aus dem Hauptsachestreitwert. Eine dem § 38 BRAGO vergleichbare Vorschrift, wonach das Verfahren über den Einspruch unter bestimmten Umständen als besondere Angelegenheit galt bzw. der Anwalt die Gebühr für das erste Versäumnisurteil unter bestimmten Umständen besonders erhielt, kennt das RVG nicht.[26]

cc) Zweites Versäumnisurteil nach Vollstreckungsbescheid. Weiter ist der Fall zu untersuchen, dass zunächst ein **Vollstreckungsbescheid** ergeht, der gemäß § 700 Abs. 1 ZPO einem Versäumnisurteil gleichsteht und der Beklagte dann nach Einspruch zum Verhandlungstermin wiederum nicht erscheint, so dass ein zweites Versäumnisurteil erlassen wird. Für den Vollstreckungsbescheid kann der Anwalt bei Durchführung einer Besprechung mit dem Gegner – wenn dies auch in der Praxis selten sein dürfte – eine 1,2-Terminsgebühr nach VV 3104 erhalten, da diese Vorschrift auch im Vollstreckungsbescheidsverfahren Anwendung findet (vgl. Vorb. 3.3.2). Im Regelfall entsteht jedoch in diesem Verfahrensstadium keine Terminsgebühr. Für die Teilnahme am Säumnistermin erhält der Anwalt eine 0,5-Terminsgebühr nach VV 3105,[27] da der Rechtsstreit nach dem Vollstreckungsbescheidsverfahren eine eigene gebührenrechtliche Angelegenheit ist. Es erfolgt jedoch kein Erstarken auf eine 1,2-Terminsgebühr, weil der Anwalt insgesamt nur einen Termin wahrgenommen hat.[28]

23

Beispiel:[29] Im Mahnverfahren ergeht ein Vollstreckungsbescheid über 10.000 EUR. Hiergegen legt der Beklagte Einspruch ein. Im daraufhin anberaumten Termin bleibt er säumig, so dass sein Einspruch durch zweites Versäumnisurteil verworfen wird.

I. Mahnverfahren
1. 1,0-Verfahrensgebühr, VV 3305   558,00 EUR
2. 0,5-Verfahrensgebühr, VV 3307   279, EUR
3. Auslagenpauschale, VV 7002   20,00 EUR
   Zwischensumme   857,00 EUR
4. 19 % Umsatzsteuer, VV 7008   162,83 EUR
Gesamt   **1.019,83 EUR**

II. Rechtsstreit
1. 1,3-Verfahrensgebühr, VV 3100   725,40 EUR
2. Anrechnung von 1,0 nach Anm. zu VV 3305   – 558,00 EUR
3. 0,5-Terminsgebühr, VV 3105   279,00 EUR
4. Auslagenpauschale, VV 7002   20,00 EUR
   Zwischensumme   466,40 EUR
5. 19 % Umsatzsteuer, VV 7008   88,62 EUR
Gesamt   **555,02 EUR**

3. Anträge zur Prozess-, Verfahrens- oder Sachleitung

Ist der Gegner nicht erschienen bzw. nicht ordnungsgemäß vertreten, lassen Anträge zur Prozess-, Verfahrens- oder Sachleitung für den Prozessbevollmächtigten ebenfalls nur eine reduzierte 0,5-Terminsgebühr nach VV 3105 erwachsen, wenn sie im Termin zur mündlichen Verhandlung gestellt werden. Werden sie nur außerhalb der mündlichen Verhandlung gestellt, führt dies nicht zum Anfallen einer Gebühr nach VV 3105.

24

Voraussetzung ist auch in dieser Alternative, dass eine Partei nicht erschienen oder nicht ordnungsgemäß vertreten ist. Sind dagegen im Parteiprozess beide Parteien anwesend oder anwaltlich vertreten oder sind im Anwaltsprozess beide Prozessbevollmächtigte anwesend, entsteht die volle 1,2-Termins-

25

---

25 Zustimmend *N. Schneider* und *Schons* in AGS 2006, 367.
26 Vgl. auch OLG Koblenz AGS 2010, 464; KG AGS 2008, 591.
27 OLG Köln AGS 2007, 296 m. Anm. *N. Schneider*; AG Kaiserslautern JurBüro 2005, 475; OLG Nürnberg AGS 2008, 486 = RVGreport 2008, 305.
28 OLG Nürnberg AGS 2008, 486 = RVGreport 2008, 305.
29 Nach *N. Schneider*, AGS 2008, 487.

gebühr nach VV 3104 auch dann, wenn nur Anträge zur Prozess-, Verfahrens- oder Sachleitung gestellt werden.

26 Als **Antrag zur Prozess-, Verfahrens- oder Sachleitung** kommen u.a. in Frage:
– Antrag auf Aussetzung des Verfahrens (§§ 246 ff. ZPO)
– Antrag auf Vertagung (§ 227 ZPO)
– Antrag auf Ruhen des Verfahrens (§ 251 ZPO)
– Antrag auf Einsicht in beigezogene Akten bzw. Widerspruch dagegen.[30]

Sofern also der Rechtsanwalt nur derartige Anträge stellt, erhält er nur eine reduzierte Terminsgebühr in Höhe von 0,5, wenn der Gegner nicht erschienen oder nicht ordnungsgemäß vertreten ist.

27 **Keine Anträge nur zur Prozess-, Verfahrens- oder Sachleitung** sind dagegen das Einverständnis mit der Klagerücknahme[31] und die Klagerücknahme selbst. Derartige Erklärungen lassen eine volle 1,2-Terminsgebühr nach VV 3104 entstehen.[32]

28 Die reduzierte 0,5-Terminsgebühr nach VV 3105 entsteht auch, wenn der Beklagtenvertreter in der mündlichen Verhandlung einen Vertagungsantrag stellt, obwohl die **Klage** inzwischen schriftsätzlich **zurückgenommen** wurde, ohne dass das Gericht davon wusste. Denn für die Entstehung der Gebühr kommt es nicht darauf an, wie das Gericht unter Beachtung der zivilprozessualen Grundsätze hätte verfahren müssen, sondern wie tatsächlich verfahren worden ist.[33]

4. Keine Notwendigkeit der Protokollierung des Antrags

29 Schwierigkeiten im Rahmen der Kostenfestsetzung treten regelmäßig dann auf, wenn sich aus dem Gerichtsprotokoll keine genauen Einzelheiten über den Verlauf der Verhandlung ergeben. Grundsätzlich ist in derartigen Fällen davon auszugehen, dass die Erfüllung der Tatbestandsvoraussetzungen des VV 3105 auch durch andere Mittel als dem Terminsprotokoll nachgewiesen werden kann. Die Protokollierung der betreffenden Anträge ist als Wirksamkeitsvoraussetzung nicht erforderlich. Die Prozesshandlung und die Beteiligung des Prozessbevollmächtigten müssen sich aber aus dem Protokoll oder aus den sonstigen Umständen oder der Sachlage feststellen lassen.[34] Insbesondere im Hinblick auf die Frage, ob der Inhalt des Termins eine Gebühr von 1,2 oder nur von 0,5 rechtfertigt, sollte auf die Protokollierung der einzelnen Umstände geachtet werden.

5. Streitwert

30 Der Streitwert berechnet sich für die Gebühr des VV 3105 nach zutreffender Meinung grundsätzlich aus dem Wert der Hauptsache, auch wenn es im Termin beispielsweise nur um die Vertagung ging.[35] Nach anderer Ansicht[36] ist ein Abschlag vom Hauptsachestreitwert vorzunehmen und der Wert für den prozess- oder sachleitenden Antrag nach § 3 ZPO zu schätzen.

6. Teilversäumnisurteil

31 Sofern ein Rechtsanwalt nur hinsichtlich eines Teils der Klageforderung Antrag auf Erlass eines Versäumnisurteils stellt und beispielsweise die Klage im Übrigen nach Erörterung mit dem Gericht zurücknimmt, ist dies bei der Gebührenberechnung zu berücksichtigen. Nach einer Ansicht[37] verdient der Anwalt in diesen Fällen eine 1,2-Terminsgebühr aus dem vollen Gegenstandswert. Im Rahmen

---

30 OLG Hamm AnwBl 1982, 70 = KostRsp. BRAGO § 33 Nr. 30.
31 OLG Koblenz JurBüro 1975, 1082 = KostRsp. BRAGO § 33 Nr. 12.
32 LAG Baden-Württemberg AGS 2010, 528 m. Anm. *N. Schneider*.
33 OLG Frankfurt AnwBl 1982, 376 = JurBüro 1982, 1199 = MDR 1982, 765 (LS) = KostRsp. BRAGO § 33 Nr. 32.
34 OLG Düsseldorf AnwBl 1990, 324 = JurBüro 1990, 865 = MDR 1990, 561 = KostRsp. BRAGO § 33 Nr. 46; LAG Düsseldorf AnwBl 1993, 353; OLG Frankfurt AnwBl 1980, 508 = JurBüro 1980, 1849 = MDR 1981, 63 = KostRsp. BRAGO § 33 Nr. 23.
35 OLG Düsseldorf JurBüro 1994, 158; OLG Hamm JurBüro 1971, 944 = NJW 1971, 2317 = KostRsp. BRAGO § 33 Nr. 6; zweifelnd: Gerold/Schmidt/*Müller-Rabe*, RVG, Anh. I Gegenstandswert Rn 394.
36 OLG Düsseldorf JurBüro 1991, 686; *Schneider/Herget*, Streitwertkommentar, Rn 4385.
37 *Schons*, AGS 2006, 225; *Hartung/Römermann/Schons*, RVG, VV 3105 Rn 8.

der Abgrenzung von VV 3104 und VV 3105 sei nicht die Höhe des mit dem Gericht erörterten Gegenstands, sondern der Umstand maßgeblich, dass die Tätigkeit des Anwalts über die Beantragung eines Versäumnisurteils hinausgehe.

Diese Ansicht überzeugt jedoch nicht. Nach dem Wortlaut der Vorschrift könnte zwar der Eindruck entstehen, als solle eine volle 1,2-Terminsgebühr gemäß VV 3104 aus dem gesamten Hauptsachestreitwert entstehen, da streng genommen die Voraussetzungen, die zur Kürzung der Terminsgebühr nach VV 3105 führen, nicht gegeben sind. Schließlich wird ja teilweise zum Streitgegenstand verhandelt, so dass hinsichtlich dieses Teils mehr getan wurde, als nur ein Antrag auf Erlass eines Versäumnisurteils gestellt. Allerdings ist aus dem Gesetzgebungsverfahren nicht ersichtlich, dass eine Änderung zur bisherigen Rechtslage beabsichtigt war. Es handelt sich also nur um eine Ungenauigkeit des Gesetzgebers. **32**

Darüber hinaus ist Folgendes zu bedenken: Die differenzierte Berechnung verschiedener Gebührensätze für Teile des Gegenstandes ist im RVG keine Seltenheit. Soweit im Einzelfall ein streitwertneutraler Zinsbetrag gesondert anzusetzen ist, ist dies ebenfalls kein Argument gegen eine differenzierte Berechnung. Denn der Streitwertneutralität dieser Forderung wird dadurch Rechnung getragen, dass die Vergütung gemäß § 15 Abs. 3 eine 1,2-Gebühr aus der Hauptforderung nicht übersteigen darf. Der von *Schons*[38] angestellte Vergleich mit dem Fall einer Flucht des Gegners in die Säumnis trifft die vorliegende Fallkonstellation ebenfalls nicht. Denn im hier diskutierten Problemfeld des Teilversäumnisurteils geht es gerade um die Fälle, in denen der Gegner bzw. sein Anwalt im Termin nicht anwesend sind. Der Fall eines anwesenden Gegners, der sich nur (ganz oder teilweise) weigert zu verhandeln (§ 333 ZPO), ist gerade nicht gemeint. Dann wäre schon aufgrund der fehlenden gebührenrechtlichen Säumnis der Anwendungsbereich von VV 3105 verlassen. **33**

In einem derartigen Fall erhält daher der Rechtsanwalt, der den Antrag auf Erlass eines Versäumnisurteils gestellt hat, nach dem Streitwert des beantragten Versäumnisurteils eine 0,5-Terminsgebühr gemäß VV 3105. Die sonstigen Voraussetzungen nach VV 3105 sind dabei zu beachten. Nach dem restlichen Streitwert erhält er eine 1,2-Terminsgebühr unter den Voraussetzungen des VV 3104. Die Summe dieser beiden Gebühren darf gemäß § 15 Abs. 3 jedoch nicht höher sein als eine volle 1,2-Terminsgebühr nach dem Gesamtstreitwert. **34**

> **Beispiel 1:** Eingeklagt werden 15.000 EUR. Der Rechtsanwalt des Beklagten erscheint im Termin nicht. Das Gericht weist den Klägeranwalt darauf hin, dass die Klage nur in Höhe von 10.000 EUR Aussicht auf Erfolg hat, weil die darüber hinausgehenden Schadenspositionen nicht ersatzfähig sind. Der Rechtsanwalt des Klägers nimmt daraufhin die Klage in Höhe von 5.000 EUR zurück und stellt hinsichtlich des Restbetrages von 10.000 EUR Antrag auf Erlass eines Teilversäumnisurteils, das auch ergeht. Er erhält folgende Gebühren:
>
> **Streitwert: 15.000 EUR**
> 1. 1,3-Verfahrensgebühr, VV 3100   845,00 EUR
> **Streitwert: 5.000 EUR**
> 2. 1,2-Terminsgebühr, VV 3104   363,60 EUR
> **Streitwert: 10.000 EUR**
> 3. 0,5-Terminsgebühr, VV 3105   279,00 EUR
> Probe gemäß § 15 Abs. 3: Die Summe aus 2. und 3. darf nicht höher sein als eine 1,2-Terminsgebühr gemäß VV 3104 nach dem Gesamtstreitwert. Hier beträgt diese Summe 642,60 EUR. Eine 1,2-Terminsgebühr nach dem Gesamtstreitwert von 15.000 EUR beträgt 780,00 EUR, ist also höher als die Summe aus 2. und 3. Die o.g. Berechnung ist also nicht zu kürzen.
> 4. Auslagenpauschale, VV 7002   20,00 EUR
>   Zwischensumme   1.507,60 EUR
> 5. 19 % Umsatzsteuer, VV 7008   286,44 EUR
> **Gesamt**   **1.794,04 EUR**
>
> **Beispiel 2 (umgekehrter Fall):** Eingeklagt sind wiederum 15.000 EUR. Das Versäumnisurteil ergeht über 5.000 EUR, erörtert wird die Schlüssigkeit der Klage hinsichtlich eines Teilbetrages von 10.000 EUR, welcher dann zurückgenommen wird. Folgende Gebühren erhält der das Versäumnisurteil beantragende Rechtsanwalt:

---

38 *Schons*, AGS 2006, 225.

Streitwert: 15.000 EUR
1. 1,3-Verfahrensgebühr, VV 3100 — 845,00 EUR
Streitwert: 10.000 EUR
2. 1,2-Terminsgebühr, VV 3104 — 669,60 EUR
Streitwert: 5.000 EUR
3. 0,5-Terminsgebühr, VV 3105 — 151,50 EUR
Probe gemäß § 15 Abs. 3: Die Summe aus 2. und 3. darf nicht höher sein als eine 1,2-Terminsgebühr gemäß VV 3104 nach dem Gesamtstreitwert. Hier beträgt diese Summe 821,10 EUR. Eine 1,2-Terminsgebühr nach dem Gesamtstreitwert von 15.000 EUR beträgt 780 EUR, ist also niedriger als die Summe aus 2. und 3. Die o.g. Berechnung der Terminsgebühr ist damit um 41,10 EUR zu kürzen.
4. Auslagenpauschale, VV 7002 — 20,00 EUR
  Zwischensumme — 1.686,10 EUR
5. 19 % Umsatzsteuer, VV 7008 — 320,36 EUR
Gesamt — **2.006,46 EUR**

IV. Entscheidungen zur Prozess-, Verfahrens- oder Sachleitung von Amts wegen (Anm. Abs. 1 Nr. 1)

35 Nach Anm. Abs. 1 Nr. 1 entsteht eine reduzierte 0,5-Terminsgebühr auch dann, wenn das Gericht bei Säumnis einer Partei von Amts wegen Entscheidungen zur Prozess-, Verfahrens- oder Sachleitung trifft. Diese Regelung kann naturgemäß nur den Rechtsanwalt betreffen, der den Termin für seinen Mandanten wahrgenommen hat, und nicht für den Rechtsanwalt gelten, der im Termin überhaupt nicht anwesend war. Letzterer verdient auch dann keine – weder volle noch reduzierte – Terminsgebühr, wenn das Gericht trotz oder wegen seiner Säumnis nur Entscheidungen zur Prozess-, Verfahrens- oder Sachleitung getroffen hat. Der Rechtsanwalt, der an der Verhandlung teilgenommen hat, erhält in diesem Fall eine reduzierte 0,5-Terminsgebühr nach Anm. Abs. 1 Nr. 1, auch wenn er selbst keinerlei Antrag gestellt oder Ausführungen zur Sach- oder Rechtslage gemacht hat.

36 Keine Entscheidung zur Prozess-, Verfahrens- oder Sachleitung ist die Entscheidung nach Lage der Akten gemäß § 251a Abs. 1 ZPO. Für eine solche Entscheidung entsteht dem Anwalt die volle 1,2-Terminsgebühr.[39]

V. Gebühr bei Entscheidung ohne mündliche Verhandlung gemäß § 331 Abs. 3 ZPO (Anm. Abs. 1 Nr. 2)

37 Nach Anm. Abs. 1 Nr. 2 entsteht eine reduzierte 0,5-Terminsgebühr auch dann, wenn das Gericht gemäß § 331 Abs. 3 ZPO eine Entscheidung ohne mündliche Verhandlung trifft. Der Grundtatbestand ist in diesem Fall die VV Anm. Abs. 1 Nr. 1 zu Nr. 3104 (Entscheidung im schriftlichen Verfahren). Damit sind zunächst die Fälle gemeint, in denen im **schriftlichen Vorverfahren** ein Versäumnisurteil ergeht, weil der Beklagte entgegen § 276 Abs. 1 und 2 ZPO seine Verteidigungsbereitschaft nicht rechtzeitig angezeigt hat. Stellt der Anwalt dann den Antrag auf Erlass eines Versäumnisurteils im schriftlichen Verfahren, der – anders als beim Anerkenntnisurteil im schriftlichen Verfahren – immer noch erforderlich ist, verdient er mit Erlass des Versäumnisurteils (§ 331 Abs. 1 S. 1 ZPO) eine 0,5-Terminsgebühr.

38 Ob diese Gebühr auch dann anfällt, wenn das Gericht das Versäumnisurteil **ohne den eigentlich erforderlichen Antrag** erlässt, ist umstritten. Nach einer Ansicht soll eine Gebühr nach Anm. Abs. 1 Nr. 2 nicht entstehen, wenn im schriftlichen Vorverfahren nach § 331 Abs. 3 ZPO ein Versäumnisurteil erlassen worden ist, ohne dass vom Kläger der Antrag in der Klage gestellt wurde.[40] Diese Auffassung überzeugt jedoch nicht: Der Wortlaut von Anm. Abs. 1 Nr. 2 stellt darauf ab, dass eine Entscheidung nach § 331 Abs. 3 ZPO ergangen ist[41] und nicht darauf, ob der dafür zivilprozessual erforderliche Antrag gestellt wurde. Weiter ist zu berücksichtigen, dass das Gericht schließlich

---

[39] Riedel/Sußbauer/*Keller*, RVG, VV Teil 3 Abschnitt 1 Rn 63.
[40] OLG Oldenburg AGS 2008, 386 m. Anm. *N. Schneider* = RVGreport 2008, 263; OLG Düsseldorf JurBüro 1984, 1838 = MDR 1984, 950 = KostRsp. BRAGO § 35 Nr. 10; Gerold/Schmidt/*Müller-Rabe*, RVG, 17. Aufl., VV 3105 Rn 23.
[41] Wobei *Schons* (AGS 2006, 229) zu Recht darauf hinweist, dass die Entscheidung nach § 331 Abs. 3 ZPO nur auf Antrag ergehen darf.

eine Entscheidung erlassen hat und sich das Gebührenrecht regelmäßig nach den Entscheidungen des Gerichts richtet und nicht umgekehrt. Insofern dürfte eine reduzierte 0,5-Terminsgebühr nach VV 3105 auch dann anfallen, wenn das Gericht trotz des Fehlens eines entsprechenden Antrags im schriftlichen Vorverfahren ein Versäumnisurteil erlässt.[42]

Man kann m.E. auch nicht, wie das OLG Oldenburg,[43] damit argumentieren, dass der Anwalt für die Entstehung der Terminsgebühr eine bestimmte Tätigkeit, nämlich die Antragstellung nach § 331 Abs. 3 S. 1 ZPO, durchgeführt haben müsse. Denn ein Vergleich mit VV 3105 Abs. 1 Nr. 1 zeigt, dass nach dem Willen des Gesetzgebers auch ohne jede Tätigkeit des Anwalts eine 0,5-Terminsgebühr entstehen kann.

Die geringe Zahl von Entscheidungen zu dieser Frage belegt allerdings den in der gerichtlichen Praxis üblichen Weg, beim Klägervertreter nachzufragen, soweit der Antrag auf Erlass eines Versäumnisurteils fehlt.

39 § 331 Abs. 3 ZPO sieht auch die Möglichkeit eines Versäumnisurteils gegen den Kläger im schriftlichen Vorverfahren vor. Nach § 331 Abs. 3 S. 3 ZPO ist eine solche Entscheidung insoweit zulässig, als das Vorbringen des Klägers den Klageantrag in einer Nebenforderung nicht rechtfertigt. Ergeht ein solches **unechtes Versäumnisurteil im schriftlichen Vorverfahren**, entsteht auch hinsichtlich der abgewiesenen Nebenforderung nur eine 0,5-Terminsgebühr nach VV 3105 Abs. 1 Nr. 2 (hinsichtlich der Einzelheiten siehe Rdn 17).[44]

VI. Frühere Regelung in Anm. Abs. 2 a.F.

40 Nach der früheren Fassung von Anm. Abs. 2 galt die Regelung von Anm. Abs. 1 zu VV 3104 entsprechend. Der Anwendungsbereich dieser Verweisung war nicht recht zu klären:[45] VV 3105 betrifft ein Verfahren, in dem eine Partei säumig ist und die andere nur bestimmte Anträge stellt. Abs. 1 der Anm. zu VV 3104 regelt Verfahren, in denen statt vorgeschriebener mündlicher Verhandlung durch Anerkenntnisurteil bzw. im schriftlichen Verfahren nach § 495a ZPO entschieden oder ein Vergleich geschlossen wird. Weder in Verfahren nach § 307 Abs. 2 ZPO noch bei Abschluss eines Vergleichs nach § 278 Abs. 6 ZPO kann jedoch ein Versäumnisurteil ergehen. Gleiches gilt für Verfahren nach § 495a ZPO, in denen kein Versäumnisurteil, sondern ein Endurteil ergeht.

41 Der Gesetzgeber hat zwischenzeitlich auf diese Unstimmigkeit reagiert und in Art. 16 Nr. 3a) des Gesetzes zur Umsetzung der Dienstleistungsrichtlinie in der Justiz und zur Änderung weitere Vorschriften vom 22.12.2010 die Vorschrift der Anm. Abs. 2 a.F. ersatzlos gestrichen – der frühere Abs. 3 der Anmerkung ist zu Abs. 2 geworden.

VII. Keine Anwendbarkeit von § 333 ZPO (Anm. Abs. 2)

42 Die Vorschrift des § 333 ZPO, wonach als nicht erschienen auch die Partei anzusehen ist, die in dem Termin zwar erscheint, aber nicht verhandelt, ist nach Anm. Abs. 2 ausdrücklich nicht anzuwenden. In Übereinstimmung mit der durch das RVG gewählten Konzeption der Terminsgebühr reicht also die bloße Anwesenheit der Anwälte im Termin zur Entstehung einer 1,2-Terminsgebühr nach VV 3104 aus. Mangels Anwendbarkeit von § 333 ZPO kann es damit nach dem RVG eine gebührenrechtlich relevante Flucht in die Säumnis nicht mehr geben.[46]

---

42 So: Gerold/Schmidt/*Müller-Rabe*, RVG, VV 3105 Rn 33; *Hartung/Römermann/Schons*, RVG, VV 3105 Rn 14; KG AGS 2008, 541 = RVGreport 2008, 307; OLG München JurBüro 2007, 589 = RVGreport 2007, 425; OLG Jena AGS 2006, 227 m. Anm. *Schons*; OLG Koblenz WM 1997, 1566; LG Köln MDR 2001, 1018.

43 OLG Oldenburg AGS 2008, 386 m. Anm. *N. Schneider* = RVGreport 2008, 263.

44 So im Ergebnis auch: BGH AGS 2004, 110 = JurBüro 2004, 136 (zu § 35 BRAGO); Gerold/Schmidt/*Müller-Rabe*, RVG, VV 3105 Rn 32 ff.; Hansens/Braun/Schneider, Teil 7 Rn 370.

45 Ebenso: Gerold/Schmidt/*Müller-Rabe*, RVG, 19. Auflage, VV 3105 Rn 36; *Hartung/Römermann/Schons*, RVG, VV 3105 Rn 18; vgl. i.Ü. die ausführlichen Ausführungen in der 5. Aufl. unter Rn 37 ff.

46 OLG Koblenz JurBüro 2005, 360 = NJW 2005, 1955; *Mock*, AGS 2004, 45, 55.

VIII. Versäumnisbeschluss in Familiensachen

43 Die Vorschrift der VV 3105 gilt auch dann, wenn in Familiensachen eine Versäumnisentscheidung, also ein Versäumnisbeschluss, ergeht.[47]

44 Die Ermäßigung nach VV 3105 ist nur möglich
- in Familienstreitsachen nach § 112 FamFG
- in Folgesachen im Verbund, sofern sie als isolierte Familiensache eine Familienstreitsache wären und
- in Ehesachen, soweit der Antragsteller säumig ist (siehe § 130 FamFG).

Beispiel: Im Unterhaltsverfahren (Verfahrenswert 8.000 EUR) erscheint der Antragsgegner zur mündlichen Verhandlung nicht.
a) Der Antragsteller beantragt daraufhin den Erlass eines Versäumnisurteils.
b) Der Antragsteller beantragt daraufhin Vertagung.
c) Das Gericht vertagt von Amts wegen.
In allen drei Fällen entsteht nur eine 0,5-Terminsgebühr nach VV 3104, 3105.

1. 1,3-Verfahrensgebühr, VV 3100 (Wert: 8.000 EUR)	592,80 EUR
2. 0,5-Terminsgebühr, VV 3104, 3105 (Wert: 8.000 EUR)	228,00 EUR
3. Postentgeltpauschale, VV 7002	20,00 EUR
Zwischensumme	840,80 EUR
4. 19 % Umsatzsteuer, VV 7008	159,75 EUR
Gesamt	**1.000,55 EUR**

45 In einer **Ehesache** kommt die Ermäßigung nach VV 3105 nicht in Betracht, wenn der **Antragsgegner säumig** ist. Einem Scheidungsantrag kann nicht durch eine Säumnisentscheidung entsprochen werden (§ 130 Abs. 2 FamFG).

46 Dagegen tritt eine Ermäßigung ein, wenn der **Antragsteller zum Termin nicht erscheint**. Im Gegensatz zum alten Recht (§ 330 ZPO) wird der Scheidungsantrag nicht abgewiesen; auf Antrag des Antragsgegners ist jedoch durch Säumnisentscheidung auszusprechen, dass der Antrag als zurückgenommen gilt (§ 130 Abs. 2 FamFG). Insoweit handelt es sich um eine Säumnisentscheidung i.S.d. VV 3105. Die Ermäßigung tritt auch dann ein, wenn bei Säumnis des Antragstellers der Antragsgegner lediglich Anträge zur Verfahrens- und Sachleitung stellt oder das Gericht von Amts wegen nur zur Verfahrens- oder Sachleitung entscheidet (Anm. Abs. 1 Nr. 1 zu VV 3105).

Nr.	Gebührentatbestand	Gebühr oder Satz der Gebühr nach § 13 RVG
3106	Terminsgebühr in Verfahren vor den Sozialgerichten, in denen Betragsrahmengebühren entstehen (§ 3 RVG) .... Die Gebühr entsteht auch, wenn 1. in einem Verfahren, für das mündliche Verhandlung vorgeschrieben ist, im Einverständnis mit den Parteien ohne mündliche Verhandlung entschieden oder in einem solchen Verfahren ein schriftlicher Vergleich geschlossen wird, 2. nach § 105 Abs. 1 Satz 1 SGG durch Gerichtsbescheid entschieden wird und eine mündliche Verhandlung beantragt werden kann oder 3. das Verfahren, für das mündliche Verhandlung vorgeschrieben ist, nach angenommenem Anerkenntnis ohne mündliche Verhandlung endet. In den Fällen des Satzes 1 beträgt die Gebühr 90 % der in derselben Angelegenheit dem Rechtsanwalt zustehenden Verfahrensgebühr ohne Berücksichtigung einer Erhöhung nach Nummer 1008.	50,00 bis 510,00 €

---

47 OLG Hamm AGS 2012, 16 = FamRZ 2012, 246 = FamRB 2011, 276 = FamFR 2011, 475 = NJW-Spezial 2011, 699 = RVGreport 2012, 108; ebenso. OLG Hamburg (AGS 2012, 16 m. Anm. *N. Schneider*), das jedoch fälschlich darauf abstellt, ob für das Verfahren mündliche Verhandlung vorgeschrieben ist.

A. Allgemeines 1	IV. Zusatzgebühr für besonders umfangreiche Beweisaufnahme 30
B. Regelungsgehalt 7	C. Erstattungsfragen 31
I. Terminsgebühr (VV 3106) 7	
II. Höhe der Terminsgebühr 12	
III. Entscheidung ohne mündliche Verhandlung (Anm. zu VV 3106) 14	

A. Allgemeines

Die „fiktive" Terminsgebühr soll nur noch dann anfallen, wenn an sich eine **mündliche Verhandlung vorgesehen** ist oder zumindest beantragt werden kann. Danach entsteht die „fiktive" Terminsgebühr in folgenden Fällen: **1**
– Die mündliche Verhandlung ist vorgeschrieben, es wird aber im Einverständnis mit den Beteiligten ohne mündliche Verhandlung entschieden.
– In einem solchen Verfahren wird ein schriftlicher Vergleich geschlossen.
– Bei einer Entscheidung durch Gerichtsbescheid entsteht die „fiktive" Terminsgebühr nur, wenn die Durchführung der mündlichen Verhandlung beantragt werden kann, die Angelegenheit also nicht berufungsfähig ist.
– Eine Angelegenheit, in der die mündliche Verhandlung vorgeschrieben ist, ein Anerkenntnis ergeht und die Sache ohne mündliche Verhandlung erledigt werden kann.

Der schriftliche Vergleich führt also nur in solchen Verfahren zum Entstehen der „fiktiven" Terminsgebühr, in denen die Durchführung einer mündlichen Verhandlung vorgeschrieben ist, also nicht im sozialgerichtlichen Eilverfahren (§§ 86b Abs. 4, 124 Abs. 3 SGG). Dies bedeutet aber nicht, dass in solchen Fällen keine Terminsgebühr (nicht „fiktive" Terminsgebühr) anfallen kann, da nach der VV Vorb. 3 Abs. 3 auch Mitwirkung an Besprechungen, die auf die Vermeidung oder Erledigung des Verfahrens gerichtet sind, zum Entstehen der Terminsgebühr führen. Eine Terminsgebühr entsteht also, wenn der Rechtsanwalt über den Vergleichsabschluss mit der Gegenseite spricht/telefoniert, nicht aber, wenn er „bloß" den Vergleichsvorschlag des Gerichts annimmt. **2**

Anm. zu VV 3106 S. 2 sieht nunmehr vor, dass die „fiktive" Terminsgebühr **90 %** der in derselben Angelegenheit dem Rechtsanwalt zustehenden Verfahrensgebühr beträgt, dabei ist aber ein Mehrvertretungszuschlag nach VV 1008 nicht zu berücksichtigen. Dabei ist ggf. der Mehrvertretungszuschlag aus einer Verfahrensgebühr nach folgender Formel „herauszurechnen": **3**

Verfahrensgebühr = erhöhte Verfahrensgebühr ÷ (1 + 0,3 x Anzahl der weiteren Auftraggeber)

Es empfiehlt sich, bei der Abrechnung die Verfahrensgebühr und den Mehrvertretungszuschlag gesondert auszuweisen. Das „Herausrechnen" des Mehrvertretungszuschlags aus der erhöhten Verfahrensgebühr erübrigt sich dann.

Zu beachten sind aber auch die Regelungen zu den Terminsgebühren, die in VV Vorb. 3 Abs. 3 geregelt sind (siehe dazu VV Vorb. 3 Rdn 100 ff.). Diese Vorbemerkung ist auch auf die sozialgerichtliche Terminsgebühr anzuwenden. **4**

Nach dem Willen des Gesetzgebers ist die allgemeine Gebührenstruktur des RVG auch dann anzuwenden, wenn Betragsrahmengebühren vorgesehen sind. Der Rechtsanwalt erhält daher in Sozialgerichtsstreiten, in welchen das GKG nicht anwendbar ist, für seine Tätigkeit als Prozessbevollmächtigter nicht mehr eine Betragsrahmengebühr für jede Instanz, sondern je Instanz die **Verfahrens- und Terminsgebühr getrennt**.[1] **5**

VV 3106 betrifft ausschließlich **Verfahren vor den Sozialgerichten, in welchen das GKG nicht anwendbar ist (§ 3 Abs. 1 S. 1)**. Nach § 1 Abs. 2 Nr. 3 GKG ist das GKG in Verfahren vor den Gerichten der Sozialgerichtsbarkeit anzuwenden, soweit dies im SGG bestimmt ist. Das SGG regelt in **§§ 183, 197a SGG** die Verfahren, in denen das GKG nicht und mithin § 3 Abs. 1 S. 1 anwendbar ist. Nach § 197a Abs. 1 S. 1, 1. Hs. SGG findet das GKG keine Anwendung, wenn in einem Rechtszug weder Kläger noch Beklagter zu den in § 183 SGG genannten Personen gehören. **Ausschlaggebend für die Anwendung des GKG ist mithin, ob eine in § 183 SGG genannte Person an dem Rechtsstreit im betreffenden Rechtszug beteiligt ist.** Zu der Frage, wann dies der Fall ist, wird auf die entsprechenden Erläuterungen zu § 3 Abs. 1 S. 1 verwiesen (siehe § 3 Rdn 8 ff.). **6**

---

1 BR-Drucks 830/03, S. 264, 265.

B. Regelungsgehalt

I. Terminsgebühr (VV 3106)

7 In einem Verfahren vor den Sozialgerichten, in welchem das GKG nicht anwendbar ist (§ 3 Abs. 1 S. 1), erhält der Rechtsanwalt nach **VV 3106** eine **Terminsgebühr** in Höhe von **50 EUR bis 510 EUR (Mittelgebühr 280 EUR)**. Die Terminsgebühr erhält der Rechtsanwalt nach **VV Vorb. 3 Abs. 3** für die Wahrnehmung von gerichtlichen Terminen als auch für die Wahrnehmung von außergerichtlichen Terminen und Besprechungen. Die Gebühr entsteht nicht für die Wahrnehmung eines Termins nur zu Verkündung einer Entscheidung. Die Gebühr für außergerichtliche Termine und Besprechungen entsteht für die Wahrnehmung eines von einem gerichtlich bestellten Sachverständigen anberaumten Termins und die Mitwirkung an Besprechungen, die auf die Vermeidung oder Erledigung des Verfahrens gerichtet sind; dies gilt nicht für Besprechungen mit dem Auftraggeber.

8 Ordnet der Sachverständige einen Ortstermin an, an dem der Bevollmächtigte teilnimmt, entsteht eine Terminsgebühr selbst dann, wenn der Sachverständige nur mit der Erstellung eines Gutachtens nach Aktenlage beauftragt war. Es genügt, wenn der Sachverständige mit der Einladung den Rechtsschein setzt, sich an die Vorgaben der gerichtlichen Anordnung zu halten.[2]

9 Nach der Rechtsprechung des BGH[3] zu **VV Vorb. 3 Abs. 3** entsteht die Terminsgebühr bei der Mitwirkung an auf die Vermeidung oder Erledigung des Verfahrens gerichteten Besprechungen ohne Beteiligung des Gerichts auch ohne dass bereits eine Klage an- oder rechtshängig ist. Dies begründet der BGH mit der Absicht des Gesetzgebers, einen Anreiz für außergerichtliche Einigungen zu schaffen, weshalb in der Begründung des Regierungsentwurfs[4] auch niedergelegt sei, dass die außergerichtliche Streiterledigung ferner dadurch gefördert werden soll, dass die Terminsgebühr auch dann anfallen soll, wenn der Rechtsanwalt nach Erteilung des Klagauftrags an einer auf die Vermeidung oder Erledigung des Verfahrens gerichteten Besprechung mitwirkt. Aus diesem Grund ist nach der Auffassung des BGH Voraussetzung der Terminsgebühr der (unbedingte) Klageauftrag, nicht jedoch die Einreichung der Klage. Dies stellt nunmehr auch der Wortlaut der VV Vorb. 3 Abs. 3 S. 3 Nr. 2 ausdrücklich klar (Mitwirkung an Besprechungen, die auf Vermeidung ... des Verfahrens gerichtet sind).

Diese Rechtsprechung ist auch auf Verfahren des Sozialrechts zu übertragen. Die gegenteilige Auffassung des LSG Niedersachsen-Bremen überzeugt nicht[5] und erfährt nach der Gesetzesänderung auch keine Stütze im Gesetzestext mehr. Es ist nicht zu erkennen, was das in Verfahren des Sozialrechts vorgeschaltete Widerspruchsverfahren an der aus der Intention des Gesetzgebers und der Gesetzesbegründung vom BGH abgeleiteten Rechtfertigung der Zuerkennung der Terminsgebühr ändert. Hier wie dort wird der Rechtsanwalt für eine Tätigkeit belohnt, die der Vermeidung eines Verfahrens dient und dem gesetzgeberischen Zweck der Regelung entspricht.

10 Ebenso wenig überzeugt die Auffassung des Hessischen LSG,[6] bei diesen außergerichtlichen Gesprächen dürfe es sich nicht lediglich nur um ein Telefonate handeln, ein persönliches Gespräch sei erforderlich.[7] Auch diese außergerichtliche Besprechung – so der Wortlaut der Vorb. 3 Abs. 3 S. 1, 3 – führt zum Anfall der Terminsgebühr, wenn sie auf die Vermeidung oder Erledigung des Verfahrens gerichtet ist. Weder VV 3106 noch Vorb. 3 Abs. 3 lassen erkennen, dass der Gesetzgeber eine besondere Intensität der Besprechung für erforderlich hält, noch dass der Rechtsanwalt besondere Bemühungen hinsichtlich der Vermeidung oder Erledigung des Verfahrens entfalten müsste, um die Terminsgebühr (nicht die „fiktive" Terminsgebühr[8]) entstehen zu lassen. Ebenso wenig werden Vorgaben zur Art und Weise der Besprechung gemacht. Das Bay. LSG lässt grundsätzlich auch ein Telefonat zwischen den Bevollmächtigten für das Entstehen der Terminsgebühr ausreichen, meint aber, die bloße Annahmeerklärung eines gerichtlichen Vergleichsvorschlags in einem Telefonat für nicht genügend ansehen zu müssen.[9] Diese Auffassung überzeugt (im zweiten Teil) nicht. Wird ein Termin zur mündlichen Verhandlung durchgeführt, in dem nur ein Vergleich angenommen wird,

---

2 Thür. LSG AGS 2016, 281–282.
3 BGH AGS 2007, 166.
4 BT-Drucks 15/1971, 148.
5 LSG Niedersachsen-Bremen, Beschl. v. 13.9.2007 – L 13 B 7/07 SF.
6 Hess. LSG, Beschl. v. 20.4.2011 – L 2 SF 311/09 E; krit. dazu SG Fulda, Beschl. v. 1.7.2013 – S 4 SF 92/12 E m. Anm. *Schafhausen*, juris PR SozR 19/2013 Anm. 6.
7 Hess. LSG, Beschl. v. 20.4.2011 – L 2 SF 311/09 E (juris), Rn 35.
8 So das Hess. LSG, Beschl. v. 20.4.2011 – L 2 SF 311/09 E (juris), Rn 34.
9 Beschl. v. 15.6.2016 – L 15 SF 91/14 E.

entsteht die Terminsgebühr. Dies muss auch in den Fällen gelten, in denen zwischen den Bevollmächtigten „nur" telefoniert wird. Demgegenüber soll ein Telefonat mit dem Gericht nicht ausreichen, um eine Terminsgebühr entstehen zu lassen.[10]

Allerdings stellt die einseitige Besprechung des Bevollmächtigten eines Beteiligten mit dem Gericht – ohne Beteiligung des Gegners – keine Besprechung nach VV Vorb. 3 Abs. 3 dar.[11] Durch VV Vorb. 3 Abs. 3 werden nur auf die Vermeidung oder Erledigung des Verfahrens gerichtete außergerichtliche Besprechungen mit der Gegenseite – mit oder ohne Beteiligung des Gerichts – erfasst. Die Erweiterung des Anwendungsbereichs der Terminsgebühr, die grundsätzlich den Charakter einer Anwesenheitsgebühr in einem gerichtlichen Termin hat, auf außergerichtliche Besprechungen zielt darauf ab, einen Rechtsanwalt zu entlohnen, der durch außergerichtliche Einigungsbemühungen eine Beendigung des Verfahrens zu erreichen und damit einen außergerichtlichen Termin überflüssig zu machen versucht. Es sollen die Bemühungen um die Erledigung der Sache honoriert werden und den Verfahrensbeteiligten sowie dem Gericht unnötige Erörterungen in einem Gerichtstermin allein im Gebühreninteresse erspart bleiben. Nach VV Vorb. 3 Abs. 3 in der ab dem 1.7.2004 geltenden Fassung waren von dem Gebührentatbestand zunächst nur Besprechungen zwischen den Verfahrensbeteiligten ohne Beteiligung des Gerichts erfasst, wobei eine auf Erledigung gerichtete Besprechung i.S.v. VV Vorb. 3 Abs. 3 als mündlicher Austausch von Erklärungen die Bereitschaft der Gegenseite voraussetzt, überhaupt in Überlegungen mit dem Ziel einer einvernehmlichen Beendigung des Verfahrens einzutreten.[12] Durch die Einfügung des Wortes „auch" in den Text der Vorschrift sollte der Anwendungsbereich des Gebührentatbestandes der Terminsgebühr nicht auf einseitige Besprechungen des Verfahrensbeteiligten mit dem Gericht ohne Beteiligung des anderen Verfahrensbeteiligten erweitert, sondern nur klargestellt werden, dass die Terminsgebühr auch dann entsteht, wenn der Rechtsanwalt an auf die Vermeidung oder Erledigung des Verfahrens gerichteten Besprechungen mit Beteiligung des Gerichts mitwirkt.[13] Damit sollte ausgeschlossen werden, dass die Beteiligung des Gerichts an auf Erledigung des Verfahrens gerichteten außergerichtlichen Bemühungen der Verfahrensbeteiligten den Anfall einer Terminsgebühr ausschließt.[14] Die Terminsgebühr fällt aber an, wenn der Vorsitzende mit den Beteiligten außerhalb eines Gerichtstermins jeweils in getrennten Telefonaten die Sach- und Rechtslage erörtert und auf Basis dieser Gespräche ein gerichtlicher Vergleich geschlossen wird.[15]

Werden verschiedene Klagen, die nicht miteinander verbunden worden sind, anlässlich eines nur in einem Verfahren anberaumten Termins vergleichsweise miterledigt, fällt in dem nicht geladenen Verfahren ebenfalls eine Terminsgebühr nach VV Vorb. 3 Abs. 3 an.[16] Dass für den nicht terminierten Rechtsstreit keine Ladung verschickt worden ist und im Kopf der Sitzungsniederschrift nur das Aktenzeichen des terminierten Rechtsstreits, nicht aber auch das Aktenzeichen des nicht terminierten Rechtsstreit aufgeführt ist, steht der Entstehung der Terminsgebühr nicht entgegen.[17] Auf die Erläuterungen zu VV Vorb. 3 Abs. 3 zur Terminsgebühr im Allgemeinen wird ergänzend verwiesen (siehe VV Vorb. 3 Rdn 100 ff.).

II. Höhe der Terminsgebühr

Auch die Höhe der Terminsgebühr bemisst sich nach den Kriterien des § 14 Abs. 1 – insbesondere Umfang der Angelegenheit, Schwierigkeit der anwaltlichen Tätigkeit, Bedeutung der Angelegenheit für den Kläger sowie seiner Einkommens- und Vermögensverhältnisse.[18] Die Kostenpraxis der Gerichte scheint aber offensichtlich doch überwiegend (nur) auf die Dauer des Termins abzustellen.[19]

---

10 LSG NRW, Beschl. v. 26.1.2015 – L 2 AS 2237/14 B u.a.
11 Gerold/Schmidt/*Müller-Rabe*, RVG, VV Vorb. 3 Rn 119; Bischof/Jungbauer/Bräuer/*Bischof*, RVG, VV Vorb. 3 Rn 76a; *Schneider*, AGS 2007, 268; a.A. LG Freiburg, Beschl. v. 11.4.2007 – 6 O 38/07, AGS 2007, 298.
12 BGH AnwBl. 2007, 238.
13 BT-Drucks 16/3038, S. 56.
14 LSG NRW, Beschl. v. 11.12.2009 – L 19 B 281/09 AS.
15 Hess. LSG, Beschl. v. 9.11.2011 – L 2 SO 192/11 B, ASR 2012, 79–80.
16 SG Berlin, Beschl. v. 7.7.2011 – S 164 SF 4703/10 E; Bay. LSG, Beschl. v. 2.2.2011 – L 15 SF 22/09 B.
17 Bay. LSG, Beschl. v. 7.1.2011 – L 15 B 939/08 SF KO.
18 *Hinne*, Anwaltsvergütung im Sozialrecht, § 3 Rn 117.
19 Vgl. hierfür nur *Dahn/Schmidt*, § 9 Rn 5 ff. m.w.N. Aber auch Hess. LSG ASR 2015, 26–31 m. Anm. *Schafhausen*, ASR 2015, 31; Bay. LSG, Beschl. v. 23.9.2015 – L 15 SF 273/14 E m. Anm. *Hansens*, RVGreport 2016, 13–14.

Dass allein die Terminsdauer bestenfalls den Umfang der Angelegenheit beschreiben kann, liegt auf der Hand. Aus der Terminsdauer wird regelmäßig ebenso wenig auf die Schwierigkeit der anwaltlichen Tätigkeit zu schließen sein wie auf die Bedeutung der Angelegenheit für den Kläger.[20] Zu berücksichtigen ist auch der Aufwand, der für die Terminsvorbereitung entstanden ist.[21] Entsteht hierbei Aufwand, den das Gericht nicht ohne Weiteres selbst wahrnehmen kann, etwa durch den Umfang der eigenen Terminsvorbereitung, ist im Kostenfestsetzungsverfahren hierzu vorzutragen.

13   Erörtert ein Sachverständiger in einem Termin sein Gutachten, entsteht regelmäßig die Höchstgebühr, ist aber zumindest ein deutliches Überschreiten der Mittelgebühr gerechtfertigt.[22]

III. Entscheidung ohne mündliche Verhandlung (Anm. zu VV 3106)

14   Nach § 124 Abs. 1 SGG entscheidet das Gericht, soweit nichts anderes bestimmt ist, aufgrund mündlicher Verhandlung. Anderes bestimmt ist u.a. in § 105 Abs. 1 SGG und in § 153 Abs. 4 SGG. Daneben können Entscheidungen, die nicht Urteile sind, nach § 124 Abs. 3 SGG ohne mündliche Verhandlung ergehen, soweit nichts anderes bestimmt ist. Ist danach eine mündliche Verhandlung vorgeschrieben, so kann das Gericht nach § 124 Abs. 2 SGG im Einverständnis mit den Parteien ohne mündliche Verhandlung entscheiden. **Anm. Nr. 1 zu VV 3106** bestimmt – nach Trennung der einheitlichen Betragsrahmengebühr in Sozialrechtsstreiten, in denen das GKG nicht anwendbar ist, in eine Verfahrens- und eine Terminsgebühr – für diesen Fall der **Entscheidung ohne mündliche Verhandlung**, dass der Rechtsanwalt, wenn in einem Verfahren, für welches mündliche Verhandlung vorgeschrieben ist, **im Einverständnis mit den Parteien** ohne mündliche Verhandlung entschieden worden ist, die **Terminsgebühr aus dem Betragsrahmen nach VV 3106 erhält**. Auf die Erläuterungen zu Anm. Abs. 1 Nr. 1 zu VV 3104 wird ergänzend verwiesen (siehe VV 3104 Rdn 7 ff.).

15   Nach **§ 105 Abs. 1 S. 1 SGG** kann das **Sozialgericht ohne mündliche Verhandlung durch Gerichtsbescheid entscheiden**, wenn die Sache keine besonderen Schwierigkeiten tatsächlicher oder rechtlicher Art aufweist und der Sachverhalt geklärt ist. Nach § 105 Abs. 1 S. 2 SGG sind die Beteiligten vorher anzuhören. Nach **Anm. Nr. 2 zu VV 3106** erhält der Rechtsanwalt bei einer Entscheidung nach § 105 Abs. 1 S. 1 SGG durch **Gerichtsbescheid** ohne mündliche Verhandlung durch das Sozialgericht die Terminsgebühr aus dem Betragsrahmen nach VV 3106 aber nur dann, wenn eine mündliche Verhandlung beantragt werden kann. Dies ist nach § 105 Abs. 2 S. 2 SGG dann möglich, wenn die Berufung nicht gegeben ist (vgl. § 144 SGG).

16   Der Gesetzgeber schafft mit dieser Änderung ohne Not einen gebührenrechtlichen „Anreiz" für die Gerichte, in noch einem größeren Umfang ohne mündliche Verhandlung durch Gerichtsbescheid zu entscheiden. Bereits jetzt steigen die Erledigungszahlen durch Entscheidungen ohne mündliche Verhandlung durch Gerichtsbescheid deutlich an und erreichen in einigen Gerichtsbezirken mehr als 40 % der streitig erledigten Verfahren.[23] Nicht selten sind die Voraussetzungen des § 105 Abs. 1 SGG – keine besonderen Schwierigkeiten tatsächlicher oder rechtlicher Art, der Sachverhalt geklärt – dabei nicht erfüllt. Die rechtsfriedenstiftende Funktion einer mündlichen Verhandlung wird daher nur im Berufungsverfahren erreicht werden können.

17   Nach **§ 153 Abs. 4 S. 1 SGG** kann das **Landessozialgericht**, außer in den Fällen des § 105 Abs. 2 S. 1 SGG, die **Berufung durch Beschluss (ohne mündliche Verhandlung) zurückweisen**, wenn es sie einstimmig für unbegründet und eine mündliche Verhandlung nicht für erforderlich hält. Die Beteiligten sind vorher zu hören. Der Rechtsanwalt erhält bei einer **Zurückweisung der Berufung nach § 153 Abs. 4 S. 1 SGG** durch das Landessozialgericht, durch Beschluss und ohne mündliche Verhandlung, **keine**, auch keine halbe **Terminsgebühr**. Dies wird durch den Gesetzgeber damit begründet, dass weder ein besonderer Aufwand des Anwalts ersichtlich ist, noch die Parteien eine Entscheidung ohne mündliche Verhandlung verhindern können.[24]

18   Nach **§ 101 Abs. 2 SGG** erledigt auch das angenommene **Anerkenntnis** des geltend gemachten Anspruchs im Umfang des Anerkenntnisses den Rechtsstreit in der Hauptsache. Nach Trennung der

---

20 *Hinne*, Anwaltsvergütung im Sozialrecht, § 3 Rn 125.
21 Thür. LSG AGS 2016, 281–282 m.w.N.; Sächs. LSG AGS 2013, 395; Bay. LSG, Beschl. v. 6.6.2013 – L 15 SF 190/12 B; *Hinne*, Anwaltsvergütung im Sozialrecht, § 3 Rn 118; Gerold/Schmidt/*Mayer*, § 3 Rn 67.
22 *Hinne*, Anwaltsvergütung im Sozialrecht, § 3 Rn 121 f., 127.
23 Statistisches Bundesamt, Fachserie 10, Reihe 2.7 (Rechtspflege, Sozialgerichte).
24 BR-Drucks 830/03, S. 265.

einheitlichen Betragsrahmengebühr in Sozialrechtsstreiten, in denen das GKG nicht anwendbar ist, in eine Verfahrens- und eine Termingebühr regelt **Anm. Nr. 3 zu VV 3106**, dass der Rechtsanwalt auch im Fall der Beendigung des Verfahrens durch Anerkenntnis die **Terminsgebühr aus dem Betragsrahmen nach VV 3106** erhält.[25] Die Anm. zu VV 3106 Nr. 1 in der Fassung des 2. KostRMoG beschränkt die „fiktive" Terminsgebühr in diesen Fällen aber auf solche Verfahren, bei denen eine mündliche Verhandlung vorgeschrieben ist, so dass in einem **Verfahren des einstweiligen Rechtsschutzes** eine Terminsgebühr nach der Anm. nicht mehr anfallen kann (wohl aber eine Terminsgebühr, wenn ausnahmsweise nach § 124 Abs. 3 SGG in einem solchen Eilverfahren tatsächlich mündlich verhandelt wird oder eine außergerichtliche Besprechung i.S.v. VV Vorb. 3 Abs. 3 S. 3 Nr. 2 stattgefunden hat). Der Gesetzgeber hat durch die Änderung der Anm. Nr. 3 zu VV 3106 klargestellt, dass es zum Anfall der „fiktiven" Terminsgebühr nur kommen soll, wenn die Durchführung der mündlichen Verhandlung vorgeschrieben ist. Gleiches gilt, wenn in einem Verfahren des einstweiligen Rechtsschutzes der Rechtsanwalt an einer außergerichtlichen Besprechung mit dem Ziel der Vermeidung oder Erledigung des Verfahrens mitwirkt (VV Vorb. 3 Abs. 3 S. 3 Nr. 2).

Die Voraussetzungen eines Anerkenntnisses sind auch dann erfüllt, wenn die Erledigungserklärung des Beklagten einem Anerkenntnis gleichzusetzen ist. Dies ist dann der Fall, wenn die mit dem Antrag verfolgte Forderung während des laufenden Rechtsstreits erfüllt wird und der Beklagte deshalb der Erledigung des Rechtsstreits zugestimmt hat. Hier ist die Interessenlage mit derjenigen eines angenommenen Anerkenntnisses genau gleich. Denn Erledigungserklärungen, mit denen der Klageanspruch anerkannt wird, sind zur Vermeidung von konstruierten Umgehungen gegenüber eindeutigen Anerkenntnissen gebührenrechtlich nicht unterschiedlich zu behandeln.[26]

Vertreten wird, dass eine „fiktive" Terminsgebühr nur anfällt, wenn das Anerkenntnis den geltend gemachten Anspruch insgesamt umfasst. Begründet wird dies damit, dass ein Anerkenntnis das im Wege einseitiger Erklärung gegebene uneingeschränkte Zugeständnis ist, dass der mit der Klage geltend gemachte prozessuale Anspruch besteht. Vor diesem Hintergrund sei Anm. Nr. 3 zu VV 3106 so zu verstehen, dass nur ein Anerkenntnis gemeint ist, dessen Annahme den Rechtsstreit sofort gemäß § 101 Abs. 2 SGG in vollem Umfang erledigt, ohne dass es weiterer Erklärungen bedarf. Ein teilweises Anerkenntnis mit anschließender Klagrücknahme soll die Terminsgebühr nach Anm. Nr. 3 zu VV 3106 nicht auslösen.[27] Hier entsteht vielmehr die Erledigungsgebühr nach VV 1006.[28] Diese Auffassung überzeugt nicht. Ist der prozessual geltend gemachte Anspruch teilbar, liegt auch ein Anerkenntnis i.S.v. § 101 Abs. 2 SGG[29] vor, so dass der Wortlaut der Anm. nicht gegen seine Anwendbarkeit spricht.[30] Der gesetzgeberischen Zielsetzung über diese „fiktive" Terminsgebühr, die unstreitige Erledigung eines Rechtsstreits zu fördern, gebietet es, zumindest dann die „fiktive" Terminsgebühr anfallen zu lassen, wenn sich mit der Annahme des Teilanerkenntnisses der Rechtsstreit gleichzeitig die Klagerücknahme im Übrigen erledigt.

Ob eine Erledigung durch Anerkenntnis nach § 101 Abs. 2 SGG im Rahmen einer **Untätigkeitsklage** eine „fiktive" Terminsgebühr anfallen lässt – wenn eine Untätigkeit der Behörde dadurch beendet wird, dass diese den beantragten (stattgebenden oder ablehnenden) Verwaltungsakt innerhalb der

---

25 SG Nürnberg RVGreport 2007, 105; SG Düsseldorf ASR 2005, 129.

26 SG Hannover NdsRpfl 2006, 383; SG Hannover, Beschl. v. 23.11.2009 – S 34 SF 168/09 E; SG Cottbus, Beschl. v. 28.10.2009 – S 27 SF 87/09 E; SG Lüneburg, Beschl. v. 30.7.2009 S 12 SF 111/09 E.

27 Zu RVG III: LSG Nds-Br AGS 2016, 69–74 m. Anm. *Hinne*, AGS 2016, 74–76, *Schneider*, AGS 2016, 76 und *Hansens*, RVGreport 2015, 461–462; SG Cottbus, Beschl. v. 22.10.2015 – S 30 SF 186/15 E; zur bisherigen Rechtslage: LSG Thüringen, Beschl. v. 26.11.2008 – L 6 B 130/08 SF (m. insoweit ablehnender Anm. von *Mayer*, FD-RVG 2009, 282278), Beschl. v. 19.6.2007 – L 6 B 80/07 SF und Beschl. v. 29.7.2009 – L 6 B 15/09 SF; LSG NRW Beschl. v. 10.5.2006 – L 10 B 13/05 SB; SG Berlin, Beschl. v. 24.2.2010 – S 164 SF 1396/09 E; SG Osnabrück, Beschl. v. 20.8.2009 – S 1 SF 22/09 E; SG Stade, Beschl. v. 4.8.2009 – S 34 SF 60/08; LSG NRW,

Beschl. v. 9.8.2007 – L 20 B 91/07 AS; SG Stuttgart, Beschl. v. 17.5.2011; S 24 SF 8468/09 E; a.A. etwa SG Koblenz, Beschl. v. 5.3.2009 – S 3 SF 28/09 E; SG Trier, Beschl. v. 25.1.2007 – S 6 SB 122/05 und Beschl. v. 25.3.2010 – S 5 SB 88/09; SG Dortmund, Beschl. v. 28.1.2010 – S 47 SF 6/10 E; SG Stuttgart, Beschl. v. 17. 5. 2011 – S 24 SF 8468/09 E; SG Oldenburg, Beschl. v. 2.4.2012 – S 10 SF 170/11 E für den Fall, dass mit der Annahme des Teilanerkenntnisses die Klage im Übrigen zurückgenommen wird.

28 SG Lüneburg, Beschl. v. 28.8.2007 – S 15 SF 129/06; VG Bremen, Beschl. v. 3.1.2009 – S4 E 2409/08; LSG Mecklenburg-Vorpommern, Beschl. v. 17.7.2008 – L 6 B 93/07; SG Reutlingen, Beschl. v. 5.6.2008 – S 2 R 1573/08 KE.

29 *Meyer-Ladewig/Keller/Leitherer*, SGG, § 101 Rn 19 ff.

30 *Mayer*, FD-RVG 2009, 282278; SG Oldenburg, Beschl. v. 2.4.2012 – S 10 SF 170/11 E.

Frist nach § 88 Abs. 1 S. 3 SGG erlässt und sie einen zureichenden Grund für die verspätete Entscheidung hatte – ist streitig. Während die eine Auffassung vertritt, dass diese Erledigungsform nicht der in VV 3106 genannten Erledigungsart des „angenommenen Anerkenntnisses" i.S.v. § 101 Abs. 2 SGG gleichsteht,[31] nehmen andere an, dass in dem Erlass des Bescheides oder Widerspruchsbescheides nach Anhängigkeit der Untätigkeitsklage und der fehlenden Darlegung eines hinreichenden Grundes für die Nichtentscheidung, ein Anerkenntnis im Sinne der Anmerkung liegt, so dass die „fiktive" Terminsgebühr entsteht.[32]

21 Nach Anm. Abs. 1 Nr. 1, 2. Alt. zu VV 3106 entsteht die Terminsgebühr nunmehr ausdrücklich ebenfalls, wenn in Verfahren, für welche mündliche Verhandlung vorgeschrieben ist, ein **schriftlicher Vergleich** geschlossen wird und es nicht zu einer Besprechung gekommen ist, die eine Terminsgebühr nach VV Vorb. 3 Abs. 3 ausgelöst hat.[33] Der Gesetzgeber korrigiert ein offensichtliches Redaktionsversehen[34] und führt hierzu in den Gesetzesmaterialien aus: „*Es gibt keinen sachlichen Grund, den schriftlichen Abschluss eines Vergleichs anders zu behandeln, nur weil keine Wertgebühren sondern Betragsrahmengebühren erhoben werden*".[35] Zu beachten ist in diesem Zusammenhang, dass durch das BUK-NOG vom 19.10.2013 § 101 Abs. 1 SGG um einen S 2 ergänzt wurde, nachdem nunmehr ein schriftlicher Vergleich im sozialgerichtlichen Verfahren auch dadurch geschlossen werden kann, dass die Beteiligten einen in der Form eines Beschlusses ergangenen Vorschlag des Gerichts, des Vorsitzenden oder des Berichterstatters schriftlich gegenüber dem Gericht annehmen.

22 Nichtsdestotrotz scheint sich in der kostenrechtlichen Rechtsprechung die Auffassung durchzusetzen, dass ein „schriftlicher Vergleich" i.S.v. Anm. Abs. 1 Nr. 1, 2. Alt. zu VV 3106 nur dann anzunehmen sein soll, wenn ein Vergleich von dem Gericht protokolliert wird, also ein Vorgehen nach § 101 Abs. 1 S. 2 SGG nicht genügen soll.[36] Diese Auffassung überzeugt nicht. Der Wortlaut der Anmerkung verlangt nicht nach einer Begrenzung auf protokollierte Vergleiche. Vielmehr kennt das Vergütungsverzeichnis die Unterscheidung zwischen schriftlichen Vergleich und einem Vorgehen nach § 278 Abs. 6 ZPO in Anm. Abs. 1 Nr. 1 zu Nr. 3101 VV, ohne diese Differenzierung bei Anm. Abs. 1 Nr. 1, 2. Alt. zu VV 3106 zu wiederholen. Was ein schriftlicher Vergleich ist, geben § 779 BGB einerseits und § 126 BGB andererseits vor.[37] Auch der Sinn und Zweck der klarstellenden Neuregelung zwingt eher zu dem weiten Verständnis.[38]

23 Keine Terminsgebühr fällt bei einer Klagerücknahme an, bevor keine mündliche Verhandlung stattgefunden hat. Dieser Fall wird dadurch zu vermeiden sein, dass der Mandant die Klage erst zurücknimmt, nachdem eine Erörterung mit dem Gericht stattgefunden hat[39] oder eine außergerichtliche Besprechung mit dem Ziel der einvernehmlichen Einigung mit dem Gegner geführt wurde (VV Vorb. 3 Abs. 3 S. 3 Nr. 2).

---

31 SG Aachen, Beschl. v. 11.5.2007 – S 13 KR 29/06; SG Marburg AGS 2008, 238; Sächs. LSG, Beschl. v. 9.12.2010 – 6 AS 438/10 B KO.

32 SG Kiel, Beschl. v. 1.6.2012 – S 21 SF 36/12 E; Hess. LSG Beschl. v. 12.5.2010 – L 2 SF 342/09 E, AGS 2010, 604–606; SG Schleswig, Beschl. v. 31.3.2011 – S 4 SK 163/08; SG Würzburg, Beschl. v. 5.1.2010 – S 2 SF 50/09 E;SG Cottbus Beschl. v. 28.10.2009 – S 27 SF 87/09, SG Berlin, Beschl. v. 1.4.2010 – S 165 SF 2479/09 E; SG Lüneburg, Beschl. v. 28.9.2009 – S 12 SF 112/09 E, SG Hannover, Beschl. v. 19.2.2009 – S 34 SF 249/08, SG Hildesheim, Beschl. v. 23.1.2009 – S 12 SF 162/08, SG Aurich, Beschl. v. 25.8.2008 – S 21 SF 25/07 AS.

33 SG Karlsruhe AGS 2007, 456 und Beschl. v. 16.10.2006 – S 10 SB 134/06 KO-A; SG Ulm AGS 2006, 554; SG Duisburg AGS 2006, 319; SG Stuttgart ASR 2008, 110; SG Oldenburg, Beschl. v. 11.7.2007 – S 10 SF 103/07; SG Speyer, Beschl. v. 25.11.2005 – S 6 R 282/05; SG Aachen, Beschl. v. 18.2.2005 – S 3 SB 178/04; **a.A.** LSG NRW AGS 2006, 441, Beschl. v. 15.5.2008 – L 7 B 63/08 AS und v. 23.2.2011 – L 19 AS 1522/10 B; LSG Schleswig-Holstein AGS 2006, 555; SG Berlin AGS 2006, 131; SG Marburg AGS 2008, 494; LSG Thüringen, Beschl. v. 19.6.2007 – L 6 B 80/07 SF; SG Augsburg, Beschl. v. 16.1.2007 – S 8 SB 351/05 Ko; Bay. LSG, Beschl. v. 22.6.2007 – L 15 B 200/07 P KO; Hess. LSG, Beschl. v. 20.4.2011 – L 2 SF 311/09 E; SG Stuttgart, Beschl. v. 14.1.2011 – S 20 SF 7180/10 E; Sächs. LSG Beschl. v. 9.12.2010 – L 6 AS 438/10 B KO.

34 *Guhl*, NZS 2005, 193, 195; SG Koblenz, Beschl. v. 19.8.2005 – S 5 KR 351/04.

35 BT-Drucks 17/11471, S. 431 f.

36 LSG NRW, Beschl. v. 11.3.2015 – L 9 AL 277/14 B; Bay. LSG, Beschl. 22.5.2015 – L 15 SF 115/14 E; LSG Nds-Br AGS 2016, 69–74 m. zurückweisenden Anm. *Hinne*, AGS 2016, 74–76 und *Schneider*, AGS 2016, 76.

37 *Schneider*, AGS 2016, 76.

38 *Hinne*, AGS 2016, 74, 75 und *Schneider*, AGS 2016, 76.

39 *Guhl*, NZS 2005, 193, 194.

Abschnitt 1. Erster Rechtszug **VV 3106**

S. 2 zu Anm. VV 3106 bestimmt, dass in den Fällen der „fiktiven" Terminsgebühr nach S. 1 der Anm., die Gebühr **90 %** der in derselben Angelegenheit dem Rechtsanwalt zustehenden **Verfahrensgebühr** beträgt. Eine Erhöhung nach VV 1008 wird dabei nicht berücksichtigt. 24

Die Änderung ist sachgerecht und orientiert sich an den Regelungen bei den wertabhängigen Gebühren (1,3-fache Verfahrensgebühr zu 1,2-facher Terminsgebühr).[40] Die Bestimmung der „fiktiven" Terminsgebühr war regelmäßig schwierig, da Kriterien hierfür zu fehlen schienen.[41] Während ein Teil der Rechtsprechung die „fiktive" Terminsgebühr nach dem hypothetischen Aufwand bestimmen wollte, der bei Durchführung eines Termins im konkreten Verfahrensstadium voraussichtlich entstanden wäre,[42] vertraten nur wenige Gerichte die zutreffende Auffassung, dass die „fiktive" Terminsgebühr unter Anwendung der Kriterien nach § 14 – wobei das Kriterium des Umfangs der anwaltlichen Tätigkeit zu vernachlässigen ist[43] – sowie unter Orientierung an der Höhe der Verfahrensgebühr[44] zu bestimmen war. Die „fiktive" Terminsgebühr sollte insbesondere zur Entlastung der Gerichte der Sozialgerichtsbarkeit als Anreiz dienen, nicht auf der Durchführung eines Termins zur mündlichen Verhandlung zu bestehen. 25

Das SG Fulda[45] vertritt die Auffassung, dass sich nach einem Anwaltswechsel die „fiktive" Terminsgebühr nur nach der konkreten Verfahrensgebühr richte, die genau dem Rechtsanwalt zustehe, der die „fiktive" Terminsgebühr für sich in Anspruch nehme. Dies überzeugt nicht. Die „fiktive" Terminsgebühr ist auch bei den Betragsrahmengebühren den Regelungen bei den Wertgebühren nachgebildet. Hier erhält der Bevollmächtigte aber eine 1,2-fache Terminsgebühr ganz unabhängig davon, welchen Aufwand (für welchen Zeitraum) er tatsächlich zu betreiben hatte.[46] Nichts anderes kann dann aber bei den Betragsrahmengebühren gelten. Die Berechnung der „fiktiven" Terminsgebühr nach einer Verfahrensgebühr, die in dieser Höhe tatsächlich gar nicht angefallen ist, kennt das Gebührenrecht nicht nur in Anrechnungsfällen,[47] sondern auch wenn die Verfahrensgebühr nach VV 1008 zu erhöhen ist. 26

Die **Mindestgebühr** der „fiktiven" Terminsgebühr beträgt danach **45 EUR** (50 EUR x 0,9), die **Höchstgebühr 459 EUR** (510 EUR x 0,9), die **Mittelgebühr 252 EUR** (280 EUR x 0,9). Die „fiktive" Terminsgebühr ist nachfolgender Formel zu berechnen: 27

fiktive Terminsgebühr = Verfahrensgebühr x 0,9[48]

Dem hält das SG Kiel überzeugend entgegen, dass die Verfahrensgebühr als Mindestgebühr geregelt sei, so dass die „fiktive" Terminsgebühr nicht unterhalb dieser Mindestgebühr festgesetzt werden könne.[49]

---

40 *Schneider/Thiel*, Das neue Gebührenrecht, § 3 Rn 852.
41 Zum Meinungsstand vor Änderung der Anm. zu VV 3106, *Wahlen*, Anwaltskommentar, 6. Aufl., VV RVG 3106 Rn 12 ff.
42 Zur alten Rechtslage: SG Hannover NdsRpfl 2006, 383 und Beschl. v. 8.7.2010 – S 27 SB 195/09; SG Lüneburg, Beschl. der seit 1.1.2009 eingerichteten Kostenkammer v. 16.3.2009 – S 12 SF 64/09 E, m. zahlreichen weiteren Nachw. zur Rspr. des SG Lüneburg; SG Lübeck, Beschl. v. 18.12.2008 – S 29 AS 638/07, S 1 SK 29/08; VG Bremen, Beschl. v. 26.9.2008 – S8 E 2963/08; LSG Schleswig-Holstein ASR 2009, 65; SG Hamburg, Beschl. v. 17.1.2008 – S 8 AL 750/06; Bay. LSG, Beschl. v. 20.8.2010 – L 15 B 1007/08 SF; SG Wiesbaden, Beschl. v. 12.3.2010 – S 10 AL 10/09.
43 Zur alten Rechtslage: SG Berlin AGS 2008, 88; SG Koblenz AnwBl 2005, 722; wohl auch SG Dresden, Beschl. v. 27.2.2009 – S 24 SF 180/08 R/F; SG Reutlingen AGS 2008, 452; SG Kassel, Beschl. v. 29.5.2012 – S 10 SF 41/12 E, ASR 2012, 170–173 m. Anm. *Mayer*, FD-RVG 2012, 333720; *Wendt*, AnwBl 2005, 722.
44 Zur alten Rechtslage: SG Lüneburg, Beschl. v. 12.6.2006 – S 25 SF 12/06; SG Hildesheim AnwBl 2006, 588 und Beschl. v. 20.4.2006 – S 12 SF 5/06; LSG NRW, Beschl. v. 10.4.2006 – L 10 B 2/07 SB; LSG NRW, Beschl. v. 26.4.2007 – L 7 B 36/07 AS; SG Duisburg, Beschl. v. 14.7.2008 – S 10 AS 165/07 ER m.w.N.; SG Düsseldorf ASR 2005, 129; SG Kiel, Beschl. v. 7.1.2011 – S 21 AR 28/08 SK; Thür. LSG, Beschl. v. 3.1.2011 – L 6 SF 727/10 B; SG Cottbus, Beschl. v. 28.10.2009 – S 27 SF 87/09 E.
45 AGS 2016, 277–278 m. krit. Anm. *Schneider*, AGS 2016, 278–279.
46 *Schneider*, AGS 2016, 278.
47 AG Dresden AGS 2015, 374.
48 *Schneider/Thiel*, Das neue Gebührenrecht, § 3 Rn 853.
49 SG Kiel AGS 2016, 219–220 m. Anm. *Hansens*, RVGreport 2016, 181–182.

28 Bei der Bestimmung der „fiktiven" Terminsgebühr in Verfahren, in denen der Rechtsanwalt mehrere **Auftraggeber** vertritt, ist aber eine Erhöhung nach **VV 1008 nicht zu berücksichtigen**. Die Gebühr berechnet sich nach folgender Formel:

fiktive Terminsgebühr = nach VV 1008 erhöhte Verfahrensgebühr x 0,9 / Kürzungsquotient[50]

Durch diesen Kürzungsquotienten wird die die nach VV 1008 berechnete Erhöhung wieder herausgerechnet. Der Quotient ergibt sich aus folgender Aufstellung:

Zahl der Auftraggeber	Quotient
2	1,3
3	1,6
4	1,9
5	2,2
6	2,5
7	2,8
8 und mehr	3

Bei 8 und mehr Auftraggebern ist die Erhöhung auf das Doppelte des Betrages der Verfahrensgebühr beschränkt (siehe VV 1008 Rdn 120), so dass es auch zu einer weiteren Kürzung nicht kommen kann.

29 Bei der Berechnung der „fiktiven" Terminsgebühr, die 90 % der in dieser Angelegenheit angefallenen Verfahrensgebühr entspricht, ist aber auch die Anrechnung der vorher angefallenen Geschäftsgebühr nach VV Vorb. 3 Abs. 4 unbeachtlich. Der Wortlaut ist eindeutig, die Terminsgebühr berechnet sich nach der Verfahrensgebühr und nicht nach einem aus einer Anrechnung verbliebenem Restbetrag.[51]

IV. Zusatzgebühr für besonders umfangreiche Beweisaufnahme

30 Hat in einem Verfahren auf das die Regelungen der Betragsrahmengebühren anzuwenden sind eine besonders umfangreiche Beweisaufnahme stattgefunden und wurden dabei in mindestens drei Gerichtsterminen Sachverständige oder Zeugen vernommen (zu den Voraussetzungen siehe VV 1010 Rdn 6 ff.), erhöhen sich der Mindest- und der Höchstbetrag der Terminsgebühr um 30 % (VV 1010, Zusatzgebühr für besonders umfangreiche Beweisaufnahme). Demnach beträgt die **Mindestgebühr 65 EUR**, die **Höchstgebühr 663 EUR** (Mittelgebühr 364 EUR). Die Zusatzgebühr wird in sozialgerichtlichen Verfahren eher keine große Bedeutung erlangen, da überhaupt nur selten von der Möglichkeit Gebrauch gemacht wird, Sachverständigen zur Erläuterung ihrer Gutachten zu laden.[52]

C. Erstattungsfragen

31 Wegen der Bestimmung der Betragsrahmengebühr wird auf die grundlegenden Ausführungen in § 3 und § 14 verwiesen (siehe § 3 Rdn 114 ff., § 14 Rdn 21 ff.).

32 Daneben ist es in Einzelfällen denkbar, dass aufgrund besonderer Umstände, die den abgehaltenen Termin im Einzelfall prägen, die reale Terminsgebühr innerhalb des Rahmens abweicht von der Verfahrensgebühr innerhalb deren Rahmen, d.h. Umstände vorliegen, die z.B. bei der Terminsgebühr eine Überschreitung der Mittelgebühr rechtfertigen, wohingegen es bei der Verfahrensgebühr beim

---

[50] *Schneider/Thiel*, Das neue Gebührenrecht, § 3 Rn 859 ff.

[51] AG Dresden AGS 2015, 374; *Schneider/Thiel*, Das neue Gebührenrecht, § 3 Rn 861; *Dahn/Schmidt*, § 9 Rn 9.

[52] Zur Anhörung von Sachverständigen im sozialgerichtlichen Verfahren: *Bultmann*, Ladung des medizinischen Sachverständigen zur Erläuterung eines Gutachtens – aus juristischer Sicht, Der medizinische Sachverständige 2011, 84.

Ansatz der Mittelgebühr verbleibt. Erhöhend kann insbesondere der Umstand sein, dass mehrere Termine wahrgenommen werden müssen oder dass der einzige Termin – etwa wegen Anhörung von Sachverständigen oder wegen sonstiger Beweiserhebung – besonders zeitaufwendig gewesen ist. Mindernd bezüglich der Höhe der realen Terminsgebühr[53] sind demgegenüber nur jene seltenen Fälle, in denen der einzige vom Rechtsanwalt wahrgenommene Termin ein „Durchlauftermin" gewesen ist, in dem lediglich ohne Erörterung die Sache vertagt wurde, etwa weil der Kläger oder ein sonstiger Beteiligter, dessen persönliches Erscheinen angeordnet worden war, nicht erschienen ist, oder in dem der Rechtsanwalt schmucklos und ohne Erörterung der Sach- und Rechtslage die Klage zurücknimmt.[54]

Zu weiteren Erstattungsfragen betreffend sozialrechtliche Angelegenheiten, in denen das GKG nicht anwendbar ist (Erstattung der Kosten für die Zuziehung eines Rechtsanwalts für ein Verwaltungs- und/oder Nachprüfungsverfahren, Kostenfestsetzung, Kostenerstattung), wird auf die grundlegenden Ausführungen zu Erstattungsfragen bei § 3 verwiesen (siehe § 3 Rdn 143 ff.). 33

Abschnitt 2. Berufung, Revision, bestimmte Beschwerden und Verfahren vor dem Finanzgericht

Nr.	Gebührentatbestand	Gebühr oder Satz der Gebühr nach § 13 RVG

Vorbemerkung 3.2:
(1) Dieser Abschnitt ist auch in Verfahren vor dem Rechtsmittelgericht über die Zulassung des Rechtsmittels anzuwenden.
(2) Wenn im Verfahren über einen Antrag auf Anordnung, Abänderung oder Aufhebung eines Arrests oder einer einstweiligen Verfügung das Rechtsmittelgericht als Gericht der Hauptsache anzusehen ist (§ 943 ZPO), bestimmen sich die Gebühren nach den für die erste Instanz geltenden Vorschriften. Dies gilt entsprechend im Verfahren der einstweiligen Anordnung und im Verfahren auf Anordnung oder Wiederherstellung der aufschiebenden Wirkung, auf Aussetzung oder Aufhebung der Vollziehung oder Anordnung der sofortigen Vollziehung eines Verwaltungsakts. Satz 1 gilt ferner entsprechend in Verfahren über einen Antrag nach § 169 Absatz 2 Satz 5 und 6, § 173 Absatz 1 Satz 3 oder nach § 176 GWB.

Abs. 2 S. 1 soll durch das EuKoPfVODG[1] mit Wirkung zum 18.1.2017 folgende Neufassung erhalten:
„Wenn im Verfahren auf Anordnung eines Arrests, zur Erwirkung eines Europäischen Beschlusses zur vorläufigen Kontenpfändung oder auf Erlass einer einstweiligen Verfügung sowie im Verfahren über die Aufhebung, den Widerruf oder die Abänderung der genannten Entscheidungen das Rechtsmittelgericht als Gericht der Hauptsache anzusehen ist (§ 943, auch i.V.m. § 946 Absatz 1 Satz 2 ZPO), bestimmen sich die Gebühren nach den für die erste Instanz geltenden Vorschriften."

A. Verfahren auf Zulassung eines Rechtsmittels (Abs. 1) 1
B. Eilverfahren vor dem Rechtsmittelgericht (Abs. 2 S. 1 und 2) 6
   I. Überblick 6
   II. Arrest oder einstweilige Verfügung vor dem Berufungsgericht (Abs. 2 S. 1) 10
     1. Antrag auf Anordnung 10
     2. Antrag auf Abänderung oder Aufhebung 12
   III. Arrestverfahren in Familiensachen vor dem OLG als Beschwerdegericht (analog Abs. 2 S. 1) 13
   IV. Einstweilige Verfügungsverfahren in Beschlussverfahren vor dem LAG als Beschwerdegericht (analog Abs. 2 S. 1) 15
   V. Einstweilige Anordnungen vor dem Rechtsmittelgericht (Abs. 2 S. 2, 1. Alt.) .. 17
     1. Überblick 17
     2. Einstweilige Anordnungen, Abänderung oder Aufhebung vor dem OLG als Beschwerdegericht in Verfahren nach dem FamFG 18
     3. Einstweilige Anordnung vor dem OVG/VGH als Berufungsgericht 21

---

53 Zu weitgehend insoweit LSG Schleswig-Holstein, Beschl. v. 12.9.2006 – L 1 B 320/05 SF SK.
54 *Guhl*, NZS 2005, 193, 195; SG Darmstadt, Beschl. v. 29.7.2011 – S 13 SF 192/11 E; SG Berlin, Beschl. v. 17.2.2011 – S 180 SF 3212/10 E; LSG NRW, Beschl. v. 14.6.2010 – L 19 AS 470/10 B.
1 Vgl. BT-Drucks 18/7560.

4. Sonstige Fälle einstweiliger Anordnungen vor einem Rechtsmittelgericht 23
5. Unanwendbarkeit des Abs. 2 S. 2 24
VI. Verfahren vor dem OVG/VGH, einem LSG oder dem BVerwG als erstinstanzliches Gericht 25
VII. Verfahren auf Anordnung oder Wiederherstellung der aufschiebenden Wirkung, auf Aussetzung oder Aufhebung der Vollziehung oder Anordnung der sofortigen Vollziehung eines Verwaltungsakts vor den Gerichten der Verwaltungs- oder Sozialgerichtsbarkeit (Abs. 2 S. 2, 2. Alt.) ... 26
  1. Überblick 26
  2. Verfahren vor den Gerichten der Verwaltungsgerichtsbarkeit 27
    a) Überblick 27
    b) Verfahren vor dem VGH/OVG als Berufungsgericht 28
    c) Verfahren vor dem BVerwG als Revisionsgericht 29
    d) Verfahren vor dem OVG/VGH oder dem BVerwG als erstinstanzliches Gericht 30
  3. Verfahren vor den Gerichten der Sozialgerichtsbarkeit 32
    a) Überblick 32
    b) Verfahren vor dem LSG als Berufungsgericht 33
    c) Verfahren vor dem BSG als Revisionsgericht 35

    d) Verfahren vor dem LSG oder BSG als erstinstanzliches Gericht 36
VIII. Verfahren auf Aussetzung oder Aufhebung der Vollziehung, auf Wiederherstellung der hemmenden Wirkung und auf Abänderung oder Aufhebung vor dem BFH 37
IX. Verfahren auf Anordnung oder Wiederherstellung der aufschiebenden Wirkung, auf Aussetzung oder Aufhebung der Vollziehung oder Anordnung der sofortigen Vollziehung eines Verwaltungsakts vor anderen Gerichten 39
C. Eilverfahren nach dem GWB (Abs. 2 S. 3) .. 41
  I. Allgemeines 41
  II. Regelungsgehalt 43
    1. Überblick 43
    2. Verfahren nach § 169 Abs. 2 S. 5 GWB 44
    3. Verfahren nach § 169 Abs. 2 S. 6 GWB .. 46
    4. Verfahren nach § 173 Abs. 1 S. 3 GWB .. 48
    5. Verfahren nach § 176 GWB 50
  III. Gebühren 52
    1. Überblick 52
    2. Verfahrensgebühr, VV 3100 53
    3. Terminsgebühr, VV 3104 55
    4. Einigungs-/Erledigungsgebühr, VV 1000, 1002 58
  IV. Gegenstandswert 59
  V. Kostenerstattung 69

A. Verfahren auf Zulassung eines Rechtsmittels (Abs. 1)

1 Die Vorschrift des Abs. 1 ist im Zusammenhang mit den Regelungen der § 16 Nr. 11, § 17 Nr. 9 und § 19 Abs. 1 S. 1 zu sehen.

2 Die auf Zulassung eines Rechtsmittels gerichtete anwaltliche Tätigkeit **vor dem Gericht, dessen Entscheidung angefochten werden soll**, wird stets durch die dort verdienten Gebühren abgegolten. Auch wenn die dahin gehende anwaltliche Tätigkeit ausdrücklich nicht im Gesetz erwähnt ist, ergibt sich dies aus § 19 Abs. 1 S. 1. Dies gilt nach § 19 Abs. 1 S. 2 Nr. 6 auch dann, wenn die Zulassung im Wege der Urteilsergänzung nach § 321 ZPO[2] oder der Urteilsberichtigung nach § 319 ZPO[3] beantragt wird.

3 Betroffen sind nicht nur die Fälle, in denen das Vordergericht von Amts wegen über die Zulassung des Rechtsmittels entscheidet, sondern auch diejenigen Fälle, in denen es nur auf Antrag über die Zulassung entscheidet, wie z.B. bei der Zulassung der Sprungrevision nach § 76 ArbGG oder der Sprungrechtsbeschwerde nach § 96a ArbGG durch das ArbG.

4 Findet dagegen ein **besonderes Zulassungsverfahren** vor dem Rechtsmittelgericht statt, so zählt nach § 16 Nr. 11 das Verfahren über die Zulassung eines Rechtsmittels, das nicht als Nichtzulassungsbeschwerde ausgestaltet ist, bereits zum Rechtsmittelzug. Schon mit der Tätigkeit im Zulassungsverfahren beginnt dann gebührenrechtlich das Rechtsmittelverfahren (§ 17 Nr. 1). Folglich muss die erste Tätigkeit, also bereits die Entgegennahme der Information in diesem Verfahren (VV Vorb. 3 Abs. 2), die Rechtsmittelgebühren auslösen. Daher ordnet Abs. 1 an, dass **VV Teil 3 Abschnitt 2** auch dann schon anzuwenden ist, wenn die **Zulassung des Rechtsmittels vor dem Rechtsmittelgericht beantragt** wird.

---

[2] Die aber wohl unzulässig ist: Zöller/*Gummer*, § 511 Rn 39.

[3] Zu den Voraussetzungen der Urteilsberichtigung: Zöller/*Gummer*, § 511 Rn 39.

Die betrifft z.B. die Fälle des Antrags auf Zulassung 5
- der Sprungrevision nach § 566 Abs. 2 S. 1 ZPO,
- der Sprungrechtsbeschwerde nach § 75 Abs. 2 S. 2 FamFG,
- der Berufung nach § 78 Abs. 4 S. 2 AsylG.

B. Eilverfahren vor dem Rechtsmittelgericht (Abs. 2 S. 1 und 2)

I. Überblick

Eilverfahren nach § 17 Nr. 4 sind in allen Gerichtsbarkeiten gegenüber der Hauptsache gesonderte 6
Angelegenheiten, sodass die Vergütung gesondert entsteht.

Abänderungs- und Aufhebungsverfahren sind zwar ebenfalls gegenüber der Hauptsache geson- 7
derte Angelegenheiten; sie sind dagegen mit dem jeweiligen Anordnungsverfahren dieselbe Angelegenheit (§ 16 Nr. 5).

Welche Vergütung in diesen Verfahren gilt, wenn sich die Hauptsache im Rechtsmittelzug befindet, 8
regelt Abs. 2.

Nach den jeweiligen Verfahrensordnungen ist für ein Eilverfahren i.d.R. das mit der Hauptsache 9
befasste Gericht zuständig. Das kann auch ein Rechtsmittelgericht sein. Für diese Fälle stellt Abs. 2
klar, dass es bei den erstinstanzlichen Gebühren nach VV Teil 3 Abschnitt 1 (VV 3100 ff.) verbleibt,
da sich die Sache im Eilrechtszug ungeachtet dessen in erster Instanz befindet.

II. Arrest oder einstweilige Verfügung vor dem Berufungsgericht (Abs. 2 S. 1)

1. Antrag auf Anordnung

Zuständig für den Erlass einer einstweiligen Verfügung oder eines Arrests ist das Gericht der 10
Hauptsache (§ 943 Abs. 1 ZPO). Dies kann unter Umständen auch das Berufungsgericht sein, wenn
die Hauptsache dort zwischenzeitlich anhängig ist. Ist ein solcher Fall gegeben, findet das Verfahren
vor dem Berufungsgericht statt (§ 943 Abs. 1 ZPO). Für diesen Fall ordnet Abs. 2 S. 1 an, dass
ungeachtet dessen der Anwalt nur die Gebühren nach **VV Teil 3 Abschnitt 1** (VV 3100 ff.), also
Gebühren für das erstinstanzliche Verfahren erhält. Gleiches soll ab dem 18.1.2017 auch in Verfahren
zur Erwirkung eines Europäischen Beschlusses zur vorläufigen Kontenpfändung gelten, wenn das
Berufungsgericht zuständig ist.

Der BGH und das BAG können dagegen niemals zuständig sein. Ist die Sache dort anhängig, bleibt 11
es bei der Zuständigkeit der ersten Instanz (§ 943 Abs. 1 ZPO), sodass sich die Gebühren ohnehin
nach VV Teil 3 Abschnitt 1 richten.

2. Antrag auf Abänderung oder Aufhebung

Für Anträge auf Abänderung oder Aufhebung solcher bereits ergangener Entscheidungen gilt das 12
gleiche. Auch hier ist das Gericht der Hauptsache zuständig (§ 943 Abs. 1 ZPO). Auch hier erhält
der Anwalt nur die Gebühren nach VV Teil 3 Abschnitt 1 (VV 3100 ff.). Allerdings ist § 16 Nr. 5 zu
beachten.

III. Arrestverfahren in Familiensachen vor dem OLG als Beschwerdegericht (analog Abs. 2 S. 1)

In Familienstreitsachen kann nach § 119 Abs. 2 FamFG ein **Arrest angeordnet** werden. Die §§ 916 13
bis 934 und die §§ 943 bis 945 ZPO gelten entsprechend. Ist die Sache in der Beschwerdeinstanz
anhängig, ist nach § 119 Abs. 2 S. 2 FamG i.V.m. § 943 Abs. 1 ZPO das Beschwerdegericht, also
das OLG, als Gericht der Hauptsache zuständig. Nach Abs. 2 S. 1 gelten auch in diesem Fall nur
die Gebühren nach VV Teil 3 Abschnitt 1, also diejenigen für das erstinstanzliche Verfahren. Dies
ist durch die Änderung des Abs. 2 S. 1 jetzt klargestellt.

14 Entsprechendes gilt für **Anträge auf Abänderung oder Aufhebung** eines bereits erlassenen Arrests, wobei auch hier wieder § 16 Nr. 5 zu beachten ist.

IV. Einstweilige Verfügungsverfahren in Beschlussverfahren vor dem LAG als Beschwerdegericht (analog Abs. 2 S. 1)

15 In Beschlussverfahren vor den Arbeitsgerichten kann das LAG nach § 85 Abs. 2 S. 1 ArbGG eine **einstweilige Verfügung** erlassen. Die Vorschriften des Achten Buchs der ZPO gelten entsprechend, somit auch § 943 Abs. 1 ZPO. Daher ist im Beschwerdeverfahren nach §§ 87 ff. ArbGG das LAG zuständig. Auch hier gilt Abs. 2 S. 1. Es entstehen nur die Gebühren nach VV Teil 3 Abschnitt 1, also für das erstinstanzliche Verfahren.

16 Entsprechendes gilt für **Anträge auf Abänderung oder Aufhebung** einer bereits erlassenen einstweiligen Verfügung, wobei auch hier wieder § 16 Nr. 5 zu beachten ist.

V. Einstweilige Anordnungen vor dem Rechtsmittelgericht (Abs. 2 S. 2, 1. Alt.)

1. Überblick

17 Die Vorschrift des Abs. 2 S. 2 gilt für alle Verfahren auf Erlass einer einstweiligen Anordnung und deren Abänderung oder Aufhebung. Diese Vorschrift betrifft in erster Linie Verfahren nach dem FamFG und Verfahren vor den Verwaltungsgerichten. Sie gilt aber auch für alle anderen Fälle, in denen ein Rechtsmittelgericht als Gericht der Hauptsache für ein einstweiliges Anordnungsverfahren zuständig ist.

2. Einstweilige Anordnungen, Abänderung oder Aufhebung vor dem OLG als Beschwerdegericht in Verfahren nach dem FamFG

18 Bis zum 31.8.2009 fehlte es in Abs. 2 für Verfahren auf Erlass einer **einstweiligen Anordnung in Familiensachen und FG-Verfahren** an einer ausdrücklichen Regelung. Diese Lücke ist mit dem FGG-ReformG zum 1.9.2009 geschlossen worden. Auch dann, wenn das Beschwerdegericht nach § 50 Abs. 1 S. 2 FamFG für den Erlass, die Abänderung oder die Aufhebung zuständig ist, bleibt es bei den einfachen Gebühren nach Teil 3 Abschnitt 1. Das ergibt sich daraus, dass Abs. 2 S. 2, 1. Alt. jetzt alle einstweiligen Anordnungsverfahren erfasst.

19 Das gilt nach der Neufassung des § 17 Nr. 4 Buchst. d) jetzt auch für einstweilige Anordnungen, die von Amts wegen (z.B. nach § 156 Abs. 3 S. 2 FamFG) erlassen werden.

20 Nicht zu verwechseln ist dieser Fall mit einer Beschwerde gegen eine einstweilige Anordnung oder deren Nichterlass (§ 57 S. 2 FamFG). In diesem Fall gelten die Gebühren nach VV Vorb. 3.2.1 Nr. 2 Buchst. b) (siehe VV Vorb. 3.2.1 Rdn 50 ff.).

3. Einstweilige Anordnung vor dem OVG/VGH als Berufungsgericht

21 Ist das OVG oder der VGH nach § 123 Abs. 2 S. 2 VwGO für den Erlass einer einstweiligen Anordnung, deren Abänderung oder Aufhebung nach § 123 Abs. 1 VwGO zuständig, gelten auch hier die Vorschriften nach VV Teil 3 Abschnitt 1.

22 Ist die Sache beim BVerwG anhängig, bleibt die Zuständigkeit bei der ersten Instanz, sodass VV Teil 3 Abschnitt 1 unmittelbar gilt.

4. Sonstige Fälle einstweiliger Anordnungen vor einem Rechtsmittelgericht

23 Auch in sonstigen Fällen, in denen ein Rechtsmittelgericht für den Erlass einer einstweiligen Anordnung als Gericht der Hauptsache zuständig ist, gelten nach Abs. 2 S. 2, 1. Alt. die Vorschriften nach

VV Teil 3 Abschnitt 1. Dies betrifft z.B. einstweilige Anordnungen in Landwirtschaftssachen (§§ 9, 18 LwVfG i.V.m. § 49 FamFG).

5. Unanwendbarkeit des Abs. 2 S. 2

Unanwendbar ist Abs. 2 S. 2 wenn das Gesetz zwar von „Beschwerdeverfahren" spricht, es sich aber faktisch um erstinstanzliche Verfahren handelt. In diesen Fällen ist das so genannte Beschwerdeverfahren kein Verfahren „vor dem Berufungsgericht", sondern ein erstinstanzliches Verfahren. Das betrifft die Fälle der Verfahren
– auf Erlass einer einstweiligen Anordnung nach § 60 GWB,
– auf Erlass einer einstweiligen Anordnung nach § 23 VSchDG.

VI. Verfahren vor dem OVG/VGH, einem LSG oder dem BVerwG als erstinstanzliches Gericht

Ist das OVG/der VGH, ein LSG oder das BVerwG als **Gericht der Hauptsache erster Instanz** zuständig, so erhält der Rechtsanwalt die Gebühren nach **VV 3300 Nr. 3, 3301**. Ist eines dieser Gerichte insoweit für den Erlass einer einstweiligen Anordnung zuständig, richten sich die Gebühren im Eilverfahren ebenfalls nach den VV 3300 Nr. 3, 3301.

VII. Verfahren auf Anordnung oder Wiederherstellung der aufschiebenden Wirkung, auf Aussetzung oder Aufhebung der Vollziehung oder Anordnung der sofortigen Vollziehung eines Verwaltungsakts vor den Gerichten der Verwaltungs- oder Sozialgerichtsbarkeit (Abs. 2 S. 2, 2. Alt.)

1. Überblick

Sowohl in verwaltungs- als auch in sozialgerichtlichen Verfahren kann das Gericht auf Antrag die aufschiebende Wirkung anordnen oder wiederherstellen, die Vollziehung aussetzen oder aufheben oder die sofortige Vollziehung eines Verwaltungsakts anordnen. Soweit die Hauptsache beim Rechtsmittelgericht anhängig ist, ist dieses Gericht zuständig. Hier ist – im Gegensatz zu einstweiligen Anordnungen – auch die Zuständigkeit des Revisionsgerichts gegeben.

2. Verfahren vor den Gerichten der Verwaltungsgerichtsbarkeit

a) Überblick

Vor den Verwaltungsgerichten richten sich die Verfahren auf Anordnung oder Wiederherstellung der aufschiebenden Wirkung, auf Aussetzung oder Aufhebung der Vollziehung oder Anordnung der sofortigen Vollziehung eines Verwaltungsakts nach § 80 VwGO. Zuständig ist das Gericht der Hauptsache.

b) Verfahren vor dem VGH/OVG als Berufungsgericht

Abs. 2 S. 2 legt auch für die Verfahren nach §§ 80 Abs. 5, 80a Abs. 2 und 3 VwGO i.V.m. §§ 80 Abs. 5 VwGO vor den Gerichten der Verwaltungsgerichtsbarkeit die Anwendung der Gebührenregelungen nach VV Teil 3 Abschnitt 1 fest. Dementsprechend erhält der Rechtsanwalt in dem Fall, dass eines der genannten Verfahren erstmalig bei dem OVG oder VGH **als Gericht der Hauptsache** (§ 80 Abs. 5 S. 1 VwGO) durchgeführt wird, nicht die für die Berufung bestimmten Gebühren nach VV Teil 3 Abschnitt 2, sondern die für den **ersten Rechtszug bestimmten Gebühren** nach VV Teil 3 Abschnitt 1 (VV 3100 ff.).

c) Verfahren vor dem BVerwG als Revisionsgericht

29 Zuständiges Gericht ist das BVerwG, wenn die Hauptsache in der Revision oder der Nichtzulassungsbeschwerde anhängig ist. Eine ausdrückliche Regelung fehlte, da Abs. 2 S. 2 nur von Berufungsverfahren sprach. Durch die Gesetzesänderung ist jetzt klargestellt, dass auch hier die für den **ersten Rechtszug bestimmten Gebühren** gelten, und zwar nach VV Teil 3 Abschnitt 1 (VV 3100 ff.) oder nach VV 3300 Nr. 2, 3301.

d) Verfahren vor dem OVG/VGH oder dem BVerwG als erstinstanzliches Gericht

30 Ist aber das BVerwG oder ein OVG (VGH) für eines der genannten Verfahren nach §§ 47, 48, 50 VwGO sachlich als **Gericht der Hauptsache erster Instanz** zuständig, so erhält der Rechtsanwalt die Gebühren nach **VV 3300 Nr. 2, 3301**, die den für die **Berufung bestimmten Gebühren** nach VV Teil 3 Abschnitt 2 entsprechen, da in diesem Fall das BVerwG oder ein OVG (VGH) nicht als Rechtsmittelgericht, sondern als Gericht erster Instanz tätig wird. Durch die Regelungen in VV 3300 Nr. 1, 3301 ist der frühere Streit über die Gebührenhöhe in dieser Fallkonstellation erledigt.[4]

31 Kommt es hier zu einem Verfahren auf Anordnung oder Wiederherstellung der aufschiebenden Wirkung, auf Aussetzung oder Aufhebung der Vollziehung oder Anordnung der sofortigen Vollziehung eines Verwaltungsakts, gelten die höheren Gebühren des dortigen erstinstanzlichen Verfahrens, nämlich nach VV 3300 Nr. 1, 3301.

3. Verfahren vor den Gerichten der Sozialgerichtsbarkeit

a) Überblick

32 Vor den Sozialgerichten richten sich die Verfahren auf Anordnung oder Wiederherstellung der aufschiebenden Wirkung, auf Aussetzung oder Aufhebung der Vollziehung oder Anordnung der sofortigen Vollziehung eines Verwaltungsakts nach § 86b SGG. Zuständig ist das Gericht der Hauptsache.

b) Verfahren vor dem LSG als Berufungsgericht

33 Abs. 2 S. 2 legt auch für die Verfahren nach § 86b Abs. 1, Abs. 2 SGG vor den Gerichten der Sozialgerichtsbarkeit die Anwendung der Gebührenregelungen nach VV Teil 3 Abschnitt 1 fest. Dementsprechend erhält der Rechtsanwalt in dem Fall, dass eines der genannten Verfahren erstmalig bei dem Landessozialgericht **als Gericht der Hauptsache** durchgeführt wird, nicht die für die Berufung bestimmten Gebühren nach VV Teil 3 Abschnitt 2, sondern die für den **ersten Rechtszug bestimmten Gebühren** nach VV Teil 3 Abschnitt 1.

34 Das gilt hier unabhängig davon, ob sich die Gebühren nach dem Wert berechnen oder nach Betragsrahmen.

c) Verfahren vor dem BSG als Revisionsgericht

35 Zuständiges Gericht ist das BSG, wenn die Hauptsache in der Revision oder der Nichtzulassungsbeschwerde anhängig ist. Eine ausdrückliche Regelung besteht jetzt auch insoweit, da Abs. 2 S. 2 nicht mehr von „Berufungsverfahren", sondern von „Rechtsmittelverfahren" spricht. Damit sind auch Verfahren vor dem BSG als Revisionsgericht erfasst, sodass auch hier die für den **ersten Rechtszug bestimmten Gebühren** nach VV Teil 3 Abschnitt 1 (VV 3100 ff.) gelten.

---

[4] VGH München AGS 1998, 58; BayVBl 1989, 27; AnwBl 1994, 43; OVG Münster NVwZ-RR 1990, 667; a.A. VGH Baden-Württemberg AGS 1998, 59; OVG Hamburg NVwZ-RR 1996, 546; OVG Lüneburg NVwZ-RR 1994, 421; OVG Rheinland-Pfalz NVwZ-RR 1994, 421 (eine Gebühr i.H.v. 10/10 nach § 40 Abs. 3 BRAGO bejahend).

d) Verfahren vor dem LSG oder BSG als erstinstanzliches Gericht

Ist das BSG oder das LSG sachlich als **Gericht der Hauptsache erster Instanz** zuständig, so erhält der Rechtsanwalt die Gebühren nach **VV 3300 Nr. 2, 3301**, da in diesem Fall das LSG nicht als Berufungsgericht, sondern als Gericht erster Instanz tätig wird.

36

VIII. Verfahren auf Aussetzung oder Aufhebung der Vollziehung, auf Wiederherstellung der hemmenden Wirkung und auf Abänderung oder Aufhebung vor dem BFH

Nach § 69 Abs. 3 FGO kann das Gericht der Hauptsache die Vollziehung ganz oder teilweise aussetzen oder die Aufhebung der Vollziehung, auch gegen Sicherheit, anordnen. Nach § 69 Abs. 5 S. 3 FGO kann das Gericht der Hauptsache die hemmende Wirkung wiederherstellen. Das Gericht der Hauptsache kann Beschlüsse über Anträge nach § 69 Abs. 3 und 5 S. 3 FGO jederzeit ändern oder aufheben (§ 69 Abs. 6 FGO). Ist Revision oder Nichtzulassungsbeschwerde eingelegt, so ist der BFH als Gericht der Hauptsache zuständig.

37

Eine Regelung für diesen Fall fehlte bislang, da nur von Berufungsverfahren die Rede war. Jetzt ist klargestellt, dass auch hier die Gebühren der ersten Instanz gelten, also nach VV 3200 ff.

38

IX. Verfahren auf Anordnung oder Wiederherstellung der aufschiebenden Wirkung, auf Aussetzung oder Aufhebung der Vollziehung oder Anordnung der sofortigen Vollziehung eines Verwaltungsakts vor anderen Gerichten

Unanwendbar ist VV Vorb. 3.2, wenn das Gesetz zwar von „Beschwerdeverfahren" spricht, es sich aber faktisch um erstinstanzliche Verfahren handelt. In diesen Fällen ist das so genannte Beschwerdeverfahren kein Verfahren „vor dem Beschwerdegericht", sondern ein erstinstanzliches Verfahren. Das betrifft die Fälle der Verfahren

39

– auf Anordnung der sofortigen Vollziehung, der Anordnung oder Wiederherstellung der aufschiebenden Wirkung und auf Aussetzung der Vollziehung nach § 64 GWB,
– auf Wiederherstellung der aufschiebenden Wirkung, Aufhebung der Vollziehung nach § 77 Abs. 3 EnWG,
– auf Wiederherstellung der aufschiebenden Wirkung, Aufhebung der Vollziehung nach § 14 Abs. 3 VDSchG,
– auf Wiederherstellung der aufschiebenden Wirkung, Aufhebung der Vollziehung nach § 50 Abs. 3 u. 5 WpÜG,
– auf Wiederherstellung der aufschiebenden Wirkung, Aufhebung der Vollziehung nach § 37u Abs. 2 WpHG i.V.m. § 50 Abs. 3 u. 5 WpÜG,
– auf Aussetzung des Vollzugs nach § 114 Abs. 1 S. 1 StVollzG oder Erlass einer einstweiligen Anordnung nach § 122 Abs. 2 S. 2 StVollzG i.V.m. § 123 Abs. 1 VwGO.

In diesem Fall gelten die Gebühren nach VV Vorb. 3.2.1 Nr. 2, 3, 4 i.V.m. VV 3200 ff.

40

C. Eilverfahren nach dem GWB (Abs. 2 S. 3)

I. Allgemeines

Die Vorschrift entspricht inhaltlich § 65a S. 2 BRAGO und war zunächst in VV 3300 und 3301 geregelt. Durch das 2. Justizmodernisierungsgesetz vom 22.12.2006 wurden VV 3300 und 3301 aufgehoben, die eine Gebühr von 2,3 bzw. 1,8 zusätzlich zu den Gebühren des Hauptverfahrens vorsahen. Bei der Gebühr nach VV 3300 handelte es sich um einen Fehler des Gesetzgebers, wie in der Begründung des Änderungsentwurfs eingeräumt wird.[5] Durch diese Änderung wird die bislang

41

---

[5] BT-Drucks 16/3038, S. 128.

streitige Frage,[6] ob und inwieweit im Wege der Auslegung die Gebühr nach VV 3300 herabgesetzt werden kann, obsolet.

42 Allerdings ist auch die jetzige Regelung unbefriedigend und systemwidrig, da die Gebühren nach VV Teil 3 Abschnitt 1 in Vergabeverfahren an sich gar nicht anwendbar sind. Im Verfahren vor der Vergabekammer gilt VV 2300 und im Verfahren vor dem Vergabesenat gelten die VV 3200 ff. (VV Vorb. 3.2.1 Nr. 2 Buchst. e).

II. Regelungsgehalt

1. Überblick

43 Die Vorschrift betrifft einen Teilbereich des gerichtlichen Verfahrens zum Vergaberecht, das im 4. Teil Kapitel 2 des **Gesetzes gegen Wettbewerbsbeschränkungen (GWB)** enthalten ist. Sie betrifft ein Verfahren vor der Vergabekammer und drei Verfahren vor dem Vergabesenat. Zu beachten ist, dass sich die Vorschriften des GWB geändert haben. Sie sind zwar inhaltsgleich geblieben, jedoch seit dem 18.4.2016 in einem anderen Paragrafen enthalten. Ältere Entscheidungen können weiterhin verwertet werden, wobei auf die abweichende Paragrafenbezeichnung zu achten ist.

2. Verfahren nach § 169 Abs. 2 S. 5 GWB

44 Das Verfahren nach § 169 Abs. 2 S. 5 GWB[7] betrifft ein Verfahren vor der Vergabekammer, bei der in der Hauptsache die Gebühren nach VV Teil 2 Abschnitt 3 gelten (VV 2300).

45 Nach Zustellung eines Nachprüfungsantrags an den Auftraggeber darf dieser vor einer Entscheidung der Vergabekammer und dem Ablauf der Beschwerdefrist nach § 172 Abs. 1 GWB den Zuschlag für den Auftrag nicht erteilen (§ 169 Abs. 1 GWB). Im Interesse eines schnellen Abschlusses des Vergabeverfahrens kann die Vergabekammer jedoch unter besonderen Umständen dem Auftraggeber auf seinen Antrag hin gestatten, den Zuschlag nach Ablauf von zwei Wochen seit Bekanntgabe dieser Entscheidung zu erteilen (§ 169 Abs. 2 S. 1 GWB). Möchte der Antragsteller dies verhindern, hat er gemäß **§ 169 Abs. 2 S. 5 GWB**[8] die Möglichkeit, durch einen Antrag beim Beschwerdegericht das Verbot des Zuschlags (§ 169 Abs. 1 GWB) wiederherstellen zu lassen.

3. Verfahren nach § 169 Abs. 2 S. 6 GWB

46 Das Verfahren nach § 169 Abs. 2 S. 6 GWB[9] betrifft ein Beschwerdeverfahren vor dem Vergabesenat, bei dem in der Hauptsache die Gebühren nach VV 3200 gelten (VV Vorb. 3.2.1 Nr. 2 Buchst: e).

47 Hat die Vergabekammer einen Antrag des Auftraggebers nach § 169 Abs. 2 S. 5 GWB abgelehnt, kann das Beschwerdegericht auf Antrag des Auftraggebers den sofortigen Zuschlag gestatten, wenn es dessen besondere Voraussetzungen für gegeben hält (**§ 169 Abs. 2 S. 6 GWB**).

4. Verfahren nach § 173 Abs. 1 S. 3 GWB

48 Auch das Verfahren nach § 173 Abs. 1 S. 3 GWB[10] betrifft ein Verfahren vor dem Vergabesenat, bei dem in der Hauptsache die Gebühren nach VV 3200 gelten (VV Vorb. 3.2.1 Nr. 2 Buchst: e).

49 Die Einlegung der Beschwerde gegen Entscheidungen der Vergabekammer hat gemäß § 173 Abs. 1 S. 1 und 2 GWB aufschiebende Wirkung nur bis zwei Wochen nach Ablauf der Beschwerdefrist. Hatte die Vergabekammer den Antrag auf Nachprüfung abgelehnt, so kann das Beschwerdegericht auf Antrag des Beschwerdeführers die aufschiebende Wirkung bis zur Entscheidung über die Beschwerde verlängern (**§ 173 Abs. 1 S. 3 GWB**).

---

6 KG AGS 2005, 155; BayObLG, Beschl. v. 19.1.2006 – Verg 022/04; *Summa*, in jurisPK-VergR VT zu § 128 GWB Rn 33–33.2.

7 Bis zum 17.4.2016: § 115 Abs. 2 S. 5 GWB; vor dem 24.4.2009: § 115 Abs. 2 S. 2 und 3 GWB.

8 Vor dem 24.4.2009: § 115 Abs. 2 S. 2 GWB.
9 Bis zum 17.4.2016: § 115 Abs. 2 S. 6 GWB.
10 Bis zum 17.4.2016: § 118 Abs. 1 S. 3 GWB.

5. Verfahren nach § 176 GWB

Auch die Regelung des § 176 GWB[11] betrifft ein Verfahren vor dem Vergabesenat, bei dem in der Hauptsache die Gebühren nach VV 3200 gelten (VV Vorb. 3.2.1 Nr. 2 Buchst: e). 50

Gemäß **§ 176 GWB** kann das Gericht auf Antrag des Auftraggebers oder auf Antrag des Unternehmens, das nach § 101a GWB vom Auftraggeber als das Unternehmen benannt ist, das den Zuschlag erhalten soll, den weiteren Fortgang des Vergabeverfahrens und den Zuschlag gestatten, wenn unter Berücksichtigung aller möglicherweise geschädigten Interessen die nachteiligen Folgen einer Verzögerung der Vergabe bis zur Entscheidung über die Beschwerde die damit verbundenen Vorteile überwiegen. Bei der Abwägung ist das Interesse der Allgemeinheit an einer wirtschaftlichen Erfüllung der Aufgaben des Auftraggebers zu berücksichtigen. Dabei berücksichtigt das Gericht bei seiner Entscheidung auch die Erfolgsaussichten der sofortigen Beschwerde, die allgemeinen Aussichten des Antragstellers im Vergabeverfahren, den Auftrag zu erhalten, und das Interesse der Allgemeinheit an einem schnellen Abschluss des Vergabeverfahrens. 51

III. Gebühren

1. Überblick

Aufgrund der Verweisung in Abs. 2 S. 3 ergibt sich, dass in den vorgenannten Eilverfahren der Rechtsanwalt die im ersten Rechtszug bestimmten Gebühren nach VV Teil 3 Abschnitt 1 erhält. Dies ist systemwidrig, da er in der Hauptsache niemals die Gebühren nach VV Teil 3 Abschnitt 1 erhält, sondern entweder die Gebühr nach VV 2300 im Verfahren vor der Vergabekammer oder nach den VV 3200 ff: im Verfahren vor dem Vergabesenat (VV. Vorb. 3.2.1 Nr. 2 Buchst. e). Es widerspricht auch sonstigen Regelungen, wonach in der Eilsache keine geringeren Gebührensätze anfallen, als in erster Instanz der Hauptsache. So sind z.B. im Eilverfahren die VV 3300, 3301 anzuwenden, wenn das OVG, der VGH oder das BVerwG erstinstanzlich zuständig sind (siehe Rdn 25). 52

2. Verfahrensgebühr, VV 3100

Der Anwalt erhält gem. VV Vorb. 3 Abs. 2 eine **Verfahrensgebühr** nach VV 3100 in Höhe von 1,3, die sich unter den Voraussetzungen der VV 3101 auf 0,8 ermäßigen kann. 53

Bei Vertretung **mehrerer Auftraggeber** erhöht sich die Gebühr nach VV 1008 um 0,3 je weiteren Auftraggeber, sofern derselbe Gegenstand zugrunde liegt. 54

3. Terminsgebühr, VV 3104

Die Terminsgebühr entsteht unter den Voraussetzungen der VV Vorb. 3 Abs. 3. 55

Der Gebührensatz beträgt nach VV 3104 1,2. eine Ermäßigung nach VV 3105 ist ausgeschlossen. 56

Eine Terminsgebühr nach Anm. Abs. 1 Nr. 1 zu VV 3104 kommt nicht in Betracht, da eine mündliche Verhandlung nicht vorgeschrieben ist. 57

4. Einigungs-/Erledigungsgebühr, VV 1000, 1002

Hinzukommen kann eine Einigungs- oder Erledigungsgebühr (VV 1000, 1002). Der Gebührensatz beträgt 1,0 (VV 1003), da die Anm. Abs. 1 zu VV 1004 mangels Verweisung in VV Vorb. 3.2.1 nicht greift. 58

---

11 Bis zum 17.4.2016: § 121 GWB.

IV. Gegenstandswert

59 Der Gegenstandswert ergibt sich gemäß § 23 Abs. 1[12] aus den für die Gerichtsgebühren geltenden Wertvorschriften, somit nach **§ 50 Abs. 2 GKG**, der dem bisherigen § 12a GKG entspricht. Daraus folgt:

60 Im Verfahren über den Antrag nach § 169 Abs. 2 S. 5 und 6 GWB, § 173 Abs. 1 S. 3 und nach § 176 GWB beträgt der Streitwert – wie bei sofortigen Beschwerden gegen Entscheidungen der Vergabekammer (§ 171 GWB) – 5 % der Bruttoauftragssumme (§ 50 Abs. 2 GKG). Damit hat sich der Gesetzgeber ausdrücklich[13] der entsprechenden Rechtsprechung des BayObLG[14] angeschlossen. Der Begriff der **Auftragssumme** ist gesetzlich nicht definiert. Darunter ist der konkrete Preis des Angebots zu verstehen, zu dem das beteiligte Unternehmen den Auftrag begehrte.[15] Dabei ist die Höhe des letzten vom Antragsteller eingereichten Angebots maßgebend.[16] Fehlen konkrete Angebote der Bieter sowie eine ordnungsgemäße Schätzung des Auftragswertes durch den Auftraggeber, ist der Auftragswert nach objektiven Kriterien gemäß § 3 ZPO zu schätzen.[17]

61 Ist Ziel des Nachprüfungsantrags, dass die Gesamtleistung losweise oder mit einem anderen Loszuschnitt vergeben wird, bemisst sich der Gegenstandwert nach dem Wert der Teilleistung, an deren Erbringung der Antragsteller interessiert ist.[18]

62 Bislang war streitig, ob sich bei langfristigen Dienstleistungsverträgen entsprechend § 1a Nr. 4 Abs. 2 VOL/A a.F.[19] bzw. nach dessen inzwischen erfolgter Aufhebung gemäß § 3 Abs. 4 Nr. 2 VgV[20] die Auftragssumme auf den 48-fachen Betrag der voraussichtlichen monatlichen Zahlung beschränkt. Während die bisher wohl h.M. dies verneint hat,[21] hat der BGH[22] eine entsprechende Beschränkung bejaht, allerdings ohne sich mit den Argumenten der abweichenden Auffassung auseinanderzusetzen. Jedenfalls wird man eine Anwendung des § 3 Abs. 4 Nr. 2 VgV dann verneinen müssen, wenn die dort genannten tatbestandlichen Voraussetzungen auf den konkreten Fall nicht zutreffen.[23]

63 Ist Gegenstand des Nachprüfungsverfahrens ein Verfahren, das auf den Abschluss eines Abfallentsorgungsvertrages mit einjähriger Laufzeit gerichtet ist, dann wird das für die Ermittlung des Kostenwerts des Beschwerdeverfahrens maßgebliche wirtschaftliche Interesse der Verfahrensbeteiligten durch diese Laufzeit des Vertrages geprägt. Die Vorschrift des § 3 Abs. 4 Nr. 2, 2. Alt. GvG steht der Festsetzung eines Kostenwerts auf der Grundlage der zu erwartenden Gesamtvergütung während der Vertragslaufzeit nicht entgegen.[24]

64 Der Streitwert des atypischen Nachprüfungsverfahrens nach § 160 Abs. 3 S. 1 Nr. 4 GWB[25] kann gegenüber dem Regelstreitwert (§ 50 Abs. 2 GKG) herabgesetzt werden.[26]

---

12 BayObLGR 2003, 332; BayObLG AGS 2003, 34 = JurBüro 2002, 362.
13 Vgl. BT-Drucks 15/1971, S. 155 zu § 50 GKG.
14 BayObLG JurBüro 2003, 307 = NZBau 2003, 694 sowie andere OLG; vgl. dazu *Byok*, NJW 2004, 198 unter II.
15 BayObLGR 2003, 332; BayObLGR 2003, 187 = JurBüro 2003, 307; OLG Koblenz, Beschl. v. 11.9.2000 – 1 Verg 1/99 und ThürOLG, Beschl. v. 19.10.2000 – 6 Verg 3/00.
16 OLG Brandenburg, Beschl. v. 2.8.2012 – Verg W 1/12.
17 OLG Jena JurBüro 2002, 434; OLG Naumburg NZBau 2003, 464.
18 BGH VergabeR 2011, 452 = NZBau 2011, 175; NZBau 2011, 629 = JurBüro 2012, 28 = MDR 2011, 1206; OLG Koblenz ZfBR 2012, 727.
19 OLG Stuttgart NZBau 2000, 599; OLG Celle NZBau 2001, 111; a.A. OLG Düsseldorf NZBau 2003, 175.
20 Dieser ersetzt den bisherigen § 3 Abs. 3 VgV, der mit Wirkung vom 11.6.2011 geändert wurde, und sieht eine Begrenzung nicht nur bei unbefristeter oder nicht absehbarer Vertragsdauer, sondern stets bei einer Laufzeit von mehr als 48 Monaten vor.

21 Vgl. *Onderka*, AGS 2011, 111, 114; *Kaiser*, NZBau 2002, 315; verneinend: OLG Jena, Beschl. v. 5.3.2010 – 9 Verg 2/08 (juris); OLG Naumburg JurBüro 2004, 86 = NZBau 2003, 464 und JurBüro 2005, 419 = NZBau 2005, 486; OLG Brandenburg JurBüro 2005, 37; bejahend: OLG Jena [6. ZS] AGS 2003, 115; OLG Stuttgart NZBau 2000, 599.
22 VergabeR 2011, 452 = NZBau 2011, 175; NZBau 2011, 629.
23 OLG Brandenburg JurBüro 2010, 426, wenn entgegen § 3 Abs. 4 Nr. 2 VgV ein Gesamtpreis angegeben ist; BayObLG VergabeR 2004, 121 unter Aufgabe seiner früheren Rspr.; OLG Naumburg JurBüro 2004, 86, beide noch zu § 3 Abs. 3 VgV aF, weil der Vertrag mit sieben Jahren befristet und die Vertragsdauer daher weder unbefristet noch nicht absehbar war.
24 OLG Naumburg, Beschl. v. 13.2.2012 – 2 Verg 14/11.
25 Bis zum 17.4.2016: § 107 Abs. 3 S. 1 Nr. 4 GWB.
26 OLG München VergabeR 2013, 654 = BauR 2013, 1324.

Da für die Verfahren nach § 115 Abs. 2 S. 5 u. 6, § 118 Abs. 1 S. 3 u. § 121 GWB keine Gerichtsgebühren erhoben werden, kommt hier eine Wertfestsetzung von Amts wegen nicht in Betracht. 65

Da es sich bei dem Verfahren nach § 115 Abs. 2 S. 5 GWB um ein Verfahren vor der Behörde handelt, scheidet hier eine Wertfestsetzung nach § 33 aus. 66

In den anderen Verfahren vor dem Vergabesenat handelt es sich dagegen um ein gerichtliches Verfahren, sodass hier für die Verfahren nach § 115 Abs. 2 S. 6, § 118 Abs. 1 S. 3 u. § 121 GWB eine gesonderte Wertfestsetzung auf Antrag nach § 33 vorgenommen werden kann. Eine Beschwerde ist allerdings ausgeschlossen (§ 33 Abs. 4 S. 2). 67

Eine **Streitwertfestsetzung** eines Instanzgerichts kann vor dem BGH nicht in zulässiger Weise **angefochten** werden; dies gilt auch für eine Streitwertfestsetzung im vergaberechtlichen Beschwerdeverfahren nach §§ 116 ff. GWB.[27] 68

V. Kostenerstattung

Insoweit gelten die Ausführungen zu VV Vorb. 3.2.1 Nr. 2 Buchst. e) entsprechend (siehe VV Vorb. 3.2.1 Rdn 167 ff.). 69

Unterabschnitt 1. Berufung, bestimmte Beschwerden und Verfahren vor dem Finanzgericht

Vorbemerkung zu Unterabschnitt 1

Die Gebühren im Berufungsverfahren regeln die VV 3200 ff. Im Gegensatz zur BRAGO sind die Gebühren im Berufungsverfahren gesondert geregelt. Es gelten also nicht die Verfahren erster Instanz, die dann über eine Hilfsvorschrift (vgl. § 11 Abs. 1 S. 4 BRAGO) erhöht werden. Vielmehr weist das Vergütungsverzeichnis in den VV 3200 ff. die **erhöhten Gebühren im Berufungsrechtszug unmittelbar** aus, so dass zum einen ein zusätzlicher Rechnungsschritt vermieden wird und zum anderen Streitfragen beseitigt sind, welche Gebühren zu erhöhen sind und welche nicht. 1

Neben den Berufungsverfahren richten sich auch die erstinstanzlichen Verfahren vor dem Finanzgericht nach den VV 3200 ff. (VV Vorb. 3.2.1 Nr. 1) sowie bestimmte Beschwerdeverfahren (VV Vorb. 3.2.1 Nr. 2 u. 3) und bestimmte Rechtsbeschwerdeverfahren (VV Vorb. 3.2.1 Nr. 4). 2

Das Gebührensystem selbst entspricht dem System des erstinstanzlichen Verfahrens. Auch hier erhält der Anwalt also eine Verfahrensgebühr (VV Vorb. 3 Abs. 2), die sich bei vorzeitiger Erledigung reduziert, sowie eine Terminsgebühr (VV Vorb. 3 Abs. 3). Ebenso kommt gegebenenfalls eine ermäßigte Terminsgebühr bei Säumnis in Betracht. Auch die Zweiteilung zwischen Wertgebühren (§ 2 Abs. 1) und Betragsrahmengebühren (§ 3 Abs. 1 S. 1) wird in Unterabschnitt 1 beibehalten. 3

Neben den Vorschriften der VV 3200 ff. gelten die allgemeinen Gebühren nach VV Teil 1, die Auslagen nach VV Teil 7 sowie die sonstigen Regelungen, etwa zum Verfahren auf vorläufige Vollstreckbarerklärung (VV 3329), zum Verfahren bei abgesonderter Verhandlung über die vorläufige Einstellung der Zwangsvollstreckung (VV 3328), über die Gehörsrüge (VV 3330), die Vorschriften zum PKH-Prüfungsverfahren (VV 3335) etc. 4

---

27 BGH VergabeR 2004, 255 = MDR 2004, 355.

Nr.	Gebührentatbestand	Gebühr oder Satz der Gebühr nach § 13 RVG

	Vorbemerkung 3.2.1:
	Dieser Unterabschnitt ist auch anzuwenden in Verfahren
	1. vor dem Finanzgericht,
	2. über Beschwerden
	   a) gegen die den Rechtszug beendenden Entscheidungen in Verfahren über Anträge auf Vollstreckbarerklärung ausländischer Titel oder auf Erteilung der Vollstreckungsklausel zu ausländischen Titeln sowie über Anträge auf Aufhebung oder Abänderung der Vollstreckbarerklärung oder der Vollstreckungsklausel,
	   b) gegen die Endentscheidung wegen des Hauptgegenstands in Familiensachen und in den Angelegenheiten der freiwilligen Gerichtsbarkeit,
	   c) gegen die den Rechtszug beendenden Entscheidungen im Beschlussverfahren vor den Gerichten für Arbeitssachen,
	   d) gegen die den Rechtszug beendenden Entscheidungen im personalvertretungsrechtlichen Beschlussverfahren vor den Gerichten der Verwaltungsgerichtsbarkeit,
	   e) nach dem GWB,
	   f) nach dem EnWG,
	   g) nach dem KSpG,
	   h) nach dem VSchDG,
	   i) nach dem SpruchG,
	   j) nach dem WpÜG,
	3. über Beschwerden
	   a) gegen die Entscheidung des Verwaltungs- oder Sozialgerichts wegen des Hauptgegenstands in Verfahren des vorläufigen oder einstweiligen Rechtsschutzes,
	   b) nach dem WpHG,
	4. über Rechtsbeschwerden nach dem StVollzG, auch i.V.m. § 92 JGG.	

Zum 18.1.2017 soll in der Nr. 3 ein neuer Buchst. c) wie folgt eingefügt werden:[1]

„c) gegen die Entscheidung über den Widerspruch des Schuldners (§ 954 Abs. 1 Satz 1 ZPO) im Fall des Artikels 5 Buchstabe a der Verordnung (EU) Nr. 655/2014,"

Literatur: Zu Nr. 2 Buchst. e: *Bechtold*, GWB, Kommentar, 5. Aufl. 2008; *Byok*, Die Entwicklung des Vergaberechts seit 2002, NJW 2004, 198; *Immenga/Mestmäcker*, Kommentar zum Kartellgesetz, 4. Aufl. 2007; *Kaiser*, Die Berechnung des Gegenstandswertes vor der Vergabekammer, NZBau 2002, 315; *N. Schneider*, Unklarheiten bei der erhöhten Einigungs- und Erledigungsgebühr im Rechtsmittelverfahren, AnwBl 2005, 202; *ders.*, Einigungs- und Erledigungsgebühr in berufungsgleichen Verfahren nach Vorbemerkung 3.2.1 Abs. 1 VV RVG, NJW 2007, 2666

Zu Nr. 2 Buchst. j: *Ehricke/Ekkenga/Oechsler*, WpÜG; Kölner Kommentar zum WpÜG, 2. Aufl. 2010.

Zu Nr. 4: *Callies/Müller-Dietz*, StrVollzG, Kommentar, 11. Aufl. 2008.

A.	Anwendungsbereich	1	aa)	Anwendungsbereich ... 29
	I. Keine Anwendung auf nicht benannte Verfahren	1		(1) Beschwerdeverfahren betr. ausländische Titel ... 29
	II. Entsprechende Anwendung auf die Einigungs- und Erledigungsgebühr	2		(2) Rechtsbeschwerdeverfahren nicht erfasst ... 31
B.	Verfahren vor dem Finanzgericht (Nr. 1)	3		(3) Anerkennung ausländischer Entscheidungen in Ehesachen (§ 107 FamFG) ... 32
	I. Allgemeines	3		(4) Exequaturverfahren (§ 722 ZPO) ... 36
	II. Regelungsgehalt	6		(5) Verfahren ohne Vollstreckungsklausel ... 37
	1. Einigungsgebühr, VV 1000; Erledigungsgebühr, VV 1002	6		(6) EUGVVO ... 39
	2. Verfahrensgebühr, VV 3200, 3201	9		(7) AVAG ... 41
	3. Terminsgebühr, VV 3202	16	bb)	Gebühren bei Beschwerden bzgl. ausländischer Titel ... 44
	4. Gebühren für Einzeltätigkeiten, VV 3400 ff.	17	cc)	Gegenstandswert ... 47
	III. Erstattungsfragen	21	dd)	Gebühren bei der Bestätigung inländischer Titel als Europäische Vollstreckungstitel (§ 1079 ZPO) ... 48
C.	Bestimmte Beschwerdeverfahren (Nr. 2)	22		
	I. Allgemeines	22		
	II. Regelungsgehalt	23		
	1. Endentscheidung	23		
	2. Die einzelnen Fälle	29		
	a) Beschwerdeverfahren bei ausländischen Titeln (Nr. 2 Buchst. a)	29		

---

[1] Art. 13 Nr. 4 EuKoPfVODG (BT-Drucks 18/7560).

Abschnitt 2. Berufung, Revision, bestimmte Beschwerden, Verfahren vor Finanzgericht **VV Vorb. 3.2.1**

b) Beschwerdeverfahren gegen die Endentscheidung wegen des Hauptgegenstands in Familiensachen (Nr. 2 Buchst. b) ... 50
   aa) Anwendungsbereich 50
   bb) Gegenstandswert 64
   cc) Gebühren 67
      (1) Verfahrensgebühr, VV 3200 .. 67
      (2) Verfahrensgebühr – vorzeitige Beendigung, VV 3201 70
      (3) Terminsgebühr (VV 3202) ... 71
      (4) Reduzierte Terminsgebühr, VV 3203 78
      (5) Einigungsgebühr, VV 1000, 1004 81
      (6) Zusatzgebühr für besonders umfangreiche Beweisaufnahmen, VV 1010 84
   dd) Kostenerstattung und Kostenverteilung 85
c) Beschwerdeverfahren gegen die Endentscheidung wegen des Hauptgegenstands in Angelegenheiten der freiwilligen Gerichtsbarkeit (Nr. 2 Buchst. b) 87
   aa) Anwendungsbereich 87
   bb) Geschäftswert 107
   cc) Gebühren 112
      (1) Verfahrensgebühr, VV 3200 .. 112
      (2) Verfahrensgebühr – vorzeitige Beendigung, VV 3201 114
      (3) Terminsgebühr, VV 3202 115
      (4) Reduzierte Terminsgebühr, VV 3203 119
      (5) Einigungsgebühr, VV 1000, 1004 120
      (6) Zusatzgebühr für besonders umfangreiche Beweisaufnahmen, VV 1010 121
   dd) Kostenerstattung und Kostenverteilung 122
d) Beschwerdeverfahren gegen Rechtszug beendende Entscheidungen im Beschlussverfahren vor den Gerichten für Arbeitssachen (Nr. 2 Buchst. c) 123
   aa) Allgemeines 123
   bb) Regelungsgehalt 124
      (1) Verfahrensgebühr, VV 3200 .. 129
      (2) Terminsgebühr 130
         (a) Allgemeines 130
         (b) Entstehung 131
         (c) Volle Gebühr 132
         (d) Anwendungsbereich, VV 3104 133
            (aa) Schriftliches Verfahren (Anm. Abs. 1 zu VV 3202 i.V.m. Anm. Abs. 1 Nr. 1, 1. Alt. zu VV 3104) 133
            (bb) Differenzterminsgebühr (Anm. Abs. 1 zu VV 3202 i.V.m. Anm. Abs. 2 zu VV 3104) 135
            (cc) Protokollierung einer Einigung (Anm. Abs. 1 zu VV 3202 i.V.m. Anm. Abs. 3 zu VV 3104) 136

      (e) Reduzierte Terminsgebühr 137
         (aa) Versäumnisurteil, Antrag auf Prozess- oder Sachleitung 138
         (bb) Entscheidungen zur Prozess- oder Sachleitung von Amts wegen 139
         (cc) Entscheidung nach § 331 Abs. 3 ZPO ... 140
         (dd) Nichtverhandeln der erschienenen Partei . 141
e) Beschwerdeverfahren gegen die den Rechtszug beendenden Entscheidungen im personalvertretungsrechtlichen Beschlussverfahren vor den Gerichten der Verwaltungsgerichtsbarkeit (Nr. 2 Buchst. d) 142
f) Beschwerdeverfahren nach dem GWB (Nr. 2 Buchst. e) 145
   aa) Allgemeines 145
   bb) Regelungsgehalt 148
      (1) Anwendungsbereich 148
      (2) Gebühren 151
         (a) Allgemeines 151
         (b) Verfahrensgebühr, VV 3200 152
         (c) Verfahrensgebühr – vorzeitige Beendigung, VV 3201 154
         (d) Terminsgebühr, VV 3202 155
         (e) Reduzierte Terminsgebühr, VV 3203 156
         (f) Einigungsgebühr, VV 1000 157
         (g) Erledigungsgebühr, VV 1002, 1004 158
         (h) Einstweilige Anordnungen 159
         (i) Sonstige Gebührentatbestände 160
   cc) Gegenstandswert 161
   dd) Kostenerstattung 167
      (1) Beschwerde- und Rechtsbeschwerdeverfahren 167
      (2) Vergabeverfahren 171
g) Beschwerdeverfahren nach dem EnWG (Nr. 2 Buchst. f) 175
   aa) Allgemeines 175
   bb) Regelungsgehalt 176
      (1) Anwendungsbereich 178
      (2) Gebühren 180
         (a) Allgemeines 180
         (b) Verfahrensgebühr, VV 3200 181
         (c) Verfahrensgebühr – vorzeitige Beendigung, VV 3201 182
         (d) Erhöhung, VV 1008 183
         (e) Terminsgebühr, VV 3202 184
         (f) Reduzierte Terminsgebühr, VV 3203 185
         (g) Einigungsgebühr, VV 1000 186
         (h) Erledigungsgebühr, VV 1002, 1004 187

(i) Einstweilige Anordnungen 188
(j) Sonstige Gebührentatbestände 189
cc) Gegenstandswert 190
dd) Kostenerstattung 191
h) Beschwerdeverfahren nach dem KSpG (Nr. 2 Buchst. g) 194
aa) Allgemeines 194
bb) Regelungsgehalt 195
(1) Anwendungsbereich 196
(2) Gebühren 198
(a) Allgemeines 198
(b) Verfahrensgebühr, VV 3200 199
(c) Verfahrensgebühr – vorzeitige Beendigung, VV 3201 200
(d) Erhöhung, VV 1008 201
(e) Terminsgebühr, VV 3202 202
(f) Reduzierte Terminsgebühr, VV 3203 204
(g) Zusatzgebühr, VV 1010 .. 205
(h) Einigungsgebühr, VV 1000 206
(i) Erledigungsgebühr, VV 1002, 1004 207
(j) Sonstige Gebührentatbestände 208
cc) Gegenstandswert 209
dd) Kostenerstattung 210
i) Beschwerdeverfahren nach dem VSchDG (Nr. 2 Buchst. h) 213
aa) Allgemeines 213
bb) Regelungsgehalt 214
(1) Anwendungsbereich 215
(2) Gebühren 217
(a) Allgemeines 217
(b) Verfahrensgebühr, VV 3200 218
(c) Verfahrensgebühr – vorzeitige Beendigung, VV 3201 219
(d) Erhöhung, VV 1008 220
(e) Terminsgebühr, VV 3202 221
(f) Reduzierte Terminsgebühr, VV 3203 222
(g) Einigungsgebühr, VV 1000 223
(h) Erledigungsgebühr, VV 1002, 1004 224
(i) Zusatzgebühr, VV 1010 .. 225
(j) Einstweilige Regelungen 226
(k) Sonstige Gebührentatbestände 228
cc) Gegenstandswert 229
dd) Kostenerstattung 230
ee) Prozesskostenhilfe 233
j) Beschwerdeverfahren nach dem SpruchG (Nr. 2 Buchst. i) 234
aa) Allgemeines 234
bb) Regelungsgehalt 240
(1) Anwendungsbereich 240
(2) Gebühren 246
(a) Verfahrensgebühr, VV 3200 246
(b) Terminsgebühr, VV 3202 248
(c) Reduzierte Terminsgebühr, VV 3203 249
(d) Einigungsgebühr, VV 1000, 1004 250
(e) Zusatzgebühr für besonders umfangreiche Beweisaufnahmen, VV 1010 251
(f) Sonstige Gebührentatbestände 252
cc) Gegenstandswert 253
(1) Vertretung der Antragsteller .. 253
(2) Vertretung eines von mehreren Antragstellern 256
dd) Kostenerstattung 258
k) Beschwerdeverfahren nach dem WpÜG (Nr. 2 Buchst. j) 261
aa) Allgemeines 262
bb) Regelungsgehalt 273
(1) Anwendungsbereich 273
(a) Verfahren nach §§ 48 ff. WpÜG 273
(b) Beschwerdeverfahren nach § 39b WPÜG 275
(2) Gebühren 276
(a) Verfahrensgebühr, VV 3200 276
(b) Verfahrensgebühr – vorzeitige Beendigung, VV 3201 277
(c) Terminsgebühr, VV 3202 278
(d) Reduzierte Terminsgebühr, VV 3203 280
(e) Einigungsgebühr, VV 1000 281
(f) Erledigungsgebühr, VV 1002, 1004 282
(g) Zusatzgebühr für besonders umfangreiche Beweisaufnahmen, VV 1010 283
(h) Einstweilige Anordnungen 284
(i) Sonstige Gebührentatbestände 287
cc) Gegenstandswert 288
(1) Verfahren nach §§ 48 ff. WpÜG 288
(2) Verfahren nach § 39b WpÜG 289
(3) Verfahren nach § 50 Abs. 3 bis 5 WpÜG 293
(4) Beschwerdeverfahren nach § 63 WpÜG 294
dd) Kostenerstattung 295
(1) Verfahren nach §§ 48 ff. WpÜG 295
(2) Ausschlussverfahren nach § 39b WpÜG 297
D. Beschwerdeverfahren gegen Entscheidungen des Verwaltungs- oder Sozialgerichts wegen des Hauptsachegegenstands in Verfahren des vorläufigen oder einstweiligen Rechtsschutzes (Nr. 3 Buchst. a) 299
E. Beschwerdeverfahren nach dem WpHG (Nr. 3 Buchst. b) 306
I. Allgemeines 306
II. Regelungsgehalt 310
1. Anwendungsbereich 310

2. Gebühren 311	II. Regelungsgehalt 331
a) Verfahrensgebühr, VV 3200 311	1. Anwendungsbereich 331
b) Verfahrensgebühr – vorzeitige Beendigung, VV 3201 312	2. Gebühren 332
	a) Verfahrensgebühr, VV 3200 332
c) Terminsgebühr, VV 3202 313	b) Verfahrensgebühr – vorzeitige Beendigung, VV 3201 333
d) Reduzierte Terminsgebühr, VV 3203 .. 315	
e) Einigungsgebühr, VV 1000 316	c) Terminsgebühr, VV 3202 335
f) Erledigungsgebühr, VV 1002, 1004 ... 317	d) Reduzierte Terminsgebühr, VV 3203 .. 338
g) Einstweilige Anordnungen 318	e) Einigungsgebühr, VV 1000; Erledigungsgebühr, VV 1002, 1004 339
h) Sonstige Gebührentatbestände 320	
III. Gegenstandswert 321	f) Zurückverweisung 340
IV. Kostenerstattung 323	g) Einstweilige Anordnungen 341
F. Verfahren über Rechtsbeschwerden nach dem StVollzG, auch i.V.m. § 92 JGG (Nr. 4) 326	III. Gegenstandswert 342
	IV. Kostenerstattung 345
	V. Prozesskostenhilfe 347
I. Allgemeines 326	

A. Anwendungsbereich

I. Keine Anwendung auf nicht benannte Verfahren

In anderen als den in VV Vorb. 3.2.1 genannten Verfahren bleibt es bei den allgemeinen Regelungen. Die Aufzählung der Beschwerdeverfahren, für die Gebühren wie in einem Berufungsverfahren nach VV 3200 ff. anfallen, ist enumerativ und abschließend. **1**

II. Entsprechende Anwendung auf die Einigungs- und Erledigungsgebühr

Strittig war nach der bis zum 31.7.2013 geltenden Fassung des Gesetzes, ob sich die Verweisung in VV Vorb. 3.2.1 auch auf die Höhe der Einigungs- und Erledigungsgebühr bezog. Das betraf vor allem Beschwerden in Familiensachen und erstinstanzlichen Verfahren vor den Finanzgerichten. Der Gesetzgeber hat dieses Problem gelöst und in Anm. Abs. 1 zu VV 1004 ausdrücklich nur die Einigung in den Beschwerde- und Rechtsbeschwerden nach VV Vorb. 3.2.1, 3.2.2 aufgewertet. Die Einigungs- und Erledigungsgebühr in finanzgerichtlichen Verfahren hat er – auch mit dem 2. KostRMoG – bewusst nicht aufgewertet. Hier erschien ihm die Besserstellung bei der Verfahrensgebühr ausreichend. Eine Gesetzeslücke kann daher nicht mehr angenommen werden (siehe VV 1003, 1004 Anh. Rdn 63). **2**

B. Verfahren vor dem Finanzgericht (Nr. 1)

I. Allgemeines

Nr. 1 sieht vor, dass der Rechtsanwalt auch für seine Tätigkeit in erstinstanzlichen **Verfahren vor den Finanzgerichten** die für die Berufungsinstanz **erhöhten Gebühren nach VV Teil 3 Abschnitt 2 Unterabschnitt 1** erhält. Das gilt auch in Verfahren bei überlangen Gerichtsverfahren und strafrechtlichen Ermittlungsverfahren, da VV 3300 für die Finanzgerichte keine Sonderregelung enthält. **3**

Hiernach kann er die nachfolgend dargestellten, aber nicht umfassend behandelten Gebühren erhalten; auf die Erläuterungen zu den einzelnen Gebührenvorschriften wird ergänzend verwiesen. **4**

Das FG ist seiner Struktur nach ein Obergericht wie das OVG (der VGH). Es hat als Obergericht die Senatsverfassung, und die Richter am FG werden wie die Richter an anderen Obergerichten besoldet. Die höheren Gebühren sind auch gerechtfertigt, da das FG die erste und gleichzeitig letzte Tatsacheninstanz ist und in der Regel die einzige und letzte gerichtliche Instanz darstellt. Die Tätigkeit des Rechtsanwalts im Finanzgerichtsprozess ist daher nicht vergleichbar mit seinen Tätigkeiten vor den sonstigen erstinstanzlichen Gerichten. Sie ist vielmehr vergleichbar mit der anwaltlichen Tätigkeit vor den Berufungsgerichten. Im Unterschied zu dem Vortrag vor den erstinstanzlichen Gerichten ist der Sachverhaltsvortrag vor dem FG stets zwingend abschließend. Für die rechtliche Begründung gilt regelmäßig das Gleiche. Sie muss daher stets zu allen denkbaren Einzelheiten **5** umfassend und eingehend vorgetragen werden. Die Tätigkeit vor dem FG stellt deshalb an den Rechtsanwalt besondere Anforderungen.[2]

II. Regelungsgehalt

1. Einigungsgebühr, VV 1000; Erledigungsgebühr, VV 1002

6 Nach **Anm. Abs. 1 zu VV 1000** entsteht die **Einigungsgebühr** für die Mitwirkung beim Abschluss eines Vertrags, durch den der Streit oder die Ungewissheit der Parteien über ein Rechtsverhältnis beseitigt wird, es sei denn, der Vertrag beschränkt sich ausschließlich auf ein Anerkenntnis oder einen Verzicht. Die Gebühr entsteht nach **Anm. Abs. 2 zu VV 1000** auch für die Mitwirkung bei Vertragsverhandlungen, es sei denn, dass diese für den Abschluss des Vertrags nicht ursächlich war. Für die Mitwirkung bei einem unter einer aufschiebenden Bedingung oder unter dem Vorbehalt des Widerrufs geschlossenen Vertrag entsteht die Gebühr, wenn die Bedingung eingetreten ist oder der Vertrag nicht mehr widerrufen werden kann (**Anm. Abs. 3 zu VV 1000**).

7 Nach **Anm. zu VV 1002** entsteht die **Erledigungsgebühr**, wenn sich eine Rechtssache ganz oder teilweise nach Aufhebung oder Änderung des mit einem Rechtsbehelf angefochtenen Verwaltungsakts durch die anwaltliche Mitwirkung erledigt. Das Gleiche gilt, wenn sich eine Rechtssache ganz oder teilweise durch Erlass eines bisher abgelehnten Verwaltungsakts erledigt.

8 Strittig war nach der früheren Fassung des Gesetzes, ob sich die Verweisung in VV Vorb. 3.2.1 Nr. 1 auch auf die Höhe der Einigungs- und Erledigungsgebühr bezog.[3] Das betraf vor allem Beschwerden in Familiensachen und erstinstanzlichen Verfahren vor den Finanzgerichten. Der Gesetzgeber hat dieses Problem gelöst und in Anm. Abs. 1 zu VV 1004 ausdrücklich nur die Einigung in den Beschwerde- und Rechtsbeschwerden nach VV Vorb. 3.2.1, 3.2.2 aufgewertet. Die Einigungs- und Erledigungsgebühr in finanzgerichtlichen Verfahren hat er bewusst nicht aufgewertet. Hier erschien ihm die Besserstellung bei der Verfahrensgebühr ausreichend. Eine Gesetzeslücke kann daher nicht mehr angenommen werden,[4] zumal er bei der Änderung dieser Vorschrift durch das 2. KostRMoG in Kenntnis des Problems keine Veranlassung zu einer Änderung gesehen hat (siehe dazu auch VV 1003, 1004 Anh. Rdn 63).

2. Verfahrensgebühr, VV 3200, 3201

9 Nach **VV 3200** erhält der Rechtsanwalt in Verfahren vor dem FG eine **1,6-Verfahrensgebühr**. **Endigt der Auftrag vorzeitig**, so erhält der Rechtsanwalt nach **VV 3201** eine **1,1-Verfahrensgebühr**.

10 Entgegen der Rechtsauffassung des FG Niedersachsen gilt dies **auch in Aussetzungsverfahren vor dem FG**.[5] Das FG Niedersachsen erkennt zunächst zutreffend, dass sich die Gebühren in Verfahren vor dem FG grundsätzlich gemäß VV Vorb. 3.2.1 Nr. 1 nach VV Teil 3 Abschnitt 3.2 bestimmen. Da aber in VV Vorb. 3.2. Abs. 2 niedergelegt ist, dass in Verfahren über vorläufigen Rechtsschutz, in denen das Berufungsgericht das Gericht der Hauptsache ist, die Gebühren nach VV Teil 3 Abschnitt 3.1 zu berechnen sind, gelangt es zu der Rechtsauffassung, dass auch für Aussetzungsverfahren vor dem FG sich die Gebühren nach den für die I. Instanz geltenden Gebührensätzen bestimmen. Dies überzeugt nicht. Das FG Niedersachsen verkennt zunächst, dass sich ein FG nicht als Berufungsgericht, sondern als Gericht ersten Instanz mit dem Aussetzungsverfahren befasst und hierfür nach VV Vorb. 3.2.1 Nr. 1 gerade die Gebühren nach VV Teil 3 Abschnitt 3.2 vorgesehen sind. Weiterhin übersieht das FG Niedersachsen, dass VV Vorb. 3.2 Abs. 2 gerade keine Regelung für Finanzgerichte beinhaltet, da eine solche in Anbetracht der Gesetzessystematik nicht erforderlich war. Die Regelung ist mithin weder direkt noch analog auf die Finanzgerichtsbarkeit anzuwenden. Schließlich ist dem FG Niedersachsen entgangen, dass in VV 3300 geregelt worden ist, dass bei erstinstanzlicher Zuständigkeit eines Berufungsgerichtes, ebenfalls die höheren Gebührensätze Anwendung finden,

---

2 BT-Drucks 15/1971, S. 213.
3 *N. Schneider*, AnwBl 2005, 202 ff.; FG Rheinland-Pfalz AGS 2008, 181, FG Baden-Württemberg AGS 2007, 349; FG Köln EFG 2007, 1474 und Beschl. v. 13.3.2008 – 10 Ko3739/07 (n.v.).

4 FG Köln, Beschl. v. 25.5.2009 – 13 M 09.1144 und v. 12.6.2011 – 10 Ko 1662/11 dabei folgend FG Münster EFG 2010, 2021 und Beschl. v. 7.6.2010 – 9 Ko 647/10 KFB; FG München AGS 2011, 235.
5 FG Niedersachsen DStRE 2005, 1366.

welches ebenso für Verfahren des einstweiligen Rechtschutzes bei erstinstanzlicher Zuständigkeit des Berufungsgerichtes gilt. Damit kann der systemfremden Rechtsauffassung des FG Niedersachsen nicht gefolgt werden.⁶ Daneben ist auf die vorstehenden Ausführungen zur allgemeinen gebührenrechtlichen Behandlung der finanzgerichtlichen Verfahren und auf die aus der Gesetzesbegründung abzuleitenden Argumente zu verweisen.

Soweit wegen desselben Gegenstandes eine **Geschäftsgebühr** nach VV 2300 entstanden ist, wird diese Gebühr nach VV Vorb. 3 Abs. 4 zur Hälfte, jedoch **höchstens** mit einem Gebührenansatz von **0,75** auf die Verfahrensgebühr des gerichtlichen Verfahrens **angerechnet**. 11

War der Anwalt zuvor im Besteuerungsverfahren tätig, gilt § 35 Abs. 1 S. 1. Danach ist eine Gebühr nach §§ 23, 24 oder 31 StBVV anzurechnen wie eine Geschäftsgebühr nach VV 2300. Eine solche Gebühr wird also hälftig angerechnet, höchstens zu einem Satz von 0,75 (VV Vorbem. 2.3 Abs. 4 S. 1; Vorbem. 3 Abs. 4). Zu Einzelheiten siehe die Kommentierung zu § 35. 12

Sind nach der StBVV mehrere Gebühren angefallen, sind alle Gebühren hälftig anzurechnen, indem die Summe der Gebühren hälftig angerechnet wird (§ 35 Abs. 2 S. 2). Siehe auch hier zu Einzelheiten die Kommentierung zu § 35. 13

Zu beachten ist auch hier die Begrenzung der Anrechnung auf 0,75 nach VV Vorb. 2.3 Abs. 4 S. 1; VV Vorb. 3 Abs. 4 S. 1. 14

War der Anwalt sowohl im Besteuerungsverfahren als auch im Einspruchsverfahren tätig, sind die Gebühren nach der StBVV hälftig auf die Geschäftsgebühr des Einspruchsverfahrens anzurechnen. Die Geschäftsgebühr für das Einspruchsverfahren wiederum ist hälftig, höchstens zu 0,75 nach VV Vorb. 3 Abs. 4 S. 1 auf die Verfahrensgebühr des gerichtlichen Verfahrens anzurechnen. 15

3. Terminsgebühr, VV 3202

Nach **VV 3202** erhält der Rechtsanwalt in Verfahren vor dem FG eine **1,2-Terminsgebühr**. Die Gebühr entsteht nach Anm. Abs. 1 zu VV 3202 i.V.m. Anm. zu VV 3104 auch dann, wenn in einem Verfahren, für das mündliche Verhandlung vorgeschrieben ist, im Einverständnis mit den Parteien ohne mündliche Verhandlung entschieden oder in einem solchen Verfahren ein schriftlicher Vergleich geschlossen wird. Die zuletzt genannte Möglichkeit des Entstehens einer Terminsgebühr wird in finanzgerichtlichen Verfahren aber nie realisierbar sein. Anders als die VwGO (§ 106 VwGO), das SGG (§ 101 SGG) oder die ZPO (§ 278 ZPO) sieht die FGO die Möglichkeit einer Verfahrensbeendigung durch Vergleich nicht vor. Nach ständiger Rechtsprechung des BFH sind (auch im finanzgerichtlichen Verfahren) Vergleiche über Steueransprüche vielmehr wegen der Grundsätze der Gesetzmäßigkeit und Gleichmäßigkeit der Besteuerung überhaupt nicht möglich.⁷ Der Wortlaut der Anm. zu VV 3104, der – anders als bspw. VV 1000, 1003 – den dem Wortsinn nach engeren Begriff des „Vergleichs" wählt, spricht daher bereits dagegen, im finanzgerichtlichen Verfahren eine Terminsgebühr nach dieser Alternative entstehen zu lassen. Der BFH hat zwar im finanzgerichtlichen Verfahren die Zulässigkeit tatsächlicher Verständigungen grundsätzlich anerkannt. Zweck der tatsächlichen Verständigung ist es dabei, zu jedem Zeitpunkt des Besteuerungsverfahrens hinsichtlich bestimmter Sachverhalte, deren Klärung schwierig, aber zur Festsetzung der Steuer notwendig ist, den möglichst zutreffenden Besteuerungssachverhalt i.S.d. § 88 der Abgabenordnung (AO) einvernehmlich festzulegen. Eine tatsächliche Verständigung über reine Rechtsfragen ist nach der Rechtsprechung des BFH jedoch nicht möglich.⁸ 16

Nach Anm. Abs. 2 zu VV 3202 entsteht die Terminsgebühr auch dann, wenn das FG gemäß § 79a Abs. 2, § 90a oder § 94a FGO ohne mündliche Verhandlung entscheidet.

---

6 FG Brandenburg EFG 2006, 1704; FG Düsseldorf EFG 2009, 217; FG Köln, Beschl. v. 27.6.2011 – 10 Ko 1553/11 und v. 28.2.2011 – 10 Ko 1119/10; FG Niedersachsen, Beschl. v. 18.1.2010 – 7 KO 5/08 und 7 KO 10/09.

7 BFHE 196, 87.
8 Schleswig-Holsteinisches FG EFG 2008, 1150; FG Saarland EFG 2006, 926.

4. Gebühren für Einzeltätigkeiten, VV 3400 ff.

17 Beschränkt sich der Auftrag des Rechtsanwalts auf die **Führung des Verkehrs der Partei mit dem Verfahrensbevollmächtigten**, so erhält er nach **VV 3400** eine **Verfahrensgebühr** in Höhe der dem Verfahrensbevollmächtigten zustehenden Verfahrensgebühr, höchstens aber eine 1,0-Verfahrensgebühr. Beschränkt sich der Auftrag des Rechtsanwalts auf die **Vertretung in einem Termin**, so erhält er nach **VV 3401** eine Verfahrensgebühr in Höhe der Hälfte der dem Verfahrensbevollmächtigten zustehenden Verfahrensgebühr. Zusätzlich erhält der Rechtsanwalt nach VV 3402 im Fall von VV 3401 eine Terminsgebühr in Höhe der einem Verfahrensbevollmächtigten zustehenden Terminsgebühr. **Endet der Auftrag vorzeitig**, im Falle VV 3400, bevor der Verfahrensbevollmächtigte beauftragt oder der Rechtsanwalt gegenüber dem Verfahrensbevollmächtigten tätig geworden ist, und im Falle der VV 3401, bevor der Termin begonnen hat, so erhält der Rechtsanwalt nach **VV 3405** höchstens eine 0,5-Verfahrensgebühr.

18 Für **sonstige Einzeltätigkeiten** in Verfahren vor dem FG erhält der Rechtsanwalt nach **VV 3403** eine **0,8-Verfahrensgebühr**. Diese Gebühr entsteht für sonstige Tätigkeiten in einem gerichtlichen Verfahren, wenn der Rechtsanwalt nicht zum Prozess- oder Verfahrensbevollmächtigten bestellt ist, soweit in diesem Abschnitt nichts anderes bestimmt ist.

19 Beschränkt sich der Auftrag auf ein **Schreiben einfacher Art**, erhält der Rechtsanwalt nach **VV 3404** eine **0,3-Verfahrensgebühr**. Die Gebühr entsteht insbesondere, wenn das Schreiben weder schwierige rechtliche Ausführungen noch größere sachliche Auseinandersetzungen enthält.

20 Etwaige **Terminsgebühren** für Einzeltätigkeiten entstehen nach VV Vorb. 3.4 Abs. 1 nur, wenn dies ausdrücklich, wie in VV 3402, bestimmt ist.

III. Erstattungsfragen

21 Zu Erstattungsfragen betreffend finanzgerichtliche Angelegenheiten wird auf die grundlegenden Ausführungen zu Erstattungsfragen bei § 17 verwiesen (siehe § 17 Rdn 54 ff.).

C. Bestimmte Beschwerdeverfahren (Nr. 2)

I. Allgemeines

22 Nach **Nr. 2** gelten die Vorschriften des Berufungsverfahrens für bestimmte Beschwerdeverfahren entsprechend. Durch das 2. KostRMoG wurde Nr. 2 insoweit geändert, als sich jetzt auch in allen Angelegenheiten der freiwilligen Gerichtsbarkeit die Gebühren für Beschwerdeverfahren, die den Hauptgegenstand des Verfahrens betreffen, nach den für die Berufung geltenden Vorschriften der VV 3200 ff. bestimmen. Beschwerden gegen den Rechtszug beendende Entscheidungen in Angelegenheiten der freiwilligen Gerichtsbarkeit wegen des Hauptgegenstands entsprechen einem Berufungsverfahren der streitigen Gerichtsbarkeit. Denn auch in Beschwerdeverfahren hat das Beschwerdegericht eine vollständige Nachprüfung in sachlicher und rechtlicher Hinsicht vorzunehmen. Deshalb hielt es der Gesetzgeber für geboten, die Anwendbarkeit von VV Teil 3 Abschnitt 2 auf sämtliche Beschwerden und Rechtsbeschwerden wegen des Hauptgegenstands in Angelegenheiten der freiwilligen Gerichtsbarkeit auszudehnen. Die bislang in Nr. 2c genannten Verfahren nach dem Gesetz über **Landwirtschaftssachen** werden nicht mehr ausdrücklich genannt, sondern werden von Nr. 2b erfasst (Verfahren über die Beschwerde gegen die Endentscheidung in den Angelegenheiten der freiwilligen Gerichtsbarkeit). Die Gebühren für einfache Beschwerden nach VV Teil 3 Abschnitt 5 (VV 3500 ff.) werden deshalb insoweit nur für die rechtliche Überprüfung von Zwischenverfügungen, prozessleitenden Beschlüssen der ersten Instanz und in Nebenverfahren, wie dem Kostenfestsetzungsverfahren, erhoben.[9]

---

[9] BT-Drucks 17/11471, S. 432 f.

II. Regelungsgehalt

1. Endentscheidung

Gemeinsame Voraussetzung für die in Nr. 2 Buchst. a bis d genannten Fälle ist, dass sich die Beschwerde **gegen eine den Rechtszug beendende Entscheidung** richtet. In den in Nr. 2 Buchst. e bis j ist der Wortlaut abweichend formuliert und das Kriterium nicht enthalten. Das steht im Zusammenhang damit, dass die Beschwerdeverfahren auf der Grundlage der jeweiligen Gesetze (GWB, EnWG, KSpG, VSchDG, SpruchG, WpÜG) konkret bestimmbar sind. 23

Nr. 2 gilt nicht für Beschwerden gegen Entscheidungen zu einer Nebensache, auch wenn sie die Instanz abschließen, wie z.B. eine Kostenentscheidung nach Hauptsacheerledigung, Antragsrücknahme o.Ä. 24

Beschwerden gegen die **Entscheidungen, die die Instanz nicht beenden**, fallen nicht unter Nr. 2, sondern sind nach VV 3500, 3513 abzurechnen. Hierzu zählen etwa Beschwerden im Richterablehnungsverfahren, PKH- oder VKH-Beschwerden, Aussetzungsbeschwerden o.Ä. 25

Auch **einstweilige Anordnungen** sind nach dem FamFG den Rechtszug beendende Entscheidungen, sodass auch Beschwerden gegen einstweilige Anordnungen unter Nr. 2 fallen. 26

Darauf, ob die Beschwerde überhaupt zulässig ist oder nicht, kommt es nicht an, da zumindest der Gegenanwalt auch für die Abwehr einer unzulässigen Beschwerde eine Vergütung erhält. 27

Findet in einem der in Nr. 2 genannten Verfahren ein erstmaliges einstweiliges oder vorläufiges Anordnungsverfahren statt, gelten dagegen die Gebühren nach Teil 3 Abschnitt 1 (VV Vorb. 3.2 Abs. 2 S. 2). 28

2. Die einzelnen Fälle

a) Beschwerdeverfahren bei ausländischen Titeln (Nr. 2 Buchst. a)

aa) Anwendungsbereich. **(1) Beschwerdeverfahren betr. ausländische Titel.** Voraussetzung für die Anwendung von VV Vorb. 3.2.1 Nr. 2a und VV 3200 ff. ist stets das **Vorliegen eines Beschwerdeverfahrens**.[10] Nr. 2a gilt in Verfahren über **Beschwerden** gegen den Rechtszug beendende Entscheidungen in Verfahren über 29
– Anträge auf Vollstreckbarerklärung ausländischer Titel (auch Schiedssprüche)[11] oder
– Anträge auf Erteilung der Vollstreckungsklausel zu ausländischen Titeln sowie
– Anträge auf Aufhebung oder Abänderung der Vollstreckbarerklärung oder der Vollstreckungsklausel.

Abs. 1 Nr. 2 Buchst. a sieht vor, dass in Verfahren über die Beschwerde gegen die den Rechtszug beendenden Entscheidungen über Anträge auf Vollstreckbarerklärung ausländischer Titel oder auf Erteilung der Vollstreckungsklausel zu ausländischen Titeln sowie Anträge auf Aufhebung oder Abänderung der Vollstreckbarerklärung oder der Vollstreckungsklausel die **erhöhten Gebühren** des **Unterabschnitts 1** anfallen (VV 3200 ff.). Hierdurch soll der erhöhte Arbeitsaufwand, den der Rechtsanwalt durch die erneute Prüfung des Sachverhalts und Bewertung der Rechtslage hat, abgegolten werden. 30

(2) Rechtsbeschwerdeverfahren nicht erfasst. Weil in den in Nr. 2 Buchst. a genannten Fällen in **Rechtsbeschwerdeverfahren** in Verfahren über 31
– Anträge auf Vollstreckbarerklärung ausländischer Titel oder
– Anträge auf Erteilung der Vollstreckungsklausel zu ausländischen Titeln sowie
– Anträge auf Aufhebung oder Abänderung der Vollstreckbarerklärung oder der Vollstreckungsklausel

---

10 Gerold/Schmidt/*Müller-Rabe*, RVG, VV Vorb. 3.2.1 Rn 24.
11 Gerold/Schmidt/*Müller-Rabe*, RVG, VV Vorb. 3.2.1 Rn 14; BGH AGS 2003, 39 = JurBüro 2003, 95 = MDR 2002, 969, zu den Gerichtskosten.

grundsätzlich die **Vertretung durch einen beim BGH zugelassenen Rechtsanwalt vorgeschrieben ist**,[12] erfasst VV Vorb. 3.2.1 nur die Beschwerdeverfahren; für die Rechtsbeschwerde gilt VV Teil 3 Abschnitt 2 Unterabschnitt 2 (VV Vorb. 3.2.2 Nr. 1a: Verfahren über Rechtsbeschwerden in den in der Vorbemerkung 3.2.1 Nr. 2 genannten Fällen).[13]

32 **(3) Anerkennung ausländischer Entscheidungen in Ehesachen (§ 107 FamFG).** Nr. 2a gilt nicht in Verfahren nach § 107 FamFG über die Anerkennung ausländischer Entscheidungen in **Ehesachen**. Hier fallen für das Verfahren vor der Justizverwaltung (behördliches Verfahren) Gebühren nach VV 2300 ff. an.[14]

33 Lehnt die Landesjustizverwaltung den Antrag ab, kann der Antragsteller gemäß § 107 Abs. 5 FamFG beim **OLG** die Entscheidung beantragen. Im (erstinstanzlichen) Verfahren vor dem OLG entstehen die **Gebühren** nach VV 3100 ff., nicht nach VV 3200 ff.[15]

34 Die gem. § 29 EGGVG im Falle ihrer Zulassung durch das OLG mögliche **Rechtsbeschwerde** rechnet der Rechtsanwalt wegen VV Vorbem. 3.2.2 Nr. 1a nach VV 3206 ff. ab.[16]

35 Gemäß § 97 FamFG können Regelungen in völkerrechtlichen Vereinbarungen § 107 FamFG vorgehen. Ein Verfahren nach § 107 FamFG mit den dort entstehenden Anwaltsgebühren findet dann nicht statt. Nach Art. 21 der Verordnung (EG) Nr. 2201/2003 des Rates vom 27.11.2003 über die Zuständigkeit und die Anerkennung und Vollstreckung von Entscheidungen in Ehesachen und in Verfahren betreffend die elterliche Verantwortung und zur Aufhebung der Verordnung (EG) Nr. 1347/2000 werden die in einem Mitgliedstaat ergangenen Entscheidungen in den anderen Mitgliedstaaten anerkannt, ohne dass es hierfür eines besonderen Verfahrens bedarf.

36 **(4) Exequaturverfahren (§ 722 ZPO).** Gemäß **§ 722 Abs. 1 ZPO** findet aus dem Urteil eines ausländischen Gerichts die Zwangsvollstreckung grds. nur statt, wenn ihre Zulässigkeit in einem ordentlichen Zivilprozess durch ein **Vollstreckungsurteil** ausgesprochen ist (**Exequaturverfahren**). In diesem **Klageverfahren** entstehen im **ersten Rechtszug** (§ 722 Abs. 2 ZPO) die **Gebühren** nach VV 3100 ff. (vgl. VV Vorb. 3.1 Abs. 1).[17] Im **Berufungsverfahren** gilt VV Teil 3 Abschnitt 2 Unterabschnitt 1 (VV 3200 ff.) unmittelbar.[18]

37 **(5) Verfahren ohne Vollstreckungsklausel.** Durch **EU-Verordnungen** im Bereich der justiziellen Zusammenarbeit in Zivilsachen (z.B. **EUGVVO**) und durch **multi- und bilaterale Staatsverträge** sowie den dazu ergangenen **Ausführungsgesetzen** können jedoch zwischen Staaten Vereinbarungen getroffen sein, die die Anerkennung von und die Vollstreckung aus ausländischen Titeln vorrangig regeln und gegenüber dem Verfahren nach § 722 ZPO Erleichterungen schaffen. Findet bei einem in einem Mitgliedstaat der Europäischen Union ergangenen Titel die Zwangsvollstreckung im Inland statt, ohne dass es hierfür einer Vollstreckungsklausel bedarf, kann es nicht zu einem Beschwerdeverfahren mit den dort nach VV 3200 ff. entstehenden Gebühren kommen.

38 Folgende Fälle sind hiervon insbesondere erfasst:
 – Vollstreckung aus einem Titel, der in einem anderen Mitgliedstaat der Europäischen Union nach der Verordnung (EG) Nr. 805/2004 des Europäischen Parlaments und des Rates vom 21.4.2004 zur Einführung eines **Europäischen Vollstreckungstitels für unbestrittene Forderungen (EUVTVO)** als Europäischer Vollstreckungstitel bestätigt worden ist: Gem. **§ 1082 ZPO** findet die Zwangsvollstreckung im Inland statt, ohne dass es einer Vollstreckungsklausel bedarf;
 – Vollstreckung aus einem nach der Verordnung (EG) Nr. 1896/2006 des Europäischen Parlaments und des Rates vom 12.12.2006 zur Einführung eines Europäischen Mahnverfahrens (**EU-MahnVO**) erlassenen und für vollstreckbar erklärten **Europäischen Zahlungsbefehl:** Gem. **§ 1093 ZPO** findet die Zwangsvollstreckung im Inland statt, ohne dass es einer Vollstreckungsklausel bedarf;

---

12 Schlauß, Das neue Gesetz zum internationalen Familienrecht – das Internationale Familienrechtsverfahrensgesetz (IntFamRVG), Anmerkung zu § 29 IntFamRVG; Zöller, § 16 AVAG Rn 1.
13 Vgl. Gerold/Schmidt/*Müller-Rabe*, RVG, VV Vorb. 3.2.1 Rn 12; Riedel/Sußbauer/*Ahlmann*, VV Vorb 3.2.1 Rn 6.
14 Thiel, AGS 2009, 366; Gerold/Schmidt/*Müller-Rabe*, RVG, VV Vorb. 3.2.1 Rn 15, 22.
15 Thiel, AGS 2009, 366; Gerold/Schmidt/*Müller-Rabe*, RVG, VV Vorb. 3.2.1 Rn 15, 23.
16 Gerold/Schmidt/*Müller-Rabe*, RVG, VV Vorb. 3.2.1 Rn 24.
17 Gerold/Schmidt/*Müller-Rabe*, RVG, VV 3100 Rn 3; Riedel/Sußbauer/*Ahlmann*, VV Vorb. 3.2.1 Rn 3.
18 Riedel/Sußbauer/*Ahlmann*, VV Vorb. 3.2.1 Rn 3.

- Vollstreckung aus einem Titel, der in einem Mitgliedstaat der Europäischen Union nach der Verordnung (EG) Nr. 861/2007 des Europäischen Parlaments und des Rates vom 11.7.2007 zur Einführung eines **europäischen Verfahrens für geringfügige Forderungen (EUBagatellVO)** ergangen ist; gem. **§ 1107 ZPO** findet die Zwangsvollstreckung im Inland statt, ohne dass es einer Vollstreckungsklausel bedarf;
- Vollstreckung aus einem Titel, wenn die Voraussetzungen der Artikel 17 oder 48 der Verordnung (EG) Nr. 4/2009 des Rates vom 18.12.2008 über die Zuständigkeit, das anwendbare Recht, die Anerkennung und Vollstreckung von Entscheidungen und die Zusammenarbeit in **Unterhaltssachen** vorliegen (§ 30 Abs. 1 AUG).

(6) EUGVVO. Voraussetzung für die Anwendung von VV Vorb. 3.2.1 Nr. 2a und VV 3200 ff. ist stets das **Vorliegen eines Beschwerdeverfahrens**.[19] Nach Art. 43 Abs. 1 **EUGVVO a.F.** konnte jede Partei **bis zur Neufassung der EUGVVO zum 10.1.2015** gegen die Entscheidung über den Antrag auf Vollstreckbarerklärung einen Rechtsbehelf einlegen. Der Rechtsbehelf ist in Deutschland nach Art. 43 Abs. 2 EUGVVO und Anhang III zur EUGVVO bei dem **OLG** einzulegen und wird gem. Art. 43 EUGVVO nach den Vorschriften entschieden, die für Verfahren mit beiderseitigem rechtlichem Gehör maßgebend sind. Wird dieses Verfahren als Beschwerdeverfahren angesehen (vgl. § 11 AVAG), richten sich die Gebühren nach VV 3200 ff.[20]

39

Seit dem 10.1.2015 werden nach der Neufassung der EUGVVO die in einem Mitgliedstaat ergangenen Entscheidungen in den anderen Mitgliedstaaten anerkannt, ohne dass es hierfür eines besonderen Verfahrens bedarf (Art. 36 Abs. 1 EUGVVO n.F.). Daher kann es auch nicht zu einem Beschwerdeverfahren mit den dort nach VV 3200 ff. entstehenden Gebühren kommen (vgl. Rdn 29).

40

(7) AVAG. Das Gesetz zur Ausführung zwischenstaatlicher Verträge und zur Durchführung von Verordnungen und Abkommen der Europäischen Gemeinschaft auf dem Gebiet der Anerkennung und Vollstreckung in Zivil- und Handelssachen **(AVAG)** regelt das Verfahren für die Ausführung folgender zwischenstaatlicher Verträge (Anerkennungs- und Vollstreckungsverträge):
- Übereinkommen vom 27.9.1968 über die gerichtliche Zuständigkeit und die Vollstreckung gerichtlicher Entscheidungen in Zivil- und Handelssachen;
- Übereinkommen vom 16.9.1988 über die gerichtliche Zuständigkeit und die Vollstreckung gerichtlicher Entscheidungen in Zivil- und Handelssachen;
- Vertrag vom 17.6.1977 zwischen der Bundesrepublik Deutschland und dem Königreich Norwegen über die gegenseitige Anerkennung und Vollstreckung gerichtlicher Entscheidungen und anderer Schuldtitel in Zivil- und Handelssachen;
- Vertrag vom 20.7.1977 zwischen der Bundesrepublik Deutschland und dem Staat Israel über die gegenseitige Anerkennung und Vollstreckung gerichtlicher Entscheidungen in Zivil- und Handelssachen;
- Vertrag vom 14.11.1983 zwischen der Bundesrepublik Deutschland und Spanien über die Anerkennung und Vollstreckung von gerichtlichen Entscheidungen und Vergleichen sowie vollstreckbaren öffentlichen Urkunden in Zivil- und Handelssachen.

41

Daneben existieren z.B. noch folgende weitere zwischenstaatliche Verträge:
- deutsch-schweizerisches Vollstreckungsabkommen vom 28.7.1930,
- deutsch-italienisches Vollstreckungsabkommen vom 9.3.1936,
- deutsch-belgisches Vollstreckungsabkommen vom 30.6.1958,
- deutsch-österreichischer Vertrag vom 6.6.1959,
- deutsch-britisches Abkommen vom 14.7.1960,
- deutsch-griechisches Abkommen vom 4.11.1961,
- deutsch-tunesischer Vertrag vom 19.7.1966,
- deutsch-niederländischer Vertrag vom 30.8.1962,
- deutsch-türkisches Abkommen vom 28.5.1929.

42

Gem. § 11 Abs. 1 AVAG wird gegen die im ersten Rechtszug ergangene Entscheidung über den Antrag auf Erteilung der Vollstreckungsklausel die Beschwerde bei dem Beschwerdegericht durch Einreichen einer Beschwerdeschrift oder durch Erklärung zu Protokoll der Geschäftsstelle eingelegt. Beschwerdegericht ist das **OLG**. Für das Beschwerdeverfahren in diesen Fällen gelten wegen VV

43

---

19 Gerold/Schmidt/*Müller-Rabe*, RVG, VV Vorb. 3.2.1 Rn 24.

20 Gerold/Schmidt/*Müller-Rabe*, RVG, VV Vorb. 3.2.1 Rn 17.

Vorb. 3.2.1 Nr. 2a VV 3200 ff. Bei der Berufung im Exequaturverfahren nach §§ 722 f. ZPO gelten VV 3200 ff. unmittelbar.

44 **bb) Gebühren bei Beschwerden bzgl. ausländischer Titel.** In den von Nr. 2a erfassten Beschwerdeverfahren entsteht die Verfahrensgebühr VV 3200 f. und die Terminsgebühr VV 3202 f. Die Entstehungsvoraussetzungen ergeben sich aus VV Vorb. 3 Abs. 2 und Abs. 3. Es muss sich zudem um eine Beschwerde gegen eine **den Rechtszug beendende Entscheidung** handeln. Bei sonstigen Beschwerden gilt VV Teil 3 Abschnitt 5, was sich auch aus VV Vorb. 3.5 ergibt, da dort VV Vorb. 3.2.1 negativ erwähnt ist.

45 Im Beschwerdeverfahren vor dem OLG gem. § 11 **(AVAG)** oder gemäß Art. 43 **EUGVVO a.F.** entstehen somit die Gebühren nach VV 3200 ff. Im erstinstanzlichen Verfahren vor dem LG nach §§ 3 ff. AVAG bzw. Art. 39 Abs. 1 und Anhang II EUGVVO a.F. fallen die Gebühren nach VV 3100 ff. an.

46 Das gilt entsprechend für Verfahren nach dem Gesetz zur Ausführung des Vertrages zwischen der Bundesrepublik Deutschland und der Republik Österreich vom 6.6.1959 über die gegenseitige Anerkennung und Vollstreckung von gerichtlichen Entscheidungen, Vergleichen und öffentlichen Urkunden in Zivil- und Handelssachen. Der Beschluss, mit dem die Vollstreckbarkeit angeordnet wird, unterliegt gemäß § 2 Abs. 4 des Gesetzes der Beschwerde nach den §§ 567 bis 577 ZPO. Beschwerdegericht ist entweder das LG oder das OLG (vgl. § 1 Abs. 1). Erstinstanzliche Verfahren nach § 3 Abs. 1 und § 3 Abs. 2 (Abänderung einer Entscheidung nach § 3 Abs. 1) des Gesetzes bilden gemäß § 16 Nr. 6 **dieselbe Angelegenheit**.

47 **cc) Gegenstandswert.** Als **Gerichtsgebühren** – auch im Beschwerdeverfahren – fallen in den von VV Vorb. 3.2.1 Nr. 2a erfassten Verfahren die in KV 1510 ff. GKG bzw. KV 1710 ff. FamGKG geregelten **Festgebühren** an. Es existiert damit keine Wertvorschrift für die Gerichtsgebühren, die gemäß §§ 23 Abs. 1 S. 1, 32 für die Anwaltsgebühren herangezogen werden könnte. Die Berechnung des Gegenstandswerts richtet sich deshalb nach § 23 Abs. 1 S. 2: Wenn als Gerichtsgebühr eine Festgebühr bestimmt ist, sind die Wertvorschriften des jeweiligen Kostengesetzes entsprechend anzuwenden. Bei Vollstreckbarerklärung **familienrechtlicher Entscheidungen** gilt für die Wertberechnung für die erstinstanzlichen Anwaltsgebühren § 42 FamGKG.[21] Bei Vollstreckbarerklärung einer ausländischen Unterhaltsentscheidung sind die Bewertungsgrundsätze des § 51 FamGKG zu berücksichtigen, allerdings bleiben Unterhaltsrückstände aus der Zeit **nach Erlass** des ausländischen Titels unberücksichtigt.[22] Im Beschwerdeverfahren richtet sich der Gegenstandswert gemäß § 47 GKG bzw. § 40 FamGKG nach den Anträgen des Rechtsmittelführers.[23] Maßgebend ist gemäß § 40 GKG, § 34 FamGKG der Zeitpunkt des Eingangs der Beschwerde.[24] Abzustellen ist bei einem auf eine Fremdwährung lautenden Titel auf den Umrechnungskurs bei Eingang der Beschwerde.[25]

48 **dd) Gebühren bei der Bestätigung inländischer Titel als Europäische Vollstreckungstitel (§ 1079 ZPO).** Für die **Beantragung** der Ausstellung einer der in § 1079 ZPO genannten Bescheinigungen (Bestätigung eines inländischen Titels als Europäischer Vollstreckungstitel) erhält der bereits im vorhergehenden Erkenntnisverfahren tätige Rechtsanwalt **keine gesonderten Gebühren**. Diese Tätigkeiten gehören vielmehr zum Rechtszug (§ 19 Abs. 1 S. 2 Nr. 9). Für den Rechtsanwalt, der auch im Erkenntnisverfahren tätig war, wird die Tätigkeit nach § 1079 ZPO daher mit der allgemeinen 1,3-Verfahrensgebühr nach VV 3100 mit abgegolten. Ist der Rechtsanwalt nur mit der Durchführung der Zwangsvollstreckung im Ausland beauftragt und holt er die Bescheinigung nach § 1079 ZPO in diesem Zusammenhang ein, gehören die Tätigkeit zum Rechtszug des Vollstreckungsverfahrens und werden mit der 0,3-Verfahrensgebühr nach VV 3309 abgegolten. Diese Regelung soll dem Grundsatz Rechnung tragen, dass bloße Vorbereitungs-, Neben- und Abwicklungstätigkeiten neben den für das Verfahren vorgesehenen Gebühren keine besondere Vergütung auslösen.

---

21 Thiel, in: Schneider/Herget, Streitwert-Kommentar, 13. Aufl., Rn 8908 ff.; vgl. auch HK-FamGKG/*Türck-Brocker*, Nr. 1710 KV Rn 13 ff.

22 BGH NJW 2010, 8 = JurBüro 2010, 201 = RVGreport 2010, 432; BGH NJW-RR 2009, 651 = FamRZ 2009, 222 = RVGreport 2009, 235.

23 BGH NJW 2010, 8 = JurBüro 2010, 201 = RVGreport 2010, 432.

24 BGH NJW 2010, 8 = JurBüro 2010, 201 = RVGreport 2010, 432; BGH NJW-RR 2009, 651 = FamRZ 2009, 222 = RVGreport 2009, 235.

25 BGH NJW-RR 1998, 1452; OLG Hamburg JurBüro 1981, 1546.

Lediglich dann, wenn der Rechtsanwalt im Rahmen einer Einzeltätigkeit im Zusammenhang mit der Zwangsvollstreckung beauftragt wird, fallen die Gebühren nach VV 3309, 3310 gesondert an.

Wird der Rechtsanwalt im **Beschwerdeverfahren** gegen die Zurückweisung der Ausstellung einer Bescheinigung nach § 1079 ZPO tätig (vgl. §§ 1080 Abs. 2, 731, 732 ZPO oder § 567 ZPO i.V.m. § 11 RpflG[26]), fallen keine Gebühren nach Unterabschnitt 1 (VV 3200 ff.) an. Denn es handelt sich um eine Beschwerde gegen die Zurückweisung des Antrages auf Ausstellung einer Bestätigung nach § 1079 ZPO und nicht um eine Beschwerde gegen eine den Rechtszug beendende Entscheidung in Verfahren über einen Antrag auf Vollstreckbarerklärung eines ausländischen Titels oder auf Erteilung der Vollstreckungsklausel zu einem ausländischen Titel. Deshalb unterfällt die Beschwerde gemäß § 1080 Abs. 2 ZPO VV Teil 3 Abschnitt 5. 49

b) Beschwerdeverfahren gegen die Endentscheidung wegen des Hauptgegenstands in Familiensachen (Nr. 2 Buchst. b)

aa) Anwendungsbereich. In Verfahren über Beschwerden gegen die Endentscheidung wegen des Hauptgegenstands in Familiensachen werden die Gebühren nach VV Teil 3 Abschnitt 2 Unterabschnitt 2, also nach den VV 3200 ff., ausgelöst. 50

Mit der Neufassung der VV Vorb. 3.2.1 Nr. 2 Buchst. b durch das 2. KostRMoG ist klargestellt worden, dass ausschließlich Beschwerden betreffend den Hauptgegenstand erfasst sein sollen. VV Vorb. 3.2.1 Nr. 2 Buchst. b gilt demgemäß nicht für Beschwerden gegen Zwischen- und Nebenentscheidungen. Für die Gerichtsgebühren hatte der Gesetzgeber die Bezugnahme zum Hauptgegenstand ausdrücklich bereits hergestellt durch die Formulierung der jeweiligen Überschriften zu den Hauptabschnitten 1, 2 und 3 KV FamGKG „Hauptsacheverfahren ...". 51

Für das RVG war diese Klarstellung übersehen worden, was durch die entsprechende Anpassung des Wortlauts jetzt aber kompensiert worden ist.[27] 52

Die Rechtsprechung[28] hatte die sich nunmehr eindeutig und ausdrücklich ergebende Schlussfolgerung auch nach der bisherigen Formulierung der VV Vorb. 3.2.1 Nr. 2 Buchst. b „Verfahren über Beschwerden gegen die Endentscheidung in Familiensachen" gezogen und dem Gesetzgeber unterstellt, dass er die Unterscheidung genau so auch bisher intendiert und in VV Vorb. 3.2.1 Nr. 2 Buchst. b a.F. zumindest sinngemäß erfasst hatte. VV Vorb. 3.2.1. Nr. 2 Buchst. b a.F. formulierte nämlich auch bereits nach der in das RVG aufgenommenen Fassung „Verfahren über Beschwerden oder Rechtsbeschwerden gegen die den Rechtszug beendenden Entscheidungen in Familiensachen" und bezog sich – § 61a Abs. 1 Nr. 1 BRAGO a.F. folgend – auf die Vergütung des Rechtsanwalts im Verfahren über die Beschwerde nach § 621e Abs. 1 ZPO a.F.[29] Für Beschwerden nach § 621e ZPO a.F. war insoweit anerkannt, dass mit den in Bezug genommenen „den Rechtszug beendenden Entscheidungen in Familiensachen" Neben-, insbesondere Kostenentscheidungen nach § 91a ZPO nicht erfasst sein sollten.[30] 53

VV Vorb. 3.2.1 Nr. 2 Buchst. b in der Fassung des FGG-ReformG – „in Verfahren über Beschwerden gegen die Endentscheidung in Familiensachen" – hatte deshalb zu begrifflichen Ungenauigkeiten und daraus resultierenden unterschiedlichen Entscheidungen zum Anwendungsbereich beigetragen, weil auf der Grundlage der in § 38 Abs. 1 S. 1 FamFG enthaltenen Legaldefinition für „Endentscheidungen" vom Wortlaut her auch eine Kostenentscheidung enthalten sein konnte. Jedenfalls wurde dies in der Rechtsprechung teilweise so vertreten.[31] Um klarzustellen, dass der dem FamFG entnommene Begriff „Endentscheidungen" für sich genommen insoweit nicht geeignet ist, auch Schlussfolgerungen für die Beantwortung der Frage zu treffen, welche Gebührentatbestände auf die Tätigkeit des Anwalts anzuwenden sind, hat der Gesetzgeber mit dem 2. KostRMoG nunmehr hervorgehoben, dass die VV Vorb. 3.2.1 Nr. 2 Buchst. b nur „Beschwerden gegen die Endentscheidung wegen des Hauptgegenstands" erfasst. 54

---

26 *Rellermeyer*, Rpfleger 2005, 389.
27 *Schneider/Thiel*, Das neue Gebührenrecht für Rechtsanwälte, § 3 Rn 872.
28 OLG Köln AGS 2012, 462 m. Anm. *Thiel* = AGS 2012, 563 = JurBüro 2012, 653 = NJW-Spezial 2012, 540 = RVGreport 2012, 420; OLG Hamm AGS 2013, 171 m. Anm. *Thiel* = NJW-Spezial 2013, 284.

29 BT-Drucks 15/1971 S. 413.
30 BGH NJW-RR 1990, 1218 = FamRZ 1990, 1102 = FuR 1990, 303.
31 OLG Düsseldorf FuR 2010, 524; OLG Oldenburg NJW 2010, 2815; *Keidel/Meyer/Holz*, FamFG, § 38 Rn 4.

Beispiel: Die Beteiligten haben eine Familienstreitsache übereinstimmend für erledigt erklärt; das FamG hat sodann die Kosten des Verfahrens nach § 243 S. 2 Nr. 3 FamFG dem Antragsgegner auferlegt, dessen Verfahrensbevollmächtigter gegen die Kostenentscheidung sofortige Beschwerde gemäß § 113 Abs. 1 S. 2 i.V.m. § 567 ZPO eingelegt hat. Das Kosteninteresse entspricht 1.100 EUR.

Die Tätigkeit des Anwalts ist nicht nach VV 3200 zu vergüten, weil keine „Endentscheidung wegen des Hauptgegenstands" vorliegt, sondern nach VV Teil 3 Abschnitt 5 (VV 3500), weil die sofortige Beschwerde eine Nebenentscheidung des Gerichts betrifft, die von der Vergütung nach den VV 3200 ff. ausgenommen ist.

Abzurechnen wäre insoweit wie folgt:

1. 0,5-Verfahrensgebühr, VV 3500 (Wert: 1.100 EUR)	57,50 EUR
2. Postentgeltpauschale, VV 7002	11,50 EUR
3. Zwischensumme	69,00 EUR
4. 19 % Umsatzsteuer, VV 7008	13,11 EUR
Gesamt	**82,11 EUR**

55 Voraussetzung für die Anwendung des Teils 3 Abschnitt 2 Unterabschnitt 1 ist demgemäß, dass es sich um eine Beschwerde gegen eine **Endentscheidung wegen des Hauptgegenstands** handelt. Die Vorschrift gilt nicht für Beschwerden gegen Nebenentscheidungen, auch wenn sie die Instanz abschließen und von der in § 38 Abs. 1 S. 1 FamFG enthaltenen Definition erfasst sein können, wie z.B. eine Kostenentscheidung nach Hauptsacheerledigung, Antragsrücknahme o.Ä.

56 Die „Hauptgegenstände" in Familiensachen sind abschließend in § 111 FamFG aufgeführt. Familiensachen sind danach:
1. Ehesachen (§ 121 FamFG),
2. Kindschaftssachen (§ 151 FamFG),
3. Abstammungssachen (§ 169 FamFG),
4. Adoptionssachen (§ 186 FamFG),
5. Ehewohnungs- und Haushaltssachen (§ 200 FamFG),
6. Gewaltschutzsachen (§ 210 FamFG),
7. Versorgungsausgleichssachen (§ 217 FamFG),
8. Unterhaltssachen (§ 231 FamFG),
9. Güterrechtssachen (§ 261 FamFG),
10. sonstige Familiensachen (§ 266 FamFG),
11. Lebenspartnerschaftssachen (§ 269 FamFG).

57 Insoweit bis zum Inkrafttreten des FGG-ReformG bestimmte Angelegenheiten kraft Sachzusammenhangs als Familiensachen behandelt wurden, bedarf es dieser, von Analogiegrundsätzen getragenen Zuordnung nicht mehr, weil der Gesetzgeber Familiensachen kraft Sachzusammenhangs in § 111 Nr. 10 FamFG erfasst hat und § 111 FamFG Familiensachen abschließend darstellt.

58 Ob es sich um eine Familiensache der freiwilligen Gerichtsbarkeit, um eine Ehe- oder Folgesache, eine Familienstreitsache (§ 112 FamFG) oder ein einstweiliges Anordnungsverfahren über einen in § 111 FamFG bezeichneten Hauptgegenstand handelt, ist für die Anwendbarkeit der VV 3200 ff. auf der Grundlage der VV Vorb. 3.2.1 Nr. 2 Buchst. b unerheblich.

59 Die Beschwerde muss sich aber **gegen eine Endentscheidung** wegen des Hauptgegenstands richten. Die Definition des Begriffs der Endentscheidung enthält § 38 Abs. 1 S. 2 FamFG: „Das Gericht entscheidet durch Beschluss, soweit durch die Entscheidung der Verfahrensgegenstand ganz oder teilweise erledigt wird (Endentscheidung)." Mit Hauptgegenstand ist der Verfahrensgegenstand gemeint, der sich dem Antrag und seiner Begründung entnehmen lässt und einer in § 111 FamFG bezeichneten Familiensache entspricht. Liegen die erforderlichen Voraussetzungen insoweit vor, handelt es sich also um
– eine Endentscheidung im Sinne des § 38 Abs. 1 S. 1 FamFG
– wegen des Hauptgegenstands,
dann werden in Familiensachen die Gebühren der VV 3200 ff. ausgelöst.

Strittig ist die Behandlung einer Beschwerde gegen die Zurückweisung eines Arrestantrags. Hier ist zu differenzieren: **60**
- Geht man davon aus, dass es sich um eine Beschwerde nach § 59 FamFG handelt,[32] dann richten sich die Gebühren im Beschwerdeverfahren gem. VV Vorb. 3.2.1 Nr. 2 Buchst. b nach den VV 3200 ff.
- Geht man dagegen gem. § 119 Abs. 2 FamFG i.V.m. § 567 Abs. 1 ZPO von einer sofortigen Beschwerde aus,[33] dann gelten grundsätzlich die VV 3500 ff., und gegebenenfalls die Terminsgebühr der VV 3514.

Entscheidend für die Gebühren ist, wie das Beschwerdegericht die Sache tatsächlich behandelt hat.[34]

Das Beschwerdeverfahren stellt gegenüber dem erstinstanzlichen Verfahren eine eigene Angelegenheit dar (§ 17 Nr. 1). Wechselseitig geführte Beschwerden, die miteinander verbunden werden, sind eine Angelegenheit. Die Gebühren entstehen dann insgesamt nur einmal. **61**

Die Tätigkeit des Anwalts, die darauf gerichtet ist, vom Gegner die Einwilligung zur Zulassung der Sprungrechtsbeschwerde (§ 75 FamFG) zu erhalten, zählt noch zum Rechtszug (§ 16 Nr. 11). Erst der Antrag auf Zulassung der Sprungrechtsbeschwerde vor dem BGH ist nach § 17 Nr. 9 eine neue Angelegenheit. **62**

Soweit der Anwalt noch nicht den Auftrag erhalten hat, die Beschwerde einzulegen, sondern zunächst die **Erfolgsaussicht einer Beschwerde prüfen** soll, ist nicht VV Teil 3, sondern VV Teil 2 einschlägig. Der Anwalt erhält eine Prüfungsgebühr nach VV 2100, die allerdings im Beschwerdeverfahren anzurechnen ist (Anm. zu VV 2100). **63**

bb) Gegenstandswert. Der **Gegenstandswert des Beschwerdeverfahrens** gegen den Hauptgegenstand richtet sich nach § 40 FamGKG **64**
- Maßgebend sind zunächst die Anträge des Beschwerdeführers (§ 40 Abs. 1 S. 1 FamGKG).
- Endet das Verfahren, ohne dass solche Anträge eingereicht werden, oder werden, wenn eine Frist für die Rechtsmittelbegründung vorgeschrieben ist, innerhalb dieser Frist Rechtsmittelanträge nicht eingereicht, ist die Beschwer maßgebend (§ 40 Abs. 1 S. 2 FamGKG).
- Das gilt auch, wenn vor Rücknahme einer Beschwerde rechtsmissbräuchlich ein beschränkter Antrag gestellt wird.
- Zu beachten ist, dass der Verfahrenswert des Beschwerdeverfahrens durch den Verfahrenswert der ersten Instanz beschränkt wird (§ 40 Abs. 2 S. 1 FamGKG), es sei denn, der Verfahrensgegenstand wird in der Rechtsmittelinstanz erweitert (§ 40 Abs. 2 S. 2 FamGKG).

Die Bewertung des Rechtsmittels entsprechend den Anträgen des Beschwerdeführers oder der Beschwer richtet sich nach den allgemeinen Wertvorschriften der §§ 33 bis 39, 41, 42 und den besonderen Wertvorschriften der §§ 43 bis 52 FamGKG.[35] **65**

Wird von beiden Beteiligten wechselseitig Beschwerde eingelegt, berechnet sich der Verfahrenswert des Beschwerdeverfahrens aus den zusammengerechneten Werten (§ 39 Abs. 2, Abs. 1 S. 1 FamGKG), es sei denn, es liegt derselbe Gegenstand zugrunde, denn dann gilt nur der höhere Wert (§ 39 Abs. 2, Abs. 1 S. 3 FamGKG). **66**

cc) Gebühren. (1) Verfahrensgebühr, VV 3200. Für das Betreiben des Geschäfts einschließlich der Information erhält der Anwalt eine **Verfahrensgebühr** zu einem Gebührensatz von **1,6** (wegen der Einzelheiten zum Begriff der Verfahrensgebühr vgl. VV Vorb. 3 Abs. 2. **67**

---

32 So zum vergleichbaren Problem bei den Gerichtskosten: OLG München FamRZ 2011, 746; OLG Karlsruhe FamRZ 2011, 234 = FamRB 2010, 326 = FuR 2010, 705 = FamFR 2010, 523.

33 So zum vergleichbaren Problem bei den Gerichtskosten: KG, Beschl. v. 18.1.2016 – 19 AR 15/14; NJW-RR 2013, 708 = FamRZ 2013, 1673 = FamFR 2013, 210 = FamRB 2013, 361; FF 2013, 419 = FamRZ 2014, 148 = FamFR 2013, 251 = FF 2013, 262; OLG Oldenburg AGS 2012, 295 = MDR 2012, 472 = FamRZ 2012, 1077 = NJW-RR 2012, 902 = FPR 2012, 519 = FamRB 2012, 147 = FamFR 2012, 234; OLG Celle AGS 2013, 290 = MDR 2013, 661 = NdsRpfl 2013, 173 = FamRZ 2013, 1917 = FamFR 2013, 207 = NJW-Spezial 2013, 380; OLG Frankfurt FamRZ 2012, 1078 = NJW-RR 2012, 902 =FPR 2012, 517 = NJW-Spezial 2012, 357 = FamFR 2012, 306; OLG Koblenz FamRZ 2013, 1602 = NJW-Spezial 2013, 102; OLG Jena, Beschl. v. 7.5.2014 – 1 UF 235/14.

34 So zum vergleichbaren Problem bei den Gerichtskosten: KG, Beschl. v. 18.1.2016 – 19 AR 15/14; KG NJW-RR 2013, 708.

35 AnwK-RVG/*Schneider*, § 40 Rn 18.

68 Das gilt auch dann, wenn der Hauptgegenstand eine Endentscheidung in einer einstweiligen Anordnungssache betrifft.

69 Bei Vertretung mehrerer Auftraggeber erhöht sich die Gebühr um 0,3 je weiteren Auftraggeber, sofern derselbe Gegenstand zugrunde liegt.

70 **(2) Verfahrensgebühr – vorzeitige Beendigung, VV 3201.** Wird der Auftrag vorzeitig beendet, reduziert sich die Verfahrensgebühr auf einen Gebührensatz von 1,1. Nach VV 3201 ist eine Ermäßigung auf den Gebührensatz von 1,1 in Familiensachen vorgesehen, wenn
– der Auftrag endigt, bevor der Rechtsanwalt das Rechtsmittel einlegt,
– Verhandlungen vor Gericht zur Einigung der Beteiligten oder mit Dritten über nicht rechtshängige Ansprüche geführt werden,
– der Verfahrensgegenstand nur die Erteilung einer Genehmigung oder die Zustimmung des Familiengerichts zum Gegenstand hat oder
– sich in Familiensachen der freiwilligen Gerichtsbarkeit die Tätigkeit auf die Einlegung und Begründung des Rechtsmittels und die Entgegennahme der Rechtsmittelentscheidung beschränkt.

Beispiel: Der Verfahrensbevollmächtigte der Antragstellerin legt gegen den Beschluss des Familiengerichts in der Versorgungsausgleichssache Beschwerde ein, begründet diese und nimmt die Entscheidung des Rechtsmittelgerichts entgegen. Der Verfahrenswert beträgt 1.800 EUR.
Abzurechnen ist wie folgt:
1. 1,1-Verfahrensgebühr, VV 3200, 3201 Abs. 2 Nr. 2
   (Wert: 1.800 EUR) 165,00 EUR
2. Postentgeltpauschale, VV 7002 20,00 EUR
   Zwischensumme 185,00 EUR
3. 19 % Umsatzsteuer, VV 7008 35,15 EUR
   Gesamt **220,15 EUR**

Beispiel: Der Verfahrensbevollmächtigte der Antragstellerin legt gegen den Beschluss des FamG in der Versorgungsausgleichssache Beschwerde ein, begründet, erwidert auf den Schriftsatz des Antragsgegners und nimmt die Entscheidung des Rechtsmittelgerichts entgegen. Der Verfahrenswert beträgt 1.800 EUR. Nunmehr liegt keine eingeschränkte Tätigkeit vor, die eine Ermäßigung nach VV 3201 nach sich ziehen könnte.
Abzurechnen ist demgemäß wie folgt:
1. 1,6-Verfahrensgebühr, VV 3200
   (Wert: 1.800 EUR) 240,00 EUR
2. Postentgeltpauschale, VV 7002 20,00 EUR
   Zwischensumme 260,00 EUR
3. 19 % Umsatzsteuer, VV 7008 49,40 EUR
   Gesamt **309,40 EUR**

71 **(3) Terminsgebühr (VV 3202).** Hinzukommen kann eine Terminsgebühr nach VV Vorb. 3 Abs. 3 S. 1 und S. 3 i.V.m. VV 3202. Die Terminsgebühr entsteht im Beschwerdeverfahren grundsätzlich zu einem Gebührensatz von 1,2.

72 Die Terminsgebühr entsteht nach VV Vorb. 3 Abs. 3 für die Wahrnehmung von gerichtlichen Terminen, wobei das 2. KostRMoG durch die neue Formulierung nunmehr klargestellt hat, dass auch alle in Betracht kommenden Anhörungstermine in Familiensachen eine Terminsgebühr auslösen.

Beispiel: In einem beim OLG anhängigen Sorgerechtsverfahren vertritt der Anwalt die Antragsgegnerin. Der Senat bestimmt den Termin zur Anhörung des Kindes, an dem auch der Anwalt der Antragsgegnerin teilnimmt und unterrichtet die Beteiligten über das Ergebnis der Anhörung. In einem weiteren Termin, in dem zwar der Anwalt des Antragstellers, nicht aber der der Antragsgegnerin erscheint, nimmt der Antragsteller seinen Antrag zurück.
Abzurechnen ist wie folgt:
1. 1,6-Verfahrensgebühr, VV 3200
   (Wert 3.000 EUR) 321,60 EUR
2. 1,2-Terminsgebühr, VV Vorb. 3 Abs. 3 S. 1 i.V.m.
   VV 3202
   (Wert 3.000 EUR) 241,20 EUR

3. Postentgeltpauschale, VV 7002		20,00 EUR
Zwischensumme	582,80 EUR	
4. 19 % Umsatzsteuer, VV 7008		110,73 EUR
Gesamt		**693,53 EUR**

Die Terminsgebühr entsteht auch für die Wahrnehmung von außergerichtlichen Terminen und zwar für die Wahrnehmung eines von einem gerichtlich bestellten Sachverständigen anberaumten Termins (VV Vorb. 3 Abs. 3 S. 3 Nr. 1). 73

Beispiel: In einer beim OLG anhängigen Kindschaftssache nach § 151 Nr. 2 FamFG (Umgangssache) vertritt der Anwalt die beteiligte Kindesmutter. Der vom Senat beauftragte Sachverständige bestimmt den Termin zur Anhörung des Kindes zum Zwecke der Exploration am Lebensmittelpunkt des Kindes im Haushalt der Kindesmutter, an dem auch der Verfahrensbevollmächtigte der Kindesmutter teilnimmt. Das Verfahren erledigt sich ohne einen weiteren gerichtlichen Termin.
Abzurechnen ist wie folgt:

1. 1,6-Verfahrensgebühr, VV 3200 (Wert 3.000 EUR)		321,60 EUR
2. 1,2-Terminsgebühr, VV Vorb. 3 Abs. 3 S. 3 Nr. 1 i.V.m. VV 3202 (Wert 3.000 EUR)		241,20 EUR
3. Postentgeltpauschale, VV 7002		20,00 EUR
Zwischensumme	582,80 EUR	
4. 19 % Umsatzsteuer, VV 7008		110,73 EUR
Gesamt		**693,53 EUR**

Die Terminsgebühr entsteht auch für die Mitwirkung an Besprechungen, die auf die Vermeidung oder Erledigung des Verfahrens gerichtet sind; ausgenommen sind insoweit lediglich Besprechungen mit dem Auftraggeber (VV Vorb. 3 Abs. 3 S. 3 Nr. 2). 74

Darüber hinaus entsteht die Terminsgebühr auch dann, wenn in Familienstreitsachen im Einverständnis der Beteiligten ohne mündliche Verhandlung entschieden oder ein schriftlicher Vergleich geschlossen wird (Anm. Abs. 1 zu VV 3202). 75

Die Terminsgebühr fällt aber weder in Familienstreitsachen noch in den Familiensachen der freiwilligen Gerichtsbarkeit an, wenn das Beschwerdegericht gemäß § 68 Abs. 3 S. 2 FamFG ohne gerichtlichen Termin oder mündliche Verhandlung entscheidet.[36] 76

Auch durch die Wahrnehmung eines Verkündungstermins wird die Terminsgebühr nicht ausgelöst (VV Vorb. 3 Abs. 3 S. 2). 77

(4) Reduzierte Terminsgebühr, VV 3203. Eine Gebühr nach VV 3203 kommt in den Beschwerdeverfahren, die Familiensachen der freiwilligen Gerichtsbarkeit betreffen, nicht in Betracht. Weil in den Angelegenheiten der freiwilligen Gerichtsbarkeit der Amtsermittlungsgrundsatz gilt, sind Versäumnisentscheidungen in diesen Verfahren nicht vorgesehen. 78

Soweit im Beschwerdeverfahren der Erlass einer Versäumnisentscheidung in Familienstreitsachen (§ 112 FamFG) oder in der Ehesache bei Säumnis des Antragstellers in Betracht kommt, kann eine ermäßigte Terminsgebühr nach VV 3203 entstehen und zwar zu einem Gebührensatz in Höhe von 0,5. Die Voraussetzungen für den Erlass einer Versäumnisentscheidung im Beschwerdeverfahren liegen dann vor, wenn der Anwalt des Beschwerdeführers nicht erscheint und der Anwalt des Beschwerdegegners daraufhin lediglich einen Antrag 79
– auf Erlass eines Versäumnisbeschlusses gegen den Beschwerdeführer oder
– zur Verfahrens- oder Sachleitung
stellt.

Das Gleiche gilt, wenn das Gericht von Amts wegen zur Verfahrens- oder Sachleitung entscheidet (Anm. Abs. 1 zu VV 3203 i.V.m. Anm. Abs. 1 Nr. 1 zu VV 3105). Bei der 1,2-Terminsgebühr verbleibt es dagegen, wenn der Anwalt des Beschwerdegegners nicht erscheint und gegen seinen Auftraggeber eine Versäumnisentscheidung ergeht (arg. e. VV 3203). 80

---

36 KG AGS 2012, 130 = FamRZ 2012, 812 = NJW-Spezial 2012, 61 = FamFR 2012, 40 = FF 2012, 335; ausführlich N. Schneider, FF 2013, 152.

81 **(5) Einigungsgebühr, VV 1000, 1004.** Wird im Beschwerdeverfahren eine Einigung geschlossen, so kann eine Einigungsgebühr nach VV 1000 Abs. 1 Nr. 1, und zwar in Höhe von 1,3 (VV 1004), hinzutreten, soweit der Gegenstand der Einigung im Beschwerdeverfahren anhängig ist. Die frühere Streitfrage, ob VV 1003 oder VV 1004 gelte, ist durch die bereits zum 1.9.2009 mit dem FGG-ReformG eingeführte Anm. Abs. 1 zu VV 1004 jetzt gesetzlich geregelt.

> **Beispiel:** Gegen den Beschluss des FamG mit der Verpflichtung zur Zahlung von 15.000 EUR Zugewinn legt der Antragsgegner Beschwerde ein. Anschließend kommt es zur mündlichen Verhandlung, in der eine Einigung getroffen wird.
> Abzurechnen ist wie folgt:
> 1. 1,6-Verfahrensgebühr, VV 3200
>   (Wert 15.000 EUR) — 1.040,00 EUR
> 2. 1,2-Terminsgebühr, VV 3202
>   (Wert 15.000 EUR) — 780,00 EUR
> 3. 1,3-Einigungsgebühr, VV 1000 Abs. 1 Nr. 1, 1004
>   (Wert: 15.000 EUR) — 845,00 EUR
> 4. Postentgeltpauschale, VV 7002 — 20,00 EUR
>   Zwischensumme — 2.685,00 EUR
> 5. 19 % Umsatzsteuer, VV 7008 — 510,15 EUR
> **Gesamt — 3.195,15 EUR**

82 Insoweit sich die Beschwerde nicht gegen eine Endentscheidung den Hauptgegenstand betreffend richtet, sondern gegen eine Nebenentscheidung eingelegt wird, werden die Gebühren nach VV Teil 3 Abschnitt 5 ausgelöst.[37] Insoweit stellt Anm. zu VV Vorb. 3.5. auch klar, dass die Gebühren nach VV Teil 3 Abschnitt 5 in den in VV Vorb. 3.2.1 Nr. 2 Buchst. b genannten Beschwerdeverfahren nicht entstehen können.

> **Beispiel:** Der Antragsgegner erkennt den Unterhaltsanspruch im Sinne des §§ 113 Abs. 1 S. 2 FamFG i.V.m. § 93 ZPO sofort an. Das FamG entscheidet über die Kosten nach § 243 S. 2 Nr. 1 FamFG und erlegt dem Antragsgegner die Kosten des Verfahrens auf, die sich auf einen Gesamtumfang von 2.000 EUR (Kosteninteresse) belaufen. Der Antragsgegner legt gegen die Kostenentscheidung sofortige Beschwerde ein und beruft sich auf § 243 S. 2 Nr. 4 FamFG.
> Die Tätigkeit des Verfahrensbevollmächtigten ist abzurechnen wie folgt:
> 1. 0,5-Verfahrensgebühr, VV 3500
>   (Wert: 2.000 EUR) — 75,00 EUR
> 2. Postentgeltpauschale, VV 7002 — 15,00 EUR
> 3. Zwischensumme — 90,00 EUR
> 4. 19 % Umsatzsteuer, VV 7008 — 17,10 EUR
> **Gesamt — 107,10 EUR**

83
> **Beispiel:** Der Verfahrensbevollmächtigte des Antragsgegners legt gegen den das Verfahrenskostenhilfegesuch des Antragsgegners zurückweisenden Beschluss sofortige Beschwerde ein. Der für die Hauptsache maßgebende Wert entspricht 5.000 EUR. Nach § 23a Abs. 1, 1. Hs. bestimmt sich auch der Wert für das Beschwerdeverfahren nach dem Wert der Hauptsache, sodass ausgehend davon abzurechnen ist wie folgt:
> 1. 0,5-Verfahrensgebühr, VV 3500
>   (Wert: 5.000 EUR) — 151,50 EUR
> 2. Postentgeltpauschale, VV 7002 — 20,00 EUR
> 3. Zwischensumme — 171,50 EUR
> 4. 19 % Umsatzsteuer, VV 7008 — 32,59 EUR
> **Gesamt — 204,09 EUR**

84 **(6) Zusatzgebühr für besonders umfangreiche Beweisaufnahmen, VV 1010.** Auch eine Gebühr nach VV 1010 kann ausgelöst werden, weil Familiensachen solche sind, deren Gebühren sich nach VV Teil 3 richten: Voraussetzung ist nach VV 1010 aber, dass mindestens drei gerichtliche Termine stattfinden, in denen Sachverständige oder Zeugen vernommen werden.

85 **dd) Kostenerstattung und Kostenverteilung.** In Familiensachen ist bei der Kostenerstattung und der Kostenverteilung zu unterscheiden zwischen Ehe- und Familienstreitsachen einerseits und Angelegenheiten der freiwilligen Gerichtsbarkeit andererseits. Handelt es sich um eine Angelegen-

---

[37] OLG Hamm AGS 2013, 171 = JurBüro 2013, 421 = FamRZ 2014, 1874 = NJW-Spezial 2013, 284 = MDR 2013, 816 = RVGreport 2013, 317 = FF 2015, 41; OLG Köln 2012, 462 u. 563 = JurBüro 2012, 653 = FamRZ 2013, 730 = NJW-Spezial 2012, 540 = RVGreport 2012, 420.

heit der freiwilligen Gerichtsbarkeit, so sind die §§ 80 ff. und 183 FamFG maßgeblich; in Ehesachen sind die §§ 132 und 150 FamFG einschlägig, und in Familienstreitsachen ist auf die §§ 91 ff. ZPO (§ 113 Abs. 1 S. 2 FamFG) und § 243 FamFG abzustellen.

Die Kosten eines ohne Erfolg eingelegten Rechtsmittels sollen nach § 84 FamFG dem Beteiligten auferlegt werden, der es eingelegt hat. Die Beteiligung des Kindes an den gerichtlichen Kosten im Vaterschaftsfeststellungsverfahren dürfte aber, auch bei einem Unterliegen im Beschwerdeverfahren, regelmäßig nicht der Billigkeit entsprechen.[38] 86

c) Beschwerdeverfahren gegen die Endentscheidung wegen des Hauptgegenstands in Angelegenheiten der freiwilligen Gerichtsbarkeit (Nr. 2 Buchst. b)

aa) Anwendungsbereich. In allen Angelegenheiten der freiwilligen Gerichtsbarkeit bestimmen sich die Gebühren über Beschwerden, die den Hauptgegenstand betreffen, nunmehr ausdrücklich nach den für die Berufung geltenden Vorschriften, das heißt nach VV Teil 3 Abschnitt 1. Das hatte der Gesetzgeber bisher nur für Beschwerden in den Angelegenheiten der freiwilligen Gerichtsbarkeit, soweit Familiensachen betroffen waren (VV Vorb. 3.2.1 Nr. 2 Buchst. b a.F.), und für die Beschwerden in Verfahren nach dem Gesetz über das gerichtliche Verfahren in Landwirtschaftssachen, die als Angelegenheiten der freiwilligen Gerichtsbarkeit gelten, angeordnet (VV Vorb. 3.2.1 Nr. 2 Buchst. c a.F.). 87

Durch die neue Fassung der VV Vorb. 3.2.1 Nr. 2 Buchst. b aufgrund des 2. KostRMoG werden jetzt alle Beschwerden gegen die Endentscheidung wegen des Hauptgegenstands in den Angelegenheiten der freiwilligen Gerichtsbarkeit erfasst und nach den Gebühren eines Berufungsverfahrens vergütet. 88

Der Gesetzgeber begründet die Aufwertung der Beschwerden gegen die den Rechtszug beendenden Entscheidungen in sämtlichen Angelegenheiten der freiwilligen Gerichtsbarkeit mit der Vergleichbarkeit eines Berufungsverfahrens der streitigen Gerichtsbarkeit. In Beschwerdeverfahren der freiwilligen Gerichtsbarkeit habe das Beschwerdegericht eine vollständige Nachprüfung in tatsächlicher und rechtlicher Hinsicht vorzunehmen. Insofern sei es auch geboten, die Anwendbarkeit des VV Teil 3 Abschnitt 2 und 3 auf sämtliche Beschwerden und Rechtsbeschwerden (VV Vorb. 3.2.2 Nr. 1 Buchst. a) wegen des Hauptgegenstands in Angelegenheiten der freiwilligen Gerichtsbarkeit auszudehnen. 89

Der Gesetzgeber beendet damit endlich auch die nicht gerechtfertigte Ungleichbehandlung von Beschwerdeverfahren in Familiensachen (Familienstreitsachen und Angelegenheiten der freiwilligen Gerichtsbarkeit) und nach dem LwVfG, das als Angelegenheit der freiwilligen Gerichtsbarkeit gilt, gegenüber den übrigen Beschwerdeverfahren in den Angelegenheiten der freiwilligen Gerichtsbarkeit. Die Ungleichbehandlung hatte sich bisher u.a. nachteilig in Nachlasssachen, insbesondere in den aufwändigen Erbscheinverfahren ausgewirkt, für die es auf der Grundlage der bisherigen Regelung bei den geringeren Gebühren der VV 3500, 3513 verblieben war.[39] 90

Die bisherigen Regelungen waren insoweit aber eindeutig, auch wenn bereits nach bisherigem Recht gute Argumente dafür gesprochen haben, die Verfahren in Angelegenheiten der freiwilligen Gerichtsbarkeit, soweit Nachlasssachen betroffen waren, ebenso wie in Landwirtschaftssachen oder Familiensachen, aufzuwerten. Eine Regelungslücke konnte bisher deshalb nicht angenommen werden, weil die bisherige Aufzählung der vom Gesetzgeber „aufgewerteten" Beschwerdeverfahren zu detailliert gewesen war. Angesichts der eindeutigen enumerativen Aufzählung durfte deshalb auch nicht unterstellt werden, dass der Gesetzgeber die Angelegenheiten der freiwilligen Gerichtsbarkeit 91

---

38 OLG Oldenburg FamFR 2013, 232.
39 LG Augsburg/OLG München AGS 2006, 475 m. Anm. *N. Schneider* = OLGR 2006, 363 = JurBüro 2006, 312 = Rpfleger 2006, 441 = MDR 2006, 1016 = NJW-RR 2006, 1727 = RVG-Letter 2006, 38 = RVGreport 2006, 307 = ZEV 2006, 366; bestätigt in AGS 2007, 297 = ZEV 2007, 99 = OLGR 2007, 190 = ZErb 2007, 151 = MDR 2007, 620 = RVG-Letter 2007, 17 = NJW-Spezial 2007, 110 = RVGreport 2007, 147; OLG Schleswig AGS 2006, 478 m Anm. *N. Schneider* = ZEV 2006, 366 m. Anm. *Ruby* = RVGreport 2006, 189; LG Bamberg AGS 2006, 595; LG Heidelberg AGS 2007, 399 = ErbR 2007, 161 = ZFE 2007, 320; OLG Köln AGS 2011, 170 = ErbR 2011, 113 = JurBüro 2011, 252 = Rpfleger 2011, 465 = FamRZ 2011, 1978 = RVGreport 2011, 140; AGS 2012, 462 m. Anm. *Thiel* = AGS 2012, 563 = JurBüro 2012, 653 = NJW-Spezial 2012, 540 = RVGreport 2012, 420; OLG Celle AGS 2012, 124 = MDR 2012, 618 = NJW-Spezial 2012, 93; OLG Hamm AGS 2013, 171 m. Anm. *Thiel* = NJW-Spezial 2013, 284.

in Nachlasssachen vergessen hatte. Vielmehr sprachen die bisherigen Regelungen des Gesetzgebers dafür, dass er nur die erste Instanz dieser Verfahren stärken wollte, nicht aber die Beschwerdeverfahren.[40]

92 Hinzu trat das Argument, dass sich der größere Umfang der anwaltlichen Tätigkeit in Anhörungen, Beweisaufnahmen etc. auf das erstinstanzliche Verfahren bezieht und sich das Beschwerdeverfahren häufig nur noch auf einzelne Aspekte beschränkt. Andererseits war es im Vergleich mit anderen „aufgewerteten" Angelegenheiten der freiwilligen Gerichtsbarkeit nicht recht verständlich, geschweige denn nachvollziehbar, warum die aufwändige und rechtlich schwierige Tätigkeit gerade in Nachlasssachen weiterhin geringer bewertet werden sollte. Vergleicht man diese z.B. mit WEG-Verfahren, so sind Umfang, Bedeutung und Schwierigkeit der Angelegenheit gleichermaßen einzustufen, bisweilen sogar umfangreicher ausgestaltet und für den Auftraggeber auch bedeutender.

93 Das OLG Köln hatte deshalb in einer Notarsache im Beschwerdeverfahren VV Vorb. 3.2.1 Nr. 2 Buchst. b a.F. analog angewandt und dem Verfahrensbevollmächtigten die Gebühren gemäß VV 3200 und 3202 zugesprochen. Das Gericht war der Auffassung, dass die Aufzählung der Beschwerdeverfahren, für die die Gebühren wie bei einem Berufungsverfahren festzusetzen sind, nicht abschließend und diese Regelung deshalb entsprechend auf das Beschwerdeverfahren in Notarsachen anzuwenden sei.[41] Diese Art der anerkennenswerten Heranziehung der VV 3200 ff. ist zukünftig deshalb nicht mehr nötig, weil alle Beschwerdeverfahren, die den Hauptgegenstand in einer Angelegenheit der freiwilligen Gerichtsbarkeit betreffen, von VV Vorb. 3.2.1 Buchst. b erfasst sind und nach den VV 3200 ff. vergütet werden.

> **Beispiel:** Gegen den Beschluss des Nachlassgerichts, mit dem der Erbscheinantrag des Antragstellers zurückgewiesen worden war, legt der Verfahrensbevollmächtigte Beschwerde ein, begründet diese und nimmt am Anhörungstermin teil. Der Wert des Verfahrens wird auf 5.000 EUR festgesetzt.
> Abzurechnen ist wie folgt:
> 1. 1,6-Verfahrensgebühr, VV 3200
>   (Wert: 5.000 EUR)   484,80 EUR
> 2. 1,2-Verfahrensgebühr, VV 3202
>   (Wert: 5.000 EUR)   363,60 EUR
> 3. Postentgeltpauschale, VV 7002   20,00 EUR
> 4. Zwischensumme   868,40 EUR
> 5. 19 % Umsatzsteuer, VV 7008   165,00 EUR
> **Gesamt**   **1.033,40 EUR**

94 Weil nunmehr sämtliche Angelegenheiten der freiwilligen Gerichtsbarkeit von VV Vorb. 3.2.1 Nr. 2 Buchst. b nach dem Willen des Gesetzgebers erfasst sein sollen, bedarf es auch keiner gesonderten Regelung mehr im Hinblick auf Verfahren nach dem Gesetz über das gerichtliche Verfahren in Landwirtschaftssachen, so dass VV Vorb. 3.2.1 Nr. 2 Buchst. c a.F. aufgehoben worden ist. Der Gesetzgeber will Landwirtschaftssachen nach § 1 Nr. 1 und 2 bis 6 des Gesetzes über das gerichtliche Verfahren in Landwirtschaftssachen nunmehr von der VV Vorb. 3.2.1 Nr. 2 Buchst. b erfasst wissen.

95 Dies erscheint dogmatisch nicht umfassend zutreffend, weil es sich bei den Verfahren nach dem Gesetz über das gerichtliche Verfahren in Landwirtschaftssachen nicht um „originäre" Angelegenheiten der freiwilligen Gerichtsbarkeit, sondern um solche Verfahren handelt, auf die der Gesetzgeber die Vorschriften über das Verfahren in den Angelegenheiten der freiwilligen Gerichtsbarkeit (FamFG) kraft Verweisungsnorm (§ 9 VwVfG) anwenden will und diese unmittelbar im FamFG deshalb nicht geregelt sind. Es stellt sich deshalb die Frage, ob die Verfahren der freiwilligen Gerichtsbarkeit einer Definition zugänglich sind, wobei der Gesetzgeber diese Angelegenheiten jedenfalls teilweise in das FamFG aufgenommen und sich damit inzidenter und ohne entsprechende Definition eine entsprechende Zuordnung herleiten lässt.

96 Bei den Angelegenheiten der freiwilligen Gerichtsbarkeit, die nicht Familiensachen und ausdrücklich durch das FamFG als solche bezeichnet sind, handelt es sich insoweit um folgende Verfahren:
97 – Betreuungssachen (§ 271 FamFG),
– Unterbringungssachen (§ 312 FamFG),
– betreuungsgerichtliche Zuweisungssachen (§ 340 FamFG),

---

[40] So LG Augsburg AGS 2006, 475.
[41] AGS 2008, 543 = DNotZ 2009, 396 = RVGreport 2008, 426 = NJW-Spezial 2008, 765 = ErbR 2009, 13.

Abschnitt 2. Berufung, Revision, bestimmte Beschwerden, Verfahren vor Finanzgericht VV Vorb. 3.2.1

- Nachlasssachen (§ 342 Abs. 1 FamFG),
- Teilungssachen (§ 342 Abs. 2 FamFG),
- Registersachen (§ 374 FamFG),
- Unternehmensrechtliche Verfahren (§ 375 FamFG),
- die Abgabe einer nicht vor dem Vollstreckungsgericht zu erklärenden eidesstattlichen Versicherung nach den §§ 259, 260, 2028, und 2057 BGB (§ 410 Nr. 1 FamFG),
- die Ernennung, Beeidigung und Vernehmung des Sachverständigen in den Fällen, in denen jemand nach den Vorschriften des bürgerlichen Rechts den Zustand oder den Wert einer Sache durch einen Sachverständigen feststellen lassen kann (§ 410 Nr. 2 FamFG),
- die Bestellung des Verwahrers in den Fällen der §§ 432, 1217, 1281 und 2039 BGB sowie die Festsetzung der von ihm beanspruchten Vergütung und seiner Aufwendungen (§ 410 Nr. 3 FamFG),
- eine abweichende Art des Pfandverkaufs im Fall des § 1246 Abs. 2 BGB (§ 410 Nr. 4 FamFG),
- Freiheitsentziehungssachen (§ 415 FamFG),
- Aufgebotssachen (§ 433 FamFG).

Verfahren über das gerichtliche Verfahren in Landwirtschaftssachen nach § 1 Nr. 1 und 2 bis 6 LwVfG sind in das FamFG nicht aufgenommen worden. Soweit das VwVfG nichts anderes bestimmt, sollen in den Angelegenheiten des § 1 Nr. 1 und Nr. 2 bis 6 VwVfG die Vorschriften des Gesetzes über das Verfahren in Familiensachen und in den Angelegenheiten der freiwilligen Gerichtsbarkeit aber sinngemäß anzuwenden sein. Insoweit ist dem Gesetzgeber zu unterstellen, dass er in der VV Vorb. 3.2.1 Nr. 2 Buchst. b zum einen die im FamFG bezeichneten Angelegenheiten und zum anderen darüber hinaus aber auch solche Beschwerden erfassen wollte, die sich gegen eine Entscheidung wegen des Hauptgegenstands in einer Angelegenheit richten, auf die die Vorschriften des FamFG entsprechend anwendbar sind und die deshalb als Angelegenheiten der freiwilligen Gerichtsbarkeit gelten. **98**

Diese Annahme widerspricht zwar der Systematik des Gesetzgebers insoweit, als er andere Angelegenheiten, die „nur" als solche der freiwilligen Gerichtsbarkeit gelten und die gleichermaßen im FamFG nicht unmittelbar geregelt sind, auf die das FamFG aber entsprechend anzuwenden ist, gesondert in der VV Vorb. 3.2.1 Nr. 2 und 3 erfasst hat. **99**

So ist beispielsweise auch auf die in VV Vorb. 3.2.1 Nr. 2 Buchst. i genannten Beschwerdeverfahren nach dem SpruchG das FamFG entsprechend anwendbar (§ 17 Abs. 1 SpruchG), und es handelt sich auch um Angelegenheiten, die als solche der freiwilligen Gerichtsbarkeit gelten (vgl. auch § 1 Abs. 2 Nr. 5 GNotKG), so dass die VV Vorb. 3.2.1 Nr. 2 Buchst. i bereits in der VV Vorb. 3.2.1 Nr. 2 Buchst. b enthalten sein dürfte. Gleichermaßen wäre im Hinblick auf VV Vorb. 3.2.1 Nr. 3 Buchst. c zu entscheiden, weil auch auf Beschwerden nach dem WpÜG, soweit es um Verfahren für den Ausschluss nach § 39a WpÜG geht, das FamFG anzuwenden ist (§ 39b Abs. 1 WpÜG), wenn in § 39b Abs. 2 bis 5 WpÜG nichts anderes bestimmt ist. **100**

Insofern dürfte der Gesetzgeber einem systematischen Bruch erlegen sein, den er bei genauerem Hinsehen vermieden hätte. Allerdings ist auch nicht zu verkennen, dass bereits frühere Bestrebungen, eine systematische Zuordnung über eine Legaldefinition für die Angelegenheiten der freiwilligen Gerichtsbarkeit zu erreichen, deshalb gescheitert sind, weil die jeweiligen Verfahrensgegenstände sehr unterschiedliche Ausgestaltungen haben und die begriffliche Erfassung alle Angelegenheiten der freiwilligen Gerichtsbarkeit nahezu unmöglich ist. **101**

Deshalb finden sich in unterschiedlichen Gesetzen auch nur rudimentäre Grundlagen, die eine systematische Einordnung zulassen. § 1 FamFG setzt den Begriff der freiwilligen Gerichtsbarkeit ohne Erläuterung voraus und bestimmt, dass das FamFG für das Verfahren in Familiensachen und in den Angelegenheiten der freiwilligen Gerichtsbarkeit als Verfahrensordnung gilt, soweit sie durch Bundesgesetz den Gerichten zugewiesen sind. § 23a Abs. 2 GVG zählt in Nr. 1 bis 8 die im FamFG genannten Angelegenheiten der freiwilligen Gerichtsbarkeit gesondert auf und bestimmt darüber hinaus, dass auch Verfahren nach § 1 Nr. 1 und 2 bis 6 des Gesetzes über das gerichtliche Verfahren in Landwirtschaftssachen (§ 23a Abs. 2 Nr. 9 GVG), Schiffsregistersachen (§ 23a Abs. 2 Nr. 10 GVG) und sonstige Angelegenheiten der freiwilligen Gerichtsbarkeit, soweit sie durch Bundesgesetz den Gerichten zugewiesen sind (§ 23a Abs. 2 Nr. 11 GVG), Angelegenheiten der freiwilligen Gerichtsbarkeit sind. **102**

Ausgehend davon, dass das GVG die Gerichtsverfassung der ordentlichen Gerichte regelt und § 23a Abs. 2 Nr. 11 VG kraft tautologischen Zirkelschlusses bei der Definition auch nicht weiterzuhelfen **103** vermag, kann eine Orientierung bei der Beantwortung der Frage, welche Angelegenheiten als solche der freiwilligen Gerichtsbarkeit anzusehen sind, die Gesetzesbegründung[42] zum FGG-ReformG geben: „Was Angelegenheiten der freiwilligen Gerichtsbarkeit sind, entzieht sich infolge der Unterschiedlichkeit der Verfahrensgegenstände allgemeiner Definition und wird daher allein durch die Zuweisung kraft Gesetzes bestimmt. Nach § 312 Nr. 3 FamFG sind auch freiheitsentziehende Unterbringungen nach den Landesgesetzen über die Unterbringung psychisch Kranker Angelegenheiten der freiwilligen Gerichtsbarkeit, da sie durch Bundesgesetz zugewiesen sind."

104 Findet sich demgemäß eine bundesgesetzliche Verweisung auf das FamFG, ist auch davon auszugehen, dass es sich um eine Angelegenheit der freiwilligen Gerichtsbarkeit handelt.

105 Deshalb sind auch
– Verfahren nach dem Gesetz über das gerichtliche Verfahren in Landwirtschaftssachen (§ 1 Nr. 1 und Nr. 2 bis 6 LwVfG),
– Verfahren nach dem Spruchverfahrensgesetz (§ 12 SpruchG), vgl. aber VV Vorb. 3.2.1 Nr. 2 Buchst. i,
– Ausschlussverfahren nach dem Wertpapiererwerbs- und Übernahmegesetz (§ 39b WpÜG), vgl. aber VV Vorb. 3.2.1 Nr. 3 Buchst. b,
– Verfahren auf gerichtliche Entscheidung über die Zusammensetzung des Aufsichtsrats (§§ 98, 99 AktienG)
als Angelegenheiten der freiwilligen Gerichtsbarkeit anzusehen.

106 Auch für das Beschwerdeverfahren in einer Notarsache gilt VV Vorb. 3.2.1 Nr. 2 Buchst. b. Das Verfahren nach den §§ 127 ff. GNotKG ist ein erstinstanzliches Antragsverfahren. Gegen die Kostenberechnung (§ 19 GNotKG) einschließlich der Verzinsungspflicht (§ 88 GNotKG), gegen die Zahlungspflicht und die Erteilung der Vollstreckungsklausel kann die Entscheidung des Landgerichts, in dessen Bezirk der Notar den Amtssitz hat, beantragt werden. Gemäß § 129 Abs. 1 GNotKG findet gegen die Entscheidung des Landgerichts ohne Rücksicht auf den Wert des Beschwerdegegenstands die Beschwerde zum OLG statt, wobei in einzelnen Bundesländern Zuständigkeitskonzentrationen zu beachten sind.[43]

107 **bb) Geschäftswert.** Der Geschäftswert in den Beschwerden gegen den Hauptgegenstand einer Angelegenheit der freiwilligen Gerichtsbarkeit, die nicht Familiensache ist, richtet sich nach dem GNotKG.

108 Für das Beschwerdeverfahren ist § 61 GNotKG heranzuziehen, der dem Wortlaut des § 40 FamGKG entspricht. Nach § 61 GNotKG bestimmt sich der Geschäftswert nach den Anträgen des Rechtsmittelführers (§ 61 Abs. 1 S. 1 GNotKG). Endet das Verfahren, ohne dass solche Anträge eingereicht werden, oder werden bei einer Rechtsbeschwerde innerhalb der Frist für die Begründung Anträge nicht eingereicht, ist die Beschwer maßgebend (§ 61 Abs. 1 S. 2 GNotKG). Der Wert ist durch den Geschäftswert des ersten Rechtszugs begrenzt (§ 61 Abs. 2 S. 1 GNotKG). Dies gilt nicht, wenn der Gegenstand erweitert wird (§ 61 Abs. 2 S. 2 GNotKG). Im Verfahren über den Antrag auf Zulassung der Sprungrechtsbeschwerde ist Gegenstandswert der für das Rechtsmittelverfahren maßgebende Wert (§ 61 Abs. 3 GNotKG).

109 Die Bewertung des Rechtsmittels entsprechend den Anträgen des Beschwerdeführers oder der Beschwer richtet sich nach den allgemeinen und besonderen Wertvorschriften des GNotKG.

110 Das gilt auch für Verfahren nach dem Gesetz über das gerichtliche Verfahren in Landwirtschaftssachen; die bisher in § 12 Abs. 3 LwVfG a.F. enthaltene Regelung findet sich nunmehr in § 5 Abs. 1 GNotKG. § 12 LwVfG ist deshalb aufgehoben worden. Der bisher in § 33 LwVfG enthaltene Verweis auf die KostO a.F. kann deshalb entfallen, weil die KostO aufgehoben worden ist und das GNotKG für bestimmte Landwirtschaftssachen nunmehr unmittelbar gilt (§ 1 Abs. 1 GNotKG i.V.m. § 23a Abs. 2 Nr. 9 GVG).

111 Die §§ 35 bis 41 LwVfG a.F. enthielten Gebühren- und Wertvorschriften, die durch das 2. KostRMoG aufgehoben worden sind, weil die gerichtlichen Kosten für die Verfahren der freiwilligen Gerichtsbarkeit vor dem Landwirtschaftsgericht abschließend in das GNotKG eingestellt worden sind; an die Stelle des § 36 LwVfG a.F. ist die allgemeine Regelung des § 60 GNotKG getreten. Die Wertvor-

---

42 BT-Drucks 16/6308, S. 175.
43 *Fackelmann/Heinemann,* Handkommentar zum GNotKG, § 129 Rn 7.

schrift für das Verfahren über die gerichtliche Zuweisung eines Betriebs (§ 36a LwVfG a.F.) findet sich, sofern es um die Bewertung des land- und forstwirtschaftlichen Vermögens geht, nunmehr in § 48 Abs. 3 GNotKG. Der Regelungsgehalt des § 36a Abs. 2 LwVfG a.F. wurde nicht in das GNotKG übernommen, weil aus Sicht des Gesetzgebers eine besondere Wertvorschrift sachlich nicht geboten erscheine. Weitere Geschäftswertvorschriften des LwVfG a.F. hatten bisher auf § 30 KostO a.F. Bezug genommen. Insoweit ist nunmehr § 36 GNotKG auch ohne ausdrücklichen Verweis stets anzuwenden, wenn keine besondere Wertvorschrift existiert. In Beschwerdeverfahren nach dem LwVfG ist § 61 GNotKG maßgebend.

cc) Gebühren. **(1) Verfahrensgebühr, VV 3200.** Für das Betreiben des Geschäfts einschließlich der Information erhält der Anwalt eine **Verfahrensgebühr** zu einem Gebührensatz von **1,6** (wegen der Einzelheiten zum Begriff der Verfahrensgebühr vgl. VV Vorb. 3 Abs. 2). 112

Das gilt auch dann, wenn der Hauptgegenstand eine Endentscheidung in einer einstweiligen Anordnungssache betrifft. 113

(2) Verfahrensgebühr – vorzeitige Beendigung, VV 3201. Wird der Auftrag vorzeitig beendet, reduziert sich die Verfahrensgebühr auf einen Gebührensatz von 1,1. (Wegen der Einzelheiten des Begriffs der vorzeitigen Beendigung vgl. VV 3201). Insoweit eine Ermäßigung der erstinstanzlichen Verfahrensgebühr nach VV 3101 Nr. 3 in Betreuungssachen und Landwirtschaftssachen ausscheidet (Anm. Abs. 2 zu VV 3101), soll im Beschwerdeverfahren auch in diesen Verfahren eine Ermäßigung möglich sein, wenn das Rechtsmittel lediglich eingelegt, begründet und die Entscheidung des Gerichts entgegengenommen worden ist. 114

(3) Terminsgebühr, VV 3202. Für die Wahrnehmung eines gerichtlichen Termins erhält der Anwalt eine **Terminsgebühr** mit dem Gebührensatz von **1,2** (wegen der Einzelheiten zum Begriff der Terminsgebühr vgl. VV Vorb. 3 Abs. 3). 115

Die Terminsgebühr fällt nicht an, wenn das Beschwerdegericht gemäß § 68 Abs. 3 S. 2 FamFG ohne gerichtlichen Termin entscheidet.[44] 116

Die Terminsgebühr entsteht nach VV Vorb. 3 Abs. 3 117
- für die Wahrnehmung von gerichtlichen Terminen, wobei das 2. KostRMoG durch die neue Formulierung nunmehr klargestellt hat, dass auch alle in Betracht kommenden gerichtlichen Anhörungstermine in den Angelegenheiten der freiwilligen Gerichtsbarkeit eine Terminsgebühr auslösen;
- für die Wahrnehmung von außergerichtlichen Terminen und zwar für die Wahrnehmung eines von einem gerichtlich bestellten Sachverständigen anberaumten Termins (VV Vorb. 3 Abs. 3 S. 3 Nr. 1);
- für die Mitwirkung an Besprechungen, die auf die Vermeidung oder Erledigung des Verfahrens gerichtet sind; ausgenommen sind insoweit lediglich Besprechungen mit dem Auftraggeber (VV Vorb. 3 Abs. 3 S. 3 Nr. 2).

Durch die Wahrnehmung eines Verkündungstermins wird die Terminsgebühr allerdings nicht ausgelöst (VV Vorb. 3 Abs. 3 S. 2). 118

(4) Reduzierte Terminsgebühr, VV 3203. Eine Gebühr nach VV 3203 kann in den Beschwerdeverfahren der freiwilligen Gerichtsbarkeit – wegen des geltenden Amtsermittlungsgrundsatzes und weil das FamG Versäumnisentscheidungen nicht vorsieht – nicht anfallen. 119

(5) Einigungsgebühr, VV 1000, 1004. Wird im Beschwerdeverfahren eine Einigung geschlossen, so erhalten die daran beteiligten Anwälte eine Einigungsgebühr nach VV 1000 Abs. 1 Nr. 1, und zwar in Höhe von 1,3 (VV 1004), soweit der Gegenstand der Einigung im Beschwerdeverfahren anhängig ist. Die frühere Streitfrage, ob VV 1003 oder VV 1004 gelte, ist durch die neu eingeführte Anm. Abs. 1 zu VV 1004 jetzt gesetzlich ausdrücklich geregelt und klargestellt. 120

(6) Zusatzgebühr für besonders umfangreiche Beweisaufnahmen, VV 1010. Auch eine Gebühr nach VV 1010 kann ausgelöst werden, weil Verfahren der freiwilligen Gerichtsbarkeit solche sind, deren Gebühren sich nach VV Teil 3 richten: Voraussetzung ist aber, dass mindestens drei gerichtliche Termine stattfinden, in denen Sachverständige oder Zeugen vernommen werden. 121

---

44 KG AGS 2012, 130 = FamRZ 2012, 812 = NJW-Spezial 2012, 61 = FamFR 2012, 40 = FF 2012, 335.

122 **dd) Kostenerstattung und Kostenverteilung.** In den Angelegenheiten der freiwilligen Gerichtsbarkeit richten sich Kostenerstattung und Kostenverteilung nach den §§ 80 ff. FamFG, in Verfahren nach dem Gesetz über das gerichtliche Verfahren in Landwirtschaftssachen nach §§ 34, 42, 44 VwVfG.

d) Beschwerdeverfahren gegen Rechtszug beendende Entscheidungen im Beschlussverfahren vor den Gerichten für Arbeitssachen (Nr. 2 Buchst. c)

123 **aa) Allgemeines.** Die Regelung wurde zum 1.9.2009 durch das FGG-Reformgesetz geändert. Da in den in der bis zum 31.8.2009 geltenden Fassung aufgeführten Rechtsbeschwerdeverfahren grundsätzlich die Vertretung durch einen beim BGH zugelassenen Rechtsanwalt vorgeschrieben ist,[45] werden nur noch Beschwerdeverfahren genannt.[46] **Nr. 3** sieht vor, dass in Verfahren über die Beschwerde oder über die Rechtsbeschwerde gegen die den Rechtszug beendende Entscheidungen im Beschlussverfahren vor den Gerichten für Arbeitssachen die **erhöhten Gebühren** des **Unterabschnitts 1** anfallen. Da im Verfahren sowohl über die Beschwerde als auch über die Rechtsbeschwerde im Beschlussverfahren vor den Gerichten für Arbeitssachen wie bisher die gleichen Gebühren anfallen, werden diese Verfahren gesondert aufgeführt.[47] Durch die Anhebung der Gebühr für das Beschwerdeverfahren soll der erhöhte Arbeitsaufwand, den der Rechtsanwalt durch die erneute Prüfung des Sachverhalts und Bewertung der Rechtslage hat, abgegolten werden.

124 **bb) Regelungsgehalt.** Bei den arbeitsgerichtlichen Streitigkeiten unterscheidet man zwischen **Urteilsverfahren** und **Beschlussverfahren**. Der Hauptanwendungsfall des Urteilsverfahrens sind Streitigkeiten zwischen Arbeitgeber und Arbeitnehmer aus dem Arbeitsverhältnis. In diesem Fall erlässt das Gericht ein Urteil. Im Beschlussverfahren werden in erster Linie betriebsverfassungsrechtliche Streitigkeiten abgehandelt. In diesem Falle erlässt das Gericht einen Beschluss. Urteils- und Beschlussverfahren weichen vom Verfahrensgang her teilweise voneinander ab. Während im Urteilsverfahren das Arbeitsgericht nur das bei seiner Entscheidung berücksichtigen kann, was die Parteien vorgetragen haben, herrscht im Beschlussverfahren der Amtsermittlungsgrundsatz. D.h. das Arbeitsgericht klärt von Amts wegen den Sachverhalt innerhalb der gestellten Anträge auf, wobei die Parteien mitwirkungspflichtig sind. Urteilsverfahren beginnen kraft Gesetzes immer mit einer Güteverhandlung vor dem Arbeitsgericht, während im Beschlussverfahren Güteverhandlungen nur auf entsprechende richterliche Anordnung erfolgen. Im Allgemeinen beginnen Beschlussverfahren mit einer Anhörung.

125 Die Regelung der **Nr. 3** findet nur Anwendung für die **Beschwerden** bzw. **Rechtsbeschwerden** gegen die den **Rechtszug beendenden Endentscheidung** im **Beschlussverfahren** (§§ 80 bis 84 ArbGG) vor den Gerichten für **Arbeitssachen**. Bei sonstigen Beschwerden gilt daher VV Teil 3 Abschnitt 5, was sich auch aus VV Vorb. 3.5 ergibt, da dort VV Vorb. 3.2.1 negativ erwähnt ist.

126 Gemäß §§ 80 Abs. 1, 2a Abs. 2 ArbGG findet das Beschlussverfahren in folgenden Angelegenheiten statt:
- in Angelegenheiten aus dem Betriebsverfassungsgesetz, soweit nicht für Maßnahmen nach seinen §§ 119 bis 121 die Zuständigkeit eines anderen Gerichts gegeben ist;
- in Angelegenheiten aus dem Sprecherausschussgesetz, soweit nicht für Maßnahmen nach seinen §§ 34 bis 36 die Zuständigkeit eines anderen Gerichts gegeben ist;
- in Angelegenheiten aus dem Mitbestimmungsgesetz, dem Mitbestimmungsergänzungsgesetz und dem Drittelbeteiligungsgesetz, soweit über die Wahl von Vertretern der Arbeitnehmer in den Aufsichtsrat und über ihre Abberufung mit Ausnahme der Abberufung nach § 103 Abs. 3 des Aktiengesetzes zu entscheiden ist;
- in Angelegenheiten aus den §§ 94, 95, 139 des Neunten Buches Sozialgesetzbuch;
- in Angelegenheiten aus dem Gesetz über Europäische Betriebsräte, soweit nicht für Maßnahmen nach seinen §§ 43 bis 45 die Zuständigkeit eines anderen Gerichts gegeben ist;
- in Angelegenheiten aus § 51 des Berufsbildungsgesetzes;
- in Angelegenheiten aus dem SE-Beteiligungsgesetz vom 22.12.2004 mit Ausnahme der §§ 45 und 46 und nach den §§ 34 bis 39 nur insoweit, als über die Wahl von Vertretern der Arbeitnehmer

---

[45] Schlauß, Das neue Gesetz zum internationalen Familienrecht – das Internationale Familienrechtsverfahrensgesetz (IntFamRVG), Anm. zu § 29 IntFamRVG.

[46] BT-Drucks 16/6308, S. 343 li. Sp.

[47] BT-Drucks 16/6308, S. 343 li. Sp.

in das Aufsichts- oder Verwaltungsorgan sowie deren Abberufung mit Ausnahme der Abberufung nach § 103 Abs. 3 des Aktiengesetzes zu entscheiden ist;
– in Angelegenheiten aus dem SCE-Beteiligungsgesetz vom 14.8.2006 mit Ausnahme der §§ 47 und 48 und nach den §§ 34 bis 39 nur insoweit, als über die Wahl von Vertretern der Arbeitnehmer in das Aufsichts- oder Verwaltungsorgan sowie deren Abberufung zu entscheiden ist;
– in Angelegenheiten aus dem Gesetz über die Mitbestimmung der Arbeitnehmer bei einer grenzüberschreitenden Verschmelzung vom 21.12.2006 mit Ausnahme der §§ 34 und 35 und nach den §§ 23 bis 28 nur insoweit, als über die Wahl von Vertretern der Arbeitnehmer in das Aufsichts- oder Verwaltungsorgan sowie deren Abberufung mit Ausnahme der Abberufung nach § 103 Abs. 3 des Aktiengesetzes zu entscheiden ist;
– in Entscheidungen über die Tariffähigkeit und die Tarifzuständigkeit einer Vereinigung.

Daneben findet das Beschlussverfahren in besonderen Fällen statt (§§ 97, 98 ArbGG):
– bei Entscheidungen über die Tariffähigkeit und Tarifzuständigkeit einer Vereinigung
– bei Entscheidungen über die Besetzung der Einigungsstelle.

Gegen die im Beschlussverfahren ergangenen Entscheidungen ist das Rechtsmittel der Beschwerde zum LAG ggf. Rechtsbeschwerde zum BAG gegeben (§§ 87 Abs. 1, 92 Abs. 1 ArbGG).

Die Gebühren für solche Tätigkeiten berechnen sich nach VV Teil 3 Unterabschnitt 2. Somit gelten die erhöhten Gebühren nach **VV 3200 bis 3205**.

(1) Verfahrensgebühr, VV 3200. Die Verfahrensgebühr i.H.v. **1,6** nach **VV 3200** erhält der Rechtsanwalt für das Einlegen der Beschwerde bzw. Rechtsbeschwerde; diese reduziert sich in den Fällen der **vorzeitigen Beendigung** nach VV 3201 auf **1,1**:
– wenn der Auftrag endigt, bevor der Rechtsanwalt das Rechtsmittel eingelegt oder einen Schriftsatz, der Sachanträge, Sachvortrag, die Zurücknahme des Rechtsmittels enthält, eingereicht oder bevor er für seine Partei einen gerichtlichen Termin wahrgenommen hat, oder
– soweit lediglich beantragt ist, eine Einigung der Parteien oder mit Dritten über in diesem Verfahren nicht rechtshängige Ansprüche zu Protokoll zu nehmen oder festzustellen (§ 278 Abs. 6 ZPO), oder soweit lediglich Verhandlungen zur Einigung über solche Ansprüche geführt werden. In diesem Fall muss allerdings nach Anm. S. 2 zu VV 3201 zwecks Vermeidung einer **Doppelberechnung** der Verfahrensgebühr aus demselben Gegenstand ein sich eventuell **übersteigender Betrag** ermittelt werden. Dieser lässt sich mittels folgender **Formel** feststellen: Verfahrensgebühr nach § 15 Abs. 3 abzüglich 1,6-Verfahrensgebühr nach VV 3200.

(2) Terminsgebühr. (a) Allgemeines. Für das Entstehen der Terminsgebühr genügt es, dass der Rechtsanwalt einen Termin wahrnimmt.

(b) Entstehung. Die Terminsgebühr entsteht nach **Anm. Abs. 1 zu VV 3202 i.V.m. VV 3104 i.V.m. VV Vorb. 3 Abs. 3** in drei Fällen (Anm. Abs. 1 zu VV 3202):
– **Vertretung in einem (gerichtlichen) Verhandlungs-, Erörterungs- oder Beweisaufnahmetermin:** Diese Alternative betrifft den klassischen Fall, dass der Anwalt in einem gerichtlich anberaumten Termin erscheint.
– **Wahrnehmung eines von einem gerichtlich bestellten Sachverständigen anberaumten Termins**
– **Mitwirkung an auf die Vermeidung oder Erledigung des Verfahrens gerichteten Besprechungen ohne Beteiligung des Gerichts:** Dies betrifft den Fall, dass der Rechtsanwalt nach einem entsprechenden Auftrag, in einem solchen Beschwerde- bzw. Rechtsbeschwerdeverfahren tätig zu werden, nicht notwendigerweise mit dem Gegner telefonischen oder persönlichen Kontakt aufnimmt, um die Angelegenheit zu besprechen. Aus der Formulierung „... Vermeidung des ... Verfahrens gerichteten Besprechungen ..." (VV Vorb. 3 Abs. 3) ist ersichtlich, dass eine Terminsgebühr auch bei Besprechungen über noch nicht rechtshängige Ansprüche entsteht. Denn vermieden werden kann begrifflich nur etwas, was bei Gericht noch gar nicht anhängig ist.

(c) Volle Gebühr. Die volle Terminsgebühr beträgt grundsätzlich **1,2** nach **VV 3202**.

(d) Anwendungsbereich, VV 3104. (aa) Schriftliches Verfahren (Anm. Abs. 1 zu VV 3202 i.V.m. Anm. Abs. 1 Nr. 1, 1. Alt. zu VV 3104). Eine 1,2-Terminsgebühr entsteht in einem Verfahren, für das mündliche Verhandlung vorgeschrieben ist, wenn im Einverständnis mit den Parteien oder gemäß § 307[48] oder § 495a ZPO ohne mündliche Verhandlung entschieden wird. Da im Beschlussverfahren eine mündliche Verhandlung nicht vorgeschrieben ist, kann dementsprechend auch keine Terminsgebühr anfallen.

134 Da eine mündliche Verhandlung in solchen Verfahren allerdings freigestellt ist, fällt somit eine Terminsgebühr hiernach grundsätzlich nicht an, es sei denn, dass tatsächlich eine mündliche Verhandlung stattfindet.

Der BGH[49] hat allerdings durch Beschl. v. 30.6.2004 – noch zu BRAGO-Zeiten – das Entstehen einer Terminsgebühr im Falle des § 278 Abs. 6 ZPO bezweifelt. Das OLG Nürnberg[50] hat sich zwischenzeitlich dieser Auffassung angeschlossen. Der III. Senat des BGH hat allerdings entschieden, dass wenn auf Vorschlag des Gerichts ein Vergleich gemäß § 278 Abs. 6 ZPO geschlossen wird, eine 1,2 Terminsgebühr anfällt.[51] Vgl. im Einzelnen die Kommentierung zu VV 3104.

135 **(bb) Differenzterminsgebühr (Anm. Abs. 1 zu VV 3202 i.V.m. Anm. Abs. 2 zu VV 3104).** Ein absolutes Novum ist dadurch entstanden, dass vergleichbar zur Differenzverfahrensgebühr nach Anm. S. 1 Nr. 2 zu VV 3201 auch eine Differenzterminsgebühr dann entsteht, wenn in einem Termin auch Verhandlungen zur Einigung über in diesem Verfahren nicht rechtshängige Ansprüche geführt werden (Anm. Abs. 2 zu VV 3104). In diesem Fall entsteht aus dem Wert der anderweitig rechtshängigen Ansprüche eine 1,2-Terminsgebühr. Allerdings hat ebenfalls eine Anrechnung auf die Terminsgebühr zu erfolgen, die in dem anderweitig rechtshängigen Verfahren aus **demselben Gegenstand** entsteht. Hierdurch soll erreicht werden, dass die Terminsgebühr nicht doppelt verdient wird. Der ebenfalls **übersteigende Betrag** lässt sich mittels folgender **Formel** ermitteln: 1,2-Terminsgebühr aus Gesamtstreitwert abzüglich 1,2-Terminsgebühr aus rechtshängigem Wert.

136 **(cc) Protokollierung einer Einigung (Anm. Abs. 1 zu VV 3202 i.V.m. Anm. Abs. 3 zu VV 3104).** Die Terminsgebühr entsteht nicht, soweit lediglich beantragt ist, eine Einigung der Parteien oder mit Dritten über nicht rechtshängige Ansprüche zu Protokoll zu nehmen; es entsteht aber eine 1,1-Differenzverfahrensgebühr nach Anm. S. 1 Nr. 1 zu VV 3201. Mit Anm. Abs. 3 zu VV 3104 soll das Entstehen einer Terminsgebühr für den Fall ausgeschlossen werden, dass nicht anhängige Ansprüche in dem Verfahren verglichen werden, wenn sich die Tätigkeit darauf beschränkt, den Vergleich zu Protokoll zu geben.

137 **(e) Reduzierte Terminsgebühr.** Eine Terminsgebühr i.H.v. **0,5** fällt nach der Regelung der **VV 3203** an. Die Gebühr entsteht nach Anm. zu VV 3203 i.V.m. Anm. Abs. 2 zu 3105 auch in den Fällen der Anm. Abs. 1 Nr. 1 bis 3 zu VV 3104, also z.B. im gerichtlichen Verfahren oder bei einer Protokollierung nach § 278 Abs. 6 ZPO. Letzterenfalls wird allerdings keine Terminsgebühr entstehen, da die mündliche Verhandlung in solchen Verfahren freigestellt ist. Allerdings gilt auch hier, dass bei Stattfinden einer mündlichen Verhandlung eine Terminsgebühr anfällt.

138 **(aa) Versäumnisurteil, Antrag auf Prozess- oder Sachleitung.** Die Reduzierung auf 0,5 setzt voraus, dass die gegnerische Partei nicht erschienen oder nicht ordnungsgemäß vertreten ist. Im Einzelnen sind folgende Fälle zu unterscheiden, bei denen eine 0,5-Terminsgebühr entsteht:
– Eine Partei erscheint nicht und der Anwalt stellt den Antrag auf Erlass eines Versäumnisurteils. Dieser Fall ist ausgeschlossen, da das Gericht durch Beschluss entscheidet.
– Eine Partei erscheint nicht und der Anwalt stellt den Antrag zur Prozess- oder Sachleitung. Als Antrag zur Prozess- und Sachleitung kommt u.a. in Frage: Antrag auf Aussetzung des Verfahrens (§§ 246 ff. ZPO), Antrag auf Vertagung (§ 227 ZPO), Antrag auf Ruhen des Verfahrens (§ 251 ZPO), Antrag auf Einsicht in beigezogene Akten bzw. Widerspruch dagegen.
– Eine Partei ist nicht ordnungsgemäß vertreten und der Anwalt stellt den Antrag auf Erlass eines Versäumnisurteils. Dieser Fall ist ausgeschlossen, da das Gericht durch Beschluss entscheidet.
– Eine Partei ist nicht ordnungsgemäß vertreten und der Anwalt stellt den Antrag zur Prozess- oder Sachleitung.

139 **(bb) Entscheidungen zur Prozess- oder Sachleitung von Amts wegen.** Eine Terminsgebühr i.H.v. 0,5 fällt auch dann an, wenn das Gericht von Amts wegen Entscheidungen zur Prozess- oder Sachleitung trifft (Anm. zu VV 3203 i.V.m. Anm. Abs. 1 Nr. 1 zu VV 3105). Dies wäre beispiels-

---

[48] Geändert m.W. zum 21.10.2005 durch EG-Vollstreckungstitel-Durchführungsgesetz.
[49] Ausführlich – auch zu den Auswirkungen – hierzu *Goebel*, RVG-B 2005, 8.
[50] RVG-B 2005, 81 m. Anm. *Mock*.
[51] AGS 2005, 540 ff. m. Anm. *Mock*.

weise der Fall, wenn das Gericht wegen Nichterscheinens eines Zeugen oder einer Partei den Termin vertagt.

(cc) Entscheidung nach § 331 Abs. 3 ZPO. Wenn der Beklagte entgegen § 276 Abs. 1 S. 1, Abs. 2 ZPO nicht rechtzeitig anzeigt, sich gegen die Klage verteidigen zu wollen, entsteht ebenfalls eine 0,5-Terminsgebühr (Anm. zu VV 3203 i.V.m. Anm. Abs. 1 Nr. 2 zu VV 3105). Da im Beschlussverfahren keine „Klage", sondern „Anträge" eingereicht werden (§ 81 Abs. 1 ArbGG) greift die Regelung nicht unmittelbar. Allerdings regelt § 87 Abs. 2 i.V.m. § 64 Abs. 6 ArbGG, dass die Regelungen der ZPO Gültigkeit haben, so dass die Regelung des § 276 ZPO anzuwenden ist.

(dd) Nichtverhandeln der erschienenen Partei. Da das RVG nicht zwischen einer streitigen und nichtstreitigen Verhandlung unterscheidet, spielt es daher keine Rolle, ob die im Termin erschienene Partei verhandelt, mithin Anträge stellt oder nicht. Aus diesem Grund schreibt Anm. zu VV 3203 i.V.m. Anm. Abs. 3 zu VV 3105 vor, dass die Regelung des § 333 ZPO nicht anzuwenden ist. Dies hat zur Folge, dass der gegnerische, im Termin anwesende Rechtsanwalt einen Anspruch auf die volle 1,2-Terminsgebühr auch in dem Fall hat, in dem die anwesende Partei sich nicht erklärt bzw. nicht verhandelt.

e) Beschwerdeverfahren gegen die den Rechtszug beendenden Entscheidungen im personalvertretungsrechtlichen Beschlussverfahren vor den Gerichten der Verwaltungsgerichtsbarkeit (Nr. 2 Buchst. d)

Auch Beschwerden gegen die den Rechtszug beendenden Entscheidungen im personalvertretungsrechtlichen Beschlussverfahren vor den Gerichten der Verwaltungsgerichtsbarkeit (§§ 83, 84 BPersVG) werden seit dem 1.8.2013[52] nach den Gebühren eines Berufungsverfahrens abgerechnet. Sie sind den entsprechenden arbeitsgerichtlichen Beschlussverfahren vergleichbar, zumal nach § 83 Abs. 2 BPersVG die Vorschriften des ArbGG über das Beschlussverfahren entsprechend gelten. Die neue Regelung soll insoweit auch eine Gleichstellung bei der Vergütung herbeiführen.

Nach § 83 BPersVG entscheiden die Verwaltungsgerichte, außer in den Fällen der §§ 9, 25, 28 und 47 Abs. 1 BPersVG über
1. Wahlberechtigung und Wählbarkeit,
2. Wahl und Amtszeit der Personalvertretungen und der in den §§ 57, 65 genannten Vertreter sowie die Zusammensetzung der Personalvertretungen und der Jugend- und Auszubildendenvertretungen,
3. Zuständigkeit, Geschäftsführung und Rechtsstellung der Personalvertretungen und der in den §§ 57, 65 BPersVG genannten Vertreter,
4. Bestehen oder Nichtbestehen von Dienstvereinbarungen.

Gegen diese Entscheidungen ist nach § 83 Abs. 2 BPersVG i.V.m. §§ 87 ff. ArbGG die Beschwerde zum OVG/VGH gegeben. Der Anwalt erhält hier die Gebühren nach den VV 3200 ff. Wegen Einzelheiten wird auf die Kommentierung zu Nr. 2 Buchst. c (siehe Rdn 123) Bezug genommen.

f) Beschwerdeverfahren nach dem GWB (Nr. 2 Buchst. e)

aa) Allgemeines. VV Vorb. 3.2.1 Nr. 2 Buchst. e entspricht der bisherigen VV Vorb. 3.2.1 Nr. 4, die den früheren § 65a S. 1 und 3 BRAGO nach Inkrafttreten des RVG inhaltlich fortführte. Die in § 65a S. 2 BRAGO angeführten Fälle in Eilverfahren nach § 115 Abs. 2 S. 2 und 3 (später § 115 Abs. 2 S. 5 u. 6 und seit dem 18.4.2016 § 169 Abs. 2 S. 5 und 6), § 118 Abs. 1 S. 3 (seit dem 18.4.2016 § 173 Abs. 1 S. 3) sowie nach § 121 (seit dem 18.4.2016 § 176) GWB sind nach wie vor in Vorb. 3.2. Abs. 2 S. 3 gesondert geregelt (siehe VV Vorb. 3.2 Rdn 41 ff.).

VV Vorb. 3.2.1 Nr. 2 Buchst. e beinhaltet eine Sonderregelung für gerichtliche Verfahren nach dem **Gesetz gegen Wettbewerbsbeschränkungen (GWB)**. Das GWB befasst sich zum einen mit dem Zusammenschluss wirtschaftlicher Unternehmen. Da ein solcher Zusammenschluss zu nicht gewünschten Einschränkungen des freien Wettbewerbs führen kann, regelt das GWB diese Materie durch ein entsprechendes Verbot mit Erlaubnisvorbehalt. Die Einzelheiten dazu ergeben sich aus dem 1. Teil (§§ 1 bis 47 GWB). Der 2. Teil (§§ 48 bis 53 GWB) regelt die Frage der Bestimmung

---

[52] Eingefügt durch das 2. KostRMoG.

von Kartellbehörden, während der 3. Teil (§§ 54 bis 95 GWB) die verfahrensrechtlichen Vorschriften für das Verwaltungsverfahren vor den Kartellbehörden sowie für die gerichtlichen Verfahren enthält. Gegen Verfügungen der Kartellbehörden sowie gegen die Unterlassung einer beantragten Verfügung ist gemäß §§ 63 ff. GWB die Beschwerde zu den Oberlandesgerichten eröffnet; zuständig ist das für den Sitz der Kartellbehörde zuständige OLG. Gegen Entscheidungen des OLG findet die Rechtsbeschwerde zum BGH statt.

147 Das GWB regelt zum anderen im 4. Teil (§§ 97 bis 184 GWB) die Vergabe öffentlicher Aufträge, die gemäß §§ 155 ff. GWB auf Antrag der Nachprüfung durch Vergabekammern unterliegt. Gegen deren Entscheidung ist nur die sofortige Beschwerde an dasjenige OLG zulässig, das für den Sitz der Vergabekammer zuständig ist (§ 171 Abs. 3 GWB). Soweit das OLG von einer Entscheidung eines anderen OLG oder des BGH abweichen will, muss es die Sache dem BGH vorlegen (§ 179 Abs. 2 GWB). Diese Vorlagepflicht gilt jedoch nicht in Verfahren nach § 173 Abs. 1 S. 3 (bis 17.4.2016: § 118 Abs. 1 S. 3) und nach § 176 (bis 17.4.2016: § 121) GWB.

148 **bb) Regelungsgehalt. (1) Anwendungsbereich.** Von VV Vorb. 3.2.1 Nr. 2 Buchst. e werden folgende Fälle erfasst:
– **Beschwerdeverfahren** gegen Verfügungen der Kartellbehörden oder gegen die Unterlassung einer beantragten Verfügung nach §§ 63 ff. GWB;
– die **sofortige Beschwerde** gegen Entscheidungen der Vergabekammern, § 171 Abs. 1 GWB. Zu solchen Entscheidungen gehört auch die Kostengrundentscheidung.[53]

149 Während Beschwerdeverfahren gegen die Kostengrundentscheidung vom Wortlaut der VV Vorb. 3.2.1 Nr. 2 Buchst. a bis d nicht erfasst, vielmehr ausgeschlossen sind und nach VV 3500 vergütet werden, begrenzt der Wortlaut der Nr. 2 Buchst. e den Anwendungsbereich nicht auf bestimmte Beschwerden, ist vielmehr eröffnet für alle Beschwerden, die nach dem GWB grundsätzlich in Betracht kommen.

150 **Unanwendbar** ist die Vorschrift hingegen:
– auf **Beschwerden** gegen die **Nichtzulassung der Rechtsbeschwerde** (§ 75 GWB) in einer Entscheidung des OLG (§ 74 Abs. 1 und 3 GWB), weil die VV Vorb. 3.2.1 nur die hiervon zu unterscheidenden Fälle der Verfahren vor dem Rechtsmittelgericht auf Zulassung des Rechtsmittels betrifft; es finden daher VV 3504, 3505 Anwendung, weil sich die Gebühren für das Rechtsbeschwerdeverfahren selbst gemäß VV Vorb. 3.2.1 nach denen für die Berufung richten (vgl. VV Vorb. 3.2 Rdn 4).[54]
– in den **vorangegangenen Verwaltungsverfahren** (§§ 54 bis 62 sowie §§ 97 ff. GWB). In diesen Verfahren ergeben sich die Gebühren aus VV 2300.[55] Streitig war, ob die in diesen Verwaltungsverfahren bzw. im Nachprüfungsverfahren entstandene Geschäftsgebühr nach VV 2300 gemäß VV Vorb. 3 Abs. 4 zur Hälfte, jedoch höchstens mit einem Gebührensatz von 0,75 auf die Verfahrensgebühr des gerichtlichen Verfahrens anzurechnen ist.[56] Der BGH hat nunmehr[57] eine Anrechnung bejaht, wobei eine solche – auch für Altfälle – aber nur unter den Voraussetzungen des § 15a Abs. 2 stattfindet.[58]
– in **bürgerlichen Rechtsstreitigkeiten**, die sich aus dem GWB oder aus Kartellvereinbarungen sowie aus Kartellbeschlüssen ergeben und für die gemäß § 87 GWB eine ausschließliche Zuständigkeit der Landgerichte begründet ist; hierfür finden die VV 3100 ff. und 3200 ff. unmittelbare Anwendung. Kommt es in derartigen bürgerlichen Rechtsstreitigkeiten zu **Beschwerden**, für die

---

53 OLG Düsseldorf OLGR 2001, 305 = BauR 2000, 1626; OLGR Schleswig 2004, 131.
54 Riedel/Sußbauer/*Keller*, RVG, VV Teil 3 Abschnitt 2 Rn 26; Gerold/Schmidt/*Müller-Rabe*, RVG, VV 3504, 3505 Rn 4 f.; Bischof/*Mathias*, RVG, VV Vorb. 3.2 Rn 3a–3c, anders aber VV Vorb 3.2.1 Rn 8.
55 H.M., vgl. BGH AGS 2008, 553 = Rpfleger 2009, 50; BayObLG JurBüro 2000, 640; ThürOLG JurBüro 2004, 83, die letzteren jew. zum entsprechenden § 118 BRAGO; Gerold/Schmidt/*Müller-Rabe*, RVG, VV Vorb. 3.2.1 Rn 40. 41.
56 KG AGS 2005, 155 = AnwBl 2005, 366 m. zust. Anm. *Schons*; OLG Celle RVGreport 2008, 355; OLG München VergabeR 2009, 106.
57 AGS 2009, 540 = VergabeR 2010, 66 = AnwBl 2009, 876 = BRAK-Mitt 2009, 295 = BGHReport 2009, 1290 = Rpfleger 2010, 50 = NJW 2010, 76 = NdsRpfl 2010, 24 = NZBau 2010, 129 = ZfBR 2010, 193 = DAR 2010, 116 = JurBüro 2010, 78 = NJW-Spezial 2009, 748 = RVGreport 2009, 474 = RVGprofessionell 2010, 1 = RVGprofessionell 2010, 2 = CIPR 2009, 164 = MDR 2010, 113 = IBR 2010, 111 = BauR 2010, 264 = ZfBR 2010, 312; sich dem anschließend OLG Düsseldorf VergabeR 2011, 649 = NZBau 2011, 125; OLG München, Beschl. v. 11.1.2010 – Verg 9/09.
58 Jetzt h.M., vgl. zusammenfassend BGH GRUR-RR 2011, 288.

die Zuständigkeit des Kartellsenats gegeben ist (§§ 87, 89, 91 ff. GWB), findet nicht Teil 3 Abschnitt 2 mit VV 3200 ff., sondern Teil 3 Abschnitt 5 mit VV 3500 ff. Anwendung;[59]
– in **Bußgeldverfahren** gemäß §§ 81 ff. GWB. Die Gebühren richten sich nach VV Teil 5.

(2) Gebühren. **(a) Allgemeines.** Gemäß Nr. 2. Buchst. e gelten in den aufgeführten Beschwerdeverfahren nach dem GWB die Vorschriften des Teils 3 Abschnitt 2 Unterabschnitt 1. Eine Anwendung des Unterabschnitts 2 gemäß VV Vorb. 3.2.2 scheidet aus, weil sich die Parteien nicht nur durch einen beim BGH zugelassenen Rechtsanwalt vertreten lassen müssen (vgl. §§ 68, 75 Abs. 4, 76 Abs. 5 GWB).

(b) Verfahrensgebühr, VV 3200. Für das Betreiben des Geschäfts einschließlich der Information erhält der Anwalt eine **Verfahrensgebühr** zu einem Gebührensatz von **1,6** (wegen der Einzelheiten zum Begriff der Verfahrensgebühr vgl. VV Vorb. 3 Abs. 2).

Sofern derselbe Verfahrensgegenstand zugrunde liegt, erhöht sich die Gebühr um 0,3 je weiteren Auftraggeber (VV 1008).

(c) Verfahrensgebühr – vorzeitige Beendigung, VV 3201. Wird der Auftrag vorzeitig beendet, reduziert sich die Verfahrensgebühr auf einen Gebührensatz von 1,1. (wegen der Einzelheiten des Begriffs der vorzeitigen Beendigung vgl. VV 3201 Rdn 1, VV 3101 Rdn 1 ff.).

(d) Terminsgebühr, VV 3202. Für die Vertretung in einem Verhandlungs-, Erörterungs- oder Beweisaufnahmetermin oder die Wahrnehmung eines von einem gerichtlich bestellten Sachverständigen anberaumten Termins oder die Mitwirkung an auf die Vermeidung oder Erledigung des Verfahrens gerichteten Besprechungen auch ohne Beteiligung des Gerichts – soweit es sich nicht um Besprechungen mit dem Auftraggeber handelt – erhält der Anwalt eine **Terminsgebühr** mit dem dafür allgemein gültigen Gebührensatz von **1,2** (wegen der Einzelheiten zum Begriff der Terminsgebühr vgl. VV Vorb. 3 Abs. 3). Dabei fällt die Terminsgebühr aber auch dann an, wenn das Beschwerdegericht gemäß §§ 69 Abs. 1 S. 1, 2. Hs., 76 Abs. 5, 175 Abs. 2 i.V.m. § 69 Abs. 1 S. 1 GWB im Einverständnis der Parteien ohne mündliche Verhandlung entscheidet (Anm. Abs. 1 zu VV 3202 i.V.m. Anm. Abs. 1 Nr. 1 zu VV 3104) (im Einzelnen vgl. VV 3202 Rdn 7).

(e) Reduzierte Terminsgebühr, VV 3203. Eine Gebühr nach VV 3203 kann nicht entstehen (arg. e. § 70 Abs. 2 GWB). Insoweit steht auch der auf Beschwerdeverfahren nach dem GWB anzuwendende Untersuchungsgrundsatz entgegen (§ 70 Abs. 1 GWB).

(f) Einigungsgebühr, VV 1000. Auch eine Einigungsgebühr nach VV 1000 Abs. 1 Nr. 1 kann nicht entstehen, weil die Parteien über die Ansprüche nach dem GWB nicht verfügen können (vgl. Anm. Abs. 4 zu VV 1000).

(g) Erledigungsgebühr, VV 1002, 1004. Hingegen kann eine Erledigungsgebühr (VV 1002) entstehen, wenn sich das Beschwerdeverfahren durch Zurücknahme der Verfügung bzw. Erlass der zuvor unterlassenen Verfügung durch die Kartellbehörde erledigt und der Anwalt dabei mitgewirkt hat (zu den einzelnen Erfordernissen vgl. VV 1002 Rdn 1 ff.).

(h) Einstweilige Anordnungen. Im Falle der Anfechtung einer von der Kartellbehörde erlassenen **einstweiligen Anordnung** (§§ 60, 64 Abs. 2 GWB) oder bei einem Antrag auf Erlass einer solchen beim Beschwerdegericht (§ 65 Abs. 3 GWB) finden §§ 16 Nr. 5 und 17 Nr. 4 Anwendung. Für diese besonderen Angelegenheiten bestimmen sich die Gebühren ebenfalls nach VV Teil 3 Abschnitt 2 Unterabschnitt 1.[60]

---

[59] OLG Jena JurBüro 2004, 83; Riedel/Sußbauer/*Keller*, RVG, VV Teil 3 Abschnitt 2 Rn 27; zum entsprechenden § 65a BRAGO: OLG Frankfurt NJW 1971, 519.

[60] Riedel/Sußbauer/*Keller*, RVG, VV Teil 3 Abschnitt 2 Rn 27; Mayer/Kroiß/*Maué*, RVG, Vorbem. 3.2.1 Rn 10; Hartung/*Schons*/*Enders*, RVG, VV Vorb. 3.2.1 Rn 25;

a.A. Gerold/Schmidt/*Müller-Rabe*, RVG, VV Vorb. 3.2.1 Rn 38 betr. § 65 GWB; wie hier zum entsprechenden § 40 Abs. 3 BRAGO: Gerold/Schmidt/*Madert*, BRAGO, § 65a Rn 10; Riedel/Sußbauer/*Keller*, BRAGO, § 65a Rn 8; *Hansens*, BRAGO, § 65a Rn 12; *Hartmann*, KostG, § 65a BRAGO Rn 13; offen.

160 **(i) Sonstige Gebührentatbestände.** Entsprechende Anwendung finden folgende Vorschriften:
- VV 3328: vorläufige Einstellung der Zwangsvollstreckung
- VV 3400: Verkehrsanwalt
- VV 3401: Terminsvertreter
- VV 3402, 3403: sonstige Einzeltätigkeiten.[61]

161 **cc) Gegenstandswert.** Der Gegenstandswert ergibt sich gemäß § 23 Abs. 1[62] aus den für die Gerichtsgebühren geltenden Wertvorschriften, demnach also aus **§ 50 Abs. 1 Nr. 1 GKG**, der dem bisherigen § 12a GKG entspricht, bzw. aus § 50 Abs. 2 GKG.

162 Daraus folgt:

Im **kartellrechtlichen Beschwerdeverfahren** gemäß §§ 63 ff. GWB bestimmt sich der Wert nach § 3 ZPO (§ 50 Abs. 1 S. 1 Nr. 1 GKG).

163 Bei einer Beschwerde eines **Beigeladenen** (§ 54 Abs. 2 Nr. 3 GWB) ist der Streitwert unter Berücksichtigung der sich für ihn ergebenden Bedeutung der Sache nach Ermessen zu bestimmen (§ 50 Abs. 1 S. 2 GKG).

164 Im Verfahren über **Beschwerden gegen Entscheidungen der Vergabekammer** (§ 171 ff. GWB) beträgt der Streitwert 5 % der Bruttoauftragssumme (§ 50 Abs. 2 GKG). Damit hat sich der Gesetzgeber ausdrücklich[63] der entsprechenden Rspr. des BayObLG[64] angeschlossen. Der Begriff der **Auftragssumme** ist gesetzlich nicht definiert. Darunter ist der konkrete Preis des Angebots zu verstehen, zu dem das beteiligte Unternehmen den Auftrag begehrte.[65] Fehlen konkrete Angebote der Bieter sowie eine ordnungsgemäße Schätzung des Auftragswertes durch den Auftraggeber, ist der Auftragswert nach objektiven Kriterien gemäß § 3 ZPO zu schätzen.[66]

165 Bislang war streitig, ob sich bei langfristigen Dienstleistungsverträgen entsprechend § 1a Nr. 4 Abs. 2 VOL/A a.F.[67] bzw. nach dessen inzwischen erfolgter Aufhebung gemäß § 3 Abs. 4 Nr. 2 VgV die Auftragssumme auf den 48fachen Betrag der voraussichtlichen monatlichen Zahlung beschränkt. Während die bisher wohl h.M. dies verneint hat,[68] hat der BGH[69] nunmehr eine entsprechende Beschränkung bejaht, allerdings ohne sich mit den Argumenten der abweichenden Auffassung auseinanderzusetzen. Das OLG Koblenz hat sich dem BGH angeschlossen und ebenfalls nach dem Wert der Teilleistung, an deren Erbringung der Antragsteller interessiert ist, bemessen und eine Begründung nur insoweit gefunden, als der BGH darüber gleichermaßen entschieden habe.[70] Jedenfalls wird man eine Anwendung des § 3 Abs. 4 Nr. 2 VgV dann verneinen müssen, wenn die dort genannten tatbestandlichen Voraussetzungen auf den konkreten Fall nicht zutreffen.[71]

166 Eine **Streitwertfestsetzung** eines Instanzgerichts kann vor dem BGH nicht in zulässiger Weise **angefochten** werden; dies gilt auch für eine Streitwertfestsetzung im vergaberechtlichen Beschwerdeverfahren nach §§ 171 ff. GWB.[72]

---

[61] Gerold/Schmidt/*Müller-Rabe*, RVG, VV Vorb. 3.2.1 Rn 38; Riedel/Sußbauer/*Keller*, BRAGO, § 65a Rn 11; *Hansens*, BRAGO, § 65a Rn 13.
[62] BayObLGR 2003, 332; BayObLG AGS 2003, 34 = JurBüro 2002, 362.
[63] Vgl. BT-Drucks 15/1971, S. 155 zu § 50 GKG.
[64] BayObLG JurBüro 2003, 307 = NZBau 2003, 694 sowie andere OLGe; vgl. dazu *Byok*, NJW 2004, 198 unter II.
[65] BayObLGR 2003, 332; BayObLGR 2003, 187 = JurBüro 2003, 307; OLG Koblenz, Beschl. v. 11.9.2000 – 1 Verg 1/99; ThürOLG, Beschl. v. 19.10.2000 – 6 Verg 3/00 (juris).
[66] OLG Jena JurBüro 2002, 434; OLG Naumburg NZBau 2003, 464.
[67] OLG Stuttgart NZBau 2000, 599; OLG Celle NZBau 2001, 111; a.A. OLG Düsseldorf NZBau 2003, 175.
[68] Vgl. *Onderka*, AGS 2011, 111, 114; *Kaiser*, NZBau 2002, 315; verneinend: OLG Jena, Beschl. v. 5.3.2010 – 9 Verg 2/08 (juris); OLG Naumburg JurBüro 2004, 86 = NZBau 2003, 464 und JurBüro 2005, 419 = NZBau 2005, 486; Brandenb.OLG JurBüro 2005, 37; bejahend: OLG Jena [6. ZS] AGS 2003, 115; OLG Stuttgart NZBau 2000, 599.
[69] BGH VergabeR 2011, 452 = NZBau 2011, 175; NZBau 2011, 629 = JurBüro 2012, 28 = MDR 2011, 1206.
[70] OLG Koblenz ZfBR 2012, 727.
[71] OLG Brandenburg JurBüro 2010, 426 = ZfBR 2010, 518 = ZfBR 2010, 725, wenn entgegen § 3 Abs. 4 Nr. 2 VgV ein Gesamtpreis angegeben ist; BayObLG VergabeR 2004, 121 unter Aufgabe seiner früheren Rspr.; OLG Naumburg JurBüro 2004, 86 = ZfBR 2003, 308 = OLGR 2003, 255 = NZBau 2003, 664, beide noch zu § 3 Abs. 3 VgV aF, weil der Vertrag mit sieben Jahren befristet und die Vertragsdauer daher weder unbefristet noch nicht absehbar war.
[72] BGH VergabeR 2004, 255 = MDR 2004, 355.

dd) Kostenerstattung. (1) Beschwerde- und Rechtsbeschwerdeverfahren.
Für das Beschwerdeverfahren gemäß §§ 63 ff. gilt **§ 78 GWB**. Danach kann das Gericht anordnen, dass die Kosten, die zur zweckentsprechenden Erledigung der Angelegenheit notwendig waren, von einem Beteiligten ganz oder teilweise zu erstatten sind, wenn dies der Billigkeit entspricht. Soweit ein Beteiligter Kosten durch ein **unbegründetes Rechtsmittel** oder durch grobes Verschulden veranlasst hat, sind ihm die Kosten aufzuerlegen. Im Fall der **Rücknahme** der (Rechts-)Beschwerde hat der Beschwerdeführer bei offenem Verfahrensausgang die gerichtlichen Kosten und, sofern aufgrund der Umstände es nicht unbillig wäre, auch die außergerichtlichen Kosten des Beschwerdegegners zu tragen.[73]

Da gemäß § 68 GWB in diesen Verfahren **Anwaltszwang** besteht, soweit es nicht um die Vertretung der Kartellbehörde geht, sind die Kosten eines Anwalts insoweit stets dem Grunde nach erstattungsfähig.

Im Beschwerdeverfahren kann das Gericht anordnen, dass die Kosten, die zur zweckentsprechenden Erledigung der Angelegenheit notwendig waren, von einem Beteiligten ganz oder teilweise zu erstatten sind, wenn dies der Billigkeit entspricht (§ 78 S. 1 GWB). Hat ein Beteiligter Kosten durch ein unbegründetes Rechtsmittel oder durch grobes Verschulden veranlasst, so sind ihm die Kosten aufzuerlegen (§ 78 S. 2 GWB). Im Übrigen gelten gemäß § 78 S. 3 GWB die Vorschriften der ZPO über das **Kostenfestsetzungsverfahren** und die Zwangsvollstreckung aus Kostenfestsetzungsbeschlüssen entsprechend.

Die im Verwaltungsverfahren vor der Kartellbehörde entstandenen Kosten sind in einem anschließenden gerichtlichen Verfahren nicht erstattungsfähig.[74] Nach Auffassung des OLG Düsseldorf[75] gehören hingegen auch die Kosten des Vorverfahrens zu den erstattungsfähigen Kosten des Rechtsstreits und zwar gemäß § 162 Abs. 2 VwGO analog.

(2) Vergabeverfahren. Die Kostentragung in Verfahren vor der Vergabekammer ist in § 182 Abs. 4 GWB geregelt. Soweit ein Beteiligter im Nachprüfungsverfahren unterliegt, hat er die zur zweckentsprechenden Rechtsverfolgung oder Rechtsverteidigung notwendigen Aufwendungen des Antragsgegners zu tragen (§ 182 Abs. 4 S. 1 GWB). Die Kosten eines Beigeladenen sind erstattungsfähig, soweit sie die Vergabekammer aus Billigkeit der unterlegenen Partei auferlegt (§ 182 Abs. 4 S. 2 GWB). Bei Antragsrücknahme oder anderweitiger Erledigung entscheidet die Vergabekammer nach billigem Ermessen (§ 182 Abs. 4 S. 3 GWB). Die Festsetzung der zu erstattenden Aufwendungen folgt im Verfahren nach § 80 Abs. 1, 2 und 3 S. 2 VwGO (§ 182 Abs. 4 S. 4 GWB). Ein gesondertes Kostenfestsetzungsverfahren findet nicht statt (§ 182 Abs. 4 S. 5 GWB).

Da das vergaberechtliche Beschwerdeverfahren – anders als das erstinstanzlich vor der Vergabekammer durchzuführende Nachprüfungsverfahren – ein streitiges Verfahren vor einem ordentlichen Gericht ist, gilt auch hinsichtlich eines **Beigeladenen**, der die durch § 174 GWB begründete Stellung als Beteiligter im Beschwerdeverfahren auch nutzt, die Kostenregelung des § 78 GWB.[76]

Die **Kostenfestsetzung** erfolgt gemäß §§ 103 ff. ZPO. Zuständig für die Entscheidung ist der Rechtspfleger des OLG. Das gilt auch für die im Verfahren vor der Vergabekammer entstandenen Aufwendungen der Verfahrensbeteiligten in den Fällen, in denen ein Nachprüfungsverfahren an das Beschwerdegericht gelangt ist. § 182 Abs. 4 S. 3 GWB schließt nur eine Festsetzung durch die Vergabekammer aus.[77] Gegen den Kostenfestsetzungsbeschluss ist gemäß § 11 Abs. 2 RPflG die sofortige

---

73 BGH NJW-RR 2007, 616; BGH VergabeR 2009, 607 = NZBau 2009, 466 mit dem Hinweis, dass im Falle der Rücknahme des Nachprüfungsauftrags im Beschwerdeverfahren eine Erstattung der den Beteiligten im Verfahren vor der Vergabekammer entstandenen außergerichtlichen Kosten nicht in Betracht kommt.
74 OLG Hamburg JurBüro 1992, 336; *Hansens*, BRAGO, § 65a Rn 15; Riedel/Sußbauer/*Keller*, BRAGO, § 65a Rn 1 und Riedel/Sußbauer/*Schneider*, BRAGO, § 118 Rn 60; a.A. *Hartmann*, KostG, § 65a BRAGO Rn 19.
75 ZfBR 2013, 103.
76 BGH VergabeR 2011, 452 = NZBau 2011, 175 Rn 79.
77 BGH AGS 2009, 540 = NZBau 2010, 129; OLG Düsseldorf VergabeR 2011, 649 = NZBau 2011, 125; OLG Celle AGS 2010, 256 = VergabeR 2010, 542 = NJW-Spezial 2010, 46 = RVGreport 2010, 74 = IBR 2010, 112 = ZfBR 2010, 112 = ZfBR 2010, 312 = BauR 2010, 960.

Erinnerung möglich, weil gegen die Beschwerdeentscheidung gemäß § 567 ZPO kein Rechtsmittel gegeben ist.[78]

174 Die Kosten eines Anwalts sind stets dem Grunde nach erstattungsfähig, weil gemäß § 175 Abs. 1 S. 1 GWB in diesen Verfahren **Anwaltszwang** besteht, soweit es nicht um die Vertretung der Kartellbehörde geht (§ 68 Abs. 1 S. 2 GWB). Auch die Behörde kann sich aber regelmäßig durch einen Anwalt vertreten lassen, dessen Kosten erstattungsfähig sind, es sei denn, es handelt sich aus einer ex-ante-Betrachtung um eine erkennbar einfach gelagerte Sache.[79]

g) Beschwerdeverfahren nach dem EnWG (Nr. 2 Buchst. f)

175 aa) Allgemeines. VV Vorb. 3.2.1 Nr. 2 Buchst. f führt die VV Vorb. 3.2.1 Nr. 8 a.F. fort, die eingeführt worden war durch das Zweite Gesetz zur Neuregelung des Energiewirtschaftsrechts (EnWG; in Kraft seit 13.7.2005), und beinhaltet eine gebührenrechtliche Sonderregelung für das Beschwerdeverfahren nach dem Gesetz über die Elektrizitäts- und Gasversorgung. Beschwerdeverfahren nach dem EnWG wurden auch bisher nach den VV 3200 ff. vergütet. Allein systematische Gründe haben zu einer abweichenden numerischen Anordnung geführt, die mit inhaltlichen Änderungen nicht einhergeht.[80]

176 bb) Regelungsgehalt. Das EnWG bezweckt eine möglichst sichere, preisgünstige, verbraucherfreundliche, effiziente und umweltverträgliche leitungsgebundene Versorgung der Allgemeinheit mit Elektrizität und Gas (§ 1 Abs. 1 EnWG). Ferner bezweckt es die Umsetzung und Durchführung des Europäischen Gemeinschaftsrechts auf dem Gebiet der leitungsgebundenen Energieversorgung (§ 1 Abs. 3 EnWG).

177 Das Gesetz dient demnach der Umsetzung
- der Richtlinie 2003/54/EG des Europäischen Parlaments und des Rates vom 26.6.2003 über gemeinsame Vorschriften für den Elektrizitätsbinnenmarkt und zur Aufhebung der Richtlinie 96/92/EG (ABl EU Nr. L 176 S. 37),
- der Richtlinie 2003/55/EG des Europäischen Parlaments und des Rates vom 26.6.2003 über gemeinsame Vorschriften für den Erdgasbinnenmarkt und zur Aufhebung der Richtlinie 98/30/EG (ABl EU Nr. L 176 S. 57),
- der Richtlinie 2004/67/EG des Rates vom 26.4.2004 über Maßnahmen zur Gewährleistung der sicheren Erdgasversorgung (ABl EU Nr. L 127 S. 92) und
- der Richtlinie 2006/32/EG des Europäischen Parlaments und des Rates vom 5.4.2006 über Endenergieeffizienz und Energiedienstleistungen und zur Aufhebung der Richtlinie 93/76/EWG des Rates (ABl EU Nr. L 114 S. 64).

178 (1) Anwendungsbereich. Von VV Vorb. 3.2.1 Nr. 2 Buchst. f werden folgende Fälle erfasst:
- **Beschwerdeverfahren** gegen Entscheidungen (§§ 73 Abs. 1 S. 1, 75 Abs. 1 S. 1 EnWG) bzw. gegen vorläufige Anordnungen (§§ 72, 75 Abs. 1 S. 1 EnWG) und gegen die Unterlassung einer beantragten Entscheidung (§ 75 Abs. 3) der Regulierungsbehörde;
- **Beschwerden** gegen die **Nichtzulassung der Rechtsbeschwerde** in einer Entscheidung des OLG (§ 86 EnWG). Dieses Beschwerdeverfahren ist zwar noch keine Rechtsbeschwerde i.S.d. § 86 EnWG, sondern soll ein solches Rechtsbeschwerdeverfahren erst eröffnen. Darauf kommt es aber deshalb nicht an, weil von der VV Vorb. 3.2.1 Nr. 2 Buchst. f generell auch die Beschwerden nach dem EnWG erfasst werden und gemäß der Vorb. 3.2 der gesamte Abschnitt 2 auch auf Verfahren vor dem Rechtsmittelgericht über die Zulassung des Rechtsmittels Anwendung findet.

179 Unanwendbar ist die Vorschrift hingegen:
- in den **vorangegangenen Verwaltungsverfahren** (§§ 65 ff. EnWG). In diesem Verfahren ergeben sich die Gebühren aus VV 2300 ff., wobei die in diesem Verwaltungsverfahren entstandene Geschäftsgebühr nach VV 2300 bis 2303 gemäß VV Vorb. 3 Abs. 4 zur Hälfte, jedoch höchstens

---

78 BGH AGS 2009, 540 = NZBau 2010, 129 = AnwBl 2009, 876 = BRAK-Mitt 2009, 295 = BGHReport 2009, 1290 = Rpfleger 2010, 50 = NJW 2010, 76 = VergabeR 2010, 66 = NdsRpfl 2010, 24 = NZBau 2010, 129 = ZfBR 2010, 193 = DAR 2010, 116 = JurBüro 2010, 78 = NJW-Spezial 2009, 748 = RVGreport 2009, 474 = RVG profess. 2010, 1 = MDR 2010, 113 = IBR 2010, 111 = BauR 2010, 264 = ZfBR 2010, 312; OLG Düsseldorf AGS 2009, 117; BayObLG NZBau 2000, 397.

79 OLG Naumburg AGS 2005, 308 = JurBüro 2005, 89 = OLGR 2005, 127, auch mit Hinw. auf a.A.

80 *Schneider/Thiel*, Das neue Gebührenrecht für Rechtsanwälte, § 3 Rn 900.

mit einem Gebührensatz von 0,75 auf die Verfahrensgebühr des gerichtlichen Verfahrens angerechnet wird;
- in **bürgerlichen Rechtsstreitigkeiten**, die sich aus dem EnWG ergeben und für die gemäß § 102 EnWG eine ausschließliche (§ 108 EnWG) Zuständigkeit der Landgerichte begründet ist; hierfür finden die VV 3100 ff. und 3200 ff. unmittelbare Anwendung. Kommt es in derartigen bürgerlichen Rechtsstreitigkeiten zu Beschwerden, für die die Zuständigkeit des Kartellsenats (§ 106 Abs. 1 EnWG) gegeben ist, findet nicht VV Teil 3 Abschnitt 2 mit VV 3200 ff., sondern VV Teil 3 Abschnitt 5 mit VV 3500 ff. Anwendung;
- im **Bußgeldverfahren** gemäß §§ 95 ff. EnWG. Die Gebühren richten sich nach VV Teil 5.

(2) Gebühren. (a) Allgemeines. Gemäß Nr. 2 Buchst. f gelten in den Beschwerdeverfahren nach dem EnWG die Vorschriften des VV Teils 3 Abschnitt 2 Unterabschnitt 1. Eine Anwendung des Unterabschnitts 2 scheidet aus, weil sich die Parteien nicht nur durch einen beim BGH zugelassenen Rechtsanwalt vertreten lassen können (§ 80 EnWG). 180

(b) Verfahrensgebühr, VV 3200. Für das Betreiben des Geschäfts einschließlich der Information erhält der Anwalt eine **Verfahrensgebühr** mit einem Gebührensatz von **1,6** (wegen der Einzelheiten zum Begriff der Verfahrensgebühr vgl. VV Vorb. 3 Abs. 2) 181

(c) Verfahrensgebühr – vorzeitige Beendigung, VV 3201. Wird der Auftrag vorzeitig beendet, reduziert sich die Verfahrensgebühr auf einen Gebührensatz von 1,1 (wegen der Einzelheiten des Begriffs der vorzeitigen Beendigung vgl. VV 3201 Rdn 1 ff.). 182

(d) Erhöhung, VV 1008. Vertritt der Anwalt **mehrere Auftraggeber**, so erhöht sich die Verfahrensgebühr um jeweils **0,3 je weiteren Auftraggeber, maximal** jedoch um einen Gebührensatz von **2,0**. 183

(e) Terminsgebühr, VV 3202. Für 184
- die Vertretung in einem gerichtlichen oder außergerichtlichen Termin (VV Vorb. 3 Abs. 3 S. 1) oder
- die Wahrnehmung eines von einem gerichtlich bestellten Sachverständigen anberaumten Termins (VV Vorb. 3 Abs. 3 S. 3 Nr. 1) oder
- die Mitwirkung an auf die Vermeidung oder Erledigung des Verfahrens gerichteten Besprechungen ohne Beteiligung des Gerichts – soweit es sich nicht um Besprechungen mit dem Auftraggeber handelt (VV Vorb. 3 Abs. 3 S. 3 Nr. 2) –

erhält der Anwalt eine **1,2-Terminsgebühr**. Dabei fällt die Terminsgebühr auch dann an, wenn das Beschwerdegericht gemäß § 81 Abs. 1 S. 1, 2. Hs. EnWG im Einverständnis der Parteien ohne mündliche Verhandlung entscheidet (vgl. auch VV 3202 Rdn 1 ff.).

(f) Reduzierte Terminsgebühr, VV 3203. Eine Gebühr nach VV 3203 kann nicht entstehen (arg. e § 81 Abs. 2 EnWG). Insoweit steht der in Verfahren nach dem EnWG geltende Untersuchungsgrundsatz entgegen (§ 82 Abs. 1 EnWG). 185

(g) Einigungsgebühr, VV 1000. Eine Einigungsgebühr nach VV 1000 Abs. 1 Nr. 1 kann nicht entstehen, weil die Parteien über die Ansprüche nicht vertraglich verfügen können (vgl. Anm. Abs. 4 zu VV 1000). 186

(h) Erledigungsgebühr, VV 1002, 1004. Hingegen kann eine Erledigungsgebühr entstehen, wenn sich das Beschwerdeverfahren durch Zurücknahme der Verfügung bzw. Erlass der zuvor unterlassenen Verfügung durch die Regulierungsbehörde erledigt und der Anwalt dabei mitgewirkt hat (zu den einzelnen Erfordernissen vgl. VV 1002 Rdn 1 ff.). 187

(i) Einstweilige Anordnungen. Im Falle der Anfechtung einer von der Regulierungsbehörde erlassenen **vorläufigen Anordnung** (§ 72 EnWG) oder bei einem Antrag auf Erlass einer solchen beim Beschwerdegericht (§ 76 Abs. 3 EnWG) finden §§ 16 Nr. 5 und 17 Nr. 4 Anwendung. Für diese besonderen Angelegenheiten bestimmen sich die Gebühren nach VV Teil 3 Abschnitt 2; VV Vorb. 3.2 Abs. 2 betrifft diesen Fall nicht, weil das Beschwerdeverfahren kein Verfahren „vor dem Beschwerdegericht", sondern wie ein erstinstanzliches Verfahren zu behandeln ist. 188

(j) Sonstige Gebührentatbestände. Entsprechende Anwendung finden folgende Vorschriften: 189
- VV 3328: vorläufige Einstellung der Zwangsvollstreckung
- VV 3400: Verkehrsanwalt
- VV 3401: Terminsvertreter
- VV 3402, 3403: sonstige Einzeltätigkeiten.

190 **cc) Gegenstandswert.** Der Gegenstandswert ergibt sich gemäß § 23 Abs. 1[81] nach den für die Gerichtsgebühren geltenden Wertvorschriften, demnach also aus **§ 50 GKG** in Verbindung mit § 3 ZPO. Daraus folgt:
– im **Beschwerdeverfahren** gemäß §§ 75 ff. EnWG bestimmt sich der Wert nach § 3 ZPO (§ 50 Abs. 1 S. 1 Nr. 2 GKG);
– bei einer Beschwerde eines **Beigeladenen** (§ 79 Abs. 1 Nr. 3 EnWG) ergibt sich der Streitwert nach der sich für ihn aus dem Antrag ergebenden Bedeutung der Sache, maximal beträgt er 250.000 EUR (§ 50 Abs. 1 S. 2 GKG).

191 **dd) Kostenerstattung.** Für das Beschwerdeverfahren gemäß §§ 75 ff. EnWG gilt **§ 90 EnWG**. Danach kann das Gericht anordnen, dass die Kosten, die zur zweckentsprechenden Erledigung der Angelegenheit notwendig waren, von einem Beteiligten ganz oder teilweise zu erstatten sind, wenn dies der Billigkeit entspricht. Soweit ein Beteiligter Kosten durch eine unbegründete Beschwerde oder durch grobes Verschulden veranlasst hat, sind ihm die Kosten aufzuerlegen.

192 Da gemäß § 80 S. 1 EnWG **Anwaltszwang** besteht, sind die Kosten eines Anwalts insoweit stets dem Grunde nach erstattungsfähig.

193 Im Übrigen gelten gemäß § 90 S. 3 EnWG die Vorschriften der ZPO über das **Kostenfestsetzungsverfahren** und die Zwangsvollstreckung aus Kostenfestsetzungsbeschlüssen entsprechend (§§ 103 ff., 788 ZPO).

h) Beschwerdeverfahren nach dem KSpG (Nr. 2 Buchst. g)

194 **aa) Allgemeines.** VV Vorb. 3.2.1 Nr. 2 Buchst. g führt die VV Vorb. Nr. 10 a.F. fort, die eingeführt worden war durch Art. 6[82] des Gesetzes zur Demonstration der dauerhaften Speicherung von Kohlendioxid vom 17.8.2012, in Kraft getreten am 24.8.2012 (KSpG), und beinhaltet eine gebührenrechtliche Sonderregelung für das Beschwerdeverfahren nach dem Gesetz über die Elektrizitäts- und Gasversorgung. Das KSpG regelt die Anwendung von Technologien zur Abscheidung, zum Transport und die Demonstration der dauerhaften und umweltverträglichen Speicherung von Kohlendioxid in tiefen geologischen Gesteinsschichten. Beschwerdeverfahren nach dem KSpG wurden insoweit auch bisher bereits nach den VV 3200 ff. vergütet. Allein systematische Gründe haben zu einer abweichenden numerischen Anordnung geführt, die mit inhaltlichen Änderungen nicht einhergeht.[83]

195 **bb) Regelungsgehalt.** Das KSpG dient der Gewährleistung einer dauerhaften Speicherung von Kohlendioxid in unterirdischen Gesteinsschichten zum Schutz des Menschen und der Umwelt, auch in Verantwortung für künftige Generationen (§ 1 S. 1 KSpG). Es regelt insbesondere die Erforschung, Erprobung und Demonstration von Technologien zur dauerhaften Speicherung von Kohlendioxid in unterirdischen Gesteinsschichten (§ 1 S. 2 KSpG).

196 **(1) Anwendungsbereich.** Von Nr. 2 Buchst. g werden **Beschwerdeverfahren** gegen Entscheidungen der Bundesnetzagentur gemäß § 35 Abs. 1 KSpG erfasst (§ 35 Abs. 3 S. 1 KSpG). Über die Beschwerde entscheidet das für den Sitz der Bundesnetzagentur zuständige OLG; diese Zuständigkeit ist eine ausschließliche (§ 35 Abs. 3 S. 2 KSpG). Über die nach § 35 Abs. 3 S. 1 KSpG dem OLG zugewiesenen Rechtssachen entscheidet der nach § 91 GWB für den Sitz der Bundesnetzagentur zuständige Kartellsenat des OLG. Gemäß § 35 Abs. 6 KSpG gelten die §§ 67 bis 90a EnWG für das Beschwerdeverfahren entsprechend.

197 **Unanwendbar** ist die VV Vorb. 3.2.1 Nr. 2 Buchst. g im **Bußgeldverfahren** gemäß §§ 43 ff. KSpG. Die Gebühren richten sich nach VV Teil 5.

198 **(2) Gebühren. (a) Allgemeines.** Gemäß VV Vorb. 3.2.1 Nr. 2 Buchst. g gelten in den Beschwerdeverfahren nach dem KSpG die Vorschriften des VV Teil 3 Abschnitt 2 Unterabschnitt 1. Eine Anwendung des Unterabschnitts 2 scheidet aus, weil sich die Parteien nicht nur durch einen beim BGH zugelassenen Rechtsanwalt vertreten lassen können (§ 35 Abs. 6 S. 1 KSpG i.V.m. § 80 EnWG).

---

81 BayObLG OLGR 2003, 332; BayObLG AGS 2003, 34 = JurBüro 2002, 362.

82 BT-Drucks 17/5750, S. 30.

83 *Schneider/Thiel*, § 3 Rn 901.

(b) Verfahrensgebühr, VV 3200. Für das Betreiben des Geschäfts einschließlich der Information erhält der Anwalt eine **Verfahrensgebühr** mit einem Gebührensatz von **1,6** (wegen der Einzelheiten zum Begriff der Verfahrensgebühr vgl. VV Vorb. 3 Abs. 2). 199

(c) Verfahrensgebühr – vorzeitige Beendigung, VV 3201. Wird der Auftrag vorzeitig beendet, reduziert sich die Verfahrensgebühr auf einen Gebührensatz von 1,1 (wegen der Einzelheiten des Begriffs der vorzeitigen Beendigung vgl. VV 3201 Rdn 1 ff.). 200

(d) Erhöhung, VV 1008. Vertritt der Anwalt **mehrere Auftraggeber**, so erhöht sich die Verfahrensgebühr um jeweils **0,3 je weiteren Auftraggeber, maximal** jedoch um einen Gebührensatz von **2,0**. 201

(e) Terminsgebühr, VV 3202. Für 202
– die Vertretung in einem gerichtlichen oder außergerichtlichen Termin (VV Vorb. 2 Abs. 3 S. 1) oder
– die Wahrnehmung eines von einem gerichtlich bestellten Sachverständigen anberaumten Termins (VV Vorb. 3 Abs. 3 S. 3 Nr. 1) oder
– die Mitwirkung an auf die Vermeidung oder Erledigung des Verfahrens gerichteten Besprechungen ohne Beteiligung des Gerichts – soweit es sich nicht um Besprechungen mit dem Auftraggeber handelt (VV Vorb. 3 Abs. 3 S. 3 Nr. 2) –
erhält der Anwalt eine **1,2-Terminsgebühr.** Dabei fällt die Terminsgebühr auch dann an, wenn das Beschwerdegericht gemäß § 35 Abs. 6 S. 1 KSpG i.V.m. § 81 Abs. 1 S. 1, 2. Hs. EnWG im Einverständnis der Parteien ohne mündliche Verhandlung entscheidet (vgl. auch VV 3202 Rdn 1 ff.).

Eine Terminsgebühr kann für die Wahrnehmung eines Termins zur Verkündung einer Entscheidung nicht ausgelöst werden (VV Vorb. 3 Abs. 3 S. 2). 203

(f) Reduzierte Terminsgebühr, VV 3203. Eine Gebühr nach VV 3203 kann nicht entstehen (arg. e § 81 Abs. 2 EnWG i.V.m. § 35 Abs. 6 S. 1 KSpG). Insoweit steht auch der auf Verfahren nach dem KSpG anzuwendende Untersuchungsgrundsatz entgegen (§ 35 Abs. 6 i.V.m. § 82 Abs. 1 EnWG). 204

(g) Zusatzgebühr, VV 1010. Ausgelöst werden kann auch eine Zusatzgebühr in Höhe eines Gebührensatzes von 0,3 für besonders umfangreiche Beweisaufnahmen, wenn mindestens drei gerichtliche Termine, in denen Sachverständige oder Zeugen vernommen werden, stattfinden. 205

(h) Einigungsgebühr, VV 1000. Eine Einigungsgebühr nach VV 1000 Abs. 1 Nr. 1 kann nicht entstehen, weil die Parteien über die Ansprüche nicht vertraglich verfügen können (vgl. Anm. Abs. 4 zu VV 1000). 206

(i) Erledigungsgebühr, VV 1002, 1004. Hingegen kann eine Erledigungsgebühr entstehen, wenn sich das Beschwerdeverfahren durch Zurücknahme der Entscheidung der Bundesnetzagentur erledigt und der Anwalt dabei mitgewirkt hat (zu den einzelnen Erfordernissen vgl. VV 1002 Rdn 1 ff.). 207

(j) Sonstige Gebührentatbestände. Entsprechende Anwendung finden folgende Vorschriften: 208
– VV 3328: vorläufige Einstellung der Zwangsvollstreckung
– VV 3400: Verkehrsanwalt
– VV 3401: Terminsvertreter
– VV 3402, 3403: sonstige Einzeltätigkeiten.

cc) Gegenstandswert. Der Gegenstandswert ergibt sich gemäß § 23 Abs. 1[84] nach den für die Gerichtsgebühren geltenden Wertvorschriften, demnach also nach § 3 ZPO in Verbindung mit **§ 50 GKG**. Daraus folgt: 209
– Im **Beschwerdeverfahren** gemäß § 35 Abs. 3 und Abs. 4 KSpG bestimmt sich der Wert nach § 3 ZPO (§ 50 Abs. 1 S. 1 Nr. 2 GKG).
– Bei einer Beschwerde eines **Beigeladenen** (§ 35 Abs. 6 S. 1 KSpG i.V.m. § 79 Abs. 1 Nr. 3 EnWG) ergibt sich der Streitwert nach der sich für ihn aus dem Antrag ergebenden Bedeutung der Sache, maximal beträgt er 250.000 EUR (§ 50 Abs. 1 S. 2 GKG).

dd) Kostenerstattung. Für das Beschwerdeverfahren gemäß § 35 Abs. 3 und Abs. 4 KSpG gilt über § 35 Abs. 6 S. 1 KSpG **§ 90 EnWG**. Danach kann das Gericht anordnen, dass die Kosten, die zur zweckentsprechenden Erledigung der Angelegenheit notwendig waren, von einem Beteiligten 210

---

84 BayObLG OLGR 2003, 332; BayObLG AGS 2003, 34 = JurBüro 2002, 362 = VergabeR 2002, 204 = BayObLGR 2002, 76 = BauR 2002, 684.

ganz oder teilweise zu erstatten sind, wenn dies der Billigkeit entspricht. Soweit ein Beteiligter Kosten durch eine unbegründete Beschwerde oder durch grobes Verschulden veranlasst hat, sind ihm die Kosten aufzuerlegen.

211 Da gemäß § 80 S. 1 EnWG (§ 35 Abs. 6 S. 1 KSpG) in diesen Verfahren **Anwaltszwang** besteht, sind die Kosten eines Anwalts insoweit stets dem Grunde nach erstattungsfähig.

212 Im Übrigen gelten gemäß § 90 S. 3 EnWG (§ 35 Abs. 6 S. 1 KSpG) die Vorschriften der ZPO über das **Kostenfestsetzungsverfahren** und die Zwangsvollstreckung aus Kostenfestsetzungsbeschlüssen entsprechend (§§ 103 ff., 788 ZPO).

i) Beschwerdeverfahren nach dem VSchDG (Nr. 2 Buchst. h)

213 **aa) Allgemeines.** Die Vorschrift wurde durch das Gesetz über die Durchsetzung der Verbraucherschutzgesetze bei innergemeinschaftlichen Verstößen (VSchDG) eingeführt.

214 **bb) Regelungsgehalt.** Das Gesetz dient der Durchführung der Verordnung (EG) Nr. 2006/2004 des Europäischen Parlaments und des Rates vom 27.10.2004 über die Zusammenarbeit zwischen den für die Durchsetzung der Verbraucherschutzgesetze zuständigen nationalen Behörden (ABl EU Nr. L 364 S. 1), geändert durch Artikel 16 Nr. 2 der Richtlinie 2005/29/EG des Europäischen Parlaments und des Rates vom 11.5.2005 (ABl EU Nr. L 149 S. 22). Mit der Verordnung soll innerhalb der Europäischen Union ein Netzwerk von Verbraucherbehörden geschaffen werden, die sich gegenseitig bei der Durchsetzung von Maßnahmen im Falle von grenzüberschreitenden Verstößen gegen Verbraucherrechte unterstützen. Zu diesem Zweck werden in den einzelnen Mitgliedsländern zentrale Verbindungsstellen eingeführt; in Deutschland nehmen diese Aufgabe u.a. das Bundesamt für Verbraucherschutz und Lebensmittelsicherheit (BVL) sowie – im Finanzdienstleistungsbereich – die Bundesanstalt für Finanzdienstleistungsaufsicht (§ 2 VSchDG) wahr.

215 **(1) Anwendungsbereich.** Nr. 2 Buchst. h erfasst **Beschwerdeverfahren** gegen eine Entscheidung nach § 5 Abs. 1 S. 2 Nr. 1, Abs. 4 oder 5 oder den §§ 10, 11, soweit eine Entscheidung nach diesen Vorschriften in einem sachlichen Zusammenhang mit einer Entscheidung nach Nummer 1 steht (§ 13 Abs. 1 S. 1 VSchDG).

216 **Unanwendbar** ist die Vorschrift hingegen:
- in den dem Beschwerdeverfahren **vorangegangenen Verwaltungsverfahren** (§§ 4 ff. VSchDG) sowie bei anderen als in § 13 Abs. 1 VSchDG getroffenen Maßnahmen der Behörde (§ 13 Abs. 1 S. 2 VSchDG). In diesen fallen Gebühren nach VV 2300 ff. an.
- im **Bußgeldverfahren** gemäß § 9 VSchDG. Die Gebühren richten sich nach VV Teil 5.
- **bei Beschwerden** gegen die **Nichtzulassung der Rechtsbeschwerde** betreffend eine Entscheidung des Landgerichts (§ 25 VSchDG), weil die VV Vorb. 3.2 Abs. 1 nur die hiervon zu unterscheidenden Fälle der Verfahren vor dem Rechtsmittelgericht auf Zulassung des Rechtsmittels betrifft; es finden daher VV 3504, 3505 Anwendung, weil sich die Gebühren für die Rechtsbeschwerdeverfahren selbst gemäß VV Vorb. 3.2.2 Nr. 1 Buchst. a nach denen für die Berufung richten[85] (vgl. auch VV Vorb. 3.2 Rdn 4).

217 **(2) Gebühren. (a) Allgemeines.** Auf die genannten Beschwerdeverfahren findet VV Teil 3 Abschnitt 2 Unterabschnitt 1 Anwendung. Die Anwendung von Unterabschnitt 2 gemäß VV Vorb. 3.2.2 scheidet aus, weil sich die Beteiligten nicht durch einen beim BGH zugelassenen Anwalt vertreten lassen müssen (§§ 26 Abs. 5, 25 Abs. 4, 17 VSchDG).

218 **(b) Verfahrensgebühr, VV 3200.** Für das Betreiben des Geschäfts einschließlich der Information erhält der Anwalt eine **Verfahrensgebühr** mit einem Gebührensatz von **1,6** (wegen der Einzelheiten zum Begriff der Verfahrensgebühr vgl. VV Vorb. 3 Abs. 2).

219 **(c) Verfahrensgebühr – vorzeitige Beendigung, VV 3201.** Wird der Auftrag vorzeitig beendet, reduziert sich die Verfahrensgebühr auf einen Gebührensatz von 1,1. Wegen der Einzelheiten des Begriffs der vorzeitigen Beendigung vgl. dort (siehe VV 3201 Rdn 1 ff.).

---

85 Vgl. Riedel/Sußbauer/*Keller*, RVG, VV Teil 3 Abschnitt 2 Rn 26; Gerold/Schmidt/*Müller-Rabe*, RVG, VV 3504, 3505 Rn 4 f.; Bischof/*Mathias*, RVG, VV Vorb. 3.2 Rn 3a-3c, anders aber VV Vorb 3.2.1 Rn 8.

(d) Erhöhung, VV 1008. Vertritt der Anwalt **mehrere Auftraggeber,** so erhöht sich die Verfahrensgebühr um jeweils **0,3 pro weiteren Auftraggeber, maximal** jedoch um einen Gebührensatz von **2,0.**

(e) Terminsgebühr, VV 3202. Für
– die Vertretung in einem gerichtlichen oder außergerichtlichen Termin (VV Vorb. 3 Abs. 3 S. 1) oder
– die Wahrnehmung eines von einem gerichtlich bestellten Sachverständigen anberaumten Termins (VV Vorb. 3 Abs. 3 S. 3 Nr. 1) oder
– die Mitwirkung an auf die Vermeidung oder Erledigung des Verfahrens gerichteten Besprechungen auch ohne Beteiligung des Gerichts (VV Vorb. 3 Abs. 3 S. 3 Nr. 2) – soweit es sich nicht um Besprechungen mit dem Auftraggeber handelt –

erhält der Anwalt eine **1,2-Terminsgebühr** (vgl. VV Vorb. 3 Abs. 3). Dies gilt auch dann, wenn das Beschwerdegericht gemäß § 18 Abs. 1, 2. Hs. VSchDG mit Einverständnis der Parteien ohne mündliche Verhandlung entscheidet (im Einzelnen vgl. VV 3202 Rdn 1 ff.).

(f) Reduzierte Terminsgebühr, VV 3203. Eine Terminsgebühr nach VV 3203 kommt nicht in Betracht (arg. e § 19 Abs. 1 VSchDG). Das Gericht kann auch dann, wenn einer der Beteiligten im Termin zur mündlichen Verhandlung nicht erscheint, verhandeln und entscheiden (§§ 18 Abs. 2, § 19 Abs. 4 S. 2 VSchDG).

(g) Einigungsgebühr, VV 1000. Eine Einigungsgebühr nach Anm. Abs. 1 Nr. 1 zu VV 1000 entsteht nicht, weil die Parteien über die behördlichen Anordnungen und Maßnahmen nicht vertraglich verfügen können (vgl. Anm. Abs. 4 zu VV 1000).

(h) Erledigungsgebühr, VV 1002, 1004. Hingegen kann eine Erledigungsgebühr entstehen, wenn sich das Beschwerdeverfahren durch Zurücknahme der Anordnung oder Maßnahme durch die zuständige Behörde erledigt und der Anwalt dabei mitgewirkt hat (zu den einzelnen Erfordernissen vgl. VV 1002 Rdn 1 ff.).

(i) Zusatzgebühr, VV 1010. Ausgelöst werden kann auch eine Zusatzgebühr in Höhe eines Gebührensatzes von 0,3 für besonders umfangreiche Beweisaufnahmen, wenn mindestens drei gerichtliche Termine, in denen Sachverständige oder Zeugen vernommen werden, stattfinden.

(j) Einstweilige Regelungen. Hat die Behörde die sofortige Vollziehung der Entscheidung angeordnet, fallen in dem Verfahren auf **Wiederherstellung der aufschiebenden Wirkung** gemäß § 14 Abs. 4 VSchDG gemäß VV Vorb. 3.2 Abs. 2 S. 2 Gebühren nach VV Teil 3 Abschnitt 1 an.

Bei einem Antrag auf **Erlass einer einstweiligen Anordnung** beim Beschwerdegericht (§ 23 VSchDG) finden §§ 16 Nr. 5 und 17 Nr. 4 Anwendung. Für diese besondere Angelegenheit bestimmen sich die Gebühren nach VV Teil 3 Abschnitt 2; VV Vorb. 3.2 Abs. 2 betrifft diesen Fall nicht, weil das Beschwerdeverfahren kein Verfahren „vor dem Beschwerdegericht", sondern wie ein erstinstanzliches Verfahren zu behandeln ist.

(k) Sonstige Gebührentatbestände. Entsprechende Anwendung finden folgende Vorschriften:
– VV 3328: vorläufige Einstellung der Zwangsvollstreckung
– VV 3400: Verkehrsanwalt
– VV 3401: Terminsvertreter
– VV 3402, 3403: sonstige Einzeltätigkeiten.

cc) Gegenstandswert. Der Gegenstandswert ergibt sich gemäß § 23 Abs. 1 aus den für die Gerichtsgebühren geltenden Wertvorschriften, also nach § 1 Abs. 1 Nr. 16, **§ 50 GKG**:
– Im **Beschwerdeverfahren** gemäß § 13 VSchDG bestimmt sich der Wert nach § 3 ZPO (§ 50 Abs. 1 S. 1 GKG);
– bei einer Beschwerde eines **Beigeladenen** (§ 16 Nr. 3 VSchDG) ergibt sich der Streitwert nach der sich für ihn aus dem Antrag ergebenden Bedeutung der Sache (§ 50 Abs. 1 S. 2 GKG).

dd) Kostenerstattung. Das Gericht kann gemäß § 27 S. 1 VSchDG anordnen, dass im Beschwerdeverfahren gemäß § 13 VSchDG die Kosten, die zur zweckentsprechenden Erledigung der Angelegenheit notwendig waren, von einem Beteiligten ganz oder teilweise zu erstatten sind, wenn dies der Billigkeit entspricht. Soweit ein Beteiligter Kosten durch ein unbegründetes Rechtsmittel oder durch grobes Verschulden veranlasst hat, sind ihm die Kosten aufzuerlegen (§ 27 S. 2 VSchDG).

231 Da gemäß § 17 S. 1 VSchDG in diesen Verfahren **Anwaltszwang** besteht, sind die Kosten eines Anwalts insoweit stets dem Grunde nach erstattungsfähig.

232 Im Übrigen gelten gemäß § 27 S. 3 VSchDG die Vorschriften der ZPO über das **Kostenfestsetzungsverfahren** und die Zwangsvollstreckung aus Kostenfestsetzungsbeschlüssen entsprechend (§§ 103 ff., 788 ZPO).

233 **ee) Prozesskostenhilfe.** Die Möglichkeit der Gewährung von Prozesskostenhilfe ergibt sich aus der in § 22 S. 1 Nr. 2 VSchDG enthaltenen Bezugnahme auf die Vorschriften der ZPO.

j) Beschwerdeverfahren nach dem SpruchG (Nr. 2 Buchst. i)

234 **aa) Allgemeines.** Das Gesetz über das gesellschaftsrechtliche Spruchverfahren (SpruchverfahrensG – SpruchG) vom 12.6.2003, in Kraft getreten am 1.9.2003, wurde zuletzt geändert durch das 2. KostRMoG.

235 Beschwerdeverfahren nach dem SpruchG wurden bis zum Inkrafttreten des 2. KostRMoG nach den VV 3500 ff. vergütet.[86]

236 VV Vorb. 3.2.1 Nr. 2 Buchst. i ist durch das 2. KostRMoG in die VV Vorb. 3.2.1 neu aufgenommen worden, um eine Vergütung der Verfahren nach dem SpruchG nach VV Teil 3 Abschnitt 2 Unterabschnitt 2 zu erreichen.

237 Mit der neuen VV Vorb. 3.2.1 Nr. 2 Buchst. i soll demnach die Anwendbarkeit der VV 3200 ff. auf Beschwerdeverfahren nach dem SpruchG erweitert werden. Nach zutreffender Ansicht des Gesetzgebers sind Beschwerden nach dem SpruchG nach Umfang, Bedeutung und Schwierigkeit mit einem zivilrechtlichen Klageverfahren in gesellschaftsrechtlichen Streitigkeiten vergleichbar, weil sie sich rechtlich und tatsächlich aufwändig gestalten, regelmäßig umfangreiche Beweisaufnahmen nach sich ziehen und über Jahre andauern.

238 Zudem sind regelmäßig auch die wirtschaftlichen Konsequenzen für das Unternehmen und die Gesellschafter von erheblichem Ausmaß, zumal sich die Wirkungen einer Entscheidung nach dem SpruchG nicht nur inter partes entfalten (§ 13 S. 2 SpruchG).

239 Der Umfang eines Beschwerdeverfahrens nach § 12 SpruchG geht damit eher noch über den eines durchschnittlichen Berufungsverfahrens hinaus und ist mit den übrigen, ebenfalls in der VV Vorb. 3.2.1 Nr. 2 genannten Verfahren jedenfalls vergleichbar.[87] Die Aufwertung dieser Verfahren ist deshalb sachgerecht.

240 **bb) Regelungsgehalt. (1) Anwendungsbereich.** Das Gesetz über das gesellschaftsrechtliche Spruchverfahren ist nach § 1 SpruchG anzuwenden auf das gerichtliche Verfahren für die Bestimmung

– des Ausgleichs für außenstehende Aktionäre und der Abfindung solcher Aktionäre bei Beherrschungs- und Gewinnabführungsverträgen (§§ 304 und 305 des AktG);
– der Abfindung von ausgeschiedenen Aktionären bei der Eingliederung von Aktiengesellschaften (§ 320b AktG);
– der Barabfindung von Minderheitsaktionären, deren Aktien durch Beschluss der Hauptversammlung auf den Hauptaktionär übertragen worden sind (§§ 327a bis 327f AktG);
– der Zuzahlung an Anteilsinhaber oder der Barabfindung von Anteilsinhabern anlässlich der Umwandlung von Rechtsträgern (§§ 15, 34, 122h, 122i, 176 bis 181, 184, 186, 196 oder 212 des UmwandlungsG);
– der Zuzahlung an Anteilsinhaber oder der Barabfindung von Anteilsinhabern bei der Gründung oder Sitzverlegung einer SE (§§ 6, 7, 9, 11 und 12 des SE-Ausführungsgesetzes);
– der Zuzahlung an Mitglieder bei der Gründung einer Europäischen Genossenschaft (§ 7 des SCE-Ausführungsgesetzes).

241 In den in § 1 SpruchG genannten Angelegenheiten entscheidet das Gericht durch Beschluss (§ 11 Abs. 1 S. 1 SpruchG).

242 Gegen die gerichtlichen Entscheidungen nach § 11 Abs. 1 S. 1 SpruchG findet die Beschwerde statt (§ 12 Abs. 1 S. 1 SpruchG).

---

[86] *Schneider/Thiel*, § 3 Rn 903.   [87] *Schneider/Thiel*, § 3 Rn 906.

Die isolierte Anfechtung eines Beweisbeschlusses sowie die Anordnung einer Vorauszahlung für die Einholung eines Sachverständigengutachtens sind im aktienrechtlichen Spruchverfahren ausgeschlossen.[88] Es besteht auch keine Möglichkeit der Beschwerde gegen die Entscheidung des Landgerichts zur Bestellung eines gemeinsamen Vertreters gemäß § 6 SpruchG.[89]   243

Verfahren nach dem SpruchG gelten als Angelegenheiten der freiwilligen Gerichtsbarkeit (§ 1 Abs. 2 Nr. 5 GNotKG), so dass der Gesetzgeber sie bereits in die VV Vorb. 3.2.1 Nr. 2 Buchst. b n.F. aufgenommen und damit durch die Einführung der VV Vorb. 3.2.1 Nr. 2 Buchst. i doppelt erfasst haben dürfte (siehe Rdn 100). Möglicherweise aber wollte der Gesetzgeber sie von den übrigen Angelegenheiten der freiwilligen Gerichtsbarkeit deshalb unterscheiden, weil ihre verfahrensrechtliche Ausgestaltung sich teilweise kraft einzelner Verweisungen nach der ZPO richtet (§ 8 Abs. 3 i.V.m. §§ 279 Abs. 2 und 3, 138, 139 ZPO, § 11 Abs. 4 S. 1 SpruchG i.V.m. § 169 ZPO etc.) und das Verfahren deshalb nicht allein von den im Verfahren der freiwilligen Gerichtsbarkeit maßgeblichen Grundsätzen geprägt ist.   244

Beschwerdeverfahren nach dem SpruchG richten sich nach den §§ 58 ff. FamFG.   245

(2) Gebühren. **(a) Verfahrensgebühr, VV 3200.** Für das Betreiben des Geschäfts einschließlich der Information erhält der Anwalt eine **Verfahrensgebühr** zu einem Gebührensatz von **1,6** (wegen der Einzelheiten zum Begriff der Verfahrensgebühr vgl. VV Vorb. 3 Abs. 2).   246

Die Terminsgebühr fällt nicht an, wenn das Beschwerdegericht gemäß § 68 Abs. 3 S. 2 FamFG ohne gerichtlichen Termin entscheidet.[90]   247

(b) Terminsgebühr, VV 3202. Für   248
– die Vertretung in einem gerichtlichen oder außergerichtlichen Termin (VV Vorb. 3 Abs. 3 S. 1) oder
– die Wahrnehmung eines von einem gerichtlich bestellten Sachverständigen anberaumten Termins (VV Vorb. 3 Abs. 3 S. 3 Nr. 1) oder
– die Mitwirkung an auf die Vermeidung oder Erledigung des Verfahrens gerichteten Besprechungen auch ohne Beteiligung des Gerichts (VV Vorb. 3 Abs. 3 S. 3 Nr. 2) – soweit es sich nicht um Besprechungen mit dem Auftraggeber handelt –
erhält der Anwalt eine **1,2-Terminsgebühr** (vgl. VV Vorb. 3 Abs. 3).

(c) Reduzierte Terminsgebühr, VV 3203. Eine Gebühr nach VV 3203 kommt in den Beschwerdeverfahren der freiwilligen Gerichtsbarkeit nicht in Betracht. Das Gericht kann auch in der Sache entscheiden, wenn einer der Beteiligten im gerichtlichen Termin nicht erscheint.   249

(d) Einigungsgebühr, VV 1000, 1004. Wird im Beschwerdeverfahren eine Einigung geschlossen, so erhalten die daran beteiligten Anwälte eine Einigungsgebühr nach Anm. Abs. 1 Nr. 1 zu VV 1000, und zwar in Höhe von 1,3 (VV 1004), soweit der Gegenstand der Einigung im Beschwerdeverfahren anhängig ist. Die frühere Streitfrage, ob VV 1003 oder VV 1004 gelte, ist auf der Grundlage der durch das FGG-ReformG eingeführten Anm. Abs. 1 zu VV 1004 ausdrücklich geregelt und klargestellt.   250

(e) Zusatzgebühr für besonders umfangreiche Beweisaufnahmen, VV 1010. Auch eine Gebühr nach VV 1010 kann ausgelöst werden, weil Verfahren nach dem SpruchG solche sind, deren Gebühren sich nach VV Teil 3 richten: Voraussetzung ist aber, dass mindestens drei gerichtliche Termine stattfinden, in denen Sachverständige oder Zeugen vernommen werden.   251

(f) Sonstige Gebührentatbestände. Entsprechende Anwendung finden folgende Vorschriften: 252
– VV 3328: vorläufige Einstellung der Zwangsvollstreckung
– VV 3400: Verkehrsanwalt
– VV 3401: Terminsvertreter
– VV 3402, 3403: sonstige Einzeltätigkeiten.[91]

---

[88] OLG Düsseldorf AG 2012, 226 = NZG 2013, 304 = NJW-Spezial 2013, 145.
[89] OLG Frankfurt ZIP 2011, 1637 = AG 2012, 42 = ZBB 2011, 411.
[90] KG AGS 2012, 130 = FamRZ 2012, 812 = NJW-Spezial 2012, 61 = FamFR 2012, 40 = FF 2012, 335.
[91] Gerold/Schmidt/*Müller-Rabe*, VV Vorb. 3.2.1 Rn 46, 35; Riedel/Sußbauer/*Keller*, BRAGO, § 65a Rn 11; *Hansens*, BRAGO, § 65a Rn 13.

253 **cc) Gegenstandswert. (1) Vertretung der Antragsteller.** Vertritt der Rechtsanwalt im Verfahren nach dem SpruchG mehrere Antragsteller, richtet sich der Geschäftswert im gerichtlichen Verfahren nach § 61 GNotKG i.V.m. § 74 GNotKG.

254 Nach § 61 GNotKG bestimmt sich der Geschäftswert nach den Anträgen des Rechtsmittelführers (§ 61 Abs. 1 S. 1 GNotKG). Endet das Verfahren, ohne dass solche Anträge eingereicht werden, oder werden bei einer Rechtsbeschwerde innerhalb der Frist für die Begründung Anträge nicht eingereicht, ist die Beschwer maßgebend (§ 61 Abs. 1 S. 2 GNotK). Der Wert ist durch den Geschäftswert des ersten Rechtszugs begrenzt (§ 61 Abs. 2 S. 1 GNotKG). Dies gilt nicht, soweit der Gegenstand erweitert wird (§ 61 Abs. 2 S. 2 GNotKG).

255 Geschäftswert im gerichtlichen Verfahren nach dem SpruchG ist nach § 74 GNotKG der Betrag, der von allen in § 3 des SpruchG genannten Antragsberechtigten nach der Entscheidung des Gerichts zusätzlich zu dem ursprünglich angebotenen Betrag insgesamt gefordert werden kann; der Geschäftswert beträgt mindestens 200.000 EUR und höchstens 7,5 Millionen EUR. Maßgeblicher Zeitpunkt für die Bestimmung des Werts ist der Tag nach Ablauf der Antragsfrist (§ 4 Abs. 1 des SpruchG).

> **Beispiel:** Auf die sofortigen Beschwerden der Antragsteller zu 1. bis 10. wird der angefochtene Beschluss abgeändert und die Barabfindung über den vergleichsweise zugesprochenen Betrag in Höhe von 899 EUR je Stückaktie hinausgehend auf 1.299 EUR festgesetzt. Die verfahrensbeteiligten Aktien belaufen sich auf insgesamt 2.127 Stück. Der Gesamtgegenstandswert beträgt 850.800 EUR (1.299 EUR – 899 EUR x 2.127). Der Anwalt vertritt die Antragsteller zu 1. bis 10. und kann die Gebühren des Beschwerdeverfahrens nach dem Gesamtwert abrechnen.

256 **(2) Vertretung eines von mehreren Antragstellern.** Vertritt der Rechtsanwalt im Verfahren nach dem SpruchG einen von mehreren Antragstellern, bestimmt sich der Gegenstandswert nach dem Bruchteil des für die Gerichtsgebühren geltenden Geschäftswerts, der sich aus dem Verhältnis der Anzahl der Anteile des Auftraggebers zu der Gesamtzahl der Anteile aller Antragsteller ergibt (§ 31 Abs. 1 S. 1). Maßgeblicher Zeitpunkt für die Bestimmung der auf die einzelnen Antragsteller entfallenden Anzahl der Anteile ist der jeweilige Zeitpunkt der Antragstellung. Ist die Anzahl der auf einen Antragsteller entfallenden Anteile nicht gerichtsbekannt, wird vermutet, dass er lediglich einen Anteil hält. Der Wert beträgt dann mindestens 5.000 EUR (siehe § 31 Rdn 23).

> **Beispiel:** Auf die sofortigen Beschwerden der Antragsteller zu 1. bis 10. wird der angefochtene Beschluss abgeändert und die Barabfindung über den vergleichsweise zugesprochenen Betrag in Höhe von 899 EUR je Stückaktie hinausgehend auf 1.299 EUR festgesetzt. Die verfahrensbeteiligten Aktien belaufen sich auf insgesamt 2.127 Stück. Der Gesamtgegenstandswert beträgt 850.800 EUR (1.299 EUR – 899 EUR x 2.127). Der Anwalt vertritt die Antragsteller zu 1. bis 3. und kann die Gebühren des Beschwerdeverfahrens nach dem jeweiligen auf sie entfallenden Anteil abrechnen.

Antragsteller	vertretene Aktien	verfahrensanteilige Beteiligung: 2.127 = 100	Teilwert 850.800 EUR = 100
Antragsteller 1.	150		60.000 Euro
Antragsteller 2.	270		108.000 Euro
Antragsteller 3.	380		152.000 Euro
Antragsteller 4.	540		...
Antragsteller 5.	72		
Antragsteller 6.	85		
Antragsteller 7.	160		
Antragsteller 8.	120		
Antragsteller 9.	165		
Antragsteller 10.	185		

Die Gebühren des Anwalts sind deshalb aus dem Gegenstandswert von (60.000 EUR + 108.000 EUR + 152.000 EUR) 320.000 EUR zu berechnen.

Wird der Rechtsanwalt demgemäß von mehreren Antragstellern beauftragt, sind die auf die einzelnen Antragsteller entfallenden Werte zusammenzurechnen (§ 31 Abs. 2); VV 1008 ist insoweit nicht anzuwenden (siehe § 31 Rdn 24 f.).

dd) Kostenerstattung. Die kostenrechtlichen Regelungen des § 15 Abs. 1 und 3 SpruchG sind inhaltlich an die sonstigen Verfahren des Teil 1 Hauptabschnitt 3 GNotKG-KostVerz. angepasst in das GNotKG übernommen worden. Sie wurden daher durch das 2. KostRMoG aufgehoben. Die bestehen bleibende Haftung des Antragsgegners auch für den Fall, dass die Gerichtskosten dem Antragsteller auferlegt werden, ergibt sich daraus, dass keine Vorschrift den Wegfall der Haftung im Falle einer Kostenentscheidung vorsieht. Vielmehr haften nach § 32 Abs. 1 GNotKG mehrere Kostenschuldner als Gesamtschuldner.

Die Kostenerstattung richtet sich nach § 15 SpruchG und orientiert sich an der Billigkeit.

§ 15 SpruchG in der Fassung des 2. KostRMoG lautet wie folgt:

§ 15 SpruchG Kosten

(1) Die Gerichtskosten können ganz oder zum Teil den Antragstellern auferlegt werden, wenn dies der Billigkeit entspricht.

(2) Das Gericht ordnet an, dass die Kosten der Antragsteller, die zur zweckentsprechenden Erledigung der Angelegenheit notwendig waren, ganz oder zum Teil vom Antragsgegner zu erstatten sind, wenn dies unter Berücksichtigung des Ausgangs des Verfahrens der Billigkeit entspricht.

Die außergerichtlichen Kosten des Antragsgegners können in Spruchverfahren grundsätzlich nicht den Antragstellern auferlegt werden.[92]

k) Beschwerdeverfahren nach dem WpÜG (Nr. 2 Buchst. j)

Die bisher bereits in Nr. 5 VV Vorb. 3.2.1 enthaltene Regelung wird ohne inhaltliche Änderungen in Nr. 3 Buchst. b VV Vorb. 3.2.1 fortgeführt.

aa) Allgemeines. Beschwerdeverfahren nach dem WpÜG wurden auch bis zum Inkrafttreten des 2. KostRMoG bereits nach den VV 3200 ff. vergütet. Das ergab sich bisher aus VV Vorb. 3.2.1 Nr. 5, die durch Art. 9 des Wertpapiererwerbs- und Übernahmegesetzes (WpÜG) vom 20.12.2001 mit Wirkung vom 1.1.2002 eingeführt worden war.

Mit dem 2. KostRMoG hat der Gesetzgeber die VV Vorb. 3.2.1 redaktionell umgestaltet und in die Nr. 3 zumindest erklärtermaßen insgesamt Beschwerdeverfahren aufgenommen, zu denen es augenscheinlich keine Rechtsbeschwerdeverfahren gibt. Dazu gehört insbesondere das Beschwerdeverfahren nach §§ 48 ff. WpÜG, das nunmehr – insoweit auch systemgerecht – in Nr. 3 Buchst. b geregelt ist. Diese redaktionelle Änderung zieht keine inhaltlichen Folgen nach sich.[93]

Die Annahme des Gesetzgebers aber, er habe in der Nr. 3 Buchst. b nunmehr allein solche Beschwerdeverfahren zusammengefasst, denen keine Rechtsbeschwerde folgt, ist von einer Fehlvorstellung getragen.

Zwar handelte es sich bei dem bis zum Inkrafttreten des 2. KostRMoG in der VV Vorb. 3.2.2 Nr. 1 Buchst. d a.F. enthaltenen Rechtsbeschwerdeverfahren nach § 63 S. 1 WpÜG nicht um ein Verfahren, dessen Gebühren sich nach VV Teil 3 richten, sodass die in VV Vorb. 3.2.2 Nr. 1 Buchst. d a.F. aufgenommene Verweisung insoweit entfallen konnte. Der Gesetzgeber hat sie deshalb auch mit Inkrafttreten des 2. KostRMoG ersatzlos gestrichen. Dabei dürfte er allein die nach § 63 S. 1 WpÜG mögliche Rechtsbeschwerde vor Augen gehabt haben. Bei der Rechtsbeschwerde gemäß § 63 S. 1 WpÜG handelt es sich um ein Ordnungswidrigkeitenverfahren (§ 79 OWiG), also eine Bußgeldsache. Die Gebühren für das Rechtsbeschwerdeverfahren in einer Bußgeldsache bestimmen sich nach VV Teil 5 und nicht VV Teil 3. Insoweit ist der Wegfall der Verweisung nachvollziehbar.

---

92 BGH DB 2012, 281 = ZIP 2012, 266 = WM 2012, 280 = NZG 2012, 191 = MDR 2012, 293 = AG 2012, 173 = NJW-Spezial 2012, 112 = JB 2012, 259; OLG Stuttgart ZIP 2009, 1059 = WM 2009, 1416 = DB 2009, 1583 = NZG 2009, 950 = AG 2009, 707; OLG Frankfurt NZG 2012, 1382 = GWR 2012, 490; Beschl. v. 17.12.2012 – 21 W 39/11.

93 *Schneider/Thiel*, § 3 Rn 928.

266 Der Gesetzgeber dürfte dabei aber übersehen haben, dass seit dem Inkrafttreten des FGG-ReformG auch in den Verfahren nach § 39b WpÜG die Rechtsbeschwerde eröffnet ist (§ 39b Abs. 2 WpÜG i.V.m. § 70 FamFG). § 39b WpÜG war infolge der Neuregelung des Beschwerderechts im FamFG und der Anbindung des Verfahrens an das GVG geändert worden. Entfallen war der Ausschluss der weiteren Beschwerde, die das FamFG nicht mehr kennt. Ein Ausschluss der Rechtsbeschwerde ist deshalb seit dem 1.9.2009 nicht mehr vorgesehen, da sie ohnehin nur auf Zulassung erfolgt. Insoweit fehlt für das Rechtsbeschwerdeverfahren nach § 39b Abs. 2 WpÜG nunmehr eine Verweisung auf VV Teil 3 Abschnitt 2 Unterabschnitt 2.

267 Es ist allerdings davon auszugehen, dass der Gesetzgeber auch das Rechtsbeschwerdeverfahren nach § 39b WüPG nach den VV 3206 ff. vergüten und nicht ausnehmen wollte, wäre ihm bei der Streichung der VV Vorb. 3.2.2 Buchst. d a.F. bewusst gewesen, dass es ein solches Rechtsbeschwerdeverfahren überhaupt gibt. Systemgerecht wäre es, die Beschwerdeverfahren nach dem WpÜG in die Nr. 2 der VV Vorb. 3.2.1 aufzunehmen, um entsprechend der VV Vorb. 3.2.2 Nr. 1a die erforderliche Verweisung zu erreichen. Es bleibt abzuwarten, ob sich der Gesetzgeber hierzu veranlasst sieht.

268 Das WpÜG hat die Aufgabe, einen verlässlichen Rechtsrahmen für öffentliche Angebote zum Erwerb von Wertpapieren und von Unternehmensübernahmen zu schaffen. Ziel ist es dabei insbesondere, Übernahmevorgänge im Interesse aller Beteiligten transparent und rechtssicher zu gestalten und zugleich einen angemessenen Schutz der Minderheitsaktionäre zu gewährleisten.[94] Entsprechend dem freiwilligen Übernahmekodex der Börsensachverständigenkommission findet das Gesetz auch Anwendung auf öffentliche Angebote unterhalb der Kontrollschwelle und auf Angebote, die der Konsolidierung einer bestehenden Beteiligung dienen.

269 Das Gesetz ist anzuwenden auf Angebote zum Erwerb von Wertpapieren, die von einer Zielgesellschaft ausgegeben werden und zum Handel an einem organisierten Markt zugelassen sind (§ 1 Abs. 1 WpÜG).

270 Der Bundesanstalt für Finanzdienstleistungsaufsicht (Bundesanstalt) übt die Aufsicht bei Angeboten nach dem WpÜG aus (§ 4 Abs. 1 WpÜG). Sie kann Anordnungen treffen, die geeignet und erforderlich sind, Missstände zu beseitigen oder zu verhindern, insbesondere von jedermann Auskunft und die Vorlage von Unterlagen verlangen, insoweit dies zur Überwachung und Einhaltung der Vorschriften des WpÜG geboten ist (§ 40 Abs. 1 WpÜG).

271 Rechtmäßigkeit und Zweckmäßigkeit der Verfügungen sind vor Einlegung der Beschwerde grundsätzlich in einem Widerspruchsverfahren nachzuprüfen (§ 41 WpÜG). Über die Beschwerde gegen die Verfügungen der Bundesanstalt entscheidet ausschließlich das für den Sitz der Bundesanstalt zuständige OLG in Frankfurt am Main (§ 48 Abs. 4 WpÜG). Widerspruch und Beschwerde haben nur teilweise aufschiebende Wirkung (§§ 42, 49 WpÜG). Die Bundesanstalt kann in den Fällen des § 49 WpÜG die sofortige Vollziehung der Verfügung anordnen (§ 50 Abs. 1 WpÜG). Gemäß § 53 WpÜG müssen sich die Beteiligten vor dem Beschwerdegericht durch einen Rechtsanwalt oder Rechtslehrer an einer deutschen Hochschule i.S.d Hochschulrahmengesetzes mit Befähigung zum Richteramt als Bevollmächtigten vertreten lassen; die Bundesanstalt kann sich durch einen Beamten auf Lebenszeit mit Befähigung zum Richteramt vertreten lassen. Das Beschwerdegericht entscheidet gemäß § 54 Abs. 1 WpÜG über die Beschwerde aufgrund mündlicher Verhandlung; mit Einverständnis der Beteiligten kann ohne mündliche Verhandlung entschieden werden. Das Beschwerdegericht entscheidet durch Beschluss (§ 56 Abs. 1 WpÜG), der zu begründen ist (§ 56 Abs. 5 WpÜG). Beabsichtigt das Beschwerdegericht von der Entscheidung eines LG oder des BGH abzuweichen, so legt es die Sache gemäß § 56 Abs. 6 WpÜG dem BGH vor (Vorlagepflicht). Eine Rechtsbeschwerde ist in dem Verfahren nach den §§ 48 ff. WpÜG nicht vorgesehen.

272 Neben den Rechtsmittelvorschriften finden sich in Abschnitt 5a des WpÜG Regelungen zum gerichtlichen Verfahren bei Übernahmeangeboten und sonstigen Kontrollerwerben. Nach einem Übernahmeangebot gemäß § 29 WpÜG oder einem Pflichtangebot gemäß § 35 WpÜG kann auf Antrag des Bieters, dem Aktien der Zielgesellschaft (§ 2 Abs. 2 WpÜG) i.H.v. mindestens 95 % des stimmberechtigten Grundkapitals gehören, die Übertragung der übrigen Aktien auf ihn gegen Gewährung einer angemessenen Abfindung durch Gerichtsbeschluss erfolgen (Ausschlussverfahren). Gemäß § 39b Abs. 1 WpÜG finden auf das entsprechende Ausschlussverfahren die Regelungen des FamFG Anwendung, soweit in den nachfolgenden Absätzen nichts anderes bestimmt ist. Zuständig ist in diesem Fall das LG Frankfurt am Main. Es entscheidet durch einen mit Gründen zu versehenden

---

94 BT-Drucks 17/3481 S. 3.

Beschluss; hiergegen ist die Beschwerde gegeben, die aufschiebende Wirkung hat. Beschwerdegericht ist das OLG Frankfurt am Main. Gegen dessen Entscheidung ist die Rechtsbeschwerde gemäß § 70 FamFG möglich, wenn sie zugelassen worden ist.

bb) Regelungsgehalt. (1) Anwendungsbereich. (a) Verfahren nach §§ 48 ff. WpÜG. Wegen der wirtschaftlichen Bedeutung für die Beteiligten und der Sachnähe zum Gesetz gegen Wettbewerbsbeschränkungen (GWB) ist in Verfahren nach §§ 48 ff. WpÜG die Zuständigkeit des OLG gegeben. In den dem OLG nach § 48 Abs. 4 WpÜG zugewiesenen Rechtssachen entscheidet das OLG durch einen Wertpapiererwerbs- und Übernahmesenat. 273

VV Vorb. 3.2.1 Nr. 3 Buchst. b bestimmt demgemäß, dass auf Beschwerdeverfahren nach dem WpÜG VV Teil 3 Abschnitt 2 Unterabschnitt 1 mit seinen erhöhten Gebührensätzen Anwendung findet. Das entspricht dem bisherigen § 65c BRAGO und war auch bereits nach VV Vorb. 3.2.1 Nr. 5 a.F. der Fall. Eine Anwendung des Unterabschnitts 2 scheidet aus, weil die gemäß VV Vorb. 3.2.2 dafür notwendige Voraussetzung – Vertretung der Parteien nur durch einen beim BGH zugelassenen Rechtsanwalt – nicht erfüllt wird, vgl. § 53 WpÜG. 274

(b) Beschwerdeverfahren nach § 39b WPÜG. VV Vorb. 3.2.1 Nr. 3 Buchst. b bestimmt gleichermaßen, dass auch auf Beschwerdeverfahren nach § 39b WpÜG VV Teil 3 Abschnitt 2 Unterabschnitt 1 mit seinen erhöhten Gebührensätzen Anwendung findet. 275

(2) Gebühren. (a) Verfahrensgebühr, VV 3200. Für das Betreiben des Geschäfts einschließlich der Information erhält der Anwalt eine **Verfahrensgebühr** zu einem Gebührensatz von **1,6** (wegen der Einzelheiten zum Begriff der Verfahrensgebühr vgl. VV Vorb. 3 Abs. 2). 276

(b) Verfahrensgebühr – vorzeitige Beendigung, VV 3201. Wird der Auftrag vorzeitig beendet, reduziert sich die Verfahrensgebühr auf einen Gebührensatz von 1,2. Wegen der Einzelheiten des Begriffs der vorzeitigen Beendigung (vgl. VV 3201 Rdn 1 ff.). 277

(c) Terminsgebühr, VV 3202. Für die Vertretung in einem Verhandlungs-, Erörterungs- oder Beweisaufnahmetermin oder die Wahrnehmung eines von einem gerichtlich bestellten Sachverständigen anberaumten Termins oder die Mitwirkung an auf die Vermeidung oder Erledigung des Verfahrens gerichteten Besprechungen auch ohne Beteiligung des Gerichts – soweit es sich nicht um Besprechungen mit dem Auftraggeber handelt – erhält der Anwalt eine **Terminsgebühr** mit dem dafür allgemein gültigen Gebührensatz von **1,2** (wegen der Einzelheiten zum Begriff der Terminsgebühr vgl. VV Vorb. 3 Abs. 3). 278

Dabei fällt die Terminsgebühr aber auch dann an, wenn das Beschwerdegericht gemäß § 54 Abs. 1, 1. Hs. WpÜG im Einverständnis der Parteien ohne mündliche Verhandlung entscheidet (vgl. VV 3202 Rdn 7). Das ist nur in den Verfahren nach § 39b WpÜG deshalb nicht der Fall, weil das LG ohne mündliche Verhandlung entscheidet. 279

(d) Reduzierte Terminsgebühr, VV 3203. Eine Gebühr nach VV 3203 kommt in den Beschwerdeverfahren nach dem WpÜG nicht in Betracht. 280

(e) Einigungsgebühr, VV 1000. Eine Einigungsgebühr dürfte nicht entstehen, weil die Parteien über die Ansprüche nicht verfügen können (vgl. Anm. Abs. 4 zu VV 1000). 281

(f) Erledigungsgebühr, VV 1002, 1004. Hingegen kann eine **Erledigungsgebühr** (VV 1002, 1004) entstehen, wenn sich das Beschwerdeverfahren durch Zurücknahme der Verfügung bzw. Erlass der zuvor unterlassenen Verfügung durch die Bundesanstalt erledigt und der Anwalt dabei mitgewirkt hat (zu den einzelnen Erfordernissen vgl. VV 1002 Rdn 1 ff.). 282

(g) Zusatzgebühr für besonders umfangreiche Beweisaufnahmen, VV 1010. Auch eine Gebühr nach VV 1010 kann ausgelöst werden, weil Verfahren nach dem WpÜG solche, deren Gebühren sich nach Teil 3 richten: Voraussetzung ist aber, dass mindestens drei gerichtliche Termine stattfinden, in denen Sachverständige oder Zeugen vernommen werden. 283

(h) Einstweilige Anordnungen. Widerspruch und Beschwerde gegen Verfügungen des Bundesaufsichtsamtes haben nur teilweise aufschiebende Wirkung (§§ 42, 49 WpÜG), zudem kann in den Fällen des § 49 WpÜG die sofortige Vollziehung der Verfügung durch das Bundesaufsichtsamt angeordnet werden (§ 50 Abs. 1 WpÜG). Auf Antrag kann das Beschwerdegericht jedoch die **aufschiebende Wirkung von Widerspruch oder Beschwerde** in bestimmten Fällen ganz oder teilweise **anordnen oder wiederherstellen**. 284

> **§ 50 WpÜG Anordnung der sofortigen Vollziehung**
>
> (1) Die Bundesanstalt kann in den Fällen des § 49 die sofortige Vollziehung der Verfügung anordnen, wenn dies im öffentlichen Interesse oder im überwiegenden Interesse eines Beteiligten geboten ist.
>
> (2) Die Anordnung nach Absatz 1 kann bereits vor der Einreichung der Beschwerde getroffen werden.
>
> (3) ¹Auf Antrag kann das Beschwerdegericht die aufschiebende Wirkung von Widerspruch oder Beschwerde ganz oder teilweise anordnen oder wiederherstellen, wenn
> 1. die Voraussetzungen für die Anordnung nach Absatz 1 nicht vorgelegen haben oder nicht mehr vorliegen,
> 2. ernstliche Zweifel an der Rechtmäßigkeit der angefochtenen Verfügung bestehen oder
> 3. die Vollziehung für den Betroffenen eine unbillige, nicht durch überwiegende öffentliche Interessen gebotene Härte zur Folge hätte.
>
> (4) ¹Der Antrag nach Absatz 3 ist schon vor Einreichung der Beschwerde zulässig. ²Die Tatsachen, auf die der Antrag gestützt wird, sind vom Antragsteller glaubhaft zu machen. ³Ist die Verfügung im Zeitpunkt der Entscheidung schon vollzogen, kann das Gericht auch die Aufhebung der Vollziehung anordnen. ⁴Die Anordnung der aufschiebenden Wirkung kann von der Leistung einer Sicherheit oder von anderen Auflagen abhängig gemacht werden. ⁵Sie kann auch befristet werden.
>
> (5) ¹Beschlüsse über Anträge nach Absatz 3 können jederzeit geändert oder aufgehoben werden. ²Soweit durch sie den Anträgen entsprochen ist, sind sie unanfechtbar.

285 In einem solchen Fall finden zum einen §§ 16 Nr. 5 und 17 Nr. 4 Anwendung. Für diese besonderen Angelegenheiten bestimmen sich die **Gebühren ebenfalls nach VV Teil 3 Abschnitt 2 Unterabschnitt 1**; VV Vorb. 3.2 Abs. 2⁹⁵ betrifft diesen Fall nicht, weil das WpÜG dort nicht aufgeführt und das Beschwerdeverfahren kein Verfahren „vor dem Rechtsmittelgericht", sondern wie ein erstinstanzliches Verfahren zu behandeln ist.⁹⁶

286 Die Beschwerde nach § 39b WpÜG hat nach Abs. 3 S. 3 aufschiebende Wirkung. Die sofortige Vollziehung kann nur unter den Voraussetzungen des § 49 WpÜG angeordnet werden. Für Anträge nach § 39b WpÜG sind insoweit keine Regelungen vorhanden.

287 **(i) Sonstige Gebührentatbestände.** Entsprechende Anwendung finden folgende Vorschriften:
- VV 3328: vorläufige Einstellung der Zwangsvollstreckung
- VV 3400: Verkehrsanwalt
- VV 3401: Terminsvertreter
- VV 3402, 3403: sonstige Einzeltätigkeiten.⁹⁷

288 **cc) Gegenstandswert. (1) Verfahren nach §§ 48 ff. WpÜG.** Der Gegenstandswert für das Beschwerdeverfahren ergibt sich gemäß § 23 Abs. 1 aus den für die Gerichtsgebühren geltenden Wertvorschriften, demnach also nach **§ 1 Abs. 1 Nr. 10, § 50 Abs. 1 S. 1 Nr. 3 GKG**, der dem früheren § 12a GKG entspricht. Somit bestimmt sich im **Beschwerdeverfahren** nach den §§ 48 ff. WpÜG der Wert nach § 3 ZPO, also nach freiem Ermessen, wobei zur Orientierung der erstrebte Vermögensvorteil Maßstab sein kann.

289 **(2) Verfahren nach § 39b WpÜG.** Nach § 39b Abs. 6 WpÜG a.F. war die KostO a.F. anzuwenden. Als Geschäftswert galt nach § 39b Abs. 6 S. 5 WpÜG der Betrag, der dem Wert aller Aktien entsprach, auf die sich der Ausschluss bezieht, wobei er mit mindestens 200.000 EUR und höchstens 7,5 Mio. EUR anzusetzen war. Nach der Neufassung des § 39b Abs. 6 WpÜG durch das 2. KostRMoG wird nur Folgendes geregelt:

> „Das Gericht ordnet an, dass die Kosten der Antragsgegner, die zur zweckentsprechenden Erledigung der Angelegenheit notwendig waren, ganz oder zum Teil vom Antragsteller zu erstatten sind, wenn dies der Billigkeit entspricht. Gerichtskosten für das Verfahren erster Instanz können dem Antragsgegner nicht auferlegt werden."

290 Eine Bestimmung des Geschäftswerts ist in § 39b Abs. 6 WpÜG demgemäß nicht mehr enthalten. Er ergibt sich nunmehr aus § 73 GNotKG, wonach der Geschäftswert im Verfahren über den Ausschluss von Aktionären nach den §§ 39a und 39b WpÜG der Betrag ist, der dem Wert aller

---

⁹⁵ Entspricht den §§ 40 Abs. 3, 114 Abs. 6 S. 1, 116 Abs. 3 BRAGO.
⁹⁶ Riedel/Sußbauer/*Keller*, VV Teil 3 Abschnitt 2 Rn 29; Mayer/Kroiß/*Maué*, RVG, Vorb. 3.2.1 Rn 11; Hartung/Schons/Enders, VV Vorb. 3.2.1 Rn 27; wie hier zum entsprechenden § 40 Abs. 3 BRAGO: Gerold/Schmidt/*Madert*, BRAGO, § 65a Rn 10; *Hansens*, BRAGO, § 65a Rn 12; *Hartmann*, KostG, § 65a BRAGO.
⁹⁷ Gerold/Schmidt/*Müller-Rabe*, RVG, VV Vorb. 3.2.1 Rn 46, 35; Riedel/Sußbauer/*Keller*, BRAGO, § 65a Rn 11; *Hansens*, BRAGO, § 65a Rn 13.

Aktien entspricht, auf die sich der Ausschluss bezieht; der Geschäftswert beträgt mindestens 200.000 EUR und höchstens 7,5 Mio. EUR. Eine inhaltliche Änderung hat sich insoweit durch die Übernahme der Geschäftswertregelung vom WpÜG in das GNotKG durch das 2. KostRMoG nicht ergeben.

Diese Geschäftswertregelung ist im Hinblick auf die Rechtsanwaltsgebühren nur bindend im Sinne des § 32 Abs. 1 für den Anwalt, der den oder die Antragsteller vertritt. 291

Vertritt der Anwalt hingegen den Antragsgegner oder einzelne Aktionäre, so hat der Gesetzgeber die Bindung an den sich nach § 73 GNotKG ergebenden Wert, der allen Aktien zu entnehmen ist, auf den sich der Ausschluss bezieht, nicht als sachgerecht angesehen und deshalb in § 31a eine dahingehende Einschränkung erfasst, die im Falle der Vertretung des Antragsgegners allein den Wert der Aktien bestimmt, die dem Auftraggeber im Zeitpunkt der Antragstellung gehören (siehe § 31a Rdn 1 ff.). 292

(3) Verfahren nach § 50 Abs. 3 bis 5 WpÜG. In **Verfahren nach § 50 Abs. 3 bis 5 WpÜG** bestimmt sich gemäß § 53 Abs. 2 Nr. 5 GKG der Wert nach § 52 Abs. 1 und 2 GKG, also nach der sich aus dem Antrag des Klägers für ihn ergebenden Bedeutung der Sache nach Ermessen. Nur soweit der Sach- und Streitstand für diese Bestimmung keine genügenden Anhaltspunkte bietet, ist ein Streitwert von 5.000 EUR anzunehmen. 293

(4) Beschwerdeverfahren nach § 63 WpÜG. Es bedarf keiner Wertfestsetzung, weil Betragsrahmengebühren nach VV Teil 5 entstehen. Verfahren nach § 63 WpÜG sind ohnehin von der Vorb. nicht erfasst. 294

dd) Kostenerstattung. **(1) Verfahren nach §§ 48 ff. WpÜG.** Das WpÜG enthält keine Vorschriften über die Kostentragungspflicht im Beschwerdeverfahren. Die Vorschrift des § 58 WpÜG verweist zwar auf gewisse Vorschriften der ZPO, dazu gehören die §§ 91 ff. ZPO jedoch nicht. Andererseits entspricht es allgemeiner Meinung,[98] dass die Verweisung in § 58 WpÜG auf Vorschriften des GVG und der ZPO unvollständig ist, sodass aus der fehlenden Verweisung auf §§ 91 ff. ZPO nicht zwingend der Schluss gezogen werden kann, diese Vorschriften könnten keinesfalls Anwendung finden. Da das Beschwerdeverfahren gemäß §§ 48 ff. WpÜG weitestgehend dem GWB nachgebildet worden ist, käme auch die analoge Anwendung von § 78 GWB in Betracht. Danach kann das Gericht anordnen, dass die Kosten, die zur zweckentsprechenden Erledigung der Angelegenheit notwendig waren, von einem Beteiligten ganz oder teilweise zu erstatten sind, wenn dies der Billigkeit entspricht. Soweit ein Beteiligter Kosten durch ein unbegründetes Rechtsmittel oder durch grobes Verschulden veranlasst hat, sind ihm die Kosten aufzuerlegen. 295

Gemäß § 53 WpÜG müssen sich die Beteiligten im Beschwerdeverfahren nach §§ 48 ff. WpÜG durch einen Rechtsanwalt oder einen Rechtslehrer an einer deutschen Hochschule mit Befähigung zum Richteramt vertreten lassen, soweit es nicht um die Vertretung der Kartellbehörde geht. Deshalb sind die **Kosten eines Anwalts** insoweit stets dem Grunde nach **erstattungsfähig**. 296

(2) Ausschlussverfahren nach § 39b WpÜG. In Ausschlussverfahren gemäß § 39b WpÜG und dem sich anschließenden Beschwerdeverfahren erfolgt eine Erstattung der außergerichtlichen Kosten auch nach der Neufassung des § 39b Abs. 6 WpÜG nach Billigkeitsgesichtspunkten.[99] Das Gericht hat demgemäß anzuordnen, dass die Kosten der Antragsgegner, die zur zweckentsprechenden Erledigung der Angelegenheit notwendig waren, ganz oder zum Teil vom Antragsteller zu erstatten sind, wenn dies der Billigkeit entspricht. Gerichtskosten für das Verfahren erster Instanz können dem Antragsgegner gemäß § 39b Abs. 6 S. 2 WpÜG nicht auferlegt werden. 297

Gemäß § 53 WpÜG müssen sich die Beteiligten im Beschwerdeverfahren nach §§ 48 ff. WpÜG durch einen Rechtsanwalt oder einen Rechtslehrer an einer deutschen Hochschule mit Befähigung zum Richteramt vertreten lassen, soweit es nicht um die Vertretung der Kartellbehörde geht. Deshalb sind die **Kosten eines Anwalts** insoweit stets dem Grunde nach **erstattungsfähig**. 298

---

[98] Vgl. BT-Drucks 14/7034, S. 68, Begründung zum entsprechenden § 59 WpÜG-E.

[99] OLG Frankfurt/Main NJW 2009, 375, 380 = DB 2009, 54 = ZIP 2009, 74 = BB 2009, 122 = NZG 2009, 74 = AG 2009, 86 = WM 2009, 703 = BB 2009, 1 = EWiR 2009, 93 = ZBB 2009, 70.

D. Beschwerdeverfahren gegen Entscheidungen des Verwaltungs- oder Sozialgerichts wegen des Hauptsachegegenstands in Verfahren des vorläufigen oder einstweiligen Rechtsschutzes (Nr. 3 Buchst. a)

299 Die Neuregelungen stellen klar, dass der Rechtsanwalt in Beschwerdeverfahren gegen Entscheidungen des Verwaltungs- oder Sozialgerichts wegen des Hauptgegenstandes in Verfahren des vorläufigen oder einstweiligen Rechtsschutzes die gleichen Gebühren erhält, die im Berufungsverfahren anfallen.

300 Bei der Abrechnung nach **Wertgebühren** bedeutet dies, dass eine 1,6-fache Verfahrensgebühr nach VV 3200 anfällt.

301 Daneben können auch eine 1,2-fache Terminsgebühr nach VV 3202 sowie weitere Gebühren nach den allgemeinen Regelungen entstehen.

302 Bei der Abrechnung nach **Betragsrahmengebühren** bedeutet dies, das eine Verfahrensgebühr nach VV 3204 (60–680 EUR, Mittelgebühr 370 EUR) entsteht.

303 Umfasst die Beschwerde in dem Eilverfahren nur einen beschränkten Zeitraum, so darf dies nicht grundsätzlich und regelmäßig zur Festsetzung einer niedrigeren Verfahrensgebühr führen. Der ggf. geringeren Bedeutung der Angelegenheit (wegen der zeitlichen Beschränkung) steht regelmäßig die besondere Bedeutung des materiell-rechtlichen Anspruchs und der besondere Umfang und die besondere Schwierigkeit der Angelegenheit gegenüber. So ist nicht allein zu dem materiell-rechtlichen Anspruch (Anordnungsanspruch), sondern auch zu der besonderen Eilbedürftigkeit (Anordnungsgrund) vorzutragen. Anders als in den Hauptsacheverfahren ist es im Beschwerdeverfahren wegen der Eilbedürftigkeit erforderlich, alle anspruchsbegründenden oder -vernichtenden Tatsachen zeitnah vorzutragen und zu belegen. Eine pauschale Reduzierung der Verfahrensgebühr in Eilverfahren, etwa auf 2/3,[100] ist contra legem. Die gegen diese pauschale Reduzierung schon zur alten Rechtslage vorgetragene Kritik wird zu Recht wiederholt.[101]

304 Die **Terminsgebühr** nach VV 3205 bemisst sich nach einem Rahmen von 50–510 EUR (Mittelgebühr 280 EUR). Die Terminsgebühr fällt aber nur dann an, wenn das Landessozialgericht im Beschwerdeverfahren tatsächlich mündlich verhandelt oder eine außergerichtliche Besprechung i.S.v. VV Vorb. 3 Abs. 3 S. 3 Nr. 2 stattgefunden hat (siehe dazu VV Vorb. 3 Rdn 100 ff.). Eine mündliche Verhandlung ist nicht vorgeschrieben (§ 124 Abs. 3 SGG), sodass eine „fiktive" Terminsgebühr (Anm. VV 3205) nicht in Betracht kommt.

305 Die Einigungs- und Erledigungsgebühr richtet sich nach der Höhe der Verfahrensgebühr (VV 1006, 3204). Dies gilt auch dann, wenn die nicht in dem Eilverfahren rechtshängige Hauptsache miterledigt wird. Betrifft die Erledigung aber nur einen Teil der Angelegenheit, ist der auf diesen Teil der Angelegenheit entfallende Anteil nach den Kriterien des § 14 zu schätzen.

E. Beschwerdeverfahren nach dem WpHG (Nr. 3 Buchst. b)

I. Allgemeines

306 **Die bis zum Inkrafttreten des 2. KostRMoG in VV Vorb. 3.2.1 Nr. 6 a.F. geregelten Beschwerdeverfahren waren durch Art. 5c des Bilanzkontrollgesetzes (BilKoG) mit Wirkung zum 21.12.2004 eingeführt worden.**

307 Mit dem 2. KostRMoG hat der Gesetzgeber die VV Vorb. 3.2.1 redaktionell umgestaltet und in die Nr. 3 erklärtermaßen Beschwerdeverfahren aufgenommen, zu denen es keine Rechtsbeschwerdeverfahren gibt. Dazu gehört das Beschwerdeverfahren nach § 37u Abs. 2 WpHG i.V.m. § 48 Abs. 1 S. 1 WpÜG, das nunmehr systemgerecht in VV Vorb. 3.2.1 Nr. 3 Buchst. b geregelt ist. Diese ausschließ-

---

100 So aber Hess. LSG, Beschl. v. 26.10.2015 – L 2 SO 95/15 B.

101 Vgl. nur Bay. LSG, Beschl. v. 21.6.2016 – L 15 SF 39/14 E unter Hinw. auf Beschl. v. 11.4.2013 – L 15 SF 43/12 B.

lich redaktionelle Änderung zieht keine inhaltlichen Folgen nach sich.[102] Beschwerdeverfahren nach dem WpHG wurden auch bisher bereits nach den VV 3200 ff. vergütet (VV Vorb. 3.2.1 Nr. 6 a.F.).[103]

Zweck des BilKoG ist es, Jahresabschlüsse oder Konzernabschlüsse kapitalmarktorientierter Unternehmen auf ihre Rechtmäßigkeit, Richtigkeit und auf die Einhaltung von Rechnungslegungsstandards hin zu überprüfen. Zuständig ist die Bundesanstalt für Finanzdienstleistungsaufsicht BaFin. Geprüft werden die Abschlüsse von Unternehmen, deren Wertpapiere an einer inländischen Börse zum Handel im amtlichen oder geregelten Markt zugelassen sind. Gegenstand der Prüfung sind die zuletzt festgestellten Jahresabschlüsse und zugehörigen Lageberichte sowie die zuletzt gebilligten Konzernabschlüsse und die zugehörigen Konzernlageberichte, so dass sich die Prüfung (Enforcement) auf solche Unternehmensberichte beschränkt, die einer gesetzlichen Prüfungspflicht unterliegen.

Der Bundesanstalt steht eine Prüfungsbefugnis nach den Vorschriften des BilKoG zu. Festgestellte Fehler kann sie veröffentlichen. Rechtmäßigkeit und Zweckmäßigkeit der Verfügungen sind vor Einlegung der Beschwerde grundsätzlich in einem Widerspruchsverfahren nachzuprüfen (§ 37t WpHG). Über die Beschwerde gegen die Verfügungen der Bundesanstalt entscheidet ausschließlich das für den Sitz der Bundesanstalt zuständige OLG in Frankfurt/Main (§ 37u WpHG i.V.m. § 48 Abs. 4 WpÜG). Widerspruch und Beschwerde haben keine aufschiebende Wirkung (§§ 37t Abs. 2, 37u Abs. 1 S. 2 WpHG). Gemäß § 37u Abs. 2 WpHG i.V.m. § 53 WpÜG müssen sich die Beteiligten vor dem Beschwerdegericht durch einen Rechtsanwalt oder Rechtslehrer an einer deutschen Hochschule i.S.d Hochschulrahmengesetzes mit Befähigung zum Richteramt als Bevollmächtigten vertreten lassen; die Bundesanstalt kann sich durch einen Beamten auf Lebenszeit mit Befähigung zum Richteramt vertreten lassen. Das Beschwerdegericht entscheidet gemäß § 37u Abs. 2 WpHG i.V.m. § 54 Abs. 1 WpÜG über die Beschwerde aufgrund mündlicher Verhandlung; mit Einverständnis der Beteiligten kann ohne mündliche Verhandlung entschieden werden.

II. Regelungsgehalt

1. Anwendungsbereich

Wegen der wirtschaftlichen Bedeutung für die Beteiligten und der Sachnähe zum Wertpapiererwerbs- und Übernahmegesetz (WpÜG) und zum Gesetz gegen Wettbewerbsbeschränkungen (GWB) ist die Zuständigkeit des OLG gegeben. Dementsprechend findet VV Teil 3 Abschnitt 2 Unterabschnitt 1 mit seinen erhöhten Gebührensätzen Anwendung. Das entspricht den früheren §§ 65a und 65c BRAGO für das GWB sowie das WpÜG. Eine Anwendung des Unterabschnitts 2 scheidet aus, weil die gemäß VV Vorb. 3.2.2 dafür notwendige Voraussetzung – Vertretung der Beteiligten nur durch einen beim BGH zugelassenen Rechtsanwalt – nicht erfüllt wird, vgl. § 37u Abs. 2 WpHG i.V.m. § 53 WpÜG und Beschwerdeverfahren nach dem WpHG in VV Vorb. 3.2.2 nicht genannt sind.

2. Gebühren

a) Verfahrensgebühr, VV 3200

Für das Betreiben des Geschäfts einschließlich der Information erhält der Anwalt eine **Verfahrensgebühr** zu einem Gebührensatz von **1,6** (wegen der Einzelheiten zum Begriff der Verfahrensgebühr vgl. VV Vorb. 3 Abs. 2).

b) Verfahrensgebühr – vorzeitige Beendigung, VV 3201

Wird der Auftrag vorzeitig beendet, reduziert sich die Verfahrensgebühr auf einen Gebührensatz von 1,1 (wegen der Einzelheiten des Begriffs der vorzeitigen Beendigung vgl. VV 3201 Rdn 1 ff.).

---

102 *Schneider/Thiel*, Das neue Gebührenrecht für Rechtsanwälte, § 3 Rn 928.

103 *Schneider/Thiel*, Das neue Gebührenrecht für Rechtsanwälte, § 3 Rn 930.

c) Terminsgebühr, VV 3202

313 Für
- die Vertretung in einem gerichtlichen oder außergerichtlichen Termin (VV Vorb. 3 Abs. 3 S. 1) oder
- die Wahrnehmung eines von einem gerichtlich bestellten Sachverständigen anberaumten Termins (VV Vorb. 3 Abs. 3 S. 3 Nr. 1) oder
- die Mitwirkung an auf die Vermeidung oder Erledigung des Verfahrens gerichteten Besprechungen auch ohne Beteiligung des Gerichts (VV Vorb. 3 Abs. 3 S. 3 Nr. 2) – soweit es sich nicht um Besprechungen mit dem Auftraggeber handelt – erhält der Anwalt eine **1,2-Terminsgebühr** (vgl. VV Vorb. 3 Abs. 3).

314 Dabei fällt die Terminsgebühr auch dann an, wenn das Beschwerdegericht gemäß § 37u Abs. 2 WpHG i.V.m. § 54 Abs. 1, 1. Hs. WpÜG im Einverständnis der Beteiligten ohne mündliche Verhandlung entscheidet (im Einzelnen vgl. VV 3202 Rdn 7).

d) Reduzierte Terminsgebühr, VV 3203

315 Eine Gebühr nach VV 3203 kann nicht ausgelöst werden (arg e § 37u Abs. 2 i.V.m. § 54 Abs. 2 WpÜG).

e) Einigungsgebühr, VV 1000

316 Eine Einigungsgebühr nach Anm. Abs. 1 zu VV 1000 kann nicht entstehen, weil die Beteiligten über den Verfahrensgegenstand vertraglich nicht verfügen können (vgl. Anm. Abs. 4 zu VV 1000).

f) Erledigungsgebühr, VV 1002, 1004

317 Hingegen kann eine **Erledigungsgebühr** zu einem Gebührensatz von 1,3 (**VV 1002, 1004**) entstehen, wenn sich das Beschwerdeverfahren durch Zurücknahme der Verfügung bzw. Erlass der zuvor unterlassenen Verfügung durch die Bundesanstalt erledigt, und der Anwalt dabei mitgewirkt hat (zu den einzelnen Erfordernissen vgl. VV 1002 Rdn 1 ff.).

g) Einstweilige Anordnungen

318 Widerspruch und Beschwerde gegen Verfügungen des Bundesaufsichtsamtes haben keine aufschiebende Wirkung (§§ 37t, 37u Abs. 1 S. 2 WpHG). Auf Antrag kann das Beschwerdegericht jedoch die **aufschiebende Wirkung von Widerspruch oder Beschwerde** in bestimmten Fällen ganz oder teilweise **wiederherstellen** (§ 37u Abs. 2 WpHG i.V.m. § 50 Abs. 3 bis 5 WpÜG).

§ 50 WpÜG Anordnung der sofortigen Vollziehung

(1) Die Bundesanstalt kann in den Fällen des § 49 die sofortige Vollziehung der Verfügung anordnen, wenn dies im öffentlichen Interesse oder im überwiegenden Interesse eines Beteiligten geboten ist.

(2) Die Anordnung nach Absatz 1 kann bereits vor der Einreichung der Beschwerde getroffen werden.

(3) ¹Auf Antrag kann das Beschwerdegericht die aufschiebende Wirkung von Widerspruch oder Beschwerde ganz oder teilweise anordnen oder wiederherstellen, wenn
1. die Voraussetzungen für die Anordnung nach Absatz 1 nicht vorgelegen haben oder nicht mehr vorliegen,
2. ernstliche Zweifel an der Rechtmäßigkeit der angefochtenen Verfügung bestehen oder
3. die Vollziehung für den Betroffenen eine unbillige, nicht durch überwiegende öffentliche Interessen gebotene Härte zur Folge hätte.

(4) ¹Der Antrag nach Absatz 3 ist schon vor Einreichung der Beschwerde zulässig. ²Die Tatsachen, auf die der Antrag gestützt wird, sind vom Antragsteller glaubhaft zu machen. ³Ist die Verfügung im Zeitpunkt der Entscheidung schon vollzogen, kann das Gericht auch die Aufhebung der Vollziehung anordnen. ⁴Die Anordnung der aufschiebenden Wirkung kann von der Leistung einer Sicherheit oder von anderen Auflagen abhängig gemacht werden. ⁵Sie kann auch befristet werden.

(5) ¹Beschlüsse über Anträge nach Absatz 3 können jederzeit geändert oder aufgehoben werden. ²Soweit durch sie den Anträgen entsprochen ist, sind sie unanfechtbar.

In einem solchen Fall finden zum einen §§ 16 Nr. 5 und 17 Nr. 4 Anwendung. Für diese besonderen Angelegenheiten bestimmen sich die **Gebühren ebenfalls nach VV Teil 3 Abschnitt 2 Unterabschnitt 1**; VV Vorb. 3.2 Abs. 2[104] betrifft diesen Fall nicht, weil das WpHG dort nicht aufgeführt und das Beschwerdeverfahren kein Verfahren „vor dem Beschwerdegericht", sondern wie ein erstinstanzliches Verfahren zu behandeln ist.[105]

h) Sonstige Gebührentatbestände

Entsprechende Anwendung finden folgende Vorschriften:
- VV 3328: vorläufige Einstellung der Zwangsvollstreckung
- VV 3400: Verkehrsanwalt
- VV 3401: Terminsvertreter
- VV 3402, 3403: sonstige Einzeltätigkeiten.

III. Gegenstandswert

Der Gegenstandswert für das Beschwerdeverfahren ergibt sich gemäß § 23 Abs. 1 aus den für die Gerichtsgebühren geltenden Wertvorschriften, also nach **§ 1 Abs. 1 Nr. 11, § 50 Abs. 1 S. 1 Nr. 3 GKG**. Danach bestimmt sich im **Beschwerdeverfahren** gemäß § 37u Abs. 2 WpHG, §§ 48 ff. WpÜG der Wert nach § 3 ZPO.

In **Verfahren nach § 37u Abs. 2 WpHG i.V.m. § 50 Abs. 3 bis 5 WpÜG** bestimmt sich gemäß § 53 Abs. 2 Nr. 5 GKG der Wert nach § 52 Abs. 1 und 2 GKG, also nach der sich aus dem Antrag des Klägers für ihn ergebenden Bedeutung der Sache nach Ermessen. Nur soweit der Sach- und Streitstand für diese Bestimmung keine genügenden Anhaltspunkte bietet, ist ein Wert von 5.000 EUR anzunehmen.

IV. Kostenerstattung

Das WpHG enthält ebenso wie das WpÜG keine Vorschriften über die Kostentragungspflicht im Beschwerdeverfahren. Die Vorschrift des § 58 WpÜG, auf die § 37u Abs. 2 WpHG Bezug nimmt, verweist zwar auf gewisse Vorschriften der ZPO, dazu gehören die §§ 91 ff. ZPO jedoch nicht. Andererseits entspricht es allgemeiner Meinung,[106] dass die Verweisung in § 58 WpÜG auf Vorschriften des GVG und der ZPO unvollständig ist, sodass aus der fehlenden Verweisung auf §§ 91 ff. ZPO nicht zwingend der Schluss gezogen werden kann, diese Vorschriften könnten keinesfalls Anwendung finden. Da das Beschwerdeverfahren gemäß §§ 48 ff. WpÜG weitestgehend dem GWB nachgebildet worden ist, käme auch die analoge Anwendung von § 78 GWB in Betracht. Danach kann das Gericht anordnen, dass die Kosten, die zur zweckentsprechenden Erledigung der Angelegenheit notwendig waren, von einem Beteiligten ganz oder teilweise zu erstatten sind, wenn dies der Billigkeit entspricht. Soweit ein Beteiligter Kosten durch ein unbegründetes Rechtsmittel oder durch grobes Verschulden veranlasst hat, sind ihm die Kosten aufzuerlegen. Wegen der weitgehenden Wesensgleichheit des WpÜG mit einem verwaltungsgerichtlichen Verfahren wird in der Literatur[107] die Anwendung der Kostenentscheidung gemäß §§ 154 ff. VwGO befürwortet.

Da auf die Verfahrensvorschriften des WpÜG gemäß § 37u Abs. 2 WpHG verwiesen wird und auch das WpÜG keine eigenen Vorschriften zur Kostenentscheidung enthält, legt der Wertpapiererwerbs-

---

[104] Entspricht den §§ 40 Abs. 3, 114 Abs. 6 S. 1, 116 Abs. 3 BRAGO.
[105] Riedel/Sußbauer/*Keller*, RVG, VV Teil 3 Abschnitt 2 Rn 29; Mayer/Kroiß/*Maué*, RVG, Vorbem. 3.2.1 Rn 11; Hartung/*Schons/Enders*, RVG, VV Vorb. 3.2.1 Rn 27, 28; wie hier zum entsprechenden § 40 Abs. 3 BRAGO: Gerold/Schmidt/*Madert*, BRAGO, § 65a Rn 10; Hansens, BRAGO, § 65a Rn 12; *Hartmann*, KostG, § 65a BRAGO.
[106] Vgl. BT-Drucks 14/7034, S. 68, Begründung zum entsprechenden § 59 WpÜG-E.
[107] KK-WpÜG/*Pohlmann*, § 58 Rn 4; *Ehricke/Ekkenga/Oechsler*, WpÜG, § 58 Rn 4.

und Übernahmesenat des OLG Frankfurt[108] stets billiges Ermessen zugrunde, wobei er insgesamt auf die in den §§ 81 ff. FamFG, 91 ff. ZPO und 154 ff. VwGO anerkannten Kostengrundsätze zurückgreift.

325 Gemäß § 37u Abs. 2 WpHG i.V.m. § 53 WpÜG müssen sich die Beteiligten im Beschwerdeverfahren durch einen Rechtsanwalt oder einen Rechtslehrer an einer deutschen Hochschule mit Befähigung zum Richteramt vertreten lassen, soweit es nicht um die Vertretung der Kartellbehörde geht. Deshalb sind die **Kosten eines Anwalts** insoweit stets dem Grunde nach **erstattungsfähig**.

F. Verfahren über Rechtsbeschwerden nach dem StVollzG, auch i.V.m. § 92 JGG (Nr. 4)

I. Allgemeines

326 VV Vorb. 3.2.1 Nr. 4 entspricht dem früheren § 66a Abs. 2 BRAGO, den der Gesetzgeber zunächst als VV Vorb. 3.2.1 Nr. 7 in das RVG übernommen und nunmehr durch das 2. KostRMoG in VV Vorb. 3.2.1 Nr. 4 eingestellt hat. Durch die Neufassung der VV Vorb. 3.2.2 wurde für Rechtsbeschwerdeverfahren zwar grundsätzlich eine höhere Vergütung erreicht und zwar nach VV Teil 3 Abschnitt 2 Unterabschnitt 2.

327 Rechtsbeschwerden nach dem StVollzG und dem JGG i.V.m. dem StrVollzG gelten durch die „Nichtaufnahme" in die VV Vorb. 3.2.2 von der Verweisung auf die Gebühren eines Revisionsverfahrens allerdings bewusst als ausgenommen. Der Gesetzgeber begründet dies damit, dass sich Rechtsbeschwerdeverfahren nach dem StVollzG und dem JGG, die auch bisher bereits „nur" nach den VV 3200 ff. vergütet worden waren, dadurch von den in VV Vorb. 3.2.2 genannten Rechtsbeschwerdeverfahren unterscheiden, dass für die Entscheidung über die Rechtsbeschwerde nicht der BGH, sondern das OLG zuständig ist (§ 117 StVollzG, § 92 Abs. 1 S. 2 JGG i.V.m. § 117 StVollzG) und deshalb eine systematische Gleichstellung mit den in VV Vorb. 3.2.2 genannten Rechtsbeschwerdeverfahren nicht gerechtfertigt wäre.

328 Eine gebührenrechtliche Schlechterstellung der Rechtsbeschwerdeverfahren nach dem StVollzG und dem JGG i.V.m. dem StVollzG ergibt sich aber grundsätzlich deshalb nicht, weil jedenfalls VV 3200 und VV 3206 den gleichen Gebührensatz auslösen und eine Terminsgebühr, die nur nach VV Vorb. 3 Abs. 3 S. 3 Nr. 2 in Betracht kommt dürfte, praktisch kaum entstehen dürfte.

329 Die durch das 2. KostRMoG vorgenommene Änderung hat also nur redaktionellen Charakter mit der Folge, dass sich inhaltliche Abweichungen nicht ergeben und es bei der bisherigen Rechtslage verbleibt. Der Gesetzgeber versucht auf der Grundlage des 2. KostRMoG Beschwerde- und Rechtsbeschwerdeverfahren systematisch voneinander abzugrenzen, was durch die redaktionelle Neuordnung erreicht werden soll.

330 Die Vorschrift regelt die Gebühren des Anwalts im Verfahren der Rechtsbeschwerde
– gegen Entscheidungen der Strafvollstreckungskammer an den Strafsenat des OLG betreffend Maßnahmen zur Regelung einzelner Angelegenheiten auf dem Gebiet des Strafvollzugs, §§ 116 ff. StVollzG,
– gegen Entscheidungen der Jugendkammer an den Strafsenat des OLG betreffend Maßnahmen zur Regelung einzelner Angelegenheiten auf dem Gebiet des Jugendarrests, der Jugendstrafe und der Maßregeln der Unterbringung in einem psychiatrischen Krankenhaus oder in einer Entziehungsanstalt (§ 61 Nr. 1 und 2 StGB) oder in der Sicherungsverwahrung (§ 92 Abs. 1 S. 2 JGG) und
– gegen Entscheidungen der Jugendkammer nach § 89b JGG i.V.m. § 92 Abs. 6 S. 2 JGG, § 116 Abs. 1 StVollzG.

---

108 OLG Frankfurt DM 2013, 451 = ZIP 2013, 420 = NZG 2013, 264 = GWR 2013, 121 = ZWH 2013, 116.

§ 116 StVollzG Rechtsbeschwerde

(1) Gegen die gerichtliche Entscheidung der Strafvollstreckungskammer ist die Rechtsbeschwerde zulässig, wenn es geboten ist, die Nachprüfung zur Fortbildung des Rechts oder zur Sicherung einer einheitlichen Rechtsprechung zu ermöglichen.

(2) Die Rechtsbeschwerde kann nur darauf gestützt werden, daß die Entscheidung auf einer Verletzung des Gesetzes beruhe. Das Gesetz ist verletzt, wenn eine Rechtsnorm nicht oder nicht richtig angewendet worden ist.

(3) Die Rechtsbeschwerde hat keine aufschiebende Wirkung. § 114 Abs. 2 gilt entsprechend.

(4) Für die Rechtsbeschwerde gelten die Vorschriften der Strafprozeßordnung über die Beschwerde entsprechend, soweit dieses Gesetz nichts anderes bestimmt.

§ 92 JGG Rechtsbehelfe im Vollzug

(1) Gegen eine Maßnahme zur Regelung einzelner Angelegenheiten auf dem Gebiet des Jugendarrestes, der Jugendstrafe und der Maßregeln der Unterbringung in einem psychiatrischen Krankenhaus oder in einer Entziehungsanstalt (§ 61 Nr. 1 und 2 des Strafgesetzbuches) oder in der Sicherungsverwahrung kann gerichtliche Entscheidung beantragt werden. Für die Überprüfung von Vollzugsmaßnahmen gelten die §§ 109 und 111 bis 120 Abs. 1 des Strafvollzugsgesetzes sowie § 67 Abs. 1 bis 3 und 5 entsprechend; das Landesrecht kann vorsehen, dass der Antrag erst nach einem Verfahren zur gütlichen Streitbeilegung gestellt werden kann.

...

(5) Für die Kosten des Verfahrens gilt § 121 des Strafvollzugsgesetzes mit der Maßgabe, dass entsprechend § 74 davon abgesehen werden kann, dem Jugendlichen Kosten und Auslagen aufzuerlegen.

(6) Wird eine Jugendstrafe gemäß § 89b Abs. 1 nach den Vorschriften des Strafvollzugs für Erwachsene vollzogen oder hat der Jugendliche im Vollzug einer freiheitsentziehenden Maßregel das vierundzwanzigste Lebensjahr vollendet, sind die Absätze 1 bis 5 nicht anzuwenden. Für die Überprüfung von Vollzugsmaßnahmen gelten die Vorschriften der §§ 109 bis 121 des Strafvollzugsgesetzes.

II. Regelungsgehalt

1. Anwendungsbereich

Auf Rechtsbeschwerdeverfahren gemäß §§ 116 ff. StVollzG und gemäß § 92 JGG i.V.m. §§ 116 ff. StVollzG findet VV Teil 3 Abschnitt 2 Unterabschnitt 1 Anwendung. Die Anwendung von Unterabschnitt 2 scheidet aus, weil das Verfahren vor dem OLG endet und sich deshalb von den in VV Vorb. 3.2.2 genannten Rechtsbeschwerdeverfahren unterscheidet. Ungeachtet dessen ist eine Vergütung nach Unterabschnitt 2 auch nur für diejenigen Rechtsbeschwerdeverfahren heranzuziehen, die in VV Vorb. 3.2.2 Nr. 1 bis 3 ausdrücklich aufgeführt worden sind. **331**

2. Gebühren

a) Verfahrensgebühr, VV 3200

Für das Betreiben des Geschäfts einschließlich der Information erhält der Anwalt eine **Verfahrensgebühr** zu einem Gebührensatz von **1,6** (wegen der Einzelheiten zum Begriff der Verfahrensgebühr vgl. VV Vorb. 3 Abs. 2). **332**

b) Verfahrensgebühr – vorzeitige Beendigung, VV 3201

Wird der Auftrag vorzeitig beendet, reduziert sich die Verfahrensgebühr auf einen Gebührensatz von **1,1** (wegen der Einzelheiten des Begriffs der vorzeitigen Beendigung vgl. VV 3201 Rdn 1 ff.). **333**

Die Länder können bestimmen, ob in Verfahren nach § 109 StVollzG ein Verwaltungsverfahren vorausgeht. In einem solchen fallen Gebühren nach VV 2300 ff. an, die nach der VV Vorb. 3 Abs. 4 anzurechnen sind. **334**

c) Terminsgebühr, VV 3202

335 Der Strafsenat entscheidet über die Rechtsbeschwerde **ohne mündliche Verhandlung** durch Beschluss (§ 119 Abs. 1 StVollzG). Er hat die Möglichkeit, die Rechtsbeschwerde im Beschlusswege als unzulässig oder offensichtlich unbegründet zu verwerfen (§ 119 Abs. 3 StVollzG), die Entscheidung aufzuheben und an die Strafvollstreckungs- oder Jugendkammer zurückzuverweisen (§ 119 Abs. 4 S. 1 StVollzG) oder der Senat kann schließlich anstelle der Strafvollstreckungs- oder Jugendkammer selbst entscheiden, wenn die Sache spruchreif ist (§ 119 Abs. 4 S. 2 StVollzG).

336 Eine Terminsgebühr unmittelbar nach VV 3202 kommt deshalb nicht in Betracht.

337 Ausgelöst werden kann eine Terminsgebühr allenfalls nach VV Vorb. 3 Abs. 3 S. 3 Nr. 2 für die Mitwirkung an Besprechungen, die auf die Vermeidung oder Erledigung eines gerichtlichen Verfahrens gerichtet sind, auch ohne Beteiligung des Gerichts, wobei lediglich Besprechungen mit dem Gefangenen als nicht ausreichend für das Entstehen der Gebühr anzusehen sind.

d) Reduzierte Terminsgebühr, VV 3203

338 Eine Gebühr nach VV 3203 kann nicht ausgelöst werden, weil eine mündliche Verhandlung in Rechtsbeschwerdeverfahren nach dem StVollzG und dem JGG nicht vorgesehen ist.

e) Einigungsgebühr, VV 1000; Erledigungsgebühr, VV 1002, 1004

339 Weil über Maßnahmen nach dem StVollzG und dem JGG nicht vertraglich verfügt werden kann, kann auch eine **Einigungsgebühr** gemäß **VV 1000 Nr. 1** nicht entstehen (vgl. Anm. Abs. 4 zu VV 1000). Es kann allerdings eine **Erledigungsgebühr** gemäß **VV 1002**, Anm. Abs. 1 zu **VV 1004** ausgelöst werden[109] (vgl. VV 1002 Rdn 1 ff.).

f) Zurückverweisung

340 Im Falle einer Zurückverweisung gemäß § 119 Abs. 4 S. 3 StVollzG findet § 21 Abs. 1 Anwendung.[110]

g) Einstweilige Anordnungen

341 Die Rechtsbeschwerde hat gemäß § 116 Abs. 3 S. 1 StVollzG keine aufschiebende Wirkung. Da jedoch nach § 116 Abs. 3 S. 2 StVollzG die Regelung des § 114 Abs. 2 StVollzG entsprechend gilt, kann das Rechtsbeschwerdegericht von Amts wegen oder auf Antrag den **Vollzug der angefochtenen Maßnahme aussetzen**, wenn die Gefahr besteht, dass die Verwirklichung eines Rechts des Antragstellers vereitelt oder wesentlich erschwert wird und ein höher zu bewertendes Interesse an dem sofortigen Vollzug nicht entgegensteht. Es kann auch eine **einstweilige Anordnung** analog § 123 VwGO erlassen. Wird ein solcher Antrag erstmalig vor dem Rechtsbeschwerdegericht gestellt, finden § 16 Nr. 5 und § 17 Nr. 4 Anwendung. Für diese besonderen Angelegenheiten bestimmen sich die Gebühren gemäß VV Vorb. 3.2 Abs. 2[111] nach VV Teil 3 Abschnitt 1.

III. Gegenstandswert

342 In Verfahren gemäß **§§ 116 ff. StVollzG**, auch i.V.m. § 92 JGG, findet für die Anwaltsgebühren gemäß § 23 Abs. 1 die Vorschrift des § 60 GKG Anwendung, der auf die entsprechende Anwendung des § 52 Abs. 1 bis 3 GKG verweist.

---

109 LG Hildesheim NdsRpfl 2007, 22.
110 OLG Celle NStZ 1982, 439 = Rpfleger 1982, 395; Hansens, BRAGO, § 66a Rn 4; Hartmann, KostG, § 66a BRAGO Rn 8.
111 Entspricht den §§ 40 Abs. 3, 114 Abs. 6 S. 1, 116 Abs. 3 BRAGO.

Danach ist der Wert nach der sich aus dem Antrag des Antragstellers für ihn ergebenden Bedeutung der Sache nach Ermessen zu bestimmen. Zu berücksichtigen sind dabei das Interesse[112] und die Tragweite[113] der angegriffenen Entscheidung für den Gefangenen. Eine generelle Anwendung des Regelwertes von 5.000 EUR gemäß § 52 Abs. 2 GKG kommt nicht in Betracht.[114] Maßgeblich für die Bewertung sind der Antrag und seine Begründung und was der Antragsteller mit seinem Begehren erreichen will.[115] Eine menschenunwürdige Haftraumbeschaffenheit kann zum Ansatz eines Verfahrenswerts von 9.000 EUR führen.[116] Ist Gegenstand des Verfahrens eine bezifferte Geldforderung, so ist nach § 52 Abs. 2 GKG deren Höhe maßgeblich.[117] Bei der Bewertung sind neben objektiven Anhaltspunkten auch subjektive Umstände zu würdigen und zur Bewertung heranzuziehen.[118]

343

Die Festsetzung des Werts hat von Amts wegen zu erfolgen (§ 65 S. 1 GKG).

344

IV. Kostenerstattung

Gemäß **§ 121 StVollzG** hat das Gericht in der das Verfahren abschließenden Entscheidung zu bestimmen, von wem die Kosten des Verfahrens und die notwendigen Auslagen zu tragen sind. Ist der Antragsteller unterlegen oder hat er seinen Antrag zurückgenommen, trägt er die Kosten des Verfahrens und die notwendigen Auslagen. Hat sich die Maßnahme vor einer Entscheidung in anderer Weise als durch Zurücknahme des Antrags erledigt, so entscheidet das Gericht über die Kosten des Verfahrens und die notwendigen Auslagen nach billigem Ermessen gemäß § 121 Abs. 2 S. 2 StVollzG, soweit kein Fall des § 115 Abs. 3 StVollzG[119] vorliegt. Gegen die Kostenentscheidung nach § 121 Abs. 1 S. 1 StVollzG kann sofortige Beschwerde gemäß § 464 Abs. 3 StPO erhoben werden. Nach wie vor besteht Streit darüber, ob gegen isolierte Kostenentscheidungen gemäß § 121 Abs. 2 S. 2 StVollzG ein Rechtsmittel gegeben ist.[120] Im Übrigen gelten die §§ 464 bis 473 StPO entsprechend.

345

Für die Kosten des Verfahrens nach dem JGG gilt ebenfalls § 121 StVollzG, allerdings mit der Maßgabe, dass entsprechend § 74 JGG davon abgesehen werden kann, dem Jugendlichen Kosten und Auslagen aufzuerlegen (§ 92 Abs. 5 JGG).

346

V. Prozesskostenhilfe

Die Beiordnung eines Pflichtverteidigers ist in Rechtsbeschwerdeverfahren nach dem StVollzG nicht vorgesehen (arg. e § 120 Abs. 2 StVollzG). Die Umdeutung eines Pflichtverteidigerbeiordnungsantrags in einen Antrag auf Bewilligung von Prozesskostenhilfe kommt grundsätzlich in Betracht, wenn der Gefangene eine Erklärung über seine persönlichen und wirtschaftlichen Verhältnisse abgegeben hat.[121]

347

Prozesskostenhilfe kann für das Rechtsbeschwerdeverfahren unter den in §§ 114 ff. ZPO geregelten Voraussetzungen gewährt werden, weil § 120 Abs. 2 StVollzG auf diese Vorschriften verweist. Über den Prozesskostenhilfeantrag hat das Gericht zu entscheiden, das in der Sache zuständig ist, also der Strafsenat.[122]

348

---

112 LG Hildesheim StraFo 2007, 481.
113 OLG Hamburg StraFo 2006, 42 (4.000 EUR bei Rückverlegung von Sicherungs- in Normalstation); KG NStZ-RR 2002, 62.
114 KG AGS 2007, 353 = JurBüro 2007, 532; zum entsprechenden § 13 Abs. 1 S. 2 GKG a.F.: KG NStZ-RR 2002, 62; OLG Hamm NStZ 1989, 495; OLG Frankfurt ZfStrVo SH 1979, 122; *Callies/Müller-Dietz*, StVollzG, § 121 Rn 1; *Hansens*, BRAGO, § 66a Rn 5.
115 *Meyer*, GKG/FamGKG, § 60 GKG Rn 5.
116 KG StraFo 2007, 521 = NStz-RR 2008, 222 = StRR 2007, 357 = NJ 2008, 276.
117 *Meyer*, GKG/FamGKG § 60 GKG Rn 6.
118 LG Hildesheim StraFo 2007, 481.
119 Umstellung des Antrags von der Anfechtung einer Vollzugsmaßnahme auf einen Feststellungsantrag.
120 Ja: KG NStZ-RR 2002, 62; *Callies/Müller-Dietz*, StVollzG, § 121 Rn 3; OLG Dresden, Beschl. v. 8.10.1999 – 2 Ws 537/99; nein: OLG Hamm, Beschl. v. 13.7.2010 – 1 Vollz (Ws) 381/10, III-1 Vollz (Ws) 381/10 sowie OLG Bamberg FS 2011, 54, wenn eine Anfechtung in der Hauptsache ausgeschlossen ist; OLG Stuttgart Justiz 2006, 15; OLG Jena NStZ-RR 1996, 254; OLG Saarbrücken NStZ 1988, 432.
121 KG, Beschl. v. 12.1.1993 – 5 WS 385/92 Vollz; OLG Hamm, Beschl. v. 3.5.1979 – 1 WS 112/79.
122 BGH Rpfleger 1983, 492 = JB 1983, 1812 = MDR 1984, 69.

349 In Verfahren nach dem StVollzG und dem JGG ist eine Beschwerde gegen die Zurückweisung des Prozesskostenhilfeantrags nicht zulässig, weil der ungeschriebene Grundsatz, dass ein Rechtsmittel eine Nebenentscheidung betreffend nicht weitergehend sein darf als eine Entscheidung in der Hauptsache, auch in Verfahren nach dem StVollzG und dem JGG anzuwenden ist. Die Entscheidung des Strafsenats in Rechtsbeschwerdeverfahren nach dem StVollzG und dem JGG ist endgültig (§ 119 Abs. 5 StVollzG; § 92 Abs. 1 JGG i.V.m. § 119 Abs. 5 StVollzG), das heißt unanfechtbar, sodass insoweit auch eine sofortige Beschwerde gegen die Zurückweisung des Prozesskostenhilfeantrags nicht in Betracht kommt, insoweit es um die Prüfung der Erfolgsaussicht geht.[123] Geht es um die Anordnung von Ratenzahlungen, ist eine sofortige Beschwerde stets zulässig.

Vorbemerkung zu VV 3200 ff.

Literatur: *N. Schneider*, Rechtsmittelverfahren in bürgerlichen Rechtsstreitigkeiten, AGS 2004, 89; *ders.*, Anwaltsvergütung in Beschwerdeverfahren, FF 2011, 230.

A. Anwendungsbereich 1
B. Umfang der Angelegenheit 4
C. Selbstständiges Beweisverfahren 22
D. Einstweiliger Rechtsschutz 23
E. Einigung 25
F. Verkehrsanwalt 30
G. Terminsvertreter 33
H. Gegenstandswert 34

A. Anwendungsbereich

1 Die Vergütung in Berufungsverfahren, gleich ob in Zivilsachen oder arbeitsgerichtlichen Verfahren, verwaltungs- oder sozialgerichtlichen Verfahren o.Ä. – ausgenommen in Straf- und Bußgeldsachen sowie in Verfahren nach VV Teil 6 – richtet sich nach VV Teil 3, und zwar nach Abschnitt 2 Unterabschnitt 1, also nach den VV 3200 ff.

2 Entsprechend anzuwenden sind die Vorschriften der VV 3200 ff.
– in Beschwerde- und Rechtsbeschwerdeverfahren nach VV Vorb. 3.2.1 und
– in schiedsrichterlichen Verfahren und Verfahren vor dem Schiedsgericht (§ 36 Abs. 1 S. 1).

3 Dies gilt nicht nur für den Prozessbevollmächtigten einer Partei, sondern auch für den Verfahrensbevollmächtigten eines anderen Beteiligten (VV Vorb. 3 Abs. 1), insbesondere für den Vertreter eines Nebenintervenienten.

B. Umfang der Angelegenheit

4 Das Berufungsverfahren ist gegenüber dem erstinstanzlichen Verfahren eine **eigene Angelegenheit** (§ 17 Nr. 1). Es beginnt für den Anwalt des Berufungsklägers mit Einlegung der Berufung (oder dem Antrag auf Zulassung der Berufung, auch wenn dieser vor dem Ausgangsgericht zu stellen ist, wie im Falle des § 124a Abs. 4 VwGO) und für den Anwalt des Berufungsbeklagten mit dem ersten auftragsgemäßen Tätigwerden nach Entgegennahme der gegnerischen Berufung (bzw. der Entgegennahme des Antrags auf Zulassung der Berufung im Falle des § 124a Abs. 4 VwGO) (zum selbstständigen Beweisverfahren siehe Rdn 22).

5 Problematisch ist häufig die Auftragserteilung. Nach Auffassung des KG[1] ist bei Entgegennahme einer gegen seinen Mandanten gerichteten Rechtsmittelschrift durch den vorinstanzlichen Prozessbevollmächtigten, anzunehmen, dass er anschließend prüft, ob etwas für den Mandanten zu veranlassen ist. Damit entfalte er eine Tätigkeit, die bereits die Verfahrensgebühr nach VV 3200 zum Entstehen bringe; In dieser Tätigkeit liege keine bloße Neben- bzw. Abwicklungstätigkeit der erstinstanzlichen Beauftragung gemäß § 19 Abs. 1 S. 2 Nr. 9, sodass schon die Gebühr der VV 3200 anfalle, wenn

---

[123] OLG Hamm, Beschl. v. 4. 12. 2012 – 1 Vollz (Ws) 672/12; OLG Rostock, Beschl. v. 6. 2. 2012 – I Vollz (Ws) 3/12; OLG Hamburg FS 2010, 52; ZfStrVO 1994, 57; OLG Stuttgart, Beschl. v. 9. 2. 1987 – 4 Ws 36/87.

[1] AGS 2009, 354 = MDR 2009, 469 = KGR 2009, 312 = JurBüro 2009, 261.

auch gegebenenfalls nur in Höhe von 1,1 (VV 3201). Der BGH hat dagegen eine mit der Entgegennahme der Berufungsschrift verbundene Prüfung von Fragen, die gebührenrechtlich zur ersten Instanz gehören, für die Entstehung der Verfahrensgebühr des Berufungsverfahrens nicht ausreichen lassen.[2]

Die Abgrenzung zwischen den Instanzen bedarf stets der Prüfung im Einzelfall.
- Erforderlich ist grundsätzlich immer ein Auftrag für das Rechtsmittelverfahren. Dieser kann auch schon zuvor (bedingt für den Fall der Einlegung des Rechtsmittels) erteilt worden sein kann. Auch ein konkludent erteilter Auftrag ist möglich.
- Des Weiteren muss der Anwalt eine Tätigkeit entfaltet haben, die bereits zum Rechtsmittelverfahren zählt. Die Bestellung zur Akte ist dabei allerdings ebenso wenig erforderlich wie die Einreichung eines Schriftsatzes.[3]

Eine Tätigkeit des Anwalts im Hinblick auf die **Zulassung der Berufung** durch das Erstgericht gehört dagegen noch zum erstinstanzlichen Verfahren. 6

Soweit eine Beschwerde gegen die Nichtzulassung der Berufung durch das Gericht der ersten Instanz erhoben wird, (derzeit nur in sozialgerichtlichen Verfahren vorgesehen), ist nach § 17 Nr. 9 bereits eine neue Angelegenheit (VV 3504, 3505) gegeben. 7

Wird eine Berufung **zurückgenommen und später erneut eingelegt**, liegen zwei Angelegenheiten i.S.d. § 15 vor. 8

Wechselseitig geführte Berufungen, die miteinander verbunden werden, gelten als eine Angelegenheit. Die Gebühren entstehen dann aus den zusammengerechneten Werten nur einmal (§ 23 Abs. 1 S. 1 RVG i.V.m. § 45 Abs. 2, Abs. 1 S. 1 GKG) (siehe § 15 Rdn 112).[4] Werden dagegen mehrere Berufungen getrennt geführt, so liegen mehrere Angelegenheiten vor, solange die Berufungen nicht verbunden werden. Getrennte Berufungen kommen in der Praxis allerdings kaum vor. 9

> **Beispiel:** Gegen das Urteil des LG legt der Kläger zunächst Berufung ein, nimmt sie aber wieder zurück. Hiernach legt der Beklagte, dessen Berufungsfrist noch nicht abgelaufen ist, seinerseits Berufung ein.
> Es liegen zwei verschiedene Angelegenheiten vor. Die Gebühren entstehen zweimal.

Legt eine Partei gegen ein amtsgerichtliches Urteil Berufung zunächst beim LG ein und wegen Zweifeln an der Zulässigkeit nach Ablauf der Berufungsfrist, jedoch vor rechtskräftiger Entscheidung des LG, erneut beim OLG, handelt es sich um zwei verschiedene Angelegenheiten. Die gegenteilige Auffassung des BGH[5] verkennt den Begriff der Angelegenheit. Um eine Angelegenheit würde es sich nur im Falle der Verweisung handeln. 10

Eine **Anschlussberufung** – unabhängig davon, ob es sich um eine unselbstständige oder selbstständige Anschlussberufung handelt – löst dagegen keine neue Angelegenheit aus, sondern zählt ebenso wie eine Widerklage zur Gebühreninstanz und führt lediglich zu einer Erhöhung des Gegenstandswerts (§ 23 Abs. 1 S. 1 RVG i.V.m. § 45 Abs. 2, Abs. 1 S. 1 GKG). 11

Auch die Tätigkeit des Anwalts im Hinblick auf die **Zulassung der Revision** durch das Berufungsgericht zählt noch zum Rechtszug (§ 16 Nr. 11). Erst die Nichtzulassungsbeschwerde ist nach § 17 Nr. 9 eine neue Angelegenheit (VV 3506 ff.). 12

Wird ein Berufungsurteil vom Revisionsgericht aufgehoben und die Sache an das Berufungsgericht zurückverwiesen, so stellt das **Verfahren nach Zurückverweisung** eine **neue Angelegenheit** dar (§ 21 Abs. 1). Der Anwalt kann sämtliche Gebühren erneut verdienen. In Verfahren nach VV Teil 3 wird die Verfahrensgebühr des vorangegangenen Berufungsverfahrens allerdings auf die Verfahrensgebühr des Berufungsverfahrens nach Zurückverweisung **angerechnet** (VV Vorb. 3 Abs. 6), es sei denn, 13

---

2 AGS 2013, 7 = NJW 2013, 312 = MDR 2013, 123 = FamRZ 2013, 292 = Rpfleger 2013, 175 = zfs 2013, 103 = JurBüro 2013, 134 = FA 2013, 17 = RVGreport 2013, 58 = BRAK-Mitt 2013, 48.
3 Zum vergleichbaren Fall der Beschwerde: BGH AGS 2005, 413 = Rpfleger 2005, 481 = NJW 2005, 2233 = BGHR 2005, 1150 = MDR 2005, 1016 = FamRZ 2005, 1563 = JurBüro 2005, 482 = Mittdtsch-PatAnw 2005, 327.
4 LG Berlin JurBüro 1988, 462 = MDR 1988, 329 m. Anm. *Herget*.
5 BGH AGS 2007, 392 = BGHR 2007, 280 = MDR 2007, 558 = NJW-RR 2007, 1000 = FamRZ 2007, 211 = RVGreport 2007, 59 = NZBau 2007, 102 = JurBüro 2007, 139.

- es wird an ein Gericht zurückverwiesen, das mit der Sache noch nicht befasst war (VV Vorb. 3 Abs. 6) (siehe dazu Vor §§ 20, 21 Rdn 25 ff.)
oder
- seit dem ersten Berufungsurteil sind mehr als zwei Kalenderjahre vergangen (§ 15 Abs. 5 S. 2).

14 Wird im Berufungsverfahren die **vorläufige Vollstreckbarkeit** nach § 537 ZPO beantragt, kann dies Teil des Berufungsverfahrens sein (§ 19 Abs. 1 S. 2 Nr. 9) oder eine selbstständige Angelegenheit nach VV 3329 (siehe auch VV 3329 Rdn 6, 13).

15 Anträge auf **Einstellung der Zwangsvollstreckung** gehören ebenfalls mit zum Berufungsverfahren, es sei denn, hierüber wird gesondert mündlich verhandelt (§ 19 Abs. 1 S. 2 Nr. 11); siehe hierzu VV 3328.

16 Ebenso zählt die **Gehörsrüge** zum Berufungsverfahren (§ 19 Abs. 1 S. 2 Nr. 5 Buchst. b)).

17 Soll der Anwalt zunächst die **Erfolgsaussicht der Berufung** prüfen, ist zu differenzieren.
- Hat der Anwalt bereits den **Auftrag zur Berufung**, soll er aber zuvor noch einmal die Rechtslage prüfen, dann liegt bereits ein Auftrag nach VV Teil 3 vor. Der Anwalt erhält die Gebühren nach VV 3200 ff. Kommt es nicht zur Einlegung der Berufung, entsteht nur die 1,1-Verfahrensgebühr nach Anm. Abs. 1 Nr. 1 zu VV 3201.
- Hat der Anwalt dagegen den Auftrag, zunächst **nur die Erfolgsaussicht der Berufung zu prüfen**, ohne dass ihm bereits Berufungsauftrag erteilt worden ist, so richtet sich seine Vergütung nach VV 2100, 2101. Erst wenn er auch den Auftrag zur Durchführung des Berufungsverfahrens erhält, entstehen die Gebühren nach VV 3200 ff. Die Gebühr nach VV 2100, 2101 ist dann auf eine Gebühr für das Rechtsmittelverfahren anzurechnen (Anm. zu VV 2100).

18 Wird zunächst **Prozesskostenhilfe** zur Durchführung des Berufungsverfahrens beantragt, ohne dass die Berufung selbst schon eingelegt worden ist, beginnt dennoch für die beteiligten Anwälte bereits das Berufungsverfahren, da nach § 16 Nr. 2 das Verfahren über die Prozesskostenhilfe zum Hauptsacheverfahren, also zur Berufung, gehört. Sofern die Sache sich allerdings im Prozesskostenhilfeverfahren erledigt, es mithin nicht mehr zur Berufung kommt, entstehen für die beteiligten Anwälte nur die geringeren 1,0-Verfahrensgebühren nach VV 3335, die sich im Berufungsverfahren nicht erhöhen.

19 Gesonderte Angelegenheiten liegen auch dann vor, wenn erstinstanzlich im **Urkunden-, Scheck- oder Wechselprozess** vorgegangen worden ist und sich die Berufung zuerst gegen das im Scheck-, Wechsel- oder Urkundenprozess ergangene Urteil richtet und später auch das Urteil im Nachverfahren oder im Verfahren nach Abstandnahme angefochten wird.

20 Wird gegen ein Urteil im Urkunden-, Scheck-, oder Wechselprozess Berufung eingelegt und nimmt die Partei im Berufungsverfahren Abstand, sodass die Sache ins ordentliche Verfahren übergeht, so liegen nach § 17 Nr. 5 ebenfalls zwei verschiedene Angelegenheiten vor, allerdings mit der Maßgabe der Anrechnung analog Anm. Abs. 2 zu VV 3100.[6]

21 Erlässt das erstinstanzliche Gericht zunächst ein **Grund- oder Teilurteil** oder im Rahmen einer Stufenklage ein **Urteil nur über die erste Stufe** oder wird ein **Urteil vorbehaltlich der Aufrechnung** verkündet und wird später in einem Schlussurteil über die restlichen Streitpunkte entschieden, so liegen zwei verschiedene Berufungsverfahren i.S.d. § 17 Nr. 1 vor, wenn gegen beide Endentscheidungen Berufung eingelegt wird. Die Gebühren entstehen gesondert.

C. Selbstständiges Beweisverfahren

22 Kommt es im Berufungsverfahren zu einem selbstständigen **Beweisverfahren**, ist dies eine selbstständige Angelegenheit, in der gesonderte Gebühren nach den VV 3200 ff. entstehen, allerdings mit der Maßgabe der Anrechnung nach VV Vorb. 3 Abs. 5.

---

6 Zur Zulässigkeit der Abstandnahme im Berufungsverfahren siehe BGH GuT 2012, 275 = MDR 2012, 986 = NJW 2012, 2662 = NZM 2012, 559 = GE 2012, 1374 = WuM 2013, 54.

D. Einstweiliger Rechtsschutz

Arrest- und einstweilige Verfügungsverfahren sind stets gegenüber der Hauptsache gesonderte Angelegenheiten (§ 17 Nr. 4 Buchst. a) u. b). Dies gilt sowohl dann, wenn anlässlich des Berufungsverfahrens erstmals ein Antrag auf Erlass eines Arrests oder einer einstweiligen Verfügung gestellt wird als auch dann, wenn sowohl gegen das Urteil im Arrest- oder einstweiligen Verfügungsverfahren und in der Hauptsache Berufung eingelegt wird. Lediglich die Höhe der Gebühren kann hier unterschiedlich sein (siehe VV Vorb. 3.2 Rdn 6 ff.). 23

Das Gleiche gilt für einstweilige Anordnungsverfahren, die nach § 17 Nr. 4 Buchst. b) ebenfalls eigene Angelegenheiten darstellen. Auch hier ist VV Vorb. 3.2 Abs. 2 anzuwenden. 24

E. Einigung

Kommt es im Berufungsverfahren zu einer **Einigung** der Parteien über die dort anhängigen Gegenstände, so erhalten die beteiligten Anwälte zusätzlich die Einigungsgebühr nach VV 1000 und zwar i.H.v. 1,3 (VV 1004). 25

Das gilt auch dann, wenn Ansprüche aus einem anderen Rechtsmittelverfahren in die Einigung miteinbezogen werden (VV 1004). Die Gebühr entsteht dann aus dem Gesamtwert (§ 23 Abs. 1 S. 1 RVG i.V.m. § 39 Abs. 1 GKG). 26

Soweit Ansprüche in eine Einigung mit einbezogen werden, die nicht in einem Rechtsmittelverfahren anhängig sind, erhält der Anwalt 27
– eine 1,0-Gebühr nach VV 1003, soweit die Ansprüche erstinstanzlich anhängig sind und
– eine 1,5-Gebühr, soweit die Ansprüche nicht anhängig sind (VV 1000).

Entsteht die Einigungsgebühr aus Teilwerten nach unterschiedlichen Sätzen, darf die Summe der Einigungsgebühren eine Gebühr aus dem Höchstsatz nach dem Gesamtstreitwert nicht übersteigen (§ 15 Abs. 3). 28

> **Beispiel:** Gegen seine erstinstanzliche Verurteilung zur Zahlung von 15.000 EUR legt der Beklagte Berufung ein. Im Termin zur mündlichen Verhandlung einigen sich die Parteien über die Klageforderung sowie weitergehende nicht anhängige 5.000 EUR.
> Die Einigungsgebühr entsteht zu 1,3 aus dem Wert der im Berufungsverfahren anhängigen Gegenstände (VV 1004) und zu 1,5 aus dem Wert der nicht anhängigen Gegenstände (VV 1000 VV). Zu beachten ist § 15 Abs. 3.
> 1. 1,3-Einigungsgebühr, VV 1000, 1004
>   (Wert: 15.000 EUR)   845,00 EUR
> 2. 1,5-Einigungsgebühr, VV 1000
>   (Wert: 5.000 EUR)   454,50 EUR
>   gem. § 15 Abs. 3 nicht mehr als 1,5 aus 20.000 EUR   1.113,00 EUR

Gleiches gilt nach VV 1002, 1003, 1004 im Falle einer **Erledigung**. 29

F. Verkehrsanwalt

Auch im Berufungsverfahren kann ein **Verkehrsanwalt** beauftragt werden. Er erhält seine Vergütung ebenfalls nach VV 3400 und zwar in Höhe der Gebühr, die der Verfahrensbevollmächtigte erhält. Allerdings gilt wiederum der Höchstsatz von 1,0 bzw. bei Betragsrahmengebühren der Höchstbetrag i.H.v. 420 EUR (siehe VV 3400 Rdn 47 ff.). 30

Die **Übersendung der Handakten** an den Revisionsanwalt zählt für den Berufungsanwalt ebenfalls zur Instanz (§ 19 Abs. 1 S. 2 Nr. 17). 31

Soll die Übersendung dagegen mit **gutachterlichen Äußerungen** verbunden werden, liegt eine eigene Angelegenheit vor, die nach Anm. zu VV 3400 zu vergüten ist (siehe VV 3400 Rdn 117 ff.). 32

G. Terminsvertreter

33 Ebenso ist im Berufungsverfahren die Tätigkeit als Terminsvertreter möglich. Dieser erhält seine Vergütung nach VV 3401, 3402 und zwar in Höhe einer halben Verfahrensgebühr, also bei Wertgebühren 0,8, und einer vollen Terminsgebühr (VV 3401, 3402), bei Wertgebühren also zu 1,2. Gegebenenfalls kommt eine Einigungs- oder Erledigungsgebühr hinzu.

H. Gegenstandswert

34 Der Gegenstandswert für das Berufungsverfahren ist gesondert festzusetzen und richtet sich nach den Berufungsanträgen (§ 23 Abs. 1 S. 1 RVG i.V.m. § 47 Abs. 1 S. 1 GKG) bzw. nach der Beschwer, wenn keine Berufungsanträge gestellt werden (§ 23 Abs. 1 S. 1 RVG i.V.m. § 47 Abs. 1 S. 2 GKG).

35 Der Wert des Berufungsverfahrens kann allerdings nicht höher liegen als der der ersten Instanz (§ 47 Abs. 2 S. 1 GKG), es sei denn, der Streitgegenstand wird erweitert (§ 47 Abs. 2 S. 2 GKG).

Nr.	Gebührentatbestand	Gebühr oder Satz der Gebühr nach § 13 RVG
3200	Verfahrensgebühr, soweit in Nummer 3204 nichts anderes bestimmt ist	1,6

Literatur: *Onderka,* Anwaltliche Gebühren für die Prüfung der Erfolgsaussicht eines Rechtsmittels nach dem RVG, RVG-B 2004, 130; *N. Schneider,* Rechtsmittelverfahren in bürgerlichen Rechtsstreitigkeiten AGS 2005, 89; *ders.,* Gebührenanrechnung: Erst anrechnen, dann kürzen oder erst kürzen, dann anrechnen, RVG-B 2005, 11.

A.	Anwendungsbereich	1	
B.	Abgeltungsbereich	4	
C.	Entstehen der Gebühr	6	
D.	Mehrere Auftraggeber	14	
E.	Vorzeitige Beendigung	15	
F.	Gegenstandswert	17	
G.	Anrechnungsfälle	19	
	I. Überblick	19	
	II. Anrechnung einer vorangegangenen Beratung	20	
	III. Anrechnung bei vorangegangener Prüfung der Erfolgsaussicht der Berufung ..	21	
IV.	Anrechnung nach Zurückverweisung ..	23	
V.	Anrechnung der Geschäftsgebühr	25	
VI.	Anrechnung im Beweisverfahren	27	
VII.	Anrechnung im Urkunden-, Scheck- und Wechselprozess	29	
VIII.	Anrechnung nach Anm. zu VV 3101	30	
IX.	Anrechnung nach Anm. Abs. 1 Nr. 2 zu VV 3201	31	
H.	Kostenerstattung	32	

A. Anwendungsbereich

1 Die Vorschrift des VV 3200 betrifft
- alle in VV Teil 3 geregelten Berufungsverfahren nach Wertgebühren (§ 2 Abs. 1),
- Verfahren vor dem Rechtsmittelgericht über die Zulassung der Berufung (vgl. VV Vorb. 3.2 Abs. 1),
- Verfahren vor dem Finanzgericht (VV Vorb. 3.2.1 Nr. 1) und
- die in VV Vorb. 3.2.1 Nr. 2, 3 und 4 aufgeführten Beschwerde- bzw. Rechtsbeschwerdeverfahren sowie
- schiedsrichterliche Verfahren und Verfahren vor dem Schiedsgericht (§ 36 Abs. 1 S. 1).

2 Nicht anzuwenden ist die Vorschrift für Verfahren vor dem Landessozialgericht, in denen Betragsrahmengebühren entstehen (§ 3 Abs. 1 S. 1). Hier gilt VV 3204. Sofern in sozialrechtlichen Berufungsverfahren nach dem Gegenstandswert abzurechnen ist (§ 3 Abs. 1 S. 2), gilt wiederum VV 3200.

3 Soweit VV 3200 in den in VV Vorb. 3.2.1 und VV Vorb. 3.2 Abs. 1 genannten Fällen entsprechend anzuwenden ist, gelten die nachstehenden Ausführungen zur Berufung entsprechend. Anstelle der Berufung ist dann das jeweilige Rechtmittel (Beschwerde, Rechtsbeschwerde o.Ä. zu verstehen).

B. Abgeltungsbereich

Die Verfahrensgebühr nach VV 3200 entsteht für das **Betreiben des Geschäfts** einschließlich der Entgegennahme der Information (VV Vorb. 3 Abs. 2). 4

Abgegolten durch die Verfahrensgebühr werden sämtliche Tätigkeiten, die nicht den Tatbestand der Termins- oder Einigungsgebühr erfüllen, also insbesondere 5
- das Einreichen der Berufung (bzw. im selbstständigen Beweisverfahren das Einreichen des Beweisantrags),
- das Einreichen des Antrags auf Zulassung der Berufung, wenn das Berufungsgericht darüber entscheidet,
- das Abfassen und Einreichen der Berufungsbegründung,
- die Bestellung für den Berufungsbeklagten,
- die Abfassung und Einreichung der Berufungserwiderung,
- weitere Stellungnahmen,
- die Beratung des Mandanten,
- Streitverkündungsschriften,
- Anträge auf vorläufige Vollstreckbarerklärung, sofern diese nach § 19 Abs. 1 S. 2 Nr. 9 zur Instanz gehören,
- Anträge auf Einstellung der Vollstreckung, sofern das Verfahren nach § 19 Abs. 1 S. 2 Nr. 11 zur Instanz gehört, also soweit keine abgesonderte mündliche Verhandlung stattfindet,
- Mitwirkung bei der Erbringung einer Sicherheitsleistung und das Verfahren wegen deren Rückgabe (§ 19 Abs. 1 S. 2 Nr. 7),
- Einigungsverhandlungen mit der Gegenseite, die allerdings eine zusätzliche Gebühr nach VV 3202 auslösen können,
- Entgegennahme der Entscheidung und einer eventuellen Nichtzulassungsbeschwerdeschrift oder Revisionsschrift,
- Wiedereinsetzungsanträge,
- Zwischenverfahren, wie z.B. die Ablehnung eines Richters (§ 19 Abs. 1 S. 2 Nr. 3),
- das Verfahren über die Prozesskostenhilfe (§ 16 Nr. 2),
- die Übersendung der Handakten an den Revisionsanwalt (§ 19 Abs. 1 S. 2 Nr. 17), sofern dies nicht mit gutachterlichen Äußerungen zu verbinden ist.

Wegen der Einzelheiten kann insoweit auf die Erläuterungen zum erstinstanzlichen Verfahren (VV 3100) Bezug genommen werden. Es gelten hier grundsätzlich keine Besonderheiten.

C. Entstehen der Gebühr

Gebührenrechtlich beginnt das Berufungsverfahren für den Anwalt des **Berufungsklägers** 6
- mit dem Auftrag zur Einlegung der Berufung

oder
- mit dem Auftrag, die Zulassung der Berufung zu beantragen, wenn das Berufungsgericht hierüber selbst entscheidet, wie im Falle des § 124a Abs. 4 VwGO
- mit dem Auftrag zur Einreichung eines Beweisantrags im selbstständigen Beweisverfahren.

Ob es tatsächlich zur Einlegung der Berufung oder des Zulassungsantrags oder des Beweisantrags kommt, ist unerheblich, dies hat nur Bedeutung für die Höhe der Gebühr (VV 3201 Nr. 1). Entscheidend ist allein der Auftrag. 7

Für den Anwalt des **Berufungsbeklagten** beginnt gebührenrechtlich das Berufungsverfahren mit dem unbedingten Auftrag, der gegnerischen Berufung, dem Zulassungsantrag oder einem sonstigen Antrag entgegenzutreten. 8

Für den **Anwalt eines Streithelfers** gelten die vorstehenden Ausführungen entsprechend. Auch für ihn beginnt das Berufungsverfahren mit dem Auftrag, im Hinblick auf die eingelegte Berufung tätig zu werden. 9

Die **bloße Entgegennahme** der Berufungsschrift reicht in aller Regel noch nicht aus, weil zu diesem Zeitpunkt mangels Kenntnis des Auftraggebers von dem Rechtsmittel noch gar kein Auftrag vorliegen kann. Erst wenn der Auftraggeber über das Rechtsmittel informiert worden ist und er dann 10 den Auftrag erteilt, sich gegen dieses Rechtsmittel auch zu verteidigen, entstehen für den Anwalt des Berufungsbeklagten die Gebühren nach VV 3200 ff. Die bloße Entgegennahme der Rechtsmittelschrift gehört noch zum erstinstanzlichen Verfahren (§ 19 Abs. 1 S. 2 Nr. 9).[1]

11 Ausnahmsweise entsteht bereits mit Entgegennahme der Berufungsschrift oder mit Kenntnis von der Berufungseinlegung auch für den Anwalt des Berufungsbeklagten gebührenrechtlich das Berufungsverfahren, nämlich dann, wenn ein bedingter Auftrag vorlag.

> **Beispiel:** In Erwartung der gegnerischen Berufung beauftragt der Anwalt des obsiegenden Klägers seinen Anwalt, sich gegen die angekündigte und zu erwartende Berufung des Beklagten zur Wehr zu setzen. Hier liegt zunächst ein bedingter Auftrag vor, nämlich ein Berufungsauftrag für den Fall, dass die Berufung der Gegenseite tatsächlich eingelegt wird.
> Mit Einlegung der Berufung bzw. der Kenntnis hiervon tritt dann die Bedingung ein, sodass der Auftrag wirksam wird.

12 Der **Gebührensatz** beträgt 1,6 (sofern nicht VV 3201 anzuwenden ist).

13 Die **volle 1,6-Gebühr** nach VV 3200 **entsteht**, wie sich im Umkehrschluss aus Anm. Abs. 1 Nr. 1 zu VV 3201 ergibt, sobald der Anwalt
– einen Schriftsatz mit
  – Sachanträgen
  – Sachvortrag
  – Rücknahme der Klage
  – Rücknahme der Berufung
  eingereicht oder
– einen gerichtlichen Termin wahrgenommen hat.

Insoweit kann auf die Ausführungen zur ersten Instanz Bezug genommen werden.

D. Mehrere Auftraggeber

14 Vertritt der Anwalt **mehrere Auftraggeber** wegen desselben Gegenstands, so erhöht sich die Gebühr der VV 3200 nach VV 1008 um 0,3 je weiteren Auftraggeber, höchstens um 2,0. Die Gebühr beläuft sich bei zwei Auftraggebern also auf 1,9. Bei mehreren Auftraggebern mit demselben Gegenstand erhält der Anwalt die einfache Gebühr. Die einzelnen Werte sind dann zu addieren.

E. Vorzeitige Beendigung

15 Der Gebührensatz reduziert sich auf 1,1, sofern die Voraussetzungen der Anm. Abs. 1 Nr. 1 zu VV 3201 (vorzeitige Beendigung des Auftrags) gegeben sind oder eine eingeschränkte Tätigkeit des Anwalts nach Anm. Abs. 2 Nrn. 1 und 2 zu VV 3201 vorliegt; siehe dazu die Kommentierung zu VV 3201.

16 Gleiches gilt, soweit lediglich beantragt ist, eine Einigung der Parteien oder mit Dritten über in diesem Verfahren nicht rechtshängige Ansprüche zu Protokoll zu nehmen oder festzustellen (§ 278 Abs. 6 ZPO) oder soweit lediglich Verhandlungen zur Einigung über solche Ansprüche geführt werden (Anm. Abs. 1 Nr. 2 zu VV 3201). Für diesen Fall gilt dann auch die Anrechnungsvorschrift der Anm. zu VV 3201; siehe dazu die Kommentierung zu VV 3201.

F. Gegenstandswert

17 Der Gegenstandswert richtet sich nach dem Wert sämtlicher im Verlaufe des Berufungsverfahrens anhängiger Gegenstände bzw. nach der Beschwer, wenn keine Berufungsanträge gestellt werden (§ 23 Abs. 1 S. 1 RVG i.V.m. § 47 Abs. 1 S. 2 GKG).

---

[1] BGH AGS 2013, 7 = NJW 2013, 312 = MDR 2013, 123 = FamRZ 2013, 292 = Rpfleger 2013, 175 = zfs 2013, 103 = BRAK-Mitt 2013, 48.

Der Wert des Berufungsverfahrens kann allerdings nicht höher liegen als der der ersten Instanz (§ 47 Abs. 2 S. 1 GKG), es sei denn, der Streitgegenstand wurde erweitert (§ 47 Abs. 2 S. 2 GKG). 18

G. Anrechnungsfälle

I. Überblick

Auch im Berufungsverfahren kommt sowohl eine **Anrechnung der Verfahrensgebühr** in Betracht als auch die **Anrechnung auf die Verfahrensgebühr**. 19

II. Anrechnung einer vorangegangenen Beratung

Ist eine Beratung vorangegangen, so ist diese nach § 34 Abs. 2 anzurechnen, es sei denn, die Parteien haben eine Anrechnung ausgeschlossen. 20

III. Anrechnung bei vorangegangener Prüfung der Erfolgsaussicht der Berufung

War der Anwalt zunächst nur beauftragt, die Erfolgsaussicht der Berufung zu prüfen und wird die Berufung danach durchgeführt, ist die Prüfungsgebühr der VV 2100 ebenfalls anzurechnen (Anm. zu VV 2100). 21

> **Beispiel:** Gegen seine erstinstanzliche Verurteilung von 20.000 EUR will der Beklagte Berufung einlegen und lässt sich beraten, ob die Berufung Aussicht auf Erfolg hat. Der beauftragte Anwalt prüft dies und bejaht die Erfolgsaussicht, sodass ihm hiernach der Auftrag zur Berufung erteilt und diese auch durchgeführt wird.
> Abzurechnen ist wie folgt:
> **I. Prüfung der Erfolgsaussicht**
> 1. 0,75-Prüfungsgebühr, VV 2100 556,50 EUR
> 2. Postentgeltpauschale, VV 7002 20,00 EUR
>   Zwischensumme 576,50 EUR
> 3. 19 % Umsatzsteuer, VV 7008 109,54 EUR
> **Gesamt 686,04 EUR**
> **II. Berufungsverfahren**
> 1. 1,6-Verfahrensgebühr, VV 3200 1.187,20 EUR
> 2. gem. Anm. zu VV 2100 anzurechnen 0,75 aus
>   20.000 EUR – 556,50 EUR
>   890,40 EUR
> 3. 1,2-Terminsgebühr, VV 3202 890,40 EUR
> 4. Postentgeltpauschale, VV 7002 20,00 EUR
>   Zwischensumme 1.541,10 EUR
> 5. 19 % Umsatzsteuer, VV 7008 292,81 EUR
> **Gesamt 1.833,91 EUR**

Zur Anrechnung, wenn der Anwalt nach Prüfung nur teilweise mit der Durchführung der Berufung beauftragt wird, vgl. die Kommentierung zu VV 2100 (siehe VV 2100 Rdn 40 ff.). 22

IV. Anrechnung nach Zurückverweisung

Wird vom Revisionsgericht die Sache an das bereits befasste Berufungsgericht zurückverwiesen, so ist die Verfahrensgebühr des (Ausgangs-)Berufungsverfahrens aus VV 3200 auf die Verfahrensgebühr für das Verfahren nach Zurückverweisung anzurechnen (VV Vorb. 3 Abs. 6). 23

> **Beispiel:** Gegen seine Verurteilung zur Zahlung von 15.000 EUR legt der Beklagte Berufung ein. Gegen das der Berufung stattgebende Urteil des OLG legt der Kläger Revision ein. Der BGH hebt das Berufungsurteil auf und verweist die Sache an das OLG zurück. Dort wird erneut verhandelt.
> Das Verfahren nach Zurückverweisung stellt gemäß § 21 Abs. 1 eine neue Angelegenheit dar. Der Anwalt erhält sämtliche Gebühren erneut. Die Verfahrensgebühr des vorangegangenen Berufungsverfahrens wird

allerdings auf die Verfahrensgebühr des Berufungsverfahrens nach Zurückverweisung angerechnet, soweit an das Gericht zurückverwiesen worden ist, das mit der Sache bereits befasst war (VV Vorb. 3 Abs. 6).

I. Berufungsverfahren vor Zurückverweisung
1. 1,6-Verfahrensgebühr, VV 3200
   (Wert: 15.000 EUR) — 1.040,00 EUR
2. 1,2-Terminsgebühr, VV 3202
   (Wert: 15.000 EUR) — 780,00 EUR
3. Postentgeltpauschale, VV 7002 — 20,00 EUR
   Zwischensumme — 1.840,00 EUR
4. 19 % Umsatzsteuer, VV 7008 — 349,60 EUR
   Gesamt — 2.189,60 EUR

II. Berufungsverfahren nach Zurückverweisung
1. 1,6-Verfahrensgebühr, VV 3200
   (Wert: 15.000 EUR) — 1.040,00 EUR
2. gem. VV Vorb. 3 Abs. 6 anzurechnen, 1,6 aus
   15.000 EUR — – 1.040,00 EUR
3. 1,2-Terminsgebühr, VV 3202
   (Wert: 15.000 EUR) — 780,00 EUR
4. Postentgeltpauschale, VV 7002 — 20,00 EUR
   Zwischensumme — 800,00 EUR
5. 19 % Umsatzsteuer, VV 7008 — 152,00 EUR
   Gesamt — 952,00 EUR

24 Eine Anrechnung ist nach § 15 Abs. 5 S. 2 allerdings ausgeschlossen, wenn zwischen der Beendigung des ersten Berufungsverfahrens und Beginn des Verfahrens nach Zurückverweisung **mehr als zwei Kalenderjahre** vergangen sind.[2]

V. Anrechnung der Geschäftsgebühr

25 War der Anwalt zuvor nur außergerichtlich beauftragt, kann die Geschäftsgebühr der VV 2300 nach VV Vorb. 3 Abs. 4 zur Hälfte, höchstens jedoch zu 0,75, anzurechnen sein. Erforderlich ist, dass das Berufungsverfahren für den Anwalt ein unmittelbar nachfolgendes Verfahren der außergerichtlichen Tätigkeit ist.

> **Beispiel:** Der Anwalt ist außergerichtlich mit der Abwehr einer Forderung i.H.v. 8.000 EUR beauftragt. Die Tätigkeit ist weder umfangreich noch schwierig. Anschließend kommt es zu einem Rechtsstreit, in dem der Mandant jedoch einen anderen Anwalt beauftragt. Nach erstinstanzlicher Verurteilung wird der bereits außergerichtlich tätige Anwalt mit der Berufung beauftragt.
> Vorgerichtlich ist eine Geschäftsgebühr nach VV 2300 angefallen. Diese ist nach VV Vorb. 3 Abs. 4 auch auf die Verfahrensgebühr eines Berufungsverfahrens zur Hälfte anzurechnen.

I. Außergerichtliche Vertretung (Wert: 8.000 EUR)
1. 1,3-Geschäftsgebühr, VV 2300 — 592,80 EUR
2. Postentgeltpauschale, VV 7002 — 20,00 EUR
   Zwischensumme — 612,80 EUR
3. 19 % Umsatzsteuer, VV 7008 — 116,43 EUR
   Gesamt — 729,23 EUR

II. Berufungsverfahren (Wert: 8.000 EUR)
1. 1,6-Verfahrensgebühr, VV 3200 — 729,60 EUR
2. gem. VV Vorb. 3 Abs. 4 anzurechnen, 0,65 aus
   8.000 EUR — – 296,40 EUR
3. 1,2-Terminsgebühr, VV 3202 — 547,20 EUR
4. Postentgeltpauschale, VV 7002 — 20,00 EUR
   Zwischensumme — 1.000,40 EUR
5. 19 % Umsatzsteuer, VV 7008 — 190,08 EUR
   Gesamt — 1.190,48 EUR

---

[2] OLG München AGS 2006, 369 = OLGR 2006, 681 = AnwBl 2006, 588 = FamRZ 2006, 1561 = RVG-Letter 2006, 87.

Nach Auffassung des BGH soll dagegen eine Geschäftsgebühr auch dann im Berufungsverfahren anzurechnen sein, wenn der Anwalt auch schon in der ersten Instanz tätig war.³ Das ist jedoch unzutreffend. Anzurechnen ist dann nur in erster Instanz.

> **Beispiel:** Der Anwalt ist außergerichtlich mit der Abwehr einer Forderung beauftragt. Anschließend kommt es zu einem Rechtsstreit, in dem der Anwalt beauftragt wird. Nach erstinstanzlicher Verurteilung wird die Berufung eingelegt und der Anwalt auch insoweit beauftragt.
> Die Geschäftsgebühr ist nur im erstinstanzlichen Verfahren anzurechnen. Sie kann nicht im Berufungsverfahren angerechnet werden.

VI. Anrechnung im Beweisverfahren

Wird nach Erlass des erstinstanzlichen Urteils, aber noch vor Einlegung der Berufung, ein Antrag auf Einleitung eines selbstständigen Beweisverfahrens gestellt, so ist die dort verdiente Verfahrensgebühr aus VV 3200 auf die 1,6-Verfahrensgebühr für das Erkenntnisverfahren anzurechnen (Vorb. 3 Abs. 5 VV).

Umgekehrt ist die Verfahrensgebühr der VV 3200 auf die Verfahrensgebühr eines während der Berufung eingeleiteten selbstständigen Beweisverfahrens anzurechnen.

VII. Anrechnung im Urkunden-, Scheck- und Wechselprozess

Wird im Berufungsverfahren vom Urkunden-, Wechsel- oder Scheckprozess Abstand genommen und sodann ins ordentliche Verfahren im Berufungsrechtszug übergegangen, ist ebenfalls anzurechnen (analog Anm. Abs. 2 zu VV 3100).⁴

VIII. Anrechnung nach Anm. zu VV 3101

Möglich ist auch, dass eine zuvor nach VV 3101 Nr. 2 verdiente Gebühr anzurechnen ist.

> **Beispiel:** Im erstinstanzlichen Verfahren sind 8.000 EUR eingeklagt. Im Termin wird ein Vergleich geschlossen über diese Forderung und weitere 5.000 EUR. Der Vergleich wird widerrufen; über die 8.000 EUR ergeht ein Urteil, gegen das Berufung eingelegt wird. Im Berufungsverfahren werden die 5.000 EUR nunmehr im Verhandlungstermin mitverglichen.
> Die erstinstanzliche Verfahrensgebühr der VV 3101 Nr. 2 ist nach Anm. zu VV 3101 auf die Verfahrensgebühr der VV 3200 anzurechnen (zur Berechnung siehe VV 3101 Rdn 103 ff.).

IX. Anrechnung nach Anm. Abs. 1 Nr. 2 zu VV 3201

Gleiches gilt, wenn der vorangegangene Einigungsversuch in einem Berufungsverfahren stattgefunden hat.

> **Beispiel:** In einem Berufungsverfahren wird im Termin ein Vergleich geschlossen über die dort anhängigen Gegenstände und weitere 5.000 EUR, die nicht anhängig sind. Der Vergleich wird widerrufen.
> In einem späteren Berufungsverfahren derselben Parteien wegen einer anderen Forderung werden die 5.000 EUR nunmehr im Verhandlungstermin mitverglichen.
> Die im ersten Berufungsverfahren aus dem Mehrwert angefallene Verfahrensgebühr der Anm. Abs. 1 Nr. 2 zu VV 3201 ist nach Anm. Abs. 1 S. 2 zu VV 3201 auf die Verfahrensgebühr (VV 3200) des zweiten Berufungsverfahrens anzurechnen (zur Berechnung siehe VV 3201 Rdn 35 ff.).

---

3 AGS 2012, 223 m. abl. Anm. *N. Schneider* = NJW-RR 2012, 313 = FamRZ 2012, 366 = ZfBR 2012, 238 = Rpfleger 2012, 285 = JurBüro 2012, 190 = MDR 2012, 313 = RVGreport 2012, 118 = BRAK-Mitt 2012, 88.

4 Zur Zulässigkeit der Abstandnahme im Berufungsverfahren siehe BGH GuT 2012, 275 = MDR 2012, 986 = NJW 2012, 2662 = NZM 2012, 559 = GE 2012, 1374 = WuM 2013, 54.

H. Kostenerstattung

32 Die Gebühr nach VV 3200 ist grundsätzlich zu erstatten, wenn es zur Durchführung des Berufungsverfahrens gekommen ist.

33 Zur Erstattung bei **Rücknahme einer nur fristwahrend eingelegten Berufung** vgl. die Kommentierung zu VV 3201 (siehe VV 3201 Rdn 47 ff.).

Nr.	Gebührentatbestand	Gebühr oder Satz der Gebühr nach § 13 RVG
3201	Vorzeitige Beendigung des Auftrags oder eingeschränkte Tätigkeit des Anwalts: Die Gebühr 3200 beträgt .... (1) Eine vorzeitige Beendigung liegt vor, 1. wenn der Auftrag endigt, bevor der Rechtsanwalt das Rechtsmittel eingelegt oder einen Schriftsatz, der Sachanträge, Sachvortrag, die Zurücknahme der Klage oder die Zurücknahme des Rechtsmittels enthält, eingereicht oder bevor er einen gerichtlichen Termin wahrgenommen hat, oder 2. soweit Verhandlungen vor Gericht zur Einigung der Parteien oder der Beteiligten oder mit Dritten über in diesem Verfahren nicht rechtshängige Ansprüche geführt werden; der Verhandlung über solche Ansprüche steht es gleich, wenn beantragt ist, eine Einigung zu Protokoll zu nehmen oder das Zustandekommen einer Einigung festzustellen (§ 278 Abs. 6 ZPO). Soweit in den Fällen der Nummer 2 der sich nach § 15 Abs. 3 RVG ergebende Gesamtbetrag der Verfahrensgebühren die Gebühr 3200 übersteigt, wird der übersteigende Betrag auf eine Verfahrensgebühr angerechnet, die wegen desselben Gegenstands in einer anderen Angelegenheit entsteht. (2) Eine eingeschränkte Tätigkeit des Anwalts liegt vor, wenn sich seine Tätigkeit 1. in einer Familiensache, die nur die Erteilung einer Genehmigung oder die Zustimmung des Familiengerichts zum Gegenstand hat, oder 2. in einer Angelegenheit der freiwilligen Gerichtsbarkeit auf die Einlegung und Begründung des Rechtsmittels und die Entgegennahme der Rechtsmittelentscheidung beschränkt.	1,1

A. Überblick 1	H. Anrechnung der Verfahrensgebühr (Anm. Abs. 1 S. 2 zu VV 3201) 35
B. Die ermäßigte Gebühr nach Anm. Abs. 1 Nr. 1 6	I. Die Ermäßigung nach Anm. Abs. 2 39
C. Die ermäßigte Verfahrensgebühr nach Anm. Abs. 1 Nr. 2, 1. Alt. 19	I. Genehmigung in Familiensachen 39
D. Die ermäßigte Verfahrensgebühr nach Anm. Abs. 1 Nr. 2, 2. Alt. 20	II. Bloße Rechtsmitteleinlegung und Begründung in Verfahren der freiwilligen Gerichtsbarkeit 42
E. Kombinationen voller und ermäßigter Verfahrensgebühren nach Anm. Abs. 1 22	J. Kostenerstattung 47
I. Überblick 22	I. Gebühr nach Anm. Abs. 1 Nr. 1 47
II. Kombination VV 3200/Anm. Abs. 1 Nr. 1 24	1. Berufungsführer 47
III. Kombination VV 3200/Anm. Abs. 1 Nr. 2, 1. Alt. 25	2. Berufungsgegner 48
IV. Kombination VV 3200/Anm. Abs. 1 Nr. 2, 2. Alt. 26	a) Vorzeitige Erledigung durch Einigung 49
V. Kombination Anm. Abs. 1 Nr. 1/ Anm. Abs. 1 Nr. 2 27	b) Vorzeitige Erledigung durch Berufungsrücknahme 50
VI. Kombination VV 3200/Anm. Abs. 1 Nr. 2, 1. u. 2. Alt. 28	aa) Grundsatz 51
VII. Kombination VV 3200/Anm. Abs. 1 Nr. 1/ Anm. Abs. 1 Nr. 2, 1. Alt. 29	bb) Berufung ist nur eingelegt und ohne Begründung zurückgenommen worden 59
VIII. Einigung über nicht anhängige Gegenstände in einem gerichtlichen Termin 30	cc) Berufung wird ohne Begründung in der Hauptsache für erledigt erklärt 67
F. Mehrere Auftraggeber 31	dd) Berufung ist begründet und anschließend zurückgenommen worden 68
G. Anrechnung auf die Verfahrensgebühr 33	

ee) Rücknahme der Berufung nach Hinweisbeschluss gemäß § 522 Abs. 2 ZPO 73
ff) Beauftragung in Unkenntnis der Berufungsrücknahme 79

II. Gebühr nach Anm. Abs. 1 Nr. 2 80
1. Anm. Abs. 1 Nr. 2, 1. Alt. 80
2. Anm. Abs. 1 Nr. 2, 2. Alt. 81

A. Überblick

Die Regelung der Anm. Abs. 1 entspricht der Regelung in Anm. Abs. 1 Nr. 1 und 2 zu VV 3101, sodass auf die dortige Kommentierung zur **vorzeitigen Beendigung des Auftrags** Bezug genommen werden kann. **1**

Die neu eingefügte Regelung der Anm. Abs. 2 Nr. 1 wiederum entspricht Anm. Abs. 1 Nr. 3 zu VV 3101, sodass auch hier ergänzend auf die Kommentierung zu VV 3101 Bezug genommen werden kann. **2**

Mit dem 2. KostRMoG neu eingeführt worden war die Regelung der Anm. Abs. 2 Nr. 2. Sie beruht darauf, dass die Beschwerdeverfahren in Angelegenheiten der freiwilligen Gerichtsbarkeit seit dem 1.8.2013 gemäß VV Vorb. 3.2.1 Anm. Abs. 1 Nr. 2 Buchst. b) wie Berufungen vergütet werden und nicht mehr als einfache Beschwerden nach den VV 3500 ff. (zu Einzelheiten siehe VV Vorb. 3.2.1 Rdn 87 ff.). **3**

Die ermäßigte Verfahrensgebühr im Berufungsverfahren beläuft sich auf einen Satz von 1,1. Klarzustellen ist, dass es sich bei VV 3201 nicht um einen eigenen Gebührentatbestand handelt, sondern nur um eine Ermäßigungsvorschrift. Das Entstehen der Gebühr richtet sich auch bei VV 3201 nach VV Vorb. 3 Abs. 2. Der Gebührentatbestand ist der aus VV 3200, der lediglich hinsichtlich der Höhe des Gebührensatzes modifiziert wird. **4**

Die Ermäßigung auf 1,1 tritt in fünf Fällen ein: **5**
– Anm. Abs. 1 Nr. 1: **vorzeitige Erledigung**,
– Anm. Abs. 1 Nr. 2, 1. Alt.: **Einigungsverhandlungen** über nicht in diesem Verfahren anhängige Gegenstände,
– Anm. Abs. 1 Nr. 2, 2. Alt.: **Protokollierung einer Einigung** oder **Feststellung des Zustandekommens einer Einigung nach § 278 Abs. 6 ZPO**,
– Anm. Abs. 2 Nr. 1: in einer **Familiensache** ist Gegenstand **nur die Erteilung einer Genehmigung oder die Zustimmung des Familiengerichts** und die Tätigkeit beschränkt sich auf die **Einlegung und Begründung des Rechtsmittels** und die **Entgegennahme der Rechtsmittelentscheidung**,
– Anm. Abs. 2 Nr. 2: in einer Angelegenheit der freiwilligen Gerichtsbarkeit beschränkt sich die Tätigkeit auf die **Einlegung und Begründung des Rechtsmittels** und die **Entgegennahme der Rechtsmittelentscheidung**.

B. Die ermäßigte Gebühr nach Anm. Abs. 1 Nr. 1

Nach Anm. Abs. 1 Nr. 1 entsteht lediglich eine 1,1-Verfahrensgebühr, wenn der Auftrag endigt, bevor der Rechtsanwalt **6**
– einen Schriftsatz mit
 – Sachanträgen
 – Sachvortrag
 – Rücknahme der Klage oder
 – Rücknahme der Berufung
 eingereicht oder
– einen gerichtlichen Termin wahrgenommen hat.

Nur eine ermäßigte Gebühr nach Anm. Abs. 1 Nr. 1 entsteht auch dann, wenn sich die Tätigkeit des Prozessbevollmächtigten darauf beschränkt, gegenüber dem Gericht anzuzeigen, dass die Parteien sich auf eine vergleichsweise Erledigung des Rechtsstreits verständigt hätten, den Vergleichstext **7** mitzuteilen und darauf hinzuweisen, dass nach der Zustimmung des Beklagten nach § 278 Abs. 6 ZPO verfahren werden könne.[1]

8   Die reduzierte 1,1-Verfahrensgebühr nach Anm. Abs. 1 Nr. 1 entsteht für den **Anwalt des Berufungsklägers** insbesondere dann, wenn ihm der Auftrag zur Einlegung der Berufung erteilt worden, es aber zur Einlegung nicht mehr gekommen ist. Aus welchem Grund es nicht mehr zur Einlegung der Berufung gekommen ist, ist dabei unerheblich. Dies kann etwa darauf beruhen, dass der Anwalt von der Durchführung der Berufung abgeraten hat oder dass die Parteien zuvor doch noch eine Einigung getroffen haben.

9   Die Einlegung der Berufung löst dagegen immer die volle Gebühr nach VV 3200 aus, auch wenn sie nicht begründet wird. Die Berufung selbst ist schon ein Sachantrag i.S.d. Anm. Abs. 1 Nr. 1.

10 Ebenso löst die bloße Rücknahme der Berufung die volle 1,3-Gebühr aus, sodass eine Ermäßigung nach VV 3201 nicht eintritt.

   Beispiel: Gegen seine erstinstanzliche Verurteilung zur Zahlung von 15.000 EUR hat der Beklagte fristwährend durch Rechtsanwalt A Berufung einlegen lassen. Der Beklagte kündigt daraufhin das Mandat, beauftragt Rechtsanwalt B für das Berufungsverfahren, der sodann die Berufung zurücknimmt.
   Sowohl Rechtsanwalt A als auch Rechtsanwalt B haben jeweils eine 1,6-Verfahrensgebühr nach VV 3200 verdient.

11 Bei Rücknahme der Berufung ohne Begründung gilt nach § 47 Abs. 1 S. 2 GKG der volle Wert der Beschwer.

12 Auch für den Anwalt des **Berufungsbeklagten** kann die reduzierte 1,1-Verfahrensgebühr entstehen. Hauptanwendungsfall ist die bloße Bestellung für den Berufungsbeklagten nach fristwahrend eingelegter Berufung, wenn der Anwalt noch keinen Antrag auf Zurückweisung der Berufung gestellt hat. Es entsteht dann lediglich eine 1,1-Gebühr nach Anm. Abs. 1 Nr. 1.

   Beispiel: Gegen seine erstinstanzliche Verurteilung zur Zahlung von 15.000 EUR legt der Beklagte fristwahrend Berufung ein. Der Berufungsgegner beauftragt einen Anwalt, der sich im Berufungsverfahren bestellt, ohne bereits die Zurückweisung der Berufung zu beantragen.

   1. 1,1-Verfahrensgebühr, VV 3200, Anm. Abs. 1 Nr. 1 zu VV 3201
      (Wert: 15.000 EUR)   715,00 EUR
   2. Postentgeltpauschale, VV 7002   20,00 EUR
      Zwischensumme   735,00 EUR
   3. 19 % Umsatzsteuer, VV 7008 VV   139,65 EUR
      Gesamt   **874,65 EUR**

13 Nimmt der Prozessbevollmächtigte eine gegen seinen Mandanten gerichtete Rechtsmittelschrift entgegen, ist anzunehmen, dass er anschließend prüft, ob etwas für den Mandanten zu veranlassen ist. Damit entfaltet er eine Tätigkeit, die bereits die Verfahrensgebühr nach VV 3200 zum Entstehen bringt, allerdings in verminderter Höhe nach Anm. Abs. 1 Nr. 1; die Einreichung eines Schriftsatzes ist hierfür nicht erforderlich. Zugleich liegt in dieser Tätigkeit keine bloße Neben- bzw. Abwicklungstätigkeit der erstinstanzlichen Beauftragung gemäß § 19 Abs. 1 S. 2 Nr. 9.[2]

14 Spätestens entsteht die Verfahrensgebühr für den Anwalt des Berufungsbeklagten, wenn er von diesem Informationen zur Verteidigung gegen das eingelegte Rechtsmittel entgegennimmt.[3]

15 Beantragt der Anwalt der Berufungsbeklagten allerdings, die Berufung zurückzuweisen, entsteht die volle 1,6-Verfahrensgebühr nach VV 3200. Ob diese dann auch in dieser Höhe erstattungsfähig ist oder nur i.H.v. 1,1, ist eine Frage der Kostenerstattung (siehe Rdn 47 ff.), nicht eine Frage des Entstehens der Gebühr.

16 Die Reduzierung der anwaltlichen Verfahrensgebühr nach VV 3201 tritt auch dann nicht ein, wenn ein Schriftsatz mit Sachvortrag eingereicht wird. Ein Sachantrag ist aber nicht erforderlich.[4]

---

1 OLG Celle AGS 2013, 326 = NJW-Spezial 2013, 443 = IBR 2013, 502 = RVGprof. 2013, 147 = ArbRB 2013, 275.
2 KG AGS 2009, 354 = MDR 2009, 469 = KGR 2009, 312 = JurBüro 2009, 261.
3 OLG Düsseldorf AGS 2009, 17 = JurBüro 2009, 28 = AnwBl 2009, 72 = OLGR 2009, 157 = Rpfleger 2009, 53 = RVGreport 2009, 16.
4 KG FamRZ 2009, 720.

Dagegen entsteht nur die ermäßigte 1,1-Verfahrensgebühr nach VV 3200, Anm. Abs. 1 Nr. 1 zu VV 3201, wenn der Prozessbevollmächtigte des Berufungsbeklagten auf Anfrage des Gerichts einer Verlängerung der Berufungsbegründungsfrist nach § 520 Abs. 2 S. 2 ZPO widerspricht.[5] **17**

Weiterhin fällt unter Anm. Abs. 1 Nr. 1 der Fall, dass der Anwalt an einer Einigung der Parteien über nicht anhängige Gegenstände mitwirkt, ohne dass es zu einem gerichtlichen Termin oder Einreichung eines Schriftsatzes mit Sachantrag oder Sachvortrag gekommen ist. **18**

> **Beispiel:** Im Berufungsverfahren einigen sich die Parteien außerhalb der mündlichen Verhandlung auch über weitere, in diesem Verfahren nicht anhängige Gegenstände. In Vollziehung der Einigung wird die Berufung zurückgenommen, ohne dass es zu einem gerichtlichen Termin kommt.
> Aus dem Mehrwert der nicht anhängigen Gegenstände entsteht eine 1,1-Verfahrensgebühr nach Nr. 1. Hier wird allerdings die Begrenzung des § 15 Abs. 3 zu beachten sein (siehe Rdn 22 ff.).

C. Die ermäßigte Verfahrensgebühr nach Anm. Abs. 1 Nr. 2, 1. Alt.

Darüber hinaus entsteht die 1,1-Verfahrensgebühr nach Anm. Abs. 1 Nr. 2, 1. Alt., wenn die Parteien in einem Termin nicht anhängige Ansprüche erörtern oder darüber verhandeln, ohne dass es zu einer Einigung kommt. **19**

> **Beispiel:** Im Termin zur mündlichen Verhandlung versuchen die Parteien sich zu einigen und beziehen neben den anhängigen Gegenständen auch nicht anhängige Gegenstände in die Einigungsverhandlungen mit ein. Die Einigung kommt jedoch nicht zustande.
> Auch hier entsteht aus dem „Mehr"-Wert der nicht anhängigen Gegenstände wiederum eine 1,1-Verfahrensgebühr. Zu beachten ist allerdings § 15 Abs. 3.

D. Die ermäßigte Verfahrensgebühr nach Anm. Abs. 1 Nr. 2, 2. Alt.

Beantragt der Anwalt, eine Einigung der Parteien oder mit Dritten über Gegenstände, die in diesem Berufungsverfahren nicht anhängig sind, zu Protokoll zu nehmen oder nach § 278 Abs. 6 ZPO feststellen zu lassen, erhält er aus dem Wert der nicht anhängigen Gegenstände ebenfalls eine 1,1-Verfahrensgebühr nach Anm. Abs. 1 Nr. 2, 2. Alt. Unerheblich ist dabei, ob der Anwalt an der Einigung selbst mitwirkt oder ob die Parteien diese selbst untereinander oder mit Dritten bereits herbeigeführt haben und der Anwalt nur noch protokolliert. Nach der bisherigen Fassung der Anm. Abs. 1 Nr. 2 konnten unter diese Alternative nur die Fälle subsumiert werden, in denen die Parteien die Einigung selbst ohne Anwalt schließen. Mit der Neufassung wollte der Gesetzgeber klarstellen, dass auch der Fall erfasst ist, dass der Anwalt an der Einigung mitwirkt. **20**

> **Beispiel:** Nachdem der Beklagte gegen seine erstinstanzliche Verurteilung zur Räumung einer Mietwohnung Berufung eingelegt hat, wird darüber im Termin zur mündlichen Verhandlung vor dem Berufungsgericht verhandelt. Dort wird eine Einigung über die Aufhebung des Mietverhältnisses erzielt. Gleichzeitig wird eine Einigung über die Nebenkostenabrechnung des letzten Jahres protokolliert.
> a) Die Parteien hatten sich selbst ohne Anwalt über die Nebenkosten geeinigt; der Anwalt wird insoweit nur mit der Protokollierung beauftragt.
> b) Der Anwalt war auch an der Einigung beteiligt. Hinsichtlich des Mehrwerts der Nebenkostenabrechnung entsteht in beiden Fällen nur eine 1,1-Verfahrensgebühr nach Anm. Abs. 1 Nr. 2, 2. Alt. Zu beachten ist § 15 Abs. 3 (siehe Rdn 22 ff.).
> Im Fall a) entsteht allerdings weder eine Einigungsgebühr noch eine Terminsgebühr aus dem Mehrwert. Die Einigungsgebühr entsteht nicht, da der Anwalt an der Einigung nicht mitgewirkt hat. Die Terminsgebühr wiederum entsteht nicht, weil für die bloße Protokollierung keine Terminsgebühr anfällt (Anm. Abs. 3 zu VV 3104).
> Im Fall b) erhält der Anwalt aus dem Mehrwert auch die Termins- und Einigungsgebühr.

Entsprechend ist auch zu rechnen, wenn die mit in die Einigung einbezogenen Gegenstände in einem anderen Verfahren anhängig sind und die beteiligten Anwälte dort schon eine anderweitige Verfahrensgebühr verdient haben. Wenn weitere Gegenstände in die Angelegenheit des Berufungs- **21**

---

5 KG AGS 2009, 196 = KGR 2008, 970 = Rpfleger 2009, 52 = JurBüro 2008, 646.

verfahrens einbezogen werden, müssen diese Werte auch hier durch eine Verfahrensgebühr abgedeckt werden. Allerdings ist jetzt eine Anrechnung nach Anm. Abs. 1 S. 2 vorzunehmen (siehe Rdn 33).

E. Kombinationen voller und ermäßigter Verfahrensgebühren nach Anm. Abs. 1

I. Überblick

22 Möglich ist, dass sowohl eine volle 1,6-Verfahrensgebühr nach VV 3200 entsteht als auch eine 1,1-Verfahrensgebühr nach Anm. Abs. 1 Nr. 1. Es gilt dann § 15 Abs. 3. Vorzugehen ist in diesem Fall wie folgt:
- Zunächst sind nach § 15 Abs. 3, 1. Hs. aus den Teilwerten jeweils gesonderte Gebühren nach den entsprechenden Gebührensätzen zu ermitteln.
- Anschließend ist die Begrenzung des § 15 Abs. 3, 2. Hs. zu beachten. Der Anwalt kann insgesamt keine höhere Vergütung verlangen als eine 1,6-Gebühr aus dem Gesamtwert (§ 23 Abs. 1 S. 2 RVG i.V.m. § 39 Abs. 1 GKG).

23 Bei mehreren Auftraggebern ist mit den entsprechend höheren Sätzen zu rechnen (siehe Rdn 31 ff.).

II. Kombination VV 3200/Anm. Abs. 1 Nr. 1

24 **Beispiel:** Der Beklagte ist zur Zahlung von 20.000 EUR verurteilt worden und beauftragt seinen Anwalt, in vollem Umfang Berufung einzulegen. Dieser rät jedoch von der Berufung ab, soweit sie einen Teilbetrag von 5.000 EUR betrifft. Die Berufung wird nur wegen 15.000 EUR eingelegt.
Die volle Gebühr nach VV 3200 entsteht aus dem Wert von 15.000 EUR; aus den weiteren 5.000 EUR entsteht nur eine 1,1-Gebühr nach Anm. Abs. 1 Nr. 1, wobei die Beschränkung nach § 15 Abs. 3 zu beachten ist.

1. 1,6-Verfahrensgebühr, VV 3200
   (Wert: 15.000 EUR)   1.040,00 EUR
2. 1,1-Verfahrensgebühr, VV 3200, 3201 Anm. Abs. 1 Nr. 2
   (Wert: 5.000 EUR)   333,30 EUR
   gem. § 15 Abs. 3 nicht mehr als 1,6 aus 20.000 EUR   1.187,20 EUR

III. Kombination VV 3200/Anm. Abs. 1 Nr. 2, 1. Alt.

25 **Beispiel:** Gegen seine erstinstanzliche Verurteilung zur Zahlung von 5.000 EUR legt der Beklagte Berufung ein. Im Termin zur mündlichen Verhandlung verhandeln die Parteien über die Klageforderung sowie über weitergehende nicht anhängige 10.000 EUR. Zu einer Einigung kommt es nicht.
Die volle Gebühr nach VV 3200 entsteht aus dem Wert von 5.000 EUR; aus den weiteren 10.000 EUR entsteht nur eine 1,1-Gebühr nach VV 3200, Anm. Abs. 1 Nr. 2, 1. Alt., wobei wiederum die Beschränkung nach § 15 Abs. 3 zu beachten ist.

1. 1,6-Verfahrensgebühr, VV 3200
   (Wert: 5.000 EUR)   484,80 EUR
2. 1,1-Verfahrensgebühr, VV 3200, 3201 Anm. Abs. 1 Nr. 2
   (Wert: 10.000 EUR)   613,80 EUR
   gem. § 15 Abs. 3 nicht mehr als 1,6 aus 15.000 EUR   1.040,00 EUR

IV. Kombination VV 3200/Anm. Abs. 1 Nr. 2, 2. Alt.

26 **Beispiel:** Gegen seine erstinstanzliche Verurteilung zur Zahlung von 10.000 EUR legt der Beklagte Berufung ein. Im Termin zur mündlichen Verhandlung einigen sich die Parteien über die Klageforderung und protokollieren dort auch noch eine bereits von den Parteien geschlossene Einigung über weitergehende nicht anhängige 3.000 EUR.

Die volle Gebühr nach VV 3200 entsteht aus dem Wert von 10.000 EUR; aus den weiteren 3.000 EUR entsteht nur eine 1,1-Gebühr nach Anm. Abs. 1 Nr. 2, 1. Alt., wobei wiederum die Beschränkung nach § 15 Abs. 3 zu beachten ist.

1. 1,6-Verfahrensgebühr, VV 3200
   (Wert: 10.000 EUR)   892,80 EUR
2. 1,1-Verfahrensgebühr, VV 3200, Anm. Abs. 1 Nr. 2, 1. Alt.
   zu VV 3201
   (Wert: 3.000 EUR)   221,10 EUR
   gem. § 15 Abs. 3 nicht mehr als 1,6 aus 13.000 EUR   966,40 EUR

V. Kombination Anm. Abs. 1 Nr. 1/Anm. Abs. 1 Nr. 2

Beispiel: Der Anwalt soll gegen die erstinstanzliche Verurteilung des Mandanten zur Zahlung von 5.000 EUR Berufung einlegen. Bevor dies geschieht, ruft der Gegenanwalt zwecks Vergleichsverhandlungen an. Es kommt zu einer Einigung, in die weitergehende nicht anhängige 10.000 EUR einbezogen werden.
Eine volle Gebühr nach VV 3200 ist nicht entstanden. Aus dem Wert von 5.000 EUR ist lediglich die 1,1-Gebühr nach VV 3201 Anm. Abs. 1 Nr. 1 angefallen; aus den weiteren 10.000 EUR entsteht nur eine 1,1-Gebühr nach VV 3200, Anm. Abs. 1 Nr. 2, 2. Alt., da kein Termin stattgefunden hat. Da sich die beiden Gebühren nach demselben Gebührensatz berechnen, greift § 15 Abs. 3 erst gar nicht. Es entsteht nur eine 1,1-Gebühr aus dem Gesamtwert (§ 22 Abs. 1).

1,1-Verfahrensgebühr, VV 3200, Anm. Abs. 1 Nr. 1 und 2
zu 3201
(Wert: 15.000 EUR)   71.500 EUR

VI. Kombination VV 3200/Anm. Abs. 1 Nr. 2, 1. u. 2. Alt.

Beispiel: Gegen seine erstinstanzliche Verurteilung zur Zahlung von 5.000 EUR legt der Beklagte Berufung ein. Im Termin zur mündlichen Verhandlung verhandeln die Parteien über die Klageforderung sowie über eine weitergehende nicht anhängige Forderung i.H.v. 10.000 EUR; zu einer Einigung kommt es nur betreffend die Klageforderung. Eine Regelung über die nicht anhängigen 10.000 EUR wird nicht getroffen. Zusätzlich wird aber eine bereits ausgehandelte Einigung über eine weitere nicht anhängige Forderung in Höhe von 8.000 EUR protokolliert.
Die volle Gebühr nach VV 3200 entsteht wiederum aus dem Wert von 5.000 EUR; aus den weiteren 10.000 EUR entsteht nur eine 1,1-Gebühr nach VV 3200, Anm. Abs. 1 Nr. 2, 2. Alt. und aus den weiteren 8.000 EUR eine Gebühr nach VV 3200, Anm. Abs. 1 Nr. 2, 2. Alt. Die beiden Gebühren nach VV 3200, Anm. Abs. 1 Nr. 2 werden zusammengefasst, da sie sich nach demselben Gebührensatz berechnen. Zu beachten ist wiederum die Beschränkung nach § 15 Abs. 3.

1. 1,6-Verfahrensgebühr, VV 3200
   (Wert: 5.000 EUR)   484,80 EUR
2. 1,1-Verfahrensgebühr, VV 3200, Anm. Abs. 1 Nr. 2 zu
   3201
   (Wert: 18.000 EUR)   765,60 EUR
   gem. § 15 Abs. 3 nicht mehr als 1,6 aus 23.000 EUR   1.260,80 EUR

VII. Kombination VV 3200/Anm. Abs. 1 Nr. 1/Anm. Abs. 1 Nr. 2, 1. Alt.

Beispiel: Der Anwalt wird beauftragt, gegen die erstinstanzliche Verurteilung zur Zahlung von 15.000 EUR Berufung einzulegen. Bevor dies geschieht, wird der Auftrag teilweise zurückgenommen. Die Berufung soll nur über 12.000 EUR durchgeführt werden. Im Termin zur mündlichen Verhandlung verhandeln die Parteien über die Klageforderung und weitergehende anhängige 3.000 EUR; eine Einigung kommt nicht zustande.
Die volle Gebühr nach VV 3200 entsteht aus dem Wert von 12.000 EUR; aus den weiteren 3.000 EUR entsteht nur eine 1,1-Gebühr nach Anm. Abs. 1 Nr. 1. Hinzu kommt eine 1,1-Gebühr nach Anm. Abs. 1 Nr. 2, 1. Alt. aus weiteren 3.000 EUR. Die beiden Gebühren nach VV 3200, Anm. Abs. 1 Nr. 1 und Anm. Abs. 1 Nr. 2 werden wiederum zusammengefasst, da sie sich nach demselben Gebührensatz berechnen. Zu beachten ist die Beschränkung nach § 15 Abs. 3.

1. 1,6-Verfahrensgebühr, VV 3200
   (Wert: 12.000 EUR)   966,40 EUR

2. 1,1-Verfahrensgebühr, VV 3200, 3201 Anm. Abs. 1 Nr. 2
   (Wert: 11.000 EUR)   664,40 EUR
   gem. § 15 Abs. 3 nicht mehr als 1,6 aus 23.000 EUR   1.260,80 EUR

VIII. Einigung über nicht anhängige Gegenstände in einem gerichtlichen Termin

30 Kommt es in einem gerichtlichen Termin zu Verhandlungen über in diesem Verfahren nicht anhängige Gegenstände und wird eine Einigung erzielt, liegt ebenfalls ein Fall der Ermäßigung vor.

> **Beispiel:** Der Anwalt wird beauftragt, gegen die erstinstanzliche Verurteilung zur Zahlung von 15.000 EUR Berufung einzulegen. Im Termin zur mündlichen Verhandlung verhandeln die Parteien über die Klageforderung und weitergehende anhängige 3.000 EUR; und schließen eine Einigung.
> Aus den 15.000 EUR entsteht die ungekürzte Gebühr nach VV 3200. Aus dem Mehrwert von 3.000 EUR entsteht nur die ermäßigte Verfahrensgebühr nach Anm. Abs. 1 Nr. 2. Insgesamt darf der Anwalt nicht mehr berechnen als 1,3 aus 18.000 EUR.
> 1. 1,6-Verfahrensgebühr, VV 3200
>   (Wert: 15.000 EUR)   1.040,00 EUR
> 2. 1,1-Verfahrensgebühr, VV 3200, 3201 Anm. Abs. 1 Nr. 2
>   (Wert: 3.000 EUR)   221,10 EUR
>   gem. § 15 Abs. 3 nicht mehr als 1,6 aus 18.000 EUR   1.113,60 EUR

F. Mehrere Auftraggeber

31 Auch die Gebühr aus VV 3200, 3201 erhöht sich bei **mehreren Auftraggebern** nach VV 1008 um jeweils 0,3, sofern diese gemeinschaftlich am Streitgegenstand beteiligt sind. Bei zwei Auftraggebern beläuft sich die Gebühr somit auf 1,4.

32 Soweit der Anwalt die Gebühr nach VV 3201 neben einer Gebühr nach VV 3200 erhält, ist § 15 Abs. 3 zu beachten. Insgesamt darf der Anwalt keine höhere Gebühr als eine volle Verfahrensgebühr aus dem Gesamtwert berechnen. Bei mehreren Auftraggebern erhöht sich diese Begrenzung des § 15 Abs. 3 entsprechend.

> **Beispiel:** Die beiden Beklagten sind zur Zahlung von 20.000 EUR verurteilt worden und beauftragen einen Anwalt, Berufung einzulegen. Dieser rät von der Berufung ab, soweit sie einen Teilbetrag von 5.000 EUR betrifft. Die Berufung wird nur wegen 15.000 EUR eingelegt.
> Die volle Gebühr nach VV 3200 (jetzt 1,9) entsteht aus dem Wert von 15.000 EUR; aus den weiteren 5.000 EUR entsteht eine 1,4-Gebühr. Die Beschränkung nach § 15 Abs. 3 beläuft sich auf 1,9 aus dem Gesamtwert.
> 1. 1,9-Verfahrensgebühr, VV 3200, 1008
>   (Wert: 15.000 EUR)   1.235,00 EUR
> 2. 1,4-Verfahrensgebühr, VV 3200, Anm. Abs. 1 Nr. 2 zu VV 3201, 1008
>   (Wert: 5.000 EUR)   424,20 EUR
>   gem. § 15 Abs. 3 nicht mehr als 1,6 aus 20.000 EUR   1.187,20 EUR

G. Anrechnung auf die Verfahrensgebühr

33 Soweit eine Gebühr auf die Verfahrensgebühr der VV 3200 anzurechnen ist, ist sie selbstverständlich auch auf die entsprechende Gebühr der VV 3200, 3201 anzurechnen.

34 Hier ist insbesondere zu beachten, dass bei Miteinbeziehung nicht anhängiger Gegenstände in eine Einigung eine zuvor verdiente Geschäftsgebühr (VV 2300) nach VV Vorb. 3 Abs. 4 hälftig anzurechnen ist, höchstens zu 0,75.

> **Beispiel:** Der Anwalt ist in einem Berufungsverfahren (Wert: 15.000 EUR) beauftragt worden. Gleichzeitig ist er außergerichtlich mit der Abwehr einer Forderung i.H.v. 5.000 EUR beauftragt worden. Im Berufungs-

verfahren wird im Termin versucht, die nicht anhängigen 5.000 EUR in eine Gesamteinigung einzubeziehen. Der Versuch scheitert.

Vorgerichtlich ist aus dem Wert von 5.000 EUR eine 1,5-Geschäftsgebühr nach VV 2300 angefallen, im Berufungsverfahren eine 1,1-Gebühr nach VV 3200, Anm. Abs. 1 Nr. 2, 2. Alt. zu VV 3201. Nach VV Vorb. 3 Abs. 4 ist die Geschäftsgebühr hälftig anzurechnen.

Dabei ist zu beachten, dass erst anzurechnen und dann nach § 15 Abs. 3 zu kürzen ist, nicht umgekehrt.[6]

I. Außergerichtliche Vertretung (Wert: 5.000 EUR)

1. 1,5-Geschäftsgebühr, VV 2300	454,50 EUR
2. Postentgeltpauschale, VV 7002	20,00 EUR
Zwischensumme	474,50 EUR
3. 19 % Umsatzsteuer, VV 7008	90,16 EUR
Gesamt	**564,66 EUR**

II. Berufungsverfahren

1. 1,6-Verfahrensgebühr, VV 3200 (Wert: 15.000 EUR)	1.040,00 EUR
2. 1,1-Verfahrensgebühr, VV 3200, 3201 Anm. Abs. 1 Nr. 2 (Wert: 5.000 EUR)	333,30 EUR
3. ./. gem. VV Vorb. 3 Abs. 4 anzurechnen, 0,75 aus 5.000 EUR	– 227,25 EUR[7]
4. 1,2-Terminsgebühr, VV 3202 (Wert: 20.000 EUR)	890,40 EUR
5. Postentgeltpauschale, VV 7002	20,00 EUR
Zwischensumme	2.056,45 EUR
6. 19 % Umsatzsteuer, VV 7008	390,73 EUR
Gesamt	**2.447,18 EUR**

H. Anrechnung der Verfahrensgebühr (Anm. Abs. 1 S. 2 zu VV 3201)

Auch die Anm. zu VV 3201 sieht eine **Anrechnung** der Verfahrensgebühr vor, wenn
- im Berufungsverfahren nicht anhängige Ansprüche mit erörtert werden, es aber nicht zu einer Einigung kommt und diese Ansprüche dann in einem späteren Verfahren doch nochmals geltend gemacht werden,
- es zu einer Einigung kommt über Gegenstände, die in einem anderen Verfahren anhängig sind.

Anzurechnen ist auch hier nur der Differenzbetrag.

Vereinfacht kann folgende **Anrechnungsformel** zugrunde gelegt werden:

Anrechnungsformel nach Anm. zu VV 3201
  1,6-Verfahrensgebühr, VV 3200 aus dem Wert der anhängigen Gegenstände
  1,1-Verfahrensgebühr, VV 3200, Anm. Abs. 1 Nr. 2 zu VV 3201 aus dem Mehrwert
  (gegebenenfalls nach § 15 Abs. 3 gekürzt)
– 1,6-Verfahrensgebühr, VV 3200 aus dem Wert der anhängigen Gegenstände

= **Anrechnungsbetrag**

Beispiel: In einem Berufungsverfahren über 10.000 EUR verhandeln die Parteien im Termin zur mündlichen Verhandlung über die anhängigen 10.000 EUR sowie weitere nicht anhängige 8.000 EUR. Eine Einigung kommt nicht zustande. Wegen der 8.000 EUR wird nunmehr Klage erhoben und darüber erneut verhandelt.

---

[6] OLG Stuttgart AGS 2009, 56 = OLGR 2009, 224 = Jur-Büro 2009, 246 = RVGreport 2009, 103 = RVGprof. 2009, 94; OLG Karlsruhe AGS 2011, 165 = NJW-Spezial 2011, 285; OLG München AGS 2012, 231 = NJW-RR 2012, 767 = JurBüro 2012, 355 = NJW-Spezial 2012, 219 = RVGprof. 2012, 73 = RVGreport 2012, 176; *N. Schneider*, Gebührenanrechnung: Erst anrechnen, dann kürzen oder erst kürzen, dann anrechnen, RVG-B 2005, 11.

[7] Die Höchstgrenze des § 15 Abs. 3 RVG, 1,6 aus 20.000 EUR (1.187,20 EUR), ist nach der Anrechnung nicht mehr überschritten.

I. Der Anwalt erhält daher im Berufungsverfahren folgende Vergütung:
1. 1,6-Verfahrensgebühr, VV 3200
   (Wert: 10.000 EUR)   892,80 EUR
2. 1,1-Verfahrensgebühr, VV 3200, Anm. Abs. 1 Nr. 2 zu
   VV 3201
   (Wert: 8.000 EUR)   501,60 EUR
   gem. § 15 Abs. 3 nicht mehr als 1,6 aus 18.000 EUR   1.113,60 EUR
3. 1,2-Terminsgebühr, VV 3202
   (Wert: 18.000 EUR)   835,20 EUR
4. Postentgeltpauschale, VV 7002   20,00 EUR
   Zwischensumme   1.968,80 EUR
5. 19 % Umsatzsteuer, VV 7008   374,07 EUR
   Gesamt   **2.342,87 EUR**

II. Von der Verfahrensgebühr anzurechnen sind:
    1,6-Verfahrensgebühr aus 18.000 EUR   1.113,60 EUR
./. 1,6-Verfahrensgebühr, Anm. S. 1 Anm. Abs. 1 Nr. 2 zu VV 3201 aus
    10.000 EUR   – 892,80 EUR
Anrechnungsbetrag   **220,80 EUR**

III. Von der Terminsgebühr anzurechnen sind (siehe auch VV 3202 Rdn 24)**:**
    1,2-Gebühr aus 18.000 EUR   835,20 EUR
./. 1,2-Gebühr aus 10.000 EUR   – 669,60 EUR
Anrechnungsbetrag   **165,60 EUR**

IV. Für das weitere Verfahren erhält der Anwalt also:
1. 1,3-Verfahrensgebühr, VV 3100
   (Wert: 8.000 EUR)   592,80 EUR
2. gem. Anm. Abs. 1 zu VV 3201 anzurechnen   – 220,80 EUR
3. 1,2-Terminsgebühr, VV 3104
   (Wert: 8.000 EUR)   547,20 EUR
4. gem. Anm. zu VV 3202, Anm. Abs. 2 zu VV 3104 anzurechnen   – 165,60 EUR
5. Postentgeltpauschale, VV 7002   20,00 EUR
   Zwischensumme   773,60 EUR
6. 19 % Umsatzsteuer, VV 7008   146,98 EUR
Gesamt   **920,58 EUR**
Gesamt I. u. IV.   **3.263,45 EUR**

37 Aufgrund der Regelung des § 15a ist es auch möglich, die Anrechnung im Berufungsverfahren vorzunehmen. Das Gesamtergebnis ändert sich jetzt, da sich die Anrechnung im Berufungsverfahren wegen der Kürzung des § 15 Abs. 3 nicht auswirkt.[8]

I. Berufungsverfahren
1. 1,6-Verfahrensgebühr, VV 3200
   (Wert: 10.000 EUR)   892,80 EUR
2. 1,1-Verfahrensgebühr, VV 3200, Anm. Abs. 1 Nr. 2 zu
   VV 3201
   (Wert: 8.000 EUR)   501,60 EUR
3. gem. Anm. Abs. 1 zu VV 3201 anzurechnen   – 220,80 EUR
   gem. § 15 Abs. 3 nicht mehr als 1,6 aus 18.000 EUR   1.113,60 EUR
4. 1,2-Terminsgebühr, VV 3202
   (Wert: 18.000 EUR)   835,20 EUR
5. gem. Anm. zu VV 3202, Anm. Abs. 2 zu VV 3104 anzurechnen   – 165,60 EUR
6. Postentgeltpauschale, VV 7002   20,00 EUR
   Zwischensumme   1.803,20 EUR
7. 19 % Umsatzsteuer, VV 7008   342,61 EUR
Gesamt   **2.145,81 EUR**

---

8 OLG Stuttgart AGS 2009, 56 = OLGR 2009, 224 = JurBüro 2009, 246 = RVGreport 2009, 103 = RVGprof. 2009, 94; OLG Karlsruhe AGS 2011, 165 = NJW-Spezial 2011, 285; OLG München AGS 2012, 231 = NJW-RR 2012, 767 = JurBüro 2012, 355 = NJW-Spezial 2012, 219 = RVGprof. 2012, 73 = RVGreport 2012, 176.

II. Für das weitere Verfahren erhält der Anwalt also:
1. 1,3-Verfahrensgebühr, VV 3100
   (Wert: 8.000 EUR)   592,80 EUR
2. 1,2-Terminsgebühr, VV 3104
   (Wert: 8.000 EUR)   547,20 EUR
3. Postentgeltpauschale, VV 7002   20,00 EUR
   Zwischensumme   1.160,00 EUR
4. 19 % Umsatzsteuer, VV 7008   220,40 EUR
   Gesamt   **1.380,40 EUR**
   Gesamt I. + II.   **3.526,21 EUR**

Beispiel: In einem Berufungsverfahren über 10.000 EUR verhandeln die Parteien im Termin zur mündlichen Verhandlung über die anhängigen 10.000 EUR und einigen sich über weitere 8.000 EUR, die in einem anderen erstinstanzlichen Verfahren anhängig sind.
Abzurechnen ist wie im vorangegangenen Beispiel, allerdings mit der Maßgabe, dass im Berufungsverfahren hinzukommt:
1. 1,3-Einigungsgebühr, VV 1000, 1004
   (Wert: 10.000 EUR)   725,40 EUR
2. 1,0-Einigungsgebühr, VV 1000, 1003
   (Wert: 8.000 EUR)   456,00 EUR
   gem. § 15 Abs. 3 nicht mehr als 1,3 aus 18.000 EUR   904,80 EUR

38

I. Die Ermäßigung nach Anm. Abs. 2

I. Genehmigung in Familiensachen

Entsprechend der Regelung in VV 3101 Nr. 3 soll auch in Familiensachen im Beschwerdeverfahren eine Ermäßigung der Verfahrensgebühr auf 1,1 eintreten, wenn das Verfahren nur die Erteilung einer Genehmigung oder die Zustimmung des FamG zum Gegenstand hat und sich die Tätigkeit des Anwalts auf die Einlegung und Begründung des Rechtsmittels und die Entgegennahme der Rechtsmittelentscheidung beschränkt.

39

Auch in Familiensachen wird anknüpfend an den aus VV 3101 Nr. 3 abzuleitenden Rechtsgedanken, in Verfahren, in denen es nur um die Erteilung einer Genehmigung geht oder verfahrensgegenständlich die Zustimmung des Familiengerichts ist, geringere Gebührensätze anzunehmen, der Ermäßigungstatbestand auch in das Beschwerdeverfahren eingeführt und VV 3201 entsprechend ergänzt.

40

Beispiel: Gegen den Beschluss des FamG, mit dem die Erteilung der Genehmigung, über das Vermögen im Ganzen verfügen zu dürfen, abgelehnt worden ist, legt der Anwalt auftragsgemäß Beschwerde ein und begründet diese. Das OLG weist die Beschwerde ohne mündliche Verhandlung zurück und setzt den Verfahrenswert auf 100.000 EUR fest.
Der Anwalt erhält jetzt nur eine auf 1,1 ermäßigte Verfahrensgebühr, da verfahrensgegenständlich allein die Genehmigung des FamG ist und er nur die Beschwerde eingelegt, begründet und die Entscheidung des Gerichts entgegengenommen hat.
1. 1,1-Verfahrensgebühr, VV 3200, Anm. Abs. 2 Nr. 1 zu
   VV 3201
   (Wert: 100.000 EUR)   1.653,30 EUR
2. Postentgeltpauschale, VV 7002   20,00 EUR
   Zwischensumme   1.673,30 EUR
3. 19 % Umsatzsteuer, VV 7008   317,93 EUR
   Gesamt   **1.991,23 EUR**

41

II. Bloße Rechtsmitteleinlegung und Begründung in Verfahren der freiwilligen Gerichtsbarkeit

Eine weitere Ermäßigung sieht Anm. Abs. 2 Nr. 2 zu Nr. 3201 vor. Diese Vorschrift bezieht sich auf alle Verfahren der freiwilligen Gerichtsbarkeit, auch auf Familiensachen. Danach ist eine ermäßigte Verfahrensgebühr anzunehmen, wenn es bei einem einseitigen Beschwerdeverfahren verbleibt und das Gericht nach Einlegung und Begründung der Beschwerde unmittelbar entscheidet.

42

N. Schneider

43 Aufgrund der Änderung der VV Vorb. 3.2.1 Nr. 2 Buchst. b) erhält der Anwalt in Angelegenheiten der freiwilligen Gerichtsbarkeit im Beschwerdeverfahren seit dem 1.8.2013 die gleichen Gebühren wie in einem Berufungsverfahren. Dies würde nach Auffassung des Gesetzgebers jedoch in Beschwerdeverfahren, bei denen sich kein anderer beteiligt, zu einer im Einzelfall nicht gerechtfertigten Gebührenhöhe führen. Daher wird entsprechend VV 3101 Nr. 3 die ermäßigte Verfahrensgebühr für den Fall eingeführt, dass es bei einem einseitigen Beschwerdeverfahren bleibt und das Gericht nach Einlegung und Begründung der Beschwerde unmittelbar entscheidet. Zu diesem Zweck ist der weitere Ermäßigungstatbestand in Anm. Abs. 2 Nr. 2 eingefügt worden.

44 Sind mehrere Personen am Verfahren beteiligt, handelt es sich also nicht um ein einseitiges Verfahren und hat sich der Anwalt mit weiterem Sachvortrag auseinanderzusetzen, so wird die ungekürzte 1,6-Verfahrensgebühr der Nr. 3200 ausgelöst.

45 **Beispiel:** Gegen den Beschluss des Nachlassgerichts, mit dem der Erbscheinantrag des Mandanten abgelehnt worden ist, legt der Anwalt auftragsgemäß Beschwerde ein und begründet diese. Das Gericht weist die Beschwerde ohne mündliche Verhandlung zurück und setzt den Geschäftswert auf 10.000 EUR fest. Andere Verfahrensbeteiligte sind nicht vorhanden.
Der Anwalt erhält jetzt nur eine 1,1-Verfahrensgebühr nach VV Vorb. 3.2.1 Nr. 2 Buchst. b); VV 3200, Anm. Abs. 2 Nr. 2 zu VV 3201.

1. 1,1-Verfahrensgebühr, VV Vorb. 3.2.1 Nr. 2 Buchst. b),
   VV 3200, 3201   613,80 EUR
2. Postentgeltpauschale, VV 7002   20,00 EUR
   Zwischensumme   633,80 EUR
3. 19 % Umsatzsteuer, VV 7008   120,42 EUR
Gesamt   **754,22 EUR**

46 Schließt sich an die Begründung dagegen eine weitere Tätigkeit an, werden also Schriftsätze gewechselt, kommt es zu einem Termin o.Ä., dann greift nicht mehr die Ermäßigung der Anm. Abs. 2 zu VV 3201; in diesem Fall erhält der Anwalt dann die volle Verfahrensgebühr nach VV 3200.

Wegen weiterer Einzelheiten wird insoweit auf die Kommentierung in VV Vorb. 3.2.1 Bezug genommen (siehe VV Vorb. 3.2.1 Rdn 87 ff.).

J. Kostenerstattung

I. Gebühr nach Anm. Abs. 1 Nr. 1

1. Berufungsführer

47 Die Erstattung einer 1,1-Verfahrensgebühr nach Anm. Abs. 1 Nr. 1 auf Seiten des Berufungsführers wird grundsätzlich ausscheiden, da es im Falle einer vorzeitigen Erledigung nicht zur Anhängigkeit der Berufung kommt, die aber wiederum Voraussetzung für ein Erstattungsverhältnis ist.

Eine Ausnahme gilt dann, wenn nicht anhängige Gegenstände in einen Vergleich einbezogen werden (siehe Rdn 25 und 26) und die Parteien eine entsprechende Kostenerstattung vereinbaren.

Beispiel: Der Beklagte ist zur Zahlung von 15.000 EUR verurteilt worden und lässt durch seinen Anwalt Berufung einlegen. Es kommt dann aufgrund einer außergerichtlichen Besprechung mit dem Gegenanwalt zu einer Einigung, in die weitere nicht anhängige 5.000 EUR einbezogen werden. Hinsichtlich der Kosten des Verfahrens und des Vergleichs vereinbaren die Parteien, dass diese der Berufungskläger zu 2/3 und der Berufungsbeklagte zu 1/3 tragen. Der Vergleich wird sodann nach § 278 Abs. 6 ZPO gerichtlich festgestellt.
Die aus dem Mehrwert angefallene 1,1-Verfahrensgebühr nach VV 3200, 3201 Anm. Abs. 1 Nr. 1 ist erstattungsfähig.

2. Berufungsgegner

48 Soweit auf Seiten des Berufungsgegners aus dem Wert der Berufungsgegenstände eine 1,1-Gebühr nach Anm. Abs. 1 Nr. 1 angefallen ist, ist diese grundsätzlich zu erstatten.

a) Vorzeitige Erledigung durch Einigung

Dies gilt zunächst einmal wiederum, wenn nicht anhängige Gegenstände in einen Vergleich mit einbezogen werden und die Parteien darin eine entsprechende Kostenerstattung vereinbaren (siehe Rdn 47). 49

b) Vorzeitige Erledigung durch Berufungsrücknahme

Endet das Verfahren vorzeitig dadurch, dass die von der Gegenseite eingelegte Berufung zurück genommen wird, ist in mehrfacher Hinsicht zu differenzieren, wobei die Rechtsprechung zum Teil uneinheitlich ist. 50

aa) Grundsatz. Die **Grundfrage**, die sich stellt, ist die, ob vor Eingang einer Berufungsbegründung der Berufungsbeklagte überhaupt berechtigt ist, sich in anwaltliche Vertretung zu begeben oder ob es ihm zuzumuten ist, abzuwarten, bis die Berufung begründet wird. 51

Diese Frage war früher lange Zeit umstritten. Dies galt insbesondere in den Fällen, in denen der Berufungskläger ausdrücklich erklärt hatte, er lege die Berufung nur fristwahrend ein und er zudem den Gegner gebeten hatte, aus Kostengründen von einer Bestellung Abstand zu nehmen, bis feststehe, ob die Berufung durchgeführt werde. Die frühere Rechtsprechung hat in diesen Fällen zum Teil eine Kostenerstattung gänzlich abgelehnt. Überwiegend war die Rechtsprechung später jedoch dazu übergegangen, dem Berufungsbeklagten bereits zuzugestehen, unmittelbar nach Erhalt einer auch nur fristwahrend eingelegten Berufung einen Anwalt mit seiner eigenen Interessenvertretung zu beauftragen und zwar selbst dann, wenn der Berufungskläger ausdrücklich erklärt hatte, dass die Berufung nur zur Fristwahrung eingelegt werde und er darum gebeten hatte, von der Bestellung eines Anwalts Abstand zu nehmen. 52

Der BGH hat in einer Grundsatzentscheidung noch zur BRAGO[9] klargestellt, dass er dieser Auffassung folge und dass der Beklagte die Kosten eines für das Berufungsverfahren bestellten Anwalts grundsätzlich erstattet verlangen könne. Dies entspricht der ständigen Rechtsprechung des BGH auch zu anderen Rechtsmittelverfahren.[10] Die Instanzgerichte sind dieser Rechtsprechung zwischenzeitlich – soweit ersichtlich – einhellig gefolgt.[11] So stellt das OLG Koblenz[12] klar, dass ein Berufungsbeklagter regelmäßig selbst nicht abschätzen kann, was zu seiner Rechtsverteidigung erforderlich ist. Ihm ist deshalb nicht zuzumuten, einen Anwalt erst dann zu beauftragen, wenn der Berufungsführer sich entschließt, die ohne entsprechende Mitteilung nur zur Fristwahrung eingelegte Berufung auch durchzuführen. 53

Eine Erstattungspflicht wird nur dann abgelehnt, wenn ein sog. „**Stillhalteabkommen**" geschlossen worden ist, wenn also der Berufungsgegner zugesagt hat, zunächst keinen Anwalt zu bestellen. In diesem Fall liegt ein vertraglich vereinbarter Verzicht auf eine Kostenerstattung bis zur Berufungsbegründung vor, der dann auch eine Kostenerstattung ausschließt.[13] Ausreichend ist insoweit die Erklärung des erstinstanzlichen Bevollmächtigten. An seine Zusage bleibt die Partei auch dann gebunden, wenn sie anschließend ihren Prozessbevollmächtigten wechselt. Das Stillhalteabkommen wird zwischen den Parteien geschlossen und nicht zwischen den Anwälten. Einer Partei bleibt daher die Kostenerstattung auch dann versagt, wenn sie nach Abschluss eines solchen Stillhalteabkommens den Anwalt wechselt.[14] 54

Ein Stillhalteabkommen der Parteien steht der Kostenerstattung nicht entgegen, wenn die Stillhaltefrist abgelaufen ist.[15] 55

---

9 BGH AGS 2003, 219 mit Anm. *Madert.*
10 BGH AGS 2003, 221 (Rücknahme der Revision).
11 OLG Saarbrücken OLGR 2006, 1096; OLG Bamberg AGS 2007, 273; OLG Karlsruhe JurBüro 2008, 540; OLG Bremen OLGR 2008, 880; OLG Frankfurt zfs 2010, 405 = AGkompakt 2011, 50.
12 AGS 2013, 8 = JurBüro 2013, 90 = FamRZ 2013, 1064; ebenso OLG Naumburg AGkompakt 2012, 56 u. 70 = MDR 2012, 553 = JurBüro 2012, 312 = NJW-Spezial 2012, 348= RVGprof. 2012, 97.
13 LAG Hessen AGS 2011, 462 = NJW-Spezial 2011, 572.
14 LAG Hessen AGS 2011, 462 = NJW-Spezial 2011, 572.
15 OLG Karlsruhe JurBüro 2008, 540.

56 Eine Ausnahme macht die Rechtsprechung für den Fall, dass der **Anwalt sich selbst vertritt**. Nach Auffassung des BGH[16] kann der sich selbst vertretene Anwalt bei nur fristwahrender Berufungseinlegung und Rücknahme innerhalb der Berufungsbegründungsfrist keine Kostenerstattung verlangen. Bei einer nicht rechtskundigen Partei seien die Kosten eines beauftragten Anwalts in diesem Fall nur deshalb erstattungsfähig, weil sie in einer als risikobehaftet empfundenen Situation eine anwaltliche Vertretung für erforderlich halten darf. Ein Anwalt, der sich selbst vertritt, empfindet die Situation nicht in gleicher Weise als risikobehaftet und bedarf keines Rates. Dafür, über § 91 Abs. 2 S. 2 ZPO Information und Beratung zu fingieren, bestehe keinerlei Anlass. A.A. ist das OLG Düsseldorf,[17] das eine Erstattungsfähigkeit bejaht, ohne auf die gegenteilige Rechtsprechung des BGH einzugehen oder die Rechtsbeschwerde zuzulassen.

57 Nach OLG Köln[18] gelten diese Grundsätze auch dann, wenn eine Anwaltssozietät Partei und der die Sache bearbeitende Prozessbevollmächtigte deren alleiniger Geschäftsführer ist. Auch dann soll es nicht notwendig sein, dass sich dieser unmittelbar nach Eingang der Berufungsschrift bestellt und damit Kosten auslöst.

58 Im Einzelnen ist auf die verschiedenen Zeitpunkte der Rücknahme abzustellen. Zu unterscheiden ist insbesondere einmal danach, ob die Berufung nur eingelegt oder ob sie vor ihrer Rücknahme auch noch begründet worden ist.

59 **bb) Berufung ist nur eingelegt und ohne Begründung zurückgenommen worden.** Bei dieser Konstellation kommt es zunächst einmal darauf an, welche Tätigkeiten der Anwalt des Berufungsbeklagten entfaltet hat.

60 Die bloße Entgegennahme und Weiterleitung der Berufungsschrift und des Antrags auf Verlängerung der Berufungsbegründungsfrist ist nach Auffassung des KG[19] noch durch die erstinstanzlichen Gebühren abgegolten; ebenso BGH:[20] *„Eine mit der Entgegennahme der Berufungsschrift verbundene Prüfung von Fragen, die gebührenrechtlich zur ersten Instanz gehören, löst die Verfahrensgebühr für die Berufungsinstanz nicht aus."* Es besteht auch keine Vermutung dafür, dass ein Prozessbevollmächtigter nach Eingang einer nicht begründeten Berufung ohne Weiteres in eine inhaltliche Prüfung der Angelegenheit eintritt. Die Entgegennahme der Berufung führt daher nicht ohne Weiteres zu einer Verfahrensgebühr nach VV 3201.[21]

61 Zu beachten ist, dass für den Anwalt des Berufungsgegners auch ein Auftrag bestanden haben muss, bereits im Berufungsverfahren tätig zu werden. Dieser Auftrag ist im Kostenfestsetzungsverfahren glaubhaft zu machen. Eine vor Einreichung der Klage „für alle Instanzen" erteilte Prozessvollmacht genügt hierfür nicht.[22]

62 Nach zutreffender Ansicht ist es aber nicht erforderlich, dass der Anwalt des Berufungsbeklagten sich bereits zur Gerichtsakte bestellt hat. Die Verfahrensgebühr der VV 3200, 3201 Anm. Abs. 1 Nr. 1 setzt nicht voraus, dass der Anwalt gegenüber dem Gericht tätig geworden ist, indem er sich etwa bestellt hat.[23] Ebenso wenig ist erforderlich, dass der Berufungsbeklagte seine Verteidigung im Berufungsverfahren angezeigt hat. Der Auftrag für das Berufungsverfahren genügt. Wie sich aus Vorb. 3 Abs. 2 ergibt, entsteht die Verfahrensgebühr bereits mit dem Auftrag und der Entgegennahme der Information.[24]

---

16 BGH AGS 2008, 155 = FamRZ 2008, 508 = WM 2008, 567 = MDR 2008, 350 = Rpfleger 2008, 227 = BGHR 2008, 363 = NJW 2008, 1087 = JurBüro 2008, 205 = RVGreport 2008, 66 = BRAK-Mitt 2008, 83 = ZIP 2008, 900.

17 AGS 2009, 461 = OLGR 2009, 777 = MDR 2010, 115 = NJW-Spezial 2009, 651.

18 AGS 2012, 200 = JurBüro 2012, 204 = NJW-Spezial 2012, 251.

19 KGR 2006, 413 = RVGreport 2006, 30.

20 AGS 2013, 7 = NJW 2013, 312 = MDR 2013, 123 = FamRZ 2013, 292 = zfs 2013, 103.

21 LAG Berlin-Brandenburg AGS 2012, 517 = AE 2012, 248 = RVGreport 2012, 387 = NJW-Spezial 2012, 763.

22 LAG Berlin-Brandenburg AE 2013, 28.

23 OLG Zweibrücken OLGR 2006, 750 = RVGprof. 2006, 148; LG Stuttgart JurBüro 2005, 654; KG KGR 2005, 684 = JurBüro 2005, 418 = Rpfleger 2005, 569 = RVGreport 2005, 314.

24 OLG Koblenz AGS 2013, 8 = JurBüro 2013, 90 = FamRZ 2013, 1064; ebenso OLG Naumburg AGkompakt 2012, 56 u. 70 = MDR 2012, 553 = JurBüro 2012, 312 = NJW-Spezial 2012, 348 = RVGprof. 2012, 97.

Erforderlich ist dieser Phase lediglich, dass der Auftrag an den Anwalt glaubhaft gemacht wird. **63**
Nach OLG Koblenz[25] wird trotz eines bestrittenen Prozessauftrages vermutet, dass der Berufungsbeklagte seinen Anwalt beauftragt hat. In einer weiteren Entscheidung hat das OLG Koblenz[26] Glaubhaftmachung verlangt, dass dem Anwalt für das Berufungsverfahren bereits ein Auftrag erteilt worden sei.

Hat sich der Anwalt des Berufungsbeklagten bereits bestellt, aber noch keinen Sachantrag gestellt, **64**
ist die Sache eindeutig. Die in diesem Fall unstreitig angefallene Gebühr nach VV 3201 Anm. Abs. 1 Nr. 1 ist erstattungsfähig.

Hatte der Anwalt des Berufungsbeklagten bereits einen Zurückweisungsantrag gestellt, dann ist **65**
bereits die volle 1,6-Verfahrensgebühr nach VV 3200 angefallen. Eine Erstattungsfähigkeit dieser 1,6-Verfahrensgebühr wird allerdings abgelehnt, weil in dieser Phase der Zurückweisungsantrag noch nicht erforderlich ist. Solange der Berufungskläger seine Berufung nicht begründet und auch noch keinen Berufungsantrag gestellt hat, ist es nicht erforderlich, dass der Berufungsbeklagte seinerseits bereits schon die Zurückweisung beantragt.[27] Erstattungsfähig ist dann nur eine 1,1-Verfahrensgebühr nach VV 3200, 3201 Anm. Abs. 1 Nr. 1. Soweit der Anwalt mehrere Auftraggeber vertritt, ist die Erhöhung nach VV 1008 ebenfalls erstattungsfähig.[28]

Das soll auch dann gelten, wenn die Berufung – etwa wegen Fristversäumung – unzulässig ist. Auch **66**
dann soll ein Verwerfungsantrag des Berufungsbeklagten nicht zu einem Erstattungsanspruch in Höhe einer 1,6-Verfahrensgebühr führen, es sei denn, der Antrag wird gestellt, nachdem das Gericht innerhalb einer angemessenen Frist keinen Verwerfungsbeschluss erlassen hat.[29] Das ist unzutreffend. Ist die Berufung unzulässig, dann muss der Berufungskläger nicht abwarten, ob die unzulässige Berufung noch begründet wird, denn darauf kommt es gar nicht mehr an. Der Berufungsgegner hat vielmehr ein berechtigtes Interesse daran, die bereits eingetretene Rechtskraft des angefochtenen Urteils so schnell wie möglich festgestellt zu erhalten.

cc) Berufung wird ohne Begründung in der Hauptsache für erledigt erklärt. Anders verhält es **67**
sich, wenn ohne Berufungsbegründung das Verfahren in der Hauptsache für erledigt erklärt wird und der Anwalt des Berufungsbeklagten die Zustimmung zur übereinstimmenden Erledigung verweigert, da hierin ein Sachantrag i.S.v. VV 3200, 3201 Anm. Abs. 1 Nr. 1 zu sehen ist, der bereits die volle Gebühr auslöst, die dann auch erstattungsfähig ist.[30]

dd) Berufung ist begründet und anschließend zurückgenommen worden. War die Berufung **68**
bereits begründet worden, bevor sie zurückgenommen wurde, ist wiederum zu differenzieren. Es kommt darauf an, welche Tätigkeit der Anwalt des Berufungsbeklagten entfaltet hat.

Hatte der Anwalt des Berufungsbeklagten noch keinen Zurückweisungsantrag gestellt, ist nur die **69**
Gebühr nach VV 3200, 3201 Anm. Abs. 1 Nr. 1 entstanden und somit auch nur diese Gebühr erstattungsfähig.

Hatte der Anwalt des Berufungsbeklagten bereits einen Zurückweisungsantrag gestellt, so wurde **70**
anfangs von der überwiegenden Rechtsprechung auf den Zeitpunkt des Zurückweisungsantrags abgestellt. Diese Rechtsprechung ist seit der Klarstellung des BGH nicht mehr haltbar. Im Einzelnen gilt Folgendes:

(1) Wurde der Zurückweisungsantrag gestellt, nachdem die Berufungsbegründung eingereicht war, **71**
dann ist die 1,6-Verfahrensgebühr nach VV 3200 grundsätzlich erstattungsfähig, und zwar auch dann, wenn der Berufungsbeklagte sich mit der Berufungsbegründung inhaltlich nicht auseinandersetzt. Der bloße Zurückweisungsantrag genügt.[31]

---

25 OLG Koblenz JurBüro 2008, 196 = OLGR 2008, 284 = FamRZ 2008, 1018.
26 OLG Koblenz AGS 2007, 275 = OLGR 2007, 146 = JurBüro 2007, 89 = MDR 2007, 494 = FamRZ 2007, 847.
27 OLG Koblenz AGS 2007, 274 = OLGR 2006, 792 = JurBüro 2006, 485; OLG Karlsruhe AGS 2005, 518 = OLGR 2005, 560; LG Stuttgart JurBüro 2005, 654; LAG Düsseldorf MDR 2006, 659.
28 OLG Zweibrücken OLGR 2006, 750 = RVGprof. 2006, 148.
29 OLG München RVGreport 2008, 464.
30 OLG Rostock AGS 2008, 309 = JurBüro 2008, 260 = NJW-RR 2008, 1095 = OLGR 2008, 357.
31 BGH AGS 2009, 143 = AnwBl 2009, 235 = BRAK-Mitt 2009, 32 = RVGreport 2009, 74 = RVGprof. 2009, 40.

Das gilt auch dann, wenn unbedingt Berufung eingelegt und begründet worden ist, der Berufungsführer aber gebeten hatte, vorab über den Antrag auf Gewährung von Prozesskostenhilfe zu entscheiden, und das Gericht den Berufungsbeklagten, zunächst nur aufgefordert hatte, zum Prozesskostenhilfeantrag Stellung zu nehmen.[32]

72 (2) War der Antrag auf Zurückweisung der Berufung dagegen schon vor Einreichung der Begründung gestellt und später nicht wiederholt worden, so war nach der Entscheidung des BGH vom 3.7.2007[33] nur eine 1,1-Verfahrensgebühr gemäß VV 3200, 3201 Anm. Abs. 1 Nr. 1 erstattungsfähig. Begründet wurde dies damit, dass zum Zeitpunkt des Zurückweisungsantrags dieser noch nicht notwendig gewesen war und folglich nur eine Erstattungspflicht nur i.H.v. 1,1 ausgelöst habe. Da es nach Berufungsbegründung an einem (erneuten) Zurückweisungsantrag fehle, sei also keine erstattungsfähige 1,6-Verfahrensgebühr ausgelöst worden. Abzustellen sei für die Frage der Notwendigkeit auf den Zeitpunkt der Antragstellung. Ebenso hatten auch das OLG München[34] und das OLG Bremen[35] entschieden.

Nach a.A. war dagegen in diesem Falle schon immer die volle 1,6-Verfahrensgebühr erstattungsfähig.[36] Dieser Auffassung hat sich der BGH in seiner Entscheidung vom 1.4.2009[37] jetzt angeschlossen. Wenn ein Anwalt bereits unmittelbar nach Einlegung des Rechtsmittels die Zurückweisung beantragt, also schon vorsorglich für den Fall, dass das Rechtsmittel begründet wird, so ist nicht einzusehen, wieso in diesem Fall die volle Gebühr nicht erstattungsfähig sein soll. Dass eine volle Gebühr angefallen ist, wird auch von der Gegenauffassung nicht bestritten. Ob der Antrag notwendig war oder nicht, ist nicht zum Zeitpunkt der Stellung des Antrags zu beurteilen, sondern zum Zeitpunkt der Beendigung des Verfahrens. Jedenfalls zu diesem Zeitpunkt war die Stellung des Zurückweisungsantrags notwendig, weil zwischenzeitlich das Rechtsmittel begründet worden war. Es mutet spitzfindig an, wenn man verlangt, dass ein bereits gestellter Zurückweisungsantrag nach Rechtsmittelbegründung nochmals wiederholt werden muss, um seine Erstattungsfähigkeit auszulösen. Dies wäre unnötige Förmelei. Dem stünde zudem auch Treu und Glauben entgegen. Der Erstattungspflichtige kann sich nicht darauf berufen, der Zurückweisungsantrag sei nicht notwendig gewesen, weil sich die Notwendigkeit jedenfalls durch sein eigenes Verhalten, nämlich die Berufungsbegründung doch herausgestellt hat.

73 ee) Rücknahme der Berufung nach Hinweisbeschluss gemäß § 522 Abs. 2 ZPO. Strittig ist ferner, ob eine volle 1,6-Verfahrensgebühr dann erstattungsfähig ist, wenn nach Begründung die Zurückweisung der Berufung beantragt wird oder der Anwalt des Berufungsklägers einen Schriftsatz mit Sachvortrag einreicht, das Gericht aber bereits gemäß § 522 Abs. 2 ZPO darauf hingewiesen hatte, dass es beabsichtige, die Berufung zurückzuweisen.

74 Nach einem Teil der Rechtsprechung[38] ist in diesem Falle ein Zurückweisungsantrag und auch ein Sachvortrag nicht erforderlich, sodass nur eine 1,1-Verfahrensgebühr erstattungsfähig sei. Die Auffassung des OLG Celle,[39] dass die 1,6-Verfahrensgebühr jedenfalls dann nicht erstattungsfähig sei, wenn der Zurückweisungsantrag vor Eingang des Hinweisbeschlusses gestellt worden ist, war schon angesichts der Rechtsprechung des BGH (siehe Rdn 71) nicht mehr haltbar, was der BGH jetzt auch bestätigt hat.[40]

75 Noch strenger wird dies für den Beitritt eines Nebenintervenienten gesehen. Kündigt das Berufungsgericht bereits eine Entscheidung nach § 522 Abs. 2 ZPO an, soll der Nebenintervenient, der erst

---

32 KG AGS 2007, 647 = KGR 2007, 976 = MDR 2008, 113.
33 BGH AGS 2007, 537 = BGHR 2007, 1108 = NJW 2007, 3723 = RVGprof. 2007, 181 = RVGreport 2007, 427.
34 AGS 2005, 520 = FamRZ 2006, 221 = OLGR 2006, 78 = RVG-B 2005, 184 = RVG-Letter 2006, 3.
35 OLGR 2008, 880.
36 OLG Stuttgart JurBüro 2007, 209; JurBüro 2007, 36; OLG Hamburg OLGR 2006, 814; so auch für den vergleichbaren Fall einer Beschwerde in FGG Verfahren, die nach Vorb. 3.2.1 ebenfalls nach den VV 3200 ff. vergütet wurden: OLG Zweibrücken OLGR 2007, 219 = FamRZ 2007, 846 = Rpfleger 2007, 227; KG AGS 2008, 476 = KGR 2008, 715 = RVGprof. 2008, 181 = RVGreport 2008, 435; OLG Celle OLGR 2008, 421.
37 BGH AGS 2009, 313 = NJW 2009, 2220 = BGHR 2009, 853 = zfs 2009, 465 = AnwBl 2009, 554 = FF 2009, 339; bestätigt in AGS 2010, 513 = Rpfleger 2011, 47 = FamRZ 2010, 1652 = RVGprof. 2010, 181 = RVGreport 2010, 431; ebenso OLG Bamberg NJW-RR 2011, 1222 = JurBüro 2011, 370.
38 OLG Koblenz AGS 2007, 274; OLG Celle, OLGR 2008, 421.
39 OLGR 2008, 421.
40 AGS 2011, 44 = RVGreport 2011, 69.

danach beitritt, seine Rechtsanwaltskosten nur insoweit erstattet verlangen können, als ein über das Kosteninteresse hinausgehender Sachgrund ersichtlich ist, den Berufungsbeklagten jetzt noch zu unterstützen.[41]

Nach a.A. ist dagegen die volle 1,6-Verfahrensgebühr zu erstatten, wenn der Zurückweisungsantrag noch gestellt oder ein Schriftsatz mit Sachvortrag eingereicht wird.[42] Dies ist auch richtig. Allein, dass das Gericht darauf hinweist, es sei beabsichtigt, die Berufung nach § 522 Abs. 2 ZPO zurückzuweisen, entbindet den Anwalt des Berufungsbeklagten nicht, die Sach- und Rechtslage zu prüfen und gegebenenfalls ergänzend Stellung zu nehmen. Insoweit ist zu berücksichtigen, dass der Berufungskläger noch die Möglichkeit hat, zu dem Hinweisbeschluss Stellung zu nehmen und Aspekte vorzutragen, die das Gericht bewegen könnten von seiner Rechtsauffassung abzurücken. Dann muss es aber dem Berufungsbeklagten zugebilligt werden, dass er ebenfalls Stellung nimmt und gegebenenfalls noch weitere Argumente für eine Zurückweisung nach § 522 Abs. 2 ZPO vorträgt. 76

So wird jedenfalls für den Fall, dass dem Berufungsbeklagten gleichzeitig eine Frist zur Erwiderung auf die Berufungsbegründung gesetzt worden ist, die volle Verfahrensgebühr als erstattungsfähig angesehen.[43] 77

Unstrittig ist wiederum der Fall, dass das Gericht erst nach Berufungserwiderung ankündigt, nach § 522 ZPO vorgehen zu wollen.[44] In diesem Fall ist die volle 1,6-Verfahrensgebühr zu erstatten. 78

ff) Beauftragung in Unkenntnis der Berufungsrücknahme. Beauftragt der Berufungsgegner seinen Anwalt, nachdem die Berufung bereits zurückgenommen worden ist, war dies bei objektiver Betrachtung nicht mehr notwendig. Der BGH lehnt daher in diesem Fall eine Kostenerstattung ab.[45] 79

II. Gebühr nach Anm. Abs. 1 Nr. 2

1. Anm. Abs. 1 Nr. 2, 1. Alt.

Soweit eine 1,1-Gebühr nach Anm. Abs. 1 Nr. 2, 1. Alt. entstanden ist, ist diese wiederum zu erstatten, wenn über die Kosten des Vergleichs eine entsprechende Kostenvereinbarung ergeht oder ein Beschluss nach § 91a ZPO. 80

2. Anm. Abs. 1 Nr. 2, 2. Alt.

Eine Erstattung der Gebühr nach Anm. Abs. 1 Nr. 2, 2. Alt. kommt dagegen nicht in Betracht, da diese Vorschrift voraussetzt, dass es nicht zu einer Einigung betreffend diese Gegenstände gekommen ist und folglich auch keine Vereinbarung über die dadurch entstandenen Kosten ergeht und sich auch ein Beschluss nach § 91a ZPO hierauf nicht erstrecken kann. 81

---

41 OLG Koblenz AGS 2007, 276 = AnwBl 2007, 387 = JurBüro 2007, 261 = OLGR 2007, 516 = MDR 2007, 866.
42 OLG Koblenz AGS 2007, 482 u. 590 = JurBüro 2007, 89 = OLGR 2007, 220 = AnwBl 2007, 385 = RVG-Letter 2006, 137.
43 OLG Celle OLGR 2008, 419.
44 OLG Celle OLGR 2008, 419.
45 AGS 2016, 252 = MDR 2016, 487 = VersR 2016, 685 = zfs 2016, 285 = FamRZ 2016, 900 = JurBüro 2016, 312 = Rpfleger 2016, 502 = ZIP 2016, 792 = RVGreport 2016, 186 = NJW-Spezial 2016, 285 = MDR 2016, 503 = FF 2016, 263.

Nr.	Gebührentatbestand	Gebühr oder Satz der Gebühr nach § 13 RVG
3202	Terminsgebühr, soweit in Nummer 3205 nichts anderes bestimmt ist .... (1) Absatz 1 Nr. 1 und 3 sowie die Absätze 2 und 3 der Anmerkung zu Nummer 3104 gelten entsprechend. (2) Die Gebühr entsteht auch, wenn nach § 79a Abs. 2, § 90a oder § 94a FGO ohne mündliche Verhandlung durch Gerichtsbescheid entschieden wird.	1,2

Literatur: *N. Schneider*, Fiktive Terminsgebühr in familienrechtlichen Beschwerdeverfahren?, FF 2013, 152.

A. Allgemeines 1	G. Verfahren nach § 79a Abs. 2, § 90a und § 94a FGO ohne mündliche Verhandlung (Anm. Abs. 2) 28
B. Termin nach VV Vorb. 3 Abs. 3 8	
C. Entscheidung im schriftlichen Verfahren (Anm. Abs. 1) 12	I. Entscheidung ohne mündliche Verhandlung durch Urteil nach § 94a FGO 28
D. Schriftlicher Vergleich (Anm. Abs. 1) 16	II. Entscheidung ohne mündliche Verhandlung durch Gerichtsbescheid nach §§ 90a, 79a Abs. 2 FGO 30
E. Gegenstandswert 19	
F. Anrechnung der Terminsgebühr 24	
I. Anrechnung der Terminsgebühr nach Anm. Abs. 1 zu VV 3202 i.V.m. Anm. zu VV 3104 24	H. Entscheidung über die Berufung durch Beschluss nach § 130a VwGO 32
II. Gescheiterte vorangegangene gerichtliche Einigungsverhandlungen 26	I. Entscheidung nach § 68 Abs. 3 S. 2 FamFG 34
	J. Kostenerstattung 37

A. Allgemeines

1 Im Rechtsmittelverfahren, das sich nach dem Gegenstandswert richtet (§§ 2 Abs. 1, 3 Abs. 1 S. 2 u. 3), erhält der Anwalt die Terminsgebühr ebenfalls i.H.v. **1,2**, es sei denn, es liegt ein Fall der VV 3203 vor; siehe hierzu die Kommentierung zu VV 3203. Die Terminsgebühr im Berufungsverfahren bleibt also gegenüber der Terminsgebühr erster Instanz unverändert.

2 Zum Abgeltungsbereich der Terminsgebühr gilt auch hier VV Vorb. 3 Abs. 3, sodass auf die dortige Kommentierung Bezug genommen wird. Im Übrigen gilt das Gleiche wie zu VV 3104, sodass auf die dortigen Ausführungen verwiesen wird. Auch die Anm. Abs. 1 Nr. 1 und 3 zu VV 3104 sind entsprechend anzuwenden (Anm. Abs. 1 zu VV 3202). Zur Anrechnung der Terminsgebühr nach Anm. Abs. 1 zu VV 3202 i.V.m. Anm. Abs. 2 zu VV 3104 siehe das Abrechnungsbeispiel (vgl. VV 3201 Rdn 36).

3 Der Anwalt erhält also eine Terminsgebühr für

(1) die Vertretung in einem gerichtlichen Termin, ausgenommen ein bloßer Verkündungstermin (VV Vorb. 3 Abs. 3 S. 1)

(2) die Wahrnehmung eines von einem gerichtlich bestellten Sachverständigen anberaumten, Termins (VV Vorb. 3 Abs. 3 S. 3 Nr. 1)

und

(3) die Mitwirkung an auf die Vermeidung oder Erledigung des Verfahrens gerichteten Besprechungen auch ohne Beteiligung des Gerichts (VV Vorb. 3 Abs. 3 S. 3 Nr. 2).

4 Für die Entstehung der Terminsgebühr kann es gerade bei komplexen Sachverhalten und/oder mehreren Parallelverfahren ausreichen, wenn bestimmte Rahmenbedingungen für eine mögliche Einigung abgeklärt und/oder unterschiedliche Vorstellungen über die Erledigung der Parallelfälle unter Einschluss des streitigen Verfahrens ausgetauscht werden. Dabei reicht es aus, wenn sich der Gesprächspartner an einer außergerichtlichen Erledigung des Rechtsstreits interessiert zeigt.[1]

---

1 BGH AGS 2007, 292 = FamRZ 2007, 812 = NJW-RR 2007, 1578.

Dagegen reicht es nicht aus, wenn die Besprechung lediglich die allgemeine Möglichkeit der Erledigung einer Vielzahl gleich gelagerter Fälle betrifft.²

Aus der Verweisung der Anm. zu VV 3202 auf die Anm. Abs. 1 Nr. 1 zu VV 3104 ergibt sich zudem, dass auch im Berufungsverfahren die Terminsgebühr anfällt, wenn eine Entscheidung im **schriftlichen Verfahren** ergeht oder ein **schriftlicher Vergleich** geschlossen wird.

In **Beschwerde- und Rechtsbeschwerdeverfahren nach dem GWB**, für die VV 3202 gemäß VV Vorb. 3.2.1 Nr. 2 Buchst. e) entsprechend gilt, fällt die Terminsgebühr auch dann an, wenn das Beschwerdegericht gemäß §§ 69 Abs. 1 S. 1, 2. Hs., 76 Abs. 5, 120 Abs. 2 GWB im Einverständnis der Parteien von der obligatorischen mündlichen Verhandlung absieht und ohne mündliche Verhandlung entscheidet. Das ergibt sich aus der Verweisung in Anm. 1 Abs. 1 auf die Anm. zu VV 3104; dort ist in Anm. Abs. 1 Nr. 1, 1. Alt., die dem bisherigen § 35 BRAGO entspricht, ausdrücklich der Fall angesprochen, dass im Einverständnis der Parteien auf eine vorgeschriebene mündliche Verhandlung verzichtet wird. Entsprechendes gilt gemäß § 54 Abs. 1 WpÜG für die **Beschwerden nach §§ 48 ff. WpÜG**.

B. Termin nach VV Vorb. 3 Abs. 3

Die Terminsgebühr nach VV 3202 entsteht zunächst einmal unter sämtlichen Voraussetzungen der VV Vorb. 3 Abs. 3, also bei
- Wahrnehmung von gerichtlichen Terminen, ausgenommen Termine nur zur Verkündung einer Entscheidung (S. 1),
- Wahrnehmung eines von einem gerichtlich bestellten Sachverständigen anberaumten Termins (S. 3 Nr. 1) oder
- Mitwirkung an Besprechungen, die auf die Vermeidung oder Erledigung des Verfahrens gerichtet sind, ausgenommen Besprechungen mit dem Auftraggeber (S. 3 Nr. 2).

Die Terminsgebühr nach VV 3202 für die Vertretung in einem Gerichtstermin entsteht nur, wenn der Termin auch stattfindet. Dies setzt voraus, dass das Gericht, sofern der Termin nicht förmlich aufgerufen wird, zumindest konkludent mit dem Termin „begonnen" hat.³

Führen die Anwälte Besprechungen auch ohne Beteiligung des Gerichts zur Erledigung des Berufungsverfahrens, so entsteht die Terminsgebühr nach VV Vorb. 3 Abs. 3, S. 3 Nr. 2 immer. Die frühere zum Teil gegenteilige Auffassung des BGH,⁴ der irrig davon ausging, dass auch eine Terminsgebühr durch eine Besprechung der Anwälte nur in einem Verfahren mit obligatorischer mündlicher Verhandlung anfallen könne, ist nach der Neufassung der VV Vorb. 3 Abs. 3 S. 3 Nr. 2 nicht mehr vertretbar. Auf diese frühere Rechtsprechung, die ohnehin verfehlt war, kann nicht mehr zurückgegriffen werden.

Die Terminsgebühr entsteht nach VV Vorb. 3 Abs. 3 S. 3 Nr. 2 auch dann, wenn der Richter vor einem Hinweisbeschluss nach § 522 Abs. 2 ZPO jeweils telefonisch mit den Prozessbevollmächtigten beider Parteien über eine vergleichsweise Beilegung des Rechtsstreits verhandelt.⁵

C. Entscheidung im schriftlichen Verfahren (Anm. Abs. 1)

Aus der Verweisung in der Anm. Abs. 1 auf die Anm. zu VV 3104 ergibt sich, dass auch im Berufungsverfahren die Terminsgebühr anfällt, wenn „**schriftlich verhandelt**" wird. Insoweit gelten keine Besonderheiten, sodass auf die Kommentierung zu Anm. Abs. 1 Nr. 1 zu VV 3104 Bezug genommen werden kann.

---

2 OLG Jena AGS 2005, 516 = RVGreport 2005, 434.
3 BGH AGS 2010, 527 = MDR 2011, 74 = NJW 2011, 388 = BRAK-Mitt 2011, 40 = AnwBl 2011, 226 = Rpfleger 2011, 179 = WuM 2010, 766 = FamRZ 2011, 104 = RVGreport 2011, 63 = RVGprof. 2011, 48.
4 BGH AGS 2007, 397 = NJW 2007, 2644 = AnwBl 2007, 631 = MDR 2007, 1103 = Rpfleger 2007, 574 = JurBüro 2007, 525 = RVGreport 2007, 271 = NJ 2007, 365 = zfs 2007, 467.
5 OLG Düsseldorf AGS 2011, 322 = JurBüro 2011, 304.

13 Da es sich bei einem Berufungsverfahren immer um ein Verfahren mit mündlicher Verhandlung handelt (z.B. §§ 525 S. 1, 128 Abs. 1 ZPO), bereitet diese Voraussetzung keine Probleme, was der BGH jedoch verkennt.

14 Weitere Voraussetzung ist allerdings, wie sich aus der Verweisung in Anm. Abs. 1 auf Anm. Abs. 1 zu VV 3104 ergibt, dass
- im Einverständnis mit den Parteien oder Beteiligten oder
- gemäß § 307 ZPO[6] ohne mündliche Verhandlung entschieden wird.

15 Da eine Entscheidung nach § 522 Abs. 2 ZPO in Anm. Abs. 1 auf Anm. Abs. 1 zu VV 3104 nicht erwähnt wird und diese Entscheidung auch nicht dem Einverständnis der Parteien oder Beteiligten bedarf, scheitert die Terminsgebühr an dieser Voraussetzung, wenn das Gericht nach § 522 Abs. 2 ZPO entscheidet.[7]

D. Schriftlicher Vergleich (Anm. Abs. 1)

16 Aus der Verweisung in Anm. Abs. 1 auf die Anm. zu VV 3104 ergibt sich ferner, dass auch im Berufungsverfahren die Terminsgebühr anfällt, wenn ein „**schriftlicher Vergleich**" geschlossen wird.

17 Insbesondere entsteht auch im Berufungsverfahren eine 1,2-Terminsgebühr, wenn das Zustandekommen eines Vergleichs im **schriftlichen Verfahren nach § 278 Abs. 6 ZPO** festgestellt wird (Anm. Abs. 1 zu VV 3202 i.V.m. Anm. Abs. 1 Nr. 1 zu VV 3104.).[8]

18 Da es sich bei einem Berufungsverfahren immer um ein Verfahren mit vorgeschriebener mündlicher Verhandlung handelt (siehe Rdn 12), entsteht hier die Terminsgebühr immer, und zwar auch dann, wenn das Gericht bereits angekündigt hat, nach § 522 Abs. 2 ZPO zu entscheiden. Es gibt kein gesondertes „Verfahren nach § 522 Abs. 2 ZPO. Soweit die Rechtsprechung hier danach differenziert, ob der Vergleich geschlossen worden ist, bevor das Berufungsgericht festgestellt hat, ob die Voraussetzungen des § 522 Abs. 2 ZPO vorliegen und es in das Verfahren nach § 522 Abs. 2 ZPO eingetreten ist,[9] findet dies im Gesetz keine Stütze.

E. Gegenstandswert

19 Der Gegenstandswert der Terminsgebühr bemisst sich nach dem Wert derjenigen Gegenstände, über die der gerichtliche Termin, der Sachverständigentermin oder die Besprechung stattgefunden hat oder über die schriftlich entschieden oder verglichen worden ist. Ebenso wie in erster Instanz kommt es nicht darauf an, ob die Gegenstände anhängig sind oder nicht.

20 Werden nicht anhängige Gegenstände mit in Erörterungen oder Verhandlungen einbezogen, so entsteht aus dem vollen Wert die 1,2-Terminsgebühr. Eine Terminsdifferenzgebühr, ähnlich der Verfahrensdifferenzgebühr nach VV 3201 Nr. 2, kennt das RVG nicht.

> **Beispiel:** Der Kläger hatte Schadenersatz aus einem Verkehrsunfall eingeklagt (Wert 15.000 EUR). Im Berufungsverfahren verhandeln die Parteien auch über die noch nicht anhängigen Schmerzensgeldansprüche (Wert 5.000 EUR) und erzielen eine Einigung über sämtliche Forderungen.
> Der Anwalt erhält die 1,6-Verfahrensgebühr nach VV 3200 aus 15.000 EUR und unter Beachtung des § 15 Abs. 3 die 1,1-Verfahrensgebühr nach Anm. Abs. 1 Nr. 2 zu VV 3201. Die 1,2-Terminsgebühr (VV 3202) entsteht aus den vollen 20.000 EUR.

---

6 Die Variante der Entscheidung nach § 495a ZPO ist im Berufungsverfahren nicht möglich.
7 So im Ergebnis zutreffend BGH AGS 2007, 397 = NJW 2007, 2644 = AnwBl 2007, 631 = MDR 2007, 1103 = Rpfleger 2007, 574 = JurBüro 2007, 525 = RVGreport 2007, 271 = zfs 2007, 467.
8 OLG Naumburg AGS 2010, 564 = JurBüro 2010, 644 = NJW-RR 2011, 144; OLG Stuttgart OLGR 2005, 908 = MDR 2006, 173 = RVG-Letter 2005, 110 = RVG-B 2005, 178.
9 OLG Celle, Beschl. v. 19.6.2013 – 2 W 134/13.

Abschnitt 2. Berufung, Revision, bestimmte Beschwerden, Verfahren vor Finanzgericht VV 3202

1. 1,6-Verfahrensgebühr, VV 3200
   (Wert: 15.000 EUR)   1.040,00 EUR
2. 1,1-Verfahrensgebühr, VV 3200, Anm. Abs. 1 Nr. 2 zu VV 3201
   (Wert: 5.000 EUR)   333,30 EUR
   gem. § 15 Abs. 3 nicht mehr als 1,6 aus 20.000 EUR   1.187,20 EUR
3. 1,2-Terminsgebühr, VV 3202
   (Wert: 20.000 EUR)   890,40 EUR
4. Postentgeltpauschale, VV 7002   20,00 EUR
   Zwischensumme   2.097,60 EUR
5. 19 % Umsatzsteuer, VV 7008   398,54 EUR
   Gesamt   **2.496,14 EUR**

Das Gleiche gilt auch dann, wenn nicht anhängige Gegenstände lediglich in außergerichtliche Vergleichsverhandlungen einbezogen werden.   **21**

> **Beispiel:** Der Kläger hatte Schadensersatz aus einem Verkehrsunfall eingeklagt (Wert 15.000 EUR). Im Berufungsverfahren verhandeln die Parteien auch über die noch nicht anhängigen Schmerzensgeldansprüche (Wert 5.000 EUR). Eine Einigung kommt jedoch nicht zustande, sodass lediglich über die 15.000 EUR Schadensersatz entschieden wird.
> Der Anwalt erhält die 1,6-Verfahrensgebühr nach VV 3200 aus 15.000 EUR sowie die 1,1-Verfahrensdifferenzgebühr nach Anm. Abs. 1 Nr. 2 zu VV 3201 aus 5.000 EUR (unter Beachtung des § 15 Abs. 3). Die 1,2-Terminsgebühr (VV 3202) entsteht dagegen aus den vollen 20.000 EUR.

1. 1,6-Verfahrensgebühr, VV 3200
   (Wert: 15.000 EUR)   1.040,00 EUR
2. 1,1-Verfahrensgebühr, VV 3200, 3201 Nr. 2
   (Wert: 5.000 EUR)   333,30 EUR
   gem. § 15 Abs. 3 nicht mehr als 1,6 aus 20.000 EUR   1.187,20 EUR
3. 1,2-Terminsgebühr, VV 3202
   (Wert: 20.000 EUR)   890,40 EUR
4. Postentgeltpauschale, VV 7002   20,00 EUR
   Zwischensumme   2.097,60 EUR
5. 19 % Umsatzsteuer, VV 7008   398,54 EUR
   Gesamt   **2.496,14 EUR**

Die Terminsgebühr kann auch einen geringeren Wert haben als die Verfahrensgebühr, nämlich dann, wenn die Berufung vor der Verhandlung teilweise zurückgenommen oder in der Hauptsache für erledigt erklärt worden ist.   **22**

> **Beispiel:** Der Kläger legt gegen die Abweisung der Klage (10.000 EUR) Berufung ein und begründet diese. Vor der mündlichen Verhandlung nimmt er die Berufung (oder die Klage) i.H.v. 6.000 EUR zurück und beantragt nur noch die Verurteilung zur Zahlung von 4.000 EUR. Über diesen Antrag wird verhandelt. Die 1,6-Verfahrensgebühr entsteht aus dem Wert von 10.000 EUR. Die Terminsgebühr entsteht dagegen nur aus dem Wert von 4.000 EUR.

1. 1,6-Verfahrensgebühr, VV 3200
   (Wert: 10.000 EUR)   892,80 EUR
2. 1,2-Terminsgebühr, VV 3202
   (Wert: 4.000 EUR)   302,40 EUR
3. Postentgeltpauschale, VV 7002   20,00 EUR
   Zwischensumme   1.215,20 EUR
4. 19 % Umsatzsteuer, VV 7008   230,89 EUR
   Gesamt   **1.446,09 EUR**

> **Beispiel:** Der Kläger legt gegen die Abweisung der Klage (10.000 EUR) Berufung ein und begründet diese. Anschließend zahlt der Beklagte 6.000 EUR. Daraufhin wird der Rechtsstreit in der Hauptsache i.H.v. 6.000 EUR übereinstimmend für erledigt erklärt. Anschließend wird über den verbliebenen Antrag (Wert: 4.000 EUR) verhandelt.
> Auch jetzt ist abzurechnen wie im vorangegangenen Beispiel.

Die Terminsgebühr kann dagegen auch im Berufungsverfahren nie einen höheren Wert haben als die Verfahrensgebühr.   **23**

F. Anrechnung der Terminsgebühr

I. Anrechnung der Terminsgebühr nach Anm. Abs. 1 zu VV 3202 i.V.m. Anm. zu VV 3104

24 Nach Anm. Abs. 1 zu VV 3202 ist die 1,2-Terminsgebühr der VV 3202 bei gescheiterten Einigungsverhandlungen anzurechnen, wenn es später zu einem erneuten Verfahren über die betreffenden Gegenstände kommt. Anzurechnen ist dann derjenige – gegebenenfalls nach § 15 Abs. 3 gekürzte – Gebührenbetrag, der den Betrag einer 1,2-Terminsgebühr aus dem Wert der anhängigen Ansprüche übersteigt.

Anrechnungsformel nach Anm. zu Nr. 3202 i.V.m. Anm. Abs. 2 zu VV 3104 VV

    1,2-Terminsgebühr, VV 3202 aus dem Wert aller Gegenstände
− 1,2-Terminsgebühr, VV 3202 aus dem Wert der anhängigen Gegenstände

= **Anrechnungsbetrag**

25 Unerheblich ist, um welche Art gerichtliches Verfahren es sich bei der nachfolgenden Angelegenheit handelt. In aller Regel wird es sich um ein erstinstanzliches Klageverfahren handeln. Möglich ist aber auch ein Berufungsverfahren (siehe Beispiel) oder ein anderes Verfahren.

> **Beispiel:** Gegen seine Verurteilung zur Zahlung von 15.000 EUR legt der Beklagte Berufung ein. Im Termin zur mündlichen Verhandlung führen die Parteien Vergleichsgespräche. Es wird versucht, eine Gesamtbereinigung aller Ansprüche zu erzielen. Zu diesem Zweck werden weitere nicht anhängige Gegenstände im Wert von 8.000 EUR in die Vergleichsgespräche mit einbezogen. Die Einigung scheitert. Die 8.000 EUR werden sodann in einem neuen Verfahren eingeklagt. Das neue Verfahren erledigt sich ohne einen Termin.
>
> Im Berufungsverfahren entsteht neben der 1,6-Verfahrensgebühr der VV 3200 aus dem Wert des Berufungsverfahrens für beide Anwälte aus dem Mehrwert von 8.000 EUR zusätzlich eine 1,1-Verfahrensgebühr nach VV 3201 Nr. 2. Zu beachten ist allerdings § 15 Abs. 3.
> Darüber hinaus entsteht eine 1,2-Terminsgebühr aus dem Wert von 23.000 EUR.
> In dem neuen erstinstanzlichen Verfahren entstehen jetzt die Gebühren nach VV 3100 ff. Allerdings ist nach Anm. zu VV 3200 die Verfahrensgebühr des Berufungsverfahrens teilweise auf die Verfahrensgebühr des nachfolgenden erstinstanzlichen Verfahrens anzurechnen und nach Anm. Abs. 1 zu VV 3202 i.V.m. Anm. Abs. 2 zu VV 3104 auch die Terminsgebühr.
>
> **I. Berufungsverfahren**
> 1. 1,6-Verfahrensgebühr, VV 3200
>   (Wert: 15.000 EUR)   1.040,00 EUR
> 2. 1,1-Verfahrensgebühr, VV 3200, 3201 Nr. 2
>   (Wert: 8.000 EUR)   501,60 EUR
>   gem. § 15 Abs. 3 RVG nicht mehr als 1,6 aus
>   23.000 EUR   1.260,80 EUR
> 3. 1,2-Terminsgebühr, VV 3202
>   (Wert: 23.000 EUR)   945,60 EUR
> 4. Postentgeltpauschale, VV 7002   20,00 EUR
>   Zwischensumme   2.226,40 EUR
> 5. 19 % Umsatzsteuer, VV 7008   423,02 EUR
> **Gesamt**   **2.649,42 EUR**
>
> **II. Von der Verfahrensgebühr anzurechnen sind:**
> 1. 1,6-Verfahrensgebühr, VV 3200
>   (Wert: 15.000 EUR)   1.040,00 EUR
> 2. 1,1-Verfahrensgebühr, VV 3200, 3201 Nr. 2
>   (Wert: 8.000 EUR)   501,60 EUR
>   gem. § 15 Abs. 3 RVG nicht mehr als 1,6 aus
>   23.000 EUR   1.260,80 EUR
> ./. 1,6-Verfahrensgebühr, Anm. S. 1 Nr. 2 zu VV 3200, 3201
>   aus 15.000 EUR   − 1.040,000 EUR
> **Anrechnungsbetrag**   **220,80 EUR**

III. Berechnung der anzurechnenden Terminsgebühr

1,2-Terminsgebühr, VV 3202 (Wert: 23.000 EUR)	945,60 EUR
./. 1,2-Terminsgebühr, VV 3202 (Wert: 15.000 EUR)	− 780,00 EUR
anzurechnen	**165,60 EUR**

IV. Nachfolgendes erstinstanzliches Verfahren

1. 1,3-Verfahrensgebühr, VV 3100 (Wert: 8.000 EUR)		592,80 EUR
2. gem. Anm. Abs. 1 zu VV 3201 anzurechnen		− 220,80 EUR
3. 1,2-Terminsgebühr, VV 3104 (Wert: 8.000 EUR)		547,20 EUR
4. gem. Anm. Abs. 1 zu VV 3202 i.V.m. Anm. Abs. 2 zu VV 3104 anzurechnen		− 165,60 EUR
5. Postentgeltpauschale, VV 7002		20,00 EUR
Zwischensumme	773,60 EUR	
6. 19 % Umsatzsteuer, VV 7008		146,98 EUR
Gesamt		**920,58 EUR**

II. Gescheiterte vorangegangene gerichtliche Einigungsverhandlungen

Hatten die Parteien in einem anderen Rechtsstreit Einigungsverhandlungen auch über nicht anhängige Gegenstände geführt und sind diese zu keinem Ergebnis gekommen oder wurde zwar ein Vergleich geschlossen, dieser aber widerrufen, so ist auch die in diesem Verfahren entstandene Terminsgebühr aus VV 3104 auf ein nachfolgendes Verfahren anzurechnen. Bei diesem nachfolgenden Verfahren kann es sich auch um ein Berufungsverfahren handeln. Eine Anrechnung kommt zwar dann nicht in Betracht, wenn die nicht anhängigen Ansprüche eingeklagt werden, weil dann eine Anrechnung bereits auf die erstinstanzlichen Gebühren stattfindet und nicht auch noch zusätzlich auf die Gebühren des Berufungsverfahrens. Denkbar ist jedoch, dass nach einer gescheiterten Einigung in einem Verfahren dieselben Gegenstände im Berufungsverfahren nochmals Gegenstand von Vergleichsgesprächen werden.

Angerechnet wird nach folgender Formel:

Anrechnungsformel Terminsgebühr (Anm. Abs. 2 zu VV 3104)

    1,2-Terminsgebühr aus dem Wert aller Gegenstände
− 1,2-Terminsgebühr aus dem Wert der anhängigen Gegenstände
= **anzurechnender Betrag**

Dabei kann es sich sowohl um Gegenstände handeln, über die in erster Instanz erfolglos verhandelt oder erörtert worden ist als auch um Ansprüche aus einem völlig anderen Verfahren.

Beispiel: Im erstinstanzlichen Verfahren verhandeln die Parteien über die dort anhängigen 10.000 EUR sowie über weitere nicht anhängige 8.000 EUR. Die Einigung wird widerrufen. Im Berufungsverfahren wird dann ohne Termin die Einigung über die weiteren 8.000 EUR geschlossen.
Die überschießenden Beträge der erstinstanzlichen Verfahrens- und Terminsgebühren sind nach Anm. zu VV 3101, Anm. Abs. 2 zu VV 3104 anzurechnen.

I. Rechtsstreit erster Instanz

1. 1,3-Verfahrensgebühr, VV 3100 (Wert: 10.000 EUR)	725,40 EUR	
2. 0,8-Verfahrensgebühr, VV 3100, 3101 Nr. 2 (Wert: 8.000 EUR) gem. § 15 Abs. 3 nicht mehr als 1,3 aus 18.000 EUR	364,80 EUR	904,80 EUR
3. 1,2-Terminsgebühr, VV 3104 (Wert: 18.000 EUR)		835,20 EUR
4. Postentgeltpauschale, VV 7002		20,00 EUR
Zwischensumme	1.760,00 EUR	
5. 19 % Umsatzsteuer, VV 7008		334,40 EUR
Gesamt		**2.094,40 EUR**

II. Berechnung des Anrechnungsbetrages der Verfahrensgebühr (Anm. Abs. 1 zu VV 3101)

Gesamtbetrag nach § 15 Abs. 3, 1,3 aus 18.000 EUR	904,80 EUR
1,3-Verfahrensgebühr, VV 3100, 3101 Nr. 2 (Wert: 10.000 EUR)	– 725,40 EUR
Gesamt	**179,40 EUR**

III. Berechnung des Anrechnungsbetrages der Terminsgebühr (Anm. Abs. 2 zu VV 3104)

1,2-Terminsgebühr, VV 3104 (Wert: 18.000 EUR)	835,20 EUR
1,2-Terminsgebühr, VV 3104 (Wert: 8.000 EUR)	– 547,20 EUR
Gesamt	**288,00 EUR**

IV. Berufung

1.	1,6-Verfahrensgebühr, VV 3200 (Wert: 10.000 EUR)	892,80 EUR
2.	1,1-Verfahrensgebühr, VV 3200, 3201 Nr. 2 (Wert: 8.000 EUR)	501,60 EUR
3.	gem. Anm. Abs. 1 zu VV 3101 anzurechnen	– 179,40 EUR
	gem. § 15 Abs. 3 nicht mehr als 1,6 aus 18.000 EUR	1.113,60 EUR
4.	1,2-Terminsgebühr, VV 3104 (Wert: 8.000 EUR)	547,20 EUR
5.	gem. Anm. Abs. 2 zu VV 3104 anzurechnen	– 288,00 EUR
6.	1,3-Einigungsgebühr, VV 1000, 1004 (Wert: 10.000 EUR)	725,40 EUR
7.	1,5-Einigungsgebühr, VV 1000 (Wert: 8.000 EUR)	684,00 EUR
	gem. § 15 Abs. 3 nicht mehr als 1,5 aus 18.000 EUR	1.044,00 EUR
8.	Postentgeltpauschale, VV 7002	20,00 EUR
	Zwischensumme	2.436,80 EUR
9.	19 % Umsatzsteuer, VV 7008	462,99 EUR
	Gesamt	**2.899,79 EUR**

G. Verfahren nach § 79a Abs. 2, § 90a und § 94a FGO ohne mündliche Verhandlung (Anm. Abs. 2)

I. Entscheidung ohne mündliche Verhandlung durch Urteil nach § 94a FGO

28 Diese Variante betrifft erstinstanzliche Verfahren vor dem FG, auf die nach VV Vorb. 3.2.1 Nr. 1 die Gebühren eines Berufungsverfahrens entsprechend anzuwenden sind.

29 Nach **§ 94a FGO** kann das FG sein Verfahren nach billigem Ermessen bestimmen, wenn der Streitwert bei einer Klage, die eine Geldleistung oder einen hierauf gerichteten Verwaltungsakt betrifft, 500 EUR nicht übersteigt. Entscheidet das Finanzgericht in einem Verfahren nach § 94a FGO **ohne mündliche Verhandlung** durch Urteil, so erhält der Rechtsanwalt dennoch die **volle Terminsgebühr nach Anm. Abs. 2 zu VV 3202**. Beantragt aber ein Beteiligter nach § 94a S. 2 FGO die mündliche Verhandlung und wird aufgrund mündlicher Verhandlung entschieden, so entsteht die Terminsgebühr nach VV 3202.

II. Entscheidung ohne mündliche Verhandlung durch Gerichtsbescheid nach §§ 90a, 79a Abs. 2 FGO

30 In geeigneten Fällen können nach **§ 90a Abs. 1 FGO** das Gericht oder der nach § 6 Abs. 1 FGO bestimmte Einzelrichter sowie im vorbereitenden Verfahren nach **§ 79a Abs. 2 FGO** der Vorsitzende oder nach § 79a Abs. 4 i.V.m. Abs. 2 FGO der Berichterstatter ohne mündliche Verhandlung **durch Gerichtsbescheid** entscheiden. Ein nach diesen Vorschriften ergangener Gerichtsbescheid wirkt nach § 90a Abs. 3 FGO dann als Urteil, wenn nicht rechtzeitig nach § 90a Abs. 2 S. 1 FGO mündliche Verhandlung beantragt wird. In diesem Fall erhält der Rechtsanwalt die **volle Terminsgebühr nach Anm. Abs. 2 zu VV 3202**. Wird mündliche Verhandlung beantragt, so entscheidet das Gericht nach

§ 90a Abs. 2 S. 3 FGO aufgrund mündlicher Verhandlung. In diesem Fall entsteht die Terminsgebühr nach VV 3202. Eine Terminsgebühr nach Anm. 2 zu VV 3202 entsteht nicht, wenn ein Beschluss nach § 79a Abs. 1 Nr. 3 i.V.m. § 138 Abs. 1 FGO ergangen ist, nachdem die Beteiligten im Anschluss an einen (Teil-)Abhilfebescheid die Hauptsache für erledigt erklärt haben.[10] Ein Hauptsacheerledigungsbeschluss, der nach § 79a Abs. 1 FGO ergangen ist, löst die Terminsgebühr nach Anm. 2 zu VV 3202 nicht aus. Weder handelt es sich insoweit um einen Gerichtsbescheid i.S.d. § 79a Abs. 2 FGO i.V.m. § 90a FGO noch findet bei einem bloßen Hauptsacheerledigungsbeschluss nach § 79a Abs. 1 FGO irgendeine Form eines Verhandlungstermins, Erörterungstermins oder Beweisaufnahmetermins statt.[11]

Kein Fall der VV 3202 liegt vor, wenn die Behörde den Kläger im Laufe des Verfahrens klaglos stellt und das FG sodann nach § 79a Abs. Nr. 5, Abs. 3, 4 i.V.m. § 138 Abs. 1 FGO ohne mündliche Verhandlung über die Kosten des Verfahrens entscheidet. Die Anm. Abs. 2 zu VV 3202 i.V.m. Anm. Abs. 1 zu VV 3104 ist auf diesen Fall nicht anwendbar.[12] — 31

H. Entscheidung über die Berufung durch Beschluss nach § 130a VwGO

Nach § 130a VwGO kann das OVG/der VGH über die Berufung durch Beschluss ohne mündliche Verhandlung entscheiden, wenn das Gericht sie einstimmig für begründet oder einstimmig für unbegründet und eine mündliche Verhandlung nicht für erforderlich hält. Nach §§ 130a S. 2 VwGO i.V.m. § 125 Abs. 2 S. 3–5 VwGO sind die Beteiligten vorher zu hören. Gegen den Beschluss steht den Beteiligten das Rechtsmittel zu, das zulässig wäre, wenn das Gericht durch Urteil entschieden hätte. Die Beteiligten sind über dieses Rechtsmittel zu belehren. Ergeht eine solche Entscheidung erhält der Rechtsanwalt im Gegensatz zur bisherigen Fassung des RVG **keine Terminsgebühr** mehr. — 32

Der bislang in Anm. Abs. 2 zu VV 3202 genannte Fall des § 130a VwGO ist gestrichen worden, da nach Auffassung des Gesetzgebers weder ein besonderer Aufwand des Anwalts ersichtlich ist, noch die Parteien eine Entscheidung ohne mündliche Verhandlung verhindern können. Daher sei die Notwendigkeit einer besonderen Terminsgebühr nicht ersichtlich. Darüber, ob diese Streichung zweckmäßig ist, kann man durchaus streiten, da der Aufwand und die Verantwortung des Anwalts im Verfahren nach § 130a VwGO überdurchschnittlich ist, weil alles schriftsätzlich vorgetragen werden muss. Andererseits wird durch die Regelung konsequent der Grundsatz umgesetzt, dass eine Terminsgebühr bei schriftlicher Entscheidung oder schriftlichem Vergleich nur dann anfallen soll, wenn eine mündliche Verhandlung vorgeschrieben ist. — 33

I. Entscheidung nach § 68 Abs. 3 S. 2 FamFG

In familiengerichtlichen Beschwerdeverfahren richten sich die Gebühren gem. VV Vorb. 3.2.1 Nr. 2 Buchst. b) nach den Gebühren eines Berufungsverfahrens, sodass für die Terminsgebühr die Vorschrift der VV 3202 gilt. — 34

Soweit man davon ausgeht, dass in Verfahren der freiwilligen Gerichtsbarkeit nie eine mündliche Verhandlung vorgeschrieben sei,[13] kommt hier eine fiktive Terminsgebühr nie in Betracht, zumal des dann auch nicht auf § 68 Abs. 3 S. 2 FamFG ankommt, da das Gericht ja ohnehin von der mündlichen Verhandlung absehen kann. — 35

Problematisch ist der Fall in Familienstreitsachen. Hier kann das OLG nach § 68 Abs. 3 S. 2 FamFG ohne mündliche Verhandlung entscheiden. Nach § 68 Abs. 3 S. 1 FamFG sind die jeweiligen Vorschriften des erstinstanzlichen Verfahrens für das Beschwerdeverfahren entsprechend anwendbar. Dies wiederum hat zur Folge, dass in Familienstreitsachen auch in der Beschwerde grundsätzlich mündlich zu verhandeln ist (§ 113 Abs. 1 S. 2 FamFG i.V.m. § 128 Abs. 1 ZPO). Eine Terminsgebühr — 36

---

10 FG Hessen EFG 2008, 1152.
11 FG Brandenburg AGS 2007, 85; FG Schleswig-Holstein EFG 2008, 1150.
12 FG Schleswig Holstein EFG 2008, 1150 = StE 2008, 359; FG Thüringen AGS 2009, 277; FG Sachsen, Beschl. v. 27.4.2009 – 3 Ko 635/09.
13 So OLG Naumburg (Sorgerechtverfahren) AGS 2013, 64 m. Anm. N. Schneider = NJW-Spezial 2013, 92.

entsteht im Fall des § 68 Abs. 3 S. 2 aber dennoch nicht, allerdings nicht, weil eine mündliche Verhandlung nicht vorgeschrieben sei,[14] sondern weil die Entscheidung nach § 68 Abs. 3 S. 2 FamFG weder in Anm. Abs. 1 zu VV 3202 i.V.m. Anm. Abs. 1 Nr. 1 zu VV. 3104 erwähnt wird noch ein Einverständnis der Beteiligten erforderlich ist. In den übrigen Fällen, also bei Abschluss eines schriftlichen Vergleichs oder einer Entscheidung ohne mündliche Verhandlung im Einverständnis mit den Beteiligten (etwa, weil erstinstanzlich nicht verhandelt worden war), wird dagegen nach Anm. Abs. 1 zu VV 3202 i.V.m. Anm. Abs. 1 Nr. 1 zu VV 3104 die Terminsgebühr ausgelöst.[15]

J. Kostenerstattung

37 Zu Erstattungsfragen betreffend finanzgerichtliche und verwaltungsgerichtliche Angelegenheiten wird auf die grundlegenden Ausführungen zu Erstattungsfragen bei § 17 verwiesen (siehe § 17 Rdn 54 ff.).

38 Eine durch außergerichtliche Verhandlungen entstandene Terminsgebühr kann im Kostenfestsetzungsverfahren zum Ansatz gebracht werden, wenn die tatbestandlichen Voraussetzungen des Gebührentatbestands tatsächlich unstreitig[16] oder gemäß § 138 Abs. 3 ZPO als unstreitig anzusehen sind[17] oder wenn sie zwar streitig sind, aber glaubhaft gemacht werden.[18]

Nr.	Gebührentatbestand	Gebühr oder Satz der Gebühr nach § 13 RVG
3203	Wahrnehmung nur eines Termins, in dem eine Partei oder ein Beteiligter, im Berufungsverfahren der Berufungskläger, im Beschwerdeverfahren der Beschwerdeführer, nicht erschienen oder nicht ordnungsgemäß vertreten ist und lediglich ein Antrag auf Versäumnisurteil, Versäumnisentscheidung oder zur Prozess-, Verfahrens- oder Sachleitung gestellt wird: Die Gebühr 3202 beträgt	0,5
	Die Anmerkung zu Nummer 3105 und Absatz 2 der Anmerkung zu Nummer 3202 gelten entsprechend.	

A. Überblick 1
B. Berufungsverfahren 5
  I. Versäumnisurteil gegen den Berufungsbeklagten 5
  II. Versäumnisurteil gegen den Berufungskläger 7
  III. Anträge zur Prozess- und Sachleitung ... 12
  IV. Sachentscheidung gegen den säumigen Berufungskläger 14
  V. Säumnis bei einseitiger Erledigung der Hauptsache 15
  VI. Kombinationen 16
  VII. Zweites Versäumnisurteil 17
  VIII. Verhandlung nach Versäumnisurteil 18
C. Familienrechtliche Beschwerdeverfahren ... 19

---

14 So aber KG (Unterhaltssache) AGS 2012, 130 = FamRZ 2012, 812 = NJW-Spezial 2012, 61 = FamFR 2012, 40 = FF 2012, 335.
15 N. Schneider, FF 2013, 152.
16 BGH AGS 2007, 115 = zfs 2007, 105 = BGHReport 2007, 231 = AnwBl 2007, 238 = RVGreport 2007, 73; NJW-RR 2007, 787 = RVG-Letter 2007, 14 = RVGreport 2007, 103 = zfs 2007, 285.
17 BGH AGS 2008, 408 = NJW 2008, 2993 = BGHReport 2008, 1151 = RVGreport 2008, 348 = RVGprof. 2008, 163.
18 BGH AGS 2007, 549 = BGHReport 2007, 846 = NJW 2007, 2859 = RVGprof. 2007, 166 = RVGreport 2007, 394.

A. Überblick

VV 3203 ist der Regelung der VV 3105 nachgebildet, so dass auf die dortige Kommentierung Bezug genommen werden kann.

Ebenso wie VV 3105 stellt VV 3203 keinen eigenen Gebührentatbestand dar. Es handelt sich vielmehr nur um eine Ermäßigungsvorschrift. Das Entstehen der Gebühr richtet sich nach VV Vorb. 3 Abs. 3. Die VV 3203 reduziert lediglich die an sich nach VV 3202 vorgesehene Gebührenhöhe von 1,2 auf 0,5. Es handelt sich also um eine reine **Ermäßigungsvorschrift**.

Erfasst werden Berufungsverfahren in denen ein Versäumnisurteil möglich ist sowie Beschwerdeverfahren nach dem FamFG in denen ein Versäumnisbeschluss ergehen kann, also in Familienstreitsachen und in Folgesachen, die als isolierte Verfahren Familienstreitsachen wären (§ 113 Abs. 1 S. 2 FamFG i.V.m. den §§ 330 ff. ZPO) und in Ehesachen bei Säumnis des Antragstellers (§ 130 FamFG) (siehe Rdn 19 ff.).

VV 3203 ist der Regelung der VV 3105 nachgebildet, so dass auf die dortige Kommentierung Bezug genommen werden kann. Zu unterscheiden ist hier allerdings danach, ob das Versäumnisurteil gegen den Berufungskläger/Beschwerdeführer oder den Berufungsbeklagten/Beschwerdegegner beantragt wird.

B. Berufungsverfahren

I. Versäumnisurteil gegen den Berufungsbeklagten

Ist der Berufungsbeklagte in der mündlichen Verhandlung säumig, so ist VV 3203 nicht anwendbar. Dies entspricht der früheren Rechtslage und beruht darauf, dass bei Säumnis des Berufungsbeklagten nicht ohne Weiteres ein Versäumnisurteil ergehen darf. Das Gericht muss vielmehr prüfen, ob das tatsächliche Vorbringen des Berufungsklägers sein Begehren rechtfertigt (§ 539 Abs. 2 S. 1 ZPO). Daher ist eine Reduzierung nicht vorgesehen.

> **Beispiel:** In der mündlichen Verhandlung erscheint der Berufungsbeklagte nicht. Es ergeht daraufhin ein Versäumnisurteil, wonach das erstinstanzliche Urteil entsprechend den Anträgen des Berufungsklägers abgeändert wird.
> Es entsteht die volle 1,2-Terminsgebühr nach VV 3202. Die Vorschrift der VV 3203 ist nicht anwendbar.

Ob ein Versäumnisurteil ergeht, ist insoweit unerheblich. Es reicht aus, dass der Antrag gestellt wird.

> **Beispiel:** In der mündlichen Verhandlung erscheint der Berufungsbeklagte nicht. Der Anwalt des Berufungsklägers beantragt daraufhin den Erlass eines Versäumnisurteils. Das Gericht weist die Berufung nach § 539 Abs. 2 S. 2 ZPO zurück.
> Es entsteht wiederum die volle 1,2-Terminsgebühr nach VV 3202. Die Vorschrift der VV 3203 ist nicht anwendbar.

II. Versäumnisurteil gegen den Berufungskläger

Erscheint der Berufungskläger in der mündlichen Verhandlung nicht, so ist VV 3203 anwendbar. Im Gegensatz zur Säumnis des Berufungsbeklagten kann jetzt ein die Berufung zurückweisendes Urteil allein aufgrund der Säumnis des Berufungsklägers ergehen.

Soweit im Berufungsverfahren Postulationszwang besteht, kommt es hier nicht darauf an, ob der Berufungskläger selbst erschienen ist. Er muss vielmehr auch ordnungsgemäß vertreten sein. Fehlt es also an einer ordnungsgemäßen Vertretung, ist VV 3203 in diesen Fällen anwendbar, unabhängig davon, ob der Berufungskläger erschienen ist oder nicht.

> **Beispiel:** In der mündlichen Verhandlung vor dem Landgericht erscheint der Berufungskläger ohne Anwalt. Der Berufungsbeklagte beantragt daraufhin den Erlass eines die Berufung zurückweisenden Urteils. Da der Berufungskläger nicht ordnungsgemäß vertreten war, greift VV 3203. Dass der Berufungskläger selbst persönlich anwesend war, ist unerheblich. Es entsteht lediglich eine 0,5-Gebühr nach VV 3202, 3203.

9 Die Ermäßigung nach VV 3203 tritt bereits ein, wenn der Berufungsbeklagte den Erlass eines Versäumnisurteils beantragt. Ob dieses auch ergeht, ist unerheblich. Mit der Antragstellung ist die Terminsgebühr angefallen, allerdings nur in ermäßigter Höhe.[1]

> **Beispiel:** In der mündlichen Verhandlung erscheint für den Berufungskläger niemand. Der Berufungsbeklagte beantragt daraufhin den Erlass eines Versäumnisurteils. Dieser Antrag wird durch Beschluss zurückgewiesen, da der Anwalt des Berufungsklägers nicht ordnungsgemäß geladen war.
> Angefallen ist auch jetzt eine 0,5-Terminsgebühr nach VV 3202, 3203, obwohl kein Versäumnisurteil ergangen ist.

10 Erscheint der Anwalt des Berufungsklägers/Beschwerdeführers, erklärt aber, er trete nicht auf und verhandle nicht, so ist VV 3203 unanwendbar. Mit Erscheinen des Prozessbevollmächtigten/Verfahrensbevollmächtigten des Berufungsklägers/Beschwerdeführers entsteht die volle 1,2-Terminsgebühr nach VV 3202 (zur vergleichbaren Lage siehe VV 3105 Rdn 7 ff.).

> **Beispiel:** In der mündlichen Verhandlung erscheint der Anwalt des Berufungsklägers und erklärt, dass er heute keinen Antrag stellen werde. Daraufhin beantragt der Anwalt des Berufungsbeklagten den Erlass eines Versäumnisurteils.
> Es entsteht die volle 1,2-Terminsgebühr, da kein Fall der VV 3203 vorlag. Der Berufungskläger war ordnungsgemäß vertreten.

11 Erscheint der Berufungskläger persönlich ohne Anwalt, so ermäßigt sich die Terminsgebühr nach VV 3203 auf 0,5, wenn sogleich – gegebenenfalls nach gerichtlichem Hinweis auf die fehlende Postulationsfähigkeit – ein Versäumnisurteil beantragt wird.[2] Das Erscheinen einer nicht postulationsfähigen Partei steht dem Nichterscheinen gleich. Wird allerdings mit der erschienenen, aber nicht postulationsfähigen Partei zuvor erörtert, entsteht die volle 1,2-Terminsgebühr der VV 3202.[3]

III. Anträge zur Prozess- und Sachleitung

12 Nach VV 3203 entsteht die 0,5-Gebühr auch dann, wenn lediglich ein Antrag zur Prozess- oder Sachleitung beantragt wird. Auch dies gilt wiederum nur dann, wenn der Berufungsbeklagte bei **Säumnis des Berufungsklägers/Beschwerdeführers** einen solchen Antrag stellt. Ist der **Berufungsbeklagte/Beschwerdegegner säumig** und stellt der Berufungskläger einen Antrag zur Prozess- oder Sachleitung gilt wiederum die Ermäßigung nach VV 3203.

> **Beispiel:** Der Anwalt des Berufungsklägers erscheint nicht. Der Anwalt des Berufungsbeklagten beantragt daraufhin Vertagung.
> Es entsteht die 0,5-Terminsgebühr nach VV 3202, 3203.

13 Ebenso ist die Vorschrift der VV 3203 anzuwenden, wenn das Gericht von Amts wegen eine Entscheidung zur Prozess- und Sachleitung trifft (Anm. zu VV 3203 i.V.m. Anm. Abs. 1 Nr. 1 zu VV 3105). Auch dies gilt aber nur bei Säumnis des Berufungsklägers/Beschwerdeführers.

> **Beispiel:** Der Prozessbevollmächtigte des Berufungsklägers erscheint nicht. Der Prozessbevollmächtigte des Berufungsbeklagten stellt keinen Antrag. Daraufhin vertagt das Gericht die Sache.
> Der Anwalt des Berufungsbeklagten erhält die 0,5-Gebühr nach VV 3202, 3203.

IV. Sachentscheidung gegen den säumigen Berufungskläger

14 Ergeht bei Säumnis des Berufungsklägers ein Sachurteil, etwa die Verwerfung der Berufung als unzulässig, gilt VV 3203 nicht, zumal der Berufungsbeklagte in diesem Fall ohnehin nicht „nur" ein Versäumnisurteil beantragt.[4]

---

1 *Hansens/Braun/Schneider*, § 8 Rn 251.
2 OLG Köln AGS 2007, 238 = NJW 2007, 1694 = RVGreport 2007, 188.
3 BGH AGS 2007, 226= NJW 2007, 1692 = Rpfleger 2007, 343 = AnwBl 2007, 383 = RVGreport 2007, 187.
4 *Pfeiffer* in Anm. zu OLG Düsseldorf JurBüro 1999, 358; i.d.S. auch OLG Düsseldorf JurBüro 1999, 358 = KostRsp. BRAGO § 33 Nr. 52.

V. Säumnis bei einseitiger Erledigung der Hauptsache

Nach zutreffender Auffassung des OLG Düsseldorf[5] greift die Ermäßigung auch dann nicht, wenn der Kläger als Berufungsbeklagter in der Berufung die Hauptsache für erledigt erklärt und dann eine gerichtliche Entscheidung darüber ergehen muss, ob sich der Rechtsstreit in der Hauptsache erledigt hat.

> **Beispiel:** Gegen seine Verurteilung i.H.v. 15.000 EUR legt der Beklagte Berufung ein. Vier Wochen vor dem Verhandlungstermin zahlt er die 10.000 EUR, so dass der Kläger (Berufungsbeklagter) den Rechtsstreit in der Hauptsache für erledigt erklärt. Der Beklagte und Berufungskläger erklärt sich hierzu nicht und bleibt im Termin säumig. Daraufhin stellt das Gericht im Termin die Erledigung der Hauptsache fest. Angefallen ist jetzt die volle 1,2-Termingebühr nach VV 3202.

VI. Kombinationen

Möglich ist auch, dass die Terminsgebühr sowohl nach VV 3203 zu 0,5 als auch nach VV 3202 zu 1,2 anfällt. Zu beachten ist dann § 15 Abs. 3.

> **Beispiel:** Auf die Klage über 20.000 EUR hat das Gericht den Beklagten auf Zahlung von 10.000 EUR verurteilt. Der Kläger legt gegen die Abweisung der Klage Berufung ein. Später erhebt der Berufungsbeklagte Anschlussberufung, mit der er die vollständige Abweisung der Klage verfolgt. In der mündlichen Verhandlung erscheint der Berufungskläger nicht, so dass auf Antrag des Berufungsbeklagten die Berufung des Klägers durch Versäumnisurteil zurückgewiesen und der Berufung des Berufungsbeklagten stattgegeben wird.
>
> Aus dem Wert der Berufung ist lediglich die 0,5-Terminsgebühr nach VV 3202, 3203 angefallen. Aus dem Wert der Anschlussberufung ist dagegen die volle 1,2-Terminsgebühr nach VV 3202 angefallen, da insoweit der Berufungsbeklagte selbst Berufungskläger ist.
>
> 1. 1,6-Verfahrensgebühr, VV 3200 (Wert: 20.000 EUR)   1.187,20 EUR
> 2. 1,2-Terminsgebühr, VV 3202 (Wert: 10.000 EUR)   669,60 EUR
> 3. 0,5-Terminsgebühr, VV 3202, 3203 (Wert: 10.000 EUR)   279,00 EUR
>   gem. § 15 Abs. 3 nicht mehr als 1,2 aus 20.000 EUR   890,40 EUR
> 4. Postentgeltpauschale, VV 7002   20,00 EUR
>   Zwischensumme   2.097,60 EUR
> 5. 19 % Umsatzsteuer, VV 7008   398,54 EUR
>   **Gesamt**   **2.496,14 EUR**

VII. Zweites Versäumnisurteil

Ebenso wie in erster Instanz greift die Ermäßigung nach VV 3203 nicht beim zweiten Versäumnisurteil; hier bleibt es bei VV 3202 (siehe auch VV 3105 Rdn 19 m.w.N. zur Rechtsprechung).

VIII. Verhandlung nach Versäumnisurteil

Soweit nach dem Versäumnisurteil verhandelt wird, erstarkt die bis dahin angefallene 0,5-Terminsgebühr zu einer vollen 1,2-Terminsgebühr. Eine dem § 38 BRAGO vergleichbare Regelung kennt das RVG nicht.

> **Beispiel:** Gegen seine Verurteilung i.H.v. 10.000 EUR legt der Beklagte Berufung ein. Im ersten Termin ist er säumig, so dass die Berufung durch Versäumnisurteil zurückgewiesen wird. Anschließend wird Einspruch eingelegt und verhandelt.
>
> Es entsteht für beide Anwälte nur eine 1,2-Terminsgebühr nach VV 3202. Die für den Berufungsbeklagten zuvor entstandene 0,5-Terminsgebühr erstarkt zu einer 1,2-Terminsgebühr und kann nicht etwa gesondert verlangt werden.

---

[5] OLG Düsseldorf JurBüro 1999, 358 m. Anm. *Pfeiffer* = KostRsp. BRAGO § 33 Nr. 52; a.A. OLG Düsseldorf JurBüro 2000, 199 = MDR 2000, 667 = Rpfleger 2000, 238 = KostRsp. BRAGO § 33 Nr. 54.

C. Familienrechtliche Beschwerdeverfahren

19 In Beschwerdeverfahren in Familiensachen sind nach VV Vorb. 3.2.1 Nr. 2 Buchst. b) die Vorschriften der VV 3200 ff. entsprechen anzuwenden, also auch die Ermäßigung nach VV 3203.

20 Soweit in
- Familienstreitsachen nach § 112 FamFG
- Folgesachen im Verbund, sofern sie als isolierte Familiensache eine Familienstreitsache wären,

der Gegner nicht erscheint, ist auch hier eine Versäumnisentscheidung, ein Versäumnisbeschluss möglich (§ 117 Abs. 2 FamFG i.V.m. § 539 ZPO).

21 In Ehesachen ist eine Versäumnisentscheidung ebenfalls möglich, allerdings nur bei Säumnis des Antragstellers (§ 130 FamFG).

22 Es gelten dann die gleichen Regeln wie in einem Berufungsverfahren, so dass auf die dortigen Ausführungen Bezug genommen werden kann.

Nr.	Gebührentatbestand	Gebühr oder Satz der Gebühr nach § 13 RVG
3204	Verfahrensgebühr für Verfahren vor den Landessozialgerichten, in denen Betragsrahmengebühren entstehen (§ 3 RVG)	60,00 bis 680,00 €
3205	Terminsgebühr in Verfahren vor den Landessozialgerichten, in denen Betragsrahmengebühren entstehen (§ 3 RVG)	50,00 bis 510,00 €
	Satz 1 Nr. 1 und 3 der Anmerkung zu Nummer 3106 gilt entsprechend. In den Fällen des Satzes 1 beträgt die Gebühr 75 % der in derselben Angelegenheit dem Rechtsanwalt zustehenden Verfahrensgebühr ohne Berücksichtigung einer Erhöhung nach Nummer 1008.	

A. Allgemeines 1
B. Regelungsgehalt 2
I. Verfahrensgebühr (VV 3204) 2
II. Terminsgebühr (VV 3205) 4
C. Erstattungsfragen 10

A. Allgemeines

1 VV 3204 und VV 3205 betreffen ausschließlich **Verfahren vor dem Landessozialgericht, in welchen das GKG nicht anwendbar ist** (§ 3 Abs. 1 S. 1). Nach **§ 1 Abs. 2 Nr. 3 GKG** ist das GKG in Verfahren vor den Gerichten der Sozialgerichtsbarkeit anzuwenden, soweit dies im SGG bestimmt ist. Das SGG regelt in **§§ 183, 197a SGG** die Verfahren, in denen das GKG nicht und mithin § 3 Abs. 1 S. 1 anwendbar ist. Nach § 197a Abs. 1 S. 1, 1. Hs. SGG findet das GKG keine Anwendung, wenn in einem Rechtszug weder Kläger noch Beklagter zu den in § 183 SGG genannten Personen gehören. Ausschlaggebend für die **Anwendung des GKG** ist mithin, ob eine **in § 183 SGG genannte Person** an dem Rechtsstreit im betreffenden Rechtszug **beteiligt** ist. Zu der Frage, wann dies der Fall ist, wird auf die grundlegenden Erläuterungen zu § 3 Abs. 1 S. 1 verwiesen (siehe § 3 Rdn 8 ff.).

B. Regelungsgehalt

I. Verfahrensgebühr (VV 3204)

2 Wird der Rechtsanwalt in einem Verfahren vor dem Landessozialgericht, in welchem das GKG nicht anwendbar ist (§ 3 Abs. 1 S. 1), tätig, so erhält er nach **VV 3204** eine **Verfahrensgebühr** i.H.v. **60 EUR bis 680 EUR (Mittelgebühr 370 EUR)**. Die Verfahrensgebühr erhält der Rechtsanwalt nach **VV Vorb. 3 Abs. 2** für das Betreiben des Geschäfts einschließlich der Information. Auf die Erläuterungen zu VV Vorb. 3 Abs. 2 wird verwiesen (siehe VV Vorb. 3 Rdn 12 ff.).

VV 3204 findet auch Anwendung auf Verfahren vor dem Landessozialgericht auf Anordnung oder Wiederherstellung der aufschiebenden Wirkung, auf Aussetzung oder Aufhebung der Vollziehung oder Anordnung der sofortigen Vollziehung eines Verwaltungsakts und in Verfahren auf Erlass einer einstweiligen Anordnung, wenn das Landessozialgericht als Gericht der Hauptsache anzusehen ist. 3

VV Vorb. 3.2.1 Nr. 3a) stellt nunmehr klar, dass die für das Berufungsverfahren geltenden (Betragsrahmen-)Gebühren (Unterabschnitt 1 und damit auch VV 3204, 3205) auch in Verfahren über Beschwerden gegen die Entscheidung des (Verwaltungs- oder) Sozialgerichts wegen des Hauptgegenstandes in Verfahren des vorläufigen oder einstweiligen Rechtsschutzes entstehen (siehe dazu auch VV Vorb. 3.2.1 Rdn 299 ff.). Eine pauschale Reduzierung der Verfahrensgebühr in Eilverfahren, etwa auf 2/3,[1] ist contra legem. Die gegen diese pauschale Reduzierung schon zur alten Rechtslage vorgetragene Kritik wird zu Recht wiederholt.[2]

Zu einer Anrechnung der hälftigen Geschäftsgebühr auf die zweitinstanzliche Verfahrensgebühr für das Eilverfahren nach VV Vorb. 3 Abs. 4 kommt es auch dann nicht, wenn der Rechtsanwalt seinen Mandanten nur außergerichtlich und anschließend im Berufungsverfahren vertreten hat. Die Regelung in VV Vorb. 3 Abs. 4 ersetzt die Regelung in VV 3103 a.F., die einen niedrigeren Betragsrahmen bei Vorbefassung für die erstinstanzliche Verfahrensgebühr vorgesehen hatte. Eine vergleichbare Regelung kannte das RVG bei der zweitinstanzlichen Verfahrensgebühr nicht.[3]

II. Terminsgebühr (VV 3205)

In einem Verfahren vor dem Landessozialgericht, in welchen das GKG nicht anwendbar ist (§ 3 Abs. 1 S. 1), erhält der Rechtsanwalt nach **VV 3205** eine **Terminsgebühr** i.H.v. **50 EUR bis 510 EUR (Mittelgebühr 280 EUR)**. Die Terminsgebühr erhält der Rechtsanwalt nach **VV Vorb. 3 Abs. 3** für die Vertretung in einem Verhandlungs-, Erörterungs- oder Beweisaufnahmetermin oder für die Wahrnehmung eines von einem gerichtlich bestellten Sachverständigen anberaumten Termins oder für die Mitwirkung an auf die Vermeidung oder Erledigung des Verfahrens gerichteten Besprechungen ohne Beteiligung des Gerichts; dies gilt nicht für Besprechungen mit dem Auftraggeber. Auf die Erläuterungen zu VV Vorb. 3 Abs. 3 wird verwiesen (siehe VV Vorb. 3 Rdn 100 ff.). 4

Nach der Anm. zu VV 3205 gilt die **Anm. zu VV 3106 S. 1 Nr. 1, 3 entsprechend**. Der Rechtsanwalt erhält mithin die Terminsgebühr aus dem Betragsrahmen nach VV 3205 auch dann, wenn das Landessozialgericht in einem Verfahren, für welches mündliche Verhandlung vorgeschrieben ist, im Einverständnis mit den Parteien ohne mündliche Verhandlung entschieden hat oder der Rechtsstreit durch einen schriftlichen Vergleich endet (Anm. Nr. 1 zu VV 3106) oder wenn das Verfahren ohne mündliche Verhandlung nach angenommenem Anerkenntnis endet (Anm. Nr. 3 zu VV 3106). 5

Nach VV 3205 Anm S. 2 beträgt die Terminsgebühr in diesen Fällen 75 % der in derselben Angelegenheit dem Rechtsanwalt zustehenden Verfahrensgebühr ohne Erhöhung nach VV 1008. 6

Die **Mindestgebühr** der „fiktiven" Terminsgebühr beträgt danach **37,50 EUR** (50,00 EUR x 0,75), die **Höchstgebühr 382,50 EUR** (510 EUR x 0,75), die **Mittelgebühr 210 EUR** (280 EUR x 0,75). Die „fiktive" Terminsgebühr ist nachfolgender Formel zu berechnen: 7

fiktive Terminsgebühr = Verfahrensgebühr x 0,75[4]

Bei der Bestimmung der „fiktiven" Terminsgebühr in Verfahren, in denen der Rechtsanwalt **mehrere Auftraggeber** vertritt, ist aber eine Erhöhung nach **VV 1008 nicht zu berücksichtigen**. Die Gebühr berechnet sich nach folgender Formel: 8

fiktive Terminsgebühr = nach VV 1008 erhöhte Verfahrensgebühr x 0,75 / Kürzungsquotient[5]

---

1 So aber Hess. LSG, Beschl. v. 26.10.2015 – L 2 SO 95/15 B.
2 Vgl. nur Bay. LSG, Beschl. v. 21.6.2016 – L 15 SF 39/14 E unter Hinw. auf Beschl. v. 11.4.2013 – L 15 SF 43/12 B.
3 Zur vergleichbaren Konstellation bei Widerspruchs- und Eilrechtsschutzverfahren in der ersten Instanz Bay. LSG, Beschl. v. 21.6.2016 – L 15 SF 39/14 E; anders Hess. LSG, Beschl. v. 31.5.2016 – L 2 AS 603/15 B.
4 *Schneider/Thiel*, Das neue Gebührenrecht, § 3 Rn 853.
5 *Schneider/Thiel*, Das neue Gebührenrecht, § 3 Rn 859 ff.

Durch diesen Kürzungsquotienten wird die die nach VV 1008 berechnete Erhöhung wieder herausgerechnet. Der Quotient ergibt sich aus folgender Aufstellung:

Zahl der Auftraggeber	Quotient
2	1,3
3	1,6
4	1,9
5	2,2
6	2,5
7	2,8
8 und mehr	3

Bei 8 und mehr Auftraggebern ist die **Erhöhung** auf das **Doppelte des Betrages der Verfahrensgebühr** beschränkt, so dass es auch zu einer weiteren Kürzung nicht kommen kann.

9 Hat in einem Verfahren vor dem Landessozialgericht, auf das die Regelungen der Betragsrahmengebühren anzuwenden sind, eine besonders umfangreiche Beweisaufnahme stattgefunden und wurden dabei in mindestens drei Gerichtsterminen Sachverständige oder Zeugen vernommen (zu den Voraussetzungen siehe VV 1010 Rdn 5 ff.),[6] erhöhen sich der Mindest- und der Höchstbetrag der Terminsgebühr um 30 % (VV 1010, **Zusatzgebühr für besonders umfangreiche Beweisaufnahme**). Demnach beträgt die **Mindestgebühr 65 EUR**, die **Höchstgebühr 663 EUR** (Mittelgebühr 364 EUR). Die Zusatzgebühr wird in sozialgerichtlichen Verfahren keine große Bedeutung erlangen, da überhaupt nur selten von der Möglichkeit Gebrauch gemacht wird, Sachverständigen zur Erläuterung ihrer Gutachten zu laden.[7]

C. Erstattungsfragen

10 Wegen der Bestimmung der Betragsrahmengebühr wird auf die grundlegenden Ausführungen in § 3 und § 14 (siehe § 3 Rdn 114 ff., § 14 Rdn 21 ff.) verwiesen.

11 Daneben ist es in Einzelfällen denkbar, dass aufgrund besonderer Umstände, die den abgehaltenen Termin im Einzelfall prägen, die reale Terminsgebühr innerhalb des Rahmens abweicht von der Verfahrensgebühr, d.h. Umstände vorliegen, die z.B. bei der Terminsgebühr eine Überschreitung der Mittelgebühr rechtfertigen, wohingegen es bei der Verfahrensgebühr beim Ansatz der Mittelgebühr verbleibt. Erhöhend kann insbesondere der Umstand sein, dass mehrere Termine wahrgenommen werden müssen oder dass der einzige Termin – etwa wegen Anhörung von Sachverständigen oder wegen sonstiger Beweiserhebung – besonders zeitaufwendig gewesen ist. Mindernd bezüglich der Höhe der realen Terminsgebühr[8] sind demgegenüber nur jene seltenen Fälle, in denen der einzige vom Rechtsanwalt wahrgenommene Termin ein „Durchlaufertermin" gewesen ist, in dem lediglich ohne Erörterung die Sache vertagt wurde, etwa weil der Kläger oder ein sonstiger Beteiligter, dessen persönliches Erscheinen angeordnet worden war, nicht erschienen ist, oder in dem der Rechtsanwalt schmucklos und ohne Erörterung der Sach- und Rechtslage die Klage zurücknimmt.[9]

12 Zu weiteren Erstattungsfragen betreffend sozialrechtliche Angelegenheiten, in denen das GKG nicht anwendbar ist (Erstattung der Kosten für die Zuziehung eines Rechtsanwalts für ein Verwaltungs- und/oder Nachprüfungsverfahren, Kostenfestsetzung, Kostenerstattung), wird auf die grundlegenden Ausführungen zu Erstattungsfragen bei § 3 verwiesen (siehe § 3 Rdn 143 ff.).

---

6 Siehe auch *Schneider/Thiel*, AGS 2013, 53, 54 f.
7 Zur Anhörung von Sachverständigen im sozialgerichtlichen Verfahren: *Bultmann*, Ladung des medizinischen Sachverständigen zur Erläuterung eines Gutachtens – aus juristischer Sicht, Der medizinische Sachverständige 2011, 84.
8 Zu weitgehend insoweit LSG Schleswig-Holstein, Beschl. v. 12.9.2006 – L 1 B 320/05 SF SK.
9 *Guhl*, NZS 2005, 193, 195.

Abschnitt 2. Berufung, Revision, bestimmte Beschwerden, Verfahren vor Finanzgericht **VV Vorb. 3.2.2**

Unterabschnitt 2. Revision, bestimmte Beschwerden und Rechtsbeschwerden

Nr.	Gebührentatbestand	Gebühr oder Satz der Gebühr nach § 13 RVG
Vorbemerkung 3.2.2: Dieser Unterabschnitt ist auch anzuwenden in Verfahren 1. über Rechtsbeschwerden a) in den in der Vorbemerkung 3.2.1 Nr. 2 genannten Fällen und b) nach § 20 KapMuG, 2. vor dem Bundesgerichtshof über Berufungen, Beschwerden oder Rechtsbeschwerden gegen Entscheidungen des Bundespatentgerichts und 3. vor dem Bundesfinanzhof über Beschwerden nach § 128 Abs. 3 FGO.		

Literatur: *N. Schneider,* Rechtsmittelverfahren in bürgerlichen Rechtsstreitigkeiten, AGS 2004, 89; *Söhner,* Das neue Kapitalanleger-Musterverfahrensgesetz, ZIP 2013, 7.

A. Allgemeines 1
B. Verfahren über Rechtsbeschwerden in den in der VV Vorb. 3.2.1 Nr. 2 genannten Fällen (Nr. 1 Buchst. a) 5
  I. Allgemeines zum Anwendungsbereich ... 5
    1. Überblick 5
    2. Erweiterter Anwendungsbereich durch das 2. KostRMoG 10
    3. Bisheriger Anwendungsbereich vor Inkrafttreten des 2. KostRMoG 12
    4. Vom Anwendungsbereich nicht erfasste Verfahren 14
    5. Verweisung auf Beschwerdeverfahren mit Anwaltszwang 15
  II. Gebühren in Rechtsbeschwerdeverfahren der VV Vorb. 3.2.1 Nr. 2 16
    1. Verfahrensgebühr, VV 3206, 3208 (3209), 1008 17
    2. Terminsgebühr, VV 3210 20
    3. Einigungsgebühr 21
  III. Wertfestsetzung in Rechtsbeschwerdeverfahren nach Nr. 1 Buchst. a 22
  IV. Kostenentscheidung und Kostenerstattung 24
  V. Rechtsbeschwerden in Verfahren über Anträge auf Vollstreckbarerklärung ausländischer Titel, auf Erteilung der Vollstreckungsklausel zu ausländischen Titeln sowie über Anträge auf Aufhebung oder Abänderung der Vollstreckbarerklärung oder der Vollstreckungsklausel (VV Vorb. 3.2.1 Nr. 2 Buchst. a) 25
    1. Allgemeines zum Anwendungsbereich .. 25
    2. Gebühren in Rechtsbeschwerdeverfahren nach VV Vorb. 3.2.2 Nr. 1 Buchst. a 39
      a) Verfahrensgebühr, VV 3206, 3208, 3209, 1008 40
      b) Terminsgebühr, VV 3210 41
      c) Einigungsgebühr, VV 1000, 1004 ... 42
    3. Wertfestsetzung in Verfahren nach VV Vorb. 3.2.2 Nr. 1 Buchst. a 43
      a) Anträge auf Vollstreckbarerklärung ausländischer Titel 43
      b) Anträge auf Erteilung der Vollstreckungsklausel zu ausländischen Titeln 48

      c) Anträge auf Aufhebung oder Abänderung der Vollstreckbarerklärung oder der Vollstreckungsklausel 49
    4. Kostenfestsetzung und Kostenerstattung in Rechtsbeschwerdeverfahren nach VV Vorb. 3.2.2 Nr. 2 Buchst. a 50
  VI. Rechtsbeschwerden in Familiensachen und in den Angelegenheiten der freiwilligen Gerichtsbarkeit (VV Vorb. 3.2.1 Nr. 2 Buchst. b) 51
    1. Allgemeines zum Anwendungsbereich .. 51
    2. Rechtsbeschwerdeverfahren in Familiensachen 56
      a) Gebühren in Familiensachen nach VV Vorb. 3.2.1 Nr. 2 Buchst. b 57
        aa) Verfahrensgebühr, VV 3206, 3208, 3209, 1008 57
        bb) Terminsgebühr, VV 3210 58
        cc) Einigungsgebühr, VV 1000, 1004 59
      b) Wertfestsetzung in Familiensachen nach VV Vorb. 3.2.1 Nr. 2 Buchst. b 60
    3. Rechtsbeschwerdeverfahren in Angelegenheiten der freiwilligen Gerichtsbarkeit 61
      a) Im FamFG ausdrücklich geregelte Angelegenheiten der freiwilligen Gerichtsbarkeit 62
      b) Außerhalb des FamFG geregelte Angelegenheiten der freiwilligen Gerichtsbarkeit 63
        aa) Rechtsbeschwerden in Landwirtschaftssachen VV Vorb. 3.2.1 Nr. 2 Buchst. c a.F. und VV Vorb. 3.2.1 Nr. 1 Buchst. c a.F) 64
        bb) Rechtsbeschwerdeverfahren nach dem WpÜG 66
        cc) Rechtsbeschwerdeverfahren nach dem SpruchG 67
      c) Gebühren in Angelegenheiten der freiwilligen Gerichtsbarkeit, VV Vorb. 3.2.1 Nr. 2 Buchst. b 68
        aa) Verfahrensgebühr, VV 3206, 3208, 3209, 1008 68
        bb) Terminsgebühr, VV 3208, 3209, 1008 69

cc) Einigungsgebühr, VV 1000, 1004 70
4. Rechtsbeschwerdeverfahren in den übrigen Angelegenheiten der freiwilligen Gerichtsbarkeit 71
5. Wertfestsetzung im Rechtsbeschwerdeverfahren der freiwilligen Gerichtsbarkeit nach VV Vorb. 3.2.1 Nr. 2 Buchst. b 72
6. Kostenfestsetzung und Kostenerstattung in Rechtsbeschwerdeverfahren nach VV Vorb. 3.2.1 Nr. 2 Buchst. b 73

VII. **Beschlussverfahren vor den Gerichten für Arbeitssachen (VV Vorb. 3.2.1 Nr. 2 Buchst. c)** 74
1. Allgemeines zum Anwendungsbereich . . 74
2. Gebühren in Beschlussverfahren vor den Gerichten für Arbeitssachen (VV Vorb. 3.2.1 Nr. 2 Buchst. c) 77
   a) Verfahrensgebühr, VV 3206, 3208, 3209, 1008 77
   b) Terminsgebühr, VV 3210 78
   c) Einigungsgebühr, VV 1000, 1004 . . . 79
3. Vergütung in sonstigen Rechtsbeschwerdeverfahren nach dem ArbGG . . . 80
4. Wertfestsetzung im Rechtsbeschwerdeverfahren im Beschlussverfahren vor den Gerichten für Arbeitssachen (VV Vorb. 3.2.1 Nr. 2 Buchst. c) 81
5. Kostenfestsetzung und Kostenerstattung in Rechtsbeschwerdeverfahren nach VV Vorb. 3.2.1 Nr. 2 Buchst. d 83

VIII. **Personalvertretungsrechtliche Beschlussverfahren vor den Gerichten der Verwaltungsgerichtsbarkeit (VV Vorb. 3.2.1 Nr. 2 Buchst. d)** 84
1. Allgemeines zum Anwendungsbereich . . 84
2. Gebühren in Rechtsbeschwerdeverfahren im personalvertretungsrechtlichen Beschlussverfahren vor den Gerichten der Verwaltungsgerichtsbarkeit (VV Vorb. 3.2.1 Nr. 2 Buchst. d) 85
   a) Verfahrensgebühr, VV 3206, 3208, 3209, 1008 85
   b) Terminsgebühr, VV 3210 86
   c) Einigungsgebühr, VV 1000, 1004 . . . 87
3. Wertfestsetzung im Rechtsbeschwerdeverfahren im personalvertretungsrechtlichen Beschlussverfahren vor den Gerichten der Verwaltungsgerichtsbarkeit (VV Vorb. 3.2.1 Nr. 2 Buchst. d) 89
4. Kostenfestsetzung und Kostenerstattung in Rechtsbeschwerdeverfahren nach VV Vorb. 3.2.1 Nr. 2 Buchst. d 91

IX. **Verfahren nach dem Gesetz gegen Wettbewerbsbeschränkungen (VV Vorb. 3.2.1 Nr. 2 Buchst. e)** 92
1. Allgemeines zum Anwendungsbereich . . 92
2. Gebühren in Rechtsbeschwerdeverfahren nach dem GWB (VV Vorb. 3.2.1 Nr. 2 Buchst. e) 95
   a) Verfahrensgebühr, VV 3206, 3208, 3209, 1008 95
   b) Terminsgebühr, VV 3210 96
   c) Einigungsgebühr, VV 1000, 1004 . . . 97
3. Sonstige Rechtsbeschwerdeverfahren nach dem GWB 98
4. Wertfestsetzung in Rechtsbeschwerdeverfahren nach dem GWB 99
5. Kostenerstattung und Kostenfestsetzung 100

X. **Verfahren nach dem Energiewirtschaftsgesetz (VV Vorb. 3.2.1 Nr. 2 Buchst. f)** . . . 101
1. Allgemeines zum Anwendungsbereich . . 101
2. Gebühren in Rechtsbeschwerdeverfahren nach dem EnWG (VV Vorb. 3.2.1 Nr. 2 Buchst. f) 103
   a) Verfahrensgebühr, VV 3206, 3208, 3209, 1008 103
   b) Terminsgebühr, VV 3210 104
   c) Einigungsgebühr, VV 1000, 1004 . . . 105
3. Wertfestsetzung in Rechtsbeschwerdeverfahren nach dem EnWG 106
4. Kostenerstattung und Kostenfestsetzung 107

XI. **Verfahren nach dem Gesetz zur Demonstration der dauerhaften Speicherung von Kohlendioxid (VV Vorb. 3.2.1 Nr. 2 Buchst. g)** 108
1. Allgemeines zum Anwendungsbereich . . 108
2. Gebühren in Rechtsbeschwerdeverfahren nach dem KSpG (VV Vorb. 3.2.1 Nr. 2 Buchst. g) 111
   a) Verfahrensgebühr, VV 3206, 3208, 3209, 1008 111
   b) Terminsgebühr, VV 3210 112
   c) Einigungsgebühr, VV 1000, 1004 . . . 113
   d) Erledigungsgebühr, VV 1002, 1004 . . 114
3. Wertfestsetzung in Rechtsbeschwerdeverfahren nach dem KSpG 115
4. Kostenerstattung und Kostenfestsetzung 116

XII. **Verfahren nach dem EG-Verbraucherschutzdurchsetzungsgesetz (VV Vorb. 3.2.1 Nr. 2 Buchst. h)** 117
1. Allgemeines zum Anwendungsbereich . . 117
2. Gebühren in Rechtsbeschwerdeverfahren nach dem VSchDG (VV Vorb. 3.2.1 Nr. 2 Buchst. h) 121
   a) Verfahrensgebühr, VV 3206, 3208, 3209, 1008 121
   b) Terminsgebühr, VV 3210 122
   c) Einigungsgebühr, VV 1000 123
   d) Erledigungsgebühr, VV 1002, 1004 . . 124
3. Wertfestsetzung in Rechtsbeschwerdeverfahren nach dem VSchDG 125
4. Kostenerstattung und Kostenfestsetzung 126

XIII. **Verfahren nach dem Spruchverfahrensgesetz (VV Vorb. 3.2.1 Nr. 2 Buchst. i)** . . . 127
1. Allgemeines zum Anwendungsbereich . . 127
2. Gebühren in Rechtsbeschwerdeverfahren nach dem SpruchG (VV Vorb. 3.2.1 Nr. 2 Buchst. i) 129
   a) Verfahrensgebühr, VV 3206, 3208, 3209 129
   b) Terminsgebühr, VV 3210 130
   c) Einigungsgebühr, VV 1000, 1004 . . . 131
3. Wertfestsetzung in Rechtsbeschwerdeverfahren nach dem SpruchG 132
4. Kostenfestsetzung und Kostenerstattung in Rechtsbeschwerdeverfahren nach dem SpruchG 135

XIV. **Verfahren nach dem Wertpapiererwerbs- und Übernahmegesetz (VV Vorb. 3.2.1 Nr. 2 Buchst. j)** 139
1. Allgemeines zum Anwendungsbereich . . 139
2. Gebühren in Rechtsbeschwerdeverfahren nach dem WpÜG (VV Vorb. 3.2.1 Nr. 2 Buchst. j) 142

a) Verfahrensgebühr, VV 3206, 3208, 3209, 1008	142
b) Terminsgebühr, VV 3210	143
c) Einigungsgebühr, VV 1000, 1004 ...	144
3. Wertfestsetzung in Rechtsbeschwerdeverfahren nach dem WpÜG	145
4. Kostenfestsetzung und Kostenerstattung	147
C. Rechtsbeschwerden nach § 20 KapMuG (Nr. 1 Buchst. b)	148
I. Allgemeines	148
II. Anwendungsbereich der VV Vorb. 3.2.2 Nr. 1b	150
III. Gebühren für Rechtsbeschwerde nach § 20 KapMuG	151
IV. Gegenstandswert der Rechtsbeschwerde nach § 20 KapMuG	153
V. Sonstige, das KapMuG betreffende, sofortige Beschwerden bzw. Rechtsbeschwerden nach § 574 ZPO	154
1. Gebühren	154
2. Gegenstandswert	156
3. Beispielsfälle für das KapMuG betreffende sofortige Beschwerden bzw Rechtsbeschwerden nach § 574 ZPO ...	158
D. In VV Vorb. 3.2.1 und 3.2.2 nicht geregelte Rechtsbeschwerdeverfahren	159
I. Anwendung der VV 3502 ff., 3516	159
II. Anwendung der VV 5113, 5114	160
III. Anwendung VV Teil 6 (VV 6300 ff.)	161
1. Anwendung der VV 6300 bis 6303	161
2. Anwendung der VV 6402, 6403	162
E. Verfahren vor dem BGH über Berufungen, Beschwerden oder Rechtsbeschwerden gegen Entscheidungen des BPatG (Nr. 2)	163
I. Allgemeines	163
II. Regelungsgehalt	165
1. Anwendungsbereich	165
2. Gebühren	167
a) Verfahrensgebühr, VV 3206, 3208 ...	167
b) Verfahrensgebühr – vorzeitige Beendigung, VV 3209	168
c) Terminsgebühr, VV 3210	169
d) Einigungsgebühr, Anm. Abs. 1 Nr. 1 zu VV 1000, 1004	171
e) Erledigungsgebühr, VV 1002, 1004 ..	172
f) Sonstige Gebührentatbestände	173
III. Gegenstandswert	174
IV. Kostenerstattung und Kostenfestsetzung	180
V. Verfahrenskostenhilfe	184
F. Beschwerde in Verfahren des einstweiligen Rechtsschutzes vor dem BFH (Nr. 3)	186

A. Allgemeines

VV Teil 3 Abschnitt 2 Unterabschnitt 2 regelt die Gebühren im **Revisionsverfahren**. 1

Ebenso wie die Gebühren des Berufungsverfahrens aus Teil 3 Abschnitt 2 für die in VV Vorb. 3.2.1 2
aufgeführten erstinstanzlichen Verfahren und Beschwerdeverfahren gelten, sind die Gebührenvorschriften für Revisionsverfahren nach VV Teil 3 Abschnitt 2 für
– die in Nr. 1 Buchst. a und b genannten **Rechtsbeschwerdeverfahren**,
– die in Nr. 2 genannten **Berufungen, Beschwerde- und Rechtsbeschwerdeverfahren** und
– die in Nr. 3 genannten **Beschwerden** vor dem BFH nach § 128 Abs. 3 FGO
anzuwenden.

In VV Vorb. 3.2.2 sind neben denjenigen Verfahren, für die die Gebühren nach VV 3206 ff. unmittelbar gelten, alle übrigen Verfahren aufgezählt, in denen sich die Beteiligten bereits im Beschwerdeverfahren durch einen beim BGH zugelassenen Anwalt vertreten lassen müssen. Die Überschrift der VV Vorb. 3.2.2 des Gliederungsabschnitts war durch das FGG-ReformG bereits um die Aufnahme „bestimmte Beschwerden und Rechtsbeschwerden" entsprechend ergänzt worden. Die in der Überschrift enthaltene Einschränkung auf „bestimmte" Beschwerde- und Rechtsbeschwerdeverfahren stellt klar, dass es neben den in VV Vorb. 3.2.2 genannten Beschwerdeverfahren und den in Nr. 1 genannten Rechtsbeschwerdeverfahren weitere gibt, die abweichend, das heißt nach anderen Gebührentatbeständen abzurechnen sind (vgl. VV Vorb. 3.2.1 Nr. 4, Anm. zu VV Vorb. 3.5, VV 3504, VV 3510). 3

Fraglich war, ob unter VV Vorb. 3.2.2 auch Beschwerdeverfahren gegen die Nichtzulassung der 4
Rechtsbeschwerde fallen. Diese Frage ist zwischenzeitlich dadurch geklärt, dass in den VV 3504 ff. jetzt alle Verfahren über die Nichtzulassung eines Rechtsmittels geregelt sind (bislang nur die Beschwerde gegen die Nichtzulassung einer Berufung oder Revision) und damit auch die Verfahren über eine Beschwerde gegen die Nichtzulassung einer Rechtsbeschwerde nach VV Vorb. 3.2.2 (dazu VV 3504 Rdn 1 ff.).

B. Verfahren über Rechtsbeschwerden in den in der VV Vorb. 3.2.1 Nr. 2 genannten Fällen (Nr. 1 Buchst. a)

I. Allgemeines zum Anwendungsbereich

1. Überblick

5 In Nr. 1 Buchst. a sind durch die Verweisung in VV Vorb. 3.2.1 Nr. 2 nach dem Willen des Gesetzgebers alle Rechtsbeschwerden aufgenommen worden, in denen die Zuständigkeit des BGH bereits im Beschwerdeverfahren gegeben ist und die Gebühren im Rechtsbeschwerdeverfahren wie in einem Revisionsverfahren entstehen sollen. Nr. 1 Buchst. a bestimmt deshalb, dass sich in diesen Rechtsbeschwerdeverfahren die Gebühren einheitlich nach den für die Revision geltenden Vorschriften des VV Teil 3 Abschnitt 2 Unterabschnitt 2 richten. Die Zusammenführung der in VV Vorb. 3.2.1 Nr. 2 in Bezug genommenen Beschwerdeverfahren soll die Verweisung der Nr. 1 Buchst. a auch für das Rechtsbeschwerdeverfahren systematisch erleichtern und übersichtlicher gestalten.

6 Das insoweit in der Begründung ausdrücklich erklärte Ziel ist umfassend erreicht worden, nachdem der Gesetzgeber auch die im Regierungsentwurf noch in der VV Vorb. 3.2.1 Nr. 3 Buchst. b enthaltenen Beschwerdeverfahren nach dem WpÜG in die VV Vorb. 3.2.1 Nr. 2 Buchst. j übernommen hat.

7 Zwar waren die nach § 63 WpÜG möglichen Rechtsbeschwerdeverfahren gemäß der Begründung im Regierungsentwurf[1] richtigerweise von der VV Vorb. 3.2.1 Nr. 2 ausgenommen worden, allerdings mit der nicht zutreffenden Begründung, dass es einer Regelung in VV Vorb. 3.2.1 Nr. 2 deshalb nicht bedürfe, weil sich die Gebühren in den Rechtsbeschwerdeverfahren nach § 63 WpÜG nach VV Teil 5 richten. Dabei hatte der Gesetzgeber aber zumindest zunächst übersehen, dass nicht nur in den Bußgeldverfahren nach dem WpÜG, sondern auch in den Verfahren nach § 39b WpÜG seit Inkrafttreten des FGG-ReformG die Erhebung einer Rechtsbeschwerde möglich ist (§ 39b Abs. 3 S. 3 WpÜG i.V.m. §§ 58 Abs. 1, 70 Abs. 1 FamFG) und Rechtsbeschwerdeverfahren nach dem WpÜG deshalb zunächst versehentlich in die VV Vorb. 3.2.1 Nr. 3 Buchst. b eingestellt wurden.

8 Die Einordnung könnte damit im Zusammenhang gestanden haben, dass bis zum Inkrafttreten des FGG-ReformG vom 17.8.2008 gegen den Beschluss des OLG die weitere Beschwerde nach § 39b Abs. 3 S. 6 WPÜG ausgeschlossen war, was erst durch Art. 70 Nr. 2 Buchst. b des FGG-ReformG geändert wurde. Seit Inkrafttreten des FGG-ReformG ist nunmehr die Rechtsbeschwerde auch in Verfahren nach § 39b WpÜG statthaft. Insoweit Verfahren nach dem WpÜG auf der Grundlage des Regierungsentwurfs noch nicht in der VV Vorb. 3.2.1 Nr. 3 enthalten gewesen waren, würde sich der Anwender dogmatisch mit der VV Vorb. 3.2.1 Nr. 2 Buchst. b beholfen haben und dennoch zur Anwendbarkeit von VV Teil 3 Abschnitt 2 Unterabschnitt 2 gelangen können, weil es sich bei den Verfahren nach § 39b WpÜG auch um Angelegenheiten der freiwilligen Gerichtsbarkeit handelt, die in der VV Vorb. 3.2.1 Nr. 2 Buchst. b bereits enthalten sind, und die in Nr. 1 Buchst. a enthaltene Verweisung entgegen dem gesetzgeberischen Bewusstsein so oder so auch auf der Grundlage des Regierungsentwurfs vom 29.8.2012 umfassend gewesen wäre. Die „zusätzliche" Aufnahme der Rechtsbeschwerdeverfahren nach § 39b WpÜG in die VV Vorb. 3.2.1 Nr. 2 Buchst. j wäre insoweit eigentlich entbehrlich gewesen; sie schadet aber auch nicht.

9 In Nr. 1 Buchst. a wird auf alle Rechtsbeschwerdeverfahren Bezug genommen, in denen die Zuständigkeit des BGH gegeben ist und in denen die Gebühren wie in einem Revisionsverfahren erhoben werden sollen, wobei das Rechtsbeschwerdeverfahren nach § 20 des KapMuG (§ 15 KapMuG a.F.) in Nr. 1 Buchst. b deshalb ausdrücklich gesondert genannt werden muss, weil es in diesem Verfahren keine Beschwerde gibt, so dass auch eine Erwähnung in der VV Vorb. 3.2.1 Nr. 2 aus systematischen Gründen nicht möglich gewesen wäre und Rechtsbeschwerdeverfahren nach § 20 KapMuG daher von Nr. 1 Buchst. a nicht erfasst werden konnten.

---

[1] Begründung zum Regierungsentwurf vom 29.8.2012, S. 434.

2. Erweiterter Anwendungsbereich durch das 2. KostRMoG

Nr. 1 Buchst. a verändert den Anwendungsbereich durch die Bezugnahme auf die VV Vorb. 3.2.1 Nr. 2 gegenüber der bisherigen Rechtslage, insoweit auch die VV Vorb. 3.2.1 Nr. 2 eine Erweiterung erfahren hat.

Die Gebührenvorschriften für das Revisionsverfahren sind nunmehr auch in den bisher nicht genannten Rechtsbeschwerdeverfahren anwendbar, soweit es sich um
– eine Angelegenheit der freiwilligen Gerichtsbarkeit (VV Vorb. 3.2.1 Nr. 2 Buchst. b),
– ein Rechtsbeschwerdeverfahren nach dem SpruchG (VV Vorb. 3.2.1 Nr. 2 Buchst. i) oder
– ein personalvertretungsrechtliches Beschlussverfahren vor den Gerichten der Verwaltungsgerichtsbarkeit (VV Vorb. 3.2.1 Nr. 2 Buchst. d)
handelt.

3. Bisheriger Anwendungsbereich vor Inkrafttreten des 2. KostRMoG

In den nachfolgend aufgeführten Rechtsbeschwerdeverfahren waren die Gebühren nach VV Teil 3 Abschnitt 2 Unterabschnitt 2 auch nach bisherigem Recht anwendbar:
– Verfahren auf Vollstreckbarerklärung ausländischer Titel oder auf Erteilung der Vollstreckungsklausel zu ausländischen Titeln sowie über Anträge auf Aufhebung oder Abänderung der Vollstreckbarerklärung oder der Vollstreckungsklausel (Nr. 1 Buchst. a a.F. und n.F.),
– Verfahren über Rechtsbeschwerden in Familiensachen (Nr. 1 Buchst. b a.F.; Nr. 1 Buchst. a n.F.),
– bestimmten Landwirtschaftssachen (Nr. 1 Buchst. c a.F.; Nr. 1 Buchst. a n.F.),
– in Verfahren nach dem WpÜG (Nr. 1 Buchst. d a.F.; Nr. 1 Buchst. a n.F.),
– Beschlussverfahren vor den Gerichten für Arbeitssachen (Nr. 3 a.F.; Nr. 1 Buchst. a n.F.),
– Verfahren nach GWB (VV Vorb. 3.2.1 Nr. 4 a.F.; Nr. 1 Buchst. a n.F.),
– Verfahren nach dem EnWG (VV Vorb. 3.2.1 Nr. 8 a.F.; Nr. 1 Buchst. a n.F.)
– Verfahren nach dem KSpG (VV Vorb. 3.2.1 Nr. 10 a.F.; Nr. 1 Buchst. a n.F.),
– Verfahren nach dem VschDG (VV Vorb. 3.2.1 Nr. 9 a.F.; Nr. 1 Buchst. a n.F.).

Durch die Aufnahme der Beschwerdeverfahren in die Verweisung der Nr. 1 Buchst. a auf die VV Vorb. 3.2.1 Nr. 2, sind die bisherigen Regelungen der Nr. 1 Buchst. a bis d a.F. entbehrlich und deshalb aufgehoben worden.

4. Vom Anwendungsbereich nicht erfasste Verfahren

Nicht in den Anwendungsbereich der VV Vorb. 3.2.2 gehört das Anerkennungsverfahren gemäß § 107 Abs. 1 bis 4 FamFG eine **ausländische Scheidung** betreffend. Ein solches Verfahren ist kein Gerichts-, sondern ein Verwaltungsverfahren. Dies ergibt sich bereits aus der Zuständigkeitsregelung des § 107 Abs. 2 FamFG, wonach die Justizverwaltungen der Länder für die Anerkennungsentscheidung zuständig sind.[2] Insofern richtet sich die Vergütung des Rechtsanwalts nach VV 2300.[3] Lehnt die Landesjustizverwaltung den Antrag ab, kann der Antragsteller beim OLG die gerichtliche Entscheidung beantragen (§ 107 Abs. 5 FamFG). Hierfür entstehen dann die Gebühren nach VV 3100 ff. und nicht die der VV 3206 ff.[4] Nach § 107 Abs. 5 FamFG ist gegen die ablehnende Entscheidung zwar die Beschwerde (§§ 58 ff. FamFG) und gegen die Beschwerdeentscheidung die Rechtsbeschwerde zum BGH eröffnet (§ 107 Abs. 7 S. 3 FamFG). Allerdings sind diese Beschwerdeverfahren in VV Vorb. 3.2.1 Nr. 2 nicht aufgeführt, weil sich die Beteiligten nicht durch einen Rechtsanwalt vertreten lassen müssen, so dass auch in den Rechtsbeschwerdeverfahren nicht die Gebühren nach Abschnitt 2 Unterschnitt 2, sondern die Gebühren nach VV Teil 3 Abschnitt 5 gelten.

---

2 OLG Stuttgart FamRZ 2011, 384 = IPRspr. 2010, Nr. 290b, 715 = FamRBint 2011, 12.
3 Gerold/Schmidt/*Müller-Rabe*, RVG, VV Vorb. 3.2.1 Rn 20.
4 Gerold/Schmidt/*Müller-Rabe*, RVG, VV Vorb. 3.2.1 Rn 21.

5. Verweisung auf Beschwerdeverfahren mit Anwaltszwang

15 In den vor dem BGH gegen Beschwerdeentscheidungen des Beschwerdegerichts i.S.d. VV Vorb. 3.2.1 Nr. 2 geführten Beschwerdeverfahren müssen sich die Beteiligten durch einen beim BGH zugelassenen Rechtsanwalt vertreten lassen.[5] Daher wird für diese Verfahren die Rechtsbeschwerde an dieser Stelle nicht mehr genannt; vielmehr gilt VV Teil 3 Abschnitt 2 Unterabschnitt 2 unmittelbar.

II. Gebühren in Rechtsbeschwerdeverfahren der VV Vorb. 3.2.1 Nr. 2

16 Der Rechtsanwalt kann in den Rechtsbeschwerdeverfahren gegen die Beschwerdeentscheidungen in den Verfahren nach VV Vorb. 3.2.1 Nr. 2 die erhöhten Gebühren nach Unterabschnitt 2 (VV 3208, 3209, 3210) abrechnen.

1. Verfahrensgebühr, VV 3206, 3208 (3209), 1008

17 Der Anwalt erhält demgemäß grundsätzlich eine **2,3-Verfahrensgebühr** nach VV 3206, 3208, die sich im Fall einer vorzeitigen Beendigung auf einen Gebührensatz von **1,8** ermäßigt (**VV 3209 i.V.m. Anm. zu VV 3201**).

18 Bei mehreren Auftraggebern ist die Verfahrensgebühr nach VV 1008 um 0,3 je weiteren Auftraggeber zu erhöhen, sofern derselbe Verfahrensgegenstand vorliegt.

19 Das gilt, auch wenn derselbe Verfahrensgegenstand vorliegt, dann nicht, wenn der Rechtsanwalt im Verfahren nach dem SpruchG (VV Vorb. 3.2.1 Nr. 2 Buchst. i) mehrere Antragsteller vertritt.

2. Terminsgebühr, VV 3210

20 Unter den Voraussetzungen der VV Vorb. 3 Abs. 3 S. 1, S. 3 Nr. 1 oder 2 kann eine **1,5-Terminsgebühr (vgl. VV 3210)** anfallen. Abs. 1 Nr. 1 sowie Anm. Abs. 2 und 3 zu VV 3104 gelten in bestimmten Rechtsbeschwerdeverfahren entsprechend.

3. Einigungsgebühr

21 Auch eine Einigungsgebühr kann unter den Voraussetzungen der VV 1000, 1004 in den Rechtsbeschwerdeverfahren nach Nr. 1 Buchst. a zu einem Gebührensatz von 1,3 ausgelöst werden (Anm. Abs. 1 zu VV 1004).

III. Wertfestsetzung in Rechtsbeschwerdeverfahren nach Nr. 1 Buchst. a

22 Der Wert des Rechtsbeschwerdeverfahrens richtet sich nach dem
- § 47 GKG, wenn es sich um Rechtsbeschwerdeverfahren vor den ordentlichen Gerichten handelt,
- § 40 FamGKG, wenn es sich um eine Familiensache handelt,
- § 69 GNotKG, wenn es sich um eine Angelegenheit der freiwilligen Gerichtsbarkeit handelt, es sei denn, der Ausschluss nach § 1 Abs. 3 GNotKG greift.

23 Insoweit für das Rechtsbeschwerdeverfahren Festgebühren vorgesehen sind (z.B. nach GKG-KostVerz. Nr. 1500 ff. oder FamGKG-KostVerz. Nr. 1700 ff.), ist der Wert für die Anwaltsgebühren auf Antrag festzusetzen, wobei er sich in diesem Fall nach den allgemeinen Wertvorschriften des GKG oder des FamGKG handelt. In den Fällen des § 23 Abs. 1 S. 2 RVG ist die entsprechende Anwendung des GNotKG nicht vorgesehen, so dass in den Angelegenheiten der freiwilligen Gerichtsbarkeit, die keine Familiensachen sind, im Falle der Gerichtsgebührenfreiheit oder in den Fällen, in denen Festgebühren vorgesehen sind, auf § 23 Abs. 2 RVG zurückzugreifen ist.

---

5 BT-Drucks 16/76308, S. 343.

IV. Kostenentscheidung und Kostenerstattung

Für die Kostenentscheidung und die Kostenerstattung gelten die allgemeinen Vorschriften der jeweiligen Verfahrensordnung (§§ 91 ff. ZPO, §§ 80 ff. FamFG) und ggf. besondere Regelungen, z.B. § 15 SpruchG, § 22 VSchDG etc.

V. Rechtsbeschwerden in Verfahren über Anträge auf Vollstreckbarerklärung ausländischer Titel, auf Erteilung der Vollstreckungsklausel zu ausländischen Titeln sowie über Anträge auf Aufhebung oder Abänderung der Vollstreckbarerklärung oder der Vollstreckungsklausel (VV Vorb. 3.2.1 Nr. 2 Buchst. a)

1. Allgemeines zum Anwendungsbereich

Von der in VV Vorb. 3.2.2 Nr. 1 Buchst. a enthaltenen Verweisung erfasst sind alle Verfahren über Rechtsbeschwerden gegen die den Rechtszug beendenden Beschwerdeentscheidungen in Verfahren nach VV Vorb. 3.2.1 Nr. 2.

Die Regelung war bereits zum 1.9.2009 durch das FGG-ReformG geändert worden. In den in VV Vorb. 3.2.1 Nr. 2 Buchst. a genannten Rechtsbeschwerdeverfahren in Verfahren über Anträge
– auf Vollstreckbarerklärung ausländischer Titel oder
– auf Erteilung der Vollstreckungsklausel zu ausländischen Titeln sowie
– auf Aufhebung oder Abänderung der Vollstreckbarerklärung oder der Vollstreckungsklausel
ist grundsätzlich die Vertretung durch einen beim BGH zugelassenen Rechtsanwalt vorgeschrieben. Das ist auch der Grund dafür, dass in der VV Vorb. 3.2.1 Nr. 2 Buchst. a nur noch die entsprechenden Beschwerdeverfahren genannt werden.

Unter Nr. 1 Buchst. a i.V.m. VV Vorb. 3.2.1 Nr. 2 Buchst. a fallen Rechtsbeschwerden gegen Beschwerdeentscheidungen in den in VV Vorb. 3.2.1 Nr. 2 Buchst. a a.F. und n.F. genannten Verfahren. In Rechtsbeschwerdeverfahren gegen Entscheidungen des OLG nach §§ 107, 108 FamFG werden die Gebühren der VV 3504, 3516 ausgelöst.

Mit Ausnahme der Verfahren der §§ 107, 108 FamFG ist in den Rechtsbeschwerdeverfahren gegen Endentscheidungen des Beschwerdegerichts über Anträge auf Vollstreckbarerklärungen ausländischer Titel, auf Erteilung der Vollstreckungsklausel zu ausländischen Titeln sowie auf Aufhebung oder Abänderung der Vollstreckbarerklärung oder der Vollstreckungsklausel grundsätzlich die Vertretung durch einen beim BGH zugelassenen Rechtsanwalt vorgeschrieben (§ 29 Abs. 1, 3 EGGVG i.V.m. §§ 71 bis 74a FamFG, § 78 Abs. 1 S. 3 ZPO, § 114 Abs. 2 FamFG).[6] Können sich also die Beteiligten in den vorgenannten Fällen nur durch einen beim BGH zugelassenen Rechtsanwalt vertreten lassen, so erhält dieser die erhöhten Gebühren nach Unterabschnitt 2.

VV Vorb. 3.2.1 Nr. 1 Buchst. a nennt zunächst die Beschwerdeverfahren gegen die den Rechtszug beendenden Entscheidungen in Verfahren über Anträge auf
– Vollstreckbarerklärung ausländischer Titel, wozu auch Schiedssprüche gehören[7] oder
– Erteilung der Vollstreckungsklausel zu ausländischen Titeln sowie
– Aufhebung der Vollstreckbarerklärung oder der Vollstreckungsklausel oder
– Abänderung der Vollstreckbarerklärung oder der Vollstreckungsklausel.

Demgemäß sind von der Nr. 1 Buchst. a insbesondere alle Rechtsbeschwerden erfasst, die sich gegen eine Beschwerdeentscheidung im Sinne der VV Vorb. 3.2.1 Nr. 2 Buchst. a richtet.

Die in VV Vorb. 3.2.1 Nr. 1 Buchst. a aufgeführten Verfahren entsprechen denjenigen, die der Gesetzgeber mit dem gleichen Wortlaut in die Nr. 1510 GKG-KostVerz. (Hauptabschnitt 5 – Vorbereitung der grenzüberschreitenden Zwangsvollstreckung) eingestellt hat. Auf den ersten Blick folgt deshalb die Annahme, dass nur diejenigen Verfahren der grenzüberschreitenden Vollstreckung erfasst werden,

---

6 *Schlauß*, Das neue Gesetz zum internationalen Familienrecht – das Internationale Familienrechtsverfahrensgesetz (IntFamRVG), Anmerkung zu § 29 IntFamRVG; *Zöller*, § 16 AVAG Rn 1.

7 BGH, Beschl. v. 30.1.2013 – III ZB 40/12.

die vor den ordentlichen Gerichten zu führen sind, so dass Verfahren über Anträge auf Vollstreckbarerklärung ausländischer Titel oder auf Erteilung der Vollstreckungsklausel zu ausländischen Titeln sowie über Anträge auf Aufhebung oder Abänderung der Vollstreckbarerklärung oder der Vollstreckungsklausel nach dem FamFG (Verfahren mit Auslandsbezug) nicht von VV Vorb. 3.2.1 Nr. 1 Buchst. a erfasst wären.

32 Es ist aber nicht davon auszugehen, dass der Gesetzgeber die Verfahren nach Nr. 1710 ff. FamGKG-KostVerz. aus der VV Vorb. 3.2.1 Nr. 1 Buchst. b ausnehmen wollte. Bei der systematischen Einordnung in die VV Vorb. 3.2.1 Nr. 1 Buchst. a ist nämlich auf die Qualifizierung der jeweiligen Verfahren abzustellen. Würde es sich in den Verfahren nach Nr. 1710 ff. GKG-KostVerz. um Familiensachen handeln, könnte insoweit ihre Berücksichtigung in VV Vorb. 3.2.1 Nr. 1 Buchst. a ausscheiden, mit der Folge, dass sie auch nicht von der in Nr. 1 Buchst. a enthaltenen Verweisung erfasst wären.

33 Anträge auf Vollstreckbarerklärung ausländischer Titel wurden zwar bis zum Inkrafttreten des FGG-ReformG kraft Sachzusammenhangs teilweise auch den jeweiligen Familiensachen i.S.d. § 111 FamFG zugeordnet.[8] Davon dürfte aber nach den eindeutigen verfahrensrechtlichen Definitionen des FamFG, die ausdrücklich bestimmen und abgrenzen, welche Verfahren als Familiensachen zu qualifizieren sind (§ 111 FamFG), nach dem Inkrafttreten des FGG-ReformG nicht mehr auszugehen sein. Es besteht dazu auch kein Erfordernis. Verfahren mit Auslandsbezug folgen überwiegend außerhalb des FamFG geregelten verfahrensrechtlichen Vorschriften. Sie sind als Verfahren mit Auslandsbezug solche eigener Art, für die in Abgrenzung und Abweichung zu den Familiensachen des FamFG – wie in den insoweit vor den ordentlichen Gerichten zu führenden Verfahren – Festgebühren erhoben werden. Diese Abweichungen ergäben keinen Sinn, wenn es sich um vom Anwendungsbereich des § 111 FamFG erfasste Familiensachen handeln würde, für die das FamGKG Wertgebühren vorgesehen hat. Gegenstand der Verfahren mit Auslandsbezug ist, verkürzt dargestellt, ob und inwieweit im Ausland ergangene Entscheidungen im Inland anerkannt und durchgesetzt werden können, so dass sie regelmäßig vollstreckungsrechtliche Bezüge besitzen. In Vollstreckungsverfahren sind auch im GKG Festgebühren in gleicher Höhe vorgesehen und der Gleichlauf damit hergestellt.

34 Insoweit Verfahren über Anträge auf Erlass einer gerichtlichen Anordnung auf Rückgabe des Kindes oder über das Recht zum persönlichen Umgang nach dem IntFamRVG i.S.d. Nr. 1710 Nr. 1 FamGKG-KostVerz. nach dem Wortlaut weder in der Nr. 1510 GKG-KostVerz. noch in VV Vorb. 3.2.1 Nr. 1 Buchst. a geregelt sind, ist dem Gesetzgeber zu unterstellen, dass er die Aufnahme dieser Verfahren schlicht vergessen hat. Es handelt sich um Verfahren über Anträge auf Erlass einer gerichtlichen Anordnung auf Rückgabe des Kindes oder über das Recht zum persönlichen Umgang nach dem IntFamRVG (Nr. 1). Hierbei dient das IntFamRV
– der Durchführung der Verordnung (EG) Nr. 2201/2003 des Rates vom 27.11.2003 über die Zuständigkeit und die Anerkennung und Vollstreckung von Entscheidungen in Verfahren betreffend die elterliche Verantwortung und zur Aufhebung der Verordnung (EG) Nr. 1347/2000 (ABl EU Nr. L 338 S. 1), § 1 Nr. 1;
– der Ausführung des Haager Übereinkommens vom 19.10.1996 über die Zuständigkeit, das anzuwendende Recht, die Anerkennung, Vollstreckung und Zusammenarbeit auf dem Gebiet der elterlichen Verantwortung und der Maßnahmen zum Schutz von Kindern (BGBl 2009 II S. 602, 603), Nr. 2;
– der Ausführung des Haager Übereinkommens vom 25.10.1980 über die zivilrechtlichen Aspekte internationaler Kindesentführung (BGBl 1990 II S. 207);
– der Ausführung des Luxemburger Europäischen Übereinkommens vom 20.5.1980 über die Anerkennung und Vollstreckung von Entscheidungen über das Sorgerecht für Kinder und die Wiederherstellung des Sorgeverhältnisses (BGBl 1990 II S. 220).

Damit liegt diesen Verfahren der gleiche Regelungszweck zugrunde wie den in VV Vorb. 3.2.1 Nr. 1 Buchst. a genannten Verfahren.

35 Auch Anträge i.S.d. Nr. 1710 Nr. 1 FamGKG-KostVerz. sind keine Familiensachen, auch wenn das FamGKG-KostVerz. auf sie anzuwenden ist, anderenfalls hätte der Gesetzgeber die Zuständigkeit des FamG in den §§ 10 ff. IntFamRVG nicht ausdrücklich regeln müssen. Das gleiche gilt auch für

---

[8] *BGH* FamRZ 1983, 1008 = DAVorm 1983, 835 = MDR 1983, 920 = NJW 1983, 2775 = IPRax 1984, 323.

Anordnungen nach § 33 IntFamRVG zur Wiederherstellung des Sorgeverhältnisses i.S.d. Nr. 1710 Nr. 3 FamGKG-KostVerz., so dass es wünschenswert wäre, wenn der Gesetzgeber auch diese Verfahren zur Vermeidung von Unsicherheiten in den Anwendungsbereich der VV Vorb. 3.2.1 Nr. 1 Buchst. a aufnehmen und um die Regelung entsprechend erweitern würde.

Zum Anwendungsbereich der VV Vorb. 3.2.2 Nr. 1 Buchst. a allgemeine Zivilsachen betreffend siehe ausführlich VV Vorb. 3.2.2 Nr. 1 Buchst. a (siehe Rdn 2 ff.). 36

Die Regelung der VV Vorb. 3.2.2 Nr. 1 Buchst. a war bereits zum 1.9.2009 durch das FGG-ReformG geändert worden. 37

Rechtsbeschwerden gegen Beschwerdeentscheidungen des OLG in Verfahren nach §§ 107, 108 FamFG fallen nicht in den Anwendungsbereich der VV Vorb. 3.2.2 Nr. 1 Buchst. a, weil in den Beschwerdeverfahren nach §§ 107, 108 FamFG kein Anwaltszwang besteht, sie daher vom Anwendungsbereich der VV Vorb. 3.2.2 Nr. 2 Buchst. a nicht erfasst sind und deshalb auch die in Nr. 1 Buchst. a aufgenommene Verweisung nicht greifen kann, weil in VV Vorb. 3.2.2 Nr. 2 Beschwerdeverfahren zusammengefasst worden sind, in denen die Vertretung durch einen Rechtsanwalt vorgeschrieben ist. 38

2. Gebühren in Rechtsbeschwerdeverfahren nach VV Vorb. 3.2.2 Nr. 1 Buchst. a

Der Rechtsanwalt kann in den Rechtsbeschwerdeverfahren gegen Entscheidungen nach VV Vorb. 3.2.2 Nr. 1 Buchst. a die erhöhten Gebühren nach Unterabschnitt 2 (VV 3208, 3209, 3210) abrechnen. 39

a) Verfahrensgebühr, VV 3206, 3208, 3209, 1008

Der Anwalt erhält demgemäß in Rechtsbeschwerdeverfahren gegen Beschwerdeentscheidungen nach VV Vorb. 3.2.1 Nr. 2 Buchst. a grundsätzlich eine **2,3-Verfahrensgebühr** nach **VV 3208**, die sich im Fall einer vorzeitigen Beendigung auf einen Gebührensatz von **1,8** ermäßigt (**VV 3209 i.V.m. Anm. zu VV 3201**). Bei mehreren Auftraggebern ist die Verfahrensgebühr nach VV 1008 um 0,3 je weiteren Auftraggeber zu erhöhen, sofern derselbe Verfahrensgegenstand vorliegt. 40

b) Terminsgebühr, VV 3210

Unter den Voraussetzungen der VV Vorb. 3 Abs. 3 S. 1, S. 3 Nr. 1 oder 2 kann eine **1,5-Terminsgebühr** (vgl. **VV 3210**) anfallen. Abs. 1 Nr. 1 sowie Anm. Abs. 2 und 3 zu Nr. 3104 gelten entsprechend. 41

c) Einigungsgebühr, VV 1000, 1004

Eine Einigungsgebühr kann unter den Voraussetzungen der Anm. Abs. 1 Nr. 1 zu VV 1000 und Anm. Abs. 1 zu VV 1004 grundsätzlich nicht entstehen, weil über den Regelungsgegenstand nicht verfügt werden kann. 42

3. Wertfestsetzung in Verfahren nach VV Vorb. 3.2.1 Nr. 2 Buchst. a

a) Anträge auf Vollstreckbarerklärung ausländischer Titel

In Rechtsbeschwerdeverfahren nach VV Vorb. 3.2.1 Nr. 2 Buchst. a entstehen Festgebühren (Nr. 1500 ff. GKG-KostVerz.; Nr. 1700 ff. FamGKG-KostVerz.). Der **Gegenstandswert des Rechtsbeschwerdeverfahrens** in Verfahren auf Vollstreckbarerklärung ausländischer Titel richtet sich deshalb nach § 23 Abs. 1 S. 2 i.V.m. 43
– § 48 Abs. 1 GKG i.V.m. §§ 3 ff. ZPO, wenn es sich um ein Rechtsbeschwerdeverfahren i.S.d. VV Vorb. 3.2.1 Nr. 1 Buchst. a handelt, das sich nach der ZPO richtet, und
– § 40 FamGKG i.V.m. § 42 FamGKG, wenn es sich um ein Rechtsbeschwerdeverfahren i.S.d. VV Vorb. 3.2.1 Nr. 1 Buchst. a handelt, das sich nach dem FamFG richtet.

44 Vollstreckbarerklärungsverfahren betreffend eine Angelegenheit der freiwilligen Gerichtsbarkeit nach dem GNotKG gibt es nicht.

45 Maßgeblich für die Wertfestsetzung ist das Interesse des Antragstellers an dem Wert der Hauptsache zuzüglich der betragsmäßig zu beziffernden Verfahrenskosten.[9] Dabei ist die Wertfestsetzung im Rechtsbeschwerdeverfahren nach dem Wechselkurs bei Eingang der Rechtsbeschwerde zu bestimmen.[10]

46 Soweit es um Unterhaltsforderungen aus ausländischen Titeln geht, sind die Rückstände wertmäßig nicht zu erfassen.[11] Das OLG Düsseldorf lässt sich in Vollstreckbarerklärungsverfahren ausländische Unterhaltstitel betreffend von „§ 51 FamGKG leiten".[12]

47 Eine Wertfestsetzung ist auch im Rechtsbeschwerdeverfahren stets nur auf Antrag des Rechtsanwalts nach § 33 Abs. 1 vorzunehmen, obgleich Gerichte, offenbar in Unkenntnis des Umstands, dass Festgebühren ausgelöst werden, regelmäßig auch ohne Antrag eine Wertfestsetzung vornehmen.[13]

b) Anträge auf Erteilung der Vollstreckungsklausel zu ausländischen Titeln

48 Es gilt das Gleiche wie zu 3. a) (siehe Rdn 43).

c) Anträge auf Aufhebung oder Abänderung der Vollstreckbarerklärung oder der Vollstreckungsklausel

49 Es gilt das Gleiche wie zu 3. a) (siehe Rdn 43).

4. Kostenfestsetzung und Kostenerstattung in Rechtsbeschwerdeverfahren nach VV Vorb. 3.2.1 Nr. 2 Buchst. a

50 Die Kostenfestsetzung und die Kostenerstattung richten sich nach den allgemeinen Vorschriften der jeweiligen Verfahrensordnung (§§ 91 ff. ZPO,[14] §§ 80 ff. FamFG).

VI. Rechtsbeschwerden in Familiensachen und in den Angelegenheiten der freiwilligen Gerichtsbarkeit (VV Vorb. 3.2.1 Nr. 2 Buchst. b)

1. Allgemeines zum Anwendungsbereich

51 Für Rechtsbeschwerden in Familiensachen und in den Angelegenheiten der freiwilligen Gerichtsbarkeit (§§ 70 ff. FamFG) gegen Beschwerdeentscheidungen i.S.d. VV Vorb. 3.2.1 Nr. 2 Buchst. b sollen die Gebühren eines Revisionsverfahrens ausgelöst werden, also die VV 3208 ff. Das war für Familiensachen auch bisher bereits der Fall und in Nr. 1 Buchst. b a.F. geregelt. Nr. 1 Buchst. b a.F. ist aufgehoben worden; Familiensachen sind nunmehr in der Nr. 1 Buchst. a n.F. aufgrund der Verweisung in die VV Vorb. 3.2.1 Nr. 2 Buchst. b erfasst.

52 Weil die Verweisung nunmehr auch die Angelegenheiten der freiwilligen Gerichtsbarkeit enthält und Verfahren nach dem Gesetz über das gerichtliche Verfahren in Landwirtschaftssachen als Angelegenheiten der freiwilligen Gerichtsbarkeit gelten, konnte auch die Nr. 1 Buchst. c a.F. aufgehoben werden. Verfahren in Landwirtschaftssachen sind jetzt von der in Nr. 1 Buchst. a enthaltenen Verweisung umfasst.

---

9 OLG München, Beschl. v. 9.4.2013 – 3 W 254/12; OLG München SchiedsVZ 2013, 62.
10 BGH FamRZ 2010, 365 = JurBüro 2010, 201 = MDR 2010, 461 = RVGreport 2010, 432.
11 BGH FamRZ 2009, 222 = MDR 2009, 173 = JurBüro 2009, 140 = NJW-RR 2009, 651.
12 OLG Düsseldorf, Beschl. v. 23.4.2013 – 17 W 17/12.
13 OLG Köln, Beschl. v. 29.11.2012 – 19 Sch 22/12; BGH WM 2013, 45 = GWR 2013, 63.
14 OLG Düsseldorf, Beschl. v. 16.8.2012 – 3 W 53/12; OLG München SchiedsVZ 2013, 62; BGH AGS 2009, 222 = MDR 2009, 173 = JurBüro 2009, 140 = NJW-RR 2009, 651.

Die Möglichkeit der Erhebung einer Rechtsbeschwerde in Familiensachen und in den Angelegenheiten der freiwilligen Gerichtsbarkeit nach § 70 FamFG wurde erst durch das FGG-ReformG eingeführt. Sie ist an die Stelle der bis zum 31.8.2009 möglichen weiteren Beschwerde getreten und hat auf diese Weise die zulassungsfreie dritte Instanz zur Überprüfung der erstinstanzlichen Entscheidung ersetzt. Die Einführung der Rechtsbeschwerde durch das FGG-ReformG soll der Funktionsdifferenzierung zwischen den verschiedenen Instanzen dienen. Dem Rechtsbeschwerdegericht ist es insoweit möglich, sich in erster Linie mit Verfahren zu befassen, denen aufgrund ihrer grundsätzlichen Bedeutung eine über den Einzelfall hinausreichende Bedeutung zukommt. Die Konzentration der Rechtsbeschwerden beim BGH sichert eine zeitnahe höchstrichterliche Entscheidung von Grundsatzfragen, wodurch seine Funktion, die Rechtseinheitlichkeit und Rechtsfortbildung zu wahren, gestärkt wird. 53

Eine Rechtsbeschwerde im einstweiligen Anordnungs- oder Arrestverfahren ist nicht statthaft. 54

Nach der zutreffenden Auffassung von *Volpert*[15] ist Nr. 1 Buchst. a jedenfalls nicht (mehr) auf Rechtsbeschwerden gegen Zwischenentscheidungen anzuwenden. Diese Auffassung widersprach nach der bisherigen Rechtslage dem Wortlaut des Gesetzes (VV Vorb. 3.2.1 Nr. 2 Buchst. b a.F.). Während in VV Vorb. 3.2.1 Nr. 2 Buchst. b a.F. ausdrücklich von einer Beschwerde gegen eine Endentscheidung die Rede war, fehlte der entsprechende Zusatz in Nr. 1 Buchst. b a.F. Dieser Zusatz war allerdings nicht bewusst aus der zuvor geltenden Fassung gestrichen worden. Der Gesetzgeber wollte an sich immer nur die Rechtsbeschwerde gegen Endentscheidungen oder gegen Beschwerdeentscheidungen nach VV Vorb. 3.2.1 Nr. 2 Buchst. b regeln und privilegieren. Er ging bei Inkrafttreten des FGG-ReformG offenkundig irrtümlich davon aus, dazu bedürfe es – im Gegensatz zur früheren Fassung – keiner Einschränkung mehr, weil sich diese bereits aus der Systematik ergeben sollte. Während nach der früheren Fassung vor dem Inkrafttreten des FGG-ReformG die Vorschrift nur für eine Rechtsbeschwerde nach § 574 ZPO und nach § 78 S. 2 ArbGG galt, war sie seit Inkrafttreten des FGG-ReformG dann für alle nicht gesondert geregelten Rechtsbeschwerden anwendbar. Diese Änderung wäre überflüssig gewesen, wenn man dadurch nicht die Rechtsbeschwerden in Familiensachen gegen andere als Endentscheidungen wegen des Hauptgegenstands hätte erfassen wollen. Dieses Missgeschick des Gesetzgebers ist durch das 2. KostRMoG aber nunmehr bereinigt worden. Auch die vergleichbare Lage im FamGKG-KostVerz. untermauerte die nunmehr Gesetz gewordene Ausgangssituation. Dort sind Rechtsbeschwerden ebenfalls gesondert geregelt (Teil 1 Abschnitt 9, Nr. 1900 ff. FamGKG-KostVerz.). 55

2. Rechtsbeschwerdeverfahren in Familiensachen

Nach der Nr. 1 Buchst. a richtet sich die Vergütung für alle Rechtsbeschwerden in Familiensachen (§ 111 FamFG) gegen die Beschwerdeentscheidung wegen des Hauptgegenstands (zum Anwendungsbereich siehe im Einzelnen VV Vorb. 3.2.1 Rdn 50 ff.) nach VV Teil 3 Abschnitt 2 Unterabschnitt 2, also nach den VV 3208 ff., so dass in Familiensachen kein Raum für die subsidiäre Anwendung der VV 3502 gegeben ist (arg. e. Anm. zu VV Vorb. 3.5). 56

a) Gebühren in Familiensachen nach VV Vorb. 3.2.1 Nr. 2 Buchst. b

aa) Verfahrensgebühr, VV 3206, 3208, 3209, 1008. Der Anwalt erhält demgemäß grundsätzlich eine **2,3-Verfahrensgebühr** nach **VV 3208**, die sich im Fall einer vorzeitigen Beendigung auf einen Gebührensatz von **1,8** ermäßigt (**VV 3209 i.V.m. Anm. zu VV 3201**). Bei mehreren Auftraggebern ist die Verfahrensgebühr nach VV 1008 um 0,3 je weiteren Auftraggeber zu erhöhen, sofern derselbe Verfahrensgegenstand vorliegt. 57

bb) Terminsgebühr, VV 3210. Unter den Voraussetzungen der VV Vorb. 3 Abs. 3 S. 1, S. 3 Nr. 1 oder 2 wird eine **1,5-Terminsgebühr** (vgl. **VV 3210**) ausgelöst. Abs. 1 Nr. 1 sowie Anm. Abs. 2 und 3 zu VV 3104 gelten entsprechend, so dass in **Familienstreitsachen** die Terminsgebühr auch dann entsteht, wenn im Einverständnis mit den Beteiligten ohne mündliche Verhandlung entschieden oder ein schriftlicher Vergleich geschlossen wird. 58

---

15 *Horndasch/Viefhues*, Teil 3 Rn 538.

59 **cc) Einigungsgebühr, VV 1000, 1004.** Auch eine Einigungsgebühr kann unter den Voraussetzungen der Anm. Abs. 1 Nr. 1 zu VV 1000 und Anm. Abs. 1 zu VV 1004 zu einem Gebührensatz in Höhe von 1,3 entstehen und zwar auch dann, wenn der Anwalt an einem gerichtlich gebilligten Vergleich in einer Kindschaftssache oder einer Vereinbarung, über deren Gegenstand vertraglich nicht verfügt werden kann, mitwirkt (VV Anm. Abs. 1 zu VV 1004).

b) Wertfestsetzung in Familiensachen nach VV Vorb. 3.2.1 Nr. 2 Buchst. b

60 Der **Gegenstandswert des Rechtsbeschwerdeverfahrens** in Familiensachen gegen den Hauptgegenstand richtet sich nach § 40 FamGKG i.V.m. den allgemeinen und besonderen Wertvorschriften des FamGKG (§§ 33 ff. FamGKG):
– Maßgebend sind zunächst die Anträge des Beschwerdeführers im Rechtsbeschwerdeverfahren (§ 40 Abs. 1 S. 1 FamGKG).
– Endet das Rechtsbeschwerdeverfahren, ohne dass solche Anträge eingereicht werden, oder werden, wenn eine Frist für die Rechtsmittelbegründung vorgeschrieben ist, innerhalb dieser Frist Rechtsmittelanträge nicht eingereicht, ist die Beschwer maßgebend (§ 40 Abs. 1 S. 2 FamGKG).

3. Rechtsbeschwerdeverfahren in Angelegenheiten der freiwilligen Gerichtsbarkeit

61 Nach Nr. 1 Buchst. a richtet sich die Vergütung für alle Rechtsbeschwerden in den Angelegenheiten der freiwilligen Gerichtsbarkeit gegen die Beschwerdeentscheidung wegen des Hauptgegenstands (zum Anwendungsbereich ausführlich siehe VV Vorb. 3.2.1 Rdn 87 ff.) nach VV Teil 3 Abschnitt 2 Unterabschnitt 2, also nach den VV 3208 ff., so dass auch in den Angelegenheiten der freiwilligen Gerichtsbarkeit kein Raum mehr für eine subsidiäre Anwendung der VV 3502 gegeben ist (arg. e. Anm. zu VV Vorb. 3.5).

a) Im FamFG ausdrücklich geregelte Angelegenheiten der freiwilligen Gerichtsbarkeit

62 Die Gebühren eines Revisionsverfahrens in Rechtsbeschwerdeverfahren nach §§ 70 ff. FamFG werden nunmehr auch in allen Angelegenheiten der freiwilligen Gerichtsbarkeit, die im FamFG geregelt sind (siehe VV Vorb. 3.2.1 Rdn 50 ff.), ausgelöst. Ausnahmen sind nicht geregelt. Der Wortlaut der VV Vorb. 3.2.1 Nr. 2 Buchst. b ist eindeutig und die in Nr. 1 Buchst. a enthaltene Verweisung daher umfassend.

b) Außerhalb des FamFG geregelte Angelegenheiten der freiwilligen Gerichtsbarkeit

63 Deshalb gelten die Gebühren des Unterabschnitts 2 auch in Rechtsbeschwerdeverfahren gegen Beschwerdeentscheidungen in Angelegenheiten der freiwilligen Gerichtsbarkeit, die außerhalb des FamFG geregelt sind. Das sind insbesondere die in § 1 Abs. 2 GNotKG und § 23a GVG aufgeführten Verfahren der freiwilligen Gerichtsbarkeit.

64 **aa) Rechtsbeschwerden in Landwirtschaftssachen (VV Vorb. 3.2.1 Nr. 2 Buchst. c a.F. und VV Vorb. 3.2.1 Nr. 1 Buchst. c a.F).** Eine Entscheidung des Beschwerdegerichts in den Verfahren nach dem LwVfG ist nur noch mit der Rechtsbeschwerde nach § 70 FamFG angreifbar. Das Rechtsmittel einer außerordentlichen Beschwerde wegen greifbarer Gesetzeswidrigkeit oder wegen der Verletzung von Verfahrensgrundrechten ist seit Inkrafttreten des FGG-ReformG nicht mehr gegeben.[16] Seitdem hatte der Gesetzgeber auch bestimmt, dass in den entsprechenden Rechtsbeschwerdeverfahren ebenfalls die Gebühren des VV Teil 2 Abschnitt 2 Unterabschnitt 2 anfallen.

65 In den Anwendungsbereich der Nr. 1 Buchst. a fallen nunmehr auch Rechtsbeschwerdeverfahren in Landwirtschaftssachen, weil sie als Angelegenheiten der freiwilligen Gerichtsbarkeit von der VV Vorb. 3.2.1 Nr. 2 Buchst. b erfasst sind. Aufgrund der in Nr. 1 Buchst. a enthaltenen Verweisung auf VV Vorb. 3.2.1 Nr. 2 bedurfte es der Aufnahme einer gesonderten Regelung in VV Vorb. 3.2.2 nicht mehr, so dass Nr. 1 Buchst. c a.F. – so wie auch VV Vorb. 3.2.1 Nr. 2 Buchst. c a.F. – aufgehoben worden sind. Zwar sind Verfahren in Landwirtschaftssachen keine unmittelbar im FamFG selbst

---

16 BGH RdL 2013, 80 = NL-BzAR 2013, 26.

geregelten Angelegenheiten der freiwilligen Gerichtsbarkeit; 23a Abs. 2 Nr. 9 GVG bestimmt aber, dass auch Verfahren nach § 1 Nr. 1 und 2 bis 6 LwVfG Angelegenheiten der freiwilligen Gerichtsbarkeit sind, sodass sie in der Verweisung der Nr. 1 Buchst. a enthalten sind.

bb) Rechtsbeschwerdeverfahren nach dem WpÜG. Auch Verfahren nach dem WpÜG gelten als Angelegenheiten der freiwilligen Gerichtsbarkeit (§ 1 Abs. 2 Nr. 6 GNotKG), sodass sie eigentlich in den Anwendungsbereich der Nr. 1 Buchst. a über die Verweisung auf VV Vorb. 3.2.1 Nr. 2 Buchst. b gelangen würden. Der Gesetzgeber hat sie aber in VV Vorb. 3.2.1 Nr. 2 Buchst. j gesondert aufgeführt, sodass sie außerhalb des Anwendungsbereichs der VV Vorb. 3.2.1 Nr. 2 Buchst. b geregelt worden sind (siehe Rdn 252 ff.). Die doppelte Erfassung könnte der Entstehungsgeschichte der Neuordnung in VV Vorb. 3.2.1 Nr. 2 durch das 2. KostRMoG insoweit Rechnung tragen, als Beschwerdeverfahren nach § 39b WpÜG nach dem Regierungsentwurf noch in VV Vorb. 3.2.1 Nr. 3 Buchst. b enthalten waren und ihre systemgerechte Einordnung erst durch Inkrafttreten des 2. KostRMoG in VV Vorb. 3.2.1 Nr. 2 Buchst. j erfahren haben. 66

cc) Rechtsbeschwerdeverfahren nach dem SpruchG. Auch Verfahren nach dem SpruchG gelten als Angelegenheiten der freiwilligen Gerichtsbarkeit (§ 1 Abs. 2 Nr. 6 GNotKG), so dass sie eigentlich in den Anwendungsbereich der Nr. 1 Buchst. a über die Verweisung auf VV Vorb. 3.2.1 Nr. 2 Buchst. b gelangen könnten. Der Gesetzgeber hat sie aber in VV Vorb. 3.2.1 Nr. 2 Buchst. i gesondert aufgeführt, so dass sie außerhalb des Anwendungsbereichs der VV Vorb. 3.2.1 Nr. 2 Buchst. b behandelt werden (siehe Rdn 225 ff.). Die doppelte Erfassung könnte ebenfalls der Entstehungsgeschichte der Neuordnung in VV Vorb. 3.2.1 Nr. 2 durch das 2. KostRMoG insoweit Rechnung tragen, als Beschwerdeverfahren nach dem Spruchgesetz erst im Dezember 2012 in die VV Vorb. 3.2.1 und daher zu einem Zeitpunkt aufgenommen worden waren, als der Referentenentwurf des 2. KostRMoG bereits vorgelegen hatte, ihre Berücksichtigung nicht erfolgt ist und diese Verfahren ihre systemgerechte Einordnung erst durch Inkrafttreten des 2. KostRMoG in VV Vorb. 3.2.1 Nr. 2 Buchst. i gesondert erfahren haben. 67

c) Gebühren in Angelegenheiten der freiwilligen Gerichtsbarkeit, VV Vorb. 3.2.1 Nr. 2 Buchst. b

aa) Verfahrensgebühr, VV 3206, 3208, 3209, 1008. Der Anwalt erhält demgemäß grundsätzlich eine **2,3-Verfahrensgebühr** nach **VV 3208**, die sich im Fall einer vorzeitigen Beendigung auf einen Gebührensatz von **1,8** ermäßigt (**VV 3209 i.V.m. Anm. zu VV 3201**). Bei mehreren Auftraggebern ist die Verfahrensgebühr nach VV 1008 um 0,3 je weiteren Auftraggeber zu erhöhen, sofern derselbe Verfahrensgegenstand vorliegt. 68

bb) Terminsgebühr, VV 3208, 3209, 1008. Unter den Voraussetzungen der VV Vorb. 3 Abs. 3 S. 1, S. 3 Nr. 1 oder 2 wird eine **1,5-Terminsgebühr (vgl. VV 3210)** ausgelöst. Anm. Abs. 1 Nr. 1 zu VV 3104 ist nicht anzuwenden, weil in den Angelegenheiten der freiwilligen Gerichtsbarkeit die Durchführung einer mündlichen Verhandlung im Rechtsbeschwerdeverfahren nicht vorgeschrieben ist. 69

cc) Einigungsgebühr, VV 1000, 1004. Auch eine Einigungsgebühr kann unter den Voraussetzungen der Anm. Abs. 1 Nr. 1 zu VV 1000 und Anm. Abs. 1 zu VV 1004 zu einem Gebührensatz in Höhe von 1,3 entstehen und zwar auch dann, wenn der Anwalt an einer Vereinbarung mitwirkt, über deren Gegenstand vertraglich nicht verfügt werden kann (VV Anm. Abs. 1 zu VV 1004). 70

4. Rechtsbeschwerdeverfahren in den übrigen Angelegenheiten der freiwilligen Gerichtsbarkeit

Die Gebühren nach VV Teil 3 Abschnitt 2 Unterabschnitt 2 fallen auch in allen übrigen Angelegenheiten der freiwilligen Gerichtsbarkeit an, d.h. insbesondere in den in § 1 Abs. 2 GNotKG und § 23a GVG aufgezählten Verfahren. 71

5. Wertfestsetzung im Rechtsbeschwerdeverfahren der freiwilligen Gerichtsbarkeit nach VV Vorb. 3.2.1 Nr. 2 Buchst. b

72 Der **Verfahrenswert des Rechtsbeschwerdeverfahrens** wegen des Hauptgegenstands in den Angelegenheiten der freiwilligen Gerichtsbarkeit richtet sich nach § 61 GNotKG i.V.m. den allgemeinen und besonderen Wertvorschriften des GNotKG:
– Maßgebend sind zunächst die Anträge des Beschwerdeführers im Rechtsbeschwerdeverfahren (§ 61 Abs. 1 S. 1 GNotKG).
– Endet das Rechtsbeschwerdeverfahren, ohne dass solche Anträge eingereicht werden, oder werden, wenn eine Frist für die Rechtsmittelbegründung vorgeschrieben ist, innerhalb dieser Frist Rechtsmittelanträge nicht eingereicht, ist die Beschwer maßgebend (§ 61 Abs. 1 S. 2 GNotKG).
– Der Wert ist durch den Geschäftswert des ersten Rechtszugs begrenzt, dies gilt nicht, soweit der Gegenstand erweitert wird (§ 61 Abs. 2 GNotKG).

6. Kostenfestsetzung und Kostenerstattung in Rechtsbeschwerdeverfahren nach VV Vorb. 3.2.1 Nr. 2 Buchst. b

73 Die Kostenfestsetzung und die Kostenerstattung richten sich nach den allgemeinen Vorschriften der jeweiligen Verfahrensordnung (§§ 91 ff. ZPO, §§ 80 ff. FamFG).

VII. Beschlussverfahren vor den Gerichten für Arbeitssachen (VV Vorb. 3.2.1 Nr. 2 Buchst. c)

1. Allgemeines zum Anwendungsbereich

74 VV 3.2.1 Nr. 2 Buchst. c sieht vor, dass in Verfahren über die Beschwerde gegen die den Rechtszug beendenden Entscheidungen im Beschlussverfahren vor den Gerichten für Arbeitssachen die Gebühren nach VV Teil 3 Abschnitt 2 Unterabschnitt 1 anfallen. Durch die Bezugnahme der Nr. 1 Buchst. b auf VV Vorb. 3.2.1 Nr. 2 Buchst. c ist klargestellt, dass in den entsprechenden Rechtsbeschwerdeverfahren die Gebühren nach VV Teil 3 Abschnitt 2 Unterabschnitt 2 ausgelöst werden.

75 Die Regelung trägt der Unterscheidung in arbeitsgerichtlichen Streitigkeiten zwischen Urteilsverfahren (§§ 46 ff. ArbGG) und Beschlussverfahren (§§ 80 ff. ArbGG) Rechnung. Gegen den das Verfahren beendenden Beschluss eines LAG findet die Rechtsbeschwerde an das BAG statt, wenn sie in dem Beschluss des LAG oder in dem Beschluss des BAG nach § 92a S. 2 ArbGG zugelassen wird. Von VV Vorb. 3.2.1 Nr. 2 Buchst. c erfasst sind Beschlussverfahren nach §§ 80 ff. ArbGG, so dass die in Nr. 1 Buchst. a enthaltene Verweisung auch nur insoweit eingreift (ausführlich zum Anwendungsbereich siehe VV Vorb. 3.2.1 Rdn 123 ff.).

76 In den Fällen des § 85 Abs. 2 ArbGG, also im einstweiligen Verfügungsverfahren, findet die Rechtsbeschwerde nicht statt.

2. Gebühren in Beschlussverfahren vor den Gerichten für Arbeitssachen (VV Vorb. 3.2.1 Nr. 2 Buchst. c)

a) Verfahrensgebühr, VV 3206, 3208, 3209, 1008

77 Der Anwalt erhält demgemäß grundsätzlich eine **2,3-Verfahrensgebühr** nach **VV 3208**, die sich im Fall einer vorzeitigen Beendigung auf einen Gebührensatz von **1,8** ermäßigt (**VV 3209 i.V.m. Anm. zu VV 3201**). Bei mehreren Auftraggebern ist die Verfahrensgebühr nach VV 1008 um 0,3 je weiteren Auftraggeber zu erhöhen, sofern derselbe Verfahrensgegenstand vorliegt.

b) Terminsgebühr, VV 3210

78 Unter den Voraussetzungen der VV Vorb. 3 Abs. 3 S. 1, S. 3 Nr. 1 oder Nr. 2 wird eine **1,5-Terminsgebühr (vgl. VV 3210)** ausgelöst. Anm. Abs. 1 Nr. 1 zu VV 3104 ist anzuwenden, weil in den

Beschlussverfahren nach §§ 80 ff. ArbGG die Durchführung einer mündlichen Verhandlung vorgeschrieben ist (arg. e § 83 Abs. 4 S. 2 ArbGG). Es kann eine Terminsgebühr auch unter den Voraussetzungen der VV Vorb. 3 Abs. 3 S. 3 Nr. 2 ausgelöst werden, es sei denn, die Besprechung findet unter den Bevollmächtigten mehrerer Antragsteller oder mehrerer Antragsgegner statt, ohne Einbeziehung der Gegenseite, wenn diese nicht zuvor ihre grundsätzliche Bereitschaft zum Führen von Vergleichsgesprächen kundgetan hat.[17]

c) Einigungsgebühr, VV 1000, 1004

Auch eine Einigungsgebühr kann unter den Voraussetzungen der Anm. Abs. 1 Nr. 1 zu VV 1000 und Anm. Abs. 1 zu VV 1004 zu einem Gebührensatz in Höhe von 1,3 entstehen. 79

3. Vergütung in sonstigen Rechtsbeschwerdeverfahren nach dem ArbGG

In sonstigen Rechtsbeschwerdeverfahren nach dem ArbGG gilt VV Teil 3 Abschnitt 5 (arg. e VV Vorb. 3.5). 80

4. Wertfestsetzung im Rechtsbeschwerdeverfahren im Beschlussverfahren vor den Gerichten für Arbeitssachen (VV Vorb. 3.2.1 Nr. 2 Buchst. c)

Der **Verfahrenswert des Rechtsbeschwerdeverfahrens** wegen des Hauptgegenstands in Beschlussverfahren vor den Gerichten für Arbeitssachen ist nur auf Antrag gemäß § 33 Abs. 1 für die Rechtsanwaltsgebühren festzusetzen, weil das Verfahren gerichtsgebührenfrei geführt wird. Für die Festsetzung des Gebührenwerts für die Anwaltsgebühren ist über § 1 Abs. 2 Nr. 4 GKG auf § 47 GKG (§ 23 Abs. 1 S. 2) i.V.m. § 48 Abs. 2 GKG abzustellen und unter Berücksichtigung aller Umstände des Einzelfalls, insbesondere des Umfangs und der Bedeutung der Sache und der Vermögens- und Einkommensverhältnisse der Beteiligten, nach Ermessen zu bestimmen, wobei ein höherer Wert als 1 Mio. EUR nicht festgesetzt werden darf. 81

Insoweit die Rechtsprechung in nichtvermögensrechtlichen Beschlussverfahren vor den Arbeitsgerichten regelmäßig den Regelwert festsetzt und dabei auf § 23 Abs. 3 abstellt,[18] dürfte § 23 Abs. 1 S. 2 übersehen worden sein, wonach das GKG anzuwenden ist und deshalb § 23 Abs. 1 S. 2 maßgebend ist. 82

5. Kostenfestsetzung und Kostenerstattung in Rechtsbeschwerdeverfahren nach VV Vorb. 3.2.1 Nr. 2 Buchst. d

Die Kostenfestsetzung und die Kostenerstattung richten sich nach den allgemeinen Vorschriften der §§ 91 ff. ZPO. 83

VIII. Personalvertretungsrechtliche Beschlussverfahren vor den Gerichten der Verwaltungsgerichtsbarkeit (VV Vorb. 3.2.1 Nr. 2 Buchst. d)

1. Allgemeines zum Anwendungsbereich

Auch Beschwerden gegen die den Rechtszug beendenden Entscheidungen im personalvertretungsrechtlichen Beschlussverfahren vor den Gerichten der Verwaltungsgerichtsbarkeit nach den §§ 83, 84 BPersVG werden auf der Grundlage des 2. KostRMoG aufgewertet, weil sie nach Aufwand und Umfang mit den arbeitsgerichtlichen Beschlussverfahren zu vergleichen sind (§ 83 Abs. 2 BPersVG). Ausführlich zum Anwendungsbereich siehe VV Vorb. 3.2.1 Nr. 2 Buchst. d. Die durch das 2. KostRMoG eingeführte Regelung der VV Vorb. 3.2.1 Nr. 2 Buchst. d führt über die in Nr. 1 Buchst. a erfasste Verweisung dazu, dass auch Rechtsbeschwerdeverfahren vor dem BVerwG gegen 84

---

[17] BAG NZA 2013, 395 = RVGprof. 2013, 57 = ArbuR 2013, 185.

[18] LAG Rheinland-Pfalz, Beschl. v. 31.10.2012 – 1 Ta 212/12.

Beschwerdeentscheidungen im personalvertretungsrechtlichen Beschlussverfahren i.S.d. VV Vorb. 3.2.1 Nr. 2 Buchst. d nach den Gebühren in VV Teil 3 Abschnitt 2 Unterabschnitt 2 vergütet werden.

2. Gebühren in Rechtsbeschwerdeverfahren im personalvertretungsrechtlichen Beschlussverfahren vor den Gerichten der Verwaltungsgerichtsbarkeit (VV Vorb. 3.2.1 Nr. 2 Buchst. d)

a) Verfahrensgebühr, VV 3206, 3208, 3209, 1008

85 Der Anwalt erhält grundsätzlich eine **2,3-Verfahrensgebühr** nach **VV 3208**, die sich im Fall einer vorzeitigen Beendigung auf einen Gebührensatz von **1,8** ermäßigt (**VV 3209 i.V.m. Anm. zu VV 3201**). Bei mehreren Auftraggebern ist die Verfahrensgebühr nach VV 1008 um 0,3 je weiteren Auftraggeber zu erhöhen, sofern derselbe Verfahrensgegenstand vorliegt.

b) Terminsgebühr, VV 3210

86 Unter den Voraussetzungen der VV Vorb. 3 Abs. 3 S. 1 oder S. 3 Nr. 1 oder 2 wird eine **1,5-Terminsgebühr (vgl. VV 3210)** ausgelöst. Anm. Abs. 1 Nr. 1 zu VV 3104 ist nicht anzuwenden, weil in den Beschlussverfahren nach § 83 Abs. 1 BPersVG die Durchführung einer mündlichen Verhandlung nicht vorgeschrieben ist (§ 83 Abs. 2 BPersVG i.V.m. §§ 80 ff. ArbGG).

c) Einigungsgebühr, VV 1000, 1004

87 Auch eine Einigungsgebühr kann unter den Voraussetzungen der Anm. Abs. 1 Nr. 1 zu VV 1000 und Anm. Abs. 1 zu VV 1004 zu einem Gebührensatz in Höhe von 1,3 entstehen.

88 In sonstigen Rechtsbeschwerdeverfahren nach dem BPersVG gilt VV Teil 3 Abschnitt 5 (arg. e VV Vorb. 3.5).

3. Wertfestsetzung im Rechtsbeschwerdeverfahren im personalvertretungsrechtlichen Beschlussverfahren vor den Gerichten der Verwaltungsgerichtsbarkeit (VV Vorb. 3.2.1 Nr. 2 Buchst. d)

89 Der **Verfahrenswert des Rechtsbeschwerdeverfahrens** wegen des Hauptgegenstands in personalvertretungsrechtlichen Beschlussverfahren vor den Gerichten der Verwaltungsgerichtsbarkeit ist nur auf Antrag gemäß § 33 Abs. 1 für die Rechtsanwaltsgebühren festzusetzen, weil das Verfahren gerichtsgebührenfrei geführt wird. Für die Festsetzung des Gebührenwerts für die Anwaltsgebühren ist über § 1 Abs. 2 Nr. 4 GKG auf § 47 GKG (§ 23 Abs. 1 S. 2) i.V.m. § 48 Abs. 2 GKG abzustellen und unter Berücksichtigung aller Umstände des Einzelfalls, insbesondere des Umfangs und der Bedeutung der Sache und der Vermögens- und Einkommensverhältnisse der Beteiligten, nach Ermessen zu bestimmen, wobei ein höherer Wert als 1 Mio. EUR nicht festgesetzt werden darf.

90 Insoweit die Rechtsprechung in nichtvermögensrechtlichen personalvertretungsrechtlichen Beschlussverfahren vor den Arbeitsgerichten den Regelwert festsetzt und dabei auf § 23 Abs. 3 abstellt,[19] dürfte § 23 Abs. 1 S. 2 übersehen worden sein, wonach das GKG anzuwenden und nicht auf § 23 Abs. 3 abzustellen ist.

---

[19] LAG Rheinland-Pfalz, Beschl. v. 31.10.2012 – 1 Ta 212/12; Bayerischer VGH, Beschl. v. 8.7.2008 – 18 P 07.1370; Beschl. v. 5.10.2007 – 18 E 07.1215.

4. Kostenfestsetzung und Kostenerstattung in Rechtsbeschwerdeverfahren nach VV Vorb. 3.2.1 Nr. 2 Buchst. d

Die Kostenfestsetzung und die Kostenerstattung richten sich nach den allgemeinen Vorschriften der §§ 91 ff. ZPO. **91**

IX. Verfahren nach dem Gesetz gegen Wettbewerbsbeschränkungen (VV Vorb. 3.2.1 Nr. 2 Buchst. e)

1. Allgemeines zum Anwendungsbereich

VV Vorb. 3.2.1 Nr. 2 Buchst. e war auch bisher in VV Vorb. 3.2.1 Nr. 4 a.F. enthalten (§ 65a S. 1 und 3 BRAGO). Eilverfahren nach § 115 Abs. 2 S. 2 und 3, § 118 Abs. 1 S. 3 oder nach § 121 GWB sind nach wie vor in Vorb. 3.2 Abs. 2 S. 3 gesondert geregelt. **92**

Von VV Vorb. 3.2.1 Nr. 2 Buchst. e sind **Beschwerdeverfahren** gegen Verfügungen der Kartellbehörden oder gegen die Unterlassung einer beantragten Verfügung nach §§ 63 ff. GWB sowie die **sofortige Beschwerde** gegen Entscheidungen der Vergabekammern, § 116 GWB, ausgenommen. Zu solchen Entscheidungen gehört auch die Kostengrundentscheidung.[20] Ausführlich zum Anwendungsbereich siehe VV Vorb. 3.2.1 Rdn 145 ff. **93**

Gegen die Beschwerdeentscheidungen des OLG i.S.d. VV Vorb. 3.2.1 Nr. 2 Buchst. e findet die Rechtsbeschwerde statt (§ 74 Abs. 1 GWB). **94**

2. Gebühren in Rechtsbeschwerdeverfahren nach dem GWB (VV Vorb. 3.2.1 Nr. 2 Buchst. e)

a) Verfahrensgebühr, VV 3206, 3208, 3209, 1008

Der Anwalt erhält demgemäß grundsätzlich eine **2,3-Verfahrensgebühr** nach **VV 3208**, die sich im Fall einer vorzeitigen Beendigung auf einen Gebührensatz von **1,8** ermäßigt (**VV 3209 i.V.m. Anm. zu VV 3201**). Bei mehreren Auftraggebern ist die Verfahrensgebühr nach VV 1008 um 0,3 je weiteren Auftraggeber zu erhöhen, sofern derselbe Verfahrensgegenstand vorliegt. **95**

b) Terminsgebühr, VV 3210

Unter den Voraussetzungen der VV Vorb. 3 Abs. 3 S. 1, S. 3 Nr. 1 oder 2 wird eine **1,5-Terminsgebühr (vgl. VV 3210)** ausgelöst. Anm. Abs. 1 Nr. 1 zu VV 3104 ist anzuwenden, weil in Verfahren nach dem GWB die Durchführung einer mündlichen Verhandlung vorgeschrieben ist (§§ 69 Abs. 1 S. 1, 2. Hs., 76 Abs. 5, 166[21] GWB). **96**

c) Einigungsgebühr, VV 1000, 1004

Auch eine Einigungsgebühr kann unter den Voraussetzungen der Anm. Abs. 1 Nr. 1 zu VV 1000 und Anm. Abs. 1 zu VV 1004 zu einem Gebührensatz in Höhe von 1,3 entstehen. **97**

3. Sonstige Rechtsbeschwerdeverfahren nach dem GWB

In sonstigen Rechtsbeschwerdeverfahren nach dem GWB gelten VV Teil 3 Abschnitt 5 (arg. e VV Vorb. 3.5) oder VV Teil 5 (Rechtsbeschwerdeverfahren in Bußgeldsachen nach dem GWB). **98**

---

20 OLG Düsseldorf OLGR 2001, 305 = BauR 2000, 1626; OLGR Schleswig 2004, 131.
21 Bis zum 17.4.2016: § 120 Abs. 2 GWB.

4. Wertfestsetzung in Rechtsbeschwerdeverfahren nach dem GWB

99 Der Gegenstandswert ergibt sich gemäß § 23 Abs. 1 S. 1[22] aus den für die Gerichtsgebühren geltenden Wertvorschriften, demnach also aus § 47 GKG i.V.m. **§ 50 Abs. 1 Nr. 1 GKG**.

5. Kostenerstattung und Kostenfestsetzung

100 Kostenerstattung und Kostenfestsetzung im Rechtsbeschwerdeverfahren nach dem GWB richten sich nach § 78 S. 1 und S. 2 GWB und §§ 78 S. 3, 182 GWB i.V.m. §§ 91 ff. ZPO.

X. Verfahren nach dem Energiewirtschaftsgesetz (VV Vorb. 3.2.1 Nr. 2 Buchst. f)

1. Allgemeines zum Anwendungsbereich

101 VV Vorb. 3.2.1 Nr. 2 Buchst. f beinhaltet eine gebührenrechtliche Sonderregelung für das Beschwerdeverfahren nach dem Gesetz über die Elektrizitäts- und Gasversorgung und führt die bisher in VV Vorb. 3.2.1 Nr. 2 Nr. 8 a.F. enthaltene Regelung fort. Beschwerdeverfahren nach dem EnWG wurden demgemäß auch bisher nach den VV 3200 ff. vergütet. Allein systematische Gründe haben zu einer abweichenden numerischen Anordnung geführt, die mit inhaltlichen Änderungen nicht einhergeht.[23] Die in Nr. 1 Buchst. a aufgenommene Verweisung führt im Ergebnis – wie auch nach bisherigem Recht – dazu, dass auch Rechtsbeschwerdeverfahren nach dem EnWG (§ 86 Abs. 1 EnWG) nach VV Teil 3 Abschnitt 2 Unterabschnitt 2 vergütet werden. In Rechtsbeschwerdeverfahren, die **Bußgeldverfahren** (§§ 95 ff. EnWG) betreffen, richten sich die Gebühren demgegenüber nach VV Teil 5. Zum Anwendungsbereich im Übrigen siehe auch VV Vorb. 3.2.1 Rdn 175.

102 Gegen die in der Hauptsache erlassenen Beschlüsse des OLG findet nach § 86 Abs. 1 EnWG die Rechtsbeschwerde zum BGH statt. Die im Rechtsbeschwerdeverfahren anwendbaren verfahrensrechtlichen Vorschriften bestimmt § 88 Abs. 5 S. 1 EnWG.

2. Gebühren in Rechtsbeschwerdeverfahren nach dem EnWG (VV Vorb. 3.2.1 Nr. 2 Buchst. f)

a) Verfahrensgebühr, VV 3206, 3208, 3209, 1008

103 Der Anwalt erhält im Rechtsbeschwerdeverfahren nach § 86 Abs. 1 EnWB, in dem die Vertretung durch einen beim BGH zugelassenen Rechtsanwalt vorgeschrieben ist (§ 88 Abs. 5 i.V.m. § 80 Abs. 1 S. 1 EnWG), grundsätzlich eine **2,3-Verfahrensgebühr** nach **VV 3208**, die sich im Fall einer vorzeitigen Beendigung auf einen Gebührensatz von **1,8** ermäßigt (**VV 3209 i.V.m. Anm. zu VV 3201**). Bei mehreren Auftraggebern ist die Verfahrensgebühr nach VV 1008 um 0,3 je weiteren Auftraggeber zu erhöhen, sofern derselbe Verfahrensgegenstand vorliegt.

b) Terminsgebühr, VV 3210

104 Unter den Voraussetzungen der VV Vorb. 3 Abs. 3 S. 1 oder S. 3 Nr. 1 oder 2 wird eine **1,5-Terminsgebühr (vgl. VV 3210)** ausgelöst. Anm. Abs. 1 Nr. 1 zu VV 3104 ist anzuwenden, weil in Verfahren nach dem EnWG die Durchführung einer mündlichen Verhandlung vorgeschrieben ist (§ 88 Abs. 5 S. 1 i.V.m. § 81 Abs. 1 S. 1, 2. Hs. EnWG).

c) Einigungsgebühr, VV 1000, 1004

105 Auch eine Einigungsgebühr kann unter den Voraussetzungen der Anm. Abs. 1 Nr. 1 zu VV 1000 und Anm. Abs. 1 zu VV 1004 zu einem Gebührensatz in Höhe von 1,3 entstehen.

---

[22] BayObLGR 2003, 332; BayObLG AGS 2003, 34 = JurBüro 2002, 362.

[23] *Schneider/Thiel*, § 3 Rn 900.

3. Wertfestsetzung in Rechtsbeschwerdeverfahren nach dem EnWG

Der Gegenstandswert in Rechtsbeschwerdeverfahren nach dem EnWG ergibt sich gemäß § 23 Abs. 1[24] aus den für die Gerichtsgebühren geltenden Wertvorschriften, demnach also aus § 47 GKG i.V.m. **§ 50 Abs. 1 Nr. 2 GKG**.

4. Kostenerstattung und Kostenfestsetzung

Kostenerstattung und Kostenfestsetzung im Rechtsbeschwerdeverfahren nach dem EnWG richten sich nach § 90 S. 1 und S. 2 EnWG und § 90 S. 3 EnWG i.V.m. §§ 91 ff. ZPO.

XI. Verfahren nach dem Gesetz zur Demonstration der dauerhaften Speicherung von Kohlendioxid (VV Vorb. 3.2.1 Nr. 2 Buchst. g)

1. Allgemeines zum Anwendungsbereich

VV Vorb. 3.2.1 Nr. 2 Buchst. g führt die VV Vorb. 3.2.1 Nr. 10 a.F. fort, die eingeführt worden war durch Art. 6[25] des Gesetzes zur Demonstration der dauerhaften Speicherung von Kohlendioxid vom 17.8.2012, in Kraft getreten am 24.8.2012 (Kohlendioxid-Speicherungsgesetz – KSpG), und beinhaltet eine gebührenrechtliche Sonderregelung für das Beschwerdeverfahren nach dem Gesetz über die Elektrizitäts- und Gasversorgung (zum Anwendungsbereich siehe auch VV Vorb. 3.2.1 Rdn 194 ff.).

Gegen die in der Hauptsache erlassenen Beschlüsse des für die Bundesnetzagentur zuständigen OLG findet nach § 35 Abs. 4 S. 1 KSpG die Rechtsbeschwerde an den BGH statt, wenn das OLG die Rechtsbeschwerde zugelassen hat. Für das gerichtliche Verfahren gelten die §§ 67 bis 90a sowie 94 EnWG entsprechend.

Unanwendbar ist die VV Vorb. 3.2.1 Nr. 2 Buchst. g im **Bußgeldverfahren** gemäß §§ 43 ff. KSpG. Die Gebühren richten sich im Rechtsbeschwerdeverfahren nach VV Teil 5. Vom Anwendungsbereich der VV Vorb. 3.2.1 Nr. 2 Buchst. g erfasst sind aber alle übrigen Beschwerdeverfahren nach dem KSpG, so dass alle Rechtsbeschwerdeverfahren gegen Entscheidungen nach VV Vorb. 3.2.1 Nr. 2 Buchst. g von der in Nr. 1 Buchst. a enthaltenen Verweisung umfasst sind und die entsprechenden Rechtsbeschwerdeverfahren nach den Gebühren VV Teil 3 Abschnitt 2 Unterabschnitt 2 vergütet werden.

2. Gebühren in Rechtsbeschwerdeverfahren nach dem KSpG (VV Vorb. 3.2.1 Nr. 2 Buchst. g)

a) Verfahrensgebühr, VV 3206, 3208, 3209, 1008

Der Anwalt erhält im Rechtsbeschwerdeverfahren nach § 35 Abs. 4 KSpG, in dem die Vertretung durch einen beim BGH zugelassenen Rechtsanwalt vorgeschrieben ist (§ 35 Abs. 6 EnWG i.V.m. §§ 88 Abs. 5, 80 Abs. 1 S. 1 EnWG), grundsätzlich eine **2,3-Verfahrensgebühr** nach VV 3208, die sich im Fall einer vorzeitigen Beendigung auf einen Gebührensatz von **1,8** ermäßigt (**VV 3209 i.V.m. Anm. zu VV 3201**). Bei mehreren Auftraggebern ist die Verfahrensgebühr nach VV 1008 um 0,3 je weiteren Auftraggeber zu erhöhen, sofern derselbe Verfahrensgegenstand vorliegt.

b) Terminsgebühr, VV 3210

Unter den Voraussetzungen der VV Vorb. 3 Abs. 3 S. 1 oder S. 3 Nr. 1 oder 2 wird eine **1,5-Terminsgebühr (vgl. VV 3210)** ausgelöst. Anm. Abs. 1 Nr. 1 VV 3104 ist anzuwenden, weil in

---

24 BayObLG OLGR 2003, 332; BayObLG AGS 2003, 34 = JurBüro 2002, 362.

25 BT-Drucks 17/5750, S. 30.

Verfahren nach dem KSpG die Durchführung einer mündlichen Verhandlung vorgeschrieben ist (§ 35 Abs. 6 S. 1 KSpG i.V.m. § 81 Abs. 1 S. 1, 2. Hs. EnWG).

c) Einigungsgebühr, VV 1000, 1004

113 Eine Einigungsgebühr nach VV 1000 Abs. 1 Nr. 1 kann nicht entstehen, weil die Beteiligten über die Ansprüche nicht vertraglich verfügen können (vgl. Anm. Abs. 4 zu VV 1000).

d) Erledigungsgebühr, VV 1002, 1004

114 Hingegen kann eine Erledigungsgebühr nach VV 1002, 1004 entstehen, wenn sich das Rechtsbeschwerdeverfahren durch Zurücknahme der Entscheidung der Bundesnetzagentur erledigt und der Anwalt dabei mitgewirkt hat.

3. Wertfestsetzung in Rechtsbeschwerdeverfahren nach dem KSpG

115 Der Gegenstandswert in Rechtsbeschwerdeverfahren nach dem KSpG ergibt sich gemäß § 23 Abs. 1[26] aus den für die Gerichtsgebühren geltenden Wertvorschriften, demnach also aus § 47 GKG i.V.m. **§ 50 Abs. 1 S. 1 Nr. 2 GKG (§ 3 ZPO)**.

4. Kostenerstattung und Kostenfestsetzung

116 Kostenerstattung und Kostenfestsetzung im Rechtsbeschwerdeverfahren nach dem KSpG richten sich nach § 35 Abs. 6 KSpG i.V.m. § 90 S. 1 und S. 2 EnWG und § 90 S. 3 EnWG i.V.m. §§ 91 ff. ZPO.

XII. Verfahren nach dem EG-Verbraucherschutzdurchsetzungsgesetz (VV Vorb. 3.2.1 Nr. 2 Buchst. h)

1. Allgemeines zum Anwendungsbereich

117 VV Vorb. 3.2.1 Nr. 2 Buchst. h erfasst **Beschwerdeverfahren** gegen eine Entscheidung nach § 5 Abs. 1 S. 2 Nr. 1, Abs. 4 oder 5 oder den §§ 10, 11, soweit eine Entscheidung nach diesen Vorschriften in einem sachlichen Zusammenhang mit einer Entscheidung nach Nummer 1 steht (§ 13 Abs. 1 S. 1 VSchDG).

118 Gegen die in der Hauptsache erlassenen Beschlüsse des LG findet die Rechtsbeschwerde an den BGH statt, wenn das LG die Rechtsbeschwerde zugelassen hat (§ 24 Abs. 1 VSchDG). Zum Anwendungsbereich siehe auch VV Vorb. 3.2.1 Rdn 213. Das Verfahren richtet sich nach den in § 26 Abs. 5 VSchDG genannten Vorschriften.

119 Rechtsbeschwerdeverfahren in **Bußgeldsachen** gemäß § 9 VSchDG werden nicht nach VV Teil 3, sondern nach VV Teil 5 vergütet.

120 Auf die von Nr. 1 Buchst. a erfassten Rechtsbeschwerdeverfahren gegen Entscheidungen nach VV Vorb. 3.2.1 Nr. 2 Buchst. h findet VV Teil 3 Abschnitt 2 Unterabschnitt 2 Anwendung.

---

26 BayObLGR 2003, 332; BayObLG AGS 2003, 34 = JurBüro 2002, 362.

2. Gebühren in Rechtsbeschwerdeverfahren nach dem VSchDG (VV Vorb. 3.2.1 Nr. 2 Buchst. h)

a) Verfahrensgebühr, VV 3206, 3208, 3209, 1008

Der Anwalt erhält im Rechtsbeschwerdeverfahren nach § 24 Abs. 1 VSchDG, in dem die Vertretung durch einen beim BGH zugelassenen Rechtsanwalt vorgeschrieben ist (§§ 26 Abs. 5, 25 Abs. 4, 17 VSchDG), grundsätzlich eine **2,3-Verfahrensgebühr** nach **VV 3208**, die sich im Fall einer vorzeitigen Beendigung auf einen Gebührensatz von **1,8** ermäßigt (**VV 3209 i.V.m. Anm. zu VV 3201**). Bei mehreren Auftraggebern ist die Verfahrensgebühr nach VV 1008 um 0,3 je weiteren Auftraggeber zu erhöhen, sofern derselbe Verfahrensgegenstand vorliegt.

121

b) Terminsgebühr, VV 3210

Unter den Voraussetzungen der VV Vorb. 3 Abs. 3 S. 1, S. 3 Nr. 1 oder 2 wird eine **1,5-Terminsgebühr (vgl. VV 3210)** ausgelöst. Anm. Abs. 1 Nr. 1 zu VV 3104 ist anzuwenden, weil in Verfahren nach dem VSchDG die Durchführung einer mündlichen Verhandlung vorgeschrieben ist (§ 26 Abs. 5 VSchDG i.V.m. § 18 Abs. 1 VSchDG, vgl. auch VV 3202 Rdn 1 ff.).

122

c) Einigungsgebühr, VV 1000

Eine Einigungsgebühr nach VV 1000 Abs. 1 Nr. 1 kann nicht entstehen, weil die Beteiligten über die Ansprüche nach dem VSchDG nicht vertraglich verfügen können (vgl. Anm. Abs. 4 zu VV 1000).

123

d) Erledigungsgebühr, VV 1002, 1004

Hingegen kann eine Erledigungsgebühr nach VV 1002, 1004 entstehen, wenn sich das Rechtsbeschwerdeverfahren durch Zurücknahme der Entscheidung der zuständigen Behörde erledigt und der Anwalt dabei mitgewirkt hat (zu den einzelnen Erfordernissen vgl. VV 1002 Rdn 6 ff.).

124

3. Wertfestsetzung in Rechtsbeschwerdeverfahren nach dem VSchDG

Der Gegenstandswert in Rechtsbeschwerdeverfahren nach dem VSchDG ergibt sich gemäß § 23 Abs. 1[27] aus den für die Gerichtsgebühren geltenden Wertvorschriften, demnach also aus § 47 GKG i.V.m. **§ 50 Abs. 1 S. 1 Nr. 4 GKG (§ 3 ZPO)**.

125

4. Kostenerstattung und Kostenfestsetzung

Im Beschwerdeverfahren und im Rechtsbeschwerdeverfahren kann das Gericht anordnen, dass die Kosten, die zur zweckentsprechenden Erledigung der Angelegenheit notwendig waren, von einem Beteiligten ganz oder teilweise zu erstatten sind, wenn dies der Billigkeit entspricht (§ 22 S. 1 VSchDG). Hat ein Beteiligter Kosten durch ein unbegründetes Rechtsmittel oder durch grobes Verschulden veranlasst, so sind ihm die Kosten aufzuerlegen (§ 27 S. 2 VSchDG). Im Übrigen gelten die Vorschriften der ZPO über das Kostenfestsetzungsverfahren (§§ 91 ff. ZPO) entsprechend (§ 27 S. 3 VSchDG).

126

---

27 BayObLG OLGR 2003, 332; BayObLG AGS 2003, 34 = JurBüro 2002, 362.

XIII. Verfahren nach dem Spruchverfahrensgesetz (VV Vorb. 3.2.1 Nr. 2 Buchst. i)

1. Allgemeines zum Anwendungsbereich

127 Auch Verfahren nach dem Spruchverfahrensgesetz (SpruchG) gelten als Angelegenheiten der freiwilligen Gerichtsbarkeit (§ 1 Abs. 2 Nr. 5 GNotKG). Der Gesetzgeber hat sie ungeachtet der VV Vorb. 3.2.1 Nr. 2 Buchst. b in VV Vorb. 3.2.1 Nr. 2 Buchst. i aber gesondert geführt, sodass sie außerhalb der VV Vorb. 3.2.1 Nr. 2 Buchst. b behandelt werden. Unmittelbar im SpruchG ist nur das Beschwerdeverfahren geregelt. Dass im Spruchverfahren auch die Rechtsbeschwerde möglich ist, ergibt sich daraus, dass die Vorschriften des FamFG entsprechend anwendbar sind (§ 17 Abs. 1 SpruchG) und das FamFG einen Ausschluss der weiteren Beschwerde nicht mehr kennt. Ein Ausschluss der Rechtsbeschwerde ist insbesondere auch seit Inkrafttreten des FGG-ReformG im Spruchverfahren deshalb nicht (mehr) vorgesehen, weil sie ohnehin nur auf Zulassung erfolgt.

128 Rechtsbeschwerdeverfahren nach dem SpruchG (§§ 70 ff. FamFG), richten sich gegen Beschwerdeentscheidungen i.S.d. VV Vorb. 3.2.1 Nr. 2 Buchst. i, sodass aufgrund der in VV Vorb. 3.2.2 Nr. 1 Buchst. a enthaltenen Verweisung alle Verfahren nach VV Vorb. 3.2.1 Nr. 2 nach VV Teil 3 Unterabschnitt 2 Abschnitt 2 zu vergüten sind.

2. Gebühren in Rechtsbeschwerdeverfahren nach dem SpruchG (VV Vorb. 3.2.1 Nr. 2 Buchst. i)

a) Verfahrensgebühr, VV 3206, 3208, 3209

129 Der Anwalt erhält demgemäß grundsätzlich eine **2,3-Verfahrensgebühr** nach **VV 3208**, die sich im Fall einer vorzeitigen Beendigung auf einen Gebührensatz von **1,8** ermäßigt (**VV 3209 i.V.m. Anm. zu VV 3201**). Bei mehreren Auftraggebern ist die Verfahrensgebühr nach VV 1008 nicht zu erhöhen (arg. e § 31 Abs. 2, 2. Hs.).

b) Terminsgebühr, VV 3210

130 Unter den Voraussetzungen der VV Vorb. 3 Abs. 3 S. 1 und S. 3 Nr. 1 oder 2 wird eine **1,5-Terminsgebühr (vgl. VV 3210)** ausgelöst. Anm. Abs. 1 Nr. 1 zu VV 3104 ist nicht anzuwenden, weil in Rechtsbeschwerdeverfahren nach dem SpruchG als Angelegenheit der freiwilligen Gerichtsbarkeit die Durchführung einer mündlichen Verhandlung nicht vorgeschrieben ist.

c) Einigungsgebühr, VV 1000, 1004

131 Eine Einigungsgebühr kann unter den Voraussetzungen der Anm. Abs. 1 Nr. 1 zu VV 1000 und Anm. Abs. 1 zu VV 1004 zu einem Gebührensatz in Höhe von 1,3 entstehen.

3. Wertfestsetzung in Rechtsbeschwerdeverfahren nach dem SpruchG

132 Vertritt der Rechtsanwalt im Rechtsbeschwerdeverfahren nach dem SpruchG mehrere Antragsteller, richtet sich der Geschäftswert im gerichtlichen Verfahren nach § 61 GNotKG i.V.m. § 74 GNotKG.

133 Nach § 61 GNotKG bestimmt sich der Geschäftswert nach den Anträgen des Rechtsmittelführers (§ 61 Abs. 1 S. 1 GNotKG). Endet das Verfahren, ohne dass solche Anträge eingereicht werden, oder werden bei einer Rechtsbeschwerde innerhalb der Frist für die Begründung Anträge nicht eingereicht, ist die Beschwer maßgebend (§ 61 Abs. 1 S. 2 GNotKG). Der Wert ist durch den Geschäftswert des ersten Rechtszugs begrenzt (§ 61 Abs. 2 S. 1 GNotKG). Dies gilt nicht, soweit der Gegenstand erweitert wird (§ 61 Abs. 2 S. 2 GNotKG).

134 Vertritt der Rechtsanwalt im Rechtsbeschwerdeverfahren nach dem SpruchG einen von mehreren Antragstellern, bestimmt sich der Gegenstandswert nach dem Bruchteil des für die Gerichtsgebühren geltenden Geschäftswerts, der sich aus dem Verhältnis der Anzahl der Anteile des Auftraggebers zu

der Gesamtzahl der Anteile aller Antragsteller ergibt (§ 31 Abs. 1 S. 1). Maßgeblicher Zeitpunkt für die Bestimmung der auf die einzelnen Antragsteller entfallenden Anzahl der Anteile ist der jeweilige Zeitpunkt der Antragstellung. Ist die Anzahl der auf einen Antragsteller entfallenden Anteile nicht gerichtsbekannt, wird vermutet, dass er lediglich einen Anteil hält. Der Wert beträgt dann mindestens 5.000 EUR (siehe § 31 Rdn 23).

4. Kostenfestsetzung und Kostenerstattung in Rechtsbeschwerdeverfahren nach dem SpruchG

Die Kostenerstattung richtet sich im Spruchverfahren nach § 15 SpruchG. 135

§ 15 SpruchG in der Fassung des 2. KostRMoG lautet wie folgt: 136

§ 15 SpruchG Kosten

(1) Die Gerichtskosten können entweder ganz oder zum Teil den Antragstellern auferlegt werden, wenn dies der Billigkeit entspricht.

(2) Das Gericht ordnet an, dass die Kosten der Antragsteller, die zur zweckentsprechenden Erledigung der Angelegenheit notwendig waren, ganz oder zum Teil vom Antragsgegner zu erstatten sind, wenn dies unter Berücksichtigung des Ausgangs des Verfahrens der Billigkeit entspricht.

Die außergerichtlichen Kosten des Antragsgegners können in Spruchverfahren grundsätzlich nicht den Antragstellern auferlegt werden.[28] 137

Die Kostenfestsetzung in Rechtsbeschwerdeverfahren nach dem SpruchG richtet sich nach den allgemeinen Vorschriften (§§ 91 ff. ZPO, §§ 80 ff. FamFG). 138

XIV. Verfahren nach dem Wertpapiererwerbs- und Übernahmegesetz (VV Vorb. 3.2.1 Nr. 2 Buchst. j)

1. Allgemeines zum Anwendungsbereich

Gemäß § 39b Abs. 1 WpÜG finden auf **Ausschlussverfahren** nach den §§ 39a und 39b WpÜG die Regelungen des FamFG Anwendung, soweit in § 39b Abs. 2 bis 6 WpÜG nichts anderes bestimmt ist. Zuständig ist das LG. Es entscheidet durch einen mit Gründen zu versehenden Beschluss; hiergegen ist die Beschwerde gegeben, die aufschiebende Wirkung hat. Beschwerdegericht ist das OLG. Gegen dessen Entscheidung ist die **Rechtsbeschwerde** zum BGH gemäß § 70 FamFG möglich, wenn sie zugelassen worden ist. 139

Rechtsbeschwerdeverfahren nach dem WpÜG (§§ 39a und 39b WpÜG) gelten nach § 1 Abs. 2 Nr. 6 GNotKG als Angelegenheiten der freiwilligen Gerichtsbarkeit, so dass sie systemgerecht eigentlich in die VV Vorb. 3.2.1 Nr. 2 Buchst. b gehören und von ihrem Wortlaut bereits erfasst sind. Der gesonderten Aufnahme in die VV Vorb. 3.2.1 Nr. 2 Buchst. j hätte es insoweit nicht mehr bedurft. Nachdem der Gesetzgeber sie aber auf der Grundlage des Regierungsentwurfs noch in die VV Vorb. 3.2.1 Nr. 3 Buchst. b eingeordnet und damit unterstellt hatte, dass eine Rechtsbeschwerde gar nicht möglich ist, haben sie ihren Weg nach dem Inkrafttreten des 2. KostRMoG immerhin in die VV Vorb. 3.2.1 Nr. 2 gefunden, in der der Gesetzgeber alle Beschwerdeverfahren zusammengefasst hat, in denen die Rechtsbeschwerde statthaft ist und die Vertretung durch einen Rechtsanwalt vorgeschrieben ist. 140

In Rechtsbeschwerdeverfahren vor dem BGH entstehen die Gebühren nach Abschnitt 2 Unterabschnitt 2 (VV 3208 bis 3211). 141

---

[28] BGH DB 2012, 281 = ZIP 2012, 266 = WM 2012, 280 = NZG 2012, 191 = MDR 2012, 293 = AG 2012, 173 = NJW-Spezial 2012, 112 = JB 2012, 259; OLG Stuttgart ZIP 2009, 1059 = WM 2009, 1416 = DB 2009, 1583 = NZG 2009, 950 = AG 2009, 707; OLG Frankfurt NZG 2012, 1382 = GWR 2012, 490; Beschl. v. 17.12.2012 – 21 W 39/11.

2. Gebühren in Rechtsbeschwerdeverfahren nach dem WpÜG (VV Vorb. 3.2.1 Nr. 2 Buchst. j)

a) Verfahrensgebühr, VV 3206, 3208, 3209, 1008

142 Da sich die Beteiligten gemäß §§ 10 Abs. 4, 114 Abs. 2 FamFG nur durch einen beim BGH zugelassenen Rechtsanwalt vertreten lassen können, beträgt die **Verfahrensgebühr** 2,3 (VV 3208), die sich unter den Voraussetzungen der VV 3209 auf einen Gebührensatz in Höhe von 1,8 ermäßigt. Eine Erhöhung der Verfahrensgebühr nach VV 1008 kommt in Betracht, wenn in derselben Angelegenheit mehrere Personen Auftraggeber sind.

b) Terminsgebühr, VV 3210

143 Hinzu kommt eine **Terminsgebühr** nach VV 3210 i.H.v. 1,5, wenn ein gerichtlicher oder außergerichtlicher Termin stattfindet oder eine Besprechung zur Vermeidung oder Erledigung des Verfahrens erfolgt (VV Vorb. 3 Abs. 3 S. 1 und S. 3 Nr. 1 und 2). Eine Terminsgebühr nach Anm. zu VV 3210 i.V.m. Anm. Abs. 1 Nr. 1 zu VV 3104 oder Anm. Abs. 2 zu VV 3202 kann nicht entstehen, weil eine mündliche Verhandlung in Rechtsbeschwerdeverfahren nach dem WpÜG nicht vorgeschrieben ist.

c) Einigungsgebühr, VV 1000, 1004

144 Kommt es hier zu einer **Einigung im Rechtsbeschwerdeverfahren**, entsteht nach Anm. Abs. 1 zu VV 1004 eine 1,3-Einigungsgebühr.

3. Wertfestsetzung in Rechtsbeschwerdeverfahren nach dem WpÜG

145 Nach § 61 GNotKG bestimmt sich der Geschäftswert im Rechtsbeschwerdeverfahren nach dem WpÜG nach den Anträgen des Rechtsmittelführers (§ 61 Abs. 1 S. 1 GNotKG) i.V.m. § 73 GNotKG, insoweit der Anwalt den Antragsteller im Rechtsbeschwerdeverfahren nach § 39b WpÜG vertritt. Endet das Verfahren, ohne dass solche Anträge eingereicht werden, oder werden bei einer Rechtsbeschwerde innerhalb der Frist für die Begründung Anträge nicht eingereicht, ist die Beschwer maßgebend (§ 61 Abs. 1 S. 2 GNotKG). Der Wert ist durch den Geschäftswert des ersten Rechtszugs begrenzt (§ 61 Abs. 2 S. 1 GNotKG). Dies gilt nicht, soweit der Gegenstand erweitert wird (§ 61 Abs. 2 S. 2 GNotKG).

146 Vertritt der Anwalt im Rechtsbeschwerdeverfahren hingegen den Antragsgegner oder einzelne Aktionäre, so hat der Gesetzgeber die Bindung an den sich nach § 61 Abs. 1 i.V.m. § 73 GNotKG ergebenden Wert, der allen Aktien zu entnehmen ist, auf die sich der Ausschluss bezieht, nicht als sachgerecht angesehen und deshalb in § 31a RVG eine dahingehende Einschränkung erfasst, die im Falle der Vertretung des Antragsgegners allein den Wert der Aktien bestimmt, die dem Auftraggeber im Zeitpunkt der Antragstellung gehören (siehe § 31a Rdn 1 ff.).

4. Kostenfestsetzung und Kostenerstattung

147 Kostenfestsetzung und Kostenerstattung richten sich nach den allgemeinen Vorschriften der §§ 80 ff. FamFG, §§ 91 ff. ZPO.

C. Rechtsbeschwerden nach § 20 KapMuG (Nr. 1 Buchst. b)

I. Allgemeines

148 Nach der VV Vorb. 3.2.2 Nr. 1b sind für die anwaltliche Tätigkeit in Rechtsbeschwerdeverfahren nach § 20 KapMuG die Gebührenvorschriften VV 3206 bis 3213 anzuwenden.

Die Nr. 1b (noch als Nr. 2) der VV Vorb. 3.2.2 wurde durch das Gesetz zur Einführung von Kapitalanleger-Musterverfahren[29] vom 16.8.2005 eingefügt und durch das FGG-Reformgesetz[30] vom 17.12.2008 in Nr. 1e überführt. Das Gesetz zur Reform des Kapitalanleger-Musterverfahrensgesetzes[31] vom 19.10.2012 passte lediglich den Verweis auf die jetzt in § 20 KapMuG geregelte Rechtsbeschwerde an. Das 2. KostRMoG hat die VV Vorb. 3.2.2. neu strukturiert und die Anordnung von Nr. 1e a.F. in die jetzige Nr. 1b verschoben.

II. Anwendungsbereich der VV Vorb. 3.2.2 Nr. 1b

Nr. 1b der VV Vorb. 3.2.2 findet nur auf die dort **genannte Rechtsbeschwerde nach § 20 KapMuG** Anwendung. Die Rechtsbeschwerde des § 20 Abs. 1 S. 1 KapMuG findet **gegen den Musterentscheid** im Anwendungsbereich des § 1 KapMuG statt. Weitere Bestimmungen zum Rechtsbeschwerdeverfahren sind in den §§ 20, 21, 26 KapMuG enthalten. Im Übrigen kommen die §§ 574 ff. ZPO zur Anwendung.[32]

III. Gebühren für Rechtsbeschwerde nach § 20 KapMuG

Für die anwaltliche Tätigkeit im Rechtsbeschwerdeverfahren nach § 20 KapMuG sind gemäß der VV Vorb. 3.2.2 Nr. 1b die Gebührenvorschriften VV 3206 bis 3213 anzuwenden. Es entsteht die Verfahrensgebühr VV 3208 mit einem Gebührensatz von 2,3. In dem Rechtsbeschwerdeverfahren nach § 20 KapMuG können sich die Beteiligten nur durch einen beim BGH zugelassenen Rechtsanwalt vertreten lassen. Bei vorzeitiger Beendigung des Auftrags reduziert sich die Gebühr auf 1,8 (VV 3209). Eine Terminsgebühr fällt nach VV 3210 mit einem Gebührensatz von 1,5 an. In den Fällen der VV 3211 kann sich der Gebührensatz auf 0,8 reduzieren. Weiterhin können die Allgemeinen Gebühren nach Teil 1 VV entstehen.

Im Übrigen wird auf die Erläuterungen zu den einzelnen Gebührenvorschriften verwiesen.

> **Beispiel:** Gegen den Musterentscheid legt der Rechtsanwalt B für den Rechtsbeschwerdeführer K, der in dem Musterverfahren als Beigeladener beteiligt war, die Rechtsbeschwerde nach § 20 KapMuG ein. Im Ausgangsverfahren macht K einen Schadensersatzanspruch in Höhe von 20.000 EUR geltend, der in vollem Umfang von den Feststellungszielen des Musterverfahrens betroffen war. Der BGH entscheidet nach einer mündlichen Verhandlung über die Rechtsbeschwerde.
> Der Gegenstandswert der anwaltlichen Tätigkeit des Rechtsanwalts B im Rechtsbeschwerdeverfahren beträgt entsprechend § 23b 20.000 EUR. Für die Vertretung des K im Rechtsbeschwerdeverfahren erhält Rechtsanwalt B eine 2,3-Verfahrensgebühr (VV 3208 i.V.m. VV Vorb. 3.2.2 Nr. 1b) und eine 1,5-Terminsgebühr (VV 3210 i.V.m. VV Vorb. 3.2.2 Nr. 1b).

IV. Gegenstandswert der Rechtsbeschwerde nach § 20 KapMuG

Die Rechtsanwaltsgebühren im Rechtsbeschwerdeverfahren nach § 20 KapMuG richten sich nach dem Wert des im Ausgangsverfahren geltend gemachten Anspruchs, soweit dieser Gegenstand des Rechtsbeschwerdeverfahrens ist.[33] Dies beruht auf einer analogen Anwendung des § 23b. Einer unmittelbaren Anwendung des § 23b steht entgegen, dass sich die Vorschrift nach ihrem Wortlaut nur auf das Musterverfahren bezieht.[34] Der Gesetzgeber befürwortet stattdessen, dass sich der Gegenstandswert im Rechtsbeschwerdeverfahren aus einer Anwendung von § 23 Abs. 1 S. 1 i.V.m. § 47 GKG ergibt.[35] Dem steht allerdings entgegen, dass im Rechtsbeschwerdeverfahren für den Streitwert der Gerichtsgebühren nicht § 47 GKG, sondern § 51a Abs. 2 GKG gilt. Der Anwendung von § 23 Abs. 1 S. 1 i.V.m. § 51a GKG wiederum steht entgegen, dass es in § 51a Abs. GKG nicht nur auf den Antrag des Rechtsbeschwerdeführers ankommt, sondern von der Summe der sämtlichen nach

---

29 Vgl. aus dem Gesetzgebungsverfahren BT-Drucks 15/5091; BT-Drucks 15/5695.
30 Vgl. aus dem Gesetzgebungsverfahren BT-Drucks 16/6308; BT-Drucks 17/9733.
31 Vgl. aus dem Gesetzgebungsverfahren BT-Drucks 17/8799; BT-Drucks 17/10160.
32 Vgl. BT-Drucks 15/5091, S. 29 zu § 15 KapMuG a.F.
33 BT-Drucks 15/5091, S. 38.
34 Heidel/*Gängel/Huth/Gansel*, Aktienrecht, 4. Aufl. (2014), § 26 KapMuG Rn 10 befürworten eine unmittelbare Anwendung des § 23b (§ 23a a.F.) für eine anwaltliche Tätigkeit im Rechtsbeschwerdeverfahren.
35 Vgl. BT-Drucks 15/5091, S. 38. So auch BGH NJW-RR 2012, 491, 497; BGH NJOZ 2016, 2338.

§ 8 KapMuG ausgesetzten Ausgangsverfahren geltend gemachten Ansprüche auszugehen ist, soweit diese Gegenstand des Musterverfahrens sind.

Wird der Prozessbevollmächtigte im Rechtsbeschwerdeverfahren nach § 20 KapMuG in einer gebührenrechtlichen Angelegenheit für mehrere Auftraggeber tätig, ist der Gegenstandswert in Höhe der Summe der nach den Werten der im Ausgangsverfahren geltend gemachten Ansprüche der Auftraggeber festzusetzen.[36]

V. Sonstige, das KapMuG betreffende, sofortige Beschwerden bzw. Rechtsbeschwerden nach § 574 ZPO

1. Gebühren

154 Wird gegen eine sonstige Entscheidung, die das Verfahren nach dem **KapMuG betrifft, die sofortige Beschwerde bzw die Rechtsbeschwerde** erhoben, entstehen nicht über VV Vorb. 3.2.2 Nr. 1b die für das Revisionsverfahren geltenden Gebühren. Denn VV Vorb. 3.2.2 Nr. 1b bezieht sich nur auf die Rechtsbeschwerde nach § 20 KapMuG.

155 Für die Vertretung im Verfahren über die sofortige Beschwerde fallen die VV 3500 (0,5-Verfahrensgebühr) und ggf. VV 3513 (0,5-Terminsgebühr) sowie für die Vertretung im Verfahren über die Rechtsbeschwerde nach § 574 ZPO die VV 3502 (1,0-Verfahrensgebühr) sowie ggf. die VV 3516 (1,2-Terminsgebühr).

2. Gegenstandswert

156 Für **Rechtsbeschwerden nach § 574 ZPO** ist § 23b **nicht** analog anzuwenden, auch wenn die Rechtsbeschwerden im Zusammenhang mit Entscheidungen zum KapMuG stehen. Für diese anderen Rechtsbeschwerden nach § 574 ZPO gilt § 23 Abs. 1 S. 1 i.V.m. § 47 GKG. Der Gegenstandswert richtet sich nach dem Antrag des Rechtsbeschwerdeführers.

157 Für diese Rechtsbeschwerden ist auch nicht § 23 Abs. 1 S. 1 i.V.m. § 51a GKG anzuwenden, weil § 51a Abs. 2 GKG nur Rechtsbeschwerden nach § 20 KapMuG erfasst. Zwar bezeichnet § 51a Abs. 2 – anders als die Gebühr Nr. 1821 GKG-KostVerz. – nicht explizit die Rechtsbeschwerde nach § 20 KapMuG. Allerdings bezieht sich die Gesetzesbegründung[37] allein auf die Rechtsbeschwerde gegen einen vorliegenden Musterentscheid, nicht auf andere Rechtsbeschwerden. Zudem bezeichnet die Überschrift in § 51a GKG Verfahren nach dem KapMuG. Rechtsbeschwerden, die zwar das KapMuG betreffen, aber allein auf § 574 ZPO beruhen, sind keine solchen Verfahren nach dem KapMuG.

3. Beispielsfälle für das KapMuG betreffende sofortige Beschwerden bzw Rechtsbeschwerden nach § 574 ZPO

158 Seit dem Gesetz zur Reform des Kapitalanleger-Musterverfahrensgesetzes vom 19.10.2012 sind der Beschluss des Prozessgerichts über die Verwerfung des Musterfeststellungsantrags nach § 3 Abs. 1 KapMuG[38] und der Beschluss des Prozessgerichts über die Zurückweisung des Musterfeststellungsantrags nach § 6 Abs. 5 KapMuG als unanfechtbar bestimmt worden.[39] Statthaft ist dagegen die Rechtsbeschwerde nach § 574 ZPO gegen die Zurückweisung des Ablehnungsgesuchs,[40] gegen die Aufhebung eines bindenden Vorlagebeschlusses,[41] gegen die Entscheidung über die sofortige

---

36 BGH NJOZ 2016, 2338.
37 Vgl. BT-Drucks 15/5091, S. 35.
38 Vgl. BT-Drucks 17/8799, S. 17; vgl. noch zur zuvor gegebenen Statthaftigkeit der sofortigen Beschwerde bzw Rechtsbeschwerde: BGH NZG 2008, 103, Rn 2; BGH BeckRS 2008, 116, Rn 2; *Möllers/Weichert*, NJW 2005, 2737, 2739.

39 Vgl. BT-Drucks 17/8799, S. 20; vgl. noch zur zuvor gegebenen Statthaftigkeit der sofortigen Beschwerde bzw Rechtsbeschwerde: BGH NJW 2008, 2187, Rn 4; *Möllers/Weichert*, NJW 2005, 2737, 2739.
40 Vgl. BGH NJW-RR 2009, 465.
41 Vgl. BGH NZG 2011, 1117, 1118; BGH BeckRS 2012, 2993, Rn 6.

Beschwerde gegen eine Aussetzungsentscheidung nach § 8 Abs. 1 KapMuG[42] oder gegen eine Aufhebung des Aussetzungsbeschlusses (Fortsetzung des Verfahrens).[43]

D. In VV Vorb. 3.2.1 und 3.2.2 nicht geregelte Rechtsbeschwerdeverfahren

I. Anwendung der VV 3502 ff., 3516

Im Übrigen gelten für andere Rechtsbeschwerden, die nicht in VV Vorb. 3.2.1 und 3.2.2 geregelt sind, die Vergütungsvorschriften der VV 3502 ff., 3516, soweit sich die Gebühren nach VV Teil 3 richten.[44]   159

II. Anwendung der VV 5113, 5114

Insoweit in den Verfahren nach VV Vorb. 3.2.1 Nr. 2 Rechtsbeschwerdeverfahren in Bußgeldsachen möglich sind (vgl. § 84 S. 1 GWB, § 99 S. 1 EnWG, § 43 KSpG, § 9 VSchDG, § 63 S. 1 WpÜG), ist VV Teil 3 unanwendbar. Die Gebühren richten sich dann nach VV Teil 5 (VV 5113, 5114).   160

III. Anwendung VV Teil 6 (VV 6300 ff.)

1. Anwendung der VV 6300 bis 6303

Auf Rechtsbeschwerdeverfahren in Betreuungssachen zur Bestellung eines Betreuers, zur Aufhebung einer Betreuung, zur Anordnung oder Aufhebung eines Einwilligungsvorbehalts, in Unterbringungssachen und Verfahren nach § 151 Nr. 6 und 7 sowie in Freiheitsentziehungssachen ist VV Teil 3 unanwendbar. Die Gebühren richten sich nach VV Teil 6, VV 6300 bis 6303.   161

2. Anwendung der VV 6402, 6403

In Rechtsbeschwerdeverfahren nach der WBO ist VV Teil 3 unanwendbar. Die Gebühren richten sich nach VV Teil 6, VV 6402, 6403.   162

E. Verfahren vor dem BGH über Berufungen, Beschwerden oder Rechtsbeschwerden gegen Entscheidungen des BPatG (Nr. 2)

I. Allgemeines

Durch Nr. 2 wird die bisher in Nr. 2 a.F. (bis zum Inkrafttreten des FGG-ReformGG: VV Vorb. 3.2.1 Abs. 1 Nr. 7 a.F.) enthaltene Regelung zunächst inhaltsgleich übernommen. Sie entspricht dem früheren § 66 BRAGO, soweit es um die Verfahren vor dem BGH geht. Das bisher ebenfalls in § 66 BRAGO angesprochene Verfahren vor dem PatG ist in VV 3510 gesondert geregelt. Der gesetzgeberische Grund[45] für die Änderung durch das FGG-ReformG war, dass Teil 3 Unterabschnitt 2 für alle Fälle gilt, in denen die Vertretung durch einen beim Bundesgerichtshof zugelassenen Rechtsanwalt vorgeschrieben ist. Übersehen hatte der Gesetzgeber bisher, dass gegen bestimmte Entscheidungen des BPatG nicht nur die Rechtsbeschwerde (§§ 100 ff. PatentG), sondern gegen die Urteile der Nichtigkeitssenate auch die Berufung (§§ 110 ff. PatentG) zulässig ist, so dass er Nr. 2 anlässlich des 2. KostRMoG nunmehr auch um die zuvor vergessenen Berufungsverfahren, in denen sich die Vergütung gleichermaßen nach VV Teil 3 Abschnitt 2 Unterabschnitt 2 richten soll, erweitert hat.   163

---

42 Vgl. BT-Drucks 17/8799, S. 21.
43 BGH v. 11.9.2012 – XI ZB 32/11.
44 Gerold/Schmidt/*Müller-Rabe*, RVG, VV Vorb. 3.2.2 Rn 5.

45 BT-Drucks 16/6308, S. 343 zu Nr. 19q Abs. 1.

164 Bei den Verfahren vor dem **BGH** handelt es sich um die Rechtsbeschwerde-, Berufungs- und Beschwerdeverfahren gemäß §§ 100 ff. PatG, §§ 110 ff. und 122 PatG, § 18 Abs. 4 GebrMG, §§ 83 ff. MarkenG, § 4 Abs. 4 S. 3 HalblSchG i.V.m. § 18 Abs. 4 GebrMG, §§ 35, 36 SortenSchG.

II. Regelungsgehalt

1. Anwendungsbereich

165 Abschnitt 2 **Unterabschnitt 2** ist anzuwenden auf
- die **Berufungsverfahren** gemäß §§ 110 ff. PatG gegen Urteile der Nichtigkeitssenate des PatG (§ 84 PatG), weil Nr. 2 mit Inkrafttreten des 2. KostRMoG um Berufungsverfahren erweitert worden ist;
- **Beschwerdeverfahren** gemäß § 122 PatG gegen Urteile der Nichtigkeitssenate des PatG über den Erlass einstweiliger Verfügungen im Verfahren wegen Erteilung einer Zwangslizenz (§ 85 PatG). In diesem Verfahren können sich die Beteiligten nur durch einen beim Bundesgerichtshof zugelassenen Rechtsanwalt vertreten lassen (§§ 122 Abs. 4, 113 PatG);
- **Rechtsbeschwerden** gemäß §§ 100 ff. PatG gegen Beschlüsse des PatG, durch die über eine Beschwerde nach § 73 PatG oder über die Aufrechterhaltung oder den Widerruf eines Patents nach § 61 Abs. 2 entschieden wird; in diesem Verfahren können sich die Beteiligten nur durch einen beim Bundesgerichtshof zugelassenen Rechtsanwalt vertreten lassen (§ 102 Abs. 5 PatG[46]).

166 Weder Unterabschnitt 1 noch Unterabschnitt 2 des Abschnitts 2 findet Anwendung:
- auf Verfahren vor dem **Patentamt**, unabhängig davon, ob es sich dabei um das Prüfungs-, Einspruchs- oder Widerspruchsverfahren handelt; hierfür gilt VV 2300;
- auf Verfahren vor den **Patentgerichten**, also in den Beschwerdeverfahren (§§ 73 ff. PatG), Klageverfahren auf Nichtigkeitserklärung oder Zurücknahme eines Patents sowie Erteilung einer Zwangslizenz (§§ 81 ff. PatG) sowie im Falle der Vorschriften in Sondergesetzen, die auf die Anwendung der vorgenannten Vorschriften verweisen (§ 18 GebrMG, § 66 MarkenG, § 4 Abs. 4 S. 3 HalblSchG i.V.m. § 18 GebrMG, § 36 SortenSchG); die Gebühren berechnen sich nach VV 3500, 3510, 3516;
- in **Patentstreitsachen** gemäß § 143 PatG, in Verfahren gemäß § 27 GebrMG, sowie für die Löschungsklage gemäß § 55 MarkenG; in diesen Verfahren finden VV 3100 ff. unmittelbare Anwendung.

2. Gebühren

a) Verfahrensgebühr, VV 3206, 3208

167 Für das Betreiben des Geschäfts einschließlich der Information erhält der Anwalt in den
- Berufungsverfahren nach §§ 110 ff. PatG,
- Beschwerdeverfahren gemäß § 122 PatG und
- Rechtsbeschwerdeverfahren gemäß §§ 100 ff. PatG

eine **Verfahrensgebühr** mit einem Gebührensatz von 2,3 (**VV 3208**) (wegen der Einzelheiten zum Begriff der Verfahrensgebühr vgl. VV Vorb. 3 Abs. 2).

b) Verfahrensgebühr – vorzeitige Beendigung, VV 3209

168 Wird der Auftrag vorzeitig beendet, kann sich in den Rechtsmittelverfahren gegen Entscheidungen des BPatG die Verfahrensgebühr auf einen Gebührensatz von **1,8** (VV 3209) ermäßigen. Wegen der Einzelheiten des Begriffs der vorzeitigen Beendigung vgl. VV 3201.

---

[46] Entsprechend: § 18 Abs. 4 GebrMG, § 85 Abs. 5 MarkenG, § 4 HalblSchG, § 36 SortenSchG.

c) Terminsgebühr, VV 3210

Für die Wahrnehmung eines gerichtlichen Termins (VV Vorb. 3 Abs. 3 S. 1) oder die Wahrnehmung eines außergerichtlichen Termins (VV Vorb. 3 Abs. 3 S. 1 i.V.m. S. 3 Nr. 1 oder für die Durchführung von Besprechungen i.S.d. VV Vorb. 3 Abs. 3 S. 3 Nr. 2 erhält der Anwalt in
- **Berufungs-**,
- **Beschwerde-** und
- **Rechtsbeschwerdeverfahren**

vor dem BGH eine Terminsgebühr zu einem Gebührensatz von **1,5** (VV 3210). In Berufungs- und Beschwerdeverfahren ist die mündliche Verhandlung obligatorisch (§§ 118 Abs. 1, 122 Abs. 4 PatG), so dass die Terminsgebühr auch dann entsteht, wenn die Voraussetzungen der Anm. Abs. 1 Nr. 1 zu VV 3104 (Anm. zu VV 3210) vorliegen (wegen der Einzelheiten zum Begriff der Terminsgebühr vgl. VV Vorb. 3 Abs. 3).

Im **Rechtsbeschwerdeverfahren** vor dem BGH kann ohne mündliche Verhandlung entschieden werden (§ 107 Abs. 1, 2. Hs. PatG[47]). Ergeht in diesen Fällen eine Entscheidung ohne mündliche Verhandlung, entsteht gemäß Anm. zu VV 3210 und Anm. Abs. 1 Nr. 1 zu VV 3104 keine Terminsgebühr, weil eine mündliche Verhandlung nicht vorgeschrieben ist.[48] Findet eine mündliche Verhandlung allerdings statt, wird die Terminsgebühr auch im Rechtsbeschwerdeverfahren zu einem Gebührensatz in Höhe von 1,5 (VV 3210) ausgelöst.

d) Einigungsgebühr, Anm. Abs. 1 Nr. 1 zu VV 1000, 1004

Eine Einigungsgebühr gemäß VV 1000, 1004 in den Berufungs-, Beschwerde- bzw. Rechtsbeschwerdeverfahren nach dem PatG kommt nicht in Betracht (arg. e Anm. Abs. 4 zu VV 1000).

e) Erledigungsgebühr, VV 1002, 1004

Hingegen kann eine **Erledigungsgebühr** gemäß **VV 1002, 1004** entstehen, wenn sich das Berufungs-, Beschwerde- oder Rechtsbeschwerdeverfahren durch Zurücknahme der Verfügung bzw. Erlass der zuvor unterlassenen Verfügung durch das Patentamt erledigt und der Anwalt dabei mitgewirkt hat (zu den einzelnen Erfordernissen vgl. VV 1002).

f) Sonstige Gebührentatbestände

Entsprechende Anwendung finden folgende Vorschriften:
- VV 3328: vorläufige Einstellung der Zwangsvollstreckung
- VV 3400: Verkehrsanwalt
- VV 3401: Terminsvertreter
- VV 3402, 3403: sonstige Einzeltätigkeiten.

III. Gegenstandswert

In den Berufungs-, Beschwerde- und Rechtsbeschwerdeverfahren ist der Wert der Anwaltsgebühren nach § 23 Abs. 1 i.V.m. §§ 47, 51 GKG[49] zu bestimmen, also nach den Anträgen des Rechtsmittelführers. Maßgebend ist grundsätzlich der **Wert bei Einlegung** des Rechtsmittels. Es kann jedoch gemäß §§ 102 Abs. 2, 122 Abs. 4, 121 Abs. 1, 144 PatG[50] auf Antrag eines Beteiligten eine Herabsetzung des Werts herbeigeführt werden, wenn glaubhaft gemacht wird, dass die Belastung mit den Verfahrenskosten nach dem vollen Wert seine wirtschaftliche Lage erheblich gefährden würde. Eine solche

---

47 Entsprechend: § 18 Abs. 4 GebrMG, § 89 Abs. 1 MarkenG, § 4 HalblSchG, § 36 SortenSchG.
48 Gerold/Schmidt/*Müller-Rabe*, RVG, VV Vorb. 3.2.2 Rn 14; ebenso zum inhaltsgleichen § 66 BRAGO: Riedel/Sußbauer/*Keller*, BRAGO, § 66 Rn 8; *Hansens*, BRAGO, § 66 Rn 4.

49 Entspricht dem bisherigen § 12b GKG.
50 Inhaltlich gleichlautend: §§ 85 Abs. 2, 142 MarkenG, § 26 GebrMG, § 36 SortenSchG.

Herabsetzung wirkt nur für den begünstigten Beteiligten. Eine Wertfestsetzung erfolgt insoweit gemäß § 33 Abs. 1 durch das Gericht, jedoch nur auf Antrag eines Beteiligten.

175 In **Patenterteilungsverfahren** ist als maßgeblich der gemeine Wert des erstrebten Rechts angesehen worden,[51] in Verfahren **auf Löschung eines Gebrauchsmusters** der Wert des Gebrauchsmusters.[52]

176 In **Markensachen** beträgt der Wert bei **Widerspruchsbeschwerdeverfahren** nach der geänderten Rechtsprechung des BPatG bei benutzten Marken in der Regel mindestens 20.000 EUR,[53] bei unbenutzten Marken kann es aber ggf. bei 10.000 EUR bleiben.[54] Der Regelstreitwert kann sich erhöhen, wenn die angegriffene Marke die Firma oder einen Firmenbestandteil enthält, ebenso bei Marktgeltung der angegriffenen Marke.[55]

177 Im **markenrechtlichen Löschungsverfahren** wegen Bestehens älterer Rechte (§ 51 MarkenG) ist maßgeblich das wirtschaftliche Interesse des Markeninhabers an der Aufrechterhaltung seiner Marke. Dieses entspricht im Normalfall einem Wert von 50.000 EUR.[56] Im Löschungsverfahren wegen Bestehens von Nichtigkeitsgründen ist maßgeblich das Interesse der Allgemeinheit an der Markenlöschung. Bei unbenutzten Marken kann dieses in der Regel mit 25.000 EUR, bei benutzten Marken mit 50.000 EUR bemessen werden.[57]

178 Der Gegenstandswert des **Akteneinsichtsverfahrens** bemisst sich nach dem wirtschaftlichen Interesse an der von der Akteneinsicht betroffenen Marke, nicht am wirtschaftlichen Interesse des die Akteneinsicht begehrenden Dritten; der Beschwerdewert beträgt im Regelfall 2.500 EUR.[58]

179 Im markenrechtlichen **Verletzungsprozess** gibt es keinen Regelstreitwert.[59]

IV. Kostenerstattung und Kostenfestsetzung

180 In den **Berufungs- und Beschwerdeverfahren vor dem BGH** finden gemäß §§ 121 Abs. 2 S. 2, 122 Abs. 4 PatG die Vorschriften der ZPO über Prozesskosten entsprechende Anwendung, soweit nicht die Billigkeit eine andere Entscheidung erfordert.

181 In den **Rechtsbeschwerdeverfahren** vor dem BGH sind bei Erfolglosigkeit des Rechtsmittels die Kosten des Rechtsbeschwerdeverfahrens dem Rechtsmittelführer aufzuerlegen (§ 109 Abs. 1 S. 2 PatG);[60] im Übrigen ist gemäß § 109 PatG, § 90 MarkenG,[61] § 18 Abs. 4 GebrMG, §§ 35, 36 SortenSchG, § 4 Abs. 4 HalblSchG eine Billigkeitsentscheidung zu treffen. Wird keine solche getroffen, gilt der Grundsatz der Kostentragung durch die Beteiligten (§ 90 Abs. 1 MarkenG).

182 Ist die Sache vom BGH aufgehoben und zurückverwiesen worden, kann vom BPatG auch eine Entscheidung über die durch die Rechtsbeschwerde entstandenen Gerichtskosten getroffen werden, wobei eine Nichterhebung wegen unrichtiger Sachbehandlung gemäß § 21 Abs. 1 S. 1 GKG möglich ist.[62]

183 **Zuständig** für die **Kostenfestsetzung** ist der Rechtspfleger beim BPatG; dies gilt auch – wie nach bisheriger Rechtslage unter der Geltung des Warenzeichengesetzes (WZG) – im markenrechtlichen

---

51 BPatG NJW 1964, 2371.
52 BPatGE 8, 176, 177.
53 BPatG GRUR 2007, 176 = MarkenR 2007, 35.
54 BPatG GRUR 2007, 176 = MarkenR 2007, 35 unter Hinw. auf BPatGE 40, 147: 20.000 DM.
55 *Fezer*, § 71 Rn 11.
56 BGH, Beschl. v. 16.3.2006 – I ZB 48/05 (juris) = RVGreport 2006, 398 (LS).
57 BPatG, Beschl. v. 26.7.2005 – 27 W (pat) 182/04 (juris).
58 BPatG (24. Senat) MittdtschPatAnw 2005, 328 = BPatGE 49, 57; der 25. Senat deutete im Beschl. v. 7.8.2006 – 25 W (pat) 73/04 = GRUR 2007, 176 einen Wert von 4.000 EUR an.
59 OLG Nürnberg, Beschl. v. 19.4.2007 – 3 W 485/07 (juris); OLG Zweibrücken JurBüro 2001, 418; *Fezer*, § 90 Rn 13, § 71 Rn 11 m.w.N.

60 Der Antrag, dem Rechtsmittelführer die Kosten des Verfahrens aufzuerlegen, kann, bevor der Rechtsmittelgegner einen beim BGH zugelassenen Anwalt mit seiner Vertretung beauftragt hat, auch durch einen in der Rechtsbeschwerdeinstanz nicht postulationsfähigen anwaltlichen Vertreter gestellt werden. Anwaltlicher Vertreter kann i.d.S. auch ein Patentanwalt sein, BGH NJW-RR 1995, 573 = MDR 1995, 924.
61 Zur Erstattungsfähigkeit von Gebühren des verfahrensbevollmächtigten Rechtsanwalts neben denen des mitwirkenden Patentanwalts vgl. BPatG GRUR 2000, 331.
62 BPatG, Beschl. v. 19.8.2010 – 9 W (pat) 347/05 (juris).

Rechtsbeschwerdeverfahren. Das bisherige Fehlen eines Verweises in § 23 Abs. 1 Nr. 12 RPflG auf § 90 Abs. 4 MarkenG beruhte auf einem offensichtlichen Redaktionsversehen des Gesetzgebers[63] und ist durch Art. 3 Nr. 5b des Gesetzes zur Bereinigung von Kostenregelungen auf dem Gebiet des geistigen Eigentums vom 13.12.2001 beseitigt worden.

V. Verfahrenskostenhilfe

Im Verfahren vor BGH kann einem Beteiligten Verfahrenskostenhilfe bewilligt und ein Anwalt oder Patentanwalt beigeordnet werden (**§§ 129 ff. PatG**); in den Rechtsbeschwerdeverfahren vor dem BGH kommt allerdings nur die Beiordnung eines dort zugelassenen Anwalts in Betracht. Die Vergütung aus der Staatskasse richtet sich für beide nach den §§ 121 ff. Hat das Gericht auf Antrag der armen Partei von der Möglichkeit der Herabsetzung des Streitwertes gemäß § 144 PatG Gebrauch gemacht, richtet sich der Vergütungsanspruch des beigeordneten Anwalts gegen die Staatskasse gleichwohl nach dem ursprünglichen vollen Streitwert.[64]

Entsprechende Regelungen finden sich in § 82 Abs. 1 S. 1 MarkenG,[65] § 21 Abs. 2 GebrMG, § 11 Abs. 2 HalblSchG sowie § 36 SortenSchG.

F. Beschwerde in Verfahren des einstweiligen Rechtsschutzes vor dem BFH (Nr. 3)

Nr. 3 enthält eine durch das 2. KostRMoG eingeführte Neuregelung. Sie erfasst die Verfahren vor dem BFH über Beschwerden nach § 128 Abs. 3 FGO.

Nach § 128 Abs. 3 FGO können die Verfahrensbeteiligten gegen die Entscheidung über die Aussetzung der Vollziehung nach § 69 Abs. 3 und 5 FGO sowie eine einstweilige Anordnung nach § 114 Abs. 1 FGO Beschwerde zum BFH einlegen, wenn die Beschwerde in der anzufechtenden Entscheidung zugelassen worden ist.

Es gilt hier hinsichtlich der Vergütung das Gleiche wie für die Beschwerden in Eilsachen der Verwaltungs- und Sozialgerichtsbarkeit, für die jetzt gem. VV Vorb. 3.2.1 Nr. 3 Buchst. a) die Gebühren eines Berufungsverfahrens ausgelöst werden. Da für Beschwerden in finanzgerichtlichen Eilverfahren die Zuständigkeit des BFH gegeben ist, sind hier die Gebühren eines Revisionsverfahrens (VV 3206 ff.) maßgebend. Bislang galten in diesen Verfahren nur die einfachen Beschwerdegebühren nach VV 3500 ff.

Der Gesetzgeber hat erkannt, dass in den verwaltungs-, sozial- und finanzgerichtlichen Beschwerdeverfahren betreffend Entscheidungen des einstweiligen Rechtsschutzes in der Hauptsache die bisherigen geringeren Beschwerdegebühren nach VV Teil 3 Abschnitt 5 nicht angemessen waren, da diese Verfahren häufig sehr viel Arbeit und Aufwand verursachen und eine hohe Verantwortung des Anwalts gegeben ist. Daher werden seit dem 1.8.2013 die Beschwerden gegen Entscheidungen der Finanzgerichte im einstweiligen Rechtsschutz in den Katalog der VV Vorb. 3.2.2 als neue Nr. 3 aufgenommen. Der Anwalt erhält dann die gleichen Gebühren wie in einem Revisionsverfahren.

Für Beschwerden gegen Zwischen- und Nebenentscheidungen in Verfahren des einstweiligen Rechtsschutzes – soweit diese überhaupt anfechtbar sind – bleibt es dagegen bei den Gebühren nach VV Teil 3 Abschnitt 5, also bei den Wertgebühren der VV 3500, 3513.

> **Beispiel:** Gegen den Beschluss des FG, mit dem das Gericht den Antrag auf Aussetzung des Verfahrens abgelehnt hat, legt der Antragsteller gem. § 128 Abs. 1 FGO Beschwerde ein. Der BFH weist die Beschwerde ohne mündliche Verhandlung zurück.
> Im Beschwerdeverfahren entstehen jetzt nur die 0,5-Gebühren nach VV 3500 ff.

Betrifft die Beschwerde die Hauptsacheentscheidung des Aussetzungs- oder Anordnungsverfahrens, erhält der Anwalt die Gebühren der VV 3206 ff.

---

63 BPatG GRUR 2000, 331.
64 BGH AnwBl 1953, 332; Gerold/Schmidt/*Müller-Rabe*, RVG, VV Vorb. 3.2.2 Rn 18; Riedel/Sußbauer/*Keller*, BRAGO, § 66 Rn 18.
65 BGH WRP 2008, 1551 = GRUR 2009, 88.

192 Der Anwalt erhält also zunächst einmal eine **Verfahrensgebühr** nach VV 3206 in Höhe von 1,6, die sich im Falle einer vorzeitigen Erledigung auf 1,1 ermäßigt (VV 3307). Bei mehreren Auftraggebern ist die Gebühr nach VV 1008 um 0,3 je weiteren Auftraggeber anzuheben, sofern derselbe Gegenstand zugrunde liegt.

> **Beispiel:** Gegen den Beschluss des FG, mit dem das Gericht den Antrag auf Aussetzung der Vollziehung abgelehnt hat, erhebt der Antragsteller gem. § 128 Abs. 3 FGO Beschwerde zum BFH. Der BFH weist die Beschwerde ohne mündliche Verhandlung zurück und setzt den Streitwert auf 1.500 EUR fest.
> Im Beschwerdeverfahren ist wie folgt zu rechnen:
>
> | Nr. | | |
> |---|---|---|
> | 1. | 1,6-Verfahrensgebühr, VV Vorb. 3.2.2 Nr. 3 i.V.m. VV 3206 (Wert: 1.500,00 EUR) | 184,00 EUR |
> | 2. | Postentgeltpauschale, VV 7002 | 20,00 EUR |
> | | Zwischensumme | 204,00 EUR |
> | 3. | 19 % Umsatzsteuer, VV 7008 | 38,76 EUR |
> | | **Gesamt** | **242,76 EUR** |

193 Hinzu kommt eine **Terminsgebühr** nach VV 3210 i.H.v. 1,5, wenn eine mündliche Verhandlung oder eine Besprechung zur Vermeidung oder Erledigung des Verfahrens (VV Vorb. 3 Abs. 3 S. 2 Nr. 3) stattfindet. Eine Terminsgebühr nach Anm. zu VV 3210 i.V.m. Anm. Abs. 1 Nr. 1 zu VV 3104 oder Anm. Abs. 2 zu VV 3202 kann nicht entstehen, da eine mündliche Verhandlung im Aussetzungs- oder Anordnungsverfahren nach §§ 132, 90 Abs. 1 S. 2 FGO ebenso wenig vorgesehen ist wie die Möglichkeit, durch Gerichtsbescheid zu entscheiden.

194 Kommt es hier zu einer **Einigung oder Erledigung**, entsteht nach Anm. Abs. 1 zu VV Nr. 1004 eine 1,3-Einigungs- oder Erledigungsgebühr.

> **Beispiel:** Wie vorangegangenes Beispiel; der Anwalt führt mit der Behörde eine Besprechung, in der eine Einigung erzielt wird.
> Hinzu kommt jetzt eine 1,5-Terminsgebühr nach VV 3210 (Vorb. 3 Abs. 3 S. 2 Nr. 3) sowie eine 1,3-Einigungsgebühr nach VV 1000, 1004 (Anm. Abs. 1 zu VV 1004):
>
> | Nr. | | |
> |---|---|---|
> | 1. | 1,6-Verfahrensgebühr, VV Vorb. 3.2.2 Nr. 3 i.V.m. VV 3206 (Wert: 1.500,00 EUR) | 184,00 EUR |
> | 2. | 1,5-Terminsgebühr, VV 3210 (Wert: 1.500,00 EUR) | 172,50 EUR |
> | 3. | 1,3-Einigungsgebühr, VV 1000, 1004 (Wert: 1.500,00 EUR) | 149,50 EUR |
> | 4. | Postentgeltpauschale, VV 7002 | 20,00 EUR |
> | | Zwischensumme | 526,00 EUR |
> | 5. | 19 % Umsatzsteuer, VV 7008 | 99,94 EUR |
> | | **Gesamt** | **625,94 EUR** |

195 Der **Streitwert des Verfahrens** richtet sich nach § 47 GKG i.V.m. §§ 53 Abs. 2, 52 Abs. 1 u. 2 FGO. Eine Anhebung nach § 52 Abs. 4 S. 1 GKG auf den Mindestbetrag von 1.500 EUR kommt auch im Beschwerdeverfahren nicht in Betracht.

Nr.	Gebührentatbestand	Gebühr oder Satz der Gebühr nach § 13 RVG
3206	Verfahrensgebühr, soweit in Nummer 3212 nichts anderes bestimmt ist	1,6
3207	Vorzeitige Beendigung des Auftrags oder eingeschränkte Tätigkeit des Anwalts: Die Gebühr 3206 beträgt .... Die Anmerkung zu Nummer 3201 gilt entsprechend.	1,1
3208	Im Verfahren können sich die Parteien oder die Beteiligten nur durch einen beim Bundesgerichtshof zugelassenen Rechtsanwalt vertreten lassen: Die Gebühr 3206 beträgt	2,3

Nr.	Gebührentatbestand	Gebühr oder Satz der Gebühr nach § 13 RVG
3209	Vorzeitige Beendigung des Auftrags, wenn sich die Parteien oder die Beteiligten nur durch einen beim Bundesgerichtshof zugelassenen Rechtsanwalt vertreten lassen können: Die Gebühr 3206 beträgt .... Die Anmerkung zu Nummer 3201 gilt entsprechend.	1,8

A. Überblick 1
B. Anwendungsbereich 6
C. Volle Verfahrensgebühr 11
D. Ermäßigte Verfahrensgebühr 17
E. Einigungs-, Aussöhnungs- oder Erledigungsgebühr 21
F. Verkehrsanwalt 22
G. Vorangegangene Nichtzulassungsbeschwerde 23
H. Kostenerstattung 24

A. Überblick

1 Die Gebühren im Revisionsverfahren sind in VV Teil 3 Abschnitt 2 Unterabschnitt 2 geregelt. Soweit nach dem Gegenstandswert abzurechnen ist (§ 2 Abs. 1), sind die Gebühren in den VV 3206–3211 geregelt. Die Gebühren in sozialgerichtlichen Verfahren bei Abrechnung nach Rahmengebühren (§ 3 Abs. 1) finden sich in den VV 3212, 3213.

2 Der Anwalt erhält eine **Verfahrens- und Terminsgebühr**. Daneben kommt auch hier eine **Einigungs-** oder **Erledigungsgebühr** in Betracht.

3 Das Revisionsverfahren ist gegenüber dem vorangegangenen Verfahren eine **neue Angelegenheit** (§ 17 Nr. 1), unabhängig davon, ob sich die Revision gegen ein Berufungsurteil richtet oder gegen eine erstinstanzliche Entscheidung (etwa im Fall der Sprungrevision oder bei erstinstanzlicher Entscheidung eines OLG, eines LAG oder eines OVG/VGH).

4 **Wechselseitig geführte Revisionen**, die miteinander verbunden werden, sind eine Angelegenheit. Die Gebühren entstehen dann aus den zusammengerechneten Werten insgesamt nur einmal.

5 Wird ein Urteil der Vorinstanz **aufgehoben und die Sache zurückverwiesen** und wird gegen das erneute vorinstanzliche Urteil **wiederum Revision** eingelegt, so liegen zwei verschiedene Angelegenheiten vor, so dass der Anwalt die Gebühren gesondert erhält. Eine Anrechnung ist nicht vorgesehen.

B. Anwendungsbereich

6 Die VV 3206 ff. gelten unmittelbar in allen **Revisionsverfahren**, in denen sich die Gebühren des Anwalts nach dem Gegenstandswert richten.

7 Sie sind entsprechend anzuwenden in den **Rechtsbeschwerdeverfahren nach VV Vorb. 3.2.2**.

8 Darüber hinaus gelten sie entsprechend in Verfahren nach
 – § 37: **Verfahren vor den Verfassungsgerichten**,
 – § 38: **Verfahren vor dem Gerichtshof der Europäischen Gemeinschaften**,
 – § 38a: **Verfahren vor dem Europäischen Gerichtshof für Menschenrechte**.

9 Die VV 3206 ff. sind dagegen nicht anzuwenden, wenn ein oberstes Gericht **erstinstanzlich** entscheidet, wie z.B. in den Fällen der VV 3300.

10 Ebenfalls finden die VV 3206 keine Anwendung in den **Rechtsbeschwerdeverfahren**, soweit diese nicht nach VV Vorb. 3.2.2 einem Revisionsverfahren gleich gestellt sind

C. Volle Verfahrensgebühr

11 Im Revisionsverfahren erhält der Anwalt nach VV 3206 zunächst eine **Verfahrensgebühr** in Höhe von 1,6. Zum Anwendungs- und Abgeltungsbereich der Verfahrensgebühr siehe die Kommentierung zu VV Vorb. 3 Abs. 2.

12 Soweit sich die Parteien nur durch einen beim **BGH zugelassenen Rechtsanwalt** vertreten lassen können, erhöht sich die Gebühr aus VV 3206 gemäß VV 3208 auf 2,3. Ausweislich des Wortlauts ist es erforderlich, dass sich die Parteien „nur" durch einen am BGH zugelassenen Rechtsanwalt „vertreten lassen können". Erfasst werden daher nur solche Verfahren, in denen vor dem BGH Vertretungszwang besteht. Soweit ausnahmsweise vor dem BGH kein Vertretungszwang besteht, z.B. in den Fällen des § 78 Abs. 2 ZPO, erhält daher auch der am BGH nicht zugelassene Anwalt lediglich die 1,6-Gebühr nach VV 3206.

13 Da die Vorschrift der VV 3208 nur davon spricht, dass sich die Parteien nur durch einen am BGH zugelassenen Rechtsanwalt „vertreten lassen können", nicht aber auch davon, dass sie sich durch einen solchen tatsächlich vertreten lassen müssen, gilt VV 3208 auch für einen nicht am BGH zugelassenen Anwalt, wenn er dort als Verfahrensbevollmächtigter tätig wird. Dass er nicht postulationsfähig ist, spielt keine Rolle. Auch ohne Postulationszwang kann er sinnvolle Tätigkeiten entfalten, die vergütungspflichtig sind.

> **Beispiel:** Gegen das Urteil des OLG legt der Beklagte Revision ein. Der Kläger beauftragt seinen OLG-Anwalt, ihn im Revisionsverfahren zu vertreten und darauf hinzuweisen, dass die Revision unzulässig ist und beantragt deren Verwerfung. Der BGH verwirft die Revision als unzulässig.
> Da der BGH auch die Rechtsausführungen des OLG-Anwalts zur Kenntnis nehmen muss, war die Tätigkeit des OLG-Anwalts durchaus sinnvoll. Es entsteht daher auch für ihn eine 2,3-Verfahrensgebühr nach VV 3206.

A.A. ist allerdings die h.M.[1] für den vergleichbaren Fall der Nichtzulassungsbeschwerde (siehe VV 3506 Rdn 21, 46 ff.). Das Problem stellt sich in der Kostenerstattung (siehe dazu Rdn 24).

14 Vertritt der Anwalt **mehrere Auftraggeber** wegen desselben Gegenstands, so erhöhen sich die 1,6- und die 2,3-Verfahrensgebühr um jeweils 0,3 je weiterem Auftraggeber, höchstens um 2,0.

15 Hatte der Anwalt zuvor den Auftrag, die Erfolgsaussicht der Revision zu prüfen, so ist eine etwaige Prüfungsgebühr anzurechnen (Anm. zu VV 2100).

16 Im Übrigen kann zum Anwendungs- und Abgeltungsbereich der Verfahrensgebühr auch auf VV 3200 Bezug genommen werden. Die dortigen Ausführungen gelten entsprechend.

D. Ermäßigte Verfahrensgebühr

17 **Endigt der Auftrag vorzeitig**, so reduziert sich die 1,6-Gebühr aus VV 3206 gemäß VV 3207 auf 1,1. Nach Anm. zu VV 3207 gilt die Anm. zu VV 3201 entsprechend, so dass auf die dortigen Ausführungen sowie auf die Ausführungen zu VV 3101 Bezug genommen wird.

18 Ein solcher Fall der vorzeitigen Erledigung wird insbesondere dann gegeben sein, wenn die Gegenseite Revision eingelegt hat und diese dann aber ohne Begründung wieder zurückgenommen wird. Die hierbei anfallende 1,8-Gebühr des Anwalts des Revisionsbeklagten ist in diesem Falle erstattungsfähig, selbst dann, wenn der Revisionsführer darum gebeten hatte, dass noch kein Anwalt bestellt werde (siehe Rdn 24 ff.).

19 Die reduzierte Verfahrensgebühr nach VV 3207 entsteht auch dann, wenn die Parteien lediglich beantragen, eine **Einigung zu Protokoll zu nehmen** oder sie über nicht anhängige Ansprüche zum

---

1 BGH AGS 2006, 491 = RVG-Letter 2006, 74 = NJW 2006, 2266 = Rpfleger 2006, 508 = BGHReport 2006, 1068 = MDR 2006, 1435 = RVGprof. 2006, 115 = RVGreport 2006, 348 = JurBüro 2007, 27; bestätigt in AGS 2007, 298 = BGHR 2007, 369 = NJW 2007, 1461 = FamRZ 2007, 637 = NJ 2007, 223 = RVGprof. 2007, 78 = JurBüro 2007, 252 = MDR 2007, 742 = RVGreport 2007, 269 = zfs 2007, 467 = NJ 2007, 411; ebenso OLG Brandenburg OLGR 2007, 383; OLG Stuttgart OLGR 2008, 732 = MDR 2008, 1367 = RVGreport 2009, 64 = FamRZ 2009, 146 = Justiz 2009, 69 = MDR 2008, 1367.

Zwecke der Erledigung des Rechtsstreits verhandeln. Die Anm. zu VV 3201 gilt insoweit entsprechend (Anm. zu VV 3207).

Soweit sich die Parteien nur durch einen beim **BGH zugelassenen Rechtsanwalt** vertreten lassen können, beläuft sich die ermäßigte Gebühr auf 1,8 (VV 3209). Auch hier wird auf die VV 3201 verwiesen (Anm. zu VV 3209). Auf die dortigen Ausführungen sowie auf die Kommentierung zu VV 3101 wird daher ergänzend Bezug genommen.

E. Einigungs-, Aussöhnungs- oder Erledigungsgebühr

Unter den Voraussetzungen der VV 1000–1002 kann im Revisionsverfahren auch eine Einigungs-, Aussöhnungs- oder Erledigungsgebühr anfallen. Der Gebührensatz beträgt dann 1,3 (VV 1004).

F. Verkehrsanwalt

Wird im Revisionsverfahren ein Verkehrsanwalt beauftragt, so erhält dieser nach VV 3400 die gleiche Gebühr wie der Verfahrensbevollmächtigte, höchstens jedoch eine Gebühr von 1,0. Die Frage, ob für den Verkehrsanwalt auf die VV 3206 oder die VV 3208 abzustellen ist, stellt sich daher erst gar nicht.

G. Vorangegangene Nichtzulassungsbeschwerde

Ist dem Revisionsverfahren eine erfolgreiche Nichtzulassungsbeschwerde vorausgegangen, so ist die Verfahrensgebühr des Nichtzulassungsbeschwerdeverfahrens aus VV 3506 (ggf. in der Höhe der VV 3508) gemäß Anm. zu VV 3506 auf die Verfahrensgebühr des nachfolgenden Revisionsverfahrens anzurechnen. Anzurechnen ist die volle Gebühr nach VV 3506 (VV 3508). Soweit sich die Gegenstandswerte nicht decken, ist nur nach dem Wert anzurechnen, der sich im Revisionsverfahren fortsetzt.

> **Beispiel:** Klage und Widerklage über jeweils 50.000 EUR sind vom OLG abgewiesen worden. Das OLG hat die Revision nicht zugelassen. Beide Parteien legen Nichtzulassungsbeschwerde ein und beantragen, die Nichtzulassungsbeschwerde der anderen Partei zurückzuweisen. Die Nichtzulassungsbeschwerde hinsichtlich der Klage wird zurückgewiesen; die Revision gegen die Abweisung der Widerklage wird zugelassen und hierüber verhandelt.
> Zu rechnen ist wie folgt:
> **I. Nichtzulassungsbeschwerdeverfahren (Wert: 100.000 EUR)**
> 1. 2,3-Verfahrensgebühr, VV 3506, 3508   3.456,90 EUR
> 2. Postentgeltpauschale, VV 7002   20,00 EUR
>   Zwischensumme   3.476,90 EUR
> 3. 19 % Umsatzsteuer, VV 7008   660,61 EUR
> **Gesamt**   **4.137,51 EUR**
> **II. Revisionsverfahren (Wert: 50.000 EUR)**
> 1. 2,3-Verfahrensgebühr, VV 3206, 3208   2.674,90 EUR
> 2. 1,5-Terminsgebühr, VV 3210   1.744,50 EUR
> 3. Postentgeltpauschale, VV 7002   20,00 EUR
> 4. gem. Anm. zu VV 3506 anzurechnen,
>   2,3 aus 50.000 EUR   – 2.674,90 EUR
>   Zwischensumme   1.764,50 EUR
> 5. 19 % Umsatzsteuer, VV 7008   335,26 EUR
> **Gesamt**   **2.099,76 EUR**

H. Kostenerstattung

24 Die Kosten eines im Revisionsverfahren beauftragten Anwalts sind nach allgemeinen Grundsätzen erstattungsfähig.

25 Beauftragt der Revisionsbeklagte seinen bisherigen Prozessvertreter oder einen anderen **nicht am BGH zugelassenen Rechtsanwalt** mit seiner Vertretung im Revisionsverfahren, so sind die dadurch entstandenen tatsächlichen Kosten bis zur Höhe der Kosten eines am BGH zugelassenen Anwalts erstattungsfähig. Die Rspr. gewährt dagegen bei entsprechender Vertretung nur die Erstattung einer Gebühr für eine Einzeltätigkeit nach VV 3403 nebst Auslagen und Umsatzsteuer.[2]

26 Für Zustimmung zur Verlängerung der Begründungsfrist wird sogar nur eine 0,3-Verfahrensgebühr nach VV 3403, 3404 zugestanden.[3]

27 Soweit der Anwalt **nur beraten**, nicht vertreten hat, ist eine Gebühr nach VV 2100 bzw. nach § 34 erstattungsfähig.[4] Nach a.A. ist die Tätigkeit des nicht am BGH zugelassenen Anwalts nicht erstattungsfähig, da die entsprechende Tätigkeit nicht notwendig sei.[5]

28 Nicht erforderlich und damit nicht erstattungsfähig ist die Tätigkeit des vorherigen Anwalts **neben dem BGH-Anwalt**.[6]

29 **Vertritt der Anwalt sich selbst** im Revisionsverfahren, soll eine (fiktive) Verfahrensgebühr nicht erstattungsfähig sein; insbesondere, wenn sich die Tätigkeit in mehreren Nachfragen, wann mit der Entscheidung zu rechnen sei, erschöpft.[7] Dies entspricht der Rspr. zur Vertretung des Anwalts in eigener Sache bei Rechtsmittelrücknahme. Diese Auffassung ist allerdings bedenklich, da der Anwalt bei Beauftragung eines anderen Anwalts eine Erstattung nach den Vergütungsvorschriften des RVG verlangen könnte.

30 Wird die **Revision zurückgenommen**, so sind die Kosten des Revisionsbeklagten nach allgemeinen Grundsätzen zu erstatten.

31 Beantragt der Prozessbevollmächtigte des Revisionsbeklagten allerdings die Zurückweisung der Revision, bevor diese begründet worden ist, so ist dem Revisionsbeklagten nur die ermäßigte 1,8- Verfahrensgebühr nach VV 3206, 3208, 3209 zu erstatten.[8] Es gelten hier im Übrigen dieselben Grundsätze wie bei Rücknahme der Berufung (siehe VV 3201 Rdn 47 ff.).

32 Die Kosten eines **Verkehrsanwalts** sind im Revisionsverfahren grundsätzlich nicht erstattungsfähig, da es hier nur noch um Rechtsfragen geht.[9] Sie sind ausnahmsweise dann erstattungsfähig, wenn durch den Verkehrsanwalt Kosten für eine Übersetzung bzw. für einen Dolmetscher erspart wurden und der Verkehrsanwalt wegen seiner Kenntnisse im ausländischen Recht in der Lage war, den Revisionsanwalt entsprechend zu informieren.[10]

---

2 BGH AGS 2006, 491 m. Anm. *N. Schneider* = RVG-Letter 2006, 74 = NJW 2006, 2269 = Rpfleger 2006, 508 = BGHR 2006, 1068 = MDR 2006, 1435 = RVGprof. 2006, 115 = RVGreport 2006, 348 = JurBüro 2007, 27; AGS 2007, 298 = BGHR 2007, 369 = NJW 2007, 1461 = FamRZ 2007, 637 = NJ 2007, 223 = RVGprof. 2007, 78 = MittdtschPatAnw 2007, 242 = JurBüro 2007, 252 = MDR 2007, 742 = Prozessrecht aktiv 2007, 120 = RVGreport 2007, 269 = zfs 2007, 467 = NJ 2007, 411; OLG Köln AGS 2010, 530 = NJW-Spezial 2010, 731 = JurBüro 2010, 654 = Rpfleger 2011, 181; OLG Brandenburg OLGR 2007, 383; OLG Frankfurt AGS 2009, 25 m. Anm. *Onderka* = JurBüro 2008, 538 = OLGR 2009, 187.

3 OLG Brandenburg AGS 2013, 224 = RVGreport 2013, 186.

4 OLG Frankfurt AGS 2009, 25 m. Anm. *Onderka* = JurBüro 2008, 538 = OLGR 2009, 187.

5 OLG Brandenburg OLGR 2006, 411 = MDR 2006, 1259 = JurBüro 2006, 319; OLG Köln AGS 2007, 301.

6 OLG Nürnberg AGS 2010, 622 = MDR 2011, 264 = FamRZ 2011, 498.

7 OLG Saarbrücken OLGR 2009, 380.

8 BGH AGS 2003, 221 m. Anm. *N. Schneider* = Rpfleger 2003, 216 = BGHR 2003, 355 = MDR 2003, 414 = FamRZ 2003, 523 = NJW 2003, 1324 = JurBüro 2003, 255 = EzFamR aktuell 2003, 36 = BRAGOreport 2003, 74 = MittdtschPatAnw 2003, 335 = ProzRB 2003, 100 und 229 (noch zur vergleichbaren Situation nach der BRAGO); OLG Hamburg OLGR 2003, 152.

9 OLG Hamburg JurBüro 2012, 371.

10 OLG Köln JurBüro 2010, 37.

Abschnitt 2. Berufung, Revision, bestimmte Beschwerden, Verfahren vor Finanzgericht   **VV 3211**

Nr.	Gebührentatbestand	Gebühr oder Satz der Gebühr nach § 13 RVG
3210	Terminsgebühr, soweit in Nummer 3213 nichts anderes bestimmt ist .... Absatz 1 Nr. 1 und 3 sowie die Absätze 2 und 3 der Anmerkung zu Nummer 3104 und Absatz 2 der Anmerkung zu Nummer 3202 gelten entsprechend.	1,5

Die Terminsgebühr beträgt im Revisionsverfahren 1,5. Hier ist eine Staffelung, je nachdem, ob eine Zulassung am BGH erforderlich ist, nicht vorgesehen. Die 1,5-Terminsgebühr kann daher auch der nicht am BGH zugelassene Anwalt verdienen.   1

> **Beispiel:** Der OLG-Anwalt bespricht die Angelegenheit mit dem Anwalt des Revisionsklägers. Daraufhin nimmt dieser die Revision zurück.
> Beide Anwälte erhalten eine 1,5-Terminsgebühr.

Die Terminsgebühr entsteht unter den gleichen Voraussetzungen wie auch die erstinstanzliche Terminsgebühr. Es gilt VV Vorb. 3 Abs. 3. Die Anm. zu VV 3104 gelten entsprechend (Anm. zu VV 3210).   2

Zur Ermäßigung der Terminsgebühr bei Nichterscheinen einer Partei siehe VV 3211.   3

Nr.	Gebührentatbestand	Gebühr oder Satz der Gebühr nach § 13 RVG
3211	Wahrnehmung nur eines Termins, in dem der Revisionskläger oder Beschwerdeführer nicht ordnungsgemäß vertreten ist und lediglich ein Antrag auf Versäumnisurteil, Versäumnisentscheidung oder zur Prozess-, Verfahrens- oder Sachleitung gestellt wird: Die Gebühr 3210 beträgt .... Die Anmerkung zu Nummer 3105 und Absatz 2 der Anmerkung zu Nummer 3202 gelten entsprechend.	0,8

A. Zivilsachen 1   C. Anhang zu VV 3206 ff. 8
B. Familiensachen 4

A. Zivilsachen

Erscheint der **Revisionskläger** nicht oder ist er nicht ordnungsgemäß vertreten und stellt der Anwalt des Revisionsbeklagten daraufhin lediglich   1
– einen Antrag auf Erlass eines Versäumnisurteils gegen den Revisionskläger oder
– Anträge zur Prozess- oder Sachleitung,
entsteht für ihn die Terminsgebühr lediglich in Höhe von 0,8 (VV 3211; Anm. zu VV 3211).

Das Gleiche gilt, wenn das Gericht von Amts wegen zur Prozess- oder Sachleitung entscheidet (Anm. zu VV 3211 i.V.m. Anm. Abs. 1 Nr. 1 zu VV 3105).

Erscheint der **Revisionsbeklagte** nicht und ergeht gegen ihn ein Versäumnisurteil, oder werden lediglich Anträge zur Prozess- oder Sachleitung gestellt, so entsteht immer eine 1,5-Gebühr nach VV 3210. Die Vorschrift der VV 3211 ist nicht anwendbar.   2

Im Übrigen gelten die Anm. zu VV 3105 und Abs. 2 der Anm. zu VV 3202 entsprechend.   3

B. Familiensachen

In Rechtsbeschwerdeverfahren in Familiensachen sind nach VV Vorb. 3.2.2 Nr. 1 Buchst. a) die Vorschriften der VV 3206 ff. entsprechend anzuwenden, also auch die Ermäßigung nach VV 3211.   4

5 Soweit in
- Familienstreitsachen nach § 112 FamFG
- Folgesachen im Verbund, sofern sie als isolierte Familiensache eine Familienstreitsache wären, der Gegner nicht erscheint, ist auch hier eine Versäumnisentscheidung, ein Versäumnisbeschluss möglich (§ 74 Abs. 4 FamFG i.V.m. § 330 ff. ZPO).

6 In Ehesachen ist eine Versäumnisentscheidung ebenfalls möglich, allerdings nur bei Säumnis des Antragstellers (§ 130 FamFG).

7 Es gelten dann die gleichen Regeln wie in einem Revisionsverfahren, sodass auf die dortigen Ausführungen Bezug genommen werden kann.

C. Anhang zu VV 3206 ff.

8 Wird im Revisionsverfahren eine **Einigung** über die dort anhängigen Ansprüche getroffen, so entsteht insoweit nach VV 1000, 1004 eine 1,3-Einigungsgebühr. Werden Ansprüche mit in die Einigung einbezogen, die in einem anderen Rechtsmittelverfahren anhängig sind, entsteht die 1,3-Gebühr aus dem Gesamtwert (§ 23 Abs. 1 RVG i.V.m. § 39 Abs. 1 GKG, 33 Abs. 1 FamGKG; § 22 Abs. 1 RVG). Soweit Ansprüche mit in die Einigung einbezogen werden, die nicht in einem Rechtsmittelverfahren anhängig sind, erhält der Anwalt eine
- 1,0-Gebühr nach VV 1000, 1003, soweit die Ansprüche erstinstanzlich anhängig sind,
- 1,5-Gebühr, soweit die Ansprüche nicht anhängig sind (VV 1000).

Insgesamt darf die Summe der Einigungsgebühren nicht eine Gebühr aus dem Höchstsatz nach dem Gesamtstreitwert übersteigen (§ 15 Abs. 3). Siehe hierzu die Kommentierung zu VV 1000.

9 Gleiches gilt, wenn im Revisionsverfahren eine Erledigung nach VV 1002 erzielt wird (siehe hierzu die Kommentierung zu VV 1002).

Nr.	Gebührentatbestand	Gebühr oder Satz der Gebühr nach § 13 RVG
3212	Verfahrensgebühr für Verfahren vor dem Bundessozialgericht, in denen Betragsrahmengebühren entstehen (§ 3 RVG)	80,00 bis 880,00 €
3213	Terminsgebühr in Verfahren vor dem Bundessozialgericht, in denen Betragsrahmengebühren entstehen (§ 3 RVG) .... Satz 1 Nr. 1 und 3 sowie Satz 2 der Anmerkung zu Nummer 3106 gelten entsprechend.	80,00 bis 830,00 €

A. Allgemeines 1   II. Terminsgebühr (VV 3213) 3
B. Regelungsgehalt 2   C. Erstattungsfragen 6
  I. Verfahrensgebühr (VV 3212) 2

A. Allgemeines

1 VV 3212 und 3213 betreffen ausschließlich **Verfahren vor dem Bundessozialgericht, in welchen das GKG nicht anwendbar ist (§ 3 Abs. 1 S. 1)**. Nach § 1 Abs. 2 Nr. 3 GKG ist das GKG in Verfahren vor den Gerichten der Sozialgerichtsbarkeit anzuwenden, soweit dies im SGG bestimmt ist. Das SGG regelt in **§§ 183, 197a SGG** die Verfahren, in denen das GKG nicht und mithin § 3 Abs. 1 S. 1 anwendbar ist. Nach § 197a Abs. 1 S. 1, 1. Hs. SGG findet das GKG keine Anwendung, wenn in einem Rechtszug weder Kläger noch Beklagter zu den in § 183 SGG genannten Personen gehören. Ausschlaggebend für die **Anwendung des GKG** ist mithin, ob eine **in § 183 SGG genannte Person** an dem Rechtsstreit im betreffenden Rechtszug beteiligt ist. Zu der Frage, wann dies der Fall ist, wird auf die grundlegenden Erläuterungen zu § 3 Abs. 1 S. 1 verwiesen (siehe § 3 Rdn 8 ff.). Dies gilt nicht, wenn der an sich nach § 183 SGG kostenprivilegierte Kläger wegen der unangemessenen Dauer eines Rechtsstreits, den er vor dem Bundessozialgericht geführt hat, eine Entschädigung verlangt. Für diese Entschädigungsklage ist das Bundessozialgericht zuständig, das Verfahren ist nicht gerichtskostenfrei (§§ 198 Abs. 1, 201 Abs. 1 S. 2 GVG i.V.m. § 202 S. 2 SGG, § 183 S. 6 SGG). Es entsteht eine Verfahrensgebühr nach VV 3206, eine Terminsgebühr nach VV 3210.

B. Regelungsgehalt

I. Verfahrensgebühr (VV 3212)

Wird der Rechtsanwalt in einem Verfahren vor dem Bundessozialgericht, in welchem das GKG nicht anwendbar ist (§ 3 Abs. 1 S. 1), tätig, so erhält er nach **VV 3212** eine **Verfahrensgebühr** in Höhe von **80 EUR bis 880 EUR (Mittelgebühr 480 EUR)**. Die Verfahrensgebühr erhält der Rechtsanwalt nach **VV Vorb. 3 Abs. 2** für das Betreiben des Geschäfts einschließlich der Information. Auf die Erläuterungen zu VV Vorb. 3 Abs. 2 wird verwiesen (siehe VV Vorb. 3 Rdn 12 ff.).

II. Terminsgebühr (VV 3213)

In einem Verfahren vor dem Bundessozialgericht, in welchem das GKG nicht anwendbar ist (§ 3 Abs. 1 S. 1), erhält der Rechtsanwalt nach **VV 3213** eine **Terminsgebühr** in Höhe von **80 EUR bis 830 EUR (Mittelgebühr 455 EUR)**. Die Terminsgebühr erhält der Rechtsanwalt nach **VV Vorb. 3 Abs. 3** für die Vertretung in einem Verhandlungs-, Erörterungs- oder Beweisaufnahmetermin oder für die Wahrnehmung eines von einem gerichtlich bestellten Sachverständigen anberaumten Termins oder für die Mitwirkung an auf die Vermeidung oder Erledigung des Verfahrens gerichteten Besprechungen ohne Beteiligung des Gerichts; dies gilt nicht für Besprechungen mit dem Auftraggeber. Auf die Erläuterungen zu VV Vorb. 3 Abs. 3 wird verwiesen (siehe VV Vorb. 3 Rdn 100 ff.).

Nach der **Anm. zu VV 3213** gelten S. 1 Nr. 1, 3 sowie S. 2 der Anm. zu VV 3106 entsprechend. Die Verweisung wird konkreter gefasst, eine inhaltliche Änderung ist damit nicht verbunden.[1] Ein Verweis auf Anm. zu VV 3106 S. 1 Nr. 2 ist nicht erforderlich, da in dem Revisionsverfahren nicht durch Gerichtsbescheid entschieden werden kann.[2] Der Rechtsanwalt erhält mithin die Terminsgebühr aus dem Betragsrahmen nach VV 3213 auch dann, wenn das Bundessozialgericht in einem Verfahren, für das mündliche Verhandlung vorgeschrieben ist, im Einverständnis mit den Parteien ohne mündliche Verhandlung entschieden hat oder in einem solchen Verfahren ein schriftlicher Vergleich geschlossen wurde (Anm. S. 1 Nr. 1 zu VV 3106) oder das Verfahren, für das eine mündliche Verhandlung vorgeschrieben ist ohne mündliche Verhandlung nach Anerkenntnis endet (Anm. S. 1 Nr. 3 zu VV 3106).

In den Fällen der „fiktiven" Terminsgebühr erhält der Rechtsanwalt nach Anm. zu VV 3213, Anm. S. 2 zu VV 3106 90 % der Verfahrensgebühr (VV 3212), mithin eine Gebühr in Höhe von **72 EUR bis 792 EUR (Mittelgebühr 432 EUR)**.

C. Erstattungsfragen

Wegen der Bestimmung der Betragsrahmengebühr wird auf die grundlegenden Ausführungen in § 3 und § 14 (siehe § 3 Rdn 114 ff., § 14 Rdn 21 ff.) verwiesen.

Daneben ist es in Einzelfällen denkbar, dass aufgrund besonderer Umstände, die den abgehaltenen Termin im Einzelfall prägen, die reale Terminsgebühr innerhalb des Rahmens abweicht von der Verfahrensgebühr innerhalb deren Rahmens, d.h. Umstände vorliegen, die z.B. bei der Terminsgebühr eine Überschreitung der Mittelgebühr rechtfertigen, wohingegen es bei der Verfahrensgebühr beim Ansatz der Mittelgebühr verbleibt. Erhöhend kann insbesondere der Umstand sein, dass mehrere Termine wahrgenommen werden müssen oder dass der einzige Termin besonders zeitaufwendig gewesen ist. Mindernd bezüglich der Höhe der realen Terminsgebühr[3] sind demgegenüber nur jene seltenen Fälle, in denen der einzige vom Rechtsanwalt wahrgenommene Termin ein „Durchlaufertermin" gewesen ist, in dem lediglich ohne Erörterung die Sache vertagt wurde, etwa weil der Kläger

---

[1] *Schneider/Thiel*, Das neue Gebührenrecht, § 3 Rn 998.
[2] BT-Drucks 17/11471, S. 437.
[3] Zu weitgehend insoweit LSG Schleswig-Holstein, Beschl. v. 12.9.2006 – L 1 B 320/05 SF SK.

oder ein sonstiger Beteiligter, dessen persönliches Erscheinen angeordnet worden war, nicht erschienen ist, oder in dem der Rechtsanwalt schmucklos und ohne Erörterung der Sach- und Rechtslage die Klage zurücknimmt.[4]

Abschnitt 3. Gebühren für besondere Verfahren

Unterabschnitt 1. Besondere erstinstanzliche Verfahren

Nr.	Gebührentatbestand	Gebühr oder Satz der Gebühr nach § 13 RVG
	Vorbemerkung 3.3.1: Die Terminsgebühr bestimmt sich nach Abschnitt 1.	

1 Durch die aufgrund des Anhörungsrügengesetzes eingeführte Vorb. 3.3.1 soll klargestellt werden, in welchen Verfahren sich die Terminsgebühr nach Teil 3 Abschnitt 1 richtet. Eine inhaltliche Änderung der dadurch aufgehobenen VV 3304 liegt nicht vor. Die VV Vorb. 3.3.1 regelt den Gebührensatz für die **Terminsgebühr** in den in Unterabschnitt 1 geregelten Verfahren. Nach Aufhebung der VV 3300 und 3301 mit Wirkung vom 31.12.2006 durch das 2. Justizmodernisierungsgesetz[1] sind dies derzeit:
– Verfahren vor dem Oberlandesgericht nach § 129 VGG (VV 3300 Nr. 1),
– erstinstanzliche Verfahren vor dem BVerwG, dem BSG, einem OVG (VGH) oder einem LSG (VV 3300 Nr. 2),
– Verfahren bei überlangen Gerichtsverfahren und strafrechtlichen Ermittlungsverfahren vor den Oberlandesgerichten, den Landessozialgerichten, den Oberverwaltungsgerichten, den Landesarbeitsgerichten oder einem obersten Gerichtshof des Bundes (VV 3300 Nr. 3).

2 Die Verweisung auf die Terminsgebühr nach Abschnitt 1 ist zumindest bei Verfahren vor dem BFH insofern kurios, als dort in erstinstanzlichen Verfahren Abschnitt 1 nicht anzuwenden ist, sondern Abschnitt 2 (VV Vorb. 3.2.1 Nr. 1).

3 Ebenfalls nicht nachvollziehbar ist die Verweisung auf die Terminsgebühr insoweit, als sie auch Revisionsverfahren im Falle der VV 3300 Nr. 3 erfasst.

4 Wegen der Einzelheiten wird insoweit auf die Ausführungen in VV 3300 verwiesen.

Nr.	Gebührentatbestand	Gebühr oder Satz der Gebühr nach § 13 RVG
3300	Verfahrensgebühr 1. für das Verfahren vor dem Oberlandesgericht nach § 129 VGG, 2. für das erstinstanzliche Verfahren vor dem Bundesverwaltungsgericht, dem Bundessozialgericht, dem Oberverwaltungsgericht (Verwaltungsgerichtshof) und dem Landessozialgericht sowie 3. für das Verfahren bei überlangen Gerichtsverfahren und strafrechtlichen Ermittlungsverfahren vor den Oberlandesgerichten, den Landessozialgerichten, den Oberverwaltungsgerichten, den Landesarbeitsgerichten oder einem obersten Gerichtshof des Bundes	1,6

---

4 *Guhl*, NZS 2005, 193, 195.

1 Die bisherige Regelung des VV 3300 findet sich jetzt in Vorb. 3.2 Abs. 2 S. 3 mit einer geringeren Gebühr.

Nr.	Gebührentatbestand	Gebühr oder Satz der Gebühr nach § 13 RVG
3301	Vorzeitige Beendigung des Auftrags: Die Gebühr 3300 beträgt .... Die Anmerkung zu Nummer 3201 gilt entsprechend.	1,0

Literatur: *Dreier/Schulze* (Hrsg.), Urheberrechtsgesetz, 4. Aufl. 2010; *Schricker* (Hrsg.), Urheberrecht, Kommentar, 4. Aufl. 2010; *Fromm/Nordemann*, Urheberrecht, Kommentar, 10. Aufl. 2008; *H. Schneider*, Kosten in Rechtsschutzverfahren bei überlangen Gerichtsverfahren, AGS 2012, 53; *ders.*, Kosten für das Verfahren vor der Schiedsstelle nach dem VGG, AGS 2016, 449; *N. Schneider*, Abrechnung in Verfahren nach dem Gesetz über den Rechtsschutz bei überlangen Gerichtsverfahren, RVGreport 2012, 82.

A. Erstinstanzliches Verfahren vor dem OLG nach § 129 VGG (VV 3300 Nr. 1)	1
I. Allgemeines	1
II. Regelungsgehalt	8
1. Allgemeines	8
2. Verfahrensgebühr (VV 3300)	9
3. Verfahrensgebühr – vorzeitige Beendigung (VV 3301)	11
4. Anrechnung einer Geschäftsgebühr	12
5. Terminsgebühr, VV Vorb. 3.3.1	14
III. Gegenstandswert	15
IV. Erstattungsfragen	16
B. Erstinstanzliches Verfahren vor dem BVerwG und dem OVG (VGH) (VV 3300 Nr. 2)	18
I. Allgemeines	18
II. Regelungsgehalt	21
1. Verfahrensgebühr (VV 3300 Nr. 2)	21
2. Verfahrensgebühr – vorzeitige Beendigung (VV 3301)	22
3. Anrechnung	23
4. Terminsgebühr, VV Vorb. 3.3.1	24
III. Erstattungsfragen	25
IV. Revisionsverfahren, Nichtzulassungsbeschwerde	26
C. Erstinstanzliches Verfahren vor dem BSG oder einem LSG (VV 3300 Nr. 2)	27
I. Allgemeines	27
II. Gebühren	31
D. Verfahren über den Rechtsschutz bei überlangen Gerichtsverfahren (VV 3300 Nr. 3)	32
I. Überblick	32
II. Verfahren	33
III. Anwaltsvergütung	37
1. Überblick	37
2. Vorgerichtliche Tätigkeit	38
3. Gerichtliche Tätigkeiten	40
a) Überblick	40
b) Erstinstanzliche Verfahren	41
aa) Verfahrensgebühr	41
bb) Terminsgebühr	47
cc) Einigung	51
dd) Abrechnungsbeispiele	52
c) Revisionsverfahren	53
aa) Überblick	53
bb) Verfahrensgebühr	57
cc) Terminsgebühr	58
dd) Einigungsgebühr	59
IV. Streitwert	60
V. Kostenentscheidung	64
VI. Kostenerstattung	66

A. Erstinstanzliches Verfahren vor dem OLG nach § 129 VGG (VV 3300 Nr. 1)

I. Allgemeines

Verwertungsgesellschaften haben die Aufgabe, die Nutzungsrechte, Einwilligungsrechte oder Vergütungsansprüche, die sich nach dem Urheberrechtsgesetz (UrhG) ergeben, für Rechnung mehrerer Urheber oder Inhaber verwandter Schutzrechte zur gemeinsamen Auswertung wahrzunehmen. Mit Wirkung zum 1.6.2016 ist das Verwertungsgesellschaftengesetz (VGG) an die Stelle des Urheberrechtswahrnehmungsgesetzes (UrhWG) getreten. Das Gesetz regelt die Wahrnehmung von Urheberrechten und verwandten Schutzrechten durch Verwertungsgesellschaften, abhängige und unabhängige Verwertungseinrichtungen (§ 1 VGG) und sieht die Anrufung einer Schiedsstelle sowie eine gerichtliche Geltendmachung der Ansprüche vor. 1

Wird der Anwalt außergerichtlich tätig, richtet sich seine Vergütung nach VV 2300. Nr. 1 ist hier nicht einschlägig. 2

3   Wird der Anwalt vor der Schiedsstelle (§ 124 Abs. 1 S. 1 VGG) beim Deutschen Patent- und Markenamt als Aufsichtsbehörde (§ 75 Abs. 1 VGG) tätig, richtet sich die Vergütung nach VV 2303.[1] Auch dies wird von Nr. 1 nicht erfasst.

4   Durch Nr. 1 geregelt wird nur das Verfahren vor dem OLG nach § 129 VGG. Danach entscheidet in Streitfällen gem. § 92 Abs. 1 Nr. 2, 3, Abs. 2, §§ 94, 108 VGG das für den Sitz der Schiedsstelle zuständige OLG im ersten Rechtszug (§ 129 Abs. 1 ZPO). Es handelt sich um eine ausschließliche Zuständigkeit. Handelt es sich um einen Rechtsstreit wegen Ansprüchen einer Verwertungsgesellschaft wegen Verletzung eines von ihr wahrgenommenen Nutzungsrechts oder Einwilligungsrechts, ist das Gericht ausschließlich zuständig, in dessen Bezirk die Verletzungshandlung begangen worden ist oder der Verletzter seinen allgemeinen Gerichtsstand hat (§ 131 Abs. 1 S. 1 VGG). § 105 UrhG bleibt unberührt (§ 131 Abs. 1 S. 2 VGG).

5   Für das Verfahren gilt der Erste Abschnitt des Zweiten Buchs der ZPO entsprechend (§ 129 Abs. 2 S. 1 VGG), sodass durch Urteil zu entscheiden ist.

6   Die Kostenentscheidung ist nach §§ 91 ff. ZPO zu treffen. Eine Kostenfestsetzung findet nach §§ 103 ff. ZPO statt.

7   Gegen die von dem OLG erlassenen Endurteile findet die Revision nach §§ 542 ff. ZPO statt (§ 129 Abs. 3 VGG). Hier richtet sich die Vergütung nach den VV 3206 ff.

II. Regelungsgehalt

1. Allgemeines

8   Nr. 1 entspricht dem früheren § 65b BRAGO. Die Höhe des Gebührensatzes entspricht dem eines Berufungsverfahrens. Der Grund dafür liegt in der besonderen Schwierigkeit der Materie.

2. Verfahrensgebühr (VV 3300)

9   Für das Betreiben des Geschäfts einschließlich der Information (VV Vorb. 3 Abs. 2) erhält der Anwalt eine **Verfahrensgebühr** zu einem Gebührensatz von **1,6** (wegen der Einzelheiten zum Begriff der Verfahrensgebühr vgl. VV Vorb. 3 Rdn 12 ff.).

10   Vertritt der Anwalt mehrere Auftraggeber wegen derselben Angelegenheit, erhöht sich die Gebühr nach VV 1008 um 0,3 je weiteren Auftraggeber.

3. Verfahrensgebühr – vorzeitige Beendigung (VV 3301)

11   Bei **vorzeitiger Beendigung** des Auftrags reduziert sich der Gebührensatz der Verfahrensgebühr von 1,6 auf **1,0**. Eine vorzeitige Beendigung liegt nach dem Verweis in Anm. zu VV 3301 i.V.m. Anm. Abs. 1 zu VV 3201 vor,
1. wenn der Auftrag endigt, bevor der Rechtsanwalt das Rechtsmittel eingelegt oder einen Schriftsatz, der Sachanträge, Sachvortrag, die Zurücknahme der Klage oder die Zurücknahme des Rechtsmittels enthält, eingereicht oder bevor er für seine Partei einen gerichtlichen Termin wahrgenommen hat, oder
2. soweit lediglich beantragt ist, eine Einigung der Parteien oder mit Dritten über in diesem Verfahren nicht rechtshängige Ansprüche zu Protokoll zu nehmen oder festzustellen (§ 278 Abs. 6 ZPO), oder soweit lediglich Verhandlungen zur Einigung über solche Ansprüche geführt werden (wegen der Einzelheiten vgl. VV 3201 Rdn 1, VV 3101 Rdn 1 ff.).

---

[1] Siehe hierzu ausführlich, auch zu den Gerichtskosten:
   H. Schneider, AGS 2016, 349.

4. Anrechnung einer Geschäftsgebühr

Aufgrund der Anrechnungsvorschrift der VV Vorb. 3 Abs. 4 ist die im Verfahren vor der Schiedsstelle entstandene Geschäftsgebühr der VV 2303 auf die im Verfahren vor dem OLG entstehende Verfahrensgebühr anzurechnen. Die Geschäftsgebühr ist danach hälftig, d.h. mit einem 0,75-Gebührensatz anzurechnen. Die Anrechnung erfolgt nach dem Gegenstand, der in das gerichtliche Verfahren übergegangen ist.

In dem Klageverfahren vor dem OLG ist nur eine Anrechnung der Geschäftsgebühr der VV. 2303 vorzunehmen. Nicht anzurechnen ist hingegen eine eventuell entstandene Geschäftsgebühr nach VV 2300, da diese gem. VV Vorb. 2.3 Abs. 6 nur auf die für die Tätigkeit vor der Schiedsstelle anfallende Geschäftsgebühr anzurechnen ist.[2]

Beispiel 1: A beauftragt den Anwalt zunächst mit der Vertretung vor der Schiedsstelle nach § 124 VGG. Es wird ein Anspruch über 50.000 EUR geltend gemacht. Die Schiedsstelle unterbreitet einen Einigungsvorschlag und beraumt einen Termin zur mündlichen Verhandlung an. Der Einigungsvorschlag wird jedoch von den Parteien nicht angenommen. A erhebt daraufhin Klage vor dem OLG wegen des Anspruchs über 50.000 EUR. Für die Vertretung beauftragt A denselben Anwalt. In dem Verfahren findet eine mündliche Verhandlung statt, es wird durch streitiges Urteil entschieden.
Es ist folgende Anwaltsvergütung entstanden:

I. Schiedsstellenverfahren (Wert: 50.000 EUR)
1. 1,5-Geschäftsgebühr, VV 2303   1.744,50 EUR
2. Postentgeltpauschale, VV 7002   20,00 EUR
    Zwischensumme   1.764,50 EUR
3. 19 % Umsatzsteuer, VV 7008   335,26 EUR
Gesamt   **2.099,76 EUR**

II. Klageverfahren vor dem OLG (Wert: 50.000 EUR)
1. 1,6-Verfahrensgebühr, VV 3300   1.860,80 EUR
2. gem. VV Vorb. 3 Abs. 4 anzurechnen, 0,75-Geschäftsgebühr aus 50.000 EUR   – 872,25 EUR
3. 1,2-Terminsgebühr, VV 3104   1.395,60 EUR
4. Postentgeltpauschale, VV 7002   20,00 EUR
    Zwischensumme   2.404,15 EUR
5. 19 % Umsatzsteuer, VV 7008   456,79 EUR
Gesamt   **2.860,94 EUR**

Beispiel 2: A beauftragt einen Anwalt zunächst mit der Vertretung wegen Ansprüchen gegen die Verwertungsgesellschaft B i.H.v. 20.000 EUR. Da die Angelegenheit nicht geklärt werden kann, beauftragt A denselben Anwalt wegen desselben Gegenstands sodann mit der Vertretung vor der Schiedsstelle nach § 124 VGG. Die Schiedsstelle unterbreitet einen Einigungsvorschlag und beraumt einen Termin zur mündlichen Verhandlung an. Der Einigungsvorschlag wird jedoch von den Parteien nicht angenommen. A erhebt daraufhin Klage vor dem OLG wegen des Anspruchs über 20.000 EUR. Für die Vertretung beauftragt A denselben Anwalt. In dem Verfahren findet eine mündliche Verhandlung statt, es wird durch streitiges Urteil entschieden.
Der Anwalt des A ist folglich in drei Verfahren tätig geworden:
– Verfahren vor Anrufung der Schiedsstelle,
– Verfahren vor der Schiedsstelle (§ 124 VGG),
– Klageverfahren vor dem OLG (§ 128 VGG).
Es ist damit folgende Anwaltsvergütung entstanden:

I. Vertretung vor Anrufung der Schiedsstelle (Wert: 20.000 EUR)
1. 1,3-Geschäftsgebühr, VV 2300   964,60 EUR
2. Postentgeltpauschale, VV 7002   20,00 EUR
    Zwischensumme   984,60 EUR
3. 19 % Umsatzsteuer, VV 7008   187,07 EUR
Gesamt   **1.171,67 EUR**

II. Schiedsstellenverfahren (Wert: 20.000 EUR)
1. 1,5-Geschäftsgebühr, VV 2303   1.113,00 EUR
2. gem. VV Vorb. 2.3 Abs. 6 anzurechnen, 0,65-Geschäftsgebühr aus 20.000 EUR,   – 482,30 EUR

---

[2] Hartung/Schons/Enders/*Schons*, Vorb. 3.3.1 VV Rn 11.

3. Postentgeltpauschale, VV 7002		20,00 EUR
Zwischensumme	650,70 EUR	
4. 19 % Umsatzsteuer, VV 7008		123,63 EUR
Gesamt		**774,33 EUR**

III. Klageverfahren vor dem OLG (Wert: 20.000 EUR)

1. 1,6-Verfahrensgebühr, VV 3300		1.187,20 EUR
2. gem. VV Vorb. 3 Abs. 4 anzurechnen, 0,75-Gebühr aus 20.000 EUR		– 556,50 EUR
3. 1,2-Terminsgebühr, VV 3104		890,40 EUR
4. Postentgeltpauschale, VV 7002		20,00 EUR
Zwischensumme	1.541,10 EUR	
5. 19 % Umsatzsteuer, VV 7008		292,81 EUR
Gesamt		**1.833,91 EUR**

5. Terminsgebühr, VV Vorb. 3.3.1

14 Für die Vertretung in einem gerichtlichen Termin oder die Wahrnehmung eines von einem gerichtlich bestellten Sachverständigen anberaumten Termins oder die Mitwirkung an auf die Vermeidung oder Erledigung des Verfahrens gerichteten Besprechungen auch ohne Beteiligung des Gerichts – soweit es sich nicht um Besprechungen mit dem Auftraggeber handelt – erhält der Anwalt gemäß VV Vorb. 3.3.1 eine **Terminsgebühr** nach VV Teil 3 Abschnitt 1 mit dem dafür allgemein gültigen Gebührensatz von **1,2** (wegen der Einzelheiten zum Begriff der Terminsgebühr vgl. VV Vorb. 3 Rdn 100 ff.).

III. Gegenstandswert

15 Der **Gegenstandswert** richtet sich nach § 23 Abs. 1 RVG i.V.m. §§ 48 Abs. 1 S. 1 GKG, 3 ZPO und ist nach billigem Ermessen zu bestimmen. Das OLG München[3] hat zum UrhWG auf § 51 GKG, § 3 ZPO abgestellt, was unzutreffend sein dürfte, da in § 51 GKG Streitigkeiten nach dem VGG ebenso wenig erwähnt sind wie die früheren Verfahren nach dem UrhWG. Im Ergebnis laufen beide Ansichten jedoch auf dasselbe hinaus.

IV. Erstattungsfragen

16 Die **Kostenentscheidung** im Verfahren vor dem OLG ist nach den §§ 91 ff. ZPO zu treffen.[4]

17 Daher finden auch die Vorschriften der ZPO über die Kostenerstattung[5] und die Vorschriften der **§§ 103 ff. ZPO** für die Kostenfestsetzung Anwendung.

B. Erstinstanzliches Verfahren vor dem BVerwG und dem OVG (VGH) (VV 3300 Nr. 2)

I. Allgemeines

18 VV 3300 Nr. 2 und 3301 bestimmen für erstinstanzliche Verfahren vor dem BVerwG und den Oberverwaltungsgerichten (Verwaltungsgerichtshöfen), dass der Rechtsanwalt eine Verfahrensgebühr in Höhe der für ein Berufungsverfahren vorgesehenen Verfahrensgebühr erhält.[6] Zudem erhält er nach VV Vorb. 3.3.1 die Terminsgebühr nach VV Teil 3 Abschnitt 1 (also nach VV 3104), die aber der Höhe der Terminsgebühr für Rechtsmittelverfahren nach VV Teil 3 Abschnitt 2 (VV 3202) entspricht.

---

3 OLG München GRUR-RR 2010, 187.
4 BGH, Urt. v. 28.1.1993 – I ZR 34/91 a.E., insoweit in BGHZ 121, 215 f. sowie den Fachzeitschriften nicht mit abgedr.; OLG München ZUM 1995, 279.
5 Vgl. OLG München ZUM 1995, 279; *Hartmann*, RVG, VV 3300 Rn 7; unklar Gerold/Schmidt/*Müller-Rabe*, RVG, VV 3300–3304 Rn 6.
6 BT-Drucks 15/1971, S. 215.

Die erstinstanzliche Zuständigkeit des BVerwG ist in § 50 VwGO, die erstinstanzliche Zuständigkeit des OVG (VGH) in §§ 47 Abs. 1, 48 VwGO festgelegt.

§ 47 VwGO

(1) ¹Das Oberverwaltungsgericht entscheidet im Rahmen seiner Gerichtsbarkeit auf Antrag über die Gültigkeit
1. von Satzungen, die nach den Vorschriften des Baugesetzbuchs erlassen worden sind, sowie von Rechtsverordnungen aufgrund des § 246 Abs. 2 des Baugesetzbuchs,
2. von anderen im Rang unter dem Landesgesetz stehenden Rechtsvorschriften, sofern das Landesrecht dies bestimmt.

(2)–(6) ...

§ 48 VwGO

(1) ¹Das Oberverwaltungsgericht entscheidet im ersten Rechtszug über sämtliche Streitigkeiten, die betreffen
1. die Errichtung, den Betrieb, die sonstige Innehabung, die Veränderung, die Stillegung, den sicheren Einschluß und den Abbau von Anlagen im Sinne der §§ 7 und 9 a Abs. 3 des Atomgesetzes,
2. die Bearbeitung, Verarbeitung und sonstige Verwendung von Kernbrennstoffen außerhalb von Anlagen der in § 7 des Atomgesetzes bezeichneten Art (§ 9 des Atomgesetzes) und die wesentliche Abweichung oder die wesentliche Veränderung im Sinne des § 9 Abs. 1 Satz 2 des Atomgesetzes sowie die Aufbewahrung von Kernbrennstoffen außerhalb der staatlichen Verwahrung (§ 6 des Atomgesetzes),
3. die Errichtung, den Betrieb und die Änderung von Kraftwerken mit Feuerungsanlagen für feste, flüssige und gasförmige Brennstoffe mit einer Feuerungswärmeleistung von mehr als dreihundert Megawatt,
4. Planfeststellungsverfahren gemäß § 43 des Energiewirtschaftsgesetzes und gemäß § 2 Absatz 1 in Verbindung mit § 1 Absatz 2 Satz 2 Nummer 2 der Seeanlagenverordnung, soweit nicht die Zuständigkeit des Bundesverwaltungsgerichts nach § 50 Absatz 1 Nummer 6 begründet ist,
5. Verfahren für die Errichtung, den Betrieb und die wesentliche Änderung von ortsfesten Anlagen zur Verbrennung oder thermischen Zersetzung von Abfällen mit einer jährlichen Durchsatzleistung (effektive Leistung) von mehr als einhunderttausend Tonnen und von ortsfesten Anlagen, in denen ganz oder teilweise Abfälle im Sinne des § 48 des Kreislaufwirtschaftsgesetzes gelagert oder abgelagert werden,
6. das Anlegen, die Erweiterung oder Änderung und den Betrieb von Verkehrsflughäfen und von Verkehrslandeplätzen mit beschränktem Bauschutzbereich,
7. Planfeststellungsverfahren für den Bau oder die Änderung der Strecken von Straßenbahnen, Magnetschwebebahnen und von öffentlichen Eisenbahnen sowie für den Bau oder die Änderung von Rangier- und Containerbahnhöfen,
8. Planfeststellungsverfahren für den Bau oder die Änderung von Bundesfernstraßen,
9. Planfeststellungsverfahren für den Neubau oder den Ausbau von Bundeswasserstraßen.

²Satz 1 gilt auch für Streitigkeiten über Genehmigungen, die anstelle einer Planfeststellung erteilt werden, sowie für Streitigkeiten über sämtliche für das Vorhaben erforderlichen Genehmigungen und Erlaubnisse, auch soweit sie Nebeneinrichtungen betreffen, die mit ihm in einem räumlichen und betrieblichen Zusammenhang stehen. ³Die Länder können durch Gesetz vorschreiben, daß über Streitigkeiten, die Besitzeinweisungen in den Fällen des Satzes 1 betreffen, das Oberverwaltungsgericht im ersten Rechtszug entscheidet.

(2) ¹Das Oberverwaltungsgericht entscheidet im ersten Rechtszug ferner über Klagen gegen die von einer obersten Landesbehörde nach § 3 Abs. 2 Nr. 1 des Vereinsgesetzes ausgesprochenen Vereinsverbote und nach § 8 Abs. 2 Satz 1 des Vereinsgesetzes erlassenen Verfügungen.

(3) (weggefallen)

§ 50 VwGO

(1) ¹Das Bundesverwaltungsgericht entscheidet im ersten und letzten Rechtszug
1. über öffentlich-rechtliche Streitigkeiten nichtverfassungsrechtlicher Art zwischen dem Bund und den Ländern und zwischen verschiedenen Ländern,
2. über Klagen gegen die vom Bundesminister des Innern nach § 3 Abs. 2 Nr. 2 des Vereinsgesetzes ausgesprochenen Vereinsverbote und nach § 8 Abs. 2 Satz 1 des Vereinsgesetzes erlassenen Verfügungen,
3. über Streitigkeiten gegen Abschiebungsanordnungen nach § 58a des Aufenthaltsgesetzes und ihre Vollziehung,
4. über Klagen, denen Vorgänge im Geschäftsbereich des Bundesnachrichtendienstes zugrunde liegen,
5. über Klagen gegen Maßnahmen und Entscheidungen nach § 44a des Abgeordnetengesetzes, nach den Verhaltensregeln für Mitglieder des Deutschen Bundestages, nach § 6b des Bundesministergesetzes und nach § 7 des Gesetzes über die Rechtsverhältnisse der Parlamentarischen Staatssekretäre in Verbindung mit § 6b des Bundesministergesetzes,

6. über sämtliche Streitigkeiten, die Planfeststellungsverfahren und Plangenehmigungsverfahren für Vorhaben betreffen, die in dem Allgemeinen Eisenbahngesetz, dem Bundesfernstraßengesetz, dem Bundeswasserstraßengesetz, dem Energieleitungsausbaugesetz oder dem Magnetschwebebahnplanungsgesetz bezeichnet sind.

(2) (weggefallen)

(3) ...

20 In diesen erstinstanzlichen Angelegenheiten des BVerwG und der OVG (VGH) bestimmen sich die Gebühren des Rechtsanwalts nach VV Vorb. 3.3.1, 3300 Nr. 2 und 3301. Dies gilt auch für Verfahren des **einstweiligen Rechtsschutzes** in diesen Angelegenheiten. **VV Vorb. 3.2 Abs. 2 S. 2** findet insoweit keine Anwendung.

II. Regelungsgehalt

1. Verfahrensgebühr (VV 3300 Nr. 2)

21 Nach **VV 3300 Nr. 2** erhält der Rechtsanwalt in erstinstanzlichen Verfahren vor dem BVerwG oder dem OVG (VGH) eine **1,6-Verfahrensgebühr**.

2. Verfahrensgebühr – vorzeitige Beendigung (VV 3301)

22 **Endigt der Auftrag vorzeitig**, so erhält der Rechtsanwalt nach **VV 3301** eine **1,0-Verfahrensgebühr**. Zur vorzeitigen Beendigung des Auftrags gilt die Anm. Abs. 1 zu VV 3201 entsprechend (Anm. zu VV 3301). Auf die diesbezüglichen Erläuterungen wird verwiesen (siehe VV 3201 Rdn 1, VV 3101 Rdn 1 ff.).

3. Anrechnung

23 Soweit wegen eines Gegenstandes, der erstinstanzlich dem BVerwG oder dem OVG (VGH) zugewiesen ist, eine **Geschäftsgebühr** nach VV 2300 entstanden ist, z.B. durch eine Tätigkeit im Planfeststellungsverfahren,[7] wird diese Gebühr nach VV Vorb. 3 Abs. 4 zur Hälfte, jedoch **höchstens** mit einem Gebührenansatz von **0,75** auf die Verfahrensgebühr des gerichtlichen Verfahrens **angerechnet**.[8] Sind **mehrere Geschäftsgebühren entstanden**, also im Verwaltungsverfahren und in einem weiteren, der Nachprüfung des Verwaltungsaktes dienenden Verfahren, so ist für die Anrechnung die **zuletzt entstandene Gebühr maßgebend**. Die Anrechnung erfolgt nach dem Wert des Gegenstandes, der in das gerichtliche Verfahren übergegangen ist. Auf die Erläuterungen zu VV Vorb. 3 Abs. 4 wird verwiesen (siehe VV Vorb. 3 Rdn 218 ff.).

4. Terminsgebühr, VV Vorb. 3.3.1

24 Nach **VV Vorb. 3.3.1** erhält der Rechtsanwalt in erstinstanzlichen Verfahren vor dem BVerwG oder dem OVG (VGH) eine **1,2-Terminsgebühr nach Abschnitt 1 (VV 3104)**. Die Terminsgebühr erhält der Rechtsanwalt nach **VV Vorb. 3 Abs. 3** für die Vertretung in einem Verhandlungs-, Erörterungs- oder Beweisaufnahmetermin oder für die Wahrnehmung eines von einem gerichtlich bestellten Sachverständigen anberaumten Termins oder für die Mitwirkung an auf die Vermeidung oder Erledigung des Verfahrens gerichteten Besprechungen ohne Beteiligung des Gerichts; dies gilt nicht für Besprechungen mit dem Auftraggeber. Auf die Erläuterungen zu VV Vorb. 3 Abs. 3 und VV 3104 wird verwiesen (siehe VV Vorb. 3 Rdn 100 ff.).

---

7 BVerwG, JurBüro 2009, 594.
8 Bay. VGH, Beschl. v. 15.1.2008 – 22 M 07.40053 und v. 25.5.2009 – 13 M 09.1144.

III. Erstattungsfragen

Zu Erstattungsfragen betreffend Verfahren vor dem BVerwG oder dem OVG (VGH) wird auf die grundlegenden Ausführungen zu Erstattungsfragen bei § 17 verwiesen (siehe § 17 Rdn 54 ff.). 25

IV. Revisionsverfahren, Nichtzulassungsbeschwerde

Soweit erstinstanzlich ein OVG oder VGH entschieden hat, kommt hiergegen die Revision oder die Nichtzulassungsbeschwerde zum BVerwG in Betracht. Für diese Verfahren gelten die allgemeinen Vorschriften nach VV Teil 3 Abschnitt 2 Unterabschnitt 2 und VV Teil 3 Abschnitt 5. 26

C. Erstinstanzliches Verfahren vor dem BSG oder einem LSG (VV 3300 Nr. 2)

I. Allgemeines

In VV 3300 Nr. 2 ist der Gebührentatbestand mit dem 2. KostRMoG auf die erstinstanzlichen Verfahren vor dem BSG und den Landessozialgerichten erweitert worden. 27

Bislang gilt nach VV 3300 Nr. 2 ein erhöhter Gebührensatz der Verfahrensgebühr nur bei erstinstanzlichen Verfahren vor dem BVerwG und einem OVG/VGH. Eine Regelung im RVG für die erstinstanzlichen Verfahren vor den Landessozialgerichten und dem BSG fehlte, obwohl diese hinsichtlich des Umfangs und der Schwierigkeit den Verfahren in der Verwaltungsgerichtsbarkeit vergleichbar sind. In allen diesen Verfahren ist das GKG anzuwenden und es entstehen Wertgebühren (§ 3 Abs. 1 S. 2). Daher sollen künftig auch die erstinstanzlichen Verfahren vor dem BSG und den Landessozialgerichten in die Aufzählung der VV 3300 Nr. 2 aufgenommen werden. 28

Dadurch wird in den folgenden, in § 29 SGG genannten **Verfahren vor den Landessozialgerichten**, statt einer bisherigen 1,3-Verfahrensgebühr künftig eine 1,6-Verfahrensgebühr entstehen: 29
– Klagen gegen Entscheidungen der Landesschiedsämter und gegen Beanstandungen von Entscheidungen der Landesschiedsämter nach dem SGB V, gegen Entscheidungen der Schiedsstellen nach § 120 Abs. 4 SGB V, der Schiedsstelle nach § 76 SGB XI und der Schiedsstellen nach § 80 SGB XII,
– Aufsichtsangelegenheiten gegenüber Trägern der Sozialversicherung und ihren Verbänden, gegenüber den Kassenärztlichen und Kassenzahnärztlichen Vereinigungen sowie der Kassenärztlichen und Kassenzahnärztlichen Bundesvereinigung, bei denen die Aufsicht von einer Landes- oder Bundesbehörde ausgeübt wird,
– Klagen in Angelegenheiten der Erstattung von Aufwendungen nach § 6b SGB II,
– Anträge nach § 55a SGG,
– Streitigkeiten zwischen gesetzlichen Krankenkassen oder ihren Verbänden und dem Bundesversicherungsamt betreffend den Risikostrukturausgleich, die Anerkennung von strukturierten Behandlungsprogrammen und die Verwaltung des Gesundheitsfonds,
– Streitigkeiten betreffend den Finanzausgleich der gesetzlichen Pflegeversicherung,
– Streitigkeiten betreffend den Ausgleich unter den gewerblichen Berufsgenossenschaften nach dem SGB VIII,
– Klagen gegen die Entscheidung der gemeinsamen Schiedsämter nach § 89 Abs. 4 SGB V und des Bundesschiedsamts nach § 89 Abs. 7 SGB V sowie der erweiterten Bewertungsausschüsse nach § 87 Abs. 4 SGB V, soweit die Klagen von den Einrichtungen erhoben werden, die diese Gremien bilden,
– Klagen gegen Entscheidungen des Bundesministeriums für Gesundheit nach § 87 Abs. 6 SGB V gegenüber den Bewertungsausschüssen und den erweiterten Bewertungsausschüssen sowie gegen Beanstandungen des Bundesministeriums für Gesundheit gegenüber den Bundesschiedsämtern,
– Klagen gegen Entscheidungen und Richtlinien des Gemeinsamen Bundesausschusses (§§ 91, 92 SGB V),
– Klagen in Aufsichtsangelegenheiten gegenüber dem Gemeinsamen Bundesausschuss, Klagen gegen die Festsetzung von Festbeträgen durch die Spitzenverbände der Krankenkassen oder den Spitzenverband Bund der Krankenkassen und
– Klagen gegen Entscheidungen der Schiedsstellen nach den §§ 129 und 130b SGB V.

30 Die erhöhte Verfahrensgebühr soll ferner in **Verfahren vor dem BSG** über Streitigkeiten nicht verfassungsrechtlicher Art zwischen dem Bund und den Ländern sowie zwischen verschiedenen Ländern entstehen.

II. Gebühren

31 Hinsichtlich der anfallenden Gebühren kann auf die Kommentierung der Verfahren vor dem BVerwG und den Oberverwaltungsgerichten bzw. den Verwaltungsgerichtshöfen Bezug genommen werden, da hier ausnahmslos nach dem Gegenstandswert abzurechnen ist (§ 3 Abs. 1 S. 2).

D. Verfahren über den Rechtsschutz bei überlangen Gerichtsverfahren (VV 3300 Nr. 3)

I. Überblick

32 Zum 3.12.2011 ist das Gesetz über den Rechtsschutz bei überlangen Gerichtsverfahren und strafrechtlichen Ermittlungsverfahren v. 24.11.2011 in Kraft getreten. Gleichzeitig sind für die neu eingeführten Verfahren auch zum Teil neue Kostentatbestände geschaffen worden, und zwar sowohl für die Anwalts- als auch für die Gerichtsgebühren. Die Vergütungsregelung für die Anwaltsgebühr findet sich in VV 3300 Nr. 3. Ergänzend gilt VV Vorb. 3.3.1.

II. Verfahren

33 Mit dem Gesetz über den Rechtsschutz bei überlangen Gerichtsverfahren und strafrechtlichen Ermittlungsverfahren hat der Gesetzgeber Ansprüche auf Entschädigung gesetzlich geregelt, die einem Verfahrensbeteiligten zustehen, wenn er infolge der unangemessenen Dauer des Verfahrens einen Nachteil erleidet. Die Entschädigung beträgt 1.200 EUR für jedes Jahr der Verzögerung, kann aber auch höher oder niedriger festgesetzt werden (§ 198 Abs. 1 GVG). Die Entschädigung ist vom Land zu zahlen, wenn die Verzögerung von einem Gericht des Landes verursacht worden ist und vom Bund, wenn die Verzögerung von einem Bundesgericht verursacht worden ist. Entsprechendes gilt bei Ermittlungsverfahren durch eine Staatsanwaltschaft oder Finanzbehörde.

34 Richtet sich das Verfahren gegen eine Landesregierung, ist in erster Instanz in der ordentlichen Gerichtsbarkeit (Zivilsachen, Familiensachen, Verfahren der freiwilligen Gerichtsbarkeit, Straf- und Bußgeldsachen) das OLG zuständig, in dessen Bezirk die Regierung ihren Sitz hat (§ 201 Abs. 1 S. 1 GVG). Gegen dessen Entscheidung ist die Revision zum BGH möglich (§ 201 Abs. 2 S. 1 GVG).

35 Soweit sich das Verfahren gegen die Bundesregierung richtet, ist der BGH erstinstanzlich zuständig (§ 201 Abs. 1 S. 1 GVG). Ein Rechtsmittel gibt es in diesem Fall nicht.

36 In anderen Gerichtsbarkeiten sind die Vorschriften entsprechend anzuwenden.
– In der Arbeitsgerichtsbarkeit sind also erstinstanzlich die Landesarbeitsgerichte zuständig, wenn sich das Verfahren gegen die Landesregierung richtet und das BAG, wenn sich das Verfahren gegen die Bundesregierung richtet. Revisionsgericht ist das BAG (§ 9 Abs. 2 S. 2 ArbGG).
– In Verwaltungssachen sind erstinstanzlich zuständig die Oberverwaltungsgerichte und Verwaltungsgerichtshöfe bzw. das BVerwG. Revisionsgericht ist das BVerwG (§ 173 S. 2 VwGO).
– In Sozialsachen sind erstinstanzlich die Landessozialgerichte bzw. das BSG zuständig. Revisionsgericht ist das BSG (§ 202 S. 2 SGG).
– In finanzgerichtlichen Verfahren, in denen ohnehin nur zwei Instanzen vorgesehen sind, ist das FG erstinstanzlich zuständig bzw. der BFH. Revisionsgericht ist der BFH (§ 155 S. 2 FGO).

III. Anwaltsvergütung

1. Überblick

In den in VV 3300 Nr. 3 eingeführten Verfahren werden die Anwaltsgebühren nach dem Wert der anwaltlichen Tätigkeit erhoben (§ 2 Abs. 1). Dies gilt auch in sozialgerichtlichen Verfahren, selbst dann, wenn der Auftraggeber nicht zu den in § 183 SGG genannten Personen gehört und an sich gem. § 3 Abs. 1 S. 2 nach Rahmengebühren abzurechnen wäre. Das ist durch den neu eingefügten § 3 Abs. 1 S. 3 klargestellt worden. 37

2. Vorgerichtliche Tätigkeit

Entschädigungsansprüche nach § 198 Abs. 2 GVG können zunächst außergerichtlich geltend gemacht werden. Die dahingehende Tätigkeit des Anwalts wird dann mit einer Geschäftsgebühr nach VV 2300 abgerechnet (VV Vorb. 2.3 Abs. 2). Die Gebühr erhöht sich bei mehreren Auftraggebern nach VV 1008, wenn diese gemeinsam einen Ersatzanspruch geltend machen. 38

Hinzukommen kann eine Einigungsgebühr nach VV 1000 in Höhe von 1,5. Eine Erledigungsgebühr nach VV 1002 ist nicht möglich, da es sich nicht um ein Verwaltungsverfahren handelt. 39

3. Gerichtliche Tätigkeiten

a) Überblick

Kommt es zu einem gerichtlichen Verfahren nach § 201 GVG, richtet sich die Vergütung nach VV Teil 3. 40

b) Erstinstanzliche Verfahren

aa) Verfahrensgebühr. Obwohl es sich um erstinstanzliche Verfahren handelt, richtet sich die Verfahrensgebühr für das Betreiben des Geschäfts (VV Vorb. 3 Abs. 2) nicht nach VV Teil 3 Abschnitt 1 (also nach den VV 3100, 3101 – 1,3/0,8 Gebühr). Die Höhe der Verfahrensgebühr richtet sich vielmehr – mit Ausnahme der Verfahren vor dem FG – nach VV 3300 (1,6/1,1), die zu diesem Zweck eine neue Nr. 3 erhalten hat. Der Gesetzgeber wollte damit der Besonderheit Rechnung tragen, dass diese Verfahren erstinstanzlich bereits vor den Gerichten höherer Instanz geführt werden, sodass nur eine Tatsacheninstanz eröffnet ist und damit i.d.R. ein höherer Arbeitsaufwand und eine höhere Verantwortung verbunden sind. 41

Lediglich für die Verfahren vor den Finanzgerichten bedurfte es keiner gesonderten Regelung, da diese erstinstanzlich ohnehin schon mit einem Gebührensatz von 1,6 abgerechnet werden (VV Vorb. 3.2.1 Nr. 1 i.V.m. VV 3200). 42

Auch für die Verfahren vor den Verwaltungsgerichten wäre an sich eine gesonderte Regelung entbehrlich gewesen, da es hier bereits erstinstanzliche Verfahren vor den OVG/VGH und dem BVerwG gibt und diese Verfahren bereits nach VV 3300 Nr. 2 erfasst sind. Dennoch werden auch diese Verfahren in VV 3300 Nr. 3 RVG erwähnt. Die doppelte Erwähnung ist derzeit wohl unschädlich, allerdings verwirrend, weil sie suggeriert, es bestünden Unterschiede zwischen VV 3300 Nr. 2 und Nr. 3. 43

Der Anwalt verdient danach erstinstanzlich eine 1,6-Verfahrensgebühr, die sich nach VV 3301 im Falle der vorzeitigen Beendigung unter den Voraussetzungen der Anm. Abs. 2 zu VV 3201 auf 1,0 ermäßigt. 44

Soweit der Anwalt mehrere Auftraggeber vertritt, die denselben Entschädigungsanspruch geltend machen, erhöht sich die Verfahrensgebühr um 0,3 je weiterem Auftraggeber (VV 1008). 45

War der Anwalt zunächst außergerichtlich tätig und hatte er dort eine Geschäftsgebühr verdient (siehe Rdn 38), so ist diese Geschäftsgebühr nach VV Vorb. 3 Abs. 4 hälftig, höchstens zu 0,75 auf die Verfahrensgebühr anzurechnen. 46

47 **bb) Terminsgebühr.** Die Terminsgebühr ist auch hier nicht gesondert geregelt. Sie bestimmt sich vielmehr – mit Ausnahme der Verfahren vor dem FG – gem. VV Vorb. 3.3.1 nach VV Teil 3 Abschnitt 1. Ihre Höhe beläuft sich gem. VV 3104 auf 1,2 und in den Fällen der VV 3105 auf 0,5.

48 Soweit hier eine Entscheidung im schriftlichen Verfahren ergeht oder ein schriftlicher Vergleich geschlossen wird, kann die Terminsgebühr nach Anm. Abs. 1 Nr. 1 zu VV 3104 auch ohne mündliche Verhandlung entstehen, da es sich durchweg um Verfahren mit vorgeschriebener mündlicher Verhandlung handelt.

49 Selbstverständlich kann die Terminsgebühr auch durch Besprechungen i.S.d. VV Vorb. 3 Abs. 3 S. 3 Nr. 2 ausgelöst werden.

50 Für die Verfahren vor den Finanzgerichten gilt dagegen VV 3202, die allerdings ebenfalls eine 1,2-Gebühr vorsieht, sodass hier im Ergebnis keine Unterschiede bestehen.

51 **cc) Einigung.** Im Falle einer Einigung entsteht lediglich eine 1,0-Gebühr nach VV 1000, 1003, da es sich um erstinstanzliche Verfahren handelt. Auf eine Anhebung des Gebührensatzes für die Einigungsgebühr in VV 1004 hat der Gesetzgeber bewusst verzichtet.

dd) Abrechnungsbeispiele.

52 **Beispiel 1:** Der Kläger beantragt vor dem OLG eine Entschädigung in Höhe von 3.600 EUR. Darüber wird mündlich verhandelt. Anschließend wird durch Urteil entschieden.
Der Anwalt erhält:
1. 1,6-Verfahrensgebühr, VV 3300 Nr. 3   403,20 EUR
2. 1,2-Terminsgebühr, VV 3104   302,40 EUR
3. Postentgeltpauschale, VV 7002   20,00 EUR
    Zwischensumme   725,60 EUR
4. 19 % Umsatzsteuer, VV 7008   137,86 EUR
Gesamt   **863,46 EUR**

Beispiel 2: Wie vorangegangenes Beispiel 1; jedoch hatte der Anwalt für den Kläger vorgerichtlich die Ersatzansprüche bei der Landesregierung angemeldet.
Der Anwalt erhält ausgehend von einer Mittelgebühr:
I. Vorgerichtliche Tätigkeit
1. 1,5-Geschäftsgebühr, VV 2300   378,00 EUR
2. Postentgeltpauschale, VV 7002   20,00 EUR
    Zwischensumme   398,00 EUR
3. 19 % Umsatzsteuer, VV 7008   75,62 EUR
Gesamt   **473,62 EUR**
II. Gerichtliches Verfahren
1. 1,6-Verfahrensgebühr, VV 3300 Nr. 3   403,20 EUR
2. gem. VV Vorb. 3 Abs. 4 anzurechnen, 0,75 aus 3.600,00 EUR   – 189,00 EUR
3. 1,2-Terminsgebühr, VV 3104   302,40 EUR
4. Postentgeltpauschale, VV 7002   20,00 EUR
    Zwischensumme   536,60 EUR
5. 19 % Umsatzsteuer, VV 7008   101,95 EUR
Gesamt   **638,55 EUR**

c) Revisionsverfahren

53 **aa) Überblick.** Nach dem Wortlaut der VV 3300 Nr. 3 gilt der dortige Gebührensatz auch im Revisionsverfahren. Es fehlt nämlich – im Gegensatz zu VV 3300 Nr. 2 – die Beschränkung auf „erstinstanzliche" Verfahren. Ob dies der tatsächlich vom Gesetzgeber beabsichtigten Regelung entspricht, muss bezweifelt werden. Der Gesetzgeber wollte nur die erstinstanzlichen Verfahren vor den Ober- und Bundesgerichten gesondert regeln und aus dem Anwendungsbereich des VV Teil 3 Abschnitt 1 herausnehmen.

54 Nach dem Wortlaut wären allerdings auch die Revisionsverfahren vor den Bundesgerichten (§ 201 Abs. 2 S. 1 GVG; § 9 Abs. 2 S. 2 ArbGG; § 173 S. 2 VwGO; § 202 S. 2 SGG; § 155 S. 2 FGO) erfasst. Danach würde in den Revisionsverfahren nur eine Verfahrensgebühr in Höhe von 1,6 gelten und bei vorzeitiger Erledigung in Höhe von 1,0, während nach VV 3206 im Revisionsverfahren

zwar auch eine Verfahrensgebühr i.H.v. 1,6 vorgesehen ist, allerdings bei vorzeitiger Erledigung i.H.v. 1,1 (VV 3207). Vor dem BGH beträgt die Verfahrensgebühr sogar 2,3 (VV 3208) und im Falle der Ermäßigung immer noch 1,8 (VV 3209).

Abgesehen davon würde sich die Terminsgebühr in den Revisionsverfahren vor den Bundesgerichten gem. VV Vorb. 3.3.1 nach VV Teil 3 Abschnitt 1 richten und damit nach VV 3104 grundsätzlich 1,2 betragen. Die Terminsgebühr in einem Revisionsverfahren beträgt dagegen grundsätzlich durchweg 1,5 (VV 3210). 55

Es ist nach Sinn und Zweck davon auszugehen, dass VV 3300 Nr. 3 ebenfalls nur für die erstinstanzlichen Verfahren gelten soll und dass es für die Revisionsverfahren bei den allgemeinen Gebühren nach VV Teil 3 Abschnitt 2 (VV 3206 ff.) bleiben soll, die auch in sonstigen Revisionsverfahren anzuwenden sind. 56

bb) Verfahrensgebühr. Die Verfahrensgebühr beläuft sich nach VV 3206 auf 1,6 und im Falle der Ermäßigung nach VV 3207 auf 1,1. In den Verfahren vor dem BGH erhöht sich die Verfahrensgebühr auf 2,3 (VV 3208) bzw. 1,8 (VV 3209). Auch hier kommt eine Erhöhung nach VV 1008 bei mehreren Auftraggebern in Betracht. 57

cc) Terminsgebühr. Die Terminsgebühr beträgt immer 1,5 (VV 3210) bzw. 0,8 (VV 3211). 58

> **Beispiel 3:** Gegen die Entscheidung des OVG (Wert: 20.000 EUR) wird Revision zum BVerwG eingelegt, über die mündlich verhandelt wird.
> 1. 1,6-Verfahrensgebühr, VV 3206   1.187,20 EUR
> 2. 1,5-Terminsgebühr, VV 3210   1.113,00 EUR
> 3. Postentgeltpauschale, VV 7002   20,00 EUR
>   Zwischensumme   2.320,20 EUR
> 4. 19 % Umsatzsteuer, VV 7008   440,84 EUR
> **Gesamt**   **2.761,04 EUR**

dd) Einigungsgebühr. Sollte es im Revisionsverfahren zu einer Einigung kommen, beträgt die Höhe der Einigungsgebühr 1,3 (VV 1004). 59

IV. Streitwert

Da in den Gerichtsverfahren – einschließlich der Verfahren vor den Sozialgerichten – Gerichtsgebühren nach dem Wert abgerechnet werden, erfolgt die Wertfestsetzung nach § 63 GKG. Dieser Wert gilt dann auch für die Anwaltsgebühren (§ 32 Abs. 1). 60

Der Streitwert richtet sich vor den ordentlichen Gerichten und den Gerichten der Arbeitsgerichtsbarkeit nach § 48 Abs. 1 S. 1 GKG i.V.m. § 3 ZPO. Maßgebend ist der verlangte Entschädigungsbetrag. 61

In den Verfahren der Verwaltungs-, Sozial- und Finanzgerichtsbarkeit richtet sich der Wert nach § 52 GKG. Da Geldforderungen geltend gemacht werden, richtet sich der Wert auch hier nach dem Wert des verlangten Betrages (§ 52 Abs. 3 GKG). 62

Für die Finanzgerichtsbarkeit ist darüber hinaus der Mindeststreitwert des § 53 Abs. 4 GKG abbedungen worden. Er gilt in den Verfahren nach dem Gesetz über den Rechtsschutz bei überlangen Gerichtsverfahren nicht. Hier können also auch geringere Werte als 1.000 EUR festgesetzt werden. 63

V. Kostenentscheidung

Für die Kostenentscheidung gelten die allgemeinen Vorschriften. Die Kostenentscheidung richtet sich daher grundsätzlich nach dem Obsiegen und Unterliegen. Anzuwenden sind daher grundsätzlich die §§ 91 ff. ZPO bzw. die vergleichbaren Vorschriften der sonstigen Gerichtsbarkeiten. 64

Allerdings enthält § 201 Abs. 4 GVG eine Sonderregelung für die Fälle, in denen ein Entschädigungsanspruch nicht oder nicht in der geltend gemachten Höhe besteht, aber gleichwohl eine unangemessene Verfahrensdauer festgestellt wurde. In diesen Fällen hat das Gericht über die Kosten nach billigem Ermessen zu entscheiden. 65

VI. Kostenerstattung

66 Für die Kostenerstattung sind keine besonderen Vorschriften geschaffen worden. Sie richtet sich daher nach den allgemeinen Vorschriften.

67 In arbeitsgerichtlichen Verfahren ist zu beachten, dass § 12a Abs. 1 S. 1 ArbGG auch in den erstinstanzlichen Verfahren vor den Landesarbeitsgerichten und dem BAG gilt. Ob dies beabsichtigt war, ist fraglich, da der soziale Schutzzweck, den diese Vorschrift im Spannungsfeld zwischen Arbeitgeber und Arbeitnehmer verfolgt, nicht im Verhältnis zum Staat greift (so auch in den Verfahren auf Zustimmung zu einer Kündigung oder deren Zulassung). Es ist an sich kein Grund dafür gegeben, dass der Staat sich in diesen Fällen bei Unterliegen einer Kostenerstattung entzieht. Auch in sonstigen Verfahren schlägt der Ausschluss der Kostenerstattung in dem zugrunde liegenden Verfahren nicht durch (etwa in Verfahren der freiwilligen Gerichtsbarkeit – §§ 80 ff. FamFG).

Unterabschnitt 2. Mahnverfahren

Nr.	Gebührentatbestand	Gebühr oder Satz der Gebühr nach § 13 RVG
	Vorbemerkung 3.3.2: Die Terminsgebühr bestimmt sich nach Abschnitt 1.	
3305	Verfahrensgebühr für die Vertretung des Antragstellers . . . . Die Gebühr wird auf die Verfahrensgebühr für einen nachfolgenden Rechtsstreit angerechnet.	1,0
3306	Beendigung des Auftrags, bevor der Rechtsanwalt den verfahrenseinleitenden Antrag oder einen Schriftsatz, der Sachanträge, Sachvortrag oder die Zurücknahme des Antrags enthält, eingereicht hat: Die Gebühr 3305 beträgt	0,5

A. Überblick 1
 I. Mahnverfahren 5
 II. Sofortige Beschwerde gegen den Nichterlass des Mahnbescheids 10
 III. Erinnerung gegen den Nichterlass des Mahnbescheids 11
 IV. Verfahren über den Antrag auf Erlass des Vollstreckungsbescheids 12
 V. Sofortige Beschwerde gegen den Nichterlass des Vollstreckungsbescheids 13
 VI. Erinnerung gegen den Nichterlass des Vollstreckungsbescheids hinsichtlich der Kosten 15
 VII. Verfahren über eine Kostenentscheidung nach Rücknahme des Mahnantrags 16
B. Regelungsgehalt 17
 I. Verfahrensgebühr für die Vertretung des Antragstellers (VV 3305) 17
  1. Tätigkeit im Verfahren über den Antrag auf Erlass des Mahnbescheids 17
  2. Tätigkeit für mehrere Personen 23
   a) Derselbe Gegenstand 23
   b) Unterschiedliche Gegenstände 25
   c) Wohnungseigentümergemeinschaft . . 26
    aa) Anwalt ist aktivlegitimiert 30
    bb) Anwalt ist passivlegitimiert 32
  3. Anrechnung 33
   a) Allgemeines 33
    aa) Volle Anrechnung auf Verfahrensgebühr des nachfolgenden Rechtsstreits 38
    bb) Anrechnung bei vorzeitiger Beendigung 39
   b) Keine Anrechnung bei streitigem Verfahren zwei (Kalender-)Jahre nach Mahnverfahren 41
   c) Durchführung der Anrechnung 43
    aa) Volle Anrechnung auf Verfahrensgebühr des nachfolgenden Rechtsstreits 43
    bb) Unterschiedliche Gegenstandswerte 44
     (1) Teilweise Anrechnung auf Verfahrensgebühr des nachfolgenden Rechtsstreits bei geringerem Wert im streitigen Verfahren 45
     (2) Anrechnung auf Verfahrensgebühr des nachfolgenden Rechtsstreits bei höherem Wert im streitigen Verfahren 46
     (3) Anrechnung bei mehreren Mahnverfahren nach Verbindung zu einem Klageverfahren 47
      cc) Unterschiedliche Gebührensätze 49

dd) Mehrere Auftraggeber	50
ee) Anzahl der Auftraggeber des Mahnverfahrens ist nicht identisch mit Anzahl der Auftraggeber des streitigen Verfahrens	53
(1) Volle Anrechnung der erhöhten Verfahrensgebühr	54
(2) Teilweise Anrechnung	55
(3) Anrechnung nach Kopfteilen	56
ff) Auslagenpauschale	57
gg) Mehrfachanrechnung	64
d) Übergangsfälle	66
aa) Keine Anrechnung	67
bb) Volle Anrechnung	69
e) Anrechnung der Geschäftsgebühr	71
4. Verfahrensgebühr bei Beendigung vor Antragseinreichung (VV 3306)	72
a) Endgültige Beendigung	72
b) Teilweise Beendigung	74
c) Mehrere Auftraggeber	75
aa) Erledigung vor Antragstellung	76
bb) Teilweise Erledigung vor Antragstellung	77
d) Einbeziehung nicht anhängiger Gegenstände in Einigung	78
II. Terminsgebühr nach VV 3104	**79**
1. Allgemeines	79
2. Entstehen der Terminsgebühr	80
a) Wahrnehmung von gerichtlichen Terminen	81
b) Wahrnehmung von außergerichtlichen Terminen und Besprechungen	83
aa) Wahrnehmung eines von einem gerichtlich bestellten Sachverständigen anberaumten Termins	83
bb) Mitwirkung an Besprechungen, die auf die Vermeidung oder Erledigung des Verfahrens gerichtet sind	84
(1) Auf die Erledigung des Verfahrens gerichtete Besprechungen	86
(2) Mitwirkung an Besprechungen, die auf die Vermeidung des Verfahrens gerichtet sind	90
3. Anrechnung	93
a) Keine Anrechnung der Terminsgebühr beim Übergang vom Mahnverfahren ins streitige Verfahren, wenn unbedingter Klageauftrag vor dem 31.12.2006 erteilt ist	93
b) Anrechnung der Terminsgebühr beim Übergang vom Mahnverfahren ins streitige Verfahren, wenn unbedingter Klageauftrag erteilt ist nach dem 31.12.2006	94
aa) Nachfolgender Rechtsstreit	95
bb) Unterschiedliche Gegenstandswerte	96
(1) Teilweise Anrechnung auf Terminsgebühr des nachfolgenden Rechtsstreits bei geringerem Wert im streitigen Verfahren	97
(2) Anrechnung auf Terminsgebühr des nachfolgenden Rechtsstreits bei höherem Wert im streitigen Verfahren	98
4. Kostenerstattung	100
a) Terminsgebühr vor Beantragung des Mahnbescheids	104
b) Terminsgebühr nach Erlass des gerichtlichen Mahnbescheids vor Beantragung des Vollstreckungsbescheids	105
c) Terminsgebühr nach Antrag auf Erlass des Vollstreckungsbescheids	106
d) Mahnbescheid, Besprechung, streitiges Verfahren	109
III. Einigungsgebühr	**110**
1. Überblick	110
2. Mahnverfahren mit Termins- und Einigungsgebühr	114
IV. Verfahrensgebühr nach VV 3100	**115**
V. Beschwerdeverfahren	**120**
VI. Erinnerungsverfahren	**123**
1. Mahnverfahren mit Erinnerung gegen den Nichterlass des Mahnbescheids	125
2. Mahnverfahren mit Erinnerung gegen den Nichterlass des Mahnbescheids, mehrere Auftraggeber	126
3. Mahnverfahren mit Erinnerung gegen teilweisen Nichterlass des Mahnbescheids	127
VII. Mahnanwalt als Verkehrsanwalt	**128**
C. Erstattungsfragen	**129**
I. Zuständigkeit für Kostenentscheidung nach Rücknahme des Mahnantrags	**129**
1. Antragsteller beantragt ausdrücklich die Durchführung des streitigen Verfahrens und nimmt den Mahnantrag zurück	130
2. Antragsteller beantragt ausdrücklich bzw. konkludent nicht die Durchführung des streitigen Verfahrens und nimmt den Mahnantrag zurück	133
3. Antragsgegner legt Widerspruch ein und der Antragsteller nimmt daraufhin den Antrag zurück	137
II. Erstattungsfragen bei Anwaltswechsel	**139**
III. Mahnanwalt, Hauptbevollmächtigter, Terminsvertreter	**150**
IV. Verfahrensgebühr nach Abgabe des Mahnverfahrens bei Klagerücknahme vor Anspruchsbegründung	**165**
V. Anrechnung der außergerichtlichen Geschäftsgebühr	**168**
1. Allgemeines	168
2. Anrechnung der vollen Verfahrensgebühr bei zwischengeschaltetem Mahnverfahren auf Verfahrensgebühr des nachfolgenden Rechtsstreits (sog. Kettenanrechnung)	169
3. Anrechnung eines überschießenden Anrechnungsbetrags auf nachfolgende Angelegenheit	172
VI. Gegenstandswertverschiedenheit bei Mahnverfahren und streitigem Verfahren	**174**
VII. Erstattungsfähigkeit der Kosten eines vorgerichtlich im Mahnverfahren tätigen Inkassounternehmens	**175**
VIII. Anrechnung im Urkunden-, Wechsel- und Scheckprozess und Nachverfahren bei vorangegangenem Mahnverfahren	**176**
IX. Europäisches Mahnverfahren	**179**

A. Überblick

1 VV Teil 3 Abschnitt 3 Unterabschnitt 2 „Mahnverfahren" regelt die Gebühren, die dem im Mahnverfahren tätigen Rechtsanwalt erwachsen.

2 Entscheidend für die Frage, ob der Rechtsanwalt gebührenrechtlich im Mahnverfahren tätig ist, ist der ihm erteilte **Auftrag**. Insofern ist zwingend zu unterscheiden zwischen dem formellen Mahnverfahren und dem gebührenrechtlichen Mahnverfahren. Während das formelle Mahnverfahren erst mit Eingang des Mahnantrages beim Mahngericht beginnt, entstehen dem Rechtsanwalt die Gebühren nach VV Teil 3 Abschnitt 3 Unterabschnitt 2 bereits mit Auftragserteilung.

3 War der Rechtsanwalt vorab **außergerichtlich** tätig geworden, sind für ihn die Gebühren nach VV 2300 ff. unter den dortigen Voraussetzungen entstanden, vorbehaltlich einer Anrechnung der Geschäftsgebühr auf die Verfahrensgebühr gemäß VV Vorb. 3 Abs. 4.

4 Ist die Tätigkeit des Rechtsanwalts auf das **Mahnverfahren beschränkt**, kann er nur die Gebühren nach VV 3305 ff. verdienen.

I. Mahnverfahren

5 Im Verfahren über den Antrag auf Erlass eines **Mahnbescheides** erhält der Anwalt des Antragstellers eine 1,0-Verfahrensgebühr nach VV 3305. Bei gemeinschaftlicher Vertretung **mehrerer Auftraggeber** erhöht sich die Gebühr nach VV 1008 um jeweils 0,3 je weiteren Auftraggeber.

6 **Erledigt sich der Auftrag**, bevor der Anwalt einen verfahrenseinleitenden Antrag oder einen Schriftsatz, der Sachanträge, Sachvortrag oder die Zurücknahme des Antrags enthält, einreicht, entsteht die Gebühr nur zu 0,5 (VV 3306), wobei sich auch diese Gebühr nach VV 1008 um 0,3 je weiteren Auftraggeber bei gemeinschaftlicher Beteiligung erhöht (Höchstgebühr 2,3).

7 Die Verfahrensgebühr entsteht auch dann, wenn die Parteien im Mahnverfahren **nicht anhängige Gegenstände** mit einbeziehen, etwa durch Verhandlungen oder eine Einigung. Eine entsprechende Ermäßigungsregelung wie in VV 3101 Nr. 2 fehlt zwar im Mahnverfahren. Analog VV 3306 dürfte aber auch hier von einer Ermäßigung auf 0,5 auszugehen sein.

8 Durch die Einfügung der VV Vorb. 3.3.2 infolge des Anhörungsrügengesetzes (Gesetz über die Rechtsbehelfe bei Verletzung des Anspruchs auf rechtliches Gehör v. 9.12.2004) ist zum 1.1.2005 im Mahnverfahren eine **Terminsgebühr** eingeführt worden (vgl. auch Rdn 79 ff.). Da es hier allerdings keine gerichtlichen Termine gibt, kann eine Terminsgebühr nur gemäß VV Vorb. 3 Abs. 3 Ziff. 2 entstehen, also wenn der Anwalt eine Besprechung mit dem Gegner oder einem Dritten zur Erledigung oder Vermeidung des Mahnverfahrens oder zur Vermeidung des nachfolgenden streitigen Verfahrens führt.[1] Die Terminsgebühr entsteht auch, wenn im Mahnverfahren nicht anhängige Ansprüche in Verhandlungen einbezogen werden.[2]

Hinzukommen kann des Weiteren eine **Einigungsgebühr** nach VV 1000 ff., und zwar sowohl bei der Einigung über anhängige als auch über nicht anhängige Ansprüche.

9 Die Verfahrensgebühr des Mahnverfahrens ist auf die Verfahrensgebühr eines nachfolgenden Rechtsstreits (VV 3100) **anzurechnen**; Gleiches gilt in Bezug auf die im gerichtlichen Mahnverfahren entstandene Terminsgebühr (Anm. zu VV 3305, Anm. 4 zu VV 3104), es sei denn, zwischen der Beendigung des Mahnverfahrens und dem Beginn des streitigen Verfahren liegen mehr als zwei Kalenderjahre. In diesem Fall unterbleibt nach § 15 Abs. 5 S. 2 eine Anrechnung.[3]

---

1 OLG Nürnberg AGS 2006, 594 m. Anm. *Schons* = Jur-Büro 2007, 21 m. Anm. *Enders* = NJW-RR 2007, 791= OLGR 2007, 468; OLG Brandenburg AGS 2007, 560 = Rpfleger 2007, 508 = JurBüro 2007, 523 = OLGR 2007, 979 = NJ 2007, 229 = RVGreport 2007, 226; LG Regensburg JurBüro 2006, 420; siehe ausführlich *Hansens*, RVGreport 2005, 83.

2 Siehe ausführlich *Hansens*, RVGreport 2005, 83.

3 So schon zur BRAGO: OLG München AGS 2001, 51 = AnwBl 2000, 698 = BRAGOreport 2000, 26 m. Anm. *Hansens*; *N. Schneider*, AGS 2003, 240; a.A. FG Baden-Württemberg AGS 2004, 102 m. abl. Anm. *Hansens*.

II. Sofortige Beschwerde gegen den Nichterlass des Mahnbescheids

Wird der Antrag auf Erlass eines Mahnbescheides zurückgewiesen, so findet hiergegen nach § 691 Abs. 3 ZPO i.V.m. § 567 Abs. 1 Nr. 2 ZPO die sofortige Beschwerde statt. Dieses Beschwerdeverfahren ist nach § 18 Abs. 1 Nr. 3 eine selbstständige Angelegenheit, in der der Anwalt die Gebühren nach VV 3500 ff. erhält.   10

III. Erinnerung gegen den Nichterlass des Mahnbescheids

Wird der Antrag auf Erlass des Mahnbescheides aus anderen Gründen als denen des § 691 Abs. 3 S. 1 ZPO zurückgewiesen, ist die Erinnerung, gegeben, die nach § 18 Abs. 1 Nr. 3 ebenfalls eine gesonderte Gebührenangelegenheit darstellt. Es entstehen auch hier die Gebühren nach VV 3500 ff.   11

IV. Verfahren über den Antrag auf Erlass des Vollstreckungsbescheids

Im Verfahren über den Antrag auf Erlass eines **Vollstreckungsbescheids** erhält der Anwalt des Antragstellers eine weitere 0,5-Gebühr nach VV 3308. Eine Gebührenerhöhung nach VV 1008 kommt hier nur in Betracht, wenn der Anwalt nicht schon die erhöhte Gebühr nach VV 3305, 1008 erhalten hat. Beide Erhöhungen können nicht nebeneinander eintreten (Anm. S. 2 zu VV 3308).   12

V. Sofortige Beschwerde gegen den Nichterlass des Vollstreckungsbescheids

Lehnt der Rechtspfleger den Erlass des Vollstreckungsbescheides ab, ist hiergegen gemäß § 11 Abs. 1 RPflG i.V.m. § 567 Abs. 1 ZPO die **sofortige Beschwerde** gegeben.[4] Wird der Anwalt in diesem Beschwerdeverfahren beauftragt, handelt es sich um eine **besondere Angelegenheit** (§ 18 Abs. 1 Nr. 3). Der Anwalt erhält daher eine gesonderte Vergütung nach VV 3500.   13

Gleiches gilt, wenn der Antrag nur hinsichtlich der Kosten (teilweise) abgelehnt worden ist. Gegen die Ablehnung steht dem Antragsteller wiederum gemäß § 104 Abs. 3 ZPO, § 11 Abs. 1 RPflG i.V.m. § 567 Abs. 1 ZPO die **sofortige Beschwerde** zu, sofern der Wert des Beschwerdegegenstands 200 EUR übersteigt (§ 567 Abs. 2 ZPO).[5] Der Anwalt erhält auch hier eine gesonderte Vergütung nach VV 3500, und zwar nach dem Wert der abgesetzten Kosten.   14

VI. Erinnerung gegen den Nichterlass des Vollstreckungsbescheids hinsichtlich der Kosten

Soweit der Antrag auf Erlass des Vollstreckungsbescheids nur hinsichtlich der Kosten abgelehnt worden ist und der Wert des Beschwerdegegenstands 200 EUR nicht übersteigt, kommt nur die Erinnerung (§ 11 Abs. 2 RPflG) in Betracht.[6] Auch diese ist eine eigene Angelegenheit (§ 18 Abs. 1 Nr. 3), die nach VV 3500 ff. zu vergüten ist.   15

VII. Verfahren über eine Kostenentscheidung nach Rücknahme des Mahnantrags

Wird der Mahnbescheid zurückgenommen, so hat der Antragsteller in entsprechender Anwendung des § 269 Abs. 3 S. 1 ZPO die Kosten des Mahnverfahrens zu tragen, soweit kein Fall des § 269 Abs. 3 S. 2 oder S. 3 ZPO gegeben ist. Soweit die Kostenentscheidung vom Streitgericht zu treffen ist, beginnt das streitige Verfahren bereits mit dem Antrag auf Kostenentscheidung, so dass insoweit die Gebühren nach den VV 3100 ff. ausgelöst werden (siehe Rdn 129 ff.).   16

---

4 Zöller/*Vollkommer*, ZPO, 25. Aufl. 2005, § 699 Rn 18.
5 KGR 2001, 70; OLG Stuttgart OLGR 2004, 181; *Zimmermann*, ZPO, 7. Aufl. 2006, § 699 Rn 8; Zöller/*Vollkommer*, ZPO, 25. Aufl. 2005, § 699 Rn 18.

6 *Zimmermann*, § 699 Rn 8.

B. Regelungsgehalt

I. Verfahrensgebühr für die Vertretung des Antragstellers (VV 3305)

1. Tätigkeit im Verfahren über den Antrag auf Erlass des Mahnbescheids

17 Für die **Vertretung** im Verfahren über den Antrag auf Erlass des Mahnbescheids erhält der Rechtsanwalt eine volle **1,0-Verfahrensgebühr** gemäß VV 3305. Diese Gebühren gelten nicht nur für das Mahnverfahren nach den §§ 688 ff. ZPO (einschließlich Familiensachen – § 113 Abs. 2 FamFG), sondern auch für das Mahnverfahren in **Arbeitssachen** (§ 46a ArbGG) sowie in **Sozialangelegenheiten** (§ 182a SGG).[7]

18 Damit werden **alle Tätigkeiten des Rechtsanwalts des Antragstellers** pauschal abgegolten, die innerhalb des Mahnbescheidverfahrens erforderlich sind, mit Ausnahme der Tätigkeit im Verfahren über den Antrag auf Erlass des Vollstreckungsbescheids. Obgleich im Gesetzestext nicht ausdrücklich erwähnt, zählt hierzu auch die Mitteilung eines eventuell durch den Antragsgegner gegen den Mahnbescheid eingelegten Widerspruchs an den Auftraggeber. Die Richtigkeit dieser Auffassung ergibt sich aus der umfassenden Formulierung, wonach der Rechtsanwalt die Verfahrensgebühr für die Vertretung des Antragstellers erhält. Zu dieser Vertretung gehört es naturgemäß auch, dass der Rechtsanwalt seinen Auftraggeber über einen eingelegten Widerspruch informiert.

19 Tätigkeiten, die mit der Gebühr abgegolten werden, sind neben der Entgegennahme des Auftrags:
– Beratung des Auftraggebers über Inhalt und Ablauf des Mahnverfahrens,
– Formulierung des Antrags inklusive Beschaffung des notwendigen Formulars,
– Entgegennahme der Mitteilung über die Zustellung des Mahnbescheids,
– Erledigung etwaiger Beanstandungen durch das Gericht,
– Entgegennahme der Mitteilung des Widerspruchs seitens des Antragsgegners und des Zeitpunkts der Einlegung,
– Mitteilung des Widerspruchs an den Auftraggeber.

20 Für seine Tätigkeit im Verfahren auf Erlass eines Mahnbescheids erhält der Anwalt des Antragstellers eine 1,0-Verfahrensgebühr nach VV 3305, sobald er einen verfahrenseinleitenden Antrag (also in der Regel den Mahnantrag) oder einen Schriftsatz, der Sachanträge, Sachvortrag oder die Zurücknahme des Antrags enthält, eingereicht hat (arg. e VV 3306). Mit dieser zum 31.12.2006 erweiterten Fassung der VV 3306 soll klargestellt werden, dass die volle 1,0-Verfahrensgebühr der VV 3305 nur dann anfallen soll, wenn der Anwalt ein Mindestmaß an Tätigkeiten entwickelt.

Die 1,0-Verfahrensgebühr gemäß VV 3305 entsteht unabhängig davon, ob der Antrag später zurückgenommen oder zurückgewiesen wird.

> **Beispiel: Mahnverfahren**
> Der Anwalt erwirkt für den Mandanten einen Mahnbescheid über 10.000 EUR.
> Angefallen ist nur die 1,0-Verfahrensgebühr nach VV 3305.
>
> | | | |
> |---|---:|---:|
> | 1. 1,0-Verfahrensgebühr, VV 3305 (Wert: 10.000,00 EUR) | | 558,00 EUR |
> | 2. Postentgeltpauschale, VV 7002 | | 20,00 EUR |
> | Zwischensumme | 578,00 EUR | |
> | 3. 19 % Umsatzsteuer, VV 7008 | | 109,82 EUR |
> | **Gesamt** | | **687,82 EUR** |

Mindestens die 1,0-Verfahrensgebühr erhält der Rechtsanwalt des Antragstellers auch dann, wenn er nach Widerspruchseinlegung durch den Antragsgegner zunächst lediglich die Abgabe der Sache an das Prozessgericht beantragt, ohne zuvor den Antrag auf Erlass des Mahnbescheids selbst gestellt zu haben.[8] Gleiches gilt auch, wenn der Auftraggeber den Antrag bereits selbst gestellt hat oder durch einen anderen Anwalt hat stellen lassen und der neue Anwalt erst später beauftragt wird. Dieser kann noch eine volle Gebühr verdienen, wenn er einen Schriftsatz, der Sachanträge, Sachvortrag oder die Zurücknahme des Antrags enthält, einreicht.

---

[7] Hansens, RVGreport 2005, 122.
[8] OLG Frankfurt AnwBl 1999, 413 = MDR 1998, 1373 = Rpfleger 1998, 510 = KostRsp. BRAGO § 43 Nr. 57.

Beispiel: Rücknahme des Mahnantrags
Der Antragsteller hatte selbst einen Mahnbescheid in Höhe von 3.000 EUR beantragt, der auch erlassen worden ist. Der Gegner legt Widerspruch ein und droht an, die Durchführung des streitigen Verfahrens zu beantragen. Nunmehr beauftragt der Antragsteller einen Anwalt, der zur Rücknahme des Mahnbescheidantrags rät und diesen dann auch auftragsgemäß zurücknimmt.
Der Anwalt hat einen Schriftsatz mit der Rücknahmeerklärung eingereicht. Es ist daher die volle 1,0- Verfahrensgebühr nach VV 3305 angefallen (arg. e VV 3306).

1. 1,0-Verfahrensgebühr, VV 3305   201,00 EUR
   (Wert: 3.000,00 EUR)
2. Postentgeltpauschale, VV 7002   20,00 EUR
   Zwischensumme   221,00 EUR
3. 19 % Umsatzsteuer, VV 7008   41,99 EUR
   Gesamt   **262,99 EUR**

Beispiel: Beantwortung einer Monierung
Der Antragsteller hatte selbst einen Mahnbescheid in Höhe von 3.000 EUR beantragt, der jedoch nicht erlassen worden ist. Das Gericht hat vielmehr eine Monierung zurückgeschickt, da der Antragsgegner nicht richtig bezeichnet worden war. Nunmehr beauftragt der Antragsteller einen Anwalt, der die Monierung beantwortet. Daraufhin ergeht der Mahnbescheid.
Der Anwalt hat einen Schriftsatz mit Sachantrag und Sachvortrag eingereicht, so dass er die volle 1,0- Verfahrensgebühr nach VV 3305 verdient hat.
Zu rechnen ist wie im vorangegangenen Beispiel.

Formuliert der Rechtsanwalt in seinem Schriftsatz bereits daneben die **Anspruchsbegründung**, steht ihm eine **1,3-Verfahrensgebühr** nach VV 3100 zu. Gleiches gilt, wenn nach Einlegung des Widerspruchs die Sache entsprechend dem bereits im Mahnantrag enthaltenen Verlangen des Klägers an das Gericht der Hauptsache abgegeben wird.[9]   **21**

War der Verfahrensbevollmächtigte im vorausgegangenen Mahnverfahren nach Erlass des Mahnbescheids und nach Erhebung des Widerspruchs nur insoweit tätig, als er den Mahnantrag teilweise zurückgenommen (und im Übrigen Verweisung an das zuständige Landgericht beantragt) hat, soll nach Auffassung des OLG Frankfurt[10] die 1,0- Verfahrensgebühr nach VV 3305 nur aus dem Streitwert der zurückgenommenen Ansprüche ausgelöst worden. Im nachfolgenden Rechtsstreit wird dann die 1,3-fache Verfahrensgebühr nach VV 3100 aus dem Streitwert der verbliebenen Ansprüche ausgelöst, auf welche die Gebühr nach VV 3305 aus diesem Wert anzurechnen ist.

Beispiel: Der Rechtsanwalt war im vorausgegangenen Mahnverfahren nach Erlass des Mahnbescheids und nach Erhebung des Widerspruchs nur insoweit tätig, als er den Mahnantrag in Höhe eines Teilbetrages von 100.000 EUR zurückgenommen hat. Wegen des restlichen Teilbetrages beantragt er die Verweisung an das zuständige LG.

1. 1,0-Verfahrensgebühr, VV 3305   1.503,00 EUR
   (Wert: 100.000,00 EUR)
2. 1,3-Verfahrensgebühr   1.511,90 EUR
   (Wert: 50.000,00 EUR)
   abzgl. 1,0 gem. VV 3305   – 1.163,00 EUR
   1,0 aus 50.000,00 EUR   20,00 EUR
3. Postentgeltpauschale, VV 7002
   Zwischensumme   1.871,90 EUR
4. 19 % Umsatzsteuer, VV 7008   355,66 EUR
   Gesamt   **2.227,56 EUR**

Wenn allerdings im Mahnverfahren die 1,0-Verfahrensgebühr nur nach dem Wert des zurückgenommenen Teils des Mahnantrags entstanden ist, nicht hingegen für den Teil, der Gegenstand des anschließenden streitigen Verfahrens geworden ist, so ist für eine Anrechnung auf die Verfahrensgebühr gemäß VV 3100 kein Raum. Denn es können nur die Gebühren gemäß VV 3305 angerechnet werden, die sich auf denselben Gegenstand beziehen.[11]

Die **Einschaltung einer Genossenschaft-Treuhand GmbH** im Mahnverfahren oder einer anderen Person, die nicht Rechtsanwalt ist, löst keine Gebühren nach VV 3305 aus, da sie weder Rechtsanwalt   **22**

---

9 OLG Köln AGS 2007, 344.
10 JurBüro 2007, 80.
11 OLG Düsseldorf JurBüro 2007, 81.

ist, noch als zugelassener Rechtsbeistand bzw. als zugelassenes Inkassobüro nach dem RVG abrechnen kann.[12]

2. Tätigkeit für mehrere Personen

a) Derselbe Gegenstand

23 Wird der Rechtsanwalt im Mahnverfahren für **mehrere Personen**[13] tätig, erhöht sich die Gebühr nach VV 3305 für jede weitere Person gemäß VV 1008 **um** (Addition) 0,3 Gebühren, soweit der **Gegenstand der anwaltlichen Tätigkeit derselbe** ist.[14] Dies ergibt sich aus VV Vorb. 1. Dort ist festgelegt, dass der Rechtsanwalt die Gebühren dieses Teils des VV neben den in anderen Teilen des VV bestimmten Gebühren erhält. **Mehrere Erhöhungen** dürfen jedoch den Gebührensatz von **2,0-Gebühren nicht übersteigen.**

> **Beispiel: Mahnverfahren für mehrere Auftraggeber, derselbe Gegenstand**
> Der Anwalt erwirkt für zwei Mandanten als Gesamtgläubiger einen Mahnbescheid über 10.000 EUR.
> Es entsteht auch hier lediglich die Gebühr nach VV 3305, die sich jedoch nach VV 1008 um 0,3 erhöht.
>
> 1. 1,3-Verfahrensgebühr, VV 3305, 1008   725,40 EUR
>   (Wert: 10.000,00 EUR)
> 2. Postentgeltpauschale, VV 7002   20,00 EUR
>   Zwischensumme   745,40 EUR
> 3. 19 % Umsatzsteuer, VV 7008   141,63 EUR
>   **Gesamt**   **887,03 EUR**

24 Eine Erhöhung findet auch dann statt, wenn ein gegen mehrere Gesamtschuldner gerichtetes Mahnverfahren nach Abgabe beim Streitgericht zunächst gegen jeden Gesamtschuldner getrennt geführt und später wieder zusammengeführt wird. Es liegt nur eine Angelegenheit i.S.d. § 15 vor mit der Folge, dass die nach VV 1008 erhöhten Gebühren nur einmal entstehen.[15] Dies gilt gerade dann, wenn der Antragsteller gleichzeitig gegen mehrere Antragsgegner ein Mahnverfahren beantragt, wobei für jeden Antragsgegner je ein gesonderter Antragsvordruck verwendet wird, die jeweils andere Partei aber ausdrücklich als Gesamtschuldner erwähnt worden ist. Daraus folgt, dass der Antragsteller die Antragsgegner in einem einheitlichen gerichtlichen Verfahren in Anspruch nehmen will. Die subjektive Klagehäufung ist auch im Mahnverfahren statthaft. Trotz der Mehrzahl der Antragsformulare handelt es sich um ein einheitliches Verfahren.[16]

b) Unterschiedliche Gegenstände

25 Ist der **Gegenstand der anwaltlichen Tätigkeit nicht derselbe**, werden die Werte der einzelnen Ansprüche addiert (§ 23 Abs. 1 S. 1 i.V.m. § 39 Abs. 1 GKG). Abzurechnen ist dann lediglich eine 1,0-Gebühr aus dem Gesamtwert.

> **Beispiel: Mahnverfahren für mehrere Auftraggeber, verschiedene Gegenstände**
> Der Anwalt erwirkt für zwei Auftraggeber in einem Verfahren einen Mahnbescheid über jeweils 3.000 EUR.
> Es entsteht lediglich die Gebühr nach VV 3305, die sich nicht erhöht. Dafür werden die Werte der einzelnen Forderungen addiert (§ 23 Abs. 1 S. 1 i.V.m. § 39 Abs. 1 GKG), so dass sich ein Gegenstandswert i.H.v. 6.000 EUR ergibt.
>
> 1. 1,0-Verfahrensgebühr, VV 3305   354,00 EUR
>   (Wert: 6.000,00 EUR)
> 2. Postentgeltpauschale, VV 7002   20,00 EUR
>   Zwischensumme   374,00 EUR
> 3. 19 % Umsatzsteuer, VV 7008   71,06 EUR
>   **Gesamt**   **445,06 EUR**

---

12 OLG Koblenz JurBüro 1990, 52.
13 Nicht Auftraggeber wie noch zu BRAGO-Zeiten; vgl. § 6 BRAGO.
14 OLG Stuttgart MDR 1977, 852; OLG München JurBüro 1994, 424; also nicht 0,3 von der Ausgangsgebühr; so aber *Hartmann*, KostG, VV 1008 Rn 8.
15 AG Kamen AGS 2007, 26.
16 *Zöller/Vollkommer*, § 690 Rn 21.

c) Wohnungseigentümergemeinschaft

Da die Wohnungseigentümergemeinschaft rechtsfähig ist,[17] soweit sie bei der Verwaltung des gemeinschaftlichen Eigentums am Rechtsverkehr teilnimmt, gilt es hierbei folgende Besonderheiten zu beachten:

Ist der Rechtsanwalt **vor** der Anerkennung des Teilrechtsfähigkeit der Wohnungseigentümergemeinschaft durch den BGH[18] durch die einzelnen Wohnungseigentümer persönlich oder durch einen Bevollmächtigten, z.B. den Verwalter oder einzelne Wohnungseigentümer, beauftragt worden, so sind weiterhin die einzelnen Wohnungseigentümer Auftraggeber.[19] Wenn also z.B. der Anwalt damit beauftragt wurde nach außen hin gegenüber einem Handwerker tätig zu werden, hatte er so viele Auftraggeber, wie Eigentümer der Gemeinschaft angehörten. Wurde andererseits der Auftrag erteilt, im Innenverhältnis die Interessen einzelner Wohnungseigentümer in einem Verfahren nach § 43 WEG zu vertreten, so hat er als Auftraggeber nur diejenigen Wohnungseigentümer, deren Rechte er auch vertreten sollte. Hieraus folgte also grundsätzlich, dass dem beauftragten Rechtsanwalt pro weiteren Auftraggeber die Erhöhung nach VV 1008 in Höhe von 0,3 zusteht.[20]

> **Beispiel:** Der Rechtsanwalt vertritt eine WE-Gemeinschaft, bestehend aus 6 Eigentümern und wird beauftragt, gegen den Gas- und Wasserinstallateur wegen fehlerhaften Einbaus einer Gastherme Schadensersatzansprüche von 5.000 EUR einzuklagen. Der Anwalt erhebt auftragsgemäß Klage. Nach mündlicher Verhandlung ergeht antragsgemäß ein Urteil. Er kann folgendermaßen abrechnen:
> 1. 1,3-Verfahrensgebühr, VV 3100   393,90 EUR
> 2. 1,5 Erhöhung für 5 weitere Auftraggeber, VV 1008   454,50 EUR
> 3. 1,2-Terminsgebühr, VV 3104   363,60 EUR
> 4. Postentgeltpauschale, VV 7002   20,00 EUR
>   Zwischensumme   1.232,00 EUR
> 5. 19 % Umsatzsteuer, VV 7008   234,08 EUR
> **Gesamt**   **1.466,08 EUR**

Etwas anderes galt nur in den Fällen, in denen der **WEG-Verwalter** als **Verfahrensstandschafter** Ansprüche der Gemeinschaft im eigenen Namen geltend macht. Auftraggeber gegenüber dem Anwalt ist dann lediglich der Verwalter.[21]

Zu beachten ist, dass sich die **Erhöhung maximal** auf **2,0** beschränkt (VV 1008 Abs. 3). Dies kommt bei mehr als sechs weiteren Gesellschaftern zum Tragen.

> **Beispiel:** Wenn also im obigen Beispiel (vgl. Rdn 26) der Anwalt von 10 Wohnungseigentümern beauftragt wird, ergibt sich folgende Abrechnung:
> 1. 1,3-Verfahrensgebühr, VV 3100   393,90 EUR
> 2. 2,0 Erhöhung für 7 weitere Auftraggeber, VV 1008   606,00 EUR
> 3. 1,2-Terminsgebühr, VV 3104   363,60 EUR
> 4. Postentgeltpauschale, VV 7002   20,00 EUR
>   Zwischensumme   1.383,50 EUR
> 5. 19 % Umsatzsteuer, VV 7008   262,87 EUR
> **Gesamt**   **1.646,37 EUR**

Auf Grund der BGH-Rechtsprechung[22] gilt für Aufträge seit dem **2.6.2005**, dass wenn die WE-Gemeinschaft (teil-)rechtsfähig ist, ist sie auch parteifähig und kann daher als Auftraggeberin gegenüber einem Rechtsanwalt auftreten. Hierbei ist jedoch zu unterscheiden, ob der Anwalt auf der **Aktiv-** oder **Passivseite** steht.

aa) Anwalt ist aktivlegitimiert. Wird der Anwalt – aktiv – im Namen der WE-Gemeinschaft seit dem Stichtag 2.6.2005 beauftragt, deren zustehende Ansprüche gegenüber Dritten zu realisieren, greift nach der BGH-Rechtsprechung der Erhöhungstatbestand nach VV 1008 nicht mehr. Auftraggeber ist nämlich nur noch die Gemeinschaft als solches. Im Beispiel oben (siehe Rdn 26) kann daher der Anwalt wie folgt abrechnen:

---

17 BGH AGS 2005, 427 ff.
18 BGH AGS 2005, 427 ff.
19 BGH AGS 2007, 373 m. Anm. *Mock*.
20 OLG Schleswig RVG-B 2004, 3 m. Anm. *Mock*; BGH AGS 2007, 373 m. Anm. *Mock*.
21 BGH JurBüro 1988, 64.
22 BGH AGS 2005, 427 ff.; BGH AGS 2007, 373 m. Anm. *Mock*.

1. 1,3-Verfahrensgebühr, VV 3100	393,90 EUR
2. 1,2-Terminsgebühr, VV 3104	363,60 EUR
3. Postentgeltpauschale, VV 7002	20,00 EUR
Zwischensumme	777,50 EUR
4. 19 % Umsatzsteuer, VV 7008	147,73 EUR
Gesamt	**925,23 EUR**

31 **Hinweis**: **Etwas anderes** gilt jedoch dann, wenn neben der Gemeinschaft **einzelne Gesellschafter** an der Verfolgung des Anspruches ein persönliches Interesse haben. In diesem Fall vertritt der Rechtsanwalt neben der Gemeinschaft auch die einzelnen Mitglieder der Gemeinschaft. Wenn also im Beispiel oben (siehe Rdn 26) neben der WE-Gemeinschaft noch drei Wohnungseigentümer persönlich aus dem Vertragsverhältnis gegen den Gegner vorgehen möchten, so ergibt sich folgende Berechnung:

1. 1,3-Verfahrensgebühr, VV 3100	393,90 EUR
2. 0,9 Erhöhung für 3 weitere Auftraggeber, VV 1008	272,70 EUR
3. 1,2-Terminsgebühr, VV 3104	363,60 EUR
4. Postentgeltpauschale, VV 7002	20,00 EUR
Zwischensumme	1.050,20 EUR
5. 19 % Umsatzsteuer, VV 7008	199,54 EUR
Gesamt	**1.249,74 EUR**

32 **bb) Anwalt ist passivlegitimiert.** Wird hingegen die WE-Gemeinschaft – passiv – in Anspruch genommen, so ergibt sich **grundsätzlich** für den beauftragten Rechtsanwalt **keine Erhöhung** gemäß VV 1008, wenn tatsächlich nur die Gemeinschaft als solches haftet. Wenn allerdings daneben die **Gemeinschaftsmitglieder** für Forderungen **neben** der WE-Gemeinschaft auch persönlich haften, so vertritt der Rechtsanwalt daher sowohl die WE-Gemeinschaft als auch die einzelnen persönlich in Anspruch genommenen Gemeinschaftsmitglieder als eigenständige Auftraggeber.

Beispiel: Rechtsanwalt R. wird von der WE-Gemeinschaft, bestehend aus vier Eigentümern und den vier Eigentümern persönlich beauftragt, sich gegen eine Schadensersatzforderungsklage von 5.000 EUR zu verteidigen. R. wehrt auftragsgemäß den Anspruch durch eine aufrechenbare Forderung in der gleichen Höhe ab, so dass die Klage abgewiesen wird. R. kann folgendermaßen abrechnen:

1. 1,3-Verfahrensgebühr, VV 3100	393,90 EUR
2. 1,2 Erhöhung für 4 weitere Auftraggeber, VV 1008	363,60 EUR
3. 1,2-Terminsgebühr, VV 3104	363,60 EUR
4. Postentgeltpauschale, VV 7002	20,00 EUR
Zwischensumme	1.141,10 EUR
5. 19 % Umsatzsteuer, VV 7008	216,81 EUR
Gesamt	**1.357,91 EUR**

3. Anrechnung

a) Allgemeines

33 Eine Anrechnung kommt nur bei einer **Personenidentität** eines Rechtsanwalts des Mahnverfahrens und des streitigen Verfahrens in Betracht. Beauftragt daher ein Mandant einen Rechtsanwalt mit der Durchführung eines Mahnverfahrens und mandatiert er für den späteren Rechtsstreit einen anderen Anwalt, kommt es daher nicht zu einer Gebührenanrechnung.[23]

Der BGH[24] hat zu den **Anrechnungsvoraussetzungen** nach VV Vorb. 3 Abs. 6 entschieden, dass eine Anrechnung ausscheidet, wenn die anzurechnende Gebühr (hier Verfahrensgebühr) von einem anderen Rechtsanwalt verdient worden war. Ein **Anwaltswechsel** liegt aber nur dann **vor**, wenn ein **neuer Beratungsvertrag** mit einem Anwalt geschlossen worden ist, der nicht identisch ist mit demjenigen Anwalt, welcher das vorherige Verfahren geführt hat. Auf die jeweils handelnde Person

---

[23] OLG München JurBüro 2016, 295 = zfs 2016, 344 = AGS 2016, 256 = zfm 2016, 118 = RVGreport 2016, 225; zur Erstattungsfähigkeit von Mehrkosten nach Anwaltswechsel vgl. auch Rdn 89.

[24] BGH BB 2016, 1922; BGH RVGprof. 2015, 57; BGH RVGprof. 2010, 37.

kommt es daher nicht an, weil einen Anspruch auf die jeweilige Gebühr nur die jeweilige Vertragspartei hat.

Kommt es auf den Einspruch oder Widerspruch hin zur Durchführung des streitigen Verfahrens, so ist die Mahnverfahrensgebühr nach der Anm. zu VV 3305 auf die Verfahrensgebühr (VV 3100) des nachfolgenden Rechtsstreits in voller Höhe anzurechnen[25] (Anm. zu VV 3305) (zur Anrechnung im Rahmen der Kostenfestsetzung der vollen Verfahrensgebühr nach zwischengeschaltetem Mahnverfahren auf die Verfahrensgebühr des nachfolgenden Rechtsstreits vgl. auch Rdn 169 ff.). Nach der gesetzlichen Regelung kann daher, wenn der Anspruchsteller in gleicher Angelegenheit zwischen vorgerichtlicher Auseinandersetzung und streitigem gerichtlichen Verfahren bei durchgängiger anwaltlicher Vertretung ein Mahnverfahren betrieben hat, eine Anrechnung der vorgerichtlich verdienten Geschäftsgebühr auf die Verfahrensgebühr nach VV 3100 niemals in Betracht kommen.[26]

Eine eventuelle **Terminsgebühr** nach VV Vorb. 3.2.2, VV 3104 wird dagegen nicht angerechnet, sondern bleibt **anrechnungsfrei**, auch wenn im streitigen Verfahren erneut eine Terminsgebühr nach VV 3104 entsteht. Dies gilt allerdings nur in den – wohl sehr selten vorkommenden – Fällen, in denen dem Rechtsanwalt der unbedingte Prozessauftrag für den nachfolgenden Rechtsstreit bis zum **30.12.2006** erteilt wurde. Erfolgte eine unbedingte Beauftragung nach diesem Stichtag, so wird die im gerichtlichen Mahnverfahren angefallene Terminsgebühr angerechnet (vgl. auch Rdn 93 ff.). 34

Der **Sinn der Anrechnung** besteht darin, die Einarbeitung des Rechtsanwaltes in denselben Sachverhalt nicht doppelt zu vergüten. Ein Rechtsanwalt, der bereits im Rahmen seiner vorgerichtlichen Tätigkeit bzw. des Mahnverfahrens mit der Sache befasst gewesen ist, bedarf in der Regel für die Prozessvertretung selbst eines geringeren Einarbeitungs- und Vorbereitungsaufwandes.[27] Daraus ergibt sich der Umkehrschluss, dass es sich bei der Tätigkeit, in der die anzurechnende Gebühr entsteht um **denselben Gegenstand** handeln muss, in der die Gebühr bzgl. des nachfolgenden Verfahrens entsteht. 35

Unter einem **nachfolgenden Rechtsstreit** i.S.d. Anm. zu VV 3305 ist auch der Rechtsstreit zu verstehen, der notwendig wird, wenn der **Mahnbescheid** sich als **unzustellbar** erweist. Da der Mahnbescheid nicht öffentlich zugestellt werden kann (§ 688 Abs. 2 Nr. 3 ZPO), ist die Erhebung einer Klage erforderlich, deren Zustellung öffentlich erfolgen kann. Die Mahnverfahrensgebühr wird dann auf die Verfahrensgebühr VV 3100 angerechnet.[28] Die Vorschrift VV 3305 ist in derartigen Fällen weit auszulegen, da zu berücksichtigen ist, dass der Streitgegenstand von Mahnverfahren und Rechtsstreit identisch ist. Der Prozessbevollmächtigte des Antragstellers wird diese Problematik bei Antragstellung immer zu berücksichtigen haben, da die bei Beantragung des Mahnbescheids angefallene Gerichtsgebühr bei nachfolgender Klageerhebung wegen fehlender Möglichkeit der Zustellung weder erstattet noch im Klageverfahren angerechnet wird. 36

Wird der Mahnbescheid von einem Rechtsanwalt beantragt, der Mitglied in einer **überörtlichen Sozietät** ist, wird die bei ihm entstandene Gebühr für die Beantragung des Mahnbescheids dann in einem nachfolgenden Klageverfahren angerechnet, wenn dieses Klageverfahren von einer anderen Anwaltskanzlei der überörtlichen Sozietät in einer anderen Stadt durchgeführt wird. Im Fall einer überörtlichen Sozietät wird der Auftrag allen Anwälten sämtlicher angeschlossener Kanzleien erteilt.[29] Will man dieses Ergebnis vermeiden, muss mit dem Mandanten eine **Vergütungsvereinbarung** getroffen werden, wobei auf die fehlende Erstattungsfähigkeit hinzuweisen ist. Die in einem **Briefkopf** des Rechtsanwalts enthaltene Angabe „**in Kooperation mit**" spricht gegen eine Sozietät. Die Anrechnung der Mahnanwaltsgebühr auf die Verfahrensgebühr scheidet daher dann aus.[30] 37

---

25 AG Plön, Beschl. v. 10.11.2011 – 2 C 645/11 (juris).
26 OLG Celle RVGReport 2010, 465.
27 OLG Bamberg AGS 2009, 281 = JurBüro 2009, 305 = Rpfleger 2009, 474; vgl. BGH, NJW 2008, 878 und 1323; OLG Oldenburg OLGR 2009, 41 = JurBüro, 2008, 527 und zu VV 3307 etwa OLG Düsseldorf JurBüro 2005, 474; Gerold/Schmidt/*Müller-Rabe*, VV 3305–3308 Rn 41.
28 OLG Hamburg JurBüro 1992, 540 = MDR 1992, 1091 = KostRsp. BRAGO § 43 Nr. 50.
29 KG KGR 1995, 117.
30 KG NJW-RR 1997, 824 = KGR 1997, 16 = KostRsp. BRAGO § 43 Nr. 54; KG KGR 1999, 359 = KostRsp. BRAGO § 43 Nr. 55 m. Anm. *N. Schneider*.

aa) Volle Anrechnung auf Verfahrensgebühr des nachfolgenden Rechtsstreits.

38   **Beispiel: Anrechnung der Mahnverfahrensgebühr**
Der Anwalt erhält den Auftrag für ein Mahnverfahren über 7.500 EUR. Der Antragsgegner legt fristgerecht Widerspruch ein. Nach Abgabe an das zuständige LG wird mündlich verhandelt.
Die Mahnverfahrensgebühr (VV 3305) ist jetzt in vollem Umfang auf die Verfahrensgebühr des nachfolgenden Rechtsstreits (VV 3100) anzurechnen (Anm. zu VV 3305).

I. Mahnverfahren

1.	1,0-Verfahrensgebühr, VV 3305 (Wert: 7.500,00 EUR)	456,00 EUR
2.	Postentgeltpauschale, VV 7002	20,00 EUR
	Zwischensumme 476,00 EUR	
3.	19 % Umsatzsteuer, VV 7008	90,44 EUR
	Gesamt	**566,44 EUR**

II. Streitiges Verfahren

1.	1,3-Verfahrensgebühr, VV 3100 (Wert: 7.500,00 EUR)	592,80 EUR
2.	1,2-Terminsgebühr, VV 3104 (Wert: 7.500,00 EUR)	547,20 EUR
3.	Postentgeltpauschale, VV 7002	20,00 EUR
4.	anzurechnen gem. Anm. zu VV 3305, 1,0 aus 7.500,00 EUR	– 456,00 EUR
	Zwischensumme 704,00 EUR	
5.	19 % Umsatzsteuer, VV 7008	133,76 EUR
	Gesamt	**837,76 EUR**

39 **bb) Anrechnung bei vorzeitiger Beendigung.** Eine **Anrechnung** hat auch auf die **verkürzte Verfahrensgebühr nach VV 3101 Nr. 1** zu erfolgen, d.h. in den Fällen, in denen sich die Angelegenheit durch ein vorzeitiges Auftragsende erledigt hat, ein „nachfolgender Rechtsstreit" daher im engeren Sinne also noch gar nicht existiert. Hierfür spricht, dass die Vorschrift VV 3101 Nr. 1 systematisch unter Teil 3 des Vergütungsverzeichnisses fällt. Dort sind die Gebührentatbestände in den „Zivilsachen" und somit in den gerichtlichen Streitigkeiten geregelt. Ebenso wie das Entstehen der – außergerichtlichen – Terminsgebühr nach VV Vorb. 3 Abs. 3 Nr. 2 nicht von der Anhängigkeit des Anspruchs abhängig ist, gilt dies auch für das Entstehen der Verfahrensgebühr im Fall der vorzeitigen Auftragsbeendigung. Voraussetzung ist lediglich, dass der Rechtsanwalt einen **unbedingten Prozessauftrag** hat. Daraus ergibt sich, dass nicht ausschließlich Gebührentatbestände im Zusammenhang mit einem gerichtlichen Verfahren in Teil 3 geregelt sind.

Darüber hinaus ist streng zwischen dem gebührenrechtlichen- und prozessualen Rechtszug zu unterscheiden. Während der gebührenrechtliche Rechtszug bereits mit dem unbedingten Prozessauftrag des Mandanten beginnt, ihn in einem gerichtlichen bzw. gerichtlich noch anhängig zu machenden Verfahren zu vertreten, beginnt der prozessuale Rechtszug erst mit Anhängigkeit. Sobald also dem Anwalt ein (unbedingter) Auftrag erteilt wurde, befindet sich dieser vergütungsrechtlich in VV Teil 3. Insofern hat daher auch eine Anrechnung der Verfahrensgebühr VV 3305 auf die Verfahrensgebühr VV 3101 Nr. 1 zu erfolgen.

40 Die Anrechnung erfolgt allerdings nur zu dem Satz, zu dem auch eine Verfahrensgebühr im gerichtlichen Verfahren entsteht, also zu 0,8.

Beispiel: Der Rechtsanwalt beantragt einen Mahnbescheid über 5.000 EUR. Der Gegner legt Widerspruch ein. Bevor der Anwalt auftragsgemäß Klage erhebt, zahlt der Gegner.

I. Mahnverfahren

1.	1,0-Verfahrensgebühr, VV 3305	303,00 EUR
2.	Postentgeltpauschale, VV 7002	20,00 EUR
	Zwischensumme 323,00 EUR	
3.	19 % Umsatzsteuer, VV 7008	61,37 EUR
	Gesamt	**384,37 EUR**

II. Klageauftrag

1.	0,8-Verfahrensgebühr, VV 3101 Nr. 1	242,40 EUR
2.	Postentgeltpauschale, VV 7002	20,00 EUR

3. abzügl. 0,8 Verfahrensgebühr nach Anm. zu VV 3305		– 242,40 EUR
Zwischensumme	20,00 EUR	
4. 19 % Umsatzsteuer, VV 7008		3,80 EUR
Gesamt		**23,80 EUR**

b) Keine Anrechnung bei streitigem Verfahren zwei (Kalender-)Jahre nach Mahnverfahren

Die Verfahrensgebühr des Mahnverfahrens ist auf die Verfahrensgebühr eines nachfolgenden Rechtsstreits dann nicht anzurechnen, wenn zwischen der Beendigung des Mahnverfahrens und dem streitigen Verfahren mehr als zwei Kalenderjahre liegen. In diesem Fall unterbleibt nach § 15 Abs. 5 S. 2 eine Anrechnung. Allerdings kommt nur eine analoge Anwendung des § 15 Abs. 5 S. 2 in Betracht. Hiernach gilt die weitere Tätigkeit als neue Angelegenheit, wenn der frühere Auftrag seit mehr als zwei **Kalender**jahren erledigt ist. Eine direkte Anwendung dieser Regelung ist ausgeschlossen, weil das Mahnverfahren und das Streitverfahren gebührenrechtlich nicht dieselbe Angelegenheit darstellen (vgl. § 17 Nr. 2). Allerdings hat der Gesetzgeber in § 15 Abs. 5 S. 2 eine Regelung eingefügt, wonach die weitere Tätigkeit als neue Angelegenheit gilt und in diesem Gesetz bestimmte Anrechnungen von Gebühren entfallen sollen. Begründet wird diese Ergänzung des Gesetzestextes damit, dass der Rechtsanwalt sich auch in diesen Fällen wegen des Zeitablaufs in die Angelegenheit wieder neu einarbeiten müsse.[31] Ausdrücklich wird in der Begründung verneinend darauf verwiesen, dass auch sonst vorgesehene Anrechnungen entfallen sollen. Damit dürfte klargestellt sein, dass jegliche Anrechnung zu unterbleiben hat, wenn der frühere Auftrag seit mehr als zwei Kalenderjahren erledigt ist.

Auch bei einer analogen Anwendung von § 15 Abs. 5 S. 2 findet daher eine Anrechnung der Gebühr nach VV 3305 auf die Verfahrensgebühr nach VV 3100 nicht mehr statt, wenn das Mahnverfahren und der Rechtsstreit länger als zwei Kalenderjahre auseinander liegen.

Beispiel: Keine Anrechnung der Mahnverfahrensgebühr nach Ablauf von zwei Kalenderjahren
Der Anwalt hatte im November 2010 den Auftrag für ein Mahnverfahren über 7.500 EUR erhalten und den Mahnbescheid beantragt. Der Antragsgegner hatte im Dezember 2010 fristgerecht Widerspruch eingelegt. Der Antragsteller will zunächst nichts Weiteres veranlassen. Im Januar 2013 erteilt er dem Anwalt den Auftrag zur Durchführung des streitigen Verfahrens.
Da hier seit dem Widerspruch zwei Kalenderjahre verstrichen sind, ist nach § 15 Abs. 5 S. 2 eine Anrechnung der Mahnverfahrensgebühr (VV 3305) gemäß Anm. zu VV 3305 ausgeschlossen.

I. Mahnverfahren

1. 1,0-Verfahrensgebühr, VV 3305		456,00 EUR
(Wert: 7.500,00 EUR)		
2. Postentgeltpauschale, VV 7002		20,00 EUR
Zwischensumme	476,00 EUR	
3. 19 % Umsatzsteuer, VV 7008		90,44 EUR
Gesamt		**566,44 EUR**

II. Streitiges Verfahren

1. 1,3-Verfahrensgebühr, VV 3100		592,80 EUR
(Wert: 7.500,00 EUR)		
2. 1,2-Terminsgebühr, VV 3104		547,20 EUR
(Wert: 7.500,00 EUR)		
3. Postentgeltpauschale, VV 7002		20,00 EUR
Zwischensumme	1.160,00 EUR	
4. 19 % Umsatzsteuer, VV 7008		220,40 EUR
Gesamt		**1.380,40 EUR**

---

[31] BT-Drucks 15/1971 S. 190 li. Sp.

c) Durchführung der Anrechnung

aa) Volle Anrechnung auf Verfahrensgebühr des nachfolgenden Rechtsstreits.

43 **Beispiel: Anrechnung der Mahnverfahrensgebühr**
Der Anwalt erhält den Auftrag für ein Mahnverfahren über 7.500 EUR. Der Antragsgegner legt fristgerecht Widerspruch ein. Nach Abgabe an das zuständige LG wird mündlich verhandelt.
Die Mahnverfahrensgebühr (VV 3305) ist jetzt in vollem Umfang auf die Verfahrensgebühr des nachfolgenden Rechtsstreits (VV 3100) anzurechnen (Anm. zu VV 3305).

I. Mahnverfahren
1. 1,0-Verfahrensgebühr, VV 3305   456,00 EUR
   (Wert: 7.500,00 EUR)
2. Postentgeltpauschale, VV 7002   20,00 EUR
   Zwischensumme   476,00 EUR
3. 19 % Umsatzsteuer, VV 7008   90,44 EUR
   Gesamt   **566,44 EUR**

II. Streitiges Verfahren
1. 1,3-Verfahrensgebühr, VV 3100   592,80 EUR
   (Wert: 7.500,00 EUR)
2. 1,2-Terminsgebühr, VV 3104   547,20 EUR
   (Wert: 7.500,00 EUR)
3. Postentgeltpauschale, VV 7002   20,00 EUR
4. anzurechnen gem. Anm. zu VV 3305, 1,0 aus   – 456,00 EUR
   7.500,00 EUR
   Zwischensumme   704,00 EUR
5. 19 % Umsatzsteuer, VV 7008   133,76 EUR
   Gesamt   **837,76 EUR**

44 bb) Unterschiedliche Gegenstandswerte. Zu beachten ist, dass eine Anrechnung nur insofern vorzunehmen ist, als eine **Gegenstandsidentität** zwischen Mahnverfahren und streitigem Verfahren gegeben ist.[32] Dies ergibt sich aus dem Sinn und Zweck der Anrechnung (vgl. Rdn 35). Hieraus folgt, dass bei **Gegenstandsverschiedenheit keine Anrechnungspflicht** besteht. Insofern können dem Rechtsanwalt zusätzliche Gebührenteile erhalten bleiben.

45 (1) Teilweise Anrechnung auf Verfahrensgebühr des nachfolgenden Rechtsstreits bei geringerem Wert im streitigen Verfahren. Hat das nachfolgende streitige Verfahren einen geringeren Wert, wird die Mahnverfahrensgebühr VV 3305 gemäß Anm. zu VV 3305 nur soweit angerechnet, als sich seine Gegenstände mit denen des nachfolgenden streitigen Verfahrens decken, also analog VV Vorb. 3 Abs. 4 S. 3, sofern die Sache abgegeben und das streitige Verfahren durchgeführt wird.

Beispiel: Der Anwalt erhält einen Auftrag für ein Mahnverfahren über 7.500 EUR. Der Antragsgegner legt fristgerecht Widerspruch ein. Das streitige Verfahren wird nur wegen einer Forderung von 5.000 EUR durchgeführt.
Angerechnet wird die Mahnverfahrensgebühr (VV 3305) nur nach dem Wert des streitigen Verfahrens, also analog VV Vorb. 3 Abs. 4 S. 3 nur soweit sie nach einem Wert von 5.000 EUR entstanden wäre.[33]

I. Mahnverfahren
1. 1,0-Verfahrensgebühr, VV 3305   456,00 EUR
   (Wert: 7.500,00 EUR)
2. Postentgeltpauschale, VV 7002   20,00 EUR
   Zwischensumme   476,00 EUR
3. 19 % Umsatzsteuer, VV 7008   90,44 EUR
   Gesamt   **566,44 EUR**

II. Streitiges Verfahren
1. 1,3-Verfahrensgebühr, VV 3100   393,90 EUR
   (Wert: 5.000,00 EUR)
2. 1,2-Terminsgebühr, VV 3104   363,60 EUR
   (Wert: 5.000,00 EUR)

---

32 OLG München AGS 2014, 512 m. Anm. *N. Schneider*; OLG Köln, Beschl. v. 16.5.2008 – 17 W 82/08 (n.v.); ebenso noch zur BRAGO: KG AGS 2001, 151 = KGR 2001, 55 = Rpfleger 2001, 152 = JurBüro 2001, 138.

33 Hansens/Braun/*Schneider*, Teil 7 Rn 653.

3. Postentgeltpauschale, VV 7002		20,00 EUR
4. anzurechnen gem. Anm. zu VV 3305, 1,0 aus 5.000,00 EUR		– 303,00 EUR
Zwischensumme	474,50 EUR	
5. 19 % Umsatzsteuer, VV 7008		90,16 EUR
Gesamt		**564,66 EUR**

(2) Anrechnung auf Verfahrensgebühr des nachfolgenden Rechtstreits bei höherem Wert im streitigen Verfahren. Hat das nachfolgende streitige Verfahren einen höheren Wert, wird die Mahnverfahrensgebühr (VV 3305) gemäß Anm. zu VV 3305 nur insoweit angerechnet, als sie tatsächlich angefallen ist, soweit sich also seine Gegenstände mit denen des nachfolgenden streitigen Verfahrens decken. Anders ausgedrückt: Die Verfahrensgebühr für das Mahnverfahren ist nur in der Höhe auf die Verfahrensgebühr für das Streitverfahren nach VV 3100 anzurechnen, in der sie angefallen wäre, wenn bereits das Mahnverfahren nur in Höhe des später ermäßigten Streitbetrages betrieben worden wäre.[34]

46

Beispiel: Der Anwalt erhält den Auftrag für ein Mahnverfahren über 7.500 EUR. Der Antragsgegner legt fristgerecht Widerspruch ein. Im streitigen Verfahren wird die Klage um 2.500 EUR erweitert.
Angerechnet wird die Mahnverfahrensgebühr (VV 3305) nur nach 7.500 EUR.

I. Mahnverfahren

1. 1,0-Verfahrensgebühr, VV 3305 (Wert: 7.500,00 EUR)		456,00 EUR
2. Postentgeltpauschale, VV 7002		20,00 EUR
Zwischensumme	476,00 EUR	
3. 19 % Umsatzsteuer, VV 7008		90,44 EUR
Gesamt		**566,44 EUR**

II. Streitiges Verfahren

1. 1,3-Verfahrensgebühr, VV 3100 (Wert: 10.000,00 EUR)		725,40 EUR
2. 1,2-Terminsgebühr, VV 3104 (Wert: 10.000,00 EUR)		669,60 EUR
3. Postentgeltpauschale, VV 7002		20,00 EUR
4. anzurechnen gem. Anm. zu VV 3305, 1,0 aus 7.500,00 EUR		– 456,00 EUR
Zwischensumme	959,00 EUR	
5. 19 % Umsatzsteuer, VV 7008		182,21 EUR
Gesamt		**1.141,21 EUR**

(3) Anrechnung bei mehreren Mahnverfahren nach Verbindung zu einem Klageverfahren. In dem Fall, in dem in mehreren Mahnverfahren mehrere Mahnverfahrensgebühren entstehen und nach Widerspruch hiergegen das Verfahren zu einem verbunden wird, erfolgt eine Anrechnung ebenfalls nur dann, wenn es sich um identische Gegenstandswerte handelt. Um zu einer korrekten Anrechnung zu gelangen, ist es allerdings erforderlich, zu ermitteln, welche Forderung des Mahnverfahrens in welchem Umfang in das streitige Verfahren übergegangen ist. Anzurechnen ist nämlich nicht eine 1,0-Verfahrensgebühr aus dem Gesamtwert, sondern jede Mahnverfahrensgebühr wird einzeln angerechnet.[35] Allerdings ist die Gesamtsumme der insgesamt anzurechnenden Beträge dann analog § 15 Abs. 3[36] auf den Betrag einer Gebühr aus dem Gesamtwert zu begrenzen.

47

Beispiel: Der Anwalt erhält den Auftrag für ein Mahnverfahren über 7.500 EUR, über 5.000 EUR und über 10.000 EUR gegen ein und denselben Antragsgegner. Dieser legt fristgerecht Widerspruch gegen alle drei Mahnbescheide ein. Der Antragsteller beantragt durch seinen Bevollmächtigten die Verbindung aller drei Verfahren, was durch das Gericht beschlossen wird.
In den drei Mahnverfahren sind folgende Vergütungen entstanden:

---

34 OLG Köln, Beschl. v. 16.5.2008 – 17 W 82/08 (n.v.).
35 *N. Schneider* in Anm. zu OLG München AGS 2014, 512.
36 OLG Koblenz AGS 2009, 167 m. Anm. *N. Schneider*.

I. Mahnverfahren (Wert: 7.500 EUR)

1. 1,0-Verfahrensgebühr, VV 3305 (Wert: 7.500,00 EUR)		456,00 EUR
2. Postentgeltpauschale, VV 7002		20,00 EUR
Zwischensumme	476,00 EUR	
3. 19 % Umsatzsteuer, VV 7008		90,44 EUR
Gesamt		**566,44 EUR**

II. Mahnverfahren (Wert: 5.000 EUR)

1. 1,0-Verfahrensgebühr, VV 3305 (Wert: 5.000,00 EUR)		303,00 EUR
2. Postentgeltpauschale, VV 7002		20,00 EUR
Zwischensumme	323,00 EUR	
3. 19 % Umsatzsteuer, VV 7008		61,37 EUR
Gesamt		**384,37 EUR**

III. Mahnverfahren (Wert: 10.000 EUR)

1. 1,0-Verfahrensgebühr, VV 3305 (Wert: 10.000,00 EUR)		558,00 EUR
2. Postentgeltpauschale, VV 7002		20,00 EUR
Zwischensumme	578,00 EUR	
3. 19 % Umsatzsteuer, VV 7008		109,82 EUR
Gesamt		**687,82 EUR**

IV. Streitiges Verfahren (Wert: 22.500 EUR)

1. 1,3-Verfahrensgebühr, VV 3100 (Wert: 22.500,00 EUR)		1.024,40 EUR
anzurechnen gem. Anm. zu VV 3305, 1,0 aus 7.500,00 EUR		– 456,00 EUR
anzurechnen gem. Anm. zu VV 3305, 1,0 aus 5.000,00 EUR		– 303,00 EUR
anzurechnen gem. Anm. zu VV 3305, 1,0 aus 10.000,00 EUR		– 558,00 EUR
analog § 15 Abs. 3 jedoch nicht mehr als 1,0 aus 22.500,00 EUR		– 788,00 EUR
2. Postentgeltpauschale, VV 7002		20,00 EUR
Zwischensumme	256,40 EUR	
3. 19 % Umsatzsteuer, VV 7008		48,72 EUR
Gesamt		**305,12 EUR**

48 **Keine Gegenstandsidentität** liegt vor, wenn der Rechtsanwalt im gerichtlichen Mahnverfahren erstmals nach Widerspruch gegen den Mahnbescheid für den Antragsteller tätig wird, den Mahnbescheid teilweise zurücknimmt und im Übrigen die Abgabe an das Streitgericht beantragt. In diesem Fall entsteht eine 1,0-Verfahrensgebühr nach VV 3305 nach dem Wert der zurückgenommenen Ansprüche. Diese ist nicht auf die 1,3-Verfahrensgebühr nach VV 3100 nach dem Wert der Ansprüche, wegen welcher das streitige Verfahren durchgeführt wird, anzurechnen.[37]

49 **cc) Unterschiedliche Gebührensätze.** Ist der Gebührensatz im Mahnverfahren höher als der Gebührensatz der Verfahrensgebühr des gerichtlichen Verfahrens, so können dem Rechtsanwalt ebenfalls weitere Gebührenbeträge erhalten bleiben. Dann wird nur nach dem geringeren Gebührensatz des streitigen Verfahrens abgerechnet.

Beispiel: Mahnverfahren und anschließende vorzeitige Erledigung des streitigen Verfahrens
Der Rechtsanwalt beantragt wegen einer Forderung von 10.000 EUR einen Mahnbescheid; der Antragsgegner legt Widerspruch ein. Vor Klageeinreichung zahlt der Gegner jedoch.

I. Mahnverfahren

1. 1,0-Verfahrensgebühr, VV 3305		558,00 EUR
2. Postentgeltpauschale, VV 7002		20,00 EUR
Zwischensumme	578,00 EUR	
3. 19 % Umsatzsteuer, VV 7008		109,82 EUR
Gesamt		**687,82 EUR**

---

[37] OLG Düsseldorf JurBüro 2007, 81; a.A. OLG Frankfurt/Main JurBüro 2007, 80 m. abl. Anm. *Enders*.

II. Rechtsstreit

1. 0,8-Verfahrensgebühr, VV 3101 Nr. 1		446,40 EUR
2. Postentgeltpauschale, VV 7002		20,00 EUR
abzüglich 0,8-Verfahrensgebühr gem. Anm. zu VV 3305		– 446,40 EUR
Zwischensumme	20,00 EUR	
3. 19 % Umsatzsteuer, VV 7008		3,80 EUR
Gesamt		**23,80 EUR**

Beispiel: Mahnverfahren mit Besprechung und anschließendes gerichtliches Verfahren mit Versäumnisurteil

Der Anwalt erwirkt einen Mahnbescheid über 7.500 EUR. Anschließend werden Einigungsverhandlungen geführt, die erfolglos bleiben. Nach Abgabe ergeht im schriftlichen Verfahren ein Versäumnisurteil. Während im Mahnverfahren die Terminsgebühr nach VV Vorb. 3.3.2, 3104 i.V.m. VV Vorb. 3 Abs. 3 Nr. 2 zu 1,2 entsteht, fällt die Terminsgebühr im streitigen Verfahren nur zu 0,5 an (VV 3105).[38] Angerechnet wird daher auch nur zu 0,5.

I. Mahnverfahren

1. 1,0-Verfahrensgebühr, VV 3305 (Wert: 7.500,00 EUR)		456,00 EUR
2. 1,2-Terminsgebühr, VV 3104 (Wert: 7.500,00 EUR)		547,20 EUR
3. Postentgeltpauschale, VV 7002		20,00 EUR
Zwischensumme	1.023,20 EUR	
4. 19 % Umsatzsteuer, VV 7008		194,41 EUR
Gesamt		**1.217,61 EUR**

II. Streitiges Verfahren

1. 1,3-Verfahrensgebühr, VV 3100 (Wert: 7.500,00 EUR)		592,80 EUR
2. anzurechnen gem. Anm. zu VV 3305, 1,0 aus 7.500,00 EUR		– 456,00 EUR
3. 0,5-Terminsgebühr, VV 3104, 3105 (Wert: 7.500,00 EUR)		228,00 EUR
4. anzurechnen gem. Anm. Abs. 4 zu VV 3104, 0,5 aus 7.500,00 EUR		– 228,00 EUR
5. Postentgeltpauschale, VV 7002		20,00 EUR
Zwischensumme	156,80 EUR	
6. 19 % Umsatzsteuer, VV 7008		29,79 EUR
Gesamt		**186,59 EUR**

dd) Mehrere Auftraggeber. Vertritt der Rechtsanwalt **in derselben Angelegenheit** mehrere Auftraggeber, so erhöhte sich nach BRAGO-Rechtslage die Geschäfts- bzw. Prozessgebühr je weiteren Auftraggeber um 3/10 gemäß § 6 Abs. 1 BRAGO. Die Anrechnungsbestimmung des § 43 Abs. 2 BRAGO hatte zur Folge, dass eine Anrechnung auch hinsichtlich der jeweils erhöhten Gebühr in Betracht kam. Denn § 6 BRAGO stellte keine eigene Gebühr dar, sondern lediglich einen Erhöhungstatbestand der Geschäfts- bzw. Prozessgebühr.

Nach RVG-Rechtslage ist es zweifelhaft, ob dieser Rechtszustand weiterhin besteht. Denn aus der Vorbemerkung zu VV Teil 1 heißt es: „Die **Gebühren** dieses Teils entstehen neben den in anderen Teilen bestimmten Gebühren".

Dies könnte zu der Schlussfolgerung verleiten, dass **VV 1008** nunmehr einen **eigenen Gebührentatbestand** darstellt. Dies hätte wiederum zur Konsequenz, dass bei einer Anrechnung der Mahnverfahrensgebühr VV 1008 gerade nicht erfasst wird. Insofern bliebe dem Rechtsanwalt die Erhöhung erhalten.

Beispiel: Der RA wird von einer Erbengemeinschaft, bestehend aus 5 Personen, damit beauftragt, eine Forderung von 5.000 EUR gegenüber dem Antragsgegner per Mahnbescheid geltend zu machen. Nachdem der Gegner Widerspruch einlegt, erhebt der Rechtsanwalt auftragsgemäß Klage. Der Beklagte wird nach mündlicher Verhandlung antragsgemäß verurteilt.

---

38 AG Kaiserslautern JurBüro 2005, 475; OLG Köln AGS 2007, 296 m. Anm. *N. Schneider* = RVGreport 2007, 189; OLG Nürnberg AGS 2008, 486 = OLGR 2008, 661 = MDR 2008, 1127 = Rpfleger 2008, 598 = RVGreport 2008, 305.

I. Mahnverfahren
1. 1,0-Verfahrensgebühr, VV 3305 — 303,00 EUR
2. 1,2-Erhöhung für 4 weitere Auftraggeber, VV 1008 — 363,60 EUR
3. Postentgeltpauschale, VV 7002 — 20,00 EUR
   Zwischensumme — 686,60 EUR
4. 19 % Umsatzsteuer, VV 7008 — 130,45 EUR
Gesamt — **817,05 EUR**

II. Rechtsstreit
1. 1,3-Verfahrensgebühr, VV 3100 — 393,90 EUR
2. 1,2-Erhöhungsgebühr für 4 weitere Auftraggeber, VV 1008 — 363,60 EUR
3. 1,2-Terminsgebühr, VV 3104 — 363,60 EUR
4. Postentgeltpauschale, VV 7002 — 20,00 EUR
5. abzüglich 1,0-Verfahrensgebühr gem. Anm. zu VV 3305 — − 303,00 EUR
   Zwischensumme — 838,10 EUR
6. 19 % Umsatzsteuer, VV 7008 — 159,24 EUR
Gesamt — **997,34 EUR**

52 Diese Auffassung entspricht nicht der Gesetzesintention, wohl aber dem Gesetzeswortlaut. VV 1008 stellt gerade keine eigene Gebühr dar.[39] Dies ergibt sich unmittelbar aus der Regelung VV 1008 selbst. Dort heißt es, dass sich die Verfahrens- oder Geschäftsgebühr für jede weitere Person erhöht. Damit also eine Erhöhung überhaupt anfallen kann, muss zunächst einmal eine Geschäfts- oder Verfahrensgebühr entstehen. Hieraus folgt, dass der Erhöhungstatbestand gemäß VV 1008 niemals allein, sondern nur in Verbindung mit einer Geschäfts- oder Verfahrensgebühr bestehen kann. Die erhöhte Verfahrensgebühr ist daher als Ganzes zu betrachten und hieraus ist die Anrechnung vorzunehmen.[40] Auf das Beispiel (siehe Rdn 51) bezogen, hat daher die Abrechnung folgendermaßen zu erfolgen:

I. Mahnverfahren
1. 1,0-Verfahrensgebühr, VV 3305 — 303,00 EUR
2. 1,2-Erhöhung für 4 weitere Auftraggeber, VV 1008 — 363,60 EUR
3. Postentgeltpauschale, VV 7002 — 20,00 EUR
   Zwischensumme — 686,60 EUR
4. 19 % Umsatzsteuer, VV 7008 — 130,45 EUR
Gesamt — **817,05 EUR**

II. Rechtsstreit
1. 1,3-Verfahrensgebühr, VV 3100 — 393,90 EUR
2. 1,2-Erhöhungsgebühr für 4 weitere Auftraggeber, VV 1008 — 363,60 EUR
3. 1,2-Terminsgebühr, VV 3104 — 363,60 EUR
4. Postentgeltpauschale, VV 7002 — 20,00 EUR
5. abzgl. 2,2-Verfahrensgebühr gem. Anm. zu VV 3305 — − 666,60 EUR
   Zwischensumme — 474,50 EUR
6. 19 % Umsatzsteuer, VV 7008 — 90,16 EUR
Gesamt — **564,66 EUR**

53 **ee) Anzahl der Auftraggeber des Mahnverfahrens ist nicht identisch mit Anzahl der Auftraggeber des streitigen Verfahrens.** Problematisch wird die Anrechnung in den Fällen, in denen von mehreren Auftraggebern z.B. nur **einer** oder **einige** nach einem Einspruch bzw. Widerspruch in das **streitige Verfahren** übergehen. Es bestehen folgende Lösungsmöglichkeiten:
– volle Anrechnung der erhöhten Verfahrensgebühr,
– teilweise Anrechnung insofern, als die Verfahrensgebühr nach VV 3305 für den Auftraggeber des streitigen Verfahrens entstanden wäre,
– Anrechnung nach Kopfteilen.

---

[39] Unter ausdrücklicher Aufgabe der in RVG-B 2005, 87 (88) vertretenen Auffassung, ebenso LG Düsseldorf AGS 2007, 381 (LS 3) m. zust. Anm. *Schons.*

[40] *Enders,* JurBüro 2004, 405; *Hansens,* RVGreport 2004, 95.

Abschnitt 3. Gebühren für besondere Verfahren — VV Vorb. 3.3.2, VV 3305–3306

Beispiel: Der Rechtsanwalt vertritt A und B als Gesamtgläubiger wegen einer Forderung von 5.000 EUR im Mahnverfahren. Nachdem der Gegner fristgerecht Widerspruch erhoben hat, erhebt der Rechtsanwalt Klage nur hinsichtlich des A. Der Beklagte wird antragsgemäß verurteilt.
Folgende Lösungswege bieten sich an:

(1) Volle Anrechnung der erhöhten Verfahrensgebühr.

I. Mahnverfahren
1. 1,0-Verfahrensgebühr, VV 3305 — 303,00 EUR
2. 0,3-Erhöhung für einen weiteren Auftraggeber, VV 1008 — 90,90 EUR
3. Postentgeltpauschale, VV 7002 — 20,00 EUR
   Zwischensumme — 413,90 EUR
4. 19 % Umsatzsteuer, VV 7008 — 78,64 EUR
Gesamt — 492,54 EUR

II. Rechtsstreit
1. 1,3-Verfahrensgebühr, VV 3100 — 393,90 EUR
2. 1,2-Terminsgebühr, VV 3104 — 363,60 EUR
3. Postentgeltpauschale, VV 7002 — 20,00 EUR
4. abzgl. 1,3-Verfahrensgebühr gem. Anm. zu VV 3305 — − 393,90 EUR
   Zwischensumme — 383,60 EUR
5. 19 % Umsatzsteuer, VV 7008 — 72,88 EUR
Gesamt — 456,48 EUR

(2) Teilweise Anrechnung. Bei dieser Berechnungsmethode ist der Anwalt so zu stellen, als hätte er das Mahnverfahren von vornherein nur für den Mandanten, der das streitige Verfahren durchgeführt hat, allein durchgeführt. Insofern bleibt dem Rechtsanwalt zusätzlich die Erhöhung gemäß VV 1008 hinsichtlich des Auftraggebers erhalten, für den das streitige Verfahren nicht durchgeführt wird.

I. Mahnverfahren
1. 1,0-Verfahrensgebühr, VV 3305 — 303,00 EUR
2. 0,3-Erhöhung für einen weiteren Auftraggeber, VV 1008 — 90,90 EUR
3. Postentgeltpauschale, VV 7002 — 20,00 EUR
   Zwischensumme — 413,90 EUR
4. 19 % Umsatzsteuer, VV 7008 — 78,64 EUR
Gesamt — 492,54 EUR

II. Rechtsstreit
1. 1,3-Verfahrensgebühr, VV 3100 — 393,90 EUR
2. 1,2-Terminsgebühr, VV 3104 — 363,60 EUR
3. Postentgeltpauschale, VV 7002 — 20,00 EUR
4. abzgl. 1,0-Verfahrensgebühr gem. Anm. zu VV 3305 — − 303,00 EUR
   Zwischensumme — 474,50 EUR
5. 19 % Umsatzsteuer, VV 7008 — 90,16 EUR
Gesamt — 564,66 EUR

(3) Anrechnung nach Kopfteilen. Bei dieser Berechnungsvariante wird die erhöhte Verfahrensgebühr des Mahnverfahrens durch die Anzahl der Mandanten d.h. nach Kopfteilen aufgeteilt.

I. Mahnverfahren
1. 1,0-Verfahrensgebühr, VV 3305 — 303,00 EUR
2. 0,3-Erhöhung für einen weiteren Auftraggeber, VV 1008 — 90,90 EUR
3. Postentgeltpauschale, VV 7002 — 20,00 EUR
   Zwischensumme — 413,90 EUR
4. 19 % Umsatzsteuer, VV 7008 — 78,64 EUR
Gesamt — 492,54 EUR

II. Rechtsstreit
1. 1,3-Verfahrensgebühr, VV 3100 — 393,90 EUR
2. 1,2-Terminsgebühr, VV 3104 — 363,60 EUR
3. Postentgeltpauschale, VV 7002 — 20,00 EUR

4. abzgl. 0,65-Verfahrensgebühr gem. Anm. zu VV 3305		– 196,95 EUR
Zwischensumme		580,55 EUR
5. 19 % Umsatzsteuer, VV 7008		110,31 EUR
Gesamt		**690,86 EUR**

Die zweite Alternative ist meines Erachtens die Richtige. Sie entspricht gebührenrechtlich der Tätigkeit des Anwalts. Es darf dem Rechtsanwalt im streitigen Verfahren nichts abgezogen werden, was er sich zuvor aufgrund einer Mehrbelastung durch mehrere Auftraggeber verdient hat. Nur so wird dem gesetzgeberischen Sinn und Zweck der Erhöhung VV 1008 Rechnung getragen. Die Erhöhung soll dem Umstand Rechnung tragen, dass einem Rechtsanwalt bei mehreren Auftraggebern typischerweise ein erhöhter Arbeitsaufwand sowie ein höheres Haftungsrisiko entstehen, was bei der Berechnung der „normalen" Gebühr nicht berücksichtigt werden könnte.[41] Ein solcher Mehraufwand ist in dem Beispielsfall aber gerade im gerichtlichen Verfahren nicht erkennbar.

57 **ff) Auslagenpauschale. Nicht anzurechnen** ist die **Auslagenpauschale** nach VV 7002.[42] Denn in VV 3305 ist lediglich davon die Rede, dass die **Gebühr** anzurechnen ist. Bei der Auslagenpauschale handelt es sich aber gerade nicht um eine solche. Dies ergibt sich auch eindeutig aus dem Gesetz. Denn § 1 Abs. 1 S. 1 trennt hinsichtlich der anwaltlichen Vergütung zwischen **Gebühren und Auslagen**. Zudem fehlt es an einer gesetzlichen Anrechnungsvorschrift.[43] Zudem stellen Mahn- und streitiges Verfahren unterschiedliche gebührenrechtliche Angelegenheiten dar (§ 17 Nr. 2).[44]

58 Darüber hinaus tritt die Auslagenpauschale aufgrund des anwaltlichen Wahlrechts an die Stelle der tatsächlich entstandenen Auslagen (vgl. Anm. zu VV 7002). Insofern ist es dem Anwalt unbenommen, auch die tatsächlich angefallenen Auslagen abzurechnen. In einem solchen Fall würde allerdings niemand auf die Idee kommen, diese in Folge einer Anrechnung dem Rechtsanwalt nicht zu gewähren.

Sind in solchen Anrechnungsfällen also mehrere Pauschalen entstanden, so stellt sich die Frage, wie sich die Gebührenanrechnung auf die **Höhe der Pauschale** auswirkt.

59 Nach einem Teil der Rechtsprechung und Literatur soll die Auslagenpauschale nur aus dem Gebührenaufkommen nach Anrechnung ermittelt werden.[45]

Beispiel: Der Anwalt ist beauftragt, außergerichtlich eine Forderung in Höhe von 1.000 EUR beizutreiben. Da der Schuldner nicht zahlt, erwirkt er auftragsgemäß einen Vollstreckungsbescheid.

I. Außergerichtliche Tätigkeit:

1. 1,3-Geschäftsgebühr, VV 2300		104,00 EUR
2. Postentgeltpauschale, VV 7002		20,00 EUR
Zwischensumme	124,00 EUR	
3. 19 % Umsatzsteuer, VV 7008		23,56 EUR
Gesamt		**147,56 EUR**

II. Mahnverfahren:

1. 1,0-Mahnverfahrensgebühr, VV 3305		80,00 EUR
2. 0,5-Vollstreckungsbescheidverfahrensgebühr, VV 3308		40,00 EUR
3. gem. VV Vorb. 3 Abs. 4 anzurechnen, 0,65-Gebühr		– 52,00 EUR
4. Postentgeltpauschale, VV 7002 (20 % aus 68,00 EUR)		13,60 EUR
Zwischensumme	81,60 EUR	
5. 19 % Umsatzsteuer, VV 7008		15,50 EUR
Gesamt		**97,10 EUR**

60 Diese Berechnung ist unzutreffend. Nach dem eindeutigen Wortlaut der VV 7002 richtet sich die Auslagenpauschale nach den (gesetzlichen) Gebühren und nicht nach denjenigen Gebühren, die nach Anrechnung verbleiben. Derjenige Betrag, der nach Anrechnung verbleibt, ist lediglich eine Berechnungsgröße. Die anzurechnenden Gebühren und die Gebühren, auf die anzurechnen ist,

---

[41] LG Düsseldorf AGS 2007, 381 (LS 3) m. zust. Anm. *Schons*.
[42] A.A. AG Pankow/Weißensee KostRsp. BRAGO § 26 Nr. 21.
[43] AG Hamburg AnwBl 1993, 293; AG Alzey AnwBl 1982, 399.
[44] OLG Köln AGS 2007, 344 m. Anm. *N. Schneider*.
[45] AG Melsungen JurBüro 2007, 593 m. abl. Anm. *Enders*; LG Berlin JurBüro 1987, 1869 = Rpfleger 1988, 42; LG Bonn MDR 1991, 65; ebenso *Hansens*, BRAGO, § 26 Rn 4; *ders.*, JurBüro 1987, 1744; *von Eicken*, AGS 1996, 109; KG JurBüro 2000, 583.

bleiben trotz der Anrechnung bestehen und behalten ihre Eigenständigkeit[46] (vgl. VV 7001–7002 Rdn 38 ff.).

Die Auslagenpauschale ist daher nach zutreffender Ansicht aus dem gesamten Gebührenaufkommen vor Anrechnung zu ermitteln.[47] Im vorangegangenen Beispiel ändert sich für die vorgerichtlichen Kosten nichts; für die Tätigkeit im Mahnverfahren ist dagegen wie folgt zu rechnen: 61

Mahnverfahren:
1. 1,0-Mahnverfahrensgebühr, VV 3305   80,00 EUR
2. 0,5-Vollstreckungsbescheidverfahrensgebühr, VV 3308   40,00 EUR
3. Postentgeltpauschale, VV 7002 VV (20 % aus 120,00 EUR)   20,00 EUR
4. gem. VV Vorb. 3 Abs. 4 anzurechnen, 0,65-Gebühr   – 52,00 EUR
   Zwischensumme   88,00 EUR
5. 19 % Umsatzsteuer, VV 7008   16,72 EUR
   Gesamt   **104,72 EUR**

Diese Berechnung gilt auch dann, wenn aufgrund der Anrechnung in der nachfolgenden Angelegenheit letztlich überhaupt keine Gebühren verbleiben, die der Anwalt noch verlangen kann: 62

Beispiel: Der Anwalt hat wegen eines Betrages i.H.v. 5.000 EUR das Mahnverfahren durchgeführt. Anschließend kommt es zum Rechtsstreit, der sich jedoch vorzeitig erledigt.

I. Mahnverfahren
1. 1,0-Verfahrensgebühr, VV 3305   303,00 EUR
2. Postentgeltpauschale, VV 7002   20,00 EUR
   Zwischensumme   323,00 EUR
3. 19 % Umsatzsteuer, VV 7008   61,37 EUR
   Gesamt   **384,37 EUR**

II. Rechtsstreit
1. 0,8-Verfahrensgebühr, VV 3101 Nr. 1   242,40 EUR
2. Postentgeltpauschale, VV 7002   20,00 EUR
3. gem. VV Vorb. 3 Abs. 4 anzurechnen   – 242,40 EUR
   Zwischensumme   20,00 EUR
4. 19 % Umsatzsteuer, VV 7008   3,80 EUR
   Gesamt   **23,80 EUR**

Der Anwalt kann also auch hier die volle Auslagenpauschale einfordern, obwohl ihm für den Rechtsstreit letztlich keine zusätzlichen Gebühren mehr zustehen.[48] 63

gg) Mehrfachanrechnung. Fraglich ist die Abrechnung bei einer Mehrfachanrechnung. 64

Beispiel: Vorgerichtliches Aufforderungsschreiben (Wert: 5.000 EUR) ohne Klageauftrag, anschließend Mahnbescheid, hiergegen Widerspruch, sodann streitiges Verfahren mit mündlicher Verhandlung.
Es könnte folgendermaßen abgerechnet werden:

1. Variante:
I. Außergerichtliche Tätigkeit
1. 1,3-Geschäftsgebühr, VV 2300   393,90 EUR
2. Postentgeltpauschale, VV 7002   20,00 EUR
   Zwischensumme   413,90 EUR
3. 19 % Umsatzsteuer, VV 7008   78,64 EUR
   Gesamt   **492,54 EUR**

---

46 OLG Nürnberg AnwBl 1963, 106.
47 AG Siegburg JurBüro 2003, 417; AG Kassel JurBüro 2006, 592; OLG Köln Rpfleger 1994, 432 = AGS 1994, 65 = KostRsp. BRAGO § 26 Nr. 14; LG Berlin JurBüro 1982, 1351 = KostRsp. BRAGO § 38 Nr. 10; JurBüro 1987, 1869; AG Hamburg AnwBl 1993, 293; AG Alzey AnwBl 1982, 399; Gerold/Schmidt/*von Eicken*, BRAGO, § 26 Rn 10; *Baldus*, DAR 1991, 275; *N. Schneider*, MDR 1991, 926.
48 OLG Köln Rpfleger 1994, 432 = AGS 1994, 65.

II. Mahnverfahren
1. 1,0-Verfahrensgebühr, VV 3305 — 303,00 EUR
2. Postentgeltpauschale, VV 7002 — 20,00 EUR
3. gem. VV Vorb. 3 Abs. 4 anzurechnen 0,65 — – 196,95 EUR
   Zwischensumme — 126,05 EUR
4. 19 % Umsatzsteuer, VV 7008 — 23,95 EUR

Gesamt — 150,00 EUR

III. Gerichtliches Verfahren
1. 1,3-Verfahrensgebühr, VV 3100 — 393,90 EUR
2. Postentgeltpauschale, VV 7002 — 20,00 EUR
3. gem. Anm. zu VV 3305 anzurechnen 1,0 — – 303,00 EUR
   Zwischensumme — 110,90 EUR
4. 19 % Umsatzsteuer, VV 7008 — 21,07 EUR

Gesamt — 131,97 EUR

Bei dieser Variante erhält der Rechtsanwalt insgesamt **1,95 Gebühren**.

2. Variante:
I. Außergerichtliche Tätigkeit
1. 1,3-Geschäftsgebühr, VV 2300 — 393,90 EUR
2. Postentgeltpauschale, VV 7002 — 20,00 EUR
   Zwischensumme — 413,90 EUR
3. 19 % Umsatzsteuer, VV 7008 — 78,64 EUR

Gesamt — 492,54 EUR

II. Mahnverfahren
1. 1,0-Verfahrensgebühr, VV 3305 — 303,00 EUR
2. Postentgeltpauschale, VV 7002 — 20,00 EUR
3. gem. VV Vorb. 3 Abs. 4 anzurechnen 0,65 — – 196,95 EUR
   Zwischensumme — 126,05 EUR
4. 19 % Umsatzsteuer, VV 7008 — 23,95 EUR

Gesamt — 150,00 EUR

III. Gerichtliches Verfahren
1. 1,3-Verfahrensgebühr, VV 3100 — 393,90 EUR
2. Postentgeltpauschale, VV 7002 — 20,00 EUR
3. gem. Anm. zu VV 3305 anzurechnen Rest von der zuvor
   verbl. Verfahrensgebühr i.H.v. **0,35** — – 106,05 EUR
   Zwischensumme — 307,85 EUR
4. 19 % Umsatzsteuer, VV 7008 — 58,49 EUR

Gesamt — 366,34 EUR

Bei dieser Variante erhält der Rechtsanwalt insgesamt **2,60 Gebühren**.
Die 1. Variante ist m.E. die richtige Art der Abrechnung.

65 Dieselbe Problematik ergibt sich auch bei der Reihenfolge außergerichtliche Vertretung – selbstständiges Beweisverfahren/Hauptsacheverfahren. Hierfür hat das OLG Stuttgart[49] diese Art der Anrechnung (obige Variante 1, siehe Rdn 64) bestätigt.

Allerdings kann man aufgrund der umstrittenen Rechtsprechung des BGH[50] auch zu der Berechnung, wie unter der 2. Variante dargelegt, kommen. Dieses Ergebnis wäre allerdings widersinnig, da der Anwalt dann in Folge der mehrfachen Anrechnung höhere Gebühren erhalten würde. Dies belegt nur, wie sinnlos die Rechtsprechung des BGH ist.

d) Übergangsfälle

66 Schwierigkeiten bei der Abrechnung bereiten die **Übergangsfälle**, die in der Praxis durchaus – wenn auch sehr selten – noch auftreten können. Denn es ist unklar, wie abzurechnen ist, wenn sich die Tätigkeit im Mahnverfahren noch nach der BRAGO, sich hingegen die **gerichtliche Tätigkeit nach dem RVG** vollzieht. Weder das Gesetz noch die Gesetzesbegründung bieten Anhaltspunkte für eine Lösung.

---

[49] AGS 2008, 383 = Justiz 2008, 330 = JurBüro 2008, 525 = Schaden-Praxis 2008, 449.

[50] Vgl. AGS 2008, 158; NJW 2007, 2049; NJW 2007, 2050; NJW 2007, 3500.

Ausgangsfall: Der Rechtsanwalt wird im Juni 2004 beauftragt vom Gegner 5.000 EUR mittels Mahnbescheid einzufordern. Auftragsgemäß beantragt er den Erlass eines Mahnbescheids. Nachdem der Gegner Widerspruch einlegt, erhebt der Rechtsanwalt im Juli auftragsgemäß Klage. Der Beklagte wird antragsgemäß verurteilt.

Es bieten sich folgende Lösungen an:

aa) Keine Anrechnung. Ausgehend vom Gesetzeswortlaut Anm. zu VV 3305, der bestimmt, dass eine Verfahrensgebühr nach VV 3305 auf die Verfahrensgebühr des gerichtlichen Verfahrens anzurechnen ist, wäre eine Anrechnung nicht vorzunehmen. 67

Die Anrechnungsregelung bestimmt, dass nur eine nach dem RVG entstandene Verfahrensgebühr erfasst wird. Dies ist gerade nicht gegeben. Vielmehr ist die Gebühr nach § 41 Abs. 1 Nr. 1 BRAGO entstanden. Diese wird gemäß § 41 Abs. 2 BRAGO auf eine Prozessgebühr angerechnet. 68

bb) Volle Anrechnung. Denkbar ist auch, dass eine Anrechnung der Mahnverfahrensgebühr nach BRAGO in vollem Umfang auf die später nach dem RVG entstehende Verfahrensgebühr anzurechnen ist. 69

Das OLG Düsseldorf[51] hat im Hinblick auf die Widerspruchsgebühr nach § 41 Abs. 1 Nr. 2 BRAGO entschieden, dass diese auf die Verfahrensgebühr nach VV 3100 in voller Höhe anzurechnen ist. Gleiches muss daher auch für die Gebühr nach § 43 Abs. 1 Nr. 1 BRAGO gelten. Allein der Wegfall der „Prozessgebühr" führt nicht dazu, dass eine Anrechnung unterbleibt. Vielmehr gilt, dass auch das RVG in seiner Anm. zu VV 3305 eine Anrechnung der Mahnverfahrensgebühr vorsieht. Schon hieraus ist die Gleichheit von Prozess- und Verfahrensgebühr abzuleiten. Entsprechendes gilt im Übrigen auch für die Verfahrensgebühr des Mahnverfahrens. Hinzukommt, dass Sinn und Zweck der Anrechnung eine solche Verfahrensweise gebieten. Denn der Grund für die Anrechnung besteht darin, dass sich der Rechtsanwalt nach dem Mahnverfahren in das streitige Verfahren in geringerem Umfang einarbeiten muss, als bei erstmaliger Befassung mit dem Streitstoff zur Anfertigung der Klageerhebung.

Aus diesen Überlegungen heraus hat daher eine Anrechnung stattzufinden. Das rein formale Argument, der Wortlaut der Anm. zu VV 3305 gebiete lediglich eine Anrechnung der hiernach entstandenen Verfahrensgebühr auf eine Verfahrensgebühr nach VV 3100, und § 43 Abs. 2 BRAGO spreche nur von einer Prozessgebühr, nicht aber von einer Verfahrensgebühr, ist für sich allein nicht tragfähig. Eine ausschließlich am Wortlaut der Vorschriften orientierte Auslegung ohne Rücksicht auf Sinn und Zweck der Regelungen ist daher wenig überzeugend. 70

e) Anrechnung der Geschäftsgebühr

Entsprechend der VV Vorb. 3 Abs. 4 i.V.m. § 15a wird eine wegen desselben Gegenstandes nach Teil 2 entstandene Geschäftsgebühr zur Hälfte, jedoch höchstens mit einem Gebührensatz von 0,75 auf die Verfahrensgebühr des gerichtlichen Verfahrens angerechnet. Bei Betragsrahmengebühren beträgt der Anrechnungsbetrag maximal 175 EUR. Dies ist auch dann der Fall, wenn die Geschäftsgebühr nach dem gerichtlichen Mahnverfahren entsteht. Insofern ist eine **Rückwärtsanrechnung** vorgeschrieben. Im Einzelnen wird auf die Kommentierung zu § 15a verwiesen. 71

4. Verfahrensgebühr bei Beendigung vor Antragseinreichung (VV 3306)

a) Endgültige Beendigung

Ist der Auftrag vor Einreichung eines verfahrenseinleitenden Antrags beendigt, erhält der Rechtsanwalt eine **0,5-Verfahrensgebühr** gemäß **VV 3306**. 72

> **Beispiel:** Der Anwalt ist beauftragt, einen Mahnbescheid über 4.000 EUR zu beantragen. Vor Antragstellung zahlt der Schuldner. Zur Einreichung des Mahnbescheidantrags kommt es nicht mehr.
> Es entsteht nur die reduzierte 0,5-Gebühr nach VV 3306.

---

[51] RVG-Letter 2005, 77.

1.	0,5-Verfahrensgebühr, VV 3306 (Wert: 4.000,00 EUR)	126,00 EUR
2.	Postentgeltpauschale, VV 7002	20,00 EUR
	Zwischensumme	146,00 EUR
3.	19 % Umsatzsteuer, VV 7008	27,74 EUR
	Gesamt	**173,74 EUR**

Insoweit handelt es sich hierbei um eine Ausnahmevorschrift zu § 15 Abs. 4. Nach dieser Regelung soll es, soweit das Gesetz nichts anderes bestimmt, grundsätzlich ohne Einfluss sein, wenn sich die Angelegenheit vorzeitig erledigt oder der Auftrag endet, bevor die Angelegenheit erledigt ist. Durch die Gesetzesformulierung wird von diesem Grundsatz eine Ausnahme gemacht, die offenbar motiviert ist durch die Überlegung, dass das Nichterreichen eines bestimmten Tätigkeitsstadiums zum Zeitpunkt der Beendigung des Mandats Indiz für eine nur untergeordnete Tätigkeit des Bevollmächtigten ist.

Dem Wortlaut der Vorschrift nach, tritt die Reduzierung der Verfahrensgebühr auch dann ein, wenn sich der Auftrag zwischen Absendung des Mahnbescheidantrags und dem Eingang beim Mahngericht erledigt. Dies berücksichtigt allerdings nicht, dass der Rechtsanwalt zum Zeitpunkt der Erledigung des Auftrags bereits alles zu seiner Erfüllung Erforderliche getan hat. Insbesondere bleibt unberücksichtigt, dass der Antrag den Verantwortungsbereich des Rechtsanwalts bereits verlassen hat. Daher ist das Entstehen der vollen 1,0 Verfahrensgebühr somit gewissen Zufälligkeiten überlassen, so z.B. dass sich der Eingang des Mahnantrages beim Gericht durch Versäumnisse der Post verzögert. Aus diesem Grund ist m.E. in den Fällen, in denen der **Auftrag nach Absendung des Mahnbescheidantrags beendigt** wird, keine Gebührenreduzierung vorzunehmen. Der Rechtsanwalt erhält daher eine 1,0-Verfahrensgebühr gemäß VV 3305.

73 Eine Ermäßigung nach VV 3306 tritt nicht nur dann ein, wenn es nicht zur Einreichung des Antrags auf Erlass des Mahnbescheids kommt, sondern auch dann, wenn es zum Mahnverfahren kommt, der Anwalt dort aber weder einen verfahrenseinleitenden Antrag oder einen Schriftsatz, der Sachanträge, Sachvortrag oder die Zurücknahme des Antrags enthält, einreicht. Das sind die Fälle, in denen der Auftraggeber selbst oder ein anderer Anwalt den Antrag auf Erlass eines Mahnbescheids bereits gestellt hatte und der Anwalt erst später beauftragt wird, aber keinen Schriftsatz mit Sachanträgen, Sachvortrag oder die Antragsrücknahme mehr einreicht.

> **Beispiel: Abraten von weiterer Tätigkeit**
> Der Antragsteller hatte selbst einen Mahnbescheid in Höhe von 3.000 EUR erwirkt. Der Gegner schreibt zurück, ohne Widerspruch einzulegen, und weist darauf hin, dass die geltend gemachte Forderung noch gar nicht fällig sei. Der Antragsteller beauftragt nun einen Anwalt, der empfiehlt, zunächst nichts Weiteres zu veranlassen. Nach Eintritt der Fälligkeit bezahlt der Schuldner die Forderung, so dass sich die Sache damit erledigt.
> Es ist nur die 0,5-Verfahrensgebühr nach VV 3305, 3306 angefallen.
>
> | | | |
> |---|---|---:|
> | 1. | 0,5-Verfahrensgebühr, VV 3305, 3306 (Wert: 3.000,00 EUR) | 100,50 EUR |
> | 2. | Postentgeltpauschale, VV 7002 | 20,00 EUR |
> | | Zwischensumme | 120,50 EUR |
> | 3. | 19 % Umsatzsteuer, VV 7008 | 22,90 EUR |
> | | **Gesamt** | **143,40 EUR** |

b) Teilweise Beendigung

74 Bei einer **teilweisen vorzeitigen Erledigung** entstehen **zwei Gebühren**:
– eine **1,0-Verfahrensgebühr** (VV 3305) aus dem Wert, nach dem der Mahnantrag oder ein Schriftsatz, der Sachanträge, Sachvortrag oder die Zurücknahme des Antrags enthält, eingereicht worden ist und
– eine **0,5-Verfahrensgebühr** aus dem Wert der vorzeitigen Erledigung (VV 3306).

Zu beachten ist hierbei **§ 15 Abs. 3**. Die Gesamtgebühr bestehend aus der 1,0-Gebühr nach VV 3305 und der 0,5-Gebühr aus VV 3306 darf eine 1,0-Gebühr aus dem Gesamtwert (§ 22 Abs. 1 i.V.m. § 39 Abs. 1 GKG) nicht übersteigen.

Beispiel: Der Anwalt ist beauftragt, einen Mahnbescheid über 10.000 EUR zu beantragen. Vor Antragstellung zahlt der Schuldner 4.000 EUR. Der Mahnbescheid wird nur wegen der restlichen 6.000 EUR beantragt.

Aus dem Wert von 6.000 EUR entsteht die volle 1,0-Gebühr, da insoweit der Mahnbescheid beantragt worden ist. Aus dem Wert von 4.000 EUR entsteht dagegen nur eine 0,5-Gebühr. Nach § 15 Abs. 3 darf die Summe der beiden Gebühren nicht den Betrag einer 1,0-Gebühr aus dem Gesamtwert von 10.000 EUR (= 486 EUR) übersteigen.

1. 1,0-Verfahrensgebühr, VV 3305
   (Wert: 6.000,00 EUR)   354,00 EUR
2. 0,5-Verfahrensgebühr, VV 3306
   (Wert: 4.000,00 EUR)   126,00 EUR
   gem. § 15 Abs. 3 nicht mehr als
   1,0 aus 10.000,00 EUR   558,00 EUR
3. Postentgeltpauschale, VV 7002   20,00 EUR
   Zwischensumme   500,00 EUR
4. 19 % Umsatzsteuer, VV 7008   95,00 EUR

Gesamt   **595,00 EUR**

Beispiel: Der Anwalt ist beauftragt, einen Mahnbescheid über 10.000, EUR zu beantragen. Vor Antragstellung zahlt der Schuldner 1.000 EUR. Der Mahnbescheid wird nur wegen der restlichen 9.000 EUR beantragt.

Vorzugehen ist wie im vorangegangenen Beispiel. Allerdings greift jetzt die Begrenzung nach § **15 Abs. 3**.

1. 1,0-Verfahrensgebühr, VV 3305
   (Wert: 9.000,00 EUR)   507,00 EUR
2. 0,5-Verfahrensgebühr, VV 3306
   (Wert: 1.000,00 EUR)   40,00 EUR
   gem. § 15 Abs. 3 nicht mehr als
   1,0 aus 10.000,00 EUR   558,00 EUR
3. Postentgeltpauschale, VV 7002   20,00 EUR
   Zwischensumme   567,00 EUR
4. 19 % Umsatzsteuer, VV 7008   107,73 EUR

Gesamt   **674,73 EUR**

Beispiel: Beantwortung einer Teilmonierung

Der Antragsteller hatte selbst einen Mahnbescheid in Höhe von 3.000 EUR beantragt, der jedoch nicht erlassen worden ist. Das Gericht hat vielmehr eine Monierung zurückgeschickt, da eine Nebenforderung (Wert: 100 EUR) nicht richtig angegeben worden ist. Nunmehr beauftragt der Antragsteller den Anwalt, der die Monierung beantwortet. Daraufhin ergeht der Mahnbescheid.

Der Anwalt hat einen Schriftsatz mit Sachantrag und Sachvortrag nur hinsichtlich der Nebenforderung eingereicht, so dass nur insoweit die volle 1,0-Verfahrensgebühr nach VV 3305 entstanden ist, also aus 100 EUR (§ 43 Abs. 2 GKG). Im Übrigen bleibt es bei der 0,5-Verfahrensgebühr.

Zu beachten ist jetzt § 15 Abs. 3. Insgesamt darf der Anwalt nicht mehr abrechnen als eine 1,0-Gebühr aus dem Gesamtwert. Der Gesamtwert wiederum beläuft sich auf 3.000 EUR, da neben der Hauptforderung der Wert der Nebenforderung nicht berücksichtigt wird (§ 23 Abs. 1 S. 1, § 43 Abs. 1 GKG).

1. 1,0-Verfahrensgebühr, VV 3305
   (Wert: 100,00 EUR)   45,00 EUR
2. 0,5-Verfahrensgebühr, VV 3305, 3306
   (Wert: 3.000,00 EUR)   100,50 EUR
   gem. § 15 Abs. 3 nicht mehr als
   1,0 aus 3.000,00 EUR   189,00 EUR
3. Postentgeltpauschale, VV 7002   20,00 EUR
   Zwischensumme   165,50 EUR
4. 19 % Umsatzsteuer, VV 7008   31,45 EUR

Gesamt   **196,95 EUR**

c) Mehrere Auftraggeber

75 Die Gebühr VV 3306 erhöht sich bei **gemeinschaftlicher Vertretung** mehrerer Auftraggeber **wegen desselben Gegenstands** nach VV 1008 um jeweils 0,3 je weiteren Auftraggeber.

aa) Erledigung vor Antragstellung.

76 **Beispiel:** Der Anwalt ist beauftragt, für drei Gesamtgläubiger einen Mahnbescheid über 4.000 EUR zu beantragen. Vor Antragstellung zahlt der Schuldner. Zur Einreichung des Mahnbescheidantrags kommt es nicht mehr.
Die 0,5-Verfahrensgebühr der VV 3306 erhöht sich jetzt gemäß VV 1008 um zweimal 0,3.

1.	1,1-Verfahrensgebühr, VV 3306, 1008 (Wert: 4.000,00 EUR)	277,20 EUR
2.	Postentgeltpauschale, VV 7002 VV	20,00 EUR
	Zwischensumme	297,20 EUR
3.	19 % Umsatzsteuer, VV 7008	56,47 EUR
	Gesamt	**353,67 EUR**

77 **bb) Teilweise Erledigung vor Antragstellung.** Hierbei ist zunächst die 1,0-Gebühr als auch die 0,5-Gebühr nach VV 1008 zu erhöhen. Bei der Begrenzung nach § 15 Abs. 3 ist jetzt eine erhöhte Gebühr aus dem Gesamtwert (§ 22 Abs. 1) als Maßstab zugrunde zu legen.

Beispiel: Der Anwalt ist beauftragt, für zwei Auftraggeber einen Mahnbescheid über 10.000 EUR zu beantragen. Vor Antragstellung zahlt der Schuldner 1.000 EUR. Der Mahnbescheid wird nur wegen der restlichen 9.000 EUR beantragt.
Vorzugehen ist wie im vorangegangenen Beispiel (vgl. Rdn 76). Allerdings ist jetzt sowohl die 1,0-Gebühr aus VV 3305 als auch die 0,5-Gebühr aus VV 3306 nach VV 1008 um 0,3 zu erhöhen. Bei der Kontrolle nach § 15 Abs. 3 ist jetzt von einer 1,3-Gebühr aus dem Gesamtwert auszugehen.

1.	1,3-Verfahrensgebühr, VV 3305 (Wert: 9.000,00 EUR)	659,10 EUR
2.	0,8-Verfahrensgebühr, VV 3306 (Wert: 1.000,00 EUR)	64,00 EUR
	gem. § 15 Abs. 3 nicht mehr als 1,3 aus 10.000,00 EUR	725,40 EUR
3.	Postentgeltpauschale, VV 7002	20,00 EUR
	Zwischensumme	743,10 EUR
4.	19 % Umsatzsteuer, VV 7008	141,19 EUR
	Gesamt	**884,29 EUR**

d) Einbeziehung nicht anhängiger Gegenstände in Einigung

78 Analog VV 3306 entsteht auch dann eine 0,5-Verfahrensgebühr, wenn die Parteien im Mahnverfahren eine **Einigung** treffen und darin auch **nicht anhängige Gegenstände** mit einbeziehen (vgl. auch Rdn 110 ff.).

Beispiel: Der Rechtsanwalt erhält den Auftrag, Ansprüche gegen den Gegner in Höhe von 5.000 EUR mittels Mahnbescheid geltend zu machen. Nach Zustellung des Mahnbescheides kommt es zu einer telefonischen Besprechung, in deren Verlauf man sich auf eine Gesamtzahlung von 4.000 EUR seitens des Gegners einigt. Hierdurch werden noch weitere nicht anhängige Ansprüche von 2.000 EUR mit erledigt. Neben einer 1,0 Verfahrensgebühr aus dem Wert der anhängigen Ansprüche von 5.000 EUR, kann der Rechtsanwalt zudem noch 0,5 Verfahrensgebühr analog VV 3306 aus dem Wert der nicht anhängigen Ansprüche von 2.000 EUR berechnen. Hierbei gilt es allerdings die Regelung des § 15 Abs. 3 zu beachten, wonach dem Anwalt nicht mehr als eine 1,0 Verfahrensgebühr aus dem Gesamtwert beider Ansprüche zusteht.

II. Terminsgebühr nach VV 3104

1. Allgemeines

Seit Einfügung der VV Vorb. 3.3.2 durch das Anhörungsrügengesetz (in Kraft getreten am 1.1.2005) kann auch im Mahnverfahren eine **Terminsgebühr** anfallen.[52] Durch die Änderung wird auf VV 3104 und auf die Vorb. 3 Abs. 3 Bezug genommen. Durch das 2. Justizkommunikationsgesetz (JuMoG), welches am 31.12.2006 in Kraft getreten ist, wurde Anm. zu VV 3104 Abs. 4 eingefügt. Danach ist die in einem vorausgegangenen Mahnverfahren entstandene Terminsgebühr auf die Terminsgebühr des nachfolgenden Rechtsstreits anzurechnen. Die Terminsgebühr kann demnach weiterhin auch im gerichtlichen Verfahren entstehen. Ist der Tatbestand der Terminsgebühr allerdings sowohl im gerichtlichen Mahnverfahren als auch im nachfolgenden Rechtsstreit entstanden, kann die Terminsgebühr im Ergebnis nur einmal berechnet werden, wenn der **unbedingte Auftrag für das nachfolgende streitige Verfahren** dem Rechtsanwalt **nach dem 30.12.2006 erteilt** wurde und die Gegenstände identisch sind (zu den Auswirkungen der Anrechnung vgl. auch Rdn 93 ff.).

2. Entstehen der Terminsgebühr

Die Terminsgebühr entsteht nach VV Vorb. 3 Abs. 3 sowohl für die Wahrnehmung von gerichtlichen Terminen als auch für die Wahrnehmung von außergerichtlichen Terminen und Besprechungen, wenn nichts anderes bestimmt ist. Sie entsteht jedoch nicht für die

Wahrnehmung eines gerichtlichen Termins nur zur Verkündung einer Entscheidung.

Die Gebühr für außergerichtliche Termine und Besprechungen entsteht für
1. die Wahrnehmung eines von einem gerichtlich bestellten Sachverständigen anberaumten Termins und
2. die Mitwirkung an Besprechungen, die auf die Vermeidung oder Erledigung des Verfahrens gerichtet sind; dies gilt nicht für Besprechungen mit dem Auftraggeber.

a) Wahrnehmung von gerichtlichen Terminen

Diese Alternative betrifft den Fall, dass der Anwalt in einem gerichtlich anberaumten Verhandlungs-, Erörterungs- oder Beweisaufnahmetermin erscheint. Voraussetzung ist hierbei, dass der Rechtsanwalt beauftragt wurde, den Mandanten in dem entsprechenden Termin zu vertreten. Dies setzt einen entsprechenden unbedingten Auftrag voraus in einem gerichtlichen Verfahren tätig zu werden.

In der Praxis findet diese Möglichkeit jedoch im Mahnverfahren keine Anwendung. Dies deshalb, weil im Mahnverfahren eine gerichtliche Terminierung gerade nicht stattfindet. Vielmehr wird bei einer anstehenden Terminierung die Angelegenheit ins Streitverfahren übergegangen sein, so dass der in diesem Stadium tätige Anwalt eine Terminsgebühr nach Erhalt eines Prozessauftrages unmittelbar aus VV 3104 herleiten kann.

b) Wahrnehmung von außergerichtlichen Terminen und Besprechungen

aa) Wahrnehmung eines von einem gerichtlich bestellten Sachverständigen anberaumten Termins. Auch bei dieser Alternative gilt das zuvor Gesagte. Die Bestellung eines Sachverständigen wird im formalisierten Mahnverfahren nicht vorkommen. Dies ist erst beim Übergang vom Mahn- ins Streitverfahren der Fall.

bb) Mitwirkung an Besprechungen, die auf die Vermeidung oder Erledigung des Verfahrens gerichtet sind. Diese Variante des Entstehens der Terminsgebühr ist der einzig denkbare Fall im Mahnverfahren. Es ist hiernach möglich, die im gerichtlichen Mahnverfahren anfallende Terminsgebühr zu beanspruchen, wenn der Rechtsanwalt mit dem Gegner bzw. dessen Anwalt persönlich oder telefonisch Kontakt aufnimmt, um etwa das bereits anhängige Mahnverfahren bzw. ein beabsichtigtes Mahnverfahren durch Besprechungen zu erledigen bzw. zu vermeiden, um so etwa zu einer Einigung

---

[52] Vgl. ausführlich *Hansens*, RVGreport 2005, 83; ebenso *Mock*, AGS 2005, 177 ff.

zu gelangen. Besprechungen mit dem Auftraggeber fallen allerdings nicht hierunter (vgl. VV Vorb. 3 Abs. 3 S. 3 Nr. 2, 2. Hs.). Dass es tatsächlich zu einer gütlichen Einigung gekommen ist, ist irrelevant.[53] Wenn dann im Mahnverfahren eine Besprechung zur Erledigung des Verfahrens und/oder zur Vermeidung des streitigen Verfahrens stattfindet, ist auf Antrag **in den Vollstreckungsbescheid die Terminsgebühr mit aufzunehmen**,[54] wenn deren Entstehung glaubhaft[55] gemacht wird. Zur Kostenerstattung vgl. auch Rdn 100 ff.

85 Letzteres gilt **nicht im sozialrechtlichen Mahnverfahren**. Denn § 182a Abs. 1 S. 2 SGG regelt, dass in dem Antrag auf Erlass des Mahnbescheids mit dem Beitragsanspruch Ansprüche anderer Art nicht verbunden werden können. Insofern dürfen außergerichtliche Kosten, d.h. Rechtsanwaltskosten, nicht geltend gemacht werden.

86 **(1) Auf die Erledigung des Verfahrens gerichtete Besprechungen.** Aus der Gesetzesformulierung *„Mitwirkung an Besprechungen, die auf Erledigung des Verfahrens gerichtet sind"*, lässt sich entnehmen, dass die Gegenstände, hinsichtlich derer eine Erledigung erfolgen soll, bereits vom **Mahnverfahrensauftrag** umfasst – nicht notwendig anhängig[56] – sein müssen.[57] Denn begrifflich kann nur dann etwas erledigt werden, was entweder anhängig ist, bzw. nach Erhalt des **unbedingten Mahnverfahrensauftrages** anhängig gemacht werden soll. Dabei ist es im Ergebnis für das Entstehen der Terminsgebühr unerheblich, worauf letztlich die unstreitige Erledigung des Mahnverfahrens infolge unterbliebenen Widerspruchs gegen den Mahnbescheid und unterbliebenen Einspruchs gegen den Vollstreckungsbescheid zurückzuführen ist.[58]

Hierdurch eröffnen sich dem Anwalt folgende Möglichkeiten:

Beispiel: Der Anwalt erhält wegen einer Forderung von 10.000 EUR den Auftrag das gerichtliche Mahnverfahren einzuleiten. Nachdem der Mahnbescheid beantragt wurde, meldet sich der Gegner telefonisch beim Anwalt. Man einigt sich schließlich auf eine Zahlung von 7.000 EUR. Das Mahnverfahren wird daraufhin zurückgenommen. Dem Anwalt entstehen folgende Gebührenansprüche:

1. 1,0-Verfahrensgebühr, VV 3105	558,00 EUR
2. 1,2-Terminsgebühr, VV 3104	669,60 EUR
3. 1,0-Einigungsgebühr, VV 1003	558,00 EUR
4. Postentgeltpauschale, VV 7002	20,00 EUR
Zwischensumme	1.805,60 EUR
5. 19 % Umsatzsteuer, VV 7008	343,06 EUR
Gesamt	**2.148,66 EUR**

Der Anwalt hat also insgesamt 3,2 Gebühren verdient, ohne dass er überhaupt einen gerichtlichen Termin wahrgenommen hat.

Beispiel: Der Anwalt erhält wegen einer Forderung von 10.000 EUR den Auftrag das gerichtliche Mahnverfahren einzuleiten. Bevor er den Mahnbescheid einreicht, meldet er sich zwecks Versuchs einer gütlichen Einigung telefonisch beim Gegner. Man einigt sich schließlich auf eine Zahlung 7.000 EUR. Dem Anwalt entstehen nunmehr folgende Gebührenansprüche:

1. 0,5-Verfahrensgebühr, VV 3306 Nr. 1	279,00 EUR
2. 1,2-Terminsgebühr, VV 3104	669,60 EUR
3. 1,5-Einigungsgebühr, VV 1000	837,00 EUR
4. Postentgeltpauschale, VV 7002	20,00 EUR
Zwischensumme	1.805,60 EUR
5. 19 % Umsatzsteuer, VV 7008	343,06 EUR
Gesamt	**2.148,66 EUR**

87 Der Anwalt erhält also bei dieser Variante dieselben Ansprüche, als wenn er bereits den Mahnbescheid bei Gericht eingereicht hätte. Der Vorteil dieser Alternative besteht u.a. darin, dass er noch keine Zeit für die Erstellung Mahnbescheids aufgewendet hat.

---

53 OLG Nürnberg AGS 2006, 594 m. Anm. *Schons* = JurBüro 2007, 21 m. Anm. *Enders* = NJW-RR 2007, 791 = OLGR 2007, 468; OLG Brandenburg AGS 2007, 560 = Rpfleger 2007, 508 = JurBüro 2007, 523 = OLGR 2007, 979 = NJ 2007, 229 = RVGreport 2007, 226; LG Regensburg JurBüro 2006, 420; siehe auch ausführlich *Hansens*, RVGreport 2005, 83.
54 BGH AGS 2007, 115; AG Euskirchen AGS 2007, 266.
55 LG Bonn AGS 2007, 447.
56 A.A. LG Bonn AGS 2007, 447 = streitiges Verfahren ist erforderlich.
57 BGH AGS 2007, 166 = FamRZ 2007, 721 = AnwBl 2007, 381; AG Zeven AGS 2005, 254 ff.; a.A. AG Frankfurt JurBüro 2006, 252.
58 LG Bonn AGS 2007, 447.

Zudem fallen mangels Anhängigkeit noch keine 0,5-Gerichtsgebühren bzw. mindestens 32 EUR nach GKG-KostVerz. 1110 an.

Entsteht die Terminsgebühr im Rahmen der auf die Erledigung des Verfahrens gerichteten Besprechung, so kann diese im Rahmen einer **Kostenentscheidung** gemäß §§ 103 ff. ZPO oder im Rahmen der **Kostenfestsetzung** gegen den eigenen Mandanten auch dann festgesetzt werden, wenn die tatsächlichen Voraussetzungen des Anfalls der Gebühr streitig sind.[59] Nach §§ 103, 104 ZPO sind grundsätzlich alle von der unterliegenden Partei gemäß § 91 Abs. 1 und 2 ZPO zu tragenden Kosten des Rechtsstreits festsetzungsfähig. Dazu zählt auch die Gebühr für die Mitwirkung an einer auf die Erledigung des gerichtlichen Verfahrens gerichteten außergerichtlichen Besprechung, die einen ausreichenden Bezug zu dem jeweiligen Rechtsstreit aufweist. Der Einwand, die Voraussetzungen einer derartigen Gebühr ließen sich in der Praxis häufig nicht zuverlässig feststellen, greift nach Ansicht des BGH demnach nicht. Dass das formalisierte Kostenfestsetzungsverfahren im Interesse der Rechtssicherheit zwar klarer und praktikabler Berechnungsgrundlagen bedarf,[60] bedeutet nicht, dass Kosten, die nicht ohne weiteres anhand der Gerichtsakten oder anderer Urkunden feststellbar sind, nicht festsetzungsfähig sind. Denn wie sich aus § 104 Abs. 2 ZPO ergibt, reicht für die Berücksichtigung einer prozessbezogenen Kostenposition deren Glaubhaftmachung aus, wobei sich der Rechtspfleger sämtlicher Beweismittel des § 294 Abs. 1 ZPO bedienen kann und muss.

Diese Betrachtungsweise entspricht auch dem Willen des Gesetzgebers. Denn mit der Anerkennung der Terminsgebühr soll das ernsthafte Bemühen des Prozessbevollmächtigten um einen Abschluss des Verfahrens ohne Beteiligung des Gerichts honoriert und damit zugleich die außergerichtliche Streitbeilegung – auch zur Entlastung der Gerichte – gefördert werden.[61] Dieser Zielsetzung widerspräche es, wenn der Anwalt dazu veranlasst würde, entweder einen außergerichtlichen Termin anzustreben, um damit eine Festsetzung der Terminsgebühr gemäß §§ 103 ff. ZPO sicherzustellen, oder ein eigenes gerichtliches Verfahren über seinen materiell-rechtlichen Erstattungsanspruch durchzuführen.

Es ist trotz der eindeutigen BGH-Rechtsprechung zur Festsetzbarkeit zu empfehlen, das **Entstehen der Terminsgebühr** durch telefonische Kontaktaufnahme mit dem Gegner bzw. dessen Bevollmächtigten zu **dokumentieren**. Dies kann beispielsweise dadurch geschehen, dass das Ergebnis des Telefonats nochmals kurz schriftlich zusammengefasst und dieses Schreiben dem Gegner bzw. dessen Anwalt ggf. per Fax zugesandt wird.

(2) Mitwirkung an Besprechungen, die auf die Vermeidung des Verfahrens gerichtet sind.
Aus der Formulierung „*Mitwirkung an Besprechungen, die auf die Vermeidung des Verfahrens gerichtet sind*" ist ersichtlich, dass eine Terminsgebühr auch dann anfällt, wenn die Gegenstände noch gar nicht anhängig sind. Denn vermeiden lässt sich begrifflich nur dann etwas, wenn dies bei Gericht noch gar nicht anhängig ist. Jedoch erfordert diese Alternative, dass bereits durch den Mandanten ebenfalls ein **unbedingter Auftrag zur Betreibung des gerichtlichen Mahnverfahrens** vorliegt. Ist dies nicht der Fall, kann nämlich VV Teil 3 keine Anwendung finden. Vielmehr greift dann ggf. VV 2300.

Eine Terminsgebühr entsteht sogar schon dann, wenn der Prozessgegner die auf eine Erledigung des Verfahrens gerichteten Äußerungen zwecks Prüfung und Weiterleitung an seine Partei lediglich zur Kenntnis nimmt.[62]

> **Beispiel:** Der Anwalt erhält Mahnbescheidauftrag über 10.000 EUR. Er reicht zunächst Mahnbescheid wegen eines Betrages von 6.000 EUR ein; anschließend setzt er sich mit dem Gegner telefonisch in Verbindung, um die Sache ggf. gütlich zu bereinigen. Nach Erörterung kommt man überein, dass nach Zahlung eines Betrages von insgesamt 8.000 EUR die Angelegenheit – auch hinsichtlich der restlichen nicht anhängigen 4.000 EUR – bereinigt sein soll.
> Der Anwalt erhält die Terminsgebühr nach VV 3104 aus den gesamten 10.000 EUR, also auch aus den nicht anhängigen 4.000 EUR. Diesbezüglich wurde das Verfahren vermieden.

Werden Besprechungen über **weitergehende Ansprüche** geführt, ohne dass es zu einer Einigung kommt, entsteht die Terminsgebühr auch aus dem Mehrwert. Hinzu kommt auch eine 0,5-Verfahrensgebühr nach VV 3305, 3306, wobei § 15 Abs. 3 zu beachten ist.

---

[59] BGH AGS 2007, 549; BGH AGS 2007, 292.
[60] Vgl. BGH NJW 2002, 3713 und NJW 2006, 1523, 1524.
[61] BT-Drucks 15/1971, S. 148, 209.
[62] BGH AGS 2007, 129 = NJW-RR 2007, 286 = FamRZ 2007, 279.

Beispiel: Mahnverfahren, Besprechung mit dem Antragsgegner auch über weitergehende Ansprüche (keine Begrenzung nach § 15 Abs. 3)

Der Anwalt hatte einen Mahnbescheid in Höhe von 3.000 EUR erwirkt. Anschließend verhandelt er mit dem Gegner unter Einbeziehung weiterer nicht anhängiger 2.000 EUR. Eine Einigung kommt nicht zustande.

Neben der 1,0-Verfahrensgebühr aus dem Wert des Mahnverfahrens (3.000 EUR) entsteht aus dem Mehrwert der 2.000 EUR eine 0,5-Verfahrensgebühr nach VV 3305, 3306. Die Begrenzung nach § 15 Abs. 3 greift nicht. Die Terminsgebühr entsteht aus dem Gesamtwert.

1. 1,0-Verfahrensgebühr, VV 3305 (Wert: 3.000,00 EUR)	201,00 EUR
2. 0,5-Verfahrensgebühr, VV 3305, 3306 (Wert: 2.000,00 EUR) gem. § 15 Abs. 3 nicht mehr als 1,0 aus 5.000,00 EUR	75,00 EUR 303,00 EUR
3. 1,2-Terminsgebühr, VV Vorb. 3.3.2 i.V.m. VV 3104 (Wert: 5.000,00 EUR)	363,60 EUR
4. Postentgeltpauschale, VV 7002	20,00 EUR
Zwischensumme	659,60 EUR
5. 19 % Umsatzsteuer, VV 7008	125,32 EUR
Gesamt	**784,92 EUR**

Beispiel: Mahnverfahren, Besprechung mit dem Antragsgegner auch über weitergehende Ansprüche (Begrenzung nach § 15 Abs. 3)

Der Anwalt hatte einen Mahnbescheid in Höhe von 9.000 EUR erwirkt. Anschließend verhandelt er mit dem Gegner unter Einbeziehung weiterer nicht anhängiger 1.000 EUR. Eine Einigung kommt nicht zustande.

Neben der 1,0-Verfahrensgebühr aus dem Wert des Mahnverfahrens (9.000 EUR) entsteht unter Beachtung des § 15 Abs. 3 aus dem Mehrwert der 1.000 EUR eine 0,5-Verfahrensgebühr nach VV 3305, 3306. Die Terminsgebühr entsteht aus dem Gesamtwert.

1. 1,0-Verfahrensgebühr, VV 3305 (Wert: 9.000,00 EUR)	507,00 EUR
2. 0,5-Verfahrensgebühr, VV 3305, 3306 (Wert: 1.000,00 EUR) gem. § 15 Abs. 3 nicht mehr als 1,0 aus 10.000,00 EUR	40,00 EUR 558,00 EUR
3. 1,2-Terminsgebühr, VV Vorb. 3.3.2 i.V.m. VV 3104 (Wert: 10.000,00 EUR)	669,60 EUR
4. Postentgeltpauschale, VV 7002	20,00 EUR
Zwischensumme	1.236,60 EUR
5. 19 % Umsatzsteuer, VV 7008	234,95 EUR
Gesamt	**1.471,55 EUR**

3. Anrechnung

a) Keine Anrechnung der Terminsgebühr beim Übergang vom Mahnverfahren ins streitige Verfahren, wenn unbedingter Klageauftrag vor dem 31.12.2006 erteilt ist

93 Wurde dem Rechtsanwalt der **unbedingte Klageauftrag bereits vor dem 31.12.2006** erteilt und geht das Mahnverfahren nach einem Widerspruch des Antragsgegners gegen den Mahnbescheid bzw. Einspruch gegen den Vollstreckungsbescheid in das Streitverfahren vor das Gericht der Hauptsache über, so bleibt dem Anwalt die zuvor im Mahnverfahren entstandene Terminsgebühr in voller Höhe erhalten. Eine Anrechnungspflicht besteht mangels einer entsprechenden Regelung hierbei nur hinsichtlich der Verfahrensgebühr (Anm. zu VV 3305).[63] Dem steht auch § 15 Abs. 2 S. 1 nicht entgegen, der anordnet, dass der Rechtsanwalt die Gebühren in derselben Angelegenheit nur einmal fordern kann. Denn das Mahnverfahren und das streitige Verfahren sind gerade nicht dieselbe

---

[63] OLG Nürnberg JurBüro 2007, 21; LG Regensburg JurBüro 2006, 420; LG Regensburg JurBüro 2007, 483; im Ergebnis auch OLG Brandenburg RVGreport 2007, 226; Enders, JurBüro 2005, 225, 230; Hansens, RVGReport 2005, 83, 87 f.

Angelegenheit. Kraft gesetzlicher Anordnung in § 17 Nr. 2 sind das Mahnverfahren und das streitige Verfahren verschiedene Angelegenheiten. Die Anwendbarkeit dieser Folge dürfte sich in der Praxis wohl nur noch auf Ausnahmefälle beschränken.

Beispiel: Der Anwalt erhält im August 2006 wegen einer Forderung von 10.000 EUR den Auftrag, das gerichtliche Mahnverfahren einzuleiten. Nachdem der Mahnbescheid beantragt wurde, meldet sich der Gegner telefonisch beim Gegner zwecks Versuchs einer gütlichen Einigung. Nachdem der Versuch scheitert, geht die Angelegenheit nach Widerspruch des Gegners in das streitige Verfahren über. Der Rechtsanwalt erhält am 15.12.2006 den unbedingten Auftrag zur Durchführung des Rechtsstreits. Dort einigt man sich schließlich in der mündlichen Verhandlung auf eine Zahlung von 7.000 EUR. Dem Anwalt entstehen nach der bis zum 31.7.13 geltenden Gebührentabelle folgende Gebührenansprüche:

I. Mahnverfahren
1. 1,0-Verfahrensgebühr, VV 3305 — 486,00 EUR
2. 1,2-Terminsgebühr, VV 3104 — 583,20 EUR
3. Postentgeltpauschale, VV 7002 — 20,00 EUR
   Zwischensumme — 1.089,20 EUR
4. 19 % Umsatzsteuer, VV 7008 — 206,95 EUR
Gesamt — **1.296,15 EUR**

II. Gerichtliches Verfahren
1. 1,3-Verfahrensgebühr, VV 3100 — 631,20 EUR
   abzgl. 1,0-Verfahrensgebühr gem. Anm. zu VV 3305 — − 486,00 EUR
2. 1,2-Terminsgebühr, VV 3104 — 583,20 EUR
3. 1,0-Einigungsgebühr, VV 1003 — 486,00 EUR
4. Postentgeltpauschale, VV 7002 — 20,00 EUR
   Zwischensumme — 1.234,40 EUR
5. 19 % Umsatzsteuer, VV 7008 — 234,54 EUR
Gesamt — **1.468,94 EUR**

Beispiel: Der Anwalt erhält im August 2006 wegen einer Forderung von 10.000 EUR den Auftrag, das gerichtliche Mahnverfahren einzuleiten. Nachdem der Vollstreckungsbescheid beantragt wurde, meldet sich der Gegner telefonisch zwecks Versuchs einer gütlichen Einigung, die allerdings scheitert. Der Rechtsanwalt erhält am 15.12.2006 den unbedingten Auftrag zur Durchführung des Rechtsstreits. In der mündlichen Verhandlung vor dem Prozessgericht einigt man sich. Dem Anwalt entstehen nach der bis zum 31.7.13 geltenden Gebührentabelle folgende Gebührenansprüche:

I. Mahnverfahren
1. 1,0-Verfahrensgebühr, VV 3305 — 486,00 EUR
2. 1,2-Terminsgebühr, VV 3104 — 583,20 EUR
3. 0,5-Verfahrensgebühr, VV 3308 — 243,00 EUR
4. Postentgeltpauschale, VV 7002 — 20,00 EUR
   Zwischensumme — 1.332,20 EUR
5. 19 % Umsatzsteuer, VV 7008 — 253,12 EUR
Gesamt — **1.585,32 EUR**

II. Gerichtliches Verfahren
1. 1,3-Verfahrensgebühr, VV 3100 — 631,20 EUR
   abzgl. 1,0 Verfahrensgebühr gem. Anm. zu VV 3305 — − 486,00 EUR
2. 1,2-Terminsgebühr, VV 3104 — 583,20 EUR
3. 1,0-Einigungsgebühr, VV 1003 — 486,00 EUR
4. Postentgeltpauschale, VV 7002 — 20,00 EUR
   Zwischensumme — 1.234,40 EUR
5. 19 % Umsatzsteuer, VV 7008 — 234,54 EUR
Gesamt — **1.468,94 EUR**

b) Anrechnung der Terminsgebühr beim Übergang vom Mahnverfahren ins streitige Verfahren, wenn unbedingter Klageauftrag nach dem 31.12.2006 erteilt ist

Durch das 2. JuMoG ist mit **Wirkung zum 31.12.2006** eine **Anrechnung der Terminsgebühr** auf eine **im nachfolgenden Rechtsstreit angefallene Terminsgebühr** vorgeschrieben. Eine solche Anrechnung greift allerdings nur in den Fällen, in denen dem Rechtsanwalt der **unbedingte Auftrag** zum Tätigwerden für den nachfolgenden Rechtsstreit **nach dem 30.12.2006 erteilt** wurde (§ 60 Abs. 1 S. 1). Ist dies nicht der Fall, so verbleibt es dabei, dass die im gerichtlichen Mahnverfahren entstandene Terminsgebühr und die im anschließenden Rechtsstreit angefallenen Terminsgebühr gesondert berechnet werden kann. Die Anrechnung setzt ebenfalls voraus, dass es sich bei dem im Mahnverfahren tätigen und dem im Rechtsstreit tätigen Rechtsanwalt um **dieselbe Person** handeln muss (vgl. auch Rdn 33).

Voraussetzungen der Anrechnung sind:

95   **aa) Nachfolgender Rechtsstreit. Gegenstandsidentität:** Die Anrechnung erfolgt nur insoweit, als sich die **Gegenstandswerte** des gerichtlichen Mahnverfahrens und des nachfolgenden streitigen Verfahrens **decken.** Die Anrechnung führt dann aber nicht zum kompletten Wegfall der im Mahnverfahren angefallenen Terminsgebühr. Vielmehr vermindert sich der Anspruch des Prozessbevollmächtigten auf die im nachfolgenden Rechtsstreit entstandene Terminsgebühr um den entsprechenden Gebührenbetrag.[64]

Beispiel: Der Rechtsanwalt erhält im November 2006 den Auftrag über eine Forderung von 5.000 EUR einen Mahnbescheid zu erwirken. Nach Zustellung des Mahnbescheids, aber vor Einlegung des Widerspruchs durch den Gegner, ruft dieser den Rechtsanwalt zwecks Verhandlungen über eine gütliche Einigung an. Nach Scheitern der Verhandlungen erhebt der Gegner rechtzeitig Widerspruch gegen den Mahnbescheid. Der Rechtsanwalt wird daraufhin mit der Durchführung des Rechtsstreits im Januar 2007 beauftragt. Der Beklagte wird nach mündlicher Verhandlung antragsgemäß zur Zahlung verurteilt. Dem Anwalt entstehen nach der bis zum 31.7.13 geltenden Gebührentabelle folgende Gebührenansprüche:

I. Mahnverfahren
1. 1,0-Verfahrensgebühr, VV 3305   301,00 EUR
2. 1,2-Terminsgebühr, VV 3104   361,20 EUR
3. Postentgeltpauschale, VV 7002   20,00 EUR
   Zwischensumme   682,20 EUR
4. 19 % Umsatzsteuer, VV 7008   129,62 EUR
Gesamt   **811,82 EUR**

II. Streitiges Verfahren
1. 1,3-Verfahrensgebühr, VV 3100   391,30 EUR
   anzurechnen gem. Anm. zu VV 3305   – 301,00 EUR
2. 1,2-Terminsgebühr, VV 3104   361,20 EUR
   anzurechnen gem. Anm. 4 zu VV 3104   – 361,20 EUR
3. Postentgeltpauschale, VV 7002   20,00 EUR
   Zwischensumme   110,30 EUR
4. 19 % Umsatzsteuer, VV 7008   20,96 EUR
Gesamt   **131,26 EUR**

Beispiel: Der Rechtsanwalt wird im August 2006 beauftragt, eine Forderung von 10.000 EUR mittels Mahnbescheid geltend zu machen. Der Mahnbescheid wird erlassen und dem Gegner zugestellt. Nach Erhalt des Vollstreckungsbescheids über 5.000 EUR im November 2006 führt der Antragsgegner noch vor Einlegung des Einspruchs mit dem Antragsstellervertreter Vergleichsverhandlungen zwecks Erledigung des Verfahrens; die Verhandlungen scheitern, so dass der Antragsgegner fristgerecht Einspruch einlegt. Nach Abgabe der Sache an das Prozessgerichts wird der Rechtsanwalt im Januar 2007 mit der Durchführung des Rechtsstreits beauftragt. Der Beklagte wird nach mündlicher Verhandlung vollumfänglich zur Zahlung verurteilt. Dem Anwalt entstehen nach der bis zum 31.7.13 geltenden Gebührentabelle folgende Gebührenansprüche:

I. Mahnverfahren
1. 1,0-Verfahrensgebühr, VV 3305   301,00 EUR
2. 0,5-Verfahrensgebühr, VV 3308   150,50 EUR
3. 1,2-Terminsgebühr, VV 3104   361,20 EUR
4. Postentgeltpauschale, VV 7002   20,00 EUR
   Zwischensumme   832,70 EUR
5. 19 % Umsatzsteuer, VV 7008   158,21 EUR
Gesamt   **990,91 EUR**

II. Streitiges Verfahren
1. 1,3-Verfahrensgebühr, VV 3100   391,30 EUR
2. anzurechnen gem. Anm. zu VV 3305   – 301,00 EUR

---

[64] *Hansens*, RVGreport 2007, 125 (127); vgl. zur Anrechnung der Geschäftsgebühr auf die Verfahrensgebühr BGH RVGreport 2007, 226.

3. 1,2-Terminsgebühr, VV 3104		361,20 EUR
anzurechnen gem. Anm. 4 zu VV 3104		– 361,20 EUR
4. Postentgeltpauschale, VV 7002		20,00 EUR
Zwischensumme		110,30 EUR
5. 19 % Umsatzsteuer, VV 7008		20,96 EUR
Gesamt		**131,26 EUR**

bb) Unterschiedliche Gegenstandswerte. Zu beachten ist, dass eine Anrechnung nur insofern vorzunehmen ist, als eine **Gegenstandsidentität** gegeben ist. Dies ergibt sich aus dem Sinn und Zweck der Anrechnung (vgl. Rdn 35). Hieraus folgt, dass bei **Gegenstandsverschiedenheit keine Anrechnungspflicht** besteht. Insofern können dem Rechtsanwalt zusätzliche Gebührenteile erhalten bleiben.

(1) Teilweise Anrechnung auf Terminsgebühr des nachfolgenden Rechtsstreits bei geringerem Wert im streitigen Verfahren. Hat das nachfolgende streitige Verfahren einen geringeren Wert, wird die Terminsgebühr nur soweit angerechnet, als sich seine Gegenstände mit denen des nachfolgenden streitigen Verfahrens decken, also analog VV Vorb. 3 Abs. 4 S. 5, sofern die Sache abgegeben und das streitige Verfahren durchgeführt wird.

> **Beispiel:** Der Anwalt erhält einen Auftrag für ein Mahnverfahren über 7.500 EUR. Der Antragsgegner legt nach vorheriger telefonischer Besprechung mit dem Anwalt des Antragstellers fristgerecht Widerspruch ein. Das streitige Verfahren wird nur wegen einer Forderung von 5.000 EUR durchgeführt.
> Angerechnet wird die Mahnverfahrensgebühr (VV 3305) nur nach dem Wert des streitigen Verfahrens, also analog VV Vorb. 3 Abs. 4 S. 5 nur soweit sie nach einem Wert von 5.000 EUR entstanden wäre; gleiches gilt in Bezug auf die Terminsgebühr.
>
> **I. Mahnverfahren**
> | | | |
> |---|---|---|
> | 1. 1,0-Verfahrensgebühr, VV 3305 | | 456,00 EUR |
> | (Wert: 7.500,00 EUR) | | |
> | 2. 1,2-Terminsgebühr, VV 3104 | | 547,20 EUR |
> | (Wert: 7.500,00 EUR) | | |
> | 3. Postentgeltpauschale, VV 7002 | | 20,00 EUR |
> | Zwischensumme | 1.023,20 EUR | |
> | 4. 19 % Umsatzsteuer, VV 7008 | | 194,41 EUR |
> | **Gesamt** | | **1.217,61 EUR** |
>
> **II. Streitiges Verfahren**
> | | | |
> |---|---|---|
> | 1. 1,3-Verfahrensgebühr, VV 3100 | | 393,90 EUR |
> | (Wert: 5.000,00 EUR) | | |
> | 2. 1,2-Terminsgebühr, VV 3104 | | 363,60 EUR |
> | (Wert: 5.000,00 EUR) | | |
> | 3. Postentgeltpauschale, VV 7002 | | 20,00 EUR |
> | 4. anzurechnen gem. Anm. zu VV 3305, 1,0 aus 5.000,00 EUR | | – 303,00 EUR |
> | 5. anzurechnen gem. Anm. 4 zu VV 3104, 1,2 aus 5.000,00 EUR | | – 363,60 EUR |
> | Zwischensumme | 110,90 EUR | |
> | 6. 19 % Umsatzsteuer, VV 7008 | | 21,07 EUR |
> | **Gesamt** | | **131,97 EUR** |

(2) Anrechnung auf Terminsgebühr des nachfolgenden Rechtsstreits bei höherem Wert im streitigen Verfahren. Hat das nachfolgende streitige Verfahren einen höheren Wert, wird die Terminsgebühr des Mahnverfahrens gemäß Anm. 4 zu VV 3104 nur insoweit angerechnet, als sie tatsächlich angefallen ist, soweit sich also seine Gegenstände mit denen des nachfolgenden streitigen Verfahrens decken.

> **Beispiel:** Der Anwalt erhält den Auftrag für ein Mahnverfahren über 7.500 EUR. Der Antragsgegner legt nach vorheriger telefonischer Besprechung mit dem Anwalt des Antragstellers fristgerecht Widerspruch ein. Im streitigen Verfahren wird die Klage um 2.500 EUR erweitert.
> Angerechnet wird hier die Mahnverfahrensgebühr (VV 3305) und Terminsgebühr nur nach 7.500 EUR.

I. Mahnverfahren
1. 1,0-Verfahrensgebühr, VV 3305 — 456,00 EUR
   (Wert: 7.500,00 EUR)
2. 1,2-Terminsgebühr, VV 3104 — 547,20 EUR
   (Wert: 7.500,00 EUR)
3. Postentgeltpauschale, VV 7002 — 20,00 EUR
   Zwischensumme — 1.023,20 EUR
4. 19 % Umsatzsteuer, VV 7008 — 194,41 EUR
   Gesamt — **1.217,61 EUR**

II. Streitiges Verfahren
1. 1,3-Verfahrensgebühr, VV 3100 — 725,40 EUR
   (Wert: 10.000,00 EUR)
2. 1,2-Terminsgebühr, VV 3104 — 669,60 EUR
   (Wert: 10.000,00 EUR)
3. Postentgeltpauschale, VV 7002 — 20,00 EUR
4. anzurechnen gem. Anm. zu VV 3305, 1,0 aus 7.500,00 EUR — – 456,00 EUR
5. anzurechnen gem. Anm. 4 zu VV 3104, 1,2 aus 7.500,00 EUR — – 547,20 EUR
   Zwischensumme — 411,80 EUR
6. 19 % Umsatzsteuer, VV 7008 — 78,24 EUR
   Gesamt — **490,04 EUR**

99 **Keine Gegenstandsidentität** liegt vor, wenn der Rechtsanwalt im gerichtlichen Mahnverfahren erstmals nach Widerspruch gegen den Mahnbescheid für den Antragsteller tätig wird, den Mahnbescheid nach Besprechung mit dem Gegner teilweise zurücknimmt und im Übrigen die Abgabe an das Streitgericht beantragt. In diesem Fall entstehen eine 1,0-Verfahrensgebühr nach VV 3305 und eine 1,2-Terminsgebühr gemäß VV 3104 nach dem Wert der zurückgenommenen Ansprüche. Diese sind nicht auf die 1,3-Verfahrensgebühr nach VV 3100 und 1,2-Terminsgebühr gemäß VV 3104 nach dem Wert der Ansprüche, wegen welcher das streitige Verfahren durchgeführt wird, anzurechnen.

> **Beispiel:** Der Antragsteller erwirkt gegen den Antragsgegner selbst einen Mahnbescheid über eine Forderung von 5.000 EUR. Nach Widerspruch des Antragsgegners beauftragt der Antragsteller im einen Rechtsanwalt mit der Rücknahme des Mahnbescheides über 3.000 EUR. Nach Besprechung mit dem Gegner nimmt der Rechtsanwalt den Mahnbescheid auftragsgemäß in Höhe von 3.000 EUR zurück. Wegen des restlichen Anspruchs von 2.000 EUR wird die Abgabe an das Prozessgericht beantragt. Nach mündlicher Verhandlung wird der Beklagte zur Zahlung verurteilt.

4. Kostenerstattung

100 Nach § 17 Nr. 2 stellt das Mahnverfahren gegenüber dem streitigen Verfahren eine eigene gebührenrechtliche Angelegenheit dar. Insofern entsteht die im Mahnverfahren angefallene Terminsgebühr neben der im streitigen Verfahren entstandenen Terminsgebühr gesondert. Nicht beantwortet ist damit allerdings die Frage, ob die Terminsgebühr des Mahnverfahrens für die Fälle, in denen der unbedingte Prozessauftrag vor dem 31.12.2006 erteilt wurde bzw. in den Fällen, in denen aufgrund unterschiedlicher Streitwerte noch Teile der im gerichtlichen Mahnverfahren entstandenen Terminsgebühr verbleiben (vgl. auch Rdn 93 ff.), aufgrund der im Prozessverfahren ergangenen Kostenentscheidung auch gegen den unterlegenen Gegner erstattungs- und damit festsetzungsfähig ist. Dies zu beantworten ergibt sich aus §§ 91, 103 ZPO. Insofern kommt eine Kostenerstattung durch den Gegner nur dann in Betracht, wenn das Entstehen der Terminsgebühr im Mahnverfahren notwendig war.

101 Für das Entstehen der Auslagenpauschale hat der BGH dies bereits durch Beschl. v. 13.7.2004[65] zur Vorgängerregelung des § 26 BRAGO entschieden. Ob dies auch auf die Terminsgebühr uneingeschränkt anzuwenden ist, dürfte auf den Einzelfall ankommen. Diesbezüglich dürfte es m.E. wesentlich sein, die Intention des Gesetzgebers für die Schaffung einer Terminsgebühr im Mahnverfahren zu betrachten. Diese lag unzweifelhaft darin, bestehende Streitigkeiten möglichst frühzeitig zu beenden, um damit auch eine Gerichtsentlastung herbeiführen zu können. Wenn sich also der

---

[65] VIII ZB 1/04 = AGS 2004, 343 m. Anm. *N. Schneider*.

Anwalt entsprechend dieser Absicht verhält, spricht vieles dafür, die im Mahnverfahren entstandene Terminsgebühr aufgrund der Kostenentscheidung des Prozessverfahrens auch mit festsetzen zu lassen.

Allerdings kann im Rahmen der Kostenfestsetzung die Terminsgebühr aufgrund anwaltlicher Besprechungen nicht berücksichtigt werden, wenn deren Inhalt streitig ist, so z.B. unterschiedliche einander widersprechende anwaltliche Versicherungen vorliegen. In einem derartigen Fall kann mangels klarer Berechnungsgrundlagen eine Kostenfestsetzung nicht erfolgen.[66] Eine Festsetzung hat allerdings zu erfolgen, wenn zwar das Entstehen der Gebühr nicht den Verfahrensakten entnommen werden kann, es zwischen den Parteien jedoch unstreitig ist, dass die entsprechenden Tatsachen des Anfalls vorliegen.[67]

Im Ergebnis sind jedoch vier Situationen im Hinblick auf eine mögliche Erstattungspflicht zu unterscheiden:

a) Terminsgebühr vor Beantragung des Mahnbescheids

Erstattungsrechtlich bedenklich ist die Situation dann, wenn sich der Rechtsanwalt nach Auftragserteilung aber vor Beantragung des Mahnbescheides mit dem Gegner in Verbindung setzt und mit diesem Besprechungen zur Vermeidung eines gerichtlichen Mahnverfahrens führt. Die Notwendigkeit derartiger Besprechungen und damit auch der dadurch ausgelösten Terminsgebühr wird regelmäßig nur schwerlich zu begründen sein. Dies gilt insbesondere dann, wenn es eben in diesen Besprechungen gerade nicht zu einer Einigung und damit zu einer Vermeidung des gerichtlichen Mahnverfahrens kommt.[68]

b) Terminsgebühr nach Erlass des gerichtlichen Mahnbescheids vor Beantragung des Vollstreckungsbescheids

> **Beispiel:** Nach Erlass des gerichtlichen Mahnbescheids und Zustellung desselben an den Gegner meldet sich dieser vor Ablauf der Widerspruchsfrist telefonisch beim Rechtsanwalt des Antragstellers, um die Sache ggf. gütlich zu bereinigen. Die Vergleichsverhandlungen scheitern jedoch.

Die Terminsgebühr ist zu erstatten. Der Rechtsanwalt hat den Anfall nicht zu vertreten, da der Gegner das Gespräch gesucht hat. Hier hat der Rechtsanwalt die Möglichkeit, die durch die Besprechung mit dem Gegner entstandene Terminsgebühr noch mit der Beantragung des Vollstreckungsbescheids geltend zu machen. Er trägt diese einfach im entsprechenden Feld des Formulars ein. Erwächst der Vollstreckungsbescheid in Rechtskraft, so ist also neben der Mahnverfahrensgebühr nach VV 3305, der Verfahrensgebühr für den Vollstreckungsbescheid nach VV 3308 auch die Terminsgebühr mit tituliert. Einer gesonderten Kostenfestsetzung bedarf es daher nicht mehr. Hinzu kommt, dass nach herrschender Meinung die Kosten, die schon vor oder bei Anbringung des Antrages auf Erlass des Mahnbescheids angefallen waren, im Antrag auf Erlass des Vollstreckungsbescheides nicht nachträglich geltend gemacht werden können.[69]

c) Terminsgebühr nach Antrag auf Erlass des Vollstreckungsbescheids

> **Beispiel:** Es ergeht ein Vollstreckungsbescheid. Nach dessen Zustellung, aber vor Ablauf der Einspruchsfrist, meldet sich der Gegner beim Anwalt des Antragstellers zwecks Erörterung einer gütlichen Einigung. Man einigt sich darauf, den Vollstreckungsbescheid in Rechtskraft wachsen zu lassen, allerdings hieraus nicht zu vollstrecken, da der Antragsgegner zu einer Ratenzahlung bereit ist.

In diesem Fall hat der Rechtsanwalt keine Möglichkeit mehr, die entstandene Terminsgebühr – und auch angefallene Einigungsgebühr – im Vollstreckungsbescheid mit festsetzen zu lassen. Will er

---

66 BGH NJW 2002, 3713.
67 BGH AGS 2007, 115 = Rpfleger 2007, 165 = AnwBl 2007, 238.
68 *Enders*, JurBüro 2005, 225 (229).
69 *Zöller*, § 699 Rn 10; *Musielak*, § 699 Rn 6; *Baumbach/Lauterbach*, § 699 Rn 15; a.A. KG KGR 2001, 70; hinsichtlich der Auswirkungen im nicht maschinellen Mahnverfahren und maschinellen Mahnverfahren vgl. *Enders*, JurBüro 2005, 225 (229).

diese von dem Gegner erstattet verlangen, so muss er ggf. ein neues Mahn- bzw. Klageverfahren betreiben.

107 Gerade beim Abschluss von **Ratenzahlungen** in diesem Verfahrensstadium ist zu beachten, dass die Einigungsgebühr nach VV 1000, 1003 durch Abschluss einer Teilzahlungsvereinbarung jedenfalls dann entsteht, wenn dieser zur Voraussetzung hat, dass der Schuldner seinen Widerspruch gegen den vom Gläubiger erwirkten Mahnbescheid zurücknimmt und zur Sicherung der Ratenzahlung den pfändbaren Teil seines Arbeitseinkommens an ihn abtritt. Nach Rücknahme des Widerspruchs kann der Gläubiger die Einigungsgebühr im Vollstreckungsbescheid gemäß § 699 Abs. 3 ZPO gegen den Schuldner festsetzen lassen, wenn dieser im Vertrag seine Verpflichtung zur Zahlung der Gebühr anerkannt hat.[70] Gleiches muss auch für die entstandene Terminsgebühr gelten. Diese ist gerade in den Fällen von Ratenzahlungsvereinbarungen untrennbar mit der Einigungsgebühr verbunden.

108 Meldet sich der Gegner allerdings **nach Rechtskraft des Vollstreckungsbescheids**, also nach Ablauf der 2-wöchigen Einspruchsfrist, so kann eine Terminsgebühr nicht mehr entstehen. Das Mahnverfahren ist mit Ablauf der 2-wöchigen Notfrist beendet. Eventuell vorgenommene Besprechungen werden – soweit ein entsprechender Auftrag vorliegt – durch die Verfahrensgebühr nach VV 3309 oder ggf. durch VV 2300 abgegolten. Hinzu tritt im Falle der Einigung noch eine Einigungsgebühr nach VV 1000.

d) Mahnbescheid, Besprechung, streitiges Verfahren

109 **Beispiel:** Der Anwalt erhält wegen einer Forderung von 10.000 EUR den Auftrag das gerichtliche Mahnverfahren einzuleiten. Nachdem der Mahnbescheid beantragt wurde, meldet der Gegner sich telefonisch. Der Gegner erklärt im Verlauf der Unterredung, dass er nichts zahlen werde. Es geht die Sache nach Widerspruch des Gegners in das streitige Verfahren über. Dort wird der Beklagte antragsgemäß verurteilt.

I. Mahnverfahren
1.	1,0-Verfahrensgebühr, VV 3305	558,00 EUR
2.	1,2-Terminsgebühr, VV 3104	669,60 EUR
3.	Postentgeltpauschale, VV 7002	20,00 EUR
	Zwischensumme	1.247,60 EUR
4.	19 % Umsatzsteuer, VV 7008	237,04 EUR
	Gesamt	**1.484,64 EUR**

II. Gerichtliches Verfahren
1.	1,3-Verfahrensgebühr, VV 3100	725,40 EUR
	abzgl. 1,0 Verfahrensgebühr gem. Anm. zu VV 3305	– 558,00 EUR
2.	1,2-Terminsgebühr, VV 3104	669,60 EUR
3.	Postentgeltpauschale, VV 7002	20,00 EUR
	Zwischensumme	857,00 EUR
4.	19 % Umsatzsteuer, VV 7008	162,83 EUR
	Gesamt	**1.019,83 EUR**

Meines Erachtens sind im vorliegenden Fall die Kosten des Mahnverfahrens gegen den Beklagten voll festsetzbar. Es ist dem Anwalt in keinster Weise der Vorwurf zu machen, er hätte nicht versucht, die Sache in einem möglichst frühen Stadium zu bereinigen. Hinzu kommt, dass in dem vorliegenden Beispiel die Besprechungen von dem Gegner ausgegangen sind. Er hat das Gespräch „gesucht". Insofern trifft den Anwalt kein „Verschulden" am Entstehen der Terminsgebühr.

III. Einigungsgebühr

1. Überblick

110 Zusätzlich zu der Verfahrens- und Terminsgebühr kann auch noch eine Einigungsgebühr entstehen. Die Einigungsgebühr ist eine allgemeine Gebühr, die neben allen anderen Gebühren entstehen kann (VV Vorb. 1). Die Höhe der Gebühr hängt davon ab, ob sich die Parteien nur über die anhängigen Ansprüche (1,0) einigen oder auch über weitergehende nicht anhängigen Gegenstände (1,5).

---

70 KG Berlin RVG-B 2005, 177 m. Anm. *Mock*.

Beispiel: Der Anwalt erwirkt für den Mandanten einen Mahnbescheid über 10.000 EUR. Anschließend unterbreitet der Gegenanwalt telefonisch ein Vergleichsangebot, das angenommen wird.
Neben der 1,0-Verfahrensgebühr nach VV 3305 und einer 1,2-Terminsgebühr nach VV 3104 kommt eine **1,0-Einigungsgebühr** nach VV 1000 hinzu. Da das Mahnverfahren bereits zur Anhängigkeit führt, entsteht die Gebühr nur zu 1,0 (VV 1003).

1.	1,0-Verfahrensgebühr, VV 3305 (Wert: 10.000,00 EUR)	558,00 EUR
2.	1,2-Terminsgebühr, VV 3104 (Wert: 10.000,00 EUR)	669,60 EUR
3.	1,0-Einigungsgebühr, VV 1000, 1003 (Wert: 10.000,00 EUR)	558,00 EUR
4.	Postentgeltpauschale, VV 7002	20,00 EUR
	Zwischensumme 1.805,60 EUR	
5.	19 % Umsatzsteuer, VV 7008	343,06 EUR
Gesamt		**2.148,66 EUR**

Einigen sich die Parteien auch über weiter gehende, **nicht im Mahnverfahren anhängige Gegenstände**, entstehen weitere Gebühren. Auch für die weiter gehende Einigung entsteht eine **Einigungsgebühr**. Deren Höhe hängt davon ab, ob **111**
- **Gegenstände** mit verglichen werden, die **nicht anhängig** sind – dann entsteht insoweit eine **1,5-Einigungsgebühr** (VV 1000) ggf. mit der Begrenzung nach § 15 Abs. 3,
- **Gegenstände** mit verglichen werden, die **anderweitig erstinstanzlich anhängig** sind – dann entsteht insgesamt nur eine **1,0-Einigungsgebühr** (VV 1003) aus dem Gesamtwert (§ 22 Abs. 1 i.V.m. § 39 Abs. 1 GKG),
- **Gegenstände** mit verglichen werden, die anderweitig, **in einem Berufungs- oder Revisionsverfahren** oder in einem der in den VV Vorb. 3.2.1 oder VV Vorb. 3.2.2 genannten **Beschwerde- und Rechtsbeschwerdeverfahren** anhängig sind – dann entsteht insoweit eine **1,3-Einigungsgebühr** (VV 1004), wiederum ggf. mit der Begrenzung nach § 15 Abs. 3.

Hinzu kommt auch eine **Differenzverfahrensgebühr** aus dem **Wert der im Mahnverfahren nicht** **112**
anhängigen Ansprüche, unabhängig davon, ob diese anderweitig anhängig sind oder nicht. Allerdings ist diese Gebühr im Vergütungsverzeichnis nicht ausdrücklich geregelt. Dem Wortlaut nach würde also insoweit die volle 1,0-Verfahrensgebühr nach VV 3305 anfallen. Das kann vom Ergebnis jedoch nicht richtig sein. Der Anwalt kann im Mahnverfahren, in dem nur geringere Verfahrensgebühren als im Rechtsstreit (1,3 nach VV 3100) nicht höhere Verfahrensdifferenzgebühren erhalten als im Rechtsstreit (0,8 nach VV 3101 Nr. 2). Daher sind die VV **3306, 3101 Nr. 2 analog** anzuwenden, so dass aus dem Mehrwert der Einigung eine 0,5-Verfahrensgebühr nach VV 3306 abzurechnen ist, allerdings wiederum ggf. unter Beachtung des § 15 Abs. 3.

Haben die Anwälte über die weiter gehenden – im Mahnverfahren nicht anhängigen – Ansprüche **113**
auch eine **Besprechung i.S.d. VV Vorb. 3 Abs. 3** geführt, entsteht auch insoweit eine **1,2-Terminsgebühr** nach VV 3104 (VV Vorb. 3.3.2; VV Vorb. 3 Abs. 3 Ziff. 2), somit aus dem **Gesamtwert** (§ 22 Abs. 1 i.V.m. § 39 Abs. 1 GKG).

Beispiel: Mahnverfahren mit Besprechung und Einigung auch über nicht anhängige Ansprüche
Der Anwalt erwirkt für den Mandanten einen Mahnbescheid über 10.000 EUR. Anschließend führen die Anwälte telefonisch Verhandlungen, wobei der Gegner noch eine Gegenforderung von 5.000 EUR einwendet. Es kommt zu einer Einigung über die gesamten 15.000 EUR.
Neben der **1,0-Verfahrensgebühr** nach VV 3305 aus 10.000 EUR entsteht zusätzlich eine **0,5-Verfahrensgebühr** analog VV 3306, 3101 Nr. 2 aus den weiteren 5.000 EUR, wobei insgesamt nach § 15 Abs. 3 nicht mehr berechnet werden darf als eine 1,0-Gebühr aus dem Gesamtwert in Höhe von 15.000 EUR (§ 22 Abs. 1).
Die **1,2-Terminsgebühr** (VV 3104) bemisst sich ebenfalls aus dem Gesamtwert von 15.000 EUR.
Neben der **1,0-Einigungsgebühr** aus VV 1000, 1003 kommt noch eine **1,5-Einigungsgebühr** aus VV 1000 hinzu. Zu beachten ist § 15 Abs. 3, wonach nicht mehr als eine 1,5-Gebühr aus dem Gesamtwert von 15.000 EUR anfallen darf.

1.	1,0-Verfahrensgebühr, VV 3305 (Wert: 10.000,00 EUR)	558,00 EUR
2.	0,5-Verfahrensgebühr, analog VV 3306, 3101 Nr. 2 (Wert: 5.000,00 EUR) gem. § 15 Abs. 3 nicht mehr als 1,0 aus 15.000,00 EUR	151,50 EUR 650,00 EUR

3. 1,2-Terminsgebühr, VV 3104	780,00 EUR
(Wert: 15.000,00 EUR)	
4. 1,0-Einigungsgebühr, VV 1000, 1003	558,00 EUR
(Wert: 10.000,00 EUR)	
5. 1,5-Einigungsgebühr, VV 1000	454,50 EUR
(Wert: 5.000,00 EUR)	
gem. § 15 Abs. 3 nicht mehr als	
1,5 aus 15.000,00 EUR	975,00 EUR
6. Postentgeltpauschale, VV 7002	20,00 EUR
Zwischensumme	2.425,00 EUR
7. 19 % Umsatzsteuer, VV 7008	460,75 EUR
Gesamt	**2.885,75 EUR**

Beispiel: Mahnverfahren mit Besprechung und Einigung auch über anderweitig erstinstanzlich anhängige Ansprüche
Der Anwalt erwirkt für den Mandanten einen Mahnbescheid über 10.000 EUR. Anschließend führen die Anwälte telefonisch Verhandlungen, wobei der Gegner noch eine Gegenforderung von 5.000 EUR einwendet, die in einem anderen Verfahren erstinstanzlich anhängig ist. Es kommt wiederum zu einer Einigung über die gesamten 15.000 EUR.
Neben der 1,0-Verfahrensgebühr nach VV 3305 aus 10.000 EUR entsteht wiederum zusätzlich eine 0,5-Verfahrensgebühr analog VV 3306, 3101 Nr. 2 aus den weiteren 5.000 EUR, da diese im Mahnverfahren nicht anhängig sind. Dass sie in einem anderen Verfahren anhängig sind, ist unerheblich (vgl. VV 3101 Nr. 2). Zu beachten ist wiederum § 15 Abs. 3.
Die **1,2-Terminsgebühr** (VV 3104) bemisst sich wiederum aus dem Gesamtwert von 15.000 EUR.
Insgesamt entsteht jetzt jedoch nur eine **1,0-Einigungsgebühr** aus VV 1000, 1003, da die gesamten Ansprüche anhängig sind.

1. 1,0-Verfahrensgebühr, VV 3305	558,00 EUR
(Wert: 10.000,00 EUR)	
2. 0,5-Verfahrensgebühr, analog VV 3306, 3101 Nr. 2	151,50 EUR
(Wert: 5.000,00 EUR)	
gem. § 15 Abs. 3 nicht mehr als 1,0	
aus 15.000,00 EUR	650,00 EUR
3. 1,2-Terminsgebühr, VV 3104	780,00 EUR
(Wert: 15.000,00 EUR)	
4. 1,0-Einigungsgebühr, VV 1000, 1003	650,00 EUR
(Wert: 15.000,00 EUR)	
5. Postentgeltpauschale, VV 7002	20,00 EUR
Zwischensumme	2.100,00 EUR
6. 19 % Umsatzsteuer, VV 7008	399,00 EUR
Gesamt	**2.499,00 EUR**

Beispiel: Mahnverfahren mit Einigung auch über weitergehende im Berufungsverfahren anhängige Gegenstände
Der Anwalt erwirkt für den Mandanten einen Mahnbescheid über 10.000 EUR. Anschließend unterbreitet der Gegenanwalt ein schriftliches Vergleichsangebot, das auch weitere 5.000 EUR beinhaltet, die in einem Berufungsverfahren anhängig sind. Das Vergleichsangebot wird angenommen.
Hinsichtlich der Verfahrensgebühr gilt das Gleiche wie im vorangegangenen Fall. Für die Einigung entsteht eine 1,0-Einigungsgebühr (VV 1000, 1003) aus dem Wert der anhängigen 10.000 EUR und eine 1,3-Einigungsgebühr (VV 1000, 1004) aus dem Mehrwert der 5.000 EUR. Zu beachten ist § 15 Abs. 3; der Anwalt erhält nicht mehr als 1,3 aus 15.000 EUR.

1. 1,0-Verfahrensgebühr, VV 3305	558,00 EUR
(Wert: 10.000,00 EUR)	
2. 0,5-Verfahrensgebühr, VV 3305, 3306	151,50 EUR
(Wert: 5.000,00 EUR)	
gem. § 15 Abs. 3 nicht mehr als	
1,0 aus 15.000,00 EUR	650,00 EUR
3. 1,0-Einigungsgebühr, VV 1000, 1003	558,00 EUR
(Wert: 10.000,00 EUR)	

4. 1,3-Einigungsgebühr, VV 1000	393,90 EUR
(Wert: 5.000,00 EUR)	
gem. § 15 Abs. 3 nicht mehr als	845,00 EUR
1,3 aus 15.000,00 EUR	
5. Postentgeltpauschale, VV 7002	20,00 EUR
Zwischensumme	1.515,00 EUR
6. 19 % Umsatzsteuer, VV 7008	287,50 EUR
Gesamt	**1.802,85 EUR**

Kommt es zu einer Einigung, bevor der Antrag auf Erlass des Mahnbescheids gestellt worden ist, entsteht die Einigungsgebühr nach VV 1000 zu 1,5; dafür entsteht aber die Verfahrensgebühr nach VV 3306 nur zu 0,5.

Beispiel: Einigung vor Einreichung des Antrags auf Erlass des Mahnbescheids
Der Anwalt erhält den Auftrag für den Mandanten einen Mahnbescheid über 10.000 EUR zu beantragen. Bevor der Antrag eingereicht wird, unterbreitet der Gegenanwalt ein schriftliches Vergleichsangebot, das angenommen wird.
Die Verfahrensgebühr der VV 3305 entsteht gemäß VV 3306 nur zu 0,5. Dafür entsteht die Einigungsgebühr mangels Anhängigkeit in Höhe von 1,5 (VV 1000).

1. 0,5-Verfahrensgebühr, VV 3305, 3306	279,00 EUR
(Wert: 10.000,00 EUR)	
2. 1,5-Einigungsgebühr, VV 1000, 1003	837,00 EUR
(Wert: 10.000,00 EUR)	
3. Postentgeltpauschale, VV 7002	20,00 EUR
Zwischensumme	1.136,00 EUR
4. 19 % Umsatzsteuer, VV 7008	215,84 EUR
Gesamt	**1.351,84 EUR**

2. Mahnverfahren mit Termins- und Einigungsgebühr

Kommt die Einigung aufgrund einer Besprechung zustande, entstehen sowohl Einigungs- als auch Terminsgebühr. 114

Beispiel: Mahnverfahren mit Besprechung und Einigung
Der Anwalt erwirkt für den Mandanten einen Mahnbescheid über 10.000 EUR. Anschließend führen die Anwälte telefonische Verhandlungen, die mit einer Einigung enden.
Neben der 1,0-Verfahrensgebühr nach VV 3305 kommt sowohl eine 1,2-Terminsgebühr nach VV 3104 als auch eine **Einigungsgebühr** nach VV 1000 hinzu. Da das Mahnverfahren bereits zur Anhängigkeit führt, entsteht die Gebühr nur zu 1,0 (VV 1003).

1. 1,0-Verfahrensgebühr, VV 3305	558,00 EUR
(Wert: 10.000,00 EUR)	
2. 1,2-Terminsgebühr, VV 3104	669,60 EUR
(Wert: 10.000,00 EUR)	
3. 1,0-Einigungsgebühr, VV 1000, 1003	558,00 EUR
(Wert: 10.000,00 EUR)	
4. Postentgeltpauschale, VV 7002	20,00 EUR
Zwischensumme	1.805,60 EUR
5. 19 % Umsatzsteuer, VV 7008	343,06 EUR
Gesamt	**2.148,66 EUR**

Termins- und Einigungsgebühr können auch neben einer ermäßigten Gebühr nach VV 3305, 3306 entstehen.

Beispiel: Besprechung zur Vermeidung des Mahnverfahrens mit Einigung
Der Anwalt wird beauftragt, einen Mahnbescheid über 3.000 EUR zu beantragen. Bevor es zur Einreichung des Antrags kommt, findet eine Besprechung mit dem Gegner statt, die zu einer Einigung führt, so dass es nicht mehr zur Einreichung des Mahnantrags kommt.
Es entsteht nur die 0,5-Verfahrensgebühr nach VV 3305, 3306, da der Anwalt keinen Antrag oder Schriftsatz eingereicht hat.

Hinzu kommt allerdings eine Terminsgebühr nach VV Vorb. 3.3.2 i.V.m. VV 3104 und VV Vorb. 3 Abs. 3 Ziff. 2. Dass das Mahnverfahren noch nicht anhängig war, ist unerheblich.[71]
Des Weiteren kommt dann auch noch eine Einigungsgebühr nach VV 1000 hinzu, und zwar in Höhe von 1,5, da das Mahnverfahren noch nicht anhängig war.

1. 0,5-Verfahrensgebühr, VV 3305, 3306   100,50 EUR
   (Wert: 3.000,00 EUR)
2. 1,2-Terminsgebühr, VV Vorb. 3.3.2 i.V.m. VV 3104   241,20 EUR
   (Wert: 3.000,00 EUR)
3. 1,5-Einigungsgebühr, VV 1000   301,50 EUR
   (Wert: 3.000,00 EUR)
4. Postentgeltpauschale, VV 7002   20,00 EUR
   Zwischensumme   663,20 EUR
5. 19 % Umsatzsteuer, VV 7008   126,01 EUR

Gesamt   **789,21 EUR**

Hat der Anwalt auch über weitergehende – im Mahnverfahren nicht anhängige – Ansprüche eine Einigung getroffen und darüber auch eine Besprechung i.S.d. VV Vorb. 3 Abs. 3 geführt, entsteht auch insoweit die **Terminsgebühr** nach VV 3104 (VV Vorb. 3.3.2.; VV Vorb. 3 Abs. 3 Ziff. 2), also aus dem Gesamtwert (§ 23 Abs. 1 i.V.m. § 39 Abs. 1 GKG).

Beispiel: Mahnverfahren mit Besprechung und Einigung auch über nicht anhängige Ansprüche
Der Anwalt erwirkt für den Mandanten einen Mahnbescheid über 10.000 EUR. Anschließend führen die Anwälte telefonische Verhandlungen, wobei der Gegner noch eine nicht anhängige Gegenforderung von 5.000 EUR einwendet. Es kommt zu einer Einigung über die gesamten 15.000 EUR.
Neben der **1,0-Verfahrensgebühr** gemäß VV 3305 aus 10.000 EUR entsteht jetzt zusätzlich eine **0,5-Verfahrensgebühr** nach VV 3305, 3306 aus den weiteren 5.000 EUR, wobei insgesamt nach § 15 Abs. 3 nicht mehr berechnet werden darf als eine 1,0-Gebühr aus dem Gesamtwert in Höhe von 15.000 EUR (§ 23 Abs. 1 S. 1 i.V.m. § 39 Abs. 1 GKG).
Die **1,2-Terminsgebühr** (VV 3104) bemisst sich ebenfalls aus dem Gesamtwert von 15.000 EUR.
Neben der **1,0-Einigungsgebühr** aus VV 1000, 1003 aus dem Wert der anhängigen 10.000 EUR kommt jetzt noch eine **1,5-Einigungsgebühr** aus VV 1000 aus dem Wert der nicht anhängigen 5.000 EUR hinzu. Zu beachten ist auch hier wieder § 15 Abs. 3, wonach nicht mehr als eine 1,5-Gebühr aus dem Gesamtwert von 15.000 EUR anfallen darf.

1. 1,0-Verfahrensgebühr, VV 3305   558,00 EUR
   (Wert: 10.000,00 EUR)
2. 0,5-Verfahrensgebühr, VV 3305, 3306   151,50 EUR
   (Wert: 5.000,00 EUR)
   gem. § 15 Abs. 3 nicht mehr als 1,0 aus 15.000,00 EUR   650,00 EUR
3. 1,2-Terminsgebühr, VV 3104   780,00 EUR
   (Wert: 15.000,00 EUR)
4. 1,0-Einigungsgebühr, VV 1000, 1003   558,00 EUR
   (Wert: 10.000,00 EUR)
5. 1,5-Einigungsgebühr, VV 1000   454,50 EUR
   (Wert: 5.000,00 EUR)
   gem. § 15 Abs. 3 nicht mehr als 1,5 aus 15.000,00 EUR   975,00 EUR
6. Postentgeltpauschale, VV 7002   20,00 EUR
   Zwischensumme   2.425,00 EUR
7. 19 % Umsatzsteuer, VV 7008   460,75 EUR

Gesamt   **2.885,75 EUR**

Beispiel: Mahnverfahren mit Besprechung und Einigung auch über anderweitig anhängige Ansprüche
Der Anwalt erwirkt für den Mandanten einen Mahnbescheid über 10.000 EUR. Anschließend führen die Anwälte telefonische Verhandlungen, wobei der Gegner noch eine Gegenforderung von 5.000 EUR einwendet, die in einem anderen Verfahren erstinstanzlich anhängig ist. Es kommt wiederum zu einer Einigung über die gesamten 15.000 EUR.
Neben der 1,0-Verfahrensgebühr nach VV 3305 aus 10.000 EUR entsteht wiederum zusätzlich eine 0,5-Verfahrensgebühr nach VV 3306 aus den weiteren 5.000 EUR, da diese im Mahnverfahren nicht anhängig

---

[71] BGH AGS 2007, 166 m. Anm. *Schons* = RVGreport 2007, 143.

sind. Dass sie in einem anderen Verfahren anhängig sind, ist unerheblich. Zu beachten ist wiederum § 15 Abs. 3.
Die **1,2-Terminsgebühr** (VV 3104) bemisst sich wiederum aus dem Gesamtwert von 15.000 EUR. Insgesamt entsteht jetzt jedoch nur eine **1,0-Einigungsgebühr** aus VV 1000, 1003, da die gesamten Ansprüche anhängig sind.

1. 1,0-Verfahrensgebühr, VV 3305   558,00 EUR
   (Wert: 10.000,00 EUR)
2. 0,5-Verfahrensgebühr, analog VV 3305, 3306   151,50 EUR
   (Wert: 5.000v EUR)
   gem. § 15 Abs. 3 nicht mehr als   650,00 EUR
   1,0 aus 15.000,00 EUR
3. 1,2-Terminsgebühr, VV 3104   780,00 EUR
   (Wert: 15.000,00 EUR)
4. 1,0-Einigungsgebühr, VV 1000, 1003   650,00 EUR
   (Wert: 15.000,00 EUR)
5. Postentgeltpauschale, VV 7002   20,00 EUR
   Zwischensumme   2.100,00 EUR
6. 19 % Umsatzsteuer, VV 7008   399,00 EUR
Gesamt   **2.499,00 EUR**

IV. Verfahrensgebühr nach VV 3100

Die Tätigkeit im Mahnverfahren endet für den Rechtsanwalt des Antragstellers mit der Stellung, d.h. Einreichung des Antrags auf Durchführung des streitigen Verfahrens gemäß § 696 Abs. 1 ZPO, sofern der Antragsgegner zuvor gegen den Mahnbescheid Widerspruch eingelegt hat. Hatte der Rechtsanwalt des Antragstellers den Antrag auf Durchführung des streitigen Verfahrens bereits in den Antrag auf Erlass des Mahnbescheids aufgenommen, § 696 Abs. 1 S. 2 ZPO, gilt der Antrag als mit Eingang des Widerspruchs beim Mahngericht gestellt. Der im Mahnantrag enthaltene Antrag auf Durchführung des streitigen Verfahrens zielt nicht mehr auf das Mahnverfahren ab, sondern gehört sachlich bereits zum nachfolgenden streitigen Verfahren und löst demgemäß eine Verfahrensgebühr aus.[72]   **115**

Gebührenrechtlich hat dies zur Konsequenz, dass dem Rechtsanwalt des Antragstellers mit der Stellung des Antrags eine 1,3-Verfahrensgebühr nach VV 3100 erwächst.[73] Die Richtigkeit der Überlegung ergibt sich im Übrigen auch aus VV 3101 Nr. 1. Nach dieser Vorschrift erfolgt eine Gebührenreduzierung, wenn der Auftrag endigt, bevor der Rechtsanwalt den ein Verfahren einleitenden Antrag oder einen Schriftsatz mit Sachantrag eingereicht hat. Daraus folgt, dass der Anfall der Verfahrensgebühr gerade nicht von einer Anspruchsbegründung und von der Einreichung von Sachanträgen abhängig ist.[74]   **116**

Aus dieser Formulierung ergibt sich zunächst nicht, dass der Antrag bei dem Gericht eingereicht sein muss, bei dem das Verfahren letztlich auch durchzuführen ist. Es ist also unschädlich, dass der Antrag, der die 1,3-Verfahrensgebühr nach VV 3100 auslöst, nicht bei dem Gericht gestellt wird, bei welchem das streitige Verfahren durchgeführt wird.   **117**

Schließlich ist es unzweifelhaft, dass der Antrag nach § 696 Abs. 1 ZPO ein Verfahren auslöst, nämlich das streitige Verfahren.   **118**

Darüber hinaus ist die **Überweisung der Gerichtskosten** für das **streitige Verfahren** als konkludenter Antrag auf Durchführung des streitigen Verfahrens anzusehen. Durch diesen Antrag wird die 1,3 Verfahrensgebühr nach VV 3100 ausgelöst.[75] In dem zu entscheidenden Fall hatte das zuständige Amtsgericht in seiner Zahlungsaufforderung an den Antragsteller mitgeteilt, dass als Antrag auch   **119**

---

72 OLG Köln, Beschl. v. 28.3.2001 – 17 W 81/01 (n.v.) m.w.N.; OLG Köln AGS 2007, 344 m. zust. Anm. *N. Schneider*; LG Bonn, Beschl. v. 8.1.2010 – 8 T 1/10 (juris).
73 LG Bonn, Beschl. v. 8.1.2010 – 8 T 1/10 (juris); OLG Nürnberg AGS 2010, 12 = MDR 2010, 294 = Rpfleger 2010, 224 = NJW-Spezial 2010, 157; OLG Düsseldorf
JB 2004, 195, OLG Jena JB 2000, 472; Gerold/Schmidt/*Müller-Rabe*, RVG, VV 3305–3308 Rn 53; Bischof/Jungbauer/Bräuer/*Jungbauer*, RVG, Nr. 3101 VV Rn 31 und Nr. 3307 VV Rn 31.
74 OLG Köln AGS 2007, 344 m. zust. Anm. *N. Schneider*.
75 LG München I JurBüro 2005, 540 m.w.N.

die Zahlung der Gerichtskosten angesehen wird. Spätestens mit Einzahlung der Kosten ist dies daher einem ausdrücklichen Antrag auf Durchführung des streitigen Verfahrens gleichgestellt.

V. Beschwerdeverfahren

120 Wird der Antrag auf Erlass eines Mahnbescheides zurückgewiesen, so findet hiergegen nach §§ 691 Abs. 3 ZPO i.V.m. 567 Abs. 1 Nr. 2 ZPO die **sofortige Beschwerde** statt, wenn der Antrag in einer nur maschinenlesbaren Form übermittelt und mit der Begründung zurückgewiesen worden ist, dass diese Form dem Gericht für seine maschinelle Bearbeitung nicht geeignet erscheine. Der Rechtspfleger kann der Beschwerde abhelfen (§ 572 Abs. 1 ZPO), anderenfalls legt er die Sache der Beschwerdekammer des Landgerichts vor (§ 11 Abs. 1 RPflG i.V.m. § 567 ZPO). Der Antragsgegner ist an dem Beschwerdeverfahren gemäß § 700 Abs. 2 ZPO nicht beteiligt.[76]

121 Das Beschwerdeverfahren ist für den Anwalt des Antragstellers nach § 18 Abs. **1 Nr. 3 eine gebührenrechtlich selbstständige Angelegenheit**, in der er die Gebühren nach **VV 3500 ff.** erhält, also eine 0,5-Verfahrensgebühr nach VV 3500. Daneben kann er – was in der Praxis aber kaum vorkommen dürfte – unter Voraussetzungen VV Vorb. 3 Abs. 3 eine 0,5-Terminsgebühr nach VV 3513 beanspruchen. Diese Gebühren entstehen auch dann, wenn der Rechtspfleger der Beschwerde abhilft.

> **Beispiel:** Der Anwalt hatte auftragsgemäß im maschinellen Verfahren einen Mahnbescheid über 2.000 EUR beantragt. Der Rechtspfleger hat den Erlass abgelehnt, weil diese Form nicht geeignet sei. Hiergegen legt der Anwalt auftragsgemäß sofortige Beschwerde ein.
> Der Anwalt hat im Mahnverfahren die 1,0-Verfahrensgebühr der VV 3305 verdient und im Verfahren der sofortigen Beschwerde die 0,5-Verfahrensgebühr nach VV 3500, jeweils nebst Auslagen und Umsatzsteuer.
>
> **I. Mahnverfahren (Wert: 2.000 EUR)**
> 1. 1,0-Verfahrensgebühr, VV 3305   150,00 EUR
> 2. Postentgeltpauschale, VV 7002   20,00 EUR
>   Zwischensumme   170,00 EUR
> 3. 19 % Umsatzsteuer, VV 7008   32,30 EUR
> **Gesamt**   **202,30 EUR**
>
> **II. Beschwerdeverfahren (Wert: 2.000 EUR)**
> 1. 0,5-Verfahrensgebühr, VV 3500   75,00 EUR
> 2. Postentgeltpauschale, VV 7002   15,00 EUR
>   Zwischensumme   90,00 EUR
> 3. 19 % Umsatzsteuer, VV 7008   17,10 EUR
> **Gesamt**   **107,10 EUR**

122 Wird der Anwalt von **mehreren Auftraggebern** beauftragt, erhöht sich nach VV 1008 neben der Mahnverfahrensgebühr VV 3305 auch die Verfahrensgebühr im Beschwerdeverfahren (VV 3500) je weiteren Auftraggeber, maximal um insgesamt 2,0. Ein Ausschluss wie nach Anm. S. 2 zu VV 3308 ist hier nicht vorgesehen.

> **Beispiel:** Der Anwalt hatte auftragsgemäß für zwei Auftraggeber als Gesamtgläubiger einen Mahnbescheid über 2.000 EUR beantragt. Der Rechtspfleger hat den Erlass abgelehnt, weil diese Form nicht geeignet sei. Hiergegen legt der Anwalt auftragsgemäß sofortige Beschwerde ein.
>
> **I. Mahnverfahren (Wert: 2.000 EUR)**
> 1. 1,3-Verfahrensgebühr, VV 3305, 1008   195,00 EUR
> 2. Postentgeltpauschale, VV 7002   20,00 EUR
>   Zwischensumme   215,00 EUR
> 3. 19 % Umsatzsteuer, VV 7008   40,85 EUR
> **Gesamt**   **255,85 EUR**
>
> **II. Beschwerdeverfahren (Wert: 2.000 EUR)**
> 1. 0,8-Verfahrensgebühr, VV 3500, 1008   120,00 EUR
> 2. Postentgeltpauschale, VV 7002   20,00 EUR
>   Zwischensumme   140,00 EUR
> 3. 19 % Umsatzsteuer, VV 7008   26,60 EUR
> **Gesamt**   **166,60 EUR**

---

[76] *Zimmermann*, § 691 Rn 8; *Zöller/Vollkommer*, § 691 Rn 6.

VI. Erinnerungsverfahren

Wird der Antrag auf Erlass des Mahnbescheides aus anderen Gründen als denen des § 691 Abs. 3 S. 1 ZPO zurückgewiesen, ist diese Zurückweisung nach § 691 Abs. 3 S. 2 ZPO unanfechtbar. Möglich ist jedoch die **Erinnerung**, über die der Richter abschließend entscheidet, wenn der Rechtspfleger nicht abhilft.[77]

Das Erinnerungsverfahren stellt ebenso wie das Beschwerdeverfahren eine **gesonderte Gebührenangelegenheit** dar (§ 18 Abs. 1 Nr. 3). Es entstehen wiederum die Gebühren nach VV 3500 ff., also zunächst eine 0,5-Verfahrensgebühr nach VV 3500. Daneben kann der Anwalt – was in der Praxis aber auch hier kaum vorkommen dürfte – unter Voraussetzungen VV Vorb. 3 Abs. 3 auch eine 0,5-Terminsgebühr nach VV 3513 verdienen. Diese Gebühren entstehen auch dann, wenn der Rechtspfleger der Erinnerung abhilft.

1. Mahnverfahren mit Erinnerung gegen den Nichterlass des Mahnbescheids

> **Beispiel:** Der Anwalt hatte auftragsgemäß einen Mahnbescheid über 2.000 EUR beantragt. Der Rechtspfleger hat den Erlass abgelehnt. Hiergegen legt der Anwalt auftragsgemäß Erinnerung ein.

Abzurechnen ist ebenso wie im Beispiel oben (siehe Rdn 121).

2. Mahnverfahren mit Erinnerung gegen den Nichterlass des Mahnbescheids, mehrere Auftraggeber

> **Beispiel:** Der Anwalt hatte auftragsgemäß für zwei Auftraggeber als Gesamtgläubiger einen Mahnbescheid über 2.000 EUR beantragt. Der Rechtspfleger hat den Erlass abgelehnt. Hiergegen legt der Anwalt auftragsgemäß Erinnerung ein.
>
> Auch hier greift VV 1008. Abzurechnen ist wie folgt:
>
> **I. Mahnverfahren (Wert: 2.000 EUR)**
> 1. 1,0-Verfahrensgebühr, VV 3305   150,00 EUR
> 2. Erhöhung, VV 1008   45,00 EUR
> 3. Postentgeltpauschale, VV 7002   20,00 EUR
>   Zwischensumme   215,00 EUR
> 4. 19 % Umsatzsteuer, VV 7008   40,85 EUR
>   **Gesamt**   **255,85 EUR**
>
> **II. Beschwerdeverfahren (Wert: 2.000 EUR)**
> 1. 0,5-Verfahrensgebühr, VV 3500   75,00 EUR
> 2. Erhöhung, VV 1008   45,00 EUR
> 3. Postentgeltpauschale, VV 7002   20,00 EUR
>   Zwischensumme   140,00 EUR
> 4. 19 % Umsatzsteuer, VV 7008   26,60 EUR
>   **Gesamt**   **166,60 EUR**

Möglich ist hier auch, dass der Erlass des Mahnbescheids nur wegen einer **Teilforderung** abgelehnt wird. Dann richtet sich der Gegenstandswert des Erinnerungsverfahren nach § 23 Abs. 2 S. 3 i.V.m. S. 2 nur nach diesem Teilwert.

3. Mahnverfahren mit Erinnerung gegen teilweisen Nichterlass des Mahnbescheids

> **Beispiel:** Der Anwalt hatte auftragsgemäß einen Mahnbescheid über 2.000 EUR beantragt sowie vorgerichtliche Anwaltskosten (nicht anzurechnende Geschäftsgebühr) in Höhe von 123,48 EUR. Der Rechtspfleger hat den Mahnbescheid hinsichtlich der Hauptforderung erlassen, hinsichtlich der vorgerichtlichen Kosten dagegen abgelehnt. Hiergegen legt der Anwalt auftragsgemäß Erinnerung ein.[78]

---

[77] Zöller/*Vollkommer*, § 691 Rn 6.
[78] Siehe hierzu AG Stuttgart AGS 2005, 87 = RVGreport 2005, 38 m. Anm. *Hansens* = AnwBl 2005, 75 = Jur-Büro 2005, 30 m. Anm. *Enders* = RVG professionell 2005, 1 = RVG-B 2005, 53 m. Anm. *Mock*.

Die vorgerichtlichen Anwaltskosten erhöhen den Gegenstandswert nicht.[79] Im **Mahnverfahren** bleibt es also bei dem Wert i.H.v. 2.000 EUR (§ 23 Abs. 1 S. 1 i.V.m. § 43 Abs. 1 GKG).

Für das **Erinnerungsverfahren** ist auf jeden Fall von einem Wert in Höhe von 261,20 EUR auszugehen, da jetzt die Kosten zur Hauptsache geworden sind (§ 23 Abs. 2 S. 3, 1, Abs. 3 S. 2).

I. Mahnverfahren (Wert: 2.000 EUR)
1. 1,0-Verfahrensgebühr, VV 3305 — 150,00 EUR
2. Postentgeltpauschale, VV 7002 — 20,00 EUR
   Zwischensumme — 170,00 EUR
3. 19 % Umsatzsteuer, VV 7008 — 32,30 EUR
Gesamt — 202,30 EUR

II. Erinnerungsverfahren (Wert: 123,48 EUR)
1. 0,5-Verfahrensgebühr, VV 3500 — 22,50 EUR
2. Postentgeltpauschale, VV 7002 — 4,50 EUR
   Zwischensumme — 27,00 EUR
3. 19 % Umsatzsteuer, VV 7008 — 5,13 EUR
Gesamt — 32,13 EUR

Wird der Anwalt für **mehrere Auftraggeber** tätig, erhöhen sich beide Verfahrensgebühren nach VV 1008 um 0,3 je weiteren Auftraggeber, maximal um insgesamt 2,0. Das gilt aber nur, wenn sie hinsichtlich der abgesetzten Kosten Gesamtgläubiger sind. Das wird wegen § 7 Abs. 2 in aller Regel aber nicht der Fall sein.[80]

VII. Mahnanwalt als Verkehrsanwalt

128 Wird der Rechtsanwalt, der den Mahnantrag stellt, im nachfolgenden Rechtsstreit Verkehrsanwalt, so ist die Verfahrensgebühr nach VV 3305 auf die Gebühren nach VV 3400 anzurechnen.[81] Zwar fehlt es an einer ausdrücklichen Anrechnungsregelung. Da aber die Anm. zu VV 3305 die Anrechnung von „Verfahrensgebühren" anordnet, bezieht sich diese Regelung auch auf die Verfahrensgebühr nach VV 3400.

C. Erstattungsfragen

I. Zuständigkeit für Kostenentscheidung nach Rücknahme des Mahnantrags

129 Durch Beschl. v. 7.10.2004 hat der BGH[82] entschieden, dass nach Rücknahme des Mahnantrags für den **Erlass einer Kostenentscheidung** nach § 269 Abs. **3 S. 2 ZPO** die **Zuständigkeit des für die Durchführung des streitigen Verfahrens zuständigen Gerichts** besteht.[83] An dieses ist nach Rücknahme des Mahnantrags das Verfahren vom Mahngericht zur Entscheidung über die Kosten abzugeben. Ausdrücklich hat der BGH erklärt, dass dies jedoch nur dann der Fall ist, wenn eine Partei – im entschiedenen Fall der Antragsteller – dies beantragt.

Es gilt daher wie folgt zu unterscheiden:

---

79 BGH AGS 2007, 231.
80 Zur Berechnung der gesamtschuldnerischen Haftung bei mehreren Auftraggebern, *N. Schneider*, AGS 2002, 146.
81 OLG Hamm Rpfleger 1966, 99; OLG München AnwBl 1988, 417.
82 AGS 2005, 32 m. Anm. *Mock*; ebenso OLG Hamm AGS 2014, 536.
83 Eine Kostenentscheidung ist im Fall einer Rücknahme des Antrags auf Durchführung des streitigen Verfahrens gemäß § 696 Abs. 4 ZPO nicht zu treffen; OLG Koblenz, Beschl. v. 27.4.2005 – 1 W 194/05 (n.v.); OLG Hamburg OLGR 2000, 183; OLG Stuttgart OLGR 2000, 165 = MDR 2000, 791; KG KGR 1995, 11 f.; OLG Stuttgart MDR 1990, 557 = MDR 1990, 557; Zöller/*Vollkommer*, § 696 Rn 2; Thomas/Putzo/*Hüßtege*, § 696 Rn 20; a.A. OLG München MDR 1992, 187 = OLGR 1992, 107; KG NJW-RR 1993, 1472; LG Dortmund NJW-RR 2001, 1438; *Baumbach u.a.*, § 696 Rn 24; Musielak/*Voit*, § 696 Rn 5; Stein/Jonas/*Schlosser*, § 696 Rn 13; offen – nur den Streitstand darstellend: MüKo/*Holch*, § 696 Rn 32, 33.

1. Antragsteller beantragt ausdrücklich die Durchführung des streitigen Verfahrens und nimmt den Mahnantrag zurück

In diesem Fall gilt, dass das Gericht der Hauptsache für eine Kostenentscheidung zuständig ist. Auf Antrag des Antragstellers hat das Mahngericht die Sache an das für das streitige Verfahren zuständige Gericht abzugeben.

Der Abgabeantrag kann hierbei sowohl ausdrücklich etwa durch entsprechendes Ankreuzen des sich im Mahnbescheidsvordruck befindlichen Kästchens als auch konkludent durch Zahlung des für die Durchführung des Streitverfahrens notwendigen Kostenvorschusses ergeben.

Für das Festsetzungsverfahren bleibt es dann ebenfalls bei der Zuständigkeit des Streitgerichts. Dies ergibt sich unmittelbar aus der Formulierung des § 103 Abs. 1 S. 1 ZPO („Gericht des ersten Rechtszuges").

2. Antragsteller beantragt ausdrücklich bzw. konkludent nicht die Durchführung des streitigen Verfahrens und nimmt den Mahnantrag zurück

Fraglich ist, ob das Streitgericht für eine Kostenentscheidung auch dann zuständig ist, wenn der Antragsteller zwar den Antrag auf Erlass eines Mahnbescheides gestellt, es allerdings ausdrücklich unterlassen hat, im Falle eines Widerspruchs die Sache an das Streitgericht abzugeben bzw. nach Aufforderung der Zahlung eines entsprechenden Kostenvorschusses diesen nicht leistet.

Erledigt sich zwischenzeitlich das Verfahren durch Zahlung und wird daher der Antrag auf Erlass eines Mahnbescheids zurückgenommen, so ist zunächst für die direkte Anwendbarkeit der BGH-Entscheidung kein Raum. Ein ausdrücklicher bzw. konkludenter Abgabeantrag an das Gericht der Hauptsache liegt nämlich nicht vor. Bleibt daher in solchen Fällen doch das Mahngericht für eine Kostenentscheidung gemäß § 269 Abs. 3 S. 2 ZPO zuständig?

Diese Frage lässt sich meines Erachtens nur aus der Begründung der zitierten BGH-Entscheidung beantworten. Denn nach Auffassung des BGH kommt eine Zuständigkeit des Mahngerichts nach Antragsrücknahme deshalb nicht in Betracht, weil im Mahnverfahren, das auf eine formalisierte Erledigung einer großen Anzahl von Verfahren angelegt ist, für eine Entscheidung aufgrund billigen Ermessens unter Berücksichtigung des bisherigen Sach- und Streitstands nach freigestellter mündlicher Verhandlung (§ 128 Abs. 4 ZPO) kein Raum ist.

Diese Begründung ist zu übertragen, so dass es letztlich bei einer Zuständigkeit des Streitgerichts für den Erlass einer Kostenentscheidung und Festsetzung verbleibt.

3. Antragsgegner legt Widerspruch ein und der Antragsteller nimmt daraufhin den Antrag zurück

Wird aufgrund des Widerspruchs das Mahnverfahren durch den Antragsteller zurückgenommen und daraufhin ein Abgabeantrag an das Gericht der Hauptsache gestellt, ist ebenfalls sowohl für den Erlass einer Kostenentscheidung als auch für die Kostenfestsetzung das angerufene Gericht der Hauptsache zuständig. Hierbei ist es unerheblich, ob der Abgabeantrag vom Antragsteller oder vom Widerspruch einlegenden Antragsgegner gestellt wird. Denn in seiner Begründung geht der BGH ausdrücklich davon aus, dass eine **Partei** den Antrag stellen muss.

Der Erstattungsanspruch des Beklagten, der nach Widerspruch gegen einen Mahnbescheid und im Anschluss an den klägerischen Antrag auf Durchführung des streitigen Verfahrens Klageabweisung beantragt, umfasst, wenn zu diesem Zeitpunkt eine Anspruchsbegründung nicht vorliegt, allerdings lediglich die verminderte Verfahrensgebühr nach VV 3101 aus dem Hauptsachestreitwert.[84] Angesichts der vorliegenden prozessrechtlichen Situation, bei der nicht feststeht, ob das gerichtliche Verfahren tatsächlich durchgeführt wird, ist es dem Beklagten zuzumuten, mit der Stellung des Klageabweisungsantrages zuzuwarten, bis eine entsprechende Klagebegründung vorliegt. Vor diesem

---

[84] OLG Bamberg MDR 2008, 1425; a.A. OLG München JurBüro 1986, 878; OLG Saarbrücken JurBüro 1988, 1669 zur vollen Prozessgebühr nach § 31 Abs. 1 Nr. 1 BRAGO in der damals geltenden Fassung; ebenso OLG Düsseldorf JurBüro 1994, 431 unter besonderen Voraussetzungen.

Zeitpunkt ist es dem Beklagten nicht möglich, sich inhaltlich mit dem Klageantrag und einer Begründung hierzu auseinanderzusetzen und das Verfahren durch einen entsprechenden Gegenantrag zu fördern.[85] Die Argumentation der höchstrichterlichen Rechtsprechung, die im Zeitraum vor Begründung einer Berufung lediglich die Erstattungsfähigkeit der verringerten Verfahrensgebühr anerkennt,[86] ist auf die vorliegende Verfahrenssituation sinngemäß zu übertragen. Dass die Streitsache mit der Abgabe des Verfahrens an das Prozessgericht als rechtshängig gilt (§ 696 Abs. 3 ZPO), ändert nichts an der in jedem Verfahrensstadium bestehenden Verpflichtung der Prozessparteien, die Kosten des Rechtsstreits möglichst gering zu halten. Nicht zu folgen ist den Erwägungen, wonach die verringerte Gebühr ausschließlich auf der Klägerseite entstehen könne. Der Gebührentatbestand richtet sich vielmehr an beide Parteien des Prozessrechtsverhältnisses. Durch die Beschränkung der Verfahrensgebühr auf 0,8 soll dem Umstand Rechnung getragen werden, dass der Aufwand des Anwalts in den tatbestandlich genannten Konstellationen gegenüber dem Normfall signifikant geringer ist.[87] Demzufolge wird nach wohl einhelliger Auffassung die Gebührenermäßigung gerade auch dann angenommen, wenn der Auftrag des Beklagtenanwaltes infolge einer Klagerücknahme endet. Zu diesem Zeitpunkt sind nämlich die Voraussetzungen für die weitere Tätigkeit des Rechtsanwalts bezogen auf den Hauptsacheanspruch weggefallen.

138 Nicht geregelt sind allerdings die Fälle, in denen ein **Vollstreckungsbescheid** vorliegt, der **Mahnbescheid** allerdings **nicht sämtliche bis zum Erlass des Vollstreckungsbescheids angefallenen Kosten des Mahnverfahrens enthält**. In der Praxis spielt dies z.B. eine Rolle, wenn der Antragsteller die durch außergerichtliche Besprechung entstandene Terminsgebühr bzw. ggf. Einigungsgebühr[88] vergessen hat.

In der Rechtsprechung bestehen hierzu unterschiedliche Ansichten.[89]

Für die Festsetzung nicht in den Vollstreckungsbescheid aufgenommener Kosten ist das **Prozessgericht**, welches im streitigen Verfahren als Gericht des ersten Rechtszuges mit der Sache befasst worden wäre, zuständig.[90] Der BGH[91] vertritt die Auffassung, dass die im Vollstreckungsbescheid nicht berücksichtigten Kosten nachträglich durch das Mahngericht in den Vollstreckungsbescheid mit aufzunehmen sind.[92]

II. Erstattungsfragen bei Anwaltswechsel

139 Nach § 689 ZPO ist das Amtsgericht, bei dem der Antragsteller seinen allgemeinen Gerichtsstand hat, ausschließlich für das Mahnverfahren zuständig. Durch diese gesetzliche Vorgabe wird der Antragsteller in aller Regel einen Rechtsanwalt seines Wohnsitzes mit der Vertretung im Mahnverfahren beauftragen. Die Kosten dieses Rechtsanwalts sind nach § 91 Abs. 2 S. 1 ZPO vom Antragsgegner zu erstatten. Darauf, dass der Antragsteller den Antrag selbst hätte stellen können, kommt es nicht an.

140 Legt jedoch der Schuldner rechtzeitig gegen den Mahnbescheid Widerspruch ein und wird beantragt, das streitige Verfahren durchzuführen, so gibt das Gericht, das den Mahnbescheid erlassen hat, den Rechtsstreit von Amts wegen an das Gericht ab, das in dem Mahnbescheid gemäß § 692 Abs. 1 Nr. 1 i.V.m. § 690 Abs. 1 Nr. 5 ZPO bezeichnet worden ist (§ 696 Abs. 1 ZPO). Ein Wechsel in der Person des Rechtsanwalts ist nach der seit dem 1.1.2000 geltenden Rechtslage in Verfahren, die zur Zuständigkeit der Landgerichte gehören, beim Übergang vom Mahnverfahren in das streitige Verfahren i.S.d. § 91 Abs. 2 S. 2 ZPO nicht mehr erforderlich.[93] Die in § 24 BRAO a.F. für die gleichzeitige Zulassung des Rechtsanwalts bei mehreren Landgerichten geregelten Beschränkungen sind in den

---

85 So auch Gerold/Schmidt/*Müller-Rabe*, RVG, VV 3305–3308 Rn 46 bei Verbindung des Klageabweisungsantrages mit dem Widerspruch; Riedel/Sußbauer/*Keller*, RVG, VV Teil 3 Vorb. 3 Rn 40: ein Klageabweisungsantrag ist vor Begründung der Klage zur zweckentsprechenden Rechtsverfolgung nicht notwendig.
86 BGH NJW 2003, 2992.
87 Mayer/Kroiß/*Mayer*, RVG, VV 3101 Rn 11.
88 Hierbei muss allerdings ein Anerkenntnis zur Kostenübernahme durch den Antragsgegner vorliegen; KG RVGreport 2005, 383 m. Anm. *Hansens*.
89 Vgl. auch *Hansens*, RVGreport 2015, 116 (Anm. zu OLG Hamm).
90 BayObLG AGS 2007, 153 = Rpfleger 2006, 418.
91 AGS 2009, 252 = RVGreport 2009, 190.
92 Das OLG München NJW-RR 1997, 895 hält einen Kostenfestsetzungsbeschluss für zulässig.
93 BGH NSW ZPO § 91 m.w.N.

alten Bundesländern mit Wirkung zum 1.1.2000 entfallen. Der im Mahnverfahren beauftragte Rechtsanwalt ist danach auch bei dem Landgericht eines anderen Bezirks postulationsfähig, bei dem das streitige Verfahren geführt wird. Insofern ist nunmehr geklärt, dass eine Partei, die vor einem auswärtigen Gericht klagt bzw. verklagt wird, in der Regel in erstattungsfähiger Weise einen Rechtsanwalt mit Kanzlei in der Nähe ihres Wohn- oder Geschäftssitzes beauftragen kann.[94] Dies hat zur Folge, dass im Mahnverfahren die so genannte Widerspruchsprognose regelmäßig nicht mehr erforderlich ist, weil der Antragsteller im Mahnverfahren gebührenrechtlich der Partei gleichzustellen ist, die sogleich das streitige Verfahren betreibt. Denn klagt die Partei ohne vorausgegangenes Mahnverfahren, kann sie grundsätzlich ohne Kostennachteile einen Anwalt mit Kanzlei in der Nähe ihres Geschäftssitzes beauftragen.[95]

Eine **Ausnahme** besteht in den Fällen, in denen die Parteien bei der fiktiven Klage keinen Anwalt mit Kanzleisitz in ihrer Nähe hätte beauftragen dürfen, sondern diesen am Ort des Prozessgerichts hätte schriftlich informieren können. Die Rechtsprechung[96] geht in Ausnahme von dem Grundsatz,[97] dass die Beauftragung eines in der Nähe des Wohn- oder Geschäftsortes der Partei ansässigen Rechtsanwalts eine Maßnahme zweckentsprechender Rechtsverfolgung oder Rechtsverteidigung darstellt, davon aus, dass die Erstattungsfähigkeit der entstandenen Mehrkosten bei einem erforderlichen Anwaltswechsel nur dann gegeben ist, wenn der Gläubiger und spätere Kläger sichere Anhaltspunkte hatte, dass mit einem Widerspruch des Schuldners gegen den Mahnbescheid bzw. mit einem Einspruch gegen den Vollstreckungsbescheid nicht zu rechnen war. Ist dies der Fall, so ist der Kläger zur Vermeidung von Kostennachteilen gehalten, gleich einen Rechtsanwalt zu beauftragen, der ihn auch vor dem Streitgericht vertreten kann.[98]

141

Eine **Ausnahme** vom **Erfordernis der Widerspruchsprognose** lässt der BGH[99] bei **überregional tätigen Großunternehmen** (hier: der Deutschen Telekom AG) zu. Hiernach gilt, dass es trotz des Gebots der Kosteneinsparung aus wirtschaftlich sinnvollen Gründen gerechtfertigt sein kann, weder einen am Unternehmenssitz noch am Sitz des späteren Prozessgerichts ansässigen Rechtsanwalt mit der Durchführung des Mahnverfahrens zu beauftragen, obwohl für die Mandatserteilung ein eingehendes Mandatsgespräch nicht erforderlich ist. Hierfür sprechen einerseits die personelle als auch die organisatorische Eignung der Kanzlei zur Bewältigung von massenhaften Mahnverfahren sowie der Erfahrung des Unternehmens, dass die Mehrzahl der Verfahren (hier 90 % dieser Mahnverfahren) ohne Widerspruch durchgeführt wird.

142

Der BGH ist der Auffassung, dass sich der Erstattungsanspruch der Klägerin für die Beauftragung verschiedener Anwälte aus § 91 Abs. 2 S. 3, 1. Alt. ZPO ergebe. Hiernach dürfen die **notwendigen Kosten mehrerer Anwälte die Kosten eines Anwalts nicht übersteigen**. Insofern sei eine **Vergleichsberechnung** vorzunehmen.

143

Grundsätzlich sind Reisekosten für die Wahrnehmung auswärtiger Termine nach § 91 Abs. 1 ZPO notwendig, soweit eine verständige und wirtschaftlich vernünftige Partei die die Kosten auslösende Maßnahme im Zeitpunkt ihrer Veranlassung als sachdienlich ansieht. Unter mehreren gleichartigen Maßnahmen ist allerdings die kostengünstigste zu wählen.[100] Ausnahmsweise ist es gerechtfertigt, dass ein überregional tätiges Unternehmen aus bestimmten gewichtigen Gründen einen Anwalt hinzuzieht, der nicht an seinem Geschäftsort, sondern an einem **dritten Ort** ansässig sei. Der spätere Kläger ist, auch unter Berücksichtigung des Gebots der Kosteneinsparung, dann nicht verpflichtet, schon für das Mahnverfahren einen Rechtsanwalt am Sitz des (späteren) Prozessgerichts einzuschalten. Die Konzentration der Mahnverfahren in einem solchen Fall auf eine Anwaltskanzlei ist sinnvoll, weil gerade die Mehrheit der Verfahren ohne Widerspruch durchgeführt wird. Bei einer derartigen Sachlage ist es weder möglich noch zumutbar, aus der Vielzahl der einschlägigen Fälle diejenigen herauszusuchen, in denen mit einer gewissen Wahrscheinlichkeit der Schuldner Widerspruch einlegt und deshalb die Durchführung des Mahnverfahrens an sich zweckmäßigerweise sogleich am Gerichtsstand des Schuldners zu beantragen ist.

144

---

94 Zöller/*Herget*, § 91 „Mahnverfahren" m.w.N.
95 Zöller/*Herget*, § 91 „Mahnverfahren" m.w.N.
96 OLG Koblenz JurBüro 2004, 143.
97 BGH Rpfleger 2003, 98 ff. = MDR 2003, 233 ff. = AGS 2003, 97 ff.
98 OLG Koblenz JurBüro 2004, 143; Zöller/*Herget*, § 91 „Mahnverfahren" m.w.N. unter 1); OLG Frankfurt JurBüro 1992, 406 m.w.N.
99 RVG-B 2004, 128 m. Anm. *Mock*.
100 BGH v. 16.10.2002, NJW 2003, 898; BGH v. 11.11.2003, BGHreport 2004, 345.

145 Allerdings kommt es für die anzustellende **Vergleichsberechnung** darauf an, welche Reisekosten beim auswärtigen Anwalt entstehen würden, wenn er an einem Verhandlungstermin vor dem zuständigen Streitgericht teilnimmt. Diesem Betrag sind allerdings nur diejenigen Kosten gegenüberzustellen, die anfallen, wenn die spätere Klagepartei nach der Einlegung des Widerspruchs durch die Beklagtenseite einen am Ort des Prozessgerichts ansässigen Anwalt für das streitige Verfahren mandatieren würde. Wenn danach die Kosten eines Anwalts nach § 91 Abs. 2 S. 3, 1. Alt. ZPO nicht überschritten werden, ergebe sich eine Erstattungsfähigkeit.

146 Die Zuziehung eines in der Nähe ihres Wohn- oder Geschäftsortes ansässigen Rechtsanwalts durch eine an einem auswärtigen Gericht klagende oder verklagte Partei stellt also in der Regel eine Maßnahme zweckentsprechender Rechtsverfolgung oder Rechtsverteidigung dar, weil ein persönliches Informations- und Beratungsgespräch zwischen Partei und Anwalt mindestens zu Beginn eines Mandats in der ganz überwiegenden Mehrzahl der Fälle erforderlich und sinnvoll ist.[101] Hiervon macht der BGH bei der **Telekom als bundesweit tätigem Konzern** eine **Ausnahme**. Denn hier wird die sogenannte **Widerspruchserwartung** – zumindest teilweise- durchbrochen. Hiernach spielt es für die Frage der Kostenerstattung mehrerer Anwälte beim Übergang vom Mahn- ins Streitverfahren eine Rolle, ob mit einem Widerspruch seitens des Gegners zu rechnen war. Ist dies der Fall, so ist der Kläger von vornherein gehalten, einen Anwalt zu beauftragen, der diesen auch im streitigen Verfahren vertritt, andernfalls der Gegner lediglich die Kosten **eines Rechtsanwalts** – wie dies auch der BGH vorgibt – zu erstatten hat.

147 Die Entscheidung verdient Kritik, wie dies *Herget*[102] richtigerweise erkannt hat. Denn wenn sich ein Großunternehmen zweckmäßig so organisiert bzw. verhält, dass erkennbar zum Widerspruch bereite Schuldner nicht erkannt werden können, darf sich dieses vom Gläubiger bewusst in Kauf genommene Risiko nicht zu Lasten des Schuldners auswirken, der ansonsten den Preis zahlen müsste für wirtschaftliche Überlegungen des Gläubigers, die nur diesem zugute kommen.

148 Lässt sich die klägerische Partei im Mahnverfahren durch einen **Rechtsbeistand** vertreten, so sind die im **Anwaltsprozess anfallenden Mehrkosten** neben den Kosten des im streitigen Verfahren beauftragten Rechtsanwalts grundsätzlich nicht erstattungsfähig. Dies gilt unabhängig davon, ob bei Einleitung des Mahnverfahrens mit der Erhebung eines Widerspruchs zu rechnen war oder nicht.[103] Eine Erstattungsfähigkeit kommt nur in Betracht, soweit nach § 91 Abs. 2 S. 2 ZPO eine Kostenerstattung auch bei der Beauftragung mehrerer Rechtsanwälte zulässig wäre. Ebenso ist für die Tätigkeit eines Rechtsbeistands im Mahnverfahren die 1,0-Verfahrensgebühr nicht erstattungsfähig, wenn die Höhe der geltend gemachten Hauptforderung für das Streitverfahren die Zuständigkeit des Landgerichts begründet.[104] Sobald sich die Hauptforderung über 5.000 EUR beträgt, ist die Zuständigkeit des Landgerichts (§ 23 Nr. 1 i.V.m. § 71 Abs. 1 GVG) gegeben. Vor diesem müssen sich die Parteien durch einen Rechtsanwalt vertreten lassen (§ 78 Abs. 1 S. 1 ZPO). Die in einem Anwaltsprozess anfallenden Mehrkosten, die durch die Beauftragung eines Rechtsbeistands im Mahnverfahren anfallen, sind jedoch neben den Kosten des im streitigen Verfahren tätigen Rechtsanwalts grundsätzlich nicht erstattungsfähig – unabhängig davon, ob bei Einleitung des Mahnverfahrens mit der Erhebung eines Widerspruchs zu rechnen war oder nicht.[105] Im Anwaltsprozess ist der Kläger mit Rücksicht auf die ihm obliegende Wahl der kostengünstigsten Rechtsverfolgungsmaßnahme gehalten, mit der Einleitung des Mahnverfahrens, sofern er sich in diesem vertreten lassen will, sogleich einen Rechtsanwalt zu beauftragen. Die Einschaltung eines Rechtsbeistands ist nicht sachdienlich, weil die im Falle eines Widerspruchs entstehenden Mehrkosten durch die Beauftragung eines Rechtsanwalts bereits im Mahnverfahren vermeidbar sind. Dabei kommt es nach der BGH-Rechtsprechung nicht darauf an, ob der Kläger mit einem Widerspruch des Beklagten rechnen musste oder nicht.

149 Zwar sind die durch die Beauftragung eines Rechtsanwalts entstehenden Kosten stets als notwendige Kosten der Rechtsverfolgung i.S.d. § 91 Abs. 1 S. 1 ZPO von der unterlegenen Partei zu erstatten, so dass diese berechtigt ist, einen Rechtsanwalt mit der gerichtlichen Wahrnehmung ihrer Interessen zu beauftragen. Dieser Grundsatz erfährt allerdings dann eine Ausnahme, soweit eine Vertretung durch Anwälte nach § 78 Abs. 1 ZPO geboten ist. Insofern steht es einer Partei zwar grundsätzlich frei, statt eines Anwalts einen Rechtsbeistand mit der gerichtlichen Wahrnehmung ihrer Interessen

---

101 BGH v. 16.10.2002, NJW 2003, 898; BGH v. 21.1.2004 – IV ZB 32/03, RVG-B 2004, 54.
102 Zöller/*Herget*, § 91 „Mahnverfahren".
103 BGH AGS 2006, 95; OLG Stuttgart Rpfleger 2009, 278 = Justiz 2009, 196 = OLGR Stuttgart 2009, 381.
104 OLG Stuttgart, Beschl. v. 2.2.2009 – 8 W 35/09 (juris).
105 BGH NJW 2006, 446.

zu beauftragen. Im Anwaltsprozess ist der Kläger, sofern es sich im Mahnverfahren durch einen Prozessbevollmächtigten vertreten lassen will, allerdings mit Rücksicht auf die ihm obliegende Wahl der **kostengünstigsten Rechtsverfolgungsmaßnahme** gehalten, mit der Einleitung des Mahnverfahrens sogleich einen Rechtsanwalt zu beauftragen. Die Beauftragung eines Rechtsbeistands mit der Vertretung im Mahnverfahren ist in diesem Fall nicht als sachdienlich anzusehen. Die hierdurch im Falle eines Widerspruchs entstehenden Mehrkosten, die dadurch entstehen, dass der Kläger zur Durchführung des streitigen Verfahrens im Hinblick auf § 78 Abs. 1 ZPO einen Rechtsanwalt mit seiner Vertretung beauftragen muss, sind durch die Beauftragung eines Rechtsanwalts im Mahnverfahren von vornherein vermeidbar. Hieran ändert sich auch nichts durch die Tatsache, dass mit einem Widerspruch seitens der Beklagtenpartei zu rechnen war oder nicht. Denn die Prognose, ob mit einem Widerspruch zu rechnen ist, ist durch erhebliche Unsicherheit geprägt. Denn sofern die Beklagtenseite durch ihr Verhalten zu einer Klageerhebung Veranlassung gegeben hat, ist es von vornherein nicht auszuschließen, dass es zu einer streitigen Auseinandersetzung kommt. Hieraus folgt, dass eine wirtschaftlich vernünftige Partei nur solche Rechtsverfolgungsmaßnahmen als sachdienlich ansehen darf, die diesem Umstand bereits bei der Einleitung des Mahnverfahrens Rechnung trägt.

III. Mahnanwalt, Hauptbevollmächtigter, Terminsvertreter

Obergerichtlich geregelt sind jetzt die Fälle, in denen der Mahnanwalt als Hauptbevollmächtigter des Streitverfahrens einen Unterbevollmächtigten beauftragt. Eine Kostenerstattung ist nur notwendig, wenn die dadurch verursachten Kosten in etwa gleich hoch oder niedriger sind, als die auf diese Weise ersparten Reisekosten des ehemaligen Mahnanwalts. In einer Grundsatzentscheidung hat der BGH versucht, die Erstattungsfähigkeit und damit Notwendigkeit der Kosten eines Unterbevollmächtigten bzw. Terminsvertreters in den Griff zu bekommen. Hierzu hat der BGH[106] entschieden, dass einerseits

– die Zuziehung eines am Wohn- oder Geschäftsort der auswärtigen Partei ansässigen Rechtsanwalts regelmäßig als zur zweckentsprechenden Rechtsverfolgung oder Rechtsverteidigung notwendig i.S.v. § 91 Abs. 2 S. 1, 2. Hs. ZPO anzusehen ist[107] und andererseits,
– dass die Kosten eines Unterbevollmächtigten, der für den auswärtigen Prozessbevollmächtigten die Vertretung in der mündlichen Verhandlung übernommen hat, erstattungsfähig sind, soweit sie die durch die Tätigkeit des Unterbevollmächtigten ersparten, erstattungsfähigen Reisekosten des Prozessbevollmächtigten **nicht wesentlich übersteigen**. Gemeint ist hiermit, dass durch die Tätigkeit des Unterbevollmächtigten erstattungsfähige Reisekosten des Hauptbevollmächtigten, nämlich Tage- und Abwesenheitsgeld sowie Fahrtkosten – nicht Flugkosten von Billigfluglinien[108] – nach VV Vorb. 7 Abs. 2, 3, VV 7003 bis 7006, erspart werden, die ansonsten bei der Wahrnehmung des Termins durch den Hauptbevollmächtigten entstanden wären.[109]

Notwendige Voraussetzung für die Erstattung von Kosten des Unterbevollmächtigten ist demnach zunächst, dass die dem Hauptbevollmächtigten im Falle eigener Terminswahrnehmung zustehenden Reisekosten dem Grunde nach zu erstatten wären.

Bei der Frage der **Erstattungsfähigkeit** kommt es darauf an, ob eine verständige und wirtschaftlich vernünftige Partei die Kosten auslösende Maßnahme im Zeitpunkt ihrer Veranlassung als sachdienlich ansehen durfte. Dabei darf eine Partei ihr berechtigtes Interesse verfolgen und die zur vollen Wahrnehmung ihrer Belange erforderlichen Schritte ergreifen. Sie ist lediglich gehalten, **unter mehreren gleichartigen Maßnahmen die kostengünstigste auszuwählen**.[110] Allerdings weist der BGH[111] in einer anderweitig ergangenen Entscheidung darauf hin, dass bei der Prüfung der Notwen-

---

106 BGH AGS 2003, 97 m. Anm. *Madert*; BGH RVG-B 2005, 41 m. Anm. *Onderka*.
107 Die Regelung § 91 Abs. 2 S. 2 ZPO wurde durch das 1. KostRMoG mit Wirkung zum 1.7.2004 aufgehoben. Insofern hat die Entscheidung auch Gültigkeit für Fälle nach dem 1.7.2004.
108 OLG Stuttgart RVGreport 2005, 319.
109 OLG Stuttgart RVGreport 2005, 319; OLG Düsseldorf NJW-RR 2001, 1000 = JurBüro 2001, 256; OLG Hamm JurBüro 2001, 366 und 484.
110 BGH NJW 2003, 898; BGH NJW-RR 2004, 430; BGH WRP 2004, 1492 f. – Unterbevollmächtigter II – m.w.N.
111 BGH NJW 2003, 901, 902 = WRP 2003, 391 – Auswärtiger Rechtsanwalt I.

digkeit einer bestimmten Rechtsverfolgungs- oder Rechtsverteidigungsmaßnahme eine **typisierende Betrachtungsweise** geboten ist. Gemeint ist damit, dass der Gerechtigkeitsgewinn, der bei einer übermäßig differenzierenden Betrachtung im Einzelfall zu erzielen ist, in keinem Verhältnis zu den sich einstellenden Nachteilen steht, wenn in nahezu jedem Einzelfall mit Fug darüber gestritten werden kann, ob die Kosten einer bestimmten Rechtsverfolgungs- oder Rechtsverteidigungsmaßnahme zu erstatten sind oder nicht. Insofern verbietet es sich auf die Besonderheiten des Einzelfalls näher einzugehen.[112]

153 Eine **Ausnahme** von dem Grundsatz, dass die Beauftragung eines in der Nähe des Wohn- oder Geschäftsortes der Partei ansässigen Rechtsanwaltes eine Maßnahme zweckentsprechender Rechtsverfolgung oder Rechtsverteidigung darstellt, kann allerdings dann eingreifen,

154 – wenn schon im Zeitpunkt der Beauftragung des Rechtsanwalts feststeht, dass ein eingehendes Mandantengespräch für die Prozessführung nicht erforderlich sein wird. Dies kommt in Betracht bei gewerblichen Unternehmen, die über eine **eigene Rechtsabteilung** verfügen, die die Sache bearbeitet hat.[113] Dies zu prüfen ist unabdingbare Voraussetzung des Kostenfestsetzungsorgans;
– wenn bei einem in tatsächlicher Hinsicht überschaubaren Streit um eine Geldforderung die Gegenseite versichert hat, nicht leistungsfähig zu sein und gegenüber einer Klage keine Einwendungen zu erheben.

155 **Gegenausnahmen:**
– Selbst bei Vorhandensein einer Rechtsabteilung kann allerdings wiederum eine sachgerechte und die Interessen der Partei vollständig wahrende Prozessführung die mündliche Besprechung tatsächlicher und rechtlicher Fragen mit dem Prozessbevollmächtigten erforderlich machen, wenn der zu beurteilende Fall Besonderheiten aufweist und es sich **nicht um ein Routinegeschäft** handelt.[114]
– Ein Mandantengespräch ist auch dann entbehrlich, wenn die Sache von Mitarbeitern bearbeitet worden ist, die in der Lage waren, einen am Sitz des Prozessgerichts ansässigen Prozessbevollmächtigten **umfassend schriftlich** zu instruieren. Davon kann auszugehen sein, wenn es sich bei den mit der Sache befassten Mitarbeitern um **rechtskundiges Personal** handelt und der Rechtsstreit in tatsächlicher und rechtlicher Hinsicht keine besonderen Schwierigkeiten aufweist.

156 Das Tatbestandsmerkmal des **wesentlichen Übersteigens der erstattungsfähigen Reisekosten des Prozessbevollmächtigten** ist gegeben, wenn die **Kosten des Unterbevollmächtigten die ersparten Reisekosten um mehr als 10 % überschreiten**. Hierbei gilt es zu beachten, dass die Mehrkosten allerdings nur in Höhe von **100 % der ersparten Terminsreisekosten** zu erstatten sind. Ein Zuschlag von 10 % hierauf verbietet sich.[115]

157 Um die Notwendigkeit und damit Erstattungsfähigkeit der Kosten des Unterbevollmächtigten zu prüfen, sollte in folgenden Schritten vorgegangen werden:[116]

158 – Prüfung, ob die Zuziehung eines Rechtsanwalts mit Kanzleisitz am Wohn- oder Geschäftsort der Partei notwendig ist
– Ermittlung der Vergütung des Prozessbevollmächtigten[117]
– Ermittlung der Vergütung des Prozessbevollmächtigten, sowie der Vergütung des Unterbevollmächtigten bzw. Terminsvertreters[118]
– Ermittlung der Mehrkosten, die durch Einschaltung des Unterbevollmächtigten bzw. Terminsvertreters entstanden sind[119]
– Ermittlung der Reisekosten des Prozessbevollmächtigten[120]

---

[112] *Hansens*, RVGreport 2005, 115 f.
[113] BGH NJW 2003, 898, 901; BGH GRUR 2003, 725 f. = WRP 2003, 894 – Auswärtiger Rechtsanwalt II; BGH WRP 2004, 495, 496 – Auswärtiger Rechtsanwalt IV.
[114] BGH JurBüro 2003, 427 = AnwBl 2003, 311.
[115] OLG Stuttgart RVGreport 2005, 319 m. Anm. *Hansens*.
[116] *Enders*, JurBüro 2005, 62 ff.
[117] In der Regel 1,3-Verfahrensgebühr nach VV 3100; ggf. 1,2-Terminsgebühr nach VV 3104 bei Besprechungen zur Vermeidung oder Erledigung der Angelegenheit (vgl. VV Vorb. 3 Abs. 3 Ziff. 2).
[118] 0,65-Verfahrensgebühr nach VV 3401 und 1,2-Terminsgebühr nach VV 3402.
[119] In der Regel 0,65-Gebühr. Zu beachten ist, dass eine nur bei dem Unterbevollmächtigten bzw. Terminsvertreter angefallene Einigungsgebühr nicht mit einzubeziehen ist. Ist auf Seiten des Prozessbevollmächtigten ebenfalls eine 1,2-Terminsgebühr entstanden, so ist diese bei der Vergleichsberechnung mit zu berücksichtigen.
[120] VV 7003 bis 7006; eine Beschränkung der Gesamtstrecke von bis zu 200 km gilt nach § 5 JVEG – entgegen § 9 ZuSEG a.F. – nicht mehr.

- Vergleich der Mehrkosten des Unterbevollmächtigten bzw. Terminsvertreters mit den Reisekosten des Prozessbevollmächtigten. Liegen die Kosten des Unterbevollmächtigten höher als 10 % der ersparten Reisekosten des Prozessbevollmächtigten, so kommt eine Erstattung nur bis zur Höhe von 100 % der ersparten Terminsreisekosten in Betracht.[121]

Da der Verfahrensbevollmächtigte, der an dem Termin nicht teilnimmt, in der Regel keine Terminsgebühr erhält (Ausnahme: Besprechungen zur Erledigung – VV Vorb. 3 Abs. 3 Ziff. 2) werden insoweit dessen Terminsgebühr und dessen Reisekosten erspart.

Beispiel: Die in Koblenz wohnende Partei beantragt vor dem AG Mayen gegen die in Köln wohnende Partei einen Mahnbescheid über 3.000 EUR. Nachdem der Gegner hiergegen durch seinen Rechtsanwalt Widerspruch eingelegt hat, beauftragt der Klägervertreter einen in Köln niedergelassenen Anwalt als Terminsvertreter im streitigen Verfahren vor dem AG Köln.
Es ist folgende Vergütung angefallen:

I. Mahnanwalt
1. 1,0-Verfahrensgebühr, VV 3305   201,00 EUR
2. Postentgeltpauschale, VV 7002   20,00 EUR
   Zwischensumme   221,00 EUR
3. 19 % Umsatzsteuer, VV 7008   41,99 EUR
   Gesamt   **262,99 EUR**

II. Prozessbevollmächtigter
1. 1,3-Verfahrensgebühr, VV 3100   261,30 EUR
2. Postentgeltpauschale, VV 7002   20,00 EUR
3. anzurechnen gem. Anm. VV 3305   − 201,00 EUR
   Zwischensumme   80,30 EUR
4. 19 % Umsatzsteuer, VV 7008   15,26 EUR
   Gesamt   **95,56 EUR**

III. Terminsvertreter
1. 0,65-Verfahrensgebühr, VV 3401, 3100   130,65 EUR
2. 1,2-Terminsgebühr, VV 3402, 3401, 3104   241,20 EUR
3. Postentgeltpauschale, VV 7002   20,00 EUR
   Zwischensumme   391,85 EUR
4. 19 % Umsatzsteuer, VV 7008   74,45 EUR
   Gesamt   **466,30 EUR**
   Gesamtvergütung beider Anwälte   **824,85 EUR**

Wäre unmittelbar ein Kölner Anwalt als Prozessbevollmächtigter bestellt worden, so wären folgende Gebühren angefallen:
1. 1,3-Verfahrensgebühr, VV 3100   261,30 EUR
2. 1,2-Terminsgebühr, VV 3104   241,20 EUR
3. Postentgeltpauschale, VV 7002   20,00 EUR
4. Fahrtkosten, VV 7003, 2 × 100 km × 0,30 EUR   60,00 EUR
5. Abwesenheitsgeld, VV 7005 Nr. 1   25,00 EUR
   Zwischensumme   607,50 EUR
6. 19 % Umsatzsteuer, VV 7008   115,43 EUR
   Gesamt   **722,93 EUR**

An Mehrkosten sind somit 824,85 EUR − 722,93 EUR = 101,92 EUR entstanden.
Die Reisekosten des Prozessbevollmächtigten betragen insgesamt 80 EUR. 10 % hiervon sind 8 EUR. Nach der BGH Rechtsprechung dürfen die Kosten des Unterbevollmächtigten bzw. Terminsvertreters nicht höher als 80 EUR liegen. Nur in Höhe von 80 EUR kommt eine Erstattung durch den Gegner in Betracht, so dass die übrigen Mehrkosten des Unterbevollmächtigten bzw. Terminsvertreters in Höhe einer 0,65-Verfahrensgebühr zzgl. Auslagen und Umsatzsteuer abzüglich eines Betrages von 80 EUR vom Mandanten selbst zu tragen sind.

Aber auch dann, wenn **keine eigene Rechtsabteilung** vorhanden ist, ist die Zuziehung eines am Wohn- oder Geschäftsort der auswärtigen Partei ansässigen Rechtsanwalts regelmäßig als zur zweckentsprechenden Rechtsverfolgung oder Rechtsverteidigung notwendig anzusehen, wenn die Partei bei **rechtlichen Schwierigkeiten** einen **Hausanwalt** an ihrem Geschäftsort beauftragt. Dies folgt daraus, dass es im Rahmen der Kostenerstattung auf die tatsächliche Organisation des Unternehmens

---

121 OLG Stuttgart RVGreport 2005, 319 m. Anm. *Hansens*.

der Partei ankommt und nicht darauf, welche Organisation das Gericht für zweckmäßig hält. Der Prozessgegner hat es also hinzunehmen, dass er die erforderlichen Kosten eines als Hauptbevollmächtigten eingeschalteten Rechtsanwalts regelmäßig zu tragen hat, während die Kosten einer Rechtsabteilung nicht auf ihn abgewälzt werden könnten. Dies gilt auch dann, wenn eine Partei, ständig eine bestimmte Anwaltskanzlei mit der Bearbeitung von Rechtsangelegenheiten, die nicht zu ihrem eigentlichen Unternehmensgegenstand gehören, beauftragt und dadurch die Einrichtung einer eigenen Rechtsabteilung entbehrlich macht.[122]

161 Ist der **Rechtsanwalt nicht am Prozessgericht zugelassen** bzw. weder an **Gerichtsort noch am Geschäfts- oder Wohnort der Prozesspartei ansässig**, sind die **Reisekosten** zur Terminswahrnehmung jedenfalls insoweit zu erstatten, als sie sich im Rahmen der erstattungsfähigen Reisekosten halten, die angefallen wären, wenn die Partei einen Prozessbevollmächtigten entweder am Gerichtsort oder an ihrem Geschäfts- oder Wohnort beauftragt hätte.[123] Hierfür spricht einerseits das erforderliche persönliche mündliche Gespräch als auch, dass eine Partei ein berechtigtes Interesse daran haben kann, sich durch den Rechtsanwalt ihres Vertrauens auch vor auswärtigen Gerichten vertreten zu lassen.[124] Dies entspricht zudem der Entscheidung des BVerfG.[125] Denn das besondere Vertrauensverhältnis zwischen Anwalt und Mandant, das auf Aktenkenntnis im konkreten Fall oder auch auf langjähriger Beratung und erfolgreicher begleitender Zusammenarbeit gründen könne, ist ein rechtlich anzuerkennender Vorteil aus der Sicht des Mandanten. Nichts anderes kann bei der Entscheidung gelten, inwieweit die Kosten des beim Prozessgericht nicht zugelassenen und am Gerichtsort nicht ansässigen Prozessbevollmächtigten zu erstatten sind. Hier ist ebenso wie dem Bedarf an persönlichem Kontakt auch dem Vertrauensverhältnis zwischen der Partei und dem von ihr ausgewählten Rechtsanwalt Rechnung zu tragen.

162 Soweit sich danach die Partei eines Anwalts bedienen darf und dessen Reisekosten an sich erstattungsfähig sind, sind auch die Kosten eines Terminsvertreters erstattungsfähig, sofern der Anwalt nicht zum Termin anreist, sondern stattdessen einen Terminsvertreter beauftragt. Lediglich dann, wenn die Kosten des Terminsvertreters wesentlich[126] höher sind als die Reisekosten des Anwalts, kann die Kostenerstattung auf die Höhe der Reisekosten zu begrenzen sein. Insofern gelten auch hier die oben dargestellten Prüfungsschritte.

163 Eine kleinliche Betrachtung ist hierbei allerdings nicht angebracht. Insbesondere ist hier zu berücksichtigen, dass zu Beginn des Rechtsstreits nicht abzusehen sein wird, wie hoch die Reisekosten des Anwalts sein werden.

164 Eine Kostenerstattung in Höhe eventuell **ersparter Terminsreisekosten der Partei** kommt nicht Betracht. Denn der Terminsvertreter nimmt in der Regel nicht an Stelle der Partei am Termin teil, sondern an Stelle des Verfahrensbevollmächtigten. So wird eine Partei schwerlich begründen können, wieso durch die Einschaltung eines Terminsvertreters das persönliche Erscheinen im Termin entbehrlich wurde. Erscheint die Partei neben dem Terminsvertreter nicht, dann wäre sie auch neben dem Verfahrensbevollmächtigten nicht erschienen, so dass insoweit keine Kosten erspart worden sein dürften.

IV. Verfahrensgebühr nach Abgabe des Mahnverfahrens bei Klagerücknahme vor Anspruchsbegründung

165 Nimmt der Kläger nach der von ihm beantragten Abgabe des Mahnverfahrens an das Streitgericht die Klage vor Anspruchsbegründung zurück, so ist die dem Prozessbevollmächtigten des Beklagten erwachsene **0,8-Verfahrensgebühr nach VV 3101 aus dem Wert der Hauptsache** erstattungsfähig. Stellt der Prozessbevollmächtigte des Beklagten einen Antrag nach § 269 Abs. 4 ZPO, ist **zusätzlich** eine nach dem **Kostenwert**[127] bemessene **1,3-Verfahrensgebühr gemäß VV 3100** in den Grenzen des § 15 Abs. 3 zu erstatten.[128]

---

122 BGH RVGreport 2005, 115.
123 BGH AGS 2004, 260 f.; insofern gelten auch hier die oben dargestellten Prüfungsschritte.
124 BGH AGS 2004, 260 f.
125 BVerfGE 103, 1, 16.
126 BGH AGS 2003, 97 m. Anm. *Madert*; BGH RVG-B 2005, 41 m. Anm. *Onderka*.
127 OLG Köln JurBüro 2000, 77; OLG Düsseldorf NJW-RR 2005, 1231; vgl. auch BGH JurBüro 2003, 256.
128 KG JurBüro 2007, 307 = Rpfleger 2007, 432 = KGR Berlin 2007, 602.

Hingegen kommt die Erstattung einer vollen 1,3-Verfahrensgebühr seitens des Beklagtenvertreters – ausnahmsweise[129] – dann in Betracht, wenn der Kläger nach vorangegangenem Mahnverfahren trotz Aufforderung gemäß § 697 Abs. 1 ZPO mehrere Monate keine Anspruchsbegründung einreicht und der Beklagte einen Klagabweisungsantrag sowie einen Antrag auf Terminsanberaumung nach § 697 Abs. 3 ZPO stellt, woraufhin die Klagrücknahme erfolgt.[130] Der Antrag nach § 697 Abs. 3 ZPO stellt eine Prozesshandlung dar, die eine 1,3-Verfahrensgebühr nach VV 3100 begründet.[131]

166 Voraussetzung ist jedoch, dass der Prozessbevollmächtigte des Beklagten glaubhaft macht (§ 104 Abs. 2 ZPO), dass sein Mandat nicht auf die Erhebung des Widerspruchs gegen den Mahnbescheid beschränkt war, sondern dass er – wie das in aller Regel der Fall ist – von der Partei sogleich mit der Prozessführung beauftragt worden ist. Hierzu genügt bereits die Entgegennahme der Nachricht des Gerichts über den Akteneingang und die der Klägerin erteilte befristete Auflage, weil als glaubhaft gemacht angesehen werden kann, dass der Anwalt anschließend pflichtgemäß prüft, ob etwas für seinen Mandanten zu veranlassen ist. Die Einreichung eines Schriftsatzes ist nicht erforderlich.[132]

167 Die im streitigen Verfahren angefallenen Verfahrensgebühren sind auch im vollen Umfang nach **§ 91 Abs. 1 S. 1 ZPO als notwendige Kosten der Rechtsverteidigung erstattungsfähig**. Die Partei ist nicht gehalten, ihre Rechtsverteidigung zunächst auf die Erhebung des Widerspruchs zu beschränken.[133] Diese Auffassung stellt allerdings einen Wertungswiderspruch zur Rechtsprechung des BGH dar zu vermeiden, wonach im Falle einer nur fristwahrend eingelegten und noch nicht begründeten Berufung die mit dem Rechtsmittel überzogene Partei ohne weiteres Zuwarten einen Rechtsanwalt bestellen darf und die hierdurch entstehenden Kosten auch erstattungsfähig sind.[134] Der BGH hat auf § 91 Abs. 2 S. 1 ZPO verwiesen, der die gesetzlichen Gebühren und Auslagen des Rechtsanwalts der obsiegenden Partei in allen Prozessen zu den erstattungsfähigen Kosten zählt. Daraus ist zu entnehmen, dass eine Partei im Prozess einen Rechtsanwalt zu Hilfe nehmen dürfe und diese Befugnis stehe uneingeschränkt auch dem Rechtsmittelgegner in einer als risikobehaftet empfundenen Situation zu. In einer solchen Lage befindet sich auch die Partei, die im Mahnverfahren in Anspruch genommen wurde, wenn die Streitsache nach Abgabe an das Prozessgericht dort anhängig geworden ist. Die in Anspruch genommene Partei muss mit der Durchführung der Klage rechnen, nachdem der Antragsteller im Mahnverfahren den Antrag nach § 696 Abs. 1 S. 1 GKG gestellt, die Kosten für die Durchführung des streitigen Verfahrens eingezahlt und dadurch die Abgabe an das Prozessgericht bewirkt hat. Sie kann regelmäßig nicht selbst beurteilen, was in dieser Lage des Verfahrens zu ihrer Rechtsverteidigung sachgerecht zu veranlassen ist. Der beklagten Partei kann daher nicht zugemutet werden, ohne den Beistand eines Rechtsanwalts zunächst die Klagebegründung oder die vom Prozessgericht zur Klagebegründung gesetzte Frist abzuwarten.

V. Anrechnung der außergerichtlichen Geschäftsgebühr

1. Allgemeines

168 Soweit wegen **desselben Gegenstands** eine Geschäftsgebühr nach VV 2300 entstanden ist, wird diese Gebühr zur Hälfte, jedoch höchstens mit einem Gebührensatz von 0,75 auf die Verfahrensgebühr eines nachfolgenden gerichtlichen Mahnverfahrens angerechnet (VV Vorb. 3 Abs. 4 S. 1). Dies ist auch dann der Fall, wenn die Geschäftsgebühr **nach** dem gerichtlichen Mahnverfahren entsteht. Insofern ist eine **Rückwärtsanrechnung** vorgeschrieben. Ausdrücklich geregelt ist, dass die Anrechnung nur nach dem Wert des Gegenstandes erfolgt, der in das gerichtliche Verfahren übergegangen ist (VV Vorb. 3 Abs. 4 S. 3).

---

129 Eine durch den Klagabweisungsantrag entstandene 1,3-Verfahrensgebühr **vor Klagbegründung** ist grundsätzlich nicht erstattungsfähig, weil diese kostenauslösende Maßnahme zu diesem Zeitpunkt nicht zu den notwendigen Kosten des Rechtsstreits i.S.d. § 91 Abs. 1 S. 1 ZPO gehört; OLG Hamburg AGS 2014, 153; vgl. Gerold/Schmidt/*Müller-Rabe*, 21. Aufl., VV 3305–3308 Rn 139).

130 OLG Hamburg AGS 2014, 153.
131 OLG Naumburg AGS 2012, 122.
132 BGH NJW 2005, 2233.
133 So aber KG JurBüro 2002, 641 und JurBüro 2001, 138 m.w.N.
134 BGH NJW 2003, 756.

2. Anrechnung der vollen Verfahrensgebühr bei zwischengeschaltetem Mahnverfahren auf Verfahrensgebühr des nachfolgenden Rechtsstreits (sog. Kettenanrechnung)

169 Der BGH[135] hat entschieden, dass wenn die anwaltliche Geschäftsgebühr gemäß VV 2300 tituliert und dem Erkenntnisverfahren ein Mahnverfahren mit gleichen Gegenstandswerten vorausgegangen ist, bei der Kostenfestsetzung die gemäß VV 3305 entstandene Verfahrensgebühr für die Tätigkeit im Mahnverfahren auf die gemäß VV 3100 entstandene Verfahrensgebühr in vollem Umfang anzurechnen ist.

Der BGH begründet seine Entscheidung zunächst damit, dass eine Anrechnung der Geschäftsgebühr in den Fällen zu erfolgen hat, die in § 15a Abs. 2 gesetzlich geregelt sind. Wenn daher die außergerichtliche Geschäftsgebühr in voller Höhe tituliert worden ist, ist die Anrechnung auch im Verhältnis zu Dritten im Kostenfestsetzungsverfahren zu berücksichtigen (§ 15a Abs. 2 Var. 2). Der Anrechnung der hälftigen Geschäftsgebühr steht dabei nicht entgegen, dass die Anrechnungsvorschrift der VV Vorb. 3 Abs. 4 grundsätzlich nur das Innenverhältnis zwischen Mandant und Anwalt betrifft. Die Anrechnungsregeln hinsichtlich der im Mahnverfahren entstandenen Gebühren wirken sich daher auch im Verhältnis zu Dritten aus (§ 15a Abs. 2 Var. 3).

Nach herrschender Ansicht wird die Berechnung der Gebühren im Falle des nach außergerichtlicher Geschäftsbesorgung zunächst im Mahnverfahren und anschließend im Hauptverfahren in derselben Sache tätigen Rechtsanwalts in der Weise vorgenommen, dass auf die Verfahrensgebühr für die Vertretung des Antragstellers im Mahnverfahren die Geschäftsgebühr gemäß VV Vorb. 3 Abs. 4 zur Hälfte bzw. mit maximal 0,75 angerechnet wird.[136] Die Verfahrensgebühr für die Vertretung des Antragstellers im Mahnverfahren wird gemäß VV 3305 in vollem Umfang und nicht in durch die Anrechnung der Geschäftsgebühr gekürztem Umfang auf die Verfahrensgebühr für die Tätigkeit im streitigen Verfahren angerechnet. Die herrschende Meinung folgt dabei dem Wortlaut der Anrechnungsregelung in VV 3305. Hiernach ist die zuvor bezeichnete volle Verfahrensgebühr auf einen nachfolgenden Rechtsstreit anzurechnen. Dem Gesetzeswortlaut kann nicht entnommen werden, dass – im Falle einer zuvor erfolgten Anrechnung – nur die verbleibende Gebühr im nachfolgenden Rechtsstreit anzurechnen ist. § 15a lässt sich vielmehr entnehmen, dass die ursprünglich entstandene Gebühr anzurechnen ist. Durch die volle Anrechnung ist zudem gewährleistet, dass der Sinn der Anm. zu VV 3305 auch dann zum Tragen kommt, wenn eine vorgerichtlich entstandene Geschäftsgebühr anzurechnen ist: Dieser besteht letztlich darin die anwaltlichen Gebührenansprüche zu begrenzen. Ansonsten entstünde das vom Gesetzgeber nicht gewollte Ergebnis, dass für die Tätigkeit des nach außergerichtlicher Geschäftsbesorgung zunächst im Mahnverfahren und anschließend im Hauptverfahren tätigen Rechtsanwalts mehr Gebühren festzusetzen wären, als für die Tätigkeit des Anwalts, der nach außergerichtlicher Geschäftsbesorgung direkt das Hauptsacheverfahren betreibt.

170 Die BGH-Entscheidung betrifft nur den Fall, dass die Geschäftsgebühr gemäß VV 2300 tituliert ist (§ 15a Abs. 2 Alt. 2). Die praktische Anwendung ist also, dass die Geschäftsgebühr entweder im Mahnverfahren als Kosten festgesetzt oder durch Urteil mit tenoriert wurde. Sie betrifft hingegen nicht § 15a Abs. 2, 1. Alt, 3. Alt. Dennoch ist die Entscheidung auch – insbesondere im Fall des § 15a Abs. 2, 1. Alt. – anzuwenden, also auch dann, wenn die Geschäftsgebühr bereits gezahlt wurde.

Auch wenn die Entscheidung aus gebührenrechtlicher Sicht negativ zu beurteilen ist, wird sie sich in der Praxis durchsetzen. Es ist nunmehr klargestellt, dass sich bei einem zwischengeschalteten Mahnverfahren die Anrechnung der Gebühren folgendermaßen vollzieht:
- zunächst ist auf die Mahnverfahrensgebühr nach VV 3305 die Geschäftsgebühr zur Hälfte bzw. mit maximal 0,75 anzurechnen.
- sodann wird die Mahnverfahrensgebühr in voller Höhe auf die Verfahrensgebühr des streitigen Verfahrens angerechnet.

---

135 AGS 2010, 621 = MDR 2011, 137 = ZfBR 2011, 139 = BRAK-Mitt. 2011, 37 = Rpfleger 2011, 180 = JurBüro 2011, 80 = NJW 2011, 1368; BGH AGS 2010, 263; OLG Köln AGS 2009, 476; OLG Hamm AGS 2014, 453; im Ergebnis ebenso OLG Hamm AGS 2014, 453.

136 Vgl. OLG Köln, AGS 2009, 476; *Meyer*, JurBüro 2008, 16, 17; Gerold/Schmidt/*Müller-Rabe*, VV Vorb. 3

Rn 209 f.; *Enders*, JurBüro 2005, 243, 244; *Bräuer* in FS Madert, 2006, S. 9, 18 f.; vgl. auch OLG Stuttgart, JurBüro 2008, 526, zur vergleichbaren Lage nach vorangegangenem selbstständigen Beweisverfahren.

| Abschnitt 3. Gebühren für besondere Verfahren | VV Vorb. 3.3.2, VV 3305–3306 |

Ein Vergleich mit der Mindermeinung[137] ergibt eindeutig einen Gebührenverlust. Diese Ansicht vertritt die Auffassung, dass auf die Verfahrensgebühr nach VV 3100 gemäß der Anm. zu VV 3305 nur noch die im Mahnverfahren verbleibende Verfahrensgebühr (VV 3305 abzüglich einer halben VV 2300) anzurechnen ist. Grund: nur diese ist, nachdem in der Reihenfolge des zeitlichen Entstehens angerechnet wird, zur Anrechnung noch vorhanden.

Beispiel: Mandant M. beauftragt Rechtsanwalt R. außergerichtlich gegen G. eine Forderung von 5.000 EUR geltend zu machen. R. fordert G. daraufhin unter Fristsetzung zur freiwilligen Zahlung auf. Nach fruchtlosem Fristablauf beantragt R. auftragsgemäß einen Mahnbescheid, gegen den G. Widerspruch einlegt. Im anschließenden Klageverfahren wird G. antragsgemäß verurteilt die Hauptforderung, sowie die außergerichtliche 1,3-Geschäftsgebühr gemäß VV 2300 zu zahlen.

I. Anrechnung nach der Mindermeinung
1. Außergerichtliche Tätigkeit (durchschnittliche Angelegenheit)
1. 1,3-Geschäftsgebühr, VV 2300   393,90 EUR
2. Postentgeltpauschale, VV 7002   20,00 EUR
    Zwischensumme   413,90 EUR
3. 19 % Umsatzsteuer, VV 7008   78,64 EUR
Gesamt   **492,54 EUR**

2. Mahnverfahren
1. 1,0-Verfahrensgebühr, VV 3305   303,00 EUR
2. Postentgeltpauschale, VV 7002   20,00 EUR
3. abzgl. 0,65-Geschäftsgebühr gem. VV Vorb. 3 Abs. 4   – 196,95 EUR
    restl. Mahnverfahrensgebühr   106,05 EUR
    Zwischensumme   126,05 EUR
4. 19 % Umsatzsteuer, VV 7008   23,95 EUR
Gesamt   **150,00 EUR**

3. Streitiges Verfahren
1. 1,3-Verfahrensgebühr, VV 3100   393,90 EUR
2. 1,2-Terminsgebühr, VV 3104   363,60 EUR
3. Postentgeltpauschale, VV 7002   20,00 EUR
4. abzgl. restl. Mahnverfahrensgebühr (Anm. VV 3305)   – 106,05 EUR
    Zwischensumme   671,45 EUR
5. 19 % Umsatzsteuer, VV 7008   127,58 EUR
Gesamt   **799,03 EUR**

II. Anrechnung nach BGH
1. Außergerichtliche Tätigkeit (durchschnittliche Angelegenheit)
1. 1,3-Geschäftsgebühr, VV 2300   393,60 EUR
2. Postentgeltpauschale, VV 7002   20,00 EUR
    Zwischensumme   413,60 EUR
3. 19 % Umsatzsteuer, VV 7008   78,58 EUR
Gesamt   **492,18 EUR**

2. Mahnverfahren
1. 1,0-Verfahrensgebühr, VV 3305   303,00 EUR
2. Postentgeltpauschale, VV 7002   20,00 EUR
3. abzgl. 0,65-Geschäftsgebühr gem. VV Vorb. 3 Abs. 4   – 196,95 EUR
    Zwischensumme   126,05 EUR
4. 19 % Umsatzsteuer, VV 7008   23,95 EUR
Gesamt   **150,00 EUR**

3. Streitiges Verfahren
1. 1,3-Verfahrensgebühr, VV 3100   393,90 EUR
2. 1,2-Terminsgebühr, VV 3104   363,60 EUR
3. Postentgeltpauschale, VV 7002   20,00 EUR
4. abzgl. volle Mahnverfahrensgebühr (Anm. VV 3305)   – 303,00 EUR
    Zwischensumme   474,50 EUR
5. 19 % Umsatzsteuer, VV 7008   90,16 EUR
Gesamt   **564,66 EUR**
Verlust   **234,37 EUR**

---

[137] *Hansens*, RVGReport 2009, 81, 84 f.

171 Auch wenn der BGH nur auf die Anrechnung hinsichtlich der Antragsteller- bzw. Klägerseite eingeht, so ist die Entscheidung aber auch auf den Antragsgegner bzw. Beklagtenanwalt anzuwenden,[138] wenn es infolge des Obsiegens zu einer Kostenfestsetzung kommt und dessen Geschäftsgebühr mit tituliert wird. Dies wäre z.B. der Fall, wenn der Beklagte die ihm entstandene Geschäftsgebühr im Wege der Widerklage mit geltend macht, oder wenn die Parteien den Rechtsstreit durch Vergleich und Vereinbarung einer Kostenquote beenden.[139]

Beispiel: Mandant M. beauftragt Rechtsanwalt R. außergerichtlich, gegen G. eine Forderung von 5.000 EUR geltend zu machen. R. fordert G., vertreten durch RA K., daraufhin unter Fristsetzung zur freiwilligen Zahlung auf. Nach fruchtlosem Fristablauf beantragt R. auftragsgemäß einen Mahnbescheid, gegen den G. durch K. Widerspruch einlegt. Im anschließenden Klageverfahren erhebt G. Widerklage und macht die ihm entstandene Geschäftsgebühr geltend. Die Klage wird abgewiesen und der Widerklage stattgegeben.

I. Anrechnung nach der Mindermeinung
1. Außergerichtliche Tätigkeit (durchschnittliche Angelegenheit)
1. 1,3-Geschäftsgebühr, VV 2300		393,90 EUR
2. Postentgeltpauschale, VV 7002		20,00 EUR
Zwischensumme	413,90 EUR	
3. 19 % Umsatzsteuer, VV 7008		78,64 EUR
Gesamt		**492,54 EUR**

2. Mahnverfahren
1. 0,5-Verfahrensgebühr, VV 3307		151,50 EUR
2. Postentgeltpauschale, VV 7002		20,00 EUR
abzgl. 0,5-Geschäftsgebühr gem. VV Vorb. 3 Abs. 4		– 151,50 EUR
Zwischensumme	20,00 EUR	
3. 19 % Umsatzsteuer, VV 7008		3,80 EUR
Gesamt		**23,80 EUR**

3. Streitiges Verfahren
1. 1,3-Verfahrensgebühr, VV 3100		393,90 EUR
2. 1,2-Terminsgebühr, VV 3104		363,60 EUR
3. Postentgeltpauschale, VV 7002		20,00 EUR
abzgl. restl. Mahnverfahrensgebühr (Anm. VV 3307)		– 0,00 EUR
Zwischensumme	777,50 EUR	
4. 19 % Umsatzsteuer, VV 7008		147,73 EUR
Gesamt		**925,23 EUR**

II. Anrechnung nach BGH
1. Außergerichtliche Tätigkeit (durchschnittliche Angelegenheit)
1. 1,3-Verfahrensgebühr, VV 2300		393,90 EUR
2. Postentgeltpauschale, VV 7002		20,00 EUR
Zwischensumme	413,90 EUR	
3. 19 % Umsatzsteuer, VV 7008		78,64 EUR
Gesamt		**492,54 EUR**

2. Mahnverfahren
1. 0,5-Verfahrensgebühr, VV 3307		151,50 EUR
2. Postentgeltpauschale, VV 7002		20,00 EUR
abzgl. Geschäftsgebühr gem. VV Vorb. 3 Abs. 4		– 151,50 EUR
Zwischensumme	20,00 EUR	
3. 19 % Umsatzsteuer, VV 7008		3,80 EUR
Gesamt		**23,80 EUR**

3. Streitiges Verfahren
1. 1,3-Verfahrensgebühr, VV 3100	393,90 EUR
2. 1,2-Terminsgebühr, VV 3104	363,60 EUR

---

138 Vgl. OLG Köln AGS 2009, 476 = NJW-Spezial 2009, 716 = OLGR Köln 2009, 853.

139 Vgl. OLG Köln AGS 2009, 476 = NJW-Spezial 2009, 716 = OLGR Köln 2009, 853.

3. Postentgeltpauschale, VV 7002		20,00 EUR
abzgl. Mahnverfahrensgebühr (Anm. VV 3307)		– 151,50 EUR
Zwischensumme	626,00 EUR	
4. 19 % Umsatzsteuer, VV 7008		118,94 EUR
Gesamt		**744,94 EUR**
Verlust	**180,29 EUR**	

3. Anrechnung eines überschießenden Anrechnungsbetrags auf nachfolgende Angelegenheit

Kommt die Anrechnung der Geschäftsgebühr bei dem ersten nachfolgenden gerichtlichen Verfahren nicht voll zum Tragen, weil der Gebührensatz der erst nachfolgenden Angelegenheit unter der Hälfte des anzurechnenden Gebührensatzes liegt, so ist der nicht verbrauchte Anrechnungsbetrag auf ein gegebenenfalls anschließendes weiteres Verfahren anzurechnen, wenn die Verfahrensgebühr des nachfolgenden Verfahrens auf die des weiteren Verfahrens ihrerseits anzurechnen ist.[140]

172

> **Beispiel: Mehrfache Anrechnung der Geschäftsgebühr – geringerer Gebührensatz in nachfolgender Angelegenheit**
> Der Anwalt wehrt außergerichtlich für den Auftraggeber eine Forderung in Höhe von 8.000 EUR ab. Die Sache ist umfangreich aber durchschnittlich. Der Gegner erwirkt daraufhin einen Mahnbescheid, gegen den der Anwalt Widerspruch einlegt. Hiernach kommt es zum streitigen Verfahren, in dem verhandelt wird.
> Ausgehend von einer 1,5-Geschäftsgebühr wäre diese zu einem Gebührensatz von 0,75 anzurechnen. Da der Anwalt im Mahnverfahren aber nur 0,5 erhält (VV 3307), kann nicht mehr angerechnet werden. Der nicht verbrauchte Anrechnungsbetrag i.H.v. 0,25 ist jetzt auf das streitige Verfahren zu „übertragen" und dort anzurechnen. Daneben ist auch die 0,5-Verfahrensgebühr der VV 3307 anzurechnen.

I. Außergerichtliche Vertretung (Wert: 8.000 EUR)		
1. 1,5-Geschäftsgebühr, VV 2300		684,00 EUR
2. Postentgeltpauschale, VV 7002		20,00 EUR
Zwischensumme	704,00 EUR	
3. 19 % Umsatzsteuer, VV 7008		133,76 EUR
Gesamt		**837,76 EUR**
II. Mahnverfahren (Wert: 8.000 EUR)		
1. 0,5-Verfahrensgebühr, VV 3307		228,00 EUR
2. gem. VV Vorb. 3 Abs. 4 anzurechnen, 0,5 aus 8.000,00 EUR		– 228,00 EUR
3. Postentgeltpauschale, VV 7002[141]		20,00 EUR
Zwischensumme	20,00 EUR	
4. 19 % Umsatzsteuer, VV 7008		3,80 EUR
Gesamt		**23,80 EUR**
III. Gerichtliches Verfahren (Wert: 8.000 EUR)		
1. 1,3-Verfahrensgebühr, VV 3100		592,80 EUR
2. gem. Anm. zu VV 3307 anzurechnen, 0,5 aus 8.000,00 EUR		– 228,00 EUR
3. gem. VV Vorb. 3 Abs. 4 anzurechnen, 0,75 aus 8.000,00 EUR	342,00 EUR	
abzgl. bereits angerechneter 0,5 aus 8.000,00 EUR	– 228,00 EUR	
		– 114,00 EUR
4. 1,2-Terminsgebühr, VV 3104		547,20 EUR
5. Postentgeltpauschale, VV 7002		20,00 EUR
Zwischensumme	818,00 EUR	
6. 19 % Umsatzsteuer, VV 7008		155,42 EUR
Gesamt		**973,42 EUR**

---

140 OLG Köln AGS 2009, 476.
141 Die Postentgeltpauschale berechnet sich aus dem Gebührenaufkommen vor Anrechnung (siehe VV 7001–7002 Rdn 38 ff.).

173 Kommt die Anrechnung der Geschäftsgebühr bei der ersten nachfolgenden Angelegenheit nicht voll zum Tragen, weil der Gegenstandswert der nachfolgenden Angelegenheit geringer ist, kommt es dann aber zu einer nachfolgenden Angelegenheit, auf die auch anzurechnen ist, so wird der bisher nicht angerechnete Betrag nunmehr angerechnet.[142]

Beispiel: Mehrfache Anrechnung der Geschäftsgebühr – Gegenstandswert in nachfolgender Angelegenheit geringer (Mahnverfahren)
Der Anwalt macht außergerichtlich für den Mandanten eine Forderung in Höhe von 8.000 EUR geltend. Die Sache ist umfangreich und schwierig. Da der Gegner nicht zahlt, erwirkt der Anwalt einen Mahnbescheid über einen Teilbetrag von 4.000 EUR. Nach Widerspruch wird das streitige Verfahren durchgeführt. Dort wird die Klage auf die ursprünglichen 8.000 EUR erweitert.
Die Geschäftsgebühr ist nach einem Wert von 8.000 EUR angefallen. Im Mahnverfahren beläuft sich der Gegenstandswert dagegen nur auf 4.000 EUR. Folglich wird die Geschäftsgebühr nach VV Vorb. 3 Abs. 4 S. 3 auch nur nach einem Gegenstandswert von 4.000 EUR angerechnet. Die Verfahrensgebühr des Mahnverfahrens wiederum wird in voller Höhe auf die Verfahrensgebühr des streitigen Verfahrens angerechnet. Darüber hinaus wird die anzurechnende Geschäftsgebühr, soweit sie im Mahnverfahren nicht angerechnet worden ist, jetzt im streitigen Verfahren angerechnet.

I. Außergerichtliche Vertretung (Wert: 8.000 EUR)
1. 1,5-Geschäftsgebühr, VV 2300	684,00 EUR
2. Postentgeltpauschale, VV 7002	20,00 EUR
Zwischensumme	704,00 EUR
3. 19 % Umsatzsteuer, VV 7008	133,76 EUR
Gesamt	**837,76 EUR**

II. Mahnverfahren (Wert: 4.000 EUR)
1. 1,0-Verfahrensgebühr, VV 3005	252,00 EUR
2. gem. VV Vorb. 3 Abs. 4 anzurechnen, 0,75 aus 4.000,00 EUR	– 189,00 EUR
3. Postentgeltpauschale, VV 7002	20,00 EUR
Zwischensumme	83,00 EUR
4. 19 % Umsatzsteuer, VV 7008	15,77 EUR
Gesamt	**98,77 EUR**

III. Gerichtliches Verfahren (Wert: 8.000 EUR)
1. 1,3-Verfahrensgebühr, VV 3100	592,80 EUR
2. gem. Anm. zu VV 3305 anzurechnen, 1,0 aus 4.000,00 EUR	– 252,00 EUR
3. gem. VV Vorb. 3 Abs. 4 anzurechnen, 0,75 aus 8.000,00 EUR	342,00 EUR
abzgl. bereits angerechneter 0,75 aus 4.000,00 EUR	–189 EUR
	– 153,00 EUR
4. 1,2-Terminsgebühr, VV 3104	547,20 EUR
5. Postentgeltpauschale, VV 7002	20,00 EUR
Zwischensumme	755,00 EUR
6. 19 % Umsatzsteuer, VV 7008	143,45 EUR
Gesamt	**898,45 EUR**

Beispiel: Mehrfache Anrechnung der Geschäftsgebühr – Gebührensatz in und Gegenstandswert in nachfolgender Angelegenheit geringer
Der Anwalt macht für seinen Mandanten eine Forderung in Höhe von 6.000 EUR geltend. Der Gegner bestreitet die Forderung und verlangt seinerseits 4.000 EUR und erwirkt **einen Mahnbescheid über einen diesen Betrag**. Dagegen legt der Anwalt **Widerspruch** ein. Im streitigen Verfahren erhebt er wegen der 6.000 EUR **Widerklage**.
Außergerichtlich war eine 1,3-Geschäftsgebühr VV 2300 aus 10.000 EUR (§ 23 Abs. 1 S. 3 i.V.m. § 45 Abs. 1 GKG) angefallen. Im Mahnverfahren ist nur eine 0,5-Verfahrensgebühr (VV 3307) aus 4.000 EUR angefallen. Anzurechnen ist nach VV Vorb. 3 Abs. 4 daher auch nur eine 0,5-Gebühr und zwar auch nur aus dem Wert von 4.000 EUR.

---

142 Im Ergebnis OLG München AGS 2009, 438 m. Anm.
N. Schneider = NJW-Spezial 2009, 588 = JurBüro 2009, 475, wenn auch mit umständlicher Berechnung.

Im streitigen Verfahren sind die Gebühren dagegen wieder aus 10.000 EUR entstanden. Hier ist zunächst die 0,5-Verfahrensgebühr des Mahnverfahrens anzurechnen (Anm. zu VV 3307). Sodann ist der noch nicht angerechnete Restbetrag der anzurechnenden Geschäftsgebühr noch der anzurechnen.

I. Außergerichtliche Vertretung (Wert: 10.000 EUR)
1. 1,3-Geschäftsgebühr, VV 2300   725,40 EUR
2. Postentgeltpauschale, VV 7002   20,00 EUR
   Zwischensumme   745,40 EUR
3. 19 % Umsatzsteuer, VV 7008   141,63 EUR
Gesamt   **887,03 EUR**

II. Mahnverfahren (Wert: 4.000 EUR)
1. 0,5-Verfahrensgebühr, VV 3307   126,00 EUR
2. anzurechnen gem. VV Vorb. 3 Abs. 4,   – 126,00 EUR
   0,65 aus 4.000,00 EUR
3. Postentgeltpauschale, VV 7002   20,00 EUR
   Zwischensumme   20,00 EUR
4. 19 % Umsatzsteuer, VV 7008   3,80 EUR
Gesamt   **23,80 EUR**

III. Rechtsstreit (Wert: 10.000 EUR)
1. 1,3-Verfahrensgebühr, VV 3100   725,40 EUR
2. anzurechnen gem. Anm. zu VV 3307,   – 126,00 EUR
   0,5 aus 4.000,00 EUR
3. gem. VV Vorb. 3 Abs. 4 anzurechnen,   362,70 EUR
   0,65 aus 10.000,00 EUR
   abzgl. bereits im Mahnverfahren angerechneter   – 126,00 EUR
                                                                          – 236,70 EUR
4. Terminsgebühr, VV 3104   669,60 EUR
5. Postentgeltpauschale, VV 7002   20,00 EUR
   Zwischensumme   1.052,30 EUR
6. 19 % Umsatzsteuer, VV 7008   199,94 EUR
Gesamt   **1.252,24 EUR**

VI. Gegenstandswertverschiedenheit bei Mahnverfahren und streitigem Verfahren

Zu beachten ist, dass eine volle Anrechnung der titulierten Geschäftsgebühr nur aus dem Wert zu erfolgen hat, der zugleich auch Gegenstand des Mahn- und Prozessverfahrens war. Es muss demnach Gegenstandsidentität bestehen. Bei unterschiedlichem Streitwert kann es daher zugunsten des RA bei zusätzlichen Gebührenanteilen verbleiben.

174

> **Beispiel:** Mandant M beauftragt Rechtsanwalt R außergerichtlich gegen G eine Forderung von 8.000 EUR geltend zu machen. R fordert G daraufhin unter Fristsetzung zur freiwilligen Zahlung auf. G zahlt daraufhin 3.000 EUR. R beantragt auftragsgemäß einen Mahnbescheid über die restlichen 5.000 EUR, gegen den G Widerspruch erhebt. Im anschließenden Klageverfahren wird G antragsgemäß verurteilt die Hauptforderung, sowie die außergerichtliche 1,3 Geschäftsgebühr gemäß VV 2300 zu zahlen.
> Es ist wie folgt anzurechnen.
>
> **I. Außergerichtliche Tätigkeit (durchschnittliche Angelegenheit)**
> 1. 1,3-Geschäftsgebühr, VV 2300   592,80 EUR
>   (Wert: 8.000,00 EUR)
> 2. Postentgeltpauschale, VV 7002   20,00 EUR
>   Zwischensumme   612,80 EUR
> 3. 19 % Umsatzsteuer, VV 7008   116,43 EUR
> **Gesamt**   **729,23 EUR**
>
> **II. Mahnverfahren**
> 1. 1,0-Verfahrensgebühr, VV 3305   303,00 EUR
>   (Wert: 5.000,00 EUR)
> 2. Postentgeltpauschale, VV 7002   20,00 EUR

3. 0,65-Geschäftsgebühr, VV Vorb. 3 Abs. 4 (Wert: 5.000,00 EUR)	– 196,95 EUR
Zwischensumme	126,05 EUR
4. 19 % Umsatzsteuer, VV 7008	23,95 EUR
Gesamt	**150,00 EUR**

III. Streitiges Verfahren

1. 1,3-Verfahrensgebühr, VV 3100 (Wert: 5.000,00 EUR)		393,90 EUR
2. 1,2-Terminsgebühr, VV 3104		363,60 EUR
3. Postentgeltpauschale, VV 7002		20,00 EUR
4. abzgl. Mahnverfahrensgebühr (Anm. VV 3305)		– 303,00 EUR
Zwischensumme	474,50 EUR	
5. 19 % Umsatzsteuer, VV 7008		90,16 EUR
Gesamt		**564,66 EUR**

VII. Erstattungsfähigkeit der Kosten eines vorgerichtlich im Mahnverfahren tätigen Inkassounternehmens

175 Ist ein Inkassounternehmen vorgerichtlich im Mahnverfahren tätig geworden, so kann es im Kostenfestsetzungsverfahren aufgrund des § 4 Abs. 4 S. 2 RDGEG die Festsetzung von 25 EUR nebst USt. als Kosten seiner vorgerichtlichen Tätigkeit im Mahnverfahren verlangen; diese Kosten sind erforderlich i.S.d. §§ 91, 104 ZPO.[143] Eine Anrechnung dieser 25 EUR auf entstandene Anwaltsgebühren darf nicht stattfinden, weil Anrechnungsvorschriften stets voraussetzen, dass die jeweiligen Gebührentatbestände durch ein- und denselben Gebührengläubiger verwirklicht werden.[144] Es fehlt im Übrigen an einer gesetzlichen Vorschrift, die eine Anrechnung dieser Kosten vorsieht.

VIII. Anrechnung im Urkunden-, Wechsel- und Scheckprozess und Nachverfahren bei vorangegangenem Mahnverfahren

176 Auch dem Urkunden-, Wechsel- oder Scheckprozess kann ein Mahnverfahren vorangehen (§ 703a ZPO). In diesen Mahnverfahren ist abzurechnen wie in gewöhnlichen Mahnverfahren.

Kommt es nach einem Urkunden-, Wechsel- oder Scheckmahnverfahren zur Abgabe in das streitige Verfahren, so handelt es sich beim Verfahren nach Abgabe automatisch um einen Urkunden-, Wechsel- oder Scheckprozess. Die Gebühren des Mahnverfahrens sind dann auf die Verfahrens- und Terminsgebühren des Urkunden-, Wechsel- oder Scheckprozesses anzurechnen, nicht aber auf die des ordentlichen Verfahrens, da dieses nicht das „nachfolgende" Verfahren ist.

> **Beispiel: Anrechnung nach Urkundenmahnverfahren**
> Der Anwalt erhält den Auftrag für ein Urkunden-Mahnverfahren über 7.500 EUR. Hiernach verhandeln die Parteien zwecks einer Einigung, die jedoch nicht zustande kommt. Daraufhin legt der Antragsgegner fristgerecht Widerspruch ein, so dass das Verfahren an das zuständige LG abgegeben wird. Dort wird im Urkundenverfahren mündlich verhandelt. Nach Erlass eines Vorbehaltsurteils wird das Nachverfahren eingeleitet und dort erneut verhandelt.
> Im Mahnverfahren entsteht die Terminsgebühr für die Besprechung zur Vermeidung und Erledigung des Verfahrens (VV Vorb. 3.3.2, 3104 i.V.m. VV Vorb. 3 Abs. 3 Ziff. 2).
> Im Urkundenverfahren entsteht für die Teilnahme an der mündlichen Verhandlung erneut die Terminsgebühr nach VV 3104. Hierauf ist allerdings die Terminsgebühr des Urkundenmahnverfahrens anzurechnen (Anm. Abs. 4 zu VV 3104), da es sich unstreitig um ein „nachfolgendes" Verfahren handelt.
> Im anschließenden Verfahren nach Abstandnahme entstehen alle Gebühren erneut, da es sich um eine neue selbstständige Gebührenangelegenheit handelt (§ 17 Nr. 5). Allerdings wird die im Urkundenverfahren entstandene Verfahrensgebühr gemäß Anm. Abs. 2 zu VV 3100 auf die Verfahrensgebühr des Verfahrens nach Abstandnahme angerechnet.
> Eine Anrechnung der Terminsgebühren zwischen Urkundenverfahren und ordentlichem Verfahren nach Abstandnahme oder nach Erlass eines Vorbehaltsurteils ist dagegen nicht vorgesehen.

---

143 AG Donaueschingen Rpfleger 2009, 701 = NJW-RR 2010, 503.

144 Vgl. Gerold/Schmidt/*Müller-Rabe*, RVG, VV 3305–3308 Rn 60.

Eine Anrechnung der Terminsgebühr des Mahnverfahrens wiederum kommt nicht in Betracht, da diese bereits auf das nachfolgende Urkundenverfahren angerechnet worden ist und eine weitere Anrechnung auf ein nachfolgendes Verfahren nicht vorgesehen ist.
Zu rechnen ist daher wie folgt:

I. Urkundenmahnverfahren
1. 1,0-Verfahrensgebühr, VV 3305 — 456,00 EUR
   (Wert: 7.500,00 EUR)
2. 1,2-Terminsgebühr, VV Vorb. 3.3.2 i.V.m. VV 3104 — 547,20 EUR
   (Wert: 7.500,00 EUR)
3. Postentgeltpauschale, VV 7002 — 20,00 EUR
   Zwischensumme 1.032,20 EUR
4. 19 % Umsatzsteuer, VV 7008 — 194,41 EUR

Gesamt — **1.226,61 EUR**

II. Streitiges Urkundenverfahren
1. 1,3-Verfahrensgebühr, VV 3100
   (Wert: 7.500,00 EUR) — 592,80 EUR
2. anzurechnen gem. Anm. zu VV 3305,
   1,0 aus 7.500,00 EUR — – 456,00 EUR
3. 1,2-Terminsgebühr, VV Vorb. 3.3.2 i.V.m. VV 3104
   (Wert: 7.500,00 EUR) — 547,20 EUR
4. anzurechnen gem. Anm. Abs. 4 zu VV 3104,
   1,2 aus 7.500,00 EUR — – 547,20 EUR
5. Postentgeltpauschale, VV 7002 — 20,00 EUR
   Zwischensumme 156,80 EUR
6. 19 % Umsatzsteuer, VV 7008 — 29,79 EUR

Gesamt — **186,59 EUR**

III. Streitiges Verfahren nach Vorbehaltsurteil
1. 1,3-Verfahrensgebühr, VV 3100
   (Wert: 7.500,00 EUR) — 592,80 EUR
2. anzurechnen gem. Anm. Abs. 2 zu VV 3100, 1,3 aus
   7.500,00 EUR — – 592,80 EUR
3. 1,2-Terminsgebühr, VV 3104
   (Wert: 7.500,00 EUR) — 547,20 EUR
4. Postentgeltpauschale, VV 7002 — 20,00 EUR
   Zwischensumme 567,20 EUR
5. 19 % Umsatzsteuer, VV 7008 — 107,77 EUR

Gesamt — **674,97 EUR**

Wie an dem vorangegangenen Beispiel zu sehen ist, wird eine im Urkundenmahnverfahren angefallene Terminsgebühr nur auf eine Terminsgebühr des streitigen Urkundenverfahrens angerechnet, nicht dagegen auch auf die Terminsgebühr des ordentlichen Verfahrens nach Abstandnahme oder nach Erlass eines Vorbehaltsurteils. Dann kann es sich aber nicht anders verhalten, wenn im Urkundenverfahren keine Terminsgebühr entsteht. Vielmehr muss dann die Anrechnung der im Urkundenmahnverfahren entstandenen Terminsgebühr unterbleiben.

Beispiel: Anrechnung nach Urkundenmahnverfahren und anschließendem Übergang in das ordentliche Verfahren ohne Termin im ordentlichen Verfahren
Der Anwalt erhält den Auftrag für ein Urkunden-Mahnverfahren über 7.500 EUR. Hiernach verhandeln die Parteien zwecks einer Einigung, die jedoch nicht zustande kommt. Daraufhin legt der Antragsgegner fristgerecht Widerspruch ein, so dass das Verfahren an das zuständige LG abgegeben wird. Dort nimmt der Kläger vom Urkundenverfahren Abstand, so dass sofort im ordentlichen Verfahren mündlich verhandelt wird.
Abzurechnen ist im Prinzip wie im vorangegangenen Beispiel. Die Terminsgebühr des Mahnverfahrens bleibt jetzt jedoch anrechnungsfrei, da im nachfolgenden Urkundenverfahren keine Terminsgebühr angefallen ist. Eine Anrechnung der im Mahnverfahren entstandenen Terminsgebühr auf die Terminsgebühr des ordentlichen Verfahrens kommt nicht in Betracht.

I. Urkundenmahnverfahren
1. 1,0-Verfahrensgebühr, VV 3305
   (Wert: 7.500,00 EUR) — 456,00 EUR
2. 1,2-Terminsgebühr, VV Vorb. 3.3.2 i.V.m. VV 3104
   (Wert: 7.500,00 EUR) — 547,20 EUR

3. Postentgeltpauschale, VV 7002	20,00 EUR
Zwischensumme	1.032,20 EUR
4. 19 % Umsatzsteuer, VV 7008	194,41 EUR
Gesamt	**1.226,61 EUR**

II. Streitiges Urkundenverfahren

1. 1,3-Verfahrensgebühr, VV 3100 (Wert: 7.500,00 EUR)	592,80 EUR
2. anzurechnen gem. Anm. zu VV 3305, 1,0 aus 7.500,00 EUR	– 456,00 EUR
3. Postentgeltpauschale, VV 7002	20,00 EUR
Zwischensumme	156,80 EUR
4. 19 % Umsatzsteuer, VV 7008	29,79 EUR
Gesamt	**186,59 EUR**

III. Streitiges Verfahren nach Vorbehaltsurteil

1. 1,3-Verfahrensgebühr, VV 3100 (Wert: 7.500,00 EUR)	592,80 EUR
2. anzurechnen gem. Anm. Abs. 2 zu VV 3100, 1,3 aus 7.500,00 EUR	– 592,80 EUR
3. 1,2-Terminsgebühr, VV 3104 (Wert: 7.500,00 EUR)	547,20 EUR
4. Postentgeltpauschale, VV 7002	20,00 EUR
Zwischensumme	567,20 EUR
5. 19 % Umsatzsteuer, VV 7008	107,77 EUR
Gesamt	**674,97 EUR**

178 Ebenso wäre bei einem nach § 703a Nr. 4 ZPO beschränkten Einspruch abzurechnen.

Beispiel: Anrechnung nach Urkundenmahnverfahren und einem nach § 703a Nr. 4 ZPO beschränkten Einspruch

Der Anwalt erhält den Auftrag für ein Urkundenmahnverfahren über 7.500 EUR. Nach Erlass des Mahnbescheids verhandeln die Parteien zwecks einer Einigung, die jedoch nicht zustande kommt. Der Antragsgegner legt fristgerecht Widerspruch ein, den er nach § 703a Nr. 4 ZPO beschränkt. Anschließend wird das Verfahren an das zuständige LG abgegeben, vor dem das ordentliche Verfahren durchgeführt und mündlich verhandelt wird.

Ein nachfolgender Rechtsstreit zum Urkundenmahnverfahren i.S.d. Anm. Abs. 4 zu VV 3104 wäre auch hier nur ein Urkundenverfahren, zu dem es aber grundsätzlich nicht mehr kommen kann, da gegen den Vorbehaltsvollstreckungsbescheid ein Einspruch nicht zulässig ist.[145] Nur dann, wenn versehentlich anstelle des Vorbehaltsvollstreckungsbescheids ein uneingeschränkter Vollstreckungsbescheid ergeht, ist ein darauf gegründeter Einspruch zulässig. Daher scheidet auch hier eine Anrechnung der Terminsgebühr aus.

I. Urkundenmahnverfahren

1. 1,0-Verfahrensgebühr, VV 3305 (Wert: 7.500,00 EUR)	456,00 EUR
2. 1,2-Terminsgebühr, VV 3104 (Wert: 7.500,00 EUR)	547,20 EUR
3. 0,5-Verfahrensgebühr, VV 3308 (Wert: 7.500,00 EUR)	228,00 EUR
4. Postentgeltpauschale, VV 7002	20,00 EUR
Zwischensumme	1.251,20 EUR
5. 19 % Umsatzsteuer, VV 7008	237,73 EUR
Gesamt	**1.488,93 EUR**

II. Streitiges Verfahren

1. 1,3-Verfahrensgebühr, VV 3100 (Wert: 7.500,00 EUR)	592,80 EUR
2. anzurechnen gem. Anm. Abs. 2 zu VV 3100, 1,3 aus 7.500,00 EUR	– 592,80 EUR

---

145 *Thomas/Putzo*, ZPO, § 703a Rn 6; MüKo-ZPO/*Holch*, § 703a Rn 9.

3. 1,2-Terminsgebühr, VV 3104
   (Wert: 7.500,00 EUR) .... 547,20 EUR
4. Postentgeltpauschale, VV 7002 .... 20,00 EUR
   Zwischensumme .... 567,20 EUR
5. 19 % Umsatzsteuer, VV 7008 .... 107,77 EUR
   Gesamt .... **674,97 EUR**

IX. Europäisches Mahnverfahren

Im Europäischen Mahnverfahren nach der Verordnung (EG) Nr. 1896/2006 entstehen **nur** für den **Antragsteller** die gleichen Gebühren wie im Mahnverfahren nach der ZPO. Er erhält für den Antrag auf Erlass des Zahlungsbefehls die 1,0-Verfahrensgebühr nach VV 3305, die sich nach VV 3306 auf 0,5 ermäßigen kann.

Legt der Schuldner Einspruch nach Art. 17 EuMVO ein, löst dies bereits eine 1,3-Gebühr nach VV 3100 aus.[146] Der Einspruch nach Art. 17 EuMVO ist nicht mit einem Widerspruch zu vergleichen, den die EuMVO nicht kennt; er führt ebenso wie der Einspruch nach § 700 ZPO bereits unmittelbar zur Einleitung des streitigen Verfahrens und ist daher ebenso zu vergüten wie der Einspruch gegen einen Strafbefehl.

179

Beispiel: Europäisches Mahnverfahren
Der Anwalt erwirkt für den Mandanten vor dem AG Berlin Wedding (§ 1087 ZPO) einen Europäischen Zahlungsbefehl über 10.000 EUR. Dagegen legt der Anwalt für den Antragsgegner Einspruch ein.
Für den Anwalt des Antragstellers entsteht eine 1,0-Verfahrensgebühr nach VV 3305. Der Anwalt des Antragsgegners erhält dagegen bereits die Gebühr nach VV 3100.

I. Anwalt des Antragstellers
1. 1,0-Verfahrensgebühr, VV 3305
   (Wert: 10.000,00 EUR) .... 558,00 EUR
2. Postentgeltpauschale, VV 7002 .... 20,00 EUR
   Zwischensumme .... 578,00 EUR
3. 19 % Umsatzsteuer, VV 7008 .... 109,82 EUR
   Gesamt .... **687,82 EUR**

II. Anwalt des Antragsgegners
1. 1,3-Verfahrensgebühr, VV 3100
   (Wert: 10.000,00 EUR) .... 725,40 EUR
2. Postentgeltpauschale, VV 7002 .... 20,00 EUR
   Zwischensumme .... 745,40 EUR
3. 19 % Umsatzsteuer, VV 7008 .... 141,63 EUR
   Gesamt .... **887,03 EUR**

Nr.	Gebührentatbestand	Gebühr oder Satz der Gebühr nach § 13 RVG
3307	Verfahrensgebühr für die Vertretung des Antragsgegners .... Die Gebühr wird auf die Verfahrensgebühr für einen nachfolgenden Rechtsstreit angerechnet.	0,5

A. Allgemeines 1
B. Regelungsgehalt 6
  I. Verfahrensgebühr bei Vertretung des Antragsgegners 6
    1. Tätigkeit des Rechtsanwalts 6
    2. Erste Tätigkeit des Prozessbevollmächtigten des Antragsgegners nach Widerspruchseinlegung durch Antragsgegner selbst 11
3. Rücknahme des Widerspruchs 13
4. Mehrere Personen sind Auftraggeber 14
5. Verfahrensgebühr gemäß VV 3100 bei Widerspruch mit gleichzeitigem Klageabweisungsantrag 16
6. Widerspruch und Antrag des Antragsgegners auf Durchführung des streitigen Verfahrens, § 696 Abs. 1 ZPO 24
7. Anrechnung 29

---

146 OLG Nürnberg AGS 2010, 12 = MDR 2010, 294 = NJW-Spezial 2010, 157.

a) Durchführung der Anrechnung 29	c) Praxishinweis 80
aa) Beschränkter Widerspruch 33	3. Anrechnung 83
bb) Teilweise Rücknahme des Widerspruchs im Mahnverfahren ... 36	a) Keine Anrechnung der Terminsgebühr beim Übergang vom Mahnverfahren ins streitige Verfahren, wenn unbedingter Klageauftrag vor dem 31.12.2006 erteilt ist 83
cc) Rücknahme des Widerspruchs im streitigen Verfahren 37	
dd) Keine Anrechnung bei streitigem Verfahren zwei Jahre nach Mahnverfahren 38	b) Anrechnung der Terminsgebühr beim Übergang vom Mahnverfahren ins streitige Verfahren, wenn unbedingter Klageauftrag nach dem 30.12.2006 erteilt ist bei nachfolgendem Rechtsstreit 84
ee) Mehrere Personen als Auftraggeber 40	
ff) Auslagenpauschale 42	
gg) Anrechnung bei mehreren Mahnverfahren nach Verbindung zu einem Klageverfahren 48	aa) Gegenstandsidentität 85
	bb) Unterschiedliche Gegenstandswerte 86
b) Übergangsfälle 49	(1) Teilweise Anrechnung auf Terminsgebühr des nachfolgenden Rechtsstreits bei geringerem Wert im streitigen Verfahren 87
aa) Keine Anrechnung 50	
bb) Volle Anrechnung 51	
cc) Mehrere Auftraggeber 54	
c) Anrechnung der Geschäftsgebühr 59	
II. Verfahrensgebühr nach VV 3100 61	(2) Anrechnung auf Terminsgebühr des nachfolgenden Rechtsstreits bei höherem Wert im streitigen Verfahren 88
III. Terminsgebühr nach VV 3104 66	
1. Allgemeines 66	
2. Entstehen der Terminsgebühr 67	
a) Wahrnehmung von gerichtlichen Terminen 68	4. Kostenerstattung 89
	IV. Einigungsgebühr 93
b) Wahrnehmung von außergerichtlichen Terminen und Besprechungen 69	1. Mahnverfahren mit Besprechung und Einigung auch über nicht anhängige Ansprüche 97
aa) Wahrnehmung eines von einem gerichtlich bestellten Sachverständigen anberaumten Termins 69	
	2. Mahnverfahren mit Besprechung und Einigung auch über erstinstanzlich anderweitig anhängige Ansprüche 98
bb) Mitwirkung an Besprechungen, die auf die Vermeidung oder Erledigung des Verfahrens gerichtet sind 70	
	3. Mahnverfahren mit Besprechung und Einigung auch über zweitinstanzlich anderweitig anhängige Ansprüche 99
(1) Auf die Erledigung des Verfahrens gerichtete Besprechungen 71	
	V. Mahnanwalt als Verkehrsanwalt 100
(2) Mitwirkung an Besprechungen, die auf die Vermeidung des Verfahrens gerichtet sind 73	VI. Anrechnung im Urkunden-, Wechsel- und Scheckprozess und Nachverfahren bei vorangegangenem Mahnverfahren 102
	VII. Europäisches Mahnverfahren 103

A. Allgemeines

1 Die Regelung in VV 3307 lehnt sich an § 43 Abs. 1 Nr. 2 BRAGO an Die Gebühr für die Vertretung des Antragsgegners beträgt nunmehr 0,5 statt nach alter Rechtslage 3/10 Begründet wird diese Erhöhung mit dem tatsächlichen Arbeitsaufwand des Rechtsanwalts.[1] Dessen Tätigkeit würde regelmäßig über die formale Einlegung des Widerspruchs hinausgehen.

Der Anwalt des Antragsgegners erhält für dessen Vertretung eine Verfahrensgebühr i.H.v. 0,5 (VV 3307). Mit dieser Gebühr ist seine **gesamte Tätigkeit im Mahnverfahren** einschließlich der Entgegennahme der Information, Prüfung der Erfolgsaussicht[2] und der eventuellen Begründung des Widerspruchs abgegolten.[3] Wird der Vertreter des Antragsgegners – entgegen § 702 Abs. 2 ZPO – ausnahmsweise auch im **Verfahren auf Erlass des Vollstreckungsbescheids** beteiligt, wird seine Tätigkeit ebenfalls durch die Gebühr des VV 3307 mit abgegolten. Eine Gebühr nach VV 3308 ist nur dem Antragsteller vorbehalten.

2 Allerdings kommt auch für den Vertreter des Antragsgegners durch die neu eingefügte Verweisung der VV Vorb. 3.3.2 infolge des Anhörungsrügengesetzes seit dem 1.1.2005 eine **Terminsgebühr** gemäß VV Vorb. 3 Abs. 3 i.V.m. VV 3104 in Betracht, wenn der Anwalt eine Besprechung mit dem

---

1 Siehe BT-Drucks 830/03, S. 269.
2 Kein Fall von VV 2100, da der Widerspruch kein Rechtsmittel ist.
3 *Hansens/Braun/Schneider*, Teil 8 Rn 414.

Gegner oder einem Dritten zur Erledigung oder Vermeidung des Mahnverfahrens oder zur Vermeidung des nachfolgenden streitigen Verfahrens führt. Für **Übergangsfälle** gilt § 60 Abs. 1 S. 1.

Stellt der Vertreter des Antragsgegners mit dem Widerspruch bereits den Antrag auf **Durchführung des streitigen Verfahrens** (§ 696 Abs. 1 S. 1 ZPO), so gehört diese zusätzliche Tätigkeit nicht mehr zur Gebührenangelegenheit des Mahnverfahrens. Vielmehr verdient der Anwalt mit dem Streitantrag bereits die volle Verfahrensgebühr des folgenden Rechtsstreits nach VV 3100.[4]

Ebenso zählt die **Erhebung des Einspruchs** nicht mehr zum Mahnverfahren. Diese Tätigkeit gehört vielmehr zum nachfolgenden Rechtszug und löst bereits dort die volle Verfahrensgebühr (VV 3100) aus.[5]

Für den Antragsgegnervertreter kann auch bei Vorliegen der Voraussetzungen eine **Einigungsgebühr** gemäß VV 1000, 1003, 1004 anfallen.

Die **Verfahrensgebühr** nach VV 3307 wird auf die nachfolgende Verfahrensgebühr des Rechtsstreits **angerechnet** (Anm. zu VV 3307). Eine Anrechnung der Verfahrensgebühr unterbleibt dagegen gemäß § 15 Abs. 5 S. 2, wenn seit der Beendigung des Mahnverfahrens mehr als zwei Kalenderjahre verstrichen sind (vgl. auch § 15 Rdn 289 ff.).[6]

Ebenso ist eine **Terminsgebühr anzurechnen** (Anm. Abs. 4 zu VV 3104), es sei denn, zwischen Mahnverfahren und streitigen Verfahren liegen ebenfalls mehr als zwei Kalenderjahre (§ 15 Abs. 5 S. 2).

Legt der Antragsteller gegen den Nichterlass des Vollstreckungsbescheids **sofortige Beschwerde** oder **Erinnerung** ein und wird der Anwalt des Antragsgegners auch in diesem Verfahren beauftragt, so handelt es sich auch für ihn nach § 18 Abs. 1 Nr. 3 um eine **besondere Angelegenheit**, in der er eine gesonderte Vergütung nach VV 3500 erhält.

B. Regelungsgehalt

I. Verfahrensgebühr bei Vertretung des Antragsgegners

1. Tätigkeit des Rechtsanwalts

Der für den Antragsgegner im Mahnverfahren tätige Rechtsanwalt erhält nach VV 3307 eine **0,5-Verfahrensgebühr** für die **Vertretung des Antragsgegners insgesamt**. In der Gesetzesbegründung[7] heißt es insoweit, dass sich in den seltensten Fällen die Tätigkeit des Rechtsanwalts allein auf die formale Einlegung des Widerspruchs beschränken würde. In der Regel würden meist „seitens des pflichtgemäß handelnden Rechtsanwalts zunächst eine Vorprüfung und Gespräche mit dem Mandanten" stattfinden.[8] In diesen Gesprächen würden die Prozessaussichten, ferner die weitere Verfahrensweise und Möglichkeiten einer gütlichen Einigung geprüft werden. Schließlich würde auch oft Kontakt mit der Gegenseite aufgenommen werden.

> **Beispiel:** Gegen den Mandanten ist ein Mahnbescheid i.H.v. 3.000 EUR ergangen. Der Anwalt legt hiergegen auftragsgemäß Widerspruch ein.
> 1. 0,5-Verfahrensgebühr, VV 3307   100,50 EUR
>   (Wert: 3.000 EUR)
> 2. Auslagenpauschale, VV 7002   20,00 EUR
>   Zwischensumme   120,50 EUR
> 3. 19 % Umsatzsteuer, VV 7008   22,89 EUR
> **Gesamt**   **143,39 EUR**

---

4 OLG Köln AGS 2007, 344; OLG Hamm AnwBl. 1989, 682 = MDR 1989, 648 (vgl. Rdn 24 ff.).
5 OLG München 1962, 617; *Hansens*, RVGreport 2004, 123; RMOLK/*Hergenröder*, VV 3307 Rn 2.
6 AG Siegburg AGS 2016, 268 = NJW-Spezial 2016, 413; OLG München BRAGOreport 2000, 26 m. Anm. *Hansens* = AGS 2001, 51 = AnwBl. 2000, 698 = Jur-Büro 2000, 469 = MDR 2000, 785 = NJW-RR 2000, 1721 = OLGReport 2000, 200 = Rpfleger 2000, 516 = KostRsp. BRAGO § 43 Rn 58 m. Anm. *N. Schneider*; *N. Schneider*, MDR 2003, 727; *ders.*, AGS 2003, 240; *Hansens/Braun/Schneider*, Teil 7 Rn 646.
7 BT-Drucks 15/1971, S. 215 re. Sp.
8 BT-Drucks 830/03, S. 269.

7 Mit der Gebühr nach VV 3307 ist die **gesamte Tätigkeit** des Rechtsanwalts bei der Vertretung des Schuldners einschließlich der Entgegennahme der Information, Prüfung der Erfolgsaussichten, Einlegung[9] und der evtl. Begründung des Widerspruchs – die jedoch nicht erforderlich ist – abgegolten.[10] Weitere Gebühren für sonstige Einzeltätigkeiten kann er nicht geltend machen, und zwar selbst dann nicht, wenn er mit dem Gläubigervertreter außergerichtlich korrespondiert hat und die Vollmacht sich bereits auf das spätere Streitverfahren erstreckt. Bereits nach anderen Vorschriften entstandene Gebühren (z.B. Gebühren nach VV 1000 ff.) bleiben bestehen, es findet jedoch ggf. eine Anrechnung statt.

8 Erhält der Anwalt den **vollen Vertretungsauftrag**, wird jedoch nur **teilweise Widerspruch** eingelegt, verbleibt es bei der vollen 0,5-Verfahrensgebühr. Eine **Ermäßigung** der Gebühr nach VV 3307 ist im Gegensatz zur Verfahrensgebühr nach VV 3305 (vgl. VV 3306) **nicht** vorgesehen.

Beispiel: Gegen den Mandanten ist ein Mahnbescheid i.H.v. 3.000 EUR ergangen. Der Anwalt erhält den Auftrag zur Vertretung des Antragsgegners und legt nach Beratung Widerspruch nur i.H.v. 2.000 EUR ein. Da es nicht darauf ankommt, ob Widerspruch eingelegt wird oder nicht, entsteht auch hier die 0,5-Gebühr aus dem vollen Wert.

1. 0,5-Verfahrensgebühr, VV 3307   100,50 EUR
   (Wert: 3.000 EUR)
2. Auslagenpauschale, VV 7002   20,00 EUR
   Zwischensumme   120,50 EUR
3. 19 % Umsatzsteuer, VV 7008   22,89 EUR
   Gesamt   **143,39 EUR**

Nur dann, wenn der Anwalt von vornherein einen eingeschränkten Vertretungsauftrag erhält, ist für ihn der reduzierte Betrag maßgebend.

Beispiel: Beschränkter Verfahrensauftrag (Auftrag zu Teilwiderspruch)
Gegen den Mandanten ist ein Mahnbescheid in Höhe von 3.000 EUR ergangen. In Höhe von 1.000 EUR zahlt der Antragsgegner. Im Übrigen beauftragt er den Anwalt mit seiner Vertretung. Der Anwalt legt daraufhin wegen eines Teilbetrages i.H.v. 2.000 EUR Widerspruch ein.
Jetzt besteht ein Vertretungsauftrag nur in Höhe von 2.000 EUR, so dass die 0,5-Verfahrensgebühr auch nur aus diesem Wert entsteht.

1. 0,5-Verfahrensgebühr, VV 3307   75,00 EUR
   (Wert: 2.000,00 EUR)
2. Auslagenpauschale, VV 7002   15,00 EUR
   Zwischensumme   90,00 EUR
3. 19 % Umsatzsteuer, VV 7008   17,10 EUR
   Gesamt   **107,10 EUR**

Unerheblich ist insoweit, wenn sich der Widerspruch in diesem Fall auf die gesamten Kosten des Mahnverfahrens erstreckt, also auch insoweit, als kein Widerspruch eingelegt worden ist, da die Kosten neben der Hauptsache wertmäßig nicht berücksichtigt werden (§ 23 Abs. 1 S. 1 i.V.m. § 43 Abs. 1 GKG).

Ähnlich verhält es sich, wenn nur ein sog. **Kostenwiderspruch** eingelegt wird. Soweit der Anwalt den vollen Vertretungsauftrag innehatte, erhält er die 0,5-Verfahrensgebühr aus dem vollen Wert, auch wenn der Widerspruch auf die Kosten beschränkt wird. Erhält der Anwalt dagegen von vornherein nur den Auftrag, wegen der Kosten Widerspruch einzulegen, entsteht die 0,5-Verfahrensgebühr nur aus dem Wert der Kosten.

Beispiel: Kostenwiderspruch bei Gesamtvertretungsauftrag
Gegen den Mandanten ist ein Mahnbescheid in Höhe von 3.000 EUR ergangen. Der Anwalt erhält den Auftrag zur Vertretung des Antragsgegners und empfiehlt diesem, einerseits die Forderung umgehend zu bezahlen, andererseits aber gegen die Kosten Widerspruch einzulegen, da der Mandant zur Einleitung des Mahnverfahrens keinen Anlass gegeben habe (Gedanke des **§ 93 ZPO**).
Da es nicht darauf ankommt, ob Widerspruch eingelegt wird oder nicht, entsteht auch hier die 0,5-Verfahrensgebühr aus dem vollen Wert, da dem Anwalt ein Gesamtvertretungsauftrag erteilt worden ist.

---

9 OLG Düsseldorf RVGreport 2005, 386 f.
10 OLG Düsseldorf RVGreport 2005, 386; OLG Koblenz JurBüro 1978, 1200 m. Anm. *Mümmler* = KostRsp.

BRAGO § 43 Nr. 24; OLG Hamm AnwBl 1989, 682 = MDR 1989, 648; *Hansens/Braun/Schneider*, Teil 7 Rn 637 ff.

Dass der Widerspruch nur wegen der Kosten eingelegt worden ist, ist unerheblich (zur Anrechnung in diesem Fall siehe nachfolgendes Beispiel).

1. 0,5-Verfahrensgebühr, VV 3307   100,50 EUR
   (Wert: 3.000,00 EUR)
2. Auslagenpauschale, VV 7002   20,00 EUR
   Zwischensumme   120,50 EUR
3. 19 % Umsatzsteuer, VV 7008   22,89 EUR

Gesamt   **143,39 EUR**

Beispiel: Beschränkter Auftrag zum Kostenwiderspruch
Gegen den Mandanten ist ein Mahnbescheid in Höhe von 3.000 EUR ergangen. Er bezahlt die Forderung umgehend und beauftragt den Anwalt, gegen die Kosten (Anwalt 248,71 EUR[11] + Gerichtskosten 44,50 EUR = 293,21 EUR) Widerspruch einzulegen, da er zur Einleitung des Mahnverfahrens keinen Anlass gegeben habe (Gedanke des § 93 ZPO).

Die Verfahrensgebühr entsteht jetzt nur aus dem Wert der Kosten, da ein von vornherein beschränkter Auftrag vorlag (zur Anrechnung in diesem Fall siehe oben „Beschränkter Verfahrensauftrag (Auftrag zu Teilwiderspruch)").

1. 0,5-Verfahrensgebühr, VV 3307   22,50 EUR
   (Wert: 293,21 EUR)
2. Auslagenpauschale, VV 7002   4,50 EUR
   Zwischensumme   27,00 EUR
3. 19 % Umsatzsteuer, VV 7008   5,13 EUR

Gesamt   **32,13 EUR**

Ebenso ist zu rechnen, wenn der Antragsgegner den Widerspruch auf einen Teil der Kosten beschränken will, etwa wenn er geltend macht, der vorsteuerabzugsberechtigte Antragsteller habe zu Unrecht die Umsatzsteuer angemeldet oder bei den Antragstellern handele es sich um eine Gesellschaft bürgerlichen Rechts, so dass eine Gebührenerhöhung nach VV 1008 nicht angefallen, jedenfalls nicht erstattungsfähig sei. Gegenstandswert der Verfahrensgebühr ist dann nur der Wert der betreffenden Kostenposition, also der Umsatzsteuer oder der Gebührenerhöhung.

Eine **volle 1,3-Verfahrensgebühr** gemäß VV 3100 ist erst verdient, wenn das Mahnverfahren in ein Streitverfahren übergegangen ist. Das **Streitverfahren** beginnt erst mit den auf den Widerspruch folgenden Prozesshandlungen.[12] Eine Prozesshandlung nimmt der Rechtsanwalt vor, wenn er in der Widerspruchsschrift den Antrag auf Durchführung des streitigen Verfahrens[13] (§ 696 Abs. 1 S. 1 ZPO) oder auf Verweisung stellt. Insofern liegt dann ein Sachantrag vor. Gleiches gilt, wenn er einen Schriftsatz mit Sachvortrag einreicht.[14] Auch der Antrag auf Anberaumung eines Termins zur mündlichen Verhandlung nach § 697 Abs. 3 ZPO stellt einen das Streitverfahren einleitenden Antrag dar.[15] Für die dargestellten Fälle erwächst dem Rechtsanwalt daher die volle 1,3-Verfahrensgebühr.[16]

Ebenso zählt die **Erhebung des Einspruchs** nicht mehr zum Mahnverfahren. Auch diese Tätigkeit gehört zum nachfolgenden Rechtszug und löst bereits dort die Verfahrensgebühr nach VV 3100 aus.[17]

2. Erste Tätigkeit des Prozessbevollmächtigten des Antragsgegners nach Widerspruchseinlegung durch Antragsgegner selbst

Wird ein Rechtsanwalt für den Antragsgegner im Mahnverfahren erst tätig, nachdem der Antragsgegner persönlich Widerspruch eingelegt hat, erhält der Rechtsanwalt die Gebühr nicht für die Erhebung des Widerspruchs gegen den Mahnbescheid. Vielmehr ist VV 3307 so formuliert, dass der Rechtsanwalt die Verfahrensgebühr „für die Vertretung des Antragsgegners" erhält. Die Einlegung des Widerspruchs wird nicht mehr – wie in § 43 Abs. 1 Nr. 2 BRAGO – gesondert erwähnt, womit klargestellt

---

11 1,0-Verfahrensgebühr, Nr. 3305 VV (189,00 EUR), Postentgeltpauschale, Nr. 7002 VV (20,00 EUR), 19 % Umsatzsteuer, Nr. 7008 VV (39,71 EUR) = 248,71 EUR.
12 LG Mannheim Rpfleger 1970, 362 = KostRsp. BRAGO § 43 Nr. 8.
13 OLG Köln AGS 2007, 344.
14 OLG Düsseldorf RVGreport 2005, 386.
15 *Hansens*, RVGreport 2012, 223, 224.
16 LG Hamburg AnwBl 1983, 521 = KostRsp. BRAGO § 43 Nr. 39, str.
17 OLG München 1962, 617; *Hansens*, RVGreport 2004, 123; RMOLK/*Hergenröder*, VV 3307 Rn 2.

ist, dass es nicht darauf ankommt, wer den Widerspruch eingelegt hat, ob dies nun durch den Mandanten selbst oder den Rechtsanwalt erfolgte.

12 Bedeutsam wird dieser Unterschied dann, wenn der Mahnbescheid vom Antragsteller vor Durchführung des streitigen Verfahrens zurückgenommen wird, nachdem der Antragsgegner den Widerspruch selbst eingelegt hatte. Die jetzige Regelung hat in diesem Fall auch zur Konsequenz, dass der den Antragsgegner vertretende Rechtsanwalt seine Gebühren nach §§ 103 ff. ZPO festsetzen lassen kann.

3. Rücknahme des Widerspruchs

13 Wird der Rechtsanwalt durch den Antragsgegner erstmals mit der **Rücknahme des Widerspruchs** beauftragt, nachdem das Verfahren bereits an das Streitgericht abgegeben worden ist, erhält er für die Rücknahme eine volle 1,3-Verfahrensgebühr gemäß VV 3100. Die Rücknahme eines Widerspruchs ist nämlich als Sachantrag i.S.v. VV 3101 Nr. 1 anzusehen.[18] Insoweit steht die Rücknahme des Widerspruchs der Rücknahme eines Rechtsmittels gleich, da die Wirkung der Rücknahme darin besteht, dass das streitige Verfahren endet und die Rechtshängigkeit entfällt.

4. Mehrere Personen sind Auftraggeber

14 Wird von dem Rechtsanwalt zeitgleich für mehrere Personen gegen denselben Mahnbescheid Widerspruch eingelegt, erhöht sich die Gebühr nach VV 1008 für jeden weiteren Auftraggeber um den Satz von 0,3 Gebühren, soweit der **Gegenstand** der anwaltlichen Tätigkeit **derselbe** ist, also regelmäßig bei Gesamtschuldnern. Die Erhöhung darf jedoch gemäß Anm. Abs. 3 zu VV 1008 insgesamt den Betrag von 2,0-Verfahrensgebühren nicht übersteigen.

> **Beispiel:** Gegen zwei Mandanten als Gesamtschuldner ist ein Mahnbescheid i.H.v. 3.000 EUR ergangen. Der Anwalt wird beauftragt, hiergegen Widerspruch einzulegen.
> 1. 0,8-Verfahrensgebühr, VV 3307, 1008   160,80 EUR
>   (Wert: 3.000,00 EUR)
> 2. Auslagenpauschale, VV 7002   20,00 EUR
>   Zwischensumme   180,80 EUR
> 3. 19 % Umsatzsteuer, VV 7008   34,35 EUR
>   **Gesamt**   **215,15 EUR**

15 Wird der Anwalt für mehrere Auftraggeber wegen **verschiedener Gegenstände** tätig, so liegt nur eine Angelegenheit vor. Der Anwalt erhält die 0,5-Verfahrensgebühr aus dem Gesamtwert (§ 22 Abs. 1).

> **Beispiel:** Gegen zwei Mandanten ist ein Mahnbescheid i.H.v. insgesamt 4.000 EUR ergangen (gegen jeden Antragsgegner 2.000 EUR). Der Anwalt wird beauftragt, hiergegen Widerspruch einzulegen.
> Es entsteht nur die nicht erhöhte 0,5-Verfahrensgebühr aus dem Gesamtwert (§ 22 Abs. 1 i.V.m. § 39 Abs. 1 GKG) von 4.000 EUR.
> 1. 0,5-Verfahrensgebühr, VV 3307   126,00 EUR
>   (Wert: 4.000,00 EUR)
> 2. Auslagenpauschale, VV 7002   20,00 EUR
>   Zwischensumme   146,00 EUR
> 3. 19 % Umsatzsteuer, VV 7008   27,74 EUR
>   **Gesamt**   **173,74 EUR**

> **Beispiel: Widerspruch im Mahnverfahren, mehrere Auftraggeber, verschiedene Gegenstände (Teilschuld)**
> Gegen zwei Mandanten ist ein Mahnbescheid über 6.000 EUR ergangen. Der Mahnbescheid weist die Antragsgegner nicht als Gesamtschuldner aus. Der Anwalt legt auftragsgemäß Widerspruch ein.
> Jetzt liegen der anwaltlichen Tätigkeit unterschiedliche Gegenstände zugrunde. Wird im Mahnbescheid nicht angegeben, dass die Antragsgegner als Gesamtschuldner in Anspruch genommen werden, dann ist von einer Teilschuld auszugehen und zwar mangels Angaben von jeweils einer hälftigen Teilschuld.[19]
> Der Anwalt erhält daher nur die einfache Verfahrensgebühr aus dem Gesamtwert (§ 23 Abs. 1 S. 1 i.V.m. § 39 Abs. 1 GKG).

---

18 OLG München Rpfleger 1985, 167 m.w.N.   19 Siehe dazu LG Berlin MDR 1997, 146.

1. 0,5-Verfahrensgebühr, VV 3307 (Wert: 6.000,00 EUR)		177,00 EUR
2. Auslagenpauschale, VV 7002		20,00 EUR
Zwischensumme	197,00 EUR	
3. 19 % Umsatzsteuer, VV 7008		37,43 EUR
Gesamt		**234,43 EUR**

5. Verfahrensgebühr gemäß VV 3100 bei Widerspruch mit gleichzeitigem Klageabweisungsantrag

Schwierigkeiten bereitet die Frage der Entstehung der vollen 1,3-Verfahrensgebühr für den Rechtsanwalt des Antragsgegners, sofern dieser den Widerspruch gegen den Mahnbescheid mit dem Verlangen auf Klageabweisung verbindet.

Die Beantwortung der Frage, ob der Rechtsanwalt des Widerspruchsführers, der mit Einlegung des Widerspruchs **gleichzeitig einen Klageabweisungsantrag** stellt, die 1,3-Verfahrensgebühr verdient oder nur die geringere Gebühr für die Vertretung des Antragsgegners, war schon im Rahmen der Vorgängerregelung des § 43 BRAGO **umstritten**. Eine Auffassung ließ eine volle (Prozess-)Gebühr jedenfalls dann dem Rechtsanwalt erwachsen, wenn er von seiner Partei ausdrücklich dazu beauftragt wurde, mit dem Widerspruch gegen den Mahnbescheid einen Klageabweisungsantrag zu stellen.[20] Daneben hat sich eine Auffassung entwickelt, die das im Mahnverfahren erteilte Prozessmandat als aufschiebend bedingt ansieht und die volle Prozessgebühr erst entstehen ließ, wenn der Termin anberaumt oder die Anspruchsbegründung zugestellt wird.[21] Weiterhin wurde die Meinung vertreten, dass die volle Prozessgebühr nur dann ausgelöst wird, wenn nach Stellung des Klageabweisungsantrages das Mahnverfahren durch Abgabe der Sache an das Prozessgericht in das ordentliche Verfahren übergeleitet wird.[22] Dazu wird vom OLG Köln[23] ausgeführt:

> „Richtig ist zwar, daß der Klageabweisungsantrag des Beklagten – abweichend von der verfahrensrechtlichen Regelung – in gebührenrechtlicher Hinsicht regelmäßig als ein eine volle Prozeßgebühr auslösender Sachantrag zu behandeln ist. Das gilt indes nur dann, wenn die Sache im Zeitpunkt der Antragstellung bereits im ordentlichen Streitverfahren rechtshängig war. Der Senat vertritt in ständiger Rechtsprechung die Auffassung, daß ein Bedürfnis, den Klageabweisungsantrag gebührenrechtlich einem Sachantrag gleichzustellen, grundsätzlich nur insoweit anerkannt werden kann, als ein solcher Antrag einem durch Zustellung rechtshängig gewordenen Klageantrag gegenüber erklärt wird. Die schriftsätzliche Erklärung des Rechtsanwalts des Beklagten, er beantrage, die Klage abzuweisen, ist, prozessual gesehen, nichts anderes als die Ankündigung, diesen Antrag in der demnächst stattfindenden mündlichen Verhandlung stellen zu wollen. Sie hat einen konkreten Bezug auf das Verfahren nur dann, wenn erwartet werden kann, daß es zu einer mündlichen Verhandlung mit Stellung der Anträge kommen werde. Das aber ist erst dann der Fall, wenn der zu bekämpfende Klageantrag bereits rechtshängig ist."

Allein die Abgabe der Sache an das Prozessgericht sollte nach dieser Auffassung die Prozessgebühr im Übrigen dann nicht entstehen lassen, wenn der Kläger die Klage nach Abgabe an das Streitgericht zurücknimmt, ohne seinen Anspruch zu begründen. In diesem Fall sollte für den Rechtsanwalt des Antragsgegners nur eine 3/10-Gebühr nach § 43 Abs. 1 Nr. 2 BRAGO erstattungsfähig gewesen sein.[24]

In der neueren Rechtsprechung wurde schließlich auch die Auffassung vertreten, dass mit der Widerspruchseinlegung für den Prozessbevollmächtigten des Antragsgegners die volle Prozessgebühr entsteht, wenn er den Auftrag hatte, nicht nur Widerspruch einzulegen, sondern Klageabweisung zu beantragen.[25] Bei einer Rücknahme des Mahnbescheids, d.h. des Mahnantrages, sollte aber nur eine 5/10-Prozessgebühr nach § 32 Abs. 1 BRAGO erstattungsfähig gewesen sein, ferner eine volle Prozessgebühr aus den bis zur Rücknahme des Mahnantrages angefallenen Kosten für die Erwirkung

---

[20] OLG Frankfurt AnwBl 1984, 99 = JurBüro 1984, 229 = KostRsp. BRAGO § 43 Nr. 40 m. Anm. *Lappe*.
[21] KG NJW 1973, 909; LG Berlin JurBüro 1990, 721.
[22] OLG Frankfurt AnwBl 1980, 159 = JurBüro 1980, 540 m. Anm. *Mümmler* = Rpfleger 1980, 118 = KostRsp. BRAGO § 43 Nr. 28; LG Berlin JurBüro 1990; OLG Düsseldorf JurBüro 1994, 429; OLG Köln JurBüro 1995, 81.
[23] OLG Köln JurBüro 1995, 81.
[24] KG MDR 2002, 1028.
[25] OLG Köln JurBüro 2000, 77.

des Kostenbeschlusses nach § 269 Abs. 4 ZPO;[26] § 13 Abs. 3 BRAGO – jetzt § 15 Abs. 3 – wäre dann dabei zu berücksichtigen gewesen.

21 Den beiden letzten Meinungen ist – allerdings nicht ohne Einschränkungen – auch für die jetzt geltende Rechtslage zu folgen. Die volle 1,3-Verfahrensgebühr gemäß VV 3100 wird nicht erst verdient, wenn in das streitige Verfahren übergeleitet ist. Die durch eine Verbindung des Klageabweisungsantrags mit dem Widerspruch gegen einen Mahnbescheid entstandenen Mehrkosten sind zwar in der Regel nicht zu einer zweckentsprechenden Rechtsverfolgung notwendig, solange das Mahnverfahren nicht durch Abgabe der Sache an das Prozessgericht in das ordentliche Verfahren übergeleitet ist.[27] Dieser Aspekt betrifft aber nur die Frage der Erstattungspflicht bzw. der Festsetzungsfähigkeit, nicht aber die Frage, ob die Gebühr entstanden ist. Es ist zu differenzieren zwischen der Frage,
– ob die Verfahrensgebühr **entstanden** ist, und derjenigen,
– ob die Verfahrensgebühr gegen den Gegner **festsetzungsfähig** ist.

Ist der Prozessbevollmächtigte von seinem Mandanten ausdrücklich beauftragt worden, den Klageabweisungsantrag zu stellen, und hat dieser den Mandanten über die gebührenrechtlichen Folgen unterrichtet, so spricht nichts dagegen, dem Prozessbevollmächtigten die volle 1,3-Verfahrensgebühr für die Stellung des Klageabweisungsantrages zuzubilligen.

22 Erstattungsrechtlich verbleibt es aber bei folgendem Grundsatz: Ist das ordentliche Verfahren noch nicht eingeleitet, verbleibt es bei der 0,5-Verfahrensgebühr für die Vertretung des Antragsgegners gemäß VV 3307. Die Entstehung der reduzierten 0,8-Verfahrensgebühr nach VV 3101 Nr. 1 ist für den Rechtsanwalt des Antragsgegners ausgeschlossen.

23 Nimmt jedoch der Kläger, nachdem er in seinem Mahnantrag für den Fall des Widerspruchs bereits Antrag auf Durchführung des streitigen Verfahrens gestellt hat, nach Eingang der Akte bei dem Prozessgericht seinen Mahnantrag zurück, hat er dem Beklagtenvertreter eine volle 1,3-Verfahrensgebühr nach VV 3100 zu erstatten, wenn dieser mit der Einlegung des Widerspruchs bereits den Antrag auf Klageabweisung gestellt hat.[28] Dies gilt auch, wenn der Antragsgegnervertreter nach Klagerücknahme einen **Kostenantrag gemäß § 269 Abs. 4 ZPO** stellt. Gegenstand sind dann die bis zur Klagerücknahme entstandenen Kosten des Rechtsstreits.[29] Dem OLG Schleswig,[30] welches die antragsgemäße Abgabe an das Prozessgericht nicht genügen lässt, um einen gebührenrechtlich relevanten Klagabweisungsantrag anzunehmen, ist nicht zu folgen. Der Prozessbevollmächtigte des Beklagten hat eine nach außen gebührenrechtlich relevante Tätigkeit in einem beim Prozessgericht anhängigen Streitverfahren mit dem Antrag auf Klageabweisung vorgenommen. Die Verfahrensgebühr ist auch erstattungsfähig, da für den Beklagten eine zweckentsprechende Rechtsverteidigung notwendig war, weil er nicht damit zu rechnen brauchte, dass die Klage vor Antragstellung zurückgenommen wird.

6. Widerspruch und Antrag des Antragsgegners auf Durchführung des streitigen Verfahrens, § 696 Abs. 1 ZPO

24 Beantragt der Prozessbevollmächtigte des Antragsgegners nach Einlegung des Widerspruchs gegen den Mahnbescheid die Durchführung des Streitverfahrens gemäß § 696 Abs. 1 S. 1 ZPO, entsteht für ihn die volle Verfahrensgebühr gemäß VV 3100.[31] Im Beschluss des OLG München[32] heißt es insoweit:

> „Wenn die Prozeßbevollmächtigten des Beklagten nach Einlegung des Widerspruchs gegen den Mahnbescheid mit Schriftsatz ... beantragt haben, das Verfahren nunmehr an die Streitabteilung abzugeben, so handelt es sich um einen Antrag auf Durchführung des streitigen Verfahrens im Sinne des § 696 Abs. 1

---

26 OLG München MDR 2001, 296; OLG Koblenz Rpfleger 2002, 484.
27 OLG Köln JurBüro 1989, 491.
28 OLG München JurBüro 1986, 877; LG Berlin JurBüro 1997, 138.
29 OLG Düsseldorf RVGreport 2005, 386.
30 JurBüro 1980, 1523; ebenso OLG München MDR 2001, 296.
31 OLG Köln AGS 2007, 344; OLG Hamm AnwBl. 1989, 682 = MDR 1989, 648; OLG München JurBüro 1992,

604 m. Anm. *Mümmler*; OLG Bremen JurBüro 1983, 1666; OLG Hamm JurBüro 1981, 870; OLG Hamburg JurBüro 1983, 81; OLG Hamburg JurBüro 1994, 608 = MDR 1994, 520 = KostRsp. BRAGO § 43 Nr. 51; OLG Oldenburg JurBüro 1990, 1625 = NdsRpfl 1990, 223 = KostRsp. BRAGO § 43 Nr. 47.
32 JurBüro 1992, 604.

ZPO. Wie der Senat bereits entschieden hat ..., ist ein solcher Antrag als Sachantrag im Sinne von § 32 Abs. 1 BRAGO anzusehen, weil durch diesen Antrag das Mahnverfahren in das streitige Verfahren übergeleitet werden soll. Ist die Prozeßgebühr in Höhe von 10/10 gemäß § 31 Abs. 1 Nr. 1 BRAGO angefallen, so ist sie auch nach § 91 Abs. 2 S. 1 ZPO erstattbar ..."

Hieran ändert die nachfolgende **Rücknahme des Mahnantrages** nichts, da es sich bei dem Antrag, das Streitverfahren durchzuführen und zu diesem Zweck an das Prozessgericht abzugeben, um den ein Verfahren einleitenden Antrag handelt.[33] Mit dem Antrag auf Durchführung des streitigen Verfahrens entwickelt der Prozessbevollmächtigte des Beklagten bereits eine Tätigkeit, die die volle Verfahrensgebühr nach VV 3100 erwachsen lässt.[34]

Die 1,3-Verfahrensgebühr nach VV 3100 ist **erstattungsfähig**, wenn der Kläger nicht zuvor denselben Verweisungsantrag, d.h. den Antrag auf Durchführung des streitigen Verfahrens gestellt hat.[35] Erstattungsfähig nach § 91 Abs. 1 ZPO ist die Gebühr jedoch nur, wenn für den Beklagten ein sachlich gerechtfertigter Anlass bestand, den Verweisungsantrag zur zweckentsprechenden Rechtsverteidigung zu beantragen. Ein solcher Anlass ist stets gegeben, wenn der Kläger keinen Verweisungsantrag gestellt hat.[36] Dazu das OLG Düsseldorf:[37]

> „Hatte schon der Gläubiger (spätere Kläger, Erg. d. Verf.) den Verweisungsantrag gestellt, so ist der nachfolgende Verweisungsantrag des Schuldners (späteren Beklagten, Erg. d. Verf.) regelmäßig eine überflüssige Maßnahme ... In vorliegender Sache ist jedoch die Verweisung auf Antrag des Beklagten (nicht des Klägers, Erg. d. Verf.) erfolgt, da der Kläger keinen Verweisungsantrag gestellt hatte."

Die 1,3-Verfahrensgebühr nach VV 3100 ist aber auch dann mit dem Antrag auf Durchführung des streitigen Verfahrens entstanden und erstattungsfähig, wenn der Prozessbevollmächtigte des Beklagten den Kläger **vergeblich zur Fortsetzung des Verfahrens auffordert**[38] oder wenn der **Gerichtskostenvorschuss** vom Kläger nicht innerhalb einer angemessenen Zeit bezahlt wird.[39] Insoweit argumentiert das OLG München:[40]

> „Unerheblich ist dabei, daß die Klägerin bereits im Antrag auf Erlaß des Mahnbescheids die Durchführung des streitigen Verfahrens beantragt hat. Da sie es über 10 Monate nach Einlegung des Widerspruchs seitens des Beklagten unterließ, die weiteren Voraussetzungen für den Verfahrensfortgang zu schaffen, nämlich die zweite Hälfte der Gerichtskosten gemäß § 65 I 2 GKG einzubezahlen, ist das Verhalten des Beklagten durchaus adäquat, wenn er von dem auch ihm nach § 696 I 1 ZPO zustehenden Recht Gebrauch gemacht hat, die Durchführung des streitigen Verfahrens in die Wege zu leiten. Dabei hätte für ihn eine Pflicht zur Vorwegleistung der zweiten Gebührenhälfte nicht bestanden (m.w.N.). Der Standpunkt des Senats, wonach der Beklagte die durch den Antrag auf Durchführung des streitigen Verfahrens entstandene volle Prozeßgebühr erstattet erhält, wenn der Kläger das Verfahren nicht in angemessener Frist weiter betreibt, entspricht der allgemeinen Auffassung (m.w.N.)."

Dieser Auffassung ist ohne Weiteres zuzustimmen, da die Wahrnehmung des Antragsrechtes nach § 696 Abs. 1 ZPO seitens des Antragsgegners keine überflüssige und den Prozess nicht fördernde Wiederholung eines etwa gleichgerichteten Antrags des Antragstellers ist, so dass in diesem Fall das eigene Antragsrecht des Antragsgegners ungerechtfertigt beeinträchtigt werden würde, wollte man hier die Erstattungsfähigkeit der durch die Ausübung dieses Rechts entstandenen Kosten nicht anerkennen.

7. Anrechnung

a) Durchführung der Anrechnung

Eine Anrechnung kommt nur bei einer **Personenidentität** eines Rechtsanwalts des Mahnverfahrens und des streitigen Verfahrens in Betracht. Beauftragt daher ein Mandant einen Rechtsanwalt mit der

---

33 OLG Bremen JurBüro 1983, 1666.
34 OLG Celle JurBüro 1984, 1522 m. Anm. *Mümmler* = NdsRpfl 1984, 99 = KostRsp. BRAGO § 43 Nr. 44.
35 OLG Bremen JurBüro 1983, 1666; OLG München JurBüro 1992, 604 m. Anm. *Mümmler*.
36 OLG Düsseldorf Rpfleger 1975, 70.
37 Rpfleger 1975, 70.
38 OLG Bremen JurBüro 1983, 1666.
39 OLG München JurBüro 1992, 604; OLG Schleswig JurBüro 1984, 405 m. Anm. *Mümmler* = KostRsp. BRAGO § 43 Nr. 41.
40 JurBüro 1992, 604.

Durchführung eines Mahnverfahrens und mandatiert er für den späteren Rechtsstreit einen anderen Anwalt, kommt es daher nicht zu einer Gebührenanrechnung.[41]

Der BGH[42] hat zu den **Anrechnungsvoraussetzungen** nach VV Vorb. 3 Abs. 6 entschieden, dass eine Anrechnung ausscheidet, wenn die anzurechnende Gebühr (hier Verfahrensgebühr) von einem anderen Rechtsanwalt verdient worden war. Ein **Anwaltswechsel** liegt aber nur dann **vor**, wenn ein **neuer Beratungsvertrag** mit einem Anwalt geschlossen worden ist, der nicht identisch ist mit demjenigen Anwalt, welcher das vorherige Verfahren geführt hat. Auf die jeweils handelnde Person kommt es daher nicht an, weil einen Anspruch auf die jeweilige Gebühr nur die jeweilige Vertragspartei hat.

Kommt es auf den Einspruch oder Widerspruch hin zur Durchführung des streitigen Verfahrens, so ist die Verfahrensgebühr VV 3307 auf die Verfahrensgebühr (VV 3100) des nachfolgenden Rechtsstreits anzurechnen (Anm. zu VV 3307). Zur Anrechnung im Rahmen der Kostenfestsetzung der vollen Verfahrensgebühr nach zwischengeschaltetem Mahnverfahren auf die Verfahrensgebühr des nachfolgenden Rechtsstreits vgl. auch VV 3305 Rdn 169 ff.

30 Eine eventuelle **Terminsgebühr** nach VV Vorb. 3.2.2 VV, VV 3104 wird dagegen nicht unbedingt angerechnet, sondern bleibt ggf. **anrechnungsfrei**, auch wenn im streitigen Verfahren erneut eine Terminsgebühr nach VV 3104 entsteht (vgl. auch Rdn 83 ff.).

31 Der **Sinn der Anrechnung** besteht darin, die Einarbeitung des Rechtsanwaltes in denselben Sachverhalt nicht doppelt zu vergüten. Ein Rechtsanwalt, der bereits im Rahmen seiner vorgerichtlichen Tätigkeit bzw. des Mahnverfahrens mit der Sache befasst gewesen ist, bedarf in der Regel für die Prozessvertretung selbst eines geringeren Einarbeitungs- und Vorbereitungsaufwandes.[43] Daraus ergibt sich der Umkehrschluss, dass es sich bei der Tätigkeit, in der die anzurechnende Gebühr entsteht, um **denselben Gegenstand**, d.h. identischen Gegenstand,[44] handeln muss, in der die Gebühr bzgl. des nachfolgenden Verfahrens entsteht.

> **Beispiel:** Gegen den Mandanten ist ein Mahnbescheid i.H.v. 3.000 EUR ergangen. Der Anwalt legt hiergegen Widerspruch ein. Anschließend wird das streitige Verfahren durchgeführt und mündlich verhandelt. Die 0,5-Verfahrensgebühr der VV 3307 ist auf die Verfahrensgebühr der VV 3100 anzurechnen (Anm. zu VV 3307). Die Auslagenpauschale bleibt dagegen erhalten.
>
> **I. Mahnverfahren**
> 1. 0,5-Verfahrensgebühr, VV 3307   100,50 EUR
>   (Wert: 3.000,00 EUR)
> 2. Auslagenpauschale, VV 7002   20,00 EUR
>   Zwischensumme   120,50 EUR
> 3. 19 % Umsatzsteuer, VV 7008   22,89 EUR
>   **Gesamt**   **143,39 EUR**
>
> **II. Streitiges Verfahren**
> 1. 1,3-Verfahrensgebühr, VV 3100   261,30 EUR
>   (Wert: 3.000,00 EUR)
> 2. 1,2-Terminsgebühr, VV 3104   241,20 EUR
>   (Wert: 3.000,00 EUR)
> 3. Auslagenpauschale, VV 7002   20,00 EUR
> 4. gem. Anm. zu VV 3307 anzurechnen, 0,5-Gebühr aus 3.000 EUR   – 100,50 EUR
>   Zwischensumme   422,00 EUR
> 5. 19 % Umsatzsteuer, VV 7008   80,18 EUR
>   **Gesamt**   **502,18 EUR**

---

41 OLG München JurBüro 2016, 295 = zfs 2016, 344 = AGS 2016, 256 = zfm 2016, 118 = RVGreport 2016, 225; zur Erstattungsfähigkeit von Mehrkosten nach Anwaltswechsel vgl. auch Rdn 89.
42 BB 2016, 1922; BGH RVGprof. 2015, 57; BGH RVGprof. 2010, 37.
43 OLG München AGS 2016, 256; OLG Bamberg AGS 2009, 281 = JurBüro 2009, 305 = Rpfleger 2009, 474; vgl. BGH NJW 2008, 878 und 1323; OLG Oldenburg OLGR 2009, 41 = JurBüro, 2008, 527 und zu Nr. 3307 etwa OLG Düsseldorf JurBüro 2005, 474; Gerold/Schmidt/*Müller-Rabe*, RVG, VV 3305–3308 Rn 41.
44 OLG München AGS 2013, 512 m. Anm. *N. Schneider*.

Abschnitt 3. Gebühren für besondere Verfahren — **VV 3307**

Die 0,5-Widerspruchsgebühr ist auch im Vergütungsfestsetzungsverfahren nach § 55 auf die gerichtliche Verfahrensgebühr des beigeordneten Rechtsanwalts nach VV 3100 anzurechnen.[45] Der Wortlaut der Anmerkung zu VV 3307 ist eindeutig und stimmt mit der VV Vorb. 3 Abs. 4 S. 1 über die anteilige Anrechnung der vorgerichtlich entstandenen Geschäftsgebühr überein. Beide Anrechnungsvorschriften verfolgen den übereinstimmenden Zweck, die Einarbeitung des Rechtsanwalts in denselben Sachverhalt nicht doppelt zu vergüten. Ein Rechtsanwalt, der bereits im Rahmen seiner vorgerichtlichen Tätigkeit bzw. des Mahnverfahrens mit der Sache befasst gewesen ist, bedarf in der Regel für die Prozessvertretung selbst eines geringeren Einarbeitungs- und Vorbereitungsaufwandes.[46] Auch aus den Materialien zum RVG[47] erschließen sich keine Hinweise, die für eine unterschiedliche Handhabung beider Anrechnungsregeln sprechen könnten. Dementsprechend unterliegt die Anwendung des Anrechnungstatbestandes zu VV 3307 denselben Grundsätzen wie die Parallelvorschrift der VV Vorb. 3 Abs. 4 S. 1. Nach dieser Bestimmung hat im Verhältnis zwischen der Geschäftsgebühr und der Verfahrensgebühr im nachfolgenden Rechtsstreit eine Anrechnung unabhängig davon stattzufinden, ob es sich hierbei um die volle Verfahrensgebühr nach VV 3100 oder um die verminderte Gebühr nach VV 3101 handelt.[48] Dabei ist es bereits nach dem Wortlaut der VV Vorb. 3 Abs. 4 ohne Bedeutung, ob die Geschäftsgebühr unstreitig geltend gemacht, tituliert oder sogar schon beglichen ist.[49]

Im Anwendungsbereich des § 49, d.h. jenseits einer Wertgrenze von 3.000 EUR, hat die Anrechnung der Widerspruchsgebühr nach VV 3307 in der Weise zu erfolgen, dass die verminderte Verfahrensgebühr nach VV 3100 nur um das 0,5-fache des ermäßigten Vergütungssatzes nach der Tabelle zu § 49 gekürzt wird.[50]

aa) Beschränkter Widerspruch. Wird der **Widerspruch** nur **beschränkt** eingelegt, ändert dies nichts daran, dass die volle 0,5-Verfahrensgebühr aus dem Wert des Mahnbescheids angefallen ist. Dies ergibt sich zum einen daraus, dass ausweislich der Formulierung in VV 3307 der Rechtsanwalt die Gebühr für die Vertretung des Antragsgegners im Mahnverfahren insgesamt erhält. Darüber hinaus heißt es in der Gesetzesbegründung zu VV 3307, dass in der Regel seitens des Rechtsanwalts zunächst eine Vorprüfung und ein Gespräch mit dem Mandanten stattfindet, in dem die Prozessaussichten und die weitere Verfahrensweise erwartet würden. Damit ist klargestellt, dass der Rechtsanwalt die 0,5 Verfahrensgebühr nach VV 3307 aus dem vollen Streitwert erhält, wenn er auftragsgemäß die Erfolgsaussichten hinsichtlich des geltend gemachten Gesamtbetrages zunächst prüft und den Widerspruch nur hinsichtlich eines Teilbetrages einlegt.

Angerechnet wird jedoch nur nach dem Wert, in dessen Höhe tatsächlich Widerspruch eingelegt worden ist.[51]

> **Beispiel:** Gegen den Mandanten ist ein Mahnbescheid i.H.v. 3.000 EUR ergangen. Er beauftragt seinen Anwalt mit der Vertretung. Der Anwalt legt nach Beratung Widerspruch nur i.H.v. 2.000 EUR ein und stellt gleichzeitig Streitantrag. Das Verfahren erledigt sich ohne einen Termin.
> Die Verfahrensgebühr (VV 3307) wird nur nach dem Wert angerechnet, der sich im streitigen Verfahren fortsetzt, also nur, soweit sie nach 2.000 EUR entstanden wäre (analog VV Vorb. 3 Abs. 4 S. 3).
>
> **I. Mahnverfahren**
> 1. 0,5-Verfahrensgebühr, VV 3307 — 100,50 EUR
>   (Wert: 3.000,00 EUR)
> 2. Auslagenpauschale, VV 7002 — 20,00 EUR
>   Zwischensumme — 120,50 EUR
> 3. 19 % Umsatzsteuer, VV 7008 — 22,89 EUR
> **Gesamt** — **143,39 EUR**
>
> **II. Streitiges Verfahren**
> 1. 1,3-Verfahrensgebühr, VV 3100 — 195,00 EUR
>   (Wert: 2.000,00 EUR)
> 2. Auslagenpauschale, VV 7002 — 20,00 EUR

---

45 OLG Bamberg, Beschl. v. 4.3.2009 – 4 W 75/08.
46 Vgl. BGH NJW 2008, 878 und 1323; OLG Oldenburg OLGR 2009, 41 = JurBüro 2008, 527 und zu VV 3307 etwa OLG Düsseldorf JurBüro 2005, 474; Gerold/Schmidt/*Müller-Rabe*, RVG, VV 3305–3308 Rn 41.
47 Vgl. dazu etwa BGH NJW 2008, 3641.
48 BGH NJW 2008, 3641.
49 BGH NJW 2008, 1323; 1224.
50 OLG Bamberg JurBüro 2008, 640.
51 OLG München AnwBl 1995, 202 = Rpfleger 1994, 433 = OLGR 1994, 143 = KostRsp. BRAGO § 43 Nr. 52; KG Rpfleger 2001, 152; a.A. OLG Frankfurt AnwBl 1981, 161 = JurBüro 1981, 561 = KostRsp. BRAGO § 43 Nr. 32.

3. anzurechnen gem. Anm. zu VV 3305, 0,5 aus 2.000 EUR	− 75,00 EUR
Zwischensumme	140,00 EUR
4. 19 % Umsatzsteuer, VV 7008	26,60 EUR
Gesamt	**166,60 EUR**

35 Wird nur **Kostenwiderspruch** eingelegt, dann werden die Kosten im nachfolgenden streitigen Verfahren zur Hauptsache und bilden dort den Streitwert. Hatte der Anwalt von vornherein nur den Auftrag zum Kostenwiderspruch, dann hatte er bereits im Mahnverfahren die Verfahrensgebühr nur nach dem geringeren Wert erhalten. Hatte er dagegen im Mahnverfahren einen Gesamtvertretungsauftrag, dann wird die im Mahnverfahren verdiente Verfahrensgebühr aus dem Wert der Kosten auf die Verfahrensgebühr des streitigen Verfahrens angerechnet.[52]

Beispiel: Anrechnung bei Kostenwiderspruch nach vollem Vertretungsauftrag
Gegen den Mandanten ist ein Mahnbescheid in Höhe von 3.000 EUR ergangen. Der Anwalt erhält den Auftrag zur Vertretung des Antragsgegners. Dieser bezahlt auf den Rat des Anwalts die Forderung; gegen die Kosten (Anwalt 248,71 EUR[53] + Gerichtskosten 44,50 EUR = 293,21 EUR) wird dagegen Widerspruch eingelegt. Daraufhin wird das streitige Verfahren nur noch wegen der Kosten durchgeführt.
Im Mahnverfahren ist die 0,5-Verfahrensgebühr aus dem vollen Wert entstanden, da dem Anwalt ein Gesamtvertretungsauftrag erteilt worden war. Dass der Widerspruch nur wegen der Kosten eingelegt worden ist, ist unerheblich. Im streitigen Verfahren beläuft sich der Wert gemäß § 43 Abs. 3 GKG auf 459,78 EUR.

I. Mahnverfahren
1. 0,5-Verfahrensgebühr, VV 3307 (Wert: 3.000,00 EUR)	100,50 EUR
2. Auslagenpauschale, VV 7002	20,00 EUR
Zwischensumme	120,50 EUR
3. 19 % Umsatzsteuer, VV 7008	22,89 EUR
Gesamt	**143,39 EUR**

II. Streitiges Verfahren
1. 1,3-Verfahrensgebühr, VV 3100 (Wert: 293,21 EUR)	58,50 EUR
2. gem. Anm. zu VV 3307 anzurechnen, 0,5 aus 293,21 EUR	− 22,50 EUR
3. 1,2-Terminsgebühr, VV 3104 (Wert: 293,21 EUR)	54,00 EUR
4. Auslagenpauschale, VV 7002	18,00 EUR
Zwischensumme	108,00 EUR
5. 19 % Umsatzsteuer, VV 7008	20,52 EUR
Gesamt	**128,52 EUR**

Beispiel: Anrechnung bei von vornherein erteiltem Kostenwiderspruch
Gegen den Mandanten ist ein Mahnbescheid in Höhe von 3.000 EUR ergangen, den dieser in der Hauptsache akzeptiert und bezahlt. Er beauftragt jedoch den Anwalt mit seiner Vertretung hinsichtlich der Kosten (Anwalt 248,71 EUR[54] + Gerichtskosten 44,50 EUR = 293,21 EUR). Der Anwalt legt dagegen Widerspruch ein. Daraufhin wird das streitige Verfahren wegen der Kosten durchgeführt.
Im Mahnverfahren ist die 0,5-Verfahrensgebühr nur aus dem Wert der Kosten entstanden, da dem Anwalt nur insoweit ein Vertretungsauftrag erteilt worden war (§ 23 Abs. 1 S. 1, § 43 Abs. 3 GKG). Auch im streitigen Verfahren beläuft sich der Wert gemäß § 43 Abs. 3 GKG auf 459,78 EUR. Angerechnet wird in voller Höhe.

I. Mahnverfahren
1. 0,5-Verfahrensgebühr, VV 3307 (Wert: 293,21 EUR)	22,50 EUR
2. Auslagenpauschale, VV 7002	4,50 EUR
Zwischensumme	27,00 EUR
3. 19 % Umsatzsteuer, VV 7008	5,13 EUR
Gesamt	**32,13 EUR**

II. Streitiges Verfahren
1. 1,3-Verfahrensgebühr, VV 3100 (Wert: 293,21 EUR)	58,50 EUR
2. gem. Anm. zu VV 3307 anzurechnen, 0,5 aus 293,21 EUR	− 22,50 EUR

---

[52] OLG Hamm JurBüro 1963, 100.
[53] Siehe Beispiel Rdn 8.
[54] Siehe Beispiel Rdn 8.

Abschnitt 3. Gebühren für besondere Verfahren VV 3307

3. 1,2-Terminsgebühr, VV 3104 (Wert: 293,71 EUR)	54,00 EUR
4. Auslagenpauschale, VV 7002	18,00 EUR
Zwischensumme 108,00 EUR	
5. 19 % Umsatzsteuer, VV 7008	20,52 EUR
Gesamt	**128,52 EUR**

bb) Teilweise Rücknahme des Widerspruchs im Mahnverfahren. Wird der **Widerspruch noch im Mahnverfahren teilweise** wieder **zurückgenommen**, ist ebenso zu rechnen. 36

Beispiel: Gegen den Mandanten ist ein Mahnbescheid i.H.v. 3.000 EUR ergangen. Er beauftragt seinen Anwalt mit der Vertretung. Der Anwalt legt nach Beratung Widerspruch i.H.v. 3.000 EUR ein. Vor Stellung des Antrags auf Durchführung des streitigen Verfahrens wird der Widerspruch i.H.v. 1.000 EUR zurückgenommen und anschließend das streitige Verfahren nur wegen 2.000 EUR durchgeführt.
Auch hier ist ebenso wie im vorangegangenen Beispiel die Verfahrensgebühr aus VV 3307 nur nach dem Wert von 2.000 EUR anzurechnen.

I. Mahnverfahren

1. 0,5-Verfahrensgebühr, VV 3307 (Wert: 3.000,00 EUR)	100,50 EUR
2. Auslagenpauschale, VV 7002	20,00 EUR
Zwischensumme 120,50 EUR	
3. 19 % Umsatzsteuer, VV 7008	22,89 EUR
Gesamt	**143,39 EUR**

II. Streitiges Verfahren

1. 1,3-Verfahrensgebühr, VV 3100 (Wert: 2.000,00 EUR)	195,00 EUR
2. Auslagenpauschale, VV 7002	20,00 EUR
3. anzurechnen gem. Anm. zu VV 3305, 0,5 aus 2.000,00 EUR	– 75,00 EUR
Zwischensumme 140,00 EUR	
4. 19 % Umsatzsteuer, VV 7008	26,60 EUR
Gesamt	**166,60 EUR**

cc) Rücknahme des Widerspruchs im streitigen Verfahren. Wird der **Widerspruch erst im streitigen Verfahren zurückgenommen**, ändert dies nichts daran, dass die 1,3-Verfahrensgebühr des streitigen Verfahrens aus dem vollen Wert angefallen ist. Lediglich der Wert der Terminsgebühr reduziert sich. 37

Beispiel: Gegen den Mandanten ist ein Mahnbescheid i.H.v. 3.000 EUR ergangen. Er beauftragt seinen Anwalt mit seiner Vertretung. Der Anwalt legt nach Beratung Widerspruch i.H.v. 3.000 EUR ein. Nach Abgabe – aber noch vor mündlicher Verhandlung – wird der Widerspruch i.H.v. 1.000 EUR zurückgenommen und nur noch über 2.000 EUR verhandelt.
Hier ist die Verfahrensgebühr aus VV 3307 nach dem vollen Wert von 3.000 EUR anzurechnen. Lediglich die Terminsgebühr nach VV 3104 im streitigen Verfahren entsteht nach dem geringen Wert von 2.000 EUR.

I. Mahnverfahren

1. 0,5-Verfahrensgebühr, VV 3307 (Wert: 3.000,00 EUR)	100,50 EUR
2. Auslagenpauschale, VV. 7002	20,00 EUR
Zwischensumme 120,50 EUR	
3. 19 % Umsatzsteuer, VV 7008	22,89 EUR
Gesamt	**143,89 EUR**

II. Streitiges Verfahren

1. 1,3-Verfahrensgebühr, VV 3100 (Wert: 3.000,00 EUR)	261,30 EUR
2. 1,2-Terminsgebühr, VV 3104 (Wert: 2.000,00 EUR)	180,00 EUR
3. Auslagenpauschale, VV 7002	20,00 EUR
4. anzurechnen gem. Anm. zu VV 3305, 0,5 aus 3.000,00 EUR	– 100,50 EUR
Zwischensumme 360,80 EUR	
5. 19 % Umsatzsteuer, VV 7008	68,55 EUR
Gesamt	**429,35 EUR**

38 **dd) Keine Anrechnung bei streitigem Verfahren zwei Jahre nach Mahnverfahren.** Eine Anrechnung der Verfahrensgebühr ist nach § 15 Abs. 5 S. 2 **ausgeschlossen**, wenn seit der Beendigung des Mahnverfahrens **mehr als zwei Kalenderjahre** verstrichen sind (siehe auch § 15 Rdn 289 ff.).[55] Allerdings kommt nur eine analoge Anwendung des § 15 Abs. 5 S. 2 in Betracht. Hiernach gilt die weitere Tätigkeit als neue Angelegenheit, wenn der frühere Auftrag seit mehr als zwei Kalenderjahren erledigt ist. Eine direkte Anwendung dieser Regelung ist ausgeschlossen, weil das Mahnverfahren und das Streitverfahren gebührenrechtlich nicht dieselbe Angelegenheit darstellen (vgl. § 17 Nr. 2). Allerdings hat der Gesetzgeber in § 15 Abs. 5 S. 2 eine Regelung eingefügt, wonach die weitere Tätigkeit als neue Angelegenheit gilt und in diesem Gesetz bestimmte Anrechnungen von Gebühren entfallen sollen. Begründet wird diese Ergänzung des Gesetzestextes damit, dass der Rechtsanwalt sich in diesen Fällen wegen des Zeitablaufs in die Angelegenheit wieder neu einarbeiten müsse.[56] Ausdrücklich wird in der Begründung verneinend darauf verwiesen, dass auch sonst vorgesehene Anrechnungen entfallen sollen. Damit dürfte klargestellt sein, dass jegliche Anrechnungen zu unterbleiben haben, wenn der frühere Auftrag seit mehr als zwei Kalenderjahren erledigt ist.

39 Auch bei einer analogen Anwendung von § 15 Abs. 5 S. 2 findet daher eine Anrechnung der Gebühr nach VV 3307 auf die Verfahrensgebühr nach VV 3100 nicht mehr statt, wenn das Mahnverfahren und der Rechtsstreit länger als zwei Kalenderjahre auseinander liegen.

> **Beispiel:** Gegen den Mandanten ist im Mai 2011 ein Mahnbescheid i.H.v. 3.000 EUR ergangen. Der Anwalt legt im Juni 2011 hiergegen Widerspruch ein. Im September 2013 beantragt der Antragsteller die Durchführung des streitigen Verfahrens.
> Eine Anrechnung der Verfahrensgebühr unterbleibt gemäß § 15 Abs. 5 S. 2, da seit der Beendigung des Mahnverfahrens mehr als zwei Kalenderjahre verstrichen sind.
> **I. Mahnverfahren**
> Aufstellung (altes Recht)
> 1. 0,5-Verfahrensgebühr, VV 3307   94,50 EUR
>   (Wert: 3.000,00 EUR)
> 2. Auslagenpauschale, VV 7002   18,90 EUR
>   Zwischensumme   113,40 EUR
> 3. 19 % Umsatzsteuer, VV 7008   21,55 EUR
> **Gesamt**   **134,95 EUR**
> **II. Streitiges Verfahren**
> Aufstellung (neues Recht)
> 1. 1,3-Verfahrensgebühr, VV 3100   261,30 EUR
>   (Wert: 3.000,00 EUR)
> 2. 1,2-Terminsgebühr, VV 3104   241,20 EUR
>   (Wert: 3.000,00 EUR)
> 3. Auslagenpauschale, VV 7002   20,00 EUR
>   Zwischensumme   522,50 EUR
> 4. 19 % Umsatzsteuer, VV 7008   99,27 EUR
> **Gesamt**   **621,77 EUR**

40 **ee) Mehrere Personen als Auftraggeber.** Wird der Anwalt für **mehrere Auftraggeber** tätig, so erhöhen sich sowohl die Verfahrensgebühr nach VV 3307 als auch die nach VV 3100 gemäß VV 1008. Angerechnet wird dann nach Anm. zu VV 3307 die insgesamt erhöhte Verfahrensgebühr.

> **Beispiel:** Gegen zwei Mandanten als Gesamtschuldner ist ein Mahnbescheid i.H.v. 3.000 EUR ergangen. Der Anwalt legt hiergegen Widerspruch ein. Anschließend wird das streitige Verfahren gegen beide Antragsgegner durchgeführt.
> Sowohl die 0,5-Verfahrensgebühr nach VV 3307 als auch die 1,3-Verfahrensgebühr der VV 3100 ist gemäß VV 1008 um 0,3 zu erhöhen. Angerechnet wird nach Anm. zu VV 3307 die erhöhte 0,8-Gebühr.

---

[55] AG Siegburg AGS 2016, 268 = NJW-Spezial 2016, 413; OLG München BRAGOreport 2000, 26 m. Anm. *Hansens* = AGS 2001, 51 = AnwBl 2000, 698 = Jur-Büro 2000, 469 = MDR 2000, 785 = NJW-RR 2000, 1721 = OLGReport 2000, 200 = Rpfleger 2000, 516 = KostRsp. BRAGO § 43 Rn 58 m. Anm. *N. Schneider*, *N. Schneider*, MDR 2003, 727; *ders.*, AGS 2003, 240; *Hansens/Braun/Schneider*, Teil 7 Rn 646.

[56] BT-Drucks 15/1971 S. 190 li. Sp.

I. Mahnverfahren
1. 0,8-Verfahrensgebühr, VV 3307, 1008 — 160,80 EUR
   (Wert: 3.000,00 EUR)
2. Auslagenpauschale, VV 7002 — 20,00 EUR
   Zwischensumme — 180,80 EUR
3. 19 % Umsatzsteuer, VV 7008 — 34,35 EUR
   Gesamt — **215,15 EUR**

II. Streitiges Verfahren
1. 1,6-Verfahrensgebühr, VV 3100, 1008 — 321,60 EUR
   (Wert: 3.000,00 EUR)
2. 1,2-Terminsgebühr, VV 3104 — 241,20 EUR
   (Wert: 3.000,00 EUR)
3. Auslagenpauschale, VV 7002 — 20,00 EUR
4. gem. Anm. zu VV 3307 anzurechnen, 0,8 aus 3.000,00 EUR — – 160,80 EUR
   Zwischensumme — 422,00 EUR
5. 19 % Umsatzsteuer, VV 7008 — 80,18 EUR
   Gesamt — **502,18 EUR**

Richtet sich das **streitige Verfahren nur gegen einen Auftraggeber**, so ist zwar die Verfahrensgebühr der VV 3307 gemäß VV 1008 zu erhöhen, nicht dagegen die Verfahrensgebühr nach VV 3100. **Anzurechnen** ist die **nicht erhöhte Gebühr aus VV 3307** (Anm. zu VV 3307), jetzt nur insoweit als die Verfahrensgebühr nach VV 3307 für den Auftraggeber des streitigen Verfahrens entstanden wäre (§ 7 Abs. 2 S. 1). 41

> **Beispiel:** Gegen zwei Mandanten als Gesamtschuldner ist ein Mahnbescheid i.H.v. 3.000 EUR ergangen. Der Anwalt legt hiergegen Widerspruch ein. Das streitige Verfahren wird nur gegen einen Auftraggeber durchgeführt.
> Die Verfahrensgebühr nach VV 3307 ist gemäß VV 1008 zu erhöhen, nicht dagegen die Verfahrensgebühr nach VV 3100 im streitigen Verfahren. Anzurechnen ist die nicht erhöhte Gebühr aus VV 3307 (Anm. zu VV 3307), also nur insoweit, als die Verfahrensgebühr nach VV 3307 für den Auftraggeber des streitigen Verfahrens entstanden wäre (§ 7 Abs. 2 S. 1).

I. Mahnverfahren
1. 0,8-Verfahrensgebühr, VV 3307, 1008 — 160,80 EUR
   (Wert: 3.000,00 EUR)
2. Auslagenpauschale, VV 7002 — 20,00 EUR
   Zwischensumme — 180,80 EUR
3. 19 % Umsatzsteuer, VV 7008 — 34,35 EUR
   Gesamt — **215,15 EUR**

II. Streitiges Verfahren
1. 1,3-Verfahrensgebühr, VV 3100 — 261,30 EUR
   (Wert: 3.000,00 EUR)
2. 1,2-Terminsgebühr, VV 3104 — 241,20 EUR
   (Wert: 3.000,00 EUR)
3. Auslagenpauschale, VV 7002 — 20,00 EUR
4. gem. Anm. zu VV 3307 anzurechnen, 0,5 aus 3.000,00 EUR — – 100,50 EUR
   Zwischensumme — 422,00 EUR
5. 19 % Umsatzsteuer, VV 7008 — 80,18 EUR
   Gesamt — **502,18 EUR**

ff) Auslagenpauschale. Nicht anzurechnen ist die **Auslagenpauschale** nach VV 7002.[57] Denn in VV 3307 ist lediglich davon die Rede, dass die **Gebühr** anzurechnen ist. Bei der Auslagenpauschale handelt es sich aber gerade nicht um eine solche. Dies ergibt sich auch eindeutig aus dem Gesetz. Denn **§ 1 Abs. 1 S. 1** trennt hinsichtlich der anwaltlichen Vergütung zwischen **Gebühren und Auslagen**. Darüber hinaus fehlt es an einer gesetzlichen Anrechnungsvorschrift.[58] 42

---

[57] A.A. AG Pankow/Weißensee KostRspr. BRAGO § 26 Nr. 21.

[58] AG Hamburg AnwBl 1993, 293; AG Alzey AnwBl 1982, 399.

43 Darüber hinaus tritt die Auslagenpauschale aufgrund des anwaltlichen Wahlrechts an die Stelle der tatsächlich entstandenen Auslagen (vgl. Anm. zu VV 7002). Insofern ist es dem Anwalt unbenommen, auch die tatsächlich angefallenen Auslagen abzurechnen. In einem solchen Fall würde allerdings niemand auf die Idee kommen, diese in Folge einer Anrechnung dem Rechtsanwalt nicht zu gewähren.

44 Sind in solchen Anrechnungsfällen also mehrere Pauschalen entstanden, so stellt sich die Frage, wie sich die Gebührenanrechnung auf die **Höhe der Pauschale** auswirkt.

45 Nach einem Teil der Rechtsprechung und Literatur soll die Auslagenpauschale nur aus dem Gebührenaufkommen nach Anrechnung ermittelt werden.[59]

> **Beispiel:** Der Anwalt ist beauftragt, gegen einen Mahnbescheid i.H.v. 300 EUR Widerspruch einzulegen. Im streitigen Verfahren wird der Beklagte durch Versäumnisurteil verurteilt.
>
> **I. Tätigkeit im Einspruchsverfahren**
> 1. 0,5-Verfahrensgebühr, VV 3307 — 22,50 EUR
> 2. Auslagenpauschale, VV 7002 — 4,50 EUR
>   Zwischensumme — 27,00 EUR
> 3. 19 % Umsatzsteuer, VV 7008 — 5,13 EUR
>   **Gesamt — 32,13 EUR**
>
> **II. Rechtsstreit**
> 1. 1,3-Verfahrensgebühr, VV 3100 — 58,50 EUR
> 2. 0,5-Terminsgebühr, VV 3105 — 22,50 EUR
>   gem. VV 3307 anzurechnen, 0,5-Gebühr aus 300,00 EUR — − 22,50 EUR
> 3. Auslagenpauschale, VV 7002 (20 % aus 58,50 EUR) — 11,70 EUR
>   Zwischensumme — 70,20 EUR
> 4. 19 % Umsatzsteuer, VV 7008 — 13,34 EUR
>   **Gesamt — 83,54 EUR**

46 Diese Berechnung ist unzutreffend. Nach dem eindeutigen Wortlaut der VV 7002 richtet sich die Auslagenpauschale nach den gesetzlichen Gebühren und nicht nach denjenigen Gebühren, die nach Anrechnung verbleiben. Derjenige Betrag, der nach Anrechnung verbleibt, ist lediglich eine Berechnungsgröße. Die anzurechnenden Gebühren und die Gebühren, auf die anzurechnen ist, bleiben trotz der Anrechnung bestehen und behalten ihre Eigenständigkeit.[60]

47 Die Auslagenpauschale ist daher nach zutreffender Ansicht aus dem gesamten Gebührenaufkommen vor Anrechnung zu ermitteln.[61] Im vorangegangenen Beispiel ändert sich für die Kosten des Mahnverfahrens nichts; für die Tätigkeit im Rechtsstreit ist dagegen wie folgt zu rechnen:

> **Rechtsstreit:**
> 1. 1,3-Verfahrensgebühr, VV 3100 — 58,50 EUR
> 2. 0,5-Terminsgebühr, VV 3105 — 22,50 EUR
> 3. Auslagenpauschale, VV 7002 (20 % aus 81,00 EUR) — 16,20 EUR
>   gem. VV 3307 anzurechnen, 0,5-Gebühr aus 300,00 EUR — − 22,50 EUR
>   Zwischensumme — 74,70 EUR
> 4. 19 % Umsatzsteuer, VV 7008 — 14,19 EUR
>   **Gesamt — 88,89 EUR**

48 **gg) Anrechnung bei mehreren Mahnverfahren nach Verbindung zu einem Klageverfahren.** In dem Fall, in dem in mehreren Mahnverfahren mehrere Mahnverfahrensgebühren entstehen und nach Widerspruch hiergegen das Verfahren zu einem verbunden wird, erfolgt eine Anrechnung ebenfalls nur dann, wenn es sich um identische Gegenstandswerte handelt. Um zu einer korrekten Anrechnung zu gelangen, ist es allerdings erforderlich, zu ermitteln, welche Forderung des Mahnverfahrens in welchem Umfang in das streitige Verfahren übergegangen ist. Anzurechnen ist nämlich nicht eine 1,0-Verfahrensgebühr aus dem Gesamtwert, sondern jede Mahnverfahrensgebühr wird

---

[59] LG Berlin JurBüro 1987, 1869 = Rpfleger 1988, 42; LG Bonn MDR 1991, 65; ebenso *Hansens*, BRAGO, § 26 Rn 4; *ders.*, JurBüro 1987, 1744; *von Eicken*, AGS 1996, 109.
[60] OLG Nürnberg AnwBl 1963, 106.
[61] OLG Köln Rpfleger 1994, 432 = AGS 1994, 65 = KostRsp. BRAGO § 26 Nr. 14; LG Berlin JurBüro 1982, 1351 = KostRsp. BRAGO § 38 Nr. 10; JurBüro 1987, 1869; AG Hamburg AnwBl 1993, 293; AG Alzey AnwBl 1982, 399; Gerold/Schmidt/*von Eicken*, BRAGO, § 26 Rn 10; *Baldus*, DAR 1991, 275; *N. Schneider*, MDR 1991, 926.

| Abschnitt 3. Gebühren für besondere Verfahren | VV 3307 |

einzeln angerechnet.[62] Allerdings ist die Gesamtsumme der insgesamt anzurechnenden Beträge dann analog § 15 Abs. 3[63] auf den Betrag einer Gebühr aus dem Gesamtwert zu begrenzen.

Beispiel: Der Antragsteller erwirkt jeweils einen Mahnbescheid über 7.500 EUR, über 5.000 EUR und über 10.000 EUR gegen ein und denselben Antragsgegner. Dieser legt fristgerecht durch seinen Rechtsanwalt Widerspruch gegen alle drei Mahnbescheide ein. Der Antragsteller beantragt die Verbindung aller drei Verfahren, was durch das Gericht beschlossen wird.
In den drei Mahnverfahren sind folgende Vergütungen entstanden:

I. Mahnverfahren (Wert: 7.500 EUR)
1. 0,5-Verfahrensgebühr, VV 3305 (Wert: 7.500,00 EUR)		228,00 EUR
2. Postentgeltpauschale, VV 7002		20,00 EUR
Zwischensumme	248,00 EUR	
3. 19 % Umsatzsteuer, VV 7008		47,12 EUR
Gesamt		**295,12 EUR**

II. Mahnverfahren (Wert: 5.000 EUR)
1. 1,0-Verfahrensgebühr, VV 3305 (Wert: 5.000,00 EUR)		151,50 EUR
2. Postentgeltpauschale, VV 7002		20,00 EUR
Zwischensumme	171,50 EUR	
3. 19 % Umsatzsteuer, VV 7008		32,59 EUR
Gesamt		**204,09 EUR**

III. Mahnverfahren (Wert: 10.000 EUR)
1. 1,0-Verfahrensgebühr, VV 3305 (Wert: 10.000,00 EUR)		279,00 EUR
2. Postentgeltpauschale, VV 7002		20,00 EUR
Zwischensumme	299,00 EUR	
3. 19 % Umsatzsteuer, VV 7008		56,81 EUR
Gesamt		**355,81 EUR**

IV. Streitiges Verfahren (Wert: 22.500 EUR)
1. 1,3-Verfahrensgebühr, VV 3100 (Wert: 22.500,00 EUR)		1.024,40 EUR
anzurechnen gem. Anm. zu VV 3307, 0,5 aus 7.500,00 EUR		– 228,00 EUR
anzurechnen gem. Anm. zu VV 3305, 0,5 aus 5.000,00 EUR		– 151,50 EUR
anzurechnen gem. Anm. zu VV 3305, 0,5 aus 10.000,00 EUR		– 279,00 EUR
analog § 15 Abs. 3 jedoch nicht mehr als 0,5 aus 22.500,00 EUR		– 394,00 EUR
2. Postentgeltpauschale, VV 7002		20,00 EUR
Zwischensumme	650,40 EUR	
3. 19 % Umsatzsteuer, VV 7008		123,58 EUR
Gesamt		**773,98 EUR**

b) Übergangsfälle

Schwierigkeiten bei der Abrechnung bereiten die **Übergangsfälle**. Denn es ist unklar, wie abzurechnen ist, wenn sich die Tätigkeit im Mahnverfahren noch nach der BRAGO, sich hingegen die **gerichtliche Tätigkeit nach dem RVG** vollzieht. Weder das Gesetz noch die Gesetzesbegründung bieten Anhaltspunkte für eine Lösung.

49

Ausgangsfall: Der Rechtsanwalt wird beauftragt, vom Gegner 5.000 EUR mittels Mahnbescheid einzufordern. Auftragsgemäß beantragt er den Erlass eines Mahnbescheids. Der Gegner erhebt im Juni 2004 durch seinen Rechtsanwalt Widerspruch gegen einen Mahnbescheid von 5.000 EUR. Der Rechtsanwalt des Antragstellers erhebt im Juli auftragsgemäß Klage. Der Beklagte, vertreten durch seinen Anwalt, wird antragsgemäß verurteilt.

---

62 *N. Schneider* in Anm. zu OLG München AGS 2014, 512.

63 OLG Koblenz AGS 2009, 167 m. Anm. *N. Schneider.*

Es bieten sich folgende Lösungen an:

50 aa) Keine Anrechnung. Ausgehend vom Gesetzeswortlaut Anm. zu VV 3307, der bestimmt, dass eine Verfahrensgebühr nach VV 3307 auf die Verfahrensgebühr des gerichtlichen Verfahrens anzurechnen ist, wäre eine Anrechnung nicht vorzunehmen.

Die Anrechnungsregelung bestimmt, dass nur eine nach dem RVG entstandene Verfahrensgebühr erfasst wird. Dies ist gerade nicht gegeben. Vielmehr ist die Gebühr nach § 41 Abs. 1 Nr. 2 BRAGO entstanden. Diese wird gemäß § 41 Abs. 2 BRAGO auf eine Prozessgebühr angerechnet.

51 bb) Volle Anrechnung. Denkbar ist auch, dass eine Anrechnung der Widerspruchsgebühr nach BRAGO in vollem Umfang auf die später nach dem RVG entstehende Verfahrensgebühr (VV 3100) anzurechnen ist.

52 Das OLG Düsseldorf[64] hat entschieden, dass die Widerspruchsgebühr nach § 41 Abs. 1 Nr. 2 BRAGO auf die Verfahrensgebühr nach VV 3100 in voller Höhe anzurechnen ist. Allein der Wegfall der „Prozessgebühr" führt nicht dazu, dass eine Anrechnung unterbleibt. Vielmehr gilt, dass auch das RVG in seiner Anm. zu VV 3307 eine Anrechnung der Gebühr vorsieht. Schon hieraus ist die Gleichheit von Prozess- und Verfahrensgebühr abzuleiten. Entsprechendes gilt im Übrigen auch für die Verfahrensgebühr des Mahnverfahrens. Hinzu kommt, dass Sinn und Zweck der Anrechnung eine solche Verfahrensweise gebieten. Denn der Grund für die Anrechnung besteht darin, dass sich der Rechtsanwalt nach dem Mahnverfahren in das streitige Verfahren in geringerem Umfang einarbeiten muss, als bei erstmaliger Befassung mit dem Streitstoff zur Anfertigung der Klageerhebung.

53 Aus diesen Überlegungen heraus hat daher eine Anrechnung stattzufinden. Das rein formale Argument, der Wortlaut der Anmerkung zu VV 3307 gebiete lediglich eine Anrechnung der hiernach entstandenen Verfahrensgebühr auf eine Verfahrensgebühr nach VV 3100 und § 43 Abs. 2 BRAGO spreche nur von einer Prozessgebühr, nicht aber von einer Verfahrensgebühr, ist für sich allein nicht tragfähig. Eine ausschließlich am Wortlaut der Vorschriften orientierte Auslegung ohne Rücksicht auf Sinn und Zweck der Regelungen ist daher wenig überzeugend.

54 cc) Mehrere Auftraggeber. Vertritt der Rechtsanwalt in derselben Angelegenheit mehrere Auftraggeber, so erhöhte sich nach BRAGO-Rechtslage die Geschäfts- bzw. Prozessgebühr je weiterer Auftraggeber um 3/10 gemäß § 6 Abs. 1 BRAGO. Die Anrechnungsbestimmung des § 43 Abs. 2 BRAGO hatte zur Folge, dass eine Anrechnung auch hinsichtlich der jeweils erhöhten Gebühr in Betracht kam. Denn § 6 BRAGO stellte keine eigene Gebühr, sondern lediglich einen Erhöhungstatbestand der Geschäfts- bzw. Prozessgebühr.

55 Nach RVG-Rechtslage ist es zweifelhaft, ob dieser Rechtszustand weiterhin besteht. Denn aus der Vorbemerkung zu VV Teil 1 heißt es: „Die **Gebühren** dieses Teils entstehen neben den in anderen Teilen bestimmten Gebühren".

56 Dies könnte zu der Schlussfolgerung verleiten, dass **VV 1008** nunmehr einen **eigenen Gebührentatbestand** darstellt. Dies hätte wiederum zur Konsequenz, dass bei einer Anrechnung der Mahnverfahrensgebühr VV 1008 gerade nicht erfasst wird. Insofern bliebe dem Rechtsanwalt die Erhöhung erhalten.

> **Beispiel:** Der RA wird von einer Erbengemeinschaft, bestehend aus 5 Personen, damit beauftragt, Widerspruch gegen einen Mahnbescheid i.H.v. 5.000 EUR einzulegen. Der Rechtsanwalt des Antragstellers erhebt auftragsgemäß Klage. Der Beklagte wird nach mündlicher Verhandlung antragsgemäß verurteilt.
>
> **I. Mahnverfahren**
> 1. 0,5-Verfahrensgebühr, VV 3307 — 151,50 EUR
> 2. 1,2-Erhöhung für 4 weitere Auftraggeber, VV 1008 — 363,60 EUR
> 3. Auslagenpauschale, VV 7002 — 20,00 EUR
>   Zwischensumme — 535,10 EUR
> 4. 19 % Umsatzsteuer, VV 7008 — 101,67 EUR
>   **Gesamt** — **636,77 EUR**
>
> **II. Rechtsstreit**
> 1. 1,3-Verfahrensgebühr, VV 3100 — 393,90 EUR
>   abzüglich 0,5-Verfahrensgebühr gem. Anm. zu VV 3307 — − 151,50 EUR

---

[64] RVG-Letter 2005, 77.

2. 1,2-Erhöhungsgebühr für 4 weitere Auftraggeber, VV 1008	363,60 EUR
3. 1,2-Terminsgebühr, VV 3104	363,60 EUR
4. Auslagenpauschale, VV 7002	20,00 EUR
Zwischensumme 989,60 EUR	
5. 19 % Umsatzsteuer, VV 7008	188,02 EUR
Gesamt	**1.177,62 EUR**

Diese Auffassung entspricht nicht dem Gesetz. VV 1008 stellt gerade keine eigene Gebühr dar.[65] Dies ergibt sich unmittelbar aus der Regelung der VV 1008 selbst. Dort heißt es, dass sich die Verfahrens- oder Geschäftsgebühr für jede weitere Person erhöht. Damit also eine Erhöhung überhaupt anfallen kann, muss zunächst einmal eine Geschäfts- oder Verfahrensgebühr entstehen. Hieraus folgt, dass der Erhöhungstatbestand gemäß VV 1008 niemals allein, sondern nur i.V.m. einer Geschäfts- oder Verfahrensgebühr bestehen kann. Die erhöhte Verfahrensgebühr ist daher als Ganzes zu betrachten und hieraus ist die Anrechnung vorzunehmen.[66]

57

Auf das Beispiel unter Rdn 56 bezogen hat daher die Abrechnung folgendermaßen zu erfolgen:

58

I. Mahnverfahren

1. 0,5-Verfahrensgebühr, VV 3307	151,50 EUR
2. 1,2-Erhöhung für 4 weitere Auftraggeber, VV 1008	363,60 EUR
3. Auslagenpauschale, VV 7002	20,00 EUR
Zwischensumme 535,10 EUR	
4. 19 % Umsatzsteuer, VV 7008	101,67 EUR
Gesamt	**636,77 EUR**

II. Rechtsstreit

1. 1,3-Verfahrensgebühr, VV 3100	393,90 EUR
2. 1,2-Erhöhungsgebühr für 4 weitere Auftraggeber, VV 1008	363,60 EUR
abzgl. 1,7 Verfahrensgebühr Anm. zu VV 3307	– 515,10 EUR
3. 1,2-Terminsgebühr, VV 3104	363,60 EUR
4. Auslagenpauschale, VV 7002	20,00 EUR
Zwischensumme 626,00 EUR	
5. 19 % Umsatzsteuer, VV 7008	118,94 EUR
Gesamt	**744,94 EUR**

c) Anrechnung der Geschäftsgebühr

Soweit wegen **desselben Gegenstands** eine Geschäftsgebühr nach VV 2300 entstanden ist, wird diese Gebühr zur Hälfte, jedoch höchstens mit einem Gebührensatz von 0,75 auf die Verfahrensgebühr eines nachfolgenden gerichtlichen Mahnverfahrens angerechnet (VV Vorb. 3 Abs. 4). Dies ist auch dann der Fall, wenn die Geschäftsgebühr nach dem gerichtlichen Mahnverfahren entsteht. Insofern ist eine **Rückwärtsanrechnung** vorgeschrieben. Ausdrücklich geregelt ist, dass die Anrechnung nur nach dem Wert des Gegenstandes erfolgt, der in das gerichtliche Verfahren übergegangen ist (VV Vorb. 3 Abs. 4 S. 3).

59

Im Einzelnen wird auf die Kommentierung zu § 15a und auf VV 3305 Rdn 168 ff. verwiesen.

Da die Verfahrensgebühr für den Prozessbevollmächtigten des Antragsgegners, d.h. Beklagtenvertreters, im Mahnverfahren lediglich 0,5 beträgt, kann eine Anrechnung auch nur in dieser Höhe erfolgen. Im Streitverfahren verdient der Beklagtenvertreter sodann eine 1,3-Verfahrensgebühr nach VV 3100, worauf die 0,5-Verfahrensgebühr nach VV 3307 nur in dieser Höhe angerechnet wird. Dies führt aber dazu, dass der Rechtsanwalt entgegen § 15 mehr verdienen würde, als wenn er sofort gerichtlich mandatiert worden wäre. Deshalb sind die bei der ersten Anrechnung nicht berücksichtigten 0,15 (0,65 – 0,5) bei der zweiten Anrechnung mit zu berücksichtigen.[67]

60

---

65 Unter ausdrücklicher Aufgabe der in RVG-B 2005, 87 (88) vertretenen Auffassung.

66 *Enders*, JurBüro 2004, 405; *Hansens*, RVGreport 2004, 95.

67 OLG Köln AGS 2009, 476 m.w.N. = OLGR Köln 2009, 853; *Hergenröder*, AGS 2005, 274 f.; OLG Hamburg JB 1977, 375 = MDR 1977, 325.

Hiernach ergibt sich folgende Berechnung für die Beklagtenseite:

> **Beispiel:** Der Antragstellervertreter beansprucht vom Antragsgegner außergerichtlich 10.000 EUR. Nachdem dieser durch seinen Bevollmächtigten widerspricht, erwirkt der Antragstellervertreter einen Mahnbescheid. Hiergegen legt der Antragsgegnervertreter Widerspruch ein; im Verhandlungstermin einigt man sich auf eine Zahlung von 6.000 EUR.
>
> **I. Außergerichtliche Vertretung**
> 1. 1,3 Geschäftsgebühr, VV 2300   725,40 EUR
>   (Wert: 10.000 EUR)
> 2. Auslagenpauschale, VV 7002   20,00 EUR
>   Zwischensumme   745,40 EUR
> 3. 19 % Umsatzsteuer, VV 7008   141,63 EUR
>   **Gesamt**   **887,03 EUR**
>
> **II. Mahnverfahren**
> 1. 0,5-Verfahrensgebühr, VV 3307   279,00 EUR
>   (Wert: 10.000 EUR)
> 2. abzgl. 0,5-Geschäftsgebühr, VV 2300   – 279,00 EUR
> 3. Auslagenpauschale, VV 7002   20,00 EUR
>   Zwischensumme   20,00 EUR
> 4. 19 % Umsatzsteuer, VV 7008   3,80 EUR
>   **Gesamt**   **23,80 EUR**
>
> **III. Klageverfahren**
> 1. 1,3 Verfahrensgebühr, VV 3100   725,40 EUR
>   (Wert: 10.000 EUR)
> 2. abzgl. 0,5 Verfahrensgebühr, VV 3307   – 279,00 EUR
>   (Wert: 10.000 EUR)
> 3. abzgl. 0,15 Geschäftsgebühr, VV 2300   – 83,70 EUR
>   (Wert: 10.000 EUR)
> 4. 1,2 Terminsgebühr, VV 3104   669,60 EUR
>   (Wert: 10.000 EUR)
> 5. 1,0 Einigungsgebühr, VV 1003   558,00 EUR
>   (Wert: 10.000 EUR)
> 6. Auslagenpauschale, VV 7002   20,00 EUR
>   Zwischensumme   1.610,30 EUR
> 7. 19 % Umsatzsteuer   305,96 EUR
>   **Gesamt**   **1.916,26 EUR**

II. Verfahrensgebühr nach VV 3100

61 Die Tätigkeit im Mahnverfahren endet für den **Rechtsanwalt des Antragsgegners** mit der Stellung, d.h. Einreichung des Antrags auf Durchführung des streitigen Verfahrens gemäß § 696 Abs. 1 ZPO, sofern er zuvor gegen den Mahnbescheid Widerspruch eingelegt hat.[68] Hatte der Rechtsanwalt des Antragstellers den Antrag auf Durchführung des streitigen Verfahrens bereits in den Antrag auf Erlass des Mahnbescheids aufgenommen, § 696 Abs. 1 S. 2 ZPO, gilt der Antrag als mit Eingang des Widerspruchs beim Mahngericht gestellt. Ein solcher Antrag auf Durchführung des streitigen Verfahrens zielt gerade nicht auf das Mahnverfahren ab, sondern gehört sachlich zum nachfolgenden Rechtsstreit und löst demzufolge eine Verfahrensgebühr nach VV 3100, 3101 und nicht nach VV 3307 aus.

62 Gebührenrechtlich hat dies zur Konsequenz, dass sowohl dem Rechtsanwalt des Antragstellers als auch dem Rechtsanwalt des Antragsgegners mit der Stellung des Antrags eine 1,3-Verfahrensgebühr nach VV 3100 erwächst. Stellt hingegen nur der Anwalt des Antragstellers und nicht der Anwalt des Antragsgegners, wozu er nach § 696 Abs. 1 S. 1 ZPO berechtigt ist, einen solchen Antrag auf Durchführung des streitigen Verfahrens, dann verdient der Antragsgegnervertreter lediglich die 0,8-Verfahrensgebühr gemäß VV 3101 Nr. 1.

---

[68] OLG Köln AGS 2007, 344 m. zust. Anm. *N. Schneider*.

Die Richtigkeit der Überlegung ergibt sich im Übrigen auch aus VV 3101 Nr. 1. Nach dieser Vorschrift erfolgt eine Gebührenreduzierung, wenn der Auftrag endigt, bevor der Rechtsanwalt den ein Verfahren einleitenden Antrag oder einen Schriftsatz mit Sachantrag eingereicht hat. 63

Aus dieser Formulierung ergibt sich zunächst nicht, dass der Antrag bei dem Gericht eingereicht sein muss, bei dem das Verfahren letztlich auch durchzuführen ist. Es ist also unschädlich, dass der Antrag, der die 1,3-Verfahrensgebühr nach VV 3100 auslöst, nicht bei dem Gericht gestellt wird, bei welchem das streitige Verfahren durchgeführt wird. Schließlich ist es unzweifelhaft, dass der Antrag nach § 696 Abs. 1 ZPO ein Verfahren auslöst, nämlich das streitige Verfahren. 64

Endigt allerdings der dem Rechtsanwalt des Antragsgegners erteilte Auftrag, bevor er eine der in VV 3101 Nr. 1 aufgeführten Tätigkeiten entfaltet hat, reduziert sich die Verfahrensgebühr auf 0,8 Gebühren. 65

III. Terminsgebühr nach VV 3104

1. Allgemeines

Seit Einfügung der VV Vorb. 3.3.2 durch das Anhörungsrügengesetz (in Kraft getreten am 1.1.2005) kann auch im Mahnverfahren eine **Terminsgebühr** anfallen.[69] Durch die Änderung wird auf VV 3104 und auf die VV Vorb. 3 Abs. 3 Bezug genommen. Durch das 2. Justizkommunikationsgesetz (JuMoG), welches am **31.12.2006** in Kraft getreten ist, wurde die Anm. zu VV 3104 Abs. 4 eingefügt. Danach ist die in einem vorausgegangenen Mahnverfahren entstandene Terminsgebühr auf die Terminsgebühr des nachfolgenden Rechtsstreits anzurechnen. Die Terminsgebühr kann demnach weiterhin auch im gerichtlichen Verfahren entstehen. Ist der Tatbestand der Terminsgebühr allerdings sowohl im gerichtlichen Mahnverfahren als auch im nachfolgenden Rechtsstreit entstanden, kann die Terminsgebühr im Ergebnis nur einmal berechnet werden, wenn der **unbedingte Auftrag für das nachfolgende streitige Verfahren** dem Rechtsanwalt **nach dem 30.12.06 erteilt** wurde (zu den Auswirkungen der Anrechnung vgl. auch Rdn 83 ff.). 66

2. Entstehen der Terminsgebühr

Die Terminsgebühr entsteht nach VV Vorb. 3 Abs. 3 sowohl für die Wahrnehmung von gerichtlichen Terminen als auch für die Wahrnehmung von außergerichtlichen Terminen und Besprechungen, wenn nichts anderes bestimmt ist. Sie entsteht jedoch nicht für die Wahrnehmung eines gerichtlichen Termins nur zur Verkündung einer Entscheidung. Die Gebühr für außergerichtliche Termine und Besprechungen entsteht für 67
1. die Wahrnehmung eines von einem gerichtlich bestellten Sachverständigen anberaumten Termins und
2. die Mitwirkung an Besprechungen, die auf die Vermeidung oder Erledigung des Verfahrens gerichtet sind; dies gilt nicht für Besprechungen mit dem Auftraggeber.

a) Wahrnehmung von gerichtlichen Terminen

Diese Alternative betrifft den Fall, dass der Anwalt in einem gerichtlich anberaumten Termin erscheint und Anträge stellt. Voraussetzung ist hierbei, dass der Rechtsanwalt beauftragt wurde, den Mandanten in dem entsprechenden Termin zu vertreten. Dies setzt einen entsprechenden unbedingten Auftrag voraus in einem gerichtlichen Verfahren tätig zu werden. 68

In der Praxis findet diese Möglichkeit im Mahnverfahren jedoch keine Anwendung. Dies deshalb, weil im Mahnverfahren eine gerichtliche Terminierung gerade nicht stattfindet. Vielmehr wird bei einer anstehenden Terminierung die Angelegenheit ins Streitverfahren übergegangen sein, sodass der in diesem Stadium tätige Anwalt eine Terminsgebühr nach Erhalt eines Prozessauftrages unmittelbar aus VV 3104 herleiten kann.

---

69 Vgl. ausführlich *Hansens*, RVGreport 2005, 83; ebenso *Mock*, AGS 2005, 177 ff.

b) Wahrnehmung von außergerichtlichen Terminen und Besprechungen

69 **aa) Wahrnehmung eines von einem gerichtlich bestellten Sachverständigen anberaumten Termins.** Auch bei dieser Alternative gilt das oben (siehe Rdn 68) Gesagte. Die Bestellung eines Sachverständigen wird im formalisierten Mahnverfahren nicht vorkommen. Dies ist erst beim Übergang vom Mahn- ins Streitverfahren der Fall.

70 **bb) Mitwirkung an Besprechungen, die auf die Vermeidung oder Erledigung des Verfahrens gerichtet sind.** Diese Variante des Entstehens der Terminsgebühr ist der einzig denkbare Fall im Mahnverfahren. Es ist hiernach möglich, die im gerichtlichen Mahnverfahren anfallende Terminsgebühr zu beanspruchen, wenn der Rechtsanwalt mit dem Gegner bzw. dessen Anwalt persönlich oder telefonisch Kontakt aufnimmt, um etwa das bereits anhängige Mahnverfahren bzw. ein beabsichtigtes Mahnverfahren durch Besprechungen zu erledigen bzw. zu vermeiden, um so etwa zu einer Einigung zu gelangen. Besprechungen mit dem Auftraggeber fallen allerdings nicht hierunter (vgl. VV Vorb. 3 Abs. 3 S. 3 Ziff. 2, 2. Hs.). Dass es tatsächlich zu einer gütlichen Einigung gekommen ist, ist irrelevant.[70] Wenn dann im Mahnverfahren eine Besprechung zur Erledigung des Verfahrens und/oder zur Vermeidung des streitigen Verfahrens stattfindet, ist auf Antrag in den Vollstreckungsbescheid die Terminsgebühr mit aufzunehmen,[71] wenn deren Entstehung glaubhaft[72] gemacht wird.

71 **(1) Auf die Erledigung des Verfahrens gerichtete Besprechungen.** Aus der Gesetzesformulierung „*Mitwirkung an Besprechungen, die auf Erledigung des Verfahrens gerichtet sind*", lässt sich entnehmen, dass die Gegenstände, hinsichtlich derer eine Erledigung erfolgen soll, bereits vom **Widerspruchs- bzw. Einspruchsauftrag** umfasst – nicht notwendig anhängig – sein müssen.[73] Denn begrifflich kann nur etwas erledigt werden, was entweder anhängig ist bzw. nach Erhalt des Auftrages anhängig gemacht werden soll.

> **Beispiel:** Der Anwalt erhält den Auftrag, gegen den Mahnbescheid von 10.000 EUR Widerspruch einzulegen. Nachdem der Widerspruch eingelegt wurde, meldet sich der Gegner telefonisch beim Anwalt. Man einigt sich schließlich auf eine Zahlung von 7.000 EUR. Das Verfahren hat sich daraufhin erledigt. Dem Anwalt entstehen folgende Gebührenansprüche:
>
> | | |
> |---|---:|
> | 1. 0,5-Verfahrensgebühr, VV 3307 | 279,00 EUR |
> | 2. 1,2-Terminsgebühr, VV 3104 | 669,90 EUR |
> | 3. 1,0-Einigungsgebühr, 1003 | 558,00 EUR |
> | 4. Auslagenpauschale, VV 7002 | 20,00 EUR |
> | Zwischensumme | 1.526,90 EUR |
> | 5. 19 % Umsatzsteuer, VV 7008 | 290,11 EUR |
> | **Gesamt** | **1.817,01 EUR** |

72 Stellt der Vertreter des Antragsgegners zugleich mit dem Widerspruch den **Antrag auf Durchführung des streitigen Verfahrens** (§ 696 Abs. 1 S. 1 ZPO), so gehört diese zusätzliche Tätigkeit nicht mehr zur Gebührenangelegenheit des Mahnverfahrens. Vielmehr verdient der Anwalt mit dem Streitantrag bereits die Verfahrensgebühr des folgenden Rechtsstreits nach VV 3100.

> **Beispiel:** Der Anwalt erhält den Auftrag gegen den Mahnbescheid von 10.000 EUR Widerspruch einzulegen. Nachdem der Widerspruch eingelegt und zugleich der Antrag auf Durchführung des streitigen Verfahrens gestellt wurde, meldet sich der Gegner telefonisch. Man einigt sich schließlich auf eine Zahlung von 7.000 EUR. Das Verfahren hat sich daraufhin erledigt. Dem Anwalt entstehen folgende Gebührenansprüche:
>
> **I. Mahnverfahren**
>
> | | |
> |---|---:|
> | 1. 0,5-Verfahrensgebühr, VV 3307 | 279,00 EUR |
> | 2. 1,2-Terminsgebühr, VV 3104 | 669,60 EUR |
> | 3. 1,0-Einigungsgebühr, VV 1003 | 558,00 EUR |

---

70 OLG Nürnberg AGS 2006, 594 m. Anm. *Schons* = JurBüro 2007, 21 m. Anm. *Enders* = NJW-RR 2007, 791= OLGR 2007, 468; OLG Brandenburg AGS 2007, 560 = Rpfleger 2007, 508 = JurBüro 2007, 523 = OLGR 2007, 979 = NJ 2007, 229 = RVGreport 2007, 226; LG Regensburg JurBüro 2006, 420; siehe auch ausführlich *Hansens*, RVGreport 2005, 83.
71 BGH AGS 2007, 115; AG Euskirchen AGS 2007, 266.
72 LG Bonn AGS 2007, 447.
73 BGH AGS 2007, 166 = FamRZ 2007, 721 = AnwBl. 2007, 381; AG Zeven AGS 2005, 254 ff.; a.A. AG Frankfurt JurBüro 2006, 252.

Abschnitt 3. Gebühren für besondere Verfahren VV 3307

    4. Auslagenpauschale, VV 7002   20,00 EUR
        Zwischensumme   1.526,60 EUR
    5. 19 % Umsatzsteuer, VV 7008   290,05 EUR
    Gesamt   **1.816,65 EUR**
   II. Streitiges Verfahren
    1. 1,3-Verfahrensgebühr, VV 3100   725,40 EUR
    2. Auslagenpauschale, VV 7002   20,00 EUR
        abzgl. 0,5 gem. Anm. zu VV 3307   – 279,00 EUR
        Zwischensumme   466,40 EUR
    3. 19 % Umsatzsteuer, VV 7008   88,62 EUR
    Gesamt   **555,02 EUR**

(2) Mitwirkung an Besprechungen, die auf die Vermeidung des Verfahrens gerichtet sind. 73
Aus der Formulierung „Mitwirkung an Besprechungen, die auf die Vermeidung des Verfahrens gerichtet sind" ist ersichtlich, dass eine Terminsgebühr auch dann anfällt, wenn die Gegenstände noch gar nicht anhängig sind. Denn vermeiden lässt sich begrifflich nur dann etwas, wenn dies bei Gericht noch gar nicht anhängig ist.

Ebenfalls erfordert diese Alternative, dass bereits durch den Mandanten ein **Auftrag zur Betreibung** 74
des gerichtlichen Widerspruchsverfahrens vorliegt. Ist dies nicht der Fall, kann VV Teil 3 keine Anwendung finden. Vielmehr greift dann ggf. VV 2300.

   Beispiel: Der Anwalt legt Widerspruch gegen einen Mahnbescheid von 10.000 EUR ein. Anschließend setzt er sich mit dem Gegner telefonisch in Verbindung, um die Sache ggf. gütlich zu bereinigen. Nach Erörterung kommt man überein, dass nach Zahlung eines Betrages von insgesamt 4.000 EUR die Angelegenheit bereinigt sein soll.
   Mahnverfahren
    1. 0,5-Verfahrensgebühr, VV 3307   279,00 EUR
    2. 1,2-Terminsgebühr, VV 3104   669,60 EUR
    3. 1,0-Einigungsgebühr, VV 1003   558,00 EUR
    4. Auslagenpauschale, VV 7002   20,00 EUR
        Zwischensumme   1.526,60 EUR
    5. 19 % Umsatzsteuer, VV 7008   290,05 EUR
    Gesamt   **1.816,65 EUR**

Wie bereits oben (siehe Rdn 73) dargelegt, fällt unter den Begriff der „Vermeidung" auch die 75
Möglichkeit, Besprechungen über Gegenstände vorzunehmen, die noch nicht anhängig sind. Da der Anwalt des Antragsgegners ohnehin nur eine 0,5-Verfahrensgebühr erhält und eine Reduzierung dieser Gebühr im Vergleich zu VV 3305, 3306 nicht vorgesehen ist, erhält er aus dem **Mehrwert** gleichfalls die 0,5-Verfahrensgebühr nach VV 3307, sowie die Terminsgebühr (VV 3104).

   Beispiel: Mahnverfahren mit Besprechung auch über weitergehende Ansprüche
   Gegen den Mandanten ist ein Mahnbescheid in Höhe von 3.000 EUR ergangen. Der Anwalt führt anschließend mit dem Gegner telefonische Einigungsverhandlungen, in die noch weitere 5.000 EUR einbezogen werden. Die Verhandlungen führen jedoch zu keinem Ergebnis. Der Anwalt legt daraufhin Widerspruch ein.
   Verfahrensgebühr (VV 3307) und Terminsgebühr (VV Vorb. 3.3.2 i.V.m. VV 3104) berechnen sich nach dem Gesamtwert von 8.000 EUR.
    1. 0,5-Verfahrensgebühr, VV 3307   228,00 EUR
        (Wert: 8.000,00 EUR)
    2. 1,2-Terminsgebühr, VV 3104   547,20 EUR
        (Wert: 8.000,00 EUR)
    3. Auslagenpauschale, VV 7002   20,00 EUR
        Zwischensumme   795,20 EUR
    4. 19 % Umsatzsteuer, VV 7008   151,09 EUR
    Gesamt   **946,29 EUR**

Des Weiteren kann er neben einer 1,0-Einigungsgebühr gemäß VV 1003 aus dem Wert der anhängi- 76
gen Ansprüche, aus dem **Mehrwert** eine **1,5-Einigungsgebühr** nach VV 1000 berechnen. Zu beachten ist hierbei § 15 Abs. 3.

   Beispiel: Der Anwalt legt Widerspruch gegen einen Mahnbescheid von 6.000 EUR ein. Anschließend setzt er sich mit dem Gegner telefonisch in Verbindung, um die Sache ggf. gütlich zu bereinigen. Bei den

Einigungsverhandlungen stellt sich heraus, dass vom Antragsteller weitere nicht anhängige 4.000 EUR beansprucht werden. Nach Erörterung kommt man überein, dass nach Zahlung eines Betrages von insgesamt 8.000 EUR die Angelegenheit – auch hinsichtlich der nicht anhängigen 4.000 EUR – bereinigt sein soll.

77 Hier kann der Rechtsanwalt eine 1,2-Terminsgebühr aus dem Gesamtstreitwert von 10.000 EUR beanspruchen.

78 Darüber hinaus kann der Rechtsanwalt aus dem **Mehrwert** von 4.000 EUR gleichfalls eine 0,5-Verfahrensgebühr nach VV 3307 berechnen. Dies deshalb, weil eine Reduzierung dieser Gebühr im Vergleich zu VV 3305, 3306 nicht vorgesehen ist.

79 Zu beachten ist die Regelung des § 15 Abs. 3, wonach nicht mehr als eine 1,5-Einigungsgebühr aus dem Gesamtwert von 10.000 EUR beansprucht werden kann.

Mahnverfahren

1. 0,5-Verfahrensgebühr, VV 3307 (Wert: 10.000,00 EUR)	279,00 EUR
2. 1,2-Terminsgebühr, VV 3104 (Wert: 10.000,00 EUR)	669,60 EUR
3. 1,0-Einigungsgebühr, VV 1003 (Wert: 6.000,00 EUR)	354,00 EUR
4. 1,5 Einigungsgebühr, VV 1000 (Wert: 4.000,00 EUR)	378,00 EUR
§ 15 Abs. 3 höchstens 1,5 aus 10.000,00 EUR (837,00 EUR)	732,00 EUR
5. Auslagenpauschale, VV 7002	20,00 EUR
Zwischensumme	1.700,60 EUR
6. 19 % Umsatzsteuer, VV 7008	323,11 EUR
Gesamt	**2.023,71 EUR**

c) Praxishinweis

80 Entsteht die Terminsgebühr im Rahmen der auf die Erledigung des Verfahrens gerichteten Besprechung, so kann diese im Rahmen einer Kostenentscheidung gemäß §§ 103 ff. ZPO oder im Rahmen der Kostenfestsetzung gegen den eigenen Mandanten auch dann festgesetzt werden, wenn die tatsächlichen Voraussetzungen des Anfalls der Gebühr streitig sind.[74] Nach **§§ 103, 104 ZPO** sind grundsätzlich alle von der unterliegenden Partei gemäß **§ 91 Abs. 1 und 2 ZPO** zu tragenden Kosten des Rechtsstreits festsetzungsfähig. Dazu zählt auch die Gebühr für die Mitwirkung an einer auf die Erledigung des gerichtlichen Verfahrens gerichteten außergerichtlichen Besprechung, die einen ausreichenden Bezug zu dem jeweiligen Rechtsstreit aufweist. Der Einwand, die Voraussetzungen einer derartigen Gebühr ließen sich in der Praxis häufig nicht zuverlässig feststellen, greift nach Ansicht des BGH demnach nicht. Dass das formalisierte Kostenfestsetzungsverfahren im Interesse der Rechtssicherheit zwar klarer und praktikabler Berechnungsgrundlagen bedarf,[75] bedeutet nicht, dass Kosten, die nicht ohne Weiteres anhand der Gerichtsakten oder anderer Urkunden feststellbar sind, nicht festsetzungsfähig sind. Denn wie sich aus **§ 104 Abs. 2 ZPO** ergibt, reicht für die Berücksichtigung einer prozessbezogenen Kostenposition deren Glaubhaftmachung aus, wobei sich der Rechtspfleger sämtlicher Beweismittel des **§ 294 Abs. 1 ZPO** bedienen kann und muss.

81 Diese Betrachtungsweise entspricht auch dem Willen des Gesetzgebers. Denn mit der Anerkennung der Terminsgebühr soll das ernsthafte Bemühen des Prozessbevollmächtigten um einen Abschluss des Verfahrens ohne Beteiligung des Gerichts honoriert und damit zugleich die außergerichtliche Streitbeilegung – auch zur Entlastung der Gerichte – gefördert werden.[76] Dieser Zielsetzung widerspräche es, wenn der Anwalt dazu veranlasst würde, entweder einen gerichtlichen Termin anzustreben, um damit eine Festsetzung der Terminsgebühr gemäß **§§ 103 ff. ZPO** sicherzustellen, oder ein eigenes gerichtliches Verfahren über seinen materiell-rechtlichen Erstattungsanspruch durchzuführen.

---

[74] BGH AGS 2007, 549; BGH AGS 2007, 292.
[75] Vgl. BGH NJW 2002, 3713 und NJW 2006, 1523, 1524.
[76] BT-Drucks 15/1971, S. 148, 209.

Es ist trotz der eindeutigen BGH-Rechtsprechung zur Festsetzbarkeit zu empfehlen, das **Entstehen der Terminsgebühr** durch telefonische Kontaktaufnahme mit dem Gegner bzw. dessen Bevollmächtigten zu **dokumentieren**. Dies kann beispielsweise dadurch geschehen, dass das Ergebnis des Telefonats nochmals kurz schriftlich zusammengefasst und dieses Schreiben dem Gegner bzw. dessen Anwalt ggf. per Fax zugesandt wird.

3. Anrechnung

a) Keine Anrechnung der Terminsgebühr beim Übergang vom Mahnverfahren ins streitige Verfahren, wenn unbedingter Klageauftrag vor dem 31.12.2006 erteilt ist

Vgl. zur Anrechnung auch Rdn 29. Wurde dem Rechtsanwalt der **unbedingte Klageauftrag bereits vor dem 31.12.2006** erteilt und geht das Mahnverfahren nach einem Widerspruch des Antragsgegners gegen den Mahnbescheid bzw. Einspruch gegen den Vollstreckungsbescheid in das Streitverfahren vor das Gericht der Hauptsache über, so bleibt dem Anwalt die zuvor im Mahnverfahren entstandene Terminsgebühr in voller Höhe erhalten. Eine Anrechnungspflicht besteht mangels einer entsprechenden Regelung nämlich nur hinsichtlich der Verfahrensgebühr (Anm. zu VV 3305).[77] Dem steht auch **§ 15 Abs. 2 S. 1** nicht entgegen, der anordnet, dass der Rechtsanwalt die Gebühren in derselben Angelegenheit nur einmal fordern kann. Denn das Mahnverfahren und das streitige Verfahren sind nicht dieselbe Angelegenheit. Kraft gesetzlicher Anordnung in **§ 17 Nr. 2** sind das Mahnverfahren und das streitige Verfahren verschiedene Angelegenheiten. Die Anwendbarkeit dieser Folge dürfte sich in der Praxis wohl nur noch auf Ausnahmefälle beschränken.

Beispiel: Der Anwalt des Gegners erhält im August 2006 den Auftrag, gegen den dem Mandanten zugestellten Mahnbescheid (10.000 EUR) etwas zu unternehmen. Der Anwalt meldet sich telefonisch beim Anwalt des Antragstellers zwecks Versuchs einer gütlichen Einigung. Nachdem der Versuch scheitert, geht die Angelegenheit nach rechtzeitigem Widerspruch in das streitige Verfahren über. Im Rechtsstreit einigt man sich schließlich in der mündlichen Verhandlung auf eine Zahlung von 7.000 EUR. Dem Anwalt des Antragsgegners bzw. Beklagten entstehen folgende Gebührenansprüche:

I. Mahnverfahren
1. 0,5-Verfahrensgebühr, VV 3307 — 243,00 EUR
   (Wert: 10.000,00 EUR)
2. 1,2-Terminsgebühr, VV 3104 — 583,20 EUR
   (Wert: 10.000,00 EUR)
3. Auslagenpauschale, VV 7002 — 20,00 EUR
   Zwischensumme — 846,20 EUR
4. 19 % Umsatzsteuer, VV 7008 — 160,77 EUR
   Gesamt — **1.006,97 EUR**

II. Gerichtliches Verfahren
1. 1,3-Verfahrensgebühr, VV 3100 — 631,20 EUR
   (Wert: 10.000,00 EUR)
   abzgl. 1,0-Verfahrensgebühr gem. Anm. zu VV 3305 — – 243,00 EUR
2. 1,2-Terminsgebühr, VV 3104 — 583,20 EUR
   (Wert: 10.000,00 EUR)
3. 1,0-Einigungsgebühr, VV 1003 — 486,00 EUR
4. Auslagenpauschale, VV 7002 — 20,00 EUR
   Zwischensumme — 1.234,40 EUR
5. 19 % Umsatzsteuer, VV 7008 — 234,53 EUR
   Gesamt — **1.468,93 EUR**

---

77 OLG Nürnberg JurBüro 2007, 21; LG Regensburg JurBüro 2006, 420; im Ergebnis auch OLG Brandenburg RVGreport 2007, 226; *Enders*, JurBüro 2005, 225, 230; *Hansens*, RVGreport 2005, 83, 87 f.

b) Anrechnung der Terminsgebühr beim Übergang vom Mahnverfahren ins streitige Verfahren, wenn unbedingter Klageauftrag nach dem 30.12.2006 erteilt ist bei nachfolgendem Rechtsstreit

84 Vgl. zur Anrechnung auch Rdn 29. Durch das 2. JuMoG ist mit **Wirkung zum 31.12.2006** eine **Anrechnung der Terminsgebühr** auf eine **im nachfolgenden Rechtsstreit angefallene Terminsgebühr** vorgeschrieben. Eine solche Anrechnung greift allerdings nur in den Fällen, in denen dem Rechtsanwalt der **unbedingte Auftrag** zum Tätigwerden für den nachfolgenden Rechtsstreit **nach dem 30.12.2006 erteilt** wurde (§ 60 Abs. 1 S. 1). Ist dies nicht der Fall, so verbleibt es dabei, dass die im gerichtlichen Mahnverfahren entstandene Terminsgebühr und die im anschließenden Rechtsstreit angefallenen Terminsgebühr gesondert berechnet werden kann. Die Anrechnung setzt ebenfalls voraus, dass es sich bei dem im Mahnverfahren tätigen und dem im Rechtsstreit tätigen Rechtsanwalt um **dieselbe Person** handeln muss.

Voraussetzungen der Anrechnung sind:

85 **aa) Gegenstandsidentiät.** Die Anrechnung erfolgt nur insoweit, als sich die **Gegenstandswerte** des gerichtlichen Mahnverfahrens und des nachfolgenden streitigen Verfahrens sich **decken**. Die Anrechnung führt dann aber nicht zum kompletten Wegfall der im Mahnverfahren angefallenen Terminsgebühr. Vielmehr vermindert sich der Anspruch des Prozessbevollmächtigten auf die im nachfolgenden Rechtsstreit entstandene Terminsgebühr um den entsprechenden Gebührenbetrag.[78]

> **Beispiel**: Der Rechtsanwalt erhält im Januar 2007 den Auftrag wegen Forderung von 5.000 EUR gegen einen Mahnbescheid Widerspruch einzulegen. Vor Einlegung des Widerspruchs ruft der Rechtsanwalt zwecks Verhandlungen über eine gütliche Einigung den Gegner an. Nach Scheitern der Verhandlungen erhebt der Gegner rechtzeitig Widerspruch gegen den Mahnbescheid. Der Beklagte wird nach mündlicher Verhandlung antragsgemäß zur Zahlung verurteilt.
>
> **I. Mahnverfahren**
> 1. 0,5-Verfahrensgebühr, VV 3307   150,50 EUR
>   (Wert: 5.000,00 EUR)
> 2. 1,2-Terminsgebühr, VV 3104   361,20 EUR
>   (Wert: 5.000,00 EUR)
> 3. Auslagenpauschale, VV 7002   20,00 EUR
>   Zwischensumme   531,70 EUR
> 4. 19 % Umsatzsteuer, VV 7008   101,02 EUR
> **Gesamt**   **632,72 EUR**
>
> **II. Streitiges Verfahren**
> 1. 1,3-Verfahrensgebühr, VV 3100   391,30 EUR
>   anzurechnen gem. Anm. zu VV 3307   – 150,50 EUR
> 2. 1,2-Terminsgebühr, VV 3104   361,20 EUR
>   anzurechnen gem. Anm. 4 zu VV 3104   – 361,20 EUR
> 3. Auslagenpauschale, VV 7002   20,00 EUR
>   Zwischensumme   260,80 EUR
> 4. 19 % Umsatzsteuer, VV 7008   49,55 EUR
> **Gesamt**   **310,35 EUR**

86 **bb) Unterschiedliche Gegenstandswerte.** Zu beachten ist, dass eine Anrechnung nur insofern vorzunehmen ist, als eine **Gegenstandsidentität** gegeben ist. Dies ergibt sich aus dem Sinn und Zweck der Anrechnung. Hieraus folgt, dass bei **Gegenstandsverschiedenheit keine Anrechnungspflicht** besteht. Insofern können dem Rechtsanwalt zusätzliche Gebührenteile erhalten bleiben.

87 **(1) Teilweise Anrechnung auf Terminsgebühr des nachfolgenden Rechtsstreits bei geringerem Wert im streitigen Verfahren.** Hat das nachfolgende streitige Verfahren einen geringeren Wert, wird die Terminsgebühr nur soweit angerechnet, als sich seine Gegenstände mit denen des nachfolgenden streitigen Verfahrens decken, also analog VV Vorb. 3 Abs. 4 S. 5, sofern die Sache abgegeben und das streitige Verfahren durchgeführt wird.

---

[78] *Hansens*, RVGreport 2007, 125 (127); vgl. zur Anrechnung der Geschäftsgebühr auf die Verfahrensgebühr BGH RVGreport 2007, 226.

Abschnitt 3. Gebühren für besondere Verfahren — **VV 3307**

Beispiel: Der Anwalt erhält einen Auftrag gegen einen Mahnbescheid über 7.500 EUR Widerspruch einzulegen. Nach vorheriger telefonischer Besprechung mit dem Anwalt des Antragstellers zwecks Versuchs einer gütlichen Vereinbarung wird fristgerecht Widerspruch gegen eine Forderung von 5.000 EUR eingelegt.
Angerechnet wird die Mahnverfahrensgebühr (VV 3307) nur nach dem Wert des streitigen Verfahrens, also analog VV Vorb. 3 Abs. 4 S. 5 nur soweit sie nach einem Wert von 5.000 EUR entstanden wäre; gleiches gilt in Bezug auf die Termingebühr.

I. Mahnverfahren
1. 0,5-Verfahrensgebühr, VV 3307 — 228,00 EUR
   (Wert: 7.500,00 EUR)
2. 1,2-Termingebühr, VV 3104 — 547,20 EUR
   (Wert: 7.500,00 EUR)
3. Auslagenpauschale, VV 7002 — 20,00 EUR
   Zwischensumme — 795,20 EUR
4. 19 % Umsatzsteuer, VV 7008 — 151,09 EUR
   Gesamt — **946,29 EUR**

II. Streitiges Verfahren
1. 1,3-Verfahrensgebühr, VV 3100 — 393,90 EUR
   (Wert: 5.000,00 EUR)
2. 1,2-Termingebühr, VV 3104 — 363,60 EUR
   (Wert: 5.000,00 EUR)
3. Auslagenpauschale, VV 7002 — 20,00 EUR
4. anzurechnen gem. Anm. zu VV 3307, 0,5 aus — − 151,50 EUR
   5.000,00 EUR
5. anzurechnen gem. Anm. 4 zu VV 3104, 1,2 aus — − 363,60 EUR
   5.000,00 EUR
   Zwischensumme — 262,40 EUR
6. 19 % Umsatzsteuer, VV 7008 — 49,86 EUR
   Gesamt — **312,26 EUR**

(2) Anrechnung auf Termingebühr des nachfolgenden Rechtsstreits bei höherem Wert im streitigen Verfahren. Hat das nachfolgende streitige Verfahren einen höheren Wert, wird die Termingebühr des Mahnverfahrens gemäß Anm. 4 zu VV 3104 nur insoweit angerechnet, als sie tatsächlich angefallen ist, soweit sich also seine Gegenstände mit denen des nachfolgenden streitigen Verfahrens decken. 88

Beispiel: Der Anwalt erhält den Auftrag gegen einen Mahnbescheid über 7.500 EUR Widerspruch einzulegen. Nach vorheriger telefonischer Besprechung mit dem Anwalt des Antragstellers zwecks Versuchs einer gütlichen Vereinbarung wird fristgerecht Widerspruch gegen eine Forderung von 5.000 EUR eingelegt. Im streitigen Verfahren wird die Klage um 2.500 EUR erweitert.
Angerechnet wird hier die Mahnverfahrensgebühr (VV 3307) und Termingebühr nur nach 7.500 EUR.

I. Mahnverfahren
1. 0,5-Verfahrensgebühr, VV 3307 — 228,00 EUR
   (Wert: 7.500,00 EUR)
2. 1,2-Termingebühr, VV 3104 — 547,20 EUR
   (Wert: 7.500,00 EUR)
3. Auslagenpauschale, VV 7002 — 20,00 EUR
   Zwischensumme — 795,20 EUR
4. 19 % Umsatzsteuer, VV 7008 — 151,09 EUR
   Gesamt — **946,29 EUR**

II. Streitiges Verfahren
1. 1,3-Verfahrensgebühr, VV 3100 — 725,40 EUR
   (Wert: 10.000,00 EUR)
2. 1,2-Termingebühr, VV 3104 — 669,60 EUR
   (Wert: 10.000,00 EUR)
3. Auslagenpauschale, VV 7002 — 20,00 EUR
4. anzurechnen gem. Anm. zu VV 3307, 0,5 aus — − 228,00 EUR
   7.500,00 EUR

5.	anzurechnen gem. Anm. 4 zu VV 3104, 1,2 aus 7.500,00 EUR	– 547,20 EUR
	Zwischensumme	639,80 EUR
6.	19 % Umsatzsteuer, VV 7008	121,56 EUR
	Gesamt	**761,36 EUR**

4. Kostenerstattung

89 Nach § 17 Nr. 2 stellt das Mahnverfahren gegenüber dem streitigen Verfahren eine eigene gebührenrechtliche Angelegenheit dar.[79] Insofern entsteht die im Mahnverfahren angefallene Terminsgebühr neben der im streitigen Verfahren entstandenen Terminsgebühr gesondert. Nicht beantwortet ist damit allerdings die Frage, ob die Terminsgebühr des Mahnverfahrens für die Fälle, in denen der unbedingte Prozessauftrag vor dem 31.12.2006 erteilt wurde bzw. in den Fällen, in denen aufgrund unterschiedlicher Streitwerte noch Teile der im gerichtlichen Mahnverfahren entstandenen Terminsgebühr verbleiben aufgrund der im Prozessverfahren ergangenen Kostenentscheidung auch gegen den unterlegenen Gegner (Kläger) erstattungs- und damit festsetzungsfähig ist, wenn dieser den Prozess verliert. Dies zu beantworten ergibt sich aus §§ 91, 103 ZPO. Insofern kommt eine Kostenerstattung durch den Gegner nur dann in Betracht, wenn das Entstehen der Terminsgebühr im Mahnverfahren notwendig war.

Beauftragt ein Mandant einen Rechtsanwalt mit der Durchführung eines Mahnverfahrens und mandatiert er für den späteren Rechtsstreit einen anderen Anwalt, kommt es nicht zu einer Gebührenanrechnung nach VV 3307; Mehrkosten eines derartigen „Anwaltswechsels" fallen nicht unter § 91 Abs. 2 S. 2 ZPO.[80]

90 Für das Entstehen der Auslagenpauschale nach § 26 BRAGO hat der BGH dies bereits durch Beschl. v. 13.7.2004[81] entschieden. Ob dies auch auf die Terminsgebühr uneingeschränkt anzuwenden ist, dürfte auf den Einzelfall ankommen. Diesbezüglich dürfte es m.E. wesentlich sein, die Intention des Gesetzgebers für die Schaffung einer Terminsgebühr im Mahnverfahren zu betrachten. Diese lag unzweifelhaft darin, bestehende Streitigkeiten möglichst frühzeitig zu beenden, um damit auch eine Gerichtsentlastung herbeiführen zu können. Wenn sich also der Anwalt entsprechend dieser Absicht verhält, spricht vieles dafür, die im Mahnverfahren entstandene Terminsgebühr aufgrund der Kostenentscheidung des Prozessverfahrens auch mit festsetzen zu lassen.

91 Allerdings kann im Rahmen der Kostenfestsetzung die Terminsgebühr aufgrund anwaltlicher Besprechungen nicht berücksichtigt werden, wenn deren Inhalt streitig ist, so z.B. unterschiedliche einander widersprechende anwaltliche Versicherungen vorliegen. In einem derartigen Fall kann mangels klarer Berechnungsgrundlagen eine Kostenfestsetzung nicht erfolgen.[82]

92 Zur Problematik vgl. auch VV 3305 Rdn 100 ff.

IV. Einigungsgebühr

93 Zusätzlich zu der Verfahrens- und Terminsgebühr kann für den Antragsgegnervertreter auch noch eine Einigungsgebühr entstehen. Die Höhe der Gebühr hängt davon ab, ob sich die Parteien nur über die anhängigen Ansprüche (1,0) einigen oder auch über weiter gehende nicht anhängige Gegenstände (1,5).

Beispiel: Der Anwalt des Antragstellers erwirkt für den Mandanten einen Mahnbescheid über 10.000 EUR. Der Vertreter des Antragsgegners legt hiergegen Widerspruch ein. Anschließend unterbreitet der Antragstellervertreter telefonisch ein Vergleichsangebot, das angenommen wird.
Neben der 0,5-Verfahrensgebühr nach VV 3307, einer 1,2-Terminsgebühr nach VV 3104 kommt eine **1,0-Einigungsgebühr** hinzu. Da das Mahnverfahren bereits zur Anhängigkeit führt, entsteht die Gebühr nur zu 1,0 (VV 1003).

---

79 A.A. OLG Naumburg RVGreport 2012, 223 m. abl. Anm. *Hansens*.
80 OLG München JurBüro 2016, 295 = zfs 2016, 344 = AGS 2016, 256 = zfm 2016, 118 = RVGreport 2016, 225 m. krit. Anm. *Hansens*, der die Anwendbarkeit von § 91 Abs. 2 S. 2 ZPO für fraglich hält.
81 VIII ZB 1/04 = AGS 2004, 343 m. Anm. *N. Schneider*.
82 BGH NJW 2002, 3713.

Abschnitt 3. Gebühren für besondere Verfahren VV 3307

1. 0,5-Verfahrensgebühr, VV 3307 (Wert: 10.000,00 EUR)	279,00 EUR
2. 1,2-Terminsgebühr, VV 3104 (Wert: 10.000,00 EUR)	669,60 EUR
3. 1,0-Einigungsgebühr, VV 1000, 1003 (Wert: 10.000,00 EUR)	558,00 EUR
4. Auslagenpauschale, VV 7002	20,00 EUR
Zwischensumme	1.526,60 EUR
5. 19 % Umsatzsteuer, VV 7008	290,05 EUR
Gesamt	**1.816,65 EUR**

Einigen sich die Parteien auch über weiter gehende, **nicht im Mahnverfahren anhängige Gegenstände**, entstehen weitere Gebühren. Auch für die weiter gehende Einigung entsteht eine **Einigungsgebühr**. Deren Höhe hängt davon ab, ob 94
- **Gegenstände** mit verglichen werden, die **nicht anhängig** sind – dann entsteht insoweit eine **1,5-Einigungsgebühr** (VV 1000) mit der Begrenzung nach § 15 Abs. 3,
- **Gegenstände** mit verglichen werden, die **anderweitig erstinstanzlich anhängig** sind – dann entsteht insgesamt nur eine **1,0-Einigungsgebühr** (VV 1003) aus dem Gesamtwert (§ 22 Abs. 1),
- **Gegenstände** mit verglichen werden, die anderweitig **anhängig in einem Berufungs- oder Revisionsverfahren** anhängig sind – dann entsteht insoweit eine **1,3-Einigungsgebühr** (VV 1004), wiederum mit der Begrenzung nach § 15 Abs. 3.

Hinzu kommt, dass ebenfalls eine 0,5-Verfahrensgebühr nach VV 3307 aus dem Wert der im Mahnverfahren nicht anhängigen Ansprüche, entsteht. Eine Reduzierung, wie dies in VV 3305, 3306 vorgesehen ist, findet nicht statt. 95

Haben die Anwälte über die weiter gehenden – im Mahnverfahren nicht anhängigen – Ansprüche auch eine **Besprechung i.S.d. VV Vorb. 3 Abs. 3** geführt, entsteht auch insoweit eine **1,2-Terminsgebühr** nach VV 3104 (VV Vorb. 3.3.2.; VV Vorb. 3 Abs. 3 Ziff. 2), somit aus dem **Gesamtwert** (§ 22 Abs. 1). 96

1. Mahnverfahren mit Besprechung und Einigung auch über nicht anhängige Ansprüche

Beispiel: Der Anwalt legt gegen einen Mahnbescheid über 10.000 EUR Widerspruch ein. Anschließend führen die Anwälte telefonisch Verhandlungen, wobei der Gegner noch eine Gegenforderung von 5.000 EUR einwendet. Es kommt zu einer Einigung über die gesamten 15.000 EUR. 97
Neben der **0,5-Verfahrensgebühr** nach VV 3307 aus 10.000 EUR entsteht zusätzlich eine **0,5-Verfahrensgebühr** aus den weiteren 5.000 EUR, also eine 0,5-Verfahrensgebühr aus dem Gesamtwert i.H.v. 15.000 EUR (§ 22 Abs. 1).
Die **1,2-Terminsgebühr** (VV 3104) bemisst sich ebenfalls aus dem Gesamtwert von 15.000 EUR.
Neben der **1,0-Einigungsgebühr** aus VV 1000, 1003 kommt noch eine **1,5-Einigungsgebühr** aus VV 1000 hinzu. Zu beachten ist § 15 Abs. 3, wonach nicht mehr als eine 1,5-Gebühr aus dem Gesamtwert von 15.000 EUR anfallen darf.

1. 0,5-Verfahrensgebühr, VV 3305 (Wert: 15.000,00 EUR)		325,00 EUR
2. 1,2-Terminsgebühr, VV 3104 (Wert: 15.000,00 EUR)		780,00 EUR
3. 1,0-Einigungsgebühr, VV 1000, 1003 (Wert: 10.000,00 EUR)	558,00 EUR	
4. 1,5-Einigungsgebühr, VV 1000 (Wert: 5.000,00 EUR)	454,50 EUR	
gem. § 15 Abs. 3 nicht mehr als 1,5 aus 15.000,00 EUR		975,00 EUR
5. Auslagenpauschale, VV 7002		20,00 EUR
Zwischensumme	2.100,00 EUR	
6. 19 % Umsatzsteuer, VV 7008		399,00 EUR
Gesamt		**2.499,00 EUR**

2. Mahnverfahren mit Besprechung und Einigung auch über erstinstanzlich anderweitig anhängige Ansprüche

98 **Beispiel:** Der Anwalt legt gegen einen Mahnbescheid über 10.000 EUR Widerspruch ein. Anschließend führen die Anwälte telefonisch Verhandlungen, wobei der Gegner noch eine Gegenforderung von 5.000 EUR einwendet, die in einem anderen Verfahren erstinstanzlich anhängig ist. Es kommt zu einer Einigung über die gesamten 15.000 EUR.
Es entsteht wiederum eine 0,5-Verfahrensgebühr nach VV 3307 aus dem Gesamtwert von 15.000 EUR.
Die **1,2-Terminsgebühr** (VV 3104) bemisst sich wiederum aus dem Gesamtwert von 15.000 EUR.
Insgesamt entsteht jetzt jedoch nur eine **1,0-Einigungsgebühr** aus VV 1000, 1003, da die gesamten Ansprüche anhängig sind.

1. 0,5-Verfahrensgebühr, VV 3307 — 325,00 EUR
   (Wert: 15.000,00 EUR)
2. 1,2-Terminsgebühr, VV 3104 — 780,00 EUR
   (Wert: 15.000,00 EUR)
3. 1,0-Einigungsgebühr, VV 1000, 1003 — 650,00 EUR
   (Wert: 15.000,00 EUR)
4. Auslagenpauschale, VV 7002 — 20,00 EUR
   Zwischensumme — 1.775,00 EUR
5. 19 % Umsatzsteuer, VV 7008 — 337,25 EUR
   Gesamt — **2.112,25 EUR**

3. Mahnverfahren mit Besprechung und Einigung auch über zweitinstanzlich anderweitig anhängige Ansprüche

99 **Beispiel:** Der Anwalt legt gegen einen Mahnbescheid über 10.000 EUR Widerspruch ein. Anschließend führen die Anwälte telefonisch Verhandlungen, wobei der Gegner noch eine Gegenforderung von 5.000 EUR einwendet, die in einem anderen Verfahren zweitinstanzlich anhängig ist. Es kommt zu einer Einigung über die gesamten 15.000 EUR.
Es entsteht wiederum eine 0,5-Verfahrensgebühr nach VV 3307 aus dem Gesamtwert von 15.000 EUR.
Die **1,2-Terminsgebühr** (VV 3104) bemisst sich wiederum aus dem Gesamtwert von 15.000 EUR.
Insgesamt entsteht jetzt jedoch nur eine **1,0-Einigungsgebühr** nach VV 1000, 1003 aus 10.000 EUR und eine 1,3-Einigungsgebühr nach VV 1000, 1004 aus 5.000 EUR, da diese Ansprüche im Berufungsverfahren anhängig sind. Allerdings ist hier die Begrenzungsregelung des § 15 Abs. 3 zu beachten. Hiernach darf nicht mehr als eine 1,3-Einigungsgebühr aus dem Gesamtwert von 15.000 EUR beansprucht werden.

1. 0,5-Verfahrensgebühr, VV 3307 — 325,00 EUR
   (Wert: 15.000,00 EUR)
2. 1,2-Terminsgebühr, VV 3104 — 780,00 EUR
   (Wert: 15.000,00 EUR)
3. 1,0-Einigungsgebühr, VV 1000, 1003 — 558,00 EUR
   (Wert: 10.000,00 EUR)
4. 1,3-Einigungsgebühr, VV 1000, 1004 — 393,90 EUR
   (Wert: 5.000,00 EUR)
   gem. § 15 Abs. 3 nicht mehr als 1,3 aus 15.000,00 EUR — 845,00 EUR
5. Auslagenpauschale, VV 7002 — 20,00 EUR
   Zwischensumme — 1.970,00 EUR
6. 19 % Umsatzsteuer, VV 7008 — 374,30 EUR
   Gesamt — **2.344,30 EUR**

V. Mahnanwalt als Verkehrsanwalt

100 Wird der Rechtsanwalt, der die Vertretung des Antragsgegners übernommen hat, im nachfolgenden Rechtsstreit Verkehrsanwalt, so ist die Verfahrensgebühr nach VV 3307 auf die Gebühren nach VV 3400 anzurechnen.[83] Zwar fehlt es an einer ausdrücklichen Anrechnungsregelung. Da aber die

---

[83] OLG Hamm Rpfleger 1966, 99; OLG München AnwBl 1988, 417.

Anm. zu VV 3307 die Anrechnung von „Verfahrensgebühren" anordnet, bezieht sich diese Regelung auch auf die Verfahrensgebühr nach VV 3400.

Nimmt der Antragsteller den Mahnantrag zurück, ist hinsichtlich der Kosten § 269 Abs. 3 ZPO grundsätzlich anwendbar. Sofern der Antragsteller geltend macht, dass der Anlass zur Einreichung des Mahnantrages vor Rechtshängigkeit entfallen sei und er aus diesem Grund den Mahnantrag zurückgenommen habe (§ 269 Abs. 3 S. 3 ZPO), so ist über die Kosten des Mahnverfahrens nach Abgabe durch das für das streitige Verfahren zuständige Gericht zu entscheiden.[84]

101

VI. Anrechnung im Urkunden-, Wechsel- und Scheckprozess und Nachverfahren bei vorangegangenem Mahnverfahren

Vgl. hierzu VV 3305 Rdn 176 ff.

102

VII. Europäisches Mahnverfahren

Im Europäischen Mahnverfahren nach der Verordnung (EG) Nr. 1896/2006 entstehen **nur für** den **Antragsteller** die gleichen Gebühren wie im Mahnverfahren nach der ZPO. Er erhält für den Antrag auf Erlass des Zahlungsbefehls die 1,0-Verfahrensgebühr nach VV 3305, die sich nach VV 3306 auf 0,5 ermäßigen kann.

103

Legt der **Schuldner Einspruch** nach Art. 17 EuMVO ein, löst dies bereits eine 1,3-Gebühr nach VV 3100 aus.[85] Der Einspruch nach Art. 17 EuMVO ist nicht mit einem Widerspruch zu vergleichen, den die EuMVO nicht kennt; er führt ebenso wie der Einspruch nach § 700 ZPO bereits **unmittelbar zur Einleitung des streitigen Verfahrens** und ist daher ebenso zu vergüten wie der Einspruch gegen einen Strafbefehl. Das Europäische Mahnverfahren ist einstufig.[86] Der Erlass des Zahlungsbefehls ist die einzige in der EuMVO vorgesehene Sachentscheidung. Es gibt danach keinen „Europäischen Vollstreckungsbefehl". Wenn der Schuldner nicht rechtzeitig Einspruch einlegt, erklärt das Europäische Mahngericht den Zahlungsbefehl nach Art. 18 EuMVO für vollstreckbar. Aus ihm findet nach § 1093 ZPO ohne weiteres die Zwangsvollstreckung statt. Der Europäische Zahlungsbefehl ist in § 794 Abs. 1 Nr. 6 ZPO, der Vollstreckungsbescheid in § 794 Abs. 1 Nr. 4 ZPO als Vollstreckungstitel aufgeführt. Er erwächst in Rechtskraft.[87] Auch die Bezeichnung und Wirkungsweise des gegen den Europäischen Zahlungsbefehl einerseits und den Vollstreckungsbescheid andererseits vorgesehenen Rechtsbehelfs ist identisch. Beide werden vom Gesetz Einspruch genannt (Art. 16 Abs. 1 EuMVO einerseits, § 700 Abs. 1 i.V.m. § 338 ZPO andererseits). Der Einspruch gegen den Zahlungsbefehl führt nach § 1090 Abs. 2 ZPO wie der Einspruch gegen einen Vollstreckungsbescheid nach § 700 Abs. 3 ZPO ohne weiteres von Amts wegen zur Abgabe an das Streitgericht, wenn der Gläubiger nicht beantragt hat, in diesem Fall das Verfahren zu beenden (Art. 17 Abs. 1 EuMVO a.E.). Auch der Einspruch gegen den Zahlungsbefehl ist die notwendige aber auch hinreichende Bedingung für den Übergang in das streitige Verfahren. Ein anderer verfahrenseinleitender Antrag ist im Gesetz nicht vorgesehen. Die Anspruchsbegründung des Gläubigers kommt insoweit nicht in Betracht, da bei ihrem Eingang das Streitverfahren bereits rechtshängig ist (§ 1090 Abs. 3 ZPO), also nicht mehr eingeleitet werden kann.

104

> **Beispiel: Europäisches Mahnverfahren**
> Der Anwalt erwirkt für den Mandanten vor dem AG Berlin Wedding (§ 1087 ZPO) einen Europäischen Zahlungsbefehl über 10.000 EUR. Dagegen legt der Anwalt für den Antragsgegner Einspruch ein.
> Für den Anwalt des Antragstellers entsteht eine 1,0-Verfahrensgebühr nach VV 3305. Der Anwalt des Antragsgegners erhält dagegen bereits die Gebühr nach VV 3100.
> **I. Anwalt des Antragstellers**
> 1. 1,0-Verfahrensgebühr, VV 3305   558,00 EUR
> (Wert: 10.000,00 EUR)

---

84 BGH AGS 2005, 32.
85 OLG Nürnberg AGS 2010, 12 = MDR 2010, 294 = NJW-Spezial 2010, 157.
86 Thomas/Putzo/*Hüßtege*, ZPO, 30. Aufl., § 1090 Rn 9.
87 Musielak/*Voit*, ZPO, 7. Aufl., §§ 1087 ff. Vorbem. Rn 4.

2. Postentgeltpauschale, VV 7002	20,00 EUR
Zwischensumme	578,00 EUR
3. 19 % Umsatzsteuer, VV 7008	109,82 EUR
Gesamt	**687,82 EUR**

II. Anwalt des Antragsgegners

1. 1,3-Verfahrensgebühr, VV 3100 (Wert: 10.000,00 EUR)	725,40 EUR
2. Postentgeltpauschale, VV 7002	20,00 EUR
Zwischensumme	745,40 EUR
3. 19 % Umsatzsteuer, VV 7008	141,63 EUR
Gesamt	**887,03 EUR**

Nr.	Gebührentatbestand	Gebühr oder Satz der Gebühr nach § 13 RVG
3308	Verfahrensgebühr für die Vertretung des Antragstellers im Verfahren über den Antrag auf Erlass eines Vollstreckungsbescheids .... Die Gebühr entsteht neben der Gebühr 3305 nur, wenn innerhalb der Widerspruchsfrist kein Widerspruch erhoben oder der Widerspruch gemäß § 703a Abs. 2 Nr. 4 ZPO beschränkt worden ist. Nummer 1008 ist nicht anzuwenden, wenn sich bereits die Gebühr 3305 erhöht.	0,5

A. Allgemeines	1
B. Regelungsgehalt	3
I. Beginn des Verfahrens auf Erlass eines Vollstreckungsbescheids	3
II. Antrag auf Erlass eines Vollstreckungsbescheids gleichzeitig mit Mahnbescheidantrag	6
III. Gebühren im Verfahren auf Erlass eines Vollstreckungsbescheids	8
1. Allgemeines	8
2. Verfahrensgebühr (VV 3308)	12
a) Vertretung im Verfahren über den Antrag auf Erlass des Mahnbescheides und Antrag auf Erlass des Vollstreckungsbescheids	12
aa) Mehrere Auftraggeber	14
bb) Vollstreckungsbescheid wegen Teilbetrag	16
b) Vertretung nur im Verfahren über den Antrag auf Erlass eines Vollstreckungsbescheids	18
c) Keine Anrechnung	21
d) Erlass des Vollstreckungsbescheids durch das Prozessgericht	22
3. Volle Verfahrensgebühr (VV 3100)	27
4. Terminsgebühr	28
a) Anrechnung der Terminsgebühr	30
b) Gegenstandsgleichheit	31
c) Gegenstandsverschiedenheit	32
d) Einigungsgebühr	33
5. Beschwerdeverfahren	34
6. Erinnerungsverfahren	37
7. Beantragung des Vollstreckungsbescheids und nachfolgender Widerspruch	39
8. Terminsgebühr für den im Mahnverfahren nicht eingeschalteten Rechtsanwalt für den Erlass eines zweiten Versäumnisurteils im Einspruchstermin	43
9. Gebühren des Rechtsanwalts des Antragsgegners	44
10. Berechnung der Kosten im Vollstreckungsbescheid	45
IV. Prozesskostenhilfeverfahren	46

A. Allgemeines

1 Die Regelung stellt in der Begründung zum RVG-E[1] klar, dass nur der **Rechtsanwalt des Antragstellers** diese Gebühr erhält. Der Rechtsanwalt des Antragsgegners erhält unabhängig vom Zeitpunkt der Beauftragung die Gebühr nach VV 3307.

2 Voraussetzung für die Verfahrensgebühr nach VV 3308 ist, dass innerhalb der „Widerspruchsfrist"[2] kein Widerspruch erhoben oder der Widerspruch gemäß § 703a Abs. 2 Nr. 4 ZPO (Urkunden-, Wechsel- und Scheckmahnverfahren: Vorbehalt der Rechte im Nachverfahren) beschränkt worden

---

[1] BT-Drucks 830/03, S. 269.
[2] Eine Widerspruchsfrist gibt es nicht; gemeint ist die Zwei-Wochen-Frist des § 692 Nr. 3 ZPO.

ist. Gleichfalls entsteht die 0,5-Verfahrensgebühr, wenn der Antragsgegner den Widerspruch zurücknimmt und hiernach ein Antrag auf Erlass des Vollstreckungsbescheids gestellt oder wenn ein zuvor gestellter Antrag jetzt erstmals wirksam wird.

B. Regelungsgehalt

I. Beginn des Verfahrens auf Erlass eines Vollstreckungsbescheids

Das „Verfahren über den Antrag auf Erlass eines Vollstreckungsbescheids" beginnt nicht erst mit der Einreichung des fraglichen Antrags, sondern bereits dann, wenn der Prozessbevollmächtigte nach Ablauf der Widerspruchsfrist den **Auftrag zur Einreichung des Antrags** erhält. Dies wird zumeist in der erteilten Vollmacht geregelt sein. Es ist nicht erforderlich, dass tatsächlich ein Vollstreckungsbescheid ergeht. Die Gebühr nach VV 3308 entsteht auch dann, wenn der Anwalt des Antragstellers nach Ablauf der „Widerspruchsfrist" den Erlass eines Vollstreckungsbescheids beantragt hat, der Antragsgegner aber nach Ablauf der „Widerspruchsfrist" und vor Erlass des Vollstreckungsbescheids doch noch Widerspruch einlegt, so dass der Vollstreckungsbescheid nicht mehr ergeht.[3]   3

> **Beispiel – Vollstreckungsbescheid wird wegen verspäteten Einspruchs nicht mehr erlassen**
> Der Anwalt erwirkt für den Mandanten einen Mahnbescheid über 10.000 EUR. Nach Ablauf der zwei Wochen beantragt er den Erlass eines Vollstreckungsbescheids. Dieser wird nicht mehr erlassen, da vor dem Antrag auf Erlass des Vollstreckungsbescheids noch ein verspäteter – gleichwohl aber zu beachtender – Widerspruch des Antragsgegners eingeht.
> Die Gebühr nach VV 3308 entsteht mit Antragstellung nach Ablauf von der „Widerspruchsfrist" von zwei Wochen, sofern noch kein Widerspruch eingelegt ist. Wird der Widerspruch später doch noch eingelegt, kann die bereits mit Antrag entstandene Vollstreckungsbescheidgebühr nicht mehr nachträglich entfallen (§ 15 Abs. 4).
>
> 1. 1,0-Verfahrensgebühr, VV 3305 (Wert: 10.000 EUR)   558,00 EUR
> 2. 0,5-Verfahrensgebühr, VV 3308 (Wert: 10.000 EUR)   279,00 EUR
> 3. Postentgeltpauschale, VV 7002   20,00 EUR
>   Zwischensumme   857,00 EUR
> 4. 19 % Umsatzsteuer, VV 7008   162,83 EUR
> **Gesamt**   **1.019,83 EUR**

Teilweise wurde zu der gleich lautenden Vorschrift der BRAGO die Auffassung vertreten, dass die Gebühr frühestens mit dem Eingang des Antrags bei Gericht entsteht.[4] Diese Auffassung ist jedoch abzulehnen. VV 3306 bestimmt, dass eine Reduzierung der Verfahrensgebühr für die Beantragung des Mahnbescheids nach VV 3305 erfolgt, wenn der Auftrag vor der Einreichung des verfahrenseinleitenden Antrags beendet sei. Für die Tätigkeit im Verfahren auf Erlass eines Vollstreckungsbescheids fehlt es jedoch an einer gleich lautenden Bestimmung. Im Umkehrschluss kann hieraus gefolgert werden, dass die Gebühr nach VV 3308 auch dann in Höhe von 0,5 Gebühren anfällt, wenn der Rechtsanwalt einen entsprechenden Auftrag erhält, und nicht erst mit der Einreichung beim Gericht.   4

In der Praxis wird der Prozessbevollmächtigte regelmäßig keinen gesonderten ausdrücklichen Auftrag zur Einleitung des Verfahrens erhalten, sondern allenfalls die – erforderliche – Mitteilung seines Auftraggebers, dass eine Zahlung seitens des Schuldners nicht eingegangen sei. Hierin wird ein **stillschweigender Auftrag** zur Beantragung des Vollstreckungsbescheids zu erkennen sein. Teilweise wird die Auffassung vertreten, dass der Auftrag zur Erwirkung des Vollstreckungsbescheids schon vor Ablauf der Widerspruchsfrist erteilt werden könne, dieser dann aber unter der aufschiebenden Bedingung stehe, dass bis zum Ablauf der Widerspruchsfrist kein Widerspruch eingegangen sei.[5] Diese Auffassung erscheint indessen unzutreffend, da ein entsprechender Auftrag erst dann erteilt werden kann, wenn auch aus Sicht des Gläubigers feststeht, dass der Schuldner keine Zahlung geleistet hat. Allein der Ablauf der Widerspruchsfrist reicht also zur Annahme eines Auftrags nicht   5

---

3 OLG Karlsruhe Rpfleger 1996, 421; OLG Hamburg JurBüro 2000, 473 = MDR 2000, 356 = KostRsp. BRAGO § 43 Nr. 56 m. Anm. *N. Schneider*.

4 OLG Bamberg JurBüro 1980, 721 = KostRsp. BRAGO § 43 Nr. 30 m. Anm. *E. Schneider*.

5 Gerold/Schmidt/*von Eicken*, BRAGO, § 43 A 7.

aus, zumal der Prozessbevollmächtigte in dem Antrag auf Erlass des Vollstreckungsbescheids gemäß § 699 Abs. 1 S. 2 ZPO die Erklärung abgeben muss, ob und welche Zahlungen auf den Mahnbescheid geleistet worden sind. Man wird also davon ausgehen müssen, dass das Verfahren über den Erlass des Vollstreckungsbescheids **in der Regel mit der Mitteilung des Gläubigers** an den Rechtsanwalt beginnt, dass eine Zahlung seitens des Schuldners nicht geleistet worden ist.

II. Antrag auf Erlass eines Vollstreckungsbescheids gleichzeitig mit Mahnbescheidantrag

6 Der Antrag kann nicht zugleich mit dem Mahnbescheidantrag gestellt werden, sondern gemäß § 699 Abs. 1 S. 2 ZPO erst nach Ablauf der Widerspruchsfrist.[6] Ein davor gestellter Antrag ist erfolglos, da unzulässig, und löst keine Gebühren aus. Für die Frage, ob der Antrag verfrüht gestellt worden ist, kommt es darauf an, wann der Antrag und damit die Erklärung über etwaige Zahlungen des Schuldners abgefasst wurde.[7] Dazu führt das LG Stade[8] aus:

7 „§ 699 Abs. 1 S. 2 ZPO sieht zwingend vor, dass der Antrag die Erklärung zu enthalten hat, ob und welche Zahlungen auf den Mahnbescheid geleistet worden sind. Diese Regelung hat den Sinn, den Antragsteller zu einer Prüfung zu veranlassen, ob der Schuldner nicht inzwischen gezahlt hat. Der Antragsteller soll abwarten, ob der Antragsgegner zahlt und außerdem sollen die Beteiligten vor unnötigen, durch Vollstreckungsbescheide bedingten Einsprüchen geschützt werden. Der Antragsteller kann aber erst nach Ablauf der 2-Wochen-Frist den Eingang von Zahlungen überprüfen und die geforderte Erklärung wahrheitsgemäß abgeben."

III. Gebühren im Verfahren auf Erlass eines Vollstreckungsbescheids

1. Allgemeines

8 Der Rechtsanwalt erhält die Gebühr für die Tätigkeit im Verfahren über den Antrag auf Erlass eines Vollstreckungsbescheids. Der Gesetzeswortlaut der Vorschrift des VV 3308 ist inhaltlich identisch mit dem der Regelung in VV 3305. Danach reicht jede Tätigkeit nach Erteilung des Auftrags zur Erwirkung des Vollstreckungsbescheids aus, die Gebühr i.H.v. 0,5 Gebühren erwachsen zu lassen. Der früher geäußerten Ansicht, dass die Gebühr erst entstehen soll mit dem Eingang des Antrags auf Erlass des Vollstreckungsbescheids bei Gericht, ist nicht zu folgen.[9] Dem steht auch der eindeutige Wortlaut des Gesetzes entgegen, wonach die Gebühr schon für die Tätigkeit „im Verfahren" über den Antrag auf Erlass des Vollstreckungsbescheids entsteht.

9 Die Erteilung des Auftrags kann nach vereinzelter Auffassung[10] schon **vor Ablauf der Widerspruchsfrist** erfolgen, dann jedoch nur aufschiebend bedingt. Nach hiesiger Auffassung ist eine entsprechende Auftragserteilung erst nach Ablauf der Widerspruchsfrist zulässig. Der Antrag selbst kann erst nach Ablauf der Frist gestellt werden. Wird der Prozessbevollmächtigte nach Erhalt des Auftrags tätig mit dem Ziel der Beantragung eines Vollstreckungsbescheids, verdient er die 0,5-Verfahrensgebühr nach VV 3308.

10 **Endigt der Auftrag**, bevor der Antrag auf Erlass des Vollstreckungsbescheids eingereicht worden ist, so kann VV 3101 Nr. 1 nach dem vorher Gesagten keine Anwendung finden, da die Gebühr nach VV 3308 bereits mit jeder Tätigkeit des Prozessbevollmächtigten i.H.v.0,5 Gebühren angefallen ist. Eine Ermäßigung der Gebühr findet mangels gesetzlicher Regelung nicht statt.

11 Stellt der Rechtsanwalt in **Unkenntnis eines fristgerecht eingelegten Widerspruchs nach Ablauf der Frist** den Antrag auf Erlass eines Vollstreckungsbescheids, entsteht die Gebühr nach VV 3308 nicht.[11] Da der Widerspruch innerhalb der dem Antragsgegner gesetzten Frist des § 692 Abs. 1 Nr. 3 ZPO eingelegt worden ist, mithin rechtzeitig war, hilft es dem Rechtsanwalt des Antragstellers auch nicht, dass er diese Frist abgewartet hat.

---

6 LG Darmstadt JurBüro 1973, 640.
7 LG Stade Rpfleger 1981, 443.
8 LG Stade Rpfleger 1981, 443.
9 OLG Bamberg JurBüro 1980, 721 = KostRsp. BRAGO § 43 Nr. 30.
10 Gerold/Schmidt/*von Eicken*, BRAGO, § 43 A 7.
11 OLG Hamm JurBüro 1975, 1085; OLG Hamburg JurBüro 1983, 239 = MDR 1983, 142 = KostRsp. BRAGO § 43 Nr. 38.

2. Verfahrensgebühr (VV 3308)

a) Vertretung im Verfahren über den Antrag auf Erlass des Mahnbescheids und Antrag auf Erlass des Vollstreckungsbescheids

Vertritt der Anwalt seinen Mandanten im Verfahren über den Antrag auf Erlass eines Vollstreckungsbescheids, erhält er neben der Verfahrensgebühr nach VV 3305 eine weitere 0,5-Verfahrensgebühr nach VV 3308. Diese Gebühr entsteht neben der Gebühr der VV 3305 (Anm. zu VV 3308); eine Kürzung der Verfahrensgebühren nach § 15 Abs. 3 kommt nicht in Betracht. Voraussetzung ist allerdings, dass innerhalb der Widerspruchsfrist – gemeint ist die Zwei-Wochen-Frist des § 692 Nr. 3 ZPO – kein Widerspruch erhoben oder der Widerspruch gemäß § 703a Abs. 2 Nr. 4 ZPO beschränkt worden ist. **12**

> **Beispiel:** Der Anwalt erwirkt für den Mandanten einen Mahnbescheid über 10.000 EUR und anschließend einen Vollstreckungsbescheid.
>
> | | |
> |---|---:|
> | 1. 1,0-Verfahrensgebühr, VV 3305 (Wert: 10.000 EUR) | 558,00 EUR |
> | 2. 0,5-Verfahrensgebühr, VV 3308 (Wert: 10.000 EUR) | 279,00 EUR |
> | 3. Auslagenpauschale, 7002 | 20,00 EUR |
> | Zwischensumme 857,00 EUR | |
> | 4. 19 % Umsatzsteuer, VV 7008 | 162,83 EUR |
> | **Gesamt** | **1.019,83 EUR** |

Die Verfahrensgebühr der VV 3308 entsteht auch dann, wenn der Anwalt des Antragstellers nach Ablauf der Widerspruchsfrist den Erlass eines Vollstreckungsbescheids beantragt hat, der Antragsgegner aber nach Ablauf der Widerspruchsfrist und vor Erlass des Vollstreckungsbescheids dann doch noch Widerspruch einlegt, so dass der Vollstreckungsbescheid nicht mehr ergeht.¹² Gleiches gilt, wenn der Antragsgegner den Widerspruch zurücknimmt und hiernach ein Antrag auf Erlass des Vollstreckungsbescheids gestellt wird oder wenn jetzt ein zuvor gestellter Antrag wirksam wird. **13**

> **Beispiel:** Der Anwalt erwirkt für den Mandanten einen Mahnbescheid über 10.000 EUR. Nach Ablauf der zwei Wochen beantragt er den Erlass eines Vollstreckungsbescheids. Dieser wird nicht erlassen, da vor dem Antrag auf Erlass des Vollstreckungsbescheids noch ein verspäteter – gleichwohl aber nach §§ 696 Abs. 1, 700 Abs. 1, 331 Abs. 3 S. 1 ZPO zu beachtender – Widerspruch des Antragsgegners eingeht.
> Die Gebühr nach VV 3308 entsteht mit Antragstellung nach Ablauf der Widerspruchsfrist von zwei Wochen, sofern noch kein Widerspruch eingelegt ist. Auch wenn der Vollstreckungsbescheid hier nicht mehr erlassen wird, kann die bereits mit dem Antrag entstandene Vollstreckungsbescheidgebühr nicht mehr nachträglich entfallen.
>
> | | |
> |---|---:|
> | 1. 1,0-Verfahrensgebühr, VV 3305 (Wert: 10.000 EUR) | 558,00 EUR |
> | 2. 0,5-Verfahrensgebühr, VV 3308 (Wert: 10.000 EUR) | 279,00 EUR |
> | 3. Auslagenpauschale, VV 7002 | 20,00 EUR |
> | Zwischensumme 857,00 EUR | |
> | 4. 19 % Umsatzsteuer, VV 7008 | 162,83 EUR |
> | **Gesamt** | **1.019,83 EUR** |

Kein Fall nach VV 3308, sondern nach **VV 3101 Nr. 1** liegt vor, wenn der Anwalt erst bestellt wird, nachdem der Kläger nach Einspruch des Beklagten gegen den Vollstreckungsbescheid selbst die Klage begründet und das Gericht Termin zur mündlichen Verhandlung bestimmt hat und der Beklagte sodann den Einspruch zurücknimmt, bevor der Anwalt als Prozessbevollmächtigter des Klägers einen Schriftsatz mit Sachanträgen oder Sachvortrag eingereicht hat. In diesem Fall entsteht eine **0,8-Verfahrensgebühr** nach VV 3101 Nr. 1 nach dem **Wert der Hauptsache**.¹³

Hat der Rechtsanwalt nach Rücknahme der Klage bzw. Erledigung hinsichtlich des gesamten Klageanspruchs lediglich eine 0,8-Verfahrensgebühr aus der Hauptsache verdient, so verdient er, wenn er dann **Kostenantrag** stellt, **zusätzlich** aus dem **Kostenwert** eine **1,3-Verfahrensgebühr**, die nicht

---

12 OLG Karlsruhe Rpfleger 1996, 421; OLG Hamburg JurBüro 2000, 473 = MDR 2000, 356 = KostRsp. BRAGO § 43 Nr. 56 m. Anm. *N. Schneider*.

13 AG Zwickau JurBüro 2006, 251.

durch die 0,8-Verfahrensgebühr gemäß VV 3101 Nr. 1 nach dem Wert der Hauptsache abgegolten wird. Höchstgrenze ist in diesem Fall jedoch gemäß **§ 15 Abs. 3** eine Verfahrensgebühr in Höhe von 1,3 nach dem Wert der Hauptsache.[14]

14 **aa) Mehrere Auftraggeber.** Wird der Anwalt für **mehrere Auftraggeber** tätig, erhöht sich gemäß VV 1008 nur die Mahnverfahrensgebühr nach VV 3305 um je 0,3 pro weiteren Auftraggeber, nicht aber auch die Verfahrensgebühr der VV 3308 (Anm. S. 2 zu VV 3308). Dadurch wird deutlich, dass lediglich die Erhöhung bei zwei aufeinander aufbauenden Verfahrensschritten ausgeschlossen werden soll.[15] Eine doppelte Gebührenerhöhung bei verschiedenen Angelegenheiten z.B. VV 2300 und VV 3100 ist dagegen nicht ausgeschlossen.

> **Beispiel:** Der Anwalt beantragt für zwei Gesamtgläubiger den Erlass eines Mahnbescheids über 7.500 EUR und stellt anschließend den Antrag auf Erlass des Vollstreckungsbescheids.
> Die Mahnverfahrensgebühr der VV 3305 erhöht sich nach VV 1008, nicht aber auch die Gebühr für den Vollstreckungsbescheid nach VV 3308, da die Erhöhung der VV 3308 nach Anm. S. 2 zu VV 3308 ausgeschlossen ist, wenn sich bereits die Gebühr nach VV 3305 erhöht hat.
>
> | | | |
> |---|---|---:|
> | 1. | 1,3-Verfahrensgebühr, VV 3305, 1008 (Wert: 7.500 EUR) | 592,80 EUR |
> | 2. | 0,5-Verfahrensgebühr, VV 3308 (Wert: 7.500 EUR) | 228,00 EUR |
> | 3. | Auslagenpauschale, VV 7002 | 20,00 EUR |
> | | Zwischensumme 840,80 EUR | |
> | 4. | 19 % Umsatzsteuer, VV 7008 | 159,75 EUR |
> | | **Gesamt** | **1.000,55 EUR** |

15 Abgesehen von dem Anwendungsfall, dass der Anwalt erstmals mit dem Erlass des Vollstreckungsbescheids beauftragt wird, kann ein Fall der VV 1008 auftreten, wenn die **Erhöhung erst nach Erlass des Mahnbescheids eintritt**, etwa wenn der Antragsteller nach Beendigung des Mahnverfahrens verstirbt und von einer Erbengemeinschaft beerbt wird.

> **Beispiel:** Der Anwalt beantragt für seinen Mandanten den Erlass eines Mahnbescheids über 7.500 EUR. Nach Erlass des Mahnbescheids und Ablauf der Widerspruchsfrist verstirbt der Mandant. Er wird von seiner Ehefrau und seinen drei Kindern beerbt, die den Anwalt beauftragen, den Antrag auf Erlass des Vollstreckungsbescheids zu stellen.[16]
> Die Mahnverfahrensgebühr der VV 3305 erhöht sich nicht nach VV 1008, da zum Zeitpunkt des Erbfalls der Mahnbescheid bereits erlassen und die Widerspruchsfrist abgelaufen war. Im Verfahren auf Erlass des Vollstreckungsbescheids vertritt der Anwalt dagegen vier Auftraggeber, so dass sich die Verfahrensgebühr der VV 3308 nach VV 1008 um 0,9 auf 1,4 erhöht. Der Ausschluss nach Anm. S. 2 zu VV 3308 greift jetzt nicht.
>
> | | | |
> |---|---|---:|
> | 1. | 1,0-Verfahrensgebühr, VV 3305 (Wert: 7.500 EUR) | 456,00 EUR |
> | 2. | 1,4-Verfahrensgebühr, VV 3308, 1008 (Wert: 7.500 EUR) | 638,40 EUR |
> | 3. | Auslagenpauschale, VV 7002 | 20,00 EUR |
> | | Zwischensumme 1.114,40 EUR | |
> | 4. | 19 % Umsatzsteuer, VV 7008 | 211,74 EUR |
> | | **Gesamt** | **1.326,14 EUR** |

16 **bb) Vollstreckungsbescheid wegen Teilbetrag.** Wird der **Vollstreckungsbescheid nur wegen eines Teilbetrages** beantragt, ändert dies an der bereits entstandenen Mahnverfahrensgebühr (VV 3305) nichts. Lediglich die Gebühr für den Vollstreckungsbescheid (VV 3308) entsteht nach dem geringeren Wert.

> **Beispiel:** Der Anwalt erhält den Auftrag zu einem Mahnverfahren in Höhe von 2.000 EUR; nach Erlass des Mahnbescheids werden 1.000 EUR gezahlt. Der Vollstreckungsbescheid ergeht nur noch über 1.000 EUR. Auf die Mahnverfahrensgebühr (VV 3305) hat die Zahlung keinen Einfluss. Lediglich die Gebühr für den Vollstreckungsbescheid (VV 3308) entsteht nach dem reduzierten Wert.

---

14 AG Zwickau JurBüro 2006, 251.
15 LG Düsseldorf AGS 2007, 381.
16 Siehe hierzu *Zöller/Vollkommer*, vor § 688 Rn 11; *Thomas/Putzo/Hüßtege*, vor § 688 Rn 7.

Abschnitt 3. Gebühren für besondere Verfahren   **VV 3308**

1. 1,0-Verfahrensgebühr, VV 3305 (Wert: 2.000 EUR)	150,00 EUR
2. 0,5-Verfahrensgebühr, VV 3308 (Wert: 1.000 EUR)	40,00 EUR
3. Auslagenpauschale, VV 7002	20,00 EUR
Zwischensumme 210,00 EUR	
4. 19 % Umsatzsteuer, VV 7008	39,90 EUR
Gesamt	**249,90 EUR**

Möglich ist auch, dass sich das Verfahren sowohl vor Beantragung des Mahnbescheids als auch vor Beantragung des Vollstreckungsbescheids teilweise erledigt. Dann ist für jede Gebühr ein gesonderter Wert zu ermitteln.   **17**

> **Beispiel:** Der Anwalt erhält den Auftrag zu einem Mahnverfahren in Höhe von 3.000 EUR; der Schuldner zahlt vor Einreichung i.H.v. 1.000 EUR, so dass der Mahnbescheid nur über 2.000 EUR ergeht; daraufhin werden weitere 500 EUR gezahlt. Der Vollstreckungsbescheid ergeht nur noch über 1.500 EUR.
>
> Jetzt entsteht die 1,0-Mahnverfahrensgebühr (VV 3305) nur nach 2.000 EUR; aus dem restlichen Auftragswert (1.000 EUR) entsteht nur die 0,5-Gebühr nach VV 3306. Zu prüfen ist jetzt noch § 15 Abs. 3; insgesamt darf nicht mehr abgerechnet werden als 1,0 aus 3.000 EUR (= 201 EUR). Dieser Betrag ist hier aber nicht erreicht.
>
> Die Gebühr für den Vollstreckungsbescheid (VV 3308) entsteht infolge der vorherigen Teilzahlung und der damit verbundenen Erledigung des Verfahrens nur noch nach 1.500 EUR.

1. 1,0-Verfahrensgebühr, VV 3305 (Wert: 2.000 EUR)	150,00 EUR
2. 0,5-Verfahrensgebühr, VV 3306 (Wert: 1.000 EUR)	40,00 EUR
3. 0,5-Verfahrensgebühr, VV 3308 (Wert: 1.500 EUR)	57,50 EUR
4. Auslagenpauschale, VV 7002	20,00 EUR
Zwischensumme 267,50 EUR	
5. 19 % Umsatzsteuer, VV 7008	50,83 EUR
Gesamt	**318,33 EUR**

b) Vertretung nur im Verfahren über den Antrag auf Erlass eines Vollstreckungsbescheids

Wird der Anwalt erst nach Ablauf der Widerspruchsfrist mit dem Antrag auf Erlass eines Vollstreckungsbescheids beauftragt, ohne dass er zuvor im Mahnverfahren tätig war, steht ihm nur die Verfahrensgebühr nach VV 3308 für den Antrag auf Erlass des Vollstreckungsbescheides zu, nicht aber auch die Verfahrensgebühr nach VV 3305 für die Vertretung im Mahnverfahren.   **18**

> **Beispiel:** Der Antragsteller beantragt selbst den Erlass eines Mahnbescheids über 7.500 EUR. Anschließend wird der Anwalt mit dem Antrag auf Erlass des Vollstreckungsbescheids beauftragt.

1. 0,5-Verfahrensgebühr, VV 3308 (Wert: 7.500 EUR)	228,00 EUR
2. Auslagenpauschale, VV 7002	20,00 EUR
Zwischensumme 248,00 EUR	
3. 19 % Umsatzsteuer, VV 7008	47,12 EUR
Gesamt	**295,12 EUR**

Diese Berechnung gilt auch dann, wenn die Partei das Mahnverfahren selbst betrieben und auch den Vollstreckungsbescheid selbst erwirkt hat und sie jetzt den Anwalt „nur" noch mit der **Zustellung des Vollstreckungsbescheides** beauftragt, da die Zustellung gemäß § 19 Abs. 1 S. 2 Nr. 9 noch zum Rechtszug gehört. Die Gebühr nach VV 3308 ist in diesem Falle auch erstattungsfähig und auf Antrag nachträglich in den Vollstreckungsbescheid mit aufzunehmen.[17]   **19**

---

17 LG Bonn AGS 2005, 340 m. Anm. *N. Schneider* = RVGreport 2005, 350 = RVG-B 2005, 129.

Beispiel: Der Antragsteller hatte selbst den Erlass eines Mahnbescheids über 7.500 EUR nebst zugehörigem Vollstreckungsbescheid erwirkt. Der Vollstreckungsbescheid konnte jedoch nicht zugestellt werden. Daraufhin wird ein Anwalt mit der öffentlichen Zustellung beauftragt.[18]

Abzurechnen ist wie im vorangegangenen Beispiel. Die Tätigkeit auf Zustellung einer Entscheidung zählt zwar nach § 19 Abs. 1 S. 2 Nr. 9 zum jeweiligen Verfahren und wird durch die dortige Verfahrensgebühr abgegolten. Wenn der Anwalt die Verfahrensgebühr aber noch nicht verdient hat, dann entsteht sie für ihn mit der Zustellungstätigkeit. Denkbar wäre auch eine Einzeltätigkeit nach VV 3403. Dann würde eine 0,8-Verfahrensgebühr entstehen, die nach § 15 Abs. 6 wiederum auf 0,5 zu begrenzen wäre.

20 Wird der Anwalt für mehrere Auftraggeber wegen desselben Gegenstandes im Verfahren auf Erlass des Vollstreckungsbescheides tätig, erhöht sich die Gebühr nach VV 3308 gemäß VV 1008, da der Ausschluss der Anm. S. 2 zu VV 3308 nicht greift.[19]

Beispiel: Die beiden Antragsteller beantragen selbst den Erlass eines Mahnbescheids über 7.500 EUR. Anschließend wird der Anwalt mit dem Antrag auf Erlass des Vollstreckungsbescheids beauftragt.

1. 0,8-Verfahrensgebühr, VV 3308, 1008 364,80 EUR
   (Wert: 7.500 EUR)
2. Auslagenpauschale, VV 7002 20,00 EUR
   Zwischensumme 384,80 EUR
3. 19 % Umsatzsteuer, VV 7008 73,11 EUR
   Gesamt **457,91 EUR**

c) Keine Anrechnung

21 Eine **Anrechnung** der Gebühr nach VV 3308 ist nicht vorgesehen. Nur die Mahnverfahrensgebühr wird nach Anm. zu VV 3305 angerechnet, ebenso die Terminsgebühr gemäß Anm. 4 zu VV 3104, nicht aber die Vollstreckungsbescheidgebühr (VV 3308). Diese ist vielmehr anrechnungsfrei. Das gilt auch dann, wenn der Anwalt nicht im Verfahren auf Erlass des Mahnbescheides tätig geworden ist, sondern nur im Verfahren über den Erlass des Vollstreckungsbescheids.

Beispiel: Der Anwalt erhält den Auftrag für ein Mahnverfahren über 7.500 EUR. Es ergeht Vollstreckungsbescheid. Der Antragsgegner legt hiergegen Einspruch ein. Nach Abgabe an das zuständige LG wird mündlich verhandelt.

I. Mahnverfahren
1. 1,0-Verfahrensgebühr, VV 3305 456,00 EUR
   (Wert: 7.500 EUR)
2. 0,5-Verfahrensgebühr, VV 3308 228,00 EUR
   (Wert: 7.500 EUR)
3. Auslagenpauschale, VV 7002 20,00 EUR
   Zwischensumme 704,00 EUR
4. 19 % Umsatzsteuer, VV 7008 133,76 EUR
   Gesamt **837,76 EUR**

II. Streitiges Verfahren
1. 1,3-Verfahrensgebühr, VV 3100 592,80 EUR
   (Wert: 7.500 EUR)
2. 1,2-Terminsgebühr, VV 3104 547,20 EUR
   (Wert: 7.500 EUR)
3. Auslagenpauschale, VV 7002 20,00 EUR
4. anzurechnen gem. Anm. zu VV 3305, 1,0 aus 7.500 EUR – 456,00 EUR
   Zwischensumme 704,00 EUR
5. 19 % Umsatzsteuer, VV 7008 133,76 EUR
   Gesamt **837,76 EUR**

Eine Vollstreckungsbescheidgebühr wird auch nicht angerechnet, wenn es im streitigen Verfahren zum Erlass eines zweiten Versäumnisurteils kommt.[20]

---

18 Fall nach LG Bonn AGS 2005, 340 m. Anm. *N. Schneider* = RVGreport 2005, 350 = RVG-B 2005, 129.
19 *Hansens/Braun/Schneider*, Teil 8 Rn 407 ff.
20 LG Kaiserslautern JurBüro 2005, 475; OLG Köln AGS 2007, 296 m. Anm. *N. Schneider* = RVGreport 2007, 189; OLG Nürnberg AGS 2008, 486 = OLGR 2008, 661 = MDR 2008, 1127 = Rpfleger 2008, 598 = RVGreport 2008, 305.

Beispiel: Keine Anrechnung bei Vollstreckungsbescheid und anschließendem zweitem Versäumnisurteil im streitigen Verfahren
Der Anwalt beantragt den Erlass eines Mahnbescheids über 7.500,00 EUR und erwirkt einen Vollstreckungsbescheid. Der Antragsgegner legt Einspruch ein. Dieser wird im streitigen Verfahren durch zweites Versäumnisurteil verworfen.
Es entsteht jetzt sowohl die 0,5-Verfahrensgebühr nach VV 3308 als auch im streitigen Verfahren eine 0,5-Terminsgebühr nach VV 3104, 3105. Eine Anrechnung findet auch jetzt nicht statt.

I. Mahnverfahren
1. 1,0-Verfahrensgebühr, VV 3305   456,00 EUR
   (Wert: 7.500 EUR)
2. 0,5-Verfahrensgebühr, VV 3308   228,00 EUR
   (Wert: 7.500 EUR)
3. Auslagenpauschale, VV 7002   20,00 EUR
   Zwischensumme   704,00 EUR
4. 19 % Umsatzsteuer, VV 7008   133,76 EUR
Gesamt   **837,76 EUR**

II. Streitiges Verfahren
1. 1,3-Verfahrensgebühr, VV 3100   592,80 EUR
   (Wert: 7.500 EUR)
2. anzurechnen gem. Anm. zu VV 3305, 1,0 aus   – 456,00 EUR
   7.500,00 EUR
3. 0,5-Terminsgebühr, VV 3104, 3105   228,00 EUR
   (Wert: 7.500 EUR)
4. Auslagenpauschale, VV 7002   20,00 EUR
   Zwischensumme   384,80 EUR
5. 19 % Umsatzsteuer, VV 7008   73,11 EUR
Gesamt   **457,91 EUR**

In VV 3308 findet sich darüber hinaus keine Regelung dahin gehend, dass eine für die Vertretung des Antragstellers im Verfahren auf Erlass eines Vollstreckungsbescheides entstandene Verfahrensgebühr in einem **nachfolgenden Rechtsstreit** auf eine dort anfallende **Terminsgebühr angerechnet** wird. Auch in VV 3104 ff. ist eine Anrechnungsvorschrift nicht enthalten. Zwar mag die Gebühr nach VV 3308 der Gebühr für die Erwirkung eines Versäumnisurteils vergleichbar sein. Allein dieser Umstand rechtfertigt es jedoch nicht, eine Anrechnung vorzunehmen. Es bleibt also dabei, dass eine Anrechnung der Gebühr nach VV 3308 nicht stattfindet, wenn im nachfolgenden Rechtsstreit eine Terminsgebühr anfällt.

d) Erlass des Vollstreckungsbescheids durch das Prozessgericht

Wird der **Vollstreckungsbescheid nach Abgabe vom Prozessgericht** erlassen (§ 699 Abs. 1 S. 3 ZPO), so ändert dies nichts daran, dass diese Tätigkeit gebührenrechtlich zum Mahnverfahren zählt und dort vergütet wird. Wird der Widerspruch also vor Beginn der mündlichen Verhandlung zurückgenommen, lebt das Mahnverfahren wieder auf. Die 0,5-Gebühr nach VV 3308 erwächst dem Rechtsanwalt, wenn er jetzt den Antrag auf Erlass des Vollstreckungsbescheids stellt.[21]

Beispiel: Der Anwalt erhält den Auftrag für ein Mahnverfahren über 7.500 EUR. Der Antragsgegner legt fristgerecht Widerspruch ein. Nach Abgabe an das zuständige LG wird vor mündlicher Verhandlung der Einspruch zurückgenommen. Das LG erlässt daraufhin antragsgemäß den Vollstreckungsbescheid.
Mit der Rücknahme des Streitantrags wird die Sache wieder in das Mahnverfahren zurückversetzt, so dass dort wiederum die Vollstreckungsbescheidgebühr (VV 3308) anfallen kann. Die im streitigen Verfahren verdienten Gebühren bleiben dagegen erhalten. Zu beachten ist allerdings die Anrechnung (Anm. zu VV 3305).

I. Mahnverfahren
1. 1,0-Verfahrensgebühr, VV 3305   456,00 EUR
   (Wert: 7.500 EUR)
2. 0,5-Verfahrensgebühr, VV 3308   228,00 EUR
   (Wert: 7.500 EUR)

---

21 OLG Koblenz JurBüro 1989, 798.

3. Auslagenpauschale, VV 7002	20,00 EUR
Zwischensumme	704,00 EUR
4. 19 % Umsatzsteuer, VV 7008	133,76 EUR
Gesamt	**837,76 EUR**

II. Streitiges Verfahren

1. 1,3-Verfahrensgebühr, VV 3100 (Wert: 7.500 EUR)	592,80 EUR
2. Auslagenpauschale, VV 7002	20,00 EUR
3. anzurechnen gem. Anm. zu VV 3305, 1,0 aus 7.500 EUR	– 456,00 EUR
Zwischensumme	156,80 EUR
4. 19 % Umsatzsteuer, VV 7008	29,79 EUR
Gesamt	**186,59 EUR**

23 Sofern der **Antragsgegner den Widerspruch zurücknimmt** und hiernach auf Antrag des Rechtsanwalts des Antragstellers ein Vollstreckungsbescheid ergeht, erhält der Rechtsanwalt hierfür die 0,5-Gebühr des VV 3308. Die Gebühr entsteht so, als ob nie gegen den Mahnbescheid ein Widerspruch eingelegt worden wäre.[22] Gleichgültig ist dabei, ob das Verfahren schon an das Streitgericht abgegeben worden ist oder nicht.

24 Hat der Rechtsanwalt zuvor noch den Antrag auf Abgabe der Sache an das Prozessgericht gestellt, ohne den Mahnbescheid selbst beantragt zu haben, erhält er zusätzlich die 1,3-Verfahrensgebühr nach VV 3100.[23]

25 Bei **mehreren Auftraggebern** sind lediglich die Erhöhung nach VV 1008 und der **Ausschluss nach Anm. S. 2 zu VV 3308** zu beachten.

Beispiel: Wie vorangegangenes Beispiel; der Anwalt vertritt jedoch zwei Auftraggeber

I. Mahnverfahren

1. 1,3-Verfahrensgebühr, VV 3305, 1008 (Wert: 7.500 EUR)	592,80 EUR
2. 0,5-Verfahrensgebühr, VV 3308 (Wert: 7.500 EUR)	228,00 EUR
3. Auslagenpauschale, VV 7002	20,00 EUR
Zwischensumme	840,80 EUR
4. 19 % Umsatzsteuer, VV 7008	159,75 EUR
Gesamt	**1.000,55 EUR**

II. Streitiges Verfahren

1. 1,6-Verfahrensgebühr, VV 3100, 1008 (Wert: 7.500 EUR)	729,60 EUR
2. Auslagenpauschale, VV 7002	20,00 EUR
3. anzurechnen gem. Anm. zu VV 3305, 1,0 aus 7.500,00 EUR	– 456,00 EUR
Zwischensumme	293,60 EUR
4. 19 % Umsatzsteuer, VV 7008	55,78 EUR
Gesamt	**349,38 EUR**

26 Hatte der **Mandant** das **Mahnverfahren selbst betrieben**, ist dem Grunde nach ebenso zu rechnen. Es fällt lediglich keine Mahnverfahrensgebühr nach VV 3305 an. Dafür erhöht sich die Verfahrensgebühr der VV 3308, da der Ausschluss der Anm. S. 2 zu VV 3008 nicht greift.

Beispiel: Der Antragsteller hatte selbst den Erlass eines Mahnbescheids über 7.500 EUR beantragt. Nach Widerspruch und Abgabe an das zuständige LG wird der Anwalt beauftragt. Vor mündlicher Verhandlung wird der Einspruch zurückgenommen. Das LG erlässt daraufhin auf Antrag des Anwalts den Vollstreckungsbescheid.

---

[22] OLG Hamm AnwBl 1984, 503 = JurBüro 1984, 1841 = MDR 1985, 66 = KostRsp. BRAGO § 43 Nr. 45.
[23] OLG Frankfurt AnwBl 1999, 413 = MDR 1998, 1373 = Rpfleger 1998, 510 = KostRsp. BRAGO § 43 Nr. 57.

Eine Mahnverfahrensgebühr nach VV 3305 hat der Anwalt nicht verdient, sondern nur die Gebühr für den Antrag auf Erlass des Vollstreckungsbescheids (VV 3308), die sich nach VV 1008 erhöht. Eine Anrechnung findet auch hier nicht statt.

I. Streitiges Verfahren

1. 1,6-Verfahrensgebühr, VV 3100, 1008 (Wert: 7.500 EUR)		659,20 EUR
2. Auslagenpauschale, VV 7002		20,00 EUR
Zwischensumme	679,20 EUR	
3. 19 % Umsatzsteuer, VV 7008		129,05 EUR
Gesamt		**808,25 EUR**

II. Mahnverfahren

1. 0,8-Verfahrensgebühr, VV 3308, 1008 (Wert: 7.500 EUR)		364,80 EUR
2. Auslagenpauschale, VV 7002		20,00 EUR
Zwischensumme	384,80 EUR	
3. 19 % Umsatzsteuer, VV 7008		73,11 EUR
Gesamt		**457,91 EUR**

3. Volle Verfahrensgebühr (VV 3100)

Mit Beginn des Streitverfahrens nach Abgabe des Mahnverfahrens an das zuständige Gericht der Hauptsache fällt die Verfahrensgebühr an. Dabei gehört zur Einleitung des Streitverfahrens nicht erst die Klagebegründung, sondern bereits der Antrag auf Abgabe des Mahnverfahrens an das Streitgericht zur Durchführung des streitigen Verfahrens.[24]

27

4. Terminsgebühr

Auch in diesem Verfahrensstadium kann eine **1,2-Terminsgebühr** unter den Voraussetzungen der VV Vorb. 3 Abs. 3 Var. 3. i.V.m. VV 3104 entstehen. Voraussetzung ist allerdings, dass eine solche nicht bereits im Verfahren über den Antrag auf Erlass eines Mahnbescheids angefallen ist. Denn das Verfahren über den Antrag auf Erlass eines Mahnbescheids und das Verfahren über den Antrag auf Erlass eines Vollstreckungsbescheids stellt eine gebührenrechtliche Angelegenheit dar. Dem Anwalt kann daher maximal eine 1,2-Terminsgebühr gemäß § 15 Abs. 2 zustehen.

28

Beispiel: Der Anwalt erhält wegen einer Forderung von 10.000 EUR den Auftrag, das gerichtliche Mahnverfahren einzuleiten. Nachdem der Vollstreckungsbescheid beantragt wurde, meldet sich der Gegner innerhalb der 2-wöchigen Notfrist telefonisch zwecks Versuchs einer gütlichen Einigung. Man einigt sich auf Zahlung von insgesamt 7.000 EUR. Folgende Gebühren sind im Mahnverfahren zu berechnen:

1. 1,0-Verfahrensgebühr, VV 3305 (Wert: 10.000 EUR)		558,00 EUR
2. 1,2-Terminsgebühr, VV 3104 (Wert: 10.000 EUR)		669,60 EUR
3. 0,5-Verfahrensgebühr, VV 3308 (Wert: 10.000 EUR)		228,00 EUR
4. Auslagenpauschale, VV 7002		20,00 EUR
Zwischensumme	1.475,60 EUR	
5. 19 % Umsatzsteuer, VV 7008		280,36 EUR
Gesamt		**1.755,96 EUR**

Gerade beim Abschluss von **Ratenzahlungen** in diesem Verfahrensstadium ist zu beachten, dass die Einigungsgebühr nach VV 1000, 1003 durch Abschluss einer Teilzahlungsvereinbarung jedenfalls dann entsteht, wenn diese zur Voraussetzung hat, dass der Schuldner seinen Widerspruch gegen den vom Gläubiger erwirkten Mahnbescheid zurücknimmt und zur Sicherung der Ratenzahlung den pfändbaren Teil seines Arbeitseinkommens an ihn abtritt. Nach Rücknahme des Widerspruchs kann der Gläubiger die Einigungsgebühr im Vollstreckungsbescheid gemäß § 699 Abs. 3 ZPO gegen den Schuldner ohne Schlüssigkeitsprüfung[25] festsetzen lassen, wenn dieser im Vertrag seine Verpflich-

29

---

24 LG Bonn, Beschl. v. 8.1.2010 – 8 T 1/10 (juris).   25 AG Stuttgart RVGreport 2005, 38.

tung zur Zahlung der Gebühr anerkannt hat.[26] Gleiches gilt auch für die entstandene Terminsgebühr.[27] Diese ist gerade in den Fällen von Ratenzahlungsvereinbarungen untrennbar mit der Einigungsgebühr verbunden.

Beantragt der Rechtsanwalt nach Erwirken eines Vollstreckungsbescheids in dem im nachfolgenden Rechtstreit anberaumten Einspruchstermin den Erlass eines **zweiten Versäumnisurteils**, so erhält er lediglich eine weitere 0,5-Verfahrensgebühr nach VV 3105.[28] Der Einspruch steht zwar nach § 700 Abs. 1 ZPO verfahrensrechtlich einem vorläufig vollstreckbaren Versäumnisurteil gleich. Das ändert jedoch nichts daran, dass der Vollstreckungsbescheid nicht aufgrund eines Verhandlungstermins zustande gekommen ist und der Prozessbevollmächtigte des Klägers auch nicht in zwei Terminen aufgetreten ist.

a) Anrechnung der Terminsgebühr

30 Durch das 2. JuMoG wurde mit **Wirkung zum 31.12.2006** eine **Anrechnung der Terminsgebühr** auf eine **im nachfolgenden Rechtstreit angefallene Terminsgebühr** eingeführt. Eine solche Anrechnung greift allerdings nur in den Fällen, in denen dem Rechtsanwalt der unbedingte Auftrag zum Tätigwerden für den nachfolgenden Rechtstreit nach dem 30.12.2006 erteilt wurde (§ 60 Abs. 1 S. 1). Ist dies nicht der Fall, so verbleibt es dabei, dass die im Mahnverfahren entstandene Terminsgebühr und die im anschließenden Rechtstreit angefallenen Terminsgebühren gesondert berechnet werden können. Die Anrechnung setzt ebenfalls voraus, dass es sich bei dem im Mahnverfahren und dem im Rechtstreit tätigen Rechtsanwalt um **dieselbe Person** handeln muss.[29]

Der BGH[30] hat zu den **Anrechnungsvoraussetzungen** nach VV Vorb. 3 Abs. 6 entschieden, dass eine Anrechnung ausscheidet, wenn die anzurechnende Gebühr (hier Verfahrensgebühr) von einem anderen Rechtsanwalt verdient worden war. Ein **Anwaltswechsel** liegt aber nur dann **vor**, wenn ein **neuer Beratungsvertrag** mit einem Anwalt geschlossen worden ist, der nicht identisch ist mit demjenigen Anwalt, welcher das vorherige Verfahren geführt hat. Auf die jeweils handelnde Person kommt es daher nicht an, weil einen Anspruch auf die jeweilige Gebühr nur die jeweilige Vertragspartei hat.

b) Gegenstandsgleichheit

31 Die Anrechnung führt nicht zum kompletten Wegfall der im Mahnverfahren angefallenen Terminsgebühr. Vielmehr vermindert sich der Anspruch des Prozessbevollmächtigten auf die im nachfolgenden Rechtstreit entstandene Terminsgebühr um den entsprechenden Gebührenbetrag.[31] Die Anrechnung erfolgt daher lediglich hinsichtlich des **gleichen Gegenstandswertes**.

> **Beispiel:** Nach Erhalt des Vollstreckungsbescheids über 5.000 EUR führt der Antragsgegner noch vor Einlegung des Einspruchs mit dem Antragsstellervertreter Vergleichsverhandlungen zwecks Erledigung des Verfahrens; die Verhandlungen scheitern, sodass der Antragsgegner fristgerecht Einspruch einlegt. Nach Abgabe der Sache an das Prozessgerichts wird der Beklagte vollumfänglich zur Zahlung verurteilt.
> **I. Mahnverfahren**
> 1. 1,0-Verfahrensgebühr, VV 3305　　　　　　　　　　　　　　　　　　　　303,00 EUR
>   (Wert: 5.000 EUR)
> 2. 0,5-Verfahrensgebühr, VV 3308　　　　　　　　　　　　　　　　　　　　151,50 EUR
>   (Wert: 5.000 EUR)
> 3. 1,2-Terminsgebühr, VV 3104　　　　　　　　　　　　　　　　　　　　　363,60 EUR
>   (Wert: 5.000 EUR)

---

26 KG Berlin RVG-B 2005, 177 m. Anm. *Mock*; KG Berlin, Beschl. v. 4.8.2005–1 W 291/05 (n.v.).
27 LG Bonn RVGreport 2007, 231.
28 OLG Köln RVGreport 2007, 189; AG Kaiserslautern JurBüro 2005, 475; *Hansens*, RVGreport 2006, 321, 328; *Onderka/N. Schneider*, AnwBl 2006, 643, 646.
29 Vgl. auch OLG München AGS 2016, 256.
30 BGH BB 2016, 1922; BGH RVGprof. 2015, 57; BGH RVGprof. 2010, 37.
31 *Hansens*, RVGreport 2007, 125 (127); vgl. zur Anrechnung der Geschäftsgebühr auf die Verfahrensgebühr BGH RVGreport 2007, 226.

Abschnitt 3. Gebühren für besondere Verfahren VV 3308

4. Auslagenpauschale, VV 7002		20,00 EUR
Zwischensumme	838,10 EUR	
5. 19 % Umsatzsteuer, VV 7008		159,24 EUR
Gesamt		**997,34 EUR**

II. Streitiges Verfahren

1. 1,3-Verfahrensgebühr, VV 3100		393,90 EUR
(Wert: 5.000 EUR)		
2. anzurechnen gem. Anm. zu VV 3305		– 303,00 EUR
(Wert: 5.000 EUR)		
3. 1,2-Terminsgebühr, VV 3104		363,60 EUR
(Wert: 5.000 EUR)		
anzurechnen gem. Anm. 4 zu VV 3104		– 363,60 EUR
4. Auslagenpauschale, VV 7002		20,00 EUR
Zwischensumme	110,90 EUR	
5. 19 % Umsatzsteuer, VV 7008		21,07 EUR
Gesamt		**131,97 EUR**

c) Gegenstandsverschiedenheit

Bei unterschiedlichen Gegenstandswerten können dem Rechtsanwalt noch Gebührenanteile verbleiben. **32**

Beispiel: Wie zuvor; der Gegner erhebt Einspruch wegen eines Teilbetrages von 3.000 EUR.

I. Mahnverfahren

1. 1,0-Verfahrensgebühr, VV 3305		303,00 EUR
(Wert: 5.000 EUR)		
2. 0,5-Verfahrensgebühr, VV 3308		151,50 EUR
(Wert: 5.000 EUR)		
3. 1,2-Terminsgebühr, VV 3104		363,60 EUR
(Wert: 5.000 EUR)		
4. Auslagenpauschale, VV 7002		20,00 EUR
Zwischensumme	838,10 EUR	
5. 19 % Umsatzsteuer, VV 7008		159,24 EUR
Gesamt		**997,34 EUR**

II. Streitiges Verfahren

1. 1,3-Verfahrensgebühr, VV 3100		261,30 EUR
(Wert: 3.000 EUR)		
2. anzurechnen gem. Anm. zu VV 3305		– 201,00 EUR
1,0 aus 3.000 EUR		
3. 1,2-Terminsgebühr, VV 3104		241,20 EUR
(Wert: 3.000 EUR)		
anzurechnen gem. Anm. 4 zu VV 3104		– 241,20 EUR
1,2 aus 3.000 EUR		
4. Auslagenpauschale, VV 7002		20,00 EUR
Zwischensumme	80,30 EUR	
5. 19 % Umsatzsteuer, VV 7008		15,26 EUR
Gesamt		**95,56 EUR**

Wird der Bevollmächtigte nur im Verfahren auf Erlass des Vollstreckungsbescheids tätig, so entsteht eine 0,5-Verfahrensgebühr gemäß VV 3308, die nicht auf die Verfahrensgebühr des anschließenden Rechtsstreits anzurechnen ist. Zusätzlich kann noch eine 1,2-Terminsgebühr gemäß VV 3104 anfallen. Diese wird allerdings gemäß Anm. 4 zu VV 3104 angerechnet.

Beispiel: Der Rechtsanwalt erhält den Auftrag einen Vollstreckungsbescheid über 5.000 EUR zu beantragen; nach dessen Erlass meldet sich der Gegner zwecks Versuchs einer gütlichen Einigung, die allerdings scheitert; im anschließenden Rechtsstreit wird der Beklagte nach mündlicher Verhandlung antragsgemäß verurteilt.

I. Mahnverfahren

1. 0,5-Verfahrensgebühr, VV 3308	151,50 EUR
2. 1,2-Terminsgebühr, VV 3104	363,60 EUR

3. Auslagenpauschale, VV 7002 20,00 EUR
   Zwischensumme 535,10 EUR
4. 19 % Umsatzsteuer, VV 7008 101,67 EUR
Gesamt **636,77 EUR**

II. Streitiges Verfahren
1. 1,3-Verfahrensgebühr, VV 3100 393,90 EUR
2. 1,2-Terminsgebühr, VV 3104 363,60 EUR
   anzurechnen gem. Anm. 4 zu VV 3104 − 363,60 EUR
3. Auslagenpauschale, VV 7002 20,00 EUR
   Zwischensumme 413,90 EUR
4. 19 % Umsatzsteuer, VV 7008 78,64 EUR
Gesamt **492,54 EUR**

d) Einigungsgebühr

33 Werden nach dem Einspruch gegen den Vollstreckungsbescheid Verhandlungen über den Umfang der Vollstreckung sowie Ratenzahlungen geführt, und kommt es zu einer Einigung zwischen den Parteien, so dass der Vollstreckungsbescheid zurückgenommen wird, so entsteht neben einer 0,8-Verfahrensgebühr auch eine 1,2-Terminsgebühr und eine 1,0-Einigungsgebühr. Voraussetzung ist neben der Mitwirkung lediglich, dass dem Anwalt zu diesem Zeitpunkt bereits ein unbedingter Prozessauftrag erteilt war.[32]

5. Beschwerdeverfahren

34 Lehnt der Rechtspfleger den Antrag auf Erlass des Vollstreckungsbescheids ab, ist hiergegen die **sofortige Beschwerde** gegeben. Diese stellt nach **§ 18 Abs. 1 Nr. 3** eine **besondere Angelegenheit** dar, in der der Anwalt eine **gesonderte Vergütung** erhält. Der Anwalt erhält die Gebühren nach VV 3500 ff., also eine weitere **0,5-Verfahrensgebühr** nach VV 3500. Eine **0,5-Terminsgebühr** nach VV 3513 ist zwar theoretisch möglich, wird in der Praxis aber kaum vorkommen.

> **Beispiel:** Der Anwalt hatte auftragsgemäß einen Mahnbescheid über 2.000 EUR erwirkt. Er beantragt anschließend den Erlass eines Vollstreckungsbescheids, dessen Erlass der Rechtspfleger ablehnt. Hiergegen legt der Anwalt auftragsgemäß sofortige Beschwerde ein.
> Der Anwalt hat neben der Mahnverfahrensgebühr der VV 3305 auch die Gebühr für den Antrag auf Erlass des Vollstreckungsbescheids (VV 3308) verdient, da er den Antrag gestellt hat.
> Im Beschwerdeverfahren entsteht eine weitere 0,5-Verfahrensgebühr nach VV 3500.
>
> **I. Mahnverfahren (Wert: 1.000 EUR)**
> 1. 1,0-Verfahrensgebühr, VV 3305 80,00 EUR
> 2. 0,5-Verfahrensgebühr, VV 3308 40,00 EUR
> 3. Auslagenpauschale, VV 7002 20,00 EUR
>   Zwischensumme 140,00 EUR
> 4. 19 % Umsatzsteuer, VV 7008 26,60 EUR
> **Gesamt** **166,60 EUR**
>
> **II. Beschwerdeverfahren (Wert: 1.000 EUR)**
> 1. 0,5-Verfahrensgebühr, VV 3500 40,00 EUR
> 2. Auslagenpauschale, VV 7002 8,00 EUR
>   Zwischensumme 48,00 EUR
> 3. 19 % Umsatzsteuer, VV 7008 9,12 EUR
> **Gesamt** **57,12 EUR**

35 Wird der Anwalt von **mehreren Auftraggebern** beauftragt, erhöht sich sowohl die Mahnverfahrensgebühr (VV 3305) als auch die Verfahrensgebühr des Beschwerdeverfahrens (VV 3500) nach VV 1008 um jeweils 0,3 pro weiterem Auftraggeber, maximal jedoch um insgesamt 2,0. Lediglich bei der Verfahrensgebühr der VV 3308 verbleibt es beim Ausschluss nach Anm. S. 2 zu VV 3308.

---

32 OLG Koblenz JurBüro 2006, 191.

Abschnitt 3. Gebühren für besondere Verfahren   **VV 3308**

Beispiel: Der Anwalt hatte auftragsgemäß für zwei Auftraggeber als Gesamtgläubiger einen Mahnbescheid über 2.000 EUR erwirkt. Er beantragt anschließend den Erlass eines Vollstreckungsbescheids, dessen Erlass der Rechtspfleger ablehnt. Hiergegen legt der Anwalt auftragsgemäß sofortige Beschwerde ein.

I. Mahnverfahren (Wert: 2.000 EUR)

1. 1,3-Verfahrensgebühr, VV 3305, 1008		195,00 EUR
2. 0,5-Verfahrensgebühr, VV 3308		75,00 EUR
3. Auslagenpauschale, VV 7002		20,00 EUR
Zwischensumme	290,00 EUR	
4. 19 % Umsatzsteuer, VV 7008		55,10 EUR
Gesamt		**345,10 EUR**

II. Beschwerdeverfahren (Wert: 2.000 EUR)

1. 0,8-Verfahrensgebühr, VV 3500, 1008		120,00 EUR
2. Auslagenpauschale, VV 7002		20,00 EUR
Zwischensumme	140,00 EUR	
3. 19 % Umsatzsteuer, VV 7008		26,60 EUR
Gesamt		**166,60 EUR**

Die Beschwerde kann sich auch nur gegen einen **Teilbetrag** richten, wenn der Erlass des Vollstreckungsbescheides nur teilweise abgelehnt wird. Hauptanwendungsfall dürfte das Absetzen angemeldeter Kosten sein.   **36**

Beispiel: Der Anwalt hatte auftragsgemäß einen Mahnbescheid über 10.000 EUR erwirkt. Anschließend verhandeln die Anwälte zur Erledigung des Mahnverfahrens und Vermeidung des streitigen Verfahrens. Es kommt zu einer Einigung, wonach der Antragsgegner sich verpflichtet, 8.000 EUR zu zahlen und hierüber gegen sich einen Vollstreckungsbescheid ergehen zu lassen. Gleichzeitig verpflichtet er sich, die gesamten Kosten des Mahnverfahrens einschließlich der Termins- und Einigungsgebühr zu übernehmen. Der Gläubiger beantragt daraufhin den Erlass eines Vollstreckungsbescheids und nimmt unter „weitere Kosten" auch die 1,2-Termins- und die 1,0-Einigungsgebühr auf. Hinsichtlich dieser Kostenpositionen lehnt der Rechtspfleger den Erlass des Vollstreckungsbescheids ab. Hiergegen legt der Anwalt auftragsgemäß sofortige Beschwerde ein, die auch erfolgreich ist.[33]
Der Anwalt hat neben der Mahnverfahrensgebühr der VV 3305 auch die Gebühr für den Antrag auf Erlass des Vollstreckungsbescheids (VV 3308) verdient. Hinzu kommt das Beschwerdeverfahren als gesonderte Angelegenheit. Hier entsteht eine 0,5-Verfahrensgebühr aus dem Kostenwert (Termins- und Einigungsgebühr nebst anteiliger Umsatzsteuer, § 23 Abs. 3 S. 1).

I. Mahnverfahren (Wert: 10.000 EUR)

1. 1,0-Verfahrensgebühr, VV 3305		558,00 EUR
2. 1,2-Terminsgebühr, VV 3104		669,60 EUR
3. 1,0-Einigungsgebühr, VV 1000,1003		558,00 EUR
4. 0,5-Verfahrensgebühr, VV 3308		279,00 EUR
5. Auslagenpauschale, VV 7002		20,00 EUR
Zwischensumme	2.084,60 EUR	
6. 19 % Umsatzsteuer, VV 7008		396,07 EUR
Gesamt		**2.480,67 EUR**

II. Beschwerdeverfahren (Wert: 1.461,20 EUR)

1. 0,5-Verfahrensgebühr, VV 3500		57,50 EUR
2. Auslagenpauschale, VV 7002		11,50 EUR
Zwischensumme	69,00 EUR	
3. 19 % Umsatzsteuer, VV 7008		13,11 EUR
Gesamt		**82,11 EUR**

6. Erinnerungsverfahren

Lehnt der Rechtspfleger den Antrag auf Erlass des Vollstreckungsbescheids nur in einem Kostenpunkt ab und übersteigt der Wert des Beschwerdegegenstands den Betrag von **200 EUR** nicht, ist die Beschwerde unzulässig (§ 567 Abs. 2 ZPO). Es ist dann allerdings die **Erinnerung nach § 104 Abs. 3 ZPO i.V.m. § 11 Abs. 2 RPflG** gegeben, über die der Richter entscheidet, wenn ihr der Rechtspfleger nicht abhilft.   **37**

---

[33] Siehe hierzu KG RVG-B 2005, 177 m. Anm. *Mock*.

38 Da sich die Erinnerung gegen eine Entscheidung des Rechtspflegers richtet, liegt nach § 18 Abs. 1 Nr. 3 eine **besondere Angelegenheit** vor, in der der Anwalt eine **gesonderte Vergütung** erhält. Diese richtet sich nach VV 3500. Der Anwalt erhält eine weitere **0,5-Verfahrensgebühr** nach **VV 3305** und ggf. eine **0,5-Terminsgebühr** gemäß **VV 3513**.

> **Beispiel:** Der Anwalt hatte einen Mahnbescheid über 1.000,00 EUR erwirkt und hiernach eine Besprechung mit der Gegenseite zur Erledigung des Mahnverfahrens geführt. Die Verhandlungen blieben ergebnislos. Daher stellte der Anwalt den Antrag auf Erlass des Vollstreckungsbescheids und nahm darin auch die angefallene Terminsgebühr (VV 3104 i.V.m. VV Vorb. 3.3.2, VV Vorb. 3 Abs. 3) nebst anteiliger Umsatzsteuer mit auf. Der Rechtspfleger setzte diese Terminsgebühr ab und erließ den Vollstreckungsbescheid nur im Übrigen. Hiergegen legt der Anwalt für den Antragsteller sofortige Beschwerde ein.
> Aus dem Wert der Hauptsache entstehen die 1,0-Verfahrensgebühr nach VV 3305 und die 0,5-Verfahrensgebühr nach VV 3308. Die Verfahrensgebühr des Erinnerungsverfahrens richtet sich dagegen gemäß § 23 Abs. 2 S. 1 nur nach dem Wert der abgesetzten Terminsgebühr zuzüglich anteiliger Umsatzsteuer.
> **I. Mahnverfahren (Wert: 1.000 EUR)**
> 1. 1,0-Verfahrensgebühr, VV 3305   80,00 EUR
> 2. 1,2-Terminsgebühr, VV 3104   96,00 EUR
> 3. 0,5-Verfahrensgebühr, VV 3308   40,00 EUR
> 4. Auslagenpauschale, VV 7002   20,00 EUR
>   Zwischensumme   236,00 EUR
> 5. 19 % Umsatzsteuer, VV 7008   44,84 EUR
> **Gesamt**   **280,84 EUR**
> **II. Erinnerungsverfahren (Wert: 114,24 EUR)**
> 1. 0,5-Verfahrensgebühr, VV 3500   22,50 EUR
> 2. Auslagenpauschale, VV 7002   4,50 EUR
>   Zwischensumme   27,00 EUR
> 3. 19 % Umsatzsteuer, VV 7008   5,13 EUR
> **Gesamt**   **32,13 EUR**

7. Beantragung des Vollstreckungsbescheids und nachfolgender Widerspruch

39 Die Gebühr nach VV 3308 ist auch entstanden, wenn der Antragsgegner verspätet, d.h. nach Ablauf der 2-Wochen-Frist und nach Beantragung des Vollstreckungsbescheids, aber vor Erlass des Vollstreckungsbescheids Widerspruch eingelegt hat.[34] Es kommt also nicht darauf an, ob der Vollstreckungsbescheid tatsächlich erlassen worden ist.

40 Sie ist auch **erstattungsfähig**, wenn der Rechtsanwalt des Antragstellers weder wusste noch wissen musste, dass der Widerspruch – verspätet – erhoben wurde.[35] Wusste der Prozessbevollmächtigte des Gläubigers jedoch von dem – verspätet oder rechtzeitig – eingelegten Widerspruch, ist die Erstattungsfähigkeit zu verneinen, da die Tätigkeit des Prozessbevollmächtigten mit dem Ziel der Beantragung eines Vollstreckungsbescheids nicht mehr erforderlich war. Für die Entstehung und die Erstattungsfähigkeit der Gebühr ist es – wie bereits ausgeführt – unerheblich, ob der wirksam beantragte Vollstreckungsbescheid auch erlassen wurde.[36] Insoweit argumentiert das OLG Karlsruhe:[37]

> „Vorliegend wurde der Vollstreckungsbescheid nicht erlassen, da der Widerspruch zwar nach Ablauf der Widerspruchsfrist, aber noch vor Verfügung des Vollstreckungsbescheids eingelegt wurde. Nach § 694 Abs. 1 ZPO ist ein solcher Widerspruch nicht rechtzeitig insoweit, als er an dem Erlass eines Vollstreckungsbescheids hindert. Hatte der Rechtsanwalt jedoch bei Antragstellung keine Kenntnis von der Einlegung des Widerspruchs, so entsteht die Gebühr des § 43 Abs. 1 Nr. 3, obwohl der Vollstreckungsbescheid nicht mehr erlassen werden konnte."

---

34 OLG Hamburg JurBüro 2000, 473 = MDR 2000, 356 = KostRsp. BRAGO § 43 Nr. 56 m. Anm. *N. Schneider*.

35 LG Berlin JurBüro 1984, 882 = KostRsp. BRAGO § 43 Nr. 43.

36 OLG Karlsruhe Rpfleger 1996, 421 = KostRsp. BRAGO § 43 Nr. 53.

37 OLG Karlsruhe Rpfleger 1996, 421 = KostRsp. BRAGO § 43 Nr. 53.

Zur Frage der **Erstattungsfähigkeit** heißt es in der zitierten Entscheidung des OLG Karlsruhe[38] 41 weiter:

> „Die entstandene Gebühr ist auch erstattungsfähig, § 91 ZPO. Während früher vereinzelt die Auffassung vertreten wurde, der Erstattungsfähigkeit ... stehe entgegen, dass der Antrag auf Erteilung des Vollstreckungsbescheids objektiv nicht notwendig gewesen sei ..., hebt die heute überwiegend vertretene Auffassung, die der Senat teilt, darauf ab, ob die gebührenpflichtige Tätigkeit des Rechtsanwalts in dem Zeitpunkt, zu dem die Handlung vorgenommen wurde, geboten erschien. Unter Zugrundelegung dieses Maßstabes ist die Gebühr dann erstattungsfähig, wenn der Rechtsanwalt den Antrag nach Ablauf der Widerspruchsfrist und in Unkenntnis des zwischenzeitlich erhobenen Widerspruchs gestellt hat ... Den Gläubigervertreter trifft keine Erkundigungspflicht. Er braucht nur die Widerspruchsfrist abzuwarten."

Bei engem zeitlichen Ablauf ist der Prozessbevollmächtigte des Antragsgegners gut beraten, sich 42 im Rahmen des Kostenfestsetzungsverfahrens durch eine Akteneinsicht über den zeitlichen Ablauf zu unterrichten.

8. Terminsgebühr für den im Mahnverfahren nicht eingeschalteten Rechtsanwalt für den Erlass eines zweiten Versäumnisurteils im Einspruchstermin

Wird der Prozessbevollmächtigte erstmals nach Erlass eines Vollstreckungsbescheids im Mahnverfahren mit der Sache befasst und beantragt er in dem im nachfolgenden streitigen Verfahren anberaumten Einspruchstermin den Erlass eines zweiten Versäumnisurteils, so fällt hierfür nur eine 0,5-Terminsgebühr nach VV 3105 an.[39] 43

9. Gebühren des Rechtsanwalts des Antragsgegners

Der Rechtsanwalt, der für den Antragsgegner gegen den Vollstreckungsbescheid Einspruch eingelegt 44 hat, erhält hierfür eine 1,3-Verfahrensgebühr nach VV 3100.[40] Dies rechtfertigt sich aus der Überlegung, dass das Mahngericht, das den Vollstreckungsbescheid erlassen hat, den Rechtsstreit gemäß § 700 Abs. 2 ZPO von Amts wegen an das Streitgericht zur Durchführung des streitigen Verfahrens abgibt. Der Einspruch ist damit dem Antrag auf Durchführung des streitigen Verfahrens vergleichbar, durch dessen Stellung ebenfalls eine volle 1,3-Verfahrensgebühr anfällt.

Hieraus folgt, dass eine 1,2-Terminsgebühr gemäß VV 3104 nicht mehr im Mahnverfahren, sondern nur noch im zivilprozessualen Verfahren anfallen kann. Werden so z.B. nach dem Einspruch Verhandlungen über den Umfang der Vollstreckung sowie Ratenzahlungen geführt, und kommt es zu einer Einigung zwischen den Parteien, so dass der Vollstreckungsbescheid zurückgenommen wird, entsteht eine 1,2-Terminsgebühr und 1,0-Einigungsgebühr. Voraussetzung ist neben der Mitwirkung lediglich, dass dem Anwalt zu diesem Zeitpunkt bereits ein unbedingter Prozessauftrag erteilt war.[41]

Eine 1,2-Terminsgebühr kann **im Stadium des Mahnverfahrens** allerdings dann anfallen, wenn der Gegnervertreter, der noch keinen unbedingten Prozessauftrag erhalten hat, **vor** Einlegung des Einspruchs Einigungsverhandlungen führt. Diese wird bei **Gegenstandsidentität vollumfänglich** auf die Terminsgebühr des nachfolgenden Rechtsstreits **angerechnet**.

> **Beispiel:** Nach Erhalt des Vollstreckungsbescheids über 5.000 EUR führt der Antragsgegnervertreter vor Einlegung des Einspruchs mit dem Antragstellervertreter Vergleichsverhandlungen zwecks Erledigung des Verfahrens; die Verhandlungen scheitern, sodass der Antragsgegner nunmehr beauftragt wird Einspruch einzulegen. Nach Abgabe der Sache an das Prozessgerichts wird der Beklagte vollumfänglich zur Zahlung verurteilt.
> **I. Mahnverfahren**
> 1. 0,5-Verfahrensgebühr, VV 3307   151,50 EUR
>   (Wert: 5.000 EUR)
> 2. 1,2-Terminsgebühr, VV 3104   363,60 EUR
>   (Wert: 5.000 EUR)

---

38 OLG Karlsruhe Rpfleger 1996, 421 = KostRsp. BRAGO § 43 Nr. 53.
39 OLG Nürnberg AGS 2008, 486 = Rpfleger 2008, 598; OLG Köln AGS 2007, 296.
40 OLG München AnwBl 1992, 400 = JurBüro 1992, 325 = MDR 1992, 617 = Rpfleger 1992, 316 = KostRsp. BRAGO § 43 Nr. 49.
41 OLG Koblenz JurBüro 2006, 191.

3. Auslagenpauschale, VV 7002	20,00 EUR
Zwischensumme	535,10 EUR
4. 19 % Umsatzsteuer, VV 7008	101,67 EUR
Gesamt	**636,77 EUR**

II. Streitiges Verfahren

1. 1,3-Verfahrensgebühr, VV 3100 (Wert: 5.000 EUR)	393,90 EUR
2. anzurechnen gem. Anm. zu VV 3307, 0,5 aus 5.000 EUR	– 151,50 EUR
3. 1,2-Terminsgebühr, VV 3104 (Wert: 5.000 EUR)	363,60 EUR
anzurechnen gem. Anm. 4 zu VV 3104	– 363,60 EUR
4. Auslagenpauschale, VV 7002	20,00 EUR
Zwischensumme	262,40 EUR
5. 19 % Umsatzsteuer, VV 7008	49,86 EUR
Gesamt	**312,26 EUR**

Bei **unterschiedlichen Gegenstandswerten** können dem Rechtsanwalt noch Gebührenanteile verbleiben.

Beispiel: Wie zuvor; der Gegnervertreter erhebt Einspruch wegen eines Teilbetrages von 3.000 EUR.

I. Mahnverfahren

1. 0,5-Verfahrensgebühr, VV 3307 (Wert: 5.000 EUR)	151,50 EUR
2. 1,2-Terminsgebühr, VV 3104 (Wert: 5.000 EUR)	363,60 EUR
3. Auslagenpauschale, VV 7002	20,00 EUR
Zwischensumme	535,10 EUR
4. 19 % Umsatzsteuer, VV 7008	101,67 EUR
Gesamt	**636,77 EUR**

II. Streitiges Verfahren

1. 1,3-Verfahrensgebühr, VV 3100 (Wert: 3.000 EUR)	261,30 EUR
2. anzurechnen gem. Anm. zu VV 3307, 0,5 aus 3.000 EUR	– 100,50 EUR
3. 1,2-Terminsgebühr, VV 3104 (Wert: 3.000 EUR)	241,20 EUR
anzurechnen gem. Anm. 4 zu VV 3104, 1,2 aus 3.000 EUR	– 241,20 EUR
4. Auslagenpauschale, VV 7002	20,00 EUR
Zwischensumme	180,80 EUR
5. 19 % Umsatzsteuer, VV 7008	34,35 EUR
Gesamt	**215,15 EUR**

10. Berechnung der Kosten im Vollstreckungsbescheid

45 In den Vollstreckungsbescheid sind die bisher entstandenen Kosten des Mahnverfahrens sowie ggf. die nach Abgabe an das Prozessgericht dort u.U. weiter entstandenen Prozesskosten nach § 699 Abs. 3 ZPO aufzunehmen. Die Aufnahme der Kosten ist eine vereinfachte Kostenfestsetzung, die anfechtbar ist.[42] Wird der Vollstreckungsbescheid nicht im vollen Umfang aufrechterhalten, steht einer erneuten Berücksichtigung der Gebühr nach VV 3308 im endgültigen Kostenfestsetzungsverfahren nichts entgegen.[43] Eine gesonderte Festsetzung der Kosten für das Mahnverfahren nach §§ 103 ff. ZPO ist neben der Festsetzung im Vollstreckungsbescheid zulässig.[44] Zur Vermeidung von Schwierigkeiten ist es gleichwohl ratsam, die gesamten Kosten des Mahnverfahrens sowie – bei einer Zurücknahme des Widerspruchs im streitigen Verfahren – die dort ggf. zusätzlich entstandenen Prozesskosten sogleich in den Vollstreckungsbescheid mit aufzunehmen.

---

[42] LG Mönchengladbach JurBüro 1990, 1166.
[43] OLG Hamburg JurBüro 1975, 773.
[44] LG Würzburg JurBüro 1985, 1253; a.A. LG Berlin JurBüro 1987, 1827.

IV. Prozesskostenhilfeverfahren

Auch zur Durchführung des Mahnverfahrens ist die Bewilligung von Prozesskostenhilfe möglich.[45] Dies gilt insbesondere dann, wenn der Gegner durch einen Rechtsanwalt vertreten wird oder selbst Rechtsanwalt ist.[46] Diese erstreckt sich allerdings nicht automatisch auf ein sich anschließendes streitiges Verfahren. Denn eine gerichtliche Entscheidung kann nicht über ihren Entscheidungsausspruch hinaus ausgedehnt werden. Die Bewilligung von Prozesskostenhilfe im Mahnverfahren erfordert allerdings eine Prüfung der Erfolgsaussicht für den beabsichtigten Prozess.[47]

46

Soweit also dem Antragsteller ein Rechtsanwalt im Rahmen der PKH beigeordnet wurde, kann dieser die im Mahnverfahren entstehenden Anwaltsgebühren aus der Staatskasse aus den verminderten Werten der Tabelle nach § 49 beanspruchen.

47

Unterabschnitt 3. Vollstreckung und Vollziehung

Nr.	Gebührentatbestand	Gebühr oder Satz der Gebühr nach § 13 RVG
	Vorbemerkung 3.3.3: Dieser Unterabschnitt gilt für 1. die Zwangsvollstreckung, 2. die Vollstreckung, 3. Verfahren des Verwaltungszwangs und 4. die Vollziehung eines Arrestes oder einstweiligen Verfügung, soweit nachfolgend keine besonderen Gebühren bestimmt sind. Er gilt auch für Verfahren auf Eintragung einer Zwangshypothek (§§ 867 und 870a ZPO).	

Nach Art. 13 des Entwurfs eines Gesetzes zur Durchführung der Verordnung (EU) Nr. 655/2014 sowie zur Änderung sonstiger zivilprozessualer Vorschriften (EuKoPfVODG – BT-Drucks. 17/7560) soll Vorbem. 3.3.3 VV zum 18.1.2017 durch Einfügung eines neuen Abs. 2 wie folgt geändert werden:

„(2) Im Verfahren nach der Verordnung (EU) Nr. 655/2014 werden Gebühren nach diesem Unterabschnitt nur im Fall des Artikels 5 Buchstabe b der Verordnung (EU) Nr. 655/2014 erhoben. In den Fällen des Artikels 5 Buchstabe a der Verordnung (EU) Nr. 655/2014 bestimmen sich die Gebühren nach den für Arrestverfahren geltenden Vorschriften."

Nach Art. 5 EuKoPfVO steht dem Gläubiger ein Europäischer Beschluss zur vorläufigen Kontenpfändung zur Verfügung: Zum einen bevor er in einem Mitgliedstaat ein Verfahren gegen den Schuldner in der Hauptsache einleitet oder während eines solchen Verfahrens, bis die gerichtliche Entscheidung erlassen oder ein gerichtlicher Vergleich gebilligt oder geschlossen wird, und zum anderen nachdem er in einem Mitgliedstaat eine gerichtliche Entscheidung, einen gerichtlichen Vergleich oder eine öffentliche Urkunde erwirkt hat. Im erstgenannten Fall (Art. 5 Buchst. a EuKoPfVO) ist das Verfahren vergleichbar mit dem Arrestverfahren nach der ZPO und dessen Vollziehung. In beiden Verfahren hat das Gericht eine Prüfung des dem Antrag zugrunde liegenden Zahlungsanspruchs vorzunehmen. In dem zweiten Fall (Art. 5 Buchst. b EuKoPfVO) wird der Gläubiger in aller Regel einen zumindest vorläufig vollstreckbaren Titel haben, weil es sich um eine deutsche Entscheidung oder einen in der Bundesrepublik Deutschland geschlossenen Vergleich handelt. In diesem Fall entfällt die Anspruchsprüfung und die Wirkung des Europäischen Beschlusses zur vorläufigen Kontenpfändung beschränkt sich auf die mit der Sicherungsvollstreckung nach § 720a ZPO vergleichbare vollstreckungsrechtliche Komponente. Das Verfahren zur Erwirkung eines Europäischen Beschlusses zur vorläufigen Kontenpfändung soll daher im Kostenrecht weitgehend dem Arrestverfahren bzw. der Forderungspfändung gleichgestellt werden. Für Verfahren in den Fällen des Art. 5 Buchst. b EuKoPfVO sollen

---

45 OLG München MDR 1997, 891 (LS 1) m.w.N. = OLGR München 1997, 132; LG Berlin NJW 1972, 2312; OLG Oldenburg MDR 1999, 384; allerdings kann dies an der 4-Raten-Grenze nach § 115 Abs. 4 ZPO scheitern; LG Stuttgart, Beschl. v. 3.9.2004 – 10 T 340/04, AGS 2005, 125 f. = Rpfleger 2005, 32 f.;

LAG Niedersachsen, Beschl. v. 4.6.2004 – 10 Ta 241/04, LAGE § 114 ZPO 2002 Nr. 2; a.A. *Baumbach u.a.*, ZPO, § 119 Rn 40.
46 LG Bonn, 22.9.2005 – 6 T 288105 (n.v.).
47 LG Stuttgart AGS 2005, 125 f.

deshalb die geringeren Gebühren für die Zwangsvollstreckung (VV 3309, 3310) entstehen, während in den Fällen des Art. 5 Buchst. a EuKoPfVO Gebühren wie in einem Arrestverfahren (VV 3100 ff.) vorgeschlagen werden.

Literatur: Siehe bei VV 3309.

A. Allgemeines 1
   I. Regelungsgehalt 1
      1. Zwangsvollstreckung 1
      2. Vollstreckung 3
      3. Verwaltungszwangsverfahren 4
      4. Arrest und Einstweilige Verfügung 5
  II. Gegenstandswert 6
  III. Angelegenheit 7
  IV. Begrifflichkeiten 8
B. Anwendungsbereich 9
   I. Zwangsvollstreckung, Vollstreckung und Vollziehung 9
  II. Keine Anwendbarkeit 11
  III. Abgrenzung zum Erkenntnisverfahren/ Vertretene Personen 12

A. Allgemeines

I. Regelungsgehalt

1. Zwangsvollstreckung

1 VV Teil 3 Abschnitt 3 Unterabschnitt 3 (VV 3309, 3310) betrifft die Gebühren für den Bereich der **Einzelzwangsvollstreckung nach VV 3309 und 3310**. Die in Unterabschnitt 4 und 5 besonders geregelten Verfahren (Zwangsversteigerung und Zwangsverwaltung – Unterabschnitt 4; Insolvenzverfahren und schifffahrtsrechtliches Verteilungsverfahren – Unterabschnitt 5) sind hiervon ausgenommen.

2 Einbezogen ist ferner das **Verteilungsverfahren** gemäß §§ 858 Abs. 5, 872 bis 877, 882 ZPO. Aufgrund VV Vorb. 3.3.3 ist klargestellt, dass der Unterabschnitt 3 auch für die Eintragung einer **Zwangshypothek** (§§ 867, 870a ZPO) gilt. Dieser Bereich gehört zum normalen Vollstreckungsverfahren und nicht zum Bereich Zwangsversteigerung/Zwangsverwaltung.

2. Vollstreckung

3 Mit **Vollstreckungen** ist die Vollstreckung nach dem **FamFG** gemeint, in der statt des Begriffs der Zwangsvollstreckung der der Vollstreckung verwandt wird.

3. Verwaltungszwangsverfahren

4 Unterabschnitt 3 gilt ferner auch für die gerichtlichen Verfahren über einen Akt der Zwangsvollstreckung (des **Verwaltungszwangs/Verwaltungszwangsverfahren**). Über VV Vorbem. 2.3 Abs. 1 ist Unterabschnitt 3 auch für **außergerichtliche Tätigkeiten** im Rahmen des Verwaltungszwangs anwendbar.

4. Arrest und Einstweilige Verfügung

5 Er umfasst auch den Bereich der Vollziehung eines **Arrests** oder einer **einstweiligen Verfügung, aber auch** generell die Vollstreckung aus Entscheidungen zum einstweiligen Rechtsschutz. Letzteres ergibt sich sowohl aus der allgemein gehaltenen Überschrift des Unterabschnitts 3 als auch aus der Gesetzesbegründung.

II. Gegenstandswert

6 Die Regelungen zum **Gegenstandswert** finden sich für die in VV Vorb. 3.3.3 genannten Bereiche in § 25. Das ergibt sich ausdrücklich aus der durch das 2. KostRMoG neu gefassten Überschrift von

§ 25. Auf die Erl. zu § 25 wird verwiesen. Kurze Erläuterungen zum Gegenstandswert finden sich aber auch bei § 18 und in VV 3309 Rdn 9 ff.

III. Angelegenheit

Welche **Angelegenheiten** der Zwangsvollstreckung dieselbe, verschiedene oder besondere Angelegenheiten darstellen, ergibt sich insbesondere aus den §§ 18 Abs. 1 Nr. 1, 2, 4–21, Abs. 2 und 19. Wegen der Einzelheiten wird auf die Erläuterungen zu diesen Vorschriften verwiesen. Kurze Erläuterungen zur Angelegenheit sind aber auch in VV 3309 Rdn 8 ff. zu finden. 7

IV. Begrifflichkeiten

Soweit nachfolgend und in VV 3309, 3310 von der Vollstreckung die Rede ist, sind damit grds. alle der in VV Vorb. 3.3.3 aufgeführten Verfahren erfasst. 8

B. Anwendungsbereich

I. Zwangsvollstreckung, Vollstreckung und Vollziehung

Unterabschnitt 3 erfasst grundsätzlich sämtliche **Gebühren für den Bereich der Einzelzwangsvollstreckung** einschließlich der Vollziehung von Entscheidungen des einstweiligen Rechtsschutzes, also 9
- Vollziehung von Arrest und einstweiliger Verfügung (§§ 928 ff. ZPO);
- das Verteilungsverfahren gemäß §§ 858 Abs. 5, 872 bis 877, 882 ZPO;
- Eintragung einer Zwangshypothek (§§ 867, 870a ZPO);
- Vollstreckungsschutzverfahren nach § 765a ZPO;
- die übrige im Achten Buch der ZPO geregelte Einzelzwangsvollstreckung, soweit sie nicht in Unterabschnitt 4 und 5 gesondert geregelt ist;
- Vollstreckung nach dem FamFG (§§ 86 ff. FamFG);
- die gerichtlichen Verfahren über einen Akt der Zwangsvollstreckung (des Verwaltungszwangs; §§ 6 ff. VwVG);
- das Verwaltungsvollstreckungsverfahren (§§ 167 ff. VwGO; §§ 198 ff. SGG; §§ 150 ff. FGO);
- das Schifffahrtsrechtliche Verteilungsverfahren, soweit nicht Unterabschnitt 5 Anwendung findet, vgl. VV Vorb. 3.3.5 Abs. 1;
- Entscheidungen, die über einen aus der Straftat erwachsenen vermögensrechtlichen Anspruch oder die Erstattung von Kosten ergangen sind (§§ 406b, 464b StPO), und im Beschwerdeverfahren gegen eine dieser Entscheidungen (vgl. VV Vorb. 4. Abs. 5 Nr. 2);
- Entscheidungen, die über die Erstattung von Kosten in Bußgeldsachen ergangen sind (vgl. VV Vorb. 5 Abs. 4 Nr. 2).

VV 3309, 3310 gelten für alle von **Teil 3 VV erfassten Verfahren**. Erfasst sind daher Vollstreckungen im Bereich der ordentlichen Gerichtsbarkeit (Zivilsachen, § 13 GVG: Bürgerliche Rechtsstreitigkeiten, Familiensachen – § 112 FamFG, freiwillige Gerichtsbarkeit), der Arbeits-, Verwaltungs-, Sozial- und Finanzgerichtsbarkeit und Verfahren nach dem Strafvollzugsgesetz, auch in Verbindung mit § 92 JGG, und ähnliche Verfahren. 10

II. Keine Anwendbarkeit

Keine Anwendung findet Unterabschnitt 3 hingegen für die 11
- in Unterabschnitt 4 (VV 3311 bis 3312) geregelten Verfahren der Zwangsversteigerung und Zwangsverwaltung;
- in Unterabschnitt 5 (VV 3313 bis 3323) geregelten Verfahren der Insolvenzordnung, vor dem 1.1.1999 beantragte Verfahren nach der Konkurs-, Vergleichs- und Gesamtvollstreckungsord-

nung[1] sowie in schifffahrtsrechtlichen Verteilungsverfahren, soweit dies dort ausdrücklich angeordnet ist, vgl. VV Vorb. 3.3.5 Abs. 1;
- Vollstreckungserinnerung gemäß § 766 ZPO; hierfür gilt VV 3500 (siehe aber § 19 Rdn 194 ff. und VV 3309 Rdn 108);
- auf die im Achten Buch der ZPO geregelten Klageverfahren gemäß §§ 722, 731, 767, 768, 771, 774, 785, 786, 805, 878 ZPO; insoweit finden VV 3100 ff. direkte Anwendung.

III. Abgrenzung zum Erkenntnisverfahren/Vertretene Personen

12 Unterabschnitt 3 findet unabhängig davon Anwendung,
- ob der Anwalt bereits im Erkenntnisverfahren für den Mandanten tätig geworden ist – soweit nicht bestimmte Tätigkeiten noch zum Rechtszug (vgl. § 18 Rdn 29 ff. und § 19 Rdn 185 f.) gehören; zu **vorbereitenden Maßnahmen** vgl. VV 3309 Rdn 70 ff.,
- ob er mit der Durchführung der **gesamten Zwangsvollstreckung** oder nur mit einer **einzelnen Vollstreckungsangelegenheit** beauftragt wird[2] und
- ob der Mandant **Gläubiger** oder **Schuldner** in dem Verfahren ist. Bei Tätigkeit für einen Dritten gelten VV 3309 ff. grds. nicht (vgl. VV 3309 Rdn 119 ff.).

Nr.	Gebührentatbestand	Gebühr oder Satz der Gebühr nach § 13 RVG
3309	Verfahrensgebühr	0,3

Literatur: *Enders*, Die 2. Zwangsvollstreckungsnovelle und ihre Auswirkungen auf das Gebührenrecht – Teil I, JurBüro 1999, 57; *ders.*, Vollstreckbare Ausfertigung für den Rechtsnachfolger des Gläubigers – Anwaltsgebühren, JurBüro 2000, 225; *ders.*, Gesonderte Gebühren für Festsetzung der Vollstreckungskosten?, JurBüro 2003, 449; *Enders*, Die Auswirkungen der Reform der Sachaufklärung auf die Anwaltsvergütung in der Zwangsvollstreckung, JurBüro 2012, 633; *ders.*, Anwaltsvergütung in der Zwangsvollstreckung – Rund um die Vermögensauskunft, JurBüro 2013, 1; *ders.*, Anwaltsvergütung für die Vertretung im Verfahren über eine Räumungsfrist, JurBüro 2015, 337; *ders.*, Treuhandauftrag zur Löschung einer Zwangshypothek, JurBüro 2015, 281; *ders.*, Zu der Vollstreckungsauftrag zur Einholung Auskünfte Dritter über das Vermögen des Schuldners (§ 802l ZPO) eine gesonderte gebührenrechtliche Angelegenheit?, JurBüro 2015, 617; *Gundlach/Frenzel/Schmidt*, Zwangsvollstreckung gegen die öffentliche Hand, InVo 2001, 227 f.; *Hutschenreuther-v. Emden*, Anwaltliche Tätigkeit im Ausländerrecht: Volle Gebühren oder nur drei Zehntel gemäß § 114 VII 1 BRAGO?, NVwZ 1998, 714 f.; *Lorenz*, Zu den Kosten eines Ratenzahlungsvergleichs in der Zwangsvollstreckung, DGVZ 1997, 129; *Meyer*, Probleme bei den Zwangsvollstreckungskosten bei Auftrag mehrerer Gläubiger, JurBüro 2000, 576; *Mock*, Die gebührenrechtliche Betrachtung von Ratenzahlungsvereinbarungen bei der Zwangsvollstreckung nach dem RVG, AGS 2004, 469; *Mümmler*, Ansatz der Gebühr des § 120 Abs. 2 BRAGO bei Anschriftermittlung des Schuldners, JurBüro 1992, 77; *Rüfner*, BRAGO-Gebühren für die Zwangsvollstreckung im Ausland, JurBüro 1999, 453; *Schneider*, Erhöhung des Mindestbetrags bei mehreren Auftraggebern? NJW-Spezial 2010, 731; *ders.*, Die Einigungsgebühr in der Zwangsvollstreckung, AGS 2010, 417; *Seip*, Die Vergleichsgebühr im Zwangsvollstreckungsverfahren, DGVZ 2006, 105; *Volpert*, Zwangsvollstreckungsverfahren – Die Vergütung in der Zwangsvollstreckung (Teil 1), RVGreport 2004, 450; *Volpert*, Zwangsvollstreckungsverfahren – Die Vergütung in der Zwangsvollstreckung (Teil 2), RVGreport 2005, 127; *ders.*, Zwangsvollstreckungsverfahren – Vergütung im Erinnerungs- und Beschwerdeverfahren (Teil 4), RVGreport 2005, 170; *ders.*, Geschäfts- und Einigungsgebühr für den Abschluss einer Ratenzahlungsvereinbarung, RVGprofessionell 2012, 46; *ders.*, Die Reform der Sachaufklärung in der Zwangsvollstreckung – Teil I Die Anwaltsvergütung bei Aufenthaltsermittlung und gütlicher Erledigung, RVGreport 2013, 375; *ders.*, Gesetz zur Reform der Sachaufklärung in der Zwangsvollstreckung – Kostenrechtliche Auswirkungen, RVGreport 2012, 442; *Weinert*, Neujustierung der Kostenerstattung in der Zwangsvollstreckung, Rpfleger 2005, 1.

A. Allgemeines	1	1. Einleitung	8
I. Anwendungsbereich	1	2. Zwangsvollstreckung nach der ZPO	9
II. Gegenstandswert	2	a) Allgemeines	9
III. Angelegenheit	3	b) Begriff der Zwangsvollstreckung	11
IV. Unbedingter Vollstreckungsauftrag	5	aa) Unterscheidung zwischen Prozess- und Gebührenrecht	11
V. Unterscheidung zwischen Entstehung und Erstattung	6	bb) Vollstreckbarerklärung	12
B. Regelungsgehalt	8	cc) Prüfung vor Anwendung von VV 3309 f.	13
I. Tätigkeit in der Zwangsvollstreckung	8		

---

1 Für diese gilt die BRAGO in der vor dem 1.1.1999 gültigen Fassung weiterhin, vgl. Art. 103, 104 EGInsO.

2 Gerold/Schmidt/*Müller-Rabe*, RVG, VV 3309 Rn 33.

3. Begriff der Tätigkeit in der Zwangsvollstreckung ... 14
   a) Prozess- und Gebührenrecht ... 14
   b) Vorgerichtliche Tätigkeit vor Erhebung einer Vollstreckungsabwehrklage ... 16
   c) Vollstreckungsauftrag und Informationsaufnahme ... 19
II. Keine Tätigkeit in der Zwangsvollstreckung ... 20
   1. Tätigkeit gegenüber Drittschuldnern ... 20
   2. Eintragungsantrag beim Grundbuchamt ... 22
      a) Hauptsacheentscheidung ... 22
      b) Einstweilige Verfügung ... 25
   3. Eintragungsantrag beim Handelsregister/Antrag auf Löschung einer Marke ... 26
   4. Beschaffung von Urkunden ... 28
   5. Tätigkeit im Insolvenzverfahren ... 29
   6. Vorgerichtliche Tätigkeit vor Erhebung einer Vollstreckungsgegenklage ... 30
III. Tätigkeit bei der Vollziehung von Arrest und einstweiliger Verfügung ... 31
   1. Begriffsbestimmung ... 31
   2. Gegenstandswert ... 32
   3. Gebührenrechtliche Angelegenheit ... 33
   4. Gleichzeitiger Arrest- und Pfändungsantrag ... 34
   5. Zustellung des Arrestes/der einstweiligen Verfügung ... 36
      a) Grundsatz ... 36
      b) Unterlassungsurteil: Zustellung der einstweiligen Verfügung ... 37
      c) Beschluss: Zustellung der auf Unterlassung gerichteten einstweiligen Verfügung ... 42
      d) Zustellung der ein Gebot oder Verbot enthaltenen einstweiligen Verfügung ... 43
      e) Tätigkeit ist auf Zustellung beschränkt ... 44
   6. Grundbucheintragung ... 45
      a) Eintragung einer Vormerkung/eines Widerspruchs ... 45
      b) Löschung einer Vormerkung/eines Widerspruchs ... 47
   7. Eintragung in andere öffentliche Register ... 48
   8. Aufhebung des Arrestes/der einstweiligen Verfügung ... 49
   9. Vollziehung und Vollstreckung in der Hauptsache ... 51
IV. Vollstreckung nach dem FamFG ... 52
   1. Vollstreckung von Zwangsmitteln gemäß § 35 FamFG ... 52
      a) Gebühr ... 52
      b) Angelegenheit ... 53
   2. Vollstreckung von Endentscheidungen und verfahrensabschließenden Entscheidungen (§§ 81 ff. FamFG) ... 54
      a) Gebühr ... 54
      b) Angelegenheit ... 55
   3. Vollziehung von Arrest ... 56
   4. Gegenstandswert ... 57
   5. Vermittlungsverfahren § 165 FamFG) ... 58
V. Verwaltungsvollstreckung/Verwaltungszwangsverfahren/Gerichtliche Verfahren des Verwaltungszwangs ... 59
   1. Hauptsacheverfahren ... 59
   2. Verwaltungszwang/Verwaltungsvollstreckung ... 60
      a) Angelegenheit ... 60
      b) Gegenstandswert ... 61
   3. Gebühren ... 62
      a) Verwaltungsvollstreckung/Verwaltungszwang ... 62
      b) Anfechtung einer Maßnahme ... 66
      c) Außergerichtliche und gerichtliche Tätigkeit ... 67
   4. Abschiebung ... 69
VI. Beginn der Tätigkeit in der Zwangsvollstreckung ... 70
   1. Zahlungsaufforderung ohne Vollstreckungsandrohung ... 71
      a) Mit Vollstreckungsauftrag ... 71
         aa) Gebühr und Gegenstandswert ... 71
         bb) Angelegenheit ... 73
      b) Vertretungsauftrag (kein Vollstreckungsauftrag) ... 74
         aa) Gebühr ... 74
         bb) Gegenstandswert ... 75
         cc) Anrechnung ... 76
      c) Erstattung ... 79
   2. Zahlungsaufforderung mit Vollstreckungsandrohung ... 81
      a) Vollstreckungsauftrag und Gebühr ... 81
      b) Angelegenheit und Gegenstandswert ... 82
      c) Kein Wegfall der Verfahrensgebühr nach Zahlung ... 84
      d) Erstattung ... 85
         aa) Grundsätze ... 85
         bb) Vollstreckungsvoraussetzungen ... 86
         cc) Sicherheitsleistung ... 89
         dd) Verwaltungsvollstreckung ... 90
         ee) Zeitpunkt der Aufforderung ... 92
         ff) Gesetzliche Wartefristen ... 95
   3. Anzeige der Vollstreckung gegen juristische Person des öffentlichen Rechts ... 96
      a) Gebühr ... 96
      b) Angelegenheit ... 98
      c) Erstattung ... 99
   4. Sicherungsvollstreckung gemäß § 720a ZPO ... 100
      a) Gebühr ... 100
      b) Gegenstandswert ... 101
      c) Erstattung ... 102
   5. In §§ 18 und 19 genannte Tätigkeiten ... 103
   6. Im RVG nicht ausdrücklich genannte Tätigkeiten ... 106
   7. Erinnerung gemäß § 766 ZPO ... 108
   8. Ermittlung des Aufenthaltsorts des Schuldners ... 109
      a) Ermittlung durch den Rechtsanwalt ... 109
      b) Ermittlung durch den Gerichtsvollzieher (§ 755 ZPO) ... 110
   9. Einsicht in das Schuldnerverzeichnis (§ 882f ZPO) ... 111
   10. Sicherheitsleistung ... 112
      a) Erbringung der Sicherheitsleistung ... 113
      b) Beschaffung der Sicherheitsleistung ... 115
      c) Nur Vollstreckungsauftrag ... 117
      d) Nur Zustellung der Hinterlegungs- oder Bürgschaftsurkunde ... 118

VII. Tätigkeit für Dritte 119
1. Begriffsbestimmung 119
2. Gebühren nach VV Teil 2 oder 3 121
   a) Prüfung der Vollstreckung/Abgabe der Drittschuldnererklärung 122
   b) Vollstreckungserinnerung des Dritten gemäß § 766 ZPO 124
   c) Beschwerde des Dritten gemäß § 793 ZPO 125
   d) Auf Einlegung der Erinnerung beschränkter Auftrag 128
   e) Klageverfahren in der Vollstreckung 129

VIII. Verfahrensgebühr 130
1. Tätigkeit in der Vollstreckung 130
2. Umfang der Tätigkeit 132
3. Gebührenhöhe 134
4. Abgrenzung zum Erkenntnisverfahren 136
5. Pauschgebühr 138
   a) Gebührenrechtliche Angelegenheit 138
   b) Keine besondere Gebühr für Einzeltätigkeit 139
6. Vorzeitige Auftragsbeendigung/Kenntnis von Zahlung 140
7. Vollstreckung im Ausland/Verkehrsanwalt 141
8. Europäische Titel 142
9. Europäische Kontenpfändung 143
10. Mehrere Auftraggeber in der Zwangsvollstreckung 144
    a) Erhöhung der Verfahrensgebühr ... 144
    b) Bedeutung von § 7 145
    c) WEG-Gemeinschaft 146
    d) Berechnung der Erhöhung 148
    e) Gegenstandsidentität 149
    f) Mehrere Gläubiger im Verteilungsverfahren 152
    g) Mindestgebühr und Gebührenerhöhung VV 1008 153

IX. Weitere Gebühren 155
1. Terminsgebühr 155
2. Einigungsgebühr, VV 1000 156
   a) Überblick über die Problematik 156
   b) Streit/Ungewissheit 160
      aa) Vorläufig vollstreckbarer Titel 161
      bb) Rechtskräftiger Titel 162
      cc) Keine Beschränkung auf Anerkenntnis/Verzicht 164
   c) Beseitigung des Streits oder der Ungewissheit 165
      aa) Streit oder Ungewissheit wird beseitigt 166
      bb) Streit oder Ungewissheit wird nicht beseitigt 168
   d) Nicht lediglich Anerkenntnis oder Verzicht 169
   e) Mitwirkung 171
   f) Höhe der Gebühr 173
      aa) Gerichtliches Verfahren 173
      bb) Beschwerdeverfahren 174
      cc) Verfahren vor dem Gerichtsvollzieher 176
      dd) Gegenstandswert 181
   g) Erstattungsfähigkeit 184
   h) Gütliche Erledigung (§ 802b ZPO) . 185
      aa) Verfahrensrecht 185
      bb) Einigungsvertrag/Mitwirkung . . 186
      cc) Mögliche anwaltliche Mitwirkung 189
3. Erledigungsgebühr, VV 1002, 1003 ... 191
4. Hebegebühr, VV 1009 192

C. Einzelfälle (Vollstreckungs-ABC der Zwangsvollstreckung) 194
I. Einstellung der Zwangsvollstreckung . 194
II. Festsetzung der Vollstreckungskosten ... 195
III. Verteilungsverfahren gemäß §§ 858 Abs. 5, 872 bis 877, 882 ZPO 196
1. Gegenstandswert/Angelegenheit 196
2. Gebühren 198
3. Anlass für ein Verteilungsverfahren ... 200
4. Verfahren beim Amtsgericht 202
5. Widerspruchs- und Bereicherungsklage 204
6. Verteilungsverfahren für mehrere Gläubiger 206
7. Verteilungsverfahren bei Zwangsversteigerung/Zwangsverwaltung/Insolvenz .. 207

IV. Vollstreckungs-ABC der Zwangsvollstreckung 208

D. Kostenerstattung 210
I. Notwendige Kosten, § 788 ZPO 210
1. Maßgeblicher Zeitpunkt für Beurteilung der Notwendigkeit 210
2. Vollziehung von Arrest oder einstweiliger Verfügung 213
3. Kosten der Vorbereitung der Zwangsvollstreckung 214
4. Nicht notwendige Kosten 215

II. Einzelfälle 216
1. Erneute Vollstreckung 217
2. Zahlungsaufforderung mit und ohne Vollstreckungsandrohung 218
3. Beauftragung eines Anwalts 219
   a) Geltung von § 91 Abs. 2 ZPO 219
   b) Anwaltswechsel 221
4. Einigungsgebühr 224
   a) Gehört die Einigungsgebühr zu den Vollstreckungskosten? 225
      aa) Vermeidung der Zwangsvollstreckung 225
      bb) Prozessökonomie 228
      cc) Zeitpunkt der Einigung 230
   b) Notwendigkeit 231
   c) Beauftragung eines Rechtsanwalts . 234
   d) Kostenübernahme durch Schuldner 239
      aa) Ausdrückliche Übernahmeerklärung 239
      bb) Formulierung 243
   e) Einigungsgebühr bei gütlicher Erledigung (§ 802b ZPO) 245
5. Vorpfändung 246
   a) Grundsätze 246
   b) Monatsfrist des § 845 Abs. 2 ZPO .. 248
6. Mehrere Vollstreckungsaufträge 249
   a) Mehrere gleichzeitige Vollstreckungsaufträge 249
   b) Getrennte Beantragung mehrerer Vollstreckungsmaßnahmen 250
7. Drittschuldnerprozess 251
8. Weitere vollstreckbare Ausfertigung ... 253
9. Hebegebühr in der Zwangsvollstreckung 255
10. Sicherungsvollstreckung 258
11. Patentanwalt 259

III. Verfahren 262
1. Prüfung 262

2. Festsetzung 263	f) Festsetzung gegen den eigenen Mandanten (§ 11) 271
a) Sinn und Zweck 263	4. Zinsen 273
b) Verfahren 264	E. Prozesskostenhilfe 275
c) Festsetzung nach Teilaufhebung eines Titels 265	I. PKH für Hauptsache 275
3. Zuständigkeit 266	II. Ausdrückliche Beiordnung 276
a) Vollstreckungsgericht 266	III. Vollziehung 277
b) Prozessgericht als Vollstreckungsgericht 267	IV. Erforderlichkeit der Beiordnung 278
c) Einstweilige Verfügung 268	1. Grundsätze 278
d) Zahlungsaufforderung mit Vollstreckungsandrohung 269	2. Sachpfändung/Vermögensauskunft 280
	3. Weitere Einzelfälle 281
e) Vollstreckung durch den Gerichtsvollzieher 270	4. Schwierigkeit der Materie 282

A. Allgemeines

I. Anwendungsbereich

Auf die Kommentierung zu VV Vorb. 3.3.3 wird insoweit verwiesen. Soweit nachfolgend von der Vollstreckung die Rede ist, sind damit grds. alle in VV Vorb. 3.3.3 aufgeführten Verfahren erfasst. **1**

II. Gegenstandswert

Die Regelungen zum **Gegenstandswert** finden sich für die in VV Vorb. 3.3.3 genannten Bereiche in § 25. Das ergibt sich ausdrücklich aus der durch das 2. KostRMoG neu gefassten Überschrift von § 25. Auf die Erl. zu § 25 wird verwiesen. Erl. zum Gegenstandswert finden sich aber auch in Rdn 31 ff. **2**

III. Angelegenheit

Auch in der Vollstreckung ist § 15 Abs. 2 zu beachten. Der Rechtsanwalt kann die Gebühren in derselben vollstreckungsrechtlichen Angelegenheit nur einmal fordern. Bei der Prüfung der vollstreckungsrechtlichen Angelegenheit sind dabei stets zwei Fragen zu beantworten: **3**
– Ist die vom Rechtsanwalt auftragsgemäß vorgenommene Tätigkeit im Verhältnis zum vorhergegangenen Hauptsache- bzw. Erkenntnisverfahren eine besondere/verschiedene Angelegenheit oder gehört die Tätigkeit noch zum Hauptsache- bzw. Erkenntnisverfahren und ist mit den dort verdienten Gebühren (VV 3100 ff.) abgegolten?
– Bildet die vom Rechtsanwalt wahrgenommene Tätigkeit im Verhältnis zu vorherigen Tätigkeiten in der Vollstreckung eine besondere/verschiedene Angelegenheit oder gehört die Tätigkeit noch zu einer vorangegangenen Vollstreckungsmaßnahme und ist mit den dort verdienten Gebühren (VV 3309 f.) abgegolten?

Welche **Angelegenheiten** der Zwangsvollstreckung dieselbe, verschiedene oder besondere Angelegenheiten darstellen, ergibt sich aus den §§ 16 bis 19. Wegen der Einzelheiten wird auf die Erl. zu den jeweiligen Vorschriften verwiesen. Erl. zur Angelegenheit sind aber auch in Rdn 31 ff. zu finden. **4**

IV. Unbedingter Vollstreckungsauftrag

Grundlegende Voraussetzung für die Anwendung von VV 3309, 3310 ist, dass dem Rechtsanwalt ein **unbedingter Auftrag** für die Tätigkeit in der Vollstreckung erteilt worden ist, VV Vorb. 3 Abs. 1.[1] Der für das Hauptsacheverfahren erteilte Auftrag reicht nicht aus. Denkbar ist auch, dass der Rechtsanwalt keinen Vollstreckungsauftrag, sondern einen allgemeinen Vertretungsauftrag erhält, der zum Anfall der in VV Teil 2 geregelten Geschäftsgebühr führt (vgl. Rdn 19). **5**

---

1 Gerold/Schmidt/*Müller-Rabe*, RVG, VV 3309 Rn 33.

V. Unterscheidung zwischen Entstehung und Erstattung

6 In der Vollstreckung ist streng zwischen der Entstehung der Gebühren (VV 3309, 3310, 1000, 1003) und deren Erstattung zu unterscheiden. Eine Gebühr kann entstanden, vom Schuldner mangels Notwendigkeit aber nicht zu erstatten sein (§§ 788, 91 ZPO).[2] Zur Erstattungsfähigkeiten wird auf die Erl. zu Rdn 210 ff. verwiesen.

7 Der Gläubiger wird einen Vollstreckungsauftrag regelmäßig unter dem Vorbehalt erteilen, dass Kosten auslösende Maßnahmen vom Rechtsanwalt nach außen nur dann vorgenommen werden sollen, wenn der Schuldner diese Kosten anschließend auch zu erstatten hat.[3] Hierbei ist aber zu berücksichtigen, dass bereits die erste Tätigkeit nach Erteilung des Vollstreckungsauftrags die Verfahrensgebühr VV 3309 auslöst. Denn der Rechtsanwalt verdient diese nach VV Vorb. 3 Abs. 2 für das Betreiben des Geschäfts einschließlich der Information. Eine nach außen gerichtete Tätigkeit ist für die Entstehung also nicht erforderlich (vgl. auch Rdn 130 f.).[4]

B. Regelungsgehalt

I. Tätigkeit in der Zwangsvollstreckung

1. Einleitung

8 Verfahrens- wie Terminsgebühr (VV 3309, 3310) fallen nur für eine **anwaltliche Tätigkeit in der Zwangsvollstreckung** an. Da der Unterabschnitt 3 für nahezu alle Bereiche der Zwangsvollstreckung gilt (vgl. VV Vorb. 3.3.3 Rdn 4 und 5), soll dieses Tatbestandsmerkmal aus Gründen der Übersichtlichkeit nachfolgend in einzelnen Komplexen erläutert werden.

2. Zwangsvollstreckung nach der ZPO

a) Allgemeines

9 Die Zwangsvollstreckung ist im Achten Buch der ZPO geregelt. Zwar ist der Unterabschnitt 3 nicht auf die Vollstreckung von Titeln der ZPO beschränkt, sondern findet auch auf andere Vollstreckungstitel Anwendung. Dafür ist aber insoweit erforderlich, dass sich die **Vollstreckung** derartiger Titel **nach** den Bestimmungen **der ZPO** richtet. Solche Regelungen finden sich z.B. in § 62 ArbGG; §§ 95, 120 FamFG; § 151 FGO; § 109 Abs. 2 GenG; §§ 201 Abs. 2, 257 InsO; §§ 89, 90 Abs. 2 S. 2 GNotKG; §§ 198 ff. SGG; §§ 111c Abs. 3, 111d Abs. 2, 124, 406b, 463b, 464b S. 3 StPO; § 52 VAG; § 167 VwGO; §§ 93, 132, 162 ZVG.

10 Unterabschnitt 3 findet daher insbesondere Anwendung bei
- Vollstreckung wegen Geldforderungen (§§ 803 ff. ZPO);
- Vollstreckung von Titeln, die auf Herausgabe von Sachen lauten (§§ 883 bis 885 ZPO);
- Vollstreckung von Titeln zur Erwirkung von (un)vertretbaren Handlungen, Duldungen und Unterlassungen (§§ 887 bis 890 ZPO);
- den in § 18 Abs. 1 Nr. 4 bis 21 genannten Verfahren;
- Verfahren auf Festsetzung eines Zwangs- oder Ordnungsgeldes gemäß § 23 Abs. 3 BetrVG;[5]

Im Verfahren nach der VO (EU) Nr. 655/2014 im Fall des Art. 5 Buchst. b VO (EU) Nr. 655/2014, Abs. 2 VV Vorb. 3.3.3, vgl. die Vorbemerkung bei VV Vorb. 3.3.3 Abs. 2).

b) Begriff der Zwangsvollstreckung

11 aa) Unterscheidung zwischen Prozess- und Gebührenrecht. Unter dem Begriff der Zwangsvollstreckung versteht man grundsätzlich die in einem formalisierten Verfahren geregelte Durchsetzung von titulierten Ansprüchen durch staatliche Vollstreckungsorgane. Hinsichtlich der Anwendung des Unterabschnitts 3 ist allerdings zu beachten, dass der **prozessrechtliche Begriff** der Zwangsvollstre-

---

[2] Gerold/Schmidt/*Müller-Rabe*, RVG, VV 3309 Rn 34.
[3] Gerold/Schmidt/*Müller-Rabe*, RVG, VV 3309 Rn 34.
[4] Gerold/Schmidt/*Müller-Rabe*, RVG, VV 3309 Rn 34.
[5] LAG Berlin AnwBl 1989, 685.

ckung nicht stets mit dem **gebührenrechtlichen** identisch ist. Dies wirkt sich insbesondere in den Fällen aus, in denen der Anwalt den Mandanten nicht schon in dem dem Titel zugrunde liegenden Erkenntnisverfahren vertreten hat.

bb) Vollstreckbarerklärung. Die Tätigkeit in Verfahren auf **Vollstreckbarerklärung** von Entscheidungen, Schiedssprüchen oder Anwaltsvergleichen (z.B. §§ 796b, 1060, 1087 ZPO) dient erst der Schaffung eines Vollstreckungstitels, ist also mangels Vorliegens eines zur Zwangsvollstreckung geeigneten Titels noch keine Tätigkeit in der Zwangsvollstreckung. Im Vollstreckbarerklärungsverfahren richtet sich die Vergütung daher nach VV 3100 ff., nicht nach VV 3309.[6]

cc) Prüfung vor Anwendung von VV 3309 f. Die **Prüfung** der Frage, ob eine Vollstreckungsgebühr angefallen ist, hat somit in **doppelter Hinsicht** zu erfolgen: Zum einen muss es sich um eine auftragsgemäße Tätigkeit des Anwalts in der Zwangsvollstreckung im **gebührenrechtlichen Sinn** handeln, zum anderen darf diese Tätigkeit nicht durch eine andere Vorschrift geregelt werden, die die des Unterabschnitts 3 verdrängt. Hierauf ist in der Praxis stets zu achten.

> **Beispiel 1:** Anwalt A hat den Gläubiger bereits im Erkenntnisverfahren als Prozessbevollmächtigter vertreten. Er beantragt auftragsgemäß die Umschreibung der vollstreckbaren Ausfertigung des Titels auf den Rechtsnachfolger des verstorbenen Schuldners gemäß § 727 ZPO.
> Anwalt A erhält keine Vollstreckungsgebühr für seine Tätigkeit im Rahmen der Erteilung einer vollstreckbaren Ausfertigung. Zwar stellt das Verfahren auf erstmalige Erteilung der Vollstreckungsklausel eine Angelegenheit der Zwangsvollstreckung dar. Dies folgt aus § 19 Abs. 1 S. 1 und S. 2 Nr. 13 i.V.m. §§ 17 und 18, wonach die erstmalige **Erteilung der Vollstreckungsklausel** keine „verschiedene" oder „besondere" Angelegenheit der Zwangsvollstreckung ist. Daraus ergibt sich aber andererseits auch, dass das prozessrechtlich gesehen der Zwangsvollstreckung vorausgehende Klauselerteilungsverfahren gebührenrechtlich schon eine Angelegenheit der Zwangsvollstreckung darstellt, wenn auch keine „verschiedene" bzw. „besondere", sondern nur eine „normale" Angelegenheit.
> Hingegen bestimmt § 19 Abs. 1 S. 1 und S. 2 Nr. 13, dass das Verfahren auf erstmalige Erteilung der Vollstreckungsklausel zum Rechtszug gehört. Folge daraus ist, dass die Tätigkeit im Klauselerteilungsverfahren für den Anwalt, der den Gläubiger bereits im zugrunde liegenden Erkenntnisverfahren vertreten hat, mit den Gebühren der VV 3100 ff. abgegolten ist.[7] Da die Regelung des § 19 die des Unterabschnitts 3 verdrängt, erhält der Anwalt keine zusätzliche Vollstreckungsgebühr.

> **Beispiel 2:** Anwalt B, der den Gläubiger im Erkenntnisverfahren als Prozessbevollmächtigter vertreten hatte, hat seine Praxis aufgegeben. Der Gläubiger beauftragt nunmehr Anwalt X, die Umschreibung der vollstreckbaren Ausfertigung des Titels auf den Rechtsnachfolger des verstorbenen Schuldners gemäß § 727 ZPO zu beantragen.
> Anwalt X erhält eine Vollstreckungsgebühr nach VV 3309, weil er den Mandanten im Erkenntnisverfahren nicht vertreten hatte und damit auf ihn die Vorschrift des § 19 nicht zutrifft. Andererseits hat er die Verfahrensgebühr nach VV 3309 verdient, weil das Klauselerteilungsverfahren gebührenrechtlich zur Zwangsvollstreckung gehört (siehe Beispiel 1), auch wenn es prozessrechtlich gesehen der Zwangsvollstreckung vorausgeht.[8] Wird er anschließend auch mit der Durchführung der Zwangsvollstreckung beauftragt, liegt darin keine besondere Angelegenheit (vgl. § 19 Abs. 1 S. 1 und S. 2 Nr. 13 – kein Fall des § 18 Abs. 1 Nr. 5),[9] sodass insgesamt nur eine 0,3-Verfahrensgebühr gemäß VV 3309 anfällt.[10]

3. Begriff der Tätigkeit in der Zwangsvollstreckung

a) Prozess- und Gebührenrecht

Auch der Begriff des Beginns der Tätigkeit in der Zwangsvollstreckung ist gebührenrechtlich anders als der prozessrechtliche nach der ZPO. Dies leuchtet ein, weil der prozessrechtliche Beginn grundsätzlich erst in dem Tätigwerden eines Vollstreckungsorgans liegt. Wollte man diesen Zeitpunkt zugrunde legen, müsste der mit der Vollstreckung beauftragte Anwalt seine Tätigkeit zunächst in

---

6 OLG München AGS 2009, 574 = FamRZ 2009, 2112; LG Kassel AGkompakt 2010, 53.
7 Zum entspr. §§ 58 Abs. 2 Nr. 1, 37 Nr. 7 BRAGO: OLG Karlsruhe JurBüro 1990, 349; OLG München Rpfleger 1972, 264.
8 BGH Rpfleger 2008, 209 = NJW 2008, 918; *Hintzen/Wolf*, Zwangsvollstreckung, Zwangsversteigerung und Zwangsverwaltung, Handbuch, 2006, Rn 3.59.
9 OLG Hamm AGS 2001, 57 = JurBüro 2001, 29 zum entspr. § 58 Abs. 3 Nr. 2 BRAGO.
10 *Enders*, JurBüro 2001, 30 und JurBüro 2000, 227.

einem gebührenleeren Raum ausüben, was insbesondere dann misslich wäre, wenn der Schuldner zwar nach Antragstellung, aber vor Tätigwerden des angegangenen Vollstreckungsorgans leistet und damit die Vollstreckung überflüssig wird.

15 Alternativ bliebe nur die Anwendung von VV 2300, was aber zur Folge hätte, dass der Anwalt für Vorbereitungshandlungen eine höhere Gebühr erhielte als für die Tätigkeit in der Zwangsvollstreckung selbst. Daher gilt der sich aus §§ 18 und 19 ergebende Grundsatz des Einbezugs auch bloßer Vorbereitungshandlungen, soweit kein gerichtliches oder behördliches Vorverfahren stattfindet, auch für die Zwangsvollstreckung. Auch die Zwangsvollstreckung lediglich **vorbereitende Tätigkeiten** können somit die Gebühr nach VV 3309 auslösen, wenn der Rechtsanwalt diese mit einem Vollstreckungsauftrag durchführt.

b) Vorgerichtliche Tätigkeit vor Erhebung einer Vollstreckungsabwehrklage

16 Hingegen löst die **vorgerichtliche Tätigkeit** des Rechtsanwalts vor **Erhebung einer Vollstreckungsabwehrklage**, einer negativen Feststellungsklage, einer Nichtigkeits- oder Restitutionsklage (§§ 579, 580 ZPO) bzw. einer auf § 826 BGB gestützten Schadensersatzklage wegen Titelerschleichung oder sonstigen Urteilsmissbrauchs die Geschäftsgebühr für das Betreiben des Geschäfts nach VV 2300 aus, weil der beauftragte Rechtsanwalt die materielle Rechtslage sowie die Beweislage in vollem Umfang durchdringen muss und sich der Bearbeitungsaufwand daher nicht von demjenigen unterscheidet, den der Rechtsanwalt hätte aufbringen müssen, wenn er vor Einleitung eines streitigen Erkenntnisverfahrens mit der zunächst außergerichtlichen Bearbeitung des Falls betraut worden wäre.[11]

17 Das gilt allerdings nur dann, wenn der Rechtsanwalt einen entsprechenden **außergerichtlichen Vertretungsauftrag** erhalten hat. Wird sogleich ein **unbedingter Prozessauftrag** zur Erhebung der Vollstreckungsgegenklage erteilt, entsteht für die vorgerichtliche Tätigkeit die Verfahrensgebühr VV 3101.[12] Neben der Geschäftsgebühr VV 2300 kann keine Verfahrensgebühr nach VV 3309 in Ansatz gebracht werden.[13] Denn eine Tätigkeit hinsichtlich des Vollstreckungsverfahrensrechts ist nicht zu entfalten. Die vorgerichtliche Tätigkeit bezieht sich vielmehr auf das materielle Recht.[14]

18 Mit einer ähnlichen Begründung hat das OLG Celle[15] dem Anwalt, der sich **für den Schuldner** außergerichtlich gegen dessen Inanspruchnahme wendet, Gebühren nach VV 2300 statt nach VV 3309 zuerkannt.

c) Vollstreckungsauftrag und Informationsaufnahme

19 Der gebührenrechtliche Beginn der Zwangsvollstreckung kann vor dem verfahrensrechtlichen Beginn der Zwangsvollstreckung liegen. Der **Beginn** der Tätigkeit in der Zwangsvollstreckung liegt daher in der Regel in der nach Erteilung des Vollstreckungsmandats erfolgten **Prüfung**, ob die erforderlichen Vollstreckungsvoraussetzungen vorliegen bzw. insbesondere **in der Entgegennahme von** für die Vollstreckung notwendigen **Informationen**.[16] Es ist nicht erforderlich, dass die Vollstreckungsvoraussetzungen gemäß §§ 750 ff. ZPO bereits vorliegen oder nachgewiesen sind oder der Rechtsanwalt eine nach außen erkennbare Tätigkeit entfaltet hat.

---

11 BGH AGS 2011, 120 = AnwBl 2011, 402 = RVGreport 2011, 136 = NJW 2011, 1603 = JurBüro 2011, 301 = MDR 2011, 454.
12 *Hansens*, Anm. zu BGH RVGreport 2011, 136.
13 *Hansens*, Anm. zu BGH RVGreport 2011, 136; offengelassen BGH AGS 2011, 120 = AnwBl 2011, 402 = RVGreport 2011, 136 = NJW 2011, 1603 = JurBüro 2011, 301 = MDR 2011, 454.
14 *Hansens*, Anm. zu BGH RVGreport 2011, 136.
15 AGS 2009, 63 = OLGR Celle 2009, 366.
16 OLG Hamburg JurBüro 1975, 1346; Gerold/Schmidt/*Müller-Rabe*, RVG, VV 3309 Rn 33 ff.; Mayer/Kroiß/*Gierl*, RVG, VV 3309 Rn 14.

II. Keine Tätigkeit in der Zwangsvollstreckung

1. Tätigkeit gegenüber Drittschuldnern

Keine nach Unterabschnitt 3 zu vergütenden Tätigkeiten in der Zwangsvollstreckung stellen hingegen Tätigkeiten **gegenüber Drittschuldnern nach Überweisung der Forderung** dar (zu Tätigkeiten gegenüber Dritten vgl. Rdn 119 ff.). Für die bloße Aufforderung zur Zahlung bzw. Androhung der „Drittschuldnerklage" erwächst an sich eine Geschäftsgebühr nach VV 2300, wobei die bloße Anmahnung einer noch fehlenden Drittschuldnerauskunft für den bereits in der Zwangsvollstreckung tätigen Anwalt keine neue Gebühr auslöst.[17] Zu beachten ist jedoch, dass eine solche Tätigkeit nach der Rechtsprechung des BGH[18] überflüssig ist und die dadurch entstehenden Kosten vom Drittschuldner nicht erstattet werden müssen. Von daher darf der Rechtsanwalt derartig unnötige Kosten auch seinem Mandanten nicht in Rechnung stellen. 20

Ist dem Anwalt Auftrag zur Klage auf Erfüllung der überwiesenen Forderung oder Klage auf Schadensersatz gemäß § 840 Abs. 2 ZPO erteilt worden, gelten VV 3100 ff. direkt.[19] Kommt es danach nicht mehr zu einer Klageerhebung, weil der Drittschuldner zahlt, steht dem Anwalt gemäß VV 3101 eine 0,8-Verfahrensgebühr zu[20] (zur Tätigkeit für in das Zwangsvollstreckungsverfahren einbezogene Dritte siehe Rdn 119 f.). 21

2. Eintragungsantrag beim Grundbuchamt

a) Hauptsacheentscheidung

Ist der Schuldner durch rechtskräftiges Urteil (zu der anders zu beurteilenden Situation bei der Vollziehung einer einstweiligen Verfügung vgl. Rdn 39). zur Abgabe einer Willenserklärung verurteilt worden (§ 894 ZPO), aufgrund deren die Eintragung in ein Grundbuch erfolgen soll, gehört die Stellung des **Eintragungsantrags beim Grundbuchamt** nicht mehr zur Zwangsvollstreckung. Die Zwangsvollstreckung ist bereits mit der durch das Urteil (§ 894 S. 1 ZPO) bzw. bei Abhängigkeit der Willenserklärung von einer Gegenleistung mit der Erteilung der vollstreckbaren Ausfertigung gemäß §§ 726, 730 ZPO (§ 894 S. 2 ZPO) fingierten Abgabe der Willenserklärung beendet.[21] 22

Ist ein entsprechendes Urteil lediglich vorläufig vollstreckbar, gilt gemäß § 895 S. 1 ZPO eine Vormerkung oder ein Widerspruch als bewilligt. Auch der Antrag auf Eintragung einer solchen Vormerkung oder eines solchen Widerspruchs ist keine Maßnahme der Zwangsvollstreckung mehr.[22] 23

Es erwachsen Gebühren nach VV 2300 ff.[23] 24

b) Einstweilige Verfügung

Wird dagegen die Eintragung einer Vormerkung oder eines Widerspruchs aufgrund einer **einstweiligen Verfügung** beantragt, löst die Stellung des Eintragungsantrags beim Grundbuchamt nach h.M. 25

---

17 LG Hannover AGS 2003, 18; *Hartmann*, KostG, RVG VV 3309 Rn 17.
18 AGS 2007, 269: Das Schweigen des Drittschuldners auf den mit der Zustellung des Pfändungs- und Überweisungsbeschlusses geltend gemachten Auskunftsanspruch ist „beredt", d.h., der Gläubiger kann von der Beitreibbarkeit ausgehen. Ergibt sich im Drittschuldnerprozess etwas anderes, kann der Gläubiger gemäß § 263 ZPO auf die Schadensersatzklage wegen der bisher entstandenen Kosten übergehen. Ebenso BGH AGS 2010, 201 = NJW 2010, 1674.
19 Riedel/Sußbauer/*Schütz*, RVG, VV 3309, 3310 Rn 13; *Hartmann*, KostG, RVG VV 3309 Rn 17; Gerold/Schmidt/*Müller-Rabe*, RVG, VV 3309 Rn 226.
20 Zum entspr. § 32 BRAGO: OLG Köln JurBüro 1992, 267; LG Bonn JurBüro 2001, 26 m. Anm. *Enders*.
21 OLG Köln JurBüro 1987, 763; OLG Celle JurBüro 1969, 179; *Hintzen/Wolf*, Zwangsvollstreckung, Zwangsversteigerung und Zwangsverwaltung, Handbuch, 2006 Rn 7.218; Riedel/Sußbauer/*Schütz*, RVG, VV Teil 3 Abschnitt 3 Rn 10; Gerold/Schmidt/*Müller-Rabe*, RVG, VV 3309 Rn 27, 278.
22 OLG Frankfurt Rpfleger 1979, 222; *Hartmann*, KostG, RVG VV 3309 Rn 26; Riedel/Sußbauer/*Schütz*, RVG, VV Teil 3 Abschnitt 3 Rn 11; a.A. OLG Hamm AGS 2002, 243 = JurBüro 2002, 588.
23 Gerold/Schmidt/*Müller-Rabe*, RVG, VV 3309 Rn 278; a.A., Gebühr VV 3101 Nr. 3: Riedel/Sußbauer/*Schütz*, RVG, VV 3309, 3310 Rn 10; Mayer/Kroiß/*Gierl*, RVG, VV 3309, Rn 4.

die Verfahrensgebühr VV 3309 aus (vgl. dazu Rdn 39 ff.). Die Löschung der Vormerkung oder des Widerspruchs fällt dagegen nicht unter VV 3309 (siehe Rdn 47).

3. Eintragungsantrag beim Handelsregister/Antrag auf Löschung einer Marke

26 Ebenfalls nicht mehr zur Zwangsvollstreckung gehören der Antrag auf **Eintragung in das Handelsregister** gemäß § 16 HGB aufgrund eines Urteils des Prozessgerichts,[24] der Antrag auf **Löschung einer Marke**, wenn der Schuldner zur Einwilligung verurteilt worden ist,[25] sowie die Benachrichtigung des Grundbuchamtes von einem erteilten Erwerbsverbot.[26] Es fallen dafür Gebühren nach VV 2300 ff. an.

27 Nichts anderes gilt im Übrigen, wenn die Einwilligungserklärung nicht durch Urteil ausgesprochen wurde, sondern der Schuldner diese in einem **Vergleich** abgegeben hat[27] (zu der insoweit anderen Situation bei einer **einstweiligen Verfügung** vgl. Rdn 39).

4. Beschaffung von Urkunden

28 Schließlich gehört die Tätigkeit des Anwalts im Rahmen der **Besorgung von Urkunden**, deren der Gläubiger zum Zwecke der Zwangsvollstreckung bedarf (§ 792 ZPO, z.B. Erbschein[28]), ebenfalls nicht zur Zwangsvollstreckung im gebührenrechtlichen Sinn, obwohl die insoweit entstehenden Kosten solche der Zwangsvollstreckung sind und gemäß § 788 ZPO beigetrieben werden können. Die Tätigkeit ist nach VV 2300 ff., VV 3100 ff. (FamFG-Verfahren) oder VV 3403 zu vergüten.

5. Tätigkeit im Insolvenzverfahren

29 Durch die **Anmeldung** der Forderung im **Insolvenzverfahren** (§§ 28, 174 InsO) bzw. den **Antrag auf Berichtigung der Tabelle** durch Einreichung eines Urteils, durch das die angemeldete Forderung festgestellt wurde (§ 183 Abs. 2 InsO), entstehen keine Vollstreckungsgebühren nach VV 3309, 3310, weil es sich dabei um im Unterabschnitt 5 gesondert geregelte Tätigkeiten (VV 3317, 3320) handelt, für die VV 3309, 3310 keine Anwendung finden.[29]

6. Vorgerichtliche Tätigkeit vor Erhebung einer Vollstreckungsgegenklage

30 Auf die Erl. zu Rdn 16 wird verwiesen.

III. Tätigkeit bei der Vollziehung von Arrest und einstweiliger Verfügung

1. Begriffsbestimmung

31 **Vollziehung** eines Arrestes oder einer einstweiligen Verfügung ist der Begriff, den der Gesetzgeber für die **Zwangsvollstreckung** in diesem Bereich benutzt, vgl. § 928 ZPO. Da die Vollziehung eines Arrestes sowie einer einstweiligen Verfügung grundsätzlich nichts anderes ist als die Zwangsvollstreckung aus den sonstigen in der ZPO geregelten Titeln, gelten die vorstehenden Ausführungen entsprechend, soweit nicht nachstehend Besonderheiten erläutert werden.

---

[24] KG JurBüro 1971, 950; Gerold/Schmidt/*Müller-Rabe*, RVG, VV 3309 Rn 286; *Hartmann*, KostG, RVG VV 3309 Rn 27; *Hansens*, BRAGO, § 57 Rn 2.
[25] Gerold/Schmidt/*Müller-Rabe*, RVG, VV 3309 Rn 297. Riedel/Sußbauer/*Schütz*, RVG, VV 3309, 3310 Rn 11.
[26] OLG Stuttgart Rpfleger 1964, 130.
[27] OLG Düsseldorf JMBl NW 1960, 259.
[28] OLG Stuttgart Rpfleger 1970, 295; *Hansens*, BRAGO, § 57 Rn 2; Zöller/*Stöber*, § 792 Rn 2.
[29] *Enders*, JurBüro 1999, 169, 170; Gerold/Schmidt/*Müller-Rabe*, RVG, VV 3309 Rn 290. Riedel/Sußbauer/*Schütz*, RVG, VV 3309, 3310 Rn 12; *Hartmann*, KostG, RVG VV 3309 Rn 28.

2. Gegenstandswert

Die Überschrift von § 25 stellt klar, dass sich die Berechnung des Gegenstandswerts entsprechend der schon vorher geltenden Praxis auch für die **Vollziehung von Arrest bzw. einstweiliger Verfügung** (§§ 928 ff. ZPO) nach § 25 richtet (vgl. § 25 Rdn 3).

3. Gebührenrechtliche Angelegenheit

Es gelten folgende Grundsätze, die in Rdn 34 ff. näher erläutert werden:
- **Arrest/Einstweilige Verfügung und Vollziehung:** Der Arrest oder die einstweilige Verfügung und die anschließende Vollziehung (z.B. durch Pfändung) bilden **verschiedene Angelegenheiten**.
- **Mehrere Vollziehungsmaßnahmen:** Nach § 18 Abs. 1 Nr. 2 bildet jede Vollziehungsmaßnahme bei der Vollziehung eines Arrests oder einer einstweiligen Verfügung (§§ 928 bis 934 und 936 ZPO), die sich nicht auf die Zustellung beschränkt, eine besondere Angelegenheit. Die für die Vollstreckung geltenden Grundsätze gelten entsprechend (auf die Erl. zu § 18 Rdn 33 ff. wird verwiesen).
- **Zustellung eines Arrestes/einer einstweiligen Verfügung:** vgl. Rdn 36 f.
- **Vollziehung und Vollstreckung:** Die Tätigkeit in der Vollziehung und anschließend in der Vollstreckung aus einem zwischenzeitlich ergangenen Hauptsache-Urteil bilden verschiedene Angelegenheiten. Die Vollziehung dient der Sicherung, die Vollstreckung der Befriedigung.[30]
- **Aufhebung einer Vollziehungsmaßnahme:** Die Aufhebung einer Vollziehungsmaßnahme bildet gem. § 19 Abs. 2 Nr. 6 mit der aufzuhebenden Vollziehungsmaßnahme dieselbe Angelegenheit.[31]

4. Gleichzeitiger Arrest- und Pfändungsantrag

Der Antragsteller kann mit dem **Gesuch auf Erlass eines Arrestes den Antrag auf Pfändung einer Forderung verbinden**, weil aufgrund der besonderen Regelung in § 930 Abs. 1 S. 3 ZPO für beide das Arrestgericht zuständig ist. In einem solchen Fall entsteht neben der Gebühr für das Anordnungsverfahren gemäß VV 3100 ff. die Verfahrensgebühr gemäß VV 3309 nur dann, wenn der Arrest erlassen wird. Der Pfändungsantrag ist so auszulegen, dass er nur für den Fall des Erlasses des Titels – als zwingende Voraussetzung der Vollziehung – gestellt wird. Sowohl der Gläubiger- als auch der Schuldner-Vertreter verdienen dann keine Verfahrensgebühr VV 3309.[32]

Die Gegenauffassung[33] wird insoweit nicht der besonderen Lage gerecht, dass ein Titel als Grundvoraussetzung der Zwangsvollstreckung[34] noch gar nicht vorhanden ist. Wird zwar der Arrest erlassen, der Pfändungsantrag aber z.B. mangels ausreichender Bezeichnung der zu pfändenden Forderung zurückgewiesen, erwächst die Gebühr, weil dann ein Titel als Voraussetzung der Zwangsvollstreckung vorhanden ist.[35] Denn die Verfahrensgebühr ist keine Erfolgsgebühr.

5. Zustellung des Arrestes/der einstweiligen Verfügung

a) Grundsatz

Bei der Frage, ob die **Veranlassung der Zustellung** des Arrestes bzw. der einstweiligen Verfügung die Vollstreckungsgebühr auslöst, ist richtigerweise zu differenzieren. Grundsätzlich gilt, dass da-

---

30 Gerold/Schmidt/*Müller-Rabe*, RVG, VV 3309 Rn 178.
31 Gerold/Schmidt/*Müller-Rabe*, RVG, VV 3309 Rn 181.
32 OLG Düsseldorf JurBüro 1984, 709 = Rpfleger 1984, 161; Riedel/Sußbauer/*Schütz*, RVG, VV 3309, 3310 Rn 15; Mayer/Kroiß/*Gierl*, RVG, VV 3309 Rn 31; Hartung/Schons/Enders, RVG, Vorb. 3.3.3–3310 Rn 60; Bischof/*Bräuer*, RVG, VV 3309 Rn 64; a.A. Gerold/Schmidt/*Müller-Rabe*, RVG, VV 3309 Rn 172.
33 Gerold/Schmidt/*Müller-Rabe*, RVG, VV 3309 Rn 172; OLG München Rpfleger 1994, 128 = JurBüro 1994, 228.
34 Vgl. Gerold/Schmidt/*Müller-Rabe*, RVG, VV 3309 Rn 30, 39.
35 LG Berlin AnwBl 1982, 122; Mayer/Kroiß/*Gierl*, RVG, VV 3309 Rn 31; Hartung/*Schons*, RVG, Vorb. 3.3.3 Rn 56; Bischof/*Bräuer*, RVG, VV 3309 Rn 64; Riedel/Sußbauer/*Schütz*, RVG, VV 3309, 3310 Rn 15.

durch keine zusätzliche Gebühr erwächst. Denn die bloße Zustellung gehört gemäß § 19 Abs. 1 S. 2 Nr. 16 noch zum Rechtszug des Anordnungsverfahrens und stellt gemäß § 18 Abs. 1 Nr. 2 keine besondere Angelegenheit dar.

b) Unterlassungsurteil: Zustellung der einstweiligen Verfügung

37 Eine Besonderheit stellen hingegen **einstweilige Verfügungen** dar, die auf ein **Unterlassen** gerichtet sind. Ist die einstweilige Verfügung aufgrund mündlicher Verhandlung erlassen und dementsprechend **als Urteil** verkündet worden, erfolgt die Zustellung des Urteils an den Antragsgegner von Amts wegen (§ 317 Abs. 1 S. 1 ZPO). Zur Wahrung der Vollziehungsfrist des § 929 Abs. 2 ZPO ist es aber notwendig, dass der Antragsteller deutlich macht, von dem Urteil Gebrauch machen zu wollen. Da bei einer auf Unterlassung gerichteten einstweiligen Verfügung eine Zwangsvollstreckung im eigentlichen Sinne nicht stattfindet, muss der Antragsteller seinen Vollziehungswillen auf andere Weise deutlich machen, z.B. durch – ggf. nochmalige – Zustellung der einstweiligen Verfügung im Parteibetrieb.[36]

38 Diese Zustellung muss dann schon – entgegen der h.M.[37] – als Tätigkeit in der Zwangsvollstreckung i.S.d. VV 3309 angesehen werden, weil – wenn sich der Antragsgegner an das Verbot hält – keine weiteren Zwangsvollstreckungsmaßnahmen mehr erfolgen können. § 19 Abs. 1 S. 2 Nr. 16 und § 18 Abs. 1 Nr. 2 sind i.d.S. eng auszulegen, zumal diese Vorschriften nur Handlungen betreffen, die – vollstreckungsrechtlich gesehen – die Zwangsvollstreckung nur vorbereiten, selbst aber noch nicht den Beginn der Zwangsvollstreckung darstellen. Das wird besonders deutlich, wenn die Zustellung des Urteils bereits zuvor von Amts wegen erfolgt war, es also einer Zustellung als Voraussetzung der Zwangsvollstreckung i.S.v. § 750 ZPO nicht mehr bedurfte.

39 Die Situation ist vergleichbar mit der **Vollziehung einer einstweiligen Verfügung durch Eintragung im Grundbuch** (siehe Rdn 45). Diese Eintragung stellt keine Zwangsvollstreckung mehr dar. Dennoch billigt die h.M.[38] dem Anwalt für die Stellung des Eintragungsantrags eine Vollziehungsgebühr zu, weil im Hinblick auf den Zwang zur Stellung des Eintragungsantrags innerhalb der Frist des § 929 Abs. 2 ZPO erst mit der Stellung dieses Antrags das Rechtsschutzziel des Gläubigers erreicht wird. Nicht anders ist es bei der Zustellung einer auf Unterlassen gerichteten einstweiligen Verfügung. Auch diese kann der Gläubiger nicht nach Belieben irgendwann zustellen lassen, sondern muss dies innerhalb der Frist des § 929 Abs. 2 ZPO tun.

40 Verstößt der Schuldner gegen das Unterlassungsgebot, kann der Anwalt die Festsetzung des zuvor angedrohten Ordnungsgeldes beantragen und erhält, falls der Schuldner zu Ordnungsgeld verurteilt wird, dafür eine zusätzliche Gebühr gemäß § 18 Abs. 1 Nr. 14 („besondere Angelegenheit"). Auch daraus ergibt sich ein Argument für die Richtigkeit der hier vertretenen Auffassung. Da der Antrag auf Androhung eines Ordnungsmittels entweder zum Rechtszug gehört (soweit die Androhung mit dem Ausspruch zur Hauptsache zusammen erlassen wird) oder diese Handlung gemäß § 19 Abs. 2 Nr. 5 keine besondere Angelegenheit darstellt, der Anwalt also dafür keine weitere Gebühr erhält, würde der bereits im Erkenntnisverfahren tätige Anwalt für seine Bemühungen im Rahmen der normalen Vollziehung (hier: Zustellung) überhaupt keine Gebühr erhalten, wohl aber die weitere Gebühr gemäß § 18 Abs. 1 Nr. 14 bei der Festsetzung eines Ordnungsmittels. Eine „weitere" Vollziehungsgebühr setzt aber begrifflich eine andere Vollziehungsgebühr voraus.

---

36 BGH NJW 1973, 1076; OLG Oldenburg WRP 2011, 508; OLG Hamburg OLGR 2006, 572; HK/ZV-*Haertlein*, § 929 ZPO Rn 14; Zöller/*Vollkommer*, § 929 Rn 12; *Hintzen/Wolf*, Zwangsvollstreckung, Zwangsversteigerung und Zwangsverwaltung, Handbuch, 2006, Rn 3.427.

37 Die diesen besonderen Umständen nicht ausreichend Rechnung trägt, so KG MDR 2010, 55; OLG Celle AGS 2008, 283 = NJW-RR 2008, 1600; OLG Braunschweig JurBüro 2006, 26; OLG Koblenz AGS 2003, 108 m. abl. Anm. *Schneider* = JurBüro 2003, 137; OLG Frankfurt JurBüro 2002, 140; OLG Hamm JurBüro 2001, 475; SchlHOLG 1984, 410; OLG Bamberg JurBüro 1985, 714; LG Saarbrücken AGS 2014, 181 = NJW-Spezial 2014, 317; Gerold/Schmidt/*Müller-Rabe*, RVG, VV 3309 Rn 452; Hartung/*Schons/Enders*, RVG, VV Vorb. 3.3.3–3310 Rn 59; Mayer/Kroiß/*Gierl*, RVG, VV 3309 Rn 30; Riedel/Sußbauer/*Schütz*, RVG, VV 3309, 3310 Rn 16; *Hansens*, BRAGO, § 59 Rn 6; *Hartmann*, KostG, RVG VV 3309 Rn 11.

38 H.M., vgl. OLG Hamm Rpfleger 2002, 541; OLG München JurBüro 1998, 358; OLG Köln JurBüro 1998, 639 unter Aufgabe von JurBüro 1987, 762; Gerold/Schmidt/*Müller-Rabe*, RVG, VV 3309 Rn 254; Riedel/Sußbauer/*Schütz*, RVG, VV 3309, 3310 Rn 18; Mayer/Kroiß/*Gierl*, RVG, VV 3309 Rn 33.

Jedenfalls wird man es genügen lassen müssen, wenn die – erneute oder erstmalige – Zustellung mit der **Aufforderung** verbunden wird, der Entscheidung nachzukommen, ansonsten der Gläubiger bei einem etwaigen Verstoß dagegen Ordnungsmittel beantragen werde. Da auch sonst die Vollstreckungsandrohung als gebührenrechtlicher Beginn der Zwangsvollstreckung angesehen wird (vgl. Rdn 70 ff.), gibt es keinen Anlass, dies bei der Vollziehung einer einstweiligen Anordnung anders zu behandeln. 41

c) Beschluss: Zustellung der auf Unterlassung gerichteten einstweiligen Verfügung

Teilweise etwas anders, im Ergebnis jedoch identisch, sieht es bei der **Zustellung einer im Beschlusswege erlassenen, auf Unterlassung gerichteten einstweiligen Verfügung an den Antragsgegner** aus. Diese im Parteibetrieb erfolgende Zustellung (§ 922 Abs. 2 ZPO) hat einen doppelten Charakter. Sie ist zum einen Wirksamkeitsvoraussetzung für die einstweilige Verfügung,[39] andererseits ist sie notwendig zur Dokumentation des Vollziehungswillens des Antragstellers. Als Wirksamkeitsvoraussetzung gehört sie zum Rechtszug des Anordnungsverfahrens und stellt als vorbereitende Maßnahme der Zwangsvollstreckung eigentlich keine besondere Angelegenheit dar, § 19 Abs. 1 S. 2 Nr. 16. Doch muss hier dasselbe gelten wie für die auf Unterlassung gerichtete Urteilsverfügung: Bei richtiger Interpretation des § 19 Abs. 1 S. 2 Nr. 16 betrifft er diesen Fall nicht, sodass die Vollziehungsgebühr auch in diesem Falle entsteht. 42

d) Zustellung der ein Gebot oder Verbot enthaltenen einstweiligen Verfügung

Die Erl. zur Zustellung der auf Unterlassung gerichteten einstweiligen Verfügung gelten auch, wenn diese ein Gebot oder ein Verbot enthält.[40] 43

e) Tätigkeit ist auf Zustellung beschränkt

Ist der Anwalt **nur mit der Zustellung** zum Zweck der Vollziehung betraut, steht ihm die Verfahrensgebühr nach VV 3309 stets zu.[41] 44

6. Grundbucheintragung

a) Eintragung einer Vormerkung/eines Widerspruchs

Besteht die Vollziehung in einer **Eintragung im Grundbuch** (Sicherungshypothek,[42] Vormerkung,[43] Verfügungsbeschränkung,[44] Widerspruch), so entsteht die Vollziehungsgebühr mit dem Eingang des Antrags des Rechtsanwalt auf Eintragung beim Grundbuchamt,[45] § 932 Abs. 3 ZPO direkt bzw. analog.[46] 45

---

39 KG InVo 1998, 291; OLG Koblenz InVo 1998, 293; OLG Frankfurt InVo 1998, 294; Zöller/*Vollkommer*, § 929 Rn 13.
40 A.A. OLG Koblenz JurBüro 1984, 887; OLG Schleswig JurBüro 1984, 410; LG Saarbrücken AGS 2014, 181 = NJW-Spezial 2014, 317.
41 KG MDR 2010, 55; OLG Celle AGS 2008, 283 = NJW-RR 2008, 1600; OLG Frankfurt DtZ 1992, 248; Riedel/Sußbauer/*Schütz*, RVG, VV 3309, 3310 Rn 16; Mayer/Kroiß/*Gierl*, RVG, VV 3309 Rn 30; Gerold/Schmidt/*Müller-Rabe*, RVG, VV 3309 Rn 452; offengelassen: LG Saarbrücken AGS 2014, 181 = NJW-Spezial 2014, 317.
42 OLG Köln JurBüro 1998, 639 unter Aufgabe der bisherigen Rspr.; KG JurBüro 1991, 229.
43 OLG Nürnberg JurBüro 1979, 1025.
44 OLG Frankfurt JurBüro 1978, 1036.
45 Nicht maßgebend ist, wann der Antrag dem zuständigen Rechtspfleger vorgelegt wird; dies kann im Rahmen der Fristwahrung gemäß § 929 Abs. 2 ZPO von Bedeutung sein, vgl. BGH InVo 2001, 186 = NJW 2001, 1134.
46 H.M., vgl. OLG Hamm AGS 2002, 284; OLG München JurBüro 1998, 358; OLG Köln JurBüro 1998, 639 unter Aufgabe von JurBüro 1987, 762; KG JurBüro 1991, 229 = Rpfleger 1991, 126; Gerold/Schmidt/*Müller-Rabe*, RVG, VV 3309 Rn 254; Riedel/Sußbauer/*Schütz*, RVG, VV 3309, 3310 Rn 18; Mayer/Kroiß/*Gierl*, RVG, VV 3309 Rn 33; Hartung/*Schons/Enders*, RVG, Vorb. 3.3.3–3310 Rn 63, jew. m.w.N.

46 Das Gericht ist gemäß § 941 ZPO allerdings in diesen Fällen – mit Ausnahme der Eintragung einer Sicherungshypothek[47] – auch befugt, das Grundbuchamt **von Amts wegen** um die Eintragung zu ersuchen. In dem Antrag eines Anwalts an das Gericht, das Grundbuchamt um Eintragung zu ersuchen, liegt daher lediglich eine Anregung. Diese Anregung löst die Vollziehungsgebühr aber nicht aus.[48]

b) Löschung einer Vormerkung/eines Widerspruchs

47 Ebenfalls keine Vollziehungsgebühr erhält der Anwalt für den Antrag auf **Löschung** einer der vorgenannten Eintragungen, wenn der Arrest bzw. die einstweilige Verfügung aufgehoben worden ist. Durch die Aufhebung ist das Grundbuch zwar unrichtig geworden, die Grundbuchberichtigung stellt aber keine Vollziehung des Arrestes bzw. der einstweiligen Verfügung mehr dar;[49] der Anwalt erhält dafür eine Gebühr nach VV 2300.[50] Entsprechendes gilt für Anträge auf **Löschung eines Gebrauchsmusters oder einer Marke** (siehe Rdn 26).[51]

7. Eintragung in andere öffentliche Register

48 Anträge auf Eintragung **in andere öffentliche Register** (z.B. Eintragung der Entziehung der Geschäftsführung und Vertretung im Handelsregister) stellen ebenfalls keine Vollziehung im eigentlichen Sinne mehr dar, sodass für derartige Tätigkeiten keine Gebühr nach VV 3309, sondern eine solche nach VV 2300 entsteht.[52]

8. Aufhebung des Arrestes/der einstweiligen Verfügung

49 Die Verfahren auf **Aufhebung** des Arrestes bzw. der einstweiligen Verfügung
   – §§ 924 f. ZPO: Widerspruch
   – § 926 Abs. 2 ZPO: Nichterhebung der Klage zur Hauptsache
   – § 927 ZPO: veränderte Umstände
   – § 936 ZPO: Anwendung der Arrestvorschriften auf die einstweilige Verfügung
   – § 942 Abs. 3 ZPO: Nichteinhaltung der Frist zur Ladung im Rechtmäßigkeitsverfahren
gehören gebührenrechtlich noch zum Anordnungsverfahren (vgl. § 16 Nr. 5), sodass keine besondere Gebühr für das Tätigwerden in diesen Verfahren erwächst.

50 Hingegen betreffen die Aufhebung eines vollzogenen Arrestes wegen Hinterlegung der Lösungssumme gemäß **§ 934 ZPO** sowie die Aufhebung von Vollziehungsmaßnahmen die Vollziehung, sodass der Anwalt des Schuldners die Verfahrensgebühr nach VV 3309 für einen entsprechenden Antrag erhält,[53] soweit sie für ihn nicht bereits vorher erwachsen war (vgl. § 19 Abs. 1 S. 2 Nr. 6). Letzteres gilt auch für einen Antrag des Schuldners, den **Abwendungsbetrag** gemäß § 923 ZPO statt der angeordneten Hinterlegung durch eine **Bankbürgschaft** erbringen zu können.[54]

---

47 Allg. M., vgl. Zöller/*Vollkommer*, § 941 Rn 1.
48 KG JurBüro 1991, 229 = Rpfleger 1991, 126; OLG Bamberg JurBüro 1976, 637; *Hansens*, BRAGO, § 59 Rn 5; Gerold/Schmidt/*Müller-Rabe*, RVG, VV 3309 Rn 284; Riedel/Sußbauer/*Schütz*, RVG, VV 3309, 3310 Rn 18; *Hartmann*, KostG, RVG VV 3309 Rn 26.
49 OLG Düsseldorf JurBüro 1993, 674 = Rpfleger 1993, 421; Gerold/Schmidt/*Müller-Rabe*, RVG, VV 3309 Rn 255; *Hartmann*, KostG, RVG VV 3309 Rn 26; Mayer/Kroiß/*Gierl*, RVG, VV 3309 Rn 30.
50 Gerold/Schmidt/*Müller-Rabe*, RVG, VV 3309 Rn 255.
51 Riedel/Sußbauer/*Schütz*, RVG, VV 3309, 3310 Rn 19; Mayer/Kroiß/*Gierl*, RVG, VV 3309 Rn 33; Hartung/*Schons/Enders*, RVG, Vorb. 3.3.3 Rn 64.
52 Gerold/Schmidt/*Müller-Rabe*, RVG, VV 3309 Rn 256, 286; Riedel/Sußbauer/*Schütz*, RVG, VV 3309, 3310 Rn 16; Mayer/Kroiß/*Gierl*, RVG, VV 3309 Rn 33; Hartung/*Schons/Enders*, RVG, VV Vorb. 3.3.3 Rn 65.
53 OLG Karlsruhe JurBüro 1997, 193; OLG München JurBüro 1994, 228; Gerold/Schmidt/*Müller-Rabe*, RVG, VV 3309 Rn 181.
54 OLG Düsseldorf JurBüro 1972, 648; Hartung/*Schons/Enders*, RVG, VV Vorb. 3.3.3 Rn 68.

9. Vollziehung und Vollstreckung in der Hauptsache

Ist hinsichtlich des Gegenstandes, über den ein Arrest oder eine einstweilige Verfügung ergangen ist, ein entsprechender **Titel** (Urteil, Vergleich) **in der Hauptsache** ergangen, besteht für den Gläubiger die Möglichkeit, nunmehr aus diesem Titel in der Hauptsache bis einschließlich der Verwertung zu vollstrecken. Er kann aber auch die aufgrund des Arrestes bzw. der einstweiligen Verfügung bereits begonnene Vollstreckung aufgrund des Titels in der Hauptsache fortsetzen, also bei gepfändeten Sachen die Verwertung durchführen lassen oder zu dem ergangenen Pfändungsbeschluss nunmehr die Überweisung beantragen. Hierbei handelt es sich stets um **neue Angelegenheiten**, sodass der Anwalt dafür die Verfahrensgebühr nach VV 3309 erneut verdient, auch wenn er schon im Rahmen der Vollziehung des Arrestes/der einstweiligen Verfügung tätig gewesen war.[55]

IV. Vollstreckung nach dem FamFG

1. Vollstreckung von Zwangsmitteln gemäß § 35 FamFG

a) Gebühr

Aufgrund VV Vorb. 3.3.3 Abs. 1 Nr. 2 findet der Unterabschnitt 3 auch auf die Vollstreckung Anwendung. Gemeint ist damit die Zwangsvollstreckung nach dem FamFG, das jedoch insoweit den Begriff der Vollstreckung verwendet. Unter Vollstreckung (nach dem FamFG) i.S.v. VV Vorb. 3.3.3 Abs. 1 Nr. 2 ist deshalb die Vollstreckung **verfahrensleitender Entscheidungen** nach § 35 FamFG zu verstehen (vgl. auch § 18 Rdn 225 ff.). Die Gebühren bei der Vollstreckung nach § 35 FamFG ergeben sich aus VV 3309 f. Daneben können die allgemeinen Gebühren des VV Teil 1 anfallen.

b) Angelegenheit

Das Verfahren zur Anordnung von Zwangsmaßnahmen durch Beschluss nach § 35 FamFG bildet gemäß § 18 Abs. 1 Nr. 21 eine besondere gebührenrechtliche Angelegenheit (vgl. § 18 Rdn 225 ff.).

2. Vollstreckung von Endentscheidungen und verfahrensabschließenden Entscheidungen (§§ 81 ff. FamFG)

a) Gebühr

VV Vorb. 3.3.3 Abs. 1 Nr. 2 erfasst auch die Vollstreckung von **Endentscheidungen und verfahrensabschließenden Entscheidungen** gemäß §§ 81 ff. FamFG (vgl. § 18 Rdn 230 ff.). Auch hier richten sich die Gebühren nach VV 3309 f., VV Teil 1. Diese Entscheidungen werden jedoch nicht nach einheitlichen Bestimmungen vollstreckt, sondern das FamFG verweist seinerseits wiederum überwiegend auf die ZPO. Im Einzelnen:
- Aufgrund entsprechender Weiterverweisungen werden nach der ZPO vollstreckt:
  - Familienstreitsachen (§ 120 FamFG);
  - gemäß § 95 FamFG die Vollstreckung
    - wegen einer Geldforderung,
    - zur Herausgabe einer beweglichen oder unbeweglichen Sache,
    - zur Vornahme einer vertretbaren oder nicht vertretbaren Handlung,
    - zur Erzwingung von Duldungen und Unterlassungen oder
    - zur Abgabe einer Willenserklärung;
  - Verfahren nach dem Gewaltschutzgesetz betr. Unterlassungen (§ 96 FamFG).
- Die sonstigen Vollstreckungen (§ 87 Abs. 1 S. 1 FamFG), insbesondere die Herausgabe von Personen und die Regelung des Umgangs (§§ 88 bis 94 FamFG), werden nach den Vorschriften der §§ 81 ff. FamFG vollstreckt.

---

[55] Gerold/Schmidt/*Müller-Rabe*, RVG, VV 3309 Rn 178; Hartung/*Schons*/*Enders*, RVG, VV Vorb. 3.3.3 Rn 69.

b) Angelegenheit

55 Gemäß § 18 Abs. 2 Nr. 2 gilt § 18 Abs. 1 entsprechend für die Vollstreckung nach dem FamFG. Auch im Rahmen der Vollstreckung nach dem FamFG bildet deshalb z.B. das Verfahren auf Erteilung einer weiteren vollstreckbaren Ausfertigung eine besondere Angelegenheit, § 18 Abs. 2 Nr. 2, Abs. 1 Nr. 5. Auf die Regelungen in § 18 Abs. 1 sowie die Erl. zu § 18 kann daher verwiesen werden.

3. Vollziehung von Arrest

56 Gemäß § 18 Abs. 2 Nr. 1 gilt § 18 Abs. 1 entsprechend für die Vollziehung von Arrest nach dem FamFG. Erfasst ist die Arrestvollziehung in Familienstreitsachen gem. § 119 Abs. 2 FamFG in Familienstreitsachen. Insoweit kann auf die Erl. in Rdn 31 ff. verwiesen werden.

4. Gegenstandswert

57 Der Gegenstandswert bei der Tätigkeit im Rahmen der familienrechtlichen Vollstreckung richtet sich nach § 25. Das ergibt sich ausdrücklich aus der Überschrift von § 25.[56] Auf die Erl. zu § 25 wird verwiesen (siehe § 25 Rdn 4).

5. Vermittlungsverfahren § 165 FamFG

58 Das **Vermittlungsverfahren** gemäß § 165 FamFG gehört nicht zur Vollstreckung. Die Vergütung im Vermittlungsverfahren, das gemäß § 17 Nr. 8 gegenüber einem sich anschließenden gerichtlichen Verfahren eine besondere Angelegenheit bildet, richtet sich deshalb nicht nach VV 3309, 3310, sondern nach VV 3100 ff. (Anm. Abs. 3 zu VV 3100). Es ist aber weder Voraussetzung für die Festsetzung von Ordnungsmitteln oder die Anordnung von unmittelbarem Zwang, noch steht die Durchführung des Vermittlungsverfahrens der Festsetzung von Ordnungsmitteln oder der Anordnung von unmittelbarem Zwang entgegen.

V. Verwaltungsvollstreckung/Verwaltungszwangsverfahren/ Gerichtliche Verfahren des Verwaltungszwangs

1. Hauptsacheverfahren

59 Das **Verwaltungsverfahren** lässt sich in mehrere Abschnitte unterteilen: Das Verfahren bis zum Erlass bzw. zur Ablehnung eines beantragten Verwaltungsaktes; das nicht gerichtliche Nachprüfungsverfahren (Vor-, Einspruchs-, Beschwerde- bzw. Abhilfeverfahren); das nicht gerichtliche Verfahren auf Aussetzung oder Anordnung der sofortigen Vollziehung sowie zur Sicherung von Maßnahmen zur Sicherung der Rechte Dritter; das gerichtliche Verfahren auf Anordnung oder Wiederherstellung der aufschiebenden Wirkung, auf Aufhebung der Vollziehung oder Anordnung der sofortigen Vollziehung eines Verwaltungsaktes; das gerichtliche Verfahren zur Nachprüfung eines Verwaltungsaktes bzw. seiner Ablehnung. Jedes dieser Verfahren stellt nach § 17 Nr. 1a[57] und Nr. 4 eine **verschiedene Angelegenheit** dar und führt für jede Angelegenheit zu einem eigenen Vergütungsanspruch des beauftragten Anwalts.

---

[56] Schneider/Thiel, Das neue Gebührenrecht, 2. Aufl., § 3 Rn 193.
[57] Nr. 1a entspricht Nr. 1 i.d.F. bis zum 31.7.2013; Nummerierung geändert durch Art. 8 Abs. 1 Nr. 8b) des 2. KostRMoG.

2. Verwaltungszwang/Verwaltungsvollstreckung

a) Angelegenheit

Daneben besteht das Verfahren zur **Vollstreckung** solcher Verwaltungsakte (**Verwaltungsvollstreckungsverfahren** – §§ 167 ff. VwGO, §§ 1 ff. VwVG; **Verwaltungszwangsverfahren**, §§ 6 ff. VwVG). Gem. § 18 Abs. 1 Nr. 1 bildet jede einzelne Vollstreckungsmaßnahme bzw. Verwaltungszwangsmaßnahme eine besondere Angelegenheit. Das gilt zum einen im Verhältnis zum Hauptsacheverfahren und zum anderen im Verhältnis mehrerer Maßnahmen untereinander (vgl. § 18 Rdn 33 ff.). 60

b) Gegenstandswert

Der Gegenstandswert bei der Tätigkeit im Rahmen der Vollstreckung in **Verwaltungssachen** (§§ 167 ff. VwGO) bzw. in Verfahren des **Verwaltungszwangs** (§§ 6 ff. VwVG) richtet sich nach § 25. Das ergibt sich ausdrücklich aus der Überschrift von § 25.[58] Auf die Erl. zu § 25 wird verwiesen (siehe § 25 Rdn 2 ff.). 61

3. Gebühren

a) Verwaltungsvollstreckung/Verwaltungszwang

In den Verfahren der Verwaltungsvollstreckung und des Verwaltungszwangs entstehen die Gebühren nach VV 3309 f. Das ergibt sich aus VV Vorb. 3.3.3 Abs. 1 Nr. 2 und 3. Für die **außergerichtliche Tätigkeit** im **Verwaltungszwangsverfahren** erhält der Rechtsanwalt keine Gebühren nach VV Teil 2 (VV 2300 ff.), sondern in entsprechender Anwendung ebenfalls nach VV 3309, vgl. VV Vorb. 2.3 Abs. 1.[59] 62

Weil die entsprechende Anwendbarkeit angeordnet worden ist, wird für die Terminsgebühr VV 3310 teilweise der Schluss gezogen, dass diese für die Wahrnehmung eines Termins vor der vollstreckenden Behörde entsteht.[60] 63

Die Gebühren schließen die Tätigkeit in einem evtl. **Widerspruchsverfahren**[61] gegen einen Vollstreckungsakt mit ein.[62] 64

Soll **gegen eine Behörde** die Zwangsvollstreckung betrieben werden (§ 170 VwGO), entstehen für den Rechtsanwalt, der den Gläubiger vertritt, die Gebühren nach VV 3309 f.[63] 65

b) Anfechtung einer Maßnahme

Wird der Anwalt mit der Anfechtung einer Maßnahme der Verwaltungsvollstreckung vor Gericht beauftragt (**gerichtliches Verfahren über einen Akt der Zwangsvollstreckung** [des Verwaltungszwangs]), erwachsen für ihn dafür ebenfalls die Verfahrens- bzw. Terminsgebühr der VV 3309, 3310. Der im Verhältnis zu den Gebühren nach VV 2300 ff. niedrigere Gebührensatz erklärt sich nach der Vorstellung des Gesetzgebers aus einem vermeintlich geringeren Arbeitsaufwand, weil die Rechtmäßigkeit des der Vollstreckung zugrunde liegenden Verwaltungsaktes nicht Gegenstand der Überprüfung ist, sondern nur die des Vollstreckungsaktes.[64] 66

---

58 *Schneider/Thiel*, Das neue Gebührenrecht, 2. Aufl., § 3 Rn 193.
59 Gerold/Schmidt/*Mayer*, RVG, Anhang IV Rn 30; Gerold/Schmidt/*Müller-Rabe*, RVG VV 3309 Rn 383; Hansens/Braun/Schneider/*Hansens*, Teil 12 Rn 109.
60 AnwK-RVG/*Onderka*/*Wahlen*, 6. Aufl., VV Vorb. 2.3 Rn 5; *N. Schneider*, Fälle und Lösungen zum RVG, 3. Aufl., Rn 159.
61 Die Verwaltungsvollstreckungsgesetze sehen keine gesonderten Rechtsbehelfe gegen Akte der Verwaltungsvollstreckung vor, sodass sich der Betroffene wie auch sonst mit Widerspruch und Anfechtungsklage dagegen wehren kann.
62 Wohl auch Hansens/Braun/Schneider/*Hansens*, Teil 12 Rn 109.
63 Hansens/Braun/Schneider/*Hansens*, Teil 12 Rn 110.
64 VGH BaWü AGS 2009, 391 = JurBüro 2009, 426; VGH BaWü AnwBl 2000, 138 = JurBüro 2000, 24; BT-Drucks 2/2545, S. 269 (zu dem damaligen § 112 Abs. 6 BRAGO); a.A. OVG Bremen AnwBl 2000, 137 = JurBüro 1999, 524; OVG Berlin NJW 1998, 3586.

c) Außergerichtliche und gerichtliche Tätigkeit

67 Wird der Anwalt sowohl im (nicht gerichtlichen) Verwaltungsvollstreckungsverfahren als auch im sich anschließenden gerichtlichen Verfahren über einen Akt der Zwangsvollstreckung tätig, erhält er die Gebühren für jedes Verfahren gesondert. Das ergibt sich aus dem Zusammenspiel des § 17 Nr. 1a[65] mit § 18 Abs. 1 Nr. 1.

> **Beispiel:** Die Behörde hat eine Abrissverfügung mit Androhung der Festsetzung von Zwangsgeld erlassen, später ein Zwangsgeld festgesetzt. Der Anwalt hat für seinen Mandanten Widerspruch gegen die Festsetzung eingelegt, der jedoch zurückgewiesen worden ist. Daraufhin erhebt er Anfechtungsklage gegen den Festsetzungsbescheid.
> Der Anwalt hat sowohl für das Widerspruchsverfahren gegen den Festsetzungsbescheid als auch für die Erhebung der Anfechtungsklage jeweils die Verfahrensgebühr nach VV 3309 verdient. Daneben erhält der Anwalt noch Gebühren nach VV 2300 ff., falls er den Mandanten im zugrunde liegenden Verwaltungsverfahren der Abrissverfügung vertreten hat.

68 Anders liegt der Fall, wenn die Behörde die **Grundverfügung** zugleich mit der **Androhung eines Zwangsmittels verbunden** hat. Erhebt der Rechtsanwalt Widerspruch sowohl gegen die Grundverfügung wie auch gegen die Androhung, liegt aufgrund der Einheitlichkeit des Lebenssachverhaltes, des Auftrages des Rechtsanwalts sowie der Entscheidung der Behörde dieselbe Angelegenheit i.S.v. § 15 Abs. 2 vor.[66] Dementsprechend erhält der Rechtsanwalt in einem solchen Fall neben den Gebühren nach VV 2300 ff. keine gesonderte Gebühr nach VV 3309.[67]

4. Abschiebung

69 Unterabschnitt 3 (VV 3309 f.) findet Anwendung auch auf die **isolierte Androhung der Abschiebung nach §§ 49, 50 AuslG**, und zwar sowohl hinsichtlich des Hauptsacheverfahrens als auch in Bezug auf Verfahren auf Aussetzung der Vollziehung bzw. einstweilige Anordnung.[68] Entsprechendes gilt für eine **Klage auf Vollstreckungsschutz und Aufhebung bereits erfolgter Vollstreckungsmaßnahmen**[69] sowie für **Verfahren**, in denen isoliert um eine **Aussetzung der Abschiebung nach §§ 53, 54 AuslG** und die Erteilung einer entsprechenden **Duldung** gestritten wird.[70] Hingegen stellt die räumliche Beschränkung der Duldung nach § 56 Abs. 3 S. 2 AuslG keinen Akt der Zwangsvollstreckung dar, weil ihr kein Grundverwaltungsakt vorausgeht, sondern die Beschränkung selber ein der Vollstreckung fähiger Grundverwaltungsakt ist.[71]

VI. Beginn der Tätigkeit in der Zwangsvollstreckung

70 Soweit nicht schon eine andere, die Vollstreckungsgebühr auslösende Tätigkeit vorhergegangen ist, erwächst sie auch durch eine der **folgenden Tätigkeiten**:

1. Zahlungsaufforderung ohne Vollstreckungsandrohung

a) Mit Vollstreckungsauftrag

71 **aa) Gebühr und Gegenstandswert.** Hat der Rechtsanwalt bereits einen **Vollstreckungsauftrag erhalten**, löst die Zahlungsaufforderung **ohne Vollstreckungsandrohung** die Verfahrensgebühr

---

[65] Nr. 1a entspricht Nr. 1 i.d.F. bis zum 31.7.2013; Nummerierung geändert durch Art. 8 Abs. 1 Nr. 8b) des 2. KostRMoG.
[66] VGH BaWü VBlBW 1996, 152; VG Stuttgart 10.2.2009 – A 11 K 426/09, juris; Mayer/Kroiß/*Gierl*, RVG, VV 3309 Rn 20.
[67] *Hutschenreuther-v. Emden*, NVwZ 1998, 714, 715; Mayer/Kroiß/*Gierl*, RVG, VV 3309 Rn 20.
[68] VGH BaWü NVwZ 1999, Beilage 2, S. 13; NVwZ-RR 1997, 261; VBlBW 1996, 152; OVG Berlin NVwZ 1998, 992; *Hutschenreuther-v. Emden*, NVwZ 1998, 714, 715.
[69] FG Berlin EFG 1989, 538.
[70] VGH BaWü (9. und 13. Senat) AnwBl 2000, 137 und 138 sowie (11. Senat) JurBüro 2000, 642; *Hutschenreuther-v. Emden*, NVwZ 1998, 714, 716; *Hartmann*, KostG, RVG VV 3309 Rn 11; a.A.: OVG Bremen AnwBl 2000, 137; VGH München NVwZ 1999, Beilage Nr. 12, S. 12; OVG Berlin NVwZ 1998, 992; Mayer/Kroiß/*Gierl*, RVG, VV 3309 Rn 20.
[71] VG Karlsruhe 22.11.2001 – 6 K 2831/00, juris.

VV 3309 aus.[72] Es handelt sich um eine bereits zur Zwangsvollstreckung gehörende und diese vorbereitende Tätigkeit, die nicht mehr mit den Gebühren des Erkenntnisverfahrens abgegolten wird.[73]

Der **Gegenstandswert** der Gebühr VV 3309 richtet sich nach § 25 (vgl. § 25 Rdn 13). 72

bb) Angelegenheit. Bleibt die Aufforderung erfolglos und wird deshalb Vollstreckungsantrag beim Gerichtsvollzieher oder Vollstreckungsgericht gestellt, entsteht hierfür die Verfahrensgebühr VV 3309 allerdings nicht erneut. Die Zahlungsaufforderung und der anschließende Vollstreckungsantrag bilden **dieselbe gebührenrechtliche Angelegenheit**, weil die Zahlungsaufforderung lediglich als Vorbereitungshandlung für die nachfolgende Zwangsvollstreckung anzusehen ist (§ 18 Abs. 1 Nr. 1).[74] 73

b) Vertretungsauftrag (kein Vollstreckungsauftrag)

aa) Gebühr. Ist dem Rechtsanwalt noch **kein Vollstreckungsauftrag**, sondern nur ein **Vertretungsauftrag** erteilt worden, entsteht für die Zahlungsaufforderung **ohne Vollstreckungsandrohung** keine Verfahrensgebühr nach VV 3309. Weil das Erkenntnisverfahren bereits beendet ist[75] und die Zwangsvollstreckung noch nicht begonnen hat, fällt auch keine Verfahrensgebühr nach VV 3403 für eine sonstige Einzeltätigkeit, sondern nach allerdings umstrittener Auffassung eine Gebühr nach **VV 2300** an.[76] Hat sich der Auftrag dabei auf ein einfaches Mahnschreiben oder eine einfache Zahlungsaufforderung beschränkt, erhält der Rechtsanwalt lediglich eine 0,3 Geschäftsgebühr nach **VV 2301**.[77] 74

bb) Gegenstandswert. Der Gegenstandswert der Geschäftsgebühr richtet sich nach dem Betrag der Hauptforderung. § 25 ist nicht anwendbar, sodass Nebenforderungen nicht berücksichtigt werden können (vgl. § 25 Rdn 13).[78] 75

cc) Anrechnung. Die für die Zahlungsaufforderung ohne Vollstreckungsandrohung angefallene Geschäftsgebühr nach VV Teil 2 ist nach VV Vorb. 3 Abs. 4 S. 1 zur Hälfte, höchstens mit 0,75 auf die Verfahrensgebühr des **gerichtlichen Zwangsvollstreckungsverfahrens** (0,3 Verfahrensgebühr VV 3309) anzurechnen. Die Anrechnung zeigt, dass hier von verschiedenen Angelegenheiten ausgegangen werden muss (§ 15 Abs. 2). 76

Zahlt der Schuldner auf die Aufforderung nicht und wird deshalb eine Vollstreckungsmaßnahme **durch das Vollstreckungsgericht** erforderlich, erfolgt deshalb Anrechnung der für die Zahlungsaufforderung nach VV Teil 2 angefallenen Gebühr auf die Vollstreckungsgebühr VV 3309. Ist die Gebühr nach VV Teil 2 mindestens mit einem Satz i.H.v. 0,6 angefallen, kommt es nicht darauf an, ob von einem Vertretungsauftrag (Gebühr nach VV Teil 2) oder einem Vollstreckungsauftrag (Gebühr VV 3309) ausgegangen wird.[79] 77

Kommt es nach erfolgloser Zahlungsaufforderung zu einer Vollstreckung **durch den Gerichtsvollzieher**, ist dem Rechtsanwalt die Verfahrensgebühr VV 3309 nicht in einem gerichtlichen Verfahren im eigentlichen Sinne entstanden. Nach dem Wortlaut von VV Vorb. 3 Abs. 4 S. 1 erfolgt dann keine Anrechnung, weil eine Anrechnung nur auf die Verfahrensgebühr des gerichtlichen Verfahrens zu erfolgen hat.[80] Allerdings ist für die Höhe der Einigungsgebühr in Anm. Abs. 1 S. 3 zu VV 1003 78

---

72 Gerold/Schmidt/*Müller-Rabe*, RVG, VV 3309 Rn 444; Hansens/Braun/Schneider/*Volpert*, Teil 18 Rn 14.
73 Gerold/Schmidt/*Müller-Rabe*, RVG, VV 3309 Rn 432 ff.; Hansens/Braun/Schneider/*Volpert*, Teil 18 Rn 13; vgl. auch BGH AGS 2003, 561 = BRAGOreport 2003, 200 = Rpfleger 2003, 596; a.A. AnwK-RVG/*Wolf*, 6. Aufl., VV Vorb. 3.3.3, VV 3309–3310 Rn 17.
74 VG Frankfurt/Oder AGkompakt 2011, 65; LG Kassel DGVZ 1996, 11; AG Münster DGVZ 2006, 31; AG Worms DGVZ 1998, 127; AG Charlottenburg DGVZ 1998, 175; AG Kassel DGVZ 1996, 11; Hansens/Braun/Schneider/*Volpert*, Teil 18 Rn 119; Gerold/Schmidt/*Müller-Rabe*, RVG, VV 3309 Rn 444, 433.
75 AnwK-RVG/*Wolf*, 6. Aufl., VV Vorb. 3.3.3, VV 3309–3310 Rn 17; Gerold/Schmidt/*Müller-Rabe*, RVG, VV 3309 Rn 445; Hansens/Braun/Schneider/*Volpert*, Teil 18 Rn 14.
76 Gerold/Schmidt/*Müller-Rabe*, RVG, VV 3309 Rn 445; Hansens/Braun/Schneider/*Volpert*, Teil 18 Rn 14.; a.A. N. Schneider, AGkompakt 2011, 21: Gebühr VV 3309.
77 Gerold/Schmidt/*Müller-Rabe*, RVG, VV 3309 Rn 445; Hansens/Braun/Schneider/*Volpert*, Teil 18 Rn 14.
78 Gerold/Schmidt/*Müller-Rabe*, RVG, § 25 Rn 9.
79 So Gerold/Schmidt/*Müller-Rabe*, RVG, VV 3309 Rn 445.
80 So Hansens/Braun/Schneider/*Volpert*, Teil 18 Rn 14 Bsp. 2; Hansens/Braun/Schneider/*Hansens*, Teil 8 Rn 130.

bestimmt, dass das Verfahren vor dem Gerichtsvollzieher einem gerichtlichen Verfahren gleichsteht. Das spricht dafür, auch für die Anrechnung eine Gleichstellung des Verfahrens vor dem Gerichtsvollzieher mit einem gerichtlichen Verfahren vorzunehmen.[81] Die Gebühr nach VV Teil 2 für die Zahlungsaufforderung ist damit auch auf die Gebühr VV 3309 anzurechnen, die im Vollstreckungsverfahren bei dem Gerichtsvollzieher entstanden ist.

c) Erstattung

79 Eine Zahlungsaufforderung ohne Androhung der Zwangsvollstreckung fördert die Zwangsvollstreckung grds. nicht und bereitet sie auch noch nicht vor. Die hierdurch anfallenden Kosten sind deshalb nicht notwendig. Das gilt auch dann, wenn die Aufforderung mit Vollstreckungsauftrag erfolgt ist (siehe Rdn 81).[82]

80 Fordert der Gläubiger-Vertreter den Schuldner ohne Androhung der Zwangsvollstreckung auftragsgemäß zur Zahlung auf, dürfte eine die Zwangsvollstreckung fördernde oder vorbereitende Tätigkeit aber jedenfalls dann vorliegen, wenn der Gläubiger-Vertreter seinen Mandanten zuvor bereits in einem Gespräch über die möglichen, zulässigen und erforderlichen Vollstreckungsmöglichkeiten informiert hat. Die hierdurch entstehende 0,3-Verfahrensgebühr VV 3309 ist vom Schuldner zu erstatten, wenn die Voraussetzungen für die Erstattungsfähigkeit der durch eine Zahlungsaufforderung mit Vollstreckungsandrohung ausgelösten Verfahrensgebühr vorliegen (siehe Rdn 218 ff.).[83] Der Gläubiger wird einen Vollstreckungsauftrag i.d.R. nämlich nur dann erteilen wollen, wenn die hierdurch entstehenden Kosten auch erstattungsfähig sind.

2. Zahlungsaufforderung mit Vollstreckungsandrohung

a) Vollstreckungsauftrag und Gebühr

81 Für den Prozessbevollmächtigten entsteht bei einer **Aufforderung zur Leistung mit Vollstreckungsandrohung** mit Vollstreckungsauftrag stets eine Verfahrensgebühr nach VV 3309.[84] Soweit in der Rechtsprechung teilweise die Auffassung vertreten wird, die Vollstreckungsgebühr für eine derartige Aufforderung entstehe nur, wenn die formellen Voraussetzungen der Zwangsvollstreckung zu dem Zeitpunkt der Aufforderung bereits erfüllt seien,[85] wird dabei nicht ausreichend zwischen dem Erwachsen der Gebühr und deren Erstattungsfähigkeit gemäß §§ 788, 91 ZPO unterschieden.[86] Zudem wird nicht genügend beachtet, dass der Auftrag an den Rechtsanwalt, die Forderung beizutreiben, gerade auch beinhaltet, etwa noch fehlende Voraussetzungen für den Beginn der Zwangsvollstreckung notfalls zu beschaffen, und deshalb auch solche die eigentliche Zwangsvollstreckung erst vorbereitende Tätigkeiten die Gebühr nach VV 3309 auslösen müssen.[87] Auch für den **Rechtsanwalt des Schuldners**, der sich auftragsgemäß gegen eine Zahlungsaufforderung mit Vollstreckungsandrohung wendet, fällt die Verfahrensgebühr VV 3309 an.[88]

---

81 So auch Gerold/Schmidt/*Müller-Rabe*, RVG, VV Vorb. 3 Rn 56.
82 LAG Hamm MDR 1994, 202; Gerold/Schmidt/*Müller-Rabe*, RVG, VV 3309 Rn 448.
83 Vgl. Gerold/Schmidt/*Müller-Rabe*, RVG, VV 3309 Rn 448.
84 BGH AGS 2003, 561 = InVo 2004, 35; KG JurBüro 2008, 151; KG JurBüro 2001, 211; OLG Koblenz Rpfleger 1995, 313 = MDR 1995, 753; OLG Schleswig AnwB 1994, 473 = JurBüro 1995, 32; OLG Karlsruhe JurBüro 1993, 25; OLG Hamburg JurBüro 1984, 1842; KG InVo 1997, 340 und JurBüro 1983, 242; OLG Bamberg JurBüro 1979, 1520; OLG Düsseldorf JurBüro 1986, 1043 und AnwBl 1978, 112; OLG München MDR 1978, 151; OLG Frankfurt NJW 1970, 59; OLG Celle MDR 1968, 594; LG Saarbrücken AGS 2012, 525 = ZMR 2013, 67; LG Düsseldorf AGS 2001, 127; LG Wiesbaden DGVZ 2001, 60; AG Wedding JurBüro 2000, 545; Gerold/Schmidt/*Müller-Rabe*, RVG, VV 3309 Rn 432; Riedel/Sußbauer/*Schütz*, RVG, VV 3309, 3310 Rn 7; Hansens/Braun/Schneider/*Volpert*, Teil 18 Rn 113; *Hartmann*, RVG, VV 3309 Rn 8; a.A. OLG Köln NJW 1965, 114.
85 OLG Koblenz Rpfleger 1995, 313; OLG München JurBüro 1989, 1117; SchlHOLG JurBüro 1978, 392; OLG Hamm MDR 1972, 336; OLG Köln JurBüro 1972, 1003 und JurBüro 1999, 272 = InVo 1999, 127; OLG Hamburg JurBüro 1969, 426. Offen: OLG Zweibrücken InVo 1999, 222, 223.
86 OLG Frankfurt JurBüro 1988, 786; OLG München JurBüro 1970, 249; OLG Celle MDR 1968, 594; Riedel/Sußbauer/*Schütz*, RVG, VV 3309, 3310 Rn 7; *Hansens*, BRAGO, § 57 Rn 6.
87 SchlHOLG AnwBl 1994, 473 = JurBüro 1995, 33.
88 Hansens/Braun/Schneider/*Volpert*, Teil 18 Rn 13.

b) Angelegenheit und Gegenstandswert

Bei der Zahlungsaufforderung mit Vollstreckungsandrohung handelt es sich um eine bereits zur Zwangsvollstreckung gehörende und diese vorbereitende Tätigkeit, die nicht mehr mit den Gebühren des Erkenntnisverfahrens abgegolten wird.[89] Bleibt die Aufforderung erfolglos und wird deshalb Vollstreckungsantrag beim Gerichtsvollzieher oder Vollstreckungsgericht gestellt, entsteht hierfür die Verfahrensgebühr VV 3309 allerdings nicht erneut (vgl. Rdn 73). 82

Der **Gegenstandswert** richtet sich nach § 25 (vgl. § 25 Rdn 12). 83

c) Kein Wegfall der Verfahrensgebühr nach Zahlung

Die einmal entstandene **Vollstreckungsgebühr entfällt nicht** etwa dadurch, dass der Schuldner aufgrund der Aufforderung zahlt oder die Zwangsvollstreckung aus anderen Gründen unterbleibt (§ 15 Abs. 4).[90] Kommt es hingegen anschließend zu einer Vollstreckung, erhält der Anwalt eine zusätzliche Vollstreckungsgebühr nur dann, wenn eine besondere Angelegenheit gemäß § 18 Abs. 1 Nr. 4 bis 21 vorliegt (siehe Rdn 73 und § 18 Rdn 33 ff.). 84

d) Erstattung

aa) Grundsätze. In der Regel darf sich der Gläubiger eines Rechtsanwaltes für die Zahlungsaufforderung mit Vollstreckungsandrohung bedienen.[91] Eine Ausnahme kann für einen juristisch erfahrenen Gläubiger bestehen (vgl. Rdn 220). Der Erstattungsfähigkeit der durch die Aufforderung entstehenden Kosten kann nicht entgegengehalten werden, dass die Aufforderung unnötig war. Denn die Aufforderung ist ein geeignetes und auch im Interesse des Schuldners liegendes Mittel, weil versucht wird, ohne Kosten auslösende Beauftragung staatlicher Vollstreckungsorgane Befriedigung der titulierten Forderung zu erlangen. Bleibt die Aufforderung erfolglos und wird deshalb anschließend ein Vollstreckungsauftrag erteilt, hat die vorherige Zahlungsaufforderung auch keine Mehrkosten ausgelöst. Die Zahlungsaufforderung und der anschließende Vollstreckungsantrag bilden dieselbe gebührenrechtliche Angelegenheit, weil die Zahlungsaufforderung lediglich als Vorbereitungshandlung für die nachfolgende Zwangsvollstreckung anzusehen ist (§ 18 Abs. 1 Nr. 1) (siehe Rdn 73).[92] 85

bb) Vollstreckungsvoraussetzungen. Eine Zahlungsaufforderung mit Vollstreckungsandrohung wird vielfach aber erst dann als notwendig angesehen, wenn alle oder nahezu alle Voraussetzungen der Zwangsvollstreckung vorliegen (siehe Rdn 37 ff.). Der Gläubiger muss im Besitz einer vollstreckbaren Ausfertigung des Titels sein und die titulierte Forderung muss fällig sein.[93] Deshalb muss die Vollstreckungsklausel – soweit erforderlich (nicht beim Arrest) – erteilt sein.[94] Eine erforderliche Sicherheitsleistung (vgl. § 751 Abs. 2 ZPO) muss aber nicht erbracht sein (siehe Rdn 89).[95] Auch die vorherige oder zumindest gleichzeitige Zustellung des Vollstreckungstitels bzw. der vollstreckbaren Ausfertigung gehört nicht zu diesen Voraussetzungen.[96] 86

---

89 Gerold/Schmidt/*Müller-Rabe*, RVG, VV 3309 Rn 432; Hansens/Braun/Schneider/*Volpert*, Teil 18 Rn 13; vgl. auch BGH AGS 2003, 561 = BRAGOreport 2003, 200 = Rpfleger 2003, 596; a.A. AnwK-RVG/*Wolf*, 6. Aufl., VV Vorb. 3.3.3, VV 3309–3310 Rn 17.

90 OLG Frankfurt JurBüro 1983, 871; OLG Hamburg JurBüro 1983, 91; Zöller/*Stöber*, § 788 Rn 9a; Hansens/Braun/Schneider/*Volpert*, Teil 18 Rn 13.

91 BGH AGS 2003, 561 = BRAGOreport 2003, 200 = Rpfleger 2003, 596 = DGVZ 2004, 24; OLG Düsseldorf JurBüro 1991, 231; KG JurBüro 2001, 211; OLG Köln JurBüro 1993, 602; OLG München JurBüro 1989, 1117; OLG Nürnberg JurBüro 1993, 751; Gerold/Schmidt/*Müller-Rabe*, RVG, VV 3309 Rn 442; Hansens/Braun/Schneider/*Volpert*, Teil 18 Rn 218; a.A. LG Berlin MDR 2003, 114.

92 VG Frankfurt/Oder AGkompakt 2011, 65; LG Kassel DGVZ 1996, 11; AG Münster DGVZ 2006, 31; AG Worms DGVZ 1998, 127; AG Charlottenburg DGVZ 1998, 175; AG Kassel DGVZ 1996, 11; Hansens/Braun/Schneider/*Volpert*, Teil 18 Rn 119; Gerold/Schmidt/*Müller-Rabe*, RVG, VV 3309 Rn 432.

93 BGH AGS 2003, 561 = BRAGOreport 2003, 200 = Rpfleger 2003, 596 = DGVZ 2004, 24; LG Saarbrücken NJW-RR 2010, 491.

94 BGH AGS 2003, 561 = BRAGOreport 2003, 200 = Rpfleger 2003, 596 = DGVZ 2004, 24.

95 OLG Schleswig JurBüro 1990, 923.

96 Vgl. BGH FamRZ 2004, 101; BGH AGS 2003, 561 = BRAGOreport 2003, 200 = Rpfleger 2003, 596 = DGVZ 2004, 24; OLG Frankfurt JurBüro 1988, 786; KG JurBüro 1983, 242; AG Esslingen AGS 2010, 360 = AGkompakt 2012, 34; a.A. LAG Hamm MDR 1994, 202.

87 Zutreffend wird darauf hingewiesen,[97] dass der Mandant einen Vollstreckungsauftrag üblicherweise nur erteilen wird, wenn die dadurch entstehenden Kosten **erstattungsfähig** sind. Das wiederum ist nur der Fall, wenn der Schuldner im Zeitpunkt des Tätigwerdens des Anwalts zum einen bereits zur Leistung verpflichtet ist und zum anderen ausreichend Zeit hatte, der titulierten Verpflichtung nachzukommen.

> **Beispiel:** Der Beklagte wurde verurteilt, an den Kläger 1.000 EUR zu zahlen. Noch am Tag der Verkündung beauftragt der Kläger den Anwalt mit der Durchführung der Zwangsvollstreckung.
> Dem Anwalt obliegt die Verpflichtung, den Mandanten darüber aufzuklären, dass bei einer solchen Verfahrensweise die entstehenden Kosten nicht erstattungsfähig sind bzw. sein können. Besteht der Mandant nach Belehrung auf der Auftragserteilung, hat der Anwalt mit der nachfolgenden Aufforderung die Vollstreckungsgebühr verdient. Versäumt er die Aufklärung aber, macht er sich dadurch seinem Mandanten gegenüber schadensersatzpflichtig, sodass dem Verlangen einer Gebühr für diese Tätigkeit der Grundsatz des § 242 BGB entgegensteht: Treuwidrig handelt, wer etwas verlangt, das er umgehend wieder zurückgeben muss. Der Anwalt müsste die erhaltene Gebühr im Wege des Schadensersatzes wieder an den Mandanten zurückzahlen, er kann sie daher erst gar nicht verlangen. Man gelangt somit zu demselben Ergebnis wie die Auffassung, die Erteilung eines Vollstreckungsauftrags sei unter der Bedingung erteilt anzusehen, diese Vorgehensweise sei sachgerecht und die Kosten seien damit auch erstattungsfähig.[98]

88 **Zur Leistung verpflichtet** ist der Schuldner aber nicht erst, sondern spätestens, wenn die prozessrechtlichen Voraussetzungen der Zwangsvollstreckung erfüllt sind. Denn die Leistungspflicht besteht im Normalfall bereits aufgrund des materiell-rechtlichen Anspruchs, der durch das Urteil lediglich bestätigt wird. Nur wenn der titulierte Anspruch der materiellen Rechtslage tatsächlich nicht entspricht, wäre dies anders, wobei diese Tatsache die Zwangsvollstreckung allerdings nicht deswegen rechtswidrig machen würde.[99] Dies ergibt sich im Übrigen auch daraus, dass ansonsten Vorbereitungskosten der Zwangsvollstreckung nicht erstattungsfähig wären; gemäß § 788 Abs. 1 S. 2 ZPO zählen hierzu insbesondere die Kosten der Ausfertigung und der Zustellung des Urteils.

> **Beispiel:** Der Gläubiger lässt das Urteil und die Klausel gemäß § 750 Abs. 1 und 3 ZPO durch den Gerichtsvollzieher zustellen. Die mit der Zustellung verbundenen Kosten sind solche der Zwangsvollstreckung (§ 788 ZPO), obwohl sie prozessrechtlich vor Beginn der Zwangsvollstreckung entstanden sind.

89 **cc) Sicherheitsleistung.** Soweit es für den Schuldner als unzumutbar angesehen wird, bei einem nur gegen Sicherheitsleistung vorläufig vollstreckbaren Urteil vor dem **Nachweis der Sicherheitsleistung** zu zahlen,[100] wird nicht hinreichend beachtet, dass die Frage der Zumutbarkeit der Zahlung nicht mit der Frage des Erwachsens und der Erstattungsfähigkeit der Vollstreckungsgebühr identisch ist.

> **Beispiel:** Der Beklagte ist verurteilt worden, an den Kläger 25.000 EUR zu zahlen; das Urteil ist gegen Sicherheitsleistung von 30.000 EUR vorläufig vollstreckbar, wobei die Sicherheitsleistung auch in Form einer Bankbürgschaft erbracht werden kann. Der Anwalt des Klägers fordert den Schuldner drei Wochen nach der amtswegigen Zustellung des Urteils zur Zahlung auf und droht für den Fall der Nichtzahlung Zwangsvollstreckungsmaßnahmen an. Eine Sicherheit ist zu diesem Zeitpunkt noch nicht geleistet.
> Der Anwalt hat mit dieser Zahlungsaufforderung und Vollstreckungsandrohung die Vollstreckungsgebühr verdient. Wollte man es anders sehen, müsste der Kläger zunächst mit entsprechendem Kostenaufwand die Voraussetzungen der Zwangsvollstreckung erfüllen, also auch die Sicherheit leisten und den entsprechenden Nachweis gegenüber dem Schuldner führen. Dadurch entstehen Kosten, deren Vermeidung gerade auch im Interesse des Schuldners liegt. Eine bloße Zahlungsaufforderung ist daher nicht nur für den Kläger bequemer, sondern auch für den Beklagten schonender.[101] Auch vom Ergebnis her gesehen spricht alles für die vorliegende Auffassung. Wird das Urteil rechtskräftig und entspricht es – wie im Normalfall – der materiellen Rechtslage, so steht damit fest, dass der Beklagte schon seit Langem zur Leistung verpflichtet war und sich ihr zu Unrecht entzogen hat. Bei einem solchen Schuldner die Zahlungsaufforderung als unnötig, weil verfrüht anzusehen, wird man kaum bejahen können. Wenn der Schuldner mit der Verweigerung seiner Leistung pokert, muss er auch das damit verbundene Risiko weiterer Kosten tragen, wenn sich seine Auffassung letztlich als falsch erweist. Wird hingegen das Urteil abgeändert und die Klage abgewiesen, kann der Beklagte die beigetriebenen Kosten der Zwangsvollstreckung über den Schadensersatz gemäß § 717 Abs. 2 ZPO zurückerhalten. Im Übrigen könnte der Kläger auch eine Vorpfändung ausbringen lassen. Dafür wäre die Leistung der Sicherheit nicht notwendig. Sind aber die Kosten für einen derartigen

---

97 Gerold/Schmidt/*Müller-Rabe*, RVG, VV 3309 Rn 34; Hansens, BRAGO, § 57 Rn 6.
98 Gerold/Schmidt/*Müller-Rabe*, RVG, VV 3309 Rn 34; Hansens, BRAGO, § 57 Rn 6.
99 BGH NJW 1990, 1662 und NJW 1983, 332.
100 SchlHOLG JurBüro 1995, 33; OLG Koblenz JurBüro 1985, 1657; LG Saarbrücken NJW-RR 2010, 491; Gerold/Schmidt/*Müller-Rabe*, RVG, VV 3309 Rn 439.
101 KG JurBüro 1983, 242.

Vollstreckungsauftrag als notwendig anzuerkennen, so müssen es auch die für die schonendere Zahlungsaufforderung mit Androhung der Zwangsvollstreckung sein.[102]

dd) Verwaltungsvollstreckung. Bei der Vollstreckung einer Geldforderung aus einem Kostenfestsetzungsbeschluss i.S.d. § 151 Abs. 2 Nr. 3 FGO gegen eine der in § 151 Abs. 1 S. 1 FGO genannten Körperschaften bedarf es keiner Ankündigung der Vollstreckung durch den Rechtsanwalt. Denn die Vollstreckung ist beim **Finanzgericht** als Vollstreckungsgericht zu beantragen. Das Gericht benachrichtigt vor Erlass der Vollstreckungsverfügung die gesetzlichen Vertreter der Körperschaft von der beabsichtigten Vollstreckung und fordert diese auf, die Vollstreckung innerhalb der vom Gericht zu bemessenden Frist abzuwenden (§ 152 Abs. 2 S. 1 FGO).[103]

Das gilt entsprechend bei der **Verwaltungsvollstreckung** gemäß §§ 167 ff. VwGO. Soll gegen den Bund, ein Land, einen Gemeindeverband, eine Gemeinde, eine Körperschaft, eine Anstalt oder Stiftung des öffentlichen Rechts wegen einer Geldforderung vollstreckt werden, so verfügt gemäß § 170 Abs. 1 VwGO auf Antrag des Gläubigers das Gericht des ersten Rechtszugs die Vollstreckung. Das Gericht hat vor Erlass der Vollstreckungsverfügung die Behörde oder bei Körperschaften, Anstalten und Stiftungen des öffentlichen Rechts, gegen die vollstreckt werden soll, die gesetzlichen Vertreter von der beabsichtigten Vollstreckung zu benachrichtigen mit der Aufforderung, die Vollstreckung innerhalb einer vom Gericht zu bemessenden Frist abzuwenden (§ 170 Abs. 2 VwGO).

ee) Zeitpunkt der Aufforderung. Da dem Schuldner Gelegenheit zur freiwilligen Leistung gegeben werden muss, darf die Vollstreckungsandrohung – und natürlich erst recht die **Auftragserteilung** zur Zwangsvollstreckung – **nicht verfrüht** erfolgen. **Wie lange** der Gläubiger **zuwarten**, also dem Schuldner Gelegenheit geben muss, die titulierte Leistung ohne Zwangsvollstreckung zu erbringen, lässt sich nicht generell beantworten; dies hängt vielmehr von den Umständen des Einzelfalles ab.[104] Der BGH[105] hat in zwei Entscheidungen eine Zahlungsaufforderung zwei Wochen nach Vergleichsschluss nicht als zu früh befunden. Zudem hat der BGH[106] in anderem Zusammenhang zu Recht ausgeführt, dass der Grundsatz, eine Partei müsse die Kosten niedrig halten, die sie von der Gegenseite erstattet verlangen will, nicht dazu führen darf, dass die Partei in ihren berechtigten Belangen, wie ihrem Interesse an einer schnellen Vollstreckung, beeinträchtigt wird.

Die Vorstellungen darüber, wann ein Tätigwerden des Gläubigers nicht mehr zu früh ist, sind höchst unterschiedlich.[107] Verfrüht ist sie sicherlich, wenn sie zu einem Zeitpunkt erfolgt, in dem noch Verhandlungen über die Modalitäten der Zahlung zwischen dem Schuldner und dem Empfangsberechtigten geführt werden.[108] Generelle Aussagen lassen sich schwer treffen, weil maßgeblich immer die Umstände des konkreten Einzelfalles sind; die von der Rechtsprechung für angemessen angesehenen Zeiten des Zuwartens sind eher zu lang bemessen.

Ein **verfrühtes Tätigwerden** des Gläubigers ist aber dann unschädlich, wenn sich aufgrund des Verhaltens des Schuldners erweist, dass die Maßnahme im weiteren Verlauf doch erforderlich gewesen wäre.[109]

ff) Gesetzliche Wartefristen. Bei den in **§ 798 ZPO** aufgeführten Titeln ist die Zahlungsaufforderung mit Vollstreckungsandrohung nach Ablauf der dort geregelten gesetzlichen **Wartefrist von zwei Wochen** ab Zustellung des Vollstreckungstitels als notwendig i.S.v. § 788 ZPO anzusehen.[110]

---

102 Vgl. zu diesem Argument auch BGH AGS 2003, 561 = InVo 2004, 35; Mayer/Kroiß/*Gierl*, RVG, VV 3309 Rn 11; Bischof/*Bräuer*, RVG, VV 3309 Rn 18.

103 FG Münster 13.11.2012 – 4 Ko 4085/12 KF, juris; FG Münster EFG 2006, 1449.

104 BVerfG AGS 1999, 191 = JurBüro 1999, 608 = NJW 1999, 778; OLG Düsseldorf JurBüro 1991, 116; Zöller/ Stöber, § 788 Rn 9b m.w.N.; zusammenf. *Weinert*, Rpfleger 2005, 1, 3 f.

105 BGH AGS 2003, 561 = BRAGOreport 2003, 200 = Rpfleger 2003, 596 = DGVZ 2004, 24; BGH FamRZ 2004, 101 = DGVZ 2004, 24; ebenso AG Esslingen AGS 2010, 360.

106 AGS 2007, 375 = JurBüro 2007, 379.

107 BGH AGS 2003, 561 = BRAGOreport 2003, 200 = Rpfleger 2003, 596 = DGVZ 2004, 24: 2 Wochen nach Vergleichsschluss ist nicht verfrüht; LG Karlsruhe MDR 2004, 1081: nicht vor Ablauf von 2 Wochen nach Mitteilung über nicht erfolgten Widerruf des Vergleichs; LG Saarbrücken NJW-RR 2010, 491: solange noch Verhandlungen über Zahlungsmodalitäten laufen.

108 LG Saarbrücken NJW-RR 2010, 491.

109 KG JurBüro 2001, 18; SchlHOLG JurBüro 1999, 609; Gerold/Schmidt/*Müller-Rabe*, RVG, VV 3309 Rn 441; Zöller/*Stöber*, § 788 Rn 9b; MüKo/*Karsten Schmidt*, ZPO, § 788 Rn 22a.

110 *N. Schneider*, AGkompakt 2011, 21 und AGkompakt 2012, 14; Hansens/Braun/Schneider/*Volpert*, Teil 18 Rn 218.

Nach § 882a ZPO darf die Zwangsvollstreckung gegen den **Bund oder ein Land** wegen einer Geldforderung erst vier Wochen nach dem Zeitpunkt beginnen, in dem der Gläubiger seine Zwangsvollstreckungsabsicht angezeigt hat. Auch die Zahlungsaufforderung ist damit erst nach Ablauf dieser Frist erforderlich. Werden vorher Vollstreckungsmaßnahmen eingeleitet, sind die hierdurch entstehenden Anwaltsgebühren nicht erstattungsfähig.[111]

3. Anzeige der Vollstreckung gegen juristische Person des öffentlichen Rechts

a) Gebühr

96   Richtet sich die Vollstreckung wegen einer Geldforderung gegen den **Bund** oder ein **Land**,[112] darf gemäß § 882a Abs. 1 S. 1 ZPO die Zwangsvollstreckung erst vier Wochen nach dem Zeitpunkt erfolgen, in dem der Gläubiger die beabsichtigte Vollstreckung der Behörde angezeigt hat.[113] Diese **Anzeige der Vollstreckungsabsicht** löst die Vollstreckungsgebühr aus.[114]

97   Entsprechendes muss für den **Antrag** an die Aufsichtsbehörde **auf Erteilung einer Zulassungsverfügung** für die Vollstreckung gegen eine **Gemeinde** wegen einer Geldforderung nach den jeweiligen Gemeindeordnungen gelten.[115] Nach anderer Auffassung[116] gehört diese Tätigkeit für den Prozessbevollmächtigten jedoch noch zum Rechtszug, weil sie – anders als § 882a ZPO – den Titel überhaupt erst vollstreckbar mache,[117] sodass für ihn keine Vollstreckungsgebühr entstehe.

b) Angelegenheit

98   Gemäß § 19 Abs. 2 Nr. 4 bildet die Anzeige der Absicht, die Zwangsvollstreckung gegen eine juristische Person des öffentlichen Rechts zu betreiben, im Verhältnis zu anderen Vollstreckungsmaßnahmen keine besondere Angelegenheit (vgl. § 19 Rdn 207).

c) Erstattung

99   Nach § 882a ZPO darf die Zwangsvollstreckung gegen den **Bund oder ein Land** wegen einer Geldforderung erst vier Wochen nach dem Zeitpunkt beginnen, in dem der Gläubiger seine Zwangsvollstreckungsabsicht angezeigt hat. Auch die Zahlungsaufforderung ist damit erst nach Ablauf dieser Frist erforderlich. Werden vorher Vollstreckungsmaßnahmen eingeleitet, sind die hierdurch entstehenden Anwaltsgebühren nicht erstattungsfähig.[118]

4. Sicherungsvollstreckung gemäß § 720a ZPO

a) Gebühr

100   Für den Gläubiger einer titulierten Geldforderung besteht gemäß § 720a ZPO die Möglichkeit der **Sicherungsvollstreckung**. Er kann, obwohl das Urteil nur gegen Sicherheitsleistung vorläufig

---

111 Vgl. VG Gera 14.6.2006, 4 V 247/06 Ge, juris.
112 Vgl. hierzu *Gundlach/Frenzel/Schmidt*, Zwangsvollstreckung gegen die öffentliche Hand, InVo 2001, 227 f.
113 Siehe auch § 170 Abs. 2 S. 2 VwGO; nach VG Gera. 14.6.2006 – 4 V 247/06, juris, entsprechend § 170 Abs. 2 VwGO einen Monat; viel zu weitgehend (6 Wochen) BVerfG NJW 1991, 2758 und VG Saarlouis AGS 2005, 310, die die vorgen. Vorschriften bei ihrer Argumentation nicht einmal erwähnen.
114 OLG Celle RVGreport 2006, 109 = NVwZ-RR 2005, 215; OLG Frankfurt Rpfleger 1981, 158 = JurBüro 1981, 571; SchlHOLG JurBüro 1978, 391; Gerold/Schmidt/*Müller-Rabe*, RVG, VV 3309 Rn 168.
115 OLG Celle RVGreport 2006, 109 = NVwZ-RR 2005, 215 zu § 62 KommunalVerf Meckl-Vorpommern; OLG Düsseldorf JurBüro 1986, 730 = Rpfleger 1986, 109 zu § 114 GemO NRW; SchlHOLG JurBüro 1995, 33 zu § 131 Abs. 1 S. 1 GemO Schleswig-Holstein; *Hansens*, BRAGO, § 57 Rn 7; Riedel/Sußbauer/*Schütz*, RVG, VV 3309, 3310 Rn 7; Mayer/Kroiß/*Ebert*, RVG, § 19 Rn 113.
116 OLG Koblenz JurBüro 1990, 998 zu § 14 LKO Rheinland-Pfalz; OLG Frankfurt JurBüro 1974, 1551 = Rpfleger 1974, 448; offen: Gerold/Schmidt/*Müller-Rabe*, RVG, VV 3309 Rn 168.
117 Siehe dazu *Gundlach/Frenzel/Schmidt*, InVo 2001, 227 f.
118 Vgl. VG Gera 14.6.2006, 4 V 247/06 Ge, juris.

vollstreckbar ist, die Zwangsvollstreckung betreiben, ohne diese Sicherheit zu leisten, soweit dies nur zur Sicherung führt (keine Verwertung). Voraussetzung hierfür ist allerdings, dass das Urteil und – nur soweit gemäß § 750 Abs. 2 und 3 ZPO erforderlich[119] – auch die Klausel dem Schuldner mindestens zwei Wochen zuvor zugestellt worden sind (§ 750 Abs. 3 ZPO), damit der Schuldner die Möglichkeit hat, diese Sicherungsvollstreckung durch eigene Sicherheitsleistung abzuwenden (§ 720a Abs. 3 ZPO). Die Ankündigung einer Sicherungsvollstreckung[120] bzw. deren Durchführung ohne vorherige Anzeige löst die Vollstreckungsgebühr VV 3309 aus.[121]

b) Gegenstandswert

Der **Gegenstandswert** richtet sich nach § 25 (vgl. § 25 Rdn 9 ff.).   101

c) Erstattung

Wird der Antrag auf Sicherungsvollstreckung gemäß § 720a ZPO vor Zustellung von Titel und Klausel und vor Fristablauf (§ 750 Abs. 3 ZPO) gestellt, sind die Kosten dieses Antrags nicht erstattungsfähig.[122]   102

5. In §§ 18 und 19 genannte Tätigkeiten

Schließlich stellen sämtliche **Tätigkeiten** in den in **§§ 18 Abs. 1 Nr. 4 bis 21, 19 Abs. 1 S. 2 Nr. 11, 12, 13 und 16 und § 19 Abs. 2 genannten Angelegenheiten** solche in der Zwangsvollstreckung dar. Dazu gehören z.B.: Erteilung der Vollstreckungsklausel, Zustellung des Vollstreckungstitels (zu den Besonderheiten bei der einstweiligen Verfügung siehe Rdn 31 ff.), Aufhebung von Pfändungen, Eintragung bzw. Löschung einer Zwangshypothek, eidesstattliche Versicherung bzw. Vermögensauskunft,[123] Ausüben einer Veröffentlichungsbefugnis.   103

Insoweit ist aber stets zu beachten, dass für die in § 19 genannten Tätigkeiten die Vollstreckungsgebühr nur erwächst, wenn keine andere gebührenauslösende Tätigkeit vorangegangen ist (sie also nicht zusätzlich erwächst), und die in § 19 Abs. 1 S. 2 Nr. 13 und 16 aufgeführten Tätigkeiten für den auch schon im zugrunde liegenden Erkenntnisverfahren tätigen Anwalt zum Rechtszug gehören (§ 19 Abs. 1 S. 1), für ihn also keine Vollstreckungsgebühr begründen.[124]   104

Hingegen sind die in § 18 Abs. 1 Nr. 4 bis 21 genannten Tätigkeiten solche in der Zwangsvollstreckung und lösen stets eine Vollstreckungsgebühr aus, unabhängig davon, ob eine Vollstreckungsgebühr bereits aufgrund einer anderen Tätigkeit verdient worden ist oder nicht.   105

6. Im RVG nicht ausdrücklich genannte Tätigkeiten

Ist noch keine andere gebührenauslösende Tätigkeit vorangegangen, stellen der **Antrag auf Vollstreckung** an eines der Vollstreckungsorgane wie auch der auf **Vorpfändung** (§ 845 ZPO)[125] ebenso Tätigkeiten in der Zwangsvollstreckung dar wie die **Zustellung einer Bürgschaftsurkunde**[126] im Rahmen des § 751 Abs. 2 ZPO oder auch der **Antrag auf Festsetzung der Vollstreckungskosten** gemäß § 788 Abs. 2 ZPO.[127]   106

---

119 BGH InVo 2005, 504 = Rpfleger 2005, 547.
120 OLG Hamburg JurBüro 1983, 82; *Hansens*, BRAGO, § 57 Rn 8.
121 OLG Düsseldorf JurBüro 1987, 239; Gerold/Schmidt/*Müller-Rabe*, RVG, VV 3309 Rn 338.
122 OLG Hamm, Rpfleger 1989, 378; OLG Koblenz, AnwBl. 1992, 549; Gerold/Schmidt/*Müller-Rabe*, RVG, VV 3309 Rn 338.
123 Wird mit einem Pfändungsauftrag sogleich der Auftrag zur Abnahme der eidesstattlichen Versicherung bzw. der Vermögensauskunft verbunden, erwächst die gesonderte Gebühr für das Verfahren der eidesstattlichen Versicherung erst, wenn die Voraussetzungen dafür vorliegen, AG Korbach DGVZ 2003, 61.
124 So für das Klauselverfahren noch einmal zusammenf. *Enders*, JurBüro 2000, 225.
125 Bischof/*Bräuer*, RVG, VV 3309 Rn 15; Gerold/Schmidt/*Müller-Rabe*, RVG, VV 3309 Rn 422 ff.
126 LG Landshut AnwBl 1980, 267; Gerold/Schmidt/*Müller-Rabe*, RVG, VV 3309 Rn 345.
127 Vgl. *Enders*, JurBüro 2003, 449.

107 Je nach den Umständen kann der isolierte Auftrag zur **gütlichen Erledigung** (§§ 802a Abs. 2 S. 2, 802b ZPO; vgl. dazu § 18 Rdn 76 ff.) bzw. die **Zahlungsvereinbarung** (§ 802b ZPO: Einräumung einer Zahlungsfrist oder Vereinbarung der Ratenzahlung)[128] ebenso dazu zählen wie die **Bitte des Anwalts** des Schuldners, aus einem vorläufig vollstreckbaren Urteil nicht zu vollstrecken.[129]

7. Erinnerung gemäß § 766 ZPO

108 Das Verfahren der **Vollstreckungserinnerung** gemäß § 766 ZPO fällt, unabhängig davon, wer sie eingelegt hat, nicht in den Unterabschnitt 3, sondern gehört zum Unterabschnitt 5. Das ergibt sich zum einen aus der bewusst weiter gefassten Vorschrift des VV 3500, die alle Arten der Erinnerung umfasst, und geht zudem auch ausdrücklich aus der Gesetzesbegründung zu dieser Vorschrift hervor[130] (zu Einzelheiten sowie den Erl. zu VV 3500 siehe § 19 Rdn 194 ff.).

8. Ermittlung des Aufenthaltsorts des Schuldners

a) Ermittlung durch den Rechtsanwalt

109 Die **Ermittlung der Adresse des Schuldners** durch eine Anfrage des Rechtsanwalts beim Einwohnermeldeamt zwecks Durchführung der Zwangsvollstreckung stellt ebenfalls eine die Zwangsvollstreckung vorbereitende bzw. begleitende Tätigkeit dar, die für den Anwalt eine Vollstreckungsgebühr entstehen lässt, soweit es sich dabei um die erste Vollstreckungstätigkeit handelt; ist die Verfahrensgebühr für die Vollstreckung bereits angefallen, wird die Anfrage beim Einwohnermeldeamt wegen des inneren Zusammenhangs mit der übrigen Vollstreckungstätigkeit mit ihr abgegolten (vgl. dazu im Übrigen § 18 Rdn 45 ff.).[131]

b) Ermittlung durch den Gerichtsvollzieher (§ 755 ZPO)

110 Beauftragt der Rechtsanwalt den Gerichtsvollzieher gemäß § 755 ZPO neben der Vollstreckung auch mit der Aufenthaltsermittlung, bilden die **Auskunftseinholung** und die **Vollstreckungsmaßnahme** dieselbe Angelegenheit, in der der Rechtsanwalt die Verfahrensgebühr VV 3309 nur einmal verdient (auf die Erl. zu § 18 Rdn 47 ff. wird verwiesen).[132]

9. Einsicht in das Schuldnerverzeichnis (§ 882f ZPO)

111 Die Einsicht in das Schuldnerverzeichnis ist auch nach der Reform der Sachaufklärung in der Zwangsvollstreckung eine die Zwangsvollstreckung vorbereitende Handlung, die die Verfahrensgebühr VV 3309 auslöst, wenn der Rechtsanwalt einen Vollstreckungsauftrag hat.[133] Die Einsicht bildet

---

128 Vgl. OLG Köln NJW 1976, 975; OLG Bremen JurBüro 1986, 1203.
129 OLG Hamm InVo 1996, 139 = NJW-RR 1996, 763; Riedel/Sußbauer/*Schütz*, RVG, VV Teil 3 Abschnitt 3 Rn 7.
130 BT-Drucks 15/1971, S. 218.
131 BGH AGS 2004, 99 = Rpfleger 2004, 250 = JurBüro 2004, 191; s. auch BGH JurBüro 2004, 315 zur Aufenthaltsermittlung im Rahmen einer Klage; OLG Zweibrücken JurBüro 1998, 468 = DGVZ 1999, 26; LG Kassel JurBüro 2004, 30; LG Konstanz Rpfleger 1992, 365; Hartung/*Schons*, RVG, VV Vorb. 3.3.3 Rn 16; Gerold/Schmidt/*Müller-Rabe*, RVG, VV 3309 Rn 186; Hansens/Braun/Schneider/*Volpert*, Teil 18 Rn 113; *Volpert*, RVGreport 2013, 375; *Enders*, JurBüro 1992, 77, aber zweifelnd in JurBüro 1998, 468; offen *Hartmann*, RVG, VV 3309 Rn 11.
132 HK-ZV/*Sievers*, § 755 ZPO Rn 10; *Volpert*, RVGreport 2012, 442.
133 Gerold/Schmidt/*Müller-Rabe*, RVG, VV 3309 Rn 337; Vgl. noch zu § 915b ZPO a.F. LG Essen JurBüro 1985, 412; LG Mainz JurBüro 1984, 1534; AG Wuppertal DGVZ 2011, 34; *N. Schneider*, AGkompakt 2010, 112; *Volpert*, AGkompakt 2011, 130; Hansens/Braun/Schneider/*Volpert*, Teil 18 Rn 120; a.A., keine Gebühr AG Neubrandenburg AGS 2012, 527; LG Detmold JurBüro 1991, 277 = Rpfleger 1990, 391 = DGVZ 1990, 168; AG Lahnstein AGS 2003, 75 = DGVZ 2022, 190; AG Ibbenbüren DGVZ 1984, 125; AG Freyung MDR 1985, 421.

aber mit der ggf. nachfolgenden Vollstreckungsmaßnahme dieselbe Angelegenheit, sodass insgesamt nur eine Verfahrensgebühr VV 3309 entsteht[134] (siehe § 18 Rdn 211).

10. Sicherheitsleistung

Ob Tätigkeiten des Anwalts im Zusammenhang mit der **Erbringung einer Sicherheitsleistung** – sei es, dass der Gläubiger gemäß §§ 108, 751 Abs. 2 ZPO Sicherheit durch Hinterlegung oder Bankbürgschaft erbringen muss, sei es, dass der Schuldner zur Abwendung der Vollstreckung Sicherheit leistet – eine Vollstreckungsgebühr auslösen, ist sehr streitig. Auch hier wird man wieder richtigerweise differenzieren müssen:

112

a) Erbringung der Sicherheitsleistung

War der **Anwalt bereits als Prozessbevollmächtigter im Erkenntnisverfahren tätig**, war es umstritten, ob die Tätigkeit des Anwalts bei der Stellung der Sicherheit zur Durchführung (§§ 751 Abs. 2, 709, 108 ZPO) bzw. zur Abwehr der Zwangsvollstreckung (§§ 775 Nr. 3, 711, 108 ZPO) als gemäß § 19 zum Rechtszug gehörend anzusehen ist.[135] In der 6. Aufl.[136] wurde die Tätigkeit bei der Erbringung der Sicherheit dem Rechtszug zugeordnet, obwohl § 19 Abs. 1 S. 2 Nr. 7 ausdrücklich lediglich „Verfahren wegen Rückgabe einer Sicherheit" genannt hat.

113

Durch das 2. KostRMoG ist § 19 Abs. 1 S. 2 Nr. 7 zum 1.8.2013 um die Mitwirkung bei der Erbringung der Sicherheitsleistung ergänzt worden. Zum Rechtszug gehören demnach die Mitwirkung bei der Erbringung der Sicherheitsleistung und das Verfahren wegen deren Rückgabe. Dadurch ist geklärt, dass die Erbringung der Sicherheitsleistung immer zum Rechtszug des Streitverfahrens gehört und **keine besondere Angelegenheit** bildet.[137]

114

b) Beschaffung der Sicherheitsleistung

Hingegen gehört es nicht mehr zum Rechtszug, wenn der **Anwalt** im Auftrag des Mandanten sich zusätzlich darum bemühen soll, die **Sicherheit** zu **besorgen**, insbesondere also mit einem **Kreditinstitut Kontakt** aufzunehmen. Denn dies liegt außerhalb dessen, was vom gesetzlich geregelten Verfahrensablauf her normalerweise mit der Tätigkeit eines Anwalts in einem Erkenntnis- und Zwangsvollstreckungsverfahren verbunden ist,[138] auch wenn es in der Praxis nicht so selten vorkommt. Eine andere Frage ist, ob die so entstandenen Anwaltsgebühren erstattungsfähig sind. Dies dürfte von den Umständen des Einzelfalles abhängen.[139]

115

An dieser Auffassung ist auch nach Änderung von § 19 Abs. 1 S. 2 Nr. 7 durch das 2. KostRMoG festzuhalten. In den Motiven zur Änderung von § 19 Abs. 1 S. 2 Nr. 7 wird ausdrücklich darauf hingewiesen, dass unter „Erbringung der Sicherheitsleistung" die Tätigkeit **im gerichtlichen Verfahren**, also gegenüber dem Gericht und die Beratung des Mandanten über die Art der möglichen Sicherheitsleistung zu verstehen ist und nicht deren **Beschaffung**.[140] Nur die Erbringung der Sicher-

116

---

134 So auch *Enders*, JurBüro 2013, 1, 5; HK-*Sternal*, § 882f ZPO Rn 11; noch zur Einsicht in das Schuldnerverzeichnis gem. § 915b ZPO a.F. AG Wuppertal DGVZ 2011, 34; AG Donaueschingen DGVZ 2010, 43; AG Lahnstein AGS 2003, 75 = DGVZ 2022, 190; AG Dortmund DGVZ 1984, 124; AG Freyung MDR 1985, 421; AG München DGVZ 1995, 14; *N. Schneider*, AGkompakt 2010, 112; *Volpert*, AGkompakt 2011, 130; Gerold/Schmidt/*Müller-Rabe*, RVG, VV 3309 Rn 330; Hansens/Braun/Schneider/*Volpert*, Teil 18 Rn 120.

135 Vgl. dazu OLG Düsseldorf JurBüro 2007, 525 = AGS 2008, 72 (ggfs. aber Hebegebühr) sowie JurBüro 1992, 400; OLG Koblenz JurBüro 1990, 498; OLG Bremen JurBüro 1987, 547; OLG Bamberg JurBüro 1985, 1502; OLG Köln JurBüro 1984, 562 und NJW 1965, 50; OLG Stuttgart JurBüro 1982, 561; OLG Frankfurt JurBüro 1990, 922; 1977, 1093; OLG Bamberg JurBüro 1985, 1502.

136 AnwK-RVG/*Wolf*, VV Vorb. 3.3.3, VV 3309–3310 Rn 39.

137 BT-Drucks 17/11471, S. 418. Gerold/Schmidt/*Müller-Rabe*, RVG, VV 3309 Rn 342.

138 So auch KG MDR 1976, 767; *Enders*, JurBüro 1998, 225, 228; Riedel/Sußbauer/*Schütz*, RVG, VV 3309, 3310 Rn 12; Hartung/*Schons*, RVG, Vorb. 3.3.3 Rn 15; Mayer/Kroiß/*Ebert*, RVG, § 19 Rn 66, 67; a.A. OLG Koblenz JurBüro 1990, 498; offen: Gerold/Schmidt/*Müller-Rabe*, RVG, VV 3309 Rn 343 f.

139 Vgl. OLG Düsseldorf JurBüro 2001, 210.

140 BT-Drucks 17/11471, S. 418, 419.

heitsleistung im Prozess, z.B. durch den Nachweis der Hinterlegung oder Zustellung des Originals einer Bürgschaftsurkunde, löst keine neuen Gebühren aus. Die davor liegende Beschaffung der Sicherheitsleistung, für die der Rechtsanwalt z.B. Verhandlungen mit der Bank zur Gestellung einer Bürgschaft führt, ist eine gesondert nach zu vergütende Tätigkeit (VV 2300).[141]

c) Nur Vollstreckungsauftrag

117 Der Anwalt, der **nur mit der Zwangsvollstreckung beauftragt** ist, erhält neben der Vollstreckungsgebühr VV 3309 keine gesonderte Gebühr für die Tätigkeit im Verfahren der Sicherheitsleistung, soweit es nicht um die Beschaffung einer solchen geht.[142]

d) Nur Zustellung der Hinterlegungs- oder Bürgschaftsurkunde

118 Dem **Anwalt**, der **nur mit der Hinterlegung** einer Sicherheitsleistung oder der **Zustellung der Bankbürgschaft** (ohne Vollstreckungsauftrag) bzw. „nur" mit der Beschaffung einer Sicherheit **beauftragt** ist, steht eine Geschäftsgebühr nach VV 2300 zu.[143] Ein solcher Fall dürfte in der Praxis allerdings selten vorkommen.

VII. Tätigkeit für Dritte

1. Begriffsbestimmung

119 Wird der Anwalt nicht für Gläubiger oder Schuldner, sondern **für Dritte** (zur Tätigkeit gegenüber Drittschuldnern, die nicht zur Zwangsvollstreckung gehören vgl. Rdn 20 ff.) im Zusammenhang mit der Zwangsvollstreckung **tätig**, so ist Folgendes zu beachten: Dritter ist jede Person, die nicht Gläubiger oder Schuldner ist; der Dritte ist damit nicht Partei des Vollstreckungsverfahrens. Andererseits ist er aber z.T. notwendiger Beteiligter des Vollstreckungsverfahrens (z.B. der Drittschuldner gemäß § 840 ZPO), im Übrigen kann er auch nur rein tatsächlich in ein solches Verfahren einbezogen sein.

120 Dies ist beispielsweise der Fall, wenn die Ehefrau des Schuldners die Pfändbarkeit des Pkw bestreitet, mit dem sie zu ihrer Arbeit fährt (§ 811 Abs. 1 Nr. 5 ZPO) und deshalb Vollstreckungserinnerung gemäß § 766 ZPO einlegt; entsprechendes gilt für Dritte, die Allein- oder Mitgewahrsam an zu pfändenden Sachen haben, die der Gerichtsvollzieher trotz Widerspruchs pfändet (§ 809 ZPO), oder für den Arbeitgeber bei Änderung der Unpfändbarkeitsvoraussetzungen des Arbeitseinkommens (§ 850g ZPO). In all diesen Fällen ist Anlass der anwaltlichen Tätigkeit das durchgeführte Zwangsvollstreckungsverfahren.

---

141 So *Schneider/Thiel*, 2. Aufl., Das neue Gebührenrecht für Rechtsanwälte, Rn 137; Riedel/Sußbauer/*Schütz*, RVG, VV 3309, 3310 Rn 12.

142 Im Ergebnis ebenso OLG Nürnberg JurBüro 1961, 398.

143 Siehe auch *Enders*, JurBüro 2007, 525.

2. Gebühren nach VV Teil 2 oder 3

Ob für diese Tätigkeiten des Anwalts für Dritte eine Gebühr nach VV 2300 oder/und eine nach VV 3309 bzw. VV 3500 anfällt, ist streitig.[144] Das hängt richtigerweise davon ab, welcher Auftrag dem Anwalt erteilt worden ist.[145]

a) Prüfung der Vollstreckung/Abgabe der Drittschuldnererklärung

Soll der Anwalt auftragsgemäß zunächst nur **prüfen**, ob die Vollstreckung formell und/oder materiell in Ordnung ist, oder gibt der Anwalt für seinen Mandanten die **Drittschuldnererklärung** ab, wird er nicht in einem Vollstreckungsverfahren tätig, sodass für seine außergerichtliche Tätigkeit eine **Geschäftsgebühr nach VV 2300** anfällt.[146]

Stellt der Anwalt Mängel fest und erweitert der Mandant den Auftrag auf die außergerichtliche Rüge der Mängel gegenüber dem Gläubiger, erwächst auch hierfür eine Geschäftsgebühr, wobei allerdings die Höhe der von 0,5 bis 2,5 reichenden Rahmengebühr der VV 2300 ggfs. höher liegen kann als bei der bloßen vorherigen Prüfung. Insoweit liegt jedoch eine einzige Angelegenheit vor, sodass die Gebühr nur einmal entsteht (§ 15 Abs. 2). Die bereits entstandene Geschäftsgebühr für die erste Prüfung geht also in der Geschäftsgebühr für die weitere Vertretung auf.

b) Vollstreckungserinnerung des Dritten gemäß § 766 ZPO

Wird das Mandat sodann auf die Einlegung einer **Vollstreckungserinnerung erweitert (§ 766 ZPO)**, handelt es sich nicht mehr um eine außergerichtliche Tätigkeit, sodass hierfür keine Gebühr nach VV 2300 anfällt, sondern eine solche nach VV 3500. Da der Anwalt des Dritten bislang nicht im Vollstreckungsverfahren tätig war, greift für ihn – anders als für den Anwalt des Gläubigers[147] – § 19 Abs. 2 Nr. 2 nicht ein, sodass ihm eine Gebühr nach VV 3500 zusteht (siehe dazu § 19 Rdn 194 ff.). Diese erhält er jedoch nicht in Höhe der dort vorgesehenen 0,5-Gebühr, sondern wegen § 15 Abs. 6 lediglich in Höhe von 0,3 (VV 3309), weil er nicht mehr erhalten soll, als der mit der gesamten Angelegenheit befasste Anwalt.[148]

c) Beschwerde des Dritten gemäß § 793 ZPO

Entsprechendes gilt, wenn die Mandatserweiterung die **Einlegung einer sofortigen Beschwerde** gemäß § 11 Abs. 1 RPflG bzw. die (sofortige) Erinnerung gemäß § 11 Abs. 2 RPflG (Rechtspflegererinnerung) gegen Vollstreckungsentscheidungen des Rechtspflegers zum Gegenstand hat (§ 793 ZPO). VV 2300 findet insoweit keine Anwendung, weil es sich nicht mehr um eine außergerichtliche Tätigkeit handelt. Die genannten Rechtsbehelfe stellen gemäß § 18 Abs. 1 Nr. 3 eine besondere Angelegenheit und damit eine gesondert zu vergütende Tätigkeit dar. In derartigen Fällen erwächst eine Gebühr nach VV 3500 in Höhe von 0,5, ggf. zusätzlich eine Terminsgebühr nach VV 3513. § 15 Abs. 6 findet keine Anwendung, weil diese Rechtsbehelfe nicht zum Rechtszug i.S.v. § 19

---

144 Für VV 3309: OLG Karlsruhe ZZP 12, 155; AG Düsseldorf JurBüro 1985, 723; AG Koblenz AGS 2008, 29; LG Düsseldorf AGS 2007, 450 = JurBüro 2007, 527; LG Berlin JurBüro 1974, 61; Zöller/*Stöber*, § 840 Rn 17; Hansens/Braun/Schneider/*Volpert*, Teil 18 Rn 2; Mayer/Kroiß/*Gierl*, RVG, VV 3309 Rn 12; für VV 2300: OLG Celle zfs 2008, 647 (die Entscheidung trifft das Problem nicht exakt, weil weder eine Zwangsvollstreckungsmaßnahme erfolgt, noch angedroht wird, sondern der Kredit lediglich gekündigt war; man verständigte sich darauf, dass eine gewisse Zeit nicht vollstreckt wird); *Schneider*, AGkompakt 2010, 128 und NJW-Spezial 2011, 539; Gerold/Schmidt/*Müller-Rabe*, RVG, VV 3309 Rn 201, allerdings VV 3309 bejahend für die Verfahren nach § 766 ZPO sowie § 850g ZPO Rn 212, 204; Bischof/*Bräuer*, RVG, VV 3309 Rn 4.

145 In diesem Sinne auch BGH AGS 2007, 269 = NJW-RR 2006, 1566 zur Aufforderung an den Drittschuldner, wobei der dort angeführte § 118 BRAGO der VV 2300 entspricht; BGH AGS 2010, 12 = NJW 2011, 1603 = zfs 2011, 465 m. Anm. *Hansens*; OLG Celle AGS 2009, 63 = OLGR Celle 2009, 366.

146 Gerold/Schmidt/*Müller-Rabe*, RVG, VV 3309 Rn 218; *Schneider*, NJW-Spezial 2011, 539; a.A. Zöller/*Stöber*, § 840 Rn 17; Hansens/Braun/Schneider/*Volpert*, Teil 18 Rn 2, 106.

147 Vgl. BGH AGS 2010, 227 = MDR 2010, 658.

148 Vgl. BT-Drucks 16/3038, S. 124 zu Art. 20 Nr. 1 zu § 15 RVG; BGH JurBüro 2010, 325 = RVGreport 2010, 144; Gerold/Schmidt/*Müller-Rabe*, RVG, VV 3309 Rn 212.

gehören. § 15 Abs. 5 S. 1 trifft ebenfalls nicht zu, weil es sich nicht um dieselbe Angelegenheit handelt (vgl. § 18 Abs. 1 Nr. 3).

126 Betrifft der ursprüngliche oder erweiterte Auftrag des Dritten die Stellung eines Antrags beim Vollstreckungsgericht auf Abänderung des Pfändungsbeschlusses wegen Änderung der Unpfändbarkeitsvoraussetzungen (**§ 850g ZPO**), handelt es sich ebenfalls nicht um eine außergerichtliche Tätigkeit, sondern um eine im Vollstreckungsverfahren, sodass dafür eine Gebühr nach VV 3309 anfällt.

127 Die Geschäftsgebühr nach VV 2300 wird auf die Verfahrensgebühr nach VV 3309 bzw. VV 3500 entsprechend Vorb. 3 Abs. 4 **angerechnet**.

d) Auf Einlegung der Erinnerung beschränkter Auftrag

128 Hat der Mandant einen **Auftrag beschränkt auf die Einlegung** der Vollstreckungserinnerung erteilt, fällt insoweit keine Gebühr nach VV 2300 an, sondern nach VV 3500, die der Höhe nach auf 0,3 begrenzt ist (siehe Rdn 121). Betraf die Mandatierung **nur die Einlegung einer sofortigen Beschwerde** gemäß § 11 Abs. 1 RPflG bzw. einer (sofortigen) **Erinnerung** gemäß § 11 Abs. 2 RPflG (Rechtspflegererinnerung) gegen Vollstreckungsentscheidungen des Rechtspflegers, können Gebühr nach VV 3500, 3513 mit einer Gebührenhöhe von jeweils 0,5 erwachsen.

e) Klageverfahren in der Vollstreckung

129 Vertritt der Anwalt einen Dritten in einem der im Achten Buch geregelten **selbstständigen Klageverfahren** (z.B. §§ 771, 805 ZPO), so erwachsen ihm – wie dem Anwalt des Gegners – für die vorgerichtliche Tätigkeit die Gebühr nach VV 2300[149] und im gerichtlichen Verfahren die Gebühren gemäß VV 3100 ff.

VIII. Verfahrensgebühr

1. Tätigkeit in der Vollstreckung

130 Die 0,3-Verfahrensgebühr nach VV 3309 entsteht, wenn der Anwalt mit einer Tätigkeit beauftragt bzw. betraut wird, die gebührenrechtlich zur Zwangsvollstreckung gehört (zu Einzelheiten zu diesem Merkmal siehe Rdn 11 ff.), keine Ausnahme gemäß § 19 vorliegt und er mit einer ersten diesbezüglichen Tätigkeit beginnt. Das wird häufig die Aufnahme der ersten Information (VV Vorb. 3 Abs. 2), eine Zahlungsaufforderung mit oder ohne Vollstreckungsandrohung oder der Vollstreckungsauftrag an ein Vollstreckungsorgan sein, (zu den Einzelheiten der Tätigkeit in der Zwangsvollstreckung vgl. Rdn 13 ff.); bei der Vertretung des Schuldners oder Dritter ebenfalls die Informationsaufnahme, um die zweckmäßige Rechtsverteidigung in die Wege leiten zu können.[150]

131 Es ist nicht erforderlich, dass die Vollstreckungsvoraussetzungen gemäß §§ 750 ff. ZPO bereits vorliegen oder nachgewiesen sind oder der Rechtsanwalt eine nach außen erkennbare Tätigkeit entfaltet hat.

2. Umfang der Tätigkeit

132 Die Verfahrensgebühr VV 3309 entsteht nach VV Vorb. 3 Abs. 2 bereits mit der ersten Tätigkeit nach der Auftragserteilung, d.h. der Mandatsannahme bzw. Informationsaufnahme, unabhängig davon, ob die Vollstreckung tatsächlich durchgeführt wird oder das Vollstreckungsorgan (Gerichtsvollzieher/Vollstreckungsgericht) tatsächlich beauftragt wird. Auf den Umfang der Tätigkeit des Rechtsanwalts kommt es nicht an, sodass auch eine geringfügige Tätigkeit ausreicht.[151]

---

149 BGH 23.1.2011 – IX ZR 110/10, AGS 2011, 120.
150 OLG Hamburg JurBüro 1975, 1346; Gerold/Schmidt/*Müller-Rabe*, RVG, VV 3309 Rn 33 ff.; Mayer/Kroiß/*Gierl*, RVG, VV 3309 Rn 14.
151 OLG Hamm JurBüro 1996, 249.

Der Rechtsanwalt verdient die Verfahrensgebühr VV 3309 sowohl, wenn er auftragsgemäß in der **gesamten Vollstreckung** tätig wird als auch bei Wahrnehmung nur einer **einzelnen Tätigkeit** in der Vollstreckung.[152] Bei der Tätigkeit in der gesamten Vollstreckung kann die Gebühr aber mehrfach anfallen, wenn mehrere gebührenrechtliche Angelegenheiten betroffen sind.[153]

3. Gebührenhöhe

Die Höhe der Gebühr ist aus der Tabelle zu § 13 abzulesen, bei der Beiordnung im Wege der **Prozesskostenhilfe** oder **Verfahrenskostenhilfe** aus der Tabelle zu § 49.

Der **Mindestbetrag** der Gebühr beträgt gemäß § 13 Abs. 2 **15 EUR**. § 13 Abs. 2 bestimmt allgemein den Mindestbetrag jeder selbstständig im Gesetz genannten Gebühr. In § 13 Abs. 2 ist jedoch nicht bestimmt, dass nur der Mindestbetrag einer 1,0 Gebühr, sondern jeder der im VV aufgeführten Wertgebühren 15 EUR beträgt. Daher gilt der Mindestbetrag von 15 EUR auch für Gebühren, die mit einem geringeren als dem 1,0 Gebührensatz entstehen (siehe § 13 Rdn 18 ff.).

4. Abgrenzung zum Erkenntnisverfahren

Die Verfahrensgebühr VV 3309 wird in der Praxis auch häufig mit dem Begriff **„Vollstreckungsgebühr"** verwendet. Sie erwächst auch für den Anwalt, der für den Mandanten bereits als Prozessbevollmächtigter in dem dem Titel zugrunde liegenden Erkenntnisverfahren tätig war.

Hierbei gilt es allerdings zu beachten, dass für solche Anwälte bestimmte Tätigkeiten noch mit der Verfahrensgebühr für das Erkenntnisverfahren abgegolten sind (§§ 19 Abs. 1, § 15 Abs. 1). Im Übrigen kommt es nicht darauf an, ob der Anwalt den **Gläubiger** oder den **Schuldner** vertritt, sondern nur darauf, dass er eine dem jeweiligen Gebührentatbestand entsprechende Tätigkeit entfaltet. Das gilt grundsätzlich auch, wenn der Anwalt **Dritte** vertritt, die in das Zwangsvollstreckungsverfahren hineingezogen werden (siehe Rdn 20 ff., 119 ff.).

5. Pauschgebühr

a) Gebührenrechtliche Angelegenheit

Bei der Verfahrensgebühr handelt es sich um eine **Pauschgebühr**.[154] Dies bedeutet zum einen, dass mit der jeweiligen Gebühr die gesamte Tätigkeit des Anwalts in derselben Vollstreckungsangelegenheit abgegolten ist (§ 15 Abs. 1),[155] soweit hierfür nicht die Terminsgebühr VV 3310 entsteht. Was unter dem Begriff **„derselben Vollstreckungsangelegenheit"** zu verstehen ist, ergibt sich aus §§ 18, 19.

b) Keine besondere Gebühr für Einzeltätigkeit

Zum anderen ergibt sich daraus aber auch, dass ein Anwalt, der nur mit einer **Einzeltätigkeit** im Rahmen der Zwangsvollstreckung beauftragt worden ist, ebenfalls die Gebühr nach VV 3309 mit einem Gebührensatz von 0,3 erhält, also weder eine anteilig gekürzte noch eine solche gemäß VV 3402 (§ 15 Abs. 6).[156] Dies gilt auch für Verkehrs- und Beweisanwälte (VV 3400, 3401, 3405), soweit sie in der Zwangsvollstreckung tätig werden (siehe Rdn 141).

6. Vorzeitige Auftragsbeendigung/Kenntnis von Zahlung

Eine **vorzeitige Erledigung** des Vollstreckungsauftrags führt nicht zu einer Ermäßigung der Verfahrensgebühr i.S.v. VV 3101 Nr. 1, weil es in der Zwangsvollstreckung keine entsprechende Ermäßi-

---

152 Vgl. *Hansens*, Anm. zu BGH zfs 2014, 465 = AGS 2014, 430 = NJW 2014, 2508 = RVGreport 2014, 399 = Rpfleger 2014, 611.
153 LG Karlsruhe JurBüro 2011, 160.
154 LG Karlsruhe JurBüro 2011, 160.
155 LG Karlsruhe JurBüro 2011, 160.
156 Mayer/Kroiß/*Gierl*, RVG, VV 3309 Rn 14, 15; Gerold/Schmidt/*Müller-Rabe*, RVG, VV 3309 Rn 33, 40.

gungsvorschrift gibt. Die einmal entstandene Verfahrensgebühr des Anwalts **entfällt auch nicht** dadurch, dass der Schuldner freiwillig leistet oder der Mandant letztlich doch von der Zwangsvollstreckung absieht.

> **Beispiel:** Der Schuldner hat, obwohl sämtliche Voraussetzungen der Zwangsvollstreckung erfüllt sind, immer noch nicht gezahlt. Da auch eine angemessene Zeit für die Leistung durch den Schuldner verstrichen ist, erteilt der Gläubiger am 10.8. seinem Anwalt A Vollstreckungsauftrag. Um weitere Kosten zu sparen, diktiert Anwalt A einen Brief an den Schuldner, in dem dieser unter Androhung von Zwangsvollstreckungsmaßnahmen zur Zahlung binnen einer Frist von drei Tagen aufgefordert wird. Bevor der Brief zur Post geht, teilt der Mandant mit, der Schuldner habe gezahlt.
> Hierbei spielt es keine Rolle, ob der **Schuldner** erst nach der Erteilung des Vollstreckungsauftrags (10.8.) **geleistet** hat. Selbst wenn er dies vor dem 10.8. getan haben sollte, hat der Anwalt die Gebühr nach VV 3309 verdient; sie ist in diesem Falle auch erstattungsfähig.[157]

7. Vollstreckung im Ausland/Verkehrsanwalt

141 Findet die **Zwangsvollstreckung im Ausland** statt, können für den als Mittler tätigen deutschen Anwalt eine Verkehrsanwaltsgebühr gemäß VV 3400 für das Verfahren auf Vollstreckbarerklärung sowie eine Verfahrensgebühr gemäß VV 3309 für die eigentliche Vollstreckung erwachsen.[158] Der in der Zwangsvollstreckung tätige Verkehrsanwalt erhält nach VV 3400 eine Verfahrensgebühr in Höhe der Verfahrensgebühr des Verfahrensbevollmächtigten für die Vollstreckung.[159]

8. Europäische Titel

142 Das Verfahren über den Antrag auf Verweigerung, Aussetzung oder Beschränkung der Zwangsvollstreckung eines **europäischen Vollstreckungstitels für unbestrittene Forderungen** im Inland nach § 1084 Abs. 1 ZPO ist für den Rechtsanwalt stets eine besondere gebührenrechtliche Angelegenheit (§ 18 Abs. 1 Nr. 6). In diesen Verfahren sowie durch die entsprechenden Anträge gemäß § 1096 ZPO im Rahmen der Vollstreckung aus einem **europäischen Zahlungsbefehl**, gemäß § 1109 ZPO im Rahmen der Vollstreckung aus einem im **europäischen Verfahren über geringfügige Forderungen** sowie der Vollstreckung nach **§ 31 AUG**, erwachsen Gebühren für eine Tätigkeit in der Zwangsvollstreckung nach VV 3309, 3310 (siehe § 18 Rdn 103 ff.).

9. Europäische Kontenpfändung

143 Siehe zunächst die Vorbemerkungen zu VV Vorb. 3.3.3.

Nach der zum 18.1.2017 geplanten Änderung des § 17 Nr. 4a (vgl. auch § 17 Rdn 113) sollen das Verfahren in der Hauptsache und ein Verfahren zur Erwirkung eines Europäischen Beschlusses zur vorläufigen Kontenpfändung[160] verschiedene Angelegenheiten bilden.

10. Mehrere Auftraggeber in der Zwangsvollstreckung

a) Erhöhung der Verfahrensgebühr

144 Wird der Anwalt im Rahmen der Zwangsvollstreckung für **mehrere Auftraggeber** tätig, erhöht sich der Gebührensatz für die Verfahrensgebühr nach VV 3309 unter den Voraussetzungen der VV 1008 für jeden weiteren Auftraggeber um 0,3; mehrere Erhöhungen dürfen jedoch den Betrag von 2,0 nicht übersteigen. Dabei ist es gleichgültig, ob die mehreren Auftraggeber **Gläubiger** oder **Schuldner** sind; es erhält aber nur derjenige Anwalt die Erhöhung der Verfahrensgebühr, der für die

---

157 OLG Koblenz JurBüro 2002, 273; LG Stuttgart JurBüro 2001, 47; AG Wedding JurBüro 2000, 545; OLG Hamburg JurBüro 1975, 1346; 1970, 962; MüKo/*Karsten Schmidt*, ZPO, § 788 Rn 22; Gerold/Schmidt/*Müller-Rabe*, RVG, VV 3309 Rn 41; *Hartmann*, KostG, RVG VV 3309 Rn 47.
158 Zu den Einzelheiten vgl. *Rüfner*, JurBüro 1999, 453 f.
159 Gerold/Schmidt/*Müller-Rabe*, RVG, VV 3309 Rn 75; Hansens/Braun/Schneider/*Volpert*, Teil 18 Rn 24.
160 Gesetz zur Durchführung der Verordnung (EU) Nr. 655/2014 sowie zur Änderung sonstiger zivilprozessualer Vorschriften (EuKoPfVODG); siehe BT-Drs 18/7560.

mehreren Auftraggeber tätig wird. Sind auf der Gläubigerseite zwei Auftraggeber, so erhält nur deren Anwalt die erhöhte Gebühr, nicht der für den einzelnen Schuldner tätige Anwalt.[161] Erhöht wird nur die Verfahrensgebühr, nicht auch eine evtl. zusätzlich anfallende **Terminsgebühr** nach VV 3310.

b) Bedeutung von § 7

VV 1008 findet Anwendung, wenn mehrere Personen Auftraggeber i.S.v. § 7 sind und dementsprechend die Vergütung schulden, aber auch dann, wenn nur ein Auftraggeber i.S.v. § 7 existiert, dieser aber mehrere Personen vertritt und der Anwalt daher für mehrere Personen tätig wird (vgl. VV 1008 Rdn 6 ff.). Denn auch bei dieser Konstellation fällt für den Anwalt Mehrarbeit an und es besteht ein erhöhtes Haftungsrisiko. 145

> **Beispiel:** Ein Elternteil beauftragt den Anwalt, Ansprüche seiner beiden Kinder gegenüber Dritten wahrzunehmen.

c) WEG-Gemeinschaft

Da die **Wohnungseigentümergemeinschaft** als GbR nach der Rechtsprechung des Bundesgerichtshofs teilrechtsfähig ist, nämlich soweit sie bei der Verwaltung des gemeinschaftlichen Eigentums am Rechtsverkehr teilnimmt,[162] kommt es bei deren Vertretung zu keiner Erhöhung, weil es sich nur um eine Person handelt, wenn der Titel auf die Wohnungseigentümergemeinschaft selbst lautet und der Anwalt in deren Namen vollstreckt. 146

Lautet der Titel hingegen auf die einzelnen Wohnungseigentümer, sind nur diese berechtigt, aus dem Titel zu vollstrecken. Es fällt dann eine Mehrvertretungsgebühr nach VV 1008 an.[163] Auf die Erl. zu VV 1008 Rdn 27 ff. wird verwiesen. 147

d) Berechnung der Erhöhung

Der Erhöhungsfaktor von 0,3 erhöht jede Gebühr unabhängig von ihrem Gebührensatz um diesen Faktor.[164] Die Erhöhung beträgt also 0,3 und nicht 0,3 von 0,3 (= 0,09).[165] 148

Daher erhöht sich die Gebühr nach VV 3309 bei der Vertretung von zwei Mandanten von 0,3 um 0,3 auf 0,6. Die Gebühr kann jedoch gemäß Anm. Abs. 3 zu VV 1008 maximal um 2,0 erhöht

---

161 OLG Frankfurt JurBüro 2004, 196.
162 BGH AGS 2005, 427 = NJW 2005, 2061; BGH AGS 2010, 152 = NJW 2010, 1007; BGH AGS 2007, 373 = Rpfleger 2007, 479.
163 BGH AGS 2010, 152 = RVGreport 2010, 77 = NJW 2010, 1007 = JurBüro 2010, 219 = NZM 2010, 127; BGH AGS 2007, 373 = RVGreport 2007, 278 = NJW-RR 2007, 955 = MDR 2007, 1161.
164 OLG Stuttgart 2007, 33; LG Hamburg AGS 2005, 497; OLG München AGS 2006, 475 = RVGreport 2006, 307 = NJW-RR 2006, 1727 = JurBüro 2006, 312 = Rpfleger 2006, 441 = MDR 2006, 1016; LG Frankfurt NJW 2004, 3642 = AGS 2005, 18 = RVGreport 2005, 65; AG Solingen DGVZ 2015, 154 *Hansens*, RVGreport 2005, 162, 169; *Volpert*, RVGreport 2004, 450, 452; *ders.*, ZAP Fach 24, 907, 910.
165 OLG München AGS 2006, 475 = RVGreport 2006, 307 = NJW-RR 2006, 1727 = JurBüro 2006, 312 = Rpfleger 2006, 441 = MDR 2006, 1016; AG Solingen DGVZ 2015, 154; so aber unzutr. AG Recklinghausen RVGreport 2005, 226 = DGVZ 2005, 30.

werden, was bei 8 und mehr Auftraggebern dann zu einem Gebührensatz von 2,3 und nicht 0,9 führt (0,3 x 7 = 2,1 max. jedoch 2,0 + 0,3 = 2,3[166]).

e) Gegenstandsidentität

149 Da es sich bei der Verfahrensgebühr VV 3309 um eine Wertgebühr handelt,[167] setzt die Anwendung von VV 1008 voraus, dass der Gegenstand der anwaltlichen Tätigkeit derselbe ist (Abs. 1 der Anm. zu VV 1008). Die Erhöhung wird nach dem Betrag der gemeinschaftlichen Beteiligung der mehreren Personen berechnet (Abs. 2 der Anm. zu VV 1008).

150 Betrifft die anwaltliche Tätigkeit für mehrere Auftraggeber in derselben Angelegenheit dagegen verschiedene Gegenstände, erfolgt keine Gebührenerhöhung nach VV 1008, sondern ggf. **Wertaddition** gemäß § 22.[168] Der Mehraufwand für mehrere Auftraggeber wird also grds. durch die Gebührenerhöhung nach VV 1008 (bei Gegenstandsidentität) **oder** durch Wertzusammenrechnung nach § 22 Abs. 1 (bei Wertgebühren) abgegolten.[169]

151 Zur Frage, wann die anwaltliche Tätigkeit in „**derselben Angelegenheit**" ausgeübt wird und wann „der **Gegenstand der anwaltlichen Tätigkeit derselbe**" ist (vgl. VV 1008 Rdn 35 ff. und 45 ff. sowie § 7 Rdn 19 ff.).Daher hierzu an dieser Stelle nur drei Beispiele:

Beispiel 1 (Vollstreckung für Mitgläubiger gegen Gesamtschuldner): Die Vermieter A und B haben einen Titel auf Zahlung von Mietzins gegen M und K als Gesamtschuldner erwirkt. B beauftragt im eigenen Namen und als Bevollmächtigter der A den Anwalt G mit der Gerichtsvollziehervollstreckung.
Die Vermieter A und B sind Mitgläubiger i.S.d. § 432 BGB, sodass Anwalt G in derselben Angelegenheit tätig wird und der Gegenstand seiner Tätigkeit derselbe ist. Ohne Relevanz ist, dass ihm gegenüber nur B aufgetreten ist, denn die Auftragserteilung erfolgte auch in Vollmacht der A. Für ihn fällt daher gemäß VV 3309, 1008 eine 0,6-Verfahrensgebühr an. Da es sich bei der Vollstreckung gegen Gesamtschuldner um jeweils besondere Angelegenheiten i.S.d. § 18 handelt (vgl. § 18 Rdn 55), steht ihm diese Gebühr zweimal zu, einmal für das Verfahren gegen M und zusätzlich noch für das Verfahren gegen K.

Beispiel 2 (Vollstreckung von Unterhalt): Frau A und Tochter T haben einen Titel auf Zahlung von nachehelichem Unterhalt i.H.v. 500 EUR bzw. Kindesunterhalt i.H.v. 225 EUR erwirkt. Sie beauftragen Anwalt X mit der Gerichtsvollziehervollstreckung.
Hier wird der Anwalt zwar in derselben Angelegenheit tätig, jedoch ist der Gegenstand seiner Tätigkeit nicht derselbe, weil Mutter und Tochter jeweils einen eigenen Unterhaltsanspruch geltend machen. Eine Erhöhung gemäß Anm. Abs. 2 zu VV 1008 scheidet daher aus. Der Anwalt erhält jedoch eine Verfahrensgebühr nach VV 3309 aus dem gemäß § 22 Abs. 1 zusammengerechneten Wert beider Forderungen, also 500 + 225 = 725 EUR (siehe VV 1008 Rdn 34 „Unterhaltsgläubiger").[170]

Beispiel 3 (Unterhaltsvollstreckung in Prozessstandschaft): Frau B hat einen Unterhaltstitel für sich (Trennungsunterhalt i.H.v. 500 EUR) und – im Wege der **Prozessstandschaft** gemäß § 1629 BGB – für ihre Tochter (Kindesunterhalt i.H.v. 225 EUR) erwirkt. Sie erteilt Vollstreckungsauftrag hinsichtlich beider titulierter Verpflichtungen an Anwalt Z.

---

166 Vgl. BT-Drucks 15/1971, S. 205 zu VV 1008; BGH AGS 2008, 107 = MDR 2008, 351; KG JurBüro 2007, 543; LG Düsseldorf JurBüro 2007, 480; LG Köln MDR 2005, 1318; LG Hamburg AGS 2005, 497 = DGVZ 2005, 142; LG Köln MDR 2005, 1318 = ZMR 2006, 78; AG Solingen DGVZ 2015, 154; *Schneider*, NJW-Spezial 2010, 731; Hansens/Braun/Schneider/*Volpert*, Teil 18 Rn 18 f.; *Volpert*, RVGreport 2004, 450, 452; Mayer/Kroiß/*Dinkat*, RVG, VV 1008 Rn 6. Mit dem eindeutigen Gesetzestext nicht im Einklang und daher offensichtlich verfehlt: LG Frankfurt/M AGS 2005, 18; AG Recklinghausen AGS 2005, 154 = JurBüro 2005, 30; AG Offenbach AGS 2005, 198 = JurBüro 2005, 43; diese Entscheidungen zutr. ablehnend *Schneider*, DGVZ 2005, 91. Die Erhöhung gemäß § 6 Abs. 1 S. 2 BRAGO bezog sich demgegenüber noch auf die jeweilige Ausgangsgebühr, also die Gebühr, die der Anwalt bei Vertretung nur eines Mandanten erhalten hätte. Das bedeutete für die Zwangsvollstreckung bei der Vertretung von zwei Gläubigern eine Erhöhung um 3/10 von 3/10 = 9/100 oder 0,9/10, sodass eine Vollstreckungsgebühr von 3,9/10 anzusetzen war.

167 A.A.: AG Offenbach RVGreport 2005, 226 [Volpert], das die Verfahrensgebühr Nr. 3309 VV RVG unzutr. als **Festgebühr** ansieht.

168 OVG NRW AGS 2012, 235 = NJW-Spezial 2012, 252; OLG Koblenz AGS 2009, 160 = JurBüro 2009, 249.

169 OVG NRW AGS 2012, 235 = NJW-Spezial 2012, 252; OVG NRW NJW 2012, 1750 = Rpfleger 2012, 357; FG Köln 23.4.2012 – 10 Ko 1766/11, juris = EFG 2012, 1498.

170 BGH JurBüro 1991, 534; Hansens/Braun/Schneider/*Volpert*, Teil 18 Rn 20; Gerold/Schmidt/*Müller-Rabe*, RVG, VV 3309 Rn 45; *Hartmann*, KostG, RVG § 7 Rn 8 „Eltern und Kind"; *N. Schneider*, ZFE 2005, 279.

Der Anwalt wird hier ebenfalls in derselben Angelegenheit tätig. Auch hier ist der Gegenstand seiner Tätigkeit aber nicht derselbe. Zwar ist nur die Mutter Partei des Rechtsstreits auf der Klägerseite gewesen, sie hat aber zwei verschiedene Unterhaltsansprüche geltend gemacht, den eigenen und den der Tochter in Prozessstandschaft. Auch hier erfolgt eine Zusammenrechnung gemäß § 22 Abs. 1 (VV 1008 Rdn 34, „Unterhaltsgläubiger").[171]

f) Mehrere Gläubiger im Verteilungsverfahren

152 Entsprechendes gilt für die **Vertretung mehrerer Gläubiger im Verteilungsverfahren**. Hier wie auch sonst ist richtigerweise danach zu differenzieren, ob der Gegenstand der anwaltlichen Tätigkeit derselbe ist oder nicht.

> **Beispiel 1:** A und B haben eine Pfändung ausbringen lassen aufgrund einer titulierten Forderung, die ihnen als Gesamtgläubiger zusteht. Vertritt der Anwalt beide im Verteilungsverfahren, so liegt ein Fall von VV 1008 vor, weil dieselbe Angelegenheit vorliegt, mehrere Auftraggeber gegeben sind und der Gegenstand der anwaltlichen Tätigkeit (Vertretung im Verteilungsverfahren wegen derselben Forderung) derselbe ist. Der Anwalt erhält also die Gebühr zu einem Gebührensatz von 0,6.
>
> **Beispiel 2:** Gläubiger A und B haben denselben Gegenstand pfänden lassen, der Erlös reicht nicht für beide, man streitet über den Rang der Pfändungen. Vertritt der Anwalt A und B – was wegen eines Interessengegensatzes problematisch sein kann –, so vertritt er mehrere Auftraggeber in derselben Angelegenheit, nur ist der Gegenstand der Tätigkeit nicht derselbe, weil er zwei unterschiedliche Forderungen mit gegensätzlicher Zielrichtung verfolgt. Daher erfolgt keine Erhöhung gemäß VV 1008, sondern eine Zusammenrechnung gemäß § 22 Abs. 1; er erhält also von beiden Mandanten insgesamt nur eine 0,3-Verfahrensgebühr nach VV 3309 aus dem zusammengerechneten Wert.

g) Mindestgebühr und Gebührenerhöhung VV 1008

153 Liegt die Verfahrensgebühr VV 1008 unter der Mindestgebühr nach § 13 Abs. 2 in Höhe von 15 EUR bzw. trifft eine auf den Mindestbetrag aufzurundende erhöhungsfähige Gebühr mit der Gebührenerhöhung nach VV 1008 zusammen, ist zunächst der Gebührensatz einschließlich Gebührenerhöhung zu bestimmen und anschließend die Gebühr aus der Tabelle zu § 13 abzulesen (siehe § 13 Rdn 25).[172]

> **Beispiel 1:** Rechtsanwalt R beantragt für die zwei von ihm vertretenen Gläubiger wegen eines gemeinschaftlichen titulierten Anspruchs über 300 EUR den Erlass eines Pfändungs- und Überweisungsbeschlusses.
> Folgende Berechnung ist richtig:
> 0,6 Verfahrensgebühr, VV 3309, 1008, Wert 300 EUR: **27 EUR**
> (0,3 Verfahrensgebühr VV 3309 zzgl. 0,3 Erhöhung VV 1008. Es entsteht eine einheitliche 0,6 Verfahrensgebühr, die den Mindestbetrag von 15 EUR gemäß § 13 Abs. 2 übersteigt.)

154 Unzutreffend ist deshalb insbesondere folgende Berechnung (vgl. § 13 Rdn 25 f.):

> **Beispiel 2:** Sachverhalt wie Beispiel 1
> 1. 0,3 Verfahrensgebühr, VV 3309, § 13 Abs. 2, Wert 300 EUR: 15 EUR
> 2. 0,3 Erhöhung VV 1008, § 13 Abs. 2, Wert 300 EUR 15 EUR
> **Summe:** **30 EUR**

IX. Weitere Gebühren

1. Terminsgebühr

155 Zur Terminsgebühr VV 3310 in der Vollstreckung wird auf die Erl. zu VV 3310 verwiesen.

---

[171] BGH NJW-RR 1991, 119 = AnwBl. 1991, 54; OLG Stuttgart JurBüro 1982, 1358; OLG Bamberg JurBüro 1983, 129; Gerold/Schmidt/*Müller-Rabe*, RVG, VV 3309 Rn 45; *Hartmann*, RVG, § 7 Rn 8 „Eltern und Kind".

[172] LG Berlin AGS 2006, 484 = RVGreport 2006, 306; AG Stuttgart AGS 2005, 331; AG Hohenschönhausen RVGreport 2006, 143; *Hansens*, RVGreport 2005, 372; *Volpert*, ZAP Fach 24, 907, 911; *Volpert*, RVGreport 2004, 450; Hansens/Braun/Schneider/*Volpert*, Teil 18 Rn 22; Gerold/Schmidt/*Müller-Rabe*, RVG, § 13 Rn 11 f.

2. Einigungsgebühr, VV 1000

a) Überblick über die Problematik

156 In Rechtsprechung und Literatur war zur BRAGO schon weitgehend und zutreffend anerkannt, dass auch im Zwangsvollstreckungsverfahren grundsätzlich eine Vergleichsgebühr für den Anwalt erwachsen kann.[173] Dies ergibt sich im RVG eindeutig daraus, dass die Einigungsgebühr in VV Teil 1 Allgemeine Gebühren geregelt ist und dass der Gesetzgeber eine Terminsgebühr für Besprechungen, die auf Erledigung hinzielen, in Zwangsvollstreckungssachen mit der Begründung als verzichtbar angesehen hat, „weil vielfach die Einigungsgebühr, insbesondere bei Ratenzahlungsvereinbarungen, anfallen wird".[174] Gleichwohl war und ist der Anfall der Einigungsgebühr in der Zwangsvollstreckung, insbesondere für Ratenzahlungsvereinbarungen, umstritten.[175]

157 Deshalb ist Abs. 1 der Anm. zu VV 1000 durch das 2. KostRMoG neu gefasst worden.

Die Gebühr entsteht nach Abs. 1 der Anm. zu VV 1000 für die Mitwirkung beim Abschluss eines **Vertrags**,[176] durch den
– der Streit oder die Ungewissheit der Parteien über ein Rechtsverhältnis beseitigt wird (Nr. 1) oder
– die Erfüllung des Anspruchs bei gleichzeitigem vorläufigen Verzicht auf die gerichtliche Geltendmachung und, wenn bereits ein zur Zwangsvollstreckung geeigneter Titel vorliegt, bei gleichzeitigem vorläufigen Verzicht auf Vollstreckungsmaßnahmen geregelt wird (Zahlungsvereinbarung; Nr. 2).

Die Gebühr entsteht nicht, wenn sich der Vertrag ausschließlich auf ein Anerkenntnis oder einen Verzicht beschränkt.

158 Aus den Motiven zur Neufassung von Abs. 1 der Anm. zu VV 1000 ergibt sich, dass der Übergang von der Vergleichsgebühr der BRAGO zur Einigungsgebühr des RVG durch das 1. KostRMoG den Anwendungsbereich der Einigungsgebühr erweitern sollte. Dabei sei der Gesetzgeber davon ausgegangen, dass die Einigungsgebühr auch für die Mitwirkung bei einer Ratenzahlungsvereinbarung anfalle. In Rechtsprechung und Literatur werde die Ratenzahlungsvereinbarung insbesondere dann unterschiedlich behandelt, wenn bereits ein Titel vorliege. Mit der Neufassung solle die Frage im Sinne des gesetzgeberischen Willens gelöst werden.[177]

159 Daraus ergibt sich, dass eine Einigungsgebühr auch dann anfallen kann, wenn die materiell-rechtlichen Voraussetzungen eines Vergleichs gemäß § 779 BGB – insbesondere also das gegenseitige Nachgeben – nicht vorliegen.[178]

Auf die entsprechenden Erl. zu VV 1000 Rdn 112 ff. wird verwiesen. Vgl. zur **gütlichen Erledigung** gemäß § 802b ZPO auch Rdn 185 ff.

b) Streit/Ungewissheit

160 Die Neufassung von Abs. 1 der Anm. zu VV 1000 durch das 2. KostRMoG ist zu begrüßen, entspricht aber der hier bereits zuvor vertretenen Auffassung.[179] Deshalb haben die früheren Erl. zur Entstehung der Einigungsgebühr in der Zwangsvollstreckung nach wie vor Gültigkeit:

161 aa) Vorläufig vollstreckbarer Titel. Erforderlich für die Einigungsgebühr ist, dass durch den Vergleich der **Streit oder die Ungewissheit** der Parteien über ein Rechtsverhältnis **beseitigt werden soll**. Solange das Urteil nicht rechtskräftig ist und die Parteien unterschiedliche Auffassungen zum

---

173 H.M., vgl. OLG Zweibrücken InVo 1999, 326 = JurBüro 1999, 80; *Hansens*, BRAGO, § 23 Rn 8; *Hartmann*, KostG, § 57 BRAGO Rn 48; Gerold/Schmidt/*von Eicken*, BRAGO, § 57 Rn 27 f.; Riedel/Sußbauer/*Keller*, BRAGO, § 57 Rn 17, alle m.w.N.
174 BT-Drucks 15/1971, S. 215 rechte Spalte.
175 Dafür z.B. OLG Jena Rpfleger 2006, 547 = JurBüro 2006, 473; OLG Braunschweig DGVZ 2006, 113; LG Memmingen JurBüro 2008, 384; LG Tübingen RVGprof. 2005, 184 = DGVZ 2006, 61; a.A. z.B. LG Münster 3.9.2007 – 5 T 697/07, juris; LG Bonn DGVZ 2006, 29; AG Plön AGS 2011, 323 = DGVZ 2011, 135 = JurBüro 2011, 475.
176 Vgl. AG Heidelberg DGVZ 2016, 113, zum Zustandekommen durch schlüssiges Verhalten des Schuldners.
177 BT-Drucks 17/11471, S. 425.
178 So auch ausdrücklich BGH AGS 2007, 302 = Rpfleger 2007, 271; BGH FamRZ 2009, 43.
179 Vgl. AnwK-RVG/*Wolf*, 6. Aufl., VV Vorb. 3.3., VV 3309–3310 Rn 100 ff.

Bestehen des materiell-rechtlichen Anspruchs haben, ist diese Voraussetzung erfüllt, wenn die Parteien sich hinsichtlich des streitigen Anspruchs letztlich einigen.

bb) Rechtskräftiger Titel. Aber auch bei einem **rechtskräftigen Urteil** kann es Ungewissheit geben, z.B. hinsichtlich der Auslegung oder darüber, ob der Beklagte hinsichtlich der Erfüllung des titulierten Anspruchs ausreichend wirtschaftlich leistungsfähig ist bzw. eine Zwangsvollstreckung von daher genügend sicher erscheint.[180] Der Ungewissheit über ein Rechtsverhältnis steht es gleich, wenn die Verwirklichung eines Anspruchs unsicher ist.[181] VV 1000 nimmt anders als früher § 23 BRAGO nicht auf § 779 BGB und damit auch nicht auf dessen Abs. 2 Bezug, wonach es der Ungewissheit über ein Rechtsverhältnis gleichsteht. Damit sollte der im Rahmen der BRAGO heftig geführte Streit darüber vermieden werden, welche Abrede noch ein gegenseitiges Nachgeben darstellt und welche nicht.[182] Die Änderung sollte den Anwendungsbereich der VV 1000 gegenüber § 23 BRAGO erweitern, nicht aber ihn verringern.[183]

Die Einigungsgebühr soll daher jegliche vertragliche Beilegung eines Streits der Parteien honorieren und so die frühere Vergleichsgebühr nicht nur ersetzen, sondern gleichzeitig inhaltlich erweitern.[184] Grund für die zusätzliche Gebühr ist die mit der Einigung verbundene Mehrbelastung und erhöhte Verantwortung des beteiligten Rechtsanwalts sowie die Minderung der Belastung der Gerichte. Die Einigungsgebühr setzt andererseits nicht voraus, dass durch die Einigung tatsächlich auch eine konkrete Entlastung der Gerichte eintritt.[185]

cc) Keine Beschränkung auf Anerkenntnis/Verzicht. Andererseits darf sich der Vertrag nicht ausschließlich auf ein Anerkenntnis oder einen Verzicht auf einer Parteiseite beschränken, weil ansonsten schon durch die bloße Erfüllung des geltend gemachten Anspruchs oder den Verzicht auf dessen Weiterverfolgung die Einigungsgebühr ausgelöst würde.[186] Eine Einigungsgebühr fällt daher selbst bei Ratenzahlungsvereinbarungen über unstreitige Forderungen an, weil der Schuldner, der lediglich eine Ratenzahlung anstrebt, dem Gläubiger mit einem gerichtlichen Vergleich ohne Verzug einen sicheren Vollstreckungstitel verschafft, statt den Erlass eines rechtskräftigen Urteils durch Ausschöpfung prozessualer Mittel wenigstens zeitweise zu verzögern.[187]

c) Beseitigung des Streits oder der Ungewissheit

Bei der Einigungsgebühr müssen die Voraussetzungen eines materiell-rechtlichen Vergleichs gemäß § 779 BGB, also ein beiderseitiges Nachgeben, nicht vorliegen. Liegt ein gegenseitiges Nachgeben vor, entsteht regelmäßig eine Einigungsgebühr. Es reicht aber auch aus, dass lediglich der Streit oder die Ungewissheit der Parteien über ein Rechtsverhältnis beseitigt wird. Das ist z.B. in den nachstehenden Beispielen der Fall:

aa) Streit oder Ungewissheit wird beseitigt. Der Kläger
- **verzichtet** auf einen **Teil** der titulierten Forderung (Hauptforderung, Zinsen, Kosten), wenn vom Schuldner bis zu einem bestimmten Zeitpunkt ein gewisser Teilbetrag gezahlt worden ist;
- gibt sich überhaupt mit **Ratenzahlungen** zufrieden, verzichtet also zunächst auf eine sofortige zwangsweise Durchsetzung des gesamten fälligen Anspruchs, der Schuldner im Übrigen auf verfahrensmäßige Verzögerungsmöglichkeiten.[188]

Für eine Einigungsgebühr auch bei Ratenzahlungen spricht ferner die Gesetzesbegründung zu VV 3310 im Rahmen des 1. KostRMoG,[189] der zwingend einen Vollstreckungstitel voraussetzt, und widerspricht damit dem Argument, eine Ungewissheit könne nicht vorliegen, weil ein Titel

---

180 OLG Zweibrücken InVo 1999, 326 = JurBüro 1999, 80; OLG Stuttgart JurBüro 1994, 739 = Rpfleger 1994, 367; zweifelnd *Kessel*, DGVZ 1994, 179.
181 BGH VRR 2009, 158 = BeckRS 2008, 23048; BGH FamRZ 2009, 43; so auch schon BGH AGS 2005, 140 = Rpfleger 2005, 330 zur BRAGO; LG Duisburg AGS 2013, 577 = RVGreport 2013, 431; *Mock*, AGS 2006, 217; *Seip*, DGVZ 2006, 105, 107; anders *Hansens*, RVGreport 2004, 115.
182 So auch ausdrücklich BGH Rpfleger 2006, 436 = JurBüro 2006, 360 und AGS 2007, 57 = Rpfleger 2007, 168 = JurBüro 2007, 73.
183 Begründung des Gesetzgebers, BT-Drucks 15/1971, S. 204 und 215 rechte Spalte; BGH FamRZ 2009, 43.
184 BGH FamRZ 2009, 43.
185 BGH VRR 2009, 158 = BeckRS 2008, 23048.
186 Vgl. BT-Drucks 15/1971, S. 204 zu VV 1000.
187 BGH AGS 2005, 140 = Rpfleger 2005, 330 = DGVZ 2005, 93 = JurBüro 2005, 310.
188 BGH FamRZ 2009, 43 und VRR 2009, 158 = BeckRS 2008, 23048.
189 BT-Drucks 15/1971, S. 215 rechte Spalte.

bereits existiere. Selbst für das Nachgeben genügte jedes auch noch so geringfügige Zugeständnis,[190] sodass eine Ratenzahlungsvereinbarung jedenfalls geeignet ist, die Unsicherheit über die Verwirklichung des titulierten Anspruchs (Zahlungsfähigkeit, durch die das Angebot zur Ratenzahlung dokumentierte Zahlungswilligkeit des Schuldners, Nichterheben von Rechtsbehelfen) zu beseitigen, erweist sich doch in der Praxis, dass Schuldner vergleichsweise eingegangene Verpflichtungen in der Regel auch erfüllen, wohingegen eine Zwangsvollstreckung immer öfters erfolglos bleibt.[191]

Dementsprechend hat der BGH[192] eine Einigungsgebühr nur dann verneint, wenn der von den Beteiligten geschlossene Vertrag ausschließlich das Anerkenntnis oder den Verzicht des gesamten Anspruchs zum Inhalt hat.

Abwegig ist das Argument, eine Einigungsgebühr würde nicht entstehen, wenn die **Ratenzahlungsvereinbarung vom Schuldner nicht eingehalten** werde, sodass neue Vollstreckungsmaßnahmen erforderlich würden.[193] Die Einigungsgebühr ist zwar eine Erfolgsgebühr, doch ist der notwendige Erfolg die Einigung selbst, die damit in der Regel, aber nicht zwingend erforderliche[194] Entlastung der Gerichte und die Herstellung des Rechtsfriedens; mit ihr entsteht die Einigungsgebühr, nicht erst aufschiebend bedingt mit der Erfüllung der so getroffenen Einigung. Das ergibt sich schon aus dem Wortlaut von VV 1000, sodass die Situation auch nicht ansatzweise vergleichbar ist mit einem Widerrufsvergleich, bei dem die Vergleichsgebühr erst entsteht, wenn der Vergleich nicht widerrufen wird. Dort ist bislang noch niemand auf die Idee gekommen, dass die durch den Abschluss eines Prozessvergleichs verdiente Einigungsgebühr bei Nichterfüllung des Vergleichs (vielleicht noch Jahre später?) in Wegfall gerate.

167 Der Schuldner
- den **pfändbaren Teil seines Arbeitseinkommens**[195] oder auch eine sonstige Forderung an den Kläger **abtritt**. Zwar kann der Kläger grundsätzlich auf diese Vermögenspositionen des Schuldners auch durch Pfändung und Überweisung zugreifen. Bis so weit ist, vergeht in der Praxis jedoch nicht unerhebliche Zeit, weil der Kläger häufig erst durch die Vermögensauskunft des Beklagten von der Existenz solcher Forderungen erfährt. Diesen Zeitvorteil gibt der Beklagte jedoch mit der Abtretung auf;
- seinen **Steuererstattungsanspruch** an den Gläubiger **abtritt**[196] oder sich bereit erklärt, diesen gegenüber dem Finanzamt geltend zu machen. Denn nach der Rechtsprechung des BFH[197] stellt der Antrag auf Steuererstattung ein höchstpersönliches Recht dar, das nur vom Steuerschuldner selbst ausgeübt werden kann. Nach der neueren Rechtsprechung des BGH ist zudem offen, ob der Gläubiger die Möglichkeit hat, den Schuldner zu dieser Antragstellung über § 888 ZPO zu zwingen;[198]
- einen gepfändeten **Pflichtteilsanspruch geltend macht**. Diesen kann der Gläubiger zwar nach seiner Entstehung jederzeit pfänden,[199] eine Verwertung kommt jedoch nur in Betracht, wenn der pflichtteilsberechtigte Schuldner den Anspruch rechtshängig macht oder er vertraglich aner-

---

190 BGH AGS 2005, 140 = Rpfleger 2005, 330 = DGVZ 2005, 93 = JurBüro 2005, 310.
191 Im Ergebnis so auch OLG Braunschweig DGVZ 2006, 113; OLG Jena Rpfleger 2006, 547 = RVGreport 2006, 345; Hansens/Braun/Schneider/*Volpert*, Teil 18 Rn 38 ff.; Gerold/Schmidt/*Müller-Rabe*, RVG, VV 1000 Rn 232 ff.; Mayer/Kroiß/*Gierl*, RVG, VV 3310 Rn 4, 5; *Hartmann*, KostG, RVG VV 1000 Rn 47 f.; VV 3309 Rn 38; Bischof/*Bräuer*, RVG, VV 3309 Rn 74, 75; abzulehnen daher KG JurBüro 2006, 530: Nur bei zusätzlicher Sicherheit, wobei allerdings nicht gesehen wird, dass durch das Angebot zur Ratenzahlung die Zahlungswilligkeit des Schuldners dokumentiert und konkludent das Nichterheben von Rechtsbehelfen zugestanden wird; LG Bonn DGVZ 2006, 62; AG Neu-Ulm DGVZ 2005, 47, das eine Begründung vermissen lässt.
192 AGS 2006, 403 = Rpfleger 2006, 436 = JurBüro 2006, 360 und AGS 2007, 57 = Rpfleger 2007, 168 = JurBüro 2007, 73.
193 LG Bonn JurBüro 2005, 77; Hartung/*Schons*/*Enders*, Vorb. 3.3.3–3310 Rn 86; *Kessel*, DGVZ 2004, 179.
194 BGH FamRZ 2009, 43.
195 Vgl. LG Oldenburg DGVZ 1998, 28; LG Fulda JurBüro 1984, 255; AG Plön AGS 2011, 323 = DGVZ 2011, 135 = JurBüro 2011, 475; *Enders*, JurBüro 1999, 57, 58; Mayer/Kroiß/*Klees*, RVG, VV 1000 Rn 17; *Hansens*, BRAGO, § 23 Rn 8; *Hartmann*, KostG, RVG VV 1000 Rn 49 „Teilzahlungsvergleich", jeweils m.w.N.
196 LG Osnabrück DGVZ 1992, 121; *Hansens*, BRAGO, § 23 Rn 8; *Hartmann*, KostG, RVG VV 1000 Rn 49 „Teilzahlungsvergleich"; *Enders*, JurBüro 1999, 57, 58.
197 BFH InVo 1999, 213 = BStBl II 1999, 84; InVo 2000, 277.
198 BGH Rpfleger 2008, 372, anders noch BGH Rpfleger 2004, 228.
199 BGH WM 2009, 710; NJW 1993, 2876; BGH InVo 1997, 298 = MDR 1997, 880.

kannt wird (§ 852 ZPO).²⁰⁰ Ein diesbezügliches Verhalten des Schuldners kann vom Gläubiger nicht erzwungen werden;²⁰¹
- oder Dritte²⁰² eine **Bankbürgschaft** bzw. sonstige Sicherheit stellen (darauf hat der Gläubiger keinen Anspruch) sowie
- **auf die Geltendmachung von Rechtsbehelfen verzichtet**.²⁰³ Letzteres kommt jedoch nur in Betracht, wenn ein solcher Rechtsbehelf im konkreten Fall vernünftigerweise in Betracht kommen kann.²⁰⁴ Ein vorab ins Blaue hinein erklärter genereller Verzicht – seine Wirksamkeit dahingestellt – auf die Erhebung von irgendwelchen Rechtsbehelfen genügt nicht, weil ein Nachgeben in solchen Fällen nur rein theoretischen Charakter hat.

bb) Streit oder Ungewissheit wird nicht beseitigt. Nicht ausreichend ist: 168
- nach der Rechtsprechung das **Einverständnis des Gläubigers mit einer vom Gerichtsvollzieher** ausgesprochenen **Ratenzahlung** (vgl. zur **gütlichen Erledigung** gemäß § 802b ZPO Rdn 185 ff.).²⁰⁵ Entsprechend genügt es dann ebenfalls nicht, dass der Anwalt den Mandanten dahingehend berät, sein notwendiges Einverständnis mit einer vom Gerichtsvollzieher evtl. bewilligten Ratenzahlung vorab zu erklären bzw. der vom Gerichtsvollzieher vorläufig ausgesprochenen Ratenzahlungsvereinbarung nicht zu widersprechen. Die Entscheidungen überzeugen zwar in mehrfacher Hinsicht nicht,²⁰⁶ wobei die Entscheidung des BGH auch nur den Fall des zuvor bereits erteilten Einverständnisses betrifft.²⁰⁷ Der Entscheidung des BGH ist aber aus einem anderen Grunde im Ergebnis zuzustimmen. Nach der inzwischen gefestigten Rechtsprechung des BGH²⁰⁸ kann der Gläubiger die Kosten eines außergerichtlichen Vergleichs und damit die Einigungsgebühr nur dann vom Schuldner erstattet verlangen, wenn dieser sich dazu ausdrücklich verpflichtet hat. Daran fehlte es jedoch in dem entschiedenen Fall.
Will der Anwalt des Gläubigers in derartigen Fällen eine Vergleichsgebühr erhalten, unterlässt er eine Vorab-Erklärung zum Einverständnis einer Ratenzahlung. Der Gerichtsvollzieher wird dann ein solches Einverständnis zunächst unterstellen, es sei denn, der Gläubiger hat mit dem Vollstreckungsauftrag den Auftrag zur Abnahme der Vermögensauskunft verbunden. Mit der Übersendung des Protokolls unterrichtet der Gerichtsvollzieher den Gläubiger darüber. Lehnt der Anwalt des Gläubigers das Angebot des Schuldners ab und unterbreitet ihm direkt – nicht über den Gerichtsvollzieher – ein eigenes Angebot, das eine Einigung i.S.v. VV 1000 darstellt, mit dem ausdrücklichen Hinweis darauf, dass durch dessen Annahme eine Einigungsgebühr entsteht und der Schuldner sich zu deren Kostenübernahme verpflichtet, und nimmt der Schuldner dieses Angebot dann an, ist eine erstattungsfähige Einigungsgebühr erwachsen.
- die bloße **Inaussichtstellung künftiger Geschäftsbeziehungen** ohne konkrete dahin gehende Verpflichtung²⁰⁹

---

200 BGH FamRZ 2009, 869 = MDR 2009, 648.
201 BGH InVo 1997, 298 = MDR 1997, 880.
202 Mayer/Kroiß/*Klees*, RVG, VV 1000 Rn 17; Bischof-Bräuer, RVG, VV 3309 Rn 74; *Enders*, JurBüro 1999, 57, 58; *Hansens*, BRAGO, § 23 Rn 8.
203 BGH FamRZ 2009, 43; LG Saarbrücken JurBüro 2006, 316: Verzicht auf Einspruch gegen Vollstreckungsbescheid; *Hansens*, BRAGO, § 23 Rn 8; *Hartmann*, KostG, RVG VV 1000 Rn 49 – „Teilzahlungsvergleich"; *Enders*, JurBüro 1999, 57, 58, jeweils m.w.N.
204 OLG Stuttgart JurBüro 1994, 739 = Rpfleger 1994, 367; LG Tübingen DGVZ 2001, 119; LG Hagen DGVZ 1992, 120; AG Berlin-Schöneberg DGVZ 1998, 174; *Hansens*, BRAGO, § 23 Rn 8; zu großzügig daher LG Darmstadt AGS 1999, 25.
205 BGH AGS 2006, 496 = RVGreport 2006, 382 = Rpfleger 2006, 674 = DGVZ 2007, 24; LG Duisburg AGS 2013, 577 = RVGreport 2013, 431; AG Schleswig AGS 2014, 274 = NJW-Spezial 2014, 379; LG Koblenz DGVZ 2006, 61; LG Bonn JurBüro 2005, 77; *Kessel*, DGVZ 2004, 179; differenzierend *Hartmann*, KostG, RVG VV 1000 Rn 29 „Gerichtsvollzieher"; a.A. *Mock*, DGVZ 2004, 469, 473.
206 So wird einerseits argumentiert, der Gerichtsvollzieher entscheide über die Ratenzahlung, andererseits wird aber dennoch erkannt, dass ohne die Zustimmung des Gläubigers der Gerichtsvollzieher eine Ratenzahlung nicht gewähren darf. Zudem besteht zwischen Gläubiger und Schuldner ein gesetzliches Schuldverhältnis, auf das beide einvernehmlich einwirken können. So ist der Gläubiger, der sich nicht schon vorab mit der Ratenzahlung einverstanden erklärt hat, nicht gehindert, den Vorschlag des Schuldners, den der Gerichtsvollzieher im Protokoll vermerken muss, anzunehmen, auch wenn der Gerichtsvollzieher ihn für unzureichend hält und deshalb keine Ratenzahlung bewilligt hat.
207 So auch *Mock*, DGVZ 2004, 469, 473; Hansens/Braun/Schneider/*Volpert*, Teil 18 Rn 47.
208 AGS 2009, 95 = NJW 2009, 519; AGS 2007, 302 = Rpfleger 2007, 271 = JurBüro 2007, 294 im Anschluss an AGS 2006, 214 = DGVZ 2006, 68; a.A. OLG Köln 18.6.2009 – I-17 W 144/09, juris.
209 Vgl. OLG Zweibrücken InVo 1999, 326 = JurBüro 1999, 80 m. abl. Anm. *Enders*.

– die Vereinbarung eines **Zinsaufschlages**,[210] weil dadurch weder Streit noch Ungewissheit über das Ausgangsrechtsverhältnis beseitigt wird.

d) Nicht lediglich Anerkenntnis oder Verzicht

169 Beschränkt sich die Streitbeilegung auf die bloße und einseitige Abgabe eines – prozessualen oder/und materiell-rechtlichen – vollständigen Anerkenntnisses oder der Erklärung eines vollständigen Verzichts oder der Klagerücknahme, fällt keine Einigungsgebühr an; gleiches gilt, wenn eine diesbezügliche Vereinbarung vorliegt, deren Inhalt sich auf das Anerkenntnis oder den Verzicht beschränkt.

170 Sobald aber einvernehmlich eine darüber hinausgehende Regelung getroffen wird, fällt die Einigungsgebühr an. Wird der Klageanspruch verabredungsgemäß teilweise anerkannt und die Klage im Übrigen zurückgenommen, entsteht daher eine Einigungsgebühr (siehe VV 1000 Rdn 86 f.).[211] Der Verzicht auf einen Teil der titulierten Forderung (Hauptforderung, Zinsen, Kosten) gegen die Zusage des Schuldners, bis zu einem bestimmten Zeitpunkt die restliche Forderung zu begleichen, worin konkludent und damit ausreichend ein Verzicht auf die Einlegung von Rechtsbehelfen verbunden ist, reicht daher aus.

e) Mitwirkung

171 Erforderlich für das Entstehen der Einigungsgebühr ist ferner eine **Mitwirkung** des Anwalts, dass er also eine auf den Abschluss des Vertrages gerichtete mindestens mitursächliche Tätigkeit entfaltet hat. Dies ist nicht gegeben, wenn Gläubiger und Schuldner unmittelbar einen Vergleich schließen, ohne dass ihre Anwälte damit befasst wurden, wobei auch die bloße Vermittlung eines Besprechungstermins der Parteien durch den Anwalt nicht genügt.[212] Andererseits genügt es, dass der Anwalt den Vergleichsentwurf der Parteien prüft und erklärt, keine Bedenken zu haben.[213]

172 Der Anwalt wirkt nicht mit, wenn die Einigung/der Vergleich zwischen dem Gerichtsvollzieher und dem Schuldner aufgrund der dem Gerichtsvollzieher eingeräumten staatlichen Vollstreckungsgewalt erfolgt.[214]

f) Höhe der Gebühr

173 **aa) Gerichtliches Verfahren.** Ist über den Gegenstand des Vertrages kein **gerichtliches Verfahren** und auch kein **Prozesskostenhilfeverfahren** anhängig, erhält der Anwalt für seine Mitwirkung eine 1,5-Einigungsgebühr. Mit gerichtlichem Verfahren ist hier nicht das Erkenntnisverfahren gemeint, sondern ein Verfahren im Rahmen der Zwangsvollstreckung.[215] Schwebt also wegen der den Gegenstand des Vergleichs bildenden Forderung bereits ein Verfahren auf Erlass eines Pfändungs- und Überweisungsbeschlusses bzw. ist ein Verfahren gemäß § 765a ZPO oder § 766 ZPO anhängig, fällt gemäß VV 1003 nur eine 1,0-Einigungsgebühr an. Wegen der weiteren Einzelheiten wird auf die Erl. zu VV 1000 Rdn 151 ff. verwiesen.[216]

174 **bb) Beschwerdeverfahren.** Ist über den Gegenstand der Einigung in der Zwangsvollstreckung ein Beschwerdeverfahren anhängig, entsteht die Einigungsgebühr nach dem Wortlaut von VV 1003 grds. mit einem Satz von 1,0. VV 1004 (1,3) gilt grds. nicht, weil das Beschwerdeverfahren in der Zwangsvollstreckung nicht unter die in VV Vorb. 3.2.1 und 3.2.2 genannten Beschwerde- und Rechtsbeschwerdeverfahren fällt.

---

210 KG JurBüro 1981, 1361; *Enders*, JurBüro 1999, 57, 58 m.w.N.
211 OLG Stuttgart FamRZ 2011, 997 = MDR 2011, 636.
212 OLG Naumburg 28.12.2006 – 6 W 68/06, juris.
213 Gerold/Schmidt/*Müller-Rabe*, RVG, VV 1000 Rn 249; Hartung/Schons/*Enders*, RVG, Vorb. 3.3.3–3310 Rn 88.
214 BGH AGS 2006, 496; LG Duisburg AGS 2013, 577 = RVGreport 2013, 431; AG Düsseldorf AGS 2014, 120 = DGVZ 2013, 219; AG Augsburg AGS 2014, 162 = RVGreport 2014, 108; AG Oberndorf JurBüro 2013, 586; AG Schleswig AGS 2014, 274 = NJW-Spezial 2014, 379.
215 Hansens/Braun/Schneider/*Volpert*, Teil 18 Rn 41; Mayer/Kroiß/*Gierl*, RVG, VV 3310 Rn 10.
216 Vgl. auch *Schneider*, AGS 2010, 417 m. Abrechnungsbsp.

Eine Ausnahme gilt nur für die unter VV Vorb. 3.2.1 Nr. 2a und 3.2.2 Nr. 1a fallenden Beschwerden und Rechtsbeschwerden bei ausländischen Titeln. Auf die Erl. zu VV Vorb. 3.2.1 Rdn 29 ff. wird verwiesen. **175**

cc) Verfahren vor dem Gerichtsvollzieher. Nach der Anm. Abs. 1 S. 3 zu VV 1003 steht das Verfahren vor dem Gerichtsvollzieher einem gerichtlichen Verfahren gleich. Im Verfahren vor dem Gerichtsvollzieher fällt deshalb gemäß VV 1003 nur eine 1,0-Einigungsgebühr an. **176**

Ist der Einigungsgegenstand im Vollstreckungsverfahren bei dem Gerichtsvollzieher und gleichzeitig im Berufungsverfahren anhängig, beträgt die Einigungsgebühr 1,3: **177**

> **Beispiel 1 (Berufung und Einigung vor dem Gerichtsvollzieher):** Rechtsanwalt R erwirkt für den von ihm vertretenen Kläger ein für vorläufig vollstreckbar erklärtes Zahlungsurteil über 5.000 EUR. Der Beklagte legt hiergegen Berufung ein. R beauftragt den Gerichtsvollzieher GV mit der Zwangsvollstreckung gegen den Schuldner. Der Schuldner meldet sich aufgrund des Vollstreckungsversuchs des GV sofort bei R und erzielt mit diesem eine unter VV 1000 fallende Ratenzahlungsvereinbarung.
> **Lösung:**
> 1. 0,3 Verfahrensgebühr, VV 3309
> 2. **1,3** Einigungsgebühr, VV 1004, 1003

Wenn die Einigung die Voraussetzungen der VV 1000 erfüllt, ist der Einigungsgegenstand zum einen in einem dem gerichtlichen Verfahren gleichstehenden Verfahren vor dem Gerichtsvollzieher (Mobiliarvollstreckung) und zum anderen im Berufungsverfahren anhängig. Während die Einigungsgebühr im Verfahren vor dem Gerichtsvollzieher nach Abs. 1 S. 3 der Anm. zu VV 1003 1,0 beträgt, entsteht bei Anhängigkeit des Einigungsgegenstands im Berufungsverfahren eine 1,3 Einigungsgebühr nach VV 1004, 1003. Maßgeblich ist dann der höhere Gebührensatz der Einigungsgebühr nach VV 1004, 1003 in Höhe von 1,3.[217]

Ist der Gerichtsvollzieher nur Zustellungsorgan, beträgt die Einigungsgebühr 1,5: **178**

> **Beispiel 2 (Zustellung durch den Gerichtsvollzieher):** Der Schuldner ist zur Zahlung von 5.000 EUR rechtskräftig verurteilt worden. Rechtsanwalt R beauftragt den Gerichtsvollzieher GV mit der Zustellung eines vorläufigen Zahlungsverbots an den Schuldner. Kurze Zeit später wird eine Ratenzahlungsvereinbarung zwischen Gläubiger und Schuldner erzielt.
> **Lösung:**
> 1. 0,3 Verfahrensgebühr, VV 3309
> 2. **1,5** Einigungsgebühr, VV 1000

Bei der Zustellung einer Vorpfändungsbenachrichtigung gemäß § 845 ZPO wird der Gerichtsvollzieher als Vollstreckungsorgan tätig, wenn er vom Gläubiger gemäß § 845 Abs. 1 S. 2 ZPO mit der **Anfertigung der Vorpfändungsbenachrichtigung** beauftragt worden ist. In diesem Fall muss der Gerichtsvollzieher nach § 126 Abs. 3 GVGA die Voraussetzungen der Vorpfändung prüfen. Hierzu gehört insbesondere, ob der Gläubiger einen vollstreckbaren Schuldtitel erwirkt hat.

Wird der Gerichtsvollzieher nur mit der **Zustellung** der vom Gläubiger gefertigten Vorpfändungsbenachrichtigung beauftragt, wird der Gerichtsvollzieher nicht als Vollstreckungsorgan, sondern als Zustellungsorgan tätig (vgl. § 126 Abs. 4 GVGA). **179**

Aus der Regelung in Abs. 1 S. 3 der Anm. zu VV 1003 geht nicht hervor, ob der Gesetzgeber nur bei Tätigkeit im Zwangsvollstreckungsverfahren vor dem Gerichtsvollzieher oder auch bei Tätigkeit des Gerichtsvollziehers als Zustellungsorgan von einem Verfahren vor dem Gerichtsvollzieher ausgeht. Wird der Gerichtsvollzieher nur mit der Zustellung der Vorpfändungsbenachrichtigung beauftragt, liegt nur ein Auftrag für eine einzelne Handlung vor, sodass kein Verfahren vor dem Gerichtsvollzieher vorliegen dürfte. **180**

dd) Gegenstandswert. Für den Gegenstandswert der Einigungsgebühr sind §§ 25 und 31b zu beachten. § 31b ist im Zusammenhang mit der Einigungsgebühr für Zahlungsvereinbarungen in Abs. 1 Nr. 2 der Anm. zu VV 1000 zu sehen. Die Regelung soll sicherstellen, dass als Wert einer solchen Vereinbarung immer nur ein Bruchteil der zugrunde liegenden Forderung maßgebend ist. **181**

§ 31b regelt nur den Wert der Einigungsgebühr. Für die Gebühren nach VV 3309 f. gilt § 31b nicht. Zum Gegenstandswert für die Einigungsgebühr vgl. die Erl. zu § 31b Rdn 5 ff. **182**

---

217 *Volpert*, RENOpraxis 2007, 76, 91; *N. Schneider*, Fälle und Lösungen zum RVG, 3. Aufl., § 32 Rn 61.

183 Der Wert richtet sich nur dann nach § 31b und beträgt 20 % des Anspruchs, wenn Gegenstand der Einigung **nur** eine Zahlungsvereinbarung ist. Ist die Forderung umstritten und erfolgte dann eine Einigung, die eine Zahlungsvereinbarung enthält, gilt die Beschränkung aus § 31b nicht. Auch wenn bei einer Ratenzahlungsvereinbarung zusätzlich eine Sicherungsabtretung vereinbart wird, gilt die Beschränkung nach § 31b nicht.[218]

g) Erstattungsfähigkeit

184 Zur Frage der **Erstattungsfähigkeit** der Einigungsgebühr siehe Rdn 224 ff.

h) Gütliche Erledigung (§ 802b ZPO)

185 **aa) Verfahrensrecht.** Gemäß § 802b Abs. 1 ZPO ist der Gerichtsvollzieher in jedem Stadium der Vollstreckung verpflichtet, auf eine gütliche Erledigung hinzuwirken (Leitlinie der Mobiliarvollstreckung).[219] Aus § 802a Abs. 2 S. 2, Abs. 2 S. 1 Nr. 1 ZPO ergibt sich zunächst, dass der Gerichtsvollzieher aufgrund des Vollstreckungsauftrags befugt ist, die gütliche Erledigung zu versuchen. Der Gläubiger kann den Gerichtsvollzieher aber auch **isoliert** mit dem Versuch einer gütlichen Erledigung der Sache beauftragen.

186 **bb) Einigungsvertrag/Mitwirkung.** Hat der Gläubiger eine Zahlungsvereinbarung nicht ausdrücklich ausgeschlossen (vgl. § 802b Abs. 2 S. 1 ZPO), entsteht für den Rechtsanwalt des Gläubigers grds. keine Einigungsgebühr nach VV 1000, wenn der Gerichtsvollzieher dem Schuldner eine Zahlungsfrist einräumt oder eine Tilgung durch Teilleistungen (Ratenzahlung) gestattet. Denn es wird kein Einigungsvertrag zwischen Gläubiger und Schuldner geschlossen, an dem der Gläubiger-Vertreter mitgewirkt hat (siehe Rdn 185).[220]

187 Nicht ausreichend ist also der bloße Umstand, dass der Gläubiger eine gütliche Erledigung von vornherein ausschließen oder er einer Zahlungsvereinbarung unverzüglich nach Unterrichtung durch den Gerichtsvollzieher widersprechen kann.[221] Die erforderliche Mitwirkung des Rechtsanwalts wird hierdurch nicht ersetzt. Das Unterlassen steht keinem Handeln und damit auch keiner Mitwirkung gleich.[222]

188 Dasselbe gilt, wenn der Gläubiger die Zustimmung zu einer Zahlungsvereinbarung von der Zahlung einer Mindestrate oder einem bestimmten Erfüllungszeitraum abhängig macht.[223] Die Zahlungsvereinbarung und der damit verbundene **Vollstreckungsaufschub** (§ 802b Abs. 2 S. 2 ZPO) erfolgt zwischen Gerichtsvollzieher und Schuldner aufgrund der dem Gerichtsvollzieher eingeräumten **staatlichen Vollstreckungsgewalt**.[224]

189 **cc) Mögliche anwaltliche Mitwirkung.** Eine Einigungsgebühr für die Mitwirkung bei einer gütlichen Erledigung i.S.v. § 802b ZPO wird aufgrund des Umstandes, dass der Vollstreckungsauftrag

---

218 AG Vaihingen JurBüro 2015, 550.
219 BT-Drucks 16/10069, S. 24.
220 LG Duisburg AGS 2013, 577 = RVGreport 2013, 431; AG Düsseldorf AGS 2014, 120 = DGVZ 2013, 219; AG Augsburg AGS 2014, 162 = RVGreport 2014, 108; AG Schleswig AGS 2014, 274 = NJW-Spezial 2014, 379; AG Oberndorf JurBüro 2013, 586; *Volpert*, RVGreport 2013, 375, 377; *Volpert*, RVGreport 2012, 442, 444; So auch HK-ZV-*Sternal*, § 802b ZPO Rn 37; HK-ZV-*Kessel*, § 788 ZPO Rn 92e; *Enders*, JurBüro 2012, 633, 637; So zu den Vorgängerregelungen §§ 900 Abs. 3, 806b, 813a ZPO BGH AGS 2006, 496 = RVGreport 2006, 382 = Rpfleger 2006, 674 = JurBüro 2007, 24; LG Bonn DGVZ 2005, 77; LG Koblenz DGVZ 2006, 61.
221 LG Duisburg AGS 2013, 577 = RVGreport 2013, 431; AG Schleswig AGS 2014, 274 = NJW-Spezial 2014, 379; AG Augsburg AGS 2014, 162 = RVGreport 2014, 108; AG Oberndorf JurBüro 2013, 586.
222 LG Duisburg AGS 2013, 577 = RVGreport 2013, 431.
223 *Volpert*, RVGreport 2013, 375, 377; *Volpert*, RVGreport 2012, 442, 444; So auch HK-ZV-*Sternal*, § 802b ZPO Rn 37; HK-ZV-*Kessel*, § 788 ZPO Rn 92e; *Enders*, JurBüro 2012, 633, 637; Vgl zur Rechtslage bis 31.12.2012 LG Koblenz DGVZ 2006, 61; AG Euskirchen AGS 2005, 199; AG Wiesbaden DGVZ 2007, 159.
224 LG Duisburg AGS 2013, 577 = RVGreport 2013, 431; AG Düsseldorf AGS 2014, 120 = DGVZ 2013, 219; AG Augsburg AGS 2014, 162 = RVGreport 2014, 108; AG Schleswig AGS 2014, 274 = NJW-Spezial 2014, 379; AG Oberndorf JurBüro 2013, 586; *Volpert*, RVGreport 2013, 375, 377; *Volpert*, RVGreport 2012, 442, 444; So auch HK-ZV-*Sternal*, § 802b ZPO Rn 37; HK-ZV-*Kessel*, § 788 ZPO Rn 92e; *Enders*, JurBüro 2012, 633, 637; BGH AGS 2006, 496 = RVGreport 2006, 382 = Rpfleger 2006, 674 = JurBüro 2007, 22.

gemäß § 802a Abs. 2 S. 2 für den Gerichtsvollzieher stets die Befugnis umfasst, eine gütliche Erledigung zu versuchen, immer dann in Betracht kommen, wenn die Einigung unmittelbar zwischen Gläubiger-Vertreter und Schuldner erfolgt. In den folgenden, beispielhaft aufgeführten Fällen kann die gütliche Erledigung deshalb zur Entstehung der Einigungsgebühr führen:[225]

– **Gütliche Erledigung wird im Vollstreckungsauftrag ausgeschlossen:** Deshalb ist der Anfall einer Einigungsgebühr z.B. möglich, wenn der Gläubiger-Vertreter eine Zahlungsvereinbarung durch den Gerichtsvollzieher im Vollstreckungsauftrag (ausdrücklich) ausschließt (§ 802b Abs. 2 S. 1 ZPO). Denn dann kann es anschließend unter Mitwirkung des Rechtsanwalts ohne Beteiligung des Gerichtsvollziehers zu einer Zahlungsvereinbarung zwischen Gläubiger und Schuldner kommen, in der z.B. eine Tilgung der Schuld durch Ratenzahlungen vereinbart wird (zur Entstehung der Einigungsgebühr bei einer Ratenzahlungsvereinbarung vgl. Rdn 124 ff. und VV 1000 Rdn 120 ff. sowie VV 1003, 1004 Anh. Rdn 163 ff.).[226] **Gütliche Erledigung vor Erteilung des Vollstreckungsauftrags:** Die Einigungsgebühr kann auch entstehen, wenn der Rechtsanwalt nach Erteilung des Vollstreckungsauftrags, aber vor der Erteilung des die gütliche Erledigung umfassenden Vollstreckungsauftrags an den Gerichtsvollzieher mit dem Schuldner eine Zahlungsvereinbarung gemäß § 802b Abs. 2 ZPO trifft.[227]

190

– **Einigung, nachdem gütliche Erledigung hinfällig geworden ist:** Die von dem Gerichtsvollzieher herbeigeführte Zahlungsvereinbarung gemäß § 802b Abs. 2 ZPO wird hinfällig, weil der Gläubiger der Vereinbarung unverzüglich widerspricht (§ 802b Abs. 3 S. 2 ZPO) oder weil der Schuldner mit einer festgesetzten Zahlung ganz oder teilweise länger als zwei Wochen in Rückstand gerät (§ 802b Abs. 3 S. 3 ZPO). Die Einigungsgebühr kann entstehen, wenn Gläubiger-Vertreter und Schuldner anschließend ohne Mitwirkung des Gerichtsvollziehers eine Ratenzahlungsvereinbarung treffen.[228]

– **Zahlungsvereinbarung entspricht nicht § 802b Abs. 2 ZPO:** Hat der Rechtsanwalt eine Zahlungsvereinbarung durch den Gerichtsvollzieher im Vollstreckungsauftrag zwar nicht ausdrücklich ausgeschlossen, entspricht die unter Mitwirkung des Gerichtsvollziehers abgeschlossene Vereinbarung aber nicht § 802b Abs. 2 ZPO (z.B. weil die Ratenzahlung nicht innerhalb von 12 Monaten abgeschlossen ist, § 802b Abs. 2 S. 3 ZPO), ist eine zur Entstehung der Einigungsgebühr führende Mitwirkung des Rechtsanwalts möglich.[229]

3. Erledigungsgebühr, VV 1002, 1003

Soweit in Verfahren des Verwaltungszwanges eine Einigungsgebühr wegen des öffentlich-rechtlichen Charakters nicht in Betracht kommt, kann neben der Gebühr für die Tätigkeit in der Zwangsvollstreckung eine Erledigungsgebühr nach VV 1002, 1003 entstehen.

191

4. Hebegebühr, VV 1009

Ist der Anwalt im Rahmen der Zwangsvollstreckung mit der Weiterleitung eingegangener Zahlungen beauftragt, steht ihm zusätzlich eine **Hebegebühr** gemäß VV 1009 zu, deren Erstattungsfähigkeit allerdings umstritten ist (siehe VV 1009 Rdn 76 ff.).[230]

192

Zur **Erstattungsfähigkeit** der Hebegebühr vgl. Rdn 255 ff.

193

---

225 So auch *Hansens*, Anm. zu LG Duisburg RVGreport 2013, 431, 432.
226 *Volpert*, RVGreport 2013, 375, 377; *Volpert*, RVGreport 2012, 442, 444; *Enders*, JurBüro 2012, 633, 637.
227 *Enders*, JurBüro 2012, 633, 637; so wohl auch *Mock*, Vollstreckung effektiv 2013, 27, 28.
228 *Enders*, JurBüro 2012, 633, 637.
229 *Enders*, JurBüro 2012, 633, 637.
230 Vgl. AG Freiburg AGS 2009, 199; LG Saarbrücken JurBüro 2006, 316; AG Limburg AGS 2005, 308; LG Detmold AGS 2003, 129 m. abl. Anm. *Schneider* = Rpfleger 2003, 36; Zöller/*Herget*, § 91 Rn 13 „Geld"; MüKo/ *Karsten Schmidt*, ZPO, § 788 Rn 24 „Anwaltskosten-Hebegebühr" m.w.N.; Mayer/Kroiß/*Klees*, RVG, VV 1009 Rn 23; *Hartmann*, KostG, RVG VV 1009 Rn 19 ff.

C. Einzelfälle (Vollstreckungs-ABC der Zwangsvollstreckung)

I. Einstellung der Zwangsvollstreckung

194 Die Zugehörigkeit zum Rechtszug gilt ebenso für den Anwalt, der eine der im Achten Buch der ZPO geregelten Klagen erhebt, in diesem Zusammenhang einen Antrag auf **einstweilige Einstellung der Zwangsvollstreckung** stellt und dann tätig wird im Verfahren der dafür ggf. erforderlichen Sicherheitsleistung (z.B. §§ 767, 768, 771 i.V.m. 769 ZPO), es sei denn, es hätte über den Einstellungsantrag eine abgesonderte mündliche Verhandlung stattgefunden (vgl. § 19 Abs. 1 S. 2 Nr. 11, VV 3328).[231]

II. Festsetzung der Vollstreckungskosten

195 Hat der Gläubiger die Festsetzung von **Kosten der Zwangsvollstreckung** beantragt, stellt der vom Anwalt des Schuldners dagegen erklärte **Widerspruch** eine Tätigkeit in der Zwangsvollstreckung dar, die eine Gebühr gemäß VV 3309 auslöst.[232]

III. Verteilungsverfahren gemäß §§ 858 Abs. 5, 872 bis 877, 882 ZPO

1. Gegenstandswert/Angelegenheit

196 Der **Gegenstandswert** für die Tätigkeit im Verteilungsverfahren gemäß §§ 858 Abs. 5, 872 bis 877, 882 ZPO ergibt sich aus § 25 Nr. 1, 4. Hs. Auf die Erl. zu § 25 Rdn 56 ff. wird verwiesen.

197 Gemäß § 18 Abs. 1 Nr. 10 bildet das Verteilungsverfahren gem. § 858 Abs. 5, §§ 872 bis 877, 882 ZPO eine besondere Angelegenheit. Die Gebühren VV 3309, 3310 entstehen daher gesondert (vgl. § 18 Rdn 123 ff.).

2. Gebühren

198 Für die Tätigkeit im Verteilungsverfahren erhält der Rechtsanwalt die Verfahrensgebühr VV 3309 und für die Teilnahme an einem gerichtlichen Termin im Verteilungsverfahren die Terminsgebühr nach VV 3310.[233] Teilweise[234] wird allerdings die Auffassung vertreten, das Verteilungsverfahren gemäß §§ 872 ff. ZPO falle nicht unter VV 3309, 3310, sondern unter **VV 3333**. Dafür könnte sprechen, dass nach der Vorb. 3.3.3 die Bestimmung der VV 3309 nur gilt, „soweit nachfolgend keine besonderen Gebühren bestimmt sind" und VV 3333 generell das Verteilungsverfahren außerhalb der Zwangsversteigerung und Zwangsverwaltung betrifft.

199 In der Gesetzesbegründung[235] zu VV 3333 wird jedoch nur auf § 71 BRAGO Bezug genommen, während das Verteilungsverfahren gemäß §§ 872 ff. ZPO in § 60 BRAGO geregelt war. Zudem verweist die Anm. S. 1 zu VV 3333 hinsichtlich des Gegenstandswertes auf § 26, während der Gegenstandswert für das Verteilungsverfahren gemäß §§ 872 ff. ausdrücklich in § 25 geregelt ist. Das spricht für die Anwendung der VV 3309 und 3310, zumal es nach der Anm. 2 zu VV 3333 dort keine Terminsgebühr gäbe.[236]

---

231 OLG Koblenz JurBüro 2007, 640; LAG München AGS 2008, 18.
232 OLG Koblenz JurBüro 1999, 328.
233 *Volpert*, RVGreport 2004, 450, 455; Hansens/Braun/Schneider/*Volpert*, Teil 18 Rn 25; Gerold/Schmidt/*Müller-Rabe*, RVG, VV 3310 Rn 7.
234 Gerold/Schmidt/*Müller-Rabe*, RVG, VV 3333 Rn 3; Riedel/Sußbauer/*Keller*, RVG, VV 3324–3338 Rn 48; *Hartmann*, KostG, RVG VV 3333 Rn 2.
235 BT-Drucks 15/1971 S. 217.
236 So im Erg. auch Hansens/Braun/Schneider/*Volpert*, Teil 18 Rn 25; Mayer/Kroiß/*Gierl*, RVG, VV 3333 Rn 3; Hartung/*Schons/Enders*, RVG, VV Vorb. 3.3.3 Rn 70; Zöller/*Stöber*, § 872 Rn 8.

3. Anlass für ein Verteilungsverfahren

Das Verteilungsverfahren findet **Anwendung in den Fällen der §§ 827 Abs. 2, 853, 854, 858 Abs. 5 ZPO**. Ihnen liegt stets die gleiche Sachlage zugrunde: Mehrere Gläubiger haben einen Gegenstand pfänden lassen, der zur Befriedigung aller nicht ausreicht. Ist mindestens einer der Gläubiger mit der Auskehr des Erlöses nach der Rangfolge des § 804 ZPO nicht einverstanden, hat der Gerichtsvollzieher den Erlös beim Amtsgericht unter Anzeige des Sachverhaltes zu hinterlegen. **200**

Damit der Drittschuldner bei der Pfändung derselben Forderung durch mehrere Gläubiger nicht das Risiko eingehen muss, an den falschen zu leisten, gibt das Gesetz ihm die Möglichkeit, den Schuldbetrag unter Anzeige der Sachlage beim Amtsgericht zu hinterlegen; auf Verlangen eines Gläubigers, dem der gepfändete Anspruch überwiesen worden ist, ist er dazu auch verpflichtet. Eine entsprechende Situation kann sich bei der Pfändung eines Schiffsparts ergeben. **201**

4. Verfahren beim Amtsgericht

Das Amtsgericht muss in all diesen Fällen sodann von Amts wegen ein **Verteilungsverfahren gemäß §§ 872 ff. ZPO** durchführen. Es hat nach Eingang der Anzeige über die Sachlage an jeden der beteiligten Gläubiger die Aufforderung zu erlassen, binnen zwei Wochen eine Berechnung der Forderung an Kapital, Zinsen, Kosten und sonstigen Nebenforderungen einzureichen. Nach Ablauf der Frist fertigt das Amtsgericht einen Teilungsplan und bestimmt Termin zur Ausführung der Verteilung. Soweit im Termin kein Widerspruch erhoben wird, ist der Verteilungsplan auszuführen. **202**

Wird von einem Gläubiger Widerspruch erhoben, der nicht von allen anderen anerkannt wird, muss dieser Gläubiger binnen eines Monats Klage erheben, ansonsten wird das Verfahren auch hinsichtlich des streitigen Teils fortgesetzt. Aufgrund des erlassenen Urteils wird die Auszahlung oder das anderweitige Verteilungsverfahren von dem Verteilungsgericht angeordnet. **203**

5. Widerspruchs- und Bereicherungsklage

Nicht zu den genannten Verteilungsverfahren gehört das Verfahren der **Widerspruchs- bzw. Bereicherungsklage** selbst (**§§ 878 bis 881 ZPO**). Das Verfahren der Widerspruchs- bzw. Bereicherungsklage stellt eine **besondere Angelegenheit** dar, weil es nicht im, sondern neben dem Verteilungsverfahren geführt wird. Für den Anwalt entstehen in diesem besonderen Verfahren daher die Gebühren der **VV 3100 ff.**, die auf die Gebühr nach den VV 3309 und 3310 **nicht angerechnet** werden. **204**

Nicht mehr zum Bereich der Widerspruchsklage gehört allerdings die Tätigkeit nach deren Abschluss, also die **Anordnung der Auszahlung** des bis dahin streitigen Teils oder die Anordnung des **anderweitigen Verteilungsverfahren** (§ 882 ZPO). Dies stellt nur die Fortsetzung und Beendigung des alten Verteilungsverfahrens dar.[237] **205**

6. Verteilungsverfahren für mehrere Gläubiger

Werden Gehaltsforderungen oder ähnliche in **fortlaufenden Bezügen** bestehende Forderungen (§ 832 ZPO) von **mehreren Gläubigern** gepfändet und kommt es deshalb zu mehrfachen Hinterlegungen, wird nur ein einheitliches Verteilungsverfahren durchgeführt, in das auch die zukünftigen noch fällig werdenden Beträge und die entsprechenden Hinterlegungen miteinbezogen werden. Es handelt sich auch gebührenrechtlich dabei nur um ein einziges Verteilungsverfahren.[238] **206**

7. Verteilungsverfahren bei Zwangsversteigerung/Zwangsverwaltung/Insolvenz

Keine Anwendung finden VV 3309, 3310 auf das Verteilungsverfahren im Rahmen einer Zwangsversteigerung und Zwangsverwaltung; dieses gehört zum Unterabschnitt 4 (vgl. VV 3333 Rdn 4). **207**

---

237 Hansens/Braun/Schneider/*Volpert*, Teil 18 Rn 156; Gerold/Schmidt/*Müller-Rabe*, RVG, VV 3333 Rn 15; *Hartmann*, KostG, RVG VV 3333 Rn 2.

238 Gerold/Schmidt/*Müller-Rabe*, RVG, VV 3333 Rn 9; Riedel/Sußbauer/*Schütz*, RVG, VV 3333 Rn 51; *Hansens*, BRAGO, § 60 Rn 2.

Die Verteilung im Rahmen des Insolvenzverfahrens gemäß §§ 187 ff. InsO wird mit der Gebühr nach VV 3317 abgegolten. Sonstige Verteilungsverfahren unterfallen VV 3333.

IV. Vollstreckungs-ABC der Zwangsvollstreckung

208 Aus der nachfolgenden alphabetischen Übersicht ergibt sich, bei welchen Bestimmungen einzelne vollstreckungsrechtliche Frage- und Problemstellung erläutert werden.

209

Stichwort	Fundstelle
Abschiebungsandrohung	VV 3309 Rdn 69
Adressenermittlung	VV 3309 Rdn 109; § 18 Rdn 45 ff.
Anderweitige Verwertung, § 825 ZPO	§ 18 Rdn 118 ff.
Androhung von Ordnungsmitteln	§ 18 Rdn 149 ff.; § 19 Rdn 208 ff.
Androhung der Vollstreckung	§ 18 Rdn 59; VV 3309 Rdn 79 ff.
Angelegenheit in der Zwangsvollstreckung	§ 18 Rdn 33 ff.; VV 3309 Rdn 31 ff.
Anwendungsbereich § 18 Abs. 1 Nr. 1 und 2	§ 18 Rdn 1 ff., 22 ff.
Anwendungsbereich § 18 Abs. 1 Nr. 4 bis 21	§ 18 Rdn 22 ff.
Anwendungsbereich VV 3309, 3310	VV Vorb. 3.3.3 Rdn 1 ff.
Anzeige der Vollstreckungsabsicht gegenüber der öffentl. Hand	§ 19 Rdn 207; VV 3309 Rdn 96 f.
Arrest	§ 18 Rdn 32, 230 ff.; VV 3309 Rdn 31 ff.
Aufenthaltsermittlung	§ 18 Rdn 45 ff.; VV 3309 Rdn 109
Aufforderung zur Leistung ohne Androhung der Zwangsvollstreckung	VV 3309 Rdn 71 ff.
Aufhebung einer Vollstreckungsmaßnahme	§ 19 Rdn 211 f.
Aufhebung von Arrest/einstweilige Verfügung	VV 3309 Rdn 40 ff.
Aufschub gem. §§ 806b, 813a ZPO a.F.	§ 18 Rdn 67
Auskunftsrechte des Gerichtsvollziehers	§ 18 Rdn 195 ff.
Ausland, Zwangsvollstreckung im –	VV 3309 Rdn 141
Ausländergesetz	VV 3309 Rdn 69
Austauschpfändung, § 811a ZPO	§ 18 Rdn 112 ff.
Beauftragung eines Anwalts mit der Zwangsvollstreckung	VV 3309 Rdn 219 ff.
Beendigung der Vollstreckungsmaßnahme	§ 18 Rdn 35 f.
Befriedigung des Gläubigers	§ 18 Rdn 35 ff.
Beginn der Zwangsvollstreckung	VV 3309 Rdn 70 ff.
Besondere Angelegenheit	§ 18 Rdn 1 ff., 33 ff.; VV 3309 Rdn 31 ff.
Bestimmung eines Gerichtsvollziehers/Sequesters	§ 19 Rdn 206
Beschaffung von Urkunden	VV 3309 Rdn 28
Beschwerdeverfahren	§ 18 Rdn 85 ff.
Bürgschaftsurkunde, Zustellung	§ 19 Rdn 180; VV 3309 Rdn 106, 118
Dienstaufsichtsbeschwerde	§ 19 Rdn 194 ff.
Dieselbe Angelegenheit	§ 18 Rdn 33 ff.; VV 3309 Rdn 31 ff.; § 19 Rdn 185 ff.
Dritte, Einholung von Auskünften (§ 802l ZPO)	§ 18 Rdn 195 ff.
Dritte, Tätigkeit für –	VV 3309 Rdn 119 ff.
Dritte, Tätigkeit gegenüber Dritten	VV 3309 Rdn 20 ff.
Drittschuldnererklärung	VV 3309 Rdn 121 ff.
Drittschuldnerprozess	VV 3309 Rdn 251 ff.
Durchsuchungsanordnung § 758a ZPO	§ 19 Rdn 189 f.
Eidesstattliche Versicherung	§ 18 Rdn 145, 161, 202 ff.; VV 3309 Rdn 280
Einigungsgebühr	VV 3309 Rdn 156 ff.
Einstweilige Anordnung im Rahmen der Zwangsvollstreckung	§ 18 Rdn 94, 108, 230

Abschnitt 3. Gebühren für besondere Verfahren VV 3309

Stichwort	Fundstelle
Einstweilige Einstellung, Fortsetzung der Zwangsvollstreckung	§ 18 Rdn 35; VV 3309 Rdn 194; § 19 Rdn 153
Einstweilige Verfügung	§ 18 Rdn 32, 230; VV 3309 Rdn 31 ff.
Erbscheinbesorgung	VV 3309 Rdn 28
Erinnerung (§ 766 ZPO)	§ 19 Rdn 194 ff.; VV 3309 Rdn 108
Erledigungsgebühr	VV 3309 Rdn 191; VV 1002
Erneute Vermögensauskunft (§ 802d ZPO)	§ 18 Rdn 169 ff.
Erneute Vollstreckung	§ 18 Rdn 189; VV 3309 Rdn 217
Erstattungsfähigkeit der Zwangsvollstreckungskosten	VV 3309 Rdn 210 ff.
Europäischer Beschluss zur vorläufigen Kontenpfändung	VV Vorb. 3.3.3 Rdn 1
Europäischer Vollstreckungstitel	§ 18 Rdn 106
Festsetzungsantrag	VV 3309 Rdn 264
FamFG	§ 18 Rdn 225 ff.; § 19 Rdn 153, 191 ff., 225 ff.; VV 3309 Rdn 52 ff.
Forderungspfändung, dieselbe Angelegenheit	§ 18 Rdn 78 ff.
Gegenstandswert	§ 25; VV 3309 Rdn 31 ff.
Gerichtliches Verfahren über einen Akt der Zwangsvollstreckung	VV 3309 Rdn 66 f.
Gerichtsvollzieherbestimmung	§ 19 Rdn 206
Gesamtschuldner	§ 18 Rdn 118, 140; VV 3309 Rdn 151, 249
Geschäftslokal/Wohnung	§ 18 Rdn 64
Grundbuch Eintragung	VV 3309 Rdn 22, 45, 8 ff., 145 und 188
Gütliche Erledigung (Zahlungsvereinbarung), Angelegenheit	§ 18 Rdn 67 ff.
Gütliche Erledigung (Zahlungsvereinbarung), Einigungsgebühr	VV 3309 Rdn 185 ff.
Handelsregister, Eintragung	VV 3309 Rdn 26, 48
Hebegebühr	VV 3309 Rdn 192, 255 ff.
Insolvenzverfahren, Anmeldung, Berichtigung der Tabelle	VV 3309 Rdn 29, 207; VV 3317; VV 3320
Klauselerinnerung (Einwendungen gegen die Klausel)	§ 18 Rdn 91 ff.
Kombinierter Auftrag	§ 18 Rdn 181 ff.
Kostenvorschuss gem. § 887 Abs. 2 ZPO	§ 18 Rdn 134 ff.
Mehrere Auftraggeber	VV 3309 Rdn 144 ff.
Mehrere Forderungen des Schuldners	§ 18 Rdn 80
Mehrere gleichzeitige Vollstreckungsaufträge	VV 3309 Rdn 34, 249
Mehrere Schuldner	§ 18 Rdn 55 ff., 110, 140, 154, § 18 Rdn 167, 117
Mehrere Verfahren, Verbindung	VV Vor 3311–3312 Rdn 7
Mehrere Vollstreckungstitel	§ 18 Rdn 51 ff.
Mobiliarvollstreckung – eine Angelegenheit	§ 18 Rdn 62 ff.
Notwendige Kosten der Zwangsvollstreckung	VV 3309 Rdn 210 ff.
Öffentliche Hand, Anzeige der Vollstreckungsabsicht	§ 19 Rdn 207; VV 3309 Rdn 96 f.
Ordnungsmittel §§ 89, 90 FamFG	§ 19 Rdn 192
Ordnungsmittel § 890 ZPO, Androhung	§ 18 Rdn 149 ff.; § 19 Rdn 208 ff.
Ordnungsmittel § 890 ZPO, §§ 89, 90 FamFG, Verurteilung	§ 18 Rdn 149 ff.; § 19 Rdn 208
Pauschgebühr	VV 3309 Rdn 138
Pfändung beweglicher Sachen, dieselbe Angelegenheit	§ 18 Rdn 61 ff.
Prozesskostenhilfe	VV 3309 Rdn 275 ff.
Prüfungsreihenfolge	§ 18 Rdn 38
Ratenzahlungsvereinbarung	VV 3309 Rdn 156 ff.
Räumung	§ 18 Rdn 62, 104
Registereintragungen	VV 3309 Rdn 26, 48
Rücknahme des Pfändungsantrags	§ 19 Rdn 211

Stichwort	Fundstelle
Schifffahrtsrechtliches Verteilungsverfahren	§ 18 Rdn 25; VV Vorb. 3.3.3 Rdn 1, 9, 11; VV Vorb. 3.3.5; VV 3313, VV 3314
Schuldnerverzeichnis, Auskunft	VV 3309 Rdn 111; § 18 Rdn 211, 177 ff.
Schuldnerverzeichnis, Einsicht	VV 3309 Rdn 111; § 18 Rdn 211 ff., 177 ff.
Schuldnerverzeichnis, Löschung	§ 18 Rdn 206 ff.
Sequesterbestimmung	§ 19 Rdn 206
Sicherheitsleistung	VV 3309 Rdn 89 ff., 112 ff.
Sicherheitsleistung gem. § 890 Abs. 3 ZPO	§ 18 Rdn 158 ff.
Sicherungsvollstreckung	§ 18 Rdn 39; VV 3309 Rdn 100, 258
Terminsgebühr	VV 3310 Rdn 1 ff.
Umzug des Schuldners	§ 18 Rdn 63
Unmittelbarer Zwang, § 90 FamFG	§ 19 Rdn 165 ff.
Unterlassung/Duldung	§ 18 Rdn 58, 149, 221, 225 ff.; § 19 Rdn 208
Unvertretbare Handlung, Zwangsmittel gem. § 888 ZPO, §§ 35, 89, 90, 95 FamFG	§ 18 Rdn 142 ff., 225 ff.
Urkundsbesorgung	VV 3309 Rdn 28
Verbindung mehrerer Verfahren	VV Vor 3311–3312 Rdn 7
Verfahrensgebühr	VV 3309 Rdn 130 ff.
Verfahrensleitende Entscheidungen, Vollstreckung	§ 18 Rdn 225 ff.
Vermögensauskunft	§ 18 Rdn 161 ff.
Vermögensauskunft, erneute	§ 18 Rdn 169 ff.
Vermögensverzeichnisregister, Löschung	§ 18 Rdn 206 ff.
Veröffentlichungsbefugnis	§ 18 Rdn 221 f.
Verteilungsverfahren §§ 858 Abs. 5, 872 bis 877, 882 ZPO	§ 18 Rdn 123 ff.; VV 3309 Rdn 196 ff.
Verteilungsverfahren außerhalb der Zwangsversteigerung und der Zwangsverwaltung	VV 3333
Vertretbare Handlung, Kostenvorschuss gem. § 887 Abs. 2 ZPO	§ 18 Rdn 134 ff.
Verwaltung eines Vermögensrechts (§ 857 Abs. 4 ZPO)	§ 18 Rdn 120 ff.
Verwaltungsvollstreckungsverfahren	VV 3309 Rdn 59 ff.
Verwaltungszwangsverfahren	VV 3309 Rdn 59 ff.
Verzicht auf das Pfandrecht	§ 19 Rdn 211
Vollstreckbarerklärung	VV 3309 Rdn 12, 141
Vollstreckung nach FamFG	§ 18 Rdn 225 ff.; § 19 Rdn 189 ff.; VV 3309 Rdn 52 ff.
Vollstreckungsandrohung	§ 18 Rdn 59; VV 3309 Rdn 79 ff.
Vollstreckungsentscheidung (gerichtliche Entscheidung in der Zwangsvollstreckung)	§ 19 Rdn 194 ff.
Vollstreckungserinnerung (§ 766 ZPO)	§ 19 Rdn 194 ff.; VV 3309 Rdn 108
Vollstreckungsgebühr	VV 3309 Rdn 130 ff.
Vollstreckungshandlung	§ 18 Rdn 33 ff.
Vollstreckungsklausel	§ 18 Rdn 91 ff.; § 19 Rdn 83 ff., 154 ff., 173 ff.; VV 3309 Rdn 18, 103
Vollstreckungsmaßnahme	§ 18 Rdn 33 ff.; § 19 Rdn 194 f.
Vollstreckungsschutzanträge, §§ 765a, 813b, 851a, 851b, 1084 ZPO	§ 18 Rdn 82 ff.
Vorbereitende Tätigkeiten	VV 3309 Rdn 15, 42, 71, 80 ff., VV 3309 Rdn 109, 111
Vorläufiges Zahlungsverbot/Vorpfändung	§ 18 Rdn 42, 50, 82 f.; VV 3309 Rdn 178, 246 ff.
Wartefrist bis zum Vollstreckungsauftrag	VV 3309 Rdn 95 f.

Stichwort	Fundstelle
Wechsel der Vollstreckungsmaßnahme	§ 18 Rdn 49 f.
Wegfall der Verfahrensgebühr	VV 3309 Rdn 84, 138 ff.
Weitere vollstreckbare Ausfertigung, § 733 ZPO	§ 18 Rdn 96 ff.; VV 3309 Rdn 253, 281
Wohnung/Geschäftslokal	§ 18 Rdn 64
Zahlungsaufforderung, dieselbe Angelegenheit	§ 18 Rdn 42; VV 3309 Rdn 71 ff.
Zahlungsvereinbarung (gütliche Erledigung)	§ 18 Rdn 67 ff.; VV 3309 Rdn 185 ff.
Zustellung Arrest/einstweilige Verfügung	VV 3309 Rdn 36 ff.
Zustellung Bürgschaftsurkunde	§ 19 Rdn 180; VV 3309 Rdn 106, 118
Zustellung der in § 750 ZPO genannten Urkunden	§ 19 Rdn 173 ff.
Zwangshypothek	§ 18 Rdn 127 ff.
Zwangsmaßnahmen nach § 35 FamFG	§ 18 Rdn 225 ff.
Zwangsmaßnahmen nach § 90 FamFG	§ 19 Rdn 191 ff.
Zwangsmittel nach § 888 ZPO	§ 18 Rdn 142, 225 ff.
Zwangsvollstreckung, Beginn	VV 3309 Rdn 70 ff.
Zwangsvollstreckung, Beendigung	§ 18 Rdn 35 ff.
Zwangsvollstreckung, Begriff	VV 3309 Rdn 14 ff.

D. Kostenerstattung

I. Notwendige Kosten, § 788 ZPO

1. Maßgeblicher Zeitpunkt für Beurteilung der Notwendigkeit

Maßgeblich für die Entscheidung der Frage, ob und welche Kosten der Zwangsvollstreckung der Schuldner dem Gläubiger[239] zu ersetzen hat, ist die Vorschrift des **§ 788 ZPO**. Danach trifft den Schuldner eine Erstattungspflicht nur hinsichtlich solcher Kosten, die **notwendig** waren. Zur Frage der Notwendigkeit verweist § 788 Abs. 1 S. 1, 1. Hs. ZPO auf die Regelung des § 91 ZPO. 210

In Rechtsprechung und Literatur werden Kosten der Zwangsvollstreckung als notwendig angesehen, wenn der Gläubiger **im Zeitpunkt der Verursachung der Kosten** diese als zur Erfüllung des titulierten Anspruchs erforderlich halten durfte. Ausschlaggebend ist, ob ein vernünftig denkender Dritter anstelle des Gläubigers ebenso gehandelt hätte (objektiver Dritter). Dabei gilt der Grundsatz der sparsamen Verfahrensführung.[240] War die ergriffene Vollstreckungsmaßnahme i.d.S. erforderlich, ist es unerheblich, dass sie sich letztlich als überflüssig (Schuldner zahlte doch noch freiwillig) oder erfolglos (Pfändung ging ins Leere) erweist.[241] 211

Da es auf den Zeitpunkt der Verursachung ankommt, sind Kosten auch dann notwendig, wenn der Schuldner zwar vor dem Zeitpunkt der Kostenverursachung erfüllt hat, der Gläubiger davon aber nichts wusste und er sich die entsprechende Kenntnis auch nicht unschwer hätte verschaffen können.[242] Nicht notwendig sind daher Kosten, wenn der Gläubiger im Zeitpunkt der Verursachung der Kosten weiß, dass die beabsichtigte Zwangsvollstreckungshandlung nicht zum Erfolg führen wird.[243] 212

---

239 Bei den vom Schuldner zur Abwendung der Zwangsvollstreckung aufgewendeten Kosten handelt es sich nicht um Kosten der Zwangsvollstreckung gemäß § 788 ZPO, sondern um Kosten des Erkenntnisverfahrens, die im Kostenfestsetzungsverfahren vor dem Prozessgericht angesetzt werden können, BGH AGS 2006, 456 = Rpfleger 2006, 268; Entsprechendes gilt für Kosten, die eine Zwangsvollstreckung erst ermöglichen sollen (Avalbürgschaft bei gegen Sicherheitsleistung vorläufig vollstreckbarem Urteil), wenn keine Zwangsvollstreckung stattgefunden hat, BGH 3.12.2007 – II ZB 8/07, JurBüro 2008, 214; OLG Düsseldorf AGS 2010, 560.
240 BGH AGS 2005, 416 = JurBüro 2005, 496; BGH AGS 2003, 561; OLG Zweibrücken InVo 1999, 222, 223; AG Hamburg AGS 2003, 373; Hk-ZV/*Kessel*, § 788 ZPO Rn 12; Zöller/*Stöber*, § 788 Rn 9a; MüKo/*Karsten Schmidt*, ZPO, § 788 Rn 22.
241 OLG Hamburg JurBüro 1983, 91; OLG Frankfurt JurBüro 1983, 871; Hk-ZV/*Kessel*, § 788 ZPO Rn 12; Zöller/*Stöber*, § 788 Rn 9a; MüKo/*Karsten Schmidt*, ZPO, § 788 Rn 22 – alle m.w.N.
242 OLG Koblenz JurBüro 2002, 273; LG Stuttgart JurBüro 2001, 47 m. ausf. Darstellung der abweichenden Auffassungen.
243 BGH AGS 2005, 416 = JurBüro 2005, 496.

2. Vollziehung von Arrest oder einstweiliger Verfügung

213 Die notwendigen Kosten der **Vollziehung** sind dem Gläubiger gemäß § 788 ZPO zu erstatten. Dazu gehören allerdings nicht die Kosten für die Löschung von Grundbucheintragungen, weil dies nicht mehr den Bereich der Vollziehung betrifft.[244]

3. Kosten der Vorbereitung der Zwangsvollstreckung

214 Zu den **Kosten der Zwangsvollstreckung** gehören nicht nur die bei Durchführung der Zwangsvollstreckung entstehenden Kosten, sondern **auch** damit im Zusammenhang stehende **Vorbereitungskosten**. Dies ergibt sich für die Ausfertigung des Titels und die Zustellung[245] ausdrücklich aus § 788 Abs. 1 S. 2 ZPO; diese Aufzählung ist aber nicht abschließend, die Einzelheiten sind streitig.[246]

4. Nicht notwendige Kosten

215 **Nicht notwendig** sind beispielsweise Kosten, die durch Vollstreckungsaufträge entstehen, obwohl nicht alle im konkreten Fall notwendigen Voraussetzungen der Zwangsvollstreckung vorliegen. Von den zahllosen Möglichkeiten seien folgende beispielhaft aufgeführt:
- Im Titel ist die Leistungsverpflichtung – wie nicht selten in der Praxis – nicht ausreichend bestimmt;[247]
- die erforderliche Sicherheitsleistung in Form einer Bankbürgschaft wurde durch eine andere als die namentlich bezeichnete Bank gestellt;
- die qualifizierte Klausel wurde durch den dafür unzuständigen Urkundsbeamten der Geschäftsstelle erteilt;
- die zu pfändende Forderung ist nicht konkret genug bezeichnet;
- es ist mit Sicherheit davon auszugehen, dass die Vollstreckung erfolglos sein wird;[248] die Kosten offensichtlich aussichtsloser Vollstreckungsmaßnahmen sind nicht erstattungsfähig;[249]
- die Zwangsvollstreckung ist unzulässig oder überflüssig.[250]

Es empfiehlt sich daher für einen Anwalt dringend, **vor** der Auslösung Kosten verursachender Maßnahmen zu **prüfen**, ob die notwendigen Voraussetzungen der Zwangsvollstreckung vorliegen.

II. Einzelfälle

216 Obwohl man sich über die vorgenannten Grundsätze einig ist, gehen im Einzelfall die Auffassungen darüber, was notwendig ist, sehr auseinander. Hier sollen nur einige Schwerpunkte dazu angesprochen werden.

1. Erneute Vollstreckung

217 War eine Vollstreckung erfolglos oder nur teilweise erfolgreich, sind die Kosten einer erneuten Vollstreckung nur dann notwendig, wenn der Gläubiger entweder aufgrund konkreter Anhaltspunkte von einer positiven Veränderung der Vermögensverhältnisse ausgehen durfte[251] oder ein gewisser

---

244 OLG Celle NJW-RR 2009, 575; OLG Düsseldorf JurBüro 1993, 400; OLG Frankfurt JurBüro 1979, 222; Zöller/*Stöber*, § 788 Rn 13 „Löschung".
245 OLG Celle NJW-RR 2009, 575.
246 Vgl. einerseits Zöller/*Stöber*, § 788 Rn 4 und andererseits MüKo/*Karsten Schmidt*, ZPO, § 788 Rn 10 f., 19. Offengelassen von BGH AGS 2005, 416 = JurBüro 2005, 496.
247 KG 22.9.2010 – 14 W 63/10, juris; Vgl. hierzu eingehend *Hintzen/Wolf*, Zwangsvollstreckung, Zwangsversteigerung und Zwangsverwaltung, Handbuch, 2006, Rn 3.6 ff.

248 Vgl. LG München II AGS 2013, 539.
249 BGH AGS 2005, 416 = JurBüro 2005, 496.
250 BGH RVGreport 2004, 435 = NJW-RR 2005, 212 = JurBüro 2004, 446 = Rpfleger 2004, 505: Beseitigung von Bauwerken und Anpflanzungen durch den Gerichtsvollzieher bei der Räumung eines Grundstücks ohne Ermächtigung zur Ersatzvornahme durch das Prozessgerichts gemäß § 887 ZPO.
251 Hansens/Braun/Schneider/*Volpert*, Teil 18 Rn 217.

Zeitraum seit dem letzten Vollstreckungsversuch verstrichen ist, der frühestens mit drei Monaten angesetzt werden kann (siehe auch § 18 Rdn 50).[252]

2. Zahlungsaufforderung mit und ohne Vollstreckungsandrohung

Auf die Erl. zu Rdn 79 ff. und Rdn 85 ff. wird verwiesen. 218

3. Beauftragung eines Anwalts

a) Geltung von § 91 Abs. 2 ZPO

Eine andere Frage ist, ob die Beauftragung eines Rechtsanwalts zu der konkreten Maßnahme notwendig war (z.B. Zahlungsaufforderung, Gerichtsvollzieherauftrag, Hebegebühr). Zutreffend geht die wohl h.M.[253] davon aus, dass die Kosten für einen mit der **Durchführung der Zwangsvollstreckung** beauftragten Rechtsanwalt grundsätzlich erstattungsfähig sind. Denn § 788 Abs. 1 ZPO verweist uneingeschränkt auf § 91 ZPO und damit auch auf § 91 Abs. 2 ZPO.[254] Deshalb sind auch die Kosten des sich in der Vollstreckung selbst vertretenden Rechtsanwalts zu erstatten (§ 91 Abs. 2 S. 3 ZPO; § 1 Rdn 51).[255] 219

Das gilt für die Durchführung der Zwangsvollstreckung auch für Großunternehmen, wenn nicht die konkreten Umstände ausnahmsweise etwas Anderes ergeben.[256] Die Beauftragung eines Rechtsanwalts wegen einer schlichten **Zahlungsaufforderung mit Vollstreckungsandrohung** wird jedenfalls bei juristischen Personen oder Kaufleuten kaum notwendig sein. Ist der Rechtsanwalt hingegen zu Recht mit der Durchführung der Zwangsvollstreckung beauftragt worden, begnügt er sich jedoch zunächst mit einer **Zahlungsaufforderung mit Vollstreckungsandrohung** und zahlt der Schuldner sodann, verbleibt ihm die durch die Auftragserteilung und anschließende Tätigkeit einmal entstandene Gebühr nach VV 3309. 220

b) Anwaltswechsel

Gemäß §§ 788, 91 Abs. 2 S. 2 ZPO sind die Kosten mehrerer Rechtsanwälte nur insoweit zu erstatten, als sie die **Kosten eines Rechtsanwalts nicht übersteigen** oder als in der Person des Rechtsanwalts **ein Wechsel eintreten musste**. Mehrkosten fallen immer dann an, wenn im Verhältnis zur Hauptsache ein neuer Rechtsanwalt bestellt wird oder der Rechtsanwalt nach einer Vollstreckungsmaßnahme gewechselt wird. Denn für den neuen Rechtsanwalt liegt stets eine neue gebührenrechtliche Angelegenheit vor, die deshalb die Gebühren nach VV 3309 f. auslöst. 221

Die Regelungen zur vollstreckungsrechtlichen Angelegenheit in §§ 18 und 19 gelten nur für den Rechtsanwalt, der bereits im Erkenntnisverfahren bereits zuvor in der Vollstreckung tätig war. Auf die Erl. zu §§ 18 und 19 wird insoweit verwiesen. Die Erstattungsfähigkeit der Kosten eines weiteren Rechtsanwalts beurteilt sich auch in der Vollstreckung nach § 91 Abs. 2 S. 2 ZPO.[257] 222

Besteht ein anerkennungswürdiges Interesse, die **einstweilige Verfügung** so schnell wie möglich zuzustellen, kann neben der für die Verfahrensbevollmächtigten des Gläubigers, die ihren Sitz in einer anderen Stadt als die Schuldner haben, anfallenden Verfahrensgebühr für das Erkenntnisverfahren 223

---

252 Vgl. GVGA § 63 Abs. 1; LG Halle DGVZ 2001, 30: 6 Monate; LG Oldenburg DGVZ 1998, 28: 6 Monate; LG Heilbronn DGVZ 1994, 172: 3 Monate; LG Münster DGVZ 1990, 125: spätestens nach 6 Monaten; AG Beckum DGVZ 2008, 106: Zeitablauf allein genügt nicht; Zöller/*Stöber*, § 788 Rn 9a; Hk-ZV/*Kessel*, § 788 ZPO Rn 57; Hansens/Braun/Schneider/*Volpert*, Teil 18 Rn 217.

253 BGH AGS 2014, 430 = NJW 2014, 2508 = RVGreport 2014, 399 = Rpfleger 2014, 611; BGH AGS 2006, 214 = DGVZ 2006, 68 = NJW 2006, 1598; KG Rpfleger 1977, 178, 179; OLG Bamberg JurBüro 1979,

1520; LG Erfurt 14.5.2009 – 2 T 115/09, juris; LG Memmingen JurBüro 2008, 384; Zöller/*Stöber*, § 788 Rn 9; MüKo/*Karsten Schmidt*, ZPO, § 788 Rn 23; Hk-ZV/*Kessel*, § 788 ZPO Rn 73 f.; Gerold/Schmidt/*Müller-Rabe*, RVG, VV 3309 Rn 137 ff.

254 BGH AGS 2006, 214 = DGVZ 2006, 68 = NJW 2006, 1598.

255 Hk-ZV/*Kessel*, § 788 ZPO Rn 75; Gerold/Schmidt/*Müller-Rabe*, RVG, VV 3309 Rn 140.

256 BGH AGS 2006, 214 = DGVZ 2006, 68 = NJW 2006, 1598.

257 Gerold/Schmidt/*Müller-Rabe*, RVG, VV 3309 Rn 1141.

die Gebühr nach VV 3309 für die Einschaltung eines weiteren Rechtsanwaltsbüros erstattungsfähig sein, das nur mit der Zustellung der einstweiligen Verfügung beauftragt ist.[258]

4. Einigungsgebühr

224 Die Frage, ob die Einigungsgebühr nach VV 1000, die mit der Beseitigung eines Streits oder einer Ungewissheit über ein Rechtsverhältnis entsteht, unter die erstattungsfähigen Kosten fällt, die in der oder zur Abwendung der Zwangsvollstreckung entstehen, wird kontrovers beantwortet. Die Lösung der Frage muss in mehreren Schritten erfolgen.

a) Gehört die Einigungsgebühr zu den Vollstreckungskosten?

225 **aa) Vermeidung der Zwangsvollstreckung.** Zunächst stellt sich die Frage, ob eine solche Einigung zu den „**Kosten der Zwangsvollstreckung**" gehört, wie dies der Wortlaut des § 788 Abs. 1 S. 1 ZPO erfordert. Da die Einigung gerade keine Maßnahme der Zwangsvollstreckung darstellt, sie diese auch nicht vorbereitet i.S.d. § 788 Abs. 1 S. 2 ZPO, sondern umgekehrt (weitere) Maßnahmen der Zwangsvollstreckung verhindern oder vermeiden soll, wird die Erstattungsmöglichkeit von vielen abgelehnt.[259]

226 Die **zutreffende Gegenansicht**[260] vertritt den Standpunkt, der Begriff der Kosten der Zwangsvollstreckung sei weit auszulegen, sodass auch Kosten zur Vermeidung der Zwangsvollstreckung darunter fielen. Dem ist aus Gründen der Sachnähe sowie der Prozesswirtschaftlichkeit (siehe Rdn 225, 228) zuzustimmen.

227 Dies zeigt auch eine Parallele zur **Zahlungsaufforderung mit Zwangsvollstreckungsandrohung**, mit der ebenfalls eine Zwangsvollstreckung vermieden werden soll.[261] Diese wird, jedenfalls wenn die Voraussetzungen der Zwangsvollstreckung erfüllt sind (vgl. Rdn 86 ff.), als eine die Gebühr nach VV 3309 auslösende Tätigkeit in der Zwangsvollstreckung angesehen, die – wenn notwendig – auch zu erstatten ist. Diese Zahlungsaufforderung ist aber – wie die Einigung – weder Zwangsvollstreckungsmaßnahme im eigentlichen Sinn noch dient sie unmittelbar der Vorbereitung der Zwangsvollstreckung, weil sie keine Voraussetzung der Zwangsvollstreckung darstellt. Der Gläubiger hätte unter denselben Voraussetzungen auch sofort einen Vollstreckungsauftrag erteilen können.

228 **bb) Prozessökonomie.** Noch ein weiterer Grund spricht für die hier vertretene Auffassung. Der Anwalt erhält als Ausgleich für seine besonderen Bemühungen und als Belohnung dafür, dass die Inanspruchnahme staatlicher Vollstreckungsorgane vermieden wird (zur Frage der Anhängigkeit eines gerichtlichen Verfahrens i.S.v. VV 1003 vgl. Rdn 173 ff.), eine 1,5-Einigungsgebühr (VV 1000). Es wäre widersprüchlich, den Anwalt dann aber zur Geltendmachung dieser vom Schuldner übernommenen Gebühr auf die Inanspruchnahme des Gerichtes zu verweisen, wenn der Schuldner die Einigungsgebühr nicht freiwillig zahlt.[262]

229 Kosten der Vermeidung der Vollstreckung sind bereits aus prozessökonomischen Gründen als Zwangsvollstreckungskosten i.S.v. § 788 Abs. 1 ZPO anzusehen.[263] Denn ansonsten müsste die Einigungsgebühr eingeklagt werden.[264] Zudem beruht § 788 Abs. 1 ZPO auf dem Veranlassungsprin-

---

258 KG MDR 2010, 55.
259 OLG Frankfurt MDR 1973, 860; OLG Köln JurBüro 1979, 1642, 1644; OLG Koblenz DGVZ 1985, 168, 170; LG Bonn DGVZ 2006, 29 und 62; LG Münster JurBüro 2002, 664; AG Hanau DGVZ 2008, 186; AG Wiesbaden DGVZ 2007, 159; AG Berlin-Charlottenburg DGVZ 1998, 175; *Kessel*, DGVZ 2004, 179, 180 m.w.N.
260 BGH AGS 2006, 214 = RVGreport 2006, 196 = DGVZ 2006, 68; OLG Braunschweig DGVZ 2006, 113; OLG Zweibrücken InVo 1999, 326 = JurBüro 1999, 80; KG Rpfleger 1981, 410; OLG Stuttgart JurBüro 1994, 739 = Rpfleger 1994, 367; LG Göttingen JurBüro 2005, 323 bei ausdrücklicher Übernahme durch den Schuldner; LG Tübingen DGVZ 2001, 119; LG Wiesbaden DGVZ 2000, 61; Zöller/*Stöber*, § 788 Rn 7; *Mock*, AGS 2004, 469, 474; MüKo/*Karsten Schmidt*, ZPO, § 788 Rn 15; Hk-ZV/*Kessel*, § 788 ZPO Rn 83; *Volpert*, RVGprofessionell 2012, 46.
261 *Volpert*, RVGprofessionell 2012, 46.
262 BGH AGS 2006, 214 = RVGreport 2006, 196 = DGVZ 2006, 68.
263 OLG Braunschweig DGVZ 2006, 113; *Volpert*, RVGprofessionell 2012, 46.
264 BGH AGS 2006, 214 = RVGreport 2006, 196 = DGVZ 2006, 68.

zip. Die Kosten der Einigung hat der Schuldner jedenfalls dann veranlasst, wenn Vollstreckungsmaßnahmen gegen ihn ergriffen worden sind.[265]

cc) Zeitpunkt der Einigung. Der für § 788 ZPO notwendige **Bezug zur Zwangsvollstreckung** liegt nicht erst vor, wenn nach Erlass des vorläufig vollstreckbaren Urteils zwischen den Parteien eine Stundungsvereinbarung getroffen wird. Andererseits geht die Forderung, es müssten im Zeitpunkt des Vertragsschlusses alle Zwangsvollstreckungsvoraussetzungen vorliegen,[266] zu weit. Denn § 788 ZPO erfasst auch Vorbereitungskosten (vgl. Rdn 14 ff.). Es muss daher ausreichen, wenn nach einer Zahlungsaufforderung mit Vollstreckungsandrohung sich die Parteien zur Vermeidung einer Zwangsvollstreckung entsprechend einigen. Im Hinblick auf die restriktive Rechtsprechung sollte dies in den Text des Vertrages ausdrücklich mit aufgenommen werden.[267]

230

b) Notwendigkeit

Erkennt man grundsätzlich die Einigungsgebühr als Kosten der Zwangsvollstreckung an, stellt sich die weitere Frage, ob diese Kosten **notwendig** waren. Die Einigungsgebühr gehört grds. zu den notwendigen Zwangsvollstreckungskosten. Denn diese Kosten durfte der Gläubiger für erforderlich halten, um die Befriedigung seines titulierten Anspruchs durchzusetzen. Man kann nicht argumentieren, der Abschluss eines Einigungsvertrages in der Zwangsvollstreckung als solcher sei für den Gläubiger schon in der Regel nicht erforderlich,[268] weil der Gläubiger doch vollstrecken könne.

231

Die Aussichten einer erfolgreichen Vollstreckung sind heute mehr denn je unsicher: derzeitige schlechte Wirtschaftslage (hohe Zahl von Insolvenzen, Überschuldung eines großen Teils der Bevölkerung); häufig nicht genügend effiziente Durchführung der Zwangsvollstreckung durch die Vollstreckungsorgane; Vielzahl von Schuldnerschutzvorschriften; noch während der Zwangsvollstreckung eintretende Vollstreckungshindernisse (wie z.B. Insolvenzeröffnung mit der Folge der nachträglichen Unwirksamkeit bereits wirksam gewordener Pfändungsmaßnahmen, vgl. die Rückschlagsperre des § 88 InsO).

232

Im Übrigen ergibt sich aus § 278 ZPO (Pflicht des Gerichts, in jeder Lage des Verfahrens auf eine gütliche Beilegung hinzuwirken), § 802b Abs. 1 ZPO (Hinwirkungspflicht des Gerichtsvollziehers auf gütliche Erledigung) sowie VV 1000, 1003 (höhere Einigungsgebühr ohne anhängiges gerichtliches Verfahren) der allgemeine Grundsatz, dass einer gütlichen Lösung von Streitigkeiten Priorität zukommt. Es wäre daher widersprüchlich, Einigungsverträge in bestimmten Verfahren schon vom Ansatz her als nicht notwendig anzusehen.[269]

233

c) Beauftragung eines Rechtsanwalts

Entgegen einer in Rechtsprechung und Literatur vertretenen Auffassung ist die **Einschaltung eines Anwalts im Rahmen des Vergleichsschlusses** grundsätzlich auch notwendig. Die Regelung des § 91 Abs. 2 S. 1 ZPO, wonach die Kosten eines Anwalts grundsätzlich zu erstatten sind, findet in Verfahren vor dem Vollstreckungsgericht unmittelbare, ansonsten entsprechende Anwendung durch die Bezugnahme in § 788 Abs. 1 ZPO (siehe Rdn 219).[270]

234

Keine Ausnahmen sind dabei generell für bestimmte Gläubiger wie z.B. Großunternehmen oder Banken[271] zu machen, weil nach dem anwendbaren § 91 Abs. 2 S. 1 ZPO die gesetzlichen Gebühren und Auslagen eines Anwalts in allen Prozessen ohne Notwendigkeitsprüfung erstattet werden.[272] Gerade der Abschluss des in der Praxis am häufigsten anzutreffenden **Teilzahlungsvergleichs mit**

235

---

265 BGH AGS 2006, 214 = RVGreport 2006, 196 = DGVZ 2006, 68.
266 OLG Bremen JurBüro 1986, 1203.
267 Mayer/Kroiß/*Gierl*, RVG, VV 3310 Rn 21, 24; MüKo/ *Karsten Schmidt*, ZPO, § 788 Rn 19, 24 „Zahlungsaufforderung", jew. m.w.N.
268 So aber LG Dortmund DGVZ 2000, 188; LG Münster DGVZ 1995, 168.
269 *Volpert*, RVGprofessionell 2012, 46; Im Ergebnis ebenso MüKo/*Karsten Schmidt*, ZPO, § 788 Rn 15, 16; *Mock*, AGS 2004, 469, 474.

270 BGH AGS 2006, 214 = RVGreport 2006, 196 = DGVZ 2006, 68; OLG Braunschweig DGVZ 2006, 113; Zöller/*Stöber*, § 788 Rn 9; Hk-ZV/*Kessel*, § 788 ZPO Rn 73; *Hansens*, BRAGO, § 57 Rn 23; *Volpert*, RVGprofessionell 2012, 46; Gerold/Schmidt/*Müller-Rabe*, RVG, VV 3309 Rn 137 ff.
271 So aber OLG Stuttgart JurBüro 1994, 739 = Rpfleger 1994, 367; LG Stuttgart JurBüro 2000, 158.
272 BGH AGS 2006, 214 = DGVZ 2006, 68; *Schmidt*, JurBüro 2000, 125, 126.

Verzicht des Gläubigers auf Teile seiner Forderung setzt voraus, dass man die auf den konkreten Fall bezogenen Möglichkeiten verschiedener Zwangsvollstreckungsmaßnahmen sowie deren voraussichtlichen Erfolg richtig einschätzen kann. Nur dann kann man abwägen, ob ein solcher Vergleich wirtschaftlich gesehen besser ist als die Durchführung der Zwangsvollstreckung. Dies setzt wiederum profunde Kenntnisse der Zwangsvollstreckung in theoretischer und praktischer Hinsicht voraus, denn mit einer schlichten Antragstellung bei einem Vollstreckungsorgan ist es meist nicht getan, zumal die Überlegung vorangehen sollte, welches der Vollstreckungsorgane im Hinblick auf eine Kosten-Nutzen-Analyse beauftragt werden kann und sollte. Derartige Kenntnisse können in der Regel weder bei einer Bank ohne eigene Beitreibungsabteilung noch bei sonstigen „normalen" Gläubigern vorausgesetzt werden.

236 Aus denselben Gründen kann auch nicht der Auffassung zugestimmt werden, Anwaltskosten bei einem Einigungsvertrag im Rahmen der Zwangsvollstreckung kämen grundsätzlich nur ausnahmsweise in Betracht.[273] **Ausnahmen** mögen in ganz einfach gelagerten Fällen in Betracht kommen, weil maßgebend immer nur die konkreten Umstände des Einzelfalles sein können.

237 Markantes Beispiel dafür ist der Fall, dass die Parteien nach Erlass des Urteils und nachdem bereits Zwangsvollstreckungsmaßnahmen durchgeführt worden sind, in zweiter Instanz einen das erstinstanzliche Urteil abändernden Vergleich geschlossen haben, in dem sie nur hinsichtlich der „Kosten des Rechtsstreits" eine Regelung treffen. Bei einer solchen Formulierung wird von dem wohl überwiegenden Teil der Rechtsprechung und Literatur die Auffassung vertreten, dass davon die mit der Durchführung der **bereits erfolgten Zwangsvollstreckung verbundenen Kosten** nicht erfasst werden.[274]

238 Sollen solche Kosten komplett einbezogen werden, muss ausdrücklich eine entsprechende Regelung getroffen werden; ansonsten können die Kosten der bisherigen Zwangsvollstreckung nur in der Höhe verlangt werden, in der sie angefallen wären, wenn die Vollstreckung von vornherein auf den Vergleichsbetrag beschränkt gewesen wäre.[275] Handelt es sich dabei um einen Vergleich mit Mehrwert, weil in ihm auch weitere, nicht streitgegenständliche Ansprüche geregelt werden, setzt die Festsetzung der Kosten der Zwangsvollstreckung allerdings voraus, dass sich feststellen lässt, in welchem Umfang der abgeänderte Titel in der Sache Bestand hat.[276]

d) Kostenübernahme durch Schuldner

239 **aa) Ausdrückliche Übernahmeerklärung.** Die Erstattungspflicht des Schuldners für die im Rahmen der Vollstreckung angefallene Einigungsgebühr besteht jedoch **nur** dann, wenn er sich dazu **ausdrücklich verpflichtet** hat, die Kosten der Einigung also übernommen hat.[277] Haben die Parteien keine Vereinbarung zur Tragung der Kosten der Einigungsgebühr geschlossen, sind gemäß **§ 98 S. 1 ZPO**, der auch im Zwangsvollstreckungsverfahren Anwendung findet, die Kosten als gegeneinander aufgehoben anzusehen, sodass eine Erstattung ausscheidet.[278]

240 Soll nach dem von den Parteien Gewollten der Schuldner die Kosten des Vergleichs tragen, empfiehlt es sich daher dringend, dies ausdrücklich (am besten gleich als Betrag) in den Vergleichstext aufzunehmen. Dazu reicht die in einem vom Inkassounternehmen übersandten Formular enthaltene Verpflichtung zur Zahlung einer „Inkassovergütung" mangels Verstoßes gegen das Transparenzgebot (§ 307 Abs. 1 S. 2 BGB) nicht aus.[279]

---

273 MüKo/*Karsten Schmidt*, ZPO, § 788 Rn 16, 23.
274 BGH InVo 2004, 75 = AGS 2004, 127; OLG Koblenz AGS 2004, 259; KG JurBüro 1999, 647 und JurBüro 1979, 767 = MDR 1979, 408; OLG Düsseldorf OLGR 1998, 331; OLG Frankfurt JurBüro 1979, 604 = MDR 1980, 60; Zöller/*Stöber*, § 788 Rn 7; a.A. OLG Zweibrücken AGS 1999, 127 = JurBüro 1999, 212.
275 BGH AGS 2010, 253 = NJW-RR 2010, 1005; BGH AGS 2004, 127; OLG Koblenz AGS 2004, 259.
276 BGH AGS 2010, 253 = NJW-RR 2010, 1005.
277 BGH AGS 2006, 214 = RVGreport 2006, 196 = DGVZ 2006, 68; OLG Braunschweig DGVZ 2006, 113; OLG Düsseldorf Rpfleger 1994, 264 = JurBüro 1995, 50; LG Erfurt 14.5.09 – 2 T 115/09, juris; LG Memmingen JurBüro 2008, 384; LG Köln ZVI 2006, 23; AG Lörrach DGVZ 2005, 175; *Volpert*, RVGprofessionell 2012, 46.
278 BGH AGS 2009, 95 = NJW 2009, 519; BGH AGS 2007, 302 = Rpfleger 2007, 271; BGH AGS 2006, 214 = RVGreport 2006, 196 = DGVZ 2006, 68; OLG Braunschweig DGVZ 2006, 113; KG MDR 1981, 1029; OLG Düsseldorf MDR 1994, 1052; LG Tübingen DGVZ 2001, 119; AG St. Wendel DGVZ 2000, 46; Zöller/*Stöber*, § 788 Rn 7; Musielak/*Lackmann*, § 788 Rn 15; *Lorenz*, DGVZ 1997, 129, 135; Mayer/Kroiß/*Gierl*, RVG, VV 3310 Rn 24; Hk-ZV/*Kessel*, § 788 ZPO Rn 83; *Mock*, AGS 2004, 469, 475; *Volpert*, RVGprofessionell 2012, 46.
279 LG Kassel JurBüro 2007, 270.

Nicht ausreichend ist auch die uneingeschränkte Übernahme einer nicht näher bestimmten Vergütung 241
oder Bearbeitungsgebühr.[280] Bestätigt der Schuldner schriftlich eine telefonisch vereinbarte Ratenzahlung, liegt ebenfalls keine Kostenübernahme durch den Schuldner vor. Die Bestätigung muss auch eine Kostenübernahme enthalten.[281] Es kommt für die Erstattung somit entscheidend darauf an, dass der Schuldner die Kosten der Einigung ausdrücklich und klar und verständlich in der Ratenzahlungsvereinbarung übernimmt.[282]

Zahlt der Schuldner auf eine von ihm **nicht unterschriebene** Ratenzahlungsvereinbarung die vereinbarten Raten, ist die Einigungsgebühr zwar entstanden, aber von ihm nicht zu ersetzen. Es besteht die Gefahr, dass darin keine Übernahme der Einigungsgebühr gesehen wird.[283] 242

bb) Formulierung. Daher empfiehlt sich folgende Formulierung:[284] 243

Muster: Ratenzahlungsvereinbarung
1. Der Vollstreckungsschuldner verpflichtet sich, die Forderung in Höhe von (...) EUR nebst (...) Zinsen seit dem (...) in monatlichen Raten von (...) EUR spätestens bis zum 10. eines jeden Monats an den Gläubiger zu zahlen.
2. Kommt der Beklagte mit einer Rate mehr als 10 Tage in Verzug, wird der gesamte offene Restbetrag sofort fällig und vollstreckbar.
3. Der Schuldner übernimmt die Vollstreckungskosten und verpflichtet sich, an den Prozessbevollmächtigten des Gläubigers, Rechtsanwalt (...) (Name und Anschrift), für seine Mitwirkung an dieser Vereinbarung am (...) einen Betrag in Höhe von (...) EUR, bestehend aus (...), zzgl. 19 % Umsatzsteuer nebst Zinsen in Höhe von (...) EUR seit dem zu zahlen.

Wird die Beitreibung der Einigungsgebühr gleichwohl vom Vollstreckungsorgan abgelehnt, kann 244
aufgrund der Übernahmeerklärung des Schuldners in der Vereinbarung die Einigungsgebühr eingeklagt oder im Mahnverfahren geltend gemacht werden.[285]

e) Einigungsgebühr bei gütlicher Erledigung (§ 802b ZPO)

Für die Erstattung der durch eine gütliche Erledigung entstandenen Einigungsgebühr (zur **Entstehung der Einigungsgebühr** bei gütlicher Erledigung vgl. zunächst Rdn 185 ff.) gelten die Erl. Rdn 224 ff. entsprechend. 245

5. Vorpfändung

a) Grundsätze

Die Kosten einer **Vorpfändung** gemäß § 845 ZPO werden von Teilen der Rechtsprechung nur mit 246
Einschränkungen als erstattungsfähig angesehen. Nach richtiger Ansicht sind die Kosten – wenn sachgerecht auch mehrerer[286] – Vorpfändungen erstattungsfähig, wenn der Schuldner ausreichend Zeit zu einer freiwilligen Leistung hatte und die Vorpfändung nicht erkennbar überflüssig ist.[287] Die Notwendigkeit kann sich z.B. daraus ergeben, dass dem Gläubiger ein bestimmter Rang gesichert werden sollte.[288]

Demgegenüber wird häufig zusätzlich verlangt, der Gläubiger habe begründeten Anlass zur Besorgnis haben müssen, ohne die Vorpfändung seine Forderung nicht realisieren zu können, etwa bei 247

---

280 LG Kassel JurBüro 2007, 270; HK-ZV/*Kessel*, § 788 ZPO Rn 83.
281 AG Bad Hersfeld DGVZ 2007, 75.
282 *Volpert*, RVGprofessionell 2012, 46.
283 Vgl. AG Heidelberg DGVZ 2012, 126; AG Nidda DGVZ 2007, 75.
284 *Hansens*, Anm. zu BGH RVGreport 2005, 263; Hansens/Braun/Schneider/*Volpert*, Teil 18 Rn 48; *Volpert*, RVGprofessionell 2012, 46.
285 Vgl. *Enders*, JurBüro 1999, 57, 59.

286 LG Landau AGS 2008, 263; OLG Köln Rpfleger 2001, 149.
287 OLG Köln InVo 2001, 148, 150 = Rpfleger 2001, 149; KG Rpfleger 1987, 216 = MDR 1987, 595; Gerold/Schmidt/*Müller-Rabe*, RVG, VV 3309 Rn 425; Musielak/*Becker*, § 845 Rn 10; *Hansens*, BRAGO, § 57 Rn 27; Mayer/Kroiß/*Gierl*, RVG, VV 3310 Rn 23; Hansens/Braun/Schneider/*Volpert*, Teil 18 Rn 214; Hk-ZV/*Kessel*, § 788 ZPO Rn 103.
288 LG München II AGS 2013, 539.

drohender Insolvenz oder Vollstreckungsvereitelung.[289] Damit werden an den Gläubiger zu hohe Anforderungen gestellt, weil er solche Informationen meistens nicht hat. Für die vorgenannte eingeschränkte Erstattungsfähigkeit besteht auch aus folgenden Gründen kein Anlass: Das Gesetz stellt die Möglichkeit der Vorpfändung ohne besonderes Rechtsschutzinteresse zur Verfügung; der Sinn und Zweck der Vorpfändung besteht gerade in der Vermeidung langer Wartezeiten; mit Blick auf die Rangfolge des § 804 ZPO muss stets befürchtet werden, ein anderer Gläubiger werde einem zuvorkommen; durch die Rückschlagsperre des § 88 InsO sowie die beschränkte Wirksamkeit von Pfändungen der Bezüge aus Diensteinkommen gemäß § 114 Abs. 3 InsO ist eine unverzügliche Pfändung grundsätzlich stets notwendig. So hat der BGH[290] denn auch zutreffend darauf hingewiesen, dass der Grundsatz, eine Partei müsse die Kosten niedrig halten, nicht dazu führen darf, dass sie in ihrem berechtigten Interesse an einer schnellen Vollstreckung beeinträchtigt wird.

b) Monatsfrist des § 845 Abs. 2 ZPO

248 Hat der Gläubiger allerdings die Monatsfrist des § 845 Abs. 2 ZPO für die Durchführung der normalen Pfändung nicht eingehalten, kommt eine Erstattung nur in Frage, wenn für die Fristversäumung ein triftiger Grund vorliegt.[291] Maßgebend sind die Umstände des Einzelfalles, sodass entgegen einer verbreiteten Meinung[292] aus der Verfristung nicht zwingend eine Nichterstattung folgen muss.[293]

6. Mehrere Vollstreckungsaufträge

a) Mehrere gleichzeitige Vollstreckungsaufträge

249 Der Gläubiger ist nicht auf eine bestimmte Reihenfolge von Zwangsvollstreckungsmaßnahmen festgelegt. Er kann daher zugleich mit dem Vollstreckungsauftrag an den Gerichtsvollzieher zusätzlich eine Forderungspfändung ausbringen („Simultanvollstreckung"). Derartige mehrere gleichzeitige Vollstreckungsaufträge sind nur dann nicht erstattungsfähig, wenn der Gläubiger im Zeitpunkt der Auftragserteilung damit rechnen konnte,[294] seine Forderung aufgrund nur einer Vollstreckungsmaßnahme vollständig durchsetzen zu können; dies dürfte in der Praxis allerdings kaum einmal der Fall sein, außer in Fällen der Vollstreckung gegen Gesamtschuldner, wenn einer der Gesamtschuldner eine Haftpflichtversicherung ist.[295]

b) Getrennte Beantragung mehrerer Vollstreckungsmaßnahmen

250 Werden ohne sachlichen Grund mehrere Vollstreckungsanträge nicht in einem einheitlichen Vollstreckungsauftrag zusammengefasst, obwohl das möglich gewesen wäre, sind die durch die getrennte Auftragserteilung angefallenen Mehrkosten nicht erstattungsfähig.[296]

---

289 OLG München JurBüro 1973, 872 = Rpfleger 1973, 374; OLG Frankfurt MDR 1994, 843; OLG Hamburg JurBüro 1990, 533 m. Anm. *Mümmler*; LG München II AGS 2013, 539; AG Homburg DGVZ 2000, 173; MüKo/*Karsten Schmidt*, ZPO, § 788 Rn 22b und 24; HK-ZPO/*Saenger* § 788 Rn 30.

290 AGS 2010, 152 = NJW 2010, 1007; AGS 2007, 373, 375 = Rpfleger 2007, 479.

291 LG München II AGS 2013, 539; Gerold/Schmidt/*Müller-Rabe*, RVG, VV 3309 Rn 426, dessen Arg. der Drittschuldnererklärung allerdings nicht zutrifft, weil eine Verpflichtung zu einer solchen nach h.M. – z.B. BGH NJW 1977, 1199; Musielak/*Becker*, § 845 Rn 4 – durch eine Vorpfändung nicht begründet wird; LAG Köln JurBüro 1993, 622 = MDR 1993, 915; Mayer/Kroiß/*Gierl*, RVG, VV 3310 Rn 23.

292 AG Heilbronn DGVZ 2003, 13; MüKo/*Karsten Schmidt*, ZPO, § 788 Rn 22b; Musielak/*Becker*, § 845 Rn 10; *Hansens*, BRAGO, § 57 Rn 27.

293 OLG Köln InVo 2001, 148, 150; LAG Köln JurBüro 1993, 622; Gerold/Schmidt/*Müller-Rabe*, RVG, VV 3309 Rn 426; Mayer/Kroiß/*Gierl*, RVG, VV 3310 Rn 23.

294 OLG Frankfurt AnwBl 1971, 209; LG Aachen JurBüro 1985, 342; MüKo/*Karsten Schmidt*, ZPO, § 788 Rn 24 „Mehrere Vollstreckungsmaßnahmen"; Musielak/*Lackmann*, § 788 Rn 12 „Mehrere gleichzeitige Vollstreckungsmaßnahmen"; Gerold/Schmidt/*Müller-Rabe*, RVG, VV 3309 Rn 134; einschränkend HK-ZPO/*Saenger*, § 788 Rn 29.

295 OLG Hamburg JurBüro 1979, 1721.

296 LG München II AGS 2013, 539, getrennte Pfändungs- und Überweisungsbeschlüsse, wenn ein einheitlicher Beschluss möglich gewesen wäre; LG Karlsruhe JurBüro 2011, 160; AG Wiesbaden 9.3.2011 – 65 M 996/11, juris = DGVZ 2011, 115; Gerold/Schmidt/*Müller-Rabe*, RVG, VV 3309 Rn 131.

7. Drittschuldnerprozess

Die Kosten eines vom Gläubiger gegen Drittschuldner geführten Prozesses zur Durchsetzung der gepfändeten Forderung sind nach zutreffender Ansicht[297] Kosten der Zwangsvollstreckung, weil sie der Befriedigung des Gläubigers dienten. Dies gilt auch für vor den Arbeitsgerichten geführte Drittschuldnerprozesse.[298] Die Kosten sind notwendig und damit erstattungsfähig, wenn der Drittschuldnerprozess nicht von vornherein aussichtslos war und die Kosten beim Drittschuldner nicht beigetrieben werden konnten.

251

Dazu gehören *nicht* die **Kosten eines Aufforderungsschreibens** des Anwalts des Gläubigers, wenn der Drittschuldner nach Zustellung des Pfändungsbeschlusses die geschuldete Auskunft nicht abgibt; denn das Schweigen des Drittschuldners ist beredt in dem Sinne, dass der Gläubiger ohne Weiteres davon ausgehen kann, hinsichtlich der Beitreibbarkeit der gepfändeten Forderung bestünden keine Hindernisse.[299]

252

8. Weitere vollstreckbare Ausfertigung

Die Kosten der Erteilung einer weiteren vollstreckbaren Ausfertigung gemäß § 733 ZPO gehören zu den Zwangsvollstreckungskosten und sind grundsätzlich erstattungsfähig, es sei denn, ihre Erforderlichkeit ist vom Gläubiger zu vertreten[300] (z.B. versehentliche Aushändigung der ersten Ausfertigung an den Schuldner; zu vertretender Verlust). Geht die Erstausfertigung der vollstreckbaren Ausfertigung auf dem Postweg an den Gläubiger verloren, muss eine weitere vollstreckbare Ausfertigung erteilt werden, deren Erteilung gebührenpflichtig ist (Nr. 2110 KV-GKG bzw. Nr. 1600 KV-FamGKG).[301]

253

Da der Gläubiger die Erforderlichkeit der Erteilung einer weiteren vollstreckbaren Ausfertigung in einem solchen Fall nicht zu vertreten hat, können die Kosten der nicht vermeidbaren Zweitausfertigung gemäß § 788 ZPO festgesetzt werden.[302] Hat der Gläubiger hingegen den Verlust zu vertreten, wobei sich der Gläubiger ein Verschulden seines Anwalts zurechnen lassen muss, kann er die Kosten nicht vom Schuldner ersetzt verlangen,[303] ggf. aber von seinem eigenen Anwalt.

254

9. Hebegebühr in der Zwangsvollstreckung

Die Hebegebühr des Rechtsanwalts für die Entgegennahme von Zahlungen (VV 1009) zählt regelmäßig nicht zu den notwendigen Kosten der Zwangsvollstreckung. Sie ist damit nicht erstattungsfähig. Nur dann, wenn die Hinzuziehung unabdingbar notwendig ist oder der Vollstreckungstitel die Zahlung zu Händen des Rechtsanwalts vorsieht, kann die Erstattungsfähigkeit gegeben sein. Zahlt der Schuldner im Rahmen der Zwangsvollstreckung die geschuldete Summe innerhalb angemessener Zeit in mehreren Raten an den Gerichtsvollzieher, ist die Einschaltung eines Rechtsanwalts nicht erforderlich.[304]

255

---

297 BGH AGS 2010, 201 = RVGreport 2010, 112 = MDR 2010, 346; BGH AGS 2006, 458 = RVGreport 2006, 111 = Rpfleger 2006, 204; OLG Köln InVo 1998, 167; OLG Hamm InVo 1997, 339; LG Leipzig JurBüro 2003, 662; Zöller/*Stöber*, § 788 Rn 13 „Rechtsstreit"; MüKo/*Karsten Schmidt*, ZPO, § 788 Rn 13; Hk-ZPO/*Saenger*, § 788 Rn 18; offen: Gerold/Schmidt/*Müller-Rabe*, RVG, VV 3309 Rn 229.

298 BAG NJW 1990, 2643; BGH InVo 2006, 198 = AGS 2006, 458 = Rpfleger 2006, 204; LG Traunstein Rpfleger 2005, 551; nach BAG NJW 2006, 717 können dem Gläubiger entstandene Kosten des Drittschuldnerprozesses wegen § 12a ArbGG nicht im Kostenfestsetzungsverfahren des Drittschuldnerprozesses festgesetzt werden, selbst wenn der Drittschuldner sich gemäß § 840 Abs. 2 ZPO schadensersatzpflichtig gemacht hat und ihm die Kosten des Drittschuldnerprozesses auferlegt worden sind.

299 BGH AGS 2010, 201 = RVGreport 2010, 112 = BGH MDR 2010, 346.

300 OLG Karlsruhe AGS 2005, 36 = InVo 2005, 32; OLG Zweibrücken JurBüro 1999, 160; Zöller/*Stöber*, § 788 Rn 13 „weitere vollstr. Ausfertigung"; MüKo/*Karsten Schmidt*, ZPO, § 788 Rn 24 „Vollstreckbare Ausfertigung"; Baumbach/*Hartmann*, ZPO, § 788 Rn 49 „Weitere Ausfertigung".

301 OLG Dresden 11.8.2009 – 3 W 790/09, juris; LG Bonn AGS 2010, 441 = JurBüro 2010, 374.

302 LG Bonn AGS 2010, 441 m. Anm. *Schneider* = JurBüro 2010, 374.

303 OLG Düsseldorf OLGR 1999, 298; OLG Zweibrücken JurBüro 1999, 160; AG Heilbronn AGkompakt 2010, 54 m. Anm. *Schneider*.

304 LG Detmold, Rpfleger 2003, 36.

256 Die Hebegebühr ist dann erstattungsfähig, wenn der Schuldner die titulierte Schuldsumme nur in unregelmäßiger und zeitraubender Zahlungsweise ablöst oder langwierige Lohnpfändungen verursacht und damit eine Überwachungstätigkeit des Rechtsanwalts erforderlich macht.[305]

257 Zahlt der Gerichtsvollzieher die von ihm von dem Schuldner eingezogenen Raten an den Verfahrensbevollmächtigten des Gläubigers, so sind durch die Auszahlung an den Gläubiger für dessen Verfahrensbevollmächtigten Hebegebühren entstanden, die vom Schuldner zu erstatten sind.[306]

Vgl. im Übrigen VV 1009 Rdn 76 ff.

10. Sicherungsvollstreckung

258 Wird der Antrag auf Sicherungsvollstreckung gemäß § 720a ZPO vor Zustellung von Titel und Klausel und vor Fristablauf (§ 750 Abs. 3 ZPO) gestellt, sind die Kosten dieses Antrags nicht erstattungsfähig.[307]

11. Patentanwalt

259 Gemäß § 143 Abs. 3 PatG (Patentstreitsachen), 52 Abs. 4 DesignG (Designstreitsachen) und § 140 Abs. 3 MarkenG (Kennzeichenstreitsachen) sind von den Kosten, die durch die Mitwirkung eines Patentanwalts in dem Rechtsstreit entstehen, die Gebühren nach § 13 und außerdem die notwendigen Auslagen des Patentanwalts zu erstatten. Zwar ist der Begriff der Patentstreitsachen, Designstreitsachen oder Kennzeichenstreitsachen weit auszulegen.[308] Für die Zwangsvollstreckung ist aber gleichwohl **im Einzelfall zu prüfen**, ob die Zuziehung eines Patenanwalts für die Zwangsvollstreckung notwendig war. Insoweit kommt es darauf an, ob es der vom Gesetzgeber fingierten Sachkunde des Patentanwalts auch im Rahmen der Vollstreckung bedarf.

260 Für die Durchsetzung einer **Unterlassungsverfügung gemäß § 890 ZPO** hat die Rechtsprechung das anerkannt.[309] Auch bei der **Herausgabevollstreckung** kann die Zuziehung eines Patenanwalts notwendig sein, wenn die Herausgabeanordnung im Urteil so unbestimmt gefasst ist, dass es im Einzelfall der besonderen Sachkunde eines Patentanwalts bedarf, um die **Verletzungsgegenstände eindeutig zu identifizieren**.[310]

261 Geht es bei der Vollstreckung einer Auskunftsverpflichtung im Rahmen einer Designstreitsache lediglich darum, Angaben ohne technischen Hintergrund zu verlangen, besteht i.d.R. keine Notwendigkeit für die Mitwirkung eines Patentanwalts.[311]

III. Verfahren

1. Prüfung

262 Ob es sich um notwendige Kosten der Zwangsvollstreckung handelt, hat, wenn die Kosten mit der Hauptforderung beigetrieben werden, der **Gerichtsvollzieher**, bei der Festsetzung der Kosten gemäß § 788 Abs. 2 ZPO der Rechtspfleger in eigener Verantwortung **zu überprüfen**. Dies gilt aber auch und erst recht dann, wenn der Gläubiger Teilzahlungen des Schuldners auf die angesetzte

---

305 OLG Düsseldorf JurBüro 1995, 49.
306 Vgl. AG Limburg a.d.Lahn RVGreport 2005, 357.
307 OLG Hamm, Rpfleger 1989, 378; OLG Koblenz, AnwBl. 1992, 549; Gerold/Schmidt/*Müller-Rabe*, RVG, VV 3309 Rn 350.
308 OLG Köln AGS 2013, 48; OLG Stuttgart GRUR-RR 2005, 334 = InVo 2005, 423; a.A. OLG Hamburg JurBüro 1986, 1906 und JurBüro 1980, 1728: Zwangsvollstreckung ist keine Geschmacksmusterstreitsache.

309 OLG Köln AGS 2013, 48; OLG München GRUR-RR 2006, 68; OLG Stuttgart GRUR-RR 2005, 334 = InVo 2005, 423; OLG München WRP 1978, 313; OLG Düsseldorf Rpfleger 1983, 496.
310 OLG Köln AGS 2013, 48; OLG Düsseldorf GRUR 2010, 405.
311 Noch zu Geschmacksmusterstreitsachen OLG Köln AGS 2013, 48; a.A. OLG Stuttgart GRUR-RR 2005, 334 = InVo 2005, 423.

Einigungsgebühr verrechnet und deswegen nur noch wegen der titulierten Hauptforderung nebst Zinsen vollstreckt.[312]

2. Festsetzung

a) Sinn und Zweck

Kosten der Zwangsvollstreckung können gemäß §§ 788 Abs. 2, 103 Abs. 2, 104, 107 ZPO festgesetzt werden; die Überprüfung der angemeldeten Kosten erfolgt in diesem Fall durch den Rechtspfleger. Eine **Festsetzung** empfiehlt sich u.a. dann, wenn über Jahre hinweg Vollstreckungsversuche stattgefunden haben, weil der Gläubiger es sich damit erspart, bei jeder neuen Vollstreckung die in der Praxis weitgehend verlangte[313] diesbezügliche Forderungsaufstellung vorlegen zu müssen. Bei der Festsetzung der bis zum 31.12.2001 entstandenen Kosten erspart man sich die Umrechnung der einzelnen, bis dahin entstandenen Kosten.[314] Weitere Vorteile: (Nur) festgesetzte Vollstreckungskosten sind zu verzinsen; Verlängerung der Verjährungsfrist von drei auf dreißig Jahre.[315] Die vorgenommene Kostenfestsetzung schließt nicht aus, die Kosten weiterhin gemäß § 788 ZPO beizutreiben.[316]

263

b) Verfahren

Für die Festsetzung der Kosten ist die **Vorlage des Originals des Vollstreckungstitels nicht** notwendig; es genügt insoweit Glaubhaftmachung.[317] Dies gilt auch für die Festsetzung der Einigungsgebühr.[318] Da nach § 103 Abs. 1 ZPO der Anspruch auf Erstattung der Prozesskosten nur aufgrund eines zur Zwangsvollstreckung geeigneten Titels geltend gemacht werden kann, ist antragsbefugt grundsätzlich nur derjenige, zu dessen Gunsten im Titel eine Kostengrundentscheidung nach §§ 91 ff. ZPO ergangen ist. Der Rechtsnachfolger des im Titel ausgewiesenen Kostengläubigers bedarf daher zur Erwirkung eines Kostenfestsetzungsbeschlusses gemäß § 727 ZPO einer Umschreibung des Titels in Gestalt einer auf ihn lautenden vollstreckbaren Ausfertigung.[319]

264

Der gemäß § 788 Abs. 2 ZPO gestellte Festsetzungsantrag ist zu unterschreiben.[320]

c) Festsetzung nach Teilaufhebung eines Titels

Nicht selten wird in der Praxis ein vorausgegangener **Titel** durch eine danach ergangene Entscheidung oder durch einen Vergleich **nur teilweise ersetzt**.

265

> **Beispiel:** Durch erstinstanzliches Urteil ist der Beklagte zur Zahlung von 5.000 EUR an den Kläger verurteilt worden. Im Berufungsverfahren einigen sich die Parteien durch einen Prozessvergleich darauf, dass der Beklagte 3.000 EUR zahlt.

Hat der Gläubiger aus dem ersten Titel vollstreckt, kann er Erstattung der Kosten der Zwangsvollstreckung aus dem ursprünglichen Titel in der Höhe verlangen, in der diese angefallen wären, wenn er von vornherein die Vollstreckung auf den Vergleichsbetrag beschränkt hätte.[321] Der Grund liegt darin,

---

312 LG Aurich DGVZ 2004, 15; LG Dortmund DGVZ 2000, 188; AG Nienburg DGVZ 2003, 95; AG St. Wendel DGVZ 2000, 46; LG Limburg DGVZ 1996, 43; *Hintzen/Wolf*, Zwangsvollstreckung, Zwangsversteigerung und Zwangsverwaltung, Handbuch, 2006, Rn 2.12 ff. m.w.N.; *Seip*, DGVZ 2006, 105, 108; *Kessel*, DGVZ 2004, 179, 181.

313 Zur Berechtigung des Verlangens auf Vorlage einer solchen Forderungsberechnung vgl. *Hintzen/Wolf*, Zwangsvollstreckung, Zwangsversteigerung und Zwangsverwaltung, Handbuch 2006, Rn 2.6 ff.

314 Dem Gläubiger steht es andererseits frei, auch die bis zum 31.12.2001 angefallenen Vollstreckungskosten in EUR auszuweisen, BGH InVo 2003, 488 = Rpfleger 2003, 595.

315 Vgl. im Einzelnen *Enders*, JurBüro 2003, 449 ff.

316 Brandenb.OLG JurBüro 2006, 548; Zöller/*Stöber*, § 788 Rn 18; a.A. LG Bad Kreuznach Rpfleger 1990, 313; Hk-ZPO/*Saenger*, § 788 Rn 37.

317 LG Landau AGS 2004, 452; Zöller/*Stöber*, § 788 Rn 19; *Mock*, AGS 2004, 275; a.A. AG Siegburg AGS 2004, 309.

318 BGH (2. Zivilsenat) AGS 2007, 366 = Rpfleger 2007, 506 = JurBüro 2007, 411 gegen BGH (8. Zivilsenat) AGS 2006, 403 = JurBüro 2006, 360 = Rpfleger 2006, 436, der jedoch an seiner abweichenden Ansicht nicht mehr festhält.

319 BGH AGS 2011, 408 = MDR 2010, 838.

320 LG Bad Kreuznach 23.4.2010 – 1 T 78/10, juris = Vollstreckung effektiv 2011, 167.

321 BGH AGS 2004, 127 = NJW-RR 2004, 503, 504; OLG Stuttgart Rpfleger 1994, 118.

dass § 788 ZPO nicht auf die Kontinuität des Vollstreckungstitels abstellt, sondern entscheidend ist, ob und inwieweit der dem ursprünglichen Titel zugrunde liegende Anspruch in dem Prozessvergleich zwar nicht formal, aber der Sache nach bestätigt worden ist, der Gläubiger die Zwangsvollstreckung also im Ergebnis zu Recht betrieben hat. Dies gilt auch, wenn in dem Vergleich weitere nicht streitgegenständliche Ansprüche geregelt werden, allerdings nur dann, wenn sich feststellen lässt, in welchem Umfang der ursprüngliche Titel in der Sache Bestand hat.[322]

3. Zuständigkeit

a) Vollstreckungsgericht

266 Ausschließlich (§ 802 ZPO) **zuständig für die Festsetzung** ist gemäß § 788 Abs. 2 ZPO das Vollstreckungsgericht, bei dem zum Zeitpunkt der Antragstellung eine Vollstreckungshandlung anhängig ist, nach Beendigung der Zwangsvollstreckung das Gericht, in dessen Bezirk die letzte Vollstreckungshandlung erfolgt ist. Als letzte Vollstreckungshandlung ist auch die Erteilung einer Abschrift aus dem Vermögensverzeichnis des Schuldners anzusehen.[323]

b) Prozessgericht als Vollstreckungsgericht

267 Im Falle einer Vollstreckung nach den Vorschriften der **§§ 887, 888, 890 ZPO** ist allerdings das Prozessgericht des ersten Rechtszuges zuständig, denn dieses wird insoweit als Vollstreckungsgericht tätig. Dies gilt auch für solche Kosten, die vor dem 1.1.1999 entstanden sind.[324]

c) Einstweilige Verfügung

268 Für die Festsetzung der **Zustellungskosten** oder einer Vollziehungsgebühr für den Antrag auf Eintragung einer Vormerkung gemäß einer einstweiligen Verfügung ist funktionell nicht das Prozessgericht, sondern das Vollstreckungsgericht zuständig, nicht das Grundbuchamt des Amtsgerichts, das mit der Vollziehung der einstweiligen Verfügung in Form der Eintragung der Vormerkung befasst war.[325]

d) Zahlungsaufforderung mit Vollstreckungsandrohung

269 **Kam es nicht zu einer Vollstreckung**, sondern blieb es bei einer Zahlungsaufforderung mit Vollstreckungsandrohung, ist für die Festsetzung nicht das Vollstreckungsgericht zuständig, sondern das Prozessgericht, weil nach Wortlaut, Sinn und Zweck sowie der Systematik des § 788 Abs. 2 ZPO dem Vollstreckungsgericht die Festsetzung der Kosten der Zwangsvollstreckung nur für die Fälle übertragen ist, in denen zum Zeitpunkt der Antragstellung eine Vollstreckungshandlung anhängig oder die Zwangsvollstreckung beendet ist.[326]

e) Vollstreckung durch den Gerichtsvollzieher

270 Zur Frage, ob der Anhängigkeit beim Vollstreckungsgericht das Befasstsein mit einer Vollstreckungshandlung durch den Gerichtsvollzieher gleichgesetzt werden kann, siehe oben (mit Ausführungen zur entsprechenden Problematik bei der Frage der Einigungsgebühr – dies sollte aus Gründen der Zweckmäßigkeit bejaht werden, vgl. Rdn 224 ff.).[327]

---

322 BGH AGS 2010, 253 = NJW-RR 2010, 1005.
323 Brandenb.OLG MDR 2005, 177 = OLGReport Brandenburg 2004, 432; Zöller/*Stöber*, § 788 Rn 19a.
324 OLG Koblenz Rpfleger 2003, 376; OLG Karlsruhe JurBüro 2001, 371; KG InVo 2001, 78 = AGS 2000, 251 = JurBüro 2000, 666 = DGVZ 2000, 150; OLG München InVo 2000, 147 = AGS 2000, 139; Zöller/*Stöber*, § 788 Rn 19.
325 OLG Celle NJW-RR 2009, 575; Zöller/*Stöber*, § 788 Rn 19a; MüKo/*Karsten Schmidt*, ZPO, § 788 Rn 35; Hk-ZV/*Kessel* § 788 Rn 108; a.A. OLG Hamm AGS 2002, 284 = Rpfleger 2002, 541 = JurBüro 2002, 588.
326 BGH AGS 2008, 200 = MDR 2008, 286; OLG Düsseldorf AGS 2010, 560; a.A. noch KG JurBüro 2008, 151; Hk-ZPO/*Saenger*, § 788 Rn 39.
327 Zöller/*Stöber*, § 788 Rn 19a.

f) Festsetzung gegen den eigenen Mandanten (§ 11)

Die Zuständigkeit für die Festsetzung von Vollstreckungskosten gemäß § 788 Abs. 1 ZPO erfasst auch die vereinfachte Festsetzung von im Vollstreckungsverfahren angefallener Kosten anwaltlicher Tätigkeit **gegen den eigenen Mandanten** gemäß § 11 RVG.[328]

Auch die Kosten einer Vorpfändung gem. § 845 ZPO können gem. § 11 gegen den eigenen Mandanten festgesetzt werden.[329]

4. Zinsen

Die festgesetzten Kosten sind vom Eingang des Kostenfestsetzungsantrags an mit 5 Prozentpunkten über dem Basiszinssatz nach § 247 BGB zu verzinsen (§§ 788 Abs. 2 S. 1, 104 Abs. 1 S. 2 ZPO).

Zur Frage der Erstattungsfähigkeit einzelner Kosten der Zwangsvollstreckung vgl. im Übrigen die Ausführungen und Überblicke in den entsprechenden Kommentaren zur ZPO.[330]

E. Prozesskostenhilfe

I. PKH für Hauptsache

Ist einer Partei für das Hauptverfahren Prozesskostenhilfe bewilligt worden, so gilt dies für die Zwangsvollstreckung nur dann, wenn der Beschluss dies ausdrücklich so beinhaltet (vgl. § 119 ZPO).

II. Ausdrückliche Beiordnung

Wurde Prozesskostenhilfe für die Zwangsvollstreckung bewilligt, hat der Anwalt nur dann einen Anspruch gegen die Staatskasse, wenn er auch ausdrücklich **für die Zwangsvollstreckung beigeordnet** worden ist (§ 48 Abs. 4). Ist er beigeordnet worden, bemessen sich seine Gebühren nach § 49 mit VV 3309, 3310.

III. Vollziehung

Ist ein Anwalt für die Erwirkung eines **Arrestes oder einer einstweiligen Verfügung** oder einer **einstweiligen Anordnung** beigeordnet worden, so gilt die Beiordnung auch für deren Vollziehung, soweit nichts anderes bestimmt worden ist (§ 48 Abs. 2).

IV. Erforderlichkeit der Beiordnung

1. Grundsätze

Nach wie vor unterschiedlich gesehen wird, in welchen Fällen die **Beiordnung** eines Anwalts im Rahmen der Zwangsvollstreckung **erforderlich** ist, wenn der Gegner nicht anwaltlich vertreten ist. Ist der Gegner anwaltlich vertreten, gebietet der Grundsatz der Waffengleichheit die Beiordnung (vgl. § 121 Abs. 2, 2. Alt. ZPO).[331]

---

[328] BGH InVo 2005, 292 = AGS 2005, 208 = Rpfleger 2005, 322 = JurBüro 2005, 421; vgl. auch LG Freiburg AGS 2012, 340 = RVGreport 2012, 295 = JurBüro 2012, 442, für die Festsetzung der Kosten einer Vorpfändung gem. § 845 ZPO gegen den eigenen Mandanten.

[329] LG Freiburg AGS 2012, 340 = RVGreport 2012, 295 = JurBüro 2012, 442.

[330] Z.B. Zöller/*Stöber*, § 788 Rn 4–7, 13; Hk-ZV/Kessel, § 788 Rn 33 ff.; MüKo/*Karsten Schmidt*, ZPO, § 788 Rn 24; *Baumbach u.a.*, ZPO, § 788 Rn 19 ff.; Musielak/*Lackmann*, § 788 Rn 8 ff.

[331] BGH AGS 2011, 120 = MDR 2011, 454.

279 Richtig ist jedenfalls, dass weder eine pauschale Beiordnung[332] noch eine pauschale Ablehnung[333] der Beiordnung zutreffend ist. Die Notwendigkeit der Beiordnung eines Anwalts hängt vielmehr einerseits von der **Schwierigkeit der im konkreten Fall zu bewältigenden Rechtsmaterie** und andererseits von den **persönlichen Fähigkeiten und Kenntnissen** gerade des Antragstellers ab. Hierzu muss der Anwalt stets vortragen, will er eine Beiordnung erreichen.

2. Sachpfändung/Vermögensauskunft

280 Hinsichtlich eines Auftrags zur **Sachpfändung** sowie zur Abnahme der **Vermögensauskunft** (§ 802c ZPO) wird eine Beiordnung weitgehend abgelehnt, weil es sich dabei um einfache Materien handele und der Gläubiger zur Not die Rechtsantragsstelle aufsuchen könne.[334] Dabei wird die heutige Praxis der Gerichtsvollziehervollstreckung nicht richtig gesehen. Ein Durchsuchen der Räume des Schuldners ist mehr die Ausnahme; unleserliche oder unvollständige Gerichtsvollzieherprotokolle sind eher die Regel. Im Rahmen der Vermögensauskunft (Eidesstattlichen Versicherung) werden Vordrucke verwandt, die erkanntermaßen unvollständig sind; selbst bei offensichtlich unvollständigen oder unrichtigen Angaben des Schuldners werden kaum Nachfragen gestellt, wie die Vielzahl veröffentlichter Entscheidungen zeigt. Der Hinweis von Teilen der Rechtsprechung,[335] sollten im weiteren Verlauf der Zwangsvollstreckung Schwierigkeiten tatsächlicher oder rechtlicher Art auftreten, könne erneut ein Antrag auf Beiordnung gestellt werden, setzt voraus, dass man die Probleme nicht ordnungsgemäßer Vollstreckung überhaupt erkennt. Bereits eingetretene Nachteile können zudem in der Regel nicht mehr ausgeglichen werden.

3. Weitere Einzelfälle

281 Verneint wurde die Notwendigkeit der Anwaltsbeiordnung im **Verfahren über die Vollstreckbarkeit** eines bereits bestehenden Unterhaltstitels nach §§ 722, 733 ZPO wegen der Mitwirkung des Generalbundesanwalts, solange das Verfahren nicht streitig geführt wird.[336] Ebenfalls wurde die Erforderlichkeit verneint für das Verfahren auf Erteilung einer **Rechtsnachfolgeklausel** gemäß § 727 ZPO in einem einfach gelagerten Fall.[337]

4. Schwierigkeit der Materie

282 Von den persönlichen Fähigkeiten und Kenntnissen abgesehen spricht die Kompliziertheit der Materie jedenfalls in folgenden Bereichen für eine Beiordnung eines Anwalts:
– **Pfändung wegen Unterhaltsansprüchen,** insbesondere beim Vorhandensein mehrerer Unterhaltsberechtigter, im Hinblick auf die Berechnung des notwendigen Unterhalts des Schuldners gemäß § 850d Abs. 1 S. 2 ZPO sowie der Höhe und des Rangs anderer Unterhaltsansprüche;[338] der Unterhaltsgläubiger darf stattdessen nicht auf eine Beistandschaft des Jugendamtes nach § 1712 BGB verwiesen werden.[339]
– Verfahren der **erweiterten Pfändung von Arbeitslohn oder Lohnersatzleistungen**.[340]
– **Mangelhafte Deutschkenntnisse des Gläubigers**.[341]

---

332 BGH AGS 2010, 243 = MDR 2010, 286; LG Rostock InVo 2003, 419 = Rpfleger 2003, 304.
333 BGH AGS 2010, 243 = MDR 2010, 286; BGH FamRZ 2003, 1547 = Rpfleger 2003, 591 = JurBüro 2004, 42.
334 BGH FamRZ 2003, 1921 = ZVI 2003, 592; LG Rostock JurBüro 2003, 385; LG Koblenz JurBüro 2010, 316; LG Trier Rpfleger 2002, 160; HK-ZPO/*Saenger*, § 121 Rn 8; a.A. dieselbe Kammer des LG Koblenz InVo 2002, 211 = JurBüro 2002, 321 und FamRZ 2005, 529; Zöller/*Philippi*, § 121 Rn 8.
335 BGH FamRZ 2003, 1921 = ZVI 2003, 592; LG Mühlhausen 12.3.2009 – 2 T 33/09, juris; LG Rostock JurBüro 2003, 385.
336 OLG Celle FamRZ 2006, 1612.
337 OLG Koblenz FamRZ 2010, 56.
338 BGH FamRZ 2003, 1547 = Rpfleger 2003, 591 = JurBüro 2004, 42 und FamRZ 2006, 856; OLG Stuttgart AGS 2011, 190; LG Bückeburg FamRZ 2008, 2293 = AGS 2009, 76; LG Mainz FamRZ 2008, 161 bei Pfändung in Unfallrente; LG Bad Kreuznach AGS 2007, 629; LG Arnsberg NJWE-FER 2000, 164; einschränkend LG Koblenz AGS 2005, 299 = Rpfleger 2005, 200.
339 BGH FamRZ 2006, 856 = Rpfleger 2006, 207.
340 BGH FamRZ 2004, 789.
341 LG Duisburg InVo 2004, 207 = Rpfleger 2004, 174 = FamRZ 2004, 177.

- Wenn die beabsichtigte **Kontenpfändung** im konkreten Fall mit tatsächlichen und rechtlichen Schwierigkeiten verbunden ist.[342] Das dürfte bei der seit Mitte 2010 in Kraft getretenen komplizierten Neuregelung durch Einführung eines Pfändungsschutzkontos wohl grundsätzlich der Fall sein.
- Für die Einlegung der **Vollstreckungserinnerung** gegen eine Zwangsvollstreckungsmaßnahme oder für die Stellung eines **Einstellungs-** bzw. Vollstreckungsschutzantrags.[343]

Nr.	Gebührentatbestand	Gebühr oder Satz der Gebühr nach § 13 RVG
3310	Terminsgebühr .... Die Gebühr entsteht für die Teilnahme an einem gerichtlichen Termin, einem Termin zur Abgabe der Vermögensauskunft oder zur Abnahme der eidesstattlichen Versicherung.	0,3

Literatur: Siehe VV 3309.

A. Allgemeines 1	a) Überblick 8
B. Regelungsgehalt 2	b) Sinnvolle Terminsteilnahme 9
I. Eigenständige Regelung 2	4. Termin zur Abgabe der eidesstattlichen Versicherung 11
II. Erfasste Termine 4	III. Keine Terminsgebühr 12
1. Überblick 4	1. Räumungs- und Versteigerungstermin 12
2. Gerichtlicher Termin 5	2. Besprechungstermine 13
3. Termin zur Abnahme der Vermögensauskunft 8	IV. Entstehung und Höhe 15

A. Allgemeines

Hinsichtlich des Anwendungsbereichs, der Frage der gebührenrechtlichen Angelegenheiten sowie den Begrifflichkeiten in der Zwangsvollstreckung wird auf VV 3309 Rdn 1 ff. verwiesen. **1**

B. Regelungsgehalt

I. Eigenständige Regelung

VV 3310 enthält eine gegenüber VV Vorb. 3 Abs. 3 **eigenständige Regelung** über das Erwachsen einer Terminsgebühr. Dies ergibt sich schon aus der Anm. zu VV 3310 („*nur*"), aus der Gesetzesbegründung[1] und aus dem Wortlaut von VV Vorb. 3 Abs. 3 S. 1. Danach entsteht die Terminsgebühr sowohl für die Wahrnehmung von gerichtlichen Terminen als auch für die Wahrnehmung von außergerichtlichen Terminen und Besprechungen, **wenn nichts anderes bestimmt ist**. Für die Terminsgebühr in der Zwangsvollstreckung ist in der Anm. zu VV 3310 aber etwas anderes bestimmt. Die Terminsgebühr in der Zwangsvollstreckung entsteht also nur unter den in der Anm. zu VV 3310 geregelten Voraussetzungen. Die Entstehung ist nicht an die in VV Vorb. 3 Abs. 3 genannten Voraussetzungen geknüpft.[2] **2**

Die 0,3-Terminsgebühr entsteht zusätzlich zur Verfahrensgebühr VV 3309 nur dann, wenn der Anwalt entweder an einem gerichtlichen Termin oder einem Termin zur Abgabe der Vermögensauskunft oder zur Abnahme der eidesstattlichen Versicherung teilnimmt. Die allgemeinen Regelungen für die Entstehung der Terminsgebühr in VV Vorb. 3 Abs. 3 gelten daher für die Terminsgebühr in der Zwangsvollstreckung nicht bzw. nur eingeschränkt (vgl. Rdn 4 ff.). Insbesondere fällt daher in der **3**

---

342 LG Zweibrücken FamRZ 2009, 1613 (generell); LG Arnsberg Rpfleger 2006, 89 (generell); LG Berlin FamRZ 2003, 318; LG Verden NdsRpfl 2009, 188; großzügiger LG Koblenz FamRZ 2005, 529.

343 LG Saarbrücken MDR 2010, 776.
1 BT-Drucks 15/1971, S. 215.
2 *Schneider/Thiel*, Das neue Gebührenrecht für Rechtsanwälte, 2. Aufl., § 3 Rn 745 ff.

Zwangsvollstreckung **keine Terminsgebühr** für die Mitwirkung an außergerichtlichen Besprechungen an.

II. Erfasste Termine

1. Überblick

4 Zusätzlich zur Verfahrensgebühr VV 3309 erhält der Rechtsanwalt nach der Anm. zu VV 3310 eine 0,3 Terminsgebühr nur, wenn er in der Vollstreckung an einem
- **gerichtlichen Termin**,
- Termin zur Abgabe der **Vermögensauskunft** oder
- Termin zur Abnahme der **eidesstattlichen Versicherung**

teilnimmt.

2. Gerichtlicher Termin

5 Gerichtliche Termine sind in der Zwangsvollstreckung eher selten; denkbar sind sie z.B.
- im Rahmen eines Verfahrens gemäß §§ 887 bis 890 ZPO (vgl. § 891 ZPO),
- im Rahmen eines Vollstreckungsschutz-Antrags gemäß § 765a ZPO,
- im Rahmen der dem Gericht zugewiesenen Anordnungen von Vollstreckungshandlungen gem. § 764 ZOPO,
- im Verteilungsverfahren nach §§ 858 Abs. 5, 872 bis 877 und 882 ZPO. Wird für das Verteilungsverfahren allerdings VV 3333 für anwendbar gehalten (vgl. dazu VV 3333 Rdn 5), entsteht aufgrund der Regelung in S. 2 d. Anm. zu VV 3333 keine Terminsgebühr (vgl. VV 3333 Rdn 8).

6 Durch die bewusst so gefasste Anm. zu VV 3310 (gerichtlicher Termin) ist geklärt, dass der Termin **vor Gericht**, also dem **Richter** oder **Rechtspfleger**,[3] stattfinden muss.

7 Ein Termin vor dem **Gerichtsvollzieher**, der nicht zum Gericht gehört,[4] genügt nicht.[5] Nur der in der Praxis am häufigsten eintretende Fall eines Termins beim Gerichtsvollzieher zur **Abnahme der Vermögensauskunft** oder einer eidesstattlichen Versicherung ist aufgenommen worden.

3. Termin zur Abnahme der Vermögensauskunft

a) Überblick

8 Der Gläubiger einer titulierten Geldforderung hat bereits vor der Einleitung konkreter Vollstreckungsmaßnahmen die Möglichkeit, Informationen über das Vermögen des Schuldners zu erlangen. Die §§ 802c ff. ZPO ermöglichen es bereits zu Beginn der Zwangsvollstreckung, dem Schuldner durch den Gerichtsvollzieher die Vermögensauskunft abnehmen zu lassen. Zur Auskunftserteilung hat der Schuldner alle ihm gehörenden Vermögensgegenstände in einem Vermögensverzeichnis anzugeben, dessen Richtigkeit vom Schuldner an Eides Statt zu versichern ist (§ 802c Abs. 3 ZPO).

---

[3] Hansens/Braun/Schneider/*Volpert*, Teil 18 Rn 25; Gerold/Schmidt/*Müller-Rabe*, RVG, VV 3310 Rn 6.

[4] Diese Thematik zeigte sich früher auch bei der Frage, ob Inkassobüros einen Antrag auf eidesstattliche Versicherung (bis 31.12.2012) stellen durften; das ist durch § 79 Abs. 2 Nr. 4 ZPO geklärt. Dies war jedoch früher gemäß Art. 1 § 1 Abs. 1 S. 2 Nr. 5 RBeratG („außergerichtliche Einziehung") nur zulässig, wenn der Gerichtsvollzieher nicht zum Gericht gehörte. Letzteres wurde zutreffend bejaht, vgl. AG Hamburg DGVZ 2000, 120 = InVo 2001, 37 und LG Bremen InVo 2001, 142 = DGVZ 2001, 63 = JurBüro 2001, 272; Hintzen/*Wolf*, Zwangsvollstreckung, Zwangsversteigerung und Zwangsverwaltung, Handbuch, 2006, Rn 5.14; Zöller/*Stöber*, ZPO, 28. Aufl., § 900 Rn 3.

[5] Gerold/Schmidt/*Müller-Rabe*, RVG, VV 3310 Rn 8.

b) Sinnvolle Terminsteilnahme

Für die Teilnahme am Termin zur Abnahme der Vermögensauskunft entsteht die Terminsgebühr. Während die Teilnahme am Termin zur Abgabe der eidesstattlichen Versicherung in der Praxis früher (bis 31.12.2012) in der Regel nicht vorgekommen ist, kann die Teilnahme am Termin zur Abnahme der Vermögensauskunft durchaus sinnvoll sein. Weil die Vermögensauskunft am Anfang der Vollstreckung stehen kann, erfährt der Gläubiger-Vertreter bei Teilnahme am Termin bereits sehr früh, ob und ggf. in welche der Vermögensstände des Schuldners eine Vollstreckung lohnenswert erscheint. 9

Zudem können weitere Nachfragen, die sich aus den Umständen des Falls ergeben, an den Schuldner gerichtet werden. Oft hat der Gläubiger oder der Rechtsanwalt weitergehende Kenntnisse, die eine intensivere Befragung sinnvoll erscheinen lassen. Die Terminsgebühr für die Wahrnehmung dieses Termins ist allerdings nach wie vor mit höchstens 45 EUR (0,3 Gebühr bei einem Höchstwert i.H.v. 2.000 EUR gemäß § 25 Abs. 1 Nr. 4) vergleichsweise gering. Nimmt der Gläubiger an dem Termin nicht teil, erhält er einen Ausdruck des Vermögensverzeichnisses erst nach dessen Hinterlegung durch den Gerichtsvollzieher beim zentralen Vollstreckungsgericht (§ 802f Abs. 6 S. 1 ZPO). 10

4. Termin zur Abgabe der eidesstattlichen Versicherung

Für die Teilnahme am Termin zur Abnahme der eidesstattlichen Versicherung entsteht nach der Anm. zu VV 3310 ebenfalls eine Terminsgebühr. Hiervon erfasst sind seit 1.1.2013 aber nur noch die vom **Gerichtsvollzieher** abzunehmenden eidesstattlichen Versicherungen gemäß §§ 836 Abs. 3 S. 2 ZPO und 883 Abs. 2 ZPO sowie zur Abnahme einer materiell-rechtlich gebotenen eidesstattlichen Versicherung nach § 889 ZPO, für die nach § 20 Nr. 17 RPflG der **Rechtspfleger** zuständig ist. 11

III. Keine Terminsgebühr

1. Räumungs- und Versteigerungstermin

Die Teilnahme am vom **Gerichtsvollzieher** anberaumten **Termin zur Räumung** löst die Terminsgebühr nach VV 3310 nicht aus, sondern wird durch die Verfahrensgebühr der VV 3309 abgegolten. Das Gleiche gilt für die Teilnahme an dem vom **Gerichtsvollzieher** anberaumten **Versteigerungstermin**. Beide Termine und auch die Teilnahme an sonstigen Maßnahmen des Gerichtsvollziehers oder auch Besprechungen mit dem Gerichtsvollzieher lassen mangels Erwähnung in der Anm. zu VV 3310 keine Terminsgebühr entstehen.[6] Im Rahmen der Vollstreckung durch den Gerichtsvollzieher entsteht die Verfahrensgebühr nur bei Teilnahme an dem Termin zur Abgabe der Vermögensauskunft (§§ 802c ff. ZPO) und der eidesstattlichen Versicherung nach §§ 836 Abs. 3 S. 2 ZPO und 883 Abs. 2 ZPO. 12

2. Besprechungstermine

Die Terminsgebühr fällt ebenso nicht für die Teilnahme an **außergerichtlichen Terminen und Besprechungen** in der Vollstreckung i.S.v. VV Vorb. 3 Abs. 3 S. 3 an. Zwar würde diese Tätigkeit von dem allgemeinen Begriff der Terminsgebühr umfasst, wie in VV Vorb. 3 Abs. 3 beschrieben ist. Allerdings entsteht die Terminsgebühr nach VV Vorb. 3 Abs. 3 S. 1 nur, soweit nichts anderes bestimmt ist. Für die Terminsgebühr in der Zwangsvollstreckung ist in der Anm. zu VV 3310 etwas anderes bestimmt. Die engere Fassung der VV 3310 beruht jedoch ausdrücklich darauf, dass der Gesetzgeber dies im Hinblick auf die mit dem RVG eingeführte Einigungsgebühr (VV 1000) als verzichtbar angesehen hat.[7] 13

Dieselbe Fragestellung ergibt sich im Übrigen beim Anfall der **Einigungsgebühr** bzw. im Rahmen der **Kostenerstattung** gemäß § 788 ZPO, lediglich von einem anderen Ausgangspunkt aus. Die 14

---

6 Hansens/Braun/Schneider/*Volpert*, Teil 18 Rn 28 f.; Gerold/Schmidt/*Müller-Rabe*, RVG, VV 3310 Rn 8.

7 BT-Drucks 15/1971, S. 215 zu VV 3310.

IV. Entstehung und Höhe

15 Die Terminsgebühr entsteht für den Anwalt für die Teilnahme bzw. vertretungsbereite Anwesenheit an einem in der Anm. zu VV 3310 aufgeführten Termine. Eine mündliche Verhandlung oder Erörterung oder die Stellung von Anträgen ist für die Entstehung der Terminsgebühr nicht notwendig. Nimmt der Anwalt an dem Termin teil, erhält er die Terminsgebühr selbst dann, wenn er weder sich an etwaigen Erörterungen im Termin beteiligt noch einen Antrag gestellt hat. Unerheblich ist ebenso, ob der Gegner erscheint und seinerseits erörtert oder einen Antrag stellt.

16 Die Gebühr erwächst demnach nur für den Anwalt, der selbst an einem solchen Termin **teilnimmt**. Findet ein Termin statt, nimmt der Anwalt daran jedoch nicht teil, erhält er keine Terminsgebühr. Eine Teilnahme an einem gerichtlichen Termin setzt voraus, dass der Termin stattfindet. Erforderlich ist deshalb ein Aufruf der Sache. Erscheint der Rechtsanwalt erst nach Beendigung des Termins, entsteht die Terminsgebühr nicht.

17 Für die Teilnahme an **mehreren Terminen** in derselben Angelegenheit im selben Rechtszug erhält der Anwalt die Gebühr nur einmal (§ 15 Abs. 2).

18 VV 3310 findet für **Gläubiger- und Schuldnervertreter** in gleicher Weise Anwendung (zur Vertretung eines Dritten vgl. VV 3309 Rdn 119 ff.). Durch die Terminsgebühr wird die Tätigkeit des Rechtsanwalts im Zusammenhang mit der **Vorbereitung** des Termins und die **Teilnahme** am Termin abgegolten. Ist für die Teilnahme an einem Termin (z.B. Räumungstermin oder Versteigerungstermin des Gerichtsvollziehers) keine Terminsgebühr vorgesehen, wird die Tätigkeit des Rechtsanwalts durch die Verfahrensgebühr der VV 3309 abgegolten. Die Terminsgebühr entsteht als Wertgebühr mit einem Gebührensatz von 0,3. Die Höhe der Gebühr ist aus der Tabelle zu § 13 abzulesen und beträgt gem. § 13 Abs. 2 mindestens 15 EUR. Eine **Ermäßigung** der Terminsgebühr (vgl. z.B. VV 3105) ist nicht vorgesehen.

Unterabschnitt 4. Zwangsversteigerung und Zwangsverwaltung

Vorbemerkung zu VV 3311, 3312

A. Allgemeines 1	c) Ein Auftraggeber, mehrere Grundstücke/Grundstücksanteile desselben Schuldners 13
B. Begriff der Angelegenheit 4	d) Ein Auftraggeber, Vertretung als Beteiligter und als Bieter 15
I. Anwendbarkeit des § 7 i.V.m. VV 1008 und § 22 Abs. 1 4	e) Ein Auftraggeber, Versteigerungsanträge aus verschiedenen Ansprüchen/Rangklassen 16
II. Begriff „dieselbe Angelegenheit" 5	3. Besondere Angelegenheiten 20
1. Allgemeine Beschreibung 5	C. Prozesskostenhilfe 21
2. Fallgruppen 8	D. Geltendmachung der Kosten 23
a) Mehrere Auftraggeber in demselben Verfahren 8	
b) Mehrere Auftraggeber in verschiedenen Verfahren 12	

A. Allgemeines

1 VV Teil 3 Abschnitt 3 Unterabschnitt 4 (VV 3311 und 3312) befasst sich mit den Gebühren für das Zwangsversteigerungsverfahren sowie das Zwangsverwaltungsverfahren. Das Rechtsmittelverfahren ist mit den generellen Regelungen zum Beschwerdeverfahren in VV Teil 3 Abschnitt 5 (VV 3500 ff.) zusammengefasst. Die Vorschrift für die Mitwirkung des Rechtsanwalts in einem Verteilungsverfahren außerhalb der Zwangsversteigerung und Zwangsverwaltung findet sich in VV Teil 3 Abschnitt 3 Unterabschnitt 6 (VV 3333).

Der Gegenstandswert für das Zwangsversteigerungsverfahren ist in § 26, der für das Zwangsverwaltungsverfahren in § 27 geregelt.

Innerhalb der in Betracht kommenden Vollstreckungsmaßnahmen – Zwangsversteigerung und Zwangsverwaltung – hat der Gesetzgeber drei bzw. vier Verfahrensabschnittsgebühren geschaffen, die ihrerseits wiederum verschiedene Vollstreckungshandlungen umfassen. Dies bedeutet zum einen, dass sämtliche Tätigkeiten innerhalb der jeweiligen Verfahrensabschnitte mit dieser Gebühr abgegolten sind (**Verfahrenspauschgebühr**). Zum anderen folgt daraus, dass der Anwalt die jeweilige Gebühr voll erhält, auch wenn er nur eine einzige der vielen möglichen Tätigkeiten im Rahmen des jeweiligen Verfahrensabschnitts ausgeübt hat. Der Anwalt, der z.B. vor dem Versteigerungstermin nur einen Antrag auf abgesonderte Verwertung gemäß § 65 ZVG stellt, erhält die Verfahrensgebühr mit einem Gebührensatz von 0,4 gemäß Anm. Nr. 1 zu VV 3311 ebenso wie der Anwalt, der das gesamte Zwangsversteigerungsverfahren von der Antragstellung bis zur Einleitung des Verteilungsverfahrens (ohne die Vertretung in Versteigerungsterminen, die gesondert vergütet wird, VV 3312) durchführt.

B. Begriff der Angelegenheit

I. Anwendbarkeit des § 7 i.V.m. VV 1008 und § 22 Abs. 1

Höchst unterschiedlich wird in Rechtsprechung und Schrifttum die Frage beantwortet, ob und inwieweit **§ 7 i.Vm. VV 1008 und § 22 Anwendung** auf die Vorschriften in §§ 68, 69 BRAGO betr. Zwangsversteigerung und Zwangsverwaltung finden. Dabei gilt es festzuhalten, dass die genannten Vorschriften des RVG als allgemeine Vorschriften grundsätzlich Anwendung finden, zumal sich im Unterabschnitt 4 keine Regelung zum Ausschluss der genannten Vorschriften findet.

II. Begriff „dieselbe Angelegenheit"

1. Allgemeine Beschreibung

Das eigentliche Problem liegt bei der Frage, wann „dieselbe Angelegenheit" vorliegt, weil der Anwalt in derselben Angelegenheit die Gebühren nur einmal fordern kann (§ 15 Abs. 2), auch wenn er dabei für mehrere Auftraggeber tätig wird (§ 7 Abs. 1). Dabei liegt es nahe, den Begriff „derselben Angelegenheit" ebenso auszulegen wie in § 18 Abs. 1 Nr. 1, weil es sich bei VV 3311 und 3312 gleichfalls um Zwangsvollstreckung handelt. Es kommt somit grundsätzlich auf den **vom Anwalt erteilten Vollstreckungsauftrag** an, weniger auf den ihm vom Mandanten erteilten Auftrag. Das konkrete Zwangsversteigerungs- bzw. Zwangsverwaltungsverfahren ist daher vergleichbar mit der Vollstreckungsmaßnahme des § 18, wobei sämtliche Handlungen, die im Rahmen der jeweiligen Verfahrenspauschgebühr der VV 3311 liegen, damit abgegolten sind.

Demnach liegt **dieselbe Angelegenheit** vor, wenn der Anwalt **in demselben Zwangsversteigerungs- oder Zwangsverwaltungsverfahren** tätig ist.[1] Wird er in mehreren Verfahren tätig, handelt es sich grundsätzlich um verschiedene Angelegenheiten.[2] Etwas anderes gilt nur dann, wenn der Anwalt zwar mehrere getrennte Anträge gestellt und damit mehrere Verfahren eingeleitet hat, deren Verbindung aber entsprechend § 18 ZVG möglich und geboten gewesen wäre. Da der Anwalt durch eine solche willkürliche Trennung seine Pflichten aus dem Mandatsverhältnis verletzt, weil er unnötige und damit auch nicht erstattungsfähige Kosten verursacht, liegt insoweit aus materiell-rechtlichen

---

[1] Riedel/Sußbauer/*Keller*, RVG, VV Teil 3 Abschnitt 4 Rn 64; LG Münster JurBüro 1980, 1687 = Rpfleger 1980, 401; Mayer/Kroiß/*Gierl*, RVG, VV 3312 Rn 8; *Hansens*, BRAGO, § 68 Rn 9; *Mümmler*, JurBüro 1983, 1623; Bischof/Jungbauer/Bräuer/*Bräuer*, RVG, VV 3311 Rn 5; a.A. *Meyer*, JurBüro 1999, 73; *Schumann/Geißinger*, BRAGO, § 68 Rn 5 und 27.

[2] Mayer/Kroiß/*Gierl*, RVG, VV 3312 Rn 8; Hansens/Braun/Schneider/Volpert/*Schmidt*, Teil 17 Rn 404; *Hansens*, BRAGO, § 68 Rn 9 und § 69 Rn 4; *Schumann/Geißinger*, BRAGO, § 68 Rn 27; *Stöber*, Einleit. Rn 95.

Gründen nur eine Angelegenheit vor.[3] Ist allerdings sowohl eine getrennte als auch eine gehäufte Verfahrensführung ernsthaft in Betracht zu ziehen, muss der Rechtsanwalt das Für und Wider des Vorgehens unter Einbeziehung der Kostenfolge dem Auftraggeber darlegen und seine Entscheidung herbeiführen.[4]

7 Hat es zunächst **mehrere Verfahren** gegeben, die sodann gemäß § 18 ZVG miteinander **verbunden** werden, bleiben die in den getrennten Verfahren einmal entstandenen Gebühren bestehen. Sind Gebührentatbestände (hier: die Verfahrensgebühr nach VV Vorb. 3 Abs. 2) jeweils sowohl vor als auch nach der Verbindung entstanden, steht dem Rechtsanwalt ein Wahlrecht zu, ob er die gemäß § 15 Abs. 4 unentziehbar entstandenen Gebühren aus den Einzelwerten der verschiedenen Verfahren oder die Gebühr aus dem Gesamtwert nach der Verbindung verlangt. Ab dem Zeitpunkt der Verbindung liegt dieselbe Angelegenheit vor, so dass nunmehr die Gebühren nur einmal entstehen, allerdings aus dem zusammengerechneten Wert aller dieser Verfahren.[5]

> **Beispiel:** Der Gläubiger A betreibt wegen einer persönlichen Forderung die Zwangsversteigerung in drei Grundstücke des Schuldners, die in Bezirken verschiedener Amtsgerichte belegen sind, in getrennten Verfahren wegen derselben Forderung (Gesamthypothek, § 1132 BGB), jedoch jeweils nur wegen eines Teilbetrages von 10.000, 20.000 bzw. 30.000 EUR. Ein Gesuch gemäß § 2 Abs. 2 ZVG war auf ausdrücklichen Wunsch des Gläubigers nicht gestellt worden; dieses hatte anschließend der Schuldner gestellt. Nach Bestimmung des zuständigen Gerichts sind die Verfahren sodann gemäß § 18 ZVG noch vor dem Versteigerungstermin verbunden worden.
> Die Verfahrensgebühr nach Anm. Nr. 1 zu VV 3311 erhält der Anwalt nach seiner Wahl in jedem dieser drei Verfahren, insgesamt also 3 x 0,4 unter Zugrundelegung der jeweiligen Einzelwerte, oder eine Verfahrensgebühr (1 x 0,4) aus dem Gesamtwert von 60.000 EUR. Die – nach der Verbindung – entstandene Terminsgebühr nach VV 3312 erhält er hingegen nur einmal, allerdings aus einem Gegenstandswert von 60.000 EUR.

Daraus ergibt sich im Einzelnen:

2. Fallgruppen

a) Mehrere Auftraggeber in demselben Verfahren

8 Wird der Anwalt in demselben Verfahren für mehrere Auftraggeber tätig, erhält er die jeweiligen Gebühren nur einmal, weil es sich um dieselbe Angelegenheit handelt.[6] Dies gilt unabhängig davon, ob die mehreren Auftraggeber in Rechtsgemeinschaft stehen (z.B. Erbengemeinschaft), ob für die mehreren Auftraggeber nur eine Person mit Vollmacht der anderen auftritt[7] oder ob die Aufträge zusammen oder sukzessive erteilt werden.

9 Sind die mehreren Auftraggeber in demselben Verfahren an dem geltend gemachten Recht ganz oder teilweise gemeinschaftlich beteiligt (z.B. Eheleute als Gesamtgläubiger einer Grundschuld oder als Miteigentümer je zur Hälfte eines Grundstücks), handelt es sich um denselben Gegenstand, so dass eine Erhöhung der Gebühr nach Anm. 2 zu VV 1008 erfolgt.[8]

---

3 BGH AnwBl 2004, 251 = NJW 2004, 1043 = AGS 2004, 145 = Rpfleger 2004, 246 = WM 2004, 1792; OLG Köln Rpfleger 2001, 149; OLG Köln AnwBl 1990, 323 (Argument: einheitlicher Auftrag); OLG Köln JurBüro 1981, 54, 55 (Argument: innerer Zusammenhang); OLG Düsseldorf JurBüro 1994, 351; LG Cottbus Rpfleger 2001, 568; Mayer/Kroiß/*Gierl*, RVG, VV 3312 Rn 8; Bischof/Jungbauer/Bräuer, RVG, VV 3311, 3312 Rn 5; Hartung/Schons/*Enders*, RVG, VV 3311, 3312 Rn 30; Riedel/Sußbauer/*Keller*, RVG, § 1 Rn 63a; *Wolicki/Klose*, NZM 2001, 663, 665. Dieser Aspekt wird nicht erörtert von *Hansens*, BRAGO, § 68 Rn 9 und § 69 Rn 4; *Stöber*, Einleit. Rn 95.

4 BGH AnwBl 2004, 251 = NJW 2004, 1043 = AGS 2004, 145 = Rpfleger 2004, 246 = WM 2004, 1792.

5 Vgl. BGH AGS 2010, 317 = NJW 2010, 3377; BGH AGS 2010, 590 = NJW-RR 2010, 1697.

6 Gerold/Schmidt/*Mayer*, RVG, VV 3311, 3312 Rn 21; Mayer/Kroiß/*Gierl*, RVG, VV 3312 Rn 9; *Hansens*, BRAGO, § 68 Rn 9; *Mümmler*, JurBüro 1983, 1623; *Wolicki/Klose*, NZM 2001, 663, 665; a.A. *Schumann/Geißinger*, BRAGO, § 68 Rn 5 und 27.

7 BT-Drucks 15/1971, S. 205 zu VV 1008.

8 Gerold/Schmidt/*Mayer*, RVG, VV 3311, 3312 Rn 21; Mayer/Kroiß/*Gierl*, RVG, VV 3312 Rn 9; Bischof/Jungbauer/Bräuer/*Bräuer*, RVG, VV 3311 Rn 6; *Meyer*, JurBüro 1999, 519; *Wolicki/Klose*, NZM 2001, 663, 666; a.A. wohl *Hansens*, BRAGO, § 68 Rn 9; LG Hannover Rpfleger 2001, 323 mit nicht überzeugender Begründung.

| Abschnitt 3. Gebühren für besondere Verfahren | Vor VV 3311, 3312 |

Machen in demselben Verfahren die mehreren Auftraggeber eigene Rechte geltend (der Anwalt vertritt den Gläubiger A wegen dessen Forderung von 20.000 EUR und sodann auch den beigetretenen Gläubiger B wegen dessen Forderung i.H.v. 10.000 EUR) oder sind die mehreren Auftraggeber verschiedenartig beteiligt (A ist Schuldner, B ist Reallastberechtigter), liegt nicht derselbe Gegenstand vor, doch werden die Werte gemäß § 22 Abs. 1 zusammengerechnet.[9]

Vertritt der Anwalt in demselben Verfahren mehrere Schuldner (z.B. Miteigentümer), erwachsen die jeweiligen Gebühren nur einmal,[10] doch findet eine Erhöhung der Verfahrensgebühr gemäß VV 1008 statt.[11]

> **Beispiel:** Der Gläubiger A betreibt die Zwangsversteigerung gegen die Lebenspartner X und Z in deren hälftige Miteigentumsanteile an einem Grundstück.
> Der Anwalt der Lebenspartner X und Z erhält die Gebühr ebenfalls nur einmal, aber gemäß VV 1008 erhöht um 0,3 für die zweite Person, so dass eine Verfahrensgebühr mit einem Gebührensatz von insgesamt 0,7 anfällt.
> Der Anwalt des Gläubigers erhält die Verfahrenspauschgebühr nach VV 3311 ebenfalls nur einmal mit dem Gebührensatz von 0,4 + 0,3 = 0,7

b) Mehrere Auftraggeber in verschiedenen Verfahren

Vertritt der Anwalt mehrere Auftraggeber in verschiedenen Verfahren, erhält er die Gebühren für jedes dieser Verfahren, es sei denn, eine Verbindung der Verfahren wäre möglich und geboten gewesen (vgl. Rdn 6).

> **Beispiel 1:** Gläubiger A betreibt wegen einer Forderung i.H.v. 2.000 EUR die Zwangsversteigerung in das Grundstück X des Schuldners, der Gläubiger B wegen einer anderen Forderung i.H.v. 5.000 EUR in das Grundstück Y des Schuldners.
> Eine Verbindung dieser Verfahren gemäß § 18 ZVG ist nicht möglich.[12]

> **Beispiel 2:** Gläubiger A betreibt wegen derselben Forderung die Zwangsverwaltung in das Firmengrundstück (Fabrik) des Schuldners, ebenso in das an anderer Stelle gelegene Wohnungseigentum des Schuldners. Eine Verbindung der Verfahren ist zwar möglich, wegen der unterschiedlichen Nutzungsarten jedoch nicht sachdienlich.

c) Ein Auftraggeber, mehrere Grundstücke/Grundstücksanteile desselben Schuldners

Die jeweiligen Gebühren entstehen nur einmal, wenn **dasselbe Verfahren** mehrere Grundstücke oder Miteigentumsanteile erfasst.[13]

Bei **getrennten Verfahren** ist wiederum maßgebend, ob es möglich und geboten war, diese miteinander zu verbinden (vgl. Rdn 6). Soweit der Gegenstandswert sich nach dem Grundstückswert richtet (z.B. gemäß § 26 Nr. 2, 1. Hs., 1. Alt.), ist der zusammengerechnete Wert der Grundstücke maßgebend.[14]

---

9 Hansens/Braun/Schneider/*Volpert*/*Schmidt*, Teil 17 Rn 353; Gerold/Schmidt/*Mayer*, RVG, VV 3311, 3312 Rn 21; Bischof/Jungbauer/Bräuer/*Bräuer*, RVG, VV 3311 Rn 6; Hartung/Schons/*Enders*, RVG, VV 3311, 3312 Rn 29; *Mümmler*, JurBüro 1972, 745, 753; weiter differenzierend Riedel/Sußbauer/*Keller*, RVG, VV Teil 3 Abschnitt 4 Rn 67; a.A. Mayer/Kroiß/*Gierl*, RVG, VV 3312 Rn 12: zwei Gebühren; Schumann/Geißinger, BRAGO, § 68 Rn 27.

10 LG Münster JurBüro 1980, 1687 = Rpfleger 1980, 401; Mayer/Kroiß/*Gierl*, RVG, VV 3312 Rn 9; *Hansens*, BRAGO, § 68 Rn 9; Gerold/Schmidt/*Mayer*, RVG, VV 3311, 3312 Rn 21; Riedel/Sußbauer/*Keller*, RVG, VV Teil 3 Abschnitt 4 Rn 65; a.A. *Meyer*, JurBüro 1999, 73.

11 Gerold/Schmidt/*Mayer*, RVG, VV 3311, 3312 Rn 22; Hartung/Schons/*Enders*, RVG, VV 3311, 3312 Rn 27; Riedel/Sußbauer/*Keller*, RVG, VV Teil 3 Abschnitt 4 Rn 63; *Mümmler*, JurBüro 1983, 1623; *Wolicki/Klose*, NZM 2001, 663, 666; a.A. *Hansens*, BRAGO, § 68 Rn 5 und 9, § 69 Rn 4; LG Hannover Rpfleger 2001, 323 mit nicht überzeugender Begründung.

12 Vgl. *Stöber*, § 18 Rn 2.

13 OLG Köln JurBüro 1981, 54; Riedel/Sußbauer/*Keller*, RVG, VV Teil 3 Abschnitt 4 Rn 64; *Stöber*, Einleit. Rn 95; Hartung/Schons/*Enders*, RVG, VV 3311, 3312 Rn 30; *Hansens*, BRAGO, § 68 Rn 9; *Wolicki/Klose*, NZM 2001, 663, 665.

14 *Stöber*, Einleit. Rn 95.

d) Ein Auftraggeber, Vertretung als Beteiligter und als Bieter

15 Im RVG wird nicht ausdrücklich der Fall geregelt, dass der Rechtsanwalt einen Beteiligten vertritt und zugleich für diesen auftragsgemäß Gebote abgibt. Würde man dem Anwalt nur einmal die Verfahrensgebühr nach VV 3311 Nr. 1 gewähren, erhielte er einen Teil seiner Arbeit trotz der umfangreichen und unterschiedlichen Tätigkeiten sowie des damit verbundenen höheren Risikos nicht vergütet. Daher ist es sachgerecht, von zwei Angelegenheiten auszugehen, deren jeweiliger Gegenstandswert sich aus § 26 ergibt.[15] Eine Vergleichsberechnung gemäß § 15 Abs. 3 erfolgt dabei nicht.[16]

e) Ein Auftraggeber, Versteigerungsanträge aus verschiedenen Ansprüchen/Rangklassen

16 Ungeklärt ist ebenso die Frage, wie sich die Abrechnung gestaltet, wenn ein Rechtsanwalt für einen Auftraggeber das Verfahren aus verschiedenen Rangklassen anordnen lässt bzw. den Beitritt hieraus erklärt. Bedeutsam ist dies vor allem bei der Zwangsversteigerung einer Wohnungseigentümergemeinschaft wegen rückständiger Hausgelder.

> **Beispiel:** Die Gläubigerin, eine Wohnungseigentümergemeinschaft (WEG), ist im Grundbuch hinter der finanzierenden Bank mit ihren rückständigen Hausgeldforderungen in Höhe von 12.000 EUR unter laufende Nr. 2 eingetragen. Die Bank betreibt aus dem Recht in Abteilung III laufende Nr. 1 die Zwangsversteigerung. Der Verkehrswert des Grundstücks wurde mit 100.000 EUR festgesetzt. Die Eigentümergemeinschaft tritt dem Verfahren zunächst aus der Rangklasse 2 gemäß § 10 Abs. 1 Nr. 2 ZVG wegen eines Anspruchs von 5.000 EUR bei. Kurze Zeit später erfolgt ein weiterer Beitritt aus der im Grundbuch eingetragenen Zwangssicherungshypothek aus der Rangklasse 4 und 5 gemäß § 10 Abs. 1 Nr. 4, 5 ZVG wegen des dinglichen und persönlichen Anspruchs. Die Bank löst gemäß § 268 BGB die ihr aus der Rangklasse 2 vorgehende Eigentümergemeinschaft ab, indem sie die 5.000 EUR zahlt und stellt anschließend das Verfahren hieraus ein. Im Versteigerungstermin vertritt der Rechtsanwalt die Wohnungseigentümergemeinschaft.

17 Maßgebend für die Beurteilung, ob mehrfach abgerechnet werden kann, ist die Frage, ob gebührenrechtlich mehrere Angelegenheiten vorliegen oder nicht. Hierzu bestimmt § 18 Abs. 1 Nr. 1, dass jede Vollstreckungsmaßnahme zusammen mit den durch diese vorbereiteten weiteren Vollstreckungshandlungen bis zur Befriedigung des Gläubigers eine **besondere Angelegenheit** darstellt. Unter dem Begriff der Vollstreckungsmaßnahme ist die vom Gläubiger jeweils gewählte Art der Vollstreckung zu verstehen z.B. Sachpfändung, Forderungspfändung, Immobiliarvollstreckung etc. Im Umkehrschluss ergibt sich daraus: Bei unterschiedlichen Arten der Vollstreckung entstehen auch mehrfache Gebührenansprüche. Eine Vollstreckungshandlung hingegen ist die einzelne, in einem inneren Zusammenhang stehende Tätigkeit im Rahmen einer solchen Vollstreckungsmaßnahme, z.B. die Stellung des Versteigerungsantrags und spätere Antragstellung auf Verlegung des Versteigerungstermins.

18 Der BGH[17] hat entschieden, dass die gesamten zu einer bestimmten Vollstreckungsmaßnahme gehörenden, miteinander in einem inneren Zusammenhang stehenden Einzelmaßnahmen von der Vorbereitung der Vollstreckung bis zur Befriedigung des Gläubigers oder bis zum sonstigen Abschluss der Vollstreckung dieselbe gebührenrechtliche Angelegenheit bilden. Dabei stehen nur die Einzelmaßnahmen in einem inneren Zusammenhang, die die einmal eingeleitete Maßnahme mit **demselben Ziel der Befriedigung** fortsetzen. Ausgehend von dieser BGH-Rechtsprechung stellt das Betreiben der Zwangsversteigerung aus verschiedenen Rangklassen zunächst eine gebührenrechtliche Angelegenheit dar. Im vorliegenden Beispiel gilt allerdings die Besonderheit, dass die Eigentümergemeinschaft wegen ihres dinglichen Anspruchs aus der Rangklasse 2 betragsmäßig auf maximal 5 Prozent des festgesetzten Verkehrswertes (hier: 5.000 EUR) beschränkt ist. Für darüber hinausgehende weitere Ansprüche von 7.000 EUR ist die Eigentümergemeinschaft daher zwingend darauf angewiesen,

---

15 Mayer/Kroiß/*Gierl*, RVG, § 26 Rn 30 und VV 3312 Rn 12; so zu dem entsprechenden § 68 BRAGO; Gerold/Schmidt/*Madert*, BRAGO, § 68 Rn 11; *Hansens*, § 68 Rn 8; *Hartmann*, KostG, § 68 BRAGO Rn 13; Riedel/Sußbauer/*Keller*, § 68 Rn 14; a.A. *Stöber*, Einleit. Anm. 89.16; offen: Hartung/Schons/*Enders*, § 26 Rn 23.

16 Mayer/Kroiß/*Gierl*, RVG, § 26 Rn 30 und VV 3312 Rn 12; zu dem entsprechenden § 68 BRAGO: Gerold/Schmidt/*Madert*, BRAGO, § 68 Rn 11; *Hansens*, § 68 Rn 8; *Hartmann*, KostG, § 68 BRAGO Rn 13; a.A. Riedel/Sußbauer/*Keller*, § 68 Rn 14; offen: Hartung/Schons/*Enders*, § 26 Rn 23.

17 Vollstreckung effektiv 2004, 50.

das Verfahren aus der Rangklasse 4 und/oder 5 zu betreiben. Insofern liegen zwei gebührenrechtliche Angelegenheiten vor:
– für das Betreiben aus der Rangklasse 2 (§ 10 Abs. 1 Nr. 2 ZVG) fällt eine gesonderte Gebühr an.
– für das Betreiben aus der Rangklasse 4 und 5 (§ 10 Abs. 1 Nr. 4, 5 ZVG) fällt eine gesonderte Gebühr an.

Hierbei gilt aber, dass das Betreiben aus der Rangklasse 4 und 5, obwohl zwei unterschiedliche Rangklassen, insgesamt nur eine Angelegenheit darstellt. Denn diese eingeleitete Vollstreckungsmaßnahme hat dasselbe Ziel der Befriedigung – hier: restliche 7.000 EUR.

19

Der Rechtsanwalt kann daher das Betreiben der Zwangsversteigerung aus den unterschiedlichen Rangklassen wie folgt abrechnen:

I. Zwangsversteigerung aus Rangklasse 2 (§ 10 Abs. 1 Nr. 2 ZVG); Wert: 5.000 EUR
1. 0,4-Verfahrensgebühr, VV 3311 Nr. 1   121,20 EUR
2. Auslagenpauschale, VV 7002   20,00 EUR
   Zwischensumme   141,20 EUR
3. 19 % Umsatzsteuer, VV 7008   26,83 EUR
Gesamt   **168,03 EUR**

Eine Termingebühr gemäß VV 3311 Nr. 6 entsteht nicht, da das Verfahren vor der Wahrnehmung des Versteigerungstermins durch Ablösung erledigt war. Der Wert zur Berechnung der Gebühr bestimmt sich nach dem Wert des dem Gläubiger zustehenden Rechts, somit 5.000 EUR (§ 26 Nr. 1).

II. Zwangsversteigerung aus Rangklasse 4 und 5 (§ 10 Abs. 1 Nr. 4, 5 ZVG), Wert: 7.000 EUR
1. 0,4-Verfahrensgebühr, VV 3311 Nr. 1   162,00 EUR
2. 0,4-Termingebühr, VV 3311 Nr. 6   162,00 EUR
3. Auslagenpauschale, VV 7002   20,00 EUR
   Zwischensumme   344,00 EUR
4. 19 % Umsatzsteuer, VV 7008   65,36 EUR
Gesamt   **409,36 EUR**

Hier entsteht zusätzlich eine Termingebühr gemäß VV 3311 Nr. 6, da der Rechtsanwalt nur wegen der noch offenstehenden 7.000 EUR den Versteigerungstermin wahrgenommen hat. Der Wert zur Berechnung der Gebühr bestimmt sich auch hier nach dem Wert des dem Gläubiger zustehenden Rechts, somit 7.000 EUR (§ 26 Nr. 1).

3. Besondere Angelegenheiten

Besondere Angelegenheiten stellen dar:
– die Wiederversteigerung des ersteigerten Grundstücks gegen den Ersteher gemäß § 133 ZVG;
– Zwangsversteigerungsverfahren und gleichzeitiges Zwangsverwaltungsverfahren.

20

C. Prozesskostenhilfe

Das Verfahren nach dem Gesetz über die Zwangsversteigerung und die Zwangsverwaltung (ZVG) ist Zwangsvollstreckung (vgl. § 869 ZPO). Dementsprechend kann auch für das Zwangsversteigerungs- und Zwangsverwaltungsverfahren Prozesskostenhilfe wie für die sonstige Zwangsvollstreckung bewilligt werden, jedoch nicht pauschal für das Verfahren insgesamt, sondern nur hinsichtlich konkreter vollstreckungsrechtlicher Maßnahmen.[18] Gemäß § 119 ZPO kann jedes Gericht nur im Umfang seiner Tätigkeit Prozesskostenhilfe bewilligen. Eine Gewährung von Prozesskostenhilfe für das Erkenntnisverfahren und zugleich auch für die Zwangsvollstreckung ist daher nicht mehr zulässig.[19] Für das Zwangsversteigerungs- und Zwangsverwaltungsverfahren bedeutet dies, dass der Rechtspfleger des Amtsgerichts, in dessen Bezirk das Grundstück liegt, für die Bewilligung der Prozesskostenhilfe zuständig ist (§ 1 ZVG, § 3 Nr. 1 Buchst. i RPflG). Die beantragte Beiordnung eines Rechtsanwalts setzt allerdings voraus, dass die beabsichtigte Rechtsverfolgung hinreichende Aussicht auf Erfolg hat. Die Erfolgsaussicht lässt sich nur beurteilen, wenn der Schuldner darlegt, gegen welche vollstreckungsgerichtliche Maßnahme er sich im Einzelnen wenden oder wie er sich

21

---

18 BGH Rpfleger 2004, 174 = FamRZ 2004, 177 = MDR 2004, 414 = RVGreport 2004, 120.

19 Zöller/*Geimer*, § 119 Rn 34; das übersehen Gerold/Schmidt/*Mayer*, RVG, VV 3311, 3312 Rn 37.

sonst konkret am Verfahren beteiligen möchte; die pauschale Bewilligung von Prozesskostenhilfe für das Verfahren insgesamt kommt bei der Immobiliarvollstreckung nicht in Betracht.[20]

22 Die Vergütung des beigeordneten Anwalts richtet sich nach §§ 48 ff.; für das Prozesskostenhilfeverfahren selbst findet VV 3335 Anwendung.

D. Geltendmachung der Kosten

23 Die durch das Verfahren der Zwangsversteigerung und Zwangsverwaltung entstandenen Kosten,[21] zu denen auch die Anwaltskosten gehören, können Gläubiger und sonstige Beteiligte[22] als Kosten der dinglichen Rechtsverfolgung gemäß § 10 Abs. 2 ZVG mit dem Rang der Hauptforderung und vor dieser (§ 12 ZVG) durch Befriedigung aus dem Grundstück geltend machen. Soweit ein persönlicher Gläubiger das Zwangsversteigerungs- oder Zwangsverwaltungsverfahren betreibt (Rangklasse 5), muss er auch wegen der Kosten der dinglichen Rechtsverfolgung das Verfahren betreiben. Diese Kosten sind stets rechtzeitig (vgl. §§ 37 Nr. 4, 110, 114 ZVG) und spezifiziert anzumelden, soweit sie nicht aus dem Grundbuch ersichtlich sind; bei Widerspruch des Gläubigers sind sie zudem glaubhaft zu machen (§ 37 Nr. 4 ZVG). Eines Kostenfestsetzungsbeschlusses bedarf es nicht. Ersatz kann stets nur für die notwendigen Kosten der Rechtsverfolgung verlangt werden.

24 Gehen die Kosten einem Gläubiger vor, muss das Vollstreckungsgericht sie, wenn sie rechtzeitig angemeldet und ggf. glaubhaft gemacht wurden, bei der Feststellung des geringsten Gebotes berücksichtigen (§ 45 ZVG) und in den Teilungsplan aufnehmen (§ 114 ZVG).

Nr.	Gebührentatbestand	Gebühr oder Satz der Gebühr nach § 13 RVG
3311	Verfahrensgebühr	0,4
	Die Gebühr entsteht jeweils gesondert 1. für die Tätigkeit im Zwangsversteigerungsverfahren bis zur Einleitung des Verteilungsverfahrens; 2. im Zwangsversteigerungsverfahren für die Tätigkeit im Verteilungsverfahren, und zwar auch für eine Mitwirkung an einer außergerichtlichen Verteilung; 3. im Verfahren der Zwangsverwaltung für die Vertretung des Antragstellers im Verfahren über den Antrag auf Anordnung der Zwangsverwaltung oder auf Zulassung des Beitritts; 4. im Verfahren der Zwangsverwaltung für die Vertretung des Antragstellers im weiteren Verfahren einschließlich des Verteilungsverfahrens; 5. im Verfahren der Zwangsverwaltung für die Vertretung eines sonstigen Beteiligten im ganzen Verfahren einschließlich des Verteilungsverfahrens und 6. für die Tätigkeit im Verfahren über Anträge auf einstweilige Einstellung oder Beschränkung der Zwangsvollstreckung und einstweilige Einstellung des Verfahrens sowie für Verhandlungen zwischen Gläubiger und Schuldner mit dem Ziel der Aufhebung des Verfahrens.	
3312	Terminsgebühr	0,4
	Die Gebühr entsteht nur für die Wahrnehmung eines Versteigerungstermins für einen Beteiligten. Im Übrigen entsteht im Verfahren der Zwangsversteigerung und der Zwangsverwaltung keine Terminsgebühr.	

Literatur: *Meyer*, Anwaltsgebühr bei einheitlichem Zwangsversteigerungsverfahren gegen mehrere Schuldner, JurBüro 1999, 73; *Mümmler*, Die Gebühren des Rechtsanwalts im Zwangsversteigerungsverfahren, JurBüro 1972, 745 f.; *ders.*, Gebühren des Rechtsanwalts bei Vertretung mehrerer Schuldner im Zwangsversteigerungsverfahren, JurBüro 1983, 1623 f.; *Wolicki/Klose*, Im Überblick: Die Kosten des Zwangsverwaltungsverfahrens, NZM 2001, 663.

---

20 BGH Rpfleger 2004, 174 = FamRZ 2004, 177 = MDR 2004, 414 = RVGreport 2004, 120.
21 Einzelheiten dazu bei *Stöber*, § 10 Anm. 15.4 f.
22 Nicht der Bieter oder der Schuldner, es sei denn, Letzterer wäre Berechtigter eines Rechts am Grundstück (Eigentümergrundschuld).

A. Zwangsversteigerung 1	II. Regelungsgehalt 29
I. Anwendungsbereich 1	1. Allgemeines 29
II. Regelungsgehalt 6	2. Verfahrensgebühr (VV 3311) 30
1. Allgemeines 6	a) Vertretung des Antragstellers 30
2. Verfahrensgebühr (VV 3311) 8	aa) Anordnungs-, Beitrittsverfahren (Anm. Nr. 3 zu VV 3311) 31
a) Pauschgebühr 8	bb) Weiteres Verfahren (Anm. Nr. 4 zu VV 3311) 36
b) Tätigkeit im Zwangsversteigerungsverfahren (Anm. Nr. 1 zu VV 3311) 9	b) Vertretung sonstiger Beteiligter (Anm. Nr. 5 zu VV 3311) 37
c) Tätigkeit im Verteilungsverfahren (Anm. Nr. 2 zu VV 3311) 12	c) Mehrere Auftraggeber/mehrere Grundstücke 38
d) Tätigkeit im einstweiligen Rechtsschutz (Anm. Nr. 6 zu VV 3311) 17	d) Tätigkeit im einstweiligen Rechtsschutz (Anm. Nr. 6 zu VV 3311) 39
e) Verhandlungen mit dem Ziel der Aufhebung des Verfahrens (Anm. Nr. 6 zu VV 3311) 18	e) Verhandlungen mit dem Ziel der Aufhebung des Verfahrens (Anm. Nr. 6 zu VV 3311) 40
3. Terminsgebühr (VV 3312) 19	3. Terminsgebühr (VV 3312) 41
4. Einzeltätigkeiten; Verkehrsanwalt 22	III. Kostenerstattung; Prozesskostenhilfe 42
III. Kostenerstattung; Prozesskostenhilfe 23	
B. Zwangsverwaltung 24	
I. Anwendungsbereich 24	

A. Zwangsversteigerung

I. Anwendungsbereich

VV Teil 3 Abschnitt 3 Unterabschnitt 4 betrifft nur **Zwangsversteigerungen**, die im **Gesetz über die Zwangsversteigerung und die Zwangsverwaltung (ZVG)** geregelt sind, also: **1**
- solche gemäß §§ 864, 866 Abs. 1, 869 ZPO
- die Zwangsversteigerung auf Antrag eines Insolvenzverwalters (§§ 172 ff. ZVG)
- die Zwangsversteigerung auf Antrag eines Erben (§§ 175 ff. ZVG)
- die Zwangsversteigerung zum Zwecke der Aufhebung einer Gemeinschaft (§ 180 ff. ZVG)
- im Verfahren auf Vollstreckungsschutz hinsichtlich Zwangsversteigerung und Zwangsverwaltung einschl. § 765a ZPO (vgl. Anm. Nr. 6 zu VV 3311[1]).

Er findet auch Anwendung auf Zwangsversteigerungen nach anderen Gesetzen, soweit diese auf das ZVG verweisen.

Gegenstand der Zwangsversteigerung sind u.a.:[2] **2**
- Grundstücke und Bruchteile davon;
- grundstücksgleiche Rechte: Erbbaurecht (mit Wohnungs- und Teilerbbaurecht), Berg-, Abbau- und Fischereirechte nach Landesrecht (Art. 67 bis 69 EGBGB); Gebäudeeigentum im Beitrittsgebiet; Wohnungs-, Teil- und Stockwerkseigentum; landesrechtliche Realgemeinderechte (Art. 164 EGBGB);
- Luftfahrzeuge und ihre Bruchteile, soweit sie in die Luftfahrzeugrolle eingetragen sind (§ 171a ZVG);
- Schiffe sowie Schiffsbauwerke und ihre Bruchteile, soweit sie im Schiffsregister eingetragen sind oder eingetragen werden können (§ 864 ZPO).

Auf Hochseekabel und Jagdrechte findet das ZVG wegen Aufhebung der entsprechenden Gesetze keine Anwendung mehr.[3] **3**

Keine Anwendung findet VV Teil 3 Abschnitt 3 Unterabschnitt 4: **4**
- bei Aufgebotsverfahren gemäß §§ 148, 140 ZVG; es gelten VV 3324, 3332;
- auf Personen, die weder Beteiligte noch Bieter sind (z.B. Ersteher, Bürge des Erstehers, Mobiliarpfandschuldner); anzuwenden ist VV 2300;
- für die Eintragung einer Zwangshypothek (§§ 867, 870a ZPO); VV Teil 3 Abschnitt 3 Unterabschnitt 3 mit VV 3309 und 3310 finden Anwendung;

---

1 Vgl. auch BT-Drucks 15/1971, S. 216 zu VV 3311.
2 Zu weiteren Einzelheiten vgl. *Stöber*, Einleit. Rn 11–16.
3 Vgl. *Stöber*, Einleit. Rn 13, 15; das übersehen *Hansens*, BRAGO, § 68 Rn 2; Gerold/Schmidt/*Mayer*, RVG,

VV 3311, 3312 Rn 1; Riedel/Sußbauer/*Keller*, RVG, § 26 Rn 4.

- bei freiwilligen Versteigerungen durch Notare (vgl. § 20 Abs. 3 BNotO); anzuwenden ist VV 2300;
- auf Zwangsversteigerungen nach Landesgesetzen, soweit diese im Wesentlichen vom ZVG abweichende Regelungen enthalten (vgl. § 871 ZPO, Art. 112 EGBGB);
- auf den Ermittlungsvertreter für unbekannte Zuteilungsberechtigte, § 135 ZVG; das RVG ist unanwendbar;
- auf den Zustellungsvertreter, § 7 Abs. 2 ZVG; das RVG ist unanwendbar;
- bei einer Vollstreckung aus einem Zuschlagsbeschluss gemäß § 93 ZVG gegen den Besitzer, soweit sie nicht in das Grundstück, sondern in mitversteigerte Sachen erfolgt; anwendbar ist VV Teil 3 Abschnitt 3 Unterabschnitt 3;
- bei einer Vollstreckung aus einem Zuschlagsbeschluss gemäß § 132 ZVG gegen den Ersteher, soweit sie nicht in das ersteigerte Grundstück, sondern in das sonstige Vermögen des Erstehers erfolgt; anwendbar ist VV Teil 3 Abschnitt 3 Unterabschnitt 3;
- bei einer Widerspruchsklage gemäß § 115 ZVG; anzuwenden sind VV 3100 ff.

5 Wie jede Zwangsvollstreckung findet auch die Zwangsversteigerung statt nur **auf Antrag**:
- eines Gläubigers (§ 866 Abs. 2 ZPO, § 15 ZVG)
- des Insolvenzverwalters (§ 172 ZVG)
- eines Erben im Fall des § 175 ZVG
- eines Miteigentümers zum Zweck der Aufhebung der Gemeinschaft (§§ 180 ff. ZVG).

II. Regelungsgehalt

1. Allgemeines

6 Während im Rahmen der Einzelzwangsvollstreckung nur der Gläubiger und der Schuldner Parteien des Verfahrens sind, besteht in dem Verfahren nach dem ZVG zusätzlich zu diesem Einzelverfahren ein Gesamtverfahren, an dem alle an dem Vollstreckungsobjekt beteiligten Personen ihre Rechte geltend machen können („**Beteiligtenverfahren**"). So laufen z.B. Fristen für jeden Gläubiger gesondert, andererseits erfolgt nur ein Zuschlag und der Versteigerungserlös steht allen Berechtigten zu. In VV Teil 3 Abschnitt 3 Unterabschnitt 4 wird im Zwangsversteigerungsverfahren – anders als im Verfahren der Zwangsverwaltung – nicht danach unterschieden, für wen der Rechtsanwalt tätig geworden ist. Der Gebührensatz von 0,4 der Verfahrensgebühr im Zwangsversteigerungsverfahren ist somit unabhängig davon, ob der Rechtsanwalt einen Beteiligten oder einen Bieter vertritt. Der Grund dafür ist das auch bei Vertretung eines Bieters hohe Haftungsrisiko für den Rechtsanwalt.[4] Insoweit erfolgt jedoch eine Differenzierung über den **Gegenstandswert**, vgl. § 26.

7 Zur Frage der Vertretung **mehrerer Auftraggeber** sowie des Begriffs der **Angelegenheit** vgl. VV Vor 3311–3312 Rdn 4 ff., 8 ff.

2. Verfahrensgebühr (VV 3311)

a) Pauschgebühr

8 Durch Anm. Nr. 1 und 2 zu VV 3311 werden die Gebührenansprüche des Rechtsanwalts in der Weise geregelt, dass das **gesamte Verfahren der Zwangsversteigerung in zwei Phasen aufgegliedert** und für jede dieser Phasen gesondert eine **Pauschgebühr** mit einem Gebührensatz von **0,4** eingeführt wird. Dies hat zur Folge, dass zum einen sämtliche Tätigkeiten innerhalb der jeweiligen Phase mit der Verfahrenspauschgebühr abgegolten sind, zum anderen erhält der Anwalt die Verfahrenspauschgebühr völlig unabhängig davon, ob er nur eine, mehrere oder gar alle Tätigkeiten innerhalb der Phase ausgeübt hat. Zusätzlich können **weitere Verfahrensgebühren** anwachsen durch die in Anm. Nr. 6 zu VV 3311 aufgeführten Tätigkeiten, nämlich im Verfahren über Anträge auf **einstweilige Einstellung** oder Beschränkung der Zwangsvollstreckung (z.B. gemäß § 765a ZPO) und einstweilige Einstellung des Verfahrens (z.B. gemäß § 30a ZVG) einerseits und für **Verhandlungen** zwischen Gläubiger und Schuldner **mit dem Ziel der Aufhebung des Verfahrens** andererseits.

---

[4] BT-Drucks 15/1971, S. 215 zu VV 3311.

b) Tätigkeit im Zwangsversteigerungsverfahren (Anm. Nr. 1 zu VV 3311)

Im Einzelnen kann der Rechtsanwalt gemäß Anm. Nr. 1 zu VV 3311 die Verfahrensgebühr zunächst für seine Tätigkeit(en) im Zwangsversteigerungsverfahren vom Antrag bis zur Bestimmung des Verteilungstermins (§ 105 ZVG) erhalten, wobei die Wahrnehmung der Versteigerungstermine selbst aber ausgenommen bleibt; für Letztere ist mit der Terminsgebühr gemäß VV 3312 eine eigene Regelung getroffen worden. Mit ihr **abgegolten** sind daher sämtliche Tätigkeiten, die in diesen Zeitabschnitt fallen. Dazu gehören u.a.:[5]

– die Informationsbeschaffung;
– sämtliche in § 18 Abs. 1 Nr. 1 und § 19 Abs. 1 S. 2 Nr. 9, 12, 13 und 16 sowie § 19 Abs. 2 aufgeführten Tätigkeiten, also z.B. die Beschaffung des Notfristzeugnisses, des Rechtskraftzeugnisses, der Vollstreckungsklausel, soweit kein Fall des § 731 ZPO vorliegt;
– die Zustellung des Urteils, der Klausel und der sonstigen gemäß § 750 ZPO notwendigen Urkunden;
– die Beschaffung eines Grundbuchzeugnisses gemäß § 17 Abs. 2 ZVG;[6]
– die Stellung des Versteigerungsantrags (§ 15 ZVG);
– die Stellung sonstiger Anträge wie z.B. Erlass eines Zahlungsverbots (§ 22 Abs. 2 ZVG), auf Anordnung von Sicherungsmaßnahmen (§ 25 ZVG), auf gerichtliche Verwaltung gegen den Ersteher (§ 94 ZVG);
– der Antrag auf Beitritt eines Gläubigers (§ 27 ZVG);
– die Vertretung in einem Vortermin (§ 62 ZVG);
– die Vorbereitung des Versteigerungstermins;
– die Wahrnehmung eines besonderen Verkündungstermins (§ 87 ZVG);
– die Vertretung beim Wertfestsetzungsverfahren (§ 74a ZVG);
– das Verfahren der Vollstreckungserinnerung gemäß § 766 ZPO gegen die Anordnung der Zwangsversteigerung, wenn der Schuldner – wie regelmäßig – nicht gehört wurde, so dass ein Fall von § 18 Abs. 1 Nr. 3 nicht vorliegt (siehe § 18 Rdn 20, 89 f., § 19 Rdn 56 f.).[7]

Da es sich um eine Pauschgebühr handelt, kommt es auf den **Umfang der Tätigkeit nicht an**, ebenso wenig darauf, ob der Anwalt nur eine einzelne oder mehrere der in diesen Zeitraum fallenden Tätigkeiten ausübt. Aus diesem Grunde ermäßigt sich die Verfahrensgebühr auch nicht, wenn der Anwalt zwar tätig geworden ist, es aber letztlich nicht zur Durchführung des Zwangsversteigerungsverfahrens kommt.[8] Ist der Auftrag an den Rechtsanwalt von vornherein darauf gerichtet, eine Zwangsversteigerung zu vermeiden, und kommt es letztlich auch nicht dazu, wären die Bemühungen des Rechtsanwalts eigentlich nach VV 2300 mit einem Gebührensatz von 0,5 bis 2,5 abzurechnen. Dabei würde sich aber ein Wertungswiderspruch insoweit ergeben, als der Rechtsanwalt für die vergleichbare Tätigkeit im gerichtlichen Verfahren geringer honoriert würde (Gebührensatz 0,4) als bei bloßer außergerichtlicher Tätigkeit. Daher ist in einem solchen Fall nach VV 3311 abzurechnen.[9]

Nicht mit umfasst von der Verfahrensgebühr werden aber diejenigen Tätigkeiten des Rechtsanwalts für einen Bieter, die außerhalb des eigentlichen Versteigerungsverfahrens stattfinden. Hierzu zählen: Verhandlungen mit Grundpfandrechtsgläubigern vor dem Termin, Verhandlungen und Abschluss über ein Bietabkommen, Verhandlung und Abschluss von Ausbietungsverträgen sowie einer Liegenbelassungsvereinbarung, ferner Besorgung notwendiger Genehmigungen. Für derartige Tätigkeiten erwachsen Gebühren nach VV 2300.[10]

c) Tätigkeit im Verteilungsverfahren (Anm. Nr. 2 zu VV 3311)

Das Verteilungsverfahren (§§ 105 bis 145 ZVG) beginnt mit der Bestimmung des Termins zur Verteilung des Versteigerungserlöses und endet mit der Erlösverteilung durch das Gericht. Sämtliche Tätigkeiten, die der Rechtsanwalt innerhalb dieser Spanne im Verteilungsverfahren ausübt, werden

---

5 Eine detaillierte Auflistung findet sich bei *Stöber*, Einleit. Rn 90.
6 LG Stuttgart JurBüro 1997, 106: Die gleichzeitig erfolgte Beantragung einer Zwangssicherungshypothek löst zusätzlich eine Gebühr gem. §§ 57, 58 Abs. 3 Nr. 6 BRAGO aus [jetzt: VV 3309].
7 LG Berlin JurBüro 1984, 1188.
8 *Hartmann*, KostG, RVG VV 3311 Rn 1; Gerold/Schmidt/*Mayer*, RVG, VV 3311 Rn 8.
9 OLG Düsseldorf AGS 2002, 53.
10 Hartung/Schons/*Enders*, RVG, VV 3311, 3312 Rn 8; Gerold/Schmidt/*Mayer*, RVG, VV 3311 Rn 24; *Schumann/Geißinger*, BRAGO, § 68 Rn 9.

von der Verfahrensgebühr nach **Anm. Nr. 2, 1. Hs. zu VV 3311** („Verteilungsgebühr") abgegolten, unabhängig davon, ob der Rechtsanwalt eine oder mehrere solcher Tätigkeiten ausübt. Dazu zählen u.a. die Einreichung der Anspruchsberechnung, die Vorbereitung und Wahrnehmung des bzw. der Verteilungstermine, die Mitwirkung bei der Aufstellung eines Teilungsplanes, ein Verhandeln über den Plan, die Prüfung des Teilungsplans und der Widerspruch dagegen sowie die Verteilung nach einem Widerspruchsprozess (§ 882 ZPO).

13 Die Beteiligten können sich gemäß § 143 ZVG auch **außergerichtlich** über die Verteilung des Erlöses einigen mit der Folge, dass dann ein gerichtliches Verteilungsverfahren nicht stattfindet. Für die Mitwirkung des Rechtsanwalts bei dieser außergerichtlichen Verteilung erhält er ebenfalls die Verfahrensgebühr nach Anm. Nr. 2, allerdings nicht zusätzlich zu dieser,[11] weil die Verknüpfung beider Satzteile mit einem „und" keine Enumeration darstellt, sondern eine Erklärung des vorangegangenen Satzes dahin, dass unter der Tätigkeit im Verteilungsverfahren auch eine solche an einer außergerichtlichen Verteilung zu verstehen ist (**Anm. Nr. 2, 2. Hs. zu VV 3311**). Entsprechendes gilt bei der außergerichtlichen Befriedigung des Berechtigten gemäß § 144 ZVG.

14 Die Mitwirkung im Verteilungsverfahren ist nicht zwingend identisch mit der Mitwirkung im Rahmen einer Einigung i.S.v. VV 1000, weil Mitwirkung z.B. auch durch einen Verzicht möglich ist. Soweit aber die Mitwirkung im Verteilungsverfahren mit der i.S. einer **Einigung** gemäß VV 1000 tatsächlich identisch ist, kann für den Rechtsanwalt neben der Verteilungsgebühr nach dem 1. Hs. zusätzlich noch die Einigungsgebühr nach VV 1003 in Höhe von 1,0 erwachsen.[12]

15 Ist der Anwalt **ausschließlich** mit der Vertretung im Verteilungsverfahren beauftragt, erhält er daneben nicht noch zusätzlich die Verfahrensgebühr gemäß Anm. Nr. 1 zu VV 3311.[13]

16 Zur Frage der Erhöhung der Gebühr bei der **Vertretung mehrerer Beteiligter** vgl. VV Vor 3311–3312 Rdn 8 ff.

d) Tätigkeit im einstweiligen Rechtsschutz (Anm. Nr. 6 zu VV 3311)

17 Für die Tätigkeit im Verfahren über Anträge auf einstweilige Einstellung oder Beschränkung der Zwangsvollstreckung (z.B. gemäß § 765a ZPO) und einstweilige Einstellung des Verfahrens (z.B. gemäß §§ 30a ff., 180 Abs. 2 ZVG) erhält der Rechtsanwalt die Verfahrensgebühr gemäß VV 3311 gesondert. Nach der Regelung in der BRAGO erhielt der Rechtsanwalt für die erste Alternative eine Gebühr gemäß § 57 BRAGO, wohingegen die Tätigkeit nach der zweiten Alternative nicht gesondert vergütet wurde, weil diese gemäß § 68 Abs. 1 S. 1 BRAGO mit den übrigen Pauschgebühren abgegolten war. Da diese unterschiedliche Behandlung jedoch sachlich nicht gerechtfertigt war, hat der Gesetzgeber insoweit eine Änderung vorgenommen.[14] Durch die Verwendung des Plurals („Anträge") wird deutlich, dass es sich auch im Rahmen der Anm. 6 zu VV 3311 um eine Pauschgebühr handelt. Insoweit weicht die Regelung teilweise von § 18 Abs. 1 Nr. 6 ab, entspricht andererseits aber § 19 Abs. 1 S. 2 Nr. 11, hat auch einen anderen Wortlaut als § 18 Abs. 1 Nr. 6 und entspricht § 15 Abs. 2. Nur dieses Verständnis der Vorschrift entspricht auch der Wertigkeit der Tätigkeit der Anm. 6 im Vergleich zu Anm. 1 und 2 zu VV 3311.[15]

---

11 So aber *Hartmann*, KostG, RVG VV 3311 Rn 5; wie hier: Mayer/Kroiß/*Gierl*, RVG, VV 3311 Rn 8; Bischof/Jungbauer/Bräuer/*Bräuer*, RVG, VV 3311 Rn 12; Hartung/Schons/*Enders*, RVG, VV 3311, 3312 Rn 11.

12 Gerold/Schmidt/*Mayer*, RVG, VV 3311, 3312 Rn 14; Riedel/Sußbauer/*Keller*, RVG, VV Teil 3 Abschnitt 4 Rn 82; Mayer/Kroiß/*Gierl*, RVG, VV 3311 Rn 9; LG Bremen AnwBl 1993, 44 zu § 68 BRAGO; *Mümmler*, JurBüro 1972, 745, 750 weist aber zutreffend darauf hin, dass ein Vergleich im Rahmen des § 144 ZVG kaum möglich sein dürfte.

13 Allg. M., vgl. *Stöber*, Rn 93; *Hansens*, BRAGO, § 68 Rn 7; *Hartmann*, KostG, RVG VV 3311 Rn 6; Riedel/Sußbauer/*Keller*, RVG, VV Teil 3 Abschnitt 4 Rn 81; Gerold/Schmidt/*Mayer*, RVG, VV 3311, 3312 Rn 11; Mayer/Kroiß/*Gierl*, RVG, VV 3311 Rn 10.

14 Vgl. BT-Drucks 15/1971, S. 216 zu VV 3311; Gerold/Schmidt/*Mayer*, RVG, VV 3311, 3312 Rn 18; Mayer/Kroiß/*Gierl*, RVG, VV 3311 Rn 2; unzutreffend daher *Hartmann*, KostG, RVG VV 3311 Rn 1.

15 So auch Riedel/Sußbauer/*Keller*, RVG, VV Teil 3 Abschnitt 4 Rn 83, 84; *Hartmann*, KostG, RVG VV 3311 Rn 14; a.A. Mayer/Kroiß/*Gierl*, RVG, VV 3311 Rn 32; Hansens/Braun/Schneider/*Volpert/Schmidt*, Teil 17 Rn 385; Bischof/Jungbauer/Bräuer/*Bräuer*, RVG, VV 3311 Rn 24.

e) Verhandlungen mit dem Ziel der Aufhebung des Verfahrens (Anm. Nr. 6 zu VV 3311)

Schließlich erwächst – alternativ, nicht kumulativ – für Verhandlungen zwischen Gläubiger und Schuldner mit dem Ziel der Aufhebung des Verfahrens ebenfalls eine gesonderte Verfahrensgebühr. Damit sollen die Bemühungen des Rechtsanwalts zur frühzeitigen Beendigung des Verfahrens gefördert und entlohnt werden. Kommt es jedoch zu einer Aufhebung des Verfahrens und ist dies die Folge eines Vertrages zwischen Gläubiger und Schuldner i.S.v. VV 1000, kann die Verfahrensgebühr nicht zusätzlich zu der Einigungsgebühr – in dem Fall dann nach VV 1003 – entstehen. Zwar handelt es sich bei der Einigungsgebühr um eine Erfolgsgebühr, bei der Verfahrensgebühr nach **Anm. Nr. 6, 2. Hs. zu VV 3311** jedoch um eine Tätigkeitsgebühr. Aber dieser Erfolg (Einigung mit nachfolgender Aufhebung des Verfahrens) setzt zwingend eine vorherige ursächliche Tätigkeit (Mitwirkung) des Anwalts voraus; sie geht daher in der Einigungsgebühr auf. Sinn und Zweck der Regelung kann daher nur sein, dass die Verfahrensgebühr für die Tätigkeit mit dem Ziel der Aufhebung des Verfahrens nur dann erwächst, wenn dieses Ziel nicht erreicht wird, es also nicht zur Aufhebung des Verfahrens kommt.[16]

3. Terminsgebühr (VV 3312)

Für die Wahrnehmung eines **Versteigerungstermins** eines Beteiligten i.S.v. § 9 ZVG (zum Begriff vgl. § 26 Rdn 2) erhält der Anwalt eine Terminsgebühr mit einem Gebührensatz von 0,4. Trotz der Verwendung der Einzahl statt des Plurals ist die Vorschrift ebenfalls als Pauschgebühr zu verstehen, so dass die Gebühr für mehr als einen Versteigerungstermin nicht erneut erwächst. **Andere Termine** als Versteigerungstermine – wie z.B. gemäß § 30b Abs. 2 S. 2 ZVG (mündliche Verhandlung betr. einstweilige Einstellung), § 62 ZVG (Vortermin) oder § 87 ZVG (besonderer Verkündungstermin über den Zuschlag) – werden von der Regelung nicht erfasst. Das stellt Satz 2 der Anmerkung zu VV 3312 nochmals ausdrücklich klar. Für Personen, die nicht Beteiligte i.S.v. § 9 ZVG sind (z.B. Bieter, Zahlungspflichtige gemäß § 61 ZVG, Bürge des Erstehers), ist die Tätigkeit des Anwalts im Versteigerungstermin durch die Verfahrensgebühr nach VV 3311 abgegolten.[17]

Eine **Wahrnehmung** durch den Anwalt liegt bereits dann vor, wenn er in dem Zeitraum vom Aufruf der Sache (§ 66 ZVG) bis zur Verkündung des Schlusses der Versteigerung (§ 73 ZVG) im Versteigerungstermin irgendwann anwesend war. Es ist nicht erforderlich, dass er die gesamte Zeit anwesend war oder über die bloße Anwesenheit hinaus auch tätig geworden ist. Hat er andererseits Anträge gestellt oder Erklärungen (z.B. das Verlangen nach Sicherheit) abgegeben, werden diese Tätigkeiten von der Terminsgebühr mit umfasst.

Soweit ein Anwalt nur mit der Wahrnehmung des Versteigerungstermins beauftragt ist, erhält er dennoch **daneben auch die Verfahrensgebühr**[18] gemäß Anm. Nr. 1 zu VV 3311, weil diese bereits mit der Informationserteilung angefallen ist, ohne die eine Terminswahrnehmung nicht erfolgen kann.

4. Einzeltätigkeiten; Verkehrsanwalt

Auch der nur mit Einzeltätigkeiten beauftragte Rechtsanwalt erhält die jeweilige Gebühr in ihrer vollen Höhe. Ist der Anwalt jedoch nur als **Verkehrsanwalt** tätig, bemisst sich seine Vergütung ebenfalls nach Unterabschnitt 4, und zwar in entsprechender Anwendung des § 15 Abs. 6, VV 3400.[19] Beschränkt sich die Tätigkeit des Anwalts **nur** auf **vorbereitende Tätigkeiten** wie Mahnschreiben oder Kündigungen, finden VV 2300 bzw. VV 2302 Anwendung.[20] Unter den Voraussetzungen von VV 1009 kann der Anwalt auch eine **Hebegebühr** verdienen.

---

16 Hartung/Schons/*Enders*, RVG, VV 3311, 3312 Rn 14; a.A. Mayer/Kroiß/*Gierl*, RVG, VV 3311 Rn 33; Bischof/Jungbauer/Bräuer/*Bräuer*, RVG, VV 3311 Rn 25.

17 Riedel/Sußbauer/*Keller*, RVG, VV Teil 3 Abschnitt 4 Rn 85; Gerold/Schmidt/*Mayer*, RVG, VV 3311, 3312 Rn 16; Mayer/Kroiß/*Gierl*, RVG, VV 3312 Rn 1.

18 Allg. M., vgl. Riedel/Sußbauer/*Keller*, RVG, VV Teil 3 Abschnitt 4 Rn 87; Gerold/Schmidt/*Mayer*, RVG, VV 3311, 3312 Rn 9, 23.

19 Gerold/Schmidt/*Mayer*, RVG, VV 3311, 3312 Rn 23; Hansens/Braun/Schneider/*Volpert*/*Schmidt*, Teil 17 Rn 408; Riedel/Sußbauer/*Keller*, BRAGO, Vor § 68 Rn 7; *Hansens*, BRAGO, § 68 Rn 10.

20 Gerold/Schmidt/*Mayer*, RVG, VV 3311, 3312 Rn 24; Riedel/Sußbauer/*Keller*, BRAGO, Vor § 68 Rn 17.

III. Kostenerstattung; Prozesskostenhilfe

23 Zur **Kostenerstattung** sowie zur **Prozesskostenhilfe** vgl. VV Vor 3311–3312 Rdn 21 f., 23 f.

B. Zwangsverwaltung

I. Anwendungsbereich

24 VV Teil 3 Abschnitt 3 Unterabschnitt 4 betrifft nur **Zwangsverwaltungen nach dem ZVG** (§§ 146 bis 161, 172), also:
– solche gemäß §§ 864, 866 Abs. 1, 869 ZPO;
– die Zwangsverwaltung auf Antrag eines Insolvenzverwalters (§§ 172 ff. ZVG);
– die Anordnung der Zwangsverwaltung von Grundstücken durch das Prozessgericht im Wege einer einstweiligen Verfügung (§ 938 Abs. 2 ZPO) zur Sicherung eines eingetragenen Rechts, insbesondere gegen den Eigenbesitzer (§ 147 ZVG).[21]

25 **Gegenstand** der Zwangsverwaltung sind u.a.:
– Grundstücke und Bruchteile davon
– grundstücksgleiche Rechte: Erbbaurecht (mit Wohnungs- und Teilerbbaurecht); Gebäudeeigentum im Beitrittsgebiet; Wohnungs-, Teil- und Stockwerkseigentum.

26 Auf Hochseekabel findet das ZVG wegen Aufhebung des Kabelpfandgesetzes keine Anwendung mehr.[22]

27 **Keine Anwendung** findet VV Teil 3 Abschnitt 3 Unterabschnitt 4:
– auf Luftfahrzeuge, § 171c ZVG;
– auf Schiffe und Schiffsbauwerke, § 870a ZPO;
– bei einer Sequestration als Maßregel zur Sicherung der ordnungsgemäßen Bewirtschaftung gemäß § 25 ZVG; anwendbar ist Anm. Nr. 1 zu VV 3311;
– bei der gerichtlichen Verwaltung zur Sicherung des Anspruchs aus dem Bargebot, § 94 ZVG; abgegolten mit Anm. Nr. 1 zu VV 3311;
– auf die Sequestration gemäß §§ 848, 855, 857 Abs. 4, 938 Abs. 2 ZPO; es gilt VV Teil 3 Abschnitt 3 Unterabschnitt 3;
– für die Tätigkeit eines Anwalts als Verwalter; die Vergütung richtet sich nach § 153 ZVG i.V.m. der Zwangsverwalterverordnung (ZwVwV);
– für die Eintragung einer Zwangshypothek (§§ 867, 870a ZPO); VV Teil 3 Abschnitt 3 Unterabschnitt 3 findet Anwendung;
– auf Zwangsverwaltungen nach Landesgesetzen, soweit diese im Wesentlichen vom ZVG abweichende Regelungen enthalten (vgl. § 871 ZPO, Art. 112 EGBGB).

28 Wie jede Zwangsvollstreckung findet auch die Zwangsverwaltung nur **auf Antrag** statt, und zwar eines Gläubigers (§ 866 Abs. 2 ZPO, § 15 ZVG) oder des Insolvenzverwalters (§ 172 ZVG).

II. Regelungsgehalt

1. Allgemeines

29 Anders als in der Zwangsversteigerung (Anm. 1, 2 zu VV 3311) richtet sich die Vergütung des Anwalts danach, wen er vertritt: Ist es der Antragsteller, so finden Anm. Nr. 3 und 4 zu VV 3311 Anwendung. Vertritt der Anwalt einen sonstigen Beteiligten, gilt Anm. Nr. 5 zu VV 3311. Die Regelung für den **Gegenstandswert** findet sich in § 27.

---

21 MüKo/*Drescher*, ZPO, § 938 Rn 33; *Stöber*, § 146 Rn 3; *Hansens*, BRAGO, § 69 Rn 2.
22 Vgl. *Stöber*, Einleit. Rn 13, 15; das übersehen *Hansens*, BRAGO, § 69 Rn 2; Gerold/Schmidt/*Mayer*, RVG,

VV 3311, 3312 Rn 39; Riedel/Sußbauer/*Keller*, RVG, VV Teil 3 Abschnitt 4 Rn 88.

2. Verfahrensgebühr (VV 3311)

a) Vertretung des Antragstellers

Antragsteller ist der betreibende bzw. ein beigetretener Gläubiger oder der Insolvenzverwalter (§ 172 ZVG).

aa) Anordnungs-, Beitrittsverfahren (Anm. Nr. 3 zu VV 3311). Für seine gesamte Tätigkeit im Verfahren über den Antrag auf Anordnung der Zwangsverwaltung oder einen Antrag auf Zulassung des Beitritts eines Gläubigers zum Zwangsverwaltungsverfahren erhält der Rechtsanwalt eine Verfahrensgebühr gemäß VV 3311 mit einem Gebührensatz von **0,4**. Die Gebühr fällt an, wenn der Anwalt in Ausführung des erteilten Mandats tätig wird, üblicherweise also mit der Aufnahme der Information bzw. der Antragstellung bei Gericht.

Die Tätigkeit kann auch darin bestehen, dass der Anwalt nach Erlass einer einstweiligen Verfügung, mit der das Prozessgericht gemäß **§ 938 Abs. 2 ZPO** die Zwangsverwaltung angeordnet hat (vgl. Rdn 24), den Antrag auf Zwangsverwaltung an das Vollstreckungsgericht stellt. War der Anwalt in dem einstweiligen Verfügungsverfahren als Verfahrensbevollmächtigter tätig, erwächst die Gebühr nach Anm. Nr. 3 zu VV 3311 zusätzlich zu den Gebühren gemäß VV 3100 ff. für das einstweilige Verfügungsverfahren.

Ist die **Zwangsversteigerung** auch in einem **zweiten Termin ergebnislos** geblieben, kann der Anwalt gemäß **§ 77 Abs. 2 ZVG** beantragen, dass das **Verfahren als Zwangsverwaltung fortgesetzt** wird. Auch durch diese Tätigkeit entsteht die Gebühr der Anm. Nr. 3 zu VV 3311; eine Anrechnung auf die bereits gemäß Anm. Nr. 1 zu VV 3311 und VV 3312 entstandenen Gebühren findet nicht statt. Endet der Auftrag vor Einreichung des Antrags, erfolgt keine Gebührenermäßigung, weil es an einer entsprechenden Vorschrift fehlt.[23]

Mit der Anordnungsgebühr wird die gesamte Tätigkeit des Anwalts im Zwangsverwaltungsverfahren bis zur Anordnung bzw. Ablehnung der Zwangsverwaltung bzw. der Zulassung des Beitritts des Gläubigers durch das Vollstreckungsgericht vergütet.[24] Da es sich um eine **Verfahrenspauschgebühr** handelt, kommt es nicht darauf an, ob er nur eine einzelne oder mehrere Tätigkeiten innerhalb dieses Verfahrensabschnitts vornimmt. Die Gebühr ermäßigt sich daher auch nicht bzw. entfällt nicht, wenn es nicht zur Anordnung kommt (z.B. wegen Antragsrücknahme) oder der Beitritt abgelehnt wird.

Beantragt der Anwalt auftragsgemäß **gleichzeitig** Zwangsversteigerung und Zwangsverwaltung, entstehen Gebühren sowohl nach Anm. Nr. 1 zu VV 3311 als auch nach Anm. Nr. 3 zu VV 3311.[25]

bb) Weiteres Verfahren (Anm. Nr. 4 zu VV 3311). Ist der Anwalt des Antragstellers bzw. des beigetretenen Gläubigers zusätzlich zum Anordnungsverfahren oder auch ausschließlich im weiteren Verfahren tätig, erhält er dafür eine weitere Verfahrensgebühr mit einem Gebührensatz von 0,4. Das „**weitere Verfahren**" ist das gesamte Verfahren, das nach der Anordnung der Zwangsverwaltung bzw. nach der Zulassung des Gläubigers folgt, einschließlich des Verteilungsverfahrens. Auch hierbei handelt es sich um eine Pauschgebühr, so dass damit alle Tätigkeiten des Anwalts in diesem Verfahrensabschnitt abgegolten sind, einschließlich der Terminswahrnehmungen; auf den Umfang seiner Tätigkeit kommt es nicht an.

b) Vertretung sonstiger Beteiligter (Anm. Nr. 5 zu VV 3311)

Vertritt ein Anwalt einen sonstigen Beteiligten (z.B. Schuldner, Berechtigten gemäß § 9 ZVG), so erhält er für seine Tätigkeit im gesamten Zwangsverwaltungsverfahren ebenfalls eine Verfahrensgebühr mit einem Gebührensatz von 0,4. Damit sind sämtliche Tätigkeiten des Anwalts abgegolten, vom Antragsverfahren bis einschließlich des Verteilungsverfahrens, Terminswahrnehmungen inbegriffen. Auch hierbei handelt es sich um eine Pauschgebühr, so dass der Umfang der anwaltlichen Tätigkeit unerheblich ist.

---

[23] Hansens/Braun/Schneider/*Volpert*/*Schmidt*, Teil 17 Rn 378; Gerold/Schmidt/*Mayer*, RVG, VV 3311, 3312 Rn 41; Riedel/Sußbauer/*Keller*, RVG, VV Teil 3 Abschnitt 4 Rn 71; Mayer/Kroiß/*Gierl*, RVG, VV 3311 Rn 17.

[24] OLG Köln JurBüro 1981, 54; Gerold/Schmidt/*Mayer*, RVG, VV 3311, 3312 Rn 41.

[25] LG Berlin JurBüro 1967, 240; *Hartmann*, KostG, RVG VV 3311 Rn 10; Mayer/Kroiß/*Gierl*, RVG, VV 3311 Rn 17.

c) Mehrere Auftraggeber/mehrere Grundstücke

38 Zur Frage der Gebührenberechnung bei **mehreren Auftraggebern** siehe VV Vor 3311–3312 Rdn 8 ff.; zur Zwangsverwaltung **mehrerer Grundstücke** vgl. VV Vor 3311–3312 Rdn 13 f.

d) Tätigkeit im einstweiligen Rechtsschutz (Anm. Nr. 6 zu VV 3311)

39 Es wird auf die obigen Erläuterungen zur Zwangsversteigerung (siehe Rdn 17) verwiesen.

e) Verhandlungen mit dem Ziel der Aufhebung des Verfahrens (Anm. Nr. 6 zu VV 3311)

40 Es wird auf die obigen Erläuterungen zur Zwangsversteigerung (siehe Rdn 18) verwiesen.

3. Terminsgebühr (VV 3312)

41 Eine Terminsgebühr ist nach dem ausdrücklichen gesetzlichen Hinweis in Satz 2 der Anm. zu VV 3312 im Zwangsverwaltungsverfahren ausgeschlossen.

III. Kostenerstattung; Prozesskostenhilfe

42 Zur **Kostenerstattung** sowie zur **Prozesskostenhilfe** vgl. VV Vor 3311–3312 Rdn 21 f., 23 f.

Unterabschnitt 5. Insolvenzverfahren, Verteilungsverfahren nach der Schifffahrtsrechtlichen Verteilungsordnung

Nr.	Gebührentatbestand	Gebühr oder Satz der Gebühr nach § 13 RVG

Vorbemerkung 3.3.5:
(1) Die Gebührenvorschriften gelten für die Verteilungsverfahren nach der SVertO, soweit dies ausdrücklich angeordnet ist.
(2) Bei der Vertretung mehrerer Gläubiger, die verschiedene Forderungen geltend machen, entstehen die Gebühren jeweils besonders.
(3) Für die Vertretung des ausländischen Insolvenzverwalters im Sekundärinsolvenzverfahren entstehen die gleichen Gebühren wie für die Vertretung des Schuldners.

A. Anwendungsbereich 1
  I. Allgemeines 1
  II. Schifffahrtsrechtliches Verteilungsverfahren (Abs. 1) 8
  III. Mehrere Gläubiger (Abs. 2) 11
    1. Anwendungsbereich 11
    2. Regelungsgehalt 13
    3. Gegenstandswert 14
  IV. Sekundärinsolvenzverfahren (Abs. 3) 15
B. Gebühren 16
C. Kostenerstattung 18
  I. Insolvenzverfahren 18
  II. Schifffahrtrechtliches Verteilungsverfahren 25
D. Prozesskostenhilfe 27

A. Anwendungsbereich

I. Allgemeines

1 Die Vorschriften von VV Teil 3 Abschnitt 3 Unterabschnitt 5 betreffen gesonderte Regelungen für das Insolvenzverfahren einschließlich des Sekundärinsolvenzverfahrens sowie der Schifffahrtsrechtlichen Verteilungsordnung. Daneben finden die Vorschriften des VV Teils 1 sowie die Vorbemerkungen zu VV Teil 3 lediglich ergänzende Anwendung, soweit sich nicht aus den Regelungen des

Unterabschnitts 5 etwas anderes ergibt. Letzteres ist z.B. der Fall hinsichtlich VV 1008, der gegenüber Abs. 2 eine eigene Regelung enthält (siehe Rdn 11 ff.).

Die Insolvenzordnung (InsO) ist mit Wirkung vom 1.1.1999 in Kraft getreten und **gilt** für alle Verfahren, bei denen der Antrag seit dem 1.1.1999 bei Gericht eingegangen ist (Art. 103 EGInsO). 2

Unterabschnitt 5 betrifft nur Tätigkeiten des Rechtsanwalts in den entsprechenden **gerichtlichen Verfahren**; etwaige außergerichtliche Tätigkeiten des Rechtsanwalts (z.B. im außergerichtlichen Schuldenbereinigungsverfahren) werden nach anderen Bestimmungen vergütet. Andererseits wird nicht jede, sondern nur die in den einzelnen Vorschriften genannte Tätigkeit des Anwalts in den gerichtlichen Verfahren nach VV 3313 bis 3323 vergütet, also z.B. nicht die Tätigkeit als Mitglied des Gläubigerausschusses oder als Treuhänder (siehe Rdn 5). 3

Anwendbar ist Unterabschnitt 5 auch in den Fällen, in denen sich der **Rechtsanwalt** in eigener Sache **selbst vertritt**. Dies ergibt sich aus § 4 InsO, § 3 Abs. 1 SVertO. Danach finden die Vorschriften der ZPO entsprechende Anwendung,[1] so dass § 91 Abs. 2 S. 3 ZPO ebenfalls gilt, weil in den jeweiligen Verfahrensordnungen nichts Abweichendes geregelt ist.[2] 4

Keine Anwendung findet Unterabschnitt 5 hingegen auf folgende Tätigkeiten: 5
- **außergerichtliche Beratung**; es gilt § 34;
- im Rahmen eines **außergerichtlichen Schuldenbereinigungsverfahrens**; es gilt VV 2300;
- außergerichtliche Vertretung eines Vertragspartners des Schuldners in Verhandlungen mit dem Insolvenzverwalter im Hinblick auf die **Ausübung des Wahlrechts** gemäß § 103 Abs. 1 InsO; es gilt VV 2300. Lehnt der Insolvenzverwalter die Erfüllung ab, bleibt dem Vertragspartner nur die Schadensersatzforderung gemäß § 103 Abs. 2 InsO, bei deren Geltendmachung als Insolvenzforderung für den Anwalt die Gebühren nach Unterabschnitt 5 anfallen. Die zuvor angefallene Gebühr nach VV 2300 ist nicht auf die Gebühren nach Unterabschnitt 5 anzurechnen, weil es sich bei dem ursprünglichen Erfüllungsanspruch und dem jetzigen Schadensersatzanspruch nicht um dieselbe Angelegenheit handelt.[3]
- Vertretung eines **Aussonderungs- oder Absonderungsberechtigten**, soweit diesem der Schuldner nicht auch persönlich haftet (§ 52 S. 1 InsO), bzw. eines **Massegläubigers**; es finden VV 2300 bzw. VV 3100 ff. Anwendung.
- **einzelne Zwangsvollstreckungsmaßnahmen**, die nicht die Insolvenzmasse betreffen sollen (z.B. § 89 Abs. 3 InsO, § 36 Abs. 1 S. 2, Abs. 4 InsO);[4] es gilt Unterabschnitt 3;
- **Zwangsvollstreckungsmaßnahmen** aus dem Tabellenauszug, §§ 178 Abs. 3, 201 Abs. 2 InsO; anzuwenden ist Unterabschnitt 3;
- Tätigkeit des Anwalts als (vorläufiger) **Insolvenzverwalter, Treuhänder, Sachwalter, Mitglied des Gläubigerausschusses, Sonderinsolvenzverwalter**;[5] hier gilt die Insolvenzrechtliche Vergütungsverordnung (InsVV) bzw. u.U. das RVG bei Übertragung **einzelner Aufgaben auf den Sonderinsolvenzverwalter**;[6]
- Anwalt als **Prozessbevollmächtigter** des Insolvenzverwalters (z.B. bei Insolvenzanfechtung); es gelten die VV 3100 ff.

---

1 OLG Köln ZInsO 2000, 403; MüKo/*Ganter*, InsO, § 4 Rn 27.

2 Im Ergebnis ebenso Mayer/Kroiß/*Gierl*, RVG, VV 3313–3323 Rn 2; MüKo/*Ganter*, InsO, § 4 Rn 27; Gerold/Schmidt/*Mayer*, RVG, VV 3313–3323 Rn 26, weil er eine Berufstätigkeit annimmt; a.A. Hansens, BRAGO, vor § 72 Rn 2; Riedel/Sußbauer/*Keller*, RVG, Teil 3 Abschnitt 3 Rn 103.

3 Gerold/Schmidt/*Mayer*, RVG, VV 3313–3323 Rn 11; Mayer/Kroiß/*Gierl*, RVG, VV 3313–3323 Rn 2; *Hansens*, BRAGO, vor § 72 Rn 2; die Situation ist vergleichbar mit der Pfändung eines Schadensersatzanspruchs wegen Nichterfüllung gegenüber dem Kaufpreiszahlungsanspruch, wobei auch prozessual zwei verschiedene Angelegenheiten vorliegen, BGH InVo 2000, 206, 207 = Rpfleger 2000, 221.

4 Denn insoweit wird ja gerade geltend gemacht, der Gegenstand gehöre nicht zur Insolvenzmasse: Die Zuständigkeit des Insolvenzgerichts beruht allein auf der Sachnähe. Im Ergebnis ebenso: Mayer/Kroiß/*Gierl*, RVG, VV 3313–3323 Rn 4; *Hartmann*, KostG, RVG Einf. Vorb. 3.3.5 Rn 5.

5 BGH ZInsO 2015, 1031 = WM 2015, 1024 = ZIP 2015, 1034 = DZWIR 2015, 339 = Rpfleger 2015, 490 = MDR 2015, 857 = NZI 2015, 730 = NJW-RR 2015, 1003 = JurBüro 2015, 494.

6 Beim Sonderinsolvenzverwalter: BGH ZInsO 2015, 1031 = WM 2015, 1024 = ZIP 2015, 1034 = DZWIR 2015, 339 = Rpfleger 2015, 490 = MDR 2015, 857 = NZI 2015, 730 = NJW-RR 2015, 1003 = JurBüro 2015, 494.

6 **Beschwerdeverfahren** in den vorgenannten Verfahren sind in VV 3500 ff. geregelt.

7 Die Regelungen zum **Gegenstandswert** finden sich in den §§ 28 und 29.

II. Schifffahrtsrechtliches Verteilungsverfahren (Abs. 1)

8 Vorb. 3.3.5 Abs. 1 sowie die Anm. in den insoweit in Betracht kommenden Nummern des VV enthalten eine Regelung über die Vergütung der Rechtsanwälte, die in einem solchen schifffahrtsrechtlichen Verteilungsverfahren nach der SVertO für einen Schuldner, Gläubiger oder daran beteiligten Dritten tätig werden. VV 3322 und 3323 enthalten sodann zusätzliche Gebührentatbestände für besondere Verfahrenssituationen.

9 Die **Schifffahrtsrechtliche Verteilungsordnung (SVertO)** hat folgenden Hintergrund: Der Reeder als Eigentümer eines ihm zum Erwerb durch die Seefahrt dienenden Schiffes kann seine Haftung und die Haftung ihm gleichgestellter Personen bezüglich bestimmter Ansprüche beschränken (§§ 486 ff. HGB). Dies geschieht durch Errichtung und Verteilung eines Fonds, dessen Verfahren in der Schifffahrtsrechtlichen Verteilungsordnung (SVertO) geregelt ist. Auf Antrag eines Schuldners kann für ein bestimmtes Ereignis die Errichtung und Verteilung eines Fonds beantragt werden, wobei das zuständige Amtsgericht die zur Errichtung des Fonds erforderliche Summe (Haftungsmasse) festsetzt. Auf Beschwerde/Erinnerung kann eine höhere oder niedrigere Haftungssumme festgesetzt werden (§ 12 SVertO). Nach Einzahlung der Haftungssumme bzw. entsprechender Sicherheitsleistung wird das Verteilungsverfahren durch Beschluss eröffnet. Die Eröffnung bewirkt eine Haftungsbeschränkung für alle Personen, die aus demselben Ereignis beschränkbar haften. Die Befriedigung der Gläubiger erfolgt aufgrund eines insolvenzähnlichen Verfahrens. Zugleich mit dem Eröffnungsbeschluss ergeht eine öffentliche Aufforderung an die Gläubiger, ihre Forderungen anzumelden, sowie an alle Schuldner, die außer dem Antragsteller hinsichtlich des bestimmten Ereignisses beschränkt haften, ihre Anschrift mitzuteilen, wenn sie über den Fortgang des Verfahrens weiter unterrichtet werden wollen. Die angemeldeten Ansprüche werden in einem Prüfungstermin erörtert und, wenn kein Widerspruch erfolgt, festgestellt. Gläubiger streitig gebliebener Ansprüche können deren Feststellung nach den Vorschriften der §§ 179 Abs. 2 und 3, 180 bis 183 und 185 InsO betreiben.

10 **Keine Anwendung** findet Unterabschnitt 5, wenn der Anwalt als Sachwalter gemäß § 9 SVertO tätig wird; dieser erhält eine angemessene Vergütung sowie Aufwendungsersatz aus der Haftungsmasse (§ 9 Abs. 6 SVertO). Wegen der gebührenrechtlichen Einzelheiten wird auf die Erläuterungen zu den jeweiligen Nummern des VV verwiesen.

III. Mehrere Gläubiger (Abs. 2)

1. Anwendungsbereich

11 Abs. 2 betrifft nur Fälle der **Vertretung mehrerer Gläubiger, die verschiedene Forderungen in demselben Verfahren geltend machen**.[7] Dabei liegt stets eine verschiedene Angelegenheit vor, so dass die Gebühren jeweils gesondert entstehen. Die Vorschrift verdrängt in ihrem Anwendungsbereich die Vorschriften des § 7 Abs. 1 und § 22 Abs. 2 mit VV 1008.[8]

12 **Keine Anwendung** findet Abs. 2 daher in folgenden Fällen:

1. Mehrere Gläubiger/unterschiedliche Forderungen/verschiedene Verfahren.

> **Beispiel:** Der Anwalt wird für die Gläubiger A, B und C wegen jeweils eigener Forderungen in selbstständigen Insolvenzverfahren gegen X, Y und Z tätig.
> Die Gebühren werden für jedes Verfahren nach Unterabschnitt 5 getrennt berechnet.

---

[7] Allg. M., vgl. Gerold/Schmidt/*Mayer*, RVG, VV 3313–3323 Rn 5; Mayer/Kroiß/*Gierl*, RVG, VV 3313–3323 Rn 17; *Enders*, JurBüro 1999, 225, 228; Hartung/Schons/Enders, RVG, Vorbem. 3.3.5 – VV 3323 Rn 5.

[8] *Hartung*/Schons/Enders, RVG, Vorbem. 3.3.5 – VV 3323 Rn 4; Bischof/Jungbauer/Bräuer/*Bräuer*, RVG, Vorbem. 3.3.5 Rn 4.

2. Mehrere Gläubiger/dieselbe Forderung/dasselbe Verfahren (z.B. Miterben, Gesamtgläubiger).

> **Beispiel:** Gesamtgläubiger machen eine Darlehensforderung im Insolvenzverfahren gegen S geltend. § 7 Abs. 1 mit VV 1008 ist anzuwenden.[9]

3. Mehrere Gläubiger/dieselbe Forderung/verschiedene Verfahren.

> **Beispiel:** Gesamtgläubiger machen dieselbe Forderung in dem Insolvenzverfahren betreffend den Gesamtschuldner X sowie in dem gesonderten Insolvenzverfahren betreffend den Gesamtschuldner Y geltend. Die Gebühren werden für jedes Verfahren gesondert berechnet, wobei jedoch in jedem Verfahren § 7 Abs. 1 mit VV 1008 anzuwenden ist.

4. Derselbe Gläubiger/mehrere Forderungen/dasselbe Verfahren.

> **Beispiel:** Der Gläubiger macht in dem Insolvenzverfahren gegen S zwei verschiedene Forderungen geltend, wobei es gleichgültig ist, ob diese in einem inneren Zusammenhang stehen.
> § 22 findet Anwendung.[10]

5. Derselbe Gläubiger/eine oder mehrere Forderung(en)/verschiedene Verfahren.

> **Beispiel:** Der Anwalt vertritt den Gläubiger im Insolvenzverfahren über das Vermögen der Gesellschaft und auch in dem gesonderten Insolvenzverfahren über das Vermögen des persönlich haftenden Gesellschafters. Die Gebühren werden für jedes Verfahren gesondert berechnet, wobei in jedem Verfahren ggf. § 22 Anwendung findet.[11]

6. Derselbe Auftraggeber in unterschiedlicher Verfahrensbeteiligung.

> **Beispiel:** In einem Nachlassinsolvenzverfahren (§§ 315 ff. InsO) vertritt der Anwalt den Schuldner (Erben), der gleichzeitig gemäß § 326 InsO Insolvenzgläubiger ist.
> Es handelt sich nicht um mehrere Aufträge, sondern um einen Auftrag, wobei im Hinblick auf die unterschiedlichen Verfahrenspositionen § 22 zur Anwendung kommt.[12]

2. Regelungsgehalt

In seinem Anwendungsbereich – ein Anwalt wird für mehrere Auftraggeber hinsichtlich unterschiedlicher Forderungen in demselben Verfahren tätig (vgl. Rdn 11 f.) – führt Abs. 2 dazu, dass der Rechtsanwalt für jeden Auftrag seine Gebühren einschließlich der jeweiligen Auslagen gesondert in Rechnung stellen kann. Es tritt also weder eine Erhöhung gemäß § 7 mit VV 1008 ein noch kommt es zu einer Wertaddition gemäß § 22. Eine Mithaft der anderen Auftraggeber kommt nur für Auslagen in Betracht, die sich nicht auf den jeweiligen Auftrag aufteilen lassen; insoweit brauchen die Auslagen auch nur einmal bezahlt zu werden. 13

3. Gegenstandswert

Der Gegenstandswert ist gesondert für jeden Auftrag nach Maßgabe des § 28 zu ermitteln. 14

IV. Sekundärinsolvenzverfahren (Abs. 3)

Für die Vertretung des ausländischen Insolvenzverwalters im Sekundärinsolvenzverfahren entstehen die gleichen Gebühren wie für die Vertretung des Schuldners. Hier sind daher VV 3313, 3315, 3317 bis 3319 und 3321 des Unterabschnitts 5 sowie § 28 anwendbar. Wegen der gebührenrechtlichen Einzelheiten wird auf die Erläuterungen zu den jeweiligen Nummern des VV sowie § 28 verwiesen. Nicht unter VV 3313, 3315, 3317 bis 3319, 3321 fallen Maßnahmen des Insolvenzgerichts nach Art. 102, §§ 5 und 6 EGInsO, nach den §§ 345 f. InsO sowie die Vertretung eines vorläufigen ausländischen Verwalters im Verfahren über Sicherungsmaßnahmen nach § 344 InsO, weil es sich 15

---

[9] Gerold/Schmidt/*Mayer*, RVG, VV 3313–3323 Rn 2, 13; Mayer/Kroiß/*Gierl*, RVG, VV 3313–3323 Rn 17; *Enders*, JurBüro 1999, 225, 228.

[10] Gerold/Schmidt/*Mayer*, RVG, VV 3313–3323 Rn 3; Mayer/Kroiß/*Gierl*, RVG, VV 3313–3323 Rn 17; *Enders*, JurBüro 1999, 225, 228.

[11] Gerold/Schmidt/*Mayer*, RVG, VV 3313–3323 Rn 5; Mayer/Kroiß/*Gierl*, RVG, VV 3313–3323 Rn 17; *Enders*, JurBüro 1999, 225, 228.

[12] Mayer/Kroiß/*Gierl*, RVG, VV 3313–3323 Rn 17; Riedel/Sußbauer/*Keller*, BRAGO, § 82 Rn 2; *Hansens*, BRAGO, § 82 Rn 2.

dabei nicht um Insolvenzverfahren im eigentlichen Sinne handelt. Hierfür erhält der Anwalt Gebühren nach VV 2300.[13]

B. Gebühren

16 Der Aufbau des Unterabschnitts 5 folgt dem Ablauf des Insolvenzverfahrens. Mit Ausnahme der VV 3320 handelt es sich dabei um **Verfahrenspauschgebühren**. Die Gebühr fällt daher an, wenn der Anwalt in dem jeweiligen Verfahren überhaupt tätig wird. Auf den Umfang seiner Tätigkeit kommt es somit nicht an. Andererseits wird auch die **gesamte Tätigkeit des Anwalts** damit abgegolten, wobei das VV für das Insolvenzverfahren jedoch hinsichtlich der Tätigkeit über einen Antrag auf Versagung oder Widerruf einer Restschuldbefreiung (§§ 286 ff. InsO) sowie den Insolvenzplan (§§ 217 ff. InsO) und für das schifffahrtsrechtliche Verteilungsverfahren für Anträge nach §§ 8 Abs. 5, 17 Abs. 4 sowie § 41 SVertO eine Ausnahme macht. Da es sich bei Letzteren um Tätigkeiten mit vermehrtem Arbeitsaufwand handelt, erhält der Anwalt hierfür gesonderte Gebühren nach VV 3318, 3319 und 3321 einerseits bzw. VV 3322 und 3323 andererseits.

17 Im Einzelnen regeln die Vorschriften des Unterabschnitts 5 folgende Gegenstände:

VV 3313: Insolvenzeröffnungsverfahren: Anwalt vertritt Schuldner: 1,0-Verfahrensgebühr, die sich auf 1,5 erhöht, wenn er auch im Verfahren über den Schuldenbereinigungsplan tätig wird (VV 3315).
VV 3314: Insolvenzeröffnungsverfahren: Anwalt vertritt Gläubiger: 0,5-Verfahrensgebühr, die sich auf 1,0 erhöht, wenn er auch im Verfahren über den Schuldenbereinigungsplan tätig wird (VV 3316).
VV 3317: Tätigkeit im eröffneten Insolvenzverfahren: Verfahrensgebühr 1,0.
VV 3318: Verfahrensgebühr 1,0 für die Tätigkeit im Verfahren über einen Insolvenzplan
VV 3319: jedoch 3,0 bei Vertretung des Schuldners, der den Plan vorgelegt hat.
VV 3320: Einzeltätigkeit der Forderungsanmeldung, Reduzierung der Verfahrensgebühr VV 3317 auf 0,5.
VV 3321: Verfahren auf Versagung/Widerruf der Restschuldbefreiung: 0,5.
VV 3322: Antrag auf Zulassung der Zwangsvollstreckung nach § 17 Abs. 4 SvertO: 0,5
VV 3323: Anträge auf Aufhebung von Vollstreckungsmaßnahmen gemäß §§ 8 Abs. 5 und 41 SvertO: 0,5.

C. Kostenerstattung

I. Insolvenzverfahren

18 Kosten, die einem **Insolvenzgläubiger** durch die **Teilnahme am eröffneten Verfahren** entstanden sind, kann er gemäß § 39 Abs. 1 Nr. 2 InsO als nachrangiger Insolvenzgläubiger aus der Insolvenzmasse erstattet verlangen. Dabei ist jedoch zu beachten, dass diese – wie alle nachrangigen Forderungen – erst nach Aufforderung durch das Insolvenzgericht angemeldet werden dürfen, § 174 Abs. 3 S. 1 InsO.[14]

19 Kosten, die **vor der Eröffnung** des Insolvenzverfahrens entstanden sind, kann er nur als gewöhnliche Insolvenzforderung gemäß §§ 174 ff. InsO anmelden. Dazu gehören auch die Gebühren der VV 3314,[15] weil gemäß § 38 InsO Insolvenzgläubiger (und damit auch ein nachrangiger Insolvenzgläubiger) nur derjenige ist, der zur Zeit der Eröffnung des Insolvenzverfahrens einen begründeten persönlichen Vermögensanspruch gegen den Schuldner hat. Der Anspruch gemäß VV 3314 entsteht bereits vor der Eröffnung des Verfahrens. Anderes gilt jedoch für die Erhöhungsgebühr auf 1,0 nach VV 3316, wenn der Anwalt den Gläubiger auch im Schuldenbereinigungsplan vertritt. Denn gemäß

---

13 BT-Drucks 15/16, S. 26 zu Art. 3 a.E.
14 Zu weiteren Einzelheiten vgl. MüKo/*Ehricke*, InsO, § 39 Rn 49 f.
15 *Hansens*, BRAGO, vor § 72 Rn 4; Riedel/Sußbauer/*Keller*, RVG, Teil 3 Abschnitt 3 Rn 103; Mayer/Kroiß/*Gierl*, RVG, VV 3313–3323 Rn 9; Kübler/Prütting/*Holzer*, § 39 Rn 12; Breutigam/Blersch/Goetsch, § 39 Rn 6; Nerlich/Römermann/Andres, § 39 Rn 7; MüKo/*Ganter*, InsO, § 39 Rn 17; a.A. *Hess*, Kommentar zur Insolvenzordnung mit EG InsO, 2007, § 39 Rn 40; FK-InsO/*Schumacher*, § 39 Rn 7.

§ 310 InsO haben Gläubiger gegen den Schuldner keinen Erstattungsanspruch hinsichtlich der Kosten, die im Zusammenhang mit dem Schuldenbereinigungsplan entstanden sind.

Der **Schuldner** kann die im Verfahren entstandenen Anwaltskosten nicht aus der Insolvenzmasse erstattet verlangen. 20

Umstritten war – und ist immer noch teilweise – die Rechtslage, wenn der Anwalt **zunächst den Schuldner** in einem Prozess vertreten hat, der durch die Insolvenzeröffnung unterbrochen worden ist (§§ 240, 249 ZPO), und er **nach Aufnahme des Prozesses** dann den **Insolvenzverwalter vertritt**. Streitig ist bereits, ob es sich dabei um dieselbe Angelegenheit handelt.[16] Des Weiteren herrscht(e) Streit darüber, ob der Insolvenzverwalter auch Schuldner der bereits vor seiner Auftragserteilung bzw. vor Aufnahme des Rechtsstreits entstandenen Kosten wird oder nur hinsichtlich solcher, die zeitlich danach entstanden sind. Die Frage ist deshalb von Bedeutung, weil sich danach entscheidet, ob es sich um Insolvenzforderungen oder um Masseverbindlichkeiten handelt. Soweit nach der Beauftragung/Aufnahme neue Gebührentatbestände entstehen (z.B. eine Einigungsgebühr gemäß VV 1000, 1003), handelt es sich dabei sicherlich um eine Masseverbindlichkeit gemäß § 55 Abs. 1 Nr. 1 InsO. Fraglich kann nur sein, ob die vor der Aufnahme des Rechtsstreits/der Beauftragung entstandenen Gebühren ebenfalls Masseverbindlichkeit werden. 21

Letzteres wird von der wohl **h.M.**[17] in Rechtsprechung und Literatur mit dem Hinweis auf den Grundsatz der Einheitlichkeit der Kostenentscheidung zu Recht bejaht; das muss dann aber auch entsprechend für das Innenverhältnis Insolvenzverwalter/Rechtsanwalt gelten. Offen gelassen hat der BGH die Frage lediglich hinsichtlich folgender besonderer Verfahrenslagen:
– Unterbrechung des Prozesses in einer höheren Instanz;
– Unterbrechung nach Zurückverweisung der Sache an die Vorinstanz. 22

Die **Gegenauffassung**[18] argumentiert, der Grundsatz der Einheitlichkeit der Kostenentscheidung werde durchaus nicht konsequent durchgehalten und es sei insbesondere im Hinblick auf den Rechtsgedanken des § 105 InsO nicht einzusehen, warum hinsichtlich der bis zur Aufnahme/Auftragserteilung entstandenen Gebühren eine Privilegierung dieser Gläubiger eintreten solle. 23

Dementsprechend sei differenziert abzurechnen. Bei einer differenzierten Abrechnung sei zu berücksichtigen, dass, soweit eine nach der Aufnahme/Beauftragung entfaltete Tätigkeit des Rechtsanwalts für den Insolvenzverwalter eigentlich einen eigenen Gebührentatbestand auslöst (z.B. die Verfahrensgebühr gemäß VV 3100), diese Gebühr nicht nochmals zum Ansatz kommen könne, weil sie in derselben Angelegenheit bereits entstanden sei (vgl. § 15 Abs. 5). Diese Gebühr werde daher nur in der Höhe eine Masseforderung, wie sie aufgrund einer Tätigkeit nur für den Insolvenzverwalter entstanden wäre.

Da der Streitwert sich ab dem Zeitpunkt der Aufnahme auf den gemäß § 182 InsO geringeren Wert der Klage auf Feststellung zur Tabelle reduziert[19] und sich nur nach der zu erwartenden Quote richtet, macht die Masseforderung regelmäßig nur einen geringeren Anteil der Gebühr aus.[20]

Beispiel: Gläubiger G klagt gegen Schuldner S eine Forderung i.H.v. 50.000 EUR ein. S wird von Rechtsanwalt X vertreten. Noch vor einem frühen ersten Termin wird das Verfahren infolge Eröffnung des Insolvenzverfahrens über das Vermögen des S gemäß § 240 ZPO unterbrochen. Nachdem der Insolvenzverwalter

---

16 Bejahend: BGH NJW-RR 2007, 397 = MDR 2007, 428; OLG Hamm JurBüro 1989, 1403; Gerold/Schmidt/*Mayer*, RVG, VV 3313–3323 Rn 28; Riedel/Sußbauer/*Keller*, RVG, Teil 3 Abschnitt 3 Rn 106; wohl ebenso BGH ZVI 2005, 100 = NJW-RR 2005, 356; a.A. OLG Köln KTS 1983, 452; *Hansens*, BRAGO, vor § 72 Rn 1; *Mümmler*, JurBüro 1976, 277, 279.

17 BGH NJW-RR 2007, 397 = MDR 2007, 428 für den Normalfall; RGZ 52, 330, 332; OLG Köln JurBüro 1986, 1244; MüKo/*Hefermehl*, InsO § 55 Rn 47, 57; Schneider/Herget/*Onderka*, Rn 3218; offengelassen von BGH ZVI 2005, 100 = NJW-RR 2005, 356, ZIP 2006, 576 und BGH BRAGOreport 2003, 39; BFH/NV 2003, 1201.

18 OLG Rostock ZIP 2001, 2145 = MDR 2002, 542; Riedel/Sußbauer/*Keller*, RVG, Teil 3 Abschnitt 3 Rn 106.

Gerold/Schmidt/*Mayer*, RVG, VV 3313–3323 Rn 28; Mayer/Kroiß/*Gierl*, RVG, VV 3313–3323 Rn 11; Kübler/Prütting/*Lüke*, § 85 Rn 59; Kübler/Prütting/*Pope/Schaltke*, § 55 Rn 105; MüKo/*Schumacher*, InsO, § 85 Rn 20; *Heiderhoff*, ZIP 2002, 1564; *Uhlenbruck*, ZIP 2001, 1988 mit zahlreichen Nachw. auch zur Gegenauffassung.

19 H.M., vgl. BGH Rpfleger 2007, 280; OLG Hamm DZWIR 2008, 219 zum aufgenommenen Verfahren; Schneider/Herget/*Onderka*, Rn 3212, 3216 m.w.N.

20 Riedel/Sußbauer/*Keller*, RVG, Teil 3 Abschnitt 3 Rn 106; *Schmidt*, NJW 1976, 98; a.A. *Mümmler*, JurBüro 1976, 277, 280.

die von G angemeldete Forderung bestritten hat, hat dieser den Rechtsstreit aufgenommen mit dem Ziel der Feststellung der Forderung zur Tabelle (§§ 179 ff. InsO). S wird schließlich nach Beweisaufnahme antragsgemäß verurteilt. Es ist eine Insolvenzquote von 7 % zu erwarten.

Für Anwalt X ist vor der Verfahrensunterbrechung eine Verfahrensgebühr gemäß VV 3100 aus einem Gegenstandswert von 50.000 EUR mit einem Gebührensatz von 1,3 entstanden, also ein Gebührenanspruch i.H.v. 1.511,90 EUR.[21]

Nach der Aufnahme des Verfahrens erwachsen für Anwalt X aus einem Gegenstandswert von 3.500 EUR (7 % von 50.000 EUR) eine Verfahrensgebühr mit einem Gebührensatz von 1,3 (= 327,60 EUR) sowie eine Terminsgebühr mit einem Gebührensatz von 1,2 (= 302,40 EUR), insgesamt 630,00 EUR.

Da die Terminsgebühr erst nach der Aufnahme des Prozesses entstanden ist, gehört sie in jedem Fall zu den Masseverbindlichkeiten gemäß § 55 Abs. 1 Nr. 1 InsO. Die gemäß § 15 Abs. 5 insgesamt nur einmal abzurechnende Verfahrensgebühr ist Masseverbindlichkeit i.H.v. 327,60 EUR, der restliche Teil der Verfahrensgebühr von (1.511,90 – 327,60 =) 1.184,30 EUR ist schlichte Insolvenzforderung.

24 Enthält die **Kostengrundentscheidung keinerlei Differenzierung** hinsichtlich der vor und nach Insolvenzeröffnung bzw. Aufnahme des Prozesses entstandenen Kosten, so ist diese Entscheidung für das Kostenfestsetzungsverfahren bindend.[22] Gleiches gilt, wenn der Insolvenzverwalter sich in einem Vergleich verpflichtet hat, eine bestimmte Quote der „Kosten des Rechtsstreits" zu übernehmen.[23] Sind also z.B. dem Kläger als Insolvenzverwalter die gesamten Kosten des Rechtsstreits auferlegt worden, kommt im Kostenfestsetzungsverfahren eine Differenzierung dahingehend, welche Kosten vor und welche nach Insolvenzeröffnung entstanden sind und welche damit Insolvenzforderung bzw. Masseschuld wären, nicht mehr in Betracht.

II. Schifffahrtrechtliches Verteilungsverfahren

25 Gemäß § 14 Abs. 3 SVertO können Kosten, die einem **Gläubiger** durch die Teilnahme am Verfahren entstanden sind, nicht im Verteilungsverfahren geltend gemacht werden.

26 Der Haftungssumme fallen jedoch solche Kosten zur Last und werden gemäß §§ 23 Abs. 4, 34 Abs. 2 SVertO mit Vorrang vor den festgestellten Ansprüchen berichtigt, die aus der **Prozessführung des Sachwalters** in Rechtsstreitigkeiten über im Verteilungsverfahren angemeldete Ansprüche und über das Recht ihrer Gläubiger auf Teilnahme am Verfahren entstehen (§ 31 Abs. 2 SVertO).

D. Prozesskostenhilfe

27 Prozesskostenhilfe kann dem **Gläubiger** sowohl im Insolvenzverfahren als auch im schifffahrtsrechtlichen Verteilungsverfahren, ggf. unter Beiordnung eines Anwalts bewilligt werden; es gelten dafür die §§ 45 ff., so dass auf die dortigen Erläuterungen verwiesen wird.

28 Entsprechendes gilt für den **Schuldner** im Rahmen einer bewilligten Kostenstundung §§ 4a–4d InsO.

---

21 Die Post- und Telekommunikationspauschale i.H.v. 20 EUR gem. VV 7002 sowie die USt nach VV 7008 werden zwecks besserer Übersichtlichkeit weggelassen.
22 BGH NJW-RR 2007, 397 = MDR 2007, 428; OLG Düsseldorf [24. ZS] ZVI 2005, 54 = Rpfleger 2005, 55; OLG Düsseldorf [10. ZS] Rpfleger 2005, 485; OLG Hamm AGS 2005, 412; OLG Köln ZVI 2004, 684 = ZInsO 2004, 1317; a.A BFH ZIP 2002, 2225, etwas relativiert in BFH/NV 2003, 1201.
23 OLG Karlsruhe OLGR Karlsruhe 2005, 730.

Nr.	Gebührentatbestand	Gebühr oder Satz der Gebühr nach § 13 RVG
3313	Verfahrensgebühr für die Vertretung des Schuldners im Eröffnungsverfahren .... Die Gebühr entsteht auch im Verteilungsverfahren nach der SVertO.	1,0
3314	Verfahrensgebühr für die Vertretung des Gläubigers im Eröffnungsverfahren .... Die Gebühr entsteht auch im Verteilungsverfahren nach der SVertO.	0,5
3315	Tätigkeit auch im Verfahren über den Schuldenbereinigungsplan: Die Verfahrensgebühr 3313 beträgt	1,5
3316	Tätigkeit auch im Verfahren über den Schuldenbereinigungsplan: Die Verfahrensgebühr 3314 beträgt	1,0

A. Allgemeines 1	b) Vertretung des Gläubigers (VV 3316) .. 15
I. Insolvenzverfahren 1	II. Schifffahrtsrechtliche Verteilungsordnung/
II. Schifffahrtsrechtliche Verteilungsordnung .. 8	Eröffnungsverfahren 16
B. Regelungsgehalt 10	1. Vertretung des Schuldners (VV 3313) 16
I. Insolvenzordnung 10	2. Vertretung des Gläubigers (VV 3314) 18
1. Eröffnungsverfahren 10	C. Gegenstandswert 19
a) Vertretung des Schuldners (VV 3313) .. 10	D. Kostenerstattung 20
b) Vertretung des Gläubigers (VV 3314) .. 12	I. Insolvenzordnung 20
2. Schuldenbereinigungsplan 13	II. Schifffahrtsrechtliche Verteilungsordnung ... 23
a) Vertretung des Schuldners (VV 3315) .. 13	

A. Allgemeines

I. Insolvenzverfahren

Die Vorschriften betreffen die Tätigkeiten des Anwalts im **Insolvenzeröffnungsverfahren**, wobei zwischen der Tätigkeit für den Gläubiger sowie den Schuldner sowohl hinsichtlich der Höhe der Gebühren als auch bezüglich des Gegenstandswertes (§ 28) unterschieden wird. Sie deckt als **Pauschalgebühr** den gesamten Bereich anwaltlicher Tätigkeit im Insolvenzeröffnungsverfahren ab, einschließlich der Anordnung von Sicherungsmaßnahmen nach § 21 InsO. Das Insolvenzeröffnungsverfahren (§§ 13 ff. InsO) beginnt mit der Antragstellung und endet mit der Rücknahme des Antrags (§ 13 Abs. 2 InsO) oder einer gerichtlichen Entscheidung in Form der Zurückweisung des Antrags als unzulässig oder unbegründet, der Abweisung mangels Masse (§ 26 InsO) bzw. mit der Eröffnung des Verfahrens (§ 27 InsO).

Der Anwalt erhält für **mehrere Tätigkeiten** in diesem Verfahren die Gebühr der VV 3313 bzw. 3314 nur einmal; andererseits erwächst die Gebühr für den Anwalt selbst dann, wenn er nur eine **einzige Tätigkeit** innerhalb dieses Verfahrens ausübt.[1] Die Gebühr fällt an, wenn der Anwalt den Auftrag zur Vertretung im Insolvenzeröffnungsverfahren erhält und in Ausübung dieses Auftrages tätig wird. Das erste Tätigwerden wird dabei meist in der **Informationsaufnahme** liegen. Die Zustellung der gerichtlichen Entscheidung über den Eröffnungsantrag gehört noch zu dem von VV 3313, 3314 abgedeckten Bereich.

Hat der Rechtsanwalt den Auftrag zur Stellung des Insolvenzantrags erhalten, fordert er aber in Ausführung des Auftrags den Schuldner erst unter **Androhung der Antragstellung** zur Zahlung auf, so ist auch dies gebührenrechtlich bereits eine Tätigkeit im Insolvenzeröffnungsverfahren.[2]

Ist der Rechtsanwalt nicht mit der Vertretung im Insolvenzeröffnungsverfahren beauftragt, sondern wird nur sein **Rat** erbeten im Hinblick auf die Überlegung, ein solches Verfahren zu beantragen, kommt nur eine Ratsgebühr in Betracht. Für die Höhe der gemäß § 34 zu vereinbarenden Gebühr

---

[1] Gerold/Schmidt/*Mayer*, RVG, VV 3313–3323 Rn 30, 37; *Hartmann*, KostG, RVG VV 3313 Rn 3.

[2] Gerold/Schmidt/*Mayer*, RVG, VV 3313–3323 Rn 38; Hartung/Schons/Enders, RVG, VV 3313–3323 Rn 5.

kann ein Anhaltspunkt sein, dass diese Tätigkeit vor dem 1.7.2006 nach der seither aufgehobenen Vorschrift VV 2100 (a.F.) mit einem Gebührensatz von 0,5 als angemessen angesehen wurde.[3]

5 Die Gebühr fällt unabhängig davon an, ob der Rechtsanwalt bereits **außergerichtlich** für den Mandanten tätig war oder ihn auch im weiteren Verlauf des Verfahrens noch vertritt. Durch VV Vorb. 3 Abs. 4 ist klargestellt, dass eine wegen desselben Gegenstandes zuvor für die außergerichtliche Tätigkeit des Anwalts entstandene Geschäftsgebühr nach VV 2300 auf die VV 3313 bis 3316 zur Hälfte, jedoch höchstens mit einem Gebührensatz von 0,75 **anzurechnen**[4] ist. Andererseits wird die Gebühr nach VV 3313 bis 3316 **nicht** auf etwaige weitere nach dem Unterabschnitt 5 erwachsene Gebühren angerechnet.

6 Endet der Auftrag vorzeitig, weil z.B. der Schuldner vor der Antragstellung die Forderungen des Gläubigers ausgleicht, **ermäßigt** sich die Gebühr der VV 3313 bis 3316 **nicht** (vgl. § 15 Abs. 4).[5]

7 Die Höhe der Gebührensätze unterscheidet sich einerseits danach, ob der Rechtsanwalt den **Schuldner** (VV 3313) oder den **Gläubiger** (VV 3314) vertritt, und andererseits danach, ob er für diese Person auch im Verfahren über den Schuldenbereinigungsplan (VV 3315 bzw. 3316) tätig ist.

II. Schifffahrtsrechtliche Verteilungsordnung

8 § 81 BRAGO regelte die Vergütung der Anwälte, die in einem schifffahrtsrechtlichen Verteilungsverfahren nach der **SVertO** für einen Schuldner, Gläubiger oder daran beteiligten Dritten tätig wurden. Wegen der Ähnlichkeiten des Verfahrens mit dem Insolvenzverfahren wurde auf diesbezügliche bestimmte Vorschriften der BRAGO Bezug genommen und nur für besondere Verfahrenssituationen eigenständige Regelungen geschaffen. Daran hat sich im Ergebnis nichts geändert, nur ist die Verweisungstechnik eine andere: In VV Vorb. 3.3.5 werden die Gebührenvorschriften des Unterabschnitts 5 generell für das Verteilungsverfahren nach der SVertO für anwendbar erklärt, soweit sich in den jeweiligen Vorschriften eine entsprechende Anordnung findet.

9 **Keine Anwendung** findet Unterabschnitt 5, wenn der Anwalt als Sachwalter gemäß § 9 SVertO tätig wird; dieser erhält eine angemessene Vergütung sowie Aufwendungsersatz aus der Haftungsmasse (§ 9 Abs. 6 SVertO). Für die Tätigkeit über eine Beschwerde oder eine Erinnerung gemäß § 3 Abs. 2 bzw. § 12 Abs. 2 und 4 SVertO erhält der Rechtsanwalt Gebühren nicht nach VV Teil 3 Abschnitt 3 Unterabschnitt 5, sondern nach VV Teil 3 Abschnitt 5 (VV 3500 ff.).

B. Regelungsgehalt

I. Insolvenzordnung

1. Eröffnungsverfahren

a) Vertretung des Schuldners (VV 3313)

10 Für das Betreiben des gesamten Geschäftes im Rahmen des Insolvenzeröffnungsverfahrens erhält der für den Schuldner tätige Rechtsanwalt gemäß **VV 3313** eine 1,0-Verfahrensgebühr (**Pauschgebühr**). Die Höhe rechtfertigt sich durch eine intensivere Einarbeitung in die gesamten Vermögensverhältnisse des Schuldners,[6] als es bei der schlichten Antragstellung für den Gläubiger der Fall ist. Letztere ist eher mit der Tätigkeit in der Zwangsvollstreckung gleichzusetzen, wobei der Umstand, dass im Insolvenzantrag nicht nur die Forderung des Antragstellers, sondern auch der Insolvenzgrund glaubhaft zu machen sind, als Rechtfertigung für den im Vergleich zum Vollstreckungsverfahren (0,3) maßvoll höheren Gebührensatz von **0,5** angesehen wird.

---

3 *Vallender*, MDR 1999, 598, der eine Gebührenvereinbarung empfiehlt; *Hartmann*, KostG, RVG VV 3313–3316 Rn 4.

4 *Schmidt-Räntsch*, Insolvenzordnung mit Einführungsgesetz, 1995. Teil 3 Art. 31 Rn 2 unter Hinweis auf die Begründung in den entsprechenden BT-Drucks; Riedel/Sußbauer/*Keller*, RVG, Teil 3 Abschnitt 3 Rn 109, 122;

Mayer/Kroiß/Gierl, RVG, VV 3313–3323 Rn 6; *Hartmann*, KostG, RVG VV 3313 Rn 4; Gerold/Schmidt/*Mayer*, RVG, VV 3313–3323 Rn 41.

5 Gerold/Schmidt/*Mayer*, RVG, VV 3313–3323 Rn 38; *Hartmann*, KostG, RVG VV 3313–3316 Rn 4.

6 BT-Drucks 15/1971, S. 216 zu VV 3313, 3314.

Ohne Bedeutung für die Höhe des Gebührensatzes ist es, ob der Insolvenzantrag vom Schuldner, von einem Gläubiger oder einem gemäß §§ 15, 15a InsO Antragsberechtigten einer juristischen Person oder Gesellschaft ohne Rechtspersönlichkeit gestellt worden ist.

b) Vertretung des Gläubigers (VV 3314)

Auch der Rechtsanwalt des Gläubigers erhält für seine gesamte Tätigkeit im Insolvenzeröffnungsverfahren gemäß **VV 3314** eine **pauschale Verfahrensgebühr**, allerdings nur mit einem Gebührensatz von **0,5** (siehe Rdn 10).

2. Schuldenbereinigungsplan

a) Vertretung des Schuldners (VV 3315)

In **Verbraucherinsolvenzverfahren** (vgl. §§ 304 ff. InsO) muss der Schuldner mit seinem Antrag auf Eröffnung des Insolvenzverfahrens oder unverzüglich danach einen **Schuldenbereinigungsplan** vorlegen (vgl. § 305 Abs. 1 Nr. 4 InsO). Dieser wird den Gläubigern vom Gericht mit der Aufforderung zur Stellungnahme zugesandt. Werden Einwendungen gegen den Schuldenbereinigungsplan nicht erhoben oder wird die Zustimmung eines Gläubigers gemäß § 309 InsO ersetzt, gelten die Anträge auf Insolvenzeröffnung und Restschuldbefreiung als zurückgenommen (vgl. § 308 Abs. 2 InsO). Der Schuldenbereinigungsplan ist Vollstreckungstitel i.S.d. § 794 Abs. 1 Nr. 1 ZPO. Das Verfahren über den Insolvenzantrag ruht bis zur Entscheidung über den Schuldenbereinigungsplan (vgl. § 306 InsO) und wird im Falle des Scheiterns des Schuldenbereinigungsplans wieder aufgenommen (vgl. § 311 InsO).

Wird der Rechtsanwalt auch – also zusätzlich – in dem „Zwischenverfahren" über den Schuldenbereinigungsplan für den Schuldner tätig, **erhöht** sich gemäß **VV 3315** der Gebührensatz von 1,0 **auf 1,5**. Damit soll der erhebliche Arbeitsaufwand des Rechtsanwalts für die zusätzliche Tätigkeit ausgeglichen werden; dieser kann u.a. in der Erstellung des Plans, seiner Vorlage sowie dessen Änderung oder dem Antrag auf Ersetzung der Zustimmung eines Gläubigers bestehen. Die Verfahrensgebühr erfasst auch die weitere Tätigkeit im Verfahren über den Schuldenbereinigungsplan, die nach einer Anfechtung der Zustimmung zum Schuldenbereinigungsplan erfolgt, weil es sich um dieselbe Angelegenheit handelt. Denn zum Verfahren im gebührenrechtlichen Sinn des § 15 Abs. 2 S. 2 RVG zählt insbesondere ein Zwischenstreit (§ 19 Abs. 1 S. 2 Nr. 3 RVG). Wenn streitig wird, ob ein Verfahren beendet ist oder ob der das Verfahren beendende Tatbestand entfallen ist, und darüber das Ausgangsgericht eine Entscheidung trifft, geschieht dies „in dem betreffenden Verfahren".[7]

b) Vertretung des Gläubigers (VV 3316)

Wird der Rechtsanwalt des Gläubigers zusätzlich im Verfahren über den Schuldenbereinigungsplan tätig, beträgt die Verfahrensgebühr der VV 3314 gemäß **VV 3316 1,0**. Die Gebühr ist um 0,5 niedriger als die für den Rechtsanwalt des Schuldners, weil der Arbeitsaufwand für den Gläubigeranwalt in der Regel geringer ist. Als Tätigkeiten kommen u.a. in Betracht die Beratung des Gläubigers sowie die Stellungnahme zum Schuldenbereinigungsplan oder zur beabsichtigten Ersetzung der Zustimmung eines Gläubigers durch das Gericht (vgl. § 309 Abs. 2 InsO).

II. Schifffahrtsrechtliche Verteilungsordnung/Eröffnungsverfahren

1. Vertretung des Schuldners (VV 3313)

Für die Vertretung des antragstellenden oder eines sonstigen Schuldners im Verfahren über einen Antrag auf Eröffnung oder Erweiterung des Verteilungsverfahrens (§§ 4 bis 11, 16, 30, 34 Abs. 2

---

[7] LG Berlin RVGreport 2010, 19 = ZInsO 2009, 1172.

S. 1, 38 bis 40 SVertO) erhält der Anwalt für das gesamte Betreiben des Geschäfts nach der **Anm. zu VV 3313** eine **1,0-Verfahrensgebühr**.

17 Es handelt sich bei der Geschäftsgebühr um eine **Verfahrenspauschgebühr**, so dass es auf den Umfang der Tätigkeit des Anwalts nicht ankommt. Sie entsteht mit dem ersten Tätigwerden nach der Auftragserteilung und reduziert sich im Falle einer vorzeitigen Beendigung nicht (vgl. § 15 Abs. 4). Die Gebühr erwächst unabhängig von evtl. weiteren Gebühren (im Übrigen vgl. Rdn 10 f.).

2. Vertretung des Gläubigers (VV 3314)

18 Eine entsprechende Regelung in der BRAGO fehlte, weil § 81 Abs. 1 BRAGO nur auf den Absatz 1 von § 72 BRAGO Bezug nahm. Hintergrund war, dass in diesem Verfahrensstadium der schifffahrtsrechtlichen Verteilungsordnung eigentlich noch kein Gläubiger beteiligt ist. Ob der Gesetzgeber sich dessen bei der Schaffung der Anm. zu VV 3314 bewusst war, darf bezweifelt werden. Denn in der Gesetzesbegründung heißt es, durch die Anm. solle § 72 Abs. 1 S. 1 BRAGO übernommen werden; die Vertretung des Gläubigers war jedoch in § 72 Abs. 2 BRAGO geregelt. Die Vorschrift dürfte daher kaum praktisch relevant werden (im Übrigen vgl. Rdn 12).

C. Gegenstandswert

19 Siehe hierzu die ausführlichen Erläuterungen zu § 28 (Insolvenzordnung) bzw. § 29 (Schifffahrtsrechtliche Verteilungsordnung).

D. Kostenerstattung

I. Insolvenzordnung

20 Die Kosten eines **zurückgenommenen** oder **zurückgewiesenen Antrags** hat der Antragsteller gemäß §§ 91, 269 Abs. 3 ZPO i.V.m. § 4 InsO[8] zu tragen, so dass der Rechtsanwalt des Schuldners gemäß §§ 103 ff. ZPO, § 4 InsO Festsetzung dieser Kosten gegen den antragstellenden Gläubiger beantragen kann. Erklären Gläubiger und Schuldner den Antrag auf Insolvenzeröffnung übereinstimmend für erledigt, ist über die Kosten gemäß § 91a ZPO, § 4 InsO zu entscheiden, bei einseitiger **Erledigungserklärung** des Gläubigers gemäß § 91 ZPO, § 4 InsO.

21 Anders sieht es jedoch aus, wenn der **Antrag gemäß § 26 InsO mangels Masse zurückgewiesen** worden ist. Denn dann hat der Gläubiger „obsiegt", weil sein Vortrag der Zahlungsunfähigkeit und/oder der Überschuldung des Schuldners sich als richtig erwiesen hat. Eine Kostenbelastung des Gläubigers kommt in diesen Fällen nur dann in Betracht, wenn der Gläubiger behauptet hatte, die Masse reiche für eine Eröffnung aus.[9] Eine Zweitschuldnerhaftung des antragstellenden Gläubigers gemäß § 23 Abs. 1 S. 1 GKG kommt nur für die Verfahrensgebühr in Betracht, nicht auch für die Sachverständigenkosten, weil ein Fall des § 23 Abs. 1 S. 2 GKG vorliegt.[10]

22 Wird das Insolvenzverfahren **eröffnet**, kann der Gläubiger seine gemäß VV 3314 entstandenen Anwaltskosten als normale Insolvenzforderung anmelden. Ausgenommen davon sind die im Zusammenhang mit dem **Schuldenbereinigungsplan** entstandenen Kosten, weil diese nie vom Schuldner zu erstatten sind (vgl. § 310 InsO).

II. Schifffahrtsrechtliche Verteilungsordnung

23 Zur Frage der Kostenerstattung vgl. VV Vorb. 3.3.5 Rdn 18 ff.

---

8 Vgl. MüKo/*Ganter*, InsO, § 4 Rn 27 m.w.N.
9 OLG Celle Rpfleger 2000, 348 = ZInsO 2000, 223; LG Stuttgart ZIP 2004, 2395; AG Göttingen ZInsO 2009, 981 = ZVI 2009, 227; MüKo/*Ganter*, InsO, § 4 Rn 27;
Gerold/Schmidt/*Mayer*, RVG, VV 3313–3323 Rn 44; Mayer/Kroiß/*Gierl*, RVG, VV 3315 Rn 9.
10 AG Göttingen ZInsO 2009, 981 = ZVI 2009, 227.

Abschnitt 3. Gebühren für besondere Verfahren — VV 3317

Nr.	Gebührentatbestand	Gebühr oder Satz der Gebühr nach § 13 RVG
3317	Verfahrensgebühr für das Insolvenzverfahren .... Die Gebühr entsteht auch im Verteilungsverfahren nach der SVertO.	1,0

A. Allgemeines 1
I. Insolvenzverfahren 1
II. Schifffahrtsrechtliche Verteilungsordnung .. 6
B. Regelungsgehalt 8
I. Insolvenzverfahren 8
II. Schifffahrtsrechtliche Verteilungsordnung .. 9
C. Gegenstandswert 11
D. Kostenerstattung 12

A. Allgemeines

I. Insolvenzverfahren

Das **Insolvenzverfahren beginnt** mit dem Wirksamwerden des Eröffnungsbeschlusses, also mit 1
der Herausgabe aus dem internen Bereich des Gerichts. Es **endet** u.a. mit der Aufhebung des
Eröffnungsbeschlusses (vgl. § 34 InsO), der Einstellung des Verfahrens mangels Masse (vgl. § 207
InsO), wegen Wegfalls des Eröffnungsgrundes (vgl. § 212 InsO), mit Zustimmung aller Gläubiger
(vgl. § 213 InsO), durch Aufhebungsbeschluss nach Durchführung der Schlussverteilung (vgl. § 200
InsO) oder Bestätigung des Insolvenzplans (vgl. §§ 248 Abs. 1, 258 Abs. 1 InsO). Der Anwalt erhält
für alle von ihm im Rahmen des Insolvenzverfahrens ausgeübten Tätigkeiten gemäß VV 3317 eine
1,0-Verfahrenspauschgebühr.

Davon erfasst werden u.a.:
- Entgegennahme der Information und Beratung des Mandanten;
- Verhandlungen mit dem Insolvenzverwalter oder sonstigen Verfahrensbeteiligten;
- Wahrnehmung von Terminen einschließlich derer auf Abgabe der eidesstattlichen Versicherung durch den Schuldner[1] (vgl. §§ 98, 153 Abs. 2 InsO);
- Anmeldung[2] und Prüfung von Forderungen;
- Prüfung und Vorlage von Urteilen, durch die eine bestrittene Forderung festgestellt wird;
- Mitwirkung im Verteilungsverfahren einschließlich der Nachtragsverteilung.

Die Zwangsvollstreckung aus dem Tabellenauszug (vgl. § 201 Abs. 2 InsO) fällt hingegen nicht
unter VV 3317, sondern unter VV 3309.

Ohne Bedeutung für die Höhe der Gebühr ist es, ob der Anwalt den Gläubiger oder den Schuldner 2
vertritt, doch ist der Gegenstandswert insoweit unterschiedlich geregelt (vgl. § 28 Rdn 1, 14 f.,
21 f.). Dem Anwalt steht diese Gebühr auch dann zu, wenn er nur eine **einzelne Tätigkeit** im
Insolvenzverfahren ausübt, es sei denn, diese einzelne Tätigkeit besteht in der Anmeldung einer
Insolvenzforderung. Die **bloße Anmeldung einer Insolvenzforderung** ist in VV 3320 gesondert
geregelt.[3] Wird der Anwalt zusätzlich im Verfahren über einen Insolvenzplan tätig, erhält er dafür
eine gesonderte Gebühr (vgl. VV 3318).

Die Gebühr für die Vertretung im Insolvenzverfahren fällt **zusätzlich** an. Sie entsteht unabhängig 3
davon, ob der Anwalt daneben im Eröffnungsverfahren (vgl. VV 3313, 3314), im Verfahren über
einen Antrag auf Versagung oder Widerruf einer Restschuldbefreiung (vgl. VV 3321), im Verfahren
über einen Insolvenzplan (vgl. VV 3318) oder im Beschwerdeverfahren (vgl. VV 3500) tätig geworden ist bzw. noch wird. Eine **Anrechnung** findet wegen der Selbstständigkeit der jeweiligen Gebühren insoweit **nicht** statt. Dies bedeutet aber auch, dass zusätzlich zur Gebühr gemäß VV 3317 die
Gebühr nach VV 3313 bzw. VV 3314 nur dann verdient wird, wenn der Anwalt auch eine Tätigkeit
im Eröffnungsverfahren entfaltet hat.

War der Anwalt bereits **außergerichtlich** wegen desselben Gegenstandes tätig geworden, wird die 4
dafür erwachsene **Geschäftsgebühr** zur Hälfte, jedoch höchstens mit einem Gebührensatz von 0,75,

---

1 Riedel/Sußbauer/*Keller*, RVG, Teil 3 Abschnitt 3
  Rn 119; Gerold/Schmidt/*Mayer*, RVG, VV 3313–3323
  Rn 46; *Hartmann*, KostG, RVG VV 3317 Rn 6.
2 Soweit nicht hierauf beschränkt, vgl. VV 3320.

3 Danach erhält der Anwalt, soweit sich seine Tätigkeit
  nur auf die Anmeldung einer Insolvenzforderung beschränkt, eine 0,5-Verfahrensgebühr.

auf die Verfahrensgebühr des gerichtlichen Verfahrens **angerechnet**. Das ergibt sich aus VV Vorb. 3 Abs. 4, der als allgemeine Vorbemerkung des Teils 3 auch für VV Teil 3 Abschnitt 3 Unterabschnitt 5 Anwendung findet,[4] wobei eine Anrechnung sowohl auf die Verfahrensgebühren nach VV 3313, 3314 als auch auf VV 3317 allerdings ausscheidet.[5]

5 Wegen der von VV 3317 **nicht erfassten Tätigkeiten** vgl. VV Vorb. 3.3.5 Rdn 5.

II. Schifffahrtsrechtliche Verteilungsordnung

6 Die schifffahrtsrechtliche Verteilungsordnung (SVertO) gliedert sich in das seerechtliche sowie das binnenschifffahrtsrechtliche Verteilungsverfahren. Es beginnt mit dem Eröffnungsbeschluss (vgl. § 7 bzw. § 40 SVertO) und endet mit der Einstellung des Verfahrens (vgl. § 17 SVertO: wegen nicht rechtzeitiger Einzahlung der erhöhten Haftungssumme, Nichtleistung der Sicherheit bzw. Rücknahme des Eröffnungsantrags) sowie der Aufhebung des Verfahrens bzw. der Nachtragsverteilung (vgl. § 29 bzw. § 34 Abs. 2 SVertO).

7 Im Übrigen wird auf die vorstehenden Ausführungen zum Insolvenzverfahren verwiesen, die entsprechend gelten.

B. Regelungsgehalt

I. Insolvenzverfahren

8 Der Anwalt erhält für seine gesamte Tätigkeit im eröffneten Insolvenzverfahren eine **1,0-Verfahrenspauschgebühr**. Damit sind seine sämtlichen Tätigkeiten (siehe Rdn 1) in diesem Bereich abgegolten, unabhängig von dem tatsächlichen Arbeitsumfang, jedoch mit einer Ausnahme: Das Verfahren über einen Insolvenzplan gehört zwar zum Insolvenzverfahren, doch erhält der Anwalt für eine Tätigkeit in diesem Verfahren zusätzlich eine volle Gebühr (vgl. VV 3321 bzw. VV 3318).

II. Schifffahrtsrechtliche Verteilungsordnung

9 Für die Vertretung eines Schuldners oder eines Gläubigers im Verteilungsverfahren erhält der Anwalt gemäß der **Anm. zu VV 3317** eine **1,0-Verfahrenspauschgebühr**. Mit dieser wird die gesamte Tätigkeit im Verteilungsverfahren abgedeckt, von der Informationsaufnahme über die Anmeldung einer Forderung,[6] der Prüfung der Forderungen und des Widerspruchs gegen solche bis hin zur Verteilung einschließlich einer evtl. Nachtragsverteilung.

10 Die Gebühr wird nicht auf andere Gebühren des Unterabschnitts 5 angerechnet. Eine Ermäßigung im Falle einer vorzeitigen Beendigung scheidet aus (vgl. § 15 Abs. 4).[7] Vgl. im Übrigen die vorstehenden Erläuterungen zur Insolvenzordnung (siehe Rdn 8).

C. Gegenstandswert

11 Siehe hierzu die ausführlichen Erläuterungen zu § 28 (Insolvenzordnung) bzw. § 29 (Schifffahrtsrechtliche Verteilungsordnung).

---

[4] Mayer/Kroiß/*Gierl*, RVG, VV 3317 Rn 5; so auch zur BRAGO: *Enders*, JurBüro 1999, 113, 114.; a.A. *Vallender*, MDR 1999, 598, 600.

[5] Mayer/Kroiß/*Gierl*, RVG, VV 3317 Rn 5; *Hartung/Schons/Enders*, RVG, VV 3313 – 3323 Rn 23; Bischof/Jungbauer/Bräuer/*Bräuer*, RVG, VV 3317 Rn 7.

[6] Soweit sich die Tätigkeit auf die Anmeldung beschränkt, findet gemäß VV 3320 eine Reduzierung auf 0,5 statt.

[7] Mayer/Kroiß/*Gierl*, RVG, VV 3317 Rn 4; *Hartmann*, KostG, RVG VV 3317 Rn 7; *Hansens*, BRAGO, § 81a Rn 4.

D. Kostenerstattung

Zur Frage der Kostenerstattung vgl. VV Vorb. 3.3.5 Rdn 18 ff. bzw. 25 f.   12

Nr.	Gebührentatbestand	Gebühr oder Satz der Gebühr nach § 13 RVG
3318	Verfahrensgebühr für das Verfahren über einen Insolvenzplan ...	1,0
3319	Vertretung des Schuldners, der den Plan vorgelegt hat: Die Verfahrensgebühr 3318 beträgt	3,0

A. Allgemeines	1	C. Gegenstandswert	9
B. Regelungsgehalt	4	D. Kostenerstattung	10

A. Allgemeines

Die Vorschrift entspricht § 74 Abs. 1 S. 1 und 2 BRAGO mit der gravierenden Änderung, dass die Tätigkeit des Rechtsanwalts über einen Antrag auf Restschuldbefreiung nicht mehr gesondert vergütet wird. Der Grund liegt darin, dass über diesen Antrag kein isoliertes Verfahren stattfindet, sondern der Restschuldbefreiungsantrag bereits mit dem Insolvenzantrag oder unverzüglich danach gestellt wird (§ 287 Abs. 1 InsO) und während des gesamten Insolvenzverfahrens anhängig bleibt; eine Entscheidung darüber erfolgt in aller Regel erst unmittelbar vor der Aufhebung des Insolvenzverfahrens. Eine eigentliche anwaltliche Tätigkeit in Bezug auf den Restschuldbefreiungsantrag findet von daher ausschließlich in den Fällen statt, in denen die beantragte Restschuldbefreiung versagt oder eine bereits gewährte widerrufen werden soll. Für diese Fälle sieht VV 3321 eine eigenständige Gebühr vor; sie entspricht dem bisherigen § 74 Abs. 2 BRAGO.   1

Die Tätigkeit im Verfahren über einen Insolvenzplan ist zwar auch eine Tätigkeit im Insolvenzverfahren. Wegen des mit Tätigkeiten in diesen Insolvenzplanverfahren verbundenen vermehrten Arbeitsaufwandes und der erhöhten Verantwortung erhält der Anwalt dafür aber gemäß **VV 3318** eine zusätzliche Gebühr mit einem Gebührensatz von **1,0**. Weil diese Argumente aber in besonderem Maße für den Anwalt des Schuldners zutreffen, der den Insolvenzplan vorgelegt hat, ist der Gebührensatz für diesen Rechtsanwalt gemäß **VV 3319** auf **3,0** erhöht.   2

Die Gebühr nach VV 3318 deckt nur die Tätigkeit bis zur Aufhebung oder Einstellung des Insolvenzverfahrens ab. Wird während der „Wohlverhaltensphase"[1] ein Antrag auf Versagung oder Widerruf der Restschuldbefreiung gestellt, erhält der Anwalt nach VV 3321 für die Tätigkeit in diesem Verfahren zusätzlich eine Gebühr.   3

B. Regelungsgehalt

Aus wirtschaftlichen Gründen kann es sinnvoller sein, die Befriedigung der absonderungsberechtigten Gläubiger und der Insolvenzgläubiger, die Verwertung der Insolvenzmasse und deren Verteilung an die Beteiligten sowie die Haftung des Schuldners nach der Beendigung des Insolvenzverfahrens abweichend von den Vorschriften der Insolvenzordnung zu regeln. Dies wird z.B. der Fall sein, wenn das Unternehmen in veränderter Form fortgeführt oder übernommen werden soll. Eine solche Regelung kann durch einen Insolvenzplan erfolgen (vgl. §§ 217 ff. InsO). Ein Insolvenzplan kann nur vom Schuldner oder vom Insolvenzverwalter – ggf. im Auftrag der Gläubigerversammlung –   4

---

1 Die Wohlverhaltensphase beträgt gem. § 287 Abs. 2 S. 1 InsO a.F. fünf Jahre für Schuldner, die bereits vor dem 1.1.1997 zahlungsunfähig waren (Art. 107 EGInsO), ansonsten sieben Jahre nach Aufhebung des Insolvenzverfahrens, soweit das Insolvenzverfahren vor dem 1.12.2001 eröffnet worden ist (Art. 103a EGInsO). Für alle seit dem 1.12.2001 eröffneten Insolvenzverfahren beträgt sie sechs Jahre nach der Eröffnung, § 287 Abs. 2 InsO.

VV 3320   Teil 3. Zivilsachen, öff.-rechtl. Verfahren, Verfahren nach StVollzG

vorgelegt werden. Einzelheiten zur Aufstellung, Annahme und Bestätigung, Wirkung der Bestätigung sowie Überwachung der Planerfüllung finden sich in den Vorschriften der §§ 217 bis 269 InsO.

5   Der Anwalt erhält gemäß **VV 3318** für seine Tätigkeit im Verfahren über den Insolvenzplan eine **1,0-Verfahrensgebühr**. Diese Gebühr ist eine **Pauschgebühr** und gilt daher das gesamte Verfahren ab, einschließlich der Überwachung der Planerfüllung.[2] Zwar liegt diese Überwachung zeitlich nach der Aufhebung des Insolvenzverfahrens. Sie steht aber zum einen in einem engen rechtlichen, zeitlichen und wirtschaftlichen Zusammenhang mit dem Insolvenzplan, zum anderen bleiben gemäß § 259 Abs. 2 InsO die Vorschriften über die Überwachung der Planerfüllung von der Aufhebung unberührt. Dementsprechend bestehen insoweit auch die Ämter des Insolvenzverwalters und des Gläubigerausschusses weiter fort (vgl. § 261 InsO).[3]

6   Als Verfahrenspauschgebühr erwächst die Gebühr in voller Höhe, unabhängig vom **Umfang der Tätigkeit** des Anwalts und von der Person des Auftraggebers (Gläubiger, Schuldner, Insolvenzverwalter, sonstiger Verfahrensbeteiligter). Diese Gebühr entsteht **zusätzlich** zu etwaigen sonstigen Gebühren des Unterabschnitts 5 (vgl. VV 3313 bis 3321). Sie kann auch schon vor Eröffnung des Insolvenzverfahrens anfallen, weil die Vorlage gemäß § 218 Abs. 1 InsO schon mit dem Antrag des Schuldners auf Eröffnung des Insolvenzverfahrens verbunden werden kann.

7   Hat der **Schuldner** allein oder zusätzlich zum Insolvenzverwalter einen **Plan vorgelegt** und **vertritt der Anwalt diesen Schuldner** in dem Verfahren, erhält er gemäß **VV 3319** die Verfahrensgebühr mit dem erhöhten Gebührensatz von **3,0**. Dafür ist es nicht erforderlich, dass der Rechtsanwalt den Plan selbst ausgearbeitet hat. Es genügt daher z.B., dass der Schuldner selbst den Plan bereits vorgelegt hatte und der Anwalt erst beauftragt wurde, als der Erörterungs- und Abstimmungstermin über den Plan anstand.[4]

8   Ist der Anwalt allerdings von vornherein vom Schuldner **nur mit der Erstellung eines Insolvenzplanes** beauftragt worden und beschränkt sich seine Tätigkeit darauf, finden VV 3318, 3319 keine Anwendung, weil es an einer Vertretung im Verfahren fehlt. Eine solche Tätigkeit fällt unter VV 2300.[5]

C. Gegenstandswert

9   Zum Gegenstandswert vgl. § 28 Rdn 14 ff., 21 ff.

D. Kostenerstattung

10   Zum Problem der Kostenerstattung vgl. VV Vorb. 3.3.5 Rdn 18 ff.

Nr.	Gebührentatbestand	Gebühr oder Satz der Gebühr nach § 13 RVG
3320	Die Tätigkeit beschränkt sich auf die Anmeldung einer Insolvenzforderung: Die Verfahrensgebühr 3317 beträgt .... <small>Die Gebühr entsteht auch im Verteilungsverfahren nach der SVertO.</small>	0,5

---

2 *Enders*, JurBüro 1999, 113, 116; Gerold/Schmidt/*Mayer*, RVG, VV 3313–3323 Rn 53; *Hartmann*, KostG, RVG VV 3318, 3319 Rn 3; Mayer/Kroiß/*Gierl*, RVG, VV 3318 Rn 4; *Hartung/Schons/Enders*, RVG, VV 3313–3323 Rn 27; a.A. Riedel/Sußbauer/*Keller*, RVG, Teil 3 Abschnitt 3 Rn 125.

3 Das übersehen Riedel/Sußbauer/*Keller*, RVG, Teil 3 Abschnitt 3 Rn 125.

4 *Enders*, JurBüro 1999, 113, 117; Riedel/Sußbauer/*Keller*, RVG, Teil 3 Abschnitt 3 Rn 100; *Hartmann*, KostG, RVG VV 3318, 3319 Rn 6.

5 Mayer/Kroiß/*Gierl*, RVG, VV 3318 Rn 4; *Hartmann*, KostG, RVG VV 3318, 3319 Rn 6; *Enders*, JurBüro 1999, 113, 117.

A. Allgemeines	1	II. Schifffahrtsrechtliche Verteilungsordnung	6
B. Regelungsgehalt	5	C. Gegenstandswert	7
I. Insolvenzverfahren	5	D. Kostenerstattung	8

A. Allgemeines

Die Vorschrift enthält eine Sonderregelung[1] gegenüber VV 3317, der die Tätigkeit des Rechtsanwalts im gesamten Insolvenzverfahren abdeckt. Sie stellt daher keinen eigenen Gebührentatbestand dar, sondern ist vielmehr ein Ermäßigungstatbestand zu VV 3317. Aus Gründen der Kostendämpfung soll der Rechtsanwalt, dessen Tätigkeitsbereich auf die Anmeldung einer Insolvenzforderung zur Tabelle beschränkt ist (**Einzeltätigkeit**), eine geringere Gebühr als die nach VV 3317 erhalten, nämlich statt einer zu einem Gebührensatz von 1,0 eine solche mit einem Gebührensatz von 0,5. **Abgegolten** wird auch die mit der Forderungsanmeldung verbundene Informationsbeschaffung und **Beratung**.[2]

Die **Anmeldung** einer Insolvenzforderung ist in den §§ 28 Abs. 1, 174 ff. InsO geregelt. Zur Anmeldung gehört auch die **Einreichung eines Urteils, durch das die bestrittene Forderung festgestellt worden** ist (§ 183 Abs. 2 InsO). Hatte der Rechtsanwalt zunächst nur die Forderung angemeldet, wurde sie vom Insolvenzverwalter bestritten, hat der Gläubiger sodann Klage auf Feststellung der Forderung zur Tabelle erhoben (§§ 179 bis 181 InsO) sowie ein obsiegendes Urteil erstritten und legt nunmehr derselbe Rechtsanwalt das Urteil vor mit dem Antrag der Berichtigung der Tabelle (§ 183 Abs. 2 InsO), erhält dieser Rechtsanwalt die Gebühr nach VV 3320 nicht doppelt, sondern nur einmal.[3] Denn der Antrag zur Berichtigung der Tabelle ist die Fortsetzung der ursprünglichen Anmeldung und daher gebührenrechtlich dieselbe Angelegenheit. Soweit der Rechtsanwalt den Gläubiger in dem Feststellungsprozess vertreten hat, kann er dafür Gebühren nach VV 3100 ff. in Ansatz bringen, weil dies eine besondere Angelegenheit ist.

VV 3320 findet daher nur auf denjenigen Rechtsanwalt Anwendung, der **allein** mit dem Entwurf einer Anmeldung und/oder deren Anmeldung beauftragt ist. Ist der Rechtsanwalt – früher oder später – über den Entwurf bzw. die Anmeldung der Forderung hinaus in dem Insolvenzverfahren auftragsgemäß tätig, erhält er dafür insgesamt eine Gebühr gemäß VV 3317, weil diese die Einzeltätigkeit nach VV 3320 mitumfasst. Der Rechtsanwalt kann daher wegen derselben Forderung nie die Gebühr nach VV 3317 und zusätzlich die gemäß VV 3320 verlangen.[4] Beschränkt sich die Tätigkeit des Rechtsanwalts nur auf einen **Rat** hinsichtlich einer solchen Anmeldung, kommt lediglich die Beratungsgebühr gemäß § 34 zur Anwendung.

Neben der Gebühr nach VV 3320 kann der Anwalt jedoch zusätzlich die Gebühr gemäß VV 3314 geltend machen, wenn er neben der Einzeltätigkeit der Forderungsanmeldung den Mandanten auch im Verfahren auf Eröffnung des Insolvenzverfahrens vertreten hat.

B. Regelungsgehalt

I. Insolvenzverfahren

Unter den vorstehend genannten Voraussetzungen (siehe Rdn 1 bis 3) erhält der Rechtsanwalt für den Entwurf einer Forderungsanmeldung und/oder die Anmeldung der Forderung im Insolvenzverfahren eine **0,5-Verfahrensgebühr**. Die Erhöhung gegenüber § 75 BRAGO a.F. (3/10) erklärt sich daraus, dass die Anmeldung einer Insolvenzforderung eine vorherige Prüfung der Unterlagen des Gläubigers notwendig macht, ob und in welcher Höhe die Forderung besteht.[5]

---

1 BGH Rpfleger 2015, 490 = ZInsO 2015, 1031 = MDR 2015, 857 = NZI 2015, 730 = NJW-RR 2015, 1003 = JurBüro 2015, 494 = WM 2015, 1024 = ZIP 2015, 1034: „Unterfall von VV 3317".
2 BeckOK RVG 3320.
3 *Enders*, JurBüro 1999, 169, 170; Gerold/Schmidt/*Mayer*, RVG, VV 3313–3323 Rn 55; Riedel/Sußbauer/*Keller*, RVG, Teil 3 Abschnitt 3 Rn 124; Mayer/Kroiß/*Gierl*, RVG, VV 3320 Rn 4; Bischof/Jungbauer/Bräuer/*Bräuer*, RVG, VV 3320 Rn 4; *Hartmann*, KostG, RVG VV 3320 Rn 4; a.A. Hartung/Schons/*Enders*, RVG, VV 3313–3323 Rn 33.
4 Gerold/Schmidt/*Mayer*, RVG, VV 3313–3323 Rn 56; Mayer/Kroiß/*Gierl*, RVG, VV 3320 Rn 4.
5 BT-Drucks 15/1971, S. 217 zu VV 3320.

II. Schifffahrtsrechtliche Verteilungsordnung

6 Aufgrund der **Anm. zu VV 3320** gilt die Vorschrift für das Verteilungsverfahren nach der SVertO entsprechend. Es kann daher auf die vorstehenden Erläuterungen zum Insolvenzverfahren Bezug genommen werden.

C. Gegenstandswert

7 Zum Gegenstandswert vgl. § 28 Rdn 10 ff., § 29 Rdn 2 ff.

D. Kostenerstattung

8 Zur Frage der Kostenerstattung vgl. VV Vorb. 3.3.5 Rdn 25 f.

Nr.	Gebührentatbestand	Gebühr oder Satz der Gebühr nach § 13 RVG
3321	Verfahrensgebühr für das Verfahren über einen Antrag auf Versagung oder Widerruf der Restschuldbefreiung .... (1) Das Verfahren über mehrere gleichzeitig anhängige Anträge ist eine Angelegenheit. (2) Die Gebühr entsteht auch gesondert, wenn der Antrag bereits vor Aufhebung des Insolvenzverfahrens gestellt wird.	0,5

A. Allgemeines 1
B. Regelungsgehalt 3
I. Antrag auf Versagung oder Widerruf der Restschuldbefreiung 3
II. Mehrere gleichzeitig anhängige Anträge ... 4
C. Gegenstandswert 6
D. Kostenerstattung 7

A. Allgemeines

1 Mit den Verfahrensgebühren nach VV 3317, 3318 ist nur die Tätigkeit des Rechtsanwalts bis zur Aufhebung oder Einstellung des Insolvenzverfahrens abgegolten. In der bis zur Entscheidung über die Restschuldbefreiung anhaltenden Wohlverhaltensphase kann ein Antrag auf Versagung der Restschuldbefreiung (§ 296 InsO) gestellt werden, wenn einer der Versagungsgründe der §§ 296, 297, 297a, 298 InsO vorliegt. Bis zu einem Jahr nach der Rechtskraft der Entscheidung kann auch ein Antrag auf Widerruf einer schon erteilten Restschuldbefreiung (§ 303 InsO) gestellt werden. Dem Anwalt, der in diesem Zusammenhang mit der Vertretung eines Beteiligten (Gläubiger, Schuldner, Treuhänder) beauftragt wird, steht für seine gesamten Tätigkeiten in einem solchen Verfahren eine **0,5-Verfahrensgebühr** gemäß **VV 3321** zu. Es handelt sich um eine **Pauschgebühr**, so dass es weder auf den Umfang der Tätigkeit noch auf die Person des Auftraggebers ankommt. Durch die Gebühr werden daher sämtliche Tätigkeiten, einschließlich der Prüfung der Erfolgsaussichten eines Rechtsmittels gegen die Entscheidung des Insolvenzgerichts, abgegolten.[1]

2 Bei den bis zum 30.11.2001 eröffneten Verfahren begann die Wohlverhaltensphase erst mit der rechtskräftigen Aufhebung bzw. Einstellung des Insolvenzverfahrens, so dass ein die Gebühr nach VV 3321 auslösender Antrag erst nach diesem Zeitpunkt gestellt werden konnte.[2] Nach § 287 Abs. 2 S. 1 InsO n.F. beginnt die Wohlverhaltensphase für Verfahren ab dem 1.12.2001 hingegen bereits mit der Eröffnung des Insolvenzverfahrens. In **Anm. Abs. 2** ist dementsprechend eine ausdrückliche Regelung getroffen worden, dass der **Antrag bereits vor der Aufhebung des Insolvenzverfahrens gestellt werden kann**.

---

1 Mayer/Kroiß/*Gierl*, RVG, VV 3321 Rn 4.   2 Vgl. *Enders*, JurBüro 1999, 169, 170.

Anträge auf Versagung der Restschuldbefreiung **nach Erlass, aber vor Rechtskraft** des Beschlusses sind als sofortige Beschwerde gegen den Beschluss auszulegen und lösen die Gebühren nach VV 3500, 3513 aus.

B. Regelungsgehalt

I. Antrag auf Versagung oder Widerruf der Restschuldbefreiung

Aus dem Umstand einer gesonderten Gebührenregelung ergibt sich, dass es sich bei **VV 3321** um eine **besondere Angelegenheit** handelt. Der Anwalt des Gläubigers, Schuldners oder eines anderen am Restschuldbefreiungsverfahren Beteiligten (z.B. des Treuhänders) erhält die Gebühr also auch dann, wenn er bereits einen anderen Gebührentatbestand des Unterabschnitts 5 verwirklicht hat, z.B. bereits durch seine Tätigkeit die Verfahrensgebühr nach VV 3317 verdient hat.[3] Eine Anrechnung auf andere Gebühren nach VV 3313 ff. findet nicht statt. Der Umfang der Tätigkeit ist für die Höhe des Gebührensatzes von **0,5** nicht ausschlaggebend.

II. Mehrere gleichzeitig anhängige Anträge

Haben mehrere Gläubiger gleichzeitig einen Antrag auf Versagung bzw. Widerruf der Restschuldbefreiung gestellt, so erhält der Rechtsanwalt die Gebühr nach VV 3321 nur einmal, auch wenn er unterschiedlich zu den jeweiligen Anträgen Stellung nimmt. Insoweit kommt es nach dem Gesetzeswortlaut nicht darauf an, ob er den Schuldner oder einen Gläubiger vertritt. Das ergibt sich aus **Anm. Abs. 1**, wonach das Verfahren über mehrere gleichzeitig anhängige Anträge eine Angelegenheit darstellt. Dadurch soll berücksichtigt werden, dass insoweit eine einheitliche Entscheidung ergehen wird. Allerdings sind die unterschiedlichen Werte zu **addieren** (§ 22 Abs. 1). Diese Ansicht, auch im Hinblick auf den klaren Gesetzeswortlaut, ist allerdings fraglich. Denn auch wenn unterschiedliche Insolvenzgläubiger – gleichzeitig – jeweils einen eigenständigen Antrag auf Versagung bzw. Widerruf der Restschuldbefreiung stellen, haben diese Gläubiger nichts miteinander zu tun. Vielmehr verfolgt jeder Insolvenzgläubiger sein eigenes Interesse und der Ausgang des Verfahrens über seinen Versagungsantrag hängt auch nicht vom Ausgang des Verfahrens über einen Versagungsantrag eines anderen Gläubigers ab. Der Antrag eines Gläubigers kann nämlich mangels Glaubhaftmachung bereits unzulässig sein, während ein anderer Antrag zulässig, aber unbegründet sein kann. Wiederum ist es möglich, dass ein Antrag zulässig und begründet ist. Nach der amtlichen Begründung[4] wurde lediglich auf die Regelung nach § 74 Abs. 2 S. 1 BRAGO a.F. verwiesen. Dort war geregelt, dass der Rechtsanwalt im Verfahren auf Versagung bzw. Widerruf der Restschuldbefreiung (§§ 296, 297, 300, 303 InsO a.F.) **nach Verfahrensaufhebung** die Hälfte der vollen Gebühr erhält. Das Verfahren stellte ebenso eine besondere Angelegenheit dar und das Verfahren über mehrere, gleichzeitig anhängige Anträge war eine gebührenrechtliche Angelegenheit. Im Gegensatz zu einem Versagungsantrag nach § 290 InsO konnte (und kann) ein Gläubiger nach § 296 Abs. 1 S. 2 InsO beliebig viele Versagungsanträge stellen. Über mehrere Anträge **eines** Gläubigers ergeht dann zweckmäßigerweise eine einheitliche Entscheidung. Es besteht allerdings kein nachvollziehbarer Grund, weshalb der Rechtsanwalt beliebig viele gleichzeitige Versagungsanträge unterschiedlicher Gläubiger zu einem Honorar in Höhe einer 0,5-Verfahrensgebühr bearbeiten sollte.

Stellt hingegen zunächst Gläubiger A einen Antrag auf Versagung der Restschuldbefreiung, der zurückgewiesen wird, und stellt danach Gläubiger B einen solchen Antrag oder erst später nach Erteilung der Restschuldbefreiung einen Antrag auf Widerruf, so erhält der Rechtsanwalt die Verfahrensgebühr nach VV 3321 jeweils **gesondert**, weil nach Anm. Abs. 1 nur **gleichzeitig anhängige Anträge** eine einzige Angelegenheit darstellen, dieses ausschlaggebende Tatbestandsmerkmal in diesen Fällen jedoch nicht erfüllt ist.[5]

---

3 Mayer/Kroiß/*Gierl*, RVG, VV 3321 Rn 5; *Hartung*/Schons/Enders, RVG, VV 3313–3323 Rn 37.

4 BT-Drucks 14/8818, 24, 73 zu VV 3315.

5 Mayer/Kroiß/*Gierl*, RVG, VV 3321 Rn 6.

C. Gegenstandswert

6 Zum Gegenstandswert vgl. § 28 Rdn 10 ff.

D. Kostenerstattung

7 Zur Frage der Kostenerstattung vgl. VV Vorb. 3.3.5 Rdn 18 ff.

Nr.	Gebührentatbestand	Gebühr oder Satz der Gebühr nach § 13 RVG
3322	Verfahrensgebühr für das Verfahren über Anträge auf Zulassung der Zwangsvollstreckung nach § 17 Abs. 4 SVertO	0,5

A. Allgemeines 1   C. Gegenstandswert 3
B. Regelungsgehalt 2   D. Kostenerstattung 4

A. Allgemeines

1 Das Verteilungsgericht kann das Verteilungsverfahren u.a. einstellen, wenn nach der Eröffnung der Mehrbetrag der Haftungssumme nicht innerhalb der gesetzten Frist eingezahlt oder die unzureichend gewordene Sicherheit nicht fristgemäß ergänzt oder geleistet wird (§§ 17 Abs. 1, 34 Abs. 2 S. 1 SVertO). Bereits vor der Einstellung kann es die gemäß § 8 Abs. 4 SVertO eigentlich unzulässige Zwangsvollstreckung wegen eines angemeldeten Anspruchs insoweit zulassen, wie dies zur Vollziehung eines Arrestes statthaft ist, wenn begründeter Anlass für die Annahme besteht, dass der Schuldner nicht innerhalb der bestimmten Frist den Mehrbetrag der Haftungssumme einzahlen oder die Sicherheit ergänzen oder leisten wird.

B. Regelungsgehalt

2 Vertritt der Rechtsanwalt in einem solchen Verfahren gemäß § 17 Abs. 4 SVertO auf Zulassung der Zwangsvollstreckung einen Gläubiger oder den Schuldner, erhält er nach **VV 3322** eine **0,5-Verfahrensgebühr**. Die Gebühr entsteht ggf. zusätzlich zu sonstigen erwachsenen Gebühren nach VV 3313 ff., weil eine besondere Angelegenheit vorliegt (§ 18 Abs. 1 Nr. 19); eine Anrechnung findet nicht statt. Mit der Verfahrensgebühr ist die gesamte Tätigkeit des Rechtsanwalts in einem solchen Verfahren abgegolten (**Pauschgebühr**), selbst wenn es ausnahmsweise zu einer mündlichen Verhandlung kommen sollte. Die Gebühr **fällt an**, wenn der Anwalt im Zusammenhang mit der Stellung des Antrags tätig wird. Dies ist beim Anwalt des **Gläubigers** dann der Fall, wenn er in Ausführung des erteilten Auftrags zur Antragstellung i.S.d. § 17 Abs. 4 SVertO tätig wird, beim Anwalt des **Schuldners**, wenn er im Rahmen des Auftrags, den Antrag abzuwehren, tätig wird.[1]

Daneben können noch Gebühren nach VV 3313, 3314, 3317, 3320 und 3323 anfallen, sofern die jeweiligen Tatbestände greifen. Ist die anwaltliche Tätigkeit auf die Stellung des Antrags i.S.d. § 17 Abs. 4 SVertO beschränkt, so erhält der Anwalt nur diese Gebühr. Bei erneuter Antragstellung nach Ablehnung eines Antrags nach § 17 Abs. 4 SVertO fällt keine neue Gebühr an.[2]

---

[1] Mayer/Kroiß/*Gierl*, RVG, VV 3321 Rn 5.
[2] Hartung/Schons/*Enders*/Hartung, Nr. 3313–3323 VV Rn 41; Mayer/Kroiß/*Gierl*, RVG, VV 3321 Rn 6.

C. Gegenstandswert

Zum Gegenstandswert vgl. § 29 Rdn 4.   3

D. Kostenerstattung

Zur Frage der Kostenerstattung vgl. VV Vorb. 3.3.5 Rdn 25 f.   4

Nr.	Gebührentatbestand	Gebühr oder Satz der Gebühr nach § 13 RVG
3323	Verfahrensgebühr für das Verfahren über Anträge auf Aufhebung von Vollstreckungsmaßregeln (§ 8 Abs. 5 und § 41 SVertO)	0,5

A. Allgemeines .... 1 C. Gegenstandswert 3
B. Regelungsgehalt .... 2 D. Kostenerstattung 4

A. Allgemeines

Die Eröffnung des schifffahrtsrechtlichen Verteilungsverfahrens nach der SVertO hat zur Folge, dass eine Zwangsvollstreckung bis zur Aufhebung oder Einstellung des Verfahrens grundsätzlich unzulässig ist. Wird dennoch vollstreckt, kann die Unzulässigkeit im Wege der Klage bei dem Prozessgericht des ersten Rechtszuges geltend gemacht werden. Dieses kann auf entsprechenden Antrag die Zwangsvollstreckung ohne oder gegen Sicherheitsleistung einstweilen einstellen, in dringenden Fällen kann dies auch das Vollstreckungsgericht. Die Regelung der §§ 8 Abs. 4, 41 SVertO entspricht insoweit dem § 769 ZPO. Ist die Zwangsvollstreckung dementsprechend einstweilen eingestellt worden, kann auf Antrag des Schuldners zusätzlich angeordnet werden, dass Vollstreckungsmaßregeln gegen Sicherheitsleistung aufgehoben werden (§§ 8 Abs. 5, 41 SVertO).   1

B. Regelungsgehalt

Nur für seine Tätigkeit in dem Verfahren auf Aufhebung von Vollstreckungsmaßregeln gemäß §§ 8 Abs. 5, 41 SVertO, nicht jedoch für das vorangegangene Verfahren auf Einstellung gemäß § 8 Abs. 4 SVertO, erhält der Rechtsanwalt nach **VV 3323** eine **0,5-Verfahrensgebühr**.[1] Es handelt sich auch hier um eine **Verfahrenspauschgebühr**, so dass es weder auf den Umfang der Tätigkeit ankommt noch auf die Person des Auftraggebers. Auch eine etwaige Vertretung in einer mündlichen Verhandlung ist damit abgedeckt. Die Gebühr entsteht ggf. zusätzlich zu sonstigen erwachsenen Gebühren nach VV 3313 ff., weil eine **besondere Angelegenheit** vorliegt (§ 18 Abs. 1 Nr. 20); eine Anrechnung findet nicht statt.   2

Die Gebühr entsteht, wenn der Anwalt im Zusammenhang mit der Stellung des Antrags tätig wird:
– beim **Anwalt des Schuldners**, wenn er in Ausführung des erteilten Auftrags zur Antragsstellung i.S.d. § 8 Abs. 5 SVertO,
– beim **Anwalt des Gläubigers**, wenn er im Rahmen des Auftrags, den Antrag abzuwehren, tätig wird.[2]

Daneben können noch die Gebühren nach VV 3313, 3314, 3317, 3320, 3322 anfallen, sofern der Rechtsanwalt in den jeweiligen Verfahren auch tätig wird. Ist seine Tätigkeit auf die Stellung des

---

1 Mayer/Kroiß/*Gierl*, RVG, VV 3321 Rn 1.   2 Mayer/Kroiß/*Gierl*, RVG, VV 3321 Rn 4.

Antrags i.S.d. § 8 Abs. 5 SVertO beschränkt, so erhält der Anwalt nur diese Gebühr. Bei erneuter Antragsstellung nach Ablehnung eines Antrags nach § 8 Abs. 5 SVertO fällt keine neue Gebühr an.[3]

C. Gegenstandswert

3 Zum Gegenstandswert vgl. § 29 Rdn 4.

D. Kostenerstattung

4 Zur Frage der Kostenerstattung vgl. VV Vorb. 3.3.5 Rdn 25 f.

Unterabschnitt 6. Sonstige besondere Verfahren

Nr.	Gebührentatbestand	Gebühr oder Satz der Gebühr nach § 13 RVG
	Vorbemerkung 3.3.6: Die Terminsgebühr bestimmt sich nach Abschnitt 1, soweit in diesem Unterabschnitt nichts anderes bestimmt ist. Im Verfahren über die Prozesskostenhilfe bestimmt sich die Terminsgebühr nach den für dasjenige Verfahren geltenden Vorschriften, für das die Prozesskostenhilfe beantragt wird.	

A. Überblick 1	III. Terminsgebühr nach VV 3332 4
B. Gesondert geregelte Verfahren (S. 1) 2	IV. Terminsgebühr nach VV 3331 5
I. Überblick 2	C. Fehlende Reglungen (S. 1) 7
II. Ausschluss der Terminsgebühr nach Anm. S. 2 zu VV 3333 3	D. Verfahren auf Prozess- und Verfahrenskostenhilfe (S. 2) 10

A. Überblick

1 VV Vorb. 3.3.6 regelt, welche Terminsgebühr in den in VV Teil 3 Abschnitt 3, Unterabschnitt 6 geregelten Verfahren gilt.
- Danach gilt als Regel, dass sich die Terminsgebühr nach Abschnitt 1, also nach VV 3104 oder VV 3106 richtet.
- Als Ausnahme hierzu gilt zum einen die Terminsgebühr der VV 3332 für die dort genannten Verfahren.
- Eine weitere Ausnahme findet sich in VV 3331, die für die Verfahren nach VV 3330 gilt (Gehörsrüge).
- Schließlich findet sich in Anm. S. 2 zu VV 3333 noch eine Ausnahme, die in den dortigen Verfahren eine Terminsgebühr gänzlich ausschließt.
- Unabhängig von der vorstehenden Regel und Ausnahme gilt in Verfahren über die Prozess- oder Verfahrenskostenhilfe die Terminsgebühr des Verfahrens, für das Prozess- oder Verfahrenskostenhilfe beantragt wird (S. 2)

---

[3] Mayer/Kroiß/*Gierl*, RVG, VV 3321 Rn 5.

Im Einzelnen gilt Folgendes:

Übersicht

VV-Nr.	Verfahren	Terminsgebühr richtet sich nach
3324	Aufgebotsverfahren	VV 3332
3325	Verfahren nach § 148 Abs. 1 und 2, §§ 246a, 319 Abs. 6 AktG, auch i.V.m. § 327e Abs. 2 AktG, oder nach § 16 Abs. 3 UmwG	VV 3332
3326	Verfahren vor den Gerichten für Arbeitssachen, wenn sich die Tätigkeit auf eine gerichtliche Entscheidung über die Bestimmung einer Frist (§ 102 Abs. 3 ArbGG), die Ablehnung eines Schiedsrichters (§ 103 Abs. 3 ArbGG) oder die Vornahme einer Beweisaufnahme oder einer Vereidigung (§ 106 Abs. 2 ArbGG) beschränkt	VV 3332
3327	Gerichtliche Verfahren über die Bestellung eines Schiedsrichters oder Ersatzschiedsrichters, über die Ablehnung eines Schiedsrichters oder über die Beendigung des Schiedsrichteramts, zur Unterstützung bei der Beweisaufnahme oder bei der Vornahme sonstiger richterlicher Handlungen anlässlich eines schiedsrichterlichen Verfahrens	VV 3332
3328	Verfahren über die vorläufige Einstellung, Beschränkung oder Aufhebung der Zwangsvollstreckung oder die einstweilige Einstellung oder Beschränkung der Vollstreckung und die Anordnung, dass Vollstreckungsmaßnahmen aufzuheben sind	VV 3332
3329	Verfahren auf Vollstreckbarerklärung der durch Rechtsmittelanträge nicht angefochtenen Teile eines Urteils (§§ 537, 558 ZPO)	VV 3332
3330	Verfahren über eine Rüge wegen Verletzung des Anspruchs auf rechtliches Gehör	VV 3331
3333	Verteilungsverfahren außerhalb der Zwangsversteigerung und der Zwangsverwaltung	keine Terminsgebühr möglich (Anm. S. 2 zu VV 3333)
3334	Verfahren vor dem Prozessgericht oder dem AG auf Bewilligung, Verlängerung oder Verkürzung einer Räumungsfrist (§§ 721, 794 a ZPO), wenn das Verfahren mit dem Verfahren über die Hauptsache nicht verbunden ist	VV 3104 (S. 1)
3335	Verfahren über die Prozess- oder Verfahrenskostenhilfe	die Terminsgebühr des Verfahrens, für das Prozess- oder Verfahrenskostenhilfe beantragt wird (S. 2)
3338	Tätigkeit als Vertreter des Anmelders eines Anspruchs zum Musterverfahren (§ 10 Abs. 2 KapMuG)	VV 3104 (S. 1)

B. Gesondert geregelte Verfahren (S. 1)

I. Überblick

Gemäß S. 1 entsteht die Terminsgebühr nach VV Teil 3 Abschnitt 1, soweit in diesem Unterabschnitt nichts anderes bestimmt ist. Eine solche **anderweitige Bestimmung** enthalten VV 3332 und Anm. S. 2 zu VV 3333.

II. Ausschluss der Terminsgebühr nach Anm. S. 2 zu VV 3333

3 In den Verfahren nach VV 3333, also in Verteilungsverfahren außerhalb der Zwangsversteigerung und der Zwangsverwaltung, ist eine Terminsgebühr nicht möglich (Anm. S. 2 zu VV 3333). Daher findet hier weder VV 3332 noch VV 3104 Anwendung.

III. Terminsgebühr nach VV 3332

4 In den Fällen der VV 3324 bis 3329 entsteht die 0,5-Terminsgebühr nach VV 3332. Es handelt sich um folgende Verfahren:
- **VV 3324:** Aufgebotsverfahren (siehe VV 3324 Rdn 9),
- **VV 3325:** Verfahren nach § 148 Abs. 1 und 2, §§ 246a, 319 Abs. 6 AktG, auch i.V.m. § 327e Abs. 2 AktG, oder nach § 16 Abs. 3 UmwG (siehe VV 3325 Rdn 1 ff.),
- **VV 3326:** Verfahren vor den Gerichten für Arbeitssachen, wenn sich die Tätigkeit auf eine gerichtliche Entscheidung über die Bestimmung einer Frist (§ 102 Abs. 3 ArbGG), die Ablehnung eines Schiedsrichters (§ 103 Abs. 3 ArbGG) oder die Vornahme einer Beweisaufnahme oder einer Vereidigung (§ 106 Abs. 2 ArbGG) beschränkt (siehe VV 3326 Rdn 10),
- **VV 3327:** Gerichtliche Verfahren über die Vollstreckbarerklärung von Schiedssprüchen und Anwaltsvergleichen, wenn sich die Tätigkeit auf die Bestellung eines Schiedsrichters oder Ersatzschiedsrichters, auf die Ablehnung eines Schiedsrichters oder auf die Beendigung des Schiedsrichteramts, auf die Unterstützung bei der Beweisaufnahme oder auf die Vornahme sonstiger richterlicher Handlungen beschränkt (siehe VV 3327 Rdn 11 ff.),
- **VV 3328:** Verfahren über die vorläufige Einstellung, Beschränkung oder Aufhebung der Zwangsvollstreckung oder die einstweilige Einstellung oder Beschränkung der Vollstreckung und die Anordnung, dass Vollstreckungsmaßnahmen aufzuheben sind, wenn eine abgesonderte mündliche Verhandlung hierüber stattfindet (Anm. zu VV 3328) (siehe VV 3328 Rdn 14),
- **VV 3329:** Verfahren auf Vollstreckbarerklärung der durch Rechtsmittelanträge nicht angefochtenen Teile eines Urteils nach §§ 537, 558 ZPO (siehe VV 3329 Rdn 21),

IV. Terminsgebühr nach VV 3331

5 In den Verfahren über eine Rüge wegen Verletzung des Anspruchs auf rechtliches Gehör (VV 3330) entsteht die Terminsgebühr nach VV 3331.

6 Hier entsteht die Terminsgebühr in Höhe der Terminsgebühr der Hauptsache, allerdings begrenzt auf 0,5 bzw. bei Rahmengebühren auf 220 EUR. Damit wird sichergestellt, dass die Terminsgebühr im Verfahren der Gehörsrüge nicht höher ausfallen kann als in dem Verfahren, in dem die Rüge erhoben wird. Nach früherem Recht wäre dies möglich gewesen, soweit man nicht auch hier § 15 Abs. 6 RVG angewendet hatte.

C. Fehlende Reglungen (S. 1)

7 Soweit in den übrigen Verfahren des Unterabschnitts 6 mit Ausnahme von VV 3338, also nach den VV 3334 bis 3335, eine Terminsgebühr entsteht, richtet diese sich gemäß S. 1 unmittelbar nach Abschnitt 1, also nach VV 3104 bzw. nach VV 3106. VV 3332 greift in diesen Fällen nicht, so dass damit eine anderweitige Regelung i.S.d. S. 1 fehlt. Es handelt sich um folgende Verfahren:
- **VV 3334:** Verfahren vor dem Prozessgericht oder dem Amtsgericht auf Bewilligung, Verlängerung oder Verkürzung einer Räumungsfrist (§§ 721, 794a ZPO), wenn das Verfahren mit dem Verfahren über die Hauptsache nicht verbunden ist (siehe VV 3334 Rdn 15).
- **VV 3335:** Verfahren über die Prozess- oder Verfahrenskostenhilfe (siehe VV 3335 Rdn 10).
- **VV 3338:** Tätigkeit als Vertreter des Anmelders eines Anspruchs zum Musterverfahren nach § 10 Abs. 2 KapMuG (siehe VV 3338 Rdn 1 ff.).

8 Die Terminsgebühr nach VV 3104 bzw. VV 3106 entsteht unter den Voraussetzungen der **VV Vorb. 3 Abs. 3**. Sie kann daher auch für die Mitwirkung an auf die Vermeidung oder Erledigung eines Verfahrens gerichteten Besprechungen auch ohne Beteiligung des Gerichts anfallen (VV Vorb. 3 Abs. 3 S. 3 Nr. 2).

Anzuwenden sind auch die in Anm. Abs. 1 zu VV 3104 und Anm. Abs. 1 zu VV 3106 geregelten Fälle, wobei solche Verfahrenskonstellationen in den Verfahren nach VV 3333 ff. kaum vorkommen werden.

D. Verfahren auf Prozess- und Verfahrenskostenhilfe (S. 2)

Eine besondere Regelung ist in S. 2 für die Terminsgebühr in einem Verfahren über die Prozesskostenhilfe vorgesehen. Dies gilt auch für Verfahren über Verfahrenskostenhilfe (§ 12).

Die Entstehung einer Terminsgebühr im Prozess- oder Verfahrenskostenhilfeverfahren ergibt sich auch hier aus VV Vorb. 3 Abs. 3. Die Gebühr richtet sich gemäß S. 2 nach der Terminsgebühr für das zugrunde liegende Verfahren. Diese Regelung ist durch das 2. KostRMoG eingefügt worden. Zu Einzelheiten siehe VV 3335 Rdn 10 f.

Nach der bisherigen Fassung (ohne S. 2) bestimmte sich die Terminsgebühr im Verfahren über die Prozesskostenhilfe – wie auch für die in den VV 3333 bis 3336 a.F. genannten Verfahren – gemäß VV Vorb. 3.3.6 a.F. nach VV Teil 3 Abschnitt 1. Diese Regelung war in Verfahren der Prozess- und Verfahrenskostenhilfe systemwidrig und führte zu ungerechten Ergebnissen.

> **Beispiel:** Der Kläger hat einen Unterlassungstitel (Wert: 10.000 EUR) erstritten. Nachdem der Beklagte hiergegen verstoßen hat, begehrt der Kläger im Wege der Zwangsvollstreckung die Verhängung eines Ordnungsgeldes und beantragt, ihm für dieses Verfahren Prozesskostenhilfe zu bewilligen. Das Gericht beraumt einen Termin im Prozesskostenhilfeprüfungsverfahren an und weist hiernach den Antrag zurück. Die Verfahrensgebühr entstand nach bisherigem Recht gemäß VV 3335 i.V.m. VV 3309 lediglich in Höhe von 0,3, da hier schon immer auf die Gebührenhöhe in der Hauptsache abgestellt wurde. Für die Terminsgebühr fehlte dagegen eine entsprechende Begrenzungsregelung. Nach dem Wortlaut der VV Vorb. 3.3.6 a.F. i.V.m. VV 3104 wäre daher die Terminsgebühr in Höhe von 1,2 entstanden, obwohl in der Hauptsache nur eine 0,3-Terminsgebühr nach VV 3310 anfallen konnte. Nach den alten Gebührenbeträgen des § 13 RVG a.F. ergab dies daher folgende Berechnung.
> 1. 0,3-Verfahrensgebühr, VV 3335, 3309
>   (Wert: 10.000 EUR)   167,40 EUR
> 2. 1,2-Terminsgebühr, VV 3104
>   (Wert: 10.000 EUR)   669,60 EUR
> 3. Postentgeltpauschale, VV 7002   20,00 EUR
>   Zwischensumme   857,00 EUR
> 4. 19 % Umsatzsteuer, VV 7008   162,83 EUR
>   **Gesamt**   **1.019,83 EUR**

Insoweit wurde bereits vertreten, dass entweder die Begrenzung der VV 3335 analog anzuwenden sei oder dass § 15 Abs. 6 entsprechend angewandt werde, wonach der Anwalt für Einzeltätigkeiten keine höhere Vergütung verlangen kann als der Anwalt, der mit der Sache insgesamt befasst ist. Da das Verfahren über die Prozesskostenhilfe mit zum Rechtszug gehört (§ 16 Nr. 2, 3) konnte folglich danach keine höhere Gebühr als 0,3 entstehen.

Um diesen Widerspruch zu beseitigen, ist durch den neuen S. 2 angeordnet worden, dass sich die Terminsgebühr im Bewilligungsverfahren nach der im zugrunde liegenden Verfahren geltenden Terminsgebühr richtet.

> **Beispiel:** Abzurechnen ist daher (nach den neuen Beträgen des § 13) wie folgt:
> 1. 0,3-Verfahrensgebühr, VV 3335, 3309
>   (Wert: 10.000 EUR)   167,40 EUR
> 2. 0,3-Terminsgebühr, VV 3310
>   (Wert: 10.000 EUR)   167,40 EUR
> 3. Postentgeltpauschale, VV 7002   20,00 EUR
>   Zwischensumme   354,80 EUR
> 4. 19 % Umsatzsteuer, VV 7008   67,41 EUR
>   **Gesamt**   **422,21 EUR**

Auch umgekehrt konnte die bisherige Regelung zu systemwidrigen Ungerechtigkeiten führen, nämlich dann, wenn für das zugrunde liegende Verfahren eine höhere Terminsgebühr vorgesehen war, was in der Praxis allerdings fast ausgeschlossen war (theoretisch möglich im Revisionsverfahren).

VV 3324 — Teil 3. Zivilsachen, öff.-rechtl. Verfahren, Verfahren nach StVollzG

17 Anzuwenden sind alle Terminsgebühren nach VV Teil 3, also nicht nur wie bisher nach VV Teil 3 Abschnitt 1, sondern nach der Neufassung auch die Terminsgebühren eines Rechtsmittel- und Rechtsmittelzulassungsverfahrens), eines Vollstreckungsverfahrens (VV 3310) oder eines sonstigen besonderen Verfahrens. Soweit gemäß § 3 Abs. 1 S. 1 nach Betragsrahmen abzurechnen ist, gilt die Terminsgebühr nach Betragsrahmen.

18 Es bleibt allerdings dabei, dass das Verfahren über die Prozess- bzw. Verfahrenskostenhilfe und das anschließende Hauptsacheverfahren ein und dieselbe Angelegenheit darstellen (§ 17 Nr. 2), sodass die Terminsgebühr nur einmal anfallen kann.

19 **Beispiel:** Der Kläger hat Prozesskostenhilfe für eine Klage in Höhe von 10.000 EUR beantragt. Das LG beraumt einen Termin im Prozesskostenhilfeprüfungsverfahren an. Für diesen Termin beauftragt der Beklagte einen Anwalt, der am Termin teilnimmt. Das LG bewilligt die Prozesskostenhilfe. Daraufhin wird die Klage eingereicht und darüber mündlich verhandelt.

Für das Prozesskostenhilfeverfahren hat der Anwalt eine 1,0-Verfahrensgebühr sowie eine 1,2-Terminsgebühr verdient.

1. 1,0-Verfahrensgebühr, VV 3335
   (Wert: 10.000 EUR) 558,00 EUR
2. 1,2-Terminsgebühr, VV 3104
   (Wert: 10.000 EUR) 669,60 EUR
3. Postentgeltpauschale, VV 7002 20,00 EUR
   Zwischensumme 1.247,60 EUR
4. 19 % Umsatzsteuer, VV 7008 237,04 EUR
   Gesamt **1.484,64 EUR**

Im nachfolgenden Verfahren erhöht sich die Verfahrensgebühr auf 1,3. Eine neue Terminsgebühr entsteht nicht. Der Anwalt des Beklagten erhält also noch weitere Gebühren:

1. 1,3-Verfahrensgebühr, VV 3335, 3100
   (Wert: 10.000 EUR) 725,40 EUR
2. 1,2-Terminsgebühr, VV 3104
   (Wert: 10.000 EUR) 669,60 EUR
3. Postentgeltpauschale, VV 7002 20,00 EUR
4. ./. bereits abgerechnet – 1.247,60 EUR
   Zwischensumme 167,40 EUR
5. 19 % Umsatzsteuer, VV 7008 31,81 UR
   Gesamt **199,21 EUR**

20 Eine **besondere Regelung** ist für die Terminsgebühr im **Prozesskostenhilfeverfahren** vorgesehen. Die Entstehung einer Terminsgebühr im Prozesskostenhilfeverfahren ergibt sich aus VV Vorb. 3.3.6. S. 2. Sie ist der Höhe nach **begrenzt auf die Terminsgebühr für das zugrunde liegende Verfahren**. Die Begrenzung ist durch das 2. KostRMoG eingefügt worden. Findet z.B. ein Termin im Prozesskostenhilfeverfahren für eine beabsichtigte Klage in einer Zivilsache statt, entsteht die Terminsgebühr nach VV Vorb. 3.3.6 S. 2 i.V.m. VV 3104 mit einem Satz von 1,2.

Nr.	Gebührentatbestand	Gebühr oder Satz der Gebühr nach § 13 RVG
3324	Verfahrensgebühr für das Aufgebotsverfahren	1,0

```
A. Allgemeines ........................... 1           bb) Wahrnehmung von außergericht-
B. Regelungsgehalt ....................... 2               lichen Terminen und Besprechun-
   I. Aufgebotsverfahren .................. 2               gen ........................... 13
  II. Gebühren ........................... 7            (1) Wahrnehmung eines von einem
     1. Verfahrensgebühr, VV 3324 ........ 7                gerichtlich bestellten Sachver-
     2. Terminsgebühr, VV 3332 ........... 9                ständigen anberaumten Ter-
        a) Allgemeines ................... 9                mins ........................... 13
        b) Fallkonstellationen nach VV Vorb. 3            (2) Mitwirkung an Besprechungen,
           Abs. 3 ........................ 12               die auf die Vermeidung oder
           aa) Wahrnehmung von gerichtlichen               Erledigung des Verfahrens ge-
               Terminen .................. 12              richtet sind ................... 14
                                                    c) Verfahren nach § 495a ZPO ........ 15
                                                    3. Weitere Gebühren ................. 16
```

2404 *Mock*

a) Anfechtungsklage 16	IV. Verbindung mehrerer Aufgebotsverfahren 20
b) Beschwerde 17	V. Gegenstandswert 21
c) Einigungsgebühr, VV 1003 bzw. VV 1000 18	VI. Kostenerstattung 22
III. Mehrere Antragsteller 19	

A. Allgemeines

Im Aufgebotsverfahren erhält der Rechtsanwalt, der den Antragsteller oder eine andere Person, welche Rechte anmeldet oder das Recht eines anderen bestreitet nach **VV 3324** insgesamt eine **Verfahrensgebühr** mit einem Gebührensatz von **1,0** und gegebenenfalls eine **Terminsgebühr** von **0,5** (**VV 3332**).   1

B. Regelungsgehalt

I. Aufgebotsverfahren

Aufgebotssachen sind Verfahren, in denen das **Gericht** öffentlich zur Anmeldung von Ansprüchen oder Rechten auffordert, mit der Wirkung, dass die Unterlassung der Anmeldung einen Rechtsnachteil zur Folge hat; sie finden nur in den durch Gesetz bestimmten Fällen statt (§ 433 FamFG). Durch das Gesetz zur Reform des Verfahrens in Familiensachen und in den Angelegenheiten der freiwilligen Gerichtsbarkeit (FGG-RG) wurde das Verfahren aus der ZPO (6. Buch) mit Wirkung zum 1.9.2009 herausgenommen und in das FamFG übertragen. Dort ist das Aufgebotsverfahren in den §§ 433 bis 484 FamFG geregelt.   2

Es ist fraglich, ob unter diese Regelung lediglich die Aufgebotsverfahren des FamFG fallen oder ob sämtliche Aufgebotsverfahren hiervon ergriffen werden.

Während § 45 Abs. 1 BRAGO a.F. enumerativ die Verfahren nach §§ 946 bis 965, 959, 977 bis 1024 ZPO aufzählte, fehlt nach VV 3324 ein solcher Katalog.

Im Einzelnen werden folgende **FamFG-Verfahren** erfasst: 3
– Ausschließung des Grundeigentümers (§ 927 BGB, §§ 442 bis 446 FamFG)
– Ausschließung eines Grundpfandgläubigers oder eines anderen dinglich Berechtigten (§§ 887, 1104, 1112, 1170 f. BGB, §§ 447 bis 453 FamFG)
– Ausschließung eines Nachlass-, Gesamtgut- oder Schiffsgläubigers (§ 1970, 1489, BGB, § 110 BinnSchiffG, §§ 454 bis 464 FamFG)
– Aufgebot der Schiffsgläubiger (§ 465 FamFG)
– Kraftloserklärung einer Urkunde (§§ 466 bis 484 FamFG).

Aufgebotsverfahren, die **landesrechtlich geregelt** werden (vgl. §§ 490, 491 FamFG), soweit sie nicht auf obige Vorschriften des FamFG verweisen, sowie solche auf private Aufforderung waren von § 45 BRAGO nicht umfasst. Da allerdings eine Aufzählung bzgl. der Verfahren in VV 3324 nicht mehr vorhanden ist, ergibt sich schlussfolgernd, dass auch solche Verfahren nach dieser Regelung zu vergüten sind. Gegensätzliche Anhaltspunkte hierzu lassen sich auch nicht der Gesetzesbegründung entnehmen.   4

In jedem Fall werden auch solche Verfahren, bei denen die **Regelungen des Gesetzes über die Angelegenheiten der freiwilligen Gerichtsbarkeit** gelten, nach der Vorschrift erfasst. Dies wäre z.B.:   5
– Aufgebot im Falle der Kraftloserklärung eines Erbscheins nach § 2361 BGB
– Aufgebot zur Beseitigung einer Doppelbuchung nach §§ 10 ff. AusfVO GBO
– Aufgebot von Nachlassgläubigern nach § 2061 BGB.

In diesen Fällen gilt daher auch die Regelung VV 3324.

6 Von VV 3324 **nicht erfasst** werden Aufgebotsverfahren, welche **nicht** vor einem **Gericht** stattfinden, ebenso nicht in **Beschwerdeverfahren**.[1] Hier erhält der Rechtsanwalt seine Vergütung gemäß VV 2300, 3500, 3513. Darunter zählen z.B.:[2]
- Aufgebote von Postsparbüchern (§ 18 Postsparkassenordnung) sowie von Sparkassenbüchern, wenn diese durch die Sparkassen selbst erfolgen,
- Kraftloserklärung von Aktien (§ 73 AktG)
- Kraftloserklärungen ohne Aufgebot (§§ 176, 1507, 2361, 2368 BGB; §§ 64, 226 AktG) sowie Aufgebote, die keine Rechtsnachteile nach sich ziehen (z.B. §§ 1965, 2358 BGB).

II. Gebühren

1. Verfahrensgebühr, VV 3324

7 Der Rechtsanwalt des Antragstellers sowie des Antragsgegners erhält nach VV Vorb. 3 Abs. 2 für das Betreiben des Geschäfts einschließlich der Information eine **1,0-Verfahrensgebühr**. Sie **entsteht** mit der ersten Tätigkeit, wie z.B. der Entgegennahme der Informationen nach der Auftragserteilung.

Als **Pauschgebühr** deckt sie die Tätigkeit im gesamten Verfahren ab, so z.B. den Antrag auf Erlass des Aufgebots sowie den Antrag auf Anordnung der Zahlungssperre (vgl. § 480 FamFG).

Tätigkeiten nach Ende des Aufgebotsverfahrens, also nach Erlass eines Ausschließungs- bzw. eines Zurückweisungsbeschlusses, werden hingegen durch die Gebühr nicht mehr abgegolten. Tätigkeiten zum Zwecke der Ausstellung einer neuen Urkunde sind nach VV 2300 bzw. gemäß VV 3101 Anm. 3 besonders zu vergüten.[3]

8 Im Gegensatz zum früheren Recht, bei dem eine Anwendbarkeit des § 32 Abs. 1 BRAGO ausschied, weil zusätzlich eine gesonderte Gebühr für den Antrag auf Stellung des Aufgebots anfiel (vgl. § 45 Abs. 1 Nr. 2 BRAGO), kann sich die Verfahrensgebühr gemäß VV 3337 im Falle einer **vorzeitigen Beendigung** auf einen Gebührensatz von **0,5 reduzieren**. Diesbezüglich wird auf die Kommentierung in VV 3337 verwiesen.

2. Terminsgebühr, VV 3332

a) Allgemeines

9 Der Rechtsanwalt erhält für die Wahrnehmung des Aufgebotstermins (vgl. § 32 Abs. 1 S. 1 FamFG) eine weitere **0,5-Terminsgebühr** nach **VV 3332**. Das Entstehen – nicht die Höhe – der Terminsgebühr bestimmt sich nach VV Teil 3 Abschnitt 1, soweit sich aus dem 3. Abschnitt nichts anderes ergibt (vgl. VV Vorb. 3.3.6). Die Terminsgebühr entsteht nach VV Vorb. 3 Abs. 3 sowohl für die Wahrnehmung von gerichtlichen Terminen als auch für die Wahrnehmung von außergerichtlichen Terminen und Besprechungen, wenn nichts anderes bestimmt ist. Sie entsteht jedoch nicht für die Wahrnehmung eines gerichtlichen Termins nur zur Verkündung einer Entscheidung. Die Gebühr für außergerichtliche Termine und Besprechungen entsteht für
1. die Wahrnehmung eines von einem gerichtlich bestellten Sachverständigen anberaumten Termins und
2. die Mitwirkung an Besprechungen, die auf die Vermeidung oder Erledigung des Verfahrens gerichtet sind; dies gilt nicht für Besprechungen mit dem Auftraggeber.

Im Einzelnen wird auf die Kommentierung zu VV Vorb. 3 Abs. 3 verwiesen.

10 Nach dem Willen des Gesetzgebers kommt es nicht darauf an, ob in dem Termin Anträge gestellt werden oder ob die Sache erörtert wird. Vielmehr genügt es für das Entstehen der Gebühr, dass der Rechtsanwalt auftragsgemäß einen **Termin wahrnimmt**.

---

1 Gerold/Schmidt/*Müller-Rabe*, RVG, VV 3324 Rn 4, 6.
2 Mayer/Kroiß/*Gierl*, RVG, RVG, VV 3321 Rn 4 m.w.N.
3 Mayer/Kroiß/*Gierl*, RVG, RVG, VV 3321 Rn 6; Gerold/Schmidt/*Müller-Rabe*, RVG, VV 3324 Rn 14–15;

Hartmann, VV 3324 Rn 4; Riedel/Sußbauer/*Keller*, RVG, VV Teil 3 Abschnitt 3 Rn 133; vgl. auch Rdn 17.

Stellt der Rechtsanwalt **schriftlich** den Antrag auf Erlass eines Ausschließungsbeschlusses, nach §§ 439, 478 FamFG **im Termin** (vgl. § 32 Abs. 1 FamFG), entsteht die Gebühr. Denn allein die Wahrnehmung des gerichtlichen Termins in Vertretung des Auftraggebers löst die Gebühr aus. Sie entsteht nicht, wenn der Antrag lediglich schriftlich ohne Terminswahrnehmung erfolgt. 11

b) Fallkonstellationen nach VV Vorb. 3 Abs. 3

aa) Wahrnehmung von gerichtlichen Terminen. Diese Alternative betrifft den Fall, dass der Anwalt in einem gerichtlich anberaumten Termin erscheint. Es ist dabei unerheblich, ob der Rechtsanwalt den Antrag auf Erlass eines Ausschließungsbeschlusses erst in der mündlichen Verhandlung stellt (vgl. § 32 Abs. 1 FamFG und §§ 439, 478 FamFG). Allein die Tatsache der auftragsgemäßen Terminswahrnehmung ist für das Entstehen der Terminsgebühr ausreichend. Die Gebühr entsteht jedoch nicht für die Wahrnehmung eines gerichtlichen Termins nur zur Verkündung einer Entscheidung. 12

bb) Wahrnehmung von außergerichtlichen Terminen und Besprechungen. (1) Wahrnehmung eines von einem gerichtlich bestellten Sachverständigen anberaumten Termins. Obwohl auch im Aufgebotsverfahren die ZPO-Regelungen[4] anzuwenden sind und daher auch Beweis erhoben werden kann, dürfte dieser Fall eher theoretischer Natur sein. Dass ein Sachverständiger durch das Gericht in einem Aufgebotsverfahren auftritt, ist daher unwahrscheinlich. Obwohl das Aufgebotsverfahren im FamFG geregelt ist und nach ZPO-Regeln Beweis erhoben werden kann, kann es dennoch dem Amtsermittlungsgrundsatz unterliegen, so z.B. bei: 13
– der Kraftloserklärung eines Erbscheins (§ 2361 BGB),
– der Kraftloserklärung eines Testamentvollstreckerzeugnisses (§ 2368 Abs. 3 BGB),
– einem Aufgebotsverfahren zum Zwecke der Todeserklärung (§ 13 VerschG),
– der Aufforderung zur Anmeldung eines Erbrechts (§ 1965 BGB),
– einem Aufgebot des Grundpfandrechtsbriefs wegen kriegsbedingter Zerstörung (§ 26 GBMaßnG).

In all diesen Fällen ist das Gericht gemäß § 26 FamFG von Amts wegen berechtigt, notfalls Sachverständige hinzuzuziehen. Der Rechtsanwalt, der in einem durch einen solchen Sachverständigen anberaumten Termin auftritt, verdient dadurch eine Terminsgebühr.

(2) Mitwirkung an Besprechungen, die auf die Vermeidung oder Erledigung des Verfahrens gerichtet sind. Diese Alternative ist praktisch dann gegeben, wenn das Gericht einen Termin zur mündlichen Verhandlung anberaumt hat und der Rechtsanwalt des Antragstellers sich außergerichtlich mit der Gegenseite in Verbindung setzt und persönliche bzw. telefonische Besprechungen vornimmt. Aber auch in dem Fall, in dem der Auftrag, ein solches Verfahren einzuleiten, erteilt wurde und der Rechtsanwalt mit der Gegenseite – falls bekannt – telefonisch Besprechungen vornimmt, entsteht die Terminsgebühr. 14

c) Verfahren nach § 495a ZPO

Die Terminsgebühr kann auch im **Verfahren nach § 495a ZPO (Verfahren nach billigem Ermessen)** entstehen. Denn aufgrund der VV Vorb. 3.3.6 ist Teil 3 Abschnitt 1, somit auch VV 3104, anzuwenden. Diese Vorschrift regelt ebenfalls das **Entstehen** der Terminsgebühr, allerdings i.H.v. 1,2. Jedoch gilt hinsichtlich der Höhe VV 3332 als lex specialis, so dass die Gebühr auch im Verfahren nach § 495a ZPO lediglich i.H.v. 0,5 entsteht. Voraussetzung für eine Anwendbarkeit des § 495a ZPO ist lediglich, dass der Streitwert 600 EUR nicht überschreitet. Das Gesetz sieht keine Beschränkung auf vermögensrechtliche Klagen, Anträge oder auf das Erkenntnisverfahren vor.[5] Zudem ist für solche Verfahren wie auch für das Aufgebotsverfahren das Amtsgericht zuständig (§ 23a Abs. 2 Nr. 7 GVG). 15

---

4 Vgl. § 30 Abs. 1 FamFG.   5 Zöller/*Geimer*, § 495a Rn 4 m.w.N.

3. Weitere Gebühren

a) Anfechtungsklage

16 Das Aufgebotsverfahren findet seine Beendigung mit Erlass des Ausschließungsbeschlusses (vgl. § 439 Abs. 1 FamFG). Wird Anfechtungsklage (vgl. § 439 Abs. 4 FamFG) gegen den Ausschließungsbeschluss erhoben, gehört diese nicht mehr zum Aufgebotsverfahren und wird besonders nach VV 3100 ff. vergütet.

b) Beschwerde

17 Wird der Antrag auf Erlass eines Ausschließungsbeschlusses zurückgewiesen, endet das Aufgebotsverfahren mit einem Zurückweisungsbeschluss. Gegen diesen Beschluss sowie gegen Beschränkungen und Vorbehalte, die dem Ausschließungsbeschluss beigefügt sind, findet die Beschwerde statt (§ 439 FamFG). Das Beschwerdeverfahren ist eine besondere Gebühreninstanz; es entstehen die Gebühren nach **VV 3500, 3513** und nicht die Gebühren nach VV Vorb. 3.2.1 (Berufungsinstanz), weil das Aufgebotsverfahren keine Familiensache i.S.d. § 111 FamFG darstellt und daher VV Vorb. 3.2.1 Nr. 2 keine Anwendung findet.

c) Einigungsgebühr, VV 1003 bzw. VV 1000

18 Zusätzlich zu den Gebühren des Aufgebotsverfahrens kann für die Mitwirkung beim Abschluss einer Einigung zwischen dem Antragsteller und der anderen Person für den Rechtsanwalt die **Einigungsgebühr** erwachsen: bei anhängigen Aufgebotsverfahren eine 1,0-Gebühr nach VV 1003, sonst eine 1,5-Gebühr nach VV 1000 bei nicht anhängigen Verfahren.

III. Mehrere Antragsteller

19 Werden mehrere Antragsteller von einem Rechtsanwalt vertreten, so erhöht sich die 1,0-Verfahrensgebühr gemäß VV 3324 bzw. 0,5-Verfahrensgebühr gemäß VV 3337 für jeden weiteren Auftraggeber um **0,3** (vgl. VV 1008), wenn der Gegenstand identisch ist. Ist der Gegenstand nicht identisch, so sind die Werte gemäß § 22 Abs. 1 zu addieren. Mehrere Erhöhungen dürfen den Satz von 2,0 jedoch nicht übersteigen. Dabei kommt es nicht darauf an, ob die Aufträge nacheinander oder gleichzeitig erteilt worden sind.

IV. Verbindung mehrerer Aufgebotsverfahren

20 Bei Verbindung mehrerer Aufgebotsverfahren, die das Gericht auch gemäß § 147 ZPO anordnen kann, behält der Rechtsanwalt seine vor der Verbindung entstandenen Gebühren. Nach der Verbindung liegt jedoch nur noch ein Verfahren vor. Die jetzt entstehenden Gebühren erwachsen dann aus den zusammengerechneten Streitwerten, wenn die Anträge der einzelnen Auftraggeber verschiedene Gegenstände betreffen.

V. Gegenstandswert

21 Der Wert des Aufgebotsverfahrens wird von dem Gericht nach freiem Ermessen festgesetzt (§ 3 ZPO). Er richtet sich regelmäßig nach dem Interesse des Antragstellers, das sich nicht mit dem Wert des auszuschließenden Rechts decken muss.[6]

Der Streitwert für die Bemessung der Gerichtsgebühr im Aufgebotsverfahren zur **Kraftloserklärung eines Grundschuldbriefes** ist mit **10 bis 20 Prozent des Nennbetrages der verbrieften Forderung** anzusetzen, wenn nicht der Wert des Grundstücks noch niedriger ist. Der Wert hat sich hierbei am

---

[6] LG Hildesheim NJW 1964, 1232.

Besitzinteresse zu orientieren.[7] Der Streitwert für eine Klage auf Löschung einer Hypothek, deren besicherte Forderung bereits erfüllt ist, richtet sich nicht nach dem Nennbetrag der Hypothek, sondern beschränkt sich auf 20 % desselben.[8]

VI. Kostenerstattung

Im Aufgebotsverfahren zur Ausschließung von Nachlassgläubigern hat ein anmeldender Gläubiger keinen Kostenerstattungsanspruch gegen den Antragsteller; eine Kostenfestsetzung findet nicht statt, da im Aufgebotsverfahren eine Gegenpartei nicht vorhanden ist.[9] Im Ausschlussurteil eines Aufgebotsverfahrens erfolgt eine Kostenentscheidung daher nur hinsichtlich der Gerichtskosten. 22

Nr.	Gebührentatbestand	Gebühr oder Satz der Gebühr nach § 13 RVG
3325	Verfahrensgebühr für Verfahren nach § 148 Abs. 1 und 2, §§ 246a, 319 Abs. 6 des Aktiengesetzes, auch i.V.m. § 327e Abs. 2 des Aktiengesetzes, oder nach § 16 Abs. 3 UmwG	0,75

A. Allgemeines 1
B. Regelungsgehalt 5
I. Gebühren 5
II. Streitwert 7

C. Änderung des AktG durch das Gesetz zur Regelung von öffentlichen Angeboten zum Erwerb von Wertpapieren und von Unternehmensübernahmen vom 20.12.2001 8

A. Allgemeines

Die Regelung in VV 3325 ersetzt die Vorschrift des § 42 BRAGO, ohne diese – abgesehen von der Höhe der Gebühren – inhaltlich zu verändern. Die Erhöhung der Gebühr wird im Entwurf zum RVG damit begründet, dass eine Gebühr von 0,75 dem erheblichen Aufwand des Rechtsanwalts besser gerecht werde.[1] 1

VV 3325 bestimmt, dass der Rechtsanwalt in Verfahren nach § 148 Abs. 1 und 2, §§ 246a, 319 Abs. 6 AktG oder nach § 16 Abs. 3 UmwG eine Gebühr in Höhe von 0,75 der Gebühr nach § 13 erhält. Es handelt sich um die Verfahren zur Erwirkung des Beschlusses über die Zulässigkeit der Eintragung. 2

Nach § 319 Abs. 4 S. 1 AktG hat der Vorstand der einzugliedernden Gesellschaft die Eingliederung und die Firma der Hauptgesellschaft zur Eintragung in das Handelsregister anzumelden. Bei der Anmeldung hat der Vorstand zu erklären, dass eine Klage gegen die Wirksamkeit eines Hauptversammlungsbeschlusses nicht oder nicht fristgemäß erhoben oder eine solche Klage rechtskräftig abgewiesen oder zurückgenommen worden ist (§ 319 Abs. 5 S. 1, 1. Hs. AktG). Bei der Anmeldung der Verschmelzung ist nach § 16 Abs. 1, 2 UmwG genauso zu verfahren. 3

Einer solchen Erklärung steht es gleich, wenn nach Erhebung einer Klage gegen die Wirksamkeit eines Hauptversammlungsbeschlusses bzw. eines Verschmelzungsbeschlusses das für diese Klage zuständige Prozessgericht auf Antrag der Gesellschaft bzw. des Rechtsträgers, gegen dessen Beschluss sich die Klage richtet, durch rechtskräftigen Beschluss festgestellt hat, dass die Erhebung der Klage der Eintragung nicht entgegensteht (§ 319 Abs. 6 S. 1 AktG, § 16 Abs. 3 S. 1 UmwG). VV 3325 regelt die Gebühren des insoweit tätigen Rechtsanwalts. 4

---

[7] LG Berlin Rpfleger 1988, 548 f.; BGH, Beschl. v. 29.1.2009 – V ZB 140/08 (juris); vgl. auch BGH MDR 2004, 640 = Rpfleger 2004, 363 = NJW-RR 2004, 664.
[8] OLG Rostock OLGR Rostock 2009, 969; OLG Frankfurt/Main OLGR Frankfurt 2008, 321; OLG Celle MDR 2000, 1456, 1457; OLG Frankfurt/Main OLGR 2004, 348; OLG Celle MDR 2005, 1196; OLG Dresden MDR 2008, 1005.
[9] LG Frankenthal Rpfleger 1983, 412; LG Wieder Rpfleger 1998, 532; LG Moosbach Rpfleger 1992, 174.
[1] BT-Drucks 15/1971, S. 217.

B. Regelungsgehalt

I. Gebühren

5 Die Verfahren nach § 319 Abs. 6 AktG bzw. § 16 Abs. 3 UmwG sind gebührenrechtlich gegenüber Klage- und Eintragungsverfahren als **selbstständige Angelegenheit** zu beachten. Es handelt sich um in das Klageverfahren eingeschobene Verfahren. Die Gebühren erwachsen dem Prozessbevollmächtigten gesondert neben den Gebühren für das Klageverfahren und sind auch nicht auf diese anzurechnen. Dem Prozessbevollmächtigten entsteht jedoch nur eine Gebühr i.H.v. **0,75**.

6 Die Verfahrensgebühr entsteht bei jeder auftragsgemäßen Tätigkeit im Verfahren ab Entgegennahme der Information, unabhängig vom Umfang der Tätigkeit (Pauschalgebühr). Die vorzeitige Beendigung des Auftrags kann nach VV 3337 zur Reduzierung auf eine 0,5-Verfahrensgebühr führen. Für das **Beschwerdeverfahren** (§ 16 Abs. 3 S. 5 UmwG, § 319 Abs. 6 S. 5 AktG) erhält der Anwalt die Vergütung nach VV 3500 und für das Klageverfahren über die Wirksamkeit des Hauptversammlungsbeschlusses zur Eingliederung die Vergütung nach VV 3100.[2]

II. Streitwert

7 In den Verfahren nach § 319 Abs. 6 AktG und des § 16 Abs. 3 UmwG bestimmt sich der **Wert nach § 3 ZPO** (§ 53 Abs. 1 S. 1 Nr. 4 und 5 GKG). Er darf jedoch ein Zehntel des Grundkapitals oder Stammkapitals des übertragenden oder formwechselnden Rechtsträgers oder, falls der übertragende oder formwechselnde Rechtsträger ein Grundkapital oder Stammkapital nicht hat, ein Zehntel des Vermögens dieses Rechtsträgers, höchstens jedoch 500.000 EUR, nur insoweit übersteigen, als die Bedeutung der Sache für die Parteien höher zu bewerten ist (§ 53 Abs. 1 S. 2 GKG).

C. Änderung des AktG durch das Gesetz zur Regelung von öffentlichen Angeboten zum Erwerb von Wertpapieren und von Unternehmensübernahmen vom 20.12.2001

8 Die Bundesregierung hatte zunächst einen Gesetzentwurf eingebracht, der unter der BT-Drucksache 14/7034 vom 5.10.2001 veröffentlicht wurde. Diesem Entwurf entsprechend wurde das **Gesetz zur Regelung von öffentlichen Angeboten zum Erwerb von Wertpapieren und von Unternehmensübernahmen** vom Bundestag verabschiedet und am 20.12.2001 im BGBl veröffentlicht. Mit der Neuregelung ist u.a. eine Regelung in das AktG aufgenommen worden, die einem Hauptaktionär die Möglichkeit verschafft, Minderheitsaktionäre aus der Gesellschaft gegen Gewährung einer Barabfindung auszuschließen. Auf diese Weise sollen Kosten vermieden werden, die mit Kleinstbeteiligungen für die Gesellschaft verbunden sein können; ferner soll einer missbräuchlichen Ausnutzung von Minderheitsrechten entgegengewirkt werden.

9 Nach § 327a Abs. 1 AktG soll durch Beschluss der Hauptversammlung die Übertragung der Aktien der Minderheitsaktionäre auf den Hauptaktionär möglich sein. Der Übertragungsbeschluss soll sodann gemäß § 327e Abs. 1 AktG durch den Vorstand zur Eintragung in das Handelsregister angemeldet werden. Gemäß **§ 327e Abs. 2 AktG** gelten die Bestimmungen des § 319 Abs. 5 und 6 AktG sinngemäß, so dass insoweit auf die obigen Ausführungen (siehe Rdn 5) verwiesen werden kann. Das Gesetz trägt diesem Verfahren hinsichtlich der Bestimmungen im RVG insoweit Rechnung, als VV 3325 auch für das Verfahren nach § 327e Abs. 2 AktG Anwendung finden soll. Gebührenrechtlich bedeutet dies: Wird der Rechtsanwalt in dem Verfahren tätig, in dem festgestellt wird, dass die Erhebung der Klage gemäß § 327f Abs. 1 AktG der Eintragung des Beschlusses nicht entgegensteht, erhält er die in VV 3325 genannten Gebühren.

---

2 Gerold/Schmidt/*Müller-Rabe*, RVG, VV 3325 Rn 2; Riedel/Sußbauer/*Keller*, RVG, VV Teil 3 Abschnitt 3 Rn 142.

Nr.	Gebührentatbestand	Gebühr oder Satz der Gebühr nach § 13 RVG
3326	Verfahrensgebühr für Verfahren vor den Gerichten für Arbeitssachen, wenn sich die Tätigkeit auf eine gerichtliche Entscheidung über die Bestimmung einer Frist (§ 102 Abs. 3 des Arbeitsgerichtsgesetzes), die Ablehnung eines Schiedsrichters (§ 103 Abs. 3 des Arbeitsgerichtsgesetzes) oder die Vornahme einer Beweisaufnahme oder einer Vereidigung (§ 106 Abs. 2 des Arbeitsgerichtsgesetzes) beschränkt	0,75

A. Allgemeines	1	IV. Gebühr	6
I. Bestimmung einer Frist nach § 102 Abs. 3 ArbGG.............	2	B. Regelungsgehalt	7
		I. Verfahrensgebühr, VV 3326, 3337	7
II. Ablehnung eines Schiedsrichters nach § 103 Abs. 3 ArbGG.............	4	II. Terminsgebühr, VV 3332	10
		C. Erstattungsfragen	12
III. Vornahme einer Beweisaufnahme oder einer Vereidigung nach § 106 Abs. 2 ArbGG	5		

A. Allgemeines

Der vierte Teil des ArbGG regelt Streitigkeiten bei Bestehen eines Schiedsvertrags (§§ 101 ff. ArbGG). Bei diesen Verfahren handelt es sich aber nicht um schiedsrichterliche, sondern um Verfahren, die vor dem Arbeitsgericht zu führen sind. Die Gebühren des Rechtsanwalts in Verfahren vor den Gerichten für Arbeitssachen richten sich grundsätzlich nach den VV 3100 ff. (VV Vorb. 3.1 Abs. 1).[1] Abweichend davon bestimmt VV 3326, dass eine Verfahrensgebühr in den arbeitsgerichtlichen Verfahren nach §§ 102 Abs. 3, 103 Abs. 3 und 106 Abs. 2 ArbGG nur zu einem geringeren Gebührensatz entsteht, wenn der Rechtsanwalt ausschließlich in den in der Vorschrift genannten Verfahren tätig wird, sich seine Tätigkeit also auf die genannten Verfahren beschränkt. § 16 Nr. 9 regelt ergänzend dazu, dass die Tätigkeit der in VV 3326 aufgeführten arbeitsgerichtlichen Verfahren neben der Tätigkeit des Rechtsanwalts in schiedsrichterlichen Verfahren als dieselbe Angelegenheit gilt und insoweit keine gesonderten Gebühren auslöst, weil die Tätigkeit des Rechtsanwalts bereits über die VV 3100 ff. im schiedsrichterlichen Verfahren honoriert wird. Von VV 3326 sind die nachfolgend näher bezeichneten Verfahren erfasst. 1

I. Bestimmung einer Frist nach § 102 Abs. 3 ArbGG

Wird das Arbeitsgericht wegen einer Rechtsstreitigkeit angerufen, für die die Parteien des Tarifvertrags einen Schiedsvertrag geschlossen haben, so hat das Gericht nach § 102 Abs. 1 ArbGG die Klage als unzulässig abzuweisen, wenn sich der Beklagte auf den Schiedsvertrag beruft. Nach § 102 Abs. 2 ArbGG kann sich der Beklagte u.a. dann nicht auf den Schiedsvertrag berufen, wenn 2
– das Schiedsgericht nicht gebildet ist und die den Parteien des Schiedsvertrags von dem Vorsitzenden des Arbeitsgerichts gesetzte Frist zur Bildung des Schiedsgerichts fruchtlos verstrichen ist (§ 102 Abs. 2 Nr. 2 ArbGG) oder
– das nach dem Schiedsvertrag gebildete Schiedsgericht die Durchführung des Verfahrens verzögert und die ihm von dem Vorsitzenden des Arbeitsgerichts gesetzte Frist zur Durchführung des Verfahrens fruchtlos verstrichen ist (§ 102 Abs. 2 Nr. 3 ArbGG).

In den Fällen des § 102 Abs. 2 Nr. 2 und 3 ArbGG erfolgt die **Bestimmung der Frist** nach § 102 Abs. 3 ArbGG auf Antrag des Klägers durch den Vorsitzenden des Arbeitsgerichts, das für die Geltendmachung des Anspruchs zuständig wäre. Durch die Tätigkeit des Rechtsanwalts im Verfahren auf eine gerichtliche Entscheidung über die Bestimmung einer Frist nach § 102 Abs. 3 ArbGG wird die Verfahrensgebühr nach VV 3326 ausgelöst. 3

---

1 BT-Drucks 15/1971, S. 208.

II. Ablehnung eines Schiedsrichters nach § 103 Abs. 3 ArbGG

4 Mitglieder des Schiedsgerichts können nach § 103 Abs. 2 ArbGG unter denselben Voraussetzungen abgelehnt werden, die zur Ablehnung eines Richters berechtigen. Nach **§ 103 Abs. 3 ArbGG** beschließt die Kammer des Arbeitsgerichts, das für die Geltendmachung des Anspruchs zuständig wäre, über die **Ablehnung**. Vor dem Beschluss sind die Streitparteien und das abgelehnte Mitglied des Schiedsgerichts zu hören. Der Vorsitzende des Arbeitsgerichts entscheidet, ob sie mündlich oder schriftlich zu hören sind. Die mündliche Anhörung erfolgt vor der Kammer. Gegen den Beschluss findet kein Rechtsmittel statt. Durch die Tätigkeit des Rechtsanwalts im Verfahren auf Ablehnung eines Schiedsrichters gemäß § 103 Abs. 2 ArbGG wird die Verfahrensgebühr nach VV 3326 ausgelöst.

III. Vornahme einer Beweisaufnahme oder einer Vereidigung nach § 106 Abs. 2 ArbGG

5 Nach § 106 Abs. 1 ArbGG kann das Schiedsgericht Beweise erheben, soweit die Beweismittel ihm zur Verfügung gestellt werden. Zeugen und Sachverständige kann das Schiedsgericht nicht beeidigen, eidesstattliche Versicherungen nicht verlangen oder entgegennehmen. Hält das Schiedsgericht eine **Beweiserhebung** für erforderlich, die es nicht vornehmen kann, so ersucht es nach **§ 106 Abs. 2 ArbGG** um die Vornahme den Vorsitzenden desjenigen Arbeitsgerichts oder, falls dies aus Gründen der örtlichen Lage zweckmäßiger ist, dasjenige Amtsgericht, in dessen Bezirk die Beweisaufnahme erfolgen soll. Entsprechend ist zu verfahren, wenn das Schiedsgericht die **Beeidigung** eines Zeugen oder Sachverständigen gemäß § 58 Abs. 2 S. 1 ArbGG für notwendig erachtet oder eine eidliche Parteivernehmung für sachdienlich erachtet. Auf die Erläuterungen zu § 36 Abs. 1 Nr. 2 wird ergänzend verwiesen (siehe § 36 Rdn 15 ff.). Durch die Tätigkeit des Rechtsanwalts im Verfahren auf Vornahme einer Beweisaufnahme oder einer Vereidigung nach § 106 Abs. 2 ArbGG wird die Verfahrensgebühr nach VV 3326 ausgelöst.

IV. Gebühr

6 VV 3326 bestimmt eine **0,75-Verfahrensgebühr**. Die Höhe dieser Gebühr sieht der Gesetzgeber als sachgerecht an, weil sie die geringere Bedeutung der Verfahren nach §§ 102 Abs. 3, 103 Abs. 3 und 106 Abs. 2 ArbGG gegenüber dem Verfahren vor dem Schiedsgericht durch den Ansatz einer geringeren Gebühr betone, dennoch aber dem erheblichen Aufwand des Rechtsanwalts gerecht werde.[2]

B. Regelungsgehalt

I. Verfahrensgebühr, VV 3326, 3337

7 Ist die Tätigkeit des Rechtsanwalts auf
– eine gerichtliche Entscheidung über die Bestimmung einer Frist nach **§ 102 Abs. 3 ArbGG**
– die Ablehnung eines Schiedsrichters nach **§ 103 Abs. 3 ArbGG** oder
– die Vornahme einer Beweisaufnahme oder einer Vereidigung nach **§ 106 Abs. 2 ArbGG**
beschränkt, so erhält er nach **VV 3326** eine **0,75-Verfahrensgebühr** für diese Tätigkeit in den aufgeführten Verfahren vor den Gerichten für Arbeitssachen.

8 Ist der Rechtsanwalt aber **gleichzeitig** mit der Interessenwahrnehmung **vor dem Schiedsgericht** nach §§ 101, 104 ArbGG beauftragt, so erhält er die Verfahrensgebühr nach VV 3326 nicht. Vielmehr gelten das Verfahren vor dem Schiedsgericht und die Verfahren nach §§ 102 Abs. 3, 103 Abs. 3 und 106 Abs. 2 ArbGG nach **§ 16 Nr. 9 als dieselbe Angelegenheit**. In diesem Fall erhält der Rechtsanwalt nach **§ 36 Abs. 1 Nr. 2** die **Gebühren** in entsprechender Anwendung der Vorschriften aus VV Teil 3. Auf die Erläuterungen zu § 36 Abs. 1 Nr. 2 wird ergänzend verwiesen (siehe § 36 Rdn 15 ff.).

---

2 BT-Drucks 15/1971, S. 217.

Endigt der Auftrag vorzeitig, so entsteht nach **VV 3337** eine **0,5-**Verfahrensgebühr. Eine vorzeitige Beendigung liegt vor, wenn der Auftrag endigt, bevor der Rechtsanwalt den das Verfahren einleitenden Antrag oder einen Schriftsatz, der Sachanträge oder die Zurücknahme des Antrags enthält, eingereicht oder bevor er für seine Partei einen Termin wahrgenommen hat, oder soweit lediglich beantragt ist, eine Einigung der Parteien zu Protokoll zu nehmen. Auf die Erläuterungen zu VV 3101 Nr. 1 und 2 und zu VV 3337 wird Bezug genommen. — 9

II. Terminsgebühr, VV 3332

Daneben kann der Rechtsanwalt in den genannten Verfahren nach **VV 3332** eine **0,5-Terminsgebühr** erhalten. Die Terminsgebühr entsteht nach VV Vorb. 3 Abs. 3 für die Vertretung in einem gerichtlichen Termin (VV Vorb. 3 Abs. 3 S. 1), ausgenommen Verkündungstermine (VV Vorb. 3 Abs. 3 S. 2), für die Wahrnehmung eines von einem gerichtlich bestellten Sachverständigen anberaumten Termins (VV Vorb. 3 Abs. 3 S. 3 Nr. 1) oder für die Mitwirkung an auf die Vermeidung oder Erledigung des Verfahrens gerichteten Besprechungen ohne Beteiligung des Gerichts; dies gilt nicht für Besprechungen mit dem Auftraggeber (VV Vorb. 3 Abs. 3 S. 3 Nr. 2). Das Arbeitsgericht kann in den in VV 3326 aufgeführten Verfahren ohne mündliche Verhandlung entscheiden. Die Terminsgebühr entsteht mithin nur, wenn: — 10

– in den Fällen des § 102 Abs. 3 ArbGG ein nicht vorgeschriebener gerichtlicher Termin vor dem Arbeitsgericht durchgeführt wird,
– nach § 103 Abs. 3 ArbGG eine mündliche Anhörung vor der Kammer erfolgt,
– der Rechtsanwalt an einer Beweisaufnahme oder Beeidigung nach § 106 Abs. 2 ArbGG teilnimmt oder
– der Rechtsanwalt an auf die Erledigung des Verfahrens gerichteten Besprechungen ohne Beteiligung des Gerichts mitwirkt.

Auf die grundlegenden Erläuterungen zu VV Vorb. 3 Abs. 3 zum Entstehen der Terminsgebühr wird ergänzend Bezug genommen (siehe VV Vorb. 3 Rdn 100 ff.). — 11

C. Erstattungsfragen

In den Verfahren nach §§ 102 Abs. 3, 103 Abs. 3 und 106 Abs. 2 ArbGG findet § 12a Abs. 1 S. 1 ArbGG Anwendung. Danach hat die obsiegende Partei keinen Anspruch auf Entschädigung wegen Zeitversäumnis und auf Erstattung der Kosten für die Hinzuziehung eines Bevollmächtigten. Auf die Erläuterungen zu § 36 Abs. 1 Nr. 2 wird ergänzend verwiesen (siehe § 36 Rdn 35 ff.). — 12

Nr.	Gebührentatbestand	Gebühr oder Satz der Gebühr nach § 13 RVG
3327	Verfahrensgebühr für gerichtliche Verfahren über die Bestellung eines Schiedsrichters oder Ersatzschiedsrichters, über die Ablehnung eines Schiedsrichters oder über die Beendigung des Schiedsrichteramts, zur Unterstützung bei der Beweisaufnahme oder bei der Vornahme sonstiger richterlicher Handlungen anlässlich eines schiedsrichterlichen Verfahrens	0,75

A. Allgemeines 1
B. Anwendungsbereich 2
C. Regelungsgehalt 6
   I. Allgemeines 6
   II. Verfahrensgebühr (VV 3327) 7
   III. Terminsgebühr, VV 3332 11
      1. Allgemeines 11
      2. Fallkonstellationen nach VV Vorb. 3 Abs. 3 13
         a) Wahrnehmung von gerichtlichen Terminen 14
         b) Wahrnehmung von außergerichtlichen Terminen und Besprechungen 15
         c) Mitwirkung an Besprechungen, die auf die Vermeidung oder Erledigung des Verfahrens gerichtet sind 16
      3. Verfahren nach § 495a ZPO 17
   IV. Weitere Gebühren 18
   V. Streitwert 19

A. Allgemeines

1 Die Vorschrift VV 3327 wurde mit Wirkung zum 1.1.2005 durch das Anhörungsrügengesetz redaktionell angepasst. Denn der bisherige Hinweis auf den Zusammenhang mit der Vollstreckbarerklärung von Schiedssprüchen und Anwaltsvergleichen ging fehl, da die in VV 3327 a.F. genannten Tätigkeiten nicht im Zusammenhang mit einer solchen Vollstreckbarerklärung vorkommen konnten.[1]

Die Norm ist **lex specialis** gegenüber § 36. Das Schiedsverfahren wird nach § 36 gemäß VV 3100 ff. vergütet. Soweit allerdings die in VV 3327 genannten Einzeltätigkeiten betroffen sind, geht VV 3327 vor.

B. Anwendungsbereich

2 Der **Anwendungsbereich** der Regelung erstreckt sich auf die anwaltliche Tätigkeit in gerichtlichen Verfahren
- über die Bestellung eines Schiedsrichters (§§ 1034 Abs. 2, 1035 Abs. 3 ZPO) oder Ersatzschiedsrichters (§ 1039 ZPO),
- über die Ablehnung eines Schiedsrichters (§ 1037 Abs. 3 ZPO) oder über die Beendigung des Schiedsrichteramtes (§ 1038 Abs. 1 S. 2 ZPO),
- zur Unterstützung bei der Beweisaufnahme oder bei der Vornahme sonstiger richterlicher Handlungen anlässlich eines schiedsrichterlichen Verfahrens nach § 1050 ZPO,

wenn seine Tätigkeit **ausschließlich** auf diese Verfahren beschränkt ist (vgl. auch Rdn 1, 6).

3 Ist der Rechtsanwalt hingegen als **Verfahrensbevollmächtigter** in Verfahren über die **Vollstreckbarerklärung von Schiedssprüchen und Anwaltsvergleichen** tätig, richtet sich seine Vergütung nach VV Teil 3 Abschnitt 1 und 2 (§ 36). Er erhält somit die Gebühren gemäß VV 3100 ff.[2] Eine Anwendbarkeit nach VV 3327 ist daher ausgeschlossen.[3] Die Tätigkeit in diesem Verfahren hat mit der im Verfahren vor dem Schiedsgericht gebührenrechtlich nichts zu tun.

4 Stellt der Rechtsanwalt im selben schiedsrichterlichen Verfahren unterschiedliche Anträge **nacheinander**, so liegen damit auch **verschiedene Angelegenheiten** vor, so dass die Gebühren auch mehrfach anfallen.[4] Werden die Anträge **gleichzeitig** gestellt, so liegt nur **eine Angelegenheit** vor, so dass die Gebühren auch nur einmal, allerdings nach dem addierten Streitwert (§ 22 Abs. 1), berechnet werden können.[5]

5 Obwohl in den Fällen der §§ 1034, 1035 und 1038 ZPO das **OLG zuständig** ist, erhält der Rechtsanwalt **nicht** die **erhöhten Gebühren** nach VV Teil 3 Abschnitt 2. Die Anwendbarkeit dieser Regelungen setzt voraus, dass es sich um ein Berufungs- bzw. Revisionsverfahren handelt.

C. Regelungsgehalt

I. Allgemeines

6 Für das **Entstehen** der Gebühren ist es erforderlich, dass die Tätigkeit des Rechtsanwalts auf diese Tätigkeit **beschränkt** ist. In der Regel entsteht die Gebühr daher mit der Entgegennahme von Informationen nach Auftragserteilung. Es ist fraglich, ob hieraus gefolgert werden kann, dass der Rechtsanwalt, der Prozessbevollmächtigter im schiedsrichterlichen Verfahren ist, die hierfür nach § 36 anfallenden Gebühren neben denen nach VV 3327 beanspruchen kann. Nach BRAGO-Rechtslage hat sich nämlich insofern eine Änderung ergeben, als in § 46 Abs. 4 BRAGO bestimmt war, dass die Tätigkeit des Rechtsanwalts „ausschließlich" auf diese Tätigkeiten beschränkt sein musste. Hieraus ergab sich, dass keine zusätzlichen Gebühren anfallen konnten. Allerdings ist aus den Motiven[6] der Regelung VV 3327 zu entnehmen, dass § 46 Abs. 4 BRAGO übernommen werden

---

1 *Schmidt*, RVG-B 2005, 60 m.w.N.
2 OLG Koblenz AGS 2010, 323 = MDR 2010, 777 = zfs 2010, 401.
3 OLG Karlsruhe JurBüro 1975, 480; OLG Frankfurt AnwBl 1979, 116; OLG Hamm JurBüro 1987, 1045.
4 A.A. Mayer/Kroiß/*Gierl*, RVG, VV 3327 Rn 6; Riedel/Sußbauer/*Keller*, RVG, VV Teil 3 Abschnitt 3 Rn 148.
5 Riedel/Sußbauer/*Keller*, BRAGO, § 46 Rn 14 m.w.N.
6 BT-Drucks 15/1971, S. 271.

II. Verfahrensgebühr (VV 3327)

Der Rechtsanwalt erhält für **Verfahren über die Vollstreckbarerklärung von Schiedssprüchen** und **Anwaltsvergleichen** eine Verfahrensgebühr in Höhe von **0,75**, wobei sich die anwaltliche Tätigkeit beschränken muss auf:
- die Bestellung eines Schiedsrichters (§§ 1034 Abs. 2, 1035 ZPO) oder Ersatzschiedsrichters (§ 1039 ZPO),
- die Ablehnung eines Schiedsrichters (§ 1037 Abs. 3 ZPO) oder die Beendigung des Schiedsrichteramts (§ 1038 Abs. 1 S. 2 ZPO),
- die Unterstützung bei der Beweisaufnahme oder die Vornahme sonstiger richterlicher Handlungen nach § 1050 ZPO.

Durch die Gebühr werden **sämtliche Tätigkeiten** im Rahmen der in der VV 3327 bezeichneten Verfahren abgegolten.[8] Durch die Höhe der Gebühr soll einerseits die geringere Bedeutung der einzelnen Verfahren gegenüber dem schiedsgerichtlichen Hauptverfahren betont werden, andererseits soll sie dem erheblichen Aufwand des Rechtsanwalts besser gerecht werden.[9]

Die Verfahrensgebühr kann sich im Falle einer **vorzeitigen Beendigung des Auftrags** nach **VV 3337** auf **0,5 reduzieren**. Diesbezüglich wird auf die Kommentierung in VV 3337 verwiesen.

Werden **mehrere Antragsteller** von einem Rechtsanwalt vertreten, so erhöht sich die 0,75-Verfahrensgebühr gemäß VV 3327 bzw. die 0,5-Verfahrensgebühr gemäß VV 3337 für jeden weiteren Auftraggeber um 0,3 (vgl. VV 1008), wenn der Gegenstand identisch ist. Ist der Gegenstand nicht identisch, so sind die Werte gemäß § 22 Abs. 1 zu addieren. Mehrere Erhöhungen dürfen den Satz von 2,0 jedoch nicht übersteigen. Dabei kommt es nicht darauf an, ob die Aufträge nacheinander oder gleichzeitig erteilt worden sind.

III. Terminsgebühr, VV 3332

1. Allgemeines

Entscheidungen können ohne mündliche Verhandlungen durch Beschluss ergehen (§ 1063 Abs. 1, 4 ZPO). Nimmt der Rechtsanwalt einen Termin wahr, erhält er für die in VV 3327 genannten Tätigkeiten eine weitere **0,5-Terminsgebühr** nach **VV 3332**. Das Entstehen – nicht die Höhe – der Terminsgebühr bestimmt sich hierbei nach VV Teil 3 Abschnitt 1, soweit sich aus dem 3. Abschnitt nichts anderes ergibt (vgl. VV Vorb. 3.3.6 S. 1). Die Terminsgebühr entsteht nach VV Vorb. 3 Abs. 3 sowohl für die Wahrnehmung von gerichtlichen Terminen als auch für die Wahrnehmung von außergerichtlichen Terminen und Besprechungen, wenn nichts anderes bestimmt ist. Sie entsteht jedoch nicht für die Wahrnehmung eines gerichtlichen Termins nur zur Verkündung einer Entscheidung. Die Gebühr für außergerichtliche Termine und Besprechungen entsteht für
1. die Wahrnehmung eines von einem gerichtlich bestellten Sachverständigen anberaumten Termins und
2. die Mitwirkung an Besprechungen, die auf die Vermeidung oder Erledigung des Verfahrens gerichtet sind; dies gilt nicht für Besprechungen mit dem Auftraggeber.

Im Einzelnen wird auf die Kommentierung zu VV Vorb. 3 Abs. 3 verwiesen.

Nach dem Willen des Gesetzgebers kommt es nicht darauf an, ob in dem Termin Anträge gestellt werden oder ob die Sache erörtert wird. Vielmehr genügt es für das **Entstehen der Gebühr**, dass der Rechtsanwalt auftragsgemäß einen **Termin wahrnimmt**.

---

7 A.A. BeckOK RVG 3327 Rn 2.
8 Mayer/Kroiß/*Gierl*, RVG, VV 3327 Rn 4.
9 BT-Drucks 15/1971, S. 271.

2. Fallkonstellationen nach VV Vorb. 3 Abs. 3

13 Die Terminsgebühr entsteht nach VV Vorb. 3 Abs. 3 in **drei Fällen**:

a) Wahrnehmung von gerichtlichen Terminen

14 Diese Variante betrifft den Fall, dass der Anwalt in einem – ausnahmsweise – gerichtlich anberaumten Termin erscheint. Nach § 1050 ZPO kann das Schiedsgericht oder eine Partei mit Zustimmung des Schiedsgerichts bei Gericht Unterstützung bei der Beweisaufnahme beantragen. Das Gericht erledigt diesen Antrag, sofern es ihn nicht für unzulässig hält, nach seinen für die Beweisaufnahme oder die sonstige richterliche Handlung geltenden Verfahrensvorschriften. Nimmt der Anwalt einer Partei an einem solchen Termin auftragsgemäß teil, so erwächst ihm die Terminsgebühr. **Allein** die Tatsache der **Terminswahrnehmung** ist hierbei für das Entstehen der Terminsgebühr **maßgebend**. Die Gebühr entsteht jedoch nicht für die Wahrnehmung eines gerichtlichen Termins nur zur Verkündung einer Entscheidung.

b) Wahrnehmung von außergerichtlichen Terminen und Besprechungen

15 Wenn das Gericht nach den für die Beweisaufnahme geltenden Verfahrensvorschriften handeln darf, so kann es sich nach §§ 402 ff. ZPO auch eines Sachverständigen bedienen. Nimmt der Rechtsanwalt an einem von einem solchen durch das Gericht bestellten Sachverständigen anberaumten Termin teil, so entsteht die Terminsgebühr.

c) Mitwirkung an Besprechungen, die auf die Vermeidung oder Erledigung des Verfahrens gerichtet sind

16 Diese Variante ist dann gegeben, wenn das Gericht einen Termin zur mündlichen Verhandlung anberaumt hat und der Rechtsanwalt des Antragstellers sich außergerichtlich mit der Gegenseite in Verbindung setzt und persönliche bzw. telefonische Besprechungen vornimmt. Aber auch, wenn der Rechtsanwalt sich **nach Auftragserteilung** mit dem Gegner persönlich oder telefonisch in Verbindung setzt, um die Sachlage zu besprechen, löst dies die Terminsgebühr aus. Regelmäßig erfolgen in der Praxis solche Besprechungen im Zusammenhang mit der Erledigung des Hauptsacheverfahrens. Dann wird der Rechtsanwalt zugleich auch für das Hauptsacheverfahren beauftragt worden sein. In diesem Fall entsteht dann auch keine gesonderte Verfahrensgebühr nach VV 3327 (vgl. § 16 Nr. 8) und damit auch keine gesonderte Terminsgebühr nach VV 3331. Diese Tätigkeit wird regelmäßig gemäß VV 3104 mitabgegolten.

3. Verfahren nach § 495a ZPO

17 Die Terminsgebühr kann auch im **Verfahren nach § 495a ZPO (Verfahren nach billigem Ermessen)** entstehen. Denn aufgrund der VV Vorb. 3.3.6 ist Teil 3 Abschnitt 1, somit auch VV 3104, anzuwenden. Diese Vorschrift regelt ebenfalls das **Entstehen** der Terminsgebühr, allerdings in Höhe von 1,2. Jedoch gilt hinsichtlich der Höhe die Spezialvorschrift der VV 3332, so dass die Gebühr auch im Verfahren nach § 495a ZPO nur i.H.v. 0,5 entsteht. Voraussetzung für eine Anwendbarkeit des § 495a ZPO ist lediglich, dass der Streitwert 600 EUR nicht überschreitet. Das Gesetz sieht keine Beschränkung auf vermögensrechtliche Klagen, Anträge oder auf das Erkenntnisverfahren vor.[10]

IV. Weitere Gebühren

18 Zusätzlich zu den Gebühren nach VV 3327 und VV 3332 kann für die Mitwirkung beim Abschluss einer Einigung zwischen den Parteien für den Rechtsanwalt die **Einigungsgebühr** erwachsen: bei anhängigen Ansprüchen eine 1,0-Gebühr nach **VV 1003**, sonst eine 1,5-Gebühr nach **VV 1000**.

---

10 Zöller/*Geimer*, ZPO, § 495a Rn 4 m.w.N.

Abschnitt 3. Gebühren für besondere Verfahren VV 3328

V. Streitwert

Der Streitwert für das Ablehnungsverfahren ist gemäß § 3 ZPO zu schätzen. Die Hauptsache, somit der wirtschaftliche Wert der Sachentscheidung, liegt in der von dem Schiedskläger geltend gemachten Forderung im Schiedsverfahren. Das OLG München[11] legt den vollen Streitwert zugrunde. Zwar handelt es sich bei der Schiedsrichterablehnung nur um einen Teilakt des schiedsrichterlichen Verfahrens. Dem Umstand, dass der Verfahrensaufwand für das Gericht wie für die Parteien im Allgemeinen geringer ist, tragen die Gebührensätze des Kostenverzeichnisses nach GKG (KV 1624) bzw. des Vergütungsverzeichnisses nach dem RVG jedoch bereits Rechnung. 19

Nr.	Gebührentatbestand	Gebühr oder Satz der Gebühr nach § 13 RVG
3328	Verfahrensgebühr für Verfahren über die vorläufige Einstellung, Beschränkung oder Aufhebung der Zwangsvollstreckung oder die einstweilige Einstellung oder Beschränkung der Vollstreckung und die Anordnung, dass Vollstreckungsmaßnahmen aufzuheben sind	0,5
	Die Gebühr entsteht nur, wenn eine abgesonderte mündliche Verhandlung hierüber oder ein besonderer gerichtlicher Termin stattfindet. Wird der Antrag beim Vollstreckungsgericht und beim Prozessgericht gestellt, entsteht die Gebühr nur einmal.	

A. Allgemeines 1
B. Regelungsgehalt 4
   I. Abgesonderte mündliche Verhandlung (Anm. S. 1) 4
   II. Mehrere Schuldneranträge 9
   III. Verfahrensgebühr 10
IV. Terminsgebühr, VV Vorb. 3.3.6 14
V. Einigungsgebühr 15
VI. Berufungs- oder Beschwerdeinstanz 16
VII. Gegenstandswert 17
VIII. Kostenerstattung 19
IX. Prozess- und Verfahrenskostenhilfe 20

A. Allgemeines

Von VV 3328 werden alle Verfahren erfasst, die vor dem Gericht der Hauptsache oder dem Vollstreckungsgericht bezüglich vorläufige Einstellung, Beschränkung oder Aufhebung der Zwangsvollstreckung oder sonstiger Vollstreckungen durchgeführt werden. Die Vorgängervorschrift des § 49 BRAGO mit einem geringeren Gebührensatz von 3/10 fand vor dem Inkrafttreten des Zivilprozessreformgesetzes (ZPO-RG) vom 27.7.2001 vornehmlich Anwendung bei der einstweiligen Einstellung bei Wiedereinsetzungs- und Wiederaufnahmeantrag nach § 707 ZPO, bei der einstweiligen Einstellung bei Rechtsmitteln und Einspruch gemäß § 719 ZPO, bei der einstweiligen Anordnung nach §§ 769, 770 ZPO, bei der Widerspruchsklage nach § 771 ZPO sowie nach §§ 785, 786, 805, 810, 924 und 1064 Abs. 2 ZPO. Durch das ZPO-RG sind die Vorschriften der §§ 707, 719, 769 ZPO dahin gehend geändert worden, dass die dortigen Entscheidungen nur durch Beschluss ergehen. VV 3328 ist daher insoweit nicht mehr anwendbar (Anm. S. 1). 1

Der Rechtsanwalt erhält in Verfahren über die vorläufige Einstellung, Beschränkung oder Aufhebung der Zwangsvollstreckung oder die einstweilige Einstellung oder Beschränkung der Vollstreckung und die Anordnung, dass Vollstreckungsmaßnahmen aufzuheben sind, eine 0,5-Verfahrensgebühr, wenn eine abgesonderte mündliche Verhandlung hierüber stattfindet. Im Berufungs- und Revisionsverfahren beträgt die Gebühr ebenfalls 0,5, da eine dem früheren § 11 Abs. 1 S. 4 BRAGO vergleichbare Vorschrift fehlt und insoweit auch keine Sondertatbestände vorhanden sind. 2

Wird der Antrag beim Vollstreckungsgericht und beim Prozessgericht gestellt, so erhält der Rechtsanwalt die Verfahrensgebühr nur einmal (Anm. S. 2). 3

---

11 OLGR München 2006, 872; a.A. OLG Frankfurt OLGR 2004, 121.

N. Schneider 2417

B. Regelungsgehalt

I. Abgesonderte mündliche Verhandlung (Anm. S. 1)

4 Voraussetzung für das Entstehen der 0,5-Verfahrensgebühr gemäß VV 3328 ist, dass eine **abgesonderte mündliche Verhandlung oder ein gesonderter Termin** (etwa in Verfahren nach dem FamFG, in denen nicht verhandelt werden muss) stattfindet. Die Gebühren erwachsen dem Rechtsanwalt zusätzlich zu den Gebühren im Hauptverfahren. Die Verfahren über Einstellung, Beschränkung oder Aufhebung der Zwangsvollstreckung etc. bilden dann eine besondere Angelegenheit i.S.d. § 15 (§ 19 Abs. 1 S. 2 Nr. 11).

5 Es muss ein eigener Verhandlungstermin oder sonstiger Termin anberaumt sein. Nicht ausreichend ist, dass in einer mündlichen Verhandlung im Hauptsacheverfahren über einen Antrag auf Einstellung der Zwangsvollstreckung zuvor verhandelt und entschieden wird.[1]

6 Für das Entstehen der Gebühr nach VV 3328 ist es weiterhin erforderlich, dass eine abgesonderte mündliche Verhandlung stattfindet, in der **verhandelt** wird bzw. verhandelt werden sollte, oder ein Termin, der einer solchen Verhandlung gleichsteht. Allein das Erscheinen des Rechtsanwalts dürfte ausreichen. Außergerichtliche Besprechungen i.S.d. VV Vorb. 3 Abs. 3 S. 3 Nr. 2 genügen dagegen nicht.[2] Insoweit kommt also der erweiterte Anwendungsbereich der VV Vorb. 3 Abs. 3 S. 3 Nr. 2 nicht in Betracht.

7 Wird keine abgesonderte Verhandlung oder kein gesonderter Termin angeordnet, gehört die vorläufige Einstellung nach § 19 Abs. 1 S. 2 Nr. 11 zum Rechtszug. Gesonderte Gebühren können dann nicht entstehen, unabhängig davon, wie umfangreich die Tätigkeit des Anwalts ist.[3] Allerdings löst die Tätigkeit in einem solchen Verfahren dann bereits die Gebühren in der Hauptsache aus.[4]

8 Wird der Antrag bei dem Vollstreckungsgericht und dem Prozessgericht gestellt, erhält der Rechtsanwalt die Verfahrensgebühr nur einmal (Anm. S. 2). Es liegt dann nur eine Angelegenheit i.S.d. § 15 vor.

II. Mehrere Schuldneranträge

9 Unklar ist, ob bei Vollstreckungsschutzanträgen mehrerer Schuldner von mehreren Angelegenheiten auszugehen ist. In der Zwangsvollstreckung gibt es keine Streitgenossenschaft, so dass mehrere Vollstreckungsaufträge – auch gegen Gesamtschuldner – als eigene Angelegenheiten gelten und folglich auch mehrere Vollstreckungsschutzanträge – auch wenn es sich um Gesamtschuldner handelt (siehe § 18 Rdn 55). Die den unter VV 3328 zu vergütenden Tätigkeiten dürften jedoch eher dem Erkenntnisverfahren zuzuordnen sein, so dass auch bei Anträgen mehrerer Verurteilter von einer Angelegenheit i.S.d. § 15 auszugehen sein dürfte, zumal auch bei nicht abgesonderter mündlicher Verhandlung nur eine Angelegenheit gegeben ist.

III. Verfahrensgebühr

10 Im Verfahren über die vorläufige Einstellung, Beschränkung oder Aufhebung der Zwangsvollstreckung etc. erwächst dem Rechtsanwalt die Verfahrensgebühr nach VV 3328 nicht schon mit der Beauftragung oder Antragstellung. Die Gebühr entsteht erst, wenn eine abgesonderte mündliche Verhandlung oder ein gesonderter Termin stattfindet und der Rechtsanwalt daran teilnimmt.[5] Insoweit kann daher auch nicht auf VV 3101 zurückgegriffen werden. Daher ist die Vorschrift der VV 3328 auch nicht in VV 3337 erwähnt.

---

1 LAG München AGS 2008, 18 = RVGreport 2008, 24.
2 So zum früheren Recht: OLG Köln JurBüro 1974, 1547 = KostRsp. BRAGO § 49 Nr. 2; a.M. OLG Düsseldorf AnwBl 1972, 511 = JurBüro 1972, 511 = Rpfleger 1972, 235.
3 LAG München AGS 2008, 18 = RVGreport 2008, 24; so auch schon zur BRAGO: OLG Naumburg KostRsp. BRAGO § 49 Nr. 12; OLG Hamburg AGS 2002, 87 = MDR 2001, 1441 = OLGR 2001, 380; OLG Sachsen-Anhalt BRAGOreport 2300, 134 = JurBüro 2002, 531 = FamRZ 2003, 244 = JMBl ST 2002, 280; FG Bremen EFG 1994, 583; OLG München AnwBl 1980, 299 = MDR 1980, 781.
4 OLG Koblenz, Beschl. v. 1.4.2016 – 14 W 154/16.
5 OLG Düsseldorf AnwBl 1972, 397 = JurBüro 1972, 511 = Rpfleger 1972, 235.

Wird bei einem Streit über die vorläufige Einstellung der Zwangsvollstreckung dem Beklagten vor Zustellung einer Vollstreckungsgegenklage vom Gericht Gelegenheit zur schriftlichen Stellungnahme gegeben, so soll nach Auffassung des KG[6] dem ihn vertretenden Rechtsanwalt für diese Einzeltätigkeit in entsprechender Anwendung von VV 3328 eine 0,5-Verfahrensgebühr nach dem vorläufigen Gegenstand der eingereichten Klage zustehen; dieser Betrag gehe jedoch voll in dem auf die im anschließenden Streitverfahren erwachsende 1,3-Verfahrensgebühr auf, und zwar auch dann, wenn die Klageanträge vor Zustellung eingeschränkt würden. Dies ist aber nur dann zutreffend, wenn der Antragsgegner den Anwalt zunächst nur mit der Abwehr des Einstellungsantrags beauftragt. Ist der Anwalt dagegen bereits als Prozessbevollmächtigter beauftragt, entstehen bereits die Gebühren nach VV 3100 ff.[7]

Wird der Antrag bei dem Vollstreckungsgericht und dem Prozessgericht gestellt, erhält der Rechtsanwalt die Verfahrensgebühr nur einmal (Anm. S. 2). Die abgesonderte mündliche Verhandlung kann dann jedoch nur vor dem Prozessgericht stattfinden.

Die Höhe der Verfahrensgebühr beläuft sich auf 0,5. Vertritt der Anwalt **mehrere Auftraggeber** wegen desselben Gegenstands und geht man zutreffenderweise von einer Angelegenheit aus (siehe Rdn 9), so erhöht sich die Verfahrensgebühr um 0,3 je weiteren Auftraggeber, so dass sich die Gebühr also bei zwei Auftraggebern auf 0,8 erhöht. Soweit man allerdings von verschiedenen Angelegenheiten ausgeht, scheidet VV 1008 aus.

IV. Terminsgebühr, VV Vorb. 3.3.6

Dem Rechtsanwalt erwächst eine 1,2-Terminsgebühr nach VV 3332, wenn er an der abgesonderten mündlichen Verhandlung oder dem besonderen Termin teilnimmt. VV 3104 ist über VV Vorb. 3.3.6 nicht anwendbar, da VV 3332 eine andere Bestimmung in diesem Sinne enthält. Sonstige Tätigkeiten i.S.d. VV Vorb. 3 Abs. 3, insbesondere außergerichtliche Besprechungen, reichen grundsätzlich nicht aus, weil damit nicht der Tatbestand der VV 3328 ausgelöst wird und es dann an der besonderen Angelegenheit fehlt. Denkbar wäre der Fall der VV Vorb. 3 Abs. 3 S. 3 Nr. 2 nur dann, wenn zwar eine gesonderte mündliche Verhandlung stattfindet, der Anwalt daran aber nicht teilgenommen hat.

> **Beispiel:** Das Gericht beraumt eine gesonderte mündliche Verhandlung über den Einstellungsantrag an. Der Anwalt des Antragsgegners erscheint zum Termin nicht, führt aber mit dem Gegenanwalt eine Besprechung zur Erledigung des Verfahrens.

V. Einigungsgebühr

Neben der Verfahrens- und der Terminsgebühr kann der Anwalt auch eine 1,0- oder 1,3-Einigungsgebühr nach VV 1000, 1003, 1004 verdienen. Eine 1,5-Einigungsgebühr nach VV 1000 kommt nicht in Betracht, da VV 3328 stets eine Anhängigkeit voraussetzt.

VI. Berufungs- oder Beschwerdeinstanz

Wird in der Berufungsinstanz oder in der Beschwerdeinstanz in Familiensachen über die vorläufige Vollstreckbarkeit vorab verhandelt (z.B. nach § 718 ZPO), so entsteht nach einem Teil der Rechtsprechung für den Rechtsanwalt keine gesonderte Gebühr nach VV 3328. Gebührenrechtlich stelle dieser Teil des Rechtsstreits keine selbstständige Angelegenheit dar; es handele sich vielmehr um einen Zwischenstreit, der nach § 19 Abs. 1 S. 2 Nr. 11 zum Rechtszug gehöre und durch die Gebühren der Hauptsache abgegolten werde.[8] Ein anderer Teil der Rechtsprechung vertritt die Auffassung, dass die Gebühr nach VV 3328 schon dann entstehe, wenn der Prozess- oder Verfahrensbevollmächtigte in einem vom Gericht angeordneten Termin zur abgesonderten mündlichen Verhandlung über den Einstellungsantrag erscheine.[9] Dies müsste dann auch entsprechend für die Berufungs- oder Beschwerdeinstanz gelten.

---

6 JurBüro 1981, 56 = Rpfleger 1981, 73.
7 OLG Koblenz, Beschl. v. 1.4.2016 – 14 W 154/16.
8 OLG Hamm JurBüro 1975, 354 = MDR 1975, 501 = Rpfleger 1975, 70.
9 OLG Düsseldorf AnwBl 1972, 511 = JurBüro 1972, 511 = Rpfleger 1972, 235.

VII. Gegenstandswert

17 Der Gegenstandswert soll sich nach der neueren Rechtsprechung, der auch der BGH folgt,[10] nach § 3 ZPO berechnen. Er wird regelmäßig mit einem Fünftel des Hauptsachewerts angenommen, da mit den Verfahren nicht der Titel angegriffen, sondern lediglich ein zeitweiliger Zahlungsaufschub angestrebt wird.[11] Gegen die Bewertung ist im Ergebnis nichts einzuwenden; sie kann allerdings nicht aus § 3 ZPO hergeleitet werden, da diese Vorschrift gar nicht anwendbar ist. Einen Zuständigkeitsstreitwert gibt es nicht. Auch fallen keine wertabhängigen Gerichtsgebühren an. Die Verfahren sind gerichtsgebührenfrei. Nur im Beschwerdeverfahren werden Gerichtsgebühren erhoben, allerdings Festgebühren. Der Wert ist daher nach § 25 Abs. 2 zu bestimmen. Maßgebend ist das Interesse des Schuldners nach billigem Ermessen.

18 Die Festsetzung des Gegenstandswertes für die Gebühr der VV 3328 ist auf Antrag nach § 33 vorzunehmen.

VIII. Kostenerstattung

19 Die Kosten für die in VV 3328 geregelten Verfahren gehören zu den Kosten des Hauptsacheverfahrens. Sie werden grundsätzlich von der Kostenentscheidung der Hauptsache umfasst und können mit diesen festgesetzt werden. Zu beachten ist dabei, dass nach einer evtl. Rücknahme des Antrags § 269 ZPO entsprechend anzuwenden ist, was möglicherweise zu einer differenzierten Kostenentscheidung im Urteil führt.

IX. Prozess- und Verfahrenskostenhilfe

20 Die in der Hauptsache bewilligte Verfahrenskostenhilfe und die Anwaltsbeiordnung erstrecken sich auch auf die Verfahren nach VV 3328, sodass der beigeordnete Anwalt seine dahingehende Vergütung mit der Landeskasse abrechnen kann.[12]

Nr.	Gebührentatbestand	Gebühr oder Satz der Gebühr nach § 13 RVG
3329	Verfahrensgebühr für Verfahren auf Vollstreckbarerklärung der durch Rechtsmittelanträge nicht angefochtenen Teile eines Urteils (§§ 537, 558 ZPO)	0,5

Literatur: *E. Schneider*, Unbedingte Vollstreckbarerklärung nach §§ 534, 560 ZPO, DRiZ 1979, 44; *N. Schneider*, Vergütung im Verfahren auf unbedingte Vollstreckbarerklärung, ZAP Fach 24, S. 597; *ders.*, Anwaltsgebühren im Verfahren auf Vollstreckbarerklärung des im Rechtsmittelverfahren nicht angefochtenen Teils eines Urteils, AGS 1996, 85.

A. Prozessuale Ausgangslage 1
B. Regelungsgehalt 4
  I. Gebührentatbestände 4
  II. Umfang der Angelegenheit 5
    1. Selbstständige Angelegenheit oder Teil des Rechtsmittelverfahrens? 5
    2. Fälle der Zugehörigkeit zum Rechtsmittelverfahren 6
      a) Das ursprünglich unbeschränkt eingelegte Rechtsmittel wird nachträglich beschränkt 7
      b) Das ursprünglich beschränkte Rechtsmittel wird nachträglich erweitert 8
      c) Der nicht angefochtene Teil des Urteils wird in eine spätere Einigung einbezogen 10
    3. Selbstständige Angelegenheit 12
  III. Die Vergütung 13
    1. Verfahrensgebühr 13
      a) Höhe der Gebühr 14
      b) Mehrere Auftraggeber 15
      c) Begrenzung nach § 15 Abs. 3? 17
    2. Terminsgebühr, VV 3332 21
    3. Einigungsgebühr 22
    4. Auslagen 23
  IV. Gegenstandswert 24
C. Kostenentscheidung/Kostenerstattung 29
D. Prozesskostenhilfe 35
E. Rechtsschutzversicherung 37

---

10 BGH WPM 1983, 968.
11 OLG München MDR 1981, 1029; OLG Bamberg JurBüro 1981, 919.

12 Gerold/Schmidt/*Müller-Rabe*, RVG, VV 3328 Rn 24.

Abschnitt 3. Gebühren für besondere Verfahren VV 3329

A. Prozessuale Ausgangslage

Nach § 537 ZPO kann ein erstinstanzliches Urteil, das nur teilweise angegriffen wird, vom Berufungsgericht für (unbedingt) **vorläufig vollstreckbar** erklärt werden, soweit es durch die Berufungsanträge nicht angefochten wird. Die gleiche Möglichkeit besteht für Berufungsurteile, soweit sie nicht durch die Revision angefochten werden (§ 558 ZPO). In Familienstreitsachen sind die §§ 537, 558 ZPO nicht anwendbar, da weder in § 113 Abs. 1 noch in § 117 FamFG darauf verwiesen wird verweist. Daher scheidet auch die Anwendung der VV 3329 in Familiensachen aus.

Der Sinn und Zweck der unbedingten Vollstreckbarerklärung liegt darin, dem Gläubiger schon vor Eintritt der Rechtskraft die Zwangsvollstreckung zu erleichtern, soweit das vorinstanzliche Urteil vom Schuldner nicht angefochten wird. Ohne die unbedingte Vollstreckbarerklärung nach §§ 537, 558 ZPO müsste der Gläubiger anderenfalls auch zur Vollstreckung aus dem nicht angefochtenen Teil des Urteils eine vom Gericht nach § 709 ZPO angeordnete Sicherheit leisten oder könnte durch eine vom Schuldner gestellte Sicherheitsleistung an der Vollstreckung gehindert werden (§§ 711, 708 Nr. 4 bis 11, 712 ZPO). Die Vollstreckungsschutzanordnungen nach den §§ 709 ff. ZPO bleiben nämlich auch dann für das gesamte Urteil bestehen, wenn es nur teilweise angefochten wird. Der Suspensiveffekt eines Rechtsmittels erstreckt sich nicht nur auf den angefochtenen Teil, sondern auf das gesamte vorinstanzliche Urteil, auch soweit es nicht angefochten wird.[1] Dies hat letztlich seinen Grund darin, dass auch nach Ablauf der Berufungs- oder Revisionsbegründungsfrist das Rechtsmittel erweitert werden kann und der Gegner die Möglichkeit hat, Anschlussrechtsmittel einzulegen.

> **Beispiel:** Eingeklagt waren 10.000 EUR. Der Beklagte hatte eine Widerklage in Höhe von 6.000 EUR erhoben. Das Gericht hat auf die Klage hin den Beklagten verurteilt, 8.000 EUR an den Kläger zu zahlen und auf die Widerklage hin den Kläger, 2.000 EUR an den Beklagten zu zahlen. Im Übrigen sind Klage und Widerklage abgewiesen worden. Das Urteil ist für beide Parteien nur gegen Sicherheitsleistung vollstreckbar. Gegen die Verurteilung in Höhe eines Betrages von 5.000 EUR legt der Beklagte Berufung ein.
> Obwohl das erstinstanzliche Urteil nur vom Beklagten hinsichtlich seiner Verurteilung in Höhe von 5.000 EUR angegriffen wird, verhindert es, dass hinsichtlich der nicht angegriffenen Teile (Verurteilung des Beklagten zu weiteren 3.000 EUR; Verurteilung des Klägers zu 2.000 EUR) Rechtskraft eintritt. Dies wiederum beruht darauf, dass der Beklagte sein Rechtsmittel gegebenenfalls erweitern und sich gegen seine Verurteilung in Höhe der gesamten 8.000 EUR wenden kann.[2] Umgekehrt kann der Kläger bis zum Ablauf eines Monats nach Zustellung der Berufungsbegründungsschrift Anschlussberufung einlegen (§ 524 Abs. 2 S. 2 ZPO) und sich gegen seine Verurteilung zur Zahlung der 2.000 EUR wehren. Um ohne Sicherheitsleistung vollstrecken zu können, müssen also der Kläger und der Beklagte nach § 537 ZPO beantragen, dass das Urteil, soweit es nicht angegriffen ist, für vorläufig vollstreckbar erklärt wird.

Die Entscheidung über die unbedingte Vollstreckbarerklärung trifft das Rechtsmittelgericht durch **Beschluss** nach Ablauf der Rechtsmittelbegründungsfrist. Eine **mündliche Verhandlung ist nicht vorgesehen** (§§ 537 Abs. 1 S. 2, 558 S. 2 ZPO), gleichwohl aber möglich. Aufgrund des Beschlusses des Rechtsmittelgerichts kann dann der jeweilige Gläubiger ohne jegliche Einschränkung die Zwangsvollstreckung aus dem vorinstanzlichen Urteil betreiben.

B. Regelungsgehalt

I. Gebührentatbestände

Hinsichtlich der Berechnung der Anwaltsvergütung scheint das Gesetz widersprüchlich zu sein, da es einerseits in § 19 Abs. 1 S. 2 Nr. 9 anordnet, dass die Tätigkeit des Anwalts im Verfahren auf Vollstreckbarerklärung eines Urteils zum Rechtszug gehört und somit durch die Gebühren der VV 3100 ff. abgegolten wird, andererseits in VV 3329 einen eigenen Gebührentatbestand hierfür vorsieht. Ein Widerspruch zwischen § 19 Abs. 1 S. 2 Nr. 9 und VV 3329 besteht jedoch nur scheinbar.

---

1 BGH NJW 1992, 2296; OLG Hamm NJW-RR 1990, 1470.

2 Zöller/*Gummer*, § 519 Rn 31.

Obwohl das Verfahren auf Vollstreckbarerklärung prozessual stets zum Rechtsstreit gehört,[3] kann das Verfahren gebührenrechtlich je nach Fallgestaltung zum Prozessverfahren zählen oder eine eigene Angelegenheit darstellen.

II. Umfang der Angelegenheit

1. Selbstständige Angelegenheit oder Teil des Rechtsmittelverfahrens?

5   Eine gesonderte Angelegenheit, die nach VV 3329 zu vergüten ist, liegt immer dann vor, wenn der nicht angegriffene Teil des Urteils niemals Gegenstand des Rechtsmittelverfahrens war. Dagegen zählt das Verfahren auf Vollstreckbarerklärung als Teil des Rechtsmittelverfahrens, wenn der ursprünglich noch nicht oder später nicht mehr angegriffene Teil des Urteils im Verlaufe des Rechtsmittelverfahrens irgendwann einmal anhängig war. Nur dann gilt § 19 Abs. 1 S. 2 Nr. 9, so dass die Tätigkeit auf Vollstreckbarerklärung durch die Gebühren der VV 3100 ff. abgegolten wird.

2. Fälle der Zugehörigkeit zum Rechtsmittelverfahren

6   Die Tätigkeit des Anwalts gehört in folgenden Fällen zum Rechtsmittelverfahren, so dass nach § 19 Abs. 1 S. 2 Nr. 9 eine einzige Angelegenheit vorliegt:

a) Das ursprünglich unbeschränkt eingelegte Rechtsmittel wird nachträglich beschränkt

7   **Beispiel:** Der Beklagte ist verurteilt worden, 10.000 EUR zu zahlen. Er legt gegen das Urteil Berufung ein und beantragt, das Urteil abzuändern und die Klage abzuweisen. In der mündlichen Verhandlung nimmt er die Berufung teilweise zurück und wehrt sich nur noch gegen seine Verurteilung, soweit diese über 6.000 EUR hinausgeht. Der Kläger beantragt, die Berufung zurückzuweisen und den nicht angegriffenen Teil des Urteils vorläufig für vollstreckbar zu erklären.
Die gesamten 10.000 EUR waren anfangs Gegenstand des Berufungsverfahrens. Die spätere Teilrücknahme der Berufung ändert daran nichts mehr. Es liegt daher nach § 19 Abs. 1 S. 2 Nr. 9 nur eine Angelegenheit vor.[4] Zu rechnen ist für den Anwalt des Klägers wie folgt:
Gegenstandswert: 10.000 EUR
1. 1,6-Verfahrensgebühr, VV 3200   892,80 EUR
2. 1,2-Terminsgebühr, VV 3202   669,60 EUR
3. Postentgeltpauschale, VV 7002   20,00 EUR
  Zwischensumme   1.582,40 EUR
4. 19 % Umsatzsteuer, VV 7008   300,66 EUR
Gesamt   **1.883,06 EUR**
Wäre die Berufung vor dem Termin zurückgenommen worden, wäre die Terminsgebühr nur nach 6.000 EUR angefallen.

b) Das ursprünglich beschränkte Rechtsmittel wird nachträglich erweitert

8   **Beispiel:** Der Beklagte ist verurteilt worden, 10.000 EUR zu zahlen. Er legt Berufung ein und wendet sich nur gegen die Verurteilung, soweit sie einen Betrag in Höhe von 4.000 EUR übersteigt. Daraufhin beantragt der Kläger, das Urteil in Höhe von 4.000 EUR für vorläufig vollstreckbar zu erklären. Anschließend erweitert der Beklagte jedoch sein Rechtsmittel und beantragt nunmehr, das erstinstanzliche Urteil insgesamt abzuändern. Der Kläger beantragt, die Berufung zurückzuweisen. Mit diesen Anträgen wird verhandelt.

9   Zunächst waren nur die angegriffenen 6.000 EUR Gegenstand des Berufungsverfahrens, so dass zunächst einmal eine Gebühr nach VV 3329 aus den weiteren 4.000 EUR entstanden ist. Durch die nachträgliche Erweiterung der Berufung sind jedoch die vollen 10.000 EUR zum Gegenstand des

---

3 OLG München AGS 1993, 12 = MDR 1992, 1087 = OLGR 1992, 205 = Rpfleger 1993, 215 = JurBüro 1993, 156.

4 *E. Schneider*, DRiZ 1979, 44; *Hansens*, § 49 Rn 10; *N. Schneider*, AGS 1996, 85; *ders.*, ZAP Fach 24, S. 597.

Berufungsverfahrens geworden, so dass wiederum § 19 Abs. 1 S. 2 Nr. 9 greift.[5] Die Gebühr der VV 3329 geht in der der VV 3100 auf.[6] Zu rechnen ist ebenso wie zuvor.

c) Der nicht angefochtene Teil des Urteils wird in eine spätere Einigung einbezogen

Beispiel: Gegen seine Verurteilung zu 10.000 EUR legt der Beklagte nur in Höhe von 6.000 EUR Berufung ein. Der Kläger beantragt daraufhin, wegen der weiteren 4.000 EUR das erstinstanzliche Urteil für vorläufig vollstreckbar zu erklären. Auf Vorschlag des Gerichts schließen die Parteien gemäß § 278 Abs. 6 ZPO einen Vergleich über die gesamte Klageforderung in Höhe von 10.000 EUR, also auch, soweit sie durch die Berufung nicht angegriffen worden ist.

Durch die Einbeziehung in den Vergleich ist die gesamte Urteilsforderung zum Gegenstand des Berufungsverfahrens gemacht worden, so dass auch hier wiederum § 19 Abs. 1 S. 2 Nr. 9 gilt. Aus dem Wert des nicht angefochtenen Teils ist eine 0,8-Gebühr nach VV 3101 Nr. 1 angefallen, die damit auch die Tätigkeit im Verfahren auf vorläufige Vollstreckbarerklärung abgilt.[7] Hinzu kommt eine Terminsgebühr nach Anm. zu VV 3202, Anm. Abs. 1 Nr. 1 zu VV 3104. Die Einigungsgebühr bemisst sich nach VV 1000, 1004, weil die weiter gehende Forderung noch anhängig und das Verfahren insoweit noch nicht rechtskräftig abgeschlossen ist; da die Sache aber jetzt im Rechtsmittelverfahren anhängig ist, dürfte eine 1,3-Gebühr nach VV 1004 anfallen. Zu rechnen ist danach wie folgt:

1. 1,6-Verfahrensgebühr, VV 3200 (Wert: 6.000 EUR)	566,40 EUR
2. 1,1-Verfahrensgebühr, VV 3200, 3201 Nr. 1 (Wert: 4.000 EUR)	277,20 EUR
gem. § 15 Abs. 3 nicht mehr als 1,6 aus 10.000 EUR	892,80 EUR
3. 1,2-Terminsgebühr, VV 3202 (Wert: 10.000 EUR)	669,60 EUR
4. 1,3-Einigungsgebühr, VV 1004, 1000 (Wert: 10.000 EUR)	725,40 EUR
5. Postentgeltpauschale, VV 7002	20,00 EUR
Zwischensumme	2.258,60 EUR
6. 19 % Umsatzsteuer, VV 7008	429,13 EUR
Gesamt	**2.687,73 EUR**

3. Selbstständige Angelegenheit

Nur dann, wenn der nicht angegriffene Teil weder anfangs noch später Gegenstand des Rechtsmittelverfahrens war und auch nicht durch eine Einigung in das Rechtsmittelverfahren einbezogen worden ist, greift VV 3329. Das Verfahren auf vorläufige Vollstreckbarerklärung zählt dann als eigene gebührenrechtliche Angelegenheit i.S.d. § 15 Abs. 1.[8]

III. Die Vergütung

1. Verfahrensgebühr

Der Anwalt erhält für seine Tätigkeit im Verfahren auf Vollstreckbarerklärung zunächst eine Verfahrensgebühr nach VV 3329.

---

[5] Hansens, § 49 Rn 10; N. Schneider, AGS 1996, 85; ders., ZAP Fach 24, S. 597.
[6] OLG Celle NdsRpfl 1959, 152; Zöller/Gummer, § 537 Rn 15.
[7] So zum Vorgänger der VV 3101 Nr. 2, dem früheren § 32 Abs. 2 BRAGO: LG Hamburg JurBüro 1982, 1512 = MDR 1982, 945 = VersR 1983, 465; Hansens, § 49 Rn 10; N. Schneider, AGS 1996, 85; ders., ZAP Fach 24, S. 597.
[8] LG Bonn AGS 2001, 76 = BRAGOreport 2001, 58 m. Anm. N. Schneider = MDR 2001, 416 m. Anm. N. Schneider = JurBüro 2001, 252 = KostRsp. BRAGO § 49 m. Anm. N. Schneider.

a) Höhe der Gebühr

14 Die Höhe der Gebühr beläuft sich auf 0,5 (nach § 49 Abs. 2 BRAGO waren lediglich 3/10 einer vollen Gebühr vorgesehen, die sich allerdings nach § 11 Abs. 1 S. 4 BRAGO auf 39/100 erhöhten).[9] Eine Reduzierung bei vorzeitiger Erledigung ist nicht vorgesehen (arg. e VV 3337).

b) Mehrere Auftraggeber

15 Vertritt der Anwalt im Verfahren auf Vollstreckbarerklärung mehrere Auftraggeber gemeinschaftlich hinsichtlich desselben Gegenstandes, also z.B. bei Gesamtgläubigern, dann erhöht sich die 0,5-Gebühr nach VV 1008.[10] Die Erhöhung beträgt 0,3 je weiteren Auftraggeber, so dass der Anwalt bei Vertretung von zwei Auftraggebern 0,8 erhält. Gleiches gilt für den Anwalt des Antragsgegners, wenn er Gesamtschuldner vertritt.

16 Vertritt der Anwalt im Verfahren auf Vollstreckbarerklärung mehrere Auftraggeber wegen verschiedener Gegenstände, so sind deren Werte nach § 22 zu addieren. Eine Gebührenerhöhung nach VV 1008 kommt daneben nicht in Betracht.

c) Begrenzung nach § 15 Abs. 3?

17 Umstritten ist, ob eine Begrenzung der Gebührenhöhe nach § 15 Abs. 3 vorzunehmen ist.

> **Beispiel:**[11] Der Beklagte wird zur Zahlung von 40.000 EUR verurteilt. Hiergegen legt er Berufung ein, soweit er zur Zahlung eines höheren Betrages als 10.000 EUR verurteilt worden ist. Der Anwalt des Klägers beantragt daraufhin auftragsgemäß die Zurückweisung der Berufung. Darüber hinaus beantragt er, das erstinstanzliche Urteil in Höhe von 10.000 EUR ohne Sicherheitsleistung für vorläufig vollstreckbar zu erklären.

18 Für das Berufungsverfahren erhält der Anwalt eine Verfahrensgebühr aus dem Wert von 30.000 EUR. Für den Antrag auf vorläufige Vollstreckbarerklärung erhält er eine weitere 0,5-Gebühr nach VV 3329 aus dem Wert von 10.000 EUR. Nach der Auffassung von *Hansens*[12] ist das Aufkommen beider Gebühren nach § 15 Abs. 3 (vormals: § 13 Abs. 3 BRAGO) zu beschränken.[13] Der Anwalt soll danach höchstens eine 1,3-Gebühr aus dem Gesamtwert erhalten dürfen:

1. 1,6-Verfahrensgebühr, VV 3200 (Wert: 30.000 EUR)	1.380,80 EUR
2. 0,5-Verfahrensgebühr, VV 3329 (Wert: 10.000 EUR)	279,00 EUR
gem. § 15 Abs. 3 nicht mehr als 1,6 aus 40.000 EUR	1.620,80 EUR
3. Postentgeltpauschale, VV 7002	20,00 EUR
Zwischensumme	1.640,80 EUR
4. 19 % Umsatzsteuer, VV 7008	311,75 EUR
Gesamt	**1.952,55 EUR**

19 Diese Auffassung ist jedoch unzutreffend. Die Vorschrift des § 15 Abs. 3 setzt voraus, dass mehrere Gebühren in derselben Angelegenheit angefallen sind. Hieran fehlt es bereits, da der nicht angegriffene Teil des Urteils niemals Gegenstand des Rechtsmittelverfahrens geworden ist. Daher handelt es sich um eine selbstständige Angelegenheit, so dass § 15 Abs. 3 nicht anwendbar ist. Im Übrigen widerspricht sich die Gegenauffassung selbst, die einerseits eine gesonderte Kostenentscheidung für das Verfahren auf Vollstreckbarerklärung verlangt, um die dort entstandenen Kosten gesondert festsetzen zu können (siehe Rdn 29), andererseits jedoch nach § 15 Abs. 3 eine einheitliche Gebühr berechnen will. Wie soll dann noch gesondert festgesetzt werden können?

---

9 OLG München AGS 1993, 12 = MDR 1992, 1087 = OLGR 1992, 205 = JurBüro 1993, 156 = Rpfleger 1993, 215; *Hansens*, § 49 Rn 11.
10 So schon zu § 49 Abs. 2 BRAGO: LG Düsseldorf JurBüro 1980, 62 = AnwBl 1980, 159; *Hansens*, § 49 Rn 11.
11 Nach *Hansens*, § 49 Rn 11.
12 *Hansens*, § 49 Rn 11.
13 Ebenso auch Gerold/Schmidt/*Müller-Rabe*, RVG, VV 3329 Rn 8.

Auch die Vorschrift des § 15 Abs. 6 führt nicht zu einer Gebührenreduzierung, da der Anwalt nicht mit einzelnen Handlungen in derselben Angelegenheit beauftragt ist. Dem Anwalt bleiben also beide Gebühren in voller Höhe erhalten, so dass wie folgt zu rechnen ist: **20**

I. Berufungsverfahren
1. 1,6-Verfahrensgebühr, VV 3200
   (Wert: 30.000 EUR) — 1.380,80 EUR
2. Postentgeltpauschale, VV 7002 — 20,00 EUR
   Zwischensumme — 1.400,80 EUR
3. 19 % Umsatzsteuer, VV 7008 — 266,15 EUR
   Gesamt — **1.666,95 EUR**

II. Verfahren auf Vollstreckbarerklärung
1. 0,5-Verfahrensgebühr, VV 3329
   (Wert: 10.000 EUR) — 279,00 EUR
2. Postentgeltpauschale, VV 7002 — 20,00 EUR
   Zwischensumme — 299,00 EUR
3. 19 % Umsatzsteuer, VV 7008 — 56,81 EUR
   Gesamt — **355,81 EUR**
   Gesamt I. + II. — **2.022,76 EUR**

2. Terminsgebühr, VV 3332

Im Gegensatz zum Vorgänger (§ 49 Abs. 2 BRAGO), der das gesamte Verfahren abdeckte, einschließlich einer eventuellen mündlichen Verhandlung und Beweisaufnahme,[14] kann nach VV 3332 zusätzlich eine Terminsgebühr entstehen, wenn im Verfahren auf vorläufige Vollstreckbarerklärung ein Termin i.S.d. VV Vorb. 3 Abs. 3 stattfindet oder wenn das Gericht im Verhandlungstermin des Berufungsverfahrens auch über die vorläufige Vollstreckbarkeit erörtert oder verhandelt oder wenn der Anwalt an Besprechungen mit dem Gegner oder Dritten zur Erledigung des Verfahrens auch ohne Beteiligung des Gerichts mitwirkt. Der Anwalt erhält dann nach VV 3332 eine Terminsgebühr in Höhe von weiteren 0,5 (siehe hierzu auch das Abrechnungsbeispiel Rdn 22). **21**

3. Einigungsgebühr

Denkbar ist auch eine Einigungsgebühr, die sich dann nach VV 1004 richtet, da die Tätigkeit im Verfahren auf Vollstreckbarerklärung bereits zur Rechtsmittelinstanz zählt.[15] **22**

Beispiel: Der Beklagte wird zur Zahlung von 20.000 EUR verurteilt. Hiergegen legt er Berufung ein, soweit er zur Zahlung eines höheren Betrages als 12.000 EUR verurteilt worden ist. Der Anwalt des Klägers beantragt daraufhin auftragsgemäß die Zurückweisung der Berufung. Darüber hinaus beantragt er, das erstinstanzliche Urteil in Höhe von 12.000 EUR ohne Sicherheitsleistung für vorläufig vollstreckbar zu erklären. Der Beklagtenvertreter verhandelt daraufhin mit dem Klägervertreter und erreicht eine Ratenzahlung, worauf im Gegenzug der Antrag auf Vollstreckbarerklärung zurückgenommen wird. Zu rechnen ist wie folgt:

Wert: 12.000 EUR
1. 0,5-Verfahrensgebühr, VV 3329 — 302,00 EUR
2. 0,5-Terminsgebühr, VV 3332 — 302,00 EUR
3. 1,3-Einigungsgebühr, VV 1004, 1000 — 785,20 EUR
4. Postentgeltpauschale, VV 7002 — 20,00 EUR
   Zwischensumme — 1.409,20 EUR
5. 19 % Umsatzsteuer, VV 7008 — 267,75 EUR
   Gesamt — **1.676,95 EUR**

---

14 OLG Celle NdsRpfl 1959, 152; *Hansens*, § 49 Rn 11.
15 OLG München AGS 1993, 12 = OLGR 1992, 205 = JurBüro 1993, 156 = AGS 1993, 12 = MDR 1992, 1087 = Rpfleger 1993, 215 = KostRsp. BRAGO § 49 Nr. 9; OLG Düsseldorf JurBüro 1980, 62 = KostRsp. BRAGO § 49 Nr. 5 m. Anm. *E. Schneider*.

4. Auslagen

23 Daneben erhält der Anwalt im Verfahren auf Vollstreckbarerklärung Ersatz seiner Auslagen nach den VV 7000 ff. Da es sich um eine gesonderte Angelegenheit handelt, entsteht insbesondere auch eine eigene Postentgeltpauschale nach VV 7002.

IV. Gegenstandswert

24 Nach Ansicht des OLG Hamm[16] soll der Wert des Verfahrens auf Vollstreckbarerklärung gemäß § 3 ZPO nach dem im Einzelfall gegebenen Interesse an der Vollstreckung ohne Sicherheitsleistung zu schätzen sein.[17] Das OLG Hamm geht dabei von einem Bruchteil in Höhe von einem Fünftel aus.[18]

25 Das OLG Frankfurt[19] ist demgegenüber der Auffassung, der Wert des Verfahrens richte sich nicht nach der Höhe der ohne Sicherheitsleistung für vollstreckbar zu erklärenden Forderung (siehe Rdn 26), sondern nach dem im Einzelfall gemäß § 3 ZPO zu bestimmenden Interesse an der Vollstreckungsmöglichkeit ohne Sicherheitsleistung. Im entschiedenen Fall gelangt es aber auch zu 1/5 der Hauptsache. Dieses Interesse kann bei der größeren Forderung eines potenten Gläubigers allein in der Vermeidung von Avalkosten für eine sonst zu stellende Bürgschaft bestehen.

26 Nach überwiegender und zutreffender Ansicht richtet sich der Gegenstandswert dagegen nach dem vollen Wert der Verurteilung.[20]

27 Diese Auffassung dürfte im Ergebnis zutreffend sein. Die geringere Bedeutung des Verfahrens wird bereits durch die geringeren Gebührensätze berücksichtigt. Die Bewertung folgt allerdings nicht unmittelbar aus dem GKG, da in diesem Verfahren keine Gerichtsgebühren vorgesehen sind. Anzuwenden ist § 23 Abs. 2, der die Vorschriften des GKG für entsprechend anwendbar erklärt, so dass insoweit der Rückgriff über § 48 Abs. 1 S. 1 GKG auf § 3 ZPO zulässig ist.

28 Da es sich bei dem Verfahren auf Vollstreckbarerklärung nicht um eine Maßnahme der Zwangsvollstreckung handelt, sind Zinsen, Kosten und andere Nebenforderungen nicht nach § 25 Abs. 1 hinzuzurechnen. Diese Nebenpositionen bleiben in entsprechender Anwendung des § 43 Abs. 1 GKG außer Ansatz.[21]

C. Kostenentscheidung/Kostenerstattung

29 Soweit das Verfahren auf Vollstreckbarerklärung gemäß § 19 Abs. 1 S. 2 Nr. 9 zum Rechtszug gehört, ist eine gesonderte Kostengrundentscheidung zur Festsetzung nicht erforderlich. Die Kosten – auch soweit sie nur die vorläufige Vollstreckbarerklärung betreffen – können vielmehr aufgrund der Hauptsache-Kostenentscheidung festgesetzt werden.[22]

30 Anders verhält es sich dagegen, wenn das Verfahren auf Vollstreckbarerklärung eine eigene Angelegenheit darstellt. Die dort entstandenen Kosten können nicht aufgrund der Hauptsache-Kostenentscheidung festgesetzt werden. Es ist vielmehr eine gesonderte Kostengrundentscheidung für das Verfahren auf Vollstreckbarerklärung erforderlich.[23]

---

16 FamRZ 1994, 248 = KostRsp. ZPO § 3 Nr. 1181 m. Anm. *Herget*.
17 Ebenso OLG Frankfurt JurBüro 1996, 312.
18 Ebenso OLG Koblenz AGkompakt 2010, 123 = RVGprof. 2010, 177.
19 OLGR 1996, 48 = JurBüro 1996, 312; FamRZ 1994, 248.
20 *Hansens*, § 49 Rn 12; Gerold/Schmidt/*Müller-Rabe*, VV 3329 Rn 10; LG Bonn AGS 2001, 76 = BRAGOreport 2001, 58 m. Anm. *N. Schneider* = MDR 2001, 416 m. Anm. *N. Schneider* = JurBüro 2001, 252 = KostRsp. BRAGO § 49 m. Anm. *N. Schneider*.
21 Gerold/Schmidt/*Müller-Rabe*, RVG, VV 3329 Rn 10.
22 Zöller/*Gummer*, § 537 Rn 14.
23 OLG Düsseldorf Rpfleger 1955, 165; OLG Hamm NJW 1972, 2314 = JurBüro 1972, 922 = MDR 1972, 143; OLG Schleswig SchlHA 1980, 188; OLG München AGS 1993, 12 = MDR 1992, 1087 = OLGR 1992, 205 = Rpfleger 1993, 215 = JurBüro 1993, 156; KG OLGZ 1988, 125 = MDR 1988, 240; *Hansens*, § 49 Rn 13; Gerold/Schmidt/*Müller-Rabe*, RVG, VV 3329 Rn 11; a.A. Riedel/Sußbauer/*Keller*, BRAGO, § 49 Rn 22: Festsetzung aufgrund Hauptsacheentscheidung, offengelassen in der 8. Aufl. RVG, VV 3329 Rn 167.

Unterbleibt irrtümlich eine Kostenentscheidung des Gerichts – was leider häufig vorkommt – muss binnen zwei Wochen eine **Beschlussergänzung** nach § 321 ZPO beantragt werden. Anderenfalls kommt eine Kostenerstattung insoweit nicht mehr in Betracht. Nach anderer Auffassung soll dagegen die Entscheidung über die Kosten des Verfahrens auf Vollstreckbarerklärung auch noch in der späteren Hauptsacheentscheidung nachgeholt werden können.[24] 31

Soweit eine gesonderte Kostenentscheidung über das Verfahren der vorläufigen Vollstreckbarerklärung ergeht, richtet sich die Kostenverteilung nach den §§ 91 ff. ZPO und nicht etwa nach der Kostenquote in der Hauptsache. Der Verurteilte hat also gemäß § 91 ZPO stets die Kosten zu tragen, soweit das Urteil für vorläufig vollstreckbar erklärt wird. Der Kläger trägt die Kosten, soweit sein Antrag abgewiesen wird. Zahlt der Verurteilte nach Antragstellung, aber noch vor Erlass des Beschlusses, so ist das Verfahren in der Hauptsache für erledigt zu erklären. Die Kosten sind dann nach § 91a ZPO in aller Regel dem Beklagten aufzuerlegen, wenn der Antrag zum Zeitpunkt der Zahlung zulässig und begründet war.[25] Die Vorschrift des § 93 ZPO ist nicht deshalb entsprechend anwendbar, weil der Gläubiger den Schuldner nicht mehr zur Zahlung aufgefordert hat.[26] 32

Wird das Rechtsmittel nachträglich erweitert, so dass auch der ursprünglich nicht angefochtene Teil des Urteils zum Gegenstand des Rechtsmittelverfahrens wird (siehe Rdn 6 ff.), bleibt ein bereits erlassener Beschluss nach §§ 537, 558 ZPO einschließlich seiner Kostenentscheidung bestehen, weil er unanfechtbar ist.[27] Da in diesem Fall jedoch keine Gebühr nach VV 3329 mehr entsteht bzw. nachträglich wegfällt, kommt insoweit auch keine Kostenfestsetzung mehr in Betracht.[28] 33

Hat ein Patentanwalt bei dem Verfahren auf Vollstreckbarerklärung mitgewirkt, so ist sein hierdurch bedingtes Honorar nicht zu erstatten, wenn bereits eine volle Gebühr für den Berufungsrechtszug als zu erstatten festgesetzt worden ist.[29] 34

D. Prozesskostenhilfe

Ist dem Rechtsmittelführer Prozesskostenhilfe bewilligt worden, so erstreckt sich diese Bewilligung auch ohne ausdrücklichen Ausspruch auf das Verfahren auf Vollstreckbarerklärung. Soweit er den Antrag nach §§ 537, 558 ZPO stellt, sind die hierdurch ausgelösten Gebühren von der Staatskasse zu übernehmen.[30] 35

Für den Rechtsmittelgegner gilt dies jedoch nicht. Für ihn erstreckt sich die im Rechtsmittelverfahren bewilligte Prozesskostenhilfe nur dann auch auf das Verfahren nach den §§ 537 oder 558 ZPO, wenn dies im Bewilligungsbeschluss ausdrücklich angeordnet ist.[31] 36

E. Rechtsschutzversicherung

Die Gebühren nach VV 3329, 3332 sind grundsätzlich auch vom Versicherungsschutz erfasst. Hier kann sich allerdings eine Obliegenheitsverletzung ergeben, wenn es dem Versicherungsnehmer ohne Nachteile zumutbar war, die Rechtskraft in der Hauptsache abzuwarten. 37

---

24 OLG Düsseldorf Rpfleger 1955, 165 m. Anm. *Bierbach*; Zöller/*Gummer*, § 537 Rn 14.
25 OLG Hamm OLGR 2000, 18; OLG Celle 13. Zivilsenat, Beschl. v. 10.7.2001 – 13 U 48/01 (juris); OLGR Celle 2000, 112.
26 OLG Celle 13. Zivilsenat, Beschl. v. 10.7.2001 – 13 U 48/01 (juris).
27 *E. Schneider*, DRiZ 1979, 44.
28 OLG Celle NdsRpfl 1959, 152; Zöller/*Gummer*, § 537 Rn 15.
29 OLG Düsseldorf JurBüro 1988, 474 = MittdtschPatAnw 1988, 38.
30 Zöller/*Gummer*, § 537 Rn 16; Gerold/Schmidt/*Müller-Rabe*, RVG, VV 3329 Rn 12.
31 *Schumann/Greißinger*, § 49 Rn 11; Gerold/Schmidt/*Müller-Rabe*, RVG, VV 3329 Rn 14.

Nr.	Gebührentatbestand	Gebühr oder Satz der Gebühr nach § 13 RVG
3330	Verfahrensgebühr für Verfahren über eine Rüge wegen Verletzung des Anspruchs auf rechtliches Gehör	in Höhe der Verfahrensgebühr für das Verfahren, in dem die Rüge erhoben wird, höchstens 0,5, bei Betragsrahmengebühren höchstens 220,00 €
3331	Terminsgebühr in Verfahren über eine Rüge wegen Verletzung des Anspruchs auf rechtliches Gehör	in Höhe der Terminsgebühr für das Verfahren, in dem die Rüge erhoben wird, höchstens 0,5, bei Betragsrahmengebühren höchstens 220,00 €

Literatur: *E. Schneider,* Befangenheitsablehnung wegen Gehörsverletzung, ZAP Fach 13, S. 1191; *ders.,* Die neue ZPO – Risiko und Kontroversen, ZAP Fach 13, S. 1239; *N. Schneider,* Kostenrechtliche Betrachtungen zum Verfahren über die Gehörsrüge nach § 321a ZPO, NJW 2002, 1094.

A. Allgemeines 1	a) Sozialgerichtliche Verfahren 18
B. Regelungsgehalt 4	aa) Verfahrensgebühr, VV 3330 18
I. Umfang der Angelegenheit 4	bb) Terminsgebühr 22
II. Die Gebühren 7	cc) Einigungs- und Erledigungsgebühr 25
1. Wertgebühren 7	b) Verfahren nach VV Teil 6 26
a) Verfahrensgebühr, VV 3330 7	aa) Verfahrensgebühr, VV 3330 26
b) Terminsgebühr, VV 3331 11	bb) Terminsgebühr 27
c) Einigungs-, Erledigungs- und Aussöhnungsgebühr 14	III. Auslagen 28
d) Gegenstandswert 15	IV. Kostenentscheidung 29
2. Betragsrahmengebühren 18	V. Prozesskosten-/Verfahrenskostenhilfe 34

A. Allgemeines

1 Hat das Gericht bei seiner Entscheidung den Anspruch der Partei auf Gewährung rechtlichen Gehörs in entscheidungserheblicher Weise verletzt und steht der durch die Entscheidung beschwerten Partei kein Rechtsmittel zu, etwa weil eine Berufung nach § 511 Abs. 2 ZPO nicht zulässig ist, kann sie Gehörsrüge erheben. Dem Gegner ist in diesem Verfahren Gelegenheit zur Stellungnahme zu geben (z.B. § 321a Abs. 3 ZPO). Ist die Rüge unbegründet, weist das Gericht sie durch unanfechtbaren Beschluss zurück. Ist die Rüge dagegen begründet, so wird das Verfahren fortgeführt und in die Lage zurückversetzt, in der es sich vor dem Schluss der mündlichen Verhandlung oder anderweitigem Abschluss des Verfahrens befand (z.B. § 321a Abs. 5 ZPO).

2 Vorgesehen ist die Gehörsrüge u.a. in folgenden Fällen:
– §§ 321a ZPO
– § 44 FamFG
– § 71a GWB
– § 78a ArbGG
– § 152a VwGO
– § 178a SGG
– § 133a FGO
– §§ 33a, 356a StPO
– § 55 Abs. 4 JGG i.V.m. § 356a StPO

- § 79 Abs. 1 S. 1 Nr. 5 OWiG
- § 121a WDO
- § 81 Abs. 3 GBO
- § 89 Abs. 3 SchiffRegO
- § 69a GKG
- § 61 FamGKG
- § 85 GNotKG (bislang §§ 131d, 157a KostO)
- § 4a JVEG
- § 12a RVG
- § 2 Abs. 2 S. 1 GVKostG i.V.m. § 69a GKG
- § 13 Abs. 2 JVKostO i.V.m. § 157a KostO (anzuwenden noch in Altfällen).

Ist der Anwalt zugleich in der Hauptsache beauftragt, wird seine Tätigkeit nach § 19 Abs. 1 S. 2 Nr. 5 durch die Gebühren in der Hauptsache abgegolten. Ist der Anwalt **ausschließlich mit der Vertretung in einem Verfahren der Gehörsrüge** beauftragt, greifen die Gebühren der Hauptsache nicht, sodass es gesonderter Gebührentatbestände bedarf. Insoweit gilt Folgendes:

- Richtet sich die **Vergütung nach VV Teil 3** und ist nach **Wertgebühren** abzurechnen, gelten die VV 3330, 3331.
- In **Sozialsachen**, in denen sich die Gebühren nicht nach dem Gegenstandswert richten (§ 3 Abs. 1 S. 1), fehlte bislang eine der VV 3330 vergleichbare Betragsrahmenvorschrift, sodass eine Vergütung nur als Einzeltätigkeit (VV 3406) in Betracht kam. Diese fehlende Vorschrift ist jetzt in der Neufassung der VV 3330 enthalten, sodass dieses Problem erledigt ist. Die bislang fehlende Terminsgebühr findet sich jetzt in VV 3331.
- Auch in **Strafsachen** ist eine Gehörsrüge möglich. Soweit sie dort eine eigene Angelegenheit darstellt, fehlt – abgesehen von den Fällen der VV Vorb. 4 Abs. 5 – eine Verweisung auf VV Teil 3. Mangels einer der VV 3330 vergleichbaren speziellen Regelung wäre eine **Einzeltätigkeit** nach VV 4302 Nr. 3 abzurechnen. Soweit in Strafsachen **ausnahmsweise nach dem Gegenstandswert abgerechnet** wird (VV 4142, 4143 f.), wäre an eine analoge Anwendung der VV Vorb. 4 Abs. 5 mit der Verweisung auf die VV 3330, 3331 zu denken.
- Soweit in **Bußgeldsachen** auf VV Teil 3 verwiesen wird (VV Vorb. 5 Abs. 4), gelten auch hier die VV 3330, 3331. Im Übrigen wäre die isolierte Gehörsrüge als Einzeltätigkeit nach VV 5200 zu vergüten. Auch hier wäre bei Abrechnung nach dem Gegenstandswert (VV 5116) wiederum daran zu denken, in analoger Anwendung der VV Vorb. 5 Abs. 4 die Vorschriften der VV 3330, 3331 heranzuziehen.
- In **Verfahren nach VV Teil 6** ist das isolierte Verfahren über eine Gehörsrüge dagegen bei der Verfahrensgebühr eindeutig nach VV 3330 abzurechnen, da hier jetzt auch ein Betragsrahmen vorgesehen ist und VV Teil 6 nur dann vorrangig ist, wenn dort besondere Gebühren vorgesehen sind (VV Vorb. 3 Abs. 7), was aber hinsichtlich der Gehörsrüge gerade nicht der Fall ist. Die bislang fehlende Terminsgebühr findet sich jetzt in VV 3331.

B. Regelungsgehalt

I. Umfang der Angelegenheit

Soweit der Anwalt **Prozess- oder Verfahrensbevollmächtigter bzw. Verteidiger** ist, erhält er für die Rüge oder für die Abwehr der Rüge keine gesonderte Vergütung. Seine Tätigkeit wird nach § 19 Abs. 1 S. 2 Nr. 5 vielmehr durch die Gebühren der Hauptsache abgegolten.[1] Weder das Verfahren über die Rüge selbst noch das weitere Verfahren nach erfolgreicher Rüge lösen eine neue Angelegenheit aus (§ 15 Abs. 1). Das gilt unabhängig davon, ob sich die Gebühren nach VV Teil 3 richten oder nach VV Teil 4–6.

Ist der Anwalt dagegen **ausschließlich mit der Rüge** oder mit der **Abwehr einer vom Gegner erhobenen Rüge** beauftragt, so erhält er die Vergütung nach VV 3330, 3331, soweit VV Teil 3 anwendbar ist.

---

[1] OLG Brandenburg AGS 2008, 223 m. Anm. *N. Schneider* = OLGR 2008, 217; LAG München AGS 2009, 24.

6   Wird der Anwalt zunächst mit der Vertretung im Verfahren über die Rüge beauftragt und nach Erfolg der Rüge im anschließenden fortgesetzten Verfahren, so ist ebenfalls nur eine Angelegenheit gegeben, da lediglich eine Auftragserweiterung vorliegt und kein Auftrag zu einer neuen Angelegenheit. Die bereits verdiente Vergütung nach VV 3330 geht dann in der anschließenden Vergütung der Hauptsache auf. Die weitere Tätigkeit bildet mit der Gehörsrüge eine Angelegenheit i.S.d. § 15 Abs. 2. Es entsteht nicht etwa eine neue Angelegenheit:
    – Die Vorschrift des § 17 Nr. 1 ist nicht anwendbar, da die Gehörsrüge kein Rechtsmittel ist.
    – Die Vorschrift des § 21 Abs. 1 S. 1 greift ebenso wenig, da es mangels eines Rechtsmittels an einer Zurückverweisung fehlt.

    Es bleibt vielmehr bei dem Grundsatz des § 15 Abs. 1 u. 2, wonach sämtliche Gebühren insgesamt nur einmal anfallen können.

II. Die Gebühren

1. Wertgebühren

a) Verfahrensgebühr, VV 3330

7   Der Anwalt erhält zunächst einmal eine Verfahrensgebühr nach VV 3330. Die **Höhe der Gebühr** im Verfahren über die Rüge beläuft sich auf die Höhe der Verfahrensgebühr im zugrunde liegenden Verfahren, höchstens jedoch auf 0,5. Das gilt auch dann, wenn die Gehörsrüge im Rechtsmittelverfahren erhoben wird.

8   Die Begrenzung greift also nur, wenn die Hauptsachegebühr nicht unter 0,5 liegt (so z.B. in der Zwangsvollstreckung mit 0,3, VV 3309) oder die Verfahrensgebühr ohnehin 0,5 beträgt (so z.B. in einfachen Beschwerdeverfahren, VV 3500).

9   Die Verfahrensgebühr erhöht sich nach VV 1008 bei mehreren Auftraggebern um jeweils 0,3 je weiteren Auftraggeber, höchstens um 2,0, sofern der Gegenstand der Hauptsache derselbe ist.

10 Eine Reduzierung der Verfahrensgebühr bei vorzeitiger Erledigung ist – wie bisher – nicht vorgesehen (arg. e VV 3337).

b) Terminsgebühr, VV 3331

11 Findet im Verfahren über die Gehörsrüge ein Termin i.S.d. VV Vorb. 3 Abs. 3 statt, erhält der Anwalt nach VV 3331 eine Terminsgebühr in Höhe von 0,5.

12 Eine fiktive Terminsgebühr bei Entscheidung ohne mündliche Verhandlung oder Abschluss eines schriftlichen Vergleichs ist mangels Bezugnahme auf die entsprechenden Vorschriften (Anm. Abs. 1 zu VV 3104 etc.) nicht möglich, abgesehen davon, dass eine mündliche Verhandlung über die Gehörsrüge nicht vorgeschrieben ist.

13 Anders als nach der früheren Gesetzesfassung ist die Terminsgebühr (VV 3331) jetzt unproblematisch, wenn die Terminsgebühr in der Hauptsache unter dem Gebührensatz von 0,5 liegt. Nach dem früheren Wortlaut konnte im Verfahren über die Gehörsrüge eine höhere Terminsgebühr anfallen als in der Hauptsache. Das ist jetzt nicht mehr möglich.

> **Beispiel:** In einem Verfahren auf Festsetzung eines Zwangsgelds wird Anhörungsrüge erhoben. Es kommt zu einem Termin über die Anhörungsrüge.
> Der Anwalt erhält nach VV 3330 nur eine 0,3-Verfahrensgebühr. Nach der früher anzuwendenden der VV 3332 hätte er dagegen eine 0,5-Terminsgebühr verdient, obwohl in der Hauptsache nur eine 0,3-Terminsgebühr hätte anfallen können. Jetzt ist mit der neuen VV 3331 klargestellt, dass auch der Gebührensatz der Terminsgebühr nicht höher als 0,3 liegen kann.

c) Einigungs-, Erledigungs- und Aussöhnungsgebühr

14 Möglich ist auch der Anfall einer Einigungsgebühr nach VV 1000, einer Erledigungsgebühr nach VV 1002 und auch einer Aussöhnungsgebühr nach VV 1001. Da der Gegenstand im Verfahren der Gehörsrüge noch anhängig i.S.d. VV 1003 ist, entsteht die Gebühr nur zu 1,0, bei Anhängigkeit im

Rechtsmittelverfahren zu 1,3 (VV 1004). Soweit sich auch über nicht anhängige Gegenstände geeinigt wird, entsteht die Gebühr zu 1,5 (VV 1000). Zu beachten ist die Begrenzung nach § 15 Abs. 3.

d) Gegenstandswert

Der Gegenstandswert bestimmt sich nach § 23 Abs. 2 S. 3. Maßgebend ist das Interesse der Partei. 15

Dabei bemisst sich der Gegenstandswert nicht unbedingt nach dem Wert der Hauptsache. Wie sich aus den jeweiligen Verfahrensvorschriften ergibt, kann die Rüge nur im Rahmen der Beschwer erhoben werden, sodass der Gegenstandswert den Betrag der Verurteilung oder anderweitigen Beschwer nicht überschreiten kann. Darüber hinaus kann sich die Gehörsrüge auch auf einen Teil der Verurteilung beschränken. 16

> **Beispiel:** Der Kläger hatte drei Mietforderungen zu 300 EUR eingeklagt. Hinsichtlich der ersten Miete ist der Klage stattgegeben worden; hinsichtlich der beiden weiteren Mieten hat das Gericht die Klage abgewiesen. Der Kläger wehrt sich nur gegen die Abweisung der dritten Miete, da das Gericht dem Kläger einen erheblichen Sachvortrag des Beklagten nicht zur Kenntnis gegeben, sondern als unstreitig zugrunde gelegt hat. Hiergegen will sich der Kläger mit der Gehörsrüge wehren und beauftragt einen Anwalt.
> Der Gegenstandswert für das Verfahren über die Gehörsrüge beläuft sich auf 300 EUR.

Werden **wechselseitig Gehörsrügen** erhoben, so sind deren Werte nach § 22 Abs. 1 zu addieren. 17

2. Betragsrahmengebühren

a) Sozialgerichtliche Verfahren

aa) Verfahrensgebühr, VV 3330. Auch hier erhält der Anwalt zunächst einmal eine Verfahrensgebühr nach VV 3330. Die **Höhe der Gebühr** im Verfahren über die Rüge beläuft sich auf die Höhe der Verfahrensgebühr im zugrunde liegenden Verfahren, höchstens jedoch auf 220 EUR. Das gilt auch dann, wenn die Gehörsrüge im Rechtsmittelverfahren erhoben wird. 18

Die Begrenzung greift auch hier nur, wenn die Hauptsachegebühr nicht ohnehin unter 220 EUR liegt (so z.B. in Beschwerde- oder Erinnerungsverfahren mit 210 EUR, VV 3501). 19

Die Verfahrensgebühr erhöht sich nach VV 1008 bei mehreren Auftraggebern, und zwar – unabhängig davon, ob derselbe Gegenstand zugrunde liegt – um 30 % je weiterer Auftraggeber, höchstens um 200 %. 20

Eine Reduzierung der Verfahrensgebühr bei vorzeitiger Erledigung ist wie bisher nicht vorgesehen (arg. e VV 3337). 21

bb) Terminsgebühr. Findet im Verfahren über die Gehörsrüge ein Termin i.S.d. VV Vorb. 3 Abs. 3 statt, so erhält der Anwalt eine Terminsgebühr nach VV 3331. Damit ist die bisherige Lücke geschlossen. 22

Der Anwendungsbereich richtet sich auch hier nach VV Vorb. 3 Abs. 3. 23

Eine fiktive Terminsgebühr bei Entscheidung ohne mündliche Verhandlung, Abschluss eines schriftlichen Vergleichs oder Annahme eines Anerkenntnisses ist mangels Bezugnahme auf die entsprechenden Vorschriften (Anm. Abs. 1 zu VV 3106 etc.) nicht möglich, abgesehen davon, dass eine mündliche Verhandlung über die Gehörsrüge auch hier nicht vorgeschrieben ist. 24

cc) Einigungs- und Erledigungsgebühr. Möglich ist auch der Anfall einer Einigungsgebühr nach VV 1000 oder einer Erledigungsgebühr (VV 1002). Die Gebühr entsteht gem. VV 1006 in Höhe der konkret bestimmten Verfahrensgebühr nach VV 3330. 25

b) Verfahren nach VV Teil 6

aa) Verfahrensgebühr, VV 3330. In Verfahren nach VV Teil 6 erhält der Anwalt ebenfalls eine Verfahrensgebühr nach VV 3330 (siehe Rdn 18). Die **Höhe der Gebühr** im Verfahren über die Rüge beläuft sich auch hier auf die Höhe der Verfahrensgebühr im zugrunde liegenden Verfahren, höchstens jedoch auf 220 EUR. Das gilt auch dann, wenn die Gehörsrüge im Rechtsmittelverfahren erhoben wird. 26

27 **bb) Terminsgebühr.** Findet im Verfahren über die Gehörsrüge ein Termin i.S.d. VV Vorb. 3 Abs. 3 statt, so erhält der Anwalt jetzt ebenfalls eine Terminsgebühr nach VV 3331. Auch hier ist mit dem neuen Gebührentatbestand die bisherige Lücke geschlossen worden.

III. Auslagen

28 Neben den Gebühren erhält der Anwalt auch Erstattung seiner Auslagen nach den VV 7000 ff. Soweit es sich bei dem Verfahren der Gehörsrüge um eine selbstständige Angelegenheit handelt, erhält der Anwalt auch eine eigene Postentgeltpauschale nach VV 7002.

IV. Kostenentscheidung

29 Hinsichtlich der Kostenentscheidung ist zu differenzieren:

30 **1. Die Gehörsrüge wird zurückgewiesen oder die Entscheidung wird bestätigt.** Wird die Gehörsrüge zurückgewiesen, muss eine gesonderte Kostenentscheidung ergehen.[2] Auch wenn es an einer gesetzlichen Kostenerstattungsvorschrift fehlt, sind die **weiteren Kosten** der rügenden Partei aufzuerlegen (z.B. analog § 345 ZPO).

Das gilt auch, wenn zwar die Gehörsrüge erfolgreich war, das ursprüngliche Urteil jedoch bestätigt worden ist. Eine Abtrennung der Kosten im Verfahren über die (erfolgreiche) Gehörsrüge ist nicht vorgesehen. Insbesondere greift die Vorschrift des § 97 ZPO nicht, da die Gehörsrüge kein Rechtsmittel ist.

31 **2. Auf die Gehörsrüge hin wird die Entscheidung aufgehoben oder abgeändert.** Wird auf die Gehörsrüge hin das Verfahren fortgesetzt und die verfahrenswidrig ergangene Entscheidung aufgehoben oder abgeändert, so ist nach Abschluss des Verfahrens eine neue Kostenentscheidung für das gesamte Verfahren zu treffen. Diese richtet sich einheitlich nach den jeweiligen Verfahrensvorschriften (z.B. §§ 91 ff. ZPO). Eine gesonderte Kostenentscheidung im Verfahren über die Gehörsrüge wird nicht veranlasst. Die Kosten folgen dann der Hauptsache.

32 **3. Die Gehörsrüge wird zurückgenommen.** Wird die Gehörsrüge zurückgenommen, so sind wiederum die weiteren Kosten der rügenden Partei aufzuerlegen (z.B. in analoger Anwendung des § 345 ZPO).

33 **4. Das Verfahren wird für erledigt erklärt.** Die Gehörsrüge selbst kann nicht für erledigt erklärt werden, da insoweit ein erledigendes Ereignis nicht in Betracht kommt. Für erledigt erklärt werden kann nur die Hauptsache. Das wiederum ist aber nur möglich, wenn die Gehörsrüge greift und das Verfahren anschließend fortgesetzt wird. Das Gericht hat dann bei übereinstimmender Erledigung der Hauptsache nach § 91a ZPO oder vergleichbarer Kostenvorschriften zu entscheiden, bei einseitiger Erledigungserklärung nach §§ 91, 92 ff. ZPO.

V. Prozesskosten-/Verfahrenskostenhilfe

34 Zutreffenderweise kann für eine Anhörungsrüge Prozess- oder Verfahrenskostenhilfe bewilligt werden, soweit für das zugrunde liegende Verfahren die Bewilligung von Prozess- oder Verfahrenskostenhilfe in Betracht kommt. Ist das nicht der Fall, scheidet eine Bewilligung im Anhörungsrügeverfahren aus, so etwa für eine Anhörungsrüge im PKH-Prüfungsverfahren (§ 127 Abs. 2 ZPO).[3]

35 Soweit der Anwalt allerdings im zugrunde liegenden Verfahren bereits beigeordnet ist, kommt eine gesonderte Bewilligung nicht in Betracht, da die bereits bewilligte Prozess- oder Verfahrenskostenhilfe sich auch auf ein Anhörungsrügeverfahren erstreckt (siehe Rdn 3).

---

[2] OLG Köln AGS 2005, 562 = DAR 2006, 32 = wistra 2006, 75 = VRS 109, 346 = StraFo 2005, 484 = NStZ 2006, 181.

[3] OLG Köln NJW-RR 2015, 576 = JurBüro 2015, 257 = RVGreport 2015, 156.

Abschnitt 3. Gebühren für besondere Verfahren VV 3332

Nr.	Gebührentatbestand	Gebühr oder Satz der Gebühr nach § 13 RVG
3332	Terminsgebühr in den in Nummern 3324 bis 3329 genannten Verfahren	0,5

A. Überblick 1
B. Die einzelnen Verfahren der VV 3324 bis 3329 6
  I. Aufgebotsverfahren (VV 3324) 6
  II. Verfahren nach § 319 Abs. 6 AktG, auch i.V.m. § 327e Abs. 2 AktG, oder nach § 16 Abs. 3 UmwG (VV 3325) 7
  III. Verfahren vor den Gerichten für Arbeitssachen, wenn sich die Tätigkeit auf eine gerichtliche Entscheidung über die Bestimmung einer Frist (§ 102 Abs. 3 ArbGG), die Ablehnung eines Schiedsrichters (§ 103 Abs. 3 ArbGG) oder die Vornahme einer Beweisaufnahme oder einer Vereidigung (§ 106 Abs. 2 ArbGG) beschränkt (VV 3326) 8
  IV. Gerichtliche Verfahren über die die Bestellung eines Schiedsrichters oder Ersatzschiedsrichters, über die Ablehnung eines Schiedsrichters oder über die Beendigung des Schiedsrichteramts, zur die Unterstützung bei der Beweisaufnahme oder bei der Vornahme sonstiger richterlicher Handlungen anlässlich eines schiedsrichterlichen Verfahrens (VV 3327) 9
  V. Verfahren über die vorläufige Einstellung, Beschränkung oder Aufhebung der Zwangsvollstreckung, wenn eine abgesonderte mündliche Verhandlung hierüber stattfindet (VV 3328) 10
  VI. Verfahren auf Vollstreckbarerklärung der durch Rechtsmittelanträge nicht angefochtenen Teile eines Urteils nach §§ 537, 558 ZPO (VV 3329) 11

A. Überblick

Nach VV Vorb. 3.3.6 S. 1 entsteht die Terminsgebühr nach Abschnitt 1, also nach VV 3104, soweit in diesem Unterabschnitt nichts anderes bestimmt ist, und auch nicht die Ausnahme nach S. 2 für Verfahren über Prozess- und Verfahrenskostenhilfe greift. Eine solche **anderweitige Bestimmung** enthält **VV 3332**.   1

Danach richtet sich die Terminsgebühr in den Fällen der VV 3324 bis 3329 nach VV 3332. Es handelt sich um folgende Verfahren: 2
– **VV 3324:** Aufgebotsverfahren;
– **VV 3325:** Verfahren nach § 319 Abs. 6 AktG, auch i.V.m. § 327e Abs. 2 AktG, oder nach § 16 Abs. 3 UmwG;
– **VV 3326:** Verfahren vor den Gerichten für Arbeitssachen, wenn sich die Tätigkeit auf eine gerichtliche Entscheidung über die Bestimmung einer Frist (§ 102 Abs. 3 ArbGG), die Ablehnung eines Schiedsrichters (§ 103 Abs. 3 ArbGG) oder die Vornahme einer Beweisaufnahme oder einer Vereidigung (§ 106 Abs. 2 ArbGG) beschränkt;
– **VV 3327:** Gerichtliche Verfahren über die Bestellung eines Schiedsrichters oder Ersatzschiedsrichters, über die Ablehnung eines Schiedsrichters oder über die Beendigung des Schiedsrichteramts, zur Unterstützung bei der Beweisaufnahme oder bei der Vornahme sonstiger richterlicher Handlungen anlässlich eines schiedsrichterlichen Verfahrens;
– **VV 3328:** Verfahren über die vorläufige Einstellung, Beschränkung oder Aufhebung der Zwangsvollstreckung, wenn eine abgesonderte mündliche Verhandlung hierüber stattfindet;
– **VV 3329:** Verfahren auf Vollstreckbarerklärung der durch Rechtsmittelanträge nicht angefochtenen Teile eines Urteils (§§ 537, 558 ZPO).

In den anderen, nicht in VV 3332 erwähnten Verfahren ist auf VV Vorb. 3.3.6 abzustellen. Danach bemisst sich die Terminsgebühr nach Abschnitt 1, also nach VV 3104 bzw. VV 3106, soweit in Unterabschnitt 6 nichts anderes bestimmt ist.   3

Eine solche anderweitige Bestimmung enthält in Anm. Abs. 2 zu VV 3333 für die dortigen Verfahren (**Verteilungsverfahren außerhalb der Zwangsversteigerung und der Zwangsverwaltung**). Hier entsteht keine Terminsgebühr. Diese ist nach Anm. S. 2 zu VV 3333 ausgeschlossen.   4

In den **Prozesskostenhilfeprüfungsverfahren** nach VV 3335 greift dagegen die Verweisung in VV Vorb. 3.3.6 S. 2 Die Terminsgebühr richtet sich nach der Terminsgebühr des zugrunde liegenden Verfahrens. Mit dieser Neuregelung ist jetzt gewährleistet, dass die Terminsgebühr hier nicht höher   5 sein kann als im Hauptsacheverfahren, was vorher möglich gewesen wäre und nur durch eine Begrenzung nach § 15 Abs. 6 vermieden werden konnte.

B. Die einzelnen Verfahren der VV 3324 bis 3329

I. Aufgebotsverfahren (VV 3324)

6 Die Terminsgebühr beläuft sich auf 0,5. Sie entsteht auch hier unter den Voraussetzungen der VV Vorb. 3 Abs. 3, die für sämtliche Angelegenheiten des VV Teil 3 gilt, also auch für Unterabschnitt 6. Eine Terminsgebühr nach VV Vorb. 3 Abs. 3 S. 3 Nr. 2 für außergerichtliche Besprechungen ist möglich. Eine fiktive Terminsgebühr kommt mangels Verweisung auf Anm. Abs. 1 zu VV 3104 nicht in Betracht, abgesehen davon, dass eine mündliche Verhandlung nicht vorgeschrieben ist.

II. Verfahren nach § 319 Abs. 6 AktG, auch i.V.m. § 327e Abs. 2 AktG, oder nach § 16 Abs. 3 UmwG (VV 3325)

7 Die Terminsgebühr beläuft sich auf 0,5. Sie entsteht auch hier unter den Voraussetzungen der VV Vorb. 3 Abs. 3, die für sämtliche Angelegenheiten des VV Teil 3 gilt, also auch für Unterabschnitt 6. Eine Terminsgebühr nach VV Vorb. 3 Abs. 3 S. 3 Nr. 2 für außergerichtliche Besprechungen ist möglich. Eine fiktive Terminsgebühr kommt mangels Verweisung auf Anm. Abs. 1 zu VV 3104 nicht in Betracht, abgesehen davon, dass eine mündliche Verhandlung nicht vorgeschrieben ist.

III. Verfahren vor den Gerichten für Arbeitssachen, wenn sich die Tätigkeit auf eine gerichtliche Entscheidung über die Bestimmung einer Frist (§ 102 Abs. 3 ArbGG), die Ablehnung eines Schiedsrichters (§ 103 Abs. 3 ArbGG) oder die Vornahme einer Beweisaufnahme oder einer Vereidigung (§ 106 Abs. 2 ArbGG) beschränkt (VV 3326)

8 Die Terminsgebühr beläuft sich auf 0,5. Sie entsteht auch hier unter den Voraussetzungen der VV Vorb. 3 Abs. 3, die für sämtliche Angelegenheiten des VV Teil 3 gilt, also auch für Unterabschnitt 6. Eine Terminsgebühr nach VV Vorb. 3 Abs. 3 S. 3 Nr. 2 für außergerichtliche Besprechungen ist möglich. Eine fiktive Terminsgebühr kommt mangels Verweisung auf Anm. Abs. 1 zu VV 3104 nicht in Betracht, abgesehen davon, dass eine mündliche Verhandlung nicht vorgeschrieben ist.

IV. Gerichtliche Verfahren über die die Bestellung eines Schiedsrichters oder Ersatzschiedsrichters, über die Ablehnung eines Schiedsrichters oder über die Beendigung des Schiedsrichteramts, zur die Unterstützung bei der Beweisaufnahme oder bei der Vornahme sonstiger richterlicher Handlungen anlässlich eines schiedsrichterlichen Verfahrens (VV 3327)

9 Die Terminsgebühr beläuft sich auf 0,5. Sie entsteht auch hier unter den Voraussetzungen der VV Vorb. 3 Abs. 3, die für sämtliche Angelegenheiten des VV Teil 3 gilt, also auch für Unterabschnitt 6. Eine Terminsgebühr nach VV Vorb. 3 Abs. 3 S. 3 Nr. 2 für außergerichtliche Besprechungen ist möglich. Eine fiktive Terminsgebühr kommt mangels Verweisung auf Anm. Abs. 1 zu VV 3104 nicht in Betracht, abgesehen davon, dass eine mündliche Verhandlung nicht vorgeschrieben ist.

V. Verfahren über die vorläufige Einstellung, Beschränkung oder Aufhebung der Zwangsvollstreckung, wenn eine abgesonderte mündliche Verhandlung hierüber stattfindet (VV 3328)

10 Die Terminsgebühr beläuft sich auf 0,5. Sie entsteht auch hier unter den Voraussetzungen der VV Vorb. 3 Abs. 3, die für sämtliche Angelegenheiten des VV Teil 3 gilt, also auch für Unterabschnitt

Abschnitt 3. Gebühren für besondere Verfahren — **VV 3333**

6. In Verfahren nach VV 3328 hat VV Vorb. 3 Abs. 3 S. 3 Nr. 2 für außergerichtliche Besprechungen allerdings kaum Bedeutung, da hier tatbestandlich bereits eine abgesonderte mündliche Verhandlung vor Gericht erforderlich ist (siehe VV 3328 Rdn 13). Denkbar wäre der Fall, dass ein Termin durchgeführt wird, an dem der Anwalt nicht teilnimmt, er dafür aber mit dem Gegner eine Besprechung zur Erledigung des Verfahrens führt. Eine fiktive Terminsgebühr kommt mangels Verweisung auf Anm. Abs. 1 zu VV 3104 nicht in Betracht.

VI. Verfahren auf Vollstreckbarerklärung der durch Rechtsmittelanträge nicht angefochtenen Teile eines Urteils nach §§ 537, 558 ZPO (VV 3329)

Die Terminsgebühr beläuft sich auf 0,5. Sie entsteht auch hier unter den Voraussetzungen der VV Vorb. 3 Abs. 3, die für sämtliche Angelegenheiten des VV Teil 3 gilt, also auch für Unterabschnitt 6. Eine Terminsgebühr nach VV Vorb. 3 Abs. 3 S. 3 Nr. 2 für außergerichtliche Besprechungen ist möglich. Eine fiktive Terminsgebühr kommt mangels Verweisung auf Anm. Abs. 1 zu VV 3104 nicht in Betracht, abgesehen davon, dass eine mündliche Verhandlung nicht vorgeschrieben ist. 11

Nr.	Gebührentatbestand	Gebühr oder Satz der Gebühr nach § 13 RVG
3333	Verfahrensgebühr für ein Verteilungsverfahren außerhalb der Zwangsversteigerung und der Zwangsverwaltung .... Der Wert bestimmt sich nach § 26 Nr. 1 und 2 RVG. Eine Terminsgebühr entsteht nicht.	0,4

A. Allgemeines	1	II. Gebühren	6
B. Regelungsgehalt	2	1. Verfahrensgebühr	6
I. Anwendungsbereich	2	2. Terminsgebühr	8
1. Verteilungsverfahren außerhalb Zwangsversteigerung und Zwangsverwaltung	2	3. Einigungsgebühr	9
		C. Gegenstandswert	10
2. Verteilungsverfahren in der Zwangsversteigerung und Zwangsverwaltung	4	D. Angelegenheit	14
3. Verteilungsverfahren gem. §§ 872 ff. ZPO .	5	E. Kostenerstattung	15

A. Allgemeines

VV 3333 entspricht der früheren Regelung in § 71 BRAGO und sieht für Verteilungsverfahren 1
außerhalb der Zwangsversteigerung und Zwangsverwaltung eine 0,4-Verfahrensgebühr vor. Das entspricht der Höhe des Gebührensatzes in der Zwangsversteigerung und Zwangsverwaltung (VV 3311 f.). Eine Terminsgebühr ist nicht vorgesehen.

B. Regelungsgehalt

I. Anwendungsbereich

1. Verteilungsverfahren außerhalb Zwangsversteigerung und Zwangsverwaltung

Die Vorschrift findet nur Anwendung auf gerichtliche Verteilungsverfahren außerhalb der Zwangs- 2
versteigerung und Zwangsverwaltung, allerdings nur insoweit, als das RVG keine eigenen Regelungen enthält. Die Vorschriften der VV 3309, 3310 (Verteilungsverfahren gemäß §§ 858 Abs. 5, 872 bis 877, 882 ZPO) sowie der VV 3313 ff. (Schifffahrtsrechtliches Verteilungsverfahren) gehen daher der VV 3333 vor (siehe Rdn 4). VV 3313 ff. gelten für das Verfahren nach der schifffahrtsrechtlichen Verteilungsordnung nach VV Vorbem. 3.3.5 Abs. 1 aber nur, soweit dies dort ausdrücklich angeordnet ist.

3 Gerichtliche Verteilungsverfahren außerhalb des ZVG finden u.a. nach folgenden Gesetzen statt:
  – § 119 Abs. 3 BauGB
  – § 55 Bundesleistungsgesetz
  – Art. 52, 53 Abs. 1 S. 2, 53a, 67 Abs. 2, 109 EGBGB
  – § 75 Abs. 2 Flurbereinigungsgesetz
  – § 54 Abs. 3 Landbeschaffungsgesetz.

2. Verteilungsverfahren in der Zwangsversteigerung und Zwangsverwaltung

4 Für Verteilungsverfahren in der Zwangsversteigerung oder Zwangsverwaltung (§§ 105 ff. ZVG) gilt VV 3333 nicht. Hier entsteht die Verfahrensgebühr VV Anm. 2, 4 und 5 zu VV 3311. Das gilt auch für die Erlösverteilung gem. § 143 ZVG, die statt der Verteilung des Versteigerungserlöses durch das Gericht stattfindet, wenn dem Gericht durch öffentliche oder öffentlich beglaubigte Urkunden nachgewiesen wird, dass sich die Beteiligten über die Verteilung des Erlöses geeinigt haben. Hier entsteht die Verfahrensgebühr VV Anm. Nr. 2 zu VV 3311 (vgl. VV 3311–3312 Rdn 13).[1]

3. Verteilungsverfahren gem. §§ 872 ff. ZPO

5 Teilweise wird allerdings die Auffassung vertreten, das **Verteilungsverfahren gemäß §§ 872 ff. ZPO** falle nicht unter VV 3309, 3310, sondern unter VV 3333.[2] Dafür könnte sprechen, dass nach der Anm. zu VV 3309 diese Vorschrift nur gilt, „soweit nachfolgend keine besonderen Gebühren bestimmt sind" und VV 3333 generell das Verteilungsverfahren außerhalb der Zwangsversteigerung und Zwangsverwaltung betrifft. In der Gesetzesbegründung[3] zu VV 3333 wird jedoch nur auf § 71 BRAGO Bezug genommen, während das Verteilungsverfahren gemäß §§ 872 ff. ZPO in § 60 BRAGO geregelt war. Zudem verweist die Anm. S. 1 zu VV 3333 hinsichtlich des Gegenstandswertes auf § 26, während der Gegenstandswert für das Verteilungsverfahren gemäß §§ 872 ff. ausdrücklich in § 25 geregelt ist. Das spricht für die Anwendung der VV 3309 und 3310, zumal es nach der Anm. 2 zu VV 3333 dort keine Terminsgebühr gäbe.[4]

II. Gebühren

1. Verfahrensgebühr

6 Für die Vertretung in dem gesamten – gerichtlichen und/oder außergerichtlichen – Verteilungsverfahren erhält der Anwalt eine **0,4-Verfahrensgebühr**. Wird der Anwalt nicht im gesamten Verfahren tätig, sondern nur teilweise, führt dies nicht zu einer Reduzierung der Gebühr. Ebenso tritt keine Kürzung der Gebühr ein, wenn das Verfahren vorzeitig beendet wird, weil es an einer entsprechenden Bestimmung fehlt. Denn es gibt keine einschlägige Ermäßigungsvorschrift (vgl. z.B. VV 3101).

7 Die Verfahrensgebühr VV 3333 entsteht entsprechend VV Vorb. 3 Abs. 2 bereits mit der Entgegennahme der Information und darüber hinaus für das Betreiben des Geschäfts. Hat der Rechtsanwalt im Verteilungsverfahren außerhalb der Zwangsversteigerung und Zwangsverwaltung **mehrere Auftraggeber** und liegt dieselbe Angelegenheit vor, erhöht sich die einmal entstehende Verfahrensgebühr (§ 15 Abs. 2) nach VV 1008. Wird der Rechtsanwalt für die mehreren Auftraggeber für verschiedene Gegenstände tätig, wird die Verfahrensgebühr nicht nach VV 1008 erhöht, sondern die Werte der Gegenstände werden gem. § 22 Abs. 1 addiert.[5] VV Vorb. 3.3.5 Abs. 2 – bei der Vertretung mehrerer Gläubiger, die verschiedene Forderungen geltend machen, entstehen die Gebühren jeweils besonders – gilt hier nicht.

---

1 Gerold/Schmidt/*Müller-Rabe*, RVG, VV 3311, 3312 Rn 12 ff; Mayer/Kroiß/*Gierl*, VV 3311 Rn 5.
2 Gerold/Schmidt/*Müller-Rabe*, RVG, VV 3333 Rn 3; Riedel/Sußbauer/*Schütz*, VV 3324–3338 Rn 47.
3 BT-Drucks 15/1971 S. 217.
4 So im Ergebnis auch Hk-ZPO/*Kindl*, ZPO, § 872 Rn 37; NK-GK/*Thiel*, Nr. 3333 VV RVG Rn 1; Mayer/Kroiß/*Gierl*, RVG, VV 3333 Rn 2; Hartung/Schons/
Enders/*Hartung*, RVG, VV 3333 Rn 4; Hartung/Schons/Enders/*Schons*, RVG, VV Vorbem. 3.3.3–Nr. 3310 Rn 70; Zöller/*Stöber*, ZPO § 872 Rn 8; a.A. Gerold/Schmidt/*Müller-Rabe*, RVG, VV 3333 Rn 3; Riedel/Sußbauer/*Schütz*, VV 3324–3338 Rn 47.
5 Vgl. insoweit BGH AGS 2014, 263 = RVGreport 2014, 388 = NJW 2014, 2126; BGH AGS 2012, 142 = RVGreport 2012, 395 = NJW-Spezial 2012, 91.

2. Terminsgebühr

Eine gesonderte **Terminsgebühr** fällt neben der Verfahrensgebühr **nicht** an, weil Anm. S. 2 zu VV 3333 dies ausdrücklich ausschließt. Diese Regelung beruht darauf, dass auch die entsprechende Vorschrift in § 71 BRAGO keine weitere Gebühr vorsah.[6] Auch die durch das 2. KostRMoG zum 1.8.2013 neu gefasste Vorbemerkung 3 Abs. 3 S. 1 stellt klar, dass die in Vorbemerkung 3 Abs. 3 enthaltenen Entstehungstatbestände der Terminsgebühr nur gelten, soweit nichts anderes bestimmt ist. In der Anm. S. 2 zu VV 3333 ist für die Terminsgebühr des Verteilungsverfahrens etwas anderes bestimmt.

8

3. Einigungsgebühr

Neben der Verfahrensgebühr VV 3333 kann auch eine Einigungsgebühr anfallen, wenn die Voraussetzungen VV Anm. Abs. 1 zu VV 1000 erfüllt werden.[7] Die Verfahrensgebühr ist eine Tätigkeitsgebühr, die Einigungsgebühr hingegen eine Erfolgsgebühr.

9

C. Gegenstandswert

Der Gegenstandswert für die Tätigkeit bestimmt sich nach der Anm. S. 1 zu VV 3333 nach § 26 Nr. 1 und 2. Maßgebend ist somit, wen der Anwalt in dem Verteilungsverfahren vertritt:

10

Bei der **Vertretung eines Gläubigers** bestimmt sich der Gegenstandswert nach dem Wert des dem Gläubiger zustehenden Rechts. Der Wert des zur Verteilung kommenden Erlöses ist maßgebend, wenn er geringer ist.

11

Vertritt der Anwalt einen **anderen Beteiligten**, insbesondere den **Schuldner**, bestimmt sich der Gegenstandswert nach dem Wert des zur Verteilung kommenden Erlöses; bei Miteigentümern oder sonstigen Mitberechtigten ist der Anteil maßgebend.

12

Wegen der Einzelheiten vgl. die Erläuterungen zu § 26 Nr. 1 und 2 (siehe § 26 Rdn 4 ff.).

13

D. Angelegenheit

Bei einem einheitlichen Verteilungsverfahren für gem. § 832 ZPO gepfändete Forderungen liegt dieselbe Angelegenheit vor mit der Folge, dass die Verfahrensgebühr nur einmal anfällt.[8]

14

E. Kostenerstattung

Soweit die Geltendmachung der Kosten in den einzelnen Gesetzen nicht abweichend geregelt ist, treffen die in der erläuternden Vorbemerkung zu VV 3311, 3312 dargelegten Ausführungen auch hier zu (siehe VV Vor 3311–3312 Rdn 23 ff.).

15

---

6 BT-Drucks 15/1971, S. 217 zu VV 3332 (= VV 3333 nach BT-Drucks 15/2487).
7 Gerold/Schmidt/*Müller-Rabe*, RVG, VV 3333 Rn 11.
8 Gerold/Schmidt/*Müller-Rabe*, RVG, VV 3333 Rn 16; Riedel/Sußbauer/*Schütz*, VV 3324–3338 Rn 51.

Nr.	Gebührentatbestand	Gebühr oder Satz der Gebühr nach § 13 RVG
3334	Verfahrensgebühr für Verfahren vor dem Prozessgericht oder dem Amtsgericht auf Bewilligung, Verlängerung oder Verkürzung einer Räumungsfrist (§§ 721, 794a ZPO), wenn das Verfahren mit dem Verfahren über die Hauptsache nicht verbunden ist...	1,0

Literatur: *N. Schneider*, Rechtsanwaltsgebühren bei streitiger Verhandlung über die Gewährung einer Räumungsfrist nach Anerkenntnis des Räumungsanspruchs, ZAP Fach 24, S. 137.

A. Verfahren 1	a) Erstinstanzliches Verfahren 11
B. Vergütung des Rechtsanwalts 3	aa) Verfahrensgebühr (VV 3334) 11
I. Anzuwendende Gebührentatbestände 3	bb) Terminsgebühr, VV Vorb. 3.3.6
1. Allgemeines 3	i.V.m. VV 3104 15
2. Unselbstständiges Räumungsfristverfahren 4	cc) Einigungsgebühr 16
3. Selbstständiges Räumungsfristverfahren .. 7	dd) Auslagen 17
a) § 721 Abs. 2 und 3 ZPO 7	b) Berufungsverfahren 18
b) § 794a ZPO 8	2. Gegenstandswert 19
c) § 721 Abs. 1 ZPO 9	III. Mehrere selbstständige Räumungsfristverfahren 23
4. Vollstreckungsschutzverfahren nach § 765a ZPO 10	IV. Vergütung im unselbstständigen Räumungsfristverfahren 24
II. Vergütung im selbstständigen Räumungsfristverfahren 11	1. Gebühren 24
1. Gebühren 11	2. Gegenstandswert 25

A. Verfahren

1 Nach **§ 721 Abs. 1 und 2 ZPO** kann das Gericht auf Antrag oder von Amts wegen dem Räumungsschuldner eine den Umständen nach angemessene Räumungsfrist gewähren. Die Räumungsfrist kann auf Antrag verlängert oder verkürzt werden (**§ 721 Abs. 3 ZPO**). Über diese Anträge entscheidet das **Prozessgericht erster Instanz** und, solange die Sache in der Berufungsinstanz anhängig ist, das **Berufungsgericht** (§ 721 Abs. 4 ZPO).

§ 721 ZPO Räumungsfrist

(1) ¹Wird auf Räumung von Wohnraum erkannt, so kann das Gericht auf Antrag oder von Amts wegen dem Schuldner eine den Umständen nach angemessene Räumungsfrist gewähren. ²Der Antrag ist vor dem Schluss der mündlichen Verhandlung zu stellen, auf die das Urteil ergeht. ³Ist der Antrag bei der Entscheidung übergangen, so gilt § 321; bis zur Entscheidung kann das Gericht auf Antrag die Zwangsvollstreckung wegen des Räumungsanspruchs einstweilen einstellen.

(2) ¹Ist auf künftige Räumung erkannt und über eine Räumungsfrist noch nicht entschieden, so kann dem Schuldner eine den Umständen nach angemessene Räumungsfrist gewährt werden, wenn er spätestens zwei Wochen vor dem Tag, an dem nach dem Urteil zu räumen ist, einen Antrag stellt. ²§§ 233 bis 238 gelten sinngemäß.

(3) ¹Die Räumungsfrist kann auf Antrag verlängert oder verkürzt werden. ²Der Antrag auf Verlängerung ist spätestens zwei Wochen vor Ablauf der Räumungsfrist zu stellen. ³§§ 233 bis 238 gelten sinngemäß.

(4) ¹Über Anträge nach den Absätzen 2 oder 3 entscheidet das Gericht erster Instanz, solange die Sache in der Berufungsinstanz anhängig ist, das Berufungsgericht. ²Die Entscheidung ergeht durch Beschluss. ³Vor der Entscheidung ist der Gegner zu hören. ⁴Das Gericht ist befugt, die im § 732 Abs. 2 bezeichneten Anordnungen zu erlassen.

...

2 Eine vergleichbare Regelung ist in **§ 794a ZPO** enthalten. Hat sich der Schuldner in einem Vergleich zur Räumung von Wohnraum verpflichtet, so kann das Amtsgericht auf Antrag eine angemessene Räumungsfrist bewilligen (§ 794a Abs. 1 ZPO). Auch diese Frist kann auf Antrag verlängert oder verkürzt werden (§ 794a Abs. 2 ZPO). Zuständig ist das **Amtsgericht als Prozessgericht (nicht als Vollstreckungsgericht)**,[1] in dessen Bezirk der Wohnraum belegen ist.

§ 794a ZPO Zwangsvollstreckung aus Räumungsvergleich

(1) ¹Hat sich der Schuldner in einem Vergleich, aus dem die Zwangsvollstreckung stattfindet, zur Räumung von Wohnraum verpflichtet, so kann ihm das Amtsgericht, in dessen Bezirk der Wohnraum belegen ist, auf Antrag eine den Umständen nach angemessene Räumungsfrist bewilligen. ²Der Antrag ist spätestens zwei Wochen vor dem Tag, an dem nach dem Vergleich zu räumen ist, zu stellen; §§ 233 bis 238 gelten sinngemäß. ³Die Entscheidung ergeht durch Beschluss. ⁴Vor der Entscheidung ist der Gläubiger zu hören. ⁵Das Gericht ist befugt, die im § 732 Abs. 2 bezeichneten Anordnungen zu erlassen.

(2) ¹Die Räumungsfrist kann auf Antrag verlängert oder verkürzt werden. ²Absatz 1 Satz 2 bis 5 gilt entsprechend.

... .

B. Vergütung des Rechtsanwalts

I. Anzuwendende Gebührentatbestände

1. Allgemeines

Wie die Tätigkeit des Rechtsanwalts in einem Verfahren über die Bewilligung, Verlängerung oder Aufhebung oder Verkürzung einer Räumungsfrist zu vergüten ist, hängt davon ab, ob es sich um ein selbstständiges oder unselbstständiges Räumungsfristverfahren handelt. 3

- Das **unselbstständige Räumungsfristverfahren** zählt nach § 19 Abs. 1 S. 2 Nr. 11 (vorläufige Beschränkung der Zwangsvollstreckung) zum Gebührenrechtszug des Räumungsprozesses.
- Das **selbstständige Räumungsfristverfahren** ist dagegen eine eigene Angelegenheit i.S.d. § 15 Abs. 2 und wird durch die Gebühren der VV 3334, 3337, VV Vorb. 3.3.6, VV 3104 vergütet.[2]

2. Unselbstständiges Räumungsfristverfahren

Ein unselbstständiges Räumungsfristverfahren liegt immer dann vor, wenn das Verfahren **mit der Hauptsache verbunden** ist. In Betracht kommen insoweit nur Verfahren nach § 721 Abs. 1 ZPO, da hier der Antrag vor Schluss der mündlichen Verhandlung zu stellen ist und das Gericht in der Regel im Räumungsurteil zugleich auch über den Räumungsfristantrag entscheidet. 4

Unerheblich ist es, wenn das Gericht den Räumungsfristantrag übersehen hat und hierüber im Wege der **Urteilsergänzung** entscheidet. Das Verfahren über die Urteilsergänzung gehört nach § 19 Abs. 1 S. 2 Nr. 6 zum Rechtszug mit der Konsequenz, dass keine gesonderten Gebühren nach VV 3334 entstehen. Etwas anderes gilt nur dann, wenn der Anwalt erstmals in diesem Verfahrensstadium beauftragt worden ist. Dann handelt es sich für ihn um ein selbstständiges Verfahren, so dass er nur die Vergütung nach VV 3334 erhält. 5

In einem weiteren Fall hat das OLG Koblenz[3] ein unselbstständiges Verfahren angenommen. Es war davon ausgegangen, dass der Räumungsschuldner außerhalb einer Vollstreckungsabwehrklage eine einstweilige Anordnung nach § 769 ZPO auf Räumungsschutz gestellt habe. Diese Tätigkeit hat es noch als zum Ausgangsverfahren gehörig angesehen, die nicht gesondert zu vergüten sei. Unterstellt man, hier sei eine einstweilige Anordnung ohne Hauptsacheklage erhoben worden, dann wäre der Antrag auf Erlass einer einstweiligen Anordnung, worauf das Gericht zutreffend hinweist, unzulässig gewesen. Für die Kosten ist das aber unerheblich. Auch unzulässige Anträge lösen Gebühren aus. Eine unzulässige einstweilige Anordnung wäre dann zusammen mit der nicht eingereichten 6

---

1 Zöller/*Stöber*, ZPO, § 794a Rn 4.
2 Eine vergleichbare Regelung enthielt bis zum 30.6.2004 die BRAGO in § 50. Danach entstanden die Gebühren eines Rechtsstreits (§§ 31 ff. BRAGO) zur Hälfte, also zu 5/10. Im Übrigen sind die Regelungen jedoch inhaltsgleich, so dass insoweit auf die frühere Rspr. zurückgegriffen werden kann.
3 OLG Koblenz AGS 2008, 63 m. Anm. *N. Schneider* = OLGR 2007, 960 = Rpfleger 2008, 49 = JurBüro 2007, 640 = NZM 2008, 184 = NJW-RR 2008, 511 = RVGreport 2008, 101.

Hauptsache eine Angelegenheit; gegenüber dem vorangegangenen Verfahren wäre es aber eine gesonderte Angelegenheit, so dass hier die Gebühren durch den unzulässigen Antrag nach § 769 ZPO auf jeden Fall ausgelöst worden wären. Tatsächlich dürfte es sich im Fall des OLG Koblenz gar nicht um einen Antrag nach § 767 ZPO gehandelt haben, sondern um einen Vollstreckungsschutzantrag nach § 765a ZPO. Immerhin ist die Sache als „Vollstreckungsschutzsache" bezeichnet worden. In diesem Verfahren sind nach § 765a ZPO einstweilige Anordnungen ebenfalls möglich. Das Verfahren nach § 765a ZPO ist aber kraft ausdrücklicher Regelung des § 18 Abs. 1 Nr. 6 eine eigene selbstständige Gebührenangelegenheit und löst die Gebühren nach VV 3309 aus, und zwar auch neben den bereits entstandenen Gebühren für das Vollstreckungsverfahren.

3. Selbstständiges Räumungsfristverfahren

a) § 721 Abs. 2 und 3 ZPO

7 Ein selbstständiges Räumungsfristverfahren, also ein **nicht verbundenes Verfahren** i.S.d. VV 3334, liegt immer dann vor, wenn der Antrag auf Bewilligung der Räumungsfrist, Verlängerung oder Verkürzung erst nach Schluss der mündlichen Verhandlung gestellt wird und das Gericht ihn somit in seinem Urteil nicht mehr berücksichtigen konnte. Dies sind zum einen also immer die Fälle des § 721 Abs. 2 und 3 ZPO, da hier der Antrag nach Schluss der mündlichen Verhandlung gestellt wird und eine Verbindung daher nicht in Betracht kommt. Das gilt auch dann, wenn nach § 721 Abs. 4 ZPO das Berufungsgericht zuständig ist. Es entscheidet nämlich dann nicht im Rahmen der Berufung, sondern in einem selbstständigen Beschlussverfahren.[4]

b) § 794a ZPO

8 Ebenso zählt hierzu das Räumungsfristverfahren nach § 794a ZPO, das immer ein selbstständiges Verfahren ist.

c) § 721 Abs. 1 ZPO

9 Auch im Falle des § 721 Abs. 1 ZPO ist ein selbstständiges Verfahren i.S.d. VV 3334 möglich, nämlich dann, wenn das Gericht seinen Willen zur Trennung zum Ausdruck gebracht hat. Das kann etwa durch gesonderte Verhandlung oder durch gesonderte Beweiserhebung geschehen.[5] Ebenso verhält es sich, wenn das Gericht zunächst über die Räumungsklage ein Teilurteil erlässt und dann erst über die Räumungsfrist gesondert verhandelt. In dem Erlass eines Teilurteils liegt dann eine Zäsur, die zur Trennung der beiden Verfahren führt.[6]

4. Vollstreckungsschutzverfahren nach § 765a ZPO

10 Das Verfahren nach § 765a ZPO auf Räumungsschutz fällt nicht unter VV 3334. Bei dieser Tätigkeit handelt es sich um ein Verfahren der Zwangsvollstreckung, das folglich durch die Gebühren nach VV 3309 abgegolten wird (siehe VV Vorb. 3.3.3 Rdn 9). Jedes Vollstreckungsschutzverfahren gilt als eigene Angelegenheit gemäß § 18 Abs. 1 Nr. 6 (siehe § 18 Rdn 29 ff.).

II. Vergütung im selbstständigen Räumungsfristverfahren

1. Gebühren

a) Erstinstanzliches Verfahren

11 **aa) Verfahrensgebühr (VV 3334).** Im selbstständigen Räumungsfristverfahren erhält der Anwalt nach VV 3334 zunächst eine 1,0-Verfahrensgebühr.

---

4 Zöller/*Stöber*, ZPO § 721 Rn 8.
5 *Hansens*, BRAGO, § 50 Rn 1.

6 *Tschischgale*, JurBüro 1966, 1010; Riedel/Sußbauer/*Keller*, RVG, VV 3334 Rn 190.

Bei **mehreren Auftraggebern** erhöht sich diese Gebühr nach VV 1008 um 0,3 je weiteren Auftraggeber.

Erledigt sich die Angelegenheit **vorzeitig**, ist **Anm. Nr. 1 zu VV 3337** anzuwenden. Die Verfahrensgebühr reduziert sich auf 0,5. Dies entspricht dem früheren § 32 Abs. 1 BRAGO.

Soweit die Parteien lediglich beantragen, eine **Einigung** zu **Protokoll** zu nehmen, oder lediglich über eine Einigung verhandeln, gilt das Gleiche (**Anm. Nr. 2 zu VV 3337**). Die Verfahrensgebühr reduziert sich also auf 0,5.

bb) Terminsgebühr, VV Vorb. 3.3.6 i.V.m. VV 3104. Für die Verhandlung über den Räumungsfristantrag oder einen anderweitigen Termin i.S.d. VV Vorb. 3 Abs. 3 erhält der Anwalt die volle **1,2-Terminsgebühr** nach VV 3104 (VV Vorb. 3.3.6). Darauf, ob streitig oder nicht streitig verhandelt wird, kommt es auch hier – im Gegensatz zu § 50 BRAGO i.V.m. § 33 Abs. 1 BRAGO – nicht mehr an.

cc) Einigungsgebühr. Daneben kommt auch eine Einigungsgebühr nach VV 1000 in Betracht. Da das Räumungsfristverfahren zur Anhängigkeit i.S.d. VV 1003 führt, entsteht nur eine 1,0-Einigungsgebühr.

dd) Auslagen. Da es sich beim selbstständigen Räumungsfristverfahren nach VV 3334 um eine eigene Angelegenheit i.S.d. § 15 handelt, erhält der Anwalt auch Ersatz seiner Auslagen, insbesondere eine gesonderte Postentgeltpauschale nach VV 7002 (siehe VV 7001–7002 Rdn 36).

b) Berufungsverfahren

Wird der Räumungsfristantrag im **Berufungsverfahren** gestellt (§ 721 Abs. 4, 2. Hs. ZPO), so erhält der Anwalt die gleichen Gebühren wie im erstinstanzlichen Verfahren. Die frühere Erhöhung der Gebührenbeträge nach § 11 Abs. 1 S. 4 BRAGO findet im RVG keine Fortsetzung.

Allerdings erhält der Anwalt eine 1,3-Einigungsgebühr, wenn es hier zu einer Einigung kommt (VV 1004).

2. Gegenstandswert

Für den Gegenstandswert eines Räumungsfristverfahrens nach den §§ 721, 794a ZPO gibt es keine Spezialvorschrift. Es handelt sich insbesondere nicht um einen Streit über das Bestehen oder Fortbestehen eines Mietverhältnisses, so dass § 41 Abs. 1 GKG nicht anwendbar ist.[7] Gestritten wird auch nicht über die Räumung, so dass § 41 Abs. 2 GKG (§ 16 Abs. 2 GKG a.F.) ebenfalls ausscheidet. Der Gegenstandswert bemisst sich daher nach **§ 23 Abs. 1 S. 1 RVG, § 48 Abs. 1 GKG, § 3 ZPO**. Im Rahmen dieser Vorschriften ist nach h.M. jedoch wiederum die Regelung des **§ 41 Abs. 1 GKG** (früher § 16 Abs. 1 GKG a.F.) als **Orientierungshilfe** heranzuziehen.[8]

Maßgebend ist danach die auf die **streitige Zeit** entfallende Nutzungsentschädigung.[9] Soweit hier teilweise von „Mietzins" gesprochen wird, handelt es sich lediglich um eine fehlerhafte Bezeichnung, da nach der Beendigung eines Mietverhältnisses kein Mietzins mehr geschuldet wird, sondern lediglich eine Nutzungsentschädigung (§ 546a BGB). Streitige Zeit wiederum ist **derjenige Zeitraum, für den eine erstmalige Räumungsfrist bzw. eine Verlängerung oder Verkürzung verlangt** wird.

Nach a.A.[10] ist der Streitwert eines Räumungsfristantrags zu pauschalieren und grundsätzlich ein Wert in Höhe von **drei Monatsmieten** zugrunde zu legen. Zu einer solchen Pauschalierung besteht jedoch kein Anlass, so dass diese abzulehnen ist. Nur die von der h.M. vorgenommene Orientierung

---

7 A.A. *Meyer*, § 41 GKG Rn 6, der sich zu Unrecht auf LG Stuttgart Rpfleger 1968, 62 beruft.
8 OLG Braunschweig Rpfleger 1964, 66; LG Kempten AnwBl 1988, 58; Gerold/Schmidt/*Müller-Rabe*, RVG, VV 3334 Rn 18; *Hansens*, BRAGO, § 50 Rn 3.
9 OLG Stuttgart AGS 2006, 563 = WuM 2006, 530 = ZMR 2006, 863 = NZM 2006, 880 = NJW-RR 2007,
15; Gerold/Schmidt/*Müller-Rabe*, RVG, VV 3334 Rn 18; Anders/Gehle/*Kunze*, Streitwertlexikon „Miete und Pacht", Rn 41.
10 LG Stuttgart Rpfleger 1968, 62; LG Krefeld KostRsp. GKG § 12 Nr. 25; Hillach/*Rohs*, S. 168.

an der Dauer der begehrten Räumungsfrist gewährleistet, dass sich der Streitwert jeweils an dem individuellen wirtschaftlichen Interesse des Antragstellers bemisst, das bei kurzen Räumungsfristanträgen gegebenenfalls auch unter dem Dreimonatsbetrag liegen kann.

22 Da im Räumungsfristverfahren keine Gerichtsgebühren anfallen, folgt eine Wertfestsetzung im Verfahren nach § 33 Abs. 1. Das Gericht muss auf Antrag einen Wert festsetzen.

III. Mehrere selbstständige Räumungsfristverfahren

23 Werden mehrere selbstständige Räumungsfristverfahren nacheinander eingeleitet, so handelt es sich jeweils um eigene Angelegenheiten i.S.d. § 15 Abs. 2.

> **Beispiel**: Im Räumungsrechtsstreit bewilligt das Gericht gemäß § 721 Abs. 1 ZPO eine Räumungsfrist nach gesonderter Verhandlung (siehe Rdn 6). Vor Ablauf der Räumungsfrist beantragt der Mieter die Verlängerung um weitere drei Monate.
> Der Anwalt erhält sowohl für das Verfahren über den Antrag auf erstmalige Räumungsfrist (§ 721 Abs. 1 ZPO) als auch im Verfahren über die Verlängerung nach § 721 Abs. 3 ZPO jeweils die Vergütung nach VV 3334 nebst Postentgeltpauschale (VV 7002).

IV. Vergütung im unselbstständigen Räumungsfristverfahren

1. Gebühren

24 Ist das Verfahren über die Räumungsfrist Teil des Hauptsacheverfahrens, dann liegt insgesamt nur eine Angelegenheit vor (§ 19 Abs. 1 S. 2 Nr. 11). Der Anwalt erhält die Gebühren nach VV 3100 ff. Der Gebührentatbestand der VV 3334 ist unanwendbar.

Dies führt jedoch nicht dazu, dass der Anwalt für seine Tätigkeit im Verfahren über die Räumungsfrist nicht addiert werden, können doch aus dem Gegenstandswert der Räumungsfrist gesonderte Gebühren anfallen, etwa dann, wenn hinsichtlich des Räumungsantrags ein Urteil ergeht und die Parteien sich über eine Räumungsfrist einigen.

> **Beispiel**: In der mündlichen Verhandlung erkennt der Beklagte den Räumungsanspruch (Wert: 12 x 1.000 EUR) an und beantragt die Gewährung einer Räumungsfrist von fünf Monaten. Der Kläger beantragt den Erlass eines Anerkenntnisurteils, das auch ergeht. Darüber hinaus einigen sich die Parteien auf eine Räumungsfrist von drei Monaten.
> Die Verfahrens- und die Terminsgebühr sind nach dem Wert der Räumung und der Räumungsfrist angefallen; die Einigungsgebühr ist dagegen lediglich nach dem Wert des Räumungsfristantrags (5 x 1.000 EUR) entstanden. Abzurechnen ist wie folgt:
>
> | | |
> |---|---:|
> | 1. 1,3-Verfahrensgebühr, VV 3100 (Wert: 12.000 EUR) | 785,20 EUR |
> | 2. 1,2-Terminsgebühr, VV 3104 (Wert: 12.000 EUR) | 724,80 EUR |
> | 3. 1,0-Einigungsgebühr, VV 1000 (Wert: 5.000 EUR) | 303,00 EUR |
> | 4. Postentgeltpauschale, VV 7002 | 20,00 EUR |
> | Zwischensumme | 1.833,00 EUR |
> | 5. 19 % Umsatzsteuer, VV 7008 | 348,27 EUR |
> | **Gesamt** | **2.181,27 EUR** |

2. Gegenstandswert

25 Für den Gegenstandswert gilt das Gleiche wie im selbstständigen Räumungsfristverfahren (vgl. Rdn 19). Das Gericht muss auch in verbundenen Verfahren für den Räumungsfristantrag auf Antrag gegebenenfalls einen Streitwert festsetzen. Dies ergibt sich allerdings nicht aus dem GKG, da nach

---

11 So aber LG Frankfurt/M. Rpfleger 1984, 287; siehe hierzu N. Schneider, ZAP Fach 24, S. 137.

dem Räumungsfristantrag keine gesonderten Gerichtsgebühren entstehen. Nach § 33 Abs. 1 kann der Anwalt jedoch die Festsetzung des Streitwerts verlangen, wenn aus dem Räumungsfristantrag gesonderte Anwaltsgebühren entstehen (siehe Rdn 22).

Zu beachten ist allerdings, dass die Werte von Räumungsantrag und Räumungsfristantrag **nicht zu addieren** sind. Eine unmittelbare gesetzliche Regelung fehlt zwar auch hier; die Vorschrift des § 45 Abs. 1 S. 3 GKG ist nicht anwendbar, weil es sich nicht um eine Widerklage handelt; die Regelung des § 41 Abs. 4 GKG wiederum ist nicht anwendbar, weil diese Vorschrift unmittelbar nur für ein Fortsetzungsverlangen nach den §§ 574, 574b BGB gilt. Diese Vorschriften sind jedoch entsprechend anzuwenden. Wenn schon bei dem stärkeren Fortsetzungsverlangen, das auf Fortsetzung des Mietverhältnisses gerichtet ist, keine Addition eintritt, dann muss dies erst recht gelten, wenn lediglich eine Räumungsfrist begehrt wird. Dies entspricht auch dem Schutzzweck des § 41 Abs. 1 GKG. 26

Eine Einschränkung ist jedoch vorzunehmen, soweit die Gegenstandswerte unterhalb des Jahresmietwertes liegen. In diesem Fall ist bis zur Höhe des Jahresmietwertes zu addieren. 27

Beispiel 1: Die Parteien streiten sich über das Datum der Beendigung des Mietverhältnisses. Der Vermieter ist der Auffassung, das Mietverhältnis ende am 30. April des Jahres. Der Mieter ist der Auffassung, das Mietverhältnis ende erst am 30. Juni des Jahres. Er verteidigt sich entsprechend im Prozess und beantragt darüber hinaus die Gewährung einer Räumungsfrist bis zum 31. August des Jahres.
Der Streitwert der Räumungsklage beläuft sich auf die Miete zweier Monate (Mai und Juni). Der Antrag auf Gewährung einer Räumungsfrist erfasst weitere zwei Monate (Juli und August), die hinsichtlich der Räumungsklage keine „streitige Zeit" darstellen. Die Werte von Räumungsantrag und Räumungsfristantrag sind daher zu addieren.

Beispiel 2: Die Parteien streiten über die Wirksamkeit einer Kündigung. Der Vermieter klagt auf Räumung; der Mieter beantragt, die Klage abzuweisen. Für den Fall der Verurteilung beantragt er hilfsweise eine Räumungsfrist von vier Monaten.
Der Wert der Räumungsklage bemisst sich gemäß des § 41 Abs. 2 GKG auf den Jahresmietwert; der Wert für den Räumungsfristantrag bemisst sich auf vier Monate. Eine Addition unterbleibt jedoch, da der Höchstbetrag des § 41 Abs. 1 GKG bereits erreicht ist.

Nr.	Gebührentatbestand	Gebühr oder Satz der Gebühr nach § 13 RVG
3335	Verfahrensgebühr für das Verfahren über die Prozesskostenhilfe	in Höhe der Verfahrensgebühr für das Verfahren, für das die Prozesskostenhilfe beantragt wird, höchstens 1,0, bei Betragsrahmengebühren höchstens 420,00 €

A. Allgemeines	1	2. Teilweise PKH-/VKH-Bewilligung	20
B. Regelungsgehalt für die Wertgebühr	3	a) Partei führt den Rechtsstreit in vollem Umfang, obwohl Prozesskostenhilfe nur teilweise bewilligt worden ist	21
I. Gebühren	3		
1. Angelegenheiten	3		
2. Verfahrensgebühr	5	b) Nach teilweiser Prozesskostenhilfe-Bewilligung wird der Rechtsstreit nur im Rahmen der bewilligten Prozesskostenhilfe durchgeführt	22
3. Anrechnung der Geschäftsgebühr	9		
4. Terminsgebühr	10		
5. Einigungsgebühr	12		
6. Weitere Gebühren	18	III. Mehrere Prozesskostenhilfeverfahren	23
II. Vergütung bei anschließender Tätigkeit in der Hauptsache	19	IV. Erstattungsfragen	26
		C. Regelungsgehalt bei Betragsrahmengebühren	29
1. Uneingeschränkte PKH-/VKH-Bewilligung	19		

A. Allgemeines

1 VV 3335 regelt die Verfahrensgebühr im Verfahren über die Prozesskostenhilfe. Sie betrifft sowohl die Wertgebühren als auch die Betragsrahmengebühren. Die Gebührenvorschrift gilt wegen der Gleichstellung durch § 12 auch für das Verfahrenskostenhilfeverfahren und für das Stundungsverfahren nach § 4a InsO.

Der Gebührensatz bzw. der Gebührenbetrag richtet sich nach der Höhe der Verfahrensgebühr, für das die Prozesskostenhilfe beantragt ist. Höchstgrenze ist aber ein Gebührensatz von 1,0 bzw. ein Gebührenbetrag von 420 EUR. Die Regelung einer Höchstgrenze beruht darauf, dass der finanziell schwache Auftraggeber sein Vergütungsrisiko in Grenzen halten kann.[1]

2 Neben der Verfahrensgebühr VV 3335 kann dem Rechtsanwalt eine **Terminsgebühr** erwachsen (vgl. VV Vorb. 3.3.6 S. 2). Zusätzlich kann auch noch eine **Einigungsgebühr** anfallen (vgl. VV 1000, 1003).

B. Regelungsgehalt für die Wertgebühr

I. Gebühren

1. Angelegenheiten

3 Das Prozesskostenhilfeprüfungsverfahren und das nachfolgende Hauptsacheverfahren bilden **eine Angelegenheit** (§ 16 Nr. 2).[2]

Hinsichtlich der Vergütung sind **drei Fälle** auseinander zu halten:
- Auftrag für den Rechtsanwalt, nebeneinander im Hauptsacheverfahren und im Prozesskostenhilfeprüfungsverfahren tätig zu werden:
- Der Rechtsanwalt verdient von vornherein nur die Gebühren der Hauptsache (z.B. nach VV 3100 ff.). Er erhält keine gesonderten Gebühren für den Prozesskostenhilfeantrag, weil diese Tätigkeit zu derselben Angelegenheit gehört (§ 16 Nr. 2).
- Auftrag für den Rechtsanwalt, zunächst im Prozesskostenhilfeprüfungsverfahren tätig zu werden und nur für den Fall, dass Prozesskostenhilfe bewilligt wird, auch in der Hauptsache tätig zu werden:
- Es liegen zwei Aufträge vor, nämlich ein unbedingter Auftrag für das Prozesskostenhilfeverfahren und ein bedingter Auftrag zur Hauptsache. Der Rechtsanwalt verdient zunächst die Gebühren für das Prozesskostenhilfeverfahren und für den Fall des Bedingungseintritts, also der Prozesskostenhilfebewilligung, die Gebühren der Hauptsache. Die Gebühren für das Prozesskostenhilfeverfahren gehen aber in den entsprechenden Gebühren des Hauptsacheverfahrens auf (§ 16 Nr. 2; zur Ausnahme nach § 15 Abs. 3 siehe Rdn 16).
- Auftrag für den Rechtsanwalt, nur im Prozesskostenhilfeprüfungsverfahren tätig zu werden:
- Der Rechtsanwalt erhält lediglich die Gebühren für das Prozesskostenhilfeverfahren.

4 **Beispiel:** Der Anwalt reicht auftragsgemäß für den Mandanten Klage ein und beantragt zugleich unter seiner Beiordnung PKH. Nach Prüfung der Voraussetzungen lehnt das Gericht mangels Erfolgsaussicht die PKH ab. Der Rechtsanwalt führt das Mandat aufgrund dessen nicht weiter fort.
Dem Anwalt steht eine 1,3-Verfahrensgebühr nach VV 3100 zu. Das Verfahren über die Bewilligung der PKH gehört zu derselben gebührenrechtlichen Angelegenheit und ist nicht gesondert zu vergüten (vgl. § 16 Nr. 2).

2. Verfahrensgebühr

5 Die Verfahrensgebühr VV 3335 entsteht in Höhe der Verfahrensgebühr für das Verfahren, für das die Prozesskostenhilfe beantragt wird, **höchstens 1,0**.

---

[1] Vgl. BT-Drucks 15/1971, 217.
[2] Vgl. aber die Formulierung bei BGH AGS 2008, 435: „Daher entfällt die Gebühr nach Nr. 3335 VV im Nachhinein, wenn dem Prozesskostenhilfegesuch stattgegeben wird."

Abschnitt 3. Gebühren für besondere Verfahren   **VV 3335**

Die Gebühr entsteht bereits mit der Entgegennahme der Information (VV Vorb. 3 Abs. 2). Die volle Verfahrensgebühr wird in der Regel ausgelöst durch das Einreichen des Prozesskostenhilfeantrags bzw. der Stellungnahme für den Antragsgegner auf den Antrag. Im Fall der VV 3337 reduziert sich die Gebühr auf höchstens 0,5 (vgl. Rdn 7). Die Gebühr VV 3335 berechnet sich nach der Wahlanwaltsgebühr des § 13, während die Gebühr für die Vertretung in der Hauptsache nach der Prozesskostenhilfegebührentabelle des § 49 richtet. Die Gebührentabellen unterscheiden in den Gebührenbeträgen ab einem Gegenstandswert von mehr als 4.000 EUR.

> **Beispiel: Prozesskostenhilfeantrag für Klageverfahren**
> Der Anwalt wird beauftragt, wegen einer Forderung von 5.000 EUR Prozesskostenhilfe zu beantragen. Der Prozesskostenhilfeantrag wird zurückgewiesen.
> Es entsteht eine 1,0-Verfahrensgebühr nach VV 3335.
> 1. 1,0-Verfahrensgebühr, VV 3335 (§ 13)   303,00 EUR
> 2. Postentgeltpauschale, VV 7002   20,00 EUR
>   Zwischensumme   323,00 EUR
> 3. 19 % Umsatzsteuer, VV 7008   61,37 EUR
> **Gesamt**   **384,37 EUR**

Da sich die Gebührenhöhe der Verfahrensgebühr VV 3335 nach der Verfahrensgebühr für das Verfahren, für das Prozesskostenhilfe beantragt ist, richtet, erreicht sie insbesondere in folgenden Prozesskostenhilfeprüfungsverfahren nicht den Höchstsatz von 1,0:   6
- Zwangsvollstreckung (vgl. VV 3309),
- Zwangsversteigerung (vgl. VV 3311),
- Gehörsrüge (vgl. VV 3330),
- Beschwerdeverfahren i.S.v. VV 3500.

Hierdurch soll das Kostenrisiko insbesondere von sozial schwachen Mandanten begrenzt werden.[3]

> **Beispiel: Prozesskostenhilfeantrag für Vollstreckungsverfahren**
> Der Anwalt wird beauftragt, für eine Zwangsvollstreckungsmaßnahme Prozesskostenhilfe zu beantragen (Wert: 4.000 EUR). Der Prozesskostenhilfeantrag wird zurückgewiesen.
> Die Verfahrensgebühr VV 3335 entsteht nicht mit einem Gebührensatz von 1,0, sondern nur von 0,3, da nach VV 3309 in Zwangsvollstreckungsverfahren nur eine 0,3-Gebühr vorgesehen ist.
> 1. 0,3-Verfahrensgebühr, VV 3335 i.V.m. VV 3309   75,60 EUR
>   (Wert: 4.000 EUR)
> 2. Postentgeltpauschale, VV 7002   15,12 EUR
>   Zwischensumme   90,72 EUR
> 3. 19 % Umsatzsteuer, VV 7008   17,24 EUR
> **Gesamt**   **107,96 EUR**

Im Falle einer Vertretung **mehrerer Auftraggeber wegen desselben Gegenstands** erhöht sich die Verfahrensgebühr um **0,3 je weiteren Auftraggeber**, wobei mehrere Erhöhungen **maximal** einen Satz von **2,0** ausmachen dürfen (VV 1008). Auch die Höchstgrenze von 1,0 erhöht sich nach VV 1008.

Im Falle einer **vorzeitigen Erledigung des Auftrags** vor Einreichung des Prozesskostenhilfeantrags   7
bzw. der Stellungnahme für den Antragsgegner reduziert sich die Gebühr auf **höchstens 0,5** (**VV 3337**). Das Wort „höchstens" ist durch das 2. KostRMoG eingefügt worden. Ist die Verfahrensgebühr des zugrunde liegenden Verfahrens niedriger als 0,5, verbleibt es bei einer vorzeitigen Erledigung des Auftrags bei der niedrigeren Gebühr.[4]

> **Beispiel: Prozesskostenhilfeantrag für Vollstreckungsverfahren, vorzeitige Erledigung**
> Der Anwalt wird beauftragt, für eine Zwangsvollstreckungsmaßnahme Prozesskostenhilfe zu beantragen (Wert: 4.000 EUR). Der Prozesskostenhilfeantrag erledigt sich vor dessen Einreichung.
> Es entsteht eine 0,3-Verfahrensgebühr und nicht eine 0,5-Verfahrensgebühr.
> 1. 0,3-Verfahrensgebühr, VV 3335 i.V.m. VV 3309   75,60 EUR
>   (Wert: 4.000 EUR)
> 2. Postentgeltpauschale, VV 7002   15,12 EUR
>   Zwischensumme   90,72 EUR
> 3. 19 % Umsatzsteuer, VV 7008   17,24 EUR
> **Gesamt**   **107,96 EUR**

---

3 BT-Drucks 15/1971, S. 217.   4 BT-Drucks 17/11471 (neu), S. 280.

Die Reduzierung betrifft allerdings nicht die 0,3-Erhöhung bei einer Vertretung mehrerer Auftraggeber. Diese bleibt bestehen, obwohl es sich bei der Erhöhung gemäß VV 1008 nicht um einen eigenen Gebührentatbestand handelt, sondern um eine erhöhte Gesamtgebühr.

Beispiel: Prozesskostenhilfeantrag für Klageverfahren, mehrere Auftraggeber
Der Anwalt wird von Eheleuten beauftragt, wegen einer Forderung von 5.000 EUR Prozesskostenhilfe zu beantragen. Bevor der Antrag eingereicht wird, hat sich die Angelegenheit erledigt.
Es entsteht eine 0,5-Verfahrensgebühr nach VV 3335, VV 3337.

1. 0,5-Verfahrensgebühr, VV 3335 i.V.m. VV 3337 (Wert: 5.000 EUR)	151,50 EUR
2. 0,3 Erhöhung, VV 1008 (Wert: 5.000 EUR)	90,90 EUR
3. Postentgeltpauschale, VV 7002	20,00 EUR
Zwischensumme	262,40 EUR
4. 19 % Umsatzsteuer, VV 7008	49,86 EUR
Gesamt	**312,26 EUR**

Hier wird nicht in etwa eine Reduzierung auf insgesamt 0,5 der Verfahrensgebühr vorgenommen.

8 Findet das Prozesskostenhilfeprüfungsverfahren im **Berufungs- oder Revisionsverfahren** statt, bleibt es bei der 1,0-Verfahrensgebühr nach VV 3335. Eine höhere Verfahrensgebühr ist dort nicht gesetzlich vorgesehen.

3. Anrechnung der Geschäftsgebühr

9 Nach der VV Vorb. 3 Abs. 4 i.V.m. § 15a sind eine Geschäftsgebühr (VV 2300) und die Gebühr für die Vertretung im Prozesskostenhilfeverfahren, die wegen desselben Gegenstands entstanden sind, aufeinander anzurechnen und zwar in Höhe der Hälfte der Geschäftsgebühr, höchstens jedoch mit einem Gebührensatz von 0,75. Dies ist auch dann der Fall, wenn die Geschäftsgebühr **nach** dem gerichtlichen Prozesskostenhilfeverfahren entsteht (**Rückwärtsanrechnung**).

4. Terminsgebühr

10 Eine **besondere Regelung** ist für die Terminsgebühr im **Prozesskostenhilfeverfahren** vorgesehen. Die Entstehung einer Terminsgebühr im Prozesskostenhilfeverfahren ergibt sich aus VV Vorb. 3.3.6. S. 2. Die Höhe der Gebühr bestimmt sich nach der **Terminsgebühr** für das **zugrunde liegende Verfahren**. Diese Regelung der Gebührenhöhe ist durch das 2. KostRMoG eingefügt worden.

Findet ein Termin im Prozesskostenhilfeverfahren für eine beabsichtigte Klage in einer Zivilsache statt, entsteht die Terminsgebühr nach VV Vorb. 3.3.6 S. 2 i.V.m. VV 3104 mit einem Satz von 1,2.

Die Terminsgebühr entsteht auch bei einer außergerichtlichen Besprechung. Dies ergibt sich aus der Neufassung von VV Vorb. 3 Abs. 3 S. 3 Nr. 1, mit der bewirkt werden soll, dass die Terminsgebühr auch dann für außergerichtliche Besprechungen entsteht, wenn ein Verfahren eine mündliche Verhandlung nicht voraussetzt. Dagegen ist es für das Entstehen der Terminsgebühr nicht ausreichend, dass der Rechtsanwalt im Prozesskostenhilfeverfahren an einem schriftlichen Vergleichsabschluss (§ 278 Abs. 6 S. 1 ZPO) mitwirkt, da VV 3104 Anm. Abs. 1 Nr. 1 voraussetzt, dass die Einigung in einem Verfahren mit obligatorischer mündlicher Verhandlung erfolgt, eine Erörterung jedoch lediglich fakultativ ist (§ 118 Abs. 1 S. 3 ZPO).

11 **Beispiel: Prozesskostenhilfeantrag für ein Vollstreckungsverfahren mit Prüfungstermin**
Der Anwalt wird beauftragt, für eine Zwangsvollstreckungsmaßnahme Prozesskostenhilfe zu beantragen (Wert: 4.000 EUR). Das Gericht beraumt einen Termin im Prozesskostenhilfeprüfungsverfahren an. Dort wird der Antrag zurückgewiesen.
Zu rechnen ist also wie folgt:

1. 0,3-Verfahrensgebühr, VV 3335 i.V.m. VV 3309 (Wert: 4.000 EUR)	75,60 EUR
2. 0,3-Terminsgebühr, VV Vorb. 3.3.6. S. 2 i.V.m. VV 3310 (Wert: 4.000 EUR)	75,60 EUR

3. Postentgeltpauschale, VV 7002		20,00 EUR
Zwischensumme	171,20 EUR	
4. 19 % Umsatzsteuer, VV 7008		32,53 EUR
Gesamt		**203,73 EUR**

5. Einigungsgebühr

Soweit im Prozesskostenhilfe-Prüfungsverfahren eine Einigung getroffen wird, entsteht eine **1,0-Einigungsgebühr** nach **VV 1003**, da die Anhängigkeit im Prozesskostenhilfeprüfungsverfahren bereits für die Gebührenreduzierung ausreicht. Dies gilt auch, wenn das Streitverfahren mangels Einreichung der Klage noch nicht anhängig ist. Anhängig im Sinne der Anmerkung Abs. 1 S. 1 zu VV 1003 ist aber das Verfahren über die Prozesskostenhilfe. Denn es macht keinen Unterschied, dass bei Abschluss des Vergleichs Prozesskostenhilfe für die beabsichtigte Klage und den beabsichtigten Vergleich bereits bewilligt wird und damit das gerichtliche Prozesskostenhilfeverfahren beendet ist. Entscheidend ist, dass der **anwaltliche Auftrag** hinsichtlich des anhängig gemachten Streitgegenstands bei Abschluss des Vergleichs noch nicht beendet ist, sondern diesen gerade mit umfasst. Daraus folgt auch, dass die Ausnahme zu VV 1003 – dass lediglich Prozesskostenhilfe für die gerichtliche Protokollierung beantragt wird – gerade nicht vorliegt.[5]

12

> **Beispiel: Prozesskostenhilfebewilligungsverfahren mit Termin und Einigung**
> Der Anwalt wird von der bedürftigen Partei beauftragt, für eine beabsichtigte Klage i.H.v. 5.000 EUR Prozesskostenhilfe zu beantragen. Das Gericht ordnet mündliche Verhandlung im Prozesskostenhilfeprüfungsverfahren an. Dort einigen sich die Parteien, ohne dass Prozesskostenhilfe bewilligt wird.
> Zu der Verfahrens- und der Terminsgebühr kommt eine 1,0-Einigungsgebühr nach VV 1000, 1003 hinzu.
>
> | 1. 1,0-Verfahrensgebühr, VV 3335 | | 303,00 EUR |
> |---|---|---|
> | (Wert: 5.000 EUR) | | |
> | 2. 1,2-Terminsgebühr, VV 3104 | | 363,60 EUR |
> | (Wert: 5.000 EUR) | | |
> | 3. 1,0-Einigungsgebühr, VV 1000, 1003 | | 303,00 EUR |
> | (Wert: 5.000 EUR) | | |
> | 4. Postentgeltpauschale, VV 7002 | | 20,00 EUR |
> | Zwischensumme | 989,60 EUR | |
> | 5. 19 % Umsatzsteuer, VV 7008 | | 188,02 EUR |
> | **Gesamt** | | **1.177,62 EUR** |

In der **Rechtsmittelinstanz** erhöht sich die Einigungsgebühr auf **1,3** nach VV 1004.

Der BGH hat allerdings entschieden, dass im Falle des Abschlusses eines Vergleichs im Erörterungstermin gemäß § 118 Abs. 1 S. 3 ZPO Prozesskostenhilfe nur für den Vergleich, nicht aber für das gesamte Prozesskostenhilfeprüfungsverfahren bewilligt werden kann.[6] Das BVerfG hat diese Auffassung verfassungsrechtlich nicht beanstandet.[7] Auf der Grundlage dieser Auffassung kommt eine Vergütung aus der Staatskasse nur hinsichtlich der Verfahrensgebühr und der Einigungsgebühr – nicht auch der Terminsgebühr – in Betracht.[8]

13

Die Ansicht des BGH überzeugt nicht. Denn durch eine in dieser Weise eingeschränkte Bewilligung von Prozesskostenhilfe würde der die Kosten mindernde Zweck des Einigungsverfahrens nach § 118 Abs. 1 ZPO verfehlt.[9] Um von der ihrem Rechtsanwalt nach VV 3335 zustehenden Verfahrensgebühr freizukommen, müsste die finanziell schwache Partei einen Vergleich zunächst ablehnen, weiterhin Prozesskostenhilfe für die Hauptsache verlangen und nach deren Bewilligung den Vergleich zu erhöhten Kosten abschließen.[10] Schließen die Parteien im Prozesskostenhilfeprüfungsverfahren einen Vergleich, so ist m.E. bei Vorliegen der weiteren Voraussetzungen ausnahmsweise Prozesskostenhilfe für das gesamte Prozesskostenhilfeprüfungsverfahren zu bewilligen.[11] Dann ist dem beigeordneten

---

[5] KG Rpfleger 2007, 669.
[6] Vgl. BGH NJW 2004, 2595.
[7] Vgl. BVerfG NJW 2012, 3293.
[8] Vgl. OLG Bamberg JurBüro 2011, 365; KG AGS 2010, 451; OLG Oldenburg JurBüro 2009, 424 = Rpfleger 2009, 514 = FamRZ 2009, 1776 = MDR 2009, 1364.
[9] *Fischer*, MDR 2008, 477, *Nickel*, MDR 2008,1133.
[10] OLG Koblenz, Beschl. v. 12.2.2009 – 11 WF 127/09 (juris).
[11] Im Einzelnen sehr str.; wie hier: Musielak/Voit/*Fischer*, § 118 ZPO Rn 6; Zöller/*Geimer*, § 118 ZPO Rn 8; a.A.: BGH NJW 2004, 2595; insoweit verfassungsrechtlich nicht zu beanstanden: BVerfG NJW 2012, 3293.

Rechtsanwalt aus der Staatskasse eine 1,0-Verfahrensgebühr (VV 3335), bei Wahrnehmung eines Termins eine 1,2-Terminsgebühr (VV 3104) sowie eine 1,0-Einigungsgebühr (VV 1003) zuzüglich Auslagen zu vergüten.

14 Soweit **nicht rechtshängige Ansprüche** im Prozesskostenhilfeprüfungsverfahren **miteinbezogen** werden, entsteht zusätzlich eine Einigungsgebühr nach **VV 1000** mit einem Satz von **1,5**. Dass für den Abschluss der Einigung insoweit ebenfalls PKH/VKH beantragt wird, führt nicht zu einer Reduzierung nach VV 1003 (Anm. zu VV 1003).

Werden nicht rechtshängige Gegenstände mitverglichen, darf der Rechtsanwalt insgesamt jedoch nicht mehr als eine 1,5-Einigungsgebühr aus dem Gesamtwert berechnen (§ 15 Abs. 3).

15 Neben den Einigungsgebühren entsteht aus dem **Mehrwert** der nicht rechtshängigen Ansprüche nach VV 3337 Nr. 2 eine **Differenzverfahrensgebühr** i.H.v. **0,5**. Auch hierbei ist die Begrenzung nach § 15 Abs. 3 zu beachten, so dass nicht mehr als eine Verfahrensgebühr von 1,0 aus dem Gesamtwert berechnet werden darf (vgl. auch VV 3337 Rdn 33, 36).

16 Weiterhin entsteht eine Terminsdifferenzgebühr (vgl. VV Vorb. 3.3.6 S. 2 i.V.m. 3104 Anm. Abs. 2). Die Höhe richtet sich nach dem Verfahren, für das Prozesskostenhilfe beantragt ist. Die Gebührensätze der Terminsgebühr für das Prozesskostenhilfeverfahren und der Terminsdifferenzgebühr sind damit gleich hoch. Die Terminsgebühr bzw. Terminsdifferenzgebühr entsteht nach dem Gesamtwert der Gegenstände.

> **Beispiel: Prozesskostenhilfebewilligungsverfahren mit Termin und Protokollierung weiterer Gegenstände**
>
> Der Anwalt wird von der bedürftigen Partei beauftragt, für eine beabsichtigte Klage 5.000 EUR Prozesskostenhilfe zu beantragen. Das Gericht ordnet eine mündliche Verhandlung im Prozesskostenhilfeprüfungsverfahren an. Zuvor verhandeln Anwälte nochmals außergerichtlich (§ 19 Abs. 1 S. 2 Nr. 1) und einigen sich über die 5.000 EUR sowie eine Gegenforderung i.H.v. 3.000 EUR. Im Termin wird die Gesamteinigung protokolliert. Prozesskostenhilfe wird nicht bewilligt.
>
> Infolge des Mehrwertes des Vergleichs entsteht auch aus diesem Wert die Verfahrensgebühr nach VV 3335, allerdings gemäß VV 3337 Anm. Nr. 2 nur i.H.v. 0,5, weil die Anwälte im Termin lediglich protokolliert haben. Zu beachten ist § 15 Abs. 3. Der Anwalt darf nicht mehr als eine 1,0-Gebühr aus dem Gesamtwert abrechnen.
>
> Die Terminsgebühr nach VV 3104 entsteht wiederum aus den vollen 8.000 EUR. Zwar ist in dem gerichtlichen Termin aus den weiteren 3.000 EUR keine Terminsgebühr angefallen, da insoweit lediglich eine Einigung zu Protokoll genommen worden ist (Anm. Abs. 3 zu VV 3104). Da die Parteien insoweit jedoch zuvor Verhandlungen zur Vermeidung eines Verfahrens geführt haben, ist die Terminsgebühr insoweit nach VV Vorb. 3.3.6 S. 2 i.V.m. 3104 Anm. Abs. 2 angefallen.
>
> Darüber hinaus entsteht die Einigungsgebühr mit unterschiedlichen Gebührensätzen. Aus dem Wert der im Prozesskostenhilfeprüfungsverfahren anhängigen Gegenstände entsteht eine 1,0-Einigungsgebühr (VV 1003). Aus dem Wert der weiter gehenden Ansprüche entsteht die 1,5-Gebühr nach VV 1000. Zu beachten ist wiederum § 15 Abs. 3.
>
> | | | |
> |---|---|---:|
> | 1. | 1,0-Verfahrensgebühr, VV 3335 (Wert: 5.000 EUR) | 303,00 EUR |
> | 2. | 0,5-Verfahrensgebühr, VV 3335, 3337 (Wert: 3.000 EUR)[12] | 100,50 EUR |
> | 3. | 1,2-Terminsgebühr, VV 3104 (Wert: 8.000 EUR) | 547,20 EUR |
> | 4. | 1,0-Einigungsgebühr, VV 1000, 1003 (Wert: 5.000 EUR) | 303,00 EUR |
> | 5. | 1,5-Einigungsgebühr, VV 1000 (Wert: 3.000 EUR)[13] | 301,50 EUR |
> | 6. | Postentgeltpauschale, VV 7002 | 20,00 EUR |
> | | Zwischensumme 1.575,20 EUR | |
> | 7. | 19 % Umsatzsteuer, VV 7008 | 299,29 EUR |
> | | **Gesamt** | **1.874,49 EUR** |

17 Wird im Prozesskostenhilfeprüfungsverfahren über nicht anhängige Gegenstände lediglich verhandelt, entsteht ebenso die Verfahrensgebühr nach VV 3337 Anm. Nr. 2 mit einem Gebührensatz von

---

12 Die Höchstgrenze gemäß § 15 Abs. 3, nicht mehr als 1,0 aus 8.000 EUR (456,00 EUR), ist nicht erreicht.

13 Die Höchstgrenze gemäß § 15 Abs. 3, nicht mehr als 1,5 aus 8.000 EUR (684,00 EUR), ist nicht erreicht.

0,5. Ebenso entsteht bei Einigungsverhandlungen die Terminsdifferenzgebühr VV Vorb. 3.3.6 S. 2 i.V.m. 3104 Anm. Abs. 2.

Beispiel: Prozesskostenhilfebewilligungsverfahren mit Termin und Verhandlung weiterer Gegenstände ohne Einigung
Der Anwalt wird von der bedürftigen Partei beauftragt, für eine beabsichtigte Klage i.H.v. 5.000 EUR Prozesskostenhilfe zu beantragen. Das Gericht ordnet eine mündliche Verhandlung im Prozesskostenhilfeprüfungsverfahren an. Dort verhandeln die Anwälte auch über weitere nicht anhängige 5.000 EUR, ohne dass es zu einer Einigung kommt. Prozesskostenhilfe wird nicht bewilligt.
Infolge des Mehrwertes des Vergleichs entsteht auch aus diesem Wert die Verfahrensgebühr nach VV 3335. Nach VV 3337 Nr. 2 dürfte die Gebühr wiederum nur i.H.v. 0,5 anzusetzen sein, weil die Anwälte im Termin lediglich verhandelt haben. Zu beachten ist wiederum § 15 Abs. 3. Der Anwalt darf nicht mehr als eine 1,0-Verfahrensgebühr aus dem Gesamtwert abrechnen.
Die Terminsgebühr nach VV Vorb. 3.3.6 S. 2 i.V.m. VV 3104 VV entsteht wiederum aus den vollen 8.000 EUR.

1. 1,0-Verfahrensgebühr, VV 3335   303,00 EUR
   (Wert: 5.000 EUR)
2. 0,5-Verfahrensgebühr, VV 3335, 3337   100,50 EUR
   (Wert: 3.000 EUR)[14]
3. 1,2-Terminsgebühr, VV 3104   547,20 EUR
   (Wert: 8.000 EUR)
4. Postentgeltpauschale, VV 7002   20,00 EUR
   Zwischensumme   970,70 EUR
5. 19 % Umsatzsteuer, VV 7008   184,43 EUR
   Gesamt   **1.155,13 EUR**

6. Weitere Gebühren

Anders als das Verfahren über die Prozesskostenhilfe und das Verfahren für das die Prozesskostenhilfe beantragt worden ist (vgl. § 16 Nr. 2) ist das **Prozesskostenhilfe-Beschwerdeverfahren** und das zugehörige Hauptsacheverfahren nicht dieselbe Angelegenheit i.S.d. § 16 Nr. 2. Für das Prozesskostenhilfe-Beschwerdeverfahren fällt deshalb eine gesonderte 0,5-Verfahrensgebühr gemäß VV 3500 an.[15] Auch das Prozesskostenhilfe-Rechtsbeschwerdeverfahren ist zu den vorgenannten Verfahren nicht dieselbe Angelegenheit.

II. Vergütung bei anschließender Tätigkeit in der Hauptsache

1. Uneingeschränkte PKH-/VKH-Bewilligung

Wird Prozesskostenhilfe bewilligt und der Rechtsanwalt anschließend auch im Verfahren, für das Prozesskostenhilfe bewilligt ist, als Prozessbevollmächtigter tätig, gehen die bereits entstandenen Verfahrens- und Terminsgebühren, u.U. auch eine Einigungsgebühr – etwa für einen Zwischenvergleich –, in den entsprechenden Gebühren des Verfahrens wegen des Hauptgegenstands (z.B. nach VV 3100 ff., 1000, 1003) auf, da das Prozesskostenhilfeprüfungsverfahren und das nachfolgende Verfahren, für das Prozesskostenhilfe bewilligt ist, gemäß § 16 Nr. 2 **eine einzige Angelegenheit** darstellen und der Rechtsanwalt die Vergütung nur einmal erhält (§ 15 Abs. 2). Für diesen Fall ordnet **§ 23a Abs. 2** ausdrücklich an, dass die **Gegenstandswerte** des Prozesskostenhilfeprüfungsverfahrens und der Hauptsache **nicht addiert** werden. Diese Regelung beruht auf der Überlegung, dass dem Prozesskostenhilfeprüfungsverfahren ein anderer Gegenstand (Bewilligung) zugrunde liegt als dem Hauptsacheverfahren (Klageanspruch), so dass an sich nach § 22 Abs. 1 die Werte zu addieren wären. Dies soll jedoch unterbleiben.

---

14 Die Höchstgrenze gemäß § 15 Abs. 3, nicht mehr als 1,0 aus 8.000 EUR (456,00 EUR), ist nicht erreicht.

15 BayVGH AGS 2007, 48.

2. Teilweise PKH-/VKH-Bewilligung

20 Schwierig ist die Berechnung, wenn der Partei nur teilweise Prozesskostenhilfe bewilligt worden ist. Hier ist wiederum zu differenzieren:

a) Partei führt den Rechtsstreit in vollem Umfang, obwohl Prozesskostenhilfe nur teilweise bewilligt worden ist

21 **Beispiel:** Der Beklagte will seinen Anwalt mit der Abwehr einer gegen ihn gerichteten Klage i.H.v. 20.000 EUR beauftragen und bittet ihn zunächst, hierfür Prozesskostenhilfe zu beantragen. Dem Beklagten wird Prozesskostenhilfe lediglich zur Abwehr eines Teilbetrages i.H.v. 12.000 EUR bewilligt. Im Übrigen wird die Prozesskostenhilfe mangels hinreichender Erfolgsaussichten abgelehnt. Der bedürftige Beklagte beauftragt den Anwalt ungeachtet dessen, ihn in dem Verfahren wegen des Hauptgegenstands über die gesamten 20.000 EUR zu verteidigen. Nach mündlicher Verhandlung ergeht ein Urteil.

Der Anwalt erhält zunächst die volle Prozesskostenhilfe-Vergütung (§ 49) im Umfang der Bewilligung, also aus dem Wert von 12.000 EUR:

1. 1,3-Verfahrensgebühr, VV 3100   417,30 EUR
2. 1,2-Terminsgebühr, VV 3104   385,20 EUR
3. Postentgeltpauschale, VV 7002   20,00 EUR
     Zwischensumme   822,50 EUR
4. 19 % Umsatzsteuer, VV 7008   156,28 EUR
Gesamt   **978,78 EUR**

Darüber hinaus erhält er die Differenz zwischen der Wahlanwaltsvergütung aus dem vollen Wert (20.000 EUR) und Wahlanwaltsvergütung aus dem Wert der PKH-Bewilligung (12.000 EUR):

1. 1,3-Verfahrensgebühr, VV 3100
   (Wert: 20.000 EUR)   964,60 EUR
2. ./. 1,3-Verfahrensgebühr, VV 3100
   (Wert: 12.000 EUR)   – 785,20 EUR
3. 1,2-Terminsgebühr, VV 3104
   (Wert: 20.000 EUR)   890,40 EUR
4. ./. 1,2-Terminsgebühr, VV 3104
   (Wert: 12.000 EUR)   – 724,80 EUR
5. Postentgeltpauschale, VV 7002   20,00 EUR
6. ./. Postentgeltpauschale, VV 7002   – 20,00 EUR
     Zwischensumme   345,00 EUR
7. 19 % Umsatzsteuer, VV 7008   65,55 EUR
Gesamt   **410,55 EUR**

Insgesamt erhält der Anwalt also:
1. PKH-Vergütung aus der Staatskasse: 978,78 EUR
2. Wahlanwaltsgebühren vom Mandanten: 410,55 EUR
Gesamt   **1.389,33 EUR**

b) Nach teilweiser Prozesskostenhilfe-Bewilligung wird der Rechtsstreit nur im Rahmen der bewilligten Prozesskostenhilfe durchgeführt

22 **Beispiel:** Der Anwalt wird von der bedürftigen Partei beauftragt, für eine beabsichtigte Klage i.H.v. 25.000 EUR Prozesskostenhilfe zu beantragen. Das Gericht ordnet einen Termin im Prozesskostenhilfe-Prüfungsverfahren an und bewilligt nach mündlicher Verhandlung im Prüfungsverfahren Prozesskostenhilfe lediglich i.H.v. 20.000 EUR; in Höhe der weiteren 5.000 EUR sieht das Gericht keine hinreichenden Erfolgsaussichten und lehnt den Antrag ab. Der Anwalt wird daraufhin beauftragt, das Verfahren lediglich nach einem Wert von 20.000 EUR durchzuführen, nach dem dann anschließend auch verhandelt und eine Einigung geschlossen wird.

Aus der Staatskasse erhält der Anwalt seine Prozesskostenhilfe-Vergütung (§ 49) aus dem Wert der Beiordnung, also aus 20.000 EUR:

1. 1,3-Verfahrensgebühr, VV 3100   471,90 EUR
2. 1,2-Terminsgebühr, VV 3104   435,60 EUR
3. 1,0-Einigungsgebühr, VV 1003   363,00 EUR

4. Postentgeltpauschale, VV 7002		20,00 EUR
Zwischensumme	1.290,50 EUR	
5. 19 % Umsatzsteuer, VV 7008		245,20 EUR
Gesamt		**1.535,70 EUR**

Auch hier kann der Anwalt den Mandanten wegen der weiter gehenden Vergütung in Anspruch nehmen, nämlich insoweit, als der Anwalt im Prüfungsverfahren tätig geworden ist, ohne dass der Auftraggeber die beantragte Prozesskostenhilfe bewilligt erhalten hat. Hier ist zunächst die tatsächliche Wahlanwaltsvergütung unter Berücksichtigung von § 15 Abs. 3 zu berechnen und dann die Wahlanwaltsvergütung nach dem Wert, zu dem Prozesskostenhilfe bewilligt worden ist, wieder abzuziehen:[16]

1. 1,3-Verfahrensgebühr, VV 3100		964,60 EUR
(Wert: 20.000 EUR)		
2. 1,0-Verfahrensgebühr, VV 3335		303,00 EUR
(Wert: 5.000 EUR)		
gem. § 15 Abs. 3 nicht mehr als 1,3 aus 25.000 EUR		1.024,40 EUR
3. ./. 1,3-Verfahrensgebühr, VV 3100		– 964,60 EUR
(Wert: 20.000 EUR)		
4. 1,2-Terminsgebühr, VV 3104		945,60 EUR
(Wert: 25.000 EUR)		
5. ./. 1,2-Terminsgebühr, VV 3104		– 890,40 EUR
(Wert: 20.000 EUR)		
6. 1,0-Einigungsgebühr, VV 1003		742,00 EUR
(Wert: 20.000 EUR)		
7. ./. 1,0-Einigungsgebühr, VV 1003		– 742,00 EUR
(Wert: 20.000 EUR)		
8. Postentgeltpauschale, VV 7002		20,00 EUR
9. ./. Postentgeltpauschale VV 7002		– 20,00 EUR
Zwischensumme	115,00 EUR	
10. 19 % Umsatzsteuer, VV 7008		21,85 EUR
Gesamt		**136,85 EUR**

Insgesamt erhält der Anwalt also:

1. PKH-Vergütung (§ 49) aus der Staatskasse	1.535,70 EUR
2. Wahlanwaltsgebühren (§ 13) vom Auftraggeber	136,85 EUR
Gesamt	**1.672,55 EUR**

III. Mehrere Prozesskostenhilfeverfahren

Mehrere Verfahren über die Bewilligung der Prozesskostenhilfe, über die Aufhebung der Prozesskostenhilfe (§ 124 ZPO) oder der Abänderung der Prozesskostenhilferatenzahlung (§ 120a ZPO) in demselben Rechtszug gehören zu derselben Angelegenheit (§ 16 Nr. 3). Der Anwalt erhält die Gebühren insgesamt nur einmal.

Eine Ausnahme gilt nach § 15 Abs. 5 S. 2, wenn seit Erledigung des vorangegangenen Verfahrens **mehr als zwei Kalenderjahre** vergangen sind.

> **Beispiel:** Im April 2003 ist ein Verfahren abgeschlossen worden. Im August 2005 schreibt das Gericht den Mandanten zum Zweck der Überprüfung der wirtschaftlichen Verhältnisse an. Der Mandant beauftragt seinen früheren Prozessbevollmächtigten.
> Da zwischenzeitlich zwei Kalenderjahre vergangen sind, gilt der neue Auftrag nach § 15 Abs. 5 S. 2 als neue Angelegenheit. § 16 Nr. 3 ist nicht anwendbar. Der Anwalt erhält für das Abänderungsverfahren die Vergütung nach VV 3335.

Mit **Rechtszug** i.S.d. § 16 Nr. 3 ist derjenige Rechtszug i.S.d. § 119 ZPO gemeint, für den die bewilligte PKH gilt. Soweit nach § 119 ZPO für eine neue Instanz ein neuer Antrag gestellt werden muss, löst dieser eine neue Angelegenheit aus, die allerdings nach § 16 Nr. 2 wiederum mit der Hauptsache eine Angelegenheit bildet. Bedeutsam wird dies etwa, wenn für ein Rechtsmittel Prozesskostenhilfe beantragt wird, das Gericht die Bewilligung ablehnt und es daher nicht zur Einlegung des Rechtsmittels kommt.

---

16 Vgl. auch OLG Celle, Beschl. v. 26.7.2010 – 10 WF 236/10 (juris).

Beispiel: Nach erstinstanzlicher Verurteilung beantragt der Anwalt für seine Partei zur Durchführung der Berufung Prozesskostenhilfe, die nicht bewilligt wird.
Neben den Gebühren für das erstinstanzliche Verfahren erhält der Anwalt für den Prozesskostenhilfeantrag im Berufungsverfahren die Gebühr nach VV 3335.

IV. Erstattungsfragen

26 § 118 Abs. 1 S. 4 ZPO schließt eine Kostenerstattung im Prozesskostenhilfeprüfungsverfahren aus. Entsprechendes gilt nach § 127 Abs. 4 ZPO im Verfahren über die sofortige Beschwerde gegen eine Prozesskostenhilfeentscheidung.

Kommt es zu einem Hauptsacheverfahren, so ist umstritten, ob die Vorschriften im Fall der den Antragsteller **belastenden** Kostengrundentscheidung (§§ 91 ff. ZPO) die Erstattung der Kosten des Prozesskostenhilfeprüfungsverfahrens ausschließt.[17] Des Weiteren ist streitig, ob der Antragsteller, dem Prozesskostenhilfe bewilligt worden ist, bei einer für ihn **günstigen** Kostengrundentscheidung in der Hauptsache Kosten des Prozesskostenhilfeprüfungsverfahrens erstattet verlangen kann.[18] Lediglich hinsichtlich der Kosten der Vernehmung ist in § 118 Abs. 4 S. 3 ZPO geregelt, dass sie als Gerichtskosten von derjenigen Partei zu tragen sind, der die Kosten des Rechtsstreits auferlegt sind. Materiell-rechtliche Kostenerstattungsansprüche sind durch §§ 118 Abs. 1 S. 4 und 127 Abs. 4 ZPO nicht ausgeschlossen.[19]

27 Auch bei einer **Verfahrensbeendigung** durch **Vergleich** im Prozesskostenhilfeprüfungsverfahren gilt die besondere Kostenregelung des § 118 Abs. 1 S. 4 ZPO. Eine Ausnahme davon kann nur dann gegeben sein, wenn durch eine **gesonderte Kostenvereinbarung** Erstattungsansprüche begründet werden,[20] was allerdings eindeutig ersichtlich sein muss. Eine im Vergleich getroffene Regelung, wer die „Kosten des Rechtsstreits" zu tragen hat, betrifft die im Prozesskostenhilfeprüfungsverfahren entstandenen außergerichtlichen Kosten, die nach der Bestimmung des Vergleichs abweichend von § 118 Abs. 1 S. 4 ZPO dem Gegner zu erstatten sind.[21]

28 Bei einer **Antragsrücknahme** der beabsichtigten Klage kommt eine Kostenentscheidung nach billigem Ermessen gemäß § 269 Abs. 3 S. 3 ZPO im isolierten PKH-Verfahren nicht in Betracht.[22] Der Grundsatz, dass dem Gegner die im Prozesskostenhilfeverfahren entstandenen Kosten nicht zu erstatten sind, gilt in entsprechender Anwendung von § 118 Abs. 1 S. 4 ZPO auch für eine Kostenerstattung des Antragstellers.[23] Das ergibt sich zum einen aus § 127 Abs. 4 ZPO, wonach alle Beteiligten Kosten des Prozesskostenhilfebeschwerdeverfahrens einander nicht zu erstatten haben. Zum anderen folgt dies aus dem Gleichheitssatz nach Art. 3 Abs. 1 GG, nach dem die mit Prozesskostenhilfe prozessierende Partei nicht besser behandelt werden darf als der Gegner, dem nach § 118 Abs. 1 S. 4 ZPO im Prozesskostenhilfeverfahren entstandene Kosten nicht erstattet werden.[24]

C. Regelungsgehalt bei Betragsrahmengebühren

29 Mit der Ergänzung der Angaben in der Gebührenspalte und der Änderung des Gebührentatbestands der VV 3335 durch das 2. KostRMoG ist die Vorschrift auch für **Betragsrahmengebühren** – z.B. in **Verfahren** vor den Gerichten der **Sozialgerichtsbarkeit** – anwendbar. VV 3336 ist aufgehoben.

30 Auch bei der Verfahrensgebühr für das Prozesskostenhilfeverfahren als Betragsrahmengebühr bestimmt sich die Höhe der Gebühr nach der Verfahrensgebühr für das Verfahren, für das Prozesskostenhilfe beantragt ist. Höchstgrenze ist der Betrag von 420 EUR. Die Höchstgrenze von 420 EUR legt nicht die Obergrenze eines Betragsrahmens fest, sondern ist eine Begrenzung des konkret nach § 14 Abs. 1 bemessenen Gebührenbetrages.

---

17 Vgl. Zöller/*Geimer*, § 118 ZPO Rn 27; OLG Düsseldorf MDR 1987, 941; OLG München MDR 1989, 267.
18 Vgl. Zöller/*Geimer*, § 118 ZPO Rn 27; OLG Düsseldorf MDR 1987, 941; OLG München MDR 1989, 267.
19 Zöller/*Geimer*, § 118 ZPO Rn 26.
20 Zöller/*Geimer*, § 118 ZPO Rn 26 und 28.
21 KG BeckRS 2007, 14429.
22 OLG Brandenburg FamRZ 2009, 1338.
23 OLG Brandenburg FamRZ 2009, 1338; vgl. Zöller/*Geimer*, § 118 ZPO Rn 27.
24 OLG Hamm FamRZ 2005, 1185; OLG Braunschweig, FamRZ 2005, 1263; OLG Zweibrücken OLGR Zweibrücken 2002, 136; vgl. auch *Enders*, JurBüro 1997, 449, 453.

Abschnitt 3. Gebühren für besondere Verfahren

VV 3335 (Betragsrahmengebühr) betrifft in erster Linie **Verfahren über die Prozesskostenhilfe** vor den Sozialgerichten, betreffend **Verfahren, in welchen das GKG nicht anwendbar** ist (§ 3 Abs. 1 S. 1). Nach **§ 1 Abs. 2 Nr. 3 GKG** ist das GKG in Verfahren vor den Gerichten der Sozialgerichtsbarkeit anzuwenden, soweit dies im SGG bestimmt ist. Das SGG regelt in **§§ 183, 197a SGG** die Verfahren, in denen das GKG nicht und mithin § 3 Abs. 1 S. 1 anwendbar ist. Nach § 197a Abs. 1 S. 1, 1. Hs. SGG findet das GKG keine Anwendung, wenn in einem Rechtszug weder Kläger noch Beklagter zu den in § 183 SGG genannten Personen gehören. **Ausschlaggebend** für die **Anwendung des GKG** ist mithin, ob eine **in § 183 SGG genannte Person an dem Rechtsstreit im betreffenden Rechtszug beteiligt** ist. Zu der Frage, wann dies der Fall ist, wird auf die grundlegenden Erläuterungen zu § 3 Abs. 1 S. 1 (siehe § 3 Rdn 8 ff.) verwiesen.

Die **Verfahrensgebühr** für die Vertretung im Prozesskostenhilfeverfahren in einer sozialgerichtlichen Sache erster Instanz beträgt bei Betragsrahmengebühren nach VV 3102 50 EUR bis 550 EUR. Die Mittelgebühr liegt dann bei 300 EUR.

Bei einer **vorzeitigen Beendigung des Auftrags** verbleibt es bei dem Gebührentatbestand VV 3335. VV 3337 ist nicht anwendbar, da sie nicht die Betragsrahmengebühren betrifft. Die vorzeitige Beendigung des Auftrages ist aber bei der Bestimmung der Betragsrahmengebühr nach § 14 Abs. 1 hinsichtlich des Umfangs der anwaltlichen Tätigkeit zu berücksichtigen.

Kommt es im Prozesskostenhilfeverfahren zu einem Termin i.S.v. VV Vorb. 3 Abs. 3, so erhält der Rechtsanwalt gemäß VV Vorb. 3.3.6 S. 2 die **Terminsgebühr** nach der Terminsgebühr für das zugrunde liegende Verfahren. Diese Regelung ist durch das 2. KostRMoG eingefügt worden.

Die **Terminsgebühr** für einen Termin im Prozesskostenhilfeverfahren in einer sozialgerichtlichen Sache erster Instanz beträgt bei Betragsrahmengebühren nach VV 3102 50 EUR bis 510 EUR. Die Mittelgebühr liegt dann bei 230 EUR.

Soweit im Prozesskostenhilfeverfahren eine Einigung getroffen wird, entsteht eine **Einigungsgebühr nach VV 1005, 1006 in Höhe der Verfahrensgebühr (hier: VV 3335)**, da die Anhängigkeit im Prozessverfahren bereits für die Gebührenreduzierung ausreicht (vgl. Anm. Abs. 1 S. 2 zu VV 1005). Entsprechendes gilt bei einer Einigung im Prozesskostenhilfeverfahren für die **Rechtsmittelinstanz der Hauptsache**.

Nr.	Gebührentatbestand	Gebühr oder Satz der Gebühr nach § 13 RVG
3336	*(aufgehoben)*	

Nr.	Gebührentatbestand	Gebühr oder Satz der Gebühr nach § 13 RVG
3337	Vorzeitige Beendigung des Auftrags im Fall der Nummern 3324 bis 3327, 3334 und 3335: Die Gebühren 3324 bis 3327, 3334 und 3335 betragen höchstens .... Eine vorzeitige Beendigung liegt vor, 1. wenn der Auftrag endigt, bevor der Rechtsanwalt den das Verfahren einleitenden Antrag oder einen Schriftsatz, der Sachanträge, Sachvortrag oder die Zurücknahme des Antrags enthält, eingereicht oder bevor er einen gerichtlichen Termin wahrgenommen hat, oder 2. soweit lediglich beantragt ist, eine Einigung der Parteien oder der Beteiligten zu Protokoll zu nehmen oder soweit lediglich Verhandlungen vor Gericht zur Einigung geführt werden.	0,5

- A. Allgemeines 1
- B. Vorzeitige Beendigung nach Anm. Nr. 1 3
  - I. Allgemeines 3
  - II. Regelungsgehalt 6
    - 1. Erteilung eines Verfahrensauftrages 6
    - 2. Vorzeitige Beendigung des Verfahrensauftrags 7
      - a) Arten der Beendigung 7
      - b) Erledigung der Hauptsache 8
        - aa) Erledigung der Hauptsache vor Antragstellung 8
        - bb) Erledigung der Hauptsache nach Antragstellung 9
    - 3. Einreichung bei Gericht 10
      - a) Tatsächlich erfolgte Einreichung ... 10
      - b) Absendung an das Gericht 11
      - c) Einreichung bei unzuständigem Gericht 13
    - 4. Einreichung des ein Verfahren einleitenden Antrags oder Schriftsatzes, der einen Sachantrag oder die Zurücknahme des Antrags enthält 14
      - a) Antrag und Schriftsatz mit Sachantrag .. 14
        - aa) Antrag 14
        - bb) Schriftsatz mit Sachantrag bzw. Sachvortrag 16
      - b) Ein das Verfahren einleitender Antrag ... 20
      - c) Unterzeichnung des Sachantrages 21
      - d) Verweisungsantrag 22
      - e) Kostenantrag nach § 269 Abs. 4 ZPO ... 23
    - 5. Gerichtliche Terminswahrnehmung 24
- C. Vorzeitige Beendigung nach Anm. Nr. 2 .. 31
  - I. Allgemeines 31
  - II. Regelungsgehalt – Antrag auf gerichtliche Protokollierung 32
- D. Mehrere Auftraggeber 38

A. Allgemeines

1 Die Gebührenvorschrift VV 3337 enthält eine Gebührenermäßigung der Gebühr VV 3335, vornehmlich für den Fall der vorzeitigen Erledigung des Auftrags. Nach VV 3337 beträgt die Gebühr im Ermäßigungsfall höchstens 0,5. Durch das 2. KostRMoG ist in den Gebührentatbestand das Wort „höchstens" eingefügt worden. Dadurch ist sichergestellt, dass eine Ermäßigung auf 0,5 nur dann eintritt, wenn die volle Verfahrensgebühr VV 3335 über 0,5 liegen würde. Die Gebühr VV 3335 knüpft nämlich hinsichtlich der Höhe an die Verfahrensgebühr des zugrunde liegenden Verfahrens an. Liegt die Verfahrensgebühr unterhalb von 0,5, führt die vorzeitige Beendigung des Auftrags nicht zu einer weiteren Gebührenermäßigung, wegen des Wortes „höchstens" aber auch nicht zu einem Gebührensatz von über 0,5.

VV 3337 sieht nur die Verringerung bei Wertgebühren. Soweit VV 3335 als Betragsrahmengebühr entsteht, ist eine vorzeitige Beendigung bei der Bestimmung der angemessenen Gebühr (§ 14 Abs. 1) zu berücksichtigen.

2 VV 3337 bestimmt, dass für die **vorzeitige Beendigung des Auftrags** im Falle der **VV 3324 bis 3327, 3334 und 3335** sich die Gebühr auf **0,5** beläuft. Es handelt sich im Einzelnen um **folgende Verfahren:**
- **VV 3324:** Aufgebotsverfahren (volle Gebühr 1,0);
- **VV 3325:** Verfahren nach § 148 Abs. 1, 2, §§ 246a, 319 Abs. 6 AktG, auch i.V.m. § 327e Abs. 2 AktG, oder nach § 16 Abs. 3 UmwG (volle Gebühr 0,75);
- **VV 3326:** Verfahren vor den Gerichten für Arbeitssachen, wenn sich die Tätigkeit auf eine gerichtliche Entscheidung über die Bestimmung einer Frist (§ 102 Abs. 3 ArbGG), die Ablehnung eines Schiedsrichters (§ 103 Abs. 3 ArbGG) oder die Vornahme einer Beweisaufnahme oder einer Vereidigung (§ 106 Abs. 2 ArbGG) beschränkt (volle Gebühr 0,75);
- **VV 3327:** Verfahren über gerichtliche die Bestellung eines Schiedsrichters oder Ersatzschiedsrichters, über die Ablehnung eines Schiedsrichters oder auf die Beendigung des Schiedsrichteramts, zur Unterstützung bei der Beweisaufnahme oder auf die Vornahme sonstiger richterlicher Handlungen anlässlich eines schiedsrichterlichen Verfahrens beschränkt (volle Gebühr 0,75);
- **VV 3334:** Verfahren vor dem Prozessgericht oder dem Amtsgericht auf Bewilligung, Verlängerung oder Verkürzung einer Räumungsfrist (§§ 721, 794a ZPO), wenn das Verfahren mit dem Verfahren über die Hauptsache nicht verbunden ist (volle Gebühr 1,0);
- **VV 3335:** Verfahren über die Prozesskostenhilfe (volle Gebühr 1,0).

Wegen der Einzelheiten zu den verschiedenen Verfahren wird auf die entsprechenden Kommentierungen bei den einzelnen VV-Nummern verwiesen.

B. Vorzeitige Beendigung nach Anm. Nr. 1

I. Allgemeines

Anm. Nr. 1 beschäftigt sich zum einen mit der häufig vorkommenden Situation, dass die Angelegenheit, wegen derer der Rechtsanwalt beauftragt worden ist, erledigt ist, noch bevor der Rechtsanwalt eine weitergehende Tätigkeit entfalten konnte. Zum anderen betrifft Anm. Nr. 1 auch die Fälle, in denen dem Rechtsanwalt durch den Auftraggeber das Mandat entzogen wird bzw. dieser das Mandat von sich aus niederlegt, so dass sich die Angelegenheit aus diesem Grund für den Rechtsanwalt erledigt hat. Derartigen Situationen ist dabei gemeinsam, dass die Tätigkeit des Rechtsanwalts ein bestimmtes Stadium noch nicht erreicht hat. In einer derartigen Situation soll der Rechtsanwalt nicht die in den VV 3324 bis 3327, 3334 und 3335 vorgesehenen Verfahrensgebühren von 0,75 bzw. 1,0 erhalten, sondern vielmehr nur eine **Verfahrensgebühr mit einem Satz von höchstens 0,5**.

Das Gesetz macht die Entscheidung, in welcher Höhe dem Rechtsanwalt eine Verfahrensgebühr zustehen soll, von folgenden **Tätigkeiten des Rechtsanwalts** abhängig:
– Einreichung eines das Verfahren einleitenden Antrags,
– Einreichung eines Schriftsatzes, der Sachanträge, Sachvortrag oder die Zurücknahme des Sachantrags enthält,
– Wahrnehmung eines gerichtlichen Termins.

Endet der **Auftrag, bevor** der Rechtsanwalt den ein Verfahren einleitenden Antrag oder einen Schriftsatz, der Sachanträge, Sachvortrag, die Zurücknahme des Antrags enthält, eingereicht oder bevor er für seine Partei einen gerichtlichen Termin wahrgenommen hat, so erhält er nach Anm. Nr. 1 nur eine **Verfahrensgebühr von höchstens 0,5**. Insoweit handelt es sich auch um eine **Ausnahmevorschrift zu § 15 Abs. 4**. Nach dieser Vorschrift soll es – soweit das Gesetz nichts anderes bestimmt – grundsätzlich ohne Einfluss sein, wenn sich die Angelegenheit vorzeitig erledigt oder der Auftrag endet, bevor die Angelegenheit erledigt ist. Durch die Regelung in Anm. Nr. 1 wird von diesem Grundsatz eine Ausnahme gemacht, die motiviert ist durch die Überlegung, dass das Nichterreichen eines bestimmten Tätigkeitsstadiums zum Zeitpunkt der Beendigung des Mandats Indiz für eine nur untergeordnete Tätigkeit des Prozessbevollmächtigten ist. Dass diese Überlegung häufig nicht zutrifft, ist allgemein bekannt. Gerade in den Fällen, in denen die Anfertigung einer Antragserwiderung viel Zeit in Anspruch nimmt, erscheint es unbillig, die Verfahrensgebühr auf 0,5 herabzusetzen, wenn der Antrag noch vor Einreichung der Antragserwiderung zurückgenommen worden ist. Die Unbilligkeit tritt noch deutlicher hervor, wenn man bedenkt, dass die Herabsetzung der Gebühr schon dadurch vermieden werden kann, dass dem Gericht der Antragsabweisungsantrag mit dem Bemerken übermittelt wird, dass eine Begründung des Antragsabweisungsantrages vorbehalten bleibe. Solange Anm. Nr. 1 allerdings diesen Wortlaut hat, wird man sich mit der misslichen Gebührenreduzierung abfinden müssen – oder in der zuletzt genannten Weise verfahren.

II. Regelungsgehalt

1. Erteilung eines Verfahrensauftrages

Voraussetzung für die Anwendung von Anm. Nr. 1 ist zunächst, dass dem Rechtsanwalt ein Verfahrensauftrag für die in VV 3324 bis 3327, 3334 und 3335 genannten Verfahren, erteilt ist (vgl. VV Vorb. 3 Abs. 1). Ist dies schon nicht der Fall, kann keine Gebührenreduzierung nach Anm. Nr. 1 eintreten, da eine Verfahrensgebühr nicht entstehen kann. Der Rechtsanwalt kann dann allerdings auch keine Verfahrensgebühr nach VV 3324 bis 3327, 3334 bzw. 3335 verdienen.

> **Beispiel:** Während eines laufenden Aufgebotsverfahrens (VV 3324) erhält der Rechtsanwalt von dem anwaltlich bereits vertretenen Mandanten den Auftrag, die Prozessführung des bisher tätigen Bevollmächtigten auf seine Richtigkeit und Zweckmäßigkeit zu überprüfen. Noch bevor der insoweit beauftragte Rechtsanwalt tätig geworden ist, überlegt es sich der Mandant anders und zieht diesen Auftrag zurück. In diesem Beispiel hat der Rechtsanwalt noch keinen Auftrag erhalten, Anm. Nr. 1 zu VV 3337 findet daher keine Anwendung. Aus demselben Grund findet VV 3324 ebenfalls keine Anwendung.

2. Vorzeitige Beendigung des Verfahrensauftrags

a) Arten der Beendigung

7 Die **vorzeitige Beendigung des Auftrags** kann u.a. durch Kündigung des Mandats durch den Auftraggeber, durch Niederlegung des Mandats durch den Rechtsanwalt, durch Erledigung der Angelegenheit (z.B. durch Antragsrücknahme), durch den Tod des Prozessbevollmächtigten oder Rückgabe seiner Zulassung erfolgen. Dieser **Zeitpunkt** ist **objektiv bestimmbar** (z.B. durch Zugang der Kündigung, Zeitpunkt des Todes des Prozessbevollmächtigten oder Endigung seiner Zulassung). Wird der Auftrag auf andere Weise als durch eine Kündigung seitens des Auftraggebers oder durch Niederlegung des Mandats beendet, wird auf die **Kenntnis des Rechtsanwalts** abgestellt. Hier ist der in § 674 BGB zum Ausdruck gekommene Rechtsgedanke heranzuziehen, nach dem ein Auftrag selbst bei einem durch objektive Umstände bewirkten nachträglichen Erlöschen gleichwohl zugunsten des Beauftragten als fortbestehend gilt, bis der Beauftragte von dem Erlöschen Kenntnis erlangt oder das Erlöschen kennen muss.[1] Entfaltet der Bevollmächtigte nach dem Erlöschen, d.h. der Erledigung des Auftrages, in Unkenntnis dessen eine Tätigkeit, z.B. Einreichen eines Schriftsatzes mit Sachanträgen, erwächst ihm die Verfahrensgebühr in voller Höhe von 0,5.[2] Folgerichtig erhält der Prozessbevollmächtigte keine weiteren Gebühren, wenn er nach Erhalt einer Kündigung seitens seines Auftraggebers noch irgendeine Tätigkeit entfaltet.

b) Erledigung der Hauptsache

8 **aa) Erledigung der Hauptsache vor Antragstellung.** Erledigt sich der Auftrag nur hinsichtlich der Hauptsache, so kann die volle 0,75- bzw. 1,0-Verfahrensgebühr nach dem Wert der Kosten erwachsen.

> **Beispiel:** Der Anwalt wird beauftragt, ein Aufgebot wegen Kraftloserklärung eines Grundschuldbriefs in Höhe von 10.000 EUR gerichtlich zu beantragen. Der Auftrag endigt noch vor Antragseinreichung.
> **Streitwert: 10.000 EUR**
> 1. 0,5-Verfahrensgebühr, VV 3337   279,00 EUR

9 **bb) Erledigung der Hauptsache nach Antragstellung.** Kündigt der Anwalt des Gegners schriftsätzlich einen Sachantrag an, wird dann jedoch die Hauptsache in der mündlichen Verhandlung übereinstimmend für erledigt erklärt, erhält er die volle 0,75- bzw. 1,0-Verfahrensgebühr. Die volle Gebühr wird selbst dann verdient, wenn beide Parteien schriftsätzlich die Erledigung der Hauptsache ankündigen, da die Parteien trotz der angekündigten Erledigungserklärungen nicht gehindert sind, in der mündlichen Verhandlung den Antrag und den Antragsabweisungsantrag zu stellen.[3] Dazu das OLG Hamm:[4]

> „Die Parteien sind nicht gehindert, trotz der angekündigten Erledigungserklärung in der mündlichen Verhandlung den Klageantrag oder den Klageabweisungsantrag zu stellen. Zwar kann dadurch eine Vertagung erforderlich werden; doch das ist ebenfalls unschädlich, weil die mündliche Verhandlung als eine Einheit gilt. Bleibt aber die Hauptsache anhängig, so erwächst dem Anwalt, der sich vor wirksamer Erledigungserklärung mit einem Schriftsatz meldet, welcher einen Sachantrag enthält, die volle Prozeßgebühr nach dem Wert der ursprünglichen Hauptsache."

In der Praxis ist daher grundsätzlich der Antragsabweisungsantrag auch dann zu stellen, wenn von der Antragstellerseite die Erledigung angekündigt worden ist. Nur bei dieser Verfahrensweise erhält der Rechtsanwalt des Gegners eine volle 0,75- bzw. 1,0-Verfahrensgebühr nach dem vollen Gegenstandswert, selbst wenn in der mündlichen Verhandlung die Erledigungserklärungen übereinstimmend abgegeben werden sollten.

---

1 OLG Bamberg JurBüro 1975, 1339 = KostRsp. BRAGO § 32 Nr. 15 m. Anm. *E. Schneider*; OLG Bamberg JurBüro 1981, 717.
2 OLG Hamm JurBüro 1969, 957; KG NJW 1975, 125; OLG Düsseldorf JurBüro 1980, 74; OLG München AnwBl 1983, 523; KG AnwBl 1984, 375 = JurBüro 1984, 880 = KostRsp. BRAGO § 32 Nr. 42; OLG Karlsruhe JurBüro 1996, 420; VGH Baden-Württemberg AnwBl 1997, 625 = AGS 1998. 61 = KostRsp. BRAGO § 32 Nr. 83; OLG Koblenz JurBüro 1998, 537; OLG Hamburg JurBüro 1998, 303 = MDR 1998, 561 = KostRsp. BRAGO § 32 Nr. 86.
3 OLG Hamm JurBüro 1968, 889.
4 OLG Hamm JurBüro 1968, 889.

3. Einreichung bei Gericht

a) Tatsächlich erfolgte Einreichung

Eine Verfahrensgebühr nach VV 3324 bis 3327, 3334 bzw. 3335 erwächst dem Prozessbevollmächtigten des Antragstellers, wenn er den Antrag oder einen sonstigen, das Verfahren einleitenden Schriftsatz bei Gericht einreicht. Von einer **Einreichung** des Antrags ist zunächst dann auszugehen, wenn der den Antrag enthaltende Schriftsatz beim Gericht **tatsächlich eingeht**.

b) Absendung an das Gericht

Von einer **Einreichung** wird man allerdings auch dann ausgehen können, wenn der entsprechende Schriftsatz des Prozessbevollmächtigten beim Gericht zwar noch nicht eingegangen, aber so von ihm auf den Weg gebracht ist, dass der tatsächliche Zugang beim Gericht ausschließlich von der Tätigkeit Dritter (etwa der Deutschen Post AG), also nicht mehr von einer Tätigkeit seinerseits, abhängig ist. In einem derartigen Fall wäre es unbillig, die Gebühr des Prozessbevollmächtigten auf 0,5 zu reduzieren, da in einem solchen Verfahrensstadium der reine Zufall über die Gebührenhöhe entscheiden würde. Auch wäre ein derartiges Ergebnis nicht mehr von der Motivation des Gesetzes gedeckt, die Gebühren dann zu reduzieren, wenn die Tätigkeit des Prozessbevollmächtigten augenscheinlich nur begrenzt zur Entwicklung gelangt ist.

In gleicher Weise wird man entscheiden müssen, wenn die Übermittlung des bereits angefertigten Schriftsatzes an das Gericht aus Gründen scheitert, die außerhalb des Verantwortungsbereichs des Prozessbevollmächtigten liegen, also etwa bei Streik des Postzustellungsdienstes oder bei technischen Schwierigkeiten des Telefaxgerätes auf Empfängerseite.

c) Einreichung bei unzuständigem Gericht

Eingereicht ist der Schriftsatz im Übrigen auch dann, wenn er beim **unzuständigen Gericht eingereicht** worden ist,[5] da der Prozessbevollmächtigte damit in der Sache selbst nach außen hervorgetreten ist. Damit hat er alle Voraussetzungen für das Entstehen der Verfahrensgebühr geschaffen. Das OLG Nürnberg[6] führt insoweit aus:

> „Denn durch die Ankündigung seines Antrages zur Sache selbst im Schriftsatz vom ... und dessen Einreichung bei Gericht ist er dem Gericht gegenüber bereits in der Sache selbst tätig geworden und hat damit die Voraussetzungen des Anfalles einer ganzen Prozeßgebühr (jetzt: Verfahrensgebühr) erfüllt, so daß sich diese nicht lediglich deshalb auf die Hälfte ermäßigte, weil der Schriftsatz versehentlich bei einem unzuständigen Gericht eingereicht und von diesem erst nach Klagerücknahme an das zuständige Gericht weitergeleitet wurde."

In einem derartigen Fall ist für den Prozessbevollmächtigten des Antragsgegners die Verfahrensgebühr also selbst dann verdient, wenn der Antragsteller den Antrag vor Eingang des Schriftsatzes des Gegners bei dem zuständigen Gericht zurückgenommen hat.[7]

4. Einreichung des ein Verfahren einleitenden Antrags oder Schriftsatzes, der einen Sachantrag oder die Zurücknahme des Antrags enthält

a) Antrag und Schriftsatz mit Sachantrag

aa) Antrag. Nach dem Wortlaut von Anm. Nr. 1 markiert die Einreichung einer Antragsschrift oder eines Schriftsatzes, der Sachanträge, Sachvortrag oder die Zurücknahme des Antrags enthält, den Zeitpunkt, ab dem der Prozessbevollmächtigte eine volle 0,75 bzw. 1,0-Verfahrensgebühr erhält. Für das Auslösen der vollen Gebühr ist es unerheblich, ob der Antrag in zulässiger Weise gestellt ist oder eine Begründung enthält.

---

[5] OLG Nürnberg JurBüro 1966, 771.
[6] OLG Nürnberg JurBüro 1966, 771.
[7] OLG Nürnberg JurBüro 1966, 771.

15 Unter den Begriff **„Antrag"** fällt nicht nur der eigentliche Antrag an sich, der erstmalig zur Einleitung eines gerichtlichen Verfahrens führt. Vielmehr wird damit auch eine eventuelle **Antragserweiterung** erfasst, zu der erst im Laufe des Verfahrens Anlass besteht.

16 **bb) Schriftsatz mit Sachantrag bzw. Sachvortrag.** Der bei Gericht einzureichende und unterschriebene Schriftsatz muss Sachanträge oder einen Sachvortrag enthalten, um die Verfahrensgebühr nach VV 3324 bis 3327, 3334 bzw. 3335 in Höhe von 0,75 bzw. 1,0 erwachsen zu lassen. In dem Sachantrag muss der Prozessbevollmächtigte einen **Antrag zur Sache selbst** stellen, also z.B., welchen Tenor das Urteil haben soll. Stellt er nur Anträge, die sich lediglich mit dem Verfahren an sich beschäftigen, also z.B. Anträge zur Verlängerung der Erwiderungsfrist, zur Terminsverlegung oder zur Terminsanberaumung, handelt es sich nicht um einen Sachantrag i.S.v. Anm. Nr. 1. Weder die Anwaltsbestellung noch die Bitte um Verlängerung der Antragswiderungsfrist sind Sachanträge nach Anm. Nr. 1.[8]

17 Grundsätzlich ist es nicht ausreichend, wenn der Prozessbevollmächtigte nur rechtliche Ausführungen macht. Ausreichend ist es aber, wenn sich aus den Ausführungen des Prozessbevollmächtigten eindeutig ergibt, welche Entscheidung des Gerichts er erstrebt. Insofern liegt ein **Sachvortrag** vor. So wird es z.B. als ausreichend anzusehen sein, wenn sich aus den Ausführungen im Schriftsatz zweifelsfrei ergibt, dass der Prozessbevollmächtigte allein aufgrund seiner Ausführungen eine Zurückweisung des Antrags für angezeigt hält.[9]

18 Dem Prozessbevollmächtigten des Antragsgegners erwächst eine Verfahrensgebühr durch Einreichung eines Schriftsatzes mit Sachanträgen, in denen er mehr als nur seine Verteidigungsabsicht darlegt. Dabei sind förmliche Anträge nicht unbedingt erforderlich; es muss nur zweifelsfrei erkennbar sein, dass es sich um einen Sachantrag (hier: Antragsabweisungsbegehren) handelt.[10]

19 Aufgrund des Wortlautes der Vorschrift ist davon auszugehen, dass die **Zustellung** des den Sachantrag enthaltenden Schriftsatzes an den Gegner **nicht erforderlich** ist.

b) Ein das Verfahren einleitender Antrag

20 Ein das Verfahren einleitender Antrag ist z.B. der **Antrag** des Antragsgegners **auf Antragsabweisung**. Es erwächst ihm eine volle 0,75- bzw. 1,0-Verfahrensgebühr.[11] Demgegenüber hat der Antrag des Gegners auf **Terminsanberaumung** weder die Qualität eines Sachantrages bzw. Sachvortrages noch die eines ein Verfahren einleitenden Antrages und löst daher bei anschließender Antragsrücknahme nur eine 0,5-Verfahrensgebühr nach VV 3337 aus.[12]

c) Unterzeichnung des Sachantrages

21 Der den Antrag enthaltende Schriftsatz **muss** von dem Rechtsanwalt **unterzeichnet sein**, um die volle Verfahrensgebühr nach VV 3324 bis 3327, 3334 bzw. 3335 in Höhe von 0,75 bzw. 1,0 zur Entstehung zu bringen.[13]

d) Verweisungsantrag

22 Nimmt der Rechtsanwalt des Gegners auf Aufforderung des Gerichts zu einem Verweisungsantrag mit sachlichen Argumenten Stellung und beantragt er eine Verweisung des Verfahrens, so hat er eine volle Verfahrensgebühr nach VV 3324 bis 3327, 3334 bzw. 3335 in Höhe von 0,75 bzw. 1,0 gemäß VV 3324 verdient. Denn unstreitig ist der Verweisungsantrag des Prozessbevollmächtigten des Gegners, der auf eine Entscheidung des Gerichts über dessen örtliche Zuständigkeit gerichtet ist, ein Sachantrag.[14] Es reicht jedoch nicht aus, wenn der Prozessbevollmächtigte des Gegners

---

[8] OLG Koblenz JurBüro 1987, 1365.
[9] BGH JurBüro 1970, 665; OLG München JurBüro 1990, 227 = MDR 1991, 165 = KostRsp. BRAGO § 32 Nr. 66.
[10] BGH JurBüro 1970, 665; OLG München JurBüro 1991, 227 = MDR 1991, 165 = KostRsp. BRAGO § 32 Nr. 66.
[11] HansOLG MDR 1994, 520.
[12] OLG Karlsruhe MDR 1993, 1246 = KostRsp. BRAGO § 32 Nr. 72.
[13] OLG München JurBüro 1982, 402 m. Anm. *Mümmler* = MDR 1982, 418 = KostRsp. BRAGO § 32 Nr. 32.
[14] OLG Bamberg JurBüro 1987, 1675; OLG Schleswig AnwBl 1997, 125.

schriftlich lediglich sein Einverständnis mit der Verweisung erklärt,[15] da diese Erklärung keine sachantragsähnliche Bedeutung hat.

e) Kostenantrag nach § 269 Abs. 4 ZPO

Stellt der Prozessbevollmächtigte des Gegners nach erfolgter Antragsrücknahme einen Kostenantrag nach § 269 Abs. 4 ZPO, so handelt es sich dabei um einen **Sachantrag gemäß Anm. Nr. 1**, mit dem bereits die volle Verfahrensgebühr nach VV 3324 bis 3327, 3334 bzw. 3335 in Höhe von 0,75 bzw. 1,0, berechnet nach den bis dahin angefallenen Kosten, anfällt.[16] Ist dabei die Verfahrensgebühr in der Hauptsache bis zum Zeitpunkt des Kostenantrages nach § 269 Abs. 4 ZPO nur zu 0,5 nach Anm. Nr. 1 erwachsen, erhält der Prozessbevollmächtigte gemäß § 15 Abs. 3 für seine weitere, auf den Kostenpunkt gerichtete Tätigkeit die hiermit entstehende 0,75- bzw. 1,0-Verfahrensgebühr gesondert. Zu beachten ist dabei jedoch, dass diese weitere Verfahrensgebühr zusammen mit der 0,5-Verfahrensgebühr aus der Hauptsache gemäß § 15 Abs. 3 nicht mehr als eine 1,0-Verfahrensgebühr aus dem Wert der Hauptsache ausmachen darf (vgl. Rdn 8).

23

5. Gerichtliche Terminswahrnehmung

Hat der Prozessbevollmächtigte für seinen Auftraggeber einen gerichtlichen Termin wahrgenommen, so ist für ihn damit die volle Verfahrensgebühr nach VV 3324 bis 3327, 3334 bzw. 3335 in Höhe von 0,75 bzw. 1,0 entstanden. Zudem entsteht noch eine Terminsgebühr nach Vorb. 3.3.6 S. 2 bzw. nach VV 3332, aber nur in den Fällen der VV 3324 bis 3330.

24

Endet der ihm erteilte Auftrag hiernach, ist für eine Kürzung der Verfahrensgebühr gemäß Anm. Nr. 1 dementsprechend kein Raum mehr. Wird hingegen ein außergerichtlicher Termin wahrgenommen und endet hiernach der Auftrag, so reduziert sich die Gebühr auf 0,5.[17] Eine Reduzierung der Terminsgebühr Vorb. 3.3.6 S. 2 findet hingegen nicht statt. Die Terminsgebühr VV 3332 beträgt sowieso nur 0,5.

25

Wahrgenommen hat der Prozessbevollmächtigte einen gerichtlichen Termin dann, wenn er bei Aufruf der Sache **im Gerichtssaal anwesend** war in der **Absicht, die Interessen seiner Partei** angemessen zu **vertreten**.[18] Nicht ausreichend ist in diesem Zusammenhang, dass der Termin von dem Gericht zusammen mit anderen Terminen allgemein aufgerufen worden ist; erforderlich ist vielmehr, dass gerade die bestimmte einzelne Sache von dem Vorsitzenden aufgerufen wird in der Absicht, sich mit dieser nunmehr zu befassen.

26

Eine Anwesenheit allein zum Zwecke der Mitteilung des Prozessbevollmächtigten, dass er das **Mandat niederlege**, stellt jedoch keine Terminswahrnehmung dar, da es ihm nicht mehr um die Wahrnehmung der Interessen seines Mandanten ging. Insofern kann auch keine Terminsgebühr entstehen.

27

Ging der Erklärung des Rechtsanwalts, dass er nicht auftrete, eine Erörterung der Sach- und Rechtslage voraus, erhält der Rechtsanwalt eine Terminsgebühr.

28

Unerheblich ist, ob in dem Termin eine Sachentscheidung ergeht oder nicht oder ob der Termin nur vertagt wird. Gleichgültig ist es ferner, ob in diesem Termin der Prozessbevollmächtigte der Gegenseite erscheint oder der nicht anwaltlich vertretene Gegner. Ausreichend für die Wahrnehmung eines Termins i.S.v. Anm. 1 ist demnach, dass ein solcher Termin überhaupt stattgefunden und der Prozessbevollmächtigte in diesem Termin die Interessen seines Mandanten wahrgenommen hat.

29

Die Stellung von Anträgen in dem Termin ist nicht erforderlich, so dass jegliche gerichtlichen Termine in Betracht kommen, also auch Termine zur Durchführung einer Beweisaufnahme.

30

---

15 OLG Köln JurBüro 1986, 1041 = KostRsp. BRAGO § 32 Nr. 50.
16 OLG Köln KostRsp. BRAGO § 32 Nr. 33.
17 Vgl. auch BT-Drucks 15/2487, S. 143.
18 OLG München JurBüro 1994, 542 = OLGR 1994, 109 = KostRsp. BRAGO § 32 Nr. 73.

Fölsch

C. Vorzeitige Beendigung nach Anm. Nr. 2

I. Allgemeines

31 Bei **Anm. Nr. 2** handelt es sich um eine Vorschrift, deren Verständnis und Anwendung dem Rechtsanwalt häufig Schwierigkeiten bereiten, über deren Existenz sogar vielfach Unkenntnis besteht. Mit Anm. Nr. 2 soll einerseits die Situation gebührenrechtlich erfasst werden, in der die Tätigkeit des Rechtsanwalts lediglich darauf beschränkt sein soll zu **beantragen**, eine Einigung der Parteien zu Protokoll zu nehmen. Andererseits ist der Anwendungsbereich nicht auf derartig beschränkte Mandate begrenzt, vielmehr – und dies ist der Hauptanwendungsbereich der Vorschrift – findet Anm. Nr. 2 immer auch dann Anwendung, wenn bei einer Einigung **Angelegenheiten** mit geregelt werden, **die zuvor nicht Gegenstand des dem Rechtsanwalt erteilten Auftrags** waren. Wenn der Prozessbevollmächtigte in einer derartigen Situation im Einverständnis mit seinem Auftraggeber eine Einigung der Parteien zu Protokoll nehmen lässt, steht ihm hierfür nach Anm. Nr. 2 eine **0,5-Verfahrensgebühr** zu.

II. Regelungsgehalt – Antrag auf gerichtliche Protokollierung

32 Nach Anm. Nr. 2 entsteht für den Antrag auf Protokollierung einer Einigung bzw. für Einigungsverhandlungen ebenfalls eine **Verfahrensgebühr von höchstens 0,5**.

33 Bei der Verfahrensgebühr nach Anm. Nr. 2 zu VV 3337 handelt es sich um die sogenannte Verfahrensdifferenzgebühr. Wie aus VV 3337 Anm. Nr. 2, 2. Alt ergibt, entsteht die Verfahrensdifferenzgebühr nicht nur, wenn es tatsächlich zu einer Einigung gekommen ist, sondern auch dann, wenn nur Verhandlungen über eine Einigung geführt werden, mögen diese im Ergebnis auch erfolglos geblieben sein. Die Verfahrensdifferenzgebühr fällt mit einem Gebührensatz von höchstens 0,5 an. Sind die Einigungsverhandlungen erfolgreich, so verbleibt es bei diesem Gebührensatz der Verfahrensgebühr; sie wächst nicht zur vollen Verfahrensgebühr (z.B. höchstens 1,0 bei VV 3335) an.[19] Bei der entsprechenden Gebühr VV 3101 Nr. 2 ist dies durch das 2. KostRMoG ausdrücklich festgehalten worden;[20] eine entsprechende Klarstellung für VV 3337 ist übersehen worden. Die Verhandlungen müssen vor einem Gericht geführt sein. Die Ansprüche dürfen in dem betroffenen Gerichtsverfahren nicht rechtshängig sein. Erforderlich ist auch, dass der Anwalt einen Auftrag zur Verhandlung über die nicht rechtshängigen Ansprüche hat. Für die Entstehung des Gebührentatbestandes VV 3337 Anm. Nr. 2 ist es unerheblich, ob die einbezogenen Ansprüche in einem anderen Verfahren rechtshängig sind und ob derselbe Anwalt in diesem anderen Verfahren bereits eine volle Verfahrensgebühr verdient hat. Die VV 3101 Anm. Abs. 1 gilt entsprechend.

34 Zusätzlich zu der vollen 0,75- bzw. 1,0-Verfahrensgebühr nach VV 3324 bis 3327, VV 3334 bzw. VV 3335 kann dem Rechtsanwalt somit bei Protokollierung einer Einigung bzw. bei Einigungsverhandlungen zwischen dem Antragsteller und dem Gegner eine 0,5-Verfahrensgebühr aus dem Wert der nicht „anhängigen" bzw. anderweitig „anhängigen" Ansprüche erwachsen. Allerdings darf der Rechtsanwalt nach § 15 Abs. 3 nicht mehr berechnen als eine 0,75- bzw. 1,0-Verfahrensgebühr aus dem Gesamtwert der rechtshängigen und nicht rechtshängigen bzw. anderweitig rechtshängigen Ansprüche.

35 **Beispiel: Erfolglose Verhandlungen vor Gericht über nicht rechtshängige Ansprüche**
Der Rechtsanwalt beantragt Prozesskostenhilfe für eine beabsichtigte Klage seines Auftraggebers über 3.000 EUR ein. Im Erörterungstermin (§ 118 Abs. 1 ZPO) werden vor Gericht die Ansprüche des Auftraggebers nicht nur hinsichtlich der 3.000 EUR erörtert, sondern auch gleichzeitig Vergleichsverhandlungen über weitere 10.000 EUR geführt. Hierfür hatte der Rechtsanwalt das Mandat. Die Vergleichsverhandlungen scheitern insgesamt. Das Gericht weist den Prozesskostenhilfeantrag zurück. In welcher Höhe ist für den Rechtsanwalt die Verfahrensgebühr entstanden?
Der Rechtsanwalt erhält die 1,0-Verfahrensgebühr (VV 3335) aus dem Wert von 3.000 EUR über 201 EUR. Zusätzlich verdient er die 0,5-Verfahrensdifferenzgebühr (VV 3337 Anm. Nr. 2) aus dem Wert von 10.000 EUR über 279 EUR. Zu berücksichtigen ist die Gebührenbegrenzung des § 15 Abs. 3. Da für Teile des Gegenstands der einheitlichen gebührenrechtlichen Angelegenheit unterschiedliche Gebührensätze angefallen sind (1,0 und 0,5), darf der Verdienst nicht höher liegen als der Betrag aus einer 1,0-Verfahrens-

---

19 Vgl. zu VV 3101 Nr. 2 a.F.: *Enders*, JurBüro 2007, 113; a.A. *Schneider*, AGS 2007, 277.   20 BR-Drucks 517/12, S. 427.

gebühr nach dem Gesamtwert von 13.000 EUR über 604 EUR. Mit dem Betrag von 480 EUR (201 EUR + 279 EUR) ist dieses auch nicht der Fall.

Praxistipp: Sicherstellung der Verfahrensdifferenzgebühr 36
Der Umgang der Rechtspraxis mit der Verfahrensdifferenzgebühr ist immer noch von Rechtsunsicherheiten geprägt.
Wird über nicht rechtshängige Ansprüche in einem Rechtsstreit zum Zwecke der Einigung verhandelt, sollte unbedingt auf eine sich darauf beziehende Protokollierung geachtet werden. Dies vermeidet eventuelle Schwierigkeiten in einem Kosten- bzw. Vergütungsfestsetzungsverfahren.
Darüber hinaus sollte der Anwalt auf eine Streitwertfestsetzung achten – und zwar eben auch dann, wenn ein Vergleich vor dem Gericht nicht abgeschlossen wurde. Denn die Verfahrensdifferenzgebühr hat nicht den Abschluss einer Einigung oder eines Vergleiches zur Voraussetzung.

Bei Einigungsverhandlungen über nicht „anhängige" bzw. anderweitig „anhängige" Ansprüche kann 37
auch eine Terminsdifferenzgebühr entstehen (vgl. Vorb. 3.3.6 S. 2 i.V.m. VV 3104 Anm. Abs. 2). Eine Terminsdifferenzgebühr entsteht dagegen nicht, wenn ausschließlich eine Einigung protokolliert wird (vgl. VV 3104 Anm. Abs. 3). Im Falle der Einigung kann zudem die Einigungsgebühr (VV 1000, 1003) anfallen.

D. Mehrere Auftraggeber

Ist der Prozessbevollmächtigte für mehrere Auftraggeber hinsichtlich desselben Gegenstands tätig 38
geworden, so erhöht sich auch die Verfahrensgebühr nach Anm. Nr. 1 und 2 gemäß **VV 1008**, wenn der Gegenstand identisch ist. Ist der Gegenstand nicht identisch, so sind die Werte gemäß § 22 Abs. 1 zu addieren. Die Verfahrensgebühr erhöht sich also um 0,3 pro weiteren Auftraggeber, so dass sie bei zwei Auftraggebern insgesamt 0,8 beträgt. Mehrere Erhöhungen dürfen jedoch nicht mehr als 2,0 betragen.

Nr.	Gebührentatbestand	Gebühr oder Satz der Gebühr nach § 13 RVG
3338	Verfahrensgebühr für die Tätigkeit als Vertreter des Anmelders eines Anspruchs zum Musterverfahren (§ 10 Abs. 2 KapMuG) ..	0,8

A. Allgemeines .... 1 C. Gebühr 7
B. Anmeldung eines Anspruchs zum Muster- D. Angelegenheiten 12
   verfahren (§ 10 Abs. 2 KapMuG) .... 4 E. Gegenstandswert 14

A. Allgemeines

Die Vorschrift enthält eine Verfahrensgebühr für den anwaltlichen Vertreter des Anmelders im Sinne 1
von § 10 Abs. 2 KapMuG. Die Verfahrensgebühr hat einen Gebührensatz von 0,8. Der Gegenstandswert ergibt sich aus § 23 Abs. 1 S. 1 i.V.m. § 51a Abs. 1 GKG. Die Tätigkeiten in Bezug auf die Anmeldung eines Anspruchs zum Musterverfahren und die Geltendmachung des Anspruchs in einem Klageverfahren bilden gemäß § 16 Nr. 13 dieselbe Angelegenheit.[1]

Die Gebühr VV 3338 ist durch das Gesetz zur Reform des Kapitalanleger-Musterverfahrensgesetzes 2
vom 19.10.2012 eingeführt worden.

Die Vorschrift ist am 1.11.2012 in Kraft getreten. Ist der unbedingte Auftrag zur Erledigung der 3
Angelegenheit im Ausgangsverfahren bzw. Musterverfahren (vgl. § 16 Nr. 13) an den Rechtsanwalt vor dem 1.11.2012 erteilt, ist VV 3338 nicht anzuwenden, weil dann nach der Übergangsvorschrift des § 60 Abs. 1 S. 1 die Vergütung nur nach bisherigem Recht zu berechnen ist.

---

1 Vgl. BT-Drucks 17/10160, S. 28.

B. Anmeldung eines Anspruchs zum Musterverfahren (§ 10 Abs. 2 KapMuG)

4 Nach § 10 Abs. 2 S. 1 KapMuG kann ein Anspruch zu einem vor dem OLG anhängigen Musterverfahren **angemeldet** werden. Die Anmeldung ist nicht zulässig, wenn wegen desselben Gegenstands bereits Klage erhoben wurde (§ 10 Abs. 2 S. 2 KapMuG). Die Anmeldung hat schriftlich binnen einer Frist von 6 Monaten seit Bekanntmachung zu erfolgen (§ 10 Abs. 2 S. 1 KapMuG). Für die Anmeldung besteht Anwaltszwang (§ 10 Abs. 2 S. 3 KapMuG). Der notwendige Inhalt einer Anmeldung ergibt sich aus § 10 Abs. 3 KapMuG. Die Anmeldung ist den darin bezeichneten Musterbeklagten zuzustellen (§ 10 Abs. 4 KapMuG).

5 Die Anmelder sind **nicht Beteiligte** des Musterverfahrens.[2] Auch erstrecken sich die Wirkungen eines Musterentscheids nicht auf die Anmelder.[3] Die Anmeldung ist dementsprechend auch nicht zu bescheiden. Jedoch ist den Anmeldern der Musterentscheid (§ 16 Abs. 1 S. 2 KapMuG) und die Entscheidung über eine hiergegen gerichtete Rechtsbeschwerde (§ 20 Abs. 5 S. 1 KapMuG) zuzustellen, wobei jeweils die Zustellung durch eine öffentliche Bekanntmachung ersetzt werden kann (§ 16 Abs. 1 S. 3, § 20 Abs. 5 S. 2 KapMuG).

6 Die Anmeldung einer Forderung zum Musterverfahren bewirkt indes die **Hemmung der Verjährung** bis zum Abschluss des Musterverfahrens (§ 204 Abs. 1 Nr. 6a, Abs. 3 BGB). Der Anmelder, der die Forderung angemeldet hat, kann das Musterverfahren abwarten, und dann die Geltendmachung seines Anspruchs fortsetzen. Wenn auch der Anmelder weder an dem Musterverfahren noch an einem Musterentscheid oder Vergleich partizipiert, so kommt ihm gleichwohl die **faktische Wirkung** eines Musterentscheids oder Vergleichs zugute.[4]

Die Hemmung der Verjährung setzt voraus, dass die Anforderungen an die Anmeldung aus § 10 Abs. 2, 3 KapMuG eingehalten wurden. Die Voraussetzungen einer zur Hemmung der Verjährung führenden Anmeldung werden nicht im Musterverfahren, sondern erst in einem etwaigen nachfolgenden Rechtsstreit über den geltend gemachten Anspruch des Anmelders geprüft.

C. Gebühr

7 VV 3338 findet nur auf denjenigen Rechtsanwalt Anwendung, der allein mit dem Entwurf einer Anmeldung bzw. mit der Anmeldung eines Anspruchs zum Musterverfahren beauftragt ist. Ist der Rechtsanwalt damit beauftragt, den Anspruch einzuklagen und eine Beteiligung im Musterverfahren über §§ 8, 9 KapMuG herbeizuführen, entsteht nicht VV 3338, sondern die Verfahrensgebühr VV 3100. Beschränkt sich die Tätigkeit des Rechtsanwalts nur auf einen **Rat** hinsichtlich einer solchen Anmeldung, kommt lediglich die Beratungsgebühr gemäß § 34 zur Anwendung.

8 Die Gebühr VV 3338 ist nicht auf die Anmeldung zum Musterverfahren als Einzeltätigkeit beschränkt, sondern deckt die **gesamte anwaltliche Tätigkeit für den Anmelder** in Bezug auf das erstinstanzliche Musterverfahren ab. Dazu gehört in erster Linie, zu **überwachen**, dass der Anspruch des Auftraggebers durch die Anmeldung zum Musterverfahren bei dem OLG **in seiner Verjährung gemäß § 204 Abs. 1 Nr. 6a BGB gehemmt wird**, und zu überwachen, **bis wann die Hemmung durch die Anmeldung gemäß § 204 Abs. 1 Nr. 6a BGB fortbesteht**. Namentlich gehören hierzu die Prüfung, ob dem Musterbeklagten die Anmeldung durch das OLG zugestellt wurde (vgl. § 10 Abs. 4 KapMuG), und die Entgegennahme des Musterentscheids (§ 16 Abs. 1 S. 3 KapMuG) bzw. die Überwachung, ob der Musterentscheid öffentlich bekannt gemacht wurde (§ 16 Abs. 1 S. 4 KapMuG).

9 Die Gebühr entsteht nach VV 3338 mit einem Gebührensatz von 0,8.

10 **Beispiel 2:** Rechtsanwalt R vertritt seinen Auftraggeber A wegen eines Schadensersatzanspruchs über 20.000 EUR. Zu einem vor dem OLG laufenden Musterverfahren meldet Rechtsanwalt R den Anspruch des Auftraggebers A über 20.000 EUR an. Nachdem das Musterverfahren abgeschlossen ist, erhebt Rechts-

---

2 BT-Drucks 17/10160, S. 25 f.
3 BT-Drucks 17/10160, S. 25.

4 So auch: *v. Bernuth/Kremer*, NZG 2012, 890, 891.

anwalt R für den Auftraggeber A Klage wegen der geltend gemachten 20.000 EUR. Das Gericht entscheidet nach mündlicher Verhandlung durch Urteil.

I. Anmeldung zum Musterverfahren (Wert: 20.000 EUR)
0,8-Verfahrensgebühr, VV 3338   593,60 EUR

II. Klageverfahren (Wert: 20.000 EUR)
1. 1,3-Verfahrensgebühr VV 3100   964,60 EUR
abzüglich bereits abgerechneter
(§ 16 Nr. 13, siehe Rdn 12)   – 593,60 EUR
2. Zwischensumme Verfahrensgebühr VV 3100   371,00 EUR
3. 1,2-Terminsgebühr, VV 3104   890,40 EUR
4. Auslagenpauschale, VV 7002   20,00 EUR
Zwischensumme   1.281,40 EUR
5. 19 % Umsatzsteuer, VV 7008   243,47 EUR
Gesamt   **1.524,87 EUR**

Kommt es nach der Anmeldung unter Mitwirkung des Rechtsanwalts zu einem Vergleich zwischen dem Anmelder und dem Musterbeklagten, fällt die **Einigungsgebühr** VV 1003 mit einem Gebührensatz von 1,0 an. Denn nach Anm. Abs. 1 S. 2 zu VV 1003 steht die Anmeldung eines Anspruchs (§ 10 Abs. 2 KapMuG) einem anhängigen gerichtlichen Verfahren gleich.   11

D. Angelegenheiten

Vertritt der Rechtsanwalt seinen Auftraggeber für die Anmeldung eines Anspruchs zum Musterverfahren (§ 10 KapMuG) und sodann in einem Klageverfahren wegen desselben Anspruchs, ergibt sich aus § 16 Nr. 13, dass es sich um dieselbe Angelegenheit handelt.[5] Die 0,8-Verfahrensgebühr VV 3338 für die Tätigkeit als Vertreter des Anmelders eines Anspruchs zum Musterverfahren geht dann in der später entstehenden 1,3-Verfahrensgebühr VV 3100 für die Vertretung im Klageverfahren auf.[6] Die Tätigkeit des den Anmelder vertretenden Rechtsanwalts ist eine solche „im Musterverfahren". Denn § 10 Abs. 2 KapMuG verlangt, dass die Anmeldung gegenüber dem OLG und zum Musterverfahren erfolgen und dass sich der Anmelder durch einen Rechtsanwalt vertreten lassen muss. Es kommt nicht darauf an, dass der Musterentscheid nur die Prozessgerichte in allen nach § 8 Abs. 1 KapMuG ausgesetzten Verfahren rechtlich bindet, aber keine rechtliche Bindung im Verhältnis zwischen Anmelder und dem Musterbeklagten, gegen den sich der Anspruch richtet, entfaltet.   12

Die Angelegenheit über die Vertretung des Anmelders bei der Anmeldung des Anspruchs zum Musterverfahren ist vor der Zustellung oder öffentlichen Bekanntmachung des Musterentscheids nicht beendet, es sei denn, die Angelegenheit erledigt sich vorzeitig oder der Auftrag endigt, bevor die Angelegenheit erledigt ist.   13

E. Gegenstandswert

§ 23b enthält keine Regelung über den Gegenstandswert für die Gebühr VV 3338 für die **Anmeldung** eines Anspruchs im Musterverfahren nach § 10 Abs. 2 KapMuG. Der Gegenstandswert ergibt sich deshalb aus § 23 Abs. 1 S. 1 i.V.m. § 51a Abs. 1 GKG. Danach ist der Gegenstandswert der Wert der zugrundeliegenden Forderung, der auch Gegenstand einer etwaigen Klage sein würde.[7]   14

---

5 Vgl. BT-Drucks 17/10160, S. 28.
6 Vgl. BT-Drucks 17/10160, S. 28.

7 Vgl. BT-Drucks 17/10160, S. 27.

Abschnitt 4. Einzeltätigkeiten

Nr.	Gebührentatbestand	Gebühr oder Satz der Gebühr nach § 13 RVG
Vorbemerkung 3.4: Für in diesem Abschnitt genannte Tätigkeiten entsteht eine Terminsgebühr nur, wenn dies ausdrücklich bestimmt ist.		

1 In Angelegenheiten des VV Teil 3 Abschnitt 4 entstehen für die dortigen Einzeltätigkeiten grundsätzlich keine Terminsgebühren. Nur dann, wenn dies ausdrücklich bestimmt ist, kann eine Terminsgebühr entstehen. Im Gegensatz z.B. zu den Verfahren nach VV 3324 ff. oder zum Mahnverfahren (siehe VV Vorb. 3.2.2) ist also hier nicht ohne Weiteres ein Rückgriff auf VV 3104 möglich.

2 Lediglich in **VV 3402** ist eine Terminsgebühr geregelt, nämlich für den Terminsvertreter, der neben der hälftigen Verfahrensgebühr eine Terminsgebühr in Höhe der dem Verfahrensbevollmächtigten zustehenden Terminsgebühr erhält. Für den mit Einzeltätigkeiten beauftragten Anwalt entsteht dagegen keine Terminsgebühr, also nicht für den Verkehrsanwalt nach VV 3400 und auch nicht für den mit sonstigen Einzeltätigkeiten beauftragten Anwalt (VV 3403).

3 Zu beachten ist in diesem Zusammenhang die Neufassung der VV Vorb. 3 Abs. 3. Dadurch, dass jetzt alle gerichtlichen Termine eine Terminsgebühr auslösen, verringert sich der Anwendungsbereich der **VV 3403**, die bislang auch für Terminswahrnehmungen außerhalb der VV Vorb. 3 Abs. 3 galt. So erhält also jetzt auch z.B. der sog. **Fluranwalt**, der lediglich eine Einigung protokollieren lassen soll, oder der Anwalt, der im Termin einen Rechtsmittelverzicht erklären soll, für die Wahrnehmung dieses Termins eine Gebühr nach VV 3401, 3402.

4 Auch wenn der Verkehrsanwalt und der mit Einzeltätigkeiten beauftragte Anwalt als solche eine **Terminsgebühr** nicht erhalten können (Abs. 1), kann ihnen jedoch ein weiter gehender **zusätzlicher Auftrag** zur Wahrnehmung eines Termins erteilt werden. In diesem Fall entsteht dann neben der Vergütung nach VV 3400 oder VV 3403 eine zusätzliche Verfahrens- und Terminsgebühr nach VV 3401, 3042, so dass auch ihnen letztlich die Terminsgebühr entstehen kann. Zu beachten ist dann allerdings die Beschränkung nach § 15 Abs. 6. Durch die mehreren Einzelaufträge darf keine höhere Vergütung entstehen als bei einem Gesamtauftrag.

Vorbemerkung zu VV 3400 ff.

A. Anwendungsbereich der VV 3400 ff. 1
B. Der Unterbevollmächtigte 10
C. Die Vergütung des Prozessbevollmächtigten 12
D. Kostenerstattung 13

A. Anwendungsbereich der VV 3400 ff.

1 Die Vorschriften der VV 3400 ff. regeln – ebenso wie die Vorschriften der VV 3324 ff. – die Vergütung des Anwalts für Einzeltätigkeiten. Im Gegensatz zu den vorgenannten Vorschriften gelten die VV 3400 ff. jedoch **nicht für den Prozess- oder Verfahrensbevollmächtigten**. Sie gewähren also keine zusätzliche Vergütung für besondere Tätigkeiten, die nicht mehr nach den §§ 16, 19 zum Rechtszug gehören. Die Vorschriften der **VV 3400 ff.** regeln vielmehr die Vergütung eines Anwalts, der **neben einem Prozess- oder Verfahrensbevollmächtigten** tätig wird oder der einzelne Handlungen vornimmt, die für einen Prozess- oder Verfahrensbevollmächtigten nach den §§ 16, 19 durch die VV 3100 ff. abgegolten wären.

2 Daher kann ein Anwalt niemals die Vergütung nach den VV 3400 ff. erhalten, sofern er **gleichzeitig als Prozessbevollmächtigter** in dieser Angelegenheit beauftragt ist. Die Vorschriften sind hingegen dann anwendbar, wenn der Anwalt als Prozessbevollmächtigter in einer anderen Angelegenheit, wozu auch eine andere Instanz zählt (§ 15 Abs. 2), beauftragt ist.

Beispiel: Der erstinstanzliche Bevollmächtigte wird im Berufungsverfahren als Verkehrsanwalt beauftragt.

Es handelt sich um verschiedene Angelegenheiten (§ 15 Abs. 2). Für die erste Instanz erhält der Anwalt die Vergütung nach VV 3100 ff., für das Rechtsmittelverfahren die nach VV 3400.

Ebenso sind die VV 3400 ff. anwendbar, wenn der Anwalt zum Zeitpunkt der Beauftragung nicht mehr oder noch nicht Prozessbevollmächtigter war.

> **Beispiel:** Der Anwalt wird zunächst mit Einzeltätigkeiten nach den VV 3400 ff. beauftragt. Später wird ihm dann das Mandat als Prozessbevollmächtigter erteilt.
> In diesem Falle erhält der Anwalt sowohl die Vergütung nach den VV 3100 ff. als auch nach den VV 3400 ff. Nach § 15 Abs. 5 und 6 kann der Anwalt insgesamt die Vergütung jedoch nur einmal verdienen. Er kann keine höhere Vergütung erhalten als die, die ihm zugestanden hätte, wenn er von vornherein mit sämtlichen Tätigkeiten beauftragt worden wäre.

Folgende **Aufgabenbereiche** werden durch die VV 3400 ff. vergütet:
- **Verkehrsanwalt (VV 3400):** Hierunter ist derjenige Anwalt zu verstehen, der lediglich den Verkehr für die Partei mit dem Prozessbevollmächtigten führt. Diese Gebühr kann im Gegensatz zu den anderen Gebühren der VV 3401 nur entstehen, wenn daneben ein weiterer Anwalt als Prozessbevollmächtigter bestellt ist oder zumindest bestellt werden soll.
- **Übersendung der Handakten (Anm. zu VV 3400):** Übersendet der Prozessbevollmächtigte im Einverständnis mit dem Auftraggeber seine Handakten an den in einem Rechtsmittelzug beauftragten Rechtsanwalt und verbindet er die Übersendung auftragsgemäß mit gutachterlichen Äußerungen, so erhält er hierfür eine Verfahrensgebühr. Es handelt sich insoweit um eine Ausnahme zu § 19 Abs. 1 S. 2 Nr. 17, wonach die Übersendung der Handakten grundsätzlich noch zum Rechtszug zählt.
- **Terminsvertreter (VV 3401, 3402):** Wird der Anwalt lediglich damit beauftragt, die Partei in einem Termin nach VV Vorb. 3 Abs. 3 zu vertreten oder ihre Parteirechte wahrzunehmen,[1] so erhält der Anwalt hierfür die Vergütung nach VV 3401, 3402. Für diese Vorschrift ist es nicht erforderlich, dass daneben auch noch ein Prozessbevollmächtigter bestellt ist, obwohl dies in der Regel der Fall sein wird. Die Vorschrift ist auch dann anwendbar, wenn die Partei den Prozess selbst führt und lediglich für die Verhandlung – gegebenenfalls vor einem auswärtigen Gericht – einen Anwalt bestellt, der dann aber nicht umfassend mit der Gesamtvertretung – also z.B. als Prozessbevollmächtigter – beauftragt sein darf.
- **Einreichen, Anfertigen oder Unterzeichnen von Schriftsätzen (VV 3403):** Ist der Anwalt nur damit beauftragt, Schriftsätze anzufertigen, einzureichen oder zu unterzeichnen, so erhält er die Vergütung nach VV 3403. Diese Vorschrift betrifft allerdings nur solche Schriftsätze, die für einen Prozessbevollmächtigten durch die Verfahrensgebühr abgegolten wären (§ 19 Abs. 1 S. 1). Andere Schriftsätze, also solche, für die auch der Prozessbevollmächtigte eine zusätzliche Vergütung erhalten würde, fallen nicht unter VV 3400 (also z.B. Kostenerinnerungen, VV 3500; Beschwerden, VV 3500; Anträge auf Vollstreckbarerklärung, VV 3329; Vollstreckungsanträge, VV 3309 ff.).
- **Die Wahrnehmung von Terminen, die nicht unter VV Vorb. 3 Abs. 3 fallen (VV 3403):** Ist der Anwalt lediglich damit beauftragt, Termine wahrzunehmen, die keine Termine i.S.d. VV Vorb. 3 Abs. 3 sind, so erhält auch er die Gebühr nach VV 3403. Aufgrund der Änderung der VV Vorb. 3 Abs. 3 durch das 2. KostRMoG hat sich insoweit der Anwendungsbereich erheblich reduziert. Nachdem jetzt VV Vorb. 3 Abs. 3 alle gerichtlichen Termine erfasst, werden auch reine Protokollierungstermine, etwa wenn vor dem auswärtigen Gericht ohne Verhandlung und Erörterung eine Einigung protokolliert werden soll, oder auch Termine zur Abgabe eines Rechtsmittelverzichts von VV 3401, 3402 erfasst. Lediglich die Wahrnehmung eines Verkündungstermins oder die Wahrnehmung eines Termins, ohne im Verfahren bevollmächtigt zu sein, also als Prozessbeobachter, fallen noch unter VV 3403.

Die Tatbestände der VV 3400 ff. sind zum Teil auch **nebeneinander anwendbar**. So kann der Verkehrsanwalt (VV 3400) die Gebühr der VV 3402 i.V.m. VV 3401 zusätzlich verdienen, wenn er auftragsgemäß an der mündlichen Verhandlung teilnimmt oder an einem auswärtigen Beweistermin oder wenn er Besprechungen mit dem Gegner oder einem Dritten zur Erledigung des Verfahrens führen soll. Eine Gebühr nach VV 3403 kann er dagegen nicht zusätzlich verdienen (str.; siehe VV 3403–3404 Rdn 61). In diesem Fall ist allerdings das Gebührenaufkommen nach § 15 Abs. 6 zu begrenzen.

---

1 Riedel/Sußbauer/*Keller*, VV 3401 Rn 43.

6 Anwendbar sind die Vorschriften der VV 3400 ff. nur in **Prozessverfahren** einschließlich der **Arrest- und einstweiligen Verfügungsverfahren** sowie **sonstiger Verfahren**, deren Vergütung sich **nach VV Teil 3** richtet, also insbesondere in **bürgerlichen Rechtsstreitigkeiten**, **Verfahren der freiwilligen Gerichtsbarkeit**, **verwaltungs- und finanzgerichtlichen Verfahren** und auch **sozialgerichtlichen Verfahren**, und zwar unabhängig davon, ob Wertgebühren (§ 2 Abs. 1) oder Betragsrahmengebühren (§ 3 Abs. 1 S. 1) gelten. In sonstigen Angelegenheiten, also in Angelegenheiten nach VV Teil 4 bis 6, gelten die VV 3400 ff. nicht.

7 Strittig ist, ob die VV 3400 ff. auch für sonstige Verfahren, für die eine besondere Vergütung vorgesehen ist, gelten, also insbesondere in **Beschwerdeverfahren** und **Zwangsvollstreckungssachen**[2] oder in **Prozesskostenhilfeverfahren**. Nach einer Ansicht wird die Tätigkeit des Anwalts in diesen Angelegenheiten immer durch die dort vorgesehenen Gebühren abgegolten, also z.B. in Beschwerdeverfahren durch VV 3500 ff. und in Zwangsvollstreckungssachen nach VV 3309 ff., da diese Vorschriften für alle Tätigkeiten des Anwalts gelten, unabhängig von dem Umfang seiner Tätigkeit.

> **Beispiel:** Der Anwalt wird in einer Zwangsvollstreckungssache beauftragt, den Verkehr mit dem Hauptbevollmächtigen zu führen.
> Insoweit ist es unerheblich, ob sich die Vergütung unmittelbar nach VV 3309 richtet oder nach VV 3400, da in beiden Fällen nur eine 0,3-Verfahrensgebühr anfällt.

8 Auf eine Terminswahrnehmung im obligatorischen Schlichtungsverfahren nach § 15a EGZPO ist VV 3403 nicht anwendbar; es gilt vielmehr VV 2303 Nr. 1.[3] Letztlich kann diese Frage offenbleiben, da der Verkehrsanwalt jedenfalls keine höhere Verfahrensgebühr erhält als der Hauptbevollmächtigte.

9 Anwendbar sind die VV 3400 ff. allerdings jetzt in schiedsrichterlichen Verfahren nach Buch 10 der ZPO und in Verfahren vor dem Schiedsgericht (§ 104 ArbGG). Das ist mit dem 2. KostRMoG durch die Neufassung des § 36 klargestellt worden.

B. Der Unterbevollmächtigte

10 Vielfach wird der **Terminsvertreter** als Unterbevollmächtigter bezeichnet. Dies ist nicht ohne Weiteres zutreffend. Sicherlich kann der Terminsvertreter Unterbevollmächtigter sein, nämlich dann, wenn er vom Prozessbevollmächtigten kraft seiner Prozessvollmacht (§§ 80, 81 ZPO) beauftragt worden ist; zwingend ist dies jedoch nicht. Der Terminsvertreter kann auch unmittelbar von der Partei beauftragt werden, so dass es an einer Unterbevollmächtigung fehlt. Umgekehrt muss nicht jeder unterbevollmächtigte Anwalt ein Terminsvertreter sein. Dem Unterbevollmächtigten kann auch ein weitergehender oder auch ein geringerer Auftrag erteilt worden sein.

11 Unter einem **Unterbevollmächtigten** ist jeder Anwalt zu verstehen, dem von dem Hauptbevollmächtigten ein Auftrag erteilt worden ist. Geht der erteilte Auftrag und damit die erteilte Vollmacht über den Bereich der VV 3401 ff. hinaus, soll der unterbevollmächtigte Anwalt also auch Ladungen, Schriftsätze und Entscheidungen entgegennehmen, so richtet sich die Vergütung nicht nach den VV 3401 ff., sondern unmittelbar nach den VV 3100 ff.[4]

C. Die Vergütung des Prozessbevollmächtigten

12 Die Vergütung des Prozessbevollmächtigten bleibt von der Vergütung eines weiteren Anwalts nach den VV 3400 ff. unberührt. Die frühere Vorschrift des § 33 Abs. 3 BRAGO, wonach der Prozessbevollmächtigte, der im Auftrag der Partei einem anderen Anwalt die Vertretung in der mündlichen Verhandlung oder die Ausführung der Parteirechte übertrug, hierfür die Hälfte der diesem Anwalt zustehenden Verhandlungs- oder Erörterungsgebühr, mindestens aber 3/10 erhielt, hat im RVG keine Fortsetzung gefunden.

---

[2] Gerold/Schmidt/*Müller-Rabe*, RVG, VV 3400 Rn 10.
[3] *N. Schneider*, AnwBl 2001, 327; *Hansens*, § 65 Rn 4.
[4] OLG Hamm AnwBl 1973, 210; *Schmidt*, AnwBl 1965, 355.

D. Kostenerstattung

Gerade bei Einschaltung weiterer Anwälte nach den VV 3400 ff. ist die Erstattungsfähigkeit der hierdurch anfallenden Gebühren besonders umstritten. Ausgangspunkt ist § 91 Abs. 2 ZPO, der grundsätzlich nur die Kosten eines Anwalts für erstattungsfähig erklärt und die Kosten eines zusätzlichen Anwalts nur insoweit, als hierdurch Kosten erspart werden oder die Beauftragung eines weiteren Anwalts notwendig war (§ 91 Abs. 2 S. 2 ZPO n.F.; § 91 Abs. 2 S. 3 ZPO a.F.). Im Einzelnen sei hierzu auf die folgende Kommentierung der VV 3400 ff. und insbesondere den Anhang zu den VV 3400–3402 hingewiesen. 13

Ein Problem der Erstattungsfähigkeit, das sich bei Einschaltung weiterer Anwälte nach der BRAGO noch übergreifend stellte, lag darin begründet, dass es je nach Fallkonstellation günstiger sein konnte, die Alternative Prozessbevollmächtigter/Verkehrsanwalt oder Prozessbevollmächtigter/Terminsvertreter zu wählen. Nach Wegfall der Beweisgebühr, der zusätzlichen 5/10-Verhandlungsgebühr bei Erlass eines Versäumnisurteils nach § 38 Abs. 1 oder 2 BRAGO sowie der Übertragungsgebühr nach § 33 Abs. 3 BRAGO stellt sich das Problem nicht mehr. Die Einschaltung eines Terminsvertreters ist immer kostengünstiger. 14

Beispiel: Die in Köln wohnende Partei will Klage vor dem LG in Hamburg erheben.

Ausgehend davon, dass das Verfahren **nach mündlicher Verhandlung** mit einem Urteil endet, ist die Alternative „Prozessbevollmächtigter am Ort der Partei und Terminsvertreter am auswärtigen Gericht" günstiger als die Alternative „Prozessbevollmächtigter am Gerichtsort und Verkehrsanwalt am Ort der Partei". 15

    I. Erste Alternative: Prozessbevollmächtigter/Verkehrsanwalt
    a) **Prozessbevollmächtigter:**
    1. Verfahrensgebühr, VV 3100   1,3
    2. Terminsgebühr, VV 3104   1,2
    b) **Verkehrsanwalt:**
    Verkehrsanwaltsgebühr, VV 3400   1,0
    c) **Gesamt**   **3,5**
    II. Zweite Alternative: Prozessbevollmächtigter/Terminsvertreter
    a) **Prozessbevollmächtigter:**
    Verfahrensgebühr, VV 3100   1,3
    b) **Terminsvertreter:**
    1. Verfahrensgebühr, VV 3401   0,65
    2. Terminsgebühr, VV 3402, 3104   1,2
    c) **Gesamt**   **3,15**

Das gilt auch dann, wenn das Verfahren durch ein **Versäumnisurteil** endet. Auch dann ist die Alternative „Prozessbevollmächtigter/Terminsvertreter" günstiger als die Alternative „Prozessbevollmächtigter/Verkehrsanwalt": 16

    I. Erste Alternative: Prozessbevollmächtigter/Verkehrsanwalt
    a) **Prozessbevollmächtigter:**
    1. Verfahrensgebühr, VV 3100   1,3
    2. Terminsgebühr, VV 3104, 3105   0,5
    b) **Verkehrsanwalt:**
    Verkehrsanwaltsgebühr, VV 3400   1,0
    c) **Gesamt**   **2,8**
    II. Zweite Alternative: Prozessbevollmächtigter/Terminsvertreter
    a) **Prozessbevollmächtigter:**
    Verfahrensgebühr, VV 3100   1,3
    b) **Terminsvertreter:**
    1. Verfahrensgebühr, VV 3401   0,65
    2. Terminsgebühr, VV 3402, 3105   0,5
    c) **Gesamt**   **2,45**

Die Einschaltung eines Terminsvertreters ist also in beiden Fällen günstiger.

17 Daran ändert sich auch nichts, wenn der ortsansässige Verkehrsanwalt zusätzlich Besprechungen mit der Gegenpartei zur Erledigung des Rechtsstreits führt. In beiden Fällen entsteht zusätzlich beim ortsansässigen Anwalt eine weitere Gebühr nach VV 3104.

I. Erste Alternative: Prozessbevollmächtigter/Verkehrsanwalt
a) Prozessbevollmächtigter:
1. Verfahrensgebühr, VV 3100 — 1,3
2. Terminsgebühr, VV 3401, 3104 — 1,2
b) Verkehrsanwalt:
1. Verkehrsanwaltsgebühr, VV 3400 — 1,0
2. Terminsgebühr, VV 3402, 3104 — 1,2
c) **Gesamt** — **4,7**

II. Zweite Alternative: Prozessbevollmächtigter/Terminsvertreter
a) Prozessbevollmächtigter:
1. Verfahrensgebühr, VV 3100 — 1,3
2. Terminsgebühr, VV 3104 — 1,2
b) Terminsvertreter:
1. Verfahrensgebühr, VV 3401 — 0,65
2. Terminsgebühr, VV 3402, 3104 — 1,2
c) **Gesamt** — **4,35**

18 Auch dann, wenn es nicht zum Termin kommt, etwa weil die Klage vor dem Termin zurückgenommen wird oder sich das Verfahren in der Hauptsache erledigt und das Gericht im schriftlichen Verfahren nach § 91a ZPO entscheidet, ist die Einschaltung eines Terminsvertreters günstiger.

I. Erste Alternative: Prozessbevollmächtigter/Verkehrsanwalt
a) Prozessbevollmächtigter:
Verfahrensgebühr, VV 3100 — 1,3
b) Verkehrsanwalt:
Verkehrsanwaltsgebühr, VV 3400 — 1,0
c) **Gesamt** — **2,3**

II. Zweite Alternative: Prozessbevollmächtigter/Terminsvertreter
a) Prozessbevollmächtigter:
Verfahrensgebühr, VV 3100 — 1,3
b) Terminsvertreter:
Verfahrensgebühr, VV 3401 — 0,65
c) **Gesamt** — **1,95**

19 Auch wenn die Einschaltung eines Terminsvertreters grundsätzlich die günstigere Alternative ist, muss dennoch bedacht werden, ob es nicht günstiger ist, dass der ortsansässige Anwalt unmittelbar zum Termin reist.

I. Erste Alternative: Prozessbevollmächtigter/Terminsvertreter
a) Prozessbevollmächtigter:
Verfahrensgebühr, VV 3100 — 1,3
b) Terminsvertreter:
1. Verfahrensgebühr, VV 3401 — 0,65
2. Terminsgebühr, VV 3402, 3104 — 1,2
c) **Gesamt** — **3,15**

II. Zweite Alternative: Der ortsansässige Anwalt wird Prozessbevollmächtigter und reist zum auswärtigen Termin
1. Verfahrensgebühr, VV 3100 — 1,3
2. Terminsgebühr, VV 3104 — 1,2
c) **Gesamt** — **2,5**

Eingespart werden also 0,65 Gebühren. Es ist nunmehr zu fragen, ob die Reisekosten (Köln – Hamburg und zurück) nicht günstiger liegen als die ansonsten anfallende weitere Gebühr von 0,65. Dies ergibt hier folgende Berechnung:
1. Köln/Hamburg und zurück (2 x 422 km x 0,30 EUR/km) — 253,20 EUR
2. Abwesenheitsgeld, VV 7005 Nr. 3 — 70,00 EUR
Gesamt — **323,20 EUR**

Bis zu einem Gegenstandswert von 8.000 EUR ist es günstiger, einen Terminsvertreter zu bestellen:
0,65 aus 8.000,00 EUR = 296,40 EUR.
Bei einem höheren Gegenstandswert ist es günstiger, selbst zu reisen:
0,65 aus 9.000,00 EUR = 329,55 EUR.

Die Rechtsprechung gewährt hier allerdings einen Toleranzzuschlag von 10 %. Darüber hinaus bürdet sie das Prognoserisiko, also dass sich die Kosten anders entwickeln als vorhersehbar war, der erstattungspflichtigen Partei auf (siehe hierzu VV 3401–3402 Rdn 98 ff.). 20

Nr.	Gebührentatbestand	Gebühr oder Satz der Gebühr nach § 13 RVG
3400	Der Auftrag beschränkt sich auf die Führung des Verkehrs der Partei oder des Beteiligten mit dem Verfahrensbevollmächtigten: Verfahrensgebühr .... Die gleiche Gebühr entsteht auch, wenn im Einverständnis mit dem Auftraggeber mit der Übersendung der Akten an den Rechtsanwalt des höheren Rechtszugs gutachterliche Äußerungen verbunden sind.	in Höhe der dem Verfahrensbevollmächtigten zustehenden Verfahrensgebühr, höchstens 1,0, bei Betragsrahmengebühren höchstens 420,00 €

Literatur: *Henke*, Berechnung des Mehrvertretungszuschlags bei Korrespondenzanwalt und Terminsvertreter, AnwBl 2005, 135; *Mümmler*, Entstehung und Erstattungsfähigkeit der Kosten des Verkehrsanwalts, JurBüro 1989, 579; *H. Schmidt*, Die Verkehrsgebühr des § 52 BRAGO, JurBüro 1964, 234 und 387.

A. Allgemeines 1
B. Verkehrsanwaltsgebühr (VV 3400) 7
  I. Regelungsgehalt 7
    1. Auftrag 7
      a) Verkehr mit dem Verfahrensbevollmächtigten 8
      b) Erteilung des Auftrags 9
    2. Aufgabe des Verkehrsanwalts 11
    3. Sachlicher Anwendungsbereich 15
    4. Persönlicher Anwendungsbereich 17
      a) Allgemeines 17
      b) Fallgruppen 22
        aa) Rechtsanwalt in eigener Sache ... 23
        bb) Rechtsanwalt als Partei kraft Amtes 25
        cc) Rechtsanwalt als gesetzlicher Vertreter ... 26
        dd) Rechtsanwalt als Vertretungsorgan einer juristischen Person ... 28
        ee) Der Rechtsanwalt ist Familienangehöriger der Partei 32
    5. Entstehen der Gebühr 33
    6. Abgeltungsbereich 34
    7. Höhe der Gebühr 35
      a) Wertgebühren 36
        aa) Grundsatz 36
        bb) Sachliche Merkmale, VV 3101 Nr. 1 und 2, VV 3201 Nr. 1 und 2, Anm. zu VV 3207 39
        cc) Persönliche Merkmale 41
          (1) Vertretung mehrerer Auftraggeber, VV 1008 42
          (2) Revisionsverfahren vor dem BGH, VV 3208, 3209 44
          (3) Beiordnung im Rahmen der Prozesskostenhilfe, §§ 45 ff. 45
      b) Rahmengebühren 47
        aa) Grundsatz 47
        bb) Vorbefassung im Verwaltungs- oder Nachprüfungsverfahren ... 49
        cc) Vorzeitige Erledigung nach VV 3405 50
        dd) Vorzeitige Erledigung und Vorbefassung im Verwaltungs- oder Nachprüfungsverfahren 52
    8. Mehrere Angelegenheiten 53
    9. Gegenstandswert 56
  II. Weitere Gebühren 59
    1. Terminsgebühr, VV 3402 59
    2. Termins- und Schriftsatzgebühr, VV 3403 60
    3. Einigungsgebühr, VV 1000 61
    4. Erledigungsgebühr 67
    5. Aussöhnungsgebühr 68
    6. Verfahrensdifferenzgebühr, VV 3101 Nr. 1 und 2 69
  III. Verfahrensbevollmächtigter wird Verkehrsanwalt und umgekehrt 71
  IV. Anrechnung 73
  V. Prozesskostenhilfe 75
    1. Allgemeines 75
    2. Vergütungsansprüche 76
    3. Voraussetzung der Beiordnung 80
  VI. Übergangsrecht BRAGO/RVG 87
  VII. Übergangsrecht anlässlich des 2. KostRMoG 89
  VIII. Kostenerstattung 90
    1. Allgemeines 90
    2. Grundsätze der Erstattungsfähigkeit 93
      a) Gesetzliche Regelung 93
      b) Notwendigkeit 94
        aa) Grundsatz 94
        bb) Gesundheitliche Gründe 95

cc) Soziale und wirtschaftliche Gründe 96
dd) Geschäftsgewandte Partei 98
ee) Rechtsmittelverfahren 99
ff) Haus- und Vertrauensanwalt 100
gg) Verkehrsanwalt am dritten Ort .. 101
hh) Ausländischer Verkehrsanwalt ... 102
ii) Patentanwalt 105
jj) Anderer Rechtsanwalt 106
c) Abwägung zwischen Verkehrsanwalts- und Reisekosten 107
3. Erstattungsfähigkeit in Höhe anderweitig ersparter Kosten 109
4. Hinweispflicht des Anwalts 116
IX. Rechtsschutz 117
C. Übersendung der Handakten mit gutachterlichen Äußerungen (Anm. zu VV 3400) .. 118
I. Allgemeines 118
II. Persönlicher Anwendungsbereich 119
III. Sachlicher Anwendungsbereich 122
1. Verfahren nach VV Teil 3 122
2. Übersendung an einen Anwalt höherer Instanz 123
3. Übersendung der Handakten 127
4. Gutachterliche Äußerungen 128
IV. Auftrag 134
V. Vergütung 135
1. Verkehrsanwaltsgebühr (Anm. zu VV 3400) 135
a) Allgemeines 135
b) Wertgebühren 136
aa) Gebühren 136
bb) Anrechnung 140
c) Betragsrahmengebühren 141
aa) Gebühren 141
bb) Vorangegangenes Verwaltungsverfahren 143
2. Weitere Gebühren 145
3. Auslagen 147
VI. Gegenstandswert 148
VII. Erstattungsfähigkeit 149
VIII. Prozesskostenhilfe 150
IX. Rechtsschutz 151

A. Allgemeines

1 VV 3400 regelt die Vergütung des **Verkehrsanwalts**, auch **Korrespondenzanwalt** genannt. Hierunter fällt derjenige Anwalt, der lediglich den Verkehr der Partei mit dem Verfahrensbevollmächtigten führt. Im Gegensatz zu den VV 3401, 3403 ist hier also Voraussetzung, dass ein Verfahrensbevollmächtigter bereits bestellt ist oder zumindest noch bestellt werden soll. Voraussetzung ist damit ein **Drei-Personen-Verhältnis (Auftraggeber – Verkehrsanwalt – Verfahrensbevollmächtigter)**. Fehlt es hieran, kommt VV 3400 nicht zur Anwendung (siehe Rdn 19).

2 Der Verkehrsanwalt kann in **sämtlichen Instanzen** bestellt werden. Eine Postulationsfähigkeit ist nicht erforderlich, da der Verkehrsanwalt nicht vor dem Gericht tätig wird, sondern lediglich zwischen der Partei und dem Verfahrensbevollmächtigten den Informationsaustausch vermittelt.

3 Neben der Gebühr nach VV 3400 kann der Verkehrsanwalt auch **weitere Gebühren** erhalten, insbesondere eine Einigungsgebühr nach den VV 1000 ff. Er erhält auch seine **Auslagen** nach den VV 7000 ff. erstattet.

4 Eine **Terminsgebühr** kann der Anwalt unmittelbar als Verkehrsanwalt nicht erhalten (VV Vorb. 3.4). Allerdings kann dem Verkehrsanwalt ein weiter gehender **zusätzlicher Auftrag** nach VV 3401, 3402, 3403 erteilt werden, so dass der Anwalt dann zusätzliche Gebühren unter Beachtung des § 15 Abs. 6 erhält.

5 Durch die Einschränkung des Postulationszwangs vor den Land- und Familiengerichten ist die Bedeutung der VV 3400 gering geworden. Ein an einem LG zugelassener Anwalt darf nach § 78 ZPO jetzt vor allen Land- und Familiengerichten selbst als Verfahrensbevollmächtigter auftreten und benötigt daher nur noch einen Terminsvertreter, wenn er wegen der Entfernung zum Gerichtsort oder aus anderen Gründen nicht an der Verhandlung teilnehmen will.

6 In der Anm. zu VV 3400 ist eine besondere Verkehrsanwaltsgebühr enthalten. Grundsätzlich zählt die **Übersendung der Handakten** an einen anderen Rechtsanwalt nach § 19 Abs. 1 S. 2 Nr. 17 zum Rechtszug. Die Vorschrift der Anm. zu VV 3400 macht hiervon eine Ausnahme, wenn der Anwalt im Einverständnis mit dem Auftraggeber die Übersendung der Akten an den Rechtsanwalt eines höheren Rechtszugs mit gutachterlichen Äußerungen verbindet (zur Abgrenzung zu VV 2100, 2101 und VV 2103 siehe Rdn 129).

B. Verkehrsanwaltsgebühr (VV 3400)

I. Regelungsgehalt

1. Auftrag

VV 3400 ist anwendbar, wenn die Partei dem Anwalt den Auftrag erteilt hat, mit dem Verfahrensbevollmächtigten den Verkehr zu führen. 7

a) Verkehr mit dem Verfahrensbevollmächtigten

Voraussetzung für die Anwendung der VV 3400 ist also, dass der beauftragte Anwalt gerade nicht Verfahrensbevollmächtigter sein soll, sondern dass er mit diesem korrespondieren soll. Entgegen dem Wortlaut der VV 3400 ist es jedoch nicht erforderlich, dass ein Verfahrensbevollmächtigter bereits bestellt ist. Die Vorschrift ist auch dann anwendbar, wenn die Partei den Verkehrsanwalt beauftragt, mit dem noch zu bestellenden Verfahrensbevollmächtigten den Verkehr zu führen, auch wenn es hierzu letztlich nicht mehr kommt. Insoweit gilt dann allerdings VV 3405 Nr. 1 (siehe Rdn 37). 8

b) Erteilung des Auftrags

Der Mandant muss dem Anwalt den **Auftrag** erteilt haben, dass er mit dem Verfahrensbevollmächtigten den Verkehr führen soll. Im Regelfall wird sich dieser Auftrag leicht feststellen lassen, nämlich dann, wenn die Partei den Anwalt ausdrücklich damit beauftragt hat, neben einem bereits bestellten auswärtigen Verfahrensbevollmächtigten tätig zu werden oder vor einem auswärtigen Gericht einen Verfahrensbevollmächtigten zu beauftragen. Weniger eindeutig ist die Situation jedoch, wenn sich erst im Verlaufe der Angelegenheit ergibt, dass der Rechtsstreit vor einem auswärtigen Gericht stattfindet und es an einem ausdrücklichen Auftrag fehlt. 9

> **Beispiel:** Die Partei erteilt dem Anwalt den Auftrag, das Mahnverfahren einzuleiten. Nach Widerspruch des Antragsgegners wird die Sache an ein auswärtiges Gericht abgegeben. Dort bestellt der Anwalt einen Prozessbevollmächtigten; er selbst fungiert als Verkehrsanwalt weiter.

Hier wird es häufig an einem ausdrücklichen Auftrag fehlen. Dies ist jedoch unschädlich, da der Verkehrsanwaltsvertrag auch durch schlüssiges Verhalten zustande kommen kann.[1] Allerdings ist insoweit Zurückhaltung geboten. Die rechtsunkundige Partei muss nicht unbedingt damit rechnen, dass hier zusätzliche Kosten ausgelöst werden, die unter Umständen noch nicht einmal erstattungsfähig sein werden. Allein die Tatsache, dass die Partei es duldet, dass der Anwalt mit dem Verfahrensbevollmächtigten vor Ort korrespondiert, genügt nicht, um einen konkludent erteilten Auftrag anzunehmen.[2] Dies gilt insbesondere für ein Berufungs- oder Revisionsverfahren. Lässt die Partei den Verkehr mit dem Berufungs- oder Revisionsanwalt durch den erstinstanzlichen Anwalt führen, so liegt darin nicht schon der konkludente Abschluss eines Verkehrsanwaltsauftrags.[3]

Der Auftrag, als Verkehrsanwalt tätig zu werden, muss **für jeden Rechtszug gesondert** erteilt werden. So reicht der Auftrag, im erstinstanzlichen Verfahren als Verkehrsanwalt tätig zu werden, nicht aus, um auch für ein anschließendes Berufungsverfahren einen Auftrag anzunehmen. Allerdings wird man in diesem Fall an die konkludente Auftragserteilung für das Rechtsmittelverfahren geringere Anforderungen stellen können, als bei einer erstmaligen Beauftragung. 10

2. Aufgabe des Verkehrsanwalts

Der Auftrag an den Anwalt muss dahin gehen, den **Verkehr der Partei mit dem Verfahrensbevollmächtigten zu führen**. Die Tätigkeit des Verkehrsanwalts besteht also darin, dem Verfahrensbevollmächtigten, der in der Regel keinen unmittelbaren Kontakt zur Partei hat, mit den zur Verfahrensführung erforderlichen **Informationen** zu versorgen. Dabei hat der Verkehrsanwalt in eigener Verant- 11

---

1 BGH NJW 1991, 2084 = JurBüro 1991, 1647.
2 OLG Koblenz MDR 1993, 180.
3 OLG Koblenz MDR 1993, 180; *Hansens*, BRAGO, § 52 Rn 2.

wortung die entscheidungserheblichen Tatsachen herauszuarbeiten und darzustellen. Er muss vom Auftraggeber die wesentlichen tatsächlichen und rechtlichen Umstände und sowie die Hintergründe erfragen, diese zutreffend rechtlich und tatsächlich einordnen und an den vor Ort tätigen Verfahrensbevollmächtigten weiterleiten.

12 Zwar schuldet der Verkehrsanwalt **nicht** die **rechtliche Würdigung** und Ausarbeitung des Sachverhalts; dies ist vielmehr die primäre Aufgabe des Verfahrensbevollmächtigten. Dennoch kann sich der Verkehrsanwalt nicht auf die reine Tatsachenübermittlung beschränken. Er muss selbst prüfen, welche Tatsachen erforderlich sind, wo Nachfragen zu stellen sind, wo der Streitstoff weiter zu substantiieren ist etc. Auch in rechtlicher Hinsicht muss er mitdenken, etwa die Partei darauf hinweisen, dass sie gegebenenfalls die Verjährungseinrede erhebt etc. Eine abschließende rechtliche Würdigung ist dagegen nicht Aufgabe des Verkehrsanwalts. Er hat lediglich eine Pflicht zur Überwachung.[4] Diese **Überwachungspflicht** endet mit der Übernahme des Prozessmandats durch den Verfahrensbevollmächtigten.[5]

13 Wie der Verkehrsanwalt den Verfahrensbevollmächtigten unterrichtet, ist unerheblich. Dies kann schriftlich oder fernmündlich geschehen. In der Praxis ist es üblich, dass der Verkehrsanwalt die Schriftsätze schon vorbereitet und dem Verfahrensbevollmächtigten, gegebenenfalls auf elektronischem Wege, übermittelt und dieser die Schriftsatzentwürfe dann überarbeitet und auf seinen Briefkopf nimmt.

14 **Nicht** unter den „Verkehr der Partei mit dem Verfahrensbevollmächtigten" i.S.d. VV 3400 zählen solche Angelegenheiten, die nicht die Prozessführung selbst betreffen. So ist der Verkehrsanwalt insbesondere nicht verpflichtet, hinsichtlich der Honorarrechnung oder einer Vorschussanforderung des Verfahrensbevollmächtigten vermittelnd tätig zu werden, auch wenn dies in der Praxis üblich ist. Er schuldet auch nicht die Beratung der Partei, wie sie sich in dem Verfahren verhalten soll, also ob die Klage erhoben werden soll, ob die Klage zurückgenommen werden soll, ob eine Klage oder Widerklage der Gegenseite anzuerkennen ist etc. Ebenso wenig schuldet er eine Beratung über die zulässigen Rechtsmittel oder die Aussichten eines Rechtsmittels.[6] Ebenso gehört die Auswahl der Person des Verfahrensbevollmächtigten oder des Berufungsanwalts nicht zum Tätigkeitsbereich des Verkehrsanwalts,[7] auch wenn dies in der Praxis üblich ist. Der Verkehrsanwalt ist auch nicht verpflichtet, an der mündlichen Verhandlung teilzunehmen, Einigungsverhandlungen zu führen oder an Beweisaufnahmen mitzuwirken.[8] Erhält er zu solchen Tätigkeiten den Auftrag, kann er hierfür eine gesonderte Vergütung abrechnen (siehe Rdn 59 ff.). Dies gilt insbesondere für die Anfertigung einer Strafanzeige,[9] zumal auch ein Verfahrensbevollmächtigter hierfür eine gesonderte Vergütung erhalten würde.

3. Sachlicher Anwendungsbereich

15 VV 3400 gilt nur für die Angelegenheiten des **VV Teils 3**, also in **bürgerlichen Rechtsstreitigkeiten** sowie in **Verwaltungsstreitverfahren, Finanzgerichtsverfahren** und **Sozialgerichtsverfahren**, und zwar auch in denen nach § 3 Abs. 1 S. 1, also wenn Betragsrahmen gelten. Darüber hinaus ist die Gebühr des Verkehrsanwalts jetzt auch in **Verfahren der freiwilligen Gerichtsbarkeit** gegeben. In Straf- und Bußgeldsachen ist VV 3400 dagegen nicht anwendbar; es gilt in Strafsachen VV 4301 Nr. 3 und in Bußgeldsachen VV 5200. Auch in Verfahren nach VV Teil 6 ist VV 3400 nicht anwendbar.

16 Soweit **besondere Gebühren** vorgesehen sind, wie für das Verfahren auf Vollstreckbarerklärung (VV 3329), das Prozesskostenhilfe-Prüfungsverfahren (VV 3335), die Zwangsvollstreckung (VV 3309) oder das Beschwerdeverfahren (VV 3500), ist VV 3400 ebenfalls nicht anwendbar. Die entsprechenden Gebühren gelten in solchen Verfahren auch für denjenigen Anwalt, der lediglich den Verkehr führt.

> **Beispiel:** Der Schuldner erteilt einem Hamburger Anwalt den Auftrag, dort ein Zwangsversteigerungsverfahren einzuleiten. Hierzu beauftragt er seinen Münchener „Hausanwalt", den Verkehr zu führen.
> Beide Anwälte werden nach VV 3311 vergütet. VV 3400 ist nicht anwendbar.

---

4 BGH VersR 1988, 418 = FamRZ 1988, 941.
5 BGH VersR 1990, 801.
6 OLG Düsseldorf NJW 1970, 1802 = JurBüro 1970, 779.
7 BGH NJW 1991, 2084.
8 OLG Bamberg JurBüro 1988, 1000.
9 KG JurBüro 1983, 1251.

Anderer Ansicht ist *Hansens*,[10] der die Verkehrsanwaltsgebühr allerdings dann auf die geringeren Gebührensätze der entsprechenden Vorschriften beschränken will, was letztlich im Ergebnis auf das Gleiche hinausläuft.

4. Persönlicher Anwendungsbereich

a) Allgemeines

VV 3400 gilt sowohl für den **Rechtsanwalt**, soweit er nach dem RVG abrechnen kann (§ 1), als auch für den **Rechtsbeistand** (Art. IX KostRÄndG 1957). 17

Daraus, dass der Verkehrsanwalt neben dem Verfahrensbevollmächtigten tätig ist und den Verkehr mit der Partei zu führen hat, ergibt sich, dass **drei Personen** vorhanden sein müssen: Auftraggeber, Verkehrsanwalt, Verfahrensbevollmächtigter. Fehlt es an einem Drei-Personen-Verhältnis, kommt VV 3100 in Betracht. Hat z.B. ein **im Wege der Prozesskostenhilfe als Korrespondenzanwalt beigeordneter** Rechtsanwalt in einem Scheidungsverbundverfahren umfassend beraten und sämtliche Korrespondenz mit dem Gericht, das von der Beiordnung eines Hauptbevollmächtigten abgesehen hatte, geführt, erhält er die Verfahrensgebühr nach VV 3100. Er kann nicht die Korrespondenzgebühr nach VV 3400 geltend machen, da es insoweit an der Voraussetzung eines Hauptbevollmächtigten fehlt, zu dem er den Verkehr mit der Hauptpartei hätte vermitteln können; es fällt aber, weil die von dem Rechtsanwalt ausgeübte Tätigkeit zur zweckentsprechenden Rechtsverfolgung der Partei notwendig und sinnvoll war, die Verfahrensgebühr nach VV 3100 an, die im Rahmen der Prozesskostenhilfe in entsprechender Anwendung von § 138 FamFG, § 39 RVG von der Staatskasse zu erstatten ist.[11] 18

Aus dem Erfordernis der **drei Personen** (Auftraggeber, Verkehrsanwalt, Verfahrensbevollmächtigter) folgt, dass der Verkehrsanwalt weder Verfahrensbevollmächtigter noch Partei sein kann. Unerheblich ist jedoch, wenn der Verkehrsanwalt früher Verfahrensbevollmächtigter war. 19

> **Beispiel:** Der Beklagte beauftragt den Anwalt, ihn in einem Rechtsstreit vor dem LG Köln als Prozessbevollmächtigter zu vertreten. Der Rechtsstreit wird an das LG Hamburg verwiesen. Nunmehr fungiert der Kölner Anwalt als Verkehrsanwalt, während in Hamburg ein neuer Verfahrensbevollmächtigter bestellt wird.
> Der Kölner Anwalt kann für seine weitere Tätigkeit die Verkehrsanwaltsgebühr nach VV 3400 beanspruchen. Da Verfahrens- und Verkehrsanwaltsgebühr insgesamt nur einmal anfallen können (§ 15 Abs. 6) (siehe Rdn 71 ff.), hat dies jedoch nur für die Fälle Bedeutung, in denen sich der Gegenstandswert nachträglich erhöht.

An welchem Ort der Verkehrsanwalt seinen **Sitz** hat, ist unerheblich. In aller Regel wird der Verkehrsanwalt am Ort der Partei seinen Sitz haben. Zwingend ist dies jedoch nicht. 20

> **Beispiel:** Die in München wohnende Partei beauftragt einen Prozessbevollmächtigten in Hamburg, dort eine Klage einzureichen. Gleichzeitig beauftragt sie eine Frankfurter Anwaltskanzlei, den Verkehr mit dem Verfahrensbevollmächtigten zu führen.
> Die Frankfurter Anwälte verdienen die Gebühr nach VV 3400.

Auch wenn dies nicht der Regelfall ist, so kommt es doch immer häufiger vor, dass aufgrund eines Vertrauensverhältnisses, besonderer Kontakte oder zwischenzeitlichen Umzugs die Partei einen **Verkehrsanwalt an einem dritten Ort** beauftragt. Für die Anwendung des VV 3400 ist dies vollkommen unerheblich. Soweit das OLG Düsseldorf[12] nur einen am Wohnort der Partei oder in deren nächster Nähe wohnenden Anwalt als Verkehrsanwalt ansehen will, gibt es hierfür keine gesetzliche Grundlage. Allein der Mandant entscheidet, wen er mit der Aufgabe als Verkehrsanwalt beauftragt. Wenn er einen Verkehrsanwalt an einem dritten Ort beauftragt, wird er hierfür seine Gründe haben. 21

---

10 BRAGO, § 52 Rn 10.
11 OLG Koblenz FamRZ 1999, 390.
12 AGS 1997, 59 = AnwBl 1997, 569 = JMBl NRW 1997, 35 = JurBüro 1998, 142 = Justiz 1997, 58 =

NJW-RR 1997, 190 = Rpfleger 1997, 128 = KostRsp. BRAGO § 52 Nr. 27 m. abl. Anm. *N. Schneider*.

b) Fallgruppen

22 Daraus, dass **drei Personen** vorhanden sein müssen, ergeben sich Konsequenzen für folgende Fallgruppen:

23 **aa) Rechtsanwalt in eigener Sache.** Führt der Rechtsanwalt in einer eigenen Sache den Verkehr mit dem Verfahrensbevollmächtigten, so löst dies keine Verkehrsgebühr aus. Der Anwalt vermittelt hier nicht die Informationen, sondern erteilt sie selbst, so dass begrifflich bereits die Anwendung der VV 3400 ausgeschlossen ist.[13] Dies gilt auch für einen ausländischen Rechtsanwalt, der in eigener Sache den Verkehr mit dem deutschen Prozessbevollmächtigten führt.[14]

24 Der Anwalt, der in eigener Sache den Verkehr mit dem Verfahrensbevollmächtigten führt, kann auch nicht nach § 91 Abs. 2 S. 3 ZPO n.F. (§ 91 Abs. 2 S. 4 ZPO a.F.) im Falle des Obsiegens vom Gegner eine Kostenerstattung in Höhe der Kosten eines Verkehrsanwalts verlangen. Eine Kostenerstattung nach dieser Vorschrift ist nur möglich, wenn der Anwalt den entsprechenden Gebührentatbestand erfüllt. Daran fehlt es bereits, wie oben (siehe Rdn 23) ausgeführt.[15]

25 **bb) Rechtsanwalt als Partei kraft Amtes.** Informiert der Anwalt als Partei kraft Amtes den Verfahrensbevollmächtigten, so fehlt es auch hier an dem für VV 3400 erforderlichen Drei-Personen-Verhältnis. Der Anwalt ist selbst Partei und vermittelt daher nicht für diese den Verkehr mit dem Verfahrensbevollmächtigten. Er selbst führt vielmehr als Partei den Verkehr, so dass auch hier die Anwendung der VV 3400 begrifflich ausgeschlossen ist. Dies gilt insbesondere für die Tätigkeit als:
- Insolvenzverwalter[16]
- Testamentsvollstrecker[17]
- Nachlassverwalter[18]
- Treuhänder.[19]

26 **cc) Rechtsanwalt als gesetzlicher Vertreter.** Ist der Rechtsanwalt, der den Verkehr mit dem Verfahrensbevollmächtigten führt, gesetzlicher Vertreter einer natürlichen Person, sei es als Betreuer, Pfleger oder Vormund, so hat er keinen Anspruch auf die Gebühr nach VV 3400. Er erhält jedoch nach §§ 1908i, 1915 Abs. 1 und 1835 BGB Aufwendungsersatz in Höhe der gesetzlichen Vergütung, also nach VV 3400, wenn ein nicht rechtskundiger durchschnittlicher Betreuer, Pfleger oder Vormund einen Verkehrsanwalt hinzugezogen hätte.[20]

27 Nach OLG Stuttgart erhält der **zum Betreuer bestellte Rechtsanwalt** keine Verkehrsgebühr.[21] Der **Vergleichsverwalter** erhält dagegen die Gebühr nach VV 3400.[22]

28 **dd) Rechtsanwalt als Vertretungsorgan einer juristischen Person.** Informiert der Rechtsanwalt als Vertretungsorgan einer juristischen Person den Verfahrensbevollmächtigten, so kommt es auf den Einzelfall an, ob er eine Gebühr nach VV 3400 verdient oder nicht.

29 Soweit der Anwalt das **einzige Vertretungsorgan** ist, kommt VV 3400 nicht zur Anwendung, da es hier wiederum an einem Drei-Personen-Verhältnis fehlt. Als alleiniges Vertretungsorgan führt der Anwalt unmittelbar die Korrespondenz. Er vermittelt nicht zwischen der Partei und dem Verfahrensbevollmächtigten.

---

13 KG JurBüro 1977, 63; 1980, 1361 = Rpfleger 1981, 411; OLG Bamberg JurBüro 1979, 1063; OLG Köln JurBüro 1983, 530; OLG Düsseldorf JurBüro 1984, 766 = Rpfleger 1984, 37; OLG Schleswig JurBüro 1986, 884 = SchlHA 1986, 144; OLG Koblenz JurBüro 1988, 616; OLG München JurBüro 1994, 546; OLG Frankfurt KostRsp. BRAGO § 52 Nr. 18; OLG Stuttgart JurBüro 1988, 142 = Justiz 1997, 58; OLG Saarbrücken OLGR 2009, 380.

14 OLG München JurBüro 1987, 863 = AnwBl 1987, 245.

15 Hansens, BRAGO, § 52 Rn 3.

16 KG JurBüro 1981, 1832 = Rpfleger 1981, 411; OLG Schleswig JurBüro 1979, 224; OLG Stuttgart JurBüro 1983, 1835 = ZIP 1983, 1229 = Justiz 1983, 411 = Rpfleger 1983, 501; OLG Düsseldorf JurBüro 1984, 766 = Rpfleger 1984, 37; OLG München OLGR 1994, 36; a.A. OLG Karlsruhe KTS 1978, 260.

17 OLG München JurBüro 1994, 546; OLG Stuttgart AnwBl 1980, 359.

18 OLG Köln JurBüro 1978, 242; Hansens, BRAGO, § 52 Rn 5.

19 Hansens, BRAGO, § 52 Rn 5.

20 KG JurBüro 1976, 1072 = Rpfleger 1976, 248 = AnwBl 1976, 219; OLG Schleswig JurBüro 1979, 225; a.A. OLG Köln JurBüro 1973, 970; OLG Frankfurt JurBüro 1979, 714; OLG Stuttgart Rpfleger 1991, 314.

21 Justiz 1998, 221.

22 OLG Köln AnwBl 1983, 562.

Sind **mehrere Vertretungsorgane** vorhanden, kommt es darauf an, ob die Informationsübermittlung zu den kraft Satzung oder Vertrags bestehenden Organpflichten des Rechtsanwalts gehört. Dies wiederum ist der Fall, wenn der Rechtsanwalt
– Geschäftsführer einer GmbH[23]
– Vereinsvorstand[24] oder
– Liquidator einer KG
ist.[25]

30

Zählt die Informationsvermittlung dagegen nicht zu den Organpflichten des Rechtsanwalts, dann kann er, wenn er von der juristischen Person beauftragt wird, eine Gebühr nach VV 3400 berechnen.[26]

31

> **Beispiel:** Der Rechtsanwalt ist Hauptkassierer eines eingetragenen Vereins. In einem Rechtsstreit wird er beauftragt, mit dem auswärtigen Prozessbevollmächtigten den Verkehr zu führen.
> Zu den Pflichten eines Hauptkassierers gehört nicht die Information eines Prozessbevollmächtigten; dies ist Aufgabe des Vorsitzenden. Daher kann der Anwalt in diesem Fall die Gebühr nach VV 3400 verdienen.

ee) Der Rechtsanwalt ist Familienangehöriger der Partei. Kontrovers wird ferner die Frage behandelt, ob der Anwalt, der mit der Partei verheiratet ist oder in einem anderweitigen engen familiären oder verwandtschaftlichen Verhältnis zu ihr steht, eine Gebühr nach VV 3400 verdienen kann. Zum Teil wird die Auffassung vertreten, der Anwalt handle hier in Erfüllung seiner ehelichen oder familienrechtlichen Beistandspflicht, so dass der Anfall einer Verkehrsgebühr ausgeschlossen sei.[27] Unerheblich soll danach auch sein, ob die Ehegatten im Güterstand der Gütertrennung leben.[28] Zutreffend ist es jedoch, auch in diesen Fällen VV 3400 anzuwenden. Das Drei-Personen-Verhältnis ist gegeben; allein die familiäre Bindung schließt die Erteilung eines Auftrages nicht aus.[29]

32

5. Entstehen der Gebühr

Die Gebühr nach VV 3400 entsteht mit der ersten Tätigkeit nach Erteilung des Auftrags, also in der Regel mit der Entgegennahme der Information. Dass zu diesem Zeitpunkt bereits ein Verfahrensbevollmächtigter bestellt ist, ist nicht erforderlich; es kann dann allerdings nach VV 3405 Nr. 1 nur eine 0,5-Gebühr anfallen (siehe Rdn 37).

33

6. Abgeltungsbereich

Die Gebühr nach VV 3400 gilt sämtliche Tätigkeiten ab, die den Verkehr mit dem Verfahrensbevollmächtigten betreffen, also insbesondere die Informationsbeschaffung, Besprechungen mit der Partei, gegebenenfalls Ermittlung von Zeugen, Auswertung von Beiakten und Unterlagen sowie die Übermittlung dieser Informationen an den Verfahrensbevollmächtigten. Auch der umgekehrte Informationsfluss wird abgegolten, also die Entgegennahme von Informationen durch den Verfahrensbevollmächtigten, insbesondere die Unterrichtung über den Ablauf des Verfahrens, die Übersendung von Schriftsätzen, Beschlüssen und sonstigen Entscheidungen und deren Weiterleitung an die Partei. Auch die Beratung der Partei wird durch die Verkehrsanwaltsgebühr abgegolten, wobei die rechtliche Beratung grundsätzlich vom Verfahrensbevollmächtigten geschuldet ist und nicht vom Verkehrsanwalt.

34

7. Höhe der Gebühr

Die Höhe der Gebühr hängt davon ab, ob Wertgebühren (§ 2 Abs. 1) oder Betragsrahmengebühren (§ 3 Abs. 1 S. 1) gelten.

35

---

[23] KG JurBüro 1977, 63.
[24] OLG München JurBüro 1982, 1034.
[25] OLG Köln JurBüro 1978, 69 und 1978, 241.
[26] KG JurBüro 1987, 1396 = MDR 1987, 679; *Hansens*, BRAGO, § 52 Rn 5.
[27] OLG Hamburg JurBüro 1968, 892; OLG Köln JurBüro 1983, 1047; OLG Hamm JurBüro 1992, 98; OLG Schleswig JurBüro 1986, 884 = SchlHA 1986, 144; OLG Schleswig JurBüro 1986, 1370 = SchlHA 1986, 144.
[28] OLG Koblenz JurBüro 1984, 758.
[29] OLG Hamburg JurBüro 1974, 59; OLG Schleswig JurBüro 1992, 170.

a) Wertgebühren

36 aa) Grundsatz. Nach VV 3400 erhält der Verkehrsanwalt eine Gebühr in Höhe der dem Verfahrensbevollmächtigten zustehenden Verfahrensgebühr, höchstens jedoch 1,0. Diese Kappung beruht auf der gesetzlichen Beschränkung des Pflichtenkreises; Prozessführung und die damit verbundene Beratung sind ja vom Prozessbevollmächtigten wahrzunehmende Aufgaben.[30] Die Vorschrift stellt damit eine Akzessorietät zur Verfahrensgebühr des Prozessbevollmächtigten her. Entgegen dem Wortlaut gilt diese Abhängigkeit jedoch nicht uneingeschränkt.

37 So erhält der Verkehrsanwalt die Gebühr nach VV 3400 auch dann, wenn noch gar kein Verfahrensbevollmächtigter bestellt ist, sondern dieser erst noch bestellt werden soll. Der Verkehrsanwalt erhält dann eine Gebühr in der Höhe, in der ein bereits bestellter Verfahrensbevollmächtigter die Verfahrensgebühr erhalten hätte, allerdings entsteht diese Gebühr wegen vorzeitiger Erledigung gemäß VV 3405 Nr. 1 nur zur Hälfte.

> **Beispiel:** Die in München wohnende Partei beauftragt einen Anwalt, für einen vor dem LG Köln zu führenden Rechtsstreit dort einen Prozessbevollmächtigten zu bestellen und zu unterrichten. Bevor es zur Bestellung des Kölner Prozessbevollmächtigten kommt, erledigt sich die Angelegenheit.
> Der Münchener Anwalt war bereits als Verkehrsanwalt beauftragt. Da sein Auftrag sich vorzeitig erledigt hat, erhält er nach VV 3405 Nr. 1 eine 0,5-Verkehrsanwaltsgebühr.

38 Im Übrigen ist für Gebühren erhöhende oder Gebühren mindernde Merkmale danach zu unterscheiden, ob es sich um persönliche oder sachliche Merkmale handelt.

39 bb) Sachliche Merkmale, VV 3101 Nr. 1 und 2, VV 3201 Nr. 1 und 2, Anm. zu VV 3207. Sachliche Merkmale sind solche, die die Höhe der Gebühr unabhängig von der Person des Anwalts betreffen. Nach Wegfall des § 11 Abs. 1 S. 4 und 5 BRAGO ist nur noch ein sachliches Merkmal vorhanden, nämlich die Ermäßigung der Verfahrensgebühr bei **vorzeitiger Erledigung** und bei **bloßer Protokollierung**.

40 Da der Verkehrsanwalt lediglich eine Gebühr in Höhe der dem Verfahrensbevollmächtigten zustehenden Verfahrensgebühr verdient, kommt es also darauf an, ob die Verfahrensgebühr des Verfahrensbevollmächtigten in voller Höhe entsteht oder nur ermäßigt. Dies wiederum richtet sich nach den Vorschriften der VV 3101 Nr. 1 und 2, VV 3201 Nr. 1 und 2, Anm. zu VV 3207 und vergleichbarer Ermäßigungstatbestände. Sind die Voraussetzungen dieser Vorschriften gegeben, so erhält der Verkehrsanwalt ebenfalls nur eine ermäßigte Verfahrensgebühr. Er kann keinen höheren Gebührensatz erhalten als der Verfahrensbevollmächtigte, ausgenommen, es liegen persönliche Merkmale vor, die den Gebührensatz erhöhen (siehe Rdn 41 ff.).

41 cc) Persönliche Merkmale. Persönliche Merkmale sind solche, die die Höhe der Verfahrensgebühr individuell beeinflussen.

42 (1) Vertretung mehrerer Auftraggeber, VV 1008. Im Falle der Vertretung mehrerer Auftraggeber erhöht sich die Verfahrensgebühr nach VV 1008. Dies gilt auch für die Gebühr des VV 3400. Dennoch steht dem Verkehrsanwalt nicht schon deshalb die erhöhte Verfahrensgebühr zu, weil der Verfahrensbevollmächtigte mehrere Auftraggeber vertritt, vielmehr muss auch er für mehrere Auftraggeber tätig sein.[31]

> **Beispiel:** Zwei in München wohnende Beklagte sind vor dem LG Bremen verklagt worden. Sie haben dort beide denselben Anwalt als Prozessbevollmächtigten beauftragt. Nur einer der Beklagten beauftragt einen Münchener Anwalt als Verkehrsanwalt.
> Der Prozessbevollmächtigte verdient die nach VV 1008 erhöhte Verfahrensgebühr (1,6); der Verkehrsanwalt erhält dagegen nur die einfache Gebühr (1,0).

43 Umgekehrt kann der Verkehrsanwalt mehrere Auftraggeber vertreten, während der Verfahrensbevollmächtigte nur eine Partei vertritt.

---

30 BPatG, Beschl. v. 19.10.2010 – 27 W (pat) 78/10 (juris).
31 *Henke*, Berechnung des Mehrvertretungszuschlags bei Korrespondenzanwalt und Terminsvertreter, AnwBl 2005, 135.

Beispiel: Im vorangegangenen Beispiel lassen sich die beiden Beklagten in Bremen jeweils durch eigene Prozessbevollmächtigte vertreten. Mit der Korrespondenz beauftragen sie jedoch denselben Anwalt in München.
Die Prozessbevollmächtigten in Bremen erhalten jeweils nur eine 1,3-Verfahrensgebühr; der Verkehrsanwalt erhält dagegen die nach VV 1008 erhöhte Verfahrensgebühr i.H.v. 1,6.

(2) Revisionsverfahren vor dem BGH, VV 3208, 3209. Im Revisionsverfahren vor dem BGH muss sich die Partei durch einen dort zugelassenen Prozessbevollmächtigten vertreten lassen. Dieser erhält, soweit Postulationszwang besteht, eine 2,3-Verfahrensgebühr. Der Verkehrsanwalt erhält dagegen auch hier nur die 1,0-Gebühr. Abgesehen davon, dass der Verkehrsanwalt im Revisionsverfahren in der Regel ohnehin nicht am BGH zugelassen ist und daher das persönliche Merkmal der VV 3208, 3209 nicht erfüllt, wären auch die Voraussetzungen nicht gegeben, da für die Tätigkeit als Verkehrsanwalt im Revisionsverfahren die Zulassung am BGH nicht erforderlich ist.[32]   44

(3) Beiordnung im Rahmen der Prozesskostenhilfe, §§ 45 ff. Ist der Verfahrensbevollmächtigte im Wege der Prozesskostenhilfe (§§ 45 ff.) oder nach § 11 ArbGG beigeordnet, so erhält er aus der Staatskasse nur die Gebührenbeträge des § 49. Ist der Verkehrsanwalt ebenfalls beigeordnet, so gelten auch für ihn die Gebührenbeträge des § 49. Ist er dagegen nicht beigeordnet, kann er vom Auftraggeber die vollen Beträge des § 13 Abs. 1 S. 1 und 2 verlangen. Er erhält dann eine höhere Vergütung als der Verfahrensbevollmächtigte.   45

Auch der umgekehrte Fall ist denkbar, also dass für den Verfahrensbevollmächtigten keine Prozesskostenhilfe besteht (etwa wegen Rechtsschutzversicherung), dagegen aber der Verkehrsanwalt im Wege der Prozesskostenhilfe beigeordnet worden ist. Dann erhält der Verkehrsanwalt die Gebühren nur nach den Beträgen des § 49, während der Verfahrensbevollmächtigte nach den Beträgen des § 13 abrechnet.   46

b) Rahmengebühren

aa) Grundsatz. In sozialrechtlichen Angelegenheiten nach § 3 Abs. 1 S. 2 gilt zunächst die gleiche Verweisung (siehe Rdn 35 f.). Der Verkehrsanwalt erhält in diesen Angelegenheiten ebenfalls eine Gebühr in Höhe der **dem Verfahrensbevollmächtigten zustehenden Verfahrensgebühr**; ihm steht also der gleiche Gebührenrahmen zur Verfügung, der auch dem Verfahrensbevollmächtigten zusteht. Allerdings kann der Verkehrsanwalt **keine höhere Gebühr als 420 EUR** verlangen. Der bisherige Höchstbetrag ist mit dem 2. KostRMoG von 260 EUR auf 420 EUR angehoben worden.   47

Anders als in den Fällen der VV 1005, 1005, Anm. Abs. 2 zu VV 3106 ist hier eine konkrete Gebührenbemessung nach § 14 Abs. 1 vorzunehmen. Die Verfahrensgebühr des Verkehrsanwalts wird also nicht wie eine Einigungs-, Erledigungs- oder fiktive Terminsgebühr ohne eigenes Ermessen abgleitet. Vielmehr hat der Verkehrsanwalt eine **gesonderte Bemessung** vorzunehmen. Er darf auch nicht die Bestimmung der Verfahrensgebühr des Hauptbevollmächtigten ohne weiteres übernehmen. Vielmehr muss er für seine Tätigkeit anhand der Kriterien des § 14 Abs. 1 selbst prüfen, in welcher Höhe er seine Gebühr aus dem vorgegebenen Rahmen bestimmt.   48

bb) Vorbefassung im Verwaltungs- oder Nachprüfungsverfahren. War der Verkehrsanwalt im Verwaltungsverfahren oder im Nachprüfungsverfahren bereits tätig und hat dort die Gebühren nach VV 2300 oder VV 2302 Nr. 1 verdient, so ist der Höchstbetrag nicht mehr wie bisher (VV Vorb. 3.4 Abs. 2 a.F.) auf die Hälfte (130 EUR) reduziert. Vielmehr gilt auch hier jetzt VV Vorb. 3 Abs. 4 mit der Folge einer hälftigen Anrechnung der Geschäftsgebühr.   49

cc) Vorzeitige Erledigung nach VV 3405. Endet der Auftrag des Verkehrsanwalts, bevor der Verfahrensbevollmächtigte beauftragt worden ist oder der Verkehrsanwalt gegenüber dem Verfahrensbevollmächtigten tätig geworden ist, so reduziert sich auch für den Verkehrsanwalt in sozialrechtlichen Angelegenheiten nach § 3 Abs. 1 S. 1 das Gebührenaufkommen. Er kann jetzt lediglich noch eine Gebühr i.H.v. 210 EUR geltend machen. Auch diese Grenze ist mit dem 2. KostRMoG von bisher 130 EUR angehoben worden.   50

---

32 OLG Karlsruhe JurBüro 1999, 86 = OLGR 1999, 804.

51 Erfasst werden auch hier die folgenden beiden Fälle:
- Der Mandant beauftragt den Verkehrsanwalt, mit dem noch zu bestellenden Verfahrensbevollmächtigten den Verkehr zu führen. Zur Bestellung des Verfahrensbevollmächtigten kommt es aber nicht mehr.
- Ein Verfahrensbevollmächtigter ist bereits vom Auftraggeber bestellt. Der Auftrag erledigt sich jedoch, bevor der Verkehrsanwalt mit dem Verfahrensbevollmächtigten in Kontakt treten kann.

52 **dd) Vorzeitige Erledigung und Vorbefassung im Verwaltungs- oder Nachprüfungsverfahren.**
War der Anwalt bereits im Verwaltungsverfahren oder im Nachprüfungsverfahren tätig und hat dort die Gebühr nach VV 2300 oder VV 2301 verdient, so ist auch hier jetzt nach VV Vorb. 3 Abs. 4 hälftig anzurechnen. Die frühere Reduzierung nach VV Vorb. 3.4 Abs. 2 S. 2 mit einer reduzierten Höchstgebühr nach VV 3405 ist durch das 2. KostRMoG aufgehoben worden. Auch hier darf allerdings weiterhin bei der Gebührenbemessung nach § 14 Abs. 1 nicht berücksichtigt werden, dass der Anwalt bereits außergerichtlich tätig war und daher der Umfang der Tätigkeit infolgedessen geringer ist.

8. Mehrere Angelegenheiten

53 Soweit der Verfahrensbevollmächtigte in mehreren Angelegenheiten tätig wird, gilt dies auch für den Verkehrsanwalt.

54 Wird der Rechtsstreit vom Rechtsmittelgericht **zurückverwiesen**, so beginnt damit auch für den Verkehrsanwalt eine neue Angelegenheit.[33] Die Verkehrsanwaltsgebühr nach VV 3400 entsteht erneut (§ 21 Abs. 1), wird aber angerechnet (VV Vorb. 3 Abs. 6), es sei denn, es wird an ein Gericht verwiesen, das mit der Sache noch nicht befasst war oder es sind seit Beendigung der Vorinstanz sind mehr als zwei Kalenderjahre vergangen.

55 Schließt sich an das **Urkundenverfahren** das ordentliche Verfahren an, so erhält auch der Verkehrsanwalt die Gebühr nach VV 3400 erneut (§ 17 Nr. 5). Die im Urkundenverfahren entstandene Verfahrensgebühr ist jedoch auf die Verfahrensgebühr des nachfolgenden ordentlichen Verfahrens anzurechnen (Anm. Abs. 2 zu VV 3100).

9. Gegenstandswert

56 Der Gegenstandswert der Verkehrsanwaltsgebühr bestimmt sich nicht nach dem Wert der Verfahrensgebühr, sondern nach dem Wert der Gegenstände, hinsichtlich deren der Verkehrsanwalt tätig werden soll. Der Gegenstandswert für die Verfahrensgebühr des Verfahrensbevollmächtigten kann daher höher liegen.

> **Beispiel:** Der in Stuttgart wohnende Beklagte ist vor dem LG Düsseldorf verklagt worden. Er hat für die Abwehr der Klage einen Düsseldorfer Anwalt als Prozessbevollmächtigten bestellt, den er selbst informiert. Später erhebt er Widerklage und beauftragt hinsichtlich der Widerklage einen ortsansässigen Anwalt als Verkehrsanwalt.
> Die Verfahrensgebühr des Düsseldorfer Anwalts berechnet sich aus der Summe von Klage und Widerklage (§ 45 Abs. 1 GKG). Der Gegenstandswert für die Verkehrsanwaltsgebühr nach VV 3400 bemisst sich jedoch nur nach dem Wert der Widerklage, da der Verkehrsanwalt für die Klage keinen Auftrag hat.

57 Zu einem geringeren Gegenstandswert für den Verkehrsanwalt kann es auch dadurch kommen, dass er den Verkehr mit dem Prozessbevollmächtigten nur für einen von mehreren Streitgenossen führt, der nicht am gesamten Prozessstoff beteiligt ist.[34]

58 Möglich ist aber auch, dass der Gegenstandswert für die Verfahrensgebühr niedriger liegt als der für die Verkehrsanwaltsgebühr.

> **Beispiel:** Die in Köln wohnende Partei will vor dem LG Bremen Klage auf Zahlung von 10.000 EUR erheben und beauftragt einen Kölner Anwalt, der mit dem in Bremen noch zu bestellenden Prozessbevollmächtigten den Verkehr führen soll. Bevor es zur Bestellung des Bremer Anwalts kommt, zahlt der Gegner 4.000 EUR. Der Bremer Anwalt wird nur noch mit einer Klage über 6.000 EUR beauftragt.

---

33 OLG München JurBüro 1992, 167 m. Anm. *Herget*; OLG Köln JurBüro 1999, 246 = OLGR 1999, 148.

34 *Hansens*, BRAGO, § 52 Rn 11.

Die Verfahrensgebühr des **Prozessbevollmächtigten** (VV 3100) berechnet sich nach dem Wert der Klage (6.000 EUR). Der **Verkehrsanwalt** erhält dagegen seine Vergütung aus 10.000 EUR. Aus 6.000 EUR entsteht eine 1,0-Gebühr gemäß VV 3400, 3100 und aus 4.000 EUR eine 0,5-Gebühr nach VV 3405 Nr. 1. Zu beachten ist § 15 Abs. 3.

I. Prozessbevollmächtigter

1. 1,3-Verfahrensgebühr, VV 3100 (Wert: 6.000 EUR)	460,20 EUR
2. 1,2-Terminsgebühr, VV 3102 (Wert: 6.000 EUR)	424,80 EUR
3. Postentgeltpauschale, VV 7002	20,00 EUR
Zwischensumme	905,00 EUR
4. 19 % Umsatzsteuer, VV 7008	171,95 EUR
Gesamt	**1.076,95 EUR**

II. Verkehrsanwalt

1. 1,0-Verfahrensgebühr, VV 3400, 3100 (Wert: 6.000 EUR)	354,00 EUR
2. 0,5-Verfahrensgebühr, VV 3400, 3405 Nr. 1, 3100 (Wert: 4.000 EUR)	126,00 EUR
(die Grenze des. § 15 Abs. 3, nicht mehr als 1,0 aus 10.000 EUR = 558 EUR ist nicht überschritten)	
3. Postentgeltpauschale, VV 7002	20,00 EUR
Zwischensumme	500,00 EUR
4. 19 % Umsatzsteuer, VV 7008	95,00 EUR
Gesamt	**595,00 EUR**

II. Weitere Gebühren

1. Terminsgebühr, VV 3402

Der Verkehrsanwalt kann neben der Gebühr nach VV 3400 auch eine **Terminsgebühr** nach VV 3401, 3402 i.V.m. VV 3104 verlangen, wenn er den zusätzlichen Einzelauftrag erhalten hat, an einem Termin i.S.d. VV Vorb. 3 Abs. 3 teilzunehmen. Es liegen dann zwei verschiedene Einzelaufträge vor. VV Vorb. 3.4 steht dem Anfall der Terminsgebühr daher nicht entgegen. Zwar entsteht dann auch die halbe Verfahrensgebühr der VV 3401 neben der Gebühr des VV 3400; insgesamt erhält der Anwalt jedoch nach § 15 Abs. 6 lediglich eine Verfahrensgebühr aus dem Gesamtwert (§ 22 Abs. 1) nach dem höchsten Satz.[35]

59

> **Beispiel:** Ein Kölner Anwalt wird als Verkehrsanwalt für einen Rechtsstreit vor dem LG Hamburg (Wert 6.000 EUR) beauftragt. Das LG Hamburg beauftragt das LG Köln mit einer Zeugenvernehmung im Wege der Rechtshilfe. An diesem Termin nimmt der Kölner Verkehrsanwalt teil.
> Er erhält:
>
> | | |
> |---|---:|
> | 1. 1,0-Verfahrensgebühr, VV 3400, 3401, § 15 Abs. 6 | 354,00 EUR |
> | 2. 1,2-Terminsgebühr, VV 3402 i.V.m. VV 3104 | 424,80 EUR |
> | 3. Postentgeltpauschale, VV 7002 | 20,00 EUR |
> | Zwischensumme | 798,80 EUR |
> | 4. 19 % Umsatzsteuer, VV 7008 | 151,77 EUR |
> | **Gesamt** | **950,57 EUR** |

2. Termins- und Schriftsatzgebühr, VV 3403

Eine zusätzliche Gebühr nach VV 3403 steht dem Verkehrsanwalt dagegen grundsätzlich nicht zu, weder für Schriftsätze noch für die Wahrnehmung von Terminen, da die Wahrnehmung von Terminen außerhalb der mündlichen Verhandlung durch die Verfahrensgebühr abgegolten wird und somit ein Verfahrensbevollmächtigter ebenfalls keine gesonderte Vergütung erhalten würde. Der Verkehrsanwalt kann nicht besser gestellt werden. Die bisher strittige Frage, ob der Verkehrsanwalt für die Teilnahme an einem Ortstermin eine zusätzliche Gebühr (früher nach § 56 Abs. 1 Nr. 2 BRAGO)

60

---

35 OLG München JurBüro 1982, 1679 = AnwBl 1984, 440; OLG Hamburg JurBüro 1986, 870.

verdienen kann,[36] ist durch weite Fassung der VV Vorb. 3 Abs. 3 obsolet geworden. Die Vergütung richtet sich jetzt nach VV 3401, 3402.

3. Einigungsgebühr, VV 1000

61 Darüber hinaus kann der Verkehrsanwalt auch eine **Einigungsgebühr** verdienen, wenn er bei Abschluss einer Einigung mitwirkt. Voraussetzung hierfür ist, dass er eine auf den Abschluss der Einigung zielende Tätigkeit entfaltet hat. Daher reicht es nicht aus, dass er lediglich den Einigungsvorschlag des Verfahrensbevollmächtigten übermittelt oder allgemeine Erörterungen über Einigungsmöglichkeiten anstellt.[37] Auch die bloße Anwesenheit im Einigungstermin allein genügt nicht.[38]

62 Ausreichend ist es dagegen, wenn der Verkehrsanwalt beratend tätig wird, also dem Auftraggeber geraten hat, den Einigungsvorschlag anzunehmen.[39]

63 Die Einigungsgebühr entsteht erst recht, wenn sich der Anwalt der Gegenseite mit dem Einigungsvorschlag unmittelbar an den Verkehrsanwalt wendet und dieser dann die Einigung aushandelt.[40]

64 Ebenso wie beim Verfahrensbevollmächtigten genügt es auch, wenn der Verkehrsanwalt der Partei von der Ausübung eines Widerrufsrechts abrät und die Einigung nicht widerrufen wird.[41]

65 Auch dann, wenn der Verkehrsanwalt beratend und vermittelnd in die Einigungsverhandlungen der Parteien oder der Verfahrensbevollmächtigten eingreift und er hierdurch mitursächlich für den späteren Einigungsabschluss wird, erhält er die Einigungsgebühr.[42]

66 Die **Höhe** der Einigungsgebühr beläuft sich auf 1,0 (VV 1003), soweit die Parteien sich über anhängige Ansprüche einigen. Ist der Gegenstand der Einigung im Rechtsmittelverfahren anhängig, erhöht sich die Gebühr auf 1,3. Der Gebührensatz beträgt 1,5, soweit sich (auch) über nichtanhängige Ansprüche geeinigt wird. Insgesamt ist jedoch die Begrenzung nach § 15 Abs. 3 zu beachten.

4. Erledigungsgebühr

67 Anstelle der Einigungsgebühr kann der Verkehrsanwalt auch eine Erledigungsgebühr nach VV 1002, 1003, 1004 oder VV 1005, 1006 verdienen, wenn er an der Erledigung des Verfahrens mitwirkt.

5. Aussöhnungsgebühr

68 Des Weiteren kann der Verkehrsanwalt auch die Aussöhnungsgebühr nach VV 1001 verdienen, wenn er an einer Aussöhnung mitwirkt.

6. Verfahrensdifferenzgebühr, VV 3101 Nr. 1 und 2

69 Der Verkehrsanwalt kann auch zusätzlich eine Verfahrensdifferenzgebühr nach VV 3400, 3101 Nr. 1 verdienen, wenn unter seiner Vermittlung eine Einigung protokolliert wird. Zu beachten ist dann § 15 Abs. 3.

---

36 Bejahend: OLG Düsseldorf JurBüro 1985, 93; verneinend OLG Hamm JurBüro 1972, 701 = Rpfleger 1972, 328; OLG Frankfurt JurBüro 1980, 1195 = AnwBl 1981, 450; *Hansens*, BRAGO, § 56 Rn 2.

37 OLG Schleswig JurBüro 1980, 1668; OLG Hamburg JurBüro 1981, 706; OLG Frankfurt AnwBl 1982, 248; JurBüro 1984, 59 = AnwBl 1984, 101.

38 OLG Frankfurt JurBüro 1986, 757.

39 OLG Stuttgart AnwBl 1980, 263; OLG Saarbrücken JurBüro 1988, 1500; a.A. OLG Düsseldorf JurBüro 1983, 564 = Rpfleger 1983, 86 = AnwBl 1983, 187; OLG Frankfurt JurBüro 1986, 759 – eine bloße Empfehlung reiche nicht aus.

40 OLG Hamburg JurBüro 1988, 759.

41 KG JurBüro 1978, 1659; OLG Frankfurt AnwBl 1982, 248; AnwBl 1983, 186; OLG Schleswig SchlHA 1989, 145.

42 OLG Frankfurt JurBüro 1984, 59 = AnwBl 1984, 101.

Beispiel: Ein Münchener Anwalt wird als Verkehrsanwalt für einen Rechtsstreit vor dem LG Bremen (Wert 6.000 EUR) beauftragt. In der mündlichen Verhandlung wird eine Einigung protokolliert, in die auch weitere nichtanhängige 4.000 EUR einbezogen werden. Der Verkehrsanwalt hatte auch hinsichtlich der nicht anhängigen 4.000 EUR den Verkehr mit dem Prozessbevollmächtigten geführt.
Der Verkehrsanwalt erhält:

1. 1,0-Verfahrensgebühr, VV 3400, 3100 (Wert: 6.000 EUR)   354,00 EUR
2. 0,8-Verfahrensgebühr, VV 3400, 3101 Nr. 1 (Wert: 4.000 EUR)   201,60 EUR
   (die Grenze des § 15 Abs. 3, nicht mehr als 1,0 aus 10.000 EUR = 558 EUR ist nicht überschritten)
3. Postentgeltpauschale, VV 7002   20,00 EUR
   Zwischensumme   575,60 EUR
4. 19 % Umsatzsteuer, VV 7008   109,36 EUR
   Gesamt   **684,96 EUR**

Verhandeln die Parteien (auch) über Ansprüche, die in dem betreffenden Rechtsstreit nicht anhängig sind, so erhält auch der Verkehrsanwalt zusätzlich eine Verkehrsanwaltsgebühr nach VV 3400 i.V.m. VV 3101 Nr. 2, sofern er auch insoweit den Verkehr mit dem Verfahrensbevollmächtigten geführt hat. Die Höhe der beiden Verkehrsanwaltsgebühren darf wiederum insgesamt nicht eine volle Gebühr aus dem Gesamtwert überschreiten (§ 15 Abs. 3).[43] **70**

Beispiel: Ein Münchener Anwalt wird als Verkehrsanwalt für einen Rechtsstreit vor dem LG Bremen (Wert 6.000 EUR) beauftragt. In der mündlichen Verhandlung versuchen sich die Parteien unter Mitwirkung ihrer Prozessbevollmächtigten auch über weitere 4.000 EUR zu einigen; die Einigungsverhandlungen scheitern. Der Verkehrsanwalt hatte auch hinsichtlich der nicht anhängigen 4.000 EUR den Verkehr mit dem Prozessbevollmächtigten geführt.
Der Verkehrsanwalt erhält:

1. 1,0-Verfahrensgebühr, VV 3400, 3100 (Wert: 6.000 EUR)   354,00 EUR
2. 0,8-Verfahrensgebühr, VV 3400, 3101 Nr. 2 (Wert: 4.000 EUR)   201,60 EUR
   (die Grenze des § 15 Abs. 3, nicht mehr als 1,0 aus 10.000 EUR = 558 EUR ist nicht überschritten)
3. Postentgeltpauschale, VV 7002   20,00 EUR
   Zwischensumme   575,60 EUR
4. 19 % Umsatzsteuer, VV 7008   109,36 EUR
   Gesamt   **684,96 EUR**

III. Verfahrensbevollmächtigter wird Verkehrsanwalt und umgekehrt

Wird der Verfahrensbevollmächtigte im späteren Verlauf des Verfahrens zum Verkehrsanwalt bestellt oder wird der zunächst als Verkehrsanwalt beauftragte Anwalt später Verfahrensbevollmächtigter, so entsteht sowohl die Verfahrensgebühr nach VV 3100 als auch die Gebühr nach VV 3400. Da beide Gebühren jedoch wesensgleich sind, kann der Anwalt die Gebühren nicht nebeneinander fordern. Es gilt vielmehr § 15 Abs. 5 und 6, wonach der Anwalt die Gebühr insgesamt nur einmal erhält. **71**

Zu beachten ist allerdings, dass die spätere Änderung des Gegenstands oder Gegenstandswertes zu berücksichtigen ist. **72**

Beispiel: Der Anwalt wird zunächst als Prozessbevollmächtigter mit der Abwehr einer Klage i.H.v. 25.000 EUR beauftragt. Der Rechtsstreit wird sodann verwiesen. Die Klage wird i.H.v. 5.000 EUR zurückgenommen und um weitere 10.000 EUR erweitert. Hiernach wird der Anwalt als Verkehrsanwalt mandatiert.

---

43 OLG Frankfurt JurBüro 1981, 396 = Rpfleger 1981, 159 = AnwBl 1981, 158.

Der Anwalt hat folgende Gebühren verdient:
1. 1,3-Verfahrensgebühr, VV 3100 (Wert: 25.000 EUR)   1.024,40 EUR
2. 1,0-Verkehrsanwaltsgebühr, VV 3400 (Wert: 30.000 EUR)   863,00 EUR

Nach § 15 Abs. 6 erhält er jedoch insgesamt nur einmal die Vergütung aus dem Gesamtwert (§ 22 Abs. 1). Der Gesamtwert beläuft sich hier auf 25.000 EUR zuzüglich der späteren Erweiterung von 10.000 EUR, also auf 35.000 EUR.

Insgesamt erhält der Anwalt also
1,3-Verfahrensgebühr, VV 3100, 3400, § 15 Abs. 6 (Wert: 35.000 EUR)   1.219,40 EUR

IV. Anrechnung

73 Auf die Verkehrsanwaltsgebühr sind sämtliche Gebühren anzurechnen, die auch auf die jeweilige Verfahrensgebühr des Hauptbevollmächtigten anzurechnen wären, also eine eventuell zuvor verdiente **Ratsgebühr** (§ 34 Abs. 2; Anm. zu VV 2100 a.F.), eine **Geschäftsgebühr** – allerdings nur zur Hälfte, höchstens zu 0,75 (VV Vorb. 3 Abs. 4) –, die Verfahrensgebühr im **Mahnverfahren**, gleich ob als Antragstellervertreter oder Antragsgegnervertreter verdient (Anm. zu VV 3305; Anm. zu VV 3307). Dies kann letztlich dazu führen, dass dem Verkehrsanwalt nach Anrechnung keine zusätzlichen Gebühren im Rechtsstreit mehr verbleiben.

Beispiel: Der Anwalt wird beauftragt, ein Mahnverfahren über 15.000 EUR einzuleiten. Der Antragsgegner legt Widerspruch ein, worauf die Sache an das auswärtige Gericht abgegeben wird. Dort wird ein Prozessbevollmächtigter bestellt. Der Mahnanwalt wird als Verkehrsanwalt beauftragt.
Er erhält folgende Vergütung:
1. 1,0-Mahnverfahrensgebühr, VV 3305   650,00 EUR
2. Postentgeltpauschale, VV 7002   20,00 EUR
    Zwischensumme   670,00 EUR
3. 19 % Umsatzsteuer, VV 7008   127,30 EUR
Gesamt   **797,30 EUR**
1. 1,0-Verkehrsanwaltsgebühr, VV 3400   650,00 EUR
2. gem. Anm. zu VV 3305 anzurechnen   – 650,00 EUR
3. Postentgeltpauschale, VV 7002   20,00 EUR
    Zwischensumme   20,00 EUR
4. 19 % Umsatzsteuer, VV 7008   3,80 EUR
Gesamt   **23,80 EUR**

74 Auch dann wenn der Verkehrsanwalt zuvor im **Prozesskostenhilfe-Prüfungsverfahren** (VV 3335) tätig war, erhält er die Gebühren nur einmal, da das Prozesskostenhilfe-Prüfungsverfahren und das Verfahren für das Prozesskostenhilfe bewilligt worden ist, gemäß § 16 Nr. 2 dieselbe Angelegenheit sind und dort die Vergütung nur einmal entstehen kann.

V. Prozesskostenhilfe

1. Allgemeines

75 Der Partei kann nach § 121 Abs. 3 ZPO neben ihrem Prozessbevollmächtigten auch ein Verkehrsanwalt im Wege der Prozesskostenhilfe oder nach § 11 ArbGG beigeordnet werden. Voraussetzung hierfür sind besondere Umstände (siehe Rdn 45 f.).

2. Vergütungsansprüche

76 Wird der Anwalt beigeordnet, so erhält er seine Vergütung aus der Staatskasse nach den Gebührenbeträgen des § 49. Eine Abrechnung unmittelbar mit dem Auftraggeber ist auch für ihn ausgeschlossen (§ 122 Abs. 1 Nr. 3 ZPO).

77 Neben der Vergütung nach VV 3400 kann der beigeordnete Verkehrsanwalt aus der Staatskasse auch die Vergütungen nach VV 3401, 3402 erhalten. Insoweit ist allerdings ein weiter gehender Beiordnungsbeschluss erforderlich (§ 121 Abs. 3 ZPO; § 48 Abs. 1).

Auch die Einigungsgebühr (VV 1000, 1003) kann dem Verkehrsanwalt aus der Staatskasse zustehen. Einer besonderen Beiordnung bedarf es hier nicht;[44] es genügt, wenn die Tätigkeit des Verkehrsanwalts mitursächlich war.[45] Die gegenteilige Auffassung,[46] ein nach § 121 Abs. 4 ZPO beigeordneter Rechtsanwalt könne grundsätzlich nur die Verfahrensgebühr nach VV 3400 beanspruchen; eine weitergehende Tätigkeit, wie z.B. Mitwirkung am Abschluss eines Vergleichs sei vom Beiordnungsbeschluss regelmäßig nicht mit umfasst, lässt sich mit dem Gesetz nicht begründen, sondern allenfalls mit fiskalischen Interessen. Die Einigungsgebühr entsteht nicht für eine Tätigkeit, sondern für einen Erfolg, nämlich die Mitwirkung an der Einigung. Wenn aber die Verkehrsanwaltstätigkeit von der Beiordnung erfasst ist, dann muss auch ein durch ihre Mitwirkung eingetretener Erfolg gedeckt sein.

Insoweit gilt auch die Erstreckung des § 48 Abs. 3 für den Verkehrsanwalt. Er braucht für die Vermittlung des Verkehrs in den dort genannten Folgesachen nicht gesondert beigeordnet werden.

3. Voraussetzung der Beiordnung

Neben dem Prozessbevollmächtigten kann auf Antrag der Partei nach § 121 Abs. 4 ZPO unter besonderen Umständen ein Anwalt zur Vermittlung des Verkehrs mit dem Prozessbevollmächtigten beigeordnet werden. Unter welchen besonderen Voraussetzungen ein Verkehrsanwalt beizuordnen ist, führt der BGH in seiner Grundsatzentscheidung[47] ausführlich aus. Insbesondere sind dabei auch die Grundsätze zu beachten, die für die Kostenerstattung nach § 91 ZPO gelten.

Voraussetzung ist nach § 121 Abs. 4 ZPO, dass besondere Umstände dies erfordern. Denn, wenn der Partei – wie es dem Regelfall des § 121 Abs. 1 und 3 ZPO entspricht – ein Rechtsanwalt am Ort des Prozessgerichts beigeordnet wurde, kann es in nur besonders gelagerten Einzelfällen erforderlich sein, ihr einen zusätzlichen Rechtsanwalt zur Vermittlung des Verkehrs mit dem Hauptbevollmächtigten beizuordnen.

Kein Bedarf besteht, wenn ein nicht am Ort des Prozessgerichts niedergelassener Rechtsanwalt als Hauptbevollmächtigter ohne Einschränkung beigeordnet worden ist. Dann ist dieser auswärtige Rechtsanwalt berechtigt, zu den Terminen anzureisen und seine Reisekosten abzurechnen, so dass kein Bedarf für einen zweiten Anwalt besteht.

Bei der Prüfung, ob die Beiordnung eines weiteren Verkehrsanwalts nach § 121 Abs. 4 ZPO wegen besonderer Umstände erforderlich ist, ist auf die **rechtlichen und tatsächlichen Schwierigkeiten** des Rechtsstreits und die **subjektiven Fähigkeiten der Partei** abzustellen.[48] Solche besonderen Umstände können etwa dann vorliegen, wenn die Partei schreibungewandt ist und ihr auch eine Informationsreise zu ihrem Rechtsanwalt am Sitz des Prozessgerichts nicht zugemutet werden kann.[49] Gleiches ist der Fall, wenn der Partei eine schriftliche Information wegen des Umfangs, der Schwierigkeit oder der Bedeutung der Sache nicht zuzumuten ist und eine mündliche Information unverhältnismäßigen Aufwand verursachen würde.[50]

Nach der Auffassung des BGH ist ferner im Rahmen der verfassungsgemäßen Auslegung des unbestimmten Rechtsbegriffs der besonderen Umstände eine zusätzliche Beiordnung nach § 121 Abs. 4 ZPO auch dann geboten, wenn die Kosten des weiter beizuordnenden Rechtsanwalts die sonst entstehenden Reisekosten des nicht am Prozessgericht zugelassenen Hauptbevollmächtigten nicht wesentlich übersteigen. Im Rahmen der durch Art. 3 Abs. 1 GG i.V.m. dem allgemeinen Rechtsstaatsprinzip gebotenen weitgehenden Angleichung der Situation von Bemittelten und Unbemittelten bei der Verwirklichung ihres Rechtsschutzes[51] ist bei der Auslegung auch die neuere Rechtsprechung des BGH zur Erstattung der Kosten für Verkehrsanwälte zu beachten. Danach ist

---

44 A.A.: Einigungsabschluss muss von der Beiordnung umfasst sein: KG JurBüro 1995, 420; OLG München AGS 2003, 511 m. abl. Anm. *N. Schneider*; LAG Düsseldorf AGS 2006, 198 = LAGE § 48 RVG Nr. 1 = Rpfleger 2006, 267 = RVGprof. 2006, 36 = LAGE § 121 ZPO 2002 Nr. 1.
45 OLG Zweibrücken JurBüro 1994, 607.
46 LAG Nürnberg, Beschl. v. 23.3.2016 – 5 Ta 36/16; LAG Düsseldorf AGS 2006, 198 = Rpfleger 2006, 267 = JurBüro 2006, 260 = LAGE § 48 RVG Nr. 1 = RVGprof. 2006, 36 = JurBüro 2006, 243 = JurBüro 2006, 245 = RVGreport 2006, 198; Hessisches LAG, Beschl. v. 2.10.2009 – 13 Ta 420/09.
47 AGS 2004, 349 = RVGreport 2004, 356 = BGHZ 159, 370 = NJW 2004, 2749 = BGHR 2004, 1371.
48 Zöller/*Philippi*, ZPO, § 121 Rn 18.
49 OLG Naumburg FamRZ 2003, 107; OLG Zweibrücken FamRZ 2002, 107.
50 OLG Brandenburg FamRZ 2002, 107 und FamRZ 2001, 1533.
51 BVerfG NJW 2004, 1789.

im Falle der Bevollmächtigung eines Rechtsanwalts am Sitz des Gerichts auch die Zuziehung eines am Wohn- oder Geschäftsort der auswärtigen Partei ansässigen Verkehrsanwalts regelmäßig als zur zweckentsprechenden Rechtsverfolgung oder Rechtsverteidigung notwendig i.S.v. § 91 Abs. 1 S. 1, 2. Hs. ZPO anzusehen.[52]

85 Solche besonderen Umstände, die die zusätzliche Beiordnung eines Verkehrsanwalts begründen können, sind insbesondere in Familiensachen gegeben, in denen schriftliche und fernmündliche Unterrichtungen des Anwalts in aller Regel nicht ausreichend sind. So ist auch die zitierte Entscheidung des BGH zu einer Verbund-Familiensache ergangen.

86 In der Praxis wird allerdings in aller Regel von der Beauftragung des am Sitz der Partei ansässigen Anwalts als Verkehrsanwalts abgesehen und stattdessen die uneingeschränkte Beiordnung des am Sitz der Partei ansässigen auswärtigen Anwalts als Prozessbevollmächtigter beantragt. Soweit nämlich ein Anspruch auf einen Verkehrsanwalt besteht, sind die Reisekosten des auswärtigen Anwalts aus der Staatskasse zu übernehmen, soweit dadurch die zusätzlichen Kosten des Verkehrsanwalts erspart werden. Vor diesem Hintergrund ist auch die zitierte Entscheidung des BGH[53] ergangen. Dieser Grundsatzentscheidung ist die ganz überwiegende Instanz-Rechtsprechung zwischenzeitlich auch gefolgt.[54]

VI. Übergangsrecht BRAGO/RVG

87 Ist der Verkehrsanwalt erst nach dem 1.7.2004 beauftragt worden, so richtet sich seine Vergütung gemäß § 61 Abs. 1 S. 1 nach dem RVG. Ob der Prozessbevollmächtigte noch nach der BRAGO abrechnet, ist unerheblich. Zu fragen ist ausschließlich, welche Gebühr ein gleichzeitig beauftragter Hauptbevollmächtigter verdient hätte.

> **Beispiel:** In einem Rechtsstreit über 10.000 EUR ist der Hauptbevollmächtigte bereits vor dem 1.7.2004 beauftragt worden. Nach dem 31.6.2004 wurde der Verkehrsanwalt bestellt.
> Der Verkehrsanwalt rechnet gemäß § 61 Abs. 1 nach dem RVG ab (allerdings hier noch nach den Beträgen vor dem 1.8.2013 – § 60), der Prozessbevollmächtigte dagegen nach der BRAGO.
>
> **I. Prozessbevollmächtigter**
> 1. 10/10-Prozessgebühr, § 31 Abs. 1 Nr. 1 BRAGO (Wert: 10.000 EUR) — 486,00 EUR
> 2. 10/10-Verhandlungsgebühr § 31 Abs. 1 Nr. 2 BRAGO (Wert: 10.000 EUR) — 486,00 EUR
> 3. Postentgeltpauschale, § 26 S. 2 BRAGO — 20,00 EUR
> Zwischensumme — 992,00 EUR
> 4. 19 % Umsatzsteuer, § 25 Abs. 2 BRAGO — 175,18 EUR
> **Gesamt — 1.167,18 EUR**
>
> **II. Verkehrsanwalt**
> 1. 1,0-Verfahrensgebühr, VV 3400, 3100 (Wert: 10.000 EUR) — 486,00 EUR
> 2. Postentgeltpauschale, VV 7002 — 20,00 EUR
> Zwischensumme — 506,00 EUR
> 3. 19 % Umsatzsteuer, VV 7008 — 96,14 EUR
> **Gesamt — 602,14 EUR**

88 Ist der Verkehrsanwalt vor dem 1.7.2004 beauftragt worden, so richtet sich seine Vergütung gemäß § 61 Abs. 1 S. 1 nach der BRAGO. Ob der Prozessbevollmächtigte schon nach dem RVG abrechnet, ist unerheblich. Zu fragen ist ausschließlich, welche Gebühr ein gleichzeitig beauftragter Hauptbevollmächtigter verdient hätte.

> **Beispiel:** In einem Rechtsstreit über 10.000 EUR war der Verkehrsanwalt bereits vor dem 1.7.2004 beauftragt worden. Erst nach dem 30.6.2004 wird der Prozessbevollmächtigte bestellt.
> Der Prozessbevollmächtigte rechnet gemäß § 61 Abs. 1 nach dem RVG ab (allerdings hier noch nach den Beträgen vor dem 1.8.2013 – § 60), der Terminsvertreter dagegen nach der BRAGO.

---

52 FamRZ 2003, 441; BGHR 2004, 70, 71; NJW-RR 2004, 430; BGHR 2004, 637; BB 2004, 1023.
53 BGH AGS 2004, 349 = RVGreport 2004, 356 = BGHZ 159, 370 = NJW 2004, 2749 = BGHR 2004, 1371.
54 OLG Düsseldorf AGS 2004, 513; LAG Hessen AGS 2005, 213; OLG Hamm AGS 2005, 71; AGS 2005, 353; AGS 2005, 514; MDR 2005, 1130.

| Abschnitt 4. Einzeltätigkeiten | VV 3400 |

I. Prozessbevollmächtigter
1. 1,3-Verfahrensgebühr, VV 3100 (Wert: 10.000 EUR) — 631,80 EUR
2. 1,2-Terminsgebühr, VV 3104 (Wert: 10.000 EUR) — 583,20 EUR
3. Postentgeltpauschale, VV 7002 — 20,00 EUR
   Zwischensumme — 1.235,00 EUR
4. 19 % Umsatzsteuer, VV 7008 — 234,65 EUR
Gesamt — **1.469,65 EUR**

II. Verkehrsanwalt
1. 10/10-Verkehrsanwaltsgebühr, § 52 BRAGO (Wert: 10.000 EUR) — 486,00 EUR
2. Postentgeltpauschale, § 26 S. 2 BRAGO — 20,00 EUR
   Zwischensumme — 506,00 EUR
3. 19 % Umsatzsteuer, § 25 Abs. 2 BRAGO — 96,14 EUR
Gesamt — **602,14 EUR**

VII. Übergangsrecht anlässlich des 2. KostRMoG

Auch infolge der Änderungen des 2. KostRMoG kann es für Verkehrsanwalt und Hauptbevollmächtigen zu unterschiedlichem Gebührenrecht kommen (§ 60). Auch hier muss für beide Anwälte nicht gleiches Recht gelten. Es sind beide Varianten möglich, nämlich, dass der Prozessbevollmächtigte noch nach den alten Beträgen abrechnet, der Verkehrsanwalt dagegen nach den neuen oder umgekehrt (zu Einzelheiten siehe § 60 Rdn 86).

89

VIII. Kostenerstattung

1. Allgemeines

Bis zum 31.12.1999 hatte die Frage der Erstattungsfähigkeit der Kosten eines Verkehrsanwalts erhebliche praktische Bedeutung. Mit dem Wegfall des Postulationszwangs vor den Landgerichten hat nicht nur die Einschaltung eines Verkehrsanwalts selbst weitgehend an Bedeutung verloren, sondern gleichzeitig auch die Frage seiner Erstattungsfähigkeit. Im Gegensatz zur früheren Rechtslage ist der Anwalt am Ort der Partei nicht mehr gehalten, bei auswärtigen Verfahren vor den Land- oder Familiengerichten einen dort ansässigen Verfahrensbevollmächtigten zu bestellen oder bestellen zu lassen. Er kann vielmehr selbst dort als Verfahrensbevollmächtigter auftreten und die Termine wahrnehmen oder einen Verhandlungsvertreter (VV 3401) bestellen.

90

Damit hat sich die Frage der Erstattungsfähigkeit der Verkehrsanwaltskosten zum Teil auf die Frage der Erstattung der Reisekosten des Verfahrensbevollmächtigten[55] und zum Teil auf die Erstattungsfähigkeit der Kosten eines Terminsvertreters verlagert. Die bisher ergangene Rechtsprechung zur Erstattungsfähigkeit der Verkehrsanwaltskosten kann aus dem vorgenannten Grund auch nicht mehr uneingeschränkt auf die derzeitige Rechtslage übertragen werden. Selbst dann, wenn nach bisherigem Recht die Einschaltung eines Verkehrsanwalts notwendig und damit dessen Kosten erstattungsfähig wären, muss heute zusätzlich gefragt werden, ob nicht die Reisekosten des am Ort ansässigen Anwalts niedriger gelegen hätten, so dass es ihm zumutbar gewesen wäre, den Termin selbst wahrzunehmen, anstatt selbst als Verkehrsanwalt zu fungieren und am auswärtigen Gericht einen Verfahrensbevollmächtigten zu bestellen.

> **Beispiel:** Die in Bonn ansässige Partei will zwei Klagen erheben, eine vor dem LG Köln (Entfernung 30 km) und eine vor dem LG Berlin (Entfernung 650 km).
> Bei einem Gegenstandswert von 5.000 EUR würde sich eine Verkehrsanwaltsgebühr zuzüglich Auslagen auf 323 EUR belaufen.
> Die Reisekosten zum LG Köln würden mit (2 x 30 km x 0,30 EUR/km + Abwesenheitsgeld 20 EUR =) 38 EUR erheblich unter diesen Kosten liegen.
> Die Reisekosten für eine Fahrt nach Berlin würden schon ohne Übernachtung allein bei 450 EUR (2 x 650 km x 0,30 EUR/km + 60 EUR) liegen, so dass hier also die Alternative, als Verkehrsanwalt aufzutreten und einen Prozessbevollmächtigten vor Ort zu bestellen, erheblich günstiger wäre.

---

55 Siehe hierzu *Madert*, AGS 2001, 218.

91 Des Weiteren kommt hinzu, dass in den meisten Fällen der am Ort ansässige Anwalt gar nicht mehr als Verkehrsanwalt fungieren wird, auch dann nicht, wenn er nicht am Termin vor dem auswärtigen Gericht teilnehmen will. Da er an dem auswärtigen Gericht postulationsfähig ist, kann er nämlich Verfahrensbevollmächtigter bleiben und für die Verhandlung und Beweisaufnahme einen Vertreter nach VV 3401 bestellen. Insoweit gelten dann die dortigen Erstattungsgrundsätze.

92 Die bisherige Unübersichtlichkeit der Rechtsprechung hinsichtlich der Erstattungsfähigkeit von Verkehrsanwaltskosten ist zwischenzeitlich durch einige BGH-Rechtsprechungen beseitigt worden. Insoweit ist der Anwalt gehalten, sich hiermit vertraut zu machen.

2. Grundsätze der Erstattungsfähigkeit

a) Gesetzliche Regelung

93 Den Maßstab für die Erstattungsfähigkeit von Kosten eines Verkehrsanwalts legt § 91 Abs. 1 S. 1 ZPO fest. Danach sind nur solche Kosten zu erstatten, die zur zweckentsprechenden Rechtsverfolgung oder Rechtsverteidigung notwendig waren. Vor der Erweiterung der Postulationsfähigkeit der Rechtsanwälte war es in der Rechtsprechung der Oberlandesgerichte und der Literatur weitgehend einheitliche Ansicht, dass die Einschaltung eines Verkehrsanwalts, grundsätzlich nicht notwendig ist und im Allgemeinen nur die Kosten einer oder ggf. mehrerer Informationsreisen der auswärtigen Partei zu ihrem Prozessbevollmächtigten erstattungsfähig sind.[56] Danach sind Kosten des Verkehrsanwalts nach den Umständen des Einzelfalls ausnahmsweise erstattungsfähig, wenn es der Partei etwa wegen Krankheit oder sonstiger persönlicher Unfähigkeit unmöglich oder unzumutbar ist, den Prozessbevollmächtigten am entfernten Gerichtsort persönlich oder schriftlich und telefonisch zu informieren. Im Berufungsverfahren kann die Beteiligung eines Verkehrsanwalts auch dann notwendig werden, wenn ein neuer tatsächlich oder rechtlich besonders schwieriger Prozessstoff in das Verfahren eingeführt wird. Die gesetzliche Regelung für die Erstattungsfähigkeit von Verkehrsanwaltskosten findet sich in § 91 Abs. 1 i.V.m. Abs. 2 ZPO. Danach sind die Kosten eines Verkehrsanwalts erstattungsfähig, wenn sie zur zweckentsprechenden Rechtsverfolgung oder Rechtsverteidigung notwendig waren.

b) Notwendigkeit

94 **aa) Grundsatz.** Die Notwendigkeit, einen Verkehrsanwalt einzuschalten, ist grundsätzlich nur dann gegeben, wenn die Partei selbst nicht in der Lage ist, den am auswärtigen Gericht tätigen Verfahrensbevollmächtigten selbst zu unterrichten.

Ist es der Partei dagegen ohne Weiteres möglich, den am auswärtigen Gericht tätigen Anwalt ebenso zu unterrichten und mit den notwendigen Unterlagen zu versehen, wie den am eigenen Ort tätigen Anwalt, kommt eine unmittelbare Erstattungsfähigkeit nicht in Betracht. Die Kosten eines Verkehrsanwalts können dann lediglich unter dem Gesichtspunkt ersparter anderweitiger Kosten wie z.B. erstattungsfähiger Reisekosten des Hauptbevollmächtigten, zu erstatten sein.

95 **bb) Gesundheitliche Gründe.** Die Notwendigkeit, einen Verkehrsanwalt einzuschalten, kann sich unter Umständen daraus ergeben, dass es der Partei aus gesundheitlichen oder altersbedingten Gründen nicht zumutbar ist, eine Informationsreise zu dem Verfahrensbevollmächtigten zu unternehmen.[57] Gleiches gilt für eine schwerbehinderte Partei.[58] In solchen Fällen wird es auf die Entfernung ankommen sowie auf die konkrete Beeinträchtigung. Auch in diesen Fällen scheidet aber eine Erstattungsfähigkeit aus, wenn eine telefonische und schriftliche Unterrichtung ausreichend gewesen wäre.

96 **cc) Soziale und wirtschaftliche Gründe.** Möglich ist auch, dass es der Partei aus sozialen oder wirtschaftlichen Bedingungen unmöglich ist, eine erforderliche Informationsreise zum auswärtigen

---

[56] BGH AGS 2006, 518 = RVGreport 2006, 311 = Rpfleger 2006, 570; OLG Hamm JurBüro 1987, 270 f.; OLG Frankfurt Rpfleger 1999, 463 f.; OLG Düsseldorf OLGR 2000, 41 f.; OLG Hamburg MDR 2002, 542; Zöller/Herget ZPO 27. Aufl. § 91 Rn 13 „Verkehrsanwalt"; Musielak/Wolst, ZPO 7. Aufl. § 91 Rn 27 ff., jeweils m.w.N.

[57] KG JurBüro 1965, 383; 1968, 149.

[58] OLG Düsseldorf JurBüro 1986, 760.

Verfahrensbevollmächtigten zu unternehmen. Nach *von Eicken*[59] soll ein solcher Fall beispielsweise bei einer allein erziehenden Mutter gegeben sein, die mehrere Kleinkinder zu betreuen hat. Auch die persönliche Betreuung anderer pflegebedürftiger Angehöriger kann einen Grund darstellen, wenn eine Ersatzpflegekraft nicht zu erhalten ist. Ebenso kann eine Informationsreise unzumutbar sein, wenn sich die Partei für diese Reise Urlaub nehmen müsste. Das Gleiche gilt auch für Selbstständige, wenn sie unabkömmlich sind.[60]

In diesen Fällen ist jedoch stets zu fragen, ob nicht eine telefonische oder schriftliche Information ausgereicht hätte oder ob sich die Informationsreise auf einen günstigeren Zeitpunkt hätte verschieben lassen können.[61]

dd) Geschäftsgewandte Partei. Bei geschäftsgewandten Parteien, insbesondere bei größeren Unternehmen, zumal mit eigenen Rechtsabteilungen, wird in aller Regel die Erstattungsfähigkeit abgelehnt mit der Begründung, dass der auswärtige Anwalt unmittelbar hätte unterrichtet werden müssen und keine Notwendigkeit bestand, für die Unterrichtung zusätzlich einen Verkehrsanwalt einzuschalten.[62] Insbesondere bei Banken geht die Rechtsprechung davon aus, dass diese aufgrund der Qualifikation ihrer Mitarbeiter ohne Weiteres in der Lage sind, den auswärtigen Anwalt selbst zu informieren.[63]

ee) Rechtsmittelverfahren. Im Berufungsverfahren sind **vor Inkrafttreten des OLG-Vertretungsänderungsgesetzes** am 1.8.2002 Kosten eines Verkehrsanwalts nur ausnahmsweise erstattungsfähig. Es genügt hierzu nicht, dass die Partei in großer Entfernung vom Ort des Prozesses wohnt. Erstattungsfähig sind jedoch regelmäßig die fiktiven Kosten einer Informationsreise der Partei zu ihrem Prozessbevollmächtigten am Sitz des Gerichts.[64] Diese eingeschränkte Erstattungsfähigkeit der Kosten des Verkehrsanwalts beruht auf der gesetzlichen Beschränkung seines Pflichtenkreises. Nach VV 3400, führt er lediglich den Verkehr der Partei mit dem Prozessbevollmächtigten. Die Prozessführung und die damit verbundene Beratung ist demgegenüber die vom Prozessbevollmächtigten in eigener Verantwortung wahrzunehmende Aufgabe.[65]

In Berufungsverfahren wird die Hinzuziehung eines Verkehrsanwalts in der Regel ebenfalls nicht für erstattungsfähig gehalten, da hinzutritt, dass sich der Berufungsanwalt bereits anhand der Gerichtsakten ausreichend über den Sach- und Streitstand informieren könne und weitere Informationen grundsätzlich nicht erforderlich seien.[66] Eine Erstattungsfähigkeit soll kommt danach nur dann in Betracht kommen, wenn sich im Berufungsrechtszug die tatsächliche Grundlage des Rechtsstreits gegenüber der ersten Instanz wesentlich geändert hat.[67]

ff) Haus- und Vertrauensanwalt. Dass die Partei grundsätzlich ihre Rechtsangelegenheiten von einem bestimmten Rechtsanwalt bearbeiten lässt, zu dem sie ein besonderes Vertrauensverhältnis hat, ist für sich genommen noch kein Grund, diesen Anwalt als Verkehrsanwalt zu beauftragen, so dass insoweit auch keine Erstattungspflicht in Betracht kommt.[68]

gg) Verkehrsanwalt am dritten Ort. Die Kosten eines Verkehrsanwalts an einem dritten Ort sind grundsätzlich nicht erstattungsfähig, zumal hier schon bereits die Umstände dafür sprechen, dass eine mündliche oder schriftliche Unterrichtung möglich war.[69] Ausnahmsweise sind jedoch die Kosten eines Verkehrsanwalts am dritten Ort erstattungsfähig, wenn dieser die Verhältnisse der

---

59 Gerold/Schmidt/*von Eicken*, BRAGO, 15. Aufl., § 52 Rn 34.
60 OLG Düsseldorf JurBüro 1986, 760.
61 Gerold/Schmidt/*von Eicken*, BRAGO, 15. Aufl., § 52 Rn 34.
62 OLG Saarbrücken JurBüro 1987, 895; OLG Köln JurBüro 1988, 357; OLG Düsseldorf JurBüro 1984, 590; OLG Hamm JurBüro 1991, 949.
63 OLG Bamberg JurBüro 1977, 1106; OLG Köln JurBüro 1988, 357.
64 BGH AGS 2006, 518 = RVGreport 2006, 311 = Rpfleger 2006, 570.
65 BGH AGS 2006, 148.
66 BGH MDR 2003, 233 = BGHR 2003, 152 m. Anm. Madert = NJW 2003, 898; MDR 2003, 1019 = NJW 2003, 2027 = BGHR 2003, 768; BGHR 2004, 635 = MDR 2004, 839 = NJW-RR 2004, 855; MDR 2005, 417 = BGHR 2005, 472 = GRUR 2005, 271; BGHR 2006, 135; OLG Frankfurt JurBüro 1988, 358.
67 KG JurBüro 1978, 1206; OLG Bamberg JurBüro 1989, 400; OLG München JurBüro 1980, 1366 = AnwBl 1980, 373.
68 KG JurBüro 1981, 568 = Rpfleger 1981, 160; OLG Koblenz JurBüro 1985, 1408; OLG Hamburg JurBüro 1986, 1240; OLG Bamberg JurBüro 1989, 1284.
69 OLG Hamburg AGS 2004, 206; OLG Koblenz AGS 2004, 207; OLG Bamberg JurBüro 1988, 626.

Partei so gut kennt, dass ihm ergänzende schriftliche oder telefonische Informationen ausreichen. Ein solcher Fall wird häufig nach einem Umzug einer Partei auftreten.

102 hh) Ausländischer Verkehrsanwalt. Kosten eines ausländischen Verkehrsanwaltes, dessen Hinzuziehung zur zweckentsprechenden Rechtsverfolgung oder Rechtsverteidigung geboten war, sind nur in Höhe der Gebühren eines deutschen Rechtsanwalts in Höhe des Nettobetrages[70] erstattungsfähig.[71] Zwar umfasst nach bislang herrschender Meinung der Erstattungsanspruch gegen die unterlegene Partei der Höhe nach sämtliche Kosten, die der ausländische Verkehrsanwalt seiner Partei gemäß dem Recht seines Heimatstaates berechnet hat.[72] Demgegenüber wird aber auch die Ansicht vertreten, dass die Kosten eines ausländischen Rechtsanwalts nur in Höhe der Gebühren eines deutschen Rechtsanwalts zu erstatten sind.[73] Letzteres ist nach BGH-Ansicht die richtige Auffassung. Hierzu führt der BGH[74] aus:

> „Das Beschwerdegericht hat zu Recht ausgeführt, daß deutsches Recht nicht nur für die Frage der generellen Erstattungsfähigkeit der Kosten des ausländischen Verkehrsanwalts nach § 91 ZPO, sondern auch für die Höhe dieser Kosten maßgeblich ist.[75] Es ist kein Grund dafür ersichtlich, in einem solchen Fall die Kostentragungspflicht der unterlegenen Partei nach zwei verschiedenen Rechtsordnungen zu beurteilen, nämlich hinsichtlich des Grundes nach dem inländischen Verfahrensrecht und hinsichtlich der Höhe nach dem Heimatrecht des ausländischen Verkehrsanwalts der Gegenseite. Die ausländische obsiegende Partei kann nicht einerseits die Vorteile einer Erstattungspflicht gemäß §§ 91 ff. ZPO, aufgrund derer – möglicherweise anders als nach ihrer eigenen Rechtsordnung – die Gegenseite die Kosten des Rechtsstreits trägt, in Anspruch nehmen und andererseits die Höhe der Kosten für einen Verkehrsanwalt nach dem für sie günstigeren Heimatrecht berechnen.
>
> ...
>
> Für eine einheitliche Beurteilung der Erstattungsfähigkeit der Kosten eines ausländischen Verkehrsanwalts nach deutschem Recht spricht weiterhin, daß in der Kostenfestsetzung häufig nur mit unverhältnismäßigem Aufwand entschieden werden kann, ob sich die abgerechnete Tätigkeit des ausländischen Rechtsanwaltes auf die reine Vermittlung des Verkehrs mit dem deutschen Prozeßbevollmächtigten beschränkt oder ob es sich um eine grundsätzlich nicht erstattungsfähige weitergehende Prozeßbegleitung und Beratung handelt. Dies zeigt gerade der vorliegende Fall deutlich. Bei der Prüfung aber, ob eine bestimmte Rechtsverfolgungs- oder Rechtsverteidigungsmaßnahme notwendig ist, ist eine typisierende Betrachtungsweise geboten. Denn der Gerechtigkeitsgewinn, der bei einer übermäßig differenzierten Betrachtung im Einzelfall zu erzielen ist, steht in keinem Verhältnis zu den sich einstellenden Nachteilen, wenn in zahlreichen Fällen darüber gestritten werden kann, ob die Kosten einer bestimmten Rechtsverfolgungs- oder Rechtsverteidigungsmaßnahme zu erstatten sind oder nicht.[76]
>
> ...
>
> Weiterhin ist das Beschwerdegericht mit Recht davon ausgegangen, daß Art. 49 und 50 EG sowie die Richtlinie 77/249/EWG des Rates vom 22.3.1977 zur Erleichterung der tatsächlichen Ausübung des freien Dienstleistungsverkehrs der Rechtsanwälte einer derartigen Beschränkung der Erstattung von Kosten eines ausländischen Verkehrsanwalts nicht entgegenstehen. Der Gerichtshof der Europäischen Gemeinschaften hat dies bereits für die Erstattung der Kosten eines ausländischen Rechtsanwalts entschieden, der nach § 28 des Gesetzes über die Tätigkeit europäischer Rechtsanwälte in Deutschland (EuRAG) im Einvernehmen mit einem in Deutschland niedergelassenen Rechtsanwalt handelt (EuGH, Urt. v. 11.12.2003 – C-289/02, NJW 2004, 833). Er hat seine Entscheidung damit begründet, daß nach Art. 4 Abs. 1 der Richtlinie die gerichtliche Vertretung eines Mandanten in einem anderen Mitgliedstaat unter den für die in diesem Staat niedergelassenen Rechtsanwälte vorgesehenen Bedingungen ausgeübt werden müsse und daß eine Kostenerstattungspflicht nach den Regeln dieses Staats für eine Partei, die einen Rechtsstreit austrage und somit Gefahr laufe, im Unterliegensfall die Kosten ihres Gegners zu tragen, dem Grundsatz der Vorhersehbarkeit und der Rechtssicherheit Rechnung trage. Dies gilt auch für die Kosten des ausländischen

---

70 OLG Celle OLGR Celle 2008, 543.
71 OLGR Stuttgart 2008, 74; BGH AGS 2005, 268 ff.; OLG Stuttgart, Beschl. v. 5.2.2009 – 8 W 40/09 (juris).
72 OLG Bremen OLGR 2001, 363; OLG Celle JurBüro 1986, 281; OLG Hamburg JurBüro 1988, 1186; Zöller/*Herget*, ZPO, § 91 Rn 13 Stichwort Verkehrsanwalt; Göttlich/Mümmler/*Rehberg/Xanke*, Stichwort Verkehrsanwalt, Nr. 5.3 m.w.N.
73 OLG München JurBüro 2004, 380, 381; NJW-RR 1998, 1692, 1694, bezüglich der Tätigkeit eines ausländischen Prozeßbevollmächtigten in Zusammenarbeit mit einem deutschen Einvernehmensanwalt; vermittelnd OLG Frankfurt JurBüro 1985, 1102, 1103.
74 BGH AGS 2005, 268 ff.
75 Ebenso RVGreport 2005, 355 = AnwBl 2005, 723 = DAR 2005, 596 = FamRZ 2005, 1670 = JurBüro 2006, 19 = JurBüro 2006, 35 = JZ 2005, 483 = MDR 2005, 1375 = NJW-RR 2005, 1732 = NZV 2005, 520 = ProzRB 2005, Heft 10, X = r+s 2005, 444 = RIW/AWD 2005, 774 = Rpfleger 2005, 631.
76 BGH NJW 2003, 901.

Verkehrsanwalts; es ist deshalb kein Grund ersichtlich, deren Erstattungsfähigkeit unter dem Gesichtspunkt der Art. 49 und 50 EG sowie der erwähnten Richtlinie anders zu beurteilen."

Erstattungsfähig sind auch die Übersetzungskosten. Der ausländischen Partei ist zuzugestehen, dass ihr der entscheidungserhebliche Akteninhalt in ihrer Muttersprache zugänglich gemacht wird.[77]

Erteilt eine ausländische Partei einem ausländischen Verkehrsanwalt Mandat, ist dieser im Regelfall gehalten, einen inländischen Prozessbevollmächtigten am Sitz des Prozessgerichts zu beauftragen. Reisekosten des inländischen Prozessbevollmächtigten am „Dritten Ort" sind nicht erstattungsfähig.[78]

ii) Patentanwalt. Der BGH[79] hat entschieden, dass bei Mitwirkung eines Patentanwalts aus einem Mitgliedstaat der Europäischen Union dessen Gebühren gemäß § 140 Abs. 3 S. 3 MarkG, § 13 RVG erstattungsfähig sind. Voraussetzung ist allerdings, dass der ausländische Patentanwalt in Kennzeichnungsstreitsachen nach seiner Ausbildung und dem Tätigkeitsbereich, für den er in dem anderen Mitgliedstaat zugelassen ist, einem in Deutschland zugelassenen Patentanwalt im Wesentlichen gleichgestellt werden kann. Unerheblich ist dagegen, ob dies auch hinsichtlich seiner Befähigung zur Bearbeitung von Patentstreitsachen gilt. Angesichts des Standes der Harmonisierung des Markenrechts innerhalb der Europäischen Union ist es auch, die entsprechende Anwendung des § 140 Abs. 3 MarkG davon abhängig zu machen, ob ein ausländisches Kennzeichenrecht oder eine Gemeinschaftsmarke Gegenstand des Verfahrens ist. Die Vergleichbarkeit ausländischer Rechtsanwälte mit deutschen Patentanwälten ist auch im Kostenfestsetzungsverfahren zu prüfen.[80]

jj) Anderer Rechtsanwalt. Auch der Anwalt, der einen anderen Anwalt mit seiner Vertretung vor einem auswärtigen Gericht beauftragt, kann gegebenenfalls Erstattung der Kosten dieses Anwalts verlangen, nicht jedoch zusätzlich eine Korrespondenzgebühr abrechnen,[81] obwohl er bei der Unterrichtung des auswärtigen Anwalts seine Fachkenntnisse verwerten wird. Der Anwalt hat keinen Anspruch darauf, gebührenrechtlich so gestellt zu werden, als müsse er sich die im fraglichen Fall erforderlichen Kenntnisse zunächst selbst vermitteln.

c) Abwägung zwischen Verkehrsanwalts- und Reisekosten

Ist somit nach dargestellten Grundsätzen die Notwendigkeit der Einschaltung eines Verkehrsanwalts grundsätzlich gegeben, so muss zusätzlich geprüft werden, ob es nicht günstiger gewesen wäre, den am Ort ansässigen Anwalt als Verfahrensbevollmächtigten zu beauftragen und dessen Reisekosten in Kauf zu nehmen, als die Alternative, den Verfahrensbevollmächtigten am Ort des Gerichts zu beauftragen und den ortsansässigen Anwalt als Verkehrsanwalt. Nach der Rechtsprechung[82] ist die Partei gehalten, einen an ihrem Wohnort oder Geschäftssitz ansässigen Anwalt als Verfahrensbevollmächtigten zu bestellen, wenn dessen Reisekosten geringer sind als die zusätzlichen Kosten eines Verkehrsanwalts.

Insoweit muss jedoch beachtet werden, dass sich im Voraus nie absehen lässt, welche Alternative kostenmäßig günstiger sein wird, da nicht feststeht, wie viele Verhandlungs- und Beweistermine und damit wie viele Geschäftsreisen erforderlich sein werden. Insoweit muss man also der Partei einen angemessenen Prognoserahmen zubilligen.

3. Erstattungsfähigkeit in Höhe anderweitig ersparter Kosten

Sind nach dem oben Dargestellten die Kosten des Verkehrsanwalts unmittelbar nicht erstattungsfähig, so können dessen Kosten jedoch in Höhe **anderweitig ersparter Kosten** zu erstatten sein.

---

77 OLG Stuttgart, Beschl. v. 5.2.2009 – 8 W 40/09 (Kosten für die Übersetzung eines Gutachtens).
78 OLG Stuttgart, Beschl. v. 5.2.2009 – 8 W 40/09.
79 Rpfleger 2007, 626 f.
80 KG Berlin JurBüro 2008, 544 (Schweizer Rechtsanwalt).
81 BGH RVGreport 2008, 66; BGH AGS 2008, 155; OLG Stuttgart RPfleger 1983, 501; OLG Düsseldorf JurBüro 1984, 766; OLG Koblenz MDR 1987, 852; OLG München JurBüro 1994, 546 f.; OLG Rostock MDR 2001, 115; *Hansens*, JurBüro 1998, 37 unter I.1.
82 OLG Düsseldorf AGS 2001, 116 = MDR 2001, 475; OLG Frankfurt/M. AGS 2001, 68 = MDR 2001, 55.

Zu diesen anderweitig ersparten Kosten zählen insbesondere die Informationsreisekosten der Partei, die anderenfalls angefallen wären. Die Höhe der Informationsreisekosten der Partei richtet sich dann nach § 91 Abs. 1 S. 2 ZPO i.V.m. den Vorschriften des JVEG.

Im Allgemeinen sind die durch die Beauftragung von Verkehrsanwälten entstehenden Kosten in Höhe der dadurch ersparten Kosten für Informationsreisen der Partei erstattungsfähig, wenn solche Reisen zweckmäßig gewesen wären.[83] Das wird häufig der Fall sein, denn es ist das grundsätzlich schützenswerte Interesse der Partei anzuerkennen, ihren Prozessbevollmächtigten persönlich kennen zu lernen.

110 Eine **Ausnahme** hiervon besteht allerdings nach ständiger Rechtsprechung des BGH, wenn schon im Zeitpunkt der Beauftragung der Prozessbevollmächtigten des Berufungsverfahrens feststeht, dass ein eingehendes Mandantengespräch für die Prozessführung nicht erforderlich sein wird.[84] Das kommt beispielsweise in Betracht bei einer Partei mit **eigener Rechtsabteilung**, die die Sache bearbeitet. In diesen Fällen ist nämlich davon auszugehen, dass die Partei im Allgemeinen in der Lage sein wird, einen am Sitz des Prozessgerichts ansässigen Prozessbevollmächtigten schriftlich und telefonisch zu instruieren.[85] Andererseits ist aber ein Unternehmen ohne eigene Rechtsabteilung erstattungsrechtlich nicht gehalten, eine solche einzurichten.[86] Wenn die Bearbeitung von Rechtsangelegenheiten nicht zum Gegenstand des Unternehmens gehört, sondern rechtliche Auseinandersetzungen sich lediglich als Reflex der Teilnahme am Rechtsverkehr darstellen, kann nicht erwartet werden, dass eine Rechtsabteilung eingerichtet wird oder rechtskundige Mitarbeiter beschäftigt werden.

111 Anders liegt es bei **Verbänden**, deren satzungsgemäße Aufgabe darin besteht, rechtliche Interessen ihrer Mitglieder oder bestimmter Gruppen wahrzunehmen und im Klagewege durchzusetzen. Dazu gehören die Verbände, denen eine gesetzliche Klagebefugnis eingeräumt ist, z.B. nach § 3 UKlaG, § 13 AGBG, § 8 UWG n.F., § 13 UWG a.F. Sie müssen nach dem Gesetz so ausgestattet sein, dass sie ihre Aufgaben erfüllen können. Bei einem Verband zur Förderung gewerblicher Interessen, der sich damit befasst, Verstöße gegen das Wettbewerbsrecht zu verfolgen (§ 13 Abs. 2 Nr. 2 UWG a.F., § 8 Abs. 3 Nr. 2 UWG n.F.), hat der BGH entschieden, er sei **wie ein Unternehmen mit einer eigenen Rechtsabteilung zu behandeln**.[87] Ein solcher Verband muss personell, sachlich und finanziell so ausgestattet sein, dass er das Wettbewerbsgeschehen beobachten und bewerten kann; er muss auch ohne anwaltlichen Rat in der Lage sein, typische und durchschnittlich schwer zu verfolgende Wettbewerbsverstöße zu erkennen und abzumahnen. Ein Wettbewerbsverband, der über eine diesen Anforderungen genügende personelle Ausstattung verfügt, ist ebenso wie ein Unternehmen mit eigener Rechtsabteilung regelmäßig in der Lage, einen Prozessbevollmächtigten am Sitz des Prozessgerichts schriftlich zu instruieren.

112 Für einen in die Liste qualifizierter Einrichtungen nach § 3 Abs. 1 S. 1 Nr. 1 UKlaG **eingetragenen Verbraucherverband** gilt nichts anderes.[88] Nach § 4 Abs. 2 S. 1, und S 4 Nr. 2 UKlaG ist Voraussetzung für die Eintragung und deren Bestand, dass der Verband Gewähr für eine sachgerechte Aufgabenerfüllung bietet. Eine sachgerechte Aufgabenerfüllung ist aber ebenso wie bei einem Verband i.S.v. § 3 Abs. 1 S. 1 Nr. 2 UKlaG, § 8 Abs. 3 Nr. 2 UWG n.F. nur gewährleistet, wenn die dazu erforderliche personelle, sachliche und finanzielle Ausstattung vorhanden ist. Dazu gehört, dass der Verbraucherverband mit den ihm nach §§ 1, 2 UKlaG zustehenden Rechtsansprüchen und den Möglichkeiten ihrer Durchsetzung vertraut ist und den Verkehr mit Rechtsanwälten führen kann. Er muss dazu Mitarbeiter beschäftigen, die in typischen und durchschnittlich schwierigen Fällen auch ohne anwaltlichen Rat fähig sind, Verstöße gegen die §§ 307 bis 309 BGB und Verbraucherschutzgesetze i.S.v. § 2 UKlaG zu erkennen.

113 Ein personell so ausgestatteter Verbraucherverband ist regelmäßig in der Lage, einen Prozessbevollmächtigten am Sitz des Prozessgerichts schriftlich und telefonisch zu instruieren. Das schließt es nicht aus, die Mehrkosten, die durch die Hinzuziehung eines am Sitz des Verbandes ansässigen Rechtsanwalts entstehen, ausnahmsweise dann als notwendig anzuerkennen, wenn ein eingehendes persönliches Mandantengespräch erforderlich war.

Soweit nicht eine einfache Routineangelegenheit vorlag, wird man jeder Partei eine **Informationsreise** zu ihrem Verfahrensbevollmächtigten zugestehen müssen. In Höhe dieser ersparten Kosten

---

83 BGH AGS 2006, 148 m.w.N.
84 BGH GRUR 2005, 271.
85 BGH NJW 2003, 2027 f.; BGH NJW-RR 2004, 855.
86 BGH NJW-RR 2004, 430; BGH NJW-RR 2004, 857.
87 BGH NJW-RR 2004, 856.
88 BGH AGS 2006, 148 m.w.N.

sind daher die Verkehrsanwaltskosten zu erstatten.[89] Die Höhe der Informationsreisekosten der Partei richtet sich nach § 91 Abs. 1 S. 2 ZPO i.V.m. den Vorschriften des JVEG.

Soweit in einfachen Routineangelegenheiten der Partei nicht einmal eine Informationsreise zugestanden wird, sind die Verkehrsanwaltskosten lediglich in Höhe ersparter **sonstiger Informationskosten**, also **Kosten für Telefon, Porti etc.** erstattungsfähig.

Darüber hinaus können bei mangelnder Notwendigkeit der Einschaltung eines Verkehrsanwalts dessen Kosten zumindest in Höhe einer fiktiven **Beratungsgebühr** (§ 34 Abs. 1; VV 2100 a.F.) erstattungsfähig sein. Von der juristisch nicht vorgebildeten Partei kann nicht erwartet werden, dass sie weiß, wie sie sich verhalten muss. Insbesondere kann bei ihr nicht die Kenntnis vorausgesetzt werden, dass sie den Verfahrensbevollmächtigten am Gerichtsort aus kostenerstattungsrechtlichen Gründen unmittelbar informieren muss. Insoweit besteht daher ein Recht, sich zunächst einmal über das weitere Vorgehen informieren zu lassen. In Höhe dieser fiktiven Beratungskosten wird daher die Verkehrsanwaltsgebühr häufig zu erstatten sein.[90]

4. Hinweispflicht des Anwalts

In Anbetracht der restriktiven Haltung der Gerichte zur Erstattungsfähigkeit der Verkehrsanwaltsgebühr ist der Anwalt gehalten, den Mandanten darauf hinzuweisen, dass die Kosten seiner Einschaltung als Verkehrsanwalt nicht erstattungsfähig sind oder dass die Erstattungsfähigkeit zumindest fraglich ist. Verstößt der Anwalt gegen die Aufklärungspflicht, macht er sich schadensersatzpflichtig mit der Folge, dass ihm die Verkehrsanwaltskosten allenfalls in Höhe einer Ratsgebühr zugesprochen werden können.[91]

IX. Rechtsschutz

Im Rahmen einer Rechtsschutzversicherung werden neben den Kosten eines Prozessbevollmächtigten am Ort grundsätzlich auch die Kosten eines Verkehrsanwalts übernommen, wenn zwischen dem Sitz des Mandanten und dem Gerichtsort eine Entfernung von mehr als 100 km Luftlinie liegt. Auf die tatsächliche Fahrtstrecke kommt es nicht an.

C. Übersendung der Handakten mit gutachterlichen Äußerungen (Anm. zu VV 3400)

I. Allgemeines

Die Übersendung der Handakten an einen anderen Rechtsanwalt zählt nach § 19 Abs. 1 S. 2 Nr. 17 für den Verfahrensbevollmächtigten grundsätzlich zur Instanz und löst keine gesonderten Gebühren aus. Eine Ausnahme hiervon regelt die Anm. zu VV 3400, wenn der Anwalt einer unteren Instanz dem Rechtsmittelanwalt die Handakten übersendet und dies auftragsgemäß mit gutachterlichen Äußerungen verbindet. Diese Tätigkeit zählt bereits zum Rechtsmittelverfahren und löst daher eine gesonderte Vergütung nach Anm. zu VV 3400 aus.

II. Persönlicher Anwendungsbereich

Die Vorschrift der Anm. zu VV 3400 gilt für **jeden Rechtsanwalt**, der in einer **unteren Instanz** tätig war und der dem Rechtsmittelanwalt die Handakten übersendet. Die Vorschrift ist nicht auf den vorinstanzlichen Verfahrensbevollmächtigten beschränkt. Sie findet daher auch Anwendung, wenn der vorinstanzliche Verkehrsanwalt oder lediglich ein vorinstanzlich beratender Anwalt die Handakten an den Rechtsmittelbevollmächtigten übersendet.

---

89 KG JurBüro 1970, 1092 = AnwBl 1971, 50; OLG München AnwBl 1988, 69 = JurBüro 1988, 491.
90 OLG Stuttgart JurBüro 1983, 768; OLG Koblenz JurBüro 1983, 1716; OLG Bamberg JurBüro 1986, 441;
OLG Köln JurBüro 1992, 104 = Rpfleger 1992, 222; JurBüro 1992, 336.
91 OLG Köln AGS 1998, 166.

120 Die Vorschrift ist auch nicht auf den erstinstanzlich tätigen Anwalt beschränkt. Sie gilt auch für den **Berufungsanwalt**, wenn er die Handakten an den Revisionsanwalt weiterleitet.

121 Die Vorschrift ist auch dann noch anwendbar, wenn der übersendende Anwalt bereits als **Verfahrensbevollmächtigter** im Rechtsmittelverfahren beauftragt war.[92]

> **Beispiel:** Die erstinstanzlich unterlegene Partei beauftragt ihren erstinstanzlichen Anwalt, Berufung einzulegen. Bevor die Berufung eingelegt wird, überlegt es sich die Partei anders und bittet den Anwalt, die Handakten zusammen mit einer gutachterlichen Stellungnahme einem anderen Anwalt zu übersenden, der das Berufungsverfahren durchführen soll.
> Der erste Anwalt erhält eine 1,1-Verfahrensgebühr (VV 3201 Nr. 1) sowie eine 1,0-Verfahrensgebühr (Anm. zu VV 3400 i.V.m. VV 3200); insgesamt gemäß § 15 Abs. 6 nicht mehr als eine 1,1-Gebühr. Bei unterschiedlichen Gebührensätzen ist darüber hinaus auch § 15 Abs. 3 zu beachten.

III. Sachlicher Anwendungsbereich

1. Verfahren nach VV Teil 3

122 Auch die Gebühr nach Anm. zu VV 3400 gilt nur für Angelegenheiten des VV Teils 3. Insoweit gilt das Gleiche wie zu VV 3400 (siehe Rdn 15 ff.).

2. Übersendung an einen Anwalt höherer Instanz

123 Voraussetzung für die Anwendung der Anm. zu VV 3400 ist, dass der Anwalt die Handakten mit gutachterlichen Äußerungen an den **Bevollmächtigten eines höheren Rechtszugs** übersendet. Die Versendung an einen Anwalt gleicher Instanz ist nicht nach Anm. zu VV 3400 zu vergüten. Soweit der Anwalt hier die Übersendung mit gutachterlichen Äußerungen verbindet, ist seine Tätigkeit durch die Verfahrensgebühr abgegolten (§ 19 Abs. 1 S. 2 Nr. 17).

> **Beispiel:** Der Rechtsstreit wird vom LG Bielefeld an das LG Bremen verwiesen. Der Bielefelder Anwalt übersendet die Akten an den neuen Bremer Prozessbevollmächtigten.
> Der Bielefelder Anwalt erhält für die Übersendung der Handakten keine gesonderte Vergütung. Seine Tätigkeit wird vielmehr nach § 19 Abs. 1 S. 2 Nr. 17 durch die Verfahrensgebühr abgegolten.

124 Der Anwalt der höheren Instanz muss **Prozess- oder Verfahrensbevollmächtigter** sein. Das ergibt sich aus der Verweisung auf die Verfahrensgebühr. Nicht erforderlich ist, dass der empfangende Anwalt das Rechtsmittel auch einlegt oder durchführt. Dies hat allenfalls einen Einfluss auf die Höhe der Gebühr (siehe Rdn 135 ff.). Es reicht aus, dass er mit der Durchführung des Rechtsmittels beauftragt war und sich der Auftrag vorzeitig erledigt hat.

125 Unter „höherer Instanz" ist nicht nur die Berufungs- oder Revisionsinstanz zu verstehen, sondern auch die **Beschwerdeinstanz**.[93]

126 Nicht erforderlich ist, dass die Akten an den Anwalt der nächsten Instanz übersandt werden. Die Gebühr der Anm. zu VV 3400 fällt auch dann an, wenn der erstinstanzliche Anwalt seine Handakten vom Berufungsanwalt zurückerhalten hat und sie dann zusammen mit gutachterlichen Äußerungen dem Revisionsanwalt übersendet.

3. Übersendung der Handakten

127 Der Rechtsanwalt muss seine **Handakten** übersenden, die Übersendung anderer Akten, etwa der Gerichtsakten, die er zur Einsichtnahme angefordert hatte, reicht nicht aus.[94] Der Anwalt muss allerdings nicht seine kompletten Handakten übersenden. Es genügt, dass er **Teile oder Kopien** seiner Handakten übersendet, sofern sich der Anwalt des höheren Rechtszugs hieraus ein umfassendes Bild vom Verfahrensablauf der unteren Instanz machen kann.[95]

---

[92] A.A. *Hartmann*, KostG, VV 3400 Rn 43.
[93] Riedel/Sußbauer/*Keller*, RVG, VV 3400 Rn 21.
[94] *Hartmann*, KostG, RVG, VV 3400 Rn 40.
[95] *Hansens*, BRAGO, § 52 Rn 28.

4. Gutachterliche Äußerungen

Die Übersendung der Handakten muss mit **gutachterlichen Äußerungen** verbunden sein. Ein ausführliches Gutachten über die Erfolgsaussichten des Rechtsmittels ist nicht erforderlich. Umgekehrt genügt die bloße Wiedergabe des Sachverhaltes nicht.[96] Die Ausführungen müssen ein Mindestmaß an eigener Stellungnahme in rechtlicher Hinsicht enthalten. — 128

Abzugrenzen ist die Gebühr der Anm. zu VV 3400 von den Gebühren nach § 34 Abs. 1 und VV 2100 ff. Die Anm. zu VV 3400 geht den Vorschriften der § 34 Abs. 1 und VV 2100 ff. vor und schließt diese aus. Die Abgrenzung zu den VV 2101 ff. richtet sich nach dem Inhalt des erteilten Auftrags. Soll der Anwalt ein umfassendes Gutachten über die Erfolgsaussicht des Rechtsmittels erstellen und dieses Gutachten dem Rechtsmittelanwalt zur Verfügung stellen, so gelten die VV 2101, 2103. Soll er die Erfolgsaussicht prüfen, gelten die VV 2100, 2102. Soweit er nur gutachterliche Stellungnahmen abgeben soll, ist Anm. zu VV 3400 anzuwenden. — 129

Die Gebühr der Anm. zu VV 3400 geht bei weiterer Tätigkeit als Verkehrsanwalt im Rechtsmittelverfahren in der Verkehrsgebühr auf; die Gebühren nach VV 2100 ff. 2103 wiederum sind auf eine spätere Verkehrsanwaltsgebühr anzurechnen (Anm. zu VV 2100; Anm. zu VV 2102). Auch im Falle des § 34 Abs. 1 ist eine Anrechnung vorgesehen, sofern nichts Abweichendes vereinbart ist (§ 34 Abs. 2). — 130

Die gutachterlichen Äußerungen müssen **anlässlich der Übersendung der Handakten** abgegeben werden. Spätere Stellungnahmen erfüllen den Tatbestand der Anm. zu VV 3400 grundsätzlich nicht.[97] Nicht zwingend ist jedoch, dass die gutachterliche Stellungnahme unmittelbar mit der Handaktenübersendung verbunden ist. Ausreichend ist ein enger zeitlicher Zusammenhang. Daher genügt es, wenn die Stellungnahme versehentlich der Handaktenübersendung nicht beigefügt war und sofort nachgeschickt wird,[98] oder wenn die Handakten vorab übersandt werden mit der Ankündigung, die Stellungnahme in den nächsten Tagen nachzureichen. Die gutachterliche Stellungnahme muss aber so rechtzeitig beim Rechtsmittelanwalt eingehen, dass er diese bei seiner ersten Durchsicht der Prozessunterlagen berücksichtigen kann. — 131

Wird im späteren Verlauf das Rechtsmittel erweitert oder von einem weiteren Beteiligten Rechtsmittel oder Anschlussrechtsmittel eingelegt, dann muss auch eine spätere Stellungnahme ausreichen. — 132

> **Beispiel:** Der Kläger erteilt dem Rechtsmittelanwalt den Auftrag, gegen die Abweisung der Klage Rechtsmittel einzulegen, und beauftragt den erstinstanzlichen Anwalt, hierzu die Handakten nebst gutachterlichen Äußerungen dem Rechtsmittelanwalt zu übersenden. Später legt der Beklagte Anschlussberufung wegen Abweisung der Widerklage ein. Der erstinstanzliche Anwalt wird daraufhin erneut mit dem Verfassen gutachterlicher Äußerungen beauftragt.
> Der Anwalt erhält auch hierfür die Vergütung nach Anm. zu VV 3400, allerdings unter Beachtung des § 15 Abs. 6. Er erhält also eine Gebühr aus dem Gesamtwert von Klage und Widerklage (§ 22 Abs. 1, § 45 GKG).

Die gutachterliche Äußerung muss **gegenüber dem Rechtsanwalt** des höheren Rechtszugs abgegeben werden. Die Abgabe von gutachterlichen Äußerungen gegenüber der Partei, etwa über die Aussichten des Rechtsmittels oder die Unterbreitung eines Vorschlags über die weitere Vorgehensweise, genügt selbst dann nicht, wenn die Partei diese gutachterlichen Äußerungen dem Rechtsmittelanwalt später vorlegt.[99] — 133

IV. Auftrag

Erforderlich ist, dass der Anwalt den Auftrag der Partei hatte, die Übersendung der Handakte mit gutachterlichen Äußerungen zu verbinden. Dies ist bei der Gebühr nach Anm. zu VV 3400 sorgfältig zu prüfen. Der Auftrag kann zwar auch hier **konkludent** erteilt werden. Allerdings sind hieran sehr strenge Anforderungen zu stellen. Da es sich für den juristischen Laien um eine unbekannte Gebührenvorschrift handelt und eine Kostenerstattung grundsätzlich nicht in Betracht kommt (siehe Rdn 146), kann grundsätzlich nicht von einem stillschweigenden Einverständnis ausgegangen wer- — 134

---

[96] OLG Frankfurt Rpfleger 1955, 207.
[97] *Hartmann*, KostG, VV 3400 Rn 46.
[98] *Hartmann*, KostG, VV 3400 Rn 46.
[99] OLG Hamm JMBl NRW 1963, 170; OLG Düsseldorf NJW 1970, 1802; *Hartmann*, KostG, VV 3400 Rn 47.

den. Allein die Tatsache, dass der Anwalt der unteren Instanz nach § 81 ZPO aufgrund seiner Prozessvollmacht berechtigt ist, einen Verfahrensbevollmächtigten für die höhere Instanz zu bestellen, ersetzt nicht den erforderlichen Auftrag.[100] Ein konkludenter Auftrag kann allenfalls dann angenommen werden, wenn der Anwalt seinem Auftraggeber ankündigt, er werde die Handakten dem Rechtsmittelanwalt übersenden, und dies mit gutachterlichen Äußerungen verbinden. Sofern die Partei hierauf schweigt und sich bewusst ist, dass hierdurch zusätzliche, nicht erstattungsfähige Kosten ausgelöst werden, kann von einem konkludenten Einverständnis ausgegangen werden.[101]

V. Vergütung

1. Verkehrsanwaltsgebühr (Anm. zu VV 3400)

a) Allgemeines

135 Der Anwalt, der die Handakten übersendet, erhält für seine Tätigkeit eine Gebühr nach Anm. zu VV 3400, also eine Gebühr in Höhe der dem Rechtsmittelanwalt zustehenden **Verfahrensgebühr**. Zu differenzieren ist nach Wertgebühren (§ 2 Abs. 1) und nach Betragsrahmengebühren (§ 3 Abs. 1 S. 1).

b) Wertgebühren

136 **aa) Gebühren.** Die **Höhe des Gebührensatzes** richtet sich nach der Gebühr, die der Rechtsmittelanwalt verdient. Legt er das Rechtsmittel ein, so entsteht auch dem übersendenden Anwalt eine volle Gebühr, höchstens jedoch 1,0; legt er das Rechtsmittel nicht ein, so entsteht für den Verkehrsanwalt ebenfalls nur die reduzierte Gebühr. Da in den meisten Fällen die reduzierte Gebühr im Rechtsmittelverfahren jedoch über 1,0 liegt, spielt hier die Ermäßigung keine Rolle.

> **Beispiel:** Die Partei erteilt dem Rechtsmittelanwalt den Auftrag, Rechtsmittel einzulegen, und beauftragt den erstinstanzlichen Anwalt, die Handakten nebst gutachterlichen Äußerungen zu übersenden. Auf den Rat des Rechtsmittelanwalts wird das Rechtsmittel nicht eingelegt.
> Der Rechtsmittelanwalt verdient lediglich eine 1,1-Gebühr nach VV 3201 Nr. 1. Der übersendende Anwalt erhält eine 1,0-Gebühr nach Anm. zu VV 3400. Dass der Verfahrensbevollmächtigte nur eine ermäßigte Verfahrensgebühr erhält, wirkt sich im Ergebnis also nicht aus.

137 Soweit das Rechtsmittel nur teilweise eingelegt wird, entsteht für den Prozessbevollmächtigten sowohl eine 1,6-Gebühr als auch eine 1,1-Verfahrensgebühr aus den jeweiligen Teilwerten, insgesamt jedoch nicht mehr als eine 1,6-Gebühr (§ 15 Abs. 3). Der Verkehrsanwalt erhält dagegen einheitlich eine 1,0-Gebühr, da beide Gebühren des Verfahrensbevollmächtigten über 1,0 liegen.

> **Beispiel:** Der Beklagte wird vom LG zur Zahlung von 18.000 EUR verurteilt. Er beauftragt daraufhin einen anderen Anwalt, der mit der Berufung betraut wird. Der erstinstanzliche Anwalt übersendet seine Handakten mit gutachterlichen Äußerungen über den gesamten Streitgegenstand an den OLG-Anwalt. Nach Prüfung und Beratung wird die Berufung nur i.H.v. 12.000 EUR eingelegt und durchgeführt.
> Der **Prozessbevollmächtigte** erhält:
> 1. 1,6-Verfahrensgebühr, VV 3200 (Wert: 12.000 EUR)   966,40 EUR
> 2. 1,1-Verfahrensgebühr, VV 3201 Nr. 1   389,40 EUR
>   (Wert: 6.000 EUR)
>   gem. § 15 Abs. 3 nicht mehr als 1,6 aus 18.000 EUR   **1.113,60 EUR**
> Der **Verkehrsanwalt** erhält:
> – 1,0-Verkehrsanwaltsgebühr, Anm. zu VV 3400 i.V.m. VV 3200, 3201 Nr. 1
>   (Wert: 18.000 EUR)   696,00 EUR

138 Erledigt sich der Auftrag des übersendenden Anwalts vor Beauftragung des Rechtsmittelanwalts, so entsteht die Gebühr nach Anm. zu VV 3400 – ebenso wie beim Verkehrsanwalt nach VV 3400 – gemäß VV 3405 nur zu 0,5 (siehe Rdn 37). Entgegen dem Wortlaut ist es insoweit unerheblich, dass keine Verfahrensgebühr entsteht. Maßgebend ist die Verfahrensgebühr, die bei Beauftragung des Rechtsmittelanwalts entstanden wäre.

---

100 BGH JurBüro 1991, 1647.
101 Riedel/Sußbauer/*Keller*, RVG, VV 3400 Rn 19.

Beispiel: Der erstinstanzliche Anwalt erhält den Auftrag, seine Handakten mit gutachterlichen Äußerungen an einen von ihm auszuwählenden OLG-Anwalt zu übersenden. Bevor es zur Übersendung und Beauftragung des OLG-Anwalts kommt, findet sich der Mandant mit dem erstinstanzlichen Urteil ab und nimmt den Auftrag zurück.
Der Anwalt erhält eine 0,5-Gebühr nach Anm. zu VV 3400 i.V.m. VV 3405 Nr. 1.

Eine Gebühr nach Anm. zu VV 3400 i.V.m. VV 3201 Nr. 2 oder VV 3206 i.V.m. VV 3201 Nr. 2 kann dagegen nicht entstehen. Die gutachterlichen Äußerungen müssen mit der Übersendung abgegeben werden (siehe Rdn 128 ff.). Spätere Stellungnahmen über weiter gehende nicht anhängige Ansprüche können keine Gebühr nach Anm. zu VV 3400 mehr auslösen. Der Anwalt kann insoweit allenfalls eine Gebühr nach VV 3400 verdienen. 139

bb) Anrechnung. War der Verkehrsanwalt zuvor beratend tätig, so ist die **Beratungsgebühr** nach § 34 Abs. 2 auf die Verkehrsanwaltsgebühr anzurechnen, sofern nichts Abweichendes vereinbart ist. Hatte der Verkehrsanwalt außergerichtlich eine **Geschäftsgebühr** nach VV 2300 oder VV 2303 verdient, so ist diese nach VV Vorb. 3 Abs. 4 auch auf die Verkehrsanwaltsgebühr nach VV 3400 anzurechnen, und zwar zur Hälfte, höchstens jedoch mit 0,75. 140

c) Betragsrahmengebühren

aa) Gebühren. Bei Betragsrahmengebühren nach § 3 Abs. 1 S. 1 gelten die gleichen Grundsätze wie bei den Wertgebühren. Dem Anwalt stehen hier anstelle der Gebührensätze jeweils Betragsrahmen zur Verfügung. So erhält der Verkehrsanwalt auch hier nach Anm. zu VV 3400 eine Gebühr in Höhe der dem Verfahrensbevollmächtigten zustehenden Gebühr, also eine Gebühr aus dem Rahmen der dem Verfahrensbevollmächtigten zur Verfügung steht. Hier greift allerdings wiederum die Begrenzung auf 420 EUR. 141

Erledigt sich der Auftrag, bevor der Verfahrensbevollmächtigte beauftragt oder der Verkehrsanwalt gegenüber diesem tätig geworden ist, reduziert sich die Höchstgebühr gemäß VV 3405 Nr. 1 auf 210 EUR. Soweit sich die Angelegenheit teilweise erledigt, bleibt es bei der höheren Grenze der Anm. zu VV 3400. Die Anwendung des § 15 Abs. 3 kommt hier nicht in Betracht. 142

bb) Vorangegangenes Verwaltungsverfahren. Ist ein Verwaltungsverfahren oder ein Weiteres der Nachprüfung des Verwaltungsakts dienendes Verwaltungsverfahren vorausgegangen, ist auch hier nach VV Vor. 3 Abs. 4 hälftig anzurechnen. Die bisherige Ermäßigung des Gebührenrahmens und des Höchstbetrages ist mit dem 2. KostRMoG aufgehoben worden. 143

Bei der Bemessung der Gebühren nach § 14 Abs. 1 ist dann allerdings nicht mehr zu berücksichtigen, dass der Umfang der Tätigkeit infolge der Tätigkeit im Verwaltungsverfahren oder im weiteren, der Nachprüfung des Verwaltungsakts dienenden Verwaltungsverfahren geringer war (VV Vorb. 3.4 Abs. 2 S. 2). 144

2. Weitere Gebühren

Neben der Gebühr nach Anm. zu VV 3400 kann der übersendende Anwalt – ebenso wie der Verkehrsanwalt nach VV 3400 – auch weitere Gebühren erhalten, insbesondere die Gebühren nach VV 3401 und VV 3403 (zur Berechnung der Gesamtvergütung nach § 15 Abs. 6 siehe Rdn 71). 145

Auch eine **Einigungsgebühr** ist möglich, kommt in der Praxis allerdings kaum vor. 146

Beispiel: Der übersendende Anwalt erarbeitet in seiner Stellungnahme einen Einigungsvorschlag, den der Rechtsmittelanwalt der Gegenseite unterbreitet und der dann auch zustande kommt.
Da der übersendende Anwalt am Einigungsabschluss mitursächlich beteiligt war, erhält auch er die Einigungsgebühr nach VV 1000, 1004 bzw. VV 1006.

3. Auslagen

Neben der Gebühr der VV 3400 erhält der übersendende Anwalt auch Ersatz seiner Auslagen nach den VV 7002, insbesondere **Dokumentenpauschalen** (VV 7000). Da er die Handakten übersenden muss, fallen auch **Post- und Telekommunikationsentgelte** an, die der Anwalt wahlweise konkret nach VV 7001 oder pauschal nach VV 7002 berechnen kann. 147

VI. Gegenstandswert

148 Der Gegenstandswert bemisst sich danach, über welche Gegenstände der Anwalt sich gutachterlich äußert. Dies muss nicht zwingend der gesamte Streitgegenstand sein. Möglich ist auch, dass sich der Anwalt lediglich über einen Teil des gesamten Gegenstandes äußert, etwa nur über den Gegenstand der Klage oder nur über den der Widerklage.

> **Beispiel:** Die Klage wegen Schadensersatzes i.H.v. 20.000 EUR sowie Schmerzensgeldes i.H.v. 8.000 EUR ist vom LG abgewiesen worden. Der erstinstanzliche Anwalt übersendet seine Handakten mit gutachterlichen Äußerungen zur Höhe und Bemessung des Schmerzensgeldanspruchs.
> Der Rechtsmittelanwalt erhält die Verfahrensgebühr aus 28.000 EUR. Der übersendende Anwalt erhält die Gebühr nach Anm. zu VV 3400 nur aus 8.000 EUR.

VII. Erstattungsfähigkeit

149 Die Gebühr nach Anm. zu VV 3400 ist grundsätzlich nicht erstattungsfähig.[102] Sie kann es in Ausnahmefällen dann sein, soweit eine Verkehrsanwaltsgebühr nach VV 3400 erstattungsfähig wäre.[103] Zur Erstattung der Verkehrsanwaltsgebühr siehe Anhang zu VV 3400–3402.

VIII. Prozesskostenhilfe

150 Für eine Tätigkeit nach Anm. zu VV 3400 kann Prozesskostenhilfe nicht gewährt werden. Die Vorschrift des § 121 Abs. 3 ZPO erfasst nur die Verkehrsanwaltstätigkeit nach VV 3400, nicht auch die der Anm. zu VV 3400.

IX. Rechtsschutz

151 Auch im Rahmen der Rechtsschutzversicherung wird für eine Tätigkeit nach Anm. zu VV 3400 kein Deckungsschutz gewährt.

Nr.	Gebührentatbestand	Gebühr oder Satz der Gebühr nach § 13 RVG
3401	Der Auftrag beschränkt sich auf die Vertretung in einem Termin im Sinne der Vorbemerkung 3 Abs. 3: Verfahrensgebühr	in Höhe der Hälfte der dem Verfahrensbevollmächtigten zustehenden Verfahrensgebühr
3402	Terminsgebühr in dem in Nummer 3401 genannten Fall	in Höhe der einem Verfahrensbevollmächtigten zustehenden Terminsgebühr

Literatur: *Hansens*, Vergütung des Terminsvertreters für Besprechungen RVGreport 2005, 441; *Henke*, Berechnung des Mehrvertretungszuschlags bei Korrespondenzanwalt und Terminsvertreter, AnwBl 2005, 135; *Mümmler*, Entstehung und Erstattungsfähigkeit der Kosten eines Unterbevollmächtigten, JurBüro 1983, 1771; *N. Schneider*, Die Vergütung des Terminsvertreters, AGS 2005, 93; *ders.*, Abrechnung und Erstattung der Kosten eines vom Prozessbevollmächtigten in eigenem Namen beauftragten Terminsvertreters, AGkompakt 2014, 3; *ders.*, Die Abrechnung des Terminvertreters, DAR 2013, 610; *ders.*, Die Einigungs- und Erledigungsgebühr des Terminsvertreters, ASR 2014, 36; *ders.*, Die doppelte Terminsgebühr für Haupt- und Unterbevollmächtigten, AGkompakt 2016, 26.

---

[102] Riedel/Sußbauer/*Keller*, VV 3400 Rn 22; Gerold/Schmidt/*Müller-Rabe*, RVG, VV 3400 Rn 127.

[103] LG Düsseldorf AnwBl 1968, 278.

A. Allgemeines	1	6. Erledigungsgebühr, VV 1002, 1003, 1004; VV 1005, 1006	81
B. Regelungsgehalt	8	7. Auslagen, VV 7002 ff.	82
I. Sachlicher Anwendungsbereich	8	V. Mehrfacher Auftrag	83
II. Persönlicher Anwendungsbereich	14	VI. Prozessbevollmächtigter als Terminsvertreter für Streitgenossen oder Streithelfer	84
III. Voraussetzungen der VV 3401, 3402	20	C. Gebühren des Verfahrensbevollmächtigten	85
1. Vertretung in einem Termin i.S.d. VV Vorb. 3 Abs. 3	20	I. Verfahrensgebühr, VV 3100	85
2. Auftrag	39	II. Terminsgebühr, VV 3104	86
a) Termin nach VV Vorb. 3 Abs. 3	39	III. Einigungsgebühr, VV 1000, 1003, 1004; VV 1005, 1006	90
b) Ausführung der Parteirechte	40	IV. Einigung mit Mehrwert	91
3. Auftraggeber	42	V. Erledigung	92
IV. Gebühren	45	D. Prozesskostenhilfe	93
1. Übersicht	45	E. Übergangsrecht BRAGO/RVG	95
2. Verfahrensgebühr (VV 3401)	47	F. Übergangsrecht anlässlich des 2. KostRMoG	97
a) Wertgebühren	47	G. Kostenerstattung	98
aa) Gebührenhöhe	47	I. Verkehrsanwalt	98
bb) Gegenstandswert	51	1. Grundsatz	98
cc) Anrechnung	56	2. Ausländische Partei	99
b) Betragsrahmengebühren	58	3. Berufungs-/Revisionsverfahren	102
3. Terminsgebühr	61	4. Selbstvertretung des Rechtsanwalts	105
a) Wertgebühren	61	II. Terminsvertreter ohne Hauptbevollmächtigten	106
b) Betragsrahmengebühren	71	III. Terminsvertreter neben Hauptbevollmächtigtem	107
c) Weiterer Auftrag in anderer Angelegenheit	72	IV. Einigungsgebühr	124
4. Einigungsgebühr, VV 1000, 1003, 1004; VV 1005, 1006	76	V. Glaubhaftmachung	129
5. Berechnung der Verfahrensgebühren bei Einigung mit Mehrwert	79		

A. Allgemeines

Die Vorschrift regelt die Vergütung des **Terminsvertreters**. Jeder Anwalt, der den Einzelauftrag hat, einen Termin i.S.d. VV Vorb. 3 Abs. 3 wahrzunehmen, erhält die Vergütung nach VV 3401, 3402. Für andere Termine gilt VV 3403. Aufgrund der Erweiterung der VV Vorb. 3 Abs. 3 ist der Anwendungsbereich der VV 3403 allerdings äußerst gering geworden. **1**

Die Bezeichnung „Unterbevollmächtiger" ist dabei nicht ganz zutreffend. Ein Terminsvertreter ist ein Anwalt, der lediglich einen Termin wahrnimmt. Der Unterbevollmächtigte wiederum muss nicht zwingend auch Terminsvertreter sein. Er kann mit den verschiedensten anwaltlichen Tätigkeiten beauftragt sein, je nach Umfang des ihm erteilten Auftrags und der ihm erteilten Vollmacht (zur Abgrenzung siehe VV Vor 3400 ff. Rdn 4 ff.). **2**

Ein Terminsvertreter nach VV 3401, 3402 wird in der Regel dann eingeschaltet, wenn der Rechtsstreit vor einem auswärtigen Gericht stattfindet und die Partei einen Verfahrensbevollmächtigten an ihrem Wohn- oder Geschäftssitz beauftragt hat oder wenn sie neben dem Verfahrensbevollmächtigten einen weiteren Anwalt – u.U. einen Spezialisten – beauftragt, die Ausführung der Parteirechte wahrzunehmen. **3**

Nach VV 3401, 3402 erhält der Anwalt die Vergütung für: **4**
- die Wahrnehmung eines **gerichtlichen Termins** (ausgenommen Verkündungstermin), den er selbstständig anstelle des Verfahrensbevollmächtigten wahrnimmt oder in dem er neben dem Verfahrensbevollmächtigten auftritt und die **Rechte der Partei** wahrnimmt (VV Vorb. 3 Abs. 3 S. 1);
- die Wahrnehmung eines **Termins vor einem gerichtlich bestellten Sachverständigen** (VV Vorb. 3 Abs. 3 S. 3 Nr. 1). Die Regelungen der VV 3401, 3402 gelten auch dann, wenn der Anwalt ausschließlich mit der Wahrnehmung eines von einem gerichtlichen Sachverständigen anberaumten Termin teilnimmt.
- die Mitwirkung an einer **Besprechung mit dem Gegner zur Erledigung** i.S.d. VV Vorb. 3 Abs. 3 S. 3 Nr. 2. Der Wortlaut der VV 3401, 3402 ist insoweit eindeutig und enthält keine Einschränkung (siehe Rdn 20 ff.).

5 Die **Einigungsgebühr** nach VV 1000, 1003, 1004; VV 1005, 1006 oder die Erledigungsgebühr nach VV 1002, 1003, 1004; VV 1005, 1006, kann der Terminsvertreter zusätzlich verdienen (vgl. Rdn 76 ff.).

6 Neben den in VV 3401, 3402 genannten Gebühren gelten die **Auslagen nach VV Teil 7**, so dass der Terminsvertreter selbstverständlich auch seine Auslagen (VV 7000 ff.) erstattet erhält.

7 Nicht durch VV 3401, 3402 vergütet wird die Tätigkeit eines Anwalts, der lediglich für einen anderen Anwalt als **Stellvertreter** tätig wird. In diesem Falle erhält nur der vertretene Anwalt nach § 5 die volle Vergütung. Der vertretende Anwalt erwirbt dagegen keinen eigenen Vergütungsanspruch gegen die Partei, sondern allenfalls gegen den Anwalt, für den er auftritt. Die Vergütungsvereinbarung zwischen den Anwälten richtet sich nicht nach dem RVG, insbesondere nicht nach VV 3401, 3402; VV 1002, 1003, 1004; VV 1005, 1006 und kann daher frei vereinbart werden.[1]

B. Regelungsgehalt

I. Sachlicher Anwendungsbereich

8 Die Vorschriften der VV 3401, 3402 gelten – sofern VV Teil 3 anzuwenden ist – für sämtliche **Prozessverfahren jeglicher Gerichtsbarkeit** sowie für **Verfahren der freiwilligen Gerichtsbarkeit** einschließlich der **Arrest- und einstweiligen Verfügungsverfahren und einstweiliger Anordnungsverfahren**. Auch für das **selbstständige Beweisverfahren** gelten die VV 3401, 3402, und zwar unabhängig davon, ob die Hauptsache anhängig ist oder nicht. Die bisherige Streitfrage hat sich durch die Gleichstellung von Verhandlung, Erörterung und Teilnahme an Beweisterminen erledigt.

9 Für sonstige Verfahren, also insbesondere **Beschwerdeverfahren**, **Zwangsvollstreckungssachen** und **Prozesskostenhilfeprüfungsverfahren**, gelten die VV 3401, 3402 nicht.[2] Die Wahrnehmung eines Termins ist in diesen Fällen vielmehr durch die für diese Angelegenheiten vorgesehenen Gebühren abgegolten, also z.B. in Beschwerdeverfahren durch die 0,5-Gebühren nach VV 3500, 3513 und in Zwangsvollstreckungssachen durch die 0,3-Gebühren nach VV 3309, 3310, da diese Vorschriften für alle Tätigkeiten des Anwalts in diesen Verfahren gelten, unabhängig von dem Umfang seiner Tätigkeit.

10 In einem Verfahren der **obligatorischen Streitschlichtung nach § 15a EGZPO** sind die VV 3401, 3402 ebenfalls nicht anwendbar, da es sich nicht um eine Tätigkeit nach VV Teil 3 handelt. Auch derjenige Anwalt, der nur einen Schlichtungstermin wahrnimmt, erhält die Vergütung nach VV 2303 Nr. 1.[3]

11 In **Strafsachen** gilt VV 4301 Nr. 4, wenn der Anwalt lediglich einen Hauptverhandlungstermin wahrnehmen soll, ohne dass ihm die Verteidigung insgesamt übertragen ist. Das gilt auch für Anhörungs- und sonstige Verhandlungstermine.

12 In **Bußgeldsachen** gilt für den Terminsvertreter VV 5200.

13 In **Sozialgerichtsverfahren** nach § 3 Abs. 1 S. 1 gelten die VV 3401, 3402 ebenfalls.

II. Persönlicher Anwendungsbereich

14 Die Vorschriften der VV 3401, 3402 gelten nur für den Anwalt, dem lediglich die **Vertretung in einem Termin i.S.d. VV Vorb. 3 Abs. 3** übertragen worden ist. Der Wortlaut des Gesetzes ist insoweit missverständlich, als der Anwalt durchaus mit weiteren Einzeltätigkeiten beauftragt sein darf. Die gesetzliche Formulierung soll nur zum Ausdruck bringen, dass der Anwalt in dieser Sache nicht gleichzeitig Verfahrensbevollmächtigter sein darf; für ihn gelten ansonsten die VV 3100 ff. Daher sind die VV 3401, 3402 auch für den Verkehrsanwalt (VV 3400) oder einen nur mit sonstigen

---

[1] BGH AGS 2001, 51 = BRAGOreport 2001, 26 m. Anm. *Wolf* = MDR 2001, 173.
[2] A.A. mit beachtlichen Gründen Gerold/Schmidt/*Müller-Rabe*, RVG, VV 3401 Rn 18.
[3] *N. Schneider*, AnwBl 2001, 327.

Einzeltätigkeiten beauftragten Anwalt (VV 3403) anwendbar. Zu beachten ist in diesen Fällen allerdings, dass die Summe der Vergütungen für die verschiedenen Einzeltätigkeiten nach § 15 Abs. 6 nicht die Vergütung für einen Gesamtauftrag übersteigen darf (vgl. Rdn 83).

Unschädlich ist es, wenn der Anwalt früher einmal Verfahrensbevollmächtigter war, oder wenn er nach der Wahrnehmung des Verhandlungstermins zum Verfahrensbevollmächtigten bestellt wird. Sofern er zum Zeitpunkt, zu dem er den Auftrag zur Wahrnehmung des Termins erhalten hat, nicht als Verfahrensbevollmächtigter bestellt war, gelten für ihn VV 3401, 3402. Er erhält dann die Vergütung nach VV 3401, 3402 und nach VV 3100 ff. gesondert; insgesamt erhält er die Gebühren allerdings nur einmal (§ 15 Abs. 6).

> **Beispiel:** In einem Rechtsstreit vor dem LG Hamburg hatte die in München wohnende Partei zunächst einen Hamburger Prozessbevollmächtigten mit der Klageerhebung beauftragt. Später kündigt sie das Mandat und bestellt einen ortsansässigen Münchener Anwalt zum Prozessbevollmächtigten. Für die Vertretung in der mündlichen Verhandlung wird dann der Hamburger Anwalt wieder beauftragt.
> Der Hamburger Anwalt hat sowohl die Verfahrensgebühr nach VV 3100 verdient als auch die Vergütung nach VV 3401, 3402. Die Verfahrensgebühr erhält er jedoch insgesamt nur einmal, und zwar zu 1,3 (§ 15 Abs. 6).

Terminsvertreter kann grundsätzlich jeder Anwalt sein. Eine bestimmte Zulassung ist nicht erforderlich. Soweit allerdings Zulassungszwang besteht, kann nur ein vor dem betreffenden Gericht postulationsfähiger Anwalt die Verhandlung wahrnehmen. In Erörterungsterminen, Beweisterminen oder zur Wahrnehmung der Parteirechte kann dagegen auch der nicht zugelassene Anwalt auftreten[4] oder ein angestellter Assessor (§ 5). Fehlt es an einer erforderlichen Zulassung, kommt allerdings VV 3403 in Betracht.

Unzutreffend ist, dass die Vorschriften der VV 3401, 3402 nur anwendbar seien, wenn der im Termin tätige Anwalt neben einem Verfahrensbevollmächtigten tätig werde. Im Gegensatz zum Verkehrsanwalt (VV 3400) ist für den Terminsvertreter nicht erforderlich, dass daneben ein Hauptbevollmächtigter bestellt ist oder zumindest noch bestellt werden soll. Daher ist die Vorschrift auch dann anwendbar, wenn die Partei selbst den Prozess führt und den Anwalt nur mit der Wahrnehmung eines Verhandlungs- oder Erörterungstermins beauftragt.

Die Vorschriften der VV 3401, 3402 sind nach h.M. nicht anwendbar, wenn der Anwalt, der den auswärtigen Termin wahrnehmen soll, mit dem verfahrensbevollmächtigten Anwalt in **überörtlicher Sozietät** steht.[5] M.E. ist dies unzutreffend, da hier mehrere Anwälte gemeinschaftlich in verschiedener Funktion tätig werden sollen (siehe dazu § 6 Rdn 47 ff.).

Für einen **ausländischen Rechtsanwalt**, der an einem Termin im Ausland teilnimmt, gilt die Vergütung nach dem Recht seines Landes.[6] Dagegen erhält der deutsche Anwalt, der – ohne Verfahrensbevollmächtigter zu sein – an einem **Beweistermin im Ausland** teilnimmt, die Vergütung nach VV 3401, 3402.

III. Voraussetzungen der VV 3401, 3402

1. Vertretung in einem Termin i.S.d. VV Vorb. 3 Abs. 3

Voraussetzung für die Anwendung der VV 3401, 3402 ist, dass der Anwalt den Auftrag zur Vertretung der Partei in einem Termin der in VV Vorb. 3 Abs. 3 genannten Art hat, also beauftragt ist mit:
- der Vertretung in einem gerichtlichen Termin, ausgenommen Verkündungstermin (VV Vorb. 3 Abs. 3 S. 1)
- der Wahrnehmung eines von einem gerichtlich bestellten Sachverständigen anberaumten Termins (VV Vorb. 3 Abs. 3 S. 3 Nr. 1),
- der Mitwirkung an auf die Vermeidung oder Erledigung des Verfahrens gerichteten Besprechungen ohne Beteiligung des Gerichts, ausgenommen Besprechungen mit dem Auftraggeber oder dessen Hauptverfahrensbevollmächtigten (VV Vorb. 3 Abs. 3 S. 3 Nr. 2).

---

4 OLG München NJW 1966, 2069; Riedel/Sußbauer/Keller, RVG, VV 3401 Rn 43.
5 Gerold/Schmidt/*Müller-Rabe*, RVG, VV 3401 Rn 9.
6 AG Kleve AnwBl 1969, 415; LG Köln AnwBl 1982, 532; Gerold/Schmidt/*Müller-Rabe*, RVG, VV 3401 Rn 56.

Der gegenteiligen Auffassung,[7] Gespräche zur Vermeidung oder Erledigung des Verfahrens seien schon begrifflich keine Termine i.S.d. VV Vorb. 3 Abs. 3 S. 3 Nr. 2; zudem bestehe kein Bedürfnis für einen Terminsvertreter, da diese Gespräche der Verfahrensbevollmächtigte üblicherweise selbst führe, kann nicht gefolgt werden.

21 Beide Begründungen treffen nicht zu. Aus der Begründung des Gesetzgebers ist klar zu entnehmen, dass er sämtliche Tätigkeiten nach VV Vorb. 3 Abs. 3 erfassen wollte, für die die Terminsgebühr nach VV 3104 ausgelöst wird. Alles andere wäre auch sinnwidrig, da dann für den Terminsvertreter kein Anreiz bestünde, die Sache ohne gerichtlichen Termin zu erledigen.

> **Beispiel:** Der Terminsvertreter erhält den Auftrag, vor dem auswärtigen Gericht einen Termin wahrzunehmen. Da er die örtlichen Gegebenheiten und auch den Kollegen der Gegenseite kennt, ruft er auftragsgemäß vor dem Termin bei dem Kollegen an und erzielt eine Einigung, die anschließend zur Erledigung des Verfahrens, gegebenenfalls zu einem schriftlichen Vergleich nach § 278 Abs. 6 ZPO führt.
> Der Terminsvertreter erhält eine Terminsgebühr.

22 Es wäre schlechterdings nicht einzusehen, dass in diesem Falle für die zusätzliche Besprechung weder der Hauptbevollmächtigte noch der Terminsvertreter eine Vergütung erhalten soll. Würde man so verfahren, bestünde kein Anreiz, durch Besprechungen mit der Gegenseite einen Termin zu vermeiden. Im Gegenteil würde der Terminsvertreter eine höhere Vergütung erhalten, wenn er vor dem Gericht die Mehrarbeit eines Termins verursacht. Gerade dies läuft aber dem Willen des Gesetzgebers zuwider.

23 Auch die weitere Begründung, es bestehe kein Bedürfnis, ist sicherlich kein Grund für die Auslegung des Vergütungsverzeichnisses. Im Übrigen zeigt das vorstehende Beispiel, dass sehr wohl ein Bedürfnis besteht.

24 Bei dem Termin muss es sich selbstverständlich um einen Termin in einer Sache handeln, an der der Auftraggeber **Verfahrensbeteiligter** ist, also Partei, Streithelfer oder sonstiger Beteiligter. Die Teilnahme an einem Verhandlungs- oder Erörterungstermin, an dem der Auftraggeber verfahrensrechtlich nicht beteiligt ist, löst keine Vergütung nach VV 3401, 3402 aus, sondern nur nach VV 3403.

> **Beispiel:** Dem Auftraggeber ist der Streit verkündet. Er beauftragt daraufhin einen Anwalt, an dem Verhandlungstermin teilzunehmen, ohne jedoch dem Rechtsstreit bereits beizutreten.
> Solange der Auftraggeber dem Verfahren nicht beitritt, ist er nicht Verfahrensbeteiligter, so dass für seinen Anwalt die VV 3401, 3402 nicht greifen. Er erhält lediglich eine 0,8-Gebühr nach VV 3403.

25 Unter einem **Termin i.S.d. VV Vorb. 3 Abs. 3** ist ein solcher Termin zu verstehen, der nach der jeweiligen Verfahrensordnung vorgesehen ist.

26 Hauptanwendungsfall sind ungeachtet der Änderung der VV Vorb. 3 Abs. 3 nach wie vor **Termine zur mündlichen Verhandlung oder Erörterung**.

27 Termine vor dem **ersuchten oder beauftragten Richter** – auch zum Zwecke der **Mediation** – sind ebenfalls Termine i.S.d. VV 3401, 3402.

28 Im Übrigen gelten die VV 3401, 3402 für sämtliche Arten der Beweisaufnahmetermine, also insbesondere für **Parteivernehmung, Vernehmung von Zeugen, Anhörung von Sachverständigen, Einnahme eines Augenscheins**. Die Beweiserhebung durch Vorlage von Urkunden zählt zwar theoretisch auch hierzu, dürfte in der Praxis jedoch nicht vorkommen.

29 Die bloße **Anhörung der Partei oder eines andern Beteiligten** war nach der bisherigen Fassung der VV Vorb. 3 Abs. 3 nicht erfasst. Solche Termine fallen aufgrund der Änderung durch das 2. KostRMoG aber jetzt auch unter VV 3401, 3402. Das gilt auch bei einem Termin zur **Anhörung eines Ehegatten** nach § 128 FamFG. Die bisherige gegenteilige Rechtsprechung[8] kann insoweit nicht mehr angewandt werden.

30 Ob es tatsächlich zur Durchführung des Termins kommt, ist für die Anwendung der VV 3401, 3402 unerheblich und kann allenfalls Auswirkungen auf die Höhe der Vergütung haben. Entscheidend ist nur, dass der Termin i.S.d. VV Vorb. 3 Abs. 3 als solcher anberaumt war.

31 Nach dem Wortlaut der VV 3401, 3402 wird die Vertretung im schriftlichen Verfahren nicht erfasst. Sofern der Anwalt die Partei also im **schriftlichen Verfahren** nach §§ 128, 495a, 278 Abs. 6 ZPO

---

[7] Gerold/Schmidt/*Müller-Rabe*, 16. Aufl. VV 3401 Rn 12; aufgegeben in der 17. Aufl. Rn 28.

[8] OLG Koblenz AGS 2011, 589 m. Anm. *N. Schneider* = FamFR 2011, 447 = FamRZ 2011, 1978.

vertritt oder dort die Parteirechte wahrnimmt, müsste er m.E. allerdings analog Anm. Abs. 1 Nr. 1 zu VV 3104 auch die Vergütung nach VV 3401, 3402 erhalten. Dieser Fall dürfte in der Praxis allerdings kaum vorkommen.

Erörterungstermine sind alle Termine, in denen das Gericht die Sache nur erörtern will (z.B. ein Termin nach § 492 Abs. 3 ZPO). Diese Termine können – im Gegensatz zu einem Verhandlungstermin – auch vor einem beauftragten Richter stattfinden. **32**

> **Beispiel:** In einem Rechtsstreit vor dem LG wird zu einem Erörterungstermin vor dem Vorsitzenden als beauftragtem Richter geladen.
> Obwohl in diesem Termin nicht verhandelt werden kann, ist eine Erörterung möglich, so dass die Gebühren nach VV 3401, 3402 entstehen, wenn die Anwälte den Termin wahrnehmen.

Auf die Unterscheidung zwischen Verhandlungs- und Erörterungstermin u.a. kommt es im Ergebnis ohnehin nicht an. Hat das Gericht zwar zu einem Verhandlungstermin geladen, dort aber nur die Sache erörtert, so entsteht die Vergütung nach VV 3401, 3402. **33**

In **arbeitsgerichtlichen Verfahren** löst die Vertretung in einer **Güteverhandlung** (§ 54 ArbGG) ebenfalls die Vergütung nach VV 3401, 3402 aus, und zwar unabhängig davon, ob dort verhandelt oder nur erörtert wird. **34**

Ebenso erfasst werden auch **Beweistermine** (VV Vorb. 3 Abs. 3). Daher fallen insbesondere Beweistermine vor dem beauftragten oder ersuchten Richter oder auch vor dem Sachverständigen in den Anwendungsbereich der VV 3401, 3402. **35**

Hat das Gericht lediglich einen **Protokollierungstermin** anberaumt, um eine bereits fixierte Einigung protokollieren zu lassen, sind die VV 3401, 3402 nach der Neufassung der VV Vorb. 3 Abs. 3 durch das 2. KostRMoG jetzt ebenfalls anwendbar. **36**

Die Vorschriften der VV 3401, 3402 gelten weiterhin, wenn der Anwalt im Termin lediglich einen **Rechtsmittelverzicht** abgeben soll. Auch dies hat sich durch die Änderung der VV Vorb. 3 Abs. 3 ergeben. **37**

Ebenso reicht es aus, wenn der Anwalt an **Besprechungen** mitwirkt, die auf die **Vermeidung oder Erledigung des Verfahrens** gerichtet sind (VV Vorb. 3 Abs. 3 S. 3 Nr. 2). **38**

2. Auftrag

a) Termin nach VV Vorb. 3 Abs. 3

Dem Anwalt muss der Auftrag erteilt worden sein, die Partei in einem **Termin nach VV Vorb. 3 Abs. 3** zu vertreten oder in einem solchen Termin die Rechte der Partei wahrzunehmen. Entscheidend ist der **Auftrag**. Der Anwalt muss beauftragt sein, selbst an dem Termin teilzunehmen. Insoweit gilt das Gleiche wie zu VV 3104. Nach wie vor nicht ausreichend ist es daher, wenn der Anwalt lediglich den Verlauf des Termins beobachten soll, da es dann an einer Vertretung fehlt. Es gilt dann VV 3404. **39**

b) Ausführung der Parteirechte

Ebenso wie nach bisherigem Recht muss der Anwalt die Vergütung nach VV 3401, 3402 auch dann erhalten, wenn er nicht mit der Verhandlung, Erörterung oder Teilnahme an einem Beweistermin beauftragt ist, sondern nur mit der **Ausführung der Parteirechte**. Ein solcher Fall kommt in der Praxis selten vor. Hierzu zählen die Fälle, in denen ein weiterer Anwalt neben dem Verfahrensbevollmächtigten oder einem Terminsvertreter auftritt, ohne selbst als Verfahrensbevollmächtigter oder Terminsvertreter beauftragt zu sein. Solche Fälle kommen insbesondere dann vor, wenn der Anwalt mangels Postulationsfähigkeit selbst nicht verhandeln darf. **40**

> **Beispiel 1:** Das OLG hat zur Verhandlung im Berufungsverfahren das persönliche Erscheinen der Parteien angeordnet. Die Partei beauftragt ihren erstinstanzlichen Prozessbevollmächtigten, für sie als informierter Vertreter (§ 141 Abs. 3 S. 1 ZPO) zu erscheinen.
>
> **Beispiel 2:** Die Partei beauftragt ihren erstinstanzlichen Prozessbevollmächtigten, für sie am Verhandlungstermin vor dem BGH teilzunehmen.
> Der Anwalt erhält in beiden Fällen die Vergütung nach VV 3401, 3402.

41 Dass der Anwalt tatsächlich in die Verhandlung oder Erörterung eingreift, ist nach der Neufassung in VV 3401, 3402 erst recht nicht mehr erforderlich. Es ist ausreichend, dass er der Verhandlung oder Erörterung folgt und zum Eingreifen bereit ist.

3. Auftraggeber

42 Der Auftrag muss **im Namen der zu vertretenden Partei** erteilt worden sein, also entweder unmittelbar von der Partei selbst oder von dem Verfahrensbevollmächtigten, der im Namen der Partei handelt (§ 164 BGB). Erteilt der Verfahrensbevollmächtigte namens der Partei den Auftrag, so erhält er hierfür keine gesonderte Gebühr mehr. Eine dem früheren § 33 Abs. 3 BRAGO vergleichbare Regelung gibt es nicht mehr.

43 Von der Vertretungsmacht des Verfahrensbevollmächtigten, einen Terminsvertreter zu bestellen, dürfte in der Regel auszugehen sein, insbesondere bei größeren Entfernungen zum Gerichtsort, so dass die hierzu legitimierende Prozessvollmacht (§ 81 ZPO) auch konkludent den Auftrag enthält, einen Unterbevollmächtigten zu bestellen. Soweit allerdings die eigenen Reisekosten des Verfahrensbevollmächtigten geringer wären als die Kosten eines Terminsvertreters, ist der Verfahrensbevollmächtigte grundsätzlich nicht[9] berechtigt, einen Terminsvertreter zu bestellen.

44 Erteilt der Anwalt dagegen im **eigenen Namen** den Auftrag zur Terminsvertretung, so steht dem beauftragten Anwalt kein unmittelbarer Anspruch gegen die Partei zu. Auftraggeber ist dann allein der Verfahrensbevollmächtigte, an den sich der Vertreter halten muss. Insoweit kommt es auf die zwischen diesen beiden Anwälten vereinbarte Vergütung an, die sich nicht nach dem RVG richtet, sondern frei vereinbar ist.[10] Der Verfahrensbevollmächtigte kann in diesem Fall gemäß § 5 so abrechnen, als habe er selbst den Termin wahrgenommen.

IV. Gebühren

1. Übersicht

45 Der Anwalt erhält nach VV 3401 eine halbe **Verfahrensgebühr** sowie nach VV 3402 eine **Terminsgebühr** (z.B. VV 3104). Daneben kann er u.U. auch eine **Einigungsgebühr** nach VV 1000, 1003, 1004; VV 1005, 1006 oder eine **Erledigungsgebühr** nach VV 1002, 1003, 1004; VV 1005, 1006 verdienen (vgl. Rdn 76 ff.).

46 Wird der Rechtsstreit vom Rechtsmittelgericht zurückverwiesen, so erhält der Terminsvertreter, der nach **Zurückverweisung** erneut tätig wird, die Verfahrens- und Terminsgebühr ebenfalls ein zweites Mal, da es sich um eine neue Angelegenheit handelt (§ 21 Abs. 1). Die Verfahrensgebühr des Ausgangsverfahrens wird allerdings angerechnet (VV Vorb. 3 Abs. 6), sofern kein Fall des § 15 Abs. 5 S. 2 gegeben ist.

2. Verfahrensgebühr (VV 3401)

a) Wertgebühren

47 **aa) Gebührenhöhe.** Der Terminsvertreter erhält für seine Tätigkeit zunächst einmal eine **halbe Verfahrensgebühr**, genauer gesagt, erhält er eine Gebühr in Höhe der dem Verfahrensbevollmächtigten zustehenden Verfahrensgebühr zur Hälfte. Diese Formulierung ist missverständlich. Es ist nicht auf die tatsächlich entstandene Verfahrensgebühr des Hauptbevollmächtigten abzustellen. Das ergibt sich schon daraus, dass es unerheblich ist, ob es tatsächlich zur Bestellung eines Verfahrensbevollmächtigten kommt.

> **Beispiel:** Die Partei führt den Rechtsstreit selbst und beauftragt für den auswärtigen Termin einen Terminsvertreter.
> Obwohl gar keine Verfahrensgebühr eines Prozessbevollmächtigten anfällt, erhält der Terminsvertreter eine 0,65-Verfahrensgebühr, da er als Prozessbevollmächtigter eine 1,3-Gebühr verdient hätte.

---

9 AG Neuruppin AnwBl 1999, 123 = KostRsp. BRAGO § 53 Nr. 3 m. Anm. *N. Schneider*.

10 BGH AGS 2001, 51 = BRAGOreport 2001, 26 m. Anm. *Wolf* = MDR 2001, 173.

Würde man auf die konkrete Gebühr eines Verfahrensbevollmächtigten abstellen, käme man auch in den Fällen nicht weiter, in denen der Verfahrensbevollmächtigte noch nach der BRAGO abrechnet, der Terminsvertreter dagegen erst nach dem 1.7.2004 beauftragt worden ist (siehe Rdn 95). Unlösbare Probleme ergäben sich ferner bei mehreren Auftraggebern sowie bei der Verhandlung und Protokollierung über nicht anhängige Gegenstände oder bei vorzeitiger Beendigung des Mandats des Hauptbevollmächtigten. Eine eventuelle geringere Tätigkeit des Prozessbevollmächtigten ist irrelevant (arg. e. VV 3405 Nr. 1).

48

> **Beispiel:** Die Partei beauftragt für den auswärtigen Termin einen Terminsvertreter und daneben einen Prozessbevollmächtigten. Dessen Mandat endet jedoch vorzeitig, bevor er einen Schriftsatz verfasst. Obwohl der Prozessbevollmächtigte nur eine 0,8-Gebühr nach VV 3101 Nr. 1 erhält, verdient der Terminsvertreter eine 0,65-Verfahrensgebühr, da er als Prozessbevollmächtigte eine 1,3-Gebühr verdient hätte. Die Gebühr für den Terminsvertreter selbst kann sich nur unter den Voraussetzungen der VV 3405 Nr. 2 reduzieren.

Vertritt der Terminsvertreter **mehrere Auftraggeber** gemeinschaftlich, so erhöht sich auch seine Verfahrensgebühr nach VV 1008 um 0,3 je weiteren Auftraggeber. Unerheblich ist, ob der Hauptbevollmächtigte auch mehrere Auftraggeber vertritt. Im Rahmen der Erhöhung nach VV 1008 ist ausschließlich auf den jeweiligen Anwalt abzustellen.[11]

49

Erledigt sich der Auftrag **vorzeitig**, so erhält der Terminsanwalt höchstens 0,5 (VV 3405 Nr. 2). Möglich ist auch eine **teilweise Erledigung**.

50

> **Beispiel:** Der Anwalt erhält den Auftrag, an einem Termin über eine Forderung i.H.v. 10.000 EUR teilzunehmen. Unmittelbar vor dem Termin wird die Klage i.H.v. 2.000 EUR zurückgenommen. Im Übrigen findet der Termin statt.
> Zu rechnen ist wie folgt:
> 1. 0,65-Verfahrensgebühr, VV 3401, 3100
>   (Wert: 8.000 EUR) 296,40 EUR
> 2. 0,5-Verfahrensgebühr, VV 3401, 3405 Nr. 2, 3100 (Wert:
>   2.000 EUR) 75,00 EUR
>   gem. § 15 Abs. 3 nicht mehr als 0,65 aus 10.000 EUR 362,70 EUR
> 3. 1,2-Terminsgebühr, VV 3402, 3104 (Wert: 8.000 EUR) 547,20 EUR
> 4. Postentgeltpauschale, VV 7002 20,00 EUR
>   Zwischensumme 929,90 EUR
> 5. 19 % Umsatzsteuer, VV 7008 176,68 EUR
>   **Gesamt** **1.106,58 EUR**

bb) Gegenstandswert. Der Gegenstandswert der Verfahrensgebühr richtet sich danach, in welcher Höhe dem Anwalt der Auftrag erteilt worden ist. Dieser Wert muss sich nicht notwendigerweise mit dem Gegenstandswert des Verfahrens decken.

51

> **Beispiel:** Eine Klage i.H.v. 10.000 EUR wird i.H.v. 6.000 EUR in der Hauptsache übereinstimmend für erledigt erklärt. Wegen der weiteren 4.000 EUR wird ein Verhandlungstermin anberaumt, zu dem ein Terminsvertreter beauftragt wird.
> Der Gegenstandswert für die Verfahrensgebühr des Terminsvertreters richtet sich nach 4.000 EUR, da ihm nur noch insoweit der Auftrag erteilt worden ist. Über die Kosten braucht nicht mündlich verhandelt zu werden, so dass dem Terminsvertreter insoweit auch kein Auftrag erteilt zu werden brauchte.

Bei Beweisterminen ist insoweit nur der Wert des Gegenstandes maßgebend, über den Beweis erhoben worden ist oder über den – bei vorzeitiger Beendigung – zum Zeitpunkt der Auftragserteilung hätte Beweis erhoben werden sollen.[12] Dieser Wert muss nicht mit dem Gesamtwert des Verfahrens identisch sein.

52

> **Beispiel:** In einem Bauprozess (Wert: 20.000 EUR) wird nur hinsichtlich eines Gewerkes (Wert: 3.000 EUR) ein auswärtiger Beweistermin durchgeführt.
> Der Anwalt erhält die Verfahrensgebühr und die Terminsgebühr nur aus dem Wert von 3.000 EUR.

Unzutreffend ist die gegenteilige Auffassung,[13] wonach die Verfahrensgebühr aus dem vollen Wert des Rechtsstreits entstehe, da sich der Anwalt mit dem gesamten Streitstoff befassen müsse, um

53

---

11 *Henke*, AnwBl 2005, 135.
12 OLG Köln JurBüro 1975, 627; *Hansens*, BRAGO, § 54 Rn 3.
13 So *Hartmann* noch in der 34. Aufl. KostG, § 54 BRAGO Rn 10.

das Mandat pflichtgemäß auszuüben; man könne in einem solchen Fall nicht einen Teil aus dem Zusammenhang lösen; nur für die (Verhandlungs-)Terminsgebühr sei daher der Teilwert der Beweisaufnahme maßgebend. Dies ist jedoch unzutreffend. Der Gegenstandswert richtet sich nach dem erteilten Auftrag. Dass zur Vorbereitung des Auftrags die Einarbeitung in einen umfangreichen Prozessstoff erforderlich ist, ist wie in allen anderen Angelegenheiten – etwa bei einer Teilklage – für den Gegenstandswert unerheblich.[14] Solange der Anwalt keinen Auftrag hat, über den Gegenstand der Beweisaufnahme hinaus tätig zu werden, bleibt dieser maßgebend.

54 Der Wert der Verfahrensgebühr ist auch **unabhängig** von dem Wert, über den letztlich **Beweis erhoben** worden ist. Wird die angeordnete Beweisaufnahme nur teilweise oder gar nicht durchgeführt, hat dies nur Einfluss auf den Gegenstandswert der Terminsgebühr und auf die Höhe der Verfahrensgebühr (siehe Rdn 51). Für den Gegenstandswert der Verfahrensgebühr ist dies jedoch unerheblich.

> **Beispiel:** Der Anwalt erhält den Auftrag, an einem Beweistermin über eine Forderung i.H.v. 3.000 EUR teilzunehmen. Unmittelbar vor dem Termin wird die Klage i.H.v. 2.000 EUR zurückgenommen oder die Parteien einigen sich über diesen Teilbetrag oder das Gericht hält nur noch die Beweiserhebung über einen Teilgegenstand von 1.000 EUR für erforderlich.
> Die halbe Verfahrensgebühr berechnet sich letztlich aus dem vollen Wert von 3.000 EUR; die Klagerücknahme, die Einigung oder die Teilbeweisaufnahme sind nur zur Höhe der Gebühr erheblich. Lediglich die Terminsgebühr berechnet sich nach dem reduzierten Wert von 1.000 EUR.
> Zu rechnen ist wie folgt:
> 1. 0,65-Verfahrensgebühr, VV 3401, 3100 (Wert: 1.000 EUR) — 52,00 EUR
> 2. 0,5-Verfahrensgebühr, VV 3401, 3405 Nr. 2, 3100 (Wert: 2.000 EUR) — 75,00 EUR
>   Die Kappungsgrenze nach § 15 Abs. 3 (nicht mehr als 0,65 aus 3.000 EUR = 130,65 EUR) ist nicht überschritten
> 3. 1,2-Terminsgebühr, VV 3402, 3104 (Wert: 1.000 EUR) — 96,00 EUR
> 4. Postentgeltpauschale, VV 7002 — 20,00 EUR
>   Zwischensumme — 243,00 EUR
> 5. 19 % Umsatzsteuer, VV 7008 — 46,17 EUR
> **Gesamt — 289,17 EUR**

55 Erhält der Anwalt von Vornherein den Auftrag zur Teilnahme an mehreren Terminen, etwa an mehreren Beweisterminen über **verschiedene Gegenstände**, so erhält er die Verfahrensgebühr nur einmal (§ 15 Abs. 2). Diese berechnet sich allerdings nach dem Gesamtwert aller Gegenstände (§ 23 Abs. 1 S. 1 RVG i.V.m. § 39 Abs. 1 GKG, § 33 Abs. 1 S. 1, 44 Abs. 2 FamFKG).

56 **cc) Anrechnung.** Sofern der Terminsvertreter bereits vorher tätig war, sei es außergerichtlich oder im Mahnverfahren, werden die entsprechenden Gebühren, die er dort verdient hat, auf die Verfahrensgebühr der VV 3401 angerechnet, also z.B. eine Beratungsgebühr in voller Höhe (§ 34 Abs. 2), eine Geschäftsgebühr zur Hälfte, höchstens zu 0,75 (VV Vorb. 3 Abs. 4) und eine Mahnverfahrensgebühr in voller Höhe (Anm. zu VV 3305; Anm. zu VV 3307).

57 Soweit die vorangegangene Betriebsgebühr über der halben Verfahrensgebühr liegt, geht die halbe Verfahrensgebühr der VV 3401 infolge der Anrechnung unter. Liegt die vorangegangene Gebühr unter 0,65, verbleibt dem Anwalt noch ein Restbetrag der Verfahrensgebühr.

> **Beispiel:** Der Anwalt war zunächst mit der Einlegung eines Widerspruchs im Mahnverfahren (Wert: 3.000 EUR) beauftragt. Im streitigen Verfahren nimmt er auftragsgemäß an einem Verhandlungstermin teil.
> Der Anwalt erhält folgende Vergütung:
> **I. Mahnverfahren**
> 1. 0,5-Verfahrensgebühr, VV 3307 — 100,50 EUR
> 2. Postentgeltpauschale, VV 7002 — 20,00 EUR
>   Zwischensumme — 120,50 EUR
> 3. 19 % Umsatzsteuer, VV 7008 — 22,90 EUR
> **Gesamt — 143,40 EUR**

---

14 OLG Köln JurBüro 1975, 627.

II. Verhandlungstermin

1. 0,65-Verfahrensgebühr, VV 3401, 3100		130,65 EUR
2. gem. Anm. zu VV 3307 anzurechnen 0,5 aus 3.000 EUR		− 100,50 EUR
3. 1,2-Terminsgebühr, VV 3402, 3104		241,20 EUR
4. Postentgeltpauschale, VV 7002		20,00 EUR
Zwischensumme	291,35 EUR	
5. 19 % Umsatzsteuer, VV 7008		55,36 EUR
Gesamt		**346,71 EUR**

b) Betragsrahmengebühren

Richten sich die Verfahrensgebühren des Verfahrensbevollmächtigten nicht nach dem Gegenstandswert (§ 3 Abs. 1 S. 1), so erhält der Terminsvertreter ebenfalls die Hälfte der dem Verfahrensbevollmächtigten zustehenden Verfahrensgebühr. Dies geschieht allerdings nicht dergestalt, dass der Verfahrensbevollmächtigte seine Gebühr nach den Kriterien des § 14 Abs. 1 bestimmt und hiervon dann der Terminsvertreter die Hälfte erhält. Vielmehr steht dem Terminsvertreter der halbe Rahmen des dem Verfahrensbevollmächtigten zustehenden Gebührenrahmens zu, also ein Rahmen in Höhe der Hälfte der Mindestgebühr bis zur Hälfte der Höchstgebühr. Aus diesem reduzierten Rahmen bemisst dann der Terminsvertreter die für ihn im Einzelfall angemessene Gebühr. 58

> **Beispiel:** Im Verfahren vor dem Sozialgericht steht dem Verfahrensbevollmächtigten, der nicht schon im Verwaltungs- oder Nachprüfungsverfahren tätig war, nach VV 3102 eine Gebühr i.H.v. 40 EUR bis 460 EUR zu (Mittelgebühr 250 EUR).
> Der Terminsvertreter erhält nach VV 3401, 3102 eine Gebühr i.H.v. 20 EUR bis 230 EUR (Mittelgebühr 125 EUR).

War der Verfahrensbevollmächtigte bereits im Verwaltungs- oder Nachprüfungsverfahren tätig, nicht aber auch der Terminsvertreter, so bleibt es für Letzteren bei einer anrechnungsfreien halben Gebühr aus dem Rahmen der VV 3102. Eine Anrechnung beim Hauptbevollmächtigten nach VV Vorb. 3 Abs. 4 wirkt sich nicht beim Terminsvertreter aus. 59

War der Terminsvertreter dagegen bereits im Verwaltungs- oder Nachprüfungsverfahren tätig, so erhält er zwar die halbe Gebühr aus dem Rahmen der VV 3102; allerdings muss er sich jetzt die vorangegangene Geschäftsgebühr hälftig, höchstens zu 175 EUR anrechnen lassen. Diese Anrechnung greift unabhängig davon ein, ob auch der Hauptbevollmächtigte im Nachprüfungsverfahren tätig war oder nicht. Es darf dann aber nicht mehr im Rahmen des § 14 Abs. 1 berücksichtigt werden, dass der Umfang der Tätigkeit infolge der Vorbefassung im Verwaltungs- oder Nachprüfungsverfahren im nachfolgenden Rechtsstreit geringer ausfällt. 60

3. Terminsgebühr

a) Wertgebühren

Für die Teilnahme an einem Termin i.S.d. VV Vorb. 3 Abs. 3 erhält der Anwalt die gleiche Terminsgebühr, die auch ein **Verfahrensbevollmächtigter** erhalten würde. Im Erkenntnisverfahren erster oder zweiter Instanz erhält der Anwalt also eine 1,2-Terminsgebühr nach VV 3104; im Falle eines Versäumnisurteils oder wenn nur Anträge zur Prozess- und Sachleitung gestellt werden, entsteht nach VV 3105 nur eine 0,5-Gebühr. 61

Ordnet das Gericht das **schriftliche Verfahren** an, so reicht es nicht, wenn der Anwalt lediglich Schriftsätze und Beschlüsse an den Verfahrensbevollmächtigten oder das Gericht weiterleitet. Er muss vielmehr auftragsgemäß eine auf „die Förderung des Rechtsstreits" ausgerichtete Tätigkeit entwickelt haben.[15] 62

Die **Voraussetzungen** für die Terminsgebühr sind nach VV Vorb. 3 Abs. 3 dieselben wie für den Verfahrensbevollmächtigten, so dass auf die dortige Kommentierung Bezug genommen werden kann. 63

Nimmt der Anwalt lediglich die **Parteirechte** wahr, so erhält er dieselbe Vergütung. 64

---
15 LG Tübingen JurBüro 1986, 275.

65 Hat der Anwalt von vornherein den Auftrag, an **mehreren Terminen** teilzunehmen, oder ergibt sich vor Beendigung des Auftrags die Notwendigkeit eines weiteren Termins, so gilt auch für den Terminsvertreter die Vorschrift des § 15 Abs. 1 u. 2, so dass er die Terminsgebühr insgesamt nur einmal erhalten kann.

66 Wird der Anwalt nach Beendigung des ersten Auftrags für einen weiteren Verhandlungstermin erneut beauftragt wird, entsteht die Vergütung gesondert. Zu beachten ist allerdings die Begrenzung des § 15 Abs. 6.

67 Bei der **Wahrnehmung eines Beweistermins** erhält der Anwalt neben der halben Verfahrensgebühr die Terminsgebühr nur dann, wenn er an dem Beweistermin auch teilnimmt.[16] Es reicht daher nicht aus, wenn er den Beweisbeschluss entgegennimmt oder im Hinblick auf die bevorstehende Beweisaufnahme vorbereitend tätig wird. **Erledigt sich der Auftrag** vor der Wahrnehmung des Beweistermins, erhält der Anwalt keine Terminsgebühr, sondern nur die halbe Verfahrensgebühr.[17] Gleiches gilt, wenn die Beweisaufnahme ohne den Anwalt durchgeführt wird und er sich nur nach deren Verlauf und Ergebnis erkundigt und dem Auftraggeber berichtet.

68 Für den Anfall der Terminsgebühr ist es dagegen ausreichend, dass der Anwalt zum Beweistermin erscheint. Dass die Beweisaufnahme auch durchgeführt wird, ist nicht erforderlich.[18]

> **Beispiel:** Vor dem auswärtigen Gericht ist ein Beweistermin durch Vernehmung eines Zeugen anberaumt. Der Anwalt erscheint zu diesem Termin, nicht jedoch der Zeuge. Der Termin wird auch nicht nachgeholt. Der Anwalt hat mit seinem Erscheinen die Terminsgebühr verdient.

69 Ebenso genügt es, wenn der Anwalt erst zum Schluss der Beweisaufnahme erscheint und nur noch darüber verhandelt, ob der Zeuge vereidigt werden soll.

70 Unerheblich ist, an wie vielen Terminen der Anwalt teilnimmt. Muss die Beweisaufnahme fortgesetzt werden, weil ein Zeuge nicht erschienen ist oder weil sich ergibt, dass ein Dolmetscher hinzugezogen werden muss, oder sind wegen der Vielzahl der Zeugen von vornherein mehrere Termine angesetzt, entsteht nur eine Beweisgebühr (§ 15 Abs. 2).[19] Das Gleiche gilt im Ergebnis auch dann, wenn der Anwalt für die Wahrnehmung mehrerer Termine selbstständige Aufträge erhält. Zwar entsteht die Vergütung dann mehrmals; sie wird jedoch nach § 15 Abs. 6 begrenzt.

b) Betragsrahmengebühren

71 Für die Wahrnehmung eines Termins steht dem Terminsvertreter der volle Rahmen zur Verfügung, der auch dem Hauptbevollmächtigten zustehen würde. Die Höhe der Gebühr im Einzelfall bestimmt der Terminsvertreter gemäß § 14 Abs. 1 selbst. Auch wenn der Hauptbevollmächtigte ebenfalls eine Terminsgebühr verdient, ist das Bestimmungsrecht des Terminsvertreters hiervon unabhängig.

c) Weiterer Auftrag in anderer Angelegenheit

72 Erhält der Anwalt die Aufträge zur Vertretung in einem Termin in **verschiedenen Gebühreninstanzen**, kann er die Vergütung nach VV 3401, 3402 mehrmals verlangen. Dies gilt insbesondere dann, wenn im Rechtsmittelverfahren ein erneuter Termin stattfindet (§ 17 Nr. 1).

> **Beispiel:** In einem Rechtsstreit vor dem AG Bonn wird eine Zeugenvernehmung vor dem AG Freiburg durchgeführt. Für diesen Termin wird ein Anwalt in Freiburg bestellt. Im Berufungsverfahren vor dem LG Bonn wird der Zeuge nochmals im Wege der Rechtshilfe vor dem AG Freiburg zu weiteren Fragen vernommen. Der Freiburger Anwalt wird für diesen Termin erneut bestellt.
> Der Freiburger Anwalt erhält die Vergütung nach VV 3401, 3402 zweimal; für das Rechtsmittelverfahren erhält er dabei die erhöhte halbe Verfahrensgebühr (0,6) nach VV 3401, 3402 i.V.m. VV 3200.

73 Der Terminsvertreter erhält die Vergütung nach VV 3401, 3402 aber nicht nur bei mehreren verschiedenen prozessualen Instanzen mehrmals, sondern auch dann, wenn dasselbe prozessuale Verfahren mehrere Gebühreninstanzen umfasst.

---

[16] *Hansens*, BRAGO, § 54 Rn 3.
[17] *Hansens*, BRAGO, § 54 Rn 3.
[18] *Hansens*, BRAGO, § 54 Rn 3.
[19] *Hansens*, BRAGO, § 54 Rn 3.

Beispiel 1: Der Anwalt wird beauftragt, an einem Beweistermin vor einem auswärtigen Gericht teilzunehmen. Nach Zurückverweisung durch das Berufungsgericht wird eine weitere Beweisaufnahme vor dem auswärtigen Gericht angeordnet, an der der Anwalt wiederum teilnimmt.
Der Anwalt erhält die Vergütung nach VV 3401, 3402 zweimal (§ 21 Abs. 1 S. 1), allerdings werden die Verfahrensgebühren angerechnet (VV Vorb. 3 Abs. 6).

Beispiel 2: Der Anwalt wird sowohl im Urkundenverfahren als auch im Nachverfahren beauftragt.
Der Anwalt erhält auch hier die Vergütung nach VV 3401, 3402 zweimal (§ 17 Nr. 5), allerdings wird die Verfahrensgebühren des Nachverfahrens auf die des Urkundenverfahrens angerechnet (Abs. 2 Anm. zu VV 3100).

Beispiel 3: Der Anwalt wird im selben Verfahren nach Ablauf von zwei Kalenderjahren mit einem weiteren Termin beauftragt.
Der Anwalt erhält auch hier die Vergütung nach VV 3401, 3402 zweimal (§ 15 Abs. 5 S. 2); eine Anrechnung findet nicht statt.

Der **Gegenstandswert** der Terminsgebühr bemisst sich nach dem Wert, über den der Termin stattfindet. Dieser muss nicht mit dem Wert des Auftrags identisch sein, etwa wenn die Parteien sich vor dem Termin teilweise einigen oder die Klage teilweise zurückgenommen (mit Beispiel siehe Rdn 54) oder wenn der Beweisbeschluss vor dem Termin teilweise aufgehoben worden ist. Reduziert sich der Gegenstandswert zwischen Auftragserteilung und Durchführung des Termins, so berechnet sich – im Gegensatz zur Verfahrensgebühr – die Terminsgebühr nur nach dem reduzierten Wert.

74

Beispiel: Der Anwalt erhält den Auftrag, an einem Beweistermin über eine Forderung i.H.v. 10.000 EUR teilzunehmen. Unmittelbar vor dem Termin wird der Beweisbeschluss abgeändert und nur noch über 8.000 EUR aufrechterhalten.
Zu rechnen ist wie folgt:
1. 0,65-Verfahrensgebühr, VV 3401, 3100 (Wert:
   8.000 EUR) 296,40 EUR
2. 0,5-Verfahrensgebühr, VV 3401, 3405 Nr. 2, 3100 (Wert:
   2.000 EUR) 75,00 EUR
   gem. § 15 Abs. 3 nicht mehr als 0,65 aus 10.000 EUR   362,70 EUR
3. 1,2-Terminsgebühr, VV 3402, 3104 (Wert: 8.000 EUR)   547,20 EUR
4. Postentgeltpauschale, VV 7002   20,00 EUR
   Zwischensumme   929,90 EUR
5. 19 % Umsatzsteuer, VV 7008   176,68 EUR
Gesamt   **1.106,58 EUR**

Eine Wertveränderung nach der Beweisaufnahme lässt den Gegenstandswert für den Beweisanwalt dagegen unberührt, und zwar auch dann, wenn bei einer nachträglichen Werterhöhung die Beweisaufnahme für den höheren Gegenstand verwertet wird.[20]

75

4. Einigungsgebühr, VV 1000, 1003, 1004; VV 1005, 1006

Der Terminsvertreter kann darüber hinaus auch eine Einigungsgebühr (VV 1000, 1003, 1004; VV 1005, 1006) verdienen.[21] Voraussetzung hierfür ist, dass er an dem Zustandekommen einer Einigung mitgewirkt hat und ihm hierzu ein **Auftrag** erteilt worden war. Der Auftrag kann im Voraus erteilt werden. Er kann dahin gehen, dass der Terminsvertreter innerhalb eines bestimmten Rahmens versuchen soll, eine Einigung herbeizuführen, und diese dann auch herbeiführt.

76

Die Einigungsgebühr verdient der Terminsvertreter aber auch dann, wenn er zunächst ohne Auftrag eine Einigung abschließt und die Partei nachträglich seine Tätigkeit genehmigt.

77

Beispiel 1: Der Terminsvertreter schließt eine Einigung unter dem Vorbehalt des Widerrufs, die die Partei nicht widerruft.

Beispiel 2: In der mündlichen Verhandlung handelt der Terminsvertreter einen Einigungsvorschlag aus, den er weiterleitet und der dann anschließend durch den Verfahrensbevollmächtigten abgeschlossen wird.

---

20 Gerold/Schmidt/*Müller-Rabe*, VV 3401 Rn 80.
21 OLG München AGS 2008, 52 u. 102 = RVGreport 2007, 392 = NJW-Spezial 2008, 60 = JurBüro 2007, 595 = OLGR 2007, 1001.

78 Die **Höhe der Einigungsgebühr** beläuft sich bei **Wertgebühren** auf 1,0, soweit die Einigung anhängige Ansprüche betrifft (VV 1003), soweit die Gegenstände im Berufungs- oder Revisionsverfahren anhängig sind, auf 1,3 (VV 1004) und auf 1,5, soweit nicht anhängige Ansprüche in die Einigung mit einbezogen werden (VV 1000).

5. Berechnung der Verfahrensgebühren bei Einigung mit Mehrwert

79 Schließt der Terminsvertreter eine Einigung, in die auch Ansprüche miteinbezogen werden, die in diesem Verfahren nicht anhängig sind, so erhöht sich entweder der Gegenstandswert der 0,65-Verfahrensgebühr nach VV 3401 oder er erhält zusätzlich unter Beachtung des § 15 Abs. 3 eine 0,4-Verfahrensgebühr nach VV 3401, 3101 Nr. 1, 2 aus dem Mehrwert.

Ist auch der Verfahrensbevollmächtigte an dieser Einigung beteiligt, so erhält er hierfür zusätzlich unter Beachtung des § 15 Abs. 3 eine 0,8-Verfahrensgebühr nach VV 3101 Nr. 1, 2.

> **Beispiel:** In einem Rechtsstreit über 10.000 EUR wird vor dem auswärtigen Gericht verhandelt. Für den Termin hat die Partei zusätzlich einen Terminsvertreter bestellt.
> a) Im Termin wird unter Mitwirkung beider Anwälte nach Verhandlung eine Einigung über die gesamte Klageforderung sowie über eine weitere nicht anhängige Forderung von 3.000 EUR geschlossen und protokolliert. Der Hauptbevollmächtigte hat an der Einigung durch Beratung der Partei und Instruktion des Terminsvertreters mitgewirkt.
> b) Im Termin wird lediglich eine Einigung über weitere 3.000 EUR, die die Parteien schon selbst ohne Mitwirkung der Anwälte schlossen hatten, protokolliert. Der Hauptbevollmächtigte hat an der Protokollierung wiederum durch Vermittlung und Instruktion des Terminsvertreters mitgewirkt.
> c) Im Termin wird lediglich über weitere 3.000 EUR zwecks einer Gesamteinigung verhandelt. Eine Einigung kommt nicht zustande. Der Hauptbevollmächtigte hatte die Verhandlungen über die 3.000 EUR durch Vermittlung und Instruktion des Terminsvertreters vorbereitet.
>
> a) In Fall a) ist wie folgt abzurechnen:
> Der Hauptbevollmächtigte hat keinen Termin wahrgenommen, so dass er unter Beachtung des § 15 Abs. 3 aus dem Mehrwert der Einigung nur die ermäßigte 0,8-Verfahrensgebühr (VV 3101 Nr. 1) erhält.
> Der Terminsvertreter hat dagegen einen Termin wahrgenommen. Da er nicht protokolliert oder nur verhandelt, sondern auch die Einigung herbeigeführt hat, gilt für ihn die Ermäßigung der VV 3101 Nr. 1, 2 nicht. Seine Vergütung richtet sich nach der vollen 1,3-Verfahrensgebühr der VV 3100. Er erhält also 0,65 aus 13.000 EUR.
>
> **I. Prozessbevollmächtigter**
> 1. 1,3-Verfahrensgebühr, VV 3100 (Wert: 10.000 EUR)   725,40 EUR
> 2. 0,8-Verfahrensgebühr, VV 3101 Nr. 1 (Wert: 3.000 EUR)   160,80 EUR
>   gem. § 15 Abs. 3 nicht mehr als 1,3 aus 13.000 EUR   785,20 EUR
> 3. 1,0-Einigungsgebühr, VV 1000, 1003 (Wert: 10.000 EUR)   558,00 EUR
> 4. 1,5-Einigungsgebühr, VV 1000 (Wert: 3.000 EUR) (Die Kappungsgrenze nach § 15 Abs. 3 [nicht mehr als 1,5 aus 13.000 EUR = 906,00 EUR] ist nicht überschritten.)   301,50 EUR
> 5. Postentgeltpauschale, VV 7002   20,00 EUR
>   Zwischensumme   1.664,70 EUR
> 6. 19 % Umsatzsteuer, VV 7008   316,29 EUR
>   **Gesamt**   **1.980,99 EUR**
>
> **II. Terminsvertreter**
> 1. 0,65-Verfahrensgebühr, VV 3401, 3100 (Wert: 13.000 EUR)   392,60 EUR
> 2. 1,2-Terminsgebühr, VV 3402, 3401 (Wert: 13.000 EUR)   724,80 EUR
> 3. 1,0-Einigungsgebühr, VV 1000, 1003 (Wert: 10.000 EUR)   558,00 EUR
> 4. 1,5-Einigungsgebühr, VV 1000 (Wert: 3.000 EUR) (Die Kappungsgrenze nach § 15 Abs. 3 [nicht mehr als 1,5 aus 13.000 EUR = 906,00 EUR] ist nicht überschritten.)   301,50 EUR
> 5. Postentgeltpauschale, VV 7002   20,00 EUR
>   Zwischensumme   1.966,90 EUR
> 6. 19 % Umsatzsteuer, VV 7008   379,41 EUR
>   **Gesamt**   **2.376,31 EUR**
>
> b) In Fall b) ist wie folgt abzurechnen:
> Für den **Hauptbevollmächtigten** ändert sich nichts, da er nur Protokollierungsauftrag hatte (VV 3101 Nr. 1).

Für den **Terminsvertreter** greift jetzt ebenfalls VV 3101 Nr. 1, da er aus dem Mehrwert zwar einen Termin wahrgenommen, dort aber nur insoweit protokolliert hat, ohne an der Einigung oder an Verhandlungen beteiligt gewesen zu sein. Im Ergebnis ändert sich hier allerdings wegen § 15 Abs. 3 nichts; die Berechnung verläuft jedoch anders.

I. Prozessbevollmächtigter
1. 1,3-Verfahrensgebühr, VV 3100 (Wert: 10.000 EUR)   725,40 EUR
2. 0,8-Verfahrensgebühr, VV 3101 Nr. 1 (Wert: 3.000 EUR)   160,80 EUR
   gem. § 15 Abs. 3 nicht mehr als 1,3 aus 13.000 EUR   785,20 EUR
3. 1,0-Einigungsgebühr, VV 1000, 1003 (Wert: 10.000 EUR)   558,00 EUR
4. 1,5-Einigungsgebühr, VV 1000 (Wert: 3.000 EUR) (Die Kappungsgrenze nach § 15 Abs. 3 [nicht mehr als 1,5 aus 13.000 EUR = 906,00 EUR] ist nicht überschritten.)   301,50 EUR
5. Postentgeltpauschale, VV 7002   20,00 EUR
   Zwischensumme   1.664,70 EUR
6. 19 % Umsatzsteuer, VV 7008   316,29 EUR

Gesamt   **1.980,99 EUR**

II. Terminsvertreter
1. 0,65-Verfahrensgebühr, VV 3401, 3100 (Wert: 10.000 EUR)   362,70 EUR
2. 0,4-Verfahrensgebühr, VV 3401, 3101 Nr. 1 (Wert: 3.000 EUR)   80,40 EUR
   gem. § 15 Abs. 3 nicht mehr als 0,65 aus 13.000 EUR   392,60 EUR
3. 1,2-Terminsgebühr, VV 3402, 3401 (Wert: 13.000 EUR)   724,80 EUR
4. 1,0-Einigungsgebühr, VV 1000, 1003 (Wert: 10.000 EUR)   558,00 EUR
5. 1,5-Einigungsgebühr, VV 1000 (Wert: 3.000 EUR) (Die Kappungsgrenze nach § 15 Abs. 3 [nicht mehr als 1,5 aus 13.000 EUR = 906,00 EUR] ist nicht überschritten.)   301,50 EUR
6. Postentgeltpauschale, VV 7002   20,00 EUR
   Zwischensumme   1.966,90 EUR
7. 19 % Umsatzsteuer, VV 7008   379,41 EUR

Gesamt   **2.376,31 EUR**

c) In Fall c) ist wie folgt abzurechnen:

Für den **Hauptbevollmächtigten** ändert sich nichts, da er nicht an einem gerichtlichen Termin teilgenommen hat.

Für den **Terminsvertreter** greift jetzt VV 3101 Nr. 2, da er zwar einen Termin wahrgenommen, aber nur verhandelt hat, ohne dass es zu einer Einigung gekommen ist. Im Ergebnis ändert sich hier allerdings wegen § 15 Abs. 3 wiederum nichts; die Berechnung verläuft jedoch anders.

I. Prozessbevollmächtigter
1. 1,3-Verfahrensgebühr, VV 3100 (Wert: 10.000 EUR)   725,40 EUR
2. 0,8-Verfahrensgebühr, VV 3101 Nr. 2 (Wert: 3.000 EUR)   160,80 EUR
   gem. § 15 Abs. 3 nicht mehr als 1,3 aus 13.000 EUR   785,20 EUR
3. 1,0-Einigungsgebühr, VV 1000, 1003 (Wert: 10.000 EUR)   558,00 EUR
4. 1,5-Einigungsgebühr, VV 1000 (Wert: 3.000 EUR) (Die Kappungsgrenze nach § 15 Abs. 3 [nicht mehr als 1,5 aus 13.000 EUR = 906,00 EUR] ist nicht überschritten.)   301,50 EUR
5. Postentgeltpauschale, VV 7002   20,00 EUR
   Zwischensumme   1.664,70 EUR
6. 19 % Umsatzsteuer, VV 7008   316,29 EUR

Gesamt   **1.980,99 EUR**

II. Terminsvertreter
1. 0,65-Verfahrensgebühr, VV 3401, 3100 (Wert: 10.000 EUR)   362,70 EUR
2. 0,4-Verfahrensgebühr, VV 3401, 3101 Nr. 2 (Wert: 3.000 EUR)   80,40 EUR
   gem. § 15 Abs. 3 nicht mehr als 0,65 aus 13.000 EUR   392,60 EUR
3. 1,2-Terminsgebühr, VV 3402, 3401 (Wert: 13.000 EUR)   724,80 EUR
4. 1,0-Einigungsgebühr, VV 1000, 1003 (Wert: 10.000 EUR)   558,00 EUR
5. 1,5-Einigungsgebühr, VV 1000 (Wert: 3.000 EUR) (Die Kappungsgrenze nach § 15 Abs. 3 [nicht mehr als 1,5 aus 13.000 EUR = 906,00 EUR] ist nicht überschritten.)   301,50 EUR

N. Schneider

6. Postentgeltpauschale, VV 7002		20,00 EUR
Zwischensumme		1.966,90 EUR
7. 19 % Umsatzsteuer, VV 7008		379,41 EUR
Gesamt		**2.376,31 EUR**

80 Bei **Rahmengebühren** (§ 3 Abs. 1 S. 1) ist die Höhe ebenso gestaffelt (VV 1005, 1006). Eine weitere Differenzverfahrensgebühr wie bei VV 3101 Nr. 1 entsteht hier nicht. Der Mehraufwand ist hier im Rahmen des § 14 Abs. 1 zu berücksichtigen.

6. Erledigungsgebühr, VV 1002, 1003, 1004; VV 1005, 1006

81 Ebenso wie eine Einigungsgebühr kann der Terminsvertreter auch eine Erledigungsgebühr nach VV 1002, 1003, 1004; VV 1005, 1006 verdienen. Es gilt dann das Gleiche wie bei einer Einigungsgebühr (vgl. Rdn 76 ff.).

7. Auslagen, VV 7002 ff.

82 Neben den Gebühren aus VV 3401, 3402 erhält der Terminsvertreter auch seine Auslagen nach den VV 7000 ff. vergütet, insbesondere also die Auslagen nach VV 7002 und eventuell auch Reisekosten zum Termin.

V. Mehrfacher Auftrag

83 Wird der vormals als Terminsvertreter tätige Anwalt später zum Verfahrensbevollmächtigten oder wird der Verfahrensbevollmächtigte später zum Terminsvertreter, so fallen die Gebühren nach VV 3401, 3402 nicht gesondert neben denen der VV 3100 ff. an. Es handelt sich insgesamt um eine einzige Angelegenheit. Der Anwalt erhält keine höhere Vergütung, als wenn er von vornherein mit sämtlichen Tätigkeiten beauftragt worden wäre (§ 15 Abs. 5).

> **Beispiel:** Der Anwalt wird zunächst als Terminsvertreter beauftragt und nimmt an der mündlichen Verhandlung teil. Später wird er als Prozessbevollmächtigter beauftragt und nimmt erneut an einem Verhandlungstermin teil.
> Der Anwalt erhält insgesamt nur eine 1,3-Verfahrensgebühr und eine 1,2-Terminsgebühr (§ 15 Abs. 5).

VI. Prozessbevollmächtigter als Terminsvertreter für Streitgenossen oder Streithelfer

84 Wird der Verfahrensbevollmächtigte einer Partei zugleich als Terminsvertreter einer anderen Partei oder eines Streithelfers tätig, so kann er die Gebühren der VV 3100, 3104 einerseits und VV 3401, 3402 andererseits insgesamt nur einmal verdienen (§ 15 Abs. 6).[22]

C. Gebühren des Verfahrensbevollmächtigten

I. Verfahrensgebühr, VV 3100

85 Die Vergütung des Verfahrensbevollmächtigten ist grundsätzlich unabhängig von der des Terminsvertreters. Der Verfahrensbevollmächtigte erhält für seine Tätigkeit die volle 1,3-Verfahrensgebühr nach VV 3100, soweit nicht die Voraussetzungen der VV 3101 Nr. 1 gegeben sind.

---

22 BGH AGS 2006, 486 = BGHReport 2006, 1276 = NJW 2006, 3571 = RVGreport 2006, 421 = AGkompakt 2011, 45.

II. Terminsgebühr, VV 3104

Die Terminsgebühr kann der Verfahrensbevollmächtigte ebenfalls erhalten, wenn er an einem Verhandlungs-, Erörterungs- oder Beweistermin teilnimmt, oder auch, wenn er Besprechungen zur Beilegung des Rechtsstreits führt (VV Vorb. 3 Abs. 3) oder sich ein Vergleich nach § 278 Abs. 6 ZPO feststellen lässt.

> **Beispiel:** Der Terminsvertreter nimmt an der mündlichen Verhandlung teil. Später wird ein Vergleich nach § 278 Abs. 6 ZPO geschlossen.
> Der Terminsvertreter verdient die Terminsgebühr durch die Teilnahme am Termin. Der Hauptbevollmächtigte durch den Abschluss des schriftlichen Vergleichs.

A.A. ist das LG Mönchengladbach,[23] das dem Prozessbevollmächtigten in diesem Fall eine Terminsgebühr versagt. Diese Auffassung ist jedoch unzutreffend. Sie widerspricht dem Gesetz. Schließt ein Prozessbevollmächtigter einen schriftlichen Vergleich, so entsteht ihm dafür nach Anm. Abs. 1 Nr. 1 zu VV 3104 eine Terminsgebühr, sofern – wie hier (§ 128 ZPO) – im Verfahren eine mündliche Verhandlung vorgeschrieben war. Eine Einschränkung, dass ein Prozessbevollmächtigter die Terminsgebühr nicht erhalte, wenn bereits ein Termin stattgefunden hat oder wenn ein anderer Anwalt (Verkehrsanwalt oder Terminsvertreter) bereits eine Terminsgebühr erhalten hat, findet sich im Gesetz nicht.

Allein das Verhandeln durch den Terminsvertreter lässt dagegen für den Verfahrensbevollmächtigten keine Vergütung entstehen. Die Gebühr kann für ihn auch nach Anm. Abs. 1 Nr. 1 zu VV 3104 entstehen.

Hat der Verfahrensbevollmächtigte dem Terminsvertreter die Verhandlung übertragen, so erhält er hierfür keine zusätzliche Gebühr mehr. Die Vorschrift des § 33 Abs. 3 S. 1 BRAGO, wonach der Prozessbevollmächtigte eine Gebühr i.H.v. fünf Zehnteln der dem Terminsvertreter zustehenden Gebühr, mindestens aber drei Zehntel erhielt, findet im RVG keine Entsprechung.

III. Einigungsgebühr, VV 1000, 1003, 1004; VV 1005, 1006

Die Einigungsgebühr erhält der Verfahrensbevollmächtigte, wenn eine Einigung zustande kommt und er daran mitgewirkt hat. Dabei muss er nicht selbst an der Protokollierung und dem Abschluss der Einigung teilgenommen haben. Es reicht aus, dass er mit dem Terminsvertreter zuvor den Rahmen abgesteckt hat, in dem eine Einigung vorgenommen werden kann, und dass dieser dann die Einigung abschließt.[24] Erst recht genügt es selbstverständlich, wenn er die Einigung entwirft. Auch Tätigkeiten nach Abschluss der Einigung können für den Verfahrensbevollmächtigten noch die Einigungsgebühr auslösen, etwa wenn er mit der Partei eine vom Terminsvertreter unter Widerrufsvorbehalt geschlossene Einigung bespricht und der Partei von der Ausübung des Widerrufsrechts abrät.[25]

IV. Einigung mit Mehrwert

Kommt es zu einer Einigung, in die auch Ansprüche miteinbezogen werden, die in diesem Verfahren nicht anhängig sind, so erhält der Verfahrensbevollmächtigte, sofern er an dieser Einigung beteiligt war, hierfür zusätzlich unter Beachtung des § 15 Abs. 3 eine 0,8-Verfahrensgebühr nach VV 3101 Nr. 1, 2.

---

23 AGS 2009, 266 = MDR 2009, 472 = JurBüro 2009, 251 = RVGreport 2009, 145.
24 OLG München AGS 2008, 52 und 102 = RVGreport 2007, 392 = NJW-Spezial 2008, 60 = JurBüro 2007, 595 = OLGR 2007, 1001.
25 OLG München AGS 2008, 52 und 102 = JurBüro 2007, 595 = OLGR München 2007, 1001 = RVGreport 2007, 392 = NJW-Spezial 2008, 60; Beschl. v. 7.11.2007 – 11 W 1957/07 (juris).

V. Erledigung

92 Soweit im Termin eine Erledigung i.S.d. VV 1002 erzielt wird, gilt das Gleiche wie bei Abschluss einer Einigung (siehe Rdn 81).

D. Prozesskostenhilfe

93 Nach § 121 ZPO ist die Beiordnung eines Terminsvertreters an sich nicht möglich.[26] Die Rechtsprechung lässt die Beiordnung allerdings zu, soweit dadurch die höheren Kosten eines nach § 121 Abs. 4 ZPO beizuordnenden Verkehrsanwalts erspart werden.[27] Wird der Anwalt danach als Terminsvertreter beigeordnet, erhält er bei Wertgebühren die Vergütung aus den Beträgen nach § 49. Im Falle von Betragsrahmengebühren gelten dieselben Sätze wie für den Wahlanwalt. Hier sind dann lediglich im Rahmen des § 14 Abs. 1 die geringeren Einkommens- und Vermögensverhältnisse der bedürftigen Partei zu berücksichtigen.

94 Soweit man zutreffender Weise die Beiordnung eines Terminsvertreters als nicht möglich ansieht, sind aber die Kosten des Unterbevollmächtigten als notwendige Auslagen des beigeordneten Anwalts gemäß § 46 Abs. 1 jedenfalls in dem Umfang erstattungsfähig, in dem sie bei einem persönlichen Auftreten des beigeordneten Rechtsanwalts vor dem Prozessgericht entstanden wären.[28]

E. Übergangsrecht BRAGO/RVG

95 Ist der Terminsvertreter nach dem 1.7.2004 beauftragt worden, so richtet sich seine Vergütung gemäß § 61 Abs. 1 S. 1 nach dem RVG. Ob der Hauptbevollmächtigte noch nach der BRAGO abrechnet, ist unerheblich. Zu fragen ist ausschließlich, welche Gebühr der Terminsvertreter als Hauptbevollmächtigter verdient hätte. Diese Gebühr ist dann zu halbieren.

> **Beispiel:** In einem Rechtsstreit über 10.000 EUR ist der Hauptbevollmächtigte bereits vor dem 1.7.2004 beauftragt worden. Für den Termin wird nach dem 30.6.2004 ein Terminsvertreter bestellt.
> Der Hauptbevollmächtigte rechnet gemäß § 61 Abs. 1 nach der BRAGO ab, der Terminsvertreter dagegen nach dem RVG.
>
> **I. Prozessbevollmächtigter**
> 1. 10/10-Prozessgebühr, § 31 Abs. 1 Nr. 1 BRAGO (Wert: 10.000 EUR) — 486,00 EUR
> 2. 5/10-Übertragungsgebühr, § 33 Abs. 3 BRAGO (Wert: 10.000 EUR) — 243,00 EUR
> 3. Postentgeltpauschale, § 26 S. 2 BRAGO — 20,00 EUR
> Zwischensumme — 749,00 EUR
> 4. 19 % Umsatzsteuer, § 25 Abs. 2 BRAGO — 142,31 EUR
> **Gesamt — 891,31 EUR**
>
> **II. Terminsvertreter**
> 1. 0,65-Verfahrensgebühr, VV 3401, 3100 (Wert: 10.000 EUR) — 362,70 EUR
> 2. Postentgeltpauschale, VV 7002 — 20,00 EUR
> Zwischensumme — 382,70 EUR
> 3. 19 % Umsatzsteuer, VV 7008 — 72,71 EUR
> **Gesamt — 455,41 EUR**

---

26 OLG Brandenburg AGS 2008, 194 = OLGR 2008, 316.
27 Siehe BGH AGS 2004, 349 = RVGreport 2004, 356 = BGHZ 159, 370 = FamRZ 2004, 1362 = NJW 2004, 2749 = BGHR 2004, 1371= FPR 2004, 628 = JurBüro 2004, 604 = Rpfleger 2004, 708 = ProzRB 2005, 8 = FuR 2005, 87 = RVG-Letter 2004, 93 = BB 2004, 2100 = FamRB 2004, 393 = VersR 2004, 1577 = MDR 2004, 1373; OLG Frankfurt AGS 2016, 300 = NZFam 2016, 84.
28 OLG Hamm AGS 2014, 308 = MDR 2014, 308 = FamFR 2013, 564; OLG Brandenburg AGS 2008, 293 = MDR 2007, 1287 = AnwBl 2007, 728 = FamRZ 2008, 628 = NJ 2007, 229; AGS 2008, 194 = OLGR 2008, 316; KG Rpfleger 2005, 200; OLG München JurBüro 1980, 1694; LAG Niedersachsen MDR 2007, 182.

Ist der Terminsvertreter vor dem 30.6.2004 beauftragt worden, so richtet sich seine Vergütung gemäß § 61 Abs. 1 S. 1 nach der BRAGO. Ob der Hauptbevollmächtigte noch nach der BRAGO oder bereits nach dem RVG abrechnet, ist unerheblich.

96

> **Beispiel:** In einem Rechtsstreit über 10.000 EUR ist der Terminsvertreter (Verhandlungsvertreter) bereits vor dem 1.7.2004 beauftragt worden. Erst nach dem 30.6.2004 wird ein Hauptbevollmächtigter bestellt. Der Hauptbevollmächtigte rechnet gemäß § 61 Abs. 1 nach dem RVG ab, der Terminsvertreter erhält dagegen noch die Vergütung nach der BRAGO.
>
> **I. Prozessbevollmächtigter**
> 1. 1,3 Verfahrensgebühr, VV 3100 (Wert: 10.000 EUR)   631,80 EUR
> 2. 1,2-Terminsgebühr, VV 3104 (Wert: 10.000 EUR)   583,20 EUR
> 3. Postentgeltpauschale, VV 7002   20,00 EUR
>   Zwischensumme   1.235,00 EUR
> 4. 19 % Umsatzsteuer, VV 7008   234,65 EUR
>   **Gesamt**   **1.469,65 EUR**
>
> **II. Terminsvertreter**
> 1. 5/10-Prozessgebühr, §§ 53 Abs. 1, 31 Abs. 1 Nr. 1 BRAGO (Wert: 10.000 EUR)   243,00 EUR
> 2. 10/10-Terminsgebühr, § 31 Abs. 1 Nr. 2 BRAGO (Wert: 10.000 EUR)   486,00 EUR
> 3. Postentgeltpauschale, § 26 S. 2 BRAGO   20,00 EUR
>   Zwischensumme   749,00 EUR
> 4. 19 % Umsatzsteuer, VV 7008   142,31 EUR
>   **Gesamt**   **891,31 EUR**

F. Übergangsrecht anlässlich des 2. KostRMoG

Auch infolge der Änderungen des 2. KostRMoG kann es für Terminsvertreter und Hauptbevollmächtigen zu unterschiedlichem Gebührenrecht kommen (§ 60). Auch hier muss für beide Anwälte nicht gleiches Recht gelten. Es sind beide Varianten möglich, nämlich dass der Prozessbevollmächtigte noch nach den alten Beträgen abrechnet, der Terminsvertreter dagegen nach den neuen oder umgekehrt (zu Einzelheiten siehe § 60 Rdn 76).

97

G. Kostenerstattung

I. Verkehrsanwalt

1. Grundsatz

Die Gebühr VV 3400 ist grundsätzlich nicht erstattungsfähig.[29] Voraussetzung ist eine Notwendigkeit gemäß § 91 ZPO. Hierfür besteht nur ausnahmsweise ein rechtfertigender Grund, wenn es der Partei etwa wegen Krankheit oder sonstiger persönlicher Unfähigkeit unmöglich oder unzumutbar ist, den Prozessbevollmächtigten am entfernten Gerichtsort persönlich, schriftlich oder telefonisch zu informieren.[30] Die eingeschränkte Erstattungsfähigkeit der Kosten des Verkehrsanwalts beruht auf der gesetzlichen Beschränkung seines Pflichtenkreises.[31]

98

2. Ausländische Partei

Die ausländische Partei darf nach der Rechtsprechung des BGH[32] einem ausländischen Verkehrsanwalt Mandat erteilen, der seinerseits einen inländischen Hauptbevollmächtigten beauftragen kann. Der BGH führt hierzu aus, dass es für eine ausländische Partei in einem Rechtsstreit vor einem deutschen Gericht regelmäßig als notwendig i.S.d. § 91 Abs. 1 ZPO anzuerkennen sei, dass sie sich

99

---

29 Riedel/Sußbauer/*Keller*, RVG, VV 3400 Rn 22; Gerold/Schmidt/*Müller-Rabe*, RVG, VV 3400 Rn 127.
30 Vgl. BGH NJW 2006, 301 m.w.N.
31 OLG Düsseldorf, Beschl. v. 4.11.2008 – VI-W (Kart) 1/08 (juris).
32 NJW 2005, 1373.

in jeder Instanz der Unterstützung eines Verkehrsanwalts bedient, wobei sie die Wahl hat zwischen einem Anwalt im Ausland oder einem deutschen Anwalt.[33]

100 Dieser Ansicht ist nicht uneingeschränkt zuzustimmen. Die Notwendigkeit, einen Verkehrsanwalt zu beauftragen, ergibt sich – jedenfalls bei juristischen Personen des Privatrechts und Handelsgesellschaften – für eine Partei nicht automatisch aus ihrer bloßen Ausländereigenschaft. Vielmehr ist die Frage der Erstattungsfähigkeit der Kosten eines Verkehrsanwalts nach dem Einzelfall zu beurteilen. Kosten eines ausländischen Verkehrsanwalts sind nur dann als notwendige Kosten erstattungsfähig, wenn die Hinzuziehung zur zweckentsprechenden Rechtsverteidigung geboten war.[34] Abzustellen ist darauf, ob es der Partei aufgrund der besonderen Problematik eines Falles nicht mehr zugemutet werden kann, mit dem Prozessbevollmächtigten direkt zu korrespondieren.[35] Für eine ausländische Partei können hierbei Sprachhindernisse, große Entfernung zum Gerichtsort und mangelnde Vertrautheit mit dem fremden Rechtskreis die Inanspruchnahme eines Verkehrsanwaltes erforderlich machen.[36] Die Notwendigkeit ist aber auch aus der Sicht eines kostenbewussten Beteiligten zu beurteilen, wobei Ausländer regelmäßig – aber nicht stets – eines Verkehrsanwalts bedürfen.[37] Für einen Beteiligten aus dem Ausland ist es oft notwendig, die Mitwirkung eines Anwalts vor Ort in Anspruch zu nehmen, der die erforderlichen sprachlichen Voraussetzungen mitbringt und über die notwendigen Fachkenntnisse auf dem dem Beteiligten fremden Rechtsgebiet des deutschen Rechts verfügt. Die Notwendigkeit der Beiziehung des Verkehrsanwalts beruht darauf, dass die Partei bei rein telekommunikativem Vorgehen nicht sicher sein kann, zu erkennen, auf welche Tatsachen es ankommt, welche Strategien ihr zur Verfügung stehen bzw. Erfolg versprechend sind und welche Kostenrisiken sie damit eingeht. Sie darf deshalb einen Anwalt vor Ort einschalten, um den am Gerichtsort zu informieren.[38] Eine ausländische Partei kann sich sogar in jeder Instanz eines Verkehrsanwalts bedienen,[39] während für den Inländer in der nächsthöheren Instanz zusätzlich ein neuer Prozessstoff gefordert wird.

101 Die Begrenzung der erstattungsfähigen Kosten eines ausländischen Verkehrsanwalts auf die bei der Beauftragung eines inländischen Verkehrsanwalts anfallenden Gebühren hat zur Folge, dass daneben auch die abgerechnete Umsatzsteuer auf die Vergütung des ausländischen Verkehrsanwalts, der für ein Unternehmen tätig geworden ist, nicht nach § 91 ZPO zu erstatten ist.[40]

3. Berufungs-/Revisionsverfahren

102 Nach einhelliger Ansicht sind die Gebühren für die Einschaltung eines Verkehrsanwalts im Berufungsverfahren grundsätzlich nicht erstattungsfähig, da der Sachverhalt in der Regel in erster Instanz geklärt wird.[41] Ebenso besteht jedoch Einigkeit, dass sich eine schematische Betrachtungsweise verbietet. Aufgrund aller Fallumstände ist eine Würdigung nach objektiven Maßstäben vorzunehmen.[42] Deshalb können Kosten für die Einschaltung des Korrespondenzanwaltes für das Berufungsverfahren ausnahmsweise erstattungsfähig sein.

103 Nach Rechtsprechung des BGH ist die Einschaltung eines Verkehrsanwalts im **Revisionsverfahren** grundsätzlich nicht zur zweckentsprechenden Rechtsverfolgung oder Rechtsverteidigung i.S.v. § 91 Abs. 1 S. 1 ZPO notwendig, da zumindest schon ein gerichtliches Urteil vorliegt und der Sachverhalt

---

33 OLG Stuttgart Justiz 2009, 292 m.w.N.; ähnlich z.B. OLG Hamburg MDR 2000, 664; OLG Dresden JurBüro 1998, 144; vgl. auch Zöller/*Herget*, § 91 Rn 13 „Ausländer"; vgl. auch vgl. BPatG, Beschl. v. 31.3.2000 – 2 ZA (pat) 35/98 (juris); OLG Düsseldorf NJW-RR 2007, 428; OLG Düsseldorf NJW-RR 1997, 126; OLG Düsseldorf MDR 1983, 560; vgl. a. BPatG, Beschl. v. 3.7.2000 – 3 ZA (pat) 16(00) (juris).
34 BGH NJW 2005, 1373.
35 BPatG, Beschl. v. 31.3.2000 – 2 ZA (pat) 35/98 (juris); OLG Düsseldorf NJW-RR 2007, 428.
36 OLG Düsseldorf NJW-RR 2007, 428.
37 BPatG, Beschl. v. 19.10.2010 – 27 W (pat) 78/10 (juris); OLG München Rechtspfleger 1979, 465, 466; KG WRP 2008, 1263 – Schweizer Rechtsanwalt; OLG Stuttgart NJW-RR 2004, 1581; BPatG, Beschl. v. 24.11.1998 – Az: 5 W (pat) 18/98 (Verkehrsanwalt); KG Berlin Rpfleger 2008, 598 = JurBüro 2008, 544 = RVGreport 2009, 114 (ohne inländische Vertriebsorganisation).
38 BGH NJW 1988, 1079; OLG Frankfurt/M. OLGR 1993, 90.
39 BPatG, Beschl. v. 19.10.2010 – 27 W (pat) 78/10 (juris); OLG Stuttgart NJW-RR 2004, 1581.
40 OLG Celle OLGR Celle 2008, 543; a.A. OLG Stuttgart OLGR Stuttgart 2008, 74.
41 Zöller/*Herget*, § 91 Rn 13 „Verkehrsanwalt-Rechtsmittelverfahren".
42 OLG Frankfurt AnwBl. 2000, 136; Gerold/Schmidt/*Müller-Rabe*, RVG, VV 3400 Rn 94 m.w.N.; *Mümmler*, JB 1997, 519 f.

in tatsächlicher und rechtlicher Hinsicht gewürdigt worden ist.[43] Im Revisionsverfahren sind allein Rechtsfragen zu klären, für die eine Korrespondenz mit der Prozesspartei von untergeordneter Bedeutung ist. Nur wenn besondere Umstände vorliegen, die ausnahmsweise die Bestellung eines Rechtsanwalts zur Vermittlung des Verkehrs zwischen der Partei und dem am Bundesgerichtshof zugelassenen Rechtsanwalt erforderlich machen, sind die Kosten für die Einschaltung eines Verkehrsanwalts ausnahmsweise erstattungsfähig.[44] Für das Revisionsverfahren ist dabei zu berücksichtigen, dass eine Sachstandsunterrichtung des Revisionsanwalts in der Regel nicht erforderlich ist, da in der Revisionsinstanz das angefochtene Urteil lediglich anhand des vom Berufungsgericht festgestellten und aus den Gerichtsakten ersichtlichen Sachverhalts auf Rechtsfehler überprüft wird. Nur wenn im Revisionsverfahren ausnahmsweise weiterer Sachvortrag erforderlich wird, z.B. aufgrund einer Auflage des Revisionsgerichts, der eine Unterrichtung des Revisionsanwalts über tatsächliche Umstände notwendig macht, kann etwas anderes gelten.[45] Der von *Müller-Rabe*[46] vertretenen Ansicht, wonach grundsätzlich ein Anspruch der Partei darauf besteht, die Sache mit einem Rechtsanwalt in seiner Nähe persönlich zu erörtern und zu besprechen, kann aus den dargelegten Gründen nach Ansicht der Kammer nicht gefolgt werden. Notwendige Erörterungen, z.B. ob das Rechtsmittel weiter verfolgt oder zurückgenommen werden soll, können mit den am BGH zugelassenen Anwälten direkt, z.B. telefonisch, geführt werden. Dies ist der Partei auch grundsätzlich zuzumuten.[47]

Die Kosten für die Einschaltung eines Verkehrsanwalts im Revisionsverfahren sind daher z.B. ausnahmsweise erstattungsfähig, wenn durch den Verkehrsanwalt Übersetzungs- bzw. Dolmetscherkosten erspart werden und der Verkehrsanwalt wegen seiner Kenntnisse (hier: im italienischen Recht) in der Lage war, den Revisionsanwalt entsprechend zu informieren.[48]

4. Selbstvertretung des Rechtsanwalts

Eine Verkehrsanwaltsgebühr im Falle einer Vertretung eines Anwalts durch sich selbst, kommt nicht in Betracht, wenn er sich an einen anderen Anwalt zwecks Prozessvertretung wendet, da kein Dreiecksverhältnis vorliegt und ein Anwalt nicht sein eigener Verkehrsanwalt sein kann.[49]

II. Terminsvertreter ohne Hauptbevollmächtigten

Die Gebühr nach Anm. zu VV 3400 ist grundsätzlich nicht erstattungsfähig.[50] Sie kann es in Ausnahmefällen dann sein, soweit eine Verkehrsanwaltsgebühr nach VV 3400 erstattungsfähig wäre.[51]

Die Kosten eines Terminsvertreters sind immer dann erstattungsfähig, wenn **daneben kein Verfahrensbevollmächtigter** bestellt wird. Die Kosten eines Terminsvertreters liegen nämlich immer unter denen eines Verfahrensbevollmächtigten.[52]

III. Terminsvertreter neben Hauptbevollmächtigtem

In einer Grundsatzentscheidung hat der BGH versucht die Erstattungsfähigkeit und damit Notwendigkeit der Kosten eines Terminsvertreters in den Griff zu bekommen. Hierzu hat der BGH entschieden, dass einerseits

---

43 BGH FamRZ 2004, 1633; BGH NJW 2006, 301; BGH FamRZ 2007, 719; OLG Düsseldorf, Beschl. v. 4.11.2008 – VI W (Kart) 1/08 (juris); OLG Hamm AnwBl. 2003, 185.
44 BGH FamRZ 2004, 1633.
45 LG Düsseldorf, Beschl. v. 24.4.2009 – 25 T 200/09 (juris).; OLG Hamm AnwBl. 2003, 185; OLG Nürnberg MDR 2005, 298; vgl. OLG Köln JurBüro 2010, 37; OLG Düsseldorf, Beschl. v. 4.11.2008 – VI-W (Kart) 1/08 (juris).
46 Gerold/Schmidt/*Müller-Rabe*, RVG, VV 3400 Rn 93.
47 LG Düsseldorf, Beschl. v. 24.4.2009 – 25 T 200/09 (juris).
48 OLG Köln JurBüro 2010, 37.
49 OLGR Saarbrücken 2009, 380; vgl. OLG Düsseldorf JurBüro 1984, 766; Gerold/Schmidt/*Müller-Rabe*, VV 3400 Rn 15.
50 Riedel/Sußbauer/*Keller*, RVG, VV 3400 Rn 22; Gerold/Schmidt/*Müller-Rabe*, RVG, VV 3400 Rn 127.
51 LG Düsseldorf AnwBl. 1968, 278.
52 Hansens, BRAGO, § 53 Rn 10.

- die Zuziehung eines am Wohn- oder Geschäftsort der auswärtigen Partei ansässigen Rechtsanwalts regelmäßig als zur zweckentsprechenden Rechtsverfolgung oder Rechtsverteidigung notwendig i.S.v. § 91 Abs. 2 S. 1, 2. Hs. ZPO anzusehen ist[53] und andererseits,
- dass die Kosten eines Terminsvertreters, der für den auswärtigen Prozessbevollmächtigten die Vertretung in einem Termin übernommen hat, erstattungsfähig sind, soweit sie durch die Tätigkeit des Terminsvertreters ersparten erstattungsfähigen Reisekosten des Prozessbevollmächtigten **nicht wesentlich übersteigen**. Gemeint ist hiermit, dass durch die Tätigkeit des Terminsvertreters erstattungsfähige Reisekosten des Hauptbevollmächtigten, nämlich Tage- und Abwesenheitsgeld sowie Fahrtkosten – nicht Flugkosten von Billigfluglinien[54] – nach VV Vorb. 7 Abs. 2, VV 7003–7006, erspart werden, die ansonsten bei der Wahrnehmung des Termins durch den Hauptbevollmächtigten entstanden wären.[55] Dies setzt jedoch voraus, dass auch der Hauptbevollmächtigte anstelle des Unterbevollmächtigten den Termin hätte wahrnehmen können.[56]

108 Notwendige Voraussetzung für die Erstattung von Kosten des Terminsvertreters ist demnach zunächst, dass die dem Hauptbevollmächtigten im Falle eigener Terminswahrnehmung zustehenden Reisekosten dem Grunde nach zu erstatten wären.

109 Bei der Frage der **Erstattungsfähigkeit** kommt es darauf an, ob eine verständige und wirtschaftlich vernünftige Partei die die Kosten auslösende Maßnahme im Zeitpunkt ihrer Veranlassung als schachdienlich ansehen durfte. Dabei darf eine Partei ihr berechtigtes Interesse verfolgen und die zur vollen Wahrnehmung ihrer Belange erforderlichen Schritte ergreifen. Sie ist lediglich gehalten, **unter mehreren gleichartigen Maßnahmen die kostengünstigste auszuwählen**.[57] Allerdings weist der BGH[58] in einer anderweitig ergangenen Entscheidung darauf hin, dass bei der Prüfung der Notwendigkeit einer bestimmten Rechtsverfolgungs- oder Rechtsverteidigungsmaßnahme eine **typisierende Betrachtungsweise** geboten ist. Gemeint ist damit, dass der Gerechtigkeitsgewinn, der bei einer übermäßig differenzierenden Betrachtung im Einzelfall zu erzielen ist, in keinem Verhältnis zu den sich einstellenden Nachteilen steht, wenn in nahezu jedem Einzelfall darüber gestritten werden kann, ob die Kosten einer bestimmten Rechtsverfolgungs- oder Rechtsverteidigungsmaßnahme zu erstatten sind oder nicht. Insofern verbietet es sich auf die Besonderheiten des Einzelfalls näher einzugehen.[59]

110 Eine **Ausnahme** von dem Grundsatz, dass die Beauftragung eines in der Nähe des Wohn- oder Geschäftsortes der Partei ansässigen Rechtsanwaltes eine Maßnahme zweckentsprechender Rechtsverfolgung oder Rechtsverteidigung darstellt, kann allerdings dann eingreifen,
- wenn schon im Zeitpunkt der Beauftragung des Rechtsanwalts feststeht, dass ein eingehendes Mandantengespräch für die Prozessführung nicht erforderlich sein wird.[60] Dies kommt in Betracht bei gewerblichen Unternehmen, die über eine **eigene Rechtsabteilung** verfügen, die die Sache bearbeitet hat.[61] Diese sind regelmäßig in der Lage, einen am Sitz des Prozessgerichts ansässigen Prozessbevollmächtigten umfassend mit Mitteln der modernen Telekommunikation zu informieren und zu instruieren.[62] Dies zu prüfen ist unabdingbare Voraussetzung des Kostenfestsetzungsorgans. **Gegenausnahme:** Bei Vorhandensein einer Rechtsabteilung kann eine sachgerechte und die Interessen der Partei vollständig wahrende Prozessführung die mündliche Besprechung tatsächlicher und rechtlicher Fragen mit dem Prozessbevollmächtigten erforderlich machen, wenn der zu beurteilende Fall Besonderheiten aufweist und es sich **nicht um ein Routinegeschäft** handelt.[63] Ein Mandantengespräch ist auch dann entbehrlich, wenn die Sache von Mitarbeitern bearbeitet worden ist, die in der Lage waren, einen am Sitz des Prozessgerichts ansässigen Prozessbevollmächtigten **umfassend schriftlich** zu instruieren. Davon kann auszugehen sein, wenn es sich bei den mit der Sache befassten Mitarbeitern um **rechtskundiges Personal** handelt

---

53 Die Regelung § 91 Abs. 2 S. 2 ZPO wurde durch das KostRMoG mit Wirkung zum 1.7.2004 aufgehoben. Insofern hat die Entscheidung auch Gültigkeit für Fälle nach dem 1.7.2004.
54 OLG Stuttgart RVGreport 2005, 319.
55 OLG Stuttgart RVGreport 2005, 319; OLG Düsseldorf NJW-RR 2001, 1000 = JurBüro 2001, 256; OLG Hamm JurBüro 2001, 366 und 484.
56 OLG Dresden AGS 2008, 576 m.w.N.
57 BGH NJW 2003, 898 f.; BGH NJW-RR 2004, 430; BGH WRP 2004, 1492 f. – Unterbevollmächtigter II – m.w.N.
58 BGH NJW 2003, 901, 902 = WRP 2003, 391 – Auswärtiger Rechtsanwalt I.
59 *Hansens*, RVGreport 2005, 115 f.
60 OLG Brandenburg, Beschl. v. 20.2.2007 – 6 W 17/07 (juris).
61 BGH NJW 2003, 898, 901; BGH GRUR 2003, 725 f. = WRP 2003, 894 – Auswärtiger Rechtsanwalt II; BGH WRP 2004, 495, 496 – Auswärtiger Rechtsanwalt IV.
62 OLG Düsseldorf Rpfleger 2006, 512 = JurBüro 2006, 485.
63 BGH JurBüro 2003, 427 = AnwBl 2003, 311; OLG Brandenburg, Beschl. v. 20.2.2007 – 6 W 17/07 (juris).

und der Rechtsstreit in tatsächlicher und rechtlicher Hinsicht keine besonderen Schwierigkeiten aufweist.[64]

Ist die auswärtige Partei ein **Haftpflichtversicherer**, der keine eigene Rechtsabteilung unterhält, sondern bei rechtlichen Schwierigkeiten einen Hausanwalt an seinem Geschäftsort beauftragt, ist dessen Zuziehung regelmäßig als zur zweckentsprechenden Rechtsverfolgung oder Rechtsverteidigung notwendig i.S.v. § 91 Abs. 2 S. 1, 2. Hs. ZPO anzusehen.[65]

– wenn bei einem in tatsächlicher Hinsicht überschaubaren Streit um eine Geldforderung die Gegenseite versichert hat, nicht leistungsfähig zu sein und gegenüber einer Klage keine Einwendungen zu erheben.

Das Tatbestandsmerkmal des **wesentlichen Übersteigens der erstattungsfähigen Reisekosten des Prozessbevollmächtigten** ist nach Ansicht des BGH gegeben, wenn die **Kosten des Unterbevollmächtigten die ersparten Reisekosten um mehr als 10 % überschreiten**.[66]   **111**

Die Beurteilung, ob sich die Gesamtkosten bei Einschaltung des Terminsvertreters im 110 %-Rahmen halten, ist aus der ex-ante-Sicht, also vor Beauftragung des Terminsvertreters, vorzunehmen.[67]   **112**

War die Einschaltung eines Unterbevollmächtigten danach nicht erforderlich, so sind hierdurch entstandene Kosten nur i.H.v. der ersparten Reisekosten des Hauptbevollmächtigten zu erstatten.   **113**

Nach einer Auffassung sollten die Kosten des Terminsvertreters in diesem Fall nur bis zu 100 % der fiktiven Kosten des Verfahrensbevollmächtigten zu erstatten sein.[68] Die übrigen Mehrkosten des Terminsvertreters sollten danach vom Mandanten selbst zu tragen sein.   **114**

Nach anderer Auffassung sollte dagegen auch hier die 110 %-Grenze gelten, sodass die Kosten des Terminsvertreters bis zur Höhe der fiktiven Kosten des Verfahrensbevollmächtigten zuzüglich eines Aufschlags von 10 % auf die Reisekosten zu erstatten seien.[69] Der BGH hat sich zwischenzeitlich dieser Auffassung angeschlossen.[70]   **115**

Um die Notwendigkeit und damit Erstattungsfähigkeit der Kosten des Unterbevollmächtigten zu prüfen, sollte in folgenden Schritten vorgegangen werden:[71]   **116**
– Prüfung, ob die Zuziehung eines Rechtsanwalts mit Kanzleisitz am Wohn- oder Geschäftsort der Partei notwendig ist (siehe Rdn 109 f., 11 f.)
– Ermittlung der Vergütung des Prozessbevollmächtigten[72]
– Ermittlung der Vergütung des Unterbevollmächtigten bzw. Terminsvertreters[73]

---

64 BGH VersR 2006, 1089.
65 BGH VersR 2006, 1089.
66 BGH AGS 2012, 452 = MDR 2012, 1128 = NJW 2012, 2888 = AnwBl 2012, 850 = Rpfleger 2012, 652 = GuT 2012, 378 = Rpfleger 2012, 712 = JurBüro 2012, 593 = zfs 2012, 645 = HFR 2013, 186 = NJW-Spezial 2012, 669 = FamRZ 2012, 1561 = RVGreport 2012, 423 = NJ 2013, 164.
67 BGH AGS 2014, 499 = MDR 2014, 499 = FamRZ 2014, 747 = AnwBl 2014, 454 = zfs 2014, 344 = NJW-RR 2014, 763 = Rpfleger 2014, 395 = Schaden-Praxis 2014, 242 = JurBüro 2014, 367 = BB 2014, 770 = NJW-Spezial 2014, 284 = FF 2014, 219 = FA 2014, 148 = FuR 2014, 355 = RVGreport 2014, 234 = RVGprof. 2014, 94 = BRAK-Mitt 2014, 159 = FamRB 2014, 257 = ZIP 2014, 1697; AGS 2012, 452 = MDR 2012, 1128 = NJW 2012, 2888 = AnwBl 2012, 850 = Rpfleger 2012, 652 = GuT 2012, 378 = Rpfleger 2012, 712 = JurBüro 2012, 593 = zfs 2012, 645 = HFR 2013, 186 = NJW-Spezial 2012, 669 = FamRZ 2012, 1561 = RVGreport 2012, 423 = NJ 2013, 164.
68 OLG Oldenburg MDR 2008, 532 = AnwBl 2008, 381 = JurBüro 2008, 321 = OLGR 2008, 507 = Schaden-Praxis 2008, 378; OLG Brandenburg, Beschl. v. 21.8.2007 – 6 W 123/07.
69 OLG Hamburg AGS 2012, 202 = NJW-Spezial 2012, 188 = RVGreport 2012, 115 = AE 2012, 116; OLG Bamberg AGS 2007, 49 = OLGR 2006, 645 = JurBüro 2006, 541 = Rpfleger 2007, 47; OLG Brandenburg, Beschl. v. 21.8.2007 – 6 W 123/07.
70 AGS 2015, 241 = AnwBl 2015, 529 = WRP 2015, 753 = Rpfleger 2015, 425 = NJW-RR 2015, 761 = zfs 2015, 404 = VersR 2015, 909 = MDR 2015, 547 = BRAK-Mitt 2015, 155 = FamRZ 2015, 1021 = RVGreport 2015, 267 = RVGprof. 2015, 148.
71 *Enders*, JurBüro 2005, 62 ff.
72 In der Regel 1,3-Verfahrensgebühr nach VV 3100; gegebenenfalls 1,2-Terminsgebühr nach VV 3104 bei Besprechungen zur Vermeidung oder Erledigung der Angelegenheit (vgl. VV Vorb. 3 Abs. 3, 3. Var.).
73 0,65-Verfahrensgebühr nach VV 3401 und 1,2 Terminsgebühr nach VV 3402.

- Ermittlung der Mehrkosten, die durch Einschaltung des Unterbevollmächtigten bzw. Terminsvertreters entstanden sind[74]
- Ermittlung der Reisekosten des Prozessbevollmächtigten[75]
- Vergleich der Mehrkosten des Unterbevollmächtigten bzw. Terminsvertreters mit den Reisekosten des Prozessbevollmächtigten. Liegen die Kosten des Unterbevollmächtigten höher als 10 % der ersparten Reisekosten des Prozessbevollmächtigten, so kommt eine Erstattung nur bis zur Höhe von 100 % der ersparten Terminsreisekosten in Betracht.[76]

117 Da der Verfahrensbevollmächtigte, der an Termin nicht teilnimmt, in der Regel keine Terminsgebühr erhält (Ausnahme: Besprechungen zur Erledigung – VV Vorb. 3 Abs. 3, 3. Var.), werden insoweit dessen Terminsgebühr und dessen Reisekosten erspart.

Beispiel: Die in Köln wohnende Partei beauftragt einen in Bonn niedergelassenen Anwalt als Prozessbevollmächtigten in einem Verfahren vor dem AG Köln. Für den Termin wird ein Terminsvertreter in Köln bestellt.
Bei einem Streitwert von 3.000 EUR ist folgende Vergütung angefallen:

I. Prozessbevollmächtigter
1. 1,3-Verfahrensgebühr, VV 3100   261,30 EUR
2. Auslagenpauschale, VV 7002   20,00 EUR
Zwischensumme   281,30 EUR
3. 19 % Umsatzsteuer, VV 7008   53,45 EUR
Gesamt   **334,75 EUR**

II. Terminsvertreter
1. 0,65-Verfahrensgebühr, VV 3401, 3100   130,65 EUR
2. 1,2-Terminsgebühr, VV 3402, 3401, 3104   241,20 EUR
3. Auslagenpauschale, VV 7002   20,00 EUR
Zwischensumme   391,85 EUR
4. 19 % Umsatzsteuer, VV 7008   74,45 EUR
Gesamt   **466,30 EUR**
Gesamtvergütung beider Anwälte   **801,05 EUR**

Hätte die Partei einen Kölner Anwalt als Prozessbevollmächtigten bestellt, so wären folgende Gebühren angefallen:
1. 1,3-Verfahrensgebühr, VV 3100   261,30 EUR
2. 1,2-Terminsgebühr, VV 3104   241,20 EUR
3. Auslagenpauschale, VV 7002   20,00 EUR
4. Fahrtkosten, VV 7003, 2 x 30 km x 0,30 EUR   18,00 EUR
5. Abwesenheitsgeld, VV 7005 Nr. 1   25,00 EUR
Zwischensumme   565,50 EUR
6. 19 % Umsatzsteuer, VV 7008   107,45 EUR
Gesamt   **672,95 EUR**

An Mehrkosten sind somit 801,05 EUR – 672,95 EUR = 128,10 EUR entstanden.
Die Reisekosten des Prozessbevollmächtigten betragen insgesamt 43 EUR. 10 % hiervon sind 4,30 EUR. Somit dürfen nach der BGH Rechtsprechung die Kosten des Unterbevollmächtigten bzw. Terminsvertreters nicht höher als 47,30 EUR (43,00 EUR + 4,30 EUR) liegen. Nur i.H.v. 47,30 EUR kommt eine Erstattung durch den Gegner in Betracht, so dass die übrigen Mehrkosten des Unterbevollmächtigten bzw. Terminsvertreters in Höhe einer 0,65 Verfahrensgebühr zzgl. Auslagen und Umsatzsteuer abzüglich eines Betrages von 47,30 EUR vom Mandanten selbst zu tragen sind.

118 Aber auch dann, wenn **keine eigene Rechtsabteilung** vorhanden ist, ist die Zuziehung eines am Wohn- oder Geschäftsort der auswärtigen Partei ansässigen Rechtsanwalts regelmäßig als zur zweckentsprechenden Rechtsverfolgung oder Rechtsverteidigung notwendig anzusehen, wenn die Partei bei **rechtlichen Schwierigkeiten** einen **Hausanwalt** an ihrem Geschäftsort beauftragt. Dies folgt daraus, dass es im Rahmen der Kostenerstattung auf die tatsächliche Organisation des Unternehmens der Partei ankommt und nicht darauf, welche Organisation das Gericht für zweckmäßig hält. Der

---

[74] In der Regel 0,65-Gebühr. Zu beachten ist, dass eine nur bei dem Terminsvertreter angefallene Einigungsgebühr nicht miteinzubeziehen ist. Ist auf Seiten des Prozessbevollmächtigten ebenfalls eine 1,2-Terminsgebühr entstanden, so ist diese bei der Vergleichsberechnung mit zu berücksichtigen.

[75] VV 7003 bis 7006; eine Beschränkung der Gesamtstrecke von bis zu 200 km gilt nach § 5 JVEG – entgegen § 9 ZuSEG a.F. – nicht mehr.

[76] OLG Stuttgart RVGreport 2005, 319 m. Anm. *Hansens*.

Prozessgegner hat es also hinzunehmen, dass er die erforderlichen Kosten eines als Hauptbevollmächtigten eingeschalteten Rechtsanwalts regelmäßig zu tragen hat, während die Kosten einer Rechtsabteilung nicht auf ihn abgewälzt werden könnten. Dies gilt auch dann, wenn eine Partei, ständig eine bestimmte Anwaltskanzlei mit der Bearbeitung von Rechtsangelegenheiten, die nicht zu ihrem eigentlichen Unternehmensgegenstand gehören, beauftragt und dadurch die Einrichtung einer eigenen Rechtsabteilung entbehrlich macht.[77]

Ist der **Rechtsanwalt nicht am Prozessgericht zugelassen** bzw. weder am **Gerichtsort noch am Geschäfts- oder Wohnort der Prozesspartei ansässig**, sind die **Reisekosten** zur Terminswahrnehmung jedenfalls insoweit zu erstatten, als sie sich im Rahmen der erstattungsfähigen Reisekosten halten, die angefallen wären, wenn die Partei einen Prozessbevollmächtigten entweder am Gerichtsort oder an ihrem Geschäfts- oder Wohnort beauftragt hätte.[78] Hierfür spricht einerseits das erforderliche persönliche mündliche Gespräch als auch, dass eine Partei ein berechtigtes Interesse daran haben kann, sich durch den Rechtsanwalt ihres Vertrauens auch vor auswärtigen Gerichten vertreten zu lassen.[79] Dies entspricht zudem der Entscheidung des BVerfG.[80] Denn das besondere Vertrauensverhältnis zwischen Anwalt und Mandant, das auf Aktenkenntnis im konkreten Fall oder auch auf langjähriger Beratung und erfolgreicher begleitender Zusammenarbeit gründen könne, ist ein rechtlich anzuerkennender Vorteil aus der Sicht des Mandanten. Nichts anderes kann bei der Entscheidung gelten, inwieweit die Kosten des beim Prozessgericht nicht zugelassenen und am Gerichtsort nicht ansässigen Prozessbevollmächtigten zu erstatten sind. Hier ist ebenso wie dem Bedarf an persönlichem Kontakt auch dem Vertrauensverhältnis zwischen der Partei und dem von ihr ausgewählten Rechtsanwalt Rechnung zu tragen. 119

Soweit sich danach die Partei eines Anwalts bedienen darf und dessen Reisekosten an sich erstattungsfähig sind, sind auch die Kosten eines Terminsvertreters erstattungsfähig, sofern der Anwalt nicht zum Termin anreist, sondern stattdessen einen Terminsvertreter beauftragt. Lediglich dann, wenn die Kosten des Terminsvertreters wesentlich[81] höher sind als die Reisekosten des Anwalts, kann die Kostenerstattung auf die Höhe der Reisekosten zu begrenzen sein. Insofern gelten auch hier die oben dargestellten Prüfungsschritte. 120

Eine kleinliche Betrachtung ist hierbei allerdings nicht angebracht. Insbesondere ist hier zu berücksichtigen, dass zu Beginn des Rechtsstreits nicht abzusehen sein wird, wie hoch die Reisekosten des Anwalts sein werden. 121

Eine Kostenerstattung in Höhe eventuell **ersparter Terminsreisekosten der Partei** kommt nicht Betracht. Denn der Terminsvertreter nimmt in der Regel nicht an Stelle der Partei am Termin teil, sondern an Stelle des Verfahrensbevollmächtigten. So wird eine Partei schwerlich begründen können, wieso durch die Einschaltung eines Terminsvertreters das persönliche Erscheinen im Termin entbehrlich wurde. Erscheint die Partei neben dem Terminsvertreter nicht, dann wäre sie auch neben dem Verfahrensbevollmächtigten nicht erschienen, so dass insoweit keine Kosten erspart worden sein dürften. 122

Lehnt ein Gericht eine Terminsverlegung ab, obgleich einem Prozessbevollmächtigten wegen Terminsüberschneidung die Teilnahme an der mündlichen Verhandlung unmöglich ist und wird deshalb ein weiterer Prozessbevollmächtigter als Terminsvertreter tätig, dann sind die dadurch anfallenden Mehrkosten erstattungsfähig.[82] Soweit allerdings eine erst gar nicht Terminsverlegung nicht beantragt wird, sind die Mehrkosten nicht erstattungsfähig.[83] 123

IV. Einigungsgebühr

Eine Erstattung einer zweiten Einigungsgebühr beim Terminsvertreter ist möglich.[84] Die Rechtsprechung, die beim Verkehrsanwalt die Erstattung einer zweiten Einigungsgebühr nur in Ausnahmefäl- 124

---

77 BGH RVGreport 2005, 115.
78 BGH AGS 2004, 260 f.; insofern gelten auch hier die oben dargestellten **Prüfungsschritte**.
79 BGH AGS 2004, 260 f.
80 BVerfGE 103, 1, 16.
81 BGH AGS 2003, 97 m. Anm. *Madert*; BGH RVG-B 2005, 41 m. Anm. *Onderka*.
82 OVG Sachsen NJ 2008, 326.
83 OVG Münster AGS 2011, 414 = NJW 2010, 459 = AnwBl 2010, 148 = RVGreport 2010, 271.
84 Verneinend OLG Zweibrücken AGS 2004, 497 = RVG-Report 2004, 192 m. zust. Anm. *Hansens*.

len anerkannt hat,[85] ist auf den Terminsvertreter nicht übertragbar. Vielmehr wird bei diesem in vielen Fällen die Mitwirkung beider Anwälte notwendig sein. Häufig wird der Terminsvertreter bei den Einigungsgesprächen vor Gericht mitwirken. Mindestens ist in Anwaltsprozessen seine Mitwirkung bei der Protokollierung notwendig, wodurch die Einigungsgebühr ausgelöst wird. Andererseits ist eine Mitwirkung des Verfahrensbevollmächtigten notwendig. Es ist dessen Aufgabe als Prozessbevollmächtigter, der am umfassendsten informiert und der Vertrauensanwalt ist, zu entscheiden, ob eine Einigung zustande kommen soll.[86] Auf die Bedeutung des Vertrauensverhältnisses hat der BGH im Zusammenhang der Erstattung von Reisekosten hingewiesen.[87]

125 Bei der vorzunehmenden ex-ante-Vergleichsberechnung zwischen den zusätzlichen Kosten eines Terminsvertreters einerseits und den Reisekosten des auswärtigen Prozessbevollmächtigten andererseits ist nicht zu berücksichtigen, dass u.U. eine zweite Einigungsgebühr anfallen kann. Die 110 %-Grenze (siehe Rdn 111 ff.) muss also insoweit nicht eingehalten werden.[88]

126 Handelt der Terminsvertreter im Termin die Einigung aus und wirkt er bei der Protokollierung mit, so sind zwei Einigungsgebühren zu erstatten, wenn der Prozessbevollmächtigte auch mitgewirkt hat, indem er zur Annahme eines Vergleichsvorschlags des Gerichts geraten hat, der dem später im Termin ausgehandelten Vergleich im Wesentlichen entspricht.[89]

127 Gleiches gilt, wenn der Terminsvertreter im Termin einen Vergleich unter Widerrufsvorbehalt abschließt und der Hauptbevollmächtigte nach Prüfung der Partei vom Widerruf abrät, sodass der Vergleich rechtskräftig wird.[90]

128 Ebenso fallen zwei erstattungsfähige Einigungsgebühren an, wenn der Terminsvertreter in einer Sitzungspause mit dem Hauptbevollmächtigten telefoniert und den Inhalt eines abzuschließenden Vergleichs abstimmt.[91]

V. Glaubhaftmachung

129 Die Festsetzung der erstattungsfähigen gesetzlichen Gebühren und Auslagen für einen Terminvertreter setzt voraus, dass dieser von der Partei selbst beauftragt worden ist, nicht aber, wenn deren Prozessbevollmächtigter im eigenen Namen den Auftrag zur Terminvertretung erteilt. Deshalb reicht im Kostenfestsetzungsverfahren zur Glaubhaftmachung die Vorlage einer Kostenberechnung allein des Prozessbevollmächtigten mit Einstellung der für den Terminvertreter angesetzten Gebühren und Auslagen nicht aus, ebenso wenig wie dessen anwaltliche Versicherung. Vorzulegen ist vielmehr die auf den Mandanten lautende Rechnung des Terminsvertreters.[92] Das lässt sich nicht dadurch aushebeln, dass der Prozessbevollmächtigte behauptet, der Terminvertreter habe lediglich als sein Erfüllungsgehilfe und damit wie der Hauptbevollmächtigte selbst den Termin wahrgenommen.[93]

---

85 Vgl. Gerold/Schmidt/*Müller-Rabe*, RVG, VV 3400 Rn 96 f.; AG Köln AGS 2007, 133 (bei Mitwirkung an Einigungsgesprächen vor Gericht).
86 Gerold/Schmidt/*Müller-Rabe*, RVG, VV 3401 Rn 104; OLG München AGS 2008, 52.
87 FamRZ 2004, 939 = NJR-RR 2004, 458.
88 OLG München AGS 2008, 52 und 102 = JurBüro 2007, 595 = OLGR 2007, 1001 = RVGreport 2007, 392 = NJW-Spezial 2008, 60.
89 OLG München OLGR 2009, 688 = JurBüro 2009, 487 = RVGreport 2009, 315 = FamRZ 2009, 1782 = FamRB 2009, 345.
90 BGH AGS 2014, 499 = MDR 2014, 499 = FamRZ 2014, 747 = AnwBl 2014, 454 = zfs 2014, 344 = NJW-RR 2014, 763 = Rpfleger 2014, 395 = Schaden-Praxis 2014, 242 = JurBüro 2014, 367 = BB 2014, 770 = NJW-Spezial 2014, 284 = FF 2014, 219 = FA 2014, 148 = FuR 2014, 355 = RVGreport 2014, 234 = RVGprof. 2014, 94 = BRAK-Mitt 2014, 159 = FamRB 2014, 257 = ZIP 2014, 1697; AG Köln AGS 2007, 133 = AnwBl 2007, 239 = JurBüro 2007, 132; AG Charlottenburg AGkompakt 2014, 38.
91 OLG München AGS 2008, 52 und 102 = JurBüro 2007, 595 = OLGR 2007, 1001 = RVGreport 2007, 392 = NJW-Spezial 2008, 60.
92 BGH AGS 2011, 568 = zfs 2011, 582 = AnwBl 2011, 787 = JurBüro 2012, 29 = VersR 2012, 737 = RVGreport 2011, 389 = RVGprof. 2012, 39; OLG Koblenz AGS 2013, 150 = MDR 2013, 124 = JurBüro 2013, 143.
93 OLG Koblenz AGS 2016, 152.

Nr.	Gebührentatbestand	Gebühr oder Satz der Gebühr nach § 13 RVG
3403	Verfahrensgebühr für sonstige Einzeltätigkeiten, soweit in Nummer 3406 nichts anderes bestimmt ist	0,8
	Die Gebühr entsteht für sonstige Tätigkeiten in einem gerichtlichen Verfahren, wenn der Rechtsanwalt nicht zum Prozess- oder Verfahrensbevollmächtigten bestellt ist, soweit in diesem Abschnitt nichts anderes bestimmt ist.	
3404	Der Auftrag beschränkt sich auf ein Schreiben einfacher Art: Die Gebühr 3403 beträgt	0,3
	Die Gebühr entsteht insbesondere, wenn das Schreiben weder schwierige rechtliche Ausführungen noch größere sachliche Auseinandersetzungen enthält.	

Literatur: *N. Schneider*, Gebühren für Vergleichsprotokollierung und Rechtsmittelverzicht in Scheidungsverfahren, ZAP Fach 24, S. 603; *ders.*, Befangenheitsablehnung – Gebühren, Streitwert und Kostenerstattung, MDR 2001, 130.

A. Allgemeines 1	3. Vorzeitige Erledigung 51
B. Regelungsgehalt 5	4. Gegenstandswert 54
I. Sachlicher Anwendungsbereich 5	VI. Mehrere Aufträge 55
II. Persönlicher Anwendungsbereich 11	1. Überblick 55
III. Auftrag 19	2. Mehrere Schreiben 57
IV. Einreichen, Anfertigen oder Unterzeichnen von Schriftsätzen 20	3. Mehrere Termine 58
1. Überblick 20	4. Terminswahrnehmung und Schriftsatztätigkeit 59
a) Allgemeines 20	5. Mehrere Aufträge nach VV 3400, 3401 und 3403 61
b) Schriftsatz 22	VII. Einigungsgebühr 62
c) Einreichen 25	VIII. Auslagen 63
d) Anfertigen 28	C. Kostenerstattung 64
e) Unterzeichnen 30	I. Überblick 64
2. Höhe der Gebühr 31	II. Gebühr entsteht dem Verfahrensbevollmächtigten 65
a) Gewöhnliche Schriftsätze 31	III. Anwalt war anstelle eines Verfahrensbevollmächtigten tätig 66
b) Schreiben einfacher Art (VV 3404) .. 33	IV. Anwalt wird neben einem Verfahrensbevollmächtigten tätig 73
3. Vorzeitige Beendigung nach VV 3405 .. 39	
4. Gegenstandswert 42	
V. Wahrnehmung von Terminen 46	
1. Allgemeines 46	
2. Höhe der Gebühr 49	

A. Allgemeines

Die Vorschrift der **VV 3403** ergänzt die Vorschriften der VV 3401, 3402 und vergütet diejenigen Einzeltätigkeiten des Anwalts, die von den vorgenannten VV-Nummern nicht erfasst werden.   **1**

Für die Gebühren nach VV 3403 kann nach wie vor zwischen zwei Tätigkeitsgruppen unterschieden werden: **2**
- das **Einreichen, Anfertigen oder Unterzeichnen von Schriftsätzen** und
- die **Wahrnehmung von anderen Terminen** als solchen i.S.d. VV Vorb. 3 Abs. 3.

In Ergänzung hierzu regelt **VV 3404** die Höhe der Vergütung für **Schreiben einfacher Art**. Danach erhält der Anwalt nur eine 0,3-Verfahrensgebühr. Eine weitere Reduzierung, sofern sich das Schreiben nur auf das **äußere Betreiben des Verfahrens** bezieht (die frühere Verweisung in § 56 Abs. 2 BRAGO auf § 120 Abs. 2 BRAGO), ist entfallen.   **3**

Endet der Auftrag vorzeitig, so erhält der Anwalt nach **VV 3405**, der der VV 3101 Nr. 1 nachgebildet ist, nur eine Gebühr i.H.v. 0,5 (Anm. zu VV 3405).   **4**

B. Regelungsgehalt

I. Sachlicher Anwendungsbereich

5 Die Vorschrift der VV 3403 gilt nur für Verfahren nach VV Teil 3,[1] also nur für solche Verfahren, in denen sich die Vergütung des Verfahrensbevollmächtigten nach den VV 3100 ff. richten würde. Hierzu zählen auch **Arrest- und einstweilige Verfügungsverfahren** sowie **einstweilige Anordnungsverfahren in Familien- oder FG-Sachen**. Ebenso zählen hierzu **verwaltungsgerichtliche Verfahren** und **sozialgerichtliche Verfahren, die sich nach dem Gegenstandswert richten**.

6 Keine Anwendung findet VV 3403 in **sozialgerichtlichen Verfahren, die sich nicht nach dem Gegenstandswert richten (§ 3 Abs. 1 S. 1)**. Hier gilt VV 3406.

Die Vorschrift gilt auch nicht in **Straf- und Bußgeldsachen**, und zwar auch dann nicht, wenn dort nach Wert abgerechnet wird, es sei denn, es wird auf die Gebühren nach VV Teil 3 verwiesen (VV Vorb. 4 Abs. 5, Vorb. 5 Abs. 4). Vorgesehen sind dort gesonderte Gebührentatbestände für Einzeltätigkeiten (VV 4300 ff., VV 5200).

7 Unerheblich ist, ob das Verfahren bereits **anhängig** ist oder noch anhängig gemacht werden soll. Daher kann z.B. der isolierte Auftrag zu einer Schutzschrift gegen eine drohende einstweilige Verfügung unter VV 3403 fallen, wenn kein Gesamtvertretungsauftrag besteht.[2] Auch die Tätigkeit für einen noch nicht beigetretenen Streitverkündeten kann sich gegebenenfalls nach VV 3403 richten, wenn der Anwalt nur Einzeltätigkeiten ausführen soll, ohne mit der Vertretung des Streithelfers im Gesamten beauftragt zu sein.

8 Für alle anderen Verfahren ist VV 3403 nicht anwendbar. Dies gilt insbesondere für
- **Vollstreckungssachen**, in denen sich auch die Vergütung des Anwalts für Einzeltätigkeiten nach VV 3309 f. richtet,
- für **Beschwerdeverfahren** (VV 3500) oder
- **Prozesskostenhilfeverfahren** (VV 3334) sowie
- für sonstige Verfahren, für die auch der Verfahrensbevollmächtigte eine **gesonderte Vergütung** erhalten würde (z.B. VV 3328, 3330, 3334 u.a.).

Der Anwalt könnte aber auch bei Abrechnung nach VV 3403 in diesen Fällen keine höhere Gebühr erhalten als ein Verfahrensbevollmächtigter (§ 15 Abs. 6).[3]

Beispiel: Der Anwalt ist in einer Vollstreckungssache mit einer Einzeltätigkeit beauftragt. Geht man von VV 3309 aus, dann erhält der Anwalt eine 0,3-Verfahrensgebühr. Geht man von VV 3403 aus, kann der Anwalt nach § 15 Abs. 6, VV 3309 auch nicht mehr als eine 0,3-Verfahrensgebühr verlangen.

9 Auch für eine Terminswahrnehmung im **obligatorischen Schlichtungsverfahren** nach § 15a EGZPO ist VV 3403 nicht anwendbar, da es sich um eine außergerichtliche Tätigkeit handelt; es gilt vielmehr VV 2303 Nr. 1.[4]

10 Ebenso ist die Vorschrift nicht anwendbar, soweit die Einzeltätigkeit in den Abgeltungsbereich der VV 3400, 3401, 3402 fällt. Die dortigen Regelungen sind vorrangig (Anm. zu VV 3403).[5]

II. Persönlicher Anwendungsbereich

11 Die Vorschrift ist grundsätzlich für alle Rechtsanwälte und Rechtsbeistände anwendbar.

12 Ausgeschlossen ist VV 3403 dagegen, soweit der Anwalt gleichzeitig als **Prozess- oder Verfahrensbevollmächtigter** beauftragt ist.[6] Dieser wird vielmehr nach den VV 3100 ff. vergütet (Anm. zu VV 3403). Ein solcher Fall ist nach OLG Stuttgart gegeben, wenn in einer Familiensache der Prozessbevollmächtigte der ersten und zweiten Instanz den Revisionsbeklagten lediglich dahin berät, dass eine Vertretung durch einen am BGH zugelassenen Rechtsanwalt nicht erforderlich sei, weil

---

1 Gerold/Schmidt/*Müller-Rabe*, RVG, VV 3403 Rn 2.
2 Im Falle eines Gesamtauftrags entsteht eine volle 1,3-Verfahrensgebühr nach VV 3100, BGH AGS 2008, 274.
3 Gerold/Schmidt/*Müller-Rabe*, RVG, VV 3403 Rn 3.
4 *N. Schneider*, AnwBl 2001, 327.
5 Gerold/Schmidt/*Müller-Rabe*, RVG, VV 3403 Rn 5.
6 Gerold/Schmidt/*Müller-Rabe*, RVG, VV 3403 Rn 6.

ein Versäumnisurteil ausgeschlossen werden könne. Diese Tätigkeit soll keine Gebühr nach VV 3403 auslösen, sondern zähle vielmehr gemäß § 19 Abs. 1 S. 2 Nr. 9 zum vorangegangenen Rechtszug.[7]

Unschädlich ist es dagegen, dass der Rechtsanwalt später als Prozessbevollmächtigter beauftragt wird oder dass er früher Verfahrensbevollmächtigter war. **13**

> **Beispiel:** Der Anwalt wird zunächst mit der Einreichung eines Schriftsatzes beauftragt. Später erteilt ihm der Auftraggeber das Mandat als Prozessbevollmächtigter.
> Für die Einreichung des Schriftsatzes gilt VV 3403. Für die Tätigkeit als Prozessbevollmächtigter erhält er die Vergütung nach den VV 3100 ff. Insgesamt kann der Anwalt jedoch die Vergütung nur einmal verlangen (§ 15 Abs. 5 und 6). Er erhält nicht mehr an Gebühren, als er erhalten würde, wenn er von vornherein umfassend beauftragt worden wäre.

Ebenso ist es unschädlich, wenn der Rechtsanwalt in einer **anderen Instanz als Verfahrensbevollmächtigter** tätig ist.[8] **14**

> **Beispiel 1:** Der erstinstanzliche LG-Anwalt wird nach Rücknahme der Berufung beauftragt, vor dem OLG lediglich einen Antrag auf Ergänzung oder Berichtigung der Kostenentscheidung zu stellen.
>
> **Beispiel 2:** In einem Räumungsrechtsstreit ist der Anwalt als Prozessbevollmächtigter beauftragt. Im Parallelverfahren auf Zahlung rückständiger Mieten, das die Partei selbst betrieben hat, soll der Anwalt lediglich einen Kostenfestsetzungsantrag stellen.
> In beiden Fällen erhält der Anwalt neben seiner Vergütung als Prozessbevollmächtigter des einen Verfahrens in dem anderen Verfahren die Vergütung nach VV 3403, da er in einer anderen Angelegenheit tätig wird.
>
> **Beispiel 3:** Der Mandant wechselt den Anwalt und beauftragt den neuen Anwalt, ihn in der Hauptsache zu vertreten und zugleich den Vergütungsfestsetzungsantrag (§ 11) des vorherigen Anwalts abzuwehren.
> In der Hauptsache erhält der Anwalt die Vergütung nach VV 3100 ff.; im Vergütungsfestsetzungsverfahren erhält er die Gebühr nach VV 3403.

Seit der Neufassung des § 15 Abs. 5 S. 2[9] kommt die Vorschrift der VV 3403 auch für den Verfahrensbevollmächtigten in Betracht, wenn er mit Einzeltätigkeiten beauftragt wird, nachdem seit Erledigung des früheren Auftrags mehr als zwei Kalenderjahre verstrichen sind. **15**

> **Beispiel:** Der Prozessbevollmächtigte hatte vor dem LG für seinen Auftraggeber einen Rechtsstreit geführt. Nach Erhalt des landgerichtlichen Urteils hatte er im Dezember 2009 noch die Kosten festsetzen lassen und die Sache sodann an den Berufungsanwalt weitergegeben. Nach Abschluss des Berufungsverfahrens wird Revision eingelegt. Der BGH ändert das landgerichtliche Urteil schließlich ab, so dass der erstinstanzliche Anwalt im Januar 2013 erneut mit der Kostenfestsetzung aufgrund der neuen Kostenentscheidung beauftragt wird.
> Nach § 15 Abs. 5 S. 2 handelt es sich für den Prozessbevollmächtigten jetzt um eine neue Angelegenheit. Da er jedoch nur noch mit der Kostenfestsetzung beauftragt ist, erhält er nicht die Prozessgebühr erneut, sondern jetzt nur die Gebühr nach VV 3403.

Der **Verkehrsanwalt** (VV 3400) kann grundsätzlich keine Gebühr nach VV 3403 verdienen.[10] Die gegenteilige Ansicht verkennt, dass es sich bei den Tätigkeiten nach VV 3403 grundsätzlich um solche Tätigkeiten handelt, die für einen Verfahrensbevollmächtigten nach den §§ 16, 19 durch die Verfahrensgebühr abgegolten wären. Da der Verkehrsanwalt aber schon die volle Verfahrensgebühr erhält, kann ihm nicht auch zusätzlich eine Gebühr nach VV 3403 zustehen. Möglich ist allenfalls, dass der Verkehrsanwalt eine Gebühr nach VV 3403 verdient, wenn er erst später als Verkehrsanwalt bestellt wird oder zum Zeitpunkt des Auftrags nach VV 3403 nicht mehr Verkehrsanwalt war. Im Ergebnis erhält der Anwalt auch in diesem Falle jedoch nicht mehr als eine volle Gebühr (§ 15 Abs. 6). Daneben kann der Verkehrsanwalt allerdings zusätzlich eine Gebühr nach VV 3403 verdienen, wenn auch der Verfahrensbevollmächtigte eine zusätzliche Gebühr verdienen würde (siehe Rdn 15). **16**

---

7 AGS 2009, 220 = OLGR 2008, 732 = FamRZ 2009, 146 = Justiz 2009, 69 = MDR 2008, 1367 = RVGreport 2009, 64.

8 Gerold/Schmidt/*Müller-Rabe*, RVG, VV 3403 Rn 6.

9 Durch KostRÄndG v. 24.6.1994, damals noch § 13 Abs. 5 BRAGO.

10 OLG Hamm JurBüro 1972, 701 = Rpfleger 1972, 328; OLG Frankfurt JurBüro 1980, 1195 = AnwBl 1981, 450; Gerold/Schmidt/*Müller-Rabe*, RVG, VV 3403 Rn 5; a.A. OLG Düsseldorf JurBüro 1985, 93.

17 Ob auch der **Terminsvertreter** zusätzlich eine Gebühr nach VV 3403 verdienen kann, hängt vom Einzelfall ab. Sofern der Schriftsatz in den Abgeltungsbereich der VV 3401, 3402 fällt, ist eine zusätzliche Gebühr nach VV 3403 ausgeschlossen.

> **Beispiel 1:** Der Terminsvertreter beantragt die Verlegung des Beweistermins.
>
> **Beispiel 2:** Der Terminsvertreter beantragt die Berichtigung des Verhandlungsprotokolls; der Terminsvertreter beantragt schriftsätzlich, dem ausgebliebenen Zeugen die Kosten des Termins aufzuerlegen.
> Solche Tätigkeiten sind durch die halbe Verfahrensgebühr der VV 3401 abgegolten.

18 Werden dem Terminsvertreter zusätzliche selbstständige Aufträge nach VV 3403 erteilt, so ist § 15 Abs. 6 zu beachten (siehe Rdn 56 ff.).

> **Beispiel:** Der Terminsvertreter erhält zusätzlich den Auftrag, einen Befangenheitsantrag gegen den Abteilungsrichter einzureichen.
> Der Anwalt erhält sowohl die Verfahrensgebühr nach VV 3401 als auch die der VV 3403, gemäß § 15 Abs. 6 insgesamt jedoch nicht mehr als eine 1,3-Verfahrensgebühr, da auch der Prozessbevollmächtigte nur eine 1,3-Verfahrensgebühr (VV 3100) erhalten hätte.

III. Auftrag

19 Zu beachten ist, dass es stets auf den erteilten **Auftrag** ankommt, nicht auf die ausgeführte Tätigkeit. Zum Teil ist in den Kommentierungen zu lesen, die Frage, wie der Anwalt zu vergüten sei, wäre umstritten. Dies ist, wie ausgeführt, tatsächlich nicht der Fall. Entscheidend ist allein der erteilte Auftrag. Soweit die Gerichte hier zu unterschiedlichen Ergebnissen gelangen, also einmal zu VV 3100 ff. und das andere Mal zu VV 3403, beruht dies allein darauf, dass in dem einen Fall Prozessauftrag erteilt worden war und im anderen Fall Einzelauftrag.

IV. Einreichen, Anfertigen oder Unterzeichnen von Schriftsätzen

1. Überblick

a) Allgemeines

20 Der Anwalt erhält die 0,8-Verfahrensgebühr nach VV 3403 zum einen für die Einreichung, die Anfertigung oder die Unterzeichnung von Schriftsätzen.

21 Durch die Gebühr werden auch **begleitende Tätigkeiten**, insbesondere die Entgegennahme der Information und die Beratung des Mandanten, abgegolten.

b) Schriftsatz

22 Unter **Schriftsatz** i.S.v. VV 3403 sind alle schriftlichen Eingaben **bei Gericht** zu verstehen. Schreiben an andere Personen (z.B. an Verfahrensbeteiligte) oder Dritte (etwa die Deckungsschutzanfrage beim Rechtsschutzversicherer) fallen nicht unter VV 3403. Eine solche Tätigkeit wird vielmehr nach VV 2300 abgegolten.[11] Unter VV 3403 fallen daher insbesondere:
- Kostenanträge nach § 269 Abs. 3 ZPO[12] oder nach §§ 566, 515 Abs. 3 ZPO[13]
- Fristverlängerungsanträge[14]
- der bloße Entwurf einer Klageschrift
- Wiedereinsetzungsanträge[15]
- eine Stellungnahme zum Wiedereinsetzungsantrag des Gegners[16]

---

11 LG Berlin BRAGOreport 2001, 43 m. Anm. *Hansens*.
12 OLG Zweibrücken JurBüro 1982, 84.
13 OLG München JurBüro 1971, 483 – diese sind allerdings seit dem ZPO-RG nicht mehr erforderlich, da das Gericht von Amts wegen entscheidet.
14 OLG Koblenz JurBüro 1991, 229.
15 OLG Braunschweig JurBüro 1973, 137.
16 OLG München JurBüro 1963, 469; Gerold/Schmidt/*Müller-Rabe*, RVG, VV 3403 Rn 29.

- ein schriftsätzlicher Rechtsmittelverzicht[17]
- die Zustimmung zur Sprungrevision nach § 566a ZPO a.F.; § 566 Abs. 2 S. 1 ZPO n.F.[18]
- der Hinweis auf anderweitige Rechtshängigkeit[19]
- eine Stellungnahme beim BGH[20]
- die Vertretung im Kostenfestsetzungsverfahren[21]
- die Vertretung des Antragsgegners im Vergütungsfestsetzungsverfahren[22]
- die Vertretung eines anderen Anwalts im Vergütungsfestsetzungsverfahren[23]
- die Erhebung einer Gegenvorstellung[24]
- der Antrag auf Bestimmung des zuständigen Gerichts, wenn kein Auftrag in der Hauptsache erteilt wird
- der Antrag auf Erteilung eines Rechtskraft- oder Notfristzeugnisses[25]
- der Antrag auf Erteilung einer Vollstreckungsklausel (nicht auch für Umschreibung der Klausel, dies wird nach VV 3309 abgegolten)[26]
- der Antrag auf Terminsverlegung
- die Ablehnung von Richtern oder Sachverständigen[27]
- die Erhebung des Einwands der Nichtparteieigenschaft für den Scheinbeklagten im Prozess[28]
- die Vertretung durch einen nicht zugelassenen Anwalt im Verfahren der Nichtzulassungsbeschwerde oder Revision vor dem BGH[29]
- die Stellungnahme zu einem vorab übermittelten Einstellungsantrag nach § 769 ZPO, sofern noch kein Prozessauftrag erteilt worden ist
- die Rücknahme eines Rechtmittels oder einer Klage, wenn der Anwalt nicht schon als Prozessbevollmächtigter bestellt ist.

Nach der Rechtsprechung des BGH erhält auch der zugelassene Anwalt, der im Verfahren über die **Nichtzulassungsbeschwerde** tätig wird, nur eine Gebühr nach VV 3403.[30] Zutreffend ist es dagegen, ihm die Vergütung nach VV 3506 zuzubilligen (siehe VV 3506 Rdn 21 ff.). 23

Die Gebühr nach VV 3403 **entsteht** mit Erteilung des Auftrags, also in der Regel mit der Entgegennahme der Information. Da der Anwalt bei vorzeitiger Erledigung gemäß VV 3405 jedoch lediglich eine 0,5-Gebühr erhält, wird der volle Tatbestand des VV 3403 nur dann ausgelöst, wenn der Schriftsatz auch eingereicht, angefertigt oder unterzeichnet wird (siehe Rdn 25 ff.). 24

c) Einreichen

Das Einreichen eines Schriftsatzes setzt voraus, dass dieser **bei Gericht eingeht**. Erfasst wird insoweit nicht nur das Einreichen eigener Schriftsätze, sondern auch **fremder Schriftsätze**.[31] Für das Einreichen reicht es aus, wenn der Rechtsanwalt fremde Schriftsätze einreicht und hierfür ein 25

---

17 OLG Hamburg JurBüro 1974, 733; JurBüro 1975, 1081 = MDR 1975, 944; OLG München JurBüro 1974, 1388 = MDR 1975, 153; OLG Schleswig JurBüro 1975, 475; OLG Zweibrücken Rpfleger 1977, 112; KG JurBüro 1986, 1366 = MDR 1986, 861; Gerold/Schmidt/*Müller-Rabe*, RVG, VV 3403 Rn 22.
18 Zöller/*Gummer*, § 566a Rn 7.
19 OLG Hamburg JurBüro 1994, 492.
20 OLG Hamburg JurBüro 1979, 1841 = AnwBl 1980, 35; OLG München JurBüro 1978, 1524 = AnwBl 1978, 470.
21 OLG Düsseldorf NJW 1964, 1233 = JurBüro 1964, 367 = JMBlNW 1964, 33; Gerold/Schmidt/*Müller-Rabe*, RVG, VV 3403 Rn 17; *Schmidt*, JurBüro 1963, 102.
22 *Hansens*, BRAGO, § 56 Rn 2.
23 *Hansens*, BRAGO, § 56 Rn 2.
24 *Hansens*, BRAGO, § 56 Rn 2.
25 *Hansens*, BRAGO, § 56 Rn 11.
26 *Hansens*, BRAGO, § 56 Rn 11.
27 *N. Schneider*, MDR 2001, 130.
28 OLG Brandenburg OLGR 2008, 807.
29 BGH AGS 2006, 491= NJW 2006, 2266 = Rpfleger 2006, 508 = BGHR 2006, 1068 = MDR 2006, 1435 = RVGprof. 2006, 115 = RVGreport 2006, 348 = JurBüro 2007, 27; OLG Köln AGS 2010, 530 = JurBüro 2010, 654 = NJW-Spezial 2010, 731 = Rpfleger 2011, 181; OLG Naumburg, Beschl. v. 22.4.2013 – 2 W 36/13.
30 AGS 2006, 491 = NJW 2006, 2266 = BGHReport 2006, 1068 = MDR 2006, 1435 = RVGreport 2006, 348; bestätigt in AGS 2007, 298 = BGHR 2007, 369 = NJW 2007, 1461 = RVGprof. 2007, 78 = zfs 2007, 467; ebenso OLG Brandenburg OLGR 2007, 383; OLG Köln AGS 2010, 530 = JurBüro 2010, 654 = NJW-Spezial 2010, 731 = Rpfleger 2011, 181; Im Ergebnis auch OLG Frankfurt AGS 2009, 25 = JurBüro 2008, 538 = OLGR 2009, 187; a.A. OLG Nürnberg AGS 2010, 622 = MDR 2011, 264 = FamRZ 2011, 498.
31 *Hansens*, BRAGO, § 56 Rn 4.

Mindestmaß an Verantwortung übernimmt, etwa durch ein Begleitschreiben[32] oder eine vorherige Überprüfung des Inhalts[33] oder durch die Gewähr für einen fristgerechten Eingang bei Gericht.

26 Unerheblich ist, ob der Anwalt mit dem Inhalt einverstanden ist und ihn billigt. Der Anwalt muss auch nicht die Verantwortung für den Inhalt übernehmen.[34] Es reicht aus, dass er sich verpflichtet, den Schriftsatz einzureichen. Zumindest für den körperlichen Eingang ist er dann nämlich verantwortlich und haftbar, so dass er Anspruch auf eine Vergütung hat.

> **Beispiel:** Der Mandant hat einen Einspruch gegen ein Versäumnisurteil nebst Wiedereinsetzungsantrag selbst verfasst und bittet den Anwalt, den Schriftsatz zu prüfen und einzureichen. Der Anwalt rät davon ab, den Schriftsatz einzureichen. Der Mandant besteht jedoch darauf, dass der Schriftsatz eingereicht wird. Der Anwalt verdient eine Gebühr nach VV 3403.

27 Die bloße körperliche Mitnahme und Abgabe eines fremden Schriftsatzes, also die **bloße Botentätigkeit**, reicht dagegen nicht aus, um eine Gebühr nach VV 3403 entstehen zu lassen.[35]

d) Anfertigen

28 Diese Variante setzt nur voraus, dass der Anwalt den Schriftsatz angefertigt hat. Er muss ihn weder selbst unterzeichnet noch eingereicht haben. Es kommt hier nicht einmal darauf an, ob der Schriftsatz überhaupt eingereicht worden ist. Der Tatbestand ist vollendet, wenn der Anwalt den Schriftsatz ausgefertigt und seinem Auftraggeber ausgehändigt hat.[36]

> **Beispiel:** Der Anwalt fertigt auftragsgemäß ein Befangenheitsgesuch auf dem Briefkopf des Mandanten und übergibt ihm dieses. Der Mandant entschließt sich jedoch dazu, den Befangenheitsantrag nicht zu stellen und reicht den Schriftsatz nicht ein.
> Dem Anwalt steht eine Gebühr nach VV 3403 zu, da diese verdient ist, sobald der Schriftsatz dem Auftraggeber zur Verfügung gestellt worden ist.

29 Zum Anfertigen reicht es auch aus, dass der Anwalt ein **Formular** verwendet oder einen **Standardschriftsatz**. Eine besondere geistige Leistung des Anwalts ist hier nicht erforderlich. Der Umfang der Tätigkeit wird hier durch die möglicherweise reduzierte Gebühr nach VV 3404 angemessen berücksichtigt.[37] Es reicht dagegen nicht aus, dass der Anwalt einen fremden Schriftsatz verwendet, sofern er ihn nicht einreicht (siehe Rdn 25).[38]

e) Unterzeichnen

30 Die Gebühr nach VV 3403 erhält der Anwalt auch dann, wenn er lediglich einen Schriftsatz unterzeichnet. Soweit es sich um einen eigenen Schriftsatz handelt, dürfte in aller Regel bereits die Variante der Anfertigung erfüllt sein. Bedeutung hat das Unterzeichnen daher nur für das Unterzeichnen fremder Schriftsätze, also von Schriftsätzen, die ein anderer Anwalt oder die Partei selbst angefertigt hat.[39] Zu den Anforderungen an die Unterschrift siehe ausführlich die Kommentierung von *Hartmann*.[40]

2. Höhe der Gebühr

a) Gewöhnliche Schriftsätze

31 Nach VV 3403 erhält der Anwalt eine 0,8-Gebühr. Vertritt er **mehrere Auftraggeber** gemeinschaftlich, so erhöht sich die Gebühr nach VV 1008 um jeweils 0,3 je weiteren Auftraggeber,[41] sofern diese gemeinschaftlich beteiligt sind, höchstens um 2,0.

---

32 *Hansens*, BRAGO, § 56 Rn 4.
33 *Schumann/Geißinger*, § 56 Rn 12; *Gerold/Schmidt/Müller-Rabe*, RVG, VV 3403 Rn 37.
34 *Gerold/Schmidt/Müller-Rabe*, RVG, VV 3403 Rn 37.
35 *Hansens*, BRAGO, § 56 Rn 4; *Gerold/Schmidt/Müller-Rabe*, RVG, VV 3403 Rn 37.
36 *Gerold/Schmidt/Müller-Rabe*, RVG, VV 3403 Rn 37.
37 *Hansens*, BRAGO, § 56 Rn 5.
38 *Hansens*, BRAGO, § 56 Rn 5.
39 *Gerold/Schmidt/Müller-Rabe*, RVG, VV 3403 Rn 37; *Hansens*, BRAGO, § 56 Rn 6.
40 *Hartmann*, KostG, VV 3403 Rn 9 ff.
41 BGH JurBüro 1984, 213; OLG München JurBüro 1978, 1524 = AnwBl 1978, 470; OLG Bamberg JurBüro 1986, 440; *Gerold/Schmidt/Müller-Rabe*, RVG, VV 3403 Rn 47; *Hansens*, BRAGO, § 56 Rn 9.

Im **Rechtsmittelverfahren** erhöhen sich die Gebührenbeträge nicht. Weder wird wie in VV 3401 Bezug genommen auf die Verfahrensgebühr eines Verfahrensbevollmächtigten noch kennt das RVG eine dem § 11 Abs. 1 S. 4 BRAGO vergleichbare Vorschrift.[42]   32

b) Schreiben einfacher Art (VV 3404)

Bei einem Schreiben einfacher Art entsteht die Gebühr nach VV 3403 nur zu 0,3 (VV 3404).   33

Ebenso wie die Vorschrift der VV 2302, die lediglich eine reduzierte Gebühr bei einem einfachen Schreiben gewährt, sieht jetzt auch VV 3404 vor, dass es auf den **Auftrag** ankommt. Der Gesetzgeber hat damit die Rechtsprechung des BGH in den Gebührentatbestand aufgenommen. Der frühere Wortlaut der Vorgängervorschrift war missverständlich, da dieser nur darauf abstellte, ob der Anwalt ein einfaches Schreiben verfasst hatte. Der BGH hatte in seiner Grundsatzentscheidung[43] zu Recht darauf hingewiesen, dass es nicht darauf ankomme, ob der Anwalt letztlich ein einfaches Schreiben verfasse, sondern dass es ausschließlich darauf ankomme, welcher Auftrag dem Anwalt erteilt worden sei. Daher ist VV 3404 auch dann anwendbar, wenn der Anwalt den Auftrag zu unfangreicherer Einzeltätigkeit erhalten hat, er aber nach Prüfung nur ein einziges Schreiben verfasst. Umgekehrt reichen umfangreiche Ausführungen dann nicht aus, wenn dem Anwalt nur der Auftrag für ein einfaches Schreiben erteilt worden ist.   34

Abzustellen ist auf die Auftragserteilung. Der Auftrag des Mandanten muss sich von vornherein darauf beschränken, dass der Anwalt nur ein einfaches Schreiben verfassen soll. Nur dann gilt VV 3404. Dabei muss der Auftrag nicht ausdrücklich die Einschränkung „einfaches Schreiben" enthalten. Die in Auftrag gegebene Tätigkeit muss sich aber von vornherein auftragsgemäß auf das beschränken, was als einfaches Schreiben anzusehen ist. Handelt es sich danach um den Auftrag zu einem Schreiben einfacher Art, so erhält der Anwalt nach VV 3403 i.V.m. VV 3404 lediglich eine Gebühr i.H.v. 0,3 (bislang 2/10 nach § 56 BRAGO). Auch diese Gebühr erhöht sich bei **mehreren Auftraggebern** gemäß VV 1008 um 0,3 je weiteren Auftraggeber bei gemeinschaftlicher Beteiligung. Im Rechtsmittelverfahren ist die Gebühr nicht erhöht, da auch hier eine der § 11 Abs. 1 S. 4 BRAGO vergleichbare Vorschrift fehlt.   35

Um **Schreiben einfacher Art** handelt es sich, wenn die Schriftsätze weder schwierige rechtliche Ausführungen enthalten noch eine größere sachliche Auseinandersetzung erfordern (Anm. zu VV 3404). Siehe hierzu im Einzelnen die Kommentierung zu VV 2302. Nach der Rechtsprechung zählen zu solchen einfachen Schreiben insbesondere: 36
– Antrag auf Zuständigkeitsbestimmung[44]
– Revisionszurückweisungsantrag ohne Begründung
– Antrag auf Zurückweisung der Nichtzulassungsbeschwerde ohne Begründung[45]
– Zustimmung zur Sprungrevision nach § 566a Abs. 2 S. 4 ZPO n.F.[46]
– Erteilung eines Rechtskraft- oder Notfristzeugnisses[47]
– Erteilung der Vollstreckungsklausel (soweit nicht die VV 3309 ff. gelten).[48]

Darüber hinaus will das OLG Düsseldorf[49] auch für einen **Kostenfestsetzungsantrag** nur die 0,3-Gebühr (früher 2/10-Gebühr nach § 120 Abs. 2 BRAGO) gewähren. Dies dürfte zu weit gehen, da ein Kostenfestsetzungsantrag einen gewissen Arbeitsaufwand erfordert und die geringe Bedeutung sich bereits im Gegenstandswert niederschlägt.   37

Dient der Schriftsatz nur dem äußeren Betreiben des Verfahrens, so dürfte ein Fall der VV 3404 vorliegen. Hierfür erhielt der Anwalt nach der BRAGO nur die Mindestgebühr i.H.v. 10 EUR.   38

---

42 Zur früheren Rechtslage siehe OLG Hamburg JurBüro 1971, 1841; *Hansens*, BRAGO, § 56 Rn 9; Gerold/Schmidt/*von Eicken*, BRAGO, 15. Aufl. § 56 Rn 13.
43 AnwBl 1983, 512 = LM BRAGO § 118 Nr. 7 = NJW 1983, 2451 = Rpfleger 1983, 458 = KostRsp. BRAGO § 120 Nr. 4; ebenso bereits LG Berlin Rpfleger 1981, 369; AG Bruchsal KostRsp. BRAGO § 120 Nr. 2.
44 OLG Bamberg JurBüro 1979, 720.
45 Gerold/Schmidt/*Müller-Rabe*, RVG, VV 3403 Rn 18, der allerdings auch im Falle der Begründung eine Einzeltätigkeit annehmen will.
46 Zöller/*Gummer*, § 566a Rn 7.
47 *Hansens*, BRAGO, § 56 Rn 11.
48 *Hansens*, BRAGO, § 56 Rn 11.
49 JurBüro 1964, 367 = JMBlNW 1964, 33.

3. Vorzeitige Beendigung nach VV 3405

39 Endet der Auftrag vorzeitig, so reduziert sich die Gebühr der VV 3403 auf 0,5 (**VV 3405 i.V.m. Anm.**). Eine Reduzierung der 0,3-Gebühr nach VV 3404 findet dagegen nicht statt, da VV 3404 in VV 3405 nicht erwähnt wird.

40 Eine **vorzeitige Beendigung** ist dann gegeben, wenn
- beim Auftrag zum Einreichen eines Schriftsatzes dieser nicht mehr bei Gericht eingereicht wird;
- beim Auftrag zur Anfertigung es nicht mehr zur Aushändigung dieses Schriftsatzes an den Auftraggeber kommt;
- beim Auftrag zur Unterzeichnung es nicht zur Unterschriftsleistung kommt.

41 Dagegen ist bei Anfertigen und Unterzeichnen von Schriftsätzen unerheblich, ob der Schriftsatz eingereicht wird oder nicht.[50] Hier hat der Anwalt die volle Gebühr verdient, wenn er den Schriftsatz angefertigt oder unterzeichnet und dem Auftraggeber ausgehändigt hat.

4. Gegenstandswert

42 Der Gegenstandswert der Gebühr nach VV 3403 bemisst sich nach dem Wert des Auftrags. Soweit die Einzeltätigkeit den gesamten Streitgegenstand betrifft, ist dessen Wert maßgebend. Soweit die Tätigkeit nur Teile des Streitgegenstandes betrifft, ist nur deren Wert maßgebend.

43 So bestimmt sich der Gegenstandswert für einen **Kostenfestsetzungsantrag** nach dem Wert der festzusetzenden Kosten (§ 23 Abs. 1 S. 2 RVG, § 43 Abs. 3 GKG; § 37 Abs. 3 FamGKG).[51]

44 Der Wert eines **Antrags auf Bestimmung eines gemeinsamen Gerichts** ist mit einem Zehntel der Hauptsache anzusetzen.[52]

45 Umstritten ist die Wertfestsetzung für einen **Befangenheitsantrag**. Zum Teil wird der volle **Hauptsachewert** angesetzt.[53] Begründet wird diese Auffassung damit, es handele sich um ein Verfahren, das den gesamten Rechtsstreit und nicht nur einen quantitativ ausscheidbaren Teil davon betreffe.[54] Andere schätzen den Wert gemäß § 3 ZPO nach freiem Ermessen, und zwar mit einem **Bruchteil der Hauptsache**.[55] Die Bruchteile werden meist mit 1/10[56] oder 1/3[57] des Hauptsachewertes beziffert. Das KG[58] geht von 1/5 aus. Das OLG Koblenz[59] wiederum hält 1/3 als Regel-Bruchteil für angemessen,[60] ist zuletzt aber von 25 % ausgegangen.[61] Zutreffend dürfte von einer **nichtvermögensrechtlichen Streitigkeit** auszugehen sein. Als solche ist sie selbstständig und unabhängig vom Streitwert

---

[50] Gerold/Schmidt/*Müller-Rabe*, RVG, VV 3403 Rn 37.
[51] OLG Düsseldorf NJW 1964, 1233 = JMBlNW 1964, 33 = JurBüro 1964, 367.
[52] OLG Köln AGS 2003, 205 m. Anm. *N. Schneider*.
[53] OLG Frankfurt AGS 2006, 299 = MDR 2006, 1079 = JurBüro 2006, 370; BGH NJW 1968, 796 = JurBüro 1968, 525; KG DR 1940, 2032; 1943, 414; OLG Schleswig JurBüro 1956, 146 = SchlHA 1956, 20; Rpfleger 1962, 425; OLG Frankfurt MDR 1962, 226; OLG Nürnberg JurBüro 1966, 876; OLG Hamm MDR 1978, 582 = JMBl NW 1978, 87 = JurBüro 1978, 738; BayObLG KostRsp. ZPO § 3 Nr. 928 m. abl. Anm. *E. Schneider* und *Lappe* = JurBüro 1988, 916 = NJW 1989, 44; OLG München OLGR 1994, 263; AnwBl 1995, 572 = JurBüro 1995, 647; OLG Düsseldorf KostRsp. ZPO § 3 Nr. 1180 = AnwBl 1994, 425 = NJW-RR 1994, 1086 = OLGR 1994, 127.
[54] Vgl. OLG Schleswig Rpfleger 1962, 425; SchlHA 1956, 20 = JurBüro 1956, 146 gegen RG JW 1897, 348.
[55] OLG Hamburg MDR 1958, 47; KostRsp. ZPO § 3 Nr. 984 = MDR 1990, 58; OLG Nürnberg JurBüro 1960, 169; OLG Frankfurt MDR 1962, 226 Nr. 83; OLG Braunschweig NdsRpfl 1966, 146; OLG München WRP 1972, 541; OLG Frankfurt MDR 1980, 145; OLG Zweibrücken ZSW 1980, 260; OLG Koblenz KostRsp. GKG § 12 Nr. 121 m. Anm. *E. Schneider* = Rpfleger 1988, 507 = MDR 1989, 71 = JurBüro 1989, 130; BFH Rpfleger 1977, 250.
[56] BFH Rpfleger 1977, 250 = KostRsp. GKG § 13 Nr. 5; bestätigt KostRsp. GKG § 13 Nr. 578: 10 % je abgelehnten Richter.
[57] OLG Frankfurt MDR 1980, 145; OLG Zweibrücken ZSW 1980, 260; OLG Hamburg KostRsp. ZPO § 3 Nr. 984 = MDR 1990, 58.
[58] Rpfleger 1962, 153.
[59] KostRsp. GKG § 12 Nr. 131 m. abl. Anm. *E. Schneider* = MDR 1989, 71 = Rpfleger 1988, 507 = JurBüro 1989, 130.
[60] Ebenso jetzt auch BGH AGS 2004, 159 m. Anm. *N. Schneider*.
[61] OLG Frankfurt AGS 2007, 587 = OLGR 2007, 685 = MDR 2007, 1399.

der Hauptsache zu bewerten, nämlich nach § 48 Abs. 2 GKG.[62] Es wird sich anbieten, in einfach gelagerten Fällen entsprechend den Bewertungsumständen des § 48 Abs. 2 GKG einen Ansatz zwischen 1.000 EUR und 2.000 EUR anzunehmen. Höchstgrenze muss allerdings der Wert der Hauptsache sein, da das Verfahren über die Richterablehnung als Nebenverfahren keinen höheren Wert haben kann als das Interesse am Ausgang des Rechtsstreits (Gedanke des § 43 Abs. 3 GKG n.F.).

V. Wahrnehmung von Terminen

1. Allgemeines

Nimmt der Anwalt **andere Termine als nach VV Vorb. 3 Abs. 3** wahr, so erhält er hierfür ebenfalls eine Gebühr nach VV 3403. Der Anwalt darf also nicht Terminsvertreter nach VV 3401, 3402 sein. 46

Infolge der Erweiterung der VV Vorb. 3 Abs. 3 auf alle gerichtlichen Termine ist der Anwendungsbereich diese Alternative in VV 3403 praktisch bedeutungslos. Anwendbar ist VV 3403 nur dann, wenn durch die Wahrnehmung des Termins nicht bereits eine Terminsgebühr nach VV Vorb. 3 Abs. 3 ausgelöst wird. Das wäre der Fall 47
– bei Wahrnehmung eines **Verkündungstermins**,
– bei lediglich **beobachtender Tätigkeit** (also nicht vertretender Tätigkeit) in einem Termin für einen noch nicht Beteiligten – wie etwa einen noch nicht beigetretenen Streithelfer – anwesend sein soll.

Die Gebühr **entsteht** mit der ersten Tätigkeit, also in der Regel mit der Entgegennahme der Information.[63] Abgegolten werden hierdurch auch begleitende Tätigkeiten wie die Vorbereitung des Termins, die Beratung des Auftraggebers und die Unterrichtung über den Verlauf des Termins[64] etc. Die volle Gebühr entsteht, wenn der Anwalt zum **Termin erscheint**. Dass der Termin auch durchgeführt wird, ist nicht erforderlich. Es ist ebenso wenig erforderlich, dass der Anwalt umfangreiche Tätigkeit im Termin ausübt. Die bloße Anwesenheit reicht aus. 48

2. Höhe der Gebühr

Der Anwalt erhält für die Wahrnehmung eines Termins eine **0,8-Gebühr**. Die Gebühr nach VV 3403 kann unter Begrenzung nach § 15 Abs. 6 mehrmals entstehen. 49

Eine Erhöhung bei der Vertretung **mehrerer Auftraggeber** nach VV 1008 um jeweils 0,3 bei gemeinschaftlicher Beteiligung ist auch hier vorzunehmen, da es sich um eine Verfahrensgebühr handelt. 50

3. Vorzeitige Erledigung

Erledigt sich der Auftrag vorzeitig, kommt es also nicht zur Wahrnehmung des Termins, erhält der Anwalt auch hier nach Anm. zu VV 3405 i.V.m. VV 3405 Nr. 1 nur eine 0,5-Gebühr, die sich bei mehreren Auftraggebern wiederum nach VV 1008 erhöht. 51

Kommt es zum Termin, so ist es für die Gebühr unerheblich, ob der Termin auch durchgeführt wird. Der Anwalt verdient also auch dann die volle Gebühr, wenn zu Beginn des Termins festgestellt wird, dass dieser nicht mehr durchführbar ist. 52

---

62 Ausführlich hierzu *E. Schneider*, MDR 1968, 888; OLG Köln MDR 1976, 322 = Rpfleger 1976, 226 = VersR 1976, 895; ZSW 1981, 44 m. zust. Anm. *Müller*; ebenso OLG Bamberg JurBüro 1982, 1376 = MDR 1982, 589 = Rpfleger 1982, 313; OLG Nürnberg JurBüro 1983, 1222 = MDR 1983, 846 = AnwBl 1983, 516 = KostRsp. ZPO § 3 Nr. 649; OLG Oldenburg OLGR 1994, 341; Hess. VGH JurBüro 1993, 108 m. Anm. *Hellstab*; *Wenzel*, GK-ArbGG, § 12 Rn 104; *Lappe*, NJW 1982, 1737.
63 Gerold/Schmidt/*Müller-Rabe*, RVG, VV 3403 Rn 40, 51.
64 Gerold/Schmidt/*Müller-Rabe*, RVG, VV 3403 Rn 51.

53 Eine Gebührenreduzierung nach VV 3404 kommt dagegen nicht zum Tragen. Auch dann, wenn der Termin nur einfache Angelegenheiten betrifft, bleibt es bei der 0,8-Gebühr. Die Vorschrift der VV 3404 gilt ausdrücklich nur für Schriftsätze, nicht auch für Termine.

4. Gegenstandswert

54 Der Gegenstandswert der Gebühr bemisst sich wiederum danach, ob die Tätigkeit im Termin sich auf den gesamten Verfahrensgegenstand beschränkt oder nur auf einen Teil hiervon.

VI. Mehrere Aufträge

1. Überblick

55 Die Gebühr nach VV 3403 kann **mehrmals** entstehen. Das gilt nicht nur dann, wenn der Anwalt einerseits einen Schriftsatz anfertigen, einreichen oder unterzeichnen und andererseits einen Termin wahrnehmen soll, sondern auch dann, wenn er mehrere Schriftsätze fertigen, einreichen oder unterzeichnen oder mehrere Termine wahrnehmen soll.

56 Nach Auffassung des OLG München[65] soll dagegen bei mehreren Schreiben nur eine Angelegenheit vorliegen und daher nur eine Gebühr anfallen, unabhängig davon, ob der Anwalt von vornherein den Auftrag zu mehreren Schriftsätzen oder zur Wahrnehmung mehrerer Termine hatte (§ 15 Abs. 1) oder ob ihm mehrere Aufträge erteilt worden sind (§ 15 Abs. 6). Dagegen sollten die Gebühren für Termine und Schriftsätze (früher: § 56 Abs. 1 Nr. 1 und Nr. 2 BRAGO) **nebeneinander** stehen können.

2. Mehrere Schreiben

57 Die Gebühr nach VV 3403 kann für mehrere Einreichungen, Anfertigungen oder Unterzeichnungen von Schriftsätzen auch mehrmals entstehen. Erhält der Anwalt mehrere Aufträge zu einzelnen Schreiben, so handelt es sich um mehrere Angelegenheiten i.S.d. § 15. Die Vergütung nach VV 3403 entsteht also mehrfach. Zu beachten ist allerdings § 15 Abs. 6. Der Anwalt kann keine höhere Verfahrensgebühr erhalten, als er sie als Verfahrensbevollmächtigter bei einem Gesamtauftrag erhalten würde.

> **Beispiel:** Der Anwalt wird zunächst beauftragt, im Verfahren auf Bestimmung des zuständigen Gerichts tätig zu werden. Später erhält er den Auftrag, den Richter wegen Befangenheit abzulehnen.
> Es liegen zwei Aufträge vor. Der Anwalt erhält zweimal die Gebühr nach VV 3403, also zwei Gebühren zu 0,8. Gemäß § 15 Abs. 6 darf er jedoch nicht mehr abrechnen als ein Prozessbevollmächtigter, dem die Gesamtvertretung oblegen hätte. Dieser hätte lediglich eine 1,3-Verfahrensgebühr nach VV 3100 erhalten. Folglich kann der mit Einzeltätigkeiten beauftragte Anwalt auch insgesamt keine höhere Gebühr verlangen. Hinsichtlich der Auslagen gilt die Begrenzung nach § 15 Abs. 6 allerdings nicht. Diese Vorschrift spricht nur von Gebühren, nicht von Auslagen. Da zwei getrennte Aufträge zu Einzeltätigkeiten vorlagen, ist die Postentgeltpauschale doppelt angefallen. Abzurechnen ist wie folgt:
> **I. Verfahren auf Bestimmung des zuständigen Gerichts (Wert: 5.000 EUR)**
>
> | | | |
> |---|---|---|
> | 1. 0,8-Gebühr, VV 3403 | | 242,40 EUR |
> | 2. Postentgeltpauschale, VV 7002 | | 20,00 EUR |
> | Zwischensumme | 262,40 EUR | |
> | 3. 19 % Umsatzsteuer, VV 7008 | | 49,86 EUR |
> | **Gesamt** | | **312,26 EUR** |

---

[65] NJW 1971, 149 = JurBüro 1970, 960; ebenso *Hansens*, BRAGO, § 56 Rn 9; Gerold/Schmidt/*Müller-Rabe*, RVG, VV 3403 Rn 57 f.

II. Befangenheitsablehnung (Wert: 5.000 EUR)

1. 0,8-Gebühr, VV 3403, gem. § 15 Abs. 6 jedoch nicht mehr als		242,40 EUR
1,3-Gebühr, VV 3100		393,90 EUR
abzüglich bereits erhaltener		– 242,20 EUR
		151,70 EUR
2. Postentgeltpauschale (aus 240,80 EUR), VV 7002		20,00 EUR
Zwischensumme	171,70 EUR	
3. 19 % Umsatzsteuer, VV 7008		32,62 UR
Gesamt		**204,32 EUR**

3. Mehrere Termine

Das Gleiche gilt, wenn der Anwalt an mehreren Terminen teilnehmen soll. Auch dann entstehen die Gebühren nach VV 3403 gesondert, insgesamt ist aber wieder § 15 Abs. 6 zu beachten.

4. Terminswahrnehmung und Schriftsatztätigkeit

Ist der Anwalt im selben Verfahren sowohl damit beauftragt Termine wahrzunehmen als auch Schriftsätze anzufertigen, einzureichen oder zu unterzeichnen, so handelt es sich jeweils um Einzeltätigkeiten, die gesondert abzurechnen sind. Der Anwalt erhält also die Gebühr nach VV 3404 mehrmals.

Zu berücksichtigen ist allerdings auch hier die Höchstgrenze nach § 15 Abs. 6. Der Anwalt kann insgesamt keine höhere Verfahrensgebühr erhalten, als ihm als Verfahrensbevollmächtigter bei Gesamtauftrag zugestanden hätte. Die Begrenzung betrifft nur die Verfahrensgebühr. Eine Terminsgebühr erhält der Anwalt nach VV 3404 nicht, auch wenn er Termine wahrnimmt, da er diese Gebühr nur dann erhält, wenn er Termine wahrnimmt, die nicht in den Anwendungsbereich der VV Vorb. 3 Abs. 3 fallen, also auch für den Prozessbevollmächtigten keine Terminsgebühr auslösen würden.

5. Mehrere Aufträge nach VV 3400, 3401 und 3403

Erhält der Anwalt mehrere selbstständige Aufträge zu verschiedenen Einzeltätigkeiten nach den VV 3400, 3401 und 3403, so ist wiederum § 15 Abs. 6 zu beachten. Der Anwalt erhält zwar die Vergütung mehrmals, insgesamt jedoch nicht mehr als diejenige Vergütung, die er erhalten hätte, wenn er von vornherein mit sämtlichen Tätigkeiten beauftragt worden wäre (§ 15 Abs. 6).

Beispiel: In einem Rechtsstreit (Wert: 8.000 EUR) wird der Anwalt A zunächst nur im Gerichtsstandsbestimmungsverfahren beauftragt. Für den Rechtsstreit beauftragt die Partei einen anderen Anwalt B. Später wird der Anwalt A mit der Wahrnehmung eines auswärtigen Beweistermins beauftragt. Insgesamt erhält der Anwalt nach § 15 Abs. 6 jetzt eine volle 1,3-Verfahrensgebühr und eine volle 1,2-Terminsgebühr, also die Vergütung, die auch ein Prozessbevollmächtigter erhalten hätte. Abzurechnen ist wie folgt:

II. Gerichtsstandsbestimmungsverfahren (Wert: 8.000 EUR)

1. 0,8-Verfahrensgebühr, VV 3404		364,80 EUR
2. Postentgeltpauschale, VV 7002		20,00 EUR
Zwischensumme	384,80 EUR	
3. 19 % Umsatzsteuer, VV 7008		73,11 EUR
Gesamt		**457,91 EUR**
1. 0,65-Gebühr, VV 3401, 3100, gem. § 15 Abs. 6 jedoch nicht mehr als		296,40 EUR
1,3-Gebühr, VV 3100		393,90 EUR
abzüglich bereits erhaltener		– 364,80 EUR
		29,10 EUR
2. 1,2-Terminsgebühr, VV 3401, 3104		547,20 EUR

3. Postentgeltpauschale, VV 7002   20,00 EUR
   Zwischensumme   596,30 EUR
4. 19 % Umsatzsteuer, VV 7008   113,30 EUR
Gesamt   **709,60 EUR**

VII. Einigungsgebühr

62 Der nach VV 3403 tätige Anwalt kann auch zusätzlich eine Einigungsgebühr verdienen, wenn er beim Abschluss einer Einigung mitwirkt.[66]

VIII. Auslagen

63 Auch der nach VV 3403 tätige Anwalt hat Anspruch auf Ersatz seiner Auslagen nach VV 7000 ff. Insbesondere erhält er die Postentgeltpauschale nach VV 7002. Sofern der Anwalt mehrere Gebühren nach VV 3403 erhält, steht ihm die Pauschale ggf. mehrmals zu. Dem steht § 15 Abs. 6 nicht entgegen, da diese Vorschrift nur von Gebühren, nicht auch von Auslagen spricht. Im Falle des Anfertigens, Einreichens oder Unterzeichnens von Schriftsätzen kommen insbesondere auch Dokumentenpauschalen nach VV 7000 in Betracht. Für den Terminsvertreter wiederum ist an Reisekosten (VV 7003 ff.) zu denken.

C. Kostenerstattung

I. Überblick

64 Bei der Kostenerstattung ist danach zu differenzieren, ob die Gebühr nach VV 3403 dem Verfahrensbevollmächtigten neben seinen sonstigen Gebühren entstanden ist, ob sie einem anderen Anwalt neben dem Verfahrensbevollmächtigten oder einem anderen Anwalt anstelle des Verfahrensbevollmächtigten entstanden ist.

II. Gebühr entsteht dem Verfahrensbevollmächtigten

65 Soweit dem Verfahrensbevollmächtigten ausnahmsweise eine zusätzliche Gebühr nach VV 3403 entsteht, ist diese grundsätzlich erstattungsfähig. Da es sich allerdings in diesen Fällen um eine selbstständige Angelegenheit handelt, ist auch hier eine gesonderte Kostenentscheidung erforderlich. Die Kosten können nicht aufgrund der Kostenentscheidung in der Hauptsache festgesetzt werden.

III. Anwalt war anstelle eines Verfahrensbevollmächtigten tätig

66 Bei der Frage der Erstattungsfähigkeit ist danach zu differenzieren, ob der nach VV 3403 tätige Anwalt neben einem Verfahrensbevollmächtigten oder an seiner Stelle tätig geworden ist. Hatte die Partei **keinen Verfahrensbevollmächtigten** beauftragt, sondern hatte sie den Anwalt **nur mit Einzeltätigkeiten mandatiert**, so ist die Vergütung nach VV 3403 stets erstattungsfähig, sofern die gleiche Tätigkeit eines Verfahrensbevollmächtigten nach § 91 Abs. 2 S. 1 ZPO erstattungsfähig gewesen wäre. Das gilt insbesondere, wenn sich die Partei in einem Rechtsstreit selbst vertritt und sie den Anwalt lediglich zur Wahrnehmung eines Termins oder zur Anfertigung eines Schriftsatzes beauftragt hat.

67 Gleiches gilt, wenn das Berufungsgericht den erstinstanzlichen Anwalt auffordert, zu einem Wiedereinsetzungsantrag des Gegners für die verspätet eingelegte Berufung Stellung zu nehmen, und sich der erstinstanzliche Anwalt hierauf äußert. Diese Gebühr ist in jedem Fall dann zu erstatten, wenn

---

66 Gerold/Schmidt/*Müller-Rabe*, RVG, VV 3403 Rn 49.

für das Berufungsverfahren kein Verfahrensbevollmächtigter mehr bestellt wird, etwa weil der Wiedereinsetzungsantrag der Gegenseite zurückgewiesen wird.[67]

Gleiches gilt, wenn ein vorinstanzlicher Anwalt vor dem BGH tätig wird und für das Revisionsverfahren oder das Verfahren auf Zulassung der Revision später kein Prozessbevollmächtigter mehr bestellt wird.

Beauftragt der Revisionsbeklagte- oder der Antragsgegner im Verfahren über die Beschwerde gegen die Nichtzulassung der Revision seinen bisherigen Prozessvertreter oder einen anderen, nicht am BGH zugelassenen Rechtsanwalt mit seiner Vertretung oder Beratung betreffend das weitere Vorgehen, stellt dies grundsätzlich eine Maßnahme dar, die geeignet ist, seinen rechtlichen Interessen zu entsprechen. Dies gilt umso mehr für eine im Ausland ansässige Partei.

Nach a.A. ist die Tätigkeit des nicht am BGH zugelassenen Anwalts nicht erstattungsfähig, da die entsprechende Tätigkeit nicht notwendig sei.[68]

Vertritt der Anwalt sich im Nichtzulassungsbeschwerdeverfahren selbst, soll eine (fiktive) Verfahrensgebühr nicht nach § 91 Abs. 2 S. 3 ZPO erstattungsfähig sein, insbesondere wenn sich die Tätigkeit in mehreren Nachfragen, wann mit der Entscheidung zu rechnen sei, erschöpft.[69] Dies entspricht der Rspr. zur Vertretung in eigener Sache bei Rechtsmittelrücknahme. Diese Auffassung ist allerdings bedenklich, da der Anwalt bei Beauftragung eines anderen Anwalts eine Erstattung nach den Vergütungsvorschriften des RVG verlangen könnte.

Soweit der Anwalt nur beraten, nicht vertreten hat, ist eine Beratungsgebühr nach § 34 erstattungsfähig (siehe dazu § 34 Rdn 41 f.). Das OLG Frankfurt[70] erwägt insoweit eine Gebühr nach VV 2100.

IV. Anwalt wird neben einem Verfahrensbevollmächtigten tätig

Wird der mit Einzeltätigkeiten nach VV 3403 beauftragte Anwalt **neben** einem **Verfahrensbevollmächtigten** tätig, so ist seine Vergütung grundsätzlich nicht erstattungsfähig. Nur in Ausnahmefällen kommt eine Kostenerstattung in Betracht.

Das ist immer dann der Fall, wenn auch der Verfahrensbevollmächtigte die Gebühr nach VV 3403 neben seinen sonstigen Gebühren erhalten würde.

Eine weitere Ausnahme ist dann gegeben, wenn hierdurch anderweitige Kosten des Verfahrensbevollmächtigten erspart worden sind.

> **Beispiel:** H will gegen den in München wohnenden B und den in Berlin wohnenden C Klage erheben und beantragt vor dem OLG, das LG München als zuständiges Gericht zu bestimmen. Der B beauftragt daraufhin einen Münchener Anwalt, ihn zunächst nur im Zuständigkeitsbestimmungsverfahren zu vertreten. Das OLG München bestimmt das LG Berlin als zuständiges Gericht. Daraufhin beauftragt der B für das Verfahren vor dem LG Berlin einen dort ansässigen Rechtsanwalt.
> Da B zu Beginn des Zuständigkeitsbestimmungsverfahrens nicht wissen konnte, vor welchem Gericht der Rechtsstreit stattfinden werde, durfte er zunächst einen ortsansässigen Anwalt für das Zuständigkeitsbestimmungsverfahren beauftragen. Nachdem der Rechtsstreit dann entgegen dem Antrag des Klägers in Berlin geführt werden musste, durfte er dort einen Prozessbevollmächtigten bestellen. Die Kosten beider Anwälte sind somit erstattungsfähig.
> Hierbei ist im Übrigen zu berücksichtigen, dass bei weiterer Beauftragung des Münchener Anwalts zwar die zusätzliche 0,8-Gebühr vermieden worden wäre. Dafür wären jedoch Reisekosten des Münchener Anwalts angefallen, die voraussichtlich weit höher gelegen hätten.

Nach OLG Hamburg[71] kann auch die für die Einreichung eines Schriftsatzes entstandene Gebühr ausnahmsweise erstattungsfähig sein, wenn die zusätzliche Tätigkeit des weiteren unterbevollmächtigten Anwalts notwendig war. Eine Erstattungsfähigkeit ist ferner dann gegeben, wenn bei Beauftragung des Anwalts mit einer Einzeltätigkeit noch nicht abzusehen war, dass später ein Verfahrensbevollmächtigter bestellt werden musste.

---

67 OLG Braunschweig JurBüro 1973, 137 m. Anm. *Schmidt*.
68 OLG Brandenburg OLGR 2006, 411 = MDR 2006, 1259 = JurBüro 2006, 319; OLG Köln AGS 2007, 301.
69 OLG Saarbrücken OLGR 2009, 380.
70 OLG Frankfurt AGS 2009, 25 m. Anm. *Onderka* = JurBüro 2008, 538 = OLGR 2009, 187.
71 JurBüro 1979, 722.

77 Beauftragt die Partei einen nicht am BGH zugelassenen Anwalt im Verfahren der Nichtzulassungsbeschwerde, sind dessen Kosten in Höhe einer Gebühr nach VV 3403 grundsätzlich erstattungsfähig.[72] Eine Kostenerstattung scheidet jedoch aus, wenn es anschließend doch noch zur Beauftragung eines BGH-Anwalts kommt.[73] Die gegenteilige Entscheidung des OLG Frankfurt[74] hat der BGH in der vorgenannten Entscheidung aufgehoben.

Nr.	Gebührentatbestand	Gebühr oder Satz der Gebühr nach § 13 RVG
3405	Endet der Auftrag 1. im Fall der Nummer 3400, bevor der Verfahrensbevollmächtigte beauftragt oder der Rechtsanwalt gegenüber dem Verfahrensbevollmächtigten tätig geworden ist, 2. im Fall der Nummer 3401, bevor der Termin begonnen hat: Die Gebühren 3400 und 3401 betragen .... Im Fall der Nummer 3403 gilt die Vorschrift entsprechend.	höchstens 0,5, bei Betragsrahmengebühren höchstens 210,00 €

A. Allgemeines 1	IV. Verfahrensgebühr nach VV 3403 (Anm. zu VV 3405) 12
B. Regelungsgehalt 2	V. Keine entsprechende Anwendung auf VV 3404 16
I. Verkehrsanwaltsgebühr nach VV 3400 (Nr. 1) 3	
II. Verkehrsanwaltsgebühr nach Anm. zu VV 3400 (Nr. 1) 8	VI. Entsprechende Anwendung auf VV 3406? 17
III. Verfahrensgebühr nach VV 3401 (Nr. 2) ... 9	

A. Allgemeines

1 Nach VV 3405 reduzieren sich die Gebührensätze der Verfahrensgebühren der VV 3400, 3401, 3403 im Falle der vorzeitigen Erledigung. Die Vorschrift ist der VV 3101 Nr. 1 nachgebildet, sodass ergänzend auf die dortige Kommentierung Bezug genommen werden kann. Wegen der Einzelheiten siehe im Übrigen die Kommentierung zu den jeweiligen Verfahrensvorschriften. Wegen des Zusammenhangs ist dort die Reduzierung mitbehandelt.

B. Regelungsgehalt

2 Die Reduzierungsvorschriften nach VV 3405 gelten in folgenden Fällen:

---

[72] BGH AGS 2006, 491 m. Anm. *N. Schneider* = NJW 2006, 2266 = Rpfleger 2006, 508 = BGHR 2006, 1068 = MDR 2006, 1435 = RVGprof. 2006, 115 = RVGreport 2006, 348 = JurBüro 2007, 27; AGS 2007, 298 = BGHR 2007, 369 = NJW 2007, 1461 = FamRZ 2007, 637 = NJ 2007, 223 = RVGprof. 2007, 78 = MittdtschPatAnw 2007, 242 = JurBüro 2007, 252 = MDR 2007, 742 = RVGreport 2007, 269 = zfs 2007, 467 = NJ 2007, 411; OLG Köln, Beschl. v. 9.4.2014 – 17 W 49/14; AGS 2010, 530 = NJW-Spezial 2010, 731 = JurBüro 2010, 654 = Rpfleger 2011, 181; OLG Brandenburg OLGR 2007, 383; OLG Frankfurt AGS 2009, 25 m. Anm. *Onderka* = JurBüro 2008, 538 = OLGR 2009, 187; OLG München AGS 2010, 217 = AnwBl 2010, 68; OLG Brandenburg OLGR 2007, 383.

[73] BGH AGS 2012, 493 = MDR 2012, 1003 = NJW 2012, 2734 = NJW-Spezial 2012, 571 = RVGreport 2012, 351 = BRAK-Mitt 2012, 247 = JurBüro 2012, 592 = MittdtschPatAnw 2012, 574.

[74] OLG Frankfurt AGS 2012, 250 = NJW-Spezial 2012, 349.

I. Verkehrsanwaltsgebühr nach VV 3400 (Nr. 1)

Für die Verkehrsanwaltsgebühr gilt **Nr. 1**. Die dortige Gebühr nach VV 3400 wird reduziert, wenn sich der Auftrag erledigt, bevor der Verfahrensbevollmächtigte beauftragt worden ist oder der Rechtsanwalt gegenüber dem Verfahrensbevollmächtigten der VV 3400 ff. tätig geworden ist. 3

Bei **Wertgebühren** reduziert sich der ohnehin schon auf 1,0 begrenzte Höchstsatz auf 0,5. 4

Soweit der Anwalt **mehrere Auftraggeber** vertritt, gilt ungeachtet dessen VV 1008. Die Höchstgrenze erhöht sich bei gemeinschaftlicher Beteiligung also je weiterem Auftraggeber um 0,3, höchstens um 2,0, sodass der Anwalt bei Vertretung von zwei Auftraggebern die Verkehrsanwaltsgebühr bis höchstens 0,8 erhält. 5

Bei **Betragsrahmengebühren** wird der Höchstbetrag von 420 EUR auf 210 EUR herabgesetzt. Auch hier gilt, dass bei Vertretung **mehrerer Auftraggeber** dieser Höchstbetrag nach VV 1008 um 30 % je weiterem Auftraggeber zu erhöhen ist. 6

Wegen der Einzelheiten siehe hierzu die Kommentierung zu VV 3400, in der die Reduzierung wegen des Sachzusammenhangs mit behandelt wird. 7

II. Verkehrsanwaltsgebühr nach Anm. zu VV 3400 (Nr. 1)

Auch hier gilt die Reduzierung nach **Nr. 1**, wobei hier nur die zweite Alternative denkbar ist. Soweit noch kein Verfahrensbevollmächtigter für das Rechtsmittelverfahren bestellt ist, wird der Anwalt diesem wohl auch schwerlich gutachterliche Äußerungen zukommen lassen können. In Betracht kommt daher nur die zweite Alternative, dass sich der Auftrag erledigt, bevor die gutachterlichen Äußerungen dem Rechtsmittelanwalt zugesandt werden. In diesem Fall reduziert sich die Gebühr nach Anm. zu VV 3400 auf höchstens 0,5 bei Wertgebühren und bei Betragsrahmengebühren auf höchstens 210 EUR. VV 1008 ist allerdings auch hier zu berücksichtigen. 8

III. Verfahrensgebühr nach VV 3401 (Nr. 2)

Auch die Verfahrensgebühr nach VV 3401 reduziert sich bei vorzeitiger Erledigung. Insoweit gilt **Nr. 2**. Die Reduzierung tritt dann ein, wenn sich die Angelegenheit erledigt, bevor der Termin begonnen hat. Auch hier wird wegen der Einzelheiten auf die Kommentierung zu VV 3401 Bezug genommen, wo diese Fragen im Sachzusammenhang behandelt werden. 9

Auch im Falle der VV 3401 reduziert sich die Verfahrensgebühr bei **Wertgebühren** auf höchstens 0,5. Vertritt der Anwalt **mehrere Auftraggeber**, so erhöht sich die Höchstgrenze nach VV 1008 für jeden weiteren Auftraggeber, sofern diese am Gegenstand gemeinschaftlich beteiligt sind, um 0,3. 10

Soweit **Betragsrahmengebühren** gelten, beläuft sich die Höchstgrenze nach VV 3401 nunmehr auf 210 EUR. Auch hier ist VV 1008 zu berücksichtigen. Bei mehreren Auftraggebern erhöht sich diese Höchstgrenze um jeweils 30 % je weiterem Auftraggeber. 11

IV. Verfahrensgebühr nach VV 3403 (Anm. zu VV 3405)

Ist der Anwalt mit Einzeltätigkeiten beauftragt, so reduziert sich die Verfahrensgebühr nach VV 3403, wenn sich der Auftrag vorzeitig erledigt. Hier kommt sowohl der Ermäßigungstatbestand nach Nr. 1 in Betracht als auch der nach Nr. 2. 12

Soweit der Anwalt mit Terminswahrnehmungen als Einzeltätigkeit beauftragt ist, was aufgrund des erweiterten Anwendungsbereichs der VV Vorb. 3 Abs. 3 kaum noch vorkommen dürfte, gilt Nr. 2. Für die übrigen Einzeltätigkeiten gilt Nr. 1. Auch hier wird wegen des Sachzusammenhangs auf die Kommentierung zu VV 3403 Bezug genommen. 13

Im Fall der Reduzierung beläuft sich der Höchstbetrag einer Wertgebühr nach VV 3403 auf 0,5. Bei **mehreren Auftraggebern**, sofern sie gemeinschaftlich beteiligt sind, erhöht sich diese Höchstgrenze um 0,3 je weiterem Auftraggeber, höchstens um 2,0. 14

15 Bei Betragsrahmengebühren gilt wiederum die Höchstgrenze von 210 EUR, die sich wiederum bei **mehreren Auftraggebern** um 30 % je weiteren Auftraggeber erhöht.

V. Keine entsprechende Anwendung auf VV 3404

16 Beschränkt sich die Tätigkeit des Anwalts auf ein einfaches Schreiben, so entsteht ohnehin nur eine 0,3-Gebühr. Eine weitere Reduzierung ist hier nicht vorgesehen. Der Anwalt erhält daher auch die volle 0,3-Gebühr, wenn er den Auftrag zu einem einfachen Schreiben erhält, sich dieser Auftrag aber vorzeitig erledigt.

VI. Entsprechende Anwendung auf VV 3406?

17 Für die Einzeltätigkeiten in sozialrechtlichen Angelegenheiten, die nicht nach dem Wert abgerechnet werden (VV 3406), ist die Reduzierungsvorschrift der VV 3405 unmittelbar nicht anwendbar, da die Vorschrift der VV 3406 dort nicht erwähnt wird.

18 Andererseits dürfte der Rechtsgedanke entsprechend heranzuziehen sein. Sofern sich also eine Einzeltätigkeit nach VV 3406 vorzeitig erledigt, dürfte im Rahmen dieser Vorschrift ebenfalls von einer Höchstgrenze von 210 EUR auszugehen sein. Soweit allerdings die Vorbereitung vor Erledigung der Einzeltätigkeit bereits so aufwendig und umfangreich war, dass sich bereits die Höchstgebühr rechtfertigen würde, bestehen keine Bedenken, den vollen Gebührenrahmen der VV 3406, also bis zu 340 EUR, auszuschöpfen. Hätte der Gesetzgeber auch hier eine starre Begrenzung gewollt, dann hätte er dies zum Ausdruck bringen müssen.

Nr.	Gebührentatbestand	Gebühr oder Satz der Gebühr nach § 13 RVG
3406	Verfahrensgebühr für sonstige Einzeltätigkeiten in Verfahren vor Gerichten der Sozialgerichtsbarkeit, wenn Betragsrahmengebühren entstehen (§ 3 RVG) .... Die Anmerkung zu Nummer 3403 gilt entsprechend.	30,00 bis 340,00 €

A. Allgemeines 1   C. Erstattungsfragen 4
B. Regelungsbereich 2

A. Allgemeines

1 VV 3406 legt den Gebührenrahmen für sonstige Einzeltätigkeiten in Verfahren vor Gerichten der Sozialgerichtsbarkeit, in denen das GKG nicht anwendbar ist und der Rechtsanwalt Betragsrahmengebühren erhält, fest. Nach **§ 1 Abs. 2 Nr. 3 GKG** ist das GKG in Verfahren vor den Gerichten der Sozialgerichtsbarkeit anzuwenden, soweit dies im SGG bestimmt ist. Das SGG regelt in **§§ 183, 197a SGG** die Verfahren, in denen das GKG nicht und mithin § 3 Abs. 1 S. 1 anwendbar ist. Nach § 197a Abs. 1 S. 1, 1. Hs. SGG findet das GKG keine Anwendung, wenn in einem Rechtszug weder Kläger noch Beklagter zu den in § 183 SGG genannten Personen gehören. **Ausschlaggebend für die Anwendung des GKG ist mithin, ob eine in § 183 SGG genannte Person an dem Rechtsstreit im betreffenden Rechtszug beteiligt ist.** Zu der Frage, wann dies der Fall ist, wird auf die grundlegenden Erläuterungen zu § 3 Abs. 1 S. 1 verwiesen (siehe § 3 Rdn 8 ff.). Die Vorschrift ist ebenso wie VV 3403 als **Auffangvorschrift** gedacht. Sie findet daher nur Anwendung, soweit keine Einzeltätigkeit i.S.v. VV 3400 bis 3402 vorliegt.

B. Regelungsbereich

Die Verfahrensgebühr nach VV 3406 **entsteht** gemäß der entsprechend geltenden Anmerkung zu VV 3403 für **sonstige Einzeltätigkeiten** in einem gerichtlichen Verfahren, wenn der **Rechtsanwalt nicht zum Prozess- oder Verfahrensbevollmächtigten bestellt** ist, soweit in VV Teil 3 Abschnitt 4 nichts anderes bestimmt ist. VV 3406 kommt mithin nicht zur Anwendung, wenn VV 3400 bis 3402 anwendbar sind. Da für die Verfahrensgebühr nach VV 3404 für **Schreiben einfacher Art** ein Betragsrahmen nicht vorgesehen ist, ist diese Vorschrift in Verfahren vor Gerichten der Sozialgerichtsbarkeit, in welchen das GKG nicht anwendbar ist und Betragsrahmengebühren entstehen (§ 3 Abs. 1 S. 1), nicht anwendbar. Auf die Erläuterungen zu VV 3404 wird verwiesen (siehe VV 3403–3404 Rdn 33 ff.). Für solche Schreiben einfacher Art erhält der Rechtsanwalt in Verfahren vor Gerichten der Sozialgerichtsbarkeit, in welchen das GKG nicht anwendbar ist und Betragsrahmengebühren entstehen (§ 3 Abs. 1 S. 1), die Verfahrensgebühr nach VV 3406.

Die Verfahrensgebühr nach VV 3406 beträgt **30 EUR bis 340 EUR**; die **Mittelgebühr** liegt bei **185 EUR**. Ist der Rechtsanwalt bereits in einem vorangegangenen Verwaltungs- oder Nachprüfungsverfahren tätig gewesen, so wird die Geschäftsgebühr zur Hälfte, höchstens mit 175 EUR angerechnet (VV Vorb. 3 Abs. 4).

Zur Verfahrensgebühr für sonstige Einzeltätigkeiten wird im Übrigen auf die grundsätzlichen Erläuterungen zu VV 3403–3404 verwiesen (siehe VV 3403–3404 Rdn 20 ff.).

C. Erstattungsfragen

Wegen der Bestimmung der Betragsrahmengebühr wird auf die grundlegenden Ausführungen bei §§ 3, 14 verwiesen (siehe § 3 Rdn 114 ff., § 14 Rdn 21 ff.).

Zu weiteren Erstattungsfragen betreffend sozialrechtliche Angelegenheiten, in denen das GKG nicht anwendbar ist, wird auf die grundlegenden Ausführungen zu Erstattungsfragen bei § 3 verwiesen (siehe § 3 Rdn 143 ff.).

Abschnitt 5. Beschwerde, Nichtzulassungsbeschwerde und Erinnerung

Vorbemerkung zu VV 3500 ff.

Die VV 3500 ff. enthalten die Gebührenvorschriften für:
- **allgemeine Beschwerden**,
- **Erinnerungen gegen Entscheidungen des Rechtspflegers**, auch wenn der Anwalt in der Hauptsache beauftragt ist (§ 18 Abs. 1 Nr. 3), ausgenommen die Vollstreckungserinnerung nach § 766 ZPO (§ 19 Abs. 2 Nr. 2[1]),
- **Erinnerungen gegen einen Kostenfestsetzungsbeschluss**, auch wenn er nicht vom Rechtspfleger erlassen worden ist (§ 18 Abs. 1 Nr. 3),
- **sonstige Erinnerungen, soweit der Anwalt hierzu einen Einzelauftrag hat** (anderenfalls sind sie Teil der Hauptsache, § 19 Abs. 1 S. 2 Nr. 5 Buchst. a)),
- **die Rechtsbeschwerde** und
- **Beschwerden gegen die Nichtzulassung**
  - der Berufung
  - der Revision oder
  - der Rechtsbeschwerde.

Keine Anwendung finden die VV 3500 ff. gem. VV Vorb. 3.5 i.V.m. VV Vorb. 3.1 Abs. 2 in Verfahren über die **Rechtsbeschwerde nach § 1065 ZPO**. Anzuwenden sind hier vielmehr die Gebühren nach VV Teil 3 Abschnitt 1, die VV 3100 ff.

---

[1] Eingefügt durch 2. JuMoG, in Kraft getreten am 31.12.2006.

3 **Keine Anwendung** finden die VV 3500 ff. ferner gem. VV Vorb. 3.5 i.V.m. VV Vorb. 3.2.1 in Verfahren über **Beschwerden**,
- gegen die den Rechtszug beendenden Entscheidungen in **Verfahren über Anträge auf Vollstreckbarerklärung ausländischer Titel** oder auf **Erteilung der Vollstreckungsklausel zu ausländischen Titeln** (VV Vorb. 3.2.1 Nr. 2 Buchst. a) 1. Alt.),
- über **Anträge auf Aufhebung oder Abänderung der Vollstreckbarerklärung oder der Vollstreckungsklausel** (VV Vorb. 3.2.1 Nr. 2 Buchst. a) 2. Alt.),
- gegen **Endentscheidungen wegen des Hauptgegenstands in Familiensachen** (VV Vorb. 3.2.1 Nr. 2 Buchst. b) 1. Alt.),
- gegen **Endentscheidungen wegen des Hauptgegenstands in Angelegenheiten der freiwilligen Gerichtsbarkeit** (VV Vorb. 3.2.1 Nr. 2 Buchst. b) 2. Alt.),
- gegen die den **Rechtszug beendenden Entscheidungen im Beschlussverfahren vor den Gerichten für Arbeitssachen** (VV Vorb. 3.2.1 Nr. 2 Buchst. c),
- gegen die den **Rechtszug beendenden Entscheidungen im personalvertretungsrechtlichen Beschlussverfahren vor den Gerichten der Verwaltungsgerichtsbarkeit** (VV Vorb. 3.2.1 Nr. 2 Buchst. d),
- **nach dem GWB** (VV Vorb. 3.2.1 Nr. 2 Buchst. e),
- **nach dem EnWG** (VV Vorb. 3.2.1 Nr. 2 Buchst. f),
- **nach dem KSpG** (VV Vorb. 3.2.1 Nr. 2 Buchst. g),
- **nach dem VSchDG** (VV Vorb. 3.2.1 Nr. 2 Buchst. h),
- **nach dem SpruchG** (VV Vorb. 3.2.1 Nr. 2 Buchst. i),
- **nach dem WpÜG** (VV Vorb. 3.2.1 Nr. 2 Buchst. j),
- **gegen die Entscheidung des Verwaltungs- oder Sozialgerichts wegen des Hauptgegenstands in Verfahren des vorläufigen oder einstweiligen Rechtsschutzes** (VV Vorb. 3.2.1 Nr. 3 Buchst. a),
- **nach dem WpHG** (VV Vorb. 3.2.1 Nr. 3 Buchst. b).

Für diese Verfahren gelten die Vorschriften eines Berufungsverfahrens nach VV Teil 3 Abschnitt 2 Unterabschnitt 1, den VV 3200 ff.

4 Voraussichtlich ab dem 18.1.2017 werden hier auch Beschwerden nach Vorb. 3.2.1 Nr. 3 Buchst. c) gegen die Entscheidung über den Widerspruch des Schuldners (§ 954 Abs. 1 S. 1 ZPO) im Fall des Art. 5 Buchst. a) der Verordnung (EU) Nr. 655/2014[2] erfasst sein, so dass diese ebenfalls nicht nach den VV 3500 zu vergüten sein werden.

5 Weiterhin finden die VV 3500 ff. keine Anwendung in Beschwerdeverfahren
- **vor dem BGH gegen Entscheidungen des BPatG** (VV Vorb. 3.2.2 Nr. 2),
- **vor dem BFH über Beschwerden nach § 128 Abs. 3 FGO** (VV Vorb. 3.2.2 Nr. 3).

Für diese Verfahren gelten die Vorschriften eines Revisionsverfahrens nach VV Teil 3 Abschnitt 2 Unterabschnitt 2, den VV 3206 ff.

6 Darüber hinaus finden die VV 3500 ff. gem. VV Vorb. 3.5 i.V.m. VV Vorb. 3.2.1 und VV Vorb. 3.2.2 **keine Anwendung** in Verfahren über **Rechtsbeschwerden**
- **nach dem StVollzG, auch i.V.m. § 92 JGG** (VV Vorb. 3.2.1 Nr. 4),
Es gelten wiederum die Vorschriften eines Berufungsverfahrens nach VV Teil 3 Abschnitt 2 Unterabschnitt 1, den VV 3200 ff.
- in den **in VV Vorb. 3.2.1 Nr. 2 genannten Fällen** (VV Vorb. 3.2.2 Nr. 1 Buchst. a),
- **nach § 20 KapMuG** (VV Vorb. 3.2.2 Nr. 1 Buchst. b),
- **vor dem BGH gegen Entscheidungen des BPatG** (VV Vorb. 3.2.2 Nr. 2),
Es gelten die Vorschriften eines Revisionsverfahrens nach VV Teil 3 Abschnitt 2 Unterabschnitt 2, den VV 3206 ff.

7 Soweit in den vorgenannten Verfahren allerdings Beschwerden oder Rechtsbeschwerden gegen Entscheidungen gegeben sind, die **nicht die Hauptsache betreffen**, gelten auch hier wiederum die VV 3500 ff. Dies betrifft Beschwerden und Rechtsbeschwerden gegen Zwischenentscheidungen (wie z.B. die Beschwerde gegen die Ablehnung eines Richters, Beschwerde gegen die Aussetzung des Verfahrens etc.) oder Beschwerden und Rechtsbeschwerden gegen Nebenentscheidungen (wie z.B.

---

2 Geplante Ergänzung durch Entwurf eines Gesetzes zur Durchführung der Verordnung (EU) Nr. 655/2014 sowie zur Änderung sonstiger zivilprozessualer Vorschriften (EuKoPfVODG), BT-Drucks 18/7560, S. 18. Geplantes Inkrafttreten dieser Ergänzung: 18.1.2017.

Beschwerden oder Rechtsbeschwerden gegen einen Kostenfestsetzungsbeschluss, Beschwerde gegen die Streitwertfestsetzung, Beschwerde oder Rechtsbeschwerde gegen eine Kostenentscheidung etc.).

Keine Anwendung finden die VV 3500 ff. darüber hinaus auf Beschwerden – auch nicht bei Beschwerden gegen Zwischenentscheidungen – in: 8
- **Freiheitsentziehungsverfahren** (VV 6300). Für das Beschwerdeverfahren und das Verfahren der weiteren Beschwerde erhält der Anwalt hier die Rahmengebühren der VV 6300 ff. (Anm. zu VV 6300; Anm. zu VV 6302);
- **Unterbringungssachen** (VV 6300). Für das Beschwerdeverfahren und das Verfahren der weiteren Beschwerde erhält der Anwalt hier die Rahmengebühren der VV 6300 ff. (Anm. zu VV 6300; Anm. zu VV 6302);
- **Unterbringungsmaßnahmen nach § 151 Nr. 6 und 7 FamFG**. Für das Beschwerdeverfahren und das Verfahren der weiteren Beschwerde erhält der Anwalt hier die Rahmengebühren der VV 6300 ff. (Anm. zu VV 6300; Anm. zu VV 6302);
- **Straf- und Bußgeldsachen** (VV Teil 4; VV Teil 5) sowie in sonstigen **Verfahren nach VV Teil 6**. In Straf- und Bußgeldsachen sowie in Verfahren nach VV Teil 6 werden Beschwerdeverfahren durch die dort geregelten Verfahrensgebühren abgegolten. Soweit der Anwalt ausschließlich mit einer Beschwerde beauftragt ist, gilt VV 4302 Nr. 2.[3]
Lediglich für Erinnerungen, Beschwerden und Anträge auf gerichtliche Entscheidung nach § 62 OWiG in Kostenfestsetzungsverfahren und für Beschwerden gegen den Kostenansatz (VV Vorb. 4 Abs. 5 Nr. 1; VV Vorb. 5 Abs. 4 Nr. 1; VV Vorb. 6.2 Abs. 3 Nr. 1) sowie für Beschwerden in Vollstreckungsverfahren (VV Vorb. 4 Abs. 5 Nr. 2; VV Vorb. 5 Abs. 4 Nr. 2; VV Vorb. 6.2 Abs. 3 Nr. 1) sind die VV 3500, 3513 entsprechend anzuwenden.

Auch in Beschwerdeverfahren nach **§ 8 Abs. 3 StrEG** sind die VV 3500 ff. nicht anwendbar.[4] 9

Schließlich sind die VV 3500 ff. auch in den sog. **Notarkosten-Beschwerden** nach § 156 KostO 10 a.F. (§ 127 GNotKG) nicht anwendbar; hier handelt es sich gar nicht um Beschwerdeverfahren, sondern um Verfahren nach VV Teil 3 Abschnitt 1 (VV 3100 ff.).[5] A.A. für die Notarbeschwerde nach § 15 Abs. 2 BNotO (0,5-Verfahrensgebühr VV 3500).[6] Diese Streitfragen dürften sich mit Inkrafttreten des GNotKG erledigt haben.

Nr.	Gebührentatbestand	Gebühr oder Satz der Gebühr nach § 13 RVG
	Vorbemerkung 3.5: Die Gebühren nach diesem Abschnitt entstehen nicht in den in Vorbemerkung 3.1 Abs. 2 und in den Vorbemerkungen 3.2.1 und 3.2.2 genannten Beschwerdeverfahren.	
3500	Verfahrensgebühr für Verfahren über die Beschwerde und die Erinnerung, soweit in diesem Abschnitt keine besonderen Gebühren bestimmt sind	0,5

Literatur: *E. Schneider*, Die Kostenentscheidung im Verfahren über die Erinnerung und die sofortige Beschwerde gegen einen Kostenfestsetzungsbeschluss, BRAGOreport 2001, 35; *N. Schneider*, Befangenheitsablehnung – Gebühren, Streitwert und Kostenerstattung, MDR 2001, 130; *ders.*, Vergütung im Verfahren über die Streitwertbeschwerde, AGS 2003, 13; *ders.*, Kosten des Erinnerungs- und Beschwerdeverfahrens – Versäumte Kostenentscheidung, AGS 2003, 336; *ders.*, Vergütung des Anwalts im Verfahren der sofortigen Beschwerde bei Aufhebung des Nichtabhilfebeschlusses und anschließender erneuter Vorlage an das Beschwerdegericht AGS 2005,187; *ders.*, Erinnerungsverfahren in der Zwangsvollstreckung, InVo 2005, 4; *ders.*, Fälle und Lösungen § 20.

---

3 LG Krefeld JurBüro 1979, 240.
4 OLG Frankfurt/M. AGS 2007, 619 = NStZ-RR 2007, 223 = RVGreport 2007, 390; OLG Köln AGS 2009, 483 = NStZ-RR 2010, 64 u. NStZ-RR 2010, 128; AG Koblenz AGkompakt 2011, 8.
5 KG AGS 2006, 484 = RVGreport 2006, 306; OLG Köln AGS 2008, 543 = DNotZ 2009, 396 = RVGreport 2008, 426 = NJW-Spezial 2008, 765; a.A: KG RVGreport 2010, 224.

6 BGH AGS 2010, 594 = MDR 2011, 199 = NJW-RR 2011, 286 = FGPrax 2011, 36 = JurBüro 2011, 87 = RVGreport 2011, 21 = NJW-Spezial 2011, 28 = BRAK-Mitt 2011, 41 = RVGprof. 2011, 42; KG AGS 2010, 368 = ErbR 2009, 310 = FGPrax 2009, 235 = KGR 2009, 797 = RVGreport 2009, 384 = JurBüro 2009, 531.

A.	Allgemeines	1	4. Auslagen	41
B.	Beschwerdeverfahren	8	5. Gegenstandswert	42
	I. Sachlicher Anwendungsbereich	8	V. Prozesskostenhilfe/Verfahrenskostenhilfe	45
	II. Persönlicher Anwendungsbereich	13	VI. Kostenentscheidung und Kostenerstattung	46
	III. Auftrag	14	C. Erinnerung	55
	IV. Gebühren	20	I. Allgemeines	55
	1. Mehrere Beschwerden	20	II. Regelungsgehalt	59
	2. Höhe der Gebühren	28	1. Anwendungsbereich	59
	3. Die einzelnen Gebühren	30	a) Erinnerungsverfahren	59
	a) Verfahrensgebühr, VV 3500	30	b) Mehrere Erinnerungen	66
	b) Terminsgebühr, VV 3513	37	2. Höhe der Vergütung	70
	c) Einigungsgebühr, VV 1000 ff.	39	3. Gegenstandswert	77
			4. Beschwerdeverfahren	78
			5. Kostenentscheidung und -erstattung	79

A. Allgemeines

1 Die Vorschriften der VV 3500, 3513 regeln die Vergütung des Anwalts:
- in **Beschwerdeverfahren** (früher: § 61 Abs. 1 Nr. 1 BRAGO) sowie
- in Verfahren über
  - die **Erinnerung** Entscheidungen des Rechtspflegers, ausgenommen die Vollstreckungserinnerung nach § 766 ZPO (§ 19 Abs. 2 Nr. 2),
  - die **Erinnerung** gegen die **Kostenfestsetzung**, auch wenn sie nicht vom Rechtspfleger vorgenommen worden ist,
  - **sonstige Erinnerungen** (einschließlich der Vollstreckungserinnerung nach § 766 ZPO – § 19 Abs. 2 Nr. 2), sofern der Anwalt hierzu einen Einzelauftrag hat (anderenfalls sind sie Teil der Hauptsache, § 19 Abs. 1 S. 2 Nr. 2, 5).

2 **Beschwerdeverfahren** nach VV Teil 3 sind – im Gegensatz z.B. zu den Angelegenheiten nach VV Teil 4 bis 6 – immer eigene gebührenrechtliche Angelegenheiten (§ 18 Abs. 1 Nr. 3). Der Anwalt erhält hierfür die 0,5-Gebühren nach VV 3500, 3513.

3 **Erinnerungen gegen Entscheidungen des Rechtspflegers** sind nach § 18 Abs. 1 Nr. 3 ebenfalls immer eigene Angelegenheiten, ausgenommen die Vollstreckungserinnerung nach § 766 ZPO (§ 19 Abs. 2 Nr. 2).

4 Darüber hinaus sind **Erinnerungen gegen einen Kostenfestsetzungsbeschluss** eigene Angelegenheiten, wie die Neufassung des § 18 Abs. 1 Nr. 3 jetzt klargestellt hat, unabhängig davon, ob die Kostenfestsetzung vom Rechtspfleger oder einer anderen Person vorgenommen wurde.

5 Für das **Kostenfestsetzungsverfahren** sowie für das **Verfahren über den Kostenansatz** ordnet § 16 Nr. 10 allerdings an, dass mehrere Erinnerungen und mehrere Beschwerden in demselben Rechtszug eine Angelegenheit sind, in der der Anwalt die Gebühren nach VV 3500, 3513 nur einmal erhalten kann (siehe § 16 Rdn 155 ff.).

6 **Sonstige Erinnerungen** gehören zur Hauptsache (§ 19 Abs. 1 S. 2 Nr. 5) (siehe Rdn 61 f.).[1] Sofern der Anwalt allerdings ausschließlich mit der Erinnerung beauftragt ist, gelten auch für ihn die VV 3500, 3513.

7 In **Straf- und Bußgeldverfahren** sowie in Verfahren nach VV Teil 6 sind die VV 3500 ff. entsprechend anwendbar für
- **Erinnerungen gegen den Kostenansatz oder gegen einen Kostenfestsetzungsbeschluss** (VV Vorb. 4 Abs. 5 Nr. 1; VV Vorb. 5 Abs. 4 Nr. 1; VV Vorb. 6.2 Abs. 3 Nr. 1).
- **Beschwerden gegen den Kostenansatz oder gegen einen Kostenfestsetzungsbeschluss** (VV Vorb. 4 Abs. 5 Nr. 1; VV Vorb. 5 Abs. 4 Nr. 1; VV Vorb. 6.2 Abs. 3 Nr. 1).

---

[1] Zur Kostenerinnerung, bzw. Antrag auf gerichtliche Entscheidung im Kostenfestsetzungs- und -ansatzverfahren gegen Entscheidungen des Urkundsbeamten der Geschäftsstelle.

- **Anträge auf gerichtliche Entscheidung nach § 62 OWiG** gegen den Kostenansatz oder gegen einen Kostenfestsetzungsbeschluss (VV Vorb. 5 Abs. 4 Nr. 1).
- **Beschwerden in der Zwangsvollstreckung** (VV Vorb. 4 Abs. 5 Nr. 2; VV Vorb. 5 Abs. 4 Nr. 2; VV Vorb. 6.2 Abs. 3 Nr. 2).

B. Beschwerdeverfahren

I. Sachlicher Anwendungsbereich

Die Vergütung nach VV 3500, 3513 für Beschwerdeverfahren gilt grundsätzlich für **sämtliche Arten von Beschwerden**, soweit nicht nach VV Vorb. 3.5 i.V.m. Vorb. 3.2 Abs. 2, Vorb. 3.2.1 oder Vorb. 3.2.2 die Vorschriften der VV 3100 ff., 3200 ff. oder 3206 ff. gelten und sofern in VV Teil 3 Abschnitt 5 nichts Abweichendes bestimmt ist. 8

Abweichende Bestimmungen enthält VV Teil 3 Abschnitt 5 wiederum in:
- VV 3502, 3503 für die **Rechtsbeschwerde** (z.B. nach § 574 ZPO)
- VV 3504 f. für die **Beschwerden gegen die Nichtzulassung der Berufung**
- VV 3506 ff. für **Beschwerden gegen die Nichtzulassung der Revision,** und zwar auch für die Nichtzulassungsbeschwerde nach § 92a ArbGG im Arbeitsgerichtsverfahren.[2] Die gegenteilige Entscheidung des AG Koblenz[3] ist auf die Erinnerung wieder aufgehoben worden.[4]
- VV 3506 ff. für **Beschwerden gegen die Nichtzulassung der Rechtsbeschwerde,** soweit diese vorgesehen ist (siehe hierzu VV 3506 Rdn 1 ff.).

Die Gebühren der VV 3500, 3513 gelten daher auch für die in VV Vorb. 3.2.1 und VV Vorb. 3.2.2 genannten Verfahren, sofern sich die Beschwerde nicht gegen eine Entscheidung wegen des Hauptgegenstands richtet.[5] Ebenso sind VV 3500, 3513 in **Vollstreckungssachen** (VV 3309 ff.) anzuwenden. Des Weiteren gelten die VV 3500, 3513 im **Prozesskostenhilfeprüfungsverfahren** (VV 3335). 9

Die Beschwerdegebühren nach VV 3500, 3513 entstehen auch dann, wenn das **Erstgericht** der Beschwerde **abhilft** oder sich das Verfahren anderweitig erledigt.[6] Es ist nicht erforderlich, dass die Akten dem Beschwerdegericht vorgelegt werden und dieses entscheidet. 10

Auf **Gegenvorstellungen** ist VV 3500 dagegen nicht anwendbar.[7] Solche Rechtsbehelfe werden für den Prozess- oder Verfahrensbevollmächtigten durch die Verfahrensgebühr entsprechend § 19 Abs. 1 S. 1 abgegolten. Als Einzelauftrag ist die Tätigkeit nach VV 3403 zu vergüten. 11

Für die **Gehörsrüge** findet sich eine spezielle Vorschrift in VV 3330. 12

II. Persönlicher Anwendungsbereich

Die Vorschrift gilt für alle Rechtsanwälte und Rechtsbeistände. Es ist dabei unerheblich, ob der Anwalt Prozessbevollmächtigter oder Verfahrensbevollmächtigter ist oder ob er ausschließlich mit der Beschwerde beauftragt wurde. Da das Beschwerdeverfahren immer eine eigene selbstständige Angelegenheit bildet (§§ 18 Abs. 1 Nr. 3, 17 Nr. 1), erhält auch der Verfahrensbevollmächtigte die Gebühr der VV 3500, 3513 zusätzlich zu den sonstigen Gebühren, z.B. nach VV 3100 ff. Auch der Verkehrsanwalt (VV 3400) oder der Terminsvertreter (VV 3401) kann zusätzlich die Vergütung nach VV 3500, 3513 verdienen, wenn er mit einer Beschwerde beauftragt wird. Gleiches gilt für den in der Vollstreckung tätigen Anwalt; er kann die Gebühren der VV 3500, 3513 neben den Gebühren der VV 3309 ff. verdienen. 13

---

2 Hessisches LAG AGS 2007, 612 = NZA-RR 2006, 600 = RVGreport 2006, 309 = AE 2007, 102.
3 AG Koblenz AGS 2005, 261 m. abl. Anm. *N. Schneider* = RVG-B 2005, 33 = RVGreport 2005, 106.
4 AG Koblenz AGS 2005 292 m. Anm. *Mock* = RVG-B 2005, 81.
5 OLG Hamm m. Anm. *Thiel*, AGS 2013, 171 = JurBüro 2013, 421 = FamRZ 2014, 1874 = NJW-Spezial 2013, 284 = MDR 2013, 816 = RVGreport 2013, 317 = FF 2015, 41; OLG Köln AGS 2012, 462 u. 564 = JurBüro 2012, 653 = FamRZ 2013, 730 = NJW-Spezial 2012, 540 = RVGreport 2012, 420 (jew. Beschwerde gegen Kostenentscheidung).
6 OVG Bremen JurBüro 1988, 605.
7 *Hansens*, BRAGO, § 61 Rn 2.

III. Auftrag

14 Dem Anwalt muss für das Beschwerdeverfahren ein **Auftrag** erteilt worden sein. Soweit er selbst den Beschwerdeführer vertritt, wird er in aller Regel einen **ausdrücklichen** Auftrag erhalten haben.

15 In Betracht kommt jedoch auch ein **konkludent** erteilter Auftrag. Ergibt sich im Verlaufe des Verfahrens, dass der Anwalt gehalten ist, eine Beschwerde einzulegen, so kann von einem konkludenten Einverständnis und Auftrag des Mandanten ausgegangen werden. Dies wird immer dann der Fall sein, wenn der Auftraggeber im Nachhinein die Tätigkeit des Anwalts genehmigt oder wenn die Beschwerde erfolgreich war. Dann ergibt sich bereits aus dem Verlauf des Beschwerdeverfahrens, dass dieses zur ordnungsgemäßen Erledigung des Auftrags erforderlich war. Letztlich wird es hier immer auf den Einzelfall ankommen. Abzustellen ist auf die objektive Betrachtungsweise aus Sicht des Mandanten, ob er ein wirtschaftliches oder rechtliches Interesse an dem Ausgang des Beschwerdeverfahrens hat.

> **Beispiel 1:** Der Anwalt legt für den unterlegenen Beklagten Streitwertbeschwerde ein und erreicht eine Reduzierung des Streitwerts.
> Hier ist von einem Einverständnis des Auftraggebers und damit von einem konkludenten Auftrag auszugehen. Die erfolgreiche Streitwertbeschwerde verringert die Kostenlast des Beklagten und gereicht ihm letztlich zum wirtschaftlichen Vorteil. Zumindest würde dem Anwalt hier ein Anspruch aus Geschäftsführung ohne Auftrag zustehen.
>
> **Beispiel 2:** Der Anwalt legt für den Beklagten Beschwerde gegen einen Aussetzungsbeschluss ein.
> Sofern hier nicht besondere Gründe dafür sprechen, dass der Beklagte an einer beschleunigten Entscheidung interessiert ist, dürfte die Beschwerde gegen den Aussetzungsbeschluss nicht seinem Interesse entsprechen. Von einem konkludenten Auftrag dürfte daher nicht auszugehen sein.

16 Wird der Anwalt für den Beschwerdegegner tätig, so wird es häufiger zu einem ausdrücklichen Auftrag fehlen. Der Anwalt nimmt in der Praxis in aller Regel die Beschwerdeschrift entgegen und nimmt sogleich hierzu Stellung. Soweit vielfach in den Kommentaren und Entscheidungen zu lesen ist, mit Entgegennahme der Beschwerdeschrift werde die Vergütung nach VV 3500 (früher: § 61 Abs. 1 Nr. 1 BRAGO) ausgelöst, ist dies unzutreffend.[8] Erforderlich ist zunächst einmal ein Auftrag. Da der Anwalt vor Entgegennahme der Beschwerdeschrift den Auftraggeber über die eingelegte Beschwerde aber noch gar unterrichtet haben kann, wird er daher auch noch keinen Auftrag erhalten haben können.[9] Lediglich in Ausnahmefällen, in denen eine Beschwerde zu erwarten ist und der Auftraggeber bereits prophylaktisch den Auftrag erteilt, sich gegen die zu erwartende Beschwerde zu verteidigen, kann mit Entgegennahme der Beschwerdeschrift die Vergütung nach VV 3500 ausgelöst werden. Es muss dann danach gefragt werden, ob der Anwalt aufgrund des generellen Auftrags davon ausgehen durfte, dass er auch für ein Beschwerdeverfahren beauftragt sei, also ob die Tätigkeit des Anwalts für den Beschwerdegegner im Einverständnis des Mandanten liegt und durch den generellen Verfahrensauftrag gedeckt ist. Es wird wiederum auf den Einzelfall ankommen. Von einem solchen konkludenten Auftrag ist auszugehen, wenn die Gegenseite Beschwerde gegen einen Kostenfestsetzungsbeschluss einlegt, mit der sie die Festsetzung weiterer Kosten begehrt[10] oder die Absetzung zugunsten der Partei festgesetzter Kosten. Auch soweit der Anwalt die Beschwerde erfolgreich abwehrt und der Gegner die Kosten des Beschwerdeverfahrens zu tragen hat, wird man von einem konkludenten Auftrag, zumindest aber von einer Genehmigung, ausgehen können. Soweit kein erkennbares Interesse an dem Beschwerdeverfahren besteht, dürfte ein konkludenter Auftrag abzulehnen sein.

> **Beispiel:** Die Gegenseite lehnt den Richter wegen Besorgnis der Befangenheit ab. Soweit der der Beschwerdegegner an dem Ausgang des Verfahrens kein eigenes Interesse hat, wird er kaum dem Anwalt einen entsprechenden Auftrag erteilen.[11]

17 Erst Recht wird man ohne Weiteres jedenfalls dann keinen konkludenten Auftrag annehmen, wenn im Beschwerdeverfahren eine Kostenerstattung ausgeschlossen ist.

---

8 LG Berlin JurBüro 1984, 62; LG Hannover JurBüro 1986, 1835; OLG Koblenz AGS 2004, 67 m. Anm. *N. Schneider.*

9 OLG Hamm BRAGOreport 2001, 120 m. Anm. *Hansens.*

10 KG JurBüro 1971, 530.

11 A.A. BGH AGS 2005, 413 m. Anm. *N. Schneider* = NJW 2005, 2233; 2005, 3112 = Rpfleger 2005, 481 = MDR 2005, 1016 = RVG-B 2005, 136 = JurBüro 2005, 471; 2005, 482 = ZAP 2005, 942 = FamRZ 2005, 1563.

Keinesfalls reicht die bloße Entgegennahme des Beschlusses über die Beschwerde und seine Weiterleitung an die Partei aus, um die Vergütung nach VV 3500 zu verdienen (§ 19 Abs. 1 S. 2 Nr. 9).[12]

Ein Auftrag darf nicht ohne Weiteres unterstellt werden. Es ist auch nicht Aufgabe des Gerichts, insoweit Vermutungen anzustellen.[13]

IV. Gebühren

1. Mehrere Beschwerden

Jedes Beschwerdeverfahren gilt als eigene Angelegenheit i.S.d. §§ 18 Abs. 1 Nr. 3, 17 Nr. 1 (Ausnahme § 16 Nr. 10). Das bedeutet, dass der Anwalt die Verfahrensgebühr nicht nur neben den Gebühren des Ausgangsverfahrens, also als Prozess- oder Verfahrensbevollmächtigter neben der Verfahrensgebühr (VV 3100) erhält, sondern auch, dass er bei mehreren Beschwerden die Gebühren der VV 3500 ff. mehrmals erhält. Die Einschränkung nach § 16 Nr. 10 gilt nicht für alle Beschwerdeverfahren, sondern nur für Beschwerden in der Kostenfestsetzung und gegen den Kostenansatz. Der Anwalt erhält daher insbesondere dann die Gebühren mehrmals, wenn innerhalb desselben Verfahrens mehrere Beschwerden gegen verschiedene Entscheidungen eingelegt werden.

> **Beispiel:** Der Anwalt legt für seinen Mandanten zunächst Beschwerde gegen einen Aussetzungsbeschluss ein und später Beschwerde gegen die Einstellung der Vollstreckung.
> Der Anwalt verdient die Gebühren der VV 3500, 3513 zweimal.

Die Gebühren nach VV 3500, 3513 entstehen auch dann mehrmals, wenn das Erstgericht einer einfachen Beschwerde **abgeholfen** hat und nunmehr die Gegenseite **hiergegen Beschwerde** einlegt. Es liegen dann zwei Beschwerdeverfahren vor, die jeweils die Vergütung nach VV 3500, 3513 auslösen.

Auch das Verfahren über die **weitere Beschwerde** ist eine zusätzliche Angelegenheit, in der die Gebühren nach §§ 18 Abs. 1 Nr. 3, 17 Nr. 1 erneut entstehen. Der Anwalt erhält also die Gebühren der VV 3500, 3513 sowohl für das Erstbeschwerdeverfahren als auch für das Verfahren über die weitere Beschwerde.[14]

Die **Rechtsbeschwerde**, z.B. nach §§ 574 ZPO, stellt zwar ebenfalls gemäß § 17 Nr. 1 eine eigene Angelegenheit dar; für sie ist aber ein gesonderter Gebührentatbestand vorgesehen (VV 3502, 3503).

Auch die **Beschwerden gegen die Nichtzulassung von Berufung, Revision und Rechtsbeschwerde** sind zwar gemäß §§ 17 Nr. 1, 17 Nr. 9 eigene Angelegenheiten; für sie sind aber gesonderte Gebührentatbestände vorgesehen (VV 3504 ff.).[15]

Lediglich eine einzige Angelegenheit liegt dagegen vor, wenn **mehrere Beschwerden gegen dieselbe Entscheidung** erhoben werden. Die Werte der einzelnen Beschwerdegegenstände werden dann zusammengerechnet (§§ 22 Abs. 1 RVG; 23 Abs. 1 S. 3 RVG i.V.m. §§ 39 Abs. 1, 45 Abs. 2 GKG).

> **Beispiel:** Das Gericht hat die Kosten des Verfahrens (insgesamt 800 EUR) nach § 91a ZPO gegeneinander aufgehoben. Der Kläger legt Beschwerde ein, da nach seiner Auffassung der Beklagte die Kosten des Verfahrens zu tragen habe. Der Beklagte wiederum legt ebenfalls Beschwerde ein, da er der Auffassung ist, der Kläger müsse die Kosten tragen.
> Es liegt nur eine Angelegenheit vor. Beide Anwälte erhalten die Gebühren der VV 3500 nur einmal. Maßgebend ist nach § 23 Abs. 1 S. 1 RVG i.V.m § 45 Abs. 2 GKG allerdings der Gesamtwert von (400 EUR + 400 EUR =) 800 EUR.

Auch im Fall einer **Zurückverweisung** können **mehrere Beschwerdegebühren** anfallen, wenn gegen die erneute Entscheidung wiederum Beschwerde eingelegt wird.

---

12 LG Berlin JurBüro 1984, 62; LG Hannover JurBüro 1985, 1503; OLG Frankfurt/M. KostRsp. BRAGO § 61 Nr. 42; OLG Köln JurBüro 2000, 581.
13 OLG Jena, Beschl. v. 14.8.2015 – 1 W 355/15.
14 RMOLK/*Hergenröder*, RVG, VV 3500 Rn 5.
15 Das gilt auch für die Nichtzulassungsbeschwerde nach § 92a ArbGG im Arbeitsgerichtsverfahren. Die gegenteilige Entscheidung des AG Koblenz (AGS 2005, 261 m. abl. Anm. *N. Schneider* = RVG-B 2005, 33 = RVGreport 2005, 106) ist auf die Erinnerung wieder aufgehoben worden (AG Koblenz AGS 2005 292 m. Anm. *Mock* = RVG-B 2005, 81).

Beispiel: Gegen den Kostenfestsetzungsbeschluss des AG lässt der Kläger durch seinen Anwalt Beschwerde einlegen. Das LG hebt den Festsetzungsbeschluss auf und weist die Sache zur erneuten Entscheidung an das AG zurück, das erneut entscheidet. Gegen die erneute Festsetzung legt der Anwalt wiederum Beschwerde für seinen Mandanten ein.
Für die erste Beschwerde erhält der Anwalt die Vergütung aus VV 3500. Für das erneute Festsetzungsverfahren vor dem AG gilt § 21 Abs. 1: Der Anwalt, der jetzt nur noch mit der Kostenfestsetzung beauftragt ist, erhält eine weitere Gebühr nach VV 3403 (Einzeltätigkeit), allerdings mit der Maßgabe der Anrechnung nach VV Vorb. 3 Abs. 6. Für das Beschwerdeverfahren erhält er die Gebühren nach VV 3500 wieder erneut, da es sich um ein erneutes Rechtsmittel handelt (§ 17 Nr. 1).

27 Etwas anderes gilt dagegen, wenn nur die Nichtabhilfeentscheidung aufgehoben und die Sache zur erneuten Abhilfeentscheidung zurückgegeben wird. In diesem Fall liegt nur ein einziges Beschwerdeverfahren vor.[16]

2. Höhe der Gebühren

28 Der Anwalt erhält nach VV 3500 eine 0,5-Verfahrensgebühr und nach VV 3513 eine 0,5-Terminsgebühr. Auf die Höhe der Gebühren im vorangegangenen Verfahren kommt es nicht an. Er erhält daher auch dann eine 0,5-Gebühr, wenn er im Ausgangsverfahren lediglich 0,3-Gebühren erhalten hat, wie etwa bei Beschwerden in Vollstreckungssachen.[17]

29 Ist ein als Berufung bezeichnetes Rechtsmittel tatsächlich als Beschwerde zu behandeln, so fallen ebenfalls nur die 0,5-Gebühren nach VV 3500, 3513 an; auf die falsche Bezeichnung des Rechtsmittels kommt es nicht an.[18]

3. Die einzelnen Gebühren

a) Verfahrensgebühr, VV 3500

30 Zunächst einmal erhält der Beschwerdeanwalt die Verfahrensgebühr. Diese fällt mit der ersten Tätigkeit nach Auftragserteilung an,[19] also in der Regel mit der Entgegennahme der Information (VV Vorb. 3 Abs. 2).[20]

31 Gleiches gilt für den Anwalt des Beschwerdegegners. Es ist dabei unerheblich, wie der Auftraggeber von dem Beschwerdeverfahren Kenntnis erhalten hat. Der Anwalt verdient daher auch dann die Verfahrensgebühr, wenn weder ihm noch dem Mandanten die Beschwerdeschrift zugestellt worden ist, sondern er oder der Mandant nur zufällig von dem Verfahren Kenntnis erhalten haben.[21] Voraussetzung ist jedoch ein entsprechender Auftrag (vgl. Rdn 14 ff.).

32 Zum Entstehen der Verfahrensgebühr nach VV 3500 genügt, dass der Anwalt prüft, ob auf die Beschwerde hin etwas zu veranlassen ist und er nach Prüfung zum Ergebnis kommt, es sei nichts zu veranlassen.[22] Die Ermäßigungsvorschriften der VV 3101/3201 Nr. 1 oder 2 gelten nicht in allgemeinen Beschwerdeverfahren (arg. e Anm. zu VV 3503). Der Einreichung eines Schriftsatzes bedarf es also nicht.[23] Voraussetzung ist allerdings, dass der Anwalt überhaupt einen Auftrag hatte (vgl. Rdn 14 ff.).[24]

---

16 *N. Schneider*, AGS 2005, 187.
17 Gerold/Schmidt/*Müller-Rabe*, RVG, VV 3500 Rn 12.
18 OLG Hamm JurBüro 1972, 891 = Rpfleger 1972, 328; Gerold/Schmidt/*Müller-Rabe*, RVG, VV 3500 Rn 13.
19 OLG Hamburg JurBüro 1994, 606 = MDR 1994, 522; OLG Düsseldorf JurBüro 1991, 687; OLG Saarbrücken JurBüro 1992, 742.
20 OLG Koblenz AGS 2004, 67 m. Anm. *N. Schneider*.
21 KG JurBüro 1981, 228 = Rpfleger 1981, 161.
22 BGH AGS 2013, 251 = zfs 2013, 344 = NJW-Spezial 2013, 348 = RVGprof. 2013, 95 = RVGreport 2013, 237; OLG Rostock OLGR 2006, 686 = MDR 2006, 1194 = RVGreport 2006, 308; KG JurBüro 1971, 530; OLG München JurBüro 1974, 64 = Rpfleger 1973, 444; LG Berlin JurBüro 1983, 1529 = Rpfleger 1983, 502 = MDR 1983, 1034; OLG Köln JurBüro 1986, 1663; OLG Düsseldorf JurBüro 1991, 687; OLG Hamburg JurBüro 1984, 566; OLG Frankfurt/M. JurBüro 1977, 675 = Rpfleger 1977, 185; *Hansens*, BRAGO, § 61 Rn 4.
23 OLG Rostock OLGR 2006, 686 = MDR 2006, 1194 = RVGreport 2006, 308; OLG München Rpfleger 1973, 444; *Hansens*, BRAGO, § 61 Rn 4; a.A. LG Stuttgart JurBüro 1984, 566; KG BRAGOreport 2001, 120 m. Anm. *Hansens*.
24 OLG Frankfurt/M. JurBüro 1977, 675 = Rpfleger 1977, 185.

Die bloße Entgegennahme der Beschwerdeschrift und ihre Weiterleitung an den Mandanten genügen noch nicht, um die Gebühr nach VV 3500 auszulösen. Diese Tätigkeit gehört noch zur Ausgangsinstanz (§ 19 Abs. 1 S. 2 Nr. 9).[25]

Vertritt der Anwalt **mehrere Auftraggeber**, so erhöht sich die Verfahrensgebühr auch im Beschwerdeverfahren gemäß VV 1008 um 0,3 je weiteren Auftraggeber. Voraussetzung ist, dass die mehreren Auftraggeber **gemeinschaftlich hinsichtlich desselben Gegenstands beteiligt** sind. Diese gemeinschaftliche Beteiligung ist für das Beschwerdeverfahren gesondert zu prüfen. Eine gemeinschaftliche Beteiligung im Ausgangsverfahren reicht nicht aus.[26]

> **Beispiel:** Zwei Kläger erheben Klage wegen einer gemeinschaftlichen Forderung gegen ihren vermeintlichen Schuldner. Die Klage wird kostenpflichtig abgewiesen. Die Kosten des Beklagten (1.000 EUR) werden gegen beide Kläger als Gesamtschuldner festgesetzt. Dagegen erheben sie durch ihren gemeinsamen Anwalt Beschwerde und beantragen, die Festsetzung aufzuheben, soweit sie über den jeweiligen Kopfteil (§ 100 Abs. 1 ZPO), also 500 EUR, hinausgeht.
> Für den Rechtsstreit erhält der gemeinsame Anwalt die nach VV 1008 erhöhte Verfahrensgebühr, da beide Kläger an der Klageforderung gemeinschaftlich beteiligt waren. Im Beschwerdeverfahren ist VV 1008 dagegen nicht anwendbar. Jeder Kläger wehrt sich gegen seine eigene, seinen Kopfteil übersteigende Haftung von jeweils 500 EUR. Es liegen somit verschiedene Streitgegenstände vor, sodass die jeweiligen Werte nach § 22 Abs. 1 zu addieren sind. Der Anwalt erhält daher eine 0,5-Verfahrensgebühr nach VV 3500 aus dem Gesamtwert (§ 22 Abs. 1) von 1.000 EUR und nicht etwa eine 0,8-Verfahrensgebühr aus 500 EUR.[27]

Erledigt sich der Auftrag **vorzeitig**, also bevor der Anwalt einen Schriftsatz einreicht oder einen Termin wahrnimmt, so ermäßigt sich die Verfahrensgebühr nicht wie etwa die Verfahrensgebühren nach VV 3101 Nr. 1 oder VV 3201 Nr. 1 u.a. Eine Reduzierung ist hier nicht vorgesehen (arg. e Anm. zu VV 3503, 3505, 3507).

Im Falle einer **bloßen Protokollierung** bleibt es ebenfalls bei dem Satz von 0,5. Auch hier ist eine Reduzierung ausgeschlossen.

> **Beispiel:** Im Beschwerdeverfahren (Wert: 1.000 EUR) einigen sich die Parteien auch über nicht anhängige weitere 500 EUR.
> Da der Anwalt das Geschäft sowohl hinsichtlich der 1.000 EUR als auch hinsichtlich der in die Einigung mit einbezogenen 500 EUR betrieben hat (siehe VV Vorb. 3 Abs. 2), entsteht aus dem Gesamtwert von 1.500 EUR (§ 22 Abs. 1) eine 0,5-Verfahrensgebühr. Hinzu kommt eine 0,5-Terminsgebühr aus dem Gesamtwert sowie eine 1,0-Einigungsgebühr (VV 1000, 1003) aus dem Wert der anhängigen 1.000 EUR und eine 1,5-Einigungsgebühr aus dem Wert der nicht anhängigen 500 EUR (VV 1000), allerdings mit der Maßgabe der Kürzung nach § 15 Abs. 3.
> Zu rechnen ist wie folgt:
> **I. Beschwerdeverfahren**
>
> | | |
> |---|---:|
> | 1. 0,5-Verfahrensgebühr, VV 3500 (Wert: 1.500 EUR) | 57,50 EUR |
> | 2. 0,5-Terminsgebühr, VV 3513 (Wert: 1.500 EUR) | 57,50 EUR |
> | 3. 1,0-Eingungsgebühr, VV 1000, 1003 (Wert: 1.000 EUR) | 80,00 EUR |
> | 4. 1,5-Eingungsgebühr, VV 1000 (Wert: 500 EUR) (die Höchstgrenze des § 15 Abs. 3, nicht mehr als 1,5 aus 1.500,00 EUR = 172,50 EUR, ist nicht überschritten) | 67,50 EUR |
> | 5. Postentgeltpauschale, VV 7002 | 20,00 EUR |
> | Zwischensumme | 282,50 EUR |
> | 6. 19 % Umsatzsteuer, VV 7008 | 53,68 EUR |
> | **Gesamt** | **336,18 EUR** |

b) Terminsgebühr, VV 3513

Findet im Beschwerdeverfahren ein Termin i.S.d. VV Vorb. 3 Abs. 3 statt, so erhält der Anwalt zusätzlich die Terminsgebühr nach VV 3513 zu 0,5. Einer förmlichen Antragstellung bedarf es im Beschwerdeverfahren nicht. Es reicht aus, dass das Gericht einen Termin anberaumt und die Sach- und Rechtslage mit den Anwälten bespricht.[28] Ebenso reicht ein Sachverständigentermin oder eine

---

25 LG Berlin JurBüro 1984, 62; LG Hannover JurBüro 1985, 1503; OLG Frankfurt/M. KostRsp. BRAGO § 61 Nr. 42.
26 OLG Köln JurBüro 1986, 1663.
27 OLG Köln JurBüro 1986, 1663.
28 *Hansens*, BRAGO, § 61 Rn 5.

Besprechung zur Erledigung mit dem Gegner zur Vermeidung oder Erledigung eines Verfahrens (VV Vorb. 3 Abs. 3).

38 Eine Sonderregelung enthält VV 3514 für Beschwerdeverfahren gegen die Zurückweisung eines Antrags auf Anordnung eines Arrests oder Erlass einer einstweiligen Verfügung, wenn das Beschwerdegericht eine mündliche Verhandlung anberaumt (siehe hierzu die Kommentierung zu VV 3514).

c) Einigungsgebühr, VV 1000 ff.

39 Der Anwalt kann darüber hinaus auch die **Einigungsgebühr** verdienen, wenn er an einer Einigung im Beschwerdeverfahren mitwirkt. Die Einigungsgebühr beläuft sich auf 1,0, soweit die Parteien sich über anhängige Ansprüche einigen (VV 1000, 1003), wobei die Ansprüche nicht im Beschwerdeverfahren anhängig sein müssen. Auch eine anderweitige Anhängigkeit genügt. Sind die Gegenstände in einem Berufungs- oder Revisionsverfahren anhängig, entsteht die Einigungsgebühr nach VV 1004 zu 1,3. Soweit nicht anhängige Ansprüche mitverglichen werden, entsteht eine 1,5-Einigungsgebühr (VV 1000). Insgesamt erhält der Anwalt jedoch gemäß § 15 Abs. 3 nicht mehr als eine 1,5-Einigungsgebühr aus dem Gesamtwert (§ 22 Abs. 1).

40 **Übersteigt der Wert** des Vergleichsgegenstandes den des Beschwerdeverfahrens, so erhöht sich der Gegenstandswert der Verfahrensgebühr nach VV 3500 um den Mehrwert. Es entsteht nicht etwa eine zusätzliche 0,5-Verfahrensgebühr mit der Maßgabe, dass anschließend das Gesamtaufkommen nach § 15 Abs. 3 zu begrenzen wäre.

4. Auslagen

41 Neben den Gebühren erhält der Anwalt auch seine Auslagen nach den VV 7000 ff. erstattet. Insbesondere kann er für das Beschwerdeverfahren eine eigene Postentgeltpauschale nach VV 7002 berechnen.

5. Gegenstandswert

42 Der Gegenstandswert des Beschwerdeverfahrens richtet sich grundsätzlich nach dem Interesse des Beschwerdeführers (§ 23 Abs. 2 S. 1).[29] Der Wert des Beschwerdeverfahrens kann allerdings niemals höher sein als der Wert der Hauptsache (§ 23 Abs. 2 S. 2).

43 Ist ausnahmsweise ein Dritter beschwerdeberechtigt, etwa ein Zeuge nach § 387 ZPO, so ist auf dessen Interesse an der Beschwerde abzustellen.

44 Einzelfälle zum Gegenstandswert in Beschwerdeverfahren:
- **Aussetzungsbeschluss.** Der Wert einer Aussetzungsbeschwerde ist nach § 3 ZPO auf einen Bruchteil der Hauptsache zu schätzen.[30] Die Rechtsprechung nimmt ein Fünftel der Hauptsache an.[31]
- **Einstellung der Vollstreckung.** Maßgebend ist das nach § 3 ZPO zu schätzende Interesse an dem vorübergehenden Zahlungsaufschub.[32]
- Ablehnung der **Fristsetzung nach § 926 Abs. 1 ZPO**. Maßgebend ist der Wert des Arrest- oder Verfügungsverfahrens, nicht der Wert der Hauptsache.[33]
- **Kostenentscheidung.** Maßgebend ist der Mehr- oder Minderbetrag der zu erstattenden Kosten, der sich im Falle der begehrten günstigeren Kostenentscheidung für den Beschwerdeführer ergibt.
- **Kostenfestsetzung.** Maßgebend ist der Mehr- oder Minderbetrag, der sich im Falle der vom Beschwerdeführer begehrten Festsetzung ergibt.[34]

---

29 *Hansens*, BRAGO, § 61 Rn 10.
30 OLG Düsseldorf FamRZ 1974, 311; OLG Bamberg JurBüro 1978, 1243; *Schneider/Herget*, Rn 3829 u. 595 ff.
31 KG AGS 2003, 81 m. Anm. *N. Schneider*; AGS 2003, 81; OLG Koblenz AGS 2005, 560 m. Anm. *N. Schneider*.
32 BGH KostRsp. ZPO § 3 Nr. 642; *Schneider/Herget*, Rn 1306 ff. m. zahlr. Nachw.
33 OLG Frankfurt/M. JurBüro 1981, 626 = ZIP 1980, 1144 = KostRsp. GKG § 20 Nr. 41 m. Anm. *E. Schneider*; *Schneider/Herget*, Rn 3832.
34 OLG München AnwBl 1980, 229.

Beispiel: Die Kosten des Rechtsstreits sind zu 2/3 dem Beklagten auferlegt worden. Der Kläger legt Beschwerde gegen den Kostenfestsetzungsbeschluss ein, da das Gericht nach seiner Auffassung die Einigungsgebühr in Höhe von 303 EUR nicht berücksichtigt habe.
Sofern das Gericht die Einigungsgebühr in die Ausgleichung einbezieht, würde dies auch für den Beklagten gelten. Zugunsten des Klägers würde sich also ein Mehrbetrag in Höhe von

2 x 303,00 EUR x 2/3 =	404,00 EUR
abzgl. der eigenen Kosten	– 303,00 EUR
Gesamt	**101,00 EUR**

ergeben.
- **Prozesskostenhilfe.** Eine spezielle Wertvorschrift enthält § 23a, der auch auf Beschwerdeverfahren anzuwenden ist. Danach richtet sich der Gegenstandswert in **Verfahren auf Bewilligung oder Aufhebung der Bewilligung von Prozesskostenhilfe** nach dem Wert der Hauptsache.[35] Soweit sich die Beschwerde gegen andere Maßnahmen richtet, also z.B. die Bewilligung oder Aufhebung von Ratenzahlungen, ist der Wert nach billigem Ermessen zu bestimmen (§ 23a).
- **Richterablehnungsverfahren.**[36] Der Wert des Beschwerdeverfahrens richtet sich nach dem Wert der Hauptsache.[37]
- **Verfahrenskostenhilfe.** Siehe Prozesskostenhilfe.
- **Verweisungsbeschluss.** Der Wert ist gemäß § 3 ZPO nach freiem Ermessen zu schätzen.[38]
- **Zinsforderung.** Wird lediglich hinsichtlich einer Zinsforderung Beschwerde erhoben, etwa im Kostenfestsetzungsverfahren, weil das Gericht die Neufassung des § 104 Abs. 1 S. 2 ZPO übersehen und eine zu geringe Verzinsung ausgesprochen hat, ist der Wert gemäß § 3 ZPO zu schätzen.[39]
- **Vollstreckung.** Es gilt § 23 Abs. 2 i.V.m. §§ 25 ff. Maßgebend ist der Wert der betroffenen Hauptforderung nebst Zinsen und Kosten; § 43 GKG ist nicht anwendbar.[40]

V. Prozesskostenhilfe/Verfahrenskostenhilfe

Auch für Beschwerdeverfahren kann Prozesskostenhilfe/Verfahrenskostenhilfe bewilligt werden.[41] Insoweit ist allerdings eine **gesonderte Bewilligung** erforderlich. Die Prozess-/Verfahrenskostenhilfebewilligung in der Hauptsache bzw. im Ausgangsverfahren erfasst nicht auch ein Beschwerdeverfahren. Soweit die bedürftige Partei im Ausgangsverfahren erfolgreich war, kommt es für das Beschwerdeverfahren nicht auf hinreichende Erfolgsaussichten an (§ 119 Abs. 1 S. 2 ZPO).   45

VI. Kostenentscheidung und Kostenerstattung

Über die Kosten des Beschwerdeverfahrens ist gesondert zu entscheiden, und zwar **von Amts wegen** (§ 308 Abs. 2 ZPO). Die Kostenentscheidung in der Hauptsache erfasst nicht auch die Kosten eines Beschwerdeverfahrens. Nur in Ausnahmefällen ist eine **Kostenerstattung ausgeschlossen**: § 11 Abs. 2 S. 5 RVG; §§ 66 Abs. 8, 68 Abs. 3 GKG; §§ 57 Abs. 8 S. 2, 59 Abs. 3 S. 2 FamGKG; §§ 81 Abs. 8 S. 2, 83 Abs. 3 S. 2 GNotKG; § 5 Abs. 2 S. 2 GvKostG i.V.m. § 66 Abs. 8 GKG).   46

Die **Verteilung der Kosten** folgt den §§ 91 ff. ZPO. Insbesondere gilt § 97 ZPO. Hat die Beschwerde nur zum Teil Erfolg, so ist nach § 92 ZPO zu quoteln. Es ist unzulässig, eine Kostenerstattung nach dem Wert auszusprechen, zu dem die Beschwerde Erfolg gehabt hat.[42]   47

Wird die Beschwerde zurückgenommen, so sind die Kosten entsprechend § 565 i.V.m. § 516 Abs. 3 ZPO dem Beschwerdeführer aufzuerlegen.[43]   48

---

35 BGH AGS 2010, 549 = MDR 2010, 1350 = FamRZ 2010, 1892 = RVGprof. 2011, 19 = RVGreport 2011, 72; OLG Stuttgart AGS 2010, 454 = zfs 2010, 644 = Justiz 2011, 42 = NJW-Spezial 2010, 637 = RVGreport 2010, 433.
36 Ausführlich hierzu *N. Schneider*, MDR 2001, 130.
37 OLG Bremen AGS 2011, 513 = MDR 2011, 1134 = FamRZ 2011, 1810 = NJW-Spezial 2011, 507 = RVGprof. 2011, 183.
38 OLG München BayJMBl 1954, 64; *Schneider/Herget*, Rn 3830.
39 OLG Hamm Rpfleger 1989, 523; *Hansens*, BRAGO, § 61 Rn 18.
40 OLG Köln JurBüro 1976, 1229.
41 OLG Bamberg AGS 2005, 454 m. Anm. *N. Schneider*; AGS 2005, 508 *N. Schneider* = OLGR 2005, 400.
42 LG Stuttgart AnwBl 1968, 358.
43 So zur Nichtzulassungsbeschwerde: BGH AGS 2003, 218.

49 Die **Festsetzung** der Kosten folgt den §§ 103 ff. ZPO. Zuständig ist das Gericht des ersten Rechtszugs.

50 Die Verfahrensgebühr ist auch ungemindert erstattungsfähig, wenn eine Beschwerde nur **fristwahrend** eingelegt worden ist, selbst wenn der Gegner darum gebeten wurde, sich noch nicht zu bestellen.[44]

51 Umstritten ist, ob im Beschwerdeverfahren gegen einen Kostenfestsetzungsbeschluss eine Kostenentscheidung zu treffen ist. Da sich die gleiche Frage im Erinnerungsverfahren stellt, sind die meisten Entscheidungen zur Kostenentscheidung im Erinnerungsverfahren ergangen. Insoweit wird daher auf die Ausführungen in Rdn 79 ff. verwiesen, die für das Beschwerdeverfahren erst recht gelten.

Ergeht eine abschließende Abhilfeentscheidung des Rechtspflegers, so muss gleichzeitig auch darüber entschieden werden, wer die Kosten dieses Verfahrens zu tragen hat (§ 308 Abs. 2 ZPO).[45] Wird nicht oder nur teilweise abgeholfen, bleibt die Kostenentscheidung dem Richter im Beschwerdeverfahren vorbehalten.[46]

52 Umstritten war darüber hinaus die Kostenentscheidung im Beschwerdeverfahren über die Ablehnung eines Richters oder Sachverständigen.[47] Die Rechtsprechung hierzu war völlig kontrovers und zum Teil nicht eindeutig nachzuvollziehen, zumal häufig nicht zwischen Kostenentscheidung und Kostenerstattung differenziert wurde: Nach Auffassung einiger Gerichte war eine Kostenentscheidung im Beschwerdeverfahren grundsätzlich nicht zu treffen, da es sich beim Ablehnungsverfahren nicht um ein kontradiktorisches Verfahren handele und die dort anfallenden Kosten damit nicht zu erstatten seien.[48] Etwas anderes solle allerdings dann gelten, wenn eine Stellungnahme der Gegenpartei vom Gericht angefordert[49] oder ihr durch die Art der Begründung des Gegners förmlich aufgezwungen worden sei.[50] War allerdings eine Kostenentscheidung nach § 97 ZPO erlassen worden, so sollte nach einem Teil dieser Auffassung wiederum eine Kostenerstattung vorzunehmen sein, da der Rechtspfleger im Festsetzungsverfahren an die Entscheidung des Gerichts gebunden sei und weder prüfen dürfe, ob diese richtig sei, noch, ob die aufgewandten Anwaltskosten erforderlich waren – arg. § 91 Abs. 2 S. 1 ZPO.[51] Andere Gerichte wollen dagegen selbst dann, wenn eine Kostenentscheidung nach § 97 ZPO ergangen ist, keine Erstattung zulassen. Mangels Erstattungsfähigkeit sei die Kostenentscheidung insoweit „ins Leere" gegangen.[52] Nach der Gegenauffassung war dagegen im Beschwerdeverfahren immer eine Kostenentscheidung nach § 97 ZPO dahingehend zu treffen, dass bei erfolgreicher Beschwerde die Gegenpartei die Kosten zu tragen habe und bei erfolgloser Beschwerde der Ablehnende.[53] Eine dritte Ansicht hielt zwar ebenfalls die im Beschwerdeverfahren anfallenden Kosten für **erstattungsfähig**, lehnte aber gleichwohl eine isolierte Kostenentscheidung ab. Die Kosten des Beschwerdeverfahrens seien vielmehr Kosten des gesamten Verfahrens und damit aufgrund der **Kostenentscheidung der Hauptsache** nach den §§ 91 ff. ZPO zu verteilen, ähnlich wie die Kosten einer PKH-Beschwerde.[54]

53 Diese Streitfrage hat der BGH zwischenzeitlich im Wege der Rechtsbeschwerde dahingehend entschieden, dass im Beschwerdeverfahren über die Richterablehnung eine Kostenerstattung vorzunehmen ist und damit folglich auch eine Kostenentscheidung ergehen muss.[55] Nach Auffassung des OLG Frankfurt soll das nur für eine erfolglose Ablehnung gelten; im Falle einer erfolgreichen Beschwerde soll keine Kostenerstattung anzuordnen sein.[56]

---

[44] BGH AGS 2013, 251 = zfs 2013, 344 = NJW-Spezial 2013, 348 = RVGprof. 2013, 95 = RVGreport 2013, 237.
[45] *v. Eicken/Hellstab/Lappe/Madert*, Die Kostenfestsetzung, Rn B 183.
[46] *v. Eicken/Hellstab/Lappe/Madert*, Die Kostenfestsetzung, Rn B 183.
[47] Ausführlich *N. Schneider*, MDR 2001, 130.
[48] OLG Hamm JurBüro 1974, 1400; OLG Hamm JurBüro 1979, 118; OLG München AnwBl 1987, 288; OLG Celle Rpfleger 1983, 173; LG Göttingen Rpfleger 2000, 428.
[49] OLG Hamm JurBüro 1974, 1400.
[50] OLG Hamm JurBüro 1979, 118.
[51] OLG Düsseldorf Rpfleger 1985, 208; OLG Schleswig JurBüro 1989, 502.
[52] OLG München AnwBl 1987, 288; AGS 2003, 370 m. Anm. *N. Schneider*.
[53] OLG Stuttgart AnwBl 1979, 22.
[54] OLG Frankfurt/M. Rpfleger 1981, 408; JurBüro 1986, 761; OLGR 1996, 161.
[55] AGS 2005, 413 m. Anm. *N. Schneider* = NJW 2005, 2233; 2005, 3112 = Rpfleger 2005, 481 = MDR 2005, 1016 = RVG-B 2005, 136 = JurBüro 2005, 471; 2005, 482 = ZAP 2005, 942 = FamRZ 2005, 1563.
[56] OLG Frankfurt AGS 2007, 587 = OLGR 2007, 685 = MDR 2007, 1399.

Unstrittig dürfte dagegen wiederum der Fall sein, dass im **Prozesskostenhilfe-Prüfungsverfahren** 54
eine Beschwerde gegen die Zurückweisung eines Ablehnungsgesuchs erhoben wird. In diesem Fall
ist die Vorschrift des § 127 Abs. 4 ZPO entsprechend anzuwenden, wonach eine Kostenerstattung
in PKH-Prüfungsverfahren generell ausgeschlossen ist.[57]

C. Erinnerung

I. Allgemeines

Die Vorschriften der VV 3500, 3513 regeln auch die Vergütung des Anwalts, der **ausschließlich** in 55
einem Verfahren über eine Erinnerung (§ 573 Abs. 1 ZPO, § 11 Abs. 2 RPflG) beauftragt ist, also
in einem Verfahren auf Änderung einer Entscheidung eines beauftragten oder ersuchten Richters
oder eines Urkundsbeamten der Geschäftsstelle (§ 573 Abs. 1 ZPO) oder eines Rechtspflegers (§ 11
Abs. 2 RPflG).

Hinsichtlich der Gebühren ist zu differenzieren: Handelt es sich um eine **Rechtspflegererinnerung** 56
nach § 11 Abs. 2 RPflG oder um eine **Erinnerung in der Kostenfestsetzung**, so liegt grundsätzlich
immer eine gesonderte Angelegenheit vor (§ 18 Abs. 1 Nr. 3), die eine gesonderte Vergütung nach
VV 3500, 3513 auslöst. Ausgenommen ist hier allerdings die Vollstreckungserinnerung nach § 766
ZPO (§ 19 Abs. 1 S. 2 Nr. 2). Handelt es sich dagegen um eine Erinnerung nach § 573 ZPO, ist
wiederum zu differenzieren: Soweit der Anwalt bereits als **Prozessbevollmächtigter** beauftragt ist
oder als Bevollmächtigter eines anderen Verfahrens, das sich nach den Vorschriften des VV Teils 3
richtet (z.B. Mahnverfahren), erhält er keine gesonderte Vergütung nach VV 3500. Seine Tätigkeit
gehört vielmehr zum Rechtszug und wird durch die dort verdienten Gebühren abgegolten (§ 18
Abs. 1 Nr. 3; § 19 Abs. 1 S. 2 Nr. 5).[58] Nur soweit der Anwalt **ausschließlich mit der Erinnerung**
beauftragt ist, gelten für ihn wiederum die VV 3500, 3513.

Die Streitfrage, ob auch für Erinnerungen und Anträge auf gerichtliche Entscheidung gegen die 57
Kostenfestsetzung eine gesonderte Gebühr anfällt, wenn die Festsetzung nicht vom Rechtspfleger,
sondern vom Urkundsbeamten der Geschäftsstelle vorgenommen worden ist, hat sich mit dem
2. KostRMoG erledigt, da die Vorschrift des § 18 Abs. 1 Nr. 3 dahingehend geändert worden ist,
dass alle Erinnerungen gegen die Kostenfestsetzung eine eigene Angelegenheit darstellen.

Der Anwendungsbereich der VV 3500 auf Erinnerungen, die sich nicht gegen eine Entscheidung 58
des Rechtspflegers richten, ist in der Praxis unbedeutend, da der Anwalt in aller Regel schon im
Ausgangsverfahren beauftragt ist und das Erinnerungsverfahren damit für ihn zum Rechtszug zählt
(§ 19 Abs. 1 S. 2 Nr. 5).

II. Regelungsgehalt

1. Anwendungsbereich

a) Erinnerungsverfahren

Die Vorschrift der VV 3500 erfasst sowohl die **Erinnerungsverfahren** nach § 573 Abs. 1 ZPO als 59
auch nach **§ 11 Abs. 2 RPflG**. Für andere Verfahren zur Abänderung der Entscheidung eines beauftragten oder ersuchten Richters, eines Rechtspflegers oder eines Urkundsbeamten der Geschäftsstelle
gilt die Vorschrift nicht.

Aufgrund der Neustrukturierung durch das 1. KostRModG ist VV 3500 jetzt auch auf **Beschwerden** 60
nach § 181 GVG gegen die Verhängung eines Ordnungsmittels anwendbar.[59] Das Gleiche gilt für
die Beschwerde nach **§ 4 Abs. 3 JVEG** (früher: § 16 Abs. 2 ZSEG). Auch diese richtet sich jetzt
nach VV 3500, während auch hier nach der BRAGO nur § 118 BRAGO anzuwenden war.[60]

---

[57] OLG Frankfurt OLGR 1998, 266.
[58] OLG Koblenz Rpfleger 1981, 245 = VersR 1981, 467 = JurBüro 1981, 719.
[59] Anders noch im Anwendungsbereich der BRAGO, da diese Verfahren sich nicht nach § 573 Abs. 1 ZPO oder § 11 Abs. 2 RPflG richten (*Musielak*, ZPO, § 576 Rn 2); abzurechnen war nach § 118 BRAGO): *Hansens*, § 55 Rn 2.
[60] *Musielak*, ZPO, § 576 Rn 2.

61 Nicht anwendbar ist VV 3500 auf das Verfahren nach § 159 Abs. 2 GVG vor dem OLG gegen die Ablehnung oder Stattgabe (§ 158 Abs. 2 GVG) eines **Rechtshilfeersuchens**, da auch insoweit nicht das Verfahren nach § 573 Abs. 1 ZPO oder § 11 Abs. 2 RPflG gegeben ist.[61] Hier richtet sich die Vergütung nach VV 3403, im **Beschwerdeverfahren nach § 159 Abs. 3 GVG; vor dem BGH** ist dagegen wieder VV 3500 anzuwenden.

62 Hinsichtlich der Erinnerungen in **Vollstreckungsverfahren** ist die zunächst unklare Rechtslage durch die Einführung des § 19 Abs. 2 Nr. 2 geklärt worden. Vollstreckungserinnerungen nach § 766 ZPO gehören immer zur jeweiligen Vollstreckungsmaßnahme (§ 18 Abs. 1 Nr. 1), unabhängig davon, ob sie sich gegen eine Entscheidung oder Maßnahme des Rechtspflegers oder anderer Vollstreckungsorgane richtet (etwa gegen eine Maßnahme des Gerichtsvollziehers). Die VV 3500 ff. sind nicht anwendbar; die Tätigkeit des Anwalts wird hier vielmehr durch die Gebühren nach VV 3309 abgegolten.[62]

63 Nur dann, wenn der Anwalt ausschließlich mit der Erinnerung beauftragt ist, richtet sich die Vergütung nach den VV 3500 ff. Allerdings entstehen dann die Gebühren nicht in Höhe von 0,5, sondern nur in Höhe von 0,3 (§ 15 Abs. 6).[63]

> **Beispiel:** Der Anwalt wird ausschließlich mit der Erinnerung nach § 766 ZPO beauftragt, ohne auch im zugehörigen Vollstreckungsverfahren beauftragt zu sein (Wert: 3.000 EUR).
> Die Erinnerung ist in VV 3500 geregelt und löst eine 0,5-Verfahrensgebühr aus. Die Hauptsache, nämlich das Zwangsvollstreckungsverfahren, ist in VV 3309 geregelt und löst lediglich eine 0,3-Verfahrensgebühr aus. Da die Erinnerung hier mit zum Verfahren zählt (§ 19 Abs. 2 S. 2), kann der Anwalt nicht höhere Gebühren verdienen als in der Hauptsache. Es entsteht zwar die Verfahrensgebühr nach VV 3500; diese ist jedoch nach § 15 Abs. 6 zu kürzen. Zu rechnen ist wie folgt (im Einzelnen siehe § 15 Rdn 300 ff.):
> 1. 0,3-Verfahrensgebühr, VV 3500 (Wert: 3.000 EUR) (gekürzt nach § 15 Abs. 6 i.V.m. VV 3309)   60,30 EUR
> 2. Postentgeltpauschale, VV 7002   12,06 EUR
> Zwischensumme   72,36 EUR
> 3. 19 % Umsatzsteuer, VV 7008   13,75 EUR
> **Gesamt**   **86,11 EUR**

64 Im Verfahren über die Erinnerung gegen Erteilung einer Vollstreckungsklausel ist VV anzuwenden. Es entsteht eine 0,5-Gebühr nach VV 3500.[64]

65 Ferner ist VV 3500 auch nicht auf den **Widerspruch gegen einen Mahnbescheid** anzuwenden.[65] Hier gilt die spezielle Vorschrift der VV 3307. Gleiches gilt für den **Einspruch gegen einen Vollstreckungsbescheid**. Anzuwenden ist die Vorschrift dagegen, wenn sich der Antragsteller mit der Erinnerung gegen die **Zurückweisung seines Antrags auf Erlass eines Vollstreckungsbescheides** wehrt.

b) Mehrere Erinnerungen

66 Wird gegen **dieselbe Entscheidung** von verschiedenen Beteiligten jeweils Erinnerung oder Anschlusserinnerung eingelegt, so liegt insgesamt nur eine Angelegenheit vor. Es entsteht nur eine Gebühr aus dem Gesamtwert (§§ 22 Abs. 1; 23 Abs. 1 S. 3 RVG i.V.m. § 45 Abs. 2 GKG).

67 Hilft der Rechtspfleger der Erinnerung ab, so kann hiergegen – also gegen die Abhilfeentscheidung – wiederum von dem Erinnerungsgegner **Erinnerung** eingelegt werden. Auch dieser Erinnerung kann der Rechtspfleger abhelfen. Anderenfalls muss er die Sache dem Richter vorlegen. In beiden Fällen handelt es sich um eine neue Angelegenheit, sodass die Gebühren nach VV 3500, 3513 zweimal anfallen.[66] Die Vorschrift des § 16 Nr. 10 steht dem nicht entgegen. Die Vorschrift gilt nur, wenn

---

61 *Musielak*, ZPO, § 576 Rn 2.
62 BGH AGS 2010, 227 = FoVo 2010, 99 = BRAK-Mitt 2010, 146 = RVGreport 2010, 256 = AnwBl 2010, 627; siehe hierzu auch *N. Schneider* in Anm. zu BGH AGS 2004, 437; *ders.*, InVo 2005, 4.
63 Unzutreffend AG Eckernförde AGS 2009, 441, das eine Gebühr nach VV 3309 annimmt.
64 LG Freiburg AGS 2010, 174 = NJW-Spezial 2010, 221.
65 *Hansens*, BRAGO, § 55 Rn 2.
66 BPatGE 27, 235; *Hansens*, BRAGO, § 61 Rn 17; a.A. OLG Schleswig SchlHA 1989, 47.

gegen dieselbe Kostenfestsetzung mehrere Erinnerungen eingelegt werden.[67] Der Abhilfebeschluss stellt dagegen einen neuen selbstständigen Festsetzungsbeschluss dar,[68] der selbstständig anfechtbar ist.

Im **Erinnerungsverfahren** gilt § 21 Abs. 1 nicht, da das Erinnerungsverfahren keine neue Instanz eröffnet. Also auch dann, wenn der Instanzrichter die Sache zur erneuten Entscheidung an den Rechtspfleger zurückgibt, entstehen hier keine weiteren Gebühren.[69]

Entscheidet das Erstgericht irrtümlich, weil es von einer Erinnerung ausgeht, obwohl eine Beschwerde gegeben ist, und wird gegen diese Entscheidung nunmehr sofortige Beschwerde eingelegt, so liegen zwei Angelegenheiten vor (§ 15 Abs. 2). Es entsteht dann neben der Gebühr der VV 3500 für das (vermeintliche) Erinnerungsverfahren eine weitere Gebühr nach VV 3500 für das Beschwerdeverfahren.[70]

2. Höhe der Vergütung

In den Erinnerungsverfahren erhält der Anwalt nach VV 3500 eine 0,5-Verfahrensgebühr sowie eine 0,5-Terminsgebühr (VV 3513). In aller Regel wird hier jedoch nur die Verfahrensgebühr der VV 3500 anfallen.

Eine geringere Gebühr kann nach § 15 Abs. 6 entstehen, wenn in der Hauptsache eine geringere Verfahrensgebühr vorgesehen ist (siehe Rdn 63 und § 15 Rdn 300 ff.).

Die Gebühr entsteht mit der ersten Tätigkeit im Erinnerungsverfahren (Vorb. 3 Abs. 2). Nimmt der Bevollmächtigte des Erinnerungsgegners die Erinnerungsschrift entgegen und prüft er, ob im Interesse des Mandanten eine Erwiderung erforderlich ist, löst dies bereits die Verfahrensgebühr der VV 3500 aus.[71]

Bei gemeinschaftlicher Beteiligung **mehrerer Auftraggeber** erhöht sich die Gebühr nach VV 1008 um 0,3 für jeden weiteren Auftraggeber, sodass die Gebühr bei einem weiteren Auftraggeber 0,8 beträgt.

Erledigt sich der Auftrag vorzeitig, so verbleibt es dennoch bei der vollen 0,5-Gebühr. Eine Ermäßigung findet nicht statt (arg. e Anm. zu VV 3503, 3505, 3507).

Die Verfahrensgebühr erhält der Anwalt auch dann, wenn er die Erinnerungsschrift **lediglich liest und prüft**, ob etwas zu veranlassen ist, und sich entschließt, keine Stellungnahme abzugeben.[72] Erforderlich ist allerdings, dass dem Anwalt auch ein Auftrag im Erinnerungsverfahren erteilt war. Insoweit kann auf die Ausführungen zur Beschwerde Bezug genommen werden (vgl. Rdn 32).

Findet ausnahmsweise im Erinnerungsverfahren ein **Termin i.S.d. VV Vorb. 3 Abs. 3** statt, so kann auch die Terminsgebühr nach VV 3513 entstehen, etwa bei Mitwirkung von auf die Vermeidung oder Erledigung des Verfahrens gerichteten Besprechungen ohne Beteiligung des Gerichts; ausgenommen Besprechungen mit dem Auftraggeber.

3. Gegenstandswert

Der Gegenstandswert des Erinnerungsverfahrens richtet sich grundsätzlich nach den Vorschriften über die Beschwerde (§ 23 Abs. 2 S. 3), also nach dem Interesse des Erinnerungsführers (§ 23 Abs. 2 S. 1). Der Wert ist begrenzt durch den Wert der Hauptsache (§ 23 Abs. 2 S. 2). Die Werte mehrerer Erinnerungen gegen dieselbe Entscheidung sind nach § 22 Abs. 1 RVG, § 45 Abs. 2 GKG zusammenzurechnen.

---

67 Auch die vergleichbare Vorschrift des § 19 Abs. 2 GKG gilt nur bei mehreren Rechtsmitteln gegen dieselbe Entscheidung: BGHZ 7, 152; OLG Celle JurBüro 1961, 137 = MDR 1961, 67; *Hartmann*, KostG, § 45 GKG Rn 34; *Meyer*, GKG, § 45 Rn 22.
68 Göttlich/Mümmler/*Rehberg*/Braun, Kostenfestsetzung 4.25.
69 *N. Schneider*, AGS 2005, 187.
70 LG Krefeld AnwBl 1979, 240 = JurBüro 1979, 204.
71 AG Meißen JurBüro 2005, 594.
72 Hansens, BRAGO, § 61 Rn 4; Gerold/Schmidt/*Müller-Rabe*, RVG, VV 3500 Rn 9.

4. Beschwerdeverfahren

78 Ein sich eventuell anschließendes Beschwerdeverfahren nach § 573 Abs. 2 ZPO ist nicht mehr durch die Gebühr für die Erinnerung abgegolten. Insoweit liegt vielmehr eine neue Angelegenheit vor (§ 17 Nr. 1). Es gilt erneut VV 3500.[73]

5. Kostenentscheidung und -erstattung

79 Ergeht eine Entscheidung über die Erinnerung, so muss gleichzeitig auch darüber entschieden werden, wer die Kosten dieses Verfahrens zu tragen hat (§ 308 Abs. 2 ZPO).[74] Aufgrund dieser Kostenentscheidung kann die Gebühr nach VV 3500 festgesetzt werden.

80 Über die Kosten des Erinnerungsverfahrens muss auch dann entschieden werden, wenn der Gegner keine Einwendungen erhebt.[75] Abzulehnen ist die Gegenauffassung des AG Kenzingen,[76] wonach keine Kostenentscheidung ergehen dürfe. Auch der einschränkenden Auffassung des OLG Koblenz, eine Kostenentscheidung dürfe nicht ergehen, wenn der Gegner der Erinnerung nicht entgegengetreten sei[77] oder wenn beide Parteien Erinnerung eingelegt hatten,[78] widerspricht dem Gesetz. Auszugehen ist von § 308 Abs. 2 ZPO. Danach hat das Gericht auch ohne Antrag darüber zu entscheiden, wer die Prozesskosten zu tragen hat. Es handelt sich dabei um einen allgemeinen Grundsatz, der auch für Verfahren ohne mündliche Verhandlung gilt, also auch für das Kostenfestsetzungsverfahren.[79] Wer die Verfahrenskosten zu tragen hat, bestimmen die §§ 91 ff. ZPO. Diese Vorschriften stehen im Ersten Buch, im „Allgemeinen Teil" der ZPO, und gelten daher ebenfalls für alle Verfahren. Sie sind folglich auch die Beurteilungsgrundlage für die Notwendigkeit einer Kostenentscheidung im Festsetzungs-Erinnerungsverfahren. Diese Vorschriften der §§ 91 ff. ZPO stellen nur auf das Unterliegen ab. Die Beteiligung des Gegners am Verfahren ist kein Tatbestandsmerkmal. Deshalb wird auch ein Beklagter, der nicht zum Termin zur mündlichen Verhandlung erscheint, mit den Kosten eines Versäumnisurteils belastet oder der Schuldner mit den Kosten des Mahnverfahrens, an dem er sich nicht beteiligt. Wehrt sich der Gegner nicht gegen die Erinnerung, so ändert dies also nichts an der Anwendbarkeit der §§ 91 ff. ZPO. Die Kostenbelastung hängt nach § 91 Abs. 1 S. 1 ZPO ausschließlich vom Unterliegen ab, nicht davon, ob und in welchem Umfang sich der Gegner am Verfahren beteiligt.[80] Zum Schutz des Antragsgegners greift jedoch § 97 Abs. 2 ZPO, wenn der Erinnerung nur aufgrund neuen Vorbringens stattgegeben worden ist. Darüber hinaus eröffnet ihm § 93 ZPO die Möglichkeit, durch sofortiges Anerkenntnis die Kostenlast auf den Gegner abzuwälzen.[81]

81 Soweit die Erinnerung des Auftraggebers erfolgreich war, sind die Kosten dem Gegner aufzuerlegen, im Übrigen trägt sie der Erinnerungsführer. War die Erinnerung teilweise erfolgreich, so ist zu quoteln (§ 92 ZPO). In Ausnahmefällen kommt auch eine abweichende Kostenentscheidung in Betracht, etwa nach § 93 ZPO im Falle des sofortigen Anerkenntnisses oder nach § 92 ZPO bei einem geringfügigen Teil- oder Misserfolg.

82 Wird die Erinnerung zurückgenommen, so sind analog § 516 Abs. 3 S. 2 ZPO die Kosten des Erinnerungsverfahrens dem Erinnerungsführer aufzuerlegen.[82]

83 Auch § 97 ZPO ist anzuwenden, obwohl die Erinnerung kein Rechtsmittel, sondern ein Rechtsbehelf ist. Hat die Erinnerung nur aufgrund neuen Vorbringens Erfolg, trifft die Kostenlast den Erinnerungsführer.[83]

---

73 *Hansens*, BRAGO, § 55 Rn 3.
74 *v. Eicken/Hellstab/Lappe/Madert*, Die Kostenfestsetzung, Rn B 183.
75 OLG Düsseldorf JurBüro 1970, 780; 1989, 1578; MDR 1991, 449; OLG München Rpfleger 1977, 70; LG Aschaffenburg JurBüro 1984, 288; OLG Frankfurt/M. Rpfleger 1998, 510; OLG Karlsruhe OLGR 2000, 352; AG Köln AGS 2003, 467 m. Anm. *N. Schneider*; ausführlich *E. Schneider*, BRAGOreport 2001, 35; *N. Schneider*, AGS 2003, 336.
76 FamRZ 1995, 490.
77 JurBüro 1979, 446; JurBüro 1984, 446; KostRsp. ZPO § 104 (B) Nr. 112.
78 KostRsp. ZPO § 104 (B) Nr. 109.
79 *Zöller/Vollkommer*, § 308 Rn 1.
80 *E. Schneider*, BRAGOreport 2001, 35.
81 *E. Schneider*, BRAGOreport 2001, 35.
82 *v. Eicken/Hellstab/Lappe/Madert*, Die Kostenfestsetzung, Rn B 189.
83 AG Mönchengladbach KostRsp. ZPO § 97 Nr. 20.

Abschnitt 5. Beschwerde, Nichtzulassungsbeschwerde und Erinnerung VV 3501

Beispiel: Das Gericht setzt die Umsatzsteuer auf die Anwaltskosten nicht fest, weil die Erklärung nach § 104 Abs. 2 S. 3 ZPO nicht abgegeben worden war. Der Anwalt legt für seine Partei Erinnerung ein und reicht die Erklärung, dass diese nicht zum Vorsteuerabzug berechtigt sei, nach.
Das Gericht muss der Erinnerung abhelfen. Die Kosten des Erinnerungsverfahrens gehen jedoch zu Lasten des Erinnerungsführers, da er die Erklärung zur Vorsteuerabzugsberechtigung bereits im Festsetzungsverfahren hätte abgeben können.

Wird die Kostenentscheidung vom Gericht übersehen, was insbesondere im Erinnerungsverfahren häufig geschieht, muss gemäß § 321 ZPO binnen zwei Wochen ein Antrag auf Beschlussergänzung gestellt werden.[84] 84

Nr.	Gebührentatbestand	Gebühr oder Satz der Gebühr nach § 13 RVG
3501	Verfahrensgebühr für Verfahren vor den Gerichten der Sozialgerichtsbarkeit über die Beschwerde und die Erinnerung, wenn in den Verfahren Betragsrahmengebühren entstehen (§ 3 RVG), soweit in diesem Abschnitt keine besonderen Gebühren bestimmt sind	20,00 bis 210,00 €

A. Allgemeines 1
B. Regelungsgehalt 4
  I. Verfahrensgebühr (VV 3501) 4
  II. Terminsgebühr, VV 3515 6
C. Erstattungsfragen 7

A. Allgemeines

VV 3501 und 3515 betreffen ausschließlich **Verfahren** vor den Gerichten der Sozialgerichtsbarkeit **über die Beschwerde und Erinnerung, in welchen das GKG nicht anwendbar ist (§ 3 Abs. 1 S. 1).** Nach **§ 1 Abs. 2 Nr. 3 GKG** ist das GKG in Verfahren vor den Gerichten der Sozialgerichtsbarkeit anzuwenden, soweit dies im SGG bestimmt ist. Das SGG regelt in **§§ 183, 197a SGG** die Verfahren, in denen das GKG nicht und mithin § 3 Abs. 1 S. 1 anwendbar ist. Nach § 197a Abs. 1 S. 1, 1. Hs. SGG findet das GKG keine Anwendung, wenn in einem Rechtszug weder Kläger noch Beklagter zu den in § 183 SGG genannten Personen gehören. Ausschlaggebend für die **Anwendung des GKG** ist mithin, ob eine **in § 183 SGG genannte Person an dem Rechtsstreit im betreffenden Rechtszug beteiligt** ist. Zu der Frage, wann dies der Fall ist, wird auf die grundlegenden Erläuterungen zu § 3 Abs. 1 S. 1 verwiesen (siehe § 3 Rdn 8 ff.). 1

VV 3501 und 3515 betreffen Verfahren vor den Gerichten der Sozialgerichtsbarkeit über die Beschwerde und Erinnerung, in welchen das GKG nicht anwendbar ist (§ 3 Abs. 1 S. 1), soweit **in VV Teil 3 Abschnitt 5 keine besonderen Gebühren** bestimmt sind. Vorb. 3.2.1 Nr. 3. a) stellt nunmehr klar, dass die für die anwendbaren Gebührenziffern auch bei Beschwerden gegen Entscheidungen der Sozialgerichte wegen des Hauptgegenstandes in Verfahren des vorläufigen oder einstweiligen Rechtsschutzes anzuwenden sind (siehe VV Vorb. 3.2.1 Rdn 299). Besondere Gebühren sind nach VV 3511 und 3517 für Verfahren über die **Nichtzulassung der Berufung** vor dem Landessozialgericht und nach VV 3512 und 3518 für Verfahren über die **Nichtzulassung der Revision** vor dem Bundessozialgericht bestimmt. Alle anderen Beschwerden etwa bei einer Rechtswegbeschwerde,[1] werden ebenso wie alle Arten von Erinnerungen und Beschwerden gegen die Kostenfestsetzung und den Kostenansatz ausschließlich von VV 3501 und 3515 erfasst. Dies gilt etwa auch für die Vertretung in einer Angelegenheit, in der Rechtsanwalt seinen Mandanten vor dem Landessozialgericht vertritt, wenn der Beklagte einen Antrag auf Aussetzung der Vollstreckung gemäß SGG stellt. Die Vertretung in dieser Angelegenheit wird nicht von der Verfahrensgebühr für das Hauptsacheverfahren umfasst.[2] Angesichts der Regelung in § 18 Abs. 1 Nr. 3 und der Schaffung einer eigenen Gebührenziffer in sozialgerichtlichen Verfahren durch VV 3501 ist die 2

---

84 AG Köln AGS 2003, 467 m. Anm. *N. Schneider*; *N. Schneider*, AGS 2003, 336.
1 BSG NZS 2011, 315.
2 SG Kiel, Beschl. v. 16.2.2012 – S 21 SF 141/11 E, AGS 2012, 276; SG Aachen, Beschl. v. 9.4.2008 – S 11 AS 154/06 ER, ASR 2008, 162.

früher zu § 116 BRAGO vertretene Auffassung, dass alle Nebenverfahren wie auch Beschwerdeverfahren grundsätzlich mit der für das Betreiben des sozialgerichtlichen Verfahrens in einem Rechtszug entstandenen Gebühr abgegolten sind, nicht mehr aufrecht zu erhalten.[3]

3 Nach dem Willen des Gesetzgebers ist die allgemeine Gebührenstruktur des RVG auch dann anzuwenden, wenn Betragsrahmengebühren vorgesehen sind. Dementsprechend erhält der Rechtsanwalt in Sozialgerichtsverfahren, in welchen das GKG nicht anwendbar ist, für seine Tätigkeit als Prozessbevollmächtigter nicht mehr die Betragsrahmengebühr für jeden Rechtszug einer Angelegenheit, sondern für jede Instanz die **Verfahrens- und Terminsgebühr getrennt**.[4]

B. Regelungsgehalt

I. Verfahrensgebühr (VV 3501)

4 Wird der Rechtsanwalt in einem Verfahren über die Beschwerde und Erinnerung, in welchem das GKG nicht anwendbar ist (§ 3 Abs. 1 S. 1), tätig, so erhält er nach **VV 3501** eine **Verfahrensgebühr** i.H.v. 20 EUR bis 210 EUR (Mittelgebühr 115 EUR). Die Verfahrensgebühr erhält der Rechtsanwalt nach **VV Vorb. 3 Abs. 2** für das Betreiben des Geschäfts einschließlich der Information. Auf die Erläuterungen zu VV Vorb. 3 Abs. 2 wird verwiesen (siehe VV Vorb. 3 Rdn 12 ff.).

5 Mit dem 2. KostRMoG ist nunmehr in VV Vorb. 3.2.1 Nr. 3a) klargestellt, dass die Regelungen des Unterabschn. 1 des Abschn. 2, also VV 3200 ff. auch auf Beschwerden gegen Entscheidungen der (Verwaltungs- und) Sozialgerichte wegen des Hauptgegenstandes in Verfahren des vorläufigen oder einstweiligen Rechtsschutzes zur Anwendung kommen. Für dieses Verfahren entsteht eine Verfahrensgebühr nach VV 3204. Kommt es im Eilverfahren zur Durchführung einer mündlichen Verhandlung, entsteht eine Terminsgebühr nach VV 3205.

II. Terminsgebühr, VV 3515

6 In einem Verfahren über die Beschwerde und Erinnerung, in welchem das GKG nicht anwendbar ist (§ 3 Abs. 1 S. 1), erhält der Rechtsanwalt nach **VV 3515** eine **Terminsgebühr** i.H.v. 20 EUR bis 210 EUR (Mittelgebühr 115,00 EUR). Die Terminsgebühr erhält der Rechtsanwalt nach **VV Vorb. 3 Abs. 3** für die Vertretung in einem Verhandlungs-, Erörterungs- oder Beweisaufnahmetermin oder für die Wahrnehmung eines von einem gerichtlich bestellten Sachverständigen anberaumten Termins oder für die Mitwirkung an auf die Vermeidung oder Erledigung des Verfahrens gerichteten Besprechungen ohne Beteiligung des Gerichts; dies gilt nicht für Besprechungen mit dem Auftraggeber. Auf die Erläuterungen zu VV Vorb. 3 Abs. 3 wird verwiesen (siehe VV Vorb. 3 Rdn 100 ff.).

C. Erstattungsfragen

7 Wegen der Bestimmung der Betragsrahmengebühr wird auf die grundlegenden Ausführungen in § 3 (siehe § 3 Rdn 114 ff., § 14 Rdn 21 ff.) verwiesen.

Für durchschnittliche Erinnerungsverfahren gehen die Kostenkammern des Sozialgerichts Berlin in mittlerweile ständiger Rechtsprechung vom Ansatz der halben Mittelgebühr aus.[5] Der typische Fall eines Erinnerungsverfahrens sei dabei dadurch gekennzeichnet, dass alle Kriterien des § 14 Abs. 1 unterdurchschnittlich sind. Der Umfang der anwaltlichen Tätigkeit beschränke sich regelmäßig auf das Abfassen einer Erinnerungsschrift oder einer Stellungnahme zur Erinnerung des Erinnerungsführers. Ein Mandantengespräch brauche nicht stattzufinden. Die Schwierigkeit der anwaltlichen Tätigkeit sei unterdurchschnittlich, denn es sei allein über die Frage zu befinden, in welcher Höhe die anwaltlichen Gebühren für die Vertretung in einem sozialgerichtlichen Verfahren zu bemessen sind. Auch sei der Sachverhalt begrenzt und leicht zu erfassen. Er brauche auch nicht erst aufgrund von Informationen des Mandanten ermittelt zu werden. Die Bedeutung der Angelegenheit sei begrenzt. Es stehe lediglich ein Kostenerstattungsanspruch für Tätigkeiten des Rechtsanwalts im Raum. Die

---

3 LSG Bayern, Beschl. v. 9.2.2009 – L 15 SB 12/09 B.
4 BR-Drucks 830/03, S. 264, 265.

5 SG Berlin, Beschl. v. 27.7.2011 – S 165 SF 6502/10 E (m.w.N).

Einkommens- und Vermögensverhältnisse des Auftraggebers seien jedenfalls dann unterdurchschnittlich, wenn Leistungen nach dem SGB II bezogen werden. Ein besonderes anwaltliches Haftungsrisiko liege normalerweise nicht vor.

Zu weiteren Erstattungsfragen betreffend sozialrechtliche Angelegenheiten, in denen das GKG nicht anwendbar ist, wird auf die grundlegenden Ausführungen zu Erstattungsfragen bei § 3 verwiesen (siehe § 3 Rdn 146 ff.). 8

Nr.	Gebührentatbestand	Gebühr oder Satz der Gebühr nach § 13 RVG
3502	Verfahrensgebühr für das Verfahren über die Rechtsbeschwerde	1,0
3503	Vorzeitige Beendigung des Auftrags: Die Gebühr 3502 beträgt .... Die Anmerkung zu Nummer 3201 ist entsprechend anzuwenden.	0,5

Literatur: *Kroiß*, Die Gebühren im Rechtsmittelverfahren in bürgerlichen Streitigkeiten, RVG-Letter 2004, 87; *N. Schneider*, Nichtzulassungsbeschwerde nach § 544 ZPO – Kosten und Gebühren im Verfahren, MDR 2003, 491; *ders.*, Rechtsmittelverfahren in bürgerlichen Rechtsstreitigkeiten, AGS 2004, 89; *ders.*, Die Vergütung nach dem RVG in arbeitsrechtlichen Mandaten, ArbRB 2004, 152; *ders.*, Lücken des RVG im Rechtsmittelverfahren, AnwBl 2005, 202.

A.	Allgemeines	1	V.	Rechtswegbeschwerde nach § 17a GVG ...	14
	I. Neufassung zum 1.9.2009	1	B.	Regelungsgehalt	15
	II. Rechtsbeschwerde nach § 574 ZPO	4	C.	Gegenstandswert	24
	III. Rechtsbeschwerde nach § 78 S. 1 ArbGG ..	10	D.	Kostenentscheidung	26
	IV. Rechtsbeschwerde nach § 70 FamFG	12	E.	Kostenerstattung	28

A. Allgemeines

I. Neufassung zum 1.9.2009

Die Vorschrift ist zuletzt durch das FGG-ReformG geändert worden. Während sie zunächst nur für die Rechtsbeschwerde nach § 574 ZPO galt und dann auf die Rechtsbeschwerde nach § 78 S. 2 des ArbGG erweitert wurde, gilt sie jetzt für alle Rechtsbeschwerden in Verfahren nach VV Teil 3, soweit nicht VV Vorb. 3.2.1 Nr. 2 oder 3.2.2 Nr. 1 u. 2 greifen. 1

VV 3502 gilt nicht für Rechtsbeschwerden 2
– in gerichtlichen schiedsrichterlichen Verfahren (§ 1065 ZPO); es gelten die VV 3100 ff. (VV Vorb. 3.1 Abs. 2);
– in Bußgeldsachen (§ 72 OWiG); es gilt VV 5113;
– in Freiheitsentziehungsverfahren (§§ 415 ff. FamFG); es gelten die VV 6300 ff.;
– in Unterbringungssachen (§§ 312 ff. FamFG); es gelten die VV 6300 ff.;
– bei Unterbringungsmaßnahmen nach § 151 Nr. 6 u. 7 FamFG; es gelten die VV 6300 ff.

VV 3502 gilt nicht für Verfahren über eine weitere Beschwerde, wie sie noch vereinzelt vorgesehen ist (so. z.B. im GKG, GNotKG oder RVG). 3

II. Rechtsbeschwerde nach § 574 ZPO

Die Rechtsbeschwerde nach der ZPO ist in § 574 Abs. 1 ZPO geregelt. Im Verfahren ist die Vertretung durch einen am BGH zugelassenen Anwalt grundsätzlich vorgeschrieben (§ 78 Abs. 1 S. 3 ZPO). 4

Die Rechtsbeschwerde ist gegeben, wenn dies in der ZPO vorgesehen ist oder das Beschwerdegericht, das Berufungsgericht oder das OLG im ersten Rechtszug die Rechtsbeschwerde zugelassen hat. Voraussetzung ist, dass die Rechtsbeschwerde auch statthaft ist. Die Zulassung allein genügt 5 nicht, wenn eine Rechtsbeschwerde wie z.B. im Streitwertfestsetzungsverfahren[1] oder im Verfahren gegen den Kostenansatz[2] gar nicht gegeben ist.[3]

6 Ungeachtet dessen entsteht die Gebühr nach VV 3502 auch im Falle einer unstatthaften Beschwerde,[4] und zwar sowohl für den Anwalt des Beschwerdeführers als auch für den des Beschwerdegegners. Das Gebührenrecht fragt nicht danach, ob ein Antrag oder ein Rechtsmittel statthaft oder zulässig ist. Auch unstatthafte und unzulässige Anträge lösen Gebühren aus. Eine andere Frage ist allerdings, ob der Anwalt des Beschwerdeführers die Gebühr durchsetzen kann oder ob dem nicht ein Schadensersatzanspruch des Auftraggebers entgegensteht. Jedenfalls für den Anwalt des Beschwerdegegners entsteht eine durchsetzbare Gebühr nach VV 3502, die auch erstattungsfähig ist, soweit eine Kostenerstattung nicht ausgeschlossen ist (siehe Rdn 28 f.).

7 Während der BGH bei Tätigkeiten eines **nicht am BGH zugelassenen Anwalts** in Revisions- und Nichtzulassungsverfahren die Auffassung vertritt, ein nicht zugelassener Anwalt könne die vorgesehene Verfahrensgebühr nicht verdienen, sondern sei auf die Abrechnung einer Einzeltätigkeit angewiesen (siehe VV 3506–3509 Rdn 21), wird diese Frage im Rahmen der VV 3502 bislang offenbar nicht problematisiert, obwohl hier die Rechtslage die gleiche ist.

8 Geht man unzutreffenderweise mit dem BGH davon aus, dass in Rechtsbeschwerdeverfahren, in denen sich eine Partei durch einen am BGH zugelassenen Anwalt vertreten lassen muss, Voraussetzung für den Gebührenanfall sei, dass die Partei tatsächlich auch einen am BGH zugelassenen Anwalt beauftragt,[5] dann müsste man auch hier als unbeschriebene Tatbestandsvoraussetzung die Zulassung des Anwalts fordern. Für Tätigkeiten eines nicht am BGH zugelassenen Anwalts dürfte man entsprechend der BGH Rechtsprechung zu VV 3208 und 3508 nur eine Einzeltätigkeit nach VV 3403 annehmen, die man bei vorzeitiger Erledigung in analoger Anwendung des § 15 Abs. 6 auf 0,5 ermäßigen müsste.

9 Zutreffend ist es jedoch, den Gebührentatbestand der VV 3502 auch auf den nicht am BGH zugelassenen Anwalt anzuwenden, da das Gebührenrecht nicht nach Zulässigkeit einer Prozesshandlung fragt. Der nicht am BGH zugelassene Anwalt erhält daher ebenfalls die Vergütung nach VV 3502, 3503. Eine andere Frage ist, ob der Anwalt diese Gebühr gegenüber seinem Auftraggeber durchsetzen kann oder ob er sich schadensersatzpflichtig macht, wenn er auf die fehlende Zulassung nicht hingewiesen hat. Dies wird in aller Regel aber nur den Anwalt des Antragstellers betreffen. Für den Anwalt des Antragsgegners, der sich gegen eine nicht statthafte Rechtsbeschwerde wehrt, dürfte man eine Zulassung nicht verlangen können; jedenfalls kann er auch ohne Zulassung sinnvolle Tätigkeit entfalten, z.B. wenn er auf die Unstatthaftigkeit des Rechtsmittels hinweist.

III. Rechtsbeschwerde nach § 78 S. 1 ArbGG

10 Durch das 2. JuMoG (in Kraft getreten am 31.12.2006) hat der Gesetzgeber die bis dahin geltende Ungleichbehandlung gegenüber Rechtsbeschwerden in arbeitsgerichtlichen Verfahren beseitigt. Das ArbGG verweist für das Verfahren über eine Beschwerde im Urteilsverfahren auf die Vorschriften der ZPO (§ 78 S. 1 ArbGG). Für die Rechtsbeschwerde (§ 78 S. 2 ArbGG) fehlt eine solche Verweisung. Die Vorschriften der §§ 574 ff. ZPO werden allerdings entsprechend angewandt. Die Verfahrensgebühr des Rechtsanwalts ergibt sich in diesen Verfahren seit dem 31.12.2006 jetzt ebenfalls aus VV 3502. Mit der Erweiterung der VV 3502 ist gleichzeitig auch die zugehörige Terminsgebühr nach VV 3516 (bisher VV 3513) anwendbar geworden.

11 Für die Rechtsbeschwerde gegen den Rechtszug beendende Entscheidungen in Beschlussverfahren (§§ 80 ff. ArbGG) ist VV 3502 nicht anwendbar; es gilt vielmehr VV Vorb. 3.2.1 Nr. 2 Buchst. c), 3206. Wohl gilt VV 3502 für Rechtsbeschwerden in diesen Verfahren gegen Neben- und Zwischenentscheidungen.

---

1 BGH AGS 2004, 120; BGHR GKG § 25 Abs. 3 S. 1.
2 BGH BRAGOreport 2003, 117 = NJW 2003, 68 = BGHR 2003 94 = JurBüro 2003, 95 = MDR 2003, 115.
3 Und zwar unabhängig davon, ob die Beschwerde im Namen der Partei erfolgt (BGH BRAGOreport 2003, 56 = BGHR 2002, 750 = ZInsO 2002, 432) oder im eigenen Namen des Rechtsanwalts (BGH BRAGOreport 2003, 163; BGH-Report 2002, 750; 2003, 94; BAG AGS 2003, 318).
4 Gerold/Schmidt/*Müller-Rabe*, RVG, VV 3502 Rn 8.
5 So Gerold/Schmidt/*Müller-Rabe*, RVG, VV 3502 Rn 6.

IV. Rechtsbeschwerde nach § 70 FamFG

Die Vorschrift der VV 3502 gilt auch für Rechtsbeschwerden in Familiensachen und in Angelegenheiten der freiwilligen Gerichtsbarkeit (§§ 70 ff.). Zu beachten ist hier allerdings, dass sich Rechtsbeschwerden gegen Entscheidungen wegen des Hauptgegenstands gemäß VV Vorb. 3.2.2 Nr. 2 Buchst. b) nach den Vorschriften des Revisionsverfahrens richten. VV 3502 gilt daher nur für Rechtsbeschwerden gegen Entscheidungen, die nicht den Hauptgegenstand betreffen, also gegen Neben- und Zwischenentscheidungen (z.B. Ablehnung von Richtern und Sachverständigen, Kostenentscheidung, Kostenfestsetzung, Verfahrenskostenhilfe o.Ä.).

Auch im Verfahren nach § 70 FamFG ist eine Vertretung durch einen am BGH zugelassenen Anwalt grundsätzlich vorgeschrieben (§ 114 Abs. 2 FamFG, zur Frage des Gebührenanfalls bei einem nicht am BGH zugelassenen Anwalt siehe Rdn 7).

V. Rechtswegbeschwerde nach § 17a GVG

Auch bei einer Rechtswegbeschwerde nach § 17a GVG i.V.m. §§ 177, 202 SGG handelt es sich um eine Rechtsbeschwerde i.S.d. VV 3502.[6]

B. Regelungsgehalt

Nach **VV 3502** erhält der Anwalt im Verfahren über die Rechtsbeschwerde eine **Verfahrensgebühr** in Höhe von 1,0. Eine angemessene Vergütung ist damit aber insbesondere in Anbetracht der erheblichen Arbeit und Verantwortung nicht gegeben.

Soweit eine Vertretung durch einen **am BGH zugelassenen Anwalt** erforderlich ist (§ 78 Abs. S. 3 ZPO, § 114 Abs. 2 FamFG), tritt hier – im Gegensatz zu den VV 3208, 3508 – keine Gebührenerhöhung ein. Es bleibt bei dem Gebührensatz von 1,0.

Sofern der Anwalt für **mehrere Auftraggeber** wegen desselben Gegenstands tätig wird, erhöht sich die Gebühr um 0,3 je weiteren Auftraggeber (VV 1008), höchstens um 2,0.

Bei **vorzeitiger Beendigung** des Auftrags reduziert sich die Gebühr der VV 3502 auf eine 0,5-Gebühr (**VV 3503**). Die Anm. zu VV 3201 zur vorzeitigen Beendigung (Anm. S. 1 Nr. 1 zu VV 3201) und zur Miteinbeziehung im Rechtsbeschwerdeverfahren nicht anhängiger Ansprüche (Anm. S. 1 Nr. 2 zu VV 3201) gelten entsprechend (Anm. zu VV 3503). Auch die Anrechnungsbestimmung in Anm. Abs. 2 zu VV 3201 gilt entsprechend, wenn also im Rechtsbeschwerdeverfahren erfolglos versucht wird, nicht anhängige Ansprüche in eine Einigung mit einzubeziehen und diese Ansprüche später in einem anderen Verfahren anhängig gemacht werden.

Hinzukommen kann eine **1,2-Terminsgebühr** nach VV 3516. Diese Terminsgebühr war in der ursprünglichen Fassung des RVG nicht enthalten. Erst mit dem Gesetz über die Rechtsbehelfe bei Verletzung des Anspruchs auf rechtliches Gehör (Anhörungsrügengesetz, in Kraft getreten zum 1.1.2005) ist VV 3516 dahin gehend erweitert worden, dass die Terminsgebühr auch in den Verfahren nach VV 3502 anfallen kann.

Da im Verfahren der Rechtsbeschwerde weder eine mündliche Verhandlung noch ein anderweitiger gerichtlicher Termin vorgesehen ist, kommt insoweit nur VV Vorb. 3 Abs. 3 S. 3 Nr. 2 in Betracht, nämlich die Mitwirkung an auf die Vermeidung oder Erledigung des Verfahrens gerichteten Besprechungen auch ohne Beteiligung des Gerichts, ausgenommen Besprechungen mit dem Auftraggeber.

Soweit der BGH früher – insbesondere zur Nichtzulassungsbeschwerde angenommen hat, die Terminsgebühr bei Besprechungen sei ausgeschlossen, wenn – wie hier – im Verfahren keine mündliche Verhandlung vorgesehen sei,[7] war dies schon nach der früheren Gesetzesfassung unzutreffend. Der BGH hatte verkannt, dass es für Besprechungen i.S.d. VV Vorb. 3 Abs. 3, 3. Var. a.F. nicht darauf ankam, ob im Verfahren eine mündliche Verhandlung vorgeschrieben ist oder nicht. Jetzt ist dies

---

6 Hess. LSG AGS 2015, 127 = RVGreport 2015, 22.
7 AGS 2007, 298 = BGHR 2007, 369 = NJW 2007, 1461 = RVGprof. 2007, 78 = zfs 2007, 467.

durch die Neufassung der VV Vorb. 3 Abs. 3 S. 3 Nr. 2 ohnehin klargestellt (siehe VV Vorb. 3 Rdn 139 ff.). Die Terminsgebühr kann daher auch bei Vermeidungs- oder Erledigungsbesprechungen entstehen.

22 Möglich ist des Weiteren auch noch eine Einigungsgebühr (VV 1000). Da die Rechtsbeschwerde in VV 1004 nicht erwähnt ist, verbleibt es hier bei einer 1,0-Einigungsgebühr nach VV 1003.[8]

23 Daneben erhält der Anwalt für die Rechtsbeschwerde auch Erstattung seiner Auslagen, insbesondere eine **eigene Postentgeltpauschale** nach VV 7002.

C. Gegenstandswert

24 Da im Verfahren über die Rechtbeschwerde keine wertabhängigen Gerichtsgebühren erhoben werden, sondern Festgebühren, darf von Amts wegen kein Wert festgesetzt werden, was allerdings häufig dennoch geschieht. Da sich aber die Gebühren des Anwalts nach dem Wert richten (§ 2 Abs. 1), muss das Rechtsbeschwerdegericht auf Antrag des Anwalts oder eines Beteiligten nach § 33 Abs. 1 eine Wertfestsetzung vornehmen.[9]

25 Der Wert richtet sich nach § 23 Abs. 2 und ist unter Berücksichtigung des Interesses des Beschwerdeführers nach § 23 Abs. 3 S. 2 zu bestimmen, soweit das RVG keine vorrangigen Reglungen enthält wie z.B. § 23a. Der Gegenstandswert des Rechtsbeschwerdeverfahrens ist durch den Wert des zugrunde liegenden Verfahrens begrenzt (§ 23 Abs. 2 S. 2).

D. Kostenentscheidung

26 Die Kostenentscheidung richtet sich nach den allgemeinen Vorschriften, also den §§ 91 ff., 97 ZPO; §§ 80 ff., 84 FamFG.

27 Für den Fall der Rücknahme der Rechtsbeschwerde fehlt es infolge eines offensichtlichen Redaktionsversehens an einer gesetzlichen Regelung in der ZPO. Diese Lücke ist durch die analoge Anwendung des § 565 ZPO i.V.m. § 516 Abs. 3 ZPO zu schließen.[10] Daher ist von Amts wegen auszusprechen, dass die Kosten des Verfahrens dem Beschwerdeführer auferlegt werden. In Familiensachen ergibt sich die Kostenfolge aus § 117 Abs. 2 FamFG i.V.m. der analogen Anwendung der §§ 565, 516 Abs. 3 ZPO.

E. Kostenerstattung

28 Auch im Rechtsbeschwerdeverfahren gilt § 91 Abs. 2 S. 1 ZPO, wonach die Hinzuziehung eines Prozessbevollmächtigten notwendig ist, so dass dessen Kosten zu erstatten sind. Anders dagegen in Familiensachen der freiwilligen Gerichtsbarkeit. Dort richtet sich die Kostenerstattung nach § 80 FamFG. Die Hinzuziehung eines Anwalts muss notwendig gewesen sein, was in der Regel anzunehmen ist.

29 Wird die Rechtsbeschwerde nur fristwahrend eingelegt und vor Ablauf der Begründungsfrist ohne begründet worden zu sein, zurückgenommen, ist für den Beschwerdegegner, der einen Anwalt mit der Abwehr beauftragt hat, eine reduzierte 0,5-Verfahrensgebühr nach VV 3503 erstattungsfähig.[11] Es gilt hier das Gleiche wie bei den übrigen Rechtsmitteln (insoweit siehe VV 3201 Rdn 47 ff., VV 3206 Rdn 24 ff.).

30 Lässt sich eine Partei in einem Verfahren vor dem BGH vertreten, für das die Vertretung durch einen am BGH zugelassen Anwalt erforderlich ist, gilt nach zutreffender Ansicht nichts Abweichendes, da auch dieser Anwalt die Gebühr der VV 3502 verdient, gegebenenfalls in ermäßigter Höhe (VV 3503).

---

8 Gerold/Schmidt/*Müller-Rabe*, RVG, VV 1003, 1004 Rn 59; *Hartung/Schons/Enders*, RVG, VV 1004 Rn 17.
9 BGH AGS 2013, 32 = FamRZ 2012, 1937 = FF 2012, 512.
10 So schon zur Nichtzulassungsbeschwerde: BGH AGS 2003, 218 = BGHR 2003, 200 = AnwBl 2003, 247 = NJW 2003, 756 = RVGreport 2004, 440.
11 Gerold/Schmidt/*Müller-Rabe*, RVG, VV 3502 Rn 16.

Soweit man dem nicht zugelassenen Anwalt nur die Gebühr nach VV 3403 zubilligt, müsste eine 0,8-Verfahrensgebühr erstattungsfähig sein, wobei allerdings im Falle einer vorzeitigen Erledigung (VV 3503) die zu erstattende Gebühr der VV 3403 in analoger Anwendung des § 15 Abs. 6 auf 0,5 zu kürzen wäre.

31

Kontrovers wird die Frage beantwortet, ob der Ausschluss der Kostenerstattung in Verfahren der Streit-, Verfahrens- oder Geschäftswertfestsetzung auch für nicht statthafte Rechtsbeschwerden gilt. Zum Teil wird die Auffassung vertreten, der Ausschluss der Kostenerstattung im Wertfestsetzungsverfahren (§ 33 Abs. 9 S. 2; § 68 Abs. 3 S. 2 GKG, § 59 Abs. 3 S. 2 FamFKG; § 83 Abs. 3 S. 2 GNotKG) oder im Verfahren über den Kostenansatz (§ 66 Abs. 8 S. GKG; § 57 Abs. 8 S. 2 FamGKG; § 81 Abs. 8 S. 2 GNotKG) gelte nur für statthafte Rechtsbeschwerden, so dass bei einer unstatthaften Beschwerde eine Kostenerstattung auszusprechen sei.[12]

32

Bei dieser Diskussion wird verkannt, dass es gar nicht auf den Ausschluss der Kostenerstattung ankommt, weil weder das GKG, das FamGKG noch das GNotGKG eine Kostenerstattung vorsehen. Wegen der eindeutigen Regelungen in § 1 Abs. 3 RVG, § 1 Abs. 5 GKG, § 1 Abs. 2 FamGKG, § 1 Abs. 6 GNotGKG ist ein Rückgriff auf prozessuale Kostenerstattungsregelungen, insbesondere die §§ 91 ff. ZPO, 80 ff. FamFG etc., nicht zulässig. Ist aber nach den Kostengesetzen eine Erstattung erst gar nicht vorgesehen, stellt sich die Frage, inwieweit eine nicht vorgesehene Erstattung ausgeschlossen wird, nicht mehr.

33

Nr.	Gebührentatbestand	Gebühr oder Satz der Gebühr nach § 13 RVG
3504	Verfahrensgebühr für das Verfahren über die Beschwerde gegen die Nichtzulassung der Berufung, soweit in Nummer 3511 nichts anderes bestimmt ist .... Die Gebühr wird auf die Verfahrensgebühr für ein nachfolgendes Berufungsverfahren angerechnet.	1,6
3505	Vorzeitige Beendigung des Auftrags: Die Gebühr 3504 beträgt .... Die Anmerkung zu Nummer 3201 ist entsprechend anzuwenden.	1,0

Literatur: *Kroiß*, Die Gebühren im Rechtsmittelverfahren in bürgerlichen Streitigkeiten, RVG-Letter 2004, 87; *N. Schneider*, Nichtzulassungsbeschwerde nach § 544 ZPO – Kosten und Gebühren im Verfahren, MDR 2003, 491; *ders.*, Rechtsmittelverfahren in bürgerlichen Rechtsstreitigkeiten, AGS 2004, 89; *ders.*, Die Vergütung nach dem RVG in arbeitsrechtlichen Mandaten, ArbRB 2004, 152; *ders.*, Lücken des RVG im Rechtsmittelverfahren, AnwBl 2005, 202.

A. Allgemeines	1	III. Einigung	16
I. Gesetzliche Regelung	1	IV. Gegenstandswert	17
II. Umfang der Angelegenheit	6	V. Auslagen	19
B. Regelungsgehalt	9	VI. Anrechnung	20
I. Verfahrensgebühr	9	VII. Kostenentscheidung	21
II. Terminsgebühr	14	VIII. Kostenerstattung	24

A. Allgemeines

I. Gesetzliche Regelung

In einigen Fällen bedarf die Berufung der Zulassung durch das erstinstanzliche Gericht. Insoweit kommt auch die Beschwerde gegen die Nichtzulassung der Berufung in Betracht. Diese Möglichkeit gibt es derzeit allerdings nur in Verfahren vor den Sozialgerichten (§ 145 Abs. 1 S. 1 SGG), so dass sich der Anwendungsbereich der VV 3504 auf diese Beschwerdeverfahren beschränkt.

1

---

12 So BGH NJW 2003, 69 = ZInsO 2002, 1083 = BGHR 2003, 94 = MDR 2003, 115 = NZBau 2003, 36 = JurBüro 2003, 95 = BRAGOreport 2003, 17; AGS 2010, 195 = RVGreport 2010, 37; Schaden-Praxis 2010, 29 = ZIP 2009, 2172.

2   Dabei entstehen Gebühren nach VV 3504, 3505 nur in solchen sozialrechtlichen Verfahren, in den das GKG anzuwenden ist, also nicht nach Betragsrahmengebühren abgerechnet wird. In solchen Verfahren entsteht eine Verfahrensgebühr nach VV 3511.

3   Die Berufung bedarf der Zulassung durch das Sozialgericht, bei einer Klage, die eine Geld-, Dienst- oder Sachleistung oder einen hierauf gerichteten Verwaltungsakt betrifft, wenn der Wert des Beschwerdegegenstandes 750 EUR nicht übersteigt (§ 144 Abs. 1 S. 1 Nr. 1 SGG). Gleiches gilt in Erstattungsstreitigkeiten zwischen juristischen Personen des öffentlichen Rechts oder Behörden, wenn der Beschwerdegegenstand 10.000 EUR nicht übersteigt (§ 144 Abs. 1 S. 1 Nr. 2 SGG). Die Berufung bedarf keiner Zulassung, wenn sie wiederkehrende oder laufende Leistungen für mehr als ein Jahr betrifft (§ 144 Abs. 1 S. 2 SGG).

Unterbleibt die Zulassung, kann diese Entscheidung mit einer Beschwerde angegriffen werden (§ 145 Abs. 1 SGG). Die Beschwerde ist dabei binnen Monatsfrist bei dem Landessozialgericht einzulegen (§ 145 Abs. 1 S. 2 SGG).

4   Soweit das Berufungsgericht über die Zulassung selbst entscheidet, also bei dem Berufungsgericht ein Antrag auf Zulassung der Berufung gestellt werden muss, gelten die VV 3504, 3405 nicht. Das Zulassungsverfahren zählt dann bereits zum Berufungsverfahren (§ 16 Nr. 11), so z.B. im Verfahren nach § 124a Abs. 4 VwGO. Obwohl das Berufungsgericht über die Zulassung entscheidet (§ 124a Abs. 5 VwGO), handelt es sich nicht um ein Beschwerdeverfahren, sondern um ein Zulassungsverfahren nach § 16 Nr. 11.

5   Die besondere Beschwerde gegen die Nichtzulassung der Berufung ist abweichend von der allgemeinen Beschwerde (VV 3500) in VV 3504, 3505, 3511, 3512 geregelt. Soweit sich die Gebühren nach dem Gegenstandswert berechnen (§ 3 Abs. 1 S. 2) gilt VV 3504. Soweit sich die Gebühren nicht nach dem Gegenstandswert richten (§ 3 Abs. 1 S. 1) gilt VV 3511.

II. Umfang der Angelegenheit

6   Die Nichtzulassungsbeschwerde stellt gegenüber dem erstinstanzlichen Verfahren eine **eigene gebührenrechtliche Angelegenheit** dar, in der der Anwalt gesonderte Gebühren erhält. Dies ergibt sich aus § 17 Nr. 1, § 18 Abs. 1 Nr. 3.

7   Das sich an eine erfolgreiche Nichtzulassungsbeschwerde anschließende Berufungsverfahren stellt wiederum eine **verschiedene Angelegenheit** dar (§ 17 Nr. 9, § 16 Nr. 11, 2. Hs.).

8   Insgesamt sind also **drei Angelegenheiten** gegeben:
– erstinstanzliches Verfahren vor dem Sozialgericht,
– Nichtzulassungsbeschwerde vor dem Landessozialgericht,
– Berufungsverfahren vor dem Landessozialgericht.

B. Regelungsgehalt

I. Verfahrensgebühr

9   Für seine Tätigkeit im Verfahren der Nichtzulassungsbeschwerde erhält der Anwalt nach VV 3504 eine **1,6-Verfahrensgebühr**.

10 Vertritt der Anwalt **mehrere Auftraggeber** wegen desselben Gegenstands, so erhöht sich die Gebühr um 0,3 je weiteren Auftraggeber, sofern diese gemeinschaftlich beteiligt sind, also z.B. bei zwei Auftraggebern auf 1,9. Höchstens erhöht sich die Gebühr um 2,0.

11 **Endet der Auftrag** des Anwalts **vorzeitig** i.S.d. VV 3201, so ermäßigt sich die Verfahrensgebühr auf 1,0 (VV 3505).

12 Auch diese Gebühr ist bei **mehreren Auftraggebern** um 0,3 je weiterem Auftraggeber zu erhöhen, also bei zwei Auftraggebern auf 1,3, höchstens um 2,0.

13 Die Anm. zu VV 3201 zur **vorzeitigen Beendigung** (VV 3201 Abs. 1 Nr. 1) und zur **Miteinbeziehung** im Beschwerdeverfahren **nicht anhängiger Ansprüche** (VV 3201 Abs. 1 Nr. 2) gilt entsprechend (Anm. zu VV 3505). Auch die Anrechnungsbestimmung in Anm. zu VV 3201 gilt entspre-

chend, wenn also im Nichtzulassungsbeschwerdeverfahren erfolglos versucht wird, nicht anhängige Ansprüche in eine Einigung oder Erledigung mit einzubeziehen und diese Ansprüche später in einem anderen Verfahren anhängig gemacht werden. Demgegenüber geht der Verweis auf VV 3201 Abs. 2 ins Leere, da die Neuregelung zu der „eingeschränkten Tätigkeit" hier nicht einschlägig ist.

II. Terminsgebühr

Die Terminsgebühr nach VV 3516 entsteht im Falle einer gerichtlichen Verhandlung über die Nichtzulassungsbeschwerde oder auch unter den Voraussetzungen der zweiten Variante der VV Vorb. 3 Abs. 3 S. 1, S. 2 also insbesondere bei Mitwirkung von auf die Vermeidung oder Erledigung des Verfahrens gerichteten Besprechungen ohne Beteiligung des Gerichts; ausgenommen Besprechungen mit dem Auftraggeber. Sie entsteht nicht bei einer Entscheidung im schriftlichen Verfahren, da eine mündliche Verhandlung über diese Beschwerde nicht vorgeschrieben ist und somit Anm. Abs. 1 Nr. 1 zu VV 3104 nicht greift. 14

Die Höhe der Terminsgebühr beläuft sich auf 1,2. Eine Reduzierung dieser Gebühr ist nicht vorgesehen. 15

III. Einigung

Kommt es im Verfahren der Nichtzulassungsbeschwerde zu einer Einigung, so entsteht zusätzlich eine Einigungsgebühr nach VV 1000, 1004. Nach der Änderung nennt VV 1004 nunmehr ausdrücklich auch die Beschwerde gegen die Nichtzulassung der Berufung als Verfahren, in dem eine Einigungs- oder Erledigungsgebühr entstehen kann. 16

IV. Gegenstandswert

Der Gegenstandswert richtet sich nach dem Wert, hinsichtlich dessen die Zulassung der Berufung begehrt wird (§ 47 Abs. 3 GKG). 17

Dieser Wert muss mit dem späteren Berufungsverfahren nicht identisch sein, da sich infolge der Rechtsmittelerweiterung und Anschlussrechtsmittel oder ggf. einer teilweisen Erledigung des Rechtsmittels Veränderungen ergeben können. 18

V. Auslagen

Da das Verfahren über die Nichtzulassungsbeschwerde eine eigene Angelegenheit darstellt, erhält der Anwalt hier auch seine Auslagen gesondert, insbesondere eine **eigene Postentgeltpauschale** nach VV 7002. 19

VI. Anrechnung

Kommt es auf die Beschwerde hin zur Durchführung des Berufungsverfahrens, so ist die Verfahrensgebühr nach VV 3504 auf die entsprechende Verfahrensgebühr des Berufungsverfahrens (VV 3200 f.) **anzurechnen** (Anm. zu VV 3504). 20

VII. Kostenentscheidung

Wird die Berufung auf die Nichtzulassungsbeschwerde hin **zugelassen**, so wird das Beschwerdeverfahren als Berufungsverfahren fortgesetzt; der Einlegung einer Berufung durch den Beschwerdeführer bedarf es nicht. Die Kostenentscheidung im Berufungsverfahren erstreckt sich dann auch auf die Kosten des Beschwerdeverfahrens, ohne dass es eines gesonderten Ausspruchs bedarf. 21

22 Wird die Nichtzulassungsbeschwerde **zurückgewiesen**, so ist eine Kostenentscheidung zu treffen. Dem Beschwerdeführer sind dann die Kosten des Beschwerdeverfahrens aufzuerlegen (siehe § 197a Abs. 1 SGG i.V.m. § 154 Abs. 1 VwGO).

23 Wird die Nichtzulassungsbeschwerde zurückgenommen, trägt der Beschwerdeführer nach § 197a Abs. 1 SGG i.V.m. § 155 Abs. 2 VwGO die Kosten.

VIII. Kostenerstattung

24 Die Kosten des Nichtzulassungsbeschwerdeverfahrens sind grundsätzlich zu erstatten. Wird die Nichtzulassungsbeschwerde vor Einreichung der Beschwerdebegründung zurückgenommen, ist nur eine 1,0-Gebühr (VV 3505) erstattungsfähig, da es weder eines Abweisungsantrags noch eines Kostenantrags bedarf.[1] Wird eine Nichtzulassungsbeschwerde also zunächst eingelegt, aber vor ihrer Begründung zurückgenommen, so gilt hinsichtlich der Kostenerstattung nichts anderes als bei Rücknahme einer nicht begründeten Berufung[2] oder nicht begründeten Revision.[3] In beiden Fällen hat der BGH für den Rechtsmittelgegner jeweils nur eine reduzierte Gebühr als erstattungsfähig anerkannt, da es vor Begründung des Rechtsmittels nicht erforderlich sei, einen eigenen Sachantrag (Zurückweisung des Rechtsmittels) zu stellen.

Nr.	Gebührentatbestand	Gebühr oder Satz der Gebühr nach § 13 RVG
3506	Verfahrensgebühr für das Verfahren über die Beschwerde gegen die Nichtzulassung der Revision oder über die Beschwerde gegen die Nichtzulassung einer der in der Vorbemerkung 3.2.2 genannten Rechtsbeschwerden, soweit in Nummer 3512 nichts anderes bestimmt ist .... Die Gebühr wird auf die Verfahrensgebühr für ein nachfolgendes Revisions- oder Rechtsbeschwerdeverfahren angerechnet.	1,6
3507	Vorzeitige Beendigung des Auftrags: Die Gebühr 3506 beträgt .... Die Anmerkung zu Nummer 3201 ist entsprechend anzuwenden.	1,1
3508	In dem Verfahren über die Beschwerde gegen die Nichtzulassung der Revision können sich die Parteien nur durch einen beim Bundesgerichtshof zugelassenen Rechtsanwalt vertreten lassen: Die Gebühr 3506 beträgt	2,3
3509	Vorzeitige Beendigung des Auftrags, wenn sich die Parteien nur durch einen beim Bundesgerichtshof zugelassenen Rechtsanwalt vertreten lassen können: Die Gebühr 3506 beträgt .... Die Anmerkung zu Nummer 3201 ist entsprechend anzuwenden.	1,8

---

1 OLG Hamburg AGS 2003, 539 m. Anm. *N. Schneider* = MDR 2003, 1261.
2 BGH AGS 2003, 219 = AnwBl 2003, 242 = BRAGOreport 2003, 53 = EBE/BGH 2003, 36 = NJW 2003, 756 = Rpfleger 2003, 217 = BGHReport 2003, 412 = FamRZ 2003, 522 = MDR 2003, 530 = JurBüro 2003, 257 = VersR 2003, 877 = BGHR ZPO § 91 Kostenerstattungsanspruch, Umfang 2 = BGHR ZPO § 318 Bindungsgrenzen 5 = BB 2003, 280 = EzFamR aktuell 2003, 35 = NJ 2003, 263 = MittdtschPatAnw 2003, 335 = ProzRB 2003, 82.
3 BGH AGS 2003, 221 m. Anm. *Madert* u. *N. Schneider* = BRAGOreport 2003, 74 = EBE/BGH 2003, 44 = Rpfleger 2003, 216 = BGHR 2003, 355 = MDR 2003, 414 = FamRZ 2003, 523 = NJW 2003, 1324 = JurBüro 2003, 255 = BGHR ZPO § 91 Kostenerstattungsanspruch, Umfang 1 = EBE/BGH 2003, BGH-Ls 86/03 = EzFamR aktuell 2003, 36 = MittdtschPatAnw 2003, 335 = ProzRB 2003, 229; ProzRB 2003, 100.

Abschnitt 5. Beschwerde, Nichtzulassungsbeschwerde und Erinnerung

Literatur: *Kroiß*, Die Gebühren im Rechtsmittelverfahren in bürgerlichen Streitigkeiten, RVG-Letter 2004, 87; *N. Schneider*, Nichtzulassungsbeschwerde nach § 544 ZPO – Kosten und Gebühren im Verfahren, MDR 2003, 491; *ders.*, Rechtsmittelverfahren in bürgerlichen Rechtsstreitigkeiten, AGS 2004, 89; *ders.*, Die Vergütung nach dem RVG in arbeitsrechtlichen Mandaten, ArbRB 2004, 152; *ders.*, Lücken des RVG im Rechtsmittelverfahren, AnwBl 2005, 202.

A. Allgemeines 1	cc) Vertretung durch nicht am BGH zugelassenen Anwalt 21
I. Gesetzliche Regelung 1	c) Mehrere Auftraggeber 25
1. Sinn und Zweck der Regelung 1	2. Ermäßigte Gebühr 27
2. Erfasste Verfahren 6	II. Terminsgebühr 31
a) Beschwerde gegen die Nichtzulassung der Revision 6	III. Einigung 34
b) Beschwerde gegen die Nichtzulassung der Rechtsbeschwerde 7	IV. Gegenstandswert 35
	V. Auslagen 37
II. Umfang der Angelegenheit 8	VI. Anrechnung 38
B. Regelungsgehalt 12	VII. Kostenentscheidung 42
I. Verfahrensgebühr 12	VIII. Kostenerstattung 44
1. Volle Gebühr 12	1. Grundsatz 44
a) Grundsatz 12	2. Rücknahme ohne Begründung 45
b) Erhöhung in Verfahren vor dem BGH 16	3. Nicht am BGH zugelassener Anwalt bei Rechtsbeschwerde nach § 544 ZPO 46
aa) Überblick 16	a) Grundsatz 46
bb) Vertretung durch BGH-Anwalt .. 18	b) Höhe der zu erstattenden Kosten 50

A. Allgemeines

I. Gesetzliche Regelung

1. Sinn und Zweck der Regelung

In vielen Fällen bedarf die Revision oder Rechtsbeschwerde der Zulassung durch das Vordergericht. **1** Wird die Revision oder die Rechtsbeschwerde nicht zugelassen, so kommt hiergegen gegebenenfalls die Nichtzulassungsbeschwerde in Betracht. Diese besondere Beschwerde ist abweichend von der allgemeinen Beschwerde (VV 3500), der Rechtbeschwerde (VV 3502) und den besonderen Beschwerdeverfahren der VV 3.2.1, 3.2.2 in VV 3506 ff. geregelt, sofern nach dem Gegenstandswert abzurechnen ist (§ 2 Abs. 1).

Soweit in Sozialsachen nach Betragsrahmengebühren abzurechnen ist (§ 3 Abs. 1 S. 1), gelten im **2** Verfahren über die Beschwerde gegen die Nichtzulassung der Revision die Gebühren nach VV 3512, 3518.

Die Gebühren für eine Nichtzulassungsbeschwerde in Disziplinarverfahren und berufsgerichtlichen **3** Verfahren wegen der Verletzung einer Berufspflicht richtet sich nach VV 6215.

Die Nichtzulassungsbeschwerde in Verfahren nach der WBO und der WDO richtet sich wiederum **4** nach VV 6402, 6403.

Der Gebührentatbestand ist in VV 3506 enthalten. VV 3507 regelt den ermäßigten Gebührensatz bei **5** vorzeitiger Beendigung. VV 3508 wiederum regelt – vergleichbar der VV 3208 – den erhöhten Gebührensatz, wenn sich die Parteien nur durch einen beim BGH zugelassenen Rechtsanwalt vertreten lassen können, also bei der Nichtzulassungsbeschwerde nach § 544 ZPO. Ergänzend hierzu ist in VV 3509 wiederum die ermäßigte Gebühr bei vorzeitiger Erledigung geregelt.

2. Erfasste Verfahren

a) Beschwerde gegen die Nichtzulassung der Revision

Die VV 3506 ff. sind auf alle Beschwerdeverfahren gegen die Nichtzulassung der Revision anzuwen- **6** den, soweit nach Wertgebühren abzurechnen ist:
– Nichtzulassungsbeschwerde nach **§ 544 ZPO** auch i.V.m. § 522 Abs. 3 ZPO;

- Nichtzulassungsbeschwerde nach § 72a ArbGG;[1] die gegenteilige Entscheidung des AG Koblenz[2] ist auf die Erinnerung wieder aufgehoben worden;[3]
- Nichtzulassungsbeschwerde nach § 133 VwGO;
- Nichtzulassungsbeschwerde nach § 160a SGG, sofern nach Gegenstandswert abgerechnet wird (§ 3 Abs. 1 S. 2);
- Nichtzulassungsbeschwerde nach § 116 FGO.

b) Beschwerde gegen die Nichtzulassung der Rechtsbeschwerde

7 Nach der Neufassung sind die VV 3506, 3507 jetzt auch anzuwenden auf die
- Nichtzulassungsbeschwerde nach § 92a ArbGG. In Verfahren der Beschwerde gegen die Nichtzulassung einer Rechtsbeschwerde in arbeitsrechtlichen Beschlussverfahren war bislang nach dem Wortlaut lediglich eine 0,5-Gebühr nach VV 3500 abzurechnen. Der Anwalt erhielt also eine erheblich geringere Vergütung als im Erkenntnisverfahren. Andererseits war dann aber die 0,5-Gebühr auch nicht anzurechnen, wenn es zur Rechtsbeschwerde kam. Dann erhielt der Anwalt bei Durchführung des Rechtsbeschwerdeverfahrens im Ergebnis höhere Gebühren als im Erkenntnisverfahren. Dieses Ergebnis war jedoch nicht gewollt. Die Kommentarliteratur hat daher auch durchweg VV 3506 analog angewandt.[4] Dies ist jetzt gesetzlich in VV 3506 geregelt.
- Nichtzulassungsbeschwerde in personalvertretungsrechtlichen Angelegenheiten nach dem BPersVG und den jeweiligen landesrechtlichen Personalvertretungsgesetzen i.V.m. § 92a ArbGG.
- Nichtzulassungsbeschwerde nach § 75 GWB.
- Nichtzulassungsbeschwerde nach § 87 EnWG.
- Nichtzulassungsbeschwerde nach § 35 Abs. 4 S. 2 KSpG.
- Nichtzulassungsbeschwerde nach § 25 VSchDG.

II. Umfang der Angelegenheit

8 Die Nichtzulassungsbeschwerde stellt gegenüber dem vorangegangenen Berufungs- oder Beschwerdeverfahren eine **eigene gebührenrechtliche Angelegenheit** dar, in der der Anwalt gesonderte Gebühren erhält. Dies ergibt sich aus § 17 Nr. 1 (§ 15 Abs. 2 S. 2 a.F.).

9 Das sich an eine erfolgreiche Nichtzulassungsbeschwerde anschließende Rechtsmittelverfahren stellt wiederum eine **weitere Angelegenheit** dar. Dies folgt aus § 17 Nr. 9.

10 Insgesamt sind also **drei Angelegenheiten** gegeben:
- das Ausgangsverfahren, in dem die angefochtene Entscheidung ergangen ist (Berufungs- oder Beschwerdeverfahren),
- das Nichtzulassungsbeschwerdeverfahren,
- das Revisions- oder Rechtsbeschwerdeverfahren.

11 Gleichzeitig ist für alle Verfahren vorgesehen, dass die Verfahrensgebühr des Nichtzulassungsbeschwerdeverfahrens aus VV 3506 auf die Verfahrensgebühr des nachfolgenden Revisionsverfahrens aus VV 3206 ff. oder Rechtsbeschwerdeverfahrens aus VV Vorb. 3.2.2, 3206 ff. **anzurechnen** ist (Anm. zu VV 3506).

---

1 BAG AGS 2013, 98 = RVGreport 2012, 349; Hessisches LAG AGS 2007, 612 m. Anm. *N. Schneider* = NZA-RR 2006, 600 = RVGreport 2006, 309 = AE 2007, 102.

2 AG Koblenz AGS 2005, 261 m. abl. Anm. *N. Schneider* = RVGreport 2005, 106.

3 AG Koblenz AGS 2005, 292 m. Anm. *Mock*.

4 Gerold/Schmidt/*Müller-Rabe*, RVG, VV 3504, 3505 Rn 5 u. 6.

B. Regelungsgehalt

I. Verfahrensgebühr

1. Volle Gebühr

a) Grundsatz

Für seine Tätigkeit im Verfahren der Nichtzulassungsbeschwerde erhält der Anwalt nach VV 3506 eine **1,6-Verfahrensgebühr** (zum Entstehen der Verfahrensgebühr im Rechtsmittelverfahren siehe VV Vorb. 3 Rdn 12, VV 3200 Rdn 6 und § 17 Rdn 461 f.).

Erforderlich ist ein Auftrag zur Vertretung im Nichtzulassungsbeschwerdeverfahren.

Die bloße Entgegennahme einer Nichtzulassungsbeschwerde durch den vorinstanzlichen Berufungsanwalt und der Rat an den Beschwerdegegner, von der Bestellung eines beim BGH zugelassenen Rechtsanwalts bis zur Entscheidung über die Zulassung abzusehen, ist für diesen mit den Gebühren des Berufungsverfahrens abgegolten und löst keine gesonderte Gebühr aus.[5]

Ebenso wenig entsteht eine Verfahrensgebühr, wenn der vorinstanzliche Anwalt in einer Familiensache den Beschwerdegegner dahingehend berät, dass eine Vertretung durch einen am BGH zugelassenen Rechtsanwalt nicht erforderlich sei, weil ein Versäumnisurteil ausgeschlossen werden könne.[6]

b) Erhöhung in Verfahren vor dem BGH

aa) Überblick. Die Verfahrensgebühr der VV 3506 erhöht sich gemäß VV 3508 auf eine **2,3-Verfahrensgebühr**, soweit sich die Parteien nur durch einen am BGH zugelassenen Anwalt vertreten lassen können. Dies betrifft derzeit nur die Nichtzulassungsbeschwerde nach § 544 ZPO (§ 78 Abs. 1 S. 4 ZPO). Einzelheiten sind hier strittig.

Soweit ausnahmsweise im Verfahren nach § 544 ZPO keine Zulassung am BGH erforderlich ist (§ 78 Abs. 4 ZPO) verbleibt es bei der 1,6-Gebühr nach VV 3506.

bb) Vertretung durch BGH-Anwalt. Lässt sich eine Partei im Verfahren der Rechtsbeschwerde durch einen am BGH zugelassenen Anwalt vertreten, erhöht sich die Verfahrensgebühr der VV 3506 gem. VV 3508 auf 2,3 – vorbehaltlich einer Ermäßigung nach VV 3507 (siehe Rdn 27).

Eine (gesonderte) Gebühr nach VV 3506 entsteht jedoch nicht, wenn ein Berufungsurteil mit der Revision und hilfsweise wegen desselben Streitgegenstands mit der Nichtzulassungsbeschwerde angegriffen wird. Es bleibt dann bei den Gebühren eines Revisionsverfahrens.[7]

Zwar braucht der Beschwerdegegner keinen am BGH zugelassenen Anwalt, da dieser keine Stellungnahme abgeben muss und der BGH auch Rechtsausführungen eines nicht postulationsfähigen Anwalts zur Kenntnis zu nehmen hat. Dennoch muss für den Anwalt des Beschwerdegegners ebenfalls die Erhöhung auf 2,3 gelten, wenn er am BGH zugelassen ist.

cc) Vertretung durch nicht am BGH zugelassenen Anwalt. Lässt sich eine Partei durch einen **nicht am BGH zugelassenen Anwalt** vertreten, geht die ganz überwiegende Auffassung davon aus, dieser Anwalt könne die vorgesehene Verfahrensgebühr nicht verdienen, sondern sei auf die Abrechnung einer Einzeltätigkeit angewiesen (siehe Rdn 46). Das ist unzutreffend, weil es nach dem eindeutigen Wortlaut der Vorschrift nur den Vertretungszwang ankommt, und nicht darauf, dass tatsächlich ein am BGH zugelassener Anwalt tätig wird. Zutreffend ist es daher, auch auf den nicht am BGH zugelassenen Anwalt den Tatbestand der VV 3506, 3508 anzuwenden, da das Gebührenrecht nicht nach Zulässigkeit einer Prozesshandlung fragt. Eine andere Frage ist, ob der Anwalt diese Gebühr gegenüber seinem Auftraggeber durchsetzen kann oder ob er sich schadensersatzpflichtig macht, wenn er auf die fehlende Zulassung nicht hingewiesen hat. Dies wird in aller

---

5 OLG Köln AGS 2012, 516 = NJW-Spezial 2012, 733; OLG Bamberg BauR 2012, 1684.
6 OLG Stuttgart AGS 2009, 220 = OLGR 2008, 732 = FamRZ 2009, 146 = Justiz 2009, 69 = MDR 2008, 1367 = RVGreport 2009, 64.
7 BGH, AGS 2015, 455 = GRUR 2015, 304 = MDR 2015, 295 = NJW 2015, 1253 = ZfBR 2015, 361 = JurBüro 2015, 247 = ZIP 2015, 704 = MittdtschPatAnw 2015, 345.

Regel aber nur den Anwalt des Beschwerdeführers betreffen. Für den Anwalt des Beschwerdegegners, der sich gegen eine nicht statthafte Rechtsbeschwerde wehrt, dürfte man eine Zulassung nicht verlangen dürfen; jedenfalls kann er auch ohne Zulassung sinnvolle Tätigkeit entfalten, z.B. wenn er auf die Unstatthaftigkeit der Nichtzulassungsbeschwerde hinweist.

22 Der BGH[8] und die überwiegende Rechtsprechung[9] sehen dies anders. Sie sind nicht nur der Auffassung, dass VV 3508 nicht anwendbar sei, sondern halten bei Vertretung durch einen nicht am BGH zugelassenen Anwalt trotz Anwaltszwang nicht einmal den Gebührentatbestand der VV 3506 für anwendbar, sondern gewähren dem nicht zugelassenen Anwalt, nur eine 0,8-Verfahrensgebühr nach VV 3403 als Einzeltätigkeit.[10]

23 Die Gebühr entsteht jedoch nicht, wenn der zweitinstanzliche Prozessbevollmächtigte die Erfolgsaussicht einer gegnerischen Nichtzulassungsbeschwerde vor deren Begründung lediglich anhand des bis zum Abschluss des Berufungsverfahrens angefallenen Prozessstoffs prüfen soll. Diese Tätigkeit ist vielmehr nach VV 2100 zu vergüten (insoweit unzutreffend BGH, der von einer 0,8-Gebühr nach VV 3403 ausgeht, diese aber nicht für erstattungsfähig hält).[11]

24 Dies hat dann auch zur Folge, dass eine Terminsgebühr nicht anfallen kann, da VV 3516 nicht anwendbar ist und VV 3403 auch die Teilnahme an einem Termin bzw. einer Besprechung mit abgilt.[12]

c) Mehrere Auftraggeber

25 Vertritt der Anwalt **mehrere Auftraggeber** wegen desselben Gegenstands, so erhöht sich die Gebühr um 0,3 je weiteren Auftraggeber, sofern diese gemeinschaftlich beteiligt sind, höchstens jedoch um 2,0. So beträgt die Verfahrensgebühr der VV 3506 in diesen Fällen bei zwei Auftraggebern 1,9 und 2,6 im Falle der VV 3508.

26 Liegt derselbe Gegenstand zugrunde, kommt eine Erhöhung nicht in Betracht. Stattdessen werden dann die Werte der einzelnen Gegenstände addiert (§ 23 Abs. 1 S. 1 i.V.m. §§ 39 Abs. 1 GKG, § 33 Abs. 1 FamGKG).

2. Ermäßigte Gebühr

27 Die Anm. zu VV 3201 zur **vorzeitigen Beendigung** (Anm. S. 1 zu VV 3201) und zur **Miteinbeziehung im Nichtzulassungsbeschwerdeverfahren nicht anhängiger Ansprüche** (Anm. S. 1 Nr. 2 zu VV 3201) gilt entsprechend (Anm. zu VV 3507). Auch die **Anrechnungsbestimmung** in Anm. S. 2 zu VV 3201 gilt entsprechend, wenn also im Nichtzulassungsbeschwerdeverfahren erfolglos versucht wird, **dort nicht anhängige Ansprüche** in eine Einigung oder Erledigung mit einzubeziehen und diese Ansprüche später in einem anderen Verfahren anhängig gemacht werden.

28 Soweit sich die Parteien nur durch einen am BGH zugelassenen Anwalt vertreten lassen können, beträgt die ermäßigte Gebühr 1,8 (VV 3509).

29 Auch die ermäßigten Verfahrensgebühren erhöhen sich bei mehreren Auftraggebern wegen desselben Gegenstands um 0,3 je weiteren Auftraggeber (VV 1008).

---

8 BGH AGS 2006, 491 m. Anm. *N. Schneider* = NJW 2006, 2266 = Rpfleger 2006, 508 = BGHR 2006, 1068 = MDR 2006, 1435 = RVGprof. 2006, 115 = RVGreport 2006, 348 = JurBüro 2007, 27; AGS 2007, 298 = BGHR 2007, 369 = NJW 2007, 1461 = FamRZ 2007, 637 = NJ 2007, 223 = RVGprof. 2007, 78 = MittdtschPatAnw 2007, 242 = JurBüro 2007, 252 = MDR 2007, 742 = RVGreport 2007, 269 = zfs 2007, 467 = NJ 2007, 411.

9 OLG Köln, Beschl. v. 9.4.2014 – 17 W 49/14; AGS 2010, 530 = NJW-Spezial 2010, 731 = JurBüro 2010, 654 = Rpfleger 2011, 181; OLG Brandenburg OLGR 2007, 383; OLG Frankfurt AGS 2009, 25 m. Anm. Onderka = JurBüro 2008, 538 = OLGR 2009, 187; OLG München AGS 2010, 217 = AnwBl 2010, 68; OLG Brandenburg OLGR 2007, 383; siehe auch Rspr. zur Kostenerstattung (Rdn 44 ff.).

10 A.A. OLG Köln AGS 2007, 301, das gar keine Vergütung gewähren will. Diese Entscheidung dürfte angesichts der eindeutigen BGH-Rspr. überholt sein.

11 AGS 2014, 95 = WM 2013, 2170 = MDR 2013, 1493 = Rpfleger 2014, 104 = JurBüro 2014, 82 = NJW 2014, 557 = FamRZ 2014, 123 = RVGreport 2014, 76 = BRAK-Mitt 2014, 100.

12 OLG Brandenburg OLGR 2007, 383.

Kein Fall der Ermäßigung ist gegeben, wenn der Prozessbevollmächtigte seinen Erwiderungsschriftsatz erst zu einem Zeitpunkt gefertigt und beim Gericht der Nichtzulassungsbeschwerde eingereicht hat, als dieses bereits den Beschluss gefasst hatte, die Beschwerde zurückzuweisen, dieser Beschluss jedoch erst nach außen wirksam wurde, als er dem betreffenden Prozessbevollmächtigten zuging und dies zu einem Zeitpunkt geschah, als sein Schriftsatz bereits beim Gericht eingegangen war.[13]   30

II. Terminsgebühr

Auch im Nichtzulassungsbeschwerdeverfahren kann eine Terminsgebühr entstehen. Zwar finden dort keine gerichtlichen Termine statt; die Gebühr kann jedoch nach VV Vorb. 3 S. 3 Nr. 2 bei Mitwirkung an auf die Vermeidung oder Erledigung des Verfahrens gerichteten Besprechungen entstehen; ausgenommen Besprechungen mit dem Auftraggeber. Die Terminsgebühr ergibt sich dann aus VV 3516 und beläuft sich auf 1,2.   31

Zur bisherigen Gesetzesfassung war der BGH[14] anderer Ansicht. Er war der Auffassung, die Terminsgebühr nach VV 3516 entstehe in den Verfahren der Nichtzulassungsbeschwerde nicht schon, wenn die Rechtsanwälte der Parteien sich ohne Mitwirkung des Gerichts darüber besprechen (VV Vorb. 3 Abs. 3, 3. Var. a.F.), sondern nur dann, wenn ausnahmsweise eine mündliche Verhandlung über die Nichtzulassungsbeschwerde stattfinde. Dabei verkannte der BGH, dass es für Besprechungen i.S.d. VV Vorb. 3 Abs. 3, 3. Var. a.F. nicht darauf ankam, ob im Verfahren eine mündliche Verhandlung vorgeschrieben war oder nicht. Er hat dies mit den Fällen der Anm. Abs. 1 zu VV 3104 verwechselt.[15] Nach der Neufassung der VV Vorb. 3 ist diese Auffassung nicht mehr haltbar, sodass die Streitfrage damit erledigt ist. Die gegenteilige Rechtsprechung des BGH ist nicht mehr verwertbar.   32

Entscheidet das Gericht im schriftlichen Verfahren, entsteht keine Terminsgebühr, da keine mündliche Verhandlung vorgeschrieben ist und VV 3516 – im Gegensatz zu VV 3210 – auch keine Verweisung auf Anm. Abs. 1 zu VV 3104 enthält.[16]   33

III. Einigung

Kommt es im Verfahren der Nichtzulassungsbeschwerde zu einer Einigung, so entsteht zusätzlich eine 1,3-Einigungsgebühr nach VV 1000, 1004. Schon zur bisherigen Fassung des RVG wurde die Auffassung vertreten, dass VV 1004 entsprechend anzuwenden sei.[17] Nach der Neufassung der VV 1004 ist dies jetzt gesetzlich geregelt (siehe VV 1004 Rdn 2 f.).   34

IV. Gegenstandswert

Der Gegenstandswert richtet sich nach dem Wert des Rechtsmittelverfahrens, für das die Zulassung begehrt wird (§ 47 Abs. 3 GKG).   35

Der Wert muss mit dem späteren Revisions- oder Rechtsmittelverfahren nicht identisch sein, da sich infolge von Rechtsmittelerweiterung und Anschlussrechtsmittel oder ggf. einer teilweisen Erledigung des Rechtsmittels Veränderungen ergeben können.   36

---

13 BAG AGS 2013, 98 = RVGreport 2012, 349; LAG Rheinland-Pfalz, Beschl. v. 24.3.2011 – 3 Ta 37/11 (Vorinstanz).

14 BGH AGS 2007, 298 = BGHR 2007, 369 = NJW 2007, 1461 = RVGreport 2007, 269 = zfs 2007, 467.

15 Siehe dazu OLG Dresden zum Verfahren nach § 522 Abs. 2 ZPO, AGS 2008, 333 = OLGR 2008, 676 = NJW-RR 2008, 1667 = NJW-Spezial 2008, 444 sowie OLG München AGS 2011, 213 = NJW-Spezial 2011, 284; AGS 2010, 420 = NJW-Spezial 2010, 635 = RVGreport 2010, 419 = FamFR 2010, 472.

16 Gerold/Schmidt/*Müller-Rabe*, RVG, VV 3506–3509 Rn 11.

17 A.A. allerdings Gerold/Schmidt/*Müller-Rabe*, RVG, VV 3506–3509 Rn 12 u. VV 1003 Rn 57.

V. Auslagen

37 Da das Verfahren über die Nichtzulassungsbeschwerde eine eigene Angelegenheit darstellt, erhält der Anwalt hier auch seine Auslagen gesondert, insbesondere eine **eigene Postentgeltpauschale** nach VV 7002.

VI. Anrechnung

38 Kommt es auf die Beschwerde hin zur Durchführung des Revisions- oder Rechtsbeschwerdeverfahrens, so ist die Verfahrensgebühr der VV 3506 auf die entsprechende Verfahrensgebühr des Revisionsverfahrens (VV 3206) oder des Rechtsbeschwerdeverfahrens (VV Vorb. 3.2.2, 3206) **anzurechnen** (Anm. zu VV 3506). Die Anrechnung greift auch, wenn der erhöhte Gebührensatz der VV 3508 gilt.

> **Beispiel:** Klage und Widerklage über jeweils 50.000 EUR sind vom OLG abgewiesen worden. Das OLG hat die Revision nicht zugelassen. Beide Parteien legen Nichtzulassungsbeschwerde ein und beantragen, die Nichtzulassungsbeschwerde der anderen Partei zurückzuweisen. Beide Nichtzulassungsbeschwerden sind erfolgreich; beide Revisionen werden zugelassen und verhandelt.
>
> Zu rechnen ist wie folgt:
> **I. Berufungsverfahren (Wert: 100.000 EUR)**
> 1. 1,6-Verfahrensgebühr, VV 3200 — 2.404,80 EUR
> 2. 1,2-Terminsgebühr, VV 3202 — 1.803,60 EUR
> 3. Postentgeltpauschale, VV 7002 — 20,00 EUR
>   Zwischensumme — 4.228,40 EUR
> 4. 19 % Umsatzsteuer, VV 7008 — 803,40 EUR
> **Gesamt — 5.031,80 EUR**
>
> **II. Nichtzulassungsbeschwerdeverfahren (Wert: 100.000 EUR)**
> 1. 2,3-Verfahrensgebühr, VV 3506, 3508 — 3.456,90 EUR
> 2. Postentgeltpauschale, VV 7002 — 20,00 EUR
>   Zwischensumme — 3.476,90 EUR
> 3. 19 % Umsatzsteuer, VV 7008 — 660,06 EUR
> **Gesamt — 4.137,51 EUR**
>
> **III. Revisionsverfahren (Wert: 100.000 EUR)**
> 1. 2,3-Verfahrensgebühr, VV 3206, 3208 — 3.456,90 EUR
> 2. anzurechnen gem. Anm. zu VV 3506, 2,3-Gebühr aus 100.000 EUR — − 3.456,90 EUR
> 3. 1,5-Terminsgebühr, VV 3210 — 2.254,50 EUR
> 4. Postentgeltpauschale, VV 7002 — 20,00 EUR
>   Zwischensumme — 2.274,50 EUR
> 5. 19 % Umsatzsteuer, VV 7008 — 432,16 EUR
> **Gesamt — 2.706,66 EUR**

39 Wird die Revision oder Rechtsbeschwerde nur teilweise zugelassen oder durchgeführt, ist auch nur teilweise anzurechnen:

> **Abwandlung:** Wie vorangehendes Beispiel Rdn 38; die Nichtzulassungsbeschwerde hinsichtlich der Klage wird zurückgewiesen; die Revision gegen die Abweisung der Widerklage wird zugelassen und hierüber verhandelt.
>
> Zu rechnen ist wie folgt:
> **I. u. II. (wie oben)**
> **III. Revisionsverfahren (Wert: 50.000 EUR)**
> 1. 2,3-Verfahrensgebühr, VV 3206, 3208 — 2.674,90 EUR
> 2. anzurechnen gem. Anm. zu VV 3506, 2,3-Gebühr aus 50.000 EUR — − 2.674,90 EUR
> 3. Postentgeltpauschale, VV 7002 — 20,00 EUR
> 4. 1,5-Terminsgebühr, VV 3210 — 1.744,50 EUR
>   Zwischensumme — 1.764,50 EUR
> 5. 19 % Umsatzsteuer, VV 7008 — 335,26 EUR
> **Gesamt — 2.099,76 EUR**

Ebenso zu rechnen ist bei einer Beschwerde gegen die Nichtzulassung der Rechtsbeschwerde, wobei hier im Gegensatz zur Nichtzulassungsbeschwerde nach § 544 ZPO kein Fall gegeben ist, in dem die Vertretung durch einen am BGH zugelassenen Anwalt erforderlich ist, sodass hier immer eine 1,6-Verfahrensgebühr anfällt.

Beispiel: Das LAG hat im Beschlussverfahren (Wert: 20.000 EUR) entschieden und die Rechtsbeschwerde nicht zugelassen. Dagegen wird vor dem BAG erfolgreich Nichtzulassungsbeschwerde erhoben und die Rechtsbeschwerde durchgeführt.
Der Anwalt erhält eine 1,6-Verfahrensgebühr nach VV 3506, die allerdings im Rechtsbeschwerdeverfahren anzurechnen ist (Anm. zu VV 3506).

I. Nichtzulassungsbeschwerde
1. 1,6-Verfahrensgebühr, VV 3506   1.187,20 EUR
   (Wert: 20.000 EUR)
2. Postentgeltpauschale, VV 7002   20,00 EUR
   Zwischensumme   1.207,20 EUR
3. 19 % Umsatzsteuer, VV 7008   229,37 EUR
   Gesamt   **1.436,57 EUR**

II. Rechtsbeschwerdeverfahren
1. 1,6-Verfahrensgebühr, VV Vorb. 3.2.2 Nr. 1 Buchst. a)   1.187,20 EUR
   i.V.m. Vorb. 3.2.1 Nr. 2 Buchst. c), 3200
   (Wert: 20.000 EUR)
2. gem. Anm. zu VV 3506 anzurechnen   – 1.187,20 EUR
3. Postentgeltpauschale, VV 7002   20,00 EUR
   Zwischensumme   20,00 EUR
4. 19 % Umsatzsteuer, VV 7008   3,80 EUR
   Gesamt   **23,80 EUR**

Die Anrechnung greift auch im – atypischen – umgekehrten Fall, in dem zunächst eine fehlerhaft zugelassene Revision und anschließend nach Berichtigung des Berufungsurteils eine Nichtzulassungsbeschwerde erhoben wird. Analog Anm. zu VV 3506 wird dann die im Revisionsverfahren verdiente Verfahrensgebühr auf die des Nichtzulassungsbeschwerdeverfahrens angerechnet.[18]

VII. Kostenentscheidung

Wird die Revision oder Rechtsbeschwerde auf die Nichtzulassungsbeschwerde hin zugelassen, so wird das Beschwerdeverfahren als Revisions- oder Rechtsbeschwerdeverfahren fortgesetzt. Die Kostenentscheidung im Revisionsverfahren erstreckt sich dann auch auf die Kosten des Beschwerdeverfahrens, ohne dass es eines gesonderten Ausspruchs bedarf.

Wird die Nichtzulassungsbeschwerde zurückgewiesen, so ist eine Kostenentscheidung zu treffen. Dem Beschwerdeführer sind dann die Kosten des Beschwerdeverfahrens aufzuerlegen (siehe § 97 Abs. 1 ZPO, § 154 Abs. 2 VwGO; § 135 Abs. 2 FGO u.a.). Bei Rücknahme der Nichtzulassungsbeschwerde wird über die Kosten der Beschwerde von Amts wegen entschieden (§§ 565, 516 Abs. 3 ZPO; § 155 Abs. 2 VwGO; § 136 Abs. 2 FGO u.a.).[19]

VIII. Kostenerstattung

1. Grundsatz

Die Anwaltskosten des Nichtzulassungsbeschwerdeverfahrens sind grundsätzlich zu erstatten (§ 91 Abs. 2 S. 1 ZPO).

---

18 LAG Hessen, Beschl. v. 14.12.2007 – 13 Ta 412/07.
19 OLG Hamburg AGS 2003, 539 m. Anm. *N. Schneider* = MDR 2003, 1261.

2. Rücknahme ohne Begründung

45 Wird die Nichtzulassungsbeschwerde vor Einreichung der Beschwerdebegründung zurückgenommen, ist für den Gegner nur die 1,1-Gebühr (VV 3507) bzw. die 1,8-Gebühr (VV 3509) erstattungsfähig, da es weder eines Abweisungsantrags noch eines Kostenantrags bedarf.[20] Wird die Nichtzulassungsbeschwerde also zunächst eingelegt, aber vor ihrer Begründung zurückgenommen, so gilt hinsichtlich der Kostenerstattung nichts anderes als bei Rücknahme einer nicht begründeten Berufung (siehe VV 3201 Rdn 24 ff.) oder nicht begründeten Revision (siehe VV 3207 Rdn 47 ff.). In beiden Fällen hat der BGH für den Rechtsmittelgegner jeweils nur eine reduzierte Gebühr als erstattungsfähig anerkannt, da es vor Begründung des Rechtsmittels nicht erforderlich ist, einen eigenen Sachantrag (Zurückweisung des Rechtsmittels) zu stellen.

3. Nicht am BGH zugelassener Anwalt bei Rechtsbeschwerde nach § 544 ZPO

a) Grundsatz

46 Beauftragt der Beschwerdegegner seinen bisherigen Prozessvertreter oder einen anderen, **nicht am BGH zugelassenen Rechtsanwalt** mit seiner Vertretung oder Beratung betreffend das weitere Vorgehen in einem Rechtsbeschwerdeverfahren nach § 544 ZPO, stellt dies grundsätzlich eine Maßnahme dar, die geeignet ist, seinen rechtlichen Interessen zu entsprechen. Dies gilt umso mehr für eine im Ausland ansässige Partei.

47 Nach **a.A.** ist die Tätigkeit des nicht am BGH zugelassenen Anwalts nicht erstattungsfähig, da die entsprechende Tätigkeit nicht notwendig sei.[21]

48 Nicht erforderlich und damit nicht erstattungsfähig ist die Tätigkeit des vorherigen Anwalts **neben dem BGH-Anwalt**.[22] Die gegenteilige Entscheidung des OLG Frankfurt[23] hat der BGH in der vorgenannten Entscheidung aufgehoben.

49 **Vertritt der Anwalt sich** im Nichtzulassungsbeschwerdeverfahren **selbst**, soll eine (fiktive) Verfahrensgebühr nicht nach § 91 Abs. 2 S. 3 ZPO erstattungsfähig sein, insbesondere wenn sich die Tätigkeit in mehreren Nachfragen, wann mit der Entscheidung zu rechnen sei, erschöpft.[24] Dies entspricht der Rechtsprechung zur Vertretung in eigener Sache bei Rechtsmittelrücknahme. Diese Auffassung ist allerdings bedenklich, da der Anwalt bei Beauftragung eines anderen Anwalts eine Erstattung nach den Vergütungsvorschriften des RVG verlangen könnte.

b) Höhe der zu erstattenden Kosten

50 Geht man davon aus, dass der nicht am BGH zugelassene Anwalt die gleiche Vergütung erhält, wie ein zugelassener Anwalt, dann sind diese Kosten auch erstattungsfähig.

51 Geht man dagegen davon aus, dass der nicht am BGH zugelassene Anwalt nur eine Gebühr nach VV 3403 verdiene (siehe Rdn 46), dann ist auch nur diese Gebühr nebst Auslagen und Umsatzsteuer erstattungsfähig.[25]

---

20 OLG Hamburg AGS 2003, 539 m. Anm. *N. Schneider* = MDR 2003, 1261.
21 OLG Brandenburg OLGR 2006, 411 = MDR 2006, 1259 = JurBüro 2006, 319; OLG Köln AGS 2007, 301.
22 BGH AGS 2012, 493 = MDR 2012, 1003 = NJW 2012, 2734 = NJW-Spezial 2012, 571 = RVGreport 2012, 351 = BRAK-Mitt 2012, 247 = JurBüro 2012, 592 = MittdtschPatAnw 2012, 574.
23 OLG Frankfurt AGS 2012, 250 = NJW-Spezial 2012, 349.
24 OLG Saarbrücken OLGR 2009, 380.
25 BGH AGS 2006, 491 m. Anm. *N. Schneider* = NJW 2006, 2266 = Rpfleger 2006, 508 = BGHR 2006, 1068 = MDR 2006, 1435 = RVGprof. 2006, 115 = RVGreport 2006, 348 = JurBüro 2007, 27; AGS 2007, 298 = BGHR 2007, 369 = NJW 2007, 1461 = FamRZ 2007, 637 = NJ 2007, 223 = RVGprof. 2007, 78 = MittdtschPatAnw 2007, 242 = JurBüro 2007, 252 = MDR 2007, 742 = RVGreport 2007, 269 = zfs 2007, 467 = NJ 2007, 411; OLG Köln, Beschl. v. 9.4.2014 – 17 W 49/14; AGS 2010, 530 = NJW-Spezial 2010, 731 = JurBüro 2010, 654 = Rpfleger 2011, 181; OLG Brandenburg OLGR 2007, 383; OLG Frankfurt AGS 2009, 25 m. Anm. *Onderka* = JurBüro 2008, 538 = OLGR 2009, 187; OLG München AGS 2010, 217 = AnwBl 2010, 68; OLG Brandenburg OLGR 2007, 383.

Abschnitt 5. Beschwerde, Nichtzulassungsbeschwerde und Erinnerung　　　　**VV 3510**

Soweit der Anwalt nur beraten, nicht vertreten hat, ist eine Beratungsgebühr nach § 34 erstattungsfähig (siehe dazu § 34 Rdn 41). Das OLG Frankfurt[26] erwägt insoweit eine Gebühr nach VV 2100. Der BGH[27] lehnt eine Erstattung ab, wobei er allerdings von einer Gebühr nach VV 3403 ausgeht. 　52

Nr.	Gebührentatbestand	Gebühr oder Satz der Gebühr nach § 13 RVG
3510	Verfahrensgebühr für Beschwerdeverfahren vor dem Bundespatentgericht 1. nach dem Patentgesetz, wenn sich die Beschwerde gegen einen Beschluss richtet, 　a) durch den die Vergütung bei Lizenzbereitschaftserklärung festgesetzt wird oder Zahlung der Vergütung an das Deutsche Patent- und Markenamt angeordnet wird, 　b) durch den eine Anordnung nach § 50 Abs. 1 PatG oder die Aufhebung dieser Anordnung erlassen wird, 　c) durch den die Anmeldung zurückgewiesen oder über die Aufrechterhaltung, den Widerruf oder die Beschränkung des Patents entschieden wird, 2. nach dem Gebrauchsmustergesetz, wenn sich die Beschwerde gegen einen Beschluss richtet, 　a) durch den die Anmeldung zurückgewiesen wird, 　b) durch den über den Löschungsantrag entschieden wird, 3. nach dem Markengesetz, wenn sich die Beschwerde gegen einen Beschluss richtet, 　a) durch den über die Anmeldung einer Marke, einen Widerspruch oder einen Antrag auf Löschung oder über die Erinnerung gegen einen solchen Beschluss entschieden worden ist oder 　b) durch den ein Antrag auf Eintragung einer geographischen Angabe oder einer Ursprungsbezeichnung zurückgewiesen worden ist, 4. nach dem Halbleiterschutzgesetz, wenn sich die Beschwerde gegen einen Beschluss richtet, 　a) durch den die Anmeldung zurückgewiesen wird, 　b) durch den über den Löschungsantrag entschieden wird, 5. nach dem Designgesetz, wenn sich die Beschwerde gegen einen Beschluss richtet, 　a) durch den die Anmeldung eines Designs zurückgewiesen worden ist, 　b) durch den über den Löschungsantrag gemäß § 36 DesignG entschieden worden ist, 　c) durch den über den Antrag auf Feststellung oder Erklärung der Nichtigkeit gemäß § 34a DesignG entschieden worden ist, 6. nach dem Sortenschutzgesetz, wenn sich die Beschwerde gegen einen Beschluss des Widerspruchsausschusses richtet ...	1,3

---

[26] OLG Frankfurt AGS 2009, 25 m. Anm. *Onderka* = JurBüro 2008, 538 = OLGR 2009, 187.
[27] AGS 2014, 95 = WM 2013, 2170 = MDR 2013, 1493 = Rpfleger 2014, 104 = JurBüro 2014, 82 = NJW 2014, 557 = FamRZ 2014, 123 = RVGreport 2014, 76 = BRAK-Mitt 2014, 100.

A. Allgemeines 1	2. Terminsgebühr, VV 3516 7
B. Regelungsgehalt 2	3. Sonstige Gebühren 8
I. Anwendungsbereich 2	C. Gegenstandswert 9
II. Gebühren 4	D. Kostenerstattung 13
1. Verfahrensgebühr, VV 3510 4	E. Verfahrenskostenhilfe 15

A. Allgemeines

1 VV 3510 entspricht im Wesentlichen dem früheren § 66 Abs. 2 BRAGO i.V.m. dessen Abs. 1, soweit dieser die Verfahren vor dem Patentgericht betraf.

B. Regelungsgehalt

I. Anwendungsbereich

2 VV 3510 gilt nur für die Beschwerdeverfahren (§§ 73 ff. PatG[1]) vor dem BPatG in den im Einzelnen aufgeführten Fällen. Dabei handelt es sich um:

Nr. 1
a) Festsetzung der angemessenen Vergütung für die Benutzung einer Erfindung gemäß § 23 Abs. 4 PatG oder Anordnung der Zahlung der Vergütung an das Patentamt;
b) Anordnung der Prüfstelle, das Patent für eine Erfindung, die ein Staatsgeheimnis darstellt, nicht zu veröffentlichen, bzw. die Aufhebung dieser Anordnung, § 50 Abs. 1 und 2 PatG;
c) Zurückweisung der Anmeldung eines Patents bzw. die Entscheidung über die Aufrechterhaltung, den Widerruf oder die Beschränkung des Patents, §§ 61 Abs. 2, 73 PatG;

Nr. 2
a) Zurückweisung der Anmeldung eines Gebrauchsmusters, § 18 GebrMG oder
b) Entscheidung über einen Löschungsantrag, § 18 GebrMG;

Nr. 3
a) Entscheidung über die Anmeldung einer Marke, einen Widerspruch darüber, den Antrag auf Löschung einer Marke oder die Erinnerung gegen den Löschungsbeschluss, §§ 32 ff., 42 ff., 53 ff., 64, 66 MarkenG;
b) Zurückweisung eines Antrags auf Eintragung einer geographischen Angabe oder einer Ursprungsbezeichnung, §§ 130 Abs. 5, 133 MarkenG bzw. Zurückweisung eines Antrags auf Änderung der Spezifikation solcher, §§ 132, 133 MarkenG;

Nr. 4
a) Zurückweisung der Anmeldung einer Topographie, § 4 Abs. 4 S. 3 HalblSchG i.V.m. § 18 Abs. 2 GebrMG;
b) Entscheidung über einen Löschungsantrag, § 4 Abs. 4 S. 3 HalblSchG i.V.m. § 18 Abs. 2 GebrMG;

Nr. 5
Zurückweisung der Anmeldung eines Designs, oder der Entscheidung über einen Löschungsantrag nach § 36 DesignG oder über einen Antrag auf Feststellung oder Erklärung der Nichtigkeit gemäß § 34a DesignG, vgl. § 23 Abs. 4 DesignG;

Nr. 6
Beschwerden gegen die Beschlüsse der Widerspruchsausschüsse, § 34 SortenSchG.

---

1 Bzw. den Vorschriften in Sondergesetzen, die auf die Anwendung der vorgenannten Vorschriften verweisen: § 18 GebrMG, § 66 MarkenG, § 4 Abs. 4 S. 3 HalblSchG i.V.m. § 18 GebrMG, § 23 Abs. 4 DesignG, § 36 SortenSchG.

Keine Anwendung findet die Vorschrift somit:
- in den **sonstigen, in VV 3510 nicht aufgeführten Beschwerdeverfahren vor dem BPatG**, wie z.B. die Beschwerden gegen einen Kostenfestsetzungsbeschluss gemäß § 62 Abs. 2 S. 4 PatG; insoweit findet VV 3500 Anwendung;[2]
- auf **Klageverfahren** vor dem **BPatG** auf Nichtigkeitserklärung oder Zurücknahme eines Patents sowie Erteilung einer Zwangslizenz einschl. des Erlasses einer einstweiligen Verfügung (§§ 81 ff., 85, 85a PatG sowie Vorschriften in Sondergesetzen, die auf die Anwendung der vorgenannten Vorschriften verweisen: §§ 18, 20 GebrMG, § 66 MarkenG, § 4 Abs. 4 S. 3 HalblSchG i.V.m. § 18 GebrMG, § 23 Abs. 4 DesignG, §§ 34, 36 SortenSchG). Die Gebühren berechnen sich nach Abschnitt 2 Unterabschnitt 1 (VV 3200 ff.);
- vor dem **BGH** in **Berufungsverfahren** gemäß §§ 110 ff. PatG gegen Urteile der Nichtigkeitssenate des Patentgerichts (§ 84 PatG); hierauf findet Abschnitt 2 Unterabschnitt 2 (VV Vorb. 3.2.2 Nr. 2, VV 3206 ff.) Anwendung; hierauf findet Abschnitt 2 Unterabschnitt 2 (VV Vorb. 3.2.2 Nr. 2, VV 3208 ff.) Anwendung;
- vor dem **BGH** in den **Beschwerdeverfahren gemäß § 122 PatG** gegen Beschlüsse der Nichtigkeitssenate des Patentgerichts über den Erlass einstweiliger Verfügungen im Verfahren wegen Erteilung einer Zwangslizenz (§§ 85, 85a PatG) und in den **Rechtsbeschwerdeverfahren gemäß §§ 100 ff. PatG** gegen Beschlüsse des Patentgerichts, durch die über eine Beschwerde nach § 73 PatG oder über die Aufrechterhaltung oder den Widerruf eines Patents nach § 61 Abs. 2 entschieden wird. Hierauf findet Abschnitt 2 Unterabschnitt 2 (VV Vorb. 3.2.2, VV 3206 ff.) Anwendung;
- in Verfahren wegen der Verletzung von Schutzrechten (**Patentstreitsachen**) gemäß § 143 PatG, in Verfahren gemäß § 27 GebrMG, § 11 Abs. 2 HalblSchG i.V.m. § 27 GebrMG, § 52 DesignG, § 38 SortenSchG sowie für die Löschungsklage gemäß § 55 MarkenG. In diesen Verfahren finden erstinstanzlich vor dem LG VV 3100 ff., in den Berufungsverfahren vor dem OLG VV 3200 ff. und im Revisionsverfahren VV 3206 ff. Anwendung;
- auf Verfahren vor dem **Patentamt**, unabhängig davon, ob es sich dabei um das Prüfungs-, Einspruchs- oder Widerspruchsverfahren handelt; hierfür gelten VV 2300 ff.

Übersicht RA-Gebühren in Patentstreitigkeiten

Zuständigkeit	Gegenstand	VV
Patentamt	Gesamte Verfahren	2300
BPatG		
	Beschwerdeverfahren nur in den in VV 3510 genannten Fällen.	3510, 3516
	Sonstige Beschwerdeverfahren (§§ 61 Abs. 2, 73 ff. PatG)	3500, 3513
	Klageverfahren auf **Nichtigkeitserklärung** oder Zurücknahme eines Patents sowie Erteilung einer **Zwangslizenz** einschl. des Erlasses einer einstweiligen Verfügung (§§ 81 ff., 85, 85a PatG sowie Vorschriften in Sondergesetzen, die auf die Anwendung der vorgenannten Vorschriften verweisen: § 18 GebrMG, § 66 MarkenG, § 4 Abs. 4 S. 3 HalblSchG i.V.m. § 18 GebrMG, § 23 Abs. 4 DesignG, § 36 SortenSchG).	3100 ff.

---

[2] Das entspricht dem früheren § 66 Abs. 2 S. 2 BRAGO.

Zuständigkeit	Gegenstand	VV
BGH		
	Berufungsverfahren gemäß §§ 110 ff. PatG gegen Urteile der Nichtigkeitssenate des Patentgerichts (§ 84 PatG).	Vorb. 3.2.2 Nr. 2, 3206 ff.
	Beschwerdeverfahren gemäß § 122 PatG gegen Urteile der Nichtigkeitssenate des Patentgerichts über den Erlass einstweiliger Verfügungen im Verfahren wegen Erteilung einer Zwangslizenz (§§ 85, 85a PatG).	Vorb. 3.2.2 Nr. 2, 3206 ff.
	Rechtsbeschwerdeverfahren gemäß §§ 100 ff. PatG gegen Beschlüsse des Patentgerichts, durch die über eine Beschwerde nach § 73 PatG oder über die Aufrechterhaltung oder den Widerruf eines Patents nach § 61 Abs. 2 PatG entschieden wird.	Vorb. 3.2.2 Nr. 2, 3206 ff.
LG/OLG/BGH	**Streitsachen** betr. gewerbliche Schutzrechte	3100 ff. / 3200 ff. / 3206 ff.

II. Gebühren

1. Verfahrensgebühr, VV 3510

4 Die **Verfahrensgebühr** entsteht mit dem ersten Betreiben des Geschäfts, das regelmäßig in der Aufnahme der Information liegt. Insoweit ergeben sich keine Besonderheiten (wegen der Einzelheiten zum Begriff der Verfahrensgebühr vgl. VV Vorb. 3 Abs. 1). Daher bleibt es bei dem Gebührensatz von **1,3** auch dann, wenn das Patentamt gemäß § 73 Abs. 3 PatG der eingelegten Beschwerde abhilft. Die in § 6 Abs. 2 PatKostG geregelte Fiktion, dass ein Antrag wegen Nichtzahlung der Gerichtsgebühr als zurückgenommen gilt, lässt die einmal entstandene Verfahrensgebühr nicht entfallen.

5 Der Gesetzgeber hat eine Verminderung des Gebührensatzes im Falle einer **vorzeitigen Beendigung** nicht generell, sondern nur in den jeweils in Betracht kommenden Fällen ausdrücklich gesetzlich geregelt (vgl. § 15 Abs. 4). Für VV 3510 fehlt eine solche gesonderte Regelung im Falle einer vorzeitigen Beendigung, sodass es nach dem Wortlaut in diesem Fall bei dem Gebührensatz von 1,3 verbleibt.[3] Allerdings sprach zunächst vieles dafür, dass hier möglicherweise ein Fehler des Gesetzgebers vorgelegen hatte. In der der VV 3510 entsprechenden Vorschrift der BRAGO – § 66 Abs. 1 – fand im Falle der vorzeitigen Beendigung die Vorschrift des § 32 BRAGO Anwendung,[4] führte also zu einer Gebührenreduzierung. Nach der Begründung des Gesetzgebers zu VV 3510[5] war eine Änderungsabsicht gegenüber der BRAGO („wie derzeit"[6]) nicht erkennbar, sondern lediglich eine Gleichstellung mit den gebührenrechtlichen Regelungen für Zivilprozesse beabsichtigt; in Zivilprozessen reduziert sich die Verfahrensgebühr im Falle einer vorzeitigen Beendigung gemäß VV 3101 jedoch auf 0,8.

6 Nachdem der Gesetzgeber aber auch das 2. KostRMoG nicht zum Anlass genommen hat, eine die Ermäßigung der VV 3510 bestimmende Regelung einzuführen, muss nunmehr davon ausgegangen werden, dass der Gesetzgeber die in VV 3510 aufgezählten Beschwerdeverfahren vor dem BPatG durch das Unterlassen der Regelung einer Gebührenermäßigung gegenüber anderen Verfahren aufge-

---

3 So Gerold/Schmidt/*Müller-Rabe*, RVG, VV 3510 Rn 5; Bischof/*Mathias*, RVG, VV 3510 Rn 4.
4 Vgl. AnwK-BRAGO/*Wolf*, § 66 Rn 2; Gerold/Schmidt/ *Madert*, BRAGO. § 66 Rn 5.
5 BT-Drucks 15/1971, S. 219.
6 BT-Drucks 15/1971, S. 219.

wertet und gesondert behandelt wissen will, zumal er in VV Teil 3 Abschnitt 5 Ermäßigungstatbestände für andere Verfahren grundsätzlich vorgesehen hat (VV 3503, 3505, 3507, 3509).

2. Terminsgebühr, VV 3516

Für die Wahrnehmung eines gerichtlichen Termins (VV Vorb. 3 Abs. 3 S. 1) oder die Wahrnehmung eines außergerichtlichen, von einem gerichtlich bestellten Sachverständigen anberaumten Termins (VV Vorb. 3 Abs. 3 S. 3 Nr. 1) oder die Mitwirkung an auf die Vermeidung oder Erledigung des Verfahrens gerichteten Besprechungen auch ohne Beteiligung des Gerichts (VV Vorb. 3 Abs. 3 S. 3 Nr. 2) – soweit es sich nicht um Besprechungen mit dem Auftraggeber handelt – erhält der Anwalt eine **Terminsgebühr** mit dem dafür allgemein gültigen Gebührensatz von **1,2** (wegen der Einzelheiten zum Begriff der Terminsgebühr vgl. VV Vorb. 3 Rdn 105 ff.). Zu berücksichtigen ist allerdings, dass in Beschwerdeverfahren vor dem Patentgericht eine **mündliche Verhandlung** nur stattfindet, wenn einer der Beteiligten sie beantragt, vor dem Patentgericht Beweis erhoben wird oder das Patentgericht sie für sachdienlich erachtet (§ 78 PatG). Eine entsprechende Anwendung der Anm. Abs. 1 Nr. 1 zu VV 3104 scheitert jedenfalls daran, dass in § 78 PatG eine mündliche Verhandlung insoweit nicht vorgeschrieben ist.[7]

3. Sonstige Gebühren

Wegen der Art der Verfahren kommt eine **Einigungsgebühr** gemäß VV 1000 in den angeführten Beschwerdeverfahren nicht in Betracht. Hingegen kann eine **Erledigungsgebühr** gemäß VV 1002 entstehen. (vgl. VV 1002 Rdn 6 ff.).

Entsprechende Anwendung finden u.a. folgende Vorschriften:
– VV 3400: Verkehrsanwalt
– VV 3401: Terminsvertreter
– VV 3403, 3404: sonstige Einzeltätigkeiten.

C. Gegenstandswert

Maßgebend ist grundsätzlich der **Wert bei Einlegung** des Rechtsmittels. Eine Herabsetzung des Werts gemäß § 144 PatG[8] kommt nicht in Betracht, weil eine dahin gehende Verweisung in §§ 73 ff. PatG – anders als in §§ 102, 121 PatG – fehlt. Der materielle Gehalt des § 144 PatG kann aber weitgehend im Rahmen der in § 80 Abs. 1 S. 2 PatG vorgesehenen Billigkeitsentscheidung berücksichtigt werden.[9]

In **Beschwerdeverfahren** sind die Gerichtsgebühren Festgebühren (PatKostG-Gebührenverz. 400 000 ff.); der Wert der Anwaltsgebühren ist daher nach § 23 Abs. 2 S. 1 nach dem Interesse des Beschwerdeführers zu bestimmen. Eine Wertfestsetzung erfolgt gemäß § 33 Abs. 1 durch das Gericht, jedoch nur auf Antrag, weil im gerichtlichen Beschwerdeverfahren vor dem Bundespatentgericht Festgebühren erhoben werden und eine Wertfestsetzung von Amts wegen daher nicht erfolgen darf.

In **Patenterteilungsverfahren** ist als maßgeblich der gemeine Wert des erstrebten Rechts angesehen worden,[10] in Verfahren auf **Löschung eines Gebrauchsmusters** der Wert des Gebrauchsmusters.[11]

In **Markensachen** beträgt der Wert bei Widerspruchsbeschwerdeverfahren nach Auffassung des BGH[12] im Normalfall 50.000 EUR. In der neueren Rechtsprechung der Senate des BPatG wird der

---

[7] Riedel/Sußbauer/*Keller*, RVG, VV Teil 3 Abschnitt 5 Rn 33; Gerold/Schmidt/*Müller-Rabe*, RVG, VV 3510 Rn 6; Bischof/*Mathias*, RVG, VV 3516 Rn 2.

[8] Inhaltlich gleichlautend: §§ 85 Abs. 2, 142 MarkenG, § 26 GebrMG, § 54 DesignG, § 36 SortenSchG.

[9] *Busse*, PatG, § 144 Rn 8.

[10] BPatG NJW 1964, 2371 = BB 1964, 983 = DVBl 1964, 990.

[11] BPatGE 8, 176, 177 = MittdtschPatAnw 1966, 121; BPatG MittdtschPatAw 1982, 77; BPatG, Beschl. v. 20.10.2010 – 35 W (pat) 49/09 (juris): Durchschnittswert 125.000 EUR.

[12] BGH MittdtschPatAnw 2006, 282 = RVGreport 2006, 398.

Wert im Löschungsverfahren nach § 50 MarkenG bei unbenutzten Marken zwischen 25.000 EUR und 20.000 EUR angesetzt.[13] In Widerspruchsbeschwerdeverfahren beträgt er in der Regel 20.000 EUR.[14]

Der Gegenstandswert des **Akteneinsichtsverfahrens** bemisst sich nach dem wirtschaftlichen Interesse an der von der Akteneinsicht betroffenen Marke, nicht am wirtschaftlichen Interesse des die Akteneinsicht begehrenden Dritten; der Beschwerdewert beträgt im Regelfall 2.500 EUR.[15]

D. Kostenerstattung

13 Die Kostenerstattung richtet sich in Beschwerdeverfahren vor dem BPatG nach § 80 PatG, § 71 MarkenG, § 18 Abs. 2 S. 1 GebrMG, § 23 Abs. 4 S. 5 DesignG, §§ 34, 36 SortenSchG (**Billigkeitsentscheidung**). Dabei ist zunächst festzustellen, wer nach den Regeln der ZPO die Kosten zu tragen hätte; sodann ist zu prüfen, ob die Billigkeit eine andere Entscheidung erfordert. Im Rahmen der Billigkeitserwägungen sind sämtliche relevanten Umstände zu berücksichtigen und zu gewichten. § 93 ZPO ist entsprechend anwendbar.[16] Soweit danach eine Kostenerstattung angeordnet wird, finden gemäß § 80 Abs. 5 PatG die Vorschriften der ZPO über das Kostenfestsetzungsverfahren sowie die Zwangsvollstreckung aus Kostenfestsetzungsbeschlüssen entsprechende Anwendung.

14 Zuständig für die Kostenfestsetzung ist der Rechtspfleger beim BPatG, § 23 Abs. 1 Nr. 12 RPflG.

E. Verfahrenskostenhilfe

15 Im Verfahren vor dem BPatG kann einem Beteiligten Verfahrenskostenhilfe bewilligt und ein Anwalt oder Patentanwalt beigeordnet werden (§§ 129 ff. PatG). Gegen einen Beschluss des BPatG, mit dem die Beschwerde gegen die Zurückweisung eines Antrags auf Bewilligung von Verfahrenskostenhilfe als unbegründet zurückgewiesen wurde, ist ein Rechtsmittel nicht gegeben, die Rechtsbeschwerde ist ausgeschlossen, § 135 Abs. 3 S. 1 PatG. Die Beschwerde kann aber als Gegenvorstellung zu werten sein.[17]

16 Entsprechende Regelungen finden sich in § 21 Abs. 2 GebrMG, § 11 Abs. 2 HalbLSchG, § 24 DesignG sowie § 36 SortenSchG. Der Verweis in § 82 Abs. 1 S. 1 MarkenG auf die ZPO betrifft auch die Prozess-/Verfahrenskostenhilfe.[18] Mit Wirkung zum 1.1.2014 wird § 81a MarkenG eingeführt werden und ausdrücklich klarstellen, dass in Verfahren vor dem Patentgericht einem Beteiligten auf Antrag unter entsprechender Anwendung der §§ 114 bis 116 ZPO Verfahrenskostenhilfe zu bewilligen ist.

Nr.	Gebührentatbestand	Gebühr oder Satz der Gebühr nach § 13 RVG
3511	Verfahrensgebühr für das Verfahren über die Beschwerde gegen die Nichtzulassung der Berufung vor dem Landessozialgericht, wenn Betragsrahmengebühren entstehen (§ 3 RVG) .... Die Gebühr wird auf die Verfahrensgebühr für ein nachfolgendes Berufungsverfahren angerechnet.	60,00 bis 680,00 €

---

13 Vgl. BPatG, Beschl. v. 21.2.2011 – 29 W (pat) 39/09, die Rechtsbeschwerde wurde zugelassen (juris).
14 BPatG, Beschl. v. 30.3.2011 – 26 W (pat) 247/03 (juris); BPatG, Beschl. v. 3.11.2010 – 25 W (pat) 29/10 (juris).
15 BPatG (24. Senat) MittdtschPatAnw 2005, 328 = BPatGE 49, 57; der 25. Senat deutete im Beschl. v. 7.8.2006 – 25 W (pat) 73/04 = GRUR 2007, 176 einen Wert von 4.000 EUR an.
16 BPatG, Beschl. v. 23.7.2008 – 5 W (pat) 13/07 (juris).
17 BPatG, Beschl. v. 11.12.2008 – 19 W (pat) 40/08 (juris).
18 BGH WRP 2008, 1551 = GRUR 2009, 88.

A. Allgemeines	1	II. Terminsgebühr (VV 3517)	4
B. Regelungsgehalt	2	C. Erstattungsfragen	5
I. Verfahrensgebühr (VV 3511)	2		

A. Allgemeines

VV 3511 und 3517 betreffen ausschließlich **Verfahren** über die **Beschwerde gegen die Nichtzulassung der Berufung** vor dem Landessozialgericht nach § 145 SGG, **in welchen das GKG nicht anwendbar ist (§ 3 Abs. 1 S. 1)**. Nach **§ 1 Abs. 2 Nr. 3 GKG** ist das GKG in Verfahren vor den Gerichten der Sozialgerichtsbarkeit anzuwenden, soweit dies im SGG bestimmt ist. Das SGG regelt in **§§ 183, 197a SGG** die Verfahren, in denen das GKG nicht und mithin § 3 Abs. 1 S. 1 anwendbar ist. Nach § 197a Abs. 1 S. 1, 1. Hs. SGG findet das GKG keine Anwendung, wenn in einem Rechtszug weder Kläger noch Beklagter zu den in § 183 SGG genannten Personen gehören. Ausschlaggebend für die **Anwendung des GKG** ist mithin, ob eine **in § 183 SGG genannte Person an dem Rechtsstreit im betreffenden Rechtszug beteiligt** ist. Zu der Frage, wann dies der Fall ist, wird auf die grundlegenden Erläuterungen zu § 3 Abs. 1 S. 1 verwiesen (siehe § 3 Rdn 8 ff.).

B. Regelungsgehalt

I. Verfahrensgebühr (VV 3511)

Wird der Rechtsanwalt in einem Verfahren über die Beschwerde gegen die Nichtzulassung der Berufung vor dem Landessozialgericht nach § 145 SGG, in welchem das GKG nicht anwendbar ist (§ 3 Abs. 1 S. 1), tätig, so erhält er nach **VV 3511** eine **Verfahrensgebühr** in Höhe von **60 EUR** bis **680 EUR** (Mittelgebühr 370 EUR). Die Verfahrensgebühr erhält der Rechtsanwalt nach **VV Vorb. 3 Abs. 2** für das Betreiben des Geschäfts einschließlich der Information. Auf die Erläuterungen zu VV Vorb. 3 Abs. 2 wird verwiesen (siehe VV Vorb. 3 Rdn 12 ff.).

Nach der **Anm. zu VV 3511** wird die Verfahrensgebühr in einem Verfahren über die Beschwerde gegen die Nichtzulassung der Berufung vor dem Landessozialgericht nach § 145 SGG auf die Verfahrensgebühr in einem nachfolgenden Berufungsverfahren **angerechnet**. Der durch das Beschwerdeverfahren verursachte Mehraufwand ist dann bei der Bestimmung der angemessenen Betragsrahmengebühr für das Berufungsverfahren zu berücksichtigen.

II. Terminsgebühr (VV 3517)

In einem Verfahren über die Beschwerde gegen die Nichtzulassung der Berufung vor dem Landessozialgericht nach § 145 SGG, in welchen das GKG nicht anwendbar ist (§ 3 Abs. 1 S. 1), erhält der Rechtsanwalt nach **VV 3517** eine **Terminsgebühr** in Höhe von **50 EUR** bis **510 EUR** (Mittelgebühr 280 EUR). Die Terminsgebühr erhält der Rechtsanwalt nach **VV Vorb. 3 Abs. 3** für die Vertretung in einem Verhandlungs-, Erörterungs- oder Beweisaufnahmetermin oder für die Wahrnehmung eines von einem gerichtlich bestellten Sachverständigen anberaumten Termins oder für die Mitwirkung an auf die Vermeidung oder Erledigung des Verfahrens gerichteten Besprechungen ohne Beteiligung des Gerichts; dies gilt nicht für Besprechungen mit dem Auftraggeber. Da in einem Nichtzulassungsbeschwerdeverfahren in der Regel ein gerichtlicher Termin nicht stattfindet, entsteht die Terminsgebühr nur für die Mitwirkung an auf die Vermeidung oder Erledigung eines Verfahrens gerichteten Besprechungen ohne Beteiligung des Gerichts. Da die Nichtzulassungsbeschwerdeverfahren gegenüber dem nachfolgenden Rechtsmittelverfahren eine eigene Angelegenheit darstellen (§ 17 Nr. 9), kann die Terminsgebühr im Nichtzulassungsbeschwerdeverfahren und im anschließenden Rechtsmittelverfahren gesondert entstehen. Eine **Anrechnung** von Terminsgebühren ist nicht vorgesehen. Angerechnet werden lediglich die Verfahrensgebühren, nicht aber auch die Terminsgebühren, so dass die Terminsgebühren im Nichtzulassungsbeschwerdeverfahren und im anschließenden Rechtsmittelverfahren jeweils gesondert entstehen können. Auf die Erläuterungen zu VV Vorb. 3 Abs. 3 wird verwiesen (siehe VV Vorb. 3 Rdn 100 ff.).

C. Erstattungsfragen

5 Wegen der Bestimmung der Betragsrahmengebühr wird auf die grundlegenden Ausführungen bei §§ 3, 14 verwiesen (siehe § 3 Rdn 114 ff., § 14 Rdn 21 ff.).

6 Zu weiteren Erstattungsfragen betreffend sozialrechtliche Angelegenheiten, in denen das GKG nicht anwendbar ist, wird auf die grundlegenden Ausführungen zu Erstattungsfragen bei § 3 verwiesen (siehe § 3 Rdn 122 ff.).

Nr.	Gebührentatbestand	Gebühr oder Satz der Gebühr nach § 13 RVG
3512	Verfahrensgebühr für das Verfahren über die Beschwerde gegen die Nichtzulassung der Revision vor dem Bundessozialgericht, wenn Betragsrahmengebühren entstehen (§ 3 RVG) .... Die Gebühr wird auf die Verfahrensgebühr für ein nachfolgendes Revisionsverfahren angerechnet.	80,00 bis 880,00 €

A. Allgemeines 1
B. Regelungsgehalt 2
I. Verfahrensgebühr (VV 3512) 2
II. Terminsgebühr (VV 3518) 4
C. Erstattungsfragen 5

A. Allgemeines

1 VV 3512 und 3518 betreffen ausschließlich **Verfahren** über die **Beschwerde gegen die Nichtzulassung der Revision** vor dem Bundessozialgericht **nach § 160a SGG, in welchen das GKG nicht anwendbar** ist (§ 3 Abs. 1 S. 1). Nach **§ 1 Abs. 2 Nr. 3 GKG** ist das GKG in Verfahren vor den Gerichten der Sozialgerichtsbarkeit anzuwenden, soweit dies im SGG bestimmt ist. Das SGG regelt in **§§ 183, 197a SGG** die Verfahren, in denen das GKG nicht und mithin § 3 Abs. 1 S. 1 anwendbar ist. Nach § 197a Abs. 1 S. 1, 1. Hs. SGG findet das GKG keine Anwendung, wenn in einem Rechtszug weder Kläger noch Beklagter zu den in § 183 SGG genannten Personen gehören. Ausschlaggebend für die **Anwendung des GKG** ist mithin, ob eine **in § 183 SGG genannte Person an dem Rechtsstreit im betreffenden Rechtszug beteiligt** ist. Zu der Frage, wann dies der Fall ist, wird auf die grundlegenden Erläuterungen zu § 3 Abs. 1 S. 1 verwiesen (siehe § 3 Rdn 8 ff.).

B. Regelungsgehalt

I. Verfahrensgebühr (VV 3512)

2 Wird der Rechtsanwalt in einem Verfahren über die Beschwerde gegen die Nichtzulassung der Revision vor dem Bundessozialgericht nach § 160a SGG, in welchem das GKG nicht anwendbar ist (§ 3 Abs. 1 S. 1), tätig, so erhält er nach **VV 3512** eine **Verfahrensgebühr** i.H.v. **80 EUR** bis **880 EUR** (Mittelgebühr 480 EUR). Die Verfahrensgebühr erhält der Rechtsanwalt nach **VV Vorb. 3 Abs. 2** für das Betreiben des Geschäfts einschließlich der Information. Auf die Erläuterungen zu VV Vorb. 3 Abs. 2 wird verwiesen (siehe VV Vorb. 3 Rdn 12 ff.).

3 Nach der **Anm. zu VV 3512** wird die **Verfahrensgebühr** in einem Verfahren über die Beschwerde gegen die Nichtzulassung der Revision vor dem Bundessozialgericht nach § 160a SGG auf die Verfahrensgebühr in einem nachfolgenden Revisionsverfahren **angerechnet**. Der durch das Beschwerdeverfahren verursachte Mehraufwand ist dann bei der Bestimmung der angemessenen Betragsrahmengebühr für das Revisionsverfahren zu berücksichtigen.

II. Terminsgebühr (VV 3518)

In einem Verfahren über die Beschwerde gegen die Nichtzulassung der Revision vor dem Bundessozialgericht nach § 160a SGG, in welchem das GKG nicht anwendbar ist (§ 3 Abs. 1 S. 1), erhält der Rechtsanwalt nach **VV 3518** eine **Terminsgebühr** i.H.v. **60 EUR** bis **660 EUR** (Mittelgebühr 360 EUR). Die Terminsgebühr erhält der Rechtsanwalt nach **VV Vorb. 3 Abs. 3** für die Vertretung in einem Verhandlungs-, Erörterungs- oder Beweisaufnahmetermin oder für die Wahrnehmung eines von einem gerichtlich bestellten Sachverständigen anberaumten Termins oder für die Mitwirkung an auf die Vermeidung oder Erledigung des Verfahrens gerichteten Besprechungen ohne Beteiligung des Gerichts; dies gilt nicht für Besprechungen mit dem Auftraggeber. Da in einem Nichtzulassungsbeschwerdeverfahren in der Regel ein gerichtlicher Termin nicht stattfindet, entsteht die Terminsgebühr dort für die Mitwirkung an auf die Vermeidung oder Erledigung eines Verfahrens gerichteten Besprechungen ohne Beteiligung des Gerichts. Da die Nichtzulassungsbeschwerdeverfahren gegenüber dem nachfolgenden Rechtsmittelverfahren eine eigene Angelegenheit darstellen (§ 17 Nr. 9), kann die Terminsgebühr im Nichtzulassungsbeschwerdeverfahren und im anschließenden Rechtsmittelverfahren gesondert entstehen. Eine **Anrechnung** von Terminsgebühren ist nicht vorgesehen. Angerechnet werden lediglich die Verfahrensgebühren, nicht aber auch die Terminsgebühren, so dass die Terminsgebühren im Nichtzulassungsbeschwerdeverfahren und im anschließenden Rechtsmittelverfahren jeweils gesondert entstehen können. Auf die Erläuterungen zu VV Vorb. 3 Abs. 3 wird verwiesen (siehe VV Vorb. 3 Rdn 100 ff.).

C. Erstattungsfragen

Wegen der Bestimmung der Betragsrahmengebühr wird auf die grundlegenden Ausführungen bei §§ 3, 14 verwiesen (siehe § 3 Rdn 114 ff., § 14 Rdn 21 ff.).

Zu weiteren Erstattungsfragen betreffend sozialrechtliche Angelegenheiten, in denen das GKG nicht anwendbar ist, wird auf die grundlegenden Ausführungen zu Erstattungsfragen bei § 3 verwiesen (siehe § 3 Rdn 114 ff.).

Nr.	Gebührentatbestand	Gebühr oder Satz der Gebühr nach § 13 RVG
3513	Terminsgebühr in den in Nummer 3500 genannten Verfahren ...	0,5

Unter den Voraussetzungen der VV Vorb. 3 Abs. 3 entsteht in den in VV 3500 genannten Erinnerungs- und Beschwerdeverfahren nach VV 3513 auch eine **Terminsgebühr**. Deren Höhe beläuft sich auf **0,5**. Die Gebühr entsteht unter den Voraussetzungen der VV Vorb. 3 Abs. 3. Siehe im Einzelnen hierzu die Kommentierung zu VV 3500.

Zu beachten sein kann allerdings die Neufassung des § 15 Abs. 6 durch das 2. JuMoG (in Kraft getreten am 31.12.2006). Mit dieser Regelung soll gewährleistet werden, dass ein Anwalt, der nur mit Einzeltätigkeiten beauftragt worden ist, keine höheren Gebühren erhält, als ein Anwalt, der mit dem gesamten Verfahren beauftragt worden wäre. An sich ist diese Regelung überflüssig, weil die wohl einhellige Auffassung § 15 Abs. 6 bereits in diesem Sinne ausgelegt hat. Die Änderung des Gesetzes dient daher lediglich der Klarstellung. Erfasst werden hier diejenigen Fälle, in denen das Gesetz in der Hauptsache geringere Gebühren vorsieht als nach VV 3513, z.B. in der Zwangsvollstreckung.

> **Beispiel:** Der Anwalt wird ausschließlich mit der Erinnerung nach § 766 ZPO gegen eine Maßnahme des Gerichtsvollziehers beauftragt, ohne auch im zugehörigen Zwangsvollstreckungsverfahren beauftragt zu sein (Wert: 3.000 EUR). Über die Erinnerung wird vor Gericht mündlich verhandelt.
> Die Erinnerung ist in VV 3500 geregelt und löst eine 0,5-Verfahrensgebühr aus. Die Hauptsache, nämlich das Zwangsvollstreckungsverfahren, ist in VV 3309 geregelt und löst lediglich eine 0,3-Verfahrensgebühr aus. Da die Erinnerung hier mit zum Verfahren zählt (§ 19 Abs. 2 Nr. 2), kann der Anwalt keine höhere

Gebühren verdienen als in der Hauptsache. Es entsteht zwar die Verfahrensgebühr nach VV 3500; diese ist jedoch zu kürzen. Gleiches gilt auch für Terminsgebühr der VV 3513.

1. 0,3-Verfahrensgebühr, VV 3500 (Wert: 3.000 EUR) (gekürzt nach § 15 Abs. 6 i.V.m. VV 3309)	60,30 EUR
2. 0,3-Terminsgebühr, VV 3513 (Wert: 3.000 EUR) (gekürzt nach § 15 Abs. 6 i.V.m. VV 3310)	60,30 EUR
3. Postentgeltpauschale, VV 7002	20,00 EUR
Zwischensumme	140,60 EUR
4. 19 % Umsatzsteuer, VV 7008	26,71 EUR
Gesamt	**167,31 EUR**

3 Die Begrenzung nach § 15 Abs. 6 dürfte auch zum Ausschluss der Vorb. 3 Abs. 3 S. 3 Nr. 2 in Zwangsvollstreckungsverfahren führen.

> **Beispiel:** Der Anwalt wird ausschließlich mit der Erinnerung nach § 766 ZPO gegen eine Maßnahme des Gerichtsvollziehers beauftragt, ohne auch im zugehörigen Zwangsvollstreckungsverfahren beauftragt zu sein (Wert: 3.000 EUR). Die Anwälte verhandeln außergerichtlich zur Erledigung der Sache.
>
> An sich würde durch die Besprechung eine Terminsgebühr nach VV Vorb. 3 Abs. 3 S. 3 Nr. 2 i.V.m. VV 3513 anfallen. Wäre der Anwalt dagegen auch im Vollstreckungsverfahren tätig, so läge nur eine Angelegenheit der Zwangsvollstreckung vor (§ 19 Abs. 2 Nr. 2). Da in der Zwangsvollstreckung eine Terminsgebühr aber nur bei gerichtlichen Terminen anfällt (VV 3310), würde die außergerichtliche Besprechung für diesen Anwalt keine Terminsgebühr auslösen. Nach § 15 Abs. 6 darf folglich in diesem Fall auch im isolierten Erinnerungsverfahren keine Terminsgebühr nach VV 3513 ausgelöst werden.

4 Eine **Sonderregelung** enthält **VV 3514**. Weist das Gericht den Antrag auf Anordnung eines Arrests oder Erlass einer einstweiligen Verfügung ohne mündliche Verhandlung durch Beschluss zurück und wird hiergegen Beschwerde nach §§ 567 Abs. 1, 569 ZPO eingelegt, so kann das Beschwerdegericht eine mündliche Verhandlung anordnen; in diesem Fall gelten die allgemeinen Regeln für das **Urteilsverfahren**.[1] Es gilt dann nicht VV 3513, sondern VV 3514: Die Terminsgebühr der VV 3513 beläuft sich jetzt nicht mehr auf 0,5, sondern wird auf 1,2 angehoben. Siehe hierzu die Kommentierung zu VV 3514.

Nr.	Gebührentatbestand	Gebühr oder Satz der Gebühr nach § 13 RVG
3514	In dem Verfahren über die Beschwerde gegen die Zurückweisung des Antrags auf Anordnung eines Arrests oder des Antrags auf Erlass einer einstweiligen Verfügung bestimmt das Beschwerdegericht Termin zur mündlichen Verhandlung: Die Gebühr 3513 beträgt	1,2

Zum 18.1.2017 ist eine Erweiterung des Tatbestands auf Beschwerden gegen die Zurückweisung eines Antrags auf Erlass eines Europäischen Beschlusses zur vorläufigen Kontenpfändung geplant.[1]

A. Allgemeines 1
B. Regelungsgehalt 6
  I. Entscheidung durch Urteil nach mündlicher Verhandlung 6
  II. Anderweitige Erledigung nach Anberaumung der mündlichen Verhandlung (Neufassung) 7
    1. Überblick 7
    2. Hauptsacheerledigung 8
    3. Antrags- oder Beschwerderücknahme 10
    4. Einigung 12
    5. Besprechung 13
    6. Entscheidung im schriftlichen Verfahren . . 14

    7. Schriftlicher Vergleich außerhalb eines gerichtlichen Termins 16
  III. Keine Terminsgebühr vor Anberaumung der mündlichen Verhandlung 19
  IV. Entsprechende Anwendung der VV 3203 auf die Verfahrensgebühr 23
  V. Keine entsprechende Anwendung auf die Verfahrensgebühr 24
  VI. Einigungsgebühr 25
C. Keine Anwendung in Familienstreitsachen 26
D. Geplante Erweiterung 28

---

1 Musielak/*Huber*, ZPO, § 921 Rn 5.   1 BT-Drucks 18/7560 (Art. 13 Nr. 4 d).

A. Allgemeines

Weist das erstinstanzliche Gericht den Antrag auf Erlass einer einstweiligen Verfügung oder eines Arrestes ohne mündliche Verhandlung durch Beschluss zurück, so ist hiergegen die einfache Beschwerde gegeben (§§ 567 Abs. 1, 569 ZPO). Dieses Beschwerdeverfahren stellt eine **eigene Angelegenheit** dar (§ 17 Nr. 1, § 18 Abs. 1 Nr. 3).

Der Anwalt erhält für das Beschwerdeverfahren – im Gegensatz zu sonstigen Beschwerden gegen Entscheidungen in Eilverfahren – nur die **Verfahrensgebühr** nach VV 3500. Daneben kann er die **0,5-Terminsgebühr** nach VV 3513 verdienen, etwa für Besprechungen mit dem Gegner außerhalb des Gerichts (VV Vorb. 3 Abs. 3, S. 3 Nr. 2). Diese Gebühr kann sich nach VV 3514 unter den dort genannten Voraussetzungen auf 1,2 erhöhen.

Hinsichtlich des Verfahrens vor dem Beschwerdegericht gibt es zwei Möglichkeiten:

(1) Das Gericht kann im **Beschlussverfahren** ohne mündliche Verhandlung entscheiden.[2] Dann bleibt es bei der Anwendung der VV 3513.

(2) Das Beschwerdegericht kann aber auch eine mündliche Verhandlung anordnen; in diesem Fall gelten die allgemeinen Regeln für das **Urteilsverfahren**.[3] Am deutlichsten bringt dies *Vollkommer*[4] zum Ausdruck:

„Ordnet das Beschwerdegericht mündliche Verhandlung an, so hat es zu verfahren, als sei in 1. Instanz auf mündliche Verhandlung ein Urteil erlassen und dagegen Berufung eingelegt worden."

Folglich – und dies ist in der gesamten ZPO-Literatur unstrittig – ergeht nach mündlicher Verhandlung die Entscheidung des Gerichts nicht durch Beschluss, sondern durch Urteil. Diesem zivilprozessualen „Kuriosum", dass ein Verfahren als Beschwerdeverfahren eingeleitet und vom Beschwerdegericht in ein Urteilsverfahren umgewandelt wird, für das dann nicht die Vorschriften der §§ 567 ff. ZPO gelten, sondern die allgemeinen Regeln für das Urteilsverfahren,[5] muss auch gebührenrechtlich Rechnung getragen werden, indem nämlich dann ebenfalls nicht die Vorschriften für das Beschwerdeverfahren anzuwenden sind, sondern die Gebührentatbestände für das Urteilsverfahren.

Wie in diesem Fall abzurechnen sei, war zu Zeiten der BRAGO strittig, nämlich ob es bei den 5/10-Gebühren des § 61 Abs. 1 Nr. 1 BRAGO verbleiben oder der Anwalt nunmehr die vollen Gebühren nach § 31 Abs. 1 BRAGO erhalten sollten. Während die h.M. zu Recht auf § 31 BRAGO abgestellt hatte, hatte der BGH diese Streitfrage im Wege der Rechtsbeschwerde dahin gehend entschieden, dass es auch dann bei den 5/10-Gebühren des § 61 Abs. 1 Nr. 1 BRAGO verbleiben solle; der Wortlaut sei eindeutig; eine andere Regelung könne nicht durch Auslegung ermittelt werden, dazu sei nur der Gesetzgeber berufen.[6] Auf diesen Hinweis des BGH hat der Gesetzgeber mit dem RVG reagiert und in VV 3514 für diesen Fall eine Sonderregelung geschaffen.

Die gesetzliche Regelung war allerdings zunächst misslungen, da sie nur den Fall der Entscheidung durch Urteil erfasste und damit viele Lücken ließ, die zu Ungleichbehandlungen führten. Diese Lücken hat der Gesetzgeber jetzt mit der Neufassung durch das 2. KostRMoG geschlossen.

B. Regelungsgehalt

I. Entscheidung durch Urteil nach mündlicher Verhandlung

Entscheidet das Beschwerdegericht nach mündlicher Verhandlung durch Urteil, so galt immer schon VV 3514. Die Terminsgebühr der VV 3513 beläuft sich jetzt nicht mehr auf 0,5, sondern wird nach VV 3514 auf 1,2 angehoben. Hinsichtlich der Verfahrensgebühr der VV 3500 bleibt es dagegen bei 0,5.

---

2 Zöller/*Vollkommer*, § 922 Rn 14.
3 Musielak/*Huber*, ZPO, § 921 Rn 5.
4 Zöller/*Vollkommer*, § 922 Rn 14.
5 Musielak/*Huber*, ZPO, § 921 Rn 5.
6 BGH AGS 2003, 161 m. Anm. *N. Schneider* = AnwBl 2003, 307 = BRAGOreport 2003, 69 = BGHReport 2003, 411 = MDR 2003, 528 = NJW-RR 2003, 645 = JurBüro 2003, 251 = Rpfleger 2003, 322 = VersR 2004, 395 = MittdtschPatAnw 2003, 432 = EzFamR aktuell 2003, 180 = ProzRB 2003, 99 u. 2003, 133.

Beispiel: Das LG lehnt den Erlass einer einstweiligen Verfügung (Wert: 5.000 EUR) ab. Der Antragsteller legt dagegen Beschwerde ein. Im Beschwerdeverfahren beraumt das OLG Termin zur mündlichen Verhandlung an und entscheidet hiernach durch Urteil.

Im Verfügungsverfahren entsteht die Verfahrensgebühr nach VV 3100. Im Beschwerdeverfahren entsteht neben der Beschwerdegebühr nach VV 3500 die Terminsgebühr der VV 3513, jetzt allerdings in der Höhe der VV 3514, also in Höhe von 1,2. Dies war auch nach dem bisherigen Wortlaut der Fall.

I. Verfügungsverfahren vor dem LG (Wert: 5.000 EUR)	
1. 1,3-Verfahrensgebühr, VV 3100	393,90 EUR
2. Postentgeltpauschale, VV 7002	20,00 EUR
Zwischensumme	413,90 EUR
3. 19 % Umsatzsteuer, VV 7008	78,64 EUR
Gesamt	**492,54 EUR**
II. Beschwerdeverfahren vor dem OLG (Wert: 5.000 EUR)	
1. 0,5-Verfahrensgebühr, VV 3500	151,50 EUR
2. 1,2-Terminsgebühr, VV 3513, 1514	363,60 EUR
3. Postentgeltpauschale, VV 7002	20,00 EUR
Zwischensumme	535,10 EUR
4. 19 % Umsatzsteuer, VV 7008	101,67 EUR
Gesamt	**636,77 EUR**

II. Anderweitige Erledigung nach Anberaumung der mündlichen Verhandlung (Neufassung)

1. Überblick

7   Ausweislich seiner Begründung zu VV 3514 wollte der Gesetzgeber mit der Regelung der VV 3514 die zuletzt vom BGH gegen die h.M. entschiedene Frage i.S.d. bis dato h.M. regeln. Dabei hatte er jedoch übersehen, dass nach h.M. die höheren Gebühren auch dann anfielen, wenn es nach mündlicher Verhandlung nicht mehr zum Erlass eines Urteils kam, etwa wenn der Verfügungsantrag oder die Beschwerde zurückgenommen wurde, sich die Parteien geeinigt hatten oder sich das Verfügungsverfahren in der Hauptsache erledigte. Dem hat der Gesetzgeber jetzt durch die Neufassung getragen und erstreckt VV 3514 auf alle Fälle, in denen eine Terminsgebühr entsteht, nachdem des Gericht Termin zur mündlichen Verhandlung anberaumt hat, also insbesondere, wenn

– im Termin eine **Einigung** geschlossen wird,
– die Parteien im Termin die **Hauptsache übereinstimmend für erledigt erklären** und das Gericht nach § 91a ZPO durch Beschluss entscheidet,
– die Parteien zuvor im Verfahren nach **§ 278 Abs. 6 ZPO einen Vergleich** protokollieren lassen,
– die Parteien zuvor **ohne Beteiligung des Gerichts Besprechungen** führen und damit (etwa durch Antragsrücknahme) die Durchführung der mündlichen Verhandlung entbehrlich machen (VV Vorb. 3 Abs. 3 S. 3 Nr. 2).

2. Hauptsacheerledigung

8   Wird im Termin die Hauptsache übereinstimmend für erledigt erklärt, so dass es nicht mehr zu einem Urteil kommt, gilt gleichwohl VV 3514.

Beispiel: Das LG lehnt den Erlass einer einstweiligen Verfügung (Wert: 5.000 EUR) ab. Der Antragsteller legt dagegen Beschwerde ein. Im Beschwerdeverfahren beraumt das OLG Termin zur mündlichen Verhandlung an. Dort wird die Hauptsache übereinstimmend für erledigt erklärt.

Obwohl es jetzt nicht mehr zu einem Urteil gekommen ist, wird jetzt ebenso wie im vorangegangenen Beispiel (siehe Rdn 6) abgerechnet. Nach bisherigem Recht wäre dem Wortlaut zur Folge nur eine 0,5-Terminsgebühr angefallen.

9   Wird dagegen die Hauptsache außerhalb eines Termins übereinstimmend für erledigt erklärt, entsteht keine Terminsgebühr (siehe Rdn 19), es sei denn die Anwälte haben zuvor eine Besprechung geführt (siehe Rdn 13).

Abschnitt 5. Beschwerde, Nichtzulassungsbeschwerde und Erinnerung   VV 3514

3. Antrags- oder Beschwerderücknahme

Werden der Verfügungsantrag oder die Beschwerde im Termin zurückgenommen, entsteht ebenfalls die erhöhte Verfahrensgebühr der VV 3514.   10

> **Beispiel:** Das LG lehnt den Erlass einer einstweiligen Verfügung (Wert: 5.000 EUR) ab. Der Antragsteller legt dagegen Beschwerde ein. Im Beschwerdeverfahren beraumt das OLG Termin zur mündlichen Verhandlung an. Dort nimmt der Antragsteller seinen Antrag oder seine Beschwerde zurück.
> Auch jetzt fällt – im Gegensatz zum bisherigen Recht – eine 1,2-Terminsgebühr nach VV 3514 an, obwohl es nicht mehr zu einem Urteil gekommen ist.

Werden dagegen der Antrag oder die Beschwerde außerhalb eines Termins zurückgenommen, entsteht keine Terminsgebühr, es sei denn die Anwälte haben zuvor eine Besprechung geführt (siehe Rdn 13).   11

4. Einigung

Ebenso entsteht die höhere Terminsgebühr, wenn die Parteien im Termin eine Einigung erzielen.   12

> **Beispiel:** Das LG lehnt den Erlass einer einstweiligen Verfügung (Wert: 5.000 EUR) ab. Der Antragsteller legt dagegen Beschwerde ein. Im Beschwerdeverfahren beraumt das OLG Termin zur mündlichen Verhandlung an. Dort einigen sich die Parteien.
> Im Verfügungsverfahren entsteht die Verfahrensgebühr nach VV 3100 (siehe Beispiel Rdn 6). Im Beschwerdeverfahren entsteht neben der Verfahrensgebühr nach VV 3500 wiederum eine Terminsgebühr nach VV 3513, 3514, auch wenn eine Entscheidung nicht ergangen ist. Entscheidend ist, dass die mündliche Verhandlung anberaumt war und dort verhandelt wurde. Das wird jetzt durch die Neufassung klargestellt. Hinzu kommt eine Einigungsgebühr nach VV 1000. Da es sich nicht um ein Berufungsverfahren handelt, bleibt es bei einer 1,0-Gebühr nach VV 1003; die Erhöhung nach VV 1004 ist nicht einschlägig (siehe Rdn 25).
> 1. 0,5-Verfahrensgebühr, VV 3500
>   (Wert: 5.000 EUR)   151,50 EUR
> 2. 1,2-Terminsgebühr, VV 3513, 3514
>   (Wert: 5.000 EUR)   363,60 EUR
> 3. 1,0-Einigungsgebühr, VV 1000, 1003
>   (Wert: 5.000 EUR)   303,00 EUR
> 4. Postentgeltpauschale, VV 7002   20,00 EUR
>   Zwischensumme   838,10 EUR
> 5. 19 % Umsatzsteuer, VV 7008   159,24 EUR
>   **Gesamt**   **997,34 EUR**

5. Besprechung

Die höhere Terminsgebühr wirkt sich auch dann aus, wenn es nicht mehr zu dem anberaumten Termin kommt, weil die Anwälte die Sache untereinander besprochen und erledigt haben. Nach dem Willen des Gesetzgebers soll die höhere Terminsgebühr nach VV 3514 auch dann anfallen, wenn nach Terminsbestimmung eine Besprechung der Anwälte geführt wird, und sich die Sache dann ohne gerichtlichen Termin erledigt.   13

> **Beispiel:** Das LG lehnt den Erlass einer einstweiligen Verfügung (Wert: 5.000 EUR) ab. Der Antragsteller legt dagegen Beschwerde ein. Im Beschwerdeverfahren beraumt das OLG Termin zur mündlichen Verhandlung an. Daraufhin verhandeln die Anwälte außergerichtlich nochmals, worauf der Antrag oder die Beschwerde zurückgenommen werden oder das Verfahren in der Hauptsache für erledigt erklärt wird.
> Durch die Besprechung der Anwälte ist eine Terminsgebühr nach VV Vorb. 3 Abs. 3 S. 3 Nr. 2 ausgelöst worden. Da das Gericht bereits einen Termin zur mündlichen Verhandlung anberaumt hat, gilt der höhere Gebührensatz der VV 3514.
> Abzurechnen ist also wie folgt:
> 1. 0,5-Verfahrensgebühr, VV 3500
>   (Wert: 5.000 EUR)   151,50 EUR
> 2. 1,2-Terminsgebühr, VV. 3513, 3514
>   (Wert: 5.000 EUR)   363,60 EUR

3. Postentgeltpauschale, VV 7002	20,00 EUR
Zwischensumme 535,10 EUR	
4. 19 % Umsatzsteuer, VV 7008	101,67 EUR
Gesamt	**636,78 EUR**

6. Entscheidung im schriftlichen Verfahren

14 Anzuwenden sein müsste VV 3514 auch in dem eher theoretischen Fall, dass zunächst mündliche Verhandlung anberaumt wird, dann aber im Einverständnis mit den Parteien nach § 128 Abs. 2 ZPO im schriftlichen Verfahren entschieden wird.

15 Dazu zählt allerdings nicht der Fall, dass nach übereinstimmender Hauptsacheerledigung eine Entscheidung über die Kosten nach § 91a ZPO getroffen wird, da hierzu kein schriftliches Verfahren erforderlich ist.

7. Schriftlicher Vergleich außerhalb eines gerichtlichen Termins

16 Nicht eindeutig geregelt ist der Fall, wenn die Parteien einen schriftlichen Vergleich abschließen.

17 War noch kein Termin anberaumt, dürfte eine analoge Anwendung der Anm. Abs. 1 Nr. 1 zu VV 3104 von vornherein ausscheiden.

> **Beispiel:** Das LG lehnt den Erlass einer einstweiligen Verfügung (Wert: 5.000 EUR) ab. Der Antragsteller legt dagegen Beschwerde ein. Im Beschwerdeverfahren schließen die Parteien einen schriftlichen Vergleich, durch den das Verfahren erledigt wird. Das OLG hatte (noch) keinen Termin zur mündlichen Verhandlung anberaumt.
> Da im Verfahren über die Beschwerde eine mündliche Verhandlung nicht vorgeschrieben ist, sind die Voraussetzungen der Anm. Abs. 1 Nr. 1 zu VV 3104 nicht erfüllt, sodass der schriftliche Vergleich zwar eine Einigungsgebühr auslöst, aber keine Terminsgebühr.
> Abzurechnen ist also wie folgt:
>
> | | |
> |---|---|
> | 1. 0,5-Verfahrensgebühr, VV 3500 | 151,50 EUR |
> | 2. 1,0-Einigungsgebühr, VV 1000, 1003 | 303,00 EUR |
> | 3. Postentgeltpauschale, VV 7002 | 20,00 EUR |
> | Zwischensumme 474,50 EUR | |
> | 4. 19 % Umsatzsteuer, VV 7008 | 90,16 EUR |
> | **Gesamt** | **564,66 EUR** |

18 Hatte das Gericht dagegen bereits einen Termin zur mündlichen Verhandlung anberaumt und wird dieser Termin dann entbehrlich, weil die Parteien doch noch einen schriftlichen Vergleich schließen, so muss gemäß Anm. Abs. 1 Nr. 1 zu VV 3104 die Vorschrift der VV 3514 analog anzuwenden sein, weil nach Übergang ins Urteilsverfahren eine mündliche Verhandlung vorgeschrieben ist. Auch Sinn und Zweck der Vorschrift der Anm. Abs. 1 Nr. 1 zu VV 3104 sprechen dafür. Würde man hier eine Terminsgebühr ablehnen, wäre gerade ein Anreiz geschaffen, die Sache nicht außergerichtlich zu erledigen, sondern erst im gerichtlichen Termin, der für das Gericht aber wiederum zusätzlichen Zeit- und Arbeitsaufwand bedeuten würde.

> **Beispiel:** Wie vorangegangenes Beispiel (siehe Rdn 17); jedoch hatte das OLG bereits Termin zur mündlichen Verhandlung anberaumt.
> Jetzt entsteht analog Anm. Abs. 1 Nr. 1 zu VV 3104 auch eine Terminsgebühr nach VV 3514.
>
> | | |
> |---|---|
> | 1. 0,5-Verfahrensgebühr, VV 3500 | 151,50 EUR |
> | 2. 1,2-Terminsgebühr, VV 3513, 3514 | 369,60 EUR |
> | 3. 1,0-Einigungsgebühr, VV 1000, 1003 | 303,00 EUR |
> | 4. Postentgeltpauschale, VV 7002 | 20,00 EUR |
> | Zwischensumme 838,10 EUR | |
> | 5. 19 % Umsatzsteuer, VV 7008 | 159,24 EUR |
> | **Gesamt** | **997,34 EUR** |

III. Keine Terminsgebühr vor Anberaumung der mündlichen Verhandlung

Nicht ausreichend ist dagegen, dass die Parteien außergerichtliche Besprechungen führen und dann erst die mündliche Verhandlung anberaumt wird. Die zuvor geführten Besprechungen lösen dann nach VV Vorb. 3 Abs. 3 S. 3 Nr. 2 nur die 0,5-Terminsgebühr nach VV 3113 aus. Nimmt der Anwalt dann an der späteren Verhandlung nicht teil oder kommt es nicht mehr zur Verhandlung oder einem anderen Tatbestand, der die VV 3514 auslöst, bleibt es bei der 0,5-Terminsgebühr nach VV 3513. 19

> **Beispiel:** Das LG lehnt den Erlass einer einstweiligen Verfügung (Wert: 5.000 EUR) ab. Der Antragsteller legt dagegen Beschwerde ein. Im Beschwerdeverfahren verhandeln die Parteien außerhalb des Gerichts. Eine Einigung scheitert. Das OLG entscheidet ohne mündliche Verhandlung.
> Im Beschwerdeverfahren entsteht neben der Beschwerdegebühr nach VV 3500 jetzt auch eine Terminsgebühr, da auch hier VV Vorb. 3 Abs. 3 S. 3 Nr. 2 gilt, wonach für Besprechungen der Anwälte zur Erledigung des Verfahrens eine Terminsgebühr ausgelöst wird. Da eine mündliche Verhandlung nicht anberaumt war, bleibt es bei der 0,5-Terminsgebühr nach VV 3513. Der Anwalt erhält also im Beschwerdeverfahren: 20
>
> 1. 0,5-Verfahrensgebühr, VV 3500
>   (Wert: 5.000 EUR)   151,50 EUR
> 2. 0,5-Terminsgebühr, VV 3513
>   (Wert: 5.000 EUR)   151,50 EUR
> 3. Postentgeltpauschale, VV 7002   20,00 EUR
>   Zwischensumme   323,00 EUR
> 4. 19 % Umsatzsteuer, VV 7008   61,37 EUR
>   **Gesamt**   **384,37 EUR**

Anders verhält es sich dagegen, wenn das Beschwerdegericht einen Termin anberaumt und danach zwischen den Anwälten Besprechungen geführt werden. In diesem Fall entsteht nach VV Vorb. 3 Abs. 3 eine 1,2-Terminsgebühr nach VV 3514 (siehe Rdn 13). 21

Das Gleiche gilt, wenn nach Terminsanberaumung im Einverständnis der Parteien eine Entscheidung im schriftlichen Verfahren ergeht oder ein schriftlicher Vergleich geschlossen wird (analog Anm. Abs. 1 S. 1 zu VV 3104). 22

IV. Entsprechende Anwendung der VV 3203 auf die Verfahrensgebühr

Wird der Termin durchgeführt, bleibt aber der Beschwerdeführer säumig, wird man analog VV 3203 die Terminsgebühr auf 0,5 reduzieren müssen.[7] Eine Besserstellung gegenüber dem Erkenntnisverfahren war sicherlich nicht gewollt. 23

V. Keine entsprechende Anwendung auf die Verfahrensgebühr

Eine Erhöhung der Verfahrensgebühr ist dagegen nicht vorgesehen, wenn das Gericht im Beschwerdeverfahren die mündliche Verhandlung anordnet.[8] Hier hat es der Gesetzgeber bei der 0,5-Verfahrensgebühr nach VV 3500 belassen. 24

VI. Einigungsgebühr

Kommt es im Beschwerdeverfahren zu einer Einigung, entsteht die Einigungsgebühr aus den anhängigen Gegenständen nur in Höhe von 1,0. Da es sich nicht um ein Berufungsverfahren handelt und das Beschwerdeverfahren auch nicht im Katalog der VV Vorb. 3.2.1 aufgeführt ist, tritt eine Erhöhung nach VV 1004 nicht ein. 25

---

7 Gerold/Schmidt/*Müller-Rabe*, VV 3514 Rn 8.
8 So aber früher die h.M., die dann anstelle § 61 Abs. 1 Nr. 1 BRAGO die Vorschriften des § 31 Abs. 1 BRAGO anwandte.

C. Keine Anwendung in Familienstreitsachen

26 In Familiensachen sind einstweilige Verfügungen nicht möglich. Stattdessen sieht das FamFG einstweilige Anordnungen vor (§§ 49 ff. FamFG). Wird gegen eine solche einstweilige Anordnung Beschwerde erhoben, richten sich die Gebühren nicht nach den VV 3500 ff., sondern gem. VV Vorb. 3.2.1 Nr. 2 Buchst. b) nach den VV 3200 ff. Die Terminsgebühr nach VV 3514 kommt hier daher nicht in Betracht, sondern nur die der VV 3202.

27 Möglich sind in Familienstreitsachen dagegen Arrestverfahren (§ 113 Abs. 1 S. 2 FamFG). Hier ist zu differenzieren:
- Geht man davon aus, dass es sich um eine Beschwerde nach § 59 FamFG handelt,[9] dann richten sich die Gebühren im Beschwerdeverfahren gem. VV Vorb. 3.2.1 Nr. 2 Buchst. b) nach den VV 3200 ff. Die Terminsgebühr richtet sich dann nach VV 3202.
- Geht man dagegen gem. § 119 Abs. 2 FamFG i.V.m. § 567 Abs. 1 ZPO von einer sofortigen Beschwerde ZPO aus,[10] dann gelten grundsätzlich die VV 3500 ff., und unter den hier gegebenen Voraussetzungen für die Terminsgebühr die VV 3514.

Entscheidend für die Gebühren ist, wie das Beschwerdegericht die Sache tatsächlich behandelt hat.[11]

D. Geplante Erweiterung

28 Zum 18.1.2017 ist eine Erweiterung des Tatbestands geplant.[12] Mit der Einführung des Verfahrens über einen Antrag auf Erlass eines Europäischen Beschlusses zur vorläufigen Kontenpfändung soll die Vorschrift der VV 3514 auch in diesen Verfahren anzuwenden sein, wenn der Antrag auf Erlass ohne mündliche Verhandlung zurückgewiesen worden ist, hiergegen Beschwerde erhoben wird und das Beschwerdegericht einen Termin zur mündlichen Verhandlung anberaumt.

Nr.	Gebührentatbestand	Gebühr oder Satz der Gebühr nach § 13 RVG
3515	Terminsgebühr in den in Nummer 3501 genannten Verfahren ...	20,00 bis 210,00 €

1 VV 3515 regelt die **Terminsgebühr** in Verfahren vor den Gerichten der Sozialgerichtsbarkeit über die Beschwerde und Erinnerung, in welchen das GKG nicht anwendbar ist (§ 3 Abs. 1 S. 1). Auf die Ausführungen zu VV 3501, die die Verfahrensgebühr in derartigen Verfahren regelt, und die dort befindliche Besprechung von VV 3515 wird verwiesen (siehe VV 3501 Rdn 6).

---

9 So zum vergleichbaren Problem bei den Gerichtskosten: OLG München FamRZ 2011, 746; OLG Karlsruhe FamRZ 2011, 234 = FamRB 2010, 326 = FuR 2010, 705 = FamFR 2010, 523.

10 So zum vergleichbaren Problem bei den Gerichtskosten: KG, Beschl. v. 18.1.2016 – 19 AR 15/14; NJW-RR 2013, 708 = FamRZ 2013, 1673 = FamFR 2013, 210 = FamRB 2013, 361; FF 2013, 419 = FamRZ 2014, 148 = FamFR 2013, 251 = FF 2013, 262; OLG Oldenburg AGS 2012, 295 = MDR 2012, 472 = FamRZ 2012, 1077 = NJW-RR 2012, 902 = FPR 2012, 519 = FamRB 2012, 147 = FamFR 2012, 234; OLG Celle AGS 2013, 290 = MDR 2013, 661 = NdsRpfl 2013, 173 = FamRZ 2013, 1917 = FamFR 2013, 207 = NJW-Spezial 2013, 380; OLG Frankfurt FamRZ 2012, 1078 = NJW-RR 2012, 902 = FPR 2012, 517 = NJW-Spezial 2012, 357 = FamFR 2012, 306; OLG Koblenz FamRZ 2013, 1602 = NJW-Spezial 2013, 102; OLG Jena, Beschl. v. 7.5.2014 – 1 UF 235/14.

11 So zum vergleichbaren Problem bei den Gerichtskosten: KG, Beschl. v. 18.1.2016 – 19 AR 15/14; KG NJW-RR 2013, 708.

12 BT-Drucks 18/7560 (Art. 13 Nr. 4 d).

Abschnitt 5. Beschwerde, Nichtzulassungsbeschwerde und Erinnerung

Nr.	Gebührentatbestand	Gebühr oder Satz der Gebühr nach § 13 RVG
3516	Terminsgebühr in den in Nummern 3502, 3504, 3506 und 3510 genannten Verfahren	1,2

A. Überblick 1
B. Rechtsbeschwerde (VV 3502) 9
C. Verfahren über die Beschwerde gegen die Nichtzulassung der Berufung (VV 3504) ... 12
D. Verfahren über die Beschwerde gegen die Nichtzulassung der Revision (VV 3506) 14
E. Verfahren über die Beschwerde gegen die Nichtzulassung der Rechtsbeschwerde (VV 3506) 20
F. Beschwerdeverfahren vor dem Bundespatentgericht (VV 3510) 25

A. Überblick

VV 3516 ist zuletzt geändert worden durch das Anhörungsrügengesetz (in Kraft getreten zum 1.1.2005). In der ursprünglichen Fassung vom 1.7.2004 waren nur die Verfahren nach VV 3506 und VV 3510 erwähnt. Die Verfahren VV 3502 und 3504 waren übersehen worden. Diesen Fehler hat der Gesetzgeber mit dem Anhörungsrügengesetz korrigiert. **1**

Die Vorschrift ist lex specialis zur allgemeinen Terminsgebühr des VV Teil 3 Abschnitt 5 (VV 3513) und geht dieser vor. **2**

Die Terminsgebühr entsteht in allen Fällen unter den Voraussetzungen der **VV Vorb. 3 Abs. 3**. **3**

Die Gebühr entsteht zum einen, wenn ausnahmsweise einmal ein gerichtlicher Termin stattfindet (**VV Vorb. 3 Abs. 3 S. 1**). **4**

Da in der Mehrzahl der in VV 3516 genannten Verfahren gerichtliche Termine nicht vorgesehen sind, wird die Terminsgebühr häufig nur nach VV Vorb. 3 Abs. 3 S. 3 Nr. 2 anfallen, also für die Mitwirkung an auf die Vermeidung oder Erledigung eines Verfahrens gerichteten Besprechungen auch ohne Beteiligung des Gerichts. A.A. war bislang der BGH,[1] der irrig davon ausging, dass auch eine Terminsgebühr durch eine Besprechung der Anwälte nur in einem Verfahren mit obligatorischer mündlicher Verhandlung anfallen könne. Dafür gab es aber nicht einmal ansatzweise eine Stütze im Gesetz. Eine Terminsgebühr nach VV Vorb. 3 Abs. 3, 3. Var. a.F. konnte in allen Verfahren entstehen, unabhängig davon, ob eine mündliche Verhandlung vorgeschrieben war.[2] Durch die Neufassung der VV Vorb. 3 Abs. 3 S. 3 Nr. 2 ist jetzt klargestellt, dass bei dieser Variante eine mündliche Verhandlung nicht vorgeschrieben sein muss. **5**

Die Terminsgebühr der VV 3516 entsteht nicht bei einer Entscheidung im schriftlichen Verfahren. Abgesehen davon, dass es schon an einer der Anm. Abs. 1 Nr. 1 zu VV 3104 vergleichbaren Vorschrift fehlt, ist eine mündliche Verhandlung in keinem der in VV 3516 erfassten Verfahren vorgeschrieben. **6**

Die **Höhe der Terminsgebühr** beläuft sich in den vorgenannten Verfahren stets auf 1,2. Der Anwalt erhält also auch im Verfahren über die Beschwerde gegen die Nichtzulassung der Revision nur eine 1,2-Terminsgebühr, obwohl im Revisionsverfahren selbst eine 1,5-Terminsgebühr (VV 3210) vorgesehen ist. **7**

Eine **Ermäßigung der Terminsgebühr** wie in VV 3105, 3203, 3211 ist nicht vorgesehen. **8**

---

1 AGS 2007, 298 = BGHReport 2007, 369 = NJW 2007, 1461.
2 Siehe *Fölsch*, MDR 2008, 1; OLG Dresden AGS 2008, 333 = OLGR 2008, 676 = NJW-RR 2008, 1667; OLG München AGS 2011, 213 = NJW-Spezial 2011, 284; AGS 2010, 420 = NJW-Spezial 2010, 635 = RVGreport 2010, 419 = FamFR 2010, 472.

B. Rechtsbeschwerde (VV 3502)

9 Die Terminsgebühr in den Fällen der VV 3502 war in der ursprünglichen Fassung der VV 3516 nicht enthalten. Erst mit dem Gesetz über die Rechtsbehelfe bei Verletzung des Anspruchs auf rechtliches Gehör (Anhörungsrügengesetz, in Kraft getreten zum 1.1.2005) ist VV 3516 dahin gehend erweitert worden, dass die Terminsgebühr auch in den Verfahren nach VV 3502 anfallen kann. Diese in VV 3502 geregelten Verfahren sind sukzessive erweitert worden und erfassen jetzt die
- Rechtsbeschwerde nach § 574 ZPO,
- Rechtsbeschwerde nach § 78 S. 1 ArbGG,
- Rechtsbeschwerde nach § 70 FamFG, soweit nicht Vorb. 3.2.2 i.V.m. 3.2.1 Nr. 2 Buchst. b) greift, also soweit nicht eine Endscheidung in der Hauptsache angegriffen wird.

10 Da im Verfahren der Rechtsbeschwerde weder eine mündliche Verhandlung noch ein anderweitiger gerichtlicher Termin vorgesehen ist, kommt insoweit eine Terminsgebühr nur nach VV Vorb. 3 Abs. 3 S. 3 Nr. 2 in Betracht, nämlich bei Mitwirkung an auf die Vermeidung oder Erledigung des Verfahrens gerichteten Besprechungen auch ohne Beteiligung des Gerichts, ausgenommen Besprechungen mit dem Auftraggeber.

11 Soweit der BGH früher – insbesondere zur Nichtzulassungsbeschwerde – angenommen hat, die Terminsgebühr bei Besprechungen sei ausgeschlossen, wenn – wie hier – im Verfahren keine mündliche Verhandlung vorgesehen sei,[3] war dies schon nach der früheren Gesetzesfassung unzutreffend. Der BGH hatte verkannt, dass es für Besprechungen i.S.d. VV Vorb. 3 Abs. 3, 3. Var. a.F. nicht darauf ankam, ob im Verfahren eine mündliche Verhandlung vorgeschrieben war oder nicht.[4] Jetzt ist dies durch die Neufassung der VV Vorb. 3 Abs. 3 S. 3 Nr. 2 klargestellt. Die Terminsgebühr kann auch bei Vermeidungs- oder Erledigungsbesprechungen entstehen.

C. Verfahren über die Beschwerde gegen die Nichtzulassung der Berufung (VV 3504)

12 Hier kommt derzeit nur die Beschwerde nach § 145 Abs. 1 S. 1 SGG in Betracht, sofern sich die Gebühren nach dem Gegenstandswert richten (§ 3 Abs. 1 S. 2).

13 Die Terminsgebühr entsteht im Falle einer gerichtlichen Verhandlung über die Nichtzulassungsbeschwerde (VV Vorb. 3 Abs. 3 S. 1) oder auch unter den Voraussetzungen der VV Vorb. 3 Abs. 3 S. 3 Nr. 2, also bei Mitwirkung an auf die Vermeidung oder Erledigung des Verfahrens gerichteten Besprechungen auch ohne Beteiligung des Gerichts.

D. Verfahren über die Beschwerde gegen die Nichtzulassung der Revision (VV 3506)

14 Erfasst werden alle Beschwerdeverfahren gegen die Nichtzulassung der Revision, soweit nach Wertgebühren abzurechnen ist, also die
- Nichtzulassungsbeschwerde nach **§ 544 ZPO**,
- Nichtzulassungsbeschwerde nach **§ 72a ArbGG**,
- Nichtzulassungsbeschwerde nach **§ 133 VwGO**,
- Nichtzulassungsbeschwerde nach **§ 160a SGG**, sofern nach dem Wert abgerechnet wird (§ 3 Abs. 1 S. 2),
- Nichtzulassungsbeschwerde nach **§ 116 FGO**.

15 Da auch hier keine gerichtlichen Termine vorgesehen sind, entsteht die Terminsgebühr nur unter den Voraussetzungen der VV Vorb. 3 Abs. 3 S. 3 Nr. 2 bei Mitwirkung an auf die Vermeidung

---

3 AGS 2007, 298 = BGHR 2007, 369 = NJW 2007, 1461 = RVGprof. 2007, 78 = zfs 2007, 467.

4 Siehe dazu OLG Dresden zum Verfahren nach § 522 Abs. 2 ZPO, AGS 2008, 333 = OLGR 2008, 676 = NJW-RR 2008, 1667; sowie OLG München AGS 2011, 213 = NJW-Spezial 2011, 284; AGS 2010, 420 = RVGreport 2010, 419 = FamFR 2010, 472.

oder Erledigung des Verfahrens gerichteten Besprechungen; ausgenommen Besprechungen mit dem Auftraggeber.

Zur bisherigen Gesetzesfassung war der BGH[5] anderer Ansicht. Er war der Auffassung, die Terminsgebühr nach VV 3516 entstehe in den Verfahren der Nichtzulassungsbeschwerde nicht schon, wenn die Rechtsanwälte der Parteien sich ohne Mitwirkung des Gerichts darüber besprechen (VV Vorb. 3 Abs. 3, 3. Var. a.F.), sondern nur dann, wenn ausnahmsweise eine mündliche Verhandlung über die Nichtzulassungsbeschwerde stattfinde. Dabei hat der BGH verkannt, dass es für Besprechungen i.S.d. VV Vorb. 3 Abs. 3, 3. Var. a.F. nicht darauf ankam, ob im Verfahren eine mündliche Verhandlung vorgeschrieben war oder nicht. Er hat dies mit den Fällen der Anm. Abs. 1 zu VV 3104 verwechselt.[6] Nach der Neufassung der VV Vorb. 3 Abs. 3 ist diese Auffassung nicht mehr haltbar, sodass die Streitfrage damit erledigt ist. Die gegenteilige Rechtsprechung des BGH ist nicht mehr verwertbar.

Entscheidet das Gericht im schriftlichen Verfahren, entsteht keine Terminsgebühr, da keine mündliche Verhandlung vorgeschrieben ist und VV 3516 – im Gegensatz zu VV 3210 – keine Verweisung auf Anm. Abs. 1 Nr. 1 zu VV 3104 enthält.[7]

Da die Nichtzulassungsbeschwerdeverfahren gegenüber dem nachfolgenden Revisionsverfahren eine eigene Angelegenheit darstellen kann (§ 17 Nr. 9), kann die Terminsgebühr im Nichtzulassungsbeschwerdeverfahren und im anschließenden Revisionsverfahren gesondert entstehen.

Eine **Anrechnung** von Terminsgebühren ist nicht vorgesehen. Angerechnet werden lediglich die Verfahrensgebühren (Anm. zu VV 3506), nicht aber auch die Terminsgebühren, so dass die Terminsgebühren im anschließenden Revisionsverfahren anrechnungsfrei entstehen.

E. Verfahren über die Beschwerde gegen die Nichtzulassung der Rechtsbeschwerde (VV 3506)

Erfasst werden alle Beschwerdeverfahren gegen die Nichtzulassung der Rechtsbeschwerde, also die
– Nichtzulassungsbeschwerde nach **§ 92a ArbGG**,
– Nichtzulassungsbeschwerde in personalvertretungsrechtlichen Angelegenheiten nach den BPersVG und den Personalvertretungsgesetzen der Länder i.V.m. **§ 92a ArbGG**,
– Nichtzulassungsbeschwerde nach **§ 75 GWB**,
– Nichtzulassungsbeschwerde nach **§ 87 EnWG**,
– Nichtzulassungsbeschwerde nach **§ 35 Abs. 4 S. 2 KSpG**,
– Nichtzulassungsbeschwerde nach **§ 25 VSchDG**.

Da auch hier keine gerichtlichen Termine vorgesehen sind, entsteht die Terminsgebühr nur unter den Voraussetzungen der VV Vorb. 3 Abs. 3 S. 3 Nr. 2.

Auch die Nichtzulassungsbeschwerdeverfahren stellt gegenüber dem nachfolgenden Rechtsbeschwerdeverfahren eine eigene Angelegenheit dar (§ 17 Nr. 9), sodass die Terminsgebühr im Nichtzulassungsbeschwerdeverfahren und im anschließenden Rechtsbeschwerdeverfahren gesondert entstehen kann.

Entscheidet das Gericht im schriftlichen Verfahren, entsteht keine Terminsgebühr, da keine mündliche Verhandlung vorgeschrieben ist und VV 3516 – im Gegensatz zu VV 3210 – keine Verweisung auf Anm. Abs. 1 Nr. 1 zu VV 3104 enthält.[8]

Eine **Anrechnung** von Terminsgebühren ist auch hier nicht vorgesehen.

---

5 BGH AGS 2007, 298 = BGHR 2007, 369 = NJW 2007, 1461 = RVGreport 2007, 269 = zfs 2007, 467.
6 Siehe dazu OLG Dresden zum Verfahren nach § 522 Abs. 2 ZPO, AGS 2008, 333 = OLGR 2008, 676 = NJW-RR 2008, 1667 = NJW-Spezial 2008, 444 sowie OLG München AGS 2011, 213 = NJW-Spezial 2011, 284; AGS 2010, 420 = NJW-Spezial 2010, 635 = RVGreport 2010, 419 = FamFR 2010, 472.
7 Gerold/Schmidt/*Müller-Rabe*, RVG, VV 3506–3509 Rn 11.
8 Gerold/Schmidt/*Müller-Rabe*, RVG, VV 3506–3509 Rn 11.

F. Beschwerdeverfahren vor dem Bundespatentgericht (VV 3510)

25 Auch in den in VV 3510 genannten Beschwerdeverfahren vor dem BPatG (siehe dazu VV 3510 Rdn 7) richtet sich die Terminsgebühr nach VV 3516.

26 Die Gebühr entsteht zum einen für gerichtliche Termine (VV Vorb. 3 Abs. 3 S. 1) vor dem BPatG, die allerdings nur stattfinden, wenn einer der Beteiligten die Durchführung der mündlichen Verhandlung beantragt, vor dem Patentgericht Beweis erhoben wird oder das Patentgericht eine mündliche Verhandlung für sachdienlich erachtet (§ 78 PatG).

27 Möglich ist hier auch die Terminsgebühr für die Teilnahme an einem Sachverständigentermin (VV Vorb. 3 Abs. 3 S. 2 Nr. 1).

28 Schließlich entsteht eine Terminsgebühr auch bei Mitwirkung an auf die Vermeidung oder Erledigung des Verfahrens gerichteten Besprechungen auch ohne Beteiligung des Gerichts (VV Vorb. 3 Abs. 3 S. 3 Nr. 2).

29 Entscheidet das Gericht ohne mündliche Verhandlung, löst dies alleine noch keine Terminsgebühr aus. Zwar ließe sich im Hinblick auf das Antragsrecht der Beteiligten in § 78 PatG eine obligatorische mündliche Verhandlung noch annehmen;[9] eine Terminsgebühr scheitert jedoch daran, dass VV 3516 keine der Anm. Abs. 1 Nr. 1 zu VV 3104 vergleichbare Regelung enthält.[10]

Nr.	Gebührentatbestand	Gebühr oder Satz der Gebühr nach § 13 RVG
3517	Terminsgebühr in den in Nummer 3511 genannten Verfahren ...	50,00 bis 510,00 €

1 VV 3517 regelt die **Terminsgebühr** in Verfahren über die Beschwerde gegen die Nichtzulassung der Berufung vor dem Landessozialgericht, in welchen das GKG nicht anwendbar ist (§ 3 Abs. 1 S. 1). Auf die Ausführungen zu VV 3511, die die Verfahrensgebühr in derartigen Verfahren regelt, und die dort befindliche Besprechung von VV 3517 wird verwiesen (siehe VV 3511 Rdn 4).

Nr.	Gebührentatbestand	Gebühr oder Satz der Gebühr nach § 13 RVG
3518	Terminsgebühr in den in Nummer 3512 genannten Verfahren ...	60,00 bis 660,00 €

1 VV 3518 regelt die **Terminsgebühr** in Verfahren über die Beschwerde gegen die Nichtzulassung der Revision vor dem Bundessozialgericht, in welchen das GKG nicht anwendbar ist (§ 3 Abs. 1 S. 1). Auf die Ausführungen zu VV 3512, die die Verfahrensgebühr in derartigen Verfahren regelt, und die dort befindliche Besprechung von VV 3515 wird verwiesen (siehe VV 3512 Rdn 4).

---

9 So hat der BGH in einem vergleichbaren Fall der Möglichkeit eines Antrags auf mündliche Verhandlung in einem einstweiligen Anordnungsverfahren eine obligatorische mündliche Verhandlung angenommen (AGS 2012, 10 = MDR 2012, 57 = zfs 2012, 43 = FamRZ 2012, 110 = Rpfleger 2012, 102 = NJW 2012, 459 = JurBüro 2012, 137 = FF 2012, 43 = FuR 2012, 93 = FamFR 2012, 36 = FamRB 2012, 47 = RVGreport 2012, 59 = NJW-Spezial 2012, 156). Auch die Anm. Abs. 1 Nr. 2 zu VV 3104 und Anm. Abs. 1 Nr. 2 zu VV 3106 gehen schon bei einem bloßen Antragsrecht von einem Verfahren mit obligatorischer mündlicher Verhandlung aus.

10 Gerold/Schmidt/*Müller-Rabe*, RVG, VV 3510 Rn 6; Bischof/*Mathias*, RVG, VV 3516 Rn 2.

Teil 4
Strafsachen

Nr.	Gebührentatbestand	Gebühr oder Satz der Gebühr nach § 13 oder § 49 RVG	
		Wahlanwalt	gerichtlich bestellter oder beigeordneter Rechtsanwalt

Vorbemerkung 4:
(1) Für die Tätigkeit als Beistand oder Vertreter eines Privatklägers, eines Nebenklägers, eines Einziehungs- oder Nebenbeteiligten, eines Verletzten, eines Zeugen oder Sachverständigen und im Verfahren nach dem Strafrechtlichen Rehabilitierungsgesetz sind die Vorschriften entsprechend anzuwenden.
(2) Die Verfahrensgebühr entsteht für das Betreiben des Geschäfts einschließlich der Information.
(3) Die Terminsgebühr entsteht für die Teilnahme an gerichtlichen Terminen, soweit nichts anderes bestimmt ist. Der Rechtsanwalt erhält die Terminsgebühr auch, wenn er zu einem anberaumten Termin erscheint, dieser aber aus Gründen, die er nicht zu vertreten hat, nicht stattfindet. Dies gilt nicht, wenn er rechtzeitig von der Aufhebung oder Verlegung des Termins in Kenntnis gesetzt worden ist.
(4) Befindet sich der Beschuldigte nicht auf freiem Fuß, entsteht die Gebühr mit Zuschlag.
(5) Für folgende Tätigkeiten entstehen Gebühren nach den Vorschriften des Teils 3:
1. im Verfahren über die Erinnerung oder die Beschwerde gegen einen Kostenfestsetzungsbeschluss (§ 464b StPO) und im Verfahren über die Erinnerung gegen den Kostenansatz und im Verfahren über die Beschwerde gegen die Entscheidung über diese Erinnerung,
2. in der Zwangsvollstreckung aus Entscheidungen, die über einen aus der Straftat erwachsenen vermögensrechtlichen Anspruch oder die Erstattung von Kosten ergangen sind (§§ 406b, 464b StPO), für die Mitwirkung bei der Ausübung der Veröffentlichungsbefugnis und im Beschwerdeverfahren gegen eine dieser Entscheidungen.

A. Allgemeines 1
   I. Überblick 1
   II. Persönlicher Anwendungsbereich (Abs. 1) 2
   III. Verfahrensgebühr (Abs. 2) 5
   IV. Terminsgebühr (Abs. 3) 8
   V. Haftzuschlag (Abs. 4) 12
   VI. Erinnerung und Beschwerde gegen den Kostenansatz und die Kostenfestsetzung (Abs. 5 Nr. 1) 13
   VII. Zwangsvollstreckung (Abs. 5 Nr. 2, 1. Alt.) 14
   VIII. Beschwerdeverfahren gegen bestimmte Entscheidungen (Abs. 5 Nr. 2, 2. Alt.) 15
B. Regelungsgehalt 16
   I. Anwendungsbereich (Abs. 1) 16
   II. Verfahrensgebühr (Abs. 2) 20
   III. Terminsgebühr (Abs. 3) 25
   IV. Haftzuschlag (Abs. 4) 34
     1. Entstehung und Begründung 34
     2. Persönlicher Anwendungsbereich 40
     3. Sachlicher Anwendungsbereich 42
     4. Voraussetzungen 47
     5. Bemessung der Gebühr 58
     6. Entsprechende Anwendung auf den Vertreter eines Nebenklägers 61
   V. Fälle des Abs. 5 63
     1. Allgemeines 63
     2. Regelungsgehalt 66
       a) Erinnerung oder Beschwerde gegen einen Kostenfestsetzungsbeschluss (Abs. 5 Nr. 1, 1. Alt.) 66
         aa) Kostenfestsetzung 66
         bb) Erinnerung, Beschwerde 70
         cc) Vergütung des Anwalts im Erinnerungs- und Beschwerdeverfahren 74
         dd) Kostenerstattung 83
      b) Erinnerung gegen den Kostenansatz und Beschwerde gegen die Entscheidung über diese Erinnerung (Abs. 5 Nr. 1, 2. Alt.) 84
         aa) Kostenansatzverfahren 84
         bb) Erinnerungs- und Beschwerdeverfahren 85
         cc) Vergütung des Anwalts im Erinnerungs- und Beschwerdeverfahren 87
         dd) Kostenerstattung 93
      c) Analoge Anwendung im Vergütungsfestsetzungsverfahren 94
         aa) Allgemeines 94
         bb) Anwalt in eigener Sache 95
         cc) Anwalt vertritt den Antragsteller oder Antragsgegner im Vergütungsfestsetzungsverfahren 96
         dd) Erinnerungs- oder Beschwerdeverfahren 100
      d) Tätigkeiten in der Zwangsvollstreckung aus Entscheidungen, die über einen aus der Straftat erwachsenen vermögensrechtlichen Anspruch oder die Erstattung von Kosten ergangen sind (§§ 406b, 464b StPO), für die Mitwirkung bei der Ausübung der Veröffentlichungsbefugnis (Abs. 5 Nr. 2, 1. Alt.) 101
      e) Beschwerdeverfahren in der Zwangsvollstreckung 109
         aa) Allgemeines 109

bb) Kostenerstattung 111	a) Überblick 129
f) Streitwertbeschwerden 112	b) Ausschluss bei Vorsatztaten 131
C. Pflichtverteidiger, beigeordneter Anwalt ... 113	aa) Allgemeines 131
D. Erstattung der Anwaltskosten in Strafsachen 115	bb) Verkehrsrechtliche Vergehen 132
I. Verfahren 115	cc) Sonstige Vergehen 133
II. Kostenentscheidung und Kostenschuldner 116	c) Ausschluss bei fehlender Fahrerlaubnis, Berechtigung, Zulassung oder fehlendem Versicherungskennzeichen 134
III. Erstattungsfähige Kosten 121	2. Rechtsschutz nach den AHB 137
1. Allgemeines 121	II. Rechtsschutz für die Durchsetzung und Abwehr von Schadensersatzansprüchen im Adhäsionsverfahren 138
2. Keine Notwendigkeitsprüfung 122	1. Durchsetzung von eigenen Ansprüchen 138
3. Höhe der zu erstattenden Gebühren und Auslagen 123	2. Abwehr der gegnerischen Ansprüche ... 139
E. Rechtsschutzversicherung in Strafsachen ... 129	
I. Rechtsschutz für die Verteidigung 129	
1. Rechtsschutz nach den ARB 129	

A. Allgemeines

I. Überblick

1 VV Vorb. 4 enthält in ihren fünf Absätzen allgemeine Regelungen, die für sämtliche Gebühren nach VV Teil 4 gelten, soweit in den einzelnen Abschnitten nichts Abweichendes bestimmt ist. Zum Teil sind hier auch Vorschriften übernommen worden, die bereits in der BRAGO enthalten waren; zum Teil finden sich aber auch – aufgrund des neuen Gebührensystems – neue Regelungen, die in der BRAGO keine Entsprechung hatten. Ältere Rechtsprechung ist daher nur eingeschränkt zu verwerten.

II. Persönlicher Anwendungsbereich (Abs. 1)

2 Der persönliche Anwendungsbereich der Gebühren nach VV Teil 4 ist in Abs. 1 geregelt. Die Vorschriften gelten unmittelbar für den **Verteidiger**, also für den Wahlverteidiger und den Pflichtverteidiger bzw. bei Einzeltätigkeiten für den Vertreter des Beschuldigten bzw. den ihm gerichtlich bestellten oder beigeordneten Anwalt. Daneben erklärt Abs. 1 die Vorschrift für entsprechend anwendbar für die Tätigkeit als **Beistand oder Vertreter eines Privatklägers, eines Nebenklägers, eines Einziehungs- oder Nebenbeteiligten, eines Verletzten, eines Zeugen oder eines Sachverständigen**.

3 Darüber hinaus werden die Gebühren des Verteidigers auch im Verfahren nach dem **Strafrechtlichen Rehabilitierungsgesetz** für entsprechend anwendbar erklärt.

4 Diese Regelung entspricht im Wesentlichen den früheren Vorschriften in der BRAGO. Entsprechende Verweisungen enthielten die §§ 94, 95, 96, 96b und 102 BRAGO. Klargestellt ist jetzt, dass der Beistand des Zeugen oder Sachverständigen ebenfalls abrechnet wie ein Verteidiger. Die Abrechnung in diesen Fällen war bislang sehr umstritten, ist es allerdings trotz der eindeutigen Regelung nach wie vor.

III. Verfahrensgebühr (Abs. 2)

5 Eine Verfahrensgebühr kannte die BRAGO nicht, so dass es keinen unmittelbaren Vorgänger dieser Vorschrift gibt. Entsprechendes galt allerdings für die Gebühren nach §§ 83 ff. BRAGO. Auch dort entstand die jeweilige Gebühr bereits mit der Entgegennahme der Information.

6 Die hier in Abs. 2 eingeführte Vorschrift orientiert sich an VV Vorb. 3 Abs. 2, also an der Verfahrensgebühr in Verfahren nach VV Teil 3, so dass auch auf die dortige Kommentierung zurückgegriffen werden kann. Für Strafsachen gilt jetzt ebenfalls, dass die jeweilige Verfahrensgebühr mit der ersten Tätigkeit anfällt, also in der Regel mit der Entgegennahme der Information, und dass sie insbesondere das Betreiben des Geschäfts abgilt.

Vorgesehen ist eine 7
- **allgemeine Verfahrensgebühr** für die **Verteidigung bzw. anderweitige Vertretung** sowie
- besondere Verfahrensgebühren für
  - die Tätigkeit hinsichtlich **Einziehung und verwandter Maßnahmen** (VV 4142)
  - sowie hinsichtlich der **Durchsetzung vermögensrechtlicher Ansprüche** (VV 4143, 4144).
  - Daneben regelt VV 4145 eine Verfahrensgebühr für bestimmte **Beschwerdeverfahren**, die als eigene Angelegenheiten gesondert abzurechnen sind.

IV. Terminsgebühr (Abs. 3)

Anstelle der früheren verschiedenen Hauptverhandlungsgebühren sieht das Vergütungsverzeichnis in VV Teil 4 nur noch eine einheitliche Terminsgebühr vor. Es wird also nicht unterschieden zwischen einem ersten Termin, einem Fortsetzungstermin und einem erneutem ersten Termin. Für alle Hauptverhandlungstermine gilt grundsätzlich derselbe Gebührentatbestand. 8

Hinzu kommt eine Gebühr für Termine außerhalb der Hauptverhandlung (VV 4102). Nach der BRAGO waren solche Termine durch die jeweiligen Gebühren nach den §§ 83 ff. BRAGO abgegolten. 9

Es ist also bei den Terminsgebühren zweispurig zu verfahren. Zum einen entstehen durch die Teilnahme an der Hauptverhandlung die in den einzelnen Verfahrensabschnitten vorgesehenen Terminsgebühren. Für sonstige Termine außerhalb der Hauptverhandlung gilt in den einzelnen Verfahrensabschnitten jeweils die allgemeine Gebühr nach VV 4102, die je Verfahrensabschnitt bis zu drei Termine abgilt (Anm. zu VV 4102). 10

Mit dem RVG neu eingeführt worden ist die Vorschrift in Abs. 3 S. 2, wonach der Verteidiger auch bei einem ausgefallenen Termin eine Terminsgebühr erhält, sofern er den Ausfall des Termins nicht zu vertreten hat und ihm der Ausfall des Termins auch nicht bekannt war. 11

V. Haftzuschlag (Abs. 4)

Die Regelung in Abs. 4 entspricht dem früheren § 83 Abs. 3 BRAGO. Hier hat sich allerdings eine wesentliche Änderung ergeben. Nach § 83 Abs. 3 BRAGO musste zunächst einmal aufgrund der allgemeinen Kriterien die Höchstgebühr erreicht sein. Erst dann durfte der Höchstbetrag um bis zu 25 % überschritten werden. Nach dem RVG ist für sämtliche Gebühren, bei denen der Haftzuschlag zu berücksichtigen ist, also in dem Fall, dass sich der Mandant nicht auf freiem Fuß befindet, ein gesonderter Gebührenrahmen vorgesehen. Dem Anwalt steht in diesen Fällen von vornherein ein erhöhter Gebührenrahmen zu. Es kommt jetzt nicht mehr darauf an, ob es sich im Einzelfall bemerkbar macht, dass sich der Mandant nicht auf freiem Fuß befindet. Dies ist allenfalls bei der Gebührenbemessung nach § 14 Abs. 1 zu berücksichtigen. 12

VI. Erinnerung und Beschwerde gegen den Kostenansatz und die Kostenfestsetzung (Abs. 5 Nr. 1)

Soweit gegen Kostenfestsetzungsbeschlüsse oder gegen den Kostenansatz Erinnerung geführt oder Beschwerde eingelegt wird, gelten auch in Strafsachen nach wie vor die für die zivilrechtlichen Tätigkeiten geltenden Gebühren. Dies entspricht dem früheren § 96 Abs. 1 Nr. 1 BRAGO. Es gelten insoweit also die VV 3500, 3513. 13

VII. Zwangsvollstreckung (Abs. 5 Nr. 2, 1. Alt.)

Auch in der Zwangsvollstreckung aus Entscheidungen über einen der Straftat erwachsenen vermögensrechtlichen Anspruch sowie aus Kostenerstattungsansprüchen gelten die Vorschriften nach VV Teil 3 entsprechend. Anzuwenden sind also hier die VV 3309 ff. 14

VIII. Beschwerdeverfahren gegen bestimmte Entscheidungen (Abs. 5 Nr. 2, 2. Alt.)

15 Ebenso wie bisher wird auf die Gebühren nach VV Teil 3 verwiesen in Beschwerdeverfahren gegen Entscheidungen, die über einen aus der Straftat erwachsenen vermögensrechtlichen Anspruch oder gegen Kostenentscheidungen geführt werden. Insoweit gelten wiederum die VV 3500, 3513.

B. Regelungsgehalt

I. Anwendungsbereich (Abs. 1)

16 Der Anwendungsbereich der strafrechtlichen Gebühren nach VV Teil 4 wird in Abs. 1 geregelt. Unmittelbar gelten die Vorschriften für den Verteidiger, also sowohl für den **Wahlverteidiger** als auch für den **Pflichtverteidiger**.

17 Aus Abs. 1 ergibt sich anstelle der früheren Verweisungen in §§ 94, 95, 96b und 102 BRAGO, dass die in den einzelnen VV-Nummern ausgewiesenen Gebührentatbestände auch gelten für die Tätigkeit eines Anwalts als Beistand oder Vertreter
- eines Privatklägers,
- eines Nebenklägers,
- eines Einziehungs- oder Nebenbeteiligten,
- eines Verletzten,
- eines Zeugen oder
- eines Sachverständigen.

18 Während für den Beistand oder Vertreter eines Privat- oder Nebenklägers oder eines Einziehungs- und Nebenbeteiligten sowie für den Beistand eines Verletzten bereits in der BRAGO Verweisungen enthalten waren, waren für den Beistand oder Vertreter eines Zeugen oder Sachverständigen keine Regelungen enthalten. Die Frage, welche Vorschriften anzuwenden seien, war daher höchst umstritten. Diese Streitfrage ist nunmehr beseitigt, indem Abs. 1 auch die Gebühr des Verteidigers für diesen Personenkreis für entsprechend anwendbar erklärt.

19 Darüber hinaus gelten die Gebühren des Verteidigers auch im Verfahren nach dem **Strafrechtlichen Rehabilitierungsgesetz**. Hier enthielt früher § 96b BRAGO eine Verweisung auf die entsprechenden Gebühren des Verteidigers erster Instanz und für das Beschwerdeverfahren nach § 13 StrRehaG wurde auf die Gebühren nach § 85 BRAGO – also die des Berufungsverfahrens – verwiesen. Die Verweisung auf das **erstinstanzliche Verfahren** nach dem StrRehaG ergibt sich nunmehr aus Anm. Nr. 2 zu VV 4112. Die entsprechende Verweisung für das **Beschwerdeverfahren** findet sich jetzt in Anm. zu VV 4124.

II. Verfahrensgebühr (Abs. 2)

20 Vorgesehen sind in VV Teil 4 acht Arten von Verfahrensgebühren:
(1) Für die **(Voll-)Verteidigung bzw. anderweitige (Voll-)Vertretung** eines Beteiligten ist die **allgemeine Verfahrensgebühr** (Rahmengebühr) vorgesehen, deren Höhe sich nach dem jeweiligen Verfahrensstadium und erstinstanzlich darüber hinaus nach der Ordnung des Gerichts richtet.
(2) Ebenso ist für die **(Voll-)Verteidigung bzw. anderweitige (Voll-)Vertretung** eines Beteiligten die **zusätzliche Verfahrensgebühr** nach VV 4141 (Festgebühr in Höhe der Rahmenmitte) vorgesehen, deren Höhe sich nach dem jeweiligen Verfahrensstadium richtet, in dem die Hauptverhandlung entbehrlich geworden ist.
(3) Daneben ist eine besondere Verfahrensgebühr für die Tätigkeit hinsichtlich **Einziehung und verwandter Maßnahmen** vorgesehen (VV 4142); es handelt sich um eine Wertgebühr i.H.v. 1,0, die in jeder Instanz anfallen kann, allerdings im vorbereitenden und erstinstanzlichen gerichtlichen Verfahren insgesamt nur einmal.
(4) Ist der Anwalt mit der **Durchsetzung vermögensrechtlicher Ansprüche** betraut, entsteht eine weitere Verfahrensgebühr (Wertgebühr), deren Höhe sich nach der Instanz richtet (erstinstanzlich 2,0; VV 4143 – Berufung und Revision 2,5; VV 4144).

(5) Daneben regelt VV 4145 eine Verfahrensgebühr für bestimmte **Beschwerdeverfahren**, die als eigene Angelegenheiten gesondert abzurechnen sind.
(6) Darüber hinaus sind gesonderte Verfahrensgebühren im **Wiederaufnahmeverfahren** geregelt (VV 4137 ff.).
(7) Weitere Verfahrensgebühren (Rahmengebühren) sind in der **Strafvollstreckung** vorgesehen (VV 4200 ff.).
(8) Schließlich sind für **Einzeltätigkeiten** ebenfalls noch besondere Verfahrensgebühren geregelt (VV 4300 ff.).

Des Weiteren ist in VV 4136 eine **Geschäftsgebühr** geregelt. Hierfür gilt Abs. 2 entsprechend. 21

In Abs. 2 wird wie auch für alle anderen Angelegenheiten des VV angeordnet, dass die jeweilige Verfahrensgebühr für das Betreiben des Geschäfts entsteht. Sie entgilt innerhalb ihres Anwendungsbereichs alle Tätigkeiten, beginnend mit der Entgegennahme der Information. Der Abgeltungsbereich endet dort, wo besondere Gebühren vorgesehen sind, also bei der Wahrnehmung von Terminen, für die besondere Terminsgebühren vorgesehen sind. Soweit keine Terminsgebühren vorgesehen sind (z.B. bloße Teilnahme an einer Haftbefehlsverkündung) (siehe VV 4102–4103 Rdn 5), wird die entsprechende Tätigkeit durch die zugrunde liegende Verfahrensgebühr mit abgegolten. 22

Eine Verfahrensgebühr als Betriebsgebühr muss immer entstehen, wenn der Anwalt als Verteidiger tätig wird. Die gegenteilige Auffassung[1] es entstehe nur eine Terminsgebühr, aber keine Verfahrensgebühr, wenn der Rechtsanwalt erst im Hauptverhandlungstermin zum Verteidiger bestellt und am Ende der ersten Hauptverhandlung bereits das Urteil verkündet und Rechtsmittelverzicht erklärt werde, ist unzutreffend und mit dem Gesetz nicht zu vereinbaren. Eine Verfahrensgebühr entsteht für das Betreiben des Geschäfts. Es ist daher schon logischerweise ausgeschlossen, dass ein Anwalt einen Termin wahrnimmt, ohne zugleich das Geschäft zu betreiben. Wie soll das gehen? 23

Die früher zum Teil vertretene Auffassung, die Verfahrensgebühr setze erst ein, wenn der Abgeltungsbereich der Grundgebühr verlassen sei, ist mit der Neufassung der VV 4100 nicht mehr vertretbar (siehe VV 4100 Rdn 31). 24

III. Terminsgebühr (Abs. 3)

Nach **Abs. 3 S. 1** entsteht die Terminsgebühr für die Teilnahme an gerichtlichen Terminen, soweit nichts anderes bestimmt ist. Von dieser Regelung werden erfasst sowohl die Hauptverhandlungstermine als auch die allgemeinen Termine außerhalb der Hauptverhandlung nach VV 4102. Insoweit reicht es grundsätzlich aus, wenn der Anwalt an den Terminen teilnimmt. Etwas anderes in diesem Sinne ist lediglich in VV 4102 Nr. 3 geregelt. Dort reicht nicht die Teilnahme am Termin. Es muss vielmehr auch verhandelt werden. Wird in diesen Terminen nicht verhandelt, dann entsteht die Terminsgebühr nicht.[2] Die Tätigkeit wird dann nach Abs. 2 durch die jeweilige Verfahrensgebühr abgegolten und ist dort im Rahmen des § 14 Abs. 1 zu berücksichtigen. 25

Für das Entstehen der Terminsgebühr ist es grundsätzlich unerheblich, welche Tätigkeiten der Anwalt entfaltet. Besondere Mühewaltungen sind hier nicht erforderlich. Dies spielt für das Entstehen der Gebühr keine Rolle, sondern ist allenfalls im Rahmen des § 14 Abs. 1 zu berücksichtigen. 26

Neu eingeführt ist in Strafsachen, dass der Rechtsanwalt die Terminsgebühr auch dann erhält, wenn er zu einem anberaumten Termin erscheint, dieser aber aus Gründen, die er nicht zu vertreten hat, nicht stattfindet (**Abs. 3 S. 2**). Hierzu werden die Fälle gehören, dass der Richter nicht erscheint, das Gericht mangels ordnungsgemäßer Besetzung nicht zusammentreten kann, ein Zeuge nicht erscheint, der Angeklagte nicht erscheint oder die Geschäftsstelle übersehen hat, den Verteidiger abzuladen.[3] In diesen Fällen erhält der Verteidiger, der zum Termin erscheint, gleichwohl die Terminsgebühr. Der geringe Aufwand ist dann im Rahmen des § 14 Abs. 1 zu berücksichtigen,[4] wobei 27

---

[1] OLG Koblenz AGS 2005, 155 m. abl. Anm. von N. Schneider = KostRsp. RVG-VV Nr. 3 = JurBüro 2005, 199 = RVG-B 2005, 83; AG Koblenz AGS 2004, 448 m. abl. Anm. von N. Schneider = RVGreport 2004, 469 = KostRsp. RVG-VV Nr. 1.

[2] OLG Hamm, Beschl. v. 18.12.2005 – 2 (s) Sbd. VIII 224/05.

[3] So im Fall des LG Bonn AGS 2007, 563 m. Anm. N. Schneider = JurBüro 2007, 590 = VRR 2007, 403 = RVGreport 2008, 61.

[4] Im Fall des LG Bonn AGS 2007, 563 m. Anm. N. Schneider = JurBüro 2007, 590 = VRR 2007, 403 = RVGreport 2008, 61: Gebühr unterhalb der Mittelgebühr.

allerdings zu beachten ist, dass die Terminsgebühr nicht nur die Teilnahme am Termin vergütet, sondern auch die Vorbereitung der Hauptverhandlung.[5]

28 Für das Entstehen der Terminsgebühr nach Abs. 3 S. 2 ist nur entscheidend, ob der Termin für den jeweiligen Rechtsanwalt „nicht stattgefunden hat". Unerheblich ist, wenn der Termin gegebenenfalls mit einem anderen Rechtsanwalt durchgeführt worden ist.[6]

29 Die Terminsgebühr entsteht auch dann, wenn der Verteidiger zum Termin erschienen ist, aber aufgrund eines vorherigen Rechtsgesprächs mit dem Gericht und Rücksprache mit dem Angeklagten die Berufung noch vor dem Hauptverhandlungstermin zurückgenommen wird.[7]

30 Erforderlich ist allerdings, dass der Rechtsanwalt körperlich im Gerichtsgebäude mit dem Ziel der Teilnahme an dem Termin erscheint. Das bloße Antreten der Anreise zu dem Termin lässt die Terminsgebühr nicht entstehen.[8]

31 Ausgeschlossen ist die Terminsgebühr allerdings dann, wenn der Termin aus einem Grund ausgefallen ist, den der Verteidiger zu vertreten hat. Ebenso erhält er die Terminsgebühr nicht, wenn er rechtzeitig von der Aufhebung oder Verlegung des Termins in Kenntnis gesetzt worden ist (**Abs. 3 S. 3**). Dies dürfte allerdings wohl kaum vorkommen. Wenn der Anwalt Kenntnis hat, wird er nicht zum Termin erscheinen. Gemeint ist hiermit wohl auch, dass er bei gehöriger Sorgfalt hätte Kenntnis haben müssen. So ist der Anwalt verpflichtet, Vorsorge dafür zu treffen, dass ihn Terminsabladungen rechtzeitig erreichen.[9] Verstößt der Anwalt hiergegen, etwa indem er seinen Anrufbeantworter nicht abhört, Telefaxe nicht liest o.Ä., entsteht die Terminsgebühr nicht.

32 Hatte der Verteidiger die Verlegung der Hauptverhandlung kurzfristig beantragt, ist es ihm u.U. zuzumuten, sich vor Antritt der Reise telefonisch zu erkundigen, ob seinem Aufhebungsantrag stattgegeben wird oder worden ist.[10]

33 Entsteht eine Gebühr für einen ausgefallenen Termin, muss der Mandant diese zunächst auch bezahlen. Insoweit kommen aber Erstattungsansprüche in Betracht, etwa gegen den ausgebliebenen Zeugen (§ 51 Abs. 1 S. 1 StPO) oder die Staatskasse (§ 839 BGB), wenn die Abladung verspätet abgeschickt worden oder gänzlich unterblieben ist.

IV. Haftzuschlag (Abs. 4)

1. Entstehung und Begründung

34 Befand sich der Angeklagte **nicht auf freiem Fuß**, so durfte der Verteidiger nach § 83 Abs. 3 BRAGO den jeweiligen Gebührenrahmen um bis zu 25 % überschreiten, wenn die Höchstgebühr der jeweiligen Hauptverhandlungsgebühr anderenfalls nicht ausreiche, um seine Tätigkeit angemessen zu entgelten.

35 Die Vorschrift des § 83 Abs. 3 BRAGO war erst durch Art. 7 des Gesetzes zur Änderung von Kostengesetzen und anderen Gesetzen (KostRÄndG 1994) eingeführt worden. Bis dahin war eine Überschreitung des Gebührenrahmens nicht möglich. Die Möglichkeit der Überschreitung sollte vor allem eine angemessene Vergütung für diejenigen Mehrarbeiten ermöglichen, die bei der Verteidigung eines nicht auf freiem Fuß befindlichen Mandanten hinzukommen. Hier sind also insbesondere die Schwierigkeiten zu berücksichtigen, die der Anwalt hat, sich mit seinem Mandanten zu besprechen, der erhöhte Zeitaufwand durch Besuche in der Haftanstalt oder Unterbringungsanstalt. Auch spezielle Tätigkeiten, die durch die Haft ausgelöst werden, etwa Haftbeschwerden und Haftprüfungsanträge, sind zu berücksichtigen. Daneben erfordert die besondere psychologische Situation von dem Anwalt besondere Mühe. In der Hauptverhandlung kommen weitere Zeitverzögerungen durch die Vorführungen und erforderliche Unterbrechungen hinzu. Dies alles konnte bei einer Überschreitung nach § 83 Abs. 3 BRAGO berücksichtigt werden.

---

[5] LG Hamburg, Beschl. v. 8.2.2008 – 631 Qs 2/08 (n.v.).
[6] AG Hagen AGS 2008, 78 = RVGreport 2007, 426 = RVGprof. 2008, 24.
[7] LG Potsdam AGS 2015, 381 = NStZ-RR 2015, 231 = Rpfleger 2015, 598 = JurBüro 2015, 466 = RVGreport 2015, 308.
[8] OLG München NStZ-RR 2008, 159 = RVGreport 2008, 109 = NJW 2008, 1607; AGS 2015, 70 = RVGreport 2015, 66.
[9] OLG München AGS 2004, 150.
[10] LG Neuruppin, Beschl. v. 4.5.2009 – 11 Qs 166/08 (n.v.).

Nunmehr enthält Abs. 4 eine andere Regelung. Soweit der Gesetzgeber die höhere Verantwortung, den Mehraufwand und die zusätzlichen Schwierigkeiten berücksichtigt wissen wollte, die eine Verteidigung oder Vertretung eines anderen Beteiligten mit sich bringt, wenn sich der Beschuldigte nicht auf freiem Fuß befindet, hat er für die entsprechenden Gebühren einen zusätzlichen Gebührenrahmen „**mit Zuschlag**" vorgesehen. In diesen Fällen entsteht für den Verteidiger also von vornherein ein erhöhter Gebührenrahmen, aus dem er dann unter Berücksichtigung der Kriterien des § 14 Abs. 1 seine Gebühr ermittelt. Auch hier ist grundsätzlich von der Mittelgebühr auszugehen. 36

Aus diesem neuen System folgt, dass der Verteidiger nunmehr nicht mehr den höheren Aufwand und die größeren Schwierigkeiten zu begründen braucht, wenn sich der Mandant nicht auf freiem Fuß befindet. Er darf also von vornherein in Folge des Zuschlags eine höhere Gebühr abrechnen. Das Entstehen tatsächlicher Erschwernisse ist für die Gewährung des Haftzuschlags nach Abs. 4 nicht erforderlich.[11] 37

Nur dann, wenn überdurchschnittlicher Aufwand oder überdurchschnittliche Schwierigkeiten etc. dadurch entstanden sind, dass sich der Mandant nicht auf freiem Fuß befand, und er deshalb über der Mittelgebühr abrechnen will, muss er dies nach wie vor begründen, jetzt allerdings nur im Rahmen des § 14 Abs. 1. Eine zusätzliche Begründung, wieso der einfache Gebührenrahmen ohne Zuschlag nicht ausreicht, ist dagegen nie erforderlich. 38

Andererseits ist hier zu berücksichtigen, dass zusätzliche Tätigkeiten durch Haftprüfungstermine nur noch eingeschränkt Gebühren erhöhend berücksichtigt werden dürfen, da diese nach VV 4102 jetzt eine eigene Gebühr auslösen. 39

2. Persönlicher Anwendungsbereich

Der Zuschlag nach Abs. 4 ist keineswegs auf den Verteidiger beschränkt. Er gilt also auch für den Vertreter oder Beistand eines Neben- oder Privatklägers, eines Einziehungs- oder Nebenbeteiligten sowie den Vertreter eines sonstigen Beteiligten i.S.d. Abs. 1. 40

Der Haftzuschlag gilt auch für den gerichtlich bestellten oder beigeordneten Anwalt. Für diesen ist jeweils eine höhere Festgebühr vorgesehen, wenn das Gesetz für den Wahlverteidiger einen höheren Gebührenrahmen „mit Zuschlag" vorsieht. Die bisherige aufwendige Berechnung (das Vier- oder Fünffache der Mindestgebühr, aber nicht mehr als die Hälfte der Höchstgebühr) fällt damit weg. 41

3. Sachlicher Anwendungsbereich

Nach der früheren Gesetzesfassung war teilweise strittig, auf welche Gebührentatbestände der Haftzuschlag anzuwenden war. Aus der pauschalen Verweisung ergaben sich insoweit Unklarheiten. So war bislang umstritten, ob der Haftzuschlag auch bei Fortsetzungsterminen zu berücksichtigen sei. Diese Streitfrage hat sich dadurch erledigt, dass das Vergütungsverzeichnis nicht mehr zwischen erstem Termin, Fortsetzungstermin und erneutem ersten Hauptverhandlungstermin unterscheidet. Nunmehr ist für alle Hauptverhandlungstermine derselbe Gebührenrahmen vorgesehen. Für alle gilt auch der Haftzuschlag. 42

Das RVG sieht von einer pauschalen Verweisung ab und gibt zu jeder Gebühr konkret an, wenn sie mit einem höheren Gebührenrahmen infolge des Haftzuschlags nach Abs. 4 entsteht. Fehlt ein solcher Gebührentatbestand „**Gebühr 4 ... mit Zuschlag**", dann findet Abs. 4 auch keine Anwendung. Der Verteidiger erhält in diesem Fall die Gebühren auch dann nur nach dem einfachen Rahmen, wenn sich der Beschuldigte nicht auf freiem Fuß befindet. Solche Fälle finden sich z.B. bei den Einzeltätigkeiten nach VV 4300 ff. Hier findet sich kein Haftzuschlag. 43

Befindet sich der Mandant nicht auf freiem Fuß, so werden erhöht: 44
– die **Grundgebühr** (VV 4100, 4101)
– die **allgemeine Terminsgebühr** nach VV 4102 (VV 4103)
– alle **Verfahrensgebühren** des Verteidigers im

---

[11] OLG Nürnberg AGS 2013, 15 = RVGreport 2013, 18 = RVGprof. 2013, 27 u. 63; AG Hanau, Beschl. v. 19.5.2009 – 50 Ds 4200 Js 20340/07.

- vorbereitenden Verfahren
- erstinstanzlichen gerichtlichen Verfahren
- Berufungsverfahren
- Revisionsverfahren
- alle **Terminsgebühren** des Verteidigers im
  - vorbereitenden Verfahren
  - erstinstanzlichen gerichtlichen Verfahren
  - Berufungsverfahren
  - Revisionsverfahren
- Gebühren für Tätigkeiten in der Strafvollstreckung (VV 4200 ff.).

45 Auch im **Wiederaufnahmeverfahren** (VV 4136 ff.) dürfte der Haftzuschlag zu berücksichtigen sein. Die dortigen Gebühren verweisen auf die Verteidigergebühren im ersten Rechtszug. Eine Einschränkung, dass der Haftzuschlag nicht gelten solle, findet sich dort nicht. Daraus, dass an anderer Stelle, nämlich bei der Gebühr nach VV 4141, ausdrücklich der Haftzuschlag in der Verweisung ausgeklammert wird, dürfte folgen, dass sich die Verweisung in den VV 4136 ff. auch auf den Haftzuschlag erstreckt.

46 **Ausgeschlossen** ist der Haftzuschlag dagegen
- bei Einzeltätigkeiten nach VV 4300 ff.
- bei den zusätzlichen Gebühren. Während die VV 4142 ff. insoweit keine Regelungen enthalten, also nicht auf den Haftzuschlag hinweisen, ist in VV 4141 ausdrücklich der Haftzuschlag ausgeschlossen. Die VV 4141 gewähren eine zusätzliche Gebühr in Höhe der jeweiligen Verfahrensmittelgebühr. Allein aus dieser Verweisung wäre unklar, ob im Falle der Inhaftierung der erhöhte Gebührenrahmen zu berücksichtigen ist. Hier stellt VV 4141 klar, dass der Gebührenrahmen ohne Zuschlag gemeint ist.

4. Voraussetzungen

47 Weshalb sich der Beschuldigte nicht auf freiem Fuß befindet, ist für die Anwendung des Abs. 4 unerheblich. Hauptanwendungsfall ist sicherlich die Untersuchungshaft; die Vorschrift des Abs. 4 gilt jedoch auch bei
- Unterbringungen nach dem Gesetz über Hilfen und Schutzmaßnahmen bei psychischen Krankheiten (PsychKG),
- bei einer Sicherungsverwahrung,
- einer Zwangshaft (§§ 888, 901 ZPO),
- vorläufige Festnahme nach § 127 Abs. 1 StPO bzw. § 127b Abs. 1 StPO,[12]
- der Unterbringung in einer Einrichtung der Jugendhilfe zur Vermeidung der Untersuchungshaft nach § 71 Abs. 3 JGG i.V.m. § 71 Abs. 2 JGG,[13]
- Betreutes Wohnen,[14]
- Betreutes Wohnen im psychiatrischen Krankenhaus,[15]
- Unterbringung im Rahmen von Lockerungen in einem Übergangswohnheim; diese Fallgestaltung ist vergleichbar mit dem Aufenthalt eines Verurteilten im offenen Vollzug.[16]

48 Strittig ist, ob ein Haftzuschlag anfällt, wenn sich der Mandant in **offenem Vollzug** befindet. Das wird teilweise abgelehnt.[17] Zutreffenderweise kommt es für die Entstehung des Zuschlags jedoch nicht darauf an, ob im Einzelfall aufgrund der Inhaftierung Umstände gegeben sind, die konkrete Erschwernisse der Tätigkeit des Rechtsanwalts zur Folge haben. Daher ist auch im offenen Vollzug Abs. 4 anzuwenden.[18]

---

12 KG AGS 2008, 32; AGS 2008, 31 = StraFo 2007, 482 = JurBüro 2007, 643 = RVGreport 2007, 463 = StRR 2007, 359; AG Tiergarten AGS 2010, 73.
13 OLG Jena AGS 2003, 313 m. Anm. *Madert*.
14 KG, Beschl. v. 29.8.2008 – 1 Ws 212/07 (n.v.).
15 OLG Stuttgart AGS 2010, 429 = Justiz 2010, 381 = RVGprof. 2010, 169 = RVGreport 2010, 388 = StRR 2010, 438.
16 OLG Jena StraFo 2009, 149.
17 AG Osnabrück AGS 2006, 232.
18 KG AGS 2007, 619 = StraFo 2007, 483 = JurBüro 2007, 644 = Rpfleger 2008, 98 = NJW-Spezial 2007, 557 = RVGreport 2007, 462 = StRR 2007, 359 = NJ 2008, 84; AG Aachen AGS 2007, 242 = StRR 2007, 40; LG Aachen AGS 2007, 242 = StRR 2007, 40 = RVGprof. 2007, 98 = RVGreport 2007, 463.

Dagegen kommt ein Haftzuschlag nicht in Betracht, wenn sich der Beschuldigte freiwillig in einer stationären Therapieeinrichtung befindet.[19]

49

Dem Verteidiger steht ein Haftzuschlag auch dann nicht zu, wenn der in einem psychiatrischen Krankenhaus untergebrachte Mandant bereits dauerhaft in einem externen Pflegeheim wohnt (betreutes Wohnen), sich also gar nicht mehr im Krankenhaus der Maßregelvollzugs aufhält.[20]

50

Es ist auch nicht erforderlich, dass der Beschuldigte in der Sache inhaftiert oder untergebracht ist, wegen der er verteidigt wird. Dem Verteidiger steht auch dann der Haftzuschlag nach Abs. 4 zu, wenn der Mandant in einer anderen Strafsache inhaftiert ist, in der der Verteidiger nicht tätig ist.[21] Dies beruht darauf, dass der Mehraufwand, der dem Verteidiger dadurch entsteht, dass sich der Beschuldigte nicht auf freiem Fuß befindet, unabhängig davon ist, weshalb er inhaftiert ist.

51

Unerheblich ist auch, wie lange sich der Beschuldigte nicht auf freiem Fuß befunden hat. So reicht es im gerichtlichen Verfahren bei der Verfahrensgebühr für die Anwendung des Abs. 4 aus, dass der Beschuldigte sich zu Beginn des gerichtlichen Verfahrens noch in Untersuchungshaft befand. Es ist nicht erforderlich, dass diese bis zum Beginn der Hauptverhandlung fortbestand.[22] Endet die Untersuchungshaft dagegen schon im vorbereitenden Verfahren, kommt eine Erhöhung nach Abs. 4 für das gerichtliche Verfahren nicht in Betracht, sondern nur für die Gebühren der VV 4100, 4102, 4104.

52

Ebenso reicht aus, dass der Beschuldigte erst im Verlauf des Verfahrens – gegebenenfalls auch nur vorübergehend – inhaftiert worden ist.

53

Umgekehrt reicht die Inhaftierung erst während eines Fortsetzungstermins nicht aus, um die Terminsgebühr für einen vorangegangenen Hauptverhandlungstermin zu erhöhen, in dem der Beschuldigte sich noch auf freiem Fuß befand.[23]

54

Wird gegen den Angeklagten in einem Hauptverhandlungstermin zwar nach vollständiger Urteilsverkündung, aber noch vor Rechtsmittelbelehrung ein Haftbefehl verkündet, so steht dem Verteidiger die Terminsgebühr mit Zuschlag zu.[24] Gleiches muss dann auch für die Verfahrensgebühr gelten, zumal das Einlegen des Rechtsmittels noch durch die Verfahrensgebühr abgegolten wird.

55

Die Frage des Haftzuschlags ist für jede Gebühr gesondert zu prüfen.

56

Beispiel: Der Anwalt wird im vorbereitenden und im gerichtlichen Verfahren vor dem AG als Verteidiger tätig. Im vorbereitenden Verfahren befindet sich der Beschuldigte auf freiem Fuß. Nach Anklageerhebung wird er inhaftiert. Es findet später ein Haftprüfungstermin statt. Nach dem ersten Hauptverhandlungstermin wird der Beschuldigte wieder auf freiem Fuß gesetzt. Es findet dann noch ein Fortsetzungstermin statt.
Die Grundgebühr (VV 4100) sowie Verfahrensgebühr der VV 4104 entstehen ohne Zuschlag, da sich der Beschuldigte während des vorbereitenden Verfahrens auf freiem Fuß befand.
Die Verfahrensgebühr des gerichtlichen Verfahrens (VV 4106) sowie die Terminsgebühr für den Haftprüfungstermin (VV 4102 Nr. 3) und die Terminsgebühr für den ersten Hauptverhandlungstermin (VV 4108) entstehen mit Zuschlag. Die Gebühr für den Fortsetzungstermin entsteht dagegen ohne Zuschlag, da zu diesem Zeitpunkt der Beschuldigte wieder auf freiem Fuß war.
Zu rechnen ist wie folgt:
I. Vorbereitendes Verfahren

1. Grundgebühr, VV 4100	200,00 EUR
2. Verfahrensgebühr, VV 4104	165,00 EUR
3. Postentgeltpauschale, VV 7002	20,00 EUR
Zwischensumme	385,00 EUR
4. 19 % Umsatzsteuer, VV 7008	73,15 EUR
Gesamt	**458,15 EUR**

---

19 OLG Bamberg StRR 2007, 283; AG Neuss, Beschl. v. 25.8.2008 – 7 Ds 30 Js 1509/07 (263/07) – nachgewiesen bei www.burhoff.de.
20 LG Berlin AGS 2007, 562 = StRR 2007, 243 = StRR 2007, 280 = RVGprof. 2007, 186 = RVGreport 2007, 462.
21 AG Bochum, Beschl. v. 20.2.2009 – 28 Ls 21 Js 450/08 – 175/08 = RVGprof. 2009, 78.
22 OLG Düsseldorf JurBüro 1999, 192 m. Anm. *Enders*.
23 OLG Hamm AGS 1997, 4 = AnwBl 1997, 179 = JurBüro 1997, 140 = NStZ-RR 1997, 222 = Rpfleger 1997, 185 = zfs 1997, 229 m. Anm. *Madert*.
24 OLG Düsseldorf AGS 2011, 227 = AnwBl 2011, 318 = NStZ-RR 2011, 159 = Rpfleger 2011, 292 = JurBüro 2011, 197 = RVGprof. 2011, 61 = RVGreport 2011, 143.

II. Verfahren vor dem Amtsgericht

1. Verfahrensgebühr, VV 4106	165,00 EUR
2. Terminsgebühr, VV 4102 Nr. 3, 4103	207,50 EUR
3. Terminsgebühr, VV 4108, 4109 (erster Hauptverhandlungstermin)	335,00 EUR
4. Terminsgebühr, VV 4108 (Fortsetzungstermin)	275,00 EUR
5. Postentgeltpauschale, VV 7002	20,00 EUR
Zwischensumme	1.002,50 EUR
6. 19 % Umsatzsteuer, VV 7008	190,48 EUR
Gesamt	**1.192,98 EUR**

57 Nach Auffassung des KG kommt es allerdings bei der Verfahrensgebühr für den Haftzuschlag nicht darauf an, ob der Mandant schon bei der Auftragserteilung nicht auch freiem Fuß befand, sondern auf den Zeitpunkt, in dem der Rechtsanwalt seine Tätigkeit erbringt, in der Regel also die erste Besprechung mit dem Mandanten.[25]

5. Bemessung der Gebühr

58 Im Gegensatz zur früheren Regelung in § 83 Abs. 3 BRAGO, die lediglich erlaubte, im Einzelfall die Höchstgebühr zu überschreiten, steht dem Anwalt nach Abs. 4 von vornherein ein höherer Gebührenrahmen zur Verfügung, wenn sich der Beschuldigte nicht auf freiem Fuß befindet.

59 Der Verteidiger braucht also nunmehr grundsätzlich nicht zu begründen, dass für ihn ein erhöhter Aufwand, erhöhte Schwierigkeiten o.Ä. dadurch entstanden sind, dass sich der Beschuldigte nicht auf freiem Fuß befand. Abs. 4 enthält eine generelle, nicht auf den Einzelfall bezogene, zwingende Regelung, die ohne Ausnahmen oder Einschränkungen ihrer Anwendung gilt, so dass es für die Entstehung des Anspruchs auf die Gebühr mit Zuschlag nicht darauf ankommt, ob im Einzelfall aufgrund der Inhaftierung Umstände gegeben sind, die zu konkreten Erschwernissen der Tätigkeit des Rechtsanwalts geführt haben.[26]

60 Mangels besonderer Umstände darf der Verteidiger grundsätzlich von der Mittelgebühr des erhöhten Gebührenrahmens mit Zuschlag ausgehen. Ergeben sich allerdings besondere Schwierigkeiten oder ein höherer Umfang, dann kann der Verteidiger im Rahmen der Kriterien des § 14 Abs. 1 dies erhöhend berücksichtigen und mit den besonderen Umständen seines Falls eine höhere Gebühr als die „Mittelgebühr mit Zuschlag" erreichen. Der durchschnittliche zusätzliche Aufwand sowie die durchschnittlichen zusätzlichen Schwierigkeiten, die damit verbunden sind, dass sich der Beschuldigte nicht auf freiem Fuß befindet, sind allerdings bereits durch die Anhebung des Gebührenrahmens berücksichtigt. Allgemeine Umstände dürfen insoweit nicht zusätzlich berücksichtigt werden.

6. Entsprechende Anwendung auf den Vertreter eines Nebenklägers

61 Umstritten ist die entsprechende Anwendung des Abs. 4 für den Vertreter eines Nebenklägers. Zum Teil wird aus der entsprechenden Anwendung gefolgert, dass es in diesen Fällen nicht darauf ankomme, ob sich der Beschuldigte nicht auf freiem Fuß befinde, sondern darauf, ob sich der Nebenkläger in Haft befinde. Nach einem Teil der Rechtsprechung soll hier nur darauf abgestellt werden, ob sich der Nebenkläger in Haft befinde.[27] Sie will Erschwernisse, die sich daraus ergeben, dass sich der Beschuldigte in Haft befindet, für den Nebenkläger nicht durch den höheren Rahmen mit Zuschlag ausgleichen, sondern durch eine höhere Gebührenbemessung nach § 14 Abs. 1. Zutreffend dürfte es jedoch sein, beim Nebenklägervertreter den Zuschlag sowohl dann anzuwenden, wenn sich der Nebenkläger in Haft befindet, als auch dann, wenn sich der Beschuldigte in Haft befindet.[28]

---

25 RVGprof. 2007, 41.
26 KG RVGprof. 2007, 152.
27 OLG Düsseldorf AGS 2006, 435 = JMBl NW 2007, 68 = JurBüro 2006, 534 = Rpfleger 2006, 623; LG Flensburg, Beschl. v. 10.9.2007 – 1 Ks 4/06 (n.v.); OLG Hamburg JurBüro 1998, 585; OLG Köln JurBüro 1998, 586; LG Köln NStZ-RR 2002, 224; OLG Köln AGS 2010, 72 = StRR 2010, 43 = RVGprof. 2010, 39 = StRR 2010, 83 = RVGreport 2010, 146.
28 OLG Düsseldorf AGS 1999, 135 = NStZ 1997, 605, allerdings aufgegeben durch AGS 2006, 435 = JMBl NW 2007, 68 = JurBüro 2006, 534 = Rpfleger 2006, 623.

Die gleiche Streitfrage – obwohl sie in der Praxis wohl kaum vorkommt – stellt sich bei den Vertretern weiterer Beteiligter. Auch hier muss m.E. der Zuschlag sowohl dann anfallen, wenn sich der Beschuldigte nicht auf freiem Fuß befindet, als auch dann, wenn sich der eigene Auftraggeber nicht auf freiem Fuß befindet.

V. Fälle des Abs. 5

1. Allgemeines

In **Abs. 5** sind vier Tätigkeitsbereiche des Anwalts geregelt, die jeweils eigene **Gebührenangelegenheiten** (§ 15 Abs. 1) darstellen und für die eine gesonderte Vergütung entsteht. Es handelt sich um
- die Verfahren über die Erinnerung und die Beschwerde gegen einen Kostenfestsetzungsbeschluss (**Abs. 5 Nr. 1, 1. Alt.**),
- die Verfahren über die Erinnerung und die Beschwerde gegen den Kostenansatz (**Abs. 5 Nr. 1, 2. Alt.**),
- die Verfahren in Zwangsvollstreckungssachen (**Abs. 5 Nr. 2, 1. Alt.**) und
- Beschwerdeverfahren gegen bestimmte Entscheidungen (**Abs. 5 Nr. 2, 2. Alt.**).

Diese Tätigkeiten werden weder durch die Grundgebühr noch durch die Verfahrenspauschgebühren der VV 4104 ff. abgegolten; VV Vorb. 4.1 gilt insoweit nicht. Der Anwalt erhält vielmehr nach Abs. 5 gesonderte Gebühren, und zwar auch dann, wenn er im vorangegangenen Verfahren als Verteidiger oder Vertreter eines anderen Beteiligten (Privatkläger,[29] Nebenkläger[30]) tätig war.

Die Vergütung selbst ist nicht in Abs. 5 geregelt. Die Vorschrift verweist für diese gesonderten Angelegenheiten vielmehr auf die Gebühren nach VV Teil 3.

2. Regelungsgehalt

a) Erinnerung oder Beschwerde gegen einen Kostenfestsetzungsbeschluss (Abs. 5 Nr. 1, 1. Alt.)

aa) Kostenfestsetzung. Jedes Urteil, jeder Strafbefehl und jede die strafrechtliche Verfolgung einstellende Entscheidung muss gleichzeitig darüber befinden, wer die Kosten des Verfahrens einschließlich der notwendigen Auslagen der Beteiligten zu tragen hat. Auch ein Vergleich, etwa im Privatklageverfahren, kann als Kostengrundentscheidung in Betracht kommen.[31] Auf Grund dieser Kostenentscheidung wird dann gemäß **§ 464b StPO** vom **Rechtspfleger** (§ 21 Abs. 1 Nr. 1 RPflG) der jeweils zu erstattende Betrag **festgesetzt**.

Die Tätigkeit im **Kostenfestsetzungsverfahren** sowie die Tätigkeit im Verfahren auf **Erlass** einer Kostenentscheidung, einschließlich eines Ergänzungs- oder Berichtigungsantrags und der Beschwerde gegen eine Kostenentscheidung (§ 464 Abs. 3 StPO), gehören noch zu den Aufgaben des Anwalts im Ausgangsverfahren und werden daher durch Gebühren der VV 4104 ff. abgegolten (VV Vorb. 4.1 Abs. 2; § 19 Abs. 1 S. 2 Nr. 13).[32]

Gleiches gilt für ein Verfahren auf **Festsetzung des Streitwertes** nach §§ 32 oder 33 (§ 19 Abs. 1 S. 2 Nr. 3).

Soweit der Anwalt **ausschließlich** mit der Tätigkeit im Kostenfestsetzungsverfahren beauftragt ist, mit dem Erwirken einer Kostenentscheidung oder mit einer Kostenbeschwerde, gilt insoweit VV 4302 Nr. 2 (bislang § 91 Nr. 1 BRAGO).[33] Die gegenteilige Auffassung von *Hartmann*,[34] es gelte insoweit VV 3403 (bislang § 56 Abs. 1 BRAGO), ist abzulehnen, da Abs. 5 Nr. 1 die Gebühren

---

[29] *Hansens*, BRAGO, § 96 Rn 2.
[30] *Hansens*, BRAGO, § 96 Rn 2.
[31] Nach *Meyer-Goßner*, vor § 374 StPO Rn 10 m.w.N. bedarf es allerdings insoweit einer Übernahme in die gerichtliche Kosten- und Auslagenentscheidung; ansonsten kommt eine Festsetzung nicht in Betracht (siehe auch LG Marburg JurBüro 1981, 239 m. Anm. *Mümmler*).
[32] *Hansens*, BRAGO, § 96 Rn 1.
[33] *Hansens*, BRAGO, § 96 Rn 2; für das Kostenfestsetzungsverfahren: LG Krefeld AnwBl 1979, 120 = JurBüro 1979, 240 mit Anm. *Mümmler*.
[34] § 96 BRAGO Rn 6.

des VV Teil 3 ausdrücklich nur für die Erinnerungs- und Beschwerdeverfahren anordnet. Die Gegenauffassung würde darüber hinaus zu dem kuriosen Ergebnis führen, dass der Anwalt bei einer hohen Kostenerstattungsforderung mehr an Gebühren erhielte als der Verteidiger im vorangegangenen Verfahren, da VV 3403 im Gegensatz zu den VV 4100 ff. keinen Höchstbetrag vorsieht.

70 **bb) Erinnerung, Beschwerde.** Gegen die Kostenfestsetzung ist seit der Änderung des RPflG durch das Dritte Gesetz zur Änderung des RPflG vom 6.8.1998 gemäß § 11 Abs. 1 RPflG dasjenige Rechtsmittel gegeben, das nach den allgemeinen verfahrensrechtlichen Vorschriften zulässig ist. Die früher gegebene Durchgriffserinnerung ist abgeschafft. Dies wiederum bedeutet, dass gegen einen Kostenfestsetzungsbeschluss in Strafsachen grundsätzlich die **sofortige Beschwerde** nach § 304 Abs. 1 StPO gegeben ist, wobei wiederum umstritten ist, ob die **Beschwerdefrist** nach § 311 Abs. 2 StPO eine Woche[35] oder gemäß § 464b S. 3 StPO i.V.m. §§ 104 Abs. 3, 577 Abs. 2 S. 1 ZPO zwei Wochen[36] beträgt.

71 Voraussetzung für die Zulässigkeit der Beschwerde ist, dass ein **Beschwerdewert** von 200 EUR überschritten wird (§ 304 Abs. 3 StPO). Über die Beschwerde entscheidet das **Beschwerdegericht**, sofern der Rechtspfleger nicht abhilft. Eine weitere Beschwerde ist nicht gegeben. Auch kommt in Strafsachen – im Gegensatz zu den zivilrechtlichen Angelegenheiten – die Rechtsbeschwerde nicht in Betracht.[37]

72 Ist der Beschwerdewert nicht erreicht, so ist wie bisher die **Erinnerung** gegeben (§ 11 Abs. 2 RPflG). Über die Erinnerung entscheidet der **Rechtspfleger**, soweit er ihr **abhilft**. Anderenfalls legt er sie dem **Instanzrichter** vor, der abschließend und unanfechtbar entscheidet.

73 Hilft der Rechtspfleger der Erinnerung ab, so kann hiergegen wiederum eine **erneute Erinnerung** eingelegt werden. Auch dieser Erinnerung kann der Rechtspfleger abhelfen. Anderenfalls muss er die Sache dem Richter vorlegen.

74 **cc) Vergütung des Anwalts im Erinnerungs- und Beschwerdeverfahren.** Wird der Anwalt beauftragt, gegen den Kostenfestsetzungsbeschluss Erinnerung oder sofortige Beschwerde einzulegen oder vertritt er den Auftraggeber in einem von der Gegenseite (Privatkläger, Nebenkläger oder Bezirksrevisor) eingeleiteten Erinnerungs- oder Beschwerdeverfahren, so erhält er nach Abs. 5 Nr. 1 eine gesonderte Vergütung. Die Höhe der Vergütung richtet sich nach VV Teil 3, so dass hier also sowohl im Erinnerungsverfahren als auch im Verfahren über die sofortige Beschwerde VV 3500 gilt.

75 Ungeachtet der Frage, ob eine Erinnerung oder eine Beschwerde gegeben ist und unabhängig davon, ob der Rechtspfleger im Falle einer sofortigen Beschwerde Abhilfe schafft, wird durch die Gebühren des Abs. 5 Nr. 1 i.V.m. VV 3500 das **gesamte Verfahren** abgegolten bis zur abschließenden Entscheidung des Rechtspflegers, des Instanzrichters oder des Beschwerdegerichts. Insoweit liegt nur eine Angelegenheit vor, so dass die Gebühr nur einmal entsteht.

76 Hilft allerdings der Rechtspfleger einer Erinnerung ab und wird hiergegen nunmehr von der Gegenseite nach § 11 Abs. 2 S. 1 RPflG Erinnerung eingelegt, so handelt es sich um zwei Erinnerungsverfahren, so dass die Gebühr nach VV 3500 zweimal anfällt.[38] Die Vorschrift des § 16 Nr. 10 steht dem nicht entgegen. Sie lehnt sich an § 45 Abs. 2 GKG an und gilt nur, wenn gegen dieselbe Kostenfestsetzung mehrere Erinnerungen eingelegt werden.[39] Der Abhilfebeschluss stellt dagegen einen neuen Festsetzungsbeschluss dar, der selbstständig anfechtbar ist.

77 Auch im Falle einer **Zurückverweisung** können **mehrere Beschwerdegebühren** anfallen, wenn gegen die erneute Festsetzung wiederum Beschwerde eingelegt wird (§ 21 Abs. 1).

---

35 LG Nürnberg-Fürth JurBüro 1973, 1077; LG Zweibrücken MDR 1994, 844; OLG Düsseldorf Rpfleger 1999, 527; OLG Karlsruhe AGS 2000, 132 = AnwBl 2000, 133 = JurBüro 2000, 203 = Rpfleger 2000, 124.

36 LG Würzburg Rpfleger 1972, 222; OLG München Rpfleger 1972, 181; LG Regensburg JurBüro 1974, 211 m. Anm. *Mümmler*; OLG Düsseldorf JurBüro 1979, 398 m. Anm. *Mümmler*; OLG München AnwBl 1986, 107 = JurBüro 1985, 1515 m. Anm. *Mümmler* = Rpfleger 1985, 253; OLG Koblenz Rpfleger 2000, 126; OLG Hamm, 3. Strafsenat, Beschl. v. 7.3.2000 – 3 Ws 773/99 – und v. 21.12.2000 – 3 Ws 364/2000.

37 BGH AGS 2003, 177.

38 BPatGE 27, 235; *Hansens*, BRAGO, § 61 Rn 17; a.A. OLG Schleswig SchlHA 1989, 47.

39 Auch die vergleichbare Vorschrift des § 45 Abs. 2 GKG gilt nur bei mehreren Rechtsmitteln gegen dieselbe Entscheidung (BGHZ 7, 152; OLG Celle JurBüro 1961, 137 = MDR 1961, 67; *Meyer*, GKG, § 19 Rn 22).

Beispiel: Gegen den Kostenfestsetzungsbeschluss des AG legt der Verteidiger für den Freigesprochenen Beschwerde ein. Das LG hebt den Beschluss auf und weist die Sache zur erneuten Entscheidung an das AG zurück. Gegen die erneute Festsetzung legt der Verteidiger wiederum Beschwerde für seinen Mandanten ein.
Für die erste Beschwerde erhält der Anwalt die Vergütung aus Abs. 5 Nr. 1 i.V.m. VV 3500. Für das erneute Festsetzungsverfahren vor dem AG gilt § 21 Abs. 1: Der Verteidiger, der jetzt nur noch mit der Kostenfestsetzung beauftragt ist, erhält zwar eine weitere Gebühr nach Abs. 5 Nr. 1; diese geht infolge der Anrechnung nach VV Vorb. 3 Abs. 6 jedoch wieder unter. Für das Beschwerdeverfahren erhält der Anwalt dagegen erneut die Gebühren nach Abs. 5 Nr. 1 i.V.m. VV 3500.

Im **Erinnerungsverfahren** gilt § 21 Abs. 1 nicht, da das Erinnerungsverfahren keine neue Instanz eröffnet. Also auch dann, wenn der Instanzrichter die Sache zur erneuten Entscheidung an den Rechtspfleger zurückgibt, entstehen hier keine weiteren Gebühren. Das Gleiche gilt, wenn nur der Nichtabhilfebeschluss aufgehoben und die Sache zurückgewiesen wird.[40]

Entscheidet das Erstgericht irrtümlich, weil es von einer Erinnerung ausgeht, obwohl eine Beschwerde gegeben ist, und wird gegen diese Entscheidung nunmehr sofortige Beschwerde eingelegt, so liegen zwei Angelegenheiten vor (§ 15 Abs. 2). Es entsteht dann neben der Gebühr der VV 3500 für das Erinnerungsverfahren eine weitere Gebühr nach VV 3500 für das Beschwerdeverfahren.[41]

Die Vergütung beläuft sich zunächst auf eine **0,5-Verfahrensgebühr** (VV 3500). Diese Gebühr **erhöht** sich bei **mehreren Auftraggebern**, soweit diese am Gegenstand der Erinnerung gemeinschaftlich beteiligt sind, gemäß VV 1008 und 0,3 je weiterem Auftraggeber.[42]

Wird ausnahmsweise über die Erinnerung und Beschwerde **verhandelt** oder kommt es anderweitig zu einem **Termin i.S.d. VV Vorb. 3 Abs. 3**, so kann auch die Gebühr nach VV 3513 entstehen.

Der **Gegenstandswert** für die Gebühren im Erinnerungs- und Beschwerdeverfahren bemisst sich danach, in welchem Umfang eine Abänderung des Festsetzungsbeschlusses mit der Erinnerung bzw. der Beschwerde beantragt wird (§ 23 Abs. 2).[43]

dd) Kostenerstattung. Gleichzeitig mit der Entscheidung über die Erinnerung oder Beschwerde muss auch über die Kosten des Erinnerungs- und Beschwerdeverfahrens entschieden werden. Soweit die Erinnerung oder Beschwerde erfolgreich waren, sind die Kosten dem Gegner oder der Staatskasse aufzuerlegen. Wird die Kostenentscheidung vergessen, was insbesondere im Erinnerungsverfahren häufig geschieht, muss gemäß § 464b S. 3 StPO i.V.m. § 321 ZPO binnen zwei Wochen ein Antrag auf Beschlussergänzung gestellt werden.

b) Erinnerung gegen den Kostenansatz und Beschwerde gegen die Entscheidung über diese Erinnerung (Abs. 5 Nr. 1, 2. Alt.)

aa) Kostenansatzverfahren. Die im Strafverfahren anfallenden Gerichtskosten (Gebühren und Auslagen) werden vom Kostenbeamten in einer Kostenrechnung angesetzt (§ 19 GKG). Im Verfahren über den Kostenansatz – sofern es hier überhaupt einmal zu einer anwaltlichen Tätigkeit kommt – sowie für die Überprüfung der Kostenrechnung erhält der Anwalt keine gesonderte Gebühr. Diese Tätigkeit ist wiederum durch die Verfahrenspauschgebühren des vorangegangenen Verfahrens abgegolten (VV Vorb. 4.1). Ist der Anwalt, ohne als Verteidiger beauftragt zu sein, nur mit der Überprüfung der Kostenrechnung beauftragt, so gilt VV 2100.

bb) Erinnerungs- und Beschwerdeverfahren. Gegen den Kostenansatz ist nach § 66 Abs. 1 GKG die **Erinnerung** gegeben. Sie ist weder an eine Frist noch an eine Beschwer gebunden. Über die Erinnerung entscheidet das Gericht, bei dem die Kosten angesetzt sind. Sind die Kosten bei der Staatsanwaltschaft angesetzt worden, so ist gemäß § 66 Abs. 1 S. 2 GKG das Gericht der ersten Instanz zuständig. Der Kostenbeamte kann der Erinnerung abhelfen. Anderenfalls legt er sie dem Richter vor und, soweit das Geschäft dem Rechtspfleger übertragen ist, dem Rechtspfleger (§ 4 RPflG). Hilft der Kostenbeamte der Erinnerung ab, so kann hiergegen wiederum Erinnerung einge-

---

40 N. Schneider, Vergütung des Anwalts im Verfahren der sofortigen Beschwerde bei Aufhebung des Nichtabhilfebeschlusses und anschließender erneuter Vorlage an das Beschwerdegericht, AGS 2005, 187.
41 LG Krefeld AnwBl 1979, 240 = JurBüro 1979, 204.
42 OLG Frankfurt/M. AnwBl 1980, 260 = JurBüro 1980, 857 = MDR 1980, 680 = Rpfleger 1980, 311.
43 Hansens, BRAGO, § 96 Rn 6.

legt werden, der der Kostenbeamte abhelfen kann. Anderenfalls legt er sie dem Gericht bzw. dem Rechtspfleger vor.

86 Gegen die Entscheidung über die Erinnerung ist die einfache **Beschwerde** gegeben, sofern der Wert des Beschwerdegegenstands **200 EUR** übersteigt (§ 66 Abs. 2 S. 1 GKG) oder die Beschwerde in dem angefochtenen Beschluss zugelassen worden ist (§ 66 Abs. 2 S. 2 GKG). Die Beschwerde ist an keine Frist gebunden. Eine **weitere Beschwerde** ist unter den Voraussetzungen des § 66 Abs. 4 GKG zulässig. Eine Beschwerde an einen obersten Gerichtshof des Bundes ist ausgeschlossen (§ 66 Abs. 3. S. 3 GKG).

87 **cc) Vergütung des Anwalts im Erinnerungs- und Beschwerdeverfahren.** Wird der Anwalt beauftragt, nach § 66 Abs. 1 GKG **Erinnerung** gegen den Kostenansatz zu erheben, so erhält er hierfür keine gesonderte Vergütung, da das Verfahren nach § 19 Abs. 1 S. 1 mit zum Rechtszug gehört. Nur Erinnerungen gegen eine Entscheidung des Rechtspflegers sind nach § 18 Abs. 1 Nr. 3 gesonderte Angelegenheiten. Hier entscheidet aber der Urkundsbeamte der Geschäftsstelle. Das Gleiche gilt, wenn ein anderer Beteiligter Erinnerung einlegt und der Anwalt in diesem Verfahren für den Auftraggeber tätig wird, etwa bei einer Erinnerung des Bezirksrevisors.

88 Nur dann, wenn der Anwalt ausschließlich mit der Erinnerung beauftragt ist, entsteht eine gesonderte Vergütung nach VV 3500.

89 Die Gebühr der VV 3500 gilt dann das gesamte Verfahren bis zur abschließenden Entscheidung des Kostenbeamten oder des Richters bzw. des Rechtspflegers über die Erinnerung ab. Soweit der Kostenbeamte der Erinnerung abhilft und nunmehr hiergegen Erinnerung eingelegt wird, fallen die Gebühren der VV 3500 allerdings zweimal an. Die Vorschrift des § 16 Nr. 10 greift auch hier nicht, da sie nur für die Erinnerung gegen dieselbe Kostenrechnung gilt.

90 Im Verfahren über die **Beschwerde** nach § 66 Abs. 2 GKG gegen die Entscheidung des Erstgerichts erhält der Anwalt immer die Gebühren nach VV 3500, und zwar gegebenenfalls neben der nach VV 3500 für das Erinnerungsverfahren (§ 18 Abs. 1 Nr. 3).

> **Beispiel:** Gegen den Kostenansatz legt der Anwalt für den Verurteilten Erinnerung ein. Dieser wird nicht abgeholfen, so dass er nunmehr Beschwerde erhebt.
> War der Anwalt bereits im Strafverfahren tätig, erhält er nur die Gebühr für das Beschwerdeverfahren (VV 3500).
> War der Anwalt nicht im Strafverfahren tätig, liegen zwei verschiedene Gebührenangelegenheiten vor (§ 17 Nr. 1). Der Verteidiger erhält nach Abs. 5 Nr. 1 für das Erinnerungsverfahren die Gebühr der VV 3500 und für das Beschwerdeverfahren ebenfalls die der VV 3500.

91 Auch hier wird in den Erinnerungs- und Beschwerdeverfahren in aller Regel nur die **0,5-Verfahrensgebühr** nach VV 3500 anfallen. Die Gebühr ist auch hier bei **gemeinschaftlicher Beteiligung** mehrerer Auftraggeber nach VV 1008 zu erhöhen. Der Anfall einer Terminsgebühr nach VV 3513 ist zwar möglich, kommt in der Praxis jedoch nicht vor.

92 Der Gegenstandswert richtet sich danach, inwieweit eine Abänderung des Kostenansatzes beantragt wird (§ 23 Abs. 2). Dabei ist der Gegenstandswert im Erinnerungs- und Beschwerdeverfahren gesondert festzusetzen.

> **Beispiel:** Mit der Erinnerung wehrt sich der Verurteilte gegen eine Kostenposition in Höhe von 500 EUR. Der Richter hilft der Erinnerung teilweise ab und reduziert die Kostenposition auf 250 EUR. Hiergegen legt der Verurteilte Beschwerde ein.
> Der Gegenstandswert des Erinnerungsverfahrens liegt bei 500 EUR, der des Beschwerdeverfahrens nur noch bei 250 EUR.

93 **dd) Kostenerstattung.** Eine Kostenerstattung im Verfahren über den Kostenansatz ist gesetzlich ausgeschlossen (§ 66 Abs. 8 S. 2 GKG).

c) Analoge Anwendung im Vergütungsfestsetzungsverfahren

94 **aa) Allgemeines.** Eine Regelung, welche Gebühren im Vergütungsfestsetzungsverfahren anfallen, wenn die Festsetzung von Gebühren nach VV Teil 4 beantragt wird, fehlt im Gesetz. Bislang war eine solche Kostenfestsetzung nicht möglich, so dass insoweit auch eine Gebührenregelung nicht erforderlich war. Nach der neuen Gesetzeslage kann es jedoch vorkommen, dass der Anwalt im

Vergütungsfestsetzungsverfahren auch hinsichtlich der Gebühren nach VV Teil 4 tätig wird. Insoweit gilt dann das Folgende.

bb) Anwalt in eigener Sache. Wird der Anwalt für sich selbst tätig, beantragt er also die Festsetzung seiner Vergütung, fehlt es an einem Auftraggeber. Der Anwalt kann keine Gebühren verlangen. Ebenso wenig kann er eine fiktive Kostenerstattung nach § 91 Abs. 2 S. 3 ZPO geltend machen, da eine Kostenerstattung im Vergütungsfestsetzungsverfahren ausgeschlossen ist (§ 11 Abs. 5). 95

cc) Anwalt vertritt den Antragsteller oder Antragsgegner im Vergütungsfestsetzungsverfahren. Vertritt der Anwalt den Antragsteller oder Antragsgegner im Vergütungsfestsetzungsverfahren, wobei unerheblich ist, ob er einen anderen Anwalt als Vergütungsgläubiger beauftragt oder den Auftraggeber als Vergütungsschuldner, erhält dieser Anwalt selbstverständlich eine Vergütung hierfür. 96

Die Vorschrift der VV 3403, die in Zivilsachen gilt, ist hier unmittelbar nicht anwendbar, da sie nur für VV Teil 3 gilt. 97

Eine entsprechende Anwendung kommt hier ebenfalls nicht in Betracht, da Abs. 5 Nr. 1 nur auf die Erinnerung und die Beschwerde verweist, nicht aber auf das Kostenfestsetzungsverfahren. 98

Anzuwenden ist daher VV 4302 Nr. 2. Es handelt sich um eine Einzeltätigkeit, die nach dem dortigen Rahmen zu vergüten ist. 99

dd) Erinnerungs- oder Beschwerdeverfahren. Wird gegen den Vergütungsfestsetzungsbeschluss bzw. dessen Ablehnung Erinnerung oder Beschwerde geführt, so ist insoweit Abs. 5 Nr. 1 entsprechend anzuwenden. Auch dies gilt allerdings nur, wenn der Anwalt nicht in eigener Sache tätig wird, sondern den Antragsgegner oder Antragsteller im Festsetzungsverfahren vertritt. 100

d) Tätigkeiten in der Zwangsvollstreckung aus Entscheidungen, die über einen aus der Straftat erwachsenen vermögensrechtlichen Anspruch oder die Erstattung von Kosten ergangen sind (§§ 406b, 464b StPO), für die Mitwirkung bei der Ausübung der Veröffentlichungsbefugnis (Abs. 5 Nr. 2, 1. Alt.)

Soweit im Strafverfahren zugunsten der Beteiligten vollstreckbare Titel ergehen, kann hieraus nach den allgemeinen Vorschriften die Zwangsvollstreckung betrieben werden. Hierzu zählen insbesondere die **Entscheidungen über die aus der Straftat erwachsenen vermögensrechtlichen Ansprüche** im Adhäsionsverfahren (§ 406b StPO). Obwohl in Abs. 5 Nr. 2 nicht genannt, gilt die Vorschrift auch für die Vollstreckung aus **Vergleichen im Privat- oder Nebenklageverfahren**. Auch diese Vergleiche sind nach § 794 ZPO vollstreckungsfähige Titel.[44] Hinzu kommen **Kostenfestsetzungsbeschlüsse** (§ 464b StPO) gegen die Staatskasse und andere Beteiligte (Privat- oder Nebenkläger). 101

Das **Verfahren** der Zwangsvollstreckung aus solchen Titeln richtet sich nach den **Vorschriften der ZPO** (§§ 406b, 464b S. 3 StPO). 102

Für die Tätigkeit des Anwalts in Zwangsvollstreckungsverfahren entstehen nach Abs. 5 Nr. 2 wiederum die Gebühren nach VV Teil 3, also nach den VV 3309 ff. 103

Der Anwalt erhält also grundsätzlich die 0,3-Verfahrensgebühr nach VV 3309. Bei der Vertretung **mehrerer Auftraggeber** erhöht sich die Gebühr gemäß VV 1008 um 0,3 je weiterem Auftraggeber. Hinsichtlich der Gebühren gilt das Gleiche wie bei der Zwangsvollstreckung aus zivilrechtlichen Titeln, so dass insoweit auf die Kommentierung zu den VV 3309 ff. verwiesen werden kann. Insbesondere zählt auch hier jeder Vollstreckungsauftrag gegen mehrere Schuldner als eigene Angelegenheit (§ 18 Abs. 1 Nr. 1). 104

Noch nicht zur Zwangsvollstreckung zählt auch in Strafsachen die Beschaffung des Rechtskraftzeugnisses (§ 19 Abs. 1 S. 2 Nr. 9), der Vollstreckungsklausel (§ 19 Abs. 1 S. 2 Nr. 12) und das Bewirken einer eventuell erforderlichen Zustellung (§ 19 Abs. 1 S. 2 Nr. 15). Diese Tätigkeiten werden vielmehr noch durch die vorangegangenen Pauschgebühren abgegolten. 105

Wird **gegen die Staats- oder Landeskasse vollstreckt**, so gilt die Anzeige nach § 882a ZPO bereits als eine die Zwangsvollstreckung vorbereitende Tätigkeit und löst damit die Gebühren nach VV 3309 106

---

44 *Meyer-Goßner*, vor § 374 StPO Rn 9.

aus.⁴⁵ Die Vorschrift des § 19 Abs. 2 Nr. 3, die bestimmt, dass die Anzeige der Absicht der Zwangsvollstreckung nach § 882a ZPO keine besondere Angelegenheit darstellt, steht dem nicht entgegen. Kommt es anschließend tatsächlich zur Vollstreckung, entsteht insgesamt allerdings nur eine einzige Gebühr.⁴⁶

107 Eine eigene Angelegenheit ist auch die **Mitwirkung bei der Ausübung der Veröffentlichungsbefugnis**. Auch hierfür erhält der Rechtsanwalt nach Abs. 5 Nr. 2, § 18 Abs. 1 Nr. 18 eine gesonderte Vergütung.

108 Der Gegenstandswert bemisst sich nach dem beizutreibenden Betrag einschließlich Zinsen und bereits angefallener Kosten (§ 25). § 43 GKG gilt insoweit nicht.

e) Beschwerdeverfahren in der Zwangsvollstreckung

109 **aa) Allgemeines.** Wird der Anwalt im Rahmen der Zwangsvollstreckung in einem Beschwerdeverfahren tätig, so erhält er neben den Gebühren aus den VV 3309 zusätzlich die Gebühren nach VV 3500. Auch in Zwangsvollstreckungssachen stellen Beschwerdeverfahren eigene Angelegenheiten dar (§ 18 Abs. 1 Nr. 3). Der Gegenstandswert bemisst sich nach der jeweiligen Beschwer, wobei alle bisherigen Vollstreckungskosten und Zinsen auch hier hinzuzurechnen sind.⁴⁷

110 Erinnerungen im Rahmen der Zwangsvollstreckung lösen dagegen keine gesonderte Vergütung aus (§ 19 Abs. 1 S. 2 Nr. 5),⁴⁸ es sei denn, es ist eine Rechtspflegererinnerung gegeben.

111 **bb) Kostenerstattung.** Auch für die Vollstreckung aus strafrechtlichen Titeln gilt die Vorschrift des § 788 ZPO, wonach die notwendigen Kosten der Zwangsvollstreckung dem Schuldner zur Last fallen. Diese Kosten können auch hier zugleich mit der titulierten Hauptforderung beigetrieben werden. Einer gesonderten Festsetzung dieser Gebühren bedarf es nicht. Gleichwohl ist die Festsetzung möglich. Zuständig hierfür ist das Vollstreckungsgericht in dem Bezirk, in dem die letzte Vollstreckungshandlung stattgefunden hat (§ 788 Abs. 2 ZPO).

f) Streitwertbeschwerden

112 Wird der Anwalt vom Auftraggeber mit der Einlegung einer Streitwertbeschwerde beauftragt, so dürften analog Vorb. 4 Abs. 5 die Gebühren nach VV 3500, 3513 anzuwenden sein. Dem Wortlaut nach würde der Verteidiger keine Gebühren erhalten und der nur mit der Beschwerde als Einzeltätigkeit beauftragte Anwalt eine Gebühr nach VV 4302 Nr. 1.⁴⁹

C. Pflichtverteidiger, beigeordneter Anwalt

113 Die Tätigkeit in den Angelegenheiten des Abs. 5, also in Erinnerungs- und Beschwerdeverfahren gegen einen Kostenfestsetzungsbeschluss und gegen den Kostenansatz sowie in der Zwangsvollstreckung, ist nicht durch eine Pflichtverteidigerbestellung oder eine Beiordnung gedeckt. Der Anwalt erhält also insoweit grundsätzlich keine Vergütung aus der Staatskasse.⁵⁰

114 Es besteht allerdings die Möglichkeit, **Prozesskostenhilfe** zu beantragen und für das Verfahren einen Rechtsanwalt beizuordnen. Dieser Anwalt erhält dann die Vergütung nach den Sätzen des § 49 aus der Staatskasse.⁵¹

---

45 OLG Hamburg JurBüro 1961, 306 = MDR 1961, 514 = Rpfleger 1962, 234; OLG Köln NJW 1965, 50; OLG Zweibrücken Rpfleger 1973, 78; LAG Hamm AnwBl 1984, 161; LAG Landshut AnwBl 1963, 146; LG Hamburg JurBüro 1973, 1180; *Mümmler*, JurBüro 1972, 935; a.A. AG Mühlheim AnwBl 1982, 123 m. abl. Anm. *Madert*.
46 OLG Köln Rpfleger 1967, 69.
47 OLG Köln JurBüro 1976, 1229.
48 OLG Koblenz Rpfleger 1981, 245 = JurBüro 1981, 719; LG Bremen BRAGOreport 2001, 25 m. Anm. *N. Schneider*.
49 Siehe Burhoff/*Volpert*, 192 Rn 57.
50 *Hansens*, BRAGO, § 96 Rn 1.
51 *Hansens*, BRAGO, § 96 Rn 1.

D. Erstattung der Anwaltskosten in Strafsachen

I. Verfahren

Auch im Strafprozess kommt eine Erstattung der Anwaltsvergütung in Betracht. Die Kostenfestsetzung folgt gemäß § 464b S. 3 StPO den Vorschriften der ZPO, also den **§§ 103 ff. ZPO**.

II. Kostenentscheidung und Kostenschuldner

Die §§ 464 ff. StPO unterscheiden zwischen den „Kosten des Verfahrens" – also den Gebühren und Auslagen der Staatskasse (§ 464a Abs. 1 S. 1 StPO) – und den „notwendigen Auslagen eines Beteiligten", wozu insbesondere die gesetzliche Vergütung eines Rechtsanwalts zählt (§ 464a Abs. 2 Nr. 2 StPO). Demgegenüber spricht die Vorschrift des § 464b StPO wiederum von „Kosten und Auslagen", die ein Beteiligter einem anderen zu erstatten hat. Zutreffenderweise muss immer zwischen **Kosten** und **notwendigen Auslagen** unterschieden werden. Nur die Entscheidung über **notwendige Auslagen** kann eine Grundlage für die Festsetzung von Anwaltskosten darstellen. Fehlt eine solche Entscheidung, ist eine Festsetzung nicht möglich.

Voraussetzung für einen Erstattungsanspruch des Beschuldigten ist danach also eine **Auslagenentscheidung**, in der auszusprechen ist, wer dem Beschuldigten dessen notwendige Auslagen zu erstatten hat. Dabei ist auch eine Verteilung nach Quoten gemäß § 464d StPO – eingeführt durch das KostRÄndG 1994 – möglich.[52]

Jedes Urteil, jeder Strafbefehl und jede eine Untersuchung einstellende gerichtliche Entscheidung muss eine Bestimmung darüber treffen, von wem die Kosten des Verfahrens zu tragen sind (§ 464 Abs. 1 S. 1 StPO). Nach § 464 Abs. 2 StPO hat das Gericht auch über die notwendigen Auslagen des oder der Beteiligten zu entscheiden. Stellt die Staatsanwaltschaft das Ermittlungsverfahren ein, ohne dass das Verfahren gerichtlich anhängig war, ist eine Kosten- und Auslagenentscheidung nicht veranlasst. Eine Entscheidung über die notwendigen Auslagen, nicht über die Verfahrenskosten, ist nur vorgesehen, wenn die Sache gerichtlich anhängig war und die Staatsanwaltschaft die Anklage oder den Antrag auf Erlass eines Strafbefehls zurückgenommen hat (§ 467a StPO).[53]

Soweit der Angeklagte verurteilt wird, hat er nach § 465 Abs. 1 StPO grundsätzlich die Kosten des Verfahrens und seine eigenen Auslagen selbst zu tragen. Eine Erstattung der notwendigen Auslagen kommt nur im Rahmen des § 465 Abs. 2 StPO in Betracht.

In folgenden Fällen sieht die StPO dagegen eine Erstattung der notwendigen Auslagen eines Beteiligten vor:
- **§ 467 Abs. 1 StPO:** Erstattung der notwendigen Auslagen durch die **Staatskasse** bei **Freispruch**, **Ablehnung der Eröffnung des Hauptverfahrens** oder **Einstellung**;
- **§ 467a Abs. 1 StPO:** Erstattung der notwendigen Auslagen seitens der **Staatskasse** bei **Rücknahme der Anklage** oder des **Antrags auf Erlass eines Strafbefehls** und anschließender Einstellung durch die Staatsanwaltschaft;
- **§ 469 Abs. 1 StPO:** Erstattungspflicht des **Anzeigenden**, wenn er das Strafverfahren durch eine **vorsätzlich oder leichtfertig erstattete unwahre Anzeige** veranlasst hat;
- **§ 470 S. 1 StPO:** Erstattungspflicht des **Antragstellers**, wenn das Verfahren wegen **Rücknahme des Strafantrags** eingestellt wird;
- **§ 471 Abs. 2 StPO:** Erstattungspflicht des **Privatklägers**, wenn die **Klage** gegen den Beschuldigten **zurückgewiesen** oder dieser **freigesprochen** wird; möglich auch im Falle der **Einstellung**;
- **§ 473 StPO:** Erstattungspflicht der **Staatskasse**, des **Privat- oder Nebenklägers** bei einem von diesen eingelegten **erfolglosen Rechtsmittel**; Erstattungspflicht der **Staatskasse** bei **erfolgreichem Rechtsmittel des Beschuldigten**.

---

52 Siehe hierzu *Otto*, JurBüro 1994, 397.
53 Kritisch hierzu *Brauer*, Notwendige Auslagen des Beschuldigten bei Einstellung gemäß § 170 Abs. 2 StPO, JurBüro 1996, 229.

III. Erstattungsfähige Kosten

1. Allgemeines

121 Nach § 464a Abs. 2 Nr. 2 StPO sind die Gebühren und Auslagen eines Rechtsanwalts zu erstatten, soweit sie nach § 91 Abs. 2 ZPO erstattungsfähig sind.

2. Keine Notwendigkeitsprüfung

122 Auf die Notwendigkeit der Mitwirkung des Verteidigers kommt es nicht an.[54] Die Erstattungsfähigkeit hängt allein davon ab, dass die Tätigkeit des Verteidigers zulässig war.[55] Eine Einschränkung gilt lediglich insoweit, als eine zwar zulässige, aber zwecklose Tätigkeit des Verteidigers keinen Erstattungsanspruch auslöst.[56]

3. Höhe der zu erstattenden Gebühren und Auslagen

123 Zu erstatten sind nach § 464a Abs. 2 Nr. 2 StPO die Gebühren und Auslagen eines Rechtsanwalts. Hierzu zählen grundsätzlich nur die **gesetzlichen Gebühren**. Bei **Betragsrahmengebühren** prüft das Gericht die Angemessenheit der vom Verteidiger nach § 14 getroffenen Bestimmung in eigener Verantwortung. Die Einholung eines Gutachtens des Vorstands der Rechtsanwaltskammer nach § 14 Abs. 2 bedarf es nicht.

124 Soweit der Beschuldigte mit seinem Verteidiger eine **Vergütungsvereinbarung** getroffen hat, entsteht eine Erstattungspflicht nur bis zur Höhe der gesetzlichen Vergütung.[57] Auch bei besonderem Umfang oder besonderer Schwierigkeit gilt keine Ausnahme.[58]

125 Bei der Beauftragung eines **auswärtigen Verteidigers am Sitz des Beschuldigten** sind die Reisekosten (Tage- und Abwesenheitsgelder nach VV 7003 ff.) grundsätzlich erstattungsfähig und nicht nur, als hierdurch Aufwendungen der Partei, die nach § 464a Abs. 2 Nr. 1 StPO erstattungsfähig gewesen wären, vermieden worden sind. Es gilt hier das Gleiche wie in Zivilsachen. Im Übrigen sind die Kosten eines auswärtigen Verteidigers ausnahmsweise dann in vollem Umfang erstattungsfähig, wenn dessen Beauftragung wegen seiner besonderen Fachkenntnisse auf einem Spezialgebiet notwendig war.[59] Allein das besondere Vertrauensverhältnis des Beschuldigten zu seinem auswärtigen Verteidiger reicht nicht aus.[60]

126 Die Kosten **mehrerer Verteidiger** sind grundsätzlich nicht erstattungsfähig. Dies gilt auch bei umfangreichen und schwierigen Verfahren.[61] Ausnahmsweise sind die Kosten mehrerer Verteidiger dann erstattungsfähig, wenn ein notwendiger Anwaltswechsel vorgelegen hat.

127 Vertritt der **Anwalt** sich **in eigener Sache**, so kommt nach h.M. eine Kostenerstattung analog § 91 Abs. 2 S. 3 ZPO nicht in Betracht. Diese Vorschrift ist allein auf den Zivilprozess zugeschnitten und im Strafverfahren nicht anwendbar, da ein Anwalt in eigener Sache nach der StPO nicht Verteidiger sein kann (Einzelheiten vgl. § 1 Rdn 54 ff.).[62]

128 Wegen der Einzelheiten der Kostenerstattung wird im Übrigen auf die einschlägigen Kommentierungen zu § 464a StPO verwiesen.

---

[54] OLG Düsseldorf Rpfleger 1982, 390; *Meyer-Goßner*, § 464 StPO Rn 9.
[55] OLG Bremen AnwBl 1977, 73; LG Hamburg AnwBl 1974, 89; *Meyer-Goßner*, § 464 StPO Rn 9.
[56] *Meyer-Goßner*, § 464 StPO Rn 10.
[57] OLG Düsseldorf MDR 1971, 778; 1986, 167; OLG Hamburg MDR 1976, 952; OLG Hamm MDR 1971, 321; OLG Koblenz Rpfleger 1984, 286.
[58] *Meyer-Goßner*, § 464 StPO Rn 11.
[59] OLG Bamberg JurBüro 1987, 558; OLG Düsseldorf MDR 1985, 696; OLG Oldenburg JurBüro 1984, 248; LG Bayreuth JurBüro 1985, 1207.
[60] OLG Düsseldorf NJW 1971, 1146; AnwBl 1985, 592; LG Göttingen JurBüro 1991, 421.
[61] KG JR 1975, 476; OLG Hamburg MDR 1983, 492.
[62] OLG Köln OLGSt § 91 BRAGO Nr. 1; LG Bonn MDR 1978, 511; LG Göttingen NdsRpfl 1991, 59; LG Wuppertal JurBüro 1986, 410; a.A. OLG Frankfurt NJW 1993, 1991.

E. Rechtsschutzversicherung in Strafsachen

I. Rechtsschutz für die Verteidigung

1. Rechtsschutz nach den ARB

a) Überblick

Auch in Strafsachen besteht grundsätzlich Rechtsschutz nach den ARB. Für die Kosten der Verteidigung greift dieser allerdings nur, wenn dem Versicherungsnehmer ein Vergehen vorgeworfen wird; bei dem Vorwurf eines Verbrechens ist Versicherungsschutz ausgeschlossen (§ 4 Abs. 3 ARB 1975; § 2i ARB 1994/2000). Eine Prüfung der Erfolgsaussichten ist beim Verteidigungs-Strafrechtsschutz nicht vorzunehmen, so dass auch bei „aussichtslosen" Verteidigungen Deckungsschutz besteht, solange der Versicherungsnehmer nicht mutwillig handelt (§ 1 ARB 1975; die ARB 1994/2000 sprechen in § 1 nur noch davon, dass die Kosten erforderlich sein müssen). **129**

Bei Selbstvertretung steht dem Anwalt kein Versicherungsschutz zu. Die Rechtsprechung des BGH zur Selbstvertretung in Zivilsachen[63] ist auf Strafsachen nicht übertragbar, da hier eine Selbstvertretung prozessual ausgeschlossen ist. **130**

b) Ausschluss bei Vorsatztaten

aa) Allgemeines. Zu beachten ist, dass bei Vorsatztaten der Versicherungsschutz nur eingeschränkt besteht. Es ist danach zu differenzieren, ob dem Versicherungsnehmer ein „verkehrsrechtliches Vergehen" oder ein „sonstiges Vergehen" vorgeworfen wird. **131**

bb) Verkehrsrechtliche Vergehen. Bei verkehrsrechtlichen Vergehen besteht nach § 4 Abs. 3b ARB 1975 bzw. § 2i aa ARB 1994/2000 grundsätzlich Versicherungsschutz. Erst dann, wenn rechtskräftig festgestellt wird, dass der Versicherungsnehmer das Vergehen vorsätzlich begangen hat, entfällt der Versicherungsschutz. Eventuell gezahlte Kosten hat der Versicherungsnehmer dann zurückzuzahlen. Aufgrund dieser versicherungsvertraglichen Konstruktion empfiehlt es sich für den Verteidiger, in solchen Sachen rechtzeitig dafür zu sorgen, dass seine Vergütung durch einen hinreichenden Vorschuss abgedeckt ist. Bis zur rechtskräftigen Verurteilung schuldet der Versicherer die Freistellung von Vorschüssen. Nach rechtskräftiger Verurteilung können Zahlungen nicht mehr verlangt werden. Andererseits schuldet nicht der Verteidiger, sondern der Versicherungsnehmer die Rückzahlung bereits empfangener Vorschüsse. **132**

cc) Sonstige Vergehen. Wegen sonstiger Vergehen besteht immer dann Versicherungsschutz, wenn die Vergehen nur fahrlässig begehbar sind. Für Vergehen, die nur vorsätzlich begangen werden können, besteht niemals Versicherungsschutz. Soweit sowohl fahrlässige als auch vorsätzliche Begehung möglich ist (z.B. Trunkenheit, Körperverletzung), besteht so lange Versicherungsschutz, als ein fahrlässiges Verhalten vorgeworfen wird. Soweit dagegen vorsätzliche Begehung vorgeworfen wird, ist Versicherungsschutz ausgeschlossen (§ 4 Abs. 3a ARB 1975 bzw. § 2i bb ARB 1994/2000); der Versicherungsschutz entsteht aber rückwirkend, wenn es nicht zu einer Verurteilung wegen Vorsatz kommt, also z.B. auch bei einer Einstellung nach § 153a StPO.[64] **133**

c) Ausschluss bei fehlender Fahrerlaubnis, Berechtigung, Zulassung oder fehlendem Versicherungskennzeichen

In verkehrsrechtlichen Straftaten ist der Versicherungsschutz darüber hinaus ausgeschlossen, wenn
– der Fahrer bei Eintritt des Versicherungsfalls nicht die vorgeschriebene Fahrerlaubnis hatte
– der Fahrer zum Führen des Fahrzeugs nicht berechtigt
– das Fahrzeug nicht zugelassen oder
– das Fahrzeug nicht mit einem Versicherungskennzeichen versehen
war; hier besteht Versicherungsschutz nur für solche Personen, die von der Nichtberechtigung zum Führen des Fahrzeugs oder von dem Fehlen der Zulassung oder des Versicherungskennzeichens **134**

---

63 AGS 2011, 49 = NJW 2011, 232 = AnwBl 2011, 144 = zfs 2011, 103 = RVGreport 2011, 80.

64 LG Saarbrücken AGS 2003, 42 m. Anm. *N. Schneider*.

ohne Verschulden keine Kenntnis hatten (z.B. §§ 21 Abs. 6, 22 Abs. 5, 26 Abs. 6 ARB 1975 bzw. §§ 21 Abs. 8, 2 Abs. 5, 28 Abs. 6 ARB 1994/2000). Im Gegensatz zum Vorsatzausschluss (vgl. Rdn 131) handelt es sich hier um eine Obliegenheitsverletzung. Das bedeutet, dass der Verstoß kausal für den Rechtsschutzfall sein muss.[65] Auch hier ist allerdings zu differenzieren:

135 Soweit dem **Versicherungsnehmer** selbst die Obliegenheitsverletzung vorgeworfen wird, muss der Versicherer innerhalb eines Monats nach Kenntnis den Rechtsschutzversicherungsvertrag kündigen (§ 6 Abs. 1 S. 1 VVG). Andernfalls muss er Deckungsschutz übernehmen.[66]

136 Hat eine **mitversicherte Person**, die nicht Repräsentant ist, gegen die genannten Obliegenheiten verstoßen, kann sich der Rechtsschutzversicherer jederzeit auf seine Leistungsfreiheit berufen. Da die Obliegenheitsverletzung durch eine mitversicherte Person nicht zur Kündigung berechtigt, gilt insoweit § 6 Abs. 1 S. 1 VVG nicht.[67]

2. Rechtsschutz nach den AHB

137 Ausnahmsweise kann für die Verteidigung in einer Strafsache auch Versicherungsschutz durch den Haftpflichtversicherer gewährt werden (§ 3 Abs. 2 Nr. 1 AHB; § 150 Abs. 1 S. 3 VVG).[68] Für die Kosten einer Nebenklage hat ein Haftpflichtversicherer nicht einzustehen.[69]

II. Rechtsschutz für die Durchsetzung und Abwehr von Schadensersatzansprüchen im Adhäsionsverfahren

1. Durchsetzung von eigenen Ansprüchen

138 Will der Geschädigte seine Ersatzansprüche im Adhäsionsverfahren geltend machen, besteht im Umfang des versicherten Risikos Versicherungsschutz.[70]

2. Abwehr der gegnerischen Ansprüche

139 Für die Abwehr der im Adhäsionsverfahren gegen den Beschuldigten geltend gemachten Ansprüche besteht kein Versicherungsschutz nach den ARB, da die Abwehr von Schadensersatzansprüchen hier grundsätzlich nicht versichert ist. Insoweit kann allerdings ein Anspruch auf Rechtsschutz gegen den Haftpflichtversicherer (§ 3 Abs. 2 Nr. 3 AHB; § 10 Abs. 1 AKB) bestehen, soweit der geforderte Schadensersatz unter das versicherte Risiko fällt.

Beispiel: Aufgrund eines Verkehrsunfalls macht der Verletzte im Strafverfahren wegen des Verdachts der fahrlässigen Körperverletzung Ersatzansprüche gegen den Beschuldigten nach den § 7 StVG, §§ 823 ff. BGB geltend.
Der Kfz-Haftpflichtversicherer hat nach § 10 Abs. 1 AKB Kostenschutz zu gewähren.

140 Die **Prozessführung** obliegt nach den jeweiligen Versicherungsbedingungen insoweit dem Versicherer, der die Ansprüche auch anerkennen und befriedigen kann.

---

65 *Harbauer*, § 21 ARB 75 Rn 87.
66 *Harbauer*, § 21 ARB 75 Rn 100.
67 *Harbauer*, vor § 21 ARB 75 Rn 33.
68 Zum Umfang des Versicherungsschutzes siehe *Plote*, Anwalt und Rechtsschutzversicherung, 2000, § 3 Rn 31 ff.
69 *Plote*, Anwalt und Rechtsschutzversicherung, § 3 Rn 32.
70 *Harbauer*, § 21 ARB 75 Rn 102.

Abschnitt 1. Gebühren des Verteidigers

Nr.	Gebührentatbestand	Gebühr oder Satz der Gebühr nach § 13 oder § 49 RVG	
		Wahlanwalt	gerichtlich bestellter oder beigeordneter Rechtsanwalt

Vorbemerkung 4.1:
(1) Dieser Abschnitt ist auch anzuwenden auf die Tätigkeit im Verfahren über die im Urteil vorbehaltene Sicherungsverwahrung und im Verfahren über die nachträgliche Anordnung der Sicherungsverwahrung.
(2) Durch die Gebühren wird die gesamte Tätigkeit als Verteidiger entgolten. Hierzu gehören auch Tätigkeiten im Rahmen des Täter-Opfer-Ausgleichs, soweit der Gegenstand nicht vermögensrechtlich ist.

A. Allgemeines 1
B. Regelungsgehalt 4
  I. Abgeltungsbereich der Pauschgebühren ... 4
  II. Anrechnung und Gebührenbegrenzung ... 28
  III. Einlegung eines Rechtsmittels nach § 19 Abs. 1 S. 2 Nr. 10 30
  IV. Beratung über ein Rechtsmittel durch den Verteidiger der Vorinstanz 36
    1. Problemaufriss 36
    2. Eigenes Rechtsmittel 37
    3. Gegnerisches Rechtsmittel 40
    4. Beratung über beiderseitige Rechtsmittel .. 46
  V. Beratung über ein Rechtsmittel durch den nicht in der Vorinstanz tätigen Anwalt 47
  VI. Einlegung eines Rechtsmittels als Einzeltätigkeit 49

A. Allgemeines

Die Vorschrift bestätigt die Anwendung des § 15 Abs. 1 für die Gebühren der VV 4100 ff. Die dort genannten Pauschgebühren entgelten die gesamte Tätigkeit des Verteidigers, sofern nichts anderes angeordnet ist. **1**

Ergänzend hierzu ordnet § 19 Abs. 1 S. 2 Nr. 10 im Gegensatz zu § 17 Nr. 1 an, dass die Einlegung eines Rechtsmittels für den Verteidiger der Vorinstanz noch zur Gebührenangelegenheit zählt und keine gesonderte Vergütung auslöst. **2**

Die Vorschriften der VV Vorb. 4.1 gelten nicht nur für den Anwalt als **Verteidiger** und **Pflichtverteidiger**, sondern auch als **Vertreter des Neben- oder Privatklägers** und für die **weiteren Vertreter der in VV Vorb. 4 Abs. 1 genannten Personen**. **3**

B. Regelungsgehalt

I. Abgeltungsbereich der Pauschgebühren

Die Pauschgebühren der VV 4100 ff. erfassen die gesamte Tätigkeit des Anwalts in den jeweiligen Verfahrensabschnitten. Hierzu zählen: **4**
– das vorbereitende Verfahren (VV 4104)
– das erstinstanzliche Verfahren (VV 4106 ff.)
– das Berufungsverfahren (VV 4124 ff.) und
– das Revisionsverfahren (VV 4130 ff.) sowie
– das Wiederaufnahmeverfahren (VV 4136 ff.).

Innerhalb dieser Verfahrensabschnitte werden sämtliche Tätigkeiten durch die jeweiligen Pauschgebühren abgegolten. Hierzu zählten insbesondere: **5**
– das Verfahren auf **Bestellung als Pflichtverteidiger**;
– die **Beratung des Auftraggebers**;
– die **Beratung über die Aussichten eines noch einzulegenden Rechtsmittels**;
– Anträge auf **Berichtigung des Urteils oder eines Beschlusses**;

N. Schneider

- **Beschwerdeverfahren** mit Ausnahme der Erinnerung und Beschwerde gegen einen Kostenfestsetzungsbeschluss oder gegen den Kostenansatz (VV Vorb. 4 Abs. 5 Nr. 1) sowie Beschwerden in der Zwangsvollstreckung (VV Vorb. 4 Abs. 5 Nr. 2). Für Beschwerdeverfahren gewähren die Vorschriften des VV Teil 4 mit Ausnahme der VV 4139 keine gesonderten Gebühren. Das stellt der neue § 19 Abs. 1 S. 2 Nr. 10 jetzt nochmals ausdrücklich klar. Eine der VV 3500 entsprechende Vorschrift fehlt hier. Die Mehrtätigkeit im Beschwerdeverfahren kann nur durch eine höhere Bemessung im Rahmen des § 14 Abs. 1 berücksichtigt werden. Ist der Anwalt allerdings ausschließlich mit der Vertretung im Beschwerdeverfahren beauftragt, also nicht auch mit der Verteidigung insgesamt, gilt VV Vorb. 4.1 nicht; vielmehr löst die Tätigkeit des Anwalts dann gesonderte Gebühren nach VV 4302 Nr. 1 aus;
- **besondere Anträge**;
- **Besprechungen** mit dem Gericht, der Staatsanwaltschaft und sonstigen Beteiligten;[1]
- **Besuche in der Haftanstalt**;
- die **Einlegung eines Rechtsmittels** durch den in dieser Instanz tätigen Verteidiger (§ 19 Abs. 1 S. 2 Nr. 10) (im Einzelnen sowie zu der Frage, ob und inwieweit hierzu auch die Beratung über das Rechtsmittel zählt, siehe Rdn 36 ff.);
- die **Einsicht in Straf- und Ermittlungsakten**; die Kosten der Ablichtungen sind allerdings nach VV 7000 Nr. 1 Buchst. a gesondert zu vergüten;
- die **Entgegennahme der Information**;
- die **Entgegennahme und Weiterleitung der gegnerischen Rechtsmittelschrift**;[2]
- Anträge auf **Ergänzung und Berichtigung** des Protokolls oder einer gerichtlichen Entscheidung;
- die **Ermittlung von Zeugen**;
- das **Haftprüfungsverfahren**, ausgenommen die Teilnahme an einer Verhandlung in einem Haftprüfungstermin, die jetzt nach VV 4102 Nr. 3 eine gesonderte Gebühr auslöst;
- das **Klageerzwingungsverfahren** (§§ 172 Abs. 2 bis 4, 173 Abs. 1 StPO);[3]
- das **Kostenfestsetzungsverfahren**, mit Ausnahme der Erinnerung und Beschwerde (VV Vorb. 4 Abs. 5 Nr. 1);
- die Überprüfung der **Kostenrechnung** und des **Kostenansatzes**, einschließlich der Erinnerung und Beschwerde gegen den Kostenansatz (§ 18 Abs. 1 Nr. 3);
- das Verfahren über die Bewilligung und Aufhebung von **Prozesskostenhilfe** (§ 16 Nr. 2). Soweit die Bewilligung von Prozesskostenhilfe in Betracht kommt, also für den Neben- oder Privatkläger oder den Verteidiger im Adhäsionsverfahren, wird auch diese Tätigkeit durch die jeweiligen Gebühren abgegolten;
- der **Schriftverkehr** mit dem Gericht, der Staatsanwaltschaft und sonstigen Beteiligten;
- jede auftragsgemäße Tätigkeit im Rahmen des **Täter-Opfer-Ausgleichs (Abs. 2 S. 2)**, soweit es nicht um vermögensrechtliche Ansprüche geht, ausgenommen die Teilnahme an Verhandlungen (VV 4102 Nr. 4). Gemeint sind hier Tätigkeiten im Rahmen der §§ 153a Abs. 1 Nr. 5, 155a, 155b StPO;[4]
- das **Verfahren über Einziehung, Verfall, Vernichtung, Unbrauchbarmachung, Herausgabe des Mehrerlöses und eine Beschlagnahme** bei Werten unter 30 EUR;
- das **Verfahren nach Verweisung** an ein Gericht des gleichen oder eines höheren Rechtszugs (§ 20 S. 1);
- die **Vertretung in der Hauptverhandlung**; diese Tätigkeit wird durch die jeweiligen Terminsgebühren abgegolten;
- die **Vertretung in Fortsetzungsterminen**; hierfür erhält der Anwalt allerdings gesonderte Terminsgebühren;
- die **Vorbereitung der Hauptverhandlung**;
- Antrag auf **Wiedereinsetzung in den vorigen** Stand bei dem Gericht, bei dem die Frist wahrzunehmen gewesen wäre. Wird der Antrag dagegen beim Rechtsmittelgericht wegen Versäumung der Rechtsmittelfrist gestellt, beginnt damit das Rechtsmittelverfahren (vgl. Rdn 6 und Rdn 29).

---

[1] LG Hanau AnwBl 1984, 263.
[2] OLG Düsseldorf JurBüro 1976, 635 = AnwBl 1976, 178; a.A. LG Lüneburg AnwBl 1974, 228.
[3] OLG Stuttgart JurBüro 2000, 584.
[4] *Hartmann*, § 87 BRAGO Rn 4.

In der **Rechtsmittelinstanz** wird darüber hinaus auch abgegolten: 6
- der **Antrag auf Verwerfung des gegnerischen Rechtsmittels**;
- die **Rechtsmittelbegründung und -erwiderung**, also
  - die Berufungsbegründung und -erwiderung[5]
  - die Revisionsbegründung und -gegenerklärung
- die **Rücknahme des Rechtsmittels**;[6]
- die **Überprüfung des Urteils der Vorinstanz**;
- **Antrag beim Rechtsmittelgericht auf** Wiedereinsetzung in den vorigen Stand bei Versäumung der Rechtsmittelfrist **unter gleichzeitiger Nachholung des Rechtsmittels**. Wird der Antrag auf Wiedereinsetzung in den vorigen Stand beim Rechtsmittelgericht gestellt, was nach § 45 Abs. 1 S. 2 StPO zulässig ist, so gilt nicht Abs. 2 S. 2. Mit der Einlegung des Rechtsmittels beginnt bereits das Rechtsmittelverfahren (vgl. Rdn 30).

Nicht abgegolten durch die Pauschgebühren der VV 4100 ff. wird die Tätigkeit, soweit es um 7
Einziehung, Verfall, Vernichtung, Unbrauchbarmachung, Herausgabe des Mehrerlöses und eine Beschlagnahme bei Werten ab 30 EUR geht. Hier erhält der Anwalt nach VV 4142 eine gesonderte 1,0-Gebühr aus dem jeweiligen Wert.

Ebenfalls nicht abgegolten durch die Pauschgebühren der VV 4100 ff. wird die Tätigkeit im **Adhäsi-** 8
onsverfahren nach §§ 430 ff. StPO. Das Adhäsionsverfahren stellt zwar keine besondere Angelegenheit dar, löst jedoch eine zusätzliche Vergütung über die in VV 4104 ff. genannten Betragsrahmengebühren hinausgehend aus. Für den Anwalt erhöhen sich durch seine zusätzliche Tätigkeit im Adhäsionsverfahren – gleich, ob als Antragsteller oder Antragsgegner – die Betragsrahmengebühren um eine 2,0-Gebühr aus dem Wert des Adhäsionsverfahrens (VV 4143); im Berufungs- und Revisionsverfahren sogar um eine 2,5-Gebühr (VV 4144).

Dagegen wird das **Grundverfahren nach § 9 StrEG** durch die VV 4100 ff. abgegolten (siehe 9
VV 4143–4144 Rdn 69).

– Besondere Angelegenheiten 10

Besondere Angelegenheiten i.S.d. § 15 Abs. 1 stellen demgegenüber folgende Tätigkeiten dar:

– Erinnerung und Beschwerde gegen einen Kostenfestsetzungsbeschluss 11

Die Erinnerungs- und Beschwerdeverfahren gegen einen Kostenfestsetzungsbeschluss stellen nach VV Vorb. 4 Abs. 5 Nr. 1 besondere Angelegenheiten dar. Insoweit ordnet VV Vorb. 4 Abs. 5 an, dass die Gebühren nach VV Teil 3 entsprechend gelten. Die Vergütung richtet sich hier also nach VV 3500.

– Erneuter Auftrag nach Ablauf von zwei Kalenderjahren 12

Wird der Verteidiger, nachdem er in einer Angelegenheit tätig war, beauftragt, erneut tätig zu werden, und liegt zwischen der Erledigung des früheren Auftrags und der Erteilung des neuen Auftrags ein Zeitraum von mehr als zwei Kalenderjahren, so gilt die weitere Tätigkeit nach § 15 Abs. 5 S. 2 als neue Angelegenheit.

– Gnadengesuche 13

Verfahren über Gnadengesuche stellen eigene Angelegenheiten dar. Insoweit gilt VV 4303.

– Streitwertbeschwerde 14

Nach zutreffender Ansicht ist die Streitwertbeschwerde eine eigene Angelegenheit (siehe Rdn 5).

– Sühnetermin nach § 380 StPO 15

Teilnahme an einem **Sühnetermin nach § 380 StPO (VV 4102 Nr. 5)**.

---

[5] LG Krefeld JurBüro 1976, 1220 = AnwBl 1976, 355.
[6] OLG Oldenburg NJW 1964, 2134 = AnwBl 1964, 288; a.A. OLG Zweibrücken JurBüro 1981, 1531 = Rpfleger 1981, 411.

16 **– Teilnahme an richterlichen Vernehmungen**

Teilnahme an **richterlichen Vernehmungen (VV 4102 Nr. 1, 1. Alt.).** Hierzu zählt auch die Teilnahme an **polizeilichen Vernehmungen.**

17 **– Richterliche Augenscheinseinnahme**

Teilnahme an **richterlichen Augenscheinseinnahmen (VV 4102 Nr. 1, 2. Alt.).**

18 **– Teilnahme an Terminen zur Untersuchungshaft oder zur einstweiligen Unterbringung**

Teilnahme an **Terminen außerhalb der Hauptverhandlung**, in denen über die Anordnung oder Fortdauer der Untersuchungshaft oder der einstweiligen Unterbringung verhandelt wird (VV 4102 Nr. 3).

19 **– Teilnahme an Vernehmungen durch Strafverfolgungsbehörden**

Teilnahme an **Vernehmungen durch die Staatsanwaltschaft oder eine andere Strafverfolgungsbehörde (VV 4102 Nr. 2).**

20 **– Verfahren nach Verweisung an ein Gericht des niedrigeren Rechtszuges**

Wird das Verfahren an ein Gericht eines niedrigeren Rechtszugs verwiesen (§ 20 S. 2), gilt dieses Verfahren als besondere Angelegenheit i.S.d. § 15. Der Verteidiger erhält auch hier die Gebühren nach VV 4106 ff. erneut.

21 **– Verfahren nach Zurückverweisung**

Auch das Verfahren nach Zurückverweisung stellt gemäß § 21 Abs. 1 eine neue Gebührenangelegenheit dar, so dass der Verteidiger die Gebühren der VV 4106 ff. nach Zurückverweisung ein weiteres Mal erhält. Eine Anrechnung von Gebühren ist hier im Gegensatz zu den Verfahren nach VV Teil 3 nicht vorgesehen.

22 **– Wiederaufnahmeverfahren**

Das Verfahren auf Wiederaufnahme einschließlich der Vorbereitung und Stellung des Antrags und der Vertretung im Verfahren zur Entscheidung ist eine eigene Angelegenheit (§ 17 Nr. 12) und wird nach VV 4136 ff. vergütet.

23 **– Verfahren nach Wiederaufnahme**

Wird dem Antrag auf Wiederaufnahme stattgegeben, so stellt das **Verfahren nach Wiederaufnahme** wiederum eine neue Angelegenheit i.S.d. § 15 Abs. 1 dar. Der Anwalt erhält für das Verfahren nach Wiederaufnahme also die Gebühren der VV 4106 ff. ein weiteres Mal (siehe hierzu im Einzelnen VV 4136 ff. Rdn 1 ff.).

24 **– Zwangsvollstreckung**

Die Tätigkeiten in Vollstreckungssachen aus Titeln, die im Strafverfahren erstritten worden sind (Urteile oder Vergleiche im Adhäsions- oder Privatklageverfahren sowie Kostenfestsetzungsbeschlüsse), stellen ebenfalls nach VV Vorb. 4 Abs. 5 Nr. 2 eine gesonderte Angelegenheit dar. Auch diese Tätigkeiten werden nach den Gebühren des Dritten Abschnitts vergütet, also nach den VV 3309 ff. **Jede Vollstreckungsmaßnahme** stellt dabei eine eigene Angelegenheit dar (§ 18 Abs. 1 Nr. 1).

25 **– Erinnerungsverfahren in Vollstreckungssachen**

Erinnerungsverfahren in Vollstreckungssachen lösen dagegen keine gesonderten Gebühren aus, sondern werden noch durch die Vollstreckungsgebühr (VV 3309) abgegolten (§ 19 Abs. 1 S. 2 Nr. 5), es sei denn sie richten sich gegen Entscheidungen des Rechtspflegers. Dann handelt es sich nach § 18 Abs. 1 Nr. 3 um besondere Angelegenheiten.

26 **– Beschwerden in Zwangsvollstreckungssachen**

Da für Zwangsvollstreckungssachen die Vorschriften des VV Teil 3 entsprechend gelten, sind auch **Beschwerden in Zwangsvollstreckungssachen** als gesonderte Angelegenheiten zu behandeln, so dass der Anwalt hierfür gesonderte Gebühren nach VV Vorb. 4 Abs. 5 Nr. 2 i.V.m. VV 3500 erhält.

Soweit es sich nach der vorstehenden Aufzählung um besondere Angelegenheiten handelt und dort die VV 4102 ff. entsprechend anzuwenden sind, gilt insoweit wiederum Abs. 2, so dass auch dort durch die Pauschgebühren sämtliche Tätigkeiten abgegolten werden.

II. Anrechnung und Gebührenbegrenzung

War der Anwalt zunächst nur mit Einzeltätigkeiten beauftragt und hat er erst später den Auftrag zur (Voll-)Verteidigung erhalten, sind die nach VV 4301 bis 4302 verdienten Gebühren auf die Pauschgebühren der VV 4100 ff. **anzurechnen** (VV Vorb. 4.3 Abs. 4).

Der mit mehreren **Einzeltätigkeiten** beauftragte Anwalt darf auch nie mehr an Gebühren erhalten als der Verteidiger (VV Vorb. 4.3 Abs. 3 S. 2 i.V.m. § 15 Abs. 6).

III. Einlegung eines Rechtsmittels nach § 19 Abs. 1 S. 2 Nr. 10

Als Ausnahme zu § 17 Nr. 1 ordnet § 19 Abs. 1 S. 2 Nr. 10 in Ergänzung der VV Vorb. 4.1 an, dass die Einlegung eines Rechtsmittels bei dem Gericht desselben Rechtszugs noch durch die Verfahrensgebühren nach VV 4102 ff. abgegolten wird. Dies gilt sowohl für die Einlegung der Berufung oder Sprungrevision beim AG als auch für die Einlegung der Revision beim LG.[7]

Diese Vorschrift gilt nur für den **Vollverteidiger** (Wahlanwalt und beigeordneter Anwalt), wobei unerheblich ist, ob er in der Hauptverhandlung tätig war oder nur außerhalb der Hauptverhandlung. Die Regelung in § 19 Abs. 1 S. 2 Nr. 10 gilt dagegen nicht für den Anwalt, der nur mit **Einzeltätigkeiten** beauftragt war und dessen Vergütung sich nach VV 4300 ff. richtet.

Des Weiteren gilt diese Vorschrift nur dann, wenn das Rechtsmittel bei **demselben Gericht** eingelegt wird, dessen Entscheidung angefochten wird. Da Berufung und Revision und Sprungrevision in Strafsachen bei dem Gericht einzulegen sind, dessen Entscheidung angefochten wird, dürfte diese Voraussetzung immer gegeben sein. Soweit allerdings ausnahmsweise die Einlegung des Rechtsmittels auch beim Rechtsmittelgericht in Betracht kommt, greift § 19 Abs. 1 S. 2 Nr. 10 nicht, so dass bereits mit der Einlegung die Gebühr für das Rechtsmittelverfahren entsteht. Der Verteidiger macht sich hier jedoch ggf. schadensersatzpflichtig, da er den kostengünstigsten Weg verlässt. Die anfallenden Mehrkosten kann er dann nicht liquidieren.

> **Beispiel:** Die Berufungsfrist vor dem AG wird versäumt. Der Verteidiger stellt daraufhin einen Antrag auf Wiedereinsetzung in den vorigen Stand und legt gleichzeitig Berufung ein. Den Antrag richtet er an das LG als Berufungsgericht. Das LG lehnt den Antrag wegen Verschuldens des Angeklagten an der Fristversäumung ab.
> Der Antrag auf Wiedereinsetzung ist nach § 45 Abs. 1 S. 1 StPO grundsätzlich bei dem Gericht zu stellen, bei dem die Frist wahrzunehmen war. Das wäre hier das AG gewesen (§ 314 Abs. 1 StPO). Nach § 45 Abs. 1 S. 2 StPO kann der Antrag aber auch bei dem Gericht gestellt werden, das über den Wiedereinsetzungsantrag zu entscheiden hat. Das ist hier nach § 46 Abs. 1 StPO das LG, da es bei rechtzeitiger Einlegung über die Berufung zu entscheiden gehabt hätte. Somit kann der Wiedereinsetzungsantrag zusammen mit der nach § 45 Abs. 2 S. 2 StPO gleichzeitig einzureichenden Berufung beim LG eingereicht werden. Der Anwalt erhält hierfür also bereits eine Gebühr nach VV 4142.
> Hätte der Anwalt den Antrag beim AG eingereicht, so wäre seine Tätigkeit gemäß Abs. 2 durch die Gebühr des VV 4106 abgegolten worden. Die Gebühr nach VV 4124 kann er daher nur insoweit geltend machen, als der Wiedereinsetzungsantrag nach § 14 Abs. 1 zu einer Erhöhung der Gebühr der VV 4106 geführt hätte.

Schließlich muss der Verteidiger in der **unmittelbaren Vorinstanz** tätig gewesen sein. So gilt § 19 Abs. 1 S. 2 Nr. 10 nicht für den erstinstanzlichen Verteidiger, der im Berufungsverfahren nicht tätig war und nunmehr gegen das Berufungsurteil Revision einlegen soll.

Unerheblich ist dagegen, mit welchem Rechtsmittel der Verteidiger beauftragt worden ist, also ob er Berufung oder Revision einlegen soll oder auch eine Sprungrevision. Ausreichend ist, dass

---

[7] OLG Jena JurBüro 2006, 365.

er lediglich erklärt, Rechtsmittel einzulegen und sich vorbehält, zu einem späteren Zeitpunkt zu entscheiden, welches Rechtsmittel durchgeführt werden soll.[8]

35 Die Vorschrift des § 19 Abs. 1 S. 2 Nr. 10 gilt auch für den **Vertreter des Neben- oder Privatklägers oder eines anderen Beteiligten i.S.d. VV Vorb. 4 Abs. 1**, wenn sie ihrerseits Rechtsmittel einlegen.

IV. Beratung über ein Rechtsmittel durch den Verteidiger der Vorinstanz

1. Problemaufriss

36 Die Reichweite des § 19 Abs. 1 S. 2 Nr. 10 ist im Einzelnen umstritten. Häufig wird hier die Frage nach dem Entstehen der Gebühren im Rechtsmittelverfahren mit ihrer Erstattungsfähigkeit gleichgesetzt oder verwechselt, was zu einer äußerst unübersichtlichen und kaum noch zu überschauenden Rechtsprechung geführt hat.

2. Eigenes Rechtsmittel

37 Einigkeit besteht nur insoweit, als die Einlegung des eigenen Rechtsmittels durch die Gebühren des vorangegangenen Rechtszugs abgegolten wird (§ 19 Abs. 1 S. 2 Nr. 10).

38 Konsequenterweise zählt dann auch die Beratung über die Aussichten und Zweckmäßigkeit eines eventuellen – also noch nicht eingelegten – Rechtsmittels ebenfalls zum vorangegangen Verfahren und wird durch die dortigen Gebühren abgegolten. Wie sich aus § 19 Abs. 1 S. 2 Nr. 10 ergibt, dauert das erstinstanzliche Verfahren nämlich bis zur Einlegung eines Rechtsmittels an und erfasst daher alle bis dahin anfallenden anwaltlichen Tätigkeiten.[9]

39 Ist das Rechtsmittel jedoch bereits eingelegt und lässt sich der Mandant erst dann über dessen Aussichten beraten, so zählt diese Tätigkeit bereits zum Rechtsmittelverfahren.[10] Anderer Ansicht ist offenbar *Hansens*,[11] der die Beratung über Zulässigkeit und Zweckmäßigkeit des Rechtsmittels stets noch dem erstinstanzlichen Verfahren zuordnen will. Dies dürfte jedoch unzutreffend sein. Die Einlegung des Rechtsmittels bildet die zeitliche Zäsur zwischen Ausgangs- und Rechtsmittelverfahren. Jede Tätigkeit nach Einlegung des Rechtsmittels wird daher bei Verteidigungsauftrag durch die Gebühren der VV 4124 ff., 4130 ff. abgegolten und bei isoliertem Beratungsauftrag durch die VV 2102. Dazu zählen, wie bereits ausgeführt (siehe Rdn 5), insbesondere
– die Beratung des Mandanten über das bereits eingelegte Rechtsmittel
– die Überprüfung des Urteils der Vorinstanz[12]
– die Berufungs- oder Revisionsbegründung
– die Berufungs- oder Revisionsgegenerklärung
– die Rücknahme des Rechtsmittels[13]
– die Einsichtnahme in die Strafakten zur Vorbereitung der Hauptverhandlung.[14]

Letztlich darf diese Streitfrage jedoch nicht überbewertet werden. Soweit die Beratung über die Aussichten des Rechtsmittels noch zum Ausgangsverfahren gezählt wird, muss diese Mehrarbeit konsequenterweise dort im Rahmen des § 14 Abs. 1 gebührenerhöhend berücksichtigt werden.

3. Gegnerisches Rechtsmittel

40 Auch hinsichtlich der Beratung über das Rechtsmittel eines anderen Beteiligten (Staatsanwaltschaft, Neben- oder Privatkläger) ist die gebührenrechtliche Behandlung umstritten.

41 Ist das Rechtsmittel der Gegenseite noch nicht eingelegt, soll der Anwalt also nur vorbereitend beraten, so zählt diese Tätigkeit noch zur Ausgangsinstanz. Das Rechtsmittelverfahren beginnt für

---

8 Die Entscheidung kann bis zum Ablauf der Revisionsbegründungsfrist zurückgestellt werden, *Meyer-Goßner*, StPO, § 335 Rn 5.
9 LG Flensburg JurBüro 1984, 890.
10 LG Hannover JurBüro 2014, 190 = NdsRpfl 2014, 216.
11 BRAGO, § 87 Rn 5.
12 OLG Zweibrücken JurBüro 1981, 1531.
13 OLG Oldenburg NJW 1964, 2124 = AnwBl 1964, 288; a.A. OLG Zweibrücken JurBüro 1981, 1531.
14 LG Wuppertal DAR 1985, 94.

den in der Instanz beauftragten Verteidiger frühestens mit der Einlegung eines Rechtsmittels durch die Staatsanwaltschaft, den Neben- oder Privatkläger.

Wird das Rechtsmittel von einem anderen Beteiligten, also aus Sicht des Verteidigers von der Staatsanwaltschaft, dem Neben- oder Privatkläger eingelegt, aus Sicht des Privat- oder Nebenklägers vom Angeklagten oder zu dessen Gunsten von der Staatsanwaltschaft, so ist umstritten, ob die Beratung über die Aussichten des gegnerischen Rechtsmittels nach § 19 Abs. 1 S. 2 Nr. 10 durch die Gebühren des erstinstanzlichen Verfahrens abgegolten wird.

Vereinzelt wird die Auffassung vertreten, die Beratung über die Erfolgsaussichten des gegnerischen Rechtmittels würde für den Verteidiger noch zum vorausgehenden Rechtszug zählen.[15] Diese Auffassung ist aus zwei Gründen jedoch abzulehnen: Die Vorschrift des § 19 Abs. 1 S. 2 Nr. 10 ist eine Ausnahmevorschrift und als solche daher eng auszulegen. Sie gilt ausdrücklich nur, wenn der Mandant Rechtsmittelführer ist, nicht aber auch, wenn er Rechtsmittelgegner ist.[16] Abgesehen davon kann eine Beratung über das gegnerische Rechtsmittel logischerweise erst erfolgen, nachdem es eingelegt worden ist. Die Einlegung des Rechtsmittels wiederum bildet aber die zeitliche Zäsur zwischen erstinstanzlichem Verfahren und Rechtsmittelverfahren, so dass die Beratung über eine bereits eingelegte Berufung immer zum Berufungsrechtszug gehört.

Werden also von der Staatsanwaltschaft, dem Neben- oder Privatkläger Rechtsmittel eingelegt, so beginnt für den Verteidiger der Gebührenrechtszug der VV 4124 ff., VV 4130 ff. unabhängig davon, ob er bereits erstinstanzlich tätig war oder nicht, mit der ersten Tätigkeit nach Einlegung des Rechtsmittels. Voraussetzung ist allerdings, dass ihm für diese Instanz schon ein Mandat erteilt ist. So wird in aller Regel die bloße Entgegennahme des gegnerischen Rechtsmittels und die Benachrichtigung des Mandanten noch keine Gebühren auslösen, weil der Mandant bis dahin von dem Rechtsmittel noch keine Kenntnis hatte und daher insoweit grundsätzlich auch noch kein Mandat erteilt haben kann.[17] Anders verhält es sich allerdings, wenn der erstinstanzliche Verteidiger bereits den (bedingten) Auftrag erhalten hatte, im Falle eines gegnerischen Rechtsmittels tätig zu werden und er sich daraufhin bei Gericht bestellt. Auch hier darf die Streitfrage nicht überbewertet werden. Soweit die Beratung über die Aussichten des gegnerischen Rechtsmittels noch zum Ausgangsverfahren gezählt wird, muss auch hier die Mehrarbeit im Rahmen des § 14 Abs. 1 gebührenerhöhend berücksichtigt werden.

Hatte der Anwalt noch keinen Verteidigungsauftrag im Rechtsmittelverfahren, sondern nur einen isolierten Beratungsauftrag, gilt wiederum VV 2102.

4. Beratung über beiderseitige Rechtsmittel

Soll der Anwalt sowohl über das von der Gegenseite bereits eingelegte Rechtsmittel und das eigene noch nicht eingelegte Rechtsmittel beraten, so gelten sowohl § 19 Abs. 1 S. 2 Nr. 10 hinsichtlich des eigenen Rechtsmittels als auch die VV 4124, 4130 bzw. VV 2102 hinsichtlich des gegnerischen Rechtsmittels.

> **Beispiel:** Der Angeklagte wird in Abwesenheit teilweise freigesprochen und teilweise verurteilt. Die Staatsanwaltschaft legt innerhalb einer Woche (§ 314 Abs. 1 StPO) Berufung ein, soweit der Angeklagte freigesprochen worden ist. Der Angeklagte, dessen Rechtsmittelfrist noch läuft (§ 314 Abs. 2 StPO), lässt sich von seinem Verteidiger, den er im Berufungsverfahren bereits beauftragt hat, daraufhin sowohl über die Aussichten des Rechtsmittels der Staatsanwaltschaft beraten als auch über die Aussichten und Zweckmäßigkeit einer eigenen Berufung.
> Die Beratung über die Aussichten der Berufung der Staatsanwaltschaft ist bereits nach VV 4124 zu vergüten. Die Beratung über das eigene Rechtsmittel zählt nach § 19 Abs. 1 S. 2 Nr. 10 zur ersten Instanz und wird durch die Gebühr nach VV 4106 abgegolten, die allerdings je nach Aufwand und Umfang der Beratung nach § 14 Abs. 1 entsprechend höher anzusetzen ist.

---

15 LG Nürnberg-Fürth KostRsp. BRAGO § 87 Nr. 6. m. abl. Anm. *Schmidt*; LG Bayreuth NJW 1975, 1046; LG Mainz NJW 1972, 1681; LG Osnabrück JurBüro 1976, 66; LG Paderborn JurBüro 1986, 1045.

16 LG Düsseldorf NJW 1972, 1681; AnwBl 1983, 461; LG Braunschweig JurBüro 1980, 104; LG Berlin AnwBl 1987, 53; *Hansens*, § 85 Rn 4.

17 OLG Düsseldorf JurBüro 1976, 635.

V. Beratung über ein Rechtsmittel durch den nicht in der Vorinstanz tätigen Anwalt

47 Wird ein Anwalt, der nicht in der Vorinstanz als Verteidiger tätig war, mit der Verteidigung für das Berufungs- oder Revisionsverfahren beauftragt und soll er zunächst nur über die Aussichten eines Rechtsmittels beraten, ohne es schon einzulegen, so erhält er gleichwohl die Vergütung nach VV 4124, 4130. Mit der Beauftragung als Verteidiger sind die VV 4124, 4130 einschlägig und schließen andere Vorschriften, insbesondere VV 4106 ff. oder die VV 2102, 2103 aus. Gleiches gilt für den Vertreter des Privat- oder Nebenklägers oder den Vertreter anderer Beteiligter (VV Vorb. 4 Abs. 1).

48 Ist der Anwalt allerdings nur mit der Beratung über die Aussichten eines Rechtsmittels beauftragt, nicht auch schon mit der Vertretung im Rechtsmittelverfahren, so gelten die VV 2102, 2103. Kommt es anschließend zur Bestellung im Rechtsmittelverfahren, sind die Gebühren nach VV 2102, 2103 auf die späteren Verteidigergebühren anzurechnen (Anm. zu VV 2102). Soweit sich die Beratung auf vermögensrechtliche Ansprüche beschränkt (VV 4143 f.) und der Anwalt über eine Berufung berät, erhält er die Gebühr nach VV 2100, 2101.

VI. Einlegung eines Rechtsmittels als Einzeltätigkeit

49 Ist ein vorinstanzlich nicht als Verteidiger tätiger Anwalt nur mit der Einlegung des Rechtsmittels beauftragt, ohne dass ihm auch schon der Auftrag zur Verteidigung des Angeklagten oder zur Vertretung des Privat- oder Nebenklägers oder eines anderen Beteiligten i.S.d. VV Vorb. 4 Abs. 1 übertragen ist, gilt VV 4302 Nr. 1. Diese Gebühr ist auf die Gebühren der VV 4124, 4130 anzurechnen, wenn der Anwalt anschließend als Verteidiger, Neben- oder Privatklagevertreter oder Vertreter eines anderen Beteiligten beauftragt wird (VV Vorb. 4.3 Abs. 4). Wird er anschließend nur mit der Begründung des Rechtsmittels beauftragt, nicht auch mit der Verteidigung, erstarkt die Gebühr nach VV 4302 Nr. 1 im Falle der Berufung zu einer Gebühr nach VV 4301 Nr. 2 (Anm. zu VV 4301) und im Falle der Revision zu einer Gebühr nach VV 4300 Nr. 1 (Anm. zu VV 4300).

Unterabschnitt 1. Allgemeine Gebühren

Vorbemerkung zu VV 4100 ff.

1 Die in Unterabschnitt 1 eingeführten allgemeinen Gebühren finden keine Entsprechung in der BRAGO. Weder gab es nach der BRAGO eine Grundgebühr für die erstmalige Einarbeitung in die Sache, noch waren Termine außerhalb der Hauptverhandlung gesondert zu vergüten. Es galt insoweit vielmehr § 87 BRAGO, wonach solche Tätigkeiten durch die Hauptverhandlungsgebühren bzw. durch die Gebühren nach § 84 Abs. 1 BRAGO abgegolten waren und diese Tätigkeiten lediglich Gebühren erhöhend im Rahmen der jeweiligen Gebührenbestimmung berücksichtigt werden konnten. Nunmehr erhält der Anwalt hier gesonderte Gebühren nach VV 4100, 4102.

2 Aus der Stellung der Gebührentatbestände im Unterabschnitt 1 „Allgemeine Gebühren" folgt, dass diese Gebühren grundsätzlich in allen Angelegenheiten, also im vorbereitenden Verfahren, im gerichtlichen Verfahren, im Berufungs- und Revisionsverfahren sowie im Wiederaufnahmeverfahren anfallen können. Lediglich die Grundgebühr ist im Wiederaufnahmeverfahren ausgeschlossen (VV Vorb. 4.1.4).

3 Als allgemeine Gebühren vorgesehen sind die
– **Grundgebühr** (VV 4100) und die
– **Terminsgebühr** für Termine außerhalb der Hauptverhandlung (VV 4102),
jeweils mit Haftzuschlag.

4 Eine Differenzierung in der Höhe der Gebühren ist hier weder nach Instanz noch nach Ordnung des Gerichts vorgesehen. Der Gebührenrahmen ist vielmehr stets derselbe, unabhängig davon, in welchem Verfahrensabschnitt die Gebühren anfallen.

Bei der Bemessung der Grundgebühr sind, da die Gebühren von der Ordnung des Gerichts unabhängig sind, Vergleichsmaßstab sämtliche Strafverfahren.[1] Besondere Tatumstände oder eine höhere Straferwartung können daher im Rahmen des § 14 Abs. 1 nur bei den dort genannten Kriterien berücksichtigen werden.

Nr.	Gebührentatbestand	Gebühr oder Satz der Gebühr nach § 13 oder § 49 RVG	
		Wahlanwalt	gerichtlich bestellter oder beigeordneter Rechtsanwalt
4100	Grundgebühr .... (1) Die Gebühr entsteht neben der Verfahrensgebühr für die erstmalige Einarbeitung in den Rechtsfall nur einmal, unabhängig davon, in welchem Verfahrensabschnitt sie erfolgt. (2) Eine wegen derselben Tat oder Handlung bereits entstandene Gebühr 5100 ist anzurechnen.	40,00 bis 360,00 €	160,00 €
4101	Gebühr 4100 mit Zuschlag	40,00 bis 450,00 €	192,00 €

Literatur: *Burhoff*, Die Grundgebühr in Straf- und Bußgeldverfahren, RVGreport 2009, 361.

A. Allgemeines 1
B. Regelungsgehalt 6
  I. Einmaligkeit der Gebühr 6
  II. Entstehen der Gebühr 18
  III. Höhe der Gebühr 20
  IV. Anrechnung 26
    1. Überblick 26
    2. Strafverfahren und Bußgeldverfahren bei derselben Tat oder Handlung 27
      a) Bußgeldverfahren geht in Strafverfahren über 28
      b) Strafverfahren geht in Bußgeldverfahren über 29
    3. Strafverfahren und Bußgeldverfahren bei verschiedenen Taten 30
C. Weitere Gebühren 31

A. Allgemeines

Nach VV 4100 erhält der Anwalt eine Grundgebühr für die **erstmalige Übernahme des Mandats und Einarbeitung** in den Rechtsfall. Abgegolten werden soll hiermit die erstmalige Einarbeitung in den Prozessstoff, die Entgegennahme der Information, rechtliche Prüfungen, Sachverhaltsermittlung, Gespräche mit dem Mandanten etc.[1] Dazu gehört vor allem auch die erste Akteneinsicht nach § 147 StPO,[2] sofern diese zeitnah zur Auftragserteilung erfolgt.

Tätigkeiten gegenüber Dritten, insbesondere der Staatsanwaltschaft oder dem Gericht, werden nicht mehr durch die Grundgebühr abgegolten, sondern durch die jeweilige Verfahrensgebühr.

Erfasst werden nur die erstmalige Einarbeitung in den Rechtsfall sowie das erste Gespräch mit dem Mandanten, in dem dieser im Zweifel nur pauschal und überschlägig beraten wird. Soweit nach Akteneinsicht die Sach- und Rechtslage mit dem Mandanten ausführlich erörtert wird, zählt diese Tätigkeit nicht mehr zum Abgeltungsbereich der Grundgebühr, sondern wird von der Verfahrensgebühr umfasst.[3]

---

1 LG Karlsruhe, Beschl. v. 2.11.2005 – 2 Qs 26/05.
1 OLG Jena StraFo 2005, 172 = KostRsp. RVG-VV 4100 Nr. 1 = JurBüro 2005, 258 = Rpfleger 2005, 277 = RVGreport 2005, 103.
2 OLG Jena StraFo 2005, 172 = KostRsp. RVG-VV 4100 Nr. 1 = JurBüro 2005, 258 = Rpfleger 2005, 277 = RVGreport 2005, 103.
3 LG Braunschweig StraFo 2010, 513 = VRR 2010, 359 = RVGreport 2010, 422 = RVGprof. 2010, 214 = StRR 2011, 39.

3   Die Grundgebühr entsteht auch bei Vertretung **anderer Beteiligter** i.S.d. VV Vorb. 4 Abs. 1, so etwa für den nach § 68b StPO bestellten Beistand.[4]

4   Wird der Anwalt anstelle eines zu diesem Termin verhinderten Pflichtverteidigers als „**Terminsvertreter**" für einen Hauptverhandlungstag bestellt, so stehen ihm nach zutreffender Ansicht sämtliche im Einzelfall verwirklichten Gebührentatbestände nach VV Teil 4 Abschnitt 1 zu, also auch die Grundgebühr.[5] Die Gegenauffassung will dagegen nur eine Terminsgebühr, aber keine Grundgebühr, bewilligen.[6]

5   Möglich ist die Bewilligung einer **Pauschgebühr** (§§ 42, 51).

B. Regelungsgehalt

I. Einmaligkeit der Gebühr

6   Die Grundgebühr kann in **jedem Verfahrensstadium** des VV Teil 4 Abschnitt 1 entstehen, mit Ausnahme des **Wiederaufnahmeverfahrens** (VV Vorb. 4.1.4). Sie ist also möglich im vorbereitenden Verfahren, im erstinstanzlichen gerichtlichen Verfahren, in der Berufung und der Revision. Sie kann auch in einem Verfahren nach Zurückverweisung (§ 21 Abs. 1) entstehen.

7   Die Grundgebühr entsteht auch im Strafbefehlsverfahren nach § 408b StPO.[7]

8   In Verfahren anderer Abschnitte ist eine Grundgebühr nicht vorgesehen. Insbesondere fällt bei **Einzeltätigkeiten** oder in **Vollstreckungsverfahren**[8] keine Grundgebühr an.[9]

9   Bei Tätigkeiten als Verteidiger oder Vertreter eines Beteiligten i.S.d. VV Vorb. 4 Abs. 1 in dem Verfahrensstadium des VV Teil 4 Abschnitt 1 entsteht die Grundgebühr immer. Eine andere Gebühr kann nicht losgelöst ohne Grundgebühr entstehen.[10]

10 Die Grundgebühr fällt allerdings nur **einmalig** an (Anm. Abs. 1), nämlich in dem Verfahrensabschnitt, in dem der Verteidiger erstmals tätig geworden ist. In den nachfolgenden Angelegenheiten entsteht die Grundgebühr dann nicht nochmals. So kann die Grundgebühr in der Rechtsmittelinstanz also grundsätzlich nur dann anfallen, wenn der Verteidiger nicht bereits in der Vorinstanz tätig war.[11]

11 Die Grundgebühr kann sich nachträglich auch nicht erhöhen, da weitere Einarbeitungen, Ermittlungen und rechtliche Prüfungen dann nicht mehr durch die Grundgebühr abgegolten werden, sondern durch die jeweilige Verfahrensgebühr des betreffenden Verfahrensabschnitts.

12 Dagegen kann die Grundgebühr mehrmals entstehen, wenn ein Fall des § 15 Abs. 5 S. 2 vorliegt, wenn also ein erledigtes Strafverfahren **nach Ablauf von zwei Kalenderjahren wieder aufgenom-**

---

4   OLG Dresden StraFo 2009, 42 = NJW 2009, 455 = wistra 2009, 80; a.A. Einzeltätigkeit nach VV 4303 OLG Hamburg NStZ-RR 2010, 327 = DAR 2011, 116 = wistra 2010, 280; OLG Braunschweig NdsRpfl 2010, 339; OLG Hamm StraFo 2009, 474 = RVGreport 2009, 426 =StRR 2009, 437.

5   OLG Köln AGS 2010 286 m. Anm. *N. Schneider* = RVGprof. 2010, 153 = RVGreport 2010, 462; OLG Bamberg StRR 2011, 167 = NStZ-RR 2011, 223; OLG Jena, Beschl. v. 8.12.2010 – 1 Ws 318/10; OLG Düsseldorf StRR 2009, 157; OLG Hamm AGS 2007, 37 = RVGreport 2006, 92 = RVGreport 2006, 296; OLG München NStZ-RR 2009, 32 = StRR 2008, 443 = RVGprof. 2009, 32 = StRR 2009, 120 = RVGreport 2009, 227; OLG Karlsruhe StraFo 2008, 439 = NJW 2008, 2935 = AGS 2008, 488 = Rpfleger 2008, 664 = RVGreport 2009, 19; Gerold/Schmidt/*Burhoff*, VV 4100, 4101 Rn 9; *Burhoff*, Nr. 4100 VV Rn 6 ff.; *P. Kotz*, StraFo 2008, 412 ff. u. NStZ-RR 2010, 36, 38.

6   So OLG Hamm RVGreport 2007, 108; KG NStZ-RR 2005, 327 = JurBüro 2005, 536 = AGS 2006, 177 = NStZ-RR 2005, 327; OLG Celle StraFo 2006, 471 = Rpfleger 2006, 669 = NdsRpfl 2006, 375; RVGreport 2007, 71; NStZ-RR 2009, 158; OLG Braunschweig AGS 2016, 263 = NdsRpfl 2015, 263 = RVGreport 2016, 184.

7   OLG Düsseldorf AGS 2008, 343 = Rpfleger 2008, 595 = VRR 2008, 243 = RVGreport 2008, 351 = StRR 2008, 358; OLG Oldenburg AGS 2010, 491 = StraFo 2010, 430 = NStZ-RR 2010, 391 = RVGreport 2011, 24 = VRR 2011, 39.

8   KG Rpfleger 2009, 49 = Rpfleger 2009, 110 = JurBüro 2009, 83 = RVGreport 2008, 463 = StRR 2009, 156 (Verfahren nach § 67e StGB).

9   OLG Schleswig AGS 2005, 120 m. Anm. *N. Schneider* = JurBüro 2005, 252 = RVGreport 2005, 70 = RVG-B 2005, 49 = RVG-B 2005, 50 m. Anm. *Breyer*; *Burhoff*, VV 4100 Rn 5.

10 A.A. AG Koblenz RVGreport 2004, 469 = AGS 2004, 448; KG, Beschl. v. 29.6.2005 – 5 Ws 164/05.

11 OLG Frankfurt/M. NStZ-RR 2005, 31 = RVGreport 2005, 28.

men wird. Dies ergibt sich zwar nicht ausdrücklich aus § 15 Abs. 5 S. 2 und auch nicht aus VV 4100. Entsprechend dem Sinn und Zweck der Vorschrift des § 15 Abs. 5 S. 2 muss die Grundgebühr jedoch erneut anfallen, da der Anwalt sich erneut in die Sache einarbeiten muss.

Im Falle der **Trennung** entsteht die Grundgebühr in dem abgetrennten Verfahren nicht erneut, da sich der Verteidiger bereits vor der Trennung in den gesamten Fall eingearbeitet hat.[12] Denkbar wären allenfalls zwei Grundgebühren, wenn noch vor Einarbeitung oder während der Einarbeitung die Verfahren getrennt werden.[13]

Werden mehrere Verfahren **verbunden**, so bleiben die bis dahin entstandenen Grundgebühren erhalten. Sie können durch Verbindung nicht nachträglich entfallen oder zusammengefasst werden.[14]

Grundsätzlich stellt jedes Ermittlungsverfahren einen Rechtsfall i.S.d. VV 4100 dar. Daran ändert sich nichts, wenn mehrere Taten zufällig am gleichen Tage begangen worden sind, wenn wegen dieser unterschiedliche Verfahren geführt werden. Auch die Grundgebühr fällt dann mehrmals an.[15]

Im Falle einer Zurückverweisung entsteht die Grundgebühr für den zuvor bereits befassten Verteidiger nicht erneut, weil er bereits eingearbeitet ist.[16]

Zu den Fragen des **Übergangsrechts**, also zur Frage, ob die Grundgebühr auch dann anfallen kann, wenn der Anwalt vor dem 1.7.2004 bereits tätig war und nach dem 30.6.2004 in einer neuen Instanz beauftragt worden ist, siehe die 6. Aufl. (vgl. dort § 61 Rn 73 ff.).

II. Entstehen der Gebühr

Die Grundgebühr entsteht mit der ersten Tätigkeit, in der Regel mit der Entgegennahme der Information. VV Vorb. 4 Abs. 2 ist insoweit analog anzuwenden.

Wird der Rechtsanwalt erst später beauftragt, etwa erst in der Hauptverhandlung, entsteht dennoch auch die Grundgebühr.[17] Jeder Verteidiger muss sich einarbeiten, unabhängig davon, wann er bestellt wird. Die gegenteilige Auffassung, die z.B. dem erst im Hauptverhandlungstermin bestellten Verteidiger eine Grundgebühr abspricht[18] ist unzutreffend und mit dem Gesetz nicht zu vereinbaren und verfassungswidrig.

III. Höhe der Gebühr

Die Höhe der Grundgebühr beläuft sich für den **Wahlverteidiger** auf 40 EUR bis 360 EUR, die Mittelgebühr beträgt 200 EUR.

Der **gerichtlich bestellte oder beigeordnete Anwalt** erhält eine Festgebühr in Höhe von 160 EUR.

Befindet sich der Beschuldigte **nicht auf freiem Fuß**, beläuft sich der Gebührenrahmen für den **Wahlverteidiger** auf 40 EUR bis 450 EUR; die Mittelgebühr beträgt 245 EUR (VV 4101). Der **gerichtlich bestellte oder beigeordnete Anwalt** erhält eine Festgebühr in Höhe von 192 EUR.

Wie im vorbereitenden Verfahren wird in der Höhe nicht nach der Ordnung des Gerichts unterschieden, bei dem die Sache anhängig ist oder bei dem sie anhängig zu machen sein wird. Bei der Bemessung der Grundgebühr und der Verfahrensgebühr für das vorbereitende Verfahren sind, da die Gebühren von der Ordnung des Gerichts unabhängig sind, Vergleichsmaßstab sämtliche Strafverfah-

---

12 *Burhoff*, VV 4100 Rn 27.
13 Ebenso wohl *Burhoff*, VV 4100 Rn 27, der nur „im Zweifel" von einer Gebühr ausgeht.
14 LG Hamburg AGS 2008, 545; LG Braunschweig StraFo 2010, 513 = VRR 2010, 359 = RVGreport 2010, 422 = RVGprof. 2010, 214 = StRR 2011, 39; AG Braunschweig VRR 2010, 39 = RVGreport 2010, 69 = RVGprof. 2010, 58 = StRR 2010, 200; AG Tiergarten AGS 2010, 133 = RVGprof. 2009, 203 = RVGreport 2010, 18 = StRR 2010, 120 = VRR 2010, 120; *Burhoff*, VV 4100 Rn 28.
15 LG Hamburg AGS 2008, 545.
16 AGS 2005, 449 = RVGreport 2005, 343 = RVGprof. 2005, 178 = RVG-B 2005, 163; *Burhoff*, VV 4100 Rn 20.
17 OLG Düsseldorf StRR 2009, 157.
18 AG Koblenz AGS 2004, 448 m. abl. Anm. *N. Schneider* = RVGreport 2004, 469 = KostRsp. RVG-VV Nr. 1; ebenso LG Düsseldorf, Beschl. v. 14.10.2007 – 14 Qs 107/07 (n.v.).

ren.[19] Eine geringere Gebühr kann nicht allein darauf gestützt werden, dass es sich um ein Strafverfahren vor dem Amtsgericht gehandelt habe.[20]

24 Bei der Bemessung der Gebühr für den Wahlverteidiger gemäß § 14 Abs. 1 wird hier zu beachten sein, in welchem Verfahrensstadium der Verteidiger eingeschaltet wird. Wird er erst in zweiter oder gar dritter Instanz oder nach Zurückverweisung oder Wiederaufnahme beauftragt, wird sicherlich eine höhere Gebühr, u.a. die Höchstgebühr, angemessen sein, da dann der zu sichtende Prozessstoff, die zu lesenden Akten und auch die rechtlichen Fragen – insbesondere prozessrechtliche Fragen – eine erheblich umfangreichere Einarbeitung erforderlich machen werden. Demgegenüber wird bei einer umgehenden Einschaltung des Verteidigers unmittelbar nach Zugang eines Anhörungsschreibens die Gebühr im unteren Bereich anzusiedeln sein. Weitere Ermittlungen und rechtliche Prüfungen werden dann durch die jeweiligen Verfahrensgebühren abgegolten.

25 Vertritt der Anwalt **mehrere Auftraggeber**, so erhöht sich die Grundgebühr nicht. Bei der Grundgebühr handelt es sich weder um eine Verfahrens- noch um eine Geschäftsgebühr. Die Anwendung der VV 1008 ist daher ausgeschlossen.

IV. Anrechnung

1. Überblick

26 Da Strafverfahren und Bußgeldverfahren gebührenrechtlich zwei verschiedene Angelegenheiten sind (siehe § 17 Nr. 10 einerseits und VV Anm. Abs. 2 andererseits), kann die Grundgebühr sowohl im Strafverfahren (VV 4100) als auch im Bußgeldverfahren (VV 5100) anfallen.

2. Strafverfahren und Bußgeldverfahren bei derselben Tat oder Handlung

27 Soweit dem Bußgeldverfahren und dem Strafverfahren derselbe Tatvorwurf oder dieselbe Handlung zugrunde liegen, soll die Grundgebühr aber nicht doppelt entstehen können. Hier sind zwei Fälle zu unterscheiden,
– der Übergang vom Bußgeldverfahren ins Strafverfahren
– der Übergang vom Strafverfahren ins Bußgeldverfahren.

a) Bußgeldverfahren geht in Strafverfahren über

28 Geht ein Bußgeldverfahren in ein Strafverfahren über, regelt Anm. Abs. 2 zu VV 4100, dass eine wegen derselben Tat oder Handlung im Bußgeldverfahren bereits entstandene Grundgebühr (VV 5100) auf die Gebühr der VV 4100 angerechnet wird.

Beispiel: Gegen den Mandanten wird zunächst wegen eines Verstoßes gegen die Straßenverkehrsordnung (Vorfahrtsverletzung mit Unfallfolge) ermittelt. Im Zuge der Ermittlungen stellt sich heraus, dass der Unfallgegner verletzt ist. Das Verfahren wird gemäß § 42 OWiG von der Staatsanwaltschaft übernommen, die nunmehr wegen des Verdachts der fahrlässigen Körperverletzung ermittelt.
Ausgehend von der Mittelgebühr ist wie folgt abzurechnen:

I. Bußgeldverfahren
1. Grundgebühr, VV 5100		100,00 EUR
2. Verfahrensgebühr, VV 5103		160,00 EUR
3. Postentgeltpauschale, VV 7002		20,00 EUR
Zwischensumme	280,00 EUR	
4. 19 % Umsatzsteuer, VV 7008		53,20 EUR
Gesamt		**333,20 EUR**

II. Strafverfahren
1. Grundgebühr, VV 4100	200,00 EUR
2. gem. Anm. Abs. 2 zu VV 4100 anzurechnen	– 100,00 EUR
3. Verfahrensgebühr, VV 4104	165,00 EUR

---

[19] LG Karlsruhe, Beschl. v. 2.11.2005 – 2 Qs 26/05 (n.v.).   [20] AG Pirna VRR 2009, 323.

4. Postentgeltpauschale, VV 7002		20,00 EUR
Zwischensumme	285,00 EUR	
5. 19 % Umsatzsteuer, VV 7008		54,15 EUR
Gesamt		**339,15 EUR**

b) Strafverfahren geht in Bußgeldverfahren über

Im umgekehrten Fall, also wenn zunächst im Strafverfahren ermittelt worden ist, dieses dann aber nach § 43 OWiG eingestellt wurde und nunmehr aufgrund derselben Tat oder Handlung wegen des Verdachts einer Ordnungswidrigkeit weiter ermittelt wird, entsteht keine Grundgebühr im Bußgeldverfahren mehr (Anm. Abs. 2 zu VV 5100). Die Grundgebühr des Strafverfahrens deckt dann auch die Einarbeitung in das Bußgeldverfahren ab. Voraussetzung ist aber auch hier, dass es im Bußgeldverfahren um dieselbe Tat oder Handlung geht.

> **Beispiel:** Gegen den Mandanten war nach einem Verkehrsunfall ein Ermittlungsverfahren wegen des Verdachts der fahrlässigen Körperverletzung eingeleitet. Dieses Verfahren wurde dann nach Einlassung des Verteidigers von der Staatsanwaltschaft eingestellt. Gleichzeitig wurde die Sache zur weiteren Verfolgung als Ordnungswidrigkeit an die zuständige Verwaltungsbehörde abgegeben, die einen Bußgeldbescheid über 50 EUR erlässt.
> Im Bußgeldverfahren kann jetzt **keine Grundgebühr** mehr entstehen, da im Strafverfahren bereits die Grundgebühr nach VV 4100 entstanden ist. Dies schließt den erneuten Anfall der Grundgebühr aus, soweit das vorangegangene Strafverfahren dieselbe Tat betraf (Anm. Abs. 2 zu VV 5100).
>
> **I. Strafverfahren**
>
> | | | |
> |---|---|---|
> | 1. Grundgebühr, VV 4100 | | 200,00 EUR |
> | 2. Verfahrensgebühr, VV 4104 | | 165,00 EUR |
> | 3. Postentgeltpauschale, VV 7002 | | 20,00 EUR |
> | Zwischensumme | 385,00 EUR | |
> | 4. 19 % Umsatzsteuer, VV 7008 | | 73,15 EUR |
> | **Gesamt** | | **458,15 EUR** |
>
> **II. Bußgeldverfahren**
>
> | | | |
> |---|---|---|
> | 1. Verfahrensgebühr, VV 5103 | | 160,00 EUR |
> | 2. Postentgeltpauschale, VV 7002 VV | | 20,00 EUR |
> | Zwischensumme | 180,00 EUR | |
> | 3. 19 % Umsatzsteuer, VV 7008 VV | | 34,20 EUR |
> | **Gesamt** | | **214,20 EUR** |

3. Strafverfahren und Bußgeldverfahren bei verschiedenen Taten

Soweit dem Bußgeldverfahren und dem Strafverfahren unterschiedliche Taten oder Handlungen zugrunde liegen, entstehen die Grundgebühren nach VV 4100 und VV 5100 gesondert. Die Reihenfolge Bußgeldverfahren/Strafverfahren oder Strafverfahren/Bußgeldverfahren ist dabei unerheblich.

> **Beispiel:** Ein Angestellter des Mandanten ist mit dessen Fahrzeug in einer Polizeikontrolle angehalten worden. Daraufhin wird von der Verwaltungsbehörde gegen den Mandanten als Halter ermittelt, weil das Fahrzeug nicht den Zulassungsvorschriften der StVZO entspreche (Bußgeldandrohung 60 EUR). Im Verlaufe der Ermittlungen stellt sich heraus, dass der Angestellte nicht im Besitz einer gültigen Fahrerlaubnis war. Daraufhin wird die Sache an die Staatsanwaltschaft abgegeben und gegen den Mandanten wegen Verstoßes gegen § 21 StVG (Gestatten des Fahrens ohne Fahrerlaubnis) ermittelt.
> Bußgeld- und Strafverfahren betreffen verschiedene Handlungen und Taten, so dass jetzt nicht anzurechnen ist. Die Grundgebühr im Strafverfahren entsteht anrechnungsfrei.
>
> **I. Bußgeldverfahren**
>
> | | | |
> |---|---|---|
> | 1. Grundgebühr, VV 5100 | | 100,00 EUR |
> | 2. Verfahrensgebühr, VV 5103 | | 160,00 EUR |
> | 3. Postentgeltpauschale, VV 7002 VV | | 20,00 EUR |
> | Zwischensumme | 280,00 EUR | |
> | 4. 19 % Umsatzsteuer, VV 7008 VV | | 53,20 EUR |
> | **Gesamt** | | **333,20 EUR** |
>
> **II. Strafverfahren**
>
> | | |
> |---|---|
> | 1. Grundgebühr, VV 4100 | 200,00 EUR |
> | 2. Verfahrensgebühr, VV 4104 | 165,00 EUR |

3. Zusätzliche Verfahrensgebühr, VV 4141, 4104		165,00 EUR
4. Postentgeltpauschale, VV 7002		20,00 EUR
Zwischensumme	550,00 EUR	
5. 19 % Umsatzsteuer, VV 7008		104,50 EUR
Gesamt		**654,50 EUR**

C. Weitere Gebühren

31 In Rechtsprechung und Literatur war die Abgrenzung des Abgeltungsbereichs der Grundgebühr zur Verfahrensgebühr[21] umstritten.

32 Nach **einer Auffassung** in der Kommentarliteratur[22] sollten sich die Abgeltungsbereiche von Verfahrensgebühr und Grundgebühr gegenseitig ausschließen. Beide Gebühren seien tatbestandlich voneinander abzugrenzen. Zunächst entstehe die Grundgebühr. Erst wenn deren Abgeltungsbereich beendet sei, beginne der Abgeltungsbereich der Verfahrensgebühr. Begründet wurde dies damit, dass die Grundgebühr anderenfalls keinen eigenen Abgeltungsbereich mehr hätte, da ja sämtliche Tätigkeiten, die zum Entstehen der Grundgebühr führen, zugleich auch die Verfahrensgebühr auslösen würden. Damit wäre die Grundgebühr keine „Garantie-" bzw. „Grundlagengebühr". Das aber gerade habe der Gesetzgeber gewollt. Die Grundgebühr solle also einen eigenen Abgeltungsbereich haben, nämlich die Vergütung der ersten Akteneinsicht und der mit der Übernahme des Mandats zusammenhängenden Tätigkeiten.[23] Auch die Rechtsprechung hatte diese Auffassung bisher überwiegend vertreten.[24]

33 Nach **anderer Auffassung**[25] entstand schon immer für den Verteidiger, wenn er sich in den Fall einarbeitet, nicht nur die Grundgebühr, sondern zugleich auch die jeweilige Verfahrensgebühr. Begründet wurde dies damit, dass die Verfahrensgebühr nach dem ausdrücklichen Wortlaut des Gesetzes (VV Vorb. 4 Abs. 2) *„für das Betreiben des Geschäfts einschließlich der Information"* entsteht. Nun ist es aber nicht möglich, sich in die Sache einzuarbeiten, ohne Informationen entgegenzunehmen und bereits die Verteidigung zu betreiben. Auch die Akteneinsicht gehört bereits zum Betreiben des Geschäfts. Eine Regelung, dass der Anwendungsbereich der Verfahrensgebühr in Strafsachen – im Gegensatz zu sonstigen Verfahren – später einsetzen soll oder dass die Grundgebühr für einen bestimmten Zeitraum, nämlich den der Einarbeitung, den Anfall der Verfahrensgebühr ausschließt, ist weder dem Gesetz noch seiner Begründung zu entnehmen.

34 In der Praxis hatten die unterschiedlichen Auffassungen bislang durchaus Bedeutung. Kam es später zu weiteren Tätigkeiten über die Einarbeitung hinaus, wirkte sich die Streitfrage zwar in der Regel nicht aus, weil dann beide Gebühren entstanden waren und dem Verteidiger auch zugesprochen wurden. Wenn sich die Sache jedoch in der Vorbereitungsphase erledigte, war von vielen Gerichten nur eine isolierte Grundgebühr zugesprochen und darüber hinaus eine Verfahrensgebühr mit der Begründung abgelehnt worden, der Abgeltungsbereich der Grundgebühr sei noch nicht verlassen. Dabei waren Bestrebungen der Rechtsprechung zu erkennen, den Anwendungsbereich der Grundgebühr soweit wie möglich auszudehnen, um nicht bereits in dieser frühen Phase des Mandats auch bereits eine Verfahrensgebühr zusprechen zu müssen.

35 Vom Gesetzgeber beabsichtigt war, dass Grund- und Verfahrensgebühr zeitgleich anfallen. Dies wird jetzt durch die hinzugesetzte Formulierung, wonach die Grundgebühr *„neben der Verfahrensgebühr"* anfällt, klargestellt. Die Auffassung, dass Grund- und Verfahrensgebühr voneinander abzugrenzen seien und die Verfahrensgebühr erst entstehen könne, wenn der Abgeltungsbereich der Grundgebühr beendet sei, kann danach nicht weiter aufrechterhalten werden.

36 Das Problem wird sich nach der neuen Gesetzeslage – wie auch zum Teil bisher – in die Gebührenbestimmung nach § 14 Abs. 1 verlagern. Soweit ein Mandat schon während der Einarbeitungsphase

---

21 Änderung durch Art. 8 Abs. 2 Nr. 61 Buchst. a).
22 Insb. *Burhoff*, Nr. 4100 Rn 20; Gerold/Schmidt/*Burhoff*, RVG, Nr. 4100, 4101 Rn 9.
23 BT-Drucks 15/1971, S. 222.
24 KG AGS 2009, 271 = StRR 2009, 239 = JurBüro 2009, 311 = RVGreport 2009, 186 = RVGprof. 2009, 138; OLG Köln AGS 2007, 451 m. abl. Anm. *N. Schneider* = NStZ-RR 2007, 288 = RVGprof. 2007, 153 = RVGreport 2007, 425 = StRR 2007, 360; LG Düsseldorf, Beschl. v. 26.10.2006 – XX 31/05 (nachgewiesen bei www.burhoff.de).
25 AG Tiergarten AGS 2009, 322 = StRR 2009, 237 = VRR 2009, 43 = StRR 2009, 43 = NJW-Spezial 2009, 459 = RVGreport 2009, 38; AnwK-RVG/*N. Schneider*, Vorbem. 4 Rn 22; *Hartung/Schons/Enders*, Nrn. 4100, 4101.

Abschnitt 1. Gebühren des Verteidigers   **VV 4102–4103**

wieder beendet wird, wird man im Rahmen der Gebührenbemessung bei der Verfahrensgebühr nach § 14 Abs. 1 in der Regel von einem unterdurchschnittlichen Umfang ausgehen müssen. Auch wenn hier eine Abwägung aller Kriterien des § 14 Abs. 1 stattzufinden hat, muss damit gerechnet werden, dass die bisherige Gegenauffassung dazu übergeht, in dieser Phase nur die Mindestgebühr der Verfahrensgebühr zuzusprechen. Bei einem gerichtlich bestellten oder beigeordneten Anwalt wird sich das Problem wegen der Festbeträge nicht stellen.

> **Beispiel:** Der Anwalt wird mit der Verteidigung in einer Strafsache beauftragt und beantragt zunächst Akteneinsicht. Noch bevor der Anwalt die Akten zur Einsichtnahme erhält, wird das Mandat gekündigt. Auch wenn sich das Mandat noch in der Einarbeitungsphase befindet, ist neben der Grundgebühr bereits die entsprechende Verfahrensgebühr nach VV Vorb. 4 Abs. 2 entstanden. Der geringe Umfang der anwaltlichen Tätigkeit bei der Verfahrensgebühr kann hier allerdings im Rahmen des § 14 Abs. 1 zu berücksichtigen sein. Bei einer im unteren Bereich anzusetzenden Verfahrensgebühr (halbe Mittelgebühr) ergibt sich danach für den Wahlanwalt folgende Berechnung:
>
> 1. Grundgebühr, VV 4100   200,00 EUR
> 2. Verfahrensgebühr, VV 4104   82,50 EUR
> 3. Postentgeltpauschale, VV 7002   20,00 EUR
>   Zwischensumme   302,50 EUR
> 4. 19 % Umsatzsteuer, VV 7008   57,48 EUR
>
> **Gesamt**   **359,98 EUR**
>
> Der Pflichtverteidiger würde erhalten:
>
> 1. Grundgebühr, VV 4100   160,00 EUR
> 2. Verfahrensgebühr, VV 4104   132,00 EUR
> 3. Postentgeltpauschale, VV 7002   20,00 EUR
>   Zwischensumme   312,00 EUR
> 4. 19 % Umsatzsteuer, VV 7008   59,28 EUR
>
> **Gesamt**   **371,28 EUR**

Dass der Pflichtverteidiger hier sogar mehr erhält als der Wahlanwalt, ist Konsequenz des Pauschalsystems beim Pflichtverteidiger und daher hinzunehmen. **37**

Nr.	Gebührentatbestand	Gebühr oder Satz der Gebühr nach § 13 oder § 49 RVG	
		Wahlanwalt	gerichtlich bestellter oder beigeordneter Rechtsanwalt
4102	Terminsgebühr für die Teilnahme an 1. richterlichen Vernehmungen und Augenscheinseinnahmen, 2. Vernehmungen durch die Staatsanwaltschaft oder eine andere Strafverfolgungsbehörde, 3. Terminen außerhalb der Hauptverhandlung, in denen über die Anordnung oder Fortdauer der Untersuchungshaft oder der einstweiligen Unterbringung verhandelt wird, 4. Verhandlungen im Rahmen des Täter-Opfer-Ausgleichs sowie 5. Sühneterminen nach § 380 StPO . . . . Mehrere Termine an einem Tag gelten als ein Termin. Die Gebühr entsteht im vorbereitenden Verfahren und in jedem Rechtszug für die Teilnahme an jeweils bis zu drei Terminen einmal.	40,00 bis 300,00 €	136,00 €
4103	Gebühr 4102 mit Zuschlag	40,00 bis 375,00 €	166,00 €

Literatur: *Burhoff*, Die (Vernehmungs-)Terminsgebühr nach Nr. 4102, 4103 VV RVG, RVGreport 2010, 282; *ders.*, Die Terminsgebühr in Straf- bzw. Bußgeldverfahren, RVGreport 2010, 3; *Gerhold*, Über die Vergütung des Rechtsanwalts für die Teilnahme an Verhandlungen im Rahmen des Täter-Opfer-Ausgleichs nach Nr. 4102 Ziff. 4 VV und die unausweichliche

Konsequenz ihrer zu restriktiven Auslegung, JurBüro 2010, 172; *ders.*, News zur (Vernehmungs-)Terminsgebühr Nr. 4102, 4103 VV RVG, StRR 2015, 213; *Madert*, Terminsgebühr nach VV 4102 Nr. 2 VV für Vernehmungen durch die Staatsanwaltschaft oder eine andere Strafverfolgungsbehörde, AGS 2005, 277.

A. Allgemeines	1	II. Abgeltungsbereich	13
B. Regelungsgehalt	5	III. Höhe der Gebühr	16
I. Gebührentatbestände	5		

A. Allgemeines

1 In VV 4102 ist die Vergütung für die Teilnahme an bestimmten **Terminen außerhalb der Hauptverhandlung** geregelt. Eine Vergütung für den Verteidiger in solchen Fällen war nach der BRAGO nicht vorgesehen. Solche Tätigkeiten waren vielmehr durch die Gebühren der §§ 83 ff. BRAGO mit abgegolten.

2 Die Terminsgebühr nach VV 4102 kann der Verteidiger **in jedem Verfahrensabschnitt** erhalten. Sie kann also – im Gegensatz zur Grundgebühr – auch mehrmals entstehen.

3 Die Terminsgebühr nach VV 4102 kann auch **neben den Terminsgebühren für die Teilnahme an der Hauptverhandlung** (VV 4108 ff., VV 4120 ff., VV 4126 ff.) entstehen. Diese Gebührentatbestände sind jeweils voneinander unabhängig.

4 Auch hier ist die Bewilligung einer **Pauschgebühr** möglich (§§ 42, 51) und in der Regel auch dringend geboten, weil die Gebühren der VV 4102, 4103 insbesondere bei mehreren Terminen nicht kostendeckend sind.

B. Regelungsgehalt

I. Gebührentatbestände

5 Nach **VV 4102** erhält der Verteidiger eine zusätzliche Terminsgebühr für die Teilnahme an:
– **richterlichen Vernehmungen (Nr. 1, 1. Alt.)**. Hierzu zählt auch die Teilnahme an **polizeilichen Vernehmungen**. Hier steht dem Verteidiger zwar kein Anwesenheitsrecht zu. Die Polizei kann den Verteidiger jedoch teilnehmen lassen.
– **richterlichen Augenscheinseinnahmen (Nr. 1, 2. Alt.)**.
– **Vernehmungen durch die Staatsanwaltschaft oder eine andere Strafverfolgungsbehörde (Nr. 2)**.
– **Terminen außerhalb der Hauptverhandlung, in denen über die Anordnung oder Fortdauer der Untersuchungshaft oder der einstweiligen Unterbringung verhandelt wird (Nr. 3)**. Im Gegensatz zu den übrigen Alternativen ist für diese Gebühr noch erforderlich, dass eine **Verhandlung tatsächlich stattfindet**. Damit sollen ausweislich der Begründung des Gesetzgebers die häufig nur sehr kurzen reinen Haftbefehlsverkündungstermine nicht erfasst werden. Für das Entstehen der Gebühr nach Nr. 3 reicht es daher nicht, wenn in dem Termin nicht mehr geschehen ist, als die reine Verkündung des Haftbefehls.[1] Schließt sich allerdings an die Verkündung des Haftbefehls eine Verhandlung über die Fortdauer der Untersuchungshaft an, soll die Terminsgebühr entstehen. Ebenso entsteht die Terminsgebühr, wenn gegen den vorläufig festgenommenen Beschuldigten bei Vorführung vor dem Ermittlungsrichter nach Belehrung, Anhörung und Antragstellung ein Haftbefehl (ohne Außervollzugsetzung) erlassen und der anwesende Rechtsanwalt als Pflichtverteidiger bestellt wird, nachdem der Beschuldigte erklärt hatte, dass er derzeit keine weiteren Angaben mache.[2] Ein „Verhandeln" liegt nicht schon dann vor, wenn der Verteidiger in einem Haftbefehlsverkündungstermin seine Beiordnung als Pflichtverteidiger, Akteneinsicht oder die Durchführung einer mündlichen Haftprüfung beantragt.[3] Ebenso wenig genügt

---

[1] OLG Saarbrücken StraFo 2014, 350 = RVGreport 2014, 428; OLG Jena RVGreport 2014, 24; LG Düsseldorf, Beschl. v. 23.8.2013 – 4 KLs 24/12, 4 KLs-90 Js 6363/12–24/12; OLG Hamm AGS 2006, 122 u. 197 = JurBüro 2006, 136 = Rpfleger 2006, 226 = AGS 2006, 179 = RVGreport 2006, 469; KG, Beschl. v. 31.10.2008 – (1) 2 S'tE 6/07–6 (6/07).

[2] LG Traunstein AGS 2013, 16 = RVGreport 2013, 19 = RVGprof. 2013, 79.

[3] AG Bersenbrück JurBüro 2013, 303.

allein das Stellen eines Antrags auf Akteneinsicht und die Übergabe von Akten stellen kein Verhandeln i.S.d. VV 4102 Nr. 3 dar.[4] Ein Verhandeln i.S.d. VV 4102 Nr. 3 liegt auch dann nicht vor, wenn der inhaftierte Beschuldigte dem zuständigen Richter zur Bekanntgabe eines Haftbefehls vorgeführt wird mit der bloßen Möglichkeit, sich zur Sache und zur Haftfrage zu äußern, hiervon aber – auf Anraten seines Verteidigers – keinen Gebrauch macht.[5] Die gesetzlich vorgeschriebene Gewährung des rechtlichen Gehörs – mit anderen Worten das bloße Unterbreiten eines „Vernehmungsangebots" – macht den Haftbefehlsverkündungstermin noch nicht zum gerichtlichen Vernehmungstermin i.S.d. VV 4102 Nr. 1.[6]

- Die Terminsgebühr VV 4102 Nr. 3 entsteht auch dann, wenn vor Aufruf der Sache zur Haftbefehlsverkündung längere und auch eingehende sachbezogene Erörterungen, u.a. zu den Möglichkeiten einer Verfahrensbeschleunigung, zu den Untersuchungshaftbedingungen und dergleichen stattfinden.[7]

Voraussetzung für die Terminsgebühr soll nach OLG Saarbrücken[8] ein Verhandeln über die Anordnung oder Fortdauer der Untersuchungshaft sein. Der Verteidiger müsse im Termin für den Beschuldigten in der Weise tätig geworden sein muss, dass er Erklärungen oder Stellungnahmen abgegeben oder Anträge gestellt hat, die dazu bestimmt waren, die Anordnung oder Fortdauer der Untersuchungshaft abzuwenden. Das dürfte die Anforderungen übersteigen. Die Anwesenheit im Termin reicht nach dem Wortlaut aus.

- Teilnahme an einem Termin über die **Verkündung eines Haftbefehls nach § 230 Abs. 2 StPO** (Nr. 3).[9] Zu beachten ist hierbei, dass in den Fällen eines Haftbefehls nach § 230 Abs. 2 StPO bei dessen Verkündung eine Verhandlung zur Sache in der Regel vorausgeht; denn in diesen Fällen muss regelmäßig überprüft werden, ob der Angeklagte tatsächlich unentschuldigt der Hauptverhandlung ferngeblieben ist. Anders als in den Fällen der Haftanordnung nach §§ 112 ff. StPO, in denen sich die Haftgründe in der Regel aus der Aktenlage ergeben, ist dies bei dem Haftbefehl nach § 230 Abs. 2 StPO nicht der Fall. Denn hier stellt sich nach Aktenlage die Sache zunächst nur so dar, dass der Angeklagte ohne weitere Erklärung der Hauptverhandlung ferngeblieben ist, so dass sich auf entsprechende Rückfragen neue, ihn entlastende Aspekte ergeben können.[10]

- **Verhandlungen im Rahmen des Täter-Opfer-Ausgleichs (Nr. 4)**. Hiernach erhält der Verteidiger eine Terminsgebühr für die Teilnahme an Verhandlungen im Rahmen des Täter-Opfer-Ausgleichs. Erforderlich ist auch hier ein „Termin". Eine bloße telefonische, kurze Verhandlung mit dem Verletzten oder dessen Bevollmächtigten lässt daher im Gegensatz zu der Terminsgebühr nach VV Vorb. 3 Abs. 3 noch nicht entstehen.[11] Andererseits muss es sich nicht um einen gerichtlichen oder von einem Dritten – etwa einer Schiedsstelle – anberaumten Termin handeln. Auch ein Besprechungstermin zwischen dem Verteidiger und dem Geschädigten bzw. dessen Anwalt, etwa ein gemeinsames Treffen in der Kanzlei, reicht aus. Es kommt nicht darauf an, ob die formellen Voraussetzungen des § 155b StPO erfüllt sind.[12]

- Der Termin muss auch nicht von „langer Hand" geplant sein. Ein „Spontan-Termin" ist ausreichend, auch dann, wenn der Termin ursprünglich zu einem anderen Zweck bestimmt war.[13] Die Gebühr entsteht auch dann, wenn die Hauptverhandlung unterbrochen und in der Unterbrechung ein Täter-Opfer-Ausgleich durchgeführt wird. Es entsteht dann neben der Gebühr für die Teilnahme an der Hauptverhandlung auch eine Gebühr nach VV 4102 Nr. 4.[14] Die Begrenzung, dass an einem Tage nicht mehrere Terminsgebühren anfallen können, gilt nur für die Hauptverhandlungsterminsgebühren untereinander (je Kalendertag) und für die Termine nach VV 4102 untereinander (Anm. S. 1 zu VV 4102), nicht aber auch im Verhältnis der Hauptverhandlungstermine zu den Terminen nach VV 4102.

---

4 OLG Hamm AGS 2007, 240 = JurBüro 2006, 641 = RVG-Letter 2007, 44.
5 OLG Hamm AGS 2007, 241.
6 KG AGS 2009, 480 = RVGreport 2009, 227 = StRR 2009, 277.
7 LG Düsseldorf StV 2005, 600; KG AGS 2006, 545 = StraFo 2006, 472 = RVGreport 2006, 310; AGS 2007, 241.
8 StraFo 2014, 350 = RVGreport 2014, 428.
9 AG Freiburg AGS 2011, 69 = NJW-Spezial 2011, 92 = RVGreport 2011, 65 = StRR 2011, 123.
10 LG Berlin AGS 2011, 434 = StRR 2011, 204 = RVGreport 2011, 226 = RVGprof. 2011, 122.
11 A.A. *Madert*, Terminsgebühr nach VV 4102 Nr. 2 für Vernehmungen durch die Staatsanwaltschaft oder eine andere Strafverfolgungsbehörde, AGS 2005, 277.
12 LG Kiel AGS 2010, 295 = RVGprof. 2010, 59 = RVGreport 2010, 147 = StRR 2010, 320.
13 LG Saarbrücken AGS 2015, 276 = RVGreport 2015, 183 = RVGprof. 2015, 96.
14 AG Münster AGS 2007, 350 = RVGprof. 2007, 141 = RVGreport 2007, 303.

Nicht ausreichend soll eine bloße telefonische Kontaktaufnahme des Verteidigers mit dem Vertreter des Geschädigten zwecks Klärung der Frage, ob die Bereitschaft besteht, ein Schmerzensgeld entgegenzunehmen, sein.[15]

Auch reichen Anbahnungs- oder Sondierungsgespräche im Rahmen des Täter-Opfer-Ausgleichs nicht aus. Solche Gespräche werden durch die allgemeine Verfahrensgebühr abgegolten.[16]

- **Sühneterminen nach § 380 StPO (Nr. 5).** Das Privatklageverfahren beginnt, sofern einer der in § 380 StPO genannten Straftatbestände einschlägig ist, mit dem Sühneversuch (§ 380 StPO). Nach § 380 StPO muss bei den dort genannten Straftatbeständen vor Einreichung einer Privatklage ein Sühneversuch vor einer durch die Landesjustizverwaltung zu bezeichnenden Vergleichsbehörde erfolglos durchgeführt worden sein. Anderenfalls ist eine auf diese Straftatbestände gestützte Privatklage unzulässig. Die Vergütung im Sühneverfahren selbst richtet sich nach Unterabschnitt 2 (VV Vorb. 4.1.2). Der Anwalt erhält eine Verfahrensgebühr nach VV 4104. Kommt es in diesem Verfahrensabschnitt zu einem Sühnetermin und nimmt der Anwalt daran teil, so erhält er neben der Gebühr nach VV 4104 auch eine Terminsgebühr nach VV 4102.
- Teilnahme an einem **Termin zur Exploration des Beschuldigten** durch einen psychiatrischen Sachverständigen (analoger Anwendung der VV 4102).[17]
- Teilnahme an einem **Anhörungstermin im Verfahren gemäß § 57 JGG**.[18] Es steht dem Verteidiger eine Terminsgebühr nach VV 4102 Nr. 1 zu.

6 Auch wird die Terminsgebühr dadurch ausgelöst, dass der spätere Nebenklagevertreter vor Einleitung eines Ermittlungsverfahrens Besprechungen mit der Polizei führt.[19]

7 Die Teilnahme an einer **Hausdurchsuchung** fällt dagegen nicht unter VV 4102.

8 Strittig ist, ob die Teilnahme an einem **Sachverständigentermin** (insbesondere Kfz-Schverständiger) unter VV 4102 fällt. Zum Teil lehnt die Rspr. eine Terminsgebühr ab,[20] zum Teil bejaht sie eine Terminsgebühr.[21]

9 Strittig ist ebenfalls die Frage, ob eine Terminsgebühr für die Teilnahme des Verteidigers an einem Vorgespräch mit dem Gericht über organisatorische Fragen einer Hauptverhandlung und den erforderlichen Umfang einer Hauptverhandlung nach § 202a StPO anfällt.[22]

10 Soweit man eine Terminsgebühr ablehnt, muss die entsprechende Tätigkeit im Rahmen der Verfahrensgebühr nach § 14 Abs. 1 erhöhend berücksichtigt werden.

11 Wie sich aus dem Wortlaut ergibt, genügt grundsätzlich die **Teilnahme am Termin**. Ein aktives Verhandeln ist nicht erforderlich. Ausgenommen sind die Termine nach Nr. 3. Für das Entstehen der Gebühr nach Nr. 3 reicht es daher nicht, wenn in dem Termin nicht mehr geschehen ist, als die reine Verkündung des Haftbefehls.[23]

12 Nach AG Koblenz[24] soll eine **fernmündliche Erörterung** in gebührenrechtlicher Hinsicht der Teilnahme an einem Vorführtermin gleich stehen; führe ein Verteidiger jedoch lediglich vor Beginn des Termins zwei Telefonate mit dem Richter, der sich noch in seinen Diensträumen befindet, hat

---

15 AG Schwäbisch-Hall Justiz 2011, 347.
16 LG Saarbrücken AGS 2015, 276 = RVGreport 2015, 183 = RVGprof. 2015, 96.
17 LG Freiburg AGS 2015, 28 = RVGreport 2015, 24 = NJW-Spezial 2015, 61; LG Offenburg AGS 2006, 436 = RVGprof. 2006, 152 = Justiz 2006, 346 = RVGreport 2006, 350 = RVGprof. 2006, 152 = NStZ-RR 2006, 358 = StV 2007, 478.
18 LG Mannheim AGS 2008, 179 = RVGprof. 2008, 26 = StRR 2008, 120 = RVGreport 2008, 145.
19 AG Köln JurBüro 2010, 474.
20 LG Düsseldorf AGS 2011, 430 = AGkompakt 2011, 6; LG Zweibrücken JurBüro 2013, 35 = VRR 2012, 403 = StRR 2012, 363; AG Oschatz AGS 2012, 390 = RVGprof. 2012, 99 = VRR 2012, 280 = StRR 2012, 280.
21 LG Braunschweig AGS 2011, 539 = StRR 2011, 287 u. 484 = VRR 2011, 283 = RVGprof. 2011, 156 = StraFo 2011, 377 = JurBüro 2011, 524 = RVGreport 2011, 383 = NJW-Spezial 2011, 700.
22 Bejahend: AG Freiburg AGS 2011, 69 = NJW-Spezial 2011, 92 = RVGreport 2011, 65 = StRR 2011, 123; Verneinend: KG AGS 2012, 388 = RVGreport 2006, 151 = RVGreport 2012, 298; LG Osnabrück JurBüro 2011, 640 = StRR 2011, 367 u. 483 = RVGreport 2012, 65; OLG Sarbrücken StRR 2011, 483 = NStZ-RR 2011, 391 = RVGreport 2012, 66 = RVGprof. 2012, 43; LG Essen AGS 2012, 390.
23 OLG Hamm AGS 2006, 122 u. 179 = JurBüro 2006, 136 = Rpfleger 2006, 226 = AGS 2006, 179 = RVGreport 2006, 469.
24 AG Koblenz StRR 2008, 160 = RVGprof. 2008, 23 = RVGreport 2008, 61.

er damit keinen Einfluss auf die Durchführung des Vorführtermins selbst. Er kann keine Gebühr für einen Verhandlungstermin über die Anordnung der Untersuchungshaft geltend machen.

II. Abgeltungsbereich

Gemäß Anm. S. 2 zu VV 4102 deckt die Terminsgebühr jeweils **drei Termine** ab. Das bedeutet, dass der Anwalt für die ersten drei Termine aus dem Katalog der VV 4102 Nr. 1 bis 5 die Gebühr nur einmal erhält. Erst ab dem vierten, siebten, zehnten Termin etc. entsteht die Gebühr erneut. **Mehrere Termine an demselben Tag** gelten dabei als ein Termin (Anm. S. 1 zu VV 4102).

Voraussetzung für die Beschränkung nach Anm. S. 2 zu VV 4102 ist, dass die Termine **innerhalb derselben Angelegenheit**, also innerhalb desselben Verfahrensabschnitts, stattfinden.[25]

> **Beispiel:** Im vorbereitenden Verfahren findet ein Haftprüfungstermin statt und im gerichtlichen Verfahren ein weiterer.
> Die Terminsgebühr nach VV 4102 entsteht zweimal, nämlich einmal im vorbereitenden Verfahren und einmal im gerichtlichen Verfahren.

Unklar ist, ob aus der Formulierung „jeweils bis zu drei Terminen" folgt, dass es sich um Termine derselben Nummer handeln muss, oder ob diese Beschränkung für alle Varianten gilt.

> **Beispiel:** Der Anwalt nimmt im vorbereitenden Verfahren an zwei richterlichen Vernehmungen teil sowie an einem Haftprüfungstermin.
> Stellt man darauf ab, dass generell erst ab dem vierten Termin eine weitere Gebühr ausgelöst wird, so würde der Anwalt hier nur eine Gebühr nach VV 4102 Nr. 1 und 3 erhalten.
> Stellt man dagegen darauf ab, dass die Beschränkung sich auf jede einzelne Nummer bezieht, so würde der Anwalt für die beiden richterlichen Vernehmungen eine Gebühr nach VV 4102 Nr. 1 erhalten sowie eine weitere Gebühr nach VV 4102 Nr. 2 für die Teilnahme an dem Haftprüfungstermin.

Der Wortlaut spricht m.E. dafür, nicht nach den einzelnen Nummern zu unterscheiden. Für diese Auslegung spricht zudem, dass der Gesetzgeber an anderer Stelle (§ 18 Abs. 1 Nr. 1 a.F.) ausdrücklich klargestellt hat, wenn sich eine Zusammenfassung mehrerer anwaltlicher Tätigkeiten nur auf einzelne Gruppen einer VV-Nummer beziehen soll.

III. Höhe der Gebühr

Für die Terminsgebühr nach VV 4102 steht dem Wahlverteidiger ein Gebührenrahmen in Höhe von 40 bis 300 EUR zu; die Mittelgebühr beträgt 170 EUR.

Der **gerichtlich bestellte oder beigeordnete Anwalt** erhält eine Festgebühr in Höhe von 136 EUR.

Befindet sich der Beschuldigte **nicht auf freiem Fuß**, beträgt nach VV 4103 der Gebührenrahmen 40 bis 375 EUR; die Mittelgebühr beträgt 207,50 EUR. Der **gerichtlich bestellte oder beigeordnete Anwalt** erhält eine Festgebühr in Höhe von 166 EUR.

Bei der **Gebührenbemessung gemäß § 14 Abs. 1** ergeben sich in der Praxis Probleme.

Ob hier bereits beim **ersten Termin** von der Mittelgebühr ausgegangen werden darf, erscheint fraglich, da der Gebührenrahmen drei Termine abdeckt. Von daher wird man bei einem durchschnittlichen ersten Termin vermutlich nur eine Gebühr im unteren Drittel des Rahmenbereichs abrechnen können. Lediglich dann, wenn der erste Termin bereits so umfangreich, aufwendig, schwierig und/oder von besonderer Bedeutung war, wird man die Gebühr im oberen Bereich ansiedeln können, ggf. sogar die Höchstgebühr.

Andererseits wird man, soweit mehrere Termine stattfinden, grundsätzlich von einer höheren als der Mittelgebühr auszugehen haben, selbst wenn jeder einzelne Termin nur durchschnittlich war. Haben mehrere Termine sämtlich einen hohen Aufwand an Arbeit und Zeit verursacht und/oder waren sie von besonderer Bedeutung, dürfte von einer weit überdurchschnittlichen Gebühr, gegebenenfalls der Höchstgebühr auszugehen sein.

---

25 OLG Hamm AGS 2006, 546 = RVGprof. 2006, 49.

22 In Anbetracht der geringen Beträge und des Höchstbetrages von 300 EUR/375 EUR bei drei Terminen, wird hier bei mehreren Terminen i.d.R. die Bewilligung einer **Pauschgebühr** nach § 42 oder § 51 in Betracht kommen.

Unterabschnitt 2. Vorbereitendes Verfahren

Vorbemerkung zu VV 4104 f.

A. Überblick 1	V. Zusätzliche Verfahrensgebühr nach VV 4142 10
B. Umfang der Angelegenheit 2	VI. Verfahrensgebühr nach VV 4143 11
C. Vergütung 5	VII. Einigungsgebühr nach VV 4147 12
I. Grundgebühr, VV 4100 5	VIII. Einigungsgebühr nach VV 1000 ff. 13
II. Verfahrensgebühr, VV 4104 6	IX. Auslagen, VV 7000 ff. 14
III. Terminsgebühr, VV 4102 8	D. Höhe der Gebühren 15
IV. Zusätzliche Gebühr nach VV 4141 9	

A. Überblick

1 Die Gebühren für das vorbereitende Verfahren sind im Unterabschnitt 2 geregelt. Ergänzend gelten die Regelungen der VV Vorb. 4, die Allgemeinen Gebühren nach Unterabschnitt 1, die zusätzlichen Gebühren nach Unterabschnitt 5 sowie die Allgemeinen Gebühren nach VV Teil 1 und die Auslagen nach VV Teil 7.

B. Umfang der Angelegenheit

2 Im Gegensatz zur früheren Rechtslage nach der BRAGO[1] ist das vorbereitende Verfahren jetzt gegenüber dem erstinstanzlichen gerichtlichen Verfahren eine **eigene Angelegenheit** i.S.d. § 15. Diese Frage war zwar auch nach dem RVG lange umstritten,[2] ist jetzt aber durch § 17 Nr. 10 eindeutig geregelt.

3 Wird das Ermittlungsverfahren (vorläufig) eingestellt und **nach Ablauf von zwei Kalenderjahren** wieder aufgenommen, so entsteht gemäß § 15 Abs. 5 S. 2 die Gebühr nach VV 4104 erneut, da es sich um eine neue Angelegenheit handelt.

4 Werden **verschiedene Ermittlungsverfahren** geführt, so entsteht die Gebühr nach VV 4104 **mehrmals**. Gleiches gilt, wenn aus einem zunächst einheitlich geführten Ermittlungsverfahren ein neues Verfahren ausgetrennt wird.

C. Vergütung

I. Grundgebühr, VV 4100

5 Der Verteidiger, der erstmals im vorbereitenden Verfahren beauftragt wird, erhält immer die **Grundgebühr** nach VV 4100, 4101, da dies der früheste Verfahrensabschnitt ist, in dem er beauftragt worden sein kann. Soweit die Grundgebühr in diesem Verfahrensabschnitt entsteht, fällt sie in einem späteren Verfahren nicht nochmals an (Anm. Abs. 1 zu VV 4100). Zu den Einzelheiten der Grundgebühr siehe die Kommentierung zu VV 4100.

---

[1] LG Köln AnwBl 1979, 75; LG Aachen JurBüro 1978, 230; a.A. LG Düsseldorf AnwBl 1977, 265 = JurBüro 1977, 1233; LG Wuppertal JurBüro 1978, 1342 = AnwBl 1978, 313.

[2] *N. Schneider*, Zwei Auslagenpauschalen für vorbereitendes und gerichtliches Verfahren?, AGS 2005, 7; *Madert*, Strafrechtliches Ermittlungsverfahren und Strafverfahren – eine Angelegenheit oder zwei Angelegenheiten?, AGS 2006, 105.

II. Verfahrensgebühr, VV 4104

Darüber hinaus erhält der Verteidiger im vorbereitenden Verfahren die Verfahrensgebühr nach VV 4104, 4105, die dem früheren § 84 Abs. 1, 1. Alt. BRAGO entspricht. Die Gebühr deckt die gesamte Tätigkeit des Anwalts ab,
- soweit sie nicht durch die Grundgebühr abgegolten wird (VV 4100, 4101) und
- soweit nicht Terminswahrnehmungen nach VV 4102, 4103 gesondert vergütet werden.

Die Verfahrensgebühr entsteht neben der Grundgebühr, wie jetzt durch die Neufassung der VV 4100 klar gestellt worden ist.

III. Terminsgebühr, VV 4102

Neben der Verfahrensgebühr kann der Anwalt im vorbereitenden Verfahren eine Terminsgebühr nach VV 4102, 4103 verdienen, wenn er an dort genannten Terminen teilnimmt.

IV. Zusätzliche Gebühr nach VV 4141

Im vorbereitenden Verfahren kommt darüber hinaus eine zusätzliche Gebühr nach VV 4141 in Betracht, wenn das Verfahren nicht nur vorläufig eingestellt wird (früher: § 84 Abs. 2 BRAGO). Zu Einzelheiten siehe die Kommentierung zu VV 4141.

V. Zusätzliche Verfahrensgebühr nach VV 4142

Eine zusätzliche Verfahrensgebühr nach VV 4142 ist auch schon im vorbereitenden Verfahren möglich, wenn sich die Tätigkeit des Anwalts auf eine Einziehung oder eine verwandte Maßnahme erstreckt. Zu beachten ist allerdings Anm. Abs. 3 zu VV 4142. Die zusätzliche Wertgebühr nach VV 4142 kann im vorbereitenden Verfahren und im ersten Rechtszug insgesamt nur einmal entstehen. Daran hat sich auch durch § 17 Nr. 10 nichts geändert.

VI. Verfahrensgebühr nach VV 4143

Eine zusätzliche Verfahrensgebühr nach VV 4143 ist im vorbereitenden Verfahren nicht möglich. Diese Gebühren entstehen erst im gerichtlichen Verfahren. Außergerichtliche Verhandlungen über vermögensrechtliche Ansprüche werden durch die Gebühr nach VV 2300 abgegolten.

VII. Einigungsgebühr nach VV 4147

Soweit es zu einer Einigung im Rahmen der Vorbereitung eines Privatklageverfahrens kommt, etwa im Sühnetermin, kann auch eine Gebühr nach VV 4147 anfallen (siehe dazu VV 4147 Rdn 1 ff.).

VIII. Einigungsgebühr nach VV 1000 ff.

Möglich ist im vorbereitenden Verfahren nach Anm. zu VV 4147 auch eine Einigungsgebühr nach den VV 1000 ff., wenn sich die Parteien auch über vermögensrechtliche Ansprüche einigen, etwa über eine Schmerzensgeldforderung im Sühnetermin.

IX. Auslagen, VV 7000 ff.

Hinzu kommen die Auslagen nach VV 7000 ff. Da es sich beim vorbereitenden Verfahren um eine eigene Gebührenangelegenheit handelt (§ 17 Nr. 10), entsteht auch eine **gesonderte Postentgeltpauschale** nach VV 7002.

D. Höhe der Gebühren

15 Im Gegensatz zur BRAGO (§ 84 Abs. 3 BRAGO) ist im vorbereitenden Verfahren eine Staffelung der Gebühren nach der Ordnung des für das gerichtliche Verfahren zuständigen Gerichts nicht vorgesehen. Für alle vorbereitenden Verfahren gilt also jetzt derselbe Gebührenrahmen. Bei der Bemessung der Grundgebühr und der Verfahrensgebühr für das vorbereitende Verfahren sind, da die Gebühren von der Ordnung des Gerichts unabhängig sind, Vergleichsmaßstab sämtliche Strafverfahren.[3]

Besondere Tatumstände oder eine höhere Straferwartung können daher im Rahmen des § 14 Abs. 1 nur bei den dort genannten Kriterien berücksichtigen werden.

Nr.	Gebührentatbestand	Gebühr oder Satz der Gebühr nach § 13 oder § 49 RVG	
		Wahlanwalt	gerichtlich bestellter oder beigeordneter Rechtsanwalt
Vorbemerkung 4.1.2: Die Vorbereitung der Privatklage steht der Tätigkeit im vorbereitenden Verfahren gleich.			

Literatur: *N. Schneider*, Die zusätzliche Verfahrensgebühr der Nr. 4141 VV RVG im Privatklageverfahren.

1 Die Vorbereitung der Privatklage war früher in § 94 Abs. 1 BRAGO geregelt. Danach erhielt der Beistand oder Vertreter eines Privatklägers die gleichen Gebühren wie ein Verteidiger. Da im Privatklageverfahren die Staatsanwaltschaft nicht ermittelt und es insoweit an einem vorbereitenden Verfahren fehlt, ist der Privatkläger selbst gehalten, die Anklage vorzubereiten. Dieses **vorbereitende Verfahren** wird erst ausdrücklich durch VV Vorb. 4.1.2 **dem vorbereitenden Verfahren gleichgestellt**. Sowohl der Anwalt des Privatklägers als auch der des Privatbeklagten, die in diesem Verfahrensstadium bereits tätig werden, erhalten also hier die Verfahrensgebühr nach VV 4104.

2 Daneben kann auch die **allgemeine Terminsgebühr** nach VV 4102 Nr. 5 anfallen.

3 Ansonsten gelten hier die gleichen Grundsätze wie in sonstigen vorbereitenden Verfahren. Anfallen können also die zusätzliche Gebühr nach VV 4141, die Einigungsgebühr nach VV 4147 und auch die Einigungsgebühr nach VV 1000 ff. i.V.m. Anm. zu VV 4147. Die Einigungsgebühr nach VV 4147 und die zusätzliche Gebühr nach VV 4141 schließen sich allerdings gegenseitig aus. Soweit die VV 4147 anfällt, kommt daneben eine Gebühr nach VV 4141 nicht in Betracht (Anm. Abs. 2 S. 2 zu VV 4141).

4 Die 2,5-Verfahrensgebühr nach VV 4143 kann dagegen nicht anfallen. Außergerichtliche Tätigkeiten hinsichtlich vermögensrechtlicher Ansprüche werden nach VV 2300 abgegolten.

5 Ist der Anwalt mit der **Erstattung einer** Strafanzeige als Einzeltätigkeit beauftragt, so gilt VV 4302 Nr. 2. Wird der Anwalt anschließend mit der Vorbereitung der Privatklage beauftragt, ist die Gebühr nach VV 4302 Nr. 2 auf die Verfahrensgebühr der VV 4104 anzurechnen (VV Vorb. 4.3 Abs. 3).[1]

---

3 LG Karlsruhe, Beschl. v. 2.11.2005 – 2 Qs 26/05 (n.v.).   1 *Burhoff*, RVG, Vorb. 4.1.2 Rn 2.

Abschnitt 1. Gebühren des Verteidigers — **VV 4104–4105**

Nr.	Gebührentatbestand	Gebühr oder Satz der Gebühr nach § 13 oder § 49 RVG	
		Wahlanwalt	gerichtlich bestellter oder beigeordneter Rechtsanwalt
4104	Verfahrensgebühr .... Die Gebühr entsteht für eine Tätigkeit in dem Verfahren bis zum Eingang der Anklageschrift, des Antrags auf Erlass eines Strafbefehls bei Gericht oder im beschleunigten Verfahren bis zum Vortrag der Anklage, wenn diese nur mündlich erhoben wird.	40,00 bis 290,00 €	132,00 €
4105	Gebühr 4104 mit Zuschlag	40,00 bis 362,50 €	161,00 €

A. Allgemeines 1	2. Terminsgebühr 30
B. Regelungsgehalt 3	3. Zusätzliche Gebühr bei Einziehung und verwandten Maßnahmen 31
I. Umfang der Angelegenheit 3	4. Zusätzliche Gebühr nach Einstellung oder Einigung 34
II. Verfahrensgebühr 14	5. Tätigkeit hinsichtlich vermögensrechtlicher Ansprüche 35
1. Höhe der Gebühr 14	6. Vergleichsgebühr nach VV 4147 36
2. Abgeltungsbereich 20	7. Verfahrensgebühr nach Anm. zu VV 1000 ff. i.V.m. VV 4147 37
3. Verbindung mehrerer Verfahren 24	
4. Verfahrenstrennung 26	
5. Pauschgebühr 28	
III. Weitere Gebühren 29	
1. Grundgebühr 29	

A. Allgemeines

Die Gebühren für das vorbereitende Verfahren sind im Unterabschnitt 2 geregelt. Hier finden sich nur die Verfahrensgebühr (VV 4104) und die Verfahrensgebühr mit Zuschlag (VV 4105). Daneben fällt hier immer die Grundgebühr als Allgemeine Gebühr an (siehe VV 4100–4101 Rdn 35 f.). Zudem können die allgemeine Terminsgebühr nach VV 4102 anfallen sowie zusätzliche Gebühren nach den VV 4141 ff. **1**

Die Gebühr nach VV 4104 entsteht nur im vorbereitenden Ermittlungsverfahren. Sie entsteht nicht in einem Rehabilitierungsverfahren.[1] **2**

B. Regelungsgehalt

I. Umfang der Angelegenheit

Die Gebühren nach Unterabschnitt 2 decken die gesamte Tätigkeit des Anwalts ab (ausgenommen Terminswahrnehmungen, VV 4102) – soweit sie nicht bereits durch die Grundgebühr abgegolten sind. **3**

Das vorbereitende Verfahren **beginnt** mit der **Aufnahme der Ermittlungen** wegen des Verdachts einer Straftat. Wird zunächst nur wegen des Verdachts einer Ordnungswidrigkeit ermittelt, so beginnt das vorbereitende Verfahren mit der **Abgabe an die Staatsanwaltschaft** (§ 41 OWiG). **4**

> **Beispiel:** Nach einem Verkehrsunfall ermittelt die Polizei wegen des Verdachts einer Ordnungswidrigkeit (Vorfahrtsverletzung). Anschließend stellt sich heraus, dass der Unfallgegner erheblich verletzt ist. Die Verwaltungsbehörde gibt daraufhin die Akte an die Staatsanwaltschaft ab, die nunmehr wegen des Verdachts der fahrlässigen Körperverletzung ermittelt.

---

[1] KG AGS 2015 = Rpfleger 2015, 598 = JurBüro 2015, 520; OLG Jena Rpfleger 2012, 226 = JurBüro 2012, 145 = RVGreport 2012, 152.

Bis zur Abgabe richtet sich die Vergütung des Anwalts nach VV 5100 ff. Mit der Abgabe an die Staatsanwaltschaft beginnt das vorbereitende Verfahren nach Unterabschnitt 2. Der Anwalt erhält jetzt im vorbereitenden Verfahren, also unter Anrechnung der Gebühr nach VV 5100 (Anm. zu VV 5100), die Grundgebühr nach VV 4100 und die Verfahrensgebühr nach VV 4104.

Ausgehend von der Mittelgebühr ist wie folgt abzurechnen:

I. Bußgeldverfahren

1. Grundgebühr, VV 5100		100,00 EUR
2. Verfahrensgebühr, VV 5103		160,00 EUR
3. Postentgeltpauschale, VV 7002		20,00 EUR
Zwischensumme	280,00 EUR	
4. 19 % Umsatzsteuer, VV 7008		53,20 EUR
Gesamt		**333,20 EUR**

II. Strafverfahren

1. Grundgebühr, VV 4100		200,00 EUR
2. gem. Anm. Abs. 2 zu VV 4100 anzurechnen		– 100,00 EUR
3. Verfahrensgebühr, VV 4104		165,00 EUR
4. Postentgeltpauschale, VV 7002		20,00 EUR
Zwischensumme	285,00 EUR	
5. 19 % Umsatzsteuer, VV 7008		54,15 EUR
Gesamt		**339,15 EUR**

5 Unerheblich ist, wer die Ermittlungen aufnimmt, also ob diese durch die Polizei aufgenommen werden oder durch die Staatsanwaltschaft.[2] Entscheidend ist lediglich, dass Ermittlungen im Hinblick auf ein mögliches strafbares Verhalten eingeleitet werden.

6 Steht bei Aufnahme der Ermittlungen durch die Polizei noch **nicht fest**, ob wegen einer Ordnungswidrigkeit oder einer Straftat ermittelt wird, so wird im Zweifel auch wegen des Verdachts einer Straftat ermittelt, so dass VV 4104 anzuwenden ist und nicht VV 5100 ff. Gleiches gilt, wenn sowohl wegen des Verdachts einer **Ordnungswidrigkeit als auch wegen einer Straftat** ermittelt wird. Da in diesem Fall die Staatsanwaltschaft für sämtliche Ermittlungen zuständig ist (§ 42 OWiG), richtet sich die Vergütung insgesamt nur nach VV 4100 ff. und nicht nach VV 5100 ff. Die Mehrtätigkeit des Verteidigers im Hinblick auf die zusätzliche Ordnungswidrigkeit kann ggf. nach § 14 Abs. 1 erhöhend zu berücksichtigen sein.

7 Die Gebühr nach VV 4104 entsteht nicht, wenn der Verteidiger erst nach Erhebung der öffentlichen Klage bzw. nach Eingang des Antrags auf Durchführung des beschleunigten Verfahrens beauftragt worden ist.[3] Die Verfahrensgebühr der VV 4104 kann nach einer Anklagerücknahme entstehen. Nimmt die Staatsanwaltschaft ihre Anklage zurück, so versetzt sie damit das Verfahren in den Stand des Ermittlungsverfahrens zurück, mit der Folge, dass der Rechtsanwalt, der vom Beschuldigten erst nach Anklageerhebung beauftragt worden ist, also im vorbereitenden Verfahren noch nicht mandatiert war, die Verfahrensgebühr VV 4104 verdient.[4]

8 Das vorbereitende Verfahren **endet** mit seiner Einstellung oder der Überleitung in das gerichtliche Verfahren. Aus welchem Grund das Ermittlungsverfahren eingestellt wird, ist unerheblich. Auch durch eine **vorläufige Einstellung** oder eine solche Einstellung, die eine Wiederaufnahme ermöglicht (§ 170 Abs. 2 StPO), ist die Angelegenheit zunächst beendet.

Werden die Ermittlungen allerdings bei einer nicht endgültigen Einstellung später wieder aufgenommen, so erhält der Anwalt keine neue Gebühr nach VV 4104.[5] Seine Tätigkeit wird vielmehr durch die bereits entstandene Gebühr abgegolten (§ 15 Abs. 5 S. 1). Die Wiederaufnahme und die damit verbundene Tätigkeit kann lediglich im Rahmen des § 14 Abs. 1 Gebühren erhöhend berücksichtigt werden.[6]

Beispiel: Das Ermittlungsverfahren gegen den Mandanten wegen des Verdachts einer fahrlässigen Körperverletzung wird unter Mitwirkung des Verteidigers mangels hinreichenden Tatverdachts nach § 170 Abs. 2 StPO eingestellt. Im Verlaufe des zivilrechtlichen Schadensersatzprozesses stellt sich dann doch ein erhebli-

---

2 *Burhoff*, RVG, VV 4104 Rn 2.
3 AG Köln, Beschl. v. 11.6.2013 – 520 Ds 143/13.
4 AG Gießen, Beschl. v. 29.6.2016 – 507 Ds-604 Js 35439/13.

5 *Madert*, AGS 1994, 24; *Burhoff*, RVG, VV 4104 Rn 6.
6 *Madert*, AGS 1994, 24; *Burhoff*, RVG, VV 4104 Rn 6.

ches Verschulden des Mandanten heraus, so dass die Staatsanwaltschaft das Verfahren wieder aufnimmt und schließlich gegen Zahlung einer Geldbuße nach § 153a StPO einstellt.
Der Anwalt erhält insgesamt nur eine Gebühr nach VV 4104. Umfang und Dauer des Verfahrens mögen hier allerdings einen über der Mittelgebühr liegenden Betrag rechtfertigen. Zu rechnen wäre wie folgt:

1. Grundgebühr, VV 4100	200,00 EUR
2. Verfahrensgebühr, VV 4104	165,00 EUR
3. Verfahrensgebühr, VV 4141, 4106	165,00 EUR
4. Postentgeltpauschale, VV 7002	20,00 EUR
Zwischensumme	550,00 EUR
5. 19 % Umsatzsteuer, VV 7008	104,50 EUR
Gesamt	**654,50 EUR**

Eine Ausnahme gilt nur dann, wenn zwischen der Einstellung des Verfahrens und der Wiederaufnahme der Ermittlungen **mehr als zwei Kalenderjahre** liegen. In diesem Fall gilt § 15 Abs. 5 S. 2. Das Verfahren nach der Wiederaufnahme der Ermittlungen stellt dann eine neue gebührenrechtliche Angelegenheit dar, so dass der Anwalt die Gebühr für das vorbereitende Verfahren nebst Auslagen (VV 7000 ff.) erneut erhält.[7]

Stellt sich im Laufe der Ermittlungen heraus, dass eine Straftat nicht vorliegt oder dass an der weiteren Verfolgung der Straftat kein öffentliches Interesse besteht, wohl aber an der Verfolgung einer Ordnungswidrigkeit, so stellt die Staatsanwaltschaft das Verfahren ein und gibt es nach § 43 OWiG an die zuständige Verwaltungsbehörde ab. Mit dieser Abgabe endet das Strafverfahren.[8] Für die weitere Tätigkeit vor der Bußgeldbehörde erhält der Anwalt die Vergütung nach VV 5100. Die bisherige Streitfrage, ob das Bußgeldverfahren eine neue Angelegenheit ist oder ob Straf- und Bußgeldverfahren dieselbe Angelegenheit i.S.d. § 15 (bisher: § 13 BRAGO) sind, ist jetzt gesetzlich geregelt: Nach § 17 Nr. 11 ist das Bußgeldverfahren eine neue Angelegenheit, so dass alle Gebühren erneut entstehen.

> **Beispiel:** Das Ermittlungsverfahren gegen den Mandanten wegen des Verdachts einer fahrlässigen Körperverletzung wird eingestellt und zur weiteren Verfolgung wegen einer Ordnungswidrigkeit an die Verwaltungsbehörde abgegeben.
> Für die Tätigkeit im vorbereitenden Verfahren erhält der Anwalt die Gebühren nach VV 4100 ff. Für die Tätigkeit vor der Verwaltungsbehörde erhält er die Vergütung nach VV 5100 ff. Eine Anrechnung der Gebühren o.Ä. findet nicht statt. Lediglich die Grundgebühr nach VV 5100 entsteht nicht erneut (Anm. zu VV 5100).
> Ausgehend von der Mittelgebühr ist wie folgt abzurechnen:
> **I. Strafverfahren**
>
> | | |
> |---|---:|
> | 1. Grundgebühr, VV 4100 | 200,00 EUR |
> | 2. Verfahrensgebühr, VV 4104 | 165,00 EUR |
> | 3. Postentgeltpauschale, VV 7002 | 20,00 EUR |
> | Zwischensumme | 385,00 EUR |
> | 4. 19 % Umsatzsteuer, VV 7008 | 73,15 EUR |
> | **Gesamt** | **458,15 EUR** |
>
> **II. Bußgeldverfahren**
>
> | | |
> |---|---:|
> | 1. Verfahrensgebühr, VV 5103 | 160,00 EUR |
> | 2. Postentgeltpauschale, VV 7002 | 20,00 EUR |
> | Zwischensumme | 180,00 EUR |
> | 3. 19 % Umsatzsteuer, VV 7008 | 34,20 EUR |
> | **Gesamt** | **214,20 EUR** |

Wird das Verfahren nicht eingestellt oder abgegeben, so endet das vorbereitende Verfahren mit der **Überleitung in das gerichtliche Verfahren**. Die frühere Streitfrage, wann das vorbereitende Verfahren endet und das gerichtliche Verfahren beginnt, war schon zu BRAGO-Zeiten gesetzlich geregelt worden (jetzt Anm. zu VV 4104): Das vorbereitende Verfahren endet mit:
– dem Eingang der Anklageschrift bei Gericht (Anm. zu VV 4104, 1. Var.),
– dem Eingang des Antrags auf Erlass eines Strafbefehls bei Gericht (Anm. zu VV 4104, 2. Var.),
– dem Vortrag der Anklage im beschleunigten Verfahren, wenn diese nur mündlich erhoben wird (Anm. zu VV 4104, 3. Var.).

---

[7] *Burhoff*, RVG, VV 4104 Rn 7.   [8] *Stuth*, AGS 1998, 18.

12 Auch Beschwerden gehören – im Gegensatz zu den Beschwerden nach VV Teil 3 – zur Instanz des vorbereitenden Verfahrens (§ 19 Abs. 1 S. 2 Nr. 10a), etwa die Beschwerde nach § 111a StPO.

13 Verhandlungen mit dem Richter und der Staatsanwaltschaft über die Höhe der festzusetzenden Strafe oder über eine Einstellung nach Eingang des Antrags auf Erlass eines Strafbefehls zählen dagegen bereits zu VV 4106 ff., und zwar auch dann, wenn es nicht zum Erlass eines Strafbefehls kommt.

> **Beispiel:** Der im vorbereitenden Verfahren tätige Verteidiger erfährt, dass die Staatsanwaltschaft bereits den Erlass eines Strafbefehls beantragt hat. Er setzt sich daraufhin mit dem Richter und der Staatsanwaltschaft in Verbindung und erreicht, dass das Verfahren doch noch eingestellt wird.
> Mit Eingang des Antrags auf Erlass des Strafbefehls war das vorbereitende Verfahren beendet. Der Anwalt erhält daher neben der Gebühr für das vorbereitende Verfahren nach VV 4104 zusätzlich eine Gebühr nach VV 4106 für das gerichtlich anhängige Verfahren ohne Hauptverhandlung. Darüber hinaus entsteht eine zusätzliche Gebühr nach Anm. Abs. 1 Nr. 1 zu VV 4141, 4106, da das gerichtliche Verfahren nicht nur vorläufig eingestellt worden ist.

II. Verfahrensgebühr

1. Höhe der Gebühr

14 Für seine Tätigkeit im vorbereitenden Verfahren erhält der Verteidiger eine Verfahrensgebühr nach VV 4104.

15 Die Höhe der Verfahrensgebühr beläuft sich für den **Wahlanwalt** gemäß VV 4104 auf 40 EUR bis 290 EUR; die **Mittelgebühr** beträgt 165 EUR.

16 Der **gerichtlich bestellte oder beigeordnete Anwalt** erhält eine Festgebühr in Höhe von 132 EUR.

17 Befindet sich der Beschuldigte **nicht auf freiem Fuß**, beläuft sich die Gebühr gemäß VV 4105 auf 40 EUR bis 362,50 EUR; die Mittelgebühr beträgt 201,25 EUR. Der gerichtlich bestellte oder beigeordnete Anwalt erhält in diesem Fall 161 EUR.

18 Wird das Ermittlungsverfahren (vorläufig) eingestellt und **nach Ablauf von zwei Kalenderjahren** wieder aufgenommen, so entsteht gemäß § 15 Abs. 5 S. 2 die Gebühr nach VV 4104 erneut.

19 Werden **verschiedene Ermittlungsverfahren** geführt, so entsteht die Gebühr nach VV 4104 **mehrmals**. Gleiches gilt, wenn aus einem zunächst einheitlich geführten Ermittlungsverfahren ein weiteres Verfahren abgetrennt wird (siehe Rdn 25 f.).

2. Abgeltungsbereich

20 Durch die Gebühr nach VV 4104 wird die gesamte Tätigkeit des Anwalts im vorbereitenden Verfahren abgegolten.[9] Hierzu zählen insbesondere:
 – die Informationsaufnahme
 – die Besprechung mit dem Mandanten,[10]
 – die Einsichtnahme in die Ermittlungsakten (sofern dies nicht schon durch die Grundgebühr abgegolten ist),
 – die Beratung des Mandanten,
 – das Anfertigen von Schriftsätzen,
 – die Tätigkeiten in Zusammenhang mit der Teilnahme an richterlichen oder staatsanwaltlichen Zeugenvernehmungen, etwa vor einem auswärtigen Gericht im Wege der Rechtshilfe, wobei für die Teilnahme zusätzlich die Terminsgebühr nach VV 4102 entsteht,
 – das Einholen eigener Sachverständigengutachten,
 – das Befragen von Zeugen,
 – die Tätigkeit im Verfahren nach § 111a StPO,
 – eventuelle Beschwerdeverfahren einschließlich der Beschwerde nach § 111a StPO (§ 19 Abs. 1 S. 2 Nr. 10a),

---

9 *Burhoff*, RVG, VV 4104 Rn 12.
10 LG Hanau AnwBl 1984, 263; LG Mannheim JurBüro 1977, 220.

- Verhandlungen mit der Staatsanwaltschaft über eine Einstellung des Verfahrens,
- Verhandlungen mit dem Strafrichter über die Zustimmung zu einer Einstellung,
- Verhandlungen mit der Staatsanwaltschaft und dem Richter für den Erlass eines Strafbefehls, sofern noch kein Antrag auf Erlass des Strafbefehls des Gerichts eingegangen ist,
- die Tätigkeiten in Zusammenhang mit der Teilnahme an Terminen außerhalb der Hauptverhandlung, betreffend die Anordnung oder Fortdauer der Untersuchungshaft oder der einstweiligen Unterbringung. Die zusätzliche Terminsgebühr nach VV 4102 entsteht nur, wenn auch verhandelt wird. Die Vorbereitung der Verhandlung oder Termine, in denen nicht verhandelt, sondern etwa nur verkündet wird, fallen also ausschließlich in den Anwendungsbereich der VV 4104.

Nicht durch VV 4104 abgegolten wird die erstmalige Einarbeitung. Diese fällt in den Anwendungsbereich der VV 4100. Gleichwohl entsteht die VV 4104 zeitgleich mit der Gebühr nach VV 4100 mit der ersten Tätigkeit, in der Regel mit der Entgegennahme der Information. (VV Vorb. 4 Abs. 3). Soweit zum Teil die Auffassung vertreten wurde, die Verfahrensgebühr entstehe nicht schon während der Einarbeitungsphase, sondern nur die Grundgebühr (VV 4100),[11] war dies schon nach früherem Recht unzutreffend ist. Selbstverständlich ist die Gebühr nach VV 4104 eine Betriebsgebühr. Für sie gilt VV Vorb. 4 Abs. 2: *„Die Verfahrensgebühr entsteht für das Betreiben des Geschäfts einschließlich der Information."* Dass in der ersten Phase des Mandats auch eine Grundgebühr entsteht, steht der Verfahrensgebühr nicht entgegen.[12] Das hat der Gesetzgeber jetzt mit dem 2. KostRMoG durch die Neufassung der VV 4100 klargestellt (siehe VV 4100–4101 Rdn 31 ff.). 21

Ebenso nicht durch VV 4104 abgegolten werden Termine nach VV 4102. Hierfür entsteht die Gebühr nach VV 4102 neben der Verfahrensgebühr. 22

So wird im Privatklageverfahren die Tätigkeit in einem Sühnetermin nicht durch die Verfahrensgebühr der VV 4104 abgegolten. Hierfür gilt wiederum VV 4102 Nr. 4. Das Sühneverfahren selbst fällt dagegen in das vorbereitende Verfahren und wird durch die Gebühr nach VV 4104 abgegolten (VV Vorb. 4.2.1). 23

3. Verbindung mehrerer Verfahren

Werden mehrere Ermittlungsverfahren bereits im vorbereitenden Verfahren verbunden, so sind mehrere Gebühren nach VV 4104 entstanden, soweit der Anwalt in jedem der verbundenen Verfahren bis zur Verbindung auch tätig war. Die Bemessung der jeweiligen Gebühren nach § 14 Abs. 1 richtet sich dann hauptsächlich nach dem Zeitpunkt der Verbindung. Bei einer frühen Verbindung wird die Gebühr des führenden Verfahrens höher ausfallen, während die des verbundenen Verfahrens geringer liegen dürfte. Wird dagegen erst zum Abschluss der Ermittlungen verbunden, dürfte in beiden Verfahren von einer Mittelgebühr auszugehen sein.[13] 24

> **Beispiel:** Gegen den Beschuldigten laufen drei Ermittlungsverfahren (Az. 1/16–3/16) jeweils wegen des Verdachts eines Diebstahls. Die Verfahren 1/16 und 2/16 werden unmittelbar zu Beginn der Ermittlungen verbunden, das Verfahren 3/16 wird erst zum Abschluss der Ermittlungen verbunden. Führend ist das Verfahren 1/16.
> Für das Verfahren 1/16 dürfte ein über der Mittelgebühr liegender Betrag angemessen sein, da der Mehraufwand des zweiten Tatvorwurfs erhöhend zu berücksichtigen ist. Ein Mehraufwand wegen des dritten Tatvorwurfs dürfte sich dagegen nicht feststellen lassen.
> Für das Verfahren 2/16 dürfte nur ein unter der Mittelgebühr liegender Betrag anzusetzen sein, da das Verfahren frühzeitig in das Verfahren 1/16 übergegangen ist. Voraussetzung ist jedoch auch hier, dass der Anwalt von diesem Verfahren vor der Verbindung erfahren hat, insoweit beauftragt und tätig geworden ist; das ist – besonders bei Fällen, in denen die Ermittlungsverfahren frühzeitig verbunden werden – nicht immer gegeben.
> Für das Verfahren 3/16 dürfte dagegen von einer Mittelgebühr auszugehen sein, da die Verbindung weder einen Mehr- noch einen Minderaufwand mit sich gebracht hat.

---

[11] So KG AGS 2009, 271.
[12] AG Tiergarten, Beschl. v. 17.11.2008 – (281) 34 Js 849/08 (8/08).
[13] *N. Schneider*, BRAGOreport 2001, 49.

Abzurechnen wäre daher etwa wie folgt:

I. Verfahren 1/16
1. Grundgebühr, VV 4100 — 200,00 EUR
2. Verfahrensgebühr, VV 4104 — 250,00 EUR
3. Postentgeltpauschale, VV 7002 — 20,00 EUR

II. Verfahren 2/16
1. Grundgebühr, VV 4100 — 200,00 EUR
2. Verfahrensgebühr, VV 4104 — 100,00 EUR
3. Postentgeltpauschale, VV 7002 — 20,00 EUR

III. Verfahren 3/16
1. Grundgebühr, VV 4100 — 200,00 EUR
2. Verfahrensgebühr, VV 4104 — 165,00 EUR
3. Postentgeltpauschale, VV 7002 — 20,00 EUR

Zwischensumme (Verfahren 1/16–3/16) — 1.175,00 EUR

4. 19 % Umsatzsteuer, VV 7008 — 223,25 EUR

Gesamt — 1.398,25 EUR

25 Findet eine Verbindung mehrerer Verfahren dagegen erst vor Gericht statt, ändert sich an den bis dahin getrennt angefallenen Gebühren nach VV 4104 nichts mehr. Diese bleiben ungeachtet der späteren Verbindung bestehen.[14]

4. Verfahrenstrennung

26 Wird ein einheitliches Ermittlungsverfahren in verschiedene Verfahren getrennt, so erhält der Anwalt für jedes Verfahren eine gesonderte Gebühr nach VV 4104. Die Bemessung der jeweiligen Gebührenhöhe nach § 14 Abs. 1 richtet sich dann hauptsächlich nach dem Zeitpunkt der Trennung. Insoweit gelten die gleichen Grundsätze wie bei einer Verbindung (siehe Rdn 24).

27 Findet eine Trennung in mehrere Verfahren dagegen erst vor Gericht statt, hat dies keinen Einfluss auf die Vergütung im vorbereitenden Verfahren. Es verbleibt insoweit bei einer einzigen Gebühr nach VV 4104.

5. Pauschgebühr

28 Nach §§ 42, 51 ist die Bewilligung einer Pauschgebühr sowohl für den Wahlanwalt als auch für den gerichtlich bestellten oder beigeordneten Anwalt möglich.

III. Weitere Gebühren

1. Grundgebühr

29 Neben der Verfahrensgebühr fällt immer die Grundgebühr (VV 4100) an, da das vorbereitende Verfahren das früheste Stadium ist, in dem der Anwalt als Verteidiger beauftragt werden kann. Hier muss also zwangsläufig die Grundgebühr entstehen, die die erstmalige Einarbeitung in den Rechtsfall abdeckt.

2. Terminsgebühr

30 Daneben können auch Terminsgebühren entstehen. Eine Hauptverhandlung findet im vorbereitenden Verfahren zwar nicht statt; in Betracht kommen jedoch Termine nach VV 4102.

---

14 OLG Düsseldorf MDR 1985, 252; *Hansens*, BRAGO,
§ 83 Rn 15; *N. Schneider*, BRAGOreport 2001, 49.

3. Zusätzliche Gebühr bei Einziehung und verwandten Maßnahmen

Darüber hinaus kann eine zusätzliche 1,0-Verfahrensgebühr nach VV 4142 anfallen, wenn der Anwalt bereits im vorbereitenden Verfahren mit Einziehung oder verwandten Maßnahmen befasst ist. 31

Zu beachten ist, dass die Gebühr nach VV 4142 in dem anschließenden erstinstanzlichen Verfahren nicht erneut anfallen kann, sondern insgesamt nur einmal (Anm. Abs. 3 zu VV 4142). Daran hat auch § 11 Nr. 10 nichts geändert. 32

Kommt es nicht zum gerichtlichen Verfahren, scheidet eine Wertfestsetzung nach § 33 aus. Die Staatsanwaltschaft ist nicht zur Wertfestsetzung berechtigt. Der Anwalt muss dann den maßgeblichen Gegenstandswert selbst ermitteln. Insoweit gilt § 23 Abs. 1 S. 3. 33

4. Zusätzliche Gebühr nach Einstellung oder Einigung

Daneben kommt eine zusätzliche Gebühr nach VV 4141 in Betracht, wenn das Verfahren nicht nur vorläufig eingestellt wird (Anm. Abs. 1 Nr. 1 zu VV 4141). Die anderen Varianten der Anm. zu VV 4141 sind im vorbereitenden Verfahren nicht einschlägig. Allerdings kann die zusätzliche Gebühr der VV 4141 nicht neben einer Einigungsgebühr nach VV 4147 anfallen. 34

5. Tätigkeit hinsichtlich vermögensrechtlicher Ansprüche

Werden vermögensrechtliche Ansprüche geltend gemacht, kann eine Verfahrensgebühr nach VV 4143 nicht anfallen, da diese erst im gerichtlichen Verfahren entstehen kann. Die außergerichtliche Tätigkeit des Anwalts wird insoweit durch VV 2300 abgegolten. 35

6. Vergleichsgebühr nach VV 4147

Entstehen kann weiterhin eine Einigungsgebühr nach VV 4147, wenn die Parteien im Verfahren zur Vorbereitung des Privatklageverfahrens eine Einigung erzielen, etwa im Sühnetermin (VV 4102 Nr. 5). Zwar spricht der Wortlaut der VV 4147 lediglich vom Privatklageverfahren. Die Vorschrift muss im vorbereitenden Verfahren jedoch entsprechend anzuwenden sein. Alles andere wäre sinnwidrig, da dann der Verteidiger benachteiligt würde, der durch eine Einigung nicht nur die Hauptverhandlung, sondern bereits die Privatklageerhebung entbehrlich macht. 36

7. Verfahrensgebühr nach Anm. zu VV 1000 ff. i.V.m. VV 4147

Kommt es im vorbereitenden Verfahren zu einer Einigung über vermögensrechtliche Ansprüche, etwa Schmerzensgeldansprüche, Schadensersatzansprüche o.Ä., so entsteht (gegebenenfalls neben der Gebühr nach VV 4147) eine Einigungsgebühr, also nach den VV 1000 ff. Die Höhe dieser Gebühr hängt davon ab, ob die Ansprüche, über die man sich daher geeinigt hat, anhängig waren oder nicht. 37

Unterabschnitt 3. Gerichtliches Verfahren

Erster Rechtszug

Vorbemerkung zu VV 4106 ff.

A. Überblick 1	2. Termine außerhalb der Hauptverhandlung, VV 4102 8
B. Umfang der Angelegenheit 2	IV. Zusätzliche Gebühr nach VV 4141 9
C. Vergütung 5	V. Verfahrensgebühr nach VV 4142 10
I. Grundgebühr, VV 4100 5	VI. Verfahrensgebühr nach VV 4143 11
II. Verfahrensgebühr, VV 4106, 4112 oder 4118 6	VII. Auslagen, VV 7000 ff. 12
III. Terminsgebühren 7	
1. Teilnahme an der Hauptverhandlung, VV 4108, 4114 oder 4120 7	

A. Überblick

1 Die Gebühren des Verteidigers im ersten Rechtszug sind in Unterabschnitt 3 geregelt. Ergänzend gelten die Regelungen der VV Vorb. 4, der Allgemeinen Gebühren nach Unterabschnitt 1, die zusätzlichen Gebühren nach Unterabschnitt 5 sowie die Allgemeinen Vorschriften nach VV Teil 1 und die Auslagen nach VV Teil 7.

B. Umfang der Angelegenheit

2 Das gerichtliche Verfahren **beginnt**, wie sich aus der Legaldefinition in Anm. zu VV 4104 ergibt, mit:
- dem Eingang der Anklageschrift bei Gericht (Anm. zu VV 4104, 1. Var.),
- dem Eingang des Antrags auf Erlass eines Strafbefehls bei Gericht (Anm. zu VV 4104, 2. Var.),
- dem Vortrag der Anklage im beschleunigten Verfahren, wenn diese nur mündlich erhoben wird (Anm. zu VV 4104, 3. Var.),
- dem Übergang vom Bußgeldverfahren nach richterlicher Verfügung oder gerichtlichem Hinweis (§ 81 Abs. 1 S. 2 OWiG).[1]

3 Zum gerichtlichen Verfahren gehören **sämtliche Tätigkeiten bis zum Abschluss der Instanz**. Es gehören hierzu also insbesondere die Vorbereitung der Hauptverhandlung, die Teilnahme an Hauptverhandlungsterminen oder an sonstigen Terminen, Verhandlungen und Terminen im Täter-Opfer-Ausgleich, soweit der Gegenstand nicht vermögensrechtlich ist (VV Vorb. 4.1 Abs. 2) etc. Auch die **Einlegung der Berufung oder Revision** zählt für den Verteidiger gemäß § 19 Abs. 1 S. 2 Nr. 10 noch zum erstinstanzlichen Verfahren (früher: § 87 S. 2, 2. Alt. BRAGO).

4 Das gerichtliche Verfahren ist gegenüber dem vorbereitenden Verfahren eine eigene Angelegenheit, wie § 17 Nr. 10 jetzt ausdrücklich klarstellt. Dies hat insbesondere Bedeutung für die Postentgeltpauschale (VV 7002) und die Höhe der Kopiekosten (VV 7000).[2]

---

1 Burhoff/*Gübner*, Handbuch für das straßenverkehrsrechtliche OWi-Verfahren, Rn 2020 ff.
2 OLG Frankfurt AGS 2015, 383 = StraFo 2015, 350 = zfs 2015, 526 = NStZ-RR 2015, 359 = DAR 2015,

674 = NJW-Spezial 2015, 541 = RVGreport 2015, 345 = RVG prof. 2016, 25.

C. Vergütung

I. Grundgebühr, VV 4100

Zunächst einmal kann der Verteidiger auch im gerichtlichen Verfahren die Grundgebühr nach VV 4100, 4101 verdienen. Voraussetzung hierfür ist allerdings, dass er erstmals im gerichtlichen Verfahren, also nach Eingang des Antrags auf Erlass eines Strafbefehls, Eingang der Anklageschrift oder nach Vortrag der Anklage im beschleunigten Verfahren beauftragt wird. War der Anwalt bereits im vorbereitenden Verfahren tätig, so hat er dort die Grundgebühr verdient und kann diese im gerichtlichen Verfahren nicht erneut erhalten.

II. Verfahrensgebühr, VV 4106, 4112 oder 4118

Für seine Tätigkeit im gerichtlichen Verfahren erhält der Anwalt neben der Grundgebühr nach VV 4106, 4112 oder 4118 eine Verfahrensgebühr. Die Verfahrensgebühr deckt sämtliche Tätigkeiten des Verteidigers ab, soweit keine gesonderten Gebühren entstehen, also insbesondere Besprechungen mit dem Mandanten, mit Zeugen oder Sachverständigen, das Abfassen von Schriftsätzen, die Vorbereitung der Hauptverhandlung etc. Ebenso wie nach bisherigem Recht findet hier eine Staffelung der Gebühren je nach Zuständigkeit des Gerichts statt.

III. Terminsgebühren

1. Teilnahme an der Hauptverhandlung, VV 4108, 4114 oder 4120

Für die Teilnahme an der Hauptverhandlung erhält der Verteidiger – je nach Ordnung des Gerichts – eine weitere Gebühr nach VV 4108, 4114 oder 4120. Diese Gebühr entsteht für **jeden Hauptverhandlungstag gesondert**. Für Fortsetzungstermine oder erneute Hauptverhandlungstermine entsteht daher dieselbe Terminsgebühr. Eine Differenzierung wie nach altem Recht (§ 83 Abs. 1, Abs. 2 S. 1 und 2 BRAGO) findet nicht mehr statt.

2. Termine außerhalb der Hauptverhandlung, VV 4102

Nimmt der Verteidiger im gerichtlichen Verfahren an einem Termin i.S.d. VV 4102 teil, so erhält er nach dieser Vorschrift eine weitere Terminsgebühr. Diese Terminsgebühr entsteht unabhängig von der Terminsgebühr für die Hauptverhandlung und kann ggf. neben dieser anfallen. Zum Entstehen und Abgeltungsbereich dieser Terminsgebühr siehe die Kommentierung zu VV 4102.

IV. Zusätzliche Gebühr nach VV 4141

Im gerichtlichen Verfahren kommt darüber hinaus eine zusätzliche Gebühr nach VV 4141 in Betracht, wenn das Verfahren nicht nur vorläufig eingestellt, der Einspruch gegen den Strafbefehl oder die Privatklage zurückgenommen, die Hauptverhandlung nicht eröffnet wird oder im Verfahren nach § 411 Abs. 1 S. 3 StPO entschieden wird (zu den Einzelheiten siehe VV 4141 Rdn 1 ff.).

V. Verfahrensgebühr nach VV 4142

Neben den Gebühren nach VV 4106 ff. kann auch eine zusätzliche 1,0-Verfahrengebühr nach VV 4142 anfallen. Zu beachten ist, dass diese Gebühr im vorbereitenden und im gerichtlichen Verfahren nur einmal entsteht (Anm. Abs. 3 zu VV 4142). Daran hat auch die neue § 17 Nr. 10 nichts geändert.

VI. Verfahrensgebühr nach VV 4143

11 Daneben kann eine zusätzliche Gebühr nach VV 4143 entstehen, wenn vermögensrechtliche Ansprüche geltend gemacht werden.

VII. Auslagen, VV 7000 ff.

12 Hinzu kommen die Auslagen nach VV 7000 ff. Da es sich beim gerichtlichen Verfahren um eine eigene Gebührenangelegenheit i.S.d. § 15 handelt (§ 17 Nr. 10), entsteht auch eine **gesonderte Postentgeltpauschale** nach VV 7002.

Nr.	Gebührentatbestand	Gebühr oder Satz der Gebühr nach § 13 oder § 49 RVG	
		Wahlanwalt	gerichtlich bestellter oder beigeordneter Rechtsanwalt
4106	Verfahrensgebühr für den ersten Rechtszug vor dem Amtsgericht	40,00 bis 290,00 €	132,00 €
4107	Gebühr 4106 mit Zuschlag	40,00 bis 362,50 €	161,00 €

A. Allgemeines	1	II. Höhe der Gebühr	6
B. Regelungsgehalt	2	III. Trennung und Verbindung	8
I. Abgeltungsbereich	2	IV. Zurückverweisung	10

A. Allgemeines

1 Die VV 4106 und 4107 enthalten die Verfahrensgebühr im ersten Rechtszug vor dem Amtsgericht. Die Verfahrensgebühr deckt die gesamte Tätigkeit im gerichtlichen Verfahren ab (VV Vorb. 4.1 Abs. 2), ausgenommen
- die Teilnahme an **Hauptverhandlungsterminen**, die nach VV 4108, 4109 vergütet wird,
- an **sonstigen Terminen**, die in den Anwendungsbereich der VV 4102 fallen,
- Tätigkeiten im Hinblick auf **Einziehung und verwandte Maßnahmen**, die durch VV 4142 abgegolten werden,
- Tätigkeiten im Hinblick auf **vermögensrechtliche Ansprüche**, die durch VV 4143 vergütet werden.

B. Regelungsgehalt

I. Abgeltungsbereich

2 Das gerichtliche Verfahren **beginnt**, wie sich aus der Legaldefinition in Anm. zu VV 4104 ergibt, mit:
- dem Eingang der Anklageschrift bei Gericht (Anm. zu VV 4104, 1. Var.),
- dem Eingang des Antrags auf Erlass eines Strafbefehls bei Gericht (Anm. zu VV 4104, 2. Var.),
- dem Vortrag der Anklage im beschleunigten Verfahren, wenn diese nur mündlich erhoben wird (Anm. zu VV 4104, 3. Var.),

- dem **Übergang vom Bußgeld- ins Strafverfahren** gemäß § 81 OWiG durch schriftliche Verfügung oder Hinweis in der Hauptverhandlung.[1]

Die Verfahrensgebühren nach Unterabschnitt 3 decken in diesem Verfahrensstadium die gesamte Tätigkeit des Anwalts ab, soweit sie nicht bereits durch die Grundgebühr abgegolten sind, ausgenommen: 3
- die Teilnahme an **Hauptverhandlungsterminen** (VV 4108 ff.)
- **Terminswahrnehmungen außerhalb der Hauptverhandlung** (VV 4102)
- Tätigkeiten auf **Einziehung und verwandte Maßnahmen** (VV 4142)
- Tätigkeiten über **vermögensrechtliche Ansprüche** (VV 4143).

Durch die Verfahrensgebühr werden insbesondere abgegolten:[2] 4
- die Entgegennahme der Information
- die Einsicht in Straf- und Ermittlungsakten (soweit nicht schon durch die Grundgebühr abgegolten)
- die Beratung des Auftraggebers
- die Prüfung eines Strafbefehls, auch wenn kein Einspruch eingelegt wird.[3] Da der Strafbefehl vom Gericht erst nach Eingang des Antrags auf Erlass des Strafbefehls erlassen wird (Anm. zu VV 4104, 2. Var.), zählt bereits das Verfahren auf Erlass, in dem der Beschuldigte in aller Regel allerdings nicht angehört wird, schon zum gerichtlichen Verfahren. Daher muss die Prüfung des bereits erlassenen Strafbefehls erst Recht zum gerichtlichen Verfahren zählen. Voraussetzung ist allerdings ein Verteidigungsauftrag. Anderenfalls gilt § 34 Abs. 1. Die VV 2102 ist nicht anwendbar, da der Einspruch kein Rechtsmittel, sondern nur ein Rechtsbehelf ist.
- das Verfahren auf Bestellung als Pflichtverteidiger
- Besprechungen mit dem Gericht, der Staatsanwaltschaft und sonstigen Beteiligten[4]
- Besuche in der Haftanstalt
- besondere Anträge
- die Ermittlung von Zeugen
- vorbereitende Schriftsätze im gerichtlichen Verfahren[5]
- Erwiderungen auf die Anklageschrift[6]
- sonstiger Schriftverkehr mit dem Gericht, der Staatsanwaltschaft und sonstigen Beteiligten
- jede auftragsgemäße Tätigkeit im Rahmen des Täter-Opfer-Ausgleichs; gemeint sind hier Tätigkeiten im Rahmen der §§ 153a Abs. 1 Nr. 5, 155a, 155b StPO, wobei für Verhandlungen nach VV 4102 eine zusätzliche Terminsgebühr anfällt
- Tätigkeiten im Zusammenhang mit Terminen vor dem ersuchten oder beauftragten Richter,[7] wobei für die Teilnahme am Termin nach VV 4102 eine zusätzliche Terminsgebühr anfallen kann
- das Verfahren über Einziehung, Verfall, Vernichtung, Unbrauchbarmachung, Herausgabe des Mehrerlöses und eine Beschlagnahme, soweit der Gegenstandswert den Betrag von 25 EUR nicht überschreitet; anderenfalls gilt VV 4142
- das Verfahren nach Verweisung an ein Gericht des gleichen oder eines höheren Rechtszugs (§ 20 Abs. 1 S. 1)
- die Vorbereitung der Hauptverhandlung, soweit nicht durch die Terminsgebühr mit abgegolten
- die Beratung über die Aussichten eines noch einzulegenden Rechtsmittels
- Anträge auf Berichtigung des Urteils oder eines Beschlusses
- Erinnerungs- und Beschwerdeverfahren (§ 19 Abs. 1 S. 2 Nr. 10a) mit Ausnahme der Erinnerung und Beschwerde gegen einen Kostenfestsetzungsbeschluss oder der Beschwerde den Kostenansatz (VV Vorb. 4 Abs. 5 Nr. 1) und in der Zwangsvollstreckung (VV Vorb. 4 Abs. 5 Nr. 2)
- die Einlegung eines Rechtsmittels (§ 19 Abs. 1 S. 2 Nr. 10)
- die Entgegennahme und Weiterleitung der gegnerischen Rechtsmittelschrift[8]
- Anträge auf Ergänzung und Berichtigung des Protokolls oder einer gerichtlichen Entscheidung

---

1 Siehe hierzu ausführlich Burhoff/*Gübner*, Handbuch für das straßenverkehrsrechtliche OWi-Verfahren, 2005 S. 931 ff.
2 Siehe hierzu auch *Burhoff*, RVG, VV 4106 Rn 8.
3 OLG Hamm AGS 2002, 34 m. Anm. *Madert* = Rpfleger 2002, 171 = NStZ-RR 2002, 95; *Burhoff*, RVG, VV 4106 Rn 3.
4 LG Hanau AnwBl 1984, 263.
5 AG Koblenz AGS 2004, 484 m. Anm. *N. Schneider* = KostRsp. RVG-VV 4106 Nr. 1 = JurBüro 2005, 33.
6 AG Koblenz AGS 2004, 484 m. Anm. *N. Schneider* = KostRsp. RVG-VV 4106 Nr. 1 = JurBüro 2005, 33.
7 LG Flensburg JurBüro 1979, 1028; OLG Düsseldorf AnwBl 1980, 463.
8 OLG Düsseldorf JurBüro 1976, 635 = AnwBl 1976, 178; a.A. LG Lüneburg AnwBl 1974, 228.

- die Herausgabe oder Übersendung der Handakten an einen anderen Rechtsanwalt (analog § 19 Abs. 1 S. 2 Nr. 17)
- das Haftprüfungsverfahren einschließlich der Teilnahme an einem Haftprüfungstermin, wobei für die Teilnahme an Verhandlungen zusätzlich die Gebühr nach VV 4102 entsteht
- das Kostenfestsetzungsverfahren, mit Ausnahme der Erinnerung und Beschwerde (§ 19 Abs. 1 S. 2 Nr. 13)
- die Überprüfung der Kostenrechnung und des Kostenansatzes, einschließlich der Erinnerung. Die Beschwerde gegen den Kostenansatz ist dagegen eine eigene Angelegenheit (VV Vorb. 4 Abs. 5 Nr. 1)
- das Verfahren über die Bewilligung und Aufhebung von Prozesskostenhilfe (§ 16 Nr. 2)
- die erstmalige Erteilung der Vollstreckungsklausel, soweit über vermögensrechtliche Ansprüche entschieden worden ist (analog § 19 Abs. 1 S. 2 Nr. 12)
- Anträge auf Wiedereinsetzung in den vorigen Stand.

Siehe im Übrigen auch die Ausführungen zu VV Vorb. 4.1 Abs. 2 (siehe VV Vorb. 4.1 Rdn 4 ff.).

5   Wird der Rechtsanwalt erst im Hauptverhandlungstermin zum Verteidiger bestellt und wird am Ende der ersten Hauptverhandlung bereits das Urteil verkündet und Rechtsmittelverzicht erklärt, entsteht dem Verteidiger gleichwohl eine Verfahrensgebühr nach VV 4106, 4107. Die in Koblenz vorherrschende gegenteilige Auffassung[9] ist unzutreffend und mit dem Gesetz nicht zu vereinbaren. Es entspricht allgemeinen Grundsätzen, dass immer eine Verfahrensgebühr entsteht. Sie ist die Betriebsgebühr für das Betreiben des Geschäfts (VV Vorb. 4 Abs. 2). Dass der Verteidiger aber auch bei einer Bestellung erst im Termin das Verfahren betrieben hat, kann aber wohl nicht in Abrede gestellt werden.

II. Höhe der Gebühr

6   Ebenso wie nach bisherigem Recht findet eine Staffelung der Gebühren je nach Zuständigkeit des Gerichts statt. Der Anwalt erhält danach im Verfahren vor dem Amtsgericht **im ersten Rechtszug vor dem Amtsgericht**:
a) als **Wahlanwalt**
   - eine Verfahrensgebühr nach VV 4106 in Höhe von 40 EUR bis 290 EUR; die **Mittelgebühr** beträgt 165 EUR;
   - befindet sich der Beschuldigte **nicht auf freiem Fuß**, erhöht sich die Verfahrensgebühr nach VV 4107 auf 40 EUR bis 362,50 EUR; die **Mittelgebühr** beträgt dann 201,25 EUR;
b) als **gerichtlich bestellter oder beigeordneter Anwalt**
   - eine Festgebühr in Höhe von 132 EUR (VV 4106) und
   - wenn sich der Beschuldigte **nicht auf freiem Fuß** befindet, in Höhe von 161 EUR (VV 4107).

7   Vertritt der Anwalt **mehrere Auftraggeber**, erhöht sich der Gebührenrahmen nach VV 1008.[10] Da der Anwalt nicht mehrere Beschuldigte zugleich vertreten darf (§ 146 StPO), kann eine Erhöhung nur im Anwendungsbereich der VV Vorb. 4 Abs. 1 anfallen, etwa bei Vertretung als Beistand mehrerer Zeugen.[11]

III. Trennung und Verbindung

8   Werden mehrere Strafverfahren vor Gericht **verbunden**, so erhält der Anwalt alle bis zur Verbindung entstandenen Gebühren getrennt. Ab Verbindung entstehen die Gebühren nur noch einmal. Gegebenenfalls ist aber der Verbindung von überdurchschnittlichen Gebühren auszugehen. Die Grundgebühr (VV 4100) kann allerdings nicht erneut entstehen (Anm. Abs. 1 zu VV 4100).[12]

Auf die Vergütung im **vorbereitenden Verfahren** hat die Verbindung im gerichtlichen Verfahren keinen Einfluss. Hier bleibt es bei den getrennt entstandenen Gebühren.

---

9 AG Koblenz AGS 2004, 448 m. abl. Anm. von *N. Schneider* = RVGreport 2004, 469 = KostRsp. RVG-VV Nr. 1; OLG Koblenz AGS 2005, 155 m. abl. Anm. von *N. Schneider* = KostRsp. RVG-VV Nr. 3 = JurBüro 2005, 199 = RVG-B 2005, 83.

10 OLG Koblenz StraFo 2005, 526 = JurBüro 2005, 589.
11 OLG Koblenz StraFo 2005, 526 = JurBüro 2005, 589.
12 *Burhoff*, RVG, VV 4106 Rn 99.

Beispiel: Der Mandant ist vor dem AG wegen Betruges (Az. 1/16) und wegen Diebstahls (Az. 2/16) getrennt angeklagt worden. In jedem Verfahren findet eine Hauptverhandlung statt, die ausgesetzt wird. Anschließend werden beide Verfahren verbunden (führend ist das Verfahren 2/16). Es findet dann noch ein gemeinsamer Hauptverhandlungstermin statt.

Bis zur Verbindung entstehen die Gebühren getrennt, also jeweils eine Verfahrensgebühr sowie eine Terminsgebühr. Nach Verbindung entsteht im Verfahren 2/16 eine weitere Terminsgebühr, die allerdings überdurchschnittlich anzusetzen sein dürfte (hier um 20 % erhöht).

A. Verfahren 1/16
I. Vorbereitendes Verfahren
1. Grundgebühr, VV 4100 — 200,00 EUR
2. Verfahrensgebühr, VV 4104 — 165,00 EUR
3. Postentgeltpauschale, VV 7002 — 20,00 EUR
   Zwischensumme 385,00 EUR
4. 19 % Umsatzsteuer, VV 7008 — 73,15 EUR
Gesamt — **458,15 EUR**

II. Gerichtliches Verfahren
1. Verfahrensgebühr, VV 4106 — 165,00 EUR
2. Terminsgebühr, VV 4108 — 330,00 EUR
3. Postentgeltpauschale, VV 7002 — 20,00 EUR
   Zwischensumme 515,00 EUR
4. 19 % Umsatzsteuer, VV 7008 — 97,85 EUR
Gesamt — **612,85 EUR**

B. Verfahren 2/16
I. Vorbereitendes Verfahren
1. Grundgebühr, VV 4100 — 200,00 EUR
2. Verfahrensgebühr, VV 4104 — 165,00 EUR
3. Postentgeltpauschale, VV 7002 — 20,00 EUR
   Zwischensumme 385,00 EUR
4. 19 % Umsatzsteuer, VV 7008 — 73,15 EUR
Gesamt — **458,15 EUR**

II. Gerichtliches Verfahren
1. Verfahrensgebühr, VV 4106 — 165,00 EUR
2. Terminsgebühr, VV 4108 — 275,00 EUR
3. Terminsgebühr, VV 4108 (erneuter Hauptverhandlungstermin), 20 % erhöht — 330,00 EUR
4. Postentgeltpauschale, VV 7002 — 20,00 EUR
   Zwischensumme 790,00 EUR
5. 19 % Umsatzsteuer, VV 7008 — 150,10 EUR
Gesamt — **940,10 EUR**

Wird aus einem Strafverfahren ein Verfahren **abgetrennt**, so erhält der Anwalt alle bis zur Trennung entstandenen Gebühren nur einmal. Gegebenenfalls sind insoweit wegen der Mehrbelastung überdurchschnittliche Gebühren anzusetzen. Ab der Trennung entstehen die Gebühren gesondert.[13]

Auch die Trennung hat keinen Einfluss auf die Vergütung im **vorbereitenden Verfahren**. Hier verbleibt es bei den gemeinsam entstandenen Gebühren.

Beispiel: Der Mandant ist wird Betruges und wegen Diebstahls gemeinsam angeklagt (Az. 1/16). Es findet sodann ein Hauptverhandlungstermin statt. Später wird das Diebstahlverfahren abgetrennt und als neue Sache (Az. 2/16) geführt. Anschließend findet in beiden Verfahren eine neue Hauptverhandlung statt.

Bis zur Trennung entstehen die Gebühren nur einmal. Alle danach ausgelösten Gebühren entstehen dagegen gesondert. Da in dem abgetrennten Verfahren die Verfahrensgebühr erneut ausgelöst wird (VV Vorbem. 4 Abs. 2), entsteht sie erneut, ebenso je eine Terminsgebühr.

A. Verfahren 1/16
I. Vorbereitendes Verfahren
1. Grundgebühr, VV 4100 — 200,00 EUR
2. Verfahrensgebühr, VV 4104 — 165,00 EUR

---
[13] Burhoff, RVG, VV 4106 Rn 9.

3. Postentgeltpauschale, VV 7002		20,00 EUR
Zwischensumme	385,00 EUR	
4. 19 % Umsatzsteuer, VV 7008		73,15 EUR
Gesamt		**458,15 EUR**

II. Gerichtliches Verfahren
1. Verfahrensgebühr, VV 4106 — 165,00 EUR
2. Terminsgebühr, VV 4108 — 275,00 EUR
3. Terminsgebühr, VV 4108 (erneuter Hauptverhandlungstermin) — 275,00 EUR
4. Postentgeltpauschale, VV 7002 — 20,00 EUR
   Zwischensumme 735,00 EUR
5. 19 % Umsatzsteuer, VV 7008 — 139,65 EUR
Gesamt 874,65 EUR

B. Verfahren 2/16
1. Verfahrensgebühr, VV 4106 — 165,00 EUR
2. Terminsgebühr, VV 4108 — 275,00 EUR
3. Postentgeltpauschale, VV 7002 — 20,00 EUR
   Zwischensumme 460,00 EUR
4. 19 % Umsatzsteuer, VV 7008 — 87,40 EUR
Gesamt 547,40 EUR

IV. Zurückverweisung

10 Wird die Sache vom Rechtmittelgericht wieder an das AG zurückverwiesen, entsteht im Verfahren nach Zurückverweisung die Gebühr der VV 4106 erneut.[14] Eine Anrechnung wie in Angelegenheiten nach VV Teil 3 (VV Vorb. 3 Abs. 6) ist in Strafsachen nicht vorgesehen.

Nr.	Gebührentatbestand	Gebühr oder Satz der Gebühr nach § 13 oder § 49 RVG	
		Wahlanwalt	gerichtlich bestellter oder beigeordneter Rechtsanwalt
4108	Terminsgebühr je Hauptverhandlungstag in den in Nummer 4106 genannten Verfahren	70,00 bis 480,00 €	220,00 €
4109	Gebühr 4108 mit Zuschlag	70,00 bis 600,00 €	268,00 €
4110	Der gerichtlich bestellte oder beigeordnete Rechtsanwalt nimmt mehr als 5 und bis 8 Stunden an der Hauptverhandlung teil: Zusätzliche Gebühr neben der Gebühr 4108 oder 4109		110,00 €
4111	Der gerichtlich bestellte oder beigeordnete Rechtsanwalt nimmt mehr als 8 Stunden an der Hauptverhandlung teil: Zusätzliche Gebühr neben der Gebühr 4108 oder 4109		220,00 €

---

14 AG Wernigerode AGS 2015, 224 = RVGreport 2015, 137 = NJW-Spezial 2015, 316.

A. Allgemeines ... 1	a) Fortsetzungstermine ... 20
B. Regelungsgehalt ... 4	b) Erneute Hauptverhandlung ... 21
I. Teilnahme an der Hauptverhandlung ... 4	3. Höhe der Gebühr ... 23
II. Abgeltungsbereich ... 16	4. Längenzuschlag für den gerichtlich bestellten oder beigeordneten Anwalt ... 26
1. Hauptverhandlungstag ... 16	
2. Weitere Hauptverhandlungstermine ... 20	

A. Allgemeines

Die Terminsgebühren entstehen je Verhandlungstag, also je Kalendertag. Insoweit gilt nicht § 15 Abs. 1, wonach die Gebühren nur einmal anfallen können. Es wird nicht unterschieden zwischen **erstem Hauptverhandlungstermin, Fortsetzungstermin** und **erneutem ersten Verhandlungstermin**. Für alle Termine gilt einheitlich derselbe Gebührenrahmen. **1**

Für den gerichtlich bestellten oder beigeordneten Anwalt ist eine **Staffelung der Gebühren** je nach Dauer der Hauptverhandlung vorgesehen. **2**

Die Terminsgebühr kann der Verteidiger auch bei **Terminsausfall** erhalten (VV Vorb. 4 Abs. 3 S. 2). **3**

B. Regelungsgehalt

I. Teilnahme an der Hauptverhandlung

Voraussetzung für eine Gebühr nach VV 4108 ff. ist, **4**
– dass eine **Hauptverhandlung** stattgefunden und der Verteidiger hieran teilgenommen hat oder
– dass gemäß VV Vorb. 4 Abs. 3
   – eine Hauptverhandlung zwar ursprünglich anberaumt war,
   – diese dann aber aus Gründen, die der Verteidiger nicht zu vertreten hat, nicht stattfindet,
   – der Verteidiger zu diesem Termin auch erscheint und
   – er keine Kenntnis von der Terminsaufhebung hatte oder hätte haben müssen.

Nach der Legaldefinition in § 243 Abs. 1 StPO **beginnt** die Hauptverhandlung mit dem **Aufruf der Sache**. Der Gebührentatbestand der VV 4108 ff. wird also bereits dann ausgelöst, wenn die Sache aufgerufen wird und der Verteidiger hiernach irgendeine Tätigkeit entfaltet. Auf den Umfang der Tätigkeit kommt es für den Gebührenanfall nicht an. Dies kann allenfalls für die Höhe der Gebühr von Bedeutung sein. **5**

Für eine Gebühren auslösende Tätigkeit reicht bereits die **bloße Anwesenheit** des Verteidigers aus. **6**

> **Beispiel:** Nach Aufruf der Sache wird festgestellt, dass der Angeklagte nicht erschienen ist. Die Hauptverhandlung wird daraufhin ausgesetzt oder es ergeht gemäß §§ 408a, 407 StPO ein Strafbefehl.
> Mit Aufruf der Sache hat die Hauptverhandlung begonnen. Der Verteidiger hat hieran teilgenommen. Er erhält daher eine volle Gebühr nach VV 4108. Der geringe Aufwand in der Hauptverhandlung ist lediglich im Rahmen des § 14 Abs. 1 zu berücksichtigen.

Die Hauptverhandlungsgebühr fällt auch dann an, wenn nach Aufruf der Sache der **Einspruch gegen einen Strafbefehl zurückgenommen** wird. Es ist dabei noch nicht einmal erforderlich, dass der Verteidiger den Einspruch zurücknimmt. Auch die Rücknahme durch den Angeklagten selbst in Anwesenheit seines Verteidigers löst nach Aufruf der Sache die Gebühr nach VV 4108 aus.[1] **7**

Auch bei einer **Entbindung des Pflichtverteidigers** nach Aufruf der Sache ist für diesen bereits die Gebühr nach VV 4108 ausgelöst. **8**

Es ist auch nicht erforderlich, dass der Verteidiger bis zum Schluss der Hauptverhandlung anwesend bleibt. **9**

Nimmt der Verteidiger dagegen an der Hauptverhandlung nicht teil, so kann eine Gebühr nach VV 4108 selbst dann nicht entstehen, wenn der Anwalt im Hinblick auf die Hauptverhandlung eine umfangreiche Tätigkeit entfaltet, etwa indem er den Angeklagten berät. **10**

---

[1] LG Düsseldorf JMBl NRW 1967, 139; LG Hamburg StV 1991, 481.

Beispiel: Der Verteidiger erscheint nicht rechtzeitig zur Hauptverhandlung, da er in einem anderen Sitzungssaal festgehalten wird. Die Hauptverhandlung wird ohne den Anwalt durchgeführt. Dieser berät in einer Sitzungspause den Angeklagten jedoch, wie er sich zu verhalten hat.
Mangels Teilnahme an der Hauptverhandlung wird die Gebühr der VV 4108 nicht ausgelöst. Der Anwalt hat lediglich die Verfahrensgebühr nach VV 4106 verdient. Hier wird man allerdings von einer Gebühr oberhalb der Mittelgebühr ausgehen müssen, da die begleitende Tätigkeit in der Hauptverhandlung Gebühren erhöhend zu berücksichtigen sein wird.

11 **Termine vor dem beauftragten oder ersuchten Richter** zur Vernehmung von Zeugen oder zur Anhörung von Sachverständigen zählen nicht zur Hauptverhandlung, und zwar unabhängig davon, ob die Termine vor Beginn der Hauptverhandlung oder während der Hauptverhandlung durchgeführt werden. Die Teilnahme an diesen Terminen löst jetzt die Gebühr nach VV 4102 aus, die neben den Gebühren nach VV 4108 stehen kann.

Beispiel: Der in Köln wohnende Angeklagte beauftragt einen Kölner Anwalt mit seiner Verteidigung. Die Hauptverhandlung findet vor dem AG München statt. Hieran nimmt der Verteidiger nicht teil. Er nimmt jedoch an einem Termin zur Vernehmung eines Zeugen vor dem AG Köln teil.
Der Kölner Anwalt erhält neben der Grundgebühr nach VV 4100 und der Verfahrensgebühr nach VV 4106 keine Terminsgebühr nach VV 4108, sondern lediglich die allgemeine Terminsgebühr nach VV 4102 Nr. 1. Beauftragt der Angeklagte allerdings in München einen weiteren Verteidiger, der ihn in der Hauptverhandlung vertreten soll, so würde für diesen Anwalt die Terminsgebühr nach VV 4108 anfallen (wiederum neben einer Grundgebühr nach VV 4100 und einer Verfahrensgebühr nach VV 4106).
Wird der Münchener Anwalt nicht mit der Verteidigung beauftragt, sondern nur mit der Terminswahrnehmung, erhält er keine Gebühren nach VV 4100 ff., sondern die Vergütung nach VV 4301 Nr. 4.

12 Der Gebührentatbestand der VV 4108 gilt für jeden Hauptverhandlungstermin, unabhängig davon, ob es sich für den Verteidiger um den ersten Hauptverhandlungstermin handelt, um einen **Fortsetzungstermin** oder einen erneuten ersten Termin nach Aussetzung.

13 Überträgt der Verteidiger die Vertretung in der Hauptverhandlung einem anderen Anwalt, der **nicht Verteidiger** wird, so erhält keiner der beiden Anwälte eine Terminsgebühr nach VV 4108. Die Tätigkeit des Verteidigers richtet sich in diesem Falle nach VV 4100, 4106; der an der Hauptverhandlung teilnehmende Anwalt wiederum erhält lediglich eine Vergütung nach VV 4301 Nr. 4.

14 Nur dann, wenn der an der Hauptverhandlung teilnehmende Anwalt **ebenfalls als Verteidiger** – und sei es auch nur als unterbevollmächtigter Verteidiger – bestellt wird, gilt für ihn ebenfalls VV 4108 (neben VV 4100 und VV 4106). Bedenken gegen ein solches Vorgehen bestehen nicht, da der Angeklagte nach § 137 S. 1 StPO bis zu drei Verteidiger zugleich beauftragen darf.

15 Tritt der Anwalt in der Hauptverhandlung als **Stellvertreter des Verteidigers** nach § 5 auf, so erwächst dem Verteidiger die volle Hauptverhandlungsgebühr; der Stellvertreter hat dann keinen Vergütungsanspruch gegen den Auftraggeber.

II. Abgeltungsbereich

1. Hauptverhandlungstag

16 Die Terminsgebühr der VV 4108 deckt die gesamte Tätigkeit des Verteidigers in der Hauptverhandlung und die Vorbereitung des Termins[2] ab.

17 Sonstige Tätigkeiten außerhalb der Hauptverhandlung, also insbesondere die Vorbereitung der Hauptverhandlung wenn es nicht zur Gebühr nach VV 4108 kommt – etwa wegen des Ausfalls des Termins – oder Tätigkeiten nach der Hauptverhandlung, werden nicht durch VV 4108 erfasst, sondern durch die jeweilige Verfahrensgebühr. Insbesondere vorbereitende Schriftsätze im gerichtlichen Verfahren und Erwiderungen auf die Anklageschrift werden durch die Verfahrensgebühr nach

---

2 OLG Hamm AGS 2006, 498 = RVG-Letter 2006, 102 = JurBüro 2006, 591; LG Hamburg AGS 2008, 343 = JurBüro 2008, 312 = VRR 2008, 203; a.A. AG Koblenz AGS 2008, 346 = VRR 2008, 203 = RVGprof. 2008, 124 = StRR 2008, 280 = VRR 2008, 319.

VV 4106 abgegolten und sind bei der Terminsgebühr über die Hauptverhandlung nach VV 4108 nicht zu berücksichtigen.[3]

Werden **mehrere Hauptverhandlungstermine an einem Tag** abgehalten, bleibt es bei einer Gebühr. Die Terminsgebühr entsteht je Hauptverhandlungstag, nicht je Hauptverhandlung.[4]   18

Anders verhält es sich, wenn das Verfahren (z.B. gegen einen Angeklagten) abgetrennt wird. Denn vom Zeitpunkt der Verfahrenstrennung an stellen ein abgetrenntes Verfahren und das Ursprungsverfahren jeweils selbstständige Verfahren dar. Bei einer Verfahrenstrennung in der Hauptverhandlung hat dies zur Folge, dass vom Zeitpunkt der Trennung an auch eine gesonderte Terminsgebühr für das abgetrennte Verfahren entsteht.[5] Im führenden Verfahren bleibt es dagegen bei einer Terminsgebühr.   19

> **Beispiel:** Der Anwalt ist als Nebenklägervertreter tätig. Angeklagte sind A und B (Verfahren 1/16). In der Hauptverhandlung wird das Verfahren gegen den B als neues Verfahren (2/16) abgetrennt. Die Hauptverhandlung gegen B wird durchgeführt und B verurteilt. Das Verfahren gegen A wird ausgesetzt.
> Im Verfahren 1/16 hat der Verteidiger eine Terminsgebühr verdient und ebenso im Verfahren 2/16, da es sich um zwei verschiedene Angelegenheiten nach § 15 handelt.

2. Weitere Hauptverhandlungstermine

a) Fortsetzungstermine

Erstreckt sich die Hauptverhandlung über mehrere Tage, so erhält der Verteidiger für jeden weiteren Verhandlungstag eine zusätzliche Gebühr nach VV 4108. Voraussetzung ist, dass der Verteidiger an diesen Terminen auch teilnimmt oder bei Aufhebung erscheint (VV Vorb. 4 Abs. 3). Eine Differenzierung zwischen erstem Termin und Fortsetzungstermin – wie noch nach der BRAGO – findet nach dem RVG nicht mehr statt.   20

b) Erneute Hauptverhandlung

Muss mit der Hauptverhandlung an einem anderen Tag erneut begonnen werden, gilt wiederum VV 4108. Für die erneute Hauptverhandlung gilt dieselbe Gebühr und derselbe Gebührenrahmen wie für die übrigen Hauptverhandlungstage. Einer speziellen Verweisung wie noch in § 83 Abs. 2 S. 2 BRAGO bedarf es nicht mehr, da das RVG alle Hauptverhandlungstermine gleich behandelt.   21

Auch wenn die Gebühr der VV 4108 erneut entsteht, kann je nach Umfang für den zweiten Hauptverhandlungstermin allerdings eine geringere Gebühr anzusetzen sein, da der Verteidiger insoweit auf seine Vorbereitungen zur ersten Hauptverhandlung zurückgreifen kann. Hiervon kann jedoch nicht generell ausgegangen werden. Dies kommt vielmehr auf den Einzelfall an.   22

3. Höhe der Gebühr

Ebenso wie nach bisherigem Recht findet eine Staffelung der Gebühren je nach Zuständigkeit des Gerichts statt. Der Anwalt erhält danach im Verfahren vor dem Amtsgericht: 23

a) als **Wahlanwalt** nach VV 4108
 – Gebührenrahmen 70,00 bis 480,00 EUR
 – Mittelgebühr 275,00 EUR
 – wenn sich der Beschuldigte **nicht auf freiem Fuß** befindet (VV 4109)
  – Gebührenrahmen 70,00 bis 600,00 EUR
  – Mittelgebühr 335,00 EUR

---

3 AG Koblenz AGS 2004, 484 m. Anm. *N. Schneider* = KostRsp. RVG-VV 4106 Nr. 1 = JurBüro 2005, 33.
4 LG Hannover JurBüro 1996, 190 = NdsRpfl 1996, 210.
5 LG Itzehoe, Beschl. v. 29.10.2007 – 42 Qs 224/07 (nachgewiesen bei www.burhoff.de).

b) als **gerichtlich bestellter oder beigeordneter Anwalt**
- Festgebühr gem. VV 4108 — 220,00 EUR
- wenn sich der Beschuldigte **nicht auf freiem Fuß** befindet (VV 4109)
- Festgebühr — 268,00 EUR
- dauert die Verhandlung länger, erhält er neben den Gebühren nach VV 4108 oder VV 4109 eine **zusätzliche Gebühr** bei
  - mehr als fünf und bis acht Stunden (VV 4110) in Höhe von — 110,00 EUR
  - über acht Stunden (VV 4111) in Höhe von — 220,00 EUR.

24 Auszugehen ist grundsätzlich von der Mittelgebühr.[6]

25 Wie zu befürchten war, ist die Rechtsprechung restriktiv und bei Annahme einer Mittelgebühr zurückhaltend.
- So ist das ist das AG Koblenz[7] der Auffassung, eine Hauptverhandlung von 16 Minuten sei unterdurchschnittlich und rechtfertige nicht den Ansatz der Mittelgebühr. Die Tätigkeit des Anwalts sei in diesem Fall vielmehr mit 150 EUR (a.F.) angemessen honoriert. Dem stehe auch nicht entgegen, dass der Pflichtverteidiger mit 184 EUR eine höhere Vergütung erhalte.
- Ebenso hat das AG Koblenz[8] bei einer Hauptverhandlung mit einer Dauer von 30 Minuten nur den Ansatz einer unterdurchschnittlichen Gebühr i.H.v. 180 EUR (a.F.) bei ansonsten durchschnittlichen Kriterien des § 14 Abs. 1 für gerechtfertigt angesehen.
- Das LG Hannover[9] hat bei einer Dauer des Hauptverhandlungstermins von 45 Minuten und der Vernehmung von zwei Zeugen ebenfalls eine unterdurchschnittliche Gebühr angenommen; der geladene Sachverständige war nach drei Minuten im allseitigen Einverständnis unvernommen entlassen worden. Hinsichtlich der Bedeutung der Angelegenheit geht das LG Hannover grundsätzlich von der zu erwartenden Strafe aus. Bei Verstößen, die regelmäßig mit einer Geldstrafe von bis zu 30 Tagessätzen sanktioniert werden, sei von einer unterdurchschnittlichen Gebühr auszugehen.

Das AG Baden-Baden hat lediglich eine Terminsgebühr Höhe von 180 EUR (a.F.) für einen 25-minütigen Termin ohne Beweisaufnahme für angemessen gehalten. Bei dem zweiten Termin, der 35 Minuten dauerte und in dem eine kurze Beweisaufnahme sowie Erörterungen und Antragstellung stattfanden, hat das Gericht dagegen die Mittelgebühr von 230 EUR (a.F.) für angemessen erachtet.

4. Längenzuschlag für den gerichtlich bestellten oder beigeordneten Anwalt

26 Sofern die Hauptverhandlung länger als fünf Stunden dauert, erhält der gerichtlich bestellte oder beigeordnete Verteidiger, der daran teilgenommen hat, neben der Terminsgebühr nach VV 4108 oder VV 4109 eine zusätzliche Gebühr nach VV 4110 i.H.v. 110 EUR und bei mehr als acht Stunden nach VV 4111 i.H.v. 220 EUR.

27 Da er im Gegensatz zum Wahlverteidiger keine Möglichkeit hat, eine überdurchschnittlich lange Terminsdauer nach § 14 Abs. 1 Gebühren erhöhend zu berücksichtigen, sieht das Gesetz jeweils vor, dass sich die Terminsgebühren bei einer **Dauer der Hauptverhandlung** von mehr als fünf und mehr als acht Stunden erhöhen.

28 Maßgebend ist insoweit nicht der (spätere) **tatsächliche Beginn** der Hauptverhandlung, sondern derjenige Zeitpunkt, auf welchen der Verteidiger geladen wurde und zu dem er auch erschienen ist.[10] Beginnt der Termin dagegen **verspätet**, ist die Wartezeit hinzuzurechnen. Diese Zeit kann der

---

6 LG Trier RVGreport 2005, 271.
7 JurBüro 2005, 593.
8 AG Koblenz AGS 2004, 484 m. Anm. *N. Schneider* = KostRsp. RVG-VV 4106 Nr. 1 = JurBüro 2005, 33.
9 LG Hannover Nds Rpfl 2005, 327.
10 OLG Karlsruhe RVGreport 2005, 315 = RVG-Letter 2005, 90 = NStZ-RR 2005, 286; OLG Düsseldorf Rpfleger 2006, 36 = Justiz 2006, 16 = StV 2006, 200 = RVGprof. 2005, 200 = RVGreport 2006, 32; OLG Hamm RVGreport 2005, 351; LG Düsseldorf, Beschl. v. 25.3.2005 – I Qs 9/05 (nachgewiesen bei www.burhoff.de); KG RVGreport 2006, 33; OLG Koblenz NJW 2006, 1150 = StraFo 2006, 175 = AGS 2006, 285; OLG Köln AGS 2012, 233 = StraFo 2012, 249 = NJW-Spezial 2012, 315 = StRR 2012, 163; OLG Stuttgart Rpfleger 2006, 36 = Justiz 2006, 16 = RVGprof. 2005, 200 = RVGreport 2006, 32; OLG Zweibrücken Rpfleger 2006, 669 = NStZ-RR 2006, 392 = JurBüro 2006, 642 = Rpfleger 2007, 165 = RVGreport 2006, 470.

Verteidiger nicht sinnvoll nutzen, da er zu pünktlichem Erscheinen verpflichtet ist und nicht wissen kann, wann das Gericht erscheinen wird. Voraussetzung ist allerdings, dass der Anwalt erschienen ist. Der Längenzuschlag greift nicht, wenn der Anwalt selbst verspätet erscheint. Nach a.A. soll für die Dauer der Teilnahme eines Rechtsanwalts an der Hauptverhandlung der in der Sitzungsniederschrift vermerkte tatsächliche Beginn der Sitzung maßgebend sein und nicht der in der Ladung bestimmte Zeitpunkt.[11]

Verhandlungspausen, die der Verteidiger nicht sinnvoll anderweitig nutzen kann, sind bei der Dauer der Hauptverhandlung mit einzubeziehen. Solche Pausen dürfen ihm nicht zum gebührenrechtlichen Nachteil gereichen.[12] Inwieweit hiervon bei sehr langen Pausen Ausnahmen zu machen sind, hängt von den Umständen des Einzelfalls ab.[13] So sollen längere Sitzungspausen, insbesondere die Mittagspause, nicht berücksichtigt werden.[14] Das OLG Zweibrücken[15] will z.B. eine bis zu eineinhalbstündige Mittagspause nicht bei der Dauer der Hauptverhandlung mit einzubeziehen.

29

Strittig ist, ob die Zeiten für **Mittagspausen** in Abzug zu bringen sind. Nach überwiegender Auffassung sind sie nicht mitzuberechnen, selbst dann, wenn der Verteidiger die Mittagspause für die Formulierung eines Befangenheitsantrags genutzt hat.[16] Etwas anders gilt, wenn sich das ursprünglich geplante Ende der Mittagspause verschiebt, etwa weil die Sachverständigen zu spät zum Mittagessen erschienen sind.[17] Nach a.A. sind Mittagspausen mitzuberechnen.[18]

30

Nr.	Gebührentatbestand	Gebühr oder Satz der Gebühr nach § 13 oder § 49 RVG	
		Wahlanwalt	gerichtlich bestellter oder beigeordneter Rechtsanwalt
4112	Verfahrensgebühr für den ersten Rechtszug vor der Strafkammer .... Die Gebühr entsteht auch für Verfahren 1. vor der Jugendkammer, soweit sich die Gebühr nicht nach Nummer 4118 bestimmt, 2. im Rehabilitierungsverfahren nach Abschnitt 2 StRehaG.	50,00 bis 320,00 €	148,00 €
4113	Gebühr 4112 mit Zuschlag	50,00 bis 400,00 €	180,00 €

Die Höhe der Verfahrensgebühr ist in erstinstanzlichen Verfahren je nach Zuständigkeit des Gerichts gestaffelt. Hinsichtlich des Gebührentatbestands selbst ergeben sich jedoch keine Unterschiede, so dass zum Entstehen der Verfahrensgebühr und zum Abgeltungsbereich auf die Kommentierung zu VV 4106, 4107 verwiesen werden kann. Der Anwalt erhält danach:

1

- im Verfahren vor der **Strafkammer** und
- im Verfahren vor der **Jugendkammer**, soweit sich die Gebühr nicht nach VV 4118 bestimmt,
- im Rehabilitierungsverfahren nach Abschnitt 2 StRehaG
    a) als **Wahlanwalt** gem. VV 4112
        - eine Gebühr in Höhe von   50,00 bis 320,00 EUR
        - Mittelgebühr   185,00 EUR

---

[11] OLG Saarbrücken RVGreport 2006, 190 = NStZ-RR 2006, 191 = AGS 2006, 336; AG Pirmasens NStZ-RR 2016, 128.
[12] KG AGS 2006, 278 = StV 2006, 198.
[13] OLG Düsseldorf Rpfleger 2006, 36 = Justiz 2006, 16 = StV 2006, 200 = RVGprof. 2005, 200 = RVGreport 2006, 32.
[14] OLG Bamberg AGS 2006, 124 und 134.
[15] OLG Zweibrücken, Beschl. v. 31.8.2006 – 1 Ws 342/06 (nachgewiesen bei www.burhoff.de).
[16] OLG Frankfurt AGS 2015, 568 = RVGreport 2015, 462 = NStZ-RR 2016, 128.
[17] LG Ingolstadt, Beschl. v. 8.4.2016 – 1 Ks 11 Js 13880/13.
[18] OLG Düsseldorf AGS 2016, 169; OLG Stuttgart StraFo 2012, 384.

- wenn sich der Beschuldigte **nicht auf freiem Fuß** befindet
(VV 4113)
  - eine Gebühr in Höhe von .... 50,00 bis 400,00 EUR
  - Mittelgebühr .... 225,00 EUR
b) als **gerichtlich bestellter oder beigeordneter Anwalt**
  - Festgebühr gem. VV 4112 .... 148,00 EUR
  - wenn sich der Beschuldigte **nicht auf freiem Fuß** befindet
(VV 4113)
  - Festgebühr .... 180,00 EUR

Nr.	Gebührentatbestand	Gebühr oder Satz der Gebühr nach § 13 oder § 49 RVG	
		Wahlanwalt	gerichtlich bestellter oder beigeordneter Rechtsanwalt
4114	Terminsgebühr je Hauptverhandlungstag in den in Nummer 4112 genannten Verfahren	80,00 bis 560,00 €	256,00 €
4115	Gebühr 4114 mit Zuschlag	80,00 bis 700,00 €	312,00 €
4116	Der gerichtlich bestellte oder beigeordnete Rechtsanwalt nimmt mehr als 5 und bis 8 Stunden an der Hauptverhandlung teil: Zusätzliche Gebühr neben der Gebühr 4114 oder 4115		128,00 €
4117	Der gerichtlich bestellte oder beigeordnete Rechtsanwalt nimmt mehr als 8 Stunden an der Hauptverhandlung teil: Zusätzliche Gebühr neben der Gebühr 4114 oder 4115		256,00 €

1 Die Höhe der Terminsgebühren ist in erstinstanzlichen Verfahren je nach Zuständigkeit des Gerichts gestaffelt. Hinsichtlich des Gebührentatbestands selbst ergeben sich jedoch keine Unterschiede, so dass zum Entstehen der Terminsgebühr und zum Abgeltungsbereich auf die Kommentierung zu VV 4108–4111 verwiesen werden kann. Der Anwalt erhält danach:

- im Verfahren vor der **Strafkammer** und
- im Verfahren vor der **Jugendkammer**, soweit sich die Gebühr nicht nach VV 4118 bestimmt,
- im Rehabilitierungsverfahren nach Abschnitt 2 StrRehaG
  a) als **Wahlanwalt** gem. VV 4114
     - Gebührenrahmen .... 80,00 bis 560,00 EUR
     - Mittelgebühr .... 320,00 EUR
     - wenn sich der Beschuldigte **nicht auf freiem Fuß** befindet
(VV 4115)
       - Gebührenrahmen .... 80,00 bis 700,00 EUR
       - Mittelgebühr .... 390,00 EUR
  b) als **gerichtlich bestellter oder beigeordneter Anwalt**
     - Festgebühr gem. VV 4114 .... 256,00 EUR
     - wenn sich der Beschuldigte **nicht auf freiem Fuß** befindet
(VV 4115)
       - Festgebühr .... 312,00 EUR

Abschnitt 1. Gebühren des Verteidigers

- dauert die Verhandlung länger, erhält er neben den Gebühren nach VV 4114 oder VV 4115 eine **zusätzliche Gebühr** bei
  - mehr als fünf und bis acht Stunden (VV 4116) in Höhe von   128,00 EUR
  - über acht Stunden (VV 4117) in Höhe von   256,00 EUR.

Nr.	Gebührentatbestand	Gebühr oder Satz der Gebühr nach § 13 oder § 49 RVG	
		Wahlanwalt	gerichtlich bestellter oder beigeordneter Rechtsanwalt
4118	Verfahrensgebühr für den ersten Rechtszug vor dem Oberlandesgericht, dem Schwurgericht oder der Strafkammer nach den §§ 74a und 74c GVG .. Die Gebühr entsteht auch für Verfahren vor der Jugendkammer, soweit diese in Sachen entscheidet, die nach den allgemeinen Vorschriften zur Zuständigkeit des Schwurgerichts gehören.	100,00 bis 690,00 €	316,00 €
4119	Gebühr 4118 mit Zuschlag	100,00 bis 862,50 €	385,00 €

Die Höhe der Verfahrensgebühr ist in erstinstanzlichen Verfahren je nach Zuständigkeit des Gerichts gestaffelt. Hinsichtlich des Gebührentatbestands selbst ergeben sich jedoch keine Unterschiede, so dass zum Entstehen der Verfahrensgebühr und zum Abgeltungsbereich auf die Kommentierung zu VV 4106, 4107 verwiesen werden kann. Der Anwalt erhält danach: **1**

- in Verfahren vor dem **OLG**
- in Verfahren vor dem **Schwurgericht**
- in Verfahren vor der **Strafkammer nach den §§ 74a und 74c GVG** sowie
- in **Verfahren vor der Jugendkammer**, sofern diese in Sachen entscheidet, die nach den allgemeinen Vorschriften zur **Zuständigkeit des Schwurgerichts** gehören
  - a) als **Wahlanwalt**
    - gem. VV 4118   100,00 bis 690,00 EUR
    - Mittelgebühr   395,00 EUR
    - wenn sich der Beschuldigte **nicht auf freiem Fuß** befindet (VV 4113)
      - gem. VV 4119   100,00 bis 862,50 EUR
      - Mittelgebühr   481,25 EUR
  - b) als **gerichtlich bestellter oder beigeordneter Anwalt**
    - Festgebühr gem. VV 4118   316,00 EUR
    - wenn sich der Beschuldigte **nicht auf freiem Fuß** befindet (VV 4119)
      - Festgebühr   385,00 EUR.

Nr.	Gebührentatbestand	Gebühr oder Satz der Gebühr nach § 13 oder § 49 RVG	
		Wahlanwalt	gerichtlich bestellter oder beigeordneter Rechtsanwalt
4120	Terminsgebühr je Hauptverhandlungstag in den in Nummer 4118 genannten Verfahren	130,00 bis 930,00 €	424,00 €
4121	Gebühr 4120 mit Zuschlag	130,00 bis 1 162,50 €	517,00 €
4122	Der gerichtlich bestellte oder beigeordnete Rechtsanwalt nimmt mehr als 5 und bis 8 Stunden an der Hauptverhandlung teil: Zusätzliche Gebühr neben der Gebühr 4120 oder 4121		212,00 €
4123	Der gerichtlich bestellte oder beigeordnete Rechtsanwalt nimmt mehr als 8 Stunden an der Hauptverhandlung teil: Zusätzliche Gebühr neben der Gebühr 4120 oder 4121		424,00 €

1 Die Höhe der Terminsgebühr ist in erstinstanzlichen Verfahren je nach Zuständigkeit des Gerichts gestaffelt. Hinsichtlich des Gebührentatbestands selbst ergeben sich jedoch keine Unterschiede, so dass zum Entstehen der Terminsgebühr und zum Abgeltungsbereich auf die Kommentierung zu VV 4108–4111 verwiesen werden kann. Der Anwalt erhält danach:

– in Verfahren vor dem **OLG**
– in Verfahren vor dem **Schwurgericht**
– in Verfahren vor der **Strafkammer nach den §§ 74a und 74c GVG** sowie
– in **Verfahren vor der Jugendkammer**, sofern diese in Sachen entscheidet, die nach den allgemeinen Vorschriften zur **Zuständigkeit des Schwurgerichts** gehören

  a) als **Wahlanwalt** nach VV 4120
    – Gebührenrahmen   130,00 bis 930,00 EUR
    – Mittelgebühr   530,00 EUR
    – wenn sich der Beschuldigte **nicht auf freiem Fuß** befindet (VV 4121)
      – Gebührenrahmen   130,00 bis 1.162,50 EUR
      – Mittelgebühr   646,25 EUR

  b) als **gerichtlich bestellter oder beigeordneter Anwalt**
    – Festgebühr gem. VV 4120   424,00 EUR
    – wenn sich der Beschuldigte **nicht auf freiem Fuß** befindet (VV 4121)
      – Festgebühr   517,00 EUR
    – dauert die Verhandlung länger, erhält er neben den Gebühren nach VV 4108 oder VV 4109 eine **zusätzliche Gebühr** bei
      – mehr als fünf und bis acht Stunden (VV 4122) in Höhe von   212,00 EUR
      – über acht Stunden (VV 4123) in Höhe von   424,00 EUR.

Berufung

Vorbemerkung zu VV 4124 ff.

A. Überblick 1
B. Aufbau der Gebühren 8
C. Umfang der Angelegenheit 10
D. Vergütung 11
   I. Grundgebühr, VV 4100 11
   II. Verfahrensgebühr, VV 4124, 4125 12
   III. Terminsgebühren 13
     1. Teilnahme an der Hauptverhandlung, VV 4126 ff. 13
     2. Termine außerhalb der Hauptverhandlung, VV 4102 14
   IV. Zusätzliche Gebühr nach VV 4141 15
   V. Zusätzliche Gebühr nach VV 4142 16
   VI. Zusätzliche Verfahrensgebühr nach VV 4143, 4144 17
   VII. Auslagen, VV 7000 ff. 18

A. Überblick

Die Vorschriften der VV 4124 ff. regeln die **Vergütung im Berufungsverfahren**. Ebenso wie die übrigen Vorschriften der VV 4100 ff. gelten die VV 4124 ff. unmittelbar nur für den **Vollverteidiger**, also denjenigen Anwalt, dem die Verteidigung insgesamt übertragen worden ist. **1**

War der Anwalt dagegen nur mit **Einzeltätigkeiten** beauftragt, etwa mit der Einlegung der Berufung, ihrer Begründung, der Fertigung eines sonstigen Schriftsatzes oder der bloßen Wahrnehmung eines Beweis- oder Hauptverhandlungstermins in Untervollmacht, so gelten nicht die VV 4124 ff., sondern die VV 4300 ff. **2**

Umgekehrt bleibt es bei der Vergütung nach VV 4124 ff., wenn der Anwalt als Verteidiger beauftragt ist, letztlich aber nur eine Einzeltätigkeit ausgeübt hat. Der geringere Umfang seiner Tätigkeit ist dann allerdings nach § 14 Abs. 1 zu berücksichtigen. **3**

Entsprechend anzuwenden sind die Vorschriften für den **Privatklagevertreter**, den **Nebenklägervertreter** und den **Vertreter oder Beistand eines sonstigen Beteiligten** i.S.d. VV Vorb. 4 Abs. 1. Für den **gerichtlich bestellten oder beigeordneten Anwalt** sind wiederum **Festgebühren** vorgesehen. **4**

Richtet sich das Berufungsverfahren ausschließlich gegen eine Entscheidung über **vermögensrechtliche Ansprüche**, erhält der Anwalt keine Gebühr nach VV 4124 ff., sondern nur die nach VV 4144. **5**

Dagegen entsteht die Verfahrensgebühr der VV 4124 auch dann, wenn allein die Anordnung des Verfalls vom Wertersatz Gegenstand des Berufungsverfahrens ist.[1] Daneben entsteht die Verfahrensgebühr der VV 4142. **6**

Die VV 4124 ff. gelten ausschließlich für das **Berufungsverfahren**. Für das Revisionsverfahren bestimmt sich die Vergütung nach VV 4130 ff. Auf Beschwerdeverfahren sind die VV 4124 ff. nicht anwendbar, ausgenommen die Beschwerdeverfahren nach § 13 StrRehaG (Anm. zu VV 4124). Die Tätigkeit in sonstigen Beschwerdeverfahren stellt keine eigene Angelegenheit dar, sondern wird durch die Pauschgebühren der jeweiligen Verfahrensgebühren abgegolten (siehe VV Vorb. 4.1 Rdn 4 ff.). Das gilt auch für die Tätigkeit im Verfahren der sofortigen Beschwerde nach § 59 Abs. 1 JGG.[2] **7**

B. Aufbau der Gebühren

Die Gebühren des Verteidigers im Berufungsverfahren sind ebenfalls in Unterabschnitt 3 geregelt. Die Gebührentatbestände entsprechen vom Aufbau her dem erstinstanzlichen Verfahren. Im Gegen- **8**

---

[1] OLG Hamm RVGprof. 2012, 41 = StRR 2012, 43 = VRR 2012, 43 = RVGreport 2012, 152 = StRR 2012, 158.
[2] OLG Koblenz Rpfleger 1973, 375; *Hansens*, BRAGO, § 85 Rn 1; a.A. LG Trier AnwBl 1975, 452, das § 85 BRAGO auch auf die Beschwerde nach § 59 Abs. 2 JGG analog angewandt hat.

satz zu den erstinstanzlichen Gebühren sind die Gebühren im Berufungsverfahren jedoch nicht nach verschiedenen Spruchkörpern gegliedert, da die Berufung ohnehin nur vor dem LG stattfinden kann. Die frühere Staffelung der Gebühren für das Berufungsverfahren war bereits durch das RpflEntlG zum 1.3.1993 aufgegeben worden.

9   Für das Berufungsverfahren sind in VV 4124 ff. zwei Gebührentatbestände vorgesehen, und zwar die Verfahrensgebühr (VV 4124, 4125) und die Terminsgebühr (VV 4126 ff.). Ergänzend gelten die Regelungen der VV Vorb. 4, die Allgemeinen Gebühren nach Unterabschnitt 1, die zusätzlichen Gebühren nach Unterabschnitt 5 sowie die Allgemeinen Gebühren nach VV Teil 1 und die Auslagen nach VV Teil 7.

C. Umfang der Angelegenheit

10 Das Berufungsverfahren beginnt mit der ersten Tätigkeit nach Auftragserteilung. Zum Verfahren gehören wiederum sämtliche Tätigkeiten bis zum Abschluss der Instanz, also insbesondere die Vorbereitung der Hauptverhandlung, die Teilnahme an Hauptverhandlungsterminen oder an sonstigen Terminen. Auch Tätigkeiten nach der Hauptverhandlung zählen noch zum Abgeltungsbereich der Verfahrensgebühr. So zählt die Einlegung der Revision für den Verteidiger gemäß § 19 Abs. 1 S. 2 Nr. 10 noch zum Berufungsverfahren (früher: § 87 S. 2, 2. Alt. BRAGO).

D. Vergütung

I. Grundgebühr, VV 4100

11 Zunächst einmal kann der Verteidiger auch im Berufungsverfahren die Grundgebühr nach VV 4100, 4101 verdienen. Voraussetzung hierfür ist allerdings, dass er erstmals im Berufungsverfahren beauftragt worden ist (Anm. Abs. 1 zu VV 4100). War der Anwalt bereits im vorbereitenden Verfahren oder im gerichtlichen Verfahren tätig, so hat er dort die Grundgebühr verdient und kann diese im gerichtlichen Verfahren nicht erneut erhalten.

II. Verfahrensgebühr, VV 4124, 4125

12 Für seine Tätigkeit im gerichtlichen Verfahren erhält der Anwalt nach VV 4124, 4125 eine Verfahrensgebühr. Die Verfahrensgebühr deckt sämtliche Tätigkeiten des Verteidigers ab, soweit keine gesonderten Gebühren entstehen, also insbesondere Besprechungen mit dem Mandanten, mit Zeugen oder Sachverständigen, das Abfassen von Schriftsätzen, die Vorbereitung der Hauptverhandlung etc.

III. Terminsgebühren

1. Teilnahme an der Hauptverhandlung, VV 4126 ff.

13 Für die Teilnahme an der Hauptverhandlung erhält der Verteidiger eine Gebühr nach VV 4126 ff. Diese Gebühr entsteht für **jeden Hauptverhandlungstag gesondert**. Für Fortsetzungstermine oder erneute Hauptverhandlungstermine entsteht daher dieselbe Terminsgebühr. Eine Differenzierung wie nach bisherigem Recht findet nicht mehr statt.

2. Termine außerhalb der Hauptverhandlung, VV 4102

14 Nimmt der Verteidiger im gerichtlichen Verfahren an einem Termin außerhalb der Hauptverhandlung i.S.d. VV 4102 teil, so erhält er nach dieser Vorschrift eine weitere Terminsgebühr. Diese Terminsgebühr entsteht unabhängig von der Terminsgebühr für die Hauptverhandlung und kann ggf. neben dieser anfallen. Zum Entstehen und Abgeltungsbereich dieser Terminsgebühr siehe die Kommentierung zu VV 4102.

IV. Zusätzliche Gebühr nach VV 4141

Im Berufungsverfahren kommt darüber hinaus eine zusätzliche Gebühr nach VV 4141 in Betracht, wenn das Verfahren nicht nur vorläufig eingestellt oder die Berufung zurückgenommen wird (früher: § 85 Abs. 3 BRAGO i.V.m. § 84 Abs. 2 BRAGO). Zu den Einzelheiten siehe VV 4141 Rdn 1 ff.

15

V. Zusätzliche Gebühr nach VV 4142

Auch im Berufungsverfahren ist VV 4142 anwendbar, so dass der Anwalt zusätzlich eine Wertgebühr nach VV 4142 erhalten kann. Zu den Voraussetzungen siehe die Kommentierung zu VV 4142. Die Höhe der zusätzlichen Wertgebühr beläuft sich auch im Berufungsverfahren auf 1,0. Eine Erhöhung ist hier nicht vorgesehen.

16

VI. Zusätzliche Verfahrensgebühr nach VV 4143, 4144

Werden gegen den Beschuldigten **vermögensrechtliche Ansprüche** geltend gemacht, so ist zu differenzieren:

17

- Richtet sich die Berufung auch gegen eine Entscheidung über vermögensrechtliche Ansprüche, erhält der Verteidiger nach VV 4144 eine zusätzliche Wertgebühr in Höhe einer 2,5-Gebühr nach dem jeweiligen Wert. Eine Anrechnung auf ein eventuell nachfolgendes zivilrechtliches Verfahren ist nicht (mehr) vorgesehen.
- Werden die Ansprüche allerdings im Berufungsverfahren erstmals geltend gemacht, verbleibt es bei einer 2,0-Gebühr nach VV 4143 mit der Folge der Anrechnung in einem nachfolgenden zivilrechtlichen Verfahren. Zu den Einzelheiten siehe die Kommentierung zu VV 4143, 4144.

VII. Auslagen, VV 7000 ff.

Hinzu kommen die Auslagen nach VV 7000 ff. Da es sich beim Berufungsverfahren um eine eigene Gebührenangelegenheit i.S.d. § 15 Abs. 2 handelt, entsteht auch hier eine **gesonderte Postentgeltpauschale** nach VV 7002.

18

Nr.	Gebührentatbestand	Gebühr oder Satz der Gebühr nach § 13 oder § 49 RVG	
		Wahlanwalt	gerichtlich bestellter oder beigeordneter Rechtsanwalt
4124	Verfahrensgebühr für das Berufungsverfahren .... Die Gebühr entsteht auch für Beschwerdeverfahren nach § 13 StrRehaG.	80,00 bis 560,00 €	256,00 €
4125	Gebühr 4124 mit Zuschlag	80,00 bis 700,00 €	312,00 €

A. Allgemeines 1
B. Regelungsgehalt 4
   I. Umfang der Angelegenheit 4
II. Kostenentscheidung und Kostenerstattung 11

A. Allgemeines

Nach VV 4124 erhält der Verteidiger auch im Berufungsverfahren zunächst einmal eine Verfahrensgebühr, die für das Betreiben des Geschäfts einschließlich der Information entsteht (VV Vorb. 4 Abs. 2). Befindet sich der Angeklagte nicht auf freiem Fuß (VV Vorb. 4 Abs. 4), so entsteht gemäß VV 4125 ein erhöhter Gebührenrahmen.

1

2 Der Gebührenrahmen beläuft sich für den **Wahlanwalt** auf 80 EUR bis 560 EUR; die **Mittelgebühr** beträgt 320 EUR. Befindet sich der Beschuldigte **nicht auf freiem Fuß**, so beläuft sich nach VV 4125 der Gebührenrahmen auf 80 EUR bis 700 EUR; die **Mittelgebühr** beträgt 390 EUR.

3 Der **gerichtlich bestellte oder beigeordnete Anwalt** erhält eine Festgebühr in Höhe von 256 EUR. Befindet sich der Beschuldigte nicht auf freiem Fuß, erhält er eine Festgebühr in Höhe von 312 EUR.

B. Regelungsgehalt

I. Umfang der Angelegenheit

4 Das Berufungsverfahren beginnt mit der ersten Tätigkeit des Verteidigers nach Auftragserteilung im Berufungsverfahren, wobei allerdings zu differenzieren ist:
   – Für den **Verteidiger, der bereits erstinstanzlich tätig war**, zählt die Einlegung der Berufung noch zum erstinstanzlichen Rechtszug (§ 19 Abs. 1 S. 2 Nr. 10). Für ihn beginnt die Tätigkeit im Berufungsverfahren daher erst mit der weiteren Tätigkeit nach Einlegung der Berufung (zur Streitfrage, ob die Beratung über eine bereits eingelegte Berufung gemäß § 19 Abs. 1 S. 2 Nr. 10 noch zur ersten Instanz gehört, siehe § 19 Rdn 127 ff.).
   – War der **Verteidiger erstinstanzlich noch nicht tätig** oder war er zwar tätig, aber nicht als Verteidiger, dann beginnt für ihn das Berufungsverfahren mit Erteilung des Auftrags, Berufung einzulegen.

5 Wird die **Berufung** von einem anderen Verfahrensbeteiligten, also von der **Staatsanwaltschaft, dem Privat- oder Nebenkläger**, eingelegt, so beginnt für den Verteidiger das Berufungsverfahren mit Erteilung des Auftrags. Unzutreffend ist die insoweit häufig anzutreffende Formulierung, die Gebühr entstehe für den Verteidiger mit Erhalt oder Kenntnis des gegnerischen Rechtsmittels. Auch für das Berufungsverfahren ist ein gesonderter Auftrag erforderlich. Vor Kenntnis des gegnerischen Rechtsmittels wird der Auftraggeber in aller Regel keinen Auftrag erteilt haben, so dass die bloße Entgegennahme und Weiterleitung der Berufungsschrift grundsätzlich noch nicht die Gebühr nach VV 4124 auslösen kann. Die Übersendung des Berufungsschriftsatzes an den Auftraggeber wird in diesem Falle noch durch die erstinstanzlichen Gebühren abgegolten. Dies ergibt sich aus § 19 Abs. 1 S. 2 Nr. 9.

6 Die Verfahrensgebühr des Berufungsverfahrens entsteht auch dann, wenn der Verteidiger Gespräche mit der Staatsanwaltschaft führt, mit dem Ziel, die Rücknahme des eingelegten Rechtsmittels zu erreichen.[1]

7 Etwas anderes mag dann gelten, wenn der Auftraggeber in Erwartung des Rechtsmittels bereits bedingt für den Fall, dass dieses eingelegt werde, einen Auftrag erteilt hat und der Anwalt sich auf das Rechtsmittel der Gegenseite hin bei Gericht bestellt. Wird dem Verteidiger nach Berufung der Gegenseite der Auftrag für das Berufungsverfahren erteilt, so wird der Gebührentatbestand der VV 4124 mit der ersten Tätigkeit des Verteidigers erfüllt, in der Regel mit der Entgegennahme der Information. Insbesondere löst also bereits die Beratung über die Aussichten der von der Gegenseite eingelegten Berufung und über das weitere Vorgehen hinsichtlich der von dritter Seite eingelegten Berufung die Gebühr nach VV 4124 aus,[2] auch dann, wenn die Berufung anschließend wieder zurückgenommen wird.

8 Die Verfahrensgebühr nach VV 4124 kann im Gegensatz zur Terminsgebühr insgesamt nur einmal entstehen (§ 15 Abs. 1).

9 Die Verfahrensgebühr für das Berufungsverfahren nach VV 4124 gilt auch die Tätigkeit des Rechtsanwalts in einem Verfahren über die Beschwerde Kosten- und Auslagenentscheidung des Berufungsverfahrens ab. Eine Gebühr nach VV 3500 fällt nicht an (§ 19 Abs. 1 S. 2 Nr. 10a).[3]

---

1 LG Köln AGS 2007, 351 = StraFo 2007, 305 = RVGreport 2007, 224 = VRR 2007, 203 = RVGprof. 2007, 140 = StV 2007, 481.
2 LG Braunschweig JurBüro 1980, 104; LG Düsseldorf AnwBl 1993, 461; LG Berlin AnwBl 1987, 53; StV 1988, 352; LG Freiburg StV 1988, 74; *Hansens*;
BRAGO, § 85 Rn 5; a.A. LG Paderborn JurBüro 1986, 1045; LG Osnabrück JurBüro 1976, 66; LG Hagen, Beschl. v. 14.12.2011 – 51 Qs 35/11.
3 AG Koblenz, Beschl. v. 14.6.2012 – 2050 Js 56726/07 – 26 Ls.

Auch dann, wenn allein die Anordnung des Verfalls vom Wertersatz Gegenstand des Berufungsverfahrens ist, entsteht daneben die Verfahrensgebühr der VV 4124.[4]

II. Kostenentscheidung und Kostenerstattung

Über die Kosten des Berufungsverfahrens ist nach § 473 Abs. 1 bis 4 StPO zu entscheiden. Die Kosten einer erfolglosen oder zurückgenommenen Berufung treffen denjenigen, der sie eingelegt hat (§ 473 Abs. 1 StPO). Wird der Angeklagte im Berufungsverfahren freigesprochen, so ist nach § 467 StPO zu entscheiden.

Der Umfang der zu erstattenden Kosten richtet sich auch im Berufungsverfahren nach § 464a StPO.

Umstritten ist, inwieweit eine Kostenerstattung zugunsten des Beschuldigten in Betracht kommt, wenn die Staatsanwaltschaft ihre Berufung zurücknimmt, bevor sie begründet worden ist. Hier wird leider häufig die Frage, ob der Verteidiger in diesem Stadium eine Gebühr verdient hat, mit der Frage verwechselt, ob eine solche Gebühr auch erstattungsfähig ist.[5] Beides ist voneinander zu trennen.

Legt die Staatsanwaltschaft Berufung ein, so entsteht mit der ersten Tätigkeit des Verteidigers nach Auftragserteilung im Berufungsverfahren die Gebühr nach VV 4124. Die Vorschrift des § 19 Abs. 1 S. 2 Nr. 10 greift nicht, da diese nur für das eigene Rechtsmittel gilt (siehe hierzu im Einzelnen § 19 Rdn 127 ff.).

Die Erstattungsfähigkeit dieser Gebühr hängt davon ab, ob es sich hierbei um **notwendige Kosten** i.S.d. § 473 Abs. 2 S. 1 StPO handelt. Das wiederum richtet sich nach § 464a Abs. 2 Nr. 2 StPO i.V.m. § 91 Abs. 2 ZPO.

Von einem Teil der Rechtsprechung wird die Auffassung vertreten, die Beauftragung des Verteidigers vor Eingang der Berufungsbegründung sei nicht notwendig im Sinne der genannten Bestimmungen. Vor Kenntnisnahme der Berufungsbegründung könne der Verteidiger keine sinnvolle Tätigkeit entfalten, da ihm nicht bekannt sei, in welchem Umfang das Urteil angefochten und auf welche Gründe sich die Anfechtung stützen werde.[6]

Diese Auffassung ist abzulehnen. Bereits mit Einlegung des Rechtsmittels durch die Staatsanwaltschaft ergibt sich Beratungs- und Handlungsbedarf. Der Beschuldigte hat ein Recht darauf, sich darüber beraten zu lassen, welche Auswirkungen die Berufung haben kann. Darüber hinaus ist es bereits in diesem Stadium vor Begründung der Berufung notwendig zu handeln und die weitere Verteidigung vorzubereiten. Auch wenn die Begründung noch nicht vorliegt, ergibt sich doch in aller Regel aus dem bisherigen Verlauf des Verfahrens, inwieweit und aus welchen Gründen die Staatsanwaltschaft die Berufung durchführen wird. Hinzu kommt, dass dem Angeklagten und seinem Verteidiger nach Zugang der Berufungsbegründung nur eine befristete Zeitspanne zusteht, die weitere Verteidigung abzustimmen, während der Staatsanwaltschaft ein ungleich längerer Zeitraum zur Verfügung stünde. Eine solche Ungleichbehandlung ist nicht gerechtfertigt. Schließlich weist *Hansens*[7] auch zu Recht darauf hin, dass die Staatsanwaltschaft nach Nr. 146 RiStBV angewiesen ist, grundsätzlich keine vorsorglichen Rechtsmittel einzulegen, so dass der Angeklagte davon ausgehen kann, dass die Staatsanwaltschaft ihr Rechtsmittel auch durchführt. Dass die Berufung ohne Begründung zurückgenommen wird, ist danach ein Ausnahmefall, mit dem der Angeklagte nicht zu rechnen

---

4 OLG Hamm RVGprof. 2012, 41= StRR 2012, 43 = VRR 2012, 43 = RVGreport 2012, 152.
5 So z.B. LG Osnabrück NdsRpfl 1988, 270 = KostRsp. BRAGO Nr. 7.
6 OLG Köln AGS 2015, 511 = NStZ-RR 2015, 294 = RVGreport 2015, 383; OLG Koblenz NStZ-RR 2014, 327; KG JurBüro 2012, 471 = VRR 2011, 397 = StRR 2011, 387 = RVGreport 2012, 187; OLG München JurBüro 1977, 490; OLG Hamm MDR 1978, 596; OLG Zweibrücken JurBüro 1978, 256 = Rpfleger 1978, 27; OLG Düsseldorf JurBüro 1981, 229; OLG Koblenz MDR 1985, 344; LG Wuppertal JurBüro 1980, 1208 m. Anm. *Mümmler* = KostRsp. BRAGO § 85 Nr. 1 m. Anm. *Schmidt* und *Herget* und vollständigem Rechtsprechungsnachweis; LG Bayreuth JurBüro 1981, 735; LG Kleve JurBüro 1987, 87; LG Offenburg JurBüro 1988, 374; LG Koblenz JurBüro 1998, 422 m. Anm. *Meyer*.
7 *Hansens*, BRAGO, § 85 Rn 7.

braucht. Die Gebühr nach VV 4124 ist daher auch dann erstattungsfähig, wenn die Staatsanwaltschaft das Rechtsmittel ohne Begründung zurücknimmt.[8]

Nur ausnahmsweise kann die Notwendigkeit zu verneinen sein, etwa dann, wenn der Verteidiger, ohne sich mit der Sache zu befassen, lediglich formularmäßig den überflüssigen Antrag auf Verwerfung der Berufung stellt.[9] Da der Verteidiger allerdings vor Eingang der Berufungsbegründung wenig zu veranlassen hat, sondern sich seine Tätigkeit weitgehend in der Beratung des Angeklagten erschöpfen dürfte, wird in diesen Fällen die Gebühr des VV 4124 gem. § 14 Abs. 1 im unteren Bereich anzusetzen sein.

Nr.	Gebührentatbestand	Gebühr oder Satz der Gebühr nach § 13 oder § 49 RVG	
		Wahlanwalt	gerichtlich bestellter oder beigeordneter Rechtsanwalt
4126	Terminsgebühr je Hauptverhandlungstag im Berufungsverfahren .... Die Gebühr entsteht auch für Beschwerdeverfahren nach § 13 StrRehaG.	80,00 bis 560,00 €	256,00 €
4127	Gebühr 4126 mit Zuschlag	80,00 bis 700,00 €	312,00 €
4128	Der gerichtlich bestellte oder beigeordnete Rechtsanwalt nimmt mehr als 5 und bis 8 Stunden an der Hauptverhandlung teil: Zusätzliche Gebühr neben der Gebühr 4126 oder 4127		128,00 €
4129	Der gerichtlich bestellte oder beigeordnete Rechtsanwalt nimmt mehr als 8 Stunden an der Hauptverhandlung teil: Zusätzliche Gebühr neben der Gebühr 4126 oder 4127		256,00 €

A. Allgemeines 1
B. Regelungsgehalt 2
   I. Teilnahme an der Hauptverhandlung 2
   II. Weitere Hauptverhandlungstermine 7
     1. Fortsetzungstermine 7
     2. Erneute Hauptverhandlung 9
   III. Höhe der Terminsgebühr 12

A. Allgemeines

1 Neben der Verfahrensgebühr nach VV 4124 erhält der Verteidiger auch im Berufungsverfahren Terminsgebühren für die Teilnahme an der Hauptverhandlung (VV Vorb. 4 Abs. 3 S. 1).

---

[8] LG Dortmund AGS 2016, 168 = RVGreport 2016, 223; LG Aurich RVGreport 2015, 266; LG Aachen AnwBl 1990, 250; LG Hannover NJW 1976, 2031; LG Ellwangen NJW 1978, 118; LG Braunschweig JurBüro 1980, 1041; LG Flensburg JurBüro 1982, 1361; LG Düsseldorf AnwBl 1983, 461; LG Berlin AnwBl 1987, 53; LG Bamberg DAR 1990, 316; *Meyer*, JurBüro 1975, 1537; LG Krefeld AGS 1998, 185 m. Anm. *N. Schneider*; *Schmidt*, NJW 1981, 667; *Al-Jumaili*, JurBüro 1999, 4.

[9] LG Aachen JurBüro 1977, 1249; *Hansens*, BRAGO, § 85 Rn 7.

B. Regelungsgehalt

I. Teilnahme an der Hauptverhandlung

Für die Teilnahme an der Hauptverhandlung erhält der Anwalt die Gebühren nach VV 4126 ff. Voraussetzung für eine Gebühr nach VV 4126 ff. ist,
- dass eine **Hauptverhandlung** stattgefunden und der Verteidiger hieran teilgenommen hat
- oder (VV Vorb. 4 Abs. 3 S. 2) dass
  - eine Hauptverhandlung zwar ursprünglich anberaumt war,
  - diese dann aber aus Gründen, die der Verteidiger nicht zu vertreten hat, nicht stattfindet,
  - der Verteidiger zu diesem Termin auch erscheint und
  - er keine Kenntnis von der Terminsaufhebung hatte und auch nicht hätte haben müssen.

Die Hauptverhandlung **beginnt** auch im Berufungsverfahren mit dem Aufruf der Sache (§§ 324 Abs. 1 S. 1, 243 Abs. 1 S. 1 StPO). Die Gebühr nach VV 4126 **entsteht** also, sobald der Verteidiger erstmals in der Hauptverhandlung auftritt.

Eine besondere Tätigkeit muss der Anwalt in der Hauptverhandlung nicht entfalten. Es genügt, dass er im Termin – und sei es nur beim Aufruf der Sache – anwesend ist. Der Umfang der Tätigkeit hat lediglich Einfluss auf die Höhe der nach § 14 Abs. 1 zu bestimmenden Gebühr.

Die Gebühren nach VV 4126 ff. decken nicht nur die Vertretung in der Hauptverhandlung ab; auch die **Vorbereitung** wird erfasst, sofern die Gebühr entsteht; anderenfalls wird die Vorbereitung durch die **VV 4124, 4125** abgegolten.

Der **Abgeltungsbereich** der VV 4126 **endet** mit dem prozessualen Ende der Hauptverhandlung, also mit der Verkündung des Urteils, der Einstellung des Verfahrens, der Rücknahme der Berufung, der Zurücknahme der Anklage – soweit dies im Berufungsverfahren noch möglich ist[1] – oder dem Erlass eines Verweisungsbeschlusses. Weitere Tätigkeiten nach Schluss der Hauptverhandlung werden jetzt durch die Verfahrensgebühr nach VV 4124 abgegolten, nicht mehr durch die Terminsgebühr.

II. Weitere Hauptverhandlungstermine

1. Fortsetzungstermine

Erstreckt sich die Hauptverhandlung über mehrere Tage, so erhält der Verteidiger für jeden weiteren Verhandlungstag eine weitere Gebühr nach VV 4126 f. Voraussetzung ist, dass der Verteidiger an diesen Terminen auch teilnimmt oder trotz Terminsaufhebung dennoch erscheint (VV Vorb. 4 Abs. 3 S. 2). Eine Differenzierung zwischen erstem Termin und Fortsetzungstermin – wie noch nach der BRAGO – findet nach dem RVG nicht mehr statt.

Finden an demselben Tag zwei Hauptverhandlungen statt, fällt die Gebühr des VV 4126 nur einmal an.[2]

2. Erneute Hauptverhandlung

Muss mit der Hauptverhandlung erneut begonnen werden, gilt wiederum VV 4126. Für die erneute Hauptverhandlung – sofern sie an einem anderen Kalendertag stattfindet – gilt dieselbe Gebühr und derselbe Gebührenrahmen wie für die die übrigen Hauptverhandlungstage. Einer speziellen Verweisung wie noch in §§ 86 Abs. 3, 83 Abs. 2 S. 2 BRAGO bedarf es nicht mehr, da das RVG alle Hauptverhandlungstermine gleich behandelt.

Auch wenn die Gebühr der VV 4126 erneut entsteht, kann je nach Umfang für den zweiten Hauptverhandlungstermin allerdings eine geringere Gebühr anzusetzen sein, da der Verteidiger insoweit auf seine Vorbereitungen zur ersten Hauptverhandlung zurückgreifen kann. Hiervon kann jedoch nicht generell ausgegangen werden. Dies kommt vielmehr auf den Einzelfall an.

---

1 *Meyer-Goßner*, § 156 Rn 4. 2 LG Hannover JurBüro 1996, 190 = NdsRpfl 1996, 210.

11 Finden dagegen an demselben Tag zwei Hauptverhandlungen statt, fällt die Gebühr des VV 4126 nur einmal an.[3]

III. Höhe der Terminsgebühr

12 Für den **Wahlanwalt** sind wiederum Rahmengebühren vorgesehen (VV 4126). Befindet sich der Beschuldigte nicht auf freiem Fuß (VV Vorb. 4 Abs. 4), so steht dem Anwalt ein höherer Rahmen zu (VV 4127).

13 Der **gerichtlich bestellte oder beigeordnete Anwalt** erhält wiederum Festgebühren. Auch hier wird die Gebühr nach der Dauer der Verhandlung gestaffelt. Bei mehr als fünf und mehr als acht Stunden gibt es jeweils eine zusätzliche Gebühr (VV 4128, 4129).

14 Im Berufungsverfahren entstehen folgende Terminsgebühren:

a) für den **Wahlanwalt** nach VV 4126
  – Gebührenrahmen   80,00 bis 560,00 EUR
  – Mittelgebühr   320,00 EUR
  – und wenn sich der Beschuldigte **nicht auf freiem Fuß** befindet (VV 4127)
  – Gebührenrahmen   80,00 bis 700,00 EUR
  – Mittelgebühr   390,00 EUR

b) für den **gerichtlich bestellten oder beigeordneten Anwalt**
  – Festgebühr gem. VV 4126   256,00 EUR
  – und wenn sich der Beschuldigte **nicht auf freiem Fuß** befindet (VV 4127)
  – Festgebühr   312,00 EUR
  – dauert die Verhandlung länger, erhält er neben den Gebühren nach VV 4126 oder VV 4127 eine **zusätzliche Gebühr** bei
    – mehr als fünf und bis acht Stunden (VV 4128) in Höhe von   128,00 EUR
    – über acht Stunden (VV 4129) in Höhe von   256,00 EUR.

15 Zum **Längenzuschlag** siehe VV 4108–4111 (siehe VV 4108–4111 Rdn 26 ff.).

Revision

Vorbemerkung zu VV 4130 ff.

A. Überblick 1	2. Termine außerhalb der Hauptverhandlung 18
B. Aufbau der Gebühren 7	3. Zusätzliche Gebühr nach VV 4141 19
C. Umfang der Angelegenheit 13	4. Zusätzliche Gebühr nach VV 4142 20
D. Die Vergütung 15	5. Zusätzliche Gebühr nach VV 4144 21
I. Grundgebühr, VV 4100 15	6. Auslagen, VV 7000 ff. 22
II. Verfahrensgebühr, VV 4130 16	
III. Terminsgebühren 17	
1. Teilnahme an der Hauptverhandlung, VV 4132 ff. 17	

A. Überblick

1 Die Vorschriften der VV 4130 ff. regeln die Vergütung im Revisionsverfahren. Ebenso wie die übrigen Vorschriften der VV 4100 ff. gelten die VV 4130 ff. unmittelbar nur für den **Vollverteidiger**, also denjenigen Anwalt, dem die Verteidigung insgesamt übertragen worden ist.

2 War der Anwalt im Revisionsverfahren dagegen nur mit **Einzeltätigkeiten** beauftragt, etwa mit der Einlegung der Revision, ihrer Begründung, der Fertigung eines sonstigen Schriftsatzes oder der

---

[3] LG Hannover JurBüro 1996, 190 = NdsRpfl 1996, 210.

bloßen Wahrnehmung eines Beweis- oder Hauptverhandlungstermins in Untervollmacht, so gilt nicht VV 4130, sondern es gelten die VV 4300 ff.

Umgekehrt bleibt es bei der Vergütung nach VV 4130 ff., wenn der Anwalt als Verteidiger beauftragt ist, letztlich aber nur eine Einzeltätigkeit ausgeübt hat. Der geringere Umfang seiner Tätigkeit ist dann allerdings nach § 14 Abs. 1 zu berücksichtigen. 3

Entsprechend anzuwenden ist die Vorschrift für den **Privatklagevertreter**, den **Nebenklägervertreter** und den **Vertreter oder Beistand eines sonstigen Beteiligten i.S.d. VV Vorb. 4 Abs. 1**. 4

Für den **gerichtlich bestellten oder beigeordneten Anwalt** sind wiederum **Festgebühren** vorgesehen. 5

Richtet sich das Revisionsverfahren ausschließlich gegen eine Entscheidung über **vermögensrechtliche Ansprüche**, erhält der Anwalt keine Gebühr nach VV 4130 ff., sondern nur die nach VV 4144. 6

B. Aufbau der Gebühren

Die Gebühren des Verteidigers im Revisionsverfahren sind ebenfalls in Unterabschnitt 3 geregelt. Die Gebührentatbestände entsprechen vom Aufbau her dem gerichtlichen Verfahren sowie dem Berufungsverfahren. Im Gegensatz zu den erstinstanzlichen Gebühren und der Vorgänger-Vorschrift (§ 86 BRAGO) sind die Gebühren im Revisionsverfahren **nicht (mehr) nach verschiedenen Spruchkörpern** gegliedert. Der Anwalt erhält also jetzt im Revisionsverfahren vor dem OLG und dem BGH dieselben Gebühren. 7

Für das Revisionsverfahren sind in VV 4130 ff. ebenfalls zwei Gebührentatbestände vorgesehen, und zwar die **Verfahrensgebühr (VV 4130, 4131)** und die **Terminsgebühr (VV 4132 ff.)**. Ergänzend gelten die Regelungen der VV Vorb. 4, die Allgemeinen Gebühren nach Unterabschnitt 1, die Zusätzlichen Gebühren nach Unterabschnitt 5 sowie die Allgemeinen Gebühren nach VV Teil 1 und die Auslagen nach VV Teil 7. 8

Daneben kann im Revisionsverfahren eine **zusätzliche Gebühr nach VV 4141** anfallen, wenn das Verfahren eingestellt oder die Revision zurückgenommen wurde (siehe VV 4141 Rdn 71, 134). 9

Des Weiteren kann eine **zusätzliche Gebühr nach VV 4142** anfallen, wenn der Verteidiger in der Revision auch mit der Einziehung oder verwandten Maßnahmen befasst ist. Siehe hierzu die Kommentierung zu VV 4142. 10

Schließlich kann auch eine **zusätzliche 2,5-Verfahrensgebühr nach VV 4144** anfallen, wenn auch vermögensrechtliche Ansprüche betroffen sind. 11

Soweit nur vermögensrechtliche Ansprüche betroffen sind, entsteht nur die 2,5-Verfahrensgebühr nach VV 4144 ohne die Gebühren nach VV 4130 ff. (VV Vorb. 4.3 Abs. 2). 12

C. Umfang der Angelegenheit

Das Revisionsverfahren beginnt mit der ersten Tätigkeit nach Auftragserteilung, wobei das Einlegen der Revision für den vorinstanzlich tätigen Anwalt noch zur Vorinstanz zählt (§ 19 Abs. 1 S. 2 Nr. 10). 13

Zum Verfahren gehören wiederum sämtliche Tätigkeiten bis zum Abschluss der Instanz, also insbesondere die Vorbereitung der Hauptverhandlung, die Teilnahme an Hauptverhandlungsterminen oder an sonstigen Terminen. Auch Tätigkeiten nach der Hauptverhandlung zählen noch zum Abgeltungsbereich der Verfahrensgebühr. 14

D. Die Vergütung

I. Grundgebühr, VV 4100

15 Zunächst einmal kann der Verteidiger auch im **Revisionsverfahren** die Grundgebühr nach VV 4100, 4101 verdienen. Voraussetzung hierfür ist allerdings, dass er **erstmals** im Revisionsverfahren beauftragt wird. War der Anwalt bereits im vorbereitenden oder im gerichtlichen Verfahren oder in der Berufungsinstanz tätig, so hat er dort die Grundgebühr verdient und kann diese im Revisionsverfahren nicht erneut erhalten.

II. Verfahrensgebühr, VV 4130

16 Für seine Tätigkeit im gerichtlichen Verfahren erhält der Anwalt nach VV 4130 eine Verfahrensgebühr. Die Verfahrensgebühr deckt **sämtliche Tätigkeiten** des Verteidigers ab, soweit keine gesonderten Gebühren entstehen, also insbesondere Besprechungen mit dem Mandanten, mit Zeugen oder Sachverständigen, das Abfassen von Schriftsätzen, die Vorbereitung der Hauptverhandlung etc.

III. Terminsgebühren

1. Teilnahme an der Hauptverhandlung, VV 4132 ff.

17 Für die Teilnahme an der Hauptverhandlung erhält der Verteidiger eine weitere Gebühr nach VV 4132 ff. Diese Gebühr entsteht für **jeden Hauptverhandlungstag gesondert**. Für Fortsetzungstermine oder erneute Hauptverhandlungstermine entsteht daher dieselbe Terminsgebühr. Eine Differenzierung wie nach bisherigem Recht findet nicht mehr statt.

2. Termine außerhalb der Hauptverhandlung

18 Nimmt der Verteidiger im gerichtlichen Verfahren an einem Termin i.S.d. VV 4102 teil, so erhält er nach dieser Vorschrift eine weitere Terminsgebühr. Diese Terminsgebühr entsteht unabhängig von der Terminsgebühr für die Hauptverhandlung und kann ggf. neben dieser anfallen. Zum Entstehen und Abgeltungsbereich dieser Terminsgebühr siehe die Kommentierung zu VV 4102.

3. Zusätzliche Gebühr nach VV 4141

19 Im Revisionsverfahren kommt darüber hinaus eine zusätzliche Gebühr nach VV 4141 in Betracht, wenn das Verfahren nicht nur vorläufig eingestellt oder die Revision zurückgenommen wird. Hier fehlte in § 86 Abs. 3 BRAGO früher die Verweisung auf § 84 Abs. 2 BRAGO, so dass die Anwendung strittig war. Dies ist jetzt in VV 4141 ausdrücklich geregelt. Zu den Einzelheiten siehe die Kommentierung zu VV 4141.

4. Zusätzliche Gebühr nach VV 4142

20 Auch im Revisionsverfahren ist VV 4142 anwendbar, so dass der Anwalt zusätzlich eine Wertgebühr nach VV 4142 erhalten kann. Zu den Voraussetzungen siehe die Kommentierung zu VV 4142. Die Höhe der zusätzlichen Wertgebühr beläuft sich auch im Revisionsverfahren auf 1,0. Eine Erhöhung ist hier nicht vorgesehen.

5. Zusätzliche Gebühr nach VV 4144

21 Werden gegen den Beschuldigten vermögensrechtliche Ansprüche geltend gemacht, so erhält der Verteidiger nach VV 4144 eine zusätzliche Wertgebühr in Höhe einer 2,5-Gebühr nach dem jeweiligen Wert. Eine Anrechnung ist nicht (mehr) vorgesehen. Wegen Einzelheiten siehe die Kommentierung zu VV 4143, 4144.

6. Auslagen, VV 7000 ff.

Hinzu kommen die Auslagen nach VV 7000 ff. Da es sich beim Revisionsverfahren um eine eigene Gebührenangelegenheit i.S.d. § 17 Nr. 1 handelt, entsteht auch eine **gesonderte Postentgeltpauschale** nach VV 7002.

22

Nr.	Gebührentatbestand	Gebühr oder Satz der Gebühr nach § 13 oder § 49 RVG	
		Wahlanwalt	gerichtlich bestellter oder beigeordneter Rechtsanwalt
4130	Verfahrensgebühr für das Revisionsverfahren	120,00 bis 1 110,00 €	492,00 €
4131	Gebühr 4130 mit Zuschlag	120,00 bis 1 387,50 €	603,00 €

A. Allgemeines 1
B. Regelungsgehalt 2
  I. Persönlicher Anwendungsbereich 2
  II. Umfang der Angelegenheit 6
  III. Haftzuschlag nach VV Vorb. 4 Abs. 4 9
  IV. Höhe der Gebühren 10
    1. Wahlanwalt 10
    2. Gerichtlich bestellter oder beigeordneter Anwalt 11
C. Kostenentscheidung und Kostenerstattung im Revisionsverfahren 12

A. Allgemeines

Nach VV 4130 erhält der Verteidiger auch im Revisionsverfahren zunächst einmal eine Verfahrensgebühr, die für das Betreiben des Geschäfts einschließlich der Information entsteht (VV Vorb. 4 Abs. 2). Daneben entsteht eine Terminsgebühr für jeden Hauptverhandlungstag nach VV 4130 (VV Vorb. 4 Abs. 3).

1

B. Regelungsgehalt

I. Persönlicher Anwendungsbereich

Die Vorschriften der VV 4130 ff. regeln die Vergütung des Verteidigers im Revisionsverfahren. Auch diese Vorschriften gelten – ebenso wie die VV 4106 ff. und VV 4124 ff. – unmittelbar nur für den **Vollverteidiger**, also denjenigen Anwalt, dem die Verteidigung insgesamt übertragen worden ist. Für Einzeltätigkeiten, wie etwa die Einlegung der Revision, ihre Begründung oder die Einreichung einer Gegenerklärung, gelten die VV 4300 ff.

2

Auch für den **Privatklagevertreter** den **Nebenklagevertreter** oder einen **anderen Vertreter oder Beistand eines Beteiligten** i.S.d. VV Vorb. 4 Abs. 1 sind die VV 4130 ff. entsprechend anzuwenden.

3

Legt der Verteidiger auftragsgemäß gegen ein erstinstanzliches Urteil **Sprungrevision** nach § 335 Abs. 1 StPO ein und wird sodann von einem anderen Verfahrensbeteiligten Berufung eingelegt, so dass die Revision nach § 335 Abs. 3 StPO fortan als Berufung behandelt wird, so bemisst sich die Vergütung des Verteidigers bis zur Einlegung der Berufung nach VV 4130 ff.[1] Für das anschließende Berufungsverfahren erhält er dann die Vergütung nach VV 4124 ff.[2]

4

---

[1] LG Memmingen RVGreport 2015, 307 = StRR 2015, 320; LG Hamburg StraFo 2014, 526.
[2] LG Aachen JurBüro 1991, 12 = Rpfleger 1991, 431; *Mümmler*, JurBüro 1987, 1369; a.A. LG Göttingen JurBüro 1987, 1368.

Beispiel: Der vor dem AG teilweise verurteilte Angeklagte beauftragt einen bislang in dieser Sache nicht tätigen Anwalt mit Einlegung der Revision und der Verteidigung im Revisionsverfahren. Anschließend legt die Staatsanwaltschaft Berufung ein, soweit der Angeklagte teilweise freigesprochen worden war. Hierauf wird die Sache an das LG abgegeben und dort verhandelt.

Bis zur Einlegung der Berufung erhält der Anwalt für das Revisionsverfahren die Vergütung nach VV 4130, die allerdings gemäß § 14 Abs. 1 im unteren Bereich anzusetzen sein dürfte, wenn die Revision nicht begründet worden ist (hier halbe Mittelgebühr).[3] Anschließend beginnt für ihn mit dem Berufungsverfahren eine neue Angelegenheit, die nach VV 4124 ff. zu vergüten ist. Der Anwalt erhält also folgende Vergütung:

I. Revisionsverfahren
1. Grundgebühr, VV 4100   200,00 EUR
2. Verfahrensgebühr, VV 4130   307,50 EUR
3. Postentgeltpauschale, VV 7002   20,00 EUR
   Zwischensumme   527,50 EUR
4. 19 % Umsatzsteuer, VV 7008   100,23 EUR
Gesamt   **627,73 EUR**

II. Berufungsverfahren
1. Verfahrensgebühr, VV 4124   320,00 EUR
2. Postentgeltpauschale, VV 7002   20,00 EUR
   Zwischensumme   340,00 EUR
3. 19 % Umsatzsteuer, VV 7008   64,60 EUR
Gesamt   **404,60 EUR**

5   Die Verfahrensgebühr nach VV 4130 entsteht auch, wenn das **Bußgeldverfahren in der Rechtsbeschwerde** gemäß § 81 OWiG in ein Revisionsverfahren übergeht.[4]

II. Umfang der Angelegenheit

6   Die Gebühr nach VV 4130 entsteht mit der ersten Tätigkeit des Verteidigers nach Auftragserteilung im Revisionsverfahren, wobei auch hier zu differenzieren ist:
– War der Verteidiger bereits in der **unmittelbar vorangegangenen Instanz** als **Verteidiger** tätig, so zählt für ihn die Einlegung der Revision sowie ggf. die Beratung, ob Revision eingelegt werden soll, noch zur Ausgangsinstanz (§ 19 Abs. 1 S. 2 Nr. 10). Dies gilt also:
  – für den Berufungsanwalt vor dem LG, der **Revision zum OLG einlegt**,
  – für den **erstinstanzlichen Verteidiger vor dem LG**, der gemäß § 333 StPO **Revision** zum BGH einlegt, und
  – für den **erstinstanzlichen Verteidiger**, der gegen das amtsgerichtliche Urteil nach § 335 StPO **Sprungrevision** einlegt.
– War der Anwalt **nicht** schon in der **unmittelbar vorangegangenen Instanz** als Verteidiger tätig, so beginnt für ihn das Revisionsverfahren mit dem Auftrag, Revision einzulegen. Dies gilt also:
  – für den erstmals im Revisionsverfahren beauftragten Anwalt,
  – für im Berufungsverfahren nur mit **Einzeltätigkeiten** beauftragten Anwalt und
  – für den **erstinstanzlichen Verteidiger vor dem AG**, der aber nicht im Berufungsverfahren vor dem LG als Verteidiger tätig war.
– Ist die Revision von **einem anderen Verfahrensbeteiligten** eingelegt worden, also z.B. von der Staatsanwaltschaft, einem Privat- oder Nebenkläger, so beginnt für den Verteidiger die Revisionsinstanz mit der ersten Tätigkeit nach Erteilung des Auftrags. Die Entgegennahme der Revisionsschrift einschließlich der Unterrichtung des Auftraggebers hierüber löst mangels entsprechenden Auftrags grundsätzlich noch nicht die Gebühr nach VV 4130 aus.[5] Etwas anderes mag gelten, wenn dem Verteidiger in Erwartung der Revisionseinlegung durch die Gegenseite

---

3 Etwas anderes gilt, wenn die Revision ungeachtet der Berufung noch nicht begründet worden ist. Dann dürfte die Mittelgebühr angemessen sein. Für die Begründung der Revision besteht ungeachtet der eingelegten Berufung eine Notwendigkeit. Wenn die Berufung nämlich zurückgenommen wird oder das Gericht die Berufung als unzulässig verwirft, wird das Verfahren mit der Revision nur dann fortgesetzt, wenn diese rechtzeitig und formgerecht begründet worden ist, siehe hierzu *Meyer-Goßner*, § 335 StPO Rn 17.

4 Siehe hierzu ausführlich Burhoff/*Gübner*, Handbuch für das straßenverkehrsrechtliche OWi-Verfahren S. 931 ff., S. 2028.

5 OLG Düsseldorf JurBüro 1976, 635 = AnwBl 1976, 178.

bereits der bedingte Auftrag für das Revisionsverfahren erteilt worden ist und er sich sofort bestellt.

Die Verfahrensgebühr für das Revisionsverfahren (VV 4130) entsteht nicht erst durch die Revisionsbegründung, sondern bereits durch die anwaltliche Prüfung und Beratung, ob und ggf. mit welchen Anträgen die – häufig aus Zeitgründen zunächst nur zur Fristwahrung eingelegte – Revision begründet und weiter durchgeführt werden soll. Wird die Revision nicht begründet und im Einverständnis des Mandanten zurückgenommen, fehlt es zwar an „einer anwaltlichen Kerntätigkeit im Revisionsverfahren", jedoch ohne dass dadurch die bereits entstandene Verfahrensgebühr wieder entfiele.[6]

Die Gebühr nach VV 4130 kann im Gegensatz zur Terminsgebühr im selben Verfahren insgesamt nur einmal entstehen (§ 15 Abs. 1 S. 1).

III. Haftzuschlag nach VV Vorb. 4 Abs. 4

Befindet sich der Beschuldigte **nicht auf freiem Fuß**, so entsteht gemäß VV 4131 ein erhöhter Gebührenrahmen bzw. für den gerichtlich bestellten Anwalt eine höhere Festgebühr. Unerheblich ist auch hier, ob der Beschuldigte in dieser oder in einer anderen Sache einsitzt und um welche Art von Haft es sich handelt; denkbar ist auch in einem Sicherungsverfahren gemäß §§ 413 ff. StPO die einstweilige Unterbringung gemäß § 126a StPO oder die Unterbringung nach dem PsychKG.

IV. Höhe der Gebühren

1. Wahlanwalt

Im Revisionsverfahren entsteht die Verfahrensgebühr für den Wahlanwalt nach VV 4130 in Höhe von 120 EUR bis 1.110 EUR; die Mittelgebühr beträgt 615 EUR. Befindet sich der Beschuldigte **nicht auf freiem Fuß**, beläuft sich der Gebührenrahmen gemäß VV 4131 auf 120 EUR bis 1.387,50 EUR; die Mittelgebühr beträgt 753,75 EUR.

2. Gerichtlich bestellter oder beigeordneter Anwalt

Der gerichtlich bestellte oder beigeordnete Anwalt erhält nach VV 4130 eine Festgebühr in Höhe von 492 EUR. Befindet sich der Beschuldigte **nicht auf freiem Fuß**, beläuft sich die Festgebühr nach VV 4131 auf 603 EUR.

C. Kostenentscheidung und Kostenerstattung im Revisionsverfahren

Über die Kosten des Revisionsverfahrens ist nach § 473 Abs. 1 bis 4 StPO zu entscheiden. Die Kosten einer erfolglosen oder zurückgenommenen Revision treffen denjenigen, der sie eingelegt hat (§ 473 Abs. 1 StPO). Wird der Angeklagte im Revisionsverfahren freigesprochen, so ist nach § 467 StPO zu entscheiden.

Der Umfang der zu erstattenden Kosten richtet sich auch im Revisionsverfahren nach § 464a StPO.

Umstritten ist, inwieweit eine Kostenerstattung zugunsten des Angeklagten in Betracht kommt, wenn die Staatsanwaltschaft ihre Revision zurücknimmt, ohne sie begründet zu haben. Auch wird häufig die Frage, ob der Verteidiger in diesem Stadium eine Gebühr verdient hat, mit der Frage verwechselt, ob eine solche Gebühr auch erstattungsfähig ist. Beides ist voneinander zu trennen.

Legt die Staatsanwaltschaft Revision ein, so entsteht mit der ersten Tätigkeit des Verteidigers nach Auftragserteilung im Revisionsverfahren die Gebühr nach VV 4130. Die Vorschrift des § 19 Abs. 1

---

[6] KG, Beschl. v. 20.1.2009 – 1 Ws 382/08 (nachgewiesen bei www.burhoff.de); LG Aurich RVGprof. 2013, 10 = StRR 2013, 3 = RVGreport 2013, 60.

S. 2 Nr. 10 greift nicht, da diese nur für das eigene Rechtsmittel gilt (siehe hierzu im Einzelnen § 19 Rdn 127 ff.).

16 Die **Erstattungsfähigkeit** der Gebühr nach VV 4130 ff. hängt davon ab, ob es sich hierbei um **notwendige Kosten** i.S.d. § 473 Abs. 2 S. 1 StPO handelt. Das wiederum richtet sich nach § 464a Abs. 2 Nr. 2 StPO i.V.m. § 91 Abs. 2 ZPO. Die Situation ist hier die gleiche wie bei der Rücknahme der Berufung vor Begründung (ausführlich dazu siehe VV 4124–4125 Rdn 16). Im Revisionsverfahren ist die Rechtsprechung zum Teil noch zurückhaltender, da hier nur noch reine Rechts- und Verfahrensfragen anstehen, so dass der Verteidiger ohne Kenntnis der Revisionsbegründung kaum etwas veranlassen könne.[7]

17 Auch diese Auffassung ist abzulehnen, denn auch bei Einlegung einer Revision durch die Staatsanwaltschaft ergibt sich Beratungs- und Handlungsbedarf. Der Beschuldigte hat auch hier ein Recht darauf, sich darüber beraten zu lassen, welche Auswirkungen die Revision haben kann. Darüber hinaus sind auch hier sinnvolle Vorbereitungsmaßnahmen des Verteidigers denkbar, zumal in aller Regel erkennbar sein wird, auf welche Punkte die Staatsanwaltschaft ihre Revision stützen wird. Auch hier gilt im Übrigen, dass die Staatsanwaltschaft nach Nr. 148 RiStBV angewiesen ist, grundsätzlich nicht nur vorsorglich Revision einzulegen, so dass der Angeklagte davon ausgehen kann, dass die Staatsanwaltschaft ihr Rechtsmittel auch durchführt.

18 Nur ausnahmsweise kann daher die Notwendigkeit zu verneinen sein, etwa dann, wenn der Verteidiger, ohne sich mit der Sache zu befassen, lediglich formularmäßig den überflüssigen Antrag auf Verwerfung der Revision stellt.[8] Da der Verteidiger allerdings vor Eingang der Revisionsbegründung in aller Regel wenig zu veranlassen haben wird, dürfte in diesen Fällen die Gebühr der VV 4130 gemäß § 14 Abs. 1 im unteren Bereich anzusetzen sein.

Nr.	Gebührentatbestand	Gebühr oder Satz der Gebühr nach § 13 oder § 49 RVG	
		Wahlanwalt	gerichtlich bestellter oder beigeordneter Rechtsanwalt
4132	Terminsgebühr je Hauptverhandlungstag im Revisionsverfahren	120,00 bis 560,00 €	272,00 €
4133	Gebühr 4132 mit Zuschlag	120,00 bis 700,00 €	328,00 €
4134	Der gerichtlich bestellte oder beigeordnete Rechtsanwalt nimmt mehr als 5 und bis 8 Stunden an der Hauptverhandlung teil: Zusätzliche Gebühr neben der Gebühr 4132 oder 4133		136,00 €
4135	Der gerichtlich bestellte oder beigeordnete Rechtsanwalt nimmt mehr als 8 Stunden an der Hauptverhandlung teil: Zusätzliche Gebühr neben der Gebühr 4132 oder 4133		272,00 €

---

[7] LG Köln Rpfleger 2014, 624 = RVGreport 2014, 360; OLG Düsseldorf JurBüro 1980, 1688 = Rpfleger 1980, 445; JurBüro 1981, 229; KostRsp. BRAGO § 86 Nr. 1 m. Anm. *Lappe*; OLG Karlsruhe JurBüro 1981, 1225; OLG Zweibrücken JurBüro 1978, 256 m. Anm. *Mümmler* = Rpfleger 1978, 27; KG JurBüro 2010, 599 = Rpfleger 2010, 696 = zfs 2011, 166 = RVGprof. 2010, 132 = RVGreport 2010, 351; OLG Hamburg NStZ-RR 2011, 391 = StRR 2011, 406 = NJW 2012, 1672.

[8] So für das Berufungsverfahren: LG Aachen JurBüro 1977, 1249; *Hansens*, § 85 Rn 7.

A. Allgemeines	1	2. Erneute Hauptverhandlung	7
B. Regelungsgehalt	2	3. Mehrere Hauptverhandlungstermine am selben Tag	9
I. Entstehen der Terminsgebühr	2		
II. Weitere Hauptverhandlungstermine	5	III. Höhe der Terminsgebühr	10
1. Fortsetzungstermine	5		

A. Allgemeines

Neben der Verfahrensgebühr nach VV 4130 erhält der Verteidiger auch im Revisionsverfahren Terminsgebühren für die Teilnahme an der Hauptverhandlung (VV Vorb. 4 Abs. 3). **1**

B. Regelungsgehalt

I. Entstehen der Terminsgebühr

Die Gebühr **entsteht**, sobald der Verteidiger in der Hauptverhandlung auftritt. Auch hier ist nur erforderlich, dass er anwesend ist. Eine besondere Tätigkeit muss der Verteidiger in der Hauptverhandlung nicht entfalten. Der Umfang seiner Tätigkeit kann allenfalls auf die Höhe der Gebühr nach § 14 Abs. 1 Einfluss haben. **2**

Die Hauptverhandlung **beginnt** in aller Regel mit dem Vortrag des Berichterstatters (§ 351 Abs. 1 StPO). Sie **endet** mit der Verkündung des Urteils, einem Verweisungsbeschluss, der Einstellung des Verfahrens, der Rücknahme der Revision oder der Zurücknahme der Anklage, soweit dies im Revisionsverfahren noch möglich ist.[1] **3**

Die Gebühren nach VV 4132 ff. decken die gesamte Tätigkeit des Verteidigers im Hauptverhandlungstermin ab. Die Vorbereitung fällt dagegen unter VV 4130. Das gilt auch für Tätigkeiten nach der Hauptverhandlung. **4**

II. Weitere Hauptverhandlungstermine

1. Fortsetzungstermine

Erstreckt sich die Hauptverhandlung über mehrere Tage, so erhält der Verteidiger für jeden weiteren Verhandlungstag eine weitere Gebühr nach VV 4132. Voraussetzung ist, dass der Verteidiger an diesen Terminen auch teilnimmt oder bei Aufhebung des Termins dennoch erscheint (VV Vorb. 4 Abs. 3). **5**

Eine Differenzierung zwischen erstem Termin und Fortsetzungstermin – wie nach der BRAGO – findet nach dem RVG auch im Revisionsverfahren nicht mehr statt. **6**

2. Erneute Hauptverhandlung

Muss mit der Hauptverhandlung erneut begonnen werden, gilt wiederum VV 4132. Für die erneute Hauptverhandlung gilt dieselbe Gebühr und derselbe Gebührenrahmen wie für die übrigen Hauptverhandlungstage. **7**

Auch wenn die Gebühr der VV 4132 erneut entsteht, kann je nach Umfang für den zweiten Hauptverhandlungstermin allerdings eine geringere Gebühr anzusetzen sein, da der Verteidiger insoweit auf seine Vorbereitungen zur ersten Hauptverhandlung zurückgreifen kann. Hiervon kann jedoch nicht generell ausgegangen werden. Dies kommt vielmehr auf den Einzelfall an. **8**

---

1 Siehe hierzu *Meyer-Goßner*, § 156 StPO Rn 4.

3. Mehrere Hauptverhandlungstermine am selben Tag

9 Finden dagegen an demselben Tag mehrere Hauptverhandlungstermine statt, fällt die Gebühr der VV 4132 nur einmal an.[2] Die Gebühr entsteht je Verhandlungstag, nicht je Termin.

III. Höhe der Terminsgebühr

10 Für den **Wahlanwalt** sind wiederum Rahmengebühren vorgesehen (VV 4132). Befindet sich der Beschuldigte nicht auf freiem Fuß, steht dem Anwalt ein höherer Rahmen zu (VV 4133). Der **gerichtlich bestellte oder beigeordnete Anwalt** erhält wiederum Festgebühren. Auch hier wird die Gebühr nach der Dauer der Verhandlung gestaffelt. Bei mehr als fünf und mehr als acht Stunden gibt es jeweils eine zusätzliche Gebühr (VV 4134, 4135).

11 Im Revisionsverfahren entstehen folgende Terminsgebühren:

a) für den **Wahlanwalt** nach VV 4132
   - Gebührenrahmen   120,00 bis 560,00 EUR
   - Mittelgebühr   340,00 EUR
   - und wenn sich der Beschuldigte **nicht auf freiem Fuß** befindet (VV 4133)
     - Gebührenrahmen   120,00 bis 700,00 EUR
     - Mittelgebühr   410,00 EUR

b) für den **gerichtlich bestellten oder beigeordneten Anwalt**
   - Festgebühr gem. VV 4132   272,00 EUR
   - und wenn sich der Beschuldigte **nicht auf freiem Fuß** befindet (VV 4133), Festgebühr   328,00 EUR
   - dauert die Verhandlung länger, erhält er neben den Gebühren nach VV 4132 oder VV 4133 eine **zusätzliche Gebühr** bei
     - mehr als 5 und bis 8 Stunden (VV 4134) in Höhe von   136,00 EUR
     - über 8 Stunden (VV 4135) in Höhe von   272,00 EUR.

Unterabschnitt 4. Wiederaufnahmeverfahren

Vorbemerkung zu Unterabschnitt 4

1 Die Gebühren des Anwalts im strafrechtlichen Wiederaufnahmeverfahren sind gesondert geregelt in Unterabschnitt 4. Früher kannte die BRAGO lediglich eine Vorschrift (§ 90 BRAGO), die pauschal auf die Verteidigergebühren nach §§ 83 ff. BRAGO verwies. Nunmehr enthalten die Vorschriften des Unterabschnitts 4 zwar auch eine Verweisung auf die Verteidigergebühren, die Regelung ist jedoch viel differenzierter als früher.

2 Das Wiederaufnahmeverfahren gliedert sich jetzt – im Gegensatz zu dem Verfahren nach der BRAGO – in mehrere Verfahrensabschnitte, also mehrere eigene Gebührenangelegenheiten i.S.d. § 15 Abs. 1, für die es jeweils eine gesonderte Vergütung und somit auch eine gesonderte Auslagenpauschale nach VV 7002 gibt. Dies folgt jetzt eindeutig aus § 19 Abs. 1 S. 2 Nr. 10a, wonach von verschiedenen Angelegenheiten auszugehen ist, wenn das Vergütungsverzeichnis gesonderte Gebühren vorsieht. Im Einzelnen gilt Folgendes:
   - **VV Vorb. 4.1.4:** Eine **Grundgebühr** entsteht nicht.
   - **VV 4136: Geschäftsgebühr** für die **Vorbereitung eines Antrags**.
   - **VV 4137: Verfahrensgebühr** für das **Verfahren über die Zulässigkeit des Antrags**.
   - **VV 4138: Verfahrensgebühr** für das **weitere Verfahren**.
   - **VV 4139: Verfahrensgebühr** für das **Beschwerdeverfahren** (§ 372 StPO).
   - **VV 4140:** Hinzu kommt in allen Fällen eine **Terminsgebühr** für jeden Verhandlungstag.

---

2 LG Hannover JurBüro 1996, 190 = NdsRpfl 1996, 210.

Abschnitt 1. Gebühren des Verteidigers — **VV Vorb. 4.1.4, VV 4136–4140**

Hinsichtlich der Höhe der Gebühren wird in den VV 4136 ff. auf die Verfahrens- und Terminsgebühren des Verteidigers im **ersten Rechtszug** (Unterabschnitt 3) verwiesen.

Nr.	Gebührentatbestand	Gebühr oder Satz der Gebühr nach § 13 oder § 49 RVG	
		Wahlanwalt	gerichtlich bestellter oder beigeordneter Rechtsanwalt
	Vorbemerkung 4.1.4: Eine Grundgebühr entsteht nicht.		
4136	Geschäftsgebühr für die Vorbereitung eines Antrags .... Die Gebühr entsteht auch, wenn von der Stellung eines Antrags abgeraten wird.	in Höhe der Verfahrensgebühr für den ersten Rechtszug	
4137	Verfahrensgebühr für das Verfahren über die Zulässigkeit des Antrags	in Höhe der Verfahrensgebühr für den ersten Rechtszug	
4138	Verfahrensgebühr für das weitere Verfahren	in Höhe der Verfahrensgebühr für den ersten Rechtszug	
4139	Verfahrensgebühr für das Beschwerdeverfahren (§ 372 StPO)	in Höhe der Verfahrensgebühr für den ersten Rechtszug	
4140	Terminsgebühr für jeden Verhandlungstag	in Höhe der Terminsgebühr für den ersten Rechtszug	

Literatur: *Perels,* Zum Verhältnis von Wiederaufnahmeantrag und Urteilsberichtigung und seinen kostenrechtlichen Folgen, NStZ 1985, 538.

A. Allgemeines 1	10. Verfahrensgebühr für das erneute weitere Verfahren nach erfolgreicher Beschwerde (VV 4138, § 21 Abs. 1) 38
B. Regelungsgehalt 6	11. Terminsgebühr (VV 4140) 40
I. Persönlicher Anwendungsbereich 6	12. Terminsgebühren nach VV 4102 44
II. Umfang der Angelegenheit, Abgeltungsbereich der Gebühren 9	IV. Höhe der Gebühren 46
III. Die einzelnen Gebühren 16	1. Geschäfts- und Verfahrensgebühren 46
1. Keine Grundgebühr (VV Vorb. 4.1.4) ... 16	a) Gebühren 46
2. Geschäftsgebühr für die Vorbereitung eines Antrags (VV 4136) 17	b) Haftzuschlag, VV Vorb. 4 Abs. 4 ... 48
3. Verfahrensgebühr für das Verfahren über die Zulässigkeit des Antrags (VV 4137) 23	c) VV 4142, 4134 f. 50
	d) VV 4141 53
4. Verfahrensgebühr für das weitere Verfahren (VV 4138) 25	e) VV 1008 54
5. Prüfung der Erfolgsaussicht einer Beschwerde (VV 2102) 29	2. Terminsgebühr (VV 4140) 55
	3. Bestimmung der Gebühr 57
6. Verfahrensgebühr für das Beschwerdeverfahren (VV 4139) 30	4. Pauschgebühr 58
	V. Vergütung im wieder aufgenommenen Verfahren 59
7. Verfahrensgebühr für das erneute Verfahren über die Zulässigkeit des Antrags nach erfolgreicher Beschwerde (VV 4137, § 21 Abs. 1 S. 1) 35	VI. Gerichtlich bestellter/beigeordneter Anwalt 65
	1. Überblick 65
8. Verfahrensgebühr für das weitere Verfahren nach erfolgreicher Beschwerde (VV 4138) 36	2. Geschäfts- und Verfahrensgebühr 67
	3. Geschäftsgebühr bei Abraten (Anm. zu VV 4136) 69
9. Mehrfacher Anfall der Beschwerdegebühr (VV 4139, §§ 17 Nr. 1, 19 Abs. 1 S. 2 Nr. 10a) 37	4. Terminsgebühren 70
	5. Zusätzliche Gebühren bei längeren Terminen 72
	6. Pauschgebühr 73
	VII. Kostenentscheidung und Kostenerstattung 74

A. Allgemeines

1 Die Tätigkeiten des Anwalts im Wiederaufnahmeverfahren nach §§ 359 ff. StPO zählen gebührenrechtlich gemäß § 17 Nr. 13 gegenüber dem wieder aufgenommenen Verfahren als **eigene Angelegenheiten** und werden kraft der Verweisungen in den VV 4136 ff. durch die Gebühren des ersten Rechtszugs (Unterabschnitt 3) abgegolten, also durch die VV 4106 ff.

2 Das Wiederaufnahmeverfahren stellt sowohl gegenüber dem vorangegangenen Verfahren als auch gegenüber dem Verfahren nach Wiederaufnahme eine eigene Gebührenangelegenheit (§ 17 Nr. 13) dar, so dass der Anwalt die Vergütung nach Unterabschnitt 3 insgesamt dreimal erhalten kann, nämlich:
- für das abgeschlossene Strafverfahren, das wiederaufgenommen werden soll,
- für die Verfahrensabschnitte im Verfahren über die Wiederaufnahme und
- für das Verfahren, das sich an die Wiederaufnahme anschließt.

3 Die Vorschriften der VV 4136 ff. enthalten im Gegensatz zur BRAGO, die keine eigenen Gebührentatbestände vorsah, sondern nur eine pauschale Verweisung auf die entsprechenden Gebühren der §§ 83 ff. BRAGO, jetzt eigene Regelungen.

4 Die Vorschriften der VV 4136 ff. gelten nur, wenn der Anwalt mit der **Vertretung eines Beteiligten im gesamten Wiederaufnahmeverfahren** beauftragt ist. Soweit der Anwalt nur mit einer **Einzeltätigkeit** beauftragt ist, also ausschließlich mit der Stellung oder Unterzeichnung des Wiederaufnahmeantrags, richtet sich seine Vergütung als Einzeltätigkeit nach VV 4302 Nr. 2.[1]

5 Eine **Beratung** darüber, ob eine Wiederaufnahme Aussicht auf Erfolg hat, wird nach § 34 Abs. 1 i.V.m. § 612 BGB,[2] vergütet, wenn der beratende Anwalt noch keinen Auftrag zur Vertretung im Wiederaufnahmeverfahren hat.[3] Ist ihm dagegen bereits der Auftrag zur Vertretung erteilt, richtet sich die Vergütung nach VV 4136 ff., und zwar auch dann, wenn er von der Stellung des Antrags abrät und den Antrag auch nicht mehr einreicht (Anm. zu VV 4136).[4]

B. Regelungsgehalt

I. Persönlicher Anwendungsbereich

6 Die Vorschriften der VV 4136 ff. sind nicht auf den Verteidiger beschränkt, sondern gelten für jeden Anwalt, der einen Beteiligten im Wiederaufnahmeverfahren vertritt, also:
- für den **Verteidiger des Angeklagten**,
  - wenn er mit der Stellung des Wiederaufnahmeantrags nach § 359 StPO oder nach § 406c Abs. 1 StPO beauftragt ist;
  - wenn die Staatsanwaltschaft den Antrag auf Wiederaufnahme zugunsten des Angeklagten gestellt hat, der Anwalt den Angeklagten in diesem Verfahren vertritt und den Antrag der Staatsanwaltschaft unterstützt;
  - wenn die Staatsanwaltschaft nach § 362 StPO oder ein Privatkläger (§ 390 Abs. 1 S. 2 StPO) zu Ungunsten des Angeklagten die Wiederaufnahme betreibt;
  - wenn der Antragsteller des Adhäsionsverfahrens die Wiederaufnahme zum Zwecke der Abänderung der Entscheidung über den vermögensrechtlichen Anspruch betreibt;
- für den **Vertreter der Hinterbliebenen des Angeklagten**, die nach § 361 Abs. 2 StPO die Wiederaufnahme betreiben oder sich am Wiederaufnahmeverfahren der Staatsanwaltschaft beteiligen;
- für den **Pflichtverteidiger**, da die Gebührentatbestände der VV 4136 ff. ausdrücklich auch Gebühren für den beigeordneten oder bestellten Anwalt vorsehen (zu den Voraussetzungen im Einzelnen siehe Rdn 65 ff.);
- für den **Vertreter des Privatklägers**, der nach § 390 Abs. 1 S. 2 StPO die Wiederaufnahme betreibt;

---

1 *Burhoff*, RVG, VV Vorb. 4.1.4 Rn 4.
2 Es sei denn, es ist eine Gebührenvereinbarung getroffen worden.
3 *Burhoff*, RVG, VV Vorb. 4.1.4 Rn 5.
4 *Burhoff*, RVG, VV Vorb. 4.1.4 Rn 5.

- für den **Anwalt des Antragstellers im Adhäsionsverfahren**, der die Wiederaufnahme zum Zwecke der Abänderung der Entscheidung über den vermögensrechtlichen Anspruch betreibt,
- für den Anwalt als **Zeugenbeistand**.[5]

Für den **Vertreter eines Nebenklägers** können die VV 4136 ff. dagegen nicht zur Anwendung kommen, da der Nebenkläger nach der derzeitigen Fassung der StPO in seiner Eigenschaft als solcher weder einen Wiederaufnahmeantrag stellen noch sich dem Wiederaufnahmeantrag eines anderen anschließen kann.[6] Nur dann, wenn der Nebenkläger im vorangegangenen Verfahren auch vermögensrechtliche Ansprüche geltend gemacht hatte und er nunmehr zum Zwecke der Abänderung der Entscheidung über die vermögensrechtlichen Ansprüche die Wiederaufnahme betreibt (vgl. Rdn 4), sind die VV 4136 ff. anwendbar.

Nach Wiederaufnahme kann sich der Nebenkläger allerdings wieder am Verfahren beteiligen.[7] Insoweit erhält der Vertreter des Nebenklägers dann für das Verfahren nach Wiederaufnahme die Gebühren aus Unterabschnitt 3 erneut.

II. Umfang der Angelegenheit, Abgeltungsbereich der Gebühren

Das Wiederaufnahmeverfahren gliedert sich in mehrere Verfahrensabschnitte, die jeweils eigene Gebührenangelegenheiten i.S.d. § 15 Abs. 1 darstellen und für die jeweils eine gesonderte Vergütung vorgesehen ist. Es handelt sich um
- das **Verfahren auf Vorbereitung eines Antrags** (VV 4136),
- das **Verfahren über die Zulässigkeit des Antrags** (VV 4137),
- das **weitere Verfahren** (VV 4138),
- das **Beschwerdeverfahren nach § 372 StPO** (VV 4139).

Auch bei den Gebühren der VV 4136 ff. handelt es sich um **Verfahrenspauschgebühren**; die Vorschrift des § 19 Abs. 1 S. 2 Nr. 10 gilt auch hier.

Die Gebühren **entstehen** mit der ersten Tätigkeit nach Erteilung des Auftrags zur Vertretung im Wiederaufnahmeverfahren, also in der Regel mit der Entgegennahme der Information (VV Vorb. 4 Abs. 2).

Durch die Gebühren nach den VV 4136 ff. i.V.m. VV 4106 ff. wird die **gesamte Tätigkeit** im Wiederaufnahmeverfahren abgegolten, einschließlich der Vorbereitung des Antrags, der Stellung eines solchen Antrags und der Vertretung im Verfahren nebst der Beweisaufnahme (§ 369 StPO).

Die Gebühr nach VV 4136 i.V.m. VV 4106 ff. fällt auch dann an, wenn der Anwalt von der Stellung des Wiederaufnahmeantrags **abrät** (Anm. zu VV 4136). Es ist nicht erforderlich, dass er den Antrag auf Wiederaufnahme stellt.[8] Voraussetzung ist allerdings, dass der Anwalt bereits mit der Vertretung im Wiederaufnahmeverfahren beauftragt worden war. Ist das nicht der Fall, sondern soll er erst darüber beraten, ob ein Wiederaufnahmeverfahren Aussicht auf Erfolg hat und ob der Auftraggeber einen entsprechenden Auftrag erteilen soll, so gilt für die Beratungstätigkeit § 34 Abs. 1 i.V.m. § 612 BGB, es sei denn, es ist eine Gebührenvereinbarung geschlossen.[9]

Das Wiederaufnahmeverfahren dauert fort bis zum **rechtskräftigen Abschluss**, also bis zur Verwerfung des Antrags wegen Unzulässigkeit (§ 368 Abs. 1 StPO) oder wegen Unbegründetheit (§ 370 Abs. 1 StPO) oder mit der Anordnung der Wiederaufnahme des Verfahrens (§ 370 Abs. 2 StPO).

Für die Tätigkeit in einem Beschwerdeverfahren nach § 372 StPO erhält der Anwalt eine **weitere Verfahrensgebühr** (VV 4139). Beschwerdeverfahren lösen in Strafsachen ansonsten keine gesonderten Gebühren aus, sondern sind durch die jeweiligen Pauschgebühren mit abgegolten (siehe VV Vorb. 4.1 Rdn 4 ff.). Insoweit gilt hier jedoch eine gesetzlich geregelte Ausnahme (§ 19 Abs. 1 S. 2 Nr. 10a).

---

5 OLG Köln NStZ 2006, 410.
6 *Meyer-Goßner*, § 365 Rn 8.
7 *Meyer-Goßner*, § 365 Rn 8.
8 OLG München AnwBl 1973, 87 = JurBüro 1973, 45 = Rpfleger 1973, 70; *Burhoff*, RVG, VV 4136 Rn 3.; a.A. OLG Koblenz AnwBl 1973, 143 = Rpfleger 1972, 462.
9 *Burhoff*, RVG, VV 4136 Rn 3.

III. Die einzelnen Gebühren

1. Keine Grundgebühr (VV Vorb. 4.1.4)

16 Eine Grundgebühr (VV 4100) erhält der Anwalt im Wiederaufnahmeverfahren nicht.[10] Die Grundgebühr ist nach VV Vorb. 4.1.4 ausdrücklich ausgeschlossen. Die ansonsten durch die Grundgebühr abgegoltenen Tätigkeiten, also die Einarbeitung, erste Akteneinsicht, Gespräche mit dem Auftraggeber etc., werden im Wiederaufnahmeverfahren durch die jeweilige Verfahrensgebühr abgegolten und sind bei der Gebührenbemessung nach § 14 Abs. 1 hier zu berücksichtigen.[11]

2. Geschäftsgebühr für die Vorbereitung eines Antrags (VV 4136)

17 Für die Vorbereitung eines Antrags erhält der Anwalt gemäß VV 4136 eine Gebühr in Höhe der Verfahrensgebühr des ersten Rechtszugs.

18 Die Geschäftsgebühr erhält der Rechtsanwalt für die Vorbereitung des Wiederaufnahmeantrags, unabhängig davon, ob er den Verurteilten bereits im vorangegangenen Strafverfahren vertreten hat oder ob er erstmals im Wiederaufnahmeverfahren mandatiert worden ist.

19 Abgegolten durch die Geschäftsgebühr ist insbesondere die Einarbeitung in die Sache, die hier nicht durch die Grundgebühr abgegolten wird (VV Vorb. 4.1.4).[12]

20 Der Gebührenrahmen bestimmt sich dabei nach der Ordnung desjenigen Gerichts, das im ersten Rechtszug des vorangegangenen Verfahrens entschieden hat. Es entsteht also eine Gebühr nach VV 4106, 4112, 4118 (zur Höhe der Gebühren siehe Rdn 46 ff.).

21 Bei der Anwendung der VV 4136 ff. i.V.m. VV 4106, 4112, 4118 verbleibt es auch dann, wenn das Wiederaufnahmeverfahren vor dem Berufungsgericht stattfindet. Dies ergibt sich aus der ausdrücklichen Verweisung auf die Verfahrensgebühr des ersten Rechtszugs.

> **Beispiel:** Im Berufungsverfahren wird der Angeklagte rechtskräftig verurteilt. Später beantragt er die Wiederaufnahme. Dem Antrag wird stattgegeben. Die Sache wird vor dem Berufungsgericht erneut verhandelt.
> In dem vorangegangenen Verfahren vor dem Berufungsgericht erhält der Anwalt die Gebühren aus VV 4124 ff.; ebenso für das Verfahren nach der Wiederaufnahme (§ 373 StPO). Für das Wiederaufnahmeverfahren selbst erhält der Anwalt dagegen nur die Gebühr nach VV 4136 ff. i.V.m. VV 4106 ff.

22 Die Geschäftsgebühr fällt auch dann an, wenn der Anwalt von der Stellung des Wiederaufnahmeantrags **abrät** (**Anm. zu VV 4136**). Es ist nicht erforderlich, dass er den Antrag auf Wiederaufnahme stellt.[13] Voraussetzung ist allerdings, dass der Anwalt bereits mit der Vertretung im Wiederaufnahmeverfahren beauftragt worden war. Ist das nicht der Fall, sondern soll er erst darüber beraten, ob ein Wiederaufnahmeverfahren Aussicht auf Erfolg hat und ob der Auftraggeber einen entsprechenden Auftrag erteilen soll, so gilt für die Beratungstätigkeit wiederum § 34 Abs. 1 i.V.m. § 612 BGB, es sei denn, es ist eine Gebührenvereinbarung geschlossen.[14]

3. Verfahrensgebühr für das Verfahren über die Zulässigkeit des Antrags (VV 4137)

23 Im Verfahren über die Zulässigkeit des Antrags, also für die Tätigkeiten einschließlich der Stellung des Wiederaufnahmeantrags bis zur gerichtlichen Entscheidung nach § 368 Abs. 1 StPO, erhält der Anwalt eine weitere Verfahrensgebühr nach VV 4137 i.V.m. VV 4106, 4112, 4118 (zur Höhe der Gebühren siehe Rdn 46 ff.).

---

10 LG Dresden RVGreport 2013, 60.
11 *Burhoff*, RVG, VV Vorb. 4.1.4 Rn 2.
12 *Burhoff*, RVG, VV 4136 Rn 11.
13 OLG München AnwBl 1973, 87 = JurBüro 1973, 45 = Rpfleger 1973, 70; a.A. OLG Koblenz AnwBl 1973, 143 = Rpfleger 1972, 462.
14 *Burhoff*, RVG, VV Vorb. 4.1.4 Rn 5.

Wird gegen die Verwerfung des Antrags als unzulässig Beschwerde eingelegt, ist das Beschwerdeverfahren nach § 19 Abs. 1 S. 2 Nr. 10a eine neue Angelegenheit (siehe Rdn 30). Das Einlegen der Beschwerde zählt allerdings nach § 19 Abs. 1 S. 2 Nr. 10 noch zum Verfahren über die Zulässigkeit des Antrags.[15]

4. Verfahrensgebühr für das weitere Verfahren (VV 4138)

Schließt sich das weitere Verfahren an, so erhält der Anwalt hierfür eine weitere Verfahrensgebühr, wiederum in Höhe der Verfahrensgebühr für den ersten Rechtszug (VV 4106, 4112, 4118). Erforderlich ist allerdings eine Entscheidung nach § 367 StPO. Ist eine solche nicht getroffen, kommen die Gebühren VV 4137 und VV 4138 mangels dahingehender weiterer Tätigkeit nicht nebeneinander in Ansatz.[16]

Auch hier wird die Vergütung ausgelöst mit der ersten Tätigkeit (VV Vorb. 4 Abs. 2), in der Regel mit der Entgegennahme des Beschlusses über die Zulässigkeit des Wiederaufnahmeantrags.[17]

Das Verfahren dauert fort bis zum **rechtskräftigen Abschluss**, also bis zur Verwerfung des Antrags wegen Unzulässigkeit (§ 368 Abs. 1 StPO) oder wegen Unbegründetheit (§ 370 Abs. 1 StPO) oder mit der Anordnung der Wiederaufnahme des Verfahrens (§ 370 Abs. 2 StPO) (zur Höhe der Gebühren siehe Rdn 46 ff.).

Wird gegen die Zurückweisung des Antrags als unbegründet Beschwerde eingelegt, ist das Beschwerdeverfahren nach § 19 Abs. 1 S. 2 Nr. 10a wiederum eine neue Angelegenheit (siehe Rdn 30). Das Einlegen der Beschwerde zählt allerdings nach § 19 Abs. 1 S. 2 Nr. 10 noch zum Verfahren über die Zulässigkeit des Antrags und wird durch die Verfahrensgebühr der VV 4138 abgegolten.[18]

5. Prüfung der Erfolgsaussicht einer Beschwerde (VV 2102)

Erhält der Anwalt nach Entgegennahme des Beschlusses, mit dem der Antrag als unzulässig verworfen oder als unbegründet zurückgewiesen wird, lediglich den Auftrag, die Erfolgsaussichten einer Beschwerde zu prüfen, ohne dass ihm insoweit Verteidigungsauftrag erteilt wird, gilt VV 2102. War dem Anwalt dagegen bereits Beschwerdeauftrag (gegebenenfalls auch bedingt mit dem Erlass der ablehnenden Entscheidung) erteilt, wird die Beratungstätigkeit durch die Gebühren des Beschwerdeverfahrens abgegolten (siehe Rdn 30 ff.). Nur das Einlegen des Rechtsmittels zählt zur Ausgangsinstanz (§ 19 Abs. 1 S. 2 Nr. 10), nicht auch die Beratung hierüber.

6. Verfahrensgebühr für das Beschwerdeverfahren (VV 4139)

Im Beschwerdeverfahren nach § 372 StPO erhält der Anwalt eine weitere Verfahrensgebühr nach VV 4139, ebenfalls in Höhe der Verfahrensgebühr für den ersten Rechtszug, also wiederum nach den VV 4106, 4112, 4118. Im Gegensatz zum früheren Recht der BRAGO löst das Beschwerdeverfahren eine gesonderte Gebühr aus. Zwar sind in Strafsachen Beschwerdegebühren grundsätzlich durch die jeweiligen Pauschgebühren mit abgegolten. Eine Ausnahme gilt nach § 19 Abs. 1 S. 2 Nr. 10a aber dann, wenn für die Beschwerde gesonderte Gebühren vorgesehen sind. Da VV 4139 insoweit eine gesonderte Gebühr vorsieht, greift hier die Ausnahme. Grund hierfür ist u.a. die besondere Bedeutung der Beschwerde im Wiederaufnahmeverfahren, da hier abschließend über den Wiederaufnahmeantrag entschieden wird, mit der Folge, dass vorgebrachte Wiederaufnahmegründe für ein eventuelles späteres erneutes Wiederaufnahmeverfahren verbraucht sind.[19]

Die Beschwerdegebühr nach VV 4139 entsteht für sämtliche Beschwerdeverfahren, unabhängig davon, ob sich die Beschwerde gegen die Verwerfung des Antrags als unzulässig oder die Zurückweisung des Antrags als unbegründet richtet.[20]

---

15 *Burhoff*, RVG, VV 4137 Rn 2.
16 AG Koblenz, Beschl. v. 18.6.2006 – 2020 Js 44360/94–33.
17 *Burhoff*, RVG, VV 4138 Rn 4.
18 *Burhoff*, RVG, VV 4137 Rn 2.
19 *Burhoff*, RVG, VV 4139 Rn 2.
20 *Burhoff*, RVG, VV 4139 Rn 4.

32 Ist der Anwalt lediglich damit beauftragt, die Erfolgsaussicht einer Beschwerde zu prüfen, ohne dass ihm bereits für das Beschwerdeverfahren Vertretungsauftrag erteilt worden ist, gilt VV 2102.

33 Die Gebühren im Beschwerdeverfahren können auch mehrmals entstehen, wenn mehrere Beschwerden geführt werden. Dies ist der Fall, wenn das Ausgangsgericht den Antrag zunächst als unzulässig verwirft, hiergegen dann erfolgreich Beschwerde geführt wird und das Ausgangsgericht nunmehr die Begründetheit verneint, wogegen wiederum Beschwerde eingelegt wird (siehe dazu auch Rdn 35 ff.).

34 Auch die Gebühren im Beschwerdeverfahren entstehen mit Zuschlag, wenn der Mandant sich nicht auf freiem Fuß befindet (zur Höhe der Gebühren siehe Rdn 46 ff.).[21]

7. Verfahrensgebühr für das erneute Verfahren über die Zulässigkeit des Antrags nach erfolgreicher Beschwerde (VV 4137, § 21 Abs. 1 S. 1)

35 Wird gegen die Zurückweisung des Wiederaufnahmeantrags als unzulässig erfolgreich Beschwerde eingelegt und hebt das Beschwerdegericht die Entscheidung des Ausgangsgerichts lediglich auf, ohne abschließend über die Zulässigkeit zu entscheiden, so muss das Ausgangsgericht erneut über die Zulässigkeit befinden. Wird abschließend über die Zulässigkeit entschieden, schließt sich das weitere Verfahren an (siehe dazu Rdn 38). Es liegt dann ein Fall des § 21 Abs. 1 S. 1 vor. Die Gebühren im Verfahren über die Zulässigkeit des Antrags entstehen erneut, also die der VV 4137, 4140.[22] Die Geschäftsgebühr entsteht dagegen nicht erneut.[23]

Eine Anrechnung der Gebühren ist im Gegensatz zu den Gebühren nach VV Teil 3 (VV Vorb. 3 Abs. 6) in Strafsachen nicht vorgesehen.

Beispiel: Der Beschuldigte ist vom Amtsgericht verurteilt worden. Er beantragt später die Wiederaufnahme. Der Antrag wird vom Amtsgericht als unzulässig verworfen. Der Verteidiger legt gegen den Verwerfungsbeschluss Beschwerde ein, auf die der Beschluss des Amtsgerichts aufgehoben und die Sache ohne eigene Entscheidung an das Amtsgericht zurückverwiesen wird.
Das erneute Verfahren über die Zulässigkeit des Antrags gilt nach § 21 Abs. 1 als neue Angelegenheit, so dass die Gebühr nach VV 4137 i.V.m. VV 4106 erneut entsteht.
Zu rechnen ist wie folgt:

I. Vorbereitung des Wiederaufnahmeantrags
1. Geschäftsgebühr, VV 4136, 4106   165,00 EUR
2. Postentgeltpauschale, VV 7002   20,00 EUR
    Zwischensumme   185,00 EUR
3. 19 % Umsatzsteuer, VV 7008   35,15 EUR
Gesamt   **220,15 EUR**

II. Verfahren über die Zulässigkeit des Antrags
1. Verfahrensgebühr, VV 4137, 4106   165,00 EUR
2. Postentgeltpauschale, VV 7002   20,00 EUR
    Zwischensumme   185,00 EUR
3. 19 % Umsatzsteuer, VV 7008   35,15 EUR
Gesamt   **220,15 EUR**

III. Beschwerdeverfahren gegen die Verwerfung
1. Verfahrensgebühr, VV 4139, 4106   165,00 EUR
2. Postentgeltpauschale, VV 7002   20,00 EUR
    Zwischensumme   185,00 EUR
3. 19 % Umsatzsteuer, VV 7008   35,15 EUR
Gesamt   **220,15 EUR**

IV. Erneutes Verfahren über die Zulässigkeit des Antrags
1. Verfahrensgebühr, VV 4137, 4106, § 21   165,00 EUR
2. Postentgeltpauschale, VV 7002   20,00 EUR
    Zwischensumme   185,00 EUR
3. 19 % Umsatzsteuer, VV 7008   35,15 EUR
Gesamt   **220,15 EUR**

---

[21] Burhoff, RVG, VV 4139 Rn 10.
[22] Burhoff, RVG, VV 3137 Rn 4.
[23] Burhoff, RVG, VV 3137 Rn 4.

V. Weiteres Verfahren
1. Verfahrensgebühr, VV 4138, 4106   165,00 EUR
2. Postentgeltpauschale, VV 7002   20,00 EUR
    Zwischensumme   185,00 EUR
3. 19 % Umsatzsteuer, VV 7008   35,15 EUR
Gesamt   **220,15 EUR**

8. Verfahrensgebühr für das weitere Verfahren nach erfolgreicher Beschwerde (VV 4138)

Wird gegen die Zurückweisung des Wiederaufnahmeantrags als unzulässig erfolgreich Beschwerde eingelegt und muss das Ausgangsgericht daher jetzt zur Begründetheit entscheiden, liegt kein Fall des § 21 Abs. 1 S. 1 vor. Das Verfahren über die Zulässigkeit des Antrags ist abgeschlossen. Es schließt sich dann das weitere Verfahren an.   36

Beispiel: Der Beschuldigte ist vom Amtsgericht verurteilt worden. Er beantragt später die Wiederaufnahme. Der Antrag wird vom Amtsgericht als unzulässig verworfen. Der Verteidiger legt gegen den Verwerfungsbeschluss Beschwerde ein, die den Antrag für zulässig erklärt. Anschließend wird die Sache an das Amtsgericht zur Durchführung des weiteren Verfahrens zurückgegeben.
Zu rechnen ist wie folgt:

I. Vorbereitung des Wiederaufnahmeantrags
1. Geschäftsgebühr, VV 4136, 4106   165,00 EUR
2. Postentgeltpauschale, VV 7002   20,00 EUR
    Zwischensumme   185,00 EUR
3. 19 % Umsatzsteuer, VV 7008   35,15 EUR
Gesamt   **220,15 EUR**

II. Verfahren über die Zulässigkeit des Antrags
1. Verfahrensgebühr, VV 4137, 4106   165,00 EUR
2. Postentgeltpauschale, VV 7002   20,00 EUR
    Zwischensumme   185,00 EUR
3. 19 % Umsatzsteuer, VV 7008   35,15 EUR
Gesamt   **220,15 EUR**

III. Beschwerdeverfahren gegen die Verwerfung
1. Verfahrensgebühr, VV 4139, 4106   165,00 EUR
2. Postentgeltpauschale, VV 7002   20,00 EUR
    Zwischensumme   185,00 EUR
3. 19 % Umsatzsteuer, VV 7008   35,15 EUR
Gesamt   **220,15 EUR**

IV. Weiteres Verfahren
1. Verfahrensgebühr, VV 4138, 4106   165,00 EUR
2. Postentgeltpauschale, VV 7002   20,00 EUR
    Zwischensumme   185,00 EUR
3. 19 % Umsatzsteuer, VV 7008   35,15 EUR
Gesamt   **220,15 EUR**

9. Mehrfacher Anfall der Beschwerdegebühr (VV 4139, §§ 17 Nr. 1, 19 Abs. 1 S. 2 Nr. 10a)

Hatte das Gericht den Antrag zunächst als unzulässig verworfen und weist es nach Zurückverweisung den Antrag jetzt als unbegründet zurück, kann auch die Beschwerdegebühr ein weiteres Mal entstehen, da jedes Beschwerdeverfahren nach § 17 Nr. 1 i.V.m. § 19 Abs. 1 S. 2 Nr. 10a eine eigene Angelegenheit darstellt.   37

Beispiel: Der Beschuldigte ist vom Amtsgericht verurteilt worden. Er beantragt später die Wiederaufnahme. Der Antrag wird vom Amtsgericht als unzulässig verworfen. Der Verteidiger legt gegen den Verwerfungsbeschluss Beschwerde ein, worauf der Antrag für zulässig erklärt und die Sache zur weiteren Entscheidung an das Amtsgericht zurückgegeben wird. Das Amtsgericht weist den Antrag als unbegründet zurück. Hiergegen wird wiederum Beschwerde eingelegt.

Das erneute Beschwerdeverfahren – jetzt gegen den Zurückweisungsbeschluss – ist wiederum eine eigene Angelegenheit i.S.d. §§ 17 Nr. 1, 19 Abs. 1 S. 2 Nr. 10a, sodass die Beschwerdegebühr erneut entsteht. Zu rechnen ist wie folgt:

I. Vorbereitung des Wiederaufnahmeantrags
1. Geschäftsgebühr, VV 4136, 4106 — 165,00 EUR
2. Postentgeltpauschale, VV 7002 — 20,00 EUR
   Zwischensumme — 185,00 EUR
3. 19 % Umsatzsteuer, VV 7008 — 35,15 EUR
Gesamt — 220,15 EUR

II. Verfahren über die Zulässigkeit des Antrags
1. Verfahrensgebühr, VV 4137, 4106 — 165,00 EUR
2. Postentgeltpauschale, VV 7002 — 20,00 EUR
   Zwischensumme — 185,00 EUR
3. 19 % Umsatzsteuer, VV 7008 — 35,15 EUR
Gesamt — 220,15 EUR

III. Beschwerdeverfahren gegen die Verwerfung
1. Verfahrensgebühr, VV 4139, 4106 — 165,00 EUR
2. Postentgeltpauschale, VV 7002 — 20,00 EUR
   Zwischensumme — 185,00 EUR
3. 19 % Umsatzsteuer, VV 7008 — 35,15 EUR
Gesamt — 220,15 EUR

IV. Weiteres Verfahren
1. Verfahrensgebühr, VV 4138, 4106 — 165,00 EUR
2. Postentgeltpauschale, VV 7002 — 20,00 EUR
   Zwischensumme — 185,00 EUR
3. 19 % Umsatzsteuer, VV 7008 — 35,15 EUR
Gesamt — 220,15 EUR

V. Beschwerdeverfahren gegen die Zurückweisung
1. Verfahrensgebühr, VV 4139, 4106 — 165,00 EUR
2. Postentgeltpauschale, VV 7002 — 20,00 EUR
   Zwischensumme — 185,00 EUR
3. 19 % Umsatzsteuer, VV 7008 — 35,15 EUR
Gesamt — 220,15 EUR

10. Verfahrensgebühr für das erneute weitere Verfahren nach erfolgreicher Beschwerde (VV 4138, § 21 Abs. 1)

38 Hatte das Gericht den Antrag als unbegründet zurückgewiesen und hat das Beschwerdegericht auf die Beschwerde hin die Entscheidung des Amtsgerichts ohne eigene Sachentscheidung aufgehoben und zurückverwiesen, liegt wiederum ein Fall des § 21 Abs. 1 vor. Die Gebühren im weiteren Verfahren (VV 4138, 4140) entstehen erneut. Eine Anrechnung ist nicht vorgesehen.

39 Hatte das Gericht den Antrag zunächst als unzulässig verworfen und ist die Sache nach erfolgreicher Beschwerde zur erneuten Entscheidung über die Zulässigkeit zurückverwiesen worden und hat das Amtsgericht zwar die Zulässigkeit bejaht, den Antrag aber als unbegründet zurückgewiesen, ist hiergegen wiederum die Beschwerde möglich (siehe Rdn 37). Die Beschwerdegebühren entstehen dann erneut, da es sich um ein eigenes Beschwerdeverfahren handelt (§§ 17 Nr. 1, 19 Abs. 1 S. 2 Nr. 10a). Wird auch die Entscheidung über die Begründetheit aufgehoben und die Sache ohne eigene Entscheidung vom Beschwerdegericht zurückverwiesen, greift § 21 Abs. 1 ein weiteres Mal, so dass auch die Gebühren im weiteren Verfahren (VV 4138, 4140) erneut entstehen.

Beispiel: Der Beschuldigte ist vom Amtsgericht verurteilt worden. Er beantragt später die Wiederaufnahme. Der Antrag wird vom Amtsgericht als unzulässig verworfen. Der Verteidiger legt gegen den Verwerfungsbeschluss Beschwerde ein, auf die der Beschluss des Amtsgerichts aufgehoben und die Sache an das Amtsgericht zurückverwiesen wird. Das Amtsgericht lässt jetzt den Antrag zu, weist ihn dann aber als unbegründet zurück. Gegen den Zurückweisungsbeschluss wird erneut Beschwerde eingelegt.
Es liegen zwei Beschwerdeverfahren vor, die jeweils eigene Angelegenheit i.S.d. §§ 17 Nr. 1, 19 Abs. 1 S. 2 Nr. 10a sind, und es liegen zwei Verfahren nach Zurückverweisung i.S.d. § 21 Abs. 1 vor, so dass auch die Verfahrensgebühren zweimal entstehen.
Zu rechnen ist wie folgt:

Abschnitt 1. Gebühren des Verteidigers   **VV Vorb. 4.1.4, VV 4136–4140**

I. Vorbereitung des Wiederaufnahmeantrags
1. Geschäftsgebühr, VV 4136, 4106   165,00 EUR
2. Postentgeltpauschale, VV 7002   20,00 EUR
   Zwischensumme   185,00 EUR
3. 19 % Umsatzsteuer, VV 7008   35,15 EUR
Gesamt   **220,15 EUR**

II. Verfahren über die Zulässigkeit des Antrags
1. Verfahrensgebühr, VV 4137, 4106   165,00 EUR
2. Postentgeltpauschale, VV 7002   20,00 EUR
   Zwischensumme   185,00 EUR
3. 19 % Umsatzsteuer, VV 7008   35,15 EUR
Gesamt   **220,15 EUR**

III. Beschwerdeverfahren gegen die Verwerfung
1. Verfahrensgebühr, VV 4139, 4106   165,00 EUR
2. Postentgeltpauschale, VV 7002   20,00 EUR
   Zwischensumme   185,00 EUR
3. 19 % Umsatzsteuer, VV 7008   35,15 EUR
Gesamt   **220,15 EUR**

IV. Erneutes Verfahren über die Zulässigkeit des Antrags
1. Verfahrensgebühr, VV 4137, 4106, § 21 Abs. 1   165,00 EUR
2. Postentgeltpauschale, VV 7002   20,00 EUR
   Zwischensumme   185,00 EUR
3. 19 % Umsatzsteuer, VV 7008   35,15 EUR
Gesamt   **220,15 EUR**

V. Weiteres Verfahren
1. Verfahrensgebühr, VV 4138, 4106   165,00 EUR
2. Postentgeltpauschale, VV 7002   20,00 EUR
   Zwischensumme   185,00 EUR
3. 19 % Umsatzsteuer, VV 7008   35,15 EUR
Gesamt   **220,15 EUR**

VI. Beschwerdeverfahren gegen die Zurückweisung
1. Verfahrensgebühr, VV 4139, 4106   165,00 EUR
2. Postentgeltpauschale, VV 7002   20,00 EUR
   Zwischensumme   185,00 EUR
3. 19 % Umsatzsteuer, VV 7008   35,15 EUR
Gesamt   **220,15 EUR**

VII. Erneutes weiteres Verfahren nach Zurückverweisung
1. Verfahrensgebühr, VV 4138, 4106, § 21 Abs. 1   165,00 EUR
2. Postentgeltpauschale, VV 7002   20,00 EUR
   Zwischensumme   185,00 EUR
3. 19 % Umsatzsteuer, VV 7008   35,15 EUR
Gesamt   **220,15 EUR**

11. Terminsgebühren (VV 4140)

Darüber hinaus erhält der Anwalt in sämtlichen Verfahren je Verhandlungstag eine Terminsgebühr in Höhe der Terminsgebühr des ersten Rechtszugs, also nach den VV 4108, 4114, 4120. Auch hier gilt VV Vorb. 4 Abs. 3. Die Terminsgebühr entsteht für die Teilnahme an gerichtlichen Terminen (VV Vorb. 4 Abs. 3 S. 1). Gleichgültig ist, ob der Termin vor dem beauftragten Richter durchgeführt wird oder von dem Kollegialgericht in voller Besetzung.[24] **40**

Die Terminsgebühr entsteht nicht, wenn im Wiederaufnahmeverfahren über die Begründetheit nicht verhandelt wird, sondern sofort im wieder aufgenommenen Verfahren.[25] **41**

Die Terminsgebühr setzt keine Vernehmung voraus. Sie entsteht daher auch dann, wenn das Gericht Verfahrensfragen oder sonstige Fragen in einem gerichtlichen Termin erörtert.[26] Die Durchführung **42**

---

24 *Burhoff*, RVG, VV 4140, Rn 3.   26 *Burhoff*, RVG, VV 4140 Rn 4.
25 LG Dresden RVGreport 2013, 60.

N. Schneider 2679

der „Beweisaufnahme nach § 369 Abs. 1 StPO" ist in der Begründung zu VV 4140[27] nur beispielhaft aufgeführt.[28]

43 Die Terminsgebühr entsteht je Kalendertag, an dem ein Termin stattfindet. Der Rechtsanwalt erhält die Terminsgebühr auch dann, wenn er zu einem anberaumten Termin erscheint, dieser aber aus Gründen, die er nicht zu vertreten hat, nicht stattfindet (VV Vorb. 4 Abs. 3 S. 2) (zur Höhe der Gebühren siehe Rdn 46 ff.).

12. Terminsgebühren nach VV 4102

44 Obwohl ausdrücklich nicht erwähnt, können im Wiederaufnahmeverfahren auch die Terminsgebühren nach VV 4102 entstehen, da es sich um eine Allgemeine Gebühr nach VV Vorb. 4 Abschnitt 1 handelt.[29]

> **Beispiel:** Im Wiederaufnahmeverfahren findet ein gesonderter Haftprüfungstermin statt, an dem der Verteidiger teilnimmt.
> Es entsteht jetzt zusätzlich eine Terminsgebühr nach VV 4102 Nr. 3.[30]

45 Die Gebühr entsteht allerdings nicht, wenn die Haftprüfung anlässlich eines Termins nach VV 4140 stattfindet. Dann entsteht nur die Gebühr nach VV 4140.[31]

IV. Höhe der Gebühren

1. Geschäfts- und Verfahrensgebühren

a) Gebühren

46 Die Höhe der Geschäfts- und Verfahrensgebühren nach VV 4136 bis 4139 richtet sich nach den Verfahrensgebühren für den ersten Rechtszug, also nach den Verfahrensgebühren aus Unterabschnitt 3 (VV 4106, 4112, 4118). Hier ist also zunächst einmal nach der Zuständigkeit des Gerichts zu differenzieren. Der Gebührenrahmen bestimmt sich nach der Ordnung desjenigen Gerichts, das im Rechtszug des vorangegangenen Verfahrens entschieden hat. Bei dieser Gebühr verbleibt es auch dann, wenn das Wiederaufnahmeverfahren vor dem Berufungsgericht stattfindet. Dies ergibt sich aus der ausdrücklichen Verweisung auf die Verfahrensgebühr für den ersten Rechtszug.

> **Beispiel:** Im Berufungsverfahren wird der Angeklagte rechtskräftig verurteilt. Später beantragt er die Wiederaufnahme. Dem Antrag wird stattgegeben. Die Sache wird vor dem Berufungsgericht erneut verhandelt.
> In dem vorangegangenen Verfahren vor dem Berufungsgericht erhält der Anwalt die Gebühren aus VV 4124 ff.; ebenso für das Verfahren nach der Wiederaufnahme (§ 373 StPO). Für das Wiederaufnahmeverfahren selbst erhält der Anwalt dagegen nur die Gebühr nach VV 4136 ff. i.V.m. VV 4106 ff.

47 Der Anwalt erhält also, wenn in erster Instanz entschieden hat

– das **Amtsgericht**, eine Verfahrensgebühr nach VV 4106
– Gebührenrahmen   40,00 bis 290,00 EUR
– Mittelgebühr   165,00 EUR
– die **Strafkammer, die Jugendkammer, soweit sich die Gebühr nicht nach VV 4118 bestimmt**, gemäß VV 4112
– Gebührenrahmen   50,00 bis 320,00 EUR
– Mittelgebühr   185,00 EUR
– das **OLG**, das **Schwurgericht** oder die **Strafkammer** in Verfahren nach den **§§ 74a und 74c GVG** sowie in Verfahren vor der **Jugendkammer**, sofern diese in Sachen entscheidet, die nach den allgemeinen Vorschriften zur Zuständigkeit des Schwurgerichts gehören, gemäß VV 4118
– Gebührenrahmen   100,00 bis 690,00 EUR
– Mittelgebühr   395,00 EUR

---

27 BT-Drucks 15/1971 S. 227.
28 *Burhoff*, RVG, VV 4140 Rn 4.
29 *Burhoff*, RVG, VV 4140 Rn 5.
30 *Burhoff*, RVG, VV 4140 Rn 5.
31 *Burhoff*, RVG, VV 4140 Rn 5.

b) Haftzuschlag, VV Vorb. 4 Abs. 4

Zwar enthält der Unterabschnitt 4 keine ausdrückliche Regelung für den Fall, dass sich der Auftraggeber nicht auf freiem Fuß befindet; dies ist jedoch auch nicht erforderlich. Aus der pauschalen Verweisung auf die Gebühren des ersten Rechtszugs folgt, dass auch insoweit die Vorschrift der VV Vorb. 4 Abs. 4 entsprechend anwendbar ist. Befindet sich der **Angeklagte nicht auf freiem Fuß**, so sind die Verfahrensgebühren mit Zuschlag maßgebend.[32] Unerheblich ist, ob sich der Angeklagte wegen der Verurteilung des wieder aufzunehmenden Verfahrens in Haft befindet oder in anderer Sache.[33]

Der Anwalt erhält also, wenn in erster Instanz entschieden hat

– das **Amtsgericht**, die erhöhte Verfahrensgebühr nach VV 4106, 4107
– Gebührenrahmen   40,00 bis 362,50 EUR
– Mittelgebühr   201,25 EUR
– die **Strafkammer, die Jugendkammer, soweit sich die Gebühr nicht nach VV 4118 bestimmt**, die erhöhte Gebühr nach VV 4112, 4113
– Gebührenrahmen   50,00 bis 400,00 EUR
– Mittelgebühr   225,00 EUR
– das **OLG**, das **Schwurgericht** oder die **Strafkammer** in Verfahren nach den §§ 74a und 74c GVG sowie in Verfahren vor der **Jugendkammer**, sofern diese in Sachen entscheidet, die nach den allgemeinen Vorschriften zur Zuständigkeit des Schwurgerichts gehören, die erhöhte Gebühr nach VV 4118, 4119
– Gebührenrahmen   100,00 bis 862,50 EUR
– Mittelgebühr   481,25 EUR

c) VV 4142, 4134 f.

Nicht anwendbar sind die Vorschriften der VV 4142, 4134 f.[34] Der Grund hierfür liegt darin, dass im Verfahren nach § 359 StPO nur die Wiederaufnahmegründe geprüft werden, nicht aber auch die Sache selbst. Zusätzliche Tätigkeiten im Hinblick auf die Gegenstände der VV 4142, 4134 f. sind daher nicht erforderlich.

Beschränkt sich das Wiederaufnahmeverfahren ausschließlich auf vermögensrechtliche Ansprüche (z.B. im Fall des § 406c Abs. 1 StPO), so gelten ebenfalls nur die VV 4136 ff. und nicht die VV 4142 ff.

Kommt es allerdings zur Wiederaufnahme des Verfahrens, so sind für das wiederaufgenommene Verfahren die VV 4142, 4134 f. wieder anwendbar.[35] Soweit sich das Verfahren nach Wiederaufnahme im Falle des § 406c Abs. 1 StPO beschränkt, erhält der Anwalt im nachfolgenden Verfahren nur die Gebühr der VV 4142, 4134 f.

d) VV 4141

Die Vorschrift der VV 4141 ist ebenfalls unanwendbar. Eine zusätzliche Gebühr ist hier nicht vorgesehen und würde auch nicht dem Sinn und Zweck der zusätzlichen Gebühr entsprechen. Erst im wiederaufgenommenen Verfahren kann diese Gebühr entstehen. Die scheinbar gegenteilige Entscheidung des LG Dresden[36] hat tatsächlich die zusätzliche Gebühr im nachfolgenden wieder aufgenommenen Verfahren zugesprochen und lediglich die Tätigkeit in Wiederaufnahmeverfahren als Mitwirkung ausreichen lassen.

e) VV 1008

Vertritt der Anwalt mehrere Auftraggeber, so erhöht sich der Gebührenrahmen gemäß VV 1008 um 30 % für jeden weiteren Auftraggeber.

---

32 So auch die Begründung zu VV 4136, BT-Drucks 14/1971, 227; *Burhoff*, RVG, VV Vorb. 4.1.4 Rn 14.
33 *Burhoff*, RVG, VV Vorb. 4.1.4 Rn 14.
34 *Burhoff*, RVG, VV Vorb. 4.1.4 Rn 14.
35 *Burhoff*, RVG, VV Vorb. 4.1.4 Rn 12.
36 StraFo 2006, 475.

2. Terminsgebühr (VV 4140)

55 Die Terminsgebühr nach VV 4140 entsteht für jeden Verhandlungstag in Höhe der Terminsgebühr des ersten Rechtszuges. Auch hier kommt es auf die Ordnung des Gerichts an. Der Anwalt erhält also folgende Terminsgebühren, wenn in erster Instanz entschieden hat

- das **Amtsgericht** gemäß VV 4108
  - Gebührenrahmen   70,00 bis 480,00 EUR
  - Mittelgebühr   275,00 EUR
- die **Strafkammer**, die **Jugendkammer**, soweit sich die Gebühr nicht nach VV **4118** bestimmt, gemäß VV **4114**
  - Gebührenrahmen   80,00 bis 560,00 EUR
  - Mittelgebühr   320,00 EUR
- das **OLG**, das **Schwurgericht** oder die **Strafkammer** in Verfahren nach den §§ **74a und 74c GVG** sowie in Verfahren vor der **Jugendkammer**, sofern diese in Sachen entscheidet, die nach den allgemeinen Vorschriften zur Zuständigkeit des Schwurgerichts gehören, gemäß VV **4120**
  - Gebührenrahmen   130,00 bis 930,00 EUR
  - Mittelgebühr   530,00 EUR

56 Auch hier ist der Zuschlag zu berücksichtigen, wenn sich der Auftraggeber **nicht auf freiem Fuß** befindet. Der Anwalt erhält danach folgende Terminsgebühren, wenn in erster Instanz entschieden hat

- das **Amtsgericht** gemäß VV 4108, 4109
  - Gebührenrahmen   70,00 bis 600,00 EUR
  - Mittelgebühr   335,00 EUR
- die **Strafkammer**, die **Jugendkammer**, soweit sich die Gebühr nicht nach VV **4118** bestimmt, gemäß VV **4114, 4115**
  - Gebührenrahmen   80,00 bis 700,00 EUR
  - Mittelgebühr   390,00 EUR
- das **OLG**, das **Schwurgericht** oder die **Strafkammer** in Verfahren nach den §§ **74a und 74c GVG** sowie in Verfahren vor der **Jugendkammer**, sofern diese in Sachen entscheidet, die nach den allgemeinen Vorschriften zur Zuständigkeit des Schwurgerichts gehören, gemäß VV **4120, 4121**
  - Gebührenrahmen   130,00 bis 1.162,50 EUR
  - Mittelgebühr   646,25 EUR

3. Bestimmung der Gebühr

57 Der Wahlanwalt bestimmt die Höhe der jeweiligen Gebühren unter Berücksichtigung der Kriterien des § 14 Abs. 1 für das Wiederaufnahmeverfahren gesondert, also unabhängig davon, wie hoch die Gebühren im ersten Rechtszug bemessen worden waren.

4. Pauschgebühr

58 Möglich ist auch hier die Bewilligung einer Pauschgebühr nach § 42, wenn die Gebühren der VV 4136 ff. nicht ausreichen, um die Tätigkeit des Anwalts im Wiederaufnahmeverfahren angemessen zu vergüten. Zuständig ist das OLG, in dessen Bezirk sich das Gericht des ersten Rechtszugs befindet (§ 42 Abs. 1 S. 1).

V. Vergütung im wieder aufgenommenen Verfahren

59 Wird das Verfahren wiederaufgenommen, so gilt dieses Verfahren als **neue Gebührenangelegenheit** (§ 17 Nr. 13). Der Anwalt erhält hierfür die Gebühren der VV 4101 ff. erneut. Er kann diese Gebühren also insgesamt dreimal verdienen, nämlich im Ausgangsverfahren, im Wiederaufnahmeverfahren und in dem wieder aufgenommenen Verfahren. Eine **Anrechnung** der im Wiederaufnahmeverfahren verdienten Gebühren auf die des wieder aufgenommenen Verfahrens findet nicht statt; das gilt auch für den Pflichtverteidiger.[37]

In dem wiederaufgenommenen Verfahren sind sämtliche Vorschriften der VV 4100 ff. anwendbar, also auch wieder die VV 4142, 4134 f. sowie VV 4141.[38] **60**

Die Gebühren im wieder aufgenommenen Verfahren entstehen auch dann, wenn der Angeklagte nach § 371 Abs. 2 StPO ohne Hauptverhandlung sofort freigesprochen wird.[39] **61**

Die **Grundgebühr** entsteht allerdings nicht erneut,[40] es sei denn, es liegt ein Fall des § 15 Abs. 5 S. 2 vor. Wenn schon nach Ablauf von zwei Kalenderjahren das Verfahren nach Wiederaufnahme unabhängig von § 17 Nr. 13 bereits nach §§ 17 Nr. 1, 19 Abs. 1 S. 2 Nr. 10a als eigene Angelegenheit gilt und auch eine Gebührenanrechnung ausgeschlossen wäre, erscheint es nur folgerichtig, dass in diesem Falle auch die Grundgebühr erneut entsteht. **62**

Die Höhe der Gebühren im nachfolgenden Verfahren richtet sich danach, ob dort eine Hauptverhandlung stattfindet oder nicht. Nach § 370 Abs. 2 StPO hat das Gericht im Falle der Wiederaufnahme die Erneuerung der Hauptverhandlung anzuordnen. In den Fällen des § 371 Abs. 1 und Abs. 2 StPO kann das Gericht allerdings auch ohne Hauptverhandlung entscheiden. In diesem Fall entsteht in dem wieder aufgenommenen Verfahren lediglich die Verfahrensgebühr nach VV 4106.[41] **63**

War die Wiederaufnahme nur zum Zwecke der Abänderung der Entscheidung über vermögensrechtliche Ansprüche beantragt worden (so im Falle des § 406c Abs. 1 StPO), erhält der Anwalt in dem Verfahren nach Wiederaufnahme die Gebühr der VV 4142, 4134 f. **64**

VI. Gerichtlich bestellter/beigeordneter Anwalt

1. Überblick

Auch der gerichtlich bestellte oder beigeordnete Anwalt kann die Gebühren der VV 4136 ff. verdienen. Einer gesonderten Bestellung für das Wiederaufnahmeverfahren bedarf es für den Verteidiger des wiederaufzunehmenden Verfahrens nicht. Dagegen wirkt die Bestellung im wieder aufgenommenen Verfahren nicht auch auf das Wiederaufnahmeverfahren zurück.[42] **65**

Für den gerichtlich bestellten oder beigeordneten Anwalt enthalten die VV 4136 ff. keine Sonderregelung. Insoweit greift vielmehr ebenfalls die Verweisung auf die Gebühren nach Unterabschnitt 3. Einer gesonderten Regelung bedarf es auch nicht, da sich durch die Verweisung ergibt, dass die Differenzierung im Rahmen des Unterabschnitts 3 beibehalten wird. **66**

2. Geschäfts- und Verfahrensgebühr

Der gerichtlich bestellte oder beigeordnete Rechtsanwalt erhält daher als Geschäfts- und Verfahrensgebühr (VV 4136 bis 4139), wenn in erster Instanz entschieden hat **67**

– das **Amtsgericht** nach VV 4106	132,00 EUR
– die **Strafkammer, die Jugendkammer**, soweit sich die Gebühr nicht nach VV 4118 bestimmt, nach VV 4112	148,00 EUR
– das **OLG**, das **Schwurgericht** oder die **Strafkammer** in Verfahren nach den §§ **74a und 74c GVG** sowie in Verfahren vor der **Jugendkammer**, sofern diese in Sachen entscheidet, die nach den allgemeinen Vorschriften zur Zuständigkeit des Schwurgerichts gehören, nach VV 4118	316,00 EUR

---

37 LG Oldenburg AnwBl 1957, 267.
38 LG Dresden StraFo 2006, 475.
39 OLG Stuttgart Rpfleger 2006, 336 = Justiz 2006, 278; AG Nürnberg AGS 2006, 341.
40 *Burhoff*, RVG, VV Vorb. 4.1.4 Rn 3.
41 LG Köln AnwBl 1965, 185; LG Oldenburg AnwBl 1984, 267; LG Marburg MDR 1985, 520.
42 OLG Celle NdsRpfl 1982, 97 = KostRsp. BRAGO § 97 Nr. 13.

68 Befindet sich der Auftraggeber **nicht auf freiem Fuß**, so erhöhen sich die Gebühren, wenn in erster Instanz entschieden hat

– das **Amtsgericht** nach VV 4106, 4107 .... 161,00 EUR
– die **Strafkammer, die Jugendkammer**, soweit sich die Gebühr nicht nach VV 4118 **bestimmt**, nach VV 4112, 4113 .... 180,00 EUR
– das **OLG**, das **Schwurgericht** oder die **Strafkammer** in Verfahren nach den §§ **74a und 74c GVG** sowie in Verfahren vor der **Jugendkammer**, sofern diese in Sachen entscheidet, die nach den allgemeinen Vorschriften zur Zuständigkeit des Schwurgerichts gehören, nach VV 4118, 4119 .... 385,00 EUR

3. Geschäftsgebühr bei Abraten (Anm. zu VV 4136)

69 Hinsichtlich der Geschäftsgebühr nach VV 4136 ist jetzt zu differenzieren, wenn der Pflichtverteidiger **von einer Wiederaufnahme abrät** (Anm. zu VV 4136):
– War der Pflichtverteidiger **bereits im Ausgangsverfahren** bestellt, so wirkt seine Bestellung fort. Die frühere Einschränkung des § 97 Abs. 1 S. 2 BRAGO, dass das Gericht gemäß § 364b Abs. 1 S. 2 StPO die Voraussetzungen des § 364b Abs. 1 S. 1 Nr. 1 bis 3 StPO festgestellt haben musste, ist nicht mehr vorgesehen. Der Verteidiger erhält die Gebühr nach VV 4136 ohne Einschränkung auch dann, wenn er von einer Wiederaufnahme abrät.[43]
Gleiches gilt für die Auslagen des Pflichtverteidigers im Wiederaufnahmeverfahren.
– Hat der Verurteilte keinen Verteidiger oder ist ein anderer Verteidiger im Wiederaufnahmeverfahren tätig, so kann das Gericht ihm nach §§ 364a, 364b Abs. 1 S. 1 StPO einen Verteidiger bestellen. Da hier die Voraussetzungen des § 364b Abs. 1 S. 1 Nr. 1 bis 3 StPO vom Gericht bereits bei der Anwaltsbestellung geprüft werden müssen, stellt sich für ihn das Problem nicht. Der Anwalt hat auch bei Abraten einen Anspruch gegen die Staatskasse.[44]

4. Terminsgebühren

70 Hinsichtlich der Terminsgebühren (VV 4140) gilt die gleiche Verweisung. Der Anwalt erhält hier also, wenn in erster Instanz entschieden hat

– das **Amtsgericht** nach VV 4108 .... 220,00 EUR
– die **Strafkammer, die Jugendkammer**, soweit sich die Gebühr nicht nach VV 4118 **bestimmt**, nach VV 4114 .... 256,00 EUR
– das **OLG**, das **Schwurgericht** oder die **Strafkammer** in Verfahren nach den §§ **74a und 74c GVG** sowie in Verfahren vor der **Jugendkammer**, sofern diese in Sachen entscheidet, die nach den allgemeinen Vorschriften zur Zuständigkeit des Schwurgerichts gehören, nach VV 4120 .... 424,00 EUR

71 Befindet sich der Auftraggeber **nicht auf freiem Fuß**, erhält der gerichtlich bestellte oder beigeordnete Anwalt, wenn in erster Instanz entschieden hat

– das **Amtsgericht** nach VV 4108, 4109 .... 268,00 EUR
– die **Strafkammer, die Jugendkammer**, soweit sich die Gebühr nicht nach VV 4118 **bestimmt**, nach VV 4114, 4115 .... 312,00 EUR
– das **OLG**, das **Schwurgericht** oder die **Strafkammer** in Verfahren nach den §§ **74a und 74c GVG** sowie in Verfahren vor der **Jugendkammer**, sofern diese in Sachen entscheidet, die nach den allgemeinen Vorschriften zur Zuständigkeit des Schwurgerichts gehören, nach VV 4120, 4121 .... 517,00 EUR

5. Zusätzliche Gebühren bei längeren Terminen

72 Darüber hinaus ist bei der Terminsgebühr auch die Staffelung zu berücksichtigen, wenn der Termin mehr als fünf Stunden andauert oder mehr als acht Stunden. Der gerichtlich bestellte oder beigeordnete Anwalt erhält dann zusätzliche Gebühren nach VV 4110, 4111; VV 4116, 4117; VV 4122, 4123.

---

[43] A.A. *Burhoff*, RVG, VV Vorb. 4.1.4 Rn 7.
[44] *Burhoff*, RVG, VV Vorb. 4.1.4 Rn 7.

6. Pauschgebühr

Möglich ist auch hier die Bewilligung einer Pauschgebühr nach § 51, wenn die Gebühren der VV 4136 ff. nicht ausreichen, um die Tätigkeit des Anwalts im Wiederaufnahmeverfahren angemessen zu vergüten. Zuständig ist wiederum das OLG, in dessen Bezirk sich das Gericht des ersten Rechtszugs befindet (§ 51 Abs. 2 S. 1). 73

VII. Kostenentscheidung und Kostenerstattung

Wird bereits die Wiederaufnahme nach § 368 Abs. 1 StPO als **unzulässig** oder nach § 370 Abs. 1 StPO als **unbegründet verworfen** oder wird der Wiederaufnahmeantrag **zurückgenommen**, so ist eine Kostenentscheidung nach § 473 Abs. 1 StPO zu treffen.[45] Der Wiederaufnahmeantrag steht insoweit einem Rechtsmittel gleich (§ 473 Abs. 6 Nr. 1 StPO). Wird der Wiederaufnahmeantrag dagegen wegen einer zwischenzeitlichen Urteilsberichtigung zurückgenommen, sind die notwendigen Auslagen des Angeschuldigten der Staatskasse aufzuerlegen.[46] 74

Die **Anordnung der Wiederaufnahme** nach § 370 Abs. 2 StPO bedarf dagegen keiner Kostenentscheidung. Über die Kosten des Wiederaufnahmeverfahrens wird in diesem Fall vielmehr in der abschließenden Entscheidung des wieder aufgenommenen Verfahrens befunden.[47] 75

Für die Kostenentscheidung im **wieder aufgenommenen Verfahren** gelten gemäß der Verweisung in § 473 Abs. 6 Nr. 1 StPO die Vorschriften des § 473 Abs. 1 bis 4 StPO entsprechend. War das wieder aufgenommene Verfahren erfolgreich, sind die Kosten und die notwendigen Auslagen der Staatskasse aufzuerlegen (§ 473 Abs. 3 StPO); bei Teilerfolg gilt § 473 Abs. 4 StPO.[48] Zu den Kosten des wieder aufgenommenen Verfahrens zählen nach § 464a Abs. 1 S. 3 StPO auch die Kosten für die Bestellung eines Verteidigers des Verurteilten im Wiederaufnahmeverfahren (§ 364a StPO) und im Vorbereitungsverfahren (§ 364b StPO). 76

Die Kostenentscheidung nach § 473 StPO erfasst jedoch nur die im Wiederaufnahmeverfahren und im wieder aufgenommenen Verfahren entstandenen Verteidigerkosten. Über die Kosten des **Ausgangsverfahrens** ist nach den Vorschriften der §§ 465 ff. StPO zu entscheiden. Die in diesem Verfahren entstandenen Verteidigerkosten können darüber hinaus ggf. auch nach §§ 1, 7 Abs. 1 StrEG geltend gemacht werden. 77

Soweit der Wiederaufnahmeantrag von einem **Privatkläger** gestellt worden ist, gilt § 471 StPO. Wird der Beschuldigte im wieder aufgenommenen Verfahren verurteilt, so hat er dem Privatkläger auch die Kosten des Wiederaufnahmeverfahrens zu erstatten (§ 471 Abs. 1 StPO). Bleibt sein Wiederaufnahmeantrag erfolglos, trifft ihn die Kostenlast (§ 471 Abs. 2 StPO). 78

Unterabschnitt 5. Zusätzliche Gebühren

Vorbemerkung zu Unterabschnitt 5

In Unterabschnitt 5 (VV 4141 bis 4147) sind **zusätzliche Gebühren** geregelt. 1
- In **VV 4141** ist an Stelle der früheren Gebührenerhöhung nach § 84 Abs. 2 BRAGO bei **Erledigung des Verfahrens ohne Hauptverhandlung** eine zusätzliche Gebühr vorgesehen. Der Anwalt hat also jetzt unter den dort genannten Voraussetzungen nicht mehr wie früher lediglich die Möglichkeit, den vollen Gebührenrahmen auszuschöpfen. Er erhält vielmehr eine zusätzliche Festgebühr, wenn sich das Verfahren ohne Hauptverhandlung erledigt.
- In **VV 4142** ist die Verfahrensgebühr bei **Einziehung und verwandten Maßnahmen** geregelt. Im Gegensatz zum früheren Recht, nach dem lediglich eine Überschreitung der Höchstgebühr möglich war, wenn diese Gebühr nicht ausreichte, um die Tätigkeit des Anwalts angemessen zu vergüten, ist jetzt auch hier eine zusätzliche Gebühr vorgesehen, die immer anfällt und neben den sonstigen Gebühren entsteht. Vorgesehen ist hier eine 1,0-Wertgebühr.

---

45 *Meyer-Goßner*, § 473 Rn 37; *Burhoff*, RVG, VV Vorb. 4.1.4 Rn 16.
46 *Perels*, NStZ 1985, 538; *Meyer-Goßner*, § 473 Rn 37.
47 *Schmidt/Baldus*, Rn 375; *Burhoff*, RVG, VV Vorb. 4.1.4 Rn 16.
48 *Schmidt/Baldus*, Rn 375.

- Die **VV 4143, 4144** entsprechen dem früheren § 89 BRAGO. Hier ist es dabei geblieben, dass der Anwalt zusätzlich zu den sonstigen Gebühren aus dem Wert der **geltend gemachten zivilrechtlichen Ansprüche** eine zusätzliche Wertgebühr erhält. Wie schon nach der BRAGO wird für erstinstanzliches Verfahren (VV 4143) und Rechtsmittelverfahren (VV 4144) differenziert.
- Mit **VV 4145** ist mit Wirkung zum 1.9.2004 eine zusätzliche Verfahrensgebühr eingeführt worden. Nach § 406 Abs. 5 S. 2 StPO kann das Gericht im Adhäsionsverfahren beschließen, von einer Entscheidung abzusehen. Hiergegen steht dem Antragsteller nach § 406a StPO sofortige Beschwerde zu. Für dieses Beschwerdeverfahren erhält der Anwalt neben der Gebühr für das Antragsverfahren (VV 4143) eine zusätzliche 0,5-Verfahrensgebühr nach VV 4145.
- In **VV 4146** (**Verfahrensgebühr für das Verfahren über einen Antrag auf gerichtliche Entscheidung oder über die Beschwerde gegen eine den Rechtszug beendende Entscheidung nach § 25 Abs. 1 S. 3 bis 5, § 13 StrRehaG**) erhält der Anwalt an Stelle der früheren eineinhalbfachen Gebühr nach § 96c BRAGO zukünftig die 1,5-Gebühr nach VV 4146.
- Schließlich ist noch die **Einigungsgebühr im Privatklageverfahren** (VV 4147) geregelt. Nach dem RVG gibt es nur noch eine einzige Einigungsgebühr. Es wird also nicht mehr, wie bisher, unterschieden nach einer Einigung im Sühneverfahren (§ 94 Abs. 3 BRAGO) und einer Einigung im Privatklageverfahren (§ 94 Abs. 5 BRAGO).
- Daneben lässt Anm. zu VV 4147 die Anwendung der VV 1000 ff. unberührt. Neben der Einigungsgebühr der VV 4147 kann also auch im Privatklageverfahren eine **Einigungsgebühr** nach den VV 1000 ff. anfallen, wenn sich die Parteien auch über **zivilrechtliche Ansprüche** einigen.

2 Mit Ausnahme der VV 4141 handelt es sich bei den zusätzlichen Gebühren sämtlich um **Wertgebühren**. Hier richten sich die Beträge nach § 13; für den gerichtlich bestellten oder beigeordneten Anwalt richten sich die Gebührenbeträge ab Werten von über 4.000 EUR nach der Tabelle des § 49.

Nr.	Gebührentatbestand	Gebühr oder Satz der Gebühr nach § 13 oder § 49 RVG	
		Wahlanwalt	gerichtlich bestellter oder beigeordneter Rechtsanwalt
4141	Durch die anwaltliche Mitwirkung wird die Hauptverhandlung entbehrlich: Zusätzliche Gebühr	in Höhe der Verfahrensgebühr	
	(1) Die Gebühr entsteht, wenn		
	1. das Strafverfahren nicht nur vorläufig eingestellt wird oder		
	2. das Gericht beschließt, das Hauptverfahren nicht zu eröffnen oder		
	3. sich das gerichtliche Verfahren durch Rücknahme des Einspruchs gegen den Strafbefehl, der Berufung oder der Revision des Angeklagten oder eines anderen Verfahrensbeteiligten erledigt; ist bereits ein Termin zur Hauptverhandlung bestimmt, entsteht die Gebühr nur, wenn der Einspruch, die Berufung oder die Revision früher als zwei Wochen vor Beginn des Tages, der für die Hauptverhandlung vorgesehen war, zurückgenommen wird; oder		
	4. das Verfahren durch Beschluss nach § 411 Abs. 1 Satz 3 StPO endet.		
	Nummer 3 ist auf den Beistand oder Vertreter eines Privatklägers entsprechend anzuwenden, wenn die Privatklage zurückgenommen wird.		
	(2) Die Gebühr entsteht nicht, wenn eine auf die Förderung des Verfahrens gerichtete Tätigkeit nicht ersichtlich ist. Sie entsteht nicht neben der Gebühr 4147.		
	(3) Die Höhe der Gebühr richtet sich nach dem Rechtszug, in dem die Hauptverhandlung vermieden wurde. Für den Wahlanwalt bemisst sich die Gebühr nach der Rahmenmitte. Eine Erhöhung nach Nummer 1008 und der Zuschlag (Vorbemerkung 4 Abs. 4) sind nicht zu berücksichtigen.		

Literatur: *Beck*, Änderung der BRAGO, insbesondere Neufassung von § 84 Abs. 2 BRAGO, AnwBl 1997, 490; *ders.*, Anwaltsgebühren nach § 84 Abs. 2 BRAGO, AnwBl 1995, 613; *ders.*, Die Gebühr nach § 84 Abs. 2 BRAGO, zfs 1995, 361; *Brauer*, Notwendige Auslagen des Beschuldigten bei Einstellung gemäß § 170 Abs. 2 StPO, JurBüro 1996, 229; *Burhoff*, Befriedungs-/Erledigungsgebühr Nr. 4114 VV RVG, RVGreport 2005, 248; *ders.*, Sind die Befriedungsgebühren Nr. 4141 VV RVG bzw. 5115 VV RVG Festgebühren?, RVGreport 2005, 401; *Burhoff/N. Schneider*, Wie berechnet sich die zusätzliche Gebühr der Nr. 4141 VV bei Einstellung im vorbereitenden Verfahren? AGS 2005, 434; *Enders*, Die Änderung der BRAGO durch das Justizmitteilungsgesetz und ihre Auswirkungen in der Praxis, JurBüro 1997, 561; *ders.*, Der neue § 84 Abs. 2 BRAGO, JurBüro 1995, 57; *ders.*, Anwendbarkeit des § 84 Abs. 2 BRAGO, wenn Rücknahme des Einspruchs erfolgt, bevor Hauptverhandlungstermin bestimmt war, JurBüro 1996, 281; *ders.*, Gesonderte Gebühr für die Beratung über Einspruch gegen einen Strafbefehl, JurBüro 2000, 281; *Fischer*, Der Anwendungsbereich der Befriedungsgebühr, NJW 2012, 265; *Fölsch*, Die zusätzliche Gebühr Nr. 4141 VV RVG, SchlHA 2012, 168; *Herrmann*, Gedanken zur Neufassung des § 84 Abs. 2 BRAGO, AGS 1996, 25; *ders.*, Ein Einzelproblem des § 84 Abs. 2 BRAGO, AGS 1997, 122; *ders.*, Zusätzliche Gebühren nach den Nummern 4141 oder 5115 VV RVG auch dann, wenn die Einstellung erst nach dem ersten Hauptverhandlungstermin erfolgt, JurBüro 2006, 449; *ders.*, Zusätzliche Gebühr nach Nr. 4141 VV RVG auch dann, wenn sich dem eingestellten Strafverfahren noch ein Bußgeldverfahren anschließt, JurBüro 2006, 393; *Kempgens*, Die Gebühren des § 84 Abs. 2 BRAGO bei Rücknahme des Einspruchs gegen einen Strafbefehl, NZV 1996, 270; *ders.*, Unklarheiten bei der Neufassung des § 84 BRAGO, AnwBl 1995, 138; *Madert*, 2 x die Gebühr aus § 84 Abs. 1, 1. Hs. BRAGO im staatsanwaltschaftlichen Ermittlungsverfahren?, AGS 1994, 24; *ders.*, Zusätzliche Gebühr des § 84 Abs. 2 und des § 105 BRAGO, AGS 1997, 85; *ders.*, Die Anwendung des § 84 Abs. 2 in Straf- und Bußgeldverfahren, AGS 2000, 214, 237; *ders.*, Verbindung von Strafverfahren, AGS 2000, 187; *ders.*, Zu Kempgens „Unklarheiten bei der Neufassung des § 84 BRAGO", AnwBl 1995, 138; *N. Schneider*, Verteidigergebühren bei Einstellung und Einspruchsrücknahme nach der Hauptverhandlung, AGS 2000, 21; *ders.*, Vergütung des Verteidigers bei Verbindung mehrerer Ermittlungs- oder Strafverfahren, BRAGOreport 2001, 49; *ders.*, Prüfung der Erfolgsaussichten eines Einspruchs gegen einen Strafbefehl, BRAGOreport 2001, 38; *ders.*, Gebührenberechnung bei Einstellung des Strafverfahrens und späterer Einstellung des Bußgeldverfahrens, AGS 2004, 6; *ders.*, Die Gebühren des Verteidigers in Strafsachen, AGS 2004, 133; *ders.*, Die zusätzliche Verfahrensgebühr der Nr. 4141 VV RVG im Privatklageverfahren, RVG-B 2005, 156 ff.; *ders.*, Die zusätzliche Verfahrensgebühr der Nr. 4141 RVG-VV im Privatklageverfahren RVG-B 2005, 156; *ders.*, Die zusätzlichen Gebühren in Straf- und Bußgeldsachen nach den Nrn. 4141 und 5115 VV RVG, ZAP Fach 24, 1073; *ders.*, Zusätzliche Gebühr nach Nr. 4141 VV RVG – Weitere Anwendungsfälle, NJW-Spezial, 2008, 251; *ders.*, Die Berechnung der sog. Zwei-Wochen-Frist bei Rücknahme eines Einspruchs oder eines Rechtsmittels in Straf- und Bußgeldsachen DAR 2007, 671; *ders.*, Die zusätzliche Gebühr in Strafsachen, DAR 2011, 488; *ders.*, Mehrfacher Anfall der zusätzlichen Gebühr nach Nr. 4141 VV RVG, DAR 2013, 431; *ders.*, Die Höhe der zusätzlichen Gebühren in Straf- und Bußgeldsachen, AG kompakt 2015, 100; *ders.*, Die zusätzliche Gebühr in Straf- und Bußgeldsachen, AG kompakt 2014, 122; *ders.*, Die Neuerungen bei der zusätzlichen Gebühr in Strafsachen (Nr. 4141 VV-RVG), NZV 2014, 149; *Soujon*, Das Strafbefehlsverfahren – ein Gebührendefizit, zfs 2007, 662; *Stuth*, § 84 Abs. 2 BRAGO bei Einstellung der Ermittlungen wegen eines strafrechtlichen Vergehens und Abgabe der Sache zur Verfolgung der Tat als Ordnungswidrigkeit, AGS 1998, 3.

A. Allgemeines	1
B. Regelungsgehalt	7
I. Allgemeines	7
1. Die gesetzliche Regelung	7
2. Mitwirkung des Anwalts; Darlegungs- und Beweislast	11
II. Sinn und Zweck der VV 4141	14
III. Die einzelnen Fälle der zusätzlichen Gebühr	17
1. Nicht nur vorläufige Einstellung des Verfahrens (Anm. Abs. 1 S. 1 Nr. 1)	17
a) Einstellung	17
aa) 1. Fall: Abgabe nach § 43 Abs. 2 OWiG	28
bb) 2. Fall: Abgabe nach § 43 Abs. 1 OWiG – Die Verwaltungsbehörde leitet ein Ermittlungsverfahren ein	29
cc) 3. Fall: Abgabe nach § 43 Abs. 1 OWiG – Die Verwaltungsbehörde leitet kein Ermittlungsverfahren ein	30
dd) 4. Fall: Abgabe nach § 43 Abs. 1 OWiG – Die Verwaltungsbehörde leitet ein Ermittlungsverfahren wegen einer anderen Tat ein	32
b) Förderung (Anm. Abs. 2)	42
c) Die Anwendung der Anm. Abs. 1 S. 1 Nr. 1 in den einzelnen Verfahrensabschnitten	58
aa) Vorbereitendes Verfahren (Unterabschnitt 2)	59
bb) Gerichtliches Verfahren (Unterabschnitt 3)	60
(1) Es kommt zur Hauptverhandlung	61
(2) Es kommt nicht zur Hauptverhandlung	62
(3) Einstellung nach Aussetzung der Hauptverhandlung	63
(4) Förderung	65
cc) Zurückverweisung, § 21 Abs. 1	66
dd) Wiederaufnahme nach mehr als zwei Kalenderjahren, § 15 Abs. 5 S. 2	67
ee) Berufungsverfahren	68
ff) Revisionsverfahren	71
gg) Privatklageverfahren	72
hh) Vorbereitung des Privatklageverfahrens	78
2. Nichteröffnung des Hauptverfahrens (Anm. Abs. 1 S. 1 Nr. 2)	79
3. Zurückweisung des Antrags auf Erlass eines Strafbefehls (analog Anm. Abs. 1 S. 1 Nr. 2)	90
4. Rücknahme des Einspruchs gegen einen Strafbefehl (Anm. Abs. 1 S. 1 Nr. 3)	91
a) Rücknahme	91
b) Förderung	95
c) Zeitpunkt der Rücknahme	97
aa) Termin zur Hauptverhandlung war noch nicht anberaumt	98

bb) Termin zur Hauptverhandlung war anberaumt ... 99
cc) Nachträgliche Verlegung des Termins ... 114
dd) Fortsetzung der Hauptverhandlung ... 115
ee) Erneuter Beginn der Hauptverhandlung ... 116
ff) Zurückverweisung, § 21 Abs. 1 ... 117
5. Rücknahme der Anklage oder des Antrags auf Erlass eines Strafbefehls ... 118
6. Abraten von Einspruch ... 121
7. Rücknahme der Berufung ... 122
8. Rücknahme der Revision ... 134
9. Abraten von einem Rechtsmittel ... 143
10. Rücknahme der Privatklage ... 144
11. Vermeidung der Privatklage im vorbereitenden Verfahren ... 146
12. Schriftliches Verfahren nach § 411 Abs. 1 S. 3 StPO ... 149
13. Übergang zum Strafbefehlsverfahren nach § 408a StPO ... 152
14. Freispruch im wieder aufgenommenen Verfahren nach § 371 Abs. 2 StPO ... 153
IV. Mehrfacher Anfall der zusätzlichen Gebühr ... 154
1. Mehrfacher Anfall in demselben Verfahrensabschnitt ... 154
2. Mehrfacher Anfall in verschiedenen Verfahrensabschnitten ... 157
V. Verfahrenstrennung und -verbindung ... 160
VI. Gebührenhöhe ... 162
1. Allgemeines ... 162
2. Festgebühr ... 163
3. Zuschlag (VV Vorb. 4 Abs. 4) ... 167
4. Mehrere Auftraggeber (VV 1008) ... 168
5. Gerichtlich bestellter oder beigeordneter Anwalt ... 170
6. Zusätzliche Verfahrensgebühren ... 171
7. Die Gebührenbeträge ... 172
C. Bestellter oder beigeordneter Rechtsanwalt ... 173
D. Kostenerstattung ... 174
E. Rechtsschutzversicherung ... 175

A. Allgemeines

1 In § 84 Abs. 2 BRAGO – eingeführt durch das KostRÄndG 1994 – war eine **Erhöhung des Gebührenrahmens** auf eine **volle Gebühr** vorgesehen, wenn das Verfahren unter Mitwirkung des Verteidigers nicht nur vorläufig eingestellt wurde, das Gericht beschloss, das Hauptverfahren nicht zu eröffnen oder wenn der Anwalt daran mitwirkte, dass der Einspruch gegen einen Strafbefehl rechtzeitig zurückgenommen wurde. Sinn und Zweck dieser Vorschrift war es, für den Anwalt einen Anreiz zu schaffen, bereits im Ermittlungsverfahren und im gerichtlichen Verfahren außerhalb der Hauptverhandlung mitzuarbeiten und dem Gericht die Arbeit der Vorbereitung und Durchführung einer Hauptverhandlung zu ersparen.

2 Die Vorschrift des § 84 Abs. 2 BRAGO galt entsprechend für den **Privat-** und **Nebenkläger** (§§ 94 und 95 BRAGO). Auch im **Bußgeldverfahren** war § 84 BRAGO entsprechend anwendbar (§ 105 Abs. 1, Abs. 2 S. 3 BRAGO).[1] Darüber hinaus war § 84 Abs. 2 BRAGO entsprechend auch im **Berufungsverfahren** anzuwenden (§ 85 Abs. 4 BRAGO). Strittig war die Anwendung im **Revisionsverfahren**, da in § 86 Abs. 3 BRAGO eine Verweisung auf § 84 Abs. 2 BRAGO fehlte.

3 Die Vorschrift des § 84 Abs. 2 BRAGO gewährte allerdings **keine eigene zusätzliche Gebühr**, sondern erhöhte lediglich den Gebührenrahmen der halben Gebühren nach § 84 Abs. 1, 85 Abs. 1 und 86 Abs. 1 BRAGO auf eine volle Gebühr.[2]

4 Die Regelung des § 84 Abs. 2 BRAGO hatte zu zahlreichen Streit- und Auslegungsfragen geführt, sodass sie durch das Justizmitteilungsgesetz und Gesetz zur Änderung kostenrechtlicher Vorschriften und anderer Gesetze (JuMiG) vom 18.6.1997 **neu gefasst** wurde. Auf die Rechtsprechung bis 1997 kann daher nur noch eingeschränkt zurückgegriffen werden.

5 Im Zuge der Einführung des RVG ist die gesetzliche Regelung geändert und neu gefasst worden. Zahlreiche Streitfragen sind damit geklärt worden. So wurde klargestellt, dass die zusätzliche Gebühr auch im Revisionsverfahren anfallen kann. Im Gegensatz zum früheren Recht hat der Anwalt allerdings jetzt nicht mehr die Möglichkeit, nach einem höheren Gebührenrahmen (dem vollen) abzurechnen. Vielmehr gewährt **VV 4141** eine **zusätzliche Gebühr**, die **neben** der jeweiligen **Verfahrensgebühr** gewährt wird. Es handelt sich um eine **Festgebühr** (str.; siehe Rdn 163 ff.), auch wenn dies auf den ersten Blick nicht zu erkennen ist. Ein Ermessensspielraum nach § 14 Abs. 1 besteht nicht mehr. Die Gebühr entsteht jeweils in Höhe der jeweiligen Verfahrensmittelgebühr.

6 Ungeachtet der Klarstellungen in VV 4141 gegenüber § 84 Abs. 2 BRAGO waren zahlreiche Auslegungsprobleme und Lücken geblieben. Einige dieser Streitfragen hat der Gesetzgeber jetzt mit dem 2. KostRMoG geklärt, nämlich die zusätzliche Gebühr bei Einstellung des Strafverfahrens unter

---

1 Diese Regelung findet sich jetzt in VV 5115.
2 AG Dessau AGS 1996, 102.

Abgabe der Sache an die Bußgeldbehörde zur Einleitung eines Ordnungswidrigkeitenverfahrens und die Mitwirkung im Verfahren nach § 411 Abs. 1 S. 3 StPO. Andere Fragen sind zwischenzeitlich durch den BGH geklärt.

B. Regelungsgehalt

I. Allgemeines

1. Die gesetzliche Regelung

Die zusätzliche Gebühr nach VV 4141 entsteht nach dem Wortlaut des Gesetzes, wenn:
- das Verfahren **nicht nur vorläufig eingestellt** wird (Anm. Abs. 1 S. 1 Nr. 1),
- das Gericht die **Eröffnung des Hauptverfahrens ablehnt** (Anm. Abs. 1 S. 1 Nr. 2),
- der **Einspruch gegen einen Strafbefehl rechtzeitig zurückgenommen** wird (Anm. Abs. 1 S. 1 Nr. 3, 1. Var.),
- die **Berufung des Angeklagten oder** eines **anderen Verfahrensbeteiligten zurückgenommen** wird (Anm. Abs. 1 S. 1 Nr. 3, 2. Var.),
- die **Revision des Angeklagten oder eines anderen Verfahrensbeteiligten zurückgenommen** wird (Anm. Abs. 1 S. 1 Nr. 3, 3. Var.),
- die **Privatklage zurückgenommen** wird (Anm. Abs. 1 S. 1 Nr. 3, S. 2),
- der Anwalt an einer **Entscheidung im schriftlichen Verfahren nach § 411 Abs. 1 S. 3 StPO** mitwirkt (Anm. Abs. 1 S. 1 Nr. 4).

Im Falle der Nr. 3 muss die Rücknahme allerdings mehr als zwei Wochen vor dem Beginn des Tages der für die Hauptverhandlung vorgesehen war, erklärt werden worden sein (Anm. Abs. 1 S. 1 Nr. 3, 2. Hs.).

Ebenso anzuwenden ist VV 4141 selbstverständlich auch in einem **Verfahren nach Zurückverweisung** (§ 21 Abs. 1) und in einem **wiederaufgenommenen Verfahren**.

Im **Wiederaufnahmeverfahren** selbst wäre VV 4141 zwar anwendbar, scheidet dort jedoch tatbestandlich aus.

Darüber hinaus kommt eine analoge Anwendung in folgenden Fällen in Betracht:
- bei **Übergang in das Strafbefehlsverfahren nach Anklageerhebung** (§ 408a StPO),
- **Freispruch im wieder aufgenommenen Verfahren nach § 371 Abs. 2 StPO**,
- **Ablehnung des Antrags auf Erlass eines Strafbefehls** (str., siehe Rdn 90).

2. Mitwirkung des Anwalts; Darlegungs- und Beweislast

Nach **Anm. Abs. 2** ist die zusätzliche Gebühr **ausgeschlossen**, wenn eine „auf die Förderung des Verfahrens gerichtete Tätigkeit nicht ersichtlich" ist. Erforderlich ist also, dass der Verteidiger an der Einstellung oder der Erledigung des Verfahrens mitgewirkt hat. Es genügt jede Tätigkeit des Verteidigers, die zur Förderung der Verfahrenserledigung geeignet ist.[3] Eine Ursächlichkeit ist nicht erforderlich.[4] Der Umstand, dass das Verfahren auch ohne Zutun des Verteidigers möglicherweise ohnehin eingestellt worden wäre, ist grundsätzlich unerheblich.[5]

Das Gesetz formuliert dies in Anm. Abs. 2 negativ, wonach die Gebühr nicht entsteht, wenn die Tätigkeit des Rechtsanwalts zur Förderung des Verfahrens „nicht ersichtlich" ist. Damit kehrt sich die Darlegungs- und Beweislast um. Ein **fördernder Beitrag** des Rechtsanwalts **wird vermutet**. Sein ausnahmsweises Fehlen ist vom Gebührenschuldner – im Falle der Kostenerstattung von der

---

[3] Zur vergleichbaren Lage in Bußgeldsachen: LG Stralsund AGS 2005, 442 = RVGreport 2005, 272 = RVG-B 2005, 102.

[4] OLG Düsseldorf Rpfleger 1999, 149 = JurBüro 1999, 313; AGS 2003, 112 = JurBüro 2003, 41.

[5] AG Köln AGS 2013, 229 = RVGprof. 2013, 105 = NJW-Spezial 2013, 381.

Zur vergleichbaren Lage in Bußgeldsachen: AG Kempten AGS 2003, 312 m. Anm. *N. Schneider*; unzutreffend BGH (zum vergleichbaren Fall der VV 5115) AGS 2011, 128 = zfs 2011, 285 = NJW 2011, 1605 = AnwBl 2011, 499 = BRAK-Mitt 2011, 91.

Staatskasse – darzulegen und zu beweisen.[6] Allein daraus, dass eine Förderung nicht aktenkundig ist, darf nicht auf deren Fehlen geschlossen werden. Beispielhaft hierzu ist die Entscheidung des AG Braunschweig.[7]

> **Beispiel:** Nach Einspruch gegen einen Strafbefehl rät der Verteidiger dem Mandanten davon ab, den Einspruch weiter zu verfolgen, und empfiehlt ihm, diesen zurückzunehmen.

13 Die Beratung des Mandanten und die Empfehlung, den Einspruch zurückzunehmen, reichen für eine Mitwirkung aus. Welche Tätigkeiten soll der Verteidiger gegenüber dem Gericht noch vornehmen? Einlassungen und Stellungnahmen gegenüber dem Gericht sind vollkommen überflüssig. Die Tätigkeit des Verteidigers findet in einem solchen Fall „denknotwendigerweise nicht in der Akte, sondern im Büro des Verteidigers statt".[8] Leider ist vielfach zu beobachten, dass die Gerichte die Umkehr der Darlegungs- und Beweislast verkennen. Beispielhaft hierzu die Entscheidung des AG Berlin-Tiergarten.[9]

II. Sinn und Zweck der VV 4141

14 Da die Vorschrift der VV 4141 zahlreiche Probleme und Auslegungsfragen mit sich bringt, wird häufig auf den Sinn und Zweck dieser Regelung zurückgegriffen werden müssen. Bis zur Einführung des § 84 Abs. 2 BRAGO boten die Gebührenkonstruktionen im Strafverfahren eher einen Anreiz, die Verteidigungsbemühungen auf die Hauptverhandlung zu konzentrieren. Eine intensive und zeitaufwendige Mitwirkung des Verteidigers im Ermittlungsverfahren, die dazu führte, dass eine Hauptverhandlung entbehrlich wurde, war gebührenrechtlich wenig attraktiv. Mit dem § 84 Abs. 2 BRAGO sollte daher eine Bestimmung getroffen werden, wonach es nicht bei dem halben Gebührenrahmen des § 84 Abs. 1 BRAGO verblieb, sondern der volle Gebührenrahmen des § 83 Abs. 1 BRAGO zur Verfügung stehen sollte. Der Anwalt sollte also belohnt werden, wenn er daran mitwirkte, dass der Staatsanwaltschaft und dem Gericht Zeit und Arbeit erspart wurden, insbesondere eine aufwendige Vorbereitung und Durchführung der Hauptverhandlung. Weiterhin sollte § 84 Abs. 2 BRAGO dem Phänomen entgegenwirken, dass vielfach Einsprüche gegen einen Strafbefehl erst in der Hauptverhandlung nach Aufruf der Sache zurückgenommen wurden, um den vollen Gebührenrahmen des § 83 Abs. 1 BRAGO zu erreichen.

15 Da die zusätzliche Gebühr eine „Belohnung" für die endgültige Erledigung des Verfahrens darstellt, sollen **vorläufige Erledigungen** (also vorläufige Einstellungen) oder **Teilerledigungen** (Einstellung wegen einzelner Taten oder eingeschränkte Rücknahme des Einspruchs gegen einen Strafbefehl) nicht zu einer zusätzlichen Gebühr führen. Erforderlich ist vielmehr, dass das gesamte Verfahren abgeschlossen wird.[10] Dieser Zweck wird jetzt durch die zusätzliche Gebühr nach VV 4141 verfolgt. Sofern der Anwalt dazu beiträgt, dass sich durch seine Mitwirkung das Verfahren erledigt, ohne dass es zu einer Hauptverhandlung – oder einer erneuten Hauptverhandlung – kommt, soll er jetzt die zusätzliche Gebühr erhalten.

16 Im Gegensatz zum früheren Recht ist jetzt nicht nur ein höherer Gebührenrahmen vorgesehen, sondern eine **zusätzliche Festgebühr** (str., siehe Rdn 163 ff.). Damit sollen Probleme bei der Ermessensausübung und Streitigkeiten über die zutreffende Ermessensausübung vermieden werden. Es handelt sich jetzt um eine feste **Pauschgebühr**, die unabhängig vom Aufwand anfällt. Eine Erhöhung dieser Gebühr nach § 14 Abs. 1 ist nicht möglich. Ebenso ist dem Auftraggeber bzw. dem erstattungspflichtigen Dritten der Einwand abgeschnitten, die Tätigkeit, die zur Erledigung geführt habe, sei unterdurchschnittlich, weshalb nicht die volle Gebühr angesetzt werden dürfe.

---

6 AG Unna MDR 1998, 1313 = JurBüro 1998, 410.
7 AGS 2000, 54.
8 AG Braunschweig AGS 2000, 54.
9 AGS 2000, 53 m. Anm. *Herrmann* = KostRsp. BRAGO § 84 Nr. 106 m. abl. Anm. *N. Schneider*.
10 BT-Drucks 12/6962, S. 106.

III. Die einzelnen Fälle der zusätzlichen Gebühr

1. Nicht nur vorläufige Einstellung des Verfahrens (Anm. Abs. 1 S. 1 Nr. 1)

a) Einstellung

Ein Strafverfahren kann **in jedem Stadium** eingestellt werden. Die Einstellung kommt also sowohl im vorbereitenden als auch im gerichtlichen Verfahren einschließlich Berufung und Revision in Betracht. Darauf, wer das Verfahren einstellt – Staatsanwaltschaft oder Gericht –, kommt es nicht an.[11] Daher ist Anm. Abs. 1 S. 1 Nr. 1 auch dann anwendbar, wenn die Staatsanwaltschaft die Anklage oder den Antrag auf Erlass eines Strafbefehls zurücknimmt und das Verfahren anschließend nach § 170 Abs. 2 StPO einstellt.[12]

Auf den **Zeitpunkt der Einstellung** kommt es – im Gegensatz zur Rücknahme des Einspruchs gegen einen Strafbefehl oder des Rechtsmittels – nicht an. Einzige Voraussetzung ist, dass die Einstellung vor Beginn der Hauptverhandlung oder einer erneuten Hauptverhandlung (siehe Rdn 61) erfolgt.

Für alle Verfahrensabschnitte setzt Anm. Abs. 1 S. 1 Nr. 1 voraus, dass das Verfahren „**nicht nur vorläufig**" eingestellt wird. Dieses Tatbestandsmerkmal der „nicht nur vorläufigen Einstellung" wird vielfach dahin gehend missverstanden, dass es sich um eine endgültige Einstellung handeln müsse. Dieser Umkehrschluss ist jedoch unzutreffend. Wie sich aus der negativen Formulierung des Gesetzes ergibt, erfordert die Vorschrift lediglich, dass die Staatsanwaltschaft oder das Gericht **subjektiv von einer endgültigen Einstellung** ausgegangen sein muss. Die Verfahrenseinstellung muss das „Ziel der Endgültigkeit" gehabt haben. Mit seiner Formulierung „nicht nur vorläufig" wollte der Gesetzgeber lediglich diejenigen Einstellungen aus dem Anwendungsbereich der Anm. Abs. 1 S. 1 Nr. 1 ausschließen, die schon von vornherein als nur vorübergehend gedacht sind. Daher reicht z.B. auch eine Einstellung nach § 170 Abs. 2 StPO für die Anwendung der Anm. Abs. 1 S. 1 Nr. 1 aus, selbst dann, wenn das Verfahren später wieder aufgenommen wird.[13]

> **Beispiel 1:** Die Staatsanwaltschaft stellt das Verfahren auf die Einlassung des Verteidigers hin gemäß § 170 Abs. 2 StPO mangels hinreichenden Tatverdachts ein. Nachträglich taucht ein neuer Zeuge auf, sodass die Staatsanwaltschaft das Verfahren wieder aufnimmt.
> Die Einstellung nach § 170 Abs. 2 StPO war nicht nur vorläufig. Der Verteidiger erhält daher eine zusätzliche Gebühr nach Anm. Abs. 1 S. 1 Nr. 1.[14] Für die weitere Tätigkeit nach Wiederaufnahme erhält er dagegen keine neue Verfahrensgebühr nach VV 4104 (abgesehen vom Fall des § 15 Abs. 5 S. 2). Die weitere Tätigkeit kann nur im Rahmen des § 14 Abs. 1 berücksichtigt werden.

Immer wieder wurde problematisiert, ob die Einstellung eines Strafverfahrens auch dann ausreicht, wenn sich hiernach gemäß § 43 Abs. 1 OWiG ein **Bußgeldverfahren** wegen des Verdachts einer Ordnungswidrigkeit **anschließt**. Diese Frage war zu BRAGO-Zeiten heftig umstritten. An sich hatte der Gesetzgeber in § 17 Nr. 10 klargestellt, dass ein Strafverfahren und ein sich an dessen Einstellung anschließendes Bußgeldverfahren zwei verschiedene Gebührenangelegenheiten i.S.d. § 15 darstellen, sodass der Verteidiger seine Gebühren gesondert erhält.

Daraus wiederum folgte schon nach der bisherigen Fassung der VV 4141, dass die Einstellung des Strafverfahrens für die Anwendung der Anm. Abs. 1 S. 1 Nr. 1 auch dann ausreichend ist, wenn sich später ein Bußgeldverfahren anschließt. Straf- und Bußgeldsachen sind zwei **verschiedene Angelegenheiten** (§ 17 Nr. 10). Das Strafverfahren als solches ist mit der Einstellung endgültig erledigt. Zu einer Hauptverhandlung im Strafverfahren kommt es nicht mehr.

---

11 LG Darmstadt AGS 1996, 126 m. Anm. *Madert* = zfs 1997, 70.
12 Rücknahme der Anklage: OLG Düsseldorf JurBüro 1999, 131 = AnwBl 1999, 616 = Rpfleger 1999, 149; LG Aachen AGS 1999, 59 = zfs 1999, 33; Rücknahme des Antrags auf Erlass eines Strafbefehls: LG Osnabrück JurBüro 1999, 313 = AGS 1999, 136; LG Zweibrücken AGS 2002, 90 = JurBüro 2002, 307 = KostRsp. BRAGO § 84 Nr. 126 m. Anm. *N. Schneider*.
13 AG Tiergarten AGS 2014, 273 = zfs 2014, 290 = RVGreport 2014, 232 = NJW-Spezial 2014, 381 = RVGprof. 2014, 156; LG Offenburg Rpfleger 1999, 38; *N. Schneider*, ZAP, Fach 24, S. 474.
14 AG Düsseldorf AGS 2010, 224 = RVGprof. 2010, 82 = NJW-Spezial 2010, 349 = VRR 2010, 279 = RVGreport 2010, 302 = StRR 2010, 359; LG Offenburg Rpfleger 1999, 38; *N. Schneider*, ZAP, Fach 24, S. 474.

22 Die ganz h.M. hatte daher in diesem Fall die zusätzliche Gebühr nach Anm. Abs. 1 S. 1 Nr. 1 selbst dann gewährt, wenn später wegen derselben Tat ein Bußgeldverfahren eingeleitet wurde.[15] Lediglich vereinzelt wurde die Gegenauffassung vertreten[16] bis der BGH[17] dann in Verkennung der Rechtslage dahin gehend entschieden hatte, dass eine Einstellung des Strafverfahrens verbunden mit der Abgabe an die Verwaltungsbehörde nicht ausreiche.

23 Ausweislich seiner Begründung und insbesondere seines Leitsatzes hat der BGH die gesamte Problemlage offenbar nicht erfasst. Er sprach an verschiedenen Stellen von einer „endgültigen Einstellung" und übersah dabei, dass die zusätzlichen Gebühren nach VV 4141 und auch VV 5115 eine „endgültige Einstellung" gerade nicht voraussetzen. Es reicht bereits eine „nicht nur vorläufige Einstellung" aus. Daher ist nicht entscheidend, ob das Verfahren letztlich tatsächlich abgeschlossen wird oder nicht. Es kommt lediglich darauf an, ob aus Sicht der einstellenden Behörde die Einstellung endgültig gewollt war, unabhängig davon, ob sie letztlich auch endgültig geblieben ist. So ist anerkannt, dass die zusätzliche Gebühr auch dann entsteht, wenn das Verfahren z.B. mangels Tatverdachts eingestellt wird (§ 170 Abs. 2 StPO), später jedoch, wenn sich ein neuer Tatverdacht ergibt, das Verfahren wieder aufgenommen wird (siehe Rdn 154 ff.). In diesem Fall kann die zusätzliche Gebühr sogar ein zweites Mal entstehen, nämlich dann, wenn das Gericht die Eröffnung des Hauptverfahrens ablehnt oder die Sache im gerichtlichen Verfahren erneut eingestellt wird. Daher lag das Argument, das Gericht könne im Bußgeldverfahren nach Einspruch gegen den Bußgeldbescheid gemäß § 81 OWiG die Tat wieder als Strafsache verfolgen, neben der Sache.

24 Der BGH hat zwar im Ansatz erkannt, dass es sich bei Straf- und Bußgeldsachen um verschiedene Angelegenheiten handelt, hat jedoch daraus leider nicht den zutreffenden Schluss gezogen, dass die Gebühr der VV 4141 alleine deshalb entsteht, weil es im Strafverfahren nicht mehr zu einer Hauptverhandlung kommt. Alleine eine solche Auslegung entspracht dem Sinn und Zweck des Gesetzes. Die zusätzliche Gebühr der VV 4141 bzw. ihr Vorgänger des § 84 Abs. 2 BRAGO, sind eingeführt worden, um für den Verteidiger einen Anreiz zu schaffen, frühzeitig daran mitzuwirken, dass sich ein Strafverfahren ohne Hauptverhandlung erledigt. Verlangt man – wie der BGH – dass kein Bußgeldverfahren nachfolgen darf, dann besteht gerade kein Anreiz, an einer Einstellung des Strafverfahrens mitzuwirken. Für den Anwalt ist es dann u.U. günstiger, in die strafrechtliche Hauptverhandlung zu gehen und dort zu versuchen, eine Einstellung zu erreichen. Dies hat letztlich für den Mandanten den zusätzlichen Vorteil, dass es dann auch nicht mehr zu einem Bußgeldverfahren kommt, sondern die Sache vollständig eingestellt wird.

25 Um die vom BGH gesetzwidrig vorgenommene Auslegung zukünftig unmöglich zu machen und dem Willen des Gesetzgebers Geltung zu verschaffen, hat dieser Anm. Abs. 1 S. 1 Nr. 1 geändert und dem Wort „Verfahren" die Vorsilbe „Straf-" vorangestellt.[18] Es heißt dort nicht mehr, dass die Gebühr (erst) bei Einstellung *des Verfahrens* entsteht, sondern (bereits) bei Einstellung *des Strafverfahrens*". Damit ist klargestellt, dass mit Einstellung des Strafverfahrens die Gebühr anfällt, unabhängig davon, ob die Tat als solche in einem anderen Verfahren, nämlich einem Bußgeldverfahren, weiter verfolgt wird.

26 Diese Klarstellung entspricht auch Sinn und Zweck der Vorschrift, für den Anwalt einen Anreiz zu schaffen, rechtzeitig an der Erledigung des Verfahrens mitzuwirken. Die vom BGH vorgenommene Auslegung führte nämlich zu dem gegenteiligen Ergebnis, sodass es für den Anwalt gebührenrechtlich interessanter war, es auf die Hauptverhandlung ankommen zu lassen, um dort eine Einstellung zu erreichen.

---

15 AG Regensburg AGS 2006, 125 = StraFo 2006, 88 = RVGprof. 2006, 21 = RVGreport 2006, 274; AG Köln AGS 2006, 234 = zfs 2006, 646; AG Bad Kreuznach, Urt. v. 5.5.2006 – 2 C 1747/05, nachgewiesen bei www.burhoff.de; AG Saarbrücken AGS 2007, 306 = RVGprof. 2007, 118; AG Stuttgart AGS 2007, 306; AG Gelnhausen AGS 2007, 453 = VRR 2007, 283; AG Nettetal AGS 2007, 404 = VRR 2007, 283; AG Hannover AGS 2006, 235; LG Osnabrück RVGprof. 2008, 7 = VRR 2008, 3 u. 43; AG Lemgo AGS 2009, 28 = zfs 2008, 712 = RVGreport 2008, 463; LG Aurich AGS 2011, 593 = RVGprof. 2011, 188 = VRR 2011, 439 = StRR 2011, 443 = RVGreport 2011, 464; ebenso *Burhoff*, VV 4141 Rn 15.

16 AG München AGS 2007, 305 m. Anm. *N. Schneider* = JurBüro 2004, 305 m. Anm. *Madert*; AG Osnabrück VRR 2008, 43 = RVGprof. 2008, 52 = VRR 2008, 119 = RVGreport 2008, 190.

17 AGS 2010, 1= BRAK-Mitt 2010, 33 = zfs 2010, 103 = AnwBl 2010, 140 = NJW 2010, 1209.

18 Änderung durch Art. 8 Abs. 2 Nr. 97 Buchst. a) aa).

Ungeachtet der gesetzlichen Klarstellung sind die verschiedenen Fälle der Einstellung des Strafverfahrens unter gleichzeitiger der Abgabe an die Bußgeldbehörde zu differenzieren:

aa) 1. Fall: Abgabe nach § 43 Abs. 2 OWiG. Hatte die Staatsanwaltschaft im Rahmen der strafrechtlichen Ermittlungen bereits selbst schon wegen der Ordnungswidrigkeit ermittelt, stellt sie das Strafverfahren später aber nur hinsichtlich der Straftat ein und gibt sie die Sache wegen der Ordnungswidrigkeit nach § 43 Abs. 2 OWiG an die Verwaltungsbehörde ab, kann im Strafverfahren keine zusätzliche Gebühr anfallen. Dies galt auch schon vor der Entscheidung des BGH, weil es sich insoweit nur um eine Teileinstellung des Verfahrens handelt, die für eine zusätzliche Gebühr nach VV 4141 jedoch nicht ausreicht. Im Übrigen – also hinsichtlich der Ordnungswidrigkeit – wird das Verfahren fortgeführt – wenn auch vor der Verwaltungsbehörde. Der Anwalt kann jetzt lediglich noch erreichen, dass er im Bußgeldverfahren eine Hauptverhandlung vermeidet und dort die zusätzliche Gebühr der VV 5115 verdient.

Beispiel: Nach einem Verkehrsunfall ermittelt die Staatsanwaltschaft wegen des Verdachts der Verkehrsunfallflucht und einer Trunkenheitsfahrt. Das Verfahren wegen des Verdachts der Verkehrsunfallflucht wird mangels Tatverdacht nach § 170 Abs. 2 StPO eingestellt. Hinsichtlich der Trunkenheitsfahrt wird die Sache an die Bußgeldbehörde nach § 43 Abs. 2 OWiG abgegeben, da die Blutalkoholkonzentration unter 0,5 ‰ liegt.
Eine zusätzliche Gebühr nach VV 4141 entsteht nicht. Abzurechnen ist wie folgt:

I. Strafverfahren

1. Grundgebühr, VV 4100		200,00 EUR
2. Verfahrensgebühr, VV 4104		165,00 EUR
3. Postentgeltpauschale, VV 7002		20,00 EUR
Zwischensumme	385,00 EUR	
4. 19 % Umsatzsteuer, VV 7008		73,15 EUR
Gesamt		**458,15 EUR**

II. Bußgeldverfahren[19]

1. Verfahrensgebühr, VV 5103	160,00 EUR
… und weitere Gebühren des Bußgeldverfahrens	

bb) 2. Fall: Abgabe nach § 43 Abs. 1 OWiG – Die Verwaltungsbehörde leitet ein Ermittlungsverfahren ein. Hat die Staatsanwaltschaft nur wegen einer Straftat ermittelt und das Verfahren insoweit eingestellt, die Sache anschließend aber an die Verwaltungsbehörde zur eventuellen Durchführung eines Bußgeldverfahrens nach § 43 Abs. 1 OWiG abgegeben, und leitet die Bußgeldbehörde daraufhin auch ein Verfahren ein, dann hätte dies nach der Entscheidung des BGH einer zusätzlichen Gebühr nach Nr. 4141 VV entgegen gestanden, weil es an einer endgültigen Einstellung fehlen würde.

Beispiel: Nach einem Verkehrsunfall ermittelt die Staatsanwaltschaft wegen des Verdachts der fahrlässigen Körperverletzung. Das Verfahren wird nach § 153 StPO eingestellt. Gleichzeitig wird die Sache an die Verwaltungsbehörde nach § 43 Abs. 1 OWiG abgegeben, damit diese gegebenenfalls wegen eines Verstoßes gegen die StVO ermittle. Die Verwaltungsbehörde leitet daraufhin ein Ermittlungsverfahren wegen des Verdachts der Vorfahrtsverletzung ein.
Eine zusätzliche Gebühr nach VV 4141 entstand nach der Rechtsprechung des BGH nicht. Nach der jetzigen Klarstellung in Anm. Abs. 1 Nr. 1 ist jetzt wie folgt abzurechnen:

I. Strafverfahren

1. Grundgebühr, VV 4100		200,00 EUR
2. Verfahrensgebühr, VV 4104		165,00 EUR
3. Zusätzliche Gebühr, VV 4141, 4106[20]		165,00 EUR
4. Postentgeltpauschale, VV 7002		20,00 EUR
Zwischensumme	550,00 EUR	
5. 19 % Umsatzsteuer, VV 7008		104,50 EUR
Gesamt		**654,50 EUR**

---

[19] Eine Grundgebühr kann bei dieser Konstellation nicht anfallen (Anm. Abs. 2 zu VV 5100).

[20] Die zusätzliche Gebühr richtet sich nach der Verfahrensgebühr des Verfahrensstadiums, in dem die Hauptverhandlung vermieden wird, also im vorbereitenden Verfahren nicht nach VV 4104, sondern nach den VV 4106, 4112, 4118 (siehe Rdn 165, 166).

    II. Bußgeldverfahren[21]
      1. Verfahrensgebühr, VV 5103   160,00 EUR
      ... und weitere Gebühren des Bußgeldverfahrens

30 **cc) 3. Fall: Abgabe nach § 43 Abs. 1 OWiG – Die Verwaltungsbehörde leitet kein Ermittlungsverfahren ein.** Stellt die Staatsanwaltschaft das Strafverfahren ein und gibt sie die Sache zur eventuellen Verfolgung an die zuständige Verwaltungsbehörde ab, sieht die Verwaltungsbehörde jedoch keinen Anlass, ein Ermittlungsverfahren wegen des Verdachts einer Ordnungswidrigkeit einzuleiten, kommt es also gar nicht mehr zu einem Bußgeldverfahren, dann musste konsequenterweise auch nach Auffassung des BGH im Strafverfahren die Gebühr der VV 4141 anfallen, weil dann die Einstellung im Strafverfahren letztlich doch endgültig i.S.d. Rechtsprechung des BGH war. Dafür erhält der Anwalt in diesem Fall aber auch keine Gebühren im Bußgeldverfahren, da ein solches nicht eingeleitet worden ist.

31 Insoweit ist der Leitsatz des BGH unzutreffend, weil es nicht darauf ankommen kann, ob die Sache an die Bußgeldbehörde abgegeben wird, sondern nur darauf, ob ein Bußgeldverfahren auch eingeleitet wird. Gerade hier zeigte sich auch die Schwachstelle der Argumentation des BGH. Ob die zusätzliche Gebühr nach VV 4141 anfällt, lässt sich bei der Einstellung des Strafverfahrens und Abgabe nach § 43 Abs. 1 OWiG gar nicht feststellen, sondern erst dann, wenn auch die Entschließung der Verwaltungsbehörde erkennbar ist, ob diese ein Verfahren einleitet oder nicht. Die Gebühr der VV 4141 wäre damit zu einer „bedingten" Gebühr verkommen, was vom Gesetzgeber nicht gewollt war.

> **Beispiel:** Die Staatsanwaltschaft ermittelt wegen des Verdachts einer Nötigung im Straßenverkehr. Das Verfahren wird nach § 170 Abs. 2 StPO mangels Tatverdacht eingestellt. Gleichzeitig wird die Sache an die Verwaltungsbehörde nach § 43 Abs. 1 OWiG abgegeben, damit diese gegebenenfalls wegen eines Verstoßes gegen die StVO ermittle. Die Verwaltungsbehörde sieht keine Anhaltspunkte für einen Verstoß gegen die StVO und sieht von der Einleitung eines Ermittlungsverfahrens ab.
> Es entsteht im Strafverfahren eine zusätzliche Gebühr nach VV 4141. Dafür entstehen mangels eines Bußgeldverfahrens keine Gebühren nach VV 5100 ff.
> Abzurechnen ist hier wie folgt:
> 1. Grundgebühr, VV 4100   200,00 EUR
> 2. Verfahrensgebühr, VV 4104   165,00 EUR
> 3. Verfahrensgebühr, VV 4141, 4106[22]   165,00 EUR
> 4. Postentgeltpauschale, VV 7002   20,00 EUR
>   Zwischensumme   550,00 EUR
> 5. 19 % Umsatzsteuer, VV 7008   104,50 EUR
> **Gesamt**   654,50 EUR

32 **dd) 4. Fall: Abgabe nach § 43 Abs. 1 OWiG – Die Verwaltungsbehörde leitet ein Ermittlungsverfahren wegen einer anderen Tat ein.** Die Rechtsprechung des BGH konnte dann nicht greifen, wenn das Bußgeldverfahren wegen einer anderen Tat im prozessualen Sinne eingeleitet wurde. Ebenso wie im umgekehrten Fall eine Anrechnung der Grundgebühr bei verschiedenen prozessualen Taten ausgeschlossen ist (Anm. Abs. 2) kann die Anwendung der VV 4141 nicht ausgeschlossen sein, wenn die Sache zur Verfolgung einer anderen Tat an die Bußgeldbehörde abgegeben wird, die sich anlässlich der Ermittlungen im Strafverfahren ergeben hat. Das folgt schon daraus, dass in diesem Falle die Verwaltungsbehörde auch parallel zum Strafverfahren hätte ermitteln können.

> **Beispiel:** Gegen den Mandanten wird ermittelt wegen des Verdachts der Verkehrsunfallflucht. Im Rahmen einer Besichtigung seines Fahrzeugs stellt sich heraus, dass dort eine nicht zugelassene Anhängerkupplung angebracht ist. Das Strafverfahren wegen des Verdachts der Verkehrsunfallflucht wird später eingestellt und die Sache an die Verwaltungsbehörde abgegeben, damit diese wegen des Verstoßes gegen die StVZO ein Ermittlungsverfahren einleite, was auch geschieht.
> Da hier hinsichtlich des Tatkomplexes Verkehrsunfallflucht auch i.S.d. Rechtsprechung des BGH eine endgültige Einstellung vorliegt und das Bußgeldverfahren eine völlig andere Tat betrifft, müsste auch hier nach der Rechtsprechung des BGH von einer zusätzlichen Gebühr nach VV 4141 ausgegangen werden.

---

21 Eine Grundgebühr kann bei dieser Konstellation nicht anfallen (Anm. Abs. 2 zu 5100).

22 Die zusätzliche Gebühr richtet sich nach der Verfahrensgebühr des Verfahrensstadiums, in dem die Hauptverhandlung vermieden wird, also im vorbereitenden Verfahren nicht nach VV 4104, sondern nach den VV 4106, 4112, 4118 (siehe Rdn 165, 166).

Die „Abgabe" durch die Staatsanwaltschaft hat hier lediglich die Funktion einer „Ordnungswidrigkeitenanzeige" für eine völlig andere Tat.
In diesem Fall entsteht im Strafverfahren nicht nur die Gebühr nach VV 4141; vielmehr entsteht jetzt auch im Bußgeldverfahren die Grundgebühr nach VV 5100. Sie ist nicht ausgeschlossen, da dem Bußgeldverfahren jetzt eine andere Tat zugrunde liegt (Anm. Abs. 2 zu VV 5100).
Abzurechnen ist wie folgt:

I. Strafverfahren

1. Grundgebühr, VV 4100   200,00 EUR
2. Verfahrensgebühr, VV 4104   165,00 EUR
3. Verfahrensgebühr, VV 4141, 4106[23]   165,00 EUR
4. Postentgeltpauschale, VV 7002   20,00 EUR
    Zwischensumme   550,00 EUR
5. 19 % Umsatzsteuer, VV 7008   104,50 EUR
Gesamt   654,50 EUR

II. Bußgeldverfahren

1. Grundgebühr, VV 5100   100,00 EUR
2. Verfahrensgebühr, VV 5103   160,00 EUR
... und weitere Gebühren des Bußgeldverfahrens

33 Kommt es im anschließenden Bußgeldverfahren ebenfalls zu einer Einstellung, dann kann eine (weitere) zusätzliche Gebühr, jetzt nach Anm. Abs. 1 S. 1 Nr. 1 zu VV 5115 entstehen. Auch dies folgt letztlich aus § 17 Nr. 10, weil es sich bei dem Bußgeldverfahren um eine neue eigene Gebührenangelegenheit handelt und der Anwalt in jeder Angelegenheit seine Gebühren gesondert erhält (arg. e § 15 Abs. 2).[24]

    Beispiel 2: Die Staatsanwaltschaft ermittelt wegen des Verdachts einer Trunkenheitsfahrt. Es stellt sich heraus, dass der Promillegehalt geringer ist als ursprünglich angenommen. Sie stellt daher das Strafverfahren ein und gibt die Sache an das Straßenverkehrsamt ab, damit dieses ein Ordnungswidrigkeitenverfahren wegen des Verstoßes gegen § 24a StVG einleite.
    Strafverfahren und Bußgeldverfahren sind zwei verschiedene Angelegenheiten (§ 17 Nr. 10). Mit der Einstellung und Abgabe an das Straßenverkehrsamt war das strafrechtliche Ermittlungsverfahren beendet. Der Verteidiger erhält daher bei entsprechender Mitwirkung die zusätzliche Gebühr nach Anm. Abs. 1 S. 1 Nr. 1. Dass in der Sache weiterermittelt wird, ist unerheblich, da es sich insoweit um eine neue gebührenrechtliche Angelegenheit handelt.[25]

34 Der Begriff der „nicht nur vorläufigen" Einstellung i.S.d. Anm. Abs. 1 S. 1 Nr. 1 darf **nicht** mit dem **prozessualen Begriff** der vorläufigen oder endgültigen Einstellung verwechselt werden. Einstellungen, die prozessual als vorläufig gedacht sind, können gebührenrechtlich durchaus als nicht nur vorläufig anzusehen sein, wenn die Staatsanwaltschaft und das Gericht bei der Einstellung davon ausgingen, dass das Verfahren nicht wieder aufgenommen werde.

    Beispiel: Das AG stellt das Strafverfahren nach § 154 Abs. 1 StPO ein.
    Sofern die übrigen Voraussetzungen gegeben sind, erhält der Verteidiger nach Anm. Abs. 1 S. 1 Nr. 1 die zusätzliche Gebühr.

Anderer Auffassung ist das AG Koblenz,[26] das unter Berufung auf den Wortlaut des § 154 Abs. 1 StPO eine Gebührenerhöhung (noch nach § 84 Abs. 2 BRAGO) abgelehnt hat. Das AG Koblenz hat dabei jedoch verkannt, dass der prozessuale und der gebührenrechtliche Begriff der nicht nur vorläufigen Einstellung verschieden sind. Dies ergibt sich eindeutig aus der amtlichen Begründung zu § 84 Abs. 2 BRAGO,[27] in der ausdrücklich die Vorschrift des § 154 Abs. 1 StPO als ein Fall der nicht nur vorläufigen Einstellung nach dem damaligen § 84 Abs. 2 BRAGO bezeichnet wurde. So wird

---

23 Die zusätzliche Gebühr richtet sich nach der Verfahrensgebühr des Verfahrensstadiums, in dem die Hauptverhandlung vermieden wird, also im vorbereitenden Verfahren nicht nach VV 4104, sondern nach den VV 4106, 4112, 4118 (siehe Rdn 164, 166).
24 *Burhoff*, VV 5115 Rn 6.
25 Bereits zum RVG: AG Regensburg AGS 2006, 125 = StraFo 2006, 88 = RVGprof. 2006, 21 = RVGreport 2006, 274 = RVGreport 2007, 225.
26 AGS 2001, 38 m. abl. Anm. *Madert* = BRAGOreport 2001, 42 m. abl. Anm. *N. Schneider* = JurBüro 2000, 139 = KostRsp. BRAGO § 84 Nr. 113 m. Anm. *N. Schneider*.
27 BT-Drucks 12/6962, S. 106.

von der übrigen Rechtsprechung auch eine Einstellung nach § 154 Abs. 1 StPO als gebührenerhöhend i.S.d. § 84 Abs. 2 BRAGO angesehen.[28]

35 Auch eine Einstellung nach § 206a StPO bei **Tod** des Beschuldigen oder des Angeklagten kann ausreichen, wenn der Verteidiger dem Gericht mitteilt, dass der Beschuldigte oder Angeklagte verstorben ist und dadurch die Durchführung der Hauptverhandlung vermieden wird.[29] Hat der Strafrichter nach Bekanntwerden des Ablebens des Angeklagten den anstehenden Hauptverhandlungstermin bereits von Amts wegen aufgehoben, so löst ein durch den Verteidiger danach gestellter Antrag auf Einstellung des Verfahrens nach § 206a StPO die Gebühr der VV 4141 mangels Mitwirkung nicht mehr aus.[30]

36 Ebenso verhält es sich bei einer Einstellung nach § 206b StPO, wenn der Verteidiger auf eine zwischenzeitlich eingetretene **Gesetzesänderung** hinweist.

37 Eine **vorläufige Einstellung** reicht dagegen niemals aus, selbst wenn sie sich später faktisch als endgültig erweisen sollte, etwa weil das Verfahren nie wieder aufgenommen worden ist.

> **Beispiel:** Die Staatsanwaltschaft stellt das Verfahren gegen Zahlung einer Geldbuße nach § 153a StPO vorläufig ein. Die Geldbuße wird nie gezahlt. Das Verfahren wird andererseits auch nie wieder aufgenommen.
> Die Einstellung nach § 153a StPO vor Zahlung der Geldbuße ist lediglich eine vorläufige. Sie ist auch als vorläufige Einstellung gedacht, da die endgültige Einstellung erst nach Zahlung der Geldbuße erfolgt. Eine zusätzliche Gebühr entsteht daher nicht, solange das Verfahren im Hinblick auf die gezahlte Geldbuße nicht endgültig eingestellt wird.

> **Beispiel:** Die Staatsanwaltschaft stellt das Verfahren wegen unbekannten Aufenthaltes des Beschuldigten nach § 205 StPO vorläufig ein. Die neue Anschrift des Beschuldigten wird nie bekannt, sodass das Verfahren auch nicht mehr fortgesetzt wird.
> Da die Einstellung nur vorläufig war, entsteht keine Gebühr nach Anm. Abs. 1 S. 1 Nr. 1. Dass sich die Einstellung faktisch als endgültig erwiesen hat, ist unerheblich.

38 Auch eine **Teileinstellung** wegen einzelner Taten reicht nicht aus, da damit das Verfahren als solches gerade nicht endgültig eingestellt wird.[31]

39 Ausreichend ist aber eine **Teileinstellung bei mehreren Tätern**, wenn damit das Verfahren gegen den Mandanten nicht nur vorläufig eingestellt worden ist.[32]

> **Beispiel:** A ist angeklagt, am 29.1. ohne Fahrerlaubnis gefahren zu sein, B, weil er dies gestattet habe. Darüber hinaus ist B auch noch angeklagt, am 15.2. eine Trunkenheitsfahrt begangen zu haben. Außerhalb der Hauptverhandlung wird das Verfahren gegen beide Angeklagte unter Mitwirkung ihrer Verteidiger wegen des Vorfalls vom 29.1. (Fahren ohne Fahrerlaubnis) eingestellt; wegen des Vorfalls vom 15.2. (Trunkenheitsfahrt) wird die Hauptverhandlung durchgeführt.
> Da das Verfahren hinsichtlich B nur teilweise eingestellt worden ist, greift für seinen Verteidiger die zusätzliche Gebühr nach Anm. Abs. 1 S. 1 Nr. 1 nicht. Das Verfahren gegen A ist dagegen insgesamt eingestellt, sodass sein Verteidiger in den Genuss der zusätzlichen Gebühr nach Anm. Abs. 1 S. 1 Nr. 1 kommt.

40 In den **Anwendungsbereich** der Anm. Abs. 1 S. 1 Nr. 1 fallen insbesondere folgende Einstellungen:
- § 153 Abs. 1 und 2 StPO[33]
- § 153a Abs. 1 und 2 StPO nach Erfüllung der Auflage[34]
- § 153b Abs. 1 und 2 StPO[35]

---

[28] AG Mettmann NJW-Spezial 2011, 157 = RVGprof. 2011, 58 = StRR 2011, 124 = RVGreport 2011, 228; AGkompakt 2011, 14 = StRR 2011, 124 = RVGreport 2011, 228; AGkompakt 2011, 14 = StRR 2011, 124 = RVGreport 2011, 228; LG Hamburg AGS 2000, 105 m. Anm. *Madert* = BRAGOreport 2001, 91 m. Anm. *N. Schneider* = StV 2001, 638; LG Saarbrücken BRAGOreport 2001, 122 m. Anm. *N. Schneider*; LG Köln StV 2001, 638; LG Saarbrücken; *Burhoff*, VV 4141 Rn 14.

[29] AG Magdeburg Rpfleger 2000, 514; unklar AG Koblenz AGS 2004, 390 m. Anm. *N. Schneider* u. Beschl. v. 6.2.2008 – 2090 Js 28178/06 33 Ds.

[30] AG Koblenz AGS 2008, 345.

[31] BT-Drucks 12/6962, S. 106; *Burhoff*, RVG, VV 4141 Rn 17.

[32] *Burhoff*, RVG, VV 4141 Rn 18.

[33] LG Saarbrücken AGS 2016, 171 = RVGreport 2016, 254. *Burhoff*, RVG, VV 4141 Rn 15.

[34] *Burhoff*, RVG, VV 4141 Rn 14.

[35] *Burhoff*, RVG, VV 4141 Rn 14.

- § 153c Abs. 1, 2 und 3 StPO[36]
- § 154 Abs. 1 und 2 StPO[37]
- § 154d S. 3 StPO[38]
- § 170 Abs. 2 S. 1 StPO[39]
  - auch bei anschließender Abgabe gemäß § 43 OWiG an die Verwaltungsbehörde,
  - auch nach Rücknahme der Anklage[40]
- § 206a StPO[41]
- § 206b StPO[42]
- § 383 Abs. 2 StPO[43]
- § 47 Abs. 1 Nr. 1 JGG[44]
- § 37 BtMG.[45]

Keine zusätzlichen Gebühren lösen dagegen folgende Einstellungen aus, da es sich nur um vorläufige Einstellungen handelt: 41
- § 153a StPO vor Erfüllung der Auflage[46]
- § 154d S. 1 StPO[47]
- § 205 StPO;[48] dies gilt auch dann, wenn das Verfahren ungeachtet der nur vorläufigen Einstellung nicht wieder aufgenommen wird, also wenn sich z.B. bei einer Einstellung nach § 205 StPO innerhalb der Verjährungsfrist der neue Aufenthalt des Beschuldigten nicht ermitteln lässt.

b) Förderung (Anm. Abs. 2)

Mitwirkung i.S.d. Anm. Abs. 2 bedeutet, dass der Verteidiger durch seine Tätigkeit die Einstellung 42
des Verfahrens **zumindest gefördert** haben muss. Eine besondere Mühewaltung ist nicht erforderlich. Die Tätigkeit des Anwalts muss auch **nicht ursächlich** für die Einstellung sein;[49] es reicht vielmehr jede auf die Einstellung hinzielende Tätigkeit des Verteidigers aus, die als solche geeignet ist, das Verfahren in formeller, materiell-rechtlicher oder prozessualer Hinsicht im Hinblick auf eine Erledigung zu fördern.[50] Insbesondere müssen die Voraussetzungen der VV 1002 nicht erfüllt sein.[51] Schließlich hat der Verteidiger die Interessen des Beschuldigten zu wahren. Es ist nicht seine primäre Aufgabe, das Verfahren zu fördern.[52]

Für eine Mitwirkung i.S.d. Anm. Abs. 2 S. 2 reicht es daher aus, dass der Verteidiger für den 43
Beschuldigten eine Einlassung abgegeben hat. Ebenso genügt eine Sachverhaltsaufklärung, eine Besprechung mit der Staatsanwaltschaft über den Verfahrensfortgang, die Benennung von Zeugen,[53] andere Beweisanträge, etwa auf Einholung eines Sachverständigengutachtens, die Einreichung einer Schutzschrift mit einer außergerichtlichen Vereinbarung zwischen Schädiger und Geschädigtem.[54] Auch der bloße rechtliche Hinweis auf die zwischenzeitlich eingetretene Verfolgungsverjährung genügt.[55]

---

36 *Burhoff*, RVG, VV 4141 Rn 14.
37 LG Saarbrücken AGS 2015, 225 = NJW-Spezial 2015, 380.
AG Mettmann NJW-Spezial 2011, 157 = RVGprof. 2011, 58 = StRR 2011, 124 = RVGreport 2011, 228; AGkompakt 2011, 14 = StRR 2011, 124 = RVGreport 2011, 228; LG Hamburg AGS 2000, 105 m. Anm. *Madert* = BRAGOreport 2001, 91 m. Anm. *N. Schneider* = StV 2001, 638; LG Saarbrücken BRAGOreport 2001, 122 m. Anm. *N. Schneider*; LG Köln StV 2001, 638; *Burhoff*, RVG, VV 4141 Rn 13.
38 *Burhoff*, RVG, VV 4141 Rn 14.
39 LG Offenburg Rpfleger 1999, 38; *N. Schneider*, ZAP, Fach 24, S. 474.
40 AG Gießen, Beschl. v. 29.6.2016 – 507 Ds – 604 Js 35439/13; LG Köln StV 2004, 34 = AGS 2003, 544; *Burhoff*, RVG, VV 4141 Rn 14.
41 *Burhoff*, RVG, VV 4141 Rn 14.
42 *Burhoff*, RVG, VV 4141 Rn 14.
43 *Burhoff*, RVG, VV 4141 Rn 14.
44 LG Hagen AGS 2004, 71.
45 LG Hagen AGS 2004, 71.
46 *Burhoff*, RVG, VV 4141 Rn 14.
47 *Burhoff*, RVG, VV 4141 Rn 14.
48 *Burhoff*, RVG, VV 4141 Rn 14.
49 Unzutreffend insoweit KG AGkompakt 2011, 122 u. 140 = JurBüro 2012, 466 = VRR 2011, 438 = StRR 2011, 438 = RVGprof. 2011, 210 = RVGreport 2012, 110.
50 OLG Düsseldorf AnwBl 1999, 616 = JurBüro 1999, 313 = Rpfleger 1999, 149; AG Hamburg zfs 1998, 480; AG Hamburg AGS 2000, 28 = MDR 1999, 831 = KostRsp. BRAGO § 84 Nr. 104 m. Anm. *N. Schneider*.
51 AG Freiburg zfs 1999, 77 m. Anm. *Madert*.
52 *Enders*, JurBüro 1995, 58.
53 *Enders*, JurBüro 1995, 58.
54 AG Unna MDR 1998, 1313 = JurBüro 1998, 410.
55 LG Baden-Baden AGS 2001, 38 = zfs 2001, 84.

44 Nach OLG Stuttgart[56] genügt für die anwaltliche Mitwirkung i.S.d. Anm. Abs. 1 S. 1 Nr. 1 „jede auf die Förderung des Verfahrens gerichtete Tätigkeit, die objektiv geeignet ist, das Verfahren im Hinblick auf eine Verfahrensbeendigung außerhalb der Hauptverhandlung zu fördern. Weitergehende Anforderung an die Quantität oder Qualität der Mitwirkung, insbesondere im Sinne einer intensiven und zeitaufwändigen anwaltlichen Mitwirkung bestehen nicht. Die gegenteilige Auffassung des KG[57] „nach dem eindeutigen Wortlaut" der VV 4141 „durch die anwaltliche Mitwirkung" müsse die anwaltliche Tätigkeit für die Entbehrlichkeit der Hauptverhandlung ursächlich, zumindest mitursächlich gewesen sein, findet weder im Gesetz eine Stütze, noch entspricht sie seinem Sinn und Zweck.

45 Im Falle des § 153 Abs. 2 StPO genügt die Zustimmung zur Einstellung.[58]

46 Ausreichend sein kann das Nichteinlegen eines Rechtsmittels in einem anderen Verfahren, wenn infolge dessen in dem laufenden Verfahren eine Einstellung nach § 154 Abs. 2 StPO erfolgt.[59]

47 Die bloße **Bestellung** oder **Einsichtnahme in die Ermittlungsakten** ist dagegen nicht ausreichend, selbst wenn eine Einlassung für den Beschuldigten angekündigt wird.[60] Ebenso wenig genügt die bloße Einlegung eines Einspruchs ohne Begründung, wenn das Verfahren anschließend ausschließlich von Amts wegen eingestellt wird.[61]

48 Der Ansicht, dass die Wiederholung einer vor der Polizei bereits abgegebenen Anregung, ein Gutachten einzuholen, nicht ausreichend sein soll,[62] kann wiederum nicht gefolgt werden.

49 Ausreichend ist es, dass der Verteidiger mitteilt, der Beschuldigte mache von seinem **Aussageverweigerungsrecht** Gebrauch, wenn daraufhin das Verfahren eingestellt werden muss.[63] Ist der Angeklagte das einzige Beweismittel und lässt er sich nicht zur Sache ein, sodass der Nachweis einer Straftat nicht geführt werden kann, so ist der entsprechende Rat des Verteidigers, keine Einlassung abzugeben und sich auf sein Aussageverweigerungsrecht zu berufen, auf jeden Fall mitursächlich für die spätere Einstellung. Dem Verteidiger muss daher die zusätzliche Gebühr zustehen. Die gegenteilige Rechtsprechung,[64] wonach ein „**gezieltes Schweigen**" kein Mitwirken i.S.d. Vorschrift sei, kann nicht gefolgt werden. Auch die Auffassung des AG Hannover, der anwaltliche Rat an den Mandanten, sich zu den erhobenen Vorwürfen nicht zu äußern, sei keine Mitwirkung des Anwalts an der Erledigung und löse daher keine zusätzliche Gebühr aus,[65] ist abzulehnen. Diese Rechtsprechung übersieht, dass ein „gezieltes Schweigen" kein bloßes Nichtstun des Verteidigers darstellt. Der Verteidiger muss anhand der Angaben des Mandanten sowie aufgrund der Ermittlungsunterlagen prüfen, ob es im konkreten Fall günstiger ist, die Aussage zu verweigern oder eine Einlassung abzugeben. Diese beratende Tätigkeit des Verteidigers bleibt dieselbe, unabhängig davon, ob er zur Aussageverweigerung oder zur Einlassung rät. Daher muss die Tätigkeit des Anwalts gleich vergütet werden, unabhängig davon, welche Empfehlung der Anwalt ausspricht.[66] Im Übrigen zeigt das Ergebnis, dass der Rat des Verteidigers wohl durchdacht und begründet war, da er schließlich die Einstellung des Verfahrens erreicht hat.

50 Wenn der Anwalt seinen Mandanten dahingehend berät, sich auf sein Aussageverweigerungsrecht zu berufen und damit der Staatsanwaltschaft oder Verwaltungsbehörde das einzige Beweismittel verloren geht, das zur Verfügung steht, dann hat der Verteidiger an der Einstellung mitgewirkt. Dass die Tätigkeit des Verteidigers hier gerade nicht auf die Aufklärung der Tat gerichtet ist, sondern darauf, dass die Tat nicht aufgeklärt wird, ist unerheblich. Es ist nicht Aufgabe des Verteidigers, die

---

56 AGS 2010, 292 = Rpfleger 2010, 443 = Justiz 2010, 310 = RVGprof. 2010, 119 = RVGreport 2010, 263.
57 RVGprof. 2007, 79.
58 LG Saarbrücken AGS 2016, 171 = RVGreport 2016, 254.
59 AG Tiergarten AGS 2010, 220 = RVGprof. 2010, 40 = NStZ-RR 2010, 128 = RVGreport 2010, 140 = StRR 2010, 400.
60 AG Hannover JurBüro 2006, 79; JurBüro 2006, 313; AGS 2006, 290 m. Anm. *N. Schneider*; Burhoff, RVG, VV 4141 Rn 8.
61 AG Viechtach AGS 2006, 289.
62 LG Bad Kreuznach JurBüro 1997, 586 m. abl. Anm. Enders.
63 BGH (zu VV 5115) AGS 2011, 128 = zfs 2011, 285 = NJW 2011, 1605 = AnwBl 2011, 499 = BRAK-Mitt 2011, 91; AG Bremen AGS 2003, 26 m. Anm. *N. Schneider*; zfs 2002, 352 = KostRsp. BRAGO, § 84 Nr. 127 m. Anm. *N. Schneider*; Burhoff, VV 4141 Rn 7.
64 AG Achern JurBüro 2001, 304 = KostRsp. BRAGO § 84 Nr. 119; AG Meinerzhagen RVGprof. 2007, 67; AG Halle AGS 2007, 77 u. 85.
65 AG Hannover AGS 2006, 290 m. Anm. *N. Schneider* = JurBüro 2006, 79.
66 AG Charlottenburg AGS 2007, 309 m. Anm. *N. Schneider*; so auch schon zur BRAGO AG Bremen AGS 2003, 29 m. Anm. *N. Schneider* = zfs 2002, 351; Burhoff, RVG, VV 4141 Rn 7.

Tat aufzuklären, sondern, seinen Mandanten sachgerecht zu verteidigen. Im Übrigen ist es in der Praxis häufig schwieriger, den Mandanten davon zu überzeugen, sich auf sein Aussageverweigerungsrecht zu berufen und nichts zu sagen, als der Staatsanwaltschaft, dem Gericht oder der Verwaltungsbehörde einmal zu erklären, wie sich die Tat ereignet hat, und dabei „um Kopf und Kragen zu reden".

Erforderlich ist allerdings, dass der Verteidiger klar und deutlich zu erkennen gibt, dass sich der Betroffene auf sein Aussageverweigerungsrecht beruft.[67] Im Zweifel sollte dies ausdrücklich erklärt werden. Reicht der Verteidiger z.B. kommentarlos die Akte nach Einsichtnahme zurück, ohne eine Einlassung abzugeben, ist seine Mitwirkung schon zweifelhaft. Wenn er aber klar und deutlich zu erkennen gibt, dass der Betroffene oder Beschuldigte keine Angaben machen wird, weiß die Staatsanwaltschaft bzw. die Verwaltungsbehörde, dass dieses Beweismittel nicht zur Verfügung steht und muss das Verfahren nach § 170 Abs. 2 StPO einstellen, wenn ansonsten keine weiteren Beweismittel vorhanden sind.[68]   51

> **Beispiel:** Gegen den Mandanten wird wegen des Verdachts einer Verkehrsunfallflucht ermittelt. Die Zeugen haben lediglich das Auto und das Kennzeichen gesehen, können zum Fahrer aber keine Angaben machen. Beruft sich der Beschuldigte jetzt auf sein Aussageverweigerungsrecht, dann steht fest, dass kein Beweismittel zur Verfügung steht, das zur Überführung des Täters führen könnte, sodass das Verfahren mangels Tatverdacht eingestellt werden muss.
> Der Verteidiger verdient in diesem Fall die zusätzliche Gebühr.

Nicht ausreichend ist die Erklärung des Verteidigers gegenüber der Behörde „Jegliche Einlassungen zur Sache bleiben vorbehalten.".[69]   52

Unzutreffend ist dagegen die Auffassung des BGH[70] (zum vergleichbaren Fall der VV 5115), wonach erforderlich sei, dass das Verfahren nicht ohnehin eingestellt worden wäre. Solche hypothetischen Erwägungen sind VV 4141 fremd. Eine Ursächlichkeit ist gerade nicht erforderlich. Ausreichend ist jede Mitwirkungshandlung. Die anzustellende Prognose bringt der Praxis auch nur weitere Schwierigkeiten. So ist der BGH im zugrunde liegenden Fall davon ausgegangen, dass das Verfahren möglicherweise ohnehin eingestellt worden wäre, weil das Tatfoto eine männliche Person zeigt, während der Bußgeldbescheid gegen eine weibliche Person ergangen ist und daher offensichtlich gewesen sei, dass die Betroffene gar nicht Täterin gewesen sein könne. Unterstellt man dies, dann fragt es sich allerdings, wieso gegen die Betroffene überhaupt ein Bußgeldverfahren eingeleitet werden muss. Muss man nicht eher damit rechnen, dass eine Bußgeldbehörde, die gegen einen offensichtlich nicht als Täter in Betracht kommenden Betroffenen oder Beschuldigten ein Verfahren einleitet ebenso wenig Hemmungen hat, gegen den offensichtlich nicht als Täter in Betracht kommenden Betroffenen oder Beschuldigten dann auch einen Bußgeldbescheid oder Strafbefehl zu erwirken. Die Praxis zeigt, dass dies laufend geschieht. Daher ist die Differenzierung des BGH schon vom Ansatz her untauglich. Wenn gegen jemanden, der offensichtlich als Täter nicht in Betracht kommt, ein Ermittlungsverfahren eingeleitet wird, dann wird sich kaum feststellen lassen, dass das Verfahren gegen ihn sowieso eingestellt worden wäre. Abgesehen davon bleibt die Tätigkeit des Verteidigers dieselbe. Er muss alle Eventualitäten beachten, sodass ihm dann auch die zusätzliche Gebühr zustehen muss, wenn es zur Einstellung des Verfahrens kommt.   53

Nach AG Hannover[71] reicht es für eine Mitwirkung aus, wenn der Verteidiger unter Bezugnahme auf einen bereits angeregten Täter-Opfer-Ausgleich die Zustimmung zum später erfolgreich durchgeführten Täter-Opfer-Ausgleich signalisiert. Damit wird ein nach außen erkennbarer Beitrag zur Erledigung des Verfahrens geleistet.[72]   54

Ausreichend ist jeder Beitrag des Verteidigers, der objektiv geeignet ist, das Verfahren in formeller und/oder materieller Hinsicht im Hinblick auf eine Verfahrensbeendigung außerhalb der Hauptverhandlung zu fördern. Hierbei ist es unerheblich, ob die Mitwirkungshandlung des Verteidigers für dieses Ergebnis ursächlich oder mitursächlich ist. Daher fallen auch **begleitende Tätigkeiten** in den   55

---

67 AG Hamburg Barmbek (zum vergleichbaren Fall der VV 5115) AGS 2011, 596 = Jüro 2011, 365 = RVG prof. 2011, 86 = VRR 2011, 199 = StRR 2011, 207 = RVGreport 2012, 109.
68 So insbesondere *Burhoff*, RVG, VV 4141 Rn 7.
69 AG Schöneberg, Urt. v. 27.8.2015 – 106 C 124/15 (zur vergleichbaren VV 5115).
70 BGH (zu VV 5115) AGS 2011, 128 = zfs 2011, 285 = NJW 2011, 1605 = AnwBl 2011, 499 = BRAK-Mitt 2011, 91; AG Bremen AGS 2003, 26 m. Anm. *N. Schneider*; zfs 2002, 352 = KostRsp. BRAGO, § 84 Nr. 127 m. Anm. *N. Schneider*; *Burhoff*, VV 4141 Rn 7.
71 StV 2006, 201 = NdsRpfl 2006, 222.
72 Ebenso *Burhoff*, VV 4141 Rn 7.

Anwendungsbereich der VV 4141, auch wenn sie letztlich nicht ursächlich i.S.v. „sine qua non" sind.[73] So greift Anm. Abs. 1 S. 1 Nr. 1 auch dann, wenn aus einem anderen Grund eingestellt wird, als vom Verteidiger vorgebracht.

> **Beispiel:** Der Verteidiger weist darauf hin, dass Verjährung eingetreten sei. Die Staatsanwaltschaft stellt mangels Tatverdacht ein.
> Der Hinweis auf den Eintritt der Verjährung ist Förderung genug. Der Verteidiger hat die zusätzliche Gebühr nach Anm. Abs. 1 S. 1 Nr. 1 verdient.

56 Würde man dies nicht ausreichen lassen, hätte es die Staatsanwaltschaft oder das Gericht in der Hand, durch die Wahl des Einstellungsgrundes über die Gebührenansprüche des Verteidigers zu entscheiden. Unzutreffend ist daher die Auffassung des AG Betzdorf, die Gebühr der VV 4141 entstehe nur dann, wenn die anwaltliche Tätigkeit für die Entbehrlichkeit der Hauptverhandlung ursächlich, zumindest aber mitursächlich sei. Davon sei nicht auszugehen, wenn die Einlassung des Verteidigers noch vor Erhebung der Anklage erfolgt und das Gericht die Ablehnung der Eröffnung des Hauptverfahrens „von Amts wegen" beschließe.[74]

57 Anm. Abs. 2 stellt letztlich eine **Beweislastregel** dar, die keine Aussage über die notwendige Quantität oder Qualität des zu fordernden Förderungsbeitrags enthält. Erforderlich und ausreichend bleibt jeder Beitrag mitursächlicher oder grundsätzlich verfahrensfördernder Art, sodass ein hypothetischer Kausalverlauf unberücksichtigt bleiben muss.[75] Ausreichend ist auch, dass der Verteidiger für den Beschuldigten eine Schutzschrift eingereicht hat, wenn der Auftraggeber nichts dafür vorträgt und nicht unter Beweis stellt, dass die Schutzschrift nicht zur Entscheidung der Staatsanwaltschaft, das Verfahren einzustellen, beigetragen habe.[76]

c) Die Anwendung der Anm. Abs. 1 S. 1 Nr. 1 in den einzelnen Verfahrensabschnitten

58 In den einzelnen Verfahrensstadien findet Anm. Abs. 1 S. 1 Nr. 1 wie folgt Anwendung:

59 **aa) Vorbereitendes Verfahren (Unterabschnitt 2).** Wird das vorbereitende Verfahren von der Staatsanwaltschaft eingestellt und hat der Anwalt nach den vorstehenden Grundsätzen die Einstellung gefördert, so erhält er gemäß Anm. Abs. 1 S. 1 Nr. 1 die zusätzliche Gebühr nach VV 4141.

60 **bb) Gerichtliches Verfahren (Unterabschnitt 3).** Im gerichtlichen Verfahren ist die Anwendung der Anm. Abs. 1 S. 1 Nr. 1 zum Teil umstritten.

61 **(1) Es kommt zur Hauptverhandlung.** Kommt es zur Hauptverhandlung, in der das Verfahren eingestellt wird, so ist Anm. Abs. 1 S. 1 Nr. 1 nicht anwendbar, auch dann nicht, wenn der Verteidiger an der Hauptverhandlung selbst nicht teilnimmt.

> **Beispiel:** Der Verteidiger legt durch seine Einlassungsschrift den Grundstein dazu, dass das Verfahren in der Hauptverhandlung, an der er nicht teilnimmt, eingestellt wird.
> Der Verteidiger hat es nicht erreicht, dass die Hauptverhandlung entbehrlich wurde; Anm. Abs. 1 S. 1 Nr. 1 greift nicht.

62 **(2) Es kommt nicht zur Hauptverhandlung.** Sofern es infolge der Einstellung nicht zur Hauptverhandlung kommt und der Verteidiger hieran mitgewirkt hat, erhält er die Gebühr nach Anm. Abs. 1 S. 1 Nr. 1. Dieser Fall ist ebenso unstrittig.

63 **(3) Einstellung nach Aussetzung der Hauptverhandlung.** Problematisch sind jedoch die Fälle, in denen bereits eine Hauptverhandlung stattgefunden hat, die dann jedoch ausgesetzt werden musste und die an sich vorgesehene erneute Hauptverhandlung dann infolge Einstellung entbehrlich wird.

> **Beispiel 1:** Im ersten Hauptverhandlungstermin erscheint ein Zeuge nicht. Die Hauptverhandlung muss daher von neuem begonnen werden. Der Angeklagte beauftragt erst jetzt einen Anwalt mit seiner Verteidigung. Dieser erreicht, dass das Verfahren außerhalb der Hauptverhandlung endgültig eingestellt wird.

---

[73] OLG Düsseldorf AGS 2003, 112 m. Anm. *N. Schneider* = AnwBl 2003, 307 = NStzRR 2003, 31 = Rpfleger 2003, 41 = StraFo 2003, 65 = STV 2003, 181 = KostRsp. BRAGO § 84 Nr. 130, 136.
[74] JurBüro 2008, 589.
[75] LG Kempten AGS 2003, 312 m. Anm. *N. Schneider* = KostRsp. BRAGO § 84 Nr. 138.
[76] AG Hamburg-Wandsbek JurBüro 2002, 30 = KostRsp. BRAGO § 84 Nr. 122 m. Anm. *N. Schneider*.

Beispiel 2: Im ersten Hauptverhandlungstermin vor dem AG wird das Verfahren ausgesetzt, da noch ein Gutachten einzuholen ist. Nach Eingang des Gutachtens nimmt die Verteidigung ausführlich Stellung. Das Gericht stellt daraufhin das Verfahren nach § 153 StPO ein.

Nach der früheren Rechtslage war die Sache an sich eindeutig. Für die Vorbereitung des erneuten Hauptverhandlungstermins erhielt der Anwalt nach § 83 Abs. 2 S. 2 BRAGO wiederum eine erneute volle Hauptverhandlungsgebühr. Folglich entstand für die Vorbereitung dieses Termins die halbe Gebühr nach § 84 Abs. 1 BRAGO. Diese Gebühr war dann nach § 84 Abs. 2 BRAGO auf eine volle Gebühr zu erhöhen.[77]

Diese Streitfrage war mit der Einführung der VV 4141 nicht eindeutig geklärt worden. Auch die Gesetzesbegründung gibt hierzu nichts her. Nach dem Wortlaut der Vorschrift müssen diese Fälle allerdings nach wie vor zu einer zusätzlichen Vergütung führen. Der Wortlaut spricht nur davon, dass die Hauptverhandlung entbehrlich wird. Es ist hier nicht davon die Rede, dass überhaupt keine Hauptverhandlung stattgefunden haben darf, wie dies ansatzweise noch in § 84 Abs. 1 BRAGO enthalten war, sodass nach dem Wortlaut auch die Entbehrlichkeit der erneuten Hauptverhandlung ausreichend ist.

Auch Sinn und Zweck der Regelung sprechen eindeutig dafür, die Vorschrift der Anm. Abs. 1 S. 1 Nr. 1 in diesen Fällen entsprechend anzuwenden. Der Verteidiger soll einen Anreiz dafür erhalten, entlastende Aspekte bereits vor der Hauptverhandlung vorzubringen und dem Gericht Zeit, Arbeit und Mühe einer Hauptverhandlung zu ersparen. Der Verteidiger soll belohnt werden, wenn er es erreicht, dass diese zusätzliche Arbeit und der zusätzliche Aufwand durch eine Einstellung, an der er mitwirkt, entbehrlich gemacht wird. Diese Intention des Gesetzgebers gilt aber nicht nur für den ersten Hauptverhandlungstermin, sondern auch für den erneuten ersten Hauptverhandlungstermin. Auch dieser Termin erfordert Arbeit und Zeitaufwand und muss ebenso wie der erste Hauptverhandlungstermin vorbereitet werden, sodass dies dafür spricht, hier die zusätzliche Gebühr zu gewähren. Würde man die zusätzliche Gebühr hier ablehnen, so würde man wieder in alte Zeiten zurückverfallen. Der Verteidiger, der die entlastenden Momente zurückhält und diese erst in der erneuten Hauptverhandlung vorträgt, würde belohnt, da er eine neue Terminsgebühr erhalten würde. Sinn und Zweck der Vorschrift würden also gerade in ihr Gegenteil verkehrt. Daher ist für den Fall der Berufungsrücknahme (siehe Rdn 122) oder Rücknahme des Einspruchs (siehe Rdn 118) gegen den Strafbefehl nach einer Aussetzung anerkannt, dass die zusätzliche Gebühr anfällt. Nichts anderes kann dann für eine Einstellung gelten.[78] Dies hat jetzt auch der BGH[79] klargestellt.

Etwas anderes gilt allerdings dann, wenn nur ein **Fortsetzungstermin** innerhalb der Frist des § 229 StPO entbehrlich gemacht wird. Hier gilt der Grundsatz der Einheit der Hauptverhandlung. Es muss also die Hauptverhandlung als solche entbehrlich gemacht werden. Dass lediglich einer von mehreren Hauptverhandlungsterminen letztlich wegfällt, reicht für die zusätzliche Gebühr nach VV 4141 nicht aus, ebenso wenig wie die **vorzeitige Beendigung der Hauptverhandlung** ausreicht. Ist einmal mit der Hauptverhandlung begonnen worden, so kann für diese Hauptverhandlung die Gebühr nach

64

---

77 LG Saarbrücken BRAGOreport 2001, 122 m. Anm. *N. Schneider* = JurBüro 2001, 302 = NStZ-RR 2001, 191 = KostRsp. § 84 Nr. 120; LG Bonn BRAGOreport 2002, 24 m. Anm. *N. Schneider* = JurBüro 2002, 24 = NStZ-RR 2002, 30 = KostRsp. BRAGO § 84 Nr. 123 m. Anm. *N. Schneider*; LG Frankfurt/Oder AGS 2003, 26 m. Anm. *N. Schneider* = AnwBl 2002, 662 = BRAGOreport 2002, 127 = JurBüro 2002, 524 = StraFo 2002, 340 m. Anm. *N. Schneider* = KostRsp. BRAGO § 84 Nr. 129; AG Hof AGS 2003, 208 m. Anm. *N. Schneider* = DAR 2002, 573 = KostRsp. BRAGO § 84 Nr. 135; LG Kempten AGS 2003, 312 = JurBüro 2003, 365 = KostRsp. BRAGO § 84 Nr. 137 m. Anm. *N. Schneider*; LG Bonn AGS 2004, 116 m. Anm. *N. Schneider* = KostRsp. BRAGO § 84 Nr. 141; LG Verden AGS 2004, 196 m. Anm. *N. Schneider* = StraFo 2004, 110; a.A. AG Köln AGS 2000, 151 = JurBüro 2000, 364 = zfs 2000, 264 = KostRsp. BRAGO § 84 Nr. 109 m. abl. Anm. *N. Schneider*, AG Koblenz JurBüro 2000, 473 = KostRsp. BRAGO § 84 Nr. 110 m. abl. Anm. *N. Schneider*; LG Kaiserslautern JurBüro 2003, 590; *Madert*, AGS 2000, 22.

78 AG Bad Urach AGS 2007, 307; LG Düsseldorf AGS 2007, 26; AG Tempelhof-Kreuzberg zfs 2010, 287. Das gleiche ist im Übrigen auch für eine Einstellung nach Aussetzung im Bußgeldverfahren anerkannt (AG Tiergarten AGS 2007, 140); a.A. AG München JurBüro 2011, 26 = NJW-Spezial 2011, 123.

79 AGS 2011, 419 = zfs 2011, 524 = MDR 2011, 1014 = StRR 2011, 287 = VRR 2011, 283 u. 358 = RVGprof. 2011, 162 = zfs 2011, 524 = NJW 2011, 3166 = Rpfleger 2011, 631 = JurBüro 2011, 584 = Schaden-Praxis 2012, 88 = VRR 2011, 283 = NJW-Spezial 2011, 637 = StRR 2011, 357 = RVGreport 2011, 384 = BRAK-Mitt 2011, 299.

VV 4141 nicht mehr anfallen, sondern nur dann, wenn das Verfahren ausgesetzt wird und dann erneut eine Hauptverhandlung stattfinden muss.[80]

65 **(4) Förderung.** Unerheblich ist, ob die Förderungshandlung selbst im gerichtlichen Verfahren entfaltet wurde. Es genügt daher, dass der Verteidiger schon im vorbereitenden Verfahren den Grundstein für die spätere Einstellung im gerichtlichen Verfahren gelegt hat.[81]

> **Beispiel:** Im vorbereitenden Verfahren gibt der Verteidiger eine umfassende Einlassung nebst rechtlicher Würdigung ab. Die Staatsanwaltschaft klagt dennoch an. Das Gericht stellt das Verfahren im Hinblick auf die rechtlichen Würdigungen des Verteidigers aus der vorgerichtlichen Einlassungsschrift gemäß § 153 StPO wegen Geringfügigkeit ein.
> Der Verteidiger verdient neben den übrigen Gebühren der VV 4100 ff. nach Anm. Abs. 1 S. 1 Nr. 1 die zusätzliche Gebühr aus VV 4141. Er hat durch seine vorbereitende Einlassung den Grundstein für die Einstellung gelegt. Es wäre eine überflüssige Förmelei, würde man verlangen, dass er die vorgerichtliche Einlassung im gerichtlichen Verfahren nochmals wiederholt.

66 **cc) Zurückverweisung, § 21 Abs. 1.** Wird das Verfahren vom Rechtsmittelgericht zur erneuten Entscheidung an das Erstgericht zurückverwiesen und dort außerhalb der Hauptverhandlung eingestellt, so erhält der Verteidiger für das Verfahren nach Zurückverweisung unter den Voraussetzungen der Anm. Abs. 1 S. 1 Nr. 1 die zusätzliche Gebühr. Das Verfahren nach Zurückverweisung stellt gemäß § 21 Abs. 1 eine neue gebührenrechtliche Angelegenheit dar, in der die Gebühren erneut ausgelöst werden.

> **Beispiel:** Gegen seine Verurteilung durch das AG legt der Angeklagte Berufung ein. Das LG hebt das Urteil des AG auf und verweist die Sache zurück. Das AG stellt daraufhin das Verfahren nach § 153a StPO außerhalb der Hauptverhandlung ein.
> Der Verteidiger erhält für die Hauptverhandlung im Ausgangsverfahren die Gebühren nach VV 4106, 4108. Für das Verfahren nach Zurückverweisung entstehen die Gebühren erneut (§ 21 Abs. 1). Er erhält daher in diesem Verfahrensstadium die zusätzliche Gebühr nach Anm. Abs. 1 S. 1 Nr. 1, da es hier nicht mehr zur Hauptverhandlung gekommen ist. Zu rechnen ist daher wie folgt:
>
> **I. Verfahren vor Zurückverweisung**
> 1. Grundgebühr, VV 4100 — 200,00 EUR
> 2. Verfahrensgebühr, VV 4106 — 165,00 EUR
> 3. Terminsgebühr, VV 4108 — 275,00 EUR
> 4. Postentgeltpauschale, VV 7002 — 20,00 EUR
>   Zwischensumme — 660,00 EUR
> 5. 19 % Umsatzsteuer, VV 7008 — 125,40 EUR
> **Gesamt — 785,40 EUR**
>
> **II. Berufungsverfahren**
> 1. Verfahrensgebühr, VV 4124 — 320,00 EUR
> 2. Terminsgebühr, VV 4126 — 320,00 EUR
> 3. Postentgeltpauschale, VV 7002 — 20,00 EUR
>   Zwischensumme — 660,00 EUR
> 4. 19 % Umsatzsteuer, VV 7008 — 125,40 EUR
> **Gesamt — 785,40 EUR**
>
> **III. Verfahren nach Zurückverweisung**
> 1. Verfahrensgebühr, VV 4106, § 21 Abs. 1 — 165,00 EUR
> 2. Zusätzliche Gebühr, VV 4141, 4106 — 165,00 EUR
> 3. Postentgeltpauschale, VV 7002 — 20,00 EUR
>   Zwischensumme — 350,00 EUR
> 4. 19 % Umsatzsteuer, VV 7008 — 66,50 EUR
> **Gesamt — 416,50 EUR**

67 **dd) Wiederaufnahme nach mehr als zwei Kalenderjahren, § 15 Abs. 5 S. 2.** Wird das Verfahren zunächst beendet und dann nach Ablauf von zwei Kalenderjahren wieder aufgenommen und eingestellt, so kann die Gebühr nach Anm. Abs. 1 S. 1 Nr. 2 erneut entstehen.

---

80 OLG Köln AGS 2006, 339 m. Anm. *Madert* = RVG-Letter 2006, 33 m. Anm. *Kroiß* = RVGreport 2006, 152; *Burhoff*, VV 4141 Rn 21 Nr. 9; zum vergleichbaren Fall der VV 5115: LG Limburg, Beschl. v. 24.10.2011 – 1 Qs 145/11.

81 *Burhoff*, VV 4141 Rn 9; im Ergebnis auch BGH AGS 2008, 491 = zfs 2008, 709 = AnwBl 2008, 886 = Rpfleger 2009, 48 = NJW 2009, 368 = BGHReport 2009, 51 = RVGreport 2008, 431 = RVGprof. 2008, 205 = BRAK-Mitt 2008, 280.

Beispiel: Gegen den Mandanten wird im August 2004 ermittelt. Das Verfahren wird wenige Wochen später nach § 170 Abs. 2 StPO eingestellt, wobei der Verteidiger dies gefördert hat. Im Januar 2007 nimmt die Staatsanwaltschaft die Ermittlungen wieder auf und stellt das Verfahren nunmehr nach § 153a StPO ein. Für die Tätigkeit im Jahre 2004 erhält der Anwalt lediglich die Grundgebühr (VV 4100) sowie die Verfahrensgebühr nach VV 4104. Für seine weitere Tätigkeit im Jahre 2007 erhält der Verteidiger erneut eine Grundgebühr nach VV 4100 sowie eine Verfahrensgebühr nach VV 4104, da zwischenzeitlich zwei Kalenderjahre vergangen sind (§ 15 Abs. 5 S. 2). Da er an beiden Einstellungen mitgewirkt hat, erhält er die Gebühr nach Anm. Abs. 1 S. 1 Nr. 1 zweimal.

I. Verfahren vor Einstellung
1. Grundgebühr, VV 4100 — 200,00 EUR
2. Verfahrensgebühr, VV 4104 — 165,00 EUR
3. Zusätzliche Gebühr, VV 4141, 4106 — 165,00 EUR
4. Postentgeltpauschale, VV 7002 — 20,00 EUR
   Zwischensumme — 550,00 EUR
5. 19 % Umsatzsteuer, VV 7008 — 104,50 EUR
Gesamt — **654,50 EUR**

II. Verfahren nach Wiederaufnahme
1. Grundgebühr, VV 4100, § 15 Abs. 5 S. 2 — 200,00 EUR
2. Verfahrensgebühr, VV 4104, § 15 Abs. 5 S. 2 — 165,00 EUR
3. Zusätzliche Gebühr, VV 4141, 4106, § 15 Abs. 5 S. 2 — 165,00 EUR
4. Postentgeltpauschale, VV 7002 — 20,00 EUR
   Zwischensumme — 550,00 EUR
5. 19 % Umsatzsteuer, VV 7008 — 104,50 EUR
Gesamt — **654,50 EUR**

ee) Berufungsverfahren. Ebenso wie früher nach § 85 Abs. 3 BRAGO i.V.m. § 84 Abs. 2 BRAGO entsteht die zusätzliche Gebühr nach VV 4141 auch dann, wenn das Verfahren in der Berufungsinstanz eingestellt wird und der Anwalt hierbei fördernd mitgewirkt hat. Auch hier muss es sich um eine nicht nur vorläufige Einstellung handeln. Hinsichtlich der Mitwirkung gelten dieselben Grundsätze wie auch bei der erstinstanzlichen Einstellung (siehe Rdn 42 ff.). 68

Zu beachten ist allerdings hier, dass eine Tätigkeit im erstinstanzlichen Verfahren durchaus als Förderung auch für das Berufungsverfahren ausreichen muss. Hat der Verteidiger z.B. erstinstanzlich oder sogar im vorbereitenden Verfahren umfassend dazu vorgetragen, dass hier Verjährung eingetreten ist und das Verfahren wegen Verjährung eingestellt werden müsse, so muss er diese Argumente im Berufungsverfahren nicht ausdrücklich erneut vortragen, um hier eine Förderung zu erbringen. Stellt das Gericht das Berufungsverfahren aufgrund der bereits erstinstanzlich oder im vorbereitenden Verfahren vorgetragenen Entlastungsmomente ein, so entsteht die zusätzliche Gebühr nach VV 4141 auch dann, wenn diese Momente im Berufungsverfahren nicht ausdrücklich erneut vorgetragen worden sind. Alles andere wäre unnötige Förmelei. 69

Auch hier entsteht die zusätzliche Gebühr, wenn nach Aussetzung der Hauptverhandlung das Verfahren eingestellt wird (siehe Rdn 63 ff.). 70

ff) Revisionsverfahren. Auch im Revisionsverfahren erhält der Anwalt nach dem RVG die zusätzliche Gebühr aus VV 4141. Eine entsprechende Regelung war bisher nicht vorgesehen, da eine Verweisung in § 86 Abs. 3 BRAGO auf die Vorschrift des § 84 Abs. 2 BRAGO fehlte. Zum Teil wurde hier bereits die entsprechende Anwendung befürwortet, da offenbar ein Redaktionsversehen des Gesetzgebers vorlag.[82] Diese Streitfrage ist nunmehr geklärt. Auch im Revisionsverfahren entsteht die zusätzliche Gebühr nach Anm. Abs. 1 S. 1 Nr. 1. Zur **Förderung** kann auf die Ausführungen zum Berufungsverfahren Bezug genommen werden (siehe Rdn 68). 71

gg) Privatklageverfahren. Auch das Privatklageverfahren kann eingestellt werden (§ 383 Abs. 2 S. 1 StPO). In diesem Fall verdienen die beteiligten Anwälte auch im Privatklageverfahren eine zusätzliche Gebühr nach Anm. Abs. 1 zu VV 4141. Die Gebühr kann allerdings nicht neben der Einigungsgebühr der VV 4147 entstehen. Die früher vertretene Gegenauffassung[83] ist seit der Neufassung durch das 2. KostRMoG nicht mehr vertretbar. Beide zusätzlichen Gebühren schließen sich aus, wobei die VV 4117 Vorrang hat. 72

---

[82] LG Hamburg AGS 2000, 105 m. Anm. *Madert* = BRA-GOreport 2001, 91 m. Anm. *N. Schneider* = JurBüro 2001, 301; OLG Zweibrücken AGS 2004, 154.

[83] *N. Schneider*, Die zusätzliche Verfahrensgebühr der Nr. 4141 VV RVG im Privatklageverfahren, RVG-B 2005, 156.

73 Des Weiteren wird in dem neu eingefügten S. 2 zu Anm. Abs. 2 zu VV 4141 geregelt, dass die zusätzliche Gebühr nach VV4141 und die Einigungsgebühr nach VV 4147 nicht zugleich entstehen können, sondern sich gegenseitig ausschließen.

74 Erledigt sich ein Privatklageverfahren durch eine Einigung, dann wird zwar auch der Gebührentatbestand der VV 4147 ausgelöst. Gleichzeitig erledigt sich damit aber auch das Verfahren, sodass je nach Stadium eine Hauptverhandlung vermieden wird und damit an sich auch eine zusätzliche Gebühr nach VV 4141 anfallen würde.[84]

75 Da beide Vorschriften letztlich demselben Zweck dienen und eine Doppelhonorierung des Anwalts insoweit nicht angezeigt ist, stellt Anm. Abs. 2 S. 2 klar, dass beide Gebühren nicht nebeneinander entstehen können. Vorrang hat dabei die Gebühr der VV 4147. Entsteht also eine Einigungsgebühr, dann ist kein Raum mehr für die zusätzliche Gebühr nach VV 4141.

76 **Beispiel:** Der Anwalt wird mit der Verteidigung in einer Privatklage wegen Beleidigung beauftragt. Die Parteien verhandeln außergerichtlich und schließen außerhalb der Hauptverhandlung einen Vergleich, nach dem der Angeklagte sich beim Privatkläger entschuldigt und sich verpflichtet, die Verfahrenskosten zu übernehmen.
Der Verteidiger erhält zunächst eine Grundgebühr (VV 4100) und eine Verfahrensgebühr (VV 4106). Hinzu kommt eine Terminsgebühr für das Gespräch über den Täter-Opfer-Ausgleich (VV 4102 Nr. 4). Des Weiteren entsteht die Einigungsgebühr nach VV 4147 (zur Höhe der Einigungsgebühr siehe VV 4147 Rdn 14 ff.), allerdings keine zusätzliche Gebühr nach VV 4141.

1. Grundgebühr, VV 4100	200,00 EUR
2. Verfahrensgebühr, VV 4106	165,00 EUR
3. Terminsgebühr, VV 4102 Nr. 4	170,00 EUR
4. Einigungsgebühr, VV 1000, 4147, 4106	165,00 EUR
5. Postentgeltpauschale, VV 7002	20,00 EUR
Zwischensumme	720,00 EUR
6. 19 % Umsatzsteuer, VV 7008	136,80 EUR
Gesamt	**856,80 EUR**

77 Unberührt bleibt allerdings neben der Gebühr der VV 4147 eine Einigungsgebühr nach VV 1000 (Anm. zu VV 4147, siehe auch VV 4147 Rdn 7, 27 ff.).

78 **hh) Vorbereitung des Privatklageverfahrens.** Zwar richtet sich die Vorbereitung der Privatklage nach VV Teil 4 Abschnitt 2 (VV Vorb. 4.1.2); eine Einstellung ist hier mangels Beteiligung der Staatsanwaltschaft oder des Gerichts jedoch nicht möglich (zur Einigung siehe Rdn 146).

2. Nichteröffnung des Hauptverfahrens (Anm. Abs. 1 S. 1 Nr. 2)

79 Auch die Ablehnung der Eröffnung des Hauptverfahrens (§ 204 Abs. 1 StPO) führt zu einer zusätzlichen Gebühr. Strittig ist, ob diese rechtskräftig werden muss (siehe Rdn 86 f.).

80 Eine **teilweise Nichteröffnung** reicht nicht aus, und zwar auch dann nicht, wenn nach teilweiser Nichteröffnung wegen der verbliebenen Anklagepunkte vor dem Gericht eines niedrigeren Rechtszugs eröffnet wird.[85]

81 Voraussetzung ist auch hier nach Anm. Abs. 2 eine **Mitwirkung** des Verteidigers. Hohe Anforderungen sind jedoch nicht zu stellen. Es reicht aus, dass der Verteidiger eine Einlassung abgegeben hat. Insoweit genügt auch die Einlassung im vorbereitenden Verfahren. Diese muss gegenüber dem Gericht nicht nochmals wiederholt worden sein (siehe Rdn 65).[86]

82 Genügend ist ein Beitrag des Verteidigers, der objektiv geeignet ist, das Verfahren in formeller und/oder materieller Hinsicht im Hinblick auf eine Verfahrensbeendigung außerhalb der Hauptverhandlung zu beenden. Hierbei ist unerheblich, ob die Mitwirkungshandlung des Verteidigers für dieses Ergebnis ursächlich oder mitursächlich war.[87] Ausreichend ist auf jeden Fall ein irgendwie mitursäch-

---

[84] So zum bisherigen Recht *N. Schneider*, Die zusätzliche Verfahrensgebühr der Nr. 4141 VV RVG im Privatklageverfahren, RVG-B 2005, 156.

[85] LG Bad Kreuznach AGS 2011, 435 = RVGreport 2011, 226 = StRR 2011, 282.

[86] *Burhoff*, RVG, VV 4141 Rn 23.

[87] OLG Düsseldorf AGS 2003, 112 m. Anm. *N. Schneider* = AnwBl 2003, 307 = NStZ-RR 2003, 31 = Rpfleger 2003, 41 = StraFo 2003, 65 = STV 2003, 181 = KostRsp. BRAGO § 84 Nr. 130, 136.

licher Beitrag, auch wenn die Vermeidung der Hauptverhandlung letztlich hauptsächlich auf Betreiben des Gerichtes oder der Staatsanwaltschaft erfolgt ist.[88]

Eine Mitwirkung kann nicht schon deshalb ausgeschlossen werden, weil das Gericht die Eröffnung aus anderen Gründen ablehnt, als vom Verteidiger vorgetragen. 83

> **Beispiel:** Der Verteidiger weist in seiner Einlassung darauf hin, dass der Vorwurf aus rechtlichen Gründen nicht haltbar sei. Das Gericht stellt wegen Eintritts der Verfolgungsverjährung ein.
> Der Verteidiger hat eine zusätzliche Gebühr nach Anm. Abs. 1 S. 1 Nr. 2 verdient. Dass sich das Gericht letztlich auf andere Gründe für die Nichteröffnung gestützt hat, ist unerheblich. Anderenfalls müsste man vom Verteidiger verlangen, dass er auf alle möglichen Gesichtspunkte eingeht, obwohl bereits ein Gesichtspunkt ausreichen würde, die Anklage zu Fall zu bringen.

Für das Entstehen der zusätzlichen Gebühr genügt die bloße Förderungsabsicht, selbst wenn die Tätigkeit keinen Erfolg hatte. Wenn der Verteidiger mit dem Angeschuldigten zusammentrifft, eine Beratung durchführt und dann eine Schutzschrift diktiert, diese aber wegen Kanzleiüberlastung erst nach der Ablehnung der Hauptverfahrenseröffnung bei Gericht eingeht, so handelt es sich um eine ausreichende Tätigkeit i.S.d. VV 4141.[89] 84

Die Gebühr der Anm. Abs. 1 S. 1 Nr. 2 kann gemäß § 17 Nr. 1 auch dann entstehen, wenn im vorbereitenden Verfahren bereits eine zusätzliche Gebühr nach Anm. Abs. 1 S. 1 Nr. 1 entstanden war (zu weiteren Einzelheiten siehe Rdn 154 ff.).[90] 85

> **Beispiel:** Die Staatsanwaltschaft stellt die Sache im vorbereitenden Verfahren nach § 170 Abs. 2 StPO ein. Später nimmt sie das Verfahren wieder auf und erhebt Anklage. Das Gericht lehnt die Eröffnung des Hauptverfahrens gemäß § 204 StPO ab.
> Da die Sache im vorbereitenden Verfahren nicht nur vorläufig eingestellt worden ist, hat der Verteidiger dort nach Anm. Abs. 1 S. 1 Nr. 1 eine zusätzliche Gebühr verdient. Im gerichtlichen Verfahren entsteht eine weitere zusätzliche Gebühr nach Anm. Abs. 1 S. 1 Nr. 2. Der Verteidiger erhält daher folgende Vergütung:
>
> **I. Vorbereitendes Verfahren**
> 1. Grundgebühr, VV 4100 — 200,00 EUR
> 2. Verfahrensgebühr, VV 4104 — 165,00 EUR
> 3. Zusätzliche Gebühr, VV 4141, 4106 — 165,00 EUR
> 4. Postentgeltpauschale, VV 7002 — 20,00 EUR
>   Zwischensumme 550,00 EUR
> 5. 19 % Umsatzsteuer, VV 7008 — 104,50 EUR
> **Gesamt 654,50 EUR**
>
> **II. Gerichtliches Verfahren**
> 1. Verfahrensgebühr, VV 4106 — 165,00 EUR
> 2. Zusätzliche Gebühr, VV 4141, 4106 — 165,00 EUR
> 3. Postentgeltpauschale, VV 7002 — 20,00 EUR
>   Zwischensumme 350,00 EUR
> 4. 19 % Umsatzsteuer, VV 7008 — 66,50 EUR
> **Gesamt 416,50 EUR**

Strittig ist, ob der Beschluss über die Nichteröffnung des Hauptverfahrens rechtskräftig werden muss. Dies wird vom LG Potsdam[91] bejaht. Diese Auffassung ist jedoch unzutreffend. 86

Aus dem Gesetzeswortlaut ergibt sich nicht, ob es sich um einen bestandskräftigen Nichteröffnungsbeschluss handeln muss, oder ob auch der anfechtbare und später wieder aufgehobene Nichteröffnungsbeschluss ausreicht. Für den vergleichbaren Fall der Einstellung ist dies allerdings gesetzlich geregelt. Im Falle einer Einstellung stellt das Gesetz nämlich ausdrücklich nicht darauf ab, dass diese endgültig ist bzw. bestandskräftig wird. Dort reicht eine „nicht nur vorläufige" Einstellung. Im Falle der Einstellung ist auch in der Rechtsprechung anerkannt, dass eine einmal verdiente Gebühr für eine nicht nur vorläufige Einstellung dem Anwalt erhalten bleibt, selbst dann, wenn das Verfahren nachträglich fortgeführt wird (siehe Rdn 154 ff.). Dies wiederum spricht dafür, dass auch ein Nichteröffnungsbeschluss die zusätzliche Gebühr auslöst, selbst wenn die Nichteröffnung – wie hier – angefochten und aufgehoben wird. 87

---

88 LG Arnsberg JurBüro 2007, 82; *Burhoff*, RVG, VV 4141 Rn 25.
89 LG Hamburg AGS 2008, 597 = DAR 2008, 611.
90 LG Offenburg JurBüro 1999, 82 = Rpfleger 1999, 38.
91 AGS 2012, 564 m. abl. Anm. *N. Schneider* = JurBüro 2012, 470 = NStZ-RR 2013, 31.

88 Ein weiteres Argument spricht gegen die Entscheidung des LG Potsdam. Das Gericht weist darauf hin, dass die zusätzliche Gebühr entstehen soll, wenn die Hauptverhandlung vermieden wird und es also infolge der Nichteröffnung oder Einstellung nicht zur Hauptverhandlung kommt. Dies ist aber auch nicht richtig. So hat bereits der BGH[92] entschieden, dass auch nach einem Hauptverhandlungstermin die zusätzliche Gebühr noch anfallen kann. Die zusätzliche Gebühr setzt also nicht voraus, dass es zu überhaupt keinem Hauptverhandlungstermin gekommen ist.

89 Auch Sinn und Zweck sprechen gegen die Auslegung des LG Potsdam. Die Vorschrift der VV 4141 soll für den Anwalt einen Anreiz schaffen, sich rechtzeitig um die Erledigung des Verfahrens zu bemühen. Haben seine Bemühungen in der Instanz Erfolg, dann soll ihm die zusätzliche Gebühr zustehen. Wenn der Anwalt die zusätzliche Gebühr nur verdienen könnte, wenn die Nichteröffnung bestandskräftig wird, würde der Zweck verfehlt, weil dann der Anreiz für den Anwalt, sich um eine Anstellung zu bemühen, geringer ist. Er muss nämlich damit rechnen, dass seine gesamte Arbeit in der Instanz sinnlos war, wenn das AG – wie hier – richtigerweise die Hauptverhandlung nicht eröffnet, dieser Beschluss aber aufgrund einer Beschwerde dann wieder aufgehoben wird.

3. Zurückweisung des Antrags auf Erlass eines Strafbefehls (analog Anm. Abs. 1 S. 1 Nr. 2)

90 Lehnt das Gericht den Antrag auf Erlass eines Strafbefehls ab, entsteht ebenfalls die zusätzliche Gebühr. Die Zurückweisung eines Antrags auf Erlass eines Strafbefehls steht einem Beschluss gleich, durch den die Eröffnung des Hauptverfahrens abgelehnt wird (§ 408 Abs. 2 S. 2 StPO). Dann muss aber der Anwalt, der an einer solchen Verfahrensbeendigung mitwirkt – etwa durch eine umfangreiche Einlassung – auch die zusätzliche Gebühr verdienen. A.A. ist das AG Rosenheim,[93] das eine zusätzliche Gebühr ablehnt, weil bei der Ablehnung des Antrags auf Erlass eines Strafbefehls ein Hauptverhandlungstermin nicht entbehrlich werde, da im Verfahren über den Antrag auf Erlass eines Strafbefehls ohne Hauptverhandlung zu entscheiden sei. Das ist aber nicht entscheidend, denn auch über die Eröffnung des Hauptverfahrens ist ohne einen Hauptverhandlungstermin zu entscheiden. Im Übrigen ist die Vermeidung eines Hauptverhandlungstermins nicht das allein ausschlaggebende Kriterium für eine zusätzliche Gebühr. So erhält der Anwalt eine zusätzliche Gebühr im vorbereitenden Verfahren auch dann, wenn das Verfahren dort eingestellt wird. Im vorbereitenden Verfahren gibt es aber bekanntlich keine Hauptverhandlungstermine, die hier vermieden werden können. Würde man der Auffassung des AG Rosenheim folgen, würde der Anwalt belohnt, der die Entlastungsmomente zugunsten seines Mandanten zunächst zurückhält, wartet, bis der Strafbefehl ergangen ist, dann Einspruch einlegt und nunmehr erst vorträgt. Der Anwalt, der sogleich umfassend vorträgt und damit für eine vorzeitige Erledigung des Verfahrens sorgt, würde geringer vergütet. Daher muss auch die Mitwirkung des Anwalts, die zu der Abweisung des Antrags auf Erlass eines Strafbefehls führt, mit einer zusätzlichen Gebühr nach Anm. Abs. 1 S. 1 Nr. 2 belohnt werden.

4. Rücknahme des Einspruchs gegen einen Strafbefehl (Anm. Abs. 1 S. 1 Nr. 3)

a) Rücknahme

91 Der Verteidiger erhält nach Anm. Abs. 1 S. 1 Nr. 3 auch dann eine zusätzliche Gebühr, wenn er an der Rücknahme des Einspruchs gegen einen Strafbefehl mitgewirkt hat.

92 Nicht ausreichend ist das Abraten, einen Einspruch gegen den Strafbefehl einzulegen.[94] Insoweit besteht auch keine Regelungslücke, die zu einer analogen Anwendung führen könnte.

93 Eine Teilrücknahme reicht grundsätzlich nicht aus. Wird die Rücknahme des Einspruchs gegen einen Strafbefehl auf einzelne Taten beschränkt oder auf den Strafausspruch, so genügt das nicht. Eine zusätzliche Gebühr nach Anm. Abs. 1 S. 1 Nr. 3 findet nur dann statt, wenn sich das Verfahren insgesamt erledigt.

---

92 AGS 2011, 419 = zfs 2011, 524 = MDR 2011, 1014 = NJW 2011, 3166 = Rpfleger 2011, 631 = StRR 2011, 287 = VRR 2011, 283 = RVGprof. 2011, 162 = NJW-Spezial 2011, 637 = StRR 2011, 357 = VRR 2011, 358 = RVGreport 2011, 384.

93 AGS 2014, 553 = RVGreport 2014, 470 = NJW-Spezial 2015, 156.

94 OLG Nürnberg AGS 2009, 534 = Rpfleger 2009, 645 = RVGreport 2009, 464 = StRR 2010, 115.

Dagegen reicht **ausnahmsweise** dann eine **Teilrücknahme**, wenn hierdurch das Verfahren gegen einen Mandanten abgeschlossen wird. 94

> **Beispiel:** Gegen die beiden Mittäter A und B ist jeweils ein Strafbefehl ergangen. Beide legen hiergegen Einspruch ein. Der Verteidiger des A nimmt für diesen außerhalb der Hauptverhandlung den Einspruch gegen den Strafbefehl nach Beratung des Mandanten zurück.
> Das Verfahren gegen den A ist durch die Einspruchsrücknahme endgültig abgeschlossen, sodass sein Verteidiger nach Anm. Abs. 1 S. 1 Nr. 3 eine zusätzliche Gebühr aus VV 4141 erhält. Dass das Verfahren hinsichtlich des B fortgesetzt wird, ist für ihn insoweit unerheblich.

b) Förderung

Förderung bedeutet auch hier nicht Ursächlichkeit, sondern lediglich eine mitwirkende, begleitende Tätigkeit, die wiederum vermutet wird (Anm. Abs. 2). Es ist danach nicht erforderlich, dass der Verteidiger selbst die Rücknahme des Einspruchs erklärt. Es genügt, wenn der Mandant den Einspruch zurücknimmt, solange der Anwalt daran mitgewirkt hat, etwa weil er dazu geraten hat.[95] 95

Ausreichend ist eine **Beratung** durch den Anwalt. Es ist nicht erforderlich, dass er eine Einlassung oder eine sonstige Stellungnahme zur Akte abgibt. Im Falle der Rücknahme eines Einspruchs beschränkt sich die Tätigkeit des Anwalts in aller Regel auf eine Beratung und Einflussnahme auf den Mandanten. Erklärungen gegenüber dem Gericht sind vollkommen überflüssig. Die Tätigkeit des Verteidigers findet „denknotwendigerweise nicht in der Akte, sondern im Büro des Verteidigers statt".[96] Erklärt der Verteidiger selbst die Einspruchsrücknahme, so dürfte an seiner Mitwirkung ohnehin kein Zweifel bestehen. 96

c) Zeitpunkt der Rücknahme

Im Gegensatz zur Einstellung ist die Rücknahme des Einspruchs gegen den Strafbefehl fristgebunden. Es ist danach zu differenzieren, ob ein Termin zur Hauptverhandlung bereits anberaumt war oder nicht: 97

aa) Termin zur Hauptverhandlung war noch nicht anberaumt. War die Hauptverhandlung noch nicht terminiert, so löst die Rücknahme unter Mitwirkung des Verteidigers immer die zusätzliche Gebühr nach Anm. Abs. 1 S. 1 Nr. 3 aus. Die frühere Streitfrage, ob eine Gebührenerhöhung auch dann eintritt, wenn noch gar kein Termin anberaumt war, hat sich bereits seit längerem erledigt.[97] 98

bb) Termin zur Hauptverhandlung war anberaumt. War bereits ein Termin zur Hauptverhandlung anberaumt, so muss die Rücknahme zwei Wochen vor dem Beginn des Tages, für den die Hauptverhandlung vorgesehen war, erklärt worden sein. Entscheidend für die Wahrung der Frist ist der Eingang bei Gericht, nicht die Abgabe der Rücknahmeerklärung. 99

Unerheblich ist, ob und wann der Anwalt von dem anberaumten Hauptverhandlungstermin Kenntnis erlangt hat.[98] Die gesetzliche Regelung ist insoweit eindeutig. Würde man darauf abstellen, wann der Betroffene oder sein Verteidiger Kenntnis erlangen, wäre die Vorschrift nicht mehr praktikabel. Auch die Auffassung von *Hartmann*,[99] es könne im Falle der Fristversäumung eine Wiedereinsetzung beantragt werden, ist abzulehnen. Bei der Frist der Anm. Abs. 1 S. 1 Nr. 3 handelt es sich nicht um eine Notfrist.[100] 100

Die Berechnung der sog. „Zwei-Wochen-Frist" bereitetet in der Praxis Schwierigkeiten. Schon im Normalfall bestehen unterschiedliche Auffassungen, wie die sog. „Zwei-Wochen-Frist" zu berechnen ist. 101

> **Beispiel:** Nach Einspruch gegen den Strafbefehl hatte das AG Köln Termin zur Hauptverhandlung auf Mittwoch, den 17.8.2016, bestimmt. Der Verteidiger sollte den Einspruch vor der Hauptverhandlung zurücknehmen.

---

95 A.A. – allerdings zur vergleichbaren Situation im Bußgeldverfahren – AG Berlin-Tiergarten AGS 2000, 53 m. Anm. *Herrmann* = KostRsp. BRAGO § 84 Nr. 106 m. Anm. *N. Schneider*.
96 AG Braunschweig AGS 2000, 54; *N. Schneider* in Anm. zu KostRsp. BRAGO § 84 Nr. 106.
97 Siehe hierzu AG Köln JurBüro 1997, 193; AG München DAR 1996, 424 = NJW-RR 1997, 62; AG Brakel AnwBl 1997, 43; AG Stuttgart JurBüro 1997, 26.
98 A.A. *Kronenbitter*, Rn 434.
99 § 84 BRAGO Rn 18.
100 *Burhoff*, RVG, VV 4141 Rn 28.

102 Die Rücknahme musste also
– **früher als zwei Wochen**
– **vor Beginn des Tages**, der für die Hauptverhandlung vorgesehen war,
zurückgenommen worden sind.

Wäre der Einspruch erst am **Donnerstag, den 4.8.2016**, oder noch später zurückgenommen worden, wäre die sog. „Zwei-Wochen-Frist" auf keinen Fall mehr gewahrt gewesen. Eine zusätzliche Gebühr wäre nicht angefallen.

Auch eine Rücknahme am **Mittwoch, den 3.8.2016**, hätte nicht ausgereicht, da sie „früher" als zwei Wochen „vor" dem Tage der Hauptverhandlung hätte erklärt werden müssen.

Wäre der Einspruch bis einschließlich **Montag, den 1.8.2016**, zurückgenommen worden, wäre die „Frist" von mehr als zwei Wochen bis zum Hauptverhandlungstermin auf jeden Fall gewahrt gewesen. Die zusätzliche Gebühr wäre angefallen.

Problematisch wäre es geworden, wenn der Einspruch am **Dienstag, den 2.8.2016**, zurückgenommen worden wäre.

103 *Hartung*[101] und *Houben*[102] gehen offenbar von einer echten Frist i.S.d. Gesetzes aus. Nach ihrer Auffassung soll § 43 Abs. 1 StPO entsprechend anzuwenden sein.[103] Die „Zwei-Wochen-Frist" der VV 4141 würde danach mit Ablauf des Tages der zweiten Woche, der durch seine Benennung dem Tag entspricht, an dem die Frist begonnen hat, enden. Damit ist aber noch nicht gesagt, wann die Frist beginnt. Das wäre noch zu ermitteln.

104 Ausgangspunkt für die Berechnung gesetzlicher Fristen ist § 186 BGB. In den §§ 187 ff. BGB findet sich eine dem § 43 Abs. 1 StPO vergleichbare Regelung, nämlich in § 188 Abs. 2 BGB. Insoweit ergibt sich also kein Widerspruch. Für den Beginn einer Frist nimmt diese Vorschrift Bezug auf § 187 BGB. Danach ergäbe sich für das Beispiel folgendes: Die sog. „Zwei-Wochen-Frist" wäre ausgelöst worden durch den Eingang der Rücknahme bei Gericht, also durch ein Ereignis. Damit wäre auf § 187 Abs. 1 BGB abzustellen. Wäre der Einspruch am Dienstag, den 2.8.2016, zurückgenommen worden, würde dieser Tage gemäß § 187 Abs. 1 BGB nicht mitgerechnet. Die Zweiwochenfrist hätte also am Mittwoch, den 3.8.2016, begonnen und hätte am Dienstag, den 16.8.2016 geendet. Das wäre der Tag vor Beginn der Hauptverhandlung. Nun reicht es aber nach dem ausdrücklichen Wortlaut VV 4141 nicht aus, wenn der Einspruch zwei Wochen vor Beginn der Hauptverhandlung zurückgenommen wird. Erforderlich sind mehr als zwei Wochen. Folglich hätte die Rücknahme am 2.8.2016 danach nicht ausgereicht. Sie hätte vielmehr spätestens am 1.8.2016 erklärt werden, also volle 15 Tage vor der Hauptverhandlung.

105 Diese Berechnung und ihre Begründung dürften jedoch unzutreffend sein. Die Vorschriften der §§ 46 StPO, 186 ff. BGB sind unergiebig, da sie von einer **„Frist"** ausgehen. Damit haben wir es in den VV 4141 aber gar nicht zu tun. Unter einer Frist versteht man einen abgegrenzten, also bestimmt bezeichneten oder jedenfalls bestimmbaren Zeitraum, **innerhalb** dessen gehandelt werden soll.[104] Die Rücknahme soll nach VV 4141 jedoch nicht innerhalb einer Frist vorgenommen werden. Die Erklärung darf vielmehr – wenn sie Gebühren auslösen soll – nicht innerhalb eines bestimmten Zeitraums erklärt werden, nämlich nicht innerhalb der zwei Wochen vor dem Tag der Hauptverhandlung. Die „Zwei-Wochen-Frist" ist also keine Frist, sondern ein Zeitraum. Dafür gilt aber weder § 47 Abs. 1 StPO noch gelten die §§ 186 ff. BGB. Bei Zeiträumen werden sowohl der erste Tag als auch der letzte Tag mitgerechnet. So dauert z.B. ein Mietverhältnis vom ersten Tag an bis zum letzten Tag.

106 Selbst wenn man von einer Frist ausginge, würde diese auch nicht mit der Rücknahme beginnen. Anknüpfungspunkt der „Zwei-Wochen-Frist" ist nicht der Tag der Rücknahmeerklärung, sondern der Tag der Hauptverhandlung, genau genommen der Tag vor der Hauptverhandlung. Von hier aus ist „rückwärts" zu rechnen und der Termin zu ermitteln, bis zu dem spätestens die Rücknahme erklärt, also bei Gericht eingehen muss.

---

101 *Hartung/Römermann/Schons*, RVG, VV 4141 Rn 20.
102 RMOLK/*Houben*, RVG, VV 4141 Anm. 10.
103 Ebenso *Burhoff* noch in der Vorauflage, RVG, 1. Aufl. 2004, VV 4141 Rn 26.
104 RGZ 120, 335, 362; *Soergel/Niedenführ*, BGB, 13. Aufl. 1999, § 186 Rn 7.

Abschnitt 1. Gebühren des Verteidigers **VV 4141**

Zu rechnen ist danach wie folgt: 107

Im Beispiel sollte die Hauptverhandlung am 15.8.2016 stattfinden. Da nach den VV 4141 die Rücknahme mehr zwei Wochen **vor Beginn des Tages, an dem die Hauptverhandlung vorgesehen war**, erklärt worden sein muss, ist folglich der Tag vor der Hauptverhandlung Anknüpfungspunkt, also Dienstag, der 16.8.2016. Von diesem Tage ist jetzt zunächst ein Zeitraum von zwei Wochen, also von 14 Tagen, zurückzurechnen. Damit gelangt man zu Mittwoch, dem 3.8.2016. Von Mittwoch, dem 3.8.2016, bis zum Dienstag, dem 16.8.2016, ergibt sich ein Zeitraum von genau 14 Tagen der unmittelbar vor Beginn des Tages liegt, der für die Hauptverhandlung vorgesehen war.

Da die Rücknahme aber **mehr als zwei Wochen**, vor der dem Beginn des Tages der Hauptverhandlung erklärt werden muss, darf sie folglich nicht innerhalb des vorgenannten Zeitraums erklärt werden, sondern spätestens am Vortag. Das wäre hier Dienstag, der 2.8.2016 gewesen. Die Erklärung hätte spätestens an diesem Tage bis „24.00 Uhr"[105] eingehen müssen.[106] Maßgebend ist insoweit nicht die Abgabe der Rücknahmeerklärung, sondern ihr **Eingang bei Gericht**.[107]

Noch problematischer ist die Berechnung, wenn der letzte Tag, an dem die Gebühren auslösende Rücknahme erklärt werden kann, auf einen Feiertag fällt. 108

> **Abwandlung:** Nach Eingang des Einspruchs hatte das AG Saarbrücken[108] Termin zur Hauptverhandlung auf den 30.8.2016 anberaumt. Der Verteidiger sollte den Einspruch vor der Hauptverhandlung zurücknehmen.

Nach den vorstehenden Ausführungen hätte zur Wahrung des Zeitraums von mehr als zwei Wochen die Rücknahme spätestens 15.8.2016, erklärt werden müssen. In Saarbrücken ist der 15.8.2016 aber ein Feiertag. 109

Hartmann[109] will in diesem Fall § 43 Abs. 2 StPO analog anwenden. Danach hätte die Rücknahme noch am 16.8.2007 erklärt werden können. Zum gleichen Ergebnis gelangt man über §§ 186, 193 BGB. Auch das dürfte unzutreffend sein, weil es wiederum nicht um eine Frist geht, sondern um einen Zeitraum. So ist die Vorschrift des § 193 BGB unanwendbar, wenn eine Handlung spätestens zu einem bestimmten Termin erfolgen muss. Das ist z.B. im Arbeitsrecht anerkannt. Für die dortigen Kündigungsfristen, die sich zu einem bestimmten Termin berechnen gilt § 193 BGB nicht, da dem zu Kündigenden die Frist zu seinem Schutz unverkürzt zur Verfügung stehen muss.[110] Ebenso ist die Vorschrift nicht anzuwenden für Ladungsfristen bei Verein, Aktiengesellschaften oder GmbH, da eine Verkürzung mit dem Zweck dieser „Fristen" unvereinbar wäre.[111] Auch für Kündigungen von Mietverhältnissen gilt § 193 BGB nicht, etwa im Falle des § 573c Abs. 3 BGB (Kündigung bis spätestens zum 15. eines Monats),[112] weil in diesen Fällen einer Terminsverschiebung auf den nächsten Werktag der Schutz des Empfängers entgegensteht, dem der volle Zeitraum zwischen Zugang der Erklärung und deren Wirkung zustehen soll.[113] 110

Die gleiche Interessenlage gilt auch für die VV 4141. Der Gesetzgeber hat bewusst den Zwei-Wochen-Zeitraum zum „Schutz" des Gerichts eingeführt, damit dort unnötiger Vorbereitungsaufwand unmittelbar vor der Hauptverhandlung vermieden wird, damit Zeugen und Sachverständige rechtzeitig abgeladen werden können und der ausgefallene Termin gegebenenfalls anderweitig vergeben werden kann, etc.[114] Mit diesem Zweck wäre es nicht zu vereinbaren, dem Gericht die Frist zu verkürzen. 111

Terminiert das Gericht so kurzfristig, dass die Zwei-Wochen-Frist gar nicht eingehalten werden kann, kommt eine zusätzliche Gebühr bei Rücknahme des Einspruchs nicht in Betracht. Es gibt keinen Anspruch darauf, dass das Gericht bei der Terminierung die Zwei-Wochen-Frist der VV 4141 berücksichtigen muss. Siehe aber auch Rdn 114. 112

---

105 Tatsächlich gibt es diese Uhrzeit nicht; gemeint ist 23.59 Uhr und 59 Sekunden. 24.00 Uhr wäre zugleich 0.00 Uhr des Folgetages und damit verspätet.
106 So auch *Burhoff*, VV 4141 Rn 28.
107 *Hartung/Römermann/Schons*, RVG, VV 4141 Rn 20; RMOLK/*Houben*, VV 4141 Anm. 10.
108 Im Saarland ist der 15.8. ein Feiertag.
109 KostG VV 4141 Rn 6.
110 AnwK-BGB/*Krumscheid*, § 193 Rn 4.
111 AnwK-BGB/*Krumscheid*, § 193 Rn 4.
112 *Schmidt/Futter/Blank*, MietR, 9. Aufl. 2007, § 573c Rn 17.
113 So BGHZ 59, 265 = NJW 1972, 2083 zur Frist der § 573c Abs. 3 BGB.
114 So auch die Begründung des Gesetzgebers, BT-Drucks 12/6962 S. 196.

113 Von daher muss der Anwalt also auch dann den Zeitraum von mehr als zwei Wochen wahren, wenn der letzte mögliche Tag der Gebühren auslösenden Rücknahme auf einen Feiertag fällt. Im Beispiel blieb also der 15.8.2016 der letzte mögliche Zeitpunkt. Der Anwalt hätte aber nicht die Rücknahme am 14.8.2016, also am letzten vorangehenden Werktag erklären müssen. Dafür gibt es keine Grundlage. Das ist z.B. auch im Arbeitsrecht anerkannt.

114 **cc) Nachträgliche Verlegung des Termins.** Ist der zunächst anberaumte Hauptverhandlungstermin verlegt worden, etwa weil ein Zeuge, der Beschuldigte oder der Verteidiger verhindert war, so kommt es nicht auf den zuerst terminierten Hauptverhandlungstag an, sondern auf den neuen Termin.[115] Faktisch hat es der Verteidiger damit in der Hand, im Fall der Fristversäumung durch einen Verlegungsantrag doch noch in den Genuss der zusätzlichen Gebühr zu kommen. Der Terminsverlegungsantrag darf allerdings nicht rechtsmissbräuchlich gestellt worden sein, um in den Genuss der zusätzlichen Gebühr zu gelangen.[116]

115 **dd) Fortsetzung der Hauptverhandlung.** Wird die Hauptverhandlung fortgesetzt, kommt eine zusätzliche Gebühr nach Anm. Abs. 1 S. 1 Nr. 3 nicht in Betracht. Es gilt der Grundsatz der Einheit der Hauptverhandlung. Maßgebend ist allein der erste Hauptverhandlungstermin. Ist dieser verstrichen, ist es unerheblich, ob bis zum Fortsetzungstermin die Zwei-Wochen-Frist eingehalten werden kann.

116 **ee) Erneuter Beginn der Hauptverhandlung.** Wird mit der Hauptverhandlung erneut begonnen, findet also wiederum ein neuer erster Hauptverhandlungstermin statt, so kann die zusätzliche Gebühr entstehen, wenn die erneute Hauptverhandlung vermieden wird. Auch hier gilt wiederum die Zwei-Wochen-Frist nach Anm. Abs. 1 S. 1 Nr. 3. Insoweit ist es unerheblich, ob der Verteidiger bereits an der ersten Hauptverhandlung teilgenommen hatte. Die zusätzliche Gebühr für die erneute Hauptverhandlung erhält der Anwalt jetzt auch, wenn der Einspruch in Bezug auf den erneuten Hauptverhandlungstermin rechtzeitig zurückgenommen wird.[117] Insoweit gilt nichts anderes als bei Einstellung nach Aussetzung der Hauptverhandlung (siehe Rdn 63).

> **Beispiel:** Im ersten Hauptverhandlungstermin erscheint der Angeklagte nicht. In Anwesenheit des Verteidigers ergeht ein Strafbefehl nach § 408a Abs. 1 StPO. Nach Einspruch wird ein erneuter Hauptverhandlungstermin anberaumt. Der Verteidiger nimmt den Einspruch drei Wochen vor dem Termin zurück.
> Bis zum ersten Hauptverhandlungstermin erhält der Verteidiger die Gebühren nach VV 4100, 4104, 4106, 4108. Für die Rücknahme zur Vermeidung des zweiten Hauptverhandlungstermins, der nicht mehr stattgefunden hat, erhält er eine zusätzliche Gebühr nach VV 4141.

117 **ff) Zurückverweisung, § 21 Abs. 1.** Soll die Hauptverhandlung nach Zurückverweisung durch das Rechtsmittelgericht vor dem Ausgangsgericht wiederholt werden, so eröffnet dies eine neue Gebührenangelegenheit (§ 21 Abs. 1). Damit ergibt sich für das neue Verfahren wieder die Möglichkeit einer zusätzlichen Gebühr nach Anm. Abs. 1 S. 1 Nr. 3.

> **Beispiel:** Gegen den Beschuldigten war ein Strafbefehl ergangen, gegen den er Einspruch eingelegt hat. Das AG hat den Einspruch als unzulässig verworfen. Das Berufungsgericht hebt die Entscheidung des AG über die Verwerfung des Einspruchs auf und verweist die Sache zur erneuten Verhandlung an das AG zurück. Nunmehr nimmt der Verteidiger den Einspruch gegen den Strafbefehl drei Wochen vor dem Termin zurück.
> Im Verfahren vor Zurückverweisung erhält der Verteidiger die Verfahrens- und Terminsgebühr. Im Verfahren nach Zurückverweisung erhält er gemäß § 21 Abs. 1 wiederum eine Verfahrens- und Terminsgebühr sowie eine zusätzliche Gebühr aus VV 4141 nach Anm. Abs. 1 S. 1 Nr. 3.

5. Rücknahme der Anklage oder des Antrags auf Erlass eines Strafbefehls

118 Häufig wird auch die Rücknahme der Anklage durch die Staatsanwaltschaft oder die Rücknahme des Antrags auf Erlass eines Strafbefehls in analoger Anwendung der Anm. Abs. 1 S. 1 Nr. 1 als ein Grund für die zusätzliche Gebühr angesehen. Dies ist in dieser Aussage jedoch unzutreffend. Allein die Rücknahme der Anklage oder die Rücknahme des Antrags auf Erlass des Strafbefehls beendet

---

115 LG Köln AGS 1997, 138 = StV 1997, 425; AG Saarbrücken AGS 2009, 323; AG Krefeld AGS 1999, 12; Hansens, BRAGO, § 83 Rn 11; zum Bußgeldverfahren: AG Wiesbaden AGS 2005, 553 m. Anm. *N. Schneider*.
116 AG Saarbrücken AGS 2009, 323.
117 *N. Schneider*, AGS 2000, 21.

das Verfahren nicht. Dieser Fall ist daher mit einer „nicht nur vorläufigen Einstellung" nicht vergleichbar.[118]

Anders verhält es sich jedoch, wenn mit der Rücknahme der Anklage oder der Rücknahme des Antrags auf Erlass eines Strafbefehls die Einstellung des Verfahrens einhergeht. In diesem Fall gilt unmittelbar Anm. Abs. 1 S. 1 Nr. 1.[119] Fehlt es ausdrücklich an einem Einstellungsbeschluss, so ist durch Auslegung zu ermitteln, ob die Staatsanwaltschaft mit der Rücknahme der Anklage oder der Rücknahme des Antrags auf Erlass eines Strafbefehls gleichzeitig die Einstellung des Verfahrens konkludent erklären wollte. In diesem Fall ist Anm. Abs. 1 S. 1 Nr. 1 anzuwenden.[120]

Das gilt auch dann, wenn schon ein Termin stattgefunden hat, die Hauptverhandlung aber ausgesetzt worden war.[121] Es gilt auch hier das Gleiche wie bei einer Einstellung nach Aussetzung der Hauptverhandlung.

Die Rücknahme der Anklage oder des Antrags auf Erlass eines Strafbefehls ist im Berufungsverfahren ebenfalls möglich, allerdings wegen § 156 StPO nur in den Fällen der §§ 153 Abs. 1, 153a Abs. 1, 153c Abs. 3 oder 153d Abs. 2 StPO.[122]

6. Abraten von Einspruch

Eine zusätzliche Gebühr fällt dagegen nicht an, wenn der Verteidiger seinen Mandanten lediglich dahingehend berät, einen erlassenen Strafbefehl hinzunehmen und keinen Einspruch dagegen einzulegen.[123] Siehe auch Abraten von Rechtsmitteln (Rdn 143).

7. Rücknahme der Berufung

Die zusätzliche Gebühr entsteht auch bei Rücknahme der Berufung. Ebenso wie die Rücknahme des Strafbefehls muss auch die Rücknahme der Berufung früher als **zwei Wochen** vor Beginn des Tages erfolgen, für den die Hauptverhandlung vorgesehen war (zur Fristberechnung kann insoweit auf die obenstehende Kommentierung Bezug genommen werden) (siehe Rdn 99 ff.). Die dortigen Ausführungen gelten entsprechend. Daher greift VV 4141 erst recht, wenn noch gar kein Hauptverhandlungstermin im Berufungsverfahren anberaumt war.[124]

Eine zusätzliche Gebühr entsteht nicht, wenn in der erstinstanzlichen Hauptverhandlung Berufung eingelegt, diese dann aber anschließend noch im Termin zurückgenommen wird.[125]

Die bloße Rücknahme der Berufung reicht für eine **Mitwirkung** aus. Es müssen sich keine weiteren Anhaltspunkte dafür ergeben, dass der Verteidiger auf die Rücknahme der Berufung Einfluss genommen hat,[126] etwa durch eine Beratung des Mandanten oder wenn er mit ihm die verschiedenen Möglichkeiten der Verfahrensdurchführung besprochen hat.[127] Das LG Duisburg[128] lässt ein bloßes Mandantengespräch, das dazu führt, dass die Berufung zurückgenommen wird, ausreichen.

Da eine Berufung im Gegensatz zum Einspruch gegen einen Strafbefehl nicht nur vom Angeklagten eingelegt werden kann, sondern auch von anderen Verfahrensbeteiligten, ist der Anwendungsbereich der VV 4141 im Berufungsverfahren größer als in erster Instanz. Die Vorschrift erfasst daher nicht

---

118 *Burhoff*, RVG, VV 4141 Rn 19.
119 AG Gießen, Beschl. v. 29.6.2016 – 507 Ds – 604 Js 35439/13; LG Zweibrücken AGS 2002, 90 = JurBüro 2002, 307 = KostRsp. BRAGO § 84 Nr. 126 m. Anm. *N. Schneider*; *Burhoff*, RVG, VV 4141 Rn 19; OLG Köln AGS 2010, 175 = JurBüro 2010, 362; OLG Düsseldorf AGkompakt 2011, 6.
120 LG Osnabrück AGS 1999, 136 = JurBüro 1999, 131 m. Anm. *N. Schneider*; LG Aachen AGS 1999, 59 = zfs 1999, 33; OLG Düsseldorf AGS 1999, 120 = AnwBl 1999, 616 = JurBüro 1999, 131 = Rpfleger 1999, 149; *Burhoff*, RVG, VV 4141 Rn 19.
121 AG Bad Urach AGS 2007, 307; LG Düsseldorf AGS 2007, 26.
122 *Meyer-Goßner*, § 156 Rn 4.
123 AG Hamburg-St. Georg AGS 2015, 70 = zfs 2015, 228 = NJW-Spezial 2015, 123 = RVGreport 2015, 143.
124 LG Freiburg AGS 1977, 55 = StV 1996, 617 = zfs 1997, 311.
125 AG Koblenz, Beschl. v. 1.3.2011 – 2090 Js 55658/09.27 Ls.
126 LG Braunschweig NdsRpfl 1998, 187 = KostRsp. BRAGO § 86 Nr. 6; AGS 2003, 256 m. Anm. *N. Schneider*; AG Braunschweig, AGS 2003, 163 m. Anm. *Siebers*.
127 So aber noch AG Braunschweig AGS 1999, 54.
128 LG Duisburg AGS 2006, 234 = RVGreport 2006, 230.

nur die Rücknahme der vom Angeklagten eingelegten Berufung, sondern auch die Rücknahme einer von der Staatsanwaltschaft oder von einem Privat- oder Nebenkläger eingelegten Berufung.[129]

126 Bei dem Erfordernis, dass der Verteidiger an der Rücknahme mitgewirkt haben muss, bleibt es aber auch bei **Berufungen Dritter**.[130] Die Darlegungs- und Beweislast für das Fehlen einer Mitwirkung verbleibt allerdings beim Gebührenschuldner. Entsprechende Fälle sind insbesondere dann gegeben, wenn der Verteidiger durch seine Berufungserwiderung die Gegenseite von der Aussichtslosigkeit ihrer Berufung überzeugt und diese daraufhin entsprechend reagiert. Ebenso zählt hierzu der Fall, dass der Verteidiger durch anderweitige Zugeständnisse den Privat- oder Nebenkläger zur Rücknahme seines Rechtsmittels bewegt.

> **Beispiel:** Gegen den Freispruch des Angeklagten legt der Nebenkläger Berufung ein. Anschließend verhandeln die Beteiligten über zivilrechtliche Ersatzansprüche und schließen einen außergerichtlichen Vergleich, in dem sich der Nebenkläger verpflichtet, seine Berufung zurückzunehmen.
> Sowohl der Verteidiger als auch der Nebenklagevertreter erhalten eine zusätzliche Gebühr nach Anm. Abs. 1 S. 1 Nr. 3.

127 Nach OLG Nürnberg[131] soll eine Mitwirkung nicht vorliegen, wenn der Verteidiger gegen ein in derselben Sache zuvor ergangenes Berufungsurteil erfolgreich Revision eingelegt hatte und die Sache deshalb in die Berufungsinstanz zurückverwiesen worden war und die Staatsanwaltschaft jetzt in Hinblick auf das Ergebnis des Revisionsverfahrens die Berufung zurücknimmt. Zutreffend wäre hier die zusätzliche Gebühr zuzusprechen, da erst das vom Verteidiger durchgeführte Revisionsverfahren den Ausschlag für die Rücknahme der Berufung nach Zurückverweisung gegeben hat.[132]

128 Strittig ist allerdings, ob die Zwei-Wochen-Frist auch bei Rücknahme der Berufung durch einen anderen Verfahrensbeteiligten gilt. Zum Teil wird die Auffassung vertreten, die Zwei-Wochen-Frist gelte hier nicht.[133] Andere Gerichte wenden die Zwei-Wochen-Frist allerdings auch hier an.[134]

129 Die zusätzliche Gebühr kommt auch dann noch in Betracht, wenn bereits ein Hauptverhandlungstermin stattgefunden hat und das Verfahren ausgesetzt worden ist.[135]

130 Sind **mehrere Berufungen** eingelegt worden, findet Anm. Abs. 1 S. 1 Nr. 3 nur dann Anwendung, wenn sämtliche Berufungen zurückgenommen werden und das Verfahren sich damit erledigt. Insoweit reicht es allerdings aus, dass der Verteidiger an der Rücknahme nur einer Berufung mitgewirkt hat. Er muss nicht an der Rücknahme sämtlicher Berufungen mitgewirkt haben.[136]

131 Über den Wortlaut hinaus greift Anm. Abs. 1 S. 1 Nr. 3 auch dann, wenn die Staatsanwaltschaft die Anklage zurücknimmt und anschließend das Verfahren einstellt, was im Berufungsverfahren wegen § 156 StPO allerdings nur noch in den Fällen der §§ 153 Abs. 1, 153a Abs. 1, 153c Abs. 3 oder 153d Abs. 2 StPO möglich ist.[137]

132 Ebenso gilt Anm. Abs. 1 S. 1 Nr. 3, wenn der Privatkläger seine Klage zurücknimmt (§ 391 Abs. 1 StPO), vorausgesetzt, der Verteidiger hat daran mitgewirkt.

133 Die zusätzliche Gebühr entsteht auch dann, wenn sich die Verfahrensakte noch beim erstinstanzlichen Gericht befindet. Die Anhängigkeit des Berufungsverfahrens ist nicht Tatbestandsvoraussetzung.[138]

---

129 LG Freiburg AGS 1977, 55 = StV 1996, 617 = zfs 1997, 311 = KostRsp. BRAGO § 85 Nr. 3 m. Anm. N. Schneider.
130 OLG Köln AGS 2009, 271 = StraFo 2009, 175 = RVGreport 2009, 348; LG Köln, Beschl. v. 18.6.2014 – 105 Qs 146/14.
131 AGS 2011, 66 = Rpfleger 2011, 176 = RVGprof. 2010, 187 = RVGreport 2011, 23 = VRR 2011, 38 u. 238.
132 Zutreffend daher die Vorinstanz LG Dresden AGS 2010, 131 = RVGprof. 2010, 27 = RVGreport 2010, 69 = VRR 2010, 239.
133 LG Dresden AGS 2010, 131 = RVGprof. 2010, 27 = RVGreport 2010, 69 = VRR 2010, 239.
134 OLG Nürnberg AGS 2011, 66 = Rpfleger 2011, 176 = RVGprof. 2010, 187 = RVGreport 2011, 23 = VRR 2011, 38 u. 238.
135 OLG Bamberg AGS 2007, 138; AG Wittlich AGS 2006, 500 m. Anm. N. Schneider = JurBüro 2006, 590 = RVGprof. 2006, 185; AG Oldenburg VRR 2008, 323 = StRR 2008, 323; OLG Hamm AGS 2008, 228.
136 LG Freiburg AGS 1977, 55 = StV 1996, 617 = zfs 1997, 311 = KostRsp. BRAGO § 85 Nr. 3 m. Anm. N. Schneider.
137 Meyer-Goßner, § 156 Rn 4.
138 OLG Celle AGS 2014, 125 = NStZ-RR 2014, 128 = NdsRpfl 2014, 163 = JurBüro 2014, 241 = StraFo 2014, 219 = Rpfleger 2014, 336 = NJW-Spezial 2014, 157 = RVGreport 2014, 155 = RVGprof. 2014, 77; LG Hagen AGS 2016, 77 = StraFo 2015, 525; AG Hagen AGS 2016, 76 = StraFo 2015, 525.

8. Rücknahme der Revision

134 Im Gegensatz zu § 85 Abs. 4 BRAGO war die Vorschrift des § 84 Abs. 2 BRAGO im Revisionsverfahren (§ 86 Abs. 3 BRAGO) nicht ausdrücklich für entsprechend anwendbar erklärt worden. Insoweit dürfte es sich jedoch um ein Versehen des Gesetzgebers gehandelt haben.[139] Nach Sinn und Zweck musste § 84 Abs. 2 BRAGO auch im Revisionsverfahren anwendbar sein, wenn ausnahmsweise eine Hauptverhandlung anberaumt war und diese unter Mitwirkung des Verteidigers durch eine Einstellung oder eine Rücknahme der Revision entbehrlich geworden war.[140]

135 Im Revisionsverfahren erhält der Anwalt nunmehr ebenfalls die zusätzliche Gebühr nach VV 4141, wenn die Revision zurückgenommen wird. Auch hier muss es sich nicht um die Rücknahme des eigenen Rechtsmittels handeln (vgl. Rdn 125 ff.). Zum Begriff der Förderung kann auf die Ausführungen zum Berufungsverfahren Bezug genommen werden (siehe Rdn 122 ff.).

136 Kontrovers diskutiert wir hier die Frage, ob im Revisionsverfahren die Rücknahme stets ausreichend ist. Obwohl der Gesetzeswortlaut eindeutig ist und keine weiteren Voraussetzungen aufstellt, interpretiert die Rechtsprechung ein weiteres unbeschriebenes Tatbestandsmerkmal hinein, nämlich dass eine Hauptverhandlung bereits anberaumt sein müsse oder zumindest eine solche zu erwarten gewesen sei.

- Dass eine Hauptverhandlung **bereits anberaumt** gewesen sein muss, wird nicht vertreten.
- Vertreten wird aber, dass die Revision zuvor **bereits begründet** worden sein muss,[141] wobei es zum Teil als ausreichend angesehen wird, dass die Verletzung materiellen Rechts gerügt wird.[142]
- Nach anderer Auffassung müssen **konkrete Anhaltspunkte** dafür vorhanden sein, **dass eine Hauptverhandlung durchgeführt** worden wäre, was in der Regel eine vorherige Begründung der Revision voraussetzt.[143]
- Nach OLG München[144] setzt die zusätzliche Gebühr voraus, dass die zulässige Revision vor der Revisionsrücknahme fristgerecht **begründet wurde**. Ferner setzt sie voraus, dass eine **Revisionshauptverhandlung anberaumt** wurde oder **zumindest konkrete Anhaltspunkte dafür vorhanden sind, dass eine Revisionshauptverhandlung durchgeführt worden wäre**, die durch die rechtzeitige und durch anwaltliche Tätigkeit bewirkte Rücknahme der Revision entbehrlich wurde.
- Nach LG Göttingen[145] muss sich der Anwalt zumindest mit der Sache beschäftigt haben.
- Nach OLG Hamburg muss beurteilt werden können, ob eine Revisionshauptverhandlung durchgeführt worden wäre. Diese Beurteilung sei in der Regel erst dann möglich, wenn das Revisionsverfahren bei dem Revisionsgericht anhängig geworden ist.[146]

---

139 LG Hamburg AGS 2001, 105 m. Anm. *Madert* = BRAGOreport 2001, 91 m. Anm. *N. Schneider* = JurBüro 2001, 301 = KostRsp. BRAGO § 86 Nr. 11 m. Anm. *N. Schneider*; *Kronenbitter*, BRAGO '94 Rn 442 ff.

140 LG Hamburg AGS 2001, 105 m. Anm. *Madert* = BRAGOreport 2001, 91 m. Anm. *N. Schneider* = JurBüro 2001, 301 = KostRsp. BRAGO § 86 Nr. 11 m. Anm. *N. Schneider*; *Kronenbitter*, BRAGO '94 Rn 442 ff.

141 KG RVGreport 2005, 352 = JurBüro 2005, 533 = AGS 2005, 434 = NStZ 2006, 239; Beschl. v. 4.4.2006, 4 Ws 28/06, nachgewiesen bei www.burhoff.de; OLG Bamberg RVG-Letter 2006, 52; OLG Braunschweig AGS 2006, 232 = RVGreport 2006, 228; AGS 2011, 484 = RVGprof. 2011, 144 = VRR 2011, 283 =RVGreport 2011; 307; OLG Hamm AGS 2006, 548 = StraFo 2006, 474 = JurBüro 2006, 591 = NStZ-RR 2007, 160 = Rpfleger 2006, 677; AGS 2006, 600 = StraFo 2006, 433 = JurBüro 2007, 30; OLG Bamberg RVG-Letter 2006, 52; OLG Oldenburg NStZ-RR 2011, 96 = StRR 2011, 43 = JurBüro 2011, 254.

142 RVGprof. 2011, 144; VRR 2011, 283; RVGreport 2011, 307; RVGprof. 2011, 144; VRR 2011, 283; RVGreport 2011, 307.

143 OLG Zweibrücken AGS 2006, 74 = RVG-Letter 2006, 81; OLG Hamm AGS 2006, 548 = StraFo 2006, 474 = JurBüro 2006, 591 = NStZ-RR 2007, 160 = Rpfleger 2006, 677; KG, Beschl. v. 4.5.2006 – 4 Ws 57/06, nachgewiesen bei www.burhoff.de; OLG Stuttgart Rpfleger AGS 2007, 402 = 2007, 284 = Justiz 2007, 243 = JurBüro 2007, 200 = RVG-Letter 2007, 41 = RVGreport 2007, 190; OLG Jena RVG-Letter 2007, 65; OLG Saarbrücken JurBüro 2007, 28; OLG Düsseldorf JurBüro 2008, 85; OLG Brandenburg AGS 2007, 403 = NStZ-RR 2007, 288 = NJ 2008, 33 = JurBüro 2007, 484; OLG Köln AGS 2008, 447 = StRR 2008, 323 = RVGprof. 2008, 192 = RVGreport 2008, 428; LG Braunschweig StRR 2010, 443; NdsRpfl 2012, 42; LG Hannover NdsRpfl 2010, 389; OLG Rostock JurBüro 2012, 301.

144 AGS 2013, 174 = NStZ-RR 2013, 64 = StRR 2012, 403 = VRR 2012, 443; OLG München NJW-Spezial 2008, 282.

145 AGS 2006, 180 = RVGreport 2007, 464.

146 NJW-Spezial 2008, 601 = RVGreport 2008, 340 = StRR 2008, 323 = RVGprof. 2008, 192.

137 Begründet werden diese Ansichten damit, dass im Revisionsverfahren die Hauptverhandlung den Ausnahmefall darstelle und daher bei Rücknahme einer Revision in der Regel gar keine Hauptverhandlung vermieden werde. Diese Auffassungen unterstellen dem Gesetzgeber, dass er dies übersehen habe und folgert daraus, dass die Vorschrift der Anm. Abs. 1 S. 1 Nr. 3 restriktiv ausgelegt werden müsse.

Ich halte dies angesichts des eindeutigen Gesetzeswortlautes für unzutreffend. Die zusätzliche Gebühr bei Rücknahme der Revision setzt weder eine vorher erfolgte Revisionsbegründung noch einen bereits anberaumten Revisionshauptverhandlungstermin voraus.[147]

Wenn der Gesetzgeber hier eine weitere Einschränkung gewollt hätte, dann hätte er dies erklärt.[148] Die Regelungen der VV 4141 und VV 5115 sind äußerst detailliert, sodass m.E. keine Veranlassung besteht, die Vorschriften entgegen ihrem Wortlaut restriktiv auszulegen. Im Übrigen ist die Vermeidung der Hauptverhandlung nicht das einzige erklärte Ziel des Gesetzgebers. Die zusätzliche Gebühr entsteht nämlich nicht nur bei Vermeidung einer Hauptverhandlung, sondern auch bei einer sonstigen Erledigung des Verfahrens. So ist nämlich im vorbereitenden Verfahren und in Verfahren vor der Verwaltungsbehörde ebenfalls keine Hauptverhandlung vorgesehen; dennoch erhält der Verteidiger auch hier die zusätzliche Gebühr, wenn er an einer Erledigung des Verfahrens mitwirkt.

138 Gegen die eingeschränkte Auslegung sprechen auch Sinn und Zweck des Gesetzes. Auch wenn das Gericht eine Hauptverhandlung nicht durchführt, muss es die Revision prüfen und darüber entscheiden. Dieser Mehraufwand wird durch die Rücknahme vermieden.

139 So reicht es nach Auffassung einiger Gerichte auch zur Entstehung der zusätzlichen Gebühr aus, wenn der Rechtsanwalt dem Mandanten nach Einlegung der Revision rät, diese wieder zurückzunehmen; auf eine vorherige Begründung der Revision komme es nicht an.[149] Die Mitwirkung des Rechtsanwaltes müsse sich auch nicht aus der Gerichtsakte ergeben.[150] Ebenso LG Göttingen,[151] wonach die Gebühr der Anm. Abs. 1 S. 1 Nr. 3 im Fall der Rücknahme der Revision entsteht, wenn der Verteidiger sich inhaltlich mit dem Verfahren beschäftigt und zumindest Anstrengungen unternommen hat, es in sachlicher Hinsicht zu fördern. Dazu sei zumindest erforderlich, dass sich der Verteidiger mit seinem Mandanten über die Erfolgsaussichten der Revision ernsthaft beraten habe.

140 Das OLG Düsseldorf[152] vertritt eine vermittelnde Auffassung. Zwar sei die im Anschluss an die gebührenrechtlich neutrale Einlegung der Revision vorzunehmende prüfende und beratende Tätigkeit des Rechtsanwalts wird bereits durch die Gebühr VV 4130 abgedeckt. Diese umfasse die Prüfung und Beratung, ob die Revision weitergehend zu begründen oder aber mangels Erfolgsaussicht zurückzunehmen ist. Dafür falle die Zusatzgebühr der VV 4141 an. Sofern sich aus der Stellungnahme des Generalstaatsanwalts aber neue rechtliche Gesichtspunkte ergäben, die den Verteidiger zum Überdenken seines bis dahin vertretenen Standpunkts zwingen und so eine weitere Prüfung und gegebenenfalls Beratung erfordern, die mit der Gebühr nach VV 4130 nicht bereits abgegolten ist und im Ergebnis die Revisionsrücknahme zeitigt, ist die – weitere – anwaltliche Mitwirkung, welche eine Hauptverhandlung i.S.d. Gebührenvorschrift entbehrlich macht, und damit das Entstehen dieser – zusätzlichen – Gebühr, zu bejahen.

141 Eine Hauptverhandlung findet bei einer Revision der Staatsanwaltschaft in der Regel statt. Nimmt diese ihre Revision zurück, so wird damit die zu vermutende Hauptverhandlung entbehrlich, sodass die zusätzliche Gebühr anfallen kann. Aufgrund der „verneinende Stilform" der Anm. Abs. 2 zu VV 4141 obliegt der Landeskasse die Beweislast dafür, dass die Tätigkeit des Verteidigers – hier die detaillierte Gegenerklärung zu der Revision – für die Verfahrenserledigung nicht förderlich war. Wird Entsprechendes nicht vorgetragen, ist von der Gebühr VV 4141 auszugehen.[153]

142 Nehmen der Angeklagte und die Staatsanwaltschaft nach Gesprächen, in denen die Möglichkeit einer beiderseitigen Revisionsrücknahme erörtert wurde, jeweils ihre Revision zurück, entsteht die zusätzliche Gebühr, auch wenn das Revisionsverfahren noch nicht beim Rechtsmittelgericht anhängig geworden ist. In diesem Fall soll davon auszugehen sein, dass konkrete Anhaltspunkte dafür

---

147 LG Chemnitz AGS 2015, 378 = RVGreport 2015, 265.
148 So auch *Burhoff*, RVG, VV 4141 Rn 43 a.E.
149 LG Hagen AGS 2006, 223 = RVGreport 2006, 229 = ZAP EN-Nr. 408/2006; LG Verden AGS 2005, 551 = StraFo 2005, 439.
150 OLG Düsseldorf AGS 2006, 124 m. Anm. *N. Schneider* = RVGreport 2006, 67.
151 LG Göttingen AGS 2006, 180.
152 JurBüro 2008, 85.
153 KG, Beschl. v. 17.12.2008 – 1 Ws 345/08.

vorhanden seien, dass eine Revisionshauptverhandlung durchgeführt worden wäre (§ 349 Abs. 5 StPO) und durch die anwaltliche Tätigkeit des Verteidigers entbehrlich geworden sei.[154]

9. Abraten von einem Rechtsmittel

Nicht ausreichend ist ferner das Abraten, ein Rechtsmittel einzulegen.[155] Insoweit besteht auch keine Regelungslücke, die zu einer analogen Anwendung führen könnte. Siehe auch zum Abraten von einem Einspruch gegen einen Strafbefehl (Rdn 121). **143**

10. Rücknahme der Privatklage

Entsprechend anzuwenden ist Anm. Abs. 1 S. 1 Nr. 3, wenn der Privatkläger seine Klage zurücknimmt (§ 391 Abs. 1 StPO). Das ist jetzt durch den neuen S. 2 der Anm. Abs. 1 klargestellt. Bislang wurde aber schon die analoge Anwendung befürwortet.[156] Voraussetzung ist, dass der Anwalt als Verteidiger oder Vertreter des Privatklägers hat daran mitgewirkt, etwa der Verteidiger durch rechtliche Ausführungen oder durch das Angebot zu einer Ausgleichszahlung. Sofern bereits Termin anberaumt ist, muss die Rücknahme entsprechend Anm. Abs. 1 S. 1 Nr. 3 früher als zwei Wochen vor Beginn des Tages, der für die Hauptverhandlung vorgesehen ist, erklärt werden. **144**

Dabei ist es unerheblich, ob die Privatklage in erster Instanz oder in der Berufung oder Revision zurückgenommen wird. Wenn der Anwalt des Privatklägers schon dafür eine zusätzliche Gebühr erhält, dass er dessen Berufung oder Revision zurücknimmt, dann muss die zusätzliche Gebühr erst recht entstehen, wenn er darüber hinaus sogar die Klage insgesamt zurücknimmt, was allerdings nur mit Zustimmung des Angeklagten möglich ist (§ 391 Abs. 2 StPO). Es wäre widersinnig, wenn der Privatkläger für die Rücknahme des Rechtsmittels die zusätzliche Gebühr erhielte, sie aber nicht verdienen würde, wenn er darüber hinaus sogar die Klage insgesamt zurücknimmt und damit dem gesamten Verfahren den Boden entzieht. Voraussetzung ist allerdings auch hier, dass die Zwei-Wochen-Frist der Anm. Abs. 1 S. 1 Nr. 3 eingehalten wird. **145**

11. Vermeidung der Privatklage im vorbereitenden Verfahren

Während im gerichtlichen Privatklageverfahren eine Einstellung in Betracht kommt (§ 383 Abs. 2 S. 1 StPO) und damit Anm. Abs. 1 S. 1 Nr. 1 unmittelbar gilt, besteht diese Möglichkeit im vorbereitenden Verfahren nicht. Dies folgt aus der besonderen prozessualen Situation. Es liegt kein Offizialverfahren vor, das von der Staatsanwaltschaft betrieben wird; Herr des Verfahrens ist vielmehr der Verletzte, der potentielle Privatkläger, der allenfalls seine Privatklageabsicht aufgeben kann. Es würde aber Sinn und Zweck der Regelung der VV 4141 widersprechen, wenn in diesem Falle nicht auch die zusätzliche Gebühr nach VV 4141 entstehen könnte. Erreichen die beteiligten Anwälte, dass der Verletzte von der beabsichtigten Privatklage absieht, müssen sie ebenso belohnt werden, wie dann, wenn sie die Einstellung eines Offizialverfahrens erreichen oder die Einstellung des gerichtlichen Privatklageverfahrens.[157] **146**

Beispiel: In einer Privatklagesache wegen Beleidigung entschuldigt sich der Beschuldigte auf Rat seines Anwalts und erklärt, dass er gleichlautende Äußerungen zukünftig nie mehr von sich geben werde. Der Verletzte ist mit dieser Entschuldigung zufrieden und nimmt von der angedrohten Privatklage Abstand.

1. Grundgebühr, VV 4100	200,00 EUR
2. Verfahrensgebühr, VV 4104	165,00 EUR
3. Zusätzliche Gebühr, VV 4141, 4106	165,00 EUR
4. Postentgeltpauschale, VV 7002	20,00 EUR
Zwischensumme	550,00 EUR
5. 19 % Umsatzsteuer, VV 7008	104,50 EUR
Gesamt	**654,50 EUR**

---

154 OLG Braunschweig AGS 2016, 272 = StraFo 2016, 174 = RVGreport 2016, 262.
155 OLG Nürnberg AGS 2009, 534 = Rpfleger 2009, 645 = VRR 2009, 399 = RVGreport 2009, 464 = StRR 2010, 115.
156 *Burhoff*, RVG, VV 4141 Rn 45.
157 *Burhoff*, RVG, VV 4141 Rn 45.

147 Keine zusätzliche Gebühr entsteht, wenn die Parteien eine Einigung erzielen und sich damit die Erhebung der Privatklage erübrigt. Es entsteht dann eine Einigungsgebühr nach VV 4147, die daneben eine zusätzliche Gebühr nach VV 4141 ausschließt (Anm. Abs. 2 S. 2).

Beispiel: In einer Privatklagesache wegen einer Beleidigung einigen sich die Parteien über eine Entschuldigung, einen Widerruf sowie die Kostenübernahme durch den Beschuldigten, sodass die angedrohte Privatklage nicht mehr weiter verfolgt wird.
Abzurechnen ist wie folgt:

1. Grundgebühr, VV 4100	200,00 EUR
2. Verfahrensgebühr, VV 4104	165,00 EUR
3. Einigungsgebühr, VV 4147	165,00 EUR
4. Postentgeltpauschale, VV 7002	20,00 EUR
Zwischensumme	550,00 EUR
5. 19 % Umsatzsteuer, VV 7008	104,50 EUR
Gesamt	**654,50 EUR**

148 Dass es hier eventuell bereits zu einem Sühnetermin nach § 380 StPO gekommen ist, steht der zusätzlichen Verfahrensgebühr der VV 4141 nicht entgegen. Diese Vorschrift setzt nur voraus, dass eine Hauptverhandlung entbehrlich geworden ist, nicht aber auch, dass kein anderweitiger Termin nach VV 4102 stattgefunden hat.

Beispiel: In einer Privatklagesache ist der Anwalt als Verteidiger tätig. Dort hat er an einem Sühnetermin nach § 380 StPO teilgenommen. Hiernach wird die Privatklage zurückgenommen.
Der Anwalt erhält wiederum eine Grund- und eine Verfahrensgebühr sowie eine Terminsgebühr nach VV 4102 Nr. 5. Hinzu kommt die zusätzliche Gebühr nach VV 4141.

1. Grundgebühr, VV 4100	200,00 EUR
2. Verfahrensgebühr, VV 4104	165,00 EUR
3. Zusätzliche Gebühr, VV 4141, 4106	165,00 EUR
4. Terminsgebühr, VV 4102 Nr. 5	165,00 EUR
5. Postentgeltpauschale, VV 7002	20,00 EUR
Zwischensumme	715,00 EUR
6. 19 % Umsatzsteuer, VV 7008	135,85 EUR
Gesamt	**850,85 EUR**

12. Schriftliches Verfahren nach § 411 Abs. 1 S. 3 StPO

149 Mit dem JuMoG neu eingeführt worden ist in § 411 Abs. 1 S. 3 StPO die Möglichkeit, auch in Strafsachen im schriftlichen Verfahren zu entscheiden. Wird gegen einen Strafbefehl Einspruch eingelegt und dieser auf die Höhe der Tagessätze einer festgesetzten Geldstrafe beschränkt, kann das Gericht hierüber im schriftlichen Verfahren entscheiden. Erforderlich hierzu ist allerdings die Zustimmung des Beschuldigten. Ohne dessen Zustimmung muss die Hauptverhandlung durchgeführt werden.

150 Hat der Verteidiger daran mitgewirkt, dass eine Hauptverhandlung entbehrlich wird, nämlich indem er veranlasst, dass der Beschuldigte die erforderliche Zustimmungserklärung abgibt, bzw. er für den Beschuldigten die Zustimmung erklärt, erhält er nach der durch das 2. KostRMoG neu eingefügten Anm. Abs. 1 S. 1 Nr. 4 ebenfalls eine zusätzliche Gebühr. Bislang wurde zum Teil eine analoge Anwendung angenommen.[158] Die Situation ist vergleichbar mit der im Bußgeldverfahren (Anm. Abs. 1 S. 1 Nr. 5 zu VV 5115) und Disziplinarverfahren und berufsgerichtlichen Verfahren wegen der Verletzung einer Berufspflicht (Anm. Abs. 1 zu VV 6216). Auch dort entsteht eine zusätzliche Gebühr, wenn der Anwalt an einer Entscheidung im schriftlichen Verfahren mitwirkt. Gleiches muss nun auch in Strafsachen gelten, was die neue Anm. Abs. 1 S. 1 Nr. 4 jetzt klarstellt.

151 Dass es im Fall des § 411 Abs. 1 S. 3 StPO „nur noch" um die Höhe der Tagessätze geht und nicht mehr um die Tat als solche, ist dabei unerheblich, da auch ansonsten der Umfang der Erledigung keine Rolle spielt. Auch eine Hauptverhandlung, in der nur noch über die Höhe des Tagessatzes

---

[158] AG Köln AGS 2008, 284 = RVGreport 2008, 226 = StRR 2008, 240 = VRR 2008, 238 = RVGprof. 2008, 135.; AG Darmstadt AGS 2008, 345 = VRR 2008, 243 = StRR 2008, 243 = NJW-Spezial 2008, 601; a.A. OLG Frankfurt AGS 2008, 487 = RVGreport 2008, 428 = VRR 2009, 80 = StRR 2009, 158 = NStZ-RR 2008, 360 = RVGprof. 2009, 139; OLG Hamm NStZ-RR 2008, 360.

entschieden wird, muss vorbereitet werden und verursacht Zeit und Aufwand. Zudem wird auch dann nicht nach dem Umfang gefragt, wenn der auf die Höhe der Tagessätze beschränkte Einspruch anschließend wieder zurückgenommen wird (Anm. Abs. 1 S. 1 Nr. 2).

13. Übergang zum Strafbefehlsverfahren nach § 408a StPO

Die analoge Anwendung der VV 4141 wird in der Rechtsprechung des weiteren befürwortet, wenn der Anwalt nach Anklageerhebung erreicht, dass gemäß § 408a StPO im Strafbefehlsverfahren entschieden wird, sodass sich damit eine Hauptverhandlung erübrigt.[159] Diese Rechtsprechung ist zutreffend. Wird Anklage erhoben, so muss im Falle der Eröffnung des Hauptverfahrens eine Hauptverhandlung durchgeführt werden. Kann der Verteidiger zwar nicht erreichen, dass die Eröffnung des Hauptverfahrens abgelehnt wird und sich dadurch der Termin erledigt, gelingt es ihm jedoch, Staatsanwaltschaft und Gericht davon zu überzeugen, die Sache im Strafbefehlsverfahren zu erledigen, hat er ebenso an der Vermeidung der Hauptverhandlung mitgewirkt, sodass es Sinn und Zweck der Vorschrift entspricht, die VV 4141 entsprechend anzuwenden.[160]

> **Beispiel:** Nach Zustellung der Anklage rät der Verteidiger dem Angeklagten zu einem Geständnis und gibt eine Erklärung zu dessen persönlichen und wirtschaftlichen Verhältnissen ab. Gleichzeitig regt er an, im Strafbefehlsverfahren zu entscheiden. Auf Antrag der Staatsanwaltschaft ergeht daraufhin nach § 408a StPO ein Strafbefehl.
> Analog VV 4141 entsteht auch in diesem Fall eine zusätzliche Gebühr.

14. Freispruch im wieder aufgenommenen Verfahren nach § 371 Abs. 2 StPO

Die zusätzliche Gebühr entsteht auch dann, wenn der Verteidiger durch seinen umfassenden Vortrag im Rahmen eines Wiederaufnahmeverfahrens den Grundstein dafür legt, dass im wieder aufgenommenen Verfahren eine Hauptverhandlung entbehrlich geworden ist, weil das Gericht gemäß § 371 Abs. 2 StPO ohne Hauptverhandlung freisprechen konnte.[161]

IV. Mehrfacher Anfall der zusätzlichen Gebühr

1. Mehrfacher Anfall in demselben Verfahrensabschnitt

Da in **demselben Verfahrensabschnitt** die Gebühren grundsätzlich nur einmal entstehen können (§ 15 Abs. 1), kann auch die zusätzliche Gebühr nach VV 4141 nur einmal eintreten. Die einzige Ausnahme hiervon gilt im Fall des § 15 Abs. 5 S. 2 (siehe Rdn 67).

Wird ein Verfahren zunächst nur vorläufig eingestellt und später endgültig, dann kann die zusätzliche Gebühr nur einmal entstehen, da bei einer vorläufigen Einstellung die zusätzliche Gebühr nicht ausgelöst wird.

> **Beispiel:** Das Gericht stellt das Verfahren gegen Zahlung einer Geldbuße gemäß § 153a StPO vorläufig ein. Da die Geldbuße nicht gezahlt wird, wird das Verfahren wieder aufgenommen und später nach § 153 StPO eingestellt.

Da es sich bei der ersten Einstellung nach § 153a StPO lediglich um eine vorläufige Einstellung handelte, ist eine zusätzliche Gebühr nach Anm. Abs. 1 S. 1 Nr. 1 nicht entstanden. Diese ist erst durch die Einstellung nach § 153 StPO angefallen.

Da die zusätzliche Gebühr nach Anm. Abs. 1 keine endgültige Einstellung voraussetzt, sondern lediglich eine nicht nur vorläufige, kann es dazu kommen, dass im Verlaufe eines Verfahrens nach Einstellung die Sache wieder aufgenommen und dann erneut eingestellt wird. Soweit die verschiedenen Einstellungen im selben Verfahrensabschnitt und damit in derselben Angelegenheit i.S.d. § 15 Abs. 1 erfolgen, entsteht gemäß § 15 Abs. 1 insgesamt nur eine einzige zusätzliche Gebühr. Diese zusätzliche Gebühr ist bereits mit der ersten nicht nur vorläufigen Einstellung entstanden. Die

---

159 AG Bautzen AGS 2007, 307 m. Anm. *Holzhauser*.
160 *Burhoff*, VV 4141 Rn 33; *Engels/Kaiser/Kotz*, Erfolgreiche Gebührenabrechnung nach dem RVG, Teil 6/4.4.

161 LG Dresden StraFo 2006, 475.

spätere Fortsetzung des Verfahrens ist insoweit irrelevant und kann die einmal verdiente Gebühr nicht entfallen lassen. Allerdings kann durch die erneute Einstellung dann keine weitere zusätzliche Gebühr mehr entstehen.

Beispiel: Das Ermittlungsverfahren gegen den Beschuldigten wird zunächst nach § 170 Abs. 2 StPO mangels Tatverdacht eingestellt. Auf die Beschwerde des Anzeigenerstatters werden die Ermittlungen wieder aufgenommen. Das Verfahren wird schließlich nach § 154 StPO eingestellt, da der Beschuldigte in anderer Sache kürzlich rechtskräftig verurteilt worden ist.

Bereits mit der ersten Einstellung ist die zusätzliche Gebühr nach Anm. Abs. 1 S. 1 Nr. 1 entstanden, da es sich bei der Einstellung nach § 170 Abs. 2 StPO nicht um eine vorläufige Einstellung handelt. Durch die spätere Fortsetzung des Ermittlungsverfahrens ist diese Gebühr nicht weggefallen. Allerdings konnte diese Gebühr gemäß § 15 Abs. 2 durch die erneute Einstellung nicht nochmals ausgelöst werden.

2. Mehrfacher Anfall in verschiedenen Verfahrensabschnitten

157 In **verschiedenen Verfahrensabschnitten** kann der Anwalt dagegen die zusätzliche Gebühr nach VV 4141 ungeachtet des Zeitablaufs mehrmals verdienen.[162] Dies gilt insbesondere für das vorbereitende Verfahren (Unterabschnitt 2) einerseits und das gerichtliche Verfahren (Unterabschnitt 3) andererseits. Wird die Sache im vorbereitenden Verfahren zunächst nicht nur vorläufig eingestellt und kommt es zur Wiederaufnahme des Ermittlungsverfahrens, das dann ins gerichtliche Verfahren übergeht, sei es durch Anklage oder durch Erlass eines Strafbefehls, so entsteht dem Verteidiger zusätzlich zu der bereits verdienten zusätzlichen Gebühr nach VV 4141, 4104 eine weitere Verfahrensgebühr nach VV 4106, 4112 oder 4118. Wird das gerichtliche Verfahren dadurch beendet, dass die Eröffnung des Hauptverfahrens abgelehnt wird, die Staatsanwaltschaft die Anklage oder den Antrag auf Erlass eines Strafbefehls zurücknimmt und das Verfahren zum Einstellen oder das Gericht das Verfahren selbst einstellt oder der Anwalt den Einspruch gegen den Strafbefehl rechtzeitig zurücknimmt, dann entsteht auch hier nochmals eine zusätzliche Gebühr nach VV 4141 i.V.m. VV 4106, 4112 oder 4118 und kann neben der im vorbereitenden Verfahren bereits verdienten zusätzlichen Gebühr geltend gemacht werden. Eine Anrechnung der Gebühren findet nicht statt.[163]

Beispiel: Die Staatsanwaltschaft stellt die Sache im vorbereitenden Verfahren nach § 170 Abs. 2 StPO ein. Später nimmt sie das Verfahren wieder auf und erhebt Anklage. Das Gericht lehnt die Eröffnung des Hauptverfahrens gemäß § 204 StPO ab.

Da die Sache im vorbereitenden Verfahren nicht nur vorläufig eingestellt worden ist, hat der Verteidiger dort nach Anm. Abs. 1 S. 1 Nr. 1 eine volle Gebühr verdient. Im gerichtlichen Verfahren entsteht die zusätzliche Gebühr nach Anm. Abs. 1 S. 1 Nr. 2. Der Verteidiger erhält daher folgende Vergütung:

I. Vorbereitendes Verfahren
1. Grundgebühr, VV 4100   200,00 EUR
2. Verfahrensgebühr, VV 4104   165,00 EUR
3. Zusätzliche Gebühr, VV 4141, 4106   165,00 EUR
4. Postentgeltpauschale, VV 7002   20,00 EUR
    Zwischensumme   **550,00 EUR**
5. 19 % Umsatzsteuer, VV 7008   104,50 EUR
Gesamt   **654,50 EUR**

II. Gerichtliches Verfahren
1. Verfahrensgebühr, VV 4106   165,00 EUR
2. Zusätzliche Gebühr, VV 4141, 4106   165,00 EUR
3. Postentgeltpauschale, VV 7002   20,00 EUR
    Zwischensumme   **350,00 EUR**
4. 19 % Umsatzsteuer, VV 7008   66,50 EUR
Gesamt   **426,50 EUR**

---

[162] LG Offenburg JurBüro 1999, 82 = Rpfleger 1999, 38 = KostRsp. BRAGO § 84 Nr. 99 m. Anm. *N. Schneider*; *N. Schneider*, ZAP Fach 24, S. 477; *Burhoff*, RVG, VV 4141 Rn 13; a.a. AG Lemgo AGS 2012, 335 = NJW-Spezial 2012, 443 = RVGprof. 2012, 130 = VRR 2012, 358 = RVGreport 2012, 346 = StRR 2012, 439.

[163] LG Offenburg JurBüro 1999, 82 = Rpfleger 1999, 38 = KostRsp. BRAGO § 84 Nr. 99 m. Anm. *N. Schneider*; *N. Schneider*, ZAP Fach 24, S. 477; *Burhoff*, RVG, VV 4141 Rn 13; a.a. AG Lemgo AGS 2012, 335 = NJW-Spezial 2012, 443 = RVGprof. 2012, 130 = VRR 2012, 358 = RVGreport 2012, 346 = StRR 2012, 439.

Ebenso verhält es sich, wenn die Sache im vorbereitenden Verfahren nicht nur vorläufig eingestellt wird, die Sache dann aber wieder aufgenommen wird und im gerichtlichen Verfahren erneut eingestellt wird.[164]

Beispiel: Das Ermittlungsverfahren gegen den Beschuldigten wird mangels Tatverdacht nach § 170 Abs. 2 StPO auf Betreiben des Verteidigers eingestellt. Auf die Beschwerde des Anzeigenerstatters werden die Ermittlungen wieder aufgenommen. Es wird Anklage erhoben. Außerhalb der Hauptverhandlung erreicht der Verteidiger eine Einstellung nach § 153a StPO gegen Zahlung einer Geldbuße, die auch geleistet wird, sodass das Verfahren endgültig eingestellt wird.

Zunächst hat der Anwalt im vorbereitenden Verfahren die zusätzliche Gebühr nach Anm. Abs. 1 S. 1 Nr. 1 verdient, da die Einstellung nach § 170 Abs. 2 StPO keine vorläufige Einstellung ist. Dass das Verfahren später wieder aufgenommen wurde, ist unerheblich.

Im gerichtlichen Verfahren ist die zusätzliche Gebühr durch die Einstellung nach § 153a StPO erneut ausgelöst worden. Die Vorschrift des § 15 Abs. 2 S. 1 steht jetzt dem erneuten Anfall dieser Gebühr nicht entgegen, da es sich bei vorbereitendem Verfahren und gerichtlichem Verfahren nach zutreffender Auffassung um zwei verschiedene Angelegenheiten handelt.

Zu rechnen ist wie folgt:

I. Vorbereitendes Verfahren
1. Grundgebühr, VV 4100 — 200,00 EUR
2. Verfahrensgebühr, VV 4104 — 165,00 EUR
3. Zusätzliche Gebühr, VV 4141, 4106 — 165,00 EUR
4. Postentgeltpauschale, VV 7002 — 20,00 EUR
   Zwischensumme — 550,00 EUR
5. 19 % Umsatzsteuer, VV 7008 — 104,50 EUR
Gesamt — **654,50 EUR**

II. Verfahren vor dem Amtsgericht
1. Verfahrensgebühr, VV 4106 — 165,00 EUR
2. Zusätzliche Gebühr, VV 4141, 4106 — 165,00 EUR
3. Postentgeltpauschale, VV 7002 — 20,00 EUR
   Zwischensumme — 350,00 EUR
4. 19 % Umsatzsteuer, VV 7008 — 66,50 EUR
Gesamt — **426,50 EUR**

Ebenso verhält es sich, wenn nach Wiederaufnahme ein Strafbefehl erlassen und dagegen zunächst Einspruch eingelegt, dieser aber später wieder zurückgenommen wird, oder wenn später im Berufungsverfahren die Berufung zurückgenommen wird.

V. Verfahrenstrennung und -verbindung

Wird ein Verfahren in mehrere Verfahren getrennt und werden dann die getrennten Verfahren eingestellt oder erledigen sie sich anderweitig i.S.d. VV 4141, dann erhält der Verteidiger in jedem Verfahren die zusätzliche Gebühr.[165]

Werden umgekehrt mehrere Verfahren verbunden und dann eingestellt oder erledigen sie sich anderweitig i.S.d. VV 4141, dann erhält der Verteidiger die zusätzliche Gebühr nur einmal im verbundenen Verfahren.

VI. Gebührenhöhe

1. Allgemeines

Im Gegensatz zum bisherigen Recht wird nicht der Gebührenrahmen als solcher erhöht mit der Möglichkeit, nach § 14 Abs. 1 die angemessene Gebühr zu bestimmen. Vielmehr erhält der Anwalt zukünftig eine **zusätzliche Gebühr**, die **neben** den sonstigen Gebühren anfällt.

---

[164] AG Düsseldorf AGS 2010, 224 = RVGprof. 2010, 82 = VRR 2010, 279 = RVGreport 2010, 302 = StRR 2010, 359.

[165] AG Tiergarten AGS 2010, 220 = RVGprof. 2010, 40 = NStZ-RR 2010, 128 = RVGreport 2010, 140 = StRR 2010, 400; AGS 2016, 216 = RVGprof. 2016, 102.

2. Festgebühr

163 Bei der Gebühr nach VV 4141 handelt es sich um eine **Festgebühr**. Es besteht hinsichtlich der Höhe der Gebühr kein Ermessensspielraum.[166] Die Vorschrift des § 14 Abs. 1 ist nicht anwendbar. Der Anwalt erhält hier jeweils eine Mittelgebühr. Eine Möglichkeit, besonders hohen Aufwand oder erhebliche Schwierigkeiten oder besonders geringen Aufwand oder unterdurchschnittliche Schwierigkeiten zu berücksichtigen, besteht nicht.

164 Die gegenteilige Auffassung[167] ist unzutreffend. Dies folgt aus der Anm. Abs. 3 S. 2, in der es heißt: *„Für den Wahlanwalt bestimmt sich die Gebühr nach der Rahmenmitte."* In der Begründung des Gesetzes ist dies leider – wie so häufig – nicht klar zum Ausdruck gekommen. Dort heißt es, dass *„grundsätzlich"* von der Mittelgebühr auszugehen sei. Die Vorschrift der Anm. Abs. 3 S. 2 macht jedoch nur dann Sinn, wenn man Sie mit der einhelligen Kommentarliteratur dahingehend auslegt, dass immer die Mittelgebühr geschuldet sei. Auch Sinn und Zweck dieser Regelung sprechen dafür. Der Gesetzgeber wollte an dieser Stelle bewusst den Streit über die Bemessung der zusätzlichen Gebühr vermeiden, indem er von Vornherein einen bestimmten Satz, nämlich die jeweilige Mittelgebühr, festgelegt hat.

165 Die Höhe der Gebühr nach **Anm. Abs. 3 S. 1** bemisst sich im konkreten Fall nach dem Rechtszug, **in dem die Hauptverhandlung vermieden** wurde. Maßgebend ist also hier grundsätzlich die Gebühr des **Verfahrensstadiums**, in dem sich die Sache erledigt hat.[168]

166 Abweichendes gilt jedoch im vorbereitenden Verfahren. Dort ist nicht auf die Gebühr nach VV 4104 abzustellen, sondern auf die Verfahrensgebühren der VV 4106 ff., also desjenigen hypothetischen Rechtszugs, der eingeleitet worden wäre, wenn sich das Verfahren nicht erledigt hätte.[169]

> **Beispiel:** Gegen den Strafbefehl des Amtsgerichts wird Einspruch eingelegt und später drei Wochen vor dem Hauptverhandlungstermin zurückgenommen.
> Die Verfahrensgebühr im gerichtlichen Verfahren bestimmt sich nach VV 4106, die zusätzliche Gebühr ebenso.
>
> **Beispiel:** Das Ermittlungsverfahren wegen des Verdachts einer Trunkenheitsfahrt wird von der Staatsanwaltschaft eingestellt.
> Die Verfahrensgebühr im vorbereitenden Verfahren bestimmt sich nach VV 4104, die zusätzliche Gebühr nach VV 4106, da die Hauptverhandlung, die vermieden wurde, vor dem Amtsgericht durchgeführt worden wäre.
> Im Ergebnis macht dies keinen Unterschied, da die Gebührenrahmen identisch sind.
>
> **Beispiel:** Das Ermittlungsverfahren wegen des Verdachts der vorsätzlichen Körperverletzung mit Todesfolge wird von der Staatsanwaltschaft eingestellt.
> Die Verfahrensgebühr im vorbereitenden Verfahren bestimmt sich wiederum nach VV 4104, die zusätzliche Gebühr jedoch nach VV 4118, da vor der großen Strafkammer als Schwurgericht angeklagt worden wäre.
> Es gilt also für die zusätzliche Gebühr eine höhere Rahmenmitte als für das vorbereitende Verfahren.

3. Zuschlag (VV Vorb. 4 Abs. 4)

167 Die zusätzliche Gebühr entsteht **ohne Zuschlag** (Anm. Abs. 3 S. 3). Hieraus folgt, dass die einfache Verfahrensgebühr die Berechnungsgrundlage ist und nicht die Verfahrensgebühr mit Zuschlag nach VV Vorb. 4 Abs. 4.[170] Soweit der Ausschluss des Haftzuschlags mit dem 2. KostRMoG aus der Gebührenspalte in den neuen Abs. 3 S. 3 verschoben worden ist, hat dies nur redaktionelle Gründe, ohne dass damit eine inhaltliche Änderung verbunden ist.

---

166 LG Saarbrücken AGS 2015, 511 = AG kompakt 2015, 17 = NStZ-RR 2015, 264; AG Limburg SVR 2008, 268; AG Weilburg AGS 2007, 561; *Burhoff*, RVG, Nr. 4141 VV Rn 50; *Hartmann*, KostG VV 4141 Rn 12, der kurioserweise zum Bußgeldverfahren die gegenteilige Auffassung vertritt.

167 Zuletzt LG Koblenz JurBüro 2010, 34; Zum Bußgeldverfahren (VV 5115): AG Viechtach/LG Deggendorf AGS 2005, 504 m. abl. Anm. *N. Schneider* = RVGreport 2005, 431 = RVG-B 2005, 162; *Hartmann*, KostG VV 5115 Rn 11 ff.

168 *Burhoff*, RVG, VV 4141 Rn 46.

169 *Burhoff*, Wie berechnet sich die zusätzliche Gebühr der Nr. 4141 VV bei Einstellung im vorbereitenden Verfahren?, AGS 2005, 434.

170 *Burhoff*, RVG, VV 4141 Rn 2.

4. Mehrere Auftraggeber (VV 1008)

Eine Regelung, wie sich die zusätzliche Gebühr der VV 4141 bei mehreren Auftraggebern berechnet, war im Gesetz bislang nicht enthalten und war auch im Gesetzentwurf noch nicht vorgesehen. Auf Vorschlag des Rechtsausschusses ist diese Klarstellung dann aber doch noch in das Gesetz aufgenommen worden. Wie auch bei den anderen Gebühren, die sich von einer Verfahrensgebühr ableiten (VV 1005, 1006, Anm. Abs. 2 zu VV 3106, Anm. zu VV 3205), wird auch hier ausdrücklich geregelt, dass eine Erhöhung nach VV 1008 unberücksichtigt bleibt.

Beispiel: Der Anwalt vertritt zwei Nebenkläger im gerichtlichen Verfahren und wirkt an einer Einstellung mit.
Der Anwalt erhält eine um 30 % erhöhte Verfahrensgebühr (Nr. 4106 VV RVG). Die zusätzliche Gebühr nach VV 4141 bemisst sich jedoch nur nach der einfachen Mittelgebühr.
Zu rechnen ist wie folgt:

1. Grundgebühr, VV 4100		200,00 EUR
2. Verfahrensgebühr, VV 4106		214,50 EUR
3. Zusätzliche Gebühr, VV 4141, 4106		165,00 EUR
4. Postentgeltpauschale, VV 7002		20,00 EUR
Zwischensumme	559,50 EUR	
5. 19 % Umsatzsteuer, VV 7008		113,91 EUR
Gesamt		**673,41 EUR**

5. Gerichtlich bestellter oder beigeordneter Anwalt

Auch der gerichtlich bestellte oder beigeordnete Anwalt erhält die zusätzliche Gebühr. Für ihn gilt ohnehin schon bei der Verfahrensgebühr eine Festgebühr, die auch im Rahmen der VV 4141 maßgebend ist. Für ihn gelten dann die jeweiligen Festbeträge, die für die Verfahrensgebühren vorgesehen sind. Auch hier gilt die Gebühr ohne Zuschlag.

6. Zusätzliche Verfahrensgebühren

Auch zusätzliche Verfahrensgebühren nach VV 4142 oder VV 4143 ff. bleiben unberücksichtigt. Soweit also der Anwalt nach diesen Vorschriften gesetzliche Verfahrensgebühren erhält, bleiben diese bei der Berechnung der zusätzlichen Gebühr nach VV 4141 außer Betracht. Die weiteren zusätzlichen Verfahrensgebühren entstehen insgesamt nur einmal neben den sonstigen Gebühren.

7. Die Gebührenbeträge

Da es sich um Festgebühren handelt (siehe Rdn 162 ff.), kommen nur folgende zusätzliche Gebühren in Betracht:

	Wahlanwalt	gerichtlich bestellter oder beigeordneter Rechtsanwalt
1. Vorbereitendes Verfahren wenn anzuklagen gewesen wäre a) vor dem Schöffengericht, dem Jugendschöffengericht, dem Strafrichter und dem Jugendrichter (i.V.m. VV 4106)	165,00 EUR	132,00 EUR

	Wahlanwalt	gerichtlich bestellter oder beigeordneter Rechtsanwalt
b) vor der großen Strafkammer und der Jugendkammer, soweit diese in Sachen entscheidet, die nach den allgemeinen Vorschriften nicht zur Zuständigkeit des Schwurgerichts gehören (i.V.m. VV 4112)	185,00 EUR	148,00 EUR
c) vor dem Oberlandesgericht, dem Schwurgericht und der Jugendkammer, soweit diese in Sachen entschieden hat, die nach allgemeinen Vorschriften zur Zuständigkeit des Schwurgerichts gehören (i.V.m. VV 4118)	395,00 EUR	316,00 EUR
2. Erster Rechtszug		
a) s.o. 1a)	165,00 EUR	132,00 EUR
b) s.o. 1b)	185,00 EUR	148,00 EUR
c) s.o. 1c)	395,00 EUR	316,00 EUR
3. Berufungsverfahren (i.V.m. VV 4124)	320,00 EUR	256,00 EUR
4. Revision (i.V.m. VV 4130)	615,00 EUR	492,00 EUR

C. Bestellter oder beigeordneter Rechtsanwalt

173 Auch der bestellte oder beigeordnete Anwalt erhält die zusätzliche Gebühr. Eine gesonderte Bestellung oder Beiordnung ist nicht erforderlich. Auch im Falle der beschränkten Beiordnung nach § 408b StPO entsteht für den Pflichtverteidiger durch dessen Mitwirkung an einer endgültigen Verfahrenseinstellung die zusätzliche Gebühr nach VV 4141.[171]

D. Kostenerstattung

174 Soweit eine Kostenerstattung in Betracht kommt, sind auch die zusätzlichen Gebühren nach Anm. Abs. 1 als gesetzliche Vergütung nach § 464a Abs. 2 Nr. 2 StPO grundsätzlich erstattungsfähig (siehe VV Vorb. 4 Rdn 115 ff.).

E. Rechtsschutzversicherung

175 Soweit Versicherungsschutz besteht (siehe VV Vorb. 4 Rdn 129 ff.), sind die Gebühren nach Anm. Abs. 1 stets vom Versicherungsschutz umfasst. Der Rechtsschutzversicherer ist auch verpflichtet, die zusätzlichen Gebühren nach Anm. Abs. 1 zu übernehmen. Hierüber entsteht in der Praxis häufig Streit, da die Rechtsschutzversicherer versuchen, an dieser Stelle Kosten zu sparen. Fast sämtliche Entscheidungen, die zum bisherigen § 84 Abs. 2 BRAGO ergangen sind, beruhen auf Rechtsstreitigkeiten zwischen Rechtsschutzversicherer und Versicherungsnehmer. Der Anwalt sollte sich hier nicht vorschnell von einer ablehnenden Haltung des Rechtsschutzversicherers abschrecken lassen.

---

[171] AG Tiergarten AGS 2015, 511 = NJW-Spezial 2015, 733 = RVGreport 2016, 20 = RVGprof. 2016, 43.

Abschnitt 1. Gebühren des Verteidigers   **VV 4142**

Zu beachten ist allerdings, dass der Anwalt gegebenenfalls eine dem Versicherungsnehmer zuzurechnende **Obliegenheitsverletzung** begehen kann, wenn gegen den Strafbefehl zunächst Einspruch eingelegt, dieser aber später wieder zurückgenommen worden ist. Der Anwalt muss in diesem Falle erklären können, wieso die 14-tägige Einspruchsfrist nicht ausreichend gewesen war, um die Erfolgsaussichten eines Einspruchs vorab zu überprüfen.[172]   **176**

Zahlt ein Rechtsschutzversicherer eine zusätzliche Gebühr nach VV 4141, so steht ihm kein Anspruch auf Rückerstattung zu, wenn sich im Nachhinein die Rechtsprechung zum Anwendungsbereich der Gebühr ändert und nach neuerer Rechtsprechung die zusätzliche Gebühr nicht mehr geschuldet gewesen wäre.[173]   **177**

Nr.	Gebührentatbestand	Gebühr oder Satz der Gebühr nach § 13 oder § 49 RVG	
		Wahlanwalt	gerichtlich bestellter oder beigeordneter Rechtsanwalt
4142	Verfahrensgebühr bei Einziehung und verwandten Maßnahmen .... (1) Die Gebühr entsteht für eine Tätigkeit für den Beschuldigten, die sich auf die Einziehung, dieser gleichstehende Rechtsfolgen (§ 442 StPO), die Abführung des Mehrerlöses oder auf eine diesen Zwecken dienende Beschlagnahme bezieht. (2) Die Gebühr entsteht nicht, wenn der Gegenstandswert niedriger als 30,00 € ist. (3) Die Gebühr entsteht für das Verfahren des ersten Rechtszugs einschließlich des vorbereitenden Verfahrens und für jeden weiteren Rechtszug.	1,0	1,0

Literatur: *Krause,* Zusätzliche Gebühr nach Nr. 4142 VV RVG, auch bei Entziehung einer Fahrerlaubnis, JurBüro 1006, 118; *Madert,* Zur Anwendung des § 88 (Einziehung und verwandte Maßnahmen), ZAP Fach 24, S. 108; *Matzen,* Die Bedeutung des § 88 S. 3, AnwBl 1976, 206; *D. Meyer,* Zusätzliche Vergütung des Rechtsanwalts für die Vertretung im straf-/bußgeldrechtlichen Einziehungsverfahren pp. – VV RVG 4142, 5116, JurBüro 2005, 355; *Mümmler,* Betrachtungen zur Gebührenbestimmung des § 88 BRAGebO, JurBüro 1976, 137.

A.	Allgemeines		1
B.	Regelungsgehalt		5
I.	Persönlicher Anwendungsbereich		5
	1. Verteidiger		5
	2. Beistand oder Vertreter des Neben- oder Privatklägers		7
	3. Einzeltätigkeiten		8
	4. Pflichtverteidiger und beigeordnete Rechtsanwälte		10
	5. Sonstige Vertreter		11
II.	Einziehung, gleichstehende Rechtsfolgen nach § 442 StPO, die Abführung des Mehrerlöses oder eine diesen Zwecken dienende Beschlagnahme		12

1. Allgemeines		12
2. Sachlicher Anwendungsbereich		13
3. Abgeltungsbereich		21
4. Höhe der Gebühr		23
5. Mehrere Auftraggeber, VV 1008		27
6. Gebührenbeträge		28
7. In jedem Rechtszug (Anm. Abs. 3)		29
8. Ausschluss nach Anm. Abs. 2		33
9. Gegenstandswert		34
10. Wertfestsetzung		47
C. Pauschgebühr		53
D. Durchsetzung und Erstattung		54

---

[172] So AG Gelsenkirchen zum vergleichbaren Fall im Bußgeldverfahren: AGS 2004, 323 = JurBüro 2003, 640; ähnlich auch zum Bußgeldverfahren: AG Hamburg-Barmbek AGS 2004, 324 m. Anm. *N. Schneider* = JurBüro 2003, 640.

[173] LG Wuppertal AGS 2011, 623 = NJW-RR 2012, 557 = RVGprof.2012, 57.

A. Allgemeines

1 Die Vorschrift der VV 4142 regelt die **zusätzliche Verfahrensgebühr**, wenn der Anwalt Tätigkeiten ausübt, die auf **Einziehung** und **verwandte Maßnahmen** gerichtet sind. Zweck der Vorschrift ist es, für die in diesen Fällen oft erheblich aufwendiger und umfangreicher gestaltete Tätigkeit des Anwalts einen Ausgleich zu schaffen, der durch die einfachen Gebührenrahmen nicht mehr geleistet werden kann.

2 Die Regelung in VV 4142 betrifft die Fälle
  – der Einziehung,
  – des Verfalls,
  – der Vernichtung,
  – der Unbrauchbarmachung,
  – der Beseitigung eines gesetzwidrigen Zustands,
  – der Abführung des Mehrerlöses und
  – der Beschlagnahme (**Anm. Abs. 1**).

Sie gewährt eine **zusätzliche Verfahrensgebühr** unabhängig davon, ob tatsächlich Mehrarbeit eingetreten ist. **Ausgenommen** ist die zusätzliche Verfahrensgebühr nach **Anm. Abs. 2** lediglich in **Bagatellfällen**.

3 Die zusätzliche Verfahrensgebühr kommt für **jeden Rechtszug** in Betracht, also auch für das Berufungs- und Revisionsverfahren (**Anm. Abs. 3**). Allerdings kann die Verfahrensgebühr im vorbereitenden und im gerichtlichen Verfahren insgesamt nur einmal anfallen (Anm. Abs. 3).

4 Eine vergleichbare Vorschrift für das **Bußgeldverfahren** enthält VV 5116.

B. Regelungsgehalt

I. Persönlicher Anwendungsbereich

1. Verteidiger

5 VV 4142 gilt zunächst einmal für den Verteidiger des Beschuldigten. Gemeint ist wiederum der **Vollverteidiger**, also der Anwalt, dem die Verteidigung des Beschuldigten insgesamt übertragen worden ist.[1] Hierzu genügt es, dass der Verteidiger nur für das so genannte **objektive Verfahren** (§§ 430 ff. StPO, § 7 WiStG) beauftragt worden ist.[2]

6 Daher gilt VV 4142 auch dann, wenn alleine gegen die Anordnung des Verfalls von Wertersatz Berufung eingelegt wird. Der Rechtsanwalt erhält dann neben der Verfahrensgebühr der VV 4124 auch die zusätzliche Verfahrensgebühr VV 4142. Weitere Voraussetzungen für das Anfallen der Gebühr sieht VV 4142 nicht vor.[3] Insbesondere liegt in diesem Fall keine Einzeltätigkeit vor (siehe Rdn 8 f.).

2. Beistand oder Vertreter des Neben- oder Privatklägers

7 Fraglich ist, ob die Vorschrift für den **Beistand** oder **Vertreter eines Privat- oder Nebenklägers** ebenfalls anwendbar ist. Dies wurde früher aufgrund der Verweisungen in den §§ 94 und 95 BRAGO angenommen, da pauschal auf § 88 BRAGO verwiesen wurde.[4] Entsprechendes muss auch nach VV Vorb. 4 Abs. 1 gelten, obwohl der Gesetzeswortlaut von einer Tätigkeit für den „Beschuldigten" spricht.

---

1 *Burhoff*, RVG, VV 4142 Rn 9.
2 *Burhoff*, RVG, VV 4142 Rn 9; *Hansens*, BRAGO, § 88 Rn 2.
3 OLG Hamm RVGprof. 2012, 41 = StRR 2012, 43 = VRR 2012, 43 = RVGreport 2012, 152 = StRR 2012, 158; LG Detmold RVGprof. 2013, 9.
4 *Hansens*, BRAGO, § 88 Rn 2.

3. Einzeltätigkeiten

Ist der Rechtsanwalt nur mit Einzeltätigkeiten beauftragt, so dass sich seine Vergütung nach VV 4300 ff. richtet, sollte bereits die Regelung des § 88 BRAGO nicht anwendbar sein,[5] und zwar auch dann nicht, wenn sich die Einzeltätigkeit nur auf einen Gegenstand nach § 88 BRAGO beschränkte.[6] Auch wenn ein Grund für diese ungleiche Behandlung nicht ersichtlich ist und es im Gegenteil durchaus bei Einzeltätigkeiten dazu kommen kann, dass der Gebührenrahmen nicht ausreicht und daher ebenso eine zusätzliche Vergütung erforderlich erscheint, wird man der Stellung der VV 4142 in Abschnitt 1 „Gebühren des Verteidigers" jetzt entnehmen müssen, dass die Anwendung der VV 4142 ausgeschlossen sein soll.[7]

8

> **Beispiel:** Der Anwalt ist nur mit der Anfertigung der Berufungsbegründung beauftragt und muss hierbei ausführlich zur Einziehung Stellung nehmen.
> Der Anwalt erhält lediglich eine Verfahrensgebühr nach VV 4301 Nr. 2 ohne die zusätzliche Verfahrensgebühr der VV 4142. Der Verteidiger dagegen erhält eine Verfahrensgebühr nach VV 4124 zuzüglich der zusätzlichen Verfahrensgebühr nach VV 4142.

Die zusätzliche Mehrarbeit kann infolge von Einziehung und verwandten Maßnahmen hier durch eine Pauschgebühr (§§ 42, 51) abgegolten werden.[8]

9

4. Pflichtverteidiger und beigeordnete Rechtsanwälte

Für den Pflichtverteidiger und den beigeordneten Rechtsanwalt gilt VV 4142 ebenso, was sich daraus ergibt, dass auch für ihn die 1,0-Gebühr vorgesehen ist.[9] Nach der BRAGO bestand diese Möglichkeit nicht, da in den §§ 97 und 102 BRAGO nicht auf § 88 BRAGO Bezug genommen wurde. Hier bestand nur die Möglichkeit, eine Pauschvergütung nach § 99 BRAGO zu beantragen.[10] Der bestellte oder beigeordnete Anwalt erhält jetzt jedoch ebenso eine Gebühr i.H.v. 1,0. Für ihn gelten allerdings die Beträge des § 49.

10

5. Sonstige Vertreter

Auf die Vertreter sonstiger Beteiligter, also Rechtsanwälte von dritten Personen, ist VV 4142 im Umfang der VV Vorb. 4 Abs. 1 entsprechend anwendbar.[11]

11

II. Einziehung, gleichstehende Rechtsfolgen nach § 442 StPO, die Abführung des Mehrerlöses oder eine diesen Zwecken dienende Beschlagnahme

1. Allgemeines

Richtet sich die Tätigkeit des Anwalts auf
- die **Einziehung**,
- **gleichstehende Rechtsfolgen nach § 442 StPO**, also
  - den Verfall,
  - die Vernichtung,
  - die Unbrauchbarmachung,
  - die Beseitigung eines gesetzeswidrigen Zustands,
- die **Abführung des Mehrerlöses** oder
- eine **diesen Zwecken dienende Beschlagnahme**,

so entsteht die zusätzliche Verfahrensgebühr nach VV 4142.

12

---

5 *Hansens*, BRAGO, § 88 Rn 2; *Hartmann*, KostG, § 88 BRAGO Rn 4; Riedel/Sußbauer/*Fraunholz*, BRAGO, § 88 Rn 9.
6 Gerold/Schmidt/*Madert*, BRAGO, § 88 Rn 2.
7 *Burhoff*, RVG, VV 4142 Rn 9.
8 *Burhoff*, RVG, VV 4142 Rn 11.
9 *Burhoff*, RVG, VV 4142 Rn 9.
10 Gerold/Schmidt/*Madert*, BRAGO, § 88 Rn 2.
11 A.A. zu § 88 BRAGO: *Hansens*, BRAGO, § 88 Rn 2.

2. Sachlicher Anwendungsbereich

13 Die Regelung der VV 4142 ist anwendbar, wenn sich die Tätigkeit des Anwalts auf eine der vorgenannten Maßnahmen bezieht. Es sind dies die Fälle:
- der Einziehung (§§ 74, 75 StGB, § 7 WiStG);[12]
- des Verfalls, soweit er Strafcharakter hat (§§ 73 bis 73d StGB);[13]
- der Vernichtung (§§ 98 Abs. 1, 110 UrhG);[14]
- der Unbrauchbarmachung (§ 74d StGB, §§ 98 Abs. 2, 110 UrhG);[15]
- der Abführung des Mehrerlöses (§§ 8, 10 WiStG);[16]
- der Beschlagnahme, welche die Sicherung der vorgenannten Maßnahmen bezweckt (§§ 111b, 111c StPO);[17]
- das Verfahren über einen dinglichen Arrest.[18]

14 **Nicht** in den Anwendungsbereich der VV 4142 fallen:
- die Rückerstattung des Mehrerlöses nach § 9 WiStG;[19] diese Tätigkeit wird durch die Verfahrensgebühr des VV 4143, 4144 abgegolten, da die Rückerstattung im Adhäsionsverfahren geltend zu machen ist;
- die Durchsetzung von Ansprüchen nach dem StrEG; auch hierfür gelten die Verfahrensgebühren des VV 4143, 4144 (str.) (siehe VV 4143–4144 Rdn 72 f.);[20]
- der Verfall einer Sicherheit nach § 128 Abs. 1 StPO;[21]
- die Beschlagnahme zur Sicherstellung von Beweismitteln (§ 94 StPO);[22]
- die Vermögensbeschlagnahme (§§ 290, 443 StPO);[23]
- Wertersatz, soweit er den Charakter zivilrechtlichen Schadensersatzes hat, z.B. nach den landesrechtlichen Forstgesetzen;[24]
- Tätigkeiten des Verteidigers, die sich gegen vermögenssichernde Maßnahmen im Rahmen einer Rückgewinnungshilfe wenden.[25]

15 Ebenso sollen Tätigkeiten des Strafverteidigers im Rahmen einer Beschlagnahme zum Zwecke der Rückgewinnungshilfe (§ 111b Abs. 5 StPO) in den Anwendungsbereich der VV 4142 fallen.[26]

16 Ebenfalls nicht in den Anwendungsbereich der VV 4142 fallen Tätigkeiten, die sich auf ein Fahrverbot oder die Entziehung der Fahrerlaubnis erstrecken (früher § 88 S. 3 BRAGO).[27] Der Gesetzgeber hat die Fälle des Fahrverbots und der Entziehung der Fahrerlaubnis bewusst nicht in VV 4142 aufgenommen, da diese nicht anders behandelt werden sollen als andere Nebenfolgen, wie etwa ein Berufsverbot oder die Entziehung einer Konzession. Hierauf gerichtete Tätigkeiten können daher nur bei der jeweiligen Verfahrensgebühr[28] im Rahmen des § 14 Abs. 1 oder einer Pauschgebühr (§§ 42, 51) berücksichtigt werden.

17 Die Verfahrensgebühr entsteht, wenn sich die Tätigkeit des Rechtsanwalts auf eine Einziehung oder eine anderweitige Maßnahme erstreckt. Es genügt, dass sie nach Lage der Sache in Betracht kommt[29]

---

12 *Burhoff*, RVG, VV 4142 Rn 6.
13 *Burhoff*, RVG, VV 4142 Rn 6.
14 *Burhoff*, RVG, VV 4142 Rn 6.
15 *Burhoff*, RVG, VV 4142 Rn 6.
16 *Burhoff*, RVG, VV 4142 Rn 6.
17 *Burhoff*, RVG, VV 4142 Rn 6.
18 OLG Hamm AGS 2008, 341 = wistra 2008, 160 = NJW-Spezial 2008, 186; AGS 2008, 175 = RVGprof. 2008, 133; OLG München AGS 2010, 542 = wistra 2010, 456 = NStZ-RR 2011, 32; a.A. AG Chemnitz AGS 2008, 342.
19 *Burhoff*, RVG, VV 4142 Rn 7.
20 *Burhoff*, RVG, VV 4142 Rn 7.
21 *Burhoff*, RVG, VV 4142 Rn 7.
22 *Burhoff*, RVG, VV 4142 Rn 7.
23 *Burhoff*, RVG, VV 4142 Rn 7.
24 *Burhoff*, RVG, VV 4142 Rn 7.
25 KG AGS 2009, 224 = zfs 2008, 647 = JurBüro 2009, 30 = RVGreport 2008, 429 = StRR 2009, 157 = RVGprof. 2008, 173; OLG Hamm, Beschl. v. 17.2.2009 – 2 Ws 378/09; LG Saarbrücken, Beschl. v. 10.1.2012 – 2 Qs 18/11; OLG Köln, Beschl. v. 22.11.2006 – 2 Ws 614/06; LG Chemnitz, Beschl. v. 8.1.2008 – 310 Js 844/07.
26 OLG Köln JMBl NW 2007, 174 = StraFo 2007, 131 u. 262; RVG-Letter 2007, 58 = RVGreport 2007, 273; LG Chemnitz, Beschl. v. 8.1.2008 – 310 Js 844/07.
27 OLG Koblenz AGS 2006, 236 = JurBüro 2006, 247 = NStZ 2007, 342; AG Limburg SVR 2008, 268; AG Hof AGS 2011, 68 m. Anm. *Henke* = 2011, 253 = NJW-Spezial 2011, 157 = VRR 2011, 83 = VRR 2011, 160; *D. Meyer*, JurBüro 2005, 355; *Leipold*, Anwaltsvergütung in Strafsachen, Rn 387.
28 AG Hof AGS 2011, 68 = JurBüro 2011, 253 = SVR 2011, 237 = NJW-Spezial 2011, 157 = VRR 2011, 83 = VRR 2011, 160 = RVGreport 2011, 262.
29 A.A. KG AGS 2009, 224 = Rpfleger 2009, 50 = NStZ-RR 2008, 391 = StRR 2008, 478 = RVGreport 2009, 74.

oder dass die Frage der Einziehung in der Hauptverhandlung zur Sprache kommt.[30] Die Einziehung oder die anderweitige Maßnahme muss nicht ausdrücklich beantragt worden sein.[31] Besteht für die Verteidigung ungeachtet des Inhalts der erstinstanzlichen Beschlagnahmeanordnung im Beschwerdeverfahren Anlass, alternativ eine auf Einziehungsrecht gestützte Beschlagnahme zu befürchten, so ist die entsprechende Verteidigungsbemühung nach VV 4142 vergütungspflichtig.[32]

So entsteht die Gebühr bereits für eine nach Aktenlage gebotene Beratung des Beschuldigten, die sich auf Einziehung und ihr gleichstehende Rechtsfolgen bezieht.[33] Eine Verfahrensgebühr bei Einziehung nach VV 4142 entsteht auch, wenn der Rechtsanwalt hinsichtlich der Einziehungsfrage keine besondere Tätigkeit ausübt. Vielmehr genügt es, wenn eine Einziehung beantragt ist oder nach Lage der Sache in Betracht kommt und sich der Rechtsanwalt um die Abwehr einer Bestrafung bemüht. Denn ein großer Teil der Arbeit des Rechtsanwalts besteht im Aktenstudium und der Beratung des Mandanten, also nach außen nicht erkennbaren Handlungen.[34]

18

Für die Entstehung der zusätzlichen Verfahrensgebühr nach VV 4142 genügt es insbesondere, wenn sich der Angeklagte und sein Verteidiger in der Hauptverhandlung mit der formlosen Einziehung einverstanden erklärt haben.[35]

19

Die Gebühr entsteht in ihrem Anwendungsbereich immer. Im Gegensatz zum früheren Recht besteht nicht lediglich ein Ermessen des Anwalts.[36]

20

3. Abgeltungsbereich

Da es sich um eine Verfahrensgebühr handelt, gilt VV Vorb. 4 Abs. 2. Die Gebühr entsteht mit der ersten Tätigkeit, i.d.R. mit der Entgegennahme der Information. Sie deckt sämtliche Tätigkeiten im Verfahren auf Einziehung oder eine anderweitige Maßnahme ab, also insbesondere Stellungnahmen und Besprechungen.[37] Auch Tätigkeiten in der Hauptverhandlung und sonstigen Terminen sind abgegolten. Ferner werden auch Beschwerden, die nach VV Vorb. 4.1 Abs. 2. keine gesonderte Angelegenheit auslösen, mit abgegolten.[38]

21

Die Verfahrensgebühr der VV 4142 entsteht allerdings nur, wenn die Tätigkeit des Rechtsanwalts auf die Einziehung und verwandte Maßnahmen gerichtet ist. Allein der Umstand, dass im Fall der Verurteilung eine derartige Maßnahme gegebenenfalls in Betracht kommen würde, reicht für die Entstehung der Gebühr nicht aus.[39]

22

4. Höhe der Gebühr

In den oben bereits genannten Fällen (siehe Rdn 12 ff.) erhält der Anwalt eine **zusätzliche 1,0-Gebühr** aus dem Wert des Gegenstands, auf den sich die Einziehung oder verwandte Maßnahme bezieht. Die Höhe der Gebühr ist in allen Instanzen gleich. Eine Differenzierung nach erstinstanzlichen Verfahren und Rechtsmittelverfahren wie in den VV 4143, 4144 ist hier nicht vorgesehen.

23

Der Umfang der Tätigkeit ist unerheblich. Eine Reduzierung wegen vorzeitiger Erledigung ist nicht vorgesehen.[40] Umgekehrt kann auch bei besonderem Umfang die Gebühr nicht erhöht werden.[41]

24

Die Bewilligung einer Pauschgebühr bei besonderem Umfang und/oder besonderer Schwierigkeit kommt nicht in Betracht, da es sich um eine Wertgebühr handelt (§ 42 Abs. 1 S. 2; § 51 Abs. 1 S. 2).[42]

25

---

30 AG Löbau, Beschl. v. 5.8.2009 – 1 Ds 220 Js 7083/08.
31 LG Berlin AGS 2005, 395 = RVGreport 2005, 193; OLG Düsseldorf StRR 2011, 78 = RVGreport 2011, 228.
32 OLG Düsseldorf StRR 2011, 78 = RVGreport 2011, 228.
33 OLG Karlsruhe AGS 2008, 30 = StraFo 2007, 438 = Rpfleger 2007, 683 = NStZ-RR 2007, 391 = Justiz 2008, 24 = StV 2008, 373; AG Minden AGS 2012, 66.
34 LG Kiel StraFo 2007, 307.
35 LG Aschaffenburg RVGprof. 2007, 29 = RVGreport 2007, 72.
36 *Burhoff*, RVG, VV 4142 Rn 4.
37 *Burhoff*, RVG, VV 4142 Rn 6.
38 *Burhoff*, RVG, VV 4142 Rn 6.
39 KG AGS 2009, 224 = Rpfleger 2009, 50 = NStZ-RR 2008, 391 = StRR 2008, 478 = RVGreport 2009, 74.
40 OLG Oldenburg AGS 2010, 128 = NJW 2010, 884 = RVGprof. 2010, 29 = RVGreport 2010, 303 = StRR 2010, 356.
41 *Burhoff*, RVG, VV 4142 Rn 22.
42 LG Rostock AGS 2011, 24 = RVGreport 2010, 417; OLG Karlsruhe NStZ-RR 2015, 96 = StRR 2015, 43 u. 156 = RVGreport 2015, 215.

Allerdings kann die Anordnung eines dinglichen Arrestes bei der Bemessung einer Pauschgebühr berücksichtigt werden.[43]

26 Neben der Verfahrensgebühr nach VV 4142 darf im Rahmen des § 14 Abs. 1 bei der Bemessung der Betragsrahmengebühren der VV 4100 ff. die Tätigkeit auf Einziehung u.Ä. unter dem Aspekt des Umfangs der anwaltlichen Tätigkeit grundsätzlich nicht mit berücksichtigt werden. Die drohende Einziehung oder verwandte Maßnahmen, insbesondere ihr Wert, können sich allerdings bei dem Kriterium der „Bedeutung der Sache" i.S.d. § 14 Abs. 1 niederschlagen oder auch bei dem Haftungsrisiko des Anwalts.

5. Mehrere Auftraggeber, VV 1008

27 Ist der Anwalt für mehrere Auftraggeber wegen desselben Gegenstands tätig, wird die Gebühr gemäß **VV 1008** um 0,3 je weiteren Auftraggeber erhöht, da es sich um eine Verfahrensgebühr handelt.

6. Gebührenbeträge

28 Die Gebührenbeträge richten sich nach § 13 Abs. 1. Für den gerichtlich bestellten oder beigeordneten Anwalt gelten ab einem Gegenstandswert von mehr als 4.000 EUR die verminderten Beträge des § 49.

7. In jedem Rechtszug (Anm. Abs. 3)

29 Die zusätzliche Verfahrensgebühr kommt für **jeden Rechtszug** in Betracht (**Anm. Abs. 3**), wobei die Gebühr im vorbereitenden Verfahren und im erstinstanzlichen Verfahren insgesamt nur einmal anfallen kann, wie der Formulierung „einschließlich" in Anm. Abs. 3 zu entnehmen ist. Diese Regelung ist erforderlich, da vorbereitendes Verfahren und erstinstanzliches gerichtliches Verfahren zwei verschiedene Angelegenheiten sind (§ 17 Nr. 10) und daher die Gebühren ansonsten gesondert anfielen (arg. e § 15 Abs. 2).

30 Unerheblich ist, in welchem Verfahren sie anfällt.[44]

> **Beispiel:** Gegen den Beschuldigten wird ermittelt. Gleichzeitig werden Gegenstände im Wert von 5.000 EUR beschlagnahmt. Anschließend wird Anklage erhoben und die Hauptverhandlung durchgeführt. Der Anwalt erhält die zusätzliche Verfahrensgebühr nach VV 4142 im vorbereitenden Verfahren. Im Verfahren vor dem Amtsgericht kann sie nicht erneut entstehen (Anm. Abs. 3).
>
> **I. Vorbereitendes Verfahren**
> 1. Grundgebühr, VV 4100   200,00 EUR
> 2. Verfahrensgebühr, VV 4104   165,00 EUR
> 3. 1,0-Verfahrensgebühr, VV 4142 (Wert: 5.000 EUR)   303,00 EUR
> 4. Postentgeltpauschale, VV 7002   20,00 EUR
>   Zwischensumme   688,00 EUR
> 5. 19 % Umsatzsteuer, VV 7008   130,72 EUR
> **Gesamt**   **818,72 EUR**
>
> **II. Verfahren vor dem Amtsgericht**
> 1. Verfahrensgebühr, VV 4106   165,00 EUR
> 2. Terminsgebühr, VV 4108   275,00 EUR
> 3. Postentgeltpauschale, VV 7002   20,00 EUR
>   Zwischensumme   460,00 EUR
> 4. 19 % Umsatzsteuer, VV 7008   87,40 EUR
> **Gesamt**   **547,40 EUR**
>
> **Beispiel:** Gegen den Beschuldigten wird ermittelt und anschließend Anklage erhoben. Hiernach werden Gegenstände im Wert von 5.000 EUR beschlagnahmt und die Hauptverhandlung durchgeführt.

---

43 OLG Karlsruhe NStZ-RR 2015, 96 = StRR 2015, 43 u. 156 = RVGreport 2015, 215.
44 *Burhoff*, RVG, VV 4142 Rn 13 ff.

Der Anwalt hat die zusätzliche Verfahrensgebühr nach VV 4142 jetzt im vorbereitenden Verfahren nicht verdient, sondern im Verfahren vor dem Amtsgericht.

I. Vorbereitendes Verfahren
1. Grundgebühr, VV 4100 — 200,00 EUR
2. Verfahrensgebühr, VV 4104 — 165,00 EUR
3. Postentgeltpauschale, VV 7002 — 20,00 EUR
   Zwischensumme — 385,00 EUR
4. 19 % Umsatzsteuer, VV 7008 — 73,15 EUR

Gesamt — 458,15 EUR

II. Verfahren vor dem Amtsgericht
1. Verfahrensgebühr, VV 4106 — 165,00 EUR
2. Terminsgebühr, VV 4108 — 275,00 EUR
3. 1,0-Verfahrensgebühr, VV 4142 (Wert: 5.000 EUR) — 303,00 EUR
4. Postentgeltpauschale, VV 7002 — 20,00 EUR
   Zwischensumme — 763,00 EUR
5. 19 % Umsatzsteuer, VV 7008 — 144,97 EUR

Gesamt — 907,97 EUR

Im Berufungs- und Revisionsverfahren kann die Gebühr dagegen erneut anfallen. **31**

Wird vom Rechtsmittelgericht die erstinstanzliche Entscheidung aufgehoben und die Sache zurückverwiesen, dann kann die zusätzliche Verfahrensgebühr im erstinstanzlichen Verfahren auch ein zweites Mal anfallen (§ 21 Abs. 1). Dies wird nicht durch Anm. Abs. 3 ausgeschlossen. Anm. Abs. 3 erfasst nur das vorbereitende und das sich hieran unmittelbar anschließende gerichtliche Verfahren. **32**

8. Ausschluss nach Anm. Abs. 2

Ausgeschlossen wird die zusätzliche Verfahrensgebühr, wenn der Gegenstandswert der Tätigkeit weniger als 20 EUR beträgt (**Anm. Abs. 2**). Erst wenn die Bagatellgrenze von 29,99 EUR überschritten ist, entsteht die Gebühr. Damit greift die Gebühr nicht bei der Einziehung von Gegenständen im Bagatellbereich, insbesondere also nicht bei der Einziehung nur geringwertiger Tatwerkzeuge. Diese Regelung dient der Vereinfachung bei der Festsetzung der anwaltlichen Gebühren und soll verhindern, dass die Mindestgebühr in sehr vielen Verfahren anfallen würde (zur Wertberechnung siehe Rdn 34 ff.) **33**

9. Gegenstandswert

Der Gegenstandswert (§ 2 Abs. 1), der für die zusätzliche Verfahrensgebühr maßgebend ist, richtet sich nach den §§ 22 ff. Die Werte mehrerer Gegenstände sind nach § 22 Abs. 1 zusammenzurechnen.[45] **34**

Maßgebender Zeitpunkt für die Bewertung ist der der anwaltlichen Tätigkeit. Auf den in der Hauptverhandlung gestellten Schlussantrag der Staatsanwaltschaft kommt es nicht an.[46] Ebenso wenig kommt es darauf an, in welcher Höhe das Gericht letztlich den Verfall von Wertersatz festgestellt hat.[47] **35**

Bei der Vertretung eines Einziehungsberechtigten ist dessen Interesse maßgebend; ist er nur Miteigentümer, kommt es nur auf seinen Anteil an; steht ihm nur ein dingliches Recht an der Sache zu, gilt § 6 ZPO. **36**

Bei Beschlagnahmen ist – ähnlich wie bei einem Arrest[48] – wegen der Vorläufigkeit ein Abschlag vorzunehmen.[49] **37**

---

[45] Hansens, BRAGO, § 88 Rn 5.
[46] OLG Oldenburg AGS 2010, 128 = NdsRpfl 2010, 94 = NJW 2010, 884 = StraFo 2010, 132 = RVGprof. 2010, 29; OLG Stuttgart RVGprof. 2010, 170.
[47] OLG Oldenburg AGS 2012, 67 = NStZ-RR 2011, 392 = NdsRpfl 2012, 21 = RVGprof. 2011, 161= RVGreport 2011, 393 = StRR 2012, 199.
[48] OLG Hamm AGS 2008, 175; OLG München AGS 2010, 542 = wistra 2010, 456 = NStZ-RR 2011, 32.
[49] Burhoff, RVG, VV 4142 Rn 25.

38 Maßgebend ist der **objektive Verkehrswert**.[50] Auch der Gegenstandswert eingezogener und sodann versteigerter Gegenstände richtet sich allein nach dem objektiven Verkehrswert, und weder nach dem später erzielten Versteigerungserlös noch nach der Anzahl der Täter bzw. dem wirtschaftlichen Interesse jedes einzelnen Täters an der Abwendung der Einziehung.[51]

39 **Falschgeld** hat keinen Wert;[52] **sonstige Fälschungen** können dagegen auch als Fälschung durchaus einen Wert haben, z.B. ein „echter Kujau".[53] Subjektive Interessen bleiben jedoch unberücksichtigt.

40 Nach der Rspr. hat auch **Rauschgift** keinen Wert.[54] Gegenstände, die lediglich einen subjektiven Unrechtswert hätten, wie Betäubungsmittel, die unter Verstoß gegen die Bestimmungen des BtMG in Besitz gehalten werden, haben danach regelmäßig keinerlei objektiven Verkehrswert, weil für den Besitzer jegliche Form der Veräußerung und der Weitergabe durch §§ 29 ff. BtMG ausnahmslos verboten und unter Strafe gestellt ist und auch den Strafverfolgungsbehörden nach der Einziehung mangels legaler Verwendbarkeit nur die Vernichtung der Betäubungsmittel bleibt. Dass die Betäubungsmittel für den Besitzer subjektiv einen Wert darstellen mögen, weil er – illegale – Verwertungsmöglichkeiten kennt, sei als rein subjektiver Unrechtswert irrelevant. Diese Rspr. ist insoweit bedenklich, als auch andere der Einziehung unterliegende Gegenstände grundsätzlich illegal sind.

41 Dagegen ist der Erlös aus der Veräußerung von Betäubungsmitteln in voller Höhe anzusetzen.[55]

42 Geht es um Einziehung eines **Streckmittels**, das erst illegal durch Verkauf verwertet werden soll, muss der objektive Wert ohne die durch das für Unbefugte unerlaubte Herstellen des Gemisches geschaffene Aussicht auf illegale Verwertungsmöglichkeit bestimmt werden. Die in der unerlaubten Anmischung für den illegalen Markt begründete Wertschöpfung muss außer Betracht bleiben. Es verbleibt deshalb dabei, die Preise für den Bezug der reinen Stoffe auf dem legalen Markt zugrunde zu legen.[56]

43 Umstritten ist, wie der Wert bei **unversteuerten Zigaretten** anzusetzen ist. Während nach einer Auffassung[57] auch hier entsprechend der Rspr. zu der Wertlosigkeit von Rauschgift und Betäubungsmitteln keinen Wert annimmt, bemisst das LG Essen unversteuerten Zigaretten dagegen einen Wert zu und bestimmt diesen nach dem Materialwert zuzüglich der üblichen Handelsspanne.[58] Das AG Hof[59] setzt den Gegenstandswert unversteuerter Zigaretten gemäß dem Schwarzmarktpreis pro Stange fest.

44 Auch ein **gestohlenes Auto** kann nur illegal verkauft werden und hat daher keinen Wert.[60] Ansonsten ist bei der Bemessung des Gegenstandswertes für einen **eingezogenen Pkw** vom Verkaufswert bzw. objektiven Verkehrswert auszugehen und nicht von einem späteren, gegebenenfalls niedrigeren Versteigerungserlös.[61]

45 In **Arrestverfahren** ist von einem Drittel der Hauptsache auszugehen.[62]

46 Beanstandet die Staatsanwaltschaft im Rechtsmittelverfahren, das Vorgericht habe zu Unrecht davon abgesehen, den Verfall von Wertersatz anzuordnen, bemisst sich der Gegenstandswert für die Tätigkeit des Verteidigers im Rechtsmittelverfahren nach dem wirtschaftlichen Interesse an der Abwehr

---

50 *Burhoff*, RVG, VV 4142 Rn 25.
51 OLG Bamberg AGS 2007, 192 = JurBüro 2007, 201; LG Aschaffenburg RVGprof. 2007, 29 = RVGreport 2007, 72.
52 OLG Frankfurt/M. RVGreport 2007, 71 = RVG-Letter 2007, 32.
53 *Burhoff*, RVG, VV 4142 Rn 25.
54 KG AGS 2005, 550; LG Göttingen AGS 2006, 75 m. krit. Anm. *Madert*; OLG Koblenz JurBüro 2006, 255 = AGS 2006, 237 = StraFo 2006, 215; AGS 2006, 236 = JurBüro 2006, 247 = Rpfleger 2006, 338 = RVGreport 2006, 191; OLG Frankfurt, Beschl. v. 15.11.2006 – 2 Ws 137/06 (zitiert nach juris und www.burhoff.de); OLG Schleswig StraFo 2006, 516; LG Göttingen AGS 2006, 75; AG Nordhorn AGS 2006, 238; LG Osnabrück NdsRpfl 2005, 158.
55 LG Magdeburg StRR 2008, 480.
56 OLG Schleswig, Beschl. v. 15.8.2006, 42 Ws 318/06 (zitiert nach www.burhoff.de).
57 OLG Brandenburg wistra 2010, 199 = NStZ-RR 2010, 192 = Rpfleger 2010, 392 = AGkompakt 2010, 100; LG Berlin, Beschl. v. 13.10.2006 – 536 Qs 250/06 (zitiert nach juris und www.burhoff.de).
58 LG Essen AGS 2006, 501 = RVGprof. 2006, 170.
59 AGS 2008, 80.
60 Siehe hierzu auch *Madert* in Anm. zu LG Göttingen, AGS 2006, 75.
61 OLG Bamberg AGS 2007,
62 OLG München AGS 2010, 542 = wistra 2010, 456 = NStZ-RR 2011, 32.

der Revision der Staatsanwaltschaft, soweit diese das Unterlassen einer Verfallsanordnung beanstandet hat.[63]

10. Wertfestsetzung

Da aus dem Wert der Einziehung keine Gerichtsgebühren entstehen, setzt das Gericht den Wert nicht von Amts wegen nach § 63 Abs. 1 GKG fest. Der Gegenstandswert wird vielmehr ausschließlich im Verfahren nach § 33 Abs. 1 nach Fälligkeit der Gebühr (§ 33 Abs. 1 S. 1) auf Antrag eines Beteiligten festgesetzt.[64] **47**

Antragsberechtigt sind der Verteidiger, der Beschuldigte sowie die erstattungspflichtige Staatskasse. Die Staatskasse ist darüber hinaus auch dann antragsberechtigt, wenn es um die Vergütung des bestellten oder beigeordneten Anwalts geht (§ 33 Abs. 2 S. 2). **48**

Gegen den Wertfestsetzungsbeschluss ist nach § 33 Abs. 3 die Beschwerde gegeben, sofern der Wert des Beschwerdegegenstands 200 EUR übersteigt (§ 33 Abs. 3 S. 1) oder das Erstgericht die Beschwerde zugelassen hat (§ 33 Abs. 3 S. 2). Allerdings ist die Beschwerde zum BGH ausgeschlossen (§ 33 Abs. 4 S. 3). **49**

Darüber hinaus kommt auch die weitere Beschwerde in Betracht, wenn das LG als Beschwerdegericht sie zugelassen hat (§ 33 Abs. 6). **50**

Die Beschwerdefrist beträgt zwei Wochen ab Zustellung des Beschlusses (§ 33 Abs. 3 S. 3). **51**

Hat das Gericht den Gegenstandswert festgesetzt und hat der Verteidiger von seinem Recht, gegen den Beschluss Beschwerde einzulegen, keinen Gebrauch gemacht, so dass dieser rechtskräftig wird, ist die Wertgebühr im Kostenfestsetzungsverfahren aus diesem Gegenstandswert zu berechnen.[65] Das gilt auch im Vergütungsfestsetzungsverfahren gegen die Landeskasse und im Verfahren nach § 11 gegen den Auftraggeber. Ebenso sind Landeskasse und Auftraggeber an eine Wertfestsetzung des Gerichts gebunden, wenn diese rechtskräftig geworden ist. **52**

C. Pauschgebühr

Die Bewilligung einer **Pauschgebühr** ist sowohl für den Wahlanwalt (§ 42 Abs. 1 S. 2) als auch für den beigeordneten Anwalt (§ 51 Abs. 1 S. 2) ausgeschlossen, da es sich um eine Wertgebühr handelt.[66] **53**

D. Durchsetzung und Erstattung

Gegenüber dem Mandanten kommt eine Festsetzung nach § 11 grundsätzlich in Betracht, da es sich um eine selbstständige Wertgebühr handelt.[67] Fraglich ist aber, ob eine isolierte Festsetzung dieser Gebühr möglich ist, wenn im Übrigen Rahmengebühren abzurechnen sind und die Zustimmungserklärung des Auftraggebers fehlt (siehe § 11 Rdn 117 f., 125 f.). **54**

Soweit ein Erstattungsanspruch gegen die Staatskasse besteht, kann der Beschuldigte auch die zusätzliche Verfahrensgebühr nach VV 4142 verlangen.[68] **55**

---

63 BGH wistra 2015, 35 = StraFo 2015, 38 = RVGreport 2015, 35; BGH NStZ-RR 2015, 159 = RVGreport 2015, 193.
64 *Burhoff*, RVG, VV 4142 Rn 25.
65 LG Koblenz, Beschl. v. 21.11.2011 – 9 Qs 144/11.
66 LG Rostock AGS 2011, 24 = RVGreport 2010, 417.
67 *Burhoff*, RVG, VV 4142 Rn 30.
68 *Burhoff*, RVG, VV 4142 Rn 31.

Nr.	Gebührentatbestand	Gebühr oder Satz der Gebühr nach § 13 oder § 49 RVG	
		Wahlanwalt	gerichtlich bestellter oder beigeordneter Rechtsanwalt
4143	Verfahrensgebühr für das erstinstanzliche Verfahren über vermögensrechtliche Ansprüche des Verletzten oder seines Erben	2,0	2,0
	(1) Die Gebühr entsteht auch, wenn der Anspruch erstmalig im Berufungsverfahren geltend gemacht wird.		
	(2) Die Gebühr wird zu einem Drittel auf die Verfahrensgebühr, die für einen bürgerlichen Rechtsstreit wegen desselben Anspruchs entsteht, angerechnet.		
4144	Verfahrensgebühr im Berufungs- und Revisionsverfahren über vermögensrechtliche Ansprüche des Verletzten oder seines Erben	2,5	2,5

Literatur: *Hergenröder*, Die Gebühren des Adhäsionsverfahrens, AGS 2006, 158 ff.; *N. Schneider*, Fünf Zweifelsfälle in Straf- und Bußgeldsachen, RGV-B 2005, 14; *ders.*, Die zusätzliche Gebühr nach Nr. 4141 im Privatklageverfahren, RVG-B 2005, 156; *ders.*, Unklarheiten bei der erhöhten Einigungs- und Erledigungsgebühr im Rechtsmittelverfahren, AnwBl 2005, 202; *ders.*, Anrechnung der Geschäftsgebühr im Adhäsionsverfahren, AGS 2005, 51; *ders.*, Anrechnung der Geschäftsgebühr im Adhäsionsverfahren, AGkompakt 2013, 2 ff.

A.	Allgemeines	1	
B.	Anwendungsbereich	7	
	I. Sachlicher Anwendungsbereich	7	
	II. Persönlicher Anwendungsbereich ...	9	
C.	Gebühren nach VV 4143, 4144	12	
D.	Gegenstandswert	26	
E.	Einigungsgebühr, VV 1000	35	
F.	Anrechnung (Anm. Abs. 2 zu VV 4143) ...	38	
	I. Allgemeines	38	
	II. Voraussetzungen	40	
	1. Derselbe Anwalt	40	
	2. Art des Auftrags im nachfolgenden Verfahren	41	
	3. Derselbe Antragsteller	43	
	4. Derselbe Gegenstand	44	
	5. Ausschluss nach § 15 Abs. 5 S. 2 ...	48	
	6. Nur erstinstanzliche Gebühr	49	
	III. Durchführung der Anrechnung ...	51	
G.	Vorgerichtliche Tätigkeit und Anrechnung auf die Gebühren der VV 4143, 4144 ...	56	
H.	Rechtsschutzversicherung	62	
I.	Prozesskostenhilfe	63	
J.	Erstreckung der Beiordnung	65	
K.	Pauschgebühr	67	
L.	Kostenentscheidung	68	
M.	Vergütungsfestsetzung	70	
N.	Analoge Anwendung auf Verfahren nach dem Gesetz über die Entschädigung für Strafverfolgungsmaßnahmen (StrEG) ...	72	
	I. Überblick	72	
	II. Grundverfahren	74	
	III. Beschwerde im Grundverfahren ...	76	
	IV. Betragsverfahren	78	
	V. Klage vor dem Landgericht	79	
	VI. Berufung	80	
	VII. Revision	81	
	VIII. Übersicht	82	

A. Allgemeines

1 Die VV 4143, 4144 regeln die Vergütung des Anwalts im **Adhäsionsverfahren**. Nach §§ 403 ff. StPO kann der Verletzte oder sein Erbe gegen den Beschuldigten einen aus der Straftat erwachsenen vermögensrechtlichen Anspruch im Strafverfahren – im Verfahren vor dem Amtsgericht oder im Rechtsmittelverfahren ohne Rücksicht auf den Wert des Streitgegenstandes – geltend machen. Dieses Verfahren sollte mit der Möglichkeit, zivilrechtliche Entschädigungsansprüche in Strafprozessen mitzuerledigen, für den Geschädigten eine erhebliche Erleichterung und für die Justiz eine Arbeitsentlastung bringen. Die Bedeutung des Adhäsionsverfahrens ist in der Praxis jedoch sehr gering. Hieran hat auch das Erste Gesetz zur Verbesserung der Stellung des Verletzten im Strafverfahren nichts geändert. Anwälte scheuen dieses Verfahren offenbar aus der Befürchtung, Gebührenverluste zu erleiden. Darüber hinaus stößt das Verfahren häufig auf die Missbilligung des Gerichts, weil sich Strafrichter nicht gerne mit zivilrechtlichen Ansprüchen auseinandersetzen. Da eine Entscheidung des Strafrichters trotz der Beschwerdemöglichkeit nach § 406a StPO auch nicht erzwungen werden kann (§ 405 StPO), wird das Adhäsionsverfahren auch weiterhin Zukunft nur eine untergeordnete

Rolle spielen, obwohl die Änderungen der VV 4143, 4144 zu einer erhöhten Attraktivität dieses Verfahrens führen sollten.

Im Gegensatz zum früheren § 89 BRAGO unterscheiden die VV 4143, 4144 nicht danach, ob der Anwalt ausschließlich hinsichtlich der im Adhäsionsverfahren erhobenen Ansprüche tätig wird, also nicht auch in der Strafsache selbst, oder ob er zusätzlich Verteidiger oder Vertreter des Nebenklägers oder eines anderen Beteiligten ist. Es entstehen immer (ggf. neben den Gebühren der VV 4100 ff.) die zusätzlichen Gebühren nach VV 4143, 4144 (VV Vorb. 4.3 Abs. 2).

Die Gebühr nach VV 4143 regelt die Vergütung des Anwalts, wenn vermögensrechtliche Ansprüche im **erstinstanzlichen Verfahren** geltend gemacht werden. Die Vorschrift gilt auch dann, wenn die Ansprüche erstmalig im Berufungsverfahren erhoben werden (Anm. Abs. 1 zu VV 4143).

In **Anm. Abs. 2 zu VV 4143** ist eine Anrechnung der Gebühren nach VV 4143 vorgesehen, wenn der Anwalt anschließend wegen desselben Anspruchs im bürgerlichen Rechtsstreit tätig wird.

Wird die **Berufung** auch über die im Adhäsionsverfahren geltend gemachten Ansprüche geführt, so richtet sich die Vergütung nach **VV 4144**. Eine Anrechnung auf ein nachfolgendes Verfahren vor dem Zivilgericht ist hier nicht vorgesehen.

Eine Verweisung auf die Einigungsgebühr, wie sie noch in § 89 Abs. 4 BRAGO für den Vergleich angeordnet war, ist ebenfalls nicht mehr vorgesehen. Dass eine Einigungsgebühr möglich ist, ergibt sich schon aus der Stellung der Einigungsgebühr in VV Teil 1 (Allgemeine Gebühren) und für das Privatklageverfahren zudem aus Anm. zu VV 4147.

B. Anwendungsbereich

I. Sachlicher Anwendungsbereich

Die Vorschriften der VV 4143, 4144 gelten unmittelbar nur für Ansprüche, die im **Adhäsionsverfahren** nach den §§ 403 ff. StPO geltend gemacht werden.

In **Verfahren nach §§ 1 ff. (Grundverfahren) des Gesetzes über die Entschädigung für Strafverfolgungsmaßnahmen (StrEG)** sind die VV 4143, 4144 entsprechend anzuwenden.[1] Im **Verfahren nach §§ 10 ff. StrEG** (Betragsverfahren) vor den Zivilgerichten (§ 13 StrEG) gelten dagegen die VV 3100 ff.[2]

II. Persönlicher Anwendungsbereich

Die VV 4143, 4144 gelten sowohl für den **Verteidiger**, der anlässlich der Verteidigung für den Beschuldigten gleichzeitig auch die gegen den Angeklagten nach §§ 403 ff. StPO erhobenen Ansprüche abwehrt, sowie für den **Pflichtverteidiger**[3] (zur Frage des Umfangs der Beiordnung siehe Rdn 65 ff.).

Darüber hinaus gelten die VV 4143, 4144 für den Anwalt, der **ausschließlich** damit beauftragt ist, die erhobenen Ansprüche abzuwehren, ohne aber gleichzeitig Verteidiger zu sein (VV Vorb. 4.3 Abs. 2).[4] Hierzu zählen auch die Fälle, in denen nur die Entscheidung über die geltend gemachten Ansprüche angefochten worden ist, nicht aber auch die strafrechtliche Verurteilung. Dann betrifft die Tätigkeit im Rechtsmittelverfahren nur noch die vermögensrechtlichen Ansprüche.

Ferner gelten die Vorschriften der VV 4143, 4144 aber auch für den **Vertreter eines Privat- oder Nebenklägers**, der für den Verletzten Ansprüche im Adhäsionsverfahren geltend macht.[5] Dies ergibt sich aus der Verweisung in VV Vorb. 4 Abs. 1. Soweit der Anwalt **ausschließlich** damit beauftragt ist, für den Verletzten oder seine Erben Ansprüche, die aus der Straftat erwachsen sind, geltend zu machen, gelten die VV 4143, 4144 ebenfalls (VV Vorb. 4.3 Abs. 2).

---

1 *Burhoff*, RVG, VV 4143 Rn 6; *Hartmann*, KostG, VV 4143, 4144, Rn 4.
2 *Burhoff*, RVG, VV 4143 Rn 6; vorgerichtlich gilt insoweit VV 2300 (*Burhoff*, RVG, VV 4143 Rn 5).
3 OLG Saarbrücken Rpfleger 1999, 507.
4 *Burhoff*, RVG, VV 4143 Rn 11.
5 *Burhoff*, RVG, VV 4143 Rn 11; *Hartmann*, KostG, VV 4143, 4144 Rn 7.

C. Gebühren nach VV 4143, 4144

12 Ist der Anwalt sowohl in der Strafsache selbst tätig – sei es als Verteidiger oder als Vertreter des Privat- oder Nebenklägers – als auch hinsichtlich der im Adhäsionsverfahren geltend gemachten Ansprüche, so erhält er für den strafrechtlichen Teil die Gebühren nach den VV 4100 ff.; insoweit gelten die allgemeinen Vorschriften. Darüber hinaus erhält er für seine Tätigkeit hinsichtlich der vermögensrechtlichen Ansprüche zusätzlich eine Wertgebühr nach VV 4143, 4144. Die Höhe der Gebühr richtet sich nach der jeweiligen Instanz:

13 Im **ersten Rechtszug** erhält der Anwalt nach **VV 4143** eine **2,0-Gebühr**. Das gilt nach Anm. Abs. 1 auch dann, wenn im Berufungsverfahren erstmals ein Antrag nach § 403 StPO gestellt wird (Anm. Abs. 1 zu VV 4143).

14 Im **vorbereitenden Verfahren** kann eine Gebühr nach VV 4143 nicht entstehen. Die Vorschrift spricht ausdrücklich vom erstinstanzlichen gerichtlichen Verfahren, zumal im vorbereitenden Verfahren noch kein Adhäsionsverfahren stattfindet und daher auch noch kein Antrag gestellt werden kann. Tätigkeiten außerhalb des gerichtlichen Verfahrens werden daher durch VV 2300 vergütet.

15 Im **Berufungs- und Revisionsverfahren** erhält der Anwalt nach **VV 4144** eine **2,5-Gebühr**. Voraussetzung hierfür ist allerdings, dass die vermögensrechtlichen Ansprüche bereits erstinstanzlich anhängig waren (Anm. Abs. 1 zu VV 4143). Darauf, ob auch der Berufungsanwalt bereits erstinstanzlich tätig war, kommt es nicht an.[6]

16 Die Höhe der **Gebühr** richtet sich nach den Beträgen des § 13, für den gerichtlich bestellten oder beigeordneten Anwalt ab einem Gegenstandswert von über 4.000 EUR nach den Beträgen des **§ 49**.[7]

17 Anzuwenden ist **VV 1008**, da es sich um eine Verfahrensgebühr handelt.[8] Vertritt der Anwalt **mehrere Auftraggeber**, so handelt es sich um eine Angelegenheit, so dass die Gebühren der VV 4143, 4144 nur einmal je Instanz entstehen.[9] Dabei ist zu differenzieren:
- Machen die verschiedenen Adhäsionskläger Ansprüche geltend, an denen sie **gemeinschaftlich** beteiligt sind, erhöhen sich sowohl die 2,0-Gebühr der VV 4143 als auch die 2,5-Gebühr der VV 4144 um jeweils 0,3 je weiteren Auftraggeber höchstens um 2,0.
- Machen die verschiedenen Auftraggeber **jeweils eigene Ersatzansprüche** geltend, so gilt § 22 Abs. 1, so dass die Mehrarbeit des Anwalts durch die Erhöhung des Gegenstandswerts vergütet wird.

18 Wegen des Verbots der Mehrfachverteidigung wird die Anwendung der VV 1008 nur für den Anwalt als Vertreter der Verletzten in Betracht kommen oder für den Anwalt, der mehrere Beschuldigte ausschließlich im Verfahren nach §§ 403 ff. StPO vertritt.

Beispiel: A ist bei einem Verkehrsunfall getötet worden. Der Unfallverursacher wird wegen fahrlässiger Tötung angeklagt. Die beiden hinterbliebenen Kinder machen als Nebenkläger im Adhäsionsverfahren Unterhaltsansprüche i.H.v. jeweils monatlich 1.000 EUR geltend sowie Ersatz des bei dem Unfall entstandenen Sachschadens (30.000 EUR).

Die Unterhaltsansprüche stehen den beiden hinterbliebenen Kindern jeweils alleine zu. Die Werte dieser Ansprüche (jeweils 420.000 EUR, § 23 Abs. 1 S. 1, 3 i.V.m. 48 Abs. 1 S. 1 GKG. § 9 ZPO) sind nach § 22 Abs. 1 zu addieren. VV 1008 findet insoweit keine Anwendung. Der Ersatz des Sachschadens steht beiden Kindern dagegen gemeinschaftlich in ungeteilter Erbengemeinschaft zu. Insoweit erhöht sich der Gebührensatz um 0,3. Zu beachten ist § 15 Abs. 3.

Die Verfahrensgebühren nach den VV 4100 ff. erhöhen sich dagegen immer, da es hier nicht auf eine gemeinschaftliche Beteiligung ankommt.

Zu rechnen ist wie folgt:

I. Vorbereitendes Verfahren
1. Grundgebühr, VV 4100   200,00 EUR
2. Verfahrensgebühr, VV 4104, 1008   214,50 EUR

---

[6] *Burhoff*, RVG, VV 4144 Rn 5; *Hartmann*, KostG, VV 4143, 4144 Rn 10.
[7] OLG Köln AGS 2009, 29 = StraFo 2009, 87 = VRR 2009, 43.
[8] OLG Brandenburg AGS 2009, 325 = RVGreport 2009, 341; *Burhoff*, RVG, VV 4143 Rn 17.
[9] OLG Düsseldorf AGS 2014, 176 = RVGreport 2014, 227 = RVGprof. 2014, 115.

3. Postentgeltpauschale, VV 7002		20,00 EUR
Zwischensumme	434,50 EUR	
4. 19 % Umsatzsteuer, VV 7008		82,56 EUR
Gesamt		**517,06 EUR**
II. Gerichtliches Verfahren		
1. Verfahrensgebühr, VV 4106, 1008		214,50 EUR
2. Terminsgebühr, VV 4108		275,00 EUR
3. 2,0-Gebühr, VV 4143		
(Wert: 840.000 EUR)	8.526,00 EUR	
4. 2,3-Gebühr, VV 4143, 1008		
(Wert: 30.000 EUR)	1.984,90 EUR	
gem. § 15 Abs. 3 nicht mehr als		
2,3 aus 870.000 EUR		10.149,90 EUR
5. Postentgeltpauschale, VV 7002		20,00 EUR
Zwischensumme	10.659,40 EUR	
6. 19 % Umsatzsteuer, VV 7008		2.025,29 EUR
Gesamt		**12.684,69 EUR**

Die Gebühren der VV 4143, 4144 entstehen mit der ersten Tätigkeit, also in der Regel mit der **Entgegennahme der Information** (VV Vorb. 4 Abs. 2).[10]

Nach einer zum Teil vertretenen Auffassung soll die Gebühr nach VV 4143 dagegen erst entstehen, wenn der Anwalt gegenüber dem Gericht tätig wird, beginnend mit der Erklärung, dass der Anspruch geltend gemacht werde bzw. dass der von der Gegenseite geltend gemachte Anspruch abgewiesen werden solle.[11] Diese Auffassung findet im Gesetz jedoch keine Stütze. Bei den Gebühren der VV 4143, 4144 handelt es sich um Pauschgebühren, die das gesamte Verfahren abdecken (VV Vorb. 4.1 Abs. 2 S. 1). Eine Differenzierung danach, welche Tätigkeit der Anwalt bereits vorgenommen hat, insbesondere, ob er bereits gegenüber dem Gericht tätig geworden ist oder nicht, ob er an einer Hauptverhandlung teilgenommen hat o.Ä., fehlt. Das Entstehen der Gebühr nach VV 4143 hängt daher insbesondere nicht von einem förmlichen Antrag nach § 404 Abs. 1 StPO ab. Die Verfahrensgebühr entsteht vielmehr bereits mit der ersten Tätigkeit des Anwalts, sofern dieser beauftragt ist, im Strafverfahren hinsichtlich des vermögensrechtlichen Anspruchs tätig zu werden.[12] Das kann auch bei einer bloßen Einigung der Fall sein, also wenn kein Adhäsionsantrag gestellt worden ist, im Termin jedoch eine Einigung über vermögensrechtliche Ansprüche erzielt wird.[13]

Für die Gebühr genügt es sogar, wenn ein vermögensrechtlicher Anspruch im Strafverfahren mit erledigt wird. Der Anfall dieser Verfahrensgebühr ist nicht von einem förmlichen Antrag nach § 406 Abs. 1 StPO abhängig.[14] Nicht ausreichend ist dagegen die im Einverständnis des Angeklagten erfolgte Erteilung einer Zahlungsauflage zugunsten des Geschädigten im Rahmen eines Bewährungsbeschlusses.[15]

Auch die Vorschrift der VV 3101 Nr. 1 ist nicht anwendbar, da der Anwalt nach dem ausdrücklichen Gesetzeswortlaut keine Gebühr nach VV 3100 ff. erhält, sondern an ihrer Stelle eine feste Pauschgebühr.

Ebenso wenig ist auch VV 3101 Nr. 2 anwendbar. Wird eine Einigung auch über nicht anhängige Ansprüche geschlossen, so erhält der Anwalt keine Differenzgebühr entsprechend VV 3101 Nr. 2. Vielmehr erhöhen sich die Gebühren der VV 4143, 4144 um den Wert derjenigen Ansprüche, die in die Einigung mit einbezogen werden (Berechnungsbeispiel siehe Rdn 35).

Im Rechtsmittelverfahren ist allerdings § 19 Abs. 1 S. 2 Nr. 10 zu beachten. Das Einlegen des Rechtsmittels zählt für den Verteidiger der Vorinstanz noch zur Angelegenheit und löst keine gesonderte Vergütung aus. Für ihn entsteht die VV 4144 daher erst mit weiterer Tätigkeit. Gleiches gilt

---

10 *Burhoff*, RVG, VV 4143 Rn 8.
11 *Hartmann*, KostG, VV 4143, 4144 Rn 8.
12 OLG Jena AGS 2009, 587 = NJW 2010, 455 = JurBüro 2010, 82 = Rpfleger 2010, 235 = RVGprof. 2010, 4 = RVGreport 2010, 106 = StRR 2010, 114.
13 OLG Nürnberg AGS 2014, 18 = AnwBl 2014, 93 = StraFo 2014, 37 = JurBüro 2014, 135 = RVGreport 2014, 72 = NStZ-RR 2014, 63 = RVGprof. 2014, 97.
14 LG Braunschweig RVGreport 2012, 299; LG Hanau, Beschl. v. 2.9.2014 – 3 Qs 68/14.
15 LG Hanau, Beschl. v. 2.9.2014 – 3 Qs 68/14.

für den Anwalt, der lediglich im Adhäsionsverfahren vertritt. Unabhängig davon, dass sich die Gebühren nach dem Wert berechnen, gilt auch für ihn § 19 Abs. 1 S. 2 Nr. 10.

25 Für die Gebühr nach VV 4143, 4144 ist es unerheblich, neben welcher weiteren Gebühr sie anfällt. Die Gebühr kann also neben allen Gebühren der VV 4100 ff. entstehen.

D. Gegenstandswert

26 Die Gegenstandswerte für die Gebühren der VV 4143, 4144 berechnen sich nach den §§ 22 ff. Die Werte mehrerer Gegenstände werden zusammengerechnet (§ 22 Abs. 1). Die Bewertungsvorschriften des GKG gelten auch hier über § 23 Abs. 1 S. 1 entsprechend,[16] insbesondere auch § 48 Abs. 1 S. 1 i.V.m. 9 ZPO.

27 Wird ein bezifferter Geldbetrag geltend macht, etwa Schadensersatz oder Schmerzensgeld, so ist dieser Betrag maßgebend (§ 23 Abs. 1 S. 1 RVG, § 48 Abs. 1 S. 1 GKG, § 3 ZPO).

28 Wird wegen der Tötung eines Menschen oder der Verletzung des Körpers oder der Gesundheit Schadensersatz durch Entrichtung einer Geldrente verlangt, ist der dreieinhalbfache Betrag des einjährigen Bezuges maßgebend, sofern der Gesamtbetrag der geforderten Leistungen nicht geringer ist (§ 48 Abs. 1 S. 1 GKG i.V.m. § 9 ZPO).

29 Soweit bei Klageeinreichung – also bei Einreichung des Adhäsionsantrags – fällige Beträge zusätzlich geltend gemacht werden, ist der Wert um die bei Einreichung fälligen Beträge zu erhöhen (analog § 42 Abs. 3 S. 1 GKG). Der Einreichung der Klage steht die Einreichung eines Antrags auf Bewilligung von Prozesskostenhilfe gleich, wenn die Klage alsbald nach Mitteilung der Entscheidung über den Antrag oder über eine alsbald erhobene Beschwerde eingereicht wird (analog § 42 Abs. 3 S. 2 GKG).

30 Der Wert für die Gebühren nach VV 4143, 4144 ist vom Gericht gemäß § 32 festzusetzen, wenn Gerichtsgebühren anfallen, also dann, wenn ein Urteil im Adhäsionsverfahren ergeht (GKG-Kostverz. 3700).

31 Gegen diese Entscheidung ist nach § 32 Abs. 2 RVG i.V.m. § 68 GKG die Beschwerde gegeben. Die Zuständigkeit folgt aus § 121 GVG.[17] Erforderlich ist, dass der Wert des Beschwerdegegenstands den Betrag von 200 EUR übersteigt (§ 32 Abs. 2 S. 2 RVG; § 68 Abs. 1 S. 1 GKG) oder das Gericht die Beschwerde zugelassen hat (§ 32 Abs. 2 S. 2 RVG; § 68 Abs. 1 S. 2 GKG). Die Beschwerde ist auch gegen die erstmalige Festsetzung des LG als Berufungsgericht zulässig. Ebenso kommt eine weitere Beschwerde in Betracht (§ 32 Abs. 2 S. 2 RVG; § 68 Abs. 1 S. 5 i.V.m. § 66 Abs. 4 GKG).

32 Ergeht kein Urteil, so ist das Adhäsionsverfahren gerichtsgebührenfrei, so dass keine Bindung nach § 32 eintreten kann. Das Gericht hat dann nach § 33 Abs. 1 auf Antrag eines Beteiligten den Wert festzusetzen.

33 Auch diese Festsetzung kann mit der Beschwerde angefochten werden (§ 33 Abs. 3). Zur Zulässigkeit, die hier aus § 33 Abs. 3 folgt (siehe Rdn 31, wobei hier allerdings die Beschwerdefrist nur zwei Wochen beträgt, § 33 Abs. 2 S. 3).

34 Der Wert ist für **jede Instanz** gesondert festzusetzen. Insoweit gilt über § 23 Abs. 1 auch § 40 GKG entsprechend.

> **Beispiel:** Im Strafverfahren vor dem AG beantragt der Privatkläger ein Schmerzensgeld i.H.v. 2.000 EUR. Das Gericht erkennt auf 1.000 EUR. Hiergegen wendet sich der Privatkläger mit der Berufung zum LG, die sich nicht auch gegen die strafrechtliche Verurteilung richtet; der Verurteilte legt kein Rechtsmittel ein. Für das Verfahren vor dem AG gilt ein Gegenstandswert von 2.000 EUR, für das Berufungsverfahren beträgt er 1.000 EUR (§ 40 GKG).
> **I. Erstinstanzliches Verfahren vor dem AG**
> 1. Grundgebühr, VV 4100   200,00 EUR
> 2. Verfahrensgebühr, VV 4106   165,00 EUR
> 3. Terminsgebühr, VV 4108   275,00 EUR

---

[16] *Hartmann*, KostG, VV 4143, 4144 Rn 13.
[17] Ausführlich OLG Hamm AGS 2003, 320 m. Anm. *N. Schneider*.

4. 2,0-Gebühr, VV 4143
   (Wert: 2.000 EUR)   300,00 EUR
5. Postentgeltpauschale, VV 7002   20,00 EUR
   Zwischensumme   960,00 EUR
6. 19 % Umsatzsteuer, VV 7008   182,40 EUR
Gesamt   **1.142,40 EUR**

II. Berufungsverfahren vor dem LG
1. 2,5-Gebühr, VV 4144
   (Wert: 1.000 EUR)   200,00 EUR
2. Postentgeltpauschale, VV 7002   20,00 EUR
   Zwischensumme   220,00 EUR
3. 19 % Umsatzsteuer, VV 7008   41,80 EUR
Gesamt   **2.61,80 EUR**

E. Einigungsgebühr, VV 1000

Zusätzlich zu den Gebühren nach VV 4143, 4144 kann der Anwalt eine Einigungsgebühr nach VV 1000 ff. verdienen, wenn er an einer Einigung mitwirkt.[18]

– Soweit es sich um Ansprüche handelt, die im Adhäsionsverfahren geltend gemacht sind, erhält der Anwalt eine 1,0-Einigungsgebühr nach VV 1000, 1003.[19]
– Soweit Ansprüche in die Einigung miteinbezogen werden, die nicht anhängig sind, erhält der Anwalt die 1,5-Einigungsgebühr der VV 1000. Gleichzeitig erhöht sich der Wert für die Gebühr nach VV 4143, 4144; eine Differenzgebühr entsprechend VV 3101 Nr. 2 fällt hier nicht an (siehe Rdn 23).

Beispiel: Der Nebenkläger macht im Strafverfahren vor dem AG 2.000 EUR Schadensersatz geltend. Er einigt sich in der Hauptverhandlung mit dem Angeklagten dahingehend, dass auf den Schadensersatz 1.000 EUR gezahlt werden und auf das bislang noch nicht geltend gemachte Schmerzensgeld weitere 5.000 EUR.

Die Gebühr der VV 4143 berechnet sich gemäß § 22 Abs. 1 aus dem Gesamtwert von 7.000 EUR. Hinsichtlich der Einigungsgebühr ist nach § 15 Abs. 3 nach den Teilwerten zu differenzieren:

1. Grundgebühr, VV 4100   200,00 EUR
2. Verfahrensgebühr, VV 4106   165,00 EUR
3. Terminsgebühr, VV 4108   275,00 EUR
4. 2,0-Gebühr, VV 4143
   (Wert: 7.000 EUR)   810,00 EUR
5. 1,0-Einigungsgebühr, VV 1000, 1003
   (Wert: 2.000 EUR)   150,00 EUR
6. 1,5-Einigungsgebühr, VV 1000
   (Wert: 5.000 EUR)   454,50 EUR
   der Höchstbetrag des § 15 Abs. 3, nicht mehr als
   1,5 aus 7.000 EUR, ist nicht erreicht   607,50 EUR
7. Postentgeltpauschale, VV 7002   20,00 EUR
   Zwischensumme   2.074,50 EUR
8. 19 % Umsatzsteuer, VV 7008   394,16 EUR
Gesamt   **2.468,66 EUR**

– Soweit kein Adhäsionsantrag gestellt war, es dennoch zu einer Einigung über vermögensrechtliche Ansprüche kommt, entsteht nur die 1,5-Einigungsgebühr. Gleichzeitig entsteht durch den Vergleich die Gebühr nach VV 4143, 4144; eine ermäßigte Gebühr entsprechend VV 3101 Nr. 2 fällt auch hier nicht an (siehe Rdn 23). Die Gegenauffassung,[20] die hier zwar eine 2,0 Verfahrensgebühr nach VV 4143, aber lediglich eine 1,0 Einigungsgebühr nach VV 1003 gewähren will, ist mit dem Gesetz nicht vereinbar. Durch einen Vergleich werden die vermögensrechtlichen Ansprüche nicht anhängig.

---

18 *Burhoff*, RVG, VV 4143 Rn 18.
19 OLG Köln AGS 2009, 29 = StraFo 2009, 87 = VRR 2009, 43.
20 OLG Nürnberg AGS 2014, 18 = AnwBl 2014, 93 = StraFo 2014, 37 = JurBüro 2014, 135 = RVGreport 2014, 72 = NStZ-RR 2014, 63 = RVGprof. 2014, 97.

36 Wird die **Einigung im Berufungsverfahren** geschlossen, so erhöht sich die 1,0-Einigungsgebühr auf 1,3 (VV 1004), es sei denn, die Ansprüche sind erstmals im Berufungsverfahren geltend gemacht worden. In diesem Fall gilt Anm. Abs. 1 zu VV 4143 entsprechend, wonach es bei dem einfachen, nicht erhöhten Gebührensatz verbleibt.[21] Die 1,5-Gebühr bleibt dagegen in allen Instanzen unverändert.

37 Die Einigungsgebühr nach VV 1000 ff. erhält der Anwalt auch neben einer eventuellen Gebühr aus VV 4147 (Anm. zu VV 4147).

F. Anrechnung (Anm. Abs. 2 zu VV 4143)

I. Allgemeines

38 Kommt es nach Abschluss des Adhäsionsverfahrens wegen desselben Gegenstands zu einem Rechtsstreit vor dem Zivilgericht, so ist die Gebühr aus VV 4143 unter den Voraussetzungen der Anm. Abs. 2 zu VV 4143 anzurechnen. Das Gleiche gilt auch, wenn der Anwalt ausschließlich hinsichtlich der vermögensrechtlichen Ansprüche beauftragt worden ist.[22] Bei dem nachfolgenden Zivilverfahren kann es sich auch um ein arbeitsgerichtliches Verfahren handeln. Eine eventuelle Einigungsgebühr nach VV 1000 ff. ist dagegen nie anzurechnen.

39 Im Gegensatz zum bisherigen Recht ist eine **Anrechnung** jetzt **nur** noch für die **erstinstanzlichen** Gebühren vorgesehen, was sich daraus ergibt, dass die Anrechnungsvorschrift nur in der Anm. zu VV 4143 enthalten ist, nicht auch in VV 4144, und dass auch in VV 4144 nicht auf die Anm. zu VV 4143 verwiesen wird.[23]

II. Voraussetzungen

1. Derselbe Anwalt

40 Voraussetzung für eine Anrechnung ist zunächst, dass derselbe Anwalt, der im erstinstanzlichen Adhäsionsverfahren tätig war, auch im nachfolgenden Zivilrechtsstreit beauftragt wird.

2. Art des Auftrags im nachfolgenden Verfahren

41 Der Anwalt im Zivilverfahren muss nicht mehr als **Prozessbevollmächtigter** tätig werden – so aber noch § 89 BRAGO.[24] Der Wortlaut der neuen Anrechnungsbestimmung ist weiter gefasst als der der BRAGO. Dies ist auch richtig. Anderenfalls könnte der mit einer Einzeltätigkeit im Zivilprozess beauftragte Anwalt mehr verdienen als der Prozessbevollmächtigte.

42 Die Anrechnungsbestimmung gilt also nicht nur für den Prozessbevollmächtigten, sondern u.a. auch für den Korrespondenzanwalt (VV 3400), den Terminsvertreter (VV 3401) oder den mit einer Einzeltätigkeit nach VV 3403 beauftragten Anwalt, insbesondere auch den Anwalt im Mahnverfahren (VV 3309); der Begriff Rechtsstreit ist nicht zu wörtlich zu nehmen.

3. Derselbe Antragsteller

43 Der Antragsteller muss identisch sein. Unschädlich ist allerdings eine Rechtsnachfolge, etwa wenn der Verletzte verstirbt und sein Erbe die Ansprüche vor dem Zivilgericht weiterverfolgt.

---

21 *N. Schneider*, AnwBl 2005, 202; *Burhoff*, RVG, VV 4144 Rn 7.
22 *Hartmann*, KostG, VV 4143, 4144 Rn 17.
23 *Burhoff*, RVG, VV 4144 Rn 8.
24 So aber *Hartmann*, KostG, VV 4143, 4144 Rn 16; ebenso *Burhoff*, RVG, VV 4143 Rn 25.

4. Derselbe Gegenstand

Der Gegenstand der anwaltlichen Tätigkeit im Zivilverfahren muss derselbe sein wie im Adhäsionsverfahren. Hierzu zählen folgende Fälle:
- Das Gericht sieht im Adhäsionsverfahren gemäß § 405 StPO von einer Entscheidung ab; derselbe Anspruch wird im Zivilverfahren anschließend nochmals geltend gemacht.
- Der Verletzte oder sein Erbe nimmt den Antrag im Adhäsionsverfahren zurück (§ 404 Abs. 4 StPO) und macht die Ansprüche anschließend im Zivilverfahren geltend.
- Das Strafgericht entscheidet gemäß § 405 StPO nur über den Grund des Anspruchs, so dass zur Höhe Klage vor dem Zivilgericht erhoben wird.
- Die Parteien einigen sich nur über den Grund oder die Haftungsquote der Ersatzforderung, so dass zur Höhe Klage vor dem Zivilgericht erhoben wird.
- Der Strafrichter entscheidet gemäß § 405 StPO nur über einen Teil der geltend gemachten Forderungen; soweit nicht entschieden wird, erhebt der Verletzte oder sein Erbe Klage von dem Zivilgericht. Jetzt erfolgt allerdings nur eine Anrechnung nach dem betreffenden Teilwert.
- Das Verfahren wird eingestellt, so dass es nicht zur Entscheidung über die geltend gemachten Ansprüche kommt und diese erneut vor dem Zivilgericht eingeklagt werden.
- Es wird keine Anklage erhoben oder das Hauptverfahren wird nicht eröffnet, so dass es erst gar nicht zur Antragstellung kommt und die Ansprüche im Zivilverfahren eingeklagt werden müssen.
- Der Angeklagte wird freigesprochen und der Antrag im Adhäsionsverfahren abgewiesen. Ungeachtet dessen macht der Verletzte seine Ansprüche im Zivilverfahren erneut geltend.

An „demselben Anspruch" fehlt es, wenn das Strafgericht über andere Ansprüche zu befinden hatte, als später im Zivilverfahren geltend gemacht werden.

> **Beispiel:** Im Adhäsionsverfahren fordert der Verletzte Schmerzensgeld, im anschließenden Zivilrechtsstreit verlangt er Verdienstausfall.

Ebenfalls fehlt es an „demselben Anspruch", wenn die Parteien im Adhäsionsverfahren eine Einigung schließen, die nicht protokolliert wird, die wegen eines Formmangels nicht vollstreckbar ist oder die keinen vollstreckungsfähigen Inhalt hat, und daraufhin die Ansprüche vor dem Zivilgericht nochmals eingeklagt werden. Gegenstand des Zivilrechtsstreits sind dann nicht die ursprünglichen Forderungen, sondern der Anspruch aus der Einigung, so dass keine Identität der Ansprüche vorliegt.

An demselben Gegenstand fehlt es auch, wenn gegen die Entscheidung im Adhäsionsverfahren vor dem Zivilgericht Vollstreckungsgegenklage, etwa wegen einer zwischenzeitlichen Zahlung oder Aufrechnung erhoben wird.

5. Ausschluss nach § 15 Abs. 5 S. 2

Eine Anrechnung unterbleibt nach § 15 Abs. 5 S. 2 ferner dann, wenn zwischen der Beendigung des Adhäsionsverfahrens und der Einleitung des Zivilverfahrens mehr als zwei Kalenderjahre liegen.

6. Nur erstinstanzliche Gebühr

Die Anrechnung gilt nur für die Gebühr der VV 4143. Nur die im **ersten Rechtszug** angefallene 2,0-Gebühr nach VV 4143 wird auf die Gebühren eines erstinstanzlichen Zivilverfahrens angerechnet. Gleiches gilt allerdings, wenn die Ansprüche erstmals im Berufungsverfahren geltend gemacht worden sind. Auch in diesem Fall ist die 2,0-Gebühr (Anm. Abs. 1 zu VV 4143) auf die Gebühren des erstinstanzlichen Zivilverfahrens anzurechnen.

Die im **Berufungs- oder Revisionsverfahren** angefallene 2,5-Gebühr nach VV 4144 wird im Gegensatz zum früheren Recht dagegen nicht angerechnet, und zwar weder auf die Gebühren eines erstinstanzlichen zivilrechtlichen Verfahrens noch auf die eines zivilrechtlichen Rechtsmittelverfahrens.

III. Durchführung der Anrechnung

51 Anzurechnen auf die Gebühren des Zivilverfahrens ist jetzt nur noch **ein Drittel** (nach § 89 Abs. 2 S. 1 BRAGO: zwei Drittel) der im Adhäsionsverfahren nach VV 4143 angefallenen Gebühr. Nicht anzurechnen ist eine im Adhäsionsverfahren angefallene Einigungsgebühr.

52 Auch Auslagen bleiben von der Anrechnung ausgenommen. Die Pauschale nach VV 7002 entsteht jeweils gesondert.

53 Angerechnet wird jetzt auch nur noch auf die Verfahrensgebühr des Zivilverfahrens, nicht mehr auf alle Gebühren, so aber noch nach § 89 BRAGO.

Beispiel: Im Adhäsionsverfahren wird von dem Privatkläger ein Schmerzensgeld i.H.v. 4.000 EUR geltend gemacht. Das Gericht sieht gemäß § 405 StPO von einer Entscheidung ab. Anschließend wird das Schmerzensgeld vor der Zivilabteilung des AG eingeklagt. Nach Verhandlung einigen sich die Parteien.

I. Strafverfahren
1. Vorbereitendes Verfahren
1. Grundgebühr, VV 4100 — 200,00 EUR
2. Verfahrensgebühr, VV 4104 — 165,00 EUR
3. Postentgeltpauschale, VV 7002 — 20,00 EUR
   Zwischensumme — 385,00 EUR
4. 19 % Umsatzsteuer, VV 7008 — 73,15 EUR
Gesamt — 458,15 EUR

2. Gerichtliches Verfahren
1. Verfahrensgebühr, VV 4106 — 165,00 EUR
2. Terminsgebühr, VV 4108 — 275,00 EUR
3. 2,0-Gebühr, VV 4143
   (Wert: 4.000 EUR) — 504,00 EUR
4. Postentgeltpauschale, VV 7002 — 20,00 EUR
   Zwischensumme — 964,00 EUR
5. 19 % Umsatzsteuer, VV 7008 — 183,16 EUR
Gesamt — 1.147,16 EUR

II. Verfahren vor dem Zivilgericht (Wert: 4.000 EUR)
1. 1,3-Verfahrensgebühr, VV 3100 — 327,60 EUR
2. gem. Anm. Abs. 2 zu VV 4143 anzurechnen,
   1/3 aus 2,0 nach 4.000 EUR — – 168,00 EUR
3. 1,2-Terminsgebühr, VV 3104 — 302,40 EUR
4. 1,0-Einigungsgebühr, VV 1000, 1003 — 252,00 EUR
5. Postentgeltpauschale, VV 7002 — 20,00 EUR
   Zwischensumme — 734,00 EUR
6. 19 % Umsatzsteuer, VV 7008 — 139,46 EUR
Gesamt — 873,46 EUR

54 Ist der Wert des nachfolgenden Rechtsstreits geringer, etwa weil der Strafrichter nur über einen Teil der Ansprüche entschieden hat oder der Verletzte seine Forderungen in Anbetracht des Kostenrisikos reduziert, so darf auch nur aus diesem Wert angerechnet werden.

Beispiel: Im vorangegangenen Fall (siehe Rdn 53) werden vor der Zivilabteilung des AG nur noch 3.000 EUR eingeklagt.

I. Strafverfahren
1. Vorbereitendes Verfahren
1. Grundgebühr, VV 4100 — 200,00 EUR
2. Verfahrensgebühr, VV 4104 — 165,00 EUR
3. Postentgeltpauschale, VV 7002 — 20,00 EUR
   Zwischensumme — 385,00 EUR
4. 19 % Umsatzsteuer, VV 7008 — 73,15 EUR
Gesamt — 458,15 EUR

2. Gerichtliches Verfahren
1. Verfahrensgebühr, VV 4106 — 165,00 EUR
2. Terminsgebühr, VV 4108 — 275,00 EUR
3. 2,0-Gebühr, VV 4143
   (Wert: 4.000 EUR) — 504,00 EUR

4. Postentgeltpauschale, VV 7002		20,00 EUR
Zwischensumme	964,00 EUR	
5. 19 % Umsatzsteuer, VV 7008		183,16 EUR
Gesamt		**1.147,16 EUR**

II. Verfahren vor dem Zivilgericht (Wert: 3.000 EUR)

1. 1,3-Verfahrensgebühr, VV 3100		261,30 EUR
2. gem. Anm. Abs. 2 zu VV 4143 anzurechnen, 1/3 aus 2,0 nach 3.000 EUR		– 134,00 EUR
3. 1,2-Terminsgebühr, VV 3104		241,20 EUR
4. 1,0-Einigungsgebühr, VV 1000, 1003		201,00 EUR
5. Postentgeltpauschale, VV 7002		20,00 EUR
Zwischensumme	589,50 EUR	
6. 19 % Umsatzsteuer, VV 7008		112,01 EUR
Gesamt		**701,51 EUR**

Die frühere Einschränkung nach § 89 Abs. 2 S. 2 BRAGO ist gegenstandslos geworden und entfallen. Danach mussten dem Anwalt nach Anrechnung mindestens zwei Drittel der im Zivilverfahren verdienten Gebühren verbleiben. Wurde dieser Wert bei einer Anrechnung nach § 89 Abs. 2 S. 1 BRAGO unterschritten, so musste die Anrechnung insoweit unterbleiben. Praktisch bedeutete dies, dass die Anrechnung unterblieb, soweit sie mehr als ein Drittel der im Zivilverfahren entstandenen Gebühren betrug. Da die Beschränkung entfallen ist, ist es nach neuem Recht jetzt möglich, dass dem Anwalt im Zivilverfahren weniger als ein Drittel verbleibt.

Beispiel: Im Adhäsionsverfahren werden vom Nebenkläger 5.000 EUR geltend gemacht. Das Gericht entscheidet hierüber jedoch nicht, so dass dieser Betrag im nachfolgenden Rechtsstreit vor dem Zivilgericht erneut geltend gemacht wird. Das zivilrechtliche Verfahren erledigt sich vor Klageeinreichung durch Zahlung des Beschuldigten.

I. Strafverfahren
1. Vorbereitendes Verfahren

1. Grundgebühr, VV 4100		200,00 EUR
2. Verfahrensgebühr, VV 4104		165,00 EUR
3. Postentgeltpauschale, VV 7002		20,00 EUR
Zwischensumme	385,00 EUR	
4. 19 % Umsatzsteuer, VV 7008		73,15 EUR
Gesamt		**458,15 EUR**

2. Gerichtliches Verfahren

1. Verfahrensgebühr, VV 4106		165,00 EUR
2. Terminsgebühr, VV 4108		275,00 EUR
3. 2,0-Gebühr, VV 4143 (Wert: 5.000 EUR)		606,00 EUR
4. Postentgeltpauschale, VV 7002		20,00 EUR
Zwischensumme	1.066,00 EUR	
5. 19 % Umsatzsteuer, VV 7008		202,54 EUR
Gesamt		**1.268,54 EUR**

II. Verfahren vor dem Zivilgericht (Wert 5.000 EUR)

1. 0,8-Verfahrensgebühr, VV 3101 Nr. 1		242,40 EUR
2. gem. Anm. Abs. 2 zu VV 4143 anzurechnen, 1/3 aus 2,0 nach 5.000 EUR		– 202,00 EUR
3. Postentgeltpauschale, VV 7002		20,00 EUR
Zwischensumme	60,40 EUR	
4. 19 % Umsatzsteuer, VV 7008		11,48 EUR
Gesamt		**71,88 EUR**

Dem Anwalt verbleiben jetzt mit (242,40 EUR – 202 EUR) nur noch 40,40 EUR an Gebühren, also weniger als ein Drittel (80,80 EUR). Dennoch ist voll anzurechnen.

G. Vorgerichtliche Tätigkeit und Anrechnung auf die Gebühren der VV 4143, 4144

56 Wird der Anwalt außergerichtlich beauftragt, die Ersatzansprüche des Geschädigten geltend zu machen, so ist zu differenzieren:

57 Hat der Anwalt nur den Auftrag, nach der zu erwartenden Anklageerhebung die Ansprüche gemäß § 403 StPO geltend zu machen, so richtet sich insoweit seine Vergütung nach VV 4143. Allerdings liegt lediglich ein bedingter Auftrag vor. Kommt es anschließend nicht zum Adhäsionsverfahren, etwa weil im Strafbefehlsverfahren entschieden wird, erhält der Anwalt keine Gebühr nach VV 4143. Ihm bleiben nur die VV 4100, 4104, 4106.

58 Hat der Anwalt dagegen lediglich den Auftrag, die Ansprüche außergerichtlich einzufordern, ohne dass ihm bereits der Auftrag erteilt worden ist, die Ansprüche später im Adhäsionsverfahren geltend zu machen, erhält er hierfür die Vergütung nach VV 2300. Der Ausschluss nach VV Vorb. 2 Abs. 3 greift nicht, weil es sich um zivilrechtliche Ansprüche handelt, nicht um eine Strafsache, zumal in diesem Stadium häufig noch gar nicht feststeht, ob überhaupt Klage erhoben wird und wenn ja, ob diese vor dem Zivilgericht oder dem Strafgericht erhoben werden soll. Da es bei der außergerichtlichen Geltendmachung hier an einem Strafverfahren fehlt, sind die Gebühren des VV Teil 4 nicht anwendbar. Es gelten vielmehr die Gebühren nach VV Teil 2.

59 Strittig ist, ob eine vorgerichtlich entstandene Geschäftsgebühr in entsprechender Anwendung der VV Vorb. 3 Abs. 4 hälftig auf die Verfahrensgebühr im Adhäsionsverfahren anzurechnen ist. Zum Teil wurde bisher eine Regelungslücke angenommen und in analoger Anwendung der VV Vorb. 3 Abs. 4 eine hälftige Anrechnung befürwortet.[25] Zutreffend dürfte eine Anrechnung jedoch abzulehnen sein.[26] Der Gesetzgeber hat ausdrücklich eine Anrechnung nur auf die Verfahrensgebühren aus VV Teil 3 vorgesehen. In Anbetracht dessen, dass dem Gesetzgeber das Problem bekannt ist und er trotz der umfassenden Änderung der Anrechnungsvorschriften durch das 2. KostRMoG keine Veranlassung gesehen hat, eine Anrechnung der Geschäftsgebühr auf die Verfahrensgebühren nach VV Teil 4 anzuordnen, kann von einer Regelungslücke nicht (mehr) ausgegangen werden. Dafür spricht insbesondere, dass er jetzt ausdrücklich in VV Vorb. 2.3 Abs. 5 erstmals eine Anrechnung auf Gebühren nach VV Teil 6 eingeführt hat, eine Anrechnung auf die Gebühren nach VV Teil 4 aber nach wie vor nicht anordnet.

Beispiel: Der Anwalt erhält den Auftrag, außergerichtlich ein Schmerzensgeld i.H.v. 5.000 EUR einzufordern. Nach Eröffnung des Hauptverfahrens erhält er den Auftrag zur Erhebung einer Nebenklage und Einleitung eines Adhäsionsverfahrens.

I. Außergerichtliche Tätigkeit (Wert: 5.000 EUR)

1. 1,5-Geschäftsgebühr, VV 2300		454,50 EUR
2. Postentgeltpauschale, VV 7002		20,00 EUR
Zwischensumme	474,50 EUR	
3. 19 % Umsatzsteuer, VV 7008		90,16 EUR
Gesamt		**564,66 EUR**

II. Strafverfahren
1. Vorbereitendes Verfahren

1. Grundgebühr, VV 4100		200,00 EUR
2. Verfahrensgebühr, VV 4104		165,00 EUR
3. Postentgeltpauschale, VV 7002		20,00 EUR
Zwischensumme	385,00 EUR	
4. 19 % Umsatzsteuer, VV 7008		73,15 EUR
Gesamt		**458,15 EUR**

2. Gerichtliches Verfahren

1. Verfahrensgebühr, VV 4106	165,00 EUR
2. Terminsgebühr, VV 4108	275,00 EUR
3. 2,0-Gebühr, VV 4143 (Wert: 5.000 EUR)	606,00 EUR

---

25 So die 6. Aufl., siehe dort VV 4143, 4144 Rn 58; ebenso *N. Schneider*, Anrechnung der Geschäftsgebühr im Adhäsionsverfahren, AGS 2005, 51.

26 *Burhoff*, RVG, VV. 4143 Rn 37.

4. Postentgeltpauschale, VV 7002		20,00 EUR
Zwischensumme	1.066,00 EUR	
5. 19 % Umsatzsteuer, VV 7008		202,54 EUR
Gesamt		**1.268,54 EUR**

Anzurechnen ist dagegen eine vorangegangene Beratungsgebühr (§ 34 Abs. 2), sofern nichts anderes vereinbart worden ist. 60

Im Rechtsmittelverfahren kann zudem die Prüfungsgebühr der VV 2100 anzurechnen sein (Anm. Abs. 2 zu VV 2100 a.F.). 61

H. Rechtsschutzversicherung

Die Tätigkeit des Anwalts im Adhäsionsverfahren ist, jedenfalls auf Seiten des Anspruchstellers grundsätzlich vom Versicherungsschutz in einer Rechtsschutzversicherung umfasst.[27] Auf Seiten des Antragsgegners kommt die Eintrittspflicht des Rechtsschutzversicherers dagegen in der Regel nicht in Betracht. Hier kann Versicherungsschutz allerdings aufgrund einer Haftpflichtversicherung bestehen, die u.U. auch für die Kosten des Strafverfahrens aufkommt. 62

I. Prozesskostenhilfe

Für das Adhäsionsverfahren kann den Parteien Prozesskostenhilfe bewilligt werden. 63

Der Anwalt kann aus der Staatskasse Gebühren nach VV 4143 nur dann beanspruchen, wenn seiner Partei auch in Bezug auf die in VV 4143 genannte Tätigkeit Prozesskostenhilfe bewilligt wurde. Daher reicht die Prozesskostenhilfe für eine Nebenklage nicht auch für die Vertretung im Adhäsionsverfahren.[28]

Ist der Anwalt im Wege der Prozesskostenhilfe beigeordnet, so bestimmen sich seine Gebühren nach der Tabelle des § 49. Unter den Voraussetzungen des § 50 kann er auch die weitere Vergütung bis zur Höhe der Wahlanwaltsgebühren erhalten. Darüber hinaus kann der Anwalt die Differenzbeträge gemäß § 126 ZPO gegen den Gegner festsetzen lassen, soweit dieser in die Kosten verurteilt worden ist. 64

J. Erstreckung der Beiordnung

Umstritten war zur BRAGO, ob die Beiordnung eines **Pflichtverteidigers** auch die Tätigkeit des Anwalts im Adhäsionsverfahren umfasst. Nach Auffassung des OLG Schleswig[29] bedurfte es einer zusätzlichen Beiordnung für das Adhäsionsverfahren nicht; der Pflichtverteidiger, der auch im Adhäsionsverfahren tätig wurde, erhielt danach stets die Gebühren nach § 89 BRAGO i.V.m. § 123. Begründet wurde diese Ansicht damit, dass die Gebührenvorschrift des § 89 BRAGO in § 97 Abs. 1 S. 4 BRAGO ausdrücklich aufgeführt war. Die noch auf einer früheren Gesetzesfassung beruhende Entscheidung des LG Koblenz[30] sei daher nicht mehr haltbar. Der BGH[31] hatte in einem ausführlich begründeten Beschluss entschieden, dass eine zusätzliche Bestellung erforderlich sei, um einen Vergütungsanspruch gegen die Staatskasse auszulösen. 65

Seit Inkrafttreten des RVG und der VV 4143, 4144 ist die Frage dagegen wieder umstritten. Zu einer einheitlichen Rechtsprechung wird es wohl auch kaum kommen, da in diesen Verfahren ein 66

---

27 Harbauer, ARB, vor 21 Rn 33.
28 OLG Jena AGS 2009, 587 = NJW 2010, 455 = RVGprof. 2010, 4 = RVGreport 2010, 106 = StRR 2010, 114.
29 AGS 1998, 6 m. abl. Anm. *Madert* = JurBüro 1998, 22 = NStZ 1998, 101 = SchlHA 1997, 245 = zfs 1998, 191.
30 LG Koblenz AnwBl 1980, 213.
31 Rpfleger 2001, 370 = NJW 2001, 2486 = StraFo 2001, 306.

Rechtsmittel zum BGH nicht gegeben ist. Bis dahin wird die Anwaltschaft mit einer Partikularrechtsprechung leben müssen.
- Für eine Erstreckung auf das Adhäsionsverfahren haben sich neben dem OLG Schleswig ausgesprochen: OLG Dresden,[32] OLG Rostock[33] sowie einige Untergerichte.[34]
- Gegen eine Erstreckung auf das Adhäsionsverfahren haben sich ausgesprochen: OLG Bamberg,[35] OLG Brandenburg,[36] OLG Celle,[37] OLG Düsseldorf,[38] KG,[39] OLG Koblenz,[40] OLG Jena,[41] OLG Hamburg,[42] OLG Hamm,[43] OLG Karlsruhe,[44] OLG Köln,[45] OLG München,[46] OLG Oldenburg,[47] OLG Stuttgart,[48] OLG Zweibrücken[49] sowie einige Untergerichte.[50] Auch eine nachträgliche Beiordnung des Rechtsanwalts für das Adhäsionsverfahren soll nach rechtskräftig abgeschlossenem Verfahren unzulässig sein.[51]

K. Pauschgebühr

67 Die Bewilligung einer **Pauschgebühr** ist sowohl für den Wahlanwalt (§ 42 Abs. 1 S. 2) als auch für den beigeordneten Anwalt (§ 51 Abs. 1 S. 2) ausgeschlossen, da es sich um eine Wertgebühr handelt.

L. Kostenentscheidung

68 Die Kostenentscheidung richtet sich nach § 472a StPO. Die Entscheidung über die notwendigen Auslagen des Neben- oder Privatklägers gemäß § 472 StPO erfasst nicht auch die Kosten des Adhäsionsverfahrens. Über diese Kosten muss daher gesondert entschieden werden.[52]

69 Die Erstattung richtet sich nach §§ 464a Abs. 2, 464b StPO.[53]

M. Vergütungsfestsetzung

70 Gegenüber dem Mandanten kommt eine Festsetzung nach § 11 grundsätzlich in Betracht, da es sich um Wertgebühren handelt. Die Festsetzung ist daher insbesondere dann möglich, wenn der Anwalt nur mit der Durchsetzung oder Abwehr der geltend gemachten Ansprüche beauftragt war (VV Vorb. 3.4 Abs. 2).

71 Fraglich ist aber, ob eine isolierte Festsetzung dieser Gebühr möglich ist, wenn im Übrigen Rahmengebühren abzurechnen sind und die Zustimmungserklärung des Auftraggebers fehlt (siehe § 11 Rdn 117 ff., 125 f.).[54]

---

32 AGS 2007, 404.
33 AGS 2011, 540 = StraFo 2011, 378 = StV 2011, 656 = RVGprof. 2011, 159 = StRR 2011, 327 = RVGreport 2011, 423 = StRR 2011, 441 = NJW-Spezial 2011, 732.
34 AG Schwelm AGS 2016, 171.
35 NStZ-RR 2009, 114 = OLGSt StPO § 140 Nr. 25 = StRR 2009, 3.
36 JMBl BB 2008. 173 = OLGSt StPO § 140 Nr. 24.
37 AGS 2008, 229 = NdsRpfl 2008, 112 = NStZ-RR 2008, 190 = StV 2008, 370 = RVGreport 2008, 102 = StRR 2008, 83.
38 NJW-Spezial 2012, 508 = StRR 2012, 283 = AGkompakt 2012, 103.
39 RVGreport 2011, 142 = JurBüro 2011, 254 = RVGprof. 2011, 174.
40 AGS 2014, 399 = JurBüro 2014, 356 = Rpfleger 2014, 543 = NStZ-RR 2014, 184.
41 Rpfleger 2008, 529 = RVGreport 2008, 395 = NJW-Spezial 2008, 697 = StRR 2008, 429.
42 Beschl. v. 15.4.2013 – 1 Ws 6/13 unter Aufgabe der bisherigen Rspr.
43 AGS 2013, 13 = NJW 2013, 325 = StraFo 2013, 85 = JurBüro 2013, 192 = StRR 2013, 3 = NJW-Spezial 2013, 154.
44 Justiz 2013, 79 = StraFo 2013, 84 = OLGSt StPO § 140 Nr. 33.
45 AGS 2016, 65 (unter Aufgabe seiner bisherigen Rspr. AGS 2005, 436 = StraFo 2005, 394 = RVGreport 2005, 316).
46 StV 2004, 38.
47 AGS 2010, 427 = NdsRpfl 2010, 256 = StraFo 2010, 306.
48 AGS 2009, 387 = NStZ-RR 2009, 264 = Justiz 2009, 201 = NJW-Spezial 2009, 33 u. 493.
49 JurBüro 2006, 643 = RVGreport 2006, 429.
50 LG Hannover NdsRpfl 2014, 335.
51 LG Hannover NdsRpfl 2014, 335.
52 *Burhoff*, RVG, VV 4143 Rn 29.
53 *Burhoff*, RVG, VV 4143 Rn 30.
54 So offenbar *Burhoff*, RVG, VV 4143 Rn 31.

N. Analoge Anwendung auf Verfahren nach dem Gesetz über die Entschädigung für Strafverfolgungsmaßnahmen (StrEG)

I. Überblick

Nach h.M. galt § 89 BRAGO gemäß § 2 BRAGO analog auch für das **Verfahren nach dem Gesetz über die Entschädigung für Strafverfolgungsmaßnahmen (StrEG)**.[55] Hatte der Beschuldigte im Verfahren vor dem Strafgericht nach § 8 StrEG beantragt, dass auf eine Ersatzpflicht erkannt werde, so waren § 89 Abs. 1 und 3 BRAGO entsprechend anzuwenden. Nach anderer Auffassung sollte § 89 BRAGO nicht anwendbar sein, sondern es sollten auch insoweit die §§ 83 ff. BRAGO gelten.[56] Diese waren jedoch nicht auf vermögensrechtliche Ansprüche zugeschnitten, so dass der Anwendung des § 89 BRAGO der Vorzug zu geben war.

Eine Anwendung der VV 4143, 4144 wurde zwar anfangs vertreten. Nach zutreffender Auffassung sind diese jedoch nicht anwendbar.

Zu unterscheiden ist das Grundverfahren und das Betragsverfahren

II. Grundverfahren

Im Grundverfahren nach den §§ 4 ff. StrEG, in dem über den Entschädigungsanspruch dem Grunde nach entschieden wird, erhält der Anwalt, der im Verfahren bereits als **Verteidiger** beauftragt war, keine gesonderten Gebühren. Die Tätigkeit wird für ihn vielmehr durch die Gebühren der VV 4100 ff. abgegolten (VV Vorb. 4.1. Abs. 2). Insbesondere entsteht keine zusätzliche Verfahrensgebühr nach VV 4143.[57] Der Mehraufwand des Verteidigers kann nur im Rahmen des § 14 Abs. 1 berücksichtigt werden.

War der Anwalt **nicht Verteidiger**, sondern nur im Verfahren über den Entschädigungsanspruch beauftragt, dann liegt insoweit eine Einzeltätigkeit vor. Die Vergütung richtet sich nach VV 4302 Nr. 2.

III. Beschwerde im Grundverfahren

Wird gegen die Entscheidung im Grundverfahren nach § 8 Abs. 2 StrEG sofortige Beschwerde erhoben, so erhält der **Verteidiger** wiederum keine gesonderten Gebühren. Die Tätigkeit wird für ihn vielmehr wiederum durch die Gebühren der VV 4100 ff. abgegolten (VV Vorb. 4.1. Abs. 2).[58] Nur Beschwerden nach VV Teil 3 lösen stets eine gesonderte Vergütung aus (§ 18 Abs. 1 Nr. 3). In Strafsachen fällt eine gesonderte Gebühr für eine Beschwerde nur dann an, wenn dies im Gesetz ausdrücklich angeordnet ist, wie in VV Vorb. 4 Abs. 5, Vorb. 4.3 Abs. 3 S. 2 oder VV 4145. Der Mehraufwand kann auch hier nur im Rahmen des § 14 Abs. 1 berücksichtigt werden.

War der Anwalt **nicht Verteidiger**, erhält er im Beschwerdeverfahren eine Gebühr nach VV 4302 Nr. 1. Diese Gebühr erhält er auch, wenn er bereits im Antragsverfahren tätig war und dort eine Gebühr nach VV 4302 Nr. 2 verdient hatte. Nach VV Vorb. 4.3 Abs. 3 S. 2 entsteht die Gebühr im Beschwerdeverfahren gesondert.

IV. Betragsverfahren

Wird der Anwalt im Betragsverfahren nach § 10 StrEG tätig, so erhält er dafür eine Geschäftsgebühr nach VV 2300. Bei dem Verfahren vor der Landesjustizverwaltung handelt es sich um eine außerge-

---

[55] Burhoff, RVG, VV 4143 Rn 6; Hartmann, KostG, VV 4143, 4144 Rn 4.
[56] OLG Düsseldorf JurBüro 1986, 869; Meyer, JurBüro 1992, 4.
[57] OLG Frankfurt AGS 2007, 619 = NStZ-RR 2007, 223 = RVGreport 2007, 390; OLG Köln AGS 2009, 483 = NStZ-RR 2010, 64 = NStZ-RR 2010, 128; AG Koblenz AGkompakt 2011, 8.
[58] OLG Düsseldorf AGS 2011, 70 = StRR 2010, 443 = RVGreport 2011, 22 = StRR 2011, 38 = RVGprof. 2011, 53.

richtliche Tätigkeit i.S.d. VV Vorb. 2.3. Diese Gebühr verdient der Anwalt unabhängig davon, ob er im zugrunde liegenden Verfahren als Verteidiger tätig war oder nicht.

V. Klage vor dem Landgericht

79 Wird gegen die Entscheidung der Landesjustizverwaltung nach § 13 StrEG Klage erhoben, erhält der Anwalt die Gebühren der VV 3100 ff. Soweit der Anwalt allerdings schon im Verfahren vor der Landesjustizverwaltung tätig war, ist die dort verdiente Geschäftsgebühr hälftig, höchstens zu 0,75 anzurechnen (VV Vorb. 3 Abs. 4).

VI. Berufung

80 Wird gegen die Entscheidung des Landgerichts Berufung eingelegt, gelten die VV 3200 ff.

VII. Revision

81 In einem eventuellen Revisionsverfahren sind die VV 3206 ff. anzuwenden.

VIII. Übersicht

82

Verfahren	Verfahrensabschnitt	Gebühren des Verteidigers	Gebühren des nicht als Verteidiger tätigen Anwalts
Grundverfahren			
	Ausgangsverfahren	Keine gesonderten Gebühren, § 14	Einzeltätigkeit nach VV 4302 Nr. 3
	Beschwerdeverfahren	Keine gesonderten Gebühren, § 14	Einzeltätigkeit nach VV 4302 Nr. 2
Betragsverfahren			
	Ausgangsverfahren vor der Landesjustizverwaltung	Geschäftsgebühr, VV 2300	Geschäftsgebühr, VV 2300
	Klage vor dem LG	VV 3100 ff. mit Anrechnung der vorangegangenen Geschäftsgebühr (VV Vorb. 3 Abs. 4)	VV 3100 ff. mit Anrechnung der vorangegangenen Geschäftsgebühr (VV Vorb. 3 Abs. 4)
	Berufung	VV 3200 ff.	VV 3200 ff.
	Revision	VV 3206 ff.	VV 3206 ff.

Nr.	Gebührentatbestand	Gebühr oder Satz der Gebühr nach § 13 oder § 49 RVG	
		Wahlanwalt	gerichtlich bestellter oder beigeordneter Rechtsanwalt
4145	Verfahrensgebühr für das Verfahren über die Beschwerde gegen den Beschluss, mit dem nach § 406 Abs. 5 Satz 2 StPO von einer Entscheidung abgesehen wird	0,5	0,5

A. Regelungsgehalt 1
B. Vergütung 3
C. Prozesskostenhilfe 14
D. Inanspruchnahme des Vertretenen 15
E. Keine Pauschgebühr 17

A. Regelungsgehalt

Die nachträglich in das VV eingefügte Vorschrift der VV 4145 erklärt sich aus den zum 1.9.2004 eingeführten Vorschriften der §§ 406 Abs. 5, 406a StPO. Macht der Verletzte Ansprüche gegen den Beschuldigten, die aus einer Straftat erwachsen sind, im Adhäsionsverfahren geltend, so kann das Gericht nach Anhörung (§ 406 Abs. 5 S. 1 StPO) durch Beschluss aussprechen, dass es von einer Entscheidung über diesen Antrag absieht (§ 406 Abs. 5 S. 2 StPO). Gegen diesen Beschluss wiederum kann der Antragsteller nach § 406a StPO sofortige Beschwerde einlegen. Für diese sofortige Beschwerde wäre nach dem bis dahin geltenden gesetzlichen Regelungen ein Gebührentatbestand nicht gegeben. Die Vorschrift der VV 3500 konnte nicht greifen, da sie nur für Verfahren nach VV Teil 3 gilt. Im Übrigen hätte VV Vorb. 4.1 Abs. 2 S. 1 gegriffen, wonach durch die (allgemeinen) Gebühren sämtliche Tätigkeiten abgegolten sind. Von diesem Grundsatz macht VV 4145 eine Ausnahme und gewährt dem Anwalt nach § 406a StPO eine **gesonderte Gebühr** für die Tätigkeit in dem Beschwerdeverfahren. 1

Strittig ist, ob es sich bei dem Beschwerdeverfahren um eine **eigene Angelegenheit** handelt oder ob nur eine gesonderte Gebühr vorgesehen ist. § 18 Abs. 1 Nr. 3 ist insoweit nicht anwendbar, da diese Vorschrift nur für Verfahren nach VV Teil 3 gilt. VV Vorb. 4.1 Abs. 1 Abs. 2 S. 1 wiederum hilft auch nicht weiter, da diese Vorschrift nur den Abgeltungsbereich der Gebühr, nicht aber der Angelegenheit regelt. Der Umkehrschluss aus VV Vorb. 4.3 Abs. 3 sprach bislang dafür, bei der Beschwerde nach § 405 StPO keine gesonderte Angelegenheit anzunehmen. Nach der neu eingefügten § 19 Abs. 1 S. 2 Nr. 10a ist die Sache jedoch klar. Nur dann, wenn in VV Teil 4, 5 oder 6 keine besonderen Gebühren vorgesehen sind, handelt es sich bei Beschwerdeverfahren nicht um gesonderte Angelegenheiten. Genau das ist hier aber durch VV 4145 der Fall, so dass im Umkehrschluss folgt, dass eine gesonderte Angelegenheit gegeben ist.[1] 2

B. Vergütung

Im Verfahren nach § 406a StPO gegen einen Beschluss nach § 406 Abs. 5 S. 2 StPO erhält der Anwalt neben den Gebühren der VV 4100 ff. sowie der Gebühr für das Antragsverfahren (VV 4143) nach VV 4145 eine zusätzliche **0,5-Verfahrensgebühr**. 3

Das Einlegen der Beschwerde zählt nach § 19 Abs. 1 S. 2 Nr. 10 noch zum Ausgangsverfahren, sofern der Anwalt dort beauftragt ist. Die Verfahrensgebühr entsteht für ihn daher erst mit der ersten weiteren Tätigkeit. 4

Ist der Anwalt im Ausgangsverfahren noch nicht beauftragt, zählt das Einlegen der Beschwerde bereits zum Beschwerdeverfahren, da für ihn § 19 Abs. 1 S. 2 Nr. 10 nicht gilt. 5

Eine **Terminsgebühr** ist im Beschwerdeverfahren nicht vorgesehen. 6

---

[1] So auch schon zum bisherigen Recht Gerold/Schmidt/*Burhoff*, RVG, VV 4145 Rn 8.

7 Denkbar wäre allerdings eine **Einigungsgebühr** nach VV 1000, 1003, wenn die Parteien des Adhäsionsverfahrens sich in der Beschwerdeinstanz einigen.

8 Auch hier richtet sich die Höhe der Gebühr – ebenso wie bei den Gebühren nach VV 4143, 4144 – nach dem **Gegenstandswert**. Maßgebend ist der Wert, hinsichtlich dessen das Gericht nach § 406 Abs. 5 S. 2 StPO von einer Entscheidung absehen will und hiergegen Beschwerde erhoben wird.

9 Mehrere Gegenstände werden addiert (§ 22 Abs. 1), etwa wenn der Anwalt mehrere Verletzte vertritt, die jeweils eigene Ansprüche geltend machen.

10 Den Gegenstandswert hat das Beschwerdegericht gemäß § 33 auf Antrag festzusetzen, da im Beschwerdeverfahren nur eine Festgebühr von 60 EUR erhoben wird (GKG-Kostverz. 3602).

11 Die **Gebührenbeträge** bestimmen sich für den Wahlanwalt nach § 13, für den gerichtlich bestellten oder beigeordneten Anwalt bei Werten von über 4.000 EUR nach § 49.

12 Vertritt der Anwalt **mehrere Auftraggeber**, etwa mehrere Verletzte als Antragsteller, so ist die Gebühr der VV 4145 gemäß VV 1008 und 0,3 je weiterer Auftraggeber zu erhöhen, sofern der Gegenstand der anwaltlichen Tätigkeit derselbe ist.

13 Das Beschwerdeverfahren nach § 15 Abs. 2 S. 2 gilt nach zutreffender Auffassung (siehe Rdn 2) als eigene Angelegenheit. Folglich erhält der Anwalt auch seine **Auslagen** gesondert, insbesondere eine gesonderte Postentgeltpauschale nach VV 7002.

C. Prozesskostenhilfe

14 Ist der Anwalt dem Verletzten im Ausgangsverfahren in Rahmen der Prozesskostenhilfe beigeordnet, erstreckt sich diese nicht automatisch auch auf das Beschwerdeverfahren. Hier muss vielmehr gesondert Prozesskostenhilfe beantragt und bewilligt werden.

D. Inanspruchnahme des Vertretenen

15 Ist der Anwalt des Beschuldigten gerichtlich bestellt oder beigeordnet, kann er unter den Voraussetzungen des § 52 den Vertretenen unmittelbar in Anspruch nehmen.

16 Ist der Anwalt dem Verletzten im Rahmen der Prozesskostenhilfe beigeordnet, kann er diesen unter den Voraussetzungen des § 53 in Anspruch nehmen.

E. Keine Pauschgebühr

17 Da im Beschwerdeverfahren nach VV 4145 Wertgebühren anfallen, ist die Bewilligung einer Pauschgebühr weder für den Wahlanwalt (§ 51 Abs. 1 S. 2) noch für den bestellten oder beigeordneten Anwalt (§ 42 Abs. 1 S. 2) möglich.

Nr.	Gebührentatbestand	Gebühr oder Satz der Gebühr nach § 13 oder § 49 RVG	
		Wahlanwalt	gerichtlich bestellter oder beigeordneter Rechtsanwalt
4146	Verfahrensgebühr für das Verfahren über einen Antrag auf gerichtliche Entscheidung oder über die Beschwerde gegen eine den Rechtszug beendende Entscheidung nach § 25 Abs. 1 Satz 3 bis 5, § 13 StrRehaG	1,5	1,5

Literatur: *Bruns/Schröder/Tappert*, Kommentar zum StrRehaG, 1993; *Herzler/Ladner/Peifer*, Rehabilitierung (StrRehaG/VwRehaG/BerRehaG), Kommentar, 2. Aufl. 1997.

A. Allgemeines 1	7. Auslagen 15
B. Regelungsgehalt 3	8. Weitere Gebühren 16
I. Verfahren über den Antrag auf gerichtliche Entscheidung (1. Alt.) 3	II. Beschwerdeverfahren (2. Alt.) 18
1. Anwendungsbereich 3	1. Anwendungsbereich 18
2. Verfahrensgebühr 6	2. Beschwerdegebühr (2. Alt.) 22
3. Vorzeitige Erledigung 9	3. Gegenstandswert 23
4. Anrechnung 10	4. Auslagen 25
5. Mehrere Auftraggeber, VV 1008 11	C. Prozesskostenhilfe 26
6. Gegenstandswert 13	D. Pauschgebühr 28
	E. Kostenerstattung 29

A. Allgemeines

Die Vorschrift regelt die Tätigkeit im Verfahren über soziale Ausgleichsleistungen nach dem Dritten Abschnitt des StrRehaG und enthält zwei Gebührentatbestände: **1**
– Zum einen ist die Vergütung im **Verfahren über einen Antrag auf gerichtliche Entscheidung** nach § 25 Abs. 1 S. 3 bis 5 StrRehaG geregelt (**1. Alt.**).
– Zum anderen regelt die Vorschrift die Vergütung des Anwalts, wenn er im Verfahren auf gerichtliche Entscheidung nach § 25 Abs. 1 S. 3 bis 5 StrRehaG gegen eine den Rechtszug beendende Entscheidung **Beschwerde** einlegt (**2. Alt.**).

Andere anwaltliche Tätigkeiten im Verfahren über soziale Ausgleichsleistungen nach dem StrRehaG **2**
werden durch die allgemeinen Gebührenvorschriften der VV 4100 ff. abgegolten (VV Vorb. 4 Abs. 1). Für das Beschwerdeverfahren nach § 13 StrRehaG in der Hauptsache gelten die Vorschriften des strafrechtlichen Berufungsverfahrens (Anm. zu VV 4126).

B. Regelungsgehalt

I. Verfahren über den Antrag auf gerichtliche Entscheidung (1. Alt.)

1. Anwendungsbereich

Das **Verfahren** über soziale Ausgleichsleistungen richtet sich nach Abschnitt 3 des StrRehaG, den **3**
§§ 16 bis 25a StrRehaG. Nach diesen Vorschriften können soziale Ausgleichsleistungen in Form einer Kapitalentschädigung (§§ 17, 19 StrRehaG) gewährt werden. Zuständig für dieses Verwaltungsverfahren ist die Landesjustizverwaltung, in deren Geschäftsbereich die Rehabilitierungsentscheidung ergangen ist (§ 25 StrRehaG). Werden Leistungen nach §§ 17 bis 19 StrRehaG Personen gewährt, denen eine Bescheinigung nach § 10 Abs. 4 des Häftlingshilfegesetzes erteilt worden ist, dann ist nach § 25 Abs. 2 StrRehaG die im Häftlingshilfegesetz i.V.m. dem Einigungsvertrag bestimmte Stelle zuständig. Soweit Leistungen nach den §§ 21, 22 zu gewähren sind, richtet sich die Zuständigkeit nach § 25 Abs. 4 StrRehaG. Zuständig sind die Behörden, denen die Durchführung des Bundesversorgungsgesetzes obliegt. Nach § 25 Abs. 5 StrRehaG können auch die Verwaltungsbehörden der Kriegsopferversorgung zuständig sein. Wird der Anwalt in diesen Verwaltungsverfahren tätig, so richtet sich seine Vergütung nach VV 2300.[1]

Soweit sich Streitigkeiten bei der Anwendung des § 16 Abs. 2 StrRehaG sowie der §§ 17 und 19 **4**
StrRehaG ergeben, ist nach § 25 Abs. 1 S. 3 bis 5 StrRehaG als Rechtsbehelf der **Antrag auf gerichtliche Entscheidung** gegeben. Ausschließlich dieser Fall wird durch **VV 4146** geregelt.[2] Der Antrag auf gerichtliche Entscheidung ist innerhalb eines Monats seit Zustellung der Entscheidung nach § 25 Abs. 1 S. 1 StrRehaG zu stellen (§ 25 Abs. 1 S. 5 StrRehaG). Zuständig ist das Landgericht, in dessen Bezirk das frühere Straf- oder Ermittlungsverfahren durchgeführt worden ist, gegebenenfalls das LG Berlin (§ 8 StrRehaG).

---

1 *Burhoff*, RVG, VV 4145 Rn 4.   2 *Burhoff*, RVG, VV 4145 Rn 2.

5 Alle sonstigen Verfahren und Rechtsmittelverfahren bestimmen sich nach den allgemeinen Vorschriften der VV 4100 ff. (siehe VV Vorb. 4 Abs. 1). Für das Beschwerdeverfahren nach § 13 StrRehaG in der Hauptsache gelten die Vorschriften des strafrechtlichen Berufungsverfahrens (Anm. zu VV 4142; Anm. zu VV 4126).

2. Verfahrensgebühr

6 Anstelle der in VV 3100 ff. bestimmten Gebühren erhält der Anwalt wie bisher (das Eineinhalbfache einer vollen Gebühr nach § 11 Abs. 1 S. 1 und 2 BRAGO) eine **1,5-Gebühr**. Es handelt sich um eine **Pauschalgebühr**, die das gesamte Verfahren abdeckt. Abgegolten werden also sämtliche Tätigkeiten, die nach den VV 3100 ff. durch die Verhandlungs- und Terminsgebühr abgegolten würden.[3] Unerheblich ist, ob das Gericht eine mündliche Erörterung anberaumt oder ohne mündliche Erörterung entscheidet. Ebenso ist unerheblich, ob der Anwalt an einer anberaumten mündlichen Erörterung teilnimmt.[4] Erforderlich ist lediglich, dass der Anwalt in dem Verfahren über den Antrag auf gerichtliche Entscheidungen tätig geworden ist. Die entsprechende Anwendung der VV 3101 Nr. 1 und 2 ist nicht vorgesehen und damit ausgeschlossen.[5]

7 Die Gebühr wird ausgelöst mit der ersten Tätigkeit, also in der Regel mit der Entgegennahme der Information (VV Vorb. 4.2 Abs. 2).[6]

8 Die Gebühr entsteht für die Vertretung eines jeden Beteiligten nach § 18 StrRehaG, also auch für die Vertretung eines Hinterbliebenen nach § 18 Abs. 3 StrRehaG.

3. Vorzeitige Erledigung

9 Eine der VV 3101 Nr. 1 vergleichbare Regelung fehlt, so dass der Anwalt daher auch die volle 1,5-Gebühr erhält, wenn sich sein Auftrag vorzeitig erledigt.[7]

4. Anrechnung

10 Eine Anrechnung der im vorangegangenen Verwaltungsverfahren entstandenen Geschäftsgebühr VV 2300 ist auch hier nach dem Gesetz nicht vorgesehen. Im Gegensatz zur bisherigen Anrechnungsvorschrift des § 118 Abs. 2 BRAGO, wonach eine Anrechnung schon deshalb ausgeschlossen war, weil die Geschäftsgebühr innerhalb eines behördlichen Verfahrens entsteht, findet sich ein solcher Ausschluss nicht mehr. Eine analoge Anwendung der VV Vorb. 3 Abs. 4 dürfte ausgeschlossen sein, nachdem der Gesetzgeber die Anrechnungsvorschriften mit dem 2. KostRMoG grundlegend überarbeitet und neu gestaltet hat. So hat er in VV Teil 6 die Gebührenanrechnung eingeführt (VV Vorb. 6.4 Abs. 2). In VV Teil 4 fehlt dagegen nach wie vor eine Regelung zur Anrechnung. Da dem Gesetzgeber das Problem bekannt war, muss davon ausgegangen werden, dass er in diesem Fall keine Anrechnung wollte.

5. Mehrere Auftraggeber, VV 1008

11 Vertritt der Anwalt mehrere Beteiligte, so erhöht sich die Verfahrensgebühr nach **VV 1008**, sofern die Auftraggeber gemeinschaftlich beteiligt sind.[8] Die Gebühr erhöht sich für jeden weiteren Auftraggeber um 0,3.[9]

12 Verfolgen mehrere Auftraggeber dagegen jeweils eigene Ansprüche, so ist VV 1008 nicht anwendbar. Vielmehr sind die jeweiligen Gegenstandswerte nach § 22 Abs. 1 zu addieren.[10]

---

[3] *Burhoff*, RVG, VV 4145 Rn 5; *Hansens*, BRAGO, § 96c Rn 2.
[4] *Hansens*, BRAGO, § 96c Rn 2.
[5] *Hansens*, BRAGO, § 96c Rn 2.
[6] *Burhoff*, RVG, VV 4145 Rn 5, 6.
[7] *Burhoff*, RVG, VV 4145 Rn 6; *Hansens*, BRAGO, § 96c Rn 2.
[8] *Hansens*, BRAGO, § 96c Rn 2.
[9] *Burhoff*, RVG, VV 4145 Rn 10; *Hansens*, BRAGO, § 96c Rn 2.
[10] *Burhoff*, RVG, VV 4145 Rn 10.

6. Gegenstandswert

Da es sich bei den Ansprüchen nach § 16 StrRehaG um vermögensrechtliche Ansprüche handelt,[11] gelten die allgemeinen Bewertungsgrundsätze.[12] Maßgebend ist das Interesse des Auftraggebers, das dieser mit dem Antrag auf gerichtliche Entscheidung verfolgt.[13]   13

Der Gegenstandswert ist auf Antrag eines Beteiligten im Verfahren nach § 33 Abs. 1 vom Gericht festzusetzen.[14] Gegen die Festsetzung ist nach § 33 Abs. 3 die Beschwerde gegeben, die innerhalb von zwei Wochen einzulegen ist.   14

7. Auslagen

Neben der Gebühr für das Verfahren über den Antrag auf gerichtliche Entscheidungen erhält der Anwalt selbstverständlich auch den Ersatz seiner Auslagen nach den **VV 7000 ff.**   15

8. Weitere Gebühren

Neben der Gebühr nach VV 4146, 1. Alt. können weitere Gebühren anfallen, soweit der Anwalt weitere Tätigkeiten ausgeübt hat, die für einen Prozessbevollmächtigten über den Anwendungsbereich der VV 3100 ff. hinausgehen würden. So kann insbesondere eine **Einigungsgebühr** nach VV 1000, 1003 entstehen.[15]   16

Muss anschließend die Entscheidung **vollstreckt** werden, sind die VV 3309 ff. anzuwenden.[16]   17

II. Beschwerdeverfahren (2. Alt.)

1. Anwendungsbereich

Ergeht in dem Verfahren über den Antrag auf gerichtliche Entscheidung eine den Rechtszug beendende Entscheidung und legt der Anwalt für seinen Mandanten hiergegen auftragsgemäß Beschwerde gemäß § 25 Abs. 1 S. 4 i.V.m. § 13 StrRehaG ein, so erhält er hierfür die Vergütung nach VV 4146, 2. Alt.   18

Zu beachten ist allerdings, dass § 19 Abs. 1 S. 2 Nr. 10 auch hier gilt. Für den im Ausgangsverfahren tätigen Anwalt gehört die Beschwerde noch zur Instanz. Für ihn entsteht die Gebühr der VV 4146, 2. Alt. erst mit weiterer Tätigkeit.   19

Für den erstmalig im Beschwerdeverfahren tätigen Anwalt wird die Gebühr dagegen bereits mit der Einlegung der Beschwerde ausgelöst.   20

Für andere Beschwerden, also gegen Entscheidungen, die den Rechtszug nicht beenden, gilt VV 4146 nicht. Solche Beschwerden lösen keine gesonderte Vergütung aus (VV Vorb. 4.1 Abs. 2 S. 1, Vorb. 4 Abs. 1; arg. e § 18 Abs. 1 Nr. 3).[17]   21

2. Beschwerdegebühr (2. Alt.)

Im Beschwerdeverfahren erhält der Anwalt ebenfalls eine **1,5-Gebühr** (2. Alt.). Dieser Gebührentatbestand geht der allgemeinen Regelung der VV 3500 vor. Auch hier ist eine Erhöhung nach VV 1008 bei gemeinschaftlicher Vertretung mehrerer Auftraggeber möglich.[18]   22

---

11 *Burhoff*, RVG, VV 4145 Rn 9.
12 *Burhoff*, RVG, VV 4145 Rn 11.
13 *Hansens*, BRAGO, § 96c Rn 4.
14 *Burhoff*, RVG, VV 4145 Rn 11.
15 *Burhoff*, RVG, VV 4145 Rn 12; *Hansens*, BRAGO, § 96c Rn 5.
16 *Hansens*, BRAGO, § 96c Rn 5.
17 *Burhoff*, RVG, VV 4145 Rn 7.
18 *Hansens*, BRAGO, § 96c Rn 3.

3. Gegenstandswert

23 Der Gegenstandswert richtet sich danach, welche Ansprüche im Beschwerdeverfahren noch weiter verfolgt werden. Maßgebend ist das Interesse des Beschwerdeführers (§ 23 Abs. 2 S. 1).[19]

24 Der Wert des Beschwerdeverfahrens ist daher gesondert festzusetzen.[20]

4. Auslagen

25 Zusätzlich zu der Beschwerdegebühr erhält der Anwalt auch hier seine Auslagen erstattet. Insbesondere kann er eine gesonderte Postentgeltpauschale nach VV 7002 berechnen, da es sich bei dem Beschwerdeverfahren um eine neue selbstständige Angelegenheit i.S.d. § 15 handelt. Das folgt jetzt eindeutig aus § 19 Abs. 1 S. 2 Nr. 10a. Da für das Beschwerdeverfahren eine gesonderte Gebühr vorgesehen ist, handelt es sich auch um eine eigene selbstständige Angelegenheit.

C. Prozesskostenhilfe

26 Nach § 25 Abs. 1 S. 4 i.V.m. § 7 Abs. 4 S. 4 StrRehaG kann dem Antragsteller Prozesskostenhilfe bewilligt und ein Rechtsanwalt beigeordnet werden. Auch der beigeordnete Anwalt erhält aus der Staatskasse die 1,5-Gebühren nach VV 4146, die sich allerdings ab einem Gegenstandswert von über 4.000 EUR aus den ermäßigten Gebührenbeträgen des § 49 berechnen (§ 45 Abs. 3).[21]

27 **Festgesetzt** wird die Gebühr des beigeordneten Anwalts im Verfahren nach § 55.[22]

D. Pauschgebühr

28 Die Bewilligung einer Pauschgebühr ist sowohl für den Wahlanwalt (§ 42 Abs. 1 S. 2) als auch für den beigeordneten Anwalt (§ 51 Abs. 1 S. 2) ausgeschlossen, da es sich um Wertgebühren handelt.

E. Kostenerstattung

29 Eine Kostenerstattung im Verfahren über den Antrag auf gerichtliche Entscheidung und im Beschwerdeverfahren soll nicht in Betracht kommen, da es an einer entsprechenden Regelung fehle. Eine Kostenerstattung sei lediglich in Rehabilitierungsverfahren nach Abschnitt 2 des StrRehaG (§ 14 Abs. 2 StrRehaG) vorgesehen. Daraus wird gefolgert, dass im Umkehrschluss eine Kostenerstattung in einem Verfahren für den Antrag auf gerichtliche Entscheidung sowie im anschließenden Beschwerdeverfahren nach Abschnitt 3 nicht in Betracht komme.[23] Diese Begründung erscheint jedoch nicht überzeugend. Es entspricht allgemeinen Verfahrensgrundsätzen, dass eine das Verfahren abschließende Entscheidung auch darüber zu befinden hat, wer die Kosten zu tragen hat. Ist der Antrag auf gerichtliche Entscheidung oder das Beschwerdeverfahren erfolgreich, so muss auch eine entsprechende Kostenerstattung zugunsten des Antragstellers und Beschwerdeführers ausgesprochen werden.[24]

---

19 *Burhoff*, RVG, VV 4145 Rn 11.
20 *Burhoff*, RVG, VV 4145 Rn 11.
21 *Burhoff*, RVG, VV 4145 Rn 8.
22 *Hansens*, BRAGO, § 96c Rn 6.
23 *Hansens*, BRAGO, § 96c Rn 7.
24 *Burhoff*, RVG, VV 4145 Rn 14.

Nr.	Gebührentatbestand	Gebühr oder Satz der Gebühr nach § 13 oder § 49 RVG	
		Wahlanwalt	gerichtlich bestellter oder beigeordneter Rechtsanwalt
4147	Einigungsgebühr im Privatklageverfahren bezüglich des Strafanspruchs und des Kostenerstattungsanspruchs: Die Gebühr 1000 entsteht .... Für einen Vertrag über sonstige Ansprüche entsteht eine weitere Einigungsgebühr nach Teil 1. Maßgebend für die Höhe der Gebühr ist die im Einzelfall bestimmte Verfahrensgebühr in der Angelegenheit, in der die Einigung erfolgt. Eine Erhöhung nach Nummer 1008 und der Zuschlag (Vorbemerkung 4 Abs. 4) sind nicht zu berücksichtigen.	in Höhe der Verfahrensgebühr	

```
A. Allgemeines ........................ 1        II. Die „Privatklageeinigung" ............ 8
B. Regelungsgehalt .................... 3            1. Einigung ...................... 8
   I. Anwendungsbereich ............... 3            2. Höhe der Gebühr .............. 14
      1. Einigung über den Strafanspruch oder    III. Einigung (auch) über vermögensrechtliche
         den Kostenerstattungsanspruch                Ansprüche (Anm. zu VV 4147) ........ 27
         (VV 4147) ................... 3            1. Einigungsgebühr, VV 1000 ff. ..... 27
         a) Einigung im Sühnetermin ........ 3      2. Betriebsgebühren .............. 29
         b) Einigung im gerichtlichen Verfahren .. 4 3. Gegenstandswert .............. 30
      2. Einigungsgebühr nach VV 1000 ff. (Anm.    4. Wertfestsetzung .............. 31
         zu VV 4147) ................. 7        IV. Verhältnis der Einigungsgebühren zuei-
                                                    nander ......................... 32
                                                C. Zusätzliche Gebühr (VV 4141) ......... 36
```

A. Allgemeines

Die Vorschrift der VV 4147 regelt die Einigungsgebühr für eine Einigung im Privatklageverfahren oder im Sühnetermin nach § 380 StPO. Streng genommen enthält VV 4147 keinen eigenen Tatbestand, sondern verweist nur auf VV 1000 und gibt lediglich einen abweichenden Betragsrahmen vor. Daneben bleibt aber auch VV 1000 unmittelbar anwendbar (Anm. zu VV 4147), soweit die Parteien sich (auch) über sonstige Ansprüche einigen.

Vorgesehen ist – im Gegensatz zu der bis zum 31.7.2013 geltenden Fassung – kein eigener Gebührenrahmen. Vielmehr richtet sich die Höhe der Gebühr jetzt nach der zugrunde liegenden Verfahrensgebühr.

B. Regelungsgehalt

I. Anwendungsbereich

1. Einigung über den Strafanspruch oder den Kostenerstattungsanspruch (VV 4147)

a) Einigung im Sühnetermin

Kommt es im Sühneverfahren zu einer Einigung der Beteiligten über das Privatklageverfahren, also bezüglich des Strafanspruchs und des Kostenerstattungsanspruchs, so erhalten die Anwälte, die daran mitgewirkt haben, nach VV 1000 i.V.m. VV 4147 eine Gebühr in Höhe der Verfahrensgebühr der VV 4104 (zur genauen Berechnung siehe Rdn 14).

N. Schneider

b) Einigung im gerichtlichen Verfahren

4 Kommt es im Verfahren vor dem Amtsgericht zu einer solchen Einigung, so erhält der Anwalt nach VV 1000 i.V.m VV 4147 eine Gebühr i.H. der Verfahrensgebühr nach VV 4106 (zur genauen Berechnung siehe Rdn 14).

5 Im Berufungsverfahren vor dem Landgericht erhält der Anwalt eine Gebühr i.H. der Verfahrensgebühr nach VV 4124 (zur genauen Berechnung siehe Rdn 14).

6 Im Revisionsverfahren vor dem Oberlandesgericht erhält der Anwalt eine Gebühr i.H. der Verfahrensgebühr nach VV 4130 (zur genauen Berechnung siehe Rdn 14).

2. Einigungsgebühr nach VV 1000 ff. (Anm. zu VV 4147)

7 Nach der Anm. zu VV 4147 können die Anwälte anstelle oder neben der Gebühr nach VV 4147 zusätzlich eine Einigungsgebühr nach VV 1000 ff. verdienen, wenn sie sich auch über vermögensrechtliche Ansprüche einigen. Die Gebühr kann sowohl im Sühneverfahren als auch im erstinstanzlichen gerichtlichen Verfahren oder im Berufungs- oder Revisionsverfahren entstehen.[1] Neben der Einigungsgebühr erhält der Anwalt auch hier eine Betriebsgebühr, je nachdem, welcher Auftrag ihm erteilt worden war. Ebenso kann die Gebühr anfallen, wenn der Anwalt nur mit Einzeltätigkeiten nach VV 4300 befasst ist.

II. Die „Privatklageeinigung"

1. Einigung

8 Nach VV 4147 erhält der Anwalt bei Abschluss einer Einigung eine **zusätzliche** Gebühr. Da ausdrücklich auf VV 1000 verwiesen wird, müssen also die Voraussetzungen dieser Vorschrift gegeben sein.

9 Die **Privatklageeinigung** i.S.d. VV 4147 ist ein Vertrag, der zwischen dem Privatkläger oder dem Privatklageberechtigten und dem Beschuldigten geschlossen wird.[2] Dieser Vertrag muss darauf gerichtet sein, das bereits anhängige Privatklageverfahren endgültig zu beenden oder ein noch nicht eingeleitetes Privatklageverfahren zu vermeiden.

10 Für erforderlich gehalten wurde bislang in Entsprechung des § 23 BRAGO ein **gegenseitiges Nachgeben**.[3] Die Gegenauffassung[4] hielt dagegen ein gegenseitiges Nachgeben nicht für erforderlich. Nachdem jetzt VV 1000 nur noch eine Einigung vorsieht, wird auch hier ein gegenseitiges Nachgeben nicht mehr erforderlich sein.[5] So wird also insbesondere jetzt schon in der bloßen Zustimmung zur Rücknahme der Privatklage gemäß § 391 Abs. 1 S. 2 StPO eine Einigung gesehen werden können. Nicht ausreichend ist es dagegen, wenn die Parteien nur eine Einigung über vermögensrechtliche Ansprüche schließen und dem Gericht die Entscheidung im Privatklageverfahren überlassen (siehe Beispiel Rdn 35).[6]

11 An die **Einigung** sind äußerst geringe Anforderungen zu stellen. Es reicht jedes Übereinkommen aus, das zur Beendigung des Verfahrens führt und eine Privatklage erledigt oder vermeidet. Es ist jedoch ein Mindestmaß an Nachgeben und Mitwirkung erforderlich. Es reicht also nicht aus, wenn der Privatkläger aus eigenem Entschluss die Privatklage zurücknimmt oder nach Scheitern des Sühneverfahrens von der Privatklage Abstand nimmt. Die Beendigung des Verfahrens muss vielmehr aufgrund eines Übereinkommens der Parteien erfolgen. Zumindest der Privatkläger oder der Beschuldigte muss von seiner Rechtsposition abrücken.

---

1 *Burhoff*, RVG, VV 4146 Rn 5.
2 Gerold/Schmidt/*Burhoff*, RVG, VV 4141–4146 Rn 8.
3 Gerold/Schmidt/*Madert*, BRAGO, § 94 Rn 8.
4 *Hartmann*, § 94 BRAGO Rn 9; Riedel/Sußbauer/*Fraunholz*, BRAGO, § 94 Rn 14; Schumann/Geißinger, BRAGO, § 94 Rn 28.
5 *Burhoff*, RVG, VV 4146 Rn 6.
6 A.A. Schumann/Geißinger, BRAGO, § 94 Rn 28.

Beispiel: Im Sühnetermin erklärt der Beschuldigte, dass er die ehrkränkenden Äußerungen zurücknehme und nicht weiter aufrechterhalte und darüber hinaus die bisher angefallenen Kosten übernehme.[7]
Nachgegeben hat hier zwar nur der Beschuldigte, indem er die Äußerungen widerrufen und die Kosten übernommen hat. Der Verletzte ist dagegen mit seinen Forderungen voll durchgedrungen. Da er aufgrund der Erklärungen des Beschuldigten jedoch von der Erhebung einer Privatklage Abstand genommen hat, ist eine Einigung i.S.d. VV 4147 gegeben.

Keine Einigung liegt dagegen vor, wenn der Verletzte aus anderen Gründen, etwa lediglich aufgrund des Kostenrisikos, von einer Privatklage Abstand nimmt.

Beispiel: Im Sühnetermin erklärt der Beschuldigte, die angeblichen Beleidigungen und Äußerungen niemals von sich gegeben zu haben. In Anbetracht des Beweis- und Kostenrisikos sieht der Verletzte daraufhin von der Durchführung der Privatklage ab.
Hier fehlt es an einer Einigung der Parteien. Der Entschluss des Verletzten hat andere Gründe, so dass VV 4147 nicht anwendbar ist.

Die Privatklageeinigung kann **in jedem Verfahrensstadium** geschlossen werden. Das gilt nicht nur im Sühneverfahren und im gerichtlichen Verfahren. Der Gebührentatbestand ist auch dann entsprechend anwendbar, wenn sich die Beteiligten vor dem Sühnetermin oder zwischen Sühnetermin und Erhebung der Privatklage einigen, wenn es also aufgrund der Einigung nicht mehr zum Sühnetermin kommt oder wenn sich die Parteien nach einem gescheiterten Sühnetermin doch noch einigen.

2. Höhe der Gebühr

Im Gegensatz zu dem bis zum 31.7.2013 geltenden eigenständigen Gebührenrahmen von 20 bis 150 EUR (Festgebühr 68 EUR) wird nunmehr – ebenso wie bei den VV 1005 bis 1006 – die Höhe der Einigungsgebühr an die jeweilige Verfahrensgebühr gekoppelt.

Mit der Ankoppelung an die Verfahrensgebühr soll die Höhe der Einigungsgebühr an die Höhe der zusätzlichen Gebühr der VV 4141 angeglichen werden, die sich ebenfalls nach der betreffenden Verfahrensgebühr richtet. Da die Einigungsgebühr letztlich demselben Zweck dient wie die zusätzliche Gebühr, nämlich eine Belohnung zu schaffen für den Anwalt, das Verfahren zu beenden und dem Gericht Arbeit zu ersparen, soll die Höhe der Einigungsgebühr an die Höhe der zusätzlichen Gebühr der VV 4141 angeglichen werden.

Im Gegensatz zu VV 4141 soll jedoch nicht stets die Rahmenmitte – also die Mittelgebühr – angenommen werden, sondern es soll auf die konkret abgerechnete Verfahrensgebühr abgestellt werden. Dies soll auch – wie bei den geänderten VV 1005 ff. – dem Umstand Rechnung tragen, dass sich der Beitrag des Anwalts an der Einigung mit den Kriterien des § 14 Abs. 1 nur schwer bewerten lässt. Der Gesetzgeber nimmt daher auch ausdrücklich auf die dortige Begründung Bezug. Dies führt hinsichtlich der Einigungsgebühr zwar zu einer überdurchschnittlichen Erhöhung, die aber wegen des angestrebten Zwecks gut vertretbar erscheint.

Im Einzelnen richtet sich die Höhe der Einigungsgebühr nach folgenden Verfahrensgebühren:
– im Sühneverfahren bis zur Erhebung der Privatklage nach VV 4104,
– im erstinstanzlichen Verfahren vor dem Amtsgericht nach VV 4106,
– im Berufungsverfahren nach VV 4124,
– im Revisionsverfahren nach VV 4130.

Beispiel: Der Anwalt wird mit einer Privatklage beauftragt. Im Sühnetermin wird ein Vergleich geschlossen. Ausgegangen werden soll von der Mittelgebühr.
Neben der Grundgebühr (VV 4100) und Verfahrensgebühr der VV 4104 entsteht eine Einigungsgebühr nach VV 4147. Die Höhe der Einigungsgebühr richtet sich dabei nach der Höhe der Verfahrensgebühr.

1. Grundgebühr, VV 4100	200,00 EUR
2. Verfahrensgebühr, VV 4104	165,00 EUR
3. Terminsgebühr, VV 4102	170,00 EUR
4. Einigungsgebühr, VV 1000, 4147, 4104	165,00 EUR

---

[7] *Hansens*, BRAGO, § 94 Rn 11.

	5. Postentgeltpauschale, VV 7002	20,00 EUR
	Zwischensumme	720,00 EUR
	6. 19 % Umsatzsteuer, VV 7008	136,80 EUR
	Gesamt	**856,80 EUR**

19 **Beispiel:** Der Anwalt wird erstmals mit der Verteidigung in einer Privatklage wegen Körperverletzung beauftragt. Im Hauptverhandlungstermin wird ein Vergleich geschlossen, nach dem der Angeklagte sich beim Privatkläger entschuldigt und sich verpflichtet, die Verfahrenskosten zu übernehmen.
Neben der Grundgebühr (VV 4100), der Verfahrensgebühr nach VV 4106 und der Terminsgebühr nach VV 4108 entsteht eine Einigungsgebühr nach VV 4147. Ausgehend von den Mittelgebühren ist wie folgt zu rechnen.

1. Grundgebühr, VV 4100	200,00 EUR
2. Verfahrensgebühr, VV 4106	165,00 EUR
3. Terminsgebühr, VV 4108	275,00 EUR
4. Einigungsgebühr, VV 1000, 4147, 4106	165,00 EUR
5. Postentgeltpauschale, VV 7002	20,00 EUR
Zwischensumme	825,00 EUR
6. 19 % Umsatzsteuer, VV 7008	156,75 EUR
Gesamt	**981,75 EUR**

20 Soweit die Verfahrensgebühr höher als die Mittelgebühr ausfällt, ist auch die Einigungsgebühr entsprechend höher anzusetzen.

21 **Beispiel:** Der Anwalt wird erstmals mit der Verteidigung in einer Privatklage wegen Körperverletzung beauftragt. Im Hauptverhandlungstermin wird nach umfangreicher Beweisaufnahme ein Vergleich geschlossen, nach dem der Angeklagte sich beim Privatkläger entschuldigt und sich verpflichtet, die Verfahrenskosten zu übernehmen. Aufgrund der umfangreichen Hauptverhandlung soll von einer überdurchschnittlichen Verfahrensgebühr ausgegangen werden (30 % über Mittelgebühr).
Jetzt ist nicht nur die Verfahrensgebühr nach VV 4106 höher anzusetzen, sondern auch die Einigungsgebühr nach VV 4147. Die Höhe der Einigungsgebühr richtet sich dabei nach der Höhe der Verfahrensgebühr, also auch 30 % über der Mittelgebühr.

1. Grundgebühr, VV 4100	200,00 EUR
2. Verfahrensgebühr, VV 4106	214,50 EUR
3. Terminsgebühr, VV 4108	275,00 EUR
4. Einigungsgebühr, VV 1000, 4147, 4106	214,50 EUR
5. Postentgeltpauschale, VV 7002	20,00 EUR
Zwischensumme	924,00 EUR
6. 19 % Umsatzsteuer, VV 7008	175,56 EUR
Gesamt	**1.099,56 EUR**

22 Ein eventueller Haftzuschlag (VV Vorb. 4 Abs. 4) bleibt außer Betracht.

23 **Beispiel:** Wie vorangegangenes Beispiel (siehe Rdn 21; die Sache ist durchschnittlich; jedoch befindet sich der Angeklagte nicht auf freiem Fuß.
Zwar entsteht jetzt nach VV Vorb. 4 Abs. 4 eine höhere Verfahrensgebühr; die zusätzliche Gebühr richtet sich jedoch nach der Höhe einfachen Verfahrensgebühr.

1. Grundgebühr, VV 4100, 4101	245,00 EUR
2. Verfahrensgebühr, VV 4106, 4107	201,25 EUR
3. Terminsgebühr, VV 4108, 4109	335,00 EUR
4. Einigungsgebühr, VV 1000, 4147, 4106	165,00 EUR
5. Postentgeltpauschale, VV 7002	20,00 EUR
Zwischensumme	966,25 EUR
6. 19 % Umsatzsteuer, VV 7008	183,59 EUR
Gesamt	**1.149,84 EUR**

24 Eine Regelung zur Vertretung **mehrerer Auftraggeber** fehlte zunächst im Regierungsentwurf. Mit der überarbeiteten Gesetzesfassung ist klargestellt, dass ebenso wie in anderen Fällen, in denen sich eine Gebühr nach der jeweiligen Verfahrensgebühr richtet (siehe VV 1005, 1006, 3106, 3205), die abgeleitete Gebühr nur nach der einfachen Verfahrensgebühr richtet, insoweit also eine Erhöhung nach VV 1008 zuvor herauszurechnen ist.

25 **Beispiel:** Der Anwalt vertritt zwei Privatkläger im erstinstanzlichen Verfahren vor dem Amtsgericht, nachdem diese das Sühneverfahren selbst durchgeführt hatten. Die Sache war durchschnittlich.

Zwar entsteht jetzt die Verfahrensgebühr nach VV 1008 um 30 % über der Mittelgebühr. Die Einigungsgebühr beläuft nach VV jedoch nur auf die Mittelgebühr.

1. Grundgebühr, VV 4100 — 200,00 EUR
2. Verfahrensgebühr, VV 4106, 1008 — 214,50 EUR
3. Terminsgebühr, VV 4108 — 275,00 EUR
4. Einigungsgebühr, VV 1000, 4147, 4106 — 165,00 EUR
5. Postentgeltpauschale, VV 7002 — 20,00 EUR
   Zwischensumme — 874,50 EUR
6. 19 % Umsatzsteuer, VV 7008 — 166,16 EUR
   Gesamt — **1.040,66 EUR**

Der gerichtlich bestellte oder beigeordnete Anwalt erhält die entsprechenden Festgebühren ohne Zuschlag nach VV Vorb. 4 Abs. 4 und ebenfalls ohne Erhöhung nach VV 1008. Seine Einigungsgebühren betragen daher: **26**

im Sühneverfahren nach VV 4104	132,00 EUR
im erstinstanzlichen Verfahren vor dem Amtsgericht nach VV 4106	132,00 EUR
im Berufungsverfahren vor dem Landgericht nach VV 4124	256,00 EUR
im Revisionsverfahren vor dem Oberlandesgericht nach VV 4130	492,00 EUR

III. Einigung (auch) über vermögensrechtliche Ansprüche (Anm. zu VV 4147)

1. Einigungsgebühr, VV 1000 ff.

Neben der Gebühr für die Privatklageeinigung kann der Anwalt auch eine Einigungsgebühr nach den VV 1000 ff. verdienen, wenn sich die Parteien über **sonstige Ansprüche** einigen (Anm. zu VV 4147). Nicht erforderlich ist, dass diese Ansprüche im Wege des Adhäsionsverfahrens anhängig waren. Zur Einigungsgebühr siehe die Erläuterungen zu VV 1000 ff. **27**

Die Höhe der Einigungsgebühr bemisst sich danach, **28**
- ob die Ansprüche **anhängig** sind, etwa in einem zivilrechtlichen Verfahren oder im Adhäsionsverfahren – dann entsteht nach VV 1000, 1003 eine 1,0-Gebühr
- oder ob die Ansprüche **nicht anhängig** sind – dann entsteht nach VV 1000 eine 1,5-Gebühr.
- Sind die Gegenstände in einem **Berufungs- oder Revisionsverfahren** anhängig, so entsteht die Einigungsgebühr zu 1,3 (VV 1004).

2. Betriebsgebühren

Neben der Einigungsgebühr erhält der Anwalt auch eine Betriebsgebühr. Eine isolierte Einigungsgebühr ohne entsprechende Betriebsgebühr kann auch im Privatklageverfahren nie entstehen.[8] Die Art der Betriebsgebühr wiederum hängt davon ab, welchen Auftrag der Anwalt bis dahin hinsichtlich der vermögensrechtlichen Ansprüche hatte: **29**
- War der Anwalt bislang nur beauftragt, die Ansprüche **außergerichtlich** geltend zu machen, und einigen sich die Parteien außergerichtlich, so erhält er neben der Einigungsgebühr eine Geschäftsgebühr nach VV 2300.[9]
- Hatte er dagegen bereits den Auftrag zu einer **Klage vor dem Zivilgericht**, gilt VV 3101 Nr. 1, und wenn die Klage bereits eingereicht war, VV 3100, sofern sich die Parteien im zivilgerichtlichen Verfahren einigen, oder vorprozessual zur Vermeidung des gerichtlichen Verfahrens.[10]
- War bereits eine **Adhäsionsklage** eingereicht oder hatte der Anwalt des Privatklägers den Auftrag, die vermögensrechtlichen Ansprüche im Wege der Adhäsionsklage geltend zu machen, so steht ihm eine Betriebsgebühr nach VV 4143, 4144 zu.[11]
- Hatte der Anwalt noch **keinen Auftrag**, sondern wird er im Strafverfahren damit beauftragt, die zivilrechtlichen Ansprüche mitzuvergleichen, gilt VV 4143 analog. Er erhält zusätzlich eine 2,0-Verfahrensgebühr. Es kann hier nichts anderes gelten als in Verfahren nach VV Teil 3, in denen für das Mitvergleichen entweder die 0,8-Verfahrensgebühr nach VV 3101 Nr. 2 oder die 1,3-

---

8 *Schumann/Geißinger*, BRAGO, § 94 Rn 27, der insoweit von „Dachgebühren" spricht.
9 *Burhoff*, RVG, VV 4146 Rn 7.
10 *Burhoff*, RVG, VV 4146 Rn 7.
11 *Burhoff*, RVG, VV 4146 Rn 7.

Verfahrensgebühr nach VV 3100 (ggf. nebst einer Terminsgebühr nach VV 3104) entsteht. Unter VV 4143 muss auch der Auftrag zu einer vergleichsweisen Erledigung verstanden werden. Der Verfahrensauftrag nach VV 4143 muss kein Klageauftrag sein, er kann auch ein „Einigungsauftrag" sein.

Beispiel: Der Verletzte beauftragt seinen Anwalt nach selbst durchgeführtem Sühneverfahren mit der Privatklage wegen einer ihm gegenüber geäußerten Beleidigung. In der Hauptverhandlung einigen sich die Parteien darüber, dass der Beschuldigte ein Schmerzensgeld i.H.v. 1.000 EUR zahle und die Kosten des Verfahrens übernehme; im Gegenzug verpflichtet sich der Verletzte, die Privatklage zurückzunehmen. Das Gericht setzt den Gegenstandswert des Vergleichs auf 1.000 EUR fest.

Zunächst sind die Gebühren nach VV 4100 ff. entstanden (VV Vorb. 4 Abs. 1). Hinzu gekommen sind dann eine Einigungsgebühr nach VV 4147 sowie eine 1,5-Einigungsgebühr nach Anm. zu VV 4147 i.V.m. VV 1000 aus dem Wert der Schmerzensgeldforderung. Hinzu kommt eine 2,0-Gebühr nach VV 4143, ebenfalls aus dem Wert von 1.000 EUR.

1. Grundgebühr, VV 4100	200,00 EUR
2. Verfahrensgebühr, VV 4106	165,00 EUR
3. Terminsgebühr, VV 4108	275,00 EUR
4. Einigungsgebühr, VV 4147	165,00 EUR
5. 2,0-Verfahrensgebühr, VV 4143 (Wert: 1.000 EUR)	160,00 EUR
6. 1,5-Einigungsgebühr, VV 1000 (Wert: 1.000 EUR)	120,00 EUR
7. Postentgeltpauschale, VV 7002	20,00 EUR
Zwischensumme	1.105,00 EUR
8. 19 % Umsatzsteuer, VV 7008	209,95 EUR
Gesamt	**1.314,95 EUR**

3. Gegenstandswert

30 Maßgebender Gegenstandswert für die Einigungsgebühr sowie die zugehörige Betriebsgebühr ist der Wert derjenigen Ansprüche, über die sich die Parteien geeinigt haben, nicht lediglich der Betrag, auf den sich die Parteien geeinigt haben.

4. Wertfestsetzung

31 Da bei einer Einigung keine Gerichtsgebühren anfallen, auch dann nicht, wenn ein Adhäsionsverfahren eingeleitet war (GKG-KV 3700), kommt eine gerichtliche Wertfestsetzung nach § 68 GKG, die nach § 32 Abs. 1 bindend wäre, nicht in Betracht. Der Wert ist daher auf Antrag des Anwalts oder eines Beteiligten nach § 33 Abs. 1 festzusetzen, soweit die Einigung vor Gericht geschlossen worden ist. Bei einer außergerichtlichen Einigung – auch vor der Sühnestelle – kommt eine gerichtliche Wertfestsetzung nach § 33 dagegen nicht in Betracht.

IV. Verhältnis der Einigungsgebühren zueinander

32 Die Gebühren nach VV 4147 und nach VV 1000 entstehen unabhängig voneinander, da beide an unterschiedliche Voraussetzungen geknüpft sind (siehe auch Anm. zu VV 4147).

33 Häufig wird nur die Gebühr nach VV 4147 entstehen, da Einigungen über sonstige Ansprüche die Ausnahme darstellen.

Beispiel: Im Sühnetermin entschuldigt sich der Beschuldigte für die geäußerten Beleidigungen. Der Kläger nimmt daraufhin die Privatklage zurück. Die Kosten werden durch Einigung gegeneinander aufgehoben. Die Parteien haben hier eine Einigung nach VV 4147 erzielt, nicht aber auch über vermögensrechtliche Ansprüche. Die Kosteneinigung reicht insoweit nicht aus.

34 Schließen die Parteien auch eine Einigung über vermögensrechtliche Ansprüche, so kommen beide Gebührentatbestände in Betracht.

Beispiel: In der Hauptverhandlung einigen sich die Parteien darüber, dass der Beschuldigte wegen der von ihm verursachten Körperverletzung auf die außergerichtlich bereits erhobene Schmerzensgeldforderung

von 2.000 EUR einen Betrag i.H.v. 1.000 EUR zahle und die Kosten des Verfahrens übernehme. Der Privatkläger verpflichtet sich, die Klage zurückzunehmen.
Die Parteien haben sich hier sowohl über das Privatklageverfahren geeinigt als auch über vermögensrechtliche Ansprüche. Neben der Gebühr nach VV 4147 erhalten die Anwälte also auch eine 1,5-Einigungsgebühr nach Anm. zu VV 4147 i.V.m. VV 1000 sowie eine 2,0-Gebühr nach VV 4143 aus dem Wert von 2.000 EUR. Außergerichtlich ist zudem eine Geschäftsgebühr nach VV 2300 entstanden.

Möglich ist auch, dass nur die Gebühr der VV 1000 ff. entsteht. **35**

> **Beispiel:** In der Hauptverhandlung einigen sich die Parteien über die außergerichtlich bereits angemeldete Schmerzensgeldforderung. Über die Beendigung des Privatklageverfahrens können die Parteien keine Einigung erzielen, so dass das Gericht um eine Entscheidung gebeten wird und das Verfahren nach § 383 Abs. 2 StPO einstellt.
> Zu einer „Privatklageeinigung" ist es nicht gekommen, da sich die Parteien über die Beendigung des Verfahrens nicht einigen konnten. Angefallen ist lediglich die 1,5-Einigungsgebühr nach Anm. zu VV 4147 i.V.m. VV 1000 sowie eine 2,0-Verfahrensgebühr (analog VV 4143) (siehe Rdn 29) aus dem Wert der Schmerzensgeldansprüche.

C. Zusätzliche Gebühr (VV 4141)

Bei Abschluss einer Einigung im Privatklageverfahren fällt keine zusätzliche Gebühr nach VV 4141 an. Dies folgt aus dem neu eingefügten S. 2 zu Anm. Abs. 2 zu VV 4141, der regelt, dass die zusätzliche Gebühr nach VV 4141 und die Einigungsgebühr nach VV 4147 nicht zugleich entstehen können, sondern sich gegenseitig ausschließen. **36**

Erledigt sich ein Privatklageverfahren durch eine Einigung, dann wird auch der Gebührentatbestand der VV 4147 ausgelöst. Gleichzeitig erledigt sich damit aber auch das Verfahren, sodass je nach Stadium eine Hauptverhandlung vermieden wird und damit an sich auch eine zusätzliche Gebühr nach VV 4141 anfallen würde.[12] **37**

Da beide Vorschriften letztlich demselben Zweck dienen und eine Doppelhonorierung des Anwalts insoweit nicht angezeigt ist, stellt die mit dem 2. KostRMoG eingefügte Vorschrift der Anm. Abs. 2 S. 2 zu VV 4141 klar, dass beide Gebühren nicht nebeneinander entstehen können. Vorrang hat dabei die Gebühr VV 4147. Entsteht also eine Einigungsgebühr, dann ist kein Raum mehr für die zusätzliche Gebühr nach VV 4141. **38**

> **Beispiel:** Der Anwalt wird mit der Verteidigung in einer Privatklage wegen Beleidigung beauftragt. Die Parteien verhandeln außergerichtlich und schließen außerhalb der Hauptverhandlung einen Vergleich, nach dem der Angeklagte sich beim Privatkläger entschuldigt und sich verpflichtet, die Verfahrenskosten zu übernehmen.
> Der Verteidiger erhält zunächst eine Grundgebühr (VV 4100) und eine Verfahrensgebühr (VV 4106). Hinzu kommt eine Terminsgebühr für das Gespräch über den Täter-Opfer-Ausgleich (VV 4102 Nr. 4). Des Weiteren entsteht die Einigungsgebühr nach VV 4147, allerdings keine zusätzliche Gebühr nach VV 4141. **39**
>
> 1. Grundgebühr, VV 4100 200,00 EUR
> 2. Verfahrensgebühr, VV 4106 165,00 EUR
> 3. Terminsgebühr, VV 4102 Nr. 4 170,00 EUR
> 4. Einigungsgebühr, VV 1000, 4147, 4106 165,00 EUR
> 5. Postentgeltpauschale, VV 7002 20,00 EUR
>   Zwischensumme 720,00 EUR
> 6. 19 % Umsatzsteuer, VV 7008 136,80 EUR
>   **Gesamt** **856,80 EUR**

Unberührt bleibt allerdings neben der Gebühr der VV 4147 eine Einigungsgebühr nach VV 1000 (Anm. zu VV 4147). **40**

---

12 So zum bisherigen Recht: AnwK-RVG/N. Schneider, 6. Aufl., Nr. 4141 Rn 53.

Abschnitt 2. Gebühren in der Strafvollstreckung

Nr.	Gebührentatbestand	Gebühr oder Satz der Gebühr nach § 13 oder § 49 RVG	
		Wahlanwalt	gerichtlich bestellter oder beigeordneter Rechtsanwalt
	Vorbemerkung 4.2: Im Verfahren über die Beschwerde gegen die Entscheidung in der Hauptsache entstehen die Gebühren besonders.		

4200	Verfahrensgebühr als Verteidiger für ein Verfahren über
	1. die Erledigung oder Aussetzung der Maßregel der Unterbringung
	  a) in der Sicherungsverwahrung,
	  b) in einem psychiatrischen Krankenhaus oder
	  c) in einer Entziehungsanstalt,
	2. die Aussetzung des Restes einer zeitigen Freiheitsstrafe oder einer lebenslangen Freiheitsstrafe oder
	3. den Widerruf einer Strafaussetzung zur Bewährung oder den Widerruf der Aussetzung einer Maßregel der Besserung und Sicherung zur Bewährung ....
		60,00 bis 670,00 €	292,00 €

4201	Gebühr 4200 mit Zuschlag	60,00 bis 837,50 €	359,00 €
4202	Terminsgebühr in den in Nummer 4200 genannten Verfahren	60,00 bis 300,00 €	144,00 €
4203	Gebühr 4202 mit Zuschlag	60,00 bis 375,00 €	174,00 €
4204	Verfahrensgebühr für sonstige Verfahren in der Strafvollstreckung	30,00 bis 300,00 €	132,00 €
4205	Gebühr 4204 mit Zuschlag	30,00 bis 375,00 €	162,00 €
4206	Terminsgebühr für sonstige Verfahren	30,00 bis 300,00 €	132,00 €
4207	Gebühr 4206 mit Zuschlag	30,00 bis 375,00 €	162,00 €

Literatur: *Lissner*, Gebühren in der Strafvollstreckung, AGS 2013, 445.

A. Allgemeines 1	d) Auslagen, VV 7000 ff. 27
I. Die gesetzliche Regelung 1	II. Verfahren in sonstigen Fällen in der Strafvollstreckung 28
II. Umfang der Angelegenheit 4	1. Keine Grundgebühr 28
B. Regelungsgehalt 10	2. Verfahrensgebühr (VV 4204, 4205) 29
I. Verfahren nach VV 4200 11	3. Terminsgebühr (VV 4206, 4207) 31
1. Anwendungsbereich 11	4. Auslagen, VV 7000 ff. 33
2. Die Gebühren 16	III. Beschwerdeverfahren (VV Vorb. 4.2) 34
a) Keine Grundgebühr 16	C. Pauschgebühr 38
b) Verfahrensgebühr (VV 4200, 4201) 17	D. Inanspruchnahme des Verurteilten 40
c) Terminsgebühr (VV 4202, 4203) 21	

A. Allgemeines

I. Die gesetzliche Regelung

Die Gebühren des Verteidigers in der Strafvollstreckung bestimmen sich nach VV Teil 4 Abschnitt 2. **1** Diese Gebühren gelten allerdings nur dann, wenn der Anwalt **(Voll-)Verteidiger** ist. Soweit der Anwalt lediglich mit Einzeltätigkeiten im Rahmen der Strafvollstreckung beauftragt ist, gilt für ihn VV 4300 Nr. 3 oder VV 4301 Nr. 6.

Tätigkeiten im Rahmen der **Zwangsvollstreckung** aus Entscheidungen über einen aus einer Straftat **2** erwachsenen vermögensrechtlichen Anspruch sowie aus Kostenfestsetzungsbeschlüssen richten sich ebenfalls nicht nach diesem Abschnitt, sondern nach VV Teil 3 (VV Vorb. 4 Abs. 5).

Soweit aufgrund von Entscheidungen im Rahmen der Strafvollstreckung eine Kostenfestsetzung **3** stattfindet, gilt wiederum VV Vorb. 4 Abs. 5: Erinnerungen und Beschwerden werden nach VV Teil 3 vergütet, also nach den VV 3500 ff.

II. Umfang der Angelegenheit

Jedes **einzelne Vollstreckungsverfahren** stellt auch in Strafsachen eine **gesonderte Angelegenheit** **4** i.S.d. § 15 dar. Wird z.B. ein Verfahren auf Widerruf der Strafaussetzung eingeleitet, die Bewährung jedoch nicht widerrufen und kommt es dann später zu einem erneuten Verfahren auf Widerruf der Strafaussetzung zur Bewährung, dann entstehen die Gebühren insgesamt zweimal.

Das Gleiche gilt im Falle des § 67e StGB. Jedes Überprüfungsverfahren stellt eine eigene Gebühren- **5** angelegenheit dar.[1]

Auch dann, wenn zwei Widerrufsverfahren geführt werden, die dieselbe Strafaussetzung zur Bewäh- **6** rung betreffen, handelt es sich gebührenrechtlich um zwei verschiedene Angelegenheiten.[2]

Nach LG Aachen[3] soll auch dann eine Angelegenheit vorliegen, wenn gegen den Verurteilten in **7** zwei getrennten Verfahren die Maßregel der Unterbringung in einem psychiatrischen Krankenhaus angeordnet wird, da trotz Vorliegens zweier Verfahren nur eine einheitliche Entscheidung zur Frage der Aussetzung der Maßregel anstehe, hinsichtlich der eine einheitliche Anhörung durchgeführt werde.

Bei **Beschwerden** ist zu differenzieren: **8**
– Soweit sich die Beschwerde gegen eine Zwischen- oder Nebenentscheidung richtet, zählt dies noch zur jeweiligen Vollstreckungsangelegenheit und wird durch die dort verdiente Gebühr mit abgegolten.[4]
– Soweit sich die Beschwerde gegen die Entscheidung in der (Vollstreckungs-)Hauptsache richtet, entstehen die Gebühren erneut (VV Vorb. 4.2). Daraus folgt, dass es sich bei der Beschwerde um eine neue Angelegenheit handelt. Nach der Neufassung des § 19 Abs. 1 S. 2 Nr. 10a durch das 2. KostRMoG ist von einer gesonderten Angelegenheit auszugehen, wenn für das Beschwerdeverfahren gesonderte Gebühren vorgesehen sind. Daher entsteht im Beschwerdeverfahren insbesondere eine weitere Postentgeltpauschale nach VV 7002. Die bisherige gegenteilige Auffassung zu vorherigen Fassung[5] ist nach der Neufassung nicht mehr vertretbar.
– So fällt sowohl für die Verteidigertätigkeit im Rahmen des Verfahrens über den Widerruf der Strafaussetzung zur Bewährung als auch im Verfahren der sofortigen Beschwerde gegen die dort ergangene Entscheidung in der Hauptsache jeweils eine Verfahrensgebühr nach VV 4200 Nr. 3[6] einschließlich einer weitere Postentgeltpauschale nach VV 7002 an.

Zu beachten ist allerdings § 19 Abs. 1 S. 2 Nr. 10. Das Einlegen der Beschwerde gehört für den im **9** Ausgangsverfahren bereits tätigen Verteidiger noch zur Ausgangsinstanz.

---

1 Burhoff/*Volpert*, VV 4200, Rn 12.
2 LG Magdeburg AGS 2010, 429 = StraFo 2010, 172 = RVGreport 2010, 183 = StRR 2010, 279.
3 AGS 2010, 428 = RVGreport 2010, 379 = StRR 2011, 39.
4 Burhoff/*Volpert*, VV 4200, Rn 18.
5 OLG Düsseldorf AGS 2007, 352 = StRR 2007, 83.
6 OLG Düsseldorf AGS 2007, 352 = StRR 2007, 83.

B. Regelungsgehalt

10 Abschnitt 2 differenziert nach zwei Verfahrensgruppen: den Verfahren nach VV 4200 und den Verfahren in sonstigen Fällen der Strafvollstreckung.

I. Verfahren nach VV 4200

1. Anwendungsbereich

11 Nach VV 4200 erhält der Verteidiger die Verfahrensgebühr für ein Verfahren über
1. die Erledigung oder Aussetzung der Maßregel der Unterbringung
   a) in der Sicherungsverwahrung,
   b) in einem psychiatrischen Krankenhaus oder
   c) in einer Entziehungsanstalt,
2. die Aussetzung des Restes einer zeitigen Freiheitsstrafe oder einer lebenslangen Freiheitsstrafe oder
3. den Widerruf einer Strafaussetzung zur Bewährung oder den Widerruf der Aussetzung einer Maßregel der Besserung und Sicherung zur Bewährung.

12 Wird der Rechtsanwalt dem Untergebrachten im Überprüfungsverfahren nach § 67e StGB beigeordnet, richtet sich die Vergütung nach VV Teil 4 Abschnitt 2. Es handelt sich grundsätzlich nicht um eine Einzeltätigkeit i.S.v. VV Teil 4 Abschnitt 3.[7] Nur dann, wenn er mit Einzeltätigkeiten im Überprüfungsverfahren nach § 67e StGB beauftragt ist, gelten nicht die VV 4200 ff., sondern VV 4300 Nr. 3. Soweit VV 4300 Nr. 3 ausdrücklich auf das Verfahren nach § 67e StGB Bezug nimmt, muss die gesamte Vorschrift gelesen werden. Dort heißt es nämlich „Verfahrensgebühr für die **Anfertigung und Unterzeichnung einer Schrift** ... in Verfahren nach § 67e StGB". Diese Gebühr betrifft also nur den Fall, dass der Anwalt ausschließlich damit beauftragt ist, in einem Verfahren nach § 67e StGB eine Schrift anzufertigen oder zu unterzeichnen. Geht der Auftrag bzw. die Bestellung jedoch darüber hinaus, sind die VV 4200 ff. anzuwenden.[8]

13 Auch die Vergütung eines Rechtsanwalts im Verfahren über den Widerruf der Strafaussetzung zur Bewährung richtet sich nach VV 4200 ff. und nicht nach VV 4300 ff., wenn der Anwalt aufgrund des ihm erteilten Mandats als Verteidiger anzusehen ist. Das gilt auch dann, wenn er erst für das Verfahren über den Widerruf der Strafaussetzung mandatiert worden ist.[9]

14 Das Verfahren über die Festsetzung der Mindestverbüßungsdauer einer lebenslangen Freiheitsstrafe ist kostenrechtlich als Teil des Verfahrens über die Aussetzung des Restes einer zeitigen Freiheitsstrafe oder einer lebenslangen Freiheitsstrafe nach VV 4200 Nr. 2 anzusehen.[10]

15 Zu den Verfahren nach VV 4200 Nr. 3 zählt auch das Verfahren über die befristete Wiederinvollzugsetzung einer ausgesetzten Unterbringungsmaßregel nach §§ 63, 64 StGB (Krisenintervention gem. § 67h StGB). Es handelt sich kostenrechtlich um einen Teil des Verfahrens über den Widerruf der Maßregelaussetzung.[11]

---

7 OLG Schleswig AGS 2005, 120 m. Anm. *N. Schneider* = JurBüro 2005, 252 = RVGreport 2005, 70 = RVG-B 2005, 49, 50 m. Anm. *Breyer*; Burhoff/*Volpert*, RVG, VV 4200, Rn 9.

8 OLG Schleswig AGS 2005, 120 m. Anm. *N. Schneider* = JurBüro 2005, 252 = RVGreport 2005, 70 = RVG-B 2005, 49, 50 m. Anm. *Breyer*; KG AGS 2005, 393 = RVGreport 2005, 102 = NStZ-RR 2005, 127 = JurBüro 2005, 251 = RVG-B 2005, 148 m. Anm. *N. Schneider*.

9 OLG Frankfurt NStZ-RR 2005, 253; Burhoff/*Volpert*, VV 4200 Rn 6.

10 KG AGS 2011, 542 = StraFo 2011, 377 = NStZ-RR 2011, 359 = JurBüro 2011, 590 = Rpfleger 2012, 44 = StRR 2011, 247 = RVGreport 2011, 344 = RVGprof. 2012, 44.

11 OLG Dresden NStZ-RR 2012, 326 = Rpfleger 2012, 712 = RVGprof. 2012, 170 = StRR 2012, 323 u. 477.

2. Die Gebühren

a) Keine Grundgebühr

Eine Grundgebühr fällt in der Strafvollstreckung nicht an, unabhängig davon, ob der Anwalt bereits im vorangegangenen Strafverfahren tätig war oder nicht. Die Vorschrift der VV 4100 gilt nur innerhalb des Abschnitts 1, nicht aber auch für Abschnitt 2.[12] Der Anwalt kann daher nur Verfahrens- und Terminsgebühren verdienen.[13]

b) Verfahrensgebühr (VV 4200, 4201)

Der Anwalt erhält zunächst einmal eine Verfahrensgebühr. Die Gebühr entsteht mit der ersten Tätigkeit, also in der Regel mit der Entgegennahme der Information (VV Vorb. 4 Abs. 2).

Der **Gebührenrahmen** beläuft sich nach **VV 4200** für den Wahlanwalt auf 60 EUR bis 670 EUR; die Mittelgebühr beträgt 365 EUR. Der gerichtlich bestellte oder beigeordnete Anwalt erhält eine Festgebühr i.H.v. 292 EUR.

Befindet sich der Verurteilte **nicht auf freiem Fuß**, erhält der Verteidiger nach VV Vorb. 4 Abs. 4 die Gebühr mit **Zuschlag** (**VV 4201**). Der Gebührenrahmen beläuft sich dann auf 60 EUR bis 837,50 EUR; die Mittelgebühr beträgt 448,75 EUR. Der gerichtlich bestellte oder beigeordnete Anwalt erhält eine Festgebühr i.H.v. 359 EUR.

Nach OLG Stuttgart[14] kommt im Überprüfungsverfahren nach § 67e StGB ein Haftzuschlag nicht in Betracht, wenn er im psychiatrischen Krankenhaus Untergebrachter im gesamten Verfahrensabschnitt in einer betreuten Wohneinrichtung wohnt, in der seine Bewegungsfreiheit keinen Einschränkungen unterliegt. Nach OLG Jena[15] fällt der Haftzuschlag dagegen an, wenn sich ein Untergebrachter im Rahmen von Lockerungen in einem Übergangswohnheim befindet.

c) Terminsgebühr (VV 4202, 4203)

Neben den Verfahrensgebühren erhält der Verteidiger auch eine Terminsgebühr. In den Verfahren nach VV 4200 erhält der Verteidiger als Wahlanwalt gemäß VV 4202 eine Terminsgebühr i.H.v. 60 EUR bis 300 EUR; die Mittelgebühr beträgt 180 EUR. Der gerichtlich bestellte oder beigeordnete Anwalt erhält eine Festgebühr von 144 EUR.

Die Gebühr entsteht auch, wenn der Verteidiger zu einem anberaumten Termin erscheint, dieser aber aus Gründen, die er nicht zu vertreten hat, nicht stattfindet (VV Vorb. 4 Abs. 2 S. 2). Dies gilt nicht, wenn er rechtzeitig von der Aufhebung oder Verlegung des Termins in Kenntnis gesetzt worden ist (VV Vorb. 4 Abs. 2 S. 3).

Befindet sich der Verurteilte **nicht auf freiem Fuß**, erhält der Verteidiger wiederum nach VV Vorb. 4 Abs. 4 die Gebühr mit **Zuschlag** (**VV 4203**). Der Gebührenrahmen beläuft sich dann auf 60 EUR bis 375 EUR; die Mittelgebühr beträgt 217,50 EUR. Der Pflichtverteidiger erhält eine Festgebühr i.H.v. 174 EUR.

Die Terminsgebühr nach Nr. 4202, 4203 VV entsteht innerhalb einer strafvollstreckungsrechtlichen Angelegenheit nur einmal, unabhängig davon, wie viele Termine stattfinden.[16]

---

12 KG Rpfleger 2009, 49 = Rpfleger 2009, 110 = JurBüro 2009, 83 = RVGprof. 2008, 212 = RVGreport 2008, 463.

13 OLG Schleswig AGS 2005, 120 m. Anm. *N. Schneider* = JurBüro 2005, 252 = RVGreport 2005, 70 = RVG-B 2005, 49= RVG-B 2005, 50 m. Anm. *Breyer*; KG AGS 2005, 393 = RVGreport 2005, 102 = NStZ-RR 2005, 127 = JurBüro 2005, 251 = RVG-B 2005, 148 m. Anm. *N. Schneider*.

14 AGS 2010, 429 = Justiz 2010, 381 = RVGprof. 2010, 169 = RVGreport 2010, 388 = StRR 2010, 438.

15 AGS 2009, 385 = NStZ-RR 2009, 224 = NJW-Spezial 2009, 557.

16 OLG Hamm AGS 2007, 176 u. 618 = RVGreport 2007, 426; KG AGS 2006, 549 = RVGreport 2006, 353.

25 So entsteht die Terminsgebühr für das gesamte Überprüfungsverfahren über die Fortdauer der Unterbringung nach §§ 67d, 67e StGB unabhängig von der Anzahl der erfolgten Anhörungstermine nur einmal.[17]

26 *Hartung*[18] weist zu Recht darauf hin, dass hier unverständlicherweise die Höhe der Terminsgebühr mit mehr als der Hälfte hinter der Höhe der Verfahrensgebühr zurückbleibt. Er geht m.E. zu Recht von einem **gesetzgeberischen Versehen** bei der Abfassung der VV 4202, 4203 aus. In der Begründung des Gesetzgebers[19] heißt es, dass die VV 4202, 4203 für die in VV 4200 genannten Verfahren für die Wahrnehmung eines gerichtlichen Termins „eine Terminsgebühr in jeweils gleicher Höhe wie die Verfahrensgebühr" vorsehen. *Hartung*[20] schlägt daher vor, die Höhe der Terminsgebühr nach VV 4202, 4203 entsprechend der Höhe der Verfahrensgebühr nach VV 4200, 4201 für den Wahlverteidiger auf 60 EUR bis 670 EUR (VV 4202) und auf 60 EUR bis 837,50 EUR (VV 4203) und für den Pflichtverteidiger auf 292 EUR bzw. 359 EUR heraufzusetzen.

d) Auslagen, VV 7000 ff.

27 Neben den Gebühren nach VV 4200 ff. erhält der Anwalt auch Ersatz seiner Auslagen, insbesondere eine eigene Postentgeltpauschale nach VV 7002.

II. Verfahren in sonstigen Fällen in der Strafvollstreckung

1. Keine Grundgebühr

28 Auch in den sonstigen Verfahren fällt keine Grundgebühr an (siehe Rdn 16).

2. Verfahrensgebühr (VV 4204, 4205)

29 Für sonstige Verfahren – also solche, die nicht in VV 4200 erfasst sind – erhält der Verteidiger als Wahlanwalt eine Verfahrensgebühr nach **VV 4204**. Der Gebührenrahmen beläuft sich auf 30 EUR bis 300 EUR; die Mittelgebühr beträgt 165 EUR. Der gerichtlich bestellte oder beigeordnete Anwalt erhält eine Festgebühr i.H.v. 132 EUR.

30 Befindet sich der Verurteilte **nicht auf freiem Fuß**, erhält der Wahlverteidiger wiederum nach VV Vorb. 4 Abs. 4 die Gebühr mit Zuschlag (**VV 4205**). Der Gebührenrahmen beläuft sich dann auf 30 EUR bis 375 EUR; die Mittelgebühr beträgt 202,50 EUR. Der gerichtlich bestellte oder beigeordnete Anwalt erhält eine Festgebühr i.H.v. 162 EUR.

3. Terminsgebühr (VV 4206, 4207)

31 In den Verfahren, die nicht unter VV 4200 fallen, erhält der Anwalt nach **VV 4206** eine Terminsgebühr i.H.v. 30 EUR bis 300 EUR; die Mittelgebühr beträgt 165 EUR. Der gerichtlich bestellte oder beigeordnete Anwalt erhält eine Festgebühr i.H.v. 132 EUR.

32 Befindet sich der Verurteilte **nicht auf freiem Fuß**, erhält der Anwalt nach VV Vorb. 4 Abs. 4 die Terminsgebühr mit Zuschlag (**VV 4207**). Der Gebührenrahmen beläuft sich auf 30 EUR bis 375 EUR; die Mittelgebühr beträgt 202,50 EUR. Der gerichtlich bestellte oder beigeordnete Anwalt erhält eine Festgebühr i.H.v. 162 EUR.

4. Auslagen, VV 7000 ff.

33 Neben den Gebühren nach VV 4200 ff. erhält der Anwalt auch Ersatz seiner Auslagen, insbesondere eine eigene Postentgeltpauschale nach VV 7002.

---

17 OLG Koblenz AGS 2011, 373 = Rpfleger 2011, 346; LG Osnabrück NdsRpfl 2007, 166.
18 *Hartung/Römermann*, VV Teil 4 Rn 199.
19 BT-Drucks 15/1971, S. 229.
20 *Hartung/Römermann*, VV Teil 4 Rn 199.

III. Beschwerdeverfahren (VV Vorb. 4.2)

Für Beschwerden in den vorgenannten Verfahren nach VV 4200 und in den sonstigen Verfahren, die sich gegen die Entscheidung in der Hauptsache richten, entstehen die Gebühren erneut (VV Vorb. 4.2 i.V.m. § 15 Abs. 2 S. 2). Der Anwalt kann daher in den Beschwerdeverfahren alle Gebühren erneut verdienen. Allerdings ist § 19 Abs. 1 S. 1 Nr. 10 zu beachten: Das Einlegen der Beschwerde gehört für den im Ausgangs(-vollstreckungs-)verfahren bereits tätigen Verteidiger noch zur Ausgangsinstanz.

Ist der Verteidiger im Beschwerdeverfahren über den Widerruf einer Strafaussetzung zur Bewährung vollumfänglich beauftragt, entsteht eine Beschwerdegebühr VV 4200 i.V.m. VV Vorb. 4.2, auch wenn der zuvor Verurteilte selbst das Rechtsmittel eingelegt hat. Es handelt sich dann nicht um eine Einzeltätigkeit nach Teil 4 Abschnitt 3 VV.[21]

Die Gebühren richten sich nach den VV 4200 ff. in den dort genannten Verfahren[22] und nach VV 4204 ff. in den sonstigen Verfahren.

Bei der Beschwerde handelt es sich um eine gesonderte Angelegenheit. Daher erhält der Anwalt gesonderten Ersatz seiner Auslagen, insbesondere eine zweite **Postentgeltpauschale** nach VV 7002. Dies folgt aus der Neufassung des § 19 Abs. 1 S. 2 Nr. 10a, wonach von einer gesonderten Angelegenheit auszugehen ist, wenn das Vergütungsverzeichnis gesonderte Gebühren vorsieht. Die frühere gegenteilige Auffassung[23] ist daher nicht mehr vertretbar.

C. Pauschgebühr

Reichen die Gebühren der VV 4200 ff. nicht aus, um die Tätigkeit des Verteidigers angemessen zu vergüten, kann er die Bewilligung einer Pauschgebühr beantragen. Das gilt sowohl für den Wahlanwalt (§ 42) als auch für den gerichtlich bestellten oder beigeordneten Anwalt (§ 51).[24]

Zuständig ist das Gericht des ersten Rechtszugs, wobei hiermit nicht das Gericht des ersten Rechtszugs des Strafverfahrens, sondern das des Vollstreckungsverfahrens gemeint ist.

D. Inanspruchnahme des Verurteilten

Ist der Verteidiger gerichtlich bestellt oder beigeordnet worden, kann er unter den Voraussetzungen des § 52 den Verurteilten unmittelbar in Anspruch nehmen.[25] Zuständig ist auch hier das Gericht des ersten Rechtszugs des Vollstreckungsverfahrens.

---

21 LG Berlin AGS 2016, 172 = RVGreport 2016, 145.
22 OLG Schleswig AGS 2005, 444 = RVGreport 2006, 153.
23 So auch LG Düsseldorf AGS 2007, 352 = StRR 2007, 83; unzutreffend OLG Braunschweig AGS 2009, 327 = StraFo 2009, 220 = NJW-Spezial 2009, 348.
24 Burhoff/*Volpert*, RVG, VV 4200 Rn 17: a.A. OLG Hamm, Beschl. v. 10.8.2006 – 2 (s) Sbd IX – 77/06, 2 (s) Sbd 9 – 77/06.
25 Burhoff/*Volpert*, RVG, VV 4200 Rn 18.

Abschnitt 3. Einzeltätigkeiten

Nr.	Gebührentatbestand	Gebühr oder Satz der Gebühr nach § 13 oder § 49 RVG	
		Wahlanwalt	gerichtlich bestellter oder beigeordneter Rechtsanwalt

Vorbemerkung 4.3:

(1) Die Gebühren entstehen für einzelne Tätigkeiten, ohne dass dem Rechtsanwalt sonst die Verteidigung oder Vertretung übertragen ist.

(2) Beschränkt sich die Tätigkeit des Rechtsanwalts auf die Geltendmachung oder Abwehr eines aus der Straftat erwachsenen vermögensrechtlichen Anspruchs im Strafverfahren, so erhält er die Gebühren nach den Nummern 4143 bis 4145.

(3) Die Gebühr entsteht für jede der genannten Tätigkeiten gesondert, soweit nichts anderes bestimmt ist. § 15 RVG bleibt unberührt. Das Beschwerdeverfahren gilt als besondere Angelegenheit.

(4) Wird dem Rechtsanwalt die Verteidigung oder die Vertretung für das Verfahren übertragen, werden die nach diesem Abschnitt entstandenen Gebühren auf die für die Verteidigung oder Vertretung entstehenden Gebühren angerechnet.

A.	Sachlicher Anwendungsbereich	1	
B.	Persönlicher Anwendungsbereich	6	
C.	Umfang der Angelegenheit	8	
I.	Allgemeines	8	
II.	Grundsatz: Eigene Angelegenheiten (Abs. 3 S. 1)	12	
III.	Ausnahme: Einlegung einer Berufung und Revision sowie ihre Begründung, Anm. zu VV 4300; Anm. zu VV 4301	15	
IV.	Begrenzung nach § 15 Abs. 5	24	
V.	Begrenzung nach § 15 Abs. 6	25	
	1. Begrenzung bei mehreren Einzelaufträgen	26	
	2. Vorzeitige Erledigung des Auftrags, § 15 Abs. 4	27	
D.	Gebührenbemessung, § 14 Abs. 1	29	
E.	Mehrere Auftraggeber, VV 1008	30	
F.	Auftraggeber nicht auf freiem Fuß	31	
G.	Zusätzliche Gebühr nach VV 4141	32	
H.	Verfahrensgebühren nach VV 4142, 4143 ff.	33	
I.	Sonstige Vorschriften	34	
J.	Anrechnung	38	
K.	Beiordnung und Bestellung	42	
L.	Kostenerstattung	43	
I.	Erstattung im Strafverfahren	43	
	1. Der Anwalt wird anstelle des Verteidigers, Vertreters oder Beistands tätig	43	
	2. Der Anwalt wird neben dem Verteidiger, Vertreter oder Beistand tätig	44	
	3. Der Anwalt wird in eigener Sache tätig	45	
II.	Erstattung im Zivilverfahren	46	

A. Sachlicher Anwendungsbereich

1 Die Gebührentatbestände der VV 4300 ff. regeln die Vergütung für **Einzeltätigkeiten** des Anwalts. Vergleichbar sind sie der Regelung der VV 3403, die für Einzeltätigkeiten innerhalb VV Teil 3 gilt. Bei den Gebühren nach VV 4300 ff. handelt es sich zum Teil um Einzelaktgebühren, wie etwa bei der Gebühr für die Einlegung der Berufung oder Revision (VV 4302 Nr. 1). Zum Teil handelt es sich aber auch um echte Verfahrensgebühren, wie etwa bei der Verkehrsanwaltsgebühr (VV 4301 Nr. 3) oder der Gebühr für die Vertretung im Klageerzwingungsverfahren (VV 4301 Nr. 5), die jeweils sämtliche Tätigkeiten in einem Verfahrensabschnitt abgelten.

2 Die Vorschriften der VV 4300 ff. gelten zum einen für solche Einzeltätigkeiten, die für den Vollverteidiger (also den Anwalt, dem die Verteidigung insgesamt oder die Vertretung eines anderen Beteiligten i.S.d. VV Vorb. 4 Abs. 1 übertragen worden ist) durch die Gebühren der VV 4100 ff. abgegolten wären. Insoweit ist die Vorschrift also für den Vollverteidiger unanwendbar.

Beispiel: Der Anwalt wird beauftragt, die vom Verurteilten selbst eingelegte Berufung zu begründen. Alles Weitere will der Verurteilte selbst veranlassen.
Da der Anwalt nicht als Verteidiger beauftragt ist, richtet sich seine Vergütung nach VV 4301 Nr. 2. Als Verteidiger erhielte der Anwalt dagegen die Vergütung nach VV 4124. Die Vorschrift der VV 4301 Nr. 2 wäre für ihn daher insoweit unanwendbar.

Daneben erfassen die VV 4300 ff. aber auch solche Tätigkeiten, die erst gar nicht in den Abgeltungsbereich der Gebühren der VV 4100 ff. gehören. Insoweit ist die Vorschrift daher auch für den (Voll)-Verteidiger anwendbar.

Soweit das RVG **vorrangige Bestimmungen** enthält, ist die Anwendung der VV 4300 ff. **ausgeschlossen**, und zwar auch dann, wenn der Anwalt insoweit nur mit Einzeltätigkeiten beauftragt ist. In diesen Fällen decken die speziellen Gebühren auch Einzeltätigkeiten ab. Dies gilt insbesondere:
- im Verfahren über den Antrag auf gerichtliche Entscheidung nach § 109 StVollzG (es gelten die VV 3100 ff.);
- im Rechtsbeschwerdeverfahren nach § 116 StVollzG (es gelten nach VV Vorb. 3.2.1 Abs. 1 Nr. 7 die VV 3200 ff.);
- für Tätigkeiten im Wiederaufnahmeverfahren (es gelten die VV 4136 ff.);
- im Erinnerungs- und Beschwerdeverfahren gegen die Kostenfestsetzung oder den Kostenansatz (es gilt nach VV Vorb. 4 Abs. 5 die VV 3500);
- in der Zwangsvollstreckung (es gilt nach VV Vorb. 4 Abs. 5 Nr. 1 die VV 3309 f.);
- für Beschwerden in Zwangsvollstreckungssachen (es gilt nach VV Vorb. 4 Abs. 5 Nr. 2 die VV 3500);
- für Anträge auf Tilgung von Eintragungen im Strafregister oder beschränkte Auskunftserteilung (es gilt VV 2300; im Verfahren über den Antrag auf gerichtliche Entscheidung gelten nach VV Vorb. 3.2.1 Abs. 1 Nr. 7 die VV 3200 ff.);[1]
- für Tätigkeiten, die sich ausschließlich auf die Geltendmachung oder Abwehr eines aus der Straftat erwachsenen vermögensrechtlichen Anspruchs im Strafverfahren erstrecken (es gelten nach VV Vorb. 4.3 Abs. 2 die VV 4143, 4144).

Unanwendbar sind die VV 4300 ff. schließlich, soweit sich die Tätigkeit nach VV 2300 richtet, also z.B. im Verwaltungsverfahren, das dem gerichtlichen Verfahren nach § 109 StVollzG vorangeht.[2]

B. Persönlicher Anwendungsbereich

Die VV 4300 ff. gelten sowohl für den Anwalt als auch für den Rechtsbeistand (Art. IX RpflAnpG), nicht aber für einen sonstigen im Strafverfahren zugelassenen Vertreter, wie z.B. einen Hochschullehrer; dieser muss nach § 612 BGB abrechnen.

Entsprechend anwendbar sind die VV 4300 ff. für den **Vertreter oder Beistand des Privat- oder Nebenklägers, eines Einziehungsbeteiligten oder anderen Nebenbeteiligten** sowie des Verletzten (VV Vorb. 4 Abs. 1). Auch hier gelten die VV 4300 ff. aber nur, soweit der Anwalt für eine der vorgenannten Personen mit Einzeltätigkeiten beauftragt ist, ohne dass ihm die Vertretung insgesamt übertragen wurde. Daneben kann der Vertreter der vorgenannten Personen ebenso wie der Verteidiger zusätzliche Gebühren nach VV 4300 ff. erhalten, wenn er Tätigkeiten ausübt, die nicht in den Abgeltungsbereich der VV 4100 ff. fallen.

C. Umfang der Angelegenheit

I. Allgemeines

Die Gebühren nach den VV 4300 ff. können in derselben Strafsache mehrmals anfallen. Jede Einzeltätigkeit ist eine eigene Angelegenheit i.S.d. § 15 Abs. 1 (Ausnahme: Anm. zu VV 4300; Anm. zu VV 4301). Insbesondere fällt auch jeweils eine eigene Postentgeltpauschale nach VV 7002 an.

> **Beispiel:** Der Anwalt erhält zunächst den Auftrag, die vom Verurteilten selbst eingelegte Berufung zu begründen. Später erhält er den Auftrag, an einer Zeugenvernehmung vor dem ersuchten Richter eines auswärtigen Gerichts teilzunehmen.
> Der Anwalt erhält jeweils eine Gebühr nach VV 4301 Nr. 2 und VV 4301 Nr. 4 nebst Postentgeltpauschale. Auszugehen sein soll nach § 14 Abs. 1 jeweils von einer überdurchschnittlichen Gebühr (Mittelgebühr um 20 % erhöht). Insgesamt erhält er gemäß VV Vorb. 4.3 Abs. 3 S. 2 i.V.m. § 15 Abs. 6 jedoch nicht mehr als eine Gebühr nach VV 4301.

---

1 *Madert*, AnwBl 1982, 176, 177.   2 OLG Karlsruhe JurBüro 1979, 857.

Entstanden sind folgende Gebühren:
I. Begründung der Berufung
1. Gebühr nach VV 4301 Nr. 2 — 300,00 EUR
2. Postentgeltpauschale, VV 7002 — 20,00 EUR
   Zwischensumme — 320,00 EUR
3. 19 % Umsatzsteuer, VV 7008 — 60,80 EUR
Gesamt — 380,80 EUR
II. Terminswahrnehmung
1. Gebühr nach VV 4301 Nr. 4 — 300,00 EUR
2. Postentgeltpauschale, VV 7002 — 20,00 EUR
   Zwischensumme — 320,00 EUR
3. 19 % Umsatzsteuer, VV 7008 — 60,80 EUR
Gesamt — 380,80 EUR
Gesamt I + II — 761,60 EUR

9 Zu beachten ist allerdings VV Vorb. 4.3 Abs. 3 S. 2 i.V.m. § 15 Abs. 6. Der Anwalt darf für die verschiedenen Einzeltätigkeiten nie mehr an Gebühren erhalten, als er erhalten würde, wenn er mit der gesamten Tätigkeit beauftragt worden wäre.

Fortsetzung des Beispiels: Wäre der Anwalt von vornherein mit der Gesamtvertretung beauftragt, so hätte er nach VV 4124 eine Gebühr i.H.v. bis zu 560 EUR erhalten können. Die Grenze des § 15 Abs. 6 ist hier überschritten, so dass der Anwalt nicht mehr als 560 EUR zuzüglich der beiden Postentgeltpauschalen abrechnen darf.

10 Eine Ausnahme von dem Grundsatz, dass jede Einzeltätigkeit eine eigene Angelegenheit darstellt, enthalten die Anm. zu VV 4300 und Anm. zu VV 4301. Die Einlegung der Berufung oder Revision sowie deren Begründung sind jeweils eine einzige Angelegenheit.

Beispiel: Der Anwalt wird zunächst nur beauftragt, Berufung einzulegen. Später erhält er den Auftrag, die Berufung zu begründen.
Der Anwalt hat zunächst die Gebühr nach VV 4302 Nr. 1 verdient. Später ist die Gebühr nach VV 4301 Nr. 2 entstanden, die auch die Einlegung des Rechtsmittels miterfasst (Anm. zu VV 4301). Der Anwalt erhält daher nur eine Gebühr nach VV 4301 Nr. 2.

11 Eine weitere Einschränkung enthält VV Vorb. 4.3 Abs. 4. Danach sind die Gebühren der VV 4300 ff. auf nachfolgende Gebühren anzurechnen, wenn der Anwalt anschließend mit der Verteidigung des Beschuldigten oder mit der Vertretung eines Privat- oder Nebenklägers oder sonstigen Beteiligten i.S.d. VV Vorb. 4 Abs. 1 insgesamt beauftragt wird (siehe Rdn 38).

II. Grundsatz: Eigene Angelegenheiten (Abs. 3 S. 1)

12 VV Vorb. 4.3 Abs. 3 S. 1 enthält den **Grundsatz**, dass **jeder Einzelauftrag** nach VV 4300 ff. grundsätzlich auch eine **eigene Angelegenheit** i.S.d. § 15 darstellt (Ausnahme: Anm. zu VV 4300; Anm. zu VV 4301) (siehe Rdn 15 ff.). Hieraus wiederum folgt, dass der Anwalt nicht nur mehrere Gebühren nach VV 4300, 4301, 4302 erhalten kann, sondern auch mehrere Gebühren nach derselben Vorschrift oder sogar derselben Nummer einer Vorschrift.

Beispiel: Der Anwalt wird damit beauftragt, Berufung einzureichen. Später erhält er den Auftrag, ein Ablehnungsgesuch gegen den Vorsitzenden der Berufungskammer zu fertigen.
Für die Einlegung des Rechtsmittels erhält der Anwalt die Gebühr nach VV 4302 Nr. 1. Für das Ablehnungsgesuch erhält er eine weitere Gebühr nach VV 4302 Nr. 2.

13 Ob mehrere Aufträge vorliegen oder nur ein Auftrag, ist stets im Einzelfall zu prüfen. So können trotz eines einheitlichen Auftrags mehrere Angelegenheiten vorliegen. Umgekehrt kann trotz mehrerer Aufträge insgesamt nur eine Angelegenheit gegeben sein.

Beispiel 1: Der Anwalt wird beauftragt, vor dem ersuchten Richter des auswärtigen Gerichts an einer Zeugenvernehmung teilzunehmen. Später ergibt sich im Verlaufe des Verfahrens, dass der Zeuge ergänzend befragt werden muss. Der Anwalt erhält den Auftrag, auch an diesem zweiten Termin teilzunehmen.
Der Anwalt hat hier zwar mehrere Aufträge erhalten. Da der Rahmen der anwaltlichen Tätigkeit und der innere Zusammenhang jedoch der gleiche ist, liegt hier nur eine Angelegenheit nach VV 4301 Nr. 4 vor. Es ist ein Fall des § 15 Abs. 5 gegeben. Der Anwalt erhält die Vergütung insgesamt nur einmal, es sei

denn, zwischen beiden Terminen liegen mehr als zwei Kalenderjahre (§ 15 Abs. 5 S. 2) oder die Termine finden in verschiedenen Instanzen statt, wozu auch der Fall des § 21 Abs. 1 zählt.

Beispiel 2:[3] Der Geschädigte beauftragt einen Rechtsanwalt, gegen einen in München wohnenden Dieb und gegen einen in Hamburg wohnenden Betrüger Anzeige zu erstatten.
Ungeachtet des einheitlichen Auftrags liegen zwei Angelegenheiten nach VV 4302 Nr. 2 vor, da weder ein einheitlicher Rahmen noch ein innerer Zusammenhang bestehen. Etwas anderes würde gelten, wenn es sich bei den beiden Anzuzeigenden um Mittäter derselben Straftat handeln würde; in diesem Falle würde nur eine einzige Gebühr entstehen.[4]

Strittig ist die Einordnung, wenn der Anwalt in zeitlichem Abstand mehrere Aufträge für verschiedene Strafanzeigen oder Strafanträge gegen mehrere Mittäter erhält.

Beispiel:[5] Der Anwalt erhält zunächst den Auftrag, gegen den namentlich bereits bekannten Täter Strafanzeige zu erstatten. Nachdem der weitere Mittäter später ermittelt worden ist, erhält er einen weiteren Auftrag, auch gegen diesen Mittäter Strafanzeige zu erstatten.
Nach *Madert*[6] liegen hier zwei verschiedene Angelegenheiten vor. Zutreffend dürfte es jedoch mit *Hansens*[7] sein, hier nur eine Angelegenheit anzunehmen, da ein gleicher Rahmen und ein innerer Zusammenhang bestehen, zumal nach § 264 StPO beide Mittäter gemeinsam angeklagt werden müssen. Die Mehrarbeit, die dadurch entsteht, dass zwei Strafanzeigen gefertigt werden, ist nach § 14 Abs. 1 erhöhend zu berücksichtigen.

III. Ausnahme: Einlegung einer Berufung und Revision sowie ihre Begründung, Anm. zu VV 4300; Anm. zu VV 4301

Die Vorschriften der Anm. zu VV 4300 und Anm. zu VV 4301 durchbrechen den in VV Vorb. 4.3 Abs. 3 S. 1 aufgestellten Grundsatz, dass jede Einzeltätigkeit nach VV 4300 ff. eine eigene Angelegenheit i.S.d. § 15 darstellt. Die Einlegung der Berufung oder Revision sowie ihre Begründung gelten zusammen als eine einzige Angelegenheit. Der Anwalt, der mit beiden Angelegenheiten beauftragt ist, erhält also insgesamt nur die Vergütung nach VV 4301 Nr. 2 (Berufung) oder nach VV 4300 Nr. 1 (Revision).

Unerheblich dabei ist, ob dem Anwalt von vornherein der Auftrag erteilt worden war, die Berufung oder Revision einzulegen und später zu begründen oder ob zwei Aufträge zugrunde liegen. Wird der Anwalt von vornherein mit der Einlegung und Begründung der Berufung oder Revision beauftragt, liegt von vornherein nur ein Auftrag nach VV 4301 Nr. 2 (Berufung) oder VV 4300 Nr. 1 (Revision) vor.

Im Ergebnis gilt nichts anderes, wenn der Anwalt zunächst den Auftrag hatte, die Berufung oder Revision einzulegen und er später einen gesonderten Auftrag zu ihrer Begründung erhalten hat. Zwar ist zunächst für die Einlegung des Rechtsmittels nur eine Gebühr nach VV 4302 Nr. 1 entstanden. Diese Gebühr erstarkt dann aber gemäß § 15 Abs. 5 durch den weiteren Auftrag, das Rechtsmittel auch zu begründen, zu einer Gebühr nach VV 4301 Nr. 2 (Berufung) oder VV 4300 Nr. 1 (Revision). Unzutreffend ist daher die Auffassung von *Hansens*,[8] der die Gebühren aufeinander anrechnen will. Das würde nämlich voraussetzen, dass es sich um zwei Angelegenheiten handelt, was nach dem ausdrücklichen Wortlaut der Vorschrift aber gerade nicht der Fall ist. Insbesondere fällt die Postentgeltpauschale (VV 7002) daher auch nur einmal an, und eine zwischenzeitliche Änderung des Gebührenrechts zwischen Auftrag zur Einlegung des Rechtsmittels und seiner Begründung ist unerheblich (§§ 60, 61).

Die Mehrtätigkeit, die durch das Einlegen des Rechtsmittels entsteht, kann gegenüber dem bloßen Auftrag zur Begründung des Rechtsmittels nach § 14 Abs. 1 Gebühren erhöhend zu berücksichtigen sein.

---

3 Nach Gerold/Schmidt/*Madert*, RVG, 18. Aufl., VV 4300–4305 Rn 78.

4 *Hansens*, BRAGO, § 92 Rn 3; Gerold/Schmidt/*Madert*, RVG, 18. Aufl. VV 4300–4305 Rn 78.

5 Nach Gerold/Schmidt/*Madert*, RVG, 18. Aufl., VV 4300–4305 Rn 78; *Hansens*, BRAGO, § 92 Rn 3.

6 Gerold/Schmidt/*Madert*, RVG, 18. Aufl. VV 4300–4305 Rn 78.

7 *Hansens*, BRAGO, § 92 Rn 3.

8 *Hansens*, BRAGO, § 92 Rn 2.

19 Die Vorschriften der Anm. zu VV 4300 und Anm. zu VV 4301 gelten sowohl für die Berufung oder Revision zugunsten des Verurteilten durch den Verteidiger als auch für die Berufung oder Revision des Beistands oder Vertreters eines Privat- oder Nebenklägers oder eines sonstigen Beteiligten i.S.d. VV Vorb. 4 Abs. 1.

20 Anm. zu VV 4300, Anm. zu VV 4301 gelten dagegen nicht, wenn der Anwalt mit der Einlegung der Berufung oder Revision beauftragt ist und mit der Gegenerklärung zu einem von der Gegenseite eingelegten Rechtsmittel.

> **Beispiel:** Der Anwalt wird von dem Nebenkläger beauftragt, gegen das erstinstanzliche Urteil Berufung einzulegen. Nachdem auch der Verurteilte Berufung eingelegt hat, wird der Anwalt beauftragt, zur Berufung des Verurteilten Stellung zu nehmen.
> Es liegen zwei Aufträge und zwei Angelegenheiten vor. Die Vorschriften der Anm. zu VV 4300 und Anm. zu VV 4301 greifen nicht. Der Anwalt erhält für die Einlegung der Berufung des Nebenklägers die Gebühr nach VV 4302 Nr. 1 und für die Erwiderung auf die Berufung des Verurteilten die Gebühr nach VV 4301 Nr. 2.

21 Auf **Beschwerdeverfahren** sind die Anm. zu VV 4300 und Anm. zu VV 4301 nicht entsprechend anwendbar. Dies ergibt sich bereits aus dem Wortlaut des VV 4302, der in Nr. 1 von der Einlegung eines „Rechtsmittels" (wozu auch die Beschwerde gehört) spricht, während in VV 4300 Nr. 1 und VV 4301 Nr. 2 nur von „Berufung" und „Revision" die Rede ist.

22 Wird der Anwalt nicht nur mit der Erhebung der Beschwerde, sondern auch gleichzeitig mit deren Begründung beauftragt, so liegt nur eine Angelegenheit nach VV 4300 Nr. 1 und VV 4301 Nr. 2 vor. Die Mehrarbeit ist gegebenenfalls nach § 14 Abs. 1 zu berücksichtigen.[9]

23 Erhält der Anwalt dagegen zunächst nur den Auftrag, Beschwerde einzulegen und wird er erst später mit ihrer Begründung beauftragt, so erhält er neben der Gebühr nach VV 4302 Nr. 1 auch die der VV 4302 Nr. 2. Insgesamt erhält er jedoch nicht mehr als eine Gebühr aus der jeweiligen Verfahrensgebühr eines Verteidigers (§ 15 Abs. 6).

> **Beispiel:** Der Anwalt wird beauftragt, eine Beschwerde gegen die Entziehung der Fahrerlaubnis einzulegen. Nachdem das AG der Beschwerde nicht abhilft, sondern sie dem LG vorlegt, wird der Anwalt beauftragt, eine Beschwerdebegründung anzufertigen.
> Es liegen zwei verschiedene Aufträge und damit zwei Angelegenheiten i.S.d. § 15 vor. Der Anwalt kann nach § 15 Abs. 6 jedoch insgesamt nicht mehr als eine volle Gebühr aus dem Rahmen der VV 4104 erhalten.

IV. Begrenzung nach § 15 Abs. 5

24 VV Vorb. 4.3 Abs. 3 S. 2 ordnet die entsprechende Anwendung des § 15 an, insbesondere also auch die Anwendung des § 15 Abs. 5. Soweit der Anwalt, nachdem er mit einer Einzeltätigkeit beauftragt worden war, den Auftrag erhält, in dieser Einzeltätigkeit weiter tätig zu werden, erhält er keine neuen Gebühren (Ausnahme: § 15 Abs. 5 S. 2). Es bleibt insgesamt bei einer Gebühr, die allerdings durch die Mehrarbeit nach § 14 Abs. 1 entsprechend zu erhöhen ist. Insgesamt darf der Anwalt jedoch nie mehr erhalten, als wenn er von vornherein mit der gesamten Tätigkeit beauftragt worden wäre.

V. Begrenzung nach § 15 Abs. 6

25 Neben § 15 Abs. 5 ist auch § 15 Abs. 6 anzuwenden.

1. Begrenzung bei mehreren Einzelaufträgen

26 Soweit der Anwalt den Auftrag zu mehreren Einzeltätigkeiten erhalten hat, kann er insgesamt nicht mehr an Gebühren erhalten, als wenn er von vornherein mit der Gesamtvertretung beauftragt worden wäre. Hier ist jeweils als Höchstgrenze diejenige Vergütung zu beachten, die der Verteidiger oder

---

[9] *Hansens*, BRAGO, § 92 Rn 2.

der Beistand oder Vertreter eines Neben- oder Privatklägers oder eines sonstigen Beteiligten i.S.d. VV Vorb. 4 Abs. 1 erhalten hätte.

> **Beispiel:** Der Anwalt erhält zunächst den Auftrag zur Einlegung und Begründung der Berufung. Später erhält er den Auftrag, den Verkehr mit dem Verteidiger zu führen. Schließlich hat er auch noch an einem Termin vor dem ersuchten Richter teilzunehmen.
> Insgesamt sind drei Gebühren nach VV 4302 Nr. 1, VV 4301 Nr. 2 und VV 4302 Nr. 4 angefallen. Die Summe dieser Gebühren darf den Betrag der Gebühren nach VV 4100, 4124, 4104 nicht übersteigen, da der Verteidiger für die ausgeführten Einzeltätigkeiten insgesamt nicht mehr als diese Gebühren erhalten hätte.
> Die Postentgeltpauschale nach VV 7002 erhält der Anwalt dagegen dreimal, da er in drei verschiedenen Angelegenheiten tätig geworden ist. § 15 Abs. 6 gilt nur für die Gebühren, nicht auch für Auslagen.

2. Vorzeitige Erledigung des Auftrags, § 15 Abs. 4

Erledigt sich der Einzelauftrag vorzeitig, so ist dies für den Anfall der Gebühren unerheblich. Auf bereits entstandene Gebühren hat die vorzeitige Erledigung keinen Einfluss (§ 15 Abs. 4).

Eine den VV 3101, 3404 entsprechende Regelung ist in den VV 4300 ff. nicht vorgesehen. Die vorzeitige Beendigung der Angelegenheit ist hier allerdings im Rahmen des § 14 Abs. 1 Gebühren mindernd zu berücksichtigen.

D. Gebührenbemessung, § 14 Abs. 1

Die Bemessung der Gebühren richtet sich nach § 14 Abs. 1. Insoweit gelten die gleichen Grundsätze, wie sie auch für den Verteidiger gelten.

E. Mehrere Auftraggeber, VV 1008

Vertritt der Anwalt mehrere Auftraggeber, so erhöhen sich die Gebührenrahmen um jeweils 30 % je weiteren Auftraggeber. Eine gemeinschaftliche Beteiligung ist nicht erforderlich.

F. Auftraggeber nicht auf freiem Fuß

Ein Haftzuschlag (VV Vorb. 4 Abs. 4), wenn sich der Auftraggeber nicht auf freiem Fuß befindet, ist nicht möglich, da er in den Gebührentatbeständen nicht vorgesehen ist.

G. Zusätzliche Gebühr nach VV 4141

Eine zusätzliche Gebühr nach VV 4141 kommt ebenfalls nicht in Betracht, da diese Vorschrift nur in Tätigkeiten nach VV Teil 4 Abschnitt 1 gilt und für Einzeltätigkeiten nicht vorgesehen ist.

H. Verfahrensgebühren nach VV 4142, 4143 ff.

Auch die Anwendung der VV 4142 und VV 4143 ff. ist bei Einzeltätigkeiten nicht vorgesehen.

I. Sonstige Vorschriften

Auch bei den Gebühren der VV 4300 handelt es sich um Pauschalgebühren, durch die die gesamte anwaltliche Tätigkeit hinsichtlich des Einzelauftrags abgegolten wird. Die Gebühren entstehen auch hier in der Regel mit der Entgegennahme der Information und gelten sämtliche Tätigkeiten bis zur Erledigung des Auftrags ab.

35 Neben den VV 4300 ff. gelten im Übrigen die allgemeinen Vorschriften des RVG, insbesondere über die Vereinbarung einer Vergütung (§ 3a ff.) sowie über die Auslagen (VV 7000 ff.). Die Postentgeltpauschale (VV 7002) erhält der Anwalt für jede Einzeltätigkeit gesondert. Die Begrenzung nach § 15 Abs. 6 gilt insoweit nicht, da diese Vorschrift nur auf Gebühren, nicht aber auch auf Auslagen anzuwenden ist.

36 Keine Anwendung findet VV 4100. Bei Einzeltätigkeiten entsteht also keine Grundgebühr.

37 Dagegen kann sich der Anwalt unter den Voraussetzungen des § 42 eine Pauschvergütung bewilligen lassen, wenn die Tätigkeit zu den gesetzlichen Gebühren für ihn nicht zumutbar ist.

J. Anrechnung

38 Sämtliche Gebühren der VV 4300 ff. sind anzurechnen, wenn der Anwalt anschließend mit der Vertretung im gesamten Verfahren, sei es als Verteidiger oder als Beistand oder Vertreter des Privat- oder Nebenklägers oder eines sonstigen Verfahrensbeteiligten, beauftragt wird (VV Vorb. 4.3 Abs. 4). Die Vorschrift des VV Vorb. 4.3 Abs. 4 ergänzt die Bestimmungen der VV 4300 ff. und ordnet an, dass die Gebühren nach VV 4300 ff. für Einzeltätigkeiten auf die folgenden Gebühren des Verteidigers oder des Beistands oder Vertreters oder eines Privat- oder Nebenklägers oder sonstigen Beteiligten i.S.d. VV Vorb. 4 Abs. 1 **anzurechnen** sind. Die vorangegangene(n) Gebühr(en) der VV 4300 ff. geht/gehen dann vollständig in den Gebühren der VV 4300 ff. auf.

> **Beispiel:** Der Anwalt wird beauftragt, Strafanzeige zu erstatten. Später erhält er im vorbereitenden Verfahren den Auftrag, die Zulassung der Nebenklage zu beantragen und den Nebenkläger im gesamten Verfahren zu vertreten.
> Der Anwalt hat hier zunächst die Gebühr der VV 4302 Nr. 2 verdient. Infolge des Gesamtauftrags ist diese Gebühr auf die Gebühren nach VV 4100, 4104 anzurechnen.
>
> **I. Einzelauftrag Strafanzeige**
> | | | |
> |---|---|---|
> | 1. Gebühr nach VV 4302 Nr. 2 | | 160,00 EUR |
> | 2. Postentgeltpauschale, VV 7002 | | 20,00 EUR |
> | Zwischensumme | 180,00 EUR | |
> | 3. 19 % Umsatzsteuer, VV 7008 | | 34,20 EUR |
> | **Gesamt** | | **214,20 EUR** |
>
> **II. Vorbereitendes Verfahren, Gesamtvertretung**
> | | | |
> |---|---|---|
> | 1. Grundgebühr, VV 4100 | | 200,00 EUR |
> | 2. Verfahrensgebühr, VV 4104 | | 165,00 EUR |
> | 3. Postentgeltpauschale, VV 7002 | | 20,00 EUR |
> | 4. gem. VV Vorb. 4.3 Abs. 4 anzurechnen | | – 160,00 EUR |
> | Zwischensumme | 225,00 EUR | |
> | 5. 19 % Umsatzsteuer, VV 7008 | | 42,75 EUR |
> | **Gesamt** | | **267,75 EUR** |

39 Voraussetzung für eine Anrechnung ist, dass die anzurechnende Einzeltätigkeit zur selben Angelegenheit gehört, in der der Anwalt zur Gesamtvertretung beauftragt worden ist. Ist dies nicht der Fall, muss eine Anrechnung unterbleiben.

> **Beispiel 1:** Der Anwalt wird beauftragt, Strafanzeige zu erstatten. Im gerichtlichen Verfahren wird er mit der Vertretung in der Hauptverhandlung beauftragt.
> Eine Anrechnung unterbleibt. Die Strafanzeige fällt in das vorbereitende Verfahren. Hier ist der Anwalt jedoch nicht mit der Gesamtvertretung beauftragt worden. Eine Anrechnung scheidet aus. Der Anwalt erhält die Gebühren nach VV 4302 Nr. 2 und nach den VV 4100, 4106 ff. gesondert.
>
> **Beispiel 2:** Der Anwalt wird im erstinstanzlichen Verfahren beauftragt, an einer Zeugenvernehmung vor dem auswärtigen Gericht teilzunehmen. Nach Verurteilung des Auftraggebers erteilt ihm dieser den Auftrag, ihn als Verteidiger im Berufungsverfahren zu vertreten.
> Die Wahrnehmung des Termins vor dem ersuchten Richter gehört zum erstinstanzlichen gerichtlichen Verfahren. Dort hatte der Anwalt keinen Auftrag zur Verteidigung erhalten, sondern erst im Berufungsverfahren. Eine Anrechnung unterbleibt daher. Der Anwalt erhält die Gebühren nach VV 4301 Nr. 2 und nach VV 4124 ff. gesondert.

Sind die Voraussetzungen des § 15 Abs. 5 S. 2 gegeben, unterbleibt eine Anrechnung auch dann, wenn es sich ansonsten um dieselbe Angelegenheit handeln würde. Die Vorschrift des § 15 Abs. 5 S. 2 schließt nach **Ablauf von zwei Kalenderjahren** eine Anrechnung aus. 40

> **Beispiel:** Der Anwalt war im Juli 2013 beauftragt, Strafanzeige gegen den Beschuldigten zu erstatten. Nachdem im Januar 2016 die Ermittlungen abgeschlossen waren, wurde der Anwalt mit der Vertretung des Auftraggebers mandatiert und beauftragt, die Zulassung der Nebenklage zu beantragen.
> Zwar würde die Strafanzeige durch die Gebühr aus VV 4100, 4104 mit abgegolten, so dass eine Anrechnung vorzunehmen wäre. Da zwischen der Erteilung der beiden Aufträge jedoch mehr als zwei Kalenderjahre liegen, scheidet eine Anrechnung nach § 15 Abs. 5 S. 2 aus.

Bei der vorzunehmenden Anrechnung ist zu berücksichtigen, dass die Einzelgebühr, die durch die Anrechnung untergeht, im Rahmen der Bemessung der Gesamtgebühr zu berücksichtigen ist. War also im vorgenannten Beispiel für die Strafanzeige eine Mittelgebühr angemessen und wäre auch für die weitere Vertretung für sich genommen eine Mittelgebühr angemessen, dann muss die Gesamtgebühr höher angesetzt werden, da sie die anzurechnende Tätigkeit beinhaltet. Anderenfalls würde die vorangegangene Mehrtätigkeit durch die Einzeltätigkeit völlig untergehen. 41

K. Beiordnung und Bestellung

Ist der Anwalt gerichtlich bestellt oder beigeordnet worden, so gelten die VV 4300 ff. für ihn ebenso. Er erhält anstelle der Rahmengebühren die ausgewiesenen Festgebühren. Für den beigeordneten oder gerichtlich bestellten Anwalt kann im Einzelfall auch für die Gebühren der VV 4300 ff. eine **Pauschvergütung** gemäß § 51 gewährt werden, wenn seine Mühewaltung nur so angemessen abgegolten werden kann.[10] Die Pauschvergütung soll in diesem Fall die Höchstgebühr eines Wahlverteidigers nicht überschreiten dürfen.[11] 42

L. Kostenerstattung

I. Erstattung im Strafverfahren

1. Der Anwalt wird anstelle des Verteidigers, Vertreters oder Beistands tätig

Unter den Voraussetzungen, unter denen die Vergütung eines Vollverteidigers oder eines Privat- oder Nebenklagevertreters oder -beistands oder eines Vertreters oder Beistands eines sonstigen Beteiligten i.S.d. VV Vorb. 4 Abs. 1 erstattungsfähig wäre, ist auch die Vergütung des nur mit Einzeltätigkeiten beauftragten Anwalts in voller Höhe zu erstatten.[12] 43

2. Der Anwalt wird neben dem Verteidiger, Vertreter oder Beistand tätig

Ist neben dem Vollverteidiger oder dem Privat- oder Nebenklagevertreter ein weiterer Anwalt tätig, sei es als Verkehrsanwalt oder als Vertreter in einer Beweisaufnahme oder mündlichen Verhandlung, so sind die Kosten dieses weiteren Anwalts insoweit erstattungsfähig, als hierdurch Kosten des Verteidigers erspart worden sind.[13] 44

> **Beispiel:** Das Strafverfahren findet vor dem AG Köln statt. Der Anwalt war im vorbereitenden Verfahren nicht tätig. Gemäß § 223 Abs. 1 StPO wird vor dem ersuchten Richter des AG München ein Zeuge vernommen. Hierfür beauftragt der Angeklagte einen dort ansässigen Anwalt. Nach Durchführung der Hauptverhandlung wird der Angeklagte freigesprochen.
> Entstanden sind folgende Gebühren:

---

10 OLG Düsseldorf KostRsp. BRAGO § 97 Nr. 111 = JurBüro 2000, 27; KostRsp. BRAGO § 91 Nr. 34 = AGS 2001, 128 = AnwBl 2001, 371 = JurBüro 2000, 363; LG Braunschweig NdsRpfl 2000, 295.
11 LG Braunschweig NdsRpfl 2000, 295.
12 OLG Köln JMBlNRW 1958, 116 = AnwBl 1958, 97.
13 LG Mainz Rpfleger 1972, 31; a.A. LG München I NJW 1971, 2083 m. abl. Anm. *Schmidt* = KostRsp. BRAGO § 91 Nr. 6 m. abl. Anm. *Schmidt*.

I. Verteidiger

1. Grundgebühr, VV 4100	200,00 EUR
2. Verfahrensgebühr, VV 4106	165,00 EUR
3. Terminsgebühr, VV 4108	275,00 EUR
4. Postentgeltpauschale, VV 7002	20,00 EUR
Zwischensumme	660,00 EUR
5. 19 % Umsatzsteuer, VV 7008	125,40 EUR
Gesamt	**785,40 EUR**

II. Terminsanwalt

1. Gebühr nach VV 4301 Nr. 4	250,00 EUR
2. Postentgeltpauschale, VV 7002	20,00 EUR
Zwischensumme	270,00 EUR
3. 19 % Umsatzsteuer, VV 7008	51,30 EUR
Gesamt	**321,30 EUR**
Gesamt I + II	**1.106,70 EUR**

Hätte der Kölner Verteidiger an dem Termin in München selbst teilgenommen, so wäre folgende Vergütung entstanden:

1. Grundgebühr, VV 4100	200,00 EUR
2. Verfahrensgebühr, VV 4106	165,00 EUR
3. Terminsgebühr, VV 4102	170,00 EUR
4. Terminsgebühr, VV 4108	275,00 EUR
5. Fahrtkosten, VV 7003, Köln – München und zurück, 2 x 575 km x 0,30 EUR/km	345,00 EUR
6. Abwesenheitspauschale, VV 7005 Nr. 3 (über 8 Stunden)	70,00 EUR
7. Postentgeltpauschale, VV 7002	20,00 EUR
Zwischensumme	1.245,00 EUR
8. 19 % Umsatzsteuer, VV 7008	236,55 EUR
Gesamt	**1.481,55 EUR**

Durch die Einschaltung des Terminsanwalts sind also die höheren Kosten eines Verteidigers erspart worden, so dass die tatsächlich angefallenen Kosten in voller Höhe erstattungsfähig sind.

3. Der Anwalt wird in eigener Sache tätig

45 Wird der Anwalt in eigener Sache tätig, so ist nach h.M. eine Kostenerstattung ausgeschlossen (siehe VV Vorb. 4 Rdn 127). Soweit man eine Erstattungspflicht analog § 464b Abs. 1 Nr. 2 StPO i.V.m. § 91 Abs. 2 S. 3 ZPO befürwortet, ist dann auch eine Gebühr nach den VV 4300 ff. zu erstatten, sofern die entsprechende Gebühr eines Verteidigers erstattungsfähig wäre.[14]

Beispiel:[15] Der Anwalt legt gegen seine eigene Verurteilung selbst Revision ein und begründet diese. Das Revisionsgericht spricht ihn frei und legt die Kosten und die notwendigen Auslagen des Angeklagten der Staatskasse auf.
Der Anwalt kann eine Gebühr nach VV 4300 Nr. 1 erstattet verlangen.

II. Erstattung im Zivilverfahren

46 Die **Kosten einer Strafanzeige** (VV 4302 Nr. 2) können darüber hinaus im Rahmen eines Zivilrechtsstreits erforderlich und damit als Vorbereitungskosten festsetzbar sein, nämlich dann, wenn die Erstattung der Strafanzeige notwendig war, um den entsprechenden zivilrechtlichen Anspruch durchzusetzen.[16] Insoweit besteht aber auch die Möglichkeit, die durch die Strafanzeige entstandenen Kosten als materiell-rechtlichen Schadensersatzanspruch mit einzuklagen.

Beispiel: Das Fahrzeug des Mandanten ist bei einem Verkehrsunfall beschädigt worden. Der Unfallgegner ist flüchtig. Der Anwalt erstattet daraufhin namens seines Mandanten Strafanzeige wegen Verkehrsunfall-

---

14 LG Göttingen NdsRpfl 1992, 120 = KostRsp. BRAGO § 91 Nr. 27.
15 Nach LG Göttingen NdsRpfl 1992, 120 = KostRsp. BRAGO § 91 Nr. 27.
16 KG AnwBl 1983, 563 = JurBüro 1983, 1251; LG Frankfurt AnwBl 1982, 385 = MDR 1982, 759 = JurBüro 1982, 1247; a.A. OLG Düsseldorf JurBüro 1969, 1073 = Rpfleger 1969, 393.

Abschnitt 3. Einzeltätigkeiten **VV 4300**

flucht. Aufgrund dieser Anzeige gelingt es, das gegnerische Fahrzeug und den gegnerischen Fahrer zu ermitteln.
Der Geschädigte kann die Vergütung, die er dem Anwalt für die Strafanzeige nach VV 4302 zu zahlen hat, als materiell-rechtliche Schadensposition miteinklagen. Er kann stattdessen auch diese Kosten nach § 91 Abs. 1 ZPO zur Festsetzung anmelden.

Nr.	Gebührentatbestand	Gebühr oder Satz der Gebühr nach § 13 oder § 49 RVG	
		Wahlanwalt	gerichtlich bestellter oder beigeordneter Rechtsanwalt
4300	Verfahrensgebühr für die Anfertigung oder Unterzeichnung einer Schrift 1. zur Begründung der Revision, 2. zur Erklärung auf die von dem Staatsanwalt, Privatkläger oder Nebenkläger eingelegte Revision oder 3. in Verfahren nach den §§ 57a und 67e StGB .. Neben der Gebühr für die Begründung der Revision entsteht für die Einlegung der Revision keine besondere Gebühr.	60,00 bis 670,00 €	292,00 €

Literatur: *Madert*, Die Gebühren in Strafsachen für einzelne Tätigkeiten (§§ 91, 92 BRAGO), AnwBl 1982, 176; *Tschischgale*, Die Gebühren bei nachträglicher Anordnung der Nichteintragung in der Zentralkartei, JurBüro 1965, 168.

A. Allgemeines 1	II. Revisionserwiderung (Nr. 2) 7
I. Sachlicher Anwendungsbereich 1	III. Wechselseitige Rechtsmittel 8
II. Gebührenhöhe 2	IV. Verfahren nach den §§ 57a und 67e StGB
B. Regelungsgehalt 3	(Nr. 3) 9
I. Begründung der Revision (Nr. 1) 3	

A. Allgemeines

I. Sachlicher Anwendungsbereich

VV 4300 gilt für drei Einzeltätigkeiten, nämlich für die **Anfertigung oder Unterzeichnung einer Schrift** 1
– zur Begründung der Revision (Nr. 1),
– zur Erklärung auf die von dem Staatsanwalt, Privatkläger oder Nebenkläger eingelegte Revision (Nr. 2) und
– in Verfahren nach den §§ 57a und 67e StGB (Nr. 3).

II. Gebührenhöhe

Nach VV 4300 erhält der Anwalt eine Gebühr i.H.v. 60 EUR bis 670 EUR. Die **Mittelgebühr** 2
beträgt 365 EUR. Der **gerichtlich bestellte oder beigeordnete Anwalt** erhält eine Festgebühr i.H.v. 292 EUR. Vertritt der Anwalt **mehrere Auftraggeber**, so erhöht sich der Gebührenrahmen bzw. die Festgebühr um 30 % je weiteren Auftraggeber (VV 1008).

B. Regelungsgehalt

I. Begründung der Revision (Nr. 1)

Ebenso wie für die Begründung der Berufung (VV 4301 Nr. 2) erhält der Anwalt auch für die 3
Anfertigung oder Unterzeichnung der **Revisionsbegründung** eine Vergütung. Im Gegensatz zum Berufungsverfahren ist im Revisionsverfahren eine form- und fristgerechte Begründung erforderlich;

sie ist Zulassungsvoraussetzung (§§ 344, 345 StPO). Für den Gebührentatbestand kommt es allerdings nicht darauf an, ob die Revisionsbegründung den Zulässigkeitsanforderungen entspricht. Entgegen der Auffassung von *Madert*[1] fällt die Gebühr auch dann an, wenn der Schriftsatz äußerlich der Anforderung an eine Revisionsbegründung nicht genügt. Entscheidend ist nur der Auftrag, den der Mandant erteilt hat. Der Anwalt erhält daher auch für eine unzulässige oder unzureichende Revisionsbegründung die Gebühr nach Nr. 1. Gegebenenfalls steht dem Mandanten insoweit allerdings ein Schadensersatzanspruch zu. Für die Revisionsbegründung ausreichend ist die Erklärung, dass die Revision auf die Verletzung materiellen Rechts gestützt werde. Diese Erklärung genügt daher auch, um den vollen Gebührentatbestand auszulösen. Ein eventuell geringer Arbeitsaufwand ist dabei im Rahmen des § 14 Abs. 1 zu berücksichtigen.

4 Ausreichend für die Gebühr nach Nr. 1 ist, dass der Anwalt die Begründung **entwirft**, auch wenn sie dann von einem anderen Anwalt ausgefertigt und unterzeichnet wird (es besteht nach § 344 StPO für die Begründung Anwaltszwang) oder wenn der Angeklagte sie selbst zu Protokoll der Geschäftsstelle gibt (hier besteht nach § 344 StPO kein Anwaltszwang).

5 Durch die Gebühr nach Nr. 2 wird auch eine spätere Ergänzung der Begründung abgegolten oder eine Stellungnahme zur Gegenerklärung des Revisionsgegners (§ 15 Abs. 1).

6 Darüber hinaus ist auch die Einlegung der Revision mit abgegolten (Anm. zu VV 4300). Eine eventuell nach VV 4302 Nr. 1 entstandene Gebühr erstarkt dann zu einer Gebühr nach Nr. 1.

II. Revisionserwiderung (Nr. 2)

7 Ist der Anwalt damit beauftragt, die Antwort auf die Revision des Staatsanwalts, des Neben- oder Privatklägers oder anderen Beteiligten (vgl. VV Vorb. 4 Abs. 1) anzufertigen oder zu unterzeichnen, so erhält er eine Gebühr nach Nr. 2. Ausreichend für die Gebühr nach Nr. 2 ist wiederum, dass der Anwalt die Begründung **entwirft**, auch wenn sie dann von einem anderen Anwalt oder dem Auftraggeber selbst ausgefertigt und unterzeichnet wird (es besteht für die Erwiderung kein Anwaltszwang).

III. Wechselseitige Rechtsmittel

8 Hat sowohl der Angeklagte Revision eingelegt als auch die Staatsanwaltschaft, der Privat- oder Nebenkläger, so kann der Anwalt die Gebühr nach Nr. 1 und Nr. 2 gesondert verdienen, wenn er sowohl die Revision des Angeklagten begründet (Nr. 1) als auch zur Revisionsbegründung der Staatsanwaltschaft, des Privat- oder Nebenklägers Stellung nimmt (Nr. 2). Er erhält allerdings nie mehr als eine Gebühr nach VV 4130.

IV. Verfahren nach den §§ 57a und 67e StGB (Nr. 3)

9 Um Missverständnissen vorzubeugen: Wird der Rechtsanwalt für den Untergebrachten im Überprüfungsverfahren nach § 67e StGB als Verfahrensvertreter tätig, insbesondere wird er als solcher beigeordnet, richtet sich die Vergütung nach VV Teil 4 Abschnitt 2. Es handelt sich grundsätzlich nicht um eine Einzeltätigkeit i.S.v. Abschnitt 3.[2] Nur dann, wenn er mit Einzeltätigkeiten im Überprüfungsverfahren nach § 67e StGB beauftragt ist, gelten nicht die VV 4200 ff., sondern Nr. 3. Soweit Nr. 3 ausdrücklich auf das Verfahren nach § 67e StGB Bezug nimmt, muss die gesamte Vorschrift gelesen werden. Dort heißt es nämlich „Verfahrensgebühr für die Anfertigung und Unterzeichnung einer Schrift ... in Verfahren nach § 67e StGB". Diese Gebühr betrifft also nur den Fall, dass der Anwalt ausschließlich damit beauftragt ist, in einem Verfahren nach § 67e StGB eine Schrift anzufertigen oder zu unterzeichnen. Geht der Auftrag bzw. die Bestellung jedoch darüber hinaus, sind die VV 4200 ff. anzuwenden.[3]

---

1 Gerold/Schmidt/*Madert*, RVG, 18. Aufl., VV 4300–4305 Rn 17.
2 OLG Schleswig AGS 2005, 120 m. Anm. *N. Schneider* = JurBüro 2005, 252 = RVGreport 2005, 70 = RVG-B 2005, 49 = RVG-B 2005, 50 m. Anm. *Breyer*; Burhoff/*Volpert*, RVG, VV 4200, Rn 9.

3 OLG Schleswig AGS 2005, 120 m. Anm. *N. Schneider* = JurBüro 2005, 252 = RVGreport 2005, 70 = RVG-B 2005, 49 = RVG-B 2005, 50 m. Anm. *Breyer*; KG AGS 2005, 393 = RVGreport 2005, 102 = NStZ-RR 2005, 127 = JurBüro 2005, 251 = NJ 2005, 321 = RVG-B 2005, 148 m. Anm. *N. Schneider*.

Abschnitt 3. Einzeltätigkeiten

Auch die Vergütung eines Rechtsanwalts im Verfahren über den Widerruf der Strafaussetzung zur Bewährung richtet sich nach VV 4200 ff., und nicht nach VV 4300 ff., wenn der Anwalt aufgrund des ihm erteilten Mandats als Verteidiger anzusehen ist. Das gilt auch dann, wenn er erst für das Verfahren über den Widerruf der Strafaussetzung mandatiert worden ist.[4]   10

Für Einzeltätigkeiten nach § 57a StGB und § 67e StGB gab es in der BRAGO keine ausdrückliche Regelung. Es galt der Auffangtatbestand des § 91 Nr. 1 BRAGO. Entsprechend der größeren Bedeutung dieser Verfahren findet sich die Vergütung hierfür jetzt in Nr. 3.   11

Für die weitere Einzeltätigkeit in Beschwerdeverfahren, also insbesondere für die Begründung einer Beschwerde, gilt Nr. 3 grundsätzlich nicht. Es entsteht eine weitere Angelegenheit und somit eine weitere Vergütung.[5] Hier fällt für das Beschwerdeverfahren eine zusätzliche Gebühr nach Nr. 3 an.   12

Beispiel:[6] Der frühere Verteidiger hatte auftragsgemäß für den Untergebrachten einen Schriftsatz im Überprüfungsverfahren nach § 67e StGB gefertigt, ohne Gesamtvertretungsauftrag zu haben. Gegen die Entscheidung der Strafvollstreckungskammer legt der Untergebrachte Beschwerde zum OLG ein. Der Anwalt fertigt eine Begründung ohne für das Beschwerdeverfahren Gesamtvertretungsauftrag zu haben. Für die Einzeltätigkeit „Schriftsatz" entsteht eine Gebühr nach Nr. 3. Für die Begründung der Beschwerde eine weitere Gebühr nach Nr. 3.
Hätte der Anwalt Vertretungsauftrag gehabt, so hätte sich die Vergütung nach VV 4200 Nr. 1 gerichtet.

Nr.	Gebührentatbestand	Gebühr oder Satz der Gebühr nach § 13 oder § 49 RVG	
		Wahlanwalt	gerichtlich bestellter oder beigeordneter Rechtsanwalt
4301	Verfahrensgebühr für 1. die Anfertigung oder Unterzeichnung einer Privatklage, 2. die Anfertigung oder Unterzeichnung einer Schrift zur Rechtfertigung der Berufung oder zur Beantwortung der von dem Staatsanwalt, Privatkläger oder Nebenkläger eingelegten Berufung, 3. die Führung des Verkehrs mit dem Verteidiger, 4. die Beistandsleistung für den Beschuldigten bei einer richterlichen Vernehmung, einer Vernehmung durch die Staatsanwaltschaft oder eine andere Strafverfolgungsbehörde oder in einer Hauptverhandlung, einer mündlichen Anhörung oder bei einer Augenscheinseinnahme, 5. die Beistandsleistung im Verfahren zur gerichtlichen Erzwingung der Anklage (§ 172 Abs. 2 bis 4, § 173 StPO) oder 6. sonstige Tätigkeiten in der Strafvollstreckung . . . . Neben der Gebühr für die Rechtfertigung der Berufung entsteht für die Einlegung der Berufung keine besondere Gebühr.	40,00 bis 460,00 €	200,00 €

Literatur: *Madert*, Die Gebühren in Strafsachen für einzelne Tätigkeiten (§§ 91, 92 BRAGO), AnwBl 1982, 176; *Tschischgale*, Die Gebühren bei nachträglicher Anordnung der Nichteintragung in der Zentralkartei, JurBüro 1965, 168.

---

[4] OLG Frankfurt NStZ-RR 2005, 253; Burhoff/*Volpert*, RVG, VV 4200, Rn 6.
[5] OLG Frankfurt AGS 2000, 71 = JurBüro 2000, 306 = NStZ-RR 2001, 96.
[6] Nach OLG Frankfurt AGS 2000, 71 = JurBüro 2000, 306 = NStZ-RR 2001, 96.

N. Schneider

A. Allgemeines 1	einer mündlichen Anhörung oder einer
I. Sachlicher Anwendungsbereich 1	Augenscheinseinnahme (Nr. 4) 13
II. Gebührenhöhe 2	1. Allgemeines 13
B. Regelungsgehalt 3	2. Vernehmung 14
I. Anfertigung oder Unterzeichnung einer Privatklage (Nr. 1) 3	3. Beistandsleistung in einer Hauptverhandlung 15
II. Anfertigung oder Unterzeichnung einer Schrift zur Rechtfertigung der Berufung (Nr. 2, 1. Alt.) 5	4. Beistandsleistung in einer mündlichen Anhörung 18
III. Anfertigung oder Unterzeichnung einer Schrift zur Beantwortung einer von dem Staatsanwalt, dem Privatkläger oder Nebenkläger eingelegten Berufung (Nr. 2, 2. Alt.) 6	5. Beistandsleistung bei einer Augenscheinseinnahme 19
	6. Abgeltungsbereich 20
	7. Vorzeitige Beendigung 21
	8. Wahrnehmung mehrerer Termine 22
	9. Begrenzung der Höhe nach § 15 Abs. 6 23
IV. Wechselseitige Rechtsmittel 7	VII. Beistandsleistung im Verfahren zur gerichtlichen Erzwingung der Anklage nach § 172 Abs. 2 bis 4, § 173 Abs. 1 StPO (Nr. 5) 24
V. Führung des Verkehrs mit dem Verteidiger (Nr. 3) 8	
VI. Beistandsleistung für den Beschuldigten bei einer richterlichen Vernehmung, einer Vernehmung durch die Staatsanwaltschaft oder eine andere Strafverfolgungsbehörde oder in einer Hauptverhandlung,	VIII. Sonstige Tätigkeiten in der Strafvollstreckung (Nr. 6) 28

A. Allgemeines

I. Sachlicher Anwendungsbereich

1 Die Gebührentatbestände der VV 4301 regeln die Vergütung für:
- die Anfertigung oder Unterzeichnung einer Privatklage (Nr. 1)
- die Anfertigung oder Unterzeichnung einer Schrift zur Rechtfertigung der Berufung (Nr. 2, 1. Alt.)
- die Anfertigung oder Unterzeichnung einer Schrift zur Beantwortung der von dem Staatsanwalt, Privatkläger oder Nebenkläger eingelegten Berufung (Nr. 2, 2. Alt.)
- die Führung des Verkehrs mit dem Verteidiger (Nr. 3)
- die Beistandsleistung für den Beschuldigten bei einer richterlichen Vernehmung (Nr. 4, 1. Alt.)
- die Beistandsleistung für den Beschuldigten bei einer Vernehmung durch die Staatsanwaltschaft oder eine andere Strafverfolgungsbehörde (Nr. 4, 2. Alt.)
- die Beistandsleistung für den Beschuldigten in einer Hauptverhandlung (Nr. 4, 3. Alt.)
- die Beistandsleistung für den Beschuldigten bei einer mündlichen Anhörung (Nr. 4, 4. Alt.)
- die Beistandsleistung für den Beschuldigten bei einer Augenscheinseinnahme (Nr. 4, 5. Alt.)
- die Beistandsleistung im Verfahren zur gerichtlichen Erzwingung der Anklage nach § 172 Abs. 2 bis 4, § 173 StPO (Nr. 5)
- sonstige Tätigkeiten in der Strafvollstreckung (Nr. 6).

II. Gebührenhöhe

2 Nach VV 4301 erhält der Anwalt eine Gebühr i.H.v. 40 EUR bis 460 EUR. Die **Mittelgebühr** beträgt 250 EUR. Der **gerichtlich bestellte oder beigeordnete Anwalt** erhält eine Festgebühr i.H.v. 200 EUR. Vertritt der Anwalt **mehrere Auftraggeber**, so erhöht sich der Gebührenrahmen bzw. die Festgebühr um 30 % je weiteren Auftraggeber (VV 1008).

B. Regelungsgehalt

I. Anfertigung oder Unterzeichnung einer Privatklage (Nr. 1)

3 Soweit sich die Einzeltätigkeit des Anwalts darauf beschränkt, die Privatklage anzufertigen oder zu unterzeichnen, gilt Nr. 1 (früher: § 94 Abs. 4 BRAGO). Der Gebührentatbestand ist jetzt systematisch zutreffend als **Einzeltätigkeit** erfasst.

Wird der Anwalt später mit der Vertretung des Privatklägers beauftragt, so ist die Gebühr anzurechnen (VV Vorb. 4.3 Abs. 4) auf die Gebühr nach VV 4100 ff., die der Anwalt im nachfolgenden Verfahren als Beistand oder Vertreter des Privatklägers erhält. Voraussetzung hierfür ist allerdings, dass der Anwalt noch im erstinstanzlichen Verfahren beauftragt wird. Eine Anrechnung auf die Gebühren im Berufungsverfahren ist ausgeschlossen.

> **Beispiel:** Der Anwalt wird lediglich mit der Anfertigung und Einreichung der Privatklage beauftragt. Der Privatkläger führt das weitere Verfahren dann selbst. Nach Abweisung der Privatklage beauftragt er den Anwalt, ihn im Berufungsverfahren zu vertreten.
> Für die Anfertigung der Privatklage erhält der Anwalt die Gebühr nach Nr. 1; für die Vertretung im Berufungsverfahren die Gebühr nach VV 4100, 4124 ff. Eine Anrechnung nach VV Vorb. 4.3 Abs. 4 ist ausgeschlossen.

II. Anfertigung oder Unterzeichnung einer Schrift zur Rechtfertigung der Berufung (Nr. 2, 1. Alt.)

Für die **Berufungsbegründung** erhält der Anwalt die Gebühr nach Nr. 2, 1. Alt. Dies gilt auch dann, wenn er mit der **Einlegung der Berufung** beauftragt war. Einlegung und Begründung zählen nach Anm. zu VV 4301 als dieselbe Angelegenheit. Der Gebührenrahmen bemisst sich nach VV 4300 Nr. 1.

Ausreichend für die Gebühr nach Nr. 2, 1. Alt. ist, dass der Anwalt die Begründung **entwirft** und der Angeklagte sie selbst ausfertigt und einreicht. Umgekehrt reicht die **bloße Unterzeichnung** einer vom Angeklagten oder einem Dritten angefertigten Berufungsbegründung. Ebenso wird man die **bloße Einreichung** als ausreichend ansehen müssen, also wenn der Anwalt eine von dem Auftraggeber oder Dritten angefertigte und unterzeichnete Berufungsbegründung einreicht, sofern er diese vorher geprüft und dafür die Verantwortung übernommen hat. Es wäre dann unnötige Förmelei, wenn man von ihm auch noch zusätzlich die Unterschrift verlangen würde. Entscheidend ist, dass sich der Anwalt mit der Berufungsbegründung befasst hat und hierfür die Verantwortung übernimmt.

III. Anfertigung oder Unterzeichnung einer Schrift zur Beantwortung einer von dem Staatsanwalt, dem Privatkläger oder Nebenkläger eingelegten Berufung (Nr. 2, 2. Alt.)

Legt nicht der Angeklagte selbst, sondern die Staatsanwaltschaft, der Nebenkläger oder Privatkläger oder ein anderer Beteiligter (VV Vorb. 4 Abs. 1) Rechtsmittel ein und ist der Anwalt dann damit beauftragt, hierzu Stellung zu nehmen, also die Berufungsbegründung zu beantworten und hierauf zu erwidern, erhält er ebenfalls eine Gebühr nach Nr. 2. Auch hier ist nur erforderlich, dass er den Schriftsatz entweder unterzeichnet oder entwirft oder dass er die von einem Dritten unterzeichnete Erklärung bei Gericht einreicht, sofern er hierfür die Verantwortung übernimmt (vgl. auch Rdn 5).

IV. Wechselseitige Rechtsmittel

Hat sowohl der Angeklagte Berufung eingelegt als auch die Staatsanwaltschaft, der Privat- oder Nebenkläger, so kann der Anwalt die Gebühr nach Nr. 2 zweimal verdienen, wenn er sowohl die Berufung des Angeklagten begründet (Nr. 2, 1. Alt.) als auch zur Berufungsbegründung der Staatsanwaltschaft, des Privat- oder Nebenklägers Stellung nimmt (Nr. 2, 2. Alt.). Es liegen zwei verschiedene Angelegenheiten i.S.d. § 15 Abs. 1 vor, allerdings mit der Begrenzung nach § 15 Abs. 6.

V. Führung des Verkehrs mit dem Verteidiger (Nr. 3)

Unter Nr. 3 fällt die Tätigkeit des Anwalts, der mit dem Verteidiger den Verkehr führt. Dieser Tatbestand ist dem der VV 4300 vergleichbar. Die Gebühr gilt auch dann, wenn der Anwalt den

Verkehr mit dem Beistand oder dem Vertreter eines Privat- oder Nebenklägers oder eines anderen Verfahrensbeteiligten führen soll.

9 Die Gebühr nach Nr. 3 deckt die gesamte Tätigkeit des Verkehrsanwalts in dem betreffenden Rechtszug ab. Durch die Gebühr wird daher insbesondere abgegolten die Beratung des Beschuldigten, Besprechungen mit diesem, die Belehrung über die Zulässigkeit von Rechtsmitteln, die Beratung über die Aussichten eines noch nicht eingelegten Rechtsmittels sowie Tätigkeiten im Hinblick auf die Einlegung eines Rechtsmittels.

10 Nicht abgegolten durch die Verkehrsgebühr sind aber Beistandsleistungen in Terminen oder Wahrnehmung anderer Termine; insoweit erhält der Verkehrsanwalt unter Berücksichtigung des § 15 Abs. 6 zusätzlich eine Gebühr nach Nr. 2.

11 Die Verkehrsgebühr entsteht in jeder Instanz erneut (§ 15 Abs. 2 S. 2). Der Anwalt kann daher die Verkehrsgebühr im vorbereitenden Verfahren (VV 4104), im erstinstanzlichen gerichtlichen Verfahren (VV 4106 ff.), im Berufungsverfahren (VV 4124 ff.) und im Revisionsverfahren (VV 4130 ff.) gesondert verdienen. Kommt es zu einer Zurückverweisung nach § 21 Abs. 1 oder nach § 20 S. 2, entsteht die Verkehrsanwaltsgebühr erneut.

12 Die Höhe des Gebührenrahmens ist für alle Instanzen gleich. Eine Unterscheidung wie bei den Verteidigergebühren wird nicht vorgenommen. Die höhere Bedeutung im Rechtsmittelverfahren kann aber nach § 14 Abs. 1 berücksichtigt werden.

VI. Beistandsleistung für den Beschuldigten bei einer richterlichen Vernehmung, einer Vernehmung durch die Staatsanwaltschaft oder eine andere Strafverfolgungsbehörde oder in einer Hauptverhandlung, einer mündlichen Anhörung oder einer Augenscheinseinnahme (Nr. 4)

1. Allgemeines

13 Dieser weitere Gebührentatbestand erfasst Beistandsleistungen für den Beschuldigten oder im Falle der VV Vorb. 4 Abs. 1 für den Privat- oder Nebenkläger bei einer richterlichen oder staatsanwaltschaftlichen Vernehmung, ist aber auch auf die Vertretung in der Hauptverhandlung anzuwenden, wenn der Anwalt nicht mit der Vertretung im Verfahren insgesamt beauftragt ist.

2. Vernehmung

14 Nicht erforderlich ist, dass der Auftraggeber vernommen wird. Entscheidend ist nur, dass der Anwalt als Beistand für den Auftraggeber tätig wird. Dies kann also auch bei der Vernehmung von Mitbeschuldigten oder Zeugen der Fall sein. Bei den **Vernehmungen** kann es sich sowohl um Vernehmungen im vorbereitenden Ermittlungsverfahren handeln, als auch um einen Termin vor dem ersuchten Richter im Rahmen des gerichtlichen Verfahrens.

3. Beistandsleistung in einer Hauptverhandlung

15 Die Vertretung in der Hauptverhandlung ist jetzt in Nr. 4 ausdrücklich erwähnt. Die BRAGO regelte diesen Fall zwar nicht ausdrücklich, galt aber auch entsprechend für die Teilnahme an der Hauptverhandlung, sofern der Anwalt nicht Verteidiger war. Ist der Anwalt lediglich damit beauftragt, dem Angeklagten, dem Privat- oder Nebenkläger oder einem sonstigen Beteiligten in der Hauptverhandlung Beistand zu leisten oder ihn zu vertreten, sofern das persönliche Erscheinen nicht erforderlich ist (z.B. im Strafbefehlsverfahren, § 411 Abs. 2 StPO;[1] bei Befreiung der Erscheinungspflicht, § 233 StPO[2]), so entsteht eine Gebühr nach Nr. 4.

---

[1] Entgegen dem Wortlaut muss sich der Beschuldigte nicht durch einen Verteidiger vertreten lassen; es kann sich hierbei auch um einen anderen anwaltlichen Vertreter als Unterbevollmächtigten handeln, *Meyer-Goßner*, § 411 StPO Rn 4 ff.

[2] Auch hier muss sich der Beschuldigte nicht durch einen Verteidiger vertreten lassen; es kann sich auch hier um einen Unterbevollmächtigten handeln, *Meyer-Goßner*, § 324 StPO Rn 7.

Beispiel: Der in München wohnende Beschuldigte wird vor dem AG Hamburg wegen einer dort begangenen Verkehrsstraftat angeklagt. Er beauftragt einen Münchener Anwalt mit seiner Verteidigung. Der Münchener Anwalt wiederum beauftragt für die Vertretung in der Hauptverhandlung einen Hamburger Anwalt. Der Münchener Anwalt erhält für seine Tätigkeit außerhalb der Hauptverhandlung eine Gebühr nach VV 4106. Der Hamburger Anwalt kann dagegen nicht nach den VV 4100 ff. abrechnen, da er nicht zum Verteidiger bestellt ist. Seine Vergütung bemisst sich vielmehr nach Nr. 4.

Nr. 4 greift auch dann, wenn der Rechtsanwalt als **Zeugenbeistand für einen Termin** bestellt ist.[3] Daran ändert auch VV Vorb. 4 Abs. 1 nichts. Diese Vorschrift regelt nur die Gleichstellung zwischen dem Verteidiger und einem anderen (Voll-)Vertreter eines anderen Beteiligten. Der Umfang der Beiordnung bestimmt sich aus dem Beiordnungsbeschluss. Wird der Anwalt für das gesamte Verfahren als Zeugenbeistand beauftragt, gelten die VV 4100 ff.[4] Die VV 4300 ff. sind dann nicht anwendbar. Wird der Anwalt allerdings als Beistand nur für einen Termin bestellt, so liegt eine Einzeltätigkeit vor, die auch für ihn nur nach Nr. 4301 Nr. 4 abzurechnen ist. Soweit hier häufig „Streit" auftritt, liegen die Probleme selten im Gebührenrecht, sondern zumeist in der Frage, in welchem Umfang der Anwalt bestellt ist. 16

Liegt nur eine Einzeltätigkeit vor, so entsteht auch dann nur eine Verfahrensgebühr nach Nr. 4, wenn die im ersten Hauptverhandlungstermin begonnene und noch nicht beendete Vernehmung des Zeugen in einem weiteren Termin fortgesetzt wird.[5] 17

4. Beistandsleistung in einer mündlichen Anhörung

Zur Beistandsleistung in einer mündlichen Anhörung, häufig auch als Verhandlung bezeichnet, zählen diejenigen Fälle, in denen der Betroffene zu bestimmten Anträgen angehört oder in denen mündlich verhandelt wird, etwa: 18
– bei der mündlichen Verhandlung über den Haftbefehl
– im Haftprüfungsverfahren oder
– bei einem Anhörungstermin zur Frage des Widerrufs der Bewährung[6]
– bei einem Anhörungstermin im Überprüfungsverfahren nach § 67e StGB[7]
– bei einem Anhörungstermin im jährlichen Überprüfungsverfahren zur Fortdauer der Unterbringung in einem psychiatrischen Krankenhaus (das gilt aber nur bei einem Einzelauftrag, nicht auch bei einem Vertretungsauftrag, dann gilt VV 4300 Nr. 1) (siehe VV 4300 Rdn 9 ff.).[8]

5. Beistandsleistung bei einer Augenscheinseinnahme

Ist der Anwalt lediglich damit beauftragt, bei einer Augenscheinseinnahme, also einer Ortsbesichtigung oder einem ähnlichen Termin, dem Auftraggeber Beistand zu leisten oder ihn dort zu vertreten, erhält er ebenfalls eine Gebühr nach Nr. 4. Hierzu dürfte auch die Teilnahme an einer Durchsuchung zählen. 19

---

3 AG Lingen, Beschl. v. 20.10.2005 – 10 AR 266/05.
4 OLG Nürnberg NJW 2009, 455 = wistra 2009, 80 = RVGreport 2009, 308 u.425; OLG Brandenburg RVGreport 2011, 259; OLG Hamm AGS 2008, 124 = StraFo 2008, 45 = JurBüro 2008, 83 = Rpfleger 2008, 225 = NJW-Spezial 2008, 120 = RVGprof. 2008, 51 = NStZ-RR 2008, 96 = RVGreport 2008, 108; OLG Düsseldorf StraFo 2011, 116; OLG Schleswig AGS 2007, 191 = SchlHA 2007, 108 =SchlHA 2007, 204 = NStZ-RR 2007, 126; a.A. die überwiegende Rspr., die in diesem Fall nur eine Einzeltätigkeit annehmen will: OLG Koblenz RVGreport 2016, 144; OLG Köln, Beschl. v. 3.5.2016 – 2 WS 138/16 (unter Aufgabe der bisherigen Rspr.); OLG München AGS 2014, 219 = JurBüro 2014, 359 = RVGreport 2014, 275 = RVGprof. 2014, 171; OLG Saarbrücken StRR 2015, 196; OLG Bamberg DAR 2008, 493; OLG Karlsruhe StraFo 2009, 262; OLG Jena, Beschl. v. 9.2.2009 – 1 Ws 370/08; OLG Hamburg NStZ-RR 2010, 327 = DAR 2011, 116 = wistra 2010, 280; OLG Stuttgart StRR 2008, 323 = NStZ-RR 2008, 328.
5 OLG Düsseldorf RVGprof. 2012, 169 = RVGreport 2012, 454.
6 OLG Hamburg MDR 1974, 1039; OLG Braunschweig NdsRpfl 2000, 295.
7 OLG Koblenz JurBüro 1990, 879 = NStZ 1990, 345; OLG Celle NdsRpfl 1996, 234 = KostRsp. BRAGO § 91 Nr. 28; a.A. OLG Stuttgart JurBüro 1994, 602 = Justiz 1994, 156 = MDR 1994, 312 = Rpfleger 1994, 126 = StV 1993, 653.
8 Zur BRAGO: OLG Köln JurBüro 1997, 83 = StV 1997, 37 = Rpfleger 1997, 126; OLG Frankfurt AGS 2000, 71 = JurBüro 2000, 306 = NStZ-RR 2001, 96; OLG Düsseldorf AGS 2001, 128 = AnwBl 2001, 371 = Rpfleger 2001, 371; a.A. LG Marburg AGS 2000, 27 = JurBüro 2000, 74.

6. Abgeltungsbereich

20 Abgegolten wird auch hier die gesamte Tätigkeit des Anwalts, einschließlich der Entgegennahme der Information, der Vorbereitung des Termins, eventuell erforderlicher Schriftwechsel sowie die Teilnahme und die Berichterstattung an den Auftraggeber oder dessen Vertreter.

7. Vorzeitige Beendigung

21 Die Gebühr nach Nr. 4 entsteht auch dann, wenn die Angelegenheit sich vorzeitig erledigt und es nicht mehr zum Termin kommt.[9] Dies stellt VV Vorb. 4.3 Abs. 3 S. 2 i.V.m. § 15 Abs. 4 klar (siehe auch VV Vorb. 4.3 Rdn 27 f.).

> **Beispiel:** In einem Strafverfahren vor dem AG Stuttgart wird eine Zeugenvernehmung vor dem ersuchten Richter des AG Bremen angeordnet. Für diesen Termin bestellt der Angeklagte einen Bremer Anwalt als Terminsvertreter. Wenige Tage vor dem Termin nimmt der Angeklagte den Einspruch gegen den Strafbefehl zurück. Der Termin wird aufgehoben.
> Der Bremer Anwalt erhält für seine Tätigkeit eine Gebühr nach Nr. 4. i.V.m. VV Vorb. 4.3. Abs. 3 S. 2 i.V.m. § 15 Abs. 4. Der geringere Umfang seiner Tätigkeit infolge der vorzeitigen Beendigung ist nach § 14 Abs. 1 zu berücksichtigen.

8. Wahrnehmung mehrerer Termine

22 Bei der Wahrnehmung mehrerer Termine ist zu differenzieren:

a) Erhält der Anwalt von vornherein den Auftrag zur Wahrnehmung mehrerer Termine, fällt nur eine Gebühr an.

> **Beispiel:** Der Anwalt erhält den Auftrag, in einem Strafprozess bei der auswärtigen Vernehmung der Zeugen A und B teilzunehmen. Der Zeuge A soll vor dem AG Köln und der Zeuge B vor dem AG Bonn vernommen werden.
> Es liegt nur ein Auftrag vor. Die Gebühr nach Nr. 4 entsteht nur einmal.

b) Stellt sich der Auftrag für einen weiteren Termin nur als Fortsetzung des ersten Auftrags dar, so entsteht nach § 15 Abs. 4 nur eine einzige Gebühr. Die Mehrarbeit ist nach § 14 Abs. 1 zu berücksichtigen.

> **Beispiel:** Der Anwalt nimmt an einer Zeugenvernehmung teil. Später stellt sich heraus, dass der Zeuge nochmals ergänzend befragt werden muss. Der Anwalt erhält den Auftrag, auch an dem weiteren Termin teilzunehmen.
> Der weitere Auftrag zählt zur selben Angelegenheit (§ 15 Abs. 1 und 2). Die Gebühr nach Nr. 4 entsteht nur einmal, ist allerdings nach § 14 Abs. 1 zu erhöhen.

c) Handelt es sich dagegen um mehrere selbstständige Termine, so erhält der Anwalt die Gebühr nach Nr. 4 mehrmals, allerdings unter Berücksichtigung des § 15 Abs. 6.

> **Beispiel:** Der Anwalt nimmt an einer Zeugenvernehmung vor dem AG Köln teil. Hiernach ergibt sich die Notwendigkeit der Vernehmung eines weiteren Zeugen vor dem AG Bonn. Auch hierzu erhält der Anwalt später den Auftrag.
> Es liegen zwei Aufträge und damit zwei Angelegenheiten vor. Der Anwalt erhält zwei Gebühren nach Nr. 4, insgesamt jedoch nicht mehr als der Verteidiger für diese Tätigkeit erhalten hätte, also nicht mehr als eine Gebühr aus VV 4100, 4102, 4104.

d) Finden die Termine in verschiedenen Instanzen statt, so greift § 15 Abs. 6 nicht, da auch der Verteidiger oder der Vertreter des Privat- oder Nebenklägers oder eines sonstigen Beteiligten i.S.d. VV Vorb. 4 Abs. 1 mehrere Gebühren erhielte (§ 15 Abs. 2 S. 2).

> **Beispiel:** Im vorangegangenen Beispiel ist der erste Zeuge im erstinstanzlichen Verfahren gehört worden und der zweite Zeuge im Berufungsverfahren.
> Eine Begrenzung nach § 15 Abs. 6 kommt nicht in Betracht. Der Anwalt erhält beide Gebühren nach Nr. 4 ungekürzt.

---

9 Madert, AnwBl 1982, 176, 177.

9. Begrenzung der Höhe nach § 15 Abs. 6

Gemäß § 15 Abs. 6 kommt eine Begrenzung der Gebührenhöhe in Betracht, wenn dem mit der Gesamtvertretung beauftragten Anwalt nur ein geringerer Rahmen zur Verfügung gestanden hätte. Ein solcher Fall dürfte nach dem RVG allerdings nicht mehr vorkommen.

VII. Beistandsleistung im Verfahren zur gerichtlichen Erzwingung der Anklage nach § 172 Abs. 2 bis 4, § 173 Abs. 1 StPO (Nr. 5)

Beschließt die Staatsanwaltschaft die Einstellung des Verfahrens gemäß § 170 Abs. 2 StPO, so kann der verletzte Antragsteller gegen diesen Beschluss nach § 172 Abs. 1 StPO Beschwerde einlegen. Die Tätigkeit hinsichtlich dieser Beschwerde wird nach VV 4302 Nr. 1, Nr. 2 vergütet. Wird der Beschwerde nicht stattgegeben, so steht dem verletzten Antragsteller nunmehr die Möglichkeit des Antrags auf gerichtliche Entscheidung zu (§ 172 Abs. 2 S. 1 StPO). Für diesen Antrag besteht Anwaltszwang (§ 172 Abs. 3 StPO). In dem Verfahren erhält der Anwalt die Vergütung nach VV 4302 Nr. 1, Nr. 2, sofern er nur mit diesen Einzeltätigkeiten beauftragt ist. Ist er dagegen bereits zu diesem Zeitpunkt beauftragt, später die Zulassung der Nebenklage zu beantragen, so wird diese Tätigkeit durch die Gebühr der VV 4100 ff. entgolten.

Die Gebühr nach Nr. 5 kann neben der Gebühr der VV 4302 Nr. 1 entstehen, wenn der Anwalt sowohl mit dem Beschwerdeverfahren als auch mit dem Verfahren auf gerichtliche Entscheidung beauftragt worden ist (VV Vorb. 4.3 Abs. 3 S. 1). Es liegen zwei verschiedene Angelegenheiten vor.

Auch der Vertreter des Beschuldigten kann die Gebühr nach Nr. 5 verdienen, sofern er nicht mit der Verteidigung insgesamt beauftragt ist.[10]

Die Gebühr nach Nr. 5 deckt insoweit sämtliche Tätigkeiten im Verfahren über den Antrag auf gerichtliche Entscheidung ab, beginnend mit dem Antrag, einschließlich der Belehrung und Beratung des Auftraggebers, des Abfassens und Einreichens weiterer Schriftsätze und sonstiger Beistandsleistungen im Klageerzwingungsverfahren einschließlich der gerichtlichen Ermittlungen (§ 172 Abs. 3 StPO).

VIII. Sonstige Tätigkeiten in der Strafvollstreckung (Nr. 6)

In der Strafvollstreckung erhält der Anwalt als (Voll-)Verteidiger jetzt die Gebühren nach VV 4200 ff. Ein Rückgriff auf die Vergütung für Einzeltätigkeiten, wie nach der früheren Rechtslage auf § 91 BRAGO, ist daher nicht mehr erforderlich. Soweit der Anwalt in der Strafvollstreckung als Verteidiger beauftragt ist, gelten also für ihn die VV 4200 ff. und nicht die VV 4300 ff. Nur soweit der Anwalt in der Strafvollstreckung mit Einzeltätigkeiten beauftragt ist, sind die VV 4300 ff. anwendbar.

Die Regelung in Nr. 6 enthält einen **Auffangtatbestand** für Einzeltätigkeiten in der Strafvollstreckung, die nicht unter VV 4300 oder die anderen Nummern der VV 3401 fallen. Hierzu gehören:
– Anträge auf Haftentlassung oder Haftvergünstigung
– Einzeltätigkeiten im Verfahren über den Antrag auf Gewährung der Strafaussetzung oder eine Verwarnung mit Strafvorbehalt[11]
– Anträge auf Ratenzahlung (§ 42 StGB, § 459a StPO)[12]
– Anträge auf Aussetzung des Strafrestes (§§ 57, 58 StGB)[13]
– Einzeltätigkeiten im Verfahren auf Widerruf der Strafaussetzung zur Bewährung und Aussetzung des Strafrestes[14]
– Gesuche um Strafaufschub (§§ 455, 456 StPO)[15]

---

10 *Madert*, AnwBl 1982, 176, 179.
11 *Madert*, AnwBl 1982, 176, 178.
12 AG Frankfurt/M. KostRsp. BRAGO § 91 Nr. 30 = JurBüro 2000, 304 = zfs 2000, 121; *Madert*, AnwBl 1982, 176, 178.
13 *Madert*, AnwBl 1982, 176, 178.
14 OLG Koblenz JurBüro 1973, 852, JurBüro 1980, 87 m. Anm. *Mümmler*; LG Aschaffenburg JurBüro 1978, 246 m. Anm. *Mümmler*; LG Mainz NJW 1972, 2059 = AnwBl 1972, 293 = Rpfleger 1972, 265 = JurBüro 1973, 227 m. Anm. *Schmidt*; a.A. Hartmann, § 91 BRAGO Rn 2; *Madert*, AnwBl 1982, 176, 178.
15 *Madert*, AnwBl 1982, 176, 178.

– sonstige Anträge im Rahmen der Strafvollstreckung, wie z.B. Vollstreckungsaufschub bei Krankheit oder erheblichen Nachteilen.[16]

Nr.	Gebührentatbestand	Gebühr oder Satz der Gebühr nach § 13 oder § 49 RVG	
		Wahlanwalt	gerichtlich bestellter oder beigeordneter Rechtsanwalt
4302	Verfahrensgebühr für 1. die Einlegung eines Rechtsmittels, 2. die Anfertigung oder Unterzeichnung anderer Anträge, Gesuche oder Erklärungen oder 3. eine andere nicht in Nummer 4300 oder 4301 erwähnte Beistandsleistung	30,00 bis 290,00 €	128,00 €

Literatur: *Madert*, Die Gebühren in Strafsachen für einzelne Tätigkeiten (§§ 91, 92 BRAGO), AnwBl 1982, 176; *Tschischgale*, Die Gebühren bei nachträglicher Anordnung der Nichteintragung in der Zentralkartei, JurBüro 1965, 168.

A. Allgemeines 1	1. Anfertigung 7
I. Sachlicher Anwendungsbereich 1	2. Unterzeichnung 8
II. Gebührenhöhe 2	3. Einreichung 9
B. Regelungsgehalt 3	4. Einzelfälle 10
I. Einlegung eines Rechtsmittels (Nr. 1) 3	5. Mehrere Aufträge 11
II. Anfertigung oder Unterzeichnung anderer Anträge, Gesuche oder Erklärungen (Nr. 2) 7	6. Vorrangige Vorschriften 12
	III. Sonstige nicht in VV 4300 oder 4301 genannte Beistandsleistungen (Nr. 3) 13

A. Allgemeines

I. Sachlicher Anwendungsbereich

1 Die Gebührentatbestände der VV 4302 regeln die Vergütung für
– die Einlegung eines Rechtsmittels (Nr. 1),
– die Anfertigung oder Unterzeichnung anderer Anträge, Gesuche oder Erklärungen (Nr. 2) oder
– eine andere nicht in VV 4300 oder 4301 erwähnte Beistandsleistung (Nr. 3).

II. Gebührenhöhe

2 Nach VV 4302 erhält der Anwalt eine Gebühr i.H.v. 30 EUR bis 290 EUR. Die **Mittelgebühr** beträgt 160 EUR. Der **gerichtlich bestellte oder beigeordnete Anwalt** erhält eine Festgebühr i.H.v. 128 EUR. Vertritt der Anwalt **mehrere Auftraggeber**, so erhöht sich der Gebührenrahmen bzw. die Festgebühr um 30 % je weiteren Auftraggeber (VV 1008).

B. Regelungsgehalt

I. Einlegung eines Rechtsmittels (Nr. 1)

3 Nach Nr. 1 erhält der Anwalt die Gebühr nach VV 4302 für die Einlegung eines Rechtsmittels. Unter **Einlegung** eines Rechtsmittels ist die bloße Erklärung, dass das Rechtsmittel eingelegt werde, zu verstehen. Die Gebühr entsteht also auch dann, wenn keine Begründung eingereicht und auch kein konkreter Rechtsmittelantrag gestellt wird. Wird eine Berufung oder Revision gleichzeitig auch begründet, ist Nr. 1 nicht einschlägig. Nach Anm. zu VV 4300, Anm. zu VV 4301 zählen Einlegung

---

16 *Madert*, AnwBl 1982, 176, 178.

und Begründung als eine einzige Gebührenangelegenheit. Maßgebend hierfür ist der Gebührenrahmen nach VV 4300 Nr. 1 oder VV 4301 Nr. 2.

Der Begriff des **Rechtsmittels** i.S.d. Nr. 1 ist nicht streng formal zu verstehen. Hierzu zählen also nicht nur die formellen Rechtsmittel wie Berufung und Revision, sondern auch:
- der Einspruch gegen einen Strafbefehl,[1]
- Wird der Anwalt dagegen nach § 408b StPO bestellt, erhält er die vollen Gebührenansprüche eines Verteidigers und nicht nur eine Einzeltätigkeitsgebühr nach VV 4102.[2]
- die Beschwerde gegen einen Beschluss nach § 268a StPO,[3]
- die Beschwerde gegen einen Ordnungsmittelbeschluss,[4]
- die Beschwerde nach § 172 Abs. 1 StPO,[5]
- die Beschwerde gegen die vorläufige Entziehung der Fahrerlaubnis nach § 111a StPO,[6]
- die Beschwerde gegen die Ablehnung der Strafverfolgung,
- die sofortige Beschwerde nach § 383 Abs. 2 S. 3 StPO gegen die Einstellung des Privatklageverfahrens,[7]
- sonstige Beschwerdeverfahren.[8]

Wird der Anwalt nicht nur mit der Erhebung der Beschwerde, sondern auch gleichzeitig mit deren Begründung beauftragt, so liegen zwei Angelegenheiten vor. Die **Begründung der Beschwerde** wird im Gegensatz zur Berufungs- oder Revisionsbegründung nicht nach VV 4300 oder VV 4301 abgegolten. Erhält der Anwalt zunächst nur den Auftrag, Beschwerde einzulegen, und erhält er später den weiteren Auftrag zur Begründung der Beschwerde, so erhält er neben der Gebühr nach Nr. 1 auch die der Nr. 2. Insgesamt erhält er jedoch nicht mehr als eine Gebühr aus VV 4302 (vgl. § 15 Abs. 6). Anderer Ansicht ist *Madert*,[9] der insgesamt nur eine Angelegenheit annimmt und die Mehrarbeit nach § 14 Abs. 1 vergüten will, was – abgesehen von der zusätzlichen Postentgeltpauschale nach VV 7002 – im Ergebnis auf das Gleiche hinauslaufen dürfte.

Bei der Gebühr nach Nr. 1 ist § 19 Abs. 1 S. 2 Nr. 10 zu beachten. Die Gebühr ist daher nicht nur für den Rechtsmittelanwalt ausgeschlossen, sondern auch für den **vorinstanzlich tätigen Anwalt**, für den die Einlegung des Rechtsmittels noch zur Gebühreninstanz zählt.

II. Anfertigung oder Unterzeichnung anderer Anträge, Gesuche oder Erklärungen (Nr. 2)

1. Anfertigung

Für den Gebührentatbestand der Nr. 2 reicht es aus, dass der Anwalt einen Antrag, ein Gesuch oder eine sonstige Erklärung **anfertigt**, also entwirft. Er muss den Schriftsatz also weder unterzeichnen noch im Original ausgefertigt oder gar auf seinen Briefkopf genommen haben. Es reicht vielmehr aus, dass er dem Auftraggeber eine entsprechende Vorlage zur Verfügung stellt, so dass dieser selbst den Antrag ausfertigen und unterzeichnen kann.

---

1 *Hansens*, BRAGO, § 91 Rn 7; *Madert*, AnwBl 1982, 176, 177.
2 OLG Oldenburg AGS 2010, 491 = StraFo 2010, 430 = NStZ-RR 2010, 391 = NdsRpfl 2011, 50 = NJW-Spezial 2010, 668 = RVGprof. 2010, 211 = RVGreport 2011, 24 = VRR 2011, 39; AG Oberhausen JurBüro 2012, 423.
3 AG Münsingen MDR 1981, 1041; *Hansens*, BRAGO, § 91 Rn 7.
4 OLG Düsseldorf MDR 1971, 684 = KostRsp. BRAGO § 91 Nr. 9 m. Anm. *Schmidt*; JurBüro 1982, 1856 = Rpfleger 1982, 442 = AnwBl 1983, 135 = MDR 1983, 156; OLG Hamm JMBl NRW 1972, 47; OLG Karlsruhe MDR 1992, 894 = JurBüro 1984, 541; *Hansens*, BRAGO, § 91 Rn 7; OLG Hamburg MDR 1971, 685 = Rpfleger 1971, 269.
5 *Hansens*, BRAGO, § 91 Rn 8.
6 *Hansens*, BRAGO, § 91 Rn 7; *Madert*, AnwBl 1982, 176, 178.
7 *Hansens*, BRAGO, § 91 Rn 7; *Madert*, AnwBl 1982, 176, 178.
8 LG Berlin AnwBl 1986, 161; *Hansens*, BRAGO, § 91 Rn 7.
9 *Gerold/Schmidt/Madert*, RVG, 18. Aufl., VV 4300–4305 Rn 44.

2. Unterzeichnung

8 Ebenso wie die bloße Anfertigung genügt auch die **bloße Unterzeichnung** eines Antrags, Gesuchs oder einer anderweitigen Erklärung. Der Anwalt verdient daher auch die Gebühr der Nr. 2, wenn er den Antrag, das Gesuch oder die Erklärung selbst gar nicht verfasst hat, also wenn er das Schriftstück des Auftraggebers oder des anderen Anwalts unterzeichnet und durch seine Unterschrift die Verantwortung übernimmt.

3. Einreichung

9 Ebenso wie bei VV 3403 wird man auch die **Einreichung** eines Gesuchs, eines Antrags oder einer Erklärung für die Anwendung der Nr. 2 als ausreichend ansehen müssen. Der Anwalt erhält daher auch die Gebühr nach Nr. 2, wenn er einen von einem anderen angefertigten und unterzeichneten Antrag, ein Gesuch oder eine Erklärung bei Gericht einreicht, sofern er hierfür durch vorherige Prüfung die Verantwortung übernimmt.

4. Einzelfälle

10 Zu den Anträgen, Gesuchen oder Erklärungen i.S.d. Nr. 2 zählen insbesondere:
- Strafanzeige[10]
- Strafantrag
- Anschlusserklärung für den Nebenkläger
- Prozesskostenhilfeanträge[11]
- einzelne Beweisanträge
- Rücknahme von Rechtsmitteln
- Kostenfestsetzungsanträge oder anderweitige Vertretung im Kostenfestsetzungsverfahren,[12] und zwar auch für den Rechtsmittelanwalt.[13]

  Beispiel: Der Auftraggeber hat sich erstinstanzlich selbst vertreten. Im Berufungsverfahren beauftragt er einen Anwalt mit der Verteidigung. Nach Abschluss des Berufungsverfahrens beauftragt er den Anwalt, ihn im erstinstanzlichen Kostenfestsetzungsverfahren zu vertreten, da er die vom Nebenkläger angemeldeten und zu dessen Gunsten festgesetzten Kosten für überhöht hält.
  Der Anwalt erhält für die Verteidigung in der Berufungsinstanz die Gebühren nach VV 4124 ff.; für das Kostenfestsetzungsverfahren erhält er zusätzlich eine Gebühr nach Nr. 2. Es handelt sich um zwei verschiedene Angelegenheiten.[14]

- Antrag auf Freigabe einer Sicherheit für den Bürgen oder einen sonstigen Dritten nach § 123 StPO
- Anträge auf gerichtliche Entscheidung (ausgenommen das Verfahren nach § 172 Abs. 2 bis 4, § 173 Abs. 1 StPO, das nach VV 4301 Nr. 5 vergütet wird)
- Tätigkeiten für einen Zeugen in Ordnungsgeldverfahren,[15] wobei die Beschwerde allerdings bereits als Rechtsmittel i.S.d. Nr. 1 anzusehen ist (siehe Rdn 4 m.w.N).

5. Mehrere Aufträge

11 Soll der Anwalt mehrere Anträge stellen oder mehrere Gesuche oder Erklärungen einreichen, so kann es im Einzelfall fraglich sein, ob eine oder mehrere Angelegenheiten – dann allerdings mit der Begrenzung des § 15 Abs. 6 – gegeben sind (weitere Ausführungen siehe VV Vorb. 4.3 Rdn 25 ff.)

---

10 KG JurBüro 1982, 1251 = AnwBl 1983, 565; *Hansens*, BRAGO, § 91 Rn 8; LAG Schleswig KostRsp. BRAGO § 91 Rn. 33 = AGS 2001, 75 = AnwBl 2001, 185 = BB 2001, 1048.
11 Gerold/Schmidt/*Madert*, BRAGO, § 92 Rn 2.
12 LG Krefeld JurBüro 1979, 240 m. Anm. *Mümmler* = AnwBl 1979, 120.
13 LG Krefeld JurBüro 1979, 240 m. Anm. *Mümmler* = AnwBl 1979, 120.
14 LG Krefeld JurBüro 1979, 240 m. Anm. *Mümmler* = AnwBl 1979, 120.
15 *Hansens*, BRAGO, § 91 Rn 8.

6. Vorrangige Vorschriften

Die **Anfertigung oder Unterzeichnung einer Privatklage** fällt nicht unter Nr. 2. Insoweit gilt die vorrangige Vorschrift der VV 4301 Nr. 1. Anträge und Rechtsmittel in **Wiederaufnahmeverfahren** (VV 4136), im **Gnadenverfahren** (VV 4303) oder in **Zwangsvollstreckungsverfahren** (VV Vorb. 4 Abs. 5) fallen ebenfalls nicht in den Anwendungsbereich der Nr. 2, sondern werden durch die jeweiligen besonderen Gebührentatbestände abgegolten.

III. Sonstige nicht in VV 4300 oder 4301 genannte Beistandsleistungen (Nr. 3)

Soweit der Anwalt Beistandsleistungen als Einzeltätigkeiten erbringt, die nicht in den Anwendungsbereich einer der VV 4300, VV 4301 oder VV 4302 Nr. 1 und 2 fallen, greift Nr. 3. Zu solchen Beistandsleistungen gehören bspw.:
– die Beistandsleistung für die Eltern des Getöteten in einer Jugendgerichtssache[16]
– die Vertretung des Verletzten im Verfahren nach § 111k StPO[17]
– die Einsichtnahme in Ermittlungsakten.[18] Soweit der Auftrag allerdings von einem Versicherer erteilt worden ist, gilt das Abkommen über das „Honorar für Akteneinsicht und Aktenauszüge aus Unfallstrafakten für Versicherungsgesellschaften" (abgedr. mit Erläuterung im Anhang II);
– Vertretung des Privatklägers im Verfahren über die Beschwerde des Beschuldigten gegen die Einstellung des Privatklageverfahrens[19]
– Vertretung im Grundverfahren nach § 9 StrEG[20]
– Anträgen auf vorzeitige Aufhebung der Sperre für die Erteilung der Fahrerlaubnis (§ 69a StGB)[21]
– Tätigkeiten im Verfahren nach § 111a StPO;[22] die Beschwerde wird allerdings bereits nach Nr. 1 vergütet;
– Tätigkeiten im Verfahren über die Prozesskostenhilfe.[23]

Umstritten war, ob auch die **Beratungstätigkeit** unter § 91 Nr. 1, 2. Hs. BRAGO fiel. Zum Teil[24] war die Auffassung vertreten worden, dass die Beratung als Einzeltätigkeit, nämlich als sonstige Beistandsleistung (jetzt: Nr. 3) zu vergüten sei. Zutreffend dürfte es jedoch sein, diese Tätigkeit nach § 34 Abs. 2 (VV 2100 a.F.) abzurechnen, da dies der speziellere Tatbestand ist. Auch die Beratung über die Erfolgsaussicht von Rechtsmitteln fällt nicht in den Anwendungsbereich der Nr. 3, sondern ist nach § 34 Abs. 2 (VV 2100 a.F.) zu vergüten.

		Gebühr oder Satz der Gebühr nach § 13 oder § 49 RVG	
Nr.	Gebührentatbestand	Wahlanwalt	gerichtlich bestellter oder beigeordneter Rechtsanwalt
4303	Verfahrensgebühr für die Vertretung in einer Gnadensache .... Der Rechtsanwalt erhält die Gebühr auch, wenn ihm die Verteidigung übertragen war.	30,00 bis 300,00 €	

Literatur: *Madert*, Die Gebühren in Strafsachen für einzelne Tätigkeiten (§§ 91, 92 BRAGO), AnwBl 1982, 176; *Tschischgale*, Die Gebühren bei nachträglicher Anordnung der Nichteintragung in der Zentralkartei, JurBüro 1965, 168.

---

16 *Mümmler*, JurBüro 1984, 505; *Hansens*, BRAGO, § 91 Rn 9.
17 LG Kiel JurBüro 1982, 564; *Hansens*, BRAGO, § 91 Rn 9.
18 *Hansens*, BRAGO, § 91 Rn 9.
19 LG Berlin AnwBl 1986, 161; ebenso AG Bielefeld AnwBl 1965, 95 und AG Neuburg AnwBl 1964, 186, das diese Gebühr allerdings neben der Gebühr für die Privatklagevertretung gewähren will.
20 OLG Bamberg JurBüro 1984, 65 m. Anm. *Mümmler*.
21 *Madert*, AnwBl 1982, 176, 178.
22 *Madert*, AnwBl 1982, 176, 178.
23 *Madert*, AnwBl 1982, 176, 178.
24 Gerold/Schmidt/*Madert*, BRAGO, § 91 Rn 18; *Madert*, AnwBl 1982, 176, 180.

A. Allgemeines	1	V. Anrechnung	17
B. Regelungsgehalt	2	VI. Beschwerdeverfahren	18
I. Persönlicher Anwendungsbereich	2	VII. Pauschgebühr	19
II. Sachlicher Anwendungsbereich	5	C. Pflichtverteidiger	20
III. Umfang der Angelegenheit	10	D. Kostenerstattung	24
IV. Höhe der Vergütung	14		

A. Allgemeines

1 Die Vorschrift der VV 4303 regelt die Vergütung in Gnadensachen und stellt klar, dass solche Tätigkeiten des Anwalts eine eigene gebührenrechtliche Angelegenheit i.S.d. § 15 Abs. 1 darstellen (VV Vorb. 4.3 Abs. 3 S. 2). Dies gilt auch, wenn der Anwalt im vorangegangenen Strafverfahren als Verteidiger tätig war (Anm. zu VV 4303).

B. Regelungsgehalt

I. Persönlicher Anwendungsbereich

2 VV 4303 gilt für jeden Vertreter des Verurteilten im Gnadenverfahren, also sowohl für den früheren Verteidiger (Anm. zu VV 4303), als auch für denjenigen, der erstmals mit der Gnadensache beauftragt worden ist.

3 Die Vorschrift gilt auch für andere Vertreter i.S.d. VV Vorb. 4 Abs. 1, sofern sie in einer Gnadensache tätig werden.[1]

4 Voraussetzung ist allerdings, dass der Anwalt mit der **Vertretung im gesamten Gnadenverfahren** betraut ist.[2] Hat er lediglich den Auftrag, einen Gnadenantrag zu stellen, zu unterzeichnen, eine Besprechung zu führen oder eine sonstige **Einzeltätigkeit** vorzunehmen, so gilt VV 4302 Nr. 2.[3] Die Gebühren für mehrere Einzeltätigkeiten dürfen jedoch den Betrag von 300 EUR – den Höchstbetrag einer Gebühr nach VV 4303 – nicht übersteigen (§ 15 Abs. 6).[4]

II. Sachlicher Anwendungsbereich

5 Die Gebühr der VV 4303 gilt für sämtliche in den **Gnadenordnungen** geregelten Gnadenverfahren, soweit es um Strafsachen geht; für Gnadensachen nach VV Teil 6, etwa in Disziplinarverfahren o.Ä., gilt VV 6404.

6 Nach § 452 StPO steht das Gnadenrecht dem Bund (gemäß Art. 60 Abs. 2 und 3 GG dem Bundespräsidenten) zu, sofern ein Bundesgericht erstinstanzlich entschieden hat. Im Übrigen wird das Gnadenrecht durch die Länder ausgeübt. Unerheblich für VV 4303 ist, wer das Gnadenrecht ausübt. Die Vorschrift gilt also auch dann, wenn die Ausübung des Gnadenrechts einer anderen Regierungsstelle oder den Gerichten übertragen ist.

7 **Abzugrenzen** sind die Gnadenverfahren von anderen Verfahren, die sich auf eine nicht im Gnadenweg erstrebte Milderung, einen Erlass oder eine Reduzierung der ausgesprochenen Strafe erstrecken,[5] wie:
– Tätigkeiten im Hinblick auf die **Einstellung eines Strafverfahrens**;[6]
– Anträge an das Gericht, die Vollstreckungsbehörde oder den Vollstreckungsleiter auf **Strafaussetzung, Stundung von Geldstrafen, Gewährung von Ratenzahlung, Strafaufschub etc. (§ 57 StGB, § 453 StPO, § 88 JGG)**. Solche Tätigkeiten werden durch die VV 4100 ff. abgegolten, sofern sie vom Verteidiger vor Erlass der die Instanz abschließenden Entscheidung gestellt werden und das Gericht nach § 260 Abs. 4 StPO hierüber zu entscheiden hat.[7] Ist der Anwalt nicht Verteidiger, sondern ist er insoweit nur mit der Stellung solcher Anträge beauftragt, greift

---

1 Burhoff/*Volpert*, RVG, VV 4303 Rn 13.
2 Burhoff/*Volpert*, RVG, VV 4303 Rn 8.
3 Burhoff/*Volpert*, RVG, VV 4303 Rn 8; *Hansens*, BRAGO, § 93 Rn 2.
4 *Hansens*, BRAGO, § 93 Rn 2.
5 Burhoff/*Volpert*, RVG, VV 4303 Rn 4.
6 *Hansens*, BRAGO, § 93 Rn 1.
7 Burhoff/*Volpert*, RVG, VV 4303 Rn 4.

VV 4301 Nr. 6. Dies gilt auch für den Verteidiger, der nach Erlass der gerichtlichen Entscheidung tätig wird (§ 453 StPO). Solche Tätigkeiten zählen nicht mehr zur Instanz;[8]
- Anträge auf **Tilgung von Einträgen im Strafregister oder auf Anordnung beschränkter Auskunft**. Solche Anträge richten sich an die Justizbehörden als Verwaltungsbehörden. Die Vergütung des Anwalts richtet sich nach den VV 2300 ff. für die außergerichtlichen Tätigkeiten und nach VV 3100 ff. für die Tätigkeit im gerichtlichen Überprüfungsverfahren.[9]

Ebenfalls nicht durch die Gebühr nach VV 4303 abgegolten ist eine **Anfechtung der Gnadenentscheidungen im Verwaltungsrechtswege**. Auch hier gelten für das Anfechtungsverfahren die VV 2300 ff. und für das anschließende gerichtliche Verfahren die VV 3100 ff.[10] 8

Das Verfahren muss vor einer **Gnadenstelle** stattfinden. Gnadenstellen sind auch die bei Gerichten eingerichteten Gnadenstellen, sofern ihnen in beschränktem Umfang das Gnadenrecht übertragen worden ist (z.B. in Nordrhein-Westfalen die Gnadenstellen beim LG).[11] 9

III. Umfang der Angelegenheit

Die Vergütung nach VV 4303 entgilt sämtliche Tätigkeiten im Gnadenverfahren. Die Gebühr **entsteht** mit der ersten Tätigkeit nach Erteilung des Auftrags, also in der Regel mit der Entgegennahme der Information (VV Vorb. 4 Abs. 2).[12] Abgegolten werden sämtliche Tätigkeiten einschließlich der Antragstellung und der Besprechung mit Dritten. Hierzu zählen auch Besuche in der Vollzugsanstalt,[13] Besprechungen mit der Gnadenbehörde sowie sämtlicher Schriftverkehr.[14] Auch eventuelle Beschwerdeverfahren sind durch die Gebühr abgegolten.[15] 10

Die Angelegenheit **endet** mit der die Instanz abschließenden Entscheidung über das Gnadengesuch. Soweit sich das Gnadenverfahren über mehrere Stellen oder Instanzen hinzieht, werden gemäß VV Vorb. 4.3 Abs. 3 S. 2 entgegen der früheren Regelung der BRAGO (§ 93 BRAGO) mehrere Angelegenheiten ausgelöst (siehe Rdn 12).[16] 11

Wird anschließend ein **erneutes Gnadengesuch** gestellt, so handelt es sich um eine neue Angelegenheit, so dass die Gebühr des VV 4303 ein weiteres Mal entsteht.[17] Dass sich der Antrag von dem vorangegangenen – abgelehnten – Gnadengesuch unterscheiden muss, ist nicht erforderlich.[18] Jeder selbstständige Antrag, mag er auch nur eine Wiederholung sein, ist eine neue Angelegenheit. 12

Vertritt der Anwalt **mehrere Verurteilte** (§ 146 StPO gilt insoweit nicht) und stellt er für sie Gnadenanträge, so handelt es sich um **verschiedene Angelegenheiten**.[19] Jeder Gnadenantrag ist individuell auf die Person des jeweiligen Verurteilten zugeschnitten, so dass es an dem für § 15 Abs. 1 erforderlichen inneren Zusammenhang und dem gleichen Rahmen fehlt. Der gegenteiligen Ansicht, die eine Angelegenheit annimmt und dann VV 1008 (vormals: § 6 Abs. 1 S. 3 BRAGO) anwenden will,[20] kann daher nicht gefolgt werden. 13

IV. Höhe der Vergütung

Der Anwalt erhält für seine Tätigkeit eine Gebühr i.H.v. 30 bis 300 EUR. Die Mittelgebühr beträgt 165 EUR. Für die Bestimmung der Gebühr im Einzelfall gilt § 14 Abs. 1. 14

Terminsgebühren sind in Gnadensachen nicht vorgesehen. Auch VV 4102 ist hier nicht anwendbar. Die Teilnahme an Terminen wird durch die Verfahrensgebühr mit abgegolten.[21] 15

---

[8] Hansens, BRAGO, § 93 Rn 1.
[9] Hansens, BRAGO, § 93 Rn 1.
[10] Hansens, BRAGO, § 93 Rn 1.
[11] Burhoff/Volpert, RVG, VV 4303 Rn 3.
[12] Burhoff/Volpert, RVG, VV 4303 Rn 6, 8.
[13] Burhoff/Volpert, RVG, VV 4303 Rn 2; Hansens, BRAGO, § 93 Rn 3.
[14] Burhoff/Volpert, RVG, VV 4303 Rn 9; Hansens, BRAGO, § 93 Rn 3.
[15] Burhoff/Volpert, RVG, VV 4303 Rn 9; Hansens, BRAGO, § 93 Rn 3.
[16] Burhoff/Volpert, RVG, VV 4303 Rn 6, 11.
[17] Burhoff/Volpert, RVG, VV 4303 Rn 7; Hansens, § 93 Rn 3.
[18] A.A. Burhoff/Volpert, RVG, VV 4303 Rn 7, der bei identischen Anträgen erst unter den Voraussetzungen des § 15 Abs. 5 S. 2 eine neue Angelegenheit annimmt.
[19] Burhoff/Volpert, RVG, VV 4303 Rn 13; Hansens, BRAGO, § 93 Rn 4.
[20] Göttlich/Mümmler/Rehberg/Xanke, Strafsachen, 9. Gnadensachen.
[21] Burhoff/Volpert, RVG, VV 4303 Rn 9.

16 Eine **Grundgebühr** entsteht ebenfalls nicht, auch nicht für den erstmals im Gnadenverfahren tätigen Anwalt, da die Grundgebühr nur für die Tätigkeiten nach VV Teil 4 Abschnitt 1 gilt.[22]

V. Anrechnung

17 Die Anrechnungsbestimmung der VV Vorb. 4.3 Abs. 3 dürfte keine Bedeutung haben, da es sich bei einer Gnadensache streng genommen gar nicht um eine Einzeltätigkeit handelt und es kein umfassenderes Verfahren wie in den Fällen der VV 4300 bis 4302 gibt.[23]

VI. Beschwerdeverfahren

18 Soweit eine Beschwerde in Betracht kommt, ist dies – im Gegensatz zu § 93 BRAGO – eine neue Angelegenheit, in der die Verfahrensgebühr erneut ausgelöst wird (VV Vorb. 4.3 Abs. 3 S. 2).[24]

VII. Pauschgebühr

19 Der in einer Gnadensache tätige Wahlanwalt hat nach § 42 die Möglichkeit, sich eine Pauschgebühr bewilligen zu lassen, wenn die Gebühr der VV 4303 wegen des besonderen Umfangs oder der besonderen Schwierigkeit nicht zumutbar ist.[25] Zuständig ist das OLG, in dessen Bezirk sich die Gnadenstelle befindet.

C. Pflichtverteidiger

20 Der dem Verurteilten bestellte Pflichtverteidiger oder ein ihm anderweitig beigeordneter Anwalt – ggf. für Tätigkeiten nach VV 4302 Nr. 2 – hat in einer Gnadensache keinen Anspruch gegen die Staatskasse.[26] Die Bestellung oder Beiordnung in der Hauptsache erstreckt sich nicht auch auf ein Gnadenverfahren. Eine selbstständige Beiordnung oder Bestellung für das Gnadenverfahren kommt ebenfalls nicht in Betracht. Der frühere Pflichtverteidiger oder beigeordnete Anwalt muss sich daher wegen seiner Vergütung grundsätzlich an seinen Auftraggeber halten.

21 Der Gesetzgeber hat dies zwischenzeitlich erkannt und die bisher vorgesehene Festgebühr von 110 EUR für den gerichtlich bestellten oder beigeordneten Anwalt gestrichen.[27] Die bisherige Angabe eines Betrags in Höhe von 110 EUR für den gerichtlich bestellten oder beigeordneten Anwalt konnte zu der Annahme verleiten, dass diese Vorschrift den Beratungshilferegelungen in VV Vorb. 2.5 vorgehe. Jetzt ist also klargestellt, dass allenfalls eine Abrechnung nach Teil 2 Abschnitt 5 VV in Betracht kommt (siehe Rdn 23).

22 Daher kommt hier auch weder die Bewilligung einer **Pauschgebühr** in Betracht,[28] noch eine Inanspruchnahme des Auftraggebers nach §§ 53, 52.[29]

23 Auch die Bewilligung von **Prozesskostenhilfe** scheidet aus. Möglich ist hier allerdings die Bewilligung von **Beratungshilfe**.

D. Kostenerstattung

24 Eine Kostenerstattung in Gnadensachen ist nicht vorgesehen. Allenfalls bei einer erfolgreichen Beschwerde könnten die Kosten des Beschwerdeverfahrens der Staatskasse aufzuerlegen sein.

---

22 Burhoff/*Volpert*, RVG, VV 4303 Rn 12.
23 Burhoff/*Volpert*, RVG, VV 4303 Rn 18.
24 Burhoff/*Volpert*, RVG, VV 4303 Rn 11.
25 Burhoff/*Volpert*, RVG, VV 4303 Rn 19.
26 *Hansens*, BRAGO, § 93 Rn 1; Riedel/Sußbauer/*Fraunholz*, § 93 Rn 12.
27 Änderung durch Art. 8 Abs. 2 Nr. 111 2. KostRMoG.
28 So aber Burhoff/*Volpert*, RVG, VV 4303 Rn 19.
29 So aber Burhoff/*Volpert*, RVG, VV 4303 Rn 20.

Nr.	Gebührentatbestand	Gebühr oder Satz der Gebühr nach § 13 oder § 49 RVG	
		Wahlanwalt	gerichtlich bestellter oder beigeordneter Rechtsanwalt
4304	Gebühr für den als Kontaktperson beigeordneten Rechtsanwalt (§ 34a EGGVG)		3 500,00 €

A. Allgemeines	1	3. Auslagen nach § 46	16
B. Regelungsgehalt	2	III. Anrechnung	17
I. Anwendungsbereich	2	IV. Festsetzung	18
II. Vergütung	4	V. Vorschuss	22
1. Festgebühr	4	VI. Allgemeine Vorschriften	23
2. Pauschgebühr nach § 51	15		

A. Allgemeines

Die Vorgängervorschrift des § 97a BRAGO war durch das Gesetz zur Änderung des EGGVG eingeführt worden. Die Vorschrift war erforderlich, nachdem gleichzeitig § 34a in das EGGVG eingefügt worden war. Diese Vorschrift regelt die Vergütung des Rechtsanwalts, der dem Inhaftierten bei Verhängung einer Kontaktsperre nach den §§ 31 ff. EGGVG als Kontaktperson beigeordnet worden ist. Da eine entsprechende Tätigkeit des Anwalts bis dato in der BRAGO nicht geregelt war und auch in sinngemäßer Anwendung (§ 2 BRAGO) andere Vorschriften nicht in Betracht kamen, musste hierfür ein eigener Gebührentatbestand geschaffen werden. Dieser Tatbestand ist in VV 4304 übernommen worden. 1

B. Regelungsgehalt

I. Anwendungsbereich

Nach § 34a Abs. 1 S. 1 EGGVG kann dem Gefangenen auf seinen Antrag ein Rechtsanwalt als Kontaktperson beigeordnet werden. Die Beiordnung anderer Personen kommt nicht in Betracht. Der beigeordnete Rechtsanwalt darf nicht Verteidiger sein (§ 34a Abs. 3 S. 2 EGGVG). Zu Überschneidungen mit den Vergütungsvorschriften für den Verteidiger nach den VV 4100 ff. kann es daher nicht kommen. 2

Die Kontaktperson wird durch den Präsidenten des Landgerichts beigeordnet, in dessen Bezirk die Justizvollzugsanstalt liegt. Eine Beauftragung durch den Gefangenen kommt nicht in Betracht. Dieser hat noch nicht einmal das Recht, einen bestimmten Rechtsanwalt als Kontaktperson vorzuschlagen (§ 34a Abs. 4 EGGVG). 3

II. Vergütung

1. Festgebühr

Für seine Tätigkeit erhält der Anwalt nach VV 4304 eine **Festgebühr** i.H.v. 3.500 EUR. 4

Die Vergütung nach VV 4304 erhält der Anwalt mit der ersten Tätigkeit nach seiner Beiordnung, in der Regel mit der Entgegennahme der Information (VV Vorb. 4 Abs. 2). 5

Die Gebühr nach VV 4304 deckt die gesamte Tätigkeit des Anwalts als Kontaktperson ab, einschließlich der Besuche in der Justizvollzugsanstalt.[1] Ferner gehören hierzu die Beratung des Gefangenen, das Erstellen von Anträgen und Anregungen, etwa zur Ermittlung entlastender Umstände;[2] Bespre- 6

---

1 Burhoff/*Volpert*, RVG, VV 4304 Rn 4.   2 Burhoff/*Volpert*, RVG, VV 4304 Rn 4.

chungen mit der Staatsanwaltschaft;[3] die Weitergabe von Gesprächsinhalten im Einverständnis des Gefangenen;[4] Stellung von Anträgen im Namen des Gefangenen;[5] Teilnahme an Vernehmungen und Ermittlungshandlungen, bei denen der Verteidiger nach § 34 Abs. 3 Nr. 3, Nr. 4 S. 1 und Nr. 5 S. 1 EGGVG nicht anwesend sein darf, sofern der Gefangene damit einverstanden ist;[6] Kontaktaufnahme mit Dritten, soweit dies zur Erfüllung der Aufgaben erforderlich ist.[7]

7 Dauer, Umfang und Schwierigkeit der anwaltlichen Tätigkeit sind unerheblich.[8] Zur vorzeitigen Beendigung siehe Rdn 14.

8 Eine **Terminsgebühr** kann der Anwalt als Kontaktperson nicht verdienen,[9] auch nicht eine Terminsgebühr nach VV 4102, 4103.

9 Dauert die Kontaktsperre während der Hauptverhandlung über **mehrere Verhandlungstage** hinweg an, so bleibt es bei der Gebühr i.H.v. 3.500 EUR.

10 Ebenso wenig kommt eine **Grundgebühr** nach VV 4100 in Betracht, da diese nur für den Verteidiger gilt.

11 Auch **zusätzliche Gebühren** nach den VV 4141 ff. bei Einziehung o.Ä. und Einstellung des Verfahrens etc. sind nicht möglich.

12 Eine Erhöhung der Verfahrensgebühr um einen **Haftzuschlag** (VV Vorb. 4 Abs. 4) kommt nicht in Betracht. Der Mehraufwand, der dadurch entsteht, dass sich der Vertretene nicht auf freiem Fuß befindet, ist bereits durch die Festgebühr berücksichtigt.[10]

13 Eine Gebührenerhöhung bei Vertretung **mehrerer Auftraggeber** nach VV 1008 kommt ebenfalls nicht in Betracht, da der Anwalt nur einem einzigen Gefangenen beigeordnet werden kann.[11]

14 **Erledigt** sich die Tätigkeit des Anwalts **vorzeitig**, so bleibt es bei der vollen Vergütung. Ob dieses „Alles-oder-Nichts-Prinzip" zweckmäßig ist, muss bezweifelt werden.

2. Pauschgebühr nach § 51

15 Soweit die Gebühr nach VV 4304 im Einzelfall nicht ausreicht, um die Tätigkeit des Anwalts als Kontaktperson angemessen zu vergüten, kann nach § 51 eine Pauschgebühr bewilligt werden.[12] Zuständig für die Bewilligung der Pauschgebühr ist das OLG, in dessen Bezirk die Justizvollzugsanstalt liegt (§ 51 Abs. 2).[13] Im Falle einer endgültigen Verlegung verändert sich die Zuständigkeit, nicht jedoch bei einer vorübergehenden Verschiebung (zum Verfahren siehe § 51).

3. Auslagen nach § 46

16 Neben der Gebühr der VV 4304 erhält der Anwalt ferner Ersatz seiner Auslagen nach den VV 7000 ff., insbesondere auch der anfallenden Umsatzsteuer (VV 7008) sowie eventueller Reisekosten (VV 7003 ff.). Insoweit gilt § 46.

III. Anrechnung

17 Die Anrechnungsvorschrift der VV Vorb. 4.3 Abs. 3 S. 2 ist auch hier ohne Bedeutung, da es sich streng genommen nicht um eine Einzeltätigkeit handelt. Abgesehen davon kann die Kontaktperson später nicht Verteidiger werden, so dass auch insoweit eine Anrechnung nicht möglich ist.[14]

---

3 Burhoff/*Volpert*, RVG, VV 4304 Rn 4.
4 Burhoff/*Volpert*, RVG, VV 4304 Rn 4.
5 Burhoff/*Volpert*, RVG, VV 4304 Rn 4.
6 Burhoff/*Volpert*, RVG, VV 4304 Rn 4.
7 Burhoff/*Volpert*, RVG, VV 4304 Rn 4.
8 *Hansens*, BRAGO, § 97a Rn 2.
9 Burhoff/*Volpert*, RVG, VV 4304 Rn 4.
10 *Hansens*, BRAGO, § 97a Rn 2.
11 BT-Drucks 10/092, S. 8; *Meyer-Goßner*, § 34a EGGVG Rn 2.
12 Burhoff/*Volpert*, RVG, VV 4304 Rn 9.
13 Burhoff/*Volpert*, RVG, VV 4304 Rn 13.
14 Burhoff/*Volpert*, RVG, VV 4304 Rn 4.

IV. Festsetzung

Da der Anwalt als Kontaktperson nicht vom Gefangenen beauftragt wird und auch nicht von ihm beauftragt werden kann (§ 34a Abs. 4 EGGVG), kann er diesen auch nicht auf Zahlung seiner Vergütung in Anspruch nehmen.[15] Insbesondere scheidet eine Vergütungsfestsetzung nach § 11 aus.

18

Auch die Inanspruchnahme des Gefangenen nach §§ 52, 53 ist nicht möglich.

19

Die Vergütung nach VV 4304 ist vielmehr ausschließlich gegen die Staatskasse geltend zu machen (§ 55). Die Festsetzung erfolgt auf Antrag des Rechtsanwalts. Zuständig ist der Urkundsbeamte der Geschäftsstelle desjenigen Landgerichts, in dessen Bezirk die Justizvollzugsanstalt liegt. Bei Verlegung des Gefangenen wird das Landgericht zuständig, in dessen Bezirk der Gefangene zum Zeitpunkt der Fälligkeit untergebracht ist.[16]

20

Über Erinnerungen des Rechtsanwalts und der Staatskasse entscheidet nach § 56 Abs. 1 S. 2 die Strafkammer des LG durch Beschluss.[17]

21

V. Vorschuss

Auf Antrag kann der Rechtsanwalt gemäß § 47 in entsprechender Anwendung des § 55 von dem Urkundsbeamten der Geschäftsstelle auch einen angemessenen Vorschuss festsetzen lassen.[18]

22

VI. Allgemeine Vorschriften

Im Übrigen gelten die Bestimmungen dieses Gesetzes sinngemäß, also insbesondere: §§ 15 ff. (Begriff und Umfang der Angelegenheit), § 8 (Fälligkeit), § 54 (Verschulden des Anwalts). Es gelten dagegen nicht: § 4 (Vergütungsvereinbarung), § 9 (Vorschuss vom Auftraggeber; aber § 47: Vorschuss aus der Staatskasse), § 10 (Abrechnung), da der Gefangene nicht Auftraggeber ist. Auch § 5 gilt nicht, da sich die Beiordnung nur auf die Kontaktperson erstreckt, nicht auch auf Hilfspersonen. Eine Gebühr nach § 34 Abs. 1 i.V.m. § 612 BGB für eine Beratung kann ebenfalls nicht entstehen, da auch Beratungen in den Abgeltungsbereich der VV 4304 fallen.

23

---

15 *Hansens*, BRAGO, § 97a Rn 1.
16 *Hansens*, BRAGO, § 97a Rn 4.
17 Burhoff/*Volpert*, RVG, VV 4304 Rn 12.
18 *Hansens*, BRAGO, § 97a Rn 4.

Teil 5
Bußgeldsachen

Vorbemerkung zu VV Teil 5

Literatur: *Burhoff*, Gebührenbemessung in OWi-Verfahren, RVGreport 2005, 361; *ders.*, Handbuch für das straßenverkehrsrechtliche OWi-Verfahren, 2005; *Madert*, Rechtsanwaltsvergütung in Bußgeldsachen nach dem RVG i.V.m. dem VV, AGS 2004, 375; *Reisert*, Anwaltsgebühren im Straf- und Bußgeldrecht, 2011; *N. Schneider*, Gebührenberechnung bei Einstellung des Strafverfahrens und späterer Einstellung des Bußgeldverfahrens, AGS 2004, 6; *ders.*, Zwei Auslagenpauschalen für vorbereitendes und gerichtliches Verfahren?, AGS 2005, 7; *ders.*, Zweifelsfälle in Straf- und Bußgeldsachen, RVG-B 2005, 14; *ders.*, Gebühren nach dem RVG in verkehrsrechtlichen Straf- und Bußgeldsachen, zfs 2004, 495; *ders.*, Anspruch auf Vorschuss auf die Terminsgebühr gegen Rechtschutzversicherer im OWi-Verfahren, AGS 2006, 213; *ders.*, Die zusätzlichen Gebühren in Straf- und Bußgeldsachen nach den Nr. 4141 und 5115 VV RVG, Fach 24, 1073.

A. Gesetzliche Regelung	1
B. Auslagen	4
C. Haftzuschlag, Überschreitung des Gebührenrahmens	5
D. Abgrenzung zum Strafverfahren	7
E. Pauschgebühr	10
F. Inanspruchnahme des Beschuldigten ...	11
G. Abtretung des Kostenerstattungsanspruchs	12
H. Erinnerung oder Beschwerde gegen einen Kostenfestsetzungsbeschluss oder den Kostenansatz	13
I. Antrag auf gerichtliche Entscheidung gegen den Kostenfestsetzungsbescheid	14
J. Festsetzung der Vergütung des bestellten oder beigeordneten Anwalts	16
K. Kostenentscheidung und Kostenfestsetzung	18
I. Kostenentscheidung	18
1. Verwarnung	18
2. Erlass eines Bußgeldbescheides	19
3. Einstellung des Verfahrens vor der Verwaltungsbehörde	20
4. Rücknahme des Bußgeldbescheides durch die Verwaltungsbehörde	22
5. Einstellung des Verfahrens durch die Staatsanwaltschaft	24
6. Rücknahme des Einspruchs durch den Betroffenen oder Verwerfung des Einspruchs	25
7. Einstellung des Verfahrens durch das AG	26
8. Entscheidung durch das AG	27
9. Entscheidung im Rechtsbeschwerdeverfahren	28
10. Entscheidung in Verfahren über Anträge auf gerichtliche Entscheidung	29
11. „Halterhaftung" nach § 25a StVG ...	30
II. Rechtsmittel gegen die Kostenentscheidung	31
III. Kostenfestsetzung	36
IV. Erstattungsfähigkeit	39
1. Grundsatz	39
2. Ausnahme: § 109a Abs. 1 OWiG ...	40
V. Die Vergütung des Anwalts	41
L. Rechtsschutzversicherung	46
I. Versicherungsschutz	46
II. Vorschuss	49
M. Anhang: Gebührenbemessung in verkehrsrechtlichen Bußgeldsachen	54
I. Allgemeines	54
II. Bemessung der Gebührenhöhe im Einzelfall	63
1. Allgemeines	63
2. Bedeutung der Angelegenheit	64
3. Umfang und Schwierigkeit der anwaltlichen Tätigkeit	81
4. Einkommens- und Vermögensverhältnisse des Auftraggebers	100
5. Besonderes Haftungsrisiko des Anwalts	102
III. Vorschuss	103

A. Gesetzliche Regelung

Im Gegensatz zur früheren Regelung der BRAGO ist die Vergütung des Anwalts in Bußgeldsachen im RVG gesondert geregelt (VV Teil 5). Das RVG beschränkt sich also nicht darauf, pauschal auf die Vergütung in Strafsachen zu verweisen, wie dies nach der BRAGO noch der Fall war (§ 105 BRAGO). Vielmehr enthält das VV **gesonderte eigenständige Regelungen**, die in zahlreichen Punkten entscheidend von der Vergütung in Strafsachen abweichen.

Insbesondere ist damit auch die Streitfrage geklärt, ob für Bußgeldverfahren der gleiche Gebührenrahmen gilt wie für Strafsachen. Für Bußgeldsachen ist ein von den Strafsachen völlig unabhängiger **eigener Gebührenrahmen** vorgesehen. Darüber hinaus sind die Gebührenrahmen zukünftig im vorbereitenden Verfahren und im erstinstanzlichen gerichtlichen Verfahren nach Höhe des Bußgeldes gestaffelt.

3 VV Teil 5 ist in **zwei Abschnitte** aufgeteilt:
- Abschnitt 1 beinhaltet die **Gebühren des Verteidigers**,
- Abschnitt 2 regelt **Einzeltätigkeiten**.

Gesonderte Gebühren für Tätigkeiten anlässlich der **Vollstreckung eines Bußgeldes oder einer Nebenfolge** (z.B. Fahrverbot) enthalten die Vorschriften des VV Teil 5 im Gegensatz zu VV Teil 4 nicht. Insoweit ist daher auf die Vergütung für Einzeltätigkeiten zurückzugreifen (VV 5200).

B. Auslagen

4 Auch im Bußgeldverfahren erhält der Anwalt seine **Auslagen** gesondert. Die **Postentgeltpauschale (VV 7002)** beträgt 20 %; es gilt auch hier die **Höchstgrenze von 20 EUR**.

C. Haftzuschlag, Überschreitung des Gebührenrahmens

5 Ein **Haftzuschlag**, wie er sich nach früherem Recht über die Verweisung des § 105 Abs. 1 BRAGO auf § 83 Abs. 3 BRAGO ergab, gibt es im RVG nicht mehr. Im Gegensatz zu den Gebühren nach VV Teil 4 (VV Vorb. 4 Abs. 4) ist ein Zuschlag nicht vorgesehen. Umfang und Schwierigkeit, die sich ergeben, wenn sich der Mandant nicht auf freiem Fuß befindet, sind über § 14 Abs. 1 bei der Bemessung der Gebühren zu berücksichtigen.

6 Ebenso wie in Strafsachen ist eine Überschreitung des Gebührenrahmens bei Tätigkeiten, die sich auf Fahrverbot oder Entziehung der Fahrerlaubnis erstrecken, nicht mehr möglich. Die frühere Vorschrift des § 88 S. 3 BRAGO findet im RVG keine Fortsetzung.

D. Abgrenzung zum Strafverfahren

7 Die frühere Streitfrage, ob Straf- und Bußgeldverfahren zwei verschiedene Angelegenheiten sind oder als dieselbe Angelegenheit gelten, ist nunmehr geklärt. Nach § 17 Nr. 10 gelten das strafrechtliche Ermittlungsverfahren und ein sich nach dessen Einstellung anschließendes Bußgeldverfahren als **zwei verschiedene Angelegenheiten**.

8 Umgekehrt gilt das Gleiche. Wird zunächst ein Bußgeldverfahren eingeleitet und dann später als Strafverfahren übernommen, liegen ebenfalls zwei Angelegenheiten vor. Dies ist zwar ausdrücklich nicht geregelt, folgt aber aus der Anrechnungsvorschrift in Anm. Abs. 2 zu VV 4100.

9 Der Verteidiger kann daher in Bußgeld- und Strafverfahren die Gebühren mit Ausnahme der Grundgebühr, für die gesonderte Bestimmungen vorgesehen sind (Anm. Abs. 2 zu VV 4100; Anm. Abs. 2 zu VV 5100), jeweils gesondert verdienen.

E. Pauschgebühr

10 Auch in Bußgeldsachen kommt die Bewilligung einer Pauschgebühr in Betracht, und zwar sowohl für den Wahlanwalt (§ 42 Abs. 5) als auch für den gerichtlich bestellten oder beigeordneten Anwalt (§ 51 Abs. 6). Das gilt nicht nur im gerichtlichen Verfahren, sondern auch im Verfahren vor der Verwaltungsbehörde (§ 51 Abs. 6 S. 1). Siehe hierzu im Einzelnen die Kommentierung zu §§ 42 und 51.

F. Inanspruchnahme des Beschuldigten

11 Der in einem Bußgeldverfahren gerichtlich bestellte oder beigeordnete Anwalt kann den Betroffenen unmittelbar in Anspruch nehmen, wenn diesem ein Erstattungsanspruch gegen die Staatskasse zusteht oder das Gericht des ersten Rechtszugs auf Antrag des Verteidigers feststellt, dass der Beschuldigte

ohne Beeinträchtigung des für ihn und seine Familie notwendigen Unterhalts zur Zahlung oder zur Leistung von Raten in der Lage ist (§ 52). Siehe insoweit die Kommentierung zu § 52.

G. Abtretung des Kostenerstattungsanspruchs

Auch im Bußgeldverfahren ist die Vorschrift des § 43 zu beachten. Eine Abtretung des Kostenerstattungsanspruchs ist gegenüber einer Aufrechnung der Staatskasse gemäß § 43 nur insoweit beachtlich, als zum Zeitpunkt der Aufrechnung eine Urkunde über die Abtretung oder Anzeige des Betroffenen über die Abtretung in den Akten vorliegt. 12

H. Erinnerung oder Beschwerde gegen einen Kostenfestsetzungsbeschluss oder den Kostenansatz

Im Verfahren über die Erinnerung oder Beschwerde gegen einen Kostenfestsetzungsbeschluss gilt das Gleiche wie in Strafsachen, also dass auf die Gebühren nach VV Teil 3 verwiesen wird (VV Vorb. 5 Abs. 4), insbesondere auf VV 3500. Siehe hierzu ausführlich auch die Kommentierung zu VV Vorb. 4 Abs. 5. 13

I. Antrag auf gerichtliche Entscheidung gegen den Kostenfestsetzungsbescheid

Endet das Verfahren vor der Verwaltungsbehörde, so werden die dem Betroffenen zu ersetzenden Auslagen von der Verwaltungsbehörde gemäß § 106 OWiG festgesetzt. Gegen den entsprechenden Kostenfestsetzungsbescheid kann nach § 108 Abs. 1 S. 1 Nr. 2, Abs. 1 S. 2, 1. Hs. OWiG binnen zwei Wochen ab Zustellung gemäß § 62 OWiG ein Antrag auf gerichtliche Entscheidung beim Amtsgericht gestellt werden. Gegen die Entscheidung des Amtsgerichts wiederum ist die sofortige Beschwerde zum LG gegeben, wenn der Beschwerdewert 200 EUR übersteigt (§ 108 Abs. 1 S. 2, 2. Hs. OWiG). 14

Eine gesetzliche Regelung, welche Gebühren der Anwalt in diesem Verfahren über den Antrag auf gerichtliche Entscheidung erhielt, war früher nicht vorgesehen. Über § 96 BRAGO sind die Vorschriften des § 61 BRAGO entsprechend angewandt worden. Nunmehr stellt VV Vorb. 5 Abs. 4 Nr. 1 klar, dass auch für den Antrag auf gerichtliche Entscheidung die Gebühren nach VV Teil 3 gelten. Sinngemäß anzuwenden ist hier also VV 3500. Es gibt dann auch § 18 Abs. 1 Nr. 3. 15

J. Festsetzung der Vergütung des bestellten oder beigeordneten Anwalts

Der im Rahmen eines Bußgeldverfahrens vor der Verwaltungsbehörde bestellte oder beigeordnete Anwalt kann seine Vergütung nach § 55 von der Verwaltungsbehörde festsetzen lassen (§ 55 Abs. 7). Die Regelungen des § 55 Abs. 1 bis 6 sind entsprechend anzuwenden. 16

Gegen die Entscheidung der Verwaltungsbehörde ist nach § 57 ein Antrag auf gerichtliche Entscheidung möglich. Das Verfahren richtet sich nach § 62 OWiG. Über den Antrag auf gerichtliche Entscheidung hat das Amtsgericht zu befinden. Gegen seine Entscheidung wiederum ist die sofortige Beschwerde gegeben, sofern der Beschwerdewert den Betrag von 200 EUR übersteigt. 17

K. Kostenentscheidung und Kostenfestsetzung

I. Kostenentscheidung

1. Verwarnung

18 Spricht die Verwaltungsbehörde lediglich eine Verwarnung aus oder nimmt sie eine ausgesprochene Verwarnung zurück, so wird weder über die Kosten noch über die notwendigen Auslagen des Betroffenen entschieden. Der Betroffene trägt seine notwendigen Auslagen vielmehr selbst.[1]

2. Erlass eines Bußgeldbescheides

19 Erlässt die Verwaltungsbehörde einen Bußgeldbescheid, so entscheidet sie auch über die Kosten des Verfahrens und die notwendigen Auslagen. Diese sind dem Betroffenen aufzuerlegen.

3. Einstellung des Verfahrens vor der Verwaltungsbehörde

20 Stellt die Verwaltungsbehörde das Bußgeldverfahren ein, so fallen die Kosten des Verfahrens der Staatskasse zur Last, nicht aber auch die notwendigen Auslagen des Betroffenen, da in § 105 Abs. 1 OWiG nicht auf § 467 Abs. 1 StPO verwiesen wird. Der Betroffene hat seine notwendigen Auslagen vielmehr selbst zu tragen. Es verhält sich hier ebenso wie bei der Einstellung eines Ermittlungsverfahrens im Verfahren vor der Verwaltungsbehörde durch die Staatsanwaltschaft nach § 170 Abs. 2 S. 1 StPO. Eine ausdrückliche Kostenentscheidung ist in der Regel entbehrlich, da die Staatskasse ohnehin die Kosten trägt.[2]

21 Lediglich im Falle des § 25a StVG ist eine ausdrückliche Kostenentscheidung erforderlich (vgl. Rdn 30).

4. Rücknahme des Bußgeldbescheides durch die Verwaltungsbehörde

22 Hebt die Verwaltungsbehörde den Bußgeldbescheid auf den Einspruch des Betroffenen hin auf und stellt das Verfahren anschließend ein, so fallen die Kosten des Verfahrens gemäß § 105 Abs. 1 OWiG i.V.m. § 467a StPO der Staatskasse zur Last. Die Verwaltungsbehörde hat also zusammen mit der Einstellung eine entsprechende Kostenentscheidung zu treffen, wonach die notwendigen Auslagen des Betroffenen der Staatskasse aufzuerlegen sind. Lediglich in Ausnahmefällen kann von einer Kostenerstattung abgesehen werden (§ 467a Abs. 1 S. 2 i.V.m. § 467 Abs. 2 StPO).

23 Darüber hinaus kann nach § 109a Abs. 2 OWiG davon abgesehen werden, die notwendigen Auslagen des Betroffenen der Staatskasse aufzuerlegen, soweit diese vermieden worden wären, wenn der Betroffene entlastende Umstände rechtzeitig vorgetragen hätte.

5. Einstellung des Verfahrens durch die Staatsanwaltschaft

24 Hebt die Staatsanwaltschaft im Zwischenverfahren den Bußgeldbescheid auf und stellt sie das Verfahren ein, so hat sie nach § 108a Abs. 1 OWiG i.V.m. § 467a StPO über die Kosten des Verfahrens zu entscheiden. Es gilt das Gleiche – auch zur Anfechtung – wie bei der Aufhebung des Bußgeldbescheids und der anschließenden Einstellung durch die Verwaltungsbehörde (vgl. Rdn 20).

6. Rücknahme des Einspruchs durch den Betroffenen oder Verwerfung des Einspruchs

25 Nimmt der Betroffene seinen Einspruch zurück oder wird dieser als unzulässig verworfen, so hat er nach § 109 OWiG die Kosten des Verfahrens zu tragen. Dies gilt unabhängig davon, ob er den

---

1 AG Hannover NdsRpfl 1988, 64.   2 *Göhler*, § 105 Rn 10.

Einspruch noch vor der Verwaltungsbehörde, vor der Staatsanwaltschaft oder erst vor dem AG zurücknimmt.

7. Einstellung des Verfahrens durch das AG

Wird das Bußgeldverfahren nach § 47 Abs. 2 OWiG durch das Gericht eingestellt, so entscheidet dieses nach § 46 Abs. 1 OWiG i.V.m. § 467 Abs. 4 StPO. Die Kosten und die notwendigen Auslagen des Betroffenen können sowohl der Staatskasse auferlegt werden als auch dem Betroffenen selbst. Zu Einzelheiten siehe die Kommentare zu § 47 OWiG. Dem Betroffenen können immer seine notwendigen Auslagen auferlegt werden, wenn er dem zustimmt, also wenn er freiwillig im Falle der Einstellung die Kosten des Verfahrens übernimmt.[3] Die Entscheidung des AG ist unanfechtbar.

8. Entscheidung durch das AG

Entscheidet das Amtsgericht in der Sache über den Einspruch, so sind über die Verweisung in § 46 Abs. 1 OWiG die für das gerichtliche Verfahren in Strafsachen geltenden Vorschriften der §§ 464 ff. StPO anzuwenden. Die Entscheidung des AG erfasst sowohl die Kosten des Verfahrens der Staatskasse als auch die notwendigen Auslagen des Betroffenen im Verfahren vor der Verwaltungsbehörde.

9. Entscheidung im Rechtsbeschwerdeverfahren

Im Rechtsbeschwerdeverfahren gelten über § 46 Abs. 1 OWiG ebenfalls die Vorschriften der §§ 464 ff. StPO. Soweit das OLG den Bußgeldbescheid aufhebt und den Betroffenen freispricht, sind die Kosten einschließlich der notwendigen Auslagen des Betroffenen der Staatskasse aufzuerlegen (§ 467 Abs. 1 StPO). Soweit das Rechtsbeschwerdegericht die Rechtsbeschwerde als unzulässig oder unbegründet verwirft, trägt der Betroffene die Kosten (§ 473 Abs. 1 StPO).

10. Entscheidung in Verfahren über Anträge auf gerichtliche Entscheidung

In Verfahren über Anträge auf gerichtliche Entscheidung nach § 62 OWiG ist eine Kostenentscheidung nicht vorgesehen, da es sich nur um unselbständige Zwischenverfahren handelt. Die Kosten folgen der Hauptsache. Insoweit kommt allerdings eine Kostentrennung nach § 109a OWiG oder § 46 Abs. 1 OWiG i.V.m. § 467 Abs. 3 StPO in Betracht.

11. „Halterhaftung" nach § 25a StVG

Bei Halte- und Parkverstößen ist § 25a Abs. 1 StVG zu beachten (sog. Halterhaftung). Danach sind dem Halter eines Kraftfahrzeuges die Kosten des Verfahrens aufzuerlegen, wenn der verantwortliche Fahrer vor Ablauf der Verjährungsfrist nicht oder nur mit unangemessenem Aufwand zu ermitteln ist. Ein Ermessensspielraum der Verwaltungsbehörde besteht insoweit nicht. Sind die Voraussetzungen des § 25a StVG gegeben, so muss sie dem Halter die Kosten auferlegen.

II. Rechtsmittel gegen die Kostenentscheidung

Gegen die im Bußgeldbescheid enthaltene Kostenentscheidung ist ein isoliertes Rechtsmittel nicht gegeben. Die Kostenentscheidung kann nur zusammen mit der Hauptsache durch Einspruch angefochten werden.

Eine selbstständige Kostenentscheidung der Verwaltungsbehörde ist mit dem Antrag auf gerichtliche Entscheidung nach § 62 OWiG anfechtbar (§ 108 Abs. 1 S. 1 Nr. 1 OWiG). Der Antrag ist binnen zwei Wochen zu stellen. Eine Beschwerde gegen die Entscheidung des AG ist nicht gegeben.

---

3 LG Göttingen JurBüro 1988, 514.

33 Stellt das AG das Verfahren ein, so ist die isolierte Kostenentscheidung unanfechtbar (§ 47 Abs. 2 OWiG).

34 Verurteilt das AG, ist die Kostenentscheidung ebenfalls nicht isoliert anfechtbar, sondern nur zusammen mit der Hauptsache im Wege der Rechtsbeschwerde.

35 Gegen die Kostenentscheidung im Rechtsbeschwerdeverfahren ist kein Rechtsmittel möglich.

III. Kostenfestsetzung

36 Ist die Kostenentscheidung durch die **Verwaltungsbehörde** getroffen worden, so setzt die Verwaltungsbehörde auf Antrag gemäß § 106 OWiG die zu erstattenden Kosten fest. Gegen den entsprechenden Kostenfestsetzungsbescheid kann nach § 108 Abs. 1 S. 1 Nr. 2, Abs. 1 S. 2, 1. Hs. OWiG binnen zwei Wochen ab Zustellung gemäß § 62 OWiG Antrag auf gerichtliche Entscheidung beim AG gestellt werden. Gegen die Entscheidung des AG ist die sofortige Beschwerde zum LG gegeben, wenn der Beschwerdewert 200 EUR überschreitet (§ 108 Abs. 1 S. 2, 2. Hs. OWiG).

37 Ist die Kostenentscheidung durch die **Staatsanwaltschaft** getroffen worden, so setzt der Urkundsbeamte der Staatsanwaltschaft die Kosten fest (§ 108a Abs. 3 S. 1 OWiG). Gegen den Festsetzungsbeschluss des Urkundsbeamten der Geschäftsstelle ist nach § 108a Abs. 3 S. 2 OWiG die Erinnerung zu dem nach § 68 OWiG zuständigen AG gegeben. Hiergegen wiederum ist die sofortige Beschwerde zum LG gegeben (§ 464b StPO, § 104 Abs. 3 ZPO), sofern der Beschwerdewert den Betrag von 200 EUR übersteigt.

38 Hat das AG oder das OLG die Kostenentscheidung getroffen, richtet sich die Festsetzung nach § 46 Abs. 1 OWiG i.V.m. § 464b StPO.

IV. Erstattungsfähigkeit

1. Grundsatz

39 Hinsichtlich der Erstattungsfähigkeit gilt in allen Verfahren § 464a StPO (§§ 46 Abs. 1, 105 Abs. 1 OWiG).

2. Ausnahme: § 109a Abs. 1 OWiG

40 Ist gegen den Betroffenen eine Geldbuße von nicht mehr als 10 EUR verhängt worden, so sind die durch die Hinzuziehung eines Rechtsanwalts entstandenen Kosten grundsätzlich nicht erstattungsfähig (§ 109a Abs. 1 OWiG). Nur dann, wenn die Sach- oder Rechtslage besonders schwierig oder die Sache von grundsätzlicher Bedeutung war, kommt die Erstattung der Verteidigerkosten in Betracht (siehe hierzu im Einzelnen die Kommentare zu § 109a OWiG). Eine solche besondere Bedeutung kann gegeben sein, wenn von dem Ausgang des Bußgeldverfahrens Schadensersatzansprüche abhängen.[4]

V. Die Vergütung des Anwalts

41 Für seine Tätigkeit, eine Kostenentscheidung zu erwirken, erhält der Verteidiger keine gesonderten Gebühren. Es gilt VV Vorb. 5.1 Abs. 1. Die Tätigkeit wird durch die jeweiligen Gebühren abgegolten. Das gilt auch für Anträge auf gerichtliche Entscheidung nach § 62 OWiG, soweit diese sich gegen die Kostenentscheidung oder deren Unterlassen richten. Allerdings kann der besondere Aufwand zur Erlangung einer Kostenentscheidung nach § 14 Abs. 1 gebührenerhöhend zu berücksichtigen sein.[5]

---

[4] So die amtliche Begründung BT-Drucks 10/5083, S. 23.
[5] AG Gießen JurBüro 1990, 881; LG Köln BRAGOreport 2001, 74 m. Anm. *N. Schneider*.

Nicht mehr zur Instanz gehört dagegen ein Antrag auf gerichtliche Entscheidung nach § 62 OWiG, soweit sich dieser gegen eine Entscheidung über die Kosten- und Auslagenerstattung richtet. Zwar zählen Anträge auf gerichtliche Entscheidung in Bußgeldverfahren ebenso wie die vergleichbaren Beschwerden in Strafverfahren grundsätzlich nach VV Vorb. 5.1 Abs. 1 noch zur Instanz, da es im Gegensatz zu den Tätigkeiten nach VV Teil 3 in Straf- und Bußgeldsachen keine Beschwerdegebühren gibt. Eine Ausnahme gilt lediglich nach VV Vorb. 5 Abs. 4 für den Antrag auf gerichtliche Entscheidung, Erinnerung und Beschwerde gegen die Kostenfestsetzung und den Kostenansatz. Hier erhält der Anwalt auch in Bußgeldsachen eine gesonderte Vergütung nach VV 3500. Es gilt auch § 18 Abs. 1 Nr. 3.

Die bisherige Lücke, nämlich, dass der Antrag auf gerichtliche Entscheidung nicht erfasst war, ist durch die Neufassung der VV Vorb. 5 Abs. 4 Nr. 1 geschlossen worden. Anträge auf gerichtliche Entscheidung werden wie Erinnerungen und Beschwerden gegen die Kostenfestsetzung behandelt.

Ebenso erhält der Anwalt die Vergütung nach VV Vorb. 5 Abs. 4 i.V.m. VV 3500, wenn gegen die Festsetzung des Urkundsbeamten der Staatsanwaltschaft nach § 108a Abs. 3 S. 2 OWiG Erinnerung eingelegt wird. Auch das ist jetzt durch die Neufassung des § 18 Abs. 1 Nr. 3 geregelt.

Wird gegen die gerichtliche Entscheidung des AG gemäß § 46 OWiG, § 464b StPO i.V.m. § 104 Abs. 3 ZPO Beschwerde zum LG erhoben, so erhält der Anwalt für das Beschwerdeverfahren gegen die Entscheidung des AG eine weitere 0,5-Gebühr nach VV Vorb. 5 Abs. 4 i.V.m. VV 3500.

L. Rechtsschutzversicherung

I. Versicherungsschutz

Für die Verteidigung in Ordnungswidrigkeitenverfahren besteht grundsätzlich Versicherungsschutz (§ 2j ARB 1994, § 2 Abs. 1a ARB 1975). Einen Vorsatzausschluss wie in Strafsachen gibt es nur nach den ARB 1994, wenn Vorsatz rechtskräftig festgestellt worden ist; nach den ARB 1975 und ARB 2000 gibt es keinen Vorsatzausschluss (§ 4 Abs. 2a ARB 1975).

Ausgeschlossen ist der Versicherungsschutz nach den ARB 1994 und ARB 2000 in Ordnungswidrigkeitenverfahren wegen eines Halte- und Parkverstoßes (§ 3 Abs. 3e ARB 1994 und ARB 2000).

In straßenverkehrsrechtlichen Ordnungswidrigkeitenverfahren ist der Versicherungsschutz darüber hinaus ausgeschlossen, wenn der Versicherte nicht im Besitz einer gültigen Fahrerlaubnis war (z.B. §§ 21 Abs. 6, 22 Abs. 5 ARB 1975; § 6 VVG).

II. Vorschuss

Zu beachten ist, dass auch im Rahmen der Rechtsschutzversicherung ein Anspruch auf **Vorschuss** besteht, der unbedingt geltend gemacht werden sollte, da damit insbesondere nachträgliche Abrechnungsprobleme vermieden werden können.

Dem Anwalt steht ein Vorschuss in Höhe der voraussichtlich anfallenden Gebühren zu. Dazu gehören alle Gebühren, die bei gewöhnlichem Verlauf eines Mandats anfallen können (ausführlich siehe hierzu Rdn 103), die auch für die Eintrittspflicht des Rechtsschutzversicherers gelten.

Der Ansatz einer Mittelgebühr bei Anforderung eines Vorschusses ist auch in straßenverkehrsrechtlichen OWi-Verfahren grundsätzlich angemessen.[6] Ob die Gebühren tatsächlich später auch anfallen, ist unerheblich. Wenn dies nicht der Fall ist, muss der Auftraggeber bzw. der Anwalt zurückzahlen (ausführlich siehe Rdn 54 ff.).

Bei der Abrechnung eines Vorschusses nach § 9 kann der Rechtsanwalt die zusätzliche Gebühr der VV 5115 bereits mit einbeziehen, da deren Entstehen in Bußgeldsachen sehr wahrscheinlich ist.[7]

---

6 AG München AGS 2008, 78 = VRR 2008, 80 = zfs 2008, 106 = RVGreport 2008, 21 = NJW-Spezial 2008, 61; AGS 2005, 213 u. 430 = RVGreport 2005, 381 = RVGprof. 2005, 188 = RVG-B 2005, 180; AG Dieburg zfs 2004, 277 = AGS 2004, 282 = AnwBl 2004, 264; AG Chemnitz AGS 2005, 213 und 431.

7 AG Darmstadt AGS 2006, 612 = zfs 2006, 169 = RVGreport 2007, 60 und 220.

53 Wird gegen den Bußgeldbescheid Einspruch eingelegt, kann auch schon die Verfahrensgebühr für das gerichtliche Verfahren geltend gemacht werden, da erfahrungsgemäß einem Einspruch nicht abgeholfen und die Sache dem Gericht vorgelegt wird.[8]

M. Anhang: Gebührenbemessung in verkehrsrechtlichen Bußgeldsachen

I. Allgemeines

54 Umstritten war, ob in Verkehrsordnungswidrigkeitenverfahren bei der Bemessung der im Einzelfall angemessenen Gebühr nach § 12 Abs. 1 BRAGO (jetzt: § 14 Abs. 1) grundsätzlich von einer unterhalb der Mittelgebühr liegenden Vergütung auszugehen ist. Eine einheitliche Linie war hier in der Rechtsprechung kaum zu finden, da die Entscheidungen fast ausnahmslos von den Amtsgerichten getroffen wurden. Auch die Vielzahl der nicht mehr überschaubaren Entscheidungen gibt keine Klarheit.

55 Auszugehen ist jetzt von der gesetzlichen Regelung, dass die Gebühren in Bußgeldverfahren eigenständig bemessen werden. Durch die Schaffung eigener Gebührentatbestände in VV Teil 5 hat der Gesetzgeber klar zum Ausdruck gebracht, dass die **Vergütung in Bußgeldsachen** eine **eigenständige Bedeutung** haben soll und die Bestimmung der im Einzelfall angemessenen Gebühr sich allein nach der Bedeutung des jeweiligen Bußgeldverfahrens zu richten hat.

56 Offen bleibt allerdings die Frage, ob **straßenverkehrsrechtliche** Bußgeldverfahren gegenüber anderen Bußgeldverfahren grundsätzlich **geringer anzusetzen** sind. Die überwiegende Meinung bejahte dies früher auf der Basis des § 105 BRAGO. Ausgehend von dem Vergleich aller möglichen Bußgeldverfahren mit Sanktionen bis zu 500.000 EUR seien verkehrsrechtliche Verfahren unterdurchschnittlich einzuordnen.[9] Dieser Vergleich der möglichen Sanktionen ist jedoch zu einseitig. Ordnungswidrigkeitenverfahren mit drohenden Bußgeldern in extremer Höhe bilden statistisch die Ausnahme (abgesehen davon, dass in der Praxis in solchen Verfahren ohnehin nur gegen Honorarvereinbarung verteidigt wird). Die statistisch überwiegende Zahl der Ordnungswidrigkeitenverfahren bewegt sich im Bereich bis 250 EUR. Der Höchstbetrag nach § 17 OWiG beläuft sich auf 1.000 EUR. Eine höhere Geldbuße ist nur aufgrund spezieller Gesetze möglich. Bewegt sich der **statistische Durchschnitt** aber im Bereich bis 250 EUR, so muss dies auch im Rahmen des § 14 Abs. 1 berücksichtigt werden. Dass aufgrund einzelner Spezialgesetze erheblich höhere Bußgelder anfallen können, hat keinen Einfluss auf den Durchschnitt. Danach ist in Verkehrssachen also auch grundsätzlich von einer Mittelgebühr auszugehen.[10] Das wiederum bedeutet aber nicht, dass in jedem Bußgeldverfahren die Mittelgebühr angemessen ist. Hier ist vielmehr nach dem jeweiligen Einzelfall zu entscheiden, wie es § 14 Abs. 1 vorsieht. Hinzu kommt, dass der Gesetzgeber jetzt bereits durch drei verschiedene Gebührenrahmen – gestaffelt nach der Höhe des jeweiligen Bußgelds – die Höhe des Gebührenrahmens vorgegeben und damit die Bedeutung der Höhe des Bußgeldes berücksichtigt hat.

57 Das von *Baumgärtel*[11] entwickelte **Punktesystem**, wonach für verschiedene Bemessungskriterien je nach Gewichtung verschieden hohe Punkte vergeben werden und die Summe der einzelnen Punkte dann anschließend mit einem bestimmten Betrag multipliziert wird, dürfte auf die neue Rechtslage kaum noch zu übertragen sein. Dieser Tabelle hatten sich einige Gerichte ausdrücklich angeschlossen.[12] Andere Gerichte hatten die Tabelle ausdrücklich abgelehnt.[13] Auch in den Kommentaren wurde diese Tabelle überwiegend abgelehnt. Der Nachteil der Tabelle liegt darin, dass die Punktezahl je Bemessungskriterium begrenzt ist und im Einzelfall außerordentliche Bemessungsfaktoren einen zu geringen Einfluss auf die Gesamtgebühr haben.

58 Eine andere Berechnungsmethode schlägt *Baldus*[14] vor. Auch dieser Vorschlag wird von der Praxis jedoch bislang nicht aufgegriffen.

---

8 AG München AGS 2005, 430.
9 Siehe insb. LG Bonn JurBüro 1981, 1015.
10 AG Stadtroda RVGprof. 2010, 163; AG Viechtach StraFo 2008, 351 = RVGreport 2008, 338 = VRR 2008, 440.
11 VersR 1978, 582.
12 LG Baden-Baden JurBüro 1980, 95; LG Memmingen JurBüro 1979, 723; LG Nürnberg-Fürth JurBüro 1979, 234; LG Leipzig JurBüro 1993, 540; AGS 2000, 111 m. Anm. *N. Schneider*; LG Freiburg zfs 2001, 471; für das RVG immer noch LG Hof JurBüro 2006, 636; LG Leipzig RVGprof. 2009, 33 = RVGreport 2009, 61 = VRR 2009, 119.
13 LG Tübingen AnwBl 1980, 215; LG Baden-Baden JurBüro 1982, 267; AG Hersbruck AnwBl 1982, 35.
14 DAR 1993, 115.

Zusammenfassend ist also festzuhalten, dass sich eine **einheitliche Linie nicht feststellen** lässt. Die Berufung auf grundsätzliche Erwägungen hilft nicht weiter. Der Anwalt sollte daher bei seiner Abrechnung die gesamten theoretischen Erwägungen außer Acht lassen und sich auf seinen Einzelfall konzentrieren. Die Erfahrung zeigt, dass sich sowohl Mandant als auch Rechtsschutzversicherer und Richter von konkreten einzelfallbezogenen Erwägungen leichter überzeugen lassen als durch eine endlose Zitatenreihe von Gerichtsentscheidungen, denen eine ebenso endlose Zitatenreihe entgegengesetzt werden kann. Begründet der Anwalt seine Bestimmung mit konkreten Tatsachen seines Falles, so kann daran kein Auftraggeber, kein Rechtsschutzversicherer und kein Gericht mit der lapidaren Begründung vorbeikommen, grundsätzlich sei in Verkehrssachen von einem geringeren Gebührenrahmen auszugehen. Erfahrungsgemäß bietet jeder Einzelfall genügend Umstände, die zur Begründung zumindest einer Mittelgebühr, wenn nicht gar zu einer höheren Gebühr, herangezogen werden können. Bietet ein Fall solche Anhaltspunkte nicht, dann ist er eben auch nur unterdurchschnittlich mit der Konsequenz, dass dann auch nur eine unter der Mittelgebühr liegende Vergütung anzusetzen ist.

Bei seiner Bestimmung sollte der Anwalt sich an der Einteilung des § 14 Abs. 1 orientieren und nach Möglichkeit zu jedem der folgenden Aspekte Ausführungen machen:
– Umfang der anwaltlichen Tätigkeit
– Schwierigkeit der anwaltlichen Tätigkeit
– Bedeutung der Angelegenheit
– Einkommensverhältnisse des Auftraggebers
– Vermögensverhältnisse des Auftraggebers sowie
– besonderes Haftungsrisiko.

Die nachfolgende – selbstverständlich nicht abschließende – alphabetische Aufstellung möglicher zu berücksichtigender Kriterien soll dem Anwalt als Arbeitshilfe dienen. Beachten sollte der Anwalt stets, dass es auf alle Umstände ankommt. So kann trotz besonderer Bedeutung eine unterdurchschnittliche Gebühr angemessen sein, wenn Umfang und Schwierigkeit der anwaltlichen Tätigkeit gering und die Vermögensverhältnisse des Auftraggebers bescheiden sind.

Auch bei der Bewertung der einzelnen Kriterien lässt sich keine generelle Aussage treffen. Die Bewertung ist und bleibt ein subjektiver Vorgang, der sich nicht in absolute Maßstäbe zwängen lässt.

Beispiel: Der Verteidiger nimmt an einer Hauptverhandlung teil, die 45 Minuten dauert. Diesen Zeitraum bezeichnet das AG Lahnstein[15] als „eher über dem Durchschnitt liegend" und das AG Köln[16] als „überdurchschnittlich lange". Das LG Wiesbaden[17] wiederum hält dies für eine „relativ kurze Verhandlungsdauer", sogar 55 Minuten sind für das LG München II[18] „nur" unterdurchschnittlich.

II. Bemessung der Gebührenhöhe im Einzelfall

1. Allgemeines

Die nachfolgende – selbstverständlich nicht abschließende – Aufstellung möglicher zu berücksichtigender Kriterien soll als Arbeitshilfe dienen, die maßgeblichen Kriterien des jeweiligen Falles hervorzuheben.

2. Bedeutung der Angelegenheit

Berufliches Fortkommen
– Überschreiten der Mittelgebühr gerechtfertigt: LG Limburg JurBüro 1986, 232.
– Mittelgebühr gerechtfertigt: LG Flensburg JurBüro 1976, 640.

---

15 AnwBl 1978, 35.
16 AnwBl 1982, 267.
17 JurBüro 1977, 1087.
18 JurBüro 1977, 1087.

65 Beruflich auf Fahrerlaubnis angewiesen
– Überschreiten der Mittelgebühr gerechtfertigt: AG Rheinbach AGS 2002, 225 = BRAGOreport 2002, 151 m. Anm. *Loth* und *Apelt* = JurBüro 2002, 469 = zfs 2002, 492 = NZV 2003, 50 m. Anm. *N. Schneider.*
– Mittelgebühr gerechtfertigt: AG Bremen AnwBl 1989, 628; AG Frankfurt zfs 1992, 209; AG Stadtrode zfs 1997, 69; a.A. LG Duisburg JurBüro 1979, 727.

66 Drohende Eintragung im Gewerbezentralregister
– Mittelgebühr gerechtfertigt: AG Düsseldorf zfs 2004, 86.

67 Drohende Eintragung im Verkehrszentralregister
– Mittelgebühr gerechtfertigt: LG Frankfurt JurBüro 1977, 1085; AnwBl 1977, 228; LG Hagen AnwBl 1983, 46; AG Bad Homburg JurBüro 1979, 76; AG Mainz AnwBl 1980, 43; AG Rottweil AnwBl 1984, 274; AG Köln AnwBl 1982, 267; AG Bremen AnwBl 1989, 628; AG Frankfurt zfs 1992, 64; AG Itzehoe zfs 1993, 206; a.A.: LG Bonn JurBüro 1981, 1015; LG Potsdam zfs 2004, 278; AG Pinneberg AGS 2005, 552; AG Frankenthal AGS 2005, 292; LG Wuppertal zfs 2005, 39; AG Bad Segeberg VRR 2010, 240; AG Eilenburg JurBüro 2010, 35
– Überdurchschnittliche Gebühr gerechtfertigt: AG Karlsruhe AGS 2008, 492 (4 Punkte).

68 Drohendes Fahrverbot
– Überschreitung der Mittelgebühr gerechtfertigt: AG Rheinberg zfs 1992, 423; AG Stadtroda zfs 1997, 69; AG München AGS 2009, 178.
– Mittelgebühr gerechtfertigt: OLG Oldenburg AnwBl 1976, 255; AG Frankfurt zfs 1992, 209; AG Frankenthal AGS 2005, 292.

69 Drohende führerscheinrechtliche Konsequenzen
– Überschreitung der Mittelgebühr gerechtfertigt: AG Karlsruhe AGS 2008, 492.

70 Drohende Vollstreckung (i.V.m. Wiedereinsetzungsantrag)
– Mittelgebühr gerechtfertigt: AG Viechtach RVGreport 2005, 420.

71 Höhe der Geldbuße
(Diese Rechtsprechung ist nur noch eingeschränkt zu verwerten, da jetzt je nach Höhe des Bußgeldes drei verschiedene Rahmen vorgegeben sind. Im Rahmen von 40 bis 5.000 EUR dürfte allerdings wiederum die Höhe des jeweiligen Bußgeldes nach § 14 Abs. 1 zu beachten sein.)
– Mittelgebühr gerechtfertigt: LG Köln NJW 1976, 2225 (100 DM); LG Bochum AnwBl 1977, 79 (100 DM); LG Detmold JurBüro 1977, 954 (150 DM); LG Ellwangen AnwBl 1980, 217 (100 DM); AG Lüdenscheid zfs 1996, 392 (40 DM); AG Mainz AnwBl 1980, 43 (50 DM); AG Darmstadt MDR 1997, 407 (30 DM); AG Rendsburg AnwBl 1997, 180 (80 DM); AG Pinneberg AGS 2005, 552 (75 EUR); AG Viechtach RVGreport 2005, 420 (50 EUR); LG Wuppertal zfs 2005, 39 (40 EUR); AG Bad Segeberg VRR 2010, 240 (60 EUR); AG Eilenburg JurBüro 2010, 35 (60 EUR); LG Weiden Verkehrsrecht aktuell 2007, 134 (15 EUR – Grundgebühr unterdurchschnittlich, Verfahrens- und Terminsgebühr: Mittelgebühr); AG Eilenburg JurBüro 2010, 34 = AGS 2010, 74 = RVGprof. 2009, 204 = RVGreport 2010, 60 (40 EUR).
– Mittelgebühr nicht gerechtfertigt: AG Andernach 2030 Js 16972/09.2 OWi (50 EUR); AG Lüdinghausen StRR 2008, 3 = RVGprof. 2008, 54 = VRR 2008, 119 (15 EUR).

72 Mehrere Ordnungswidrigkeiten liegen dem Bußgeldverfahren zugrunde
– Mittelgebühr gerechtfertigt: AG Köln AnwBl 1982, 267.

73 Nachschulung droht bei Führerscheinneuling
– Mittelgebühr gerechtfertigt: AG Düsseldorf zfs 1996, 231.

74 Persönlich auf Fahrerlaubnis angewiesen
– Mittelgebühr gerechtfertigt: AG Stadtroda zfs 1997, 69 (Schwerbehinderter).

75 Präjudiz für die nachfolgende zivilrechtliche Regulierung
– Mittelgebühr gerechtfertigt: LG Hagen AnwBl 1980, 216; 1983, 46; AG Itzehoe zfs 1993, 207; AG Arnsberg zfs 1993, 243; a.A. LG Kiel JurBüro 1984, 1193.

Präjudiz für nachfolgende oder bereits anhängige verwaltungsrechtliche Eignungsprüfung	76
Sachschaden, Höhe	77

– Mittelgebühr gerechtfertigt: AG Itzehoe JurBüro 1987, 1787.

Soziales Ansehen   78

– Mittelgebühr gerechtfertigt: LG Kaiserslautern AnwBl 1964, 289.

Unfall als Folge der Ordnungswidrigkeit   79

– Mittelgebühr gerechtfertigt: LG Hagen AnwBl 1983, 46; AG Itzehoe JurBüro 1987, 1787; AG Arnsberg zfs 1993, 243.

Voreintragungen im Verkehrszentralregister   80

– Mittelgebühr gerechtfertigt: LG Lahnstein JurBüro 1979, 1719; LG Krefeld AnwBl 1981, 207; AG Bad Homburg JurBüro 1979, 76; AG Duisburg AnwBl 1982, 215; AG Köln AnwBl 1982, 267; a.A. LG Bayreuth JurBüro 1987, 1858.

3. Umfang und Schwierigkeit der anwaltlichen Tätigkeit

Aktenumfang   81

– Mittelgebühr gerechtfertigt LG Koblenz zfs 2004, 332 (47 Seiten bis zur Hauptverhandlung).
– Mittelgebühr nicht gerechtfertigt: AG Andernach 2030 Js 16972/09.2 OWi (68 Seiten).

Anträge auf gerichtliche Entscheidung   82

Ausführliche Stellungnahme des Verteidigers   83

– Mittelgebühr gerechtfertigt: AG Frankfurt zfs 1992, 64; AG Darmstadt MDR 1997, 407.

Auswertung von Unfallgutachten   84

Besonderer Aufwand zu Erlangung einer Kostenentscheidung   85

– AG Gießen JurBüro 1990, 881; LG Köln BRAGOreport 2001, 74 = JurBüro 2001, 195 = KostRsp. BRAGO § 105 Nr. 60 m. Anm. *N. Schneider.*

Besprechungen mit dem Mandanten, mehrere   86

– Mittelgebühr gerechtfertigt: AG Darmstadt MDR 1997, 407.

Beweisanträge   87

– Mittelgebühr gerechtfertigt: AG Stadtroda zfs 1997, 68.

Beweiswürdigung bei widersprechenden Zeugendarstellungen   88

– Mittelgebühr gerechtfertigt: AG Köln AnwBl 1982, 267.

Dauer der Hauptverhandlung   89

– Mittelgebühr gerechtfertigt: LG Oldenburg AnwBl 1976, 255 (105 Min.); LG Lahnstein JurBüro 1977, 1719; LG Bochum AnwBl 1977, 79 (10 Min.); LG Hagen JurBüro 1980, 887 = AnwBl 1980, 216 (50 Min.); LG Tübingen AnwBl 1980, 215 (90 Min.); LG Koblenz zfs 1992, 134 (16 Min./23 Min./27 Min.); AG Lahnstein AnwBl 1978, 35 (45 Min.); AG Mainz AnwBl 1980, 43; AG Köln AnwBl 1982, 267 (45 Min.); AG Rottweil AnwBl 1984, 274; AG Stadtroda zfs 1997, 68 (20 bis 30 Min.); LG Koblenz zfs 2004, 332 (40 Min.); LG Hildesheim zfs 2004, 376 (1 Stunde und 10 Min.).

Dauer des gesamten Verfahrens   90

– Mittelgebühr gerechtfertigt: LG Detmold JurBüro 1977, 954; a.A. LG Flensburg JurBüro 1978, 250.

Dienstaufsichtsbeschwerde   91

– LG Köln BRAGOreport 2001, 74.

92 Mehrere Verkehrsverstöße
93 Ortsbesichtigung des Anwalts zur Vorbereitung der Verteidigung
   – Mittelgebühr gerechtfertigt: AG Duisburg AnwBl 1982, 215; AG Darmstadt MDR 1997, 407.
94 Verwertung eines Sachverständigengutachtens
   – Mittelgebühr gerechtfertigt: LG Koblenz zfs 1992, 134; AG Stadtroda zfs 1997, 68; AG Dessau-Roßlau JurBüro 2009, 427.
95 Vorbereitung der Hauptverhandlung
   – Mittelgebühr gerechtfertigt: AG Dessau-Roßlau JurBüro 2009, 427 (Vorbreitung auf Härtefallklausel und Verwertung eines Gutachtens).
96 Schwierige Rechtsmaterie
   – LG Koblenz zfs 2004, 332 (Gefahrgutverordnung); LG Bonn AGS 2004, 116 (Verjährungsproblematik); AG Viechtach RVGreport 2005, 420 (Rechtsfragen im Zusammenhang mit der Zustellung).
97 Wartezeiten vor dem Termin
98 Wiedereinsetzungsantrag
   – Mittelgebühr gerechtfertigt: AG Viechtach RVGreport 2005, 420.
   – Mittelgebühr nicht gerechtfertigt: AG Saarbrücken JurBüro 1984, 1039.
99 Zahlreiche Zeugenanhörungen
   – Mittelgebühr gerechtfertigt: LG Oldenburg AnwBl 1976, 255 (4 Zeugen); LG Detmold JurBüro 1977, 954; LG Hagen AnwBl 1980, 216 (4 Zeugen); LG Koblenz zfs 1992, 135 (2 Zeugen); AG Lahnstein JurBüro 1977, 1719 (2 Zeugen); AG Köln AnwBl 1982, 267 (3 Zeugen); AG Rottweil AnwBl 1984, 274 (2 Zeugen); LG Hildesheim zfs 2004, 376 (3 Zeugen); LG Wuppertal zfs 2005, 39 (1 Zeuge).

4. Einkommens- und Vermögensverhältnisse des Auftraggebers

100 Durchschnittliche Einkommens-, Vermögensverhältnisse des Auftraggebers
   – Mittelgebühr gerechtfertigt: LG Kaiserslautern AnwBl 1964, 289; LG Münster AnwBl 1976, 253; LG Oldenburg AnwBl 1976, 255; LG Frankfurt JurBüro 1977, 1085; LG Hagen AnwBl JurBüro 1980, 887 = AnwBl 1980, 216; 1983, 46; LG Tübingen AnwBl 1980, 215; AG Lahnstein JurBüro 1977, 1719 = AnwBl 1978, 35; AG Kiel JurBüro 1987, 1786; AG Bremen AnwBl 1989, 628
   – Überdurchschnittliche Gebühr gerechtfertigt bei deutlich überdurchschnittlichen Einkommens- und Vermögensverhältnissen: AG München AGS 2009, 178 (50 % Aufschlag auf Mittelgebühr).
101 Rechtsschutzversicherung, Bestehen
   – Mittelgebühr gerechtfertigt: LG Kaiserslautern AnwBl 1964, 289; a.A. AG Bonn JurBüro 1981, 1051.

5. Besonderes Haftungsrisiko des Anwalts

102 Rechtsprechung hierzu existiert bisher nicht, da dieses Kriterium jetzt erst neu in § 14 Abs. 1 eingeführt worden ist. Auch dieses Kriterium wird zukünftig aber zu beachten sein.

III. Vorschuss

103 Wird ein Vorschuss geltend gemacht, ist grundsätzlich die Mittelgebühr angemessen.[19] Da es nicht um eine Abrechnung geht, sind die Kriterien des § 14 Abs. 1 nur bedingt einschlägig. Die Angemes-

---

19 AG München AGS 2008, 78 = VRR 2008, 80 = zfs 2008, 106 = RVGreport 2008, 21 = NJW-Spezial 2008, 61; AGS 2005, 213 u. 430 = RVGreport 2005, 381 = RVGprof. 2005, 188 = RVG-B 2005, 180; AG Dieburg zfs 2004, 277 = AGS 2004, 282 = AnwBl 2004, 264; AG Chemnitz AGS 2005, 213 und 431.

senheit eines Vorschusses bestimmt der Rechtsanwalt nach billigem Ermessen. Er hat sich daran zu orientieren, welche Gebühren voraussichtlich anfallen werden. Insoweit ist der Ansatz einer Mittelgebühr in Bußgeldsachen grundsätzlich angemessen. Die Anforderung eines Vorschusses dient der Sicherung. Von daher darf der Anwalt durchaus ohne weiteres die Mittelgebühr abrechnen, auch wenn bei Anforderung des Vorschusses die bis dahin geleistete Tätigkeit noch nicht eine Mittelgebühr rechtfertigen würde. Zu Beginn eines Mandates ist nie vorherzusehen, wie sich dieses entwickelt. Von daher kann die Anforderung der Mittelgebühr keinesfalls unangemessen sein. Der Vorschuss zudem dient nicht nur, wie der Wortlaut des § 9 klarstellt, der Sicherung der bereits entstandenen Gebühren, sondern auch der voraussichtlich entstehenden Gebühren. In der Regel ist die Anforderung des mittleren Gesamtbetrages aller entstandenen und voraussichtlich noch nicht entstehenden Gebühren und Auslagen angemessen. Das Vorschussverlangen dient nämlich in der Höhe der gesamten Vergütung der Sicherungs- und Vorleistungsinteressen des Rechtsanwalts.[20] Im Übrigen ist der Auftraggeber auch nicht schutzlos gestellt. Nach Beendigung des Mandats hat der Unterzeichner die Sache abzurechnen und nach § 10 insbesondere auch die erhaltenen Vorschüsse zu verrechnen.

Bei der Abrechnung eines Vorschusses nach § 9 kann der Rechtsanwalt die zusätzliche Gebühr der VV 5115 bereits mit einbeziehen, da deren Entstehen in Bußgeldsachen sehr wahrscheinlich ist.[21]

Der Verteidiger kann dabei schon im vorbereitenden Verfahren einen Vorschuss auf die Verfahrensgebühr des gerichtlichen Verfahrens verlangen.[22] Da in Bußgeldsachen das Verfahren nach Einspruch nur in ganz seltenen Fällen doch noch eingestellt oder der Bußgeldbescheid zurückgenommen wird, ist das gerichtliche Verfahren der Regelfall, so dass damit „voraussichtlich" immer auch die Verfahrensgebühr im gerichtlichen Verfahren anfällt.[23]

Nr.	Gebührentatbestand	Gebühr oder Satz der Gebühr nach § 13 oder § 49 RVG	
		Wahlanwalt	gerichtlich bestellter oder beigeordneter Rechtsanwalt

Vorbemerkung 5:
(1) Für die Tätigkeit als Beistand oder Vertreter eines Einziehungs- oder Nebenbeteiligten, eines Zeugen oder eines Sachverständigen in einem Verfahren, für das sich die Gebühren nach diesem Teil bestimmen, entstehen die gleichen Gebühren wie für einen Verteidiger in diesem Verfahren.
(2) Die Verfahrensgebühr entsteht für das Betreiben des Geschäfts einschließlich der Information.
(3) Die Terminsgebühr entsteht für die Teilnahme an gerichtlichen Terminen, soweit nichts anderes bestimmt ist. Der Rechtsanwalt erhält die Terminsgebühr auch, wenn er zu einem anberaumten Termin erscheint, dieser aber aus Gründen, die er nicht zu vertreten hat, nicht stattfindet. Dies gilt nicht, wenn er rechtzeitig von der Aufhebung oder Verlegung des Termins in Kenntnis gesetzt worden ist.
(4) Für folgende Tätigkeiten entstehen Gebühren nach den Vorschriften des Teils 3:
1. für das Verfahren über die Erinnerung oder die Beschwerde gegen einen Kostenfestsetzungsbeschluss, für das Verfahren über die Erinnerung gegen den Kostenansatz, für das Verfahren über die Beschwerde gegen die Entscheidung über diese Erinnerung und für Verfahren über den Antrag auf gerichtliche Entscheidung gegen einen Kostenfestsetzungsbescheid und den Ansatz der Gebühren und Auslagen (§ 108 OWiG), dabei steht das Verfahren über den Antrag auf gerichtliche Entscheidung dem Verfahren über die Erinnerung oder die Beschwerde gegen einen Kostenfestsetzungsbeschluss gleich,
2. in der Zwangsvollstreckung aus Entscheidungen, die über die Erstattung von Kosten ergangen sind, und für das Beschwerdeverfahren gegen die gerichtliche Entscheidung nach Nummer 1.

---

20 Hartung/*Römermann*, RVG, § 9 Rn 32.
21 AG Darmstadt AGS 2006, 612 = zfs 2006, 169 = RVGreport 2007, 60 und 220.
22 AG München AGS 2005, 430.
23 AG München AGS 2005, 430.

| A. Vertreter eines anderen Beteiligten (Abs. 1) 1
| B. Verfahrensgebühr (Abs. 2) 2
| C. Terminsgebühr (Abs. 3) 4
| D. Erinnerung und Beschwerde gegen die Kostenfestsetzung oder den Kostenansatz (Abs. 4 Nr. 1, 1. Alt.) 5
| E. Anträge auf gerichtliche Entscheidung gegen einen Kostenfestsetzungs- oder Kostenbescheid der Verwaltungsbehörde (Abs. 4 Nr. 1, 2. Alt.) 9
| F. Zwangsvollstreckung (Abs. 4 Nr. 2, 1. Alt.) .. 12
| G. Beschwerden gegen gerichtliche Entscheidungen nach Nr. 1 (Abs. 4 Nr. 2, 2. Var.) 13

A. Vertreter eines anderen Beteiligten (Abs. 1)

1 Die Gebühren nach VV Teil 5 sind auf den Verteidiger zugeschnitten. Sie gelten jedoch auch für die anwaltliche Tätigkeit als Beistand eines **Zeugen oder Sachverständigen**. Der damit befasste Anwalt erhält die gleichen Gebühren wie ein Verteidiger.

B. Verfahrensgebühr (Abs. 2)

2 Vorgesehen ist in den einzelnen Verfahrensabschnitten nach VV Teil 5 zunächst einmal eine Verfahrensgebühr. Diese entsteht für das Betreiben des Geschäfts und deckt sämtliche Tätigkeiten im jeweiligen Verfahrensstadium ab, sofern keine gesonderten Gebühren entstehen. Wie auch in den anderen Teilen des VV entsteht die Gebühr bereits mit der Entgegennahme der Information.

3 Die Verfahrensgebühr entsteht mit der ersten Tätigkeit und zwar gegebenenfalls neben einer Grundgebühr, wie VV 5100 jetzt klarstellt (siehe VV 5100 Rdn 11 ff.).

C. Terminsgebühr (Abs. 3)

4 Neben der Verfahrensgebühr erhält der Anwalt in Bußgeldsachen eine Terminsgebühr für jeden Kalendertag, an dem ein Termin stattfindet. Im Gegensatz zu den Strafsachen unterscheiden die Bußgeldsachen nicht zwischen Hauptverhandlungsterminen und sonstigen Terminen. Soweit der Anwalt für die Teilnahme an gerichtlichen Terminen außerhalb der Hauptverhandlung eine Gebühr erhält, richtet sich diese nach demselben Gebührenrahmen wie die Terminsgebühr für die Hauptverhandlung. Auch in Bußgeldsachen gilt, dass der Anwalt eine Terminsgebühr erhält, wenn er zum Termin erscheint, der Termin aber aus Gründen aufgehoben worden ist, die der Anwalt nicht zu vertreten hat (sog. geplatzter Termin; siehe VV Vorb. 5 Abs. 3 S. 2 u. 3).

D. Erinnerung und Beschwerde gegen die Kostenfestsetzung oder den Kostenansatz (Abs. 4 Nr. 1, 1. Alt.)

5 Wie früher (§ 105 Abs. 1 i.V.m. § 96 BRAGO) bestimmt nunmehr Abs. 4 Nr. 1 und 2, dass die **Vorschriften des VV Teil 3** gelten für Verfahren über:
– die **Erinnerung oder Beschwerde gegen einen Kostenfestsetzungsbeschluss**
– die **Erinnerung gegen den Kostenansatz**.

6 Anzuwenden sind die VV 3500, 3513. Die jeweiligen Verfahren gelten nach § 18 Abs. 1 Nr. 3 als gesonderte Angelegenheiten, wobei gegebenenfalls mehrere Verfahren nach § 16 Nr. 10 zu einer Angelegenheit zusammengefasst werden.

7 In Bußgeldsachen entscheidet nur in gerichtlichen Verfahren der Rechtspfleger über einen Kostenfestsetzungsantrag (§ 46 Abs. 1 OWiG, § 464b S. 3 StPO, § 21 Nr. 1 RpflG). Dagegen entscheidet bei der Staatsanwaltschaft der Urkundsbeamte der Geschäftsstelle (§ 108a Abs. 3 OWiG). Gegen dessen Entscheidung ist die Erinnerung gegeben (§ 108 Abs. 3 S. 2 OWiG). Nach dem bisherigen Wortlaut der VV Vorb. 4 Abs. 5 Nr. 1 hätte diese Erinnerung keine gesonderte Vergütung ausgelöst, weil es sich nicht um eine Erinnerung gegen eine Entscheidung des „Rechtpflegers" gehandelt hat. Die Rechtsprechung hat dieses Problem – im Gegensatz zu der vergleichbaren Situation in verwaltungsgerichtlichen oder sozialgerichtlichen Verfahren – zum Teil gar nicht gesehen oder sich stillschweigend mit einer analogen Anwendung des § 18 Abs. 1 Nr. 3 und der VV 3500 beholfen.

Nach der Neufassung des § 18 Abs. 1 Nr. 3 (siehe § 18 Rdn 10) ist die Frage jetzt geklärt, da alle Erinnerungen gegen einen Kostenfestsetzungsbeschluss erfasst werden und zwar auch, wenn die angegriffene Entscheidung vom Urkundsbeamten der Geschäftsstelle stammt.

> **Beispiel:** Im Zwischenverfahren nach § 69 OWiG stellt die Staatsanwaltschaft das Verfahren ein und spricht aus, dass dem Betroffenen seine notwendigen Auslagen zu erstatten sind (§ 108a Abs. 1 OWiG i.V.m. § 467a StPO). Auf den Festsetzungsantrag hin setzt der Urkundsbeamte der Geschäftsstelle bei der Staatsanwaltschaft gem. § 106 OWiG von den mit 800 EUR angemeldeten außergerichtlichen Kosten des Betroffenen lediglich einen Betrag i.H.v. 700 EUR fest. Hiergegen legt der Verteidiger gem. § 108a Abs. 3 OWiG Erinnerung ein.
> Der Anwalt erhält nach VV Vorb. 5 Abs. 4 Nr. 1 i.V.m. § 18 Abs. 1 Nr. 3 die Gebühr nach VV 3500.

E. Anträge auf gerichtliche Entscheidung gegen einen Kostenfestsetzungs- oder Kostenbescheid der Verwaltungsbehörde (Abs. 4 Nr. 1, 2. Alt.)

Soweit die Verwaltungsbehörde das Verfahren einstellt und eine Kostenerstattung anordnet, entscheidet ein dortiger Verwaltungsangestellter der Verwaltungsbehörde über die **Kostenfestsetzung** (§ 106 Abs. 1 OWiG). Gegen dessen Festsetzungsentscheidung ist nicht die Erinnerung, sondern der Antrag auf gerichtliche Entscheidung gegeben (§§ 108, 62 OWiG). Die Entscheidung des Gerichts ist mit der Beschwerde anfechtbar (§ 108 Abs. 1 S. 2, 2. Hs. OWiG).

Ebenso kann der Betroffene gegen den **Ansatz der Kosten** bei der Verwaltungsbehörde (§ 107 OWiG) nach § 62 OWiG Antrag auf gerichtliche Entscheidung zum erstinstanzlichen Gericht (§ 68 OWiG) stellen. Diese Entscheidung des Gerichts unanfechtbar (§ 62 Abs. 2 S. 2 OWiG).

Nach dem früheren Wortlaut der VV Vorb. 5 Abs. 4 Nr. 1 hätte ein solcher Antrag keine gesonderte Vergütung ausgelöst, weil es sich weder um eine Erinnerung handelt, noch die Entscheidung eines „Rechtspflegers" angegriffen wird. Selbst wenn man eine eigene Angelegenheit angenommen hätte, hätte man nach dem Wortlaut des Gesetzes nicht zu einer 0,5-Verfahrensgebühr nach VV 3500 gelangen können, sondern hätte eine 1,3-Verfahrensgebühr nach VV 3100 annehmen müssen.[1] In der Kommentarliteratur ist das Problem weitgehend gar nicht gesehen worden. Soweit sie sich damit beschäftigt hat, wurde die entsprechende Anwendung der VV Vorb. 5 Abs. 4 Nr. 1 i.V.m. § 18 Abs. 1 Nr. 3 und VV 3500 befürwortet. Diese Lösung wird nunmehr gesetzlich geregelt.

> **Beispiel:** Nach Rücknahme des Bußgeldbescheids durch die Verwaltungsbehörde wird angeordnet, dass dem Betroffenen seine notwendigen Auslagen zu erstatten sind (§ 105 OWiG i.V.m. § 467a StPO). Auf den Festsetzungsantrag hin setzt die Verwaltungsbehörde gem. § 106 OWiG von den mit 400 EUR angemeldeten Kosten lediglich einen Betrag i.H.v. 250 EUR fest. Hiergegen stellt der Verteidiger Antrag auf gerichtliche Entscheidung gem. §§ 108 Abs. 1, 62 OWiG.
> Der Anwalt erhält nach VV Vorb. 5 Abs. 4 Nr. 1 i.V.m. § 18 Abs. 1 Nr. 3 die Gebühr nach VV 3500.
>
> | | | |
> |---|---:|---:|
> | 1. 0,5-Verfahrensgebühr, VV 3500 (Wert: 150,00 EUR) | | 22,50 EUR |
> | 2. Postentgeltpauschale, VV 7002 | | 4,50 EUR |
> | Zwischensumme | 27,00 EUR | |
> | 3. 19 % Umsatzsteuer, VV 7008 | | 5,13 EUR |
> | **Gesamt** | | **32,13 EUR** |

---

[1] So AG Dresden AGS 2010, 431 m. abl. Anm. *N. Schneider;* AG Viechtach AGS 2012, 467; AG Gießen AGS 2012, 466 = DAR 2012, 494.

F. Zwangsvollstreckung (Abs. 4 Nr. 2, 1. Alt.)

12 Darüber hinaus ist in Abs. 4 Nr. 2 geregelt, dass für die **Zwangsvollstreckung** aus Entscheidungen, die über die Erstattung von Kosten ergangen sind, ebenfalls die Gebühren nach VV Teil 3 anzuwenden sind, also die VV 3309 ff. Es gilt insoweit dann auch § 18 Abs. 1 Nr. 1.

G. Beschwerden gegen gerichtliche Entscheidungen nach Nr. 1 (Abs. 4 Nr. 2, 2. Var.)

13 Ebenfalls nach VV Teil 3, also nach den §§ 18 Abs. 1 Nr. 3, 16 Nr. 10, VV 3500 richtet sich die Vergütung in einem Verfahren über eine Beschwerde gegen eine gerichtliche Entscheidung nach Nr. 1.

14 Da eine gerichtliche Entscheidung über den Kostenansatz nach §§ 108 Abs. 1 Nr. 1 und 3, 62 Abs. 2 OWiG unanfechtbar ist (§ 62 Abs. 2 S. 2 OWiG), hat VV Vorb. 4 Abs. 5 Nr. 2, 2. Alt. nur Bedeutung für Beschwerden gegen gerichtliche Entscheidungen nach §§ 108 Abs. 1 Nr. 1 und 3, 62 OWiG im Rahmen der Kostenfestsetzung.

Abschnitt 1. Gebühren des Verteidigers

Vorbemerkung zu VV 5100 ff.

1 Die in Abschnitt 1 geregelten Gebühren des Verteidigers in Bußgeldsachen sind in **fünf Unterabschnitte** aufgeteilt. Geregelt werden in
 – Unterabschnitt 1: Allgemeine Gebühr
 – Unterabschnitt 2: Gebühren im Verfahren vor der Verwaltungsbehörde
 – Unterabschnitt 3: Gebühren im erstinstanzlichen gerichtliche Verfahren
 – Unterabschnitt 4: Gebühren im Verfahren über die Rechtsbeschwerde und
 – Unterabschnitt 5: Zusätzliche Gebühren.

2 Ebenso wie in Strafsachen sind die Gebühren in Bußgeldsachen je nach Verfahrensstadium in verschiedene Angelegenheiten aufgeteilt. Zu unterscheiden sind:
 – das **Verfahren vor der Verwaltungsbehörde** (§ 17 Nr. 11),
 – das **erstinstanzliche gerichtliche Verfahren** (§ 17 Nr. 11),
 – das Verfahren über die **Rechtsbeschwerde** einschließlich des Verfahrens auf **Zulassung der Rechtsbeschwerde** (§ 16 Nr. 11),
 – das **Verfahren nach Zurückverweisung** (§ 21 Abs. 1) und
 – das **Wiederaufnahmeverfahren**.
In jeder dieser Angelegenheiten kann der Anwalt die Vergütung gesondert verdienen, insbesondere auch eine gesonderte Postentgeltpauschale nach VV 7002.

3 In Unterabschnitt 5 sind **zusätzliche Gebühren** geregelt, die in allen Verfahrensabschnitten anfallen können (früher: §§ 84 Abs. 2 und 89 BRAGO).

4 Innerhalb des Verfahrens vor der Verwaltungsbehörde und des gerichtlichen Verfahrens vor dem Amtsgericht sind die Gebühren **gestaffelt je nach Höhe des Bußgeldes**. Nebenfolgen, wie etwa ein Fahrverbot, Einziehungsmaßnahmen o.Ä., spielen für die Höhe des Gebührenrahmens dagegen keine Rolle, sondern nur für die Bestimmung der Gebühr im Einzelfall (§ 14 Abs. 1). Daraus, dass es sich bei Bußgeldsachen nunmehr um eigene Angelegenheiten handelt und ein eigener Gebührenrahmen vorgesehen ist, ist also auch hier grundsätzlich von der Mittelgebühr auszugehen, zumal auch noch hinsichtlich der Höhe des Bußgeldes gestaffelte Gebühren vorgesehen sind. Die umfangreiche bisherige Rechtsprechung zur Höhe der Verteidigergebühren in Bußgeldsachen kann daher nur noch unter Vorbehalt verwertet werden.

5 Hinzu kommt, dass durch das veränderte Gebührensystem die Bemessungskriterien anders zu handhaben sind. Während früher durch die Hauptverhandlungsgebühr sämtliche Tätigkeiten abgegolten

wurden, entsteht nach dem RVG u.a. eine bis dahin nicht vorgesehene Grundgebühr, die die Einarbeitung abgilt. Daneben werden jetzt auch Termine außerhalb der Hauptverhandlung gesondert vergütet. Solche Tätigkeiten, die jetzt durch gesonderte Gebühren abgegolten werden, können im Übrigen grundsätzlich nicht zur Begründung einer höheren Gebühr herangezogen werden, wie dies bisher nach der BRAGO der Fall war.

Da die Höhe des Bußgeldes bereits bei der Bestimmung des maßgeblichen Gebührenrahmens berücksichtigt wird, hat dieses Kriterium für die Bestimmung der einzelnen Gebühr grundsätzlich keine Bedeutung mehr. So sind insbesondere Bagatellfälle jetzt bereits durch einen geringen Gebührenrahmen ausgegrenzt und dürfen daher nicht nochmals im Rahmen des § 14 Abs. 1 mindernd berücksichtigt werden. 6

Nr.	Gebührentatbestand	Gebühr oder Satz der Gebühr nach § 13 oder § 49 RVG	
		Wahlanwalt	gerichtlich bestellter oder beigeordneter Rechtsanwalt

Vorbemerkung 5.1:
(1) Durch die Gebühren wird die gesamte Tätigkeit als Verteidiger entgolten.
(2) Hängt die Höhe der Gebühren von der Höhe der Geldbuße ab, ist die zum Zeitpunkt des Entstehens der Gebühr zuletzt festgesetzte Geldbuße maßgebend. Ist eine Geldbuße nicht festgesetzt, richtet sich die Höhe der Gebühren im Verfahren vor der Verwaltungsbehörde nach dem mittleren Betrag der in der Bußgeldvorschrift angedrohten Geldbuße. Sind in einer Rechtsvorschrift Regelsätze bestimmt, sind diese maßgebend. Mehrere Geldbußen sind zusammenzurechnen.

A. Abgeltungsbereich (Abs. 1) 1   B. Staffelung der Gebührenrahmen (Abs. 2) .. 2

A. Abgeltungsbereich (Abs. 1)

Die Vorschrift des Abs. 1 entspricht der Regelung der VV Vorb. 4.1 Abs. 2. Wegen Einzelheiten wird auf die dortige Kommentierung verwiesen. Insbesondere gilt auch hier § 19 Abs. 1 S. 2 Nr. 10. Das Einlegen der Rechtsbeschwerde gehört für den vorbefassten Verteidiger zum amtsgerichtlichen Verfahren, bzw. im Falle des § 83 GWB zum Verfahren vor dem OLG. 1

B. Staffelung der Gebührenrahmen (Abs. 2)

In Bußgeldsachen ist eine Staffelung der Gebührenrahmen vorgesehen. Im vorbereitenden Verfahren sowie im gerichtlichen Verfahren sind jeweils drei Gebührenrahmen vorgesehen, je nach Höhe des Bußgeldes (unter 60 EUR/60 EUR bis 5.000 EUR/über 5.000 EUR). Durch die Höhe des angedrohten oder verhängten Bußgeldes ist also bereits ein geringerer oder höherer Gebührenrahmen vorgegeben. Lediglich für die Grundgebühr (VV 5100) und für das Rechtsbeschwerdeverfahren einschließlich des Verfahrens auf Zulassung der Rechtsbeschwerde (VV 5115, 5114) ist eine Staffelung nicht vorgesehen. 2

Die Höhe der jeweiligen Gebührenrahmen ist in den einzelnen Unterabschnitten geregelt. Ergänzend hierzu ist in Abs. 2 geregelt, wie die Höhe des Bußgeldes, das für die Bestimmung des Gebührenrahmens maßgebend ist, zu ermitteln ist. Die Vorschrift des Abs. 2 zur Staffelung der Gebühren ist schwer verständlich. Es gilt Folgendes: 3

(1) Ist bei Beauftragung des Verteidigers bereits ein Bußgeld festgesetzt, so richtet sich der Gebührenrahmen nach der Höhe dieses Bußgeldes.

(2) Ist bei Beauftragung des Verteidigers ein Bußgeld noch nicht festgesetzt, richtet sich die Höhe des Gebührenrahmens nach
– dem Regelsatz, wenn ein solcher vorgesehen ist (etwa nach der BKatV in Straßenverkehrssachen),

– ansonsten nach dem mittleren Betrag des in der Bußgeldvorschrift vorgesehenen Bußgeldrahmens. Dieser mittlere Betrag errechnet sich nach der Formel

Mindestbetrag + Höchstbetrag / 2

Der letztlich festgesetzte Betrag ist hier irrelevant. Er hat erst Bedeutung für das anschließende gerichtliche Verfahren.

> **Beispiel:** Der Anwalt wird im Verfahren vor der Verwaltungsbehörde als Verteidiger tätig. Die vorgeworfene Tat ist mit einem Bußgeld von 20 bis 100 EUR bedroht.
> Es gilt VV Vorb. 5.1 Abs. 2 S. 2. Das mittlere Bußgeld ist maßgebend, also
> (20,00 EUR + 100,00 EUR) : 2 = 60,00 EUR

4 Die in der konkreten Bußgeldvorschrift angedrohte Geldbuße ist auch dann zugrunde zu legen, wenn bei Auftragserteilung eine Geldbuße noch nicht festgesetzt ist und später auch gar nicht mehr festgesetzt wird, sondern lediglich eine Verwarnung ausgesprochen wird.[1]

> **Beispiel:** Der Anwalt wird im Verfahren vor der Verwaltungsbehörde als Verteidiger tätig. Die vorgeworfene Tat ist mit einem Bußgeld von 60 EUR bedroht. Später ergeht nur eine Verwarnung.
> Es gilt VV Vorb. 5.1 Abs. 2 S. 2. Die drohende Geldbuße von 60 EUR ist maßgebend.

5 Wird wegen mehrerer Ordnungswidrigkeiten ermittelt, gilt Abs. 2 S. 3: Mehrere Geldbußen sind zusammenzurechnen. Dabei darf allerdings nicht ohne weiteres addiert werden. Zu unterscheiden ist vielmehr, ob die Geldbußen tateinheitlich oder tatmehrheitlich drohen.

– Hat der Betroffene **mehrere Bußgeldtatbestände tateinheitlich** verwirklicht, so ist auf den höchsten Bußgeldtatbestand abzustellen (§ 19 Abs. 2 OWiG).
– Sind mehrere Bußgeldtatbestände in **Tatmehrheit** verwirklicht, so sind die einzelnen Geldbußen zu addieren (§ 20 Abs. 1 OWiG).[2]

Darauf, welches Bußgeld letztlich verhängt wird, kommt es auch hier nicht an (siehe Rdn 3).[3]

> **Beispiel:** Die Verwaltungsbehörde ermittelt wegen insgesamt zwei tatmehrheitlichen Verstößen gegen die Straßenverkehrszulassungsordnung. Jeder Verstoß würde für sich genommen zu einem Bußgeld von 30 EUR führen, also insgesamt 60 EUR.
> Damit ist der Gebührenrahmen der Stufe von 60 EUR bis 5.000 EUR gegeben, und zwar unabhängig davon, ob wegen aller Vorwürfe auch ein Bußgeldbescheid ergeht.

> **Beispiel:** Dem Betroffenen werden tateinheitlich drei Taten vorgeworfen, die mit jeweils 30 EUR bedroht sind.
> Es gilt VV Vorb. 5.1 Abs. 2 S. 3. Maßgebend ist die Androhung von 30 EUR (Gebührenrahmen bis 60 EUR). Nach § 20 Abs. 1 OWiG darf kein höheres Bußgeld als 30 EUR verhängt werden. Es gelten also die VV 5102, 5103.

6 Sonstige Folgen eines Bußgeldbescheides, etwa ein Fahrverbot o.Ä., werden bei der Bestimmung des Gebührenrahmens nicht berücksichtigt. Solche Kriterien können lediglich im Rahmen des § 14 Abs. 1 erhöhend berücksichtigt werden.

---

[1] AG Stuttgart AGS 2009, 547 = VRR 2008, 400 = NJW-Spezial 2008, 731 = RVGreport 2008, 430.
[2] *Burhoff*, RVG, VV Vorb. 5.1 Rn 20.
[3] *Burhoff*, RVG, VV Vorb. 5.1 Rn 19.

Abschnitt 1. Gebühren des Verteidigers

Unterabschnitt 1. Allgemeine Gebühr

Nr.	Gebührentatbestand	Gebühr oder Satz der Gebühr nach § 13 oder § 49 RVG	
		Wahlanwalt	gerichtlich bestellter oder beigeordneter Rechtsanwalt
5100	Grundgebühr .... (1) Die Gebühr entsteht neben der Verfahrensgebühr für die erstmalige Einarbeitung in den Rechtsfall nur einmal, unabhängig davon, in welchem Verfahrensabschnitt sie erfolgt. (2) Die Gebühr entsteht nicht, wenn in einem vorangegangenen Strafverfahren für dieselbe Handlung oder Tat die Gebühr 4100 entstanden ist.	30,00 bis 170,00 €	80,00 €

Literatur: *Burhoff*, Die Grundgebühr in Straf- und Bußgeldverfahren, RVGreport 2009, 361.

A. Grundgebühr 1   B. Weitere Gebühren 11

A. Grundgebühr

In VV 5100 ist ebenso wie in Strafsachen eine **Grundgebühr** vorgesehen. Die Grundgebühr entsteht für die **erstmalige Einarbeitung** in den Rechtsfall (Anm. Abs. 1 zu VV 5100). Sie gilt also lediglich die erste Entgegennahme der Information und Sichtung des Sachverhalts und Verfahrensstoffes – je nach Zeitpunkt auch die Akteneinsicht – ab. Alle weiteren Tätigkeiten werden durch die übrigen Gebühren abgegolten. **1**

Die Grundgebühr beläuft sich in Bußgeldverfahren für den **Wahlanwalt** auf 30 EUR bis 170 EUR. Die Mittelgebühr beträgt 100 EUR. Die Höhe der Grundgebühr ist nach § 14 Abs. 1 gesondert zu bestimmen und richtet sich danach, welche Kriterien im Rahmen der erstmaligen Einarbeitung erfüllt sind. Daher kann, wenn die Einarbeitung umfangreich und schwierig ist, eine überdurchschnittliche Grundgebühr anzusetzen sein, auch wenn die Verfahrensgebühr nur unterdurchschnittlich zu bemessen ist. Umgekehrt kann die Grundgebühr unterdurchschnittlich sein, obwohl das nachfolgende Verfahren umfangreich und schwierig ist. **2**

Der **gerichtlich bestellte oder beigeordnete Anwalt** erhält eine Festgebühr in Höhe von 80 EUR. **3**

Eine **Staffelung** nach der Höhe der Geldbuße ist hier nicht vorgesehen. **4**

Die Grundgebühr kann in **jedem Verfahrensstadium** entstehen. Sie entsteht allerdings nur **einmal** (Anm. Abs. 1 zu VV 5100), nämlich in dem Verfahrensstadium, in dem der Anwalt erstmals tätig wird. **5**

Im Gegensatz zu den strafrechtlichen Gebühren (VV Vorb. 4.1.4) ist der Anfall einer Grundgebühr im **Wiederaufnahmeverfahren** in Bußgeldsachen nicht ausgeschlossen. Daher kann die Grundgebühr auch hier entstehen. Sie fällt jedoch nur an, wenn der Verteidiger im Wiederaufnahmeverfahren erstmals beauftragt wird. War er zuvor bereits als Verteidiger tätig, kann die Grundgebühr nicht erneut entstehen (Anm. Abs. 1 zu VV 5100). **6**

Ausgeschlossen ist die Grundgebühr nach Anm. Abs. 2 zu VV 5100, wenn **zuvor ein Strafverfahren** wegen derselben Tat durchgeführt worden ist, die Staatsanwaltschaft dieses gemäß § 43 OWiG **eingestellt** und zur weiteren Verfolgung als Ordnungswidrigkeit an die Verwaltungsbehörde abgegeben hat. In diesem Fall entsteht die Grundgebühr im Bußgeldverfahren nicht erneut. Vielmehr ist dann die Einarbeitung bereits durch die im Strafverfahren verdiente Grundgebühr nach VV 4100 abgegolten. **7**

Beispiel: Die Staatsanwaltschaft ermittelt nach einem Verkehrsunfall wegen des Verdachts der Körperverletzung, stellt das Verfahren ein und gibt es an die Verwaltungsbehörde ab, die wegen des beim Unfall begangenen Vorfahrtsverstoß ermittelt.
Es liegt dieselbe Tat zugrunde. Die Grundgebühr nach VV 5100 entsteht im Bußgeldverfahren nicht (Anm. Abs. 2 zu VV 5100). Die Einarbeitung erfolgte bereits im Strafverfahren und ist durch VV 4100 abgegolten.

8 Betrifft das Bußgeldverfahren eine andere Tat, entsteht auch die Grundgebühr nach VV 5100.

Beispiel: Die Staatsanwaltschaft ermittelt wegen des Verdachts des Unerlaubten Entfernens vom Unfallort. Das Verfahren wird eingestellt. Da sich bei der Inaugenscheinnahme des Fahrzeugs jedoch ergeben hat, dass an dem Fahrzeug des Mandanten eine nicht zugelassene Anhängerkupplung angebracht ist, wird insoweit wegen des Verdachts eines Verstoßes gegen Zulassungsvorschriften von der Verwaltungsbehörde ermittelt.
Es liegt eine andere Tat zugrunde. Jetzt entsteht die Grundgebühr nach VV 5100, da sich der Anwalt in die Zulassungsvorschriften einarbeiten muss und auf die vorherige Einarbeitung insoweit nicht zurückgreifen kann.

9 Wird umgekehrt ein Bußgeldverfahren von der Staatsanwaltschaft übernommen, weil sich der Verdacht einer Straftat ergibt, ist die Grundgebühr nach VV 5100 auf die im Strafverfahren anfallende Grundgebühr aus VV 4100 **anzurechnen** (Anm. Abs. 2 zu VV 4100).

Beispiel: Gegen den Mandanten wird zunächst wegen eines Verstoßes gegen die StVO ermittelt. Im Zuge der Ermittlungen stellt sich heraus, dass der Unfallgegner verletzt ist. Das Verfahren wird gemäß § 42 OWiG von der Staatsanwaltschaft übernommen, die nunmehr wegen des Verdachts der fahrlässigen Körperverletzung ermittelt.
Ausgehend von der Mittelgebühr ist wie folgt abzurechnen:

I. Bußgeldverfahren
1. Grundgebühr, VV 5100   100,00 EUR
2. Verfahrensgebühr, VV 5103   160,00 EUR
3. Postentgeltpauschale, VV 7002   20,00 EUR
    Zwischensumme   280,00 EUR
4. 19 % Umsatzsteuer, VV 7008   53,20 EUR
Gesamt   **333,20 EUR**

II. Strafverfahren
1. Grundgebühr, VV 4100   200,00 EUR
2. gem. Anm. Abs. 2 zu VV 4100 anzurechnen   – 100,00 EUR
3. Verfahrensgebühr, VV 4104   165,00 EUR
4. Postentgeltpauschale, VV 7002   20,00 EUR
    Zwischensumme   285,00 EUR
5. 19 % Umsatzsteuer, VV 7008   54,15 EUR
Gesamt   **339,15 EUR**

10 Weitere allgemeine Gebühren sind in Bußgeldsachen im Gegensatz zu den Gebühren in Strafsachen nicht vorgesehen. Insbesondere sind hier keine besonderen Terminsgebühren für Termine außerhalb der Hauptverhandlung vorgesehen. Der Gesetzgeber hielt hier im Gegensatz zu Strafsachen eine gesonderte Regelung nicht für erforderlich. Sofern also in Bußgeldsachen Termine außerhalb der Hauptverhandlung anfallen, gelten die jeweiligen Terminsgebühren des betreffenden Verfahrensabschnitts.

B. Weitere Gebühren

11 Neben der Grundgebühr entsteht immer zugleich auch die Verfahrensgebühr, da diese nach VV Vorb. 5 Abs. 2) *„für das Betreiben des Geschäfts einschließlich der Information"* entsteht. Nun ist es aber nicht möglich, sich in der Sache einzuarbeiten, ohne Informationen entgegenzunehmen und bereits die Verteidigung zu betreiben (siehe hierzu ausführlich VV 4100 Rdn 31). Das hat der Gesetzgeber jetzt durch die hinzugesetzte Formulierung, wonach die Grundgebühr *„neben der Verfahrensgebühr"* anfällt, klargestellt. Die Auffassung, dass Grund- und Verfahrensgebühr voneinander abzugrenzen seien und die Verfahrensgebühr erst entstehen könne, wenn der Abgeltungsbereich der Grundgebühr beendet sei, kann danach nicht weiter aufrechterhalten werden. Unzutreffend ist daher auch die Auffassung, zum Entstehen der Verfahrensgebühr neben der Grundgebühr müsse der Anwalt vortragen.[1]

Das Problem wird sich nach der neuen Gesetzeslage – wie auch zum Teil bisher – in die Gebührenbestimmung nach § 14 Abs. 1 verlagern. Soweit ein Mandat schon während der Einarbeitungsphase wieder beendet wird, wird man im Rahmen der Gebührenbemessung bei der Verfahrensgebühr nach § 14 Abs. 1 in der Regel von einem unterdurchschnittlichen Umfang ausgehen müssen. Auch wenn hier eine Abwägung aller Kriterien des § 14 Abs. 1 stattzufinden hat, muss damit gerechnet werden, dass die bisherige Gegenauffassung dazu übergeht, in dieser Phase nur die Mindestgebühr der Verfahrensgebühr zuzusprechen. Bei einem gerichtlich bestellten oder beigeordneten Anwalt wird sich das Problem wegen der Festbeträge nicht stellen.

12

> **Beispiel:** Der Anwalt wird mit der Verteidigung in einer Bußgeldsache (drohendes Bußgeld 80 EUR) beauftragt und beantragt zunächst Akteneinsicht. Noch bevor der Anwalt die Akten zur Einsichtnahme erhält, wird das Verfahren eingestellt.
> Auch wenn sich das Mandat noch in der Einarbeitungsphase befindet, ist neben der Grundgebühr der VV 5100 die entsprechende Verfahrensgebühr nach VV Vorb. 5 Abs. 2, VV 5103 entstanden. Der geringe Umfang der anwaltlichen Tätigkeit bei der Verfahrensgebühr kann hier allerdings im Rahmen des § 14 Abs. 1 zu berücksichtigen sein. Bei einer im unteren Bereich anzusetzenden Verfahrensgebühr (halbe Mittelgebühr) ergibt sich daher folgende Berechnung:
> 1. Grundgebühr, VV 5100   100,00 EUR
> 2. Verfahrensgebühr, VV 5103   80,00 EUR
> 3. Postentgeltpauschale, VV 7002   20,00 EUR
>   Zwischensumme   200,00 EUR
> 4. 19 % Umsatzsteuer, VV 7008   38,00 EUR
> **Gesamt**   **238,00 EUR**

Unterabschnitt 2. Verfahren vor der Verwaltungsbehörde

Nr.	Gebührentatbestand	Gebühr oder Satz der Gebühr nach § 13 oder § 49 RVG	
		Wahlanwalt	gerichtlich bestellter oder beigeordneter Rechtsanwalt
Vorbemerkung 5.1.2: (1) Zu dem Verfahren vor der Verwaltungsbehörde gehört auch das Verwarnungsverfahren und das Zwischenverfahren (§ 69 OWiG) bis zum Eingang der Akten bei Gericht. (2) Die Terminsgebühr entsteht auch für die Teilnahme an Vernehmungen vor der Polizei oder der Verwaltungsbehörde.			

A. Gesetzliche Regelung 1
B. Umfang der Angelegenheit 2
C. Gebühren 8
   I. Grundgebühr 8
   II. Verfahrensgebühr 9

III. Terminsgebühr 10
IV. Erledigung des Verfahrens ohne Hauptverhandlung 11
V. Einziehung und verwandte Maßnahmen . . 12
VI. Auslagen 13

A. Gesetzliche Regelung

Im Verfahren vor der Verwaltungsbehörde und im Zwischenverfahren vor der Staatsanwaltschaft erhält der Verteidiger die Gebühren nach Unterabschnitt 2.

1

---

[1] LG Saarbrücken AGS 2015, 389; AGS 2015, 388 = RVGreport 2015, 182 = RVGreport 2015, 221.

B. Umfang der Angelegenheit

2 Das Verfahren vor der Verwaltungsbehörde beginnt mit Aufnahme bzw. Bekanntgabe der Ermittlungen und erfasst das gesamte Verfahren vor der Verwaltungsbehörde (VV Vorb. 5.1 Abs. 1).

3 Auch Anträge auf **gerichtliche Entscheidungen**, etwa gegen die Ablehnung einer Wiedereinsetzung (§ 62 OWiG), zählen zum vorbereitenden Verfahren und werden durch die dortigen Gebühren abgegolten. Solche Verfahren über Anträge auf gerichtliche Entscheidung zählen keinesfalls bereits zum erstinstanzlichen gerichtlichen Verfahren, auch wenn das Amtsgericht hierüber entscheidet.

4 Eine Ausnahme gilt für **Anträge auf gerichtliche Entscheidung gegen einen Kostenfestsetzungsbescheid und den Ansatz der Gebühren und Auslagen** (§ 108 OWiG). Gem. VV Vorb. 5 Abs. 4 Nr. 1 gelten insoweit die Gebühren nach VV Teil 3, also VV 3500, wie die Neufassung jetzt klarstellt. Die Vorschrift des § 18 Abs. 1 Nr. 3 ist unmittelbar anzuwenden, sodass es sich um gesonderte Angelegenheiten handelt. Ebenfalls ergänzend gilt § 16 Nr. 10. Mehrere Anträge auf gerichtliche Entscheidung gegen denselben Kostenfestsetzungsbescheid oder den Ansatz der Gebühren und Auslagen gelten als eine Angelegenheit.

5 Auch das **Zwischenverfahren** vor der Staatsanwaltschaft (§ 69 OWiG) zählt zum Verfahren vor der Verwaltungsbehörde (VV Vorb. 5.1.2 Abs. 1).

6 Der Verfahrensabschnitt des vorbereitenden Verfahrens **endet** mit
 – der Einstellung des Verfahrens,
 – der Abgabe an die Staatsanwaltschaft gemäß § 41 OWiG,
 – die Übernahme des Verfahrens durch die Staatsanwaltschaft gemäß § 42 OWiG,
 – dem Erlass des Bußgeldbescheids, wenn kein Einspruch eingelegt wird,
 – der Verwerfung des Einspruchs gegen einen Bußgeldbescheid als unzulässig,
 – der Rücknahme des Einspruchs gegen einen Bußgeldbescheid oder
 – dem Eingang der Akten bei Gericht (VV Vorb. 5.1.2 Abs. 1).

7 Das Verfahren vor der Verwaltungsbehörde stellt gegenüber dem nachfolgenden erstinstanzlichen gerichtlichen Verfahren eine gesonderte Angelegenheit dar (§ 17 Nr. 11), sodass hier auch eine eigene **Postentgeltpauschale** nach VV 7002 anfällt.

C. Gebühren

I. Grundgebühr

8 Wird der Anwalt bereits im vorbereitenden Verfahren tätig, entsteht grundsätzlich die Grundgebühr nach VV 5100, da dies der erste Abschnitt ist, in dem der Verteidiger tätig werden kann. Ausnahmsweise entsteht die Grundgebühr jedoch nicht, wenn der Anwalt **bereits im Strafverfahren** wegen derselben Tat tätig war (vgl. VV 5100 Rdn 7).

II. Verfahrensgebühr

9 Neben der Grundgebühr entsteht auch immer eine Verfahrensgebühr, wie sich jetzt aus der Neufassung ergibt. Die Verfahrensgebühr entsteht für das Betreiben des Geschäfts einschließlich der Entgegennahme der Information (VV Vorb. 5 Abs. 2) und muss also immer anfallen. Die Verfahrensgebühr entsteht in jedem Verfahrensabschnitt erneut. Sie kann allerdings insgesamt je Verfahrensabschnitt nur einmal anfallen (§ 15 Abs. 1).

III. Terminsgebühr

10 Neben der Verfahrensgebühr kann auch bereits im vorbereitenden Verfahren eine Terminsgebühr entstehen. Zwar kann es hier nicht zu einer Hauptverhandlung kommen. Die Terminsgebühr entsteht nach Abs. 2 jedoch auch dann, wenn der Anwalt an Vernehmungen vor der Polizei oder Verwaltungsbehörde teilnimmt. Im Gegensatz zu den Strafsachen erhält der Anwalt hier die Terminsgebühr für

IV. Erledigung des Verfahrens ohne Hauptverhandlung

Kommt es durch die Mitwirkung des Verteidigers zur Erledigung des Verfahrens ohne Hauptverhandlung, entsteht eine zusätzliche Gebühr nach VV 5115. Die Streitfrage, ob die Gebühr auch im Verfahren vor der Verwaltungsbehörde Anwendung finden kann, ist durch das RVG im Sinne der bisherigen h.M. geklärt.[1] Zum Anwendungsbereich der zusätzlichen Gebühr wird wegen des Zusammenhangs auf die Kommentierung zu VV 5115 verwiesen.

Die zusätzliche Gebühr entsteht auch in Bußgeldsachen in Höhe der jeweiligen Verfahrensmittelgebühr (str.; siehe VV 5115 Rdn 100).

V. Einziehung und verwandte Maßnahmen

Des Weiteren kann der Anwalt auch schon im vorbereitenden Verfahren eine zusätzliche Wertgebühr erhalten, wenn sich das Verfahren auf eine Einziehung oder verwandte Maßnahmen bezieht. Auch hier wird auf die zusammenfassenden Ausführungen zu VV 5116 verwiesen.

VI. Auslagen

Neben den jeweiligen Gebühren erhält der Anwalt auch jeweils Ersatz seiner Auslagen nach VV 7000. Da es sich bei dem vorbereitenden Verfahren um eine eigene Angelegenheit handelt (§ 17 Nr. 11), entsteht hier die Postentgeltpauschale nach VV 7002 gesondert.

Nr.	Gebührentatbestand	Gebühr oder Satz der Gebühr nach § 13 oder § 49 RVG	
		Wahlanwalt	gerichtlich bestellter oder beigeordneter Rechtsanwalt
5101	Verfahrensgebühr bei einer Geldbuße von weniger als 60,00 €	20,00 bis 110,00 €	52,00 €

A. Allgemeines, VV 5101, 5103, 5105 1   B. Regelungsgehalt, VV 5101, 5103, 5105 2

A. Allgemeines, VV 5101, 5103, 5105

Die VV 5101, 5103, 5105 regeln die Verfahrensgebühr im vorbereitenden Verfahren. Die Verfahrensgebühr ist gestaffelt nach der Höhe des Bußgeldes. Soweit – was im vorbereitenden Verfahren bei Beauftragung des Anwalts die Regel ist – die Höhe des Bußgeldes noch nicht feststeht, ist VV Vorb. 5.1 Abs. 2 anzuwenden (siehe VV Vorb. 5.1 Rdn 2 ff.).

B. Regelungsgehalt, VV 5101, 5103, 5105

Nach den VV 5101, 5103, 5105 erhält der Anwalt eine Verfahrensgebühr, die die gesamte Tätigkeit im vorbereitenden Verfahren abgilt einschließlich eventueller Anträge auf gerichtliche Entscheidung,

---

1 Siehe zuletzt AG Wiesbaden AGS 2003, 545 m. Anm.
N. Schneider.

allerdings mit Ausnahme der Wahrnehmung von Terminen, für die eine gesonderte Vergütung vorgesehen ist (VV 5102, 5104, 5106).

3 Die Höhe der Verfahrensgebühr ist danach gestaffelt, welcher Tatvorwurf dem Betroffenen gemacht wird. Das VV orientiert sich dabei an der Höhe des festgesetzten oder festzusetzenden Bußgeldes (VV Vorb. 5.1 Abs. 2). Bei einem Bußgeld
  a) von **weniger als 60 EUR** erhält nach VV 5101
    – der Wahlanwalt eine Verfahrensgebühr von 20 EUR bis 110 EUR; die Mittelgebühr beträgt 65 EUR;
    – der gerichtlich bestellte oder beigeordnete Anwalt eine Festgebühr in Höhe von 52 EUR;
  b) von **60 EUR bis einschließlich 5.000 EUR** erhält nach VV 5103
    – der Wahlanwalt nach VV 5103 eine Verfahrensgebühr in Höhe von 30 EUR bis 290 EUR; die Mittelgebühr beträgt 160 EUR;
    – der gerichtlich bestellte oder beigeordnete Anwalt eine Festgebühr in Höhe von 128 EUR;
  c) von mehr als **5.000 EUR** erhält nach VV 5105
    – der Wahlanwalt gemäß VV 5105 eine Verfahrensgebühr in Höhe von 60 EUR bis 300 EUR; die Mittelgebühr beträgt 170 EUR.
    – der gerichtlich bestellte oder beigeordnete Anwalt eine Festgebühr in Höhe von 136 EUR (zur Ermittlung des maßgebenden Gebührenrahmens siehe VV Vorb. 5.1 Rdn 2 ff.).

Nr.	Gebührentatbestand	Gebühr oder Satz der Gebühr nach § 13 oder § 49 RVG	
		Wahlanwalt	gerichtlich bestellter oder beigeordneter Rechtsanwalt
5102	Terminsgebühr für jeden Tag, an dem ein Termin in den in Nummer 5101 genannten Verfahren stattfindet	20,00 bis 110,00 €	52,00 €

A. Allgemeines, VV 5102, 5104, 5106 1   B. Regelungsgehalt, VV 5102, 5104, 5106 2

A. Allgemeines, VV 5102, 5104, 5106

1 Die VV 5102, 5104, 5106 regeln die Terminsgebühr für die in VV 5101, 5103, 5105 genannten Verfahren. Durch das RVG neu eingeführt worden ist, dass der Verteidiger im Verfahren vor der Verwaltungsbehörde eine Terminsgebühr erhalten kann. Früher wurden solche Tätigkeiten für die Teilnahme an Vernehmungsterminen o.Ä. durch die Gebühr für das vorbereitende Verfahren mit abgegolten.

B. Regelungsgehalt, VV 5102, 5104, 5106

2 Nach VV Vorb. 5.1.2 Abs. 2 entsteht die Terminsgebühr für die Teilnahme an Vernehmungen vor der Polizei oder der Verwaltungsbehörde. Sonstige Termine, etwa Besprechungen mit Zeugen oder Sachverständigen, reichen nicht aus. Solche Tätigkeiten werden durch die jeweiligen Verfahrensgebühren abgegolten.

3 Auch die Terminsgebühr ist nach der Höhe des angedrohten bzw. verhängten Bußgeldes gestaffelt. Bei einem Bußgeld
  a) von **weniger als 60 EUR** erhält nach VV 5102
    – der Wahlanwalt eine Terminsgebühr von 20 EUR bis 110 EUR; die Mittelgebühr beträgt 65 EUR;
    – der gerichtlich bestellte oder beigeordnete Anwalt eine Festgebühr in Höhe von 52 EUR;

Abschnitt 1. Gebühren des Verteidigers VV 5104

b) von **60 EUR bis einschließlich 5.000 EUR** erhält nach VV 5104
   – der Wahlanwalt eine Terminsgebühr in Höhe von 30 EUR bis 290 EUR; die Mittelgebühr beträgt 160 EUR;
   – der gerichtlich bestellte oder beigeordnete Anwalt eine Festgebühr in Höhe von 128 EUR;
c) von mehr als **5.000 EUR** erhält nach VV 5106
   – der Wahlanwalt eine Terminsgebühr in Höhe von 60 EUR bis 300 EUR; die Mittelgebühr beträgt 170 EUR;
   – der gerichtlich bestellte oder beigeordnete Anwalt eine Festgebühr in Höhe von 136 EUR.

Die Terminsgebühr erhält der Anwalt für jeden Kalendertag, an dem ein Termin stattfindet. Mehrere Termine am selben Tag lösen die Terminsgebühr also nur einmal aus.   4

Eine Begrenzung auf eine Gebühr je drei Termine wie in Anm. S. 2 zu VV 4102 ist dagegen hier nicht vorgesehen. Die Gebühr entsteht für jeden Tag erneut.   5

Ergänzend gilt auch hier VV Vorb. 5 Abs. 3 S. 2 und 3. Der Anwalt erhält die Terminsgebühr auch, wenn er zu einem anberaumten Termin erscheint, dieser aber aus Gründen, die er nicht zu vertreten hat, nicht stattfindet. Dies gilt nicht, wenn er rechtzeitig von der Aufhebung oder Verlegung des Termins in Kenntnis gesetzt worden ist.   6

Nr.	Gebührentatbestand	Gebühr oder Satz der Gebühr nach § 13 oder § 49 RVG	
		Wahlanwalt	gerichtlich bestellter oder beigeordneter Rechtsanwalt
5103	Verfahrensgebühr bei einer Geldbuße von 60,00 € bis 5 000,00 €	30,00 bis 290,00 €	128,00 €

Die VV 5103 regelt die Verfahrensgebühr im vorbereitenden Verfahren bei einem Bußgeld zwischen 60 und 5.000 EUR (siehe dazu VV 5101 Rdn 1 ff.).   1

Nr.	Gebührentatbestand	Gebühr oder Satz der Gebühr nach § 13 oder § 49 RVG	
		Wahlanwalt	gerichtlich bestellter oder beigeordneter Rechtsanwalt
5104	Terminsgebühr für jeden Tag, an dem ein Termin in den in Nummer 5103 genannten Verfahren stattfindet	30,00 bis 290,00 €	128,00 €

Die VV 5104 regelt die Terminsgebühr für die in 5103 genannten Verfahren, also bei einem Bußgeld von 60 bis 5.000 EUR (siehe dazu VV 5102 Rdn 1 ff.).   1

N. Schneider

Vor VV 5107 ff.

Teil 5. Bußgeldsachen

Nr.	Gebührentatbestand	Gebühr oder Satz der Gebühr nach § 13 oder § 49 RVG	
		Wahlanwalt	gerichtlich bestellter oder beigeordneter Rechtsanwalt
5105	Verfahrensgebühr bei einer Geldbuße von mehr als 5 000,00 €	40,00 bis 300,00 €	136,00 €

1 Die VV 5105 regelt die Verfahrensgebühr im vorbereitenden Verfahren bei einer Geldbuße von über 5.000 EUR (siehe dazu VV 5101 Rdn 1 ff.).

Nr.	Gebührentatbestand	Gebühr oder Satz der Gebühr nach § 13 oder § 49 RVG	
		Wahlanwalt	gerichtlich bestellter oder beigeordneter Rechtsanwalt
5106	Terminsgebühr für jeden Tag, an dem ein Termin in den in Nummer 5105 genannten Verfahren stattfindet	40,00 bis 300,00 €	136,00 €

1 Die VV 5106 regelt die Terminsgebühr für die in VV 5105 genannten Verfahren, also bei Bußgeldern über 5.000 EUR (siehe dazu VV 5102 Rdn 1 ff.).

Unterabschnitt 3. Gerichtliches Verfahren im ersten Rechtszug

Vorbemerkung zu VV 5107 ff.

A. Gesetzliche Regelung 1
B. Umfang der Angelegenheit 5
C. Grundgebühr, VV 5100 7
D. Staffelung der Gebühren 8
E. Verfahren nach Zurückverweisung 11
F. Wiederaufnahmeverfahren 12

A. Gesetzliche Regelung

1 Im erstinstanzlichen gerichtlichen Verfahren, also ab Eingang der Akten bei Gericht (VV Vorb. 5.1.2 Abs. 1), erhält der Anwalt die Gebühren nach Unterabschnitt 3. Ergänzend gelten die allgemeine Gebühr (VV 5100) und die zusätzlichen Gebühren (VV 5115 und 5116).

2 Eine ausdrückliche Regelung für die erstinstanzlichen Verfahren vor dem OLG fehlte in der ursprünglichen Fassung des Gesetzes, da dort nur von den Verfahren vor dem Amtsgericht die Rede war. Daher hat der Gesetzgeber die Überschrift zu Unterabschnitt 3 neu gefasst (eingeführt durch das 2. JuMoG, in Kraft getreten am 31.12.2006).

3 Die neue Überschrift war erforderlich, weil der Gesetzgeber übersehen hatte, dass das OLG in bestimmten Bußgeldverfahren erstinstanzlich zuständig ist, nämlich in Verfahren wegen Ordnungswidrigkeiten gemäß § 81 GWB, § 60 WpÜG sowie § 95 EnWG (§ 83 GWB, § 62 WpÜG, § 98 EnWG). Es fehlte insoweit also hier eine Regelung. In der Praxis war daher unklar, ob analog die Gebühren des Anwalts vor dem Amtsgericht anzuwenden waren oder analog die Gebühren des Rechtsbeschwerdeverfahrens.

4 Vergessen worden ist die Klarstellung Anm. zu VV 5116. Hier dürften Verfahren vor dem OLG aber ebenfalls erfasst sein.

B. Umfang der Angelegenheit

Das erstinstanzliche gerichtliche Verfahren stellt nach zutreffender Ansicht gegenüber dem vorbereitenden Verfahren eine **eigene Angelegenheit** i.S.d. § 15 dar, wie jetzt durch § 17 Nr. 11 klar gestellt ist. Bedeutung hat dies für die Frage, ob eine Postentgeltpauschale nach VV 7002 oder zwei Postentgeltpauschalen ausgelöst werden (siehe dazu VV 7002 Rdn 36), sowie für die Berechnung der Kopiekosten nach VV 7000.[1] Für die Gebührenberechnung selbst war diese Frage dagegen immer schon irrelevant.

Das erstinstanzliche gerichtliche Verfahren **beginnt** mit dem Eingang der Akten bei Gericht (VV Vorb. 5.1.2. Abs. 1) und **endet** mit Einstellung des Verfahrens der Rücknahme oder der Verwerfung des Einspruchs oder mit dem Erlass eines Urteils oder eines Beschlusses im Verfahren nach § 72 OWiG, wobei in den beiden letzteren Varianten für den Verteidiger die Einlegung der Rechtsbeschwerde nach § 19 Abs. 1 S. 2 Nr. 10 noch zum Rechtszug gehört.

C. Grundgebühr, VV 5100

Wird der Verteidiger im erstinstanzlichen gerichtlichen Verfahren erstmals beauftragt, ist er also noch nicht im Verfahren vor der Verwaltungsbehörde tätig gewesen, entsteht für ihn die Grundgebühr nach VV 5100. Dies gilt allerdings nicht, wenn er bereits in einem vorangegangenen Strafverfahren wegen derselben Tat oder Handlung beauftragt war (Anm. Abs. 2 zu VV 5100).

D. Staffelung der Gebühren

Auch im erstinstanzlichen gerichtlichen Verfahren sind die Verfahrensgebühren nach **der Höhe des Bußgeldes gestaffelt**. Nach dem Wortlaut der VV Vorb. 5.1 Abs. 2 ist stets die Höhe des Bußgeldes maßgebend, das die Verwaltungsbehörde verhängt hat bzw. das nach einer ggf. abändernden Entscheidung der Staatsanwaltschaft zu Beginn des gerichtlichen Verfahrens noch festgesetzt ist.

> **Beispiel:** Die Verwaltungsbehörde hatte wegen einer Tat ermittelt, für die ein Bußgeld i.H.v. 60 EUR angedroht ist. Die Verwaltungsbehörde verhängt letztlich nur ein Bußgeld i.H.v. 35 EUR.
> Der Gebührenrahmen für das Verfahren vor der Verwaltungsbehörde richtet sich nach einem Bußgeld zwischen 60 und 5.000 EUR. Die Tätigkeit im gerichtlichen Verfahren richtet sich dagegen nur nach dem Gebührenrahmen für ein Bußgeld von bis zu 60 EUR.

Sofern im gerichtlichen Verfahren ein höheres Bußgeld angedroht wird, etwa weil das Gericht nunmehr vorsätzliche Begehung in den Raum stellt oder von einem qualifizierten Tatbestand ausgeht, muss analog VV Vorb. 5.1 Abs. 2 S. 2 von dem höheren Bußgeld und damit ggf. von dem höheren Gebührenrahmen ausgegangen werden, der sich aus der Androhung ergibt.

> **Beispiel:** Die Verwaltungsbehörde hat ein Bußgeld von 35 EUR festgesetzt. Hiergegen wird Einspruch erhoben. Das Gericht stellt fest, dass bereits zahlreiche Voreintragungen vorliegen und geht zudem von vorsätzlicher Begehung aus. Es weist darauf hin, dass hier eine Erhöhung des Bußgeldes auf 50 EUR in Betracht komme.
> Der Gebührenrahmen für das Verfahren vor der Verwaltungsbehörde richtet sich nach einem Bußgeld von bis zu 60 EUR. Die Tätigkeit im gerichtlichen Verfahren richtet sich dagegen nach dem Gebührenrahmen für ein Bußgeld von 60 EUR bis 5.000 EUR.

Unterschiedliche Gebührenrahmen können sich auch im Falle einer **Verbindung** ergeben.

> **Beispiel:** Die Verwaltungsbehörde ermittelt in getrennten Verfahren wegen unterschiedlicher Taten, die jeweils mit einem Bußgeld von 35 EUR bedroht sind. Hiergegen wird Einspruch erhoben. Nach Eingang der Akten bei Gericht werden die Verfahren verbunden.
> Im gerichtlichen Verfahren ist nur noch eine Angelegenheit gegeben. Maßgebend ist hier der Gebührenrahmen zwischen 60 und 5.000 EUR.

---

1 OLG Frankfurt AGS 2015, 383 = StraFo 2015, 350 = zfs 2015, 526 = NStZ-RR 2015, 359 = DAR 2015, 674 = NJW-Spezial 2015, 541 = RVGreport 2015, 345 = RVGprof. 2016, 25.

E. Verfahren nach Zurückverweisung

11 Wird durch das Rechtsbeschwerdegericht das Urteil des Amtsgerichts aufgehoben und die Sache zurückverwiesen, so ist das weitere erstinstanzliche gerichtliche Verfahren eine neue Angelegenheit (§ 21 Abs. 1). Der Anwalt kann also im Verfahren nach Zurückverweisung **sämtliche Gebühren mit Ausnahme der Grundgebühr erneut** verdienen. Auch die Verfahrensgebühr fällt erneut an und wird nicht angerechnet. Eine entsprechende Regelung wie in VV Vorb. 3 Abs. 6 ist für VV Teil 5 nicht vorgesehen.

> **Beispiel:** Der Verteidiger wird erst im gerichtlichen Verfahren beauftragt. Das AG verurteilt den Betroffenen im ersten Hauptverhandlungstermin zu einer Geldbuße in Höhe von 80 EUR und ordnet ein Fahrverbot an. Gegen das Urteil des AG legt der Verteidiger auftragsgemäß Rechtsbeschwerde ein. Das OLG hebt ohne Hauptverhandlung das Urteil des AG auf und verweist die Sache zur erneuten Verhandlung an das AG zurück. Dort findet eine neue Hauptverhandlung statt.
> Für das erste erstinstanzliche gerichtliche Verfahren erhält der Anwalt die Grundgebühr, eine Verfahrensgebühr und eine Terminsgebühr.
> Im Rechtsbeschwerdeverfahren entsteht die Verfahrensgebühr nach VV 5113.
> Nach Zurückverweisung erhält der Anwalt für das zweite erstinstanzliche gerichtliche Verfahren erneut eine Verfahrens- und eine Terminsgebühr. Nur die Grundgebühr kann nicht erneut anfallen.
>
> **I. Verfahren vor dem AG vor Zurückverweisung**
> 1. Verfahrensgebühr, VV 5100   100,00 EUR
> 2. Verfahrensgebühr, VV 5109   160,00 EUR
> 3. Terminsgebühr, VV 5110   255,00 EUR
> 4. Postentgeltpauschale, VV 7002   20,00 EUR
>   Zwischensumme   535,00 EUR
> 5. 19 % Umsatzsteuer, VV 7008   101,65 EUR
>   **Gesamt**   **636,65 EUR**
>
> **II. Rechtsbeschwerde**
> 1. Verfahrensgebühr, VV 5113   320,00 EUR
> 2. Postentgeltpauschale, VV 7002   20,00 EUR
>   Zwischensumme   340,00 EUR
> 3. 19 % Umsatzsteuer, VV 7008   64,60 EUR
>   **Gesamt**   **404,60 EUR**
>
> **III. Verfahren vor dem AG nach Zurückverweisung**
> 1. Verfahrensgebühr, VV 5109   160,00 EUR
> 2. Terminsgebühr, VV 5110   255,00 EUR
> 3. Postentgeltpauschale, VV 7002   20,00 EUR
>   Zwischensumme   435,00 EUR
> 4. 19 % Umsatzsteuer, VV 7008   82,65 EUR
>   **Gesamt**   **517,65 EUR**

F. Wiederaufnahmeverfahren

12 Findet ein Wiederaufnahmeverfahren statt, so gilt dieses nach § 17 Nr. 13 als **gesonderte Angelegenheit**. Der Anwalt erhält in diesem Verfahren die gleichen Gebühren wie in einem erstinstanzlichen gerichtlichen Verfahren (VV Vorb. 5.1.3 Abs. 2).

13 Kommt es zu einer Wiederaufnahme, zählt das wieder aufgenommene Verfahren ebenfalls als neue Angelegenheit, so dass der Anwalt hier die Gebühren wiederum erneut verdienen kann.

Abschnitt 1. Gebühren des Verteidigers   **VV Vorb. 5.1.3**

Nr.	Gebührentatbestand	Gebühr oder Satz der Gebühr nach § 13 oder § 49 RVG	
		Wahlanwalt	gerichtlich bestellter oder beigeordneter Rechtsanwalt
Vorbemerkung 5.1.3: (1) Die Terminsgebühr entsteht auch für die Teilnahme an gerichtlichen Terminen außerhalb der Hauptverhandlung. (2) Die Gebühren dieses Unterabschnitts entstehen für das Wiederaufnahmeverfahren einschließlich seiner Vorbereitung gesondert; die Verfahrensgebühr entsteht auch, wenn von der Stellung eines Wiederaufnahmeantrags abgeraten wird.			

A. Terminsgebühr (Abs. 1) 1   **B. Wiederaufnahmeverfahren (Abs. 2)** 6

A. Terminsgebühr (Abs. 1)

In Bußgeldsachen entsteht die Terminsgebühr zunächst einmal für die Teilnahme an der Hauptverhandlung. Daneben ordnet Abs. 1 an, dass die Terminsgebühr auch für die Teilnahme an gerichtlichen Terminen außerhalb der Hauptverhandlung entsteht. Diese Regelung entspricht der Vorschrift der VV 4102 im Strafverfahren.   **1**

Im Gegensatz zu VV 4102 wird hier allerdings nicht nach einzelnen Terminen differenziert. Für sämtliche gerichtliche Termine außerhalb der Hauptverhandlung entsteht die Terminsgebühr.   **2**

Für andere Termine außerhalb des Gerichts ist die Terminsgebühr dagegen nicht anzuwenden. Dies gilt lediglich im vorbereitenden Verfahren, bei dem Vernehmungen vor der Polizei oder der Verwaltungsbehörde durch die Terminsgebühr abgegolten werden (VV Vorb. 5.1.2 Abs. 2). Vernehmungen vor der Polizei im gerichtlichen Verfahren lösen daher keine Terminsgebühr aus.   **3**

Hauptanwendungsfall des Abs. 1 ist der Fall, dass vor einem auswärtigen Gericht ein Zeuge im Wege der Rechtshilfe vernommen wird. Eine solche Terminswahrnehmung durch den Verteidiger war früher durch die Hauptverhandlungsgebühr mit abgegolten. Nunmehr erhält er hierfür eine gesonderte Terminsgebühr.   **4**

> **Beispiel:** Vor dem ersten Hauptverhandlungstermin (Bußgeldbescheid über 80 EUR) lässt das Amtsgericht Köln im Wege der Rechtshilfe vor dem AG Bremen einen Zeugen vernehmen und führt anschließend die Hauptverhandlung durch. Der Verteidiger nimmt an beiden Terminen teil.
> Angefallen sind hier zunächst wieder die Verfahrensgebühr sowie eine Terminsgebühr für den Hauptverhandlungstag. Daneben erhält der Anwalt eine weitere Terminsgebühr für die Teilnahme an dem auswärtigen Zeugenvernehmungstermin.
>
> 1. Verfahrensgebühr, VV 5109   160,00 EUR
> 2. Terminsgebühr, VV 5110, VV Vorb. 5.1.3 Abs. 1   255,00 EUR
> 3. Terminsgebühr, VV 5110   255,00 EUR
> 4. Fahrtkosten, VV 7003 Köln-Bremen u. zurück,
>   2 x 300 km x 0,30 EUR   180,00 EUR
> 5. Abwesenheitsentgelt, VV 7005 Nr. 3   70,00 EUR
> 6. Postentgeltpauschale, VV 7002   20,00 EUR
>   Zwischensumme   940,00 EUR
> 7. 19 % Umsatzsteuer, VV 7008   178,60 EUR
>   **Gesamt**   **1.118,60 EUR**

Zwar steht dem Anwalt nach dem Gesetz derselbe Gebührenrahmen für Termine außerhalb der Hauptverhandlung zu. Ob er allerdings für solche Termine die gleiche Gebühr wie für Hauptverhandlungstermine abrechnen kann, muss der Einzelfall ergeben. In der Regel werden gerichtliche Termine außerhalb der Hauptverhandlung eine geringere Bedeutung haben und einen geringeren Aufwand verursachen, so dass dies im Rahmen des § 14 Abs. 1 ggf. mindernd zu berücksichtigen ist. Denkbar sind aber auch besonders umfangreiche Termine. Hier wird es letztlich auf den Einzelfall ankommen.   **5**

B. Wiederaufnahmeverfahren (Abs. 2)

6 Gesonderte Gebührentatbestände für das Wiederaufnahmeverfahren enthält VV Teil 5 – im Gegensatz zu VV Teil 4 – nicht. Es gilt vielmehr die allgemeine Regelung nach § 17 Nr. 13 (§ 17 Nr. 12 a.F.), wonach das Wiederaufnahmeverfahren und das wieder aufgenommene Verfahren, wenn sich die Gebühren nach VV Teil 4 oder VV Teil 5 richten, als gesonderte Angelegenheit gelten. Demzufolge war zumindest -- wie hier – eine Verweisung erforderlich, welche Gebühren für dieses gesonderte Wiederaufnahmeverfahren gelten. Diese ist in Abs. 2 enthalten. Danach gelten die Gebühren dieses Abschnitts, also des Unterabschnitts 3 (Erstinstanzliche gerichtliche Verfahren), entsprechend für das Wiederaufnahmeverfahren einschließlich seiner Vorbereitung.

7 Aufgrund der pauschalen Verweisung kann im Wiederaufnahmeverfahren in Bußgeldsachen auch eine **Grundgebühr** entstehen. Im Gegensatz zu den strafrechtlichen Gebühren (VV Vorb. 4.1.4) ist hier der Anfall einer Grundgebühr nicht ausgeschlossen. Diese Gebühr kann jedoch nur anfallen, wenn der Verteidiger im Wiederaufnahmeverfahren erstmals beauftragt wird. War er zuvor bereits als Verteidiger tätig, kann die Grundgebühr nicht erneut entstehen (Anm. Abs. 1 zu VV 5100).

8 Der Anwalt erhält neben einer eventuellen Grundgebühr also zunächst einmal die Verfahrensgebühr nach VV 5107, 5109, 5111. Diese Gebühr entsteht auch dann, wenn der Anwalt von der Stellung eines Wiederaufnahmeantrags abgeraten hat.

9 Kommt es im Wiederaufnahmeverfahren zu einem Termin, so entsteht zusätzlich eine Terminsgebühr nach VV 5108, 5110, 5112. Welcher Gebührenrahmen anzuwenden ist, bestimmt sich danach, in welcher Höhe die Wiederaufnahme beantragt wird.

Nr.	Gebührentatbestand	Gebühr oder Satz der Gebühr nach § 13 oder § 49 RVG	
		Wahlanwalt	gerichtlich bestellter oder beigeordneter Rechtsanwalt
5107	Verfahrensgebühr bei einer Geldbuße von weniger als 60,00 €	20,00 bis 110,00 €	52,00 €

A. Abgeltungsbereich der
 VV 5107, 5109, 5111 1
B. Höhe der Gebühr, VV 5107, 5109, 5111 3
C. Zusätzliche Gebühr, VV 5115 4
D. Einziehung und verwandte Maßnahmen,
 VV 5116 5
E. Auslagen 6

A. Abgeltungsbereich der VV 5107, 5109, 5111

1 Die Verfahrensgebühren der VV 5107, 5109, 5111 decken **sämtliche Tätigkeiten im gerichtlichen Verfahren** ab mit Ausnahme:
– **der Teilnahme an der Hauptverhandlung** (hierfür entstehen die Gebühren nach VV 5108, 5110, 5112);
– **der Teilnahme an den Terminen außerhalb der Hauptverhandlung** (hier entstehen kraft der Verweisung in VV Vorb. 5.1.3 Abs. 1 wiederum die gleichen Terminsgebühren nach VV 5108, 5110, 5112);
– der auf **Einziehung und verwandte Maßnahmen gerichteten Tätigkeiten** bei Werten ab 25 EUR (hier erhält der Anwalt eine zusätzliche Gebühr nach VV 5116).

2 Abgegolten werden also insbesondere das Anfertigen von Schriftsätzen, die Beratung des Mandanten, außergerichtliche Termine, Nachbereitung der Hauptverhandlung sowie die Einlegung der Rechtsbeschwerde (§ 19 Abs. 1 S. 2 Nr. 10). Abgegolten sind also auch z.B. Wahrnehmung von Terminen vor dem ersuchten Richter zur Vernehmung auswärtiger Zeugen, Teilnahme an Sachverständigenterminen o.Ä. Eine gesonderte Vergütung wird hier im Gegensatz zum Strafverfahren nicht

gewährt. Solche zusätzlichen Tätigkeiten können daher allenfalls für eine entsprechende Erhöhung der jeweiligen Gebühr im Einzelfall (§ 14 Abs. 1) berücksichtigt werden.

B. Höhe der Gebühr, VV 5107, 5109, 5111

Als Verfahrensgebühr erhält der Verteidiger bei einem Bußgeld: 3
a) von **weniger als 60 EUR** nach VV 5107
 – als Wahlanwalt eine Gebühr in Höhe von 20 EUR bis 110 EUR; die Mittelgebühr beträgt 65 EUR;
 – als gerichtlich bestellter oder beigeordneter Anwalt eine Festgebühr in Höhe von 52 EUR;
b) von **60 EUR bis einschließlich 5.000 EUR** nach VV 5109
 – als Wahlanwalt eine Gebühr in Höhe von 30 EUR bis 290 EUR; die Mittelgebühr beträgt 160 EUR;
 – als gerichtlich bestellter oder beigeordneter Anwalt eine Festgebühr in Höhe von 128 EUR;
c) von mehr als **5.000 EUR** nach VV 5111
 – als Wahlanwalt eine Gebühr in Höhe von 50 EUR bis 350 EUR; die Mittelgebühr beträgt 200 EUR;
 – als gerichtlich bestellter oder beigeordneter Anwalt eine Festgebühr in Höhe von 160 EUR.

C. Zusätzliche Gebühr, VV 5115

Auch im gerichtlichen Verfahren kann eine zusätzliche Gebühr nach VV 5115 entstehen. Siehe 4
hierzu die Kommentierung zu VV 5115.

D. Einziehung und verwandte Maßnahmen, VV 5116

Erstreckt sich die Tätigkeit auf eine Einziehung oder verwandte Maßnahmen, kann der Anwalt im 5
Bußgeldverfahren eine zusätzliche Gebühr nach VV 5116 verdienen. Siehe hierzu die Kommentierung zu VV 5116.

E. Auslagen

Da das gerichtliche Verfahren eine eigene Angelegenheit darstellt, erhält der Anwalt hier auch seine 6
Auslagen erstattet, insbesondere eine gesonderte Postentgeltpauschale nach VV 7002.

Die Streitfrage, ob für das Verfahren vor der Verwaltungsbehörde und das gerichtliche Verfahren 7
gesonderte Postentgeltpauschalen anfallen, ist zwischenzeitlich durch § 17 Nr. 11 dahingehend entschieden, dass verschiedene Angelegenheiten vorliegen und demzufolge auch zwei gesonderte Postentgeltpauschalen anfallen. Auf ältere Rechtsprechung, insbesondere die Entscheidung des BGH v. 19.12.2012,[1] kann insoweit nicht mehr zurückgegriffen werden, das wird zuweilen aber immer noch übersehen.[2]

---

1 AGS 2013, 56 = zfs 2013, 168 = AnwBl 2013, 234 = BRAK-Mitt 2013, 89 = Rpfleger 2013, 291 = JurBüro 2013, 187 = NZV 2013, 239 = NJW 2013, 1610 = Schaden-Praxis 2013, 122 = StRR 2013, 118 = RVGreport 2013, 105 = NJW-Spezial 2013, 92 = RVGprof. 2013, 61 = StRR 2013, 43.
2 So LG Bonn AGS 2016, 274 = RVGreport 2016, 255.

Nr.	Gebührentatbestand	Gebühr oder Satz der Gebühr nach § 13 oder § 49 RVG	
		Wahlanwalt	gerichtlich bestellter oder beigeordneter Rechtsanwalt
5108	Terminsgebühr je Hauptverhandlungstag in den in Nummer 5107 genannten Verfahren	20,00 bis 240,00 €	104,00 €

A.	Abgeltungsbereich der VV 5108, 5110, 5112	1	II. Termine außerhalb der Hauptverhandlung	2
I.	Teilnahme an der Hauptverhandlung	1	B. Höhe der Gebühr, VV 5108, 5110, 5112	3

A. Abgeltungsbereich der VV 5108, 5110, 5112

I. Teilnahme an der Hauptverhandlung

1 Für die Teilnahme an der Hauptverhandlung erhält der Verteidiger jeweils eine Terminsgebühr je Hauptverhandlungstag. Finden am selben Tage mehrere Hauptverhandlungen statt, entsteht die Gebühr nur einmal.

II. Termine außerhalb der Hauptverhandlung

2 Für gerichtliche Termine außerhalb der Hauptverhandlung entsteht die Terminsgebühr nach VV 5108, 5110, 5112 ebenfalls (VV Vorb. 5.1.3 Abs. 1). Die Wahrnehmung eines Termins vor der Polizei oder der Verwaltungsbehörde oder eines anderen außergerichtlichen Termins reicht nicht aus. Hauptanwendungsfall dürfte die richterliche Zeugenvernehmung im Wege der Rechtshilfe vor einem auswärtigen Amtsgericht sein.

B. Höhe der Gebühr, VV 5108, 5110, 5112

3 Als Terminsgebühr erhält der Verteidiger bei einem Bußgeld:
a) von **weniger als 60 EUR** nach VV 5108
  – als Wahlanwalt eine Gebühr in Höhe von 20 EUR bis 240 EUR; die Mittelgebühr beträgt 130 EUR;
  – als gerichtlich bestellter oder beigeordneter Anwalt eine Festgebühr in Höhe von 104 EUR;
b) von **60 EUR bis einschließlich 5.000 EUR** nach VV 5110
  – als Wahlanwalt eine Gebühr in Höhe von 40 EUR bis 470 EUR; die Mittelgebühr beträgt 255 EUR;
  – als gerichtlich bestellter oder beigeordneter Anwalt eine Festgebühr in Höhe von 204 EUR;
c) von mehr als **5.000 EUR** nach VV 5112
  – als Wahlanwalt eine Terminsgebühr in Höhe von 80 EUR bis 560 EUR; die Mittelgebühr beträgt 320 EUR;
  – als gerichtlich bestellter oder beigeordneter Anwalt eine Festgebühr in Höhe von 256 EUR.

4 Eine Staffelung der Terminsgebühren des gerichtlich bestellten oder beigeordneten Anwalts nach der Dauer der Hauptverhandlung ist im Bußgeldverfahren im Gegensatz zum Strafverfahren nicht vorgesehen. Der Pflichtverteidiger erhält also immer dieselbe Terminsgebühr unabhängig von der Dauer der Hauptverhandlung. Hier besteht nur die Möglichkeit der Bewilligung einer Pauschgebühr nach §§ 42, 52, wenn die gesetzlichen Gebühren wegen des besonderen Umfangs oder der besonderen Schwierigkeit nicht zumutbar sind.

Abschnitt 1. Gebühren des Verteidigers — **VV 5112**

Nr.	Gebührentatbestand	Gebühr oder Satz der Gebühr nach § 13 oder § 49 RVG	
		Wahlanwalt	gerichtlich bestellter oder beigeordneter Rechtsanwalt
5109	Verfahrensgebühr bei einer Geldbuße von 60,00 bis 5 000,00 €	30,00 bis 290,00 €	128,00 €

Die VV 5109 regelt die Verfahrensgebühr für erstinstanzliche gerichtliche Verfahren bei einem Bußgeld bis 60 EUR (siehe dazu VV 5107 Rdn 1 ff.). 1

Nr.	Gebührentatbestand	Gebühr oder Satz der Gebühr nach § 13 oder § 49 RVG	
		Wahlanwalt	gerichtlich bestellter oder beigeordneter Rechtsanwalt
5110	Terminsgebühr je Hauptverhandlungstag in den in Nummer 5109 genannten Verfahren	40,00 bis 470,00 €	204,00 €

Die VV 5110 regelt die Terminsgebühr in den in VV 5109 genannten Verfahren bei Bußgeldern zwischen 40 und 5.000 EUR (siehe dazu VV 5108 Rdn 1 ff.). 1

Nr.	Gebührentatbestand	Gebühr oder Satz der Gebühr nach § 13 oder § 49 RVG	
		Wahlanwalt	gerichtlich bestellter oder beigeordneter Rechtsanwalt
5111	Verfahrensgebühr bei einer Geldbuße von mehr als 5 000,00 €	50,00 bis 350,00 €	160,00 €

Die VV 5111 regelt die Verfahrensgebühr für erstinstanzliche gerichtliche Verfahren bei einem Bußgeld über 5.000 EUR (siehe dazu VV 5107 Rdn 1 ff.). 1

Nr.	Gebührentatbestand	Gebühr oder Satz der Gebühr nach § 13 oder § 49 RVG	
		Wahlanwalt	gerichtlich bestellter oder beigeordneter Rechtsanwalt
5112	Terminsgebühr je Hauptverhandlungstag in den in Nummer 5111 genannten Verfahren	80,00 bis 560,00 €	256,00 €

VV 5112 regelt die Terminsgebühr in den in VV 5111 genannten Verfahren bei Bußgeldern über 5.000 EUR (siehe dazu VV 5108 Rdn 1 ff.). 1

Unterabschnitt 4. Verfahren über die Rechtsbeschwerde

Vorbemerkung zu VV 5113 f.

A. Verfahren über die Rechtsbeschwerde 1
B. Antrag auf Zulassung der Rechtsbeschwerde 9
C. Mehrere Rechtsbeschwerdeverfahren 14

A. Verfahren über die Rechtsbeschwerde

1 Die unmittelbare Rechtsbeschwerde ist für den Betroffenen nur in den Fällen des § 72 Abs. 1 S. 1 Nr. 1 bis 5 OWiG zulässig. Im Übrigen ist die Rechtsbeschwerde nur zulässig, wenn sie von dem Oberlandesgericht bzw. dem BGH auf Antrag zugelassen wird (§ 72 Abs. 1 S. 2 OWiG) (siehe Rdn 9 ff. zum Zulassungsverfahren).

2 Im Verfahren über die Rechtsbeschwerde richtet sich die Vergütung des Anwalts nach Unterabschnitt 4.

3 Unerheblich ist, vor welchem Gericht das Rechtsbeschwerdeverfahren stattfindet, also ob es vor dem OLG stattfindet (§ 79 OWiG) oder vor dem BGH (z.B. § 83 GWB).

4 Ergänzend gelten die **allgemeine Gebühr** der VV 5100 und die **zusätzlichen Gebühren** der VV 5115 und 5116.

5 Für den erstinstanzlich tätigen Verteidiger zählt die **Einlegung der Rechtsbeschwerde** nach § 19 Abs. 1 S. 2 Nr. 10 noch zum erstinstanzlichen gerichtlichen Verfahren. Für ihn beginnt das Verfahren über die Rechtsbeschwerde daher erst mit der weiteren Tätigkeit.

6 Für den erstinstanzlich nicht tätigen Verteidiger zählt dagegen schon die Einlegung der Rechtsbeschwerde zur ersten Instanz.

7 Wird die Rechtsbeschwerde von der Staatsanwaltschaft eingelegt, beginnt für jeden Verteidiger damit bereits das Rechtsbeschwerdeverfahren.

8 Die Bewilligung einer **Pauschgebühr** ist möglich, und zwar sowohl für den Wahlanwalt (§ 42) als auch für den gerichtlich bestellten oder beigeordneten Anwalt (§ 51).

B. Antrag auf Zulassung der Rechtsbeschwerde

9 Ist die Rechtsbeschwerde nicht bereits kraft Gesetzes nach § 79 Abs. 1 S. 1 Nr. 1 bis 5 OWiG zulässig, muss die Zulassung beim Rechtsbeschwerdegericht beantragt werden (§ 79 Abs. 1 S. 2 OWiG). Eine ausdrückliche Gebührenregelung für das Verfahren auf Zulassung der Rechtsbeschwerde (§ 80 Abs. 2 OWiG) fehlt im Gesetz. Eine solche Regelung ist allerdings auch nicht erforderlich.

10 Das Verfahren auf Zulassung der Rechtsbeschwerde ist nicht als Beschwerdeverfahren ausgestaltet, das nach § 17 Nr. 9 eine eigene Gebührenangelegenheit wäre. Vielmehr entscheidet hier das Rechtsmittelgericht selbst, ob es die bei ihm durchzuführende Rechtsbeschwerde zulässt. Wie sich aus § 16 Nr. 11 ergibt, zählt ein solches Verfahren über die Zulassung des Rechtsmittels zur Angelegenheit. Mit Stellung des Antrags auf Zulassung der Rechtsbeschwerde beginnt also gebührenrechtlich bereits das Rechtsbeschwerdeverfahren, so dass die Gebühren nach Abschnitt 4 über § 16 Nr. 11 auch unmittelbar für das Verfahren auf Zulassung der Rechtsbeschwerde gelten.

11 Zu beachten ist allerdings, dass das Verfahren auf Zulassung der Rechtsbeschwerde und ein nach Zulassung durchgeführtes Rechtsbeschwerdeverfahren gemäß § 16 Nr. 11 insgesamt nur eine einzige Angelegenheit darstellen, so dass die Gebühren auch nur einmal entstehen können.

12 Des Weiteren ist § 19 Abs. 1 S. 2 Nr. 10 zu beachten. Die Stellung des Zulassungsantrags gehört für den erstinstanzlichen Verteidiger noch zur ersten Instanz.

Abschnitt 1. Gebühren des Verteidigers — VV 5113–5114

Wird die Rechtsbeschwerde nicht zugelassen, verbleibt es bei den im Zulassungsverfahren entstandenen Gebühren. 13

C. Mehrere Rechtsbeschwerdeverfahren

Möglich ist, dass mehrere Rechtsbeschwerden erhoben werden. 14
Soweit sich die Rechtsbeschwerden gegen **dieselbe Entscheidung** richten, liegt lediglich eine Angelegenheit vor.

> **Beispiel:** Das Gericht hat eine Geldbuße in Höhe von 1.000 EUR verhängt. Hiergegen legt der Betroffene Rechtsbeschwerde ein, da er einen Freispruch erstrebt. Die Staatsanwaltschaft legt Rechtsbeschwerde mit dem Ziel der Erhöhung der Geldbuße ein.
> Da sich beide Rechtsmittel gegen dieselbe Entscheidung richten, ist insgesamt nur eine Angelegenheit gegeben. Der höhere Aufwand kann nur im Rahmen des § 14 Abs. 1 berücksichtigt werden.

Werden gegen **verschiedene Entscheidungen** Rechtsbeschwerden eingelegt, liegen dagegen mehrere Angelegenheiten vor, so dass die Gebühren der VV 5113 auch mehrmals anfallen können. 15

> **Beispiel:** Auf die Rechtsbeschwerde des Betroffenen hin hebt das Oberlandesgericht das Urteil des Amtsgerichts auf und verweist die Sache an das Amtsgericht zurück. Dieses verurteilt den Betroffenen erneut. Hiergegen wird wiederum Rechtsbeschwerde eingelegt.
> Nicht nur die Gebühren des amtsgerichtlichen Verfahrens erhält der Anwalt zweimal (§ 21 Abs. 1), sondern auch die Gebühren für das Rechtsbeschwerdeverfahren, da sich die Rechtsbeschwerden gegen zwei verschiedene Entscheidungen richten und beide Rechtsbeschwerden daher selbstständige Angelegenheiten sind (§ 17 Nr. 1).

Nr.	Gebührentatbestand	Gebühr oder Satz der Gebühr nach § 13 oder § 49 RVG	
		Wahlanwalt	gerichtlich bestellter oder beigeordneter Rechtsanwalt
5113	Verfahrensgebühr	80,00 bis 560,00 €	256,00 €
5114	Terminsgebühr je Hauptverhandlungstag	80,00 bis 560,00 €	256,00 €

A. Überblick 1	II. Rechtsbeschwerde wird nicht zugelassen .. 31
B. Verfahren über die Rechtsbeschwerde 4	III. Antrag auf Zulassung der Rechtsbeschwerde wird zurückgenommen 32
I. Grundgebühr (VV 5100) 4	IV. Verfahren wird eingestellt 34
II. Verfahrensgebühr (VV 5113) 7	V. Rechtsbeschwerde wird zugelassen 36
III. Terminsgebühr (VV 5114) 16	VI. Erneute Rechtsbeschwerde gegen erneute Entscheidung nach Zurückverweisung 39
IV. Zusätzliche Gebühr (VV 5115) 21	D. Pauschgebühr 41
V. Zusätzliche Verfahrensgebühr (VV 5116) .. 26	E. Inanspruchnahme des Betroffenen 43
C. Verfahren auf Zulassung der Rechtsbeschwerde 28	F. Kostenerstattung 44
I. Zulassungsantrag 28	

A. Überblick

VV Teil 5 Abschnitt 1 Unterabschnitt 4 regelt das Verfahren über die Rechtsbeschwerde. 1

Dabei ist zu beachten, dass nach § 16 Nr. 11 das Verfahren auf Zulassung der Rechtsbeschwerde (§ 80 OWiG) mit zur Instanz zählt, also ebenfalls durch die Gebühren der VV 5113, 5114 abgegolten wird. 2

3   Dagegen sind die VV 5113, 5114 nicht anzuwenden in sonstigen Verfahren, z.B. in einem Verfahren auf Wiedereinsetzung.[1]

B. Verfahren über die Rechtsbeschwerde

I. Grundgebühr (VV 5100)

4   Auch im Rechtsbeschwerdeverfahren kann zunächst die Grundgebühr nach VV 5100 entstehen.

5   Ist der Verteidiger in einem vorangegangenen Verfahrensabschnitt allerdings bereits tätig gewesen und hat dort die Grundgebühr verdient, kann er diese Gebühr nicht nochmals verdienen (Anm. Abs. 1 zu VV 5100).

6   Soweit er dagegen erstmals im Rechtsbeschwerdeverfahren beauftragt wird, erhält er die **Grundgebühr** nach **VV 5100** für die Einarbeitung in die Sache.

Die Gebühr wird in der Regel höher ausfallen, ggf. sogar mit der Höchstgebühr, da die Einarbeitung im Gegensatz zu sonstigen Fällen besonders aufwändig sein wird. Der Verteidiger muss nicht nur die Akten des vorangegangenen Verfahrens vor der Verwaltungsbehörde, sondern auch die des erstinstanzlichen Verfahrens durchsehen und sich darin einarbeiten. Zudem wird es hier in der Regel um schwierige grundsätzliche Rechtsfragen gehen, insbesondere, wenn zuvor noch die Zulassung der Rechtsbeschwerde beantragt werden muss. Die Verantwortung, das Haftungsrisiko und die Bedeutung werden zudem hier in aller Regel ebenfalls überdurchschnittlich sein.

II. Verfahrensgebühr (VV 5113)

7   Für das Verfahren über die Rechtsbeschwerde erhält der Anwalt eine **Verfahrensgebühr** nach VV 5113.

8   Eine entsprechende Anwendung auf andere Verfahren, wie z.B. Wiedereinsetzung in den vorigen Stand ist nicht zulässig.[2]

9   Die Verfahrensgebühr ist eine Pauschalgebühr, die sämtliche Tätigkeiten im Rechtsbeschwerdeverfahren abdeckt (VV Vorb. 5.1 Abs. 2) einschließlich des Verfahrens auf Zulassung der Rechtsbeschwerde (§ 16 Nr. 11) und insgesamt nur einmal entsteht. Die Gebühr entsteht mit der ersten Tätigkeit, also in der Regel mit der Entgegennahme der Information (VV Vorb. 5 Abs. 2).

10 Der **Wahlanwalt** erhält eine Vergütung in Höhe von 80 EUR bis 560 EUR; die Mittelgebühr beträgt 320 EUR.

11 Der **gerichtlich bestellte oder beigeordnete Anwalt** erhält eine Festgebühr in Höhe von 256 EUR.

12 Die Verfahrensgebühr entsteht mit der ersten Tätigkeit, in der Regel mit der Entgegennahme der Information (VV Vorb. 5 Abs. 2).

13 Zu beachten ist allerdings § 19 Abs. 1 S. 2 Nr. 10.
    – Für den bereits vorher tätigen Verteidiger zählt das Einlegen der Rechtsbeschwerde noch mit zur Vorinstanz. Für ihn entsteht die Verfahrensgebühr daher erst mit weiterer Tätigkeit nach Einlegung der Rechtsbeschwerde.
    – War der Verteidiger zuvor nicht tätig, wird für ihn die Verfahrensgebühr bereits mit dem Auftrag zur Einlegung der Rechtsbeschwerde ausgelöst.
    – Wird die Rechtsbeschwerde von der Staatsanwaltschaft eingelegt, entsteht für den Verteidiger die Verfahrensgebühr wiederum mit Auftragserteilung.

---

1 AG Betzdorf AGS 2009, 390 = VRR 2009, 240 = StRR 2010, 80.

2 AG Betzdorf AGS 2009, 390 = VRR 2009, 240 = StRR 2010, 80; AG Koblenz, Beschl. v. 2.3.2007 – 2040 Js 16140/06 – 34 OWi 253/06, 34 OWi (juris).

Ist ein Verfahren auf Zulassung der Rechtsbeschwerde vorausgegangen, unabhängig davon, ob der Betroffene oder die Staatsanwaltschaft die Zulassung beantragt hat, ist die Verfahrensgebühr bereits im Zulassungsverfahren angefallen und kann nicht erneut entstehen (siehe Rdn 36). 14

Eine Staffelung nach der Höhe des Bußgeldes ist im Gegensatz zum Verfahren vor der Verwaltungsbehörde und dem erstinstanzlichen gerichtlichen Verfahren nicht mehr vorgesehen.

Ebenso wenig ist eine Staffelung der Gebührenhöhe nach der Zuständigkeit des Gerichts vorgesehen. Der Anwalt erhält daher dieselben Gebühren, unabhängig davon, ob die Rechtsbeschwerde vor dem OLG oder dem BGH (§ 84 GWB, § 63 WpÜG sowie § 99 EnWG) stattfindet. 15

III. Terminsgebühr (VV 5114)

Kommt es zur Hauptverhandlung, so erhält der Verteidiger für die **Teilnahme an der Hauptverhandlung** je Verhandlungstag eine Terminsgebühr nach VV 5114. 16

Die Terminsgebühr entsteht je Kalendertag, an dem eine Hauptverhandlung stattfindet. Eine Unterscheidung zwischen erstem Hauptverhandlungstermin, erneutem ersten Hauptverhandlungstermin und Fortsetzungstermin ist nach dem RVG nicht mehr vorgesehen. 17

Die Terminsgebühr erhält der Verteidiger auch dann, wenn er zu einem anberaumten Termin erscheint, der Termin aber aus Gründen, die er nicht zu vertreten hat, nicht stattfindet (VV Vorb. 5 Abs. 3 S. 2). Dies gilt nicht, wenn der Verteidiger rechtzeitig von der Aufhebung oder Verlegung des Termins in Kenntnis gesetzt worden ist (VV Vorb. 5 Abs. 3 S. 2). 18

Eine Regelung für sonstige Termine außerhalb der Hauptverhandlung enthält Unterabschnitt 4 im Gegensatz zu Unterabschnitt 2 und 3 nicht. Solche Termine sind im Rechtsbeschwerdeverfahren grundsätzlich auch nicht möglich. Sofern solche Termine hier stattfinden sollten, würde hierfür jedenfalls keine gesonderte Terminsgebühr anfallen; diese Termine wären durch die Verfahrensgebühr abgegolten (VV Vorb. 5 Abs. 2). 19

Die Höhe der Gebühr beläuft sich für den **Wahlverteidiger** auf 80 EUR bis 560 EUR; die Mittelgebühr liegt bei 320 EUR. Der **gerichtlich bestellte oder beigeordnete Anwalt** erhält eine Festgebühr in Höhe von 256 EUR. 20

IV. Zusätzliche Gebühr (VV 5115)

Auch im Rechtsbeschwerdeverfahren kann der Anwalt die **zusätzliche Gebühr** nach **VV 5115** verdienen. Die frühere Streitfrage, ob die Gebührenerhöhung auch im Rechtsbeschwerdeverfahren Anwendung findet, ist damit geklärt. 21

Die Zusätzliche Gebühr kann entstehen bei 22
– **Rücknahme der Rechtsbeschwerde**,
– **Einstellung des Verfahrens außerhalb der Hauptverhandlung**.

Bei **Rücknahme der Rechtsbeschwerde** muss die Rücknahme allerdings im Falle eines bereits anberaumten Hauptverhandlungstermins mehr als zwei Wochen vor dem anberaumten Termin erklärt worden sein.

Unerheblich ist dagegen, wer die Rechtsbeschwerde eingelegt und zurückgenommen hat. Auch die Mitwirkung an der Rücknahme durch die Staatsanwaltschaft löst die zusätzliche Gebühr aus. 23

Strittig wird auch hier wohl sein, ob es Voraussetzung für den Anfall der zusätzlichen Gebühr ist, dass bereits ein Termin anberaumt war, oder ob mit einem Termin zu rechnen gewesen wäre (siehe VV 5115 Rdn 96). 24

Wird das Verfahren **außerhalb der Hauptverhandlung eingestellt**, ist insoweit unerheblich, ob bereits ein Hauptverhandlungstermin anberaumt war und wann dieser stattfinden sollte.

Wird im Rechtsbeschwerdeverfahren **ohne Hauptverhandlung** durch Beschluss entschieden – was der Regelfall ist (§ 79 Abs. 5 OWiG) –, entsteht keine zusätzliche Gebühr. Die Vorschrift der VV 5115; Anm. Abs. 1 Nr. 5 zu VV 5115 ist im Rechtsbeschwerdeverfahren nicht analog anwendbar. 25

Erwähnt in VV 5115 ist nur das Beschlussverfahren nach § 72 Abs. 1 S. 1 OWiG, nicht auch das nach § 79 Abs. 5 OWiG.

V. Zusätzliche Verfahrensgebühr (VV 5116)

26 Im Rechtsbeschwerdeverfahren kann weiterhin eine zusätzliche Verfahrensgebühr bei **Einziehung und verwandten Maßnahmen** nach VV 5116 anfallen.

27 Die Höhe der Gebühr nach VV 5116 beläuft sich auch im Rechtsbeschwerdeverfahren nur auf 1,0. Eine Erhöhung ist hier nicht vorgesehen.

C. Verfahren auf Zulassung der Rechtsbeschwerde

I. Zulassungsantrag

28 Das Stellen des Antrags auf Zulassung der Rechtsbeschwerde zählt nach § 19 Abs. 1 S. 2 Nr. 10, § 16 Nr. 11 für den im vorangegangenen Verfahren tätigen Verteidiger noch zur ersten Instanz und löst noch keine Gebühr aus.

29 War der Verteidiger zuvor nicht tätig, wird für ihn die Verfahrensgebühr bereits mit dem Auftrag zur Stellung des Antrags auf Zulassung der Rechtsbeschwerde ausgelöst.

30 Wird der Zulassungsantrag von der Staatsanwaltschaft eingelegt, entsteht für den Verteidiger die Verfahrensgebühr wiederum mit Auftragserteilung.

II. Rechtsbeschwerde wird nicht zugelassen

31 Wird die Rechtsbeschwerde nicht zugelassen, erhält der Verteidiger die bis dahin angefallene Verfahrensgebühr nach VV 5113, ggf. auch die Grundgebühr nach VV 5100 und eine zusätzliche Gebühr nach VV 5116. Weitere Gebühren entstehen nicht. Insbesondere kann im Verfahren auf Zulassung der Rechtsbeschwerde keine Terminsgebühr anfallen.

III. Antrag auf Zulassung der Rechtsbeschwerde wird zurückgenommen

32 Wird der Antrag auf Zulassung der Rechtsbeschwerde zurückgenommen, ist ebenfalls nur die Verfahrensgebühr nach VV 5113 entstanden, ggf. i.V.m. einer Grundgebühr (VV 5100) und einer zusätzlichen Gebühr (VV 5115).

33 Hinzukommen kann allerdings jetzt die zusätzliche Gebühr nach VV 5115, wenn der Anwalt an der Rücknahme mitgewirkt hat. Die VV 5115 ist analog anzuwenden auch auf die Rücknahme des Antrags auf Zulassung der Rechtsbeschwerde (siehe VV 5115 Rdn 99).

IV. Verfahren wird eingestellt

34 Möglich ist, dass die Sache bereits im Verfahren auf Zulassung der Rechtsbeschwerde eingestellt wird, etwa wenn sich ein Verfahrenshindernis ergibt (§ 80 Abs. 5 OWiG). Auch in diesem Fall erhält der Anwalt die Verfahrensgebühr nach VV 5113, ggf. wiederum in Verbindung mit einer Grundgebühr (VV 5100) und einer zusätzlichen Gebühr (VV 5115).

35 Hinzu kommt dann auch hier die zusätzliche Gebühr nach VV 5115, sofern der Anwalt an der Einstellung mitgewirkt hat.

V. Rechtsbeschwerde wird zugelassen

36 Wird die Rechtsbeschwerde zugelassen, gilt § 16 Nr. 11. Das Zulassungsverfahren und das Rechtsbeschwerdeverfahren nach Zulassung sind insgesamt eine Angelegenheit. Die bis dahin verdienten

Gebühren bleiben dem Anwalt erhalten. Sie können im nachfolgenden Rechtsbeschwerdeverfahren nicht mehr erneut entstehen. Lediglich der Gebührenrahmen kann wegen der weiteren Tätigkeit nach § 14 Abs. 1 höher ausgeschöpft werden.

Hinzukommen kann dann allerdings noch die Terminsgebühr, wenn es zu Hauptverhandlungsterminen kommt. 37

Ebenso kann die Gebühr nach VV 5115 hinzukommen, wenn das Rechtsbeschwerdeverfahren entsprechend beendet wird. 38

VI. Erneute Rechtsbeschwerde gegen erneute Entscheidung nach Zurückverweisung

Wird auf die (erste) Rechtsbeschwerde das Urteil der Vorinstanz aufgehoben und die Sache zurückverwiesen und gegen die erneute Entscheidung der Ausgangsinstanz wiederum Rechtsbeschwerde eingelegt, so handelt es sich um zwei verschiedene Angelegenheiten (siehe VV Vor 5113 Rdn 14 f.). 39

Der Anwalt kann daher im erneuten Rechtsbeschwerdeverfahren sämtliche Gebühren wieder erneut verdienen (§ 17 Nr. 1). Lediglich die Grundgebühr kann nicht erneut anfallen, da der Anwalt in diesem Fall definitiv bereits in die Sache eingearbeitet ist (Anm. Abs. 1 zu VV 5100). 40

D. Pauschgebühr

Die Bewilligung einer Pauschgebühr im Revisionsverfahren ist sowohl für den Wahlanwalt nach § 42 als auch für den gerichtlich bestellten oder beigeordneten Anwalt nach § 51 möglich, und zwar für sämtliche der dort anfallenden Gebühren (VV 5100, 5113, 5114, 5115), ausgenommen die Wertgebühr der VV 5116 (§§ 42 Abs. 1 S. 2; 51 Abs. 1 S. 2). 41

Für die Festsetzung zuständig ist in beiden Fällen der Bußgeldsenat des OLG. 42

E. Inanspruchnahme des Betroffenen

Ist der Anwalt gerichtlich bestellt oder beigeordnet, kann er nach § 52 den Betroffenen unter den dort genannten Voraussetzungen unmittelbar in Anspruch nehmen (§ 52 Abs. 6 S. 1). 43

F. Kostenerstattung

Über die Kosten des Rechtsbeschwerdeverfahrens hat das Gericht gemäß § 79 Abs. 3 OWiG, § 473 Abs. 1 bis 4 StPO zu entscheiden. Soweit der Betroffene freigesprochen wird, sind die Kosten und notwendigen Auslagen gemäß § 467 Abs. 1 StPO der Staatskasse aufzuerlegen. Wird die Rechtsbeschwerde verworfen, hat der Betroffene nach § 473 Abs. 1 StPO die Kosten des Verfahrens einschließlich seiner notwendigen Auslagen selbst zu tragen. 44

Die Kostenfestsetzung findet vor dem Gericht des ersten Rechtszuges statt. 45

Unterabschnitt 5. Zusätzliche Gebühren

Vorbemerkung zu VV 5115 f.

Ebenso wie in Strafsachen kann der Anwalt auch in Bußgeldsachen zusätzliche Gebühren verdienen. In Bußgeldsachen sind zwei zusätzliche Gebühren geregelt, nämlich 1

- in VV 5115 die zusätzliche Gebühr **bei vorzeitiger Erledigung des Verfahrens ohne Hauptverhandlung** und
- in VV 5116 die zusätzliche Verfahrensgebühr, wenn sich die Tätigkeit des Anwalts auf **Einziehung oder verwandte Maßnahmen** bezieht.

Nr.	Gebührentatbestand	Gebühr oder Satz der Gebühr nach § 13 oder § 49 RVG	
		Wahlanwalt	gerichtlich bestellter oder beigeordneter Rechtsanwalt
5115	Durch die anwaltliche Mitwirkung wird das Verfahren vor der Verwaltungsbehörde erledigt oder die Hauptverhandlung entbehrlich: Zusätzliche Gebühr .... (1) Die Gebühr entsteht, wenn 1. das Verfahren nicht nur vorläufig eingestellt wird oder 2. der Einspruch gegen den Bußgeldbescheid zurückgenommen wird oder 3. der Bußgeldbescheid nach Einspruch von der Verwaltungsbehörde zurückgenommen und gegen einen neuen Bußgeldbescheid kein Einspruch eingelegt wird oder 4. sich das gerichtliche Verfahren durch Rücknahme des Einspruchs gegen den Bußgeldbescheid oder der Rechtsbeschwerde der Betroffenen oder eines anderen Verfahrensbeteiligten erledigt; ist bereits ein Termin zur Hauptverhandlung bestimmt, entsteht die Gebühr nur, wenn der Einspruch oder die Rechtsbeschwerde früher als zwei Wochen vor Beginn des Tages, der für die Hauptverhandlung vorgesehen war, zurückgenommen wird, oder 5. das Gericht nach § 72 Abs. 1 Satz 1 OWiG durch Beschluss entscheidet. (2) Die Gebühr entsteht nicht, wenn eine auf die Förderung des Verfahrens gerichtete Tätigkeit nicht ersichtlich ist. (3) Die Höhe der Gebühr richtet sich nach dem Rechtszug, in dem die Hauptverhandlung vermieden wurde. Für den Wahlanwalt bemisst sich die Gebühr nach der Rahmenmitte.	in Höhe der jeweiligen Verfahrensgebühr	

Literatur: *Burhoff,* Sind die Befriedungsgebühren Nr. 4114 VV RVG bzw. Nr. 5115 VV RVG Festgebühren?, RVGreport 2005, 410; *ders.,* Die Zusätzliche Verfahrensgebühr Nr. 5115 VV RVG im Bußgeldverfahren, RVGreport 2015, 8; *Chemnitz,* Anwendung des § 84 Abs. 2 BRAGO auf das Bußgeldverfahren vor der Verwaltungsbehörde, AGS 1996, 71; *Enders,* Das Anwaltsgebührenrecht nach dem KostRÄndG 1994, Teil II, Straf- und Bußgeldsachen, JurBüro 1997, 1; *ders.,* Die Änderung der BRAGO durch das Justizmitteilungsgesetz und ihre Auswirkungen in der Praxis, JurBüro 1997, 617; *ders.,* Der neue § 84 Abs. 2 BRAGO, JurBüro 1995, 57; *ders.,* Anwendung des § 84 Abs. 2 auch in Bußgeldsachen bei Einstellung im Vorverfahren, JurBüro 1995, 281; *ders.,* Zusätzliche Gebühren nach den Nummern 4141 oder 5115 VV RVG auch dann, wenn die Einstellung erst nach dem ersten Hauptverhandlungstermin erfolgt?, JurBüro 2006, 449; *Henke,* BRAGO-Novelle 1994: Die neuen Rahmengebühren bei Straf- und Bußgeldverfahren, §§ 83 ff., § 105 BRAGO, AGS 1994, 70; *Hermann,* Gedanken zur Neufassung des § 84 Abs. 2 BRAGO, AGS 1996, 25; *Madert,* Gilt der neue § 84 Abs. 2 BRAGO auch im Bußgeldverfahren vor der Verwaltungsbehörde?, AGS 1995, 58; *ders.,* Findet § 84 Abs. 2 BRAGO i.V.m. § 105 Abs. 1 und Abs. 3 auch im Bußgeldverfahren vor der Verwaltungsbehörde Anwendung?, AnwBl 1997, 110; *ders.,* Findet § 84 Abs. 2 BRAGO i.V.m. § 105 Abs. 1 und Abs. 3 BRAGO auch im Bußgeldverfahren vor der Verwaltungsbehörde Anwendung?, AGS 1997, 13; *ders.,* Neuregelung des § 84 Abs. 2 und des § 105 BRAGO, AGS 1997, 85; *N. Schneider,* Anwendung des neuen § 84 Abs. 2 BRAGO im Bußgeldverfahren, ZAP Fach 24, S. 383; *ders.,* Gebührenerhöhung nach § 84 Abs. 2 BRAGO, ZAP Fach 24, S. 477; *ders.,* Höhere Vergütung bei Aufhebung und Neuerlass eines Bußgeldbescheides, AGS 2004, 330; *ders.,* Gebührenpraxis: Fünf Zweifelsfälle in Straf- und Bußgeldsachen, RGV-B 2005, 14; *ders.,* Die zusätzlichen Gebühren in Straf- und Bußgeldsachen nach den Nrn. 4141 und 5115 VV RVG, Fach 24, 1073; *ders.,* Die Berechnung der sog. Zwei-Wochen-Frist bei Rücknahme eines Einspruchs oder eines Rechtsmittels in Straf- und Bußgeldsachen DAR 2007, 671; *ders.,* Schweigen als Mitwirkung bei Einstellung des Verfahrens, NJW-Spezial 2015, 283; *ders.,* Zusätzliche Gebühr bei Berufung auf Aussageverweigerungsrecht, AGkompakt 2015, 19; *ders.,* Die Höhe der zusätzlichen Gebühren in Straf- und Bußgeldsachen, AGkompakt 2015, 100; *Stuth,* § 84 Abs. 2 BRAGO bei Einstellung der Ermittlungen wegen des strafrechtlichen Vergehens und Abgabe der Sache zur Verfolgung der Tat als Ordnungswidrigkeit, AGS 1998, 18; *Wierer,* Anwendbarkeit des § 84 Abs. 2 BRAGO im Bußgeldverfahren nach § 105 Abs. 1 BRAGO, JurBüro 1996, 230.

A. Allgemeines	1
B. Regelungsgehalt	2
I. Entstehungsgeschichte	2
II. Neue Regelung	5
III. Anwendbarkeit der VV 5115	7
1. Überblick	7
2. Verfahren vor der Verwaltungsbehörde einschließlich des Verwarnungsverfahrens und des Zwischenverfahrens (§ 69 OWiG) bis zum Eingang der Akten bei Gericht	11
3. Erstinstanzliches gerichtliches Verfahren	14
4. Rechtsbeschwerdeverfahren	15
5. Verfahren auf Zulassung der Rechtsbeschwerde	16
6. Verfahren nach Zurückverweisung	17
IV. Voraussetzungen der zusätzlichen Gebühr	18
1. Übersicht	18
2. Einstellung des Verfahrens (Anm. Abs. 1 Nr. 1)	19
a) Gemeinsame Voraussetzungen	19
b) Verfahren vor der Verwaltungsbehörde einschließlich des Verwarnungsverfahrens und des Zwischenverfahrens (§ 69 OWiG) bis zum Eingang der Akten bei Gericht	48
c) Gerichtliches Verfahren	50
d) Rechtsbeschwerdeverfahren	56
e) Verfahren über den Antrag auf Zulassung der Rechtsbeschwerde	57
3. Rücknahme des Bußgeldbescheids und Neuerlass (Anm. Abs. 1 Nr. 3)	58
4. Rücknahme des Einspruchs gegen den Bußgeldbescheid (Anm. Abs. 1 Nr. 2, 4)	63
a) Allgemeines	63
b) Verfahren vor der Verwaltungsbehörde und das sich anschließende Verfahren bis zum Eingang der Akten bei Gericht	67
c) Gerichtliches Verfahren	70
5. Abraten vom Einspruch	91
6. Entscheidung im Beschlussverfahren nach § 72 Abs. 1 S. 1 OWiG (Anm. Abs. 1 Nr. 5)	92
7. Rücknahme der Rechtsbeschwerde (Anm. Abs. 1 Nr. 4)	96
8. Entscheidung des Rechtsbeschwerdegerichts gemäß § 79 Abs. 5 S. 1 OWiG ohne Hauptverhandlung	98
9. Rücknahme des Antrags auf Zulassung der Rechtsbeschwerde nach § 80 Abs. 2 OWiG (analog Anm. Abs. 1 Nr. 4)	99
V. Höhe der Gebühr (Anm. Abs. 3)	100
C. Gerichtlich bestellter oder beigeordneter Rechtsanwalt	105
D. Rechtsschutzversicherung	106
E. Kostenerstattung	109

A. Allgemeines

Die Vorschrift der VV 5115 ist aus dem früheren § 105 BRAGO i.V.m. § 84 Abs. 2 BRAGO hervorgegangen. Im Gegensatz zur früheren Regelung wird nicht der Gebührenrahmen als solcher erhöht. Vielmehr erhält der Anwalt stattdessen eine zusätzliche Gebühr in Höhe der jeweiligen Verfahrensmittelgebühr (str., siehe Rdn 100 ff.). Ungeachtet dessen kann die zu § 84 BRAGO ergangene Rechtsprechung weitgehend auch für die Auslegung der VV 5115 herangezogen werden. **1**

B. Regelungsgehalt

I. Entstehungsgeschichte

Mit dem KostRÄndG 1994 war in § 84 Abs. 2 BRAGO die sog. **Befriedungsgebühr** eingeführt worden. Die Vorschrift war sprachlich misslungen und ist dann später durch das JuMiG vom 18.6.1997 neugefasst worden. Danach erhielt der Verteidiger im Strafverfahren auch außerhalb der Hauptverhandlung bei einer nicht nur vorläufigen Einstellung des Verfahrens oder bei rechtzeitiger Rücknahme des Einspruchs gegen einen Strafbefehl die Gebühr des § 83 Abs. 1 BRAGO in voller Höhe. Nach dem bis zum 30.6.1994 geltenden Recht erhielt der Verteidiger jeweils nur eine halbe Gebühr nach §§ 84 Abs. 1, 83 Abs. 1 BRAGO. Der Gebührenrahmen hatte sich damit im Falle der Einstellung oder der Rücknahme des Strafbefehls infolge der Gesetzesänderung verdoppelt. Diese Regelung war über § 105 Abs. 1 BRAGO auch im Bußgeldverfahren entsprechend anzuwenden, so dass sich auch hier die Gebühren nach § 105 Abs. 1 BRAGO i.V.m. § 84 Abs. 2 BRAGO auf eine volle Gebühr erhöhen konnten. **2**

Sinn und Zweck der Vorschrift des § 84 Abs. 2 BRAGO war es, für den Anwalt einen **Gebührenanreiz** zu schaffen, bereits frühzeitig daran mitzuwirken, dass eine Hauptverhandlung entbehrlich wird. Nach zuvor geltendem Recht stand sich der Anwalt nämlich besser, wenn das Verfahren erst in der Hauptverhandlung eingestellt wurde oder wenn er erst dort den Einspruch zurücknahm. Durch die Erhöhung seiner Gebühren außerhalb der Hauptverhandlung sollte der Verteidiger nach § 84 Abs. 2 BRAGO veranlasst werden, schon im Ermittlungsverfahren und im Verfahren außerhalb der Haupt- **3** verhandlung intensiver und zeitaufwendiger daran mitzuwirken, dass es nicht mehr zur Hauptverhandlung kommen musste.[1]

4 Nach dem Willen des Gesetzgebers sollte die Vorschrift des § 84 Abs. 2 BRAGO auch im Bußgeldverfahren uneingeschränkt gelten.[2] Eine besondere Regelung war nach seiner Meinung allerdings entbehrlich, da die Vorschriften des Sechsten Abschnitts der BRAGO im Bußgeldverfahren ohnehin entsprechend anwendbar sind. Hierbei hatte der Gesetzgeber allerdings übersehen, dass sich die Vorschrift des § 84 Abs. 2 BRAGO nicht ohne weiteres auf das Bußgeldverfahren übertragen ließ. Daher hatten sich zahlreiche Auslegungsprobleme ergeben, die jetzt aber weitgehend durch die neue Regelung in VV 5115 beseitigt worden sind.

II. Neue Regelung

5 Die neue Regelung sieht im Gegensatz zum bisherigen § 84 Abs. 2 BRAGO keine Erhöhung des Gebührenrahmens vor, sondern gewährt eine **zusätzliche Festgebühr**. Bei vorzeitiger Erledigung erhält der Anwalt eine Gebühr in Höhe der jeweiligen Verfahrensmittelgebühr. Es besteht also hinsichtlich dieser Gebühr kein Ermessensspielraum nach § 14 Abs. 1 (str.; siehe Rdn 100 ff.).

6 Die bisherigen Streitfragen sind jetzt weitgehend geregelt. Die zusätzliche Vergütung kann der Anwalt **in jedem Verfahrensabschnitt** erhalten. Insbesondere reicht es jetzt aus, wenn der Anwalt im vorbereitenden Verfahren bereits den Einspruch gegen einen Bußgeldbescheid zurücknimmt. Darüber hinaus erhält der Anwalt die zusätzliche Vergütung jetzt auch im Rechtsbeschwerdeverfahren, und zwar sowohl bei Rücknahme der Rechtsbeschwerde als auch bei Einstellung im Rechtsbeschwerdeverfahren. Bislang fehlte eine entsprechende Regelung, da § 86 Abs. 3 BRAGO keine Verweisung auf § 84 Abs. 2 BRAGO enthielt.

III. Anwendbarkeit der VV 5115

1. Überblick

7 Die Vorschrift der VV 5115 ist im Bußgeldverfahren in sämtlichen **drei Verfahrensabschnitten** anzuwenden, also:
– im Verfahren vor der Verwaltungsbehörde, dem Verwarnungsverfahren und dem Zwischenverfahren (§ 69 OWiG) bis zum Eingang der Akten bei Gericht (VV Vorb. 5.1.2 Abs. 1) – Unterabschnitt 2,
– im erstinstanzlichen gerichtlichen Verfahren – Unterabschnitt 3,
– im Rechtsbeschwerdeverfahren, einschließlich des Verfahrens auf Zulassung der Rechtsbeschwerde – Unterabschnitt 4.

8 Das gilt selbstverständlich auch für ein **Verfahren nach Zurückverweisung** (§ 21 Abs. 1) und für ein **wiederaufgenommenes Verfahren**.

9 Im **Wiederaufnahmeverfahren** selbst wäre VV 5115 zwar anwendbar, scheidet dort jedoch tatbestandlich aus.

10 Unerheblich ist, ob zuvor wegen derselben Tat ein Strafverfahren stattgefunden hat, das bereits eingestellt wurde (zu den Abrechnungsproblemen der strafrechtlichen Gebühren siehe VV 4141 Rdn 20 ff.).

2. Verfahren vor der Verwaltungsbehörde einschließlich des Verwarnungsverfahrens und des Zwischenverfahrens (§ 69 OWiG) bis zum Eingang der Akten bei Gericht

11 Die Anwendbarkeit des § 84 Abs. 2 BRAGO war im Verfahren vor der Verwaltungsbehörde und dem sich anschließenden Verfahren bis zum Eingang der Akten bei Gericht zunächst umstritten, da der frühere Wortlaut des § 105 BRAGO unklar war. Diese Unklarheit hat der Gesetzgeber durch

---

[1] BT-Drucks 12/6962, S. 106. [2] BT-Drucks 12/6962, S. 106.

eine Änderung des § 105 BRAGO beseitigen wollen. Er hatte in § 105 Abs. 2 S. 3 BRAGO zuletzt ausdrücklich angeordnet, dass § 84 BRAGO entsprechend anzuwenden sei. Ungeachtet dessen wurde nach wie vor, vor allem von Rechtsschutzversicherern, regelmäßig in Abrede gestellt, dass die Vorschrift des § 84 Abs. 2 BRAGO schon im Verfahren vor der Verwaltungsbehörde und dem sich anschließenden Verfahren anzuwenden sei.[3]

Diese Streitfrage ist nunmehr geklärt. In Anm. Abs. 1 Nr. 1 ist keine Einschränkung vorgenommen, so dass die zusätzliche Gebühr bei Einstellung in allen Verfahrensabschnitten greift. Gleiches gilt für Anm. Abs. 1 Nr. 2. Auch dort findet sich keine Einschränkung. Im Gegenteil folgt aus der Regelung in Anm. Abs. 1 Nr. 2, dass diese auch für das vorbereitende Verfahren gelten muss. Da die Einspruchsrücknahme im gerichtlichen Verfahren nämlich gesondert in Anm. Abs. 1 Nr. 4 geregelt ist, wäre die Regelung in Anm. Abs. 1 Nr. 2 anderenfalls überflüssig.

Mit dem RVG ist die frühere gesetzliche Regelung der BRAGO durch den Tatbestand der Anm. Abs. 1 Nr. 3, nämlich für den Fall, dass die Bußgeldbehörde den Bußgeldbescheid nach Einspruch zurücknimmt und einen neuen Bußgeldbescheid erlässt, den der Betroffene dann akzeptiert, erweitert worden. Die Rechtsprechung hatte insoweit früher schon die Vorschrift des § 84 Abs. 2 BRAGO analog angewandt.[4] Mit dem RVG ist diese Variante ausdrücklich im Gesetz geregelt.

3. Erstinstanzliches gerichtliches Verfahren

Die Anwendung des § 84 Abs. 2 BRAGO auf das erstinstanzliche gerichtliche Verfahren war nie umstritten. Dies wird weiterhin gelten. Hier kommt also die zusätzliche Gebühr nach VV 5115 stets in Betracht, wenn die Hauptverhandlung vermieden wird.

4. Rechtsbeschwerdeverfahren

Für das Rechtsbeschwerdeverfahren fehlte es in der BRAGO an einer ausdrücklichen Regelung, da § 86 Abs. 3 BRAGO die Vorschrift des § 84 Abs. 2 BRAGO nicht erwähnte. Insoweit wurde jedoch zum Teil auf die allgemeine Verweisung in § 105 Abs. 1 BRAGO zurückgegriffen.[5] Jetzt stellt sich das Problem nicht mehr. Die zusätzliche Gebühr nach VV 5115 kann auch im Rechtsbeschwerdeverfahren anfallen.

5. Verfahren auf Zulassung der Rechtsbeschwerde

Da die Gebühren nach den VV 5113, 5114 auch im Verfahren auf Zulassung der Rechtsbeschwerde gelten (siehe Rdn 99), ist VV 5115 auch dann anzuwenden, wenn der Zulassungsantrag zurückgenommen oder das Verfahren in diesem Stadium eingestellt wird.[6]

6. Verfahren nach Zurückverweisung

Die zusätzliche Gebühr kann auch nach einer Zurückverweisung anfallen. Wird das erstinstanzliche Urteil vom Rechtsbeschwerdegericht aufgehoben und die Sache an das erstinstanzliche Gericht zurückverwiesen und dort außerhalb der Hauptverhandlung eingestellt, so erhält der Anwalt auch hier die zusätzliche Gebühr.

Beispiel: Der Betroffene ist vom Amtsgericht zu einem Bußgeld von 50 EUR verurteilt worden. Er legt hiergegen Rechtsbeschwerde ein. Das OLG hebt das Urteil des AG auf und verweist die Sache an das AG zurück. Dort wird das Verfahren außerhalb der Hauptverhandlung eingestellt.

---

3 AG Neustadt a. Rhge. AnwBl 1998, 610; AG Darmstadt MDR 1997, 407; AG Donaueschingen AnwBl 1998, 611; AG Freiburg AnwBl 1998, 611; AG Lüdenscheid AGS 1998, 106; AG Mannheim zfs 1998, 481; LG Köln AGS 1997, 139; AG Arnsberg AGS 1999, 155; AG Betzdorf AnwBl 2000, 630; AG Krefeld zfs 2000, 407.

4 AG Freiburg AGS 2003, 30 m. Anm. *N. Schneider* = AnwBl 2002, 663 = zfs 2004, 86.

5 LG Hamburg AGS 2001, 105 m. Anm. *Madert* = BRAGOreport 2001, 91 m. Anm. *N. Schneider* = JurBüro 2001, 301 = KostRsp. BRAGO § 86 Nr. 11 m. Anm. *N. Schneider*.

6 Siehe *N. Schneider*, RVG-B 2005, 14.

Zu rechnen ist wie folgt:
I. Verfahren vor Zurückverweisung
1. Verfahrensgebühr, VV 5109 — 160,00 EUR
2. Terminsgebühr, VV 5110 — 255,00 EUR
3. Postentgeltpauschale, VV 7002 — 20,00 EUR
   Zwischensumme — 435,00 EUR
4. 19 % Umsatzsteuer, VV 7008 — 82,65 EUR
Gesamt — 517,65 EUR

II. Rechtsbeschwerde
1. Verfahrensgebühr, VV 5113 — 320,00 EUR
2. Postentgeltpauschale, VV 7002 — 20,00 EUR
   Zwischensumme — 340,00 EUR
3. 19 % Umsatzsteuer, VV 7008 — 64,60 EUR
Gesamt — 404,60 EUR

III. Verfahren nach Zurückverweisung
1. Verfahrensgebühr, VV 5109 — 160,00 EUR
2. Zusätzliche Gebühr, VV 5115 i.V.m. VV 5109 — 160,00 EUR
3. Postentgeltpauschale, VV 7002 — 20,00 EUR
   Zwischensumme — 340,00 EUR
4. 19 % Umsatzsteuer, VV 7008 — 64,60 EUR
Gesamt — 404,60 EUR

IV. Voraussetzungen der zusätzlichen Gebühr

1. Übersicht

18 Einen Anspruch auf die zusätzliche Gebühr erwirbt der Anwalt nur, wenn er daran mitgewirkt hat, dass sich das Verfahren vor der Verwaltungsbehörde erledigt hat oder dass die Hauptverhandlung entbehrlich geworden ist, weil:
– das Verfahren eingestellt wurde (Anm. Abs. 1 Nr. 1),
– der Einspruch gegen den Bußgeldbescheid rechtzeitig zurückgenommen worden ist (Anm. Abs. 1 Nr. 2, Nr. 4),
– der Bußgeldbescheid nach Einspruch von der Verwaltungsbehörde zurückgenommen und gegen den neu erlassenen Bußgeldbescheid kein Einspruch eingelegt worden ist (Anm. Abs. 1 Nr. 3),
– die Rechtsbeschwerde zurückgenommen worden ist (Anm. Abs. 1 Nr. 4),
– der Antrag auf Zulassung der Rechtsbeschwerde zurückgenommen worden ist (analog Anm. Abs. 1 Nr. 4),
– das Gericht nach § 72 Abs. 1 S. 1 OWiG durch Beschluss entschieden hat (Anm. Abs. 1 Nr. 5).

2. Einstellung des Verfahrens (Anm. Abs. 1 Nr. 1)

a) Gemeinsame Voraussetzungen

19 Das Bußgeldverfahren kann in jedem Stadium eingestellt werden. Die Einstellung kommt also in Betracht im Verfahren vor der Verwaltungsbehörde – einschließlich des Verwarnungsverfahrens und des Zwischenverfahrens (§ 69 OWiG) – bis zum Eingang der Akten bei Gericht (Unterabschnitt 2), im gerichtlichen Verfahren (Unterabschnitt 3) und im Rechtsbeschwerdeverfahren einschließlich des Verfahrens auf Zulassung der Rechtsbeschwerde (Unterabschnitt 4).

20 Für alle Verfahren gemeinsam gilt, dass die Einstellung **nicht nur vorläufig** sein darf.

21 Die **Abgabe an die Staatsanwaltschaft** zur Übernahme des Verfahrens wegen des Verdachts einer Straftat (§ 41 OWiG) reicht nicht aus. Zwar ist das Strafverfahren eine vom Bußgeldverfahren unabhängige eigene Angelegenheit, jedoch ist mit der Abgabe – anders als im umgekehrten Fall der Einstellung des Strafverfahrens und Abgabe an die Bußgeldbehörde – keine Einstellung verbunden. Die Staatsanwaltschaft verfolgt vielmehr die (Straf-)Tat auch unter dem Gesichtspunkt der Ordnungswidrigkeit weiter.

Eine **Teileinstellung** wegen einzelner Taten reicht grundsätzlich ebenfalls nicht aus, da damit das Verfahren als solches gerade nicht endgültig eingestellt wird.[7]

Wird ein Bußgeldverfahren allerdings gegen mehrere Betroffene geführt, so reicht die **Teileinstellung gegen einen der Betroffenen** aus, sofern das Verfahren gegen ihn damit endgültig erledigt wird. Sein Verteidiger kann also in diesem Fall die zusätzliche Gebühr nach VV 5115 verdienen. Dass das Verfahren gegen alle Beteiligten endgültig eingestellt wird, ist für die Anwendung der VV 5115 nicht erforderlich.[8]

In den Anwendungsbereich der VV 5115 fallen daher folgende Einstellungen:
– § 46 Abs. 1 OWiG i.V.m. § 170 Abs. 2 StPO,[9]
– § 46 Abs. 1 OWiG i.V.m. § 154 StPO,[10]
– § 46 Abs. 1 OWiG i.V.m. § 206a StPO,
– § 47 Abs. 2 OWiG.[11]

Nicht hierzu zählen die Einstellungen nach:
– § 46 Abs. 1 OWiG i.V.m. § 205 StPO,[12]
– § 46 Abs. 1 OWiG i.V.m. § 154d StPO.[13]

Ebenso wie im Strafverfahren ist es erforderlich, dass der Verteidiger an der Einstellung oder Erledigung des Verfahrens **mitgewirkt** hat. Das Gesetz formuliert dies negativ und schließt in Anm. Abs. 2 die zusätzliche Gebühr aus, „*wenn eine auf die Förderung des Verfahrens gerichtete Tätigkeit nicht ersichtlich ist*". Damit kehrt sich bei einer Einstellung des Verfahrens die **Darlegungs- und Beweislast** um. Die Mitwirkung des Anwalts wird vermutet. Ihr ausnahmsweises Fehlen ist vom Gebührenschuldner oder vom Erstattungspflichtigen zu beweisen.[14]

Mitwirkung i.S.d. VV 5115 bedeutet, dass der Verteidiger durch seine Tätigkeit die endgültige Einstellung des Verfahrens **zumindest gefördert** haben muss. Es genügt jede Tätigkeit des Verteidigers, die zur Förderung der Verfahrenserledigung geeignet ist.[15] Eine Ursächlichkeit ist nicht erforderlich.[16] Der Umstand, dass das Verfahren auch ohne Zutun des Verteidigers möglicherweise ohnehin eingestellt worden wäre, ist unerheblich.[17] Unzutreffend insoweit daher AG Köln,[18] das bei Einstellung wegen Verfolgungsverjährung die Tätigkeit des Rechtsanwalts grundsätzlich nicht kausal für die Beendigung des Verfahrens ansieht, da es eines Hinweises auf die Verfolgungsverjährung in aller Regel nicht bedürfe, weil die Verjährungsfristen den Bußgeldbehörden grundsätzlich bekannt seien. Diese Argumentation geht schon deshalb an der Praxis vorbei, weil die Bußgeldbehörden Verjährungsvorschriften häufig nicht beachten. Wird wegen einer verjährten Tat ermittelt, dann muss der Hinweis auf den Verjährungseintritt daher immer ausreichen, um die zusätzliche Gebühr der VV 5115 auszulösen.

Hierzu reicht es aus, dass der Verteidiger für den Betroffenen eine **Einlassung** abgegeben hat, wobei die Einlassung auch in einem früheren Verfahrensstadium oder gar in einem vorangegangenen Strafverfahren abgegeben worden sein kann (siehe Rdn 46).

Ebenso genügt eine **Sachverhaltsaufklärung**, eine **Besprechung mit der Verwaltungsbehörde** über den Verfahrensfortgang.

---

7 BT-Drucks 12/6962, S. 106; *Burhoff*, RVG, VV 5115 Rn 14 i.V.m. VV 4141 Rn 17 f.
8 *Burhoff*, RVG, VV 5115 Rn 14 i.V.m. VV 4141 Rn 17 f.
9 *Burhoff*, RVG, VV 5115 Rn 13.
10 *Burhoff*, RVG, VV 5115 Rn 13.
11 *Otto*, JurBüro 1994, 396; *Burhoff*, RVG, VV 5115 Rn 13.
12 *Enders*, JurBüro 1995, 58; *Burhoff*, RVG, VV 5115 Rn 13.
13 *Enders*, JurBüro 1995, 58; *Burhoff*, RVG, VV 5115 Rn 13.
14 *Burhoff*, RVG, VV 5115 Rn 13.
15 LG Stralsund, Beschl. v. 28.4.2005 – 22 Qs 118/05 OWi.
16 AG Kempten AGS 2003, 312 m. Anm. *N. Schneider*; *Burhoff*, VV 5115 Rn 10; zu Strafsachen OLG Düsseldorf Rpfleger 1999, 149 = JurBüro 1999, 313; AGS 2003, 112 = JurBüro 2003, 41.
17 AG Kempten AGS 2003, 312 m. Anm. *N. Schneider*; unzutreffend BGH AGS 2011, 128 = MDR 2011, 392 = Rpfleger 2011, 296 = zfs 2011, 285 = NJW 2011, 1605 = AnwBl 2011, 499 = BRAK-Mitt 2011, 91 = JurBüro 2011, 244 = NZV 2011, 337 = DAR 2011, 434 = NJW-Spezial 2011, 187 = VRR 2011, 118 = RVGprof 2011, 85 = StRR 2011, 83 u. 201 = RVGreport 2011, 182.
18 AGS 2010, 75 = JurBüro 2010, 139 = AGkompakt 2010, 74.

30 Ausreichend ist auch die **Benennung von Zeugen**[19] oder ein sonstiger **Beweisantrag**, etwa auf Einholung eines **Sachverständigengutachtens** zum Unfallhergang[20] o.Ä.

31 Ferner genügt der anwaltliche Antrag, ein Verfahren wegen offensichtlich mangelhafter Sachverhaltsaufklärung an die Bußgeldstelle zurückzuverweisen, wenn die Behörde das Verfahren dann später einstellt.[21]

32 Des Weiteren reicht es aus, wenn der Verteidiger aufgrund seiner Eingaben bewirkt, dass die Verwaltungsbehörde übersieht, verjährungsunterbrechende Maßnahmen einzuleiten und die Sache verjähren lässt.[22]

33 Ebenso genügt es, wenn der Verteidiger die Rücknahme des Rechtsmittels der Staatsanwaltschaft anregt; ausreichend ist es insoweit, wenn er dazu Ausführungen macht, die zur Förderung der Verfahrenseinstellung geeignet erscheinen.[23]

34 Kontrovers diskutiert wurde lange Zeit die Frage, ob **die Berufung auf ein Aussageverweigerungsrecht** des Betroffenen als Mitwirkung ausreicht.

Einige Gerichte hatten die Berufung auf ein Aussageverweigerungsrecht als „Nichtstun" abgewertet, das nicht ausreiche.[24] Auch der anwaltliche Rat an den Mandanten, sich zu den erhobenen Vorwürfen nicht zu äußern („gezieltes Schweigen"), sei keine Mitwirkung des Anwalts an der Erledigung und löse daher keine zusätzliche Gebühr aus.[25] Demgegenüber haben andere Gerichte die Berufung auf das Aussageverweigerungsrecht als „beredtes Schweigen" und damit als ausreichende Mitwirkung angesehen.[26]

35 Die letzte Auffassung ist zutreffend. Wenn der Anwalt seinen Mandanten dahingehend berät, sich auf sein Aussageverweigerungsrecht zu berufen und damit der Staatsanwaltschaft oder Verwaltungsbehörde das einzige Beweismittel verloren geht, das zur Verfügung steht, dann hat der Verteidiger an der Einstellung mitgewirkt. Dass die Tätigkeit des Verteidigers hier gerade nicht auf die Aufklärung der Tat gerichtet ist, sondern darauf, dass die Tat nicht aufgeklärt wird, ist unerheblich. Es ist nicht Aufgabe des Verteidigers, die Tat aufzuklären, sondern, seinen Mandanten sachgerecht zu verteidigen. Im Übrigen ist es in der Praxis häufig schwieriger, den Mandanten davon zu überzeugen, sich auf sein Aussageverweigerungsrecht zu berufen und nichts zu sagen, als der Staatsanwaltschaft, dem Gericht oder der Verwaltungsbehörde einmal zu erklären, wie sich die Tat ereignet hat und sich dabei „um Kopf und Kragen zu reden".

36 Diese Auffassung hat der BGH dem Grunde nach bestätigt.[27] Er schließt allerdings die Anwendung des VV in diesem Fall aus, wenn unabhängig von der (fehlenden) Einlassung des Betroffenen offenkundig ist, dass dieser die ihm vorgeworfene Ordnungswidrigkeit nicht begangen haben kann. Hintergrund der Entscheidung war, dass im Rahmen einer Geschwindigkeitsüberschreitung ein Frontfoto des Fahrers gefertigt worden war, das ersichtlich einen männlichen Fahrer erkennen ließ. Das Bußgeldverfahren war jedoch gegen eine Frau eingeleitet worden. Daher hielt es der BGH für möglich, dass das Verfahren nicht wegen der Aussageverweigerung, sondern aus anderen Gründen eingestellt worden sei und hat die Sache zur erneuten Entscheidung an das OLG zurückverwiesen.

37 Dem ersten Teil der BGH-Entscheidung ist uneingeschränkt zuzustimmen. Soweit der BGH im Folgenden jedoch danach differenziert, ob das Verfahren nicht ohnehin eingestellt worden wäre, kann dem nicht gefolgt werden. Solche hypothetischen Erwägungen sind den VV 5115 und VV 4141 fremd. Eine Ursächlichkeit ist gerade nicht erforderlich. Ausreichend ist jede Mitwirkungshandlung. Die anzustellende Prognose bringt der Praxis auch nur weitere Schwierigkeiten. So geht der BGH

---

19 Enders, JurBüro 1995, 58.
20 LG Detmold, Beschl. v. 17.6.2008 – 4 Qs 71/08.
21 AG Stadtroda AGS 2016, 8 = RVGreport 2016, 21 = NJW-Spezial 2016, 61 = RVGprof. 2016, 84.
22 LG Oldenburg AGS 2013, 408 = zfs 2013, 467 = RVGprof. 2013, 114 = RVGreport 2013, 320.
23 LG Stralsund, Beschl. v. 28.4.2005 – 22 Qs 118/05 OWi.
24 So AG Meinerzhagen RVGprof. 2007, 67; AG Halle AGS 2007, 77 u. 85.
25 AG Hannover AGS 2006, 290 m. Anm. *N. Schneider* = JurBüro 2006, 79.
26 AG Charlottenburg AGS 2007, 309 m. Anm. *N. Schneider*; so auch schon zur BRAGO AG Bremen AGS 2003, 29 m. Anm. *N. Schneider* = zfs 2002, 351; siehe auch *Burhoff* VV 4141 VV RVG Rn 7.
27 AGS 2011, 128 = MDR 2011, 392 = Rpfleger 2011, 296 = zfs 2011, 285 = NJW 2011, 1605 = AnwBl 2011, 499 = BRAK-Mitt 2011, 91 = JurBüro 2011, 244 = NZV 2011, 337 = DAR 2011, 434 = NJW-Spezial 2011, 187 = VRR 2011, 118 = RVGprof 2011, 85 = StRR 2011, 83 u. 201 = RVGreport 2011, 182.

im vorliegenden Fall davon aus, dass das Verfahren möglicherweise ohnehin eingestellt worden wäre, weil das Tatfoto eine männliche Person zeigt, während der Bußgeldbescheid gegen eine weibliche Person ergangen ist und daher offensichtlich gewesen sei, dass die Betroffene gar nicht Täterin gewesen sein könne. Unterstellt man dies, dann fragt es sich allerdings, wieso gegen die Betroffene überhaupt ein Bußgeldverfahren eingeleitet werden muss. Muss man nicht eher damit rechnen, dass eine Bußgeldbehörde, die gegen einen offensichtlich nicht als Täter in Betracht kommenden Betroffenen ein Verfahren einleitet, ebenso wenig Hemmungen hat, gegen den offensichtlich nicht als Täter in Betracht kommenden Betroffenen dann auch einen Bußgeldbescheid oder Strafbefehl zu erwirken? Die Praxis zeigt, dass dies laufend geschieht. Aus meiner Sicht ist daher die Differenzierung des BGH schon vom Ansatz her untauglich. Wenn gegen jemanden, der offensichtlich als Täter nicht in Betracht kommt, ein Ermittlungsverfahren eingeleitet wird, dann wird sich kaum feststellen lassen, dass das Verfahren gegen ihn sowieso eingestellt worden wäre. Abgesehen davon bleibt die Tätigkeit des Verteidigers dieselbe. Er muss alle Eventualitäten beachten, so dass ihm dann auch die zusätzliche Gebühr zustehen muss, wenn es zur Einstellung des Verfahrens kommt.

Erforderlich ist allerdings, dass der Verteidiger klar und deutlich zu erkennen gibt, dass sich der Betroffene auf sein Aussageverweigerungsrecht beruft. Im Zweifel sollte dies ausdrücklich erklärt werden. Reicht der Verteidiger z.B. kommentarlos die Akte nach Einsichtnahme zurück, ohne eine Einlassung abzugeben, ist seine Mitwirkung schon zweifelhaft. Wenn er aber klar und deutlich zu erkennen gibt, dass der Betroffene keine Angaben machen wird, weiß die Staatsanwaltschaft bzw. die Verwaltungsbehörde, dass dieses Beweismittel nicht zur Verfügung steht und muss das Verfahren nach § 170 Abs. 2 StPO einstellen, wenn ansonsten keine weiteren Beweismittel vorhanden sind.[28] **38**

> **Beispiel:** Gegen den Mandanten wird wegen des Verdachts einer Geschwindigkeitsüberschreitung ermittelt. Das gefertigte Foto lässt den Fahrer nicht eindeutig erkennen. Beruft sich der Betroffene jetzt auf sein Aussageverweigerungsrecht, dann steht fest, dass kein Beweismittel zur Verfügung steht, das zur Überführung des Täters führen könnte, sodass das Verfahren mangels Tatverdacht eingestellt werden muss. Der Verteidiger verdient in diesem Fall die zusätzliche Gebühr.

Nicht ausreichend ist die Erklärung des Verteidigers gegenüber der Behörde „Jegliche Einlassungen zur Sache bleiben vorbehalten.".[29] **39**

Auch die Mitteilung vom **Tod des Betroffenen** genügt, da dann nach § 46 Abs. 1 OWiG i.V.m. § 206a StPO eingestellt werden muss und der Verteidiger durch seine Mitteilung die Durchführung der Hauptverhandlung entbehrlich macht.[30] **40**

Im Falle der Rücknahme genügt die bloße **Rücknahmeerklärung**.[31] **41**

Nimmt der Auftraggeber den Einspruch selbst zurück, genügt die Beratung des Mandanten und die Empfehlung, den Einspruch zurückzunehmen. Welche Tätigkeiten soll der Verteidiger gegenüber dem Gericht noch vornehmen? Einlassungen und Stellungnahmen gegenüber dem Gericht sind vollkommen überflüssig. Die Tätigkeit des Verteidigers findet in einem solchen Fall „denknotwendigerweise nicht in der Akte, sondern im Büro des Verteidigers statt".[32] Leider ist vielfach zu beobachten, dass die Gerichte die Umkehr der Darlegungs- und Beweislast verkennen. Beispielhaft hierzu die Entscheidung des AG Berlin-Tiergarten.[33] **42**

Nicht ausreichend ist die **bloße Bestellung** oder der Antrag auf Akteneinsicht, selbst wenn gleichzeitig eine Einlassung angekündigt wird. **43**

---

28 AG Hamburg-Barmbek AGS 2011, 596 = JurBüro 2011, 365 = RVGprof. 2011, 86 = VRR 2011, 199 = StRR 2011, 207 = RVGreport 2012, 109, so insb. auch *Burhoff*, VV 4141 Rn 7.
29 AG Schöneberg, Urt. v. 27.8.2015 – 106 C 124/15.
30 Zu VV 4141: LG Magdeburg Rpfleger 2000, 514.
31 AG Wiesbaden AGS 2003, 544 m. Anm. *N. Schneider*; *Burhoff*, VV 5115 Rn 20; zum Strafverfahren: AG Braunschweig AGS 2000, 54; 2004, 163; LG Braunschweig AGS 2004, 256 m. Anm. *N. Schneider*.
32 Zum Strafverfahren: AG Braunschweig AGS 2000, 54; 2004, 163; LG Braunschweig AGS 2004, 256 m. Anm. *N. Schneider*.
33 Zum Strafverfahren: AGS 2000, 53 m. Anm. *Herrmann* = KostRsp. BRAGO § 84 Nr. 106 m. abl. Anm. *N. Schneider*.

44 Voraussetzung der VV 5115 ist es nicht, dass die Mitwirkung des Anwalts auch in dem Verfahrensstadium erfolgte, in dem es zur Erledigung gekommen ist. Auch Mitwirkungen in früheren Verfahrensabschnitten reichen aus (siehe auch Rdn 46).[34]

> **Beispiel:** Der Verteidiger gibt vor der Verwaltungsbehörde eine Einlassung ab. Die Verwaltungsbehörde gibt ungeachtet dessen die Sache an das Amtsgericht ab, das das Verfahren einstellt.
> Im gerichtlichen Verfahren entsteht die Gebühr nach VV 5115.

45 Da es nicht darauf ankommt, in welchem Verfahrensabschnitt die Mitwirkung erfolgt, ist es folglich auch unerheblich, wenn sich später nicht feststellen lässt, wann eine Einlassung zu den Akten gelangt ist, also ob sie noch bei der Verwaltungsbehörde eingegangen ist oder erst bei Gericht.[35]

46 War ein Strafverfahren vorangegangen, das eingestellt worden ist, so reicht eine dort abgegebene Einlassung auch für das anschließend eingeleitete Bußgeldverfahren als hinreichende Mitwirkungshandlung aus.[36]

> **Beispiel:** Der Verteidiger gibt im Strafverfahren eine Einlassung ab. Anschließend wird das Strafverfahren eingestellt und die Sache an die zuständige Verwaltungsbehörde abgegeben, die daraufhin wegen des Verdachts einer Ordnungswidrigkeit ermittelt, das Verfahren später aber ebenfalls einstellt, ohne dass der Verteidiger eine weitere Einlassung abgegeben hat.
> Die Einlassung im strafrechtlichen Verfahren wirkt auch für das Bußgeldverfahren, so dass hier die zusätzliche Gebühr nach VV 5115 entsteht.

47 An die Mitwirkung des Rechtsanwalts dürfen nicht zu hohe Anforderungen gestellt werden. Schließlich hat er als Verteidiger die Interessen des Betroffenen zu wahren. Es ist nicht seine primäre Aufgabe, das Verfahren zu fördern.[37] Wegen der Einzelheiten sei im Übrigen auch auf die Kommentierung zu VV 4141 verwiesen.

b) Verfahren vor der Verwaltungsbehörde einschließlich des Verwarnungsverfahrens und des Zwischenverfahrens (§ 69 OWiG) bis zum Eingang der Akten bei Gericht

48 Wird das Verfahren vor der Verwaltungsbehörde im Verwarnungsverfahren oder im Zwischenverfahren (§ 69 OWiG) bis zum Eingang der Akten bei Gericht eingestellt und hat der Anwalt nach den vorstehenden Grundsätzen an der Einstellung mitgewirkt, so erhält er nach Anm. Abs. 1 Nr. 1 immer die zusätzliche Gebühr nach VV 5115.

49 Da das Verfahren bis zum Eingang der Akten bei Gericht andauert, muss die Einstellung nicht durch die **Verwaltungsbehörde** vorgenommen werden. Auch die Einstellung des Verfahrens durch die **Staatsanwaltschaft** im Zwischenverfahren löst die zusätzliche Gebühr aus.

c) Gerichtliches Verfahren

50 Im erstinstanzlichen gerichtlichen Verfahren kommt die Anwendung der VV 5115 ebenfalls zum Zuge. Voraussetzung für die zusätzliche Gebühr nach VV 5115 ist, dass die anstehende Hauptverhandlung entbehrlich wird.

51 Wird das gerichtliche Verfahren außerhalb der Hauptverhandlung nicht nur vorläufig eingestellt und wirkt der Anwalt daran mit, so erhält er die zusätzliche Gebühr. Auf den Zeitpunkt der Einstellung kommt es – im Gegensatz zur Rücknahme des Einspruchs – nicht an.

52 Nach zutreffender Ansicht kann der Verteidiger eine zusätzliche Gebühr nach VV 5115 auch dann verdienen, wenn bereits eine Hauptverhandlung stattgefunden hat, in der das Verfahren ausgesetzt worden ist. In diesem Fall muss mit der Hauptverhandlung wieder erneut begonnen werden. Erübrigt

---

[34] AG Viechtach zfs 2004, 577; AG Zossen AGS 2009, 72 = StRR 2009, 3 = NJW-Spezial 2009, 125; AG Zossen AGS 2009, 72 = StRR 2009, 3 = NJW-Spezial 2009, 125 = RVGprof. 2009, 77 = RVGreport 2009, 188 = VRR 2009, 200.

[35] AG Viechtach zfs 2004, 577.

[36] BGH AGS 2008, 491 = zfs 2008, 709 = AnwBl 2008, 886 = BRAK-Mitt 2008, 280 = MDR 2008, 1366 = zfs 2008, 709 = Rpfleger 2009, 48 = StRR 2009, 78 = JurBüro 2008, 639 = DAR 2009, 56 = NJW 2009, 368 = BGHReport 2009, 51 = NJW-Spezial 2008, 701 = RVGreport 2008, 431 = RVGprof. 2008, 205 = VRR 2008, 438 = BRAK-Mitt 2008, 280 = StRR 2009, 78.

[37] *Enders*, JurBüro 1995, 58.

sich aber dieser erneute Hauptverhandlungstermin unter Mitwirkung des Verteidigers, so entsteht die zusätzliche Gebühr der VV 5115. Für das Strafverfahren hat der BGH[38] dies ausdrücklich klargestellt. Insoweit kann in Bußgeldsachen nichts anderes gelten. Ältere Instanzrechtsprechung vor der Entscheidung des BGH kann daher an sich nicht mehr verwertet werden.

> **Beispiel:** Aufgrund eines Beweisantrages in der Hauptverhandlung muss ein weiterer Zeuge geladen werden. Da dieser nicht innerhalb der Drei-Wochen-Frist des § 71 OWiG, § 229 StPO zur Verfügung steht, muss die Hauptverhandlung von neuem begonnen werden. Der Verteidiger erreicht nunmehr, dass das Verfahren außerhalb der Hauptverhandlung endgültig eingestellt wird.
> Zu rechnen ist wie folgt (ausgehend von einem Bußgeld von 60 EUR bis 5.000 EUR):
> 1. Grundgebühr, VV 5100[39]   100,00 EUR
> 2. Verfahrensgebühr, VV 5109   160,00 EUR
> 3. Terminsgebühr, VV 5110   255,00 EUR
> 4. Zusätzliche Gebühr, VV 5115 i.V.m. VV 5109   160,00 EUR
> 5. Postentgeltpauschale, VV 7002   20,00 EUR
> Zwischensumme   695,00 EUR
> 6. 19 % Umsatzsteuer, VV 7008   132,05 EUR
> **Gesamt**   **827,05 EUR**

Da die **erneute Hauptverhandlung** nach VV 5107, 5109, 5111 eine erneute Terminsgebühr auslösen würde, ist VV 5115 auch dann anzuwenden, wenn es zu der erneuten Hauptverhandlung nicht mehr kommt.[40] Wird in diesem Stadium
— das Verfahren nicht nur vorläufig eingestellt,[41]
— der Einspruch zurückgenommen
— in das schriftliche Verfahren nach § 72 OWiG übergegangen,[42]
so erhält der Anwalt auch hier eine zusätzliche Gebühr (vergleichbare Rechtslage, siehe auch VV 4141[43]). Jede weitere neu angesetzte Hauptverhandlung einschließlich ihrer Vorbereitung verursacht ebenso Zeitaufwand und Kosten wie die erste Hauptverhandlung. Daher muss die Tätigkeit des Anwalts genauso honoriert werden, wie wenn er die Durchführung des ersten Hauptverhandlungstermins entbehrlich gemacht hätte.

Wird durch die Tätigkeit des Anwalts allerdings nur ein **Fortsetzungstermin** innerhalb der Frist des § 71 OWiG, § 229 StPO entbehrlich, so ist VV 5115 nicht anzuwenden. Dem steht die Einheit der Hauptverhandlung entgegen. Der erste Verhandlungstermin und die Fortsetzungstermine bilden eine einheitliche Hauptverhandlung.[44]

Wird das Verfahren erst **in der Hauptverhandlung eingestellt**, steht dem Anwalt nie die zusätzliche Gebühr nach VV 5115 zu, selbst dann nicht, wenn er an der Hauptverhandlung nicht teilnimmt.

> **Beispiel:** Der Verteidiger legt durch seine Einlassungsschrift den Grundstein dafür, dass das Bußgeldverfahren in der Hauptverhandlung, an der er nicht teilnimmt, eingestellt wird.
> Eine Gebühr nach VV 5115 entsteht jetzt nicht.

---

38 AGS 2011, 419 = zfs 2011, 524 = MDR 2011, 1014 = StRR 2011, 287 = VRR 2011, 283 = RVGprof. 2011, 162 = NJW 2011, 3166 = Rpfleger 2011, 631 = JurBüro 2011, 584 = Schaden-Praxis 2012, 88 = StRR 2011, 287= VRR 2011, 283 u. 358 = RVGprof. 2011, 162 = NJW-Spezial 2011, 637 = StRR 2011, 357 = RVGreport 2011, 384 = BRAK-Mitt 2011, 299.

39 Sofern nicht schon im Verfahren vor der Verwaltungsbehörde verdient (Anm. Abs. 1 zu VV 5100).

40 *Burhoff*, VV 5115 Rn 16 i.V.m. VV 4141 Rn 21; zum früheren Recht: LG Bremen JurBüro 1990, 873 = StV 1990, 173 = KostRsp. BRAGO § 84 Nr. 85; LG Saarbrücken BRAGOreport 2001, 122 m. Anm. *N. Schneider*; a.A. AG München AGS 2010, 599 = DAR 2011, 57 = VRR 2011, 80 = RVGprof. 2011, 109; LG Detmold AGS 2009, 588 = NStZ-RR 2010, 64 = StRR 2009, 403 RVGreport 2010, 107 = VRR 2010, 119.

41 AG Berlin Tiergarten AGS 2007, 140; LG Oldenburg RVGreport 2011, 337 = VRR 2011, 399; a.A. LG Limburg, Beschl. v. 24.10.2011 – 1 Qs 145/11; LG Detmold AGS 2009, 588 = NStZ-RR 2010, 64 = StRR 2009, 403 = RVGreport 2010, 107 = VRR 2010, 119.

42 AG Dessau AGS 2006, 240; AG Köln AGS 2007, 621 = NZV 2007, 637 = NJW-Spezial 2008, 29; LG Cottbus zfs 2007, 529; AG Saarbrücken AGS 2010, 20 = NJW-Spezial 2010, 125.

43 Siehe insoweit BGH AGS 2011, 419 = zfs 2011, 524 = MDR 2011, 1014 = StRR 2011, 287 = VRR 2011, 283 = RVGprof. 2011, 162 = NJW 2011, 3166 = Rpfleger 2011, 631 = JurBüro 2011, 584 = Schaden-Praxis 2012, 88 = StRR 2011, 287= VRR 2011, 283 u. 358 = RVGprof. 2011, 162 = NJW-Spezial 2011, 637 = StRR 2011, 357 = RVGreport 2011, 384 = BRAK-Mitt 2011, 299.

44 LG Limburg, Beschl. v. 24.10.2011 – 1 Qs 145/11; OLG Köln AGS 2006, 339 m. Anm. *Madert* (zur vergleichbaren Situation in Strafsachen).

d) Rechtsbeschwerdeverfahren

56 Im Rechtsbeschwerdeverfahren kommt eine zusätzliche Gebühr ebenfalls in Betracht. Wird das Rechtsbeschwerdeverfahren außerhalb der Hauptverhandlung eingestellt, muss daher ebenfalls entsprechend Anm. Abs. 1 Nr. 1 eine zusätzliche Gebühr anfallen.[45]

e) Verfahren über den Antrag auf Zulassung der Rechtsbeschwerde

57 Wird das Verfahren während des Verfahrens über den Antrag auf Zulassung der Rechtsbeschwerde eingestellt (§ 80 Abs. 5 OWiG), gilt das Gleiche wie bei Einstellung im Rechtsbeschwerdeverfahren. Nach Anm. Abs. 1 Nr. 1 entsteht dann ebenfalls eine zusätzliche Gebühr.

3. Rücknahme des Bußgeldbescheids und Neuerlass (Anm. Abs. 1 Nr. 3)

58 Die Regelung in Anm. Abs. 1 Nr. 3 ist mit dem RVG neu aufgenommen worden. Die Rechtsprechung war bereits zur BRAGO entsprechend verfahren.[46] Wird gegen einen Bußgeldbescheid Einspruch eingelegt und nimmt die Verwaltungsbehörde daraufhin diesen Bußgeldbescheid zurück, erlässt gleichzeitig aber einen neuen (zutreffenden) Bußgeldbescheid, dann entsteht die zusätzliche Gebühr dann, wenn gegen diesen neuen Bußgeldbescheid kein Einspruch eingelegt wird.

59 Hierzu zählt z.B. der Fall, dass sich die Verwaltungsbehörde in der Nummer des Bußgeld- oder Verwarnungsgeldkatalogs vertan oder zu Unrecht bereits getilgte Voreintragungen berücksichtigt hat und dann auf den Hinweis des Verteidigers den fehlerhaften Bußgeldbescheid zurücknimmt und ihn durch einen neuen ersetzt.

60 Hauptanwendungsfall ist der, dass im Bußgeldbescheid ein Fahrverbot ausgesprochen worden ist, der Verteidiger Einspruch einlegt und hiernach erreicht, dass im Wege der Rücknahme des Bußgeldbescheides und Neuerlasses gegen Erhöhung des Bußgelds von dem Fahrverbot Abstand genommen wird.

61 Wird allerdings gegen den neu erlassenen Bußgeldbescheid wiederum Einspruch eingelegt, dann kann die zusätzliche Gebühr nur unter den Voraussetzungen der Anm. Abs. 1 Nr. 1, 2, 4 oder 5 entstehen.

62 Erforderlich ist nach dem Wortlaut, dass der Bußgeldbescheid **nach Einspruch** zurückgenommen wird; nimmt die Verwaltungsbehörde den Bußgeldbescheid ohne Einspruch zurück, ist Anm. Abs. 1 Nr. 3 dem Wortlaut nach nicht anzuwenden. Soweit allerdings die Einspruchsfrist noch läuft, bestehen m.E. keine Bedenken, die Vorschrift der Anm. Abs. 1 Nr. 3 entsprechend anzuwenden. Es wäre unnötige Förmelei, zu verlangen, dass dann zuvor der Form halber noch Einspruch eingelegt werden muss.[47]

4. Rücknahme des Einspruchs gegen den Bußgeldbescheid (Anm. Abs. 1 Nr. 2, 4)

a) Allgemeines

63 Neben der Einstellung erhält der Anwalt nach Anm. Abs. 1 Nr. 2 und 4 auch dann eine zusätzliche Gebühr, wenn er an der Rücknahme des Einspruchs gegen den Bußgeldbescheid mitwirkt.

64 Die zusätzliche Gebühr entsteht auch dann, wenn nicht der Verteidiger selbst, sondern der Betroffene den Einspruch zurücknimmt, solange der Anwalt an der Rücknahme mitgewirkt hat, etwa indem er dazu geraten hat.

65 Ebenso wie bei der Einstellung genügt grundsätzlich nicht die **Teilrücknahme** des Einspruchs wegen einzelner Beschwerdepunkte.

---

[45] So für das Strafverfahren: LG Hamburg AGS 2001, 105 m. Anm. *Madert* = BRAGOreport 2001, 91 m. Anm. *N. Schneider* = JurBüro 2001, 301 = KostRsp. BRAGO § 86 Nr. 11 m. Anm. *N. Schneider*.

[46] AG Freiburg AGS 2003, 30 m. Anm. *N. Schneider* = AnwBl 2002, 663 = zfs 2004, 86.

[47] *Burhoff*, VV 5115 Rn 25.

Nimmt einer von mehreren Betroffenen dagegen seinen Einspruch vollständig zurück, so gilt für seinen Verteidiger die Regelung der Anm. Abs. 1 Nr. 2, 4. Es ist nicht erforderlich, dass alle Einsprüche zurückgenommen werden. Erforderlich ist nur, dass das Verfahren gegen den Betroffenen endgültig erledigt ist.

b) Verfahren vor der Verwaltungsbehörde und das sich anschließende Verfahren bis zum Eingang der Akten bei Gericht

Nach Einführung des § 84 Abs. 2 BRAGO war zunächst umstritten, ob diese Vorschrift auch dann anzuwenden sei, wenn der Einspruch gegen den Bußgeldbescheid bereits vor der Verwaltungsbehörde zurückgenommen wurde. Aus der pauschalen Verweisung in § 105 BRAGO auf die Strafsachen konnte auch geschlossen werden, dass nur die Rücknahme des Bußgeldbescheides im gerichtlichen Verfahren die Gebührenerhöhung auslösen sollte. Der Gesetzgeber hatte daraufhin die Vorschrift des § 105 BRAGO geändert, um diese Auslegungsfrage dahin gehend klarzustellen, dass auch schon die Einspruchsrücknahme im Verwaltungsverfahren die Gebührenerhöhung auslösen sollte. Ungeachtet dessen ist nach wie vor – insbesondere von den Rechtsschutzversicherern – häufig in Abrede gestellt worden, dass die Gebührenerhöhung bereits im Verfahren vor der Verwaltungsbehörde greife. Zuletzt hat die Rechtsprechung zwar einhellig die Gebührenerhöhung angewandt. Nach wie vor blieb die Frage jedoch strittig.

Mit der Neufassung soll diese Streitfrage jetzt endgültig beseitigt sein. Daher heißt es im Gebührentatbestand ausdrücklich, dass es genügt, wenn sich „das Verfahren vor der Verwaltungsbehörde" erledigt, und zwar wenn der Einspruch gegen den Bußgeldbescheid zurückgenommen wird. Eine Einschränkung, dass dies nur im gerichtlichen Verfahren gehen soll, findet sich nicht. Im Gegenteil folgt aus der differenzierten Regelung in Anm. Abs. 1 Nr. 2 und Anm. Abs. 1 Nr. 4, dass der Gesetzgeber beide Fälle erfassen wollte. Die Regelung in Anm. Abs. 1 Nr. 2 wäre nämlich überflüssig, wenn nur die Einspruchsrücknahme im gerichtlichen Verfahren zur zusätzlichen Gebühr führen sollte. Die Rücknahme des Einspruchs im gerichtlichen Verfahren ist nämlich abschließend in Anm. Abs. 1 Nr. 4 geregelt.

Die Gegenauffassung, die jetzt nicht mehr vertretbar ist, würde den Zweck der Vorschrift in ihr Gegenteil verkehren. Es würde damit für den Verteidiger der Anreiz geschaffen, die Rücknahme des Einspruchs zu verzögern, um im gerichtlichen Verfahren zusätzliche Gebühren zu erhalten.[48]

c) Gerichtliches Verfahren

Wird der Einspruch gegen den Bußgeldbescheid im gerichtlichen Verfahren, also nach Abgabe der Akten an das erstinstanzliche Gericht zurückgenommen, so erhält der Anwalt, der daran mitwirkt, für das gerichtliche Verfahren eine zusätzliche Gebühr nach Anm. Abs. 1 Nr. 4.

Ist ein Termin zur Hauptverhandlung bereits anberaumt, steht dem Verteidiger die zusätzliche Gebühr allerdings nur dann zu, wenn der Einspruch **früher als zwei Wochen** vor Beginn des Tages, der für die Hauptverhandlung vorgesehen war, zurückgenommen wird.

Maßgebend ist der Termin, der **zum Zeitpunkt der Rücknahme** anberaumt war. Auf einen früher einmal anberaumten Termin, der zwischenzeitlich aufgehoben worden ist, darf nicht abgestellt werden.[49]

Schon im Normalfall bestehen unterschiedliche Auffassungen, wie die sog. „Zwei-Wochen-Frist" zu berechnen ist.

> **Beispiel:** Nach Eingang der Akten hatte das AG Köln Termin zur Hauptverhandlung auf Mittwoch, den 17.8.2016 bestimmt. Der Verteidiger sollte den Einspruch vor der Hauptverhandlung zurücknehmen.

Die Rücknahme musste also
- **früher als zwei Wochen**
- **vor Beginn des Tages**, der für die Hauptverhandlung vorgesehen war,
zurückgenommen werden.

---

48 AG München AGS 1996, 90 m. Anm. *Madert* = zfs 1996, 310 m. Anm. *Madert*.

49 AG Wiesbaden AGS 2005, 553 m. Anm. *N. Schneider*; *Hansens*, BRAGO, § 84 Rn 11.

Wäre der Einspruch erst am **Donnerstag, den 4.8.2016**, oder noch später zurückgenommen worden, wäre die sog. „Zwei-Wochen-Frist" auf keinen Fall mehr gewahrt gewesen. Eine zusätzliche Gebühr wäre nicht angefallen.

Auch eine Rücknahme am **Mittwoch, den 3.8.2016**, hätte nicht ausgereicht, da sie „früher" als zwei Wochen „vor" dem Tage der Hauptverhandlung hätte erklärt werden müssen.

Wäre der Einspruch bis einschließlich zum **Montag, den 1.8.2016**, zurückgenommen worden, wäre die „Frist" von mehr als zwei Wochen bis zum Hauptverhandlungstermin auf jeden Fall gewahrt gewesen. Die zusätzliche Gebühr wäre angefallen.

Problematisch wäre es geworden, wenn der Einspruch am **Dienstag, den 2.8.2016**, zurückgenommen worden wäre.

75 *Hartung*[50] und *Houben*[51] gehen offenbar von einer echten Frist i.S.d. Gesetzes aus. Nach ihrer Auffassung soll § 43 Abs. 1 StPO entsprechend anzuwenden sein.[52] Die „Zwei-Wochen-Frist" der VV 5115 würde danach mit Ablauf des Tages der zweiten Woche, der durch seine Benennung dem Tag entspricht, an dem die Frist begonnen hat, enden. Damit ist aber noch nicht gesagt, wann die Frist beginnt. Das wäre noch zu ermitteln.

76 Ausgangspunkt für die Berechnung gesetzlicher Fristen ist § 186 BGB. In den §§ 187 ff. BGB findet sich eine dem § 43 Abs. 1 StPO vergleichbare Regelung, nämlich in § 188 Abs. 2 BGB. Insoweit ergibt sich also kein Widerspruch. Für den Beginn einer Frist nimmt diese Vorschrift Bezug auf § 187 BGB. Danach ergäbe sich für das Beispiel folgendes: Die sog. „Zwei-Wochen-Frist" wäre ausgelöst worden durch den Eingang der Rücknahme bei Gericht, also durch ein Ereignis. Damit wäre auf § 187 Abs. 1 BGB abzustellen. Wäre der Einspruch am Dienstag, den 2.8.2016, zurückgenommen worden, würde dieser Tage gemäß § 187 Abs. 1 BGB nicht mitgerechnet. Die Zweiwochenfrist hätte also am Mittwoch, den 3.8.2016, begonnen und hätte am Dienstag, den 16.8.2016 geendet. Das wäre der Tag vor Beginn der Hauptverhandlung. Nun reicht es aber nach dem ausdrücklichen Wortlaut VV 5115 nicht aus, wenn der Einspruch zwei Wochen vor Beginn der Hauptverhandlung zurückgenommen wird. Erforderlich sind mehr als zwei Wochen. Folglich hätte die Rücknahme am 2.8.2016 danach nicht ausgereicht. Sie hätte vielmehr spätestens am 1.8.2016 erklärt werden, also volle 15 Tage vor der Hauptverhandlung.

77 Diese Berechnung und ihre Begründung dürften jedoch unzutreffend sein. Die Vorschriften der § 46 StPO, §§ 186 ff. BGB sind unergiebig, da sie von einer **„Frist"** ausgehen. Damit haben wir es in den VV 5115 aber gar nicht zu tun. Unter einer Frist versteht man einen abgegrenzten, also bestimmt bezeichneten oder jedenfalls bestimmbaren Zeitraum, **innerhalb** dessen gehandelt werden soll.[53] Die Rücknahme soll nach VV 5115 jedoch nicht innerhalb einer Frist vorgenommen werden. Die Erklärung darf vielmehr – wenn sie Gebühren auslösen soll – nicht innerhalb eines bestimmten Zeitraums erklärt werden, nämlich innerhalb der zwei Wochen vor dem Tag der Hauptverhandlung. Die „Zwei-Wochen-Frist" ist also keine Frist, sondern ein Zeitraum. Dafür gilt aber weder § 47 Abs. 1 StPO noch gelten die §§ 186 ff. BGB. Bei Zeiträumen werden sowohl der erste Tag als auch der letzte Tag mitgerechnet. So dauert z.B. ein Mietverhältnis vom ersten Tag an bis zum letzten Tag.

78 Selbst wenn man von einer Frist ausginge, würde diese auch nicht mit der Rücknahme beginnen. Anknüpfungspunkt der „Zwei-Wochen-Frist" ist nicht der Tag der Rücknahmeerklärung, sondern der Tag der Hauptverhandlung, genau genommen der Tag vor der Hauptverhandlung. Von hier aus ist „rückwärts" zu rechnen und der Termin zu ermitteln, bis zu dem spätestens die Rücknahme erklärt, also bei Gericht eingehen muss.

79 Zu rechnen ist danach wie folgt:

Im Beispiel sollte die Hauptverhandlung am 17.8.2016 stattfinden. Da nach den VV 5115 RVG die Rücknahme mehr zwei Wochen **vor Beginn des Tages, an dem die Hauptverhandlung vorgesehen war,** erklärt worden sein muss, ist folglich der Tag vor der Hauptverhandlung Anknüpfungspunkt,

---

50 *Hartung*/Römermann/Schons, RVG, VV 4141 Rn 20.
51 Baumgärtel/Hergenröder/*Houben*, RVG, VV 4141 Anm. 12.
52 Ebenso *Burhoff* noch in der Vorauflage, RVG, 1. Aufl. 2004, VV 4141 Rn 26.
53 RGZ 120, 335, 362; Soergel/*Niedenführ*, BGB, 13. Aufl. 1999, § 186 Rn 7.

also Dienstag, der 16.8.2016. Von diesem Tage ist jetzt zunächst ein Zeitraum von zwei Wochen, also von 14 Tagen, zurückzurechnen. Damit gelangt man zu Mittwoch, dem 3.8.2016. Von Mittwoch, dem 3.8.2016, bis zum Dienstag, dem 16.8.2016, ergibt sich ein Zeitraum von genau 14 Tagen der unmittelbar vor Beginn des Tages liegt, der für die Hauptverhandlung vorgesehen war.

Da die Rücknahme aber **mehr als zwei Wochen**, vor der dem Beginn des Tages der Hauptverhandlung erklärt werden muss, darf sie folglich nicht innerhalb des vorgenannten Zeitraums erklärt werden, sondern spätestens am Vortag. Das wäre hier Dienstag, der 2.8.2016 gewesen. Die Erklärung hätte spätestens an diesem Tage bis „24.00 Uhr"[54] eingehen müssen.[55] Maßgebend ist insoweit nicht die Abgabe der Rücknahmeerklärung, sondern ihr **Eingang bei Gericht**.[56]

Noch problematischer ist die Berechnung, wenn der letzte Tag, an dem die Gebühren auslösende Rücknahme erklärt werden kann, auf einen Feiertag fällt. 80

> **Abwandlung:** Nach Eingang der Akten bestimmt das AG Saarbrücken[57] Termin zur Hauptverhandlung auf Dienstag, den 30.8.2016. Der Verteidiger soll den Einspruch vor der Hauptverhandlung zurücknehmen.

Nach den vorstehenden Ausführungen hätte zur Wahrung des Zeitraums von mehr als zwei Wochen die Rücknahme spätestens am Montag, den 15.8.2016, erklärt werden müssen. In Saarbrücken ist der 15.8.2016 aber ein Feiertag (Maria Himmelfahrt).

Hartmann[58] will in diesem Fall § 43 Abs. 2 StPO analog anwenden. Danach hätte die Rücknahme 81 noch am 16.8.2016 erklärt werden können. Zum gleichen Ergebnis gelangt man über §§ 186, 193 BGB. Auch das dürfte unzutreffend sein, weil es wiederum nicht um eine Frist geht, sondern um einen Zeitraum. So ist die Vorschrift des § 193 BGB unanwendbar, wenn eine Handlung spätestens zu einem bestimmten Termin erfolgen muss. Das ist z.B. im Arbeitsrecht anerkannt. Für die dortigen Kündigungsfristen, die sich zu einem bestimmten Termin berechnen gilt § 193 BGB nicht, da dem zu Kündigenden die Frist zu seinem Schutz unverkürzt zur Verfügung stehen muss.[59] Ebenso ist die Vorschrift nicht anzuwenden für Ladungsfristen bei Verein, Aktiengesellschaften oder GmbH, da eine Verkürzung mit dem Zweck dieser „Fristen" unvereinbar wäre.[60] Auch für Kündigungen von Mietverhältnissen gilt § 193 BGB nicht, etwa im Falle des § 573c Abs. 3 BGB (Kündigung bis spätestens zum 15. eine Monats),[61] weil in diesen Fällen einer Terminsverschiebung auf den nächsten Werktag der Schutz des Empfängers entgegensteht, dem der volle Zeitraum zwischen Zugang der Erklärung und deren Wirkung zustehen soll.[62]

Die gleiche Interessenlage gilt auch für die VV 5115. Der Gesetzgeber hat bewusst den Zwei-Wochen-Zeitraum zum „Schutz" des Gerichts eingeführt, damit dort unnötiger Vorbereitungsaufwand unmittelbar vor der Hauptverhandlung vermieden wird, damit Zeugen und Sachverständige rechtzeitig abgeladen werden können und der ausgefallene Termin gegebenenfalls anderweitig vergeben werden kann, etc.[63] Mit diesem Zweck wäre es nicht zu vereinbaren, dem Gericht die Frist zu verkürzen. 82

Von daher muss der Anwalt also auch dann den Zeitraum von mehr als zwei Wochen wahren, wenn der letzte mögliche Tag der Gebühren auslösenden Rücknahme auf einen Feiertag fällt. Im Beispiel blieb also der 15.8.2016 der letzte mögliche Zeitpunkt. Der Anwalt hätte aber nicht die Rücknahme am 14.8.2016, also am letzten vorangehenden Werktag erklären müssen. Dafür gibt es keine Grundlage. Das ist z.B. auch im Arbeitsrecht anerkannt.

Aus dem Gesetzeswortlaut folgt, dass die Rücknahme des Einspruchs gegen den Bußgeldbescheid 83 auch dann zu einer zusätzlichen Gebühr führt, wenn noch gar kein Termin zur Hauptverhandlung anberaumt worden ist. Diese Frage war früher strittig.

Wird die Einspruchsrücknahme **später als zwei Wochen** vor Beginn der angesetzten Hauptverhandlung erklärt, löst sie die zusätzliche Gebühr nicht mehr aus. 84

---

54 Tatsächlich gibt es diese Uhrzeit nicht; gemeint ist 23.59 Uhr und 59 Sekunden. 24.00 Uhr wären zugleich 0.00 Uhr des Folgetages und damit verspätet.
55 So auch *Burhoff*, VV 4141 Rn 28.
56 *Hartung/Römermann/Schons*, RVG, VV 4141 Rn 20; RMOLK/*Houben*, VV 4141 Anm. 10.
57 Im Saarland ist der 15.8.2016 ein Feiertag.
58 KostG VV 4141 Rn 6.
59 AnwK-BGB/*Krumscheid*, § 193 Rn 4.
60 AnwK-BGB/*Krumscheid*, § 193 Rn 4.
61 *Schmidt/Futter/Blank*, MietR, 9. Aufl. 2007, § 573c Rn 17.
62 So BGHZ 59, 265 = NJW 1972, 2083 zur Frist der § 573c Abs. 3 BGB.
63 So auch die Begründung des Gesetzgebers, BT-Drucks 12/6962 S. 196.

85 Der Verteidiger hat allerdings die Möglichkeit, wenn er die Zwei-Wochen-Frist nicht mehr einhalten kann, die Verlegung des Termins zu beantragen. Wird daraufhin der Termin zur Hauptverhandlung verlegt, so ist die Zwei-Wochen-Frist zu dem neuen Termin maßgebend, nicht die bereits abgelaufene Zwei-Wochen-Frist zu dem verlegten Termin.[64]

86 Die frühere Auffassung *Hartmanns*,[65] es könne im Falle der Fristversäumung eine Wiedereinsetzung beantragt werden, ist abzulehnen. Bei der Frist der Anm. Abs. 1 Nr. 4 handelt es sich nicht um eine Notfrist. Auch die Ansicht von *Kronenbitter*,[66] es komme darauf an, wann der Anwalt vom Hauptverhandlungstermin Kenntnis erlange, ist abzulehnen. Die gesetzliche Regelung ist insoweit eindeutig. Würde man darauf abstellen, wann der Betroffene oder sein Anwalt Kenntnis erlangt, wäre die Vorschrift nicht mehr praktikabel.

87 Die zusätzliche Gebühr im Falle der Einspruchsrücknahme im gerichtlichen Verfahren kann der Anwalt auch dann verdienen, wenn bereits ein Hauptverhandlungstermin stattgefunden hat, die Hauptverhandlung jedoch nicht zu Ende geführt und das Verfahren ausgesetzt worden ist.

> **Beispiel:** Im ersten Hauptverhandlungstermin stellt sich heraus, dass weitere Beweiserhebungen erforderlich sind. Die Hauptverhandlung wird ausgesetzt. Vor dem neuen Hauptverhandlungstermin nimmt der Verteidiger den Einspruch zurück.

88 Da die Durchführung des neuen Hauptverhandlungstermins wieder dem Gericht Zeit und Arbeit verursachen würde, entsteht auch jetzt eine zusätzliche Gebühr, wenn der Verteidiger daran mitwirkt, dass diese Hauptverhandlung entbehrlich wird (siehe Rdn 52 f.).

89 Die Rücknahme des Einspruchs vor einem Fortsetzungstermin reicht dagegen nicht aus, auch wenn jetzt nach § 71 OWiG, § 229 StPO eine Drei-Wochen-Frist für die Fortsetzung besteht.

90 Ebenso wenig reicht es für die Anwendung der Anm. Abs. 1 Nr. 4 aus, dass aufgrund der Mitwirkung des Anwalts der Einspruch durch den Mandanten in der Hauptverhandlung, an der der Verteidiger nicht teilnimmt zurückgenommen wird (zur Einstellung siehe auch Rdn 55).

5. Abraten vom Einspruch

91 Eine zusätzliche Gebühr fällt nicht an, wenn der Verteidiger lediglich von der Einlegung eines Einspruchs abrät. Die Voraussetzungen einer Analogie liegen mangels Regelungslücke nicht vor. Der Gesetzgeber hat ausdrücklich angeordnet, dass die Gebühr dann entsteht, wenn der Einspruch gegen den Bußgeldbescheid zurückgenommen wird, nicht aber bei jedweder auf die Förderung gerichteten Tätigkeit.[67]

6. Entscheidung im Beschlussverfahren nach § 72 Abs. 1 S. 1 OWiG (Anm. Abs. 1 Nr. 5)

92 Im Beschlussverfahren nach § 72 Abs. 1 S. 1 OWiG kommt es nicht zu einer Hauptverhandlung; als Ausgleich entsteht dafür die zusätzliche Gebühr nach Anm. Abs. 1 Nr. 5, wenn der Anwalt dazu beigetragen hat, dass das schriftliche Verfahren durchgeführt wird.[68] Ausreichend ist
– die Zustimmungserklärung,[69]
– ein Verzicht auf die Möglichkeit des Widerspruchs,[70]
– ein verspäteter Widerspruch, wenn das Gericht dies zum Anlass nimmt, im Beschlusswege zu entscheiden,[71]
– die Rücknahme eines zunächst erklärten Widerspruchs,[72]
– Unterlassen eines Wiedereinsetzungsantrags.[73]

---

64 AG Wiesbaden AGS 2005, 553 m. Anm. *N. Schneider*; *Hansens*, BRAGO, § 84 Rn 11.
65 KostG, 34. Aufl., 84 BRAGO Rn 18.
66 BRAGO § 94, Rn 434.
67 AG Remscheid, Urt. v. 13.9.2013 – 8 C 174/13.
68 LG Schwerin zfs 2002, 541; LG Düsseldorf AGS 2010, 601 = VRR 2010, 440 = NJW-Spezial 2010, 732 = RVGprof. 2010, 212.
69 *Burhoff*, RVG, VV 5115 Rn 39.
70 *Burhoff*, RVG, VV 5115 Rn 39.
71 *Burhoff*, RVG, VV 5115 Rn 39.
72 *Burhoff*, RVG, VV 5115 Rn 39.
73 *Burhoff*, RVG, VV 5115 Rn 39.

Auf den Inhalt der Entscheidung kommt es nicht an. Daher gilt Abs. 1 Nr. 5 nicht nur im Falle einer Verurteilung, sondern auch bei **Freispruch**.[74]

Die Anm. Abs. 1 Nr. 5 ist auch dann anwendbar, wenn nach Aussetzung einer Hauptverhandlung im weiteren Verfahren durch Beschluss nach § 72 Abs. 1 OWiG entschieden wurde, so dass damit eine erneute erste Hauptverhandlung nicht mehr erforderlich ist (siehe auch Rdn 52 ff.).[75]

Wird im Rechtsbeschwerdeverfahren **ohne Hauptverhandlung** durch Beschluss entschieden – was der Regelfall ist (§ 79 Abs. 5 OWiG) –, entsteht keine zusätzliche Gebühr. Die Vorschrift der Anm. Abs. 1 Nr. 5 ist im Rechtsbeschwerdeverfahren nicht analog anwendbar. Erwähnt in Anm. Abs. 1 Nr. 5 ist nur das Beschlussverfahren nach § 72 Abs. 1 S. 1 OWiG, nicht auch das nach § 79 Abs. 5 OWiG.

7. Rücknahme der Rechtsbeschwerde (Anm. Abs. 1 Nr. 4)

Im Rechtsbeschwerdeverfahren kann der Einspruch gegen den Bußgeldbescheid nicht mehr zurückgenommen werden, sondern nur noch die Rechtsbeschwerde selbst. Geschieht dies unter Mitwirkung des Verteidigers, so erhält er eine zusätzliche Gebühr nach Anm. Abs. 1 Nr. 4. Dies ist jetzt ausdrücklich geklärt. Nach der BRAGO war diese Frage strittig, da § 86 Abs. 3 BRAGO keine Verweisung auf § 84 Abs. 2 BRAGO enthielt. Auch hier ist wiederum die Zwei-Wochen-Frist zu beachten.

Nicht erforderlich ist, dass konkrete Anhaltspunkte dafür vorhanden sind, dass eine Hauptverhandlung auch durchgeführt worden wäre.[76] Weder der Wortlaut noch die Begründung geben eine solche Einschränkung her. Im Gegenteil folgt aus der Systematik der einzelnen Fälle der VV 5115, dass es nicht darauf ankommt, ob ein Termin anberaumt ist oder nicht. Darauf abzustellen, ob ein Termin durchgeführt worden wäre, wäre im Übrigen reine Spekulation. In Anbetracht dessen, dass eine Hauptverhandlung in der Rechtsbeschwerde die Ausnahme ist (§ 79 Abs. 5 OWiG), kann nicht davon ausgegangen werden, dass der Gesetzgeber die Anm. Abs. 1 Nr. 4 nur dann für anwendbar wissen wollte, wenn es anderenfalls zu einer Hauptverhandlung gekommen wäre. Abgesehen davon wäre dies sinnwidrig, da der Verteidiger keinen Anreiz zur Rücknahme der Rechtsbeschwerde hätte, solange kein Termin anberaumt worden ist. Damit wäre dem Gericht aber bereits erhebliche Arbeit verursacht worden, deren Vermeidung VV 5115 durch eine zusätzliche Gebühr belohnen wollte.

Eine zusätzliche Gebühr für den Verteidiger des Betroffenen im Falle der Rücknahme einer Rechtsbeschwerde durch die Staatsanwaltschaft kommt nur dann in Betracht, wenn das Rechtsbeschwerdeverfahren so weit fortgeschritten ist, dass beurteilt werden kann, ob eine Hauptverhandlung durchgeführt werden wird. Liegen nach dem Stand des Rechtsbeschwerdeverfahrens im Zeitpunkt der Rücknahme der Rechtsbeschwerde keine Anhaltspunkte dafür vor, dass im Fall der Fortführung eine Hauptverhandlung durchgeführt worden wäre, ist die zusätzliche Gebühr nicht entstanden.

8. Entscheidung des Rechtsbeschwerdegerichts gemäß § 79 Abs. 5 S. 1 OWiG ohne Hauptverhandlung

Bei einer Entscheidung des Rechtsbeschwerdegerichts gemäß § 79 Abs. 5 S. 1 OWiG ohne Hauptverhandlung fällt keine zusätzliche Gebühr an.[77] Im Gegensatz zum vergleichbaren Fall des § 72 OWiG im erstinstanzlichen Verfahren ist dies im Rechtsbeschwerdeverfahren nicht vorgesehen, zumal das Gericht auch ohne Zustimmung des Betroffenen von einer Hauptverhandlung absehen kann.

---

[74] LG Schwerin zfs 2002, 541.
[75] AG Dessau AGS 2006, 240; AG Köln AGS 2007, 621 = NZV 2007, 637 = NJW-Spezial 2008, 29; LG Cottbus zfs 2007, 529.
[76] *Burhoff*, RVG, VV 5115 Rn 36; so aber LG Saarbrücken AGS 2015, 171 = NJW-Spezial 2015, 285 = RVGreport 2015, 221 und zum vergleichbaren Fall der VV 4141 OLG Zweibrücken AGS 2006, 74 m. abl. Anm. *N. Schneider*.
[77] AG Düsseldorf AGS 2014, 180 = NJW-Spezial 2014, 252 = RVGreport 2014, 232.

9. Rücknahme des Antrags auf Zulassung der Rechtsbeschwerde nach § 80 Abs. 2 OWiG (analog Anm. Abs. 1 Nr. 4)

99 Wird der Antrag auf Zulassung der Rechtsbeschwerde nach § 80 Abs. 2 OWiG zurückgenommen, so gilt das Gleiche wie bei der Rücknahme der Rechtsbeschwerde. Auch hier entsteht die zusätzliche Gebühr analog Anm. Abs. 1 Nr. 4.[78]

V. Höhe der Gebühr (Anm. Abs. 3)

100 Ebenso wie die Gebühr nach VV 4141 erhält der Anwalt die zusätzliche Gebühr nach VV 5115 in Höhe der jeweiligen Verfahrensmittelgebühr (**Anm. Abs. 3 S. 2**). Faktisch handelt es sich hier also ebenfalls um eine Festgebühr (str.; siehe Rdn 103).

101 Auch bei der Gebühr der VV 5115 ist die Staffelung nach der Höhe der Geldbuße zu berücksichtigen.

102 Maßgebend für die Gebühr nach VV 5115 ist nicht die Verfahrensgebühr desjenigen Stadiums, in dem sich das Verfahren erledigt, sondern die Verfahrensgebühr des Stadiums, in dem anderenfalls die Hauptverhandlung stattgefunden hätte (**Anm. Abs. 3 S. 1**).

> **Beispiel:** Gegen den Bußgeldbescheid über 100 EUR wird Einspruch eingelegt und dieser drei Wochen vor dem Hauptverhandlungstermin zurückgenommen.
> Die Verfahrensgebühr im gerichtlichen Verfahren bestimmt sich nach VV 5109, die zusätzliche Gebühr ebenso.

> **Beispiel:** Im Verfahren vor der Verwaltungsbehörde wird gegen den Bußgeldbescheid über 100 EUR Einspruch eingelegt und dieser noch vor Abgabe der Akten an das Amtsgericht wieder zurückgenommen. Die Verfahrensgebühr im Verfahren vor der Verwaltungsbehörde bestimmt sich nach VV 5103, die zusätzliche Gebühr nach VV 5109. Im Ergebnis macht dies keinen Unterschied, da die Gebührenrahmen identisch sind.

> **Beispiel:** Im Verfahren vor der Verwaltungsbehörde wird gegen den Bußgeldbescheid über 10.000 EUR Einspruch eingelegt und dieser noch vor Abgabe der Akten an das Amtsgericht wieder zurückgenommen. Die Verfahrensgebühr im Verfahren vor der Verwaltungsbehörde bestimmt sich nach VV 5106 (Rahmen von 30 bis 250 EUR), die zusätzliche Gebühr nach VV 5112 (Rahmen von 40 bis 300 EUR). Hier wirkt sich also die höhere Verfahrensgebühr im gerichtlichen Verfahren aus.

> **Beispiel:** Im Verfahren vor der Verwaltungsbehörde drohte ein Bußgeld i.H.v. 60 EUR. Der Verteidiger erreicht, dass ein Bußgeldbescheid nur über 35 EUR ergeht. Hiergegen legt er Einspruch ein und nimmt diesen vor Abgabe der Akten an das Amtsgericht wieder zurück.
> Die Verfahrensgebühr im Verfahren vor der Verwaltungsbehörde bestimmt sich nach VV 5103, da hier ein Bußgeld von 60 EUR drohte. Die zusätzliche Gebühr bemisst sich aber nach VV 5107, weil es im gerichtlichen Verfahren, in dem die Hauptverhandlung vermieden worden ist, nur noch um ein Bußgeld von 35 EUR gegangen wäre.

103 Auch hier besteht – ebenso wenig wie bei VV 4141 – hinsichtlich der Höhe der Gebühr kein Ermessensspielraum.[79] § 14 Abs. 1 ist nicht anwendbar. Faktisch handelt es sich um eine Festgebühr.[80] Der Anwalt erhält hier jeweils eine Mittelgebühr. Eine Möglichkeit, besonders hohen Aufwand oder erhebliche Schwierigkeiten oder besonders geringen Aufwand oder unterdurchschnittliche Schwierigkeiten zu berücksichtigen, besteht nicht.

104 Die gegenteilige Auffassung[81] ist unzutreffend. Dies folgt aus der Anm. Abs. 3 S. 2, in der es heißt: „**Für den Wahlanwalt bestimmt sich die Gebühr nach der Rahmenmitte.**" In der Begründung des Gesetzes ist dies leider – wie so häufig – nicht klar zum Ausdruck gekommen. Dort heißt es, dass „**grundsätzlich**" von der Mittelgebühr auszugehen sei. Die Vorschrift der Anm. Abs. 3 S. 2 macht jedoch nur dann Sinn, wenn man Sie mit der einhelligen Kommentarliteratur dahingehend

---

[78] N. Schneider, RVG-B 2005, 14.
[79] Burhoff, RVG, Nr. 5115 VV Rn 41.
[80] AG Dresden AGkompakt 2011, 15 = RVGreport 2010, 454 = RVGprof. 2011, 30; AG Karlsruhe AGS 2008, 492; LG Leipzig RVGreport 2010, 454 = RVGprof. 2011, 30 = AGkompakt 2011, 15 unter Aufgabe der früheren Rspr. AGS 2010, 19 = NJW-Spezial 2009, 781.

[81] AG Viechtach/LG Deggendorf AGS 2005, 504 m. abl. Anm. N. Schneider = RVGreport 2005, 431; AG Heidelberg RVGreport 2016, 185 = NJW-Spezial 2016, 412; ebenso Hartmann, KostG RVG, VV 5115 Rn 11 ff.

auslegt, dass immer die Mittelgebühr geschuldet sei. Auch Sinn und Zweck dieser Regelung sprechen dafür. Der Gesetzgeber wollte an dieser Stelle bewusst den Streit über die Bemessung der zusätzlichen Gebühr vermeiden, indem er von vornherein einen bestimmten Satz, nämlich die jeweilige Mittelgebühr, festgelegt hat.

C. Gerichtlich bestellter oder beigeordneter Rechtsanwalt

Auch der gerichtlich bestellte oder beigeordnete Rechtsanwalt erhält die zusätzliche Gebühr. Die Verweisung in VV 5115 gilt auch für ihn. Er erhält daher als zusätzliche Gebühr den Betrag, der für die betreffende Verfahrensgebühr für den bestellten oder beigeordneten Rechtsanwalt vorgesehen ist.   105

D. Rechtsschutzversicherung

Die Gebühr nach VV 5115 ist im Rahmen der Rechtsschutzversicherung mitversichert. Zu beachten ist hier allerdings, dass ggf. eine Obliegenheitsverletzung vorliegen kann, wenn der Anwalt, dessen Verhalten sich der Betroffene zurechnen lassen muss, einen Einspruch einlegt und diesen später wieder zurücknimmt.   106

Nach AG Gelsenkirchen[82] ist eine Obliegenheitsverletzung gegeben, wenn der Einspruch noch im Verfahren vor der Verwaltungsbehörde zurückgenommen wird, ohne dass der Anwalt begründen kann, wieso dies erforderlich gewesen sei, also wieso die 14-tägige Einspruchsfrist nicht ausreichend gewesen war, um die Erfolgsaussichten eines Einspruchs vorab zu überprüfen.   107

Ebenso ist nach AG Hamburg-Barmbek[83] eine Obliegenheitsverletzung gegeben, wenn der Einspruch im gerichtlichen Verfahren zurückgenommen wird, ohne dass der Anwalt begründen kann, wieso die Einspruchsrücknahme nicht schon vor der Verwaltungsbehörde hätte zurückgenommen werden können.   108

E. Kostenerstattung

Soweit in einem Falle der Erledigung nach VV 5115 die Staatskasse die Kosten zu erstatten hat, zählt hierzu auch die Gebühr nach VV 5115. Dies gilt insbesondere, wenn in einem Verfahren auf dem Beschlusswege nach § 72 Abs. 1 S. 1 OWiG der Betroffene freigesprochen wird.[84]   109

---

[82] AG Gelsenkirchen AGS 2004, 323 = JurBüro 2003, 640.

[83] AG Hamburg-Barmbek AGS 2004, 324 m. Anm. *N. Schneider* = JurBüro 2003, 640.

[84] LG Schwerin zfs 2002, 541.

Nr.	Gebührentatbestand	Gebühr oder Satz der Gebühr nach § 13 oder § 49 RVG	
		Wahlanwalt	gerichtlich bestellter oder beigeordneter Rechtsanwalt
5116	Verfahrensgebühr bei Einziehung und verwandten Maßnahmen .... (1) Die Gebühr entsteht für eine Tätigkeit für den Betroffenen, die sich auf die Einziehung oder dieser gleichstehende Rechtsfolgen (§ 46 Abs. 1 OWiG, § 442 StPO) oder auf eine diesen Zwecken dienende Beschlagnahme bezieht. (2) Die Gebühr entsteht nicht, wenn der Gegenstandswert niedriger als 30,00 € ist. (3) Die Gebühr entsteht nur einmal für das Verfahren vor der Verwaltungsbehörde und für das gerichtliche Verfahren im ersten Rechtszug. Im Rechtsbeschwerdeverfahren entsteht die Gebühr besonders.	1,0	1,0

Literatur: *Fromm*, Zusätzliche Verfahrensgebühr nach Nr. 5116 VV RVG bei Verfallsverfahren gem. § 29a OWiG, JurBüro 2008, 507; *D. Meyer*, Zusätzliche Vergütung des Rechtsanwalts für die Vertretung im straf-/bußgeldrechtlichen Einziehungsverfahren pp. – VV RVG 4142, 5116, JurBüro 2005, 355.

A. Zusätzliche Verfahrensgebühr .... 1 B. Weitere Gebühren 11

A. Zusätzliche Verfahrensgebühr

1 Erstreckt sich die Tätigkeit des Verteidigers auf die Einziehung oder dieser gleichstehende Rechtsfolgen (§ 46 Abs. 1 OWiG, § 442 StPO) oder auf eine diesen Zwecken dienende Beschlagnahme, erhält der Anwalt **zusätzlich** nach VV 5116 eine **Verfahrensgebühr** in Höhe von 1,0 (**Anm. Abs. 1**).[1]

2 Voraussetzung ist, dass der vom Anwalt vertretene Beteiligte auch an der Einziehung oder einer dieser gleich stehenden Maßnahme beteiligt ist. Vertritt der Anwalt nur den Betroffenen, während sich die Einziehung oder eine vergleichbare Maßnahme gegen einen anderen Verfahrensbeteiligten richtet, so erhält er keine zusätzliche Verfahrensgebühr, sondern nur der Anwalt des anderen Beteiligten.[2] Dem steht VV Vorb. 5 Abs. 1 nicht entgegen, wonach der Anwalt des Betroffenen und der Anwalt eines Einziehungsbeteiligten oder eines sonstigen Beteiligten die gleiche Vergütung erhalten. Damit ist nur gemeint, dass ihnen dieselben Gebührentatbestände offenstehen. Ob sie konkret von ihnen auch verwirklicht werden, ist eine andere Frage.

3 Die Vorschrift ist nicht anzuwenden bei Verhängung eines Fahrverbots.[3] Die frühere Regelung der BRAGO, die in diesen Fällen höhere Gebühren erlaubte, findet im RVG keine Entsprechung.[4] Ein Fahrverbot kann daher nur im Rahmen des § 14 Abs. 1 bei der Bedeutung der Angelegenheit Gebühren erhöhend berücksichtigt werden.

4 Im Gegensatz zur vergleichbaren Regelung der BRAGO, die eine Ermessensvorschrift enthielt, erhält der Anwalt unter den Voraussetzungen der VV 5116 die Gebühr immer.[5]

5 Maßgeblicher **Gegenstandswert** ist der Wert des Gegenstandes, auf den sich die Einziehung und verwandte Maßnahmen erstrecken. Sofern der **Gegenstandswert unter 30 EUR** liegt, fällt **keine** Gebühr an (**Anm. Abs. 2**).

---

1 Diese Vorschrift entspricht der früheren Verweisung des § 105 BRAGO auf § 88 BRAGO. Soweit überhaupt ältere Rspr. existiert, kann diese entsprechend auf das RVG angewandt werden.

2 LG Oldenburg RVGreport 2013, 62 = JurBüro 2013, 135 = RVGprof. 2013, 153.

3 AG Koblenz JurBüro 2008, 312 = StRR 2008, 163.

4 *D. Meyer*, JurBüro 2005, 355.

5 *Burhoff*, RVG, VV 5116 Rn 5.

Den **Gegenstandswert** setzt das Gericht auf Antrag eines Beteiligten im Verfahren nach § 33 Abs. 1 RVG fest. Eine Festsetzung von Amts wegen kommt nicht in Betracht, da nach dem GKG ausschließlich Festgebühren anfallen (Nrn. 4210 ff. GKG-KostVerz.). 6

Soweit das Verfahren vor der Verwaltungsbehörde endet, kommt eine gerichtliche Festsetzung nach § 33 Abs. 1 nicht in Betracht; auch die Verwaltungsbehörde ist zur Wertfestsetzung nicht befugt. 7

Die Gebühr kann in **jeder Instanz** anfallen, also sowohl im vorbereitenden Verfahren als auch im erstinstanzlichen gerichtlichen Verfahren und im Rechtsbeschwerdeverfahren. Im vorbereitenden Verfahren sowie im erstinstanzlichen gerichtlichen Verfahren kann sie allerdings insgesamt nur einmal entstehen (**Anm. Abs. 3 S. 1**). Dagegen entsteht sie im Rechtsbeschwerdeverfahren erneut (**Anm. Abs. 3 S. 2**) sowie in einem Verfahren nach Zurückverweisung (§ 21 Abs. 1). 8

Die Höhe der Gebühr beträgt – auch für den gerichtlich bestellten oder beigeordneten Anwalt – **1,0**. Für den Wahlanwalt ergeben sich die Gebührenbeträge aus § 13, für den gerichtlich bestellten oder beigeordneten Anwalt ab einem Gegenstandswert von mehr als 4.000 EUR aus § 49. 9

Die Bewilligung einer **Pauschgebühr** ist sowohl für den Wahlanwalt (§ 42 Abs. 1 S. 2) als auch für den beigeordneten Anwalt (§ 51 Abs. 1 S. 2) ausgeschlossen, da es sich um eine Wertgebühr handelt.[6] 10

B. Weitere Gebühren

Die zusätzliche Verfahrensgebühr der VV 5116 kann nie alleine anfallen, wie sich schon aus der Bezeichnung „zusätzliche" Gebühr ergibt. Neben dieser Gebühr muss stets auch mindestens eine Grundgebühr (VV 5100) für die erstmalige Einarbeitung und eine Verfahrensgebühr (VV Vorb. 4 Abs. 2) für das Betreiben des Geschäfts entstehen. Dies ergibt sich im Übrigen auch aus VV Vorb. 5.1. Daher erhält der Anwalt die weiteren Gebühren auch dann, wenn er Anwalt nur einen Verfallsbeteiligten vertritt.[7] 11

Abschnitt 2. Einzeltätigkeiten

Nr.	Gebührentatbestand	Gebühr oder Satz der Gebühr nach § 13 oder § 49 RVG	
		Wahlanwalt	gerichtlich bestellter oder beigeordneter Rechtsanwalt
5200	Verfahrensgebühr .... (1) Die Gebühr entsteht für einzelne Tätigkeiten, ohne dass dem Rechtsanwalt sonst die Verteidigung übertragen ist. (2) Die Gebühr entsteht für jede Tätigkeit gesondert, soweit nichts anderes bestimmt ist. § 15 RVG bleibt unberührt. (3) Wird dem Rechtsanwalt die Verteidigung für das Verfahren übertragen, werden die nach dieser Nummer entstandenen Gebühren auf die für die Verteidigung entstehenden Gebühren angerechnet. (4) Der Rechtsanwalt erhält die Gebühr für die Vertretung in der Vollstreckung und in einer Gnadensache auch, wenn ihm die Verteidigung übertragen war.	20,00 bis 110,00 €	52,00 €

Literatur: *D. Meyer*, Zusätzliche Vergütung des Rechtsanwalts für die Vertretung im straf-/bußgeldrechtlichen Einziehungsverfahren pp. – VV RVG 4142, 5116, JurBüro 2005, 355.

---

6 OLG Karlsruhe AGS 2013, 173 = RVGreport 2012, 301 = VRR 2012, 319 = StRR 2012, 279.

7 LG Oldenburg RVGreport 2013, 62 = JurBüro 2013, 135 = RVGprof. 2013, 153; a.A. OLG Karlsruhe AGS 2013, 173 = RVGreport 2012, 301 = VRR 2012, 319 = StRR 2012, 279.

A. Überblick 1	E. Die Vergütung 12
B. Anwendungsbereich 3	F. Anrechnung (Anm. Abs. 3) 17
C. Einzeltätigkeiten (Anm. Abs. 1) .. 7	G. Einzeltätigkeiten in der Vollstreckung
D. Umfang der Angelegenheit (Anm. Abs. 2) .. 11	(Anm. Abs. 4) 18
	H. Gnadensachen (Anm. Abs. 4) 19
	I. Pauschgebühr 20

A. Überblick

1 In VV Teil 5 Abschnitt 2 ist die Vergütung für Einzeltätigkeiten geregelt.[1] Der Anwalt erhält danach eine **Verfahrensgebühr**.

2 Hinzu kommen **Auslagen** nach VV Teil 7. Soweit mehrere Einzeltätigkeiten gegeben sind, entsteht jeweils eine eigene Postentgeltpauschale (VV 7002).

B. Anwendungsbereich

3 Nach Anm. Abs. 1 ist Voraussetzung, dass dem Rechtsanwalt **nicht die Verteidigung** übertragen ist. Diese Formulierung ist insoweit missverständlich.
 – Zum einen erfasst werden sollen durch VV 5200 Tätigkeiten des **nicht zum Verteidiger bestellten Anwalts**, die für den Verteidiger durch die Verteidigergebühren der VV 5100 ff. abgegolten wären. Dieser Anwendungsbereich betrifft logischerweise nur den nicht zum Verteidiger bestellten Anwalt.
 – Zum anderen soll aber auch der **Verteidiger** Gebühren für solche Einzeltätigkeiten erhalten, die gar nicht zum Abgeltungsbereich der Verteidigergebühren nach den VV 5100 ff. zählen, so z.B. Tätigkeiten in der Vollstreckung und in Gnadensachen (Anm. Abs. 4). Insoweit gilt VV 5200 für alle Anwälte, unabhängig davon ob sie als Verteidiger bestellt sind oder nicht.

4 Die Aufzählung Vollstreckung „und" Gnadensachen ist nicht kumulativ gemeint. Richtig muss es heißen „oder". Sowohl Tätigkeiten in der Vollstreckung als auch in Gnadensachen sind jeweils Einzeltätigkeiten.[2]

5 Die Verfahrensgebühr der VV 5200 entsteht sowohl für den **Wahlanwalt** als auch für den **gerichtlich bestellten oder beigeordneten Rechtsanwalt**. Ebenso ist die Vorschrift anwendbar auf **Beistände** (z.B. Zeugenbeistand) und **sonstige Vertreter**, die in VV Vorb. 5 Abs. 1 genannt sind.[3]

6 Zum Anwendungsbereich siehe im Übrigen auch die Kommentierung zu den VV 4300 ff. Die dortigen Ausführungen gelten entsprechend. Einzeltätigkeiten in Ordnungswidrigkeitenverfahren sind selten, so dass es hierzu kaum Rechtsprechung gibt.

C. Einzeltätigkeiten (Anm. Abs. 1)

7 Anm. Abs. 1 stellt klar, dass der Anwalt die Verfahrensgebühr für eine Einzeltätigkeit nur dann erhält, wenn ihm nicht die Verteidigung übertragen worden war. Abgegolten werden also:
 – Tätigkeiten, für die ein Verteidiger die Gebühren nach VV 5100 ff. erhalten würde,
 – sowie Einzeltätigkeiten, die gar nicht in den Anwendungsbereich der VV 5100 ff. fallen, wie z.B. die Vollstreckung oder Gnadengesuche (siehe Anm. Abs. 4).

8 In VV 5200 sind keine bestimmten Einzeltätigkeiten aufgezählt, wie in den vergleichbaren Vorschriften der VV 4300 ff. Solche Einzeltätigkeiten können z.B. sein
 – Einreichung oder Stellung bestimmter Anträge;[4]

---

[1] Früher in der BRAGO durch Verweisung in § 105 BRAGO auf § 91 BRAGO geregelt. Die hierzu ergangene Rspr. kann übernommen werden.
[2] *Burhoff*, RVG, VV 5200 Rn 5.
[3] *Burhoff*, RVG, VV 5200 Rn 8; *Burhoff*, RVGreport 2004, 16.
[4] *Burhoff*, RVG, VV 5200 Rn 10.

- die Erstattung einer Ordnungswidrigkeitenanzeige;[5]
- ein Antrag auf gerichtliche Entscheidung nach § 62 OWiG,[6] soweit jetzt nicht durch VV Vorb. 5 Abs. 4 erfasst und nach VV Teil 3 abzurechnen;
- die Begründung einer Rechtsbeschwerde;[7]
- die Begründung eines Einspruchs gegen einen Bußgeldbescheid;[8]
- Beistandsleistungen für einen Zeugen, ohne dessen Vollvertreter zu sein;
- Einlegung einer Rechtsbeschwerde;[9]
- Einlegung eines Einspruchs gegen einen Bußgeldbescheid;[10]
- Gegenerklärung auf die von der Staatsanwaltschaft eingelegte Rechtsbeschwerde;[11]
- Einsichtnahme in die Ermittlungsakten, sei es für den Betroffenen oder für einen sonstigen Beteiligten;
- Stellungnahmen im Verfahren vor der Verwaltungsbehörde;[12]
- eine Stellungnahme zum Verwerfungsantrag der Generalstaatsanwaltschaft (§ 79 Abs. 3 OWiG, § 93 Abs. 2 StPO);[13]
- die Teilnahme an einem Vernehmungstermin vor der Polizei, der Staatsanwaltschaft oder der Verwaltungsbehörde (VV Vorb. 5.1.2 Abs. 2), ohne dass ein Verteidigungsauftrag besteht;[14]
- Teilnahme an einem Vernehmungstermin als Zeugenbeistand, ohne dass ein Auftrag zur Vollvertretung besteht;
- sämtliche Anträge im Vollstreckungsverfahren (Anm. Abs. 4), wie z.B. ein Ratenzahlungsantrag;[15]
- Gnadenanträge (Anm. Abs. 4).

Auch Beistandsleistungen, die ein Anwalt für den Betroffenen in der Hauptverhandlung erbringt, ohne Verteidiger zu sein, fallen unter VV 5200.[16] Dazu gehört der sog. Terminsvertreter, der nicht zugleich als weiterer Verteidiger bestellt wird. Wird der Terminsvertreter als weiterer Verteidiger bestellt, so erhält er sämtliche Gebühren eines Verteidigers nach den VV 5100 ff. Ist der Anwalt dagegen nur mit der Terminsvertretung beauftragt, wird er gerade nicht Verteidiger, sondern nur mit einer Einzeltätigkeit beauftragt. Dies verkennt das LG Wuppertal.[17]

Für **Beschwerdeverfahren** ist keine gesonderte Regelung vorgesehen. Während in VV Vorb. 4.3 Abs. 3 S. 2 angeordnet ist, dass bei Einzeltätigkeiten in Strafsachen die Beschwerde als eigene Angelegenheit gilt, fehlt eine entsprechende Regelung in Bußgeldsachen. Hier bleibt es also bei dem allgemeinen Grundsatz, dass Beschwerdeverfahren aufgrund des Pauschalcharakters der Gebühren keine besondere Angelegenheit auslösen und durch die Verfahrensgebühr der VV 5200 mit abgegolten werden (arg. e § 18 Abs. 1 Nr. 10a).[18]

D. Umfang der Angelegenheit (Anm. Abs. 2)

Der Anwalt erhält die Verfahrensgebühr für jede Einzeltätigkeit gesondert. Insoweit handelt es sich jeweils um **eigene Angelegenheiten i.S.d. § 15**. Allerdings ist § 15 Abs. 6 zu berücksichtigen. Der Anwalt kann bei mehreren Einzeltätigkeiten insgesamt nicht mehr erhalten, als er erhalten würde, wenn er zum Verteidiger bestellt worden wäre.

---

5 LAG Schleswig AGS 2001, 75 = AnwBl 2001, 185 = BB 2001, 1046 = KostRsp. BRAGO § 91 m. Anm. *N. Schneider*.
6 *Burhoff*, RVG, VV 5200 Rn 10.
7 *Burhoff*, RVG, VV 5200 Rn 10.
8 *Burhoff*, RVG, VV 5200 Rn 10.
9 *Burhoff*, RVG, VV 5200 Rn 10.
10 *Burhoff*, RVG, VV 5200 Rn 10.
11 *Burhoff*, RVG, VV 5200 Rn 10.
12 *Burhoff*, RVG, VV 5200 Rn 10.
13 *Burhoff*, RVG, VV 5200 Rn 10.
14 *Burhoff*, RVG, VV 5200 Rn 10.
15 *Burhoff*, RVG, VV 5200 Rn 10.
16 *Burhoff*, RVG, VV 5200 Rn 10; a.A. AGS 2010, 492 = NJW-Spezial 2010, 636 = RVGreport 2010, 463 = VRR 2011, 79.
17 AGS 2010, 492 = NJW-Spezial 2010, 636 = RVGreport 2010, 463 = VRR 2011, 79.
18 *Burhoff*, RVG, VV 5200 Rn 14.

E. Die Vergütung

12 Der Anwalt erhält für seine Einzeltätigkeit eine Verfahrensgebühr. Vorgesehen ist ein Betragsrahmen in Höhe von 20 EUR bis 110 EUR; die Mittelgebühr beträgt 65 EUR. Die Höhe der Gebühr bestimmt der Anwalt nach § 14 Abs. 1 unter Berücksichtigung der dort genannten Kriterien, wobei maßgeblich auf den Zeitaufwand abzustellen sein wird.[19]

13 Der gerichtlich bestellte oder beigeordnete Anwalt erhält eine Festgebühr in Höhe von 52 EUR.

14 Da es sich um eine Verfahrensgebühr handelt, gilt insoweit VV Vorb. 5 Abs. 2. Der Anwalt erhält die Gebühr für das Betreiben des Geschäfts einschließlich der Entgegennahme der Informationen. Die Gebühr wird daher mit der ersten Tätigkeit ausgelöst.

15 Ob sich der Auftrag **vorzeitig erledigt**, ist für den Anfall der Gebühren unerheblich. Eine Ermäßigung des Gebührenrahmens oder der Festgebühr für den bestellten oder beigeordneten Anwalt ist nicht vorgesehen. Hier ist die Gebühr entsprechend § 14 Abs. 1 dann ggf. unterdurchschnittlich zu bemessen.[20]

16 Eine Terminsgebühr ist nicht vorgesehen. Daraus darf jedoch nicht gefolgert werden, dass der Anwalt für die Wahrnehmung von Terminen keine Vergütung nach VV 5200 erhalte. Die Wahrnehmung von Terminen ist ebenfalls eine Einzeltätigkeit, die die Verfahrensgebühr auslöst.[21]

Beispiel: Der Anwalt erbringt im Hauptverhandlungstermin Beistandsleistungen, ohne als Verteidiger beauftragt zu sein.
Der Anwalt erhält jetzt eine Verfahrensgebühr nach VV 5200, nicht jedoch auch eine Terminsgebühr.

F. Anrechnung (Anm. Abs. 3)

17 Wird dem Anwalt, der mit Einzeltätigkeiten beauftragt ist, die in den Anwendungsbereich der VV 5100 ff. fallen, anschließend die Verteidigung übertragen, so sind die Gebühren für die Einzeltätigkeiten auf die nachfolgenden Gebühren der VV 5100 ff. **anzurechnen** (Anm. Abs. 3).

G. Einzeltätigkeiten in der Vollstreckung (Anm. Abs. 4)

18 Gesonderte Gebühren für die **Vollstreckung** enthalten die Vorschriften des VV Teils 5 im Gegensatz zu denen in VV Teil 4 nicht. Daher gilt VV 5200 auch für Tätigkeiten in der Vollstreckung, und zwar entgegen dem Wortlaut der Anm. Abs. 1 auch für den Verteidiger. Dies wird in Anm. Abs. 4 klargestellt.

H. Gnadensachen (Anm. Abs. 4)

19 In Anm. Abs. 4 ist klargestellt, dass auch die Tätigkeit in einer **Gnadensache** als Einzeltätigkeit zu behandeln und zu vergüten ist.

I. Pauschgebühr

20 Möglich ist auch für Einzeltätigkeiten die Bewilligung einer Pauschgebühr. Dies gilt sowohl für den Wahlanwalt, der eine Pauschgebühr nach § 42 beantragen kann, als auch für den gerichtlich bestellten oder beigeordneten Anwalt, der eine Pauschgebühr nach § 51 beantragen kann.

---

[19] *Burhoff*, RVG, VV 5200 Rn 18.
[20] *Burhoff*, RVG, VV 5200 Rn 12.
[21] *Burhoff*, RVG, VV 5200 Rn 10.

Teil 6
Sonstige Verfahren

Vorbemerkung zu VV 6100 ff.

VV Teil 6 enthält vier Abschnitte, in denen sonstige Verfahren geregelt sind, also solche, die nicht unter VV Teil 2 bis VV Teil 5 fallen. Soweit Verfahren nach VV Teil 6 geregelt werden, ist VV Teil 3 nicht anwendbar (VV Vorb. 3 Abs. 7). **1**

Die Vorschriften nach VV Teil 1 sind dagegen grundsätzlich anwendbar, soweit die Tatbestände hier überhaupt in Betracht kommen. **2**

Für alle Angelegenheiten gelten die Gebühren aus VV Teil 2 Abschnitt 1 (Prüfung der Erfolgsaussicht eines Rechtsmittels). Auch VV Teil 2 Abschnitt 3 (Einvernehmen) dürfte anzuwenden sein. **3**

Die Geschäftsgebühren nach VV Teil 2 Abschnitt 3 sind nur in Angelegenheiten nach VV Teil 6 Abschnitt 4 anzuwenden. **4**

Soweit möglich kommt auch die Anwendung von VV Teil 2 Abschnitt 5 (Beratungshilfe) in Betracht. **5**

In **Abschnitt 1** sind die **Verfahren nach dem Gesetz über die internationale Rechtshilfe in Strafsachen** geregelt sowie **Verfahren nach dem IStGH-Gesetz**. Diese Verfahren waren früher in §§ 106 bis 108 BRAGO (Neunter Abschnitt der BRAGO) geregelt. **6**

Diese Vorschriften sind mit dem Gesetz zur Umsetzung des Rahmenbeschlusses 2005/214/JI über die Anwendung des Grundsatzes der Anerkennung von Geldstrafen und Geldbußen geändert worden.[1] **7**

Abschnitt 2 enthält die Vergütung in **Disziplinarverfahren und berufsgerichtlichen Verfahren wegen der Verletzung einer Berufspflicht**. Diese Verfahren waren früher zum Teil im Zehnten Abschnitt der BRAGO (§§ 109 ff. BRAGO) enthalten, nämlich in §§ 109 und 110 BRAGO. **8**

In **Abschnitt 3** wiederum ist die Vergütung in **gerichtlichen Verfahren bei Freiheitsentziehung, in Unterbringungssachen** und Unterbringungsmaßnahmen nach § 151 Nr. 6. und 7 FamFG geregelt. Dies entspricht dem früheren § 112 BRAGO, wonach Gebühren bei Freiheitsentziehungen im zehnten Abschnitt der BRAGO aufgeführt waren. Zu den in Abschnitt 3 geregelten Verfahren gehören auch Anträge nach dem Therapieunterbringungsgesetz (ThUG),[2] auf die die verfahrensrechtlichen Vorschriften des FamFG gleichermaßen anwendbar sind. **9**

Abschnitt 4 schließlich enthält **Besondere Verfahren und Einzeltätigkeiten**. Zu diesen besonderen Verfahren gehören die **Verfahren nach der WBO, auch i.V.m. § 42 WDO**, die früher in § 109 BRAGO geregelt waren. **10**

Auf die vorgerichtliche Tätigkeit ist die Geschäftsgebühr nach VV Teil 2 Abschnitt 3 (VV 2303 Nr. 2) anzuwenden. Dort findet sich auch eine besondere Anrechnungsregelung für mehrere Geschäftsgebühren untereinander (VV Vorb. 2.3 Abs. 5). **11**

Ergänzend regelt **Abschnitt 5 Einzeltätigkeiten** in sämtlichen Verfahren nach VV Teil 6, in denen der Anwalt nicht als Gesamtvertreter des Anwalts mandatiert ist. **12**

---

1 Siehe dazu *N. Schneider*, DAR 2010, 768 ff.; *Volpert*, AGS 2010, 573 ff.

2 Siehe *Hagen Schneider*, AGS 2011, 209 ff.

Nr.	Gebührentatbestand	Gebühr	
		Wahlverteidiger oder Verfahrensbevollmächtigter	gerichtlich bestellter oder beigeordneter Rechtsanwalt

Vorbemerkung 6:

(1) Für die Tätigkeit als Beistand für einen Zeugen oder Sachverständigen in einem Verfahren, für das sich die Gebühren nach diesem Teil bestimmen, entstehen die gleichen Gebühren wie für einen Verfahrensbevollmächtigten in diesem Verfahren.

(2) Die Verfahrensgebühr entsteht für das Betreiben des Geschäfts einschließlich der Information.

(3) Die Terminsgebühr entsteht für die Teilnahme an gerichtlichen Terminen, soweit nichts anderes bestimmt ist. Der Rechtsanwalt erhält die Terminsgebühr auch, wenn er zu einem anberaumten Termin erscheint, dieser aber aus Gründen, die er nicht zu vertreten hat, nicht stattfindet. Dies gilt nicht, wenn er rechtzeitig von der Aufhebung oder Verlegung des Termins in Kenntnis gesetzt worden ist.

1 VV Vorb. 6 entspricht in Teilen der VV Vorb. 4. Auch in Verfahren nach VV Teil 6 ist geregelt, dass die Gebührentatbestände ebenfalls für einen Anwalt gelten, der als Beistand für einen Zeugen oder Sachverständigen auftritt (**Abs. 1**). Er erhält die gleichen Gebühren wie ein Verfahrensbevollmächtigter. Ein eventueller geringerer Aufwand oder eine geringere Schwierigkeit ebenso wie eine geringere Bedeutung sind dann im Rahmen des § 14 Abs. 1 bei der Gebührenbemessung zu berücksichtigen.

2 **Abs. 2** wiederum stellt ebenso wie bei den Verfahrensgebühren der anderen Teile des Vergütungsverzeichnisses klar, dass die Gebühr für das Betreiben des Geschäfts entsteht und bereits mit der Entgegennahme der Information ausgelöst wird.

3 Die Terminsgebühr nach VV Teil 6 entsteht nur für **gerichtliche Termine**, soweit nichts anderes bestimmt ist (**Abs. 3 S. 1**). Im Gegensatz zu den Terminsgebühren nach VV Teil 3 reichen also außergerichtliche Besprechungen nicht aus. Andererseits ist eine Verhandlung grundsätzlich nicht erforderlich. Die Teilnahme am Termin genügt bereits. Einzelheiten sind hier strittig. Siehe insoweit die Kommentierungen zu den jeweiligen Terminsgebühren, insbesondere zu VV 6101.

4 Darüber hinaus ist in **Abs. 3 S. 2** in Entsprechung zu VV Teil 4 und 5 geregelt, dass der Anwalt die Terminsgebühr auch dann erhält, wenn er zu einem anberaumten Termin erscheint, dieser aber aus Gründen nicht stattfindet, die der Anwalt nicht zu vertreten hat. Lediglich dann, wenn der Anwalt von der Aufhebung des Termins rechtzeitig in Kenntnis gesetzt worden ist, also er Kenntnis hatte oder bei ordnungsgemäßer Organisation seiner Kanzlei hätte Kenntnis haben müssen, kann er die Terminsgebühr nicht verlangen (**Abs. 3 S. 3**).

Abschnitt 1. Verfahren nach dem Gesetz über die internationale Rechtshilfe in Strafsachen und Verfahren nach dem Gesetz über die Zusammenarbeit mit dem Internationalen Strafgerichtshof

Unterabschnitt 1. Verfahren vor der Verwaltungsbehörde

Nr.	Gebührentatbestand	Gebühr	
		Wahlverteidiger oder Verfahrensbevollmächtigter	gerichtlich bestellter oder beigeordneter Rechtsanwalt

Vorbemerkung 6.1.1:

Die Gebühr nach diesem Unterabschnitt entsteht für die Tätigkeit gegenüber der Bewilligungsbehörde in Verfahren nach Abschnitt 2 Unterabschnitt 2 des Neunten Teils des Gesetzes über die internationale Rechtshilfe in Strafsachen.

Abschnitt 1. Verfahren nach dem IRG und IStGH-Gesetz

Nr.	Gebührentatbestand	Gebühr Wahlverteidiger oder Verfahrensbevollmächtigter	gerichtlich bestellter oder beigeordneter Rechtsanwalt
6100	Verfahrensgebühr	50,00 bis 340,00 €	156,00 €

Unterabschnitt 2. Gerichtliches Verfahren

Nr.	Gebührentatbestand	Gebühr Wahlverteidiger oder Verfahrensbevollmächtigter	gerichtlich bestellter oder beigeordneter Rechtsanwalt
6101	Verfahrensgebühr	100,00 bis 690,00 €	316,00 €
6102	Terminsgebühr je Verhandlungstag	130,00 bis 930,00 €	424,00 €

Literatur: *Burhoff*, Anwaltsvergütung in Verfahren betreffend die Vollstreckung ausländischer Geldsanktionen, RVGreport 2011, 42; *Hagen Schneider*, Kostenrechtliche Auswirkungen des Gesetzes zur Umsetzung des Rahmenbeschlusses über die Anwendung des Grundsatzes der gegenseitigen Anerkennung von Geldstrafen und Geldbußen, JurBüro 2011, 61; *N. Schneider*, Anwalts- und Gerichtskosten in Verfahren auf Betreibung ausländischer Geldsanktionen, DAR 2010, 768; *Volpert*, Die Anwaltsvergütung in Verfahren betreffend die Vollstreckung ausländischer Geldsanktionen (europaweite Vollstreckung von Geldstrafen und Geldbußen) AGS 2010, 573.

A. Allgemeines 1	IV. Verfahren über die Bewilligung der Vollstreckung ausländischer Geldsanktionen 41
B. Regelungsgehalt 5	1. Überblick 41
I. Persönlicher Anwendungsbereich 5	2. Anwaltsvergütung 42
II. Sachlicher Anwendungsbereich 9	a) Überblick 42
III. Verfahren mit Ausnahme der Verfahren über die Bewilligung der Vollstreckung ausländischer Geldsanktionen 15	b) Vertretung vor der Behörde 44
1. Verfahrensgebühr (VV 6101) 15	c) Erstinstanzliche Verfahren vor dem Amtsgericht 49
a) Abgeltungsbereich 15	aa) Überblick 49
b) Höhe der Verfahrensgebühr 20	bb) Verfahrensgebühr 53
2. Terminsgebühr (VV 6102) 25	cc) Terminsgebühr 58
a) Entstehen der Gebühr 25	d) Rechtsbeschwerde 62
b) Höhe der Terminsgebühr 32	aa) Umfang der Angelegenheit 62
3. Auslagen 34	bb) Vergütung 66
4. Ergänzende Vorschriften 35	e) Verfahren auf Zulassung der Rechtsbeschwerde 69
5. Kostenerstattung 39	f) Verfahren nach Zurückverweisung 70
	g) Sonstige Gebühren 72
	h) Vollstreckung 73

A. Allgemeines

Die Vorschriften sind durch das Gesetz zur Umsetzung des Rahmenbeschlusses 2005/214/JI über die Anwendung des Grundsatzes der Anerkennung von Geldstrafen und Geldbußen[1] eingeführt worden. **1**

---

[1] Siehe dazu *N. Schneider*, DAR 2010, 768 ff.; *Volpert*, AGS 2010, 573 ff.

Bis zum 28.10.2011 war nur eine Verfahrensgebühr im gerichtlichen Verfahren geregelt (VV 6100 a.F) sowie die Terminsgebühr für die Hauptverhandlung (VV 6101 a.F). Durch das Gesetz zur Umsetzung des Rahmenbeschlusses 2005/214/JI über die Anwendung des Grundsatzes der Anerkennung von Geldstrafen und Geldbußen ist eine weitere Verfahrensgebühr für das Verfahren vor der Verwaltungsbehörde als neue VV 6100 eingeführt in worden. Die bisherigen VV 6100, 6101 sind dadurch aufgerückt und zu VV 6101 und 6102 geworden.

2 In VV Teil 6 Abschnitt 1 (VV 6100, 6101, 6102) ist die Vergütung des Anwalts geregelt, der in Verfahren nach dem **Gesetz über die internationale Rechtshilfe in Strafsachen (IRG)** oder in Verfahren nach dem **Gesetz über die Zusammenarbeit mit dem Internationalen Strafgerichtshof (IStGH-Gesetz)** als Beistand tätig wird. Bei diesen Verfahren handelt es sich nicht um Strafsachen i.S.d. VV Teil 4. Daher war eine gesonderte Regelung der Vergütung erforderlich.

3 Im Gegensatz zu den früheren Regelungen in der BRAGO, die auf die Gebühren in Strafsachen (§§ 83 ff. BRAGO) verwiesen hatten, finden sich jetzt eigenständige Regelungen, wobei sich die Vergütungsregelung nach wie vor an den strafrechtlichen Gebühren orientiert.

4 Anzuwenden sind auch die Vorschriften über die **Bewilligung einer Pauschgebühr**. Sofern der Gebührenrahmen für den Wahlanwalt nicht ausreicht, um seine Tätigkeit angemessen zu vergüten, kann er nach § 42 eine Pauschgebühr beantragen. Der gerichtlich bestellte oder beigeordnete Anwalt hat die gleiche Möglichkeit nach § 51. Zuständig ist in beiden Fällen das OLG, in dessen Bezirk sich das Gericht des ersten Rechtszugs befindet (§ 42 Abs. 1 S. 1; § 51 Abs. 2).

B. Regelungsgehalt

I. Persönlicher Anwendungsbereich

5 Die Gebührentatbestände der VV 6100, 6101, 6102 gelten grundsätzlich nur für den **Rechtsanwalt**. Auf **Rechtsbeistände** sind die Vorschriften entsprechend anzuwenden (Art. IX RpflegeAnpassungsG). Nach § 40 Abs. 3 IRG i.V.m. § 138 StPO kann auch ein **Rechtslehrer** an einer deutschen Hochschule als Beistand gewählt werden. Für dessen Vergütung gelten die VV 6100, 6101, 6102 nicht,[2] sondern § 612 BGB. Die Geltung der Vorschriften der VV 6100, 6101, 6102 kann jedoch entsprechend vereinbart werden.[3]

6 Für den **gerichtlich bestellten Anwalt** gelten jeweils die hier vorgesehenen Festgebühren. Sowohl das IRG als auch das IStGH-Gesetz sehen an zahlreichen Stellen die Bestellung eines Rechtsanwalts als Beistand vor. Insoweit kann der Anwalt auch den Vertretenen unter den Voraussetzungen des § 52 in Anspruch nehmen.

7 Die gerichtliche Beiordnung eines Anwalts im Wege der Prozesskostenhilfe ist allerdings nicht möglich. Eine Inanspruchnahme des Vertretenen gemäß § 53 kommt daher nicht in Betracht.[4]

8 Die VV 6100 ff. gelten nicht für einen Zeugenbeistand, der für die richterliche Vernehmung eines Zeugen aufgrund eines auswärtigen Rechtshilfeersuchens bestellt worden ist. Er kann nur die Gebühr für eine Einzeltätigkeit nach VV 4301 Nr. 4 verlangen.[5]

II. Sachlicher Anwendungsbereich

9 In diesen Verfahren über die Betreibung ausländischer Geldsanktionen findet zunächst ein behördliches Verfahren statt (siehe Rdn 15). Für dieses Verfahren ist die gesonderte Verfahrensgebühr nach VV 6100 eingeführt worden.

10 Weitere Gebühren im Verfahren vor der Behörde entstehen nicht. Insbesondere ist hier – im Gegensatz zu Straf- und Bußgeldsachen – eine Terminsgebühr nicht möglich.

11 Auch eine Grundgebühr ist in diesem Verfahren nicht vorgesehen.

---

2 *Hansens*, BRAGO, § 106 Rn 1.
3 *Hansens*, BRAGO, § 106 Rn 1.
4 OLG Hamm NStZ-RR 2002, 159 = StV 2003, 96; Burhoff/*Volpert*, RVG, VV 6100 Rn 15; VV 6101 Rn 12.
5 KG AGS 2008, 130 m. Anm. *Volpert* und 235 = StRR 2008, 117 = NJ 2008, 184 = RVGreport 2008, 227.

Die Vergütung nach VV 6100, 6101, 6102 entsteht in Verfahren nach dem IRG oder nach dem IStGH-Gesetz. 12

Zu den **Verfahren nach dem IRG** zählen: 13
- Verfahren auf Auslieferung eines Ausländers an die Behörde eines ausländischen Staates zur Strafverfolgung oder Strafvollstreckung (§§ 2 bis 42 IRG);
- Verfahren über die Durchlieferung eines Ausländers durch die Bundesrepublik Deutschland (§§ 43 bis 47 IRG);
- Verfahren über die Rechtshilfe durch Vollstreckung ausländischer Erkenntnisse (§§ 48 bis 58 IRG);
- Verfahren über die sonstige Rechtshilfe (§§ 49 bis 67a IRG);
- Verfahren über ausgehende Ersuchen (§§ 68 bis 72 IRG)
- Verfahren über die Bewilligung der Vollstreckung ausländischer Geldsanktionen (§§ 87 ff. IRG) (siehe dazu gesondert Rdn 15 ff.).

Zu den **Verfahren des IStGH-Gesetzes**, die von den VV 6100, 6101, 6102 erfasst werden, zählen: 14
- Verfahren zur Abstellung von Personen an den Internationalen Strafgerichtshof zur Strafverfolgung oder Strafvollstreckung (§§ 2 bis 33 IStGH-Gesetz);
- Verfahren zur Durchbeförderung von Personen zur Strafverfolgung oder Strafvollstreckung durch das Bundesgebiet (§§ 34 bis 39 IStGH-Gesetz);
- Verfahren über die Rechtshilfe durch Vollstreckung von Entscheidungen und Anordnungen des Gerichtshofes (§§ 40 bis 46 IStGH-Gesetz);
- Verfahren über die sonstige Rechtshilfe (§§ 47 bis 63 IStGH-Gesetz);
- Verfahren über ausgehende Ersuchen (§§ 64 bis 67 IStGH-Gesetz).

III. Verfahren mit Ausnahme der Verfahren über die Bewilligung der Vollstreckung ausländischer Geldsanktionen

1. Verfahrensgebühr (VV 6101)

a) Abgeltungsbereich

Die Verfahrensgebühr nach VV 6101 entsteht gemäß VV Vorb. 6 Abs. 2 für das Betreiben des Geschäfts einschließlich der Information. Die Gebühr entsteht also bereits mit der ersten Tätigkeit, in der Regel mit der Aufnahme der Information. 15

Abgegolten durch die Verfahrensgebühr werden sämtliche Tätigkeiten in den Verfahren nach dem IRG und dem IStGH-Gesetz, ausgenommen die Wahrnehmung von Terminen, die nach VV 6102 vergütet wird. Voraussetzung ist auch hier, dass der Anwalt als **Gesamtvertreter** beauftragt ist. Für Einzeltätigkeiten gilt VV 6404. 16

Zum Abgeltungsbereich der Verfahrensgebühr zählen daher neben der Entgegennahme der Information und der Beratung des Mandanten insbesondere die Akteneinsicht, die Korrespondenz mit dem Mandanten oder mit Dritten, Besprechungen mit den Beteiligten, außergerichtliche Termine, Beschwerdeverfahren, für die es in VV Teil 6 ebenfalls keine gesonderten Regelungen gibt. Auch die Einlegung von Rechtsmitteln wird durch die Verfahrensgebühr abgegolten (§ 19 Abs. 1 S. 2 Nr. 10). 17

Das Nachprüfungsverfahren nach § 33 IRG zählt ebenfalls mit zum Umfang der Angelegenheit und wird durch die Verfahrensgebühr abgegolten. Ein erhöhter Aufwand kann hier allenfalls nach § 14 Abs. 1 berücksichtigt werden. 18

Das Verfahren nach § 35 IRG, also wenn eine erneute Verhandlung anberaumt wird, weil nach Durchführung der Auslieferung die ausländische Regierung um Zustimmung zur Strafverfolgung, Strafvollstreckung oder Weiterverfolgung wegen einer Tat ersucht, für die die Auslieferung nicht bewilligt wurde, ist eine neue Angelegenheit, so dass der Anwalt, der hier wiederum als Beistand beauftragt wird, die Gebühren nach VV 6101, 6102 erneut erhält.[6] 19

---

6 Burhoff/*Volpert*, RVG, VV 6100 Rn 10.

b) Höhe der Verfahrensgebühr

20 Der Wahlanwalt erhält einen Gebührenrahmen in Höhe von 100 EUR bis 690 EUR. Die Mittelgebühr beträgt 395 EUR. Die Höhe der Gebühr bestimmt der Anwalt anhand der Kriterien des § 14 Abs. 1.

21 Bei der Bemessung der Verfahrensgebühr VV 6101 ist die Inhaftierung des Verfolgten zu berücksichtigen. Außerdem ist von Bedeutung, dass der Beistand über Kenntnisse der Muttersprache des Verfolgten verfügt, die es ihm ermöglicht haben, mit dem Verfolgten ohne Zuziehung eines Dolmetschers zu korrespondieren und zu sprechen.[7]

22 Vertritt der Anwalt **mehrere Auftraggeber** innerhalb desselben Verfahrens, was möglich ist, da § 146 StPO nicht gilt, so erhöht sich der Gebührenrahmen nach VV 1008 um jeweils 30 % je Auftraggeber.[8] Soweit der Anwalt allerdings für mehrere Beteiligte in verschiedenen Verfahren tätig wird, erhält er die Gebühren aus dem einfachen Betragsrahmen jeweils gesondert (§ 15 Abs. 2).[9]

23 Sofern der Gebührenrahmen nicht ausreicht, um die Tätigkeit des Anwalts angemessen zu vergüten, kann er nach § 42 eine **Pauschgebühr** beantragen.

24 Der gerichtlich bestellte oder beigeordnete Rechtsanwalt erhält aus der Staatskasse eine Festgebühr in Höhe von 316 EUR. Auch er kann einen Antrag auf Bewilligung einer Pauschvergütung nach § 51 stellen.

2. Terminsgebühr (VV 6102)

a) Entstehen der Gebühr

25 In den Verfahren nach dem IRG und dem IStGH-Gesetz steht dem Anwalt neben der Verfahrensgebühr nach VV 6100 auch eine Terminsgebühr nach VV 6102 zu. Die Terminsgebühr entsteht für die Teilnahme an **gerichtlichen Terminen**, soweit nichts anderes bestimmt ist (VV Vorb. 6 Abs. 3 S. 1). Außergerichtliche Termine lösen daher – im Gegensatz zu den Gebühren nach VV Teil 3 – keine Terminsgebühren aus; Besprechungen mit anderen Beteiligten, genügen daher nicht. Ebenso fehlt es hier an einer der VV 4102 entsprechenden Regelung. Die Teilnahme an anderen Terminen, z.B. bei der Staatsanwaltschaft, löst daher auch keine Terminsgebühr aus.

26 Die Art des gerichtlichen Termins ist dagegen unerheblich. So gilt VV 6102 auch für Haftprüfungstermine.[10]

27 Nach Auffassung des OLG Bremen[11] gilt VV 6102 dagegen nicht für die Teilnahme an bloßen Vernehmungs- bzw. Belehrungsterminen vor dem AG. Die Wahrnehmung dieser Termine bzw. Tätigkeiten werde vielmehr durch die Verfahrensgebühr abgegolten. Diese Entscheidung widerspricht dem eindeutigen Wortlaut des Gesetzes und ist daher falsch.[12] VV Vorb. 6 Abs. 2 lautet: „Die Terminsgebühr entsteht für die Teilnahme an gerichtlichen Terminen, soweit nichts anderes bestimmt ist." Im Gesetz ist aber nichts anderes bestimmt. Auch das OLG Bremen führt keine anderweitige Bestimmung an. Es geht noch nicht einmal auf den Wortlaut ein. Soweit das OLG Bremen seine Auffassung mit einem Vergleich zu VV 4102 zu begründen versucht, greift dies nicht. Die Vergütung der Verfahren nach dem IRG richtet sich nach VV Teil 6. Das RVG hat bewusst diese Verfahren gesondert geregelt und von den Strafsachen abgekoppelt. Daher ist ein Rückgriff auf VV 4102 unzulässig, weil diese Vorschrift aus einem völlig anderen Teil stammt. Ebenso unerheblich ist, dass die Termine vor dem ersuchten Richter stattgefunden haben. Auch nach VV 4102 reichen Termine vor dem ersuchten Richter aus. Die vom OLG Bremen vorgenommene Einschränkung lässt sich daher nur mit fiskalischen Interessen erklären.

28 Auch hier erhält der Anwalt die Terminsgebühr, wenn ein Termin anberaumt ist, zu dessen Durchführung es jedoch nicht mehr kommt, aber der Anwalt zu diesem Termin trotz der Aufhebung erscheint (VV Vorb. 6 Abs. 3 S. 2).

---

7 OLG Hamm StraFo 2007, 218 = Rpfleger 2007, 426 = JurBüro 2007, 309 = StV 2007, 476.
8 Burhoff/*Volpert*, RVG, VV 6100 Rn 14.
9 Burhoff/*Volpert*, RVG, VV 6100 Rn 14.
10 Burhoff/*Volpert*, RVG, VV 6101 Rn 7; a.A. OLG Hamburg AGS 2006, 290.

11 AGS 2005, 443 (versehentlich als OLG Hamburg ausgewiesen) m. abl. Anm. *N. Schneider* = RVGreport 2005, 317; ebenso OLG Dresden AGS 2007, 355 = StraFo 2007, 176 = Rpfleger 2007, 341 = JurBüro 2007, 252 = RVGreport 2007, 307.
12 Zutreffend Burhoff/*Volpert*, RVG, VV 6101 Rn 7.

Die Terminsgebühr entsteht ebenso wie in Strafsachen je Verhandlungstag, also **je Kalendertag**. 29
Finden an einem Tage mehrere Verhandlungen statt, entsteht die Gebühr nur einmal.

Ausreichend für das Entstehen der Gebühr ist die Anwesenheit des Rechtsanwalts im Termin. Er 30
muss nicht verhandeln, insbesondere keine Anträge stellen oder sich aktiv an Erörterungen beteiligen.
Der Anwalt muss auch nicht bis zum Ende des Termins anwesend sein.

Ob der Verfolgte im Termin anwesend ist, ist unerheblich. Der Anwalt erhält die Terminsgebühr 31
also auch dann, wenn er alleine an dem Termin teilnimmt.

b) Höhe der Terminsgebühr

Der Wahlanwalt erhält eine Gebühr in Höhe von 130 EUR bis 930 EUR. Die Mittelgebühr beträgt 32
530 EUR. Aus diesem Rahmen bemisst der Anwalt die in seinem konkreten Fall angemessene
Gebühr unter Berücksichtigung der Kriterien des § 14 Abs. 1. Sofern die Gebühr nicht ausreicht,
um seine Tätigkeit angemessen zu vergüten, steht dem Anwalt die Möglichkeit offen, nach § 42
eine **Pauschgebühr** zu verlangen.

Der gerichtlich bestellte oder beigeordnete Anwalt erhält eine Festgebühr in Höhe von 424 EUR. 33
Auch er hat die Möglichkeit, eine Pauschgebühr zu beantragen (§ 51).

3. Auslagen

Auch der Anwalt in den Verfahren nach VV 6100, 6101 erhält eine Erstattung seiner Auslagen nach 34
VV Teil 7, insbesondere erhält er eine **Postentgeltpauschale** nach VV 7002.

4. Ergänzende Vorschriften

Im Übrigen gelten die Allgemeinen Vorschriften entsprechend, insbesondere §§ 3a ff. (Vergütungs- 35
vereinbarung), § 5 (Vergütung für Tätigkeiten von Vertretern des Rechtsanwalts), § 8 (Fälligkeit),
§ 9 (Vorschuss) und § 10 (Berechnung).

Auch eine Vergütungsfestsetzung nach § 11 ist möglich. 36

Im Falle einer Beratung gilt § 34. 37

Soll die Erfolgsaussicht eines Rechtsmittels geprüft werden, gelten die VV 2102, 2103 (VV Vorb. 2 38
Abs. 3).

5. Kostenerstattung

Soweit sich im Verfahren die Unzulässigkeit der Auslieferung ergibt, sind die dem Verfolgten 39
entstandenen notwendigen Auslagen nach § 77 IRG i.V.m. §§ 467, 467a StPO aus der Staatskasse
zu erstatten.[13] Im Übrigen kommt eine Kostenerstattung nicht in Betracht.[14]

Neben dem deutschen Anwalt können u.U. auch Kosten eines zusätzlichen ausländischen Rechtsan- 40
walts zu erstatten sein.[15] Auslagen, die in dem ersuchten Staat entstanden sind, sind dagegen nicht
zu erstatten.[16]

---

13 BGHSt 32, 221 = NJW 1984, 1309; *Grützner/Pötz*, Internationaler Rechtshilfeverkehr in Strafsachen, Loseblatt, § 40 IRG Rn 32.
14 OLG Hamm NStZ 1984, 366; OLG Koblenz MDR 1983, 692; OLG Düsseldorf MDR 1987, 1049.
15 OLG Hamburg NStZ 1983, 284; 1988, 370.
16 OLG Zweibrücken JurBüro 1989, 518 = Rpfleger 1989, 125.

IV. Verfahren über die Bewilligung der Vollstreckung ausländischer Geldsanktionen

1. Überblick

41 Für die neu eingeführten Verfahren auf Bewilligung der Vollstreckung ausländischer Geldsanktionen gab es im RVG bislang keine besonderen Gebührentatbestände. Diese Tätigkeiten hätte man also als Vollstreckungstätigkeiten oder Einzeltätigkeiten behandeln müssen, was für Bußgeldsachen dasselbe gewesen wäre. Der Gesetzgeber hat daher mit dem Gesetz zur Umsetzung des Rahmenbeschlusses 2005/214/JI über die Anwendung des Grundsatzes der Anerkennung von Geldstrafen und Geldbußen nicht nur das IRG geändert, sondern auch das RVG und für dieses Verfahren gesonderte Gebührentatbestände eingeführt. Die Gebührentatbestände finden sich in VV Teil 6 Abschnitt 1, in dem auch schon die bisherigen Verfahren nach dem IRG geregelt waren. Der Gesetzgeber hat die bisher dort geregelten Gebühren für Verfahren nach dem IRG erweitert und für das Bewilligungsverfahren vor der Behörde eine neue VV 6100 eingefügt.

2. Anwaltsvergütung

a) Überblick

42 Wird der Anwalt in einem Verfahren auf Bewilligung der Vollstreckung ausländischer Geldsanktionen beauftragt, so erhält er hierfür eine gesonderte Vergütung nach den VV 6100 ff. Seine Tätigkeit ist nicht durch eventuelle Gebühren im vorausgegangenen ausländischen Straf- oder Bußgeldverfahren mit abgegolten. Vielmehr sind die deutschen Verfahren über die Bewilligung der Vollstreckung nach den §§ 86 ff. IRG gesonderte Angelegenheiten i.S.d. § 15.

43 Andererseits wird durch die Gebühren der VV 6100 ff. nicht die nachfolgende Vollstreckung abgegolten. Dafür entstehen wiederum gesonderte Gebühren, da es sich auch insoweit um eine gesonderte Angelegenheit i.S.d. § 15 handelt.

b) Vertretung vor der Behörde

44 Vertritt der Anwalt den Mandanten im Bewilligungsverfahren vor der Behörde (§§ 87 ff. IRG), so handelt es sich zwar um eine außergerichtliche Tätigkeit. Diese richtet sich jedoch nicht nach VV Teil 2 Abschnitt 3, da die Vorschriften nach VV Teil 2 Abschnitt 3 in Straf- und Bußgeldsachen grundsätzlich ausgeschlossen sind (VV Vorb. 2.3 Abs. 2). Der Gesetzgeber hat daher in VV 6100 einen gesonderten Gebührentatbestand eingefügt.

45 Für die Vertretung gegenüber der Behörde erhält der Anwalt nach VV 6100 eine Verfahrensgebühr in Höhe von 50 EUR bis 340 EUR. Die Mittelgebühr beträgt 195 EUR. Der Gesetzgeber hielt hier den hälftigen Rahmen[17] der gerichtlichen Verfahrensgebühr für ausreichend (BT-Drucks 17/1288 S. 37). Ist der Anwalt gerichtlich beigeordnet, erhält er eine Festgebühr in Höhe von 156 EUR.

46 Die Verfahrensgebühr der VV 6100 deckt gemäß VV Vorb. 6 Abs. 2 die gesamte Tätigkeit im Verfahren vor der Behörde ab. Die Gebühr entsteht bereits mit der ersten Tätigkeit, in der Regel der Entgegennahme der Information.

47 Abgegolten mit der Gebühr sind auch eventuelle Besprechungen mit der Behörde. Eine gesonderte Terminsgebühr sieht das RVG im Verfahren vor der Behörde nicht vor, da solche Termine nicht vorgeschrieben und nicht üblich sind.[18]

48 Von einer Staffelung der Gebühren nach der Höhe der Sanktion, wie etwa bei den Gebühren nach VV Teil 5 hat der Gesetzgeber abgesehen. Die Höhe der Sanktion kann daher allenfalls im Rahmen des § 14 Abs. 1 bei der Bestimmung der im Einzelfall maßgebenden Gebühr von Bedeutung sein.

---

17. Nach der bisherigen Fassung und den bisherigen Gebührenbeträgen belief sich der Rahmen exakt auf die Hälfte. Nach den neuen Werten beträgt er nahezu die Hälfte.

18. BT-Drucks 17/1288 S. 37.

Beispiel: Der Anwalt vertritt den Mandanten in einem Bewilligungsverfahren vor der Behörde. Die Behörde bewilligt die Vollstreckung.
Der Anwalt erhält folgende Vergütung:
1. Verfahrensgebühr, VV 6100   195,00 EUR
2. Postentgeltpauschale, VV 7002   20,00 EUR
    Zwischensumme   215,00 EUR
3. 19 % Umsatzsteuer, VV 7008   40,85 EUR
Gesamt   **255,85 EUR**

c) Erstinstanzliche Verfahren vor dem Amtsgericht

aa) Überblick. Im erstinstanzlichen gerichtlichen Verfahren erhält der Anwalt eine weitere Vergütung. Diese richtet sich nach den VV 6101, 6102. Das gerichtliche Verfahren stellt gegenüber dem Verfahren vor der Behörde eine eigene selbstständige Angelegenheit dar, in der die Gebühren erneut entstehen (§ 15 Abs. 2).

In Betracht kommen zwei erstinstanzliche Verfahren, nämlich das Verfahren,
– das auf den Einspruch nach § 87f Abs. 4 IRG gemäß § 87g ff. IRG folgt und
– das Verfahren auf gerichtliche Entscheidung über die Umwandlung der Entscheidung eines anderen Mitgliedstaates durch das Gericht nach § 87i IRG.

Die Gebühren in diesen gerichtlichen Verfahren können nur einmal anfallen. Beide Verfahren schließen sich gegenseitig aus, da die Bewilligungsentscheidung der Behörde nach einer Entscheidung des Gerichts gemäß § 87i Abs. 6 IRG unanfechtbar ist.

Hinzu kommen Auslagen und Umsatzsteuer. Da das Verfahren vor dem Gericht eine eigene selbstständige Angelegenheit ist, entsteht auch eine gesonderte Postpauschale. Der frühere Streit über die doppelte Postentgeltpauschale (VV 7002) für vorgerichtliches und gerichtliches Verfahren, der in Straf- und Bußgeldsachen bestand, ist auf dieses Verfahren nicht übertragbar.

bb) Verfahrensgebühr. Der Anwalt erhält zunächst einmal eine Verfahrensgebühr in Höhe von 100 EUR bis 690 EUR (Mittelgebühr 395 EUR). Ist der Anwalt beigeordnet, erhält er eine Festgebühr in Höhe von 316 EUR.

Die Verfahrensgebühr deckt die gesamte Tätigkeit im erstinstanzlichen gerichtlichen Verfahren ab (VV Vorb. 6 Abs. 2), ausgenommen die Teilnahme an gerichtlichen Terminen.

Auch diese Gebühr entsteht mit der ersten Tätigkeit, in der Regel mit der Entgegennahme der Information (VV Vorb. 6 Abs. 2).

Sie entsteht auch dann, wenn die Behörde dem Einspruch gemäß 87g Abs. 1 S. 2 IRG abhilft. Wie sich aus der § Überschrift zu § 87g IRG ergibt, beginnt das gerichtliche Verfahren bereits mit Einspruch.

Eine Anrechnung der vorgerichtlich entstandenen Verfahrensgebühr ist nicht vorgesehen. Beide Gebühren entstehen gesondert.

Beispiel: Die Behörde beantragt gemäß § 87i Abs. 1 IRG vor dem AG die Umwandlung einer Sanktion in eine Geldstrafe. Das Gericht entscheidet ohne mündliche Verhandlung.
Der Anwalt erhält eine Verfahrensgebühr nach VV 6101.
1. Verfahrensgebühr, VV 6101   395,00 EUR
2. Postentgeltpauschale, VV 7002   20,00 EUR
    Zwischensumme   415,00 EUR
3. 19 % Umsatzsteuer, VV 7008   78,85 EUR
Gesamt   **493,85 EUR**

cc) Terminsgebühr. Nimmt der Anwalt an einem gerichtlichen Termin teil, so erhält er auch eine Terminsgebühr nach VV 6102 für jeden Verhandlungstag. Die Terminsgebühr kann daher – ebenso wie in Straf- und Bußgeldsachen – mehrmals entstehen.

Erforderlich ist ein gerichtlicher Termin (VV Vorb. 6 Abs. 3 S. 1). Eine Besprechung mit dem Gericht oder der Behörde reicht nicht aus, da VV Vorb. 6 Abs. 3 diese Fälle im Gegensatz zur VV Vorb. 3 Abs. 3 nicht erfasst.

60 Die Gebühr entsteht allerdings auch, wenn der Anwalt zu einem anberaumten Termin erscheint, dieser aber aus Gründen, die er nicht zu vertreten hat, nicht stattfindet (VV Vorb. 6 Abs. 3 S. 2). Dies gilt nicht, wenn er rechtzeitig von der Aufhebung oder Verlegung des Termins in Kenntnis gesetzt worden ist (VV Vorb. 6 Abs. 3 S. 3).

61 Die Höhe der Terminsgebühr beläuft sich auf 130 EUR bis 930 EUR (Mittelgebühr 530 EUR). Ist der Anwalt beigeordnet, so erhält er eine Festgebühr in Höhe von 424 EUR.

> **Beispiel:** Der Anwalt legt für den Mandanten gegen die Bewilligung der Vollstreckung durch die Behörde Einspruch ein. Es kommt zu einem Verhandlungstermin vor dem AG.
> **Der Anwalt erhält folgende Vergütung:**
> 1. Verfahrensgebühr, VV 6101   395,00 EUR
> 2. Verfahrensgebühr, VV 6102   530,00 EUR
> 3. Postentgeltpauschale, VV 7002   20,00 EUR
>   Zwischensumme   945,00 EUR
> 4. 19 % Umsatzsteuer, VV 7008   179,55 EUR
> **Gesamt**   **1.124,55 EUR**

d) Rechtsbeschwerde

62 **aa) Umfang der Angelegenheit.** Wird gegen die Entscheidung des AG Rechtsbeschwerde eingelegt – unabhängig davon ob der Anwalt für den Mandanten gegen eine Entscheidung über einen Einspruch nach §§ 87f Abs. 4, 87g ff. oder gegen einen Umwandlungsbeschluss nach § 87i IRG Rechtsbeschwerde einlegt oder die Behörde gegen eine ablehnende Entscheidung gegen einen Umwandlungsantrag nach § 87i IRG Rechtsbeschwerde einlegt –, erhält der Anwalt hierfür wiederum eine gesonderte Vergütung, da das Rechtsbeschwerdeverfahren ein neuer Rechtszug ist (§ 17 Nr. 1). Davon ist der Gesetzgeber in seiner Begründung auch ausdrücklich ausgegangen (BT-Drucks 17/1288 S. 37).

63 Da die Rechtsbeschwerde beim AG einzulegen ist (§ 87j Abs. 2 IRG i.V.m. § 342 Abs. 1 StPO), gilt § 16 Nr. 11. Danach zählt das Einlegen der Rechtsbeschwerde für den Anwalt noch zum erstinstanzlichen gerichtlichen Verfahren. Erst mit weiterer Tätigkeit entsteht für ihn die weitere Verfahrensgebühr des Rechtsbeschwerdeverfahrens nach VV 6001.

64 War zuvor erfolgreich ein Antrag auf Zulassung der Rechtsbeschwerde gestellt worden, ist diese Tätigkeit durch die Vergütung im Rechtsbeschwerdeverfahren mit abgegolten, da es sich insoweit um eine einzige Angelegenheit handelt (§ 16 Nr. 11).

65 Werden mehrere Rechtsbeschwerden erhoben z.B. gegen eine Entscheidung im Verfahren über eine Umwandlung und später in Verfahren auf einen Einspruch oder eine erneute Entscheidung nach Zurückverweisung, entstehen die Gebühren gesondert, da dann nach § 17 Nr. 1 eine neue Angelegenheit vorliegt.

66 **bb) Vergütung.** Im Verfahren der Rechtsbeschwerde entsteht zunächst wieder eine Verfahrensgebühr nach VV 6001. Diese Gebühr kann gegebenenfalls wegen der in der Regel höheren Schwierigkeit auch höher angesetzt werden als die erstinstanzliche Gebühr.

67 Hinzukommen kann eine Terminsgebühr, wenn ein gerichtlicher Termin vor dem Gericht der Rechtsbeschwerde stattfindet, was jedoch kaum vorkommen dürfte.

68 Des Weiteren erhält der Anwalt wiederum Auslagen nach Teil 7 VV RVG, insbesondere eine gesonderte Postentgeltpauschale nach VV 7002.

> **Beispiel:** Der Anwalt legt für den Mandanten gegen die Entscheidung des AG über eine Umwandlung der Sanktion Rechtsbeschwerde ein. Das OLG entscheidet ohne mündliche Verhandlung.
> **Der Anwalt erhält folgende Vergütung**
> 1. Verfahrensgebühr, VV 6101   395,00 EUR
> 2. Postentgeltpauschale, VV 7002   20,00 EUR
>   Zwischensumme   415,00 EUR
> 3. 19 % Umsatzsteuer, VV 7008   78,85 EUR
> **Gesamt**   **493,85 EUR**

e) Verfahren auf Zulassung der Rechtsbeschwerde

Ist die Rechtsbeschwerde nicht bereits kraft Gesetzes zulässig und ist sie auch nicht zugelassen worden, so kann ein Antrag auf Zulassung der Rechtsbeschwerde gestellt werden (§ 87k IRG). Da der Antrag auf Zulassung und ein eventuell durchzuführendes Rechtsmittelverfahren nach § 16 Nr. 11 als eine Angelegenheit gelten, entstehen durch den Antrag auf Zulassung bereits die Gebühren nach VV 6101, 6102. Wird dem Zulassungsantrag stattgegeben und das Rechtsbeschwerdeverfahren durchgeführt, entstehen jedoch keine weiteren Gebühren. Die Gebühren entstehen für das Verfahren auf Zulassung der Rechtsbeschwerde und die Rechtsbeschwerde selbst insgesamt nur einmal (§ 15 Abs. 2). 69

f) Verfahren nach Zurückverweisung

Hebt das OLG auf die Rechtsbeschwerde hin die Entscheidung des AG auf und verweist es die Sache zur erneuten Entscheidung an das AG zurück (§ 87j Abs. 5 IRG), so gilt § 21 Abs. 1. Das Verfahren vor dem AG ist eine neue Angelegenheit, in der die Gebühren nach VV 6101, 6102 RVG erneut entstehen (§ 21 Abs. 1). Eine Anrechnung der im Verfahren vor Zurückverweisung entstandenen Verfahrensgebühr ist im Gegensatz zu den Verfahren nach VV Teil 3 (VV Vorb. 3 Abs. 6) nicht vorgesehen. 70

Auch wenn der Anwalt bereits im vorangegangenen erstinstanzlichen Verfahren vorbefasst war, ist dies in der Regel kein Grund dafür, die Gebühren deshalb unterdurchschnittlich anzusetzen. Zu beachten ist, dass es sich jetzt faktisch um die dritte Instanz handelt und dass die rechtlichen Vorgaben des Rechtsbeschwerdegerichts hier beachtet werden müssen, sodass sich in der Regel eine größere Schwierigkeit der Sache ergeben wird. 71

g) Sonstige Gebühren

Sonstige Gebühren sind nicht vorgesehen. Insbesondere kann keine zusätzliche Gebühr entstehen, wenn sich das Verfahren erledigt. Die VV 4141 und 5115 sind hier nicht anwendbar. Eine entsprechende Gebühr sieht VV Teil 6 Abschnitt 1 nicht vor. 72

Auch zusätzliche Gebühren wie nach den VV 4142, 5116 sind nicht vorgesehen.

h) Vollstreckung

Kommt es nach der Bewilligung anschließend zur Durchführung der Vollstreckung, handelt es sich insoweit um eine neue selbstständige Angelegenheit. Da VV Teil 6 keine gesonderten Vergütungstatbestände enthält, gelten insoweit die Gebührentatbestände nach Teil 4 und Teil 5 VV. 73

Soweit es sich um die Vollstreckung einer Geldsanktion aus einer Straftat handelt, gelten die VV 4200 ff. 74

Liegt der Geldsanktion dagegen ein Ordnungswidrigkeitenverfahren zugrunde, erhält der Anwalt in der Vollstreckung die Gebühr nach VV 5200. 75

Abschnitt 2. Disziplinarverfahren, berufsgerichtliche Verfahren wegen der Verletzung einer Berufspflicht

Nr.	Gebührentatbestand	Gebühr	
		Wahlverteidiger oder Verfahrensbevollmächtigter	gerichtlich bestellter oder beigeordneter Rechtsanwalt

Vorbemerkung 6.2:
(1) Durch die Gebühren wird die gesamte Tätigkeit im Verfahren abgegolten.
(2) Für die Vertretung gegenüber der Aufsichtsbehörde außerhalb eines Disziplinarverfahrens entstehen Gebühren nach Teil 2.
(3) Für folgende Tätigkeiten entstehen Gebühren nach Teil 3:
1. für das Verfahren über die Erinnerung oder die Beschwerde gegen einen Kostenfestsetzungsbeschluss, für das Verfahren über die Erinnerung gegen den Kostenansatz und für das Verfahren über die Beschwerde gegen die Entscheidung über diese Erinnerung,
2. in der Zwangsvollstreckung aus einer Entscheidung, die über die Erstattung von Kosten ergangen ist, und für das Beschwerdeverfahren gegen diese Entscheidung.

A. Allgemeines 1
  I. Entstehungsgeschichte 1
  II. Disziplinarverfahren 2
    1. Allgemeines 2
    2. Disziplinarverfahren i.S.v. VV Teil 6 Abschnitt 2 4
  III. Verfahren nach § 9 BBesG 7
  IV. Berufsgerichtliche Verfahren wegen Verletzung einer Berufspflicht 10
  V. Sonstige berufsgerichtliche Verfahren 13
B. Regelungsgehalt 16
  I. Abgeltungsbereich (Abs. 1) 16
  II. Anwendung der Vorschriften nach VV Teil 2 (Abs. 2) 20
  III. Anwendung der Vorschriften nach VV Teil 3 (Abs. 3) 24
    1. Erinnerung und Beschwerde gegen einen Kostenfestsetzungsbeschluss (Nr. 1) 27
      a) Kostenfestsetzung 27
      b) Erinnerung, Beschwerde 30
      c) Gebühren im Erinnerungs- und Beschwerdeverfahren 32
      d) Kostenerstattung 36
    2. Erinnerung und Beschwerde gegen den Kostenansatz (Nr. 1) 37
      a) Kostenansatz 37
      b) Erinnerung und Beschwerde 38
      c) Gebühren im Erinnerungs- und Beschwerdeverfahren 41
      d) Kostenerstattung 45
    3. Zwangsvollstreckungsverfahren (Nr. 2) ... 46
      a) Vollstreckungsverfahren 46
      b) Beschwerdeverfahren in der Zwangsvollstreckung 47
      c) Kostenerstattung 48
C. Erstattungsfragen 49
  I. Disziplinarverfahren 49
  II. Berufsgerichtliche Verfahren wegen Verletzung einer Berufspflicht 54
  III. Sonstige berufsgerichtliche Verfahren 57

A. Allgemeines

I. Entstehungsgeschichte

1   VV Teil 6 Abschnitt 2 betrifft Disziplinarverfahren und berufsgerichtliche Verfahren wegen der Verletzung einer Berufspflicht. Die in diesen Verfahren anfallenden Gebühren waren in der BRAGO noch getrennt und unterschiedlich in **§ 109 BRAGO** (Disziplinarverfahren) und in **§ 110 Abs. 1 BRAGO** (Ehren- und Berufsgerichtliche Verfahren) geregelt. Diese Trennung ist aufgegeben und eine einheitliche Regelung für diese Verfahren getroffen worden. Dabei ist inhaltlich die Regelung des § 110 BRAGO über berufsgerichtliche Verfahren wegen Verletzung einer Berufspflicht übernommen und für alle Disziplinarverfahren und berufsgerichtliche Verfahren wegen der Verletzung einer Berufspflicht an die geänderte Gebührenstruktur in Strafsachen angepasst worden. Die Verfahrensgebühr entspricht demzufolge der Verfahrensgebühr für den jeweiligen Rechtszug in Strafsachen, und die Gebühren für die zweite und dritte Instanz entstehen unabhängig davon, ob es sich um eine Berufung, Revision oder Beschwerde gegen eine den Rechtszug beendende Entscheidung handelt.

Die Höhe der Gebühren entspricht der für das Strafverfahren, in erster Instanz der für das Strafverfahren vor dem Amtsgericht, vorgesehenen Gebührenhöhe.[1]

II. Disziplinarverfahren

1. Allgemeines

Durch das **Gesetz zur Neuordnung des Bundesdisziplinarrechts** wurde die Bundesdisziplinarordnung (BDO) beginnend mit dem 2.1.2002 durch das Bundesdisziplinargesetz (BDG) für Beamte des Bundes abgelöst. Zu den Schwerpunkten der Neuordnung gehört die **Abwendung** des Disziplinarverfahrens **vom Bilde des Strafprozessrechts** hin zur Anlehnung an das **Verwaltungsverfahrensrecht und das Verwaltungsprozessrecht**.[2] Dementsprechend ist nunmehr für die Erhebung der Klage des Beamten – etwa gegen die Disziplinarverfügung –, sofern nicht die oberste Dienstbehörde entschieden hat, ein nach § 68 VwGO durchzuführendes Widerspruchsverfahren Prozessvoraussetzung.[3] Einen weiteren Eckpunkt der Reform stellt die **Aufgabe der Unterteilung** des Disziplinarverfahrens **in ein nichtförmliches und förmliches Verfahren** dar. Vorgesehen ist nun ein einheitliches Verwaltungsverfahren, in dessen Mittelpunkt die Ermittlungen stehen. Die so gewonnenen Ermittlungsergebnisse sind Grundlage für den Erlass einer Disziplinarverfügung (§ 33 BDG) oder – in schwereren, früher dem förmlichen Verfahren vorbehaltenen Fällen – für die Erhebung der Disziplinarklage (§ 53 Abs. 1 BDG).[4] Mit der Neuordnung fand auch eine Rückverlagerung von Disziplinarbefugnissen auf den Dienstvorgesetzten statt. Dieser kann nunmehr auch eine Kürzung der Dienstbezüge oder des Ruhegehaltes verhängen. Soweit keine Rückverlagerung von Disziplinarbefugnissen erfolgt ist, sind die ehedem im förmlichen Disziplinarverfahren gerichtlich zu entscheidenden Fälle unverändert dem Gericht überantwortet. Geändert hat sich auch, welche Gerichte zu entscheiden haben und dass nun auch eine Revisionsinstanz beim Bundesverwaltungsgericht eröffnet ist. Eine Anpassung des **Disziplinarrechts der Länder** an die Novellierung des Bundesdisziplinarrechts ist zwar zwischenzeitlich erfolgt. Allerdings haben nicht alle Länder das BDG vollständig übernommen. Vielmehr bestehen im Einzelnen Abweichungen, die hier nicht im Überblick dargestellt werden können.

Im Zuge der Neuordnung des Bundesdisziplinargesetzes wurde durch das **Zweite Gesetz zur Neuordnung des Wehrdisziplinarrechts** ebenfalls eine Änderung der **Wehrdisziplinarordnung (WDO)** vorgenommen. So weit wie beim Bundesdisziplinarrecht ist man aber bei der Novelle der WDO nicht gegangen.[5] Es blieb vielmehr bei der überkommenen Organisation des wehrdisziplinarrechtlichen Verfahrens mit den Truppendienstgerichten als erster Instanz und den Wehrdienstsenaten des BVerwG als Berufungs- und Beschwerdeinstanz. Weiterhin wurde die Abwendung des Disziplinarverfahrens vom Bilde des Strafprozessrechts hin zur Anlehnung an das Verwaltungsverfahrensrecht und das Verwaltungsprozessrecht nicht vollzogen.[6] Ein wichtiges Ziel der Novelle der WDO war die weitere Beschleunigung des Disziplinarverfahrens, wobei am bedeutsamsten die Einführung des Disziplinargerichtsbescheids ist, der in einfach gelagerten Fällen eine aufwändige Hauptverhandlung entbehrlich macht.[7] Weitere Schwerpunkte der Novelle waren die Stärkung der Rechte der Soldaten und eine Verbesserung des rechtlichen Instrumentariums, insbesondere durch Neuregelung des Verfahrens der Durchsuchung und Beschlagnahme und durch Erweiterung des Katalogs der gerichtlichen Disziplinarmaßnahmen.[8]

---

1 BT-Drucks 15/1971, S. 231.
2 *Weiß*, Das neue Bundesdisziplinargesetz, ZBR 2002, 17, 18.
3 *Weiß*, Das neue Bundesdisziplinargesetz, ZBR 2002, 17, 25.
4 *Weiß*, Das neue Bundesdisziplinargesetz, ZBR 2002, 17, 19.
5 *Vogelgesang*, Die neue Wehrdisziplinarordnung (Teil 1), ZBR 2003, 158.
6 *Vogelgesang*, Die neue Wehrdisziplinarordnung (Teil 1), ZBR 2003, 158, 159.
7 *Vogelgesang*, Die neue Wehrdisziplinarordnung (Teil 1), ZBR 2003, 158, 160.
8 *Vogelgesang*, Die neue Wehrdisziplinarordnung (Teil 1), ZBR 2003, 158, 160.

2. Disziplinarverfahren i.S.v. VV Teil 6 Abschnitt 2

4 Zu den von VV Teil 6 Abschnitt 2 erfassten Disziplinarverfahren zählen in jedem Fall **Disziplinarverfahren**:
- nach dem Bundesdisziplinargesetz (BDG; bis 31.12.2001 nach der Bundesdisziplinarordnung, BDO) einschließlich des gegen eine vorläufige Dienstenthebung und die Einbehaltung von Bezügen gemäß § 38 Abs. 1 S. 1 BDG gerichtete gerichtliche Verfahren nach § 63 Abs. 1 BDG[9] sowie nach den Disziplinargesetzen der Länder,
- nach der Wehrdisziplinarordnung (WDO),
- nach dem Deutschen Richtergesetz (§§ 63, 64 DRiG i.V.m. dem BDG) und den Landesrichtergesetzen i.V.m. den Landesdisziplinarordnungen oder Landesdisziplinargesetzen,
- nach der Bundesnotarordnung (§§ 92 ff. BNotO).

5 **Keine Disziplinarverfahren** i.S.v. VV Teil 6 Abschnitt 2 sind dagegen:
- Verfahren über Richteranklagen nach Art. 98 Abs. 2 GG, § 13 Nr. 9 BVerfGG; es gilt § 37 Abs. 1;
- Verfahren nach der Wehrbeschwerdeordnung (WBO); es gilt VV Teil 6 Abschnitt 4;
- Verfahren auf gerichtliche Entscheidung nach der WBO, auch i.V.m. § 42 WDO; es gilt VV Teil 6 Abschnitt 4;
- Verfahren vor dem Dienstvorgesetzten über die nachträgliche Aufhebung einer Disziplinarmaßnahme und auf gerichtliche Entscheidung über die nachträgliche Aufhebung einer Disziplinarmaßnahme; es gilt VV Teil 6 Abschnitt 5.

6 Von § 109 BRAGO sollte nach dem Willen des Gesetzgebers die Tätigkeit eines Rechtsanwalts in Disziplinarangelegenheiten jeder Art, soweit überhaupt die Mitwirkung eines Rechtsanwalts in Betracht kommt, erfasst sein.[10] Daher findet VV Teil 6 Abschnitt 2 auch Anwendung in Disziplinarverfahren, die ihrem Verfahren nach wie die Disziplinarverfahren nach dem BDG oder den Landesdisziplinargesetzen ausgestaltet sind. Damit ist VV Teil 6 Abschnitt 2 z.B. auch auf die Tätigkeit in Disziplinarverfahren von Kirchenbeamten anzuwenden, soweit die vorstehende Voraussetzung erfüllt ist.[11]

III. Verfahren nach § 9 BBesG

7 Zu den **Verfahren nach § 9 BBesG wegen Feststellung des Verlusts der Dienstbezüge** hat das BVerwG zu § 109 BRAGO und § 121 BDO erkannt,[12] dass entgegen der vom VGH München[13] vertretenen Auffassung das Verfahren über den Verlust der Dienstbezüge auch disziplinären Charakter hat. Die Feststellung des Dienstvorgesetzten über den Verlust der Dienstbezüge ist zwar ein beamtenrechtlicher Verwaltungsakt ohne den Charakter einer Disziplinarmaßnahme. Voraussetzung dieser Feststellung ist aber, dass der Beamte schuldhaft dem Dienst ferngeblieben ist, also schuldhaft eine Dienstpflicht verletzt und damit ein Dienstvergehen begangen hat. Bei der gerichtlichen Prüfung, ob die Feststellung zu Recht ergangen ist, liegt der Schwerpunkt in aller Regel nicht in der Bestimmung der Rechtsfolge, sondern in der Beurteilung des Fernbleibens vom Dienst als einer schuldhaften Dienstpflichtverletzung. Im Hinblick auf diesen disziplinären Charakter des Verfahrens nach § 121 BDO, für das nach den Vorschriften der BRAGO eine ausdrückliche Vergütungsregelung anwaltlicher Tätigkeit fehlte, hielt es das BVerwG für gerechtfertigt, gemäß § 2 BRAGO **§ 109 Abs. 7 BRAGO sinngemäß anzuwenden**. Das darin angesprochene Verfahren auf Abänderung oder Neubewilligung eines Unterhaltsbeitrags sei ebenso wie das Verfahren nach § 121 BDO ein Antragsverfahren nach der Bundesdisziplinarordnung, das wiederkehrende Geldleistungen betrifft und keine disziplinären Sanktionen zum Gegenstand hat.

8 Eine dem § 121 BDO vergleichbare Regelung hat aber keinen Eingang in das neugefasste BDG gefunden. Damit hat sich der Bundesgesetzgeber dafür entschieden, die nach ständiger Rechtsprechung und Literaturmeinung verwaltungsrechtlichen **Streitigkeiten nach § 9 BBesG** nicht mehr den Disziplinarkammern, sondern **den Verwaltungsgerichten im Verfahren nach der VwGO**

---

9 BVerwG, Beschl. v.11.11.2009 – 2 AV 4/09 (juris).
10 BVerwGE 103, 270.
11 Z.B. Disziplinarverfahren nach dem Disziplinargesetz der Evangelischen Kirche in Deutschland v. 9.11.1995 (Abl.EKD S. 561).
12 BVerwGE 103, 270.
13 BayVGH NVwZ-RR 1989, 54.

zuzuweisen.¹⁴ Dieses Ergebnis wird auch durch die Regelungen in §§ 23 und 57 BDG unterstrichen. Danach sind die tatsächlichen Feststellungen eines rechtskräftigen Urteils im verwaltungsgerichtlichen Verfahren, durch das nach § 9 BBesG über den Verlust der Besoldung bei schuldhaftem Fernbleiben vom Dienst entschieden worden ist, für das Disziplinarverfahren, das den gleichen Sachverhalt zum Gegenstand hat, bindend. Diese Regelung, die auch die Bindungswirkung von Urteilen in Straf- und Bußgeldverfahren umfasst, macht nur dann Sinn, wenn nicht die (spezialgesetzlich eingeführten) Kammern für Disziplinarsachen, sondern die allgemeinen Kammern der Verwaltungsgerichte über die Verlustfeststellung nach § 9 BBesG entscheiden. Damit ist die wiedergegebene Rechtsprechung des BVerwG nach Inkrafttreten des BDG nicht mehr aufrechtzuerhalten. Vielmehr sind in **Verfahren nach § 9 BBesG** wegen Feststellung des Verlusts der Dienstbezüge **von Beamten, die dem BDG unterfallen**, nunmehr die Vorschriften nach **VV Teil 3 anzuwenden**.

Soweit die **Landesdisziplinargesetze** aber noch Vorschriften enthalten, die wie § 121 BDO die **Zuständigkeit der Disziplinarkammer begründen**, spricht zunächst vieles dafür, dass insoweit die benannte Rechtsprechung des BVerwG noch weiterhin anwendbar ist und sich die Gebühren demnach nunmehr nach **VV Teil 6 Abschnitt 4** bestimmen. Andererseits fehlt es dem RVG an einer § 2 BRAGO entsprechenden Vorschrift. Daneben ist zu erkennen, dass der Bundesgesetzgeber im Rahmen der Neuordnung des Bundesdisziplinarrechts eine Entscheidung dahin gehend getroffen hat, die Verfahren nach § 9 BBesG den Verwaltungsgerichten im Verfahren nach der VwGO zuzuweisen.¹⁵ Der Bundesgesetzgeber selbst hat damit aber diesen Verfahren den Charakter eines Disziplinarverfahrens genommen. Damit ist aber dem Hauptargument des BVerwG der Boden entzogen, weshalb der Rechtsanwalt auch, soweit Landesdisziplinargesetze noch Vorschriften enthalten, die wie § 121 BDO die Zuständigkeit der Disziplinarkammer begründen, in Verfahren nach § 9 BBesG **Gebühren nach VV Teil 3** erhält.

9

IV. Berufsgerichtliche Verfahren wegen Verletzung einer Berufspflicht

VV Teil 6 Abschnitt 2 erfasst **Verfahren vor den Ehrengerichten oder anderen Berufsgerichten** wegen Verletzung einer Berufspflicht (Verfahren nach § 113 BRAO, § 89 StBerG, § 67 WPO). Zu den Ehren- und Berufsgerichten gehören nur die aufgrund eines Landes- oder eines Bundesgesetzes eingerichteten Gerichte. Die Ehren- oder Berufsgerichten müssen nicht den Charakter eines Gerichts i.S.d. Grundgesetzes haben. Sie müssen nur auf gesetzlicher Grundlage beruhen, als Spruchkörper auftreten und in einem justizförmigen Verfahren entscheiden.

10

Zu **Berufsgerichten** in diesem Sinne zählen:
– die Ehrengerichte der Rechtsanwälte nach den §§ 92 ff., 100 ff. und 106 ff. BRAO
– die landesrechtlich geregelten Berufsgerichte der Ärzte, Zahnärzte, Tierärzte, Apotheker und Psychotherapeuten
– die Kammern und Senate für Wirtschaftsprüfer gemäß der Wirtschaftsprüferordnung (§§ 73 ff. WPO)
– die Gerichte für Patentanwaltssachen nach der Patentanwaltsordnung (§§ 85 ff. PAO)
– die Kammern und Senate für Steuerberater (§§ 95 ff. StBerG)
– die für Architekten nach Landesrecht eingerichteten Gerichte
– das OLG, soweit es nach den §§ 138a bis 138d StPO entscheidet.¹⁶

11

Keine Berufsgerichte in diesem Sinne sind Ehrengerichte studentischer Vereinigungen und Gerichte von Sportverbänden oder -vereinen. Wird der Anwalt vor solchen „Gerichten" oder „Spruchkammern" tätig, richtet sich seine Vergütung nach VV Teil 2. Soweit es sich um Schiedsgerichte handelt, gilt § 36.

12

---

14 VG München, Beschl. v. 22.8.2002 – M 13B K 02.3587 (juris).
15 VG München, Beschl. v. 22.8.2002 – M 13B K 02.3587 (juris).

16 OLG Koblenz MDR 1980, 78; *Schmidt*, AnwBl 1981, 117; a.A. KG AnwBl 1981, 116.

V. Sonstige berufsgerichtliche Verfahren

13 **Keine berufsgerichtlichen Verfahren** wegen Verletzung einer Berufspflicht i.S.v. VV Teil 6 Abschnitt 2 sind die Verfahren betreffend die **Anfechtung von Verwaltungsakten nach § 111 BNotO, § 112a BRAO, § 94a PAO**. Gleiches gilt, soweit das ehren- oder berufsgerichtliche Verfahren einen anderen Gegenstand als die Verletzung einer Berufspflicht betrifft. Zu solchen Verfahren, die nicht die Verletzung einer Berufspflicht betreffen, gehören insbesondere **Rechtsbehelfe in Zulassungssachen** oder Verfahren über die Entscheidung über Anträge auf **Nichtigerklärung von Wahlen oder Beschlüssen**. Auf diese Verfahren waren nach § 40 Abs. 4 BRAO a.F., § 36 Abs. 4 PAO a.F. die Vorschriften des Gesetzes über die Angelegenheiten der freiwilligen Gerichtsbarkeit (FGG) entsprechend anzuwenden. Nach dem Gesetz zur Modernisierung von Verfahren im anwaltlichen und notariellen Berufsrecht vom 30.7.2009 richten sich diese Streitsachen nach der VwGO (vgl. § 112c BRAO, § 94b PAO, § 111b BNotO) und die betreffenden Verwaltungsverfahren nach dem VwVfG.[17] Da aber in Verfahren nach der VwGO die Gebühren nach den **Vorschriften nach VV Teil 3** entstehen,[18] finden diese Vorschriften auch in den genannten berufsgerichtlichen Verfahren Anwendung.

14 Umstritten war bisher die Vergütung in Rechtsmittelverfahren in **berufsgerichtlichen Verfahren, die nicht die Verletzung einer Berufspflicht betreffen**.[19] Diese waren als Beschwerdeverfahren ausgestaltet (§§ 42 ff. BRAO). Da sie nunmehr als Berufungsverfahren ausgestaltet sind (vgl. § 112e BRAO, § 94d PAO, § 111d BNotO), kommt es auf diesen Streit nicht mehr an. Vielmehr entstehen die Gebühren nach VV Teil 3 Abschnitt 2.

15 Auch das **Einspruchsverfahren gegen eine Rüge des Vorstandes der Kammer** (§ 74 Abs. 5 BRAO; § 63 Abs. 5 WPO; § 81 Abs. 5 StBerG, § 70 Abs. 5 PAO) zählt nicht zu den berufsgerichtlichen Verfahren wegen Verletzung einer Berufspflicht i.S.v. VV Teil 6 Abschnitt 2. Das berufsgerichtliche Verfahren beginnt in diesen Fällen vielmehr erst mit dem Antrag auf ehrengerichtliche Entscheidung (§ 74a Abs. 1 BRAO) oder Einleitung eines ehrengerichtlichen Verfahrens (§§ 74a Abs. 5, 121 BRAO, da die Rüge des Vorstandes der Kammer keine berufsgerichtliche Maßnahme ist. Dementsprechend wird die bis zum Antrag auf ehrengerichtliche Entscheidung (§ 74a Abs. 1 BRAO) oder Einleitung eines ehrengerichtlichen Verfahrens (§§ 74a Abs. 5, 121 BRAO) ausgeübte Tätigkeit nach den Vorschriften nach VV Teil 2 vergütet. VV 6202 ist insoweit nicht anwendbar, da Voraussetzung für ihre Anwendung eine Tätigkeit im außergerichtlichen Teil eines Disziplinarverfahrens oder berufsgerichtlichen Verfahrens wegen Verletzung einer Berufspflicht ist.[20]

B. Regelungsgehalt

I. Abgeltungsbereich (Abs. 1)

16 Nach Abs. 1 gelten die in VV Teil 6 Abschnitt 2 bestimmten Gebühren die **gesamte Tätigkeit des Rechtsanwalts** in den von VV Teil 6 Abschnitt 2 erfassten Verfahren ab. Sie korrespondiert insoweit mit der entsprechenden Regelung in VV Vorb. 4.1 Abs. 2. Auf die Erläuterungen zu VV Vorb. 4.1 Abs. 2 wird ergänzend verwiesen (siehe VV Vorb. 4.1 Rdn 4 ff.).

17 Danach wird **durch die in VV Teil 6 Abschnitt 2 bestimmten Gebühren die gesamte Tätigkeit des Rechtsanwalts** in Disziplinarverfahren oder berufsgerichtlichen Verfahren wegen der Verletzung einer Berufspflicht **abgegolten**.[21] Der **Pauschgebührencharakter** wird damit beibehalten. Dass die **Einlegung von Rechtsmitteln** bei dem Gericht desselben Rechtszugs durch den Rechtsanwalt, der in dem Rechtszug tätig war, mit abgegolten sein soll, ergibt sich aus § 19 Abs. 1 S. 2 Nr. 10. Dagegen gehören die Verteidigung und die Begründung des Rechtsmittels zum nächsten Rechtszug. Für einen erst mit dem Rechtsmittel beauftragten Rechtsanwalt gehört zudem auch die Einlegung eines

---

17 *Kirchberg*, BRAK-Mitt. 5/2009, 215.
18 BT-Drucks 15/1971, S. 208.
19 **Erste Auffassung:** EGH Frankfurt KostRsp. BRAGO § 110 Nr. 1 m. abl. Anm. *Schmidt*; EGH Stuttgart KostRsp BRAGO § 110 Nr. 2 m. abl. Anm. *Schmidt* = AnwBl 1972, 171; EGH Hamm EGE IX, 148; **zweite Auffassung:** EGH Stuttgart KostRsp. BRAGO § 110 Nr. 5 mit ausführlichen Gründen; OLG Rostock AnwBl 1995, 563; AnwBl 1997, 506; *Hansens*, JurBüro 1989, 1625; **dritte Auffassung:** OLG Naumburg AnwBl 1997, 505 = OLGR 1997, 328.
20 A.A. *Hartung*, NJW 2005, 3093, 3094.
21 BT-Drucks 15/1971, S. 222.

Rechtsmittels zum nächsten Rechtszug. Auf die Erläuterungen zu § 19 Abs. 1 S. 2 Nr. 10 wird ergänzend verwiesen (siehe § 19 Rdn 112 ff.).

Soweit danach die Vorschriften nach VV Teil 6 Abschnitt 2 anzuwenden sind, ist die – auch nur ergänzende – **Anwendung der Vorschriften nach VV Teil 2, 3 und 4 ausgeschlossen**, soweit sich nicht aus Abs. 2 und 3 etwas anderes ergibt. Dies gilt nach VV Vorb. 6 Abs. 1 auch für die Tätigkeit als Beistand für einen Zeugen oder Sachverständigen in einem von VV Teil 6 Abschnitt 2 erfassten Verfahren. Die Bewilligung einer über den höchsten Gebührenbetrag der bestimmten Betragsrahmengebühren oder über die dem gerichtlich bestellten oder beigeordneten Rechtsanwalt zustehenden Festgebühr hinausgehenden **Pauschgebühr nach §§ 42, 51 ist nicht möglich**, da diese Vorschriften die Bewilligung nur im Rahmen der Verfahren nach VV Teil 6 Abschnitt 1 ermöglichen.

Die Vergütung für **Einzeltätigkeiten in Disziplinarverfahren oder berufsgerichtlichen Verfahren wegen der Verletzung einer Berufspflicht** enthält VV 6500, die durch das Wehrrechtsänderungsgesetz vom 31.7.2008 eingeführt worden ist. Die Vorgängervorschrift der VV 6404 a.F. galt nur für Verfahren nach Teil 6 Abschnitt 4. Dadurch, dass ein neuer Abschnitt 5 eingefügt worden ist, ist gleichzeitig klargestellt worden, dass VV 6500 für alle Einzeltätigkeiten nach VV Teil 6 gilt, soweit sie nicht gesondert geregelt sind.

II. Anwendung der Vorschriften nach VV Teil 2 (Abs. 2)

Für die **Vertretung gegenüber der Aufsichtsbehörde außerhalb eines Disziplinarverfahrens** entstehen nach Abs. 2 Gebühren nach **VV Teil 2**. Welche Sachverhalte der Gesetzgeber mit dieser Regelung im Blick hat, sagt er weder innerhalb des Gesetzes noch in der Gesetzesbegründung. Gemeint kann allerdings nur die außergerichtliche Vertretung gegenüber Rechts- und Fachaufsichtsbehörden jeder Art außerhalb eines Disziplinarverfahrens sein.

Voraussetzung für die Anwendung der Vorschriften nach VV Teil 2 für die außergerichtliche Tätigkeit ist mithin zunächst, dass sich die Tätigkeit des Rechtsanwalts noch nicht auf ein Verfahren bezieht, in welchem die Gebühren nach VV Teil 6 Abschnitt 2 entstehen. Es muss sich also um eine **Tätigkeit** handeln, die **im Vorfeld eines Disziplinarverfahrens** vor dessen Beginn entfaltet wird. Das (behördliche) **Disziplinarverfahren beginnt** nach **§ 17 BDG** von Amts wegen, wenn zureichende tatsächliche Anhaltspunkte vorliegen, die den Verdacht eines Dienstvergehens rechtfertigen und der Dienstvorgesetzte sich zur Einleitung des Disziplinarverfahrens entscheidet, oder nach **§ 18 BDG** auf Antrag des Beamten, dem vom Dienstvorgesetzten stattgegeben wird. Das behördliche Disziplinarverfahren nach §§ 17 ff. wird bereits von VV Teil 6 Abschnitt 2 erfasst. Ein Disziplinarverfahren i.S.v. VV Teil 6 Abschnitt 2 hat bereits begonnen. Der Rechtsanwalt erhält für seine Tätigkeit in diesem Verfahrensabschnitt eines Disziplinarverfahrens die Gebühren nach **VV 6200 bis 6202**.

Abs. 2 und die Vorschriften nach VV Teil 2 für die außergerichtliche Tätigkeit können mithin nur für **Tätigkeiten** in Betracht kommen, die noch **vor dem Beginn des behördlichen Disziplinarverfahrens** nach §§ 17 ff. BDG liegen. Dies betrifft regelmäßig die Beratung oder Vertretung eines Beamten bei der Abgabe von dienstlichen Äußerungen nach einer Dienst- oder Fachaufsichtsbeschwerde oder bei einer informellen Sachverhaltsaufklärung des Dienstvorgesetzten außerhalb eines behördlichen Disziplinarverfahrens. Auf diesen vorverlagerten Bereich sind die Vorschriften nach VV Teil 6 Abschnitt 2 nicht anwendbar.

Gleiches gilt für die **Vertretung eines Kommunalbeamten gegen** Maßnahmen der **Kommunalaufsicht** (Rechts- oder Fachaufsicht). Mittel der repressiven Rechtsaufsicht sind das Informationsrecht, das Beanstandungsrecht, das Anordnungsrecht, die Ersatzvornahme, die Bestellung eines Beauftragten, die Auflösung des Gemeinderates sowie die vorzeitige Beendigung der Amtszeit des Bürgermeisters.[22] Mittel der Fachaufsicht sind das Weisungsrecht und das Informationsrecht.[23] Soweit keines dieser Rechts- und Fachaufsichtsmittel innerhalb eines Disziplinarverfahrens ausgeübt wird, sich aber gegen einen Kommunalbeamten und nicht gegen die Kommune selbst richtet, sind nach Abs. 2 die Vorschriften nach VV Teil 6 Abschnitt 2 nicht anwendbar. Vielmehr entstehen die Gebühren nach den Vorschriften nach VV Teil 2 für die außergerichtliche Tätigkeit.

---

22 *Gern*, Deutsches Kommunalrecht, 3. Aufl. 2003, Rn 810 ff.

23 *Gern*, Deutsches Kommunalrecht, 3. Aufl. 2003, Rn 822 ff.

III. Anwendung der Vorschriften nach VV Teil 3 (Abs. 3)

24 Soweit VV Teil 6 – wie hier – besondere Regelungen enthält, ist VV Teil 3 nicht anwendbar (VV Vorb. 3 Abs. 7). Eine Ausnahme gilt nur für die Fälle, in denen ausdrücklich auf die Vergütung nach VV Teil 3 verwiesen wird.

25 In **Abs. 3** sind bestimmte Fälle genannt, in denen dem Rechtsanwalt **Gebühren nach den Vorschriften von VV Teil 3** zustehen. Es sind dies im Wesentlichen die **kostenrechtlichen Beschwerde- und Erinnerungsverfahren**, nämlich:
– das Verfahren über die Erinnerung oder die Beschwerde gegen einen Kostenfestsetzungsbeschluss (Abs. 3 Nr. 1),
– das Verfahren über die Erinnerung gegen den Kostenansatz (Abs. 3 Nr. 1),
– das Verfahren über die Beschwerde gegen die Entscheidung über diese Erinnerung (Abs. 3 Nr. 1),
– das Zwangsvollstreckungsverfahren aus einer Entscheidung, die über die Erstattung von Kosten ergangen ist, und das Beschwerdeverfahren gegen diese Entscheidung (Abs. 3 Nr. 2).

26 Diese Vorschrift entspricht der Regelung in **VV Vorb. 4 Abs. 5**. Auf die Erläuterungen zu VV Vorb. 4 Abs. 5 wird ergänzend verwiesen (siehe VV Vorb. 4 Rdn 63 ff.).

1. Erinnerung und Beschwerde gegen einen Kostenfestsetzungsbeschluss (Nr. 1)

a) Kostenfestsetzung

27 Jedes Urteil, jeder Gerichtsbescheid und jede einstellende Entscheidung in Disziplinarverfahren und berufsgerichtlichen Verfahren wegen Verletzung einer Berufspflicht muss gleichzeitig darüber befinden, wer die Kosten des Verfahrens einschließlich der notwendigen Auslagen der Beteiligten zu tragen hat. Auf Grund dieser Kostenentscheidung wird dann in Disziplinarverfahren vom Urkundsbeamten der Geschäftsstelle des Disziplinargerichts, in berufsgerichtlichen Verfahren wegen Verletzung einer Berufspflicht nach BRAO durch den Vorsitzenden der Kammer des Anwaltsgerichts (§ 199 Abs. 1 BRAO) und, soweit die StPO ergänzend anwendbar ist (§ 153 StBerG, § 127 WPO, § 98 PAO), nach § 464b StPO vom Rechtspfleger der jeweils zu erstattende Betrag festgesetzt.

28 Die Tätigkeit im Kostenfestsetzungsverfahren sowie die Tätigkeit im Verfahren auf Erlass einer Kostenentscheidung einschließlich eines Ergänzungs- oder Berichtigungsantrags gehört nach § 19 Abs. 1 S. 2 Nr. 14 noch zu den Aufgaben des Rechtsanwalts im Ausgangsverfahren und wird daher nach Abs. 1 mit den Gebühren nach diesem Abschnitt abgegolten.

29 Soweit der Rechtsanwalt ausschließlich mit der Tätigkeit im Kostenfestsetzungsverfahren beauftragt ist, mit dem Erwirken einer Kostenentscheidung oder mit einer Kostenbeschwerde, findet auf diese Tätigkeit VV 3403 Anwendung, da die Verweisung in Abs. 3 der VV 6500 vorgeht.

b) Erinnerung, Beschwerde

30 Gegen die Kostenfestsetzung ist dasjenige Rechtsmittel gegeben, das nach den allgemeinen verfahrensrechtlichen Vorschriften des Disziplinarverfahrens oder berufsgerichtlichen Verfahrens wegen Verletzung einer Berufspflicht zulässig ist. In Disziplinarverfahren ist innerhalb von zwei Wochen die Entscheidung des Disziplinargerichts zu beantragen (§§ 165, 151 VwGO), in berufsgerichtlichen Verfahren wegen Verletzung einer Berufspflicht nach BRAO ist innerhalb einer Notfrist von zwei Wochen Erinnerung einzulegen (§ 199 Abs. 2 BRAO).

31 Soweit die StPO ergänzend anwendbar ist (§ 153 StBerG, § 127 WPO, § 98 PAO), ist **die sofortige Beschwerde** gegeben, die nach § 464b S. 3 StPO i.V.m. §§ 104 Abs. 3, 569 Abs. 1 ZPO innerhalb von zwei Wochen einzulegen ist. Sie ist allerdings nur zulässig, wenn ein Beschwerdewert von 200 EUR überschritten wird (§ 304 Abs. 3 StPO). Über die Beschwerde entscheidet das Beschwerdegericht, wobei aber eine Abhilfemöglichkeit des Rechtspflegers besteht. Eine weitere Beschwerde ist nicht gegeben. Wird der Beschwerdewert nicht erreicht, so ist die Erinnerung gegeben (§ 11 Abs. 2 RPflG), über welche der Rechtspfleger entscheidet, soweit er ihr abhilft, ansonsten der Instanzrichter nach Vorlage durch den Rechtspfleger abschließend und unanfechtbar.

c) Gebühren im Erinnerungs- und Beschwerdeverfahren

Wird der Anwalt beauftragt, gegen die Kostenfestsetzung vorzugehen oder vertritt er den Auftraggeber in einem von der Gegenseite eingeleiteten Verfahren, so erhält er eine gesonderte Vergütung (§ 18 Abs. 1 Nr. 3). Insoweit ist in § 18 Abs. 1 Nr. 3 jetzt klargestellt, dass Erinnerungen in der Kostenfestsetzung immer eigene Angelegenheiten darstellen, auch wenn keine Entscheidung des Rechtspflegers, sondern – wie hier – des Urkundsbeamten angegriffen wird.

Die Höhe der Vergütung bestimmt sich nach den Vorschriften in VV Teil 3. Damit kann der Rechtsanwalt nach **VV 3500** eine **0,5-Verfahrensgebühr** und nach **VV 3513** eine **0,5-Terminsgebühr** in den genannten Erinnerungs- und Beschwerdeverfahren erhalten. Durch diese Gebühren wird die Tätigkeit des Rechtsanwalts im gesamten Verfahren abgegolten bis zur abschließenden Entscheidung durch das Disziplinargericht, das Anwaltsgericht oder das zuständige Beschwerdegericht.

Der Gegenstandswert für die Gebühren nach VV 3500, 3513 bemisst sich gem. § 23 Abs. 2 danach, in welchem Umfang eine Abänderung des Festsetzungsbeschlusses beantragt wird (siehe VV Vorb. 4 Rdn 82).

Wird der Beschwerde oder Erinnerung abgeholfen und geht hiergegen nunmehr die Gegenseite vor, so handelt es sich um zwei Verfahren, so dass die Gebühren nach VV 3500, 3513 zweimal anfallen.[24] § 16 Nr. 12 steht dem nicht entgegen, da nicht gegen dieselbe Kostenfestsetzung mehrere Beschwerden oder Erinnerungen eingelegt werden (siehe VV Vorb. 4 Rdn 70).[25] Der Abhilfebeschluss stellt vielmehr einen neuen Festsetzungsbeschluss dar (siehe VV Vorb. 4 Rdn 74), der selbstständig anfechtbar ist.

d) Kostenerstattung

Gleichzeitig mit der Entscheidung über die Erinnerung oder Beschwerde muss auch über die Kosten des Erinnerungs- und Beschwerdeverfahrens entschieden werden. Soweit die Erinnerung oder Beschwerde erfolgreich waren, sind die Kosten dem Gegner, der Staatskasse oder der verantwortlichen Berufsstandsorganisation aufzuerlegen. Wird die Kostenentscheidung vergessen, muss nach § 129 VwGO, § 464b S. 3 StPO i.V.m. § 321 ZPO binnen zwei Wochen ein Antrag auf Beschlussergänzung gestellt werden. Nach § 199 Abs. 2 S. 5 BRAO i.d.F. des 2. Justizmodernisierungsgesetzes sind seit 30.12.2006 Kosten für das Erinnerungs- oder Beschwerdeverfahren nicht mehr zu erstatten.

2. Erinnerung und Beschwerde gegen den Kostenansatz (Nr. 1)

a) Kostenansatz

In Disziplinarverfahren und in berufsgerichtlichen Verfahren wegen Verletzung einer Berufspflicht, in welchen die StPO ergänzend anwendbar ist (§ 153 StBerG, § 127 WPO, § 98 PAO), setzt der Kostenbeamte die zu tragenden Kosten (Gebühren und Auslagen) fest. In berufsgerichtlichen Verfahren wegen Verletzung einer Berufspflicht nach BRAO vollzieht dies der Vorsitzende der Kammer des Anwaltsgerichts (§ 199 Abs. 1 BRAO). Die Tätigkeit im Verfahren über den Kostenansatz – sofern es hier überhaupt einmal zu einer anwaltlichen Tätigkeit kommt – sowie die Überprüfung der Kostenrechnung gehören nach § 19 Abs. 1 S. 2 Nr. 14 noch zu den Aufgaben des Rechtsanwalts im Ausgangsverfahren und werden daher nach Abs. 1 mit den Gebühren nach diesem Abschnitt abgegolten.

b) Erinnerung und Beschwerde

Gegen den Kostenansatz ist dasjenige Rechtsmittel gegeben, das nach den allgemeinen verfahrensrechtlichen Vorschriften des Disziplinarverfahrens oder berufsgerichtlichen Verfahrens wegen Verletzung einer Berufspflicht zulässig ist. In Disziplinarverfahren und in berufsgerichtlichen Verfahren wegen Verletzung einer Berufspflicht, in welchen die StPO ergänzend anwendbar ist (§ 153 StBerG,

---

[24] BPatGE 27, 235; a.A. OLG Schleswig SchlHA 1989, 47.
[25] BGHZ 7, 152; OLG Celle JurBüro 1961, 137 = MDR 1961, 67.

§ 127 WPO, § 98 PAO), ist gegen den Kostenansatz nach § 66 Abs. 1 GKG die **Erinnerung** gegeben. Sie ist weder an eine Frist noch an eine Beschwer gebunden. Über die Erinnerung entscheidet das Gericht, bei dem die Kosten angesetzt worden sind. Der Kostenbeamte kann der Erinnerung abhelfen. Anderenfalls legt er sie dem Richter vor und, soweit das Geschäft dem Rechtspfleger übertragen ist, dem Rechtspfleger (§ 4 RPflG). Hilft der Kostenbeamte der Erinnerung ab, so kann hiergegen wiederum Erinnerung eingelegt werden, der der Kostenbeamte abhelfen kann. Anderenfalls legt er sie dem Gericht bzw. dem Rechtspfleger vor. In berufsgerichtlichen Verfahren wegen Verletzung einer Berufspflicht nach BRAO ist innerhalb einer Notfrist von zwei Wochen Erinnerung einzulegen (§ 199 Abs. 2 BRAO), über welche das Anwaltsgericht entscheidet, dessen Vorsitzender den Beschluss erlassen hat.

39 Über die Erinnerung gegen den Kostenansatz in dienstgerichtlichen Verfahren entscheidet das Dienstgericht des Bundes in der Besetzung mit fünf Richtern, nicht der Einzelrichter. Zwar sieht § 66 Abs. 6 S. 1 GKG vor, dass über die Erinnerung das Gericht durch eines seiner Mitglieder als Einzelrichter entscheidet. Dieser Regelung geht jedoch § 61 Abs. 2 S. 1 DRiG aus Gründen der Spezialität vor. Danach ist es ausnahmslos ausgeschlossen, dass die Aufgabe des Richterdienstgerichts von einem Einzelrichter übernommen werden. Die mit einer Entscheidung durch den Einzelrichter möglichen Beschleunigungseffekte können nur bei den Gerichten erreicht werden, bei denen der Einzelrichter institutionell vorgesehen ist. Für das Dienstgericht ist eine Entscheidung durch Einzelrichter gerichtsverfassungs- und prozessrechtlich weder vorgesehen noch vorbehalten, so dass eine Entscheidungskompetenz des Einzelrichters nicht besteht.[26]

40 In Disziplinarverfahren und in berufsgerichtlichen Verfahren wegen Verletzung einer Berufspflicht, in welchen die StPO ergänzend anwendbar ist (§ 153 StBerG, § 127 WPO, § 98 PAO), ist gegen die Entscheidung über die Erinnerung die **einfache Beschwerde** gegeben, sofern der Wert des Beschwerdegegenstands 200 EUR übersteigt (§ 66 Abs. 2 S. 1 GKG). Die Beschwerde ist an keine Frist gebunden ist. In berufsgerichtlichen Verfahren wegen Verletzung einer Berufspflicht nach BRAO kann der Rechtsanwalt gegen die Entscheidung sofortige Beschwerde einlegen, über welche der Anwaltsgerichtshof entscheidet (§§ 199 Abs. 2, 142 BRAO).

c) Gebühren im Erinnerungs- und Beschwerdeverfahren

41 Wird der Anwalt beauftragt, gegen den Kostenansatz vorzugehen, oder vertritt er den Auftraggeber in einem von der Gegenseite eingeleiteten Verfahren, so erhält er eine gesonderte Vergütung (§ 18 Abs. 1 Nr. 3). Insoweit ist in § 18 Abs. 1 Nr. 3 jetzt klargestellt, dass Erinnerungen in der Kostenfestsetzung immer eigene Angelegenheiten darstellen, auch wenn keine Entscheidung des Rechtspflegers, sondern – wie hier – des Urkundsbeamten angegriffen wird.

42 Die Höhe der Vergütung richtet sich nach den Vorschriften in VV Teil 3. Damit kann der Rechtsanwalt nach **VV 3500** eine **0,5-Verfahrensgebühr** und nach **VV 3513** eine **0,5-Terminsgebühr** in den genannten Erinnerungs- und Beschwerdeverfahren erhalten. Durch diese Gebühren wird wiederum die Tätigkeit des Rechtsanwalts im gesamten Verfahren abgegolten. Im Verfahren über die **Beschwerde nach § 66 Abs. 2 GKG** gegen die Entscheidung des Erstgerichts erhält der Rechtsanwalt die Gebühren nach VV 3500, 3513 erneut, da es sich beim Beschwerdeverfahren um einen weiteren Rechtszug handelt (§ 15 Abs. 2).

43 Der Wert für die Gebühren nach VV 3500, 3513 bemisst sich danach, inwieweit eine Abänderung des Kostenansatzes beantragt wird (§ 23 Abs. 2). Dabei ist der Gegenstandswert im Erinnerungs- und Beschwerdeverfahren gesondert festzusetzen.

44 Wird der Beschwerde oder Erinnerung abgeholfen und geht hiergegen nunmehr die Gegenseite vor, so handelt es sich um zwei Verfahren, so dass die Gebühren nach VV 3500, 3513 zweimal anfallen.[27] § 16 Nr. 10 steht dem nicht entgegen, da nicht gegen dieselbe Entscheidung mehrere Beschwerden oder Erinnerungen eingelegt werden.[28] Der Abhilfebeschluss stellt vielmehr eine neue Entscheidung dar (siehe VV Vorb. 4 Rdn 87), die selbstständig anfechtbar ist.

---

[26] BGH Dienstgericht des Bundes NJW-RR 2006, 1003.
[27] BPatGE 27, 235; a.A. OLG Schleswig SchlHA 1989, 47.
[28] BGHZ 7, 152; OLG Celle JurBüro 1961, 137 = MDR 1961, 67.

d) Kostenerstattung

Eine Kostenerstattung im Verfahren über den Kostenansatz ist gesetzlich ausgeschlossen (§ 66 Abs. 8 S. 2 GKG, § 199 Abs. 2 S. 5 BRAO).

3. Zwangsvollstreckungsverfahren (Nr. 2)

a) Vollstreckungsverfahren

Nach Abs. 3 Nr. 2 entstehen auch in Disziplinarverfahren und in berufsgerichtlichen Verfahren wegen Verletzung einer Berufspflicht in der Zwangsvollstreckung aus einer Entscheidung, die über die Erstattung der Kosten ergangen ist, die Gebühren nach VV Teil 3. Das Verfahren der Zwangsvollstreckung aus solchen Titeln richtet sich nach den Vorschriften der ZPO (§ 167 VwGO, §§ 406b, 464b S. 3 StPO, §§ 205 Abs. 3, 204 Abs. 4 BRAO). In den in Betracht kommenden **Zwangsvollstreckungsverfahren** nach Abs. 3 Nr. 2 entstehen die Gebühren nach **VV 3309 (0,3-Verfahrensgebühr)** und **VV 3310 (0,3-Terminsgebühr)**. Jeder Vollstreckungsauftrag ist dabei nach § 18 Abs. 1 Nr. 1 eine besondere Angelegenheit. Der Gegenstandswert bemisst sich nach dem beizutreibenden Betrag einschließlich Zinsen und bereits angefallener Kosten (§ 25).

b) Beschwerdeverfahren in der Zwangsvollstreckung

Wird der Anwalt im Rahmen der Zwangsvollstreckung in einem Beschwerdeverfahren tätig, so erhält er die Gebühren nach **VV 3500, 3513** neben den Gebühren nach VV 3309, 3310 (siehe VV Vorb. 4 Rdn 99 ff.). Auch in Zwangsvollstreckungssachen stellen Beschwerdeverfahren eigene Angelegenheiten dar. Der Gegenstandswert bemisst sich nach der jeweiligen Beschwer, wobei alle bisherigen Vollstreckungskosten und Zinsen auch hier hinzuzurechnen sind.[29]

c) Kostenerstattung

Für die Vollstreckung aus den in Betracht kommenden Titeln gilt die Vorschrift des § 788 ZPO, wonach die notwendigen Kosten der Zwangsvollstreckung dem Schuldner zur Last fallen. Diese Kosten können zugleich mit der titulierten Hauptforderung beigetrieben werden. Einer gesonderten Festsetzung dieser Gebühren bedarf es nicht. Gleichwohl ist die Festsetzung möglich. Zuständig hierfür ist das Vollstreckungsgericht in dem Bezirk, in dem die letzte Vollstreckungshandlung stattgefunden hat (§ 788 Abs. 2 ZPO).

C. Erstattungsfragen

I. Disziplinarverfahren

Zu Fragen der **Kostenfestsetzung** wird zunächst auf die vorstehenden Erläuterungen zu Abs. 3 verwiesen.

Für die Tätigkeit im Disziplinarverfahren hat der Gesetzgeber **Rahmengebühren** vorgesehen. In diesem Fall bestimmt der bevollmächtigte Rechtsanwalt die Gebühr nach billigem Ermessen unter Berücksichtigung aller Umstände, vor allem des Umfangs und der Schwierigkeit der anwaltlichen Tätigkeit, der Bedeutung der Angelegenheit sowie der Einkommens- und Vermögensverhältnisse des Auftraggebers (**§ 14 Abs. 1 S. 1**). Dadurch, dass der Gesetzgeber die Bestimmung der Gebühr dem billigen Ermessen des Bevollmächtigten überlassen hat, hat er diesem einen gewissen Spielraum bei der Bestimmung der Gebührenhöhe innerhalb des vorgegebenen Rahmens eingeräumt. Diese Bestimmung ist lediglich dann nicht verbindlich für das Festsetzungsverfahren, wenn die Gebühr von einem Dritten zu ersetzen ist und die von dem Bevollmächtigten getroffene Bestimmung unbillig ist (§ 14 Abs. 1 S. 4). Für durchschnittliche Fälle ist vom **Mittelwert** des jeweiligen Rahmens auszugehen. Ein Spielraum für die Erhebung einer höheren Gebühr besteht erst und nur, wenn

---

29 OLG Köln JurBüro 1976, 1229.

besondere Umstände eine Erhöhung über den Mittelwert hinaus rechtfertigen.[30] Allein aus dem Umstand, dass es sich um ein Disziplinarverfahren handelte, bei dem üblicherweise der Aktenbestand wegen der behördlichen und staatsanwaltlichen Ermittlungen und der Einbeziehung der Personalakten umfangreicher ist, resultiert keine Berechtigung zur Überschreitung der Mittelgebühr. Die einschlägige Rahmengebühr betrifft ausschließlich Disziplinarverfahren und diesen ähnliche berufsgerichtliche Verfahren, so dass die Besonderheit von Verfahren dieser Art bei der Bemessung der Rahmengebühr durch den Gesetzgeber bereits berücksichtigt worden ist.[31] Ein besonderes Haftungsrisiko, das die Gebühren erhöhen kann, ist auch allein in dem Umstand, dass es um die Entfernung aus dem Beamtenverhältnis geht, nicht zu erkennen. Dieser Umstand lässt es aber wegen der erheblichen Bedeutung des Verfahrens für den Beamten nicht unbillig erscheinen, den mittleren Rahmen um 20 v.H. zu erhöhen.[32]

Soweit Landesdisziplinargesetze die Möglichkeit der **Beendigung des Disziplinarverfahrens durch Vergleich** vorsehen (vgl. § 20 AGVwGO Baden-Württemberg), so ist zunächst festzustellen, dass es insoweit an einer korrespondierenden Regelung im RVG und im Vergütungsverzeichnis fehlt. Die damit vorliegende Regelungslücke ist durch entsprechende Anwendung von VV 6216 zu schließen, da dadurch die vergleichsfördernde Tätigkeit des Rechtsanwalts, die zur unstreitigen Erledigung führt, entsprechend dem Verfahrensstadium sachnah honoriert werden kann. Soweit eine Kostengrundentscheidung zugunsten des Auftraggebers ergeht, zählt zu den erstattungsfähigen Auslagen auch die gesetzliche Vergütung des Prozessbevollmächtigten (§§ 37 Abs. 4 S. 2, 44 Abs. 4, 78 BDG). Auf Antrag ist auszusprechen, dass die festgesetzten Kosten mit dem Zinssatz des § 104 Abs. 1 S. 2 ZPO zu verzinsen sind.[33] Auf die Erläuterungen zu Erstattungsfragen in der Verwaltungsgerichtsbarkeit bei § 17 wird ergänzend verwiesen (siehe § 17 Rdn 54 ff.).

50 Wird ein Verfahren auf **Einleitung eines förmlichen Disziplinarverfahrens beim Dienstgericht für Richter** eingestellt, so werden weder Kosten erhoben noch Auslagen erstattet. Die Disziplinargesetze sehen überwiegend Regelungen vor, nach welchen nur bei einer Entscheidung in der Hauptsache im förmlichen Disziplinarverfahren bestimmt werden muss, wer die Verfahrenskosten zu tragen hat. Bei der vorliegenden Fallkonstellation mangelt es nicht nur an einer Sachentscheidung, sondern auch an einem eingeleiteten förmlichen Verfahren. Aufgrund der Besonderheit, dass in Disziplinarsachen der Richter auch für die Einleitung des förmlichen Disziplinarverfahrens einer gerichtlichen Entscheidung bedarf, befindet sich das Verfahren noch nicht im Stadium des förmlichen Disziplinarverfahrens. Das Dienstgericht für Richter nimmt insoweit die Stellung der Einleitungsbehörde ein. Die Kostenregelungen betreffen indes ausschließlich die Kosten des förmlichen Disziplinarverfahrens. Zu den Kosten des Verfahrens im Falle einer Einstellung des Vorermittlungsverfahrens gibt es regelmäßig in den Disziplinargesetzen keine Regelung. Die Verfahrenseinstellung ist auch keine Disziplinarverfügung. Gerichtskosten werden nicht erhoben. Die Verfahren beim Dienstgericht für Richter beim Landgericht werden von der enumerativen Auflistung in § 1 Abs. 1 GKG nicht erfasst. Zwar sieht § 1 Abs. 1 Nr. 5 GKG eine Kostenerhebung in Verfahren vor den ordentlichen Gerichten nach der Strafprozessordnung vor. Allerdings meint das Gerichtskostengesetz damit offensichtlich nur die Gerichtsverfahren, die vor den ordentlichen Gerichten tatsächlich als Strafverfahren geführt werden, nicht die Disziplinarverfahren der Richter. Da ohne ausreichende Rechtsgrundlage eine Kostenforderung nicht geltend gemacht werden kann, können daher keine Gerichtskosten erhoben werden. Auslagen werden nicht erstattet. Die Erstattungsfähigkeit von dem Beamten bzw. dem Richter im Rahmen disziplinarischer Vorermittlungen entstandener Auslagen sehen die Disziplinargesetze und -ordnungen regelmäßig nicht vor, da diese nur Regelungen für das förmliche Disziplinarverfahren enthalten. Ein Erstattungsanspruch folgt auch nicht aus der Fürsorgepflicht des Dienstherrn, hier: des Antragstellers, da ein solcher geldwerter Anspruch in der genannten Vorschrift spezialgesetzlich geregelt ist.[34]

51 Die gerichtliche Bestellung eines Verteidigers ist in Disziplinarverfahren die Ausnahme. In der BDO war sie lediglich im Fall des § 60 Abs. 1 S. 3 vorgesehen. Ist danach ein Rechtsanwalt als

---

30 BVerwG, Urt. v. 17.8.2005 – 6 C 13/04 (juris); VG Wiesbaden, Beschl. v. 29.3.2010 – 28 O 1281/10.WI (juris); Bay. VGH, Beschl. v. 12.2.2009 – 16a CD 08.2917; VG Berlin, Beschl. v. 5.11.2010 – 80 KE 2.10 OL.
31 VG Wiesbaden, Beschl. v. 29.3.2010 – 28 O 1281/10.WI (juris).
32 VG Berlin, Beschl. v. 11.11.2010 – 80 DN 18.08 (juris).
33 BDG NJW 1972, 1296.
34 Sächsisches Dienstgericht für Richter NVwZ-RR 2007, 268.

Pflichtverteidiger bestellt worden, so erhielt er grundsätzlich lediglich seine Auslagen erstattet (§ 111 Abs. 2 Nr. 7 BDO), nicht jedoch auch seine Gebühren. Nach verschiedenen Landesgesetzen kommt allerdings auch die Erstattung der Gebühren in Betracht. Es gelten dann die für den gerichtlich bestellten oder beigeordneten Rechtsanwalt in VV Teil 6 Abschnitt 2 bestimmten Gebühren.

In **Verfahren vor den Richterdienstgerichten** werden Gerichtskosten nicht erhoben. § 1 Abs. 1 GKG sieht enumerativ vor, für welche Verfahren vor den ordentlichen Gerichten Gebühren und Auslagen nach dem Gerichtskostengesetz erhoben werden. Davon werden Verfahren beim Bundesgerichtshof, die nach der Verwaltungsgerichtsordnung durchzuführen sind, nicht erfasst. Zwar ist das Dienstgericht des Bundes gemäß § 61 ff. DRiG ein Spruchkörper der ordentlichen Gerichtsbarkeit, doch ist die von dem Dienstgericht anzuwendende Verfahrensordnung nicht in den Katalog des § 1 Abs. 1 GKG aufgenommen. Gemäß § 63 DRiG gelten sinngemäß für das Verfahren in Disziplinarsachen die Vorschriften des Bundesdisziplinargesetzes, für das Versetzungsverfahren und für das Prüfungsverfahren gemäß § 65 Abs. 1, § 66 Abs. 1 DRiG die Vorschriften der Verwaltungsgerichtsordnung. Diese Regelungen gelten gemäß § 80 Abs. 1 DRiG ebenfalls für die Revision im Versetzungs- und im Prüfungsverfahren. Gestaltet sich das Verfahren vor einem ordentlichen Gericht nach den Vorschriften der Verwaltungsgerichtsordnung oder des Bundesdisziplinargesetzes, kann dies keinem der in § 1 Abs. 1 GKG genannten Verfahren zugeordnet werden, in denen zulässigerweise Gerichtskosten erhoben werden. Ohne ausreichende Rechtsgrundlage darf eine Kostenforderung nicht geltend gemacht werden. Das verbietet der rechtsstaatliche Grundsatz des Gesetzesvorbehalts. Von diesem Prinzip geht auch § 1 Abs. 1 GKG aus, wonach sämtliche gerichtliche Handlungen kostenfrei sind, soweit ein Gesetz nicht ausdrücklich etwas anderes vorschreibt. Somit kommt eine über den Wortlaut hinausgehende erweiternde Auslegung oder gar eine Analogie im Rahmen des § 1 GKG nicht in Betracht.[35]

Die nach der Bundesdisziplinarordnung bestandene Rechtslage, nach der mangels gesetzlicher Verweisung **Prozesskostenhilfe** in Disziplinarverfahren nicht bewilligt werden konnte,[36] gilt für Verfahren nach dem neuen Disziplinarrecht nicht mehr. Das Bundesdisziplinargesetz und auch die Landesdisziplinargesetze gestalten das gerichtliche Disziplinarverfahren als kontradiktorischen Prozess. Dem entspricht es, dass im Gegensatz zum bisherigen Recht das gerichtliche Verfahren nicht mehr an der Strafprozessordnung, sondern an der Verwaltungsgerichtsordnung ausgerichtet ist. Soweit Sondervorschriften fehlen, gilt die Verwaltungsgerichtsordnung ergänzend. Diese Verweisung umfasst mangels anderweitiger Bestimmung auch § 166 VwGO und damit weitergehend die Vorschriften der Zivilprozessordnung über die Prozesskostenhilfe. Gemäß § 166 VwGO i.V.m. § 114 ZPO in entsprechender Anwendung erhält eine Partei, die nach ihren persönlichen und wirtschaftlichen Verhältnissen die Kosten der Prozessführung nicht, nur zum Teil oder nur in Raten aufbringen kann, auf Antrag Prozesskostenhilfe, wenn die beabsichtigte Rechtsverfolgung oder Rechtsverteidigung hinreichend Aussicht auf Erfolg bietet und nicht mutwillig erscheint.[37] Dabei bemisst sich die **Erfolgsaussicht der Rechtsverteidigung** nicht allein daran, ob es dem Beamten mit seinem Vorbringen gelingen kann, sein eigenes Kostenrisiko abzuwenden, also überhaupt von einer Disziplinarmaßnahme verschont zu bleiben, mithin eine Klageabweisung oder eine Einstellung des Verfahrens zu erwirken. Diese Beschränkung der Einschätzung der Erfolgsaussichten ist weder in der Sache gerechtfertigt noch wird es den verfassungsrechtlichen Anforderungen an die Gewährung von Prozesskostenhilfe gerecht. Der Erfolg der Rechtsverteidigung gegen die Disziplinarklage ist vielmehr daran zu messen, ob die Verteidigung des Beamten geeignet ist, das mit der Disziplinarklage verfolgte Ziel, die Verhängung einer bestimmten Disziplinarmaßnahme, jedenfalls teilweise abzuwenden.[38] Ist die Disziplinarklage auf die Verhängung der Höchstmaßnahme gegen einen aktiven Beamten – die Entfernung aus dem Dienst – gerichtet, wird die Rechtsverteidigung schon dann Erfolgsaussichten haben, wenn sie Umstände aufzeigt, die auch die Verhängung einer milderen Maßnahme als angemessen erscheinen lässt. Dies wird der prozessualen Situation des Beamten im Disziplinarverfahren gerecht. Diese Situation ist häufig dadurch geprägt, dass aufgrund vorausgegangener Strafverfahren ein das Disziplinargericht bindendes Strafurteil existiert bzw. der Tatbestand aufgrund umfassender disziplinarischer Vorermittlungen feststeht und dementsprechend im gerichtlichen Disziplinarverfahren nicht vorrangig die Frage des Freispruchs, sondern der Verhängung der angemessenen

---

35 BGH Dienstgericht des Bundes NJW-RR 2006, 1003.
36 BDHE 2, 135, 137; Thüringer OVG, Beschl. v. 25.8.2005 – 8 DO 400/02, ThürVGRspr 2006, 155; BVerwG, Beschl. v. 6.10.2009 – 1 D 1.09 (juris) und v. 26.5.1997 – 1 D 44.97, BVerwGE 113, 92.
37 Thüringer OVG, Beschl. v. 17.2.2010 – 8 DO 200/09, ThürVGRspr 2010, 136.
38 Thüringer OVG, Beschl. v. 17.2.2010 – 8 DO 200/09, ThürVGRspr 2010, 136.

Disziplinarmaßnahme im Vordergrund steht. Die Verteidigung des beklagten Beamten wird in dieser Situation regelmäßig dahin gehen, jedenfalls von der besonders folgenreichen Entfernung aus dem Dienst verschont zu bleiben. Ihm im Hinblick auf ein solches Ziel Prozesskostenhilfe zu gewähren, entspricht auch den verfassungsrechtlichen Vorgaben. Das Grundgesetz gebietet eine weitgehende Angleichung der Situation von bemittelten und unbemittelten Personen bei der Verwirklichung des Rechtsschutzes. Dies ergibt sich aus Art. 3 Abs. 1 GG in Verbindung mit dem Rechtsstaatsgrundsatz, der in Art. 20 Abs. 3 GG allgemein niedergelegt ist und für den Rechtsschutz gegen Akte der öffentlichen Gewalt in Art. 19 Abs. 4 GG seinen besonderen Ausdruck findet.[39] Erst durch die Gewährung von Prozesskostenhilfe wird auch dem unbemittelten Beamten die Möglichkeit eingeräumt, sich mit fachkundiger anwaltlicher Beratung gegen die erhobenen Vorwürfe zu wehren und eine verschärfte berufliche Sanktion abzuwenden. An einem Maßstab für den Erfolg der Rechtsverteidigung fehlt es nicht deswegen, weil dem Antrag des Disziplinarklägers keine Bindungswirkung für das Gericht zukommt. Bereits mit der Erhebung der Disziplinarklage geht nämlich die Entscheidung der Disziplinarbehörde einher, dass sie den Vorwurf einer disziplinarisch zu verfolgenden Tat als hinreichend erwiesen und ihre Möglichkeiten einer disziplinarischen Ahndung als nicht ausreichend ansieht, also nur die Verhängung einer Zurückstufung, Entfernung aus dem Dienst oder der Aberkennung des Ruhegehalts in Betracht kommt. Der Beamte muss sich mithin dagegen verteidigen, möglicherweise mit der disziplinarischen Höchstmaßnahme belangt zu werden. Dementsprechend ist es unerheblich, ob der Disziplinarkläger einen bestimmten Maßnahmeantrag stellt. Fehlt ein solcher Antrag und ergeben sich aus der Disziplinarklage keine anderweitigen Erwägungen, ist dieser Antrag regelmäßig auch darauf gerichtet, den aktiven Beamten aus dem Dienst zu entfernen.

II. Berufsgerichtliche Verfahren wegen Verletzung einer Berufspflicht

54 Zu Fragen der **Kostenfestsetzung** wird zunächst auf die vorstehenden Erläuterungen zu Abs. 3 verwiesen.

Ob und inwieweit die Anwaltskosten als Auslagen des Beschuldigten ganz oder teilweise zu erstatten sind, ergibt sich aus den jeweiligen Verfahrensordnungen (§§ 196 ff. BRAO; §§ 146 ff. StBerG; §§ 122 ff. WPO, §§ 148 ff. PAO). Soweit eine Kostengrundentscheidung zugunsten des Auftraggebers ergeht, zählt zu den erstattungsfähigen Auslagen auch die gesetzliche Vergütung eines Rechtsanwalts.

55 Der **sich selbst vertretende Rechtsanwalt** hat zwar einen Anspruch auf Erstattung seiner notwendigen Auslagen. Hierzu zählen jedoch nicht die fiktiven Gebühren, die er berechnen könnte, wenn er selbst als Verteidiger tätig geworden wäre. In ehrengerichtlichen Verfahren kann sich der Betroffene, auch wenn er Rechtsanwalt ist, nicht selbst vertreten.[40] Ihm kommt – ebenso wie in Strafsachen – nicht die Stellung eines Verteidigers zu. Daher scheidet konsequenterweise auch ein Anspruch auf Ersatz solcher fiktiven Gebühren und Auslagen aus.[41] Der in eigener Sache tätige Anwalt hat daher nur einen Anspruch auf Erstattung seiner Auslagen wie ein gewöhnlicher Beschuldigter (vgl. VV Vorb. 4 Rdn 125).

56 In ehren- und berufsgerichtlichen Verfahren kann ein Pflichtverteidiger bestellt werden (§ 117a BRAO i.V.m. § 140 StPO). Ausgeschlossen ist eine Pflichtverteidigerbestellung aber nach § 107 Abs. 2 StBerG, § 100 Abs. 2 PAO und § 82a WPO. Soweit die Pflichtverteidigerbestellung möglich ist, erhält dieser die für den gerichtlich bestellten oder beigeordneten Rechtsanwalt in VV Teil 6 Abschnitt 2 bestimmten Gebühren. Die Kosten der Pflichtverteidigung sind in Anwaltssachen von der Rechtsanwaltskammer zu tragen.

III. Sonstige berufsgerichtliche Verfahren

57 In sonstigen berufsgerichtlichen Verfahren, die nicht die Verletzung einer Berufspflicht zum Inhalt haben, bestimmen sich die Kostenerstattung und Festsetzung nach den jeweiligen Verfahrensordnungen. In Verfahren vor dem Anwaltsgerichtshof richtet sich die Kostenerstattung seit dem Gesetz zur

---

[39] Grundlegend: BVerfG, Beschl. v. 13.3.1990 – 2 BvR 94/88, BVerfGE 81, 347.
[40] *Feuerich/Braun*, § 117a BRAO Rn 3.
[41] EGH Stuttgart AnwBl 1983, 331; *Jessnitzer*, BRAO, 9. Aufl. 2000, § 117a Rn 2, § 197 Rn 3; a.A. EGH Koblenz AnwBl 1981, 415.

Modernisierung von Verfahren im anwaltlichen und notariellen Berufsrecht vom 30.7.2009 nach der VwGO (vgl. § 112c BRAO, § 94b PAO, § 111b BNotO) und die betreffenden Verwaltungsverfahren nach dem VwVfG.[42] Für die Kostenerstattung und Festsetzung gelten mithin §§ 154 ff. VwGO (Ausführungen zu Erstattungsfragen in öffentlich-rechtlichen Angelegenheiten siehe § 17 Rdn 54 ff.).

In **Anwalts- und Notarsachen** richtet sich der Streitwert nach dem Gesetz zur Modernisierung von Verfahren im anwaltlichen und notariellen Berufsrecht vom 30.7.2009 nach § 194 Abs. 1 BRAO, § 147 Abs. 1 PAO und § 111g Abs. 1 BNotO. Der Streitwert bestimmt sich nach diesen Vorschriften nach § 52 GKG. Er wird von Amtswegen festgesetzt. In Verfahren, die Klagen auf Zulassung zur Rechtsanwaltschaft oder deren Rücknahme oder Widerruf betreffen, ist nach § 194 Abs. 2 BRAO, § 147 Abs. 2 PAO, § 111g Abs. 2 BNotO ein Streitwert von 50.000 EUR anzunehmen. Unter Berücksichtigung der Umstände des Einzelfalls, insbesondere des Umfangs und der Bedeutung der Sache sowie der Vermögens- und Einkommensverhältnisse des Klägers, kann das Gericht einen höheren oder einen niedrigeren Wert festsetzen. Die bisher ergangene Streitwertrechtsprechung in Anwalts- und Notarsachen ist daher überholt. 58

In den **übrigen Verfahren** richtet sich der **Gegenstandswert** nach § 52 GKG. Hier sind folgende Entscheidungen ergangen: 59
- Erhöhung des Bruttoeinkommens im Falle der Zulassung, hochgerechnet auf die Dauer von 5 bis 10 Jahren[43]
- Erhöhung des Bruttoeinkommens im Falle der Zulassung, dreifacher Jahresbetrag[44]
- Erhöhung des Bruttoeinkommens im Falle der Zulassung, Jahresbetrag[45]
- Mehreinnahmen aus dem RVO-Bereich bei Zulassung zur kassenärztlichen Versorgung[46]
- Mehreinnahmen aus dem RVO-Bereich bei Zulassung zur kassenärztlichen Versorgung zuzüglich Einnahmen aus vertragsärztlicher Tätigkeit.[47]

Unterabschnitt 1. Allgemeine Gebühren

Nr.	Gebührentatbestand	Gebühr Wahlverteidiger oder Verfahrensbevollmächtigter	gerichtlich bestellter oder beigeordneter Rechtsanwalt
6200	Grundgebühr .... Die Gebühr entsteht neben der Verfahrensgebühr für die erstmalige Einarbeitung in den Rechtsfall nur einmal, unabhängig davon, in welchem Verfahrensabschnitt sie erfolgt.	40,00 bis 350,00 €	156,00 €
6201	Terminsgebühr für jeden Tag, an dem ein Termin stattfindet Die Gebühr entsteht für die Teilnahme an außergerichtlichen Anhörungsterminen und außergerichtlichen Terminen zur Beweiserhebung.	40,00 bis 370,00 €	164,00 €

A. Allgemeines 1
   I. Disziplinarverfahren und berufsgerichtliche Verfahren wegen Verletzung einer Berufspflicht 1
   II. Grundgebühr (VV 6200) 2
   III. Terminsgebühr (VV 6201) 4
B. Regelungsgehalt 5
   I. Grundgebühr (VV 6200) 5
   II. Terminsgebühr (VV 6201) 9
   III. Weitere Gebühren 11
C. Erstattungsfragen 12

---

42 *Kirchberg*, BRAK-Mitt. 5/2009, 215.
43 BHGZ 39, 110; BSG AnwBl 1982, 308.
44 LSG Berlin SGb 1989, 110.
45 OVG Koblenz NJW 1978, 1212.
46 LSG Baden-Württemberg MedR 1989, 155.
47 BSG MedR 1986, 85.

A. Allgemeines

I. Disziplinarverfahren und berufsgerichtliche Verfahren wegen Verletzung einer Berufspflicht

1 Zum Geltungsbereich der Vorschriften in VV Teil 6 Abschnitt 2, zur Abgrenzung von Disziplinarverfahren und berufsgerichtlichen Verfahren wegen Verletzung einer Berufspflicht zu diesen ähnlichen Verfahren und zur Anwendung der Vorschriften nach VV Teil 2 und 3 wird auf die grundlegenden Ausführungen zu VV Vorb. 6.2 verwiesen.

II. Grundgebühr (VV 6200)

2 In **VV 6200** ist die neu eingeführte **Grundgebühr** geregelt worden. Diese steht dem Rechtsanwalt einmalig zu, unabhängig davon, in welchen Verfahrensabschnitten er tätig geworden ist. Die Grundgebühr honoriert den Arbeitsaufwand, der einmalig mit der Übernahme des Mandats entsteht, also das erste Gespräch mit dem Mandanten und die Beschaffung der erforderlichen Informationen. Da dieser Aufwand auch dann entsteht, wenn der Rechtsanwalt nicht schon von Anfang an tätig wird, sondern z.B. erst in der Rechtsmittelinstanz, war es sachgerecht, das Entstehen der Grundgebühr vom Zeitpunkt des Tätigwerdens unabhängig zu machen. Hierbei ist eine Gebührenregelung angestrebt worden, die nach Ansicht des Gesetzgebers auch bei umfangreichen Akten zu einer angemessenen Vergütung führt. Die Grundgebühr ist als **Rahmengebühr** ausgestaltet und der Höhe nach nicht von der Ordnung des Gerichts abhängig. Der durch sie honorierte Arbeitsaufwand des Rechtsanwalts ist weitgehend unabhängig von der späteren Gerichtszuständigkeit. Zudem bietet der Rahmen genügend Raum zur Berücksichtigung der Besonderheiten des jeweiligen Einzelfalls.[1] Die Grundgebühr fällt auch an, wenn der Rechtsanwalt nur mit Einzeltätigkeiten und nicht zugleich mit der Vertretung oder Verteidigung beauftragt wird, da einerseits besondere Regelungen für Einzeltätigkeiten in VV Teil 6 Abschnitt 2 fehlen und sich auch VV 6404 nur auf die VV Vorb. 6.4 genannten Verfahren bezieht.[2]

3 Klargestellt ist jetzt, dass die Grundgebühr neben der jeweiligen Verfahrensgebühr entsteht.

III. Terminsgebühr (VV 6201)

4 Weiterhin ist in **VV 6201** eine **Terminsgebühr** für die Teilnahme an außergerichtlichen Anhörungsterminen und außergerichtlichen Terminen zur Beweiserhebung eingeführt worden. Nach altem Recht wurde die Teilnahme des Rechtsanwalts an solchen Terminen nicht gesondert vergütet. Durch die Einstellung in VV Teil 6 Abschnitt 2 Unterabschnitt 1 wird zudem klargestellt, dass die Terminsgebühr auch für alle gerichtlichen Verfahrensabschnitte anwendbar ist, also z.B. auch für die Teilnahme an entsprechenden Terminen vor Beginn eines gerichtlichen Verfahrens. Dies hat zur Folge, dass der Rechtsanwalt in Zukunft auch für die Teilnahme an außerhalb eines gerichtlichen Verfahrens stattfindenden Terminen eine Terminsgebühr erhält.[3] Die Terminsgebühr entsteht für jeden Tag, an dem ein Termin stattfindet. Eine Begrenzung auf beispielsweise drei Termine, wie in der Anm. zu VV 4102, ist bei Disziplinarverfahren und berufsgerichtlichen Verfahren wegen der Verletzung einer Berufspflicht nicht eingeführt worden.

B. Regelungsgehalt

I. Grundgebühr (VV 6200)

5 Nach VV 6200 erhält der Rechtsanwalt für die erstmalige Einarbeitung in den Rechtsfall eine Grundgebühr i.H.v. **40 EUR bis 350 EUR (Mittelgebühr 195 EUR)**. Ist der Rechtsanwalt **gerichtlich bestellt oder beigeordnet**, beträgt die Grundgebühr **156 EUR**. Die Höhe der Gebühr setzt der Rechtsanwalt im Einzelfall nach § 14 fest. Zur Zubilligung der Höchstgebühr siehe BDH.[4]

---

1 BT-Drucks 15/1971, S. 222.
2 *Hartung*, NJW 2005, 3093, 3095.
3 BT-Drucks 15/1971, S. 222.
4 BDH AGS 1993, 7.

Die Grundgebühr entsteht **unabhängig** davon, in welchem **Verfahrensabschnitt** sie erfolgt. Ein erhöhter Arbeitsaufwand wegen eines späten Einstiegs in das Verfahren ist aber bei der Bemessung der Grundgebühr zu berücksichtigen. Die Grundgebühr ist als **Rahmengebühr** ausgestaltet und der Höhe nach nicht von der Ordnung des Gerichts abhängig. Der durch sie honorierte Arbeitsaufwand des Rechtsanwalts ist auch weitgehend unabhängig von der späteren Gerichtszuständigkeit.

Die Gebühr entsteht je Rechtsfall **nur einmal**. Ein wiederholter Ansatz der Grundgebühr kommt mithin nicht in Betracht.

Die Grundgebühr entsteht neben der jeweiligen Verfahrensgebühr (siehe Rdn 11).

II. Terminsgebühr (VV 6201)

Nach VV 6201 erhält der Rechtsanwalt für die Teilnahme an außergerichtlichen Anhörungsterminen und außergerichtlichen Terminen zur Beweiserhebung eine Terminsgebühr i.H.v. **40 EUR bis 370 EUR (Mittelgebühr 205 EUR)**. Ist der Rechtsanwalt **gerichtlich bestellt oder beigeordnet**, beträgt die Terminsgebühr **164 EUR**. Die Höhe der Gebühr setzt der Rechtsanwalt im Einzelfall nach § 14 Abs. 1 fest. Zur Zubilligung der Höchstgebühr siehe BDH.[5]

Die Terminsgebühr nach VV 6201 ist eine andere Regelung i.S.v. VV Vorb. 6 Abs. 3. Sie entsteht **für jeden Tag, an dem ein Termin stattfindet**. Eine Begrenzung auf beispielsweise drei Termine, wie in der Anm. zu VV 4102, ist bei Disziplinarverfahren und berufsgerichtlichen Verfahren wegen der Verletzung einer Berufspflicht nicht eingeführt worden. Sie entsteht **auch während eines gerichtlichen Verfahrens**, wenn außergerichtliche Anhörungstermine oder außergerichtliche Termine zur Beweiserhebung durchgeführt werden.

III. Weitere Gebühren

Da die Grundgebühr „neben der Verfahrensgebühr" entsteht, wie der Gesetzgeber jetzt mit dem 2. KostRMoG klargestellt hat, werden die Grund- und die erste Verfahrensgebühr immer zeitgleich ausgelöst, nämlich mit der Entgegennahme der Information. Die Grundgebühr kann niemals alleine anfallen. Daneben kommen dann noch die weiteren Gebühren nach VV Teil 6 Abschnitt 2 hinzu.

C. Erstattungsfragen

Zu Fragen der Kostenfestsetzung und Kostenerstattung bei Disziplinarverfahren und berufsgerichtlichen Verfahren wegen der Verletzung einer Berufspflicht wird auf die grundlegenden Ausführungen im Rahmen der Erläuterung der VV Vorb. 6.2 (siehe VV Vorb. 6.2 Rdn 25 ff., 49 ff.) und ergänzend für Disziplinarverfahren auf die Ausführungen zu Erstattungsfragen zu Verfahren der Verwaltungsgerichtsbarkeit bei § 17 verwiesen (siehe § 17 Rdn 54 ff.).

---

5 BDH AGS 1993, 7.

Unterabschnitt 2. Außergerichtliches Verfahren

Nr.	Gebührentatbestand	Gebühr Wahlverteidiger oder Verfahrensbevollmächtigter	Gebühr gerichtlich bestellter oder beigeordneter Rechtsanwalt
6202	Verfahrensgebühr .... (1) Die Gebühr entsteht gesondert für eine Tätigkeit in einem dem gerichtlichen Verfahren vorausgehenden und der Überprüfung der Verwaltungsentscheidung dienenden weiteren außergerichtlichen Verfahren. (2) Die Gebühr entsteht für eine Tätigkeit in dem Verfahren bis zum Eingang des Antrags oder der Anschuldigungsschrift bei Gericht.	40,00 bis 290,00 €	132,00 €

A. Allgemeines 1
  I. Disziplinarverfahren und berufsgerichtliche Verfahren wegen Verletzung einer Berufspflicht 1
  II. Allgemeine Verfahrensgebühr (Anm. Abs. 2) 2
  III. Gesonderte Verfahrensgebühr (Anm. Abs. 1) 3

B. Regelungsgehalt 4
  I. Allgemeine Verfahrensgebühr (Anm. Abs. 2) 4
  II. Gesonderte Verfahrensgebühr (Anm. Abs. 1) 7
C. Erstattungsfragen 10

A. Allgemeines

I. Disziplinarverfahren und berufsgerichtliche Verfahren wegen Verletzung einer Berufspflicht

1 Zum Geltungsbereich der Vorschriften in VV Teil 6 Abschnitt 2, zur Abgrenzung von Disziplinarverfahren und berufsgerichtlichen Verfahren wegen Verletzung einer Berufspflicht zu diesen ähnlichen Verfahren und zur Anwendung der Vorschriften nach VV Teil 2 und 3 wird auf die grundlegenden Ausführungen zu VV Vorb. 6.2 verwiesen.

II. Allgemeine Verfahrensgebühr (Anm. Abs. 2)

2 Mit **Anm. Abs. 2** wird die **Verfahrensgebühr** für die Tätigkeit des Rechtsanwalts in **außergerichtlichen**, den gerichtlichen Disziplinarverfahren oder berufsgerichtlichen Verfahren wegen Verletzung einer Berufspflicht vorgeschalteten **Verfahrensabschnitten** festgelegt. Anm. Abs. 2 stellt darüber hinaus klar, für welchen **Zeitraum** dem Rechtsanwalt die Verfahrensgebühr zusteht. Abgegolten wird seine Tätigkeit im Verfahren bis zum Eingang des Antrags oder der Anschuldigungsschrift bei Gericht. Anm. Abs. 2 bestimmt mithin eine **eigene Gebühr**, die nicht mehr wie früher an eine andere Gebühr gekoppelt ist.[1]

III. Gesonderte Verfahrensgebühr (Anm. Abs. 1)

3 Nach Anm. Abs. 1 erhält der Rechtsanwalt die **Verfahrensgebühr gesondert** für eine Tätigkeit in einem dem gerichtlichen Verfahren vorausgehenden und der **Überprüfung der Verwaltungsentscheidung dienenden** weiteren außergerichtlichen **Verfahren**. Dies entspricht der für das Verwal-

---

1 BT-Drucks 15/1971, S. 223.

tungsverfahren in VV Teil 2 Abschnitt 4 eingeführten Systematik.[2] Die gegenteilige Auffassung,[3] die den Anfall einer weiteren, gesonderten Gebühr ausschließt, verkennt einerseits diese Systematik und gründet ihre Gegenmeinung auf die fernliegende Annahme, der Gesetzgeber habe eine Verfahrensgebühr für das „behördliche" Disziplinarverfahren nicht vorgesehen. Die nach VV Vorb. 3 Abs. 4 geregelte Anrechnung auf ein nachfolgendes gerichtliches Verfahren wird jedoch für Disziplinarverfahren oder berufsgerichtliche Verfahren wegen Verletzung einer Berufspflicht nicht übernommen, weil der durch die Tätigkeit in dem früheren Verfahrensabschnitt ersparte Aufwand bei der Bestimmung der Verfahrensgebühr für das gerichtliche Verfahren nach dem Willen des Gesetzgebers innerhalb des Rahmens berücksichtigt werden soll.[4]

B. Regelungsgehalt

I. Allgemeine Verfahrensgebühr (Anm. Abs. 2)

Nach Anm. Abs. 2 erhält der Rechtsanwalt für seine Tätigkeit in Disziplinarverfahren oder berufsgerichtlichen Verfahren wegen Verletzung einer Berufspflicht bis zum Eingang des Antrags oder der Anschuldigungsschrift bei Gericht eine Verfahrensgebühr i.H.v. **40 EUR bis 290 EUR (Mittelgebühr 165 EUR)**. Ist der Rechtsanwalt **gerichtlich bestellt oder beigeordnet**, beträgt die Verfahrensgebühr **132 EUR**. Die Höhe der Gebühr setzt der Rechtsanwalt im Einzelfall nach § 14 Abs. 1 fest. Zur Zubilligung der Höchstgebühr siehe BDH.[5] 4

Die allgemeine Verfahrensgebühr entsteht in jedem Fall im behördlichen Disziplinarverfahren nach §§ 17 ff. BDG oder nach entsprechenden Regelungen in den Landesdisziplinargesetzen sowie im Verfahren vor dem Dienst- oder Disziplinarvorgesetzten nach der WBO. In berufsgerichtlichen Verfahren wegen Verletzung einer Berufspflicht gibt es ein solches außergerichtliches, das gerichtliche Verfahren vorbereitende Verfahren i.d.R. nicht. Daher kann die Verfahrensgebühr nach Anm. Abs. 2 in diesen Verfahren i.d.R. auch nicht entstehen. Ist der Rechtsanwalt aber mit der Formulierung und Stellung eines Selbstreinigungsantrages des Auftraggebers beauftragt (§ 123 BRAO, § 116 StBerG, § 87 WPO), wird die Verfahrensgebühr nach Anm. Abs. 2 entstehen. 5

Neben dieser Verfahrensgebühr entsteht die **Grundgebühr** nach **VV 6200** – wie durch die Neufassung der VV 6200 klar gestellt worden ist – und, soweit der Rechtsanwalt an außergerichtlichen Anhörungsterminen und außergerichtlichen Terminen zur Beweiserhebung teilnimmt, die **Terminsgebühr** nach **VV 6201** für jeden Tag, an dem ein Termin stattfindet. Soweit kein gerichtliches Verfahren vorausgehendes und der Überprüfung der Verwaltungsentscheidung dienendes weiteres außergerichtliches Verfahren i.S.v. Anm. Abs. 1 stattfindet oder nach der einschlägigen Verfahrensordnung vorgesehen ist, wird mit der Verfahrensgebühr nach Anm. Abs. 2 die gesamte Tätigkeit des Rechtsanwalts in dem außergerichtlichen Verfahrensabschnitt eines Disziplinarverfahrens oder berufsgerichtlichen Verfahrens wegen Verletzung einer Berufspflicht bis zum Eingang des Antrags oder der Anschuldigungsschrift bei Gericht abgegolten. Auf die Erläuterung von VV Vorb. 6.2 Abs. 1 wird verwiesen (siehe VV Vorb. 6.2 Rdn 16 ff.). 6

II. Gesonderte Verfahrensgebühr (Anm. Abs. 1)

Nach Anm. Abs. 1 erhält der Rechtsanwalt für seine Tätigkeit in Disziplinarverfahren oder berufsgerichtlichen Verfahren wegen Verletzung einer Berufspflicht in einem, dem gerichtlichen Verfahren vorausgehenden und der Überprüfung der Verwaltungsentscheidung dienenden weiteren außergerichtlichen Verfahren eine Verfahrensgebühr i.H.v. **40 EUR bis 290 EUR (Mittelgebühr 145 EUR)**. Ist der Rechtsanwalt **gerichtlich bestellt oder beigeordnet**, beträgt die Verfahrensgebühr **132 EUR**. Die Höhe der Gebühr setzt der Rechtsanwalt im Einzelfall nach § 14 Abs. 1 fest. Zur Zubilligung der Höchstgebühr siehe BDH.[6] 7

---

2 VG Berlin, Gerichtsbescheid v. 9.2.2007 – 80 Dn 47.05; *Hartung*, NJW 2005, 3093, 3095.
3 VG Ansbach, Beschl. v. 11.10.2010 – AN 13a M 10.01669 (juris).
4 BT-Drucks 15/1971, S. 231; VG Berlin, Gerichtsbescheid v. 9.2.2007 – 80 Dn 47.05.
5 BDH AGS 1993, 7.
6 BDH AGS 1993, 7.

8   Die Verfahrensgebühr nach Anm. Abs. 1 entsteht gesondert, d.h. neben und **zusätzlich** zu der Verfahrensgebühr nach Anm. Abs. 2.[7] Weiterhin entstehen zusätzlich zu der Verfahrensgebühr nach Anm. Abs. 1 die Grundgebühr nach VV 6200 und, soweit der Rechtsanwalt an außergerichtlichen Anhörungsterminen und außergerichtlichen Terminen zur Beweiserhebung teilnimmt, die Terminsgebühr nach VV 6201 für jeden Tag, an dem ein Termin stattfindet.

9   Voraussetzung ist die Tätigkeit in einem dem gerichtlichen Verfahren vorausgehenden und der **Überprüfung der Verwaltungsentscheidung dienenden** weiteren außergerichtlichen **Verfahren**. Die Verfahrensgebühr nach Anm. Abs. 1 kann damit nur in Verfahren entstehen, die den Charakter eines Widerspruchsverfahrens i.S.v. § 68 VwGO haben. Ein solches ist beispielsweise in §§ 41 ff. BDG nunmehr vorgesehen. Gegenstand und Ziel des Verfahrens, in welchem die Verfahrensgebühr nach Anm. Abs. 1 entstehen kann, muss mithin die Überprüfung und ggf. Aufhebung der streitigen Verwaltungsentscheidung sein.

C. Erstattungsfragen

10 Zu Fragen der Kostenfestsetzung und Kostenerstattung bei Disziplinarverfahren und berufsgerichtlichen Verfahren wegen der Verletzung einer Berufspflicht wird auf die grundlegenden Ausführungen im Rahmen der Erläuterung der VV Vorb. 6.2 (siehe VV Vorb. 6.2 Rdn 25 ff., 49 ff.) und ergänzend für Disziplinarverfahren auf die Ausführungen zu Erstattungsfragen zu Verfahren der Verwaltungsgerichtsbarkeit bei § 17 verwiesen (siehe § 17 Rdn 54 ff.).

Unterabschnitt 3. Gerichtliches Verfahren

Erster Rechtszug

		Gebühr	
Nr.	Gebührentatbestand	Wahlverteidiger oder Verfahrensbevollmächtigter	gerichtlich bestellter oder beigeordneter Rechtsanwalt
Vorbemerkung 6.2.3: Die nachfolgenden Gebühren entstehen für das Wiederaufnahmeverfahren einschließlich seiner Vorbereitung gesondert.			

A. Allgemeines 1
B. Regelungsgehalt 3
C. Erstattungsfragen 10

A. Allgemeines

1   Zum Geltungsbereich der Vorschriften in VV Teil 6 Abschnitt 2, zur Abgrenzung von Disziplinarverfahren und berufsgerichtlichen Verfahren wegen Verletzung einer Berufspflicht zu diesen ähnlichen Verfahren und zur Anwendung der Vorschriften nach VV Teil 2 und 3 wird auf die grundlegenden Ausführungen zu VV Vorb. 6.2 verwiesen.

2   VV Vorb. 6.2.3 bestimmt die **Gebühren des Rechtsanwalts im Wiederaufnahmeverfahren**. Bislang hat der Rechtsanwalt für die Vorbereitung eines Antrags auf Wiederaufnahme des Verfahrens, die Stellung eines solchen Antrags und die Vertretung in dem Verfahren zur Entscheidung über den Antrag insgesamt nur eine Gebühr nach § 90 Abs. 1 BRAGO erhalten. Durch diese Gebühr wurde die gesamte Tätigkeit des Rechtsanwalts bis zur Entscheidung über den Wiederaufnahmeantrag

---

7 VG Berlin, Gerichtsbescheid v. 9.2.2007 – 80 Dn 47.05.

abgegolten. Das Wiederaufnahmeverfahren gliedert sich jedoch in mehrere Verfahrensabschnitte, die unterschiedliche Tätigkeiten des Rechtsanwalts erfordern. So kann z.B. die Vorbereitung eines Wiederaufnahmeantrags erhebliche Schwierigkeiten und erheblichen Zeitaufwand erfordern. Diese Vorbereitungsarbeiten münden dann in die Stellung des Wiederaufnahmeantrags, der sich – bei Wiederaufnahme zugunsten des Betroffenen – an den Voraussetzungen des § 71 BDG, § 129 WDO oder, soweit die StPO ergänzend anwendbar ist, an § 359 StPO ausrichten muss. Die insoweit von der Rechtsprechung an die Zulässigkeit des Antrags gestellten Forderungen sind hoch. Ist der Antrag zulässig, wird im weiteren Verfahren die Beweisaufnahme über die im Antrag angetretenen Beweise angeordnet. Dieser Verfahrensabschnitt endet mit der Entscheidung über die Begründetheit des Antrags. Diese vielfältigen und häufig schwierigen und damit zeitaufwendigen Tätigkeiten des Rechtsanwalts haben den Gesetzgeber veranlasst, im Strafverfahren nicht nur eine Anpassung an die neue Gebührenstruktur vorzunehmen, sondern auch eine Anhebung der Gebühren vorzunehmen (VV Teil 4 Abschnitt 1 Unterabschnitt 4).[1] In Disziplinarverfahren und in berufsgerichtlichen Verfahren wegen der Verletzung einer Berufspflicht hat es der Gesetzgeber hingegen bei der Anpassung an die neue Gebührenstruktur belassen.

B. Regelungsgehalt

Nach VV Vorb. 6.2.3 entstehen für das **Wiederaufnahmeverfahren einschließlich seiner Vorbereitung** die Gebühren, die der Rechtsanwalt in Disziplinarverfahren und in berufsgerichtlichen Verfahren wegen der Verletzung einer Berufspflicht im ersten Rechtszug erhalten kann. Mit den Gebühren nach VV Teil 6 Abschnitt 2 Unterabschnitt 3 wird die **gesamte Tätigkeit** des Rechtsanwalts im Wiederaufnahmeverfahren **abgegolten**. Auf die Erläuterung von VV Vorb. 6.2 Abs. 1 wird verwiesen (VV Vorb. 6.2 Rdn 16 ff.).

Der **Wahlanwalt** erhält daher für die Vorbereitung eines Antrags auf Wiederaufnahme des Verfahrens, die Stellung eines solchen Antrags und die Vertretung in dem Verfahren zur Entscheidung über den Antrag insgesamt nur eine **Verfahrensgebühr nach VV 6203** i.H.v. **50 EUR bis 320 EUR** (**Mittelgebühr 185 EUR**). Ist der Rechtsanwalt **gerichtlich bestellt oder beigeordnet**, beträgt die **Verfahrensgebühr 148 EUR**. Die Höhe der Gebühr setzt der Rechtsanwalt im Einzelfall nach § 14 Abs. 1 fest. Zur Zubilligung der Höchstgebühr siehe BDH.[2]

Nach **VV 6204** kann der Rechtsanwalt weiterhin eine **Terminsgebühr** i.H.v. **80 EUR bis 560 EUR** (**Mittelgebühr 320 EUR**) je Verhandlungstag erhalten. Ist der **Rechtsanwalt gerichtlich bestellt oder beigeordnet**, beträgt die Terminsgebühr **256 EUR**. Die Terminsgebühr entsteht nach VV Vorb. 6 Abs. 3 S. 1 für die Teilnahme an gerichtlichen Terminen, soweit nichts anderes bestimmt ist. Der Rechtsanwalt erhält die Terminsgebühr auch, wenn er zu einem anberaumten Termin erscheint, dieser aber aus Gründen, die er nicht zu vertreten hat, nicht stattfindet (VV Vorb. 6 Abs. 3 S. 2). Dies gilt nicht, wenn er rechtzeitig von der Aufhebung oder Verlegung des Termins in Kenntnis gesetzt worden ist (VV Vorb. 6 Abs. 3 S. 3). Die Höhe der Gebühr setzt der Rechtsanwalt im Einzelfall nach § 14 fest. Zur Zubilligung der Höchstgebühr siehe BDH.[3]

Der Rechtsanwalt erhält die **Terminsgebühr je Verhandlungstag**, und zwar grundsätzlich jeweils **aus dem gleichen Gebührenrahmen**. Die Terminsgebühr ist also unabhängig davon, ob es sich um den ersten Hauptverhandlungstag handelt oder um einen Fortsetzungstermin.

Nach **VV 6205** kann der gerichtlich bestellte Rechtsanwalt zusätzlich zur Terminsgebühr nach VV 6204 (216 EUR) eine **Zusatzgebühr** erhalten, wenn er mehr als fünf und bis acht Stunden an der Hauptverhandlung oder einer mündlichen Verhandlung teilnimmt. Der Zuschlag beträgt in diesem Fall 50 % der Terminsgebühr nach VV 6204, mithin **128 EUR**. Die Zusatzgebühr entsteht zusätzlich zu jeder Terminsgebühr, soweit die Voraussetzung (Zeitdauer) erfüllt ist. VV 6205 ist ausschließlich auf den gerichtlich bestellten oder beigeordneten Rechtsanwalt anwendbar. Eine Anwendung für den Wahlanwalt kommt daher nicht in Betracht.

Nach **VV 6206** kann der gerichtlich bestellte Rechtsanwalt zusätzlich zur Terminsgebühr nach VV 6204 eine **Zusatzgebühr** in Höhe einer Terminsgebühr nach VV 6204 erhalten, wenn er mehr als acht Stunden an der Hauptverhandlung teilnimmt. Die Zusatzgebühr nach VV 6206 beträgt mithin

---

[1] BT-Drucks 15/1971, S. 226.
[2] BDH AGS 1993, 7.
[3] BDH AGS 1993, 7.

256 EUR. Die Zusatzgebühr entsteht zusätzlich zu jeder Terminsgebühr, soweit die Voraussetzung (Zeitdauer) erfüllt ist. VV 6206 ist ebenfalls ausschließlich auf den gerichtlich bestellten oder beigeordneten Rechtsanwalt anwendbar. Eine Anwendung für den Wahlanwalt kommt daher nicht in Betracht.

9 Die **Grundgebühr** nach **VV 6200** erhält der Rechtsanwalt, der mit dem Wiederaufnahmeverfahren beauftragt ist, ebenfalls, da eine anderweitige Regelung wie im Strafverfahren nach VV Vorb. 4.1.4 fehlt und die Anwendung der in VV Teil 6 Abschnitt 2 Unterabschnitt 1 bestimmten allgemeinen Gebühren der dargestellten Intention des Gesetzgebers entspricht.

C. Erstattungsfragen

10 Zu Fragen der Kostenfestsetzung und Kostenerstattung bei Disziplinarverfahren und berufsgerichtlichen Verfahren wegen der Verletzung einer Berufspflicht wird auf die grundlegenden Ausführungen im Rahmen der Erläuterung der VV Vorb. 6.2 (siehe VV Vorb. 6.2 Rdn 24 ff.) und ergänzend für Disziplinarverfahren auf die Ausführungen zu Erstattungsfragen zu Verfahren der Verwaltungsgerichtsbarkeit bei § 17 (siehe § 17 Rdn 54 ff.) verwiesen.

Nr.	Gebührentatbestand	Gebühr	
		Wahlverteidiger oder Verfahrensbevollmächtigter	gerichtlich bestellter oder beigeordneter Rechtsanwalt
6203	Verfahrensgebühr	50,00 bis 320,00 €	148,00 €
6204	Terminsgebühr je Verhandlungstag	80,00 bis 560,00 €	256,00 €
6205	Der gerichtlich bestellte Rechtsanwalt nimmt mehr als 5 und bis 8 Stunden an der Hauptverhandlung teil: Zusätzliche Gebühr neben der Gebühr 6204		128,00 €
6206	Der gerichtlich bestellte Rechtsanwalt nimmt mehr als 8 Stunden an der Hauptverhandlung teil: Zusätzliche Gebühr neben der Gebühr 6204		256,00 €

A. Allgemeines 1
  I. Disziplinarverfahren und berufsgerichtliche Verfahren wegen Verletzung einer Berufspflicht 1
  II. Verfahrensgebühr (VV 6203) 2
  III. Terminsgebühren (VV 6204, 6205, 6206) . . . 3
    1. Terminsgebühr (VV 6204) 3
    2. Zusatzgebühr für mehr als fünf und bis acht Stunden Hauptverhandlung (VV 6205) 4
    3. Zusatzgebühr für mehr als acht Stunden Hauptverhandlung (VV 6206) 5
B. Regelungsgehalt 6
  I. Verfahrensgebühr (VV 6203) 6
  II. Terminsgebühren (VV 6204, 6205, 6206) . . . 10
    1. Terminsgebühr (VV 6204) 10
    2. Zusatzgebühr für mehr als fünf und bis acht Stunden Hauptverhandlung (VV 6205) 12
    3. Zusatzgebühr für mehr als acht Stunden Hauptverhandlung (VV 6206) 13
C. Erstattungsfragen 14

A. Allgemeines

I. Disziplinarverfahren und berufsgerichtliche Verfahren wegen Verletzung einer Berufspflicht

1 Zum Geltungsbereich der Vorschriften in VV Teil 6 Abschnitt 2, zur Abgrenzung von Disziplinarverfahren und berufsgerichtlichen Verfahren wegen Verletzung einer Berufspflicht zu diesen ähnlichen

Verfahren und zur Anwendung der Vorschriften nach VV Teil 2 und 3 wird auf die grundlegenden Ausführungen zu VV Vorb. 6.2 verwiesen.

II. Verfahrensgebühr (VV 6203)

Durch die Verfahrensgebühr wird nur noch die Tätigkeit des Rechtsanwalts im gerichtlichen Verfahren **außerhalb der Hauptverhandlung oder einer mündlichen Verhandlung** abgegolten. Dies ist der Grund für den gegenüber der BRAGO niedrigeren Gebührenrahmen.[1] Bei einem Antrag auf Fristsetzung zum Abschluss des Disziplinarverfahrens handelt es sich um ein Zwischenverfahren i.S.v. § 19 Abs. 1 S. 1, das keine Verfahrensgebühr nach VV 6203 auslöst.[2] Die Tätigkeit wird von der Verfahrensgebühr nach VV 6202 abgedeckt. Anm. Abs. 2 zu VV 6202 meint insoweit Verwaltungsverfahren, die in ein abschließendes gerichtliches Verfahren übergehen; das ist das Disziplinarverfahren, das zu einem Antrag (auf gerichtliche Entscheidung) – jetzt einer Klage gegen eine Disziplinarverfügung – oder einem förmlichen Verfahren bei dem Disziplinargericht (früher Anschuldigungsschrift), jetzt Disziplinarklage führen kann. Verfahren der vorliegenden Art haben auch nach der BRAGO keine gesonderte Gebühr ausgelöst. Das RVG hat insoweit keine Ausdehnung der Gebührentatbestände gebracht (vgl. §§ 91, 92 Abs. 2 BRAGO).

2

III. Terminsgebühren (VV 6204, 6205, 6206)

1. Terminsgebühr (VV 6204)

VV 6204 legt die Terminsgebühr für die von VV 6203 erfassten Verfahren fest. Der Rechtsanwalt erhält die **Terminsgebühr je Verhandlungstag**, und zwar grundsätzlich jeweils **aus dem gleichen Gebührenrahmen**. Die Terminsgebühr ist also unabhängig davon, ob es sich um den ersten Hauptverhandlungstag handelt oder um einen Fortsetzungstermin. Die Neuaufteilung der Gebührentatbestände führt zu einer größeren Transparenz der Gebührenberechnung und erleichtert die Bestimmung der konkreten Gebühr für die einzelnen Tätigkeiten.[3]

3

2. Zusatzgebühr für mehr als fünf und bis acht Stunden Hauptverhandlung (VV 6205)

Nach **VV 6205** erhält der **gerichtlich bestellte Rechtsanwalt** zusätzlich zur Terminsgebühr nach VV 6204 eine **Zusatzgebühr**, wenn er **mehr als fünf und bis acht Stunden** an der Hauptverhandlung oder einer mündlichen Verhandlung teilnimmt. Der Zuschlag beträgt in diesem Fall 50 % der Terminsgebühr nach VV 6204. VV 6205 ist auf den gerichtlich bestellten oder beigeordneten Rechtsanwalt beschränkt. Es besteht kein Anlass, sie auf den Wahlanwalt auszudehnen, weil diesem eine Rahmengebühr zusteht. Innerhalb des vorgegebenen Rahmens kann er die jeweils angemessene Terminsgebühr bestimmen, wobei die Dauer des jeweiligen gerichtlichen Termins eine nicht unerhebliche Rolle spielen wird. Zusätzlich hat der Wahlanwalt die Möglichkeit, für längere Hauptverhandlungen eine Honorarvereinbarung mit seinem Mandanten zu treffen. Der gerichtlich bestellte Rechtsanwalt erhält hingegen für die Teilnahme an der Hauptverhandlung nach VV 6204 eine feste Terminsgebühr, auf deren Höhe die Umstände des Einzelfalls keinen Einfluss haben. Deshalb soll ihm in Zukunft bei langen Hauptverhandlungen ein fester Zuschlag gewährt werden. Dadurch wird auch bei ihm der besondere Zeitaufwand für seine anwaltliche Tätigkeit angemessen honoriert. Die zeitliche Grenze von mehr als fünf bis zu acht Stunden entspricht der Rechtsprechung der Oberlandesgerichte im Rahmen der Gewährung von Pauschgebühren. Schon bei Hauptverhandlungen von dieser Dauer wird in der Regel von einem besonders umfangreichen Verfahren ausgegangen.[4]

4

---

1 BT-Drucks 15/1971, S. 224.
2 VG Berlin AGS 2010, 426; Beschl. v. 14.1.2013 – 80 Dn 22.08; a.A. OVG Berlin-Brandenburg, Beschl. v. 6.7.2012 – OVG 1 K 85.10.
3 BT-Drucks 15/1971, S. 224.
4 BT-Drucks 15/1971, S. 224.

3. Zusatzgebühr für mehr als acht Stunden Hauptverhandlung (VV 6206)

5 Nach **VV 6206** erhält der **gerichtlich bestellte Rechtsanwalt** zusätzlich zur Terminsgebühr nach VV 6204 eine **Zusatzgebühr** in Höhe einer Terminsgebühr nach VV 6204, wenn er **mehr als acht Stunden** an der Hauptverhandlung teilnimmt. Diese Regelung bezweckt ebenso wie die Regelung nach VV 6205 die angemessene Honorierung des Zeitaufwands des gerichtlich bestellten Rechtsanwalts bei besonders langen Hauptverhandlungsterminen oder mündlichen Verhandlungen. Die zeitliche Grenze von mehr als acht Stunden entspricht ebenfalls der Rechtsprechung der Oberlandesgerichte im Rahmen der Gewährung von Pauschgebühren nach § 99 BRAGO. Bei Hauptverhandlungen von dieser Dauer wurde in der Regel von den Oberlandesgerichten ein weiterer bzw. höherer Zuschlag zur normalen Hauptverhandlungsgebühr des § 83 Abs. 1 BRAGO gewährt.[5]

B. Regelungsgehalt

I. Verfahrensgebühr (VV 6203)

6 Nach VV 6203 erhält der Rechtsanwalt für seine Tätigkeit in gerichtlichen Disziplinarverfahren oder berufsgerichtlichen Verfahren wegen Verletzung einer Berufspflicht im ersten Rechtszug eine Verfahrensgebühr i.H.v. **50 EUR bis 320 EUR (Mittelgebühr 185 EUR)**. Ist der Rechtsanwalt **gerichtlich bestellt oder beigeordnet**, beträgt die Verfahrensgebühr **148 EUR**. Die Höhe der Gebühr setzt der Rechtsanwalt im Einzelfall nach § 14 Abs. 1 fest. Zur Zubilligung der Höchstgebühr siehe BDH.[6]

7 Nach VV Vorb. 6 Abs. 2 entsteht die Verfahrensgebühr für das Betreiben des Geschäfts einschließlich der Information. Auf die Erläuterungen zu VV Vorb. 6 Abs. 2 wird verwiesen. Mit der Verfahrensgebühr nach VV 6203 wird die **gesamte Tätigkeit** des Rechtsanwalts im gerichtlichen Verfahren des ersten Rechtszugs außerhalb einer Hauptverhandlung **abgegolten**. Abgegolten wird durch die Verfahrensgebühr auch die Einlegung des Rechtsmittels beim Gericht desselben Rechtszugs, da diese Tätigkeit für den im gerichtlichen Verfahren beauftragten Rechtsanwalt nach § 19 Abs. 1 S. 2 Nr. 10 noch zum Rechtszug des betreffenden gerichtlichen Verfahrens gehört. Auf die Erläuterungen zu VV Vorb. 6.2 Abs. 1 und § 19 Abs. 1 S. 2 Nr. 10 wird verwiesen.

8 **Neben** der **Verfahrensgebühr** nach VV 6203 **entsteht** aber die **Grundgebühr** nach VV 6200, soweit diese noch nicht in einem außergerichtlichen Verfahren i.S.v. Anm. Abs. 2 zu VV 6202 entstanden ist. War der Rechtsanwalt bereits in einem außergerichtlichen Verfahren i.S.v. Anm. Abs. 2 zu VV 6202 oder in einem weiteren, der Überprüfung der Verwaltungsentscheidung dienenden weiteren außergerichtlichen Verfahren i.S.v. Anm. Abs. 1 zu VV 6202 tätig und hat der Rechtsanwalt sogar an außergerichtlichen Anhörungsterminen und außergerichtlichen Terminen zur Beweiserhebung teilgenommen, so entsteht die Verfahrensgebühr nach VV 6203 **neben und zusätzlich** zu den für die genannten Tätigkeiten in **VV 6201 und 6202** bestimmten Gebühren.

9 Weiterhin kann die **Terminsgebühr nach VV 6204** und für den gerichtlich bestellten oder beigeordneten Rechtsanwalt die **Zusatzgebühren nach VV 6205 und 6206** zusätzlich zur Verfahrensgebühr nach VV 6203 entstehen. Wird die mündliche Verhandlung durch die Mitwirkung des Rechtsanwalts entbehrlich, so kann auch zusätzlich zur Verfahrensgebühr nach VV 6203 die **Zusatzgebühr nach VV 6216** in Höhe der Verfahrensgebühr nach VV 6203 entstehen.

II. Terminsgebühren (VV 6204, 6205, 6206)

1. Terminsgebühr (VV 6204)

10 Nach **VV 6204** erhält der Rechtsanwalt eine Terminsgebühr i.H.v. **80 EUR bis 560 EUR (Mittelgebühr 320 EUR)** je Verhandlungstag. Ist der **Rechtsanwalt gerichtlich bestellt oder beigeordnet**, beträgt die Terminsgebühr **256 EUR**. Die Terminsgebühr entsteht nach VV Vorb. 6 Abs. 3 S. 1 für die Teilnahme an gerichtlichen Terminen, soweit nichts anderes bestimmt ist. Der Rechtsanwalt erhält die Terminsgebühr auch, wenn er zu einem anberaumten Termin erscheint, dieser aber aus

---

5 BT-Drucks 15/1971, S. 225.   6 BDH AGS 1993, 7.

Gründen, die er nicht zu vertreten hat, nicht stattfindet (VV Vorb. 6 Abs. 3 S. 2). Dies gilt nicht, wenn er rechtzeitig von der Aufhebung oder Verlegung des Termins in Kenntnis gesetzt worden ist (VV Vorb. 6 Abs. 3 S. 3). Die Höhe der Gebühr setzt der Rechtsanwalt im Einzelfall nach § 14 fest. Zur Zubilligung der Höchstgebühr siehe BDH.[7]

Der Rechtsanwalt erhält die Terminsgebühr **je Verhandlungstag**, und zwar grundsätzlich jeweils **aus dem gleichen Gebührenrahmen**. Die Terminsgebühr ist also unabhängig davon, ob es sich um den ersten Hauptverhandlungstag handelt oder um einen Fortsetzungstermin. 11

2. Zusatzgebühr für mehr als fünf und bis acht Stunden Hauptverhandlung (VV 6205)

Nach **VV 6205** erhält der **gerichtlich bestellte Rechtsanwalt** zusätzlich zur Terminsgebühr nach VV 6204 (256 EUR) eine **Zusatzgebühr**, wenn er **mehr als fünf und bis acht Stunden** an der Hauptverhandlung oder einer mündlichen Verhandlung teilnimmt. Der Zuschlag beträgt in diesem Fall 50 % der Terminsgebühr nach VV 6204, mithin **128 EUR**. Die Zusatzgebühr entsteht zusätzlich zu jeder Terminsgebühr, soweit die Voraussetzung (Zeitdauer) erfüllt ist. VV 6205 ist ausschließlich auf den gerichtlich bestellten oder beigeordneten Rechtsanwalt anwendbar. Eine Anwendung für den Wahlanwalt kommt daher nicht in Betracht. 12

3. Zusatzgebühr für mehr als acht Stunden Hauptverhandlung (VV 6206)

Nach **VV 6206** erhält der **gerichtlich bestellte Rechtsanwalt** zusätzlich zur Terminsgebühr nach VV 6204 eine **Zusatzgebühr** in Höhe einer Terminsgebühr nach VV 6204, wenn er **mehr als acht Stunden** an der Hauptverhandlung teilnimmt. Die Zusatzgebühr nach VV 6206 beträgt mithin **256 EUR**. Die Zusatzgebühr entsteht zusätzlich zu jeder Terminsgebühr, soweit die Voraussetzung (Zeitdauer) erfüllt ist. VV 6206 ist ebenfalls ausschließlich auf den gerichtlich bestellten oder beigeordneten Rechtsanwalt anwendbar. Eine Anwendung für den Wahlanwalt kommt daher nicht in Betracht. 13

C. Erstattungsfragen

Zu Fragen der Kostenfestsetzung und Kostenerstattung bei Disziplinarverfahren und berufsgerichtlichen Verfahren wegen der Verletzung einer Berufspflicht wird auf die grundlegenden Ausführungen im Rahmen der Erläuterung der VV Vorb. 6.2 (siehe VV Vorb. 6.2 Rdn 25–49) und ergänzend für Disziplinarverfahren auf die Ausführungen zu Erstattungsfragen zu Verfahren der Verwaltungsgerichtsbarkeit bei § 17 verwiesen (siehe § 17 Rdn 54 ff.). 14

Zweiter Rechtszug

Nr.	Gebührentatbestand	Gebühr Wahlverteidiger oder Verfahrensbevollmächtigter	Gebühr gerichtlich bestellter oder beigeordneter Rechtsanwalt
6207	Verfahrensgebühr	80,00 bis 560,00 €	256,00 €
6208	Terminsgebühr je Verhandlungstag	80,00 bis 560,00 €	256,00 €

---

[7] BDH AGS 1993, 7.

Nr.	Gebührentatbestand	Gebühr Wahlverteidiger oder Verfahrensbevollmächtigter	Gebühr gerichtlich bestellter oder beigeordneter Rechtsanwalt
6209	Der gerichtlich bestellte Rechtsanwalt nimmt mehr als 5 und bis 8 Stunden an der Hauptverhandlung teil: Zusätzliche Gebühr neben der Gebühr 6208		128,00 €
6210	Der gerichtlich bestellte Rechtsanwalt nimmt mehr als 8 Stunden an der Hauptverhandlung teil: Zusätzliche Gebühr neben der Gebühr 6208		256,00 €

A. Allgemeines 1
  I. Disziplinarverfahren und berufsgerichtliche Verfahren wegen Verletzung einer Berufspflicht 1
  II. Verfahrensgebühr (VV 6207) 2
  III. Terminsgebühren (VV 6208, 6209, 6210) ... 3
    1. Terminsgebühr (VV 6208) 3
    2. Zusatzgebühr für mehr als fünf und bis acht Stunden Hauptverhandlung (VV 6209) 4
    3. Zusatzgebühr für mehr als acht Stunden Hauptverhandlung (VV 6210) 5

B. Regelungsgehalt 6
  I. Verfahrensgebühr (VV 6207) 6
  II. Terminsgebühren (VV 6208, 6209, 6210) ... 10
    1. Terminsgebühr (VV 6208) 10
    2. Zusatzgebühr für mehr als fünf und bis acht Stunden Hauptverhandlung (VV 6209) 12
    3. Zusatzgebühr für mehr als acht Stunden Hauptverhandlung (VV 6210) 13
C. Erstattungsfragen 14

A. Allgemeines

I. Disziplinarverfahren und berufsgerichtliche Verfahren wegen Verletzung einer Berufspflicht

1 Zum Geltungsbereich der Vorschriften in VV Teil 6 Abschnitt 2, zur Abgrenzung von Disziplinarverfahren und berufsgerichtlichen Verfahren wegen Verletzung einer Berufspflicht zu diesen ähnlichen Verfahren und zur Anwendung der Vorschriften nach VV Teil 2 und 3 wird auf die grundlegenden Ausführungen zu VV Vorb. 6.2 verwiesen.

II. Verfahrensgebühr (VV 6207)

2 Durch die Verfahrensgebühr nach VV 6207 wird nur noch die Tätigkeit des Rechtsanwalts im gerichtlichen Verfahren **außerhalb der Hauptverhandlung oder einer mündlichen Verhandlung** abgegolten. Dies ist der Grund für den gegenüber der BRAGO niedrigeren Gebührenrahmen.[1]

III. Terminsgebühren (VV 6208, 6209, 6210)

1. Terminsgebühr (VV 6208)

3 **VV 6208** legt die Terminsgebühr für die von VV 6207 erfassten Verfahren fest. Der Rechtsanwalt erhält die **Terminsgebühr je Verhandlungstag**, und zwar grundsätzlich jeweils **aus dem gleichen Gebührenrahmen**. Die Terminsgebühr ist also unabhängig davon, ob es sich um den ersten Hauptverhandlungstag handelt oder um einen Fortsetzungstermin. Die Neuaufteilung der Gebührentatbestände führt zu einer größeren Transparenz der Gebührenberechnung und erleichtert die Bestimmung der konkreten Gebühr für die einzelnen Tätigkeiten.[2]

---

1 BT-Drucks 15/1971, S. 224.   2 BT-Drucks 15/1971, S. 224.

2. Zusatzgebühr für mehr als fünf und bis acht Stunden Hauptverhandlung (VV 6209)

Nach **VV 6209** erhält der **gerichtlich bestellte Rechtsanwalt** zusätzlich zur Terminsgebühr nach VV 6208 eine **Zusatzgebühr**, wenn er **mehr als fünf und bis acht Stunden** an der Hauptverhandlung oder einer mündlichen Verhandlung teilnimmt. Der Zuschlag beträgt in diesem Fall 50 % der Terminsgebühr nach VV 6208. VV 6209 ist auf den gerichtlich bestellten oder beigeordneten Rechtsanwalt beschränkt. Es besteht kein Anlass, sie auf den Wahlanwalt auszudehnen, weil diesem eine Rahmengebühr zusteht. Innerhalb des vorgegebenen Rahmens kann er die jeweils angemessene Terminsgebühr bestimmen, wobei die Dauer des jeweiligen gerichtlichen Termins eine nicht unerhebliche Rolle spielen wird. Zusätzlich hat der Wahlanwalt die Möglichkeit, für längere Hauptverhandlungen eine Honorarvereinbarung mit seinem Mandanten zu treffen. Der gerichtlich bestellte Rechtsanwalt erhält hingegen für die Teilnahme an der Hauptverhandlung nach VV 6208 eine feste Terminsgebühr, auf deren Höhe die Umstände des Einzelfalls keinen Einfluss haben. Deshalb soll ihm in Zukunft bei langen Hauptverhandlungen ein fester Zuschlag gewährt werden. Dadurch wird auch bei ihm der besondere Zeitaufwand für seine anwaltliche Tätigkeit angemessen honoriert. Die zeitliche Grenze von mehr als fünf bis zu acht Stunden entspricht der Rechtsprechung der Oberlandesgerichte im Rahmen der Gewährung von Pauschgebühren. Schon bei Hauptverhandlungen von dieser Dauer wird in der Regel von einem besonders umfangreichen Verfahren ausgegangen.[3]

3. Zusatzgebühr für mehr als acht Stunden Hauptverhandlung (VV 6210)

Nach **VV 6210** erhält der **gerichtlich bestellte Rechtsanwalt** zusätzlich zur Terminsgebühr nach VV 6208 eine **Zusatzgebühr** in Höhe einer Terminsgebühr nach VV 6208, wenn er **mehr als acht Stunden** an der Hauptverhandlung teilnimmt. Diese Regelung bezweckt ebenso wie die Regelung nach VV 6209 die angemessene Honorierung des Zeitaufwands des gerichtlich bestellten Rechtsanwalts bei besonders langen Hauptverhandlungsterminen oder mündlichen Verhandlungen. Die zeitliche Grenze von mehr als acht Stunden entspricht ebenfalls der Rechtsprechung der Oberlandesgerichte im Rahmen der Gewährung von Pauschgebühren nach § 99 BRAGO. Bei Hauptverhandlungen von dieser Dauer wurde in der Regel von den Oberlandesgerichten ein weiterer bzw. höherer Zuschlag zur normalen Hauptverhandlungsgebühr des § 85 Abs. 1 BRAGO gewährt.[4]

B. Regelungsgehalt

I. Verfahrensgebühr (VV 6207)

Nach VV 6207 erhält der Rechtsanwalt für seine Tätigkeit in gerichtlichen Disziplinarverfahren oder berufsgerichtlichen Verfahren wegen Verletzung einer Berufspflicht im zweiten Rechtszug eine Verfahrensgebühr i.H.v. **80 EUR bis 560 EUR (Mittelgebühr 320 EUR)**. Ist der Rechtsanwalt **gerichtlich bestellt oder beigeordnet**, beträgt die Verfahrensgebühr **256 EUR**. Die Höhe der Gebühr setzt der Rechtsanwalt im Einzelfall nach § 14 Abs. 1 fest. Zur Zubilligung der Höchstgebühr siehe BDH.[5]

Nach VV Vorb. 6 Abs. 2 entsteht die Verfahrensgebühr für das Betreiben des Geschäfts einschließlich der Information. Auf die Erläuterungen zu VV Vorb. 6 Abs. 2 wird verwiesen. Mit der Verfahrensgebühr nach VV 6207 wird die **gesamte Tätigkeit** des Rechtsanwalts im gerichtlichen Verfahren des zweiten Rechtszugs außerhalb einer Hauptverhandlung **abgegolten**. Abgegolten wird durch die Verfahrensgebühr auch die Einlegung des Rechtsmittels beim Gericht desselben Rechtszugs, da diese Tätigkeit für den im gerichtlichen Verfahren beauftragten Rechtsanwalt nach § 19 Abs. 1 S. 2 Nr. 10 noch zum Rechtszug des betreffenden gerichtlichen Verfahrens gehört. Auf die Erläuterungen zu VV Vorb. 6.2 Abs. 1 und § 19 Abs. 1 S. 2 Nr. 10 wird verwiesen.

Neben der **Verfahrensgebühr** nach VV 6207 **entsteht** aber die **Grundgebühr** nach VV 6200, soweit diese bis dahin noch nicht entstanden ist. War der Rechtsanwalt bereits in einem außergerichtlichen Verfahren i.S.v. Anm. Abs. 2 zu VV 6202 oder in einem weiteren, der Überprüfung der Verwaltungs-

---

[3] BT-Drucks 15/1971, S. 224.
[4] BT-Drucks 15/1971, S. 225.
[5] BDH AGS 1993, 7.

entscheidung dienenden außergerichtlichen Verfahren i.S.v. Anm. Abs. 1 zu VV 6202 tätig und hat der Rechtsanwalt sogar an außergerichtlichen Anhörungsterminen und außergerichtlichen Terminen zur Beweiserhebung teilgenommen und den Auftraggeber im gerichtlichen Verfahren des ersten Rechtszugs vertreten, so entsteht die Verfahrensgebühr nach VV 6207 **neben und zusätzlich** zu den für die genannten Tätigkeiten in **VV 6201 bis 6206** bestimmten Gebühren.

9   Weiterhin kann die **Terminsgebühr nach VV 6208** und für den gerichtlich bestellten oder beigeordneten Rechtsanwalt die **Zusatzgebühren nach VV 6209 und 6210** zusätzlich zur Verfahrensgebühr nach VV 6207 entstehen. Wird die mündliche Verhandlung durch die Mitwirkung des Rechtsanwalts entbehrlich, so kann auch zusätzlich zur Verfahrensgebühr nach VV 6207 die **Zusatzgebühr nach VV 6216** in Höhe der Verfahrensgebühr nach VV 6207 entstehen.

II. Terminsgebühren (VV 6208, 6209, 6210)

1. Terminsgebühr (VV 6208)

10 Nach **VV 6208** erhält der Rechtsanwalt eine Terminsgebühr i.H.v. **80 EUR bis 560 EUR (Mittelgebühr 320 EUR)** je Verhandlungstag. Ist der Rechtsanwalt **gerichtlich bestellt oder beigeordnet**, beträgt die Terminsgebühr **256 EUR**. Die Terminsgebühr entsteht nach VV Vorb. 6 Abs. 3 S. 1 für die Teilnahme an gerichtlichen Terminen, soweit nichts anderes bestimmt ist. Der Rechtsanwalt erhält die Terminsgebühr auch, wenn er zu einem anberaumten Termin erscheint, dieser aber aus Gründen, die er nicht zu vertreten hat, nicht stattfindet (VV Vorb. 6 Abs. 3 S. 2). Dies gilt nicht, wenn er rechtzeitig von der Aufhebung oder Verlegung des Termins in Kenntnis gesetzt worden ist (VV Vorb. 6 Abs. 3 S. 3). Die Höhe der Gebühr setzt der Rechtsanwalt im Einzelfall nach § 14 Abs. 1 fest. Zur Zubilligung der Höchstgebühr siehe BDH.[6]

11 Der Rechtsanwalt erhält die Terminsgebühr **je Verhandlungstag**, und zwar grundsätzlich jeweils **aus dem gleichen Gebührenrahmen**. Die Terminsgebühr ist also unabhängig davon, ob es sich um den ersten Hauptverhandlungstag handelt oder um einen Fortsetzungstermin.

2. Zusatzgebühr für mehr als fünf und bis acht Stunden Hauptverhandlung (VV 6209)

12 Nach **VV 6209** erhält der **gerichtlich bestellte Rechtsanwalt** zusätzlich zur Terminsgebühr nach VV 6208 (256 EUR) eine **Zusatzgebühr**, wenn er **mehr als fünf und bis acht Stunden** an der Hauptverhandlung oder einer mündlichen Verhandlung teilnimmt. Der Zuschlag beträgt in diesem Fall 50 % der Terminsgebühr nach VV 6208, mithin **128 EUR**. Die Zusatzgebühr entsteht zusätzlich zu jeder Terminsgebühr, soweit die Voraussetzung (Zeitdauer) erfüllt ist. VV 6209 ist ausschließlich auf den gerichtlich bestellten oder beigeordneten Rechtsanwalt anwendbar. Eine Anwendung für den Wahlanwalt kommt daher nicht in Betracht.

3. Zusatzgebühr für mehr als acht Stunden Hauptverhandlung (VV 6210)

13 Nach **VV 6210** erhält der **gerichtlich bestellte Rechtsanwalt** zusätzlich zur Terminsgebühr nach VV 6208 eine **Zusatzgebühr** in Höhe einer Terminsgebühr nach VV 6208, wenn er **mehr als acht Stunden** an der Hauptverhandlung teilnimmt. Die Zusatzgebühr nach VV 6210 beträgt mithin **256 EUR**. Die Zusatzgebühr entsteht zusätzlich zu jeder Terminsgebühr, soweit die Voraussetzung (Zeitdauer) erfüllt ist. VV 6210 ist ebenfalls ausschließlich auf den gerichtlich bestellten oder beigeordneten Rechtsanwalt anwendbar. Eine Anwendung für den Wahlanwalt kommt daher nicht in Betracht.

---

6 BDH AGS 1993, 7.

C. Erstattungsfragen

Zu Fragen der Kostenfestsetzung und Kostenerstattung bei Disziplinarverfahren und berufsgerichtlichen Verfahren wegen der Verletzung einer Berufspflicht wird auf die grundlegenden Ausführungen im Rahmen der Erläuterung der VV Vorb. 6.2 (siehe VV Vorb. 6.2 Rdn 25 ff. und 49 ff.) und ergänzend für Disziplinarverfahren auf die Ausführungen zu Erstattungsfragen zu Verfahren der Verwaltungsgerichtsbarkeit bei § 17 verwiesen (siehe § 17 Rdn 54 ff.). 14

Dritter Rechtszug

Nr.	Gebührentatbestand	Gebühr Wahlverteidiger oder Verfahrensbevollmächtigter	Gebühr gerichtlich bestellter oder beigeordneter Rechtsanwalt
6211	Verfahrensgebühr	120,00 bis 1 110,00 €	492,00 €
6212	Terminsgebühr je Verhandlungstag	120,00 bis 550,00 €	268,00 €
6213	Der gerichtlich bestellte Rechtsanwalt nimmt mehr als 5 und bis 8 Stunden an der Hauptverhandlung teil: Zusätzliche Gebühr neben der Gebühr 6212		134,00 €
6214	Der gerichtlich bestellte Rechtsanwalt nimmt mehr als 8 Stunden an der Hauptverhandlung teil: Zusätzliche Gebühr neben der Gebühr 6212		268,00 €
6215	Verfahrensgebühr für das Verfahren über die Beschwerde gegen die Nichtzulassung der Revision . . . . Die Gebühr wird auf die Verfahrensgebühr für ein nachfolgendes Revisionsverfahren angerechnet.	70,00 bis 1 110,00 €	472,00 €

A. Allgemeines 1	I. Verfahrensgebühr (VV 6211) 8
I. Disziplinarverfahren und berufsgerichtliche Verfahren wegen Verletzung einer Berufspflicht 1	1. Die Gebühr 8
II. Verfahrensgebühr (VV 6211) 2	2. Die Anrechnung nach Anm. zu VV 6215 12
III. Terminsgebühren (VV 6212, 6213, 6214) . . . 3	II. Terminsgebühren (VV 6212, 6213, 6214) . . . 14
1. Terminsgebühr (VV 6212) 3	1. Terminsgebühr (VV 6212) 14
2. Zusatzgebühr für mehr als fünf und bis acht Stunden Hauptverhandlung (VV 6213) 4	2. Zusatzgebühr für mehr als fünf und bis acht Stunden Hauptverhandlung (VV 6213) 16
3. Zusatzgebühr für mehr als acht Stunden Hauptverhandlung (VV 6214) 5	3. Zusatzgebühr für mehr als acht Stunden Hauptverhandlung (VV 6214) 17
IV. Beschwerde gegen die Nichtzulassung der Revision (VV 6215) 6	III. Beschwerde gegen die Nichtzulassung der Revision (VV 6215) 18
B. Regelungsgehalt 8	C. Erstattungsfragen 21

A. Allgemeines

I. Disziplinarverfahren und berufsgerichtliche Verfahren wegen Verletzung einer Berufspflicht

Zum Geltungsbereich der Vorschriften in VV Teil 6 Abschnitt 2, zur Abgrenzung von Disziplinarverfahren und berufsgerichtlichen Verfahren wegen Verletzung einer Berufspflicht zu diesen ähnlichen 1

Verfahren und zur Anwendung der Vorschriften nach VV Teil 2 und 3 wird auf die grundlegenden Ausführungen zu VV Vorb. 6.2 verwiesen.

II. Verfahrensgebühr (VV 6211)

2 Durch die Verfahrensgebühr nach VV 6211 wird nur noch die Tätigkeit des Rechtsanwalts im gerichtlichen Verfahren **außerhalb der Hauptverhandlung oder einer mündlichen Verhandlung** abgegolten. Dies ist der Grund für den gegenüber der BRAGO niedrigeren Gebührenrahmen.[1]

III. Terminsgebühren (VV 6212, 6213, 6214)

1. Terminsgebühr (VV 6212)

3 **VV 6212** legt die Terminsgebühr für die von VV 6211 erfassten Verfahren fest. Der Rechtsanwalt erhält die **Terminsgebühr je Verhandlungstag**, und zwar grundsätzlich jeweils **aus dem gleichen Gebührenrahmen**. Die Terminsgebühr ist also unabhängig davon, ob es sich um den ersten Hauptverhandlungstag handelt oder um einen Fortsetzungstermin. Die Neuaufteilung der Gebührentatbestände führt zu einer größeren Transparenz der Gebührenberechnung und erleichtert die Bestimmung der konkreten Gebühr für die einzelnen Tätigkeiten.[2]

2. Zusatzgebühr für mehr als fünf und bis acht Stunden Hauptverhandlung (VV 6213)

4 Nach **VV 6213** erhält der **gerichtlich bestellte Rechtsanwalt** zusätzlich zur Terminsgebühr nach VV 6212 eine **Zusatzgebühr**, wenn er **mehr als fünf und bis acht Stunden** an der Hauptverhandlung oder einer mündlichen Verhandlung teilnimmt. Der Zuschlag beträgt in diesem Fall 50 % der Terminsgebühr nach VV 6212. VV 6213 ist auf den gerichtlich bestellten oder beigeordneten Rechtsanwalt beschränkt. Es besteht kein Anlass, sie auf den Wahlanwalt auszudehnen, weil diesem eine Rahmengebühr zusteht. Innerhalb des vorgegebenen Rahmens kann er die jeweils angemessene Terminsgebühr bestimmen, wobei die Dauer des jeweiligen gerichtlichen Termins eine nicht unerhebliche Rolle spielen wird. Zusätzlich hat der Wahlanwalt die Möglichkeit, für längere Hauptverhandlungen eine Honorarvereinbarung mit seinem Mandanten zu treffen. Der gerichtlich bestellte Rechtsanwalt erhält hingegen für die Teilnahme an der Hauptverhandlung nach VV 6212 eine feste Terminsgebühr, auf deren Höhe die Umstände des Einzelfalls keinen Einfluss haben. Deshalb soll ihm in Zukunft bei langen Hauptverhandlungen ein fester Zuschlag gewährt werden. Dadurch wird auch bei ihm der besondere Zeitaufwand für seine anwaltliche Tätigkeit angemessen honoriert. Die zeitliche Grenze von mehr als fünf bis zu acht Stunden entspricht der Rechtsprechung der Oberlandesgerichte im Rahmen der Gewährung von Pauschgebühren. Schon bei Hauptverhandlungen von dieser Dauer wird in der Regel von einem besonders umfangreichen Verfahren ausgegangen.[3]

3. Zusatzgebühr für mehr als acht Stunden Hauptverhandlung (VV 6214)

5 Nach **VV 6214** erhält der **gerichtlich bestellte Rechtsanwalt** zusätzlich zur Terminsgebühr nach VV 6212 eine **Zusatzgebühr** in Höhe einer Terminsgebühr nach VV 6212, wenn er **mehr als acht Stunden** an der Hauptverhandlung teilnimmt. Diese Regelung bezweckt ebenso wie die Regelung nach VV 6213 die angemessene Honorierung des Zeitaufwands des gerichtlich bestellten Rechtsanwalts bei besonders langen Hauptverhandlungsterminen oder mündlichen Verhandlungen. Die zeitliche Grenze von mehr als acht Stunden entspricht ebenfalls der Rechtsprechung der Oberlandesgerichte im Rahmen der Gewährung von Pauschgebühren nach § 99 BRAGO. Bei Hauptverhandlungen von dieser Dauer wurde in der Regel von den Oberlandesgerichten ein weiterer bzw. höherer Zuschlag zur normalen Hauptverhandlungsgebühr des § 86 Abs. 1 BRAGO gewährt.[4]

---

[1] BT-Drucks 15/1971, S. 224.
[2] BT-Drucks 15/1971, S. 224.
[3] BT-Drucks 15/1971, S. 224.
[4] BT-Drucks 15/1971, S. 225.

IV. Beschwerde gegen die Nichtzulassung der Revision (VV 6215)

Für das Verfahren über die Beschwerde gegen die Nichtzulassung der Revision ist eine besondere Verfahrensgebühr aufgenommen worden, die niedriger als die Verfahrensgebühr für das Revisionsverfahren ist. Nach § 17 Nr. 9 bilden das Revisionsverfahren und das Verfahren über die Beschwerde gegen ihre Nichtzulassung verschiedene Angelegenheiten.

Die bislang fehlende Vorschrift zur **Anrechnung der Verfahrensgebühr** nach VV 6215 ist jetzt mit dem 2. KostRMoG in Anm. zu VV 6215 eingeführt worden. Angerechnet wird auf die Verfahrensgebühr eines nachfolgenden Verfahrens dritter Instanz (siehe dazu Rdn 12).

B. Regelungsgehalt

I. Verfahrensgebühr (VV 6211)

1. Die Gebühr

Nach VV 6211 erhält der Rechtsanwalt für seine Tätigkeit in gerichtlichen Disziplinarverfahren oder berufsgerichtlichen Verfahren wegen Verletzung einer Berufspflicht im dritten Rechtszug eine Verfahrensgebühr i.H.v. **120 EUR bis 1.110 EUR (Mittelgebühr 655 EUR)**. Ist der Rechtsanwalt **gerichtlich bestellt oder beigeordnet**, beträgt die Verfahrensgebühr **492 EUR**. Die Höhe der Gebühr setzt der Rechtsanwalt im Einzelfall nach § 14 fest. Zur Zubilligung der Höchstgebühr siehe BDH.[5]

Nach VV Vorb. 6 Abs. 2 entsteht die Verfahrensgebühr für das Betreiben des Geschäfts einschließlich der Information. Auf die Erläuterungen zu VV Vorb. 6 Abs. 2 wird verwiesen (siehe VV Vorb. 6 Rdn 2). Mit der Verfahrensgebühr nach VV 6211 wird die **gesamte Tätigkeit** des Rechtsanwalts im gerichtlichen Verfahren des dritten Rechtszugs außerhalb einer Hauptverhandlung **abgegolten**. Auf die Erläuterung von VV Vorb. 6.2 Abs. 1 wird verwiesen (siehe VV Vorb. 6.2 Rdn 16 ff.).

Neben der **Verfahrensgebühr** nach VV 6211 **entsteht** aber die **Grundgebühr** nach VV 6200, soweit diese bis dahin noch nicht entstanden ist. War der Rechtsanwalt bereits in einem außergerichtlichen Verfahren i.S.v. Anm. Abs. 2 zu VV 6202 oder in einem weiteren, der Überprüfung der Verwaltungsentscheidung dienenden außergerichtlichen Verfahren i.S.v. Anm. Abs. 1 zu VV 6202 tätig und hat der Rechtsanwalt sogar an außergerichtlichen Anhörungsterminen und außergerichtlichen Terminen zur Beweiserhebung teilgenommen und den Auftraggeber im gerichtlichen Verfahren des ersten und des zweiten Rechtszugs vertreten, so entsteht die Verfahrensgebühr nach VV 6211 **neben und zusätzlich** zu den für die genannten Tätigkeiten in **VV 6201 bis 6210** bestimmten Gebühren.

Weiterhin kann die **Terminsgebühr nach VV 6212** und für den gerichtlich bestellten oder beigeordneten Rechtsanwalt die **Zusatzgebühren nach VV 6213 und 6214** zusätzlich zur Verfahrensgebühr nach VV 6211 entstehen. Wird die mündliche Verhandlung durch die Mitwirkung des Rechtsanwalts entbehrlich, so kann auch zusätzlich zur Verfahrensgebühr nach VV 6211 die **Zusatzgebühr nach VV 6216** in Höhe der Verfahrensgebühr nach VV 6211 entstehen.

2. Die Anrechnung nach Anm. zu VV 6215

Ist dem Verfahren des dritten Rechtszugs ein erfolgreiches Verfahren über eine Nichtzulassungsbeschwerde vorausgegangen, so ist die dort verdiente Verfahrensgebühr der VV 6215 auf die der VV 6211 anzurechnen (Anm. zu VV 6215). Diese bisher übersehene Anrechnungsregelung ist mit dem 2. KostRMoG zum 1.8.2013 eingefügt worden.

> Beispiel: Der Anwaltsgerichtshof hat die Revision gegen seine Entscheidung nicht zugelassen. Dagegen legt der Anwalt nach § 145 Abs. 3 S. 1 BRAO beim BGH Nichtzulassungsbeschwerde ein, die erfolgreich ist. Anschließend vertritt er den Mandanten im Verfahren der Revision vor dem BGH und nimmt an der Hauptverhandlung teil.
> Im Verfahren der Nichtzulassungsbeschwerde, das nach § 17 Nr. 9 eine gesonderte Angelegenheit ist, erhält der Anwalt die Verfahrensgebühr nach VV 6215. Im anschließenden Revisionsverfahren erhält er eine

---

5 BDH AGS 1993, 7.

Verfahrensgebühr nach VV 6211 und eine Terminsgebühr nach VV 6212. Die Verfahrensgebühr des Nichtzulassungsbeschwerdeverfahrens ist nach Anm. zu VV 6215 anzurechnen.

Ausgehend von der Mittelgebühr ist wie folgt zu rechnen:

I. Nichtzulassungsbeschwerdeverfahren

1. Verfahrensgebühr, VV 6215	590,00 EUR
2. Postentgeltpauschale, VV 7002	20,00 EUR
Zwischensumme	610,00 EUR
3. 19 % Umsatzsteuer, VV 7008	115,90 EUR
Gesamt	**725,90 EUR**

II. Revisionsverfahren vor dem BGH

1. Verfahrensgebühr, VV 6211	615,00 EUR
2. gem. Anm. zu VV 6215 anzurechnen	– 295,00 EUR
3. Terminsgebühr, VV 6212	335,00 EUR
4. Postentgeltpauschale, VV 7002	20,00 EUR
Zwischensumme	675,00 EUR
5. 19 % Umsatzsteuer, VV 7008	128,25 EUR
Gesamt	**803,25 EUR**

II. Terminsgebühren (VV 6212, 6213, 6214)

1. Terminsgebühr (VV 6212)

14 Nach **VV 6212** erhält der Rechtsanwalt eine Terminsgebühr i.H.v. **120 EUR bis 550 EUR (Mittelgebühr 335 EUR)** je Verhandlungstag. Ist der Rechtsanwalt **gerichtlich bestellt oder beigeordnet**, beträgt die Terminsgebühr **268 EUR**. Die Terminsgebühr entsteht nach VV Vorb. 6 Abs. 3 S. 1 für die Teilnahme an gerichtlichen Terminen, soweit nichts anderes bestimmt ist. Der Rechtsanwalt erhält die Terminsgebühr auch, wenn er zu einem anberaumten Termin erscheint, dieser aber aus Gründen, die er nicht zu vertreten hat, nicht stattfindet (VV Vorb. 6 Abs. 3 S. 2). Dies gilt nicht, wenn er rechtzeitig von der Aufhebung oder Verlegung des Termins in Kenntnis gesetzt worden ist (VV Vorb. 6 Abs. 3 S. 3). Die Höhe der Gebühr setzt der Rechtsanwalt im Einzelfall nach § 14 Abs. 1 fest. Zur Zubilligung der Höchstgebühr siehe BDH.[6]

15 Der Rechtsanwalt erhält die Terminsgebühr **je Verhandlungstag**, und zwar grundsätzlich jeweils **aus dem gleichen Gebührenrahmen**. Die Terminsgebühr ist also unabhängig davon, ob es sich um den ersten Hauptverhandlungstag handelt oder um einen Fortsetzungstermin.

2. Zusatzgebühr für mehr als fünf und bis acht Stunden Hauptverhandlung (VV 6213)

16 Nach **VV 6213** erhält der **gerichtlich bestellte Rechtsanwalt** zusätzlich zur Terminsgebühr nach VV 6212 (268 EUR) eine **Zusatzgebühr**, wenn er **mehr als fünf und bis acht Stunden** an der Hauptverhandlung oder einer mündlichen Verhandlung teilnimmt. Der Zuschlag beträgt in diesem Fall 50 % der Terminsgebühr nach VV 6212, mithin **134 EUR**. Die Zusatzgebühr entsteht zusätzlich zu jeder Terminsgebühr, soweit die Voraussetzung (Zeitdauer) erfüllt ist. VV 6213 ist ausschließlich auf den gerichtlich bestellten oder beigeordneten Rechtsanwalt anwendbar. Eine Anwendung für den Wahlanwalt kommt daher nicht in Betracht.

3. Zusatzgebühr für mehr als acht Stunden Hauptverhandlung (VV 6214)

17 Nach **VV 6214** erhält der **gerichtlich bestellte Rechtsanwalt** zusätzlich zur Terminsgebühr nach VV 6212 eine **Zusatzgebühr** in Höhe einer Terminsgebühr nach VV 6212, wenn er **mehr als acht Stunden** an der Hauptverhandlung teilnimmt. Die Zusatzgebühr nach VV 6214 beträgt mithin **268 EUR**. Die Zusatzgebühr entsteht zusätzlich zu jeder Terminsgebühr, soweit die Voraussetzung (Zeitdauer) erfüllt ist. VV 6214 ist ebenfalls ausschließlich auf den gerichtlich bestellten oder beige-

---

[6] BDH AGS 1993, 7.

ordneten Rechtsanwalt anwendbar. Eine Anwendung für den Wahlanwalt kommt daher nicht in Betracht.

III. Beschwerde gegen die Nichtzulassung der Revision (VV 6215)

Nach § 17 Nr. 9 bilden das Revisionsverfahren und das Verfahren über die Beschwerde gegen ihre Nichtzulassung verschiedene Angelegenheiten. Nach VV 6215 erhält der Rechtsanwalt für seine Tätigkeit im Verfahren über die Beschwerde gegen die Nichtzulassung der Revision in gerichtlichen Disziplinarverfahren oder berufsgerichtlichen Verfahren wegen Verletzung einer Berufspflicht eine **Verfahrensgebühr** i.H.v. **70 EUR bis 1.110 EUR (Mittelgebühr 590 EUR)**. Ist der Rechtsanwalt **gerichtlich bestellt oder beigeordnet**, beträgt die **Verfahrensgebühr 472 EUR**. Die Höhe der Gebühr setzt der Rechtsanwalt im Einzelfall nach § 14 Abs. 1 fest. Zur Zubilligung der Höchstgebühr siehe BDH.[7] 18

Nach VV Vorb. 6 Abs. 2 entsteht die Verfahrensgebühr für das Betreiben des Geschäfts einschließlich der Information. Auf die Erläuterungen zu VV Vorb. 6 Abs. 2 wird verwiesen (siehe VV Vorb. 6 Rdn 2). Mit der Verfahrensgebühr nach VV 6215 wird die **gesamte Tätigkeit** des Rechtsanwalts im Verfahren über die Beschwerde gegen die Nichtzulassung der Revision **abgegolten**. Auf die Erläuterung von VV Vorb. 6.2 Abs. 1 wird verwiesen (siehe VV Vorb. 6.2 Rdn 16 ff.). 19

Die bislang fehlende Vorschrift zur **Anrechnung der Verfahrensgebühr** nach VV 6215 ist jetzt mit dem 2. KostRMoG in Anm. zu VV 6215 eingeführt worden. Angerechnet wird auf die Verfahrensgebühr eines nachfolgenden Verfahrens dritter Instanz (siehe dazu Rdn 12). 20

C. Erstattungsfragen

Zu Fragen der Kostenfestsetzung und Kostenerstattung bei Disziplinarverfahren und berufsgerichtlichen Verfahren wegen der Verletzung einer Berufspflicht wird auf die grundlegenden Ausführungen im Rahmen der Erläuterung der VV Vorb. 6.2 (siehe VV Vorb. 6.2 Rdn 25 ff., 49 ff.) und ergänzend für Disziplinarverfahren auf die Ausführungen zu Erstattungsfragen zu Verfahren der Verwaltungsgerichtsbarkeit bei § 17 (siehe § 17 Rdn 54 ff.) verwiesen. 21

Unterabschnitt 4. Zusatzgebühr

Nr.	Gebührentatbestand	Gebühr	
		Wahlverteidiger oder Verfahrensbevollmächtigter	gerichtlich bestellter oder beigeordneter Rechtsanwalt
6216	Durch die anwaltliche Mitwirkung wird die mündliche Verhandlung entbehrlich: Zusätzliche Gebühr .... (1) Die Gebühr entsteht, wenn eine gerichtliche Entscheidung mit Zustimmung der Beteiligten ohne mündliche Verhandlung ergeht oder einer beabsichtigten Entscheidung ohne Hauptverhandlungstermin nicht widersprochen wird. (2) Die Gebühr entsteht nicht, wenn eine auf die Förderung des Verfahrens gerichtete Tätigkeit nicht ersichtlich ist. (3) Die Höhe der Gebühr richtet sich nach dem Rechtszug, in dem die Hauptverhandlung vermieden wurde. Für den Wahlanwalt bemisst sich die Gebühr nach der Rahmenmitte.	in Höhe der jeweiligen Verfahrensgebühr	

---

7 BDH AGS 1993, 7.

VV 6216   **Teil 6. Sonstige Verfahren**

A. Allgemeines 1	2. Entbehrlichkeit der mündlichen Verhandlung wegen anwaltlicher Mitwirkung (Anm. Abs. 2) 7
B. Regelungsgehalt 5	
I. Voraussetzungen der Zusatzgebühr 5	
1. Entscheidung ohne mündliche Verhandlung (Anm. Abs. 1) 5	II. Höhe der Zusatzgebühr (Anm. Abs. 3) 8
	C. Erstattungsfragen 10

A. Allgemeines

1 Zum Geltungsbereich der Vorschriften in VV Teil 6 Abschnitt 2, zur Abgrenzung von Disziplinarverfahren und berufsgerichtlichen Verfahren wegen Verletzung einer Berufspflicht zu diesen ähnlichen Verfahren und zur Anwendung der Vorschriften nach VV Teil 2 und 3 wird auf die grundlegenden Ausführungen zu VV Vorb. 6.2 verwiesen.

2 Vergleichbar den Regelungen in anderen Verfahren soll das **besondere Bemühen des Rechtsanwalts** honoriert werden, das eine **mündliche Verhandlung im gerichtlichen Verfahren entbehrlich** macht. In Betracht kommen insbesondere die Fälle des § 59 BDG und des § 102 WDO. VV 6216 übernimmt insoweit den Grundgedanken der Regelung in § 84 Abs. 2 BRAGO. Diese war geschaffen worden, um intensive und zeitaufwendige Tätigkeiten des Rechtsanwalts, die zu einer Vermeidung der Hauptverhandlung und damit beim Rechtsanwalt zum Verlust der Hauptverhandlungsgebühr führten, gebührenrechtlich zu honorieren.[1] Deshalb erhielt der Rechtsanwalt, wenn durch seine Mitwirkung eine Hauptverhandlung entbehrlich wurde, nicht nur die halbe Gebühr des § 84 Abs. 1 BRAGO, sondern die volle Gebühr des § 83 Abs. 1 BRAGO. Dies greift VV 6216 auf, indem dem Rechtsanwalt nun eine zusätzliche Gebühr in Höhe der jeweiligen Verfahrensgebühr zugebilligt wird. Diese Zusatzgebühr wird – wie schon in der Vergangenheit – den Anreiz, Verfahren ohne mündliche Verhandlung zu erledigen, erhöhen und somit zu weniger mündlichen Verhandlungen führen.[2]

3 Die Regelung der Zusatzgebühr in einem gesonderten Unterabschnitt spricht dafür, sie in allen Verfahrensabschnitten der Unterabschnitte 2 und 3 Teil 6 VV anzuwenden.[3] Danach kann die Zusatzgebühr auch in der außergerichtlichen Vertretung anfallen. Hierfür sprechen insbesondere die Belohnungsfunktion der Norm und die Tatsache, dass auch durch eine außergerichtliche Erledigung eine Hauptverhandlung ebenfalls entbehrlich wird.

4 Soweit Landesdisziplinargesetze die Möglichkeit der **Beendigung des Disziplinarverfahrens durch Vergleich** vorsehen (vgl. § 20 AGVwGO Baden-Württemberg), so ist zunächst festzustellen, dass es insoweit an einer korrespondierenden Regelung im RVG und im Vergütungsverzeichnis fehlt. Die VV 1000, 1003, 1004 greifen nicht, da sie eine Abrechnung nach Wert voraussetzen. VV 1005, 1006 wiederum greifen nicht, da diese nur für sozialrechtliche Angelegenheiten gelten. Eine spezielle Regelung wie für Strafsachen in VV 4147 fehlt. Die damit vorliegende Regelungslücke dürfte durch entsprechende Anwendung der VV 6216 zu schließen sein, da dadurch die vergleichsfördernde Tätigkeit des Rechtsanwalts, die zur unstreitigen Erledigung führt, entsprechend dem Verfahrensstadium sachnah honoriert werden kann. Ein Nebeneinander von Einigungs- und Befriedigungsgebühr widerspricht ohnehin dem Willen des Gesetzgebers (siehe Anm. Abs. 2 S. 2 zu VV 4141).

B. Regelungsgehalt

I. Voraussetzungen der Zusatzgebühr

1. Entscheidung ohne mündliche Verhandlung (Anm. Abs. 1)

5 Nach **Anm. Abs. 1** entsteht die Zusatzgebühr, wenn eine gerichtliche **Entscheidung mit Zustimmung der Beteiligten ohne mündliche Verhandlung** ergeht oder einer beabsichtigten Entscheidung ohne Hauptverhandlungstermin nicht widersprochen wird. Die Möglichkeit des Verzichts auf die mündliche Verhandlung und der Entscheidung durch Beschluss sieht **§ 59 BDG** vor. Nach **§ 102 WDO** besteht die Möglichkeit der Entscheidung durch **Disziplinargerichtsbescheid**, wenn der

---

1 BT-Drucks 12/6962, S. 106.   3 *Schneider*, AGS 2007, 225.
2 BT-Drucks 15/1971, S. 227.

Betroffene dieser Vorgehensweise nicht widerspricht. Nur wenn solche Möglichkeiten durch die jeweiligen Verfahrensordnungen eröffnet sind, kann die Zusatzgebühr nach Anm. Abs. 1 entstehen. Soweit eine mündliche Verhandlung oder Hauptverhandlung nach den jeweiligen Verfahrensordnungen oder wegen der ergänzenden Anwendung der StPO obligatorisch ist, kommt die Zusatzgebühr nach Anm. Abs. 1 daher nicht in Betracht.

Nach **Anm. Abs. 2** erhält der Rechtsanwalt die Zusatzgebühr nicht, wenn ein Beitrag zur **Förderung des Verfahrens** nicht ersichtlich ist. Bei der Zusatzgebühr nach Anm. Abs. 1 wird Anm. Abs. 2 aber keine Bedeutung haben. Vielmehr ist in der durch den Rechtsanwalt mitgeteilten Zustimmung zur Entscheidung ohne mündliche Verhandlung oder im unterlassenen Widerspruch bzgl. der Entscheidung durch Disziplinargerichtsbescheid bereits die notwendige Förderung des Verfahrens zu sehen.

2. Entbehrlichkeit der mündlichen Verhandlung wegen anwaltlicher Mitwirkung (Anm. Abs. 2)

Der Rechtsanwalt erhält die **Zusatzgebühr** nach VV 6216 nicht nur in den in Anm. Abs. 1 genannten Fällen, sondern auch dann, wenn die **mündliche Verhandlung oder Hauptverhandlung aus anderen Gründen entbehrlich** wird. Die Zusatzgebühr nach VV 6216 entsteht daher auch dann, wenn das Verfahren nicht nur vorläufig eingestellt wird oder das Gericht beschließt, das Hauptverfahren nicht zu eröffnen. In diesen Fällen ist aber nach Anm. Abs. 2 erforderlich, dass der Rechtsanwalt einen Beitrag zur Förderung des Verfahrens, besser zur Vermeidung der Hauptverhandlung, geleistet hat.[4] Zu der Frage, wann dies der Fall ist, wird auf die Erläuterungen der Anm. zu VV 4141 verwiesen (siehe VV 4141 Rdn 11, 17 ff.).

II. Höhe der Zusatzgebühr (Anm. Abs. 3)

Nach VV 6216 erhält der Rechtsanwalt, wenn durch seine anwaltliche Mitwirkung die mündliche Verhandlung entbehrlich wird, in Disziplinarverfahren oder berufsgerichtlichen Verfahren wegen Verletzung einer Berufspflicht eine **Zusatzgebühr in Höhe der jeweiligen Verfahrensgebühr**. Die **Höhe** der Zusatzgebühr richtet sich nach **Anm. Abs. 3 S. 1** nach dem Rechtszug, in dem die Hauptverhandlung vermieden wurde. Für den Wahlanwalt bemisst sich die Zusatzgebühr nach **Anm. Abs. 3 S. 2** nach der Rahmenmitte.

Die Zusatzgebühr nach VV 6216 beträgt demnach für den **Wahlanwalt:**
– außergerichtlich: **165 EUR**,
– im ersten Rechtszug: **185 EUR**,
– im zweiten Rechtszug: **320 EUR**,
– im Verfahren der Nichtzulassungsbeschwerde: **590 EUR**,
– im dritten Rechtszug: **615 EUR**,
und für den **gerichtlich bestellten oder beigeordneten Rechtsanwalt:**
– außergerichtlich: **132 EUR**,
– im ersten Rechtszug: **148 EUR**,
– im zweiten Rechtszug: **256 EUR**,
– im Verfahren der Nichtzulassungsbeschwerde: **472 EUR**,
– im dritten Rechtszug: **472 EUR**.

Die Zusatzgebühr entsteht neben und **zusätzlich** zu der Verfahrensgebühr des jeweiligen Rechtszugs.

C. Erstattungsfragen

Zu Fragen der Kostenfestsetzung und Kostenerstattung bei Disziplinarverfahren und berufsgerichtlichen Verfahren wegen der Verletzung einer Berufspflicht wird auf die grundlegenden Ausführungen im Rahmen der Erläuterung der VV Vorb. 6.2 (siehe VV Vorb. 6.2 Rdn 23 ff., 41 ff.) und ergänzend für Disziplinarverfahren auf die Ausführungen zu Erstattungsfragen zu Verfahren der Verwaltungsgerichtsbarkeit bei § 17 (siehe § 17 Rdn 54 ff.) verwiesen.

---

4 VG Berlin RVGreport 2011, 144.

Abschnitt 3. Gerichtliche Verfahren bei Freiheitsentziehung und in Unterbringungssachen

Nr.	Gebührentatbestand	Gebühr Wahlverteidiger oder Verfahrensbevollmächtigter	gerichtlich bestellter oder beigeordneter Rechtsanwalt
6300	Verfahrensgebühr in Freiheitsentziehungssachen nach § 415 FamFG, in Unterbringungssachen nach § 312 FamFG und bei Unterbringungsmaßnahmen nach § 151 Nr. 6 und 7 FamFG .... Die Gebühr entsteht für jeden Rechtszug.	40,00 bis 470,00 €	204,00 €
6301	Terminsgebühr in den Fällen der Nummer 6300 .. Die Gebühr entsteht für die Teilnahme an gerichtlichen Terminen.	40,00 bis 470,00 €	204,00 €
6302	Verfahrensgebühr in sonstigen Fällen .... Die Gebühr entsteht für jeden Rechtszug des Verfahrens über die Verlängerung oder Aufhebung einer Freiheitsentziehung nach den §§ 425 und 426 FamFG oder einer Unterbringungsmaßnahme nach den §§ 329 und 330 FamFG.	20,00 bis 300,00 €	128,00 €
6303	Terminsgebühr in den Fällen der Nummer 6302 .. Die Gebühr entsteht für die Teilnahme an gerichtlichen Terminen.	20,00 bis 300,00 €	128,00 €

Literatur: *Hagen Schneider*, Kosten in Verfahren nach dem Therapieunterbringungsgesetz, AGS 2011, 209; *ders.*, Kosten in Unterbringungs- und Freiheitsentziehungsverfahren, AGS 2012, 1; *Fölsch*, Gerichtskostenfreiheit von Freiheitsentziehungssachen nach den LVwG, SchlHA 2011, 97; *Kotz*, Anwaltsvergütung in Verfahren der Unterbringung psychisch gestörter Gewalttäter (ThUG), JurBüro 2011, 348; *Schneider/Thiel*, Über die Wertlosigkeit höchstrichterlicher Wertfestsetzungen, NJW 2013, 15; *Volpert*, Die Anwaltsvergütung bei Tätigkeiten im Rahmen des Therapieunterbringungsgesetz (ThUG), RVGreport 2011, 402.

A. Allgemeines 1	a) Übersicht 20
B. Regelungsgehalt 9	b) Verfahrensgebühr (VV 6300) 22
I. Sachlicher Anwendungsbereich 9	c) Terminsgebühr (VV 6301) 29
1. Überblick 9	d) Beschwerdeverfahren 37
2. Verfahren bei Freiheitsentziehungssachen 10	e) Höhe der Gebühren 44
3. Unterbringungssachen 12	IV. Sonstige Verfahren (VV 6302, 6303) 48
4. Kindschaftssachen 15	1. Verfahren 48
II. Persönlicher Anwendungsbereich 18	2. Gebühren 50
III. Vergütung im Verfahren auf Anordnung einer Freiheitsentziehung oder Unterbringungsmaßnahme (VV 6300, 6301) 19	3. Höhe der Gebühren 57
1. Verfahren 19	V. Einzeltätigkeiten, VV 6500 59
2. Gebühren 20	VI. Gerichtlich beigeordneter Anwalt 64
	C. Gegenstandswert 75
	D. Kostenerstattung 77

A. Allgemeines

1 Die Vorschriften der VV 6300 ff. regeln die Vergütung des Anwalts, der in gerichtlichen **Verfahren bei Freiheitsentziehungen nach den § 415 ff. FamFG** tätig wird. Ebenso sind die VV 6300 ff. anwendbar in **Unterbringungsverfahren nach § 312 FamFG** und schließlich in Kindschaftssachen, die ihre Grundlage in § 151 Nr. 6 oder 7 FamFG haben.

2 Die Vorschriften der VV 6300 ff. gewähren **Betragsrahmengebühren**, aus denen der Anwalt im Einzelfall gemäß § 14 Abs. 1 die jeweils angemessene Gebühr nach billigem Ermessen bestimmt. Der **beigeordnete Anwalt** erhält – ebenso wie in Straf- und Bußgeldsachen – **Festgebühren**.

Die Gebühren werden **für jeden Rechtszug gesondert** gewährt (Anm. zu VV 6300; Anm. zu VV 6300). 3

Wird ein Antrag auf Erlass einer **einstweiligen Anordnung** gerichtlich anhängig gemacht, so stellt dieses Verfahren gegenüber der Hauptsache eine **eigene gebührenrechtliche Angelegenheit** dar (§ 17 Nr. 4 Buchst. b). Dies gilt z.B. für Tätigkeiten im Verfahren über einstweilige Freiheitsentziehungen gemäß § 427 FamFG sowie der entsprechenden Landesgesetze[1] und einstweilige Anordnungsverfahren nach § 331 FamFG bzw. §§ 151 Nr. 6 und 7, 167 Abs. 1 i.V.m. § 331 FamFG. 4

Abänderungs- oder Aufhebungsverfahren betreffend eine einstweilige Anordnung (§ 17 Nr. 4 Buchst. d) sind gegenüber der Hauptsache ebenfalls eigene Angelegenheiten, z.B. Anträge auf Aufhebung einer vorläufigen Freiheitsentziehung; gegenüber dem Anordnungsverfahren stellen sie jedoch keine eigene, vielmehr dieselbe, gebührenrechtliche Angelegenheit dar (§ 16 Nr. 5). 5

Finden anlässlich desselben Hauptsacheverfahrens **mehrere Anordnungsverfahren** statt, so zählen diese als gesonderte Angelegenheiten, da § 18 Nr. 2 a.F. aufgehoben worden ist. 6

Die Möglichkeit der Bewilligung einer **Pauschgebühr** bestand nach bisherigem Recht in Verfahren nach VV 6300 ff. nicht (§§ 42, 51 a.F.).[2] Nunmehr kann auch in Freiheitsentziehungs- und Unterbringungssachen sowie Unterbringungsmaßnahmen nach § 151 Nr. 6 und 7 FamFG auf Antrag des Rechtsanwalts eine Pauschgebühr festgesetzt werden (§§ 42 Abs. 1, 51 Abs. 1). 7

In VV 6300, 6301 ist die Vergütung im Verfahren über die **Anordnung einer (erstmaligen) Freiheitsentziehung** nach den §§ 425, 426 FamFG oder einer Unterbringungsmaßnahme nach den §§ 329, 330 FamFG geregelt. Die Vergütung im Verfahren über die **Verlängerung oder Aufhebung der Freiheitsentziehung** oder der Unterbringungsmaßnahme regeln die VV 6302, 6303. VV 6302 erfasst in seinem Wortlaut die Kindschaftssachen des § 151 Nr. 6, 7 FamFG nicht. Es ist dem Gesetzgeber aber zu unterstellen, dass auch Verlängerungs- oder Aufhebungsverfahren i.S.d. § 151 Nr. 6, 7 FamFG gesondert nach VV 6302 vergütet werden sollen, ihre ausdrückliche Erwähnung durch den Gesetzgeber einfach vergessen worden ist, wie sich auch aus der unvollständigen Überschrift zu Teil 6 ergibt. Ist der Anwalt mit bestimmten **Einzeltätigkeiten** beauftragt, so bemisst sich seine Gebühr nach VV 6500. 8

B. Regelungsgehalt

I. Sachlicher Anwendungsbereich

1. Überblick

Die Überschrift des 3. Abschnitts ist nicht präzise formuliert. Richtig an der Überschrift ist, dass sich die Gebühren in Unterbringungssachen nach VV 6300 ff. richten. Unzutreffend ist, dass der Wortlaut zu der Annahme verleitet, die VV 6300 ff. gelten umfassend für freiheitsentziehende Maßnahmen und nicht lediglich für die in § 15 FamFG legal definierten Freiheitsentziehungssachen. Irreführend an der Überschrift ist darüber hinaus, dass die Kindschaftssachen nach § 151 Nr. 6 und 7 FamFG gar nicht erwähnt sind. Der Umstand, dass § 167 FamFG auf die §§ 312 ff. verweist, macht die Kindschaftssachen des § 151 Nr. 6, 7 FamFG nicht zu Unterbringungssachen i.S.d. § 312 FamFG. Abschnitt 3 würde deshalb besser wie folgt eingeleitet werden: „Gerichtliche Verfahren in Freiheitsentziehungs-, Unterbringungs- und Kindschaftssachen nach § 151 Nr. 6 und 7 FamFG". Dies würde der auch vom Gesetzgeber mit Inkrafttreten des FamFG bewusst gewählten Intention Rechnung tragen, Verfahrensgegenstände abschließend zu definieren, um Abgrenzungen treffsicher zu erreichen. 9

---

1 Anders noch nach der früheren Rechtslage, als Anordnungsverfahren in FG-Sachen Teil der Hauptsache waren: OLG Hamm Rpfleger 1961, 412; LG Oldenburg NdsRpfl 1982, 85; 1987, 156; LG Göttingen NdsRpfl 1986, 12; LG Berlin JurBüro 1986, 395 = Rpfleger 1986, 197; LG Lübeck SchlHA 1988, 56.

2 OLG Celle AGS 2008, 548 = OLGR 2008, 759 = NdsRpfl 2008, 347 = NJW-RR 2008, 1599 = RVGprof. 2008, 213 = RVGreport 2009, 137.

2. Verfahren bei Freiheitsentziehungssachen

10 Die Vorschriften der VV 6300 ff. gelten zunächst einmal für Verfahren nach **§ 415 FamFG**. Ungeachtet des weit reichenden, nicht ausreichend differenzierenden Wortlauts der Überschrift fallen insbesondere Tätigkeiten in Strafsachen nicht unter VV 6300; diese sind nach VV Teil 4 zu vergüten. Abzuleiten ist dies aus § 415 Abs. 1 FamFG, der Freiheitsentziehungssachen als Verfahren definiert, die die aufgrund von Bundesrecht angeordnete Freiheitsentziehung betreffen, soweit das Verfahren bundesrechtlich nicht abweichend geregelt ist. Kurzfristige, von vornherein als vorübergehend angesehene polizeiliche Maßnahmen des unmittelbaren Zwangs, die zu einer Freiheitsbeschränkung führen, sollen von § 415 FamFG nach dem Willen des Gesetzgebers nicht erfasst sein.[3] Allerdings können längerfristige, über mehrere Stunden, andauernde Ingewahrsamnahmen außerhalb einer Einrichtung, die von ihrer Intensität einem Einschließen in einem abgeschlossenen Raum gleichkommen, unter Umständen eine Freiheitsentziehung darstellen. Dies soll die Formulierung „insbesondere" klarstellen.[4]

Freiheitsentziehungssachen i.S.d. § 415 FamFG sind insbesondere **folgende Verfahren:**[5]
– Abschiebehaft gem. § 62 AufenthG,
– Inhaftnahme nach § 59 Abs. 2 i.V.m. § 39 Abs. 2 AsylG,
– Freiheitsentziehung nach § 30 IfSG,
– Verfahren nach § 23 Abs. 3 S. 4, § 25 Abs. 3, § 39 Abs. 1 und 2 und § 43 Abs. 5 BPolG,
– Ingewahrsamnahmen nach § 21 Abs. 7 BKAG und
– Verfahren des Zollkriminalamts nach § 23 Abs. 1 S. 2 Nr. 8 ZFdG.

11 Auch in **Freiheitsentziehungsverfahren nach den jeweiligen Landesgesetzen** ist § 415 FamFG im Falle einer ausdrücklichen landesrechtlichen Verweisung anzuwenden.[6] Ein entsprechender Verweis ist in den Polizeigesetzen der Länder auch regelmäßig enthalten.[7] Insofern bundesrechtlich abweichende und speziellere Vorschriften gegeben sind, die eine Freiheitsentziehung regeln, handelt es sich begrifflich nicht mehr um eine Freiheitsentziehungssache nach § 415 FamFG. Abweichende bundesrechtliche Regelungen sind beispielsweise folgende:
– § 312 FamFG (Unterbringungssachen),
– § 151 Nr. 6 FamFG (Genehmigung der freiheitsentziehenden Unterbringung eines Minderjährigen),
– § 151 Nr. 7 FamFG (Anordnung der freiheitsentziehenden Unterbringung eines Minderjährigen nach den Landesgesetzen über die Unterbringung psychisch Kranker),
– § 51 StPO (zwangsweise Vorführung),
– § 81 StPO (Unterbringung in einem psychiatrischen Krankenhaus zur Erstellung eines Gutachtens),
– §§ 112, 112a StPO (Untersuchungshaft),
– §§ 126a, 127b StPO (Vorläufige Festnahme),
– §§ 453c, 456a, 457 StPO (Strafvollstreckung),
– § 79 SG (Vorführung und Zuführung eines Soldaten zu einer angeordneten Untersuchung) etc.

3. Unterbringungssachen

12 Darüber hinaus sind die VV 6300 ff. anwendbar in Verfahren nach **§ 312 FamFG**, also in **Unterbringungssachen**. § 312 FamFG definiert, was Unterbringungssachen sind, nämlich Verfahren, die
– Genehmigung einer freiheitsentziehenden Unterbringung eines Betreuten, § 1906 Abs. 1–3 BGB (§ 312 S. 1 Nr. 1 FamFG) oder einer Person, die einen zu ihrer freiheitsentziehenden Unterbringung bevollmächtigt hat, § 1906 Abs. 5 BGB (§ 312 S. 1 Nr. 1 FamFG),
– Genehmigung einer freiheitsentziehenden Maßnahme nach § 1906 Abs. 4 BGB (§ 312 S. 1 Nr. 2 FamFG),
– freiheitsentziehende Unterbringung eines Volljährigen nach den Landesgesetzen über die Unterbringung psychisch Kranker (§ 312 S. 1 Nr. 3 FamFG)
betreffen.

---

3 BT-Druck 16/6308 S. 290.
4 BT-Druck 16/6308 S. 290.
5 LG Berlin JurBüro 1976, 1084; OLG Düsseldorf JurBüro 1981, 234 m. Anm. *Mümmler*; BayObLG JurBüro 1988, 1663.
6 *Hansens*, § 112 Rn 1.
7 MüKo ZPO-FamFG, § 415 Rn 8.

Nach § 312 S. 2 FamFG finden die für die Unterbringung geltenden Vorschriften für ärztliche Zwangsmaßnahmen entsprechende Anwendung, soweit nichts anderes bestimmt ist.

Anzuwenden sind die VV 6300 ff. darüber hinaus auch in Verfahren nach dem Therapieunterbringungsgesetz (ThUG). Dies folgt aus § 20 ThUG.[8] Insoweit stellt § 62 sicher, dass keine landesrechtlichen Vorschriften vorgehen.

4. Kindschaftssachen

Schließlich sind die VV 6300 ff. anwendbar in Kindschaftssachen nach § 151 Nr. 6 und Nr. 7 FamFG, das heißt in Verfahren, die
- die Genehmigung der freiheitsentziehenden Unterbringung eines Minderjährigen nach den §§ 1631b, 1800 und 1915 BGB (§ 151 Nr. 6 FamFG),
- die Anordnung der freiheitsentziehenden Unterbringung eines Minderjährigen nach den Landesgesetzen über die Unterbringung psychisch Kranker (§ 151 Nr. 7 FamFG),
- die Aufhebung und Verlängerung der Unterbringung gem. §§ 167 Abs. 1, 329, 330 FamFG (§ 151 Nr. 6 und 7 FamFG),
- die Versagung der Genehmigung der Freiheitsentziehung (nach § 1631b S. 1 und 2 BGB i.V.m. § 1800 BGB oder § 1915 BGB),
- die Rücknahme der Genehmigung einer Freiheitsentziehung (nach § 1631b S. 3 BGB i.V.m. § 1800 BGB oder i.V.m. § 1915 BGB)

betreffen.[9]

Keine Anwendung finden die VV 6300 ff. dagegen in **Strafsachen**, also insbesondere nicht bei Haftprüfungsterminen, Haftbeschwerden oder Verfahren nach § 81 StPO.[10] Auch die Überprüfung der Unterbringung nach den §§ 67d und 67e StGB wird nicht von den VV 6300 ff. erfasst.[11] Es handelt sich insoweit um Verfahren, die bundesrechtlich abweichend geregelt sind. Für diese Verfahren gelten die Gebühren nach VV Teil 4.

Des Weiteren sind die VV 6300 ff. **nicht** in **Verfahren vor der Verwaltungsbehörde** anzuwenden, in denen die Freiheitsentziehung vorbereitet wird, also in Verfahren, die dem gerichtlichen Freiheitsentziehungsverfahren vorangehen.[12] Für diese Verfahren richtet sich die Vergütung nach VV 2300.[13]

II. Persönlicher Anwendungsbereich

Die Vorschrift gilt für Rechtsanwälte ebenso wie für Rechtsbeistände. Die Gebührentatbestände sind auch für den vom Gericht bestellten oder beigeordneten Anwalt maßgebend. Dieser erhält allerdings Festgebühren. Nicht anwendbar sind die VV 6300 ff. auf den Vormund, Betreuer, Pfleger, Verfahrenspfleger etc., weil das RVG gemäß § 1 Abs. 2 für diese Personenkreise ausdrücklich nicht gilt.

III. Vergütung im Verfahren auf Anordnung einer Freiheitsentziehung oder Unterbringungsmaßnahme (VV 6300, 6301)

1. Verfahren

Nach §§ 415 ff., 312 ff. und §§ 151 Nr. 6 und 7, 167 i.V.m. § 312 ff. FamFG kann das Amtsgericht Freiheitsentziehungen und Unterbringungsmaßnahmen anordnen. Das Gericht entscheidet aufgrund mündlicher Anhörung der Person, die untergebracht oder der die Freiheit entzogen werden soll

---

8 Siehe hierzu *Hagen Schneider*, AGS 2011, 209 ff.
9 *Schneider/Herget/Thiel*, FamFG Rn 8348.
10 Burhoff/*Volpert*, RVG, VV 6300 Rn 6; *Hansens*, BRAGO, § 112 Rn 2; Gerold/Schmidt/*Mayer*, RVG, 6300–6303 Rn 3.
11 LG Köln StV 1997, 37; Burhoff/*Volpert*, RVG, VV 6300 Rn 6; Gerold/Schmidt/*Mayer*, RVG, 6300– 6303 Rn 3; a.A. OLG Düsseldorf JurBüro 1985, 729; OLG Stuttgart MDR 1994, 312 = Rpfleger 1994, 126.
12 LG Berlin JurBüro 1976, 1084; BayObLG JurBüro 1988, 1663.
13 *Hansens*, BRAGO, § 112 Rn 1; Burhoff/*Volpert*, RVG, VV 6300 Rn 6; Gerold/Schmidt/*Mayer*, RVG, 6300– 6303 Rn 3.

(§§ 420, 320 FamFG). Die Entscheidung des Gerichts ist in der Form des Beschlusses zu erlassen und zu begründen (§ 421, 323 FamFG). Gegen die Entscheidung des Amtsgerichts ist nach §§ 61, 429, 335 FamFG die Beschwerde gegeben. Hiergegen ist nach § 70 FamFG die zulassungsfreie Rechtsbeschwerde möglich (§ 70 Abs. 3 Nrn. 2 und 3 FamFG).

2. Gebühren

a) Übersicht

20 Nach VV 6300, 6301 erhält der Anwalt in jedem Rechtszug die gleichen Betragsrahmengebühren. Eine Staffelung wie in Strafsachen nach verschiedenen Instanzen findet nicht statt. Die größere Bedeutung z.B. im Rechtsmittelverfahren kann ggf. durch die entsprechende Ermessensausübung nach § 14 Abs. 1 erfasst werden.

21 **Jeder Rechtszug** stellt eine **eigene Angelegenheit** i.S.d. § 15 Abs. 2 dar (Anm. zu VV 6300; Anm. zu VV 6302), sodass der Anwalt insbesondere auch die Postentgeltpauschale (VV 7002) für jeden Rechtszug gesondert erhält.

b) Verfahrensgebühr (VV 6300)

22 Für seine Tätigkeit im Allgemeinen erhält der Anwalt nach VV 6300 eine **Verfahrensgebühr**. Die Gebühr entsteht mit der ersten Tätigkeit nach Erteilung des Auftrags, also mit der Entgegennahme der Information (VV Vorb. 6 Abs. 2). Die Gebühr steht dem Anwalt auch dann zu, wenn er in Unkenntnis der Beendigung des Mandats, etwa infolge Entlassung oder Todes des Auftraggebers, tätig geworden ist.[14]

23 Die Gebühr deckt sämtliche Tätigkeiten des Anwalts ab, ausgenommen die Mitwirkung bei der mündlichen Anhörung; diese wird nach VV 6301 vergütet. Abgegolten wird durch die Verfahrensgebühr nach VV 6300 also insbesondere:
 - die Entgegennahme der Information (VV Vorb. 6 Abs. 2),[15]
 - die Anlage der Handakten,[16]
 - die Eintragung des Anhörungstermins,[17]
 - Besprechungen mit dem Auftraggeber oder Dritten,
 - sonstige Tätigkeiten in den Verfahren nach den §§ 415 ff., 312 ff., 151 Nr. 6 und 7, 167 i.V.m. § 312 ff. FamFG.

24 Auch dann, wenn die Freiheitsentziehungs- oder Unterbringungsmaßnahme beendet ist und beim Gericht im Wege des **Fortsetzungsfeststellungsantrags** die Rechtswidrigkeit der Maßnahme festgestellt werden soll, wird die Tätigkeit des Anwalts noch durch die Gebühr nach VV 6300 abgegolten.[18]

25 Die Gebühr entsteht in jeder Angelegenheit, insbesondere in jedem Rechtszug, gesondert (Anm. zu VV 6300; Anm. zu VV 6302; § 17 Nr. 1). Ebenso entsteht sie in einem **einstweiligen Anordnungsverfahren** (§ 427 FamFG für Freiheitsentziehungssachen, § 331 FamFG für Unterbringungssachen, § 151 Nr. 6 und 7 i.V.m. § 331 FamFG für Unterbringungsmaßnahmen Minderjähriger). Hat das einstweilige Anordnungsverfahren gegenüber der Hauptsache eine geringere Bedeutung, so ist diesem Umstand über die Prüfung der Voraussetzungen des § 14 Abs. 1 Rechnung zu tragen.

26 Wird die Sache aufgrund einer Beschwerde oder weiteren Beschwerde **zurückverwiesen**, gilt § 21 Abs. 1. Die Gebühr entsteht erneut. Eine Anrechnung der Verfahrensgebühren ist im Gegensatz zu VV Vorb. 3 Abs. 6 in VV Teil 6 nicht vorgesehen.

27 **Mehrere Angelegenheiten** i.S.d. § 15 können auch dann vorliegen, wenn sich die freiheitsentziehende Maßnahme oder die Unterbringung auf mehrere Betroffene bezieht. Jede Unterbringungs- bzw. freiheitsentziehende Anordnung erfordert eine gesonderte Überprüfung, die möglicherweise

---

14 LG Aachen AnwBl 1975, 102; LG Kiel AnwBl 1983, 332.
15 LG Aachen AnwBl 1975, 102.
16 LG Aachen AnwBl 1975, 102.
17 LG Aachen AnwBl 1975, 102.
18 LG Berlin JurBüro 1976, 1084.

zu verschiedenen Maßnahmen führt. Dementsprechend hat der Anwalt Anspruch auf gesonderte Gebühren.[19]

Vertritt der Anwalt dagegen **mehrere Auftraggeber** in demselben Verfahren, so erhöht sich der Gebührenrahmen nach VV 1008 um jeweils 30 % je zusätzlichen Auftraggeber.[20] 28

c) Terminsgebühr (VV 6301)

Das Gericht hat die Person, der die Freiheit entzogen bzw. die untergebracht werden soll, nach §§ 420, 319, § 167 i.V.m. § 319 FamFG mündlich zu hören. Nimmt der Anwalt an diesem Termin teil, so erhält er hierfür eine weitere Gebühr nach VV 6301. Diese Gebühr erhält er auch dann, wenn er lediglich an einem Termin teilnimmt, in dem Zeugen vernommen oder Sachverständige gehört werden. Voraussetzung ist lediglich, dass es sich um einen gerichtlichen Termin handelt (Anm. zu VV 6301). Um einen Termin, der die Gebühr nach VV 6301 auslöst, handelt es sich auch dann, wenn die Anhörung in der üblichen Umgebung des Betroffenen erfolgt und nicht im Gerichtsgebäude stattfindet. Es muss sich lediglich um einen seitens des Gerichts angeordneten Termin handeln, um die Gebühr entstehen zu lassen. 29

Insgesamt kann die Gebühr nach VV 6301 nur einmal entstehen, auch dann, wenn mehrere Anhörungen stattfinden. Dies ergibt sich aus § 17 Nr. 1 sowie aus dem Wortlaut der Anm. zu VV 6301 „für die Teilnahme an gerichtlichen Terminen". 30

Die Gebühr nach VV 6301 verdient der Anwalt nur, wenn er am Termin teilnimmt. Es genügt, wenn der Anwalt in dem gerichtlich anberaumten Anhörungs- oder Vernehmungstermin anwesend ist.[21] Es ist nicht erforderlich, dass der Anwalt sich aktiv an der Anhörung oder Vernehmung beteiligt, dass er Fragen stellt oder weitere Ermittlungen des Gerichts anregt oder Anträge stellt. Eine Teilnahme i.S.d. Vorschrift ist schon dann gegeben, wenn der Anwalt dem Terminsgeschehen folgt, um in die Lage versetzt zu sein, für seinen Mandanten einschreiten zu können. 31

Die Gebühr wird ausgelöst, sobald das Gericht mit der Anhörung oder Vernehmung beginnt[22] bzw. das Verfahren aufruft. 32

Unerheblich ist, ob das Gericht bei der Anhörung oder Vernehmung die bestehenden Formvorschriften beachtet hat. Auch eine formlose Befragung löst die Gebühr nach VV 6301 aus.[23] 33

Nach VV Vorb. 6 Abs. 3 S. 2 reicht es auch aus, wenn der Anwalt zum anberaumten Termin zwar erscheint, es jedoch zur Anhörung oder Vernehmung nicht mehr kommt, weil der Betroffene zwischenzeitlich bereits entlassen worden oder verstorben ist.[24] 34

Tätigkeiten außerhalb des Anhörungs- oder Vernehmungstermins sind dagegen nicht geeignet, um die Gebühr nach VV 6301 auszulösen, also insbesondere nicht nach dem Termin gestellter Antrag auf Beeidigung.[25] Ebenso wenig genügt die Benachrichtigung des Mandanten von dem anstehenden Termin oder die Überprüfung der Terminsprotokolle oder eines Sachverständigengutachtens. Diese Tätigkeiten werden vielmehr durch die Gebühr nach VV 6300 abgegolten. Es reicht auch nicht aus, dass der Anwalt den Betroffenen nach der Anhörung aufsucht und das Ergebnis der Anhörung mit ihm bespricht.[26] 35

Des Weiteren lösen Besprechungen außerhalb des Anhörungs- oder Vernehmungstermins mit Dritten oder dem Betroffenen nicht die Gebühr nach VV 6301 aus, sondern werden wiederum durch die Gebühr nach VV 6300 abgegolten. Eine entsprechende Regelung wie in VV Vorb. 3 Abs. 3 ist für die VV 6300 ff. nicht vorgesehen. 36

---

19 AG Hildesheim KostRsp. BRAGO § 112 Nr. 2.
20 *Hansens*, JurBüro 1989, 903; Gerold/Schmidt/*Mayer*, RVG, 6300–6303 Rn 14; *Hansens*, BRAGO, § 112 Rn 10; a.A. Schumann/Geißinger, § 112 Nr. 8.
21 LG München I AnwBl 1960, 117; LG Lüneburg AnwBl 1967, 414; LG Aachen AnwBl 1975, 102; LG Osnabrück AnwBl 1975, 405.
22 LG Aachen AnwBl 1975, 102.
23 AG Herford JurBüro 1970, 162 = AnwBl 1970, 162.
24 Anders noch nach § 112 BRAGO: LG Aachen AnwBl 1975, 102.
25 Gerold/Schmidt/*Mayer*, 6300–6303 Rn 7.
26 LG Osnabrück JurBüro 1959, 464; OLG Hamm Rpfleger 1961, 258.

d) Beschwerdeverfahren

37 Im Beschwerde- und Rechtsbeschwerdeverfahren (§§ 58, 70 FamFG) erhält der Anwalt die gleiche Vergütung wie im erstinstanzlichen Verfahren (Anm. zu VV 6300). Er wird also in aller Regel zunächst einmal die Gebühr nach VV 6300 für die Tätigkeit im Verfahren selbst erhalten.

38 Die Verfahrensgebühr im Beschwerdeverfahren entsteht mit der ersten Tätigkeit nach Erteilung des Auftrags, also mit der Einlegung der Beschwerde. Ob es zu einer Entscheidung des Beschwerdegerichts kommt, ist unerheblich. Daher entsteht die Gebühr nach VV 6300 im Beschwerdeverfahren auch dann, wenn das Erstgericht der Beschwerde abhilft.[27]

39 Nicht erforderlich ist, dass der Anwalt selbst die Beschwerde eingelegt hat. Die Gebühr nach VV 6300 wird im Beschwerdeverfahren daher auch dann ausgelöst, wenn der Betroffene selbst die Beschwerde eingelegt hat, und der Anwalt daraufhin die Sache mit ihm nochmals bespricht.[28]

40 Darüber hinaus kann der Anwalt aber auch die Gebühr nach VV 6301 erneut verdienen, wenn er im Beschwerdeverfahren an einer Anhörung des Betroffenen oder an der Vernehmung von Zeugen oder Sachverständigen teilnimmt. Unerheblich ist, ob neue Zeugen oder Sachverständige vernommen werden oder ob es sich um dieselben Personen handelt, die bereits erstinstanzlich vernommen worden sind.

41 Wird gegen eine einstweilige Anordnung Beschwerde eingelegt, so entstehen hierfür ebenfalls die Gebühren der VV 6300 ff. erneut (§ 17 Nr. 1),[29] u.U. also neben den Gebühren für die spätere Beschwerde in der Hauptsache, da es sich um verschiedene Rechtsmittel handelt (§ 17 Nrn. 1, 4). Auf der Grundlage des Gesetzes zur Einführung einer Rechtsbehelfsbelehrung im Zivilprozess und zur Änderung anderer Vorschriften vom 5.12.2012 ist in § 57 S. 2 FamFG klargestellt worden, dass einstweilige Anordnungen über die Genehmigung bzw. Anordnung der freiheitsentziehenden Unterbringung Minderjähriger, so wie es bei Volljährigen bereits der Fall war, mit der Beschwerde gemäß den §§ 58 ff. anfechtbar sind. Das war in der Literatur und in der Rechtsprechung nach Inkrafttreten des FGG-ReformG umstritten, sodass der Gesetzgeber mit der am 1.1.2014 in Kraft getretenen Änderung den Rechtszustand vor Inkrafttreten des FamFG wieder hergestellt hat.

42 In anderen Beschwerdeverfahren, also bei Beschwerden gegen Entscheidungen, die den Rechtszug nicht beenden (so z.B. nach § 428 Abs. 2 FamFG), erhält der Anwalt keine zusätzliche Gebühr.[30] Solche Tätigkeiten zählen vielmehr noch zur jeweiligen Instanz, in der die Beschwerde erhoben wird, und werden – ebenso wie in Strafsachen – durch die jeweiligen Betragsrahmengebühren abgegolten (VV Vorb. 6 Abs. 1).

43 Kommt es zur Einlegung der **Rechtsbeschwerde**, kann der Anwalt die Gebühren nach VV 6300 und VV 6301 ein drittes Mal erhalten (§ 17 Nr. 1). Im Verfahren der Rechtsbeschwerde wird in aller Regel allerdings keine Anhörung mehr stattfinden.

e) Höhe der Gebühren

44 Der **Gebührenrahmen** beläuft sich in allen Instanzen sowohl für die Verfahrens- als auch für die Terminsgebühr auf 40 EUR bis 470 EUR. Die Mittelgebühr beläuft sich auf 255 EUR.

45 Bei **mehreren Auftraggebern** erhöht sich der Gebührenrahmen nach VV 1008 um jeweils 30 % je weiteren Auftraggeber, sodass er sich bei zwei Auftraggebern auf 52 EUR bis 611 EUR beläuft. Die Mittelgebühr beträgt dann 331,50 EUR.

46 Der gerichtlich beigeordnete Anwalt erhält eine Festgebühr i.H.v. jeweils 204 EUR, wobei auch hier VV 1008 zu beachten sein kann.

47 In einem Beschwerdeverfahren über die Anordnung der Sicherungshaft nach § 62 AufenthG ist die Festsetzung der Höchstgebühr nach VV 6300 nicht unbillig.[31]

---

27 LG Aurich NdsRpfl 1976, 259; LG Kiel AnwBl 1983, 332; LG Oldenburg NdsRpfl 1976, 176; LG Osnabrück AnwBl 1975, 405; LG Verden NdsRpfl 1977, 107.
28 LG Bonn AnwBl 1984, 326.
29 LG Aurich NdsRpfl 1976, 259; LG Oldenburg AnwBl 1976, 404; NdsRpfl 1982, 85; LG Osnabrück AnwBl 1975, 405 = NdsRpfl 1975, 67; LG Verden NdsRpfl 1977, 107; LG Kiel KostRsp. BRAGO § 112 Nr. 13.
30 OLG Düsseldorf KostRsp. BRAGO § 112 Nr. 18.
31 LG Mainz AGS 2015, 391.

IV. Sonstige Verfahren (VV 6302, 6303)

1. Verfahren

Im Anordnungsverfahren ist nach § 425 Abs. 1 FamFG eine Frist von höchstens einem Jahr zu bestimmen, vor deren Ablauf vom Gericht über die Fortdauer der Freiheitsentziehung von Amts wegen zu entscheiden ist. Abgesehen davon ist die Freiheitsentziehung nach § 426 FamFG von Amts wegen und nach § 426 Abs. 2 FamFG auf Antrag schon vor Ablauf der nach § 425 Abs. 1 FamFG festgesetzten Frist aufzuheben, wenn der Grund für die Freiheitsentziehung weggefallen ist. 48

Unterbringungsmaßnahmen in Unterbringungssachen und Kindschaftssachen nach § 151 Nr. 6, 7 FamFG enden nach §§ 167, 329 Abs. 1 FamFG spätestens mit dem Ablauf eines Jahres, bei offensichtlich langer Unterbringungsbedürftigkeit spätestens mit dem Ablauf von zwei Jahren. Für die Verlängerung der Genehmigung oder Anordnung einer Unterbringungsmaßnahme gelten die Vorschriften über die erstmalige Anordnung entsprechend (§§ 167, 329 Abs. 2 S. 1 FamFG). Die Aufhebung der Unterbringung richtet sich verfahrensrechtlich nach §§ 167, 330 FamFG. 49

2. Gebühren

Verfahren über Fortdauer und Verlängerung der Freiheitsentziehung bzw. der Unterbringungsmaßnahme und die Aufhebung von Freiheitsentziehung und Unterbringung bezeichnet der Gesetzgeber als „sonstige Fälle", in denen der Anwalt die Vergütung nach VV 6302, 6303 erhält. Auch danach wird wiederum die Verfahrensgebühr (VV 6302) sowie die Gebühr für die Mitwirkung bei der mündlichen Anhörung oder Vernehmung von Zeugen oder Sachverständigen ausgelöst (VV 6303). Die Gebühr nach VV 6303 entsteht, wenn der Rechtsanwalt an einem gerichtlichen Termin jedweder Art teilgenommen hat (Anm. zu VV Nr. 6303). 50

Hinsichtlich des Anfalls der Gebühren gelten die Ausführungen zu VV 6300, 6301 (vgl. Rdn 15 ff.). Auch hier erhöht sich bei **mehreren Auftraggebern** nach VV 6302 der Gebührenrahmen der Verfahrensgebühr nach VV 1008 um jeweils 30 % je weiterer Auftraggeber. 51

Werden mehrere Verfahren auf Aufhebung oder Fortdauer eingeleitet, so erhält der Anwalt die Gebühr für jedes Verfahren gesondert. 52

Nur einmal erhält der Anwalt die Gebühren allerdings, wenn über die Aufhebung und Fortdauer in demselben Verfahren entschieden wird.[32] Die Vergütung richtet sich dann nach VV 6302. Das Gleiche gilt, wenn die Aufhebung bereits im Anordnungsverfahren beantragt wird. Auch dann ist ausschließlich VV 6302 anzuwenden. Ggf. sind die Gebühren nach § 14 Abs. 1 höher anzusetzen. 53

Entsprechend anwendbar sind die VV 6302, 6303 im Verfahren auf Widerruf der vorläufigen Entlassung aus der Freiheitsentziehung[33] sowie im Verfahren hinsichtlich der Beurlaubung und des Widerrufs der Beurlaubung des Betroffenen nach §§ 424 Abs. 1, 328 Abs. 1 FamFG.[34] 54

Die Vergütung wird **für jeden Rechtszug gesondert** gewährt (§ 17 Nr. 1). Der Anwalt kann daher im Beschwerdeverfahren und im Verfahren der Rechtsbeschwerde die Gebühren nach VV 6302, 6303 erneut verdienen. 55

Auch im Verfahren nach VV 6302, 6303 ist die Tätigkeit im einstweiligen Anordnungsverfahren (§§ 167, 427, 331 FamFG) eine eigene Angelegenheit aus (§ 17 Nr. 4 Buchst. b). Mehrere Anordnungsverfahren zur selben Hauptsache zählen nicht mehr als eine Angelegenheit, da § 18 Nr. 2 a.F. bereits durch das FGG-ReformG aufgehoben worden ist. Hier sind dann die Gebühren nach § 14 Abs. 1 entsprechend zu erhöhen. Anordnungs- und Aufhebungsverfahren sind dagegen untereinander nur eine Angelegenheit (§ 16 Nr. 5). 56

---

[32] *Hansens*, BRAGO, § 112 Rn 8.
[33] LG Osnabrück JurBüro 1982, 1205 m. Anm. *Mümmler*.
[34] *Hansens*, BRAGO, § 112 Rn 8.

3. Höhe der Gebühren

57 Die Gebühren nach VV 6302, 6303 sind geringer als die nach VV 6300, 6301. Der **Gebührenrahmen** beläuft sich auf 20 EUR bis 300 EUR. Die Mittelgebühr beträgt 160 EUR.

58 Der gerichtlich beigeordnete Anwalt erhält eine Festgebühr i.H.v. jeweils 128 EUR, wobei auch hier die Erhöhung bei mehreren Auftraggebern nach VV 1008 zu beachten ist.

V. Einzeltätigkeiten, VV 6500

59 Ist der Anwalt nur mit der Einlegung eines Rechtsmittels, dem Anfertigen oder Unterzeichnen von Anträgen, Gesuchen oder Erklärungen oder sonstigen Beistandsleistungen beauftragt, ohne dass ihm die Vertretung insgesamt übertragen ist, erhält er die Vergütung nach VV 6500. Diese Regelung ist der der VV 4300 ff. in Strafsachen vergleichbar. Zu den sonstigen Beistandsleistungen zählt z.B. auch die Mitteilung des Aufhebungsbeschlusses an die Ehefrau des Betroffenen.[35]

60 Wird dem Anwalt, nachdem er zunächst mit einer Einzeltätigkeit beauftragt war, nachträglich die Gesamtvertretung übertragen, so ist Anm. Abs. 3 zu VV 6500 anzuwenden. Die Gebühr für die Einzeltätigkeit ist auf die weiteren Gebühren im nachfolgenden Anordnungs-, Aufhebungs- oder Fortdauerverfahren **anzurechnen**.

61 Der **Gebührenrahmen** für Einzeltätigkeiten beläuft sich auf 20 EUR bis 300 EUR. Die Mittelgebühr beträgt 160 EUR. VV 1008 gilt auch hier.

62 Der gerichtlich beigeordnete Anwalt erhält eine Festgebühr i.H.v. jeweils 128 EUR, wobei auch hier VV 1008 zu beachten ist.

63 Die Bewilligung einer Pauschgebühr gemäß §§ 42, 51 ist seit Inkrafttreten des 2. KostRMoG möglich (siehe Rdn 67).

VI. Gerichtlich beigeordneter Anwalt

64 Ist der Anwalt vom Gericht beigeordnet worden, so erhält er – ebenso wie der Pflichtverteidiger – die gleichen Gebühren wie der Wahlanwalt, allerdings sind für ihn geringere, insbesondere Festgebühren vorgesehen. Die Gebühren belaufen sich:
– im Falle der VV 6300 auf 204 EUR
– im Falle der VV 6301 auf 204 EUR
– im Falle der VV 6302 auf 128 EUR
– im Falle der VV 6303 auf 128 EUR
– im Falle der VV 6500 auf 128 EUR.

65 Auch hier kommt eine Erhöhung der Verfahrensgebühr (VV 6300, 6303 und 6404) bei Vertretung mehrerer Auftraggeber nach VV 1008 in Betracht.

66 Der Gebührenanspruch gegen die Staats- oder Landeskasse entsteht mit der ersten Tätigkeit nach der Beiordnung.

67 Die Vorschrift des **§ 51 (Bewilligung einer Pauschgebühr)** ist seit Inkrafttreten des 2. KostRMoG anwendbar. Eine entsprechende Bezugnahme in § 51 a.F. fehlte nach bisherigem Recht.[36] Nach § 51 Abs. 1 ist in Freiheitsentziehungs- und Unterbringungsmaßnahmen sowie bei Maßnahmen nach § 151 Nr. 6 und 7 FamFG dem gerichtlich bestellten oder beigeordneten Rechtsanwalt auf Antrag eine Pauschgebühr zu bewilligen.

68 § 53 ist entsprechend anwendbar, wonach der beigeordnete Anwalt den Vertretenen unter den dort genannten Voraussetzungen **unmittelbar in Anspruch** nehmen kann.

---

35 LG Lübeck JurBüro 1960, 253.
36 OLG Celle AGS 2008, 548 = OLGR 2008, 759 = NdsRpfl 2008, 347 = NJW-RR 2008, 1599 = RVGprof. 2008, 213 = RVGreport 2009, 137.

Schließlich gilt auch § 58 entsprechend, sodass sich der beigeordnete Anwalt **Zahlungen des Betroffenen oder Dritter anrechnen** lassen muss. 69

Die Beiordnung des Anwalts erstreckt sich – ebenso wie in Strafsachen – auf das gesamte Verfahren. Einer gesonderten Beiordnung für das Beschwerdeverfahren bedarf es nicht.[37] 70

Unanwendbar sind die VV 6300 ff., 6500, wenn der Anwalt als Verfahrenspfleger tätig wird (§ 1 Abs. 2). In diesem Fall richtet sich die Vergütung ausschließlich nach §§ 277, 318 FamFG.[38] 71

Neben den Gebühren nach den VV 6300 ff. erhält der beigeordnete Anwalt auch seine **Auslagen** aus der Staatskasse ersetzt (§§ 45, 46). Hierzu zählen insbesondere **Reisekosten** zu dem untergebrachten Betroffenen. Gleiches gilt für Reisekosten zum behandelnden Arzt, um mit ihm die Sache zu besprechen. Der beigeordnete Anwalt kann nicht auf fernmündliche Nachfragen verwiesen werden.[39] 72

Dem beigeordneten Anwalt steht auch ein Recht auf **Vorschuss** zu (§ 47). Der Vorschuss kann allerdings nur für bereits verdiente Gebühren verlangt werden sowie für enstandene und voraussichtlich entstehende Auslagen. 73

Die aus der Staatskasse zu zahlende Vergütung wird entsprechend § 55 vom Urkundsbeamten der Geschäftsstelle **festgesetzt**. 74

C. Gegenstandswert

Ein Gegenstandswert ist in Freiheitsentziehungs- und Unterbringungssachen sowie in Kindschaftssachen nach § 151 Nr. 6, 7 FamFG für den Rechtsanwalt deshalb nicht maßgeblich, weil Betragsrahmengebühren entstehen, die sich gerade nicht nach einem Wert richten. Anlass dafür, überhaupt Ausführungen zum Gegenstandswert aufzunehmen, ist der Umstand, dass die obergerichtliche Rechtsprechung bis hin zum BGH Wertfestsetzungen vornimmt, offenbar in der Annahme, die Vergütung des Rechtsanwalts in Freiheitsentziehungs- und Unterbringungssachen und Kindschaftssachen nach § 151 Nr. 6, 7 FamFG richte sich nach dem Gegenstandswert. So wird in der Rechtsprechung in Freiheitsentziehungs- und Unterbringungssachen auf den Auffangwert des § 42 Abs. 3 FamGKG zurückgegriffen, ohne dass eine Wertfestsetzung insoweit in dem Verfahren überhaupt zulässig wäre. Dies führt zu irreführenden und falschen Wertfestsetzungen. Es ist nicht zu erklären, dass das OLG Naumburg,[40] das OLG Rostock,[41] das OLG Hamm,[42] das OLG Zweibrücken,[43] das OLG Oldenburg,[44] das OLG Brandenburg,[45] das OLG Dresden,[46] das OLG Saarbrücken,[47] das OLG Celle[48] und der BGH[49] in Unterbringungssachen Minderjähriger nach § 1631b BGB eine Verfahrenswertfestsetzung überhaupt vornehmen, obgleich diese Verfahren nach VV Vorb. 1.3.1 Abs. 1 Nr. 2 FamGKG gebührenfrei sind. Es ist auch nicht nachvollziehbar, dass der BGH[50] in einer gerichtsgebührenfreien Unterbringungssache eines Volljährigen einen Wert nach § 42 Abs. 3 FamGKG festsetzt, zumal das 75

---

37 OLG Frankfurt AnwBl 1983, 335; LG Kiel AnwBl 1983, 332; LG Detmold AnwBl 1985, 542; Rpfleger 1986, 154 m. Anm. *Scharmer*.
38 LG Oldenburg FamRZ 1992, 1203 = JurBüro 1992, 630 = Rpfleger 1993, 65 = KostRsp. BRAGO § 112 Nr. 25 m.w.N.; LG Wuppertal KostRsp. BRAGO § 112 Nr. 26 m.w.N.
39 AG Medingen AnwBl 1966, 140; Gerold/Schmidt/*Mayer*, VV 6300–6303 Rn 18.
40 OLG Naumburg, Beschl. v. 12.10.2011 – 8 UF 221/11; FamRZ 2011, 132.
41 OLG Rostock OLGR 2009, 223 = JurBüro 2009, 197.
42 OLG Hamm NJW 2012, 790 = FF 2012, 132; MDR 2010, 1192.
43 OLG Zweibrücken NJW 2012, 162 = MDR 2012, 32 = ZJK 2012, 120 = FamRZ 2012, 575 = FamFR 2011, 571 = FamRB 2012, 110; Beschl. v. 7.6.2011 -: 6 UF 85/11.
44 FamRZ 2012, 39 = JAmt 2011, 596 = BtPrax 2011, 267 = FF 2012, 86.
45 OLG Brandenburg FamRZ 2011, 489.
46 OLG Dresden FamRZ 2010, 1845.
47 OLG Saarbrücken FamRZ 2010, 1910.
48 OLG Celle NJW 2010, 1678 = FamRZ 2010, 1167.
49 BGH MDR 2013, 39 = FamRZ 2013, 115 = NJW-RR 2013, 65 = FamFR 2013, 15 = FamRB 2013, 44 = FGPrax 2013, 41 = FF 2013, 85; *Schneider/Thiel*, NJW 2013, 25.
50 BGH FamRZ 2012, 1705 = FuR 2012, 651; FamRZ 2012, 1866 = NJW 2012, 3728 = MDR 2012, 1498 = BtPrax 2012, 249 = Rpfleger 2013, 26 = JurBüro 2013, 23 = BRAK-Mitt 2012, 288 = FGPrax 2012, 250 = FamRB 2013, 14 = FuR 2013, 169; MDR 2012, 1004 = FamRZ 2012, 1377 = FuR 2012, 548 = BtPrax 2012, 208 = Rpfleger 2012, 637 = JurBüro 2012, 528 = NJW-RR 2013, 67 = RVGreport 2012, 381 = FamRB 2012, 340.

FamGKG auch nur in Familiensachen gilt. Zwar sind Freiheitsentziehungssachen nicht grundsätzlich gerichtsgebührenfrei. Allerdings hatte der BGH[51] in einer Freiheitsentziehungssache nach § 415 FamFG keine Gerichtsgebühr erhoben und rechtsirrig – für wen auch immer – und ohne Antrag dennoch einen Wert festgesetzt. Die nachfolgende Tabelle gibt einen kostenrechtlichen Überblick:

76

Verfahren (FamFG)	Gerichtsgebühren (FamGKG/GNotKG)	Anwaltsgebühren (RVG)	Verfahrensgegenstand (BGB/Landesgesetze)
§ 151 Nr. 6 Kindschaftssachen	Gerichtsgebührenfreiheit gemäß Vorbem. 1.3.1 Abs. 1 Nr. 2 FamGKG-KostVerz: Keine Wertfestsetzung	VV 6300 bis 6303 (Betragsrahmengebühren)	Freiheitsentziehende Unterbringung eines Minderjährigen nach § 1631b BGB
§ 151 Nr. 7 Kindschaftssachen	Gerichtsgebührenfreiheit gemäß Vorbem. 1.3.1 Abs. 1 Nr. 2 FamGKG-KostVerz: Keine Wertfestsetzung	VV 6300 bis 6303 (Betragsrahmengebühren)	Freiheitsentziehende Unterbringung eines Minderjährigen nach den Landesgesetzen
§ 312 FamFG Unterbringungssachen	Gerichtsgebührenfreiheit: Keine Wertfestsetzung	VV 6300 bis 6303 (Betragsrahmengebühren)	Unterbringungssachen Volljähriger
§ 415 FamFG Freiheitsentziehungssachen	Wert: § 36 Abs. 2 i.V.m. Abs. 3 GNotKG; Höhe der Gerichtsgebühren: Nrn. 15212 Nr. 4, 15223, 15233 GNotKG-KostVerz.	VV 6300 bis 6303 (Betragsrahmengebühren)	Freiheitsentziehungssachen Volljähriger

D. Kostenerstattung

77 Nach §§ 430, 337 FamFG hat das Gericht über die Auslagen des Betroffenen, soweit sie zur zweckentsprechenden Rechtsverfolgung notwendig waren, zu entscheiden. Lehnt das Gericht den Antrag der Verwaltungsbehörde auf Freiheitsentziehung oder Unterbringung ab, so hat es die Kosten derjenigen Gebietskörperschaft aufzuerlegen, der die Verwaltungsbehörde angehört, wenn das Verfahren ergeben hat, dass ein **begründeter Anlass zur Stellung des Antrags nicht vorlag**.

78 Auch im Falle der **Hauptsacheerledigung** ist eine entsprechende Kostenentscheidung zu treffen.[52]

79 Die **Höhe der zu erstattenden Auslagen** wird nach §§ 430, 337 FamFG durch den Urkundsbeamten der Geschäftsstelle festgesetzt. Die frühere Streitfrage, ob der Rechtspfleger zuständig sei, hat sich damit erledigt.

80 Für das **Festsetzungsverfahren** gelten die Vorschriften der §§ 103 ff. ZPO entsprechend (§ 85 FamFG). Die festzusetzende Vergütung ist daher insbesondere nach § 104 Abs. 1 S. 2 ZPO zu verzinsen.

81 Die **Vollstreckbarkeit** des Kostenfestsetzungsbeschlusses folgt aus § 85 FamFG i.V.m. §§ 794 Abs. 1 Nr. 2, 795 ff. ZPO.

---

51 BGH AGS 2012, 472 = NJW-RR 2012, 959 = JurBüro 2012, 528 = RVGreport 2012, 302.

52 OLG Frankfurt JurBüro 1992, 393.

Abschnitt 4. Verfahren nach der Wehrbeschwerdeordnung

Nr.	Gebührentatbestand	Gebühr Wahlverteidiger oder Verfahrensbevollmächtigter	gerichtlich bestellter oder beigeordneter Rechtsanwalt

Vorbemerkung 6.4:

(1) Die Gebühren nach diesem Abschnitt entstehen in Verfahren auf gerichtliche Entscheidung nach der WBO, auch i.V.m. § 42 WDO, wenn das Verfahren vor dem Truppendienstgericht oder vor dem Bundesverwaltungsgericht an die Stelle des Verwaltungsrechtswegs gemäß § 82 SG tritt.

(2) Soweit wegen desselben Gegenstands eine Geschäftsgebühr nach Nummer 2302 für eine Tätigkeit im Verfahren über die Beschwerde oder über die weitere Beschwerde vor einem Disziplinarvorgesetzten entstanden ist, wird diese Gebühr zur Hälfte, höchstens jedoch mit einem Betrag von 175,00 €, auf die Verfahrensgebühr des gerichtlichen Verfahrens vor dem Truppendienstgericht oder dem Bundesverwaltungsgericht angerechnet. Sind mehrere Gebühren entstanden, ist für die Anrechnung die zuletzt entstandene Gebühr maßgebend. Bei der Bemessung der Verfahrensgebühr ist nicht zu berücksichtigen, dass der Umfang der Tätigkeit infolge der vorangegangenen Tätigkeit geringer ist.

A. Allgemeines 1	5. Nichtzulassungsbeschwerde 14
B. Verfahren nach der WBO 4	II. Die Anrechnung der Geschäftsgebühr
I. Verfahren und Vergütung 4	(Abs. 2) 16
1. Beschwerde 4	1. Überblick 16
2. Weitere Beschwerde 7	2. Die Anrechnung 17
3. Antrag auf Entscheidung durch das Truppendienstgericht oder das BVerwG 9	C. Verfahren nach der WDO 21
4. Rechtsbeschwerde 12	D. Erstattungsfragen 24

A. Allgemeines

Durch das Wehrrechtsänderungsgesetz vom 31.7.2008 wurde VV Teil 6 Abschnitt 4 mit Wirkung vom 1.2.2009 neu gefasst und Abschnitt 5 mit VV 6500 eingefügt. Ziel des Gesetzgebers war es die Gebühren für Verfahren nach der WBO aus dem bisherigen Abschnitt 4 herauszunehmen und als neuen Abschnitt 4 einzustellen. Entsprechend den Regelungen bei Betragsrahmengebühren in sozialrechtlichen Angelegenheiten ist jetzt auch in Verfahren nach der WBO anstelle der bisherigen verminderten Rahmen für den Fall, dass der Rechtsanwalt bereits im Verfahren vor den Disziplinarvorgesetzten tätig war (VV 6401 a.F.) eine Gebührenanrechnung eingeführt worden. Diese findet sich im neuen Abs. 2. Entsprechendes gilt auch im Rechtsbeschwerdeverfahren vor dem BVerwG, wenn bereits ein Verfahren vor dem Truppendienstgericht vorausgegangen ist. **1**

Zur Anrechnung der Geschäftsgebühren untereinander, wenn mehrere Geschäftsgebühren entstanden sind (siehe VV Vorb. 2.3 Rdn 91). **2**

Die Gebühren für Einzeltätigkeiten und für das Verfahren vor den Disziplinarvorgesetzten über die Aufhebung oder Änderung einer Disziplinarmaßnahme und für ein Verfahren vor dem Wehrdienstgericht über die Aufhebung oder Änderung einer Disziplinarmaßnahme sind in Abschnitt 5 geregelt.[1] **3**

B. Verfahren nach der WBO

I. Verfahren und Vergütung

1. Beschwerde

Nach § 1 WBO kann der Soldat sich beschweren, wenn er glaubt, von Vorgesetzten oder von Dienststellen der Bundeswehr unrichtig behandelt oder durch pflichtwidriges Verhalten von Kamera- **4**

---

[1] BT-Drucks. 16/7955, S. 37, 38.

den verletzt worden zu sein. Das Beschwerderecht der Vertrauensperson regelt das Soldatenbeteiligungsgesetz. Der Soldat kann die Beschwerde auch darauf stützen, dass ihm auf einen Antrag innerhalb eines Monats kein Bescheid erteilt worden ist. Nach Beendigung eines Wehrdienstverhältnisses steht dem früheren Soldaten das Beschwerderecht zu, wenn der Beschwerdeanlass in die Wehrdienstzeit fällt.

5 Über die Beschwerde entscheidet nach § 9 WBO der Disziplinarvorgesetzte, der den Gegenstand der Beschwerde zu beurteilen hat, nach Aufklärung des Sachverhaltes nach § 10 WBO. Über Beschwerden gegen Dienststellen der Bundeswehrverwaltung entscheidet die nächst höhere Dienststelle. Über die Beschwerde wird nach § 12 WBO schriftlich entschieden. Der Beschwerdebescheid ist zu begründen.

6 Die Vergütung im Beschwerdeverfahren richtet sich nach VV 2302 Nr. 2 (siehe dazu VV 2302 Rdn 28, 44).

2. Weitere Beschwerde

7 Ist die Beschwerde in truppendienstlichen Angelegenheiten erfolglos geblieben, kann der Beschwerdeführer innerhalb eines Monats nach Zustellung des Beschwerdebescheides weitere Beschwerde einlegen. Für die Entscheidung über die weitere Beschwerde ist nach § 16 WBO der nächst höhere Disziplinarvorgesetzte zuständig.

8 Das Verfahren ist nach § 17 Nr. 1a eine eigene Angelegenheit. Die Vergütung richtet sich ebenfalls nach VV 2302 Nr. 2. Eine eventuell vorangegangene Geschäftsgebühr ist nach VV Vorb. 2.3 hälftig, höchstens zu 175 EUR anzurechnen (siehe dazu VV 2302 Rdn 28 und VV Vorb. 2.3 Rdn 91).

3. Antrag auf Entscheidung durch das Truppendienstgericht oder das BVerwG

9 Ist die weitere Beschwerde erfolglos geblieben, kann der Beschwerdeführer nach § 17 WBO die Entscheidung des Truppendienstgerichts beantragen, wenn seine Beschwerde eine Verletzung seiner Rechte oder eine Verletzung von Pflichten eines Vorgesetzten ihm gegenüber zum Gegenstand hat, die im Zweiten Unterabschnitt des Ersten Abschnittes des Soldatengesetzes mit Ausnahme der §§ 24, 25, 30 und 31 SG geregelt sind.

10 Gegen Entscheidungen oder Maßnahmen des Bundesministers der Verteidigung einschließlich der Entscheidungen über Beschwerden oder weitere Beschwerden kann der Beschwerdeführer nach § 21 WBO unmittelbar die Entscheidung des BVerwG beantragen. Der Antrag ist beim Bundesministerium der Verteidigung zu stellen.

11 Die Vergütung richtet sich nach VV 6400, 6401. Eine eventuell vorangegangene Geschäftsgebühr ist nach dem neuen Abs. 2 hälftig, höchstens zu 175 EUR anzurechnen.

4. Rechtsbeschwerde

12 Gegen den Beschluss des Truppendienstgerichts steht dem Beschwerdeführer und dem Bundesministerium der Verteidigung nach § 22a WBO die Rechtsbeschwerde an das BVerwG zu, wenn diese in der Entscheidung des Truppendienstgerichts oder auf Beschwerde gegen die Nichtzulassung durch das BVerwG zugelassen wird.

13 Die Vergütung richtet sich nach VV 6402, 6403. Eine eventuell vorangegangene Verfahrensgebühr im Verfahren der Nichtzulassungsbeschwerde ist gem. Anm. zu VV 6404 anzurechnen.

5. Nichtzulassungsbeschwerde

14 Bei Nichtzulassung der Rechtsbeschwerde durch das Truppendienstgericht steht dem Beschwerdeführer und dem Bundesministerium der Verteidigung nach § 22b WBO die Nichtzulassungsbeschwerde an das BVerwG zu.

Die Vergütung richtet sich ebenfalls nach VV 6402, 6403. Die Verfahrensgebühr der VV 6402 ist auf ein eventuell nachfolgendes Rechtsbeschwerdeverfahren anzurechnen (Anm. zu VV 6400). 15

II. Die Anrechnung der Geschäftsgebühr (Abs. 2)

1. Überblick

Wird der Anwalt in einem gerichtlichen Verfahren nach der WBO beauftragt, ist häufig eine Tätigkeit im Verfahren über die Beschwerde (§§ 1 ff. WBO) oder über die weitere Beschwerde (§§ 17 ff. WBO) vor einem Disziplinarvorgesetzten vorangegangen. Dort hat der Anwalt dann eine Geschäftsgebühr nach VV 2302 Nr. 2 verdient. Diese Vorbefassung soll nach wie vor Gebühren mindernd berücksichtigt werden. Anstelle der bisherigen ermäßigten Verfahrensgebühr nach VV 6401 ist aber jetzt aber durch das 2. KostRMoG eine Anrechnung der Geschäftsgebühr nach VV Vorb. 6.4 Abs. 2 getreten. 16

2. Die Anrechnung

Eine vorangegangen Geschäftsgebühr aus VV 2302 Nr. 2 ist nach Abs. 2 S. 1 zur Hälfte auf die Verfahrensgebühr des gerichtlichen Verfahrens vor dem Truppendienstgericht oder dem BVerwG (VV 6400) anzurechnen, höchstens jedoch mit einem Betrag von 175,00 EUR. Bei der Bemessung der Verfahrensgebühr darf dann aber nicht berücksichtigt werden, dass der Umfang der Tätigkeit infolge der vorangegangenen Tätigkeit geringer ist (Abs. 2 S. 2). 17

> **Beispiel:** Der Anwalt hatte den Mandanten im Verfahren der weiteren Beschwerde vor dem Dienstvorgesetzten vertreten. Gegen dessen Entscheidung wird gem. § 17 WBO Antrag auf gerichtliche Entscheidung vor dem Truppendienstgericht gestellt, über den mündlich verhandelt wird. Die gesamte Tätigkeit ist durchschnittlich.
> Im Verfahren der weiteren Beschwerde vor dem Dienstvorgesetzten entsteht eine Geschäftsgebühr nach VV 2302 Nr. 2. Hier soll von der Schwellengebühr der Anm. zu VV 2302 ausgegangen werden.
> Im Verfahren vor dem Truppendienstgericht erhält der Anwalt eine Verfahrensgebühr nach VV 6400 sowie eine Terminsgebühr nach VV 6401. Auf die Verfahrensgebühr ist jetzt die vorangegangene Geschäftsgebühr der VV 2302 Nr. 2 hälftig anzurechnen (Abs. 2 S. 1). Im Gegenzug darf die Vorbefassung nicht Gebühren mindernd berücksichtigt werden (Abs. 2 S. 2).
>
> **I. Verfahren der weiteren Beschwerde**
> 1. Geschäftsgebühr, VV 2302 Nr. 2   300,00 EUR
> 2. Postentgeltpauschale, VV 7002   20,00 EUR
>   Zwischensumme   320,00 EUR
> 3. 19 % Umsatzsteuer, VV 7008   60,08 EUR
>   **Gesamt**   **380,08 EUR**
>
> **II. Verfahren vor dem Truppendienstgericht**
> 1. Verfahrensgebühr, VV 6400   380,00 EUR
> 2. gem. Abs. 2 S. 1 anzurechnen   – 150,00 EUR
> 3. Terminsgebühr, VV 6401   380,00 EUR
> 4. Postentgeltpauschale, VV 7002   20,00 EUR
>   Zwischensumme   630,00 EUR
> 5. 19 % Umsatzsteuer, VV 7008   119,70 EUR
>   **Gesamt**   **749,70 EUR**

Zu beachten ist, dass der Anrechnungsbetrag auf höchstens 175 EUR begrenzt ist.

> **Beispiel:** Wie vorangegangenes Beispiel; jedoch war die Tätigkeit im weiteren Beschwerdeverfahren sehr umfangreich und schwierig, sodass ein Betrag in Höhe von 500 EUR angemessen ist.
> Auch jetzt ist die Geschäftsgebühr hälftig anzurechnen. Zu beachten ist jetzt allerdings die Höchstgrenze der Anrechnung von 175 EUR.
>
> **I. Verfahren der weiteren Beschwerde**
> 1. Geschäftsgebühr, VV 2302 Nr. 2   500,00 EUR
> 2. Postentgeltpauschale, VV 7002   20,00 EUR
>   Zwischensumme   520,00 EUR
> 3. 19 % Umsatzsteuer, VV 7008   98,80 EUR
>   **Gesamt**   **618,80 EUR**

II. Verfahren vor dem Truppendienstgericht
1. Verfahrensgebühr, VV 6400 — 380,00 EUR
2. gem. Abs. 2 S. 1 anzurechnen — – 175,00 EUR
3. Terminsgebühr, VV 6401 — 380,00 EUR
4. Postentgeltpauschale, VV 7002 — 20,00 EUR
   Zwischensumme — 605,00 EUR
5. 19 % Umsatzsteuer, VV 7008 — 114,95 EUR
Gesamt — **719,95 EUR**

18 Ebenso ist anzurechnen, wenn die Beschwerde oder die weitere Beschwerde vom Bundesminister der Verteidigung beschieden worden ist und sich gem. § 21 WBO das erstinstanzliche Verfahren gem. § 21 Abs. 1 WBO vor dem BVerwG anschließt.

Beispiel: Über die Beschwerde nach § 1 WBO entscheidet der Bundesminister der Verteidigung. Hiergegen wird Antrag auf gerichtliche Entscheidung vor dem BVerwG gestellt, über den mündlich verhandelt wird. Auch jetzt ist die Geschäftsgebühr hälftig anzurechnen, allerdings jetzt auf die Verfahrensgebühr der VV 6402.

I. Verfahren der weiteren Beschwerde
1. Geschäftsgebühr, VV 2302 Nr. 2 — 345,00 EUR
2. Postentgeltpauschale, VV 7002 — 20,00 EUR
   Zwischensumme — 365,00 EUR
3. 19 % Umsatzsteuer, VV 7008 — 69,35 EUR
Gesamt — **434,35 EUR**

II. Verfahren vor dem BVerwG
1. Verfahrensgebühr, VV 6402 — 445,00 EUR
2. gem. Abs. 2 S. 1 anzurechnen — – 172,50 EUR
3. Terminsgebühr, VV 6403 — 445,00 EUR
4. Postentgeltpauschale, VV 7002 — 20,00 EUR
   Zwischensumme — 737,50 EUR
5. 19 % Umsatzsteuer, VV 7008 — 140,13 EUR
Gesamt — **877,63 EUR**

19 Kommt es zu einem erneuten Verfahren vor dem Truppendienstgericht nach einer Zurückverweisung durch das BVerwG, so entsteht die neue Verfahrensgebühr anrechnungsfrei.

Beispiel: Der Anwalt hatte den Mandanten im Verfahren der weiteren Beschwerde vor dem Dienstvorgesetzten vertreten. Gegen dessen Entscheidung wird Antrag auf Entscheidung des Truppendienstgerichts gem. § 21 WBO gestellt, über den mündlich verhandelt wird. Dagegen wird gem. § 22a WBO Rechtsbeschwerde zum BVerwG erhoben, die nach mündlicher Verhandlung die Entscheidung des Truppendienstgerichts aufhebt und die Sache zur erneuten Entscheidung an dieses zurückverweist. Dort wird daraufhin erneut verhandelt.
Der Anwalt erhält zunächst im Verfahren der weiteren Beschwerde die Geschäftsgebühr der VV 2302 Nr. 2.
Im gerichtlichen Verfahren vor dem Truppendienstgericht entstehen eine Verfahrens- und eine Terminsgebühr nach VV 6400, 6401, wobei die vorangegangene Geschäftsgebühr gem. VV 6.4 Abs. 2 S. 1 hälftig auf die Verfahrensgebühr anzurechnen ist.
Im Revisionsverfahren entstehen Verfahrens- und Terminsgebühr nach VV 6402, 6403.
Im Verfahren nach Zurückverweisung entstehen alle Gebühren erneut (§ 21 Abs. 1). Eine Anrechnung der früheren Verfahrensgebühr ist hier im Gegensatz zu den Verfahren nach VV Teil 3 (VV Vorb. 3 Abs. 6) nicht vorgesehen. Auch ist die Geschäftsgebühr des weiteren Beschwerdeverfahrens nicht (erneut) anzurechnen, da dem neuen gerichtlichen Verfahren kein neues Nachprüfungsverfahren vorausgeht.

I. Verfahren der weiteren Beschwerde
1. Geschäftsgebühr, VV 2302 Nr. 2 — 345,00 EUR
2. Postentgeltpauschale, VV 7002 — 20,00 EUR
   Zwischensumme — 365,00 EUR
3. 19 % Umsatzsteuer, VV 7008 — 69,35 EUR
Gesamt — **434,35 EUR**

II. Verfahren vor dem Truppendienstgericht
1. Verfahrensgebühr, VV 6400 — 380,00 EUR
2. gem. Abs. 2 S. 1 anzurechnen — – 172,50 EUR
3. Terminsgebühr, VV 6401 — 380,00 EUR
4. Postentgeltpauschale, VV 7002 — 20,00 EUR

Zwischensumme	607,50 EUR	
5. 19 % Umsatzsteuer, VV 7008		115,43 EUR
Gesamt		**722,93 EUR**

III. Rechtsbeschwerdeverfahren vor dem BVerwG

1. Verfahrensgebühr, VV 6402		445,00 EUR
2. Terminsgebühr, VV 6403		445,00 EUR
3. Postentgeltpauschale, VV 7002		20,00 EUR
Zwischensumme	910,00 EUR	
4. 19 % Umsatzsteuer, VV 7008		172,90 EUR
Gesamt		**1.082,90 EUR**

IV. Verfahren vor dem Truppendienstgericht nach Zurückverweisung

1. Verfahrensgebühr, VV 6400		380,00 EUR
2. Terminsgebühr, VV 6401		380,00 EUR
3. Postentgeltpauschale, VV 7002		20,00 EUR
Zwischensumme	780,00 EUR	
4. 19 % Umsatzsteuer, VV 7008		148,20 EUR
Gesamt		**928,20 EUR**

Entsteht die Geschäftsgebühr der VV 2302 Nr. 2 gem. 17 Nr. 1a sowohl im Beschwerdeverfahren als auch im Verfahren der weiteren Beschwerde, so ist die erste Geschäftsgebühr auf die zweite anzurechnen (VV Vorb. 2.3 Abs. 5 i.V.m. Abs. 4) (siehe dazu VV Vorb. 2.3 Rdn 90 f.). Im gerichtlichen Verfahren ist dann nur die zuletzt entstandene Geschäftsgebühr anzurechnen (Abs. 2 S. 2). **20**

Beispiel: Der Anwalt hatte den Mandanten im Verfahren der Beschwerde vor dem Dienstvorgesetzten vertreten. Die Sache ist durchschnittlich aber schwierig, sodass die Mittelgebühr angemessen ist. Hiernach vertritt der Anwalt den Mandanten im Verfahren der weiteren Beschwerde vor dem weiteren Dienstvorgesetzten. Insoweit ist das Verfahren weder schwierig noch umfangreich, sodass die Schwellengebühr der Anm. zu VV 2302 greift. Anschließend wird der Antrag auf Entscheidung des Truppendienstgerichts gestellt, über den mündlich verhandelt wird.
Der Anwalt erhält jetzt vorgerichtlich zwei Geschäftsgebühren (§ 17 Nr. 1a), die gem. Vorb. 2.3 Abs. 5 i.V.m. Abs. 4 aufeinander anzurechnen sind. Im gerichtlichen Verfahren ist sodann die vorangegangene Geschäftsgebühr gem. Abs. 2 S. 1 anzurechnen. Angerechnet wird allerdings nur die zuletzt entstandene Geschäftsgebühr, also die geringere Gebühr des Verfahrens der weiteren Beschwerde (Abs. 2 S. 2).

I. Beschwerdeverfahren

1. Geschäftsgebühr, VV 2302 Nr. 2		345,00 EUR
2. Postentgeltpauschale, VV 7002		20,00 EUR
Zwischensumme	365,00 EUR	
3. 19 % Umsatzsteuer, VV 7008		69,35 EUR
Gesamt		**434,35 EUR**

II. Verfahren der weiteren Beschwerde

1. Geschäftsgebühr, VV 2302 Nr. 2		300,00 EUR
2. gem. Vorbem. 2.3 Abs. 5 i.V.m. Abs. 4 anzurechnen		– 172,50 EUR
3. Postentgeltpauschale, VV 7002		20,00 EUR
Zwischensumme	147,50 EUR	
4. 19 % Umsatzsteuer, VV 7008		28,03 EUR
Gesamt		**175,53 EUR**

III. Verfahren vor dem Truppendienstgericht

1. Verfahrensgebühr, VV 6400		380,00 EUR
2. gem. VV Vorbem. 6.4 Abs. 2 S. 1, 2 anzurechnen		– 150,00 EUR
3. Terminsgebühr, VV 6401		380,00 EUR
4. Postentgeltpauschale, VV 7002		20,00 EUR
Zwischensumme	630,00 EUR	
5. 19 % Umsatzsteuer, VV 7008		119,70 EUR
Gesamt		**749,70 EUR**

C. Verfahren nach der WDO

21 Nach Abs. 1 ist VV Teil 6 Abschnitt 4 in Verfahren nach § 42 WDO entsprechend anzuwenden.

22 In Verfahren nach der WDO beginnt das gerichtliche Verfahren bereits mit der weiteren Beschwerde. Hier gelten dann bereits die Gebühren nach den VV 6400 ff.

23 Im vorangegangenen Disziplinarverfahren bleibt es dagegen bei der Anwendung von VV Teil 6 Abschnitt 2, also der Vergütung nach VV 6200, 6201 und VV 6202. Eine Anrechnung ist hier nicht vorgesehen.

D. Erstattungsfragen

24 Soweit dem Antrag auf Entscheidung des Truppendienstgerichts stattgegeben wird, sind nach § 20 WBO die dem Beschwerdeführer im Verfahren vor dem Truppendienstgericht einschließlich der im vorgerichtlichen Verfahren erwachsenen notwendigen Aufwendungen dem Bund aufzuerlegen. Dies gilt nicht für notwendige Aufwendungen, die dem Beschwerdeführer durch schuldhafte Säumnis erwachsen sind. Dem Beschwerdeführer können die Kosten des Verfahrens vor dem Truppendienstgericht aber auferlegt werden, soweit das Gericht den Antrag als offensichtlich unzulässig oder als offensichtlich unbegründet erachtet. Die Kosten des Verfahrens, die er durch schuldhafte Säumnis verursacht hat, sind ihm ebenfalls aufzuerlegen. Ist der Antrag auf gerichtliche Entscheidung gegenstandslos geworden, ist eine Kostenentscheidung unter Berücksichtigung des bisherigen Sachstands zu treffen. § 137 Abs. 1 und 2 Nr. 1 bis 3 WDO zum Umfang der Kostenpflicht, § 140 Abs. 8 WDO zu den notwendigen Auslagen, § 141 Abs. 1 und 2 WDO zur Entscheidung über die Kosten sowie § 142 WDO zur Kostenfestsetzung gelten entsprechend.

25 Im Verfahren der **wehrbeschwerderechtlichen Erinnerung gegen die Kostenfestsetzung des Urkundsbeamten der Geschäftsstelle der Wehrdienstsenate des BVerwG** entscheidet der Senat in der Besetzung mit drei Berufsrichtern ohne ehrenamtliche Richter. Nach § 20 Abs. 4 WBO i.V.m. § 142 S. 2 WDO entscheidet der Vorsitzende der Truppendienstkammer über die Erinnerung gegen die Festsetzung der Kosten durch den Urkundsbeamten der Geschäftsstelle des Truppendienstgerichts. Gemäß § 21 Abs. 2 S. 1, S. 2 WBO ist im Verfahren vor dem BVerwG § 20 Abs. 4 WBO i.V.m. § 142 WDO mit der Maßgabe anzuwenden, dass an die Stelle des Truppendienstgerichts das BVerwG tritt. Wenn nach § 142 S. 2 WDO die Entscheidung über die Erinnerung durch den Vorsitzenden des Truppendienstgerichts, also durch den Berufsrichter ohne ehrenamtliche Richter, getroffen wird, bedeutet dies bei der entsprechenden Anwendung für das BVerwG, dass die Entscheidung von den Berufsrichtern des Senats ohne ehrenamtliche Richter, aber nicht von dem Vorsitzenden des Senats allein zu treffen ist.[2]

26 Zu Fragen der Kostenfestsetzung und Kostenerstattung wird ergänzend auf die Ausführungen zu Erstattungsfragen zu Verfahren der Verwaltungsgerichtsbarkeit bei § 17 (siehe § 17 Rdn 54 ff.) verwiesen.

---

2 BVerwG, AGS 2010, 383 = zfs 2010, 467 = RVGreport 2010, 304 = JurBüro 2010, 476 = DAR 2010, 670 = NZWehrr 2010, 253 = Buchholz 450.1 § 20 WBO Nr. 3.

Abschnitt 4. Verfahren nach der Wehrbeschwerdeordnung VV 6400–6403

Nr.	Gebührentatbestand	Gebühr Wahlverteidiger oder Verfahrensbevollmächtigter	Gebühr gerichtlich bestellter oder beigeordneter Rechtsanwalt
6400	Verfahrensgebühr für das Verfahren auf gerichtliche Entscheidung vor dem Truppendienstgericht	80,00 bis 680,00 €	
6401	Terminsgebühr je Verhandlungstag in den in Nummer 6400 genannten Verfahren	80,00 bis 680,00 €	
6402	Verfahrensgebühr für das Verfahren auf gerichtliche Entscheidung vor dem Bundesverwaltungsgericht, im Verfahren über die Rechtsbeschwerde oder im Verfahren über die Beschwerde gegen die Nichtzulassung der Rechtsbeschwerde . . . . Die Gebühr für ein Verfahren über die Beschwerde gegen die Nichtzulassung der Rechtsbeschwerde wird auf die Gebühr für ein nachfolgendes Verfahren über die Rechtsbeschwerde angerechnet.	100,00 bis 790,00 €	
6403	Terminsgebühr je Verhandlungstag in den in Nummer 6402 genannten Verfahren	100,00 bis 790,00 €	

A. Allgemeines 1
B. Regelungsgehalt 4
   I. Verfahren vor dem Truppendienstgericht auf gerichtliche Entscheidung nach der WBO (VV 6400, 6401) und der WDO 4
     1. Verfahrensgebühren (VV 6400) 4
     2. Terminsgebühren (VV 6401) 8
   II. Verfahren vor dem Bundesverwaltungsgericht auf gerichtliche Entscheidung nach der WBO oder im Verfahren der Rechtsbeschwerde (VV 6402, 6403) 10
     1. Verfahrensgebühren (VV 6402) 10
     2. Terminsgebühren (VV 6403) 14
   III. Verfahren auf Zulassung der Rechtsbeschwerde vor dem BVerwG 16
C. Erstattungsfragen 18

A. Allgemeines

Durch das Wehrrechtsänderungsgesetz vom 31.7.2008 wurde VV Teil 6 Abschnitt 4 mit Wirkung vom 1.2.2009 neu gefasst und Abschnitt 5 mit VV 6500 eingefügt. Ziel des Gesetzgebers war es, die Gebühren für Verfahren nach der WBO aus dem bisherigen Abschnitt 4 herauszunehmen und als neuer Abschnitt 4 einzustellen.   **1**

Entsprechend den Regelungen bei Betragsrahmengebühren in sozialrechtlichen Angelegenheiten ist in mit dem 2. KostRMoG jetzt auch in Verfahren nach der WBO die Anrechnung einer zuvor entstandenen Geschäftsgebühr worden, wenn der Rechtsanwalt bereits im Verfahren vor den Disziplinarvorgesetzten tätig war. Entsprechendes gilt auch im Rechtsbeschwerdeverfahren vor dem BVerwG, wenn bereits ein Verfahren vor dem Truppendienstgericht vorausgegangen ist.   **2**

Eine Bestimmung von Gebühren für einen bestellten Rechtsanwalt ist entbehrlich, weil eine gerichtliche Bestellung entsprechend § 90 WDO im gerichtlichen Antragsverfahren nach der WBO nicht möglich ist.[1] Die Bestimmungen über die Prozesskostenhilfe finden im Verfahren nach der WBO nach herrschender Meinung keine Anwendung.[2]   **3**

---

1 *Böttcher/Dau*, Wehrbeschwerdeordnung (WBO), 4. Aufl. 1997, § 1 WBO Rn 25; BT-Drucks 15/1971, S. 231.

2 BT-Drucks 15/1971, S. 231.

B. Regelungsgehalt

I. Verfahren vor dem Truppendienstgericht auf gerichtliche Entscheidung nach der WBO (VV 6400, 6401) und der WDO

1. Verfahrensgebühren (VV 6400)

4 Nach **VV 6400** erhält der Rechtsanwalt für seine Tätigkeit in **Verfahren vor dem Truppendienstgericht** nach § 17 WBO und in Verfahren nach § 42 WDO über Beschwerden von Soldaten und früheren Soldaten gegen Disziplinarmaßnahmen sowie gegen sonstige Maßnahmen und Entscheidungen des Dienstvorgesetzten nach der WDO, in welchen die Vorschriften der WBO entsprechend anwendbar sind, eine Verfahrensgebühr i.H.v. **80 EUR bis 680 EUR (Mittelgebühr 380 EUR)**. Die Höhe der Gebühr setzt der Rechtsanwalt im Einzelfall nach § 14 Abs. 1 fest.

5 Ist eine Tätigkeit des Rechtsanwalts im Verfahren über die Beschwerde oder die weitere Beschwerde vor einem Disziplinarvorgesetzten dem Verfahren vor dem Truppendienstgericht auf gerichtliche Entscheidung vorausgegangen, ist die dort entstandene Geschäftsgebühr nach VV Vorb. 6.4 Abs. 2 S. 1 hälftig, höchstens zu 175 EUR anzurechnen (siehe VV Vorb. 6.4 Rdn 17). Die Höhe dieser Gebühr setzt der Rechtsanwalt im Einzelfall nach § 14 Abs. 1 fest. Bei der Bemessung der Gebühr ist nicht zu berücksichtigen, dass der Umfang der Tätigkeit infolge der Tätigkeit im Verfahren über die Beschwerde oder die weitere Beschwerde vor einem Disziplinarvorgesetzten geringer ist (VV Vorb. 6.4. Abs. 2 S. 3).

6 Nach VV Vorb. 6 Abs. 2 entsteht die Verfahrensgebühr für das Betreiben des Geschäfts einschließlich der Information. Auf die Erläuterungen zu VV Vorb. 6 Abs. 2 wird verwiesen. Mit der Verfahrensgebühr nach VV 6400 wird die **gesamte Tätigkeit** des Rechtsanwalts im Verfahren auf gerichtliche Entscheidung nach der WBO außerhalb einer Hauptverhandlung **abgegolten**.

7 Neben der Verfahrensgebühr nach VV 6400 entsteht **keine Grundgebühr**. Eine solche ist in VV Teil 6 Abschnitt 4 nicht vorgesehen.

2. Terminsgebühren (VV 6401)

8 Nach **VV 6401** erhält der Rechtsanwalt in **Verfahren vor dem Truppendienstgericht** eine Terminsgebühr i.H.v. **80 EUR bis 680 EUR (Mittelgebühr 380 EUR)** je Verhandlungstag. Die Terminsgebühr entsteht nach VV Vorb. 6 Abs. 3 S. 1 für die Teilnahme an gerichtlichen Terminen, soweit nichts anderes bestimmt ist. Der Rechtsanwalt erhält die Terminsgebühr auch, wenn er zu einem anberaumten Termin erscheint, dieser aber aus Gründen, die er nicht zu vertreten hat, nicht stattfindet (VV Vorb. 6 Abs. 3 S. 2). Dies gilt nicht, wenn er rechtzeitig von der Aufhebung oder Verlegung des Termins in Kenntnis gesetzt worden ist (VV Vorb. 6 Abs. 3 S. 3). Die Höhe der Gebühr setzt der Rechtsanwalt im Einzelfall nach § 14 Abs. 1 fest.

9 Der Rechtsanwalt erhält die Terminsgebühr **je Verhandlungstag**, und zwar grundsätzlich jeweils **aus dem selben Gebührenrahmen**. Die Terminsgebühr ist also unabhängig davon, ob es sich um den ersten Hauptverhandlungstag handelt oder um einen Fortsetzungstermin.

II. Verfahren vor dem Bundesverwaltungsgericht auf gerichtliche Entscheidung nach der WBO oder im Verfahren der Rechtsbeschwerde (VV 6402, 6403)

1. Verfahrensgebühren (VV 6402)

10 Nach **VV 6402** erhält der Rechtsanwalt für seine Tätigkeit in **Verfahren vor dem BVerwG** nach § 21 WBO oder in Verfahren der Rechtsbeschwerde nach §§ 22a, 22b WBO eine Verfahrensgebühr i.H.v. **100 EUR bis 790 EUR (Mittelgebühr 445 EUR)**. Die Höhe der Gebühr setzt der Rechtsanwalt im Einzelfall nach § 14 Abs. 1 fest.

11 Ist eine Tätigkeit des Rechtsanwalts im Verfahren über die Beschwerde oder die weitere Beschwerde vor einem Disziplinarvorgesetzten oder im Verfahren vor dem Truppendienstgericht vorausgegangen,

wird die dort verdiente Geschäftsgebühr der VV 2302 Nr. 2 hälftig, höchstens mit 172,50 EUR auf die Verfahrensgebühr der VV 6402 **angerechnet**. Auch hier darf bei der Bemessung der Gebühr nicht berücksichtigt werden, dass der Umfang der Tätigkeit infolge der Tätigkeit im vorangegangenen Verfahren ist (VV Vorb. 6.4. Abs. 2 S. 3).

Nach VV Vorb. 6 Abs. 2 entsteht die Verfahrensgebühr für das Betreiben des Geschäfts einschließlich der Information. Auf die Erläuterungen zu VV Vorb. 6 Abs. 2 wird verwiesen. Mit der Verfahrensgebühr nach VV 6402 wird die **gesamte Tätigkeit** des Rechtsanwalts im Verfahren auf gerichtliche Entscheidung nach der WBO vor dem BVerwG außerhalb einer Hauptverhandlung **abgegolten**. **12**

Neben der Verfahrensgebühr nach VV 6402 entsteht **keine Grundgebühr**. Eine solche ist nicht in VV Teil 6 Abschnitt 4 nicht vorgesehen. **13**

2. Terminsgebühren (VV 6403)

Nach **VV 6403** erhält der Rechtsanwalt in **Verfahren vor dem BVerwG** eine Terminsgebühr i.H.v. **100 EUR bis 790 EUR (Mittelgebühr 445 EUR)** je Verhandlungstag. Die Terminsgebühr entsteht nach VV Vorb. 6 Abs. 3 S. 1 für die Teilnahme an gerichtlichen Terminen, soweit nichts anderes bestimmt ist. Der Rechtsanwalt erhält die Terminsgebühr auch, wenn er zu einem anberaumten Termin erscheint, dieser aber aus Gründen, die er nicht zu vertreten hat, nicht stattfindet (VV Vorb. 6 Abs. 3 S. 2). Dies gilt nicht, wenn er rechtzeitig von der Aufhebung oder Verlegung des Termins in Kenntnis gesetzt worden ist (VV Vorb. 6 Abs. 3 S. 3). Die Höhe der Gebühr setzt der Rechtsanwalt im Einzelfall nach § 14 Abs. 1 fest. **14**

Der Rechtsanwalt erhält die Terminsgebühr **je Verhandlungstag**, und zwar grundsätzlich jeweils **aus dem gleichen Gebührenrahmen**. Die Terminsgebühr ist also unabhängig davon, ob es sich um den ersten Hauptverhandlungstag handelt oder um einen Fortsetzungstermin. **15**

III. Verfahren auf Zulassung der Rechtsbeschwerde vor dem BVerwG

Mit der Neufassung des Gebührentatbestands ist der bisher fehlende Gebührentatbestand für das Verfahren über die Beschwerde gegen die Nichtzulassung der Rechtsbeschwerde (§ 22b WBO) eingeführt worden. Ein Gebührentatbestand für diese Verfahren war im Vergütungsverzeichnis bislang nicht vorhanden, obwohl es sich schon immer um selbstständige Angelegenheiten handelte (§ 17 Nr. 9). **16**

Auch wenn die Verfahrensgebühren für die Beschwerde gegen die Nichtzulassung der Revision zum BVerwG im selben Gebührentatbestand geregelt sind wie die Verfahrensgebühr für das Revisionsverfahren selbst, handelt es sich um zwei verschiedene Angelegenheiten (§ 17 Nr. 9). Damit der Anwalt aber nicht beide Gebühren ungekürzt nebeneinander erhält, ist ebenso wie in anderen Fällen der Beschwerde gegen die Nichtzulassung eines Rechtsmittels die Verfahrensgebühr des Nichtzulassungsbeschwerdeverfahrens auf die Verfahrensgebühr für das anschließende Rechtsmittelverfahren (hier das Rechtsbeschwerdeverfahren) anzurechnen (Anm. zu VV 6402). **17**

> **Beispiel:** Das Truppendienstgericht hatte die Revision gegen seine Entscheidung nicht zugelassen. Dagegen erhebt der Anwalt nach § 22b WBO beim BVerwG Nichtzulassungsbeschwerde, die erfolgreich ist. Anschließend vertritt er den Mandanten im Verfahren der Rechtsbeschwerde vor dem BVerwG. Im Verfahren der Nichtzulassungsbeschwerde erhält der Anwalt eine Verfahrensgebühr nach VV 6402. Im anschließenden Verfahren erhält er gem. § 17 Nr. 9 eine weitere Verfahrensgebühr nach VV 6402 sowie eine Terminsgebühr nach VV 6403. Die Verfahrensgebühr des Nichtzulassungsbeschwerdeverfahrens ist nach Anm. zu VV 6402 auf die Verfahrensgebühr des nachfolgenden Revisionsverfahrens anzurechnen.
> Ausgehend von den Mittelgebühren ist wie folgt zu rechnen:
> **I. Nichtzulassungsbeschwerdeverfahren**
> 1. Geschäftsgebühr, VV 6402   445,00 EUR
> 2. Postentgeltpauschale, VV 7002   20,00 EUR
>   Zwischensumme   465,00 EUR
> 3. 19 % Umsatzsteuer, VV 7008   88,35 EUR
> **Gesamt**   **553,35 EUR**

II. Verfahren vor dem BVerwG

1. Verfahrensgebühr, VV 6402	445,00 EUR
2. gem. Anm. zu VV 6402 anzurechnen	– 445,00 EUR
3. Terminsgebühr, VV 6403	445,00 EUR
4. Postentgeltpauschale, VV 7002	20,00 EUR
Zwischensumme	465,00 EUR
5. 19 % Umsatzsteuer, VV 7008	88,35 EUR
Gesamt	**553,35 EUR**

C. Erstattungsfragen

18 Zu Erstattungsfragen im Zusammenhang mit den Gebühren nach VV Teil 6 Abschnitt 4 wird auf die Ausführungen zu VV Vorb. 6.4 und die dortigen Verweise hingewiesen (siehe VV Vorb. 6.4 Rdn 24 ff.).

Abschnitt 5. Einzeltätigkeiten und Verfahren auf Aufhebung oder Änderung einer Disziplinarmaßnahme

		Gebühr	
Nr.	Gebührentatbestand	Wahlverteidiger oder Verfahrensbevollmächtigter	gerichtlich bestellter oder beigeordneter Rechtsanwalt
6500	Verfahrensgebühr .... (1) Für eine Einzeltätigkeit entsteht die Gebühr, wenn dem Rechtsanwalt nicht die Verteidigung oder Vertretung übertragen ist. (2) Die Gebühr entsteht für jede einzelne Tätigkeit gesondert, soweit nichts anderes bestimmt ist. § 15 RVG bleibt unberührt. (3) Wird dem Rechtsanwalt die Verteidigung oder Vertretung für das Verfahren übertragen, werden die nach dieser Nummer entstandenen Gebühren auf die für die Verteidigung oder Vertretung entstehenden Gebühren angerechnet. (4) Eine Gebühr nach dieser Vorschrift entsteht jeweils auch für das Verfahren nach der WDO vor einem Disziplinarvorgesetzten auf Aufhebung oder Änderung einer Disziplinarmaßnahme und im gerichtlichen Verfahren vor dem Wehrdienstgericht.	20,00 bis 300,00 €	128,00 €

A. Allgemeines	1
B. Regelungsgehalt	3
I. Verfahrensgebühr für Einzeltätigkeiten (Anm. Abs. 1 bis Abs. 3)	3
II. Nachträgliche Aufhebung oder Änderung einer Disziplinarmaßnahme (Anm. Abs. 4)	6
C. Erstattungsfragen	8

A. Allgemeines

1 Durch das Wehrrechtsänderungsgesetz vom 31.7.2008 wurde VV Teil 6 Abschnitt 4 mit Wirkung vom 1.2.2009 neu gefasst und Abschnitt 5 mit VV 6500 eingefügt. Ziel des Gesetzgebers war es die Gebühren für Verfahren nach der WBO aus dem bisherigen Abschnitt 4 herauszunehmen und als neuer Abschnitt 4 einzustellen. Die Gebühren für Einzeltätigkeiten und für das Verfahren vor den Disziplinarvorgesetzten über die Aufhebung oder Änderung einer Disziplinarmaßnahme und für ein Verfahren vor dem Wehrdienstgericht über die Aufhebung oder Änderung einer Disziplinarmaßnahme werden damit gesondert in dem neuen Abschnitt 5 geregelt.[1] In diesen Verfahren wird zukünftig die Verfahrensgebühr nach VV 6500 entstehen, die insoweit an die Stelle der bisherigen VV 6404 für Einzeltätigkeiten und VV 6400 bis 6403 für die Abänderungsverfahren tritt.

Soweit zum Teil die Auffassung vertreten wird, VV 6500 gelten nur anstelle der aufgehobenen VV 6404, also in den dort genannten Verfahren, nicht aber auch in den sonstigen Verfahren nach VV Teil 6, ist das unzutreffend. Sicherlich hatte der Gesetzgeber zum einen die in VV 6404 genannten Verfahren im Blick. Dafür hätte er die Vorschrift aber nicht aus Abschnitt 4 in einen gesonderten Abschnitt 5 versetzen müssen. Vielmehr wollte er damit klarstellen, dass die Verfahrensgebühr für alle Einzeltätigkeiten nach VV Teil 6 anfallen soll.[2] Aufgrund seiner früheren Stellung in Abschnitt 4 war eine entsprechende Anwendung auf andere Abschnitte aber nicht möglich.

B. Regelungsgehalt

I. Verfahrensgebühr für Einzeltätigkeiten (Anm. Abs. 1 bis Abs. 3)

Anm. 1 bis 3 sieht für Einzeltätigkeiten das Entstehen einer Verfahrensgebühr i.H.v. **20 EUR bis 300 EUR (Mittelgebühr 160 EUR)** vor. Ist der Rechtsanwalt **gerichtlich bestellt oder beigeordnet**, beträgt die Verfahrensgebühr für Einzeltätigkeiten **128 EUR**. Die Höhe der Gebühr setzt der Rechtsanwalt im Einzelfall nach § 14 Abs. 1 fest.

Für eine Einzeltätigkeit entsteht die Verfahrensgebühr, wenn dem Rechtsanwalt nicht die Verteidigung oder Vertretung übertragen ist (**Anm. Abs. 1**). Die Gebühr entsteht für jede einzelne Tätigkeit gesondert, soweit nichts anderes bestimmt ist. § 15 bleibt unberührt (**Anm. Abs. 2**).

Wird dem Rechtsanwalt die Verteidigung oder Vertretung für das Verfahren übertragen, werden die nach VV 6500 entstandenen Verfahrensgebühren auf die für die Verteidigung oder Vertretung entstehenden Gebühren angerechnet (**Anm. Abs. 3**). Diese Bestimmungen in den Anm. zu VV 6500 stimmen mit VV Vorb. 4.3 überein. Auf die Erläuterungen zu VV Vorb. 4.3 wird verwiesen (siehe VV Vorb. 4.3 Rdn 8 ff., 12 ff., 38 ff.).

II. Nachträgliche Aufhebung oder Änderung einer Disziplinarmaßnahme (Anm. Abs. 4)

Nach §§ 43, 44 WDO kann auf Antrag des Soldaten oder früheren Soldaten sowie auf Antrag des Disziplinarvorgesetzten eine Disziplinarmaßnahme nachträglich aufgehoben oder geändert werden. Über den Antrag des Soldaten oder früheren Soldaten sowie über den Antrag des Disziplinarvorgesetzten entscheidet das Wehrdienstgericht nach § 45 Abs. 1 WDO endgültig durch Beschluss. Für das Verfahren gelten die Vorschriften über die Beschwerde nach § 42 WDO sinngemäß.

Anm. Abs. 4 bestimmt, dass in dem Verfahren vor dem Dienstvorgesetzten über die nachträgliche Aufhebung oder Änderung einer Disziplinarmaßnahme und in dem Verfahren auf gerichtliche Entscheidung über die nachträgliche Aufhebung oder Änderung einer Disziplinarmaßnahme jeweils die Verfahrensgebühr nach VV 6500 i.H.v. **20 EUR bis 300 EUR (Mittelgebühr 160 EUR)** entsteht. Ist der Rechtsanwalt **gerichtlich bestellt oder beigeordnet**, beträgt die Verfahrensgebühr für Einzeltätigkeiten **128 EUR**. Die Höhe der Gebühr setzt der Rechtsanwalt im Einzelfall nach § 14 fest. Diese Gebühr deckt die gesamte Tätigkeit in den genannten Verfahren ab. Die Vorschriften nach VV Teil 3, 4 oder Teil 6 Abschnitt 2 und 4 sind nicht, auch nicht ergänzend anwendbar.

---

[1] BT-Drucks 16/7955, S. 37, 38.
[2] *Burhoff*, VV 6500 Rn 4; Gerold/Schmidt/*Mayer*, RVG, VV 6500 Rn 2.

C. Erstattungsfragen

8 Zu Erstattungsfragen im Zusammenhang mit den Gebühren nach VV Teil 6 Abschnitt 5 wird auf die Ausführungen zu VV Vorb. 6.4 und die dortigen Verweise verwiesen (siehe VV Vorb. 6.4 Rdn 24 f.).

Teil 7
Auslagen

Nr.	Auslagentatbestand	Höhe

Vorbemerkung 7:
(1) Mit den Gebühren werden auch die allgemeinen Geschäftskosten entgolten. Soweit nachfolgend nichts anderes bestimmt ist, kann der Rechtsanwalt Ersatz der entstandenen Aufwendungen (§ 675 i.V.m. § 670 BGB) verlangen.
(2) Eine Geschäftsreise liegt vor, wenn das Reiseziel außerhalb der Gemeinde liegt, in der sich die Kanzlei oder die Wohnung des Rechtsanwalts befindet.
(3) Dient eine Reise mehreren Geschäften, sind die entstandenen Auslagen nach den Nummern 7003 bis 7006 nach dem Verhältnis der Kosten zu verteilen, die bei gesonderter Ausführung der einzelnen Geschäfte entstanden wären. Ein Rechtsanwalt, der seine Kanzlei an einen anderen Ort verlegt, kann bei Fortführung eines ihm vorher erteilten Auftrags Auslagen nach den Nummern 7003 bis 7006 nur insoweit verlangen, als sie auch von seiner bisherigen Kanzlei aus entstanden wären.

Literatur: *Enders*, Reisekosten des Prozessbevollmächtigten, JurBüro 2012, 225; *Hansens*, Gebühren- und erstattungsrechtliche Aspekte von Datenbankrecherchen, ZAP Fach 24, S. 521; *ders.*, Die Geschäftsreise des Rechtsanwalts, JurBüro 1988, 1265; *Reck*, Zum Ausschluss der Auslagenerstattung des Rechtsanwalts für Geschäftsreisen innerhalb der Gemeinde, RPfleger 2010, 256; *ders.*, Terminsreise mit der Bahn oder mit dem eigenen Pkw?, RVGreport 2015, 247; *N. Schneider*, Die Abrechnung von Geschäftsreisen, ZAP Fach 24, S. 507; *ders.*, Aufteilung der Reisekosten für mehrere Geschäfte, NJW-Spezial 2009, 315; *ders.*, Reisekosten des auswärtigen Anwalts, AnwBl 2010, 512; *ders.*, Übernahme der anwaltlichen Reisekosten durch den Rechtsschutzversicherer, ZAP Fach 24, S. 1279; *ders.*, Erstattung von Reisekosten, ErbR 2013, 27; *ders.*, Abrechnung von Reisekosten in Übergangsfällen, AGkompakt 2014, 78; *ders.*, Reisekosten des auswärtigen Anwalts bei Benutzung des eigenen Kraftfahrzeugs, ZAP Fach 24, S. 1463.

A. Die Regelungen des Abs. 1 1	III. Vergütungsfestsetzung 40
I. Allgemeines 1	B. Begriff der Geschäftsreise (Abs. 2) 41
II. Regelungsgehalt 7	I. Allgemeines 41
1. Allgemeine Geschäftskosten (Abs. 1) 7	II. Geschäftsreise (Abs. 2) 43
2. Besondere Auslagen 21	C. Reisen zur Ausführung mehrerer Geschäfte (Abs. 3 S. 1) 47
a) Besondere Auslagen (Abs. 1 S. 2) ... 21	I. Allgemeines 47
b) Sonstige besondere Auslagen 22	II. Berechnung 49
aa) Einzelfälle 23	III. Unterschiedliches Gebührenrecht 54
bb) Aktenversendungspauschale 24	D. Verlegung der Kanzlei (Abs. 3 S. 2) 56
3. Reiner Auslagenersatz 39	

A. Die Regelungen des Abs. 1

I. Allgemeines

Neben den Gebühren für seine Tätigkeit kann der Anwalt nach VV 7000 ff. auch **Ersatz seiner Aufwendungen** verlangen. Das VV spricht insoweit von **Auslagen**. Der dahin gehende Anspruch des Anwalts auf Erstattung ergibt sich bereits aus den allgemeinen Vorschriften (§§ 670, 675 BGB). Die VV 7000 ff. **konkretisieren** diesen Anspruch lediglich. **1**

In VV 7000 ff. unterscheidet das RVG zwischen allgemeinen und besonderen Geschäftskosten. **2**

Allgemeine Geschäftskosten werden durch die jeweiligen Gebühren abgegolten und können nicht gesondert vergütet verlangt werden (Abs. 1 S. 1). **3**

Nur die **besonderen Geschäftskosten** kann der Anwalt erstattet verlangen. Das RVG selbst wiederum regelt von den **besonderen Geschäftskosten** lediglich **4**
– **Dokumentenpauschalen** (VV 7000),
– **Entgelte für Post- und Telekommunikationsdienstleistungen** (VV 7001, 7002),
– **Reisekosten** (VV 7003 bis 7006) sowie
– die **anteilige Haftpflichtversicherungsprämie** (VV 7007).

5 Darüber hinaus ordnet VV 7008 an, dass dem Anwalt auch die auf seine Vergütung entfallende **Umsatzsteuer** zu erstatten ist, obwohl es sich hierbei nicht um Auslagen im eigentlichen Sinne handelt.

6 **Weitere besondere Auslagen**, soweit in VV 7000 ff. nicht erwähnt, kann der Anwalt nach den allgemeinen Vorschriften, also nach den §§ 675, 670 BGB, ersetzt verlangen.

II. Regelungsgehalt

1. Allgemeine Geschäftskosten (Abs. 1)

7 Die allgemeinen Geschäftskosten können nicht auf den Auftraggeber abgewälzt werden. Diese Kosten muss der Anwalt vielmehr selbst tragen. Sie sind nach Abs. 1 S. 1 durch die jeweiligen Gebühren mit abgegolten.

8 Zu den allgemeinen Geschäftskosten zählen insbesondere die Aufwendungen für die **Unterhaltung des Geschäftsbetriebes** wie Miete, Gehälter und Sozialabgaben der Angestellten, Grundgebühren für Fernsprecher, Leasingraten für Kopierer, Telefax und Computer, Bereitstellungskosten für Schreibgeräte, Schreibmaschinen, Akten, Briefpapier, Formulare und Briefumschläge etc.

9 Zu den allgemeinen Geschäftskosten zählt auch das Empfangen von Telefaxsendungen. Nur das Übermitteln von Telefaxen löst eine Dokumentenpauschale aus (Anm. S. 2 zu VV 7001), nicht auch der Empfang. Die damit verbundenen Kosten für Papier und Toner, die zwangsläufig beim Empfänger entstehen sind durch die Gebühren mit abgegolten.[1]

10 Ebenso zählen die **Kosten eines Internetanschlusses** zu den Allgemeinen Geschäftskosten.[2]

11 Ebenso werden Kosten für **Aus- und Fortbildung** durch die allgemeinen Gebühren abgegolten, insbesondere zählen hierzu die Beschaffung juristischer Literatur, Entscheidungen, Zeitschriften etc.[3]

12 Die Kosten der Anschaffung eines **Videorecorders nebst Kassetten**, etwa um Videoaufnahmen der Verkehrsüberwachung anzusehen, zählen ebenfalls zu den allgemeinen Geschäftskosten. Nur dann, wenn dem Mandanten die Kassette wunschgemäß überlassen wird, kann der Anwalt diese in Rechnung stellen.

13 Auch **Post- und Telekommunikationsentgelte**, soweit sie nicht nach VV 7001, 7002 abgerechnet werden können, fallen unter Abs. 1 S. 1, also z.B. die Kosten für die Übersendung der Kostenrechnung (Anm. zu VV 7001).

14 Gleiches gilt für **Reisekosten**, die nicht nach VV 7003 ff. abgerechnet werden können, also insbesondere Kosten für Reisen innerhalb der politischen Gemeinde des Kanzleisitzes. Zu der Frage, inwieweit die Kosten einer **Bahncard** zu den allgemeinen Geschäftskosten zählen (siehe VV 7003–7006 Rdn 24 ff.).

15 Auch Kosten für **Ablichtungen und Kopien**, soweit sie nicht nach VV 7000 gesondert verlangt werden können, sind durch die Gebühren abgegolten, insbesondere also die ersten 100 Seiten nach VV 7000 Nr. 1 Buchst. b) und c).[4]

16 Des Weiteren gehört zu den allgemeinen Geschäftskosten die **Haftpflichtversicherungsprämie** bis zu einem Gegenstandswert von 30 Mio. EUR (arg. e. VV 7007; siehe dazu die Kommentierung zu VV 7007).

17 Das Gleiche gilt für **Kosten des Geldverkehrs** in den Fällen der Anm. Abs. 5 zu VV 1009 sowie für den Geldverkehr im Zusammenhang mit dem Einzug eigener Honorarforderungen (§ 19 Abs. 1 S. 2 Nr. 14).

18 Strittig ist, inwieweit die Kosten für **juristische Datenbank-Recherchen** noch zu den allgemeinen Geschäftskosten gehören und inwieweit sie nach § 670 BGB gesondert erstattet verlangt werden können. Zutreffenderweise ist hier zu differenzieren:

---

1 KG RVGreport 2007, 391 = zfs 2007, 583 = JurBüro 2007, 589.
2 AG Montabaur AGS 2011, 586 = JurBüro 2011, 474.
3 OLG Karlsruhe BRAGOreport 2000, 9.
4 LG Berlin AGS 2006, 72 = RVGreport 2005, 391; OLG Karlsruhe AGS 2011, 308; OLG Hamburg MDR 2011, 1014.

- Die Anschaffungskosten, die Grundgebühren, also die laufenden Beiträge, sowie die Anschlusskosten und die Kosten der laufenden Programmpflege einschließlich der Updates sind als allgemeine Geschäftskosten mit den Gebühren abgegolten (Abs. 1).
- Die Entgelte für Post- und Telekommunikationsdienstleistungen werden durch VV 7001, 7002 erfasst.[5] Hierzu gehören auch die Entgelte, die der Anwalt an den Online-Service oder den Provider für die entsprechende Datenbankrecherche zahlen muss.[6]
- Die konkreten Kosten einer einzelfallbezogenen Anfrage sind dagegen besondere Kosten und können daher dem Auftraggeber gesondert in Rechnung gestellt werden.[7] Die Anfrage oder Recherche muss allerdings erforderlich gewesen sein. Dies wird man nur bei entlegenen Rechtsfragen annehmen können.[8]

Gleiches gilt auch für sonstige **Auskunftsdienste**. Zu den allgemeinen Geschäftskosten zählen daher auch Mitgliedsbeiträge bei einer Kreditauskunft (Creditreform u.Ä.) oder bei sonstigen Fachvereinigungen.[9] Nur die für eine einzelfallbezogene Anfrage entstandenen und ausweisbaren Kosten können dem Mandanten gesondert in Rechnung gestellt werden. 19

Strittig ist ferner, inwieweit auch die Tätigkeiten von **Vertretern** und **Mitarbeitern**, die nicht in den Bereich des § 5 fallen, nach Abs. 1 S. 1 abgegolten sind. Zum Teil wird die Auffassung vertreten, dass der Anwalt für Stellvertreter und Mitarbeiter außerhalb des Anwendungsbereichs des § 5 keine Vergütung verlangen könne, sondern dass die hierdurch ausgelösten Kosten für Löhne und Gehälter durch die jeweiligen Gebühren abgegolten seien.[10] Die ganz h.M. gewährt insoweit jedoch einen Anspruch nach § 612 Abs. 2 BGB (ausführlich hierzu siehe § 5 Rdn 57 ff.). 20

2. Besondere Auslagen

a) Besondere Auslagen (Abs. 1 S. 2)

Hinsichtlich der besonderen Auslagen für Post- und Telekommunikationsdienstleistungen, Dokumentenpauschalen, Haftpflichtversicherungsprämie und Reisekosten verweist Abs. 1 S. 1 auf die Vorschriften der VV 7000 ff. Die dort aufgeführten Auslagentatbestände sind hinsichtlich ihres Anwendungsbereichs abschließend. Soweit also Porti, Schreibauslagen, Haftpflichtversicherungsprämie oder Reisekosten angefallen sind, die nicht nach diesen Vorschriften vom Mandanten zu übernehmen sind, kann der Anwalt diese Kosten nicht abrechnen. Es gilt vielmehr Abs. 1 S. 1. Ein Aufwendungsersatzanspruch nach § 670 BGB scheidet dann ebenfalls aus. 21

b) Sonstige besondere Auslagen

Besondere Auslagen, die nicht in VV 7000 ff. geregelt sind, kann der Anwalt nach den allgemeinen Vorschriften verlangen, also nach § 675 BGB i.V.m. § 670 BGB (Abs. 1 S. 2). 22

aa) Einzelfälle. Zu den **besonderen Auslagen** zählen: 23
- vorgelegte Gerichtskosten
- vorgelegte Gerichtsvollzieherkosten
- Kosten besonderer Zustellungen
- Gebühren für Meldeamtsanfragen (Einwohnermeldeamt, Gewerbemeldeamt etc.)
- Aktenversendungspauschalen (siehe Rdn 24)
- Ausgaben für Testkäufe in Wettbewerbsverfahren
- Videokassetten, wenn sie dem Mandanten ausgehändigt werden
- Beschaffungskosten für Compact-Disks zur Speicherung von Beweismitteln[11]
- einzelfallbezogene Auskunftskosten wie z.B. Kosten für Datenbankrecherchen[12]

---

5 *Hansens*, ZAP Fach 24, S. 522.
6 *Hansens*, ZAP Fach 24, S. 522.
7 SG Berlin AnwBl 1994, 367; LG Köln AGS 1992, 14; SG München AnwBl 1994, 146 = NJW-RR 1993, 381.
8 SG Berlin AnwBl 1994, 367; LG Köln AGS 1992, 14.
9 KG BRAGOreport 2000, 9.
10 OLG Düsseldorf JurBüro 1963, 341 u. 481 = JMBl NW 1963, 64; LG Trier AnwBl 1978, 359; LG Wuppertal JurBüro 1980, 537; AG Mettmann AnwBl 1977, 321; LG Koblenz KostRsp. BRAGO § 4 Nr. 34.
11 KG AGS 2014, 50 = zfs 2014, 223 = RVGreport 2014, 233.
12 SG Berlin AnwBl 1994, 367; AG München NJW-RR 1993, 381 = AnwBl 1994, 146; AG Münster NJW-CoR 1990, 31; ausführlich *Hansens*, ZAP Fach 24, S. 521 ff.

- Aufwendungen für die Ermittlung von Zeugen
- Kosten für Registerauskünfte und Grundbuchauszüge[13]
- Kosten für Boten
- Detektivkosten
- Übersetzungskosten[14]
- Aufwendungen für besondere, das übliche Maß übersteigende Verpackungen oder Versendungsformen, wie Speditionskosten
- Aufwendungen für die Hinzuziehung juristischer Mitarbeiter, etwa zur Sichtung einer Vielzahl von Aktenordnern.[15]

24 **bb) Aktenversendungspauschale.** Für die Übersendung von Gerichtsakten und Akten der Staatsanwaltschaft wird nach GKG-KostVerz. 9003, FamGKG-KostVerz. 2003; GNotKG-KostVerz. 31003 eine Pauschale erhoben.

GKG-KostVerz. 9003

Pauschale für

9003	Pauschale für die bei der Versendung von Akten auf Antrag anfallenden Auslagen an Transport- und Verpackungskosten je Sendung	12,00 €
	(1) Die Hin- und Rücksendung der Akten durch Gerichte oder Staatsanwaltschaften gelten zusammen als eine Sendung. (2) Die Auslagen werden von demjenigen Kostenschuldner nicht erhoben, von dem die Gebühr 2116 zu erheben ist.	

Die Vorschriften der FamGKG-KostVerz. 2003 und GNotKG-KostVerz. 31003 haben den gleichen Wortlaut.

25 Die Pauschale ist sofort fällig (§ 9 Abs. 2 GKG, § 11 Abs. 2 FamGKG, § 9 Abs. 2 GNotKG).

26 Der Auslagentatbestand des GKG-KostVerz. 9003 ist durch das KostRÄndG 1994 eingeführt worden und ist mit dem Grundgesetz vereinbar.[16] Hier war vieles umstritten, was sich allerdings überwiegend geklärt hat.

27 Die Vorschrift des GKG-KostVerz. 9003 gilt sowohl für die Versendung von **Gerichtsakten** als auch für die Übersendung der **staatsanwaltschaftlichen Ermittlungsakten**. Für die Versendung von Ermittlungsakten, die noch von der Verwaltungsbehörde geführt werden, gilt diese Vorschrift dagegen nicht. In Justizverwaltungsverfahren gilt die inhaltsgleiche Regelung nach § 5 Abs. 1 JVKostO i.V.m. GNotKG-KostVerz. 31003.

28 Die Versendungspauschale beläuft sich auf 12 EUR je Sendung. Werden mehrere Akten gemeinsam versandt, so entsteht die Pauschale nur einmal. Werden mehrere Akten getrennt versandt, obwohl eine einheitliche Versendung möglich gewesen wäre, darf die Aktenversendungspauschale ebenfalls nur einmal abgerechnet werden, es sei denn, es sind ausdrücklich Teillieferungen beantragt worden.[17]

29 Wird die Akte vom Anwalt **persönlich abgeholt**, so löst dies keine Pauschale aus.[18]

30 Kontrovers diskutiert wurde die Frage, ob die Aktenversendungspauschale auch dann anfällt, wenn die Akte in das Gerichtsfach des Anwalts gelegt wird. Ein Teil der Rechtsprechung hat dies bejaht.[19] Andere Gerichte haben in diesem Fall die Erhebung einer Aktenversendungspauschale abgelehnt.[20] Teilweise wurde die Erhebung sogar dann abgelehnt, wenn die Akten von der die Akten versendenden Behörde innerhalb eines Justizzentrums in ein dort befindliches Fach eines Anwalts gelegt werden. Dabei sollte es sogar unerheblich sein, ob das Justizzentrum aus einem Gebäude, in welchem

---

13 OLG Düsseldorf AGS 2009, 197 = OLGR 2009, 340 = Rpfleger 2009, 344 = NJW-Spezial 2009, 284.
14 OLG Karlsruhe AGS 2000, 176.
15 OLG Brandenburg StraFo 1997, 30; *Hansens*, ZAP Fach 24, S. 521 ff.
16 NJW 1995, 3177.
17 BSG AGS 2015, 398 = zfs 2015, 461 = RVGreport 2015, 356 = NJW-Spezial 2015, 572.

18 LG Detmold NJW 1995, 2801; LG Göttingen AnwBl 1995, 570.
19 Zuletzt OLG Koblenz AGS 2013, 83 = NStZ-RR 2013, 125 = MDR 2013, 495 = JurBüro 2013, 210 = Rpfleger 2013, 412 = NJW 2013, 1018.
20 OVG Koblenz NJW 2013, 2137.

mehrere Gerichte bzw. die Staatsanwaltschaft untergebracht sind, oder aus mehreren nahegelegenen Gebäuden besteht.[21]

Mit der zum 1.8.2013 vorgenommenen Änderung der Nr. 9003 GKG-KostVerz. hat der Gesetzgeber klar zum Ausdruck gebracht, dass mit der Pauschale nur der Ersatz barer Auslagen abgegolten werden soll. Die Pauschale ist also nur dann zu erheben, wenn durch die Versendung der Akten an den Anwalt tatsächliche Kosten entstehen, also wenn die Akten per Post oder durch einen anderen entgeltlichen Dienstleister[22] versandt werden und damit Kosten für Porto und Verpackung anfallen. Dann werden allerdings immer die vollen 12 EUR erhoben, auch wenn das Porto im Einzelfall geringer ist. Die Aktenversendungspauschale darf dagegen nicht erhoben werden, wenn die Akte justizintern verschickt wird.[23] **31**

Die Kosten der Rücksendung trägt nach wie vor der Anwalt.[24] Daran hat sich nichts geändert.

Von einem **Vorschuss** darf die Aktenübersendung nicht abhängig gemacht werden, da es an einer entsprechenden gesetzlichen Regelung fehlt und zumindest in Strafsachen verfassungsrechtliche Bedenken gegen eine Vorschusspflicht bestehen.[25] **32**

Umstritten war, wer gegenüber der Staatskasse **Schuldner** der Aktenversendungspauschale ist. Nach h.M. sollte derjenige Kostenschuldner sein, der die Akten anfordert, in der Regel also der **Rechtsanwalt** und nicht der von ihm vertretene Prozessbeteiligte.[26] Diese Regelung ist nunmehr Gesetz geworden: § 28 Abs. 2 GKG.[27] **33**

> **§ 28 GKG Auslagen in weiteren Fällen**
> (1) ...
> (2) ¹Die Auslagen nach Nummer 9003 des Kostenverzeichnisses schuldet nur, wer die Versendung der Akte beantragt hat.
> (3) ¹Im Verfahren auf Bewilligung von Prozesskostenhilfe einschließlich des Verfahrens auf Bewilligung grenzüberschreitender Prozesskostenhilfe ist der Antragsteller Schuldner der Auslagen, wenn
> 1. der Antrag zurückgenommen oder vom Gericht abgelehnt wird oder
> 2. die Übermittlung des Antrags von der Übermittlungsstelle oder das Ersuchen um Prozesskostenhilfe von der Empfangsstelle abgelehnt wird.

Die gleiche Rechtslage gilt für die Aktenversendungspauschale in Bußgeldsachen nach § 107 Abs. 5 OWiG.[28]

---

21 OLG Naumburg NStZ-RR 2012, 192; a.A. wiederum OLG Düsseldorf StRR 2010, 277.
22 OLG Saarbrücken zfs 2016, 167 = JurBüro 2016, 31 = RVGreport 2015, 478 = NStZ-RR 2016, 32; OLG Düsseldorf AGS 2015, 572; OLG Bamberg AGS 2015, 278 = RVGreport 2015, 235 = wistra 2015, 248 = NStZ-RR 2015, 232 = NJW-Spezial 2015, 477 = RVGprof. 2015, 169; OLG Köln, Beschl. v. 7.7.2015 – 2 Ws 394/15.
23 OLG Celle, Beschl. v. 16.2.2016 – 2 W 32/16; OLG Nürnberg AGS 2016, 84 = StraFo 2016, 87; OLG Köln AGS 2014, 513 = StraFo 2015, 40 = NJW-Spezial 2014, 699 = NStZ-RR 2015, 32 = RVGprof. 2015, 46 = RVGreport 2015, 197; OLG Köln zfs 2015, 528 = NJW-RR 2015, 1342 = RVGreport 2015, 355; OLG Koblenz AnwBl 2014, 657 = JurBüro 2014, 379.
24 OLG Naumburg AGS 2008, 468 = JurBüro 2008, 374 = OLGR 2008, 635 = MDR 2008, 1186 = NJW-RR 2008, 1666.
25 BVerfG NJW 1995, 3177; AG Soest AnwBl 1995, 152; AG Koblenz AnwBl 1995, 380; LG Tübingen AnwBl 1995, 569.
26 BGH AGS 2011, 262 = DAR 2011, 356 = MDR 2011, 758 = VersR 2011, 877 = zfs 2011, 402 = AnwBl 2011, 583 = RuS 2011, 287 = SVR 2011, 263 = JurBüro 2011, 412 = Rpfleger 2011, 563 = NZV 2011, 438 = NJW 2011, 3041 = NJW-Spezial 2011, 349 = RVGreport 2011, 215 = VRR 2011, 279 = RVGprof. 2011, 134 = StRR 2011, 279 = BRAK-Mitt 2011, 214 = DÖV 2011, 704 = Schaden-Praxis 2011, 341 = GuT 2011, 310; LG Ravensburg AnwBl 1995, 153; LG Baden-Baden 1995, 543; LG Tübingen AnwBl 1995, 569; AG Marsberg AnwBl 1995, 153; AG Tiergarten AnwBl 1995, 571; *Herget*, Anm. zu AG Ahaus KostRsp. KostVerz.-GKG Nr. 2.
27 Gleichlautende Regelungen finden sich in § 23 Abs. 2 FamGKG und § 26 Abs. 2 GNotKG.
28 Die Versendungspauschale kann nur im Rahmen eines Bußgeldverfahrens erhoben werden. Sie kann nicht erhoben werden für eine Akteneinsicht zur Durchsetzung zivilrechtlicher Schadensersatzansprüche (OVG Münster AGS 2005, 296).

§ 107 OWiG Gebühren und Auslagen

...

(5) ¹Von demjenigen, der die Versendung von Akten beantragt, werden je durchgeführte Sendung einschließlich der Rücksendung durch Behörden pauschal 12 Euro als Auslagen erhoben. ²Wird die Akte elektronisch geführt und erfolgt ihre Übermittlung elektronisch, beträgt die Pauschale 5 Euro.

Auch hier ist derjenige Anwalt, der die Aktenversendung beantragt hat, Auslagenschuldner.[29]

34 Sendet der Rechtsanwalt die Akten „unfrei" zurück, muss er die Nachgebühren nach GKG-KostVerz. 9013 erstatten.[30]

35 Umstritten wiederum ist, ob der Anwalt die Versendungspauschale vom Mandanten erstattet verlangen kann, wenn er sie verauslagt. Das AG Geesthacht[31] leitet eine Erstattungspflicht des Auftraggebers aus einer analogen Anwendung des VV 7000 ab.

36 Zum Teil wird vertreten, dass diese Auslagen als allgemeine Geschäftskosten nach Abs. 1 S. 1 abgegolten seien.[32]

37 Das AG Nordhorn[33] wiederum hatte die Ansicht vertreten, die verauslagte Versendungspauschale sei durch die anwaltliche Postentgeltpauschale § 26 S. 2 BRAGO abgedeckt und könne daher nur bei konkreter Abrechnung der Postauslagen erstattet verlangt werden. Diese abwegige Auffassung wird – soweit ersichtlich – ausschließlich noch vom LG Leipzig[34] vertreten.

Zutreffenderweise wird man auch hier die Versendungspauschale als **besondere Kosten** nach Abs. 1 S. 2 ansehen müssen mit der Folge, dass der Anwalt diese dem Mandanten in Rechnung stellen kann.[35]

38 Zur Umsatzsteuerpflicht bei Weiterberechnung der Aktenversendungspauschale (siehe VV 7008 Rdn 52 ff.).

3. Reiner Auslagenersatz

39 Dem Anwalt kann in Ausnahmefällen auch lediglich ein Anspruch auf Aufwendungsersatz zustehen, ohne dass er einen Gebührenanspruch hat. Solche Fälle sind allerdings selten. In Betracht kommen dabei lediglich Tätigkeiten außerhalb eines Auftrags, etwa wenn ein Auftrag nicht zustande kommt, der Anwalt jedoch vorher bereits im Vertrauen auf den Auftrag Aufwendungen getätigt hat, die für den Mandanten von Interesse sind. Bloße Kosten der Akquise kann der Anwalt dagegen nicht vom Mandanten erstattet verlangen.

> **Beispiel:** Der Anwalt macht die Übernahme des Mandats in einer Strafsache von der Einsicht in die Gerichtsakten abhängig. Nach Akteneinsicht lehnt er die Übernahme des Mandats ab.
> Der Anwalt kann weder Kopierkosten geltend machen noch Ersatz der Auslagen für die Aktenversendung; es sei denn, dies war ausdrücklich vereinbart.
> Bittet der Mandant allerdings nachträglich um Überlassung der Kopien aus den Strafakten, so kann der Anwalt hierfür Kostenersatz nach VV 7000 verlangen. Auch wenn es nicht zum Auftrag gekommen ist, so hält sich die Tätigkeit des Anwalts im Rahmen seiner Berufstätigkeit (§ 1 Abs. 1), so dass nach dem RVG abzurechnen ist.

III. Vergütungsfestsetzung

40 Soweit die Auslagen in einem gerichtlichen Verfahren entstanden sind, können sie nach § 11 gegen den Auftraggeber festgesetzt werden. Dies gilt nicht nur für die Auslagen nach VV 7000 ff., sondern gem. § 11 Abs. 1 S. 1 auch für Auslagen, die nur nach Abs. 1 S. 2 i.V.m. §§ 670, 675 BGB zu

---

29 AG Hannover NdsRpfl 2003, 390.
30 OLG Naumburg AGS 2008, 468 = JurBüro 2008, 374 = OLGR 2008, 635 = MDR 2008, 1186 = NJW-RR 2008, 1666.
31 AnwBl 1996, 476.
32 AG Tiergarten AnwBl 1995, 571 und AG München JurBüro 1995, 544.
33 JurBüro 1995, 305 m. abl. Anm. *Enders*.
34 NStZ-RR 2000, 319; RVGreport 2010, 182.
35 KG AGS 2009, 198 = MDR 2009, 114 = JurBüro 2009, 93 = KGR 2009, 181 = zfs 2009, 169; OLG Dresden AGkompakt 2011, 15 = RVGreport 2010, 454 = RVGprof. 2011, 30.

erstatten sind (siehe § 11 Rdn 136 ff.). Die frühere gegenteilige Rechtsprechung des BGH[36] zur abweichenden Rechtslage nach der BRAGO ist gegenstandslos.

B. Begriff der Geschäftsreise (Abs. 2)

I. Allgemeines

Voraussetzung dafür, dass der Anwalt Reisekosten abrechnen kann, ist, dass eine Geschäftsreise i.S.d. Abs. 1 S. 2 vorliegt. Der früher umstrittene **Begriff der Geschäftsreise** war bereits durch das KostRÄndG 1994 per Legaldefinition in § 28 Abs. 1 S. 2 BRAGO geklärt worden. Diese Regelung ist unverändert in das RVG aufgenommen worden und findet sich in Abs. 2. 41

Für **Reisekosten des Mandanten** gilt die Einschränkung des Abs. 2 nicht. Fahrtkosten z.B. zum Gerichtstermin sind für ihn auch dann erstattungsfähig, wenn er die Reise des Gerichtsortes stattfindet. Ein Verlassen der politischen Grenzen des Gerichtsortes ist nicht erforderlich.[37] 42

II. Geschäftsreise (Abs. 2)

Eine Geschäftsreise liegt nach Abs. 2 vor, wenn das **Reiseziel außerhalb der Gemeinde liegt, in der sich die Kanzlei oder die Wohnung des Rechtsanwalts befindet**. Maßgebend ist also allein, ob der Anwalt in Erfüllung seines anwaltlichen Mandats das Gebiet der **politischen Gemeinde** verlassen muss. Auf die Entfernung kommt es nicht an. Der Anwalt kann daher selbst bei kürzesten Strecken Reisekosten beanspruchen, solange er dabei die Gemeindegrenze überquert, selbst wenn zwei Gemeinden nahtlos aneinandergrenzen und im selben Landkreis liegen.[38] Umgekehrt kann er bei großen Entfernungen keine Reisekosten verlangen, wenn das Ziel noch in derselben Gemeinde liegt. Das gilt selbst dann, wenn das Ziel in einem anderen Gerichtsbezirk liegt (etwa bei Fahrten innerhalb von Berlin oder Hamburg).[39] 43

Liegen **Wohn- und Kanzleisitz auseinander**, so können **Reisekosten zum Kanzleiort** niemals abgerechnet werden. Auch für **Fahrten zum Wohnort** ist eine Reisekostenabrechnung grundsätzlich ausgeschlossen. Etwas anderes gilt nur dann, wenn der Anwalt die Reise von seiner Kanzlei aus antreten und nach dem Termin auch wieder dorthin zurückfährt.[40] Der Anwalt, der nach §§ 27, 29 BRAO einen auswärtigen Wohnsitz hat, darf deshalb nicht schlechter gestellt werden. Ihm kann auch nicht vorgeschrieben werden, die Reise von zu Hause aus anzutreten. Wenn er sich entscheidet vor dem Termin am Wohnort zuvor in seine auswärtige Kanzlei zu fahren und dort noch Arbeiten zu erledigen, so ist dies seine freie Entscheidung.[41] Erledigt der Anwalt allerdings den Termin auf dem Hinweg zu seiner Kanzlei oder auf dem Rückweg, so liegt keine Geschäftsreise vor, die er abrechnen könnte. 44

Unterhält der Anwalt eine **Zweigstelle**, so soll eine Geschäftsreise nicht vorliegen, wenn der Anwalt zu einem Ziel fährt, das innerhalb der Gemeinde liegt, in der die Zweigstelle unterhalten wird.[42] Diese Auffassung ist jedoch unzutreffend. Sie steht auch im Widerspruch zur Rechtsprechung des 45

---

36 AGS 2003, 391 m. Anm. *N. Schneider* = BRAGOreport 2003, 197 = BB 2003, 1812 = FamRZ 2003, 1381 = NJW 2003, 2834 = BGHReport 2003, 1114 = FuR 2003, 415 = MDR 2003, 1201 = Rpfleger 2003, 620 = JurBüro 2003, 540 m. Anm. *Schrader* = Rbeistand 2003, 95 = FuR 2004, 138 = BGHR BRAGO § 19 Gerichtskosten 1 = RpflStud 2003, 179 m. Anm. *von König* = EBE/BGH 2003, BGH-Ls 602/03 = EzFamR aktuell 2003, 294 = ZFE 2003, 310 = BRAK-Mitt 2003, 283 = ProzRB 2003, 285 m. Anm. *N. Schneider*.
37 AG Limburg AGS 2010, 568 = NJW-Spezial 2010, 732.
38 SG Neuruppin AGS 2011, 256.
39 LG Berlin AGS 2008, 515 = RVGreport 2008, 268.
40 OLG Düsseldorf AGS 2012, 167 = zfs 2012, 287 = NJW-RR 2012, 764 = JurBüro 2012, 299 = Rpfleger 2012, 412 = RVGreport 2012, 189 = RVGprof. 2012, 164.
41 OLG Düsseldorf AGS 2012, 167 = zfs 2012, 287 = NJW-RR 2012, 764 = JurBüro 2012, 299 = Rpfleger 2012, 412 = RVGreport 2012, 189 = RVGprof. 2012, 164.
42 OLG Dresden AGS 2011, 275 = NJW 2011, 869 = Rpfleger 2011, 240 = VRR 2011, 43 = RVGreport 2011, 145; OLG Koblenz AGS 2015, 507 = MDR 2015, 860 = NJW-RR 2015, 1408 = NJW-Spezial 2015, 699 = RVGprof. 2015, 204 = FamRZ 2016, 256.

BGH,[43] der bei mehreren Standorten darauf abstellt, von welchem Kanzleiort aus die Sache bearbeitet worden ist. Abzustellen ist nach zutreffender Ansicht auf diejenige Zweigstelle, in der das Mandat angenommen worden ist und bearbeitet wird.[44] Voraussetzung ist allerdings, dass der Anwalt tatsächlich auch von der auswärtigen Zweigstelle angereist ist.

46 Auf den **Zweck** der Geschäftsreise kommt es nicht an. Zu vergüten sind sämtliche Reisen, sofern sie der Anwalt zur sachgerechten Wahrnehmung des Mandats für erforderlich halten durfte (§ 670 BGB), also insbesondere Fahrten zu Gerichtsterminen, zu Ortsbesichtigungen, zu Behörden, zu Sachverständigen oder anderen Institutionen zum Zwecke der Informationsbeschaffung, so etwa für Reisekosten zum behandelnden Arzt in Freiheitsentziehungsverfahren.[45] Auch Fahrten zur Besprechung beim Mandanten zählen hierzu.

C. Reisen zur Ausführung mehrerer Geschäfte (Abs. 3 S. 1)

I. Allgemeines

47 Die Vorschrift des Abs. 3 S. 1 gibt an, wie die nach VV 7003 bis 7006 zu berechnenden Reisekosten zu **verteilen** sind, wenn eine Geschäftsreise in mehreren Angelegenheiten gleichzeitig durchgeführt wird. Sie regelt nicht, welche Vergütung dem Anwalt für die Ausführung von Geschäftsreisen zusteht; dies ergibt sich vielmehr aus VV 7003 bis 7006.

48 Nimmt der Anwalt anlässlich einer Geschäftsreise am Zielort oder unterwegs auch einen privaten Termin wahr, so ist keine anteilige Aufteilung der Reiskosten nach Abs. 3 S. 1 vorzunehmen, weil die Reise nicht mehreren abrechenbaren Geschäften gedient hat.[46]

II. Berechnung

49 Wird eine Geschäftsreise für **mehrere Angelegenheiten** durchgeführt – unabhängig davon, ob auch für mehrere Auftraggeber oder für denselben –, so sind die gesamten Reisekosten gemäß Abs. 3 S. 1 **verhältnismäßig** aufzuteilen. Dies gilt insbesondere für sog. **Rundreisen**, bei denen für mehrere Auftraggeber auf einer Reise mehrere Ziele angefahren werden.

50 **Jeder Auftraggeber** haftet bei einer solchen gemeinsamen Geschäftsreise nur **für seinen Anteil** und nicht etwa für die Kosten, die entstanden wären, wenn der Anwalt allein für ihn gereist wäre. Eine Haftung der Auftraggeber als Gesamtschuldner oder nach § 7 Abs. 2 S. 1 kommt hier nicht in Betracht, da der Anwalt nicht in derselben Angelegenheit tätig wird.

51 Bei der Berechnung des auf die jeweilige Angelegenheit entfallenden Anteils ist in folgenden Schritten vorzugehen:
1. Zunächst sind die **tatsächlichen (erstattungsfähigen) Gesamtkosten** zu berechnen.
2. Sodann sind die **fiktiven Einzelreisekosten** zu ermitteln, die angefallen wären, wenn der Anwalt die Reisen für jeden Mandanten einzeln durchgeführt hätte.
3. Schließlich muss noch die **Summe der Kosten der fiktiven einzelnen Reisen** errechnet werden.
4. Alsdann werden die fiktiven Einzelreisekosten des Mandanten mit der Summe der tatsächlichen erstattungsfähigen Reisekosten multipliziert und durch den Gesamtbetrag aller fiktiven Reisekosten dividiert. Es gilt also folgende **Formel**:

$$\frac{\text{Fiktive Einzelreisekosten des Mandanten} \times \text{tatsächliche erstattungsfähige Gesamtreisekosten}}{\text{Summe aller fiktiven Einzelreisekosten}}$$

---

[43] BGH AGS 2008, 368 = FamRZ 2008, 1241 = NJW 2008, 2122 = MDR 2008, 829 = Rpfleger 2008, 443 = BRAK-Mitt 2008, 178 = JurBüro 2008, 430 = AnwBl 2008, 552 = RVGreport 2008, 267 = RVGprof. 2008, 165.

[44] Gerold/Schmidt/*Müller-Rabe*, RVG, VV 7003, 7004 Rn 8.

[45] AG Medingen AnwBl 1966, 140; Gerold/Schmidt/*Burhoff*, RVG, VV 6300–6303 Rn 18.

[46] LAG Berlin-Brandenburg AGS 2009, 177.

Beispiel: Der Anwalt hat seine Kanzlei in Köln. Für Mandant A fährt er zum LG Bonn und anschließend für Mandant B zum LG Koblenz. Das LG Bonn liegt 30 km von der Kanzlei entfernt, das LG Koblenz 120 km, die Entfernung zwischen LG Bonn und LG Koblenz beträgt 100 km. Es ergibt sich folgende Berechnung:

(1) Tatsächliche erstattungsfähige Gesamtreisekosten

Fahrtkosten, VV 7003 ([30 + 100 + 120 km] x 0,30 EUR/km)	75,00 EUR
Abwesenheitspauschale 4 bis 8 Stunden, VV 7005 Nr. 2	40,00 EUR
Gesamt	**115,00 EUR**

(2) Fiktive Einzelreisekosten
Mandant A:

Fahrtkosten, VV 7003 (2 x 30 km x 0,30 EUR/km)	18,00 EUR
Abwesenheitspauschale bis 4 Stunden, VV 7005 Nr. 1	25,00 EUR
Gesamt	**43,00 EUR**

Mandant B:

Fahrtkosten, VV 7003 (2 x 120 km x 0,30 EUR/km)	72,00 EUR
Abwesenheitspauschale 4 bis 8 Stunden, VV 7005 Nr. 2	40,00 EUR
Gesamt	**112,00 EUR**

(3) Summe der fiktiven Einzelreisekosten (43,00 EUR + 112,00 EUR =)	**155,00 EUR**
(4) Anteilige Kosten	
Mandant A hat zu zahlen: 43,00 EUR x 115,00 EUR ./. 155,00 EUR	**= 31,90 EUR**
Mandant B hat zu zahlen: 112,00 EUR x 115,00 EUR ./. 155,00 EUR	**= 83,10 EUR**
Gesamt (Kontrolle)	**115,00 EUR**

Insbesondere bei den sog. **Rundreisen** (vgl. Rdn 49) können Kosten anfallen, die der Anwalt bei einzelner Betrachtung der Reise an sich nicht erstattet verlangen könnte (z.B. Übernachtungskosten), die aber bei einer Gesamtbetrachtung letztlich zur Vermeidung anderer Kosten geführt haben. **52**

Beispiel: Der Anwalt hat seine Kanzlei in Köln. Für Mandant A nimmt er am 10.9. an einem Termin in Frankfurt teil. Von dort fährt er weiter nach Freiburg, wo er übernachtet (100 EUR) und am nächsten Tag für Mandant B vor dem LG an einem Verhandlungstermin teilnimmt. Von dort fährt er dann wieder nach Köln zurück. Es ergibt sich folgende Berechnung (Entfernungen: Köln – Frankfurt 200 km; Frankfurt – Freiburg 250 km; Freiburg – Köln 440 km):

(1) Tatsächliche Gesamtreisekosten

Fahrtkosten, VV 7003 ([200 + 250 + 440 km] x 0,30 EUR/km)	267,00 EUR
2 Abwesenheitspauschalen über 8 Stunden, VV 7005 Nr. 3	140,00 EUR
Übernachtungskosten	100,00 EUR
Gesamt	**507,00 EUR**

(2) Fiktive Einzelreisekosten
Mandant A:

Fahrtkosten, VV 7003 (2 x 200 km x 0,30 EUR/km)	120,00 EUR
Abwesenheitspauschale 4 bis 8 Stunden, VV 7005 Nr. 2	40,00 EUR
Gesamt	**160,00 EUR**

Mandant B:

Fahrtkosten, VV 7003 (2 x 440 km x 0,30 EUR/km)	264,00 EUR
Abwesenheitspauschale über 8 Stunden, VV 7005 Nr. 3	70,00 EUR
Gesamt	**334,00 EUR**

(3) Summe der fiktiven Einzelreisekosten (160,00 EUR + 334,00 EUR =)	**494,00 EUR**

Da die Übernachtungskosten als solche hier nicht erstattungsfähig wären, kann der Anwalt diese Kosten nur insoweit abrechnen, als er hierdurch die Kosten einer zusätzlichen Hin- und Rückfahrt vermieden hat. Er darf also seine tatsächlichen Kosten nur in Höhe der fiktiven Einzelreisekosten von 494 EUR abrechnen. Daher ist auch nur dieser Betrag in die Formel einzusetzen. Würde man auch hier die vollen tatsächlichen Kosten berücksichtigen, würde der Anwalt benachteiligt, da er dann im Ergebnis nicht einmal die erstattungsfähigen Kosten erhalten würde, sondern nur einen Bruchteil hiervon.

Mandant A hat zu zahlen: 160,00 EUR x 507,00 EUR ./. 494,00 EUR	**164,21 EUR**
Mandant B hat zu zahlen: 334,00 EUR x 507,00 EUR ./. 494,00 EUR	**342,79 EUR**
Gesamt	**507,00 EUR**

Letztlich muss also jede Partei die vollen fiktiven Einzelreisekosten tragen. Der fehlende Differenzbetrag in Höhe von (507,00 EUR – 494,00 EUR =) **13,00 EUR** verbleibt beim Anwalt als Ausfall.

53 Kann der Anwalt die Kosten einer Reise für mehrere Geschäfte nur von einer Partei verlangen, etwa weil er mit der anderen eine Vergütungsvereinbarung getroffen hat, ist wie oben zu rechnen (siehe Rdn 51). Der ersatzpflichtige Auftraggeber hat dann nur den auf ihn entfallenden Anteil der gesetzlichen Reisekosten zu tragen; die weiteren Kosten kann der Anwalt nicht abrechnen.

> **Beispiel:** Wie vorangegangenes Beispiel (siehe Rdn 51); jedoch hat der Anwalt mit Mandant B eine pauschale Vergütungsvereinbarung getroffen.
> Von Mandant A kann der Anwalt wiederum 31,90 EUR verlangen; dem B kann er keine Reisekosten in Rechnung stellen.

III. Unterschiedliches Gebührenrecht

54 Richtet sich die Vergütung für eine gemeinsame Geschäftsreise teils nach neuem Gebührenrecht (RVG) und teils nach altem Recht (BRAGO), so ist die Berechnung der Anteile nach dem jeweils gültigen Recht zu ermitteln. Zur Abrechnung siehe die 7. Aufl., VV Vorb. 7 Rn 51.

55 Richtet sich die Vergütung für eine gemeinsame Geschäftsreise teils nach neuen Beträgen des RVG und teils nach den alten Beträgen, so ist ebenfalls die Berechnung der Anteile nach dem jeweils gültigen Recht zu ermitteln.

> **Beispiel:** Wie vorangegangenes Beispiel (siehe Rdn 51), jedoch hatte Mandant B den Auftrag schon vor Inkrafttreten des 2. KostRMoG erteilt.
> **(1) Tatsächliche erstattungsfähige Gesamtreisekosten**
> Fahrtkosten, VV 7003 ([30 + 100 + 120 km] x 0,30 EUR/km)   75,00 EUR
> Abwesenheitspauschale 4 bis 8 Stunden, VV 7005 Nr. 2   40,00 EUR
> **Gesamt**   **115,00 EUR**
> **(2) Fiktive Einzelreisekosten**
> **Mandant A:**
> Fahrtkosten, VV 7003 (2 x 30 km x 0,30 EUR/km)   18,00 EUR
> Abwesenheitspauschale bis 4 Stunden, VV 7005 Nr. 1   25,00 EUR
> **Gesamt**   **43,00 EUR**
> **Mandant B:** (Berechnung nach VV a.F.)
> Fahrtkosten, VV 7003 (2 x 120 km x 0,30 EUR/km)   72,00 EUR
> Abwesenheitspauschale 4 bis 8 Stunden, VV 7005 Nr. 2   40,00 EUR
> **Gesamt**   **112,00 EUR**
> **(3) Summe der fiktiven Einzelreisekosten**   **155,00 EUR**
> **(4) Einzelberechnung**
> Mandant A hat zu zahlen: 43,00 EUR x 115,00 EUR ./. 155,00 EUR   **31,90 EUR**
> Mandant B hat zu zahlen: 112,00 EUR x 115,00 EUR ./. 155,00 EUR   **83,10 EUR**
> **Gesamt**   **115,00 EUR**

D. Verlegung der Kanzlei (Abs. 3 S. 2)

56 Verlegt der Anwalt nach Entgegennahme des Auftrags seine Kanzlei, so kann er seine Reisekosten nur insoweit verlangen, als sie auch vom früheren Kanzleisitz aus angefallen wären. Diese Regelung entspricht dem früheren § 30 BRAGO.

> **Beispiel:** Nach Erhalt des Mandats verlegt der Verteidiger seine Kanzlei von Köln nach Bonn.
> Für die Wahrnehmung des Hauptverhandlungstermins vor dem AG Köln darf er dem Auftraggeber keine Reisekosten in Rechnung stellen.

57 Abzustellen ist bei der nach Abs. 3 S. 2 vorzunehmenden Betrachtung nicht auf jede einzelne Reise, da dies den Anwalt ohne sachlichen Grund benachteiligen könnte. Maßgebend ist vielmehr eine **Gesamtbetrachtung**. Die Summe aller tatsächlichen Reisekosten darf die Summe der fiktiven Reisekosten nicht übersteigen, die bei Beibehaltung des alten Kanzleisitzes entstanden wären.

> **Beispiel:** Nach Erhalt des Prozessauftrages verlegt der Anwalt seine Kanzlei von Leverkusen nach Köln.
> Vor dem LG Köln nimmt er an der mündlichen Verhandlung teil und anschließend in Leverkusen an einem auswärtigen Ortstermin.
> Reisekosten zum Termin vor dem LG Köln sind nicht angefallen, da keine Geschäftsreise vorliegt. Die Fahrtkosten zum auswärtigen Termin nach Leverkusen wiederum wären nicht entstanden, wenn der Anwalt

die Kanzlei nicht verlegt hätte. Betrachtet man also jeden Termin für sich, könnte der Anwalt für keinen Termin Reisekosten verlangen. Abzustellen ist jedoch auf eine Gesamtschau: Hätte der Anwalt seine Kanzlei in Leverkusen beibehalten, so wären Reisekosten für den Termin in Köln entstanden. Da er diese Kosten durch seine Kanzleiverlegung erspart hat, sind anderweitig entstandene Reisekosten daher in der ersparten Höhe vom Mandanten zu tragen.

Auf den Vergütungsanspruch des Pflichtverteidigers gegen die Landeskasse ist der Ausschlusstatbestand des Abs. 3 S. 2 weder unmittelbar noch analog anwendbar.[47] **58**

Nr.	Auslagentatbestand	Höhe

7000	Pauschale für die Herstellung und Überlassung von Dokumenten:
	 1. für Kopien und Ausdrucke
	     a) aus Behörden- und Gerichtsakten, soweit deren Herstellung zur sachgemäßen Bearbeitung der Rechtssache geboten war,
	     b) zur Zustellung oder Mitteilung an Gegner oder Beteiligte und Verfahrensbevollmächtigte aufgrund einer Rechtsvorschrift oder nach Aufforderung durch das Gericht, die Behörde oder die sonst das Verfahren führende Stelle, soweit hierfür mehr als 100 Seiten zu fertigen waren,
	     c) zur notwendigen Unterrichtung des Auftraggebers, soweit hierfür mehr als 100 Seiten zu fertigen waren,
	     d) in sonstigen Fällen nur, wenn sie im Einverständnis mit dem Auftraggeber zusätzlich, auch zur Unterrichtung Dritter, angefertigt worden sind:
	 für die ersten 50 abzurechnenden Seiten je Seite ....
	 für jede weitere Seite ....
	 für die ersten 50 abzurechnenden Seiten in Farbe je Seite ...
	 für jede weitere Seite in Farbe ....
	 2. Überlassung von elektronisch gespeicherten Dateien oder deren Bereitstellung zum Abruf anstelle der in Nummer 1 Buchstabe d genannten Kopien und Ausdrucke:
	 je Datei ....
	 für die in einem Arbeitsgang überlassenen, bereitgestellten oder in einem Arbeitsgang auf denselben Datenträger übertragenen Dokumente insgesamt höchstens ....
	 (1) Die Höhe der Dokumentenpauschale nach Nummer 1 ist in derselben Angelegenheit und in gerichtlichen Verfahren in demselben Rechtszug einheitlich zu berechnen. Eine Übermittlung durch den Rechtsanwalt per Telefax steht der Herstellung einer Kopie gleich.
	 (2) Werden zum Zweck der Überlassung von elektronisch gespeicherten Dateien Dokumente im Einverständnis mit dem Auftraggeber zuvor von der Papierform in die elektronische Form übertragen, beträgt die Dokumentenpauschale nach Nummer 2 nicht weniger, als die Dokumentenpauschale im Fall der Nummer 1 betragen würde.
		
		0,50 €
		0,15 €
		1,00 €
		0,30 €
		
		1,50 €
		
		5,00 €

Literatur: *von Eicken*, Erstattung von Fotokopiekosten, AGS 1998, 79; *Enders*, Schreibauslagen – Entstehung und Erstattungsfähigkeit, JurBüro 1999, 281; *ders.*, Neuregelung der Rundungsvorschriften und Dokumentenpauschale anstatt Schreibauslagen, JurBüro 2002, 113; *ders.*, Dokumentenpauschale für die Überlassung elektronisch gespeicherter Dateien, JurBüro 2005, 393; *ders.*, Übermittlung des Schriftsatzes als elektronisches Dokument – Dokumentenpauschale Nr. 7000 Ziffer 2 VV RVG, JurBüro 2012, 561; *ders.*, Die Dokumentenpauschale – Teil I: Kopien und Ausdrucke in Farbe, JurBüro 2014, 113; *ders.*, Die Dokumentenpauschale – Teil II: Überlassung von elektronisch gespeicherten Dateien, JurBüro 2014, 169; *Hansens*, Die Dokumentenpauschale nach dem RVG, AGS 2004, 402; *Hergenröder*, Die anwaltlichen Nebenkosten,

---

47 AG Tiergarten AGS 2013, 17 = StraFo 2012, 471 = RVGprof. 2013, 6.

AGS 2008, 529; *Klüsener*, Dokumentenpauschale für eingescannte Dokumente?, JurBüro 2016, 2; *Meyer*, Einscannen von Akten als Kopien im Sinne von Nr. 7000 Nr. 1a VV RVG?, JurBüro 2014, 127; *Mümmler*, Entstehung und Erstattungsfähigkeit von Schreibauslagen des Rechtsanwalts, JurBüro 1983, 491; *ders.*, Entstehung und Erstattungsfähigkeit von Schreibauslagen in verwaltungsgerichtlichen Sachen, JurBüro 1983, 1464; *Reckin*, Aktenscan: Gesetzgeber ein Umweltsünder?, AnwBl. 2015, 59; *E. Schneider*, Vermeidung der Erstattungsablehnung von Fotokopiekosten, ZAP Fach 24, S. 473; *N. Schneider*, Vergütung für Aktenauszüge aus Unfallakten, ZAP Fach 24, S. 559; *Schneider/Thiel*, Das neue Gebührenrecht, § 3 Rn 1280 ff. (Dokumentenpauschale nach VV 7000); *Wedel*, Gesetzesauslegung der Nr. 7000 Nr. 1a VV RVG nach neuem Auslegungsmodell, JurBüro 2015, 510.

A. Allgemeines 1
  I. Überblick 1
  II. Begriff der Dokumentenpauschale 3
  III. Inhalt der Norm 4
B. Regelungsgehalt 8
  I. Persönlicher Anwendungsbereich 8
    1. Rechtsanwälte 8
    2. Mediation, Beratung und Gutachten ... 10
    3. Vergütungsvereinbarung 11
    4. Gebührenvereinbarung für Beratung ... 12
    5. Beigeordneter oder bestellter Rechtsanwalt/Beratungshilfe 13
    6. Sonstige Personen 14
  II. Dokumentenpauschale 16
    1. Überblick/Begriffsbestimmung 16
    2. Urschriften 19
    3. Kopien 21
    4. Einscannen (Scans) 23
      a) Rechtslage bis 31.7.2013 23
      b) Ablichtungen und Kopien 24
      c) Übermittlung eines Dokuments als elektronische Datei (Anm. Abs. 2) ... 30
    5. Ausdrucke 31
      a) Urschriften 31
      b) Anwendungsbereich 32
    6. Übermittlung eines Telefax (Anm. Abs. 1 S. 2) 33
      a) Kopie 33
      b) Telefax: Übermittelnder Rechtsanwalt 34
      c) Telefax: Empfangender Rechtsanwalt 36
    7. Überlassung elektronisch gespeicherter Dateien 38
    8. Lichtbilder/Fotos 39
      a) Kein Schreibwerk erforderlich 39
      b) Herstellung des Originalfotos (Urschrift) 40
      c) Kopien und Ausdrucke (Abzüge von Fotos) 41
    9. Farbkopien/Farbausdrucke 43
  III. Kopien aus Behörden- und Gerichtsakten (Nr. 1 Buchst. a) 45
    1. Anwendungsbereich 45
      a) Behörden- und Gerichtsakten 45
      b) Papierakte und elektronische Akte ... 46
    2. Kein Einverständnis des Auftraggebers 47
    3. Billigere Herstellung durch den Mandanten 48
    4. Notwendigkeitsprüfung 49
      a) Informationsbedürfnis 49
      b) Prüfung durch den Anwalt 50
      c) Keine schematische Betrachtung ... 51
      d) Einzelfallprüfung 52
      e) Objektive Betrachtung 54
        aa) Verständiger und durchschnittlich erfahrener Rechtsanwalt ... 54
        bb) Ex-ante-Betrachtung 55
      f) Beweislast 56

    5. Kopien und Ausdrucke aus Zivilakten 57
      a) Kein vollständiger Aktenauszug ... 57
      b) Spätere Mandatsübertragung 58
      c) Spätere Rechtszüge 61
    6. Kopien oder Ausdrucke aus Strafakten 64
      a) Kopien/Ausdrucke für das Zivilverfahren 64
      b) Kopien/Ausdrucke für Versicherungen 65
      c) Aktenauszug für Verteidiger 66
        aa) Grundsatz 66
        bb) Kein Verweis auf Aktenauszüge anderer Rechtsanwälte ... 67
        cc) Ermessensspielraum des Anwalts 69
        dd) Ex-ante-Betrachtung 73
        ee) Vollständiger Aktenauszug 74
        ff) Kopien oder Ausdrucke aus Beiakten 77
        gg) Eigene Dokumente des Rechtsanwalts 80
      d) Ausdrucke aus einer elektronischen (Zweit-)Akte 81
        aa) Notwendigkeit von Ausdrucken 81
        bb) Arbeitserleichterung durch Ausdruck unerheblich 84
        cc) Technische Voraussetzungen und Fähigkeiten 85
        dd) Zumutbarkeit/Waffengleichheit 88
        ee) Kompletter oder teilweiser Ausdruck (Vorauswahl) 89
        ff) Feststellungsentscheidung gem. § 46 Abs. 2 91
        gg) Unvollständige Elektronische Akte 92
      e) Aktenauszug für den Mandanten ... 93
      f) Einscannen 96
        aa) Einscannen und Speichern 96
        bb) Einscannen, Speichern und Ausdrucken 98
      g) Kopien für Nebenklägervertreter ... 100
      h) Zeugenbeistand 101
    7. Kopien und Ausdrucke im verwaltungsgerichtlichen Verfahren 102
      a) Grundsätze 102
      b) Akten 103
      c) Bebauungsplan 104
      d) Keine Dokumentenpauschale 105
    8. Kopien und Ausdrucke im sozialgerichtlichen Verfahren 107
    9. Kopien und Ausdrucke im Auslieferungsverfahren nach dem IRG 108
  IV. Zur Zustellung und Mitteilung an Gegner oder Beteiligte (Nr. 1 Buchst. b) 109
    1. Notwendigkeitsprüfung 109
    2. Billigere Herstellung durch Mandant ... 111

- 3. Mehr als 100 Kopien oder Ausdrucke 112
- 4. Gegner, Beteiligte und Verfahrensbevollmächtigte 113
  - a) Erfasste Personen 113
  - b) Nicht erfasste Personen 114
- 5. Anfertigung aufgrund Rechtsvorschrift oder Aufforderung 115
  - a) Rechtsvorschriften 115
  - b) Wohnungseigentümergemeinschaft/Bauherrengemeinschaft ... 117
  - c) Streitverkündete/Nebenintervention 119
- 6. Anwaltlich vertretene Gegenpartei ... 120
- 7. Anlagen 122
- 8. Billigere Herstellung durch den Mandanten 123
- 9. Höhe der Pauschale 124

V. Unterrichtung des Auftraggebers (Nr. 1 Buchst. c) 125
- 1. Mehr als 100 Kopien oder Ausdrucke 125
- 2. Doppelte Notwendigkeit 126
- 3. Mehrere Auftraggeber 127
- 4. Nur Unterrichtung des Auftraggebers 128
- 5. Notwendigkeit der Unterrichtung 130
  - a) BGB-Gesellschaft/Kündigungsschutzklagen 130
  - b) Wohnungseigentümergemeinschaft 131
  - c) Musterverfahren (§ 93a VwGO) ... 133
  - d) Eigene Dokumente des Rechtsanwalts 136
  - e) Dokumente des Gegners 137
  - f) Kopien aus der Gerichts- oder Behördenakte zur Unterrichtung des Auftraggebers 138
- 6. Billigere Herstellung durch den Mandanten 139
- 7. Höhe der Pauschale 140

VI. Zusätzlich gefertigte Kopien in sonstigen Fällen (Nr. 1 Buchst. d) 141
- 1. Sonstige Fälle 141
- 2. Sonstige Fälle i.S.v. Nr. 1 Buchst. d ... 143
  - a) Einzelne Beispiele 143
  - b) Kopien und Ausdrucke für das Gericht 144
  - c) Kopien von Originalunterlagen ... 145
  - d) Arrest und einstweilige Verfügung ... 146
  - e) Weitere Beispiele 147
- 3. Einverständnis des Auftraggebers 149
- 4. Billigere Herstellung durch den Mandanten 152

VII. Überlassung von elektronisch gespeicherten Dateien oder deren Bereitstellung zum Abruf (Nr. 2) 153
- 1. Allgemeines 153
- 2. Übermittlung eines Dokuments als elektronische Datei (Anm. Abs. 2) 156
  - a) Vorheriges Einscannen eines Papier-Dokuments 156
  - b) Unzeitgemäße Regelung 157
- 3. Geltung nur in den Fällen der Nr. 1 Buchst. d 159
  - a) Überblick 159
  - b) Prüfung: Entstehung einer Dokumentenpauschale nach Nr. 1 Buchst. d 160
- 4. Einverständnis des Auftraggebers ... 161
- 5. Datei 163
  - a) Begriff 163
  - b) Pflichtgemäßes Ermessen des Rechtsanwalts 164
  - c) ZIP-Datei 165
- 6. Überlassung 166
- 7. Anfertigung von Kopien eines Datenträgers 167
- 8. Empfang 168
- 9. Bereitstellung zum Abruf (Download) 169
- 10. Wahlrecht des Rechtsanwalts 170
- 11. Höhe der Pauschale 171

VIII. Höhe der Dokumentenpauschale ... 172
- 1. Pauschale nach Nr. 1 Buchst. a bis d ... 172
  - a) Pauschalsätze 172
    - aa) Höhe 172
    - bb) Personal- und Sachaufwand/Pauschalierung 173
    - cc) Massenkopien und Massenausdrucke 175
    - dd) Anpassung der Regelung an die technische Entwicklung ... 176
  - b) Mehr als 100 Kopien oder Ausdrucke (Nr. 1 Buchst. b und Nr. 1 Buchst. c) 177
  - c) Die ersten 50 abzurechnenden Seiten 178
  - d) Zusammentreffen der Beschränkungen nach Nr. 1 Buchst. b und Nr. 1 Buchst. c (mehr als 100 Kopien) 179
  - e) Berechnung der ersten 50 abzurechnenden Seiten bei Zusammentreffen von Nr. 1 Buchst. b und Nr. 1 Buchst. c 180
  - f) Berechnung der ersten 50 abzurechnenden Seiten bei Zusammentreffen von Nr. 1 Buchst. b und/oder Nr. 1 Buchst. c einerseits und Nr. 1 Buchst. a und/oder Nr. 1 Buchst. d andererseits 181
  - g) Angelegenheit und Rechtszug (Anm. Abs. 1 S. 1) 182
    - aa) Verschiedene Angelegenheiten 182
    - bb) Familiensachen 184
    - cc) Straf- und Bußgeldsachen 185
  - h) Anrechnung von Gebühren 186
  - i) Mehrere Auftraggeber 187
    - aa) Dieselbe Angelegenheit ... 187
    - bb) Durchzählen der Kopien und Ausdrucke 188
    - cc) Dieselbe Angelegenheit mit verschiedenen Gegenständen ... 189
    - dd) Haftung mehrerer Auftraggeber für die Dokumentenpauschale 190
  - j) Seitenformat/Größe der Kopie oder des Ausdrucks 193
    - aa) DIN A4-Format 193
    - bb) Kopie oder Ausdruck ist entscheidend 194
    - cc) Verkleinerung von Kopien und Ausdrucken 195
    - dd) Beidseitige Kopie/Beidseitiger Ausdruck 198
    - ee) DIN A3 übersteigende Formate 199
  - k) Farbkopien/Farbausdrucke 200
    - aa) Gesonderte Zählung je Angelegenheit 200

bb) Reihenfolge bei Nr. 1 Buchst. b und Nr. 1 Buchst. c 202	a) Nr. 1 Buchst. a bis c 221
2. Pauschale nach Nr. 2 – Elektronisch gespeicherte Dateien 203	b) Farbkopien und Farbausdrucke 222
a) Überblick 203	c) Entstehung bedingt Erstattungsfähigkeit 223
b) Mehrere Dateien 204	d) Nr. 1 Buchst. d 225
c) Höchstbetragsregelung – ein Arbeitsgang 205	3. Kopien aus Fachzeitschriften/von juristischer Fachliteratur 226
aa) Höchstens 5 EUR 205	4. Darlegung und Glaubhaftmachung 227
bb) Ermessen des Rechtsanwalts beim Arbeitsgang 207	a) Keine anwaltliche Versicherung 227
cc) Überlassung und Bereitstellung 208	b) Aufschlüsselung der Dokumentenpauschale 228
dd) Auf denselben Datenträger übertragene Dokumente 209	II. Zivilsachen 230
ee) Kopieren von Datenträgern 210	1. Überblick 230
IX. Vergütungsvereinbarungen 211	2. Ablichtung der erstinstanzlichen Akte durch Rechtsmittelanwalt 232
1. Ausdrückliche Regelung 211	3. Streitverkündete und Nebenintervenienten 235
2. Auf Dokumentenpauschale beschränkte Vereinbarung 213	4. Wohnungseigentümergemeinschaft 236
3. Form der Vereinbarung 214	a) Verbandsprozess 236
4. Vereinbarung der Aufhebung von Nr. 1 Buchst. b und Nr. 1 Buchst. c 215	b) Beschlussanfechtung 237
5. Höhere Seiten-Pauschale 216	c) § 50 WEG 239
6. Pauschale für eingehende Telefaxe 217	III. Strafsachen 240
7. Vereinbarung für besondere Formate .. 218	IV. Staatskasse (gerichtliche Bestellung oder Beiordnung) 244
8. Vereinbarung für elektronische Dateien 219	1. Notwendigkeit (§ 46 Abs. 1) 244
C. Kostenerstattung 220	2. Gerichtliche Feststellung der Notwendigkeit (§ 46 Abs. 2) 245
I. Allgemeines 220	V. Aktenauszüge für Versicherer 248
1. Überblick 220	1. Grundlage für die Dokumentenpauschale 248
2. Entstehung und Erstattungsfähigkeit ... 221	2. Erstattung der Kosten 250

A. Allgemeines

I. Überblick

1 Für das vom Rechtsanwalt hergestellte Schreibwerk gilt zunächst VV Vorb. 7 Abs. 1. Daraus ergibt sich der Grundsatz, dass das vom Rechtsanwalt angefertigte Schreibwerk als allgemeiner Geschäftsaufwand mit den Gebühren abgegolten ist. Nur in den in VV 7000 ausdrücklich genannten Fällen entsteht zusätzlich zu den Gebühren eine Pauschale für die Herstellung und Überlassung von Dokumenten.[1]

2 Die Vorschrift der VV 7000 regelt in Nr. 1 die dem Anwalt zustehende Auslagenpauschale für die Herstellung und Überlassung von Kopien und Ausdrucken sowie in Nr. 2 die Pauschale für die Überlassung von elektronisch gespeicherten Dateien oder deren Bereitstellung zum Abruf (vgl. Rdn 153). Während die Pauschale nach Nr. 1 in Seiten (vgl. dazu Rdn 193 ff.) abgerechnet wird, erfolgt die Abrechnung nach Nr. 2 grds. je Datei (vgl. dazu Rdn 153 ff.).

II. Begriff der Dokumentenpauschale

3 Der früher vom Gesetzgeber verwendete Begriff der „Schreibauslagen" ist im Jahr 2001 durch den Begriff „Dokumentenpauschale" ersetzt worden. Der Begriff „Dokumentenpauschale" ist insoweit missverständlich, als der Anwalt für **Urschriften** keine gesonderte Vergütung erhält. Denn die Dokumentenpauschale fällt nur für die Herstellung von **Kopien** und **Ausdrucken** an. Das Anfertigen von Urschriften und Erstausfertigungen wird stets durch die allgemeinen Gebühren abgegolten (VV Vorb. 7 Abs. 1 S. 1), und zwar unabhängig davon, wie viele Beteiligte der Anwalt anschreibt und wie umfangreich die Schriftsätze sind. Daher lösen selbst umfangreichste Schriftsätze oder Gutachten

---

1 OLG Jena RVGreport 2012, 390; OVG Rheinland-Pfalz AGS 2010, 14 = JurBüro 2010, 370 = NVwZ-RR 2010, 336 = NJW-Spezial 2010, 93.

keine Dokumentenpauschale aus. Das gilt auch dann, wenn hierbei die Kosten der Anfertigung im Einzelfall die Verfahrensgebühr übersteigen.[2] Durch das 2. KostRMoG sind seit dem 1.8.2013 anstelle von Ablichtungen und Ausdrucken nur noch Kopien und Ausdrucke auslagenpflichtig.

III. Inhalt der Norm

In VV 7000 sind insgesamt fünf Tatbestände geregelt, nach denen der Anwalt eine Dokumentenpauschale erhält, nämlich für:
- Kopien **aus Behörden- und Gerichtsakten** (Nr. 1 Buchst. a);
- Kopien und Ausdrucke **zur Zustellung oder Mitteilung an Gegner oder Beteiligte und Verfahrensbevollmächtigte aufgrund einer Rechtsvorschrift oder nach Aufforderung durch das Gericht, die Behörde oder die sonst das Verfahren führende Stelle** (Nr. 1 Buchst. b);
- Kopien und Ausdrucke **zur notwendigen Unterrichtung des Auftraggebers** (Nr. 1 Buchst. c);
- zusätzlich **im Einverständnis mit dem Auftraggeber** angefertigte Kopien und Ausdrucke (Nr. 1 Buchst. d);
- die **Überlassung von elektronisch gespeicherten Dateien** anstelle der in Nr. 1 Buchst. d genannten Kopien (Nr. 2).

In allen anderen Fällen erhält der Anwalt keine gesonderte Vergütung. Seine Kosten gelten vielmehr als allgemeine Geschäftskosten nach VV Vorb. 7 Abs. 1 S. 1 und werden durch die jeweiligen Gebühren abgegolten.

Die Höhe der Vergütung für die Dokumentenpauschale wird nicht durch eine Verweisung auf die Bestimmungen des GKG geregelt, sondern unmittelbar im VV. Danach erhält der Anwalt:

– für die ersten zu vergütenden 50 Seiten je Seite…	0,50 EUR
– für jede weitere Seite…	0,15 EUR
– für die ersten 50 abzurechnenden Seiten in Farbe je Seite…	1,00 EUR
– für jede weitere Seite in Farbe …	0,30 EUR
– für die Überlassung von elektronisch gespeicherten Dateien	1,50 EUR
für die in einem Arbeitsgang überlassen, bereitgestellten oder in einem Arbeitsgang auf denselben Datenträger übertragenen Dokumente höchstens…	5,00 EUR

Die Höhe der Dokumentenpauschale entspricht der inhaltsgleichen Regelung im GKG (GKG-KostVerz. 9000) bzw. im FamGKG (FamGKG-KostVerz. 2000).

VV 7000 stellt hinsichtlich der Dokumentenpauschale auf das **DIN A4-Format** bzw. angrenzende Formate ab (DIN A3, DIN A5, vgl. hierzu Rdn 193 ff.).[3]

Die Rechtsprechung zur Vergütung von Dokumentenpauschalen ist unübersichtlich, verworren, zum Teil nicht nachvollziehbar und unpraktikabel.[4] Teilweise wird darin die Auffassung vertreten, dass der Anwalt von seinem Auftraggeber keine Dokumentenpauschalen verlangen könne, wenn diese nicht erstattungsfähig seien. In den gerichtlichen Entscheidungen wird häufig Anfall (VV 7000) und Erstattungsfähigkeit (§ 91 ZPO) der Dokumentenpauschale vermengt. Zur Unübersichtlichkeit trägt bei, dass VV 7000 gegenüber dem vorherigen § 27 BRAGO stark abweicht und daher die frühere Rechtsprechung, insbesondere die aus der Zeit vor 1994, nur noch eingeschränkt verwertbar ist.

---

[2] KG JurBüro 1975, 346.
[3] OVG Rheinland-Pfalz AGS 2010, 14 = JurBüro 2010, 370 = NVwZ-RR 2010, 336 = NJW-Spezial 2010, 93, zur Dokumentenpauschale bei Herstellung einer farbigen Ablichtung eines Bebauungsplans.
[4] *Hansens/Braun/Schneider*, Praxis des Vergütungsrechts, Teil 19 Rn 10.

B. Regelungsgehalt

I. Persönlicher Anwendungsbereich

1. Rechtsanwälte

8   Die Vorschrift der VV 7000 gilt für jeden Anwalt, soweit sich seine Vergütung nach dem RVG bestimmt, unabhängig davon, welcher Art der ihm erteilte Auftrag ist. Der Auslagentatbestand beschränkt sich daher nicht nur auf gerichtliche Verfahren bzw. Prozessverfahren, sondern gilt z.B. auch für außergerichtliche Angelegenheiten, Strafsachen, Tätigkeiten in der Zwangsvollstreckung, Tätigkeiten als Termins- oder Verkehrsanwalt u.a. Es kommt auch nicht darauf an, in welcher Gerichtsbarkeit der Rechtsanwalt tätig wird.

9   Erbringt der Rechtsanwalt eine der in § 1 Abs. 2 genannten Tätigkeiten, gilt VV 7000 nicht unmittelbar. Fertigt aber ein zum **Verfahrenspfleger** bestellter Rechtsanwalt für die Führung der Verfahrenspflegschaft erforderliche Fotokopien auf einem in seinem Büro vorhandenen Fotokopiergerät, kann auf die Dokumentenpauschale in VV 7000 Nr. 1 als Schätzgrundlage zurückgegriffen werden.[5] Rechnen die in § 1 Abs. 2 genannten Anwälte ihre Tätigkeit als Pfleger, Betreuer, Vormund pp über § 1835 Abs. 3 BGB nach dem RVG ab, weil es sich um spezifische anwaltliche Leistungen handelt (vgl. dazu § 1 Rdn 166 ff.), kann die Dokumentenpauschale nach VV 7000 erhoben werden.

2. Mediation, Beratung und Gutachten

10 Auch für **Mediation, Beratungstätigkeiten und Gutachten** gilt VV 7000. Die für die Beratung geltende Vorschrift des § 34 Abs. 1 regelt nur die Gebühr für die Beratung. Hinsichtlich der Auslagen bleibt VV Teil 7 und damit auch VV 7000 anwendbar (Rdn 11).

3. Vergütungsvereinbarung

11 Die anwaltliche Vergütung umfasst gem. § 1 Abs. 1 S. 1 **Gebühren und Auslagen**. Schließt der Anwalt eine **Vergütungsvereinbarung** (§ 3a), so kann er die zu den Auslagen zählende Dokumentenpauschale nur dann geltend machen, wenn dies ausdrücklich vereinbart ist. Fehlt eine Vereinbarung, gelten Kosten für die Herstellung und Überlassung von Dokumenten als durch die vereinbarte Vergütung abgegolten. Das gilt insbesondere, wenn Pauschal- oder Zeitvergütungen vereinbart sind.[6]

4. Gebührenvereinbarung für Beratung

12 Bei einer **Gebührenvereinbarung** für die Beratung gem. § 34 können Auslagen i.S.v. VV Teil 7 hingegen zusätzlich gefordert werden. Denn der Anwendungsbereich von § 34 beschränkt sich auf die Gebühren. Das schließt allerdings nicht aus, dass auch im Rahmen der Beratung eine über die in VV 7000 geregelten Sätze hinausgehende Dokumentenpauschale vereinbart werden kann (vgl. § 34 Rdn 8, 31).[7]

5. Beigeordneter oder bestellter Rechtsanwalt/Beratungshilfe

13 VV 7000 ist anwendbar, soweit der Anwalt im Wege der **Prozess- oder Verfahrenskostenkostenhilfe** oder nach § 11a ArbGG beigeordnet worden ist (§§ 12, 45, 46). Ein kleinlicher Maßstab ist hier nicht angebracht.[8] Gleiches gilt, soweit der Anwalt als **Pflichtverteidiger** oder sonst gerichtlich bestellt worden ist. Auch in diesen Fällen erhält er seine Auslagen, wozu auch die Dokumentenpauschale zählt, aus der Staatskasse (§§ 12, 45, 46). Ebenso erhält der im Rahmen der **Beratungshilfe**

---

[5] BGH NJW 2014, 1668 = RVGreport 2014, 126 = JurBüro 2014, 209 = Rpfleger 2014, 261.
[6] *N. Schneider*, Die Vergütungsvereinbarung Rn 1069 ff.
[7] *N. Schneider*, Die Vergütungsvereinbarung Rn 1311; Hansens, RVGreport 2006, 121.
[8] OVG Oldenburg NVwZ-RR 2002, 78 = NdsVBl 2002, 25.

tätige Anwalt die Dokumentenpauschale (§ 44 S. 1 i.V.m. § 46). Die Erstattungsfähigkeit der Dokumentenpauschale des gerichtlich beigeordneten oder bestellten Rechtsanwalts richtet sich nach § 46.

6. Sonstige Personen

VV 7000 gilt auch für die übrigen Personen bzw. Personenvereinigungen, die nach dem RVG abrechnen. Daher erhalten gem. § 1 Abs. 1 der Prozesspfleger (§§ 57, 58 ZPO, § 113 Abs. 1 FamFG) und andere Mitglieder einer Rechtsanwaltskammer, Partnerschaftsgesellschaften und sonstige Gesellschaften die Dokumentenpauschale nach VV 7000 (zum europäischen Rechtsanwalt vgl. § 1 Rdn 118 ff.), wenn sie anwaltliche Tätigkeiten erbringen (siehe § 1 Rdn 118 ff.). Auch auf den verkammerten **Rechtsbeistand**, Rentenberater sowie die registrierten Erlaubnisinhaber nach dem RDG mit Ausnahme der Frachtprüferinnen und Frachtprüfer (vgl. § 1 Rdn 150 ff.) ist die Vorschrift entsprechend anzuwenden.[9]

14

Auf **Behörden** ist die Vorschrift nicht anwendbar, auch nicht entsprechend.[10]

15

Für Kopien der **Partei** ist VV 7000 nicht anwendbar.[11]

II. Dokumentenpauschale

1. Überblick/Begriffsbestimmung

Als **Dokument** ist jedenfalls ein **Schriftstück** anzusehen, das Informationen in Schriftform enthält. Dokument kann auch eine **Urkunde** sein. Im prozessualen Sinn ist eine Urkunde jede in Schriftzeichen verkörperte Gedankenäußerung, die zum Beweis im Rechtsverkehr geeignet und bestimmt ist und einen Aussteller erkennen lässt. Dokumente i.S.v. VV 7000 können aber auch Fotos sein (vgl. Rdn 39 ff.).

16

Durch den in VV 7000 verwendeten Begriff „**Pauschale**" bringt der Gesetzgeber zum Ausdruck, dass mit der Pauschale sämtliche mit der Herstellung und Überlassung der Dokumente verbundenen Kosten abgegolten sind. Insbesondere anlässlich der Herstellung und Überlassung anfallende **Personalkosten**, aber auch etwaige **Sach- und Materialkosten** werden daher von der Pauschale erfasst (vgl. Rdn 173 f.).[12] Die Verwendung des Wortes Dokument zeigt, dass es nicht auf die Art der Herstellung, sondern das Produkt ankommt, also auch die elektronische Übermittlung umfasst ist.[13]

17

Unter Dokumentenpauschale i.S.d. VV 7000 Nr. 1 versteht das RVG solche Kosten, die für die **Herstellung von Kopien oder Ausdrucken** anfallen. Das „und" in VV 7000 Nr. 1 hat die Bedeutung eines „oder". VV 7000 Nr. 1 verlangt also nicht kumulativ eine Kopie und einen Ausdruck. Dokumentenpauschale i.S.v. Nr. 2 sind die Kosten, die durch die **Überlassung von elektronisch gespeicherten Dateien** oder deren **Bereitstellung zum Abruf** (siehe Rdn 153) entstehen. VV 7000 ist Ausnahmeregelung. Sind die dort geregelten Voraussetzungen für die Entstehung einer Dokumentenpauschale nicht erfüllt, sind die anwaltlichen Aufwendungen für die Herstellung oder Überlassung von Dokumenten regelmäßig von den Gebühren abgedeckt, VV Vorb. 7 Abs. 1.[14]

18

2. Urschriften

Nicht unter die Dokumentenpauschale i.S.d. VV 7000 fallen **Urschriften**, selbst dann nicht, wenn es sich um inhaltsgleiche Schreiben an verschiedene Beteiligte handelt. Denn Urschriften sind keine Kopien oder Ausdrucke i.S.v. VV 7000. Die Dokumentenpauschale fällt bei Nr. 1 nur für die

19

---

9 Gerold/Schmidt/Müller-Rabe, RVG, VV 7000 Rn 12.
10 OLG Nürnberg AnwBl 1975, 68; OLG Hamm Rpfleger 1982, 439.
11 Gerold/Schmidt/Müller-Rabe, RVG, VV 7000 Rn 10.
12 Vgl. BT-Drucks 10/5113, S. 48; BayLSG AGS 2013, 121 = RVGreport 2013, 153; Gerold/Schmidt/Müller-Rabe, RVG, VV 7000 Rn 13; Klüsener, JurBüro 2016, 2.
13 Gerold/Schmidt/Müller-Rabe, RVG, VV 7000 Rn 39.
14 BayLSG AGS 2013, 121 = RVGreport 2013, 153.

Herstellung von **Kopien** und **Ausdrucken** bzw. bei Nr. 2 für deren Überlassung in den Fällen der Nr. 1d an.[15]

20 Auf die Anzahl der Urschriften und deren Umfang kommt es nicht an. Briefe an den Auftraggeber, den Gegner oder dritte Personen, Schriftsätze an das Gericht, die Fertigung eines schriftlichen Gutachtens oder Vertrags lösen keine Dokumentenpauschale aus, sondern werden nach VV Vorb. 7 Abs. 1 S. 1 mit den Gebühren abgegolten.[16]

3. Kopien

21 Nach Nr. 1 entsteht die Dokumentenpauschale zum einen für **Kopien**. Kopien werden zunächst durch einen Fotokopierer hergestellt. Die Herstellungsart ist jedoch unerheblich. Die Vorschrift gilt daher zwar insbesondere für Fotokopien, aber auch für die praktisch nicht mehr gebräuchlichen Durchschläge mit Blaupapier[17] sowie selbstdurchschreibende Durchschläge.[18] Auch mit einem Faxgerät mit Kopierfunktion kann eine Kopie erstellt werden (vgl. auch Anm. Abs. 1 S. 2, Rdn 33).[19]

22 Bis zur Änderung durch das 2. KostRMoG zum 1.8.2013 ist in VV 7000 Nr. 1 der Begriff „**Ablichtung**" verwendet worden. Dieser Begriff ist durch den der „Kopie" ersetzt worden. Mit dem Begriff „**Kopie**" wollte der Gesetzgeber zunächst eine heute gebräuchlichere Bezeichnung einführen. Kopie i.S.d. Kostenrechts ist nach Auffassung des Gesetzgebers aber darüber hinaus die Reproduktion einer Vorlage auf einem körperlichen Gegenstand, bspw. Papier, Karton oder Folie.[20] Schließlich sollen durch die Verwendung des Begriffs der „Kopie" aber insbesondere auch Missverständnisse bei der Erstellung von **elektronischen Dokumenten** durch **Scannen/Einscannen** vermieden werden (siehe Rdn 24).[21]

4. Einscannen (Scans)

a) Rechtslage bis 31.7.2013

23 Wird ein Dokument **eingescannt** und im **Computer** oder auf einem **externen Datenträger** (als elektronische Datei) gespeichert, ist nach der bis zum Inkrafttreten des 2. KostRMoG zum 1.8.2013 h.M. ebenfalls eine auslagenpflichtige Ablichtung erstellt worden. Das ist damit begründet worden, dass VV 7000 Nr. 1 (a.F.) nicht zu entnehmen ist, dass Ablichtungen in **Papierform** hergestellt werden müssen.[22] Auch beim Einscannen werden Ablichtungen hergestellt, weil es sich um ein Gerät zur optischen Datenerfassung handelt. Der zeitliche Aufwand des Scannens sei mit dem des Kopierens gleichzusetzen. Außerdem werde sowohl durch das Scannen und Speichern als auch durch das Kopieren der ständige Zugriff auf die Dokumente ermöglicht. Der Rechtsanwalt könne nach dem Speichern der eingescannten Dokumente jederzeit einen **Ausdruck** derselben erstellen. Deshalb gelte die Vorschrift erst Recht für den Ausdruck eingescannter Dokumente.

---

15 BayLSG AGS 2013, 121 = RVGreport 2013, 153; Gerold/Schmidt/*Müller-Rabe*, RVG, VV 7000 Rn 31, 34; Riedel/Sußbauer/*Ahlmann*, VV 7000 Rn 5; Hartung/Schons/Enders/*Hartung*, VV 7000 Rn 7.
16 KG JurBüro 1975, 346; Gerold/Schmidt/*Müller-Rabe*, RVG, VV 7000 Rn 34; Hartung/Schons/Enders/*Hartung*, VV 7000 Rn 7.
17 Hansens/Braun/Schneider, Praxis des Vergütungsrechts, Teil 19 Rn 14.
18 Hansens/Braun/Schneider, Praxis des Vergütungsrechts, Teil 19 Rn 14.
19 Gerold/Schmidt/*Müller-Rabe*, RVG, VV 7000 Rn 19.
20 BT-Drucks 17/11471 (neu), S. 284, 235, 156; KG, Beschl. v. 28.8.2015 – 1 Ws 59/15, juris; KG AGS 2015, 569 = NStZ-RR 2016, 63 = RVGreport 2015, 464 = JurBüro 2016, 18.
21 BT-Drucks 17/11471 (neu), S. 2846, 235, 156.
22 BayLSG AGS 2013, 121 = RVGreport 2013, 153; OLG Bamberg AGS 2006, 432 = StraFo 2006, 389 = NJW 2006, 3504 = JurBüro 2006, 588 = StV 2007, 485 = RVGreport 2006, 354; LG Kleve AGS 2012, 64 = RVGreport 2012, 31 = StRR 2012, 159; LG Würzburg RVG-Letter 2006, 92; LG Dortmund VRR 2010, 3 = StRR 2010, 43 = RVGreport 2010, 108 = AGS 2010, 125; a.A. SG Dortmund, Beschl. v. 10.6.2009 – S 26 R 245/06, juris.

b) Ablichtungen und Kopien

In den Motiven des Gesetzgebers zur Änderung von VV 7000 durch das 2. KostRMoG zum 1.8.2013 wird wegen der Änderung des Begriffs „Ablichtung" in „Kopie" auf die Begründung zu § 11 GNotKG Bezug genommen.[23] Aus der Begründung zu § 11 GNotKG ergibt sich zur Ersetzung des Begriffs der „Ablichtung" durch den Begriff „Kopie" Folgendes:[24]

24

> Der Entwurf sieht im gesamten Gerichts- und Notarkostengesetz die Verwendung des Begriffs „Kopie" anstelle des Begriffs „Ablichtung" vor. Grund der Änderung ist – neben der Einführung einer heute gebräuchlicheren Bezeichnung – die Vermeidung von Missverständnissen bei der Erstellung von elektronischen Dokumenten (Scans). Da auch beim Scannen in der Regel das Papierdokument „abgelichtet" wird, wird zum Teil unter den Begriff der „Ablichtung" auch ein eingescanntes Dokument verstanden. Nunmehr soll klargestellt werden, dass es sich hierbei gerade nicht um Ablichtungen im Sinne des geltenden Rechts und damit auch nicht um Kopien im Sinne des Gerichts- und Notarkostengesetzes handelt. Kopie im Sinne des Kostenrechts ist die Reproduktion einer Vorlage auf einem körperlichen Gegenstand, beispielsweise Papier, Karton oder Folie.

Mit der Ersetzung des Begriffs „Ablichtung" durch den Begriff „Kopie" in VV 7000 Nr. 1 wollte der Gesetzgeber also klarstellen, dass ein eingescanntes Dokument entgegen der früheren h.M. (Rdn 23) keine „Ablichtung" ist und es sich auch nicht um eine Kopie i.S.v. VV 7000 Nr. 1 handelt. Kopie i.S.d. Kostenrechts ist nach Auffassung des Gesetzgebers die Reproduktion einer Vorlage auf einem körperlichen Gegenstand, bspw. Papier, Karton oder Folie.[25] Das Speichern eines Dokuments auf einem externen Datenträger wie einem USB-Stick, einer externen Festplatte, einer CD-ROM oder einer DVD oder letztlich auf der Festplatte des Computers ist dagegen keine Reproduktion auf einem körperlichen Gegenstand.[26] Eine Reproduktion ist eine Nachbildung, beinhaltet also insbesondere dieselbe Verwendungsfähigkeit wie die Vorlage. Nur wenn ein eingescanntes Dokument ausgedruckt wird, kann daher unter den Voraussetzungen von VV 7000 die Dokumentenpauschale für den Ausdruck entstehen (vgl. hierzu Rdn 31 f.).

25

Ob der Verweis in der Begründung zu VV 7000 auf die Begründung zu § 11 GNotKG[27] vom Gesetzgeber als vollumfängliche inhaltliche Verweisung beabsichtigt war mit der Folge, dass auch der Rechtsanwalt nur für eine körperliche Kopie eine Dokumentenpauschale erhält, wird tlw. für zweifelhaft gehalten.[28] Das wird zunächst damit begründet, dass der Gesetzgeber diese inhaltliche Änderung auch bei den Motiven zur anwaltlichen Dokumentenpauschale und im Auslagentatbestand selbst hätte zum Ausdruck bringen müssen. Außerdem zeige die Differenzierung zwischen „Kopie" und „Ausdruck" im Auslagentatbestand, dass nur der Ausdruck eine Verkörperung des Dokuments verlange, die Kopie aber gerade sowohl in Papierform als auch als elektronische Datei erstellt werden dürfe.[29] Die Dokumentenpauschale solle zudem weniger den Material-, als vielmehr den Personalaufwand bei der Erstellung von Kopien abgelten. Dieser sei beim bloßen Einscannen und beim Kopieren im Wesentlichen gleich, so dass eine unterschiedliche Behandlung bei der Entstehung der Dokumentenpauschale nur schwer nachvollziehbar sei. Abgesehen von den Motiven des Gesetzgebers gebe es keine plausiblen Gründe für eine unterschiedliche Behandlung des Kopierens und Einscannens.[30]

26

Aus Anm. Abs. 2 kann nicht der Schluss gezogen werden, dass der Gesetzgeber das Einscannen der Fertigung einer Kopie grds. gleichsetzt.[31] Nur wenn die Übermittlung eines Dokuments als elektronische Datei (VV 7000 Nr. 2) ausdrücklich beantragt wird, das Dokument aber dem Anwalt nur in Papierform vorliegt, wird für das dann erforderliche vorherige Einscannen des Dokuments mindestens der Betrag erhoben, der auch bei der Fertigung einer Kopie oder bei der Übermittlung per Fax nach Nr. 1 angefallen wäre. Die Regelung kann auch so verstanden werden, dass abgesehen von dem in Anm. Abs. 2 geregelten Ausnahmefall das Einscannen ansonsten grds. nicht vergütungsrelevant ist.

27

---

23 BT-Drucks 17/11471 (neu), S. 284; vgl. auch *Klüsener*, JurBüro 2016, 2.
24 BT-Drucks 17/11471 (neu), S. 156.
25 BT-Drucks 17/11471 (neu), S. 156; KG AGS 2015, 569 = NStZ-RR 2016, 63 = RVGreport 2015, 464 = JurBüro 2016, 18; KG, Beschl. v. 28.8.2015 – 1 Ws 59/15, juris; SG Nordhausen, Beschl. v. 27.6.2016 – S 13 SF 2009/14 E, juris.
26 So aber *Meyer*, JurBüro 2014, 127.
27 BT-Drucks 17/11471 (neu), S. 284, 156.
28 *Klüsener*, JurBüro 2016, 2; *Meyer*, JurBüro 2014, 127; *Reckin*, AnwBl 2015, 59.
29 So schon zur früheren Rechtslage BayLSG AGS 2013, 121 = RVGreport 2013, 153.
30 *Klüsener*, JurBüro 2016, 2.
31 So aber *Klüsener*, JurBüro 2016, 2.

28 Es mag zwar, insbesondere im Lichte der Einführung des elektronischen Rechtsverkehrs,[32] nicht mehr zeitgemäß erscheinen, für die Entstehung der Dokumentenpauschale die Fertigung der Reproduktion einer Vorlage auf einem körperlichen Gegenstand zu fordern. Ein Rechtsanwalt, der sich moderner technischer Hilfsmittel bedient und papierlos arbeitet, könnte in der Tat verleitet sein, nur zu Abrechnungszwecken Ausdrucke oder körperliche Kopien zu fertigen.[33] Das gilt insbesondere dann, wenn in der Büroorganisation des Rechtsanwalts sämtliche Posteingänge ohnehin sogleich eingescannt und digitalisiert werden und deshalb nur elektronische Akten verwendet werden.

29 Allerdings ist der Gesetzgeber berufen, insoweit eine gesetzliche Klarstellung herbeizuführen. Angesichts des klaren geänderten Gesetzeswortlauts (Änderung von „Ablichtung" in „Kopie") und der gesamten Motive des Gesetzgebers zur Dokumentenpauschale im 2. KostRMoG wird davon ausgegangen werden müssen, dass das bloße Einscannen keine Dokumentenpauschale auslöst.[34] Denn wegen der Änderung des Begriffs „Ablichtung" in „Kopie" wird auch in den Motiven zu VV 7000 auf die Begründung zu § 11 GNotKG Bezug genommen. Die Begriffe „Ablichtung" und „Kopie" müssen damit auch im RVG im Sinne der ausdrücklich als Klarstellung bezeichneten Gesetzesbegründung gesehen werden.[35] Schließlich weist das KG zutreffend darauf hin, dass die unterschiedliche Erstattung von Kopien in Papierform und Ablichtungen in elektronischer Form nicht zwingend zu einer ungleichen Behandlung identischer Sachverhalte führt. Bei der Fertigung von Kopien muss der Rechtsanwalt nämlich ggf. zusätzliche Kosten für Papier, Toner, Aktenordner und Lagerraum aufwenden.[36]

c) Übermittlung eines Dokuments als elektronische Datei (Anm. Abs. 2)

30 Das Einscannen eines Dokuments wird nur nach der durch das 2. KostRMoG eingeführten Anm. Abs. 2 zu VV 7000 bei der Berechnung der Dokumentenpauschale berücksichtigt: Wenn die Übermittlung eines Dokuments als elektronische Datei ausdrücklich beantragt wird, das Dokument aber nur in Papierform vorliegt, wird für das dann erforderliche vorherige Einscannen des Dokuments mindestens der Betrag erhoben, der auch bei der Fertigung einer Kopie oder bei der Übermittlung per Fax nach Nr. 1 angefallen wäre (vgl. Rdn 156 ff.).[37]

5. Ausdrucke

a) Urschriften

31 Der Begriff des **Ausdrucks** ist nicht eindeutig geregelt. Gemeint sind hiermit offenbar die mittels eines PC-Druckers oder eines vergleichbaren Gerätes ausgedruckten **Mehrfertigungen** des Original- oder Erstdokuments. Zwar wird hier auch das **Original** ausgedruckt. Hierbei handelt sich jedoch nicht um einen Ausdruck i.S.d. VV 7000, der die Dokumentenpauschale auslöst (vgl. Rdn 19 f.).[38] Urschriften sind damit keine Ausdrucke i.S.d. Auslagentatbestands. Ausgedruckte Briefe an den Auftraggeber, den Gegner oder dritte Personen, Schriftsätze an das Gericht, die Fertigung eines schriftlichen Gutachtens oder Vertrags lösen deshalb keine Dokumentenpauschale aus, sondern werden nach VV Vorb. 7 Abs. 1 S. 1 mit den Gebühren abgegolten.

---

32 So auch *Reisert*, AnwBl BE 2015, 398.
33 Vgl. *Klüsener*, JurBüro 2016, 2; OLG Bamberg AGS 2006, 432 = StraFo 2006, 389 = NJW 2006, 3504 = JurBüro 2006, 588 = StV 2007, 485 = RVGreport 2006, 354.
34 KG AGS 2015, 569 = NStZ-RR 2016, 63 = RVGreport 2015, 464 = JurBüro 2016, 18 = zfs 2015, 705; KG, Beschl. v. 28.8.2015 – 1 Ws 59/15, juris; Gerold/Schmidt/*Müller-Rabe*, RVG, VV 7000 Rn 15; *Hansens*, zfs 2015, 706, Anm. zu KG zfs 2015, 705; *Schneider*, Fälle und Lösungen zum RVG, 4. Aufl., § 38 Rn 13; *Burhoff/Schmidt*, RVG Straf- und Bußgeldsachen, VV 7000 Rn 10.
35 KG AGS 2015, 569 = NStZ-RR 2016, 63 = RVGreport 2015, 464 = JurBüro 2016, 18; KG, Beschl. v. 28.8.2015 – 1 Ws 59/15, juris; SG Nordhausen, Beschl. v. 27.6.2016 – S 13 SF 2009/14 E, juris.
36 KG AGS 2015, 569 = NStZ-RR 2016, 63 = RVGreport 2015, 464 = JurBüro 2016, 18 = zfs 2015, 705; KG, Beschl. v. 28.8.2015 – 1 Ws 59/15, juris; so auch SG Nordhausen, Beschl. v. 27.6.2016 – S 13 SF 2009/14 E, juris.
37 BT-Drucks 17/11471 (neu), S. 284, 235, 156.
38 KG JurBüro 1975, 346; Gerold/Schmidt/*Müller-Rabe*, RVG, VV 7000 Rn 34; Hartung/Schons/Enders/*Hartung*, VV 7000 Rn 7.

b) Anwendungsbereich

Ausdrucke sind nur für den Auslagentatbestand in Nr. 1 von Bedeutung. Bei der Überlassung von elektronischen Dateien (Nr. 2) spielen Ausdrucke keine Rolle. Ausdrucke erfolgen bei Dokumenten bzw. Inhalten, die sich auf einem elektronischen Datenträger befinden, also z.B. auf der Festplatte eines Computers, einer DVD oder einem USB-Stick. Ausdrucke i.S.v. Nr. 1 sind aber auch möglich, wenn das Dokument online in einem Cloud-Dienst gespeichert ist.[39] Der (erste) Ausdruck eines Dokuments, der die Urschrift bzw. das Original darstellt, löst aber keine Dokumentenpauschale aus.

6. Übermittlung eines Telefax (Anm. Abs. 1 S. 2)

a) Kopie

Eine auslagenpflichtige Kopie i.S.v. VV 7000 kann auch mit einem Faxgerät mit Kopierfunktion erstellt werden.[40]

b) Telefax: Übermittelnder Rechtsanwalt

Nach Anm. Abs. 1 S. 2 zu VV 7000 steht die **Übermittlung** von Dokumenten durch den Rechtsanwalt per Telefax der Herstellung einer Ablichtung gleich. Die Gleichsetzung ist erforderlich, weil der **absendende Anwalt** keine Kopie und keinen Ausdruck herstellt. Allenfalls druckt er das Empfangsbekenntnis oder das Übersendungsprotokoll aus, das jedoch nicht unter VV 7000 fällt. Unklar ist, ob die Regelung auch dann gilt, wenn nicht der Anwalt, sondern das Büropersonal das Telefax übermittelt.[41]

> **Beispiel:** Der Rechtsanwalt fertigt im Rahmen einer zivilrechtlichen Unfallschadenregulierung 40 Kopien aus den strafrechtlichen Ermittlungsakten. Dem Mandant schickt der Rechtsanwalt den Aktenauszug per Telefax.
> Die Anfertigung des Aktenauszugs löst eine Dokumentenpauschale nach VV 7000 Nr. 1 Buchst. a i.H.v. 20 EUR aus. Für die Übermittlung des 40-seitigen Aktenauszugs per Telefax erhöht sich die Dokumentenpauschale auf 29,50 EUR.

c) Telefax: Empfangender Rechtsanwalt

Im Gegensatz dazu ist gesetzlich nicht geregelt, dass auch der ein Telefax **empfangende Rechtsanwalt** für dessen Ausdruck die Dokumentenpauschale erhält. Die vom Gesetzgeber vorgenommene unterschiedliche Behandlung von **sendendem** und **empfangendem** Rechtsanwalt ist zwar nicht recht nachvollziehbar, weil dem empfangenden Rechtsanwalt für den Ausdruck des Telefax i.d.R. **höhere Aufwendungen** (Leitungs- und Personalkosten, Papier, Toner, Tinte) als dem ein Telefax übermittelnden Rechtsanwalt (nur Leitungs- und Personalkosten) entstehen. Gleichwohl entsteht aufgrund der **eindeutigen gesetzlichen Regelung** für **empfangene Telefaxe** keine Dokumentenpauschale.[42] Nur die Absendung eines Fax ist nach Abs. 1 S. 2 der Anm. zu VV 7000 der Herstellung einer Kopie gleichgestellt. Für den empfangenden Rechtsanwalt sind die Kosten für Papier und Toner somit durch die allgemeinen Geschäftskosten mit abgedeckt, VV Vorb. 7 Abs. 1 S. 1.

Allerdings kann dem empfangenden Rechtsanwalt eine Dokumentenpauschale entstehen, wenn er von dem empfangenen Fax eine Kopie z.B. durch einen Kopierer herstellt. Keine Dokumentenpauschale entsteht aber für den Ausdruck des per Computer-Fax empfangenen Schriftsatzes, für den Ausdruck von Mehrfertigungen von im PC gespeicherten, nicht per Fax dort eingegangenen Schriftsätzen hingegen schon. Geht ein Fax in Papierform ein, scannt der Rechtsanwalt es anschließend ein und speichert es als elektronische Datei, können die Überlassung als elektronische Datei oder der Ausdruck aber wiederum zur Entstehung der Dokumentenpauschale führen. Werden dem **Gericht Mehrfertigungen** eines Schreibens per Telefax übermittelt, entsteht für den **Ausdruck** dieser Mehr-

---

[39] Gerold/Schmidt/*Müller-Rabe*, RVG, VV 7000 Rn 33.
[40] Gerold/Schmidt/*Müller-Rabe*, RVG, VV 7000 Rn 19.
[41] Hansens/Braun/Schneider, Praxis des Vergütungsrechts, Teil 19 Rn 12.
[42] KG AGS 2007, 611 = zfs 2007, 583 = JurBüro 2007, 589 = RVGreport 2007, 391; Gerold/Schmidt/*Müller-Rabe*, RVG, VV 7000 Rn 21.

fertigungen bei Gericht anders als beim empfangenden Rechtsanwalt eine Dokumentenpauschale nach Nr. 9000 Ziff. 1 KV GKG.

7. Überlassung elektronisch gespeicherter Dateien

38 Unter die Dokumentenpauschale fällt im Falle der Nr. 2 auch die Überlassung von elektronisch gespeicherten Dateien oder deren Bereitstellung zum Abruf. Unerheblich ist dabei, wie der überlassende Rechtsanwalt die Datei gespeichert hat. In Betracht kommen als Datenträger z.B. eine CD, eine DVD (vgl. Rdn 166), eine externe Festplatte oder ein USB-Speicherstick. Das Dokument kann auch online in einem Cloud-Dienst gespeichert sein. Auch die Art der Überlassung ist gesetzlich nicht geregelt. Die Datei kann z.B. durch E-Mail oder Computer-Fax oder körperlich durch Übergabe eines USB-Sticks, einer DVD oder CD pp. überlassen werden.[43]

Der empfangende Rechtsanwalt kann die Dokumentenpauschale verdienen, wenn er einen Ausdruck der Datei/en herstellt und die Voraussetzungen von VV 7000 Nr. 1 Buchst. d vorliegen.[44]

8. Lichtbilder/Fotos

a) Kein Schreibwerk erforderlich

39 Auch das Anfertigen von **Lichtbildern** bzw. **Fotos** wird unter den in VV 7000 genannten Voraussetzungen von der Dokumentenpauschale erfasst. An der in der Vorauflage vertretenen gegenteiligen Auffassung halte ich nicht fest. Es kommt nicht darauf an, ob es sich insoweit um Schreibwerk des Rechtsanwalts handelt.[45] *Müller-Rabe*[46] weist zutreffend darauf hin, dass der Begriff des Schreibwerks nur im Rahmen von § 27 BRAGO eine Rolle gespielt hat. Denn nach dieser Bestimmung wurden Schreibauslagen und keine Dokumentenpauschale für Kopien und Ausdrucke erstattet. Es ist also für die Dokumentenpauschale unerheblich, ob Kopien und Ausdrucke von Schreibwerk oder von Fotos gefertigt werden.[47]

b) Herstellung des Originalfotos (Urschrift)

40 Die Herstellung des Originalfotos löst keine Dokumentenpauschale aus, weil keine Kopie bzw. ein Ausdruck gefertigt und keine elektronische Datei überlassen wird.[48] Auch wenn das digital erstellte Foto, ggf. nach dem Speichern auf einem Datenträger, erstmals ausgedruckt wird, entsteht keine Dokumentenpauschale, weil der Ausdruck einer Urschrift diese nicht auslösen kann (vgl. Rdn 19 f.).[49] Etwaige Aufwendungen hierfür kann der Anwalt vielmehr gesondert nach VV Vorb. 7 Abs. 1 S. 2, §§ 675, 670 BGB erstattet verlangen, sofern die Aufwendungen für die sachgerechte Bearbeitung des Mandats erforderlich waren.

c) Kopien und Ausdrucke (Abzüge von Fotos)

41 Weitere Abzüge von Fotos (vom Negativfilm) sind Kopien i.S.d. VV 7000.[50] Wird ein Foto kopiert oder – ein auf einem Datenträger gespeichertes Foto ausgedruckt und handelt es sich nicht um den Ausdruck der Urschrift (vgl. Rdn 19 f.), entsteht unter den in Nr. 7000 Nr. 1 VV genannten Voraussetzungen die Dokumentenpauschale. Ein auf einem Datenträger gespeichertes Foto kann auch als elektronische Datei i.S.v. Nr. 7000 Nr. 2 VV überlassen werden.

---

43 *Hansens/Braun/Schneider*, Praxis des Vergütungsrechts, Teil 19 Rn 17.
44 *Enders*, JurBüro 2005, 393.
45 So aber noch Hartung/Schons/Enders/*Hartung*, VV 7000 Rn 6; *Bischof/Jungbauer/Bräuer*, VV 7000 Rn 10a.
46 Gerold/Schmidt/*Müller-Rabe*, RVG, VV 7000 Rn 26, 29.
47 Gerold/Schmidt/*Müller-Rabe*, RVG, VV 7000 Rn 26; Riedel/Sußbauer/*Ahlmann*, VV 7000 Rn 6.
48 Gerold/Schmidt/*Müller-Rabe*, RVG, VV 7000 Rn 28.
49 Gerold/Schmidt/*Müller-Rabe*, RVG, VV 7000 Rn 28.
50 Gerold/Schmidt/*Müller-Rabe*, RVG, VV 7000 Rn 29.

Fertigt der Rechtsanwalt von einem **Foto** mit einem **Fotokopierer** eine **Farbkopie** an, entsteht die 42
erhöhte Dokumentenpauschale. Dasselbe gilt, wenn der Rechtsanwalt **digitale Fotos farbig** ausdruckt und es sich nicht um den Ausdruck des Originalfotos (der Urschrift) handelt (vgl. Rdn 19 f.).

9. Farbkopien/Farbausdrucke

Seit dem 1.8.2013 (2. KostRMoG) differenziert VV 7000 Nr. 1 zwischen **Schwarz-Weiß-Kopien** 43
und **Farbkopien** bzw. **Schwarz-Weiß-Ausdrucken** und **Farbausdrucken** (vgl. auch Rdn 200). Für die Fertigung von **Farbkopien** bzw. **Farbausdrucken** sind gegenüber Schwarz-Weiß-Kopien die doppelten Sätze vorgesehen (1,00 EUR statt 0,50 EUR und 0,30 EUR statt 0,15 EUR). Eine Farbkopie oder ein **Farbausdruck** wird gefertigt, wenn das zu kopierende Schriftstück neben schwarzen noch Schriftzeichen in mindestens einer anderen Farbe enthält. Denn dann kann eine Kopie (Reproduktion einer Vorlage auf einem körperlichen Gegenstand, bspw. Papier, Karton oder Folie[51]) oder ein Ausdruck nur durch einen Farbdrucker bzw. Farbkopierer hergestellt werden.

Fertigt der Rechtsanwalt z.B. von einer farbigen Seite in einer Behörden- oder Gerichtsakte (VV 7000 44
Nr. 1 Buchst. a) oder von einer farbigen Schriftsatzanlage i.S.v. VV 7000 Nr. 1 Buchst. b eine Farbkopie an, fällt damit die erhöhte Dokumentenpauschale i.H.v. 1 EUR bzw. 0,30 EUR je Seite an (zur Frage der Erstattungsfähigkeit vgl. Rdn 222).[52] Auch die Fertigung von unter VV 7000 fallenden Kopien von eigenen farbigen Schriftsätzen des Anwalts (z.B. farbiger Briefkopf) kann dann die erhöhte Dokumentenpauschale auslösen. Denn eine Kopie oder ein Ausdruck liegt nur vor, wenn das Original reproduziert wird. Bei Kopien oder Ausdrucken zur Unterrichtung des Auftraggebers (Nr. 1 Buchst. c entsteht die Dokumentenpauschale nur für Kopien oder Ausdrucke zur **notwendigen Unterrichtung** des Auftraggebers. Wenn hier unterstellt wird, dass eine Unterrichtung des Auftraggebers durch **Schwarz-Weiß-Kopien** oder **Schwarz-Weiß-Ausdrucke** ausreichend ist, können die Kopien und Ausdrucke nur nach den geringeren Sätzen in Rechnung gestellt werden.[53]

III. Kopien aus Behörden- und Gerichtsakten (Nr. 1 Buchst. a)

1. Anwendungsbereich

a) Behörden- und Gerichtsakten

Für das Anfertigen von Kopien aus **Behörden- und Gerichtsakten** erhält der Anwalt die Dokumentenpauschale, sofern deren Herstellung zur sachgemäßen Bearbeitung der Rechtssache geboten 45
war (Nr. 1 Buchst. a). Die Entstehung der Dokumentenpauschale setzt also die Notwendigkeit der gefertigten Kopien oder Ausdrucke voraus (vgl. Rdn 49). Kopien und Ausdrucke aus **anderen Akten**, z.B. aus Versicherungsakten, Handakten von Rechtsanwälten, Arzt- bzw. Patientenakten, werden nicht erfasst. Kopien oder Ausdrucke aus Behörden- oder Gerichtsakten sind damit nicht gem. VV Vorb. 7 Abs. 1 als allgemeine Geschäftskosten mit den Gebühren abgegolten, wenn ihre Herstellung zur sachgemäßen Bearbeitung der Rechtssache geboten war.[54] Erfasst sind auch Kopien und Ausdrucke aus der Akte des Verfahrens, in dem der Rechtsanwalt gerade tätig ist.[55]

b) Papierakte und elektronische Akte

Nr. 1 Buchst. a) erfasst die Herstellung von **Kopien** aus einer **Papierakte** sowie die Herstellung von 46
Ausdrucken aus einer **elektronischen Akte**.[56] Ebenfalls erfasst sind das **Einscannen** von Seiten

---

51 BT-Drucks 17/11471 (neu), S. 284, 235, 156.
52 OLG Hamburg RENOpraxis 2012, 226 = WRP 2012, 1461 = JurionRS 2012, 19419.
53 In diesem Sinne Gerold/Schmidt/*Müller-Rabe*, RVG, VV 7000 Rn 188.
54 OVG Rheinland-Pfalz AGS 2010, 14 = JurBüro 2010, 370 = NVwZ-RR 2010, 336 = NJW-Spezial 2010, 93; VG Stuttgart AGS 2009, 328 = RVGreport 2009, 275.
55 Gerold/Schmidt/*Müller-Rabe*, RVG, VV 7000 Rn 49.
56 Gerold/Schmidt/*Müller-Rabe*, RVG, VV 7000 Rn 52; OLG Düsseldorf NStZ-RR 2015, 64; OLG Düsseldorf, Beschl. v. 22.9.2014 – III-1 Ws 307/14, III-1 Ws 312/14, juris; OLG Düsseldorf, Beschl. v. 22.9.2014 – III-1 Ws 261/14, juris; OLG Düsseldorf, Beschl. v. 22.9.2014 – III-1 Ws 236/14, juris.

einer Papierakte und der **anschließende Ausdruck** dieser Seiten durch den Rechtsanwalt.[57] Ohne den Ausdruck der eingescannten Akte fällt die Dokumentenpauschale aber nur unter den in Anm. Abs. 2 genannten Voraussetzungen an (vgl. Rdn 24 und Rdn 31 ff.). Zu der Frage, ob bereits das Einscannen eine Dokumentenpauschale auslöst, wird auf Rdn 24 ff. verwiesen.

2. Kein Einverständnis des Auftraggebers

47 Der Rechtsanwalt kann eine Dokumentenpauschale nach Nr. 1a) verlangen, ohne dass es darauf ankommt, dass der Auftraggeber hierzu sein **Einverständnis** erklärt hat. Erforderlich ist lediglich, dass das Anfertigen von Kopien oder Ausdrucken zur sachgemäßen Bearbeitung der Rechtssache geboten war. Insoweit besteht ein **Ermessensspielraum** des Anwalts. Darauf, ob diese Kosten im Falle des Obsiegens von der Gegenseite zu erstatten sind oder ob die Dokumente bei der Entscheidung des Gerichts berücksichtigt worden sind, kommt es nicht an.[58] Nicht das Gericht hat später im Rahmen der Erstattungsfähigkeit über die Notwendigkeit der Dokumentenpauschale zu entscheiden; vielmehr muss der Anwalt bei Ausführung des Mandats selbst beurteilen, ob und welche Kopien er benötigt.

3. Billigere Herstellung durch den Mandanten

48 Es kommt für die Entstehung der Dokumentenpauschale nicht darauf an, ob der Mandant die Kopien oder Ausdrucke **billiger** herstellen könnte. VV 7000 Nr. 1a stellt für die Entstehung der Dokumentenpauschale nur darauf ab, ob die Kopien zur sachgemäßen Bearbeitung der Sache geboten waren. Im Übrigen könnte dem Mandanten die Akte in vielen Fällen auch nicht zur Herstellung von Kopien überlassen werden.[59]

4. Notwendigkeitsprüfung

a) Informationsbedürfnis

49 Es ist zu berücksichtigen, dass sich der Anwalt ausreichend über den Streitstoff informieren und Eventualitäten vorbeugen muss. So kann es durchaus geboten sein, Seiten zu kopieren oder auszudrucken, obwohl deren Inhalt zunächst unstreitig ist. Es ist nie vorzusehen, auf welche Tatsachen es im Laufe des Rechtsstreits noch ankommen wird und inwieweit die Gegenseite nachträglich Tatsachen bestreitet, die zunächst unstreitig waren. Daher kann der Anwalt im Rahmen seines Ermessens durchaus auch Kopien fertigen, denen zunächst nur nebensächliche Bedeutung zukommt oder auf die es im Laufe der Angelegenheit möglicherweise überhaupt nicht ankommen wird. In Anbetracht dessen, dass jede Aktenversendung z.B. nach GKG-KostVerz. 9003 Kosten i.H.v. 12 EUR verursacht (vgl. auch in Bußgeldsachen § 107 Abs. 5 OWiG), kann es daher auch durchaus zur **Vermeidung einer erneuten Aktenanforderung** geboten sein, zunächst scheinbar überflüssige Seiten zu kopieren.[60]

b) Prüfung durch den Anwalt

50 Der Anwalt ist nicht verpflichtet, jede einzelne Seite auf ihre Wertigkeit zu prüfen, bevor er sie kopiert oder ausdruckt. Ein solcher Aufwand kann von ihm nicht verlangt werden, insbesondere nicht in umfangreichen Verfahren. Andererseits darf er auch nicht ohne weiteres wahllos die kom-

---

57 Gerold/Schmidt/*Müller-Rabe*, RVG, VV 7000 Rn 52; OLG Düsseldorf StraFo 2015, 527; vgl. aber KG AGS 2015, 569 = NStZ-RR 2016, 63 = RVGreport 2015, 464 = JurBüro 2016, 18 = zfs 2015, 705 und KG, Beschl. v. 28.8.2015 – 1 Ws 59/15, juris: Der Ausdruck eingescannter Gerichtsakten führt grundsätzlich nicht zur Entstehung der Dokumentenpauschale nach Nr. 1 Buchst. a.

58 VG Oldenburg AGS 2009, 467 = NJW-Spezial 2009, 460; OVG Berlin-Brandenburg, Beschl. v. 18.9.2007 – 1 K 70.06, juris.

59 Gerold/Schmidt/*Müller-Rabe*, RVG, VV 7000 Rn 66.

60 Vgl. OLG Düsseldorf AGS 2007, 243 = StRR 2007, 199; OVG Mecklenburg-Vorpommern, Beschl. v. 30.12.2009 – 3 M 58/09, juris.

plette Akte durchkopieren.⁶¹ Schriftstücke, die ohne Informationswert und ersichtlich ohne Belang sind, darf er nicht auf Kosten des Auftraggebers kopieren.

c) Keine schematische Betrachtung

Ein allgemeiner Grundsatz lässt sich insoweit nicht aufstellen. Keinesfalls darf eine **schematische Betrachtung** für alle Fälle vorgenommen werden.⁶² Es kann im Einzelfall durchaus geboten sein, Empfangsbekenntnisse zu kopieren, etwa wenn es um Fristen oder Verjährungsfragen geht. Sogar das Kopieren eigener Schriftstücke, die der Anwalt selbst zur Akte gereicht hat, kann erforderlich sein, etwa dann, wenn der Sachbearbeiter der Behörde oder der Richter auf diesen Schriftstücken Vermerke oder Anmerkungen verfasst hat, die von Bedeutung sein können, etwa für einen Wiedereinsetzungs- oder Ablehnungsantrag wegen Besorgnis der Befangenheit.⁶³

51

d) Einzelfallprüfung

Es muss daher im Einzelfall geprüft werden, ob Kopien oder Ausdrucke doppelt in der Akte enthaltener Schriftstücke, eigener Schriftsätze oder bereits mitgeteilter bzw. übersandter Schriftstücke⁶⁴ erforderlich ist. Bei bereits übersandten gerichtlichen Entscheidungen und eigenen Schriftstücken des Rechtsanwalts kann es z.B. wegen des Nachweises des Zugangs und dessen Zeitpunkt wesentlich sein, diese Schriftstücke paginiert in einem kompletten Aktenauszug zur Verfügung zu haben.⁶⁵ Kopien der vom Rechtsanwalt selbst eingereichten Dokumente können auch deshalb erstattungsfähig sein, wenn nur so der Überblick über den Verfahrensgang gewahrt bleibt.⁶⁶

52

Auch wenn die Akten nur für **kurze Zeit** zur Verfügung gestellt werden können, spricht das dafür, dass eine Kopie der vollständigen Akte gerechtfertigt ist.⁶⁷ Keine Dokumentenpauschale entsteht für das Kopieren oder Ausdrucken von Aktenbestandteilen, die für das weitere Vorgehen des Rechtsanwalts von vornherein irrelevant sind.⁶⁸

53

e) Objektive Betrachtung

aa) Verständiger und durchschnittlich erfahrener Rechtsanwalt. Für die Beurteilung, ob die Herstellung von Kopien oder Ausdrucken aus der Gerichts- oder Behördenakte zur sachgemäßen Bearbeitung der Rechtssache geboten ist, kommt es nicht auf den **subjektiven Standpunkt** des Anwalts an, sondern auf eine **objektive Betrachtung** (allgemeine Verkehrsanschauung im Prozessrechtsverkehr),⁶⁹ wobei dem Anwalt allerdings ein **großzügiger Ermessensspielraum** einzuräumen

54

---

61 LSG Schleswig, Beschl. v. 23.5.2016 – L 5 SF 12/14 E, juris; OLG Düsseldorf RVGreport 2015, 527; OLG Nürnberg RVGreport 2011, 26; VG Oldenburg AGS 2009, 467 = NJW-Spezial 2009, 460; SG Berlin, Beschl. v. 6.12.2010 – S 180 SF 1755/09 E, juris.
62 OLG Nürnberg RVGreport 2011, 26
63 AG Bochum StRR 2008, 83.
64 Z.B. eines bereits an den Rechtsanwalt übersandten Sachverständigengutachtens, LG Detmold, Beschl. v. 17.6.2008 – 4 Qs 71/08.
65 OLG Nürnberg RVGreport 2011, 26
66 Vgl. AG Minden StV 2001, 637 = StraFo 2006, 127; AG Bochum StRR 2008, 83; **a.A.** OLG Koblenz Rpfleger 2003, 467.
67 Vgl. OLG Düsseldorf, NStZ-RR 2015, 64; OLG Düsseldorf, Beschl. v. 22.9.2014 – III-1 Ws 307/14, III-1 Ws 312/14, juris; OLG Düsseldorf, Beschl. v. 22.9.2014 – III-1 Ws 261/14, juris; OLG Düsseldorf, Beschl. v. 22.9.2014 – III-1 Ws 236/14, juris; OLG Nürnberg RVGreport 2011, 26; AG Wuppertal StraFo 1999, 285; wohl auch OLG Köln RVGreport 2010, 99 = StraFo 2010, 131 = StRR 2010, 278.
68 BGH AGS 2005, 306 = Rpfleger 2005, 480 = NJW 2005, 2317 = MDR 2005, 956 = JurBüro 2005, 480 = RVGreport 2005, 274; BGH AGS 2005, 573 = RVGreport 2005, 275.
69 BGH AGS 2005, 306 = Rpfleger 2005, 480 = NJW 2005, 2317 = MDR 2005, 956 = JurBüro 2005, 480 = RVGreport 2005, 274; BGH AGS 2005, 573 = RVGreport 2005, 275; KG, Beschl. v. 28.8.2015 – 1 Ws 31/15, juris; OLG Celle, Beschl. v. 26.5.2016 – 1 Ws 245/16, JurionRS 2016, 17486; OLG Köln, Beschl. v. 15.1.2015 – 2 Ws 651/14, juris; OLG Düsseldorf StraFo 2015, 527; OLG Braunschweig RVGreport 2016, 97 = JurBüro 2016, 82; KG, Beschl. v. 28.8.2015 – 1 Ws 59/15, juris; OLG München RVGreport 2015, 106 = StRR 2015, 159; OLG Rostock AGS 2014, 553 = RVGreport 2014, 471 = JurBüro 2014, 637; OVG Rheinland-Pfalz AGS 2010, 14 = JurBüro 2010, 370 = NVwZ-RR 2010, 336 = NJW-Spezial 2010, 93.

ist.[70] Diesen Ermessensspielraum muss der Rechtsanwalt aber auch ausüben.[71] Hierbei ist auch der Grundsatz **kostensparender Verfahrens- und Prozessführung** zu beachten.[72] Ob die Herstellung von Kopien oder Ausdrucken zur sachgemäßen Bearbeitung der Rechtssache geboten war, ist nach der **Rechtsprechung des BGH**[73] aus der Sicht zu beurteilen, die ein verständiger und durchschnittlich erfahrener Prozessbevollmächtigter[74] haben kann, wenn er sich mit der betreffenden Gerichtsakte beschäftigt und alle Eventualitäten bedenkt, die bei der dann noch erforderlichen eigenen Bearbeitung der Sache auftreten können.[75] Es kommt auf die Verfahrensart und den konkreten Sachverhalt sowie auf die aktuelle Verfahrenslage an.[76] Hierbei ist kein kleinlicher Maßstab anzulegen.[77] Eine bloße **Erleichterung** oder **Zweckmäßigkeit** reicht nicht aus, um die Erforderlichkeit zu bejahen.[78] Deshalb wird teilweise die Auffassung vertreten, dass der Rechtsanwalt nicht kurzerhand die gesamte Akte von einer juristisch nicht geschulten Kanzleikraft kopieren lassen darf.[79]

55 **bb) Ex-ante-Betrachtung.** Für die Beurteilung ist auf den **Zeitpunkt** der Fertigung der Kopien oder Ausdrucke abzustellen. Nur wenn schon zu diesem Zeitpunkt zweifelsfrei feststand, dass die kopierten oder ausgedruckten Unterlagen für eine **sachgemäße Bearbeitung** der Rechtssache nicht benötigt werden, scheidet die Erstattung aus.[80]

f) Beweislast

56 Die neuere Rechtsprechung schließt aus der Formulierung in Nr. 1 Buchst. a für „*Kopien und Ausdrucke aus Behörden- und Gerichtsakten, soweit deren Herstellung zur sachgemäßen Bearbei-*

---

70 OLG Düsseldorf StraFo 2015, 527; OLG Braunschweig RVGreport 2016, 97 = JurBüro 2016, 82; KG, Beschl. v. 28.8.2015 – 1 Ws 31/15, juris; KG, Beschl. v. 28.8.2015 – 1 Ws 59/15, juris; OLG Rostock AGS 2014, 553 = RVGreport 2014, 471 = JurBüro 2014, 637; OLG München RVGreport 2015, 106 = StRR 2015, 159; OLG Celle NJW 2012, 1671 = RVGreport 2012, 265 = StRR 2012, 79 = JurBüro 2012, 136; OVG Rheinland-Pfalz AGS 2010, 14 = JurBüro 2010, 370 = NVwZ-RR 2010, 336 = NJW-Spezial 2010, 93; VG Oldenburg AGS 2009, 467 = NJW-Spezial 2009, 460; OLG Düsseldorf JurBüro 2000, 359 = AGS 2000, 84; SG Berlin, Beschl. v. 6.12.2010 – S 180 SF 1755/09 E, juris; vgl. auch LG Aurich StraFo 2004, 147; AG Duisburg AGS 2001, 183; AG Bochum StRR 2008, 83.
71 KG, Beschl. v. 28.8.2015 – 1 Ws 31/15, juris; KG, Beschl. v. 28.8.2015 – 1 Ws 59/15, juris; OLG Rostock AGS 2014, 553 = RVGreport 2014, 471 = JurBüro 2014, 637; OLG Koblenz, Beschl. v. 16.11.2009 – 2 Ws 526/09, JurionRS 2009, 36455.
72 OLG Celle, Beschl. v. 26.5.2016 – 1 Ws 245/16, JurionRS 2016, 17486; OLG Köln, Beschl. v. 15.1.2015 – 2 Ws 651/14, juris; OLG Düsseldorf NStZ-RR 2015, 64; OLG Düsseldorf, Beschl. v. 22.9.2014 – III-1 Ws 307/14, III-1 Ws 312/14, juris; OLG Düsseldorf, Beschl. v. 22.9.2014 – III-1 Ws 261/14, juris; OLG Düsseldorf, Beschl. v. 22.9.2014 – III-1 Ws 236/14, juris; KG, Beschl. v. 28.8.2015 – 1 Ws 31/15, juris; OLG München RVGreport 2015, 106 = StRR 2015, 159; OLG Rostock AGS 2014, 553 = RVGreport 2014, 471 = JurBüro 2014, 637.
73 BGH AGS 2005, 306 = Rpfleger 2005, 480 = NJW 2005, 2317 = MDR 2005, 956 = JurBüro 2005, 480 = RVGreport 2005, 274; BGH AGS 2005, 573 = RVGreport 2005, 275.
74 OVG Münster BauR 2002, 530; Thüringisches LSG JurBüro 2004, 430.
75 LSG Rheinland-Pfalz NZS 1998, 2007; BayVGH NVwZ-RR 2001, 413; AG Bremen RVGReport 2011, 229.
76 KG, Beschl. v. 28.8.2015 – 1 Ws 31/15, juris; KG, Beschl. v. 28.8.2015 – 1 Ws 59/15, juris; OLG Rostock AGS 2014, 553 = RVGreport 2014, 471 = JurBüro 2014, 637.
77 BGH AGS 2005, 306 = Rpfleger 2005, 480 = NJW 2005, 2317 = MDR 2005, 956 = JurBüro 2005, 480 = RVGreport 2005, 274; BGH AGS 2005, 573 = RVGreport 2005, 275; OVG Berlin-Brandenburg, Beschl. v. 18.9.2007 – OVG 1 K 70.06.
78 KG, Beschl. v. 28.8.2015 – 1 Ws 31/15, juris; KG, Beschl. v. 28.8.2015 – 1 Ws 59/15, juris; OLG Rostock AGS 2014, 553 = RVGreport 2014, 471 = JurBüro 2014, 637.
79 AG Mettmann AGkompakt 2010, 90; LG Waldshut-Tiengen, Beschl. v. 11.6.2003 – 4 Qs 28/03, juris; a.A. LG Essen JurBüro 2011, 474 = Rpfleger 2011, 694; AG Essen StRR 2012, 43 = VRR 2012, 43 = RVGprofessionell 2012, 83.
80 Vgl. OLG Düsseldorf StraFo 2015, 527; OLG Düsseldorf StRR 2007, 199 = AGS 2007, 243; LG Essen JurBüro 2011, 474 = Rpfleger 2011, 694; so wohl auch BGH AGS 2005, 306 = Rpfleger 2005, 480 = NJW 2005, 2317 = MDR 2005, 956 = JurBüro 2005, 480 = RVGreport 2005, 274; BGH AGS 2005, 573 = RVGreport 2005, 275.

tung der Rechtssache geboten war", dass die Beweislast für die Erforderlichkeit der hergestellten Kopien und Ausdrucke aus der Gerichtsakte beim Rechtsanwalt liegt.[81]

5. Kopien und Ausdrucke aus Zivilakten

a) Kein vollständiger Aktenauszug

In **Zivilverfahren** wird es in der Regel nicht erforderlich sein, die gesamte Gerichtsakte zu kopieren oder auszudrucken oder sich daraus Kopien zu fertigen, da der Prozessbevollmächtigte über die gesamte gewechselte Gerichtskorrespondenz unterrichtet wird und hiervon Kopien/Ausdrucke erhält. Ausnahmen ergeben sich jedoch, wenn es gilt, gerichtsinterne Vorgänge, etwa Vermerke oder Verfügungen des Gerichts, festzuhalten. Gleiches kann für Kopien von Zustellungsurkunden gelten, wenn die Frage der Zustellung streitentscheidend ist.

b) Spätere Mandatsübertragung

Auch dann, wenn der Anwalt nicht von Anfang an in der Sache tätig war, etwa wenn ihm die Partei das **Mandat erst im Laufe des Rechtsstreits übertragen** hat oder wenn er von einem **Streitverkündeten** oder einem sonstigen Beteiligten beauftragt worden ist, der erst im weiteren Verlauf dem Rechtsstreit beigetreten ist, kann es geboten sein, den bisherigen Akteninhalt, soweit erheblich, zu kopieren, um sich über den derzeitigen Sach- und Streitstand zu unterrichten.[82]

Gleiches kann für die Akten eines vorausgegangenen **selbstständigen Beweisverfahrens** gelten, an dem der Anwalt nicht beteiligt war. Hat der Rechtsanwalt die Streitverkündete in einem vorausgegangenen selbstständigen Beweisverfahren vertreten und fertigt er im anschließenden Hauptsacheprozess, in dem die Streitverkündete Klägerin oder Beklagte ist, als Prozessbevollmächtigter Kopien aus der Akte des selbstständigen Beweisverfahrens, ist die Herstellung der Kopien aus der Akte des selbstständigen Beweisverfahrens zur sachgemäßen Bearbeitung der Rechtssache geboten, wenn es im Prozess maßgeblich auf die Feststellungen im selbstständigen Beweisverfahren ankommt. Die Dokumentenpauschale fällt dann zwar an, ist aber nicht erstattungsfähig (§ 91 ZPO), wenn die Beklagte als Streitverkündete des selbstständigen Beweisverfahrens im Besitz eines Aktenauszugs des selbstständigen Beweisverfahrens ist. Dann hätte sie ihrem Rechtsanwalt diesen Auszug für den Prozess zur Verfügung stellen können.[83]

Ebenso kann es für den **Rechtsmittelanwalt** erforderlich sein, sich einen Auszug aus den erstinstanzlichen Akten anzufertigen, wenn die Partei oder der erstinstanzliche Anwalt ihm keine oder nur ungenügende Unterlagen zur Verfügung stellt.

c) Spätere Rechtszüge

Nach der Rechtsprechung des BGH[84] entsteht die Dokumentenpauschale nicht, wenn ein **Prozessbevollmächtigter späterer Instanz** Kopien aus den Gerichtsakten bzw. von Bestandteilen von Gerichtsakten anfertigt, von denen er sicher erwarten konnte, dass von ihnen bereits Kopien gefertigt sind oder Abschriften existieren und hierauf **rechtzeitig** zurückgegriffen werden kann. Die Fertigung eigener Kopien aus der Gerichtsakte kommt erst in Betracht, wenn und soweit vorhandene Kopien und Abschriften nicht rechtzeitig zu dem Prozessbevollmächtigten gelangen.

---

81 OLG Celle, Beschl. v. 26.5.2016 – 1 Ws 245/16, JurionRS 2016, 17486; KG, Beschl. v. 28.8.2015 – 1 Ws 31/15, juris; OLG Düsseldorf NStZ-RR 2015, 64; OLG Düsseldorf, Beschl. v. 22.9.2014 – III-1 Ws 307/14, III-1 Ws 312/14, juris; OLG Düsseldorf, Beschl. v. 22.9.2014 – III-1 Ws 261/14, juris; OLG Düsseldorf, Beschl. v. 22.9.2014 – III-1 Ws 236/14, juris; OLG Braunschweig Nds.Rpfleger 2015, 332; OLG Rostock JurBüro 2015, 22; OLG Rostock AGS 2014, 553 = RVGreport 2014, 471 = JurBüro 2014, 637; OLG München RVGreport 2015, 106 = StRR 2015, 159; **a.A.** OLG Celle NJW 2012, 1671 = RVGreport 2012, 265 = StRR 2012, 79 = JurBüro 2012, 136.

82 Siehe hierzu BGH AGS 2005, 306 = RVGreport 2005, 275, für den erstmals in der Revisionsinstanz für den Streithelfer tätigen Rechtsanwalt.

83 OLG Jena RVGreport 2012, 390.

84 BGH AGS 2005, 306 = Rpfleger 2005, 480 = NJW 2005, 2317 = MDR 2005, 956 = JurBüro 2005, 480 = RVGreport 2005, 274, so auch LG Schwerin, Beschl. v. 17.9.2004 – 1 O 158/02, juris.

62 Aus den gem. § 50 Abs. 1 BRAO vom erstinstanzlichen Prozessbevollmächtigten anzulegenden Handakten ergibt sich ein geordnetes Bild über die von diesem entfalteten Tätigkeiten. Denn hierzu gehört jedenfalls die Sammlung der von den Parteien in erster Instanz gewechselten Schriftsätze. Da die Partei gem. §§ 667, 675 BGB einen Anspruch auf Herausgabe dieser Handakten hat, kann dieser Anspruch durch Übersendung der Handakten an den zweitinstanzlichen Prozessbevollmächtigten des realisiert werden.

63 Etwas anderes gilt nach Auffassung des BGH nur dann, wenn in dem späteren Rechtszug ein Rechtsanwalt beauftragt wird, der nicht auf die Handakten eines erstinstanzlichen Prozessbevollmächtigten zurückgreifen kann (z.B. bei Beteiligung einer **Streithelferin** erst in der **Revisionsinstanz**). Der Prozessbevollmächtigte muss sich auch nicht auf die Möglichkeit einer Akteneinsicht verweisen lassen. Hier ist die Ablichtung der erst- und zweitinstanzlichen Gerichtsakten zur sachgemäßen Bearbeitung der Rechtssache durch den Bevollmächtigten der Streithelferin geboten. Es entsteht daher die Dokumentenpauschale, die auch vom Gegner zu erstatten ist.[85]

6. Kopien oder Ausdrucke aus Strafakten

a) Kopien/Ausdrucke für das Zivilverfahren

64 In einem Zivilverfahren kann es darüber hinaus erforderlich sein, die Akten eines **vorangegangenen Straf- oder Bußgeldverfahrens** zu kopieren. Dies wird in aller Regel in **Verkehrsunfallsachen** geboten sein, da sich in den Straf- und Bußgeldakten wichtige Unterlagen befinden, insbesondere Zeugenvernehmungen, Skizzen u.Ä. Das Gericht wird die Akten in aller Regel zu Informations- oder Beweiszwecken beiziehen. Daher muss auch der Prozessbevollmächtigte über deren Inhalt informiert sein.

b) Kopien/Ausdrucke für Versicherungen

65 Aktenauszüge aus **Straf- und Bußgeldakten** werden häufig auch für **Versicherungsgesellschaften** erstellt, die aufgrund des Akteninhalts ihre Einstandspflicht oder ihre Aussichten auf Regressansprüche gegen den Versicherungsnehmer oder Dritte beurteilen. Werden solche Aktenauszüge im Rahmen eines von dem Versicherer erteilten Mandats angefertigt, richtet sich die Vergütung nach VV 7000 Nr. 1 Buchst. a. Ist dem Anwalt dagegen ausschließlich der Auftrag erteilt worden, für den Versicherer einen Aktenauszug anzufertigen, so gilt die Vereinbarung zwischen dem DAV und dem GdV (früher: HUK-Verband) über das „Honorar für Akteneinsicht und Aktenauszüge aus Unfallstrafakten für Versicherungsgesellschaften",[86] die wiederum auf die Vorgängervorschrift, den § 27 BRAGO, Bezug nimmt (vgl. Rdn 249 ff.). Ausführlich zu dieser Vereinbarung siehe Anhang II.[87]

c) Aktenauszug für Verteidiger

66 **aa) Grundsatz.** In **Strafsachen** wird sich der Verteidiger in aller Regel einen Aktenauszug anfertigen müssen, da er über die Ermittlungen der Staatsanwaltschaft und des Gerichts nicht automatisch informiert wird. Dem Anwalt ist es insoweit nicht zuzumuten, sich handschriftliche Aktenauszüge anzufertigen oder den wesentlichen Inhalt abzudiktieren.[88] Der Verteidiger muss darauf achten, dass er möglichst umfassende Informationen erhält, um nicht später wiederholt um Akteneinsicht ersuchen zu müssen.[89]

67 **bb) Kein Verweis auf Aktenauszüge anderer Rechtsanwälte.** Der Rechtsanwalt muss sich grds. nicht auf den von einem anderen Verteidiger gefertigten Aktenauszug verweisen lassen.[90] Das gilt auch für den zur **Verfahrenssicherung** bestellten weiteren Pflichtverteidiger. Denn ohne eigenen

---

85 BGH AGS 2005, 573 = RVGreport 2005, 275.
86 AnwBl 1969, 431.
87 Vgl. auch N. Schneider, ZAP Fach 24, S. 559.
88 AG München AnwBl 1970, 72.
89 OLG Düsseldorf StRR 2007, 199 = AGS 2007, 243.
90 OLG Celle NJW 2012, 1671 = RVGreport 2012, 265 = StRR 2012, 79 = JurBüro 2012, 136; so OLG Köln StraFo 2010, 131 = StV 2010, 179 = StRR 2010, 278 = RVGreport 2010, 99, für den zur Verfahrenssicherung bestellten weiteren Pflichtverteidiger; LG Duisburg, Beschl. v. 20.11.2014 – 34 KLs 10/12, juris.

Aktenauszug ist eine ordnungsgemäße Verteidigung nicht durchzuführen. Der zur Verfahrenssicherung bestellte Pflichtverteidiger muss sich wegen des dazu erforderlichen Arbeitsaufwandes auch nicht auf einen Abgleich der digitalisierten mit den Papier-Kopien und somit nicht darauf verweisen lassen, dass nur diejenigen Unterlagen zu kopieren sind, die dem sog. „Erstverteidiger" nicht vorliegen. Die Fertigung eines vollständigen Aktenauszuges ist hier auch dann erforderlich, wenn die Gerichtsakten zwar in digitalisierter Form zur Verfügung stehen, in dieser Fassung aber vereinzelt Seiten übersprungen werden.[91]

Etwas anderes kann dann gelten, wenn es bei einem **Wechsel des Pflichtverteidigers** zumutbar und möglich ist, auf den von dem zunächst bestellten Verteidiger gefertigten Aktenauszug zuzugreifen.[92] **68**

Zwei in einer **Bürogemeinschaft** verbundene Verteidiger müssen sich keinen Aktenauszug teilen und sind nicht gehalten, diesen untereinander auszutauschen.[93] Denn jeder Verteidiger eines Angeklagten hat ein eigenes Recht auf Akteneinsicht und Anfertigung eines Aktenauszugs für die Verteidigung seines Mandanten.[94]

cc) Ermessensspielraum des Anwalts. Vgl. zunächst Rdn 54. **69**

Das **ungeprüfte vorsorgliche Kopieren** oder Ausdrucken der gesamten Akte führt nicht dazu, dass die gesamte angemeldete Dokumentenpauschale als erstattungsfähig anzuerkennen ist, wenn einzelne Teile der Akte von vornherein den zu verteidigenden Mandanten nicht betreffen können.[95] Jedenfalls dann, wenn dem Verteidiger in einem größeren Verfahren eine Vielzahl von Beiakten übersandt wird, erscheint es zumutbar, dass der Verteidiger vor dem Kopieren die Verfahrensrelevanz der einzelnen Beiakten prüft.[96] Das wird aber wiederum dann nicht verlangt werden können, wenn die Akten wie häufig nur für kurze Zeit überlassen werden. Hier wird es aus Zeitgründen oft nicht möglich und zumutbar sein, die gesamten Akten daraufhin durchzusehen, ob einzelne Teile oder Seiten den Mandanten von vornherein nicht betreffen können. **70**

Der dem Anwalt zustehende Ermessensspielraum gestattet es, bei der Auswahl der zu kopierenden Seiten nicht jede Seite vollständig lesen und auf die Notwendigkeit überprüfen zu müssen. Hierbei ist zu berücksichtigen, dass zum Zeitpunkt der Akteneinsicht meist nicht abschließend beurteilt werden kann, ob zunächst als unwichtig angesehene Seiten im weiteren Verfahrensverlauf nicht doch noch Bedeutung für die Verteidigung erlangen. Es ist daher eine grobe Prüfung und vorläufige Bewertung ausreichend, aber auch erforderlich, bei der allerdings ersichtlich für die weitere Sachbearbeitung nicht bedeutsame Aktenteile von der Ablichtung auszunehmen sind.[97] **71**

Eine starre Regelung, etwa dass Ablichtungskosten bis 5 % des Verteidigerhonorars durch die Gebühren abgegolten sind, ist vollkommen willkürlich und unzutreffend. Ebenso wenig ist es zulässig, von den abgerechneten Kopiekosten einen pauschalen Prozentsatz als nicht notwendig abzuziehen.[98] **72**

dd) Ex-ante-Betrachtung. Für die Beurteilung ist auf den **Zeitpunkt** der Fertigung der Kopien und Ausdrucke abzustellen. Nur wenn schon zu diesem Zeitpunkt zweifelsfrei feststand, dass die **73**

---

91 OLG Köln RVGreport 2010, 99 = StraFo 2010, 131 = StV 2010, 179 = StRR 2010, 278; vgl. auch OLG Celle NJW 2012, 1671 = RVGreport 2012, 265 = StRR 2012, 79 = JurBüro 2012, 136.
92 Vgl. auch BGH NJW 2005, 2317 = AGS 2005, 306 = RVGreport 2005, 274; LG Kleve AGS 2012, 64 = RVGreport 2012, 31 = StRR 2012, 159.
93 OLG Celle NJW 2012, 1671 = RVGreport 2012, 265 = StRR 2012, 79 = JurBüro 2012, 136.
94 OLG Celle NJW 2012, 1671 = RVGreport 2012, 265 = StRR 2012, 79 = JurBüro 2012, 136; LG Duisburg, Beschl. v. 20.11.2014 – 34 KLs 10/12, juris.
95 Vgl. OLG Düsseldorf StraFo 2015, 527; OLG Köln, Beschl. v. 15.1.2015 – 2 Ws 651/14, juris; OLG Köln NStZ-RR 2012, 392 = RVGreport 2012, 427.
96 LG Essen JurBüro 2011, 474 = Rpfleger 2011, 694; AG Essen StRR 2012, 43 = VRR 2012, 43 = RVGprofessionell 2012, 83.
97 OLG Düsseldorf JurBüro 2000, 359 = AGS 2000, 84; OLG Düsseldorf StRR 2007, 199 = AGS 2007, 243; LG Leipzig RuP 2010, 100, für Aktenauszug im Maßregelvollstreckungsverfahren.
98 OLG Düsseldorf AGS 2002, 61 = BRAGOreport 2002, 79 = JurBüro 2002, 307 = Rpfleger 2002, 224; a.A. KG, Beschl. v. 27.11.2009 – 1 Ws 142/09, juris; LG Neuruppin, Beschl. v. 9.1.2014 – 11 Kls 7/12, juris.

kopierten oder ausgedruckten Unterlagen für eine **sachgemäße Bearbeitung** der Rechtssache nicht benötigt werden, scheidet die Erstattung aus.[99]

74 **ee) Vollständiger Aktenauszug.** Der Verteidiger darf sich grundsätzlich für eine sachgerechte Verteidigung einen vollständigen Auszug aus den Straf- und Ermittlungsakten anfertigen.[100] Der Verteidiger muss auch schon deshalb darauf achten, dass er **möglichst umfassende Informationen** erhält, um nicht später wiederholt um Akteneinsicht ersuchen zu müssen.[101] Hierzu gehören auch **Kopien des Aktendeckels**,[102] von **Rückseiten**[103] sowie der **Bundeszentralregister-** und **Fahreignungsregisterauszüge**.[104] Anderenfalls ist eine sachgerechte Verteidigung nicht möglich.

75 Auch die Fertigung von Kopien von Zustellungsurkunden kann im Einzelfall erforderlich sein, wenn es z.B. um Fristen oder die Wiedereinsetzung geht,[105] es für die Berechnung von Fristen auf den Eingang dieser Schriftstücke bei Gericht ankommt oder sich **hierauf Verfügungen/Vermerke des Gerichts oder der Staatsanwaltschaft** befinden.

76 Die Fertigung eines **vollständigen Aktenauszuges** durch Fertigung von Ausdrucken soll nach OLG Celle auch dann erforderlich sein, wenn die Gerichtsakten zwar in **elektronischer Form** zur Verfügung stehen, in dieser Fassung aber vereinzelt Seiten übersprungen werden. Nur wenn die in digitalisierter Form vorliegenden Akten die Verfahrensakten vollständig widerspiegeln, kann der Verteidiger hierauf verwiesen werden und kann die Fertigung von Kopien als nicht erforderlich anzusehen sein (vgl. aber Rdn 81 ff.).[106]

77 **ff) Kopien oder Ausdrucke aus Beiakten.** Werden in einem umfangreichen Verfahren (z.B. Wirtschaftsstrafverfahren) auch Kopien z.B. aus Beiakten oder Fallakten, Beweismittelordern o.Ä. gefertigt, ist umstritten, ob zuvor zu prüfen ist, ob diese Unterlagen zu einem nicht den verteidigten Angeklagten betreffenden Anklagekomplex gehörten. Das OLG Düsseldorf hat die Erstattungsfähigkeit insoweit bejaht, wenn es jedenfalls nicht ausgeschlossen ist, dass auch Dokumente, die auf den ersten Blick für den Angeklagten nicht wesentlich sind, im späteren Verlauf des Verfahrens bedeutsam werden können. Der Verteidiger, der bereits im Ermittlungsverfahren vor Erhebung der Anklage Akteneinsicht erhält, müsse darauf achten, dass er umfassend Informationen erhält, um nicht später wiederholt um Akteneinsicht nachsuchen zu müssen.[107] Dem wird entgegengehalten, dass es jedenfalls dann, wenn dem Verteidiger in einem größeren Verfahren eine Vielzahl von Beiakten übersandt wird, zumutbar erscheint, dass der Verteidiger vor dem Kopieren die Verfahrensrelevanz der einzelnen Beiakten prüft.[108]

78 Die Kopierkosten, die einzelne Teile der Akte betreffen, die von vornherein den zu verteidigenden Mandanten nicht betreffen können, sind nach anderer Auffassung nicht erstattungsfähig.[109]

79 Die Fertigung von Kopien von TKÜ-Bänden, die bereits die Staatsanwaltschaft nicht dem verteidigten Angeklagten zugeordnet hat, führt nicht zu einer erstattungsfähigen Dokumentenpauschale.[110]

---

99 Vgl. OLG Düsseldorf StraFo 2015, 527; OLG Düsseldorf StRR 2007, 199 = AGS 2007, 243; LG Essen JurBüro 2011, 474 = Rpfleger 2011, 694; OLG Dresden StRR 2011, 362; OLG Köln NStZ-RR 2012, 392 = RVGreport 2012, 427; so wohl auch BGH AGS 2005, 306 = Rpfleger 2005, 480 = NJW 2005, 2317 = MDR 2005, 956 = JurBüro 2005, 480 = RVGreport 2005, 274; BGH AGS 2005, 573 = RVGreport 2005, 275.

100 Siehe für das Auslieferungsverfahren ausdrücklich OLG Nürnberg RVGreport 2011, 26 = StraFo 2010, 350 = RVGprofessionell 2010, 213; LG Kleve AGS 2012, 64 = RVGreport 2012, 31 = StRR 2012, 159; LG Essen JurBüro 2011, 474 = Rpfleger 2011, 694; AG Essen StRR 2012, 43 = VRR 2012, 43 = RVGprofessionell 2012, 83.

101 OLG Düsseldorf StRR 2007, 199 = AGS 2007, 243.

102 AG Bochum NStZ-RR 2008, 296 = StRR 2008, 440; AG Bremen RVGreport 2011, 229.

103 LG Essen JurBüro 2011, 474 = Rpfleger 2011, 694.

104 LG Essen JurBüro 2011, 474 = Rpfleger 2011, 694; AG Bremen RVGreport 2011, 229; AG Mettmann AGkompakt 2010, 90, in einem Verfahren wegen des Fahrens ohne Fahrerlaubnis; *Hansens*, in: Hansens/Braun/Schneider, Praxis des Vergütungsrechts, 2. Aufl., Teil 19 Rn 21.

105 AG Bremen RVGreport 2011, 229.

106 OLG Köln RVGreport 2010, 99 = StraFo 2010, 131 = StV 2010, 179 = StRR 2010, 278.

107 OLG Düsseldorf AGS 2007, 243 = StRR 2007, 199.

108 OLG Köln, Beschl. v. 15.1.2015 – 2 Ws 651/14, juris; LG Essen JurBüro 2011, 474 = Rpfleger 2011, 694; AG Essen StRR 2012, 43 = VRR 2012, 43 = RVGprofessionell 2012, 83.

109 OLG Köln, Beschl. v. 15.1.2015 – 2 Ws 651/14, juris; OLG Köln NStZ-RR 2012, 392 = RVGreport 2012, 427.

110 OLG Frankfurt, Beschl. v. 29.3.2012 – 2 Ws 49/12, jurionRS 2012, 14204.

Sind Beiakten, z.B. TKÜ-Bände, als elektronische Zweitakte verfügbar, reicht vor der Anfertigung der Kopien oder Ausdrucke eine überschlägige Durchsicht am Bildschirm aus.[111]

gg) Eigene Dokumente des Rechtsanwalts. Kopien der vom Rechtsanwalt **selbst eingereichten Dokumente** können erstattungsfähig sein, wenn nur so der Überblick über den Verfahrensgang gewahrt bleibt[112] oder sich hierauf Verfügungen/Vermerke des Gerichts oder der Staatsanwaltschaft befinden.[113] Bei bereits übersandten gerichtlichen Entscheidungen und eigenen Schriftstücken des Rechtsanwalts kann es z.B. wegen des Nachweises des Zugangs und dessen Zeitpunkt wesentlich sein, diese Schriftstücke paginiert in einem kompletten Aktenauszug zur Verfügung zu haben.[114] Bei der Prüfung der Erstattungsfähigkeit darf nicht aus den Augen verloren werden, dass dem Verteidiger im Allgemeinen die Akten nur für kurze Zeit zur Verfügung stehen und der Prozessstoff ohne erneute Akteneinsicht jederzeit verfügbar sein muss. Wenn die Akten daher nur für kurze Zeit zur Verfügung gestellt werden können, spricht das dafür, dass das Kopieren der vollständigen Akte gerechtfertigt ist.[115]

80

d) Ausdrucke aus einer elektronischen (Zweit-)Akte

aa) Notwendigkeit von Ausdrucken. Wird dem Rechtsanwalt vom Gericht nicht die im Strafprozess in Papierform zu führende Papierakte, sondern die Strafakte auf einem für den Verbleib beim Rechtsanwalt bestimmten Datenträger in elektronischer Form überlassen, stellt sich die Frage, ob der Rechtsanwalt für die Fertigung von Ausdrucken von diesem die Strafakte in elektronischer Form enthaltenden Datenträger die Dokumentenpauschale nach Nr. 1 Buchst. a erhält. Insbesondere ist zu beantworten, ob der Rechtsanwalt auf die elektronische Akte zurückgreifen **muss** oder ob insoweit ein Wahlrecht besteht mit der Folge, dass auch auslagenpflichtige Ausdrucke aus der elektronischen Akte gefertigt werden dürfen.[116] Für die Frage, ob ein Ausdruck aus der elektronischen Akte zur sachgemäßen Bearbeitung der Rechtssache geboten ist, gelten zunächst die Erl. in Rdn 54 entsprechend. Es kommt insbesondere nicht auf den **subjektiven Standpunkt** des Anwalts, sondern auf eine **objektive Betrachtung** (allgemeine Verkehrsanschauung im Prozessrechtsverkehr) an, wobei dem Anwalt allerdings ein von ihm auszuübender **großzügiger Ermessensspielraum** einzuräumen ist.[117] Der Grundsatz **kostensparender Verfahrens- und Prozessführung** ist zu beachten.[118]

81

Ob ein Ausdruck einer **vollständigen elektronischen Akte**, die dem Rechtsanwalt dauerhaft zur Verfügung steht, nach dem objektiven Standpunkt eines vernünftigen sachkundigen Dritten geboten ist, wird derzeit uneinheitlich beantwortet.

82

---

111 OLG Frankfurt, Beschl. v. 29.3.2012 – 2 Ws 49/12, JurionRS 2012, 14204.
112 Vgl. AG Minden StV 2001, 637 = StraFo 2006, 127; AG Bochum StRR 2008, 83; AG Bremen RVGreport 2011, 229 = VRR 2011, 119 = StRR 2011, 163 m. Anm. Burhoff = NStZ-RR 2011, 127; **a.A.** OLG Koblenz Rpfleger 2003, 467; vgl. aber LG Neuruppin, Beschl. v. 9.1.2014 – 11 Kls 7/12, juris.
113 AG Bochum StRR 2008, 83.
114 OLG Nürnberg StraFo 2010, 396 = RVGreport 2011, 26; AG Bremen RVGReport 2011, 229.
115 OLG Nürnberg StraFo 2010, 396 = RVGreport 2011, 26; AG Wuppertal StraFo 1999, 285; wohl auch OLG Köln StraFo 2010, 131 = StRR 2010, 278 = RVGreport 2010, 99.
116 Verneinend OLG Köln StraFo 2010, 131 = StV 2010, 179 = StRR 2010, 278 = RVGreport 2010, 99, wenn der Akteninhalt vollständig und verlässlich in digitalisierter Form zu einem Zeitpunkt vorlag, zu dem sich der Pflichtverteidiger noch in den Verfahrensstoff einarbeiten konnte; offengelassen OLG Frankfurt, Beschl. v. 29.3.2012 – 2 Ws 49/12, JurionRS 2012, 14204.
117 OLG Celle, Beschl. v. 26.5.2016 – 1 Ws 245/16, JurionRS 2016, 17486; OLG Braunschweig RVGreport 2016, 97 = JurBüro 2016, 82; OLG Köln, Beschl. v. 15.10.2015 – 2 Ws 651/14, juris; KG, Beschl. v. 28.8.2015 – 1 Ws 31/15, juris; KG, Beschl. v. 28.8.2015 – 1 Ws 59/15, juris; OLG München RVGreport 2015, 106 = StRR 2015, 159; OLG Rostock AGS 2014, 553 = RVGreport 2014, 471 = JurBüro 2014, 637; OLG Celle NJW 2012, 1671 = RVGreport 2012, 265 = StRR 2012, 79 = JurBüro 2012, 136; OVG Rheinland-Pfalz AGS 2010, 14 = JurBüro 2010, 370 = NVwZ-RR 2010, 336 = NJW-Spezial 2010, 93; VG Oldenburg AGS 2009, 467 = NJW-Spezial 2009, 460; OLG Düsseldorf JurBüro 2000, 359 = AGS 2000, 84; SG Berlin, Beschl. v. 6.12.2010 – S 180 SF 1755/09 E, juris; vgl. auch LG Aurich StraFo 2004, 147; AG Duisburg AGS 2001, 183; AG Bochum StRR 2008, 83.
118 OLG Celle, Beschl. v. 26.5.2016 – 1 Ws 245/16, JurionRS 2016, 17486; OLG Braunschweig RVGreport 2016, 97 = JurBüro 2016, 82; OLG München RVGreport 2015, 106 = StRR 2015, 159; KG, Beschl. v. 28.8.2015 – 1 Ws 31/15, juris; OLG München RVGreport 2015, 106 = StRR 2015, 159; OLG Rostock AGS 2014, 553 = RVGreport 2014, 471 = JurBüro 2014, 637.

- Nach wohl **h.M.** führen Ausdrucke aus der elektronischen Akte grds. nicht zur Entstehung der Dokumentenpauschale nach Nr. 1 Buchst. a.[119] Es ist dem Rechtsanwalt danach grds. zuzumuten, mit der ihm zur Verfügung gestellten elektronischen Akte zu arbeiten. Zur sachgemäßen Bearbeitung der Rechtssache ist es nicht zwingend geboten, eine elektronische Akte auszudrucken.
- Nach Auffassung des OLG Celle[120] ist das Anfertigen von Ausdrucken jedenfalls bei einem **weit überdurchschnittlichen Umfang** zur sachgemäßen Bearbeitung der Rechtssache geboten.
- Das Lesen von 76 Bänden der Hauptakten (nicht der Ermittlungsakten) am Bildschirm ist nach Auffassung des LG Duisburg[121] nicht zumutbar. Dem Rechtsanwalt steht deshalb die Dokumentenpauschale für die Anfertigung von Ausdrucken von dem übersandten Datenträger zu.

83 Teilweise wird anstelle der Pauschale für einen **kompletten Ausdruck** der elektronischen Akte auch der Ausdruck von zuvor vom Rechtsanwalt am Bildschirm gesichteter und für die sachgemäße Bearbeitung der Sache erforderlicher Ausdrucke bejaht (vgl. Rdn 89 f.).[122]

Zur Entstehung der Dokumentenpauschale für den Ausdruck der vom Rechtsanwalt zuvor **eingescannten Akte** vgl. Rdn 24 ff.[123]

84 **bb) Arbeitserleichterung durch Ausdruck unerheblich.** Eine bloße **Erleichterung**, die durch Anfertigung eines (Papier-)Ausdrucks einer elektronischen (Zweit-)Akte eintritt, reicht für die Erstattungsfähigkeit der Pauschale nach h.M. nicht aus.[124] Die Erforderlichkeit eines Ausdrucks ist allenfalls dann zu bejahen, wenn es unzumutbar ist, mit der elektronischen Akte zu bearbeiten, bspw. bei **gesundheitlichen Einschränkungen** aufgrund einer Augenerkrankung.[125] Kann eine (starke) Sehbeeinträchtigung durch eine Sehhilfe korrigiert werden, sind Papierausdrucke nicht erforderlich.[126] Im Übrigen darf nicht verkannt werden, dass gerade die elektronische Akte mit den dort vorgehaltenen Such- und Markierungsfunktionen die Bearbeitung der Rechtssache gerade erleichtern kann.[127]

85 **cc) Technische Voraussetzungen und Fähigkeiten.** Ob die fehlende ausreichende Übung mit der Arbeit am Bildschirm bzw. von elektronischen Akten insbesondere von **älteren Anwälten** ausreicht, den Ausdruck als zur sachgemäßen Bearbeitung der Rechtssache geboten anzusehen,[128] halte ich nicht zuletzt im Hinblick auf die bevorstehende Einführung des elektronischen Rechtsverkehrs für eher zweifelhaft.[129] Es kann auch insoweit nicht auf subjektive Fähigkeiten ankommen.[130]

---

119 OLG Celle, Beschl. v. 26.5.2016 – 1 Ws 245/16, JurionRS 2016, 17486; OLG Düsseldorf NStZ-RR 2015, 64; OLG Düsseldorf, Beschl. v. 22.9.2014 – III-1 Ws 307/14, III-1 Ws 312/14, juris; OLG Düsseldorf, Beschl. v. 22.9.2014 – III-1 Ws 261/14, juris; OLG Düsseldorf, Beschl. v. 22.9.2014 – III-1 Ws 236/14, juris; OLG Braunschweig RVGreport 2016, 97 = JurBüro 2016, 82; KG, Beschl. v. 28.8.2015 – 1 Ws 31/15, juris; OLG Rostock AGS 2014, 553 = RVGreport 2014, 471 = JurBüro 2014, 637.

120 OLG Celle NJW 2012, 1671 = RVGreport 2012, 265 = StRR 2012, 79 = JurBüro 2012, 136: Ausdrucke von dem Verteidiger im Rahmen der Akteneinsicht überlassener, auf CDs gespeicherter Textdateien (Kurzübersetzungen überwachter Telefonate, 81.900 Telefongespräche auf 43.307 Seiten.

121 LG Duisburg RVGreport 2014, 435 = StRR 2014, 459 = StraFo 2014, 307.

122 Vgl. OLG Düsseldorf NStZ-RR 2015, 64; OLG Düsseldorf, Beschl. v. 22.9.2014 – III-1 Ws 307/14, III-1 Ws 312/14, juris; OLG Düsseldorf, Beschl. v. 22.9.2014 – III-1 Ws 261/14, juris; OLG Düsseldorf, Beschl. v. 22.9.2014 – III-1 Ws 236/14, juris.

123 KG, Beschl. v. 28.8.2015 – 1 Ws 59/15, juris; KG AGS 2015, 569 = NStZ-RR 2016, 63 = RVGreport 2015, 464 = JurBüro 2016, 18 = zfs 2015, 705.

124 OLG Celle, Beschl. v. 26.5.2016 – 1 Ws 245/16, JurionRS 2016, 17486; KG, Beschl. v. 28.8.2015 – 1 Ws 31/15, juris; OLG München RVGreport 2015, 106 = StRR 2015, 159; OLG Rostock AGS 2014, 553 = RVGreport 2014, 471 = JurBüro 2014, 637; OLG Frankfurt, Beschl. v. 29.3.2012 – 2 Ws 49/12, JurionRS 2012, 14204.

125 KG, Beschl. v. 28.8.2015 – 1 Ws 31/15, juris.

126 OLG Celle, Beschl. v. 26.5.2016 – 1 Ws 245/16, JurionRS 2016, 17486.

127 OLG Düsseldorf NStZ-RR 2015, 64; OLG Düsseldorf, Beschl. v. 22.9.2014 – III-1 Ws 307/14, III-1 Ws 312/14, juris; OLG Düsseldorf, Beschl. v. 22.9.2014 – III-1 Ws 261/14, juris; OLG Düsseldorf, Beschl. v. 22.9.2014 – III-1 Ws 236/14, juris.

128 Vgl. Gerold/Schmidt/*Müller-Rabe*, RVG, VV 7000 Rn 62; OLG Rostock AGS 2014, 553 = RVGreport 2014, 471 = JurBüro 2014, 637.

129 Vgl. OLG Düsseldorf NStZ-RR 2015, 64; OLG Düsseldorf, Beschl. v. 22.9.2014 – III-1 Ws 307/14, III-1 Ws 312/14, juris; OLG Düsseldorf, Beschl. v. 22.9.2014 – III-1 Ws 261/14, juris; OLG Düsseldorf, Beschl. v. 22.9.2014 – III-1 Ws 236/14, juris; OLG Braunschweig RVGreport 2016, 97 = JurBüro 2016, 82; OLG Rostock JurBüro 2015, 22; OLG München RVGreport 2015, 106 = StRR 2015, 159.

130 OLG Celle, Beschl. v. 26.5.2016 – 1 Ws 245/16, JurionRS 2016, 17486.

Das Fehlen einer geeigneten technischen Ausrüstung ist kein tragfähiger Grund für den Ausdruck der elektronischen Akte.[131] Jeder Computer, jedes Tablet und jedes Smartphone kann Dateien im pdf-Format verarbeiten, in dem die elektronische Akte im Regelfall gespeichert ist. Pdf-Reader stehen kostenlos im Internet zur Verfügung stehen. Im Übrigen dürfte der Rechtsanwalt berufsrechtlich dazu verpflichtet sein, die entsprechenden technischen Möglichkeiten vorzuhalten.[132]

Mit der elektronischen Akte kann im Übrigen auch während einer Sitzung mit dem Notebook oder Tablet-Computer gearbeitet werden.[133] Einem Verteidiger, der die für die Mandantengespräche erforderlichen Unterlagen auf einem Notebook gespeichert hat, darf regelmäßig die Mitnahme eines solchen Geräts (ohne Netzwerkkarte und Zusatzgeräte) zu Unterredungen mit dem Mandanten in der **Justizvollzugsanstalt** nicht verwehrt werden.[134] Nach der Gegenauffassung darf der Rechtsanwalt auch dann, wenn ihm die elektronische Akte zur Verfügung steht und er das Notebook in die JVA mitnehmen darf, Kopien und Ausdrucke aus der Akte für den Mandanten zur Einrichtung der Verteidigung fertigen.[135]

dd) Zumutbarkeit/Waffengleichheit. Arbeiten Gericht und Staatsanwaltschaft mit der elektronischen Akte, ist das auch dem Rechtsanwalt zumutbar.[136] Unterlagen, die dem Gericht nicht in Papierform zur Verfügung stehen, führen im Falle ihres Ausdrucks nicht zur Entstehung der Dokumentenpauschale.[137] Umgekehrt hat auch der Rechtsanwalt Anspruch auf Ausdrucke, wenn auch Gericht und Staatsanwaltschaft mit entsprechenden Papierausdrucken arbeiten.[138]

ee) Kompletter oder teilweiser Ausdruck (Vorauswahl). Bei der Prüfung der Erforderlichkeit eines **kompletten Ausdrucks** einer elektronischen Akte ist zu berücksichtigen, dass es gerade in aus mehreren Zehntausend Seiten bestehenden Umfangsverfahren ausgeschlossen ist, mit dem vollständigen Ausdruck der Akte im Hauptverhandlungstermin oder bei den Besprechungen mit dem Mandanten zu arbeiten. Hier wird der Rechtsanwalt ohnehin auf die elektronische Akte zugreifen müssen.[139] Das gilt auch im Falle der Untersuchungshaft.[140] Mindestens hat der Rechtsanwalt deshalb vor der Herstellung eines Ausdrucks die Akten daraufhin zu sichten, welche Teile der Akte er für seinen Mandanten insbesondere in der Hauptverhandlung oder bei Besprechungen zur sachgerechten Vertretung des Mandanten in Papierform benötigt. Diese zur sachgerechten Bearbeitungen gebotenen teilweisen Ausdrucke aus der elektronischen Akte können dann die Dokumentenpauschale auslösen.[141]

Die Sichtung der elektronischen Akte dient vor allem auch dazu, den Ausdruck von mehrfach eingestellten Inhalten (**Doppelausdrucke**) und von den Mandanten nicht betreffenden Seiten zu vermeiden. Insoweit kann die Dokumentenpauschale nicht entstehen, weil die Ausdrucke zur sachgerechten Bearbeitung nicht geboten sind.[142]

---

131 KG, Beschl. v. 28.8.2015 – 1 Ws 31/15, juris; OLG Braunschweig RVGreport 2016, 97 = JurBüro 2016, 82; OLG Rostock JurBüro 2015, 22; OLG Rostock AGS 2014, 553 = RVGreport 2014, 471 = JurBüro 2014, 637.
132 OLG Rostock JurBüro 2015, 22; OLG Rostock AGS 2014, 553 = RVGreport 2014, 471 = JurBüro 2014, 637.
133 Vgl. OLG Braunschweig RVGreport 2016, 97 = JurBüro 2016, 82; OLG Rostock AGS 2014, 553 = RVGreport 2014, 471 = JurBüro 2014, 637.
134 Vgl. BGH, Beschl. v.15.12.2003 – 2 BGs 315/13, juris; OLG Braunschweig RVGreport 2016, 97 = JurBüro 2016, 82.
135 LG Aachen AGS 2014, 429 = RVGreport 2014, 344 = StraFo 2014, 307.
136 Vgl. OLG Rostock JurBüro 2015, 22.
137 OLG Düsseldorf NStZ-RR 2015, 64; OLG Düsseldorf, Beschl. v. 22.9.2014 – III-1 Ws 307/14, III-1 Ws 312/14, juris; OLG Düsseldorf, Beschl. v. 22.9.2014 – III-1 Ws 261/14, juris; OLG Düsseldorf, Beschl. v. 22.9.2014 – III-1 Ws 236/14, juris.
138 OLG Düsseldorf StraFo 2015, 527; LG Duisburg, Beschl. v. 20.11.2014 – 34 KLs 10/12, juris.
139 Vgl. OLG Rostock JurBüro 2015, 22; OLG Rostock AGS 2014, 553 = RVGreport 2014, 471 = JurBüro 2014, 637; OLG München RVGreport 2015, 106 = StRR 2015, 159.
140 OLG München RVGreport 2015, 106 = StRR 2015, 159.
141 OLG Düsseldorf NStZ-RR 2015, 64; OLG Düsseldorf, Beschl. v. 22.9.2014 – III-1 Ws 307/14, III-1 Ws 312/14, juris; OLG Düsseldorf, Beschl. v. 22.9.2014 – III-1 Ws 261/14, juris; OLG Düsseldorf, Beschl. v. 22.9.2014 – III-1 Ws 236/14, juris; OLG Rostock JurBüro 2015, 22; OLG Rostock AGS 2014, 553 = RVGreport 2014, 471 = JurBüro 2014, 637; LG Duisburg, Beschl. v. 20.11.2014 – 34 KLs 10/12, juris.
142 OLG Düsseldorf NStZ-RR 2015, 64; OLG Düsseldorf, Beschl. v. 22.9.2014 – III-1 Ws 307/14, III-1 Ws 312/14, juris; OLG Düsseldorf, Beschl. v. 22.9.2014 – III-1 Ws 261/14, juris; OLG Düsseldorf, Beschl. v. 22.9.2014 – III-1 Ws 236/14, juris.

91 **ff) Feststellungsentscheidung gem. § 46 Abs. 2.** Ist eine **Vorabentscheidung über die Dokumentenpauschale** gem. § 46 Abs. 2 ergangen, hat der Urkundsbeamte diese im Festsetzungsverfahren gem. § 55 als **unabänderlich** und **bindend** hinzunehmen. Die Entscheidung ist nicht anfechtbar, insbesondere nicht nach § 56 (vgl. hierzu Rdn 246).[143] Im Festsetzungsverfahren gem. § 55 ist dann lediglich die Höhe der geltend gemachten Dokumentenpauschale zu prüfen. Hierbei ist zu berücksichtigen, dass nach OLG Düsseldorf[144] auch eine Vorabentscheidung, die einen Komplett-Ausdruck der elektronischen Akte genehmigt, keinen Anspruch begründet, die gesamte Akte wahllos auf Kosten der Staatskasse auszudrucken. Ein Feststellungsbeschluss mit derartigem Regelungsgehalt wäre willkürlich, da er in nicht mehr vertretbarer Verkennung der tatbestandlichen Voraussetzungen des § 46 Abs. 2 S. 3 nur noch darauf hinausliefe, dem Pflichtverteidiger über die Dokumentenpauschale ein in den gesetzlichen Gebühren- und Auslagenregelungen nicht vorgesehenes „Zusatzentgelt" zu verschaffen.

92 **gg) Unvollständige Elektronische Akte.** Nach OLG Köln[145] kann die Fertigung eines Ausdrucks auch dann erforderlich sein, wenn die Gerichtsakten dem Rechtsanwalt zwar in **elektronischer Form** zur Verfügung stehen, in dieser Fassung aber vereinzelt Seiten der Akte übersprungen werden. Nur wenn die in elektronischer Form vorliegenden Akten die Verfahrensakten vollständig widerspiegeln, kann der Rechtsanwalt hierauf verwiesen werden und die Fertigung von Kopien bzw. Ausdrucken als nicht erforderlich anzusehen sein.

e) Aktenauszug für den Mandanten

93 Die durch Anfertigung eines **zweiten Aktenauszugs/Aktendoppels** für den Mandanten anfallende Dokumentenpauschale soll im Regelfall nicht erstattungsfähig sein.[146] Demgegenüber hält die **Gegenmeinung** die Kosten des zweiten Aktenauszugs dann für erstattungsfähig, wenn ein **schwieriges Strafverfahren** mit schwieriger Beweislage vorliegt, in dem der Verteidiger auf **dauernden Besitz** eines Aktenauszugs angewiesen war.[147] Auch bei **gravierenden Straftaten** wird teilweise die Fertigung des Aktendoppels zugestanden, weil dem Angeklagten die eigene Information über den Anklagevorwurf ermöglicht werden muss.[148] Das LG Bad Kreuznach[149] hält nur die durch die doppelte Ablichtung von **Telefonüberwachungsprotokollen** angefallene Dokumentenpauschale im Regelfall für erstattungsfähig.

94 Das Aktendoppel für den Beschuldigten bietet jedenfalls den Vorteil, dass die Einbeziehung des Beschuldigten in den vollständigen Akteninhalt zur **Verfahrensbeschleunigung** und zur Erleichterung der Kommunikation beitragen kann.[150] Das KG[151] hält dem bei einem 5.194 Seiten umfassenden Aktendoppel allerdings entgegen, dass es bei umfangreichen Ermittlungen **Aufgabe des Verteidigers** bzw. Anwalts ist, die wesentlichen Punkte für den Beschuldigten herauszuarbeiten und die für den Angeklagten wesentlichen Aktenbestandteile zusammenzustellen bzw. dem Angeklagten die Bedeutung des Akteninhalts für den Verfahrensfortgang erforderlichenfalls anhand einzelner Schriftstücke zu belegen, wobei i.d.R. dazu ein Rückgriff auf den Aktenauszug des Verteidigers ausreichend wird.[152] Bei Telefonüberwachungsprotokollen kann das allerdings schwierig sein.[153] Letztlich wird

---

143 OLG Düsseldorf, Beschl. v. 22.9.2014 – III-1Ws 246/14, III-1 Ws 272/14, juris; OLG Düsseldorf, Beschl. v. 22.9.2014 – III-1 Ws 307/14, III-1 Ws 312/14, juris; OLG Celle AGS 2012, 480 = StraFo 2012, 338 = NStZ-RR 2012, 326; OLG Düsseldorf Rpfleger 1994, 226, zu § 126 BRAGO.
144 OLG Düsseldorf NStZ-RR 2015, 64; OLG Düsseldorf, Beschl. v. 22.9.2014 – III-1 Ws 307/14, III-1 Ws 312/14, juris; OLG Düsseldorf, Beschl. v. 22.9.2014 – III-1 Ws 261/14, juris; OLG Düsseldorf, Beschl. v. 22.9.2014 – III-1 Ws 236/14, juris.
145 OLG Köln StraFo 2010, 131 = StV 2010, 179 = StRR 2010, 278 = RVGreport 2010, 99; vgl. auch OLG Düsseldorf StraFo 2015, 527.
146 KG RVGreport 2006, 109; OLG Düsseldorf StV 2003, 176 = AGS 2002, 91; OLG Frankfurt NStZ 2002, 164; LG Bad Kreuznach RVGreport 2011, 25 = RVGprof. 2010, 171; OLG Koblenz, 16.11.2009 – 2 Ws 526/09, JurionRS 2009, 36455; so im Ergebnis auch OLG Oldenburg NStZ-RR 2010, 63, für die Kosten eines Aktenauszugs, den der Angeklagte von dem Verteidiger eines Mitangeklagten erhalten hat.
147 OLG Saarbrücken StV 1998, 91.
148 LG Landshut AGS 2004, 211.
149 LG Bad Kreuznach RVGreport 2011, 25 = RVGprof. 2010, 171.
150 Vgl. LG Kleve AGS 2015, 598 = RVGreport 2016, 98.
151 KG, Beschl. v. 28.8.2015 – 1 Ws 59/15, juris; KG RVGreport 2006, 109.
152 KG, Beschl. v. 28.8.2015 – 1 Ws 59/15, juris; OLG Koblenz, Beschl. v. 16.11.2009 – 2 Ws 526/09, juris.
153 LG Bad Kreuznach RVGreport 2011, 25 = RVGprof. 2010, 171.

es daher auch hier auf den **Einzelfall** ankommen.[154] Zu berücksichtigen kann hierbei auch sein, inwieweit die Überlassung eines vollständigen Aktenauszugs für den Mandanten überhaupt hilfreich sein kann. Denn häufig wird dieser aus persönlichen oder sachlichen Gründen ohnehin auf die Information des Anwalts angewiesen sein.

Kosten für ein Aktendoppel für den Mandanten werden daher grds. nur entstehen und erstattungsfähig sein, wenn es erforderlich war, dass dieser die Unterlagen ständig zur Hand hat[155] oder wenn der Mandant auf den genauen Wortlaut der Schriftstücke angewiesen ist[156] oder dieser Kopien aus der Akte benötigt, um die Verteidigung einzurichten.[157] Das kann der Fall sein, wenn der Mandant durch Aushändigung von Kopien in die Lage versetzt wird, den Verteidiger auf Umstände hinzuweisen, deren Erheblichkeit der Verteidiger entgangen ist oder deren Erheblichkeit sich dem Verteidiger mangels eigener Wahrnehmung von tatsächlichen Geschehensabläufen nicht erschlossen hat oder erschließen konnte.[158] Kosten, die entstanden sind, weil aus Vereinfachungsgründen ein Aktendoppel erstellt wurde, sind nicht erstattungsfähig.[159] 95

f) Einscannen

aa) Einscannen und Speichern. Zu der Frage, ob die Dokumentenpauschale auch anfällt, wenn keine Kopien oder Ausdrucke aus der Behörden- bzw. der Gerichtsakte in **Papierform** hergestellt wurden, sondern der Rechtsanwalt die für die sachgemäße Bearbeitung der Rechtssache gebotenen Seiten der Akte lediglich **einscannt** und auf seinem **Computer** bzw. einem **externen Datenträger** gespeichert hat, wird auf Rdn 23 ff. verwiesen. 96

Wenn in einem Strafverfahren mit **mehreren Angeklagten** nur **ein Verteidiger** die Akten einscannt und diese dann den anderen Verteidigern – ggf. aus derselben Sozietät – auf deren **Computern** oder auch **iPads** zur Verfügung stellt, stellen die Verteidiger keine auslagenpflichtigen Kopien oder Ausdrucke her (siehe Rdn 96, 23 ff.). 97

bb) Einscannen, Speichern und Ausdrucken. Nach dem Einscannen und Speichern der Akte kann der Rechtsanwalt jederzeit **Ausdrucke** der elektronisch gespeicherten Akte herstellen. Im **Falle des Ausdrucks** entsteht die Dokumentenpauschale nach Nr. 1 Buchst. a, wenn der Ausdruck zur sachgemäßen Bearbeitung der Rechtssache geboten war (vgl. Rdn 54). Hierfür sei der Rechtsanwalt darlegungspflichtig. Nach Auffassung des KG[160] führt der Ausdruck einer eingescannten Gerichtsakte aber grundsätzlich nicht zur Entstehung der Dokumentenpauschale. Die Beweislast für die Notwendigkeit des Ausdrucks liege beim Rechtsanwalt. Es reiche bspw. nicht aus, dass eine 80-jährige Mandantin nicht in der Lage sei, einen gescannten Aktenauszug durchzusehen. Denn es sei Aufgabe des Rechtsanwalts (hier: Nebenkläger-Vertreter), der Mandantin den Akteninhalt mündlich zu vermitteln. Der Rechtsanwalt müsse deshalb darlegen, dass die Mandantin auf den genauen Wortlaut des Akteninhalts zwingend angewiesen sei.[161] 98

Ist ein Ausdruck der eingescannten Gerichtsakte erforderlich, gilt der Grundsatz, dass jeder Verteidiger Anspruch auf Ersatz der durch den notwendigen Ausdruck der Strafakte angefallenen Dokumentenpauschale hat, weil es sich für jeden Verteidiger um eine gebührenrechtliche Angelegenheit handelt (siehe Rdn 66).[162] 99

Unklar ist, ob die Dokumentenpauschale entsteht, wenn die Ermittlungsbehörde/das Gericht eine CD/DVD mit dem Akteninhalt überlassen hat, die Akte vom Verteidiger jedoch nochmals eingescannt wurde, weil der Datenträger schreibgeschützt war und eine Bearbeitung der Akte deshalb nicht möglich war.

---

154 KG RVGreport 2006, 109.
155 KG, Beschl. v. 28.8.2015 – 1 Ws 59/15, juris; KG StraFo 2009, 260 = JurBüro 2009, 316 = RVGreport 2009, 231; OLG Köln AGS 2008, 179 = NJW 2008, 1330 = NStZ-RR 2008, 360.
156 KG, Beschl. v. 28.8.2015 – 1 Ws 59/15, juris; KG StraFo 2009, 260 = JurBüro 2009, 316 = RVGreport 2009, 231.
157 LG Aachen AGS 2014, 429 = RVGreport 2014, 344 = StraFo 2014, 307.
158 LG Aachen AGS 2014, 429.
159 OLG Koblenz, Beschl. v. 16.11.2009 – 2 Ws 526/09, JurionRS 2009, 36455.
160 KG AGS 2015, 569 = NStZ-RR 2016, 63 = RVGreport 2015, 464 = JurBüro 2016, 18 = zfs 2015, 705; KG, Beschl. v. 28.8.2015 – 1 Ws 59/15, juris.
161 KG, Beschl. v. 28.8.2015 – 1 Ws 59/15, juris.
162 OLG Celle NJW 2012, 1671 = RVGreport 2012, 265 = StRR 2012, 79 = JurBüro 2012, 136; so OLG Köln StraFo 2010, 131 = StV 2010, 179 = StRR 2010, 278 = RVGreport 2010, 99, für den zur Verfahrenssicherung bestellten weiteren Pflichtverteidiger.

g) Kopien für Nebenklägervertreter

100 Nach Auffassung des AG Löbau[163] muss ein Nebenklägervertreter den Angeklagten betreffende Schriftstücke und eigene Schriftsätze nicht notwendig ablichten. Hierbei handelt es sich um lediglich der Erleichterung der Handaktenführung dienende nützliche Aufwendungen, deren Kosten nicht erstattungsfähig sind. Bei der Fertigung von Kopien aus Behörden- und Gerichtsakten habe der Rechtsanwalt vielmehr eine grobe Prüfung und vorläufige Bewertung der Erforderlichkeit vorzunehmen.

h) Zeugenbeistand

101 Auch der gem. § 68b StPO beigeordnete **Zeugenbeistand** hat Anspruch auf Erstattung der Dokumentenpauschale für die Fertigung von Kopien aus der Akte. Zwar mag es zutreffend sein, dass dem Zeugenbeistand – anders als dem Verteidiger – ein Akteneinsichtsrecht nicht zusteht. Wird dem Zeugenbeistand aber die Akteneinsicht gewährt, kann die Dokumentenpauschale für die Fertigung von Kopien aus der Akte dann nicht mit der Begründung abgelehnt werden, sie seien zur sachgemäßen Bearbeitung der Rechtssache nicht geboten, weil kein gesetzliches Akteneinsichtsrecht bestehe.[164] Für die Frage der Erstattung der Kosten für die Kopien kommt es auch hier nach § 46 nur darauf an, ob der Zeugenbeistand sie zur sachgemäßen Durchführung der Angelegenheit **für erforderlich halten** durfte.

7. Kopien und Ausdrucke im verwaltungsgerichtlichen Verfahren

a) Grundsätze

102 In **verwaltungsgerichtlichen Verfahren** ist es in der Regel erforderlich, sich aus den Verwaltungsakten und Verwaltungsvorgängen Kopien oder Ausdrucke anzufertigen. Auch hier ist es dem Anwalt nicht zuzumuten, handschriftliche Aktenauszüge herzustellen. Insbesondere in umfangreichen Verwaltungsverfahren, in denen Gutachten eingeholt oder Zeugen vernommen worden sind oder der einem Eilverfahren zugrunde liegende Sachverhalt komplex ist, ist der Anwalt auf Kopien oder Ausdrucke für seine Handakten angewiesen. Das Gleiche gilt für Aktenvermerke des Sachbearbeiters. In **ausländerrechtlichen Streitigkeiten** ist zu berücksichtigen, dass regelmäßig eine umfassende Betrachtung des gesamten Lebenslaufs des Ausländers seit seiner Einreise in die Bundesrepublik, wie er in den Personalakten seinen Niederschlag gefunden hat, von entscheidungserheblicher Bedeutung sein kann.[165]

b) Akten

103 Zu den Akten gehören insbesondere in Verwaltungssachen auch vom Gericht angelegte und zu den Verfahren beigezogene Sammlungen von Dokumenten.[166]

c) Bebauungsplan

104 Die Anfertigung einer farbigen Fotokopie eines **Bebauungsplanes** gem. § 162 Abs. 2 S. 1 VwGO kann ebenfalls die Dokumentenpauschale auslösen, wenn die Fertigung erforderlich war (siehe auch Rdn 43 f.). Hiervon ist in einem verwaltungsgerichtlichen Rechtsstreit um die Wirksamkeit des Bebauungsplans auszugehen (zur Höhe vgl. Rdn 193 f.).[167]

---

163 AG Löbau, Beschl. v. 12.6.2007 – 5 Ds 210 Js 13288/06.
164 So aber LG Münster RVGreport 2013, 349 = StRR 2013, 313, jeweils m. abl. Anm. *Burhoff*.
165 VG Oldenburg AGS 2009, 467 = NJW-Spezial 2009, 460.
166 OVG Bremen AnwBl 1988, 253 = JurBüro 1988, 872; OVG Münster JurBüro 1989, 973 (Sammlung asylrechtlich relevanter Vorgänge).
167 OVG Rheinland-Pfalz AGS 2010, 14 = JurBüro 2010, 370 = NVwZ-RR 2010, 336 = NJW-Spezial 2010, 93.

d) Keine Dokumentenpauschale

Für die Anfertigung der nach § 82 Abs. 1 S. 2 VwGO beizufügenden Kopien des angefochtenen Verwaltungsaktes und des **Widerspruchsbescheides** ist die Fertigung von Kopien **aus den Behördenakten** grundsätzlich nicht erforderlich, da der Anwalt diese Bescheide vom Auftraggeber in Urschrift erhält und sich hiervon Kopien fertigen kann.[168] Diese Kopien fallen damit nicht unter Nr. 1 Buchst. a, weil keine Kopien aus einer Behördenakte gefertigt werden. Ob die hierbei anfallenden Kopiekosten nach Nr. 1 Buchst. d zu vergüten sind, ist strittig (siehe Rdn 141 ff.). **105**

In der Rechtsprechung der OVG wird die Auffassung vertreten, dass die mit der Herstellung von **Zweitakten** durch die **prozessführende Behörde** für ihren anwaltlichen Prozessbevollmächtigten verbundenen Kosten nicht erstattungsfähig sind.[169] Stellt die Behörde die Zweitakten nicht selbst her, sondern fertigt der beauftragte Rechtsanwalt diese an, ändert das nach dieser Rspr. nichts daran, dass auch die anwaltliche Dokumentenpauschale nicht entsteht bzw. nicht erstattungsfähig ist.[170] **106**

8. Kopien und Ausdrucke im sozialgerichtlichen Verfahren

In sozialgerichtlichen Verfahren wird der Anwalt in der Regel einen Aktenauszug benötigen.[171] Dies gilt insbesondere für Kopien von Befundberichten.[172] **107**

9. Kopien und Ausdrucke im Auslieferungsverfahren nach dem IRG

Im **Auslieferungsverfahren** nach dem Gesetz über die internationale Rechtshilfe in Strafsachen ist es für den Beistand des Verfolgten (vgl. § 40 IRG) i.d.R. erforderlich, die gesamten Verfahrensakten zu kopieren. Zwar kann sich für bestimmte Schriftstücke die Verpflichtung ergeben, diese nicht zu kopieren (z.B. eigene Schriftstücke des Anwalts, bereits übersandte gerichtliche Schriftstücke). Allerdings ist dieser Grundsatz nicht schematisch auf alle Fälle übertragbar. Im Auslieferungsverfahren besteht die Besonderheit, dass bestimmte Unterlagen, vor allem Auslieferungsersuchen des fremden Staates, doppelt vorhanden sind, weil sie zur Erwirkung eines vorläufigen Auslieferungshaftbefehls zunächst nur in Kopie vorgelegt werden. Sie werden erst später im Original eingereicht. Aufgrund der im Auslieferungsverfahren geltenden kurzen Fristen ist es für den Anwalt zur Fristenüberwachung aber notwendig festzustellen, wann welche Unterlagen in Kopie und wann im Original vorlagen. Das kann nur durch einen chronologisch geordneten und vollständigen Aktenauszug geschehen, zumal die Akte im Auslieferungsverfahren i.d.R. auch nur für sehr kurze Zeit übersandt werden.[173] **108**

IV. Zur Zustellung und Mitteilung an Gegner oder Beteiligte (Nr. 1 Buchst. b)

1. Notwendigkeitsprüfung

Nach Nr. 1 Buchst. b erhält der Anwalt Dokumentenpauschalen für Kopien oder Ausdrucke zur Zustellung und Mitteilung an **Gegner** oder **Beteiligte** und Verfahrensbevollmächtigte aufgrund einer Rechtsvorschrift oder nach Aufforderung des Gerichts oder der das Verfahren führenden Behörde. Kopien und Ausdrucke nach Nr. 1 Buchst. b sind somit im Gegensatz zu denjenigen nach Nr. 1 Buchst. c nicht für den **Mandanten/Auftraggeber** angefertigt. **109**

Bei der Herstellung von Kopien und Ausdrucken i.S.v. Nr. 1 Buchst. b besteht ein **Ermessensspielraum**. Nur bei Überschreitung dieses Spielraums scheidet die Erstattung der Kopien aus, die zur **110**

---

168 Vgl. VGH Kassel AnwBl. 1984, 52; Gerold/Schmidt/Müller-Rabe, RVG, VV 7000 Rn 82.
169 OVG Mecklenburg-Vorpommern, Beschl. v. 30.12.2009 – 3 M 58/09, juris; OVG Berlin-Brandenburg, Beschl. v. 18.9.2007 – 1 K 70.06, juris.
170 OVG Mecklenburg-Vorpommern Beschl. v. 30.12.2009 – 3 M 58/09, juris.
171 Vgl. LSG Schleswig, Beschl. v. 23.5.2016 – L 5 SF 12/14 E, juris; LSG Mainz NZS 1998, 207; Hansens/Schneider/Braun, Praxis des Vergütungsrechts, Teil 19 Rn 23.
172 SG Duisburg AGS 1997, 19; Hansens/Schneider/Braun, Praxis des Vergütungsrechts, Teil 19 Rn 23.
173 OLG Nürnberg RVGreport 2011, 26 = StraFo 2010, 396.

Zustellung an den Gegner und dessen Prozessbevollmächtigten gefertigt worden sind.[174] Allerdings ist auch hier, auch wenn es im Gegensatz zu Nr. 1 Buchst. a) und c) nicht ausdrücklich genannt ist, für die Entstehung der Pauschale die **Notwendigkeit** der Vorlage von Kopien und Ausdrucken zu prüfen. Das ergibt sich tlw. auch aus den erforderlichen Rechtsvorschriften (§§ 131 Abs. 2, 133 Abs. 1 ZPO).[175]

2. Billigere Herstellung durch Mandant

111 Es kommt für die Entstehung der Dokumentenpauschale nicht darauf an, ob der Mandant die Kopien oder Ausdrucke **billiger** herstellen könnte. VV 7000 Nr. 1 Buchst. b stellt für die Entstehung der Dokumentenpauschale nur darauf ab, ob die Kopie oder der Ausdruck zur Zustellung oder Mitteilung an den genannten Personenkreis aufgrund einer Rechtsvorschrift oder nach Aufforderung durch das Gericht hergestellt worden ist und mehr als 100 Kopien oder Ausdrucke gefertigt worden sind.[176]

3. Mehr als 100 Kopien oder Ausdrucke

112 Die Dokumentenpauschale entsteht erst, wenn der Rechtsanwalt **mehr als 100 Kopien** oder Ausdrucke fertigt. Die ersten 100 Kopien oder Ausdrucke für Gegner oder Beteiligte und Verfahrensbevollmächtigte werden noch als allgemeine Geschäftskosten nach VV Vorb. 7 Abs. 1 S. 1 durch die jeweiligen Gebühren abgegolten.[177]

Dazu gehören auch für die **Handakten** des Rechtsanwalts gefertigte Kopien und Ausdrucke.

Ausdrucke i.S.v. Nr. 1 Buchst. b können vorliegen, wenn Ausdrucke von Inhalten, die sich auf einem elektronischen Datenträger befinden, zur Zustellung oder Mitteilung an Gegner oder Beteiligte und Verfahrensbevollmächtigte aufgrund einer Rechtsvorschrift oder nach Aufforderung durch das Gericht, die Behörde oder die sonst das Verfahren führende Stelle, soweit hierfür mehr als 100 Seiten zu fertigen waren, vorgenommen werden.[178]

4. Gegner, Beteiligte und Verfahrensbevollmächtigte

a) Erfasste Personen

113 Der Begriff des Gegners oder Beteiligten und Verfahrensbevollmächtigten ist hier weit zu verstehen. Erfasst wird jede **Gegenpartei** in kontradiktorischen Verfahren und jeder **Verfahrensbeteiligte** in Verfahren, in denen sich keine Parteien als Gegner gegenüberstehen, also auch in Verfahren der freiwilligen Gerichtsbarkeit. Unter den Personenkreis der Nr. 1 Buchst. b fallen daher sämtliche Personen, die nicht zum Kreis des Auftraggebers gehören. **Beteiligte** sind insbesondere **Streitverkündete**, **Streithelfer** (vgl. §§ 64 ff. ZPO) (aber vgl. Rdn 119),[179] **Nebenklagevertreter** und **Beteiligte** im Verwaltungsverfahren und in Familiensachen. Zu den Beteiligten i.S.d. Nr. 1 Buchst. b zählen auch die im **Verfassungsbeschwerdeverfahren** nach § 94 Abs. 1 BVerfGG Äußerungsberechtigten sowie der Beigeladene nach § 65 VwGO.[180]

b) Nicht erfasste Personen

114 Nicht erfasst von Nr. 1 Buchst. b sind sämtliche Person, die zum Kreis des Auftraggebers gehören. Nicht zu den Beteiligten und Verfahrensbevollmächtigten i.S.d. Nr. 1 Buchst. b gehören daher solche, die im Lager des Auftraggebers stehen, also der **Verkehrsanwalt**, der **Verhandlungsvertreter/Terminsvertreter** und die eigene **Rechtsschutzversicherung des Mandanten**. Ist eine Versicherung

---

174 OLG Oldenburg JurBüro 2007, 208.
175 LSG Schleswig-Holstein, Beschl. v. 7.12.2015 – L 5 SF 252/15 B E, juris; Gerold/Schmidt/*Müller-Rabe*, RVG, VV 7000 Rn 102.
176 Gerold/Schmidt/*Müller-Rabe*, RVG, VV 7000 Rn 88.
177 OLG Hamburg RENOpraxis 2012, 226 = WRP 2012, 1461 = JurionRS 2012, 19419; OLG Hamburg MDR 2011, 1014 = AGkompakt 2011, 127; LG Memmingen Rpfleger 2007, 288.
178 LSG Schleswig-Holstein, Beschl. v. 7.12.2015 – L 5 SF 252/15 B E, juris.
179 KG JurBüro 2006, 34 = MDR 2006, 236 = KGR Berlin 2005, 836.
180 BVerfG NJW 1996, 382.

Auftraggeber des Rechtsanwalts, kommt die Pauschale nur nach Nr. 1 Buchst. c in Frage. Das gilt auch in den Fällen gem. § 3 Abs. 2 Nr. 3 AHB und § 7 Abs. 2 Nr. 5 AKB, wenn der Versicherungsnehmer die Prozessführung der Versicherung (**Haftpflicht**) überlassen muss.[181] Der **Verkehrsanwalt** oder der **Terminsvertreter** ist kein Prozess- oder Verfahrensbevollmächtigter. Insoweit kommt nur eine Pauschale nach Nr. 1 Buchst. d in Betracht (vgl. Rdn 141 ff.). Gegner und Beteiligte sind nicht das **Gericht**[182] oder eine andere Stelle, die in der Sache zu entscheiden hat. Kopien oder Ausdrucke der Klageschrift nebst Anlagen für das **Gericht**, für den anwaltlich vertretenen Beklagten sowie für die eigenen **Handakten** des Prozessbevollmächtigten fallen deshalb nicht unter Nr. 1 Buchst. b.[183] Für den Gegner gilt ggf. Nr. 1 Buchst. c. Schriftsätze an das Gericht sind als Urschriften auslagenfrei (vgl. Rdn 19 f.).

5. Anfertigung aufgrund Rechtsvorschrift oder Aufforderung

a) Rechtsvorschriften

Die zusätzlichen Kopien müssen aufgrund einer **Rechtsvorschrift oder nach Aufforderung durch das Gericht, die Behörde oder die sonst das Verfahren führende Stelle** angefertigt worden sein. Solche Rechtsvorschriften enthalten die §§ 86 Abs. 1 S. 2, 86 Abs. 5 VwGO,[184] § 93 S. 1 SGO,[185] §§ 64 Abs. 2 S. 1, 77 Abs. 1 S. 3 FGO und §§ 131 Abs. 1, 133, 253 Abs. 5 ZPO. Diese Vorschriften betreffen vorwiegend Kopien von eigenen Schriftsätzen, die das Gericht zustellen oder formlos bekannt geben muss. 115

Auch **Schriftsatzanlagen**, wie Vertragstexte, Skizzen o.Ä., werden von Nr. 1 Buchst. b erfasst.[186]

Da die Einreichung von Urkunden, auf die eine Partei in ihren Schriftsätzen Bezug nimmt, vom Gesetz durch § 131 Abs. 1 ZPO vorgeschrieben ist, ist sie regelmäßig auch als notwendig i.S.v. VV 7000 Nr. 1 Buchst. b anzusehen, zumal das Unterlassen der Beifügung derartiger Unterlagen prozessuale Nachteile nach sich ziehen kann.[187] Das gilt erst recht im **Urkundenprozess**. Hier wird auch die vorsorgliche Einreichung der vollständigen Unterlagen als Belege für die Klageansprüche nicht als missbräuchlich angesehen werden können.[188] 116

b) Wohnungseigentümergemeinschaft/Bauherrengemeinschaft

Die Vorschrift der Nr. 1 Buchst. b kann insbesondere dann anwendbar sein, wenn gegen eine **Wohnungseigentümergemeinschaft** prozessiert wird, die aus einer Vielzahl von Wohnungseigentümern besteht.[189] Soweit in diesen Fällen allerdings die Zustellung an einen einzigen Vertreter ausreicht, ist die Anfertigung weiterer Kopien nicht erforderlich. Dies gilt z.B. dann, wenn eine Wohnungseigentümergemeinschaft als solche verklagt[190] oder durch einen Verwalter oder durch den von diesem beauftragten Prozessbevollmächtigten vertreten wird, es sich somit um einen Rechtsstreit gegen eine Wohnungseigentümergemeinschaft als **Verband** handelt.[191] Dann ist es nicht erforderlich, dass für alle Wohnungseigentümer Kopien gefertigt werden. 117

---

181 Gerold/Schmidt/*Müller-Rabe*, RVG, VV 7000 Rn 94, 141.
182 LSG Schleswig-Holstein, Beschl. v. 7.12.2015 – L 5 SF 252/15 B E, juris.
183 OLG Hamburg RENOpraxis 2012, 226 = WRP 2012, 1461 = JurionRS 2012, 19419; KG AGS 2006, 274 = RVGreport 2006, 102; *Hansens/Braun/Schneider*, Praxis des Vergütungsrechts, 2. Aufl., Teil 19 Rn 26.
184 OLG Brandenburg Rpfleger 1991, 160.
185 LSG Schleswig-Holstein, Beschl. v. 7.12.2015 – L 5 SF 252/15 B E, juris.
186 OLG Koblenz OLGR 1999, 216; AGS 2001, 164 = BB 2001, 752 = JurBüro 2001, 364 = MDR 2001, 534 = OLGR 2001, 304 = Rpfleger 2001, 373; LG Wuppertal AGS 2000, 147 = AnwBl 2000, 759; OLG Karlsruhe AnwBl 1998, 541 = JurBüro 1998, 596 = NJW-RR 1999, 437 = OLGR 1998, 304; OLG Brandenburg AnwBl 1996, 172 = JurBüro 1996, 259; AGS 2000, 257; LG Mönchengladbach AGS 2000, 147 und 258; a.A. OLG Düsseldorf AGS 2000, 22; OLG Karlsruhe MDR 2000, 1998: als allgemeine Geschäftsunkosten abgegolten.
187 LG Memmingen Rpfleger 2007, 288.
188 OLG Hamburg OLGR 2006, 730 = MDR 2007, 244 = RVGreport 2007, 36.
189 OLG München AnwBl 1978, 109 = JurBüro 1978, 382 = Rpfleger 1978, 152; OLG Schleswig JurBüro 1983, 1091 = SchlHA 1983, 143.
190 Siehe hierzu BGH AGS 2005, 427.
191 BGH NJW 2009, 2135 = MDR 2009, 858 = Rpfleger 2009, 531 = BGHReport 2009, 963 = NZM 2009, 2135; BGH NJW 1981, 282 = MDR 1981, 220; OLG Koblenz NJW 2005, 3789 = AnwBl 2006, 147 = JurBüro 2006, 86 = MDR 2006, 296.

Das gilt entsprechend, wenn ein Treuhänder für eine **Bauherrengemeinschaft** vertretungsberechtigt ist.[192]

118 Im **Beschlussanfechtungsprozess** gem. § 46 WEG kann die Dokumentenpauschale aber mehrfach anfallen, wenn der Verwalter nicht zustellungsbevollmächtigt ist, weil er als Gegner der Wohnungseigentümer an dem Verfahren beteiligt ist oder wenn aufgrund des Streitgegenstandes die Gefahr besteht, dass er die Wohnungseigentümer nicht sachgerecht unterrichtet (§ 45 WEG; vgl. Rdn 132).[193]

c) Streitverkündete/Nebenintervention

119 Streitverkündete und Nebenintervenienten sind zwar Gegner bzw. Beteiligte (siehe Rdn 113). Allerdings existiert keine Rechtsvorschrift, die eine Herstellung von Kopien und Ausdrucken zur Zustellung oder Mitteilung an diesen Personenkreis vorschreibt. Nach § 73 ZPO reicht die Beschreibung der Lage des Rechtsstreits aus, so dass keine Dokumentenpauschale anfällt, jedenfalls aber auch nicht erstattungsfähig ist (vgl. Rdn 235).[194] Sie kann aber dann anfallen, wenn die Herstellung nach Aufforderung durch das Gericht erfolgt oder der Rechtsanwalt des Streitverkündeten aus der Gerichtsakte Kopien fertigt (Nr. 1 Buchst. a).

6. Anwaltlich vertretene Gegenpartei

120 Ist die Gegenpartei anwaltlich vertreten, so zählen Anwalt und Gegenpartei als ein Gegner i.S.d. Nr. 1 Buchst. b. Auch dann, wenn der Anwalt aufgrund allgemeiner Übung für den Anwalt und die Gegenpartei jeweils eine eigene Kopie (Ausdruck) zur Verfügung stellt, löst diese zweite Kopie (Ausdruck) keine Vergütung nach Nr. 1 Buchst. b aus.[195] Die doppelte Ausfertigung ist gesetzlich nicht vorgeschrieben. Erforderlich ist nur die Beifügung der für die Zustellung erforderlichen Zahl von Abschriften (§ 133 Abs. 1 ZPO). Da bei anwaltlich vertretenen Parteien die Zustellung an den Prozess- oder Verfahrensbevollmächtigten ausreicht, ist eine zweite Abschrift nicht erforderlich. Etwas anderes gilt nur, wenn ausnahmsweise das Gericht für die anwaltlich vertretene Partei eine gesonderte Abschrift anfordert.

121 Besteht die Gegenpartei aus **mehreren Personen**, die jeweils durch **eigene Anwälte** vertreten sind, so muss für jeden Anwalt eine Kopie (Ausdruck) zur Verfügung gestellt werden, da jedem Anwalt zugestellt werden muss. Diese zusätzlichen Kosten wiederum lösen eine Vergütung nach Nr. 1 Buchst. b bei mehr als 100 Kopien aus. Vertritt aber ein gegnerischer Bevollmächtigter mehrere Personen, ist nur eine Kopie (Ausdruck) für diesen beizufügen.

7. Anlagen

122 Auch Kopien und Ausdrucke von Anlagen zu Schriftsätzen fallen unter Nr. 1 Buchst. b. Keine Notwendigkeit zur Vorlage von Anlagen zu Schriftsätzen besteht aber insbesondere dann, wenn
- sich die Anlage bereits in der Gerichts- oder Behördenakte befindet,[196]
- dem Gegner bereits bekannte Anlagen erneut vorgelegt werden,[197]
- es ausgereicht hätte, einzelne Seiten der Anlage anstelle der gesamten Anlage vorzulegen,[198]
- die Anlage zu einem unstreitigen Punkt vorgelegt wird,[199]
- die Anlage bedeutungslos für den Verfahrensausgang sein wird (ex-ante-Betrachtung),[200]
- die Anlage den an sich erforderlichen Sachvortrag des Anwalts ersetzen soll.[201]

---

192 OLG München JurBüro 1987, 704 = MDR 1987, 418.
193 BGH NJW 2009, 2135 = MDR 2009, 858 = Rpfleger 2009, 531 = BGHReport 2009, 963 = NZM 2009, 2135.
194 OLG Karlsruhe AGS 2011, 308; KG JurBüro 2006, 34 = MDR 2006, 236 = KGR Berlin 2005, 836; OLG München MDR 1989, 548.
195 KG AGS 2006, 274 = RVGreport 2006, 102; OLG Hamm JurBüro 2002, 201; *Hansens*, RVGreport 2004, 348; Gerold/Schmidt/*Müller-Rabe*, RVG, VV 7000 Rn 100; a.A. *Enders*, JurBüro 1999, 283.
196 OLG Braunschweig JurBüro 1999, 300.
197 OLG Hamm JurBüro 2000, 412.
198 Gerold/Schmidt/*Müller-Rabe*, RVG, VV 7000 Rn 104.
199 OLG München AnwBl. 1983, 569.
200 OLG Braunschweig JurBüro 1999, 300.
201 OLG Braunschweig JurBüro 1999, 300; OLG Dresden JurBüro 1999, 301; LSG Schleswig-Holstein, Beschl. v. 7.12.2015 – L 5 SF 252/15 B E, juris.

8. Billigere Herstellung durch den Mandanten

Es kommt für die Entstehung der Dokumentenpauschale auch nicht darauf an, ob der Mandant die Kopien oder Ausdrucke **billiger** herstellen könnte. VV 7000 Nr. 1 Buchst. c stellt für die Entstehung der Dokumentenpauschale nur darauf ab, ob die doppelte Notwendigkeit zur Herstellung der Kopien oder Ausdrucke vorliegt.[202]

123

9. Höhe der Pauschale

Zur Berechnung der Pauschale im Falle von Nr. 1 Buchst. b, auch im Falle des Zusammentreffens mit der Pauschale nach Nr. 1 Buchst. c vgl. Rdn 179 ff.

124

V. Unterrichtung des Auftraggebers (Nr. 1 Buchst. c)

1. Mehr als 100 Kopien oder Ausdrucke

Fertigt der Rechtsanwalt zur notwendigen Unterrichtung des Auftraggebers Kopien oder Ausdrucke von Dokumenten, ist die Herstellung der ersten 100 Kopien und Ausdrucke als allgemeine Geschäftskosten durch die jeweiligen Gebühren abgegolten, VV Vorb. 7 Abs. 1. Auch hier kommt aber eine Dokumentenpauschale ab der 101. Kopie/Ausdruck in Betracht (siehe Rdn 192 ff. zur Berechnung).

125

2. Doppelte Notwendigkeit

Voraussetzung für die Entstehung der Dokumentenpauschale nach Nr. 1 Buchst. c ist aber stets, dass
– die Notwendigkeit bestanden hat, den Auftraggeber zu unterrichten und
– dass die Dokumente, die kopiert oder ausgedruckt wurden, zur Unterrichtung erforderlich waren.[203]

126

3. Mehrere Auftraggeber

Ob die mehr als 100 Kopien oder Ausdrucke für einen Auftraggeber oder für **mehrere Auftraggeber** angefertigt werden, ist unerheblich. Innerhalb **derselben Angelegenheit** sind zur Berechnung der Dokumentenpauschale alle für die mehreren Auftraggeber erstellten Kopien zusammenzurechnen (vgl. zur Berechnung Rdn 187 ff.).

127

4. Nur Unterrichtung des Auftraggebers

Die Dokumentenpauschale entsteht nur, wenn der **Auftraggeber** unterrichtet wird. Nicht unter Nr. 1 Buchst. c fällt deshalb die Unterrichtung **weiterer anwaltlicher Vertreter** des Auftraggebers, z.B. des **Verkehrsanwalts** oder des **Terminsvertreters**. Auch die Unterrichtung der hinter dem Mandanten stehenden **Versicherung** fällt grds. nicht unter Nr. 1 Buchst. c. Insoweit kommt die Entstehung der Pauschale nach Nr. 1 Buchst. d in Betracht (vgl. Rdn 141 ff.). Etwas anderes gilt nur, wenn diese anstelle des Mandanten unterrichtet werden muss, z.B. die **Haftpflichtversicherung**, dem der Auftraggeber nach den Versicherungsbedingungen die Prozessführung überlassen muss (§ 3 Abs. 2 Nr. 3 AHB und § 7 Abs. 2 Nr. 5 AKB).[204]

128

Kopien oder Ausdrucke, die für die eigenen **Handakten** des Rechtsanwalts des Auftragsgebers gefertigt werden, fallen nicht unter Nr. 1 Buchst. c.[205] Kopien aus Behörden- und Gerichtsakten für die Handakten des Rechtsanwalts können aber unter Nr. 1 Buchst. a fallen.[206]

129

---

[202] Gerold/Schmidt/*Müller-Rabe*, RVG, VV 7000 Rn 133.
[203] VG Leipzig, Beschl. v. 6.4.2009 – 1 K 44/05; Gerold/Schmidt/*Müller-Rabe*, RVG, VV 7000 Rn 125.
[204] OLG München AnwBl. 1987, 97; OLG Stuttgart JurBüro 1985, 122.
[205] KG AGS 2006, 274 = RVGreport 2006, 102; OLG Hamm JurBüro 2002, 201; **a.A.** OLG München JurBüro 1983, 386.
[206] OLG Hamm JurBüro 2002, 201; Gerold/Schmidt/*Müller-Rabe*, RVG, VV 7000 Rn 71.

5. Notwendigkeit der Unterrichtung

a) BGB-Gesellschaft/Kündigungsschutzklagen

130 Hauptanwendungsfall der Nr. 1 Buchst. c werden zum einen umfangreiche Verfahren, zum andern auch die Fälle sein, in denen zahlreiche Auftraggeber unterrichtet werden müssen, etwa **größere BGB-Gesellschaften**, sofern jeder Gesellschafter unterrichtet werden muss.

Erfasst werden auch **Sammelklagen** mehrerer Auftraggeber, die sich zusammengeschlossen haben, etwa bei Kündigungsschutzklagen nach einer Massenentlassung.[207] Wird der Anwalt dagegen von jedem Auftraggeber einzeln beauftragt, so erhält er jeweils eigene Gebühren, die die Dokumentenpauschale abgelten.

> **Beispiel:** Der Anwalt ist von 15 Arbeitnehmern mit einer Kündigungsschutzklage beauftragt.
> Hat der Anwalt den Auftrag zur Sammelklage, liegt dieselbe Angelegenheit vor. Er erhält zur Unterrichtung der fünf weiteren Auftraggeber die Dokumentenpauschale nach Nr. 1 Buchst. c, sobald 100 Kopien überschritten sind.

Ist der Anwalt dagegen von jedem Arbeitnehmer mit einer individuellen Kündigungsschutzklage beauftragt, liegen 15 verschiedene Angelegenheiten vor, so dass der Anwalt die Dokumentenpauschale nach Nr. 1 Buchst. b erst verlangen kann, wenn für den einzelnen Auftraggeber 100 Kopien überschritten werden.

b) Wohnungseigentümergemeinschaft

131 Weiterhin gehören hierzu die Fälle, in denen eine **Wohnungseigentümergemeinschaft** vertreten wird und jeder Wohnungseigentümer unterrichtet werden muss. Die anwaltliche Informationspflicht gegenüber einer großen Wohnungseigentümergemeinschaft erfordert es in der Regel aber nicht, dass sämtliche Prozessunterlagen kopiert und komplett jedem einzelnen Wohnungseigentümer zugeleitet werden. Es reicht vielmehr aus, den Vertreter der Wohnungseigentümer (Verwalter) in Kenntnis zu setzen, wenn es sich um einen Rechtsstreit gegen die Wohnungseigentümergemeinschaft als **Verband** handelt.[208]

132 Etwas anderes kann aber im **Beschlussanfechtungsprozess** gem. § 46 WEG gelten, wenn der Verwalter nicht zustellungsbevollmächtigt ist, weil er als Gegner der Wohnungseigentümer an dem Verfahren beteiligt ist oder wenn aufgrund des Streitgegenstandes die Gefahr besteht, dass er die Wohnungseigentümer nicht sachgerecht unterrichtet (§ 45 WEG) (vgl. Rdn 237).[209] Hier können dann die Dokumentenpauschalen zur Unterrichtung der übrigen Wohnungseigentümer über die Anfechtungsklage und ihre Begründung entstehen und erstattungsfähig sein.

c) Musterverfahren (§ 93a VwGO)

133 Die Dokumentenpauschale nach Nr. 1 Buchst. c entsteht nach der Rechtsprechung des BVerwG auch, wenn der Kläger eines **Musterverfahrens** nach § 93a Abs. 1 VwGO die Prozessbevollmächtigten der übrigen Kläger der aufgrund der Durchführung des Musterverfahrens ausgesetzten Verfahren über den Stand des Rechtsstreits und über die weiteren Verfahrensmöglichkeiten nach Ergehen der Musterurteile unterrichtet und diese anschließend die von ihnen vertretenen Kläger der ausgesetzten Verfahren informieren.[210]

134 Die Entscheidung des BVerwG bezieht sich auf Schreiben, durch die die Prozessbevollmächtigten die Kläger des Verfahrens, das gem. § 93a Abs. 1 S. 1 VwGO ausgesetzt worden war (sog. Passivkläger), insbesondere über den Stand des Verfahrens und über die weiteren Verfahrensmöglichkeiten nach Ergehen der Musterurteile informiert haben. De Entscheidung des BVerwG berücksichtigt aber nicht,

---

207 Siehe hierzu OLG Koblenz BRAGOreport 2001, 96 m. Anm. *Hansens*.
208 BGH NJW 2009, 2135 = MDR 2009, 858 = Rpfleger 2009, 531 = BGHreport 2009, 963 = NZM 2009, 2135; OLG Koblenz NJW 2005, 3789 = AnwBl 2006, 147 = JurBüro 2006, 86 = MDR 2006, 296.
209 BGH NJW 2009, 2135 = MDR 2009, 858 = Rpfleger 2009, 531 = BGHreport 2009, 963 = NZM 2009, 2135; OLG Koblenz NJW 2005, 3789 = AnwBl 2006, 147 = JurBüro 2006, 86 = MDR 2006, 296.
210 BVerwG RVGreport 2010, 342, m. abl. Anm. *Hansens*.

dass Urschriften von Schreiben des Rechtsanwalts an den Mandanten keine Dokumentenpauschale auslösen können (vgl. Rdn 19 f.).[211] Außerdem hat das BVerwG nicht berücksichtigt, dass bei Schreiben zur notwendigen Unterrichtung des Auftraggebers eine Dokumentenpauschale nur entsteht, soweit hierfür mehr als 100 Seiten zu fertigen waren. Das BVerwG hat insoweit lediglich darauf verwiesen, dass sich eine Wertung dahingehend, dass auf diese besondere Prozesssituation zurückzuführende Informationsschreiben nicht erstattungsfähig sein sollen, sich auch einer Zusammenschau von § 162 Abs. 2 S. 1 VwGO mit VV 7000 Nr. 1 Buchst. c nicht entnehmen lasse.

Allerdings könnte in einem solchen Fall nach Nr. 1 Buchst. a die Dokumentenpauschale von der ersten Seite an berechnet werden, wenn der Prozessbevollmächtigte eines Klägers eines ausgesetzten Verfahrens Kopien oder Ausdrucke aus den Gerichtsakten des Musterverfahrens gefertigt hätte. **135**

d) Eigene Dokumente des Rechtsanwalts

Die Herstellung von Kopien oder Ausdrucken von eigenen Schriftsätzen des Rechtsanwalts zur Unterrichtung des Auftraggebers ist notwendig, damit sich dieser ein Bild vom Fortgang des Verfahrens machen kann.[212] Allerdings kann die Abrechnung erst ab der 101. Seite erfolgen. Fertigt der Rechtsanwalt aber ein Schreiben nur für den Mandanten bzw. schreibt er den Mandanten an, handelt es sich um die **Urschrift**, für die keine Dokumentenpauschale anfallen kann (vgl. Rdn 19 f.). **136**

e) Dokumente des Gegners

Fertigt der Rechtsanwalt für seinen Auftraggeber Kopien des gegnerischen Schriftverkehrs, löst das ab der 101. Seite ebenfalls die Dokumentenpauschale nach Nr. 1 Buchst. c aus. Auch hier gilt, dass der Mandant Anspruch auf vollständige Information durch seinen Anwalt hat. Die Dokumentenpauschale entsteht insoweit, wenn die Gegenseite dem Gericht zu wenige Kopien ihrer Schriftsätze vorlegt und der Rechtsanwalt deshalb für seinen Mandanten selbst eine Kopie oder Ausdruck hiervon fertigen muss.[213] Der Rechtsanwalt ist nicht gehalten, Kopien des gegnerischen Schriftsatzes vom Gegner oder vom Gericht zur Information des Mandanten anzufordern.[214] **137**

f) Kopien aus der Gerichts- oder Behördenakte zur Unterrichtung des Auftraggebers

Kopien aus Behörden- und Gerichtsakten lösen die Dokumentenpauschale nach Nr. 1 Buchst. a aus, soweit deren Herstellung zur sachgemäßen Bearbeitung der Rechtssache geboten war. Fertigt der Rechtsanwalt nicht nur für sich, sondern auch zur Unterrichtung seines Mandanten Kopien aus der Strafakte (doppelter Aktenauszug), ist die Entstehung und Erstattungsfähigkeit der Dokumentenpauschale umstritten (vgl. hierzu Rdn 93 f.). **138**

6. Billigere Herstellung durch den Mandanten

Es kommt für die Entstehung der Dokumentenpauschale auch nicht darauf an, ob der Mandant die Kopien oder Ausdrucke **billiger** herstellen könnte. VV 7000 Nr. 1 Buchst. c stellt für die Entstehung der Dokumentenpauschale nur darauf ab, ob die doppelte Notwendigkeit zur Herstellung der Kopien oder Ausdrucke vorliegt.[215] **139**

7. Höhe der Pauschale

Zur Berechnung der Pauschale im Falle von Nr. 1 Buchst. c, auch im Falle des Zusammentreffens mit der Pauschale nach Nr. 1 Buchst. b, vgl. Rdn 179 ff. **140**

---

211 Gerold/Schmidt/*Müller-Rabe*, RVG, VV 7000 Rn 124.
212 Gerold/Schmidt/*Müller-Rabe*, RVG, VV 7000 Rn 126.
213 Gerold/Schmidt/*Müller-Rabe*, RVG, VV 7000 Rn 127 f.
214 Gerold/Schmidt/*Müller-Rabe*, RVG, VV 7000 Rn 129.
215 Gerold/Schmidt/*Müller-Rabe*, RVG, VV 7000 Rn 133.

VI. Zusätzlich gefertigte Kopien in sonstigen Fällen (Nr. 1 Buchst. d)

1. Sonstige Fälle

141 Außer in den in Nr. 1 Buchst. a bis c genannten Fällen kann der Anwalt immer dann Dokumentenpauschalen abrechnen, wenn sie **in sonstigen Fällen** im Einverständnis mit dem Auftraggeber zusätzlich gefertigt sind. Auf den **Zweck** der Kopie oder des Ausdrucks oder den **Adressaten** kommt es nicht an, wie Nr. 1 Buchst. d klarstellt. Daher zählen auch Kopien und Ausdrucke zur Unterrichtung Dritter, aber auch des Gerichts, des Gegners oder des Mandanten, wenn insoweit nicht Nr. 1 Buchst. b oder c gegeben ist, zu der nach Nr. 1 Buchst. d vergütungspflichtigen Dokumentenpauschale.

142 Sonstige Fälle sind die Fälle, die nicht in Nr. 1 Buchst. a bis c geregelt sind. Nr. 1 Buchst. d ist ein eigener Auslagentatbestand und **kein Auffangtatbestand** für Nr. 1 Buchst. a bis c. Fertigt der Rechtsanwalt z.B. daher weniger als 100 Kopien zur Unterrichtung des Gegners, entsteht weder nach Nr. 1 Buchst. b noch nach Nr. 1 Buchst. d die Pauschale.[216] Ferner dürfen die zusätzlichen Kopien oder Ausdrucke nicht als **allgemeine Geschäftskosten** mit den Gebühren abgegolten sein, VV Vorb. 7 Abs. 1 S. 2.

2. Sonstige Fälle i.S.v. Nr. 1 Buchst. d

a) Einzelne Beispiele

143 Zu Nr. 1 Buchst. d zählen insbesondere folgende Fälle: Der Auftraggeber wünscht **zusätzliche** Kopien oder Ausdrucke
- für sich selbst[217]
- zur Unterrichtung mehrerer Dienststellen[218]
- zur Unterrichtung des Haftpflichtversicherers[219]
- zur Unterrichtung des Entsendestaates nach dem NATO-Truppenstatut[220]
- zur Information anderweit vertretener Streitgenossen[221]
- zur Unterrichtung des Rechtsschutzversicherers
- zur Unterrichtung des Verkehrsanwalts oder Terminsvertreters[222]
- zur Unterrichtung des Arbeitgebers
- zur Unterrichtung von Behörden, die ein Interesse am Ausgang des Rechtsstreits haben (etwa die Unterrichtung des Sozialamtes oder Jugendamtes im Unterhaltsrechtsstreit)

b) Kopien und Ausdrucke für das Gericht

144 Zusätzliche Kopien oder Ausdrucke i.S.v. Nr. 1 Buchst. d liegen bei Anforderung des Gerichts vor, wenn der Mandant selbst die Kopien nicht für erforderlich hält und daher nicht als Schriftsatzanlage beigefügt hat, das Gericht die Vorlage der Kopien aber verlangt und der Mandant damit einverstanden ist. Ansonsten lösen **für das Gericht** bestimmte Kopien und Ausdrucke der Schriftsätze und Anlagen des Rechtsanwalts keine Dokumentenpauschale aus. Denn nach Nr. 1 Buchst. b sind nur Kopien und Ausdrucke zur Zustellung oder Mitteilung an **Gegner** oder **Beteiligte** und **Verfahrensbevollmächtigte** aufgrund einer Rechtsvorschrift oder nach Aufforderung durch das Gericht, die Behörde oder die sonst das Verfahren führende Stelle auslagenpflichtig, soweit hierfür mehr als 100 Seiten zu fertigen waren. Das zeigt, dass dem Gericht vorzulegende Dokumente, die in der Regel ohnehin nicht auslagenpflichtige Urschriften (vgl. Rdn 19 f.) sind, als allgemeine Geschäftskosten mit den Gebühren abgegolten sind, VV Vorb. 7 Abs. 1 S. 2.[223]

---

[216] Gerold/Schmidt/*Müller-Rabe*, RVG, VV 7000 Rn 136, 142.
[217] OLG Frankfurt JurBüro 1982, 744; OLG Düsseldorf JurBüro 1986, 874.
[218] OLG Nürnberg AnwBl 1975, 191; OLG Schleswig JurBüro 1989, 632.
[219] LG Kiel VersR 1970, 721; OLG Düsseldorf JurBüro 1973, 869; OLG Schleswig JurBüro 1973, 966.
[220] OLG Düsseldorf JurBüro 1974, 858 = Rpfleger 1974, 230.
[221] LAG Hamm AnwBl 1988, 414.
[222] Gerold/Schmidt/*Müller-Rabe*, RVG, VV 7000 Rn 140.
[223] Gerold/Schmidt/*Müller-Rabe*, RVG, VV 7000 Rn 148 f.

c) Kopien von Originalunterlagen

Nach einem Teil der Rechtsprechung zählen hierzu auch Kopien von Originalunterlagen, die bei Gericht einzureichen sind und von denen der Rechtsanwalt Kopien ständig zur Hand haben muss.[224] Zutreffenderweise sind solche Kopien bereits nach Nr. 1 Buchst. a zu vergüten. Es kann keinen Unterschied machen, ob der Anwalt sich für seine Handakten eine Kopie fertigt und dann das Original bei Gericht einreicht oder ob er zunächst das Original bei Gericht einreicht und sich dann aus der Gerichtsakte eine Kopie anfertigt. Solche Kopien sind im Übrigen immer notwendig, etwa wenn im Scheck- oder Wechselprozess das Original des Schecks oder Wechsels zu den Akten gereicht oder wenn zum Zwecke eines graphologischen Gutachtens Originale von Vergleichsschriften eingereicht werden müssen. Der in Strafsachen für den Beschuldigten gefertigte (weitere) Aktenauszug fällt nicht unter Nr. 1 Buchst. d, sondern unter Nr. 1 Buchst. a (vgl. Rdn 93 f.). 145

d) Arrest und einstweilige Verfügung

Kopien von **einstweiligen Verfügungen oder Arrestbeschlüssen** nebst Anlagen zum Zwecke der Zustellung an den Arrest- oder Verfügungsgegner fallen nicht unter Nr. 1 Buchst. d, sondern Nr. 1 Buchst. b.[225] 146

e) Weitere Beispiele

Des Weiteren zählen hierzu auch Kopien von Schriftstücken, die der Anwalt vom Gericht in einfacher Ausfertigung erhält, also wenn er von einem eingeholten Sachverständigengutachten eine Kopie für den Auftraggeber zu dessen Unterrichtung anfertigen muss.[226] 147

Gleiches gilt, wenn das Gericht Auskünfte einholt, etwa im Versorgungsausgleichsverfahren, oder wenn es schriftliche Zeugenaussagen anfordert und diese dem Anwalt nur in einfacher Ausfertigung zustellt, so dass dieser für den Mandanten weitere Kopien anfertigen muss. 148

3. Einverständnis des Auftraggebers

Im Gegensatz zu den anderen Auslagentatbeständen muss die Kopie bzw. der Ausdruck **im Einverständnis mit dem Auftraggeber** gefertigt sein. Diese Voraussetzung ist unproblematisch, wenn eine ausdrückliche Weisung des Auftraggebers vorliegt. Fehlt es hieran, so ist je nach Einzelfall zu unterscheiden. Der Auftrag als solcher enthält noch nicht das Einverständnis zur Fertigung jeglicher Kopie. Es muss vielmehr im konkreten Fall entschieden werden, ob von einem stillschweigenden Einverständnis ausgegangen werden kann.[227] Hiervon wird man ausgehen können, wenn der Rechtsanwalt die Anfertigung von zusätzlichen Kopien zur sachgerechten Ausführung seines Auftrags für erforderlich halten durfte oder wenn aus seiner Sicht die Kopie zur Unterrichtung des Auftraggebers geboten war. Insoweit ist ein **großzügiger Maßstab** anzulegen. Der Auftraggeber will in aller Regel aus erster Hand informiert werden und die gewechselten Schriftsätze, Kopien und Urkunden selbst zur Kenntnis nehmen und nicht auf bloße Mitteilungen hierüber verwiesen werden. 149

Zur Vermeidung von Streit empfiehlt es sich, den Auftraggeber bereits bei Auftragserteilung zu fragen, ob er mit der Fertigung zusätzlicher Kopien und Ausdrucke i.S.v. Nr. 1 Buchst. d einverstanden ist. Ein **nachträgliches Einverständnis** reicht aus.[228] Die **Form** des § 3a muss nicht eingehalten werden. 150

Das **Gericht** ist bei der Frage, ob das Einverständnis vorliegt, im Übrigen nicht Auftraggeber des Rechtsanwalts i.S.v. VV 7000 Nr. 1 Buchst. d.[229] Deshalb kann ein **Pflichtverteidiger** für die Überlassung von elektronisch gespeicherten Dateien nicht die Dokumentenpauschale nach Nr. 2 151

---

224 LG Berlin JurBüro 1982, 230 = Rpfleger 1982, 159; LAG Hamm AnwBl 1984, 316; so auch Gerold/Schmidt/*Müller-Rabe*, RVG, VV 7000 Rn 154.
225 Gerold/Schmidt/*Müller-Rabe*, RVG, VV 7000 Rn 91; vgl. auch OLG Koblenz JurBüro 1991, 823.
226 SG Münster AnwBl 1993, 44.
227 OLG München JurBüro 1968, 803.
228 Gerold/Schmidt/*Müller-Rabe*, RVG, VV 7000 Rn 160; Hartung/Schons/Enders/*Hartung*, VV 7000 Rn 32.
229 OLG Köln AGS 2008, 179 = NJW 2008, 1330 = NStZ-RR 2008, 360 = RVGprof. 2008, 168.

beanspruchen, weil diese Regelung in dem Verhältnis zwischen Pflichtverteidiger und Staatskasse nicht anwendbar ist.[230]

4. Billigere Herstellung durch den Mandanten

152 Es kommt für die Entstehung der Dokumentenpauschale auch nicht darauf an, ob der Mandant die Kopien oder Ausdrucke **billiger** herstellen könnte. Denn die Pauschale setzt ja gerade das Einverständnis des Auftraggebers voraus.[231]

VII. Überlassung von elektronisch gespeicherten Dateien oder deren Bereitstellung zum Abruf (Nr. 2)

1. Allgemeines

153 Durch das 2. KostRMoG ist die Dokumentenpauschale für die Übermittlung elektronischer Dokumente ab 1.8.2013 von 2,50 EUR auf 1,50 EUR pro übermittelter Datei ermäßigt worden. Diese auch für die Gerichtskostengesetze geltende Senkung (GNotKG-KostVerz. 31000, GKG-KostVerz. 9000, FamGKG-KostVerz. 2000) soll bei den Gerichtskosten einen Anreiz schaffen, verstärkt von der Möglichkeit Gebrauch zu machen, bei Gericht die elektronische Versendung von Dokumenten zu beantragen.[232] Die Dokumentenpauschale für den Rechtsanwalt ist hieran lediglich angepasst und die Pauschale für die Übermittlung elektronischer Dokumente auf 1,50 EUR ermäßigt worden.[233]

154 Nach VV 7000 Nr. 2 entsteht die Dokumentenpauschale auch, wenn im Fall von Nr. 1 Buchst. d elektronisch gespeicherte Dateien zum Abruf (**Download**) bereitgestellt werden.

155 Für die Überlassung von elektronisch gespeicherten Dateien werden höchstens 5 EUR erhoben, wenn Dokumente in einem Arbeitsgang überlassen, bereitgestellt oder in einem Arbeitsgang auf denselben Datenträger übertragen werden (vgl. dazu Rdn 171). Dem Rechtsanwalt steht die Dokumentenpauschale danach nicht für die Überlassung jeder elektronisch gespeicherten Datei zu, wenn Dokumente in einem Arbeitsgang überlassen, bereitgestellt oder in einem Arbeitsgang auf denselben Datenträger übertragen werden.[234]

2. Übermittlung eines Dokuments als elektronische Datei (Anm. Abs. 2)

a) Vorheriges Einscannen eines Papier-Dokuments

156 Anm. Abs. 2 regelt, wie die Dokumentenpauschale zu berechnen ist, wenn die Übermittlung als elektronische Datei vom Auftraggeber ausdrücklich beantragt wird, das Dokument dem Rechtsanwalt aber nur in Papierform vorliegt. In diesem Fall muss das Papier-Dokument vom Rechtsanwalt zunächst in die elektronische Form überführt werden, bevor die Übermittlung als elektronisch gespeicherte Datei erfolgen kann. Nach Anm. Abs. 2 wird für das zuvor erforderliche **Einscannen** (vgl. dazu Rdn 23 ff.) des Papier-Dokuments mit anschließender Überlassung als elektronisch gespeicherte Datei mindestens der Betrag erhoben wird, der auch bei der Fertigung einer Kopie des Dokuments oder bei der Übermittlung des Dokuments per Fax angefallen wäre.[235] Der bisher bestehende Streit, ob dem Rechtsanwalt lediglich die Pauschale von 2,50 EUR bzw. ab 1.8.2013 1,50 EUR oder die Dokumentenpauschale für die in Papierform existierenden Dokumente anfällt, ist damit zugunsten der Dokumentenpauschale für Papier-Dokumente nach VV 7000 Nr. 1 entschieden worden.[236] Da es in Anm. Abs. 2 um die Überlassung von elektronisch gespeicherten Dateien geht, kann sich die Regelung nur auf die Dokumentenpauschale nach Nr. 2 i.V.m. Nr. 1 Buchst. d beziehen, weil Nr. 2 nur für die Fälle der Nr. 1 Buchst. d gilt.

---

230 KG AGS 2014, 50; RVGreport 2014, 233; OLG Düsseldorf NJW 2008, 2058 = JMBl NW 2008, 181 = Rpfleger 2008, 532 = JurBüro 2008, 420 = NStZ-RR 2008, 328; Gerold/Schmidt/*Müller-Rabe*, RVG, VV 7000 Rn 155.
231 Gerold/Schmidt/*Müller-Rabe*, RVG, VV 7000 Rn 162.
232 BT-Drucks 17/11471 (neu), S. 284, 235, 156.
233 Vgl. BT-Drucks 17/11471 (neu), S. 284, 235, 156.
234 Vgl *Hansens*, RVGreport 2012, 2, 12.
235 BT-Drucks 17/11471 (neu), S. 284, 235, 156.
236 Vgl *Hansens*, RVGreport 2012, 2, 12; *Enders*, JurBüro 2012, 561, 563.

Beispiel 1: Der Mandant bittet den Rechtsanwalt, 40 Seiten Kopien einer Behördenakte nicht als Kopien, sondern als elektronisches Dokument zu übersenden. Der Rechtsanwalt scannt die ihm nur in Papierform vorliegenden Unterlagen ein und übersendet die elektronische Datei (pdf) per E-Mail an den Auftraggeber. Der Rechtsanwalt berechnet nicht 1,50 EUR für die Überlassung der elektronisch gespeicherten Datei, sondern erhält die Dokumentenpauschale wegen Anm. Abs. 2 nach Nr. 1 Buchst. d. Diese beträgt dann 20 EUR:

– Dokumentenpauschale, VV 7000 Nr. 1 Buchst. d,	
– 40 Seiten x 0,50 EUR	20,00 EUR
– 19 % Umsatzsteuer, VV 7008	3,80 EUR
Gesamt	**23,80 EUR**

Beispiel 2:[237] Der Rechtsanwalt hat vom Gegner die 40-seitige Klageerwiderung in beglaubigter und einfacher Abschrift erhalten. Der Rechtsanwalt entspricht der Bitte des Mandanten, ihm die Klageerwiderung vorab elektronisch als pdf-Datei zu übersenden.

Hätte der Rechtsanwalt seinem Auftraggeber die vom Gegner überlassene Klageerwiderung in Papierform zugesandt, wäre eine Dokumentenpauschale nicht angefallen. Die elektronische Datei ist im Auftrag des Mandanten zusätzlich i.S.v. Nr. 1d angefertigt worden. Auch hier erhält der Rechtsanwalt anstelle der Pauschale nach Nr. 2 i.H.v. 1,50 EUR für die Datei nach Anm. Abs. 2 zu VV 7000 den Betrag, der nach Nr. 1 Buchst. d hätte abgerechnet werden können (20 EUR, Beispiel 1).

b) Unzeitgemäße Regelung

Die Regelung in Anm. Abs. 2 mag vor dem Hintergrund sachgerecht erscheinen, dass nach den üblichen Leasing- oder Nutzungsverträgen für Fotokopierer auch die Erstellung einer pdf-Datei wie eine gewöhnliche Kopie abgerechnet wird.[238] Allerdings weist *Müller-Rabe*[239] zutreffend darauf hin, dass diese Regelung zu ungerechtfertigten Ergebnissen führt. Rechtsanwälte, die ihr Büro papierlos führen, weil sämtliche Schriftstücke für die elektronische Aktenführung ohnehin grundsätzlich eingescannt werden, bleiben nach dieser Regelung ersatzlos und erhalten lediglich die Überlassungspauschale i.H.v. 1,50 EUR pro Datei (vgl. zum Einscannen Rdn 23 ff., 156). Der Rechtsanwalt, der mit kopierten Papierdokumenten arbeitet, kann dagegen das Einscannen eines vom Mandanten zusätzlich gewünschten elektronischen Dokuments mit der regelmäßig höheren Dokumentenpauschale nach Nr. 1 abrechnen.

Abgesehen davon, dass diese Regelung nicht mehr zeitgemäß ist, wenn Papierkopien mit einer höheren Dokumentenpauschale entschädigt werden als überlassene elektronische Dateien, berücksichtigt sie auch nicht, dass der mit der Dokumentenpauschale insbesondere abgegoltene **Arbeits- und Zeitaufwand**[240] vom Rechtsanwalt in beiden Fällen erbracht wird. Sowohl der ohnehin mit einer elektronischen Akte als auch der mit Papierdokumenten arbeitende Rechtsanwalt leisten vor der Überlassung der Dateien nämlich Scanarbeiten (vgl. zum Einscannen Rdn 23 ff.).

3. Geltung nur in den Fällen der Nr. 1 Buchst. d

a) Überblick

Mit der Regelung in Nr. 2 ist keine Erweiterung der Dokumentenpauschale verbunden. Nr. 2 soll vielmehr an die Stelle der Nr. 1 Buchst. d treten, nämlich dann, wenn Kopien oder Ausdrucke nicht mehr in der herkömmlichen körperlichen Form verschickt werden, sondern stattdessen in elektronischer Form als Dateien.

Nr. 2 ist nur anzuwenden, wenn in Nr. 1 Buchst. d genannte Dokumente elektronisch überlassen werden. In den Fällen der Nr. 1 Buchst. b und Nr. 1 Buchst. c gilt Nr. 2 nicht. Übermittelt der Rechtsanwalt z.B. Kopien zur Zustellung an den Gegner aufgrund einer Rechtsvorschrift oder unterrichtet er den Auftraggeber durch Überlassung elektronischer Dokumente, fällt keine Dokumentenpauschale nach Nr. 2 an.

---

[237] Nach *Schneider/Thiel*, Das neue Gebührenrecht, 2. Aufl., § 3 Rn 1308 f.

[238] *Schneider/Thiel*, Das neue Gebührenrecht, 2. Aufl., § 3 Rn 1306.

[239] Gerold/Schmidt/*Müller-Rabe*, RVG, VV 7000 Rn 177.

[240] Vgl. BT-Drucks 10/5113, S. 48; BayLSG AGS 2013, 121 = RVGreport 2013, 153; Gerold/Schmidt/*Müller-Rabe*, RVG, VV 7000 Rn 13; *Klüsener*, JurBüro 2016, 2.

b) Prüfung: Entstehung einer Dokumentenpauschale nach Nr. 1 Buchst. d

160 Bei Anwendung von Nr. 2 ist zunächst zu prüfen, ob eine Dokumentenpauschale nach Nr. 1 Buchst. d angefallen wäre, wenn anstelle der Überlassung elektronisch gespeicherter Dateien die Herstellung von Kopien oder Ausdrucken erfolgt wäre.[241] Es muss somit ein von Nr. 1 Buchst. a bis c nicht erfasster sonstiger Fall vorliegen, in dem Kopien oder Ausdrucke im Einverständnis mit dem Auftraggeber zusätzlich angefertigt worden sind (vgl. hierzu Rdn 141 ff.). Nr. 2 i.V.m. Nr. 1 Buchst. d gilt dann nicht, wenn es sich um die Überlassung der **Urschrift** eines Dokuments handelt (vgl. Rdn 19 f.).[242]

4. Einverständnis des Auftraggebers

161 Nr. 2 gilt nur, wenn der **Auftraggeber** sein **Einverständnis** erklärt hat. Gestattet der Vorsitzende der Strafkammer dem Verteidiger, dem Angeklagten eine Kopie einer DVD mit Audiodateien zu überlassen, liegt darin nicht das geforderte Einverständnis des Auftraggebers. Eine Dokumentenpauschale entsteht dadurch nicht.[243]

162 Ein **Pflichtverteidiger** kann für die Überlassung von elektronisch gespeicherten Dateien nicht die Dokumentenpauschale nach Nr. 2 beanspruchen, weil diese Regelung in dem Verhältnis zwischen Pflichtverteidiger und Staatskasse nicht anwendbar ist.[244] Die Bestellung zum Pflichtverteidiger erfolgt durch Verfügung oder Beschluss des Vorsitzenden (§ 141 StPO). Ein Wahlverteidiger kann erst nach Niederlegung des Wahlmandats zum Pflichtverteidiger bestellt werden. Deshalb fehlt es an einem Auftraggeber und damit an einem Einverständnis, so dass die in VV 7000 Nr. 2 i.V.m. VV 7000 Nr. 1 Buchst. d getroffene Regelung nach Sinn und Zweck nicht eingreifen kann. Auftraggeber sind bei einer Pflichtverteidigung damit weder der Angeklagte noch das Gericht, weil die Bestellung des Pflichtverteidigers als **besondere** Form der Indienstnahme Privater zu öffentlichen Zwecken einem begünstigenden Verwaltungsakt, nicht aber einem Auftragsverhältnis gleicht.[245]

5. Datei

a) Begriff

163 Zur Kritik an dieser Vorschrift siehe insbesondere *Hansens*, der zu Recht darauf hinweist, dass der Begriff der „elektronisch gespeicherten Datei" zu unbestimmt ist.[246] Der Gesetzgeber hat nämlich nicht definiert, was im Rahmen von VV 7000 Nr. 2 unter einer Datei zu verstehen ist. Allgemein dürfte sich die Datei wie folgt umschreiben lassen:

Das Wort „*Datei*" setzt sich aus den Worten „*Daten*" und „*Kartei*" zusammen. Eine **Datei** ist ein strukturierter bzw. nach zweckmäßigen Kriterien geordneter, zur Aufbewahrung geeigneter Bestand inhaltlich zusammengehöriger Daten, die auf einem beliebigen Datenträger oder Speichermedium abgelegt bzw. gespeichert werden kann.[247] Häufig wird der Rechtsanwalt **pdf-Dateien** überlassen.

b) Pflichtgemäßes Ermessen des Rechtsanwalts

164 Letztlich bestimmt der Rechtsanwalt damit, welche Dokumente in einer Datei zusammengefasst werden. Zutreffend ist es deshalb, dem Rechtsanwalt bei der Dateianlage einen gewissen **Ermessens-**

---

241 *Henke*, AnwBl. 2005, 208; Gerold/Schmidt/*Müller-Rabe*, RVG, VV 7000 Rn 180.
242 Gerold/Schmidt/*Müller-Rabe*, RVG, VV 7000 Rn 181.
243 OLG Köln AGS 2008, 179 = NJW 2008, 1330 = NStZ-RR 2008, 360 = RVGprof. 2008, 168.
244 KG AGS 2014, 50; RVGreport 2014, 233; OLG Düsseldorf NJW 2008, 2058 = JMBl NW 2008, 181 = Rpfleger 2008, 532 = JurBüro 2008, 420 = NStZ-RR 2008, 328.
245 KG AGS 2014, 50; RVGreport 2014, 233; OLG Düsseldorf NJW 2008, 2058 = JMBl NW 2008, 181 = Rpfleger 2008, 532 = JurBüro 2008, 420 = NStZ-RR 2008, 328. Gerold/Schmidt/*Müller-Rabe*, RVG, VV 7000 Rn 155.
246 *Hansens/Braun/Schneider*, Praxis des Vergütungsrechts, Teil 19 Rn 17 ff.
247 So auch OLG Düsseldorf NJW 2008, 2058 = JMBl NW 2008, 181 = Rpfleger 2008, 532 = JurBüro 2008, 420 = NStZ-RR 2008, 328.

spielraum einzuräumen.[248] So wird es nicht zu beanstanden sein, wenn jeder Schriftsatz des Anwalts als eigene Datei abgespeichert wird. Der Umstand, dass dasselbe Mandat betreffende Schriftsätze in einem Ordner zusammengefasst sind, führt nicht dazu, dass dieselbe Datei vorliegt. Maßgebend ist, wie ein vernünftiger Rechtsanwalt bei zweckdienlicher und für den Mandanten kostensparender Arbeitsweise seine Dateien anlegen würde.[249]

c) ZIP-Datei

Umstritten ist, ob bei Versendung einer sog. **ZIP-Datei**[250] nur eine oder mehrere Dateien versandt werden. Nach einer Auffassung wird beim Versendevorgang nur eine physikalische Datei versandt, so dass nach dem Wortlaut die Dokumentenpauschale nur einmal anfällt.[251] Nach anderer Auffassung ist für die Berechnung der Dokumentenpauschale auf die in der ZIP-Datei enthaltenen und komprimierten Dateien abzustellen.[252] Diese Ansicht erscheint zutreffend. Denn die ZIP-Datei kann erst bearbeitet werden, wenn die enthaltenen Dateien entpackt bzw. extrahiert worden sind. Es wird streng genommen auch keine Datei, sondern ein Archiv bzw. Container versandt, so dass auch deshalb auf die enthaltenen Dateien abzustellen ist. Im Übrigen müsste bei anderer Sichtweise auch die Frage diskutiert werden, ob der Rechtsanwalt zum Zwecke der Kostenersparnis nicht stets komprimierte Dateien erstellen müsste.

6. Überlassung

Unerheblich für die Entstehung der Dokumentenpauschale ist, wie der Rechtsanwalt die Datei gespeichert und überlassen hat. In Betracht kommen als Datenträger z.B. eine CD, eine DVD (vgl. dazu Rdn 38) oder ein USB-Speicherstick. Auch die Art der Überlassung ist gesetzlich nicht geregelt. Die Datei kann z.B. durch E-Mail oder Computer-Fax oder körperlich durch Übergabe einer CD pp. überlassen werden.[253]

7. Anfertigung von Kopien eines Datenträgers

Die Kosten für die digitale Reproduktion eines Datenträgers fallen nicht unter VV 7000. Der Rechtsanwalt kann aber ggf. über VV Vorb. 7 Abs. 1 S. 2 Ersatz der Kosten für die Beschaffung der Datenträger verlangen.[254] Überlässt der Rechtsanwalt aber Kopien der Datenträger, entsteht die Dokumentenpauschale. Die Kosten für die Datenträger können daneben nicht erhoben werden.

8. Empfang

Für den **Empfang** von elektronisch gespeicherten Dateien erhält der Rechtsanwalt keine Dokumentenpauschale. Allerdings kann der **Ausdruck** unter den in Nr. 1 aufgeführten Voraussetzungen zur Entstehung der Dokumentenpauschale führen.[255] Speichert der Rechtsanwalt die bei ihm eingegangenen elektronischen Dateien und leitet er diese dann weiter oder stellt sie zum Abruf bereit, entsteht hierfür unter den in Nr. 2 geregelten Voraussetzungen ebenfalls die Dokumentenpauschale.

---

248 Gerold/Schmidt/*Müller-Rabe*, RVG, VV 7000 Rn 193.
249 Gerold/Schmidt/*Müller-Rabe*, RVG, VV 7000 Rn 193.
250 Mittels eine speziellen Software komprimierte Dateien (geringerer Speicherplatzbedarf, in einem Container/Archiv werden mehrere zusammengehörige Dateien oder Verzeichnisse zusammengefasst).
251 *Hansens/Braun/Schneider*, Praxis des Vergütungsrechts, Teil 19 Rn 17; *Burhoff/Schmidt*, RVG Straf- und Bußgeldsachen, 4. Aufl., VV 7000 Rn 139 f.
252 Gerold/Schmidt/*Müller-Rabe*, RVG, VV 7000 Rn 192; Riedel/Sußbauer/*Ahlmann*, VV 7000 Rn 26.
253 *Hansens/Braun/Schneider*, Praxis des Vergütungsrechts, Teil 19 Rn 17; Gerold/Schmidt/*Müller-Rabe*, RVG, VV 7000 Rn 167 f.
254 KG AGS 2014, 50 = RVGreport 2014, 233 = zfs 2014, 223.
255 Gerold/Schmidt/*Müller-Rabe*, RVG, VV 7000 Rn 184.

9. Bereitstellung zum Abruf (Download)

169 Elektronisch gespeicherte Dateien können dadurch zum Abruf bereitgestellt werden, dass der Rechtsanwalt einen Link zur Verfügung stellt, unter dem die bei einem Online-Datendienst (Cloud) gespeicherten Dateien heruntergeladen werden können.

10. Wahlrecht des Rechtsanwalts

170 Es kann sich die Frage stellen, ob die Übermittlung von zwei Seiten Kopien (1 EUR) nicht günstiger gewesen wäre als deren elektronische Übermittlung als eine Datei (1,50 EUR). Insoweit muss dem Anwalt ein **Wahlrecht** zugestanden werden, wie er im konkreten Fall verfährt. Würde man im Nachhinein nachrechnen, welche Versendungsform günstiger gewesen wäre, so würde damit der Sinn und Zweck des Gesetzes verfehlt, einen Anreiz zu schaffen, die kostengünstigere und mit geringerem Arbeitsaufwand verbundene elektronische Versendung zu wählen.[256] Fordert der Mandant den Rechtsanwalt auf, elektronisch gespeicherte Dateien zu übersenden, muss der Rechtsanwalt diesen Weg wählen.[257]

11. Höhe der Pauschale

171 Zur Höhe der Pauschale im Falle der Nr. 2 sowie der Berechnung des Höchstbetrags i.H.v. 5 EUR vgl. Rdn 203 ff.

VIII. Höhe der Dokumentenpauschale

1. Pauschale nach Nr. 1 Buchst. a bis d

a) Pauschalsätze

172 aa) **Höhe.** In den Fällen der Nr. 1 Buchst. a bis d steht dem Anwalt als Dokumentenpauschale für die Herstellung von Kopien und Ausdrucken eine Vergütung i.H.v. 0,50 EUR, bei Farbkopien i.H.v. 1 EUR je Seite zu (ebenso GKG-KostVerz. 9000, FamGKG-KostVerz. 2000, GNotKG-KostVerz. 31000). Bei mehr als 50 Kopien bzw. Ausdrucken in derselben Angelegenheit und für denselben Auftraggeber reduziert sich die Vergütung auf 0,15 EUR, bei Farbkopien auf 0,30 EUR je weitere Seite. Auf die Höhe der Dokumentenpauschale hat das **Format** der Kopie oder des Ausdrucks (DIN A-Format), der **Zeitaufwand** bei der Herstellung und die **Herstellungsart** keinen Einfluss (vgl. Rdn 173 f., 193 ff.).

173 bb) **Personal- und Sachaufwand/Pauschalierung.** Es kommt nicht darauf an, ob die Kopien durch einen Dienstleister (Copy-Shop) oder durch den Auftraggeber oder einem dem Auftraggeber erstattungspflichtigen Dritten billiger angefertigt werden könnten. Der Gesetzgeber war sich bereits 1986 – bei der Einführung der Pauschalierung für die Schreibauslagen des Gerichts nach GKG-KostVerz. 1900 a.F. und der Schreibauslagen des Rechtsanwalts (§ 27 Abs. 2 BRAGO) – der schon damals deutlich niedrigeren Preise für gewerblich erstellte Kopien ausdrücklich bewusst. Er hat sich bei der Regelung an den Kosten für Fotokopien orientiert und darauf hingewiesen, dass die Höhe der Entschädigung unabhängig von der Art der Herstellung ist. Eine Ablichtung nur weniger Seiten verursache verhältnismäßig mehr **Personalaufwand** als die Ablichtung vieler Seiten in einem Arbeitsgang. Für den **Sachaufwand** sei der allgemeine Auslastungsgrad der Ablichtungsgeräte von Bedeutung. Da es aber ausgeschlossen sei, die Höhe der Schreibauslagen auf die Auslastung des jeweiligen Gerätes und den im Einzelfall erforderlichen Personalaufwand abzustellen, sei die auch in VV 7000 übernommene Pauschalregelung erforderlich. Bereits der geringste vorgesehene Betrag der Dokumentenpauschale i.H.v. 0,15 EUR lag nach Auffassung des Gesetzgebers bereits im Jahr 1986 noch immer deutlich über den Preisen, die Kopiergeschäfte üblicherweise verlangen, weil sie für monatlich mehrere hunderttausend Ablichtungen mit wesentlich geringeren Sachkosten kalkulie-

---

[256] So die Begründung zum 2. KostRMoG BT-Drucks 17/11471, S. 362; Gerold/Schmidt/*Müller-Rabe*, RVG, VV 7000 Rn 183.

[257] Gerold/Schmidt/*Müller-Rabe*, RVG, VV 7000 Rn 183.

ren und Personal bereithalten, das ausschließlich und daher wesentlich rationeller mit der Fertigung von Ablichtungen beschäftigt ist. Gleichzeitig sei zu berücksichtigen, dass der ermäßigte Betrag auch dann erhoben werden müsse, wenn die Ablichtungen in verschiedenen Arbeitsgängen hergestellt würden und dadurch entsprechend teurer seien.[258]

Der Gesetzgeber hat die somit auf einer „Mischkalkulation" beruhenden Pauschalsätze für Kopien in der Folgezeit – trotz der mit steigender Anzahl von Umfangsverfahren häufiger werdenden Fälle einer „Massenproduktion" von Kopien aus Gerichtsakten – unverändert gelassen und durch das Justizkommunikationsgesetz vom 22.3.2005 sogar noch die Ausdrucke als elektronisch gespeicherten Dateien in den Anwendungsbereich der Nr. 7000 einbezogen, obwohl der tatsächliche Kostenaufwand für Ausdrucke die Dokumentenpauschale schon im Hinblick auf den geringeren Personaleinsatz noch deutlicher unterschreitet, als es bei Ablichtungen aus Papierakten der Fall ist.[259]

174

cc) Massenkopien und Massenausdrucke. Die Rechtsprechung hat vor diesem Hintergrund schon früh darauf hingewiesen, dass die vorgesehenen Pauschalsätze bei der Dokumentenpauschale damit die tatsächlichen Sachkosten – insbesondere bei **massenhafter Produktion** – deutlich übersteigen. Hierdurch werde eine zusätzliche Verdienstmöglichkeit eröffnet, die vom ursprünglichen Gesichtspunkt der Aufwandsentschädigung nicht mehr gedeckt werde.[260] Das OLG Düsseldorf[261] hat in einer Strafsache zutreffend darauf hingewiesen, dass es vor diesem Hintergrund zweifelhaft erscheinen kann, ob bei ca. 380.000 Ausdrucken aus der elektronischen Zweitakte nebst TKÜ-Mitschnitten und einer daraus berechneten Dokumentenpauschale i.H.v. ca. 68.000 EUR diese „Aufwandsentschädigung" vom gesetzgeberischen Willen bei der Einführung und weiteren Ausgestaltung der Dokumentenpauschale – insbesondere für Ausdrucke – erfasst ist.

175

dd) Anpassung der Regelung an die technische Entwicklung. Das OLG Düsseldorf hat es allerdings offengelassen, in welcher Weise eine insoweit u.U. bestehende Gesetzeslücke seitens der Gerichte zu behandeln wäre. M.E. ist hier jedenfalls der Gesetzgeber gefordert, die technische Entwicklung in den vergangenen 30 Jahren bei der Höhe der Pauschalsätze zu berücksichtigen. Zu denken wäre hier insbesondere an die Einführung eines **weiteren Pauschalsatzes**. So könnte VV 7000 bspw. um die Regelung ergänzt werden, dass ab 5.000 abzurechnenden Seiten je Seite statt 0,15 EUR nur noch 0,05 EUR bzw. bei Farbkopien oder Farbausdrucken statt 0,30 EUR nur noch 0,15 EUR abgerechnet werden können.

176

b) Mehr als 100 Kopien oder Ausdrucke (Nr. 1 Buchst. b und Nr. 1 Buchst. c)

Die Dokumentenpauschale entsteht in den Fällen der Nr. 1 Buchst. b und Nr. 1 Buchst. c erst ab der 101. Seite. Fertigt der Rechtsanwalt in **derselben Angelegenheit** z.B. für Schriftsatzanlagen mehr als 100 Seiten Fotokopien, kann er die Dokumentenpauschale nach VV 7000 nicht etwa jetzt auch für die ersten 100 Seiten berechnen.[262] Das ergibt sich eindeutig aus der Formulierung in Nr. 1 Buchst. b und Nr. 1 Buchst. c, wonach die Dokumentenpauschale nur entsteht, **soweit** mehr als 100 Kopien oder Ausdrucke zu fertigen waren.[263] Die Fertigung der ersten 100 Seiten ist immer als allgemeiner Geschäftsaufwand durch die Gebühren mit abgegolten, VV Vorb. 7 Abs. 1 S. 2.[264]

177

---

258 BT-Drucks 10/5113, S. 48, 63.
259 Vgl. OLG Düsseldorf NStZ-RR 2015, 64; OLG Düsseldorf, Beschl. v. 22.9.2014 – III-1 Ws 307/14, III-1 Ws 312/14, juris; OLG Düsseldorf, Beschl. v. 22.9.2014 – III-1 Ws 261/14, juris; OLG Düsseldorf, Beschl. v. 22.9.2014 – III-1 Ws 236/14, juris.
260 OLG Stuttgart AnwBl 2001, 244 = MDR 2000, 1398; OLG Braunschweig JurBüro 1999, 300.
261 Vgl. OLG Düsseldorf NStZ-RR 2015, 64; OLG Düsseldorf, Beschl. v. 22.9.2014 – III-1 Ws 307/14, III-1 Ws 312/14, juris; OLG Düsseldorf, Beschl. v. 22.9.2014 – III-1 Ws 261/14, juris; OLG Düsseldorf, Beschl. v. 22.9.2014 – III-1 Ws 236/14, juris.
262 OLG Hamburg RENOpraxis 2012, 226 = WRP 2012, 1461 = JurionRS 2012, 19419; OLG Hamburg MDR 2011, 1014 = AGkompakt 2011, 127; OLG Karlsruhe AGS 2011, 308; LG Memmingen Rpfleger 2007, 288; LG Berlin AGS 2006, 62 = RVGreport 2006, 391; Gerold/Schmidt/*Müller-Rabe*, RVG, VV 7000 Rn 112; a.A. OLG Hamburg MDR 2007, 244 = RVGreport 2007, 36; *Hartung*, NJW 2004, 1409, 1419, 1420.
263 OLG Hamburg MDR 2011, 1014 = AGkompakt 2011, 127; OLG Karlsruhe AGS 2011, 308; Gerold/Schmidt/*Müller-Rabe*, RVG, VV 7000 Rn 112.
264 LG Berlin AGS 2006, 72; Mayer/*Kroiß*, RVG, VV 7000 Rn 6; *Hansens/Braun/Schneider*, Praxis des Vergütungsrechts, Teil 19, Rn 32; *Mayer*, NJ 2005, 159, 162; *Hansens*, RVGreport 2004, 402; a.A. *Hartmann*, KostG, VV 7000 Rn 25, *Hartung/Römermann*, RVG, VV Teil 7, Rn 31–34; *Hartung*, NJW 2004, 1409, 1419, 1420.

c) Die ersten 50 abzurechnenden Seiten

178 Aus der Formulierung in VV 7000 Nr. 1 „für die ersten 50 **abzurechnenden** Seiten je Seite 0,50 EUR" ergibt sich, dass in den Fällen der Nr. 1 Buchst. b und Nr. 1 Buchst. c die 101. bis 150. Ablichtung mit je 0,50 EUR zu berechnen ist. Maßgebend sind nicht die insgesamt gefertigten, sondern die ersten abzurechnenden Seiten.

d) Zusammentreffen der Beschränkungen nach Nr. 1 Buchst. b und Nr. 1 Buchst. c (mehr als 100 Kopien)

179 Fertigt der Anwalt Kopien oder Ausdrucke, die unter verschiedene Buchstaben der Nr. 1 fallen, ist getrennt zu zählen. Die nach Nr. 1 Buchst. b und Nr. 1 Buchst. c gefertigten Kopien und Ausdrucke dürfen für die Ermittlung der 100 Seiten übersteigenden Seiten nicht zusammengerechnet werden. Es ist sowohl für Nr. 1 Buchst. b als auch für Nr. 1 Buchst. c getrennt zu prüfen, ob die insoweit hergestellten Kopien und Ausdrucke 100 Seiten übersteigen und dadurch die Dokumentenpauschale auslösen.

> **Beispiel:** Der Anwalt fertigt 90 Seiten Kopien zur Zustellung an weitere Beteiligte (Nr. 1 Buchst. b) und 110 Seiten Kopien zur Unterrichtung des Auftraggebers (Nr. 1 Buchst. c).
> Es ist jetzt getrennt abzurechnen. Keinesfalls darf der Anwalt die Kopien zusammenrechnen (200 Seiten) und dann lediglich 100 Seiten als vergütungsfrei ansehen mit der Folge, dass 100 Seiten zu vergüten wären.
> Für Kopien i.S.d. VV 7000 Nr. 1 Buchst. b hat der Anwalt nur 90 Kopien gefertigt. Da die vergütungsfreie Zahl von 100 Kopien nicht überschritten ist, erhält er insoweit keine Dokumentenpauschale.
> Für die Kopien i.S.d. VV 7000 Nr. 1 Buchst. c ist gesondert zu zählen. Hier hat der Anwalt 110 Kopien gefertigt. Die ersten 100 Kopien sind wiederum vergütungsfrei, so dass er nur für die restlichen 10 Seiten eine Dokumentenpauschale verlangen kann.
> – Dokumentenpauschale, VV 7000 Nr. 1 Buchst. c,
> – 10 Seiten x 0,50 EUR   5,00 EUR
> – 19 % Umsatzsteuer, VV 7008   0,95 EUR
> **Gesamt**   **5,95 EUR**

e) Berechnung der ersten 50 abzurechnenden Seiten bei Zusammentreffen von Nr. 1 Buchst. b und Nr. 1 Buchst. c

180 Fallen nach verschiedenen Buchstaben von VV 7000 mehr als 50 abzurechnende Seiten an, ist nur bis 50 Seiten insgesamt die höhere Dokumentenpauschale geschuldet, nicht für je 50 Seiten je einzelnen Buchstaben.

> **Beispiel:** Der Anwalt fertigt 130 Seiten Kopien zur Zustellung an weitere Beteiligte (Nr. 1 Buchst. b) und 140 Seiten Kopien zur Unterrichtung des Auftraggebers (Nr. 1 Buchst. c).
> Auch hier ist zunächst getrennt abzurechnen. Für Kopien i.S.d. VV 7000 Nr. 1 Buchst. b hat der Anwalt 130 Kopien gefertigt, so dass 30 Kopien zu vergüten sind.
> Zur Unterrichtung des Auftraggebers hat er weitere 140 Kopien gefertigt, von denen 40 zu vergüten sind.
> Jetzt ist wieder zusammenzurechnen (Anm. Abs. 1 S. 1 zu VV 7000): Für die ersten 50 vergütungspflichtigen Kopien erhält der Anwalt 0,50 EUR, für die weiteren Kopien gelten 0,15 EUR je Ablichtung.
> – Dokumentenpauschale, VV 7000 Nr. 1 Buchst. b,
> – 30 Seiten x 0,50 EUR   15,00 EUR
> – Dokumentenpauschale, VV 7000 Nr. 1 Buchst. c,
> – 20 Seiten x 0,50 EUR   10,00 EUR
> – 20 Seiten x 0,15 EUR   3,00 EUR
> – 19 % Umsatzsteuer, VV 7008   5,32 EUR
> **Gesamt**   **33,32 EUR**

Teil 7. Auslagen   VV 7000

f) **Berechnung der ersten 50 abzurechnenden Seiten bei Zusammentreffen von Nr. 1 Buchst. b und/oder Nr. 1 Buchst. c einerseits und Nr. 1 Buchst. a und/oder Nr. 1 Buchst. d andererseits**

Das Gleiche gilt, wenn **unbeschränkte Tatbestände** der VV 7000 Nr. 1 Buchst. a und d mit einem **beschränkten Tatbestand** der VV 7000 Nr. 1 Buchst. b oder c zusammentreffen. **181**

> **Beispiel:** Der Anwalt fertigt 90 Seiten Aktenauszug aus einer Gerichtsakte (Nr. 1 Buchst. a) und weitere 70 Seiten zur Unterrichtung des Auftraggebers (Nr. 1 Buchst. c).
> Hier ist zunächst eine getrennte Betrachtung vorzunehmen.
> Die 90 Seiten Gerichtsaktenauszug sind in voller Höhe zu vergüten (Nr. 1 Buchst. a).
> Für die Unterrichtung des Auftraggebers erhält der Anwalt dagegen keine Dokumentenpauschale, da hier wiederum die ersten 100 Seiten auslagenfrei sind (Nr. 1 Buchst. b).
> – Dokumentenpauschale, VV 7000 Nr. 1 Buchst. a,
> – 50 Seiten x 0,50 EUR   25,00 EUR
> – 40 Seiten x 0,15 EUR   6,00 EUR
> – 19 % Umsatzsteuer, VV 7008   5,89 EUR
> **Gesamt**   **36,89 EUR**

> **Beispiel:** Der Anwalt fertigt 90 Seiten Aktenauszug aus einer Gerichtsakte (Nr. 1 Buchst. a) und weitere 120 Seiten zur Unterrichtung des Auftraggebers (Nr. 1 Buchst. c).
> Die 90 Seiten Gerichtsaktenauszug sind wiederum in voller Höhe zu vergüten (VV 7000 Nr. 1 Buchst. a).
> Für die Unterrichtung des Auftraggebers erhält der Anwalt dagegen nur eine Dokumentenpauschale, soweit er mehr als 100 Kopien gefertigt hat (VV 7000 Nr. 1 Buchst. b), also für 20 Seiten.
> Insgesamt ist wieder durchzuzählen. Von den insgesamt vergütungspflichtigen (90 + 20 =) 110 Kopien erhält er für die ersten 50 Kopien jeweils 0,50 EUR. Für die weiteren (40 + 20 =) 60 Seiten erhält er 0,15 EUR
> – Dokumentenpauschale, VV 7000 Nr. 1 Buchst. a,
> – 50 Seiten x 0,50 EUR   25,00 EUR
> – 40 Seiten x 0,15 EUR   6,00 EUR
> – Dokumentenpauschale, VV 7000 Nr. 1 Buchst. b,
> – 20 Seiten x 0,15 EUR   3,00 EUR
> – 19 % Umsatzsteuer, VV 7008   6,46 EUR
> **Gesamt**   **40,46 EUR**

g) **Angelegenheit und Rechtszug (Anm. Abs. 1 S. 1)**

aa) Verschiedene Angelegenheiten. Die Höhe der Dokumentenpauschale nach Nr. 1 ist in **derselben Angelegenheit** und in **gerichtlichen Verfahren in demselben Rechtszug** einheitlich zu berechnen. Ob dieselbe oder verschiedene Angelegenheiten vorliegen, beurteilt sich nach §§ 15 ff. Gem. §§ 15 Abs. 2, 17 Nr. 1 bildet in gerichtlichen Verfahren jeder Rechtszug eine eigene gebührenrechtliche Angelegenheit bzw. sind das Verfahren über ein Rechtsmittel und der vorausgegangene Rechtszug verschiedene Angelegenheiten. **182**

Die Reduzierung auf 0,15 EUR (bzw. 0,30 EUR bei Farbkopien) gilt nur, soweit die Kopien innerhalb **derselben Angelegenheit** und in gerichtlichen Verfahren in demselben Rechtszug angefertigt worden sind (Anm. Abs. 1 S. 1 zu VV 7000). Sofern die Kopien verschiedene Angelegenheiten betreffen bzw. in gerichtlichen Verfahren in verschiedenen Rechtszügen angefertigt worden sind, erhält der Anwalt jeweils für bis zu 50 Kopien die volle Vergütung von 0,50 EUR bzw. bei Farbkopien von 1,00 EUR pro Kopie (zu **mehreren Auftraggebern** vgl. Rdn 187 ff.). **183**

> **Beispiel:** Vorgerichtlich fertigt der Anwalt 40 Kopien. Im anschließenden Urkundenverfahren werden 30 Kopien angefertigt und im Nachverfahren nochmals 40 Kopien.
> Da es sich bei der außergerichtlichen Tätigkeit, dem Urkunden- und dem Nachverfahren um jeweils eigene Angelegenheiten handelt (VV 2300, § 17 Nr. 5), sind die Kopien für die Berechnung der Dokumentenpauschale nicht zu addieren. Für jede Kopie in jeder Angelegenheit entsteht die Dokumentenpauschale jeweils für die ersten 50 abzurechnenden Seiten mit 0,50 EUR.

bb) Familiensachen. In **Scheidungsverbundsachen** gelten die Ehesache und die Folgesachen als eine Angelegenheit (§ 16 Nr. 4), so dass die Kopien /Ausdrucke für das gesamte Verbundverfahren durchzuzählen sind. Das gilt auch bei **unechten Abtrennungen** von Folgesachen, vgl. § 137 Abs. 5 S. 1, Abs. 2 FamFG. Bei **echten Abtrennungen** von Kindschaftssachen (vgl. § 137 Abs. 5 S. 2, **184**

Abs. 3 FamFG) oder bei am 1.9.2009 abgetrennten oder nach dem 1.9.2009 abgetrennten Versorgungsausgleichssachen (Übergangsfälle anlässlich des Inkrafttretens des FGG-RG zum 1.9.2009, vgl. Art. 111 Abs. 4 FGG-RG) entstehen verschiedene Angelegenheiten, in denen die Pauschale jeweils neu zu berechnen ist.

185 **cc) Straf- und Bußgeldsachen.** Für **Strafsachen** stellt § 17 Nr. 10 klar, dass das Ermittlungsverfahren und ein nachfolgendes gerichtliches Verfahren bzw. ein sich nach Einstellung des Ermittlungsverfahrens anschließendes Bußgeldverfahren verschiedene Angelegenheiten bilden. Für **Bußgeldverfahren** enthält § 17 Nr. 11 eine entsprechende Regelung. Für die Berechnung der Dokumentenpauschale bedeutet das, dass die ersten 50 abzurechnenden Seiten für das Ermittlungsverfahren und das anschließende Verfahren gesondert zu berechnen sind.[265]

> **Beispiel:** Der Anwalt fertigt im Ermittlungsverfahren 40 Kopien aus der Strafakte. Im anschließenden gerichtlichen Verfahren erster Instanz werden 30 Kopien aus der Strafakte angefertigt und im Berufungsverfahren nochmals 40 Kopien.
> Da es sich bei dem Ermittlungsverfahren, dem erstinstanzlichen gerichtlichen Verfahren und dem Berufungsverfahren jeweils um verschiedene Angelegenheiten handelt, sind die Kopien für die Berechnung der Dokumentenpauschale nicht zu addieren. Für jede Kopie in jeder Angelegenheit entsteht die Dokumentenpauschale jeweils bis zur ersten 50 abzurechnenden Seiten mit 0,50 EUR.
> Dokumentenpauschale, VV 7000 Nr. 1 Buchst. a,
> – Ermittlungsverfahren: 40 Seiten x 0,50 EUR   20,00 EUR
> – Erste Instanz: 30 Seiten x 0,50 EUR   15,00 EUR
> – Berufung: 40 Seiten x 0,50 EUR   20,00 EUR
>   55,00 EUR

h) Anrechnung von Gebühren

186 Bei verschiedenen Angelegenheiten für **Gebühren** vorgesehene **Anrechnungen** (vgl. z.B. VV Vorb. 3 Abs. 4, VV Anm. zu Nr. 3305) gelten für die Dokumentenpauschale nicht. Aus der Gebührenanrechnung folgt auch nicht, dass die Beschränkung auf 100 Kopien pro Angelegenheit dann nicht gilt.[266]

i) Mehrere Auftraggeber

187 **aa) Dieselbe Angelegenheit.** Aus VV 7000 Anm. Abs. 1 S. 1 ergibt sich, dass die Höhe der Dokumentenpauschale in **derselben Angelegenheit** und in gerichtlichen Verfahren in demselben Rechtszug einheitlich zu berechnen ist. Vertritt der Rechtsanwalt in **derselben Angelegenheit mehrere Auftraggeber**, entstehen für die ersten 50 auslagenpflichtigen Seiten jeweils 0,50 EUR (1 EUR bei Farbkopie) und ab der 51. Seite 0,15 EUR (0,30 EUR bei Farbkopie). Die Berechnung der ersten 50 Seiten erfolgt nicht für jeden Auftraggeber gesondert, sondern für alle Auftraggeber einheitlich. Denn in derselben Angelegenheit ist es unerheblich, ob Kopien oder Ausdrucke für eine oder mehrere Personen gefertigt werden.[267] Liegt hingegen für jeden Auftraggeber eine besondere Angelegenheit vor, sind die Kopien und Ausdrucke für jeden gesondert zu berechnen, weil **verschiedene Angelegenheiten** betroffen sind.[268]

188 **bb) Durchzählen der Kopien und Ausdrucke.** Ein Rückgriff auf die für **Gerichtskosten** geltende Regelung in GKG-KostVerz. Anm. Abs. 1 S. 1 zu 9000, wonach die Höhe der Dokumentenpauschale in jedem Rechtszug und für **jeden Kostenschuldner** gesondert zu berechnen ist und nur Gesamtschuldner als ein Schuldner gelten, kann angesichts des klaren Wortlauts von VV Anm. Abs. 1 S. 1 zu Vorb. 7000 somit nicht erfolgen.[269] Werden Kopien oder Ausdrucke für **mehrere Auftraggeber** angefertigt, sind deshalb für die Ermittlung der ersten 50 abzurechnenden Seiten die hergestellten Kopien oder Ausdrucke durchzuzählen.[270]

---

[265] OLG Frankfurt AGS 2015, 383 = RVGreport 2015, 345 = StraFo 2015, 350 = NStZ-RR 2015, 359; *Burhoff/Schmidt*, RVG Straf- und Bußgeldsachen, VV 7000 Rn 150 f.; Gerold/Schmidt/*Müller-Rabe*, RVG, VV 7000 Rn 212; Mayer/Kroiß/*Rohn*, RVG, § 17 Rn 84.
[266] Gerold/Schmidt/*Müller-Rabe*, RVG, VV 7000 Rn 110.
[267] Vgl. hierzu auch BT-Drucks 15/1971, S. 232.
[268] Gerold/Schmidt/*Müller-Rabe*, RVG, VV 7000 Rn 111.
[269] So auch Gerold/Schmidt/*Müller-Rabe*, RVG, VV 7000 Rn 214.
[270] *N. Schneider*, Fälle und Lösungen zum RVG, § 38 Rn 20.

Beispiel: In einer Verkehrsunfallsache vertritt der Anwalt die Mandanten A und B. Zur Unterrichtung der beiden Auftraggeber hat der Rechtsanwalt jeweils 90 Seiten gefertigt.
Da der Rechtsanwalt insgesamt für beide Auftraggeber 180 Seiten gefertigt hat, ist nach Nr. 1 Buchst. c eine Dokumentenpauschale für 80 Seiten angefallen (50 x 0,50 EUR, 30 x 0,15 EUR = 29,50 EUR).
Da die Dokumentenpauschale nach Nr. 1 Buchst. c für die Unterrichtung der beiden Auftraggeber angefallen ist, besteht insoweit gem. § 7 Abs. 2 S. 1, 2. Hs. gesamtschuldnerische Haftung gegenüber dem Rechtsanwalt (zur Haftung vgl. Rdn 190).

cc) Dieselbe Angelegenheit mit verschiedenen Gegenständen. Ist der Rechtsanwalt aber von mehreren Auftraggebern in **derselben Angelegenheit** wegen **verschiedener Gegenstände** beauftragt worden, sind nach Auffassung von *N. Schneider*[271] für jeden Auftraggeber gesondert die ersten 50 abzurechnenden Seiten à 0,50 EUR festzustellen und gelten die Beschränkungen in Nr. 1 Buchst. b und Nr. 1 Buchst. c – Dokumentenpauschale erst ab der 101. Ablichtung – jeweils gesondert. **189**

Beispiel:[272] In einer Verkehrsunfallsache vertritt der Anwalt die Mandanten A und B. Von A ist er mit der Regulierung des Sachschadens, von B mit der Regulierung des Schmerzensgeldes beauftragt. Zur Unterrichtung der beiden Auftraggeber hat der Rechtsanwalt jeweils 90 Seiten gefertigt.
Der Rechtsanwalt hat zwar insgesamt 180 Kopien gefertigt. Allerdings ergeben sich nach Auffassung von *N. Schneider* keine 80 auslagenpflichtigen Kopien. Denn weil verschiedene Gegenstände betroffen seien, sei für jeden Auftraggeber gesondert zu zählen. Da der Rechtsanwalt für keinen der beiden Auftraggeber mehr als 100 Seiten gefertigt habe, sei keine Dokumentenpauschale angefallen.
Hierbei bleibt m.E. aber unberücksichtigt, dass es sich um eine Dokumentenpauschale nach Nr. 1 Buchst. c handelt, für die die beiden Auftraggeber gem. § 7 Abs. 2 S. 1 Hs. 2 gemeinsam haften (vgl. Rdn 190). Außerdem wird in VV 7000 auf die Angelegenheit und nicht den Gegenstand abgestellt.[273] Vor diesem Hintergrund erscheint es richtig, von der Entstehung einer Dokumentenpauschale für 80 Seiten i.H.v. 29,50 EUR auszugehen.

dd) Haftung mehrerer Auftraggeber für die Dokumentenpauschale. Die **Haftung** mehrerer Auftraggeber für die Dokumentenpauschale richtet sich nach § 7 Abs. 2 S. 1. Aus § 7 Abs. 2 S. 1, **1. Hs.** ergibt sich, dass jeder der Auftraggeber die Gebühren und Auslagen schuldet, die er schulden würde, wenn der Rechtsanwalt nur in seinem Auftrag tätig geworden wäre. Weitergehend bestimmt § 7 Abs. 2 S. 1 **2. Hs.**, dass jeder Auftraggeber die Dokumentenpauschale auch insoweit schuldet, wie diese nur durch die **Unterrichtung** mehrerer Auftraggeber entstanden ist. Daraus ist zu entnehmen, dass jeder Auftraggeber für die Kopien und Ausdrucke allein haftet, die nur ihn betreffen. Für die Kopien und Ausdrucke, die sich auf alle Auftraggeber beziehen, haften alle gemeinsam.[274] **190**

Von dem Grundsatz, dass jeder Auftraggeber für die Kopien und Ausdrucke allein haftet, die nur ihn betreffen, enthält die Regelung in § 7 Abs. 2 S. 1, 2. Hs. eine Ausnahme. Sie bezieht sich **ausschließlich** auf die nach **Nr. 1 Buchst. c** anfallende Dokumentenpauschale, die bei notwendiger **Unterrichtung** des Auftraggebers entsteht, soweit hierfür mehr als 100 Seiten zu fertigen waren.[275] Sie macht deutlich, dass ein Auftraggeber auch für die Kopien und Ausdrucke haftet, die nicht seiner, sondern nur der Unterrichtung anderer Auftraggeber gedient haben, somit insoweit **gemeinsame Haftung** besteht (vgl. dazu auch § 7 Rdn 64 f.). Die Haftung für die übrigen nicht unter Nr. 1 Buchst. c fallenden Kopien und Ausdrucke richtet sich nach § 7 Abs. 2 S. 1 1. Hs. Insoweit ist also jeweils festzustellen, welcher Auftraggeber sie veranlasst hat.[276] **191**

Beispiel: In einer Verkehrsunfallsache wird der Anwalt von den Mandanten A und B beauftragt, deren Schaden an dem im gemeinsamen Miteigentum stehenden Fahrzeug geltend zu machen sowie jeweils ein angemessenes Schmerzensgeld. Für die Sachschadensregulierung fertigt der Anwalt vergütungspflichtige 40 Kopien, für die Schmerzensgeldansprüche des A weitere vergütungspflichtige 10 Kopien und für die des B weitere vergütungspflichtige 20 Kopien.
Insgesamt angefallen ist eine Dokumentenpauschale für 70 Kopien (50 x 0,50 EUR, 20 x 0,15 EUR), insgesamt 28 EUR.
Für die Kopien, die den Sachschaden betreffen, haften die Auftraggeber als Gesamtschuldner, so dass jeder insoweit auf 20 EUR (40 Kopien) haftet. Der Auftraggeber A haftet dem Anwalt für weitere 10 Kopien, also für weitere 5 EUR, insgesamt für 25 EUR. Der Auftraggeber B haftet für die ersten zehn weiteren Kopien mit 5 EUR und für die darüber hinausgehenden 10 Kopien nochmals mit 1,50 EUR, insgesamt also mit 26,50 EUR. **192**

---

[271] *N. Schneider*, Fälle und Lösungen zum RVG, § 35 Rn 25.
[272] Nach *N. Schneider*, Fälle und Lösungen zum RVG, § 34 Rn 25.
[273] Gerold/Schmidt/*Müller-Rabe*, RVG, VV 7000 Rn 216.
[274] Gerold/Schmidt/*Müller-Rabe*, RVG, VV 7000 Rn 116.
[275] Vgl. BT-Drucks 15/1971, S. 188.
[276] Gerold/Schmidt/*Müller-Rabe*, RVG, VV 7000 Rn 116.

j) Seitenformat/Größe der Kopie oder des Ausdrucks

193 **aa) DIN A4-Format.** VV 7000 Nr. 1 geht für die Berechnung der Dokumentenpauschale von **Seiten** aus. Es wird für die **abzurechnenden Seiten je Seite** ein Betrag zwischen 0,15 EUR und 1 EUR ersetzt. Nach dem Wortlaut wird somit nicht zwischen unterschiedlichen Seitenformaten differenziert. Deshalb kann nicht unterstellt werden, dass VV 7000 Nr. 1 nur Seiten bis zum DIN A4-Format erfasst und für die Ablichtung z.B. von DIN A3-Formaten (= doppeltes DIN A4-Format) die Pauschale in doppelter Höhe mit 1 EUR bzw. 0,30 EUR anfällt.[277] Wird die DIN A4-Seite als die „Normseite" der VV 7000 Nr. 1 angesehen,[278] müsste nämlich auch diskutiert werden, ob für die Ablichtung einer DIN A5-Seite (= halbe DIN A4-Seite) nicht lediglich eine halbe Dokumentenpauschale i.H.v. 0,25 EUR anfällt. VV 7000 Nr. 1 stellt daher auf DIN A4-Seiten und die angrenzenden Formate ab, was die durch VV 7000 Nr. 1 vorgenommene Pauschalierung im Hinblick auf die Kostenkalkulation rechtfertigt.[279] Wird daher von einer DIN A3-Seite eine DIN A3-Ablichtung hergestellt, beträgt die Dokumentenpauschale 0,50 EUR. Die DIN-A-Größe der gefertigten Kopie bzw. des gefertigten Ausdrucks ist also im Rahmen von VV 7000 anders als in den Gerichtskostengesetzen (GKG-KostVerz. 9000, FamGKG-KostVerz. 2000, GNotKG-KostVerz. 31000 und 32000) unerheblich.[280]

194 **bb) Kopie oder Ausdruck ist entscheidend.** Werden von einer DIN A3-Seite zwei DIN A4-Seiten gefertigt, z.B. weil der Kopierer des Anwalts keine DIN A3-Kopien herstellen kann, kommt es darauf an, ob VV 7000 Nr. 1 für die Dokumentenpauschale auf die kopierte Seite oder die hergestellte Kopie abstellt. Anders als in den Gerichtskostengesetzen hat der Gesetzgeber im RVG zwar keine Dokumentenpauschale für Kopien und Ausdrucke mit einer Größe von mehr als DIN A3 durch das 2. KostRMoG zum 1.8.2013 eingeführt. So entsteht die Dokumentenpauschale nach GKG-KostVerz. 9000 Nr. 1 bspw. für Ausfertigungen, Kopien und Ausdrucke bis zur Größe von DIN A3 und nach GKG-KostVerz. 9000 Nr. 2 für Kopien oder Ausdrucke in einer Größe von mehr als DIN A3 (vgl. auch FamGKG-KostVerz. 2000 Nr. 1 und 2, GNotKG-KostVerz. 31000 Nr. 1 und 2 und 32003). Aus diesen Regelungen ergibt sich, dass der Gesetzgeber für die zu vergütende Dokumentenpauschale auf den gefertigten Ausdruck bzw. die gefertigte Kopie abstellt. Zutreffend ist es deshalb, den abzurechnenden Seiten grds. die Anzahl der **hergestellten Kopien oder Ausdrucke** zugrunde zu legen.[281]

195 **cc) Verkleinerung von Kopien und Ausdrucken.** Weil es für die Höhe der Dokumentenpauschale auf die hergestellte Kopie und den hergestellten Ausdruck ankommt, kann die Frage aufgeworfen werden, ob der Rechtsanwalt aus Kostenersparnisgründen verpflichtet ist, technische Möglichkeiten zur Verringerung der Anzahl der hergestellten Kopien oder Ausdrucke zu nutzen (zu beidseitigen Kopien oder Ausdrucken vgl. Rdn 198). So soll es nach einer in der Rechtsprechung vertretenen Auffassung der Grundsatz der kostenschonenden Prozessführung gebieten, durch entsprechende Einstellungen beim Ausdruck die Zahl der Seiten zu verringern.[282] Wenn z.B. zwei im pdf-Format auf einem Datenträger gespeicherte Seiten auf einer Seite ausgedruckt werden, halbiert sich nach dieser Auffassung die Dokumentenpauschale. Voraussetzung hierfür soll aber sein, dass das Lesen der Texte auch in einem um die Hälfte verkleinerten Format unschwer möglich und daher zumutbar ist.[283]

---

[277] Gerold/Schmidt/*Müller-Rabe*, RVG, VV 7000 Rn 190; *Hansens/Braun/Schneider*, Praxis des Vergütungsrechts, Teil 19 Rn 16; *N. Schneider*, Fälle und Lösungen zum RVG, § 38 Rn 18.
[278] Vgl. OLG Hamburg RENOpraxis 2012, 226 = WRP 2012, 1461 = JurionRS 2012, 19419.
[279] OVG Rheinland-Pfalz AGS 2010, 14 = JurBüro 2010, 370 = NVwZ-RR 2010, 336 = NJW-Spezial 2010, 93.
[280] *N. Schneider*, Fälle und Lösungen zum RVG, § 38 Rn 18.
[281] So wohl auch OVG Rheinland-Pfalz AGS 2010, 14 = JurBüro 2010, 370 = NVwZ-RR 2010, 336 = NJW-Spezial 2010, 93; so für die Dokumentenpauschale des Gerichts *Fölsch* in: Schneider/Wolf/Volpert, FamGKG KV 2000 Rn 23; NK-GK/*Volpert*, Nr. 9000 KV GKG Rn 5.
[282] OLG Celle NJW 2012, 1671 = RVGreport 2012, 265 = StRR 2012, 79 = JurBüro 2012, 136, das Anfertigen von Ausdrucken von dem Verteidiger im Rahmen der Akteneinsicht überlassener, auf CDs gespeicherter Textdateien (Kurzübersetzungen überwachter Telefonate); LG Duisburg RVGreport 2014, 435 = StraFo 2014, 307; a.A. OLG Düsseldorf NStZ-RR 2015, 64; OLG Düsseldorf, Beschl. v. 22.9.2014 – III-1 Ws 307/14, III-1 Ws 312/14, juris; OLG Düsseldorf, Beschl. v. 22.9.2014 – III-1 Ws 261/14, juris; OLG Düsseldorf, Beschl. v. 22.9.2014 – III-1 Ws 236/14, juris.
[283] OLG Celle, NJW 2012, 1671 = RVGreport 2012, 265 = StRR 2012, 79 = JurBüro 2012, 136.

196 Es erscheint allerdings zweifelhaft, ob für die Dokumentenpauschale tatsächlich nur auf die körperliche Papierseite abzustellen ist, die beim Kopieren oder Ausdrucken hergestellt werden kann. Richtigerweise wird man davon ausgehen müssen, dass auch die zu kopierende oder auszudruckende Seite für die Berechnung der Dokumentenpauschale eine Rolle spielt. Wird deshalb gefordert, dass durch technische Einstellungen beim Kopieren oder Ausdrucken zwei oder mehr Seiten verkleinert auf eine Seite zu kopieren oder auszudrucken sind, hat der Rechtsanwalt gleichwohl zwei oder mehr Seiten ausgedruckt bzw. kopiert. Allein auf die Anzahl der hergestellten Papierseiten kann es in diesen Fällen auch schon deshalb nicht ankommen, weil der durch die Dokumentenpauschale insbesondere abgegoltene **Arbeits- und Zeitaufwand** bei der Herstellung von Kopien und Ausdrucken[284] beim Kopieren und Ausdrucken von zwei Ausgangsseiten auf ein Blatt durchaus höher ist als beim Kopieren und Ausdrucken einer Ausgangsseite auf einem Blatt.

197 Im Übrigen ist der Rechtsanwalt auch nicht dazu verpflichtet, durch eine **Formatverkleinerung** – Kopieren oder Ausdrucken von zwei oder mehr Seiten auf ein Blatt – Seiten einzusparen.[285] Es könnte dann ebenso gut verlangt werden, dass der Rechtsanwalt bei der Herstellung eines Ausdrucks die Schriftgröße und/oder den Absatz- bzw. Zeilenabstand verkleinert bzw. verringert. Denn hierdurch würde sich die Anzahl der abzurechnenden Seiten verringern. Mangels gesetzlicher Grundlage wird das aber nicht gefordert werden können. VV 7000 Nr. 1 Buchst. a und Buchst. c schränken die Entstehung der Dokumentenpauschale nur insoweit ein, als die Herstellung von Kopien aus Ausdrucken aus einer Behörden- und Gerichtsakte zur sachgemäßen Bearbeitung der Rechtssache geboten gewesen sein muss bzw. die Herstellung zur notwendigen Unterrichtung des Auftraggebers erforderlich war. Wenn der Gesetzgeber davon ausgeht, dass eine Kopie i.S.d. Kostenrechts die **Reproduktion** (Nachbildung) einer Vorlage auf einem körperlichen Gegenstand, bspw. Papier, Karton oder Folie ist,[286] darf die hergestellte Kopie oder der hergestellte Ausdruck der zu kopierende Seite oder dem zu fertigenden Ausdruck vollständig entsprechen und mit ihm übereinstimmen. Eine Ausgangsseite darf deshalb als eine Seite kopiert oder ausgedruckt werden.

198 **dd) Beidseitige Kopie/Beidseitiger Ausdruck.** Für die Berechnung der Dokumentenpauschale kommt es zwar grds. auf die Zahl der hergestellten Kopien oder Ausdrucke an. Kopiert der Rechtsanwalt durch entsprechende Einstellung im Kopierer zwei (einseitige bedruckte) Ausgangsseiten dergestalt, dass die gefertigte Kopie nur aus einem Blatt mit bedruckter Vor- und Rückseite besteht, stellt sich die Frage, ob eine oder zwei abzurechnende Seiten hergestellt worden sind. Wird allein auf die Zahl der gefertigten Papierseiten abgestellt, könnte auch hier die Auffassung vertreten werden, dass nur eine abzurechnende Seite vorliegt (vgl. zur Formatverkleinerung Rdn 195 f.).[287] Richtig ist es aber auch hier davon auszugehen, dass es nicht auf die Zahl der hergestellten Papierseiten, sondern auf die Zahl der auf einem Blatt hergestellten Kopien ankommt. Wird beidseitig auf die Vor- und Rückseite kopiert, sind zwei Kopien hergestellt worden. Das gilt bei Ausdrucken entsprechend.

199 **ee) DIN A3 übersteigende Formate.** Die Herstellung von Kopien oder Ausdrucken, die das DIN A3-Format übersteigen, etwa von Bauplänen, Bauzeichnungen oder Bebauungsplänen, ist auf üblichen Kopierern im Regelfall nicht möglich. Da entsprechende Kopien deshalb im Regelfall nicht durch den Rechtsanwalt selbst, sondern durch einen externen Dienstleister hergestellt werden, kann der Anwalt nach VV Vorb. 7 Abs. 1 S. 2, §§ 675, 670 BGB die konkreten Kosten umlegen. Hierbei ist zu berücksichtigen, dass z.B. ein Bebauungsplan aus einer fiktiven Vielzahl von Kopien besteht, die sonst zu ermitteln und mit den Pauschalwerten nach VV 7000 zu multiplizieren wären.[288]

---

[284] Vgl. BT-Drucks 10/5113, S. 48; BayLSG AGS 2013, 121 = RVGreport 2013, 153; Gerold/Schmidt/*Müller-Rabe*, RVG, VV 7000 Rn 13; *Klüsener*, JurBüro 2016, 2.

[285] OLG Düsseldorf NStZ-RR 2015, 64; OLG Düsseldorf StraFo 2015, 527; OLG Düsseldorf, Beschl. v. 22.9.2014 – III-1 Ws 307/14, III-1 Ws 312/14, juris; OLG Düsseldorf, Beschl. v. 22.9.2014 – III-1 Ws 261/14, juris; OLG Düsseldorf, Beschl. v. 22.9.2014 – III-1 Ws 236/14, juris.

[286] BT-Drucks 17/11471 (neu), S. 284, 235, 156.

[287] Vgl. OLG Celle NJW 2012, 1671 = RVGreport 2012, 265 = StRR 2012, 79 = JurBüro 2012, 136, zur Verkleinerung der Kopien oder Ausdrucke.

[288] OVG Rheinland-Pfalz AGS 2010, 14 = JurBüro 2010, 370 = NVwZ-RR 2010, 336 = NJW-Spezial 2010, 93; *N. Schneider*, Fälle und Lösungen zum RVG, § 38 Rn 19, 22; Gerold/Schmidt/*Müller-Rabe*, RVG, VV 7000 Rn 190.

k) Farbkopien/Farbausdrucke

200 **aa) Gesonderte Zählung je Angelegenheit.** Seit dem 1.8.2013 (2. KostRMoG) wird in VV 7000 Nr. 1 zwischen **Schwarz-Weiß-Kopien** bzw. **Schwarz-Weiß-Ausdrucken** und **Farbkopien** bzw. **Farbausdrucken** unterschieden. Für Farbkopien und Farbausdrucke (zum Begriff siehe Rdn 43) sind die doppelten Sätze vorgesehen (1 EUR statt 0,50 EUR und 0,30 EUR statt 0,15 EUR). Auf die Erl. in Rdn 43 f. wird verwiesen.

201 Bei **Farbkopien** bzw. **Farbausdrucken** und **Schwarz-Weiß-Kopien** bzw. **Schwarz-Weiß-Ausdrucken** schreibt VV 7000 Nr. 1 eine gesonderte Vergütung und Zählung der abzurechnenden Seiten vor. In derselben Angelegenheit und in gerichtlichen Verfahren in demselben Rechtszug (Anm. Abs. 1 S. 1) sind die jeweils ersten 50 Schwarz-Weiß-Kopien bzw. Schwarz-Weiß-Ausdrucke und die ersten 50 Farbkopien bzw. Farbausdrucke mit 0,50 EUR bzw. 1 EUR zu berechnen. Ab der 51. Kopie bzw. dem 51. Ausdruck erfolgt jeweils die Abrechnung mit 0,15 EUR bzw. 0,30 EUR. Die Zählung ist deshalb jeweils gesondert vorzunehmen.[289]

> **Beispiel 1 (die ersten 50 Seiten):** Der Anwalt fertigt in derselben gebührenrechtlichen Angelegenheit 60 Schwarz-Weiß-Kopien und 40 Farbkopien aus der Behördenakte.
> Obwohl insgesamt mehr als 50 Kopien gefertigt worden sind, sind sowohl die 50 Schwarz-Weiß-Kopien als auch die 40 Farbkopien jeweils mit den höheren Beträgen abzurechnen. Nur für die weiteren 10 Schwarz-Weiß-Kopien tritt die Begrenzung auf 0,15 EUR pro Kopie ein.
> Dokumentenpauschale, VV 7000 Nr. 1 Buchst. a,
> – Schwarz-Weiß-Kopien: 50 Seiten x 0,50 EUR   25,00 EUR
> – Schwarz-Weiß-Kopien: 10 Seiten x 0,15 EUR   1,50 EUR
> – Farbkopien: 40 Seiten x 1,00 EUR   40,00 EUR

202 **bb) Reihenfolge bei Nr. 1 Buchst. b und Nr. 1 Buchst. c.** Die in VV 7000 Nr. 1b und c vorgesehene Begrenzung auf 100 zu fertigende Seiten ist dagegen für die **Schwarz-Weiß-Kopien und Farbkopien** gemeinsam bzw. übergreifend zu beachten.[290]

> **Beispiel 2 (mehr als 100 Kopien):** Der Anwalt fertigt in derselben gebührenrechtlichen Angelegenheit 70 Schwarz-Weiß-Kopien und 50 Farbkopien gem. VV 7000 Nr. 1 Buchst. b und c.
> Der Rechtsanwalt hat insgesamt 120 Seiten gefertigt, von denen nach VV 7000 Nr. 1 Buchst. b und c aber nur 20 Seiten eine Dokumentenpauschale auslösen. Unklar ist jetzt aber, ob diesen 20 auslagenpflichtigen Seiten die für Schwarz-Weiß-Kopien oder für Farbkopien geltenden Sätze zugrunde zu legen sind.
> Folgende Berechnungsmöglichkeiten bestehen:[291]
> 1. Dokumentenpauschale, VV 7000 Nr. 1 Buchst. b und c, an erster Stelle werden die Schwarz-Weiß-Kopien auf die 100 Freiexemplare verteilt.
>   Farb-Kopien: 20 Seiten x 1,00 EUR   20,00 EUR
> 2. Dokumentenpauschale, VV 7000 Nr. 1 Buchst. b und c, an erster Stelle werden die Farb-Kopien auf die 100 Freiexemplare verteilt, weil der Rechtsanwalt diese zuerst angefertigt hatte.
>   Schwarz-Weiß -Kopien: 20 Seiten x 0,50 EUR   10,00 EUR
> 3. Dokumentenpauschale, VV 7000 Nr. 1 Buchst. b und c, die Schwarz-Weiß-Kopien und die Farbkopien werden im gleichen Verhältnis (70/50) auf die 100 Freiexemplare verteilt.
>   – Farb-Kopien: 8 Seiten x 1,00 EUR   8,00 EUR
>   – Schwarz-Weiß-Kopien: 12 Seiten x 0,50 EUR   6,00 EUR
> Für die erste und für den Anwalt günstigste **zutreffende Berechnungsmethode** spricht der sich aus §§ 366, 367 BGB ergebende Rechtsgedanke.[292]

---

[289] So auch *Schneider/Thiel*, Das neue Gebührenrecht, 2. Aufl., § 3 Rn 1290 ff.; Gerold/Schmidt/*Müller-Rabe*, RVG, VV 7000 Rn 209 f.; Riedel/Sußbauer/*Ahlmann*, VV 7000 Rn 13.

[290] So auch *Schneider/Thiel*, Das neue Gebührenrecht, 2. Aufl., § 3 Rn 1296 ff.; Gerold/Schmidt/*Müller-Rabe*, RVG, VV 7000 Rn 211; Riedel/Sußbauer/*Ahlmann*, VV 7000 Rn 14.

[291] Vgl. *Schneider/Thiel*, Das neue Gebührenrecht, 2. Aufl., § 3 Rn 1297 ff.

[292] *Schneider/Thiel*, Das neue Gebührenrecht, 2. Aufl., § 3 Rn 1300; Gerold/Schmidt/*Müller-Rabe*, RVG, VV 7000 Rn 211; Riedel/Sußbauer/*Ahlmann*, VV 7000 Rn 14.

2. Pauschale nach Nr. 2 – Elektronisch gespeicherte Dateien

a) Überblick

Für die Überlassung von elektronisch gespeicherten Daten oder deren Bereitstellung zum Abruf anstelle der in Nr. 1 Buchst. d genannten Kopien und Ausdrucke (in sonstigen Fällen mit Einverständnis des Auftraggebers zusätzlich gefertigte Kopien und Ausdrucke) beträgt die Dokumentenpauschale unabhängig vom Umfang des Dokuments **ab dem 1.8.2013** (2. KostRMoG) **1,50 EUR**. Eine Anknüpfung der Höhe der Pauschale an den Umfang des Dokuments erschien dem Gesetzgeber nicht sinnvoll, da im Gegensatz zur Fertigung und Übersendung von Kopien der konkrete Aufwand für die Überlassung einer elektronisch gespeicherten Datei unabhängig von ihrer Größe ist. Hinzu kommt, dass im Einzelfall Schwierigkeiten bei der Ermittlung der konkreten Seitenzahl nicht auszuschließen sind. Darüber hinaus sollen die unter Umständen geringeren Kosten einer elektronischen Versendung für den Kostenschuldner einen Anreiz bieten, den auch für die Justizverwaltung günstigeren Weg der elektronischen Übermittlung zu beantragen. Eine höhere Dokumentenpauschale würde diesen Anreiz erheblich einschränken[293] (vgl. Rdn 153 ff.). 203

b) Mehrere Dateien

Zum Begriff der Datei, zum Ermessen des Rechtsanwalts bei der Erstellung einer elektronischen Datei und zur Behandlung von ZIP-Dateien vgl. zunächst Rdn 163 ff. 204

Versendet der Rechtsanwalt mehrfach elektronisch gespeicherte Dateien oder stellt er mehrere Dateien zum Abruf bereit, entsteht die Dokumentenpauschale grds. auch mehrfach i.H.v. je 1,50 EUR.

c) Höchstbetragsregelung – ein Arbeitsgang

aa) Höchstens 5 EUR. Durch das 2. KostRMoG ist im Tatbestand von VV 7000 Nr. 2 ergänzt worden, dass für die elektronische Überlassung von Dateien höchstens 5 EUR erhoben werden, wenn Dokumente in einem Arbeitsgang überlassen, bereitgestellt oder in einem Arbeitsgang auf denselben Datenträger übertragen werden. Diese Beschränkung ist sinnvoll. Das OLG Düsseldorf hatte einen Fall zu entscheiden, in dem einem Pflichtverteidiger von der Strafkammer aufgegeben wurde, eine DVD dem weiteren Pflichtverteidiger zu überlassen, auf der die ca. 23.000 Seiten umfassenden Ermittlungsakten in insgesamt 3.348 Dateien gespeichert waren. Der Pflichtverteidiger rechnete für die Überlassung der DVD-Kopie gem. VV 7000 Nr. 2 eine Dokumentenpauschale von 8.370 EUR (3.348 x 2,50 EUR) gegenüber der Staatskasse ab. Das OLG Düsseldorf wies darauf hin, dass bei einer elektronischen Speicherung von Tausenden von Textdokumenten z.B. in einem Umfangsverfahren eine Dokumentenpauschale von 2,50 EUR je Datei (bis 31.7.2013) in einem krassen Missverhältnis zu dem Aufwand stehe, der bei der Überlassung einer DVD-Kopie und deren Kopieren in einem Copy-Shop tatsächlich anfalle (ca. 4–10 EUR). Stehe der tatsächliche Aufwand für die Überlassung von elektronisch gespeicherten Dateien in einem **krassen Missverhältnis** zu der Dokumentenpauschale, die sich rechnerisch nach VV 7000 Nr. 2 ergebe, verbliebe es danach bei einem Aufwendungsersatzanspruch, der sich nach dem tatsächlichen Aufwand richtete.[294] 205

Aufgrund der in Nr. 2 enthaltenen Begrenzung beträgt die Dokumentenpauschale höchstens 5 EUR, wenn Dokumente **in einem Arbeitsgang** überlassen, bereitgestellt oder in einem Arbeitsgang auf denselben Datenträger übertragen werden. Durch diese Höchstbetragsregelung ist klargestellt, dass die Dokumentenpauschale nicht für die Überlassung jeder elektronisch gespeicherten Datei anfällt, wenn Dokumente in einem Arbeitsgang überlassen, bereitgestellt oder in einem Arbeitsgang auf denselben Datenträger übertragen werden.[295] 206

bb) Ermessen des Rechtsanwalts beim Arbeitsgang. Letztlich bestimmt zwar der Rechtsanwalt, in wie vielen Arbeitsgängen er tätig wird. Dem Rechtsanwalt ist hierbei aber wie bei der Frage der 207

---

293 BT-Drucks 14/6855, S. 22.
294 OLG Düsseldorf NJW 2008, 2058 = JMBl NW 2008, 181 = Rpfleger 2008, 532 = JurBüro 2008, 420 = NStZ-RR 2008, 328; vgl. auch OLG Köln AGS 2009, 536.
295 Vgl. *Hansens*, RVGreport 2012, 2, 12.

Anlage von Dateien (vgl. Rdn 164) ein gewisser **Ermessensspielraum** einzuräumen.[296] Maßgebend ist letztlich, wie viele Arbeitsgänge ein vernünftiger Rechtsanwalt bei zweckdienlicher und für den Mandanten kostensparender Arbeitsweise vornehmen würde.[297]

208 **cc) Überlassung und Bereitstellung.** In einem Arbeitsgang überlässt der Rechtsanwalt elektronisch gespeicherte Dateien, wenn er bspw. 10 gespeicherte Dateien einer E-Mail an den Mandanten als pdf- Anlagen anhängt.[298] In einem Arbeitsgang stellt der Rechtsanwalt elektronisch gespeicherte Dateien zum Abruf bereit, wenn er diese 10 gespeicherten Dateien an einen Online-Datendienst (Cloud) als pdf- Daten hochlädt und dem Mandanten den Download-Link zur Verfügung stellt. Die Pauschale beträgt höchstens 5 EUR. Übersendet der Rechtsanwalt dem Mandanten 10 E-Mails mit jeweils einer pdf- Anlage, ist der Rechtsanwalt in 10 Arbeitsgängen tätig geworden. Allerdings wäre es ohne Weiteres möglich gewesen, die Dateien einer E-Mail als Anlagen anzuhängen, so dass lediglich 5 EUR berechnet werden können. Etwas anderes mag dann gelten, wenn der Rechtsanwalt deshalb mehrere E-Mails mit den Anlagen versenden muss, weil das Postfach des Empfängers eine Größenbeschränkung aufweist und E-Mails ab einer bestimmten Größe zurückgewiesen werden.

209 **dd) Auf denselben Datenträger übertragene Dokumente.** Wenn Dokumente in einem Arbeitsgang auf **demselben Datenträger** gespeichert und überlassen werden, beträgt die Pauschale höchstens 5 EUR. In einem Arbeitsgang überträgt der Rechtsanwalt z.B. dann Dokumente auf denselben Datenträger, wenn ein Verteidiger von der Staatsanwaltschaft eine Reihe von Videoaufnahmen erhält, die auf mehreren Datenträgern gespeichert sind. Wenn der Rechtsanwalt dann Kopien dieser Datenträger übermittelt, könnte die Auffassung vertreten werden, dass das in einem Arbeitsgang geschieht und die Pauschale dadurch höchstens 5 EUR beträgt. Liegt aber nicht derselbe, sondern liegen verschiedene Datenträger vor, erhält der Rechtsanwalt für jeden betroffenen Datenträger höchstens 5 EUR.[299]

210 **ee) Kopieren von Datenträgern.** Die Höchstbetragsregelung (5 EUR pro Arbeitsgang) ist durch das 2. KostRMoG zum 1.8.2013 eingeführt worden. Das KG[300] hatte im Jahr 2011 entschieden, dass die Kosten eines Pflichtverteidigers für die digitale Reproduktion eines Datenträgers nicht unter VV 7000 fallen, der Rechtsanwalt aber über VV Vorb. 7 Abs. 1 S. 2 Ersatz der Kosten für die Beschaffung der Datenträger (zwei CDs, 2,38 EUR brutto) verlangen kann.[301] Die Entscheidung ist insoweit noch zutreffend, als das bloße Kopieren von Datenträgern keine Dokumentenpauschale auslöst. Die Dokumentenpauschale entsteht aber dann, wenn der Rechtsanwalt Kopien der Datenträger übermittelt.

IX. Vergütungsvereinbarungen

1. Ausdrückliche Regelung

211 Hat der Anwalt mit seinem Auftraggeber eine Vergütungsvereinbarung getroffen, so muss darin der Ersatz der Dokumentenpauschalen im Zweifel ausdrücklich geregelt sein, da anderenfalls die Dokumentenpauschale als mit der vereinbarten Vergütung abgegolten gilt.[302]

212 Möglich ist es, im Rahmen einer Vergütungsvereinbarung auch höhere Dokumentenpauschalen zu vereinbaren.[303]

---

296 Gerold/Schmidt/*Müller-Rabe*, RVG, VV 7000 Rn 197.
297 Gerold/Schmidt/*Müller-Rabe*, RVG, VV 7000 Rn 197.
298 Gerold/Schmidt/*Müller-Rabe*, RVG, VV 7000 Rn 199.
299 Gerold/Schmidt/*Müller-Rabe*, RVG, VV 7000 Rn 199.
300 KG AGS 2014, 50 = RVGreport 2014, 233 = zfs 2014, 223.
301 So auch OLG Hamm RVGreport 2015, 266 zu den Anschaffungskosten für externe Festplatten.
302 OLG Koblenz OLGZ 79, 230; LG Koblenz AnwBl. 1984, 206 m. Anm. *Madert* = JurBüro 1984, 1667 m. Anm. *Mümmler*; *N. Schneider*, Die Vergütungsvereinbarung Rn 1072.
303 Ausführlich hierzu *N. Schneider*, Die Vergütungsvereinbarung, Rn 1142 und 297 ff. m. Mustern.

2. Auf Dokumentenpauschale beschränkte Vereinbarung

Zulässig ist es auch, eine isolierte Vergütungsvereinbarung nur über die Höhe der Dokumentenpauschalen zu schließen und im Übrigen die gesetzliche Gebühren- und sonstigen Auslagentatbestände unberührt zu lassen.

213

3. Form der Vereinbarung

In jedem Fall bedarf die Vereinbarung einer höheren Vergütung als die in VV 7000 vorgesehene der Form des § 3a. Nach § 1 Abs. 1 sind Auslagen Teil der Vergütung, so dass sämtliche Vorschriften, die bei einer Vergütungsvereinbarung zu beachten sind, auch für eine solche isolierte Auslagenvereinbarung gelten.

214

4. Vereinbarung der Aufhebung von Nr. 1 Buchst. b und Nr. 1 Buchst. c

Inhaltlich ist der Anwalt bei der Gestaltung frei. So kann die Begrenzung auf 100 abrechnungsfreie Seiten in den Fällen der Nr. 1 Buchst. c und Nr. 1 Buchst. d abbedungen werden. Dann entsteht die Dokumentenpauschale bereits ab der ersten Kopie.[304]

215

5. Höhere Seiten-Pauschale

Auch kann generell eine **höhere Dokumentenpauschale je Seite** vereinbart werden. So hat das OLG Düsseldorf[305] bereits im Jahre 1993 Kopiekosten i.H.v. 1 DM/Seite für angemessen angesehen. Insbesondere angesichts der laufenden Geldentwertung dürfte gegen eine Vergütung von 1 EUR/Kopie nichts etwas einzuwenden sein. Berücksichtigt man, welche Kosten im Kanzleibetrieb anfallen, Leasing, Papier, Toner, Personal u.a. dürften auch höhere Beträge grundsätzlich nicht unangemessen sein, insbesondere, wenn Kopien jeweils einzeln hergestellt werden müssen.

216

6. Pauschale für eingehende Telefaxe

Vereinbart werden kann auch, dass beim Rechtsanwalt **eingehende Telefaxe** (vgl. VV Anm. Abs. 1 S. 2 zu 7000; Rdn 36) wie Kopien/Ausdrucke abgerechnet werden, zumal der Anwalt diese in der Regel ebenso bezahlen muss.

217

7. Vereinbarung für besondere Formate

Für **besondere Formate**, größere Kopien (z.B. DIN A3 oder größer), Skizzen oder Pläne können höhere Beträge vereinbart werden. (vgl. Rdn 199).

218

8. Vereinbarung für elektronische Dateien

Auch für die **Übermittlung von elektronisch gespeicherten Dateien** können höhere Beträge als im RVG vorgesehen (1,50 EUR pro Datei, höchstens 5 EUR) vereinbart werden. So kann hierfür z.B. eine bestimmte monatliche Pauschale vereinbart werden.

219

---

304 *N. Schneider*, Die Vergütungsvereinbarung, Rn 1143.
305 OLG Düsseldorf AGS 1993, 38 m. Anm. *Madert* = zfs 1993, 279.

C. Kostenerstattung

I. Allgemeines

1. Überblick

220 Zur Frage der Erstattungsfähigkeit von Dokumentenpauschalen existiert eine nicht mehr überschaubare Rechtsprechung, die sich teilweise nicht recht nachvollziehen lässt.

Hinzu kommt, dass es bei der Frage der Erstattungsfähigkeit von Dokumentenpauschalen grundsätzlich um Einzelfallentscheidungen geht, die einen konkreten Fall betreffen und sich häufig nicht in generelle Regeln umsetzen lassen.

Die Frage der prozessualen Erstattungspflicht des Gegners des Auftraggebers/Mandanten stellt sich nur für Kopien und Ausdrucke, die ein gerichtliches Verfahren betreffen. Denn die gerichtliche Kostenentscheidung erfasst nur die Kosten des Rechtsstreits.[306]

2. Entstehung und Erstattungsfähigkeit

a) Nr. 1 Buchst. a bis c

221 Es ist stets zunächst festzustellen, ob eine Dokumentenpauschale nach VV 7000 angefallen ist, der Rechtsanwalt sie also von seinem Mandanten fordern kann. Kann der Rechtsanwalt sie dem Mandanten nicht berechnen, stellt sich die Frage der Erstattung durch den dem Mandanten ersatzpflichtigen Gegner nicht. Erst wenn die Dokumentenpauschale angefallen ist, stellt sich im nächsten Schritt die Frage, ob diese auch erstattungsfähig ist.[307] Hierbei ist Folgendes zu berücksichtigen:

Die Dokumentenpauschale nach **Nr. 1 Buchst. a, b und c** entsteht nur, wenn die Kopien oder Ausdrucke
- zur **sachgemäßen Bearbeitung** der Rechtssache geboten waren,
- aufgrund einer **Rechtsvorschrift** oder nach **Aufforderung** durch das Gericht oder die Behörde gefertigt worden sind, oder
- zur **notwendigen** Unterrichtung bestimmt waren.

Hieraus ergibt sich, dass bereits bei der Prüfung der Entstehung der Dokumentenpauschale in den Fällen der Nr. 1 Buchst. a bis c eine (gewisse) **Notwendigkeitsprüfung** anzustellen ist.[308] Die Anforderungen für den Anfall der Dokumentenpauschale („geboten") sind etwas niedriger als die für die Erstattungsfähigkeit erforderliche Notwendigkeit.[309]

b) Farbkopien und Farbausdrucke

222 Bei **Farbkopien** oder **Farbausdrucken**, die eine Dokumentenpauschale i.H.v. 1 EUR bzw. 0,30 EUR statt 0,50 EUR bzw. 0,15 EUR bei **Schwarz-Weiß-Kopien** oder **Schwarz-Weiß-Ausdrucken** auslösen (siehe Rdn 44), wird sich im Rahmen der Prüfung der Erstattungsfähigkeit häufig die Frage stellen, ob es ausgereicht hätte, von einem farbigen Original eine Schwarz-Weiß-Kopie anzufertigen.[310] Eine Kopie oder ein Ausdruck liegt nur vor, wenn das Original reproduziert wird. Ist das Original farbig, darf es auch dessen Reproduktion sein. Allerdings entsteht z.B. bei Kopien oder Ausdrucken zur Unterrichtung des Auftraggebers (Nr. 1 Buchst. c) die Dokumentenpauschale nur für Kopien oder Ausdrucke zur **notwendigen Unterrichtung**. Wenn hier unterstellt wird, dass eine Unterrichtung des Auftraggebers durch **Schwarz-Weiß-Kopien** oder **Schwarz-Weiß-Ausdrucke** ausreichend ist, können die Kopien und Ausdrucke nur nach den geringeren Sätzen in Rechnung gestellt werden und erstattungsfähig sein.[311]

---

306 Gerold/Schmidt/*Müller-Rabe*, RVG, VV 7000 Rn 220.
307 So zutr. OLG Oldenburg JurBüro 2007, 208.
308 Zöller/*Herget*, ZPO, § 91 Rn 10 „Ablichtungen, Abschriften, Ausdrucke".
309 *Hansens*, Anm. zu OLG Jena RVGreport 2012, 390.
310 Vgl. *Schneider/Thiel*, Das neue Gebührenrecht, 2. Aufl., § 3 Rn 1289.
311 In diesem Sinne Gerold/Schmidt/*Müller-Rabe*, RVG, VV 7000 Rn 188.

c) Entstehung bedingt Erstattungsfähigkeit

Nach § 91 Abs. 1 ZPO hat die unterliegende Partei im **Zivilprozess** die dem Gegner erwachsenen Kosten zu erstatten, soweit sie zur zweckentsprechenden Rechtsverfolgung oder Rechtsverteidigung **notwendig** waren. Nach § 91 Abs. 2 S. 1 ZPO sind die gesetzlichen Gebühren und **Auslagen** des Rechtsanwalts der obsiegenden Partei in allen Prozessen zu erstatten.[312] Vergleichbare Regelungen finden sich auch in anderen Verfahrensordnungen, vgl. z.B. § 162 VwGO, § 193 SGG, § 139 FGO. 223

Wenn deshalb nach der durch Nr. 1 Buchst. a bis c geforderten Prüfung, ob die Herstellung der Kopien geboten war, die Entstehung der Dokumentenpauschale bejaht wird, folgt aus § 91 Abs. 2 S. 1 ZPO, dass diese im Regelfall auch vom Erstattungspflichtigen zu erstatten ist.[313] Schuldet der Mandant seinem Rechtsanwalt die Dokumentenpauschale als gesetzliche Auslage, muss auch von deren Erstattungsfähigkeit ausgegangen werden.[314] Wird die Erstattung von Dokumentenpauschalen verlangt, ist somit allein zu prüfen, ob der Prozessbevollmächtigte gegenüber der von ihm vertretenen Partei Anspruch auf deren Ersatz hat.[315] Waren z.B. Kopien aus Behörden- oder Gerichtsakten zur sachgemäßen Bearbeitung der Rechtssache geboten, ist im Regelfall die hierdurch nach Nr. 1 Buchst. a angefallene Dokumentenpauschale als notwendige Position im Rahmen der Kostenerstattung durch den Gegner zu erstatten (aber vgl. Rdn 58).[316] Für die Prüfung der Erstattungsfähigkeit der Dokumentenpauschale kann deshalb auf die Erläuterungen zur Entstehung der Dokumentenpauschale verwiesen werden (vgl. Rdn 45 ff.). 224

d) Nr. 1 Buchst. d

Bei der Dokumentenpauschale nach **Nr. 1 Buchst. d** (zusätzlichen Anfertigung von Kopien und Ausdrucken mit Einverständnis des Auftraggebers) kann das danach nicht gelten, weil bei der Prüfung der Entstehung keine Notwendigkeitsprüfung angestellt wird. Diese Prüfung muss dann im Rahmen der Kostenerstattung erfolgen. Dieses Ergebnis erscheint richtig, auch wenn der BGH[317] ohne Einschränkung entschieden hat, dass die Dokumentenpauschale erstattungsfähig ist, wenn sie dem Rechtsanwalt gegenüber seinem Mandanten entstanden ist.[318] 225

Die Erstattungspflicht des Gegners des Auftraggebers wird hier im Regelfall zu verneinen sein. Denn nach Nr. 1 Buchst. d werden Kopien und Ausdrucke **zusätzlich** zu den notwendigen Kopien und Ausdrucken nach Nr. 1 Buchst. a bis c gefertigt.[319]

3. Kopien aus Fachzeitschriften/von juristischer Fachliteratur

Werden z.B. zur Information des Gerichts Kopien bzw. Fotokopien vermeintlich einschlägiger Gerichtsentscheidungen, Aufsätze oder Auszüge aus Kommentaren eingereicht, ist bereits unklar, nach welcher Bestimmung hierfür die Dokumentenpauschale anfallen soll. In Betracht kommt allenfalls Nr. 1 Buchst. d. Werden die in der Nr. 1 Buchst. d genannten Entstehungsvoraussetzungen bejaht, wird die Erstattungsfähigkeit der Dokumentenpauschale i.d.R. gleichwohl mangels Notwendigkeit abzulehnen sein. Im Zuge der flächendeckenden Einführung von EDV in der Justiz sind viele Entscheidungen auch bei kleinen Amtsgerichten in allgemein zugänglichen juristischen Datenbanken abrufbar. Häufig besteht auch der Zugang zu dem Online-Angebot von Fachverlagen, so dass auch aktuelle Kommentare eingesehen werden können. Die Kosten derartiger Kopien sind deshalb grds. nur erstattungsfähig, wenn der Antragsteller darlegt, warum ein Hinweis auf die Entscheidung und 226

---

312 BGH BRAGOreport 2003, 203; BGH NJW 2003, 1532 = Rpfleger 2003, 320 = BRAGOreport 2003, 112 = BGHReport 2003, 513.
313 Gerold/Schmidt/*Müller-Rabe*, RVG, VV 7000 Rn 223; vgl. zu Nr. 1 Buchst. b OLG Oldenburg JurBüro 2007, 208; LG Memmingen Rpfleger 2007, 288.
314 Zöller/*Herget*, ZPO, 30. Aufl., § 91 Rn 10 „Ablichtungen, Abschriften, Ausdrucke".
315 BGH AGS 2005, 306 = Rpfleger 2005, 480 = NJW 2005, 2317 = MDR 2005, 956 = JurBüro 2005, 480 = RVGreport 2005, 274; BGH AGS 2005, 573 = RVGreport 2005, 275.
316 Vgl OLG Jena RVGreport 2012, 390.
317 BGH AGS 2005, 306 = Rpfleger 2005, 480 = NJW 2005, 2317 = MDR 2005, 956 = JurBüro 2005, 480 = RVGreport 2005, 274; BGH AGS 2005, 573 = RVGreport 2005, 275.
318 So zutr. Gerold/Schmidt/*Müller-Rabe*, RVG, VV 7000 Rn 225.
319 Zöller/*Herget*, ZPO, § 91 Rn 10 „Ablichtungen, Abschriften, Ausdrucke"; Gerold/Schmidt/*Müller-Rabe*, RVG, VV 7000 Rn 225.

deren Fundstelle in der konkreten Prozesssituation unzureichend war.[320] Auch dann, wenn es sich um unveröffentlichte Entscheidungen oder schwer zugängliche Literatur handelt, kann die Dokumentenpauschale erstattungsfähig sein.[321]

4. Darlegung und Glaubhaftmachung

a) Keine anwaltliche Versicherung

227 Im Kostenfestsetzungsverfahren hat der Erstattungsgläubiger den Anfall und die Notwendigkeit der Dokumentenpauschale darzulegen.[322] § 104 Abs. 2 S. 2 ZPO gilt nicht für die Dokumentenpauschale, so dass die **anwaltliche Versicherung** zur Glaubhaftmachung der Entstehung der Dokumentenpauschale nicht zwingend als ausreichend anzuerkennen ist.[323] Die anwaltliche Versicherung ist nur bei Auslagen für Post- und Telekommunikationsentgelte (VV 7001, VV 7002) als Entstehungsnachweis zugelassen. Auf die Erl. in § 55 Rdn 28 wird verwiesen.

b) Aufschlüsselung der Dokumentenpauschale

228 Weil die anwaltliche Versicherung nicht ausreichend sein muss, muss der Rechtsanwalt die entstandene und geltend gemachte Dokumentenpauschale darlegen können. Der Rechtsanwalt muss somit grds. in der Lage sein differenziert angeben zu können, nach welcher Ziffer (VV 7000 Nr. 1 oder 2) und nach welchem Buchstaben (VV 7000 Nr. 1 Buchst. a bis d) die Dokumentenpauschale in derselben Angelegenheit in welcher Höhe angefallen ist.[324] Kann die Aufschlüsselung nicht vorgenommen werden, scheidet die Erstattung durch den Gegner aus.[325] Die detaillierte Darlegung erfordert einen nicht unerheblichen Erfassungsaufwand des Rechtsanwalts.[326] Die Darlegung und Glaubhaftmachung kann im Falle der Nr. 1 Buchst. a z.B. durch Vorlage der gefertigten Aktenkopien oder Aufzählung der kopierten Seiten erfolgen.

229 Nach h.M. besteht eine eingehende Darlegungs- und Glaubhaftmachungspflicht, wenn der Erstattungspflichtige gegen die geltend gemachte Dokumentenpauschale **allgemeine Einwände** erhebt.[327] Die eingehende Darlegungs- und Glaubhaftmachungspflicht besteht also nicht erst dann, wenn der Erstattungspflichtige **substantiiert** darlegt, welche Kopien und Ausdrucke nicht erforderlich waren.[328] Denn die Darlegungs- und Glaubhaftmachungspflicht liegt beim Erstattungsgläubiger. Eine einfache effiziente Ermittlung der zu erstattenden Kosten für Kopien setzt bei Bestreiten des Kostenschuldners voraus, dass der Erstattungsantrag so begründet wird, dass seine Schlüssigkeit ohne eingehendes Aktenstudium geprüft werden kann.[329] Die Höhe der zu erstattenden Kosten soll in einem möglichst einfachen und effizienten Verfahren festgesetzt werden. An die Prüfung und Ermittlung des der Entscheidung über die Kostenhöhe zugrunde zulegenden Sachverhalts können aber keine strengeren Anforderungen gestellt werden als im Hauptprozess selbst. Es ist vor allem nicht Aufgabe des Gerichts, von Amts wegen eine ins Einzelne gehende Amtsprüfung hinsichtlich der Dokumentenpauschale vorzunehmen.[330]

Auch bei der Darlegung und Glaubhaftmachung ist deshalb grds. kein kleinlicher Maßstab angebracht.[331]

---

320 OLG Koblenz AGS 2007, 540 = MDR 2007, 1347 = NJW-RR 2008, 375 = RVGreport 2008, 28; vgl. auch OLG Bamberg JurBüro 1978, 1188; OLG Schleswig JurBüro 1979, 373; 1981, 386.
321 *Mümmler*, JurBüro 1983, 491.
322 OLG Oldenburg JurBüro 2007, 208; LG Schwerin, Beschl. v. 17.9.2004 – 1 O 158/02, juris; OLG Frankfurt AnwBl 1983, 186 = KostRsp. BRAGO § 27 Nr. 63 m. Anm. *Lappe*; *Hansens*, BRAGO, § 27 Rn 16.
323 VG Meiningen RVGreport 2004, 151; LAG Hessen MDR 2001, 598.
324 OLG Braunschweig JurBüro 1999, 300; *Hansens/Braun/Schneider*, Praxis des Vergütungsrechts, Teil 19 Rn 36; Gerold/Schmidt/*Müller-Rabe*, RVG, VV 7000 Rn 231.
325 VG Trier, Beschl. v. 3.6.2005 – 5 K 107/05.TR.
326 *Hansens/Braun/Schneider*, Praxis des Vergütungsrechts, Teil 19 Rn 36.
327 OLG Braunschweig JurBüro 1999, 300; VG Meiningen RVGreport 2004, 151; LAG Hessen MDR 2001, 598; OLG München JurBüro 1983, 1092 = Rpfleger 1983, 86; *Hergenröder*, AGS 2006, 473.
328 So aber wohl OLG Koblenz AGS 2001, 165 = Rpfleger 2001, 373 = NJW-RR 2002, 421.
329 OLG Braunschweig JurBüro 1999, 300.
330 OLG Braunschweig JurBüro 1999, 300.
331 BGH AGS 2005, 306 = Rpfleger 2005, 480 = NJW 2005, 2317 = MDR 2005, 956 = JurBüro 2005, 480 = RVGreport 2005, 274; BGH AGS 2005, 573 = RVGreport 2005, 275.

II. Zivilsachen

1. Überblick

Wird nach der durch Nr. 1 Buchst. a bis c gebotenen Erforderlichkeitsprüfung die Entstehung der Dokumentenpauschale bejaht, folgt aus § 91 Abs. 2 S. 1 ZPO, dass diese auch vom Erstattungspflichtigen zu erstatten ist.[332] Es kann auf die Erläuterungen zur Entstehung der Dokumentenpauschale nach Nr. 1 Buchst. a bis c verwiesen werden (vgl. Rdn 45 ff.). Die ständige Rechtsprechung des BGH[333] und der Instanzgerichte[334] zu § 27 BRAGO, die eine Erstattung mangels Anfall der Dokumentenpauschale ablehnte, lässt sich auf das RVG nicht übertragen. Allerdings beginnt die Erstattungspflicht in den Fällen der Nr. 1 Buchst. b und c erst ab der 101. Seite (siehe Rdn 177). 230

Erstattungsfähig sind Dokumentenpauschalen auch dann, wenn die Beifügung von Kopien der Verfahrensbeschleunigung dient.[335] Gleiches gilt, wenn der Anwalt die Originalurkunde ständig benötigt und nicht aus der Hand geben kann,[336] ebenfalls, wenn es sich um eine nicht ersetzbare Urkunde handelt, die nicht aus der Hand gegeben werden soll.[337] Die Notwendigkeit von Kopiekosten ist auch dann bejaht worden, wenn es auf das Gesamtbild der Urkunde ankommt, wenn also die textliche Wiederholung des Inhalts nicht genügt.[338] Darüber hinaus wird die Erstattungsfähigkeit bejaht, wenn Unterlagen vorgelegt werden, die zur Verdeutlichung und Untermauerung des Sachvortrags dienen (hier Patentrechtsstreit),[339] wobei dies wohl der neueren Rechtsprechung des BGH zur Nichterstattungsfähigkeit von Schriftsatzanlagen widersprechen dürfte. 231

2. Ablichtung der erstinstanzlichen Akte durch Rechtsmittelanwalt

Das Kopieren der Akte der ersten Instanz löst nach der **Rechtsprechung des BGH** grundsätzlich keine erstattungsfähigen Kopiekosten aus, da sich der **Rechtsmittelanwalt** die Unterlagen vom Mandanten oder dem vorinstanzlichen Anwalt (vgl. § 50 Abs. 1 BRAO) aushändigen lassen kann.[340] Die Fertigung eigener Kopien aus der Gerichtsakte kommt hier erst in Betracht, wenn und soweit vorhandene Kopien und Abschriften nicht rechtzeitig zu dem Prozessbevollmächtigten gelangen. 232

Für eine eingeschränkte Erstattungsfähigkeit ist allerdings das OLG Brandenburg, wobei die Entscheidung noch aus der Zeit vor der Entscheidung des BGH stammt.[341] Welche Teile der Gerichtsakten zur sachgemäßen Bearbeitung der Rechtssache in diesem Fall notwendig sind, obliegt nach Auffassung des OLG Brandenburg auch hier dem pflichtgemäßen Ermessen des Anwalts.[342] 233

Etwas anderes gilt nach Rechtsprechung des BGH nur dann, wenn der Auftraggeber erstinstanzlich nicht beteiligt war und deshalb nicht auf die Handakten eines erstinstanzlichen Prozessbevollmächtigten zurückgegriffen werden kann (z.B. bei Beteiligung einer **Streithelferin** erst in der **Revisionsinstanz**). Hier ist die Ablichtung der erst- und zweitinstanzlichen Gerichtsakten zur sachgemäßen Bearbeitung der Rechtssache durch den Bevollmächtigten der Streithelferin geboten. Es entsteht daher die Dokumentenpauschale, die auch vom Gegner zu erstatten ist.[343] 234

---

332 Gerold/Schmidt/*Müller-Rabe*, RVG, VV 7000 Rn 223; vgl. zu Nr. 1 Buchst. b OLG Oldenburg JurBüro 2007, 208; LG Memmingen Rpfleger 2007, 288.
333 AGS 2003, 153 m. Anm. *N. Schneider*; BRAGOreport 2003, 176 m. Anm. *Hansens* = AnwBl 2003, 241 = BGHR 2002, 358 = JurBüro 2002, 246 = NJW 2003, 241 = ProzRB 2003, 101 = Rpfleger 2003, 215.
334 OLG München AGS 2003, 300 m. Anm. *N. Schneider*; OLG Frankfurt AGS 2003, 396 = BRAGOreport 2003, 184 m. Anm. *Hansens*.
335 KG JurBüro 1975, 346.
336 LG Berlin JurBüro 1982, 230 = Rpfleger 1982, 159.
337 OLG Bamberg JurBüro 1981, 1679.
338 OLG Schleswig JurBüro 1978, 1512; 1981, 385.
339 OLG Karlsruhe AGS 2002, 263 = GRUR-RR 2002, 280 = MDR 2002, 664 = NJW-RR 2002, 1002 = OLGR 2002, 266.
340 BGH AGS 2005, 306 = Rpfleger 2005, 480 = NJW 2005, 2317 = MDR 2005, 956 = JurBüro 2005, 480 = RVGreport 2005, 274, so auch LG Schwerin, Beschl. v. 17.9.2004 – 1 O 158/02.
341 AGS 2003, 497 = KostRsp. BRAGO § 27 Nr. 105.
342 AGS 2003, 497 = KostRsp. BRAGO § 27 Nr. 105.
343 BGH AGS 2005, 573 = RVGreport 2005, 275.

3. Streitverkündete und Nebenintervenienten

235 Zur Frage, ob die Herstellung von Kopien und Ausdrucken zur Zustellung an **Streitverkündete** und **Nebenintervenienten** aufgrund Rechtsvorschrift oder nach Aufforderung durch das Gericht eine Dokumentenpauschale nach Nr. 1 Buchst. b auslöst, vgl. Rdn 119.[344]

Wird der Anfall der Dokumentenpauschale bejaht, gehört diese allerdings nicht zu den Kosten des Rechtsstreits i.S.d. § 91 ZPO.[345] Denn mit der Streitverkündung wahrt die Partei ihre Interessen gegenüber dem Dritten und nicht gegenüber dem Gegner des Rechtsstreits.

4. Wohnungseigentümergemeinschaft

a) Verbandsprozess

236 Die anwaltliche Informationspflicht gegenüber einer großen Wohnungseigentümergemeinschaft erfordert es in der Regel nicht, dass der Prozessbevollmächtigte der Wohnungseigentümergemeinschaft sämtliche Prozessunterlagen kopiert und komplett jedem einzelnen Wohnungseigentümer zugeleitet werden (Nr. 1 Buchst. c). Es reicht vielmehr aus, den Vertreter der Wohnungseigentümer (Verwalter) in Kenntnis zu setzen, wenn es sich um einen Rechtsstreit gegen die Wohnungseigentümergemeinschaft als **Verband** handelt. Sie kann die Kosten ihrer internen Kommunikation nicht auf den unterlegenen Prozessgegner abwälzen.[346]

b) Beschlussanfechtung

237 Gemäß § 46 Abs. 1 S. 1 WEG ist die Klage eines oder mehrerer Wohnungseigentümer auf Erklärung der Ungültigkeit eines Beschlusses der Wohnungseigentümer gegen die übrigen Wohnungseigentümer und die Klage des Verwalters gegen die Wohnungseigentümer zu richten. Der Beschlussanfechtungsprozess richtet sich somit nicht gegen die Wohnungseigentumsgemeinschaft als **Verband**, sondern gegen die übrigen Mitglieder der Gemeinschaft. Aber auch hier scheidet die Erstattung mehrerer Dokumentenpauschalen durch die Unterrichtung mehrerer Wohnungseigentümer aus, wenn die Wohnungseigentümer den Anfechtungsprozess verbandsähnlich führen und von ihrer Möglichkeit, den Prozess selbst zu führen keinen Gebrauch machen.[347]

238 Die Dokumentenpauschalen durch die Unterrichtung mehrerer Wohnungseigentümer sind aber dann erstattungsfähig, wenn der Verwalter nicht zustellungsbevollmächtigt ist, weil er als Gegner der Wohnungseigentümer an dem Verfahren beteiligt ist oder wenn aufgrund des Streitgegenstandes die Gefahr besteht, dass er die Wohnungseigentümer nicht sachgerecht unterrichtet (§ 45 WEG).[348]

c) § 50 WEG

239 Im Übrigen ist auch bei der Dokumentenpauschale **§ 50 WEG** zu beachten: Den Wohnungseigentümern sind danach nur die Kosten **eines bevollmächtigten Rechtsanwalts** als zur zweckentsprechenden Rechtsverfolgung oder Rechtsverteidigung notwendige Kosten zu erstatten, wenn nicht aus Gründen, die mit dem Gegenstand des Rechtsstreits zusammenhängen, eine Vertretung durch mehrere bevollmächtigte Rechtsanwälte geboten war.

III. Strafsachen

240 Die Erstattungsfähigkeit der Dokumentenpauschale in Strafsachen richtet sich gem. § 464a Abs. 2 Nr. 2 StPO wie in Zivilsachen nach § 91 Abs. 2 ZPO. Zu den **notwendigen Auslagen** eines Beteilig-

---

344 Vgl. auch OLG Jena RVGreport 2012, 390.
345 OLG Karlsruhe AGS 2011, 308; KG JurBüro 2006, 34 = MDR 2006, 236 = KGR Berlin 2005, 836; OLG München MDR 1989, 548.
346 BGH NJW 2009, 2135 = MDR 2009, 858 = Rpfleger 2009, 531 = BGHreport 2009, 963 = NZM 2009, 2135;
OLG Koblenz NJW 2005, 3789 = AnwBl 2006, 147 = JurBüro 2006, 86 = MDR 2006, 296.
347 BGH NJW 2009, 2135 = MDR 2009, 858 = Rpfleger 2009, 531 = BGHreport 2009, 963 = NZM 2009, 2135.
348 BGH NJW 2009, 2135 = MDR 2009, 858 = Rpfleger 2009, 531 = BGHreport 2009, 963 = NZM 2009, 2135.

ten gehören danach die Gebühren und Auslagen eines Rechtsanwalts, soweit sie nach § 91 Abs. 2 ZPO zu erstatten sind.

Weil bereits im Rahmen der Prüfung, ob eine Dokumentenpauschale nach VV 7000 Nr. 1 Buchst. a bis c angefallen ist, eine Notwendigkeitsprüfung vorzunehmen ist, ist diese auch in Strafsachen bei einer Auslagenentscheidung zu Lasten der Staatskasse oder eines anderen Beteiligten von diesen zu erstatten, wenn der Mandant sie seinem Verteidiger oder sonstigen Vertreter als gesetzliche Auslagen schuldet.

241 In Strafsachen wird es im Regelfall um die Erstattung der Dokumentenpauschale nach VV 7000 Nr. 1 Buchst. a für Kopien oder Ausdrucke aus **Behörden- oder Gerichtsakten** gehen. Diese ist erstattungsfähig, soweit ihre Herstellung zur sachgemäßen Bearbeitung der Strafsache geboten war (vgl. zum Aktenauszug für den Verteidiger Rdn 74 ff., zum Aktendoppel für den Mandanten Rdn 93 f.).

242 Bei der Frage, welche Kopien aus der Akte im Einzelfall erforderlich sind, ist der Zeitpunkt der Fertigung der Kopien durch den Rechtsanwalt maßgebend.[349] Eine Ablehnung der Erstattung der Auslagen mit der Begründung, die Kopien seien nicht notwendig gewesen, kommt nur dann in Betracht, wenn schon zu diesem Zeitpunkt zweifelsfrei feststand, dass die abgelichteten Unterlagen für eine sachgerechte Verteidigung nicht benötigt werden. Im Zweifel ist von der Notwendigkeit auszugehen.[350]

243 Ein kleinlicher Maßstab ist unangebracht. Bei der Auswahl und dem Umfang der Kopien aus Behörden- und Gerichtsakten ist dem Anwalt vielmehr ein großzügiges Ermessen einzuräumen.[351] Es ist einem Verteidiger nicht zuzumuten – insbesondere bei umfangreichen Verfahrensakten – jedes Blatt vorher einzeln zu lesen und auf seine Wertigkeit zu prüfen. Eine grobe Prüfung und vorläufige Bewertung reicht aus.[352] Die Festlegung von bestimmten Quoten, etwa 25 % des Akteninhalts oder 5 % des Verteidigerhonorars, ist unzutreffend. Der Verteidiger kann auch nicht darauf verwiesen werden, sich handschriftliche Auszüge anzufertigen.[353] Auch Kopien von eigenen Schriftstücken können erforderlich sein, etwa dann, wenn sich hierauf Vermerke des Richters oder des Staatsanwalts befinden. Ebenso können Kopien von Zustellungsurkunden erforderlich sein, wenn es um Fristen oder Wiedereinsetzung geht.[354] Letztlich wird es auch hier immer auf den Einzelfall ankommen.

IV. Staatskasse (gerichtliche Bestellung oder Beiordnung)

1. Notwendigkeit (§ 46 Abs. 1)

244 Nach § 46 Abs. 1 erstattet die Staatskasse nur die zur sachgemäßen Wahrnehmung der Interessen der Partei erforderlichen Auslagen und Aufwendungen. Sollen Auslagen nicht erstattet werden, muss die Staatskasse und nicht der Rechtsanwalt **beweisen**, dass die geltend gemachten Auslagen nicht erforderlich waren (siehe § 46 Rdn 1 ff.).[355] Daher ist die **Notwendigkeit** der Auslagen **im Zweifel**

---

349 LG Essen JurBüro 2011, 474 = Rpfleger 2011, 694; so wohl auch BGH AGS 2005, 306 = Rpfleger 2005, 480 = NJW 2005, 2317 = MDR 2005, 684 = JurBüro 2005, 480 = RVGreport 2005, 274; BGH AGS 2005, 573 = RVGreport 2005, 275.
350 OLG Düsseldorf AGS 2007, 243 = StRR 2007, 199.
351 OLG Celle NJW 2012, 1671 = RVGreport 2012, 265 = StRR 2012, 79 = JurBüro 2012, 136; OLG Düsseldorf BRAGOreport 2000, 40 m. Anm. *N. Schneider*; ebenso zum Pflichtverteidiger AG Duisburg AGS 2001, 183 = zfs 2001, 327.
352 OLG Düsseldorf BRAGOreport 2000, 40 m. Anm. *N. Schneider*.
353 AG München AnwBl 1970, 72.
354 LG Essen JurBüro 2011, 474 = Rpfleger 2011, 694; AG Bochum NStZ-RR 2008, 296 = StRR 2008, 440; AG Bremen RVGreport 2011, 229; AG Mettmann AGkompakt 2010, 90; *Hansens*, in: Hansens/Braun/Schneider, Praxis des Vergütungsrechts, 2. Aufl., Teil 19 Rn 21.
355 BVerfG NJW 2003, 1443; OLG Celle NJW 2012, 1671 = RVGreport 2012, 265 = StRR 2012, 79 = JurBüro 2012, 136; OLG Düsseldorf RVGreport 2008, 289; KG StRR 2008, 398 = RVGreport 2008, 302; OLG Brandenburg RVGreport 2007, 183; OLG Hamm RVGreport 2006, 230; KG RVGreport 2006, 109; OLG Düsseldorf AGS 2007, 243 = StRR 2007, 199; AGS 2002, 61 = BRAGOreport 2002, 79; OLG Koblenz, Beschl. v. 16.11.2009 – 2 Ws 526/09, JurionRS 2009, 36455; LG Aurich StraFo 2004, 147; LG Oldenburg StraFo 2004, 253.

anzuerkennen.[356] Die Staatskasse ist im Übrigen nicht Auftraggeber i.S.v. VV 7000 Nr. 1 Buchst. d (siehe Rdn 151).[357]

2. Gerichtliche Feststellung der Notwendigkeit (§ 46 Abs. 2)

245 Die gerichtliche Feststellung der Erforderlichkeit von Auslagen kann gem. § 46 Abs. 2 S. 1 aufgrund ausdrücklicher Erwähnung zunächst für **Reisekosten** getroffen werden. § 46 Abs. 2 S. 3 Hs. 2 ist darüber hinaus zu entnehmen, dass die Feststellungsentscheidung auch für Dolmetscher- und Übersetzerkosten möglich ist.[358] Nach allgemeiner Meinung ist das Feststellungsverfahren schließlich aber über § 46 Abs. 2 S. 3 für **sämtliche Auslagentatbestände** und damit auch die **Dokumentenpauschale** möglich (§ 46 Rdn 56 f.).[359] Zwar nennt § 46 Abs. 2 S. 3 nur Aufwendungen gem. § 670 BGB. Gemeint dürften damit aber nicht nur die Aufwendungen i.S.v. VV Vorb. 7 Abs. 1 S. 2 sein. Der Gesetzgeber weist in den Motiven zu § 46 darauf hin, dass § 46 Abs. 2 S. 3 den Anwendungsbereich von § 46 Abs. 2 S. 1 und 2 auf **andere Auslagen** in solchen Angelegenheiten erstreckt, in denen sich die Gebühren nach den Teilen 4 bis 6 VV bestimmen.[360] Deshalb kann das Gericht z.B. auch für die Dokumentenpauschale nach VV 7000 feststellen, dass die Fertigung von Kopien oder Ausdrucken erforderlich ist.[361]

246 Ist die **Vorabentscheidung über die Dokumentenpauschale** gem. § 46 Abs. 2 ergangen, hat der Urkundsbeamte auch diese als **unabänderlich** und **bindend** hinzunehmen. Die Entscheidung ist nicht anfechtbar, insbesondere nicht nach § 56.[362] Im Festsetzungsverfahren gem. § 55 ist dann lediglich die Höhe der geltend gemachten Dokumentenpauschale zu prüfen. Das gilt allerdings nach dem Wortlaut von Abs. 2 S. 1 nur, wenn die Feststellung der Erforderlichkeit gem. § 46 Abs. 2 **vor** der Entstehung der Dokumentenpauschale getroffen worden ist.[363] Entscheidet das Gericht erst nach Entstehung der Dokumentenpauschale, ist die Entscheidung zwar wirksam, jedoch für das Festsetzungsverfahren nach § 55 **nicht bindend**.

247 Auch wenn eine **Feststellungsentscheidung** gem. § 46 Abs. 2 getroffen worden ist, ist die **tatsächliche Entstehung** und die **Höhe** der betroffenen Auslagen noch darzulegen und glaubhaft zu machen. Denn die Prüfung der Entstehung von Auslagen wird durch die Feststellung der Erforderlichkeit gem. § 46 Abs. 2 nicht ersetzt.[364]

V. Aktenauszüge für Versicherer

1. Grundlage für die Dokumentenpauschale

248 Haftpflichtversicherer pflegen in aller Regel – insbesondere bei Verkehrsunfallschäden, die nicht eindeutig liegen – vorgerichtlich einen Aktenauszug einzuholen, um sich über den Umfang ihrer Einstandspflicht, insbesondere eine Mitverursachung oder ein Mitverschulden des Geschädigten, zu informieren. Diese Aktenauszüge können die Versicherer – soweit sie nicht als Körperschaft des öffentlichen Rechts organisiert sind – nicht selbst einholen. Nach Nr. 187 sind die privatrechtlich organisierten Versicherer nicht berechtigt, Akteneinsicht zu nehmen. Sie müssen sich hierzu eines Anwalts bedienen, dessen Tätigkeit sie zu vergüten haben.

---

356 OLGR Schleswig 1998, 307.
357 KG AGS 2014, 50; RVGreport 2014, 233; OLG Düsseldorf NJW 2008, 2058 = JMBl NW 2008, 181 = Rpfleger 2008, 532 = JurBüro 2008, 420 = NStZ-RR 2008, 328; OLG Köln AGS 2008, 179 = NJW 2008, 1330 = NStZ-RR 2008, 360 = RVGprof. 2008, 168.
358 OLG Düsseldorf StV 1994, 499 = AGS 1994, 90 = Rpfleger 1994, 226, noch zu § 126 BRAGO; OLG Schleswig SchlHA 2006, 301; AG Wermelskirchen AGS 2002, 20 = Rpfleger 2001, 504.
359 Gerold/Schmidt/*Müller-Rabe*, § 46 Rn 93; NK-GK/ *H. Schneider*, § 46 Rn 24; Mayer/Kroiß/*Ebert*, RVG, § 46 Rn 169; Riedel/Sußbauer/*Ahlmann*, § 46 Rn 31.
360 BT-Drucks 15/1971, S. 200.
361 Vgl. OLG Zweibrücken JurBüro 1984, 418, noch zu § 126 BRAGO.
362 OLG Düsseldorf, Beschl. v. 22.9.2014 – III-1 Ws 246/14, III-1 Ws 272/14, juris; OLG Düsseldorf, Beschl. v. 22.9.2014 – III-1 Ws 307/14, III-1 Ws 312/14, juris; OLG Celle AGS 2012, 480 = StraFo 2012, 338 = NStZ-RR 2012, 326; OLG Düsseldorf Rpfleger 1994, 226, zu § 126 BRAGO.
363 KG StRR 2008, 398 = RVGreport 2003, 302; OLG Düsseldorf, Beschl. v. 22.9.2014 – III-1 Ws 246/14, III-1 Ws 272/14, juris: Feststellung, dass ein Komplettausdruck der auf Datenträger übersandten bzw. überlassenen elektronischen Zweitakte erforderlich ist.
364 OLG Köln NStZ-RR 2014, 64 = RVGreport 2014, 105.

Die Tätigkeit des Anwalts wurde bis zum 30.6.2004 (1. KostRMoG zum 1.7.2004) nach einem seinerzeit vom DAV und dem HUK-Verband geschlossenen Abkommen über das „Honorar für Akteneinsicht und Aktenauszüge aus Unfallstrafakten für Versicherungsgesellschaften" abgerechnet. Der Anwalt erhielt danach für den Aktenauszug eine Pauschale von 26 EUR zuzüglich Nebenkosten und Umsatzsteuer. Da es sich um eine pauschale Vergütung handelte, wurde diese nicht auf die Prozessgebühr eines eventuell folgenden Rechtsstreits angerechnet. Der Versicherer muss die Kosten für den Aktenauszug vielmehr zusätzlich tragen (siehe Anhang II).[365] Nach diesem Abkommen kommt auch der Ersatz der Dokumentenpauschale nach VV 7000 für jede kopierte Seite des Aktenauszugs in Betracht.[366]   249

2. Erstattung der Kosten

Nach Abschluss des Rechtsstreits stellt sich dann häufig die Frage, ob der Versicherer die von ihm vorgelegten Kosten für den Aktenauszug erstattet verlangen kann. Die **Rechtsprechung differenziert** insoweit: 250

Wird der Aktenauszug **nur zum Zwecke der Regulierung** eingeholt oder dient er **nur als Entscheidungshilfe, ob der Rechtsstreit überhaupt aufgenommen werden soll**, dann sollen die Kosten hierfür nicht erstattungsfähig sein.[367]   251

Ist der Aktenauszug dagegen **zur Durchführung des Rechtsstreits** eingeholt worden, sind die hierfür aufgewandten Kosten als sog. **Vorbereitungskosten** nach § 91 Abs. 1, 2 ZPO erstattungsfähig. Ein Haftpflichtversicherer ist grundsätzlich berechtigt, sich zwecks Unterrichtung über den Unfallhergang durch einen Anwalt einen Auszug aus den Strafakten fertigen zu lassen. Nur nach entsprechender Unterrichtung ist es einem Haftpflichtversicherer möglich, sein Vorgehen im Rahmen der Rechtsverteidigung im Haftpflichtprozess abzustimmen und geeignete Prozessschritte abzuwägen. Die Beauftragung eines Rechtsanwalts ist auch notwendig, da Strafakten nur an Rechtsanwälte zur Einsichtnahme und Fertigung von Kopien ausgehändigt werden. Die im Vorfeld des Prozesses entstandenen Kosten sind daher insoweit als zur Prozessvorbereitung erforderlich anzusehen.[368]   252

Der Versicherer kann auch nicht darauf verwiesen werden, dass es kostengünstiger gewesen wäre, den Aktenauszug erst im Rechtsstreit einzuholen, weil dann die Tätigkeit des Anwalts durch die Prozessgebühr abgegolten gewesen wäre. Der Versicherer muss nicht warten, bis er verklagt wird. Er darf schon vorprozessual den Aktenauszug mit der entsprechenden Erstattungsfolge einholen.[369]   253

Nr.	Auslagentatbestand	Höhe
7001	Entgelte für Post- und Telekommunikationsdienstleistungen .... Für die durch die Geltendmachung der Vergütung entstehenden Entgelte kann kein Ersatz verlangt werden.	in voller Höhe
7002	Pauschale für Entgelte für Post- und Telekommunikationsdienstleistungen .... (1) Die Pauschale kann in jeder Angelegenheit anstelle der tatsächlichen Auslagen nach Nummer 7001 gefordert werden. (2) Werden Gebühren aus der Staatskasse gezahlt, sind diese maßgebend.	20 % der Gebühren – höchstens 20,00 €

Literatur: *Chemnitz*, Postgebührenpauschale für Verteidigertätigkeiten in einem staatsanwaltlichen Ermittlungsverfahren und einem anschließenden Bußgeldverfahren, AGS 1997, 84; *von Eicken*, Berechnung der Auslagenpauschale des § 26 S. 2 in Anrechnungsfällen, AGS 2996, 109; *Hansens*, Zur Abrechnung der Postgebührenpauschale bei der Gebührenanrechnung, JurBüro 1987, 1744; *Hergenröder*, Die korrekte Berechnung der Postentgeltpauschale, AGS 2006, 57; *Madert*, Strafrechtliches Ermittlungsverfahren und Strafverfahren – eine Angelegenheit oder zwei Angelegenheiten? AGS 2006, 105; *Minwe-*

---

365 Siehe hierzu ausführlich *N. Schneider*, DAV-Abkommen Rn 324 ff.; *ders.*, ZAP Fach 24, S. 559; *Volpert*, RVGprof. 2004, 169.
366 Gerold/Schmidt/*Müller-Rabe*, RVG, VV 7000 Rn 251.
367 OLG Nürnberg JurBüro 1966, 671; OLG Celle JurBüro 1969, 741; OLG Koblenz JurBüro 1980, 723; JurBüro 1981, 136; AG Siegburg AGS 2006, 176 m. Anm. *N. Schneider*.
368 LG Bonn AnwBl 1966, 364; LG Essen AnwBl 1995, 441; AG Siegburg BRAGOreport 2000, 46 m. Anm. *N. Schneider*; AGS 2003, 324 m. Anm. *N. Schneider*.
369 AG Albstadt AnwBl 1978, 317.

gen, Post- und Telekommunikationspauschale auch im Rahmen der Erstberatung?, JurBüro 2005, 621; *N. Schneider*, Die Berechnung der Auslagenpauschale in Anrechnungsfällen, MDR 1991, 926; *ders.*, Entgelte für Post- und Telekommunikationsdienstleistungen, ZAP Fach 24, S. 585; *ders.*, Die Berechnung der Auslagenpauschale nach dem sog. „DAV-Abkommen" bei mehreren Auftraggebern, BRAGOreport 2001, 135; *ders.*, Berechnung der Auslagenpauschalen in Anrechnungsfällen, ProzRB, 2003, 310; *ders.*, Verschenkte Auslagenpauschalen, AGS 2003, 94; *ders.*, Zwei Auslagenpauschalen für vorbereitendes und gerichtliches Verfahren?, AGS 2005, 7.

A. Allgemeines 1	c) Berechnung der Postentgeltpauschale in Anrechnungsfällen 38
B. Regelungsgehalt 2	6. Verbindung und Trennung 44
I. Persönlicher Anwendungsbereich 2	7. Gesetzliche Änderung der Pauschale 46
II. Sachlicher Anwendungsbereich 3	VII. Nachträgliche Änderung der Abrechnungsmethode 48
III. Umfang der zu erstattenden Entgelte 6	
IV. Wahl der Abrechnungsmethode 11	
V. Konkrete Abrechnung (VV 7001) 14	C. Beigeordneter Anwalt und Pflichtverteidiger 49
VI. Pauschale Abrechnung (VV 7002) 19	
1. Voraussetzungen 19	D. Beratungshilfe 51
2. Berechnung 22	E. Kostenerstattung und Kostenfestsetzung ... 57
3. Höchstbetrag 31	I. Allgemeines 57
4. Umsatzsteuer, VV 7008 32	II. Konkrete Abrechnung 58
5. Postentgeltpauschale bei mehreren Angelegenheiten 33	III. Pauschale Abrechnung 62
a) Grundsatz 33	IV. § 162 Abs. 1 VwGO 65
b) Einzelfälle 34	V. Parteikosten 67
	F. Übergangsrecht 68

A. Allgemeines

1 Nach VV 7001, 7002 steht dem Anwalt gegen seinen Mandanten ein Anspruch auf Ersatz der bei Ausführung des Auftrags angefallenen Entgelte für Post- und Telekommunikationsdienstleistungen zu. Er kann diese Auslagen wahlweise konkret (VV 7001) oder pauschal (VV 7002) abrechnen.

B. Regelungsgehalt

I. Persönlicher Anwendungsbereich

2 Die Vorschriften der VV 7001, 7002 gelten für **Rechtsanwälte**, **Patentanwälte**[1] sowie für **Rechtsbeistände**.[2] Ist der Rechtsanwalt **außerhalb** des Anwendungsbereichs des **§ 1 Abs. 1** tätig, also als Vormund, Pfleger, sonstige Person i.S.d. § 1 Abs. 2 o.Ä., kann er **nicht** nach VV 7001, 7002 abrechnen, sondern muss eventuelle Auslagen nach den für seine Tätigkeit maßgebenden Vorschriften einfordern.[3] Ebenfalls sind die VV 7001, 7002 nicht anwendbar, wenn der Anwalt für einen Auftraggeber als „Posttransferstelle" fungiert, wenn also die Adresse des Mandanten nicht bekannt gegeben werden und der Anwalt sämtliche Post empfangen und weiterleiten soll.[4] Es ist in solchen Fällen nach § 670 BGB abzurechnen.

II. Sachlicher Anwendungsbereich

3 Die Vorschriften der VV 7001, 7002 gelten zunächst einmal bei Abrechnung nach der **gesetzlichen Vergütung**.

4 Hat der Anwalt mit seinem Mandanten eine **Vergütungsvereinbarung** getroffen, so muss der Vereinbarung durch Auslegung nach §§ 133, 157 BGB entnommen werden, ob zusätzlich zu der vereinbarten Vergütung die Entgelte für Post- und Telekommunikationsdienstleistungen nach VV 7001, 7002 gesondert abgerechnet werden dürfen. Wird eine Pauschal- oder Zeitvergütung vereinbart, so ist im Zweifel davon auszugehen, dass damit auch sämtliche Auslagen abgegolten sein sollen, so dass für VV 7001, 7002 kein Raum mehr bleibt.[5]

---

[1] OLG Frankfurt JurBüro 1978, 532.
[2] VGH Stuttgart VwBlBW 1982, 260.
[3] LG Berlin NJW 1970, 246 = JurBüro 1969, 1180; BayObLG AnwBl 1996, 346.
[4] *Von Eicken*, AGS 1999, 160.
[5] LG Koblenz AnwBl 1984, 206 m. Anm. *Madert* = JurBüro 1984, 1667; *N. Schneider*, Die Vergütungsvereinbarung, Rn 1069 ff.

Auch kann der Anwalt z.B. beim Anfertigen von **Aktenauszügen** für Versicherer keine Auslagen nach VV 7001, 7002 fordern, weil durch das zwischen dem DAV und den Versicherern vereinbarte Pauschalhonorar solche Auslagen bereits abgegolten sind (siehe Anhang II).[6]

III. Umfang der zu erstattenden Entgelte

Zu den vom Auftraggeber nach VV 7001, 7002 zu übernehmenden Entgelten für Post- und Telekommunikationsdienstleistungen zählen zum einen die allgemeinen **Portokosten** für Briefe, Postkarten, Einschreiben, Rückscheine, förmliche Zustellungen, Päckchen und Pakete usw.[7] **Darüber hinausgehende Kosten** (z.B. für Expressgut-, Fracht- oder Funkbotenkosten) fallen nicht unter VV 7001, 7002.[8] Solche Kosten können im Einzelfall nur nach §§ 670, 675 BGB abgerechnet werden.

Neben den Portokosten sind die **Gebühren für Orts- und Ferngespräche** sowie für **online-Verbindungen (E-Mail, Internet etc.)** sowie für **Fernschreiben, Telefax- oder Telegrammsendungen** zu ersetzen. Erforderlich ist allerdings, dass hierfür Entgelte anfallen. Soweit keine gesonderten Entgelte anfallen, etwa weil durch eine Flatrate abgegolten, fallen keine nach VV 7001, 7002 abrechenbaren oder zu pauschalisierenden Kosten an. So fällt für die reine Versendung einer E-Mail grundsätzlich kein Entgelt an. Die Kosten für den Internetanschluss gehören zu den allgemeinen Geschäftskosten. Diese sind gemäß VV Vorb. 7 Abs. 1 mit den Gebühren abgegolten und können daher nicht zusätzlich in Ansatz gebracht werden.[9]

Auch die Aufwendungen für die Einrichtung und Unterhaltung von Fernsprech-, Fernschreib- oder Telefaxanlagen können dagegen nicht nach VV 7001, 7002 abgerechnet werden.[10] Diese Kosten gehören nach VV Vorb. 7 Abs. 1 S. 1 zu den allgemeinen Geschäftskosten und werden bereits durch die Gebühren abgegolten.

Das gleiche gilt für eine sog. Flatrate, also ein Verbindungsentgelt, das für eine Dauerverbindung gezahlt wird, so dass für konkrete Einzelverbindungen keine Entgelte erhoben werden.

Die **Aktenversendungspauschale** nach GKG-KostVerz. 9003, FamGKG-KostVerz. 2002, Nr. 31003 GNotKG fällt ebenfalls nicht unter VV 7001, 7002 (siehe VV Vorb. 7 Rdn 22 ff.). Der Anwalt kann gezahlte Aktenversendungspauschalen als gesonderte Auslagen nach §§ 670, 675 BGB abrechnen und zwar zuzüglich Umsatzsteuer.[11] Es handelt sich weder um Postentgelte[12] noch um allgemeine Geschäftskosten i.S.d. VV Vorb. 7 Abs. 1 S. 1.[13]

IV. Wahl der Abrechnungsmethode

Der Anwalt hat die Möglichkeit, die von ihm aufgewandten Entgelte **konkret** abzurechnen (**VV 7001**) oder auch **pauschal** (**VV 7002**). Eine Kombination ist nicht möglich. Rechnet der Anwalt also auch nur eine Position konkret ab, dann kann er die weiteren Positionen nicht pauschalisieren. Er muss sie auch konkret abrechnen oder unberücksichtigt lassen.[14]

---

6 N. Schneider, Abrechnung in Verkehrssachen nach den „DAV-Abkommen", Rn 341.
7 Kronenbitter/Kaiser, Teil 2/6.3 S. 1.
8 OLG Frankfurt Rpfleger 1984, 433; Hansens, BRAGO, § 26 Rn 1.
9 AG Montabaur AGS 2011, 586 = JurBüro 2011, 474.
10 Gerold/Schmidt/Müller-Rabe, RVG, VV 7001, 7002 Rn 9.
11 BGH AGS 2011, 262 = DAR 2011, 356 = MDR 2011, 758 = VersR 2011, 877 = zfs 2011, 402 = AnwBl 2011, 583 = RuS 2011, 287 = SVR 2011, 263 = JurBüro 2011, 412 = Rpfleger 2011, 563 = NZV 2011, 438 = NJW 2011, 3041 = NJW-Spezial 2011, 349 = RVGreport 2011, 215 = VRR 2011, 279 = RVGprof. 2011, 134 = StRR 2011, 279 = BRAK-Mitt 2011, 214 = DÖV 2011, 704 = Schaden-Praxis 2011, 341 = GuT 2011, 310.
12 BGH AGS 2011, 262 = DAR 2011, 356 = MDR 2011, 758 = VersR 2011, 877 = zfs 2011, 402 = AnwBl 2011, 583 = RuS 2011, 287 = SVR 2011, 263 = JurBüro 2011, 412 = Rpfleger 2011, 563 = NZV 2011, 438 = NJW 2011, 3041 = NJW-Spezial 2011, 349 = RVGreport 2011, 215 = VRR 2011, 279 = RVGprof. 2011, 134 = StRR 2011, 279 = BRAK-Mitt 2011, 214 = DÖV 2011, 704 = Schaden-Praxis 2011, 341 = GuT 2011, 310; LG Dresden RVGreport 2010, 454 = AGkompakt 2011, 15; a.A. LG Leipzig RVGreport 2010, 182; RVGprof. 2009, 33 = RVGreport 2009, 61 = VRR 2009, 119.
13 BGH, Beschl. v. 6.4.2011 – IV ZR 232/08.
14 Vergabekammer beim Regierungspräsidium Halle, Beschl. v. 18.10.2006 – 1 VK LVwA 01/06 K (juris).

Beispiel:[15] Der Anwalt berechnet für einen Paketversand Kosten in Höhe von 24,58 EUR und fordert daneben die weiteren Portokosten die Pauschale nach VV 7002.
Neben der konkreten Abrechnung kann eine Pauschale nicht verlangt werden.

12 Das **Wahlrecht** steht ausschließlich dem Anwalt zu. Der Mandant hat auf die Art der Berechnung keinen Einfluss. Es handelt sich keineswegs um eine Wahlschuld nach §§ 262 ff. BGB.[16]

13 Soweit ein Mandat aus **mehreren gebührenrechtlichen Angelegenheiten** besteht (§ 15 Abs. 2), kann der Anwalt in jeder Angelegenheit sein Wahlrecht **gesondert** ausüben.[17] Er ist keinesfalls gehalten, die verauslagten Entgelte eines Auftrags insgesamt pauschal oder insgesamt konkret abzurechnen.

Beispiel: Der Anwalt erhebt für seinen Mandanten eine Scheckklage und vertritt ihn auch im anschließenden Nachverfahren.
Gebührenrechtlich liegen zwei Angelegenheiten vor (§ 17 Nr. 5). Der Anwalt kann daher z.B. im Scheckverfahren konkret nach VV 7001 abrechnen und im Nachverfahren pauschal nach VV 7002.

V. Konkrete Abrechnung (VV 7001)

14 Wird die **konkrete Abrechnung** nach **VV 7001** gewählt, so können alle erstattungsfähigen Entgelte abgerechnet werden, soweit sie bei Durchführung des Mandats entstanden sind und der Anwalt ihre Aufwendungen den Umständen nach für erforderlich halten durfte. Abgerechnet werden dürfen nur die konkreten **tatsächlich angefallenen** Kosten, also die konkreten Portokosten und die tatsächlich angefallenen Fernsprechgebühren. Hier ist weder eine teilweise Pauschalierung zulässig noch die Festsetzung eigener Telefongebührentarife. Der Anwalt darf nur diejenigen Telefongebühren abrechnen, die er auch tatsächlich abführt. So ist es also insbesondere unzulässig, Anschaffungs- und Unterhaltskosten auf die Telefongebühren umzulegen.[18] Auch die Kosten einer **Flatrate** können nicht anteilig umgelegt werden; insoweit bleibt nur die pauschale Berechnung.

15 Die Portokosten für die **Übersendung** der **Kostenrechnung** dürfen nicht dem Auftraggeber in Rechnung gestellt werden. Die frühere Streitfrage[19] ist zwischenzeitlich durch die Anm. zu VV 7001 geklärt.[20]

16 Für die **Abrechnung** gegenüber dem Mandanten genügt nach **§ 10 Abs. 2 S. 2** grundsätzlich die Angabe des Gesamtbetrages aller Auslagen. Der Anwalt ist also nicht verpflichtet, von vornherein bei konkreter Abrechnung sämtliche einzelnen Gebühren und Porti aufzulisten. Falls der Auftraggeber die Höhe des abgerechneten Gesamtbetrages jedoch bezweifelt, muss der Anwalt auf Verlangen die Zusammensetzung des Gesamtbetrages aufschlüsseln. Im Rechtsstreit ist er insoweit **darlegungs- und beweispflichtig**.[21] Will der Anwalt konkret abrechnen, so ist es zweckmäßig, von vornherein die einzelnen Entgeltbeträge zu erfassen und in der Abrechnung detailliert auszuweisen, um erst gar keinen Argwohn gegen zu hohe Auslagen aufkommen zu lassen.

17 Auch auf die konkret abgerechneten Auslagen wird **Umsatzsteuer** erhoben.[22] Der Anwalt muss die Umsatzsteuer gesondert ausweisen und dem Mandanten nach VV 7008 in Rechnung stellen. Enthalten die gezahlten Entgelte ihrerseits Umsatzsteuer (z.B. Telefongebühren), darf der Anwalt zunächst nur die Nettobeträge in seine Abrechnung einsetzen.[23] Erst anschließend wird aus der Gesamtvergütung die Umsatzsteuer berechnet und ausgewiesen. Anderenfalls wäre der Auftraggeber nicht in der Lage, den Vorsteuerabzug geltend zu machen.

---

15 Nach Vergabekammer beim Regierungspräsidium Halle, Beschl. v. 18.10.2006 – 1 VK LVwA 01/06 K (juris).
16 *Kronenbitter/Kaiser*, Teil 2/6.3, S. 1.
17 *Gerold/Schmidt/Müller-Rabe*, RVG, VV 7001, 7002 Rn 12 f.
18 *Gerold/Schmidt/Müller-Rabe*, RVG, VV 7001, 7002 Rn 15.
19 AG Nürtingen AGS 1998, 116 m. Anm. *Madert* = KostRsp. BRAGO § 26 Nr. 19; *Hansens*, BRAGO, § 18 Rn 12; a.A. *Hartmann*, KostG, 34. Aufl., § 18 BRAGO Rn 1; *Kronenbitter/Kaiser*, Teil 2/6.3 S. 4.
20 Unzutreffend *Minwegen*, JurBüro 2005, 621.
21 *Schumann/Geißinger*, § 26 Rn 4.
22 *Kögler/Block/Pauly*, Die Besteuerung von Rechtsanwälten und Anwaltsgesellschaften, 2000, § 2 Rn 203.
23 BGH AGS 2012, 268 = MDR 2012, 810 = AnwBl 2012, 664 = zfs 2012, 463 = NJW-RR 2012, 1016 = JurBüro 2012, 479 = NZV 2012, 476 = VersR 2012, 1316 = Schaden-Praxis 2012, 449 = NJW-Spezial 2012, 412 = IBR 2012, 427 = RVGprof. 2012, 113 = RVGreport 2012, 266 = FamRZ 2012, 1136 = StRR 2012, 243 u. 356 = DB 2012, 2575.

Beispiel: Abgerechnet werden diverse Portokosten sowie Telefongebühren. In den Telefongebühren ist Umsatzsteuer enthalten. Eine Berechnung nach § 10 sähe etwa wie folgt aus:

1,5-Geschäftsgebühr, VV 2300 (Wert: 1.000 EUR)	120,00 EUR
Auslagen, VV 7001:	
– Telefongebühren (netto) Ortsgespräch mit RA X v. 4.8.2015	1,50 EUR
– Telefongebühren (netto) Ferngespräch mit Richter Y (AG Köln) v. 5.8.2015	4,00 EUR
– Telefax an X-Versicherung v. 6.8.2015	0,20 EUR
– Brief an Y v. 29.7.2015	0,55 EUR
– Paketsendung an Z v. 30.7.2015	6,90 EUR
Zwischensumme	133,15 EUR
19 % Umsatzsteuer, VV 7008	25,30 EUR
Gesamt	**158,45 EUR**
(Unterschrift Rechtsanwalt)	

Angesichts dieser aufwendigen Abrechnung und des damit zwangsläufig verbundenen Verwaltungsaufwands dürfte es in aller Regel für den Anwalt praktikabler sein, pauschal abzurechnen. Allerdings bieten bereits einige Anwaltsprogramme Erfassungsmöglichkeiten an, wonach zumindest Portokosten sofort zur Akte gespeichert werden können, was den Erfassungs- und Abrechnungsaufwand zum Teil erheblich reduziert. **18**

VI. Pauschale Abrechnung (VV 7002)

1. Voraussetzungen

Nach **VV 7002** kann der Anwalt an Stelle der konkreten Abrechnung auch eine **Pauschale** wählen. Voraussetzung für die pauschale Berechnung ist, dass **tatsächlich Entgelte** für Post- und Telekommunikationsdienstleistungen **angefallen** sind. Die Höhe ist dabei unerheblich, da pauschal abgerechnet wird; es muss lediglich bei Ausführung des Auftrags mindestens einmal Porto oder eine Telefongebühr angefallen sein.[24] A.A. ist das AG Winsen,[25] wonach die Post- und Telekommunikationspauschale unabhängig von der Frage anfallen soll, ob im Einzelfall ausscheidbaren Einzelkosten überhaupt angefallen sind. Aus dem Begriff der Pauschale folge, dass sich eine Prüfung verbiete, ob überhaupt Kosten angefallen seien. Gegen diese Auffassung spricht allerdings der Wortlaut, wonach die Pauschale „anstelle der tatsächlichen Auslagen" und nicht anstelle der tatsächlichen Abrechnung erhoben wird. Daraus folgt, dass dann, wenn keine konkreten Kosten angefallen sind, auch nichts an deren Stelle treten kann. **19**

An solchen pauschalierbaren Kosten fehlt es, wenn der Anwalt nur eine **mündliche Beratung** erbringt.[26] Ruft der Anwalt den Mandanten allerdings an, um ihm telefonisch Rat zu erteilen, oder fasst er das Beratungsergebnis auf Wunsch des Mandanten nochmals schriftlich zusammen und schickt ihm dies zu, fällt die Pauschale an.[27] **20**

Die Portokosten für die **Übersendung** der **Kostenrechnung** alleine reichen nicht aus, um bereits die Pauschale auszulösen. Die bisherige Streitfrage[28] ist jetzt in Anm. zu VV 7001 geklärt. **21**

2. Berechnung

Die sog. **Auslagen-** oder **Postentgeltpauschale** beläuft sich auf **20 % der Gebühren**. Eine **Aufrundung** auf eine Dezimalstelle, wie sie noch nach der bis zum 31.12.2001 geltenden Gesetzesfassung **22**

---

[24] LG Berlin JurBüro 1985, 1343; OLG München JurBüro 1970, 242; AG Osnabrück NdsRpfl 1986, 257 = KostRsp. BRAGO Nr. 8; AG Koblenz AGS 2004, 158 m. Anm. *N. Schneider*.
[25] AGS 2016, 162 = NJW-Spezial 2016, 220.
[26] Zuletzt AG Koblenz AGS 2004, 158 m. Anm. *N. Schneider*; *Hansens*, BRAGO, § 26 Rn 2; *Mümmler*, JurBüro 1994, 589.
[27] AG Königs Wusterhausen AGS 2012, 188 = VRR 2012, 83 = NJW-Spezial 2012, 220 = StRR 2012, 123; AG Halle RVGreport 2012, 188.
[28] AG Nürtingen AGS 1998, 116 m. Anm. *Madert* = KostRsp. BRAGO § 26 Nr. 19; *Hansens*, BRAGO, § 18 Rn 12.

gemäß § 11 Abs. 2 S. 2 BRAGO vorgesehen war, findet nicht mehr statt. Auch wenn die frühere Verweisung in § 26 S. 3 BRAGO entfallen ist, muss § 2 Abs. 2 S. 2 dennoch analog angewandt werden. Es gilt danach auch für die Postentgeltpauschale die **kaufmännische Auf- und Abrundung** auf volle Cent, also auf die zweite Dezimalstelle.

23 Da der Mindestbetrag einer Gebühr immer 10 EUR beträgt (§ 13 Abs. 2), beläuft sich die Pauschale somit auf **mindestens 2 EUR**.

24 Als **Berechnungsgrundlage** können nur Gebühren herangezogen werden, nicht auch Auslagen, selbst wenn sie nach den VV 7000 ff. zur gesetzlichen Vergütung gehören. **Hebegebühren** für die Auszahlung von Geldern (VV 1009) sind gesetzliche Gebühren. Daher kann die Pauschale auch hierauf erhoben werden[29] (zur Berechnung der Hebegebühren siehe VV 1009 Rdn 52 f.). Da die Hebegebühr nur einen Mindestbetrag von 1 EUR vorsieht, kann hier die Pauschale sogar lediglich 0,20 EUR betragen.

25 Haben die Parteien eine **Vergütungsvereinbarung** geschlossen und ergibt sich aus dem Inhalt, dass der Anwalt zusätzlich nach VV 7001, 7002 die Entgelte für Post- und Telekommunikationsdienstleistungen abrechnen darf, so richtet sich die Höhe der Pauschale nach den Gebühren, die bei gesetzlicher Abrechnung angefallen wären. A.A. ist *Müller-Rabe*, der auf die vereinbarte Vergütung abstellen will, was im Ergebnis keinen Unterschied machen dürfte, da die Gebühren hier selten unter 100 EUR liegen dürften[30]

26 Im Rahmen der **Prozess- und Verfahrenskostenhilfe** berechnet sich die Pauschale nach den ermäßigten Beträgen des § 49. Das ist mit dem 2. KostRMoG durch die zwischenzeitlich eingefügte Anm. Abs. 2 zu VV 7002 klargestellt worden.

27 Strittig war früher, wie in **Beratungshilfesachen** abzurechnen sei, also ob sich die Pauschale nach den Beratungshilfegebühren der VV 2501 ff. richtet oder nach den fiktiven gesetzlichen Wahlanwaltsgebühren. Auch hier hat sich die Streitfrage mit dem 2. KostRMoG und der neu eigefügten Anm. Abs. 2 zu VV 7002 erledigt. Abzustellen ist auf die Beratungshilfegebühren (siehe hierzu Rdn 51 f.).

28 Auch in Verfahren nach VV Teil 6 kann der beigeordnete Anwalt seine Postentgeltpauschale nur nach den Pflichtanwaltsgebühren berechnen und nicht nach den Wahlanwaltsgebühren. Die gegenteilige Auffassung[31] ist seit dem 2. KostRMoG und der neu eigefügten Anm. Abs. 2 zu VV 7002 nicht mehr vertretbar.

29 Bei **Rahmengebühren** (Satzrahmen und Betragsrahmen) ist die jeweilige im Einzelfall vom Anwalt nach § 14 Abs. 1 im Rahmen seines sachgerechten Ermessens festgesetzte Gebühr heranzuziehen.[32]

30 Ist der Anwalt von **mehreren Auftraggebern** gemeinschaftlich beauftragt, ist die Pauschale aus den nach VV 1008 erhöhten Gebühren zu berechnen. Der Höchstbetrag der Pauschale selbst wird nicht erhöht.[33] Der einzelne Auftraggeber schuldet die Pauschale nur insoweit, als sie angefallen wäre, wenn er alleine den Auftrag erteilt hätte (§ 7 Abs. 2). Der jeweilige Pauschalbetrag errechnet sich also aus denjenigen Gebühren, für die der einzelne Auftraggeber alleine aufzukommen hat[34] (zur Berechnung der jeweiligen Gebührenanteile bei mehreren Auftraggebern siehe § 7 Rdn 19 ff.).

3. Höchstbetrag

31 Die Höhe der Pauschale ist auf **20 EUR** in jeder Angelegenheit begrenzt und wird daher bereits bei einem Gebührenaufkommen von 100 EUR erreicht.

---

29 *Enders*, JurBüro 1998, 131.
30 Gerold/Schmidt/*Müller-Rabe*, RVG, VV 7001, 7002 Rn 29.
31 AG Spandau AnwBl 1971, 178 zum früheren § 112 Abs. 4 BRAGO, jetzt VV 6300 ff.
32 Gerold/Schmidt/*Müller-Rabe*, RVG, VV 7001, 7002 Rn 30.
33 Gerold/Schmidt/*Müller-Rabe*, RVG, VV 7001, 7002 Rn 31.
34 AG Frankfurt AnwBl 1967, 242.

4. Umsatzsteuer, VV 7008

Soweit die pauschale Abrechnung (VV 7002) gewählt wird, unterliegt auch diese der **Umsatzsteuer**.[35]

5. Postentgeltpauschale bei mehreren Angelegenheiten

a) Grundsatz

Die Postentgeltpauschale kann der Anwalt in **jeder Angelegenheit** gesondert berechnen. Dies ist jetzt im Gesetz (Anm. zu VV 7002) ausdrücklich geregelt. Soweit das RVG anordnet, dass eine bestimmte anwaltliche Tätigkeit als besondere Angelegenheit anzusehen ist, kann der Anwalt in dieser Angelegenheit also auch eine gesonderte Postentgeltpauschale berechnen.

b) Einzelfälle

Wann nur eine Angelegenheit gegeben ist und wann mehrere, wird teilweise unterschiedlich beurteilt. Umstritten waren nach der BRAGO vor allem die Anrechnungsfälle, also diejenigen Fälle, in denen die BRAGO angeordnet hatte, dass eine Gebühr auf eine bestimmte Gebühr einer anderen, nachfolgenden Angelegenheit anzurechnen sei (so z.B. in den §§ 20 Abs. 1 S. 4, 39 S. 2, 43 Abs. 2, 118 Abs. 2 BRAGO). Umstritten war insoweit nicht nur, ob überhaupt eine weitere Pauschale entsteht, sondern auch, wie sich die Anrechnung auswirkt.

Die Streitfragen, in welchen Fällen eine gesonderte Pauschale entsteht, dürften jetzt weitgehend geklärt sein. Zum einen folgt aus der **Anm. zu VV 7002** klar und eindeutig, dass der Anwalt die Pauschale **in jeder Angelegenheit** fordern kann; zum anderen ist in den §§ 17, 18, 20 und 21 ausführlich geregelt, wann eine gesonderte Angelegenheit gegeben ist. Danach erhält der Anwalt in jeder Angelegenheit eine eigene Pauschale. Der **Begriff** der **Angelegenheit** ist dabei ausschließlich gebührenrechtlich zu verstehen und nicht prozessual. Dasselbe prozessuale Verfahren kann mehrere Gebührenangelegenheiten umfassen. So gilt z.B. das Urkunden-, Scheck- oder Wechselverfahren einerseits und das anschließende Nachverfahren andererseits jeweils als eigene Angelegenheit (§ 17 Nr. 5). Ebenso ist jetzt gesetzlich geregelt, dass das Mahnverfahren und das nachfolgende streitige Verfahren zwei verschiedene Angelegenheiten sind (§ 17 Nr. 2). Ungeachtet des eindeutigen Wortlautes wurde von einigen Gerichten dennoch die Auffassung vertreten, der Anwalt könne in diesen Fällen nur eine Pauschale verlangen, da es sich nur um ein einziges Verfahren handele.[36] Dies ist unzutreffend. Nach § 15 Abs. 2 erhält der Anwalt in jedem Gebührenrechtszug seine Vergütung gesondert. Daher muss er auch in gesonderten Angelegenheiten jeweils gesonderte Pauschalen erhalten. Dies stellt die Anm. zu VV 7002 nunmehr unmissverständlich klar.

Gesonderte Postentgeltpauschalen erhält der Anwalt immer dann, wenn das RVG bestimmt, dass eine Tätigkeit als „**verschiedene Angelegenheit**" (§ 17) oder als „**besondere Angelegenheit**" (§ 18) gilt. Der Anwalt erhält daher insbesondere in folgenden Fällen gesonderte Pauschalen:
- bei Beratung und nachfolgender außergerichtlicher oder gerichtlicher Tätigkeit
- bei außergerichtlicher Tätigkeit und nachfolgendem Rechtsstreit bzw. Mahnverfahren[37]
- bei Beratungshilfe und nachfolgendem Rechtsstreit[38]
- bei Mahnverfahren und anschließendem streitigem Verfahren (§ 17 Nr. 2)
- bei Nichtzulassungsbeschwerde nach § 544 ZPO und anschließendem Revisionsverfahren (§ 17 Nr. 9)
- bei Urkunden-, Scheck- oder Wechselverfahren und Nachverfahren bzw. ordentlichem Verfahren (§ 17 Nr. 5)[39]

---

35 OLG Frankfurt JurBüro 1961, 500.
36 So etwa KG AGS 2000, 125 = Rpfleger 2000, 238 = MDR 2000, 604 = KGR 2000, 167 = KostRsp. BRAGO § 26 Nr. 23 m. Anm. *N. Schneider*.
37 AG Kleve AnwBl 1994, 197; AG Hamburg AnwBl 1993, 293; AG Alzey AnwBl 1982, 399.
38 LG Berlin JurBüro 1987, 1869; AG Gronau JurBüro 1985, 400 = KostRsp. BRAGO § 26 Nr. 4.
39 So schon zum bisherigen Recht: LG Aachen AnwBl 1969, 414; LG Kiel AnwBl 1969, 354 = MDR 1969, 1021; LG München I AnwBl 1968, 238.

N. Schneider

- im Verfahren nach Zurückverweisung (§ 21 Abs. 1)[40]
- im weiteren Verfahren nach Verweisung an ein untergeordnetes Gericht (§ 20 Abs. 1 S. 2)
- im Verfahren über eine Räumungsfrist, soweit das Verfahren nicht mit der Hauptsache verbunden ist
- im Verfahren über die vorläufige Vollstreckbarkeit bei gesonderter mündlicher Verhandlung (§ 19 Abs. 1 S. 2 Nr. 12)
- in allen Eilverfahren nach § 17 Nr. 4 (Arrest, einstweiliges Verfügungsverfahren und einstweilige Anordnung)
- in jedem Rechtsmittelverfahren, Berufung, Revision, Beschwerde, Rechtsbeschwerde (§ 17 Nr. 1)[41]
- in jedem Beschwerdeverfahren nach VV Teil 3, insbesondere im Verfahren über die Beschwerde gegen einen Kostenfestsetzungsbeschluss (§ 18 Abs. 1 Nr. 3)
- in Verfahren auf unbedingte Vollstreckbarerklärung (§§ 537, 558 ZPO), sofern es nicht Teil der Hauptsache ist (arg. e. § 19 Abs. 1 S. 2 Nr. 9)[42]
- in jeder selbstständigen Zwangsvollstreckungsmaßnahme (§ 18 Abs. 1 Nr. 1)
- im sozialrechtlichen Vorverfahren und im anschließenden sozialgerichtlichen Verfahren[43]
- im selbstständigen Beweisverfahren und im nachfolgenden Rechtsstreit oder umgekehrt (arg. e. VV Vorb. 3 Abs. 5)[44]
- in Verfahren über die Zulassungsbeschwerde und im Rechtsmittelverfahren nach Zulassung (§ 17 Nr. 9)[45]
- im Güteverfahren und dem nachfolgenden Rechtsstreit (§ 17 Nr. 7)
- im vereinfachten Unterhaltsverfahren und dem nachfolgenden Rechtsstreit (§ 17 Nr. 3)
- bei Einzeltätigkeiten nach VV 4300 und anschließender Tätigkeit als Verteidiger (arg. e. VV Vorb. 4.3 Abs. 4)
- bei Vertretung im Sühneverfahren (§ 380 StPO) und anschließendem Privatklageverfahren[46]
- bei Fortsetzung eines erledigten Auftrages nach mehr als zwei Kalenderjahren (§ 15 Abs. 5 S. 2)
- im staatsanwaltlichen Ermittlungsverfahren und dem nachfolgenden gerichtlichen Verfahren (§ 17 Nr. 10 Buchst. a); die gegenteilige Rechtsprechung zur Rechtslage vor Inkrafttreten des 2. KostRMoG ist nicht mehr vertretbar
- im staatsanwaltlichen Ermittlungsverfahren und einem nach dessen Einstellung nachfolgenden Bußgeldverfahren (§ 17 Nr. 10 Buchst. b)
- im Verfahren vor der Verwaltungsbehörde und dem nachfolgenden gerichtlichen Verfahren (§ 17 Nr. 11); die gegenteilige Rechtsprechung zur Rechtslage vor Inkrafttreten des 2. KostRMoG ist nicht mehr vertretbar
- bei Abtrennung einer Folgesache nach § 137 Abs. 5 S. 2 FamFG und im Falle des Art. 111 Abs. 4 RGG-ReformG (abgetrennte Versorgungsausgleichsverfahren in ZPO-Verbundverfahren);[47] nicht aber bei Abtrennung nach § 137 Abs. 5 S. 1 FamFG.[48]
- im Verwaltungsverfahren und im Nachprüfungsverfahren sowie im Verfahren auf Aussetzung oder Anordnung der sofortigen Vollziehung (§ 17 Nr. 1a)
- im Wiederaufnahmeverfahren und im wiederaufgenommenen Verfahren nach VV Teil 4 und 5 (§ 17 Nr. 13)
- im Verfahren auf Erteilung einer weiteren vollstreckbaren Ausfertigung (§ 18 Abs. 1 Nr. 5)

---

40 OLG Dresden AGS 2006, 169; so schon zum früheren Recht: OLG Hamm AnwBl 1972, 132 = JurBüro 1973, 143; OLG Düsseldorf JurBüro 1978, 1808; SG Hamburg JurBüro 1993, 219 = KostRsp. BRAGO § 15 Nr. 24 m. Anm. *Hellstab*.

41 Gerold/Schmidt/*von Eicken*, BRAGO, § 26 Rn 5.

42 *N. Schneider*, AGS 1996, 85; *ders.*, ZAP Fach 24, S. 529.

43 SG Stuttgart AnwBl 1980, 127.

44 OLG Koblenz AGS 2006, 61; OLG Hamm AGS 2006, 62 m. Anm. *Hansens*; *Schneider/Mock*, Das neue Gebührenrecht für Anwälte, § 16 Rn 3.

45 *Kronenbitter/Kaiser*, Teil 2/6.3 S. 2.

46 *Madert*, Anwaltsgebühren in Straf- und Bußgeldverfahren, Rn 104; a.A. AG Mainz Rpfleger 1972, 234; AnwBl 1981, 512.

47 BGH AGS 2100, 167 = NJW 2011, 1141 = FamRZ 2011, 635 = MDR 2011, 442 = FF 2011, 205 = JurBüro 2011, 298 = FPR 2012, 286 = NJW-Spezial 2011, 219 = FamRB 2011, 104 = NJW-Spezial 2011, 230 = FamFR 2011, 177 = RVGreport 2011, 193 = FuR 2011, 322 = ZFE 2011, 202 = ZFE 2011, 266; FamRZ 2011, 1219.

48 Zur vergleichbaren Rechtslage nach der ZPO: OLG Koblenz BRAGOreport 2000, 43 m. Anm. *N. Schneider*.

- in mehreren Verfahren vor einer Verbindung[49]
- in mehreren Verfahren nach einer Trennung.[50]

Nur **eine** Postentgeltpauschale fällt dagegen an:
- im Verfahren über den Mahnantrag (VV 3305) und anschließendem Verfahren über den Antrag auf Erlass des Vollstreckungsbescheides (VV 3308)
- im Prozesskostenhilfeprüfungsverfahren und im nachfolgenden Verfahren (§ 16 Nr. 2)
- im gesamten Scheidungs-Verbundverfahren (§ 16 Nr. 4)[51] und zwar auch nach Abtrennung einer Folgesache nach § 137 Abs. 5 S. 1 FamFG,[52] wohl aber bei Abtrennung nach § 137 Abs. 5 S. 2 FamFG und im Falle des Art. 111 Abs. 4 RGG-ReformG (abgetrennte Versorgungsausgleichsverfahren in ZPO-Verbundverfahren)[53]
- bei Einbeziehung nicht anhängiger Gegenstände in einen gerichtlichen Vergleich[54]
- in einem Arrest-, einstweiligen Verfügungs- oder einstweiligen Anordnungsverfahren und einem nachfolgenden Aufhebungs- oder Abänderungsverfahren (§ 16 Nr. 5)
- im Verfahren bis zum Abschluss eines Vergleichs und das seine Wirksamkeit sowie die Fortsetzung des Rechtsstreits betreffende Verfahren[55]
- in der Hauptsache und in Verfahren über die Erinnerung nach § 573 ZPO sowie die Gehörsrüge nach § 321 ZPO (§ 19 Abs. 1 S. 2 Nr. 5)
- bei mehreren Erinnerungen und Beschwerden in demselben Rechtszug gegen das Kostenfestsetzungsverfahren oder das Kostenansatzverfahren (§ 16 Nr. 10)
- Strafverfahren und Adhäsionsverfahren.

c) Berechnung der Postentgeltpauschale in Anrechnungsfällen

Sind in Anrechnungsfällen mehrere Pauschalen entstanden, so stellt sich die Frage, wie sich die Gebührenanrechnung auf die Höhe der Pauschale auswirkt.

Nach dem AG Pankow/Weißensee[56] sollen auch die Pauschalen aufeinander angerechnet werden. Dies ist jedoch unzutreffend. Die Pauschalen selbst werden nie angerechnet, da es hierzu an einer gesetzlichen Vorschrift fehlt.[57]

Nach einem Teil der Rspr. und Lit. soll die Postentgeltpauschale nur aus dem Gebührenaufkommen nach Anrechnung ermittelt werden.[58]

Beispiel: Der Anwalt ist beauftragt, außergerichtlich eine Forderung in Höhe von 1.000 EUR beizutreiben. Da der Schuldner nicht zahlt, erwirkt er auftragsgemäß einen Vollstreckungsbescheid.

Außergerichtliche Tätigkeit:
1. 1,3-Geschäftsgebühr, VV 2300   104,00 EUR
2. Postentgeltpauschale, VV 7002   20,00 EUR
   Zwischensumme (netto)   124,00 EUR

---

49 Eine dritte Pauschale für das verbundene Verfahren fällt daneben allerdings nicht an (BGH AGS 2010, 317 = RVGprof. 2010, 109 = MDR 2010, 776 = zfs 2010, 402 = Rpfleger 2010, 446 = JurBüro 2010, 414 = NJW 2010, 3377 = RVGreport 2010, 214 = FamRZ 2010, 1071 = VRR 2010, 278 = AnwBl 2010, 627.

50 Eine dritte Pauschale für das verbundene Verfahren fällt daneben allerdings nicht an (BGH AGS 2010, 317 = RVGprof. 2010, 109 = MDR 2010, 776 = zfs 2010, 402 = Rpfleger 2010, 446 = JurBüro 2010, 414 = NJW 2010, 3377 = RVGreport 2010, 214 = FamRZ 2010, 1071 = VRR 2010, 278 = AnwBl 2010, 627.

51 So schon zum bisherigen Recht: KG Rpfleger 1978, 390 = JurBüro 1978, 1509; OLG Frankfurt JurBüro 1979, 526; OLG München JurBüro 1981, 856; OLG Koblenz JurBüro 1978, 1695.

52 Zur vergleichbaren Lage nach der ZPO OLG Braunschweig JurBüro 1979, 1821; OLG Bamberg JurBüro 1984, 1514; OLG Düsseldorf AnwBl 1983, 556 = JurBüro 1984, 223; OLGR 2000, 288 = KostRsp. BRAGO § 24 m. Anm. *N. Schneider*; OLG München AnwBl 1984, 203 = JurBüro 1984, 769.

53 BGH AGS 2100, 167 = NJW 2011, 1141 = FamRZ 2011, 635 = MDR 2011, 442 = FF 2011, 205 = JurBüro 2011, 298 = FPR 2012, 286 = NJW-Spezial 2011, 219 = FamRB 2011, 104 = NJW-Spezial 2011, 230 = FamFR 2011, 177 = RVGreport 2011, 193 = FuR 2011, 322 = ZFE 2011, 202 = ZFE 2011, 266; BGH FamRZ 2011, 1219.

54 OLG Hamburg MDR 1967, 55.

55 OLG Schleswig NdsRpfl 2000, 23.

56 KostRsp. BRAGO § 26 Nr. 21.

57 AG Hamburg AnwBl 1993, 293; AG Alzey AnwBl 1982, 399.

58 AG Melsungen JurBüro 2006, 593; LG Berlin JurBüro 1987, 1869 = Rpfleger 1988, 42; LG Bonn MDR 1991, 65; ebenso *Hansens*, BRAGO, § 26 Rn 4; *ders.*, JurBüro 1987, 1744; *von Eicken*, AGS 1996, 109.

3. 19 % Umsatzsteuer, VV 7008   23,56 EUR
Gesamt   **147,56 EUR**
Mahnverfahren:
1. 1,0-Mahnverfahrensgebühr, VV 3305   80,00 EUR
2. 0,5-Vollstreckungsbescheidverfahrensgebühr, VV 3308   40,00 EUR
3. gemäß VV Vorb. 3 Abs. 4 anzurechnen, 0,65-Gebühr   – 52,00 EUR
4. Postentgeltpauschale, VV 7002 (20 % aus 68,00 EUR)   13,60 EUR
   Zwischensumme (netto)   81,60 EUR
5. 19 % Umsatzsteuer, VV 7008   15,50 EUR
Gesamt   **97,10 EUR**

Diese Berechnung ist unzutreffend. Nach dem eindeutigen Wortlaut der VV 7002 richtet sich die Postentgeltpauschale nach den gesetzlichen Gebühren und nicht nach denjenigen Gebühren, die nach Anrechnung verbleiben. Derjenige Betrag, der nach Anrechnung verbleibt, ist lediglich eine Berechnungsgröße. Die anzurechnenden Gebühren und die Gebühren, auf die anzurechnen ist, bleiben trotz der Anrechnung bestehen und behalten ihre Eigenständigkeit. Dies ist jetzt durch § 15a Abs. 1 klargestellt (siehe § 15a Rdn 58).

41 Die Postentgeltpauschale ist daher nach zutreffender Ansicht aus dem gesamten Gebührenaufkommen vor Anrechnung zu ermitteln.[59] Im vorangegangenen Beispiel (siehe Rdn 40) ändert sich für die vorgerichtlichen Kosten nichts; für die Tätigkeit im Mahnverfahren ist dagegen wie folgt zu rechnen:

Mahnverfahren:
1. 1,0-Mahnverfahrensgebühr, VV 3305   80,00 EUR
2. 0,5-Vollstreckungsbescheidverfahrensgebühr, VV 3308   40,00 EUR
3. gem. VV Vorb. 3 Abs. 4 anzurechnen, 0,65-Gebühr   – 52,00 EUR
4. Postentgeltpauschale, VV 7002 (20 % aus 120,00 EUR)   20,00 EUR
   Zwischensumme (netto)   88,00 EUR
5. 19 % Umsatzsteuer, VV 7008   16,72 EUR
Gesamt   **104,72 EUR**

42 Diese Berechnung gilt auch dann, wenn aufgrund der Anrechnung in der nachfolgenden Angelegenheit letztlich überhaupt keine Gebühren verbleiben, die der Anwalt noch verlangen kann:

Beispiel: Der Anwalt hat wegen eines Betrages i.H.v. 5.000 EUR das Mahnverfahren durchgeführt. Anschließend kommt es zum Rechtsstreit, der sich jedoch vorzeitig erledigt.
I. Mahnverfahren
1. 1,0-Mahnverfahrensgebühr, VV 3305   303,00 EUR
2. Postentgeltpauschale, VV 7002   20,00 EUR
   Zwischensumme (netto)   323,00 EUR
3. 19 % Umsatzsteuer, VV 7008   61,37 EUR
Gesamt   **384,37 EUR**
II. Rechtsstreit
1. 0,8-Verfahrensgebühr, VV 3100, 3101 Nr. 1   242,40 EUR
2. gem. VV Vorb. 3 Abs. 4 anzurechnen   – 242,40 EUR
3. Postentgeltpauschale, VV 7002 (20 % aus 242,40 EUR)   20,00 EUR
   Zwischensumme (netto)   20,00 EUR
4. 19 % Umsatzsteuer, VV 7008   3,80 EUR
Gesamt   **23,80 EUR**

Der Anwalt kann also auch hier die volle Postentgeltpauschale einfordern, obwohl ihm für den Rechtsstreit letztlich keine zusätzlichen Gebühren mehr zustehen.[60]

43 Die vorstehenden Grundsätze gelten auch dann, wenn die anzurechnende Gebühr ihrerseits wiederum auf eine andere Gebühr anzurechnen ist.

---

59 AG Kassel AGS 2007, 133 = JurBüro 2006, 592; OLG Köln Rpfleger 1994, 432 = AGS 1994, 65 = KostRsp. BRAGO § 26 Nr. 14; LG Berlin JurBüro 1982, 1351 = KostRsp. BRAGO § 38 Nr. 10; JurBüro 1987, 1869; AG Hamburg AnwBl 1993, 293; AG Alzey AnwBl 1982, 399; Gerold/Schmidt/*Müller-Rabe*, RVG, VV 7001, 7002 Rn 37; *Baldus*, DAR 1991, 275; *N. Schneider*, MDR 1991, 926.
60 OLG Köln Rpfleger 1994, 432 = AGS 1994, 65.

Beispiel: Der Anwalt wird zunächst beauftragt, den Mandanten schriftlich zu beraten. Hiernach wird er außergerichtlich tätig. Alsdann erhält er den Auftrag zu einem Urkundenmahnverfahren, an das sich das streitige Urkundenverfahren anschließt. Vor mündlicher Verhandlung wird vom Urkundenverfahren Abstand genommen.

Obwohl alle angefallenen Gebühren, also Ratsgebühr, Geschäftsgebühr, Mahnverfahrensgebühr, Verfahrensgebühr vor und Verfahrensgebühr nach Abstandnahme vom Urkundenprozess aufeinander angerechnet werden, kann der Anwalt aus jeder der Gebühren eine eigene Postentgeltpauschale geltend machen. Er erhält also bei entsprechendem Streitwert fünfmal die volle Pauschale von 20 EUR.

6. Verbindung und Trennung

Bei Verbindung und Trennung kann der Anwalt **wählen**, wie er seine Gebühren abrechnet.[61] Er kann seine Gebühren einmal aus dem Gesamtwert des verbundenen Verfahrens berechnen oder einzeln aus den Werten der getrennten Verfahren. Für die Postentgeltpauschale selbst besteht insoweit kein isoliertes Wahlrecht.[62] Die pauschale Berechnung hängt immer davon ab, wie der Anwalt die Gebühren berechnet. Wählt er die Abrechnung der Gebühren im **verbundenen Verfahren**, so erhält er nur **eine Postentgeltpauschale**. Wählt der Anwalt dagegen die **getrennte Abrechnung**, so erhält er in jedem der getrennten Verfahren eine **gesonderte Pauschale**, die sich nach dem dortigen Gebührenaufkommen berechnet.[63] Daneben darf er allerdings nicht noch eine Pauschale aus dem Verfahren während der Verbindung berechnen.[64] Anderer Ansicht ist das OLG Schleswig,[65] das auch bei getrennter Abrechnung nur eine Pauschale zugestehen will (siehe § 15 Rdn 167 ff., 179 ff. zur Vergütungsberechnung bei Verbindung und Trennung).

44

Kein Fall der Verfahrenstrennung ist die **Abtrennung einer Folgesache** nach § 137 Abs. 5 S. 1 FamFG[66] wohl aber bei einer Abtrennung nach § 137 Abs. 5 S. 2 FamFG und im Falle des Art. 111 Abs. 4 FGG-ReformG (abgetrennte Versorgungsausgleichsverfahren in ZPO-Verbundverfahren).[67]

45

7. Gesetzliche Änderung der Pauschale

Wird die Pauschale gesetzlich geändert, so hat dies auf bereits laufende Angelegenheiten keinen Einfluss. Die Übergangsregelungen der §§ 60, 61 (früher: § 134 BRAGO) enthalten im Gegensatz zu früheren Fassungen der BRAGO keine besonderen Regelungen für Auslagentatbestände. Es bleibt daher stets bei demjenigen Auslagensatz, der bei Erteilung des unbedingten Auftrags zur Erledigung der Angelegenheit galt.[68] Nach der Legaldefinition des § 1 Abs. 1 sind unter dem Begriff **„Vergütung"** sowohl die **Gebühren** als auch die **Auslagen** zu verstehen, so dass §§ 60, 61 auch für Auslagen gelten.

46

Nach anderer Auffassung sollen Auslagen, die nach einer Gebührenänderung anfallen – unabhängig von § 60, immer nach neuem Recht vergütet werden, sofern dieses höhere Beträge gewährt.[69] Begründet wird dies damit, dass einem Anwalt nicht zuzumuten sei, nach einer Gesetzesänderung noch jahrelang nach früheren, schon damals als unzulänglich empfundenen Sätzen abzurechnen. Dem kann nicht gefolgt werden. Abgesehen davon, dass das Argument der Unzumutbarkeit ebenso für die Gebühren selbst gelten würde, gibt das Gesetz keine Handhabe für solche Zumutbarkeitserwä-

47

---

61 Siehe hierzu Gerold/Schmidt/*Müller-Rabe*, RVG, VV 7001, 7002 Rn 28.
62 Gerold/Schmidt/*Müller-Rabe*, RVG, VV 7001, 7002 Rn 28.
63 LG Berlin JurBüro 1985, 1343.
64 BGH AGS 2010, 317 = RVGprof. 2010, 109 = MDR 2010, 776 = zfs 2010, 402 = Rpfleger 2010, 446 = VersR 2010, 1198 = JurBüro 2010, 414 = NJW 2010, 3377 = DAR 2010, 358 = RVGreport 2010, 214 = FamRZ 2010, 1071 = VRR 2010, 278 = AnwBl 2010, 627 = RuS 2010, 536; Gerold/Schmidt/*Müller-Rabe*, RVG, VV 7001, 7002 Rn 28.
65 JurBüro 1986, 1045 = SchlHA 1986, 156.
66 Zur vergleichbaren Rechtslage nach der ZPO: OLG Braunschweig JurBüro 1979, 1821; OLG Bamberg JurBüro 1984, 1514; OLG Düsseldorf AnwBl 1983, 556 = JurBüro 1984, 223; OLGR 2000, 288 = KostRsp. BRAGO § 24 m. Anm. *N. Schneider*; OLG München AnwBl 1984, 203 = JurBüro 1984, 769.
67 Zur vergleichbaren Rechtslage nach der ZPO: OLG Koblenz BRAGOreport 2000, 43 m. Anm. *N. Schneider*.
68 OLG Koblenz JurBüro 1989, 208; OLG Schleswig SchlHA 1989, 80; *Hansens*, BRAGO, § 134 Rn 1; VG Braunschweig JurBüro 1989, 806; Gerold/Schmidt/*Madert*, BRAGO, § 134 Rn 6.
69 OLG Koblenz JurBüro 1989, 208; Riedel/Sußbauer/*Fraunholz*, BRAGO, § 134 Rn 10.

gungen. Ebenso wenig kann *Hartmann*[70] gefolgt werden, der wiederum danach differenzieren will, wann der Anwalt den Auftrag zur Aufwendung der Auslagen erhalten hat. Soweit allerdings nach einer Gesetzesänderung im Rahmen desselben Mandats eine neue Angelegenheit beginnt, gilt für die neue Angelegenheit das neue Gebührenrecht.[71]

VII. Nachträgliche Änderung der Abrechnungsmethode

48 Ein nachträglicher Wechsel der Abrechnungsmethode ist **zulässig**. Hat der Anwalt zunächst pauschal nach VV 7002 abgerechnet, ist er nicht gehindert, seine Abrechnung zu ändern und statt der Pauschale doch die tatsächlich entstandenen Auslagen nach VV 7001 zu fordern oder umgekehrt. Die zunächst getroffene Wahl betrifft nur die Abrechnungsmethode und ist nicht bindend.[72] Eine **Änderung** der Abrechnung ist lediglich dann ausgeschlossen, wenn eine nicht mehr abänderbare Entscheidung über die Höhe der Vergütung (z.B. Vollstreckungsbescheid, Festsetzungsbeschluss nach § 11) oder über die Höhe der vom Gegner zu erstattenden Kosten (z.B. Kostenfestsetzungsbeschluss, Urteil) ergangen ist oder wenn die Abänderung der Wahl aus sonstigen Gründen verwirkt wäre.[73]

C. Beigeordneter Anwalt und Pflichtverteidiger

49 Auch der im Rahmen der **Prozesskostenhilfe** oder anderweitig **beigeordnete Anwalt** und der **Pflichtverteidiger** (§ 45) erhalten aus der Staatskasse die Erstattung ihrer aufgewandten Post- und Telekommunikationsentgelte in Höhe der gesetzlichen Vergütung (§ 46). Der Umfang der zu erstattenden Auslagen wird allerdings durch § 46 Abs. 1 eingeschränkt. Auslagen werden danach nicht vergütet, soweit sie zur sachgerechten Wahrnehmung der Interessen der Partei nicht erforderlich waren. Die **Erforderlichkeit** wird also **gesetzlich vermutet**. Ihr ausnahmsweises Fehlen ist von der Staatskasse darzulegen und zu beweisen. Ein kleinlicher Maßstab ist insoweit unangebracht.

50 Auch der im Rahmen der Prozesskostenhilfe oder anderweitig beigeordnete Anwalt und der Pflichtverteidiger haben die Möglichkeit, den Ersatz ihrer Entgelte pauschal nach VV 7002 zu berechnen. Die Höhe der Pauschale berechnet sich nach den Pflichtgebühren (Anm. Abs. 2 zu VV 7002). Das ist mit dem 2. KostRMoG zwischenzeitlich klargestellt worden, so dass ältere Rspr. nicht verwertbar ist.

D. Beratungshilfe

51 Der in **Beratungshilfesachen** tätige Anwalt erhält seine aufgewandten Entgelte für Post- und Telekommunikationsdienstleistungen ebenfalls nach VV 7001, 7002 erstattet (§ 44 S. 1). Bei einem mündlichen Rat gemäß VV 2501 werden allerdings auch hier in aller Regel keine Entgelte anfallen (siehe Rdn 20).[74]

52 Möglich ist allerdings auch hier, dass im Rahmen einer bloßen Beratung Postentgelte anfallen (siehe auch Rdn 20). Daher kann auch hier eine Pauschale anfallen (etwa bei Telefonaten oder Schriftverkehr mit dem Mandanten). Allerdings muss der Rechtsanwalt Tatsachen vortragen, aus denen sich das Anfallen der Pauschale ergibt. Die bloße Behauptung, die Pauschale sei angefallen, ist eine Rechtsansicht, deren Richtigkeit nicht anwaltlich versichert werden kann.[75]

53 Auf die **Beratungshilfegebühr** der VV 2500 dürfen dagegen keine Auslagen berechnet werden. Diese Gebühr darf auch nicht für die Berechnung der Postentgeltpauschale herangezogen werden.

---

70 *Hartmann*, KostG, 34. Aufl., § 134 BRAGO Rn 34.
71 *Hansens*, BRAGO, § 134 Rn 19.
72 OLG Stuttgart NJW 1970, 287 = Justiz 1969, 324; OLG Hamm AnwBl 1967, 204; LG Berlin Rpfleger 1988, 42; KG KGR 2000, 182 = KostRsp. BRAGO § 26 Nr. 22 m. Anm. *N. Schneider* – unter ausdrücklicher Aufgabe seiner bisherigen Rspr.; *Hansens*, BRAGO, § 26 Rn 2; a.A. KG JurBüro 1972, 139; LG Berlin JurBüro 1971, 941.
73 Gerold/Schmidt/*Müller-Rabe*, RVG, VV 7001, 7002 Rn 14.
74 AG Koblenz AGS 2004, 158 m. Anm. *N. Schneider*.
75 AG Halle RVGreport 2012, 188.

Dies ergibt sich aus der Anm. zu VV 2500, die mit der letzten Änderung des Gesetzesentwurfes noch eingefügt worden ist (siehe VV 2500 Rdn 1).

Hinsichtlich der mit der Staatskasse abzurechnenden Entgelte war lange Zeit strittig, ob sich die **Postentgeltpauschale** der VV 7002 nach den Beratungshilfegebühren berechnet oder nach den fiktiven gesetzlichen Wahlanwaltsgebühren. Durch die Einfügung der (Anm. Abs. 2 zu VV 7002) mit dem 2. KostRMoG ist zwischenzeitlich klargestellt worden, dass auf die Beratungshilfegebühren abzustellen ist. Ältere Rspr. ist insoweit daher nicht mehr verwertbar. 54

Die Postentgeltpauschale ist daher ausgehend von den möglichen Gebührenbeträgen wie folgt zu berechnen: 55

Tätigkeit	Auftraggeber	Gebühr	Pauschale
Beratung	1 Auftraggeber	35,00 EUR	7,00 EUR
	je weiteren Auftraggeber	Erhöhung um 10,50 EUR bis maximal um 60,00 EUR	Erhöhung um 2,10 EUR bis maximal um 13,00 EUR
Geschäftstätigkeit	1 Auftraggeber	80,00 EUR	16,00 EUR
	2 und mehr Auftraggeber	112,00 EUR und mehr	20,00 EUR

Wird die Beratungshilfegebühr nach Anm. zu VV 2501, Anm. Abs. 2 zu 2503 auf ein nachfolgendes behördliches oder gerichtliches Verfahren **angerechnet**, so hat dies keinen Einfluss auf die Postentgeltpauschale, da diese nicht angerechnet wird. Im nachfolgenden Verfahren kann der Anwalt seine Auslagen vielmehr ungeachtet der Gebührenanrechnung verlangen.[76] 56

Beispiel: Der Anwalt ist im Rahmen der Beratungshilfe beauftragt, für seinen Mandanten eine Forderung von 900 EUR einzufordern. Die außergerichtlichen Bemühungen scheitern, so dass der Anwalt Klageauftrag erhält und nach streitiger Verhandlung ein Urteil erwirkt.

Beratungshilfe:
1. Festgebühr nach VV 2503   85,00 EUR
2. Postentgeltpauschale, VV 7002   17,00 EUR
   Zwischensumme (netto)   102,00 EUR
3. 19 % Umsatzsteuer, VV 7008   19,38 EUR
Gesamt   **121,38 EUR**

Rechtsstreit:
1. 1,3-Verfahrensgebühr, VV 3100   104,00 EUR
2. gem. Anm. Abs. 2 S. 1 zu VV 2503 anzurechnen   – 42,50 EUR
3. 1,2-Terminsgebühr, VV 3104   96,00 EUR
4. Postentgeltpauschale, VV 7002 (20 % aus 200,00 EUR)   20,00 EUR
   Zwischensumme (netto)   177,50 EUR
5. 19 % Umsatzsteuer, VV 7008   33,73 EUR
Gesamt   **211,23 EUR**

E. Kostenerstattung und Kostenfestsetzung

I. Allgemeines

Die Entgelte für Post- und Telekommunikationsdienstleistungen zählen als Teil der anwaltlichen Vergütung immer zu den nach § 91 Abs. 2 S. 1 ZPO und § 788 ZPO zu erstattenden Kosten. 57

---

[76] AG Kassel AGS 2007, 133 = JurBüro 2006, 592; Unzutreffend insoweit LG Berlin JurBüro 1987, 1869; AG Gronau JurBüro 1985, 400 m. Anm. *Mümmler* = KostRsp. BRAGO § 132 Nr. 4.

II. Konkrete Abrechnung

58 Rechnet der Anwalt konkret (VV 7001) ab, so muss die Partei **nachweisen**, dass die zur Festsetzung angemeldeten Entgelte **entstanden** sind und **notwendig** waren.

59 Als Nachweis, dass die **Auslagen entstanden** sind, genügt anstelle der Glaubhaftmachung die **Versicherung des Anwalts** (§ 104 Abs. 2 S. 2 ZPO). Zu beachten ist aber, dass die Versicherung von demjenigen Anwalt abgegeben werden muss, bei dem die Entgelte entstanden sind. Daher genügt die Versicherung des Prozessbevollmächtigten nicht für Entgelte des Verkehrsanwalts, Terminsvertreters oder Beweisanwalts.[77] Insoweit muss eine entsprechende Rechnung oder Erklärung des weiteren Anwalts beigefügt werden.

60 Als Nachweis, dass die **Auslagen auch notwendig** waren, genügt die anwaltliche Versicherung nicht. Insoweit obliegt der erstattungsberechtigten Partei die **volle Darlegungs- und Beweislast**. Hierzu reicht noch nicht einmal die Glaubhaftmachung nach § 104 Abs. 2 S. 1 ZPO aus.[78] Um ein kleinliches Procedere zu vermeiden, wird von der Rspr. zum Teil jedoch eine Versicherung nach § 104 Abs. 2 S. 2 ZPO als ausreichend angesehen, wenn die angemeldeten Kosten im Verhältnis zum Prozessstoff angemessen erscheinen.[79] Wenn die Kosten allerdings ungewöhnlich hoch ausfallen und der erstattungspflichtige Gegner die Notwendigkeit bestreitet, muss der Erstattungsberechtigte die Notwendigkeit der Kosten nachweisen. Er hat dann im Einzelnen die abgerechneten Entgelte aufzuschlüsseln und ihre Notwendigkeit substantiiert darzulegen. Kommt die erstattungsberechtigte Partei dieser Obliegenheit nicht nach, können die angemeldeten Kosten nur in Höhe des Pauschalbetrages nach VV 7002 festgesetzt werden.[80]

61 **Notwendig** sind die Entgelte, wenn sie zur Durchführung des Auftrages sachgerecht und angemessen waren. Besonders hohe Kosten können insbesondere dann notwendig sein, wenn ein umfangreicher und komplizierter Streitstoff zugrunde lag oder wenn dadurch andere Kosten (z.B. für einen Verkehrsanwalt oder eine Informationsreise) entbehrlich wurden.[81]

III. Pauschale Abrechnung

62 Rechnet der Anwalt pauschal (VV 7002) ab, soll die Postentgeltpauschale ohne Nachprüfungsmöglichkeit zu berücksichtigen sein; einer Versicherung des Anwalts nach § 104 Abs. 2 S. 2 ZPO bedürfe es nicht.[82] Dies ist jedoch nicht ganz zutreffend. Erforderlich ist auch in diesem Fall die Versicherung, dass überhaupt ein Entgelt angefallen ist.[83] Anderenfalls wäre nämlich eine Abrechnung der Pauschale gar nicht möglich (siehe Rdn 19 f.). Eine Pauschale, die der Auftraggeber nicht an seinen Anwalt zahlen muss, kann auch nicht erstattungsfähig sein. In solchen Fällen, in denen vom Erstattungsschuldner eingewandt wird, dass überhaupt keine Auslagen entstanden seien, muss die antragstellende Partei zumindest eine Auslagenposition glaubhaft machen.

63 Die Pauschale ist stets als notwendig i.S.d. § 91 ZPO anzusehen, sofern zumindest ein notwendiges Entgelt angefallen ist.[84]

64 Soweit während des Verfahrens ein notwendiger Anwaltswechsel stattgefunden hat, kann die erstattungsberechtigte Partei nicht nur die Gebühren beider Anwälte festsetzen lassen, sondern auch deren beider Postentgeltpauschalen.[85]

---

[77] OLG Hamburg JurBüro 1958, 84.
[78] OLG Hamburg JurBüro 1981, 454; OLG Frankfurt JurBüro 1982, 555; *von Eicken/Hellstab/Lappe/Madert*, Rn B 61.
[79] OLG Celle JurBüro 1972, 70; OLG Düsseldorf JurBüro 1977, 812.
[80] OLG Hamburg JurBüro 1974, 1285; OLG Hamburg JurBüro 1975, 783; OLG Hamburg JurBüro 1981, 454; OLG Frankfurt JurBüro 1982, 555; KG 1976, 814.
[81] OLG Karlsruhe JurBüro 1975, 206.
[82] LG Kassel AnwBl 1966, 269; Gerold/Schmidt/*Müller-Rabe*, RVG, VV 7001, 7002 Rn 44.
[83] BPatGE 27, 235; *Hansens*, BRAGO, § 26 Rn 6.
[84] *Hansens*, BRAGO, § 26 Rn 6.
[85] OLG Oldenburg JurBüro 1982, 718.

IV. § 162 Abs. 1 VwGO

Nach § 162 Abs. 2 VwGO umfassen die Kosten des Verfahrens neben den Gerichtskosten (Gebühren und Auslagen) die zur zweckentsprechenden Rechtsverfolgung oder Rechtsverteidigung notwendigen Aufwendungen der Beteiligten einschließlich der Kosten des Vorverfahrens. Juristische Personen des öffentlichen Rechts und Behörden können anstelle ihrer tatsächlichen notwendigen Aufwendungen für Post- und Telekommunikationsdienstleistungen den in VV 7002 bestimmten Höchstsatz der Pauschale fordern (§ 163 Abs. 2 S. 3 VwGO).

§ 162 VwGO

(1) Kosten sind die Gerichtskosten (Gebühren und Auslagen) und die zur zweckentsprechenden Rechtsverfolgung oder Rechtsverteidigung notwendigen Aufwendungen der Beteiligten einschließlich der Kosten des Vorverfahrens.

(2) Die Gebühren und Auslagen eines Rechtsanwalts oder eines Rechtsbeistands, in Abgabenangelegenheiten auch einer der in § 67 Abs. 2 Satz 2 Nr. 3 genannten Personen, sind stets erstattungsfähig. Soweit ein Vorverfahren geschwebt hat, sind Gebühren und Auslagen erstattungsfähig, wenn das Gericht die Zuziehung eines Bevollmächtigten für das Vorverfahren für notwendig erklärt. Juristische Personen des öffentlichen Rechts und Behörden können an Stelle ihrer tatsächlichen notwendigen Aufwendungen für Post- und Telekommunikationsdienstleistungen den in Nummer 7002 der Anlage 1 zum Rechtsanwaltsvergütungsgesetz bestimmten Höchstsatz der Pauschale fordern.

(3) Die außergerichtlichen Kosten des Beigeladenen sind nur erstattungsfähig, wenn sie das Gericht aus Billigkeit der unterliegenden Partei oder der Staatskasse auferlegt.

Die Behörde kann auch dann den Höchstsatz der Pauschale für Post- und Telekommunikationsleistungen nach VV 7002 in Höhe von 20 EUR geltend machen, wenn tatsächlich geringere Aufwendungen entstanden sind.[86]

V. Parteikosten

Die für Rechtsanwälte nach VV 7002 vorgesehene Möglichkeit, Entgelte für Post- und Telekommunikationsleistungen pauschal geltend zu machen, ist nicht auf Privatpersonen übertragbar.[87] Hier ist eine konkrete Abrechnung erforderlich.

F. Übergangsrecht

Für die Berechnung der Auslagen für Post- und Telekommunikationsentgelte in Übergangsfällen gilt § 61. Nach der Legaldefinition des § 1 Abs. 1 sind unter dem Begriff „Vergütung" sowohl die Gebühren als auch die Auslagen zu verstehen (siehe § 60 Rdn 136). Anwendungsfälle ergeben sich derzeit hier allerdings nicht.

Nr.	Auslagentatbestand	Höhe
7003	Fahrtkosten für eine Geschäftsreise bei Benutzung eines eigenen Kraftfahrzeugs für jeden gefahrenen Kilometer .... Mit den Fahrtkosten sind die Anschaffungs-, Unterhaltungs- und Betriebskosten sowie die Abnutzung des Kraftfahrzeugs abgegolten.	0,30 €
7004	Fahrtkosten für eine Geschäftsreise bei Benutzung eines anderen Verkehrsmittels, soweit sie angemessen sind	in voller Höhe

---

[86] VG Berlin AGS 2012, 359 = NVwZ-RR 2012, 703 = NJW-Spezial 2012, 476; VG Gera JurBüro 2010, 656; VG Augsburg Beschl. v. 9.10.2003 – Au 3 K 03.1206; a.A. VG Magdeburg, Beschl. v. 8.10.2007 – 9 B 207/07.

[87] SG Aachen AGS 2016, 365 = NZS 2015, 640.

Nr.	Auslagentatbestand	Höhe
7005	Tage- und Abwesenheitsgeld bei einer Geschäftsreise	
	1. von nicht mehr als 4 Stunden	25,00 €
	2. von mehr als 4 bis 8 Stunden	40,00 €
	3. von mehr als 8 Stunden	70,00 €
	Bei Auslandsreisen kann zu diesen Beträgen ein Zuschlag von 50 % berechnet werden.	
7006	Sonstige Auslagen anlässlich einer Geschäftsreise, soweit sie angemessen sind	in voller Höhe

Literatur: *Buck*, Rechtsschutzversicherung und Quotenvorrecht in der anwaltlichen Praxis, ZAP Fach 10, S. 173; *Enders*, Quotenvorrecht auch in der Rechtsschutzversicherung, JurBüro 2003, 281; *ders.*, Reisekosten des Prozessbevollmächtigten, JurBüro 2012, 225; *Hansens*, Die Geschäftsreise des Rechtsanwalts, JurBüro 1988, 1265; *Madert*, Fahrtkosten und Tage- und Abwesenheitsgeld eines am Prozeßgericht nicht zugelassenen, aber seit dem 1.1.2000 postulationsfähigen Rechtsanwalts, AGS 2001, 218; *Reck*, Zum Ausschluss der Auslagenerstattung des Rechtsanwalts für Geschäftsreisen innerhalb der Gemeinde, Rpfleger, 2011, 256; *N. Schneider*, Die Abrechnung von Geschäftsreisen, ZAP Fach 24, 507; *ders.*, Das Quotenvorrecht in der Rechtsschutzversicherung, BRAGOreport 2000, 17; *ders.*, Verschenktes Geld – Das unbekannte Quotenvorrecht in der Rechtsschutzversicherung, ProzRB 2002, 20; *ders.*, Reisekosten des auswärtigen Anwalts, AnwBl. 2010, 512; *ders.*, Reisekostenerstattung im erstinstanzlichen Verfahren vor dem ArbG, NJW-Spezial 2010, 283; *ders.*, Aufteilung der Reisekosten für mehrere Geschäfte, NJW-Spezial 2009, 315; *ders.*, Erstattung von Reisekosten, ErbR 2013, 27; *ders.*, Reisekosten des auswärtigen Anwalts bei Benutzung des eigenen Kraftfahrzeugs, ZAP Fach 24, 1463.

A. Allgemeines	1	
I. Überblick	1	
II. Persönlicher Anwendungsbereich	2	
III. Sachlicher Anwendungsbereich: Geschäftsreise, VV Vorb. 7 Abs. 2	4	
IV. Abrechnungsfähige Kosten	5	
V. Gleichzeitige Geschäftsreise in mehreren Angelegenheiten, VV Vorb. 7 Abs. 3 S. 1 ...	6	
VI. Mehrkosten bei Verlegung der Kanzlei, VV Vorb. 7 Abs. 3 S. 2	7	
VII. Erforderlichkeit der Geschäftsreise	8	
B. Regelungsgehalt	13	
I. Fahrtkosten (VV 7003, 7004)	13	
1. Überblick	13	
2. Eigenes Kraftfahrzeug (VV 7003)	14	
3. Andere Verkehrsmittel (VV 7004)	22	
4. Kombinationen	32	
II. Tage- und Abwesenheitsgeld (VV 7005)	33	
III. Sonstige Auslagen (VV 7006)	36	
1. Grundsatz	36	
2. Übernachtungskosten	37	
3. Parkgebühren	40	
4. Sonstige Kosten	42	
5. Fiktive Kosten	44	
IV. Umsatzsteuer gemäß VV 7008	45	
V. Mehrere Auftraggeber	47	
VI. Mehrere Geschäftsreisen	48	
VII. Fälligkeit und Form der Abrechnung	49	
VIII. Vergütungsvereinbarung	51	
1. Vergütungsvereinbarung	51	
2. Isolierte Reisekostenvereinbarung	53	
3. Fehlende Regelung	54	
C. Prozess-/Verfahrenskostenhilfe	55	
D. Erstattungsfähigkeit von Reisekosten	64	
I. Grundsätze	64	
II. Fälle des § 91 Abs. 2 S. 1, 1. Hs. ZPO ...	68	
III. Fälle des § 91 Abs. 2 S. 1, 2. Hs. ZPO ..	73	
1. Überblick	73	
2. Grundsatz	75	
3. Kein Vergleich mit Kosten eines Terminsvertreters oder Verkehrsanwalts	79	
4. Ausnahmen	80	
5. Anwalt am dritten Ort	102	
6. Erstattung bei fehlender Notwendigkeit	111	
IV. Fälle des § 91 Abs. 2 S. 3 ZPO	115	
V. Besonderheit in erstinstanzlichen Urteilsverfahren vor den Arbeitsgerichten	116	
E. Übernahme der Reisekosten in der Rechtsschutzversicherung	118	

A. Allgemeines

I. Überblick

1 Die gesetzliche Vergütung für **Geschäftsreisen des Anwalts** richtet sich nach VV 7003 bis 7006. Geregelt sind hiernach:
– VV 7003: Erstattung der Fahrtkosten bei Benutzung des eigenen Fahrzeugs
– VV 7004: Erstattung der Fahrtkosten bei Benutzung anderer Reisemittel
– VV 7005: Tage- und Abwesenheitsgelder
– VV 7006: Sonstige Auslagen anlässlich der Geschäftsreise.

Ergänzend gilt VV Vorb. 7:
– Abs. 2: Begriff der Geschäftsreise

- Abs. 3 S. 1: Verteilung der Kosten bei mehreren Geschäftsreisen
- Abs. 3 S. 2: Erstattung der Reisekosten bei Verlegung der Kanzlei.

II. Persönlicher Anwendungsbereich

Die Vorschriften der VV 7003 bis 7006 gelten nur im Rahmen der anwaltlichen Tätigkeiten innerhalb des Abgeltungsbereichs des RVG (§ 1 Abs. 1). Für sonstige Tätigkeiten des Anwalts gelten diese Vorschriften nicht. Die Vergütung richtet sich dann nach speziellen Regelungen, und wenn diese nicht vorhanden sind, nach den §§ 675, 670 ff. BGB.

Führt der Anwalt die Reise nicht selbst durch, sondern beauftragt er einen **Vertreter**, so kann er dessen Reisekosten ebenfalls nach den VV 7003 bis 7006 abrechnen, sofern es sich um einen der in § 5 aufgezählten Vertreter handelt. Für **andere Vertreter** kann der Anwalt nur die ihm tatsächlich entstandenen Auslagen verlangen, also Fahrtkosten, Übernachtungskosten und ein angemessenes Zehrgeld (siehe § 5 Rdn 67 ff.). Will er auch für diese Personen nach den VV 7003 bis 7006 abrechnen, bedarf dies einer Vergütungsvereinbarung nach § 3a.

III. Sachlicher Anwendungsbereich: Geschäftsreise, VV Vorb. 7 Abs. 2

Voraussetzung dafür, dass der Anwalt Reisekosten abrechnen kann, ist, dass eine Geschäftsreise i.S.d. VV 7003 bis 7006 vorliegt. Der **Begriff** der **Geschäftsreise** ist in VV Vorb. 7 Abs. 2 definiert. Eine Geschäftsreise liegt danach vor, wenn das **Reiseziel außerhalb der Gemeinde liegt, in der sich die Kanzlei oder die Wohnung des Rechtsanwalts befindet.** Maßgebend ist jetzt also allein, ob der Anwalt das Gebiet der **politischen Gemeinde** verlassen muss (im Einzelnen siehe VV Vorb. 7 Rdn 41 ff.).

IV. Abrechnungsfähige Kosten

Liegt eine Geschäftsreise (vgl. Rdn 4) vor, sind dem Anwalt die **Fahrtkosten** (VV 7003, 7004), eventuelle **sonstige Kosten**, insbesondere Übernachtungskosten (VV 7006), sowie als pauschale Aufwendungen **Tage- und Abwesenheitsgelder** (VV 7005) zu erstatten.

V. Gleichzeitige Geschäftsreise in mehreren Angelegenheiten, VV Vorb. 7 Abs. 3 S. 1

Unternimmt der Anwalt eine Geschäftsreise für mehrere Angelegenheiten, so sind die Gesamtkosten anteilig auf die einzelnen Angelegenheiten umzulegen. Wie hier zu rechnen ist, ergibt sich aus VV Vorb. 7 Abs. 3 S. 1 (siehe VV Vorb. 7 Rdn 47 ff.).

VI. Mehrkosten bei Verlegung der Kanzlei, VV Vorb. 7 Abs. 3 S. 2

Mehrkosten, die aus der Verlegung der Kanzlei resultieren, kann der Anwalt nicht ersetzt verlangen. Nach Verlegung seiner Kanzlei erhält er Reisekosten nach den VV 7003 bis 7006 nur insoweit, als sie auch vom ursprünglichen Kanzleisitz angefallen wären (siehe VV Vorb. 7 Rdn 56).

VII. Erforderlichkeit der Geschäftsreise

Die Geschäftsreise muss auch erforderlich gewesen sein. Dies ist nicht nur eine Frage der Kostenerstattung nach § 91 ZPO, sondern auch schon eine Frage der Erstattungsfähigkeit innerhalb des Anwaltsauftrags. Geschäftsreisen, die nicht erforderlich sind, braucht der Mandant nicht zu vergüten, es sei denn, er hat der Reise zugestimmt oder sie sogar gewünscht. Eines ausdrücklichen Auftrags bedarf es nicht. Die Erforderlichkeit kann sich auch aus den Umständen ergeben. So kann es z.B. in einer Verkehrsunfallsache erforderlich sein, dass sich der Anwalt die Unfallstelle ansieht.

9   Nicht erforderlich sein soll eine Geschäftsreise, wenn der Anwalt keine organisatorische Vorsorge trifft, dass ihn die Benachrichtigung einer am Nachmittag des Vortags verfügten Terminverlegung vor Antritt der Reise erreicht.[1] Dies ist bedenklich. Anders entschieden hat daher zu Recht das OLG München.[2] Danach sind die Reisekosten eines Anwalts nicht vermeidbar, wenn die Klägerin die Rücknahme ihrer Klage erst am späten Nachmittag des Tages vor dem Termin zur mündlichen Verhandlung mitteilt.

10 Kurzfristige Terminabsagen durch das Gericht kommen offenbar immer mehr in Mode. Während Verlegungsanträge der Anwaltschaft in der Regel verfahrenswidrig mit der Begründung zurückgewiesen werden, die Geschäftslage der Kammer oder der Abteilung lasse eine Verlegung nicht zu,[3] werden an gerichtsbedingte Terminsverlegungen keine hohen Anforderungen gestellt. Ein Anwalt muss daher stets damit rechnen, dass kurzfristig ein Termin aufgehoben wird. Er muss Vorsorge treffen, dass ihn eine solche Absage noch rechtzeitig erreicht. Angesichts der heutigen Telekommunikationsmöglichkeiten wird dies kein großes Problem sein. Reist der Anwalt nicht von seiner Kanzlei aus an, sondern von zu Hause oder einem dritten Ort, so muss er gewährleisten, dass er erreichbar ist oder rechtzeitig durch sein Büro unterrichtet werden kann. Verstößt er gegen diese Obliegenheit, wird er seine Reisekosten nicht liquidieren können.

11 Versäumt das Gericht, dem Anwalt rechtzeitig Mitteilung von der Aufhebung des Termins zu machen, so kommen insoweit Amtshaftungsansprüche des Mandanten in Betracht.

12 Die Frage, ob die Geschäftsreise erforderlich war, darf nicht damit verwechselt werden, ob die Kosten notwendig waren. Die Frage der Erforderlichkeit ist nur eine Frage, in welcher Höhe der Mandant die Kosten zu übernehmen hat.

B. Regelungsgehalt

I. Fahrtkosten (VV 7003, 7004)

1. Überblick

13 Hinsichtlich der Fahrtkosten unterscheiden die VV 7003, 7004 zwischen der Benutzung des eigenen Kraftfahrzeugs (VV 7003) und anderer Verkehrsmittel (VV 7004). Dem Anwalt steht grundsätzlich die freie Wahl zu, ob er den eigenen Pkw oder ein öffentliches Verkehrsmittel benutzt. Ihm kann weder vorgeschrieben werden, mit dem eigenen Pkw zu fahren,[4] noch kann er darauf verwiesen werden, öffentliche Verkehrsmittel in Anspruch zu nehmen.

2. Eigenes Kraftfahrzeug (VV 7003)

14 Die Kosten für die Benutzung des eigenen Kraftfahrzeugs sind stets zu erstatten (**VV 7003**). Der Anwalt kann grundsätzlich nicht darauf verwiesen werden, er hätte ein günstigeres Transportmittel benutzen müssen.[5] Nur dann, wenn die Benutzung des Kraftfahrzeugs missbräuchlich war, sind die Kosten zu kürzen, also wenn die Benutzung eines öffentlichen Verkehrsmittels deutlich günstiger gewesen wäre und für die Benutzung des Kraftfahrzeugs kein sachlicher Grund bestand.[6]

15 Aus der Formulierung „Benutzung eines eigenen Kraftfahrzeugs" folgt, dass der Anwalt **Eigentümer oder Halter** des Kraftfahrzeugs sein muss. Die Eigenschaft als Leasingnehmer reicht also aus. Bei angemieteten Fahrzeugen muss er dagegen konkret abrechnen.

16 Um welche Art von Kraftfahrzeug es sich handelt, ist unerheblich. Auch Motorräder und Mofas zählen hierzu.[7] Für die Benutzung eines **Fahrrades** oder für Fußwege wird dagegen keine Entschädigung nach VV 7003 gewährt. Möglich ist allenfalls eine Entschädigung nach VV 7004.

---

1 OLG Stuttgart AGS 2003, 246 m. Anm. *N. Schneider*.
2 OLG München AGS 2004, 150 m. Anm. *N. Schneider*.
3 Siehe hierzu OLG Köln MDR 2003, 170 = AnwBl 2003, 121.
4 AG Norden AGS 1999, 192 m. Anm. *Warfsmann* = JurBüro 2000, 76.
5 OLG Hamburg AnwBl 1966, 322; OLG Hamburg MDR 1968, 504; OLG Bamberg JurBüro 1981, 1350.
6 OLG Koblenz JurBüro 1975, 348; OLG Hamburg MDR 1968, 504; OLG Hamm NJW 1967, 1579 = AnwBl 1967, 453; OLG Nürnberg AnwBl 1972, 59.
7 A.A. Gerold/Schmidt/*Madert*, BRAGO, § 28 Rn 20.

Die Kosten für die Benutzung des eigenen Kraftfahrzeugs werden mit einer **Pauschale** in Höhe von 0,30 EUR je gefahrenen Kilometer vergütet. Damit sind Anschaffungs-, Unterhaltungs- und Betriebskosten sowie Abnutzung des Kraftfahrzeugs abgegolten (Anm. zu VV 7003). 17

Vergütet werden sämtliche gefahrenen Kilometer, also sowohl der Hin- als auch der Rückweg. Maßgebend ist die **tatsächliche Fahrtstrecke**[8] und nicht die fiktive Entfernung von Ortsmitte zu Ortsmitte.[9] Grundsätzlich muss der Anwalt den kürzesten Weg nehmen. Zweckmäßige Umwege, etwa bei Benutzung einer Autobahn zur Zeitersparnis, sind jedoch zulässig,[10] zumal wenn dadurch eine geringere Abwesenheitspauschale anfällt.[11] 18

Angefangene Kilometer sind auf einen vollen Kilometer aufzurunden.[12] 19

Neben der Kilometerpauschale erhält der Anwalt Ersatz **sonstiger Auslagen** nach VV 7006. Dieser Begriff ist nicht wörtlich zu verstehen. Gemeint sind sämtliche zusätzlichen Kosten, wie z.B. Kosten für die Benutzung einer Fähre, Mautgebühren, Kosten einer Vignette. 20

Die frühere Streitfrage, ob auch **Parkgebühren** zusätzlich zu ersetzen sind, ist schon durch das KostRÄndG 1994 geklärt worden: Parkgebühren sind zu ersetzen (§ 28 Abs. 2 Nr. 1 a.E. BRAGO). Auch wenn in den VV 7003 ff. die Parkgebühren jetzt nicht mehr gesondert aufgezählt sind, ist insoweit keine Änderung eingetreten. Parkgebühren sind daher auch nach dem RVG neben den Fahrtkosten der VV 7003 zu ersetzen. 21

3. Andere Verkehrsmittel (VV 7004)

Nach **VV 7004** sind bei Benutzung anderer Verkehrsmittel die tatsächlichen Aufwendungen zu ersetzen, soweit sie angemessen sind. Anders als bei den Kosten eines Kraftfahrzeugs findet hier also eine Wirtschaftlichkeitsprüfung statt. 22

Die Kosten einer **Bus- oder Bahnfahrt** sind immer zu erstatten. Der Anwalt muss die Möglichkeit haben, öffentliche Verkehrsmittel zu benutzen. Er kann nicht gezwungen werden, mit seinem Pkw zu fahren. Soweit die Ansicht vertreten wird, ein Anwalt müsse sich mit einfacher Klasse zufrieden geben,[13] kann dem nicht gefolgt werden. Wenn schon ein Zeuge erster Klasse fahren darf (§ 5 Abs. 1 JVEG), dann muss das auch für einen Prozessbevollmächtigten gelten. Unstreitig ist, dass der Anwalt jedenfalls bei längeren Strecken Erster Klasse reisen darf. Zuschläge für das Nachlösen im Zug sind nur erstattungsfähig, wenn der Anwalt ohne eigenes Verschulden nicht in der Lage war, rechtzeitig eine Karte zu lösen.[14] 23

Zur Anschaffung einer **Bahncard** ist der Anwalt nicht verpflichtet.[15] Benutzt er sie, so kann grundsätzlich er nur den ermäßigten, **tatsächlich gezahlten Fahrpreis** gegenüber dem Mandanten abrechnen und nicht den fiktiven Fahrpreis, der ohne Bahncard zu zahlen gewesen wäre. Das führt nach h.M. dazu, dass er bei einer Bahncard 100 gar keine Reisekosten abrechnen kann (siehe Rdn 25). 24

Ob und in welcher Höhe die **anteiligen Kosten einer Bahncard** verlangt werden können, ist umstritten. Nach überwiegender Rechtsprechung[16] zählen die Kosten der Bahncard zu den allgemeinen Geschäftskosten nach VV Vorb. 7 Abs. 1 S. 1 und können auch nicht anteilig zu dem gezahlten ermäßigten Fahrpreis verlangt werden.[17] Nicht einmal im Falle der Bahncard 100, in dem erst gar keine Fahrtkosten anfallen, können danach die Anschaffungskosten umgelegt werden. Nach anderer Auffassung sind die Kosten einer Bahncard anteilig umlagefähig. Hierzu soll der Anwalt zunächst den für die privaten Fahrten verbrauchten Teil ausscheiden und im Übrigen die Kosten anteilig auf alle unter Benutzung der Bahncard durchgeführten Geschäftsreisen nach VV Vorb. 7 Abs. 3 (früher: 25

---

8 OLG Celle NdsRpfl 1967, 63.
9 A.A. LG Ansbach NJW 1966, 1762.
10 OLG Hamm JurBüro 1981, 1681; VG Würzburg JurBüro 2000, 77; KG AGS 2004, 12; LG Rostock StraFo 2009, 439 = NJW-Spezial 2009, 715.
11 KG AGS 2004, 12.
12 LG Rostock StraFo 2009, 439 = NJW-Spezial 2009, 715.
13 OLG Frankfurt NJW 1971, 160; OLG Frankfurt AnwBl 1976, 306.
14 VG Freiburg AnwBl 1996, 589.

15 VG Freiburg AnwBl 1996, 589.
16 OLG Karlsruhe JurBüro 2000, 145 = OLGR 2000, 186 = Rpfleger 2000, 129; AG Ansbach AnwBl 2001, 185 = KostRsp. BRAGO § 28 Nr. 14 m. Anm. *N. Schneider*; KG AGS 2003, 310 m. Anm. *N. Schneider*.
17 KG AGS 2003, 310 m. Anm. *N. Schneider*; OVG Nordrhein Westfalen NJW 2006, 1897 = Rpfleger 2006, 443 = Rbeistand 2006, 62 = NZV 2006, 613; VG Köln NJW 2005, 3513 = NJW-Spezial 2006, 96 = NZV 2006, 224 = RVGreport 2006, 154.

§ 29 BRAGO) umlegen.[18] Nach OLG Frankfurt/M[19] wiederum sollen die Kosten für den Erwerb einer Bahncard 100 bis zu der Grenze der Kosten einer regulären Fahrkarte erstattungsfähig, wenn der Antragsteller darlegt, in welchem Umfang die Bahncard innerhalb der Geltungsdauer genutzt wurde. Angesichts dieses Abrechnungsaufwands schlägt *Madert*[20] vor, auf die Abrechnung der Bahncard-Kosten völlig zu verzichten. Sinnvoller erscheint der Vorschlag des OLG Koblenz[21] zur vergleichbaren Situation bei § 5 JVEG (früher: § 9 ZSEG).[22] Danach sollen die anteiligen Kosten der Bahncard geschätzt und sofort abgerechnet werden. Dies läge sicherlich auch im Interesse des Mandanten, der nicht mit Nachforderungen belastet würde und sofort seine Kostenerstattung erhielte. Immerhin fährt der Mandant bei einer Schätzung der anteiligen Bahncard-Kosten günstiger, als wenn der Anwalt angesichts dieser unpraktikablen Rechtsprechung auf den zu seinen Lasten gehenden Erwerb einer Bahncard verzichtet und dann die vollen Bahnkosten liquidiert. Eine Pflicht zum Erwerb einer Bahncard gibt es nämlich nicht.[23] Letztlich kann dem Anwalt hier nur dringend empfohlen werden, eine Vergütungsvereinbarung über seine Reisekosten zu treffen. Solche Vereinbarungen sind zulässig und können sich sogar ausschließlich auf die Reisekosten beschränken.[24] Insoweit ist es möglich, die anteilige Umlage der Bahncard-Kosten zu vereinbaren oder einen bestimmten Betrag oder auch dass auf der Basis des vollen Fahrpreises oder einer fiktiven Pkw-Reise abgerechnet werde.

26 **Taxikosten** kann der Anwalt bei kürzeren Entfernungen ebenfalls abrechnen.[25] Bei längeren Strecken muss er sich auf öffentliche Verkehrsmittel verweisen lassen, sofern diese günstiger sind.

27 Auch Kosten von **Schiffsreisen** sind zu erstatten, sofern sie erforderlich sind.[26] So können z.B. die Kosten einer Fähre erstattungsfähig sein.

28 Die Kosten für ein **Luftverkehrsmittel** sind, sofern sie die Kosten einer Bahnfahrt übersteigen, grundsätzlich nur zu erstatten, wenn hierfür ein besonderer Anlass besteht, etwa eine erhebliche Zeitersparnis.[27] Eine solche erhebliche Zeitersparnis ist anzunehmen, wenn der Anwalt dadurch in die Lage versetzt wird, erst zum Terminstag anreisen zu können und am selben Tage wieder zurückzukehren.[28] So ist die Benutzung eines Flugzeugs angemessen i.S.d. VV 7004, wenn die Terminswahrnehmung bei Inanspruchnahme der Bahn für zwei aufeinander folgende Nächte einschließlich Umsteige- und Wartezeiten in Anspruch nehmen würde.[29]

29 Grundsätzlich muss sich der Anwalt auch bei Flugreisen mit der **Touristenklasse** zufrieden geben.[30] Nur bei längeren Strecken darf er Business-Class reisen. Bei verhältnismäßig kurzer Flugdauer ist nur die Economy-Class angemessen.[31] Eine Verpflichtung, sog. Sparflüge in Anspruch zu nehmen, besteht allerdings nicht, zumal hier eine Stornierung oder Umbuchung i.d.R. nicht möglich ist.[32]

30 Ob neben den Flugkosten vom Mandanten auch die Kosten einer **Flugunfallversicherung** zu erstatten sind, ist umstritten. Die h.M. bejaht dies.[33] Verneint wird dies dagegen vom OLG Nürnberg.[34]

31 Kosten für die Benutzung eines **Fahrrads** können nicht abgerechnet werden.[35]

---

18 LG Würzburg AGS 1999, 53 m. Anm. *Madert*; ebenso *Mümmler*, JurBüro 1993, 336.
19 OLG Frankfurt/M. AGS 2007, 136 u. 155 = NJW 2006, 2337 = JurBüro 2006, 429 = NZV 2006, 663 = OLGR 2007, 344.
20 Anm. zu LG Würzburg AGS 1999, 53.
21 Rpfleger 1994, 85.
22 Siehe hierzu ausführlich *Meyer/Höver/Bach*, Gesetz über die Entschädigung von Zeugen und Sachverständigen, Kommentar, § 9 ZSEG Rn 5.5.1.
23 VG Freiburg AnwBl 1996, 589.
24 *N. Schneider*, Die Vergütungsvereinbarung, Rn 1069 ff.
25 LG Berlin JurBüro 1999, 526.
26 *Hansens*, JurBüro 1988, 1265.
27 OLG München AnwBl 1967, 56; LG Offenburg JurBüro 1973, 129 = AnwBl 1973, 86; OVG Bremen AnwBl 1967, 133; VG Stuttgart NJW 1971, 2190 = AnwBl 1971, 360; LG Berlin AnwBl 1994, 41; VG Halle zfs 1994, 27; LG Leipzig AGS 2001, 245 m. Anm. *Madert* = JurBüro 2001, 586 = KostRsp. BRAGO § 28 Nr. 15.
28 VG Leipzig JurBüro 2000, 359 = KostRsp. BRAGO § 28 Nr. 13.
29 LG Freiburg AGS 2004, 106 = NJW 2003, 3359 = KostRsp. BRAGO § 28 Nr. 21.
30 OLG Frankfurt NJW 1971, 160; AnwBl 1976, 306.
31 LG Freiburg AGS 2004, 106.
32 BVerwG JurBüro 1989, 1456.
33 OLG Hamm NJW 1973, 2120; LG Frankfurt AnwBl 1978, 472; OLG Düsseldorf AnwBl 1978, 471; OLG München JurBüro 1983, 12.
34 JurBüro 1979, 374 und 1030.
35 Gerold/Schmidt/*Madert/Müller-Rabe*, RVG, VV 7003, 7004 Rn 22.

4. Kombinationen

Möglich ist auch eine Kombination von Verkehrsmitteln, etwa wenn der Anwalt mit seinem eigenen Pkw zum Flughafen anreist, von dort zum Zielort fliegt, wo er anschließend noch ein Taxi oder die Bahn benutzen muss, um zum Gericht zu gelangen.[36]

II. Tage- und Abwesenheitsgeld (VV 7005)

Für Mehrkosten, die durch die Geschäftsreise verursacht werden (z.B. Mittagessen), erhält der Anwalt ein pauschales Tage- und Abwesenheitsgeld. Die Höhe dieser Pauschale ist in **VV 7005** nach Zeitaufwand gestaffelt. Entscheidend ist die Zeit, die der Anwalt von seiner Kanzlei entfernt ist, also grundsätzlich von der Abreise bis zur Rückkehr, gegebenenfalls einschließlich der Zeit für die Einnahme eines Mittagessens.[37] Bei einer Geschäftsreise von nicht mehr als vier Stunden erhält der Anwalt 25 EUR, bei einer Abwesenheit von vier bis acht Stunden 40 EUR und darüber hinaus 70 EUR. Erstreckt sich die Abwesenheit über mehrere Kalendertage, so werden die Abwesenheitsstunden für jeden Tag gesondert berechnet.[38]

> **Beispiel:** Der Anwalt absolviert eine Geschäftsreise vom 11.9. (21.00 Uhr) bis 12.9. (17.00 Uhr).
> Er erhält zwei Abwesenheitspauschalen:
> für den 11.9.: 3 Stunden: 25,00 EUR
> für den 12.9.: 17 Stunden: 70,00 EUR.

Bei **Auslandsreisen** können die vorgenannten Beträge um bis zu jeweils 50 % erhöht werden (**Anm. zu VV 7005**). Ob und inwieweit der Anwalt diesen Rahmen ausschöpft, bestimmt er analog § 14 Abs. 1.

Abwesenheitspauschalen	Inland	Ausland
bis zu 4 Stunden	25,00 EUR	bis 37,50 EUR
4 bis 8 Stunden	40,00 EUR	bis 60,00 EUR
über 8 Stunden	70,00 EUR	bis 105,00 EUR

Da diese Beträge bei längeren Reisen häufig nicht kostendeckend sind, sollten in diesen Fällen Vergütungsvereinbarungen nach §§ 3a ff. getroffen werden,[39] die sich dann ausschließlich auf die Vereinbarung höherer Abwesenheitsgelder beschränken können.

III. Sonstige Auslagen (VV 7006)

1. Grundsatz

Neben den Reisekosten und dem Abwesenheitsgeld kann der Anwalt die Erstattung seiner sonstigen Auslagen verlangen, sofern sie angemessen sind.

2. Übernachtungskosten

Zu den sonstigen Auslagen zählen vor allem die früher ausdrücklich in § 28 Abs. 3 S. 2 BRAGO geregelten Übernachtungskosten, sofern diese erforderlich waren, etwa weil eine An- oder Rückreise am selben Tag nicht möglich oder nicht zumutbar war.[40] Als unzumutbar wird insoweit ein Reiseantritt vor 6.00 Uhr morgens und eine Rückreise nach 22.00 Uhr abends angesehen.[41] Nach KG soll

---

36 LG Berlin JurBüro 1999, 526.
37 VG Stuttgart AnwBl 1984, 323 und 562.
38 OLG Düsseldorf JurBüro 1993, 674 = Rpfleger 1993, 463.
39 Siehe hierzu *N. Schneider*, Die Vergütungsvereinbarung, Rn 1166.
40 LG Flensburg JurBüro 1976, 1650.
41 OLG Karlsruhe Justiz 1985, 473; OLGR 2004, 20 = KostRsp. BRAGO § 28 Nr. 20 m. Anm. *N. Schneider*.

es dagegen im Einzelfall zumutbar sein, bereits um 5.00 Uhr aufzustehen.[42] Bei weiteren Entfernungen (hier: Düsseldorf – München) ist es nicht missbräuchlich, bereits am Vortag anzureisen.[43]

38 Die Kosten müssen sich im Rahmen des Angemessenen halten. Eine Übernachtung in einem sog. Luxushotel ist grundsätzlich nicht geboten.[44] Nach OLG Dresden ist die Übernachtung in einem Mittelklassehotel mit modernem Komfort angemessen.[45] Das Gericht hielt im Jahr 2001 aufgewandte Übernachtungskosten i.H.v 240 DM für angemessen; nach OLG Karlsruhe[46] betrugen die im Jahr 2003 angemessenen Kosten dagegen höchstens 75 EUR.

39 Abgerechnet werden dürfen nur die reinen Übernachtungskosten. Bei einer Übernachtung mit Frühstück sind die anteiligen Frühstückskosten herauszurechnen, da diese bereits durch die Abwesenheitspauschale abgegolten sind.[47] Sofern diese nicht in der Hotelrechnung ausgewiesen sind, sind sie mit 10 % der Übernachtungskosten zu schätzen.[48] Sollen auch diese Kosten umgelegt werden, muss eine Vergütungsvereinbarung getroffen werden.

3. Parkgebühren

40 Auch Parkgebühren sind nach wie vor zusätzlich zu den Kosten des Kraftfahrzeugs zu übernehmen. Die frühere ausdrückliche Regelung in § 28 Abs. 2 Nr. 1 a.E. BRAGO geht jetzt in der allgemeinen Vorschrift der VV 7003 auf.

41 Voraussetzung ist allerdings, dass es sich um eine Geschäftsreise handelt. Fehlt es an einer Geschäftsreise, weil der Anwalt seine Kanzlei am Ort des Gerichts hat, können keine Parkgebühren berechnet werden, auch nicht als verauslagte Kosten nach VV Vorb. 7 Abs. 1 S. 1.[49]

4. Sonstige Kosten

42 Darüber hinaus sind alle sonstigen Kosten anlässlich einer Geschäftsreise vom Mandanten zu übernehmen, etwa Kosten der Gepäckaufbewahrung, notwendige Telegrafen- oder Fernsprechgebühren in Ausführung der Geschäftsreise, Kurtaxe, Reise- und Gepäckversicherung sowie Trinkgelder.

43 Bei Reisen mit dem eigenen Kraftfahrzeug können z.B. Kosten für die Benutzung einer Fähre, Mautgebühren oder einer Vignette hinzukommen.

5. Fiktive Kosten

44 Nur die **tatsächlich** angefallenen Fahrtkosten und Auslagen können abgerechnet werden. Fiktive Kosten sind vom Mandanten nie zu übernehmen, es sei denn, dies ist nach § 3a vereinbart worden. Soweit jedoch die tatsächlich entstandenen Fahrtkosten im konkreten Fall nicht vom Mandanten zu übernehmen sind, kann der Anwalt diese Kosten in Höhe der fiktiven erforderlichen Kosten verlangen. Bucht der Anwalt beispielsweise eine Flugreise, obwohl die Benutzung der Bahn erheblich billiger gewesen wäre, so kann er die tatsächlichen Flugkosten in Höhe der ersparten fiktiven Bahnkosten verlangen. Das Gleiche gilt, wenn eine Übernachtung zwischen zwei Terminen zwar nicht erforderlich war, hierdurch jedoch die Kosten einer Rückreise und erneuten Anreise erspart worden sind.

---

42 KG AGS 2003, 499 m. Anm. *N. Schneider* = KGReport 2003, 314 = KostRsp. BRAGO § 28 Nr. 17.
43 OLG München AGS 2004, 150.
44 OLG Karlsruhe AnwBl 1986, 110; LG Berlin AnwBl 1971, 326.
45 AGS 2003, 24 = StraFo 2002, 246 = KostRsp. BRAGO § 28 Nr. 16.
46 OLGR 2004, 20 m. Anm. *N. Schneider* = NJW-RR 2003, 1654 OLGR 2004, 20 = KostRsp. BRAGO § 28 Nr. 20 m. Anm. *N. Schneider*.
47 OLG Düsseldorf AGS 2012, 561 = JurBüro 2012, 591 = NJW-RR 2012, 1470 = NJW-Spezial 2012, 732 = RVGprof. 2013, 8; OLG Karlsruhe AnwBl 1986, 110.
48 OLG Düsseldorf AGS 2012, 561 = JurBüro 2012, 591 = NJW-RR 2012, 1470 = NJW-Spezial 2012, 732 = RVGprof. 2013, 8.
49 LG Halle AGS 2009, 60.

Beispiel: Der Anwalt hat seine Kanzlei in Köln. Am 20.1., 12.00 Uhr, nimmt er an einem Termin in Dortmund teil. Von dort fährt er weiter nach Bremen, wo er übernachtet und am nächsten Tag um 14.00 Uhr vor dem LG einen Verhandlungstermin wahrnimmt. Anschließend fährt er wieder nach Köln zurück.
Die Übernachtungskosten sowie die Mehrbeträge der Abwesenheitsgelder sind an sich nicht erstattungsfähig, weil es dem Anwalt zumutbar war, zu jedem der beiden Termine von der Kanzlei aus anzureisen. Soweit durch die Übernachtung jedoch die Kosten einer zusätzlichen Hin- und Rückfahrt erspart worden sind, kann der Anwalt die Übernachtungskosten vom Mandanten verlangen.[50]

IV. Umsatzsteuer gemäß VV 7008

Auch auf die Reisekosten ist nach VV 7008 grundsätzlich Umsatzsteuer zu erheben.[51] Dies gilt insbesondere für die Kilometerentschädigung bei Benutzung des eigenen Kraftwagens wie auch für die Abwesenheitsgelder. Soweit Kosten für die Benutzung anderer Verkehrsmittel abgerechnet werden, in denen Umsatzsteuer enthalten ist, also insbesondere Kosten der Taxi-, Bahn- oder Flugreise, ist zu differenzieren: 45

Soweit dem Anwalt der Vorsteuerabzug möglich ist, dürfen zunächst nur die Nettobeträge angesetzt werden, auf die allerdings dann nach VV 7008 anschließend zusammen mit der weiteren Vergütung Umsatzsteuer zu berechnen ist.[52] 46

V. Mehrere Auftraggeber

Reist der Anwalt für mehrere Auftraggeber in derselben gebührenrechtlichen Angelegenheit, so kann er selbstverständlich die Reisekosten nur einmal abrechnen. Die Haftung der einzelnen Auftraggeber richtet sich dann nach § 7 Abs. 2 S. 1, der auch für Auslagen gilt. Jeder Auftraggeber haftet danach insoweit, als die Reisekosten angefallen wären, wenn der Anwalt nur für ihn tätig geworden wäre. In aller Regel werden alle Auftraggeber auch für die gesamten Reisekosten haften. Dies muss jedoch nicht sein. 47

Beispiel: Der Anwalt vertritt in einem Rechtsstreit sowohl den Hauptschuldner als auch den Bürgen. Über den Inhalt des Bürgschaftsvertrags wird vor einem auswärtigen Gericht im Wege der Rechtshilfe ein Zeuge vernommen. Zu diesem Termin reist der Anwalt an.
Wäre der Anwalt nur für den Hauptschuldner tätig geworden, so hätte es der auswärtigen Beweisaufnahme und damit auch der Geschäftsreise des Anwalts nicht bedurft. Der Hauptschuldner haftet daher nicht für die Reisekosten; diese hat der Bürge allein zu übernehmen.

VI. Mehrere Geschäftsreisen

Wird eine Geschäftsreise für mehrere Angelegenheiten durchgeführt – unabhängig davon, ob auch für mehrere Auftraggeber oder für denselben –, so sind die gesamten Reisekosten verhältnismäßig aufzuteilen (siehe VV Vorb. 7 Abs. 3 S. 1). 48

VII. Fälligkeit und Form der Abrechnung

Fällig werden die Reisekosten erst zusammen mit der übrigen Vergütung unter den Voraussetzungen des § 8 Abs. 1. Zuvor kann allerdings ein angemessener **Vorschuss** nach § 9 verlangt werden. Diese Vorschrift gilt auch für Auslagen. 49

Für die Abrechnung der Reisekosten ist § 10 zu beachten. Auch dieser Teil der Vergütung (§ 1 Abs. 1), kann nur aufgrund einer **formell ordnungsgemäßen Abrechnung** verlangt werden. In der Kostenrechnung müssen eine kurze Bezeichnung des Auslagentatbestandes sowie die angewandten Vorschriften der VV 7003 bis 7006 angegeben werden. Ferner ist die Angabe des Datums und der 50

---

50 Hansens, JurBüro 1988, 1271.
51 LG Berlin JurBüro 1999, 526.
52 BGH AGS 2012, 268 = MDR 2012, 810 = AnwBl 2012, 664 = zfs 2012, 463 = NJW-RR 2012, 1016 = JurBüro 2012, 479 = NZV 2012, 476 = VersR 2012, 1316 = Schaden-Praxis 2012, 449 = NJW-Spezial 2012, 412 = IBR 2012, 427 = RVGprof. 2012, 113 = RVGreport 2012, 266 = FamRZ 2012, 1136 = StRR 2012, 243 = DB 2012, 2575.

Dauer der Reise sowie der Entfernung erforderlich. Nach Möglichkeit sollten auch das Reiseziel und der Zweck der Reise mit einer Kurzbezeichnung angegeben werden.

Beispiel: Verfahren vor dem LG X; zum Ortstermin nach Y reist der Anwalt mit dem Pkw; er hat Parkgebühren in Höhe von 3 EUR (brutto); zur Zeugenvernehmung im Wege der Rechtshilfe vor dem LG Z reist der Anwalt mit der Bahn – Fahrtkosten 40 EUR (incl. Umsatzsteuer):

Gegenstandswert: 5.000 EUR

1. 1,3-Verfahrensgebühr, VV 3100	393,90 EUR
2. 1,2-Terminsgebühr, VV 3104	363,60 EUR
3. Postentgeltpauschale, VV 7002	20,00 EUR
4. Reisekosten	
– Ortstermin in Y v. 5.7.2015:	
– Fahrtkosten Pkw, VV 7003 (2 × 40 km × 0,30 EUR/km)	24,00 EUR
– Parkgebühren (netto), VV 7006	2,52 EUR
– Tage- und Abwesenheitsgeld bis 4 Stunden, VV 7005 Nr. 1	25,00 EUR
– Beweistermin LG Z v. 22.7.2015:	
– Fahrtkosten Deutsche Bahn, 1. Klasse (netto)	85,71 EUR
– Tage- und Abwesenheitsgeld 4 bis 8 Stunden, VV 7005 Nr. 2	40,00 EUR
Zwischensumme	964,73 EUR
5. 19 % Umsatzsteuer, VV 7008	183,30 EUR
Gesamt	**1.148,03 EUR**

VIII. Vergütungsvereinbarung

1. Vergütungsvereinbarung

51 Wird eine Vergütungsvereinbarung nach §§ 3a ff. getroffen, müssen darin auch die Reisekosten geregelt werden. Auch für Auslagen sind Vergütungsvereinbarungen zulässig, sofern die Form gewahrt wird (§ 4).[53]

52 Dabei ist auf zwei Punkte zu achten:
- Zum einen sollte festgelegt werden, zu **welchen Terminen** der Anwalt reisen soll – dies vermeidet einen späteren Streit über die Erforderlichkeit der Reise.
- Zum anderen sollte die **Höhe** der vom Mandanten zu tragenden **Auslagen** festgelegt werden – dies vermeidet einen späteren Streit über die Angemessenheit der Kosten.

2. Isolierte Reisekostenvereinbarung

53 Angesichts der restriktiven Rechtsprechung sowie der zahlreichen Streitfragen, die auftreten können, empfiehlt es sich, bei abzusehender umfangreicher Reisetätigkeit auch dann eine Vereinbarung mit dem Mandanten zu treffen, wenn es im Übrigen bei der gesetzlichen Vergütung bleiben soll. Zulässig sind dabei auch Vereinbarungen, die ausschließlich die Reisekosten betreffen und die Vergütung im Übrigen unberührt lassen.[54]

3. Fehlende Regelung

54 Fehlen in einer Vergütungsvereinbarung Regelungen zu den Auslagen, gelten diese im Zweifel als durch die vereinbarte Vergütung abgegolten.[55] Dies gilt insbesondere bei Zeit- und Pauschalvereinbarungen. In diesen Fällen muss unbedingt eine Vereinbarung zu den Reisekosten getroffen werden,

---

[53] *N. Schneider*, Die Vergütungsvereinbarung, Rn 1104 ff., 1159 ff.
[54] *N. Schneider*, Die Vergütungsvereinbarung, Rn 1101.
[55] OLG Koblenz OLGZ 79, 230; LG Koblenz AnwBl 1984, 206 m. Anm. *Madert* = JurBüro 1984, 1667 m. Anm. *Mümmler*; siehe auch *ders.*, § 4 Rn 115; *Brieske*, S. 159; *Madert*, Honorarvereinbarung, A Rn 25; Gerold/Schmidt/*Madert/Müller-Rabe*, § 4 Rn 88; *Hartmann*, KostG, § 4 RVG Rn 26; *N. Schneider*, Die Vergütungsvereinbarung, Rn 1069 ff., 1501, 1517.

und wenn auch nur vereinbart wird, dass sich die Reisekosten nach den gesetzlichen Vorschriften richten. Fehlt eine solche Vereinbarung, kann der Anwalt keine Reisekosten abrechnen.

C. Prozess-/Verfahrenskostenhilfe

Soweit der Anwalt uneingeschränkt beigeordnet ist, erhält er seine Reisekosten aus der Staatskasse (§ 46 Abs. 1), es sei denn, die Reisekosten waren ausnahmsweise nicht notwendig. Das Gericht ist im Rahmen der Festsetzung an die Bewilligungsbeschlüsse gebunden.[56]

> Wenn ein auswärtiger Rechtsanwalt im Wege der Prozesskostenhilfe/Verfahrenskostenhilfe uneingeschränkt beigeordnet ist, steht für das Vergütungsfestsetzungsverfahren fest, dass seine Reisekosten zum Termin zu erstatten sind.

Der Anwalt kann die Notwendigkeit der Reise vorab gerichtlich feststellen lassen (§ 46, im Einzelnen siehe § 46 Rdn 51 ff.).

War der Anwalt nur eingeschränkt beigeordnet, erhält er die Reisekosten nicht, soweit sie unter die Einschränkung fallen. Gegebenenfalls muss eine unzutreffende Einschränkung angefochten werden (Monatsfrist nach § 127 Abs. 3 S. 2, 3 ZPO). Insoweit ist der Rechtsanwalt aus eigenem Recht beschwerdebefugt.[57]

Hinsichtlich der Beiordnung ist zu differenzieren:
- Der **im Gerichtsbezirk niedergelassene** (früher: am Gericht zugelassene) **Anwalt**, der seine Kanzlei nicht am Ort des Gerichts unterhält und dort auch nicht wohnt, darf nicht eingeschränkt beigeordnet werden. Das war auch schon zu BRAGO-Zeiten nicht möglich. Das Gesetz gibt hierfür in § 121 ZPO keine Grundlage. Zu BRAGO-Zeiten war eine solche Einschränkung auch nicht erforderlich, weil der zugelassene Rechtsanwalt nach § 126 Abs. 1 S. 2 BRAGO seine Reisekosten ohnehin nicht erstattet erhielt. Diese Einschränkung des § 126 Abs. 1 S. 2 BRAGO ist mit Einführung des § 46 Abs. 1 weggefallen, so dass der am Gericht zugelassene Anwalt stets seine Reisekosten erhält, sofern sie notwendig waren, was bei der Teilnahme der mündlichen Verhandlung immer der Fall sein dürfte.[58]
- Nur der **nicht im Gerichtsbezirk niedergelassene** (früher: nicht am Gericht zugelassene auswärtige Anwalt) **und dort auch nicht wohnhafte** Anwalt kann nach wie vor eingeschränkt beigeordnet werden. Das wiederum ergibt sich aus § 121 Abs. 3 ZPO bzw. § 78 Abs. 3 FamFG. Danach soll ein nicht im Gerichtsbezirk niedergelassener Anwalt nämlich grundsätzlich nicht beigeordnet werden. Seine Beiordnung ist nur zulässig, wenn dadurch keine Mehrkosten ausgelöst werden. Keine Mehrkosten entstehen aber immer dann, wenn der auswärtige Anwalt nur eingeschränkt zu den Bedingungen eines im Gerichtsbezirk niedergelassenen Anwalts beigeordnet wird. Daher ist hier eine entsprechende Einschränkung zulässig, es sei denn, es besteht ein Anspruch auf Beiordnung des auswärtigen Rechtsanwalts.
- Zum Teil prüfen die Gerichte bereits im Bewilligungsverfahren, ob es im Gerichtsbezirk Orte gibt, die weiter entfernt liegen als die Kanzlei des auswärtigen Anwalts, und ordnen dann uneingeschränkt bei.[59] Eine eingeschränkte Beiordnung wäre dann nämlich gegenstandslos und könnte nur zu Missverständnissen führen.

---

56 KG AGS 2010, 612 = JurBüro 2011, 94 = MDR 2011, 327 = Rpfleger 2011, 217 = RVGreport 2011, 118 = FamRZ 2011, 835 = NJW-Spezial 2010, 764; OLG Dresden AGS 2009, 451 = OLGR 2009, 482 = JurBüro 2009, 368; OLG Düsseldorf AGS 2014, 196 m. Anm. *Thiel* = NJW-Spezial 2014, 253; OLG Brandenburg, Beschl. v. 1.10.2008 – 13 WF 68/08.

57 OLG Köln AGS 2006, 138 = MDR 2005, 1130 = JurBüro 2005, 429 = FamRZ 2005, 2008; OLG Celle AGS 2011, 365 = zfs 2011, 348 = NdsRpfl 2011, 240 = FamFR 2011, 281.

58 Grundlegend OLG Oldenburg AGS 2006, 110 m. Anm. *N. Schneider*; ebenso OLG Nürnberg AGS 2005, 302 m. Anm. *N. Schneider* = AnwBl. 2005, 295 = RVGreport 2005, 107 [*Hansens*] = NJW 2005, 687 = OLGR 2005, 218; ebenso *Keske*, Die Änderungen der Kosten in familiengerichtlichen Verfahren durch das Kostenrechtsmodernisierungsgesetz, FuR 2004, 193, 203.

59 OLG Frankfurt AGS 2014, 138; OLG Brandenburg AGS 2015, 584 = NJW-Spezial 2015, 763 = NZFam 2016, 87.

59 Einen solchen Anspruch auf Beiordnung des auswärtigen Rechtsanwalts bejahen der BGH[60] und die ihm folgende Instanzrechtsprechung dann, wenn die Voraussetzung des § 121 Abs. 4 ZPO für die zusätzliche Beiordnung eines Verkehrsanwalts vorliegen.[61] In einem solchen Fall handelt es sich nämlich gar nicht mehr um „Mehrkosten", weil durch die Beiordnung des auswärtigen Anwalts die Kosten eines zusätzlichen Verkehrsanwalts erspart werden.

60 Soll der Anwalt, der nicht im Gerichtsbezirk niedergelassen und dort auch nicht wohnhaft ist, einschränkend beigeordnet werden, darf die Einschränkung nur dahin lauten, dass er zu den Bedingungen eines „im Gerichtsbezirk niedergelassenen" Anwalts beigeordnet wird. Eine Einschränkung zu den Bedingungen eines „am Gericht ansässigen" Anwalts ist nicht zulässig; OLG Celle:[62]

> Die Beiordnung eines auswärtigen Rechtsanwaltes im Rahmen der PKH-/VKH-Bewilligung kann nicht auf die „Bedingungen eines ortsansässigen Rechtsanwaltes" beschränkt werden, sondern ausschließlich auf die „Bedingungen eines im Bezirk des Prozessgerichts niedergelassenen Rechtsanwalts".

61 Ist eine solche Einschränkung zu den Bedingungen eines im Gerichtsbezirk niedergelassenen Anwalts vorgenommen worden, erhält der auswärtige Anwalt seine tatsächlichen Reisekosten bis zur fiktiven Höhe der Reisekosten eines im Gerichtsbezirk niedergelassenen Anwalts. Abzustellen ist insoweit auf die weiteste Entfernung zwischen dem Gerichtssitz und der Grenze des Gerichtsbezirks.[63] Zur Berechnung der höchstmöglichen Entfernung sei verwiesen auf *N. Schneider*, Reisekostentabelle für auswärtige Anwälte 2016.

62 Unabhängig davon sind Reisekosten im Rahmen der Prozesskostenhilfe immer dann zu übernehmen, soweit diese auch bei einem im Gerichtsbezirk niedergelassenen Anwalt angefallen wären, wie z.B. bei einem vom Gericht angeordneten auswärtigen Ortstermin.

63 Zu Einzelheiten siehe die Kommentierung zu § 46.

D. Erstattungsfähigkeit von Reisekosten

I. Grundsätze

64 Die Erstattungsfähigkeit der Reisekosten richtet sich nach **§ 91 Abs. 2 ZPO**. Diese Vorschrift gilt nicht nur im Zivilprozess, sondern auch in anderen Verfahren (z.B. § 464a Abs. 2 Nr. 2 StPO).

§ 91 ZPO Grundsatz und Umfang der Kostenpflicht

(1) ¹Die unterliegende Partei hat die Kosten des Rechtsstreits zu tragen, insbesondere die dem Gegner erwachsenen Kosten zu erstatten, soweit sie zur zweckentsprechenden Rechtsverfolgung oder Rechtsverteidigung notwendig waren. ²Die Kostenerstattung umfasst auch die Entschädigung des Gegners für die durch notwendige Reisen oder durch die notwendige Wahrnehmung von Terminen entstandene Zeitversäumnis; die für die Entschädigung von Zeugen geltenden Vorschriften sind entsprechend anzuwenden.

(2) ¹Die gesetzlichen Gebühren und Auslagen des Rechtsanwalts der obsiegenden Partei sind in allen Prozessen zu erstatten, Reisekosten eines Rechtsanwalts, der nicht in dem Bezirk des Prozessgerichts niedergelassen ist und am Ort des Prozessgerichts auch nicht wohnt, jedoch nur insoweit, als die Zuziehung zur zweckentsprechenden Rechtsverfolgung oder Rechtsverteidigung notwendig war. ²Die Kosten mehrerer Rechtsanwälte sind nur insoweit zu erstatten, als sie die Kosten eines Rechtsanwalts nicht übersteigen oder

---

60 BGH AGS 2004, 349 = BGHZ 159, 370 = RVGreport 2004, 356 = NJW 2004, 2749 = BGHR 2004, 1371 = FamRZ 2004, 1362 = FPR 2004, 628 = JurBüro 2004, 604 = Rpfleger 2004, 708 = ProzRB 2005, 8 = FuR 2005, 87 = BB 2004, 2100 = FamRB 2004, 393 = VersR 2004, 1577 = MDR 2004, 1373.

61 OLG Köln FamFR 2011, 398; OLG Düsseldorf, Beschl. v. 7.6.2011 – 24 W 48/11; OLG Bamberg NJW-RR 2012, 200 = FamRZ 2012, 651 = FamFR 2012, 17; LAG Köln, Beschl. v. 19.9.2011 – 12 Ta 154/11.

62 AGS 2011, 365 = zfs 2011, 348 = NdsRpfl 2011, 240 = FamFR 2011, 281 = RpflStud 2011, 150 = FF 2011, 321 = MDR 2011, 984 = JurBüro 2011, 486 = FamRZ 2011, 1745 = FuR 2011, 479 = NJW-Spezial 2011, 635 = Rpfleger 2011, 617.

63 LAG Hessen AGS 2010, 299 = NJW-Spezial 2010, 380; VG Oldenburg AGS 2009, 467 = NJW-Spezial 2009, 460; OLG Oldenburg JurBüro 2010, 433.

als in der Person des Rechtsanwalts ein Wechsel eintreten musste. ³In eigener Sache sind dem Rechtsanwalt die Gebühren und Auslagen zu erstatten, die er als Gebühren und Auslagen eines bevollmächtigten Rechtsanwalts erstattet verlangen könnte.

(3) ...

Danach gelten folgende Grundsätze:

- Nach **§ 91 Abs. 2 S. 1, 1. Hs. ZPO** sind Reisekosten immer dann erstattungsfähig, wenn sie notwendig waren.
- Nach **§ 91 Abs. 2 S. 1, 2. Hs. ZPO** sind die Kosten eines Anwalts, der nicht in dem Bezirk des Prozessgerichts niedergelassen ist und am Ort des Prozessgerichts auch nicht wohnt, nur insoweit erstattungsfähig, als die Zuziehung zur zweckentsprechenden Rechtsverfolgung oder Rechtsverteidigung notwendig war.
- Die frühere Einschränkung des § 91 Abs. 2 S. 2 ZPO a.F., wonach der Partei die Mehrkosten nicht zu erstatten waren, die durch die Einschaltung eines Anwalts entstehen, der zwar am Prozessgericht zugelassen ist, dort aber nicht seinen Wohnsitz oder seine Kanzlei unterhält, ist mit Wirkung zum 1.7.2004 ersatzlos aufgehoben worden. Diese Regelung war angesichts des Wegfalls der Postulationsfähigkeit nicht mehr zeitgemäß. Auf ältere Entscheidungen kann daher nicht mehr abgestellt werden. Die Reisekosten eines Anwalts aus dem Gerichtsbezirk sind daher immer erstattungsfähig (siehe Rdn 68 ff.).
- Nach **§ 91 Abs. 2 S. 3 ZPO** (früher: § 91 Abs. 1 S. 4 ZPO) kann der Anwalt in eigener Sache seine Reisekosten erstattet verlangen, soweit diese entstanden wären, wenn er einen anderen Anwalt beauftragt hätte und diese dann auch notwendig gewesen wären.

Notwendig sind die Reisekosten nicht nur dann, wenn es auch zum Termin kommt, sondern auch, wenn dieser ausfällt und der Anwalt davon keine Kenntnis hatte. Nach dem OLG München[64] sind Reisekosten nicht vermeidbar und damit erstattungsfähig, wenn die Klägerin die Rücknahme ihrer Klage erst am späten Nachmittag des Tages vor dem Termin zur mündlichen Verhandlung mitteilt. Wenn ein Termin zur mündlichen Verhandlung auf den Vormittag anberaumt ist, ist es nicht missbräuchlich, von Düsseldorf nach München am Vortag anzureisen.

Auslagen des Rechtsanwalts für Fahrten zu einem auswärtigen Verhandlungstermin sind auch dann erstattungsfähig, wenn der Rechtsanwalt wegen einer mehrstündigen Sperrung der Autobahn das Gericht erst nach dem Ende des Verhandlungstermins erreicht.[65]

II. Fälle des § 91 Abs. 2 S. 1, 1. Hs. ZPO

Nach **§ 91 Abs. 2 S. 1 ZPO** sind Kosten, eines im Bezirk des Prozessgerichts niedergelassenen oder dort wohnhaften Anwalts für Geschäftsreisen, die er im Rahmen des Prozesses wahrzunehmen hat, immer zu erstatten.

Das gilt zu allererst für den am Ort des Gerichts ansässigen Anwalts für auswärtige Termine, etwa einen auswärtigen Beweistermin.

> **Beispiel:** Vor dem LG Köln wird Klage aus einem Verkehrsunfall erhoben. Die Parteien beauftragen jeweils Kölner Anwälte. Das LG Köln führt eine Beweisaufnahme an der Unfallstelle in Erftstadt durch (Entfernung 25 km), an der die Anwälte teilnehmen.
> Die Reisekosten der Kölner Anwälte sind nach § 91 Abs. 2 S. 1 ZPO erstattungsfähig.

Die Erstattungsfähigkeit ist nach dem eindeutigen Wortlaut auch dann gegeben, wenn der Anwalt zwar im Gerichtsbezirk niedergelassen ist, aber nicht am Ort des Gerichts seine Kanzlei hat. Der Partei steht es frei, einen Anwalt aus dem Gerichtsbezirk zu wählen. Eine Notwendigkeitsprüfung

---

[64] AGS 2004, 150 m. Anm. *N. Schneider* = OLGR 2004, 183 = NJW-RR 2004, 714 = MDR 2004, 540 = RVG-B 2005, 23 m. Anm. *Goebel*.

[65] OLG Celle AGS 2004, 496 = NJW 2004, 2910 = NJW-RR 2004, 716.

hinsichtlich der Reisekosten findet nach dem ausdrücklichen Wortlaut des § 91 Abs. 2 S. 1 ZPO nicht statt.[66]

> **Beispiel:** Vor dem LG Köln wird Klage aus einem Verkehrsunfall erhoben. Beide Parteien wohnen in Köln. Der Beklagte beauftragt jedoch einen Anwalt aus Erftstadt (25 km entfernt, aber noch LG-Bezirk Köln).
> Da der Erftstädter Anwalt im Bezirk des LG Köln niedergelassen ist, sind seine Reisekosten nach § 91 Abs. 2 S. 1 ZPO erstattungsfähig.

71 Nach § 91 Abs. 2 S. 1 ZPO sind ebenfalls solche Reisekosten zu erstatten, die nach einer Verweisung des Rechtsstreits entstehen, wenn dadurch die Kosten eines weiteren Anwalts an dem Gericht, an das verwiesen worden ist, erspart werden.

> **Beispiel:** Die vor dem LG Köln verklagte Partei beauftragt einen Kölner Anwalt mit der Abwehr der Klage. Das Verfahren wird ohne mündliche Verhandlung an das LG Bonn verwiesen.
> Die Fahrtkosten des Kölner Anwalts sind in Höhe der Kosten, die durch die Einschaltung eines Bonner Anwalts zusätzlich entstanden wären (1,3-Verfahrensgebühr zuzüglich Auslagen und Umsatzsteuer), erstattungsfähig und selbst bei einem Unterliegen des Beklagten vom Kläger zu tragen (§ 281 ZPO).

72 Nach OLG München[67] ist die Partei sogar verpflichtet, von der Bestellung eines Anwalts am Empfangsgericht abzusehen, wenn die Fahrtkosten des bisherigen Prozessbevollmächtigten geringer liegen als die Kosten eines zweiten Anwalts.

III. Fälle des § 91 Abs. 2 S. 1, 2. Hs. ZPO

1. Überblick

73 Ist der Anwalt nicht in dem Bezirk des Prozessgerichts niedergelassen und wohnt er auch nicht am Ort des Prozessgerichts, richtet sich die Kostenerstattung nach § 91 Abs. 2 S. 1, 2. Hs. ZPO: Die Reisekosten dieses Anwalts sind nur insoweit erstattungsfähig, als die Zuziehung des Anwalts zur zweckentsprechenden Rechtsverfolgung oder Rechtsverteidigung notwendig war.

74 Im Hinblick auf den zwischenzeitlich aufgehobenen § 91 Abs. 1 S. 2 ZPO a.F. war in der Rechtsprechung äußerst umstritten, wann und inwieweit Kosten eines auswärtigen Rechtsanwalts erstattungsfähig waren. Zu dieser Frage ist zwischenzeitlich eine kaum noch überschaubare Rechtsprechung des BGH ergangen.

2. Grundsatz

75 In seiner Entscheidung vom 16.10.2002[68] hat der BGH grundsätzlich Folgendes klargestellt:

Für einen Rechtsstreit vor einem auswärtigen Gericht darf sich eine Partei grundsätzlich immer eines Anwalts am eigenen Ort bedienen. Die hierdurch anfallenden Reisekosten des Anwalts zum auswärtigen Gericht sind grundsätzlich erstattungsfähig.[69] Das gilt selbst dann, wenn der sachbearbeitende Rechtsanwalt einer überörtlichen Anwaltssozietät angehört, die auch am Sitz des Prozessgerichts mit dort postulationsfähigen Rechtsanwälten vertreten ist.[70]

76 Bei der Prüfung der Notwendigkeit einer bestimmten Rechtsverfolgungs- oder Rechtsverteidigungsmaßnahme ist eine typisierende Betrachtungsweise geboten. Deshalb bedarf es für die Erstattungsfä-

---

66 AG Limburg AGS 2013, 98 = NJW-Spezial 2013, 124; AG Siegburg AGS 2012, 594; ebenso LG Krefeld JurBüro 2011, 307 = RVGreport 2011, 235; LG Krefeld AGS 2014, 424 = JurBüro 2014, 377 = NJW-Spezial 2014, 540; VG Würzburg AGkompakt 2012, 102; VG Koblenz AGS 2012, 546; LG Aurich NJW-RR 2011, 1029 = NJW-Spezial 2011, 323; LG Gera AGS 2014, 251; AG Gießen AGS 2014, 544 = NJW-Spezial 2015, 93 = ErbR 2015, 135; LG Bonn AGS 2016, 31 = AnwBl 2016, 361 = NZFam 2016, 187 = NJW-Spezial 2016, 187.
67 AGS 2001, 239.
68 AGS 2003, 97 m. Anm. *Madert* = BGH-Report 2003, 152 m. Anm. *Madert*; ebenso OLG Düsseldorf AGS 2003, 325; OLG Düsseldorf AGS 2003, 372; OLG Düsseldorf AGS 2003, 466.
69 So auch BGH AGS 2004, 260; BGH AGS 2007, 430 = BGHR 2007, 427 = NJW 2007, 2048 = MDR 2007, 802 = FamRZ 2007, 636.
70 AGS 2008, 368 = NJW 2008, 2122 = BRAK-Mitt 2008, 178 = BGH-Report 2008, 881 = FF 2008, 339; BGH BGH-Report 2004, 639.

higkeit von Reisekosten nicht der Feststellung im Einzelfall, dass die Partei zu dem den Termin wahrnehmenden Rechtsanwalt ein besonderes Vertrauensverhältnis gehabt hat.[71]

Die Reisekosten des auswärtigen Anwalts der auswärtigen Partei sind selbst dann erstattungsfähig, wenn der Gegenstand des Rechtsstreits einen Bezug zum Ort des Gerichts hat. So rechtfertigt allein der Umstand, dass sich das dem Rechtsstreit zugrundeliegende Mietobjekt am Sitz des Prozessgerichts gelegen ist und sich der klagende Eigentümer deshalb gelegentlich zu dessen Verwaltung dort aufhält, nicht, von ihm zu verlangen, einen Prozessbevollmächtigten am Ort des Gerichts zu beauftragen.[72] 77

Diese Grundsätze gelten nicht nur in erster Instanz, sondern auch in einem Berufungsverfahren.[73] 78

3. Kein Vergleich mit Kosten eines Terminsvertreters oder Verkehrsanwalts

Greift der vorgenannte Grundsatz, sind die Reisekosten des Prozessbevollmächtigten auch dann in voller Höhe erstattungsfähig, wenn die Kosten bei Einschaltung eines Terminsvertreters (VV 3401) oder eines Verkehrsanwalts (VV 3400) günstiger gewesen wären und die Partei dies hätte erkennen können. Die Kostenerstattung wird dann nicht auf diejenigen Kosten beschränkt, die durch die Beauftragung eines Terminsvertreters entstanden wären.[74] Insoweit greift auch nicht die 10%-Grenze, die beim Terminsvertreter gilt.[75] Soweit man der Partei die Hinzuziehung eines auswärtigen Anwalts zubilligt, ist hinsichtlich der Höhe keine Grenze gesetzt. 79

4. Ausnahmen

Von diesem Grundsatz der Erstattungsfähigkeit gibt es **Ausnahmen**. So wird die Erstattungsfähigkeit insbesondere dann abgelehnt, wenn die Partei geschäftsgewandt ist und sie problemlos einen Anwalt am Gerichtsort schriftlich oder fernmündlich hätte beauftragen können. Bei Privatpersonen wird dies grundsätzlich nicht der Fall sein. Diese Ausnahme betrifft vielmehr Unternehmen, insbesondere mit eigenen Rechtsabteilungen. Auch hier ist der BGH allerdings zurückhaltend, was die Ablehnung eines Anwalts am Ort oder Sitz der Partei oder deren Verwaltung angeht. Grundsätzlich ist auch sie berechtigt, einen an ihrem Ort oder Sitz oder sogar am Ort einer ausgelagerten Verwaltung niedergelassenen Anwalt zu beauftragen und diesen zum Termin reisen zu lassen. Insoweit kommt es entscheidend auf die Art des Verfahrens an, also ob besondere rechtliche oder tatsächliche Schwierigkeiten bestehen oder ob es sich um einen Routine- oder Bagatellfall handelt. 80

Bejaht hat der BGH die Erstattungsfähigkeit der Reisekosten in folgenden Fällen: 81

Überlässt ein bundesweit tätiger Versicherer nach endgültiger Leistungsablehnung seine Akten einem Rechtsanwalt, der aufgrund ständiger Geschäftsbeziehungen derartige Verfahren weiter bearbeitet („Hausanwalt"), so hat der unterliegende Prozessgegner diese Betriebsorganisation hinzunehmen 82

---

71 BGH JurBüro 2010, 369 = RVGreport 2010, 156.
72 BGH NJW-RR 2004, 1216 = RVGreport 2004, 193.
73 BGH AGS 2004, 310 = BGH-Report 2004, 1325 = FamRZ 2004, 1363 = RVG-B 2005, 25 = VersR 2005, 997.
74 BGH WRP 2005, 1546 = GRUR 2005, 1072 = NJW-RR 2005, 1662 = Rpfleger 2006, 39 = AnwBl 2005, 792 = BGHReport 2006, 67 = MDR 2006, 296 = JurBüro 2006, 203 = BRAK-Mitt 2005, 279 = FA 2005, 373 = FamRZ 2005, 2062 = RVGreport 2005, 476 = NJW-Spezial 2006, 46 = GuT 2005, 261; BGH AGS 2008, 204 = WRP 2008, 363 = FamRZ 2008, 507 = AnwBl 2008, 215 = MDR 2008, 350 = Rpfleger 2008, 227 = BGHReport 2008, 363 = zfs 2008, 226 = JurBüro 2008, 258 = HFR 2008, 765 = NJW-RR 2008, 1378 = RVGreport 2008, 112 = GuT 2008, 55 = BRAK-Mitt 2008, 82.
75 BGH AGS 2003, 97 = Rpfleger 2003, 98 = BGHReport 2003, 152 = MDR 2003, 233 = FamRZ 2003, 441 = JurBüro 2003, 202 = AnwBl 2003, 309 = WM 2003, 1617 = NJW 2003, 898 = RpflStud 2003, 89 = BB 2003, 72 = BRAK-Mitt. 2003, 25 = BRAGOreport 2003, 13 = EzFamR aktuell 2003, 29 = VersR 2003, 877 = MittdtschPatAnw 2003, 142; BGH AGS 2005, 41 = BB 2004, 2548 = MDR 2005, 177 = JurBüro 2005, 93 = Schaden-Praxis 2005, 105 = JR 2005, 206 = NJW-RR 2005, 707 = VersR 2005, 997 = RVGreport 2004, 473 = RVG-Letter 2004, 138 = FamRZ 2005, 204 = BRAK-Mitt 2005, 36 = NJ 2005, 36 = RVG-B 2005, 41 = GuT 2005, 28 = RpflStud 2006, 81.

und etwaige fiktive Reisekosten des bevollmächtigten Hausanwalts als notwendige Kosten des Rechtsstreits zu tragen.[76]

83 Bei einem überregional tätigen Unternehmen (hier: der Deutschen Telekom AG) kann es trotz des Gebots der Kosteneinsparung aus wirtschaftlich sinnvollen Gründen gerechtfertigt sein, einen weder am Unternehmenssitz noch am Sitz des späteren Prozessgerichts ansässigen Rechtsanwalt mit der Durchführung des Mahnverfahrens zu beauftragen, obwohl für die Mandatserteilung ein eingehendes Mandatsgespräch nicht erforderlich ist. Solche Gründe sind die personelle und organisatorische Eignung der Kanzlei zur Bewältigung von massenhaften Mahnverfahren sowie der Erfahrung des Unternehmens, dass 90 % dieser Mahnverfahren ohne Widerspruch durchgeführt werden.[77]

84 Ein Versicherungsunternehmen, das seine „Hausanwälte" mit der Prozessvertretung im Rahmen einer Klage am Wohnort des Versicherungsnehmers (hier: auf Zahlung rückständiger Versicherungsprämien in der Krankenversicherung) beauftragt, hat Anspruch auf Ersatz der für den auswärtigen Prozessbevollmächtigten für die Terminswahrnehmung anfallenden Reisekosten sowie Tage- und Abwesenheitsgeld; es besteht keine Obliegenheit oder gar Verpflichtung für gewerbliche Unternehmen, eine Rechtsabteilung zu unterhalten, die den Streitstoff so gründlich vorbereitet, dass die Einschaltung eines in ihrer Nähe ansässigen Rechtsanwalts entbehrlich wird.[78]

85 Die Zuziehung eines in der Nähe ihres Wohn- oder Geschäftsortes ansässigen Rechtsanwalts durch eine an einem auswärtigen Gericht klagende oder verklagte Partei stellt im Regelfall eine notwendige Maßnahme zweckentsprechender Rechtsverfolgung oder Rechtsverteidigung i.S.v. § 91 Abs. 2 S. 1, 2. Hs. ZPO dar. Eine Ausnahme von diesem Grundsatz kann bei Entbehrlichkeit eines Mandantengesprächs eingreifen. Ein solcher Ausnahmefall liegt bei komplexen, rechtlich schwierigen Fragen, die noch nicht umfassend durch die Rechtsprechung geklärt sind selbst dann nicht vor, wenn es sich bei der Partei um eine über eine Rechtsabteilung verfügende Bank handelt.[79]

86 Die Zuziehung eines am Wohn- oder Geschäftsort der auswärtigen Partei ansässigen Rechtsanwalts ist auch dann regelmäßig als zur zweckentsprechenden Rechtsverfolgung oder Rechtsverteidigung notwendig i.S.v. § 91 Abs. 2 S. 1, 2. Hs. ZPO anzusehen, wenn ein Haftpflichtversicherer Partei ist, der keine eigene Rechtsabteilung unterhält, sondern bei rechtlichen Schwierigkeiten einen Hausanwalt an seinem Geschäftsort beauftragt (sog. „Outsourcing").[80]

87 Die Terminsreisekosten des auswärtigen Prozessbevollmächtigten einer über eine Rechtsabteilung verfügenden Bank sind erstattungsfähig, wenn es sich bei dem Rechtsstreit nicht um ein Routinegeschäft (hier: Klage aus einer Bürgschaft) handelt.[81]

88 Die für die Notwendigkeit der Beauftragung eines auswärtigen Rechtsanwalts erforderlichen besonderen Umstände setzen, wenn sie nicht aus der Natur des Streitfalls folgen, jedenfalls voraus, dass die außergerichtliche Bearbeitung der Sache aufgrund einer allgemeinen Maßnahme der Betriebsorganisation und nicht nur im Einzelfall für die Partei an dem Ort erfolgt, an dem der auswärtige Rechtsanwalt seine Kanzlei hat.[82]

89 Beauftragt ein Unternehmen zur Führung eines Prozesses bei einem auswärtigen Gericht einen Rechtsanwalt an dem Ort, an dem sich zwar nicht der Sitz des Unternehmens befindet, an dem die Sache aber nach der unternehmensinternen Organisation vorprozessual bearbeitet worden ist, sind

---

76 BGH NJW 2006, 3008 = BGHReport 2006, 1334 = NZV 2006, 535 = VersR 2006, 1562 = Rpfleger 2006, 673 = Schaden-Praxis 2007, 31 = RuS 2007, 43 = RVGreport 2006, 391 = NJW-Spezial 2006, 497 = GuT 2006, 267 = BRAK-Mitt 2006, 288 = MDR 2007, 431.
77 BGH FamRZ 2004, 866 = RVG-B 2004, 128 = RVGreport 2005, 117.
78 BGH BGHReport 2004, 706 = RuS 2005, 91 = FamRZ 2004, 618 = RVG-B 2004, 54 = JurBüro 2005, 263.
79 BGH AGS 2004, 359 = BGHReport 2004, 780 = BKR 2004, 236 = RVG-Letter 2004, 47 = ZBB 2004, 316.
80 BGH Rpfleger 2004, 182 = BGHReport 2004, 345 = NZV 2004, 180 = MDR 2004, 539 = VersR 2004,
352 = NJW-RR 2004, 430 = RuS 2004, 262 = VRS 106, 358 = RVGreport 2004, 34 = GuT 2004, 20 = IVH 2004, 35 = BRAK-Mitt 2004, 90 = FamRZ 2004, 362.
81 BGH AnwBl 2003, 311 = JurBüro 2003, 427 = BRAGOreport 2003, 94.
82 BGH WRP 2010, 657 = GRUR 2010, 367 = Magazindienst 2010, 478 = NJW 2010, 1882 = BRAK-Mitt 2010, 146 = DB 2010, 842 = GuT 2010, 128 = MDR 2010, 588 = MittdtschPatAnw 2010, 319.

die Reisekosten dieses Anwalts nach denselben Grundsätzen zu erstatten wie im Falle der Beauftragung eines am Sitz des Unternehmens ansässigen Rechtsanwalts.[83]

Ist die auswärtige Partei ein Haftpflichtversicherer, der keine eigene Rechtsabteilung unterhält, sondern bei rechtlichen Schwierigkeiten einen Hausanwalt an seinem Geschäftsort beauftragt, ist dessen Zuziehung regelmäßig als zur zweckentsprechenden Rechtsverfolgung oder Rechtsverteidigung notwendig i.S.v. § 91 Abs. 2 S. 1, 2. Hs. ZPO anzusehen. Auch bei Unternehmen ohne eigene Rechtsabteilung kann ein eingehendes persönliches Mandantengespräch jedoch ausnahmsweise entbehrlich sein, wenn die Sache von Mitarbeitern bearbeitet wird, die in der Lage sind, einen am Sitz des Prozessgerichts ansässigen Rechtsanwalt umfassend schriftlich zu unterrichten. Das ist anzunehmen, wenn der mit der Sache befasste Mitarbeiter rechtskundig ist und der Rechtsstreit in tatsächlicher und rechtlicher Hinsicht keine besonderen Schwierigkeiten aufweist. Selbst wenn der Sachbearbeiter des Versicherers nicht persönlich mit dem beauftragten Hausanwalt zusammengetroffen ist, lässt dies nicht darauf schließen, dass die schriftliche oder telefonische Beauftragung eines am Ort des Prozessgerichts residierenden Rechtsanwalts zur zweckentsprechenden Rechtsverfolgung ausgereicht hätte.[84]

Beauftragt eine am Ort ihrer Zweigniederlassung verklagte GmbH, deren Rechtsangelegenheiten an ihrem Hauptsitz bearbeitet werden, einen dort ansässigen Rechtsanwalt mit ihrer Vertretung, so sind dessen Reisekosten zum Prozessgericht im Regelfall erstattungsfähig.[85]

Ist nicht feststellbar und kann auch nicht davon ausgegangen werden, dass im konkreten Fall bereits im Zeitpunkt der Beauftragung der Hauptbevollmächtigten feststand, dass es sich um einen einfach gelagerten Fall handeln würde und deshalb ein eingehendes Mandantengespräch entbehrlich sein werde, sind die Reisekosten des Anwalts am Sitz der Partei erstattungsfähig.[86]

Dagegen hat der BGH die Erstattungsfähigkeit in folgenden Fällen **verneint**:

Beauftragt ein rechtsfähiger Verband zur Förderung gewerblicher oder selbstständiger beruflicher Interessen (§ 8 Abs. 3 Nr. 2 UWG; § 3 Abs. 1 S. 1 Nr. 2 UKlaG) oder eine qualifizierte Einrichtung, die in die Liste qualifizierter Einrichtungen nach § 4 UKlaG eingetragen ist (§ 8 Abs. 3 Nr. 3 UWG; § 3 Abs. 1 S. 1 Nr. 1 UKlaG), einen nicht am Ort des Prozessgerichts ansässigen Rechtsanwalt mit der Verfolgung eines Wettbewerbsverstoßes (§ 3 UWG) bzw. eines Verstoßes gegen die §§ 307 bis 309 (§ 1 UKlaG) oder gegen Verbraucherschutzgesetze (§ 2 UKlaG), zählen die Reisekosten dieses Rechtsanwalts zum Prozessgericht nicht zu den notwendigen Kosten einer zweckentsprechenden Rechtsverfolgung.[87]

Ein Verband zur Verfolgung gewerblicher Interessen i.S.v. § 13 Abs. 2 Nr. 2 UWG ist in der Regel ebenso wie ein Unternehmen mit eigener Rechtsabteilung in der Lage, einen Prozessbevollmächtigten am Sitz des Prozessgerichts schriftlich zu instruieren. Beauftragt der Verband dennoch einen auswärtigen Rechtsanwalt mit der Prozessführung, sind dessen im Zusammenhang mit der Reise zum Prozessgericht entstandene Auslagen im Allgemeinen keine notwendigen Kosten der zweckentsprechenden Rechtsverfolgung oder -verteidigung.[88]

Macht ein **Steuerberater** durch Beauftragung eines an seinem eigenen Sitz tätigen Rechtsanwalts vor einem auswärtigen Gericht einen Gebührenanspruch geltend, sind die Reisekosten des Rechtsanwalt nicht erstattungsfähig, wenn der Steuerberater ohne weiteres in der Lage gewesen wäre, einen

---

[83] BGH WRP 2007, 957 = GRUR 2007, 726 = VersR 2007, 1289 = MDR 2007, 1222 = NJW-RR 2007, 1561 = HFR 2008, 184 = BGHReport 2008, 950 = BB 2007, 1646 = Rpfleger 2007, 577 = GRUR 2007, 912 = RVGreport 2007, 349 = JurBüro 2007, 536 = WRP 2007, 1476 = GuT 2007, 235.
[84] BGH VersR 2006, 1089.
[85] BGH AGS 2006, 152 = WRP 2005, 753 = BB 2005, 1247 = NJW-RR 2005, 922 = Rpfleger 2005, 479 = BGH-Report 2005, 1017 = MDR 2005, 896 = TranspR 2005, 252 = RVGreport 2005, 277 = GmbHR 2005, 940 = RVG-B 2005, 120 = RVG-Letter 2005, 104 = GuT 2005, 183 = MittdtschPatAnw 2005, 328 = VersR 2005, 1749.
[86] BGH, Beschl. v. 9.9.2004 – I ZB 7/04.
[87] BGH AGS 2009, 304 = GuT 2008, 458 = GRUR 2009, 191 = Rpfleger 2009, 174 = VersR 2009, 374 = WRP 2009, 67 = VuR 2009, 115 = NJW-RR 2009, 556 = BRAK-Mitt 2009, 32 = RVGreport 2009, 76 = MDR 2009, 233 = BGH-Report 2009, 202 = JurBüro 2009, 94.
[88] BGH AGS 2004, 168 = BB 2004, 575 = WRP 2004, 495 = Rpfleger 2004, 315 = BGHReport 2004, 637 = GRUR 2004, 448 = JurBüro 2004, 322 = NJW-RR 2004, 856 = MDR 2004, 839 = Magazindienst 2004, 372 = RVGreport 2004, 154 = MittdtschPatAnw 2004, 234 = GuT 2004, 104.

am Ort des Prozessgerichts niedergelassenen Rechtsanwalt nach umfassender Information mit der Wahrnehmung der Angelegenheit zu betrauen.[89]

97 Beauftragt ein gewerbliches Unternehmen, das über eine eigene, die Sache bearbeitende Rechtsabteilung verfügt, für die Führung eines Prozesses vor einem auswärtigen Gericht einen am Sitz des Unternehmens ansässigen Rechtsanwalt, sind dessen im Zusammenhang mit der Terminswahrnehmung anfallenden Reisekosten im Allgemeinen keine notwendigen Kosten der Rechtsverfolgung oder -verteidigung. Dies gilt grundsätzlich auch für das Verfahren der einstweiligen Verfügung.[90]

98 Es ist für sich allein kein ausreichender Grund, einen weder am Sitz des Prozessgerichts noch der Prozesspartei niedergelassenen Rechtsanwalt mit der Prozessvertretung zu beauftragen, wenn eine zu einer Unternehmensgruppe gehörende Handelsgesellschaft den an einem dritten Ort niedergelassenen Rechtsanwalt nur deshalb wählt, weil dieser mit den Gesellschaftern der zur Unternehmensgruppe gehörenden Gesellschaften durch eine langjährige vertrauensvolle Zusammenarbeit verbunden ist und daher für alle Gesellschaften dieser Gruppe tätig wird.[91]

99 Die Beauftragung eines am Sitz des **Insolvenzverwalters** ansässigen Hauptbevollmächtigten zur Führung eines Rechtsstreits vor einem auswärtigen Gericht stellt in der Regel keine Maßnahme zweckentsprechender Rechtsverfolgung i.S.v. § 91 Abs. 2 S. 1, 2. Hs. ZPO dar; auch fiktive Reisekosten des Insolvenzverwalters sind in einem solchen Fall in der Regel nicht zu erstatten.[92]

100 Führt ein zum Insolvenzverwalter bestellter Rechtsanwalt einen Prozess für die Masse vor einem auswärtigen Gericht und betraut er mit der Terminswahrnehmung einen am Gerichtsort ansässigen Unterbevollmächtigten, kann er nicht Erstattung fiktiver Reisekosten beanspruchen, weil er ohne weiteres in der Lage gewesen wäre, einen am Prozessgericht tätigen Rechtsanwalt sachgerecht über den Gegenstand des Rechtsstreits zu unterrichten und diesem die gesamte Prozessführung als Hauptbevollmächtigtem unter Ersparung jeglicher Reisekosten zu übertragen.[93]

101 Die Beauftragung eines am Sitz des Insolvenzverwalters ansässigen Prozessbevollmächtigten zur Führung eines Rechtsstreits vor einem auswärtigen Gericht stellt in der Regel keine Maßnahme zweckentsprechender Rechtsverfolgung i.S.v. § 91 Abs. 2 S. 1 ZPO dar. Weder die Kosten eines Unterbevollmächtigten noch fiktive Reisekosten des Insolvenzverwalters sind unter diesen Umständen zu erstatten.[94]

5. Anwalt am dritten Ort

102 Findet der **Rechtsstreit am Sitz der Partei** statt und beauftragt sie hierfür einen **auswärtigen Anwalt**, so sind dessen Reisekosten grundsätzlich nicht erstattungsfähig. Dies gilt auch dann, wenn es sich bei diesem auswärtigen Anwalt um „den Anwalt des Vertrauens" handelt[95] oder der auswärtige

---

[89] BGH WM 2008, 422 = BGHReport 2008, 410 = Rpfleger 2008, 279 = NJW-RR 2008, 654 = HFR 2008, 766 = AnwBl 2008, 216 = RVGreport 2008, 113 = MDR 2008, 412 = ZIP 2008, 668 = BRAK-Mitt 2008, 82 = StuB 2008, 324 = JurBüro 2008, 208.

[90] BGH NJW 2003, 2027 = BGHReport 2003, 768 = WRP 2003, 894 = JurBüro 2003, 370 = Rpfleger 2003, 471 = GRUR 2003, 725 = BRAK-Mitt 2003, 188 = MDR 2003, 1019 = BB 2003, 1200 = BRAGOreport 2003, 155 = ProzRB 2003, 259 = Magazindienst 2003, 718.

[91] BGH MDR 2008, 946 = Rpfleger 2008, 534 = WRP 2008, 1120 = JurBüro 2008, 481 = BGHReport 2008, 1099 = ZIP 2009, 99 = NJW-RR 2009, 283 = RVGreport 2008, 309 = BRAK-Mitt 2008, 228.

[92] BGH NJW 2004, 3187 = ZIP 2004, 2115 = BB 2004, 2377 = Rpfleger 2004, 733 = JurBüro 2004, 658 = BGHReport 2004, 1664 = MDR 2005, 50 = InVo 2005, 13 = NZI 2004, 597 = RVGreport 2004, 395.

[93] BGH BB 2005, 1988 = ZVI 2005, 506 = ZInsO 2005, 1046 = Rpfleger 2005, 695 = NJW-RR 2005, 1591 = MDR 2006, 117 = BGHReport 2006, 68 = NZI 2006, 183 = RVGprof. 2005, 183 = RVGreport 2005, 432.

[94] BGH ZIP 2006, 1416 = ZInsO 2006, 832 = NZI 2006, 524 = ZVI 2006, 354 = BGHReport 2006, 1207 = Rpfleger 2006, 570 = MDR 2007, 53 = NJW-RR 2007, 129 = RVGreport 2006, 356.

[95] BGH AGS 2003, 368 m. Anm. *Madert*; a.A. OLG Düsseldorf AGS 2001, 92 = JurBüro 2001, 255; ebenso BRAGOreport 2001, 98 m. Anm. *Hansens*; FamRZ 2007, 718 = NZBau 2007, 306 = AnwBl 2007, 465 = BGHReport 2007, 581 = Rpfleger 2007, 429 = JurBüro 2007, 318 = NJW-RR 2007, 1071 = MDR 2007, 984.

Anwalt bereits vorprozessual in derselben Angelegenheit tätig war.[96] Zwar ist es im letzten Fall aus Sicht der Partei nachvollziehbar, dass sie im Hinblick auf die Anrechnungsbestimmung (VV Vorb. 3 Abs. 4) den vorgerichtlich befassten Anwalt beauftragt. Dies ist jedoch grundsätzlich nicht notwendig.

In diesem Fall sind die Reisekosten des auswärtigen Anwalts bis zur Höhe der fiktiven Reisekosten eines am Wohn- oder Geschäftsort der Partei ansässigen Rechtsanwalts erstattungsfähig, wenn dessen Beauftragung zur zweckentsprechenden Rechtsverfolgung oder -verteidigung erforderlich gewesen wäre.[97]   **103**

Allerdings kann die Beauftragung eines Anwalts am dritten Ort auch in bestimmten Fällen erstattungsfähig sein, etwa wenn sich dort die Verwaltung der Partei befindet. Dass muss der Prozessgegner hinnehmen.[98]   **104**

Ein Anwalt am dritten Ort kann auch dann erstattungsfähig sein, wenn die Partei außergerichtlich bewusst einen auswärtigen Anwalt beauftragt, weil sie mit einem Rechtsstreit vor dem auswärtigen Gericht rechnet, es dann aber doch zum Rechtsstreit vor dem eigenen Gericht kommt.   **105**

> **Beispiel:** Der in Nürnberg wohnende Gläubiger beabsichtigt, gegen den in München wohnenden Schuldner vorzugehen. Er beauftragt einen Münchener Anwalt, der zunächst noch einmal versuchen soll, die Angelegenheit außergerichtlich zu regeln. Sollte diese Regelung scheitern, soll der Anwalt in München Klage erheben. Bevor nach Scheitern der außergerichtlichen Verhandlungen der Anwalt in München Klage erheben kann, wird vor dem LG Nürnberg negative Feststellungsklage erhoben.
> In diesem Falle kann es kostenerstattungsrechtlich nicht zu beanstanden sein, dass die Partei an ihrem auswärtigen Anwalt festhält.

Ebenso bejaht die Rechtsprechung[99] die Erstattungsfähigkeit der Reisekosten eines auswärtigen Anwalts an einem anderen Ort für einen Rechtsstreit vor dem Gericht am Sitz der Partei, wenn es sich um einen ausgewiesenen Spezialisten handelt und ein solcher am Ort des Gerichts nicht vorhanden ist.   **106**

Des Weiteren werden Reisekosten eines auswärtigen Anwalts bejaht, wenn es sich um eine ausländische Partei handelt und diese eine bestimmte Rechtsanwaltskanzlei generell mit der Wahrnehmung ihrer Rechte in Deutschland beauftragt. In diesem Fall gehören deren Reisekosten zu einem Gerichtstermin außerhalb ihres Kanzleiortes (hier: Markensache) in der Regel zu den erstattungsfähigen Kosten nach § 91 Abs. 1 ZPO.[100]   **107**

Hierzu gehört auch der Fall, dass ein bundesweit tätiger Versicherer nach endgültiger Leistungsablehnung seine Akten einem Rechtsanwalt überträgt, der aufgrund ständiger Geschäftsbeziehungen derartige Verfahren weiter bearbeitet („Hausanwalt"). Der unterliegende Prozessgegner hat diese Betriebsorganisation hinzunehmen und etwaige fiktive Reisekosten des bevollmächtigten Hausanwalts als notwendige Kosten des Rechtsstreits zu tragen.[101]   **108**

Gleiches gilt, wenn die auswärtige Partei ein Haftpflichtversicherer ist, der keine eigene Rechtsabteilung unterhält, sondern bei rechtlichen Schwierigkeiten einen Hausanwalt an seinem Geschäftsort   **109**

---

96 BGH AGS 2003, 368 m. Anm. *Madert* = BB 2003, 330 = WRP 2003, 391 = NJW 2003, 901 = AnwBl 2003, 181 = BGHReport 2003, 308 = FamRZ 2003, 524 = BRAK-Mitt 2003, 90 = JurBüro 2003, 205 = VersR 2004, 666 = BRAGOreport 2003, 35 = EzFamR aktuell 2003, 35 = MittdtschPatAnw 2003, 336 = ProzRB 2003, 82.

97 BGH Rpfleger 2004, 316 = BGHReport 2004, 635 = GRUR 2004, 47 = NJW-RR 2004, 855 = JurBüro 2004, 431 = VersR 2004, 1150 = MDR 2004, 839 = FamRZ 2004, 618 = RVGreport 2004, 155 = EWiR 2004, 461 = MittdtschPatAnw 2003, 234; BGH AGS 2004, 260 = Schaden-Praxis 2004, 209 = FamRZ 2004, 939 = NJW-RR 2004, 858 = ZfBR 2004, 453 = BGHReport 2004, 1062 = JurBüro 2004, 432 = MDR 2004, 838 = zfs 2004, 473 = VersR 2005, 93 = DAR 2004, 674 = BB 2004, 1023 = GuT 2004, 103 = RVG-Letter 2004, 56.

98 BGH WuM 2011, 433.

99 OLG Frankfurt, Beschl. v. 19.1.2016 – 6 W 109/15 (Spezialist in Sortenschutzsache); OLG Frankfurt AGS 2004, 210 = OLGR 2004, 222; VG Freiburg AGS 2006, 101 (Luftverkehrsrecht); OLG Jena AGS 2013, 151 = MDR 2012, 1437 = NJW-RR 2013, 317 (spezielle Arzthaftungsfrage).

100 OLG München AGS 2004, 362 = OLGR 2004, 204 = MarkenR 2004, 193 = MittdtschPatAnw 2004, 471 = GRUR-RR 2005, 40.

101 BGH NJW 2006, 3008 = BGHR 2006, 1334 =NZV 2006, 535 = VersR 2006, 1562 = Rpfleger 2006, 673 = SP 2007, 31 = RuS 2007, 43 = RVGreport 2006, 391 = NJW-Spezial 2006, 497 = GuT 2006, 267 = BRAK-Mitt 2006, 288 = MDR 2007, 431.

beauftragt. Dessen Zuziehung ist regelmäßig als zur zweckentsprechenden Rechtsverfolgung oder Rechtsverteidigung notwendig i.S.v. § 91 Abs. 2 S. 1, 2. Hs. ZPO anzusehen.[102]

110 Übt der Kläger das ihm zustehende Recht zur Wahl unter mehreren zuständigen Gerichten gemäß § 35 ZPO dahin aus, dass er nicht im eigenen Gerichtsstand klagt, sondern bei einem auswärtigen Gericht an einem dritten Ort, der auch nicht dem Gerichtsstand des Beklagten entspricht, dann sollen die Reisekosten seines an seinem Wohn- oder Geschäftssitz ansässigen Prozessbevollmächtigten anlässlich der Terminswahrnehmung an dem auswärtigen Gerichtsort nicht zur zweckentsprechenden Rechtsverfolgung notwendig und deshalb nicht erstattungsfähig sein, weil der Kläger bei der Gerichtswahl seiner Pflicht zur kostengünstigsten Prozessführung nicht nachgekommen sei.[103] Das dürfte unzutreffend sein, weil der Partei unter mehreren Gerichtsständen die freie Wahl zusteht und dieses Wahlrecht nicht durch eine eingeschränkte Kostenerstattung unterlaufen werden darf.

6. Erstattung bei fehlender Notwendigkeit

111 War die Hinzuziehung eines auswärtigen Anwalts außerhalb des Gerichtsbezirks nicht notwendig, so sind Reisekosten jedoch bis zur höchstmöglichen Entfernung innerhalb des Gerichtsbezirks erstattungsfähig.[104] Zur Berechnung der höchstmöglichen Entfernung sei verwiesen auf N. Schneider, Reisekostentabelle für auswärtige Anwälte 2016.

112 Lediglich das OLG Celle[105] und das OLG Frankfurt[106] sind a.A. Es beruft sich dabei auf eine Entscheidung des BGH,[107] der diese Rechtsfrage allerdings nicht entschieden hat. Als Rechtsbeschwerdegericht war der BGH nur dazu berufen, die angefochtene Entscheidung im Rahmen der Rechtsbeschwerdebegründung zu überprüfen. In dem zugrundeliegenden Verfahren war aber mit der Rechtsbeschwerde nur die Frage der Notwendigkeit zur Entscheidung gestellt worden, nicht die Frage des Umfangs. Abgesehen davon waren zur höchstmöglichen Entfernung innerhalb des Gerichtsbezirks keine Tatsachen vorgetragen worden, so dass der BGH als reines Rechtsbeschwerdegericht hier ohnehin keine Feststellungen hätte treffen können. Soweit zum Teil auch auf die Entscheidung des BGH vom 12.12.2002[108] abgestellt wird, ist das schon deshalb nicht tragfähig, da diese Entscheidung noch aufgrund einer früheren Fassung des § 91 ZPO ergangen ist, wonach die Kosten eines nicht am Gericht ansässigen Anwalts ohnehin nicht erstattungsfähig waren.

113 Die zutreffende Rechtsprechung – insbesondere das LG Düsseldorf und OLG Schleswig – weist zu Recht darauf hin, dass anderenfalls in mehrfacher Hinsicht eine Ungleichbehandlung erfolge. So ist es in der Tat nicht nachzuvollziehen, dass ein Anwalt, dessen Kanzlei 100 km vom Gericht entfernt – aber noch im Gerichtsbezirk – liegt, die volle Reisekostenerstattung erhält, während ein Anwalt, der seine Kanzlei nur 20 km vom Gericht entfernt hat, bei der Kostenerstattung ausgeschlossen wäre, weil seine Kanzlei nicht im Gerichtsbezirk liegt. Es ist zudem ein allgemeiner Grundsatz, dass nicht notwendige Kosten stets insoweit zu erstatten sind, als dadurch fiktive notwendige Kosten erspart worden sind.

114 Darüber hinaus würde sich eine Ungleichbehandlung zu den Fällen der Prozess- und Verfahrenskostenhilfe ergeben (siehe Rdn 55 ff.).

---

102 BGH VersR 2006, 1089.
103 OLG AGS 2008, 624 = Justiz 2008, 281 = OLGR 2008, 768 = WRP 2008, 1263.
104 AG Kiel AGS 2014, 8 = NJW-RR 2013, 892 = JurBüro 2013, 591; AG Marbach am Neckar AGS 2014, 210 = Rpfleger 2014, 289 = NJW-Spezial 2014, 348; LG Düsseldorf AGS 2015, 7 = NJW 2015, 498 m. Anm. Schons = AnwBl 2015, 351 = MDR 2015, 427 = Rpfleger 2015, 369 = JurBüro 2015, 255 = ErbR 2015, 135 = RVGprof. 2015, 76; OLG Schleswig AGS 2015, 487 = NJW 2015, 3311 m. Anm. N. Schneider = RVGreport 2015, 385; OLG Köln AGS 2016, 184 = MDR 2016, 184 = AnwBl 2016, 361 = RVGreport 2016, 68 = NJW-Spezial 2016, 157 = NZFam 2016, 186.
105 AGS 2015, 442 m. Anm. N. Schneider = NJW 2015, 2670 = RVGreport 2015, 386.
106 AGS 2016, 361 = JurBüro 2016, 203.
107 NJW-RR 2012, 698 = JurBüro 2012, 368 = Rpfleger 2012, 468 = RVGreport 2012, 268.
108 AGS 2003, 368 = NJW 2003, 901 = AnwBl 2003, 181 = BGHR 2003, 308 = FamRZ 2003, 524 = BRAK-Mitt 2003, 90 = JurBüro 2003, 205 = VersR 2004, 666 = BRAGOreport 2003, 35.

IV. Fälle des § 91 Abs. 2 S. 3 ZPO

In eigener Sache kann der Anwalt zwar unmittelbar keine Reisekosten abrechnen, da es an einem Auftraggeber fehlt. Gleichwohl kann er gemäß § 91 Abs. 2 S. 3 ZPO auch seine Reisekosten erstattet verlangen, allerdings auch nur in dem Umfang, in dem eine Partei an seiner Stelle eine Kostenerstattung erhalten hätte.[109] Auch hier gelten allerdings die neuen Grundsätze der BGH-Rechtsprechung (siehe Rdn 64 ff.).[110]

V. Besonderheit in erstinstanzlichen Urteilsverfahren vor den Arbeitsgerichten

Auch in arbeitsgerichtlichen Verfahren richtet sich die Kostenerstattung grundsätzlich nach § 91 ZPO. Gem. § 12a Abs. 1 S. 1 ArbGG ist allerdings im erstinstanzlichen Urteilsverfahren die Kostenerstattung ausgeschlossen wegen der Entschädigung der Partei für Zeitversäumnis sowie der Kosten für die Zuziehung eines Prozessbevollmächtigten oder Beistandes. Im Übrigen ist die Kostenerstattung nicht ausgeschlossen, also insbesondere nicht hinsichtlich der *Reisekosten der Partei* oder sonstiger Auslagen der Partei.

Da § 12a Abs. 1 S. 1 ArbGG nur das Prozessrisiko für die unterlegene Partei begrenzen will, ihr jedoch kein ungerechtfertigter Kostenvorteil verschafft werden soll, sind die durch die Zuziehung eines Rechtsanwalts entstandenen Kosten bis zur Höhe ersparter Reisekosten der Partei erstattungsfähig, wenn dieser anstelle der Partei einen gerichtlichen Termin wahrnimmt.[111] Folglich können in diesen Fällen tatsächlich entstandene Reisekosten in der Höhe erstattet verlangt werden, die die Partei für eine sonst notwendige Reise aufgewandt hätte. Das können Reisekosten der Partei zwecks Aufnahme der Klage zur Niederschrift der Geschäftsstelle sein, aber auch Reisekosten zum Verhandlungstermin vor dem Arbeitsgericht. Der Höhe nach sind diese ersparten Reisekosten begrenzt durch die tatsächlich angefallenen Anwaltskosten. Für die Berechnung der ersparten Reisekosten gilt § 91 Abs. 1 S. 2 ZPO i.V.m. den Vorschriften des JVEG.

Beispiel: Der in A wohnende Kläger erhebt durch seinen in A ansässigen Prozessbevollmächtigten eine Kündigungsschutzklage vor dem 40 km entfernten ArbG B. An der Güteverhandlung nimmt er teil. Er fährt mit dem eigenen Pkw und zahlt an Parkgebühren vor Ort 3,00 EUR (netto). Am nachfolgenden Kammertermin nimmt der Kläger nicht teil. Zu diesem Termin reist nur sein Prozessbevollmächtigter. Der Kündigungsschutzklage wird stattgegeben; die Kosten des Verfahrens werden dem Beklagten auferlegt.
Der Kläger kann für die Fahrt zum Gütetermin seine Reisekosten zur Erstattung anmelden, und zwar in Höhe von

2 x 40 km x 0,25 EUR/km =	20,00 EUR
Parkgebühren	3,00 EUR
Gesamt	**23,00 EUR**

Für den Kammertermin sind der Partei keine eigenen Reisekosten entstanden, wohl aber Anwaltskosten (VV Vorbem. 7 Abs. 2, VV 7003 ff.), und zwar in Höhe von:

1. 2 x 40 km x 0,30 EUR/km, VV 7003	24,00 EUR
2. Abwesenheitsgeld, VV 7006	25,00 EUR
3. Parkgebühren (netto)	2,52 EUR
Zwischensumme	51,52 EUR
4. 19 % Umsatzsteuer, VV 7008	9,79 EUR
Gesamt	**61,31 EUR**

---

109 OLG München AGS 2012, 310 = NJW-RR 2012, 889 = MDR 2012, 939 = JurBüro 2012, 429 = Rpfleger 2012, 587 = NJW-Spezial 2012, 380 = RVGreport 2012, 306 = FamRZ 2012, 1323; OLG Hamm MDR 1975, 762 = Rpfleger 1975, 258; VG Schleswig AnwBl 1976, 404.

110 BGH AGS 2003, 276 = BRAGOreport 2003, 116 m. Anm. *N. Schneider* = MDR 2003, 656 = BGH-Report 2003, 642 = FamRZ 2003, 1175.

111 LAG Berlin AP Nr. 4 zu § 61 ArbGG 1953; LAG München AP Nr. 25 zu § 61 ArbGG 1953; LAG Nürnberg AnwBl 1988, 181; LAG München NZA-RR 2002, 161 = BRAGOreport 2003, 60; LAG Rheinland-Pfalz AnwBl 1988, 299; LAG Düsseldorf LAGE Nr. 6 zu § 12a ArbGG 1979 Streitwert; LAG Hessen AGS 2010, 258 = AG kompakt 2010, 45; LAG Hamburg AGS 2010, 259 = JurBüro 2010, 309 = ArbRB 2010, 17 = RVGreport 2010, 33 = JurBüro 2010, 296; LAG Schleswig, Beschl. v. 18.3 2009 – 3 Ta 30/09; LAG Schleswig, Beschl. v. 11.3.2009 – 6 Ta 33/09; LAG München NZA-RR 2002, 161; LAG Rheinland-Pfalz, Beschl. v. 18.3.2009 – 11 Ta 11/09; LAG Berlin NZA-RR 2006, 538.

Hätte der Kläger keinen Anwalt eingeschaltet, sondern den Kammertermin selbst wahrgenommen, wären Parteireisekosten angefallen, und zwar wiederum in Höhe von 23,00 EUR (s.o.). Daher sind die tatsächlichen anwaltlichen Reisekosten in Höhe der fiktiven (hypothetischen) Reisekosten der Partei erstattungs- und festsetzungsfähig.
Insgesamt sind also 2 x 23,00 EUR = 46,00 EUR
erstattungsfähig.
Hätte der Kläger auch am Kammertermin teilgenommen, so würde sich nichts Abweichendes ergeben. Seine (tatsächlichen) Reisekosten in Höhe von insgesamt 46,00 EUR wären erstattungsfähig. Die Reisekosten des Anwalts wären dagegen jetzt nicht erstattungsfähig, da wegen der eigenen Anreise des Klägers keine Parteikosten erspart worden wären.

E. Übernahme der Reisekosten in der Rechtsschutzversicherung

118 Während nach den ARB 75 grundsätzlich auch Reisekosten eines auswärtigen Anwalts vom Rechtsschutzversicherer zu übernehmen waren, ist dies nach den neueren ARB grundsätzlich mehr der Fall. I.d.R. übernimmt der Rechtsschutzversicherer nur noch die Kosten eines für den Versicherungsnehmer tätigen Rechtsanwalts bis zur Höhe der gesetzlichen Vergütung eines am Ort des zuständigen Gerichts ansässigen Rechtsanwalts. Danach sind Fahrtkosten also nur für auswärtige Termine (z.B. Ortsbesichtigung, Rechtshilfevernehmung) zu ersetzen. Eine Ausnahme bildet die Rechtsschutzversicherung des ADAC. Danach werden die Reisekosten eines Anwalts aus dem Gerichtsbezirk übernommen.

119 Die nach den ARB 75 noch geltende Regelung, wonach bei einer Entfernung von über 100 km auch die Fahrtkosten des Anwalts übernommen wurden, soweit sie die Vergütung eines Verkehrsanwaltes nicht überstiegen, ist weitgehend abgeschafft. Mehrkosten werden nur noch übernommen, wenn tatsächlich ein **Verkehrsanwalt** eingeschaltet wird. Eine Übernahme von Reisekosten bei gleichzeitiger Ersparnis der Verkehrsanwaltskosten kann allerdings mit dem Rechtsschutzversicherer im Einzelfall ausgehandelt werden. Erfahrungsgemäß besteht hierzu Bereitschaft seitens der Versicherer, da dies letztlich zur Kostenreduzierung beiträgt.

120 Kommt eine unmittelbare Übernahme durch den Rechtsschutzversicherer nicht in Betracht, kann der Mandant diese Kosten aber u.U. aufgrund des ihm zustehenden **Quotenvorrechts** (§ 67 VVG) vom Gegner einfordern.[112]

Beispiel: Der in Köln wohnende Mandant erhebt Klage vor dem LG Aachen (Wert: 10.000 EUR). Hierfür wird ihm Deckungsschutz erteilt. Der Kläger beauftragt einen in Köln ansässigen Anwalt. Der Klage wird überwiegend stattgegeben; die Kosten des Rechtsstreits werden dem Kläger zu 20 % und dem Beklagten zu 80 % auferlegt.
Die Gesamtkosten des Klägers belaufen sich wie folgt:

1. 1,3-Verfahrensgebühr, VV 3100   725,40 EUR
   (Wert: 10.000 EUR)
2. 1,2-Terminsgebühr, VV 3104   669,60 EUR
   (Wert: 10.000 EUR)
3. Postentgeltpauschale, VV 7002   20,00 EUR
4. Fahrtkosten, VV 7003 Köln – Aachen und zurück,   42,00 EUR
   2 × 70 km × 0,30 EUR
5. Tage- und Abwesenheitsgeld, VV 7005 Nr. 1   25,00 EUR
   Zwischensumme: 1.482,00 EUR
6. 19 % Umsatzsteuer, VV 7008   281,58 EUR
Gesamt   **1.763,58 EUR**

---

[112] Siehe hierzu OLG Köln NJW 1973, 905; ausführlich
N. Schneider, BRAGOreport 2000, 17 und *Buck*, ZAP
Fach 10, S. 173.

Da die Reisekosten des Anwalts hier nicht versichert sind (§ 5 Abs. 1a ARB 1994/2000 = § 2 Abs. 1a ARB 75), erhält der Mandant von seinem Rechtsschutzversicherer lediglich:

1.	1,3-Verfahrensgebühr, VV 3100 (Wert: 10.000 EUR)	725,40 EUR
2.	1,2-Terminsgebühr, VV 3104 (Wert: 10.000 EUR)	669,60 EUR
3.	Postentgeltpauschale, VV 7002	20,00 EUR
	Zwischensumme: 1.415,00 EUR	
4.	19 % Umsatzsteuer, VV 7008	268,85 EUR
	Gesamt	**1.683,85 EUR**
	Es fehlen somit	**79,73 EUR**

Diesen Betrag darf der Kläger vorab aus der Kostenerstattung entnehmen, da insoweit kein Übergang des Kostenerstattungsanspruchs auf den Versicherer stattfindet.[113]

Insgesamt wird der Auftraggeber also von den gesamten Anwaltskosten freigestellt.

Das Quotenvorrecht steht dem Auftraggeber auch dann zu, wenn nach Kostenausgleichung kein Erstattungsanspruch mehr verbleibt. Dem Auftraggeber steht dann ein Anspruch aus ungerechtfertigter Bereicherung gegen den Versicherer zu.[114] **121**

Stattdessen kann die Partei aber auch die getrennte Kostenfestsetzung wählen. Sie ist nicht verpflichtet, an der Kostenausgleichung nach § 106 ZPO teilzunehmen.[115] **122**

Ausnahmsweise ist der Rechtsschutzversicherer entgegen den ARB zur Übernahme von Reisekosten verpflichtet, wenn er eine **vorbehaltslose Deckungsschutzzusage** gibt, obwohl zu diesem Zeitpunkt bereits ersichtlich ist, dass das Verfahren vor einem auswärtigen Gericht stattfinden wird.[116] **123**

Nr.	Auslagentatbestand	Höhe
7007	Im Einzelfall gezahlte Prämie für eine Haftpflichtversicherung für Vermögensschäden, soweit die Prämie auf Haftungsbeträge von mehr als 30 Mio. € entfällt .... Soweit sich aus der Rechnung des Versicherers nichts anderes ergibt, ist von der Gesamtprämie der Betrag zu erstatten, der sich aus dem Verhältnis der 30 Mio. € übersteigenden Versicherungssumme zu der Gesamtversicherungssumme ergibt.	in voller Höhe

Literatur: *Zimmermann*, Kappungsgrenze im RVG: Haftpflichtkosten als Auslage, AnwBl 2006, 55.

A. Allgemeines 1	2. Verhältnismäßige Abrechnung (Anm. zu VV 7007, 2. Alt.) 18
B. Regelungsgehalt 7	3. Verschiedene Angelegenheiten 21
I. Versicherungsprämie im Einzelfall 7	4. Mehrere Auftraggeber 23
II. Erstattungspflicht des Auftraggebers 11	5. Umsatzsteuer 24
III. Berechnung 17	C. Kostenerstattung 25
1. Konkrete Abrechnung (Anm. zu VV 7007, 1. Alt.) 17	

---

113 Siehe hierzu *Buck*, Rechtsschutzversicherung und Quotenvorrecht in der anwaltlichen Praxis, ZAP Fach 10, S. 173; *Enders*, Quotenvorrecht auch in der Rechtsschutzversicherung, JurBüro 2003, 281; *N. Schneider*, Das Quotenvorrecht in der Rechtsschutzversicherung, BRAGOreport 2000, 17; *ders.*, Verschenktes Geld – Das unbekannte Quotenvorrecht in der Rechtsschutzversicherung, ProzRB 2002, 20; Hansens/Braun/*Schneider*, Formularbuch Anwaltsvergütung im Zivilrecht, Teil 7 Rn 236 ff. m. Berechnungsbeispielen und Musterschreiben.

114 AG Bonn BRAGOreport 2000, 31; Hansens/Braun/*Schneider*, Formularbuch Anwaltsvergütung im Zivilrecht, Teil 7 Rn 267 ff. m. Berechnungsbeispiel und Musterschreiben.

115 LG Frankfurt/M. AGS 2011, 595 = RVGreport 2011, 391.

116 AG München AnwBl 1965, 153; AG Lemgo r+s 1989, 360; AG Düsseldorf r+s 1990, 343.

A. Allgemeines

1 Nach § 51 Abs. 1 S. 1 BRAO bedarf der der Anwalt für seine Zulassung einer Berufshaftpflichtversicherung. Diese muss auch weiterhin unterhalten werden. Anderenfalls wird die Zulassung widerrufen. Die Mindestversicherungssumme beträgt 250.000 EUR (§ 51 Abs. 4 S. 1 BRAO).

2 Die für diese Versicherung gezahlten Prämien sind grundsätzlich **Allgemeine Geschäftskosten** i.S.d. VV Vorb. 7 Abs. 1 S. 2 und können damit nicht auf den Auftraggeber umgelegt werden. Lediglich bei den Prämien für Versicherungssummen von über 30 Mio. EUR handelt es sich um besondere Auslagen, die nach VV 7007 zusätzlich abgerechnet werden können.

3 Mit der VV 7007 war in das RVG hierzu ein neuer Auslagentatbestand aufgenommen worden. Praktische Bedeutung hat diese Vorschrift bislang nicht erlangt, zumal kein Anwalt bei den hier maßgeblichen Gegenstandswerten gerne seine Versicherungsverhältnisse offenlegt. Abgesehen davon ist die Regelung letztlich misslungen.

4 Die Vorschrift der VV 7007 muss im Zusammenhang mit § 22 Abs. 2 S. 1 und § 23 Abs. 1 i.V.m. § 39 Abs. 2 GKG, § 30 Abs. 2 FamGKG und § 35 Abs. 2, 1. Alt. GNotKG gesehen werden. Nach diesen Vorschriften ist der Gegenstandswert für einen Auftraggeber auf 30 Mio. EUR begrenzt (§ 22 Abs. 2 S. 1; § 23 Abs. 1 S. 1 bis 3 i.V.m. § 39 Abs. 2 GKG, § 30 Abs. 2 FamGKG, § 35 Abs. 2, 1. Alt. GNotKG). Allerdings erhöht sich der Höchstbetrag bei mehreren Auftraggebern um jeweils weitere 30 Mio. EUR auf maximal 100 Mio. EUR (§ 22 Abs. 2 S. 2; § 23 Abs. 1 S. 4 i.V.m. § 22 Abs. 2 S. 2).

5 Da die Gebühren nach VV Vorb. 7 Abs. 1 S. 1 die allgemeinen Geschäftskosten abdecken und hierzu auch die Prämien für die Berufshaftpflichtversicherung zählen (siehe VV Vorb. 7 Rdn 4), kann der Anwalt die Prämie grundsätzlich nicht auf den Auftraggeber umlegen, soweit er Gebühren erhält. Da § 22 Abs. 2 und § 23 Abs. 1 S. 1 i.V.m. § 39 Abs. 2 GKG oder § 30 Abs. 2 FamGKG die Gebühren der Höhe nach jedoch beschneiden, indem Höchstgrenzen beim Gegenstandswert gelten, kann bei den darüber hinaus gehenden Werten VV Vorb. 7 Abs. 1 S. 1 nicht mehr greifen. Gebühren, die der Anwalt erst gar nicht erhält, können keine allgemeinen Geschäftskosten abdecken. Daher war hier eine Regelung erforderlich. Diese Regelung enthält VV 7007. Allerdings orientiert sich diese Vorschrift nicht strikt an den Gegenstandswerten, nach denen der Anwalt abrechnen kann, sondern setzt inkonsequenterweise für alle Fälle die Grenze bei 30 Mio. EUR.

6 Der Anwalt kann also nach dem eindeutigen Wortlaut bei einer versicherten Haftung von über 30 Mio. EUR die weiter gehende Versicherungsprämie nach VV 7007 zusätzlich abrechnen und zwar auch dann, wenn er seiner Berechnung wegen mehrerer Auftraggeber einen höheren Wert als 30 Mio. EUR zugrunde legen kann.

> **Beispiel:** Der Anwalt erhält ein Mandat über 20 Mio. EUR.
> Er kann die Versicherungsprämie nicht auf den Mandanten umlegen. Es handelt sich um allgemeine Geschäftskosten (VV Vorb. 7 Abs. 1 S. 1).
>
> **Beispiel:** Der Anwalt erhält von einem Auftraggeber ein Mandat über 40 Mio. EUR.
> Die Prämie bis 30 Mio. EUR ist wiederum als allgemeine Geschäftskosten durch VV Vorb. 7 Abs. 1 S. 1 abgedeckt. Die darüber hinaus gehende Versicherungsprämie kann der Anwalt nach VV 7007 anteilig umlegen.
>
> **Beispiel:** Der Anwalt erhält von zwei Auftraggebern ein Mandat über insgesamt 50 Mio. EUR (Auftraggeber 1: 30 Mio. EUR, Auftraggeber 2: 20 Mio. EUR).
> Er kann die Versicherungsprämie anteilig umlegen, obwohl er gemäß § 22 Abs. 2 nach dem vollen Wert von 50 Mio. EUR abrechnen kann (zur anteiligen Haftung siehe Rdn 23).

B. Regelungsgehalt

I. Versicherungsprämie im Einzelfall

7 VV 7007 erfasst nur die „im Einzelfall" gezahlte Prämie, also nur diejenige Prämie, die für eine ausschließlich das betreffende Mandat abdeckende Versicherung zu zahlen ist (sog. Objektversicherung).¹ Dabei ist unerheblich, wenn sich das Mandat auf mehrere Angelegenheiten erstreckt (außergerichtliche Vertretung, Rechtsstreit und anschließende Vollstreckung).

Unerheblich ist ferner, ob dieser Einzelfall ab dem ersten Euro versichert wird (sog. Grundversicherung) oder in Ergänzung der allgemeinen Berufshaftpflichtversicherung als sog. Anschlussversicherung.² Zu den Vor- und Nachteilen siehe *Zimmermann*.³

Von VV 7007 wird dagegen nicht eine Versicherungsprämie erfasst, die der Anwalt generell abschließt (allgemeine Berufshaftpflichtversicherung), also wenn er sich grundsätzlich über 30 Mio. EUR versichert hat. Diese Prämie kann er nicht umlegen. Es handelt sich insoweit um allgemeine Geschäftskosten nach VV Vorb. 7 Abs. 1, die nur kraft Vereinbarung (§ 3a) umgelegt werden können. Eine solche Vereinbarung ist angesichts der Höhe der Prämien dringend anzuraten.⁴ Alternativ besteht die Möglichkeit eine Haftungsbegrenzung nach § 51a BRAO zu vereinbaren.⁵

VV 7007 greift auch nicht, wenn der Anwalt sich wegen mehrerer Einzelfälle höher versichert, also wenn er wegen mehrerer einzelner Mandate für einen bestimmten Zeitraum seine Versicherungssumme auf über 30 Mio. EUR erhöht.

II. Erstattungspflicht des Auftraggebers

Bei der Umsetzung der Erstattungspflicht ergab sich die Schwierigkeit, dass einerseits § 22 Abs. 2 S. 1; § 23 Abs. 1 i.V.m. § 39 Abs. 2 GKG, § 30 Abs. 2 FamGKG und § 35 Abs. 2, 1. Alt. GNotKG auf den Gegenstandswert abstellen, während es im Rahmen der Haftpflichtversicherung auf das Haftungsrisiko ankommt. Gegenstandswert und Haftungsrisiko müssen aber nicht übereinstimmen (siehe hierzu § 14 Rdn 47 ff.).

Der Gesetzgeber hat sich dafür entschieden, bei dem Auslagentatbestand der VV 7007 ausschließlich auf das Haftungsrisiko abzustellen. Das bedeutet, dass es letztlich auf den Gegenstandswert nicht ankommt:

– **Sowohl der Gegenstandswert als auch das Haftungsrisiko liegen über 30 Mio. EUR.**

Die über 30 Mio. EUR hinausgehende Versicherungsprämie kann umgelegt werden. (Dies ist der Fall, den der Gesetzgeber primär im Auge hatte.)

– **Der Gegenstandswert liegt unter 30 Mio. EUR, das Haftungsrisiko jedoch darüber.**

Obwohl hier keine Begrenzung des Gegenstandswertes vorzunehmen ist, da die Wertgrenzen der § 22 Abs. 2; § 23 Abs. 1 i.V.m. § 39 Abs. 2 GKG, § 30 Abs. 2 FamGKG und § 35 Abs. 2, 1. Alt. GNotKG nicht erreicht sind, kann der Anwalt nach dem eindeutigen Wortlaut der Vorschrift seine Versicherungsprämie umlegen, soweit sie das Haftungsrisiko von 30 Mio. EUR übersteigt. Eine einschränkende Auslegung, dass VV 7007 nur dann gelten soll, wenn die Gebührenbegrenzung der § 22 Abs. 2; § 23 Abs. 1 i.V.m. § 39 Abs. 2 GKG, § 30 Abs. 2 FamGKG oder § 35 Abs. 2, 1. Alt. GNotKG eingreift, wäre zwar denkbar; hierfür finden sich jedoch keine Anhaltspunkte, zumal dann auch im umgekehrten Fall das Gesetz gegen seinen Wortlaut ausgelegt werden müsste.

– **Der Gegenstandswert liegt über 30 Mio. EUR, das Haftungsrisiko liegt jedoch darunter.**

Obwohl jetzt eine Begrenzung des Gegenstandswertes vorliegt, kann der Anwalt die Versicherungsprämie bis 30 Mio. EUR nach wie vor nicht umlegen. Sofern man allerdings die Vorschrift dahingehend auslegen wollte, dass eine Umlage der Versicherungsprämie nur dann vorzunehmen sei, wenn der Gegenstandswert 30 Mio. EUR überschreitet (siehe oben Rdn 12), müsste man hier umgekehrt dann auch bei geringeren Haftungsrisiken die Versicherungsprämie umlegen, wenn die Wertgrenzen der § 22 Abs. 2; § 23 Abs. 1 i.V.m. § 39 Abs. 2 GKG, § 30 FamGKG oder § 35 Abs. 2, 1. Alt. GNotKG erreicht sind.

Voraussetzung ist in allen Fällen selbstverständlich, dass der Anwalt sich auch tatsächlich entsprechend **versichert**. Die **fiktive Abrechnung** ist nicht möglich.

---

1 *Zimmermann*, AnwBl 2006, 55.
2 *Zimmermann*, AnwBl 2006, 55.
3 AnwBl 2006, 55.
4 *Zimmermann*, AnwBl 2006, 55.
5 *Zimmermann*, AnwBl 2006, 55.

14 Unzutreffend ist der Gesetzeswortlaut insoweit, als die Versicherungsprämie gezahlt sein muss. Selbstverständlich kann der Anwalt auch eine noch nicht gezahlte Prämie umlegen. Entscheidend ist nur, dass eine entsprechende Verpflichtung zur Zahlung der Prämie besteht,[6] zumal die Prämienzahlung in der Praxis mitunter durch Abtretung des Vergütungsanspruchs finanziert wird.[7]

15 Zu beachten ist, dass die Versicherungsprämie für jeden Versicherungszeitraum neu erhoben wird. Der Auslagentatbestand der VV 7007 regelt daher nicht nur die **erstmalige Prämie**, sondern sämtliche **Folgeprämien** bis zur Beendigung der Angelegenheit.

16 Soweit bei Beendigung der Angelegenheit während einer laufenden Versicherungsperiode der Versicherer den Beitrag wegen Risikofortfall anteilig zurückerstattet, muss dieser Betrag dem Mandanten gutgeschrieben werden. Hat der Mandant die anteilige Versicherungsprämie vorher bereits in voller Höhe entrichtet, ist der Anwalt – ebenso wie bei nicht verbrauchten Vorschüssen – zur Rückzahlung verpflichtet.

III. Berechnung

1. Konkrete Abrechnung (Anm. zu VV 7007, 1. Alt.)

17 Sofern der Anwalt im Einzelfall eine **Schlussversicherung** als ergänzende Versicherung über das bereits allgemein versicherte Risiko von 30 Mio. EUR abschließt, dürfte die Berechnung keine Probleme bereiten (Anm. zu VV 7007, 1. Alt.). Die anfallende Prämie ist in voller Höhe umlagefähig.

> **Beispiel:** Der Anwalt erhält ein Mandat über 50 Mio. EUR. Er ist bis 30 Mio. EUR versichert und schließt für die weiteren 20 Mio. EUR eine Zusatzversicherung ab, für die eine gesonderte Prämie berechnet wird. Der Anwalt kann die volle Prämie für die Zusatzversicherung nach Anm. zu VV 7007, 1. Alt. auf den Mandanten umlegen.

2. Verhältnismäßige Abrechnung (Anm. zu VV 7007, 2. Alt.)

18 Ist eine konkrete Abrechnung nicht möglich, so ist verhältnismäßig abzurechnen (Anm. zu VV 7007, 2. Alt.). Es muss der Mehrbetrag ermittelt werden zwischen der Versicherungsprämie für Schäden bis 30 Mio. EUR und der Versicherungsprämie für Schäden in Höhe des versicherten Höchstbetrages. Dabei ist zu unterscheiden ob eine Grund- oder Anschlussversicherung abgeschlossen wird.[8]

19 Im Falle einer **Grundversicherung** ist nach folgender Dreisatz-Formel zu rechnen:[9]

$$\text{Gesamtprämie} \times \frac{\text{Versicherungssumme} - 30 \text{ Mio. EUR}}{\text{Versicherungssumme}} = \text{verhältnismäßiger Anteil}$$

Erläuterung:

Gesamtprämie:	insgesamt gezahlte oder zu zahlende Versicherungsprämie aus dem Gesamthaftungsrisiko
Versicherungssumme:	versichertes Haftungsrisiko
verhältnismäßiger Anteil:	abzurechnender Auslagenbetrag nach VV 7007

> **Beispiel:** Der Anwalt hat zur Abdeckung des Haftungsrisikos von 50 Mio. EUR in einem bestimmten Mandat eine Haftpflichtversicherung mit einer Deckungssumme von 50 Mio. EUR abgeschlossen. Hierfür zahlt er einen Jahresbeitrag von 45.000 EUR.
> Nach VV 7007 kann er vom Mandanten die Beiträge für die 30 Mio. EUR übersteigende Versicherungssumme, also für weitere 20 Mio. EUR fordern.

---

[6] Hansens/Braun/Schneider/*Hansens*, Praxis des Vergütungsrechts, Teil 18 Rn 123.
[7] Hansens/Braun/Schneider/*Hansens*, Praxis des Vergütungsrechts, Teil 18 Rn 123.
[8] Zu den Vor- und Nachteilen siehe *Zimmermann*, AnwBl 2006, 55.
[9] So auch Hansens/Braun/Schneider/*Hansens*, Praxis des Vergütungsrechts, Teil 19 Rn 124; Baumgärtel/Hergenröder/*Houben*, VV 7007 Rn 3; Mayer/Kroiß/*Ebert*, RVG, VV 7007 Rn 3; *Zimmermann*, AnwBl 2006, 55.

Zu rechnen ist wie folgt:

$$45.000 \text{ EUR} \times \frac{50 \text{ Mio. EUR} - 30 \text{ Mio. EUR}}{50 \text{ Mio. EUR}} = 18.000 \text{ EUR}$$

Im Falle einer **Anschlussversicherung** muss beachtet werden, dass die Grundversicherung bereits ein Haftungsrisiko abdeckt, so dass die weitergehende Versicherung nicht mehr die vollen ersten 30 Mio. EUR erfasst. Es ist nach folgender Dreisatz-Formel zu rechnen: 20

$$\text{Gesamtprämie} \times \frac{\text{Weitere Versicherungssumme} - (30 \text{ Mio. EUR} - \text{Grundversicherungssumme})}{\text{Weitere Versicherungssumme}} = \text{verhältnismäßiger Anteil}$$

Erläuterung:

Gesamtprämie: insgesamt gezahlte oder zu zahlende Versicherungsprämie aus dem weiteren Haftungsrisiko

Weitere Versicherungssumme: über die Grundversicherung hinausgehendes versichertes Haftungsrisiko

Grundversicherungssumme: bereits durch die nach § 51 Abs. 1 BRAO bestehende Grundversicherung abgedecktes Haftungsrisiko

verhältnismäßiger Anteil: abzurechnender Auslagenbetrag nach VV 7007

Beispiel: Der Anwalt unterhält eine allgemeine Haftpflichtversicherung über ein Risiko von 5 Mio. EUR. Zur Abdeckung des Haftungsrisikos von insgesamt 40 Mio. EUR in einem bestimmten Mandat schließt eine Anschluss-Haftpflichtversicherung mit einer Deckungssumme von weiteren 35 Mio. EUR ab. Hierfür zahlt er einen Jahresbeitrag von 25.000 EUR.
Nach VV 7007 kann er vom Mandanten anteilig dem Beitrag für die 30 Mio. EUR übersteigende Versicherungssumme, also für weitere 10 Mio. EUR, fordern.
Zu rechnen ist wie folgt:

$$25.000 \text{ EUR} \times \frac{35 \text{ Mio. EUR} - (30 \text{ Mio. EUR} - 5 \text{ Mio. EUR})}{35 \text{ Mio. EUR}} = 7.142{,}86 \text{ EUR}$$

3. Verschiedene Angelegenheiten

Problematisch wird die Berechnung, wenn der Anwalt im Rahmen seines Auftrags in verschiedenen Angelegenheiten tätig wird. 21

Beispiel: Der Anwalt ist innerhalb desselben Jahres (= Versicherungszeitraum) außergerichtlich tätig, im Rechtsstreit und im Berufungsverfahren.
Die Auslagenposition kann jetzt in voller Höhe auf die erste Angelegenheit, also die außergerichtliche Tätigkeit umgelegt werden oder anteilig auf alle drei Angelegenheiten. Dies kann im Falle der Kostenerstattung durchaus Bedeutung haben.

Zutreffend dürfte es sein, die nach VV 7007 umlagefähige Prämie zeitanteilig auf die einzelnen Angelegenheiten zu verteilen. 22

4. Mehrere Auftraggeber

Vertritt der Anwalt mehrere Auftraggeber in derselben Angelegenheit, so haftet jeder Auftraggeber anteilig auf die zusätzliche Versicherungsprämie. Die Regelung des § 7 Abs. 2, wonach jeder Auftraggeber auf Auslagen insoweit haftet, als diese entstanden wären, wenn er alleine den Auftrag erteilt hätte, versagt hier und kann daher nicht unmittelbar angewendet werden. 23

Beispiel: Der Anwalt vertritt zwei Auftraggeber als Gesamtschuldner, die auf 60 Mio. EUR in Anspruch genommen werden.
Abgerechnet werden kann zwar nur nach einem Wert von 30 Mio. EUR (siehe § 22 Rdn 17 ff.). Das Haftungsrisiko liegt jedoch gegenüber jedem Auftraggeber bei 60 Mio. EUR. Die Versicherungsprämie über 30 Mio. EUR kann daher jedem Auftraggeber in Rechnung gestellt werden. Insoweit tritt kein Problem auf.

Beispiel: Der Anwalt vertritt zwei Auftraggeber die auf jeweils 30 Mio. in Anspruch genommen werden. Abgerechnet werden kann jetzt nach 60 Mio. EUR, da § 22 Abs. 2 S. 2 greift (siehe § 22 Rdn 17 ff.). Die anteilige Versicherungsprämie aus den weiteren 30 Mio. EUR kann wiederum den Auftraggebern in Rechnung gestellt werden.
Jeder einzelne Auftraggeber haftet aber nur auf 30 Mio. EUR und hätte damit bei alleiniger Auftragserteilung (§ 7 Abs. 2) nach VV 7007 keine anteilige Prämie zu zahlen. Für die anfallende Prämie würde also niemand haften.
Zutreffend dürfte es hier sein, die anteilige Prämie aus den weiteren 30 Mio. EUR anteilig, also hier jeweils zu Hälfte den einzelnen Auftraggebern in Rechnung zu stellen.

5. Umsatzsteuer

24 Wird die anteilige Versicherungsprämie dem Auftraggeber in Rechnung gestellt, fällt darauf Umsatzsteuer an, so dass der Anwalt diese nach VV 7008 dem Mandanten in Rechnung stellen kann. Dass in der Versicherungsprämie keine Umsatzsteuer enthalten ist, ist unerheblich. Die Prämie ist bei der Abrechnung auch nicht um die Versicherungsteuer zu kürzen, da insoweit kein Vorsteuerabzug besteht.

C. Kostenerstattung

25 Die anteilige Versicherungsprämie ist stets zu erstatten, da sie zur gesetzlichen Vergütung des Anwalts nach § 91 Abs. 2 ZPO zählt. Die Höhe der anteiligen Prämie ist glaubhaft zu machen, in der Regel durch Vorlage der Abrechnung des Versicherers.[10] Der Auftraggeber wird sich dann möglicherweise den Einwänden ausgesetzt sehen,
- die Prämie sei nicht richtig berechnet worden;[11]
- die Prämie decke noch andere Mandate ab;[12]
  (Hier dürfte die anwaltliche Versicherung ausreichen, dass dies nicht der Fall ist.)
- der Umfang der Versicherung sei nicht notwendig gewesen;[13] es kann also eingewandt werden, der Auftraggeber oder Anwalt habe das mögliche Haftungsrisiko fehlerhaft zu hoch berechnet und sich daher zu hoch versichert;
- der Rechtsanwalt hätte eine höhere Selbstbeteiligung vereinbaren können;[14]
- das Mitversichern des Gebührenausfalls sei nicht notwendig gewesen;
- die Versicherungsprämie sei zu hoch, da andere Versicherer eine günstigere Prämie anbieten;[15]
- die Versicherung sei zu spät gekündigt worden; bei früherer Kündigung hätte sich eine geringere Prämie ergeben, bzw. wäre ein höherer Betrag zurückgezahlt worden.

Nr.	Auslagentatbestand	Höhe
7008	Umsatzsteuer auf die Vergütung .... Dies gilt nicht, wenn die Umsatzsteuer nach § 19 Abs. 1 UStG unerhoben bleibt.	in voller Höhe

Literatur: *Assmann*, Zufluß von Anwaltsvorschüssen nach § 17 BRAGO für Einnahme-Überschuß-Rechner, ZAP Fach 20, S. 11; *Euba*, Beratungshilfegebühr nach Nr. 2500 VV RVG und Umsatzsteuer, RVGreport 2009, 281; *Haas*, Umsatzsteuerliche Aspekte der anwaltlichen Kostenrechnung, ZAP Fach 20, S. 381; *Hansens*, Rechtsanwalt und Umsatzsteuer, JurBüro 1983, 325; *ders.*, Neue Formerfordernisse für anwaltliche Kostenberechnungen – Praktische Auswirkungen der Steueränderungsgesetzes 2003, BRAGOreport 2004, 43; *Kögler/Block/Pauly*, Die Besteuerung von Rechtsanwälten und Anwaltsgesellschaften; *J. Schneider*, Neue und höhere Anforderungen an die Rechnungsstellung, AGS 2004, 39; *N. Schneider*, Anwaltshonorar und Umsatzsteuer in der anwaltlichen Praxis – 1. Teil, ProzRB 2003, 362, 2. Teil, ProzRB 2004, 23; *ders.*, Nochmals:

---

10 Hansens/Braun/Schneider/*Hansens*, Praxis des Vergütungsrechts, Teil 19 Rn 125.
11 Hansens/Braun/Schneider/*Hansens*, Praxis des Vergütungsrechts, Teil 19 Rn 125.
12 Hansens/Braun/Schneider/*Hansens*, Praxis des Vergütungsrechts, Teil 19 Rn 125.
13 Hansens/Braun/Schneider/*Hansens*, Praxis des Vergütungsrechts, Teil 19 Rn 125.
14 Hansens/Braun/Schneider/*Hansens*, Praxis des Vergütungsrechts, Teil 19 Rn 125.
15 Hansens/Braun/Schneider/*Hansens*, Praxis des Vergütungsrechts, Teil 19 Rn 125.

Umsatzsteuer auf Auslagen des Rechtsanwalts DStR 2008, 759; *Schons*, Vorsicht Falle!!! – Umsatzsteuerprobleme der etwas anderen Art, AGS 2007, 109.

A. Allgemeines	1
B. Umsatzsteuerpflichtige Tätigkeit	3
I. Umsatzsteuerpflicht	3
1. Allgemeines	3
2. Grundsatz: Umsatzsteuerpflicht	4
3. Ausnahme: Kleinunternehmer	5
4. Ausnahme: Fälle mit Auslandsberührung	6
a) Überblick	6
b) Begriffsbestimmungen	7
aa) Unterscheidungen	7
bb) Inland	8
cc) Ausland	9
dd) Gemeinschaftsgebiet	11
ee) Drittland	13
c) Umsatzsteuerpflicht nur bei Ausführung der Leistung im Inland	14
aa) Umsatzsteuerpflicht	14
bb) Leistungsort im Inland	18
(1) Grundsatz: Leistungsort ist die Kanzlei	21
(2) Ausnahme: Auslandsbezug bei Grundstücksangelegenheiten ..	23
(3) Ausnahme: Auslandsbezug bei nicht grundstücksbezogener Tätigkeit	28
(a) Tätigkeit für einen Unternehmer	31
(b) Tätigkeit für eine Privatperson	33
cc) Unterschiedliche Leistungsorte ...	35
d) Kostenerstattung	39
5. Anwalt in eigener Sache	42
a) Betriebsbezogene Tätigkeit	42
b) Private Angelegenheit	43
II. Steuerpflichtige Umsätze	44
1. Überblick	44
2. Gebühren	49
3. Auslagen	50
a) Überblick	50
b) Aktenversendungspauschale	52
c) Gerichtsvollzieherkosten	56
d) Meldeamtskosten etc.	57
e) Entscheidungsabschriften	59
4. Fremde Kosten	60
5. Durchlaufende Posten	61
6. Zinsen	62
III. Steuersatz	63
1. Höhe des Steuersatzes	63
2. Änderungen des Steuersatzes	64
C. Anspruch auf Erstattung der Umsatzsteuer gegen den Auftraggeber	65
I. Abrechnung nach den gesetzlichen Gebühren	65
II. Abrechnung des bestellten oder beigeordneten Anwalts	67
III. Beratungshilfe	71
IV. Abrechnung einer vereinbarten Vergütung	74
V. Abrechnung nach anderweitigen Vergütungsordnungen	76
D. Abrechnung der Umsatzsteuer	81
E. Kostenerstattung	93
I. Prozessualer Kostenerstattungsanspruch	93
1. Grundsatz	93
2. Anwalt in eigener Sache	95
3. Ausnahme: Vorsteuerabzugsberechtigung	96
4. Mehrere Streitgenossen	100
5. Festsetzung nach § 126 ZPO	111
II. Materiell-rechtlicher Kostenerstattungsanspruch	112
F. Kostenfestsetzung	116
I. Festsetzung der Umsatzsteuer	116
II. Erinnerung und Beschwerde	125
III. Nachfestsetzung	129
IV. Vollstreckungsabwehrklage	131
G. Vergütungsfestsetzung	135
H. Rechtsschutzversicherung	137

A. Allgemeines

Neben den Gebühren und Auslagen für seine Tätigkeit kann der Anwalt nach VV 7008 auch **Ersatz der von ihm zu zahlenden Umsatzsteuer verlangen**. Das RVG regelt die Abrechnung der Umsatzsteuer damit als Auslagentatbestand, obwohl es sich streng genommen nicht um Auslagen des Anwalts handelt. **1**

Nach VV 7008 hat der Anwalt Anspruch auf Ersatz der auf seine Vergütung anfallenden Umsatzsteuer, sofern diese nicht nach § 19 Abs. 1 UStG unerhoben bleibt. Im Zusammenhang mit der Umsatzsteuer sind bei den Anwaltsgebühren drei Fragen auseinander zu halten, was in der Praxis leider häufig nicht geschieht und zu Fehlern führt: **2**
- **Die erste Frage** ist, ob die Tätigkeit des Anwalts umsatzsteuerpflichtig ist. Dies ergibt sich nicht aus dem RVG, sondern richtet sich nach den Regelungen des UStG.
- **Die zweite Frage** ist, ob der Anwalt die Umsatzsteuer seinem Mandanten in Rechnung stellen darf. Diese Frage regelt VV 7008, wonach die Umsatzsteuer dem Mandanten zusätzlich zu den Gebühren und Auslagen in Rechnung zu stellen ist.
- **Die dritte Frage** ist, ob und inwieweit die erstattungspflichtige Partei die angefallene Umsatzsteuer zu erstatten hat. Dies richtet sich für prozessuale Kostenerstattungsansprüche nach § 91 Abs. 2 ZPO. Bei materiell-rechtlichen Schadensersatzansprüchen verlagert sich die Frage der Ersatzfähigkeit der Umsatzsteuer auf die Schadensberechnung bzw. die Vorteilsausgleichung. Im

Rahmen der Rechtsschutzversicherung wiederum richtet sich die Ersatzfähigkeit nach den ARB. Allen gemeinsam ist, dass die Erstattung angefallener Umsatzsteuer nur dann in Betracht kommt, wenn der Erstattungsberechtigte nicht zum Vorsteuerabzug berechtigt ist, da diese für ihn anderenfalls nur einen durchlaufenden Posten und damit keine endgültige Belastung darstellt.

B. Umsatzsteuerpflichtige Tätigkeit

I. Umsatzsteuerpflicht

1. Allgemeines

3 Ob, inwieweit und in welcher Höhe der Anwalt von seiner Vergütung Umsatzsteuer abzuführen hat, richtet sich nach dem UStG. Wegen Einzelheiten sei insoweit auf die einschlägigen Kommentierungen zum UStG verwiesen. Im Einzelnen gilt Folgendes:

2. Grundsatz: Umsatzsteuerpflicht

4 Die Tätigkeit des Anwalts für seinen Auftraggeber unterliegt grundsätzlich der Umsatzsteuer, da zwischen Anwalt und Auftraggeber ein Leistungsaustausch i.S.d. § 1 UStG stattfindet.

3. Ausnahme: Kleinunternehmer

5 Ausgenommen von der Umsatzsteuerpflicht sind nach § 19 Abs. 1 UStG Anwälte, deren Umsatz zuzüglich der darauf entfallenden Steuern im vorangegangenen Kalenderjahr 17.500 EUR nicht überstiegen hat und im laufenden Kalenderjahr 50.000 EUR voraussichtlich nicht übersteigen wird. Ungeachtet dieser Regelung können solche Kleinunternehmer aber nach § 19 Abs. 2 UStG freiwillig zur Umsatzsteuer optieren. Sie sind dann trotz des geringen Umsatzes steuerpflichtig.

4. Ausnahme: Fälle mit Auslandsberührung

a) Überblick

6 An der Umsatzsteuerpflicht kann es ferner in Fällen mit Auslandsberührung fehlen. Das wiederum richtet sich nach dem UStG. Entscheidend für die Besteuerung nach dem UStG ist der **Ort der Leistung** (§ 1 UStG).

b) Begriffsbestimmungen

7 **aa) Unterscheidungen.** Das UStG unterscheidet hinsichtlich des Leistungsortes zwischen
- Inland,
- Ausland,
- Gemeinschaftsgebiet und
- Drittländern.

8 **bb) Inland.** Das **Inland** ist definiert in § 1 Abs. 2 S. 1 UStG.

> **§ 1 UStG Steuerbare Umsätze**
>
> ...
>
> (2) ¹Inland im Sinne dieses Gesetzes ist das Gebiet der Bundesrepublik Deutschland mit Ausnahme des Gebiets von Büsingen, der Insel Helgoland, der Freizonen des Kontrolltyps I nach § 1 Abs. 1 Satz 1 des Zollverwaltungsgesetzes (Freihäfen), der Gewässer und Watten zwischen der Hoheitsgrenze und der jeweiligen Strandlinie sowie der deutschen Schiffe und der deutschen Luftfahrzeuge in Gebieten, die zu keinem Zollgebiet gehören. ...

cc) Ausland. Die Abgrenzung zum Inland ist das **Ausland**, das wiederum in „übriges Gemeinschaftsgebiet" und „Drittländer" unterteilt wird (siehe Rdn 13) unterteilt wird. 9

Das **Ausland** als Oberbegriff ist nur negativ definiert in § 1 Abs. 2 S. 2 UStG. 10

§ 1 UStG Steuerbare Umsätze

...

(2) ... ²Ausland im Sinne dieses Gesetzes ist das Gebiet, das danach nicht Inland ist. ...

dd) Gemeinschaftsgebiet. In einigen Fällen wird hinsichtlich des Auslands nochmals differenziert, indem und für das Gemeinschaftsgebiet besondere Regelungen gelten. Das Gemeinschaftsgebiet wird in § 1 Abs. 2a S. 1 und S. 2 UStG definiert: 11

§ 1 UStG Steuerbare Umsätze

...

(2a) ¹Das Gemeinschaftsgebiet im Sinne dieses Gesetzes umfasst das Inland im Sinne des Absatzes 2 Satz 1 und die Gebiete der übrigen Mitgliedstaaten der Europäischen Union, die nach dem Gemeinschaftsrecht als Inland dieser Mitgliedstaaten gelten (übriges Gemeinschaftsgebiet). ²Das Fürstentum Monaco gilt als Gebiet der Französischen Republik; die Insel Man gilt als Gebiet des Vereinigten Königreichs Großbritannien und Nordirland. ...

Mitglieder der EU sind derzeit, abgesehen von der Bundesrepublik (die nach § 1 Abs. 2 UStG zugleich Inland ist): 12
- Belgien (BE)
- Bulgarien (BG)
- Dänemark (DK)
- Deutschland (DE)
- Estland (EE)
- Finnland (FI)
- Frankreich (FR)
- Griechenland (GR)
- Irland (IE)
- Italien (IT)
- Kroatien (HR)
- Lettland (LV)
- Litauen (LT)
- Luxemburg (LU)
- Malta (MT)
- Niederlande (NL)
- Österreich (AT)
- Polen (PL)
- Portugal (PT)
- Rumänien (RO)
- Schweden (SE)
- Slowakei (SK)
- Slowenien (SI)
- Spanien (ES)
- Tschechien (CZ)
- Ungarn (HU)
- Vereinigtes Königreich (GB)
- und Republik Zypern (CY).

ee) Drittland. In Abgrenzung zum Gemeinschaftsgebiet gibt es dann noch das Drittlandsgebiet. Das UStG verwendet auch hier eine negative Abgrenzung: 13

§ 1 UStG Steuerbare Umsätze

...

(2a) ... ³Drittlandsgebiet im Sinne dieses Gesetzes ist das Gebiet, das nicht Gemeinschaftsgebiet ist.

...

c) Umsatzsteuerpflicht nur bei Ausführung der Leistung im Inland

14 **aa) Umsatzsteuerpflicht.** Eine Umsatzsteuerpflicht besteht grundsätzlich nur dann, wenn der Anwalt eine Leistung im Inland ausführt (§ 1 Abs. 1 UStG).

§ 1 UStG Steuerbare Umsätze

(1) ¹Der Umsatzsteuer unterliegen die folgenden Umsätze:
1. die Lieferungen und sonstigen Leistungen, die ein Unternehmer im Inland gegen Entgelt im Rahmen seines Unternehmens ausführt. Die Steuerbarkeit entfällt nicht, wenn der Umsatz aufgrund gesetzlicher oder behördlicher Anordnung ausgeführt wird oder nach gesetzlicher Vorschrift als ausgeführt gilt;
...

15 Nur dann, wenn sich der **Leistungsort** im Inland i.S.d. UStG befindet, fällt also Umsatzsteuer an, anderenfalls nicht.

16 Dabei ist unerheblich, welche Staatsangehörigkeit der Auftraggeber hat. Ebenso ist es unerheblich, wo der Auftraggeber seinen Sitz oder Wohnsitz hat.

§ 1 UStG Steuerbare Umsätze

(2) ... ³Wird ein Umsatz im Inland ausgeführt, so kommt es für die Besteuerung nicht darauf an, ob der Unternehmer deutscher Staatsangehöriger ist, seinen Wohnsitz oder Sitz im Inland hat, im Inland eine Betriebsstätte unterhält, die Rechnung erteilt oder die Zahlung empfängt. ...

17 Diese Vorschrift ist auf den ersten Blick missverständlich. Zu beachten ist, dass diese Regelung voraussetzt, dass der Umsatz im Inland ausgeführt wird. Nur dann ist der Sitz oder Wohnsitz unerheblich. Dagegen ist der Sitz oder Wohnsitz insoweit erheblich, als er dazu führt, dass der Umsatz gar nicht im Inland ausgeführt wird. In diesem Fall gilt § 1 Abs. 2 UStG schon tatbestandlich nicht.

18 **bb) Leistungsort im Inland.** Damit eine Umsatzsteuerpflicht besteht, muss die Leistung im Inland ausgeführt worden sein (§ 1 Abs. 1 UStG).

19 Der für die Frage der Besteuerung maßgebende **Leistungsort** wiederum ergibt sich aus den §§ 3a und 3b UStG. Danach wird unterschieden zwischen Lieferungen und sonstigen Leistungen.

§ 3 UStG Lieferung, sonstige Leistung

...
(9) ¹Sonstige Leistungen sind Leistungen, die keine Lieferungen sind. ...
...

20 Da ein Rechtsanwalt keine Waren liefert, sind seine Tätigkeiten demnach „sonstige Leistungen" i.S.d. UStG. Hierfür gilt Folgendes:

21 **(1) Grundsatz: Leistungsort ist die Kanzlei.** Grundsätzlich ist davon auszugehen, dass die Leistung des Anwalts am Sitz seiner Kanzlei ausgeübt wird. Wird eine Kanzlei an mehreren Orten betrieben (überörtliche Sozietät), gilt die Kanzlei, von der aus die Leistung erbracht worden ist. Dies folgt aus § 3a Abs. 1 UStG.

§ 3a UStG Ort der sonstigen Leistung

(1) ¹Eine sonstige Leistung wird vorbehaltlich der Absätze 2 bis 8 und der §§ 3b, 3e und 3f an dem Ort ausgeführt, von dem aus der Unternehmer sein Unternehmen betreibt. ²Wird die sonstige Leistung von einer Betriebsstätte ausgeführt, gilt die Betriebsstätte als der Ort der sonstigen Leistung.

22 Dieser Grundsatz gilt auch für Fälle mit Auslandsberührung, also unabhängig davon, wo der Auftraggeber seinen Sitz hat, so dass es grundsätzlich bei der Umsatzsteuerpflicht nach dem deutschen UStG bleibt. Allerdings sind im UStG Ausnahmen vorgesehen.

23 **(2) Ausnahme: Auslandsbezug bei Grundstücksangelegenheiten.** Steht die Leistung des Anwalts im Zusammenhang mit einem Grundstück, ist nach § 3a Abs. 3 Nr. 1 UStG der Ort der Liegenschaft maßgebend.

§ 3a UStG Ort der sonstigen Leistung

...

(3) ¹Abweichend von den Absätzen 1 und 2 gilt:
1. Eine sonstige Leistung im Zusammenhang mit einem Grundstück wird dort ausgeführt, wo das Grundstück liegt. Als sonstige Leistungen im Zusammenhang mit einem Grundstück sind insbesondere anzusehen:
   a) sonstige Leistungen der in § 4 Nr. 12 bezeichneten Art,
   b) sonstige Leistungen im Zusammenhang mit der Veräußerung oder dem Erwerb von Grundstücken,
   c) sonstige Leistungen, die der Erschließung von Grundstücken oder der Vorbereitung, Koordinierung oder Ausführung von Bauleistungen dienen.

Aus der Verweisung auf § 4 Nr. 12 UStG folgt damit, dass auch die Vermietung von Grundstücken und Grundstücksteilen (Wohnraum, Hotelzimmer, Parkplatz etc.) unter § 3a Abs. 3 Nr. 1 fällt.[1] **24**

§ 4 UStG Steuerbefreiungen bei Lieferungen und sonstigen Leistungen

¹Von den unter § 1 Abs. 1 Nr. 1 fallenden Umsätzen sind steuerfrei:

...

12. a) die Vermietung und die Verpachtung von Grundstücken, von Berechtigungen, für die die Vorschriften des bürgerlichen Rechts über Grundstücke gelten, und von staatlichen Hoheitsrechten, die Nutzungen von Grund und Boden betreffen,
    b) die Überlassung von Grundstücken und Grundstücksteilen zur Nutzung aufgrund eines auf Übertragung des Eigentums gerichteten Vertrags oder Vorvertrags,
    c) die Bestellung, die Übertragung und die Überlassung der Ausübung von dinglichen Nutzungsrechten an Grundstücken.

Nicht befreit sind die Vermietung von Wohn- und Schlafräumen, die ein Unternehmer zur kurzfristigen Beherbergung von Fremden bereithält, die Vermietung von Plätzen für das Abstellen von Fahrzeugen, die kurzfristige Vermietung auf Campingplätzen und die Vermietung und die Verpachtung von Maschinen und sonstigen Vorrichtungen aller Art, die zu einer Betriebsanlage gehören (Betriebsvorrichtungen), auch wenn sie wesentliche Bestandteile eines Grundstücks sind;

...

Soweit es um die Tätigkeit des Anwalts geht, ist ein enger Zusammenhang zu fordern. Ein solcher enger Zusammenhang wird bei der Beurkundung eines Notars bejaht, bei der Rechts- und Steuerberatung in Grundstückssachen dagegen verneint.[2] **25**

3a.3. UStAE Ort der Leistung im Zusammenhang mit einem Grundstück

...

(4) ¹Zu den in § 4 Nr. 12 UStG der Art nach bezeichneten sonstigen Leistungen (§ 3a Abs. 3 Nr. 1 Satz 2 Buchstabe a UStG) gehört die Vermietung und die Verpachtung von Grundstücken. ²Zum Begriff der Vermietung und Verpachtung von Grundstücken vgl. Abschnitt 4.12.1. ³Es kommt nicht darauf an, ob die Vermietungs- oder Verpachtungsleistung nach § 4 Nr. 12 UStG steuerfrei ist. ⁴Unter § 3a Abs. 3 Nr. 1 Satz 2 Buchstabe a UStG fallen auch

...

(10) Folgende Leistungen stehen nicht im engen Zusammenhang mit einem Grundstück bzw. das Grundstück stellt bei diesen Leistungen keinen zentralen und unverzichtbaren Teil dar:

...

7. sonstige Leistungen einschließlich Beratungsleistungen, die die Vertragsbedingungen eines Grundstücksvertrags, die Durchsetzung eines solchen Vertrags oder den Nachweis betreffen, dass ein solcher Vertrag besteht, sofern diese Leistungen nicht mit der Übertragung von Rechten an Grundstücken zusammenhängen, z.B. die Rechts- und Steuerberatung in Grundstückssachen;

...

Ist der danach erforderliche enge Zusammenhang gegeben und liegt das Grundstück im Inland, ist die Tätigkeit des Anwalts also umsatzsteuerpflichtig; liegt das Grundstück im Ausland, ist die Tätigkeit umsatzsteuerfrei. **26**

---

1 Zu Mischfällen siehe *Bunjes/Geist*, UStG, § 4 Nr. 12 Rn 20 ff.
2 Umsatzsteuer-Anwendungserlass vom 1.10.2010, BStBl I S. 846 – aktuelle Version (Stand 10.8.2016) – nach dem Stand zum 31.12.2015 (vormals R 34 Nr. 9 UStR 2008).

27 In diesem Zusammenhang ist unerheblich, ob die Leistung für einen Unternehmer oder einen Privatmann ausgeführt wird. Die Regelung in § 3a Abs. 3 Nr. 1 UStG geht als lex specialis der Regelung in § 3a Abs. 4 Nr. 3 UStG (siehe Rdn 28 ff.) vor.[3]

> **Beispiel:** Der Anwalt klagt für den ausländischen Mandanten auf Übereignung eines in Köln gelegenen Grundstücks. Im Termin zur mündlichen Verhandlung wird in einem Vergleich die Übertragung des Eigentums protokolliert.
> Wenn die Beurkundung eines Notars unter § 3a Abs. 3 Nr. 1 UStG fällt (Nr. 3a.3 UStAE), wird dies auch für die anwaltliche „Beurkundung" nach § 127a BGB gelten, so dass der Leistungsort im Inland liegen dürfte und die Tätigkeit damit umsatzsteuerpflichtig ist.
>
> **Beispiel:** Der Anwalt fertigt für einen ausländischen Mandanten einen Pachtvertrag für ein in Deutschland befindliches Grundstück.
> Da die Verpachtung auch unter § 3a Abs. 3 Nr. 1 UStG fällt, dürfte auch die Fertigung des Pachtvertrages als in engem Zusammenhang stehend unter § 3a Abs. 3 Nr. 1 UStG fallen, so dass die Tätigkeit wiederum umsatzsteuerpflichtig ist.
>
> **Beispiel:** Der Anwalt vertritt einen ausländischen Mandanten, der in Deutschland noch eine Mietwohnung hat und sich mit seinem Mieter über die Nebenkostenabrechnung streitet.
> Der Leistungsort dürfte jetzt nicht im Inland liegen, da es an dem geforderten engen Zusammenhang fehlt. Maßgebend sind also die Regelungen für nicht grundstücksbezogene Leistungen.

28 **(3) Ausnahme: Auslandsbezug bei nicht grundstücksbezogener Tätigkeit.** Im Übrigen, also soweit die Tätigkeit des Anwalts kein Grundstück betrifft, handelt es sich folglich um eine sonstige Leistung i.S.d. § 3 Abs. 3 UStG, was sich wiederum aus § 3a Abs. 4 Nr. 3 UStG ergibt.

> **§ 3a UStG Ort der sonstigen Leistung**
>
> ...
>
> (4) ¹Sonstige Leistungen im Sinne des Absatzes 3 sind:
> ...
> 3. die sonstigen Leistungen aus der Tätigkeit als Rechtsanwalt, Patentanwalt, Steuerberater, Steuerbevollmächtigter, Wirtschaftsprüfer, vereidigter Buchprüfer, Sachverständiger, Ingenieur, Aufsichtsratsmitglied, Dolmetscher und Übersetzer sowie ähnliche Leistungen anderer Unternehmer, insbesondere die rechtliche, wirtschaftliche und technische Beratung;
> ...

29 Für diese sonstigen Leistungen i.S.d. § 3 Abs. 4 Nr. 3 UStG gilt § 3a Abs. 4 UStG.

30 Maßgebend ist danach der Sitz des **Leistungsempfängers**. Hierbei ist wiederum zu unterscheiden, ob es sich beim Auftraggeber um einen **Unternehmer** (§ 3 Abs. 3 S. 1, 2 UStG) oder um eine **Privatperson** handelt (§ 3 Abs. 3 S. 3 UStG).

31 **(a) Tätigkeit für einen Unternehmer.** Handelt es sich bei dem ausländischen Leistungsempfänger um einen **Unternehmer**, ist Leistungsort der Ort seiner Betriebsstätte.

> **§ 3a UStG Ort der sonstigen Leistung**
>
> ...
>
> (4) ¹Ist der Empfänger einer der in Absatz 4 bezeichneten sonstigen Leistungen ein Unternehmer, so wird die sonstige Leistung abweichend von Absatz 1 dort ausgeführt, wo der Empfänger sein Unternehmen betreibt. ²Wird die sonstige Leistung an die Betriebsstätte eines Unternehmers ausgeführt, so ist stattdessen der Ort der Betriebsstätte maßgebend. ...

32 Danach ist also zu differenzieren:
– Liegt die **Betriebsstätte im Inland**, ist die Tätigkeit des Anwalts umsatzsteuerpflichtig.[4] Das OLG Koblenz[5] will allerdings im Rechtsstreit die Erstattungspflicht in Frage stellen und prüfen, ob der Auftrag nicht für die ausländische Hauptniederlassung hätte durchgeführt werden können mit der Folge, dass keine Umsatzsteuerpflicht angefallen wäre.

---

3 *Bunjes/Geist*, UStG § 3a Rn 14.
4 OLG Koblenz JurBüro 1989, 1682 = Rpfleger 1989, 477 = VersR 1989, 1315.
5 JurBüro 1989, 1682 = Rpfleger 1989, 477 = VersR 1989, 1315.

– Liegt die **Betriebsstätte im Ausland**, besteht keine Umsatzsteuerpflicht, und zwar unabhängig davon, ob die Betriebsstätte in einem EU-Mitgliedstaat liegt oder in einem Drittland.[6] Bei dieser Alternative wird – im Gegensatz zur Privatperson (siehe Rdn 33 ff.) – also wiederum nicht unterschieden.

(b) Tätigkeit für eine Privatperson. Handelt es sich bei dem Leistungsempfänger dagegen um eine **Privatperson**, so ist von § 3a Abs. 4 S. 3 UStG auszugehen: 33

§ 3a UStG Ort der sonstigen Leistung

...

(4) [1]Ist der Empfänger einer der in Satz 2 bezeichneten sonstigen Leistungen weder ein Unternehmer, für dessen Unternehmen die Leistung bezogen wird, noch eine nicht unternehmerisch tätige juristische Person, der eine Umsatzsteuer-Identifikationsnummer erteilt worden ist, und hat er seinen Wohnsitz oder Sitz im Drittlandsgebiet, wird die sonstige Leistung an seinem Wohnsitz oder Sitz ausgeführt. [2]Sonstige Leistungen im Sinne des Satzes 1 sind:

...

Auch hier findet demnach eine **Differenzierung** statt: 34
– Wohnt oder sitzt die Privatperson in einem **Drittlandsgebiet**, liegt der Leistungsort an dessen Sitz oder Wohnsitz, so dass keine Umsatzsteuerpflicht besteht.[7]
– Hat die Privatperson ihren Sitz oder Wohnsitz nicht im Drittlandsgebiet, also im Inland oder im übrigen Gemeinschaftsgebiet, so liegt der Leistungsort am Sitz der Kanzlei des Rechtsanwalts; die Tätigkeit ist umsatzsteuerpflichtig.[8]

Beispiel: Der Anwalt vertritt den in der Türkei wohnenden Mandanten, der in Deutschland Rentenansprüche geltend macht.
Die Tätigkeit des Anwalts ist umsatzsteuerfrei, da der Auftraggeber Privatmann ist und in einem Drittland wohnt.

Beispiel: Der Anwalt vertritt den in Riga wohnenden Mandanten, der in Deutschland einen Verkehrsunfall erlitten hatte und hier einen Schadensersatzprozess führt.
Die Tätigkeit des Anwalts ist umsatzsteuerpflichtig, da der Auftraggeber Privatmann ist und im Gemeinschaftsgebiet wohnt.

cc) Unterschiedliche Leistungsorte. Sind bei einem einheitlichen Auftrag unterschiedliche Leistungsorte gegeben, ist verhältnismäßig aufzuteilen. 35

Grundsätzlich wird man einen den jeweiligen Gegenstandswerten entsprechenden Anteil der Vergütung besteuern bzw. nicht besteuern. 36

Beispiel: Der Anwalt berät den Mandanten gleichzeitig wegen des beabsichtigten Kaufs zweier Grundstücke, von denen eines in Griechenland und eines in der Türkei liegt.
Die Beratung hinsichtlich des griechischen Grundstücks ist umsatzsteuerpflichtig, die hinsichtlich des türkischen Grundstücks dagegen nicht.

Sind verschiedene Auftraggeber beteiligt, kann § 7 Abs. 2 ergänzend herangezogen werden. 37

Beispiel: Der Anwalt vertritt zwei Miterben, von denen einer in Österreich, der andere in der Schweiz wohnt.
Die Tätigkeit des Anwalts ist hinsichtlich des in Österreich wohnenden Mandanten umsatzsteuerpflichtig, da er Privatmann ist und im Gemeinschaftsgebiet wohnt; hinsichtlich des Schweizer Mandanten ist die Tätigkeit dagegen umsatzsteuerfrei, da er in einem Drittland wohnt.[9]
Soweit der Mandant aus Österreich alleine haftet, ist die Vergütung umsatzsteuerpflichtig. Soweit der Schweizer Mandant alleine haftet, ist die Vergütung umsatzsteuerfrei. In Höhe der Gesamtschuld dürfte wiederum von einer anteiligen (hier hälftigen) Umsatzsteuerpflicht auszugehen sein.

---

6 OLG Hamburg JurBüro 1982, 1350 = MDR 1982, 857; OLG Stuttgart JurBüro 1982, 1674 = Justiz 1982, 403; OLG Frankfurt/M. JurBüro 1983, 446 = Rpfleger 1983, 85 = AnwBl 1983, 324; OLG Bamberg JurBüro 1987, 67; OLG Koblenz JurBüro 1989, 1682 = Rpfleger 1989, 477 = VersR 1989, 1315; OLG Koblenz JurBüro 1991, 245; OLG Karlsruhe OLGR 1998, 323 = Justiz 1998, 627.

7 LG Berlin JurBüro 1988, 1497 = VersR 1988, 409; OLG Karlsruhe JurBüro 1993, 94 = AnwBl 1993, 42.

8 OLG Schleswig OLGR 2001, 146 = SchlHA 2001, 128 = KostRsp. BRAGO § 25 Nr. 53; OLG München Rpfleger 1993, 127; OLG Saarbrücken OLGR 2000, 49.

9 *Bunjes/Geist*, UStG, § 3a Rn 25.

38 Prüfungsschema bei Fällen mit Auslandsbezug:

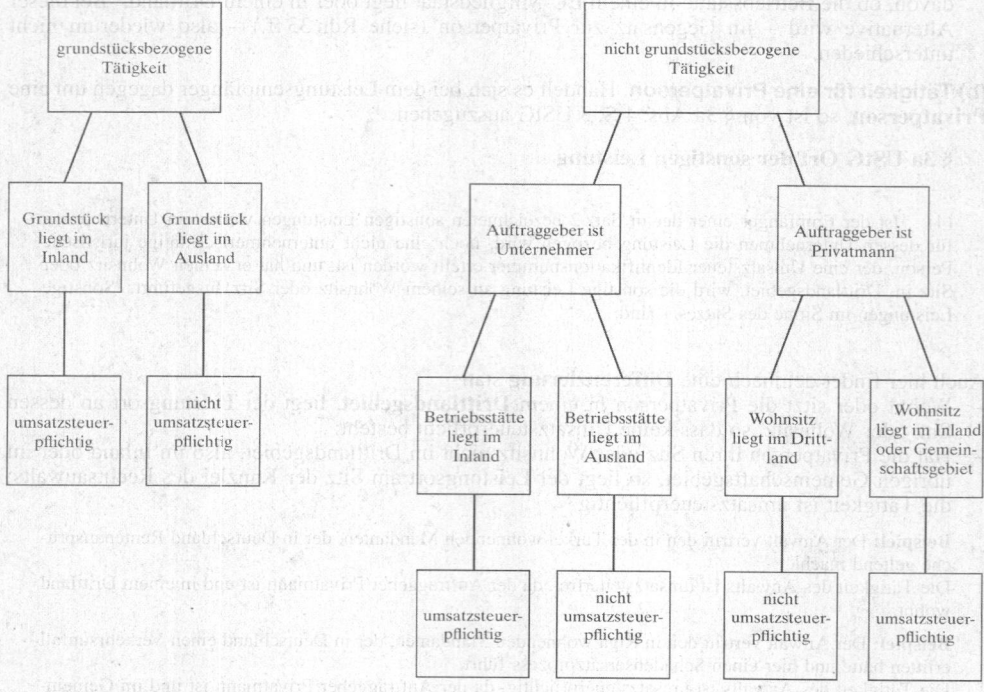

d) Kostenerstattung

39 Soweit bei Tätigwerden für einen ausländischen Auftraggeber Umsatzsteuer anfällt, ist diese auch stets zu erstatten, sofern keine Berechtigung zu einem Vorsteuerabzug besteht. Zu prüfen ist im Kostenfestsetzungsverfahren stets, ob überhaupt eine umsatzsteuerpflichtige Tätigkeit vorliegt; die Erklärung, nicht zum Vorsteuerabzug berechtigt zu sein, reicht insoweit nicht (zur alleinigen Haftung und Gesamtschuld, siehe § 11 Rdn 249 ff.).

40 Ungeachtet dessen ist die Erklärung zum Vorsteuerabzug nach § 104 Abs. 2 S. 3 ZPO auch bei einem ausländischen Unternehmer zu fordern, insbesondere dann, wenn der Anwalt für eine im Inland liegende Betriebsstätte tätig geworden ist und die Umsatzsteuer in Deutschland abzuführen ist.

41 Umgekehrt muss eine erstattungspflichtige ausländische Partei selbstverständlich immer auch die der erstattungsberechtigten deutschen Partei entstandene Umsatzsteuer erstatten, sofern diese nicht zum Vorsteuerabzug berechtigt ist.[10]

---

[10] OLG Koblenz NJW 1992, 640 = MDR 1992, 307 = AnwBl 1993, 43 = IPRspr 1991, Nr. 219, 465 = BRAK-Mitt. 1992, 116; OLG Koblenz Rpfleger 1989, 478.

5. Anwalt in eigener Sache

a) Betriebsbezogene Tätigkeit

Wird der Anwalt für sich selbst in einer betriebsbezogenen Sache tätig, liegt ein sog. Eigengeschäft vor, bei dem keine Umsatzsteuer anfällt.[11] Dazu gehört es auch, wenn der Anwalt zugleich Steuerberater ist und Steuerberaterhonorar einklagt.[12] Das Problem wird fälschlicherweise häufig im Rahmen der Kostenerstattung diskutiert, ist aber in zutreffender Weise eine Frage des Anfalls der Umsatzsteuer. Bei Umsatzsteuer, die erst gar nicht anfällt, stellt sich die Frage der Erstattung erst gar nicht.

42

b) Private Angelegenheit

Wird der Anwalt für sich selbst in einer privaten Sache tätig, also nicht betriebsbezogen, ist seine Tätigkeit umsatzsteuerpflichtig. Die Umsatzsteuer wird in diesen Fällen jedoch nicht von der fiktiven Vergütung erhoben, die der Anwalt nach dem RVG gegenüber einem Mandanten abrechnen könnte, sondern von den tatsächlichen Kosten, die dem Anwalt in seinem Prozess entstehen. Wie diese Kosten zu ermitteln sind, ist im Einzelnen strittig. Nach dem Nds. FG[13] ist ein Prozentsatz von 40 % effektiver Nettovergütung anzunehmen; das LG Berlin[14] nimmt 50 % an. Das FG Baden-Württemberg[15] geht dagegen von 100 % aus, während das LG Bremen[16] von gar keinen zu versteuernden Kosten ausgeht.

43

II. Steuerpflichtige Umsätze

1. Überblick

Umsatzsteuerpflichtig ist grundsätzlich die **gesamte Vergütung** (§ 1 Abs. 1 S. 1) des Anwalts, also Gebühren und Auslagen, wobei sich hier im Einzelfall Probleme bei der Abrechnung ergeben können.

44

Auch **Vergütungen**, die **aus der Staatskasse** gezahlt werden, also insbesondere **Prozesskostenhilfe-** und **Pflichtverteidigervergütung**, einschließlich der **Pauschvergütung** nach § 51, sind umsatzsteuerpflichtig, sodass insoweit Umsatzsteuer vom Anwalt abzuführen ist.[17] Das gilt auch für Auslagen, die nach § 46 von der Staatskasse zu übernehmen sind.

45

Vorschüsse auf Gebühren oder Auslagen (§ 47) oder Abschlagszahlungen auf die Pauschvergütung nach § 51 Abs. 1 S. 4 sind ebenfalls umsatzsteuerpflichtig, sofern die zugrunde liegende Vergütung umsatzsteuerpflichtig ist.[18]

46

Aus einer **vereinbarten Vergütung** (§§ 3a ff.) ist Umsatzsteuer abzuführen (zur Frage, ob in der vereinbarten Vergütung bereits Umsatzsteuer enthalten ist, siehe Rdn 74).

47

Auch auf **Vergütungen außerhalb des RVG** ist Umsatzsteuer zu entrichten, wie z.B. auf Testamentsvollstreckerhonorare.[19]

48

2. Gebühren

Gebühren sind immer umsatzsteuerpflichtig.

49

---

[11] BFH DB 1977, 1984 = NJW 1977, 408; KG JurBüro 1981, 1685 = Rpfleger 1981, 141; OLG Zweibrücken MDR 1998, 800 = OLGR 1998, 474; OLG Hamburg JurBüro 1983, 1349; MDR 1999, 764 = OLGR 1999, 360; OLG Hamburg AGS 2002, 83 = OLGR 2001, 381 = KostRsp. BRAGO § 25 Nr. 54; LAG Hessen AGkompakt 2013, 27.

[12] OLG München BRAGOreport 2003, 136 = MDR 2003, 177 = OLGR 2003, 244 = KostRsp. BRAGO § 25 Nr. 55.

[13] JurBüro 1985, 1877.
[14] NJW-RR 1998, 931 = Rpfleger 1998, 173.
[15] EFG 1983, 629.
[16] Rpfleger 1991, 390.
[17] LAG Mainz JurBüro 1997, 29 = FamRZ 1997, 947.
[18] BFH DB 1954, 967.
[19] FG Bremen AnwBl 1997, 224 = EFG 1997, 374.

3. Auslagen

a) Überblick

50 Auch aus vereinnahmten Auslagen – im Gegensatz zu verauslagten Beträgen (siehe Rdn 61) – ist ebenfalls grundsätzlich Umsatzsteuer abzuführen[20] und zwar unabhängig davon, ob die Auslagen konkret (VV 7001) oder pauschal (VV 7002) berechnet werden. Auslagen sind selbst dann umsatzsteuerpflichtig, wenn sie nicht nach dem RVG, also nicht nach den VV 7000 ff. erhoben werden, sondern nach § 670 BGB, und auch dann, wenn die Auslagen selbst keine Umsatzsteuer enthalten, wie z.B. Porto, gegebenenfalls Parkgebühren o.Ä.[21] Hier gilt im Einzelnen folgendes:
- **VV 7000**: Dokumentenpauschalen sind immer umsatzsteuerpflichtig, auch für die Herstellung elektronischer Dateien.
- **VV 7001**: Werden Postentgelte konkret abgerechnet, dann unterliegen sie der Umsatzsteuer, auch dann, wenn den einzelnen Positionen keine Umsatzsteuer enthalten ist. Soweit in den Kosten Umsatzsteuer enthalten ist, darf diese nicht in Rechnung gestellt werden (siehe Rdn 51).
- **VV 7002**: Die Postentgeltpauschale ist ebenfalls immer umsatzsteuerpflichtig.
- **VV 7003**: Die Kilometerpauschale für die Nutzung des eigenen Kraftfahrzeugs ist umsatzsteuerpflichtig.[22]
- **VV 7004**: Fahrkosten für sonstige Verkehrsmittel – einschließlich Reservierungskosten – sind ebenfalls umsatzsteuerpflichtig; allerdings dürfen hier nur die Netto-Beträge in die Rechnung eingestellt werden (siehe Rdn 51).[23]
- **VV 7005**: Tages- und Abwesenheitsgelder – auch bei Auslandsreisen – sind umsatzsteuerpflichtig.[24]
- **VV 7006**: Sonstige Kosten einer Reise, wie Übernachtung, Parkgebühren, Kosten einer Fähre etc. sind umsatzsteuerpflichtig;[25] allerdings dürfen auch hier nur die Netto-Beträge in die Rechnung eingestellt werden (siehe Rdn 51).[26]
- **VV 7007**: Die Haftpflichtversicherungsprämie unterliegt ebenfalls der Umsatzsteuer, einschließlich der darin enthaltenen Versicherungssteuer. Dass die Prämie selbst nicht umsatzsteuerpflichtig ist, ist unerheblich.
- **VV Vorb. 7 Abs. 1 S. 2**: Verauslagte Beträge, die der Anwalt in eigenem Namen vorgelegt hat und die er sich von dem Auftraggeber erstatten lässt, sind ebenfalls umsatzsteuerpflichtig (zum Problem der Aktenversendungspauschale siehe Rdn 52). Soweit in den verauslagten Beträgen Umsatzsteuer enthalten ist, darf diese nicht in Rechnung gestellt werden.
- **VV Vorb. 7 Abs. 1 S. 2**: Verauslagte Beträge, die der Anwalt im Namen des Auftraggebers vorgelegt hat, sind nicht mit Umsatzsteuer zu belegen.

51 Ist in den Auslagen Umsatzsteuer enthalten, wie z.B. in den Kosten einer Bahnfahrt, Flugreisekosten, Parkgebühren etc., dann darf der Anwalt, der zum Vorsteuerabzug berechtigt ist, diese Positionen nur mit den Nettobeträgen in seine Rechnung aufnehmen.[27] Infolge seiner Berechtigung zum Vorsteuerabzug erhält er die von ihm gezahlte Umsatzsteuer im Wege des Vorsteuerabzugs vom Finanzamt zurückerstattet. Sie ist für den Anwalt daher nur eine durchlaufende Position, aber kein nachhaltiger Vermögensnachteil. Auf die Gesamtvergütung ist dann allerdings die vom Anwalt darauf zu zahlende Umsatzsteuer gemäß VV 7008 zu erheben. Insoweit ist unerheblich, in welcher Höhe Umsatzsteuer in den aufgewandten Beträgen enthalten ist. So ist auch dann vom Anwalt 19 % Umsatzsteuer zu erheben, wenn in den aufgewandten Kosten nur 7 % Umsatzsteuer enthalten sind, wie etwa bei Taxikosten.[28]

---

20 OLG Frankfurt/M. JurBüro 1961, 500.
21 BDiG MDR 1987, 467 = Rpfleger 1987, 218.
22 OLG Koblenz AGS 2012, 50 = GuT 2011, 166 = JurBüro 2011, 647.
23 OLG Koblenz AGS 2012, 50 = GuT 2011, 166 = JurBüro 2011, 647.
24 OLG Koblenz AGS 2012, 50 = GuT 2011, 166 = JurBüro 2011, 647.
25 OLG Koblenz AGS 2012, 50 = GuT 2011, 166 = JurBüro 2011, 647.
26 OLG Koblenz AGS 2012, 50 = GuT 2011, 166 = JurBüro 2011, 647.
27 BGH 2012, 268 = MDR 2012, 810 = AnwBl 2012, 664 = zfs 2012, 463 = NJW-RR 2012, 1016 = JurBüro 2012, 479 = NZV 2012, 476 = VersR 2012, 1316 = Schaden-Praxis 2012, 449 = NJW-Spezial 2012, 412 = IBR 2012, 427 = RVGprof. 2012, 113 = RVGreport 2012, 266 = FamRZ 2012, 1136 = VRR 2012, 243 u. 279 = StRR 2012, 243 = DB 2012, 2575 = StRR 2012, 356; OLG Brandenburg AGS 2012, 327; OLG Koblenz AGS 2012, 50 = GuT 2011, 166 = JurBüro 2011, 647.
28 KG AGS 2014, 21 = zfs 2014, 108 = VRR 2014, 39 = RVGreport 2014, 73 = RVGprof. 2014, 42.

Beispiel: Der Kölner Anwalt wird in einem gerichtlichen Verfahren (12.000 EUR) vor dem LG Berlin tätig. Zum ersten Termin fährt er mit der Bahn und zahlt für die Hin- und Rückfahrt 234 EUR (einschließlich 19 % Umsatzsteuer) sowie 9 EUR Taxikosten (einschließlich 7 % Umsatzsteuer). Zum zweiten Termin fährt er mit dem Pkw und zahlt für das Parkhaus 8 EUR (einschließlich 19 % Umsatzsteuer). Abzurechnen ist wie folgt:

1.	1,3-Verfahrensgebühr, VV 3100 (Wert: 12.000 EUR)	785,20 EUR
2.	1,2-Terminsgebühr, VV 3104 (Wert: 12.000 EUR)	724,80 EUR
3.	Postentgeltpauschale, VV 7002	20,00 EUR
4.	Fahrtkosten, 1. Termin, Zugfahrt (netto), VV 7004	196,64 EUR
5.	Taxikosten, 1. Termin, netto	8,41 EUR
6.	Tages-Abwesenheitsgeld, 1. Termin, 7005 Nr. 3	70,00 EUR
7.	Fahrtkosten, 2. Termin, Pkw, 2 x 575 km, 0,30 EUR/km, VV 7003	345,00 EUR
8.	Kosten Parkhaus, 2. Termin, VV 7006, netto	6,72 EUR
9.	Tages-Abwesenheitsgeld, 1. Termin, VV 7005 Nr. 3	70,00 EUR
	Zwischensumme 2.226,77 EUR	
10.	19 % Umsatzsteuer, VV 7008	423,09 EUR
Gesamt		**2.649,86 EUR**

b) Aktenversendungspauschale

Erhebliche Unsicherheit bestand, ob Aktenversendungspauschalen, Gebühren für Meldeamtsanfragen, Gebühren für Handelsregister- und Grundbuchauszüge, die der Anwalt dem Auftraggeber weiter berechnet, umsatzsteuerpflichtig sind oder ob es sich lediglich um durchlaufende Posten nach § 10 Abs. 1 S. 6 UStG handelt, die der Anwalt seinem Mandanten umsatzsteuerfrei in Rechnung stellen kann.

Hinsichtlich der **Gerichtsgebühren** ist die Rechtslage eindeutig. Aus den §§ 22 ff. GKG, §§ 21 ff. FamGKG, ergibt sich, dass der jeweilige Antragsteller der Instanz auch Schuldner der Gerichtskosten ist. Insoweit handelt es sich für den Anwalt also um durchlaufende Posten, die nicht zu versteuern sind, wenn er diese verauslagt und später beim Mandanten wieder einfordert.

Anders verhält es sich dagegen bei den **Kosten einer Aktenversendung** nach GKG-KostVerz. 9003, FamGKG-KostVerz. 2003, GNotKG-KostVerz. 31003. Hier gelten nämlich nicht die §§ 22 Abs. 1 GKG, 21 FamGKG, 22 ff. GNotKG, sondern § 28 Abs. 2 GKG bzw. die gleich lautenden Vorschriften der §§ 23 Abs. 2 FamGKG, § 26 Abs. 2 GNotKG.

§ 28 GKG Auslagen in weiteren Fällen

...

(2) ¹Die Auslagen nach Nummer 9003 des Kostenverzeichnisses schuldet nur, wer die Versendung der Akte beantragt hat.[29]

...

Nun könnte man an dieser Stelle darüber streiten, was mit dieser Vorschrift gemeint ist, insbesondere, ob wirklich damit auch der Anwalt zum Kostenschuldner wird. Die Frage an dieser Stelle zu diskutieren, wäre jedoch müßig. Insoweit kommt es auf die Rechtswirklichkeit an, nämlich darauf, wie die Gerichte dies handhaben. Abzustellen ist dabei auf die Rechtsprechung derjenigen Gerichte, die über die Frage der Kostenschuldnerschaft entscheiden, nicht auf die Rechtsprechung anderer Gerichte, die sich damit nur inzidenter zu befassen haben. Insoweit geht die einhellige Rechtsprechung inzwischen davon aus, dass hinsichtlich der Aktenversendungspauschale der GKG-KostVerz.

---

29 Inhaltsgleich mit § 23 Abs. 2 FamGKG und § 26 Abs. 2 GNotKG.

9003, FamGKG-KostVerz. 2003, GNotKG-KostVerz. 31003 Kostenschuldner der Anwalt ist.[30] Das gleiche gilt für vergleichbare Kostenpositionen anderer Behörden. Geht man damit von der Kostenschuldnerschaft des Anwalts aus, dann wiederum ist eindeutig, dass auf diese Auslagen Umsatzsteuer zu erheben ist und der Anwalt diese dem Mandanten in Rechnung stellen muss.

c) Gerichtsvollzieherkosten

56 Eindeutig wiederum ist die Lage bei **Gerichtsvollzieherkosten**. Hier stellt der Anwalt den Auftrag nicht in eigenem Namen sondern ausdrücklich im Namen der Partei. Kostenschuldner ist also der Antragsteller und nicht sein Verfahrensbevollmächtigter (§ 13 Abs. 1 Nr. 1 GvKostG).

d) Meldeamtskosten etc.

57 Zuletzt stellt sich die Frage, wie es sich bei den Kosten für Meldeamts-, Gewerbeamtsanfragen oder Handelsregister- oder Grundbuchauszüge verhält. Meines Erachtens kommen hier beide Möglichkeiten in Betracht. Der Anwalt kann solche Auskünfte in eigenem Namen einfordern oder (ausdrücklich) im Namen des Auftraggebers. In der Praxis werden solche Auskünfte in der Regel vom Anwalt in eigenem Namen eingeholt. Ob er sich dessen bewusst ist, ist unerheblich. Insoweit gilt § 164 Abs. 2 BGB. Der Wille, in fremdem Namen zu handeln, muss zum Ausdruck gebracht werden. Daran fehlt es in aller Regel schon deshalb, weil viele Rechtsanwälte Musterschreiben oder Textbausteine verwenden, die insoweit keine Ausführungen enthalten, so dass mangels einer Erklärung, im fremden Namen zu handeln, der Auftrag als im eigenen Namen erteilt gilt. Dann aber wiederum wird der Anwalt Kostenschuldner und muss Umsatzsteuer abführen und beim Auftraggeber erheben.[31] Eindeutig ist insoweit die Lage, wenn der Anwalt aufgrund eines eigenen Zugangs zu einer Online-Datenbank oder aufgrund anderer Dienste die Anfragen unmittelbar in eigenem Namen einholt.

58 Erteilt der Anwalt den Auftrag dagegen ausdrücklich im Namen des Mandanten, wird nur dieser Kostenschuldner, so dass keine Umsatzsteuer zu erheben ist, wenn der Anwalt die anfallenden Kosten vorlegt.[32] Ein solches Verfahren hätte jedoch entscheidende Nachteile. Holt ein Anwalt in eigenem Namen Meldeamts- oder Gewerbeamtsanfragen ein oder beantragt er Auskünfte aus dem Handelsregister oder dem Grundbuch, dann erhält er in der Praxis diese Auskünfte umgehend, und zwar ohne Vorkasse, weil Behörden und Gerichte davon ausgehen, dass der Anwalt als Auftraggeber solvent ist und ehrlich genug, die Kostenrechnung auch zu bezahlen. Wird das Ersuchen dagegen im Namen des Mandanten gestellt, wird die Erteilung der entsprechenden Auskünfte dagegen immer von der vorherigen Einzahlung der Gebühren abhängig gemacht, was die Sache verzögert und gegebenenfalls verteuert, z.B. durch Nachnahmeporto, so dass der Anwalt an sich gut beraten ist, es bei der bisherigen Praxis zu belassen, allerdings mit der Konsequenz, dass er auf die entsprechenden Gebühren, wenn er sie dem Mandanten in Rechnung stellt, Umsatzsteuer erhebt. Immerhin geht es für den Mandanten hier nur um geringfügige Beträge (z.B. 0,76 EUR bei einer Einwohnermeldeamtsanfrage von 4 EUR).

e) Entscheidungsabschriften

59 Die Aufwendungen eines Bevollmächtigten hinsichtlich der Gebührenpauschale für die Überlassung einer Entscheidungsabschrift, die er als an jenem Verfahren nicht beteiligter Dritter beantragt hat,

---

30 BGH AGS 2011, 262 = DAR 2011, 356 = MDR 2011, 758 = VersR 2011, 877 = zfs 2011, 402 = AnwBl 2011, 583 = RuS 2011, 287 = SVR 2011, 263 = JurBüro 2011, 412 = Rpfleger 2011, 563 = NZV 2011, 438 = VRS 121, 87 = HFR 2011, 1047 = NJW 2011, 3041= RVGreport 2011, 215 = VRR 2011, 279 = RVGprof. 2011, 134 = StRR 2011, 279 = Prozessrecht aktiv 2011, 128 = BRAK-Mitt 2011, 214 = DÖV 2011, 704 = Versicherung und Recht kompakt 2011, 157 = Schaden-Praxis 2011, 341 = NJW-Spezial 2011, 349 = NJW-Spezial 2011, 349; BVerwG AGS 2010, 383 = zfs 2010, 467 = RVGreport 2010, 304 = Buchholz 450.1 § 20 WBO Nr. 3; OLG Bamberg AGS 2009, 320 = DAR 2009, 433 = StraFo 2009, 350 = zfs 2009, 466 = NStZ 2010, 341; AG Neustadt a. d. Weinstraße AGS 2008, 337 = NJW-Spezial 2008, 413; AG Lahr AGS 2008, 338; AG Dortmund AGS 2009, 113; a.A. AG Stuttgart AGS 2008, 337.

31 So OFD Karlsruhe, Verfügung v. 15.8.2007 – S 2700, abgedr. in RVGreport 2007, 401.

32 So i. Ergebnis zutr. LG Mannheim JurBüro 2008, 533.

stellen keinen durchlaufenden Posten i.S.d. § 10 Abs. 1 S. 6 UStG dar und sind daher mit Umsatzsteuer zu erheben.[33]

4. Fremde Kosten

Mitunter beauftragt ein Anwalt im Rahmen des Mandats dritte Personen, etwa einen Terminsvertreter, einen Rentenberater, einen Detektiv o. ä. Legt der Anwalt diese Kosten vor und rechnet er sie anschließend mit dem Mandanten ab, ist zu differenzieren:
- Ist der Auftrag im **Namen des Mandanten** erteilt, dann muss die fremde Rechnung auch auf diesen ausgestellt sein. Die Erstattung dieser fremden Kosten ist dann nicht mit Umsatzsteuer zu belegen, da es sich faktisch um durchlaufende Posten handelt (siehe Rdn 61).
- Hat der Anwalt dagegen den Auftrag **in eigenem Namen** erteilt, dann muss die Rechnung auf ihn lauten. Wenn er diese Beträge jetzt beim Mandanten anfordert, darf er sie zunächst nur netto in seine Rechnung einstellen, da der Anwalt zum Vorsteuerabzug berechtigt ist und er die an den Dritten gezahlte Umsatzsteuer im Wege des Vorsteuerabzugs vom Finanzamt zurückerstattet erhält, also mit ihr letztlich gar nicht belastet wird. Auf die Endsumme der eigenen Rechnung ist dann aber wiederum Umsatzsteuer nach VV 7008 zu erheben (siehe Rdn 50).

60

5. Durchlaufende Posten

Durchlaufende Posten, wie z.B. vorgelegte Gerichtskosten – nicht die Aktenversendungspauschale (siehe Rdn 52) –, Gerichtsvollzieherkosten und Fremdgelder, sind niemals umsatzsteuerpflichtig.[34]

61

6. Zinsen

Auch **Zinsen aus rückständigen Vergütungsforderungen** sind nicht umsatzsteuerpflichtig. Die frühere Streitfrage hat sich durch die Änderung des UStG erledigt.

62

III. Steuersatz

1. Höhe des Steuersatzes

Die Höhe der Umsatzsteuer beläuft sich zurzeit auf 19 %. Bis zum 31.6.2006 belief sie sich noch auf 16 % (zu Übergangsfällen siehe 7. Aufl., Anhang zu § 61). Nur in Ausnahmefällen kommt der ermäßigte Steuersatz von 7 % zum Tragen, etwa dann, wenn der Anwalt eine Leistung erbringt, die ein nach dem Urheberrechtsgesetz geschütztes Werk darstellt (§ 12 Abs. 2 Nr. 7 Buchst. c UStG), etwa ein wissenschaftliches Gutachten (VV 2103).

63

2. Änderungen des Steuersatzes

Ändert sich der Steuersatz, so stellt sich die Frage, nach welchem Stichtag die Umsatzsteuer zu berechnen ist. Abzustellen ist hier auf die Fälligkeit der Vergütung gemäß § 8 und nicht nach dem Zeitpunkt der Rechnungsstellung (siehe hierzu ausführlich 7. Aufl. Anhang zu § 61).

64

C. Anspruch auf Erstattung der Umsatzsteuer gegen den Auftraggeber

I. Abrechnung nach den gesetzlichen Gebühren

Ist nach den vorstehenden Ausführungen Umsatzsteuer angefallen, so hat der Anwalt diese nach VV 7008 dem Auftraggeber in Rechnung zu stellen.

65

---

[33] VG Schwerin AGS 2013, 409 = NJW-Spezial 2013, 540.

[34] OLG Düsseldorf JurBüro 1974, 738 = Rpfleger 1974, 232.

66 Dies gilt auch dann, wenn der Anwalt Kleinunternehmer ist und er sich nach § 19 Abs. 2 UStG dazu entschlossen hat, zur Umsatzsteuer zu optieren. Auch dann hat er die Umsatzsteuer dem Auftraggeber gemäß VV 7008 in Rechnung zu stellen. Der Auftraggeber kann sich nicht darauf berufen, der Anwalt hätte als Kleinunternehmer nicht zur Umsatzsteuer optieren müssen. Die Vorschrift des VV 7008 stellt nur darauf ab, ob die Umsatzsteuer nach § 19 Abs. 1 UStG unerhoben bleibt, nicht darauf, ob sie hätte unerhoben bleiben können.

II. Abrechnung des bestellten oder beigeordneten Anwalts

67 Ist der Anwalt **gerichtlich bestellt oder beigeordnet**, so erhält er aus der Staatskasse zuzüglich zu seiner Vergütung auch die darauf anfallende Umsatzsteuer, die sich allerdings nicht aus den gesetzlichen Gebühren berechnet, sondern aus der Vergütung, die die Staatskasse tatsächlich zu zahlen hat. Dies gilt auch für die **Pauschvergütung** nach § 51. Die Pauschvergütung wird vom OLG oder dem BGH in der Regel in Höhe des Nettobetrages bewilligt. Auf Antrag wird die Umsatzsteuer hierauf vom Urkundsbeamten der Geschäftsstelle hinzugesetzt.[35]

68 Die Umsatzsteuer ist von der Staatskasse auch dann zu zahlen, wenn die Partei, der der Anwalt gerichtlich bestellt oder beigeordnet worden ist, zum Vorsteuerabzug berechtigt ist. Vergütungsschuldner ist in diesem Falle nämlich gerade nicht die vertretene Partei, sondern die Staatskasse, so dass der Vorsteuerabzug ausscheidet.[36]

69 Eine andere Frage ist es, ob für den bestellten oder beigeordneten Anwalt überhaupt Umsatzsteuer anfällt. So ist das OVG Berlin-Brandenburg[37] der Auffassung, dass bei Vertretung eines Auftraggebers außerhalb der EU (hier Verbraucher aus der Türkei) auch im Falle der Beiordnung oder Bestellung durch ein Gericht die Tätigkeit des Anwalts umsatzsteuerfrei sei und daher auch von der Landeskasse keine Umsatzsteuer festzusetzen und zu zahlen sei.

70 Anders verhält es sich dagegen, wenn der Anwalt nach § 126 ZPO von seinem Beitreibungsrecht gegen den Gegner Gebrauch macht. Hier ist die Vorsteuerabzugsberechtigung des Auftraggebers zu berücksichtigen, da es sich um einen Erstattungsanspruch handelt.[38]

III. Beratungshilfe

71 Bei Abrechnung der **Beratungshilfevergütung** muss die Landeskasse auch die auf die Vergütung anfallende Umsatzsteuer festsetzen und auszahlen.

72 Hier war bislang unstrittig, dass die Landeskasse die Umsatzsteuer auch dann zahlen muss, wenn der Rechtsuchende zum Vorsteuerabzug berechtigt ist, da hier erst gar kein Anspruch gegen den Rechtsuchenden bestand. Infolge der Neufassung des BerHG zum 1.1.2014 besteht jetzt aber ein Anspruch, der nach § 8 Abs. 2 S. 2 BerHG lediglich gegen den Rechtsuchenden nicht geltend gemacht werden kann, solange die Bewilligung andauert (vergleichbar § 122 Abs. 1 Nr. 3 ZPO) Die Sperre kann aber durch Aufhebung der Bewilligung entfallen. Daher dürfte die sich bislang nur bei der Prozesskostenhilfe gestellte Streitfrage sich nunmehr auch für die Beratungshilfe stellen.

73 Eindeutig verhält es sich dagegen bei der **Schutzgebühr** in Höhe von 15 EUR nach VV 2500. Hierbei handelt es sich um einen Bruttobetrag, der bereits die Umsatzsteuer enthält.[39] Das ist ausdrücklich in Anm. zu VV 2500 geregelt. Da die Umsatzsteuer vom RVG als Auslagentatbestand angesehen wird, darf auch sie nicht zusätzlich erhoben werden; sie ist bereits mit den 15 EUR

---

[35] BGH JurBüro 1962, 341 = Rpfleger 1961, 261.
[36] OLG Hamburg AGS 2013, 428 = MDR 2013, 1194 = RVGreport 2013, 348 = NJW-Spezial 2013, 572 = RVGprof. 2013, 164; LAG Mainz JurBüro 1997, 29 = FamRZ 1997, 947; a.A. OLG Celle AGS 2014, 80 = RVGreport 2014, 20 = NJW-Spezial 2014, 315 = MDR 2013, 1434 = JurBüro 2014, 31; VG Minden, Beschl. v. 23.12.2015 – 7 K 3472/13.
[37] AGS 2016, 26 = NVwZ-RR 2016, 157 = JurBüro 2016, 81 = RVGreport 2016, 65 = NJW-Spezial 2016, 60 = RVGprof. 2016, 27.
[38] BGH 2007, 628 = DStR 2006, 1761 = Rpfleger 2006, 609 = BGHR 2006, 1447 = JurBüro 2007, 88 = NJW-RR 2007, 285 = MDR 2007, 303 = BB 2006, 2103 = RVGreport 2006, 392 = NJ 2006, 508 = RVGprof. 2006, 201 = NJW 2007, 772 = NZI 2007, 368.
[39] So schon zu § 8 Abs. 2 BerHG: *Lindemann/Trenk-Hinterberger*, BerHG, § 8 Rn 2.

erhoben. Die Gebühr beträgt also faktisch nur 12,61 EUR (netto). Daher muss der Anwalt den in den 15 EUR enthaltenen Umsatzsteuerbetrag selbstverständlich auch abführen.[40]

IV. Abrechnung einer vereinbarten Vergütung

Ist eine Vergütung vereinbart (§§ 3a ff.), so gilt VV 7008 nicht ohne weiteres. Fehlt eine ausdrückliche Vereinbarung, so ist durch Auslegung zu ermitteln, ob die Umsatzsteuer in dem vereinbarten Honorar enthalten sein soll, also ob es sich um eine Brutto-Vereinbarung handelt oder ob Umsatzsteuer hinzukommen soll (Netto-Vereinbarung). Im Zweifel ist die Umsatzsteuer im vereinbarten Honorar enthalten.[41] Es ist daher unbedingt erforderlich, in einer Vergütungsvereinbarung ausdrücklich darauf hinzuweisen, dass zuzüglich zur vereinbarten Vergütung Umsatzsteuer zu entrichten ist,[42] und zwar nach dem Umsatzsteuersatz, der zum Zeitpunkt der Anrechnung gilt. Anderenfalls gilt der Steuersatz bei Abschluss der Vereinbarung.[43]   74

Ist der Anwalt beauftragt, einen **Aktenauszug für eine Versicherungsgesellschaft** zu erstellen, so ist auf die übliche Pauschalvergütung gemäß des sog. DAV-Abkommens ebenfalls Umsatzsteuer zu erheben (Nr. 2 Buchst. c des „Abkommens").[44]   75

V. Abrechnung nach anderweitigen Vergütungsordnungen

Die Regelung des VV 7008 gilt nur dann, wenn die Tätigkeit des Anwalts nach dem RVG zu vergüten ist. Ist dies nicht der Fall, also insbesondere im Anwendungsbereich des § 1 Abs. 2, gilt nicht VV 7008. Die Frage, ob der Anwalt zusätzlich zur jeweiligen Vergütung Umsatzsteuer berechnen darf, richtet sich nach den jeweiligen Vergütungsvorschriften.   76

So sieht § 7 InsVV vor, dass der **Insolvenzverwalter** zusätzlich zur Vergütung und zur Erstattung der Auslagen die Umsatzsteuer vom Insolvenzgericht festsetzen lassen muss.   77

Ebenfalls kann der **Zwangsverwalter** nach § 23 ZwVwV die auf seine Vergütung und Auslagen entfallende Umsatzsteuer fordern.   78

Steht dem Rechtsanwalt, der als **Vormund, Betreuer, Pfleger, Beistand, Nachlassverwalter oder Testamentsvollstrecker** oder in einer der anderen in § 1 Abs. 2 fallenden Eigenschaften tätig ist, ausnahmsweise eine Vergütung nach dem RVG als Aufwendungsersatz oder entsprechend § 1835 Abs. 3 BGB zu, so gilt wiederum VV 7008. Er kann die Umsatzsteuer zusätzlich berechnen.[45] Richtet sich die Vergütung, die der Rechtsanwalt als Berufsvormund, Betreuer oder Pfleger gemäß §§ 1836 Abs. 2, 1836a, 1908i Abs. 1, 1915 BGB aus der Staatskasse erhält, nach den Vorschriften des BVormVG, ist eine auf die Vergütung entfallende Umsatzsteuer zusätzlich zu gewähren, soweit sie nicht nach § 19 Abs. 1 UStG unerhoben bleibt (§ 1 Abs. 1 S. 3 BVormVG a.F. = § 3 Abs. 1 VBVG).   79

Soweit sich die Vergütung des Anwalts in einer Funktion außerhalb des Anwendungsbereichs des § 1 Abs. 2 weder nach dem RVG noch nach dem BVormVG richtet, etwa gemäß §§ 1836 Abs. 1 S. 2, 1908i, 1915 BGB, so ist die Umsatzsteuer in dem vom Erblasser angeordneten oder vom Gericht bewilligten Betrag enthalten.[46] Die Vorschrift des VV 7008 ist insoweit nicht anwendbar.[47]   80

---

40 A.A. *Enba*, Beratungshilfegebühr nach Nr. 2500 VV RVG und Umsatzsteuer, RVGReport 2009, 281 ff.

41 OLG Karlsruhe DB 1979, 447 = KostRsp. BRAGO § 25 Nr. 7 m. Anm. *E. Schneider*; *N. Schneider*, Die Vergütungsvereinbarung, Rn 1502.

42 *N. Schneider*, Die Vergütungsvereinbarung, Rn 1086, 1518.

43 LG München AGS 2010, 284 = BRAK-Mitt 2010, 148.

44 Die „Empfehlungen von DAV und GdV für die Verkehrsunfallschadensregulierung" sind samt einer Erläuterung abgedr. in AnwK-BRAGO/*N. Schneider*, Anhang V., S. 1432 ff.

45 OLG München OLGR 1992, 25.

46 BGH KostRsp. BRAGO § 25 Nr. 2 m. Anm. *E. Schneider* = MDR 1975, 213 = NJW 1975, 210 = Rpfleger 1975, 55; OLG Celle OLGR 1998, 184.

47 BGH NJW 1975, 2100 = Rpfleger 1975, 55; KG NJW 1973, 762 = Rpfleger 1973, 24; LG Berlin MDR 1970, 936.

D. Abrechnung der Umsatzsteuer

81 Wie jeder andere Unternehmer muss der Rechtsanwalt die Umsatzsteuer in seiner Rechnung gesondert ausweisen. Dem Mandanten steht unter Umständen ein **Zurückbehaltungsrecht** zu, wenn er zum Vorsteuerabzug berechtigt ist und eine nach § 14 UStG ordnungsgemäße Rechnung benötigt, um den Vorsteuerabzug geltend machen zu können.[48] Zu den Anforderungen an eine umsatzsteuerrechtlich ordnungsgemäße Rechnung siehe *Hansens*[49] und *J. Schneider*[50] sowie die Kommentierung zu § 10 (siehe § 10 Rdn 118 ff.).

82 Im Übrigen gilt § 10. Da die Umsatzsteuer nach der Systematik des RVG zu den Auslagen zählt, muss die Umsatzsteuer nach § 10 Abs. 2 S. 1 in der Berechnung verzeichnet und ausgewiesen sein. Fehlt es daran, ist die Honorarforderung des Anwalts gemäß § 10 Abs. 1 S. 1 nicht klagbar.

83 Ein Fehler, der in der anwaltlichen Praxis häufig vorkommt, liegt darin, Vorschüsse oder sonstige Zahlungen auf der Bruttobasis zu verrechnen. Dies ist unzutreffend und birgt eine Haftungsfalle für den Anwalt.[51]

84 Hatte der Anwalt bereits einen Vorschuss vereinnahmt und muss dieser bei der Endabrechnung mit aufgeführt und verrechnet werden (§ 10 Abs. 2 S. 1), bieten sich zwei Möglichkeiten der Abrechnung an.

Beispiel: Der Honoraranspruch des Anwalts beträgt netto 1.000 EUR, einschließlich Umsatzsteuer also 1.190 EUR. Zuvor hatte der Anwalt dem Mandanten einen Vorschuss wie folgt berechnet:

1. Vorschuss, § 9	400,00 EUR
2. 19 % Umsatzsteuer, VV 7008	76,00 EUR
Gesamt	**476,00 EUR**

Diesen Vorschuss hat der Mandant bezahlt.

85 Zum einen können zunächst die gesamten Gebühren und Auslagen netto berechnet und hierauf dann der Vorschuss (netto) angerechnet werden. Auf den sich dann ergebenden Netto-Restbetrag ist dann wiederum Umsatzsteuer (VV 7008) zu erheben.

1. Honorar	1.000,00 EUR
2. abzüglich Vorschuss (netto)	– 400,00 EUR
Zwischensumme	600,00 EUR
3. 19 % Umsatzsteuer, VV 7008	114,00 EUR
Gesamt	**714,00 EUR**

86 Diese Alternative ist übersichtlicher, weil sich hieraus leichter die abgerechnete und abzuführende Umsatzsteuer und die weitere Nettovergütung sofort entnehmen lassen. Diese Berechnungsmethode versagt allerdings, wenn sich zwischen Vorschuss und Abrechnung der Umsatzsteuersatz ändert, da dann auch der Vorschuss nach dem geänderten Steuersatz nachzurechnen ist. Siehe hierzu 7. Aufl. Anhang zu § 61.

87 Die andere Alternative besteht darin, zunächst die Gesamtvergütung einschließlich Umsatzsteuer auszurechnen und dann den Vorschuss (brutto, also einschließlich Umsatzsteuer) in Abzug zu bringen. In diesem Fall muss sich allerdings aus der Rechnung klar und eindeutig ergeben, welche Umsatzsteuerbeträge bereits mit dem Vorschuss erhoben worden waren und welche Umsatzsteuerbeträge noch in dem Restbetrag enthalten sind. Fehlt dieser Hinweis, macht sich der Anwalt gegebenenfalls ersatzpflichtig, wenn der Auftraggeber aufgrund dieser fehlerhaften Abrechnung sowohl die Gesamtrechnung als auch die Vorschussrechnung zum Vorsteuerabzug anmeldet.

---

48 BGH NJW 1980, 2710; Palandt/*Heinrichs*, § 273 Rn 7.
49 Neue Formerfordernisse für anwaltliche Kostenberechnungen – Praktische Auswirkungen des Steueränderungsgesetzes 2003, BRAGOreport 2004, 43.
50 Neue und höhere Anforderungen an die Rechnungsstellung, AGS 2004, 39.
51 Siehe hierzu ausführlich *Hansens/Schneider*, Formularbuch Anwaltsvergütung im Zivilrecht, Teil 2 Rn 364 ff.

Unzutreffend wäre es, ohne diesen Zusatz abzurechnen

1. Honorar 1.000,00 EUR
2. 19 % Umsatzsteuer, VV 7008 190,00 EUR
   Zwischensumme 1.190,00 EUR
3. Abzüglich Vorschuss − 476,00 EUR
   Gesamt **714,00 EUR**

Wer so verfährt, weist die Umsatzsteuer aus dem Vorschuss letztlich doppelt aus. Aus beiden Rechnungen ergeben sich Umsatzsteuerbeträge in Höhe von (76 EUR + 190 EUR =) 266 EUR. Angefallen ist aber eine Umsatzsteuer nur in Höhe von 190 EUR.

Der Anwalt begibt sich in die Gefahr, dass der Mandant die Umsatzsteuer aus beiden Rechnungen zur Vorsteuer anmeldet. Fällt dies später auf, kann der Anwalt für die zu viel ausgewiesene Umsatzsteuer und den zu Unrecht geltend gemachten Vorsteuerabzug des Auftraggebers vom Finanzamt in Regress genommen werden. Abgesehen davon muss der Anwalt ohnehin ausgewiesene Umsatzsteuerbeträge in voller Höhe abführen, unabhängig davon, ob sie berechtigt erhoben worden sind oder nicht.

Daher muss sowohl ausgewiesen werden, wie viel Umsatzsteuer in dem Gesamtbetrag als auch wie viel Umsatzsteuer in dem Vorschuss enthalten ist.

1. Honorar 1.000,00 EUR
2. 19 % Umsatzsteuer, VV 7008 190,00 EUR
   Zwischensumme 1.190,00 EUR
3. Abzüglich Vorschuss − 476,00 EUR
   Gesamt **714,00 EUR**
   In der Endsumme enthaltene Umsatzsteuer: 114,00 EUR aus 600,00 EUR
   In der Vorschusszahlung enthaltene Umsatzsteuer: 76,00 EUR aus 400,00 EUR

Beide Rechnungen weisen jetzt insgesamt (76 EUR + 114 EUR =) 190 EUR Umsatzsteuer aus, also den insgesamt angefallenen Betrag. Wer so verfährt, schafft von vornherein Klarheit für seine eigene Buchführung und schließt einen unberechtigten doppelten Vorsteuerabzug des Mandanten aus.

Diese Methode ist insbesondere von Vorteil, wenn sich nach Erhebung des Vorschusses die Umsatzsteuer erhöht, weil dann automatisch der Vorschuss nachversteuert wird.

Beispiel: Wie Beispiel oben (siehe Rdn 90); jedoch belief sich die Umsatzsteuer zu Beginn des Mandats auf 16 % und beläuft sich bei Beendigung auf 19 %.
Der Vorschuss wurde demnach wie folgt abgerechnet:
1. Vorschuss, § 9 400,00 EUR
2. 16 % Umsatzsteuer, VV 7008 64,00 EUR
   Gesamt **464,00 EUR**
   Die Schlussabrechnung muss alle Beträge, auch die bereits vorschussweise abgerechneten mit 19 % erfassen. Die Endabrechnung muss jetzt wie folgt aussehen:
1. Honorar 1.000,00 EUR
2. 19 % Umsatzsteuer, VV 7008 190,00 EUR
   Zwischensumme 1.190,00 EUR
3. Abzüglich Vorschuss − 464,00 EUR
   Gesamt **726,00 EUR**
   In der Endsumme enthaltene Umsatzsteuer: 126,00 EUR
   In der Vorschusszahlung enthaltene Umsatzsteuer: 64,00 EUR aus 400,00 EUR

Eine Verrechnung auf Nettobasis würde nicht berücksichtigen, dass der Vorschuss nachzuversteuern ist.

E. Kostenerstattung

I. Prozessualer Kostenerstattungsanspruch

1. Grundsatz

93 Soweit dem Auftraggeber ein prozessualer Kostenerstattungsanspruch zusteht, also soweit die Gegenpartei oder sie Staatskasse zur Übernahme seiner Kosten verpflichtet ist, kann er gemäß § 91 Abs. 1, Abs. 2 S. 1 ZPO grundsätzlich auch die Erstattung der nach VV 7008 auf die Gebühren zu erhebenden Umsatzsteuer verlangen, da diese Teil der gesetzlichen Vergütung ist.

94 Voraussetzung für einen Erstattungsanspruch ist selbstverständlich, dass **Umsatzsteuer angefallen** ist. War die Tätigkeit des Anwalts umsatzsteuerfrei, etwa weil der Anwalt Kleinunternehmer ist (siehe Rdn 5) oder weil es sich um eine auslandsbezogene umsatzsteuerfreie Tätigkeit handelt (siehe Rdn 6 ff.), braucht der Gegner auch keine Umsatzsteuer zu erstatten.

2. Anwalt in eigener Sache

95 Ist der Anwalt in **eigener Sache** tätig geworden, so steht ihm nach § 91 Abs. 2 S. 3 ZPO ein Erstattungsanspruch zu, und zwar in Höhe der fiktiven Gebühren, die er als beauftragter Anwalt verdient hätte. Hier ist wieder zu differenzieren:
- War der Anwalt in einer eigenen **betriebsbezogenen Angelegenheit** tätig, so fällt erst gar keine Umsatzsteuer an. Der Anwalt kann folglich auch keine Umsatzsteuer erstattet verlangen.[52] Dazu gehört es auch, wenn der Anwalt zugleich Steuerberater ist und Steuerberaterhonorar einklagt.[53]
- War der Anwalt in einer **privaten eigenen Angelegenheit** tätig, so dass Umsatzsteuerpflicht besteht (siehe Rdn 43), kann er die von ihm abzuführende Umsatzsteuer selbstverständlich nach § 91 Abs. 2 S. 3 ZPO auch erstattet verlangen.

3. Ausnahme: Vorsteuerabzugsberechtigung

96 Musste der Mandant auf die Anwaltsvergütung Umsatzsteuer zahlen, so kann er sie dennoch nicht erstattet verlangen, wenn und soweit er zum Vorsteuerabzug berechtigt ist. Die frühere Streitfrage ist durch die Neufassung des § 104 Abs. 2 S. 3 ZPO seit längerem gesetzlich geregelt. Die zum Vorsteuerabzug berechtigte Partei erhält die an den Anwalt gezahlte Umsatzsteuer im Wege des Vorsteuerabzugs vom Finanzamt zurück, so dass sie lediglich einen durchlaufenden Posten darstellt. Die Partei wird letztlich mit der Umsatzsteuer nicht belastet, so dass sie diese auch nicht erstattet verlangen kann.

97 Sofern eine Vorsteuerabzugsberechtigung nur zum Teil besteht, wird die Ersatzpflicht auch nur insoweit ausgeschlossen; im Übrigen kann die Partei die Umsatzsteuer erstattet verlangen.

Beispiel 1: Der Mandant, der teilweise umsatzsteuerpflichtige Tätigkeiten ausübt und zum Teil umsatzsteuerfreie Tätigkeiten, hat sich mit dem Finanzamt auf einen generellen Vorsteuerabzug von 10 % geeinigt. Die Umsatzsteuer ist in Höhe von 9 % erstattungsfähig.

Beispiel 2: Der Mandant klagt aus einem Verkehrsunfall wegen Beschädigung seines betrieblich genutzten Pkw auf Zahlung von 6.000 EUR und darüber hinaus auf Schmerzensgeld in Höhe von 4.000 EUR. Auf die anteiligen Kosten der Schmerzensgeldforderung ist die Umsatzsteuer zu erstatten, da insoweit ein Vorsteuerabzug nicht möglich ist. Aus den anteiligen Kosten der Schadensersatzforderung ist dagegen die Umsatzsteuer nicht erstattungsfähig.

---

52 BFH DB 1977, 1984 = NJW 1977, 408; KG JurBüro 1981, 1685 = Rpfleger 1981, 141; OLG Zweibrücken MDR 1998, 800 = OLGR 1998, 474; OLG Hamburg JurBüro 1983, 1349; OLG Hamburg MDR 1999, 764 = OLGR 1999, 360; OLG Hamburg AGS 2002, 83 = OLGR 2001, 381 = KostRsp. BRAGO § 25 Nr. 54; LAG Hessen AGkompakt 2013, 27.

53 OLG München BRAGOreport 2003, 136 = MDR 2003, 177 = OLGR 2003, 244 = KostRsp. BRAGO § 25 Nr. 55.

Zahlt der Auftraggeber eine pauschalierte Umsatzsteuer, so ist die ihm von seinem Prozessbevollmächtigten in Rechnung gestellte Umsatzsteuer nicht erstattungsfähig.[54] Nach a.A. ist die Umsatzsteuer erstattungsfähig,[55] jedenfalls soweit die Erklärung nach § 155 FGO i.V.m. § 104 Abs. 2 S. 3 ZPO vorliegt.[56]

Muss ein Dritter, der nicht zum Vorsteuerabzug berechtigt ist, letztlich für die Prozesskosten aufkommen, so ist zu differenzieren: **98**

– Ist die Partei Auftraggeber des Anwalts und damit Gebührenschuldner und hat sie nur einen Freistellungsanspruch gegen den Dritten, so kommt es ausschließlich auf die Vorsteuerabzugsberechtigung der Partei an, nicht auf die des Dritten. Ist die Partei zum Vorsteuerabzug berechtigt, so hat sie keinen Anspruch auf Erstattung der Umsatzsteuer, so etwa im Falle der Rechtsschutzversicherung (siehe Rdn 137). Ist die Partei zum Vorsteuerabzug nicht berechtigt, ist ihr die Umsatzsteuer zu erstatten, selbst wenn der eintrittspflichtige Dritte vorsteuerabzugsberechtigt ist. Der Dritte, der nur erstattet, ist nicht Leistungsempfänger i.S.d. UStG und kann daher den Vorsteuerabzug niemals geltend machen.

   Beispiel: Der zum Vorsteuerabzug berechtigte Beklagte wird auf Schadensersatz (Verletzung der Verkehrssicherungspflicht – Betriebs-Haftpflichtschaden) verklagt. Sein Haftpflichtversicherer beauftragt einen Anwalt mit der Abwehr der Ansprüche. Die Klage wird kostenpflichtig abgewiesen.
   Die Umsatzsteuer ist nicht zu erstatten. Der Versicherer stellt den Versicherten lediglich von seinen Kosten frei (§ 150 Abs. 1 S. 1 VVG). Alleine der Versicherte ist Auftraggeber und damit Gebührenschuldner und damit Leistungsempfänger i.S.d. UStG. Ist der Versicherte aber zum Vorsteuerabzug berechtigt, braucht der Versicherer auch nur netto freizustellen. In diesen Fällen ist eine Vorsteuerabzugsberechtigung des Schädigers damit weiterhin bei der Kostenerstattung zu berücksichtigen.

– Ist dagegen der Dritte Auftraggeber des Anwalts und damit Gebührenschuldner, so kommt es ausschließlich auf die Vorsteuerabzugsberechtigung des Dritten an.[57] Die Partei macht in diesem Falle den Erstattungsanspruch im Wege der Prozessstandschaft geltend.[58] Die Partei ist nicht Gebührenschuldner und damit nicht Leistungsempfänger i.S.d. UStG; folglich ist es unbeachtlich, ob sie zum Vorsteuerabzug berechtigt ist.

   Beispiel: Der zum Vorsteuerabzug berechtigte Beklagte wird auf Schadensersatz aus einem Verkehrsunfall verklagt. Sein Haftpflichtversicherer beauftragt einen Anwalt mit der Abwehr der Ansprüche. Die Klage wird kostenpflichtig abgewiesen.
   Die Umsatzsteuer ist zu erstatten. Der nicht zum Vorsteuerabzug berechtigte Versicherer erteilt dem Anwalt den Auftrag nämlich in eigenem Namen[59] und nicht im Namen des Versicherten. Alleine der Versicherer ist Auftraggeber und damit Gebührenschuldner. Er ist folglich Leistungsempfänger i.S.d. UStG. Ein Vorsteuerabzug kommt somit nicht in Betracht.[60]

Bei einer Betriebsaufgabe bleibt die Vorsteuerabzugsberechtigung der Partei unabhängig davon bestehen, ob der Betrieb zwischenzeitlich aufgegeben wurde oder nicht, wenn der Gegenstand des Rechtsstreits zur unternehmerischen Tätigkeit zählt. Umsatzsteuerzahlungen des Kostengläubigers an den eigenen Anwalt sind auch in diesen Fällen grundsätzlich nicht erstattungsfähig, es sei denn, die erforderliche Nachveranlagung gegenüber dem Fiskus schlägt fehl oder erscheint aussichtslos.[61] Der Aufwand der Nachveranlagung ist dem Kostenerstattungsgläubiger zumutbar. **99**

---

54 FG Niedersachsen EFG 2001, 307 = NJW-RR 2001, 934 = UR 2001, 74 = StE 2001, 57 = HLBS-Report 2001, 86.
55 FG Köln EFG 2009, 515 = StE 2009, 106.
56 FG Nürnberg JurBüro 2012, 199 (hier: landwirtschaftlicher Betrieb).
57 BGH AGS 2006, 92 = Rpfleger 2006, 100 = VersR 2006, 241 = NZV 2006, 74 = BGHR 2006, 202 = NJW 2006, 774 = Schaden-Praxis 2006, 115 = MDR 2006, 476 = DAR 2006, 237 = zfs 2006, 265 = NJW-Spezial 2006, 16 = RVGreport 2006, 34 = RVGprof. 2006, 46 = SVR 2006, 178; KG AGS 1998, 95 = JurBüro 1998, 197 = KGR 1998, 83 = NJW-RR 1998, 860 = AnwBl 1999, 179 = VersR 1999, 464 = zfs 1999, 318; a.A. OLG Karlsruhe BRAGOreport 2002, 93 m. Anm. Hansens = OLGR 2003, 230.
58 OLG Karlsruhe BRAGOreport 2002, 93 m. Anm. Hansens = OLGR 2003, 230.
59 Stiefel/Hofmann, AKB, § 7 Rn 200 m.w.N.
60 BGH AGS 2006, 92 = Rpfleger 2006, 100 = VersR 2006, 241 = NZV 2006, 74 = BGHR 2006, 202 = NJW 2006, 774 = Schaden-Praxis 2006, 115 = MDR 2006, 476 = DAR 2006, 237 = zfs 2006, 265 = NJW-Spezial 2006, 16 = RVGreport 2006, 34 = RVGprof. 2006, 46 = SVR 2006, 178; KG AGS 1998, 95 = JurBüro 1998, 197 = KGR 1998, 83 = NJW-RR 1998, 860 = AnwBl 1999, 179 = VersR 1999, 464 = zfs 1999, 318; a.A. OLG Karlsruhe BRAGOreport 2002, 93 m. Anm. Hansens = OLGR 2003, 230.
61 OLG Hamm AGS 2007, 540 = OLGR 2007, 535 = NJW 2007, 3291, unter Aufgabe seiner bisherigen gegenteiligen Rspr. AGS 2002, 139.

4. Mehrere Streitgenossen

100 Probleme bereitet die Erstattung der Umsatzsteuer u.U. dann, wenn mehrere Streitgenossen erstattungsberechtigt sind.

101 Keine Probleme ergeben sich, wenn die Streitgenossen:
- jeweils von einem eigenen Anwalt vertreten worden sind. Dann kommt es für den Erstattungsanspruch eines jeden Streitgenossen darauf an, ob er selbst vorsteuerabzugsberechtigt ist. Soweit Vorsteuerabzugsberechtigung besteht, kommt eine Erstattung der Umsatzsteuer nicht in Betracht; soweit keine Vorsteuerabzugsberechtigung besteht, ist die Umsatzsteuer zu erstatten.
- zwar vom demselben Anwalt vertreten worden, sie aber alle vorsteuerabzugsberechtigt sind. In diesem Fall ist keine Umsatzsteuer zu erstatten.
- zwar vom demselben Anwalt vertreten worden, sie aber alle nicht vorsteuerabzugsberechtigt sind. In diesem Fall ist die gesamte Umsatzsteuer zu erstatten.

102 Probleme ergeben sich dagegen, wenn mehrere Streitgenossen von demselben Anwalt vertreten worden sind und für einen Streitgenossen oder mehrere eine Berechtigung zum Vorsteuerabzug besteht, bei einem oder mehreren Streitgenossen dagegen nicht.

103 Soweit einzelne Vergütungspositionen oder Erstattungsanteile ausschließlich einer Partei zuzuordnen sind, ergeben sich wiederum keine Probleme, da es insoweit ausschließlich auf die Vorsteuerabzugsberechtigung dieser Partei ankommt.

Beispiel: Der zum Vorsteuerabzug berechtigte Eigentümer des Fahrzeugs sowie der nicht vorsteuerabzugsberechtigte Fahrer klagen in einem einheitlichen Verfahren auf Schadensersatz, der Eigentümer wegen seines Sachschadens (6.000 EUR), der Fahrer wegen seines Schmerzensgeldes (4.000 EUR). Die Klage des Eigentümers wird abgewiesen; der Klage des Fahrers wird stattgegeben; Die Kosten des Fahrers sowie 40 % der Gerichtskosten und der eigenen Kosten trägt der Beklagte. Der Eigentümer trägt seine eigenen Kosten selbst sowie 60 % der Gerichtskosten und der Kosten des Beklagten.
Zugunsten des Fahrers sind streitwertanteilig 40 % der insgesamt auf Klägerseite angefallenen Kosten festzusetzen. Da der Fahrer nicht zum Vorsteuerabzug berechtigt ist, ist insoweit auch die Umsatzsteuer zu erstatten.

104 Soweit sich die Gebührenpositionen nicht einem der Streitgenossen ausschließlich zuordnen lassen, ist die Frage der Erstattungspflicht problematisch. Letztlich handelt es sich hier aber gar nicht um ein Problem der Umsatzsteuer, sondern um das generelle Problem, wie die Kosten zugunsten mehrerer Streitgenossen festzusetzen sind.

Beispiel: Wie vorangegangenes Beispiel; jedoch wird der Klage insgesamt stattgegeben; die Beklagte hat die Kosten des Rechtsstreits zu tragen.

105 Im Beispiel kann der Anwalt insgesamt folgende Vergütung berechnen:

Wert: 10.000,00 EUR
1. 1,3-Verfahrensgebühr, VV 3100 (Wert: 10.000 EUR)	725,40 EUR
2. 1,2-Teminsgebühr, VV 3104 (Wert: 10.000 EUR)	669,60 EUR
3. Postentgeltpauschale, VV 7002	20,00 EUR
Zwischensumme	1.415,00 EUR
4. 19 % Umsatzsteuer, VV 7008	268,85 EUR
Gesamt	**1.683,85 EUR**

Hiervon schuldet der klagende Eigentümer dem Anwalt gemäß § 7 Abs. 2:

Wert: 6.000 EUR
1. 1,3-Verfahrensgebühr, VV 3100	460,20 EUR
2. 1,2-Teminsgebühr, VV 3104	424,80 EUR
3. Postentgeltpauschale, VV 7002	20,00 EUR
Zwischensumme	905,00 EUR
4. 19 % Umsatzsteuer, VV 7008	171,95 EUR
Gesamt	**1.076,95 EUR**

Der klagende Fahrer schuldet gemäß § 7 Abs. 2 folgende Vergütung:

Wert: 4.000 EUR
1. 1,3-Verfahrensgebühr, VV 3100	327,60 EUR
2. 1,2-Teminsgebühr, VV 3104	302,40 EUR

3. Postentgeltpauschale, VV 7002	20,00 EUR
Zwischensumme	650,00 EUR
4. 19 % Umsatzsteuer, VV 7008	123,50 EUR
Gesamt	**773,50 EUR**

Nach einem Teil der Rechtsprechung kann jeder Streitgenosse (also insbesondere der mit der höheren Erstattungsquote) den auf ihn nach § 7 Abs. 2 entfallenden Anteil in voller Höhe festsetzen lassen und den Restbetrag zugunsten des oder der anderen Streitgenossen; in der Regel den oder die mit der geringeren Erstattungsquote (mit zahlreichen Nachweisen aus der Rechtsprechung siehe § 7 Rdn 100 ff.). Insgesamt darf allerdings nicht mehr festgesetzt werden, als alle Streitgenossen dem Anwalt als Gesamtvergütung schulden (hier also 1.683,85 EUR).

Sofern der Eigentümer den auf ihn entfallenden Betrag i.H.v. 1.076,95 EUR, also netto	905,00 EUR,
zur Festsetzung anmeldet, bleibt danach für den Fahrer nur noch der Restbetrag i.H.v. 1.683,95 EUR – 1.076,95 EUR =	607,00 EUR.
Zu erstatten wären danach insgesamt 905 EUR + 607,00 EUR =	**1.512,00 EUR.**
Sofern dagegen der Fahrer den auf ihn entfallenden Anteil in voller Höhe von zur Festsetzung anmeldet, verbleibt für den Eigentümer nur noch ein restlicher Erstattungsbetrag	773,50 EUR
i.H.v. brutto 1.683,85 EUR – 773,50 EUR =	910,35 EUR,
netto also	765,00 EUR.
Insgesamt ergäbe sich dann ein Erstattungsanspruch i.H.v.	**1.598,50 EUR.**

Der BGH[62] hat zwischenzeitlich im Wege der Rechtsbeschwerde dieser Berechnungsweise eine Absage erteilt und entschieden, dass bei mehreren Streitgenossen grundsätzlich entsprechend der wertmäßigen Beteiligung festzusetzen ist, sofern nicht glaubhaft gemacht wird, dass einer der Streitgenossen im Innenverhältnis einen höheren Anteil zu übernehmen hat bzw. übernommen hat. **106**

Danach können also im Beispiel aus den Gebühren, für die die Streitgenossen gemeinsam haften – mangels abweichender Anhaltspunkte – für den Eigentümer nur 60 % und für den Fahrer nur 40 % festgesetzt werden. **107**

Dies ergibt:

1. Eigentümer (Wert: 10.000 EUR)
1. 1,3-Verfahrensgebühr, VV 3100 x 60 %	435,24 EUR
2. 1,2-Teminsgebühr, VV 3104 x 60 %	401,76 EUR
3. Postentgeltpauschale, VV 7002 x 60 %	12,00 EUR
Zwischensumme	848,84 EUR
4. 19 % Umsatzsteuer, VV 7008 (entfällt, da nicht erstattungsfähig	0,00 EUR
Gesamt	**848,884 EUR**

2. Fahrer (Wert: 10.000 EUR)
1. 1,3-Verfahrensgebühr, VV 3100 x 40 %	290,16 EUR
2. 1,2-Teminsgebühr, VV 3104 x 40 %	267,84 EUR
3. Postentgeltpauschale, VV 7002 x 40 %	8,00 EUR
Zwischensumme	566,00 EUR
4. 19 % Umsatzsteuer, VV 7008	107,54 EUR
Gesamt	**673,54 EUR**
3. Gesamt (Eigentümer und Fahrer)	**1.522,38 EUR**

Abweichendes von der wertmäßigen Beteiligung ergibt sich z.B., wenn einer der Streitgenossen die gesamten Kosten zu tragen hat. Ein solcher Fall ist insbesondere in Kfz-Haftpflichtprozessen gege- **108**

---

[62] BGHR 2003, 1047 = MDR 2003, 1140 = BB 2003, 2035 = JurBüro 2004, 197 = NJW 2003, 3419 = NJW-RR 2003, 1217 = ProzRB 2003, 287 = Rpfleger 2003, 537 = VersR 2004, 489; BGH FamRZ 2003, 1461 = JurBüro 2004, 199 = NJW-RR 2003, 1507; bestätigt in BGH AGS 2006, 620 = Rpfleger 2006, 339 = MDR 2006, 1193 = NJW-RR 2006, 1508 = RVGprof. 2006, 85 = FamRZ 2006, 694 = BGHR 2006, 756 = RVGreport 2006, 235 = NJW 2006, 3571 = NZV 2007, 197; BGH VersR 2006, 808; BGH FamRZ 2005, 1740 = NJW-RR 2006, 215; BGH WuM 2006, 529 = ZMR 2006, 915; BGH FamRZ 2006, 1028; ebenso OLG Düsseldorf AGS 2004, 314; OLG Rostock, Beschl. v. 30.10.2008 – 5 W 164/08.

ben, in denen der Versicherer mitverklagt worden ist. Hier trägt im Innenverhältnis der Versicherer die gesamten Kosten der Beklagten (§ 10 Abs. 5 AKB). Da er zum Vorsteuerabzug nicht berechtigt ist, muss der unterlegene Kläger die Umsatzsteuer folglich in voller Höhe erstatten.[63]

109 Hat dagegen ein zum Vorsteuerabzug berechtigter Streitgenosse im Innenverhältnis die gesamten außergerichtlichen Kosten der anderen Streitgenossen zu tragen, kann keine Umsatzsteuer auf die Kosten des Prozessbevollmächtigten der Streitgenossen bei der Kostenausgleichung berücksichtigt werden.[64]

110 Folgt man der Auffassung, dass jeder Streitgenosse den auf ihn nach § 7 Abs. 2 entfallenden Anteil in voller Höhe festsetzen lassen kann, so kann der nicht zum Vorsteuerabzug berechtigte Streitgenosse dennoch nicht die auf seinen Anteil anfallende Umsatzsteuer erstattet verlangen, soweit ein anderer Streitgenosse den Vorsteuerabzug auch aus seinem Haftungsanteil geltend macht.[65] Daher fordert das OLG Hamm[66] (siehe auch § 7 Rdn 100 ff.), analog § 104 Abs. 2 S. 3 ZPO die zusätzliche Erklärung, dass auch ein anderer Streitgenosse nicht den Vorsteuerabzug geltend macht.

5. Festsetzung nach § 126 ZPO

111 Bei der Kostenfestsetzung des beigeordneten Anwalts im eigenen Namen nach § 126 ZPO kann er von der unterlegenen Partei nicht die Erstattung der Umsatzsteuer fordern. Für die bedürftige, zum Abzug der Vorsteuer berechtigte Partei ist der ihr von dem Prozessbevollmächtigten in Rechnung zu stellende Mehrwertsteuerbetrag ein durchlaufender Posten.[67]

II. Materiell-rechtlicher Kostenerstattungsanspruch

112 Soweit eine Partei von der Gegenseite auch den Ersatz der von ihr aufgewandten Anwaltskosten verlangen kann, etwa nach § 823 BGB oder wegen Vertragsverletzung (z.B. Verzug), so kann sie grundsätzlich auch die auf die Vergütung anfallende Umsatzsteuer ersetzt verlangen, sofern die Tätigkeit des Anwalts umsatzsteuerpflichtig war.

113 Ist der Geschädigte zum Vorsteuerabzug berechtigt, so kann er wiederum die Umsatzsteuer nicht vom Gegner ersetzt verlangen. Dabei kann offen bleiben, ob dem Geschädigten insoweit erst gar kein Schaden entsteht oder ob der Schaden wegen der Möglichkeit des Vorsteuerabzugs im Wege der Vorteilsausgleichung nachträglich wieder entfällt, weil der Geschädigte im Rahmen seiner Schadensminderungspflicht nach § 254 BGB verpflichtet ist, die Rechnung beim Finanzamt einzureichen und den Vorsteuerabzug geltend zu machen. Soweit die ersatzpflichtige Partei vorsteuerabzugsberechtigt ist, kann sie den Ersatz der Anwaltsgebühren also jedenfalls nur auf Nettobasis verlangen.

114 Eine Ausnahme hiervon soll nach AG Bad Cannstatt[68] gelten,[69] wenn der Umsatzsteuerbetrag gering und der Aufwand des Vorsteuerabzugs unverhältnismäßig ist, weil hierdurch höhere Kosten entstehen, als an Umsatzsteuer erstattet wird. Wodurch solche konkreten Mehrkosten entstehen sollen, ist m.E. nicht zu erkennen. Zusätzliches Porto, wie *Müller-Rabe*[70] meint, dürfte kaum anfallen, da der Mandant ohnehin angeschrieben werden muss und die Übersendung der Kostenrechnung daher kaum einen Mehraufwand bereiten dürfte. Abgesehen davon kann der Anwalt für die Übersendung der Rechnung dem Mandanten kein Porto in Rechnung stellen (vgl. VV 7001–7002 Rdn 21).[71]

---

63 BGH AGS 2006, 92. m. Anm. *N. Schneider* = Rpfleger 2006, 100 = VersR 2006, 241 = NZV 2006, 74 = BGHR 2006, 202 = NJW 2006, 774 = Schaden-Praxis 2006, 115 = MDR 2006, 476 = DAR 2006, 237 = zfs 2006, 265 = NJW-Spezial 2006, 16 = RVGreport 2006, 34 = RVGprof. 2006, 46 = SVR 2006, 178; KG AGS 1998, 95 = JurBüro 1998, 197 = KGR 1998, 83 = NJW-RR 1998, 860 = AnwBl 1999, 179 = VersR 1999, 464 = zfs 1999, 318; a.A. OLG Karlsruhe BRAGOreport 2002, 93 m. Anm. *Hansens* = OLGR 2003, 230.
64 OLG Brandenburg AGS 2011, 155.
65 OLG Hamm OLGR 2004, 12.
66 OLGR 2004, 12.
67 BGH AGS 2007, 628 = Rpfleger 2006, 609 = BGHR 2006, 1447 = RVGreport 2006, 392 = NJW 2007, 772; FG Köln EFG 2010, 1640 = StE 2010, 406 = RVGreport 2010, 393.
68 AnwBl 1979, 37.
69 Zustimmend Gerold/Schmidt/*Müller-Rabe*, RVG, VV 7008, Rn 69.
70 Gerold/Schmidt/*Müller-Rabe*, RVG, VV 7008, Rn 69.
71 AG Nürtingen AGS 1998, 116 m. Anm. *Madert* = KostRsp. BRAGO § 26 Nr. 19.

Diese Grundsätze gelten auch, wenn der Anwalt einen auf ihn nach § 9 S. 2 BerHG übergegangenen Anspruch in eigenem Namen geltend macht. Abzustellen ist auf die Verhältnisse des von ihm vertretenen bedürftigen Rechtsuchenden. 115

F. Kostenfestsetzung

I. Festsetzung der Umsatzsteuer

Soweit der Partei ein prozessualer Kostenerstattungsanspruch zusteht und dieser auch die an den Anwalt zu zahlende Umsatzsteuer beinhaltet (siehe Rdn 93 ff.), kann die Partei diese gemäß §§ 103 ff. ZPO zusammen mit der Vergütung gegen den erstattungspflichtigen Gegner festsetzen lassen. 116

In welcher Höhe die Umsatzsteuer anfällt, bestimmt sich nach dem Zeitpunkt der Fälligkeit der anwaltlichen Vergütung gemäß § 8 und nicht nach dem Zeitpunkt des Festsetzungsantrags.[72] 117

Grundsätzlich sind im Kostenfestsetzungsverfahren nach den §§ 103 ff. ZPO die einzelnen Positionen glaubhaft zu machen (§§ 104 Abs. 2 S. 1, 294 ZPO). Hinsichtlich der Umsatzsteuer ist dabei zweierlei zu berücksichtigen: 118
- Zum einen muss glaubhaft gemacht werden, dass die Umsatzsteuer beim Anwalt angefallen ist. Hierzu reicht gemäß § 104 Abs. 2 S. 2 ZPO die anwaltliche Versicherung, da das RVG die Umsatzsteuer nach VV 7008 als Auslagentatbestand behandelt.
- Darüber hinaus muss auch glaubhaft gemacht werden, dass die Partei nicht zum Vorsteuerabzug berechtigt ist, dass der Kostenerstattungsanspruch also auch die Umsatzsteuer beinhaltet. Hierzu enthält § 104 Abs. 2 S. 3 ZPO eine spezielle Regelung. Danach genügt es, dass die erstattungsberechtigte Partei erklärt, nicht zum Vorsteuerabzug berechtigt zu sein. Wird diese Erklärung abgegeben, muss der Rechtspfleger die Umsatzsteuer festsetzen, unabhängig davon, ob die Erklärung zutreffend ist oder nicht.

Die Richtigkeit der abgegebenen Erklärung ist grundsätzlich nicht zu überprüfen, weil das Kostenfestsetzungsverfahren nicht mit schwierigen Fragen des materiellen Umsatzsteuerrechts belastet werden soll.[73] Nur dann, wenn die Berechtigung zum Vorsteuerabzug offensichtlich ist[74] oder wenn die Erklärung der Partei widersprüchlich ist, darf der Rechtspfleger die Umsatzsteuer absetzen.[75] Nach Auffassung des Hessischen LAG[76] ist eine Erklärung der Partei „bis zur Grenze ‚des greifbaren Unsinns'" zu akzeptieren"; ansonsten könne die Richtigkeit dieser Erklärung nur durch einen vom Antragsgegner zu erbringenden Beweis entkräftet werden.
- Eine Berücksichtigung von Umsatzsteuerbeträgen unterbleibt nur dann, wenn entweder die Richtigkeit der Erklärung des Antragstellers durch entsprechenden, vom Erstattungsschuldner zu erbringenden Beweis bereits entkräftet wird oder sich eine offensichtliche Unrichtigkeit der Erklärung aus anderen, dem Gericht bekannten Umständen, etwa aus dem Inhalt der Akten zweifelsfrei ergibt.[77]
- Einen solchen Fall hat das FG Saarbrücken[78] angenommen, wenn Gegenstand des Hauptsacheverfahrens die Verrechnung von Einkommensteuerschulden des Ehegatten mit den eigenen Umsatzsteuer-Erstattungsansprüchen war, weil insoweit offenkundig und zweifelsfrei ist, dass dem Kläger aus den Aufwendungen für die Rechtsverfolgung oder Rechtsverteidigung der Vorsteueranspruch zusteht.

Beispiel: Im Rechtsstreit erklärt die Partei ausdrücklich, zum Vorsteuerabzug berechtigt zu sein. Im Kostenfestsetzungsverfahren behauptet sie, nicht zum Vorsteuerabzug berechtigt zu sein.
Sofern die Partei für diese widersprüchlichen Angaben keine Erklärung gibt, ist die bloße gegenteilige Erklärung im Kostenfestsetzungsverfahren unbeachtlich, so dass die Umsatzsteuer abgesetzt werden kann.

---

72 OLG Düsseldorf AGS 2006, 201 = GuT 2005, 125.
73 OLG Saarbrücken AGS 2016, 356 = RVGreport 2016, 354.
74 OLG Schleswig OLGR 2003, 375; FG Köln EFG 2010, 1640 = StE 2010, 406 = RVGreport 2010, 393.
75 BGH AGS 2003, 276; OLG Brandenburg AnwBl 1996, 544; OLG Hamm OLGR 1997, 116 = KostRsp. ZPO § 104 (B) Nr. 262; FG Saarbrücken AGS 2004, 258.
76 AGkompakt 2013, 27.
77 FG Köln EFG 2010, 1640 = StE 2010, 406 = RVGreport 2010, 393.
78 AGS 2004, 258.

- Das FG Köln[79] wiederum hat einen solchen Fall angenommen, wenn zwar die unternehmerische Tätigkeit beendet, die Partei zuvor aber zum Vorsteuerabzug berechtigt worden war. Die Vorsteuerabzugsberechtigung bleibt auch nach Beendigung der unternehmerischen Tätigkeit für die Kosten eines Verfahrens über die Höhe betrieblicher Gewinne erhalten. Dies gilt selbst dann, wenn die Partei eine langjährige Haftstrafe zu verbüßen hat.

119 Die **Erklärung der Partei** muss **eindeutig** und **unmissverständlich** sein.[80] Der Antrag auf Festsetzung der Umsatzsteuer kann nicht schon konkludent als Erklärung nach § 104 Abs. 2 S. 3 ZPO angesehen werden.[81] Auch die Erklärung, der Auftraggeber wolle die Rechnung nicht zum Vorsteuerabzug verwenden, genügt nicht;[82] ebenso wenig die Angabe von Umständen, aus denen der Antragsteller folgert, nicht zum Vorsteuerabzug berechtigt zu sein.

120 Während des Festsetzungsverfahrens und auch noch während des Erinnerungs- oder Beschwerdeverfahrens kann der Antragsteller seine Erklärung zur Vorsteuerabzugsberechtigung jederzeit ändern. Maßgebend ist die zuletzt abgegebene Erklärung.[83]

121 Gibt die Partei keine Erklärung ab, so darf die Umsatzsteuer nicht festgesetzt werden.

122 Im Übrigen sind Festsetzungsinstanzen nicht berechtigt, die Frage der Vorsteuerabzugsberechtigung zu klären.[84] Es handelt sich hierbei um materiell-rechtliche Einwendungen gegen den Kostenerstattungsanspruch, die in diesem Verfahren nicht abschließend geprüft werden können.

123 Zu den Möglichkeiten, gegen eine unberechtigte Festsetzung vorzugehen, siehe Rdn 125 ff.

124 Soweit mehrere Streitgenossen, von denen einer oder mehrere zum Vorsteuerabzug berechtigt sind, ein anderer oder andere dagegen nicht, durch einen gemeinsamen Anwalt vertreten sind, ist zu differenzieren:
- Folgt man der Rechtsprechung des BGH zur wertmäßigen Aufteilung der Kostenerstattungsansprüche bei mehreren Streitgenossen, braucht jeder Streitgenosse sich nach § 104 Abs. 2 S. 3 ZPO nur über seine eigene Vorsteuerabzugsberechtigung zu erklären.
- Folgt man der Gegenauffassung, dass – unabhängig von der Haftung im Innenverhältnis – ein Streitgenosse den vollen, ihn nach § 7 Abs. 2 treffenden Haftungsbetrag zur Festsetzung anmelden kann, so reicht die Erklärung, selbst nicht zum Vorsteuerabzug berechtigt zu sein, nicht aus. Der Streitgenosse muss dann auch erklären, dass kein vorsteuerabzugsberechtigter Streitgenosse mit der angemeldeten Umsatzsteuer ganz oder teilweise belastet wird.[85]

II. Erinnerung und Beschwerde

125 Wird Umsatzsteuer zu Unrecht festgesetzt, so kann die erstattungspflichtige Partei gegen den Festsetzungsbeschluss Erinnerung oder sofortige Beschwerde einlegen. Eine solche Erinnerung oder Beschwerde mit der Begründung, die Erklärung des Gegners, nicht zum Vorsteuerabzug berechtigt zu sein, sei unzutreffend, hat in der Regel jedoch keinen Erfolg. Auch im Beschwerdeverfahren wird die Frage der Vorsteuerabzugsberechtigung nicht materiell-rechtlich geprüft. Insoweit ist allein die Erklärung der erstattungsberechtigten Partei maßgebend. Die dennoch vielfach erhobenen Beschwerden sind von vornherein aussichtslos und verursachen nur Zeit und Kosten.

126 Solche Erinnerungen und Beschwerden haben nur dann Erfolg, wenn zu erwarten ist, dass der Gegner im Erinnerungs- oder Beschwerdeverfahren seine fehlerhafte Erklärung korrigiert.

127 Wird die Umsatzsteuer festgesetzt, obwohl die Partei keine Erklärung nach § 104 Abs. 2 S. 3 ZPO abgegeben hatte, ist je nach Höhe der Beschwer (§ 567 Abs. 2 S. 2 ZPO: über 200 EUR), die sich aus dem Betrag der festgesetzten Umsatzsteuer ergibt, die Erinnerung oder sofortige Beschwerde gegeben. Wird die Erklärung nach § 104 Abs. 2 S. 3 ZPO im Erinnerungs- oder Beschwerdeverfahren nachgeholt, so bleibt es bei der Festsetzung der Umsatzsteuer, da die nachgeholte Erklärung die ursprünglich fehlerhafte Festsetzung heilt. Erklärt der Beschwerde- bzw. Erinnerungsführer seine

---

[79] EFG 2010, 1640 = StE 2010, 406 = RVGreport 2010, 393.
[80] *Hansens*, § 25 Rn 19.
[81] OLG Celle OLGR 1995, 124; LAG Frankfurt/M. AGS 2000, 233 = KostRsp. ZPO § 104 (B) Nr. 363.
[82] OLG München JurBüro 1995, 34.
[83] OLG München JurBüro 1996, 427 = Rpfleger 1996, 372.
[84] OLG Düsseldorf AnwBl 1996, 238; OLG Schleswig AGS 1996, 47; OLG Schleswig JurBüro 1996, 260 = OLGR 1996, 95.
[85] OLG Hamm OLGR 2004, 12.

Erinnerung bzw. Beschwerde nach Abgabe der Erklärung in der Hauptsache für erledigt, trägt die erstattungspflichtige Partei die Kosten des Verfahrens, da die Erinnerung zunächst zulässig und begründet war (§ 91a ZPO). Mangels Erklärung hätte nämlich nicht festgesetzt werden würfen.

Wird Erinnerung oder Beschwerde eingelegt, weil das Gericht die Umsatzsteuer mangels Erklärung abgesetzt hatte, und wird die Erklärung erst im Erinnerungs- bzw. Beschwerdeverfahren abgegeben, so ist der Kostenfestsetzungsbeschluss entsprechend abzuändern; auch hier kann die Erklärung nach § 104 Abs. 2 S. 3 ZPO noch nachgeholt werden. Allerdings sind die Kosten des Beschwerde- oder Erinnerungsverfahrens in diesem Fall nach § 97 Abs. 2 ZPO[86] vom Beschwerde- bzw. Erinnerungsführer zu tragen, da er die Erklärung bereits im Festsetzungsverfahren hätte abgeben können. 128

III. Nachfestsetzung

Hatte der Erstattungsberechtigte die Umsatzsteuer zunächst nicht zur Festsetzung angemeldet, so kann er im Wege der Nachfestsetzung später doch noch die Festsetzung der Umsatzsteuer beantragen.[87] Die Rechtskraft des Kostenfestsetzungsbeschlusses steht dem nicht entgegen. 129

Ist die Umsatzsteuer dagegen angemeldet und vom Gericht abgesetzt worden, muss Erinnerung oder Beschwerde eingelegt werden. Eine Nachfestsetzung kommt dagegen nicht in Betracht, da die ablehnende Entscheidung in Rechtskraft erwächst.[88] 130

IV. Vollstreckungsabwehrklage

Ist die erstattungspflichtige Partei der Auffassung, die Umsatzsteuer sei zu Unrecht festgesetzt, weil entgegen der Erklärung nach § 104 Abs. 2 S. 3 ZPO eine Vorsteuerabzugsberechtigung bestehe, wird hier eine Beschwerde oder Erinnerung kaum helfen, sofern nicht zu erwarten ist, dass die erstattungspflichtige Partei doch noch freiwillig zugibt, zum Vorsteuerabzug berechtigt zu sein. Die Festsetzungsinstanzen sind grundsätzlich an die Erklärung des Erstattungsberechtigten gebunden, selbst dann, wenn sie falsch ist (siehe Rdn 118). 131

Soweit der Erstattungsschuldner noch nicht gezahlt hat, steht ihm die **Vollstreckungsabwehrklage** offen.[89] Zwar erwachsen Kostenfestsetzungsbeschlüsse in formelle und materielle Rechtskraft. Diese erstreckt sich jedoch nur auf die im Kostenfestsetzungsverfahren zu prüfenden und zu entscheidenden Fragen. Materiell-rechtliche Einwendungen, die im Kostenfestsetzungsverfahren nicht geprüft werden, können daher auch noch nach Rechtskraft des Kostenfestsetzungsbeschlusses eingewandt werden. Eine Präklusion nach § 767 Abs. 2 ZPO greift in diesen Fällen nicht. 132

Im Rahmen der Vollstreckungsabwehrklage hat das Gericht dann zu prüfen – gegebenenfalls unter Beweiserhebung –, ob eine Berechtigung zum Vorsteuerabzug besteht oder nicht. Stellt sich eine Vorsteuerabzugsberechtigung heraus, wird das Gericht die Zwangsvollstreckung aus dem Kostenfestsetzungsbeschluss in Höhe des Umsatzsteuerbetrages für unzulässig erklären. 133

Hat die erstattungspflichtige Partei bereits gezahlt, so kann sie auf Rückzahlung der zu Unrecht erstatteten Umsatzsteuer aus ungerechtfertigter Bereicherung klagen. Die Rechtskraft des Festsetzungsbeschlusses steht dem nicht entgegen, da in diesem Verfahren die Vorsteuerabzugsberechtigung materiell-rechtlich nicht geprüft wird (siehe Rdn 118). 134

---

86 Diese Vorschrift gilt auch im Erinnerungs- und Beschwerdeverfahren: AG Überlingen MDR 1984, 588.
87 OLG Hamburg JurBüro 2010, 596; OLG Stuttgart NJW-RR 2009, 1004 = OLGR 2009, 571 = MDR 2009, 1136 = RVGreport 2009, 312 = AGkompakt 2011, 53; VG München, AGkompakt 2013, 26.
88 OLG München AGS 2004, 36 m. Anm. *N. Schneider*; OLG Karlsruhe OLGR 2007, 542 = JurBüro 2007, 317 = RVGreport 2007, 277.
89 OLG München AGS 2004, 36 m. Anm. *N. Schneider*.

G. Vergütungsfestsetzung

135 Soweit der Anwalt seine Vergütung gegen seinen Mandanten nach § 11 festsetzen lässt, kann er selbstverständlich auch die auf seine Vergütung anfallende Umsatzsteuer festsetzen lassen, da diese Teil seiner Vergütung ist (VV 7008) (vgl. § 11 Rdn 132).

136 Die bisherige Unklarheit, die sich aus der pauschalen Verweisung des § 19 BRAGO auf § 104 ZPO insgesamt ergab und damit auch auf dessen Abs. 2 S. 3, ist jetzt geklärt. Nach § 11 Abs. 2 S. 2 ist § 104 Abs. 2 S. 3 ZPO im Vergütungsfestsetzungsverfahren nicht anwendbar, da es hier nicht um eine Erstattungsfrage geht[90] (vgl. § 11 Rdn 132). Unabhängig davon, ob der Anwalt zum Vorsteuerabzug berechtigt ist oder nicht, schuldet der Mandant dem Anwalt nach VV 7008 die auf dessen Vergütung entfallende Umsatzsteuer (siehe § 11 Rdn 132).

H. Rechtsschutzversicherung

137 Ist der Auftraggeber rechtsschutzversichert, so hat der Versicherer die auf die Vergütung anfallende Umsatzsteuer grundsätzlich zu übernehmen, da sie Teil der anwaltlichen Vergütung ist (VV 7008). Soweit der Versicherungsnehmer allerdings zum Vorsteuerabzug berechtigt ist, besteht nach den ARB Versicherungsschutz nur in Höhe der Nettogebühren.[91] Bei der Rechtsschutzversicherung handelt es sich um eine echte Schadensversicherung, so dass die Umsatzsteuer aus den gleichen Gründen wie bei der Kostenerstattung und dem materiell-rechtlichen Kostenerstattungsanspruch nicht zu übernehmen ist, wenn und soweit der Versicherungsnehmer zum Vorsteuerabzug berechtigt ist.

---

90 So schon bisher: LAG Nürnberg JurBüro 1999, 89 = Rpfleger 1999, 152.

91 *Harbauer*, ARB, 7. Aufl. 2004, § 2 Rn 35.

Anhang

Anhang I. Abrechnung nach den Abrechnungsgrundsätzen

Literatur: *Beck*, Gebührenhinweis – Abrechnung nach dem Gebührenmodell; *Chemnitz*, Gebührenrecht in Verkehrssachen, AnwBl 1985, 118; *Deichel*, Anwaltsgebühren bei der Unfallschadenregulierung, NZV 1991, 171; *Enders*, Die Auswirkungen der DAV-Empfehlungen über die Abrechnung von Anwaltsgebühren in der Praxis, JurBüro 1995, 337; *ders.*, Anwendungsbereich der DAV-Empfehlung, JurBüro 1996, 575; *Gebhardt/Greißinger*, Differenzgebühr, DAR 1998, 41; *Greißinger*, Verhaltens- und Abrechnungsgrundsätze bei der Regulierung von Kfz-Haftpflichtschäden, zfs 1994, 393; *ders.*, Verhaltens- und Abrechnungsgrundsätze bei der Regulierung von Kfz-Haftpflichtschäden, AnwBl 1994, 564; *ders.*, Verhaltens- und Abrechnungsgrundsätze bei der Regulierung von Kfz-Haftpflichtschäden, zfs 1995, 1; *Greißinger/Gebhardt*, Organisation der Arbeitsabläufe und Gebühren bei der Unfallschadenregulierung, AnwBl 1991, 150; *Henke*, DAV-Regulierungsempfehlungen für die Kfz-Unfallschaden-Regulierung, AGS 1998, 1; *Madert*, Ersatz einer Gebührendifferenz durch den Mandanten bei der Abrechnung nach der Vereinbarung über die pauschale Abgeltung der Anwaltsgebühren bei außergerichtlicher Unfallschadenregulierung, AGS 2001, 26; *Matzen*, Auswirkungen des DAV-Gebührenpauschalabkommens mit Haftpflichtversicherern auf den Gebührenanspruch des Anwalts gegen seinen Mandanten, AnwBl 1973, 60; *Mümmler*, Abrechnung der Anwaltskosten mit dem Mandanten bei Anwendung des DAV-Gebührenpauschalabkommens, JurBüro 1987, 1143; *N. Schneider*, Abrechnungsgrundsätze bei der Verkehrsunfallschadenregulierung, AGS 2005, 136; *ders.*, VHV-Versicherung gibt Abrechnungsgrundsätze zum RVG bekannt, AGS 2005, 1; *ders.*, Weitergehende Vergütungsansprüche des Anwalts gegen den Auftraggeber bei Kostensatz nach den Abrechnungsgrundsätzen der Haftpflichtversicherer, RVGreport 2005, 321; *ders.*, Abrechnung in Verkehrssachen nach den „DAV-Abkommen", Verlag für die Rechts- und Anwaltspraxis, 2000; *ders.*, Berechnung der Auslagen nach dem sog. DAV-Abkommen bei Vertretung mehrerer Anspruchsteller, BRAGOreport 2001, 135.

A. Entstehung	1
I. Vorläufer der jetzigen Regulierungsempfehlungen	1
II. Abrechnungsgrundsätze	5
1. Überblick	5
2. Modell Ausgangsgebühr 1,8	9
a) Überblick	9
b) Allianz (einschließlich OVD und VVD)	10
c) DEVK	11
d) Öffentliche Landesbrandkasse Versicherungen Oldenburg	12
e) Gerling Konzern	13
f) VGH Versicherungen	14
g) VHV Versicherungen	15
h) Württembergische Versicherung	16
3. Modell Ausgangsgebühr 1,5	17
a) Überblick	17
b) HUK Coburg	18
c) Bruderhilfe Versicherungen	19
B. Voraussetzungen	20
I. Beteiligte Personen	20
II. Sachlicher Anwendungsbereich	23
III. Vollständige Regulierung/Teilerledigung . .	24
1. Auch Teilerledigung	24
2. Vollständige Erledigung	25
IV. Abgeltungsbereich	31
1. Überblick	31
a) Öffentliche Landesbrandkasse Versicherungen Oldenburg und VGH	31
b) DEVK	32
2. Auslagen	33
3. Tatsächliche Auslagen	36
4. Umsatzsteuer	37
5. Gebührenhöhe	39
a) Überblick	39
b) Basis 1,8	40
c) Basis 1,5	50
6. Gegenstandswert	55
7. Inkrafttreten	59
C. Konkurrenz zu weitergehenden Ansprüchen gegen den Unfallgegner	60
D. Konkurrenz zum Vergütungsanspruch gegen eigenen Mandanten	62
I. Überblick	62
II. Erste Fallgruppe: Unterschiedliche Gebührensätze bei gleichem Gegenstandswert	64
1. Der Gebührensatz nach den Abrechnungsgrundsätzen liegt höher als der gesetzliche	64
2. Der Gebührensatz nach den Abrechnungsgrundsätzen liegt niedriger als der gesetzliche	65
III. Zweite Fallgruppe: Unterschiedliche Geschäfts-/Erledigungswerte bei gleichem Gebührensatz	69
IV. Dritte Fallgruppe: Unterschiedliche Gebührenhöhe und unterschiedlicher Geschäfts-/Erledigungswert	73
1. Die Gebühren nach den Abrechnungsgrundsätzen liegen höher als die gesetzlichen	74
2. Die gesetzlichen Gebühren liegen höher als die der Abrechnungsgrundsätze	77

A. Entstehung

I. Vorläufer der jetzigen Regulierungsempfehlungen

Um das Massengeschäft „Regulierung der Kfz-Haftpflichtschäden" rationell, effektiv und möglichst einfach zu erledigen, hatten der Deutsche Anwaltverein (DAV) und der HUK-Verband im Jahr 1971 ein Gebührenpauschalabkommen geschlossen, wonach die außergerichtliche Schadensregulierung durch eine Pauschalgebühr abgegolten wurde. Dieses Abkommen ist 1991 durch die vom DAV und dem HUK-Verband entwickelten „Verhaltens- und Abrechnungsgrundsätze bei der Regulierung von Kraftfahrzeughaftpflichtschäden" (sog. Regulierungsempfehlungen) ersetzt worden.[1]

2 Das bedeutendste Kernstück dieser Regulierungsempfehlungen war die Nr. 7, die Vereinbarung über die außergerichtlichen Regulierungskosten. Diese Vereinbarung diente dazu, durch Abrechnung eines Pauschbetrages die vielfältigen und häufigen Meinungsverschiedenheiten zu unterbinden, die bei einer außergerichtlichen Unfallregulierung regelmäßig zwischen den Versicherern und Anwälten über Art und Höhe der zu ersetzenden Gebühren auftraten.[2]

3 Infolge des zum 1.7.2004 in Kraft getretenen Kostenrechtsmodernisierungsgesetzes ist die Abrechnung nach dem sog. DAV-Abkommen ausgelaufen, da dieses auf der BRAGO gründete. Neue Regulierungsempfehlungen sind nicht getroffen worden und sind wegen kartellrechtlicher Bedenken auch nicht in Sicht.

4 Stattdessen bieten aber jetzt einige Versicherer individuelle Abrechnungsgrundsätze an, auf die sich der Anwalt berufen kann.

II. Abrechnungsgrundsätze

1. Überblick

5 Wie zu erwarten war, ist mit dem Inkrafttreten des RVG daher wieder ein heftiger Streit über die Höhe der vom Schädiger zu ersetzenden Anwaltsgebühren entstanden. Daher sind einige Versicherer dazu übergangen, nach bestimmten Abrechnungsgrundsätzen vorzugehen, die sich an den bisherigen Regulierungsempfehlungen orientieren, jedoch zu erhöhten Gebührensätzen.

6 Die Verfahrensweise wird von allen Versicherern jedoch nur gegenüber den Anwälten und Anwältinnen angewandt, die sich mit ihr in allen Fällen uneingeschränkt einverstanden erklären. Weicht der Anwalt im Einzelfall davon ab, ist der jeweilige Versicherer zukünftig auch nicht mehr daran gehalten.

7 Die Abrechnungsgrundsätze sind inhaltlich weitgehend gleich lautend. Es ergeben sich jedoch im Einzelnen Unterschiede.

8 Insbesondere von der Höhe der Gebühren her werden zwei verschieden Modelle angeboten.

2. Modell Ausgangsgebühr 1,8

a) Überblick

9 Mehrere Versicherer bieten Abrechnungssätze ausgehend von einem Mindestsatz von 1,8 an. Dieser Satz kann sich dann je nach weiteren Kriterien auf 2,1, 2,4 und 2,7 erhöhen.[3]

b) Allianz (einschließlich OVD und VVD)

10 Die Allianz, einschließlich OVD und VVD, haben zwischenzeitlich von ihren Abrechnungsgrundsätzen Abstand genommen. Nur noch Fälle, in denen der Schaden vor dem 1.3.2012 eingetreten ist, werden nach den Regulierungsempfehlungen abgewickelt.[4] Insoweit sei auf die 6. Auflage verwiesen.

---

1 Siehe hierzu *Greißinger*, zfs 1991, 393.
2 Ausführliche Kommentierung in AnwK-BRAGO/ *N. Schneider*, 1. Aufl. 2002, Anhang V.
3 Nachgewiesen auf der Homepage des DAV (Verkehrsanwälte): www.verkehrsanwaelte.de/uploads/media/Abrechnungsgrundsaetze.pdf.
4 Vgl. www.verkehrsanwaelte.de/uploads/media/Abrechnungsgrundsaetze.pdf.

c) DEVK

Abrechnung von Rechtsanwaltsgebühren in K und H bei Kraftfahrt-Haftpflicht-Schäden 11

Um die Regulierung zu erleichtern und Streitigkeiten sowie eventuelle Gebührenprozesse zu vermeiden, treffen wir hinsichtlich der Abrechnung der Rechtsanwaltsgebühren folgende Regelung:
1. Kraftfahrzeug-Haftpflichtschäden, bei denen die Beauftragung der Anwälte nach dem 30.6.2004 erfolgte und die noch nicht abgerechnet sind, werden wie folgt im Rahmen der außergerichtlichen Schadenregulierung abgegolten:

Sachschaden generell	1,8 Gebühren
Sachschaden und Personenschaden mit einem Gesamterledigungswert unter 10.000 EUR	1,8 Gebühren
Sachschaden und Personenschaden über 10.000 EUR	2,1 Gebühren
Bei *mehreren Geschädigten* betragen die Gebühren bei Sachschaden generell	2,4 Gebühren
Sachschaden und Personenschaden mit Gesamterledigungswert unter 10.000 EUR	2,4 Gebühren
Sachschaden und Personenschaden über 10.000 EUR	2,7 Gebühren

Gesamterledigungswert ist der Betrag, der auf die berechtigten Forderungen gezahlt wurde. Gegenüber Anwälten, die uns eine entsprechende Erklärung abgeben bzw. stets diese Gebührengestaltung einhalten, werden auch wir unsererseits entsprechend abrechnen.
2. Diese Regelung gilt auch für Kfz-Schäden in der Allgemeinen Haftpflichtversicherung.

d) Öffentliche Landesbrandkasse Versicherungen Oldenburg

Abrechnungsgrundsätze 12
1. Bei der vollständigen außergerichtlichen Regulierung von Haftpflichtschäden (Kraftfahrzeughaftpflicht und Allgemeine Haftpflicht) im Rahmen ihrer Eintrittspflicht zahlen die Öffentlichen Versicherungen Oldenburg eine Geschäftsgebühr von 1,8 nach Nr. 2400 VV-RVG aus dem Entschädigungsbetrag, ohne Rücksicht darauf, ob der Fall schlicht abgerechnet, verglichen oder besprochen wurde.
2. Sind Gegenstand der Regulierung (auch) Körperschäden, erhöht sich die Gebühr ab einem Gesamterledigungswert von 10.000 EUR auf 2,1.
3. Vertritt der Rechtsanwalt mehrere durch ein Unfallereignis Geschädigte, so errechnet sich der Gegenstandswert aus der Summe der Erledigungswerte. Die Gebühr erhöht sich in diesen Fällen auf 2,4.
4. Sind Gegenstand der Regulierung in den Fällen zu Ziffer 3 (auch) Körperschäden, so erhöht sich die Gebühr ab einem Gesamterledigungswert von 10.000 EUR auf 2,7.
5. Die Abrechnungsgrundsätze finden Anwendung für alle Schadenfälle, die sich ab dem 1.10.2004 ereignet haben.

e) Gerling Konzern

Der Gerling Konzern wendet seit Übernahme durch die HDI seine bisherigen Abrechnungsgrundsätze nicht mehr an. 13

f) VGH Versicherungen

Grundsätze über die Abrechnung von RA-Gebühren in Haftpflichtschäden 14
1. Bei der vollständigen außergerichtlichen Regulierung von Haftpflichtschäden (Kraftfahrthaftpflicht und Allgemeine Haftpflicht) im Rahmen ihrer Eintrittspflicht zahlt die VGH Landschaftliche Brandkasse Hannover zur Abgeltung der Gebühren nach den Nrn. 1000, 2400 VV-RVG eine

Gebühr von 1,8 aus dem Entschädigungsbetrag, ohne Rücksicht darauf, ob der Fall schlicht abgerechnet, verglichen oder besprochen wurde.
2. Sind Gegenstand der Regulierung (auch) Körperschäden, erhöht sich die Gebühr ab einem Gesamterledigungswert von 10.000 EUR auf 2,1.
3. Vertritt der Rechtsanwalt mehrere durch ein Unfallereignis Geschädigte, so errechnet sich der Gegenstandwert aus der Summe der Erledigungswerte. Die Gebühr erhöht sich dann auf 2,4.
4. Sind Gegenstand der Regulierung in den Fällen zu Ziffer 3 (auch) Körperschäden, so erhöht sich die Gebühr ab einem Gesamterledigungswert von 10.000 EUR auf 2,7.
5. Die Abrechnungsgrundsätze finden Anwendung für alle Schadensfälle, die sich ab dem 1.7.2004 ereignet haben und zum 31.10.2004 noch nicht abgerechnet sind.

g) VHV Versicherungen

15 Auch die VHV Versicherung hat von den Abrechnungsgrundsätzen wieder Abstand genommen.

h) Württembergische Versicherung

16 Die Württembergische Versicherung hat von den Abrechnungsgrundsätzen ebenfalls wieder Abstand genommen.

3. Modell Ausgangsgebühr 1,5

a) Überblick

17 Andere Versicherer bieten Abrechnungssätze ausgehend von einem Mindestsatz von 1,5 an. Dieser Satz kann sich dann je nach weiteren Voraussetzungen auf 1,75, 2,0 und 2,25 erhöhen.

b) HUK Coburg

18
Gebührenvereinbarung

zwischen der

HUK-COBURG Haftpflicht-Unterstützungs-Kasse

kraftfahrender Beamter Deutschlands a.G. in Coburg,

HUK-COBURG-Allgemeine Versicherung,

HUK24 AG

und

Rechtsanwalt(skanzlei)

...

...

1. **Grundsatz**
   Ob Rechtsanwaltsgebühren zu erstatten sind, richtet sich nach den gesetzlichen Vorschriften.
2. **Gebührenhöhe und Gegenstandswert**
   Im Verhältnis zwischen Rechtsanwalt und Haftpflichtversicherer zahlt der Versicherer dem Anwalt an Stelle der nach dem Rechtsanwaltsvergütungsgesetz (RVG) entstandenen Gebühren einen einheitlichen Pauschbetrag in Höhe einer 1,5-Gebühr nach dem Gesamterledigungswert. Sind Gegenstand der Regulierung (auch) Körperschäden, erhöht sich die Gebühr ab einem Gesamterledigungswert von 10.000,00 EUR auf 1,75.
   Vertritt der Anwalt mehrere durch ein Schadenereignis Geschädigte, so errechnet sich der zu ersetzende Pauschbetrag aus der Summe der Erledigungswerte. Er erhöht sich in diesen Fällen auf 2,0. Betrifft die Regulierung (auch) Körperschäden, erhöht er sich auf 2,25 ab einen Gesamterledigungswert von 10.000,00 EUR.

Auslagen werden dem Rechtsanwalt nach den gesetzlichen Vorschriften ersetzt. Mehrwertsteuer auf die Anwaltskosten wird nicht ersetzt, wenn der Geschädigte vorsteuerabzugsberechtigt ist. Ist ein Geschädigter vorsteuerabzugsberechtigt und ein anderer nicht, dann ist die Mehrwertsteuer im Verhältnis der dem Geschädigten zu ersetzenden Schadenbeträge auszuweisen.

Maßgebend für die Gebührenhöhe ist immer der Gesamterledigungswert, d.h. der Betrag, der auf die berechtigten Forderungen seitens des Haftpflichtversicherers gezahlt worden ist. Vor der Mandatserteilung geleistete Zahlungen sind in den Erledigungswert einzurechnen, es sei denn, dass durch die Zahlung konkrete Schadenpositionen vollständig reguliert wurden.

3. **Geltungsbereich**

    Diese Vereinbarung gilt für die o.g. Versicherer, soweit sie als Haftpflichtversicherer (Kfz-Haftpflicht oder Allgemeine Haftpflicht) beteiligt sind.

    Wird der Haftpflichtversicherer für eine ausländische Versicherungsgesellschaft tätig, dann gilt die Vereinbarung nur, wenn die ausländische Versicherungsgesellschaft sie gegen sich gelten lässt.

    Die Vereinbarung gilt grundsätzlich nur für den Fall der vollständigen außergerichtlichen Regulierung. Kommt es nach Klageerhebung (bzw. Einleitung eines Mahnverfahrens), aber vor einer streitigen Verhandlung zu einer außergerichtlichen Erledigung, gilt diese Vereinbarung ebenfalls. Sie greift dann nicht, wenn über einen Teilanspruch, sei es auch nur über die Kosten, gerichtlich entschieden worden ist.

4. **Geltungsbeginn**

    Die Vereinbarung gilt für alle Schadenfälle, bei denen die Beauftragung nach dem 30.6.2004 erfolgt ist und die von uns gebührenmäßig noch nicht abgerechnet sind. Soweit wir die Rechtsanwaltsgebühren bereits abgerechnet haben, gelten diese Fälle gebührenmäßig als erledigt.

5. **Kündigungsfrist**

    Diese Vereinbarung kann mit einer Frist von 4 Wochen schriftlich gekündigt werden.

c) **Bruderhilfe Versicherungen**

Die Bruderhilfe Versicherung hat sich der HUK Coburg angeschlossen und verfährt ebenso wie diese.

B. Voraussetzungen

I. Beteiligte Personen

Die Abrechnungsgrundsätze gelten grundsätzlich für **alle Anwälte**.

Generell ausgeschlossen von der Anwendung der Abrechnungsgrundsätze sind diejenigen Anwälte, die im Einzelfall von ihnen abgewichen sind.

Wird einer der genannten deutscher Versicherer für einen **ausländischen Versicherer** als Korrespondenzgesellschaft tätig, so gelten die Abrechnungsgrundsätze wohl auch dann, wenn sie der ausländische Versicherer gegen sich gelten lässt oder wenn der deutsche Versicherer durch den Grüne Karte e.V. beauftragt worden ist.

II. Sachlicher Anwendungsbereich

Die Abrechnungsgrundsätze gelten im Gegensatz zu den früheren Regulierungsempfehlungen je nach Anbieter nicht nur für die Regulierung von **Kfz-Haftpflichtschäden**,[5] sondern auch für **allgemeine Haftpflichtschäden**,[6] dagegen nicht für die Regulierung von sonstigen speziellen Haftpflichtschäden und Kaskoschäden.

---

[5] So die Allianz.
[6] So Öffentliche Landesbrandkasse Versicherungen Oldenburg (Nr. 1); VGH (Nr. 1).

III. Vollständige Regulierung/Teilerledigung

1. Auch Teilerledigung

24 Die Abrechnungsgrundsätze der Allianz und der VHV greifen auch bei einer Teilerledigung, da eine Einschränkung hier nicht vorgenommen ist. Der Anwalt kann also immer nach den höheren Sätzen abrechen, auch wenn wegen eines Restbetrages noch geklagt werden muss.

2. Vollständige Erledigung

25 Nach den Grundsätzen der anderen Versicherer (VGH, Öffentliche Landesbrandkasse Versicherungen Oldenburg) greifen die Abrechnungsgrundsätze nur dann wenn der gesamte Schaden einschließlich der Kosten außergerichtlich abschließend reguliert worden ist.

26 Bei einer teilweisen Regulierung gilt das Abkommen allerdings dann, wenn die weitere Regulierung einvernehmlich vorbehalten bleibt, also etwa bei Vorbehalt weitergehender Ansprüche wegen zukünftiger Folgeschäden.

27 Ausgeschlossen ist die Regulierung dagegen immer, wenn es auch nur über einen Teilbetrag, sei es auch nur über die Kosten, zu einem gerichtlichen Verfahren kommt. Diese Ausschlussregelung ist insofern bedenklich, als sie dem Anwalt einen persönlichen Vorteil in Aussicht stellt, wenn er von den Mandanten davon abhält, wegen streitiger Restforderungen das Gericht anzurufen. Der Anwalt steht damit im Konflikt zu den eigenen Gebühreninteressen, wenn er den Mandanten beraten muss, ob er wegen eventuell geringfügiger Positionen klagen soll. Er wird damit u.U. gezwungen, im Interesse des Mandanten auf eigene Gebührenansprüche zu verzichten. Dies kann im Extremfall sogar dazu führen, dass der Verlust der eigenen Gebühren die Forderung des Mandanten übersteigt und es für den Anwalt günstiger ist, den Mandanten aus eigener Tasche zu bezahlen, um so die vollen Gebühren nach den Abrechnungsgrundsätzen zu erhalten.

Beispiel: Der Anwalt erhält den Auftrag, einen Schaden i.H.v. 15.000 EUR zu regulieren. Der Versicherer zahlt 14.900 EUR. Die Zahlung einer weiteren Wertminderung i.H.v. 100 EUR lehnt er ab.
Die Gebühren nach den Abrechnungsgrundsätzen belaufen sich auf

1. 1,8-Geschäftsgebühr, VV 2300 (Wert: 15.000 EUR)	1.170,00 EUR
2. Postentgeltpauschale, VV 7002	20,00 EUR
Zwischensumme 1.190,00 EUR	
3. 19 % Umsatzsteuer, VV 7008	226,10 EUR
Gesamt	**1.416,10 EUR**

Die gesetzlichen Gebühren ausgehend von der Mittelgebühr i.H.v. 1,5 belaufen sich auf

1. 1,5-Geschäftsgebühr, VV 2300 (Wert: 14.900 EUR)	975,00 EUR
2. Postentgeltpauschale, VV 7002	20,00 EUR
Zwischensumme 995,00 EUR	
3. 19 % Umsatzsteuer, VV 7008	189,05 EUR
Gesamt	**1.184,05 EUR**

Selbst wenn der Anwalt die geforderten 100 EUR Wertminderung aus eigener Tasche zahlt, erhält er immer noch eine um 132,05 EUR höhere Vergütung, als wenn er wegen dieses Betrages klagen würde.

28 Es erscheint daher zweifelhaft, ob dies mit § 49b Abs. 2 BRAO vereinbar ist, da dem Anwalt letztlich von dritter Seite eine Erfolgsgebühr versprochen wird, wenn er es schafft, seinen Mandanten von einer Klage abzuhalten.

29 Im Gegensatz zur früher verwandten Ausschlussklausel, dass es nicht zu einer gerichtlichen Entscheidung kommen durfte, ist jetzt nur noch von „der vollständigen außergerichtlichen Regulierung" die Rede. Dies ist dahingehend zu verstehen ist, dass bereits mit Klageerhebung die Anwendung der Abrechnungsgrundsätze ausgeschlossen ist. Hierfür spricht nicht nur die geänderte Fassung, sondern auch, dass früher die Gebühren der §§ 31, 32 Abs. 1 BRAGO durch die Pauschalbeträge abgegolten waren, während jetzt nur die Gebühr nach VV 2300 abgedeckt wird, nicht auch die der VV 3100 ff.

Beispiel: Außergerichtlich sind von den geforderten 10.000 EUR nur 7.500 EUR gezahlt worden. Nach Klageerhebung lässt der Versicherer den Einwand der Mithaftung fallen und reguliert vollständig.
Nach den früheren Regulierungsempfehlungen war gemäß den dortigen Pauschbeträgen abzurechnen, da es nicht zu einer gerichtlichen Entscheidung gekommen ist. Die derzeitigen Abrechnungsgrundsätze sind dagegen nicht mehr anwendbar. Abzurechnen ist nach den gesetzlichen Gebühren.

Wird der Anwalt für **mehrere Auftraggeber** tätig und reguliert er für einen von ihnen den Schaden vollständig außergerichtlich, während er für den anderen eine gerichtliche Entscheidung herbeiführt, so dürfte für den oder die Auftraggeber, für den oder die der Anwalt eine vollständige außergerichtliche Regulierung herbeigeführt hat, nach den Abrechnungsgrundsätzen abzurechnen sein. Für den oder die anderen Auftraggeber verbleibt es dagegen bei den gesetzlichen Gebühren.

IV. Abgeltungsbereich

1. Überblick

a) Öffentliche Landesbrandkasse Versicherungen Oldenburg und VGH

Nach den Abrechnungsgrundsätzen der Öffentliche Landesbrandkasse Versicherungen Oldenburg und der VGH erhält der Anwalt eine festgeschriebene Geschäftsgebühr, unabhängig davon, ob besprochen oder verglichen wurde. Das bedeutet – jedenfalls dem Wortlaut nach – dass im Gegensatz zu den früheren Regulierungsempfehlungen jetzt eine **Hebegebühr** (soweit erforderlich) zusätzlich geltend gemacht werden kann.

b) DEVK

Nach den Abrechnungsgrundsätzen der DEVK werden pauschale Sätze gezahlt, mit denen alles abgegolten ist. Hier wird für eine Hebegebühr kein Raum sein.

2. Auslagen

Zusätzlich zu der Geschäftsgebühr sind dem Rechtsanwalt auch seine **Auslagen** nach den gesetzlichen Vorschriften zu ersetzen. Dies ist zum Teil ausdrücklich geregelt; zum Teil ergibt sich dies daraus, dass nur die Gebühren modifiziert werden (arg. e. § 1 Abs. 1).

Zu übernehmen sind insbesondere die Telekommunikationskosten nach VV 7001, 7002, Kopiekosten nach VV 7000 und eventuelle Reisekosten nach VV 7003 ff.

Werden Telekommunikationskosten pauschal berechnet, so erhält der Anwalt entgegen dem Wortlaut nicht 20 % der gesetzlichen Gebühren, sondern 20 % der tatsächlich gezahlten Gebühren, maximal 20 EUR.

3. Tatsächliche Auslagen

Tatsächliche Auslagen werden in voller Höhe ersetzt (z.B. Gebühren für Aktenversendung nach Nr. 9003 GKG KostVerz. oder § 107 Abs. 5 OWiG).

4. Umsatzsteuer

Da es sich bei der Umsatzsteuer um einen Auslagentatbestand handelt, ist die auf die Vergütung entfallende **Umsatzsteuer** (VV 7008) ist ebenfalls zu erstatten, es sei denn, der Geschädigte ist zum Vorsteuerabzug berechtigt.

Zu berücksichtigen ist, dass auch die Aktenversendungspauschale (siehe Rdn 36) der Umsatzsteuer unterliegt.[7]

---

[7] BGH AGS 2011, 262 = zfs 2011, 402 = NJW 2011, 3041 = RVGreport 2011, 215 = BRAK-Mitt 2011, 214.

I. Abrechnung nach den Abrechnungsgrundsätzen

5. Gebührenhöhe

a) Überblick

39 Die Höhe der Gebührensätze hängt bei beiden Abrechnungsmodellen von der Höhe des Erledigungswertes ab sowie davon, ob bei der Regulierung auch Körperschäden zu berücksichtigen waren.

b) Basis 1,8

40 **Grundsätzlich** erhält der Anwalt eine **1,8-Geschäftsgebühr**.

41 Werden **(auch) Körperschäden** reguliert und erreicht der gesamte Erledigungswert den Betrag von **mindestens 10.000 EUR**, so wird eine Geschäftsgebühr von 2,4 ersetzt. Es reicht aus, dass der Erledigungswert den Betrag von 10.000 EUR erreicht, er muss nicht überschritten werden.

42 Soweit nur Körperschäden geltend gemacht werden, gilt selbstverständlich ebenfalls der erhöhte Gebührensatz, wenn der Erledigungswert von 10.000 EUR erreicht wird.

43 Vertritt der Anwalt **mehrere Auftraggeber**, so erhöhen sich die Ausgangsgebühren um 0,3 auf 2,4 bzw. 2,7.

44 Übersicht über die Gebührensätze (Basis 1,8)

	ein Auftraggeber	mehrere Auftraggeber
Nur Sachschaden	1,8	2,4
Personenschaden (und Sachschaden) bei einem Gesamterledigungswert unter 10.000,00 EUR	1,8	2,4
Personenschaden (und Sachschaden) ab einem Gesamterledigungswert von 10.000,00 EUR	2,1	2,7

45 Wird die Schadensregulierung für mehrere Auftraggeber getrennt geführt, so kann der Anwalt auch getrennt abrechnen, sofern für die getrennte Abrechnung ein nachvollziehbarer Grund bestand. Eine zwangsweise gemeinsame Abrechnung wie nach den früheren Regulierungsempfehlungen ist nicht mehr vorgesehen.

> **Beispiel:** Der Anwalt erhält getrennte Aufträge, für den Eigentümer dessen Sachschaden i.H.v. 6.000 EUR und für den Fahrer dessen Schmerzensgeldanspruch i.H.v. 8.000 EUR gesondert geltend zu machen.
> Der Anwalt erhält jetzt nicht nur insgesamt eine 2,7-Gebühr aus 14.000 EUR, sondern jeweils eine 1,8-Gebühr aus 6.000 EUR und aus 8.000 EUR.

46 Wird das Mandat für mehrere Auftraggeber gemeinschaftlich geführt, kommt es im Gegensatz zur Gebührenerhöhung nach VV 1008 (Anm. Abs. 1 zu VV 1008) nicht darauf an, dass der Anwalt von mehreren Auftraggebern auch wegen desselben Streitgegenstandes beauftragt worden ist. Es reicht vielmehr aus, dass die verschiedenen Auftraggeber jeweils selbstständige eigene Schadensersatzansprüche geltend machen.

47 Ebenso wenig kommt es in Abweichung von VV 1008 darauf an, wie viele zusätzliche Auftraggeber der Anwalt vertritt. Die Ausgangsgebühr erhöht sich also nicht je Auftraggeber, sondern insgesamt nur einmal um 0,3.

> **Beispiel:** Der Anwalt reguliert für den Eigentümer den Sachschaden i.H.v. 10.000 EUR und zugleich für Fahrer und Beifahrer deren Verdienstausfallschäden i.H.v. jeweils 2.500 EUR.
> Er erhält nach den Abrechnungsgrundsätzen aus dem Gesamtwert von 15.000 EUR (§ 22 Abs. 1 RVG) eine
>
> 1. 2,4-Geschäftsgebühr, VV 2300 (Wert: 15.000 EUR)   1.560,00 EUR
> 2. Postentgeltpauschale, VV 7002   20,00 EUR
>   Zwischensumme   1.580,00 EUR
> 3. 19 % Umsatzsteuer, VV 7008   300,20 EUR
>   **Gesamt**   **1.880,20 EUR**

Für die Erhöhung nach den Abrechnungsgrundsätzen ist es nicht erforderlich, dass die Schadensersatzansprüche wegen Sach- und Körperschäden einer Person den Betrag von 10.000 EUR erreichen. Es genügt, wenn die nach § 22 Abs. 1 RVG zusammenzurechnenden Teilgegenstandswerte zusammen den Wert von mindestens 10.000 EUR ergeben. 48

> **Beispiel:** Der Anwalt reguliert den Sachschaden des Eigentümers i.H.v. 15.000 EUR sowie den Schmerzensgeldanspruch des Fahrers i.H.v. 7.000 EUR.
> Er erhält aus dem Gesamtwert i.H.v. 22.000 EUR (§ 22 Abs. 1 RVG) eine
> 1. 2,7-Geschäftsgebühr, VV 2300 (Wert: 22.000 EUR) 2.003,40 EUR
> 2. Postentgeltpauschale, VV 7002 20,00 EUR
>   Zwischensumme 2.023,40 EUR
> 3. 19 % Umsatzsteuer, VV 7008 384,45 EUR
> **Gesamt** **2.407,85 EUR**
> Auch hier liegt bei gesetzlicher Abrechnung kein Fall der VV 1008 vor. Ausgehend von der Mittelgebühr erhielte der Anwalt bei gesetzlicher Abrechnung:
> 1. 1,5-Geschäftsgebühr, VV 2300 (Wert: 22.000 EUR) 1.113,00 EUR
> 2. Postentgeltpauschale, VV 7002 20,00 EUR
>   Zwischensumme 1.133,00 EUR
> 3. 19 % Umsatzsteuer, VV 7008 215,27 EUR
> **Gesamt** **1.348,27 EUR**

Diese Abweichungen von der gesetzlichen Regelung erklären sich daraus, dass den vielfältigen Meinungsverschiedenheiten über die Anwendung der VV 1008 aus dem Weg gegangen werden soll. 49

c) Basis 1,5

Grundsätzlich erhält der Anwalt eine **1,5-Geschäftsgebühr**. 50

Werden **(auch) Körperschäden** reguliert und erreicht der gesamte Erledigungswert den Betrag von **mindestens 10.000 EUR**, so wird eine Geschäftsgebühr von 1,75 ersetzt. Es reicht auch hier aus, dass der Erledigungswert den Betrag von 10.000 EUR erreicht, er muss nicht überschritten werden. 51

Soweit nur Körperschäden geltend gemacht werden, gilt selbstverständlich ebenfalls der erhöhte Gebührensatz, wenn der Erledigungswert von 10.000 EUR erreicht wird. 52

Vertritt der Anwalt **mehrere Auftraggeber**, so erhöhen sich die Ausgangsgebühren um 0,5 auf 2,0 bzw. 2,25 (siehe im Übrigen die Ausführungen unter Rdn 45 ff.). 53

Übersicht über die Gebührensätze (Basis 1,5) 54

	ein Auftraggeber	mehrere Auftraggeber
Nur Sachschaden	1,5	2,0
Personenschaden (und Sachschaden) bei einem Gesamterledigungswert unter 10.000,00 EUR	1,5	2,0
Personenschaden (und Sachschaden) ab einem Gesamterledigungswert von 10.000,00 EUR	1,75	2,25

6. Gegenstandswert

Abgerechnet wird im Rahmen der Abrechnungsgrundsätze nach dem Entschädigungsbetrag, also dem sog. **Erledigungswert**. Maßgebend ist also nur, welche Beträge von dem Haftpflichtversicherer anerkannt oder gezahlt worden sind. 55

Soweit vor Mandatierung des Anwalts Zahlungen geleistet oder bestimmte Positionen anerkannt werden, können diese wohl mit herangezogen werden. Dies widerspricht zwar an sich dem Grundsatz, dass der Anwalt seine Vergütung nur im Rahmen des ihm erteilten Auftrags verdienen kann. 56

Da es sich hier aber nicht um Vergütungsregelungen handelt, sondern um Erstattungsvereinbarungen ist eine entsprechende Regelung möglich. Sie wird von den Versicherern auch weitgehend praktiziert.

57 Handelt es dagegen nur um einen Vorschuss bei noch nicht geklärter Schuld- und Haftungsfrage, so sind diese Zahlungen beim Gegenstandswert immer zu berücksichtigen.[8]

58 Während die bisherigen Regulierungsempfehlungen auch die Kaskoregulierung mit einbezogen, ist dies jetzt nicht mehr der Fall. Allerdings bleibt hier grundsätzlich der fiktive Erledigungswert maßgebend, der sich ohne Inanspruchnahme des Kaskoversicherers ergeben hätte.

> **Beispiel:** Es ist ein Sachschaden i.H.v. 10.000 EUR entstanden. Der Geschädigte, der den Unfall zu 50 % mitverursacht hat, erhält von seinem Kaskoversicherer abzüglich der vereinbarten Selbstbeteiligung einen Betrag i.H.v. 9.400 EUR. Unter Anwendung des Quotenvorrechts wird der gegnerische Haftpflichtversicherer auf die restlichen 600 EUR in Anspruch genommen.
> Die zu ersetzenden Anwaltskosten berechnen sich nach dem fiktiven Erledigungswert von 5.000 EUR (50 % des Gesamtschadens).

7. Inkrafttreten

59 Das Inkrafttreten der Abrechnungsgrundsätze ist unterschiedlich geregelt:
- Oldenburgische Landesbrandkasse: Schadensfälle ab 1.10.2004;
- VGH: Schadensfälle ab dem 1.7.2004, soweit am 30.10.2004 noch nicht abgerechnet.

C. Konkurrenz zu weitergehenden Ansprüchen gegen den Unfallgegner

60 Wird nach den Abrechnungsgrundsätzen abgerechnet, dann sind damit sämtliche Kostenerstattungsansprüche des Geschädigten hinsichtlich der Geschäftsgebühr und einer eventuellen Einigungsgebühr abgegolten. Soweit sich also nach den gesetzlichen Vorschriften des RVG ein höherer Betrag ergibt, kann dieser weder gegen den Versicherer noch gegen den dort versicherten Unfallgegner geltend gemacht werden. Dem Anwalt steht es lediglich frei, von Vornherein auf die Anwendung der Abrechnungsgrundsätze zu verzichten und nach dem RVG abzurechnen. Damit schafft er jedoch gegen sich einen Ausschlussgrund für zukünftige Regulierungen.

61 Die Abrechnung nach den Abrechnungsgrundsätzen hindert allerdings nicht, gegenüber einem weiteren Schädiger abzurechnen, wenn dieser auf weitergehenden Schadensersatz haftet:

> **Beispiel:** Für den Gesamtschaden i.H.v. 20.000 EUR haftet der Unfallbeteiligte A zu 50 % und der Beteiligte B zu 100 %. Der Geschädigte nimmt zunächst den A in Anspruch; sein Anwalt rechnet nach den Abrechnungsgrundsätzen 1,8 aus 10.000 EUR ab. Anschließend wird der restliche Schaden mit dem Versicherer des B reguliert. Gegenüber diesem darf hinsichtlich der weiteren 10.000 EUR nach dem gesetzlichen Gebührensatz abgerechnet werden. Eine Anrechnung oder Begrenzung der Gebühren nach § 15 Abs. 3 RVG findet nicht statt.

D. Konkurrenz zum Vergütungsanspruch gegen eigenen Mandanten

I. Überblick

62 Die Abrechnungsgrundsätze regeln lediglich den Erstattungsanspruch des Geschädigten und bestimmen, in welcher Höhe der gegnerische Versicherer die ihm entstandenen Anwaltskosten zu ersetzen hat. Für das Innenverhältnis zwischen dem Geschädigten und seinem Anwalt enthalten die Abrechnungsgrundsätze dagegen keine Regelung. Es bleibt hier dabei, dass der Anwalt nach den gesetzlichen Gebühren des RVG abrechnen muss, wobei sich allerdings aus den Abrechnungsgrundsätzen gewisse Reflexwirkungen ergeben, nämlich dann, wenn der Erstattungsanspruch der Abrechnungsgrundsätze nicht mit dem Gebührenanspruch im Innenverhältnis übereinstimmen.[9]

---

[8] AG Stuttgart-Bad Cannstatt zfs 1991, 90.
[9] Zu den früheren Regulierungsempfehlungen siehe *Matzen*, AnwBl 1973, 60.

Die Unterschiede zwischen Gebühren- und Erstattungsanspruch können verschiedene Ursachen haben:

II. Erste Fallgruppe: Unterschiedliche Gebührensätze bei gleichem Gegenstandswert

1. Der Gebührensatz nach den Abrechnungsgrundsätzen liegt höher als der gesetzliche

Liegt der Gebührensatz nach den Abrechnungsgrundsätzen höher als der gesetzliche, ist also z.B. nur eine 1,3-Geschäftsgebühr angefallen, so steht dem Anwalt der volle Erstattungsbetrag nach den Abrechnungsgrundsätzen zu. Der Mandant kann nicht die Herausgabe des Mehrbetrages verlangen, wenn die gesetzlichen Gebühren geringer sind.

2. Der Gebührensatz nach den Abrechnungsgrundsätzen liegt niedriger als der gesetzliche

Dass die gesetzlichen Gebühren insgesamt einen höheren Gebührensatz ergeben als nach den Abrechnungsgrundsätzen, kann verschiedene Gründe haben. Folgende Fälle sind zu unterscheiden:

Beispiel (mehrere Gebühren/Modell 1,8): Der Anwalt hat auftragsgemäß für den Geschädigten die Schadensregulierung durchgeführt und anschließend eine Einigung geschlossen.
Es ergibt sich für den Anwalt nach den gesetzlichen Gebühren ein Gebührensatz von 1,3-Geschäftsgebühr + 1,5 Einigungsgebühr = 2,8). Nach den Abrechnungsgrundsätzen ist jedoch lediglich eine 1,8-Geschäftsgebühr zu ersetzen.

Beispiel (höhere Gebührensätze/Modell 1,8): Der Anwalt führt für den Geschädigten auftragsgemäß die Regulierung durch. Diese ist so aufwändig und schwierig, dass nach § 14 Abs. 1 RVG eine 2,0-Geschäftsgebühr angemessen ist.
Es ergibt sich dann ein gesetzliches Gebührenaufkommen i.H.v. 3,5 (2,0-Geschäftsgebühr und 1,5-Einigungsgebühr), während nach den Abrechnungsgrundsätzen wiederum nur 1,8 zu zahlen sind.

Beispiel (unterschiedliche Gebührenerhöhung/Modell 1,8): Der Anwalt vertritt eine aus 20 Personen bestehende WEG, deren Grundstück beim Unfall beschädigt worden ist.
Abzurechnen ist im Innenverhältnis ausgehend von einer 1,3-Gebühr bereits eine 3,3-Geschäftsgebühr (Erhöhung nach VV 1008 um den Maximalbetrag von 2,0), während er nach den Abrechnungsgrundsätzen lediglich 2,4 erhält.

In allen diesen Fällen kann der Anwalt von seinem Mandanten keine zusätzlichen Gebühren verlangen, wenn er den Kostenersatz nach den Abrechnungsgrundsätzen wählt. Insoweit wirken sich die Abrechnungsgrundsätze auch zugunsten des Geschädigten aus. Rechnet der Anwalt nach den Abrechnungsgrundsätzen ab, so verzichtet er damit gleichzeitig darauf, nach dem höheren gesetzlichen Gebührensatz abzurechnen. Dieser Verzicht liegt letztlich in seinem eigenen Interesse, sich auch zukünftig die Anwendung der Abrechnungsgrundsätze zu erhalten und in anderen Fällen wieder höhere Gebühren abrechnen zu können, als sich aus dem RVG ergeben. Verzichtet der Anwalt aber im eigenen Interesse darauf, bei der Gegenseite höhere Gebühren geltend zu machen, so kann er sich nicht beim Mandanten schadlos halten. Das wäre eine Verletzung des Anwaltsvertrages und würde nach Auffassung *Matzens*[10] sogar den Tatbestand des § 356 StGB erfüllen. Die Erklärung des Anwalts, nach dem geringeren Gebührensatz der Abrechnungsgrundsätze abzurechnen, muss daher insoweit konkludent auch als Verzicht gegenüber dem Mandanten gedeutet werden, diese Gebühren nicht geltend zu machen.[11]

---

10 AnwBl 1973, 60.
11 So zu den früheren Regulierungsempfehlungen AG Ahaus AnwBl 1989, 295.

67 Eine weitere Fallkonstellation wird noch von *Matzen*[12] angeführt, die allerdings wenig praktische Bedeutung haben dürfte:

> **Beispiel (überflüssige Gebühren):** Der Geschädigte beauftragt den Anwalt mit zahlreichen vollkommen überflüssigen und nicht notwendigen zusätzlichen Tätigkeiten, Besprechungen, etc.; es wird darüber hinaus noch eine Einigung abgeschlossen.
> Der gesetzliche Gebührenanspruch des Anwalts würde sich bei Ansatz der Höchstgebühr auf 4,0 belaufen, der Erstattungsanspruch nach den Abrechnungsgrundsätzen bliebe jedoch bei 1,8.

68 Auch hier kann der Anwalt m.E. nichts nachfordern. Zwar ließe sich argumentieren, dass die zusätzlichen Tätigkeiten überflüssig gewesen seien, wären sie von dem gegnerischen Haftpflichtversicherer ohnehin nicht zu erstatten gewesen, so dass selbst bei der Abrechnung nach der BRAGO im Außenverhältnis lediglich 1,8 zu erstatten gewesen wären. Dieses Argument ist dem Anwalt jedoch verwehrt. Die Abrechnungsgrundsätze dienen gerade dazu, den Streit zu vermeiden, in welcher Höhe die Geschäftsgebühr erstattungsfähig ist. Lässt sich der Anwalt auf die Abrechnungsgrundsätze ein, dann kann er gegenüber dem Mandanten nicht mehr „nachkarten". Es würde damit nämlich der Streit, der vermieden werden soll, nur in das Innenverhältnis Anwalt/Mandant verlagert. Der Auftraggeber würde sich darauf berufen, dass die Besprechungsgebühr doch erforderlich und damit erstattungsfähig gewesen wäre.

III. Zweite Fallgruppe: Unterschiedliche Geschäfts-/Erledigungswerte bei gleichem Gebührensatz

69 Der Unterschied zwischen den gesetzlichen Gebühren und dem Erstattungsanspruch nach den Abrechnungsgrundsätzen kann sich schließlich auch aus unterschiedlichen Geschäfts-/Erledigungswerten ergeben. Dies wird immer dann der Fall sein, wenn die anerkannten bzw. erfüllten Ansprüche hinter den geltend gemachten Forderungen des Mandanten zurückbleiben. Die gesetzlichen Gebühren bemessen sich nämlich nicht nach dem Erledigungswert, sondern nach dem Auftragswert, also dem Betrag, den der Anwalt durchsetzen soll.

> **Beispiel (Modell 1,8):** Geltend gemacht werden 10.000 EUR Sachschaden. Erstattet werden lediglich 8.000 EUR, sei es, weil eine Mithaftung besteht oder weil der Schaden nicht in voller Höhe begründet ist. Angemessen ist eine 1,8-Geschäftsgebühr.
> Nach den Abrechnungsgrundsätzen besteht ein Anspruch auf Erstattung einer
> 1. 1,8-Geschäftsgebühr, VV 2300 (Wert: 8.000 EUR)   820,80 EUR
> 2. Postentgeltpauschale, VV 7002   20,00 EUR
>   Zwischensumme   840,80 EUR
> 3. 19 % Umsatzsteuer, VV 7008   159,75 EUR
> **Gesamt**   **1.000,55 EUR**
> Nach dem RVG wären abzurechnen:
> 1. 1,8-Geschäftsgebühr, VV 2300 (Wert: 10.000 EUR)   1.004,40 EUR
> 2. Postentgeltpauschale, VV 7002   20,00 EUR
>   Zwischensumme   1.024,40 EUR
> 3. 19 % Umsatzsteuer, VV 7008   194,64 EUR
> **Gesamt**   **1.219,04 EUR**
> Hier kann der Anwalt vom Mandanten den Differenzbetrag
>
>   1.219,04 EUR
>   − 1.000,55 EUR
> **Gesamt**   **218,49 EUR**
> nachfordern.[13]

70 Dadurch, dass sich der Anwalt auf die Abrechnung nach den Abrechnungsgrundsätzen eingelassen hat, ergeben sich hier keine Nachteile für den Geschädigten. Erteilt der Mandant den Auftrag,

---

12 AnwBl 1973, 60.
13 Zu den früheren Regulierungsempfehlungen bereits: OLG Düsseldorf AGS 2005, 372 m. Anm. *N. Schneider* = NJW-RR 2005, 1155 = JurBüro 2005, 476 m. Anm. *Enders* = OLGR 2006, 63 = RVGreport 2005, 348; AG Schwandorf zfs 1994, 64 m. zust. Anm. *Madert*; AG Ahaus AnwBl 1989, 295; *Matzen*, AnwBl 1973, 60. A.A. *Mümmler*, JurBüro 1994, 161, nach dessen Ansicht dem Anwalt auch in diesem Fall kein weiterer Gebührenanspruch zustehen soll; er beruft sich dabei zu Unrecht auf *Chemnitz*, AnwBl 1987, 468.

Ansprüche geltend zu machen, die sich im Nachhinein als unberechtigt erweisen, so ist dies allein sein Risiko und wird in den Abrechnungsgrundsätzen nicht berücksichtigt. Würde man hier eine Nachforderung des Anwalts nicht für zulässig halten, so läge damit praktisch die Vereinbarung eines Erfolgshonorars vor, da er seine Vergütung nur im Erfolgs-, also Erledigungsfall erhielt. Das wiederum ist aber nach § 49 Abs. 2 BRAO unzulässig.

Chemnitz[14] wollte bei dieser Fallkonstellation nach den früheren Regulierungsempfehlungen anders rechnen und dem Anwalt zusätzlich zu der 1,8-Gebühr nach den Abrechnungsgrundsätzen die gesetzlichen Gebühren anteilmäßig gewähren, also im Beispielsfall (siehe Rdn 69) i.H.v.:

71

$$\frac{10.000\ \text{EUR} - 8.000\ \text{EUR}}{10.000{,}00\ \text{EUR}} \times 1.219{,}04\ \text{EUR} = 243{,}81\ \text{EUR}$$

Damit würde der Anwalt jedoch mehr erhalten, als wenn er nach dem Gesamtwert abrechnet, da die Gebührendegression außer Betracht bliebe. Diese Berechnung verstößt zudem gegen § 15 Abs. 2 S. 1 RVG, wonach der Anwalt die Gebühren in derselben Angelegenheit nur einmal verlangen kann.

72

IV. Dritte Fallgruppe: Unterschiedliche Gebührenhöhe und unterschiedlicher Geschäfts-/Erledigungswert

Schwierig wird die Berechnung, wenn sowohl Gebührenhöhe als auch Geschäfts-/Erledigungswert verschieden sind, wenn also eine Kombination der Fallgruppen 1 (siehe Rdn 64 ff.) und 2 (siehe Rdn 69 ff.) vorliegt.

73

1. Die Gebühren nach den Abrechnungsgrundsätzen liegen höher als die gesetzlichen

Beispiel (Modell 1,8): Der Geschädigte beauftragt den Anwalt, 10.000 EUR Schaden geltend zu machen. 8.000 EUR werden reguliert, ohne dass eine Einigung zustande kommt.
Der Anwalt kann nach dem RVG aus dem Wert von 10.000 EUR abrechnen:
1. 1,5-Geschäftsgebühr, VV 2300 (Wert: 10.000 EUR)   837,00 EUR
2. Postentgeltpauschale, VV 7002   20,00 EUR
   Zwischensumme   857,00 EUR
3. 19 % Umsatzsteuer, VV 7008   162,83 EUR
Gesamt   **1.019,83 EUR**
Nach den Abrechnungsgrundsätzen erhält er aus dem Wert von 8.000,00 EUR:
1. 1,8-Geschäftsgebühr, VV 2300 (Wert: 8.000,00 EUR)   820,80 EUR
2. Postentgeltpauschale, VV 7002   20,00 EUR
   Zwischensumme   840,80 EUR
3. 19 % Umsatzsteuer, VV 7008   159,75 EUR
Gesamt   **1.000,55 EUR**

74

Matzen[15] ist der Auffassung, dem Anwalt stünden keine weiteren Gebühren zu, da er bereits mehr erhalten habe, als ihm an gesetzlichen Gebühren zustehe.[16] Erst wenn das gesetzliche Gebührenaufkommen den Erstattungsbetrag übersteige, könne er den Mehrbetrag zusätzlich fordern.

Diese Ansicht ist jedoch unzutreffend und ausgehend von den Lösungen der Fallgruppen 1 (siehe Rdn 64 ff.) und 2 (siehe Rdn 69 ff.) inkonsequent. Hieraus ergibt sich nämlich, dass nur der geringere Gebührensatz der Abrechnungsgrundsätze eine Sperrwirkung entfaltet, die es dem Anwalt verbietet, vom Mandanten weitere Gebühren zu verlangen. Dagegen bleibt es ihm unbenommen, nach einem höheren Gegenstandswert als nach den Abrechnungsgrundsätzen abzurechnen. Das bedeutet, dass der Anwalt unabhängig von der Höhe des gesetzlichen Gebührensatzes bei einem höheren Gegenstandswert noch weitere gesetzliche Gebühren vom Mandanten einfordern kann. Diese berechnen sich aus der Differenz der tatsächlich entstandenen gesetzlichen Gebühren zu den gesetzlichen

75

---

14 AnwBl 1987, 474.
15 Zu den früheren Regulierungsempfehlungen AnwBl 1973, 60.
16 Ebenso *Mümmler*, JurBüro 1994, 161.

Gebühren, die nach dem Erledigungswert angefallen wären.[17] Im Beispielsfall (siehe Rdn 73) ergäbe dies folgende weitere Berechnung:

1. 1,5-Geschäftsgebühr, VV 2300 (Wert: 10.000 EUR)   837,00 EUR
2. ./. 1,5-Geschäftsgebühr, VV 2300 (Wert: 8.000 EUR)   − 684,00 EUR
    Restbetrag   153,00 EUR
3. 19 % Umsatzsteuer, VV 7008   29,07 EUR
Gesamt   **182,07 EUR**

76 Diese Differenz kann der Anwalt von seinem Mandanten noch fordern. Bei dieser Fallkonstellation liegt das Gesamtaufkommen der Gebühren daher immer über den gesetzlichen Gebühren.

2. Die gesetzlichen Gebühren liegen höher als die der Abrechnungsgrundsätze

77 Liegt der gesetzliche Gebührensatz höher als der der Abrechnungsgrundsätze, so kann der Anwalt hinsichtlich des restlichen Gegenstandswertes den höheren Gebührensatz abrechnen.[18] Die Sperrwirkung der Abrechnungsgrundsätze erstreckt sich, wie bereits ausgeführt, nur auf die Gegenstände, die auch entsprechend den Abrechnungsgrundsätzen reguliert worden sind.

> **Beispiel (Modell 1,8):** Der Anwalt erhält den Auftrag, einen Schaden i.H.v. 10.000 EUR geltend zu machen. Es findet eine Besprechung statt, die zu einer umfassenden Einigung, mit einer Zahlung von 8.000 EUR führt. Angemessen ist eine 2,0-Geschäftsgebühr.
> Als gesetzliche Gebühren kann der Anwalt insgesamt 3,5 aus 10.000 EUR verlangen (2,0-Geschäftsgebühr, und 1,5-Einigungsgebühr)
> 1. 2,0-Geschäftsgebühr, VV 2300 (Wert: 10.000 EUR)   1.116,00 EUR
> 2. 1,5-Einigungsgebühr, VV 1000 (Wert: 10.000 EUR)   837,00 EUR
> 3. Postentgeltpauschale, VV 7002   20,00 EUR
>   Zwischensumme   1.973,00 EUR
> 4. 19 % Umsatzsteuer, VV 7008   374,87 EUR
> **Gesamt**   **2.347,87 EUR**
> Nach den Abrechnungsgrundsätzen sind ihm jedoch nur 1,8 aus 8.000 EUR zu erstatten.
> 1. 1,8-Geschäftsgebühr, VV 2300 (Wert: 8.000 EUR)   820,80 EUR
> 2. Postentgeltpauschale, VV 7002   20,00 EUR
>   Zwischensumme   840,80 EUR
> 3. 19 % Umsatzsteuer, VV 7008   159,75 EUR
> **Gesamt**   **1.000,55 EUR**
> Wie bereits ausgeführt, kann der Anwalt aus der unterschiedlichen Gebührenhöhe keine Rechte herleiten, wohl aber aus den unterschiedlichen Geschäfts-/Erledigungswerten. Er erhält daher zusätzlich zu den Gebühren nach den Abrechnungsgrundsätzen die Differenz
> 1. 2,0-Geschäftsgebühr, VV 2300 (Wert: 10.000 EUR)   1.116,00 EUR
> 2. 1,5-Einigungsgebühr, VV 1000 (Wert: 10.000 EUR)   837,00 EUR
> 3. ./. 2,0-Geschäftsgebühr, VV 2300 (Wert: 8.000 EUR)   − 912,00 EUR
> 4. ./. 1,5-Einigungsgebühr, VV 1000 (Wert: 8.000 EUR)   − 684,00 EUR
>   Restbetrag   357,00 EUR
> 5. 19 % Umsatzsteuer, VV 7008   67,83 EUR
> **Gesamt**   **424,83 EUR**
> vom eigenen Mandanten.

78 Die Vergütung des Anwalts bleibt bei dieser Fallkonstellation immer hinter dem gesetzlichen Gebührenaufkommen zurück. Dies resultiert daraus, dass er sich hinsichtlich des Erledigungswertes an den geringeren Abrechnungsgrundsätzen orientieren muss.

---

17 OLG Düsseldorf AGS 2005, 372 m. Anm. *N. Schneider* = NJW-RR 2005, 1155 = JurBüro 2005, 476 m. Anm. *Enders* = OLGR 2006, 63 = RVGreport 2005, 348; AG Ahaus AnwBl 1989, 295.

18 OLG Düsseldorf AGS 2005, 372 m. Anm. *N. Schneider* = NJW-RR 2005, 1155 = JurBüro 2005, 476 m. Anm. *Enders* = OLGR 2006, 63 = RVGreport 2005, 348.

Anhang II. Abkommen zwischen DAV und HUK-Verband über das „Honorar für Akteneinsicht und Aktenauszüge aus Unfallstrafakten für Versicherungsgesellschaften" – mit Erläuterung

1. a) Der Anwalt erhält für die Einsichtnahme in Unfallakten und für die Herstellung eines Auszuges zur Abgeltung seiner persönlichen Arbeitsleistung und der üblicherweise mit der Erledigung eines solchen Auftrages verbundenen Kosten (Porto und Telefon – außer Ferngesprächen, die besonders berechnet werden) ein Pauschalhonorar in Höhe von 26 EUR für jede Sache.

b) Er erhält außerdem für jede Seite des Aktenauszuges (auch Fotokopie) die Schreibgebühr gemäß § 27 BRAGO.

c) Wird eine Ergänzung des Aktenauszuges gewünscht, die sich auf nach dem Zeitpunkt der ersten Akteneinsicht zur Akte gelangten Akteteile oder Beiakten bezieht, so erhält der Rechtsanwalt für diese Tätigkeit ein Pauschalhonorar von 13 EUR zuzüglich der Schreibgebühren.

2. Durch diese Pauschale sind nicht abgegolten:

a) Gerichtskosten und sonstige außergewöhnliche Kosten des Auftraggebers, die vom Rechtsanwalt verauslagt worden sind.

b) Außergewöhnliche Aufwendungen, die zu einer vom Auftraggeber gewünschten beschleunigten Ausführung des Auftrages aufgewandt worden sind.

c) die auf die obige Vergütung zu zahlende Umsatzsteuer (Mehrwertsteuer) oder der statt dessen dem Anwalt nach § 25 Abs. 2 BRAGO zustehende Ausgleichsbetrag.

Im Gegensatz zu den „Empfehlungen von DAV und GdV für die Verkehrsunfallschadensregulierung" wird das Abkommen zwischen DAV und HUK-Verband über das „Honorar für Akteneinsicht und Aktenauszüge aus Unfallstrafakten für Versicherungsgesellschaften" weiterhin Bestand behalten.

Derzeit ist dieses Abkommen noch nicht auf die neue Gesetzeslage angepasst. Dies wird wohl aber in Kürze geschehen. Bis dahin dürfte das Abkommen entsprechend anzuwenden sein.

An der Höhe des Pauschalhonorars wird sich also zunächst nichts ändern. Anstelle der Kopiekosten nach § 27 BRAGO wird der Anwalt jetzt die Dokumentenpauschale nach VV 7000 Nr. 1 Buchst. a erhalten. Die Übernahme der Umsatzsteuer richtet sich dann nach VV 7008. Ansonsten dürften sich allerdings keine Änderungen ergeben.

A. Allgemeines 1	3. Kopiekosten 11
B. Regelungsgehalt 3	4. Sonstige Kosten 14
I. Sachlicher Anwendungsbereich 3	5. Umsatzsteuer 18
II. Persönlicher Anwendungsbereich 5	C. Kostenerstattung 20
III. Höhe der Vergütung 6	D. Regress des Versicherers 23
1. Erster Aktenauszug 6	E. Abrechnungsbeispiel 24
2. Ergänzender Aktenauszug 10	

A. Allgemeines

Literatur: *N. Schneider*, Abrechnung in Verkehrssachen nach den „DAV-Abkommen", Verlag für die Rechts- und Anwaltspraxis, 2000; *ders.*, Vergütung für Aktenauszüge aus Unfallakten, ZAP Fach 24, S. 559.

Haftpflichtversicherer – insbesondere bei Verkehrsunfallschäden – sind häufig im Rahmen der Schadensregulierung darauf angewiesen, Einsicht in polizeiliche, staatsanwaltliche oder gerichtliche Akten zu nehmen, insbesondere dann, wenn der Versicherungsnehmer keine oder widersprüchliche Angaben macht. Die Akteneinsicht können die Versicherer – soweit sie nicht als Körperschaft des öffentlichen Rechts organisiert sind – nicht selbst einholen. Nach Nr. 185 Abs. 5 RiStBV sind die privatrechtlich organisierten Versicherer nicht berechtigt, Akteneinsicht zu nehmen. Sie müssen sich hierzu eines Anwalts bedienen, dessen Tätigkeit sie zu vergüten haben. Um die Abrechnung bei diesem Massengeschäft zu vereinfachen, haben seinerzeit der DAV und der HUK-Verband ein Abkommen über das „Honorar für Akteneinsicht und Aktenauszüge aus Unfallstrafakten für Versicherungsgesellschaften" geschlossen, wonach sich die Vergütung des Anwalts berechnet.

2 Eine Anpassung an das RVG ist bislang nicht erfolgt. Die bisherigen Regelungen dürften aber entsprechend gelten. Anstelle von § 27 BRAGO ist nunmehr von VV 7000 auszugehen, anstelle von § 25 Abs. 2 BRAGO von VV 7008. Ob das Abkommen jemals angepasst wird, ist fraglich. In der Praxis wird nach wie vor überwiegend immer noch nach diesen Grundsätzen abgerechnet, die damit als üblich gelten dürften. Will der Anwalt anders abrechnen, sollte er dies zuvor mit dem Versicherer klären.

B. Regelungsgehalt

I. Sachlicher Anwendungsbereich

3 Das Abkommen ist nur dann anwendbar, wenn der Anwalt ausschließlich mit der Fertigung eines Aktenauszuges beauftragt ist. Soweit der Anwalt einen Aktenauszug aufgrund eines bereits anderweitig bestehenden Mandatsverhältnisses einholt, greift das Abkommen nicht.[1]

> **Beispiel:** Der Anwalt erhält im Haftpflichtprozess, in dem er den Versicherer vertritt, den Auftrag, einen Aktenauszug beizubringen.
> Die Tätigkeit des Anwalts wird jetzt durch die Verfahrensgebühr (VV 3100) sowie durch VV 7000 Nr. 1 Buchst. a abgegolten; das Abkommen ist nicht anzuwenden.

4 Unerheblich ist es, wenn der Anwalt zu einem späteren Zeitpunkt vom Versicherer im Haftpflichtprozess beauftragt wird. Auf die einmal verdienten Gebühren nach dem Abkommen hat dies keinen Einfluss mehr, da es sich um verschiedene Angelegenheiten handelt. Ebenso wenig findet eine Anrechnung der Gebühren statt.[2]

II. Persönlicher Anwendungsbereich

5 Das Gebührenabkommen für Aktenauszüge wird von **allen Versicherern** angewandt, also nicht nur von Kfz-Haftpflichtversicherern, Privat-Haftpflichtversicherern, Kaskoversicherern, Unfallversicherern etc. Eine Liste beigetretener Versicherungsgesellschaften existiert im Gegensatz zu den Regulierungsempfehlungen nicht.

Anwendbar ist das Abkommen für **alle Anwälte**, auch solche, die nicht Mitglied im DAV sind.[3]

III. Höhe der Vergütung

1. Erster Aktenauszug

6 Für die Anfertigung eines ersten Aktenauszugs einschließlich der Einsichtnahme in die Unfallakte, der Herstellung des Aktenauszugs und der Versendung an den Versicherer erhält der Anwalt nach Nr. 1 Buchst. a des Abkommens ein **Pauschalhonorar** in Höhe von **26 EUR**. Diese Gebühr fällt auch dann an, wenn der Anwalt den Aktenauszug bereits für seine Handakten gefertigt hat und die vorhandenen Kopien noch einmal kopiert.

7 Wird der Anwalt von **mehreren Versicherern** beauftragt, aus derselben Akte einen Auszug anzufertigen, so kann er von jedem Versicherer die Gebühren gesondert fordern.[4]

8 Werden Auszüge aus **verschiedenen Akten** angefordert, etwa wenn gegen mehrere Unfallbeteiligte getrennte Verfahren laufen, dann liegen ebenfalls mehrere Angelegenheiten vor, so dass dem Anwalt auch hier das Honorar für jeden Aktenauszug gesondert zusteht.[5]

---

1 AG Albstadt AnwBl 1978, 317; *N. Schneider*, DAV-Abkommen, Rn 327.
2 *N. Schneider*, DAV-Abkommen, Rn 327.
3 *N. Schneider*, DAV-Abkommen, Rn 328.
4 *N. Schneider*, DAV-Abkommen, Rn 332.
5 *N. Schneider*, DAV-Abkommen, Rn 333.

Erledigt sich der Auftrag, bevor der Aktenauszug angefertigt worden oder auch nur Akteneinsicht genommen worden ist, so erhält der Anwalt gleichwohl das volle Honorar. Dies ergibt sich aus dem Pauschalcharakter der Vergütung. Lediglich die Dokumentenpauschalen nach VV 7000 Nr. 1 Buchst. a entstehen nicht mehr.[6]

2. Ergänzender Aktenauszug

Wird die Ergänzung eines von demselben Anwalt bereits gefertigten Aktenauszugs gewünscht, so erhält der Anwalt nach Nr. 1 Buchst. c des Abkommens eine **weitere Pauschalgebühr** in Höhe von **13 EUR**.[7] Um eine Ergänzung handelt es sich auch dann, wenn sich der weitere Auftrag auf **beigezogene Akten** bezieht.

3. Kopiekosten

Für die angefertigten Kopien erhält der Anwalt gem. Nr. 1 Buchst. b des Abkommens zusätzlich zur Pauschgebühr die Dokumentenpauschale der VV 7000 Nr. 1 Buchst. a, also für bis zu 50 Seiten **0,50 EUR** je Seite, für über 50 Seiten hinaus **0,15 EUR** je Seite. Für Farbkopien sind **1 EUR** je Seite, zu zahlen und für über 50 Seiten hinaus **0,30 EUR** je Seite. Für **DIN-A3-Kopien** (erforderlich bei größeren Unfallskizzen) dürfte dem Anwalt jeweils die doppelte Vergütung zustehen.

Da der **erste** und der **ergänzende Aktenauszug** eine einzige Angelegenheit i.S.d. § 15 sind, bedeutet dies, dass die Kopien beider Aktenauszüge **zusammenzuzählen** sind (Anm. zu VV 7000). Die Vergütung verringert sich also auf 0,15 EUR (0,30 EUR)/Seite, sobald insgesamt 50 Kopien erreicht sind (VV 7000 Nr. 1 Buchst. a).

Voraussetzung für die Abrechenbarkeit der Kopiekosten ist auch hier, dass die Ablichtungen **zur sachgemäßen Bearbeitung** geboten sind (VV 7000 Nr. 1 Buchst. a). Dies ergibt sich aus der ausdrücklichen Verweisung auf § 27 BRAGO in Nr. 1 Buchst. b des Abkommens. Der Anwalt darf nicht ohne jegliche Prüfung die gesamte Akte kopieren, sondern muss auswählen, welche Teile der Akte für den Versicherer von Bedeutung sind. So dürften in der Regel Kopien von Duplikaten, Ladungen und Empfangsbekenntnissen für den Versicherer ersichtlich nicht von Interesse sein.

4. Sonstige Kosten

Zusätzlich erstattet werden dem Anwalt **sonstige außergewöhnliche Kosten** (Nr. 2 Buchst. a des Abkommens). Hierzu zählen insbesondere die für die Aktenversendung anfallenden **Auslagen des Gerichts oder der Staatsanwaltschaft** nach GKG-KostVerz. 9003 oder vergleichbare **Verwaltungsgebühren** in Bußgeldverfahren.[8]

Im Übrigen sind mit dem Pauschalhonorar sämtliche gewöhnlichen Geschäftskosten (VV Vorb. 7 Abs. 1 S. 1) abgegolten (Nr. 2 Buchst. a des Abkommens), ausgenommen die Gebühren für **Ferngespräche** (Nr. 1 Buchst. a des Abkommens).

Zusätzliche Auslagen nach VV 7001 oder gar eine **Auslagenpauschale** nach VV 7002, wie bei der Abrechnung nach den Regulierungsempfehlungen zur Unfallschadensregulierung, erhält der Anwalt nicht.[9]

Wünscht der Versicherer allerdings die **beschleunigte Ausführung** des Auftrags, so kann der Anwalt gem. Nr. 2 Buchst. b des Abkommens die hierdurch verursachten **Mehrkosten**, etwa Reisekosten zum Zwecke der beschleunigten Akteneinsicht, Mehrkosten für Eilsendungen o.Ä., zusätzlich fordern.

---

6 *N. Schneider*, DAV-Abkommen, Rn 334.
7 Der Betrag in Höhe von 13 EUR gilt nur für solche Aufträge, die nach dem 31.12.2001 erteilt worden sind. Für Aufträge, die vor dem 1.1.2002 erteilt worden sind, gilt analog § 134 BRAGO noch der frühere Betrag in Höhe von 25 DM, umgerechnet 12,78 EUR.
8 *N. Schneider*, DAV-Abkommen, Rn 339.
9 *N. Schneider*, DAV-Abkommen, Rn 341.

5. Umsatzsteuer

18 Zusätzlich zur Vergütung steht dem Anwalt Ersatz der **Umsatzsteuer** zu (Nr. 2 Buchst. c des Abkommens i.V.m. VV 7008). Auf eine Vorsteuerabzugsberechtigung des vom Anwalt vertretenen Versicherungsnehmers kommt es nicht an, da nicht dieser Leistungsempfänger i.S.d. UStG ist, sondern der Versicherer.

19 Zu berücksichtigen ist, dass auch die Aktenversendungspauschale (siehe Rdn 14) der Umsatzsteuer unterliegt.[10]

C. Kostenerstattung

20 Hinsichtlich der Erstattungsfähigkeit der Kosten für einen vorgerichtlich eingeholten Aktenauszug im nachfolgenden Haftpflichtprozess ist zu **differenzieren**:

21 Ist der Aktenauszug **zur Durchführung des Rechtsstreits** eingeholt worden, können die Kosten als Vorbereitungskosten festgesetzt werden.[11] Der Versicherer muss sich dann auch nicht darauf verweisen lassen, dass es kostengünstiger gewesen wäre, den Aktenauszug erst im Rechtsstreit einzuholen, weil die Tätigkeit des Anwalts dann durch dessen Prozessgebühr abgegolten gewesen wäre.[12] A.A. ist das KG.[13] Danach sollen die Kosten für einen vorgerichtlichen Aktenauszug nur insoweit erstattungsfähig sein, als der **Versicherte** ohne Einschaltung des Versicherers den **gleichen Aufwand** gehabt hätte.

22 Ist der Aktenauszug dagegen **zum Zwecke der Regulierung** eingeholt worden oder diente er als **Entscheidungshilfe**, ob der Rechtsstreit überhaupt aufgenommen werden sollte, dann sind dessen Kosten nicht erstattungsfähig.[14]

D. Regress des Versicherers

23 Muss der Versicherungsnehmer aufgrund Obliegenheitsverletzung (z.B. unerlaubtes Entfernen vom Unfallort) die Aufwendungen des Versicherers erstatten, zählen dazu auch die Kosten, die dieser für einen Aktenauszug aufgewandt hat.[15]

E. Abrechnungsbeispiel

24 **Beispiel:** Der Versicherer fordert einen Aktenauszug an. Hierfür fertigt der Anwalt 45 Kopien. Später erteilt der Versicherer einen Auftrag für einen weiteren Aktenauszug. Hier werden nochmals 15 Kopien gefertigt. Es wird vom Gericht jeweils eine Aktenversendungspauschale i.H.v. 12 EUR erhoben.
    I. Erster Aktenauszug
    1. Pauschalhonorar gem. Abkommen   26,00 EUR
    2. Dokumentenpauschale, VV 7000 Nr. 1 Buchst. a (45 Seiten x 0,50 EUR)   22,50 EUR

---

10 BGH AGS 2011, 262 = zfs 2011, 402 = NJW 2011, 3041 = RVGreport 2011, 215 = BRAK-Mitt 2011, 214 = DAR 2011, 356 = MDR 2011, 758 = VersR 2011, 877 = AnwBl 2011, 583 = RuS 2011, 287 = JurBüro 2011, 412 = Rpfleger 2011, 563 = NZV 2011, 438 = NJW-Spezial 2011, 349 = RVGprof. 2011, 134 = StRR 2011, 279 = DÖV 2011, 704 = Schaden-Praxis 2011, 341 = GuT 2011, 310.

11 OLG Nürnberg JurBüro 1966, 671; LG Bonn AnwBl 1966, 354; LG Essen AnwBl 1975, 441; OLG Düsseldorf JurBüro 1973, 869 = Rpfleger 1973, 316 = JMBlNW 1973, 189; OLG Stuttgart Justiz 1977, 62; AG Siegburg BRAGOreport 2000, 46 m. Anm. *N. Schneider*; AGS 2003, 324 m. Anm. *N. Schneider*.

12 AG Albstadt AnwBl 1978, 317.

13 JurBüro 1974, 1596 = Rpfleger 1975, 30.

14 OLG Nürnberg JurBüro 1966, 671; OLG Celle JurBüro 1969, 741 = VersR 1969, 808; OLG Koblenz JurBüro 1980, 723; 1981, 136.

15 AG Düsseldorf, Urt. v. 16.12.2009 – 35 C 10434/09.

3. Aktenversendungspauschale		12,00 EUR
Zwischensumme	60,50 EUR	
4. 19 % Umsatzsteuer, VV 7008		11,50 EUR
Gesamt		**72,00 EUR**

II. Ergänzender Aktenauszug

1. Pauschalhonorar gem. Abkommen		13,00 EUR
2. Dokumentenpauschale, VV 7000 Nr. 1 Buchst. a (5 Seiten x 0,50 EUR)		2,50 EUR
(10 Seiten x 0,15 EUR)		1,50 EUR
3. Aktenversendungspauschale		12,00 EUR
Zwischensumme	29,00 EUR	
4. 19 % Umsatzsteuer, VV 7008		5,51 EUR
Gesamt		**34,51 EUR**

Stichwortverzeichnis

Die Abkürzung „Vorb." für Vorbemerkung betrifft das gesetzliche Vergütungsverzeichnis, die Abkürzung „Vor" meint die redaktionelle Vorbemerkung des Autors.

„T" steht für Teil und „A" für Abschnitt sowie „U" für Unterabschnitt innerhalb des Vergütungsverzeichnisses (VV).

Abänderung-/Aufhebungsverfahren § 17 203, 288 f.
Abfindungsvereinbarung VV 1000 76
Abgeltungsbereich Gebühren § 15 1 ff.
– Angelegenheit § 15 22 ff.
– Anrechnung § 15 234 ff.
– Anrechnungsausschluss § 15 298 ff.
– Antrag Prozess-/Sachleitung § 15 222
– Auftrag, erneuter § 15 282 ff.
– Auftragsbeendigung, vorzeitige § 15 239 ff.
– Begrenzung § 15 217, 300 ff.
– Beistand VV Vorb. 3 16 ff.
– Bußgeldsachen VV Vorb. 5.1 1 ff.
– Disziplinarverfahren/Verfahren, berufsgerichtliche VV Vorb. 6.2 16 ff.
– Einigung § 15 218
– Einmaligkeit § 15 11 ff.
  – Ausnahmen § 15 19 ff.
– Einzelauftrag § 15 300 ff.
– Einziehung/Maßnahmen, verwandte VV 4142 21 f.
– Gebührensätze, gleichartige § 15 232 f.
– Gebührensätze, unterschiedliche § 15 213 ff.
– Gegenstand, derselbe § 15 214
– Gegenstände, unterschiedliche § 15 215 f.
– Geschäftsgebühr VV 2503 1 ff.
– Hebegebühr VV 1009 48 ff.
– Kürzung § 15 234 ff.
– Mehrfachvertretung § 15 229 ff.
– Prozesskostenhilfe § 15 223 ff.
– Rechtsanwälte, europäische/EuRAG VV 2200 f. 18 ff.
– Rechtsmittel/Rechtsbehelfe § 19 114
– Strafsachen VV Vorb. 4.1 4 ff.; VV 4106 f. 2 ff.; VV 4108 ff. 16 ff.; VV Vorb. 4.1.4/VV 4136 ff. 9 ff.
– Tätigkeit, außergerichtliche VV Vorb. 2.3 49 ff.
– Teil-Versäumnisurteil § 15 219 ff.
– Terminsgebühr VV 4102 f. 13 ff.
– Verfahren nach IRG/IStGH-Gesetz VV Vorb. 6.1.1, VV 6100 ff. 15 ff.
– Verfahrensgebühr VV 3200 4 ff.
– Verkehrsanwalt VV 3400 34
Abmahnung § 17 132; § 23 58; VV Vorb. 2.3 41; VV Vorb. 3 253 ff.
Abraten § 11 54
– Bußgeldsachen VV 5115 91 ff.
– Einspruch Strafbefehl VV 4141 121
– Rechtsmittel VV 4141 143
– Wiederaufnahmeverfahren VV Vorb. 4.1.4/VV 4136 ff. 69
Abrechnung/Berechnung § 10 1 ff., M 78 f.
– Abrechnungsgrundsätze Anhang I 1 ff.; Anhang II 1 ff.
– Angaben, weitere § 10 60 ff.
– Anrechnung VV 3101 112 ff.
– Anspruch auf – § 10 107
– Antrag auf Wertfestsetzung § 10 102
– Anwendungsbereich § 10 5 ff.
– Aufrechnung § 10 96 ff.
– Auslagen § 10 47 ff.
– Begleitschreiben § 10 77
– Beträge, anzurechnende § 10 50
– Bezeichnung Angelegenheit § 10 21
– Einigungsgebühr VV 1000 77 ff.
– Erfolgshonorar § 4a 54 f.
– Fehlen § 10 88 ff.
– Form § 10 14 ff.
– Gebühren nach BGB § 34 110
– Gebührenbeträge § 10 29 ff.
– Gebührensatz § 10 25 ff.
– Gebührentatbestände § 10 22 ff.
– Gebührenvorschriften/Nummern VV § 10 34 ff.
– Gegenstands-/Streitwert § 2 30; § 10 32 ff.
– Haftpflichtversicherungsprämie VV 7007 17 ff.
– Hemmung Verjährung § 10 100 f.
– Kosten § 10 86
– Kostenfestsetzung § 10 110 f.
– Mehrfachvertretung § 7 45 ff.; § 10 19 f.
– Mitteilung § 10 80 ff.
– Post-/Telekommunikationsentgelte § 15a 58; VV 7001 f. 11 ff., 48
– Prüfung Erfolgsaussicht Rechtsmittel VV 2100 7 ff.
– Rechnungsadressat § 10 16 ff.
– Rechtsschutzversicherung § 10 113
– Reisekosten VV 7003 ff. 49 f.
– Rückforderung § 10 108 f.
– Stellvertreter/Vertretung § 5 91 f.
– Steuerrecht § 10 118 ff.
– Übergangsrecht § 10 114 ff.
– Umsatzsteuer VV 7008 81 ff.
– unrichtige § 10 103 ff.
– Unterschrift, eigenhändige § 10 51 f.
– Vergütungsvereinbarung § 3a 147 ff.; § 10 65 ff.
– Verjährung § 10 106
– Verzicht § 10 87
– Vorschuss § 9 74 ff.; § 10 50
– Zeitpunkt § 10 13
– Zurückbehaltungsrecht § 10 99
Abrechnungsgrundsätze Anhang I 1 ff.; Anhang II 18 f.
– Abkommen DAV/HUK Anhang II 1 ff., M 24
– Auslagen Anhang I 33 ff.; Anhang II 14 ff.
– Gegenstands-/Streitwert Anhang I 55 ff.
– Inkrafttreten Anhang I 59
– Konkurrenz zu Ansprüchen gg. Unfallgegner Anhang I 60 f.
– Konkurrenz zu Vergütungsanspruch gegen Mandant Anhang I 62 ff.

3081

Stichwortverzeichnis

- Kostenerstattung/-entscheidung Anhang II 20 ff.
- Modell 1,5 Anhang I 17 ff., 50 ff.
- Modell 1,8 Anhang I 9 ff., 40 ff.
- Regress Anhang II 23
- Voraussetzungen Anhang I 20 ff.
- Vorläufer Anhang I 1 ff.

Abtretung Vergütungsanspruch § 43 1 ff.
- Anrechnung § 15a 105 f.
- Anwaltswechsel § 43 51
- Anwendungsbereich § 43 7 ff.
- Aufrechnung § 43 30, 59 ff.
- Ausschluss § 43 38 ff.
- Bußgeldsachen Vor VV T5 12
- Durchsetzung § 43 54 ff.
- Forderung Staatskasse § 43 14 f.
- Kostenerstattungsanspruch § 15a 105 ff.; § 43 1 ff.
- Nachweis § 43 31 ff.
- Rechtsfolgen § 43 46 ff.
- Vergütungsanspruch § 1 65 ff.
- Vergütungsfestsetzung § 43 52
- Verzinsung § 43 53
- Zeitpunkt § 43 27 ff.

Adhäsionsverfahren § 11 55; VV Vorb. 4 138 ff.
- Anrechnung VV 4143 f. 38 ff.
- Anwendungsbereich VV 4143 f. 7 ff.
- Beiordnung Erstreckung VV 4143 f. 65 f.
- Berufung VV 4143 f. 15
- Einigungsgebühr VV 4143 f. 35 ff.
- Gegenstands-/Streitwert VV 4143 f. 26 ff.
- Inanspruchnahme Vertretener VV 4145 15 f.
- Kostenerstattung/-entscheidung VV 4143 f. 68 f.
- Mehrfachvertretung VV 4143 f. 17 f.
- Pauschgebühr VV 4143 f. 67
- Prozesskostenhilfe VV 4143 f. 63 f.; VV 4145 14
- Rechtsschutzversicherung VV 4143 f. 62
- Rechtszug, erster VV 4143 f. 13
- Revision VV 4143 f. 15
- Tätigkeit, außergerichtliche VV 4143 f. 56 ff.
- Verfahren, vorbereitendes VV 4143 f. 14
- Verfahrensgebühr VV 4143 f. 1 ff.; VV 4145 1 ff.
- Vergütungsfestsetzung VV 4143 f. 70 ff.

Akte, elektronische § 12b 1 ff.
Aktenversendungspauschale § 19 181 ff.; VV 3400 118 ff.; VV Vorb. 7 24 ff.; VV 7008 52 ff.
Aktionärsklage § 23 58
Allgemeine Geschäftsbedingungen (AGB) § 3a 17 f.; § 8 193 ff.; § 23 58
Anerkenntnis/Verzicht § 32 234 ff.; VV 1009 67 f.; VV 3101 45
- Anerkenntnisurteil VV 3104 72 ff.
- bzgl. Hauptsache, Streit über Kosten VV Vorb. 3 201
- Einigung VV 1000 86 ff.
- Einigungsgebühr VV 1000 81; VV 3309 169 f.
- Hemmung Verjährung § 8 142 ff.
- Sozialrechtssachen VV 3104 87 ff.
- Terminsgebühr VV 3104 72 ff., 87 ff.
- Urkunden-/Wechsel-/Scheckprozess VV Vorb. 3 176

Anfechtung § 3a 14; § 11 198; § 23 58; VV 1000 57; VV 3324 16

Angelegenheit § 15 22 ff.; § 16 1 ff.; § 17 1 ff.
- Abgrenzung einheitliche/verschiedene § 15 22 ff.; § 16 1 ff.
- Einzelfälle A-Z § 15 37 ff., 93 ff.
- andere § 23 37
- Anordnung, einstweilige § 16 56
- Anrechnung § 58 43 ff.; VV Vorb. 3 226 ff.
- Arbeitsrechtssachen § 16 153 f., 256 ff.
- Arrest § 18 230 ff.; VV 3309 3 f., 33; VV Vorb. 3.3.3 7
- Asylverfahren § 16 299 f.; Vor VV T2 A5 159 ff.
- Aufnahme in Verbund § 16 88 ff.
- Auftrag, einheitlicher § 15 24 ff.
- Auftrag, erneuter § 15 282 ff.
- Auskunftsrechte Gerichtsvollzieher § 18 161 ff.
- Auslagen § 16 52 ff.
- außergerichtliche § 4 7 f.; § 15 22 ff.
- Aussöhnungsgebühr VV 1001 6
- Ausübung Veröffentlichungsbefugnis § 18 221 f.
- Beendigung § 8 29 ff.
- Begriff § 7 19 ff.; § 18 22
- Beratungshilfe Vor VV T2 A5 149 ff.
- Berufung § 16 227 ff., 250 ff., 257 ff., 279 ff., 299 f., 306
  - Umfang Vor VV 3200 ff. 4 ff.
- Bescheinigungen etc. § 19 92 ff.
- Beschleunigungsrüge § 19 53 ff.
- Beschwerde § 18 2 ff., 44, 85 ff.
  - mehrere/verschiedene § 17 18 f.
  - Rechtszug § 19 143 ff.
- besondere § 18 1 ff.
- Bestellung Schiedsrichter § 16 146 ff.
- Betragsrahmengebühren § 17 53
- Bezeichnung § 10 21
- Bußgeldsachen
  - mehrere/verschiedene § 17 477 ff.
  - Umfang VV Vorb. 5.1.2 2 ff.; Vor VV 5107 ff. 5 f.; VV 5200 11
- dieselbe/einheitliche § 16 1 ff.
- Disziplinarverfahren/Verfahren, berufsgerichtliche § 16 358 f.
- Dokumentenpauschale VV 7000 182 ff.
- Einigung
  - mehrere/verschiedene VV 1000 149 f.
- Einlegung Rechtsmittel/Rechtsbehelfe
  - Rechtszug § 19 112 ff.
- Einzelfälle
  - mehrere/verschiedene Vor VV T2 A5 162 ff.
- EnWG-Verfahren § 16 336 ff.
- Erinnerung § 18 6 ff., 43, 87 ff.
  - Rechtszug § 19 56 ff.
- Ermittlungsverfahren § 17 477 ff.
- EU-Mahnverfahren § 19 68
- EU-Überprüfung Urteil § 19 67
- EU-Unterhaltssachen § 19 69, 74 ff.
- Fälle Tätigkeitsumfang, geringer § 19 82 ff.
- FamFG-Verfahren/Familienrechtssachen § 16 250 ff.; VV 3309 3 f.; Vor VV T2 A5 157 ff.; VV Vorb. 3.3.3 7
- Finanzgerichtssachen § 16 301 ff.; § 17 17
- Fristsetzung, gerichtliche § 19 42
- Gegenstand § 7 24 f.; VV 1008 50 ff.
- Gehörsrüge § 19 59 ff.; VV 3330–3331 4 ff.
- gerichtliche § 15 85 ff.

3082

Stichwortverzeichnis

- Gerichtskosten § 16 57
- Gerichtsstandsbestimmungsverfahren § 16 26 ff.
- Gnadensachen VV 4303 10 ff.
- Güteverfahren § 17 390 ff.
- Güteverhandlung § 19 54 ff.
- GWB-Verfahren § 16 320 ff.
- Haftpflichtversicherungsprämie VV 7007 22 f.
- Handaktenübersendung § 19 181 ff.
- Hebegebühr VV 1009 7 ff.
- innerhalb prozessualer Rechtszug § 15 86 ff.
- internationale § 16 136 ff.
- KapMuG-Verfahren § 16 352 f., 373 ff.; VV 3338 12 f.
- Kostenerstattung/-entscheidung
  - dieselbe/einheitliche § 16 60 ff., 155 ff.
  - mehrere/verschiedene § 17 54 ff.
  - Rechtszug § 19 88 f.
- KSpG-Verfahren § 16 343 ff.
- Mahnverfahren § 17 95 ff.
- mehrere/verschiedene § 17 1 ff.
- Mehrfachvertretung siehe dort
- nachfolgende § 15a 70 ff.
- neue § 21 31
- Nichtzulassungsbeschwerde § 17 461 ff.; VV 3506–3509 8 ff.
- Notfristzeugnis § 19 91
- Ordnungswidrigkeitenverfahren § 16 326 ff.
- Patentverfahren § 16 354 ff.
- Personen, vertretene § 18 23
- Post-/Telekommunikationsentgelte VV 7001–7002 33 ff.
- Privatklage § 16 364 ff.
- Prozesskostenhilfe § 16 15 ff.; § 17 94; VV 3335 3 f.
- Rahmen, gleicher § 15 31 ff.
- Rechtsanwälte, europäische/EuRAG VV 2200–2201 22 ff.
- Rechtsbeschwerde § 19 87
- Rechtskraftzeugnis § 19 91
- Rechtsmittel § 17 2 ff.
- Rechtsmittelverfahren § 16 218 ff.
- Rechtsschutz, einstweiliger § 16 133 ff.; § 17 9 ff.
  - dieselbe/einheitliche § 16 2 ff., 97 ff.
  - mehrere/verschiedene § 17 114 ff.
  - Schutzschrift § 19 20 ff.
  - Umfang § 17 114 ff.
- Rechtszug § 7 22 f.; § 19 1 ff.
- Reisekosten VV 7003 ff. 6
- Revision § 16 230 ff., 250 ff., 260 ff., 283, 301, 312 ff.; § 19 87
- Satzrahmengebühren VV 1008 46
- Scheidungs-/Folgesache § 16 36 ff.
- Schiedsverfahren § 17 382 ff.
- Sozialrechtssachen § 16 306 ff.
- Strafsachen § 16 323 ff.; § 17 492 ff.; VV Vorb. 4.1 10 ff.
  - dieselbe/einheitliche § 16 323 ff., 351, 363
  - mehrere/verschiedene § 17 492 ff.
  - Umfang Vor VV 4106 ff. 1 ff.; Vor VV 4124 ff. 10; VV 4124 f. 4 ff.; Vor VV 4130 ff. 13; VV 4130 f. 6 ff.; VV Vorb. 4.3 8 ff.
- Strafvollzugsverfahren VV Vorb. 4.2, VV 4200 ff. 4 ff.
- Tatbestandsberichtigung/-ergänzung § 19 70
- Trennung, sachwidrige § 15 204 ff.
- Trennung Verbundverfahren § 16 68 ff.
- Umfang VV 2303 1
- Unterhalt Minderjähriger § 17 106 ff.
- Urkunds-/Scheck-/Wechselprozess § 17 349 ff.
- Verbundverfahren § 16 36 ff.
- Verfahren, mehrere nebeneinander laufende § 15 89 ff.
- Verfahren, vorbereitendes VV 4104 f. 3 ff.; Vor VV 4106 ff. 2 ff.
- Verfahrenskostenhilfe § 16 64 ff.
- Verfügung, einstweilige VV 3309 3 f., 33; VV Vorb. 3.3.3 7
- Vergütungsfestsetzung § 16 63; § 19 163 ff.
- Vergütungsvereinbarung § 15 211 f.
- Verkehrsanwalt VV 3400 53 ff.
- Vermittlungsverfahren § 17 458 ff.
- Vermögensauskunft § 18 161 ff.
- Versicherung, eidesstattliche § 18 161 ff.
- Verteilungsverfahren § 18 123 ff.
- Verteilungsverfahren, schifffahrtsrechtliches VV 3309 197; VV 3333 14
- Vertrag mit Österreich § 16 136 ff.
- Verwaltungsrechtssachen § 16 2 ff., 279 ff.; § 17 3 ff., 20 ff.
- Verwaltungszwangsverfahren VV 3309 3 f.; VV Vorb. 3.3.3 7
- Vollstreckbarerklärung Urteil § 19 90; VV 3329 5 ff.
- Vollstreckung wg. Kostenvorschuss § 18 134 ff.
- Vollstreckungserinnerung § 19 204 f.
- VSchDG-Verfahren § 16 348 ff.
- WBO-Verfahren § 16 360 f.; § 17 18 f.
- WDO-Verfahren § 16 361
- Wertgebühren VV 1008 45
- Widerklage § 16 364 ff.
- Wiederaufnahmeverfahren § 17 496 ff.; VV Vorb. 4.1.4/VV 4136 ff. 9 ff.
- Zahlungsvereinbarung § 31b 22 ff., 25
- Zulassung Rechtsmittel § 16 218 ff.
- Zulassung Vollziehung VV 17 382 ff.
- Zurückverweisung § 21 7 ff.
- Zusammenhang, innerer § 15 36
- Zustellungen § 19 173 ff.
- Zwangs-/Ordnungsmittel § 18 142 ff.; § 19 208 ff.
- Zwangshypothek § 18 127 ff.
- Zwangsverwaltung/-versteigerung § 18 120 ff.; Vor VV 3311 f. 4 ff., 20
- Zwangsvollstreckung
  - Abgrenzung einheitliche/verschiedene VV 3309 3 f.; VV Vorb. 3.3.3 7
  - besondere § 18 25 ff.
  - Rechtszug § 19 149 ff., 185 ff.
- Zwischenstreit
  - Rechtszug § 19 36 ff.

Anhängigkeit § 8 130; VV 1000 169; VV 1003 1 ff.
- Berufung/Revision/Zulassung VV 1004 1 ff.
- Einzelfälle A-Z Anhang VV § 1003 f. 1 ff.
- Mischfälle VV 1003 20; VV 1004 12; Anhang VV § 1003 f. 178 ff.
- Nichtzulassungsbeschwerde VV 1004 1 ff.
- Prozess-/Verfahrenskostenhilfeverfahren VV 1004 1 ff.

Stichwortverzeichnis

Anhörung § 42 32 ff.
Anordnung, einstweilige
- Abänderung-/Aufhebungsverfahren § 17 288 f.
- Angelegenheit § 16 56; § 17 9 ff.
- Anordnungsverfahren § 17 141 ff., 280 ff., 288 f.
- Beiordnung § 48 52 ff.
- Beschwerde § 17 265, 290 ff., 339 f.; VV Vorb. 3.2.1 159
- EnWG-Verfahren VV Vorb. 3.2.1 188
- EuGH-Verfahren § 38 6
- FamFG-Verfahren/Familienrechtssachen § 17 223 ff.
- FGG-Verfahren § 17 280 ff.
- Gegenstands-/Streitwert § 22 15
- im Beschwerdeverfahren § 17 264, 290 ff.
- Klauselerteilung § 18 94
- mehrere § 17 287
- Rechtsmittelgericht VV Vorb. 3.2 17 ff.
- Scheidungs-/Folgesachen § 16 56
- Sozialrechtssachen § 3 40, 42, 70; § 17 323 ff.
- Strafsachen VV Vorb. 3.2.1 341
- Therapieunterbringungsgesetz (ThUG) § 62 22 f., 30
- Übergangsrecht § 60 50
- Verbraucherschutzverfahren VV Vorb. 3.2.1 226 f.
- Verbundverfahren § 16 56
- Verfassungsgerichtsverfahren § 37 29
- Vergütungsfestsetzung § 11 63
- Verlängerung § 17 295
- Verwaltungsrechtssachen § 17 296 ff.
- Vollstreckung § 48 52 ff.
- Vollstreckungsschutz § 18 108
- WpHG-Verfahren VV Vorb. 3.2.1 318
- WpÜG-Verfahren VV Vorb. 3.2.1 284 ff.
- Zwangsvollstreckung *siehe dort*

Anrechnung § 15a 1 ff.
- Abgeltungsbereich Gebühren § 15 234 ff.
- Abmahnung VV Vorb. 3 253 ff.
- Abrechnung/Berechnung VV 3101 112 ff.
- Abrechnung mit Auftraggeber
  - Angelegenheit, nachfolgende § 15a 70 ff.
  - Anrechnungen, mehrere § 15a 64
  - Beratung/Gutachten § 15a 80
  - Berechnung § 15a 55 ff.
  - Beweisverfahren, mehrere § 15a 77
  - Durchführung § 15a 61 ff.
  - Gebühren, mehrere § 15a 74 ff., 79, 83
  - Gegenstände, unterschiedliche § 15a 65 ff.
  - Gegenstände, wechselnde § 15a 69
  - Klage § 15a 76
  - Mehrfachvertretung § 15a 75
  - Postentgeltpauschale § 15a 58
  - Schadensersatz § 15a 60
  - Selbstständigkeit Gebühren § 15a 48 ff.
  - Verjährung § 15a 59
  - Wahlrecht bei Einforderung § 15a 52 ff.
  - Widerklage § 15a 76
- Abtretung § 15a 105 ff.
- Anrechnung nach Anm. zu VV 3201 VV 3200 31
- Anwaltswechsel § 6 40 f.; § 15a 139 f.
- Auftragsbeendigung, vorzeitige VV 3201 33 ff.; VV Vorb. 3.3.2, VV 3305–3306 39 ff.
- Auslagen § 34 134; § 58 78 ff.; VV Vorb. 3 256 ff.
- Ausschluss § 15 298 ff.; § 58 78 ff.; VV 3307 38 f.
  - vereinbarter VV Vorb. 3 234
  - Zeitablauf § 15a 84
- Beiordnung § 58 13 ff.
  - Anzeigepflicht § 58 85 ff.
  - Auslagen § 58 78 ff.
  - Ausschluss § 58 60 ff.
  - Begrenzung § 58 71 ff.
  - Durchführung § 58 63 ff.
  - Festsetzung § 58 92 f.
  - Pauschgebühr § 51 § 58 77
  - Pflichtverteidigergebühren § 58 36 ff.
  - Rückzahlung § 58 89 ff.
  - Vorschuss/Zahlungen § 58 1 ff.
- Beratung § 15a 22, 28, 80; § 34 69, 125 ff.; VV 2501 16 ff.
  - Vereinbarung, anderweitige § 34 135 ff.
- Berufung § 15a 36; VV 3200 19 ff.; VV 3202 24 ff.
- Betrag VV Vorb. 3 236 ff.
- Beweisverfahren, selbstständiges *siehe dort*
- Bußgeldsachen § 15a 43; § 57 30; VV 5200 17
- Darlegungs-/Beweislast § 34 137
- Disziplinarverfahren/Verfahren, berufsgerichtliche § 15a 44
- Einzeltätigkeiten § 15a 46
- Entstehen § 15a RVG § 15a 1 ff.
- EuGH-Verfahren § 38 20
- EuRAG VV 2200–2201 52
- FamFG-Verfahren/Familienrechtssachen § 15a 31, 78; VV 3100 39 ff.
- Gegenstands-/Streitwert VV Vorb. 3 240 ff.
- Geschäftsgebühr § 15a 25 ff.; VV Vorb. 2.3 56 ff.; VV 2503 13 ff.; VV Vorb. 3 218 ff.; VV 3200 25 f.; VV 3307 59 ff.
- Gutachten *siehe dort*
- Güteverfahren § 17 426 ff.; VV Vorb. 2.3 101 ff.; VV 2303 27 ff.
- in Verfahren, anderen VV 3101 106 f.
- Kostenerstattung/-entscheidung § 15a 86 ff.; VV Vorb. 3 235
- Kürzung nach § 15 Abs. 3 § 15a 85
- Mahnverfahren *siehe dort*
- Maßgeblichkeit Gebühr, letzte VV Vorb. 3 244 ff.
- Mediation § 34 83
- Mehrfachanrechnung VV Vorb. 3.3.2, VV 3305–3306 33 ff., 64 ff.
- Mehrfachvertretung § 15a 75, 81 ff.; VV 1008 98 ff.; VV Vorb. 2.3 75, 89; VV 2302 20 ff.; VV Vorb. 3 248 ff.; VV 3102 8 f.
- Mehrvergleich VV 3101 103 ff.
- Mindestgebühr § 13 28 f.
- nach Anm. zu VV 3101 VV 3200 30
- Nichtzulassungsbeschwerde § 15a 35, 37, 39; VV 3504–3505 20; VV 3506–3509 38 ff.
- Pflichtverteidigergebühren § 58 36 ff., 43 ff.
- Post-/Telekommunikationsentgelte VV Vorb. 2.3 105; VV 7001–7002 38 ff.
- Prozesskostenhilfe § 15a 125 ff.; VV Vorb. 3 251; VV 3335 9
- Prüfung Erfolgsaussicht Rechtsmittel § 15a 24; Vor VV 2100 ff. 3; VV 2100 40 ff.; VV 2101 19 ff.; VV 2102 5 f.; VV 3200 21 f.

3084

Stichwortverzeichnis

- Rahmengebühren § 15a 26 f.
- Rechtsschutz, einstweiliger § 17 205 ff., 309 ff.
- Rechtsschutzversicherung § 15a 131 f.
- Reihenfolge, zeitliche VV 3101 111
- Revision § 15a 38
- Schlichtungsverfahren VV Vorb. 2.3 101 ff.
- Schreiben, einfaches VV 2301 12
- Sinn § 15a 47
- Sozialrechtssachen § 15a 26; VV Vorb. 2.3 77 ff.; VV 2302 15 ff.; VV 3102 5 ff.
  - Kostenerstattung VV 3102 10 ff.
  - Mahnverfahren, vorangegangenes VV 3102 17
  - Mehrfachvertretung VV 3102 8 f.
- Steuerrecht § 15a 23
- Steuersachen nach StBVV § 35 50
- Strafsachen § 15a 42; VV Vorb. 4.1 28 f.; VV 6211 ff. 12 ff.
  - Adhäsionsverfahren VV 4143 f. 38 ff.
  - Einzeltätigkeiten VV Vorb. 4.3 38 ff.
  - Gnadensachen VV 4303 17
  - Grundgebühr VV 4100–4101 26 ff.
  - Kontaktperson VV 4304 17
  - StrRehaG-Verfahren VV 4146 10
  - Tätigkeit, außergerichtliche VV 4143 f. 56 ff.
- Tätigkeit, außergerichtliche VV Vorb. 3 257 ff.
- Terminsgebühr VV 3104 96 ff.; VV 3307 84 ff.; VV 3308 30 ff.; VV Vorb. 3.3.2, VV 3305–3306 94 ff.
- Terminsvertreter § 15a 41; VV 3401–3402 56 f.
- Überblick § 15a 11 ff.; Anhang I 5 ff.
- Übergangsrecht § 15a 133 ff.; § 60 28 ff.; VV Vorb. 2.3 66 ff., 82 ff.; VV Vorb. 3.3.2, VV 3305–3306 66 ff.
  - Begrenzung VV Vorb. 2.3 72 f., 88
  - Nachfestsetzung § 15a 136
  - Sozialrechtssachen § 15a 137
  - Urkunds-/Scheck-/Wechselprozess § 17 367
- Unterhaltssachen § 15a 30; VV 3100 4 ff.; VV 3104 111 ff.
- Urkunds-/Scheck-/Wechselprozess § 15a 33; § 17 362 ff.; VV 3100 11 ff.; VV 3200 29; VV 3307 102
- Verfahren I. Instanz § 15a 34
- Verfahren, gerichtliches VV Vorb. 2.3 76, 90, 105 f.
- Verfahren, vereinfachtes § 15a 30
- Verfahrenskostenhilfe § 15a 125 ff.
- Verfügung, einstweilige VV Vorb. 3 253 ff.
- Vergabeverfahren VV Vorb. 3 252
- Vergütung aus Staatskasse § 55 43 ff.
- Vergütung, erfolgsunabhängige § 4 12 f.
- Vergütungsvereinbarung § 15a 133, 138; VV Vorb. 3 232
- Verkehrsanwalt § 15a 40; VV 3400 73 f., 140
- Vertretung durch Rechtsanwalt, gleichen VV 3101 108 f.
- Verwaltungsrechtssachen § 17 309 ff.; VV Vorb. 2.3 56 ff.; VV 3300–3301 23
- VGG-Verfahren VV 3300–3301 12 ff.
- Vorschriften § 15a 21 ff.
- Vorverfahren § 17 76 ff.
- WBO-Verfahren § 15a 45; VV Vorb. 2.3 91 ff.; VV 2302 46 ff.; VV Vorb. 6.4 16 ff.
- WDO-Verfahren § 15a 45; VV Vorb. 2.3 100; VV 2302 46 ff.
- Wert, geringerer VV Vorb. 2.3 74
- Wertgebühren § 13 28 f.; § 15a 25, 62 ff.
- Zahlungen § 57 30
- Zurückverweisung § 21 32 ff.; VV 3200 23 f.
- Zurückweisung VV Vorb. 3 310 ff.
- Zweck § 15a 47

Anwalt in eigener Sache VV 3400 23 f.
- Kostenerstattung/-entscheidung VV 3401–3402 105
- Übergangsrecht § 60 30
- Umsatzsteuer VV 7008 42 ff., 95
- Vergütung § 1 50 ff.

Anwaltsmediator § 1 143 f.

Anwaltsnotar § 1 138 ff.

Anwaltsvertrag
- Ablehnung § 1 18
- Angebot § 1 15
- Aufhebung § 8 22; § 15 278
- Bedingungen § 1 19
- Entgeltlichkeit § 1 36 ff.
- Haftpflichtversicherung § 1 25
- Hinweispflicht § 1 37 ff.
- Kontrahierungszwang § 1 17
- Kündigung § 8 22; § 15 247 ff.
  - durch Anwalt § 15 248 ff., 269 ff.
  - durch Auftraggeber § 15 260 ff., 275 ff.
  - Einigung VV 1000 93
  - Gegenstands-/Streitwert § 23 58
  - Grund, wichtiger § 15 271 ff.
  - grundlose § 15 269 ff., 277
  - ohne Verhalten, vertragswidriges § 15 252 ff., 265
  - Schadensersatzansprüche § 15 269 ff.
  - Vergütungsvereinbarung § 3a 85 ff.; § 4b 22
  - zur Unzeit § 4b 22
- Mandatsniederlegung § 8 22
- Mehrfachvertretung § 6 7 ff.; § 7 1 ff.
- Rechtbindungswille § 1 16
- Rechtsgrund für Vergütung § 1 13
- Rechtsschutzversicherung § 1 22 ff.
- Stellvertretung/Vertretung § 1 26 ff.
- Tod Anwalt § 8 27
- Tod Mandant § 8 28
- Unmöglichkeit § 8 25 f.
- unwirksamer § 1 47 f.
- Verhalten, vertragswidriges
  - Anwalt § 15 260 ff., 275 f.
  - Auftraggeber § 15 248 ff., 269
- Vertragsparteien § 1 20 ff.
- Vertragsschluss § 1 14 ff.

Anwaltswechsel § 3a 89; § 6 25 ff.
- Abtretung Kostenerstattung § 43 51
- Anrechnung § 6 40 f.; § 15a 139 f.
- aus Gründen Partei § 6 39
- Ausscheiden aus Anwaltschaft § 6 29 ff.
- Beiordnung/Bestellung § 45 41; § 54 1 ff.
- Beweisverfahren, selbstständiges VV Vorb. 3 297
- Entzug Zulassung § 6 33
- Mahnverfahren VV 3307 89; VV Vorb. 3.3.2, VV 3305–3306 139 ff.
- Tod/Erkrankung Anwalt § 6 26 ff.
- Übergangsrecht § 60 31, 103 ff.

Stichwortverzeichnis

- Vergütung aus Staatskasse § 55 83 ff.
- Wechsel Zulassung § 6 37 f.
- Zeitablauf § 6 34 ff.
- Zwangsvollstreckung VV 3309 221 f.

Arbeitsrechtssachen VV Vorb. 3.1 1 ff.
- Ablehnung Schiedsrichter VV 3326 4; VV 3332 8
- Angelegenheit § 16 153 f., 256 ff.
- Arbeitsvermittler § 3 17
- Auftragsbeendigung, vorzeitige VV 3337 1 ff.
- Ausschuss Berufsausbildung VV 2303 1 ff., 59 ff.
- Berufung § 16 257 ff.; Vor VV 3200 ff. 1 ff.; VV 3200 1 ff.; VV 3201 1 ff.
- Beschlussverfahren § 23 58; VV Vorb. 3.2.2 74 ff.
- Beschwerde § 3.2 15 f.; VV Vorb. 3.2.1 1 ff., 123 ff.
  - Terminsgebühr VV Vorb. 3.2.1 130 ff.
  - Verfahrensgebühr VV Vorb. 3.2.1 129
- Bestimmung Frist VV 3326 2; VV 3332 8
- Beweisaufnahme VV 3326 5; VV 3332 8
- Geschäftsgebühr VV 2303 1 ff.
- Kostenentscheidung/-erstattung VV 3326 12
- Kündigung § 23 28 f.; VV 1000 93
- Nichtzulassungsbeschwerde § 16 273 f.; § 17 467 ff.
- Personalvertretung VV Vorb. 3.2.2 84 ff.
- Rechtsbeschwerde § 16 269 ff.; VV Vorb. 3.2.2 1 ff., 77 f.; VV 3502–3503 10 f.
  - Einigungsgebühr VV Vorb. 3.2.2 78
  - Kostenentscheidung/-erstattung VV Vorb. 3.2.2 81 f.
  - sonstige VV Vorb. 3.2.2 80
  - Terminsgebühr VV Vorb. 3.2.2 78
  - Verfahrensgebühr VV Vorb. 3.2.2 77
- Reisekosten VV 7003 ff. 116 ff.
- Revision § 16 260 ff.
- Seemannsamt VV 2303 1 ff., 65 f.
- Sozialrechtssachen § 3 17
- Terminsgebühr VV 3326 10 f.
- Vereidigung VV 3326 5; VV 3332 8
- Verfahren, schiedsgerichtliches § 36 39 ff.
- Verweisung § 20 44 ff.

Arrest VV Vorb. 3.3.3 5
- Angelegenheit *siehe dort*
- Anwendungsbereich VV Vorb. 3.3.3 9 ff.
- Arrestpfändung VV Vorb. 3 80 f.
- Aufhebung VV 3309 49
- Auftrag, unbedingter VV 3309 5
- Beiordnung § 48 52 ff.
- FamFG-Verfahren/Familienrechtssachen § 17 267 ff.; § 18 230 ff.; VV Vorb. 3.2 13 f.; VV 3309 56 f.
- Gegenstands-/Streitwert § 22 15; § 25 1 ff.; VV 3309 2, 32, 57; VV Vorb. 3.3.3 6
- Kostenentscheidung/-erstattung VV 3309 213
- mit Pfändungsantrag VV 3309 34 f.
- Prozesskostenhilfe VV 3309 277
- Rechtsmittel VV Vorb. 3.2 10 ff.
- Terminsgebühr VV 3310 1 ff.; VV 3514 1 ff.
- Übergangsrecht § 60 32 ff.
- Verfahrensgebühr VV 3309 1 ff.
- Vergütungsfestsetzung § 11 56
- Vollzug § 18 230 ff.; § 48 52 ff.; VV 3309 31 ff.
- Widerspruchsverfahren § 17 161 ff.
- Zustellung VV 3309 36 ff.

Assessor § 5 37
Asylverfahren Vor VV T2 A5 159 ff.
- Abweichen vom Regelwert § 30 27 ff.
- Angelegenheit § 16 299 f.
- Berufung § 16 299 f.
- Gegenstands-/Streitwert § 30 1 ff.
- Klageverfahren § 30 12 ff.
- Personenmehrheit § 30 22
- Prozesskostenhilfe § 30 54 ff.
- Rechtsschutz, einstweiliger § 30 19 ff.
- Wertfestsetzung § 30 51 ff.

Auf-/Abrundung § 2 42 ff.
Aufenthaltsermittlung § 18 45 ff.
Aufgebotsverfahren VV 3324 1 ff.; VV 3337 1 ff.
- Einigungsgebühr VV 3324 18
- Gegenstands-/Streitwert VV 3324 21
- Kostenerstattung/-entscheidung VV 3324 22
- Mehrfachvertretung VV 3324 19
- Terminsgebühr VV 3324 9 ff.; VV 3332 6
- Verbindung Verfahren VV 3324 20
- Verfahrensgebühr VV 3324 7 ff.

Aufhebung
- Anwaltvertrag § 15 278
- Beratungshilfe Vor VV T2 A5 69 ff.
- Bestellung § 8 23 f.
- Vollstreckungsmaßregeln VV 3323 1 ff.

Aufrechnung
- Abtretung Kostenerstattung § 43 30, 59 ff.
- Aufrechnungslage § 10 96
- Festsetzungsverfahren Vergütung § 11 204
- hilfsweise § 33 15 ff.
- Primäraufrechnung § 33 19
- Rückwirkung § 10 97 f.
- Vergütungsfestsetzung § 11 201 ff.

Auftrag § 2 27 ff.
- bedingter § 60 40 ff.
- Beistand VV Vorb. 3 22 ff.
- Beschwerde VV Vorb. 3.5, VV 3500 14 ff.
- Einzelauftrag § 15 300 ff.
- Einzeltätigkeiten VV 3403–3404 19
- erneuter § 15 282 ff.; § 60 53
- Festsetzungsverfahren Vergütung § 11 207 ff.
- Handaktenübersendung VV 3400 134
- Hebegebühr VV 1009 11 ff.
- mehrere VV 3403–3404 55 ff.
- Schreiben, einfaches VV 2301 8 f.
- Terminsvertreter VV 3401–3402 39 ff., 72 ff., 83
- unbedingter VV 3309 5
- Verkehrsanwalt VV 3400 7 ff.

Auftraggeber, mehrere *siehe Mehrfachvertretung*
Auftragsbeendigung, vorzeitige § 15 239 ff.; VV 3101 1 ff.
- Anrechnung VV 3201 33 ff.; VV Vorb. 3.3.2, VV 3305–3306 39 ff.
- Antrag, verfahrenseinleitender VV 3101 37
- Arbeitsrechtssachen VV 3337 1 ff.
- Arten Beendigung VV 3337 7
- Aufgebotsverfahren VV 3337 1 ff.
- Beendigung VV 3101 14 ff.
- Berufung VV 3200 15 f.; VV 3201 1 ff.
- Beweisverfahren, selbstständiges VV 3101 64 ff.
- Drittschuldnerklage VV 3101 62 f.
- Einigung VV 3101 78 ff.
- Einreichung bei Gericht VV 3337 10 ff.

Stichwortverzeichnis

- Einschränkungen § 15 242 ff.
- Einzeltätigkeiten VV 3403–3404 39 ff., 51 ff.; VV 3405 12 ff.; VV Vorb. 4.3 27 f.
- endgültige VV Vorb. 3.3.2, VV 3305–3306 72 ff.
- EnWG-Verfahren VV Vorb. 3.2.1 182
- Erledigung Hauptsache VV 3337 8 f.
- Familienrechtssachen VV Vorb. 3.2.1 70
- FGG-Verfahren VV Vorb. 3.2.1 114
- Grundsatz § 15 239 ff.
- Gutachten § 34 68
- GWB-Verfahren VV Vorb. 3.2.1 154
- Honorarvereinbarung § 15 279 ff.
- Klageschrift VV 3101 29 ff.
- Konkurrenz VV 3101 72
- KSpG-Verfahren VV Vorb. 3.2.1 200
- Kündigung Anwaltsvertrag § 15 247 ff.
- Legitimation nach Verfügung, einstweiliger VV 3101 69
- Legitimation nach Verhandlung VV 3101 67 f.
- Mahnverfahren VV Vorb. 3.3.2, VV 3305–3306 6, 39 ff., 72 ff.
- Mehrfachvertretung VV 3101 71; VV 3201 31 f.; VV 3337 38; VV Vorb. 3.3.2, VV 3305–3306 74 ff.
- nach Klagerücknahme VV 3101 75 ff.
- Nichtzulassungsbeschwerde VV 3506–3509 27 ff.
- Protokollierung Antrag VV 3337 31 ff.
- Prozesskostenhilfe VV 3337 1 ff.
- Räumungsfristverfahren VV 3337 1 ff.
- Rechtsbeschwerde VV 3206–3209 17 ff.; VV 3502–3503 1 ff.
- Revision VV 3206–3209 1 ff.
- Schiedsverfahren VV 3337 1 ff.
- Schriftsatz VV 3101 38 ff., 51 ff.; VV 3337 14 ff.
- Sozialrechtssachen § 3 24, 50, 76
- Strafsachen VV Vorb. 3.2.1 333 f.; VV 4146 9; VV 4301 21
- Tätigkeit, vorbereitende VV 3101 70
- teilweise VV Vorb. 3.3.2, VV 3305–3306 74
- Terminsvertreter VV 3401–3402 67
- Terminswahrnehmung VV 3101 54 ff.; VV 3337 24 ff.; VV 3403–3404 51 ff.
- Unmöglichkeit § 15 266 ff.
- Verbraucherschutzverfahren VV Vorb. 3.2.1 219
- Verfahren nach AktG/UmwG VV 3337 1 ff.
- Verfahren, schiedsrichterliches § 36 18, 20
- Verfahrensarten VV 3101 9 ff.
- Verfahrensauftrag VV 3101 12 ff.
- Verfahrensbevollmächtigte VV 3405 1 ff.
- Verfahrensgebühr VV 3101 22 ff.
- Vergütungsvereinbarung § 3a 85 ff.
- Verkehrsanwalt VV 3400 50 ff.; VV 3405 3 ff.
- Verwaltungsrechtsachen/Sachen, öffentlich-rechtliche VV 3300–3301 22
- VGG-Verfahren VV 3300–3301 11
- WpHG-Verfahren VV Vorb. 3.2.1 312
- WpÜG-Verfahren VV Vorb. 3.2.1 277
- Zwangsvollstreckung VV 3309 140

Aufwendungen § 1 383; § 46 27 ff.

Auslagen VV Vorb. 7 1 ff.; VV 7003 ff. 1 ff.
- Aktenversendungspauschale VV 3400 118 ff.; VV Vorb. 7 24 ff.; VV 7008 52 ff.
- Angelegenheit, dieselbe § 16 52 ff.
- Anrechnung *siehe dort*
- Anwendung, analoge § 46 56 ff.
- Auf-/Abrundung § 2 48 f.
- Beiordnung § 46 1 ff.; § 52 20
  - Abschriften/Ablichtungen § 46 34 ff.
  - Anwendung, analoge § 46 56 ff.
  - Durchsetzung § 46 66 f.
  - Informationsbeschaffung § 46 41 ff.
  - Post-/Telekommunikationsentgelte § 46 32 f.; VV 7001–7002 49 f.
  - Praxisempfehlung § 46 61 ff.
  - Reisekosten Anhang § 12 92 f.; § 46 8 ff., 61 ff.
  - Übersetzung § 46 37 ff.
  - Wiederaufnahmeverfahren § 46 59 f.
- Beratungshilfe Vor VV T2 A5 134 ff.
- Berechnung/Abrechnung § 10 47 ff.
- Beschwerde VV Vorb. 3.5, VV 3500 41
- besondere VV Vorb. 7 19 ff.
  - Einzelfälle VV Vorb. 7 22 ff.
- Bußgeldsachen *siehe dort*
- Dokumentenpauschale *siehe dort*
- Dolmetscherkosten Vor VV T2 A5 147
- Einzeltätigkeiten VV 3403–3404 63
- Ersatz, reiner VV Vorb. 7 39
- erstattungsfähige § 37 36 ff.
- EuRAG VV 2200–2201 51
- Gehörsrüge VV 3330–3331 28
- Geschäftskosten, allgemeine VV Vorb. 7 7 ff.
- Gutachten § 34 63 ff.
- Güteverfahren § 17 425; VV 2303 26
- Haftpflichtversicherungsprämie VV 7007 1 ff.
- Hebegebühr VV 1009 58 f.
- Hinweispflicht § 2 55
- Insolvenzverwalter § 1 361 ff.
- Mahnverfahren VV 3307 42 ff.
- nach § 670 BGB § 11 136 ff.
- nicht erstattungsfähige § 37 39 ff.
- Nichtzulassungsbeschwerde *siehe dort*
- notwendige § 37 35 ff.
- Pflichtverteidiger § 5 88
- Post-/Telekommunikationsentgelte VV 7001–7002 1 ff.
- Räumungsfristverfahren VV 3334 17
- Rechtsbeschwerde VV Vorb. 3.5, VV 3500 41
- Reisekosten *siehe dort*
- Scheidungs-/Lebenspartnerschafts-/Folgesachen § 16 52 ff.; § 39 11
- Schreibauslagen § 37 38
- sonstige VV 7003 ff. 36 ff.
- Stellvertreter/Vertretung § 5 56, 67 ff.
- Strafsachen Vor VV 4106 ff. 12; Vor VV 4130 ff. 22; VV 4146 15, 25; VV Vorb. 4.2, VV 4200 ff. 27, 33
  - Berufung Vor VV 4124 ff. 18
  - Kontaktperson VV 4304 16
  - StrRehaG-Verfahren VV 4146 15, 25
  - Verfahren nach IRG/IStGH-Gesetz VV Vorb. 6.1.1, VV 6100 ff. 34
  - Verfahren, vorbereitendes Vor VV 4106 ff. 14
- Tage-/Abwesenheitsgeld § 14 16
- Terminsvertreter VV 3401–3402 82
- Testamentsvollstrecker § 1 336 f.
- Übergangsrecht § 60 36 f.
- Umsatzsteuer *siehe dort*
- Urkunds-/Scheck-/Wechselprozess § 17 373

Stichwortverzeichnis

- Verbundverfahren § 16 52 ff.
- Verfassungsgerichtsverfahren § 37 35 ff.
- Vergütung, erfolgsunabhängige § 4 9
- Vergütungsfestsetzung § 11 132 f., 136 ff., 332 ff.; VV Vorb. 7 40
- Vergütungsvereinbarung § 3a 95
- Verkehrsanwalt VV 3400 147
- Verkehrsrechtssachen Anhang I 33 ff.; Anhang II 14 ff.
- Vollstreckbarerklärung VV 3329 23
- Vorschuss § 9 58 ff.
- Wiederaufnahmeverfahren § 46 59 f.
- Zurückverweisung § 21 81 ff.

Auslegung § 3a 81 ff.; § 34 100 f.
Aussetzung § 60 39
Aussöhnungsgebühr VV Vorb. 1 6; VV 1001 1 ff.
- Anhängigkeit *siehe dort*
- Aussöhnung VV 1001 15 ff.
- Beratungskostenhilfe VV 1001 40
- Ehesachen VV 1001 6 ff.
- Einigung VV 1001 30 ff.
- Gegenstands-/Streitwert VV 1001 26 ff.
- Gehörsrüge VV 3330–3331 14
- Kindschaftssachen VV 1004 11
- Mehrfachvertretung VV 1008 98
- Mitwirkung VV 1001 23 ff.
- Revision VV 3206–3209 21
- Scheidungs-/Lebenspartnerschafts-/Folgesachen § 39 9 f.; VV 1001 41
- Terminsgebühr VV 1001 29
- Verfahren, schiedsrichterliches § 36 25 f.
- Verfahrensgebühr VV 1001 37 f.
- Verfahrenskostenhilfe VV 1001 39
- Verkehrsanwalt VV 3400 68

Austauschpfändung § 18 112 ff.

Baumbach'sche (Kosten-)Formel § 7 96
Beiladung § 3 134, 139 f.
Beiordnung § 1 3 f., 8 ff., 80 ff.; Anhang § 12 73 ff.; § 45 1 ff.; § 48 1 ff.
- Abgrenzung zur Bestellung § 12 7
- als Sonderrechtsverhältnis § 45 5 ff.
- Anrechnung *siehe dort*
- Anspruchsübergang § 45 61 f.; § 59 1 ff.
- Anwendung auf Verwaltungsbehörden § 45 25
- Anwendung RVG § 12 3 ff.
- Aufhebung § 8 23 f.; § 39 21
- Aufwendungen § 46 29 ff.
- Auslagen *siehe dort*
- Bewilligung
  - Beschluss § 48 10
  - Erstreckung § 48 24 ff.
  - Geltungsdauer, selbstständige § 48 42 ff.
  - Rechtsschutzbegehren § 48 22 f.
  - Rückwirkung § 48 124 f.
  - Trennung § 48 171
  - Verbindung § 48 143 ff.
  - Voraussetzungen VV 3400 80 f.
- Bußgeldsachen § 48 110 ff.; § 51 157 ff.; VV 5115 105
- Dokumentenpauschale VV 7000 13
- durch Justizbehörden § 59a 1 ff.
  - Rechtsmittel/-behelfe § 59a 23 ff.
- Einwendungsdurchgriff § 45 42 f.
- Einziehung/Maßnahmen, verwandte VV 4142 10
- Erforderlichkeit Anhang § 12 76 f.
- Erstreckung/Umfang § 48 11 ff., 24 ff.
  - Adhäsionsverfahren VV 4143 f. 65 f.
  - Anschlussrechtsmittel § 48 46 ff.
  - Betragsrahmengebühr § 48 92 ff.
  - Folgevereinbarung § 48 56 ff.
  - gesetzliche § 48 46 ff.
  - Grundsatz § 48 96 ff.
  - Mehrvergleich § 48 17 ff., 178 ff.
  - Pauschgebühr § 48 172 ff.
  - Praxisempfehlungen § 48 176 f.
  - Vergleich, außergerichtlicher § 48 21, 178 ff.
  - Vollstreckung Anordnung, einstweilige § 48 52 ff.
  - Vollzug Arrest/Verfügung, einstweilige § 48 52 ff.
  - Widerantrag § 48 48 ff.
- FamFG-Verfahren/Familienrechtssachen § 12 16 ff.; § 45 11 ff.
- Finanzierung Parteikosten § 46 48 ff.
- Freiheitsentziehungs-/Unterbringungssachen VV 6300 ff. 64 ff.
- Gebühr, zusätzliche/weitere VV 1008 91 f.; VV 4141 170, 173
- Gebühren § 39 5 ff.
- Mehrkostenverbot Anhang § 12 78 ff.
- ohne Prozesskostenhilfe § 12 6
- Pauschgebühr § 48 172 ff.; § 51 1 ff.
  - Anrechnung § 58 77
  - Antrag § 51 81 ff., M 93
  - Anwendungsbereich § 51 8 ff.
  - Bewilligungsverfahren § 51 76 ff.
  - Bußgeldverfahren § 51 157 ff.; § 57 28
  - Entscheidung § 51 95 ff.
  - Fälligkeit § 51 130 ff.
  - Festsetzung § 51 148 ff.
  - Freiheitsentziehungs-/Unterbringungssachen § 51 161 f.
  - Höhe § 51 114 ff.
  - Kriterien A–Z § 51 26 ff.
  - Schwierigkeit § 51 56 ff.
  - Umfang, besonderer § 51 23 ff.
  - Umsatzsteuer § 51 152
  - Unzulässigkeit § 51 91 f.
  - Unzumutbarkeit § 51 75
  - Verfahren § 51 94
  - Vergütung von Beschuldigtem/Betroffenen § 52 42 f.
  - Vergütungsfestsetzung § 55 7
  - Verhältnis zu § 42 § 51 155 f.
  - Verjährung § 51 139 f.
  - Voraussetzungen § 51 15 ff.
  - Vorschuss § 51 119 ff.
  - Zuständigkeit § 51 76 ff.
- Prozess-/Verfahrenskostenhilfe § 12 1 ff.; § 45 8 ff.
- Scheidungs-/Lebenspartnerschafts-/Folgesachen § 11 21; § 39 1 ff.
- Sicherungsverwahrung § 39 25 ff.
- sonstige § 45 19 ff.
- Stellung § 39 4
- Stellvertreter/Vertretung § 5 72 ff.

Stichwortverzeichnis

- Strafsachen § 48 110 ff.; VV Vorb. 4.3 42
  - Einzeltätigkeiten VV Vorb. 4.3 42
  - Kontaktperson VV 4304 1 ff.
  - Revision VV 4130 f. 11
  - Wiederaufnahmeverfahren VV Vorb. 4.1.4/ VV 4136 ff. 65 ff.
- Übergangsrecht § 48 175
- Umfang
  - beschränkter/teilweiser § 48 102 f.
  - eingeschränkter Anhang § 12 87 ff.; § 46 23 ff.
- Umsatzsteuer VV 7008 67 ff.
- Unterbevollmächtigte § 46 44 ff.
- Verfahren nach IRG/IStGH § 59a 1 ff.
- Verfahren nach VV Teil 3 § 48 109
- Verfahren nach VV Teil 4 bis 6 § 48 110 ff.
- Verfassungsgerichtsverfahren § 37 14
- Vergütung aus Landeskasse § 39 15 ff.
- Vergütung aus Staatskasse § 45 26 ff., 57 ff.
  - Anrechnung Vorschuss/Zahlungen § 58 1 ff.
  - Anspruchshemmung § 45 50 ff.
  - Anspruchshindernisse § 45 39 ff.
  - Anspruchsstellung, rechtsmissbräuchliche § 45 44 ff.
  - Anspruchsübergang § 45 61 f.; § 59 1 ff.
  - Anwaltswechsel § 45 41
  - Beschwerde/Erinnerung § 56 1 ff.
  - Bestehen „Hauptschuld" § 45 30 ff.
  - Bußgeldsachen § 57 1 ff.
  - Durchsetzung Ansprüche, übergegangene § 59 31 ff.
  - Erstattungsfragen § 59 41 ff.
  - Festgebühr § 49 12 f.
  - Gebühr, zusätzliche/weitere § 50 1 ff.; § 55 93 ff.
  - Gebühren, reduzierte § 49 10 f.
  - Gebühren, volle § 49 9
  - Gegner mit Prozesskostenhilfe § 59 44 ff.
  - Gläubigerwechsel Anwalt - Fiskus § 59 6 ff.
  - Kongruenz mit Tätigkeit § 45 35 f.
  - Kostenmodell, einheitliches § 49 4 ff.
  - Mehrfachvertretung § 49 14 ff.; VV 1008 76
  - Pauschgebühr § 55 7
  - Praxisempfehlungen § 45 63 ff.; § 49 17 ff.
  - Rückabwicklung § 45 56
  - Staffel, dreistufige § 49 9 ff.
  - Verjährung § 45 53 ff.
  - Verteidigung Kostenansatz § 59 37
  - Vorrang Anwalt § 59 24 ff.
  - Vorschuss § 47 1 ff.
  - VwV-Bestimmungen Anhang § 55 1 ff.
  - weitere § 55 5
  - Wertgebühren § 49 1 ff.
  - Zahlungsvoraussetzung § 45 37 f.
  - Zeugenbeistand § 59a 9 f.
- Vergütung von Beschuldigtem/Betroffenen § 45 59 f.; § 52 1 ff.
  - Anspruchsgrundlage § 52 9 f.
  - Auslagen § 52 20
  - Bußgeldverfahren § 52 86 f.
  - Durchsetzung § 52 38 ff.
  - Fälligkeit § 52 33 f.
  - Klageerzwingungsverfahren § 52 88 f.
  - Leistungsfähigkeit § 52 44 ff.
- Nebenklage § 52 88 f.
- Pauschgebühr § 52 42 f.
- Privatklage § 52 88 f.
- Umfang § 52 18 ff.
- Umsatzsteuer § 52 21
- Vergütungsvereinbarung § 52 15 f.
- Verjährung § 52 35 ff.
- Verrechnung § 52 24 f.
- Voraussetzungen § 52 26 ff.
- Vorschuss § 52 22 f.
- Wahlgebühren § 52 19
- Vergütung von Vertretenem § 53 1 ff.
- Vergütung von Verurteiltem § 53 7 ff.
- Vergütungsfestsetzung § 11 21, 78; § 55 1 ff.; Anhang § 55 1 ff.; § 56 1 ff.
- Vergütungsrahmen § 48 7 ff.
- Vergütungsvereinbarung § 53 15 ff.
- Verschulden Anwaltswechsel § 39 20; § 54 1 ff.
  - Anspruchskürzung Umfang § 54 14 ff.
- Vertretergebühren-Erstattungsgesetz § 12 20 f.
- von Amts wegen § 39 1 ff.
- Zuständigkeit § 45 6
- Zwang zur - Anhang § 12 75

Beistand § 1 149 ff., 281 ff.; § 5 42 f., 63, 76; VV Vorb. 4 1 ff.
- Art/Weise VV Vorb. 3 4 f.
- Beschwerde VV Vorb. 4 13, 15, 63 ff., 82 ff.
- Entstehung Gebühr VV Vorb. 3 22 ff.
- Haftzuschlag VV Vorb. 4 12, 33 ff.
- Kostenentscheidung/-erstattung VV Vorb. 3 10 f.
- Prozesskostenhilfe VV Vorb. 3 41 ff.
- Rechtsbeistand § 11 18
- Sachverständiger VV Vorb. 2 5 ff.; VV Vorb. 3 1 ff.
- Strafsachen VV 4301 13 ff.; VV 4302 13 ff.
- Tätigkeit VV Vorb. 3 2 f.
- Terminsgebühr VV Vorb. 4 8 f., 25 ff.
- Therapieunterbringungsgesetz (ThUG) § 62 33 ff.
- Verbindung Verfahren VV Vorb. 3 62 ff.
- Verfahrensarten VV Vorb. 3 6
- Verfahrensgebühr VV Vorb. 3 12 ff.; VV Vorb. 4 5 ff., 20 ff.
- Vergütung VV Vorb. 3 7 ff.
- Vergütungsfestsetzung § 11 15
- Verwaltungsrechtssachen VV Vorb. 2 6 ff.
- Zeitpunkt VV Vorb. 3 4 f.
- Zeuge § 59a 9 ff.; VV Vorb. 2 5 ff.; VV Vorb. 3 1 ff.
- Zwangsvollstreckung VV Vorb. 4 14

Beitreibungsrecht § 4 21 ff.
- Anspruchsübergang auf Staatskasse § 59 1 ff., 15 f.
- Beiordnung § 52 1 ff.
- nach § 126 ZPO § 59 26 f.
- Pauschgebühren § 42 53 ff.
- Prozesskostenhilfe Anhang § 12 105 f.
- Prozesspfleger § 41 15
- Vergütung aus Staatskasse § 55 111 ff.

Bekanntmachung § 59b 1 ff.
Belehrung § 11 209 *siehe auch Hinweispflichten*
Beratung § 11 87; § 19 13; § 34 1 ff.
- Abgrenzung § 34 17 ff.
- Anrechnung *siehe dort*
- Begriff § 34 16

Stichwortverzeichnis

- Beratungshilfe § 34 87
- Berufung VV 3200 20
- Bestimmung Gebühr § 14 10 f., 17
- Dokumentenpauschale VV 7000 10, 12
- Erstberatung § 2 21; § 14 71; § 34 120 ff.
- Fälligkeit § 8 42
- Gebühren nach BGB § 34 88 ff.
- Gebührenbestimmung § 34 84 ff.
- Gegenstands-/Streitwert § 23 58
- Geschäftsgebühr § 34 86
- Kappungsgrenze § 34 117 ff.
- Mehrfachvertretung VV 1008 79 ff.
- Prüfung Erfolgsaussicht Rechtsmittel § 34 85
- Rechtsschutzversicherung § 34 38 ff.
- Tätigkeit, außergerichtliche VV Vorb. 2.3 36 ff.
- Übergangsrecht § 34 138
- Verbrauchermandat § 34 111 ff.
- Wiederaufnahmeverfahren VV Vorb. 4.1.4/ VV 4136 ff. 5

Beratungshilfe § 34 87; § 44 1 ff.; Vor VV T2 A5 1 ff.
- Angelegenheit Vor VV T2 A5 26 ff., 149 ff.
- Anrechnung § 15a 28; VV Vorb. 3 233
- Anspruchsübergang auf Staatskasse § 59 38 ff.
- Antrag Vor VV T2 A5 61 ff.
- Anwendung RVG § 1 157 f.
- Aufhebung Vor VV T2 A5 69 ff.
- Auskunft VV 2501 2 ff.
- Auslagen Vor VV T2 A5 134 ff.
- Auslandsbezug Vor VV T2 A5 105 ff.
- Aussöhnungsgebühr VV 1001 40
- Beratung/Vertretung Vor VV T2 A5 26 ff.
- Beratungshilfegebühr VV 2500 1 ff.; VV 2501 1 ff.; VV 2504–2507 1 ff.
- Beratungshilfegesetz (BerHG) Vor VV T2 A5 3 ff.
- Beratungspersonen Vor VV T2 A5 35 ff.
- Beratungsstelle § 44 7 ff.
- Berechtigungsschein Vor VV T2 A5 61 ff.
- Betreute § 1 218
- Beurteilungszeitpunkt Vor VV T2 A5 28
- Einigungsgebühr VV 2508 1 ff.
- Entscheidung über Antrag Vor VV T2 A5 44 ff.
- Erforderlichkeit Vor VV T2 A5 27 ff.
- Erklärungen/Unterlagen Vor VV T2 A5 46 ff.
- Erledigungsgebühr VV 1002 4; VV 2508 15
- Erstberatung VV 2501 8
- Gebühren Vor VV T2 A5 127 ff.
- Gebühren, weitere VV 2503 12
- Gebührenerhöhung VV Vorb. 2.5 4 ff.
- Geschäftsgebühr VV 2503 1 ff.
  - Anrechnung VV 2503 13 ff.
  - Mehrfachvertretung VV 2503 9 ff.
  - Vollstreckbarerklärung Vergleich VV 2503 34 ff.
- Glaubhaftmachung § 55 32 f.
- Güteverfahren VV 2303 54 ff.
- Hinweispflicht § 44 11 ff.
- Inanspruchnahme Rechtsuchender § 44 10
- Inkrafttreten Vor VV T2 A5 126
- Kostenentscheidung/-erstattung Vor VV T2 A5 97 ff.
- Mehrfachvertretung VV 1008 75, 85; VV 2501 11 ff.; VV 2503 9 ff.

- Post-/Telekommunikationsentgelte *siehe dort*
- Prüfung Erfolgsaussicht Rechtsmittel VV 2100 49
- Rat VV 2501 2 ff.
- Rechtsschutzversicherung Vor VV T2 A5 6
- Schuldenbereinigungsplan VV 2502 1; VV 2504–2507 1 ff.
  - Einigungsgebühr VV 2508 16 ff.
  - Erledigungsgebühr VV 2508 15
- Schuldner Vergütung § 1 84 ff.
- Stadtstaatenklausel Vor VV T2 A5 119 ff.
- Stellvertreter/Vertretung § 5 77 f.
- Übergangsrecht § 60 47; Vor VV T2 A5 125
- Umsatzsteuer VV 7008 67 ff.; Vor VV T2 A5 146
- Unterhaltssache Vor VV T2 A5 112 ff.
- Verfahren Vor VV T2 A5 53 ff.
- Vergütung Vor VV T2 A5 84 ff.
  - nach Aufhebung Vor VV T2 A5 88 ff.
- Vergütungsfestsetzung § 11 57; § 56 28 ff.; § 58 1 ff.; Vor VV T2 A5 167 ff.
- Vergütungsvereinbarung § 3a 6, 139 ff.
- Vergütungsverzicht bei – § 4 21 f.
- Voraussetzungen Vor VV T2 A5 3 ff.
- Vordrucke Vor VV T2 A5 113 ff.
- Vorschuss § 9 20 f.
- Zahlungen, anzurechnende § 58 9 ff.

Bereicherung, ungerechtfertigte § 1 12; § 4b 16

Berufung Vor VV 3200 ff. 1 ff.; Vor VV T3 A2 U1 1 ff. *siehe auch weitere Verfahrensarten*
- Angelegenheit *siehe dort*
- Anrechnung § 15a 36; VV 3200 19 ff.; VV 3202 24 ff.
- Anwendungsbereich Vor VV 3200 ff. 1 ff.
- Asylverfahren § 16 299 f.
- Auftragsbeendigung, vorzeitige VV 3201 1 ff.
- Beweisverfahren, selbstständiges *siehe dort*
- Einigungsgebühr VV 1000 83; Vor VV 3200 ff. 25 ff.
- Einlegung/Rücknahme VV 1000 83
- Erledigungsgebühr VV 1002 32 ff.
- Gegenstands-/Streitwert Vor VV 3200 ff. 34 f.; VV 3200 17 f.; VV 3202 19 ff.
- Kostenerstattung/-entscheidung VV 3200 32 ff.; VV 3201 47 ff.
- Rechtsschutz, einstweiliger § 17 129, 211; Vor VV 3200 ff. 23 f.
- Tätigkeit, eingeschränkte VV 3201 1 ff.
- Terminsvertreter Vor VV 3200 ff. 33
- Umfang Angelegenheit Vor VV 3200 ff. 4 ff.
- Verfahrensgebühr VV 3200 1 ff.
- Verkehrsanwalt Vor VV 3200 ff. 30 ff.
- Zwangsvollstreckung VV 3328 16

Bescheinigung nach AVAG/AUG/IntFamRVG/IntErbRVG § 19 92 ff.; VV Vorb. 3.2.1 39 ff.

Beschleunigungsrüge § 19 53 ff.

Beschwerde VV Vorb. 3.2.1 1 ff.; Vor VV 3500 ff. 1 ff.; Vor VV T3 A2 U1 2 *siehe auch einzelne Verfahrensarten*
- Angelegenheit *siehe dort*
- Anordnung, einstweilige *siehe dort*
- Anwendung RVG § 1 412 ff.
- Aufgebotsverfahren VV 3324 17
- Aufhebung Prozesskostenhilfe § 23a 7
- Auftrag VV Vorb. 3.5, VV 3500 14 ff.
- Ausfertigung, vollstreckbare § 18 101

Stichwortverzeichnis

- Auslagen VV Vorb. 3.5, VV 3500 41
- außerordentliche § 12a 54 f.
- Berufung Vor VV 3200 ff. 1 ff.; VV 3200 1 ff.
- Beweisverfahren, selbstständiges VV Vorb. 3 298
- Bundespatentgericht VV 3510 1 ff.; VV 3516 25 ff.
- Bußgeldsachen VV Vorb. 5 13 f.
- Dienstaufsichtsbeschwerde § 18 44
- Einigungsgebühr VV Vorb. 3.2.1 1 ff.; VV 3514 25; VV Vorb. 3.5, VV 3500 39 f.
- Endentscheidung VV Vorb. 3.2.1 23 ff.
- Eröffnung Insolvenzverfahren § 28 2 ff.
- Freiheitsentziehungs-/Unterbringungssachen VV 6300 ff. 37 ff.
- Frist § 33 113 ff.
- Gegenstands-/Streitwert siehe Streitwertbeschwerde
- Gnadensachen VV 4303 18
- Kostenerstattung/-entscheidung § 16 199, 208 ff.; VV 3200 32 f.; VV Vorb. 3.5, VV 3500 46 ff.
- Mahnverfahren VV 3308 34 ff.; VV Vorb. 3.3.2, VV 3305–3306 10, 13 f., 120 ff.
- mehrere VV Vorb. 3.5, VV 3500 19 ff.
- nach Erinnerung VV Vorb. 3.5, VV 3500 78
- Nichtzulassungsbeschwerde siehe dort
- Prozesskostenhilfe § 3 166; Anhang § 12 112 f.; § 16 21; § 23a 7; VV 3335 18; VV Vorb. 3.5, VV 3500 45
- Rechtsbehelfsbelehrung § 12c M 24 ff.
- Rechtsbeschwerde siehe dort
- Rechtsschutz, einstweiliger siehe dort
- Revision § 16 270
- Terminsgebühr VV 3513 1 ff.; VV Vorb. 3.5, VV 3500 37 f.
- Übergangsrecht § 60 48
- Umsatzsteuer VV 7008 125 ff.
- Untätigkeitsbeschwerde § 32 285 f.
- Verfahrensgebühr VV Vorb. 3.5, VV 3500 1 ff., 30 ff.
  - Anwendungsbereich VV Vorb. 3.5, VV 3500 8 ff.
- Verfahrenskostenhilfe VV Vorb. 3.5, VV 3500 45
- Vergütungsfestsetzung siehe dort
- Verspätung Entscheidung § 16 275
- Verspätung Rechtsmittelurteil § 16 268 f.
- weitere § 12c M 25; § 32 206 ff.; § 56 67 ff.; VV Vorb. 6.4 7 f.
- zugelassene § 33 95 ff.

Bestellung
- Abgrenzung zur Beiordnung § 12 7
- als Sonderrechtsverhältnis § 45 5 ff.
- Anspruchsübergang auf Staatskasse § 59 1 ff.
- Aufhebung § 8 23 f.
- Berufsbetreuer § 11 78
- durch Justizbehörden § 59a 1 ff.
  - Rechtsmittel/-behelfe § 59a 23 ff.
- Internationale Rechtshilfe in Strafsachen (IRG) § 59a 1 ff.
- nach § 57 oder § 58 ZPO § 45 14 ff.
- nach § 67a VwGO § 45 17 f.
- nach § 109/§ 119 StVollzG § 45 16
- nach § 364b StPO § 45 23 f.
- Pauschgebühr § 51 1 ff.; § 58 77; § 59a 21
- Rückwirkung § 59a 18

- sonstige § 45 19 ff.
- Strafsachen VV Vorb. 4.3 42 ff.
- Vergütung aus Staatskasse § 45 26 ff.; § 59a 15 ff.
  - Vergütungsfestsetzung § 11 78; § 55 1 ff.; Anhang § 55 1 ff.; § 59a 22
- Vergütung von Vertretenem § 53 5 f.
- Verschulden Anwaltswechsel § 54 1 ff.
- Vorschuss § 47 1 ff.

Bestimmtheitsgebot § 3a 15
Betragsrahmengebühren § 2 16; Vor VV T2 1 ff.
- Angelegenheit § 17 53
- Bestimmung § 14 8 ff.
  - durch Rechtsanwalt § 3 114 ff.
  - Überprüfung § 3 123 ff.
  - Untätigkeitsklage § 3 115
- Beweisaufnahme, umfangreiche VV 1010 34 ff.
- Einigungsgebühr VV 1005 f. 1 ff.
- Einzeltätigkeiten VV 3406 1 ff.
- Erledigungsgebühr VV 1002 4; VV 1005 f. 1 ff.
- Festsetzung § 3 127
- FGG-Verfahren § 17 279
- Gegenstands-/Streitwert § 23 17
- Gehörsrüge VV 3330–3331 18 ff.
- Haftungsrisiko Anwalt § 14 53
- Mehrfachvertretung VV 1008 69 ff., 108 f., 120
- Sozialrechtssachen siehe dort
- Stellvertreter/Vertretung § 5 54
- Terminsvertreter VV 3401–3402 71

Betreuer § 1 175 ff.; § 11 25; § 23 58
Betriebsgebühr VV 4147 29
Beweisverfahren, selbstständiges VV Vorb. 3 277 ff.
- Anrechnung § 15a 32, 77; VV Vorb. 3 261 ff.; VV 3200 27 f.
- Anwaltswechsel VV Vorb. 3 297
- Anwendbarkeit 2-Jahres-Frist VV Vorb. 3 269 f.
- Art Entscheidung in Hauptsache VV Vorb. 3 286
- Auftragsbeendigung, vorzeitige VV 3101 64 ff.
- Berufung VV Vorb. 3 275 f.; Vor VV 3200 ff. 22; VV 3200 27 f.
- Beschwerde VV Vorb. 3 298
- Einigungsgebühr VV 1003 1 ff.
- Erledigungsgebühr VV 1002 31; VV 1003 5
- Gegenstands-/Streitwert VV Vorb. 3 261 ff., 277 ff., 288 ff.
- Gesamtheit Kosten VV Vorb. 3 295
- Kostenentscheidung/-erstattung VV Vorb. 3 282 ff.
- mehrere § 15a 77
- Rücknahme Antrag VV Vorb. 3 296
- Übergangsrecht § 60 69 f.
- Verfahren, mehrere VV Vorb. 3 271 ff.
- Verfahren nach § 494a ZPO VV Vorb. 3 296 ff.
- Verfahrensgebühr VV 3101 64 ff.
- Verwertung in Hauptsache VV Vorb. 3 285

Bindungswirkung
- Pauschgebühr § 42 45 ff.
- Umgehung § 32 159
- Wertfestsetzung § 32 129 ff., 150 ff.

Bürogemeinschaft § 2 62; § 6 4
Bürovorsteher/-angestellte § 5 45, 61
Bußgeldsachen § 57 1 ff.; Vor VV T5 1 ff.
- Abgeltungsbereich Gebühren VV Vorb. 5.1 1 ff.
- Abgrenzung zum Strafverfahren Vor VV T5 7 ff.

3091

Stichwortverzeichnis

- Angelegenheit § 17 477 ff.
- Anrechnung *siehe dort*
- Anwaltsvergütung Vor VV T5 41 ff.
- Auslagen VV Vorb. 5.1.2 13; VV 5107 6 f.; Vor VV T5 4
  - Reisekosten § 46 54 f.; § 57 27
- Beiordnung *siehe dort*
- Beschwerde VV Vorb. 5 13 f.
- Beteiligter, anderer VV Vorb. 5 1
- Einzeltätigkeiten VV 5200 18 ff.
- Einziehung/Maßnahmen, verwandte *siehe dort*
- Entscheidung im Beschlussverfahren VV 5115 92 ff.
- Erledigungsgebühr VV 1002 5; VV Vorb. 5.1.2 11
- Gebühr, zusätzliche/weitere Vor VV 5100 ff. 3; VV 5107 3; VV 5113–5114 21 ff.; Vor VV 5115 f. 1; VV 5115 1 ff.
  - Abraten Einspruch VV 5115 91 ff.
  - Anwendungsbereich VV 5115 7 ff.
  - Beiordnung/Bestellung VV 5115 105
  - Einstellung VV 5115 18 ff.
  - Entstehungsgeschichte VV 5115 2 ff.
  - Gebührenhöhe VV 5115 95 ff.
  - Kostenentscheidung/-erstattung VV 5115 109
  - Mitwirkung VV 5115 27 ff.
  - Rechtsbeschwerde VV 5113–5114 21 ff.; VV 5115 53 ff., 96 ff.
  - Rechtsschutzversicherung VV 5115 106 ff.
  - Rechtszug, erster VV 5115 47 ff.
  - Regelung, neue VV 5115 5 f.
  - Rücknahme Bescheid VV 5115 58 ff.
  - Rücknahme Einspruch VV 5115 63 ff.
  - Voraussetzungen VV 5115 18 ff.
- Gebührenrahmen VV Vorb. 5.1 2 ff.; Vor VV 5100 ff. 4 ff.; Vor VV T5 5 f.
- Grundgebühr VV 5100 1 ff.
  - Rechtsbeschwerde VV 5113 f. 4 ff.
  - Rechtszug, erster Vor VV 5107 ff. 7
  - Verwaltungs-/Zwischenverfahren VV Vorb. 5.1.2 8
- Haftzuschlag Vor VV T5 5 f.
- Inanspruchnahme Beschuldigter Vor VV T5 11
- Kostenentscheidung/-erstattung VV 5115 109; Vor VV T5 12, 14 f., 18 ff., 39 f.
- Kostenfestsetzung Vor VV T5 36 ff.
- Pauschgebühr § 42 57 ff.; VV 5113 f. 41 f.; VV 5200 20; Vor VV T5 10
- Rahmengebühren § 14 58
- Rechtsbeschwerde Vor VV 5113 f. 1 ff.; VV 5113–5114 1 ff.
  - Gebühr, zusätzliche/weitere VV 5113–5114 21 ff.; VV 5115 53 ff., 96 ff.
  - Grundgebühr VV 5113–5114 4 ff.
  - Inanspruchnahme Betroffener VV 5113–5114 43
  - Kostenentscheidung/-erstattung VV 5113–5114 44 f.
  - mehrere Vor VV 5113 f. 14
  - Pauschgebühr VV 5113–5114 41 f.
  - Rücknahme VV 5115 96 ff.
  - Terminsgebühr VV 5113–5114 16 ff.
  - Verfahrensgebühr VV 5113–5114 7 ff., 21 ff., 26 f.
  - Zulassungsantrag Vor VV 5113 f. 9 ff.
- Zulassungsverfahren VV 5113–5114 28 ff.
- Rechtsmittel/-behelfe VV Vorb. 5 5 ff.; Vor VV T5 31 ff.
- Rechtsschutzversicherung Vor VV T5 46 ff.
- Rechtszug, erster Vor VV 5107 ff. 1 ff.
  - Einziehung/Maßnahmen, verwandte VV 5107 5
  - Gebühr, zusätzliche/weitere VV 5107 3; VV 5115 47 ff.
  - Gebührenstaffel Vor VV 5107 ff. 8 ff.
  - Grundgebühr Vor VV 5107 ff. 7
  - Terminsgebühr VV Vorb. 5 2 ff.; VV Vorb. 5.1.3 1 ff.; VV 5108 1 ff.; VV 5110 1; VV 5112 1
  - Umfang Angelegenheit Vor VV 5107 ff. 5 f.
  - Verfahrensgebühr VV Vorb. 5 1 ff.; VV 5107 1 ff.; VV 5109 1; VV 5111 1
  - Wiederaufnahmeverfahren Vor VV 5107 ff. 12 f.; VV Vorb. 5.1.3 6 ff.
  - Zurückverweisung Vor VV 5107 ff. 11
- Streitwertbeschwerde Vor VV T5 13
- Übergangsrecht § 60 71 ff.
- Verfahren, vorbereitendes VV 5100 1 ff.
  - Terminsgebühr VV 5102 1 ff.; VV 5104 1; VV 5106 1
  - Verfahrensgebühr VV 5101 1 ff.; VV 5103 1; VV 5105 1
- Verfahrensschritte Vor VV 5100 ff. 1 ff.
- Vergütungsfestsetzung § 55 104; § 57 1 ff.; Vor VV T5 16 f.
- Verkehrsrechtsachen Vor VV T5 54 ff.
  - Einzelfälle Gebührenhöhe Vor VV T5 63 ff.
- Verwaltungs-/Zwischenverfahren VV Vorb. 5.1.2 1 ff.
  - Anrechnung VV 5200 17
  - Auslagen VV Vorb. 5.1.2 13
  - Bestimmung Gebühr § 14 25 f.
  - Einstellung VV 4141 17 ff., 41 ff.
  - Einzeltätigkeiten VV 5200 7 ff.
  - Einziehung/Maßnahmen, verwandte VV Vorb. 5.1.2 12
  - Erledigungsgebühr VV Vorb. 5.1.2 11
  - Gnadensachen VV 5200 19
  - Grundgebühr VV Vorb. 5.1.2 8
  - Pauschgebühr VV 5200 20
  - Terminsgebühr VV Vorb. 5.1.2 10
  - Umfang Angelegenheit VV Vorb. 5.1.2 2 ff.; VV 5200 11
  - Verfahrensgebühr VV Vorb. 5.1.2 9; VV 5200 1 ff.
  - Vollstreckung VV 5200 18
- Vorschuss Vor VV T5 49 ff.
- Wiederaufnahmeverfahren VV Vorb. 5.1.3 6 ff.
- Zurückverweisung § 21 77 ff.
- Zwangsvollstreckung VV Vorb. 5 12

Darlegungs-/Beweislast
- Angemessenheit Vergütung § 3a 126
- Anhörungsrüge § 12a 17 ff.
- Anrechnung § 34 137
- Beitreibungssachen § 4 32
- Dokumentenpauschale VV 7000 227 ff.
- Erfolgshonorar § 4a 53
- Erledigungsgebühr VV 1002 26

Stichwortverzeichnis

- Feststellung Leistungsfähigkeit § 52 57 f.
- Gebühr, zusätzliche/weitere VV 4141 11 ff.
- Gebühren nach BGB § 34 109
- Hinweispflicht § 2 78
- Mitwirkung VV 1000 133 ff.
- Schreiben, einfaches VV 2301 11
- Vergütung, erfolgsunabhängige § 4 19 f.
- Vergütungsvereinbarung § 3a 73 f.; § 4b 6, 11

Dezimalgebühren § 2 9; § 13 13 ff.
Dienstaufsichtsbeschwerde § 18 44
Diplomjurist § 5 46
Disziplinarverfahren/Verfahren, berufsgerichtliche § VV Vorb. 6 1 ff.; Vor VV 6100 ff. 1 ff.; VV Vorb. 6.2 1 ff.; VV 6200 f. 1 ff.
- Abgeltungsbereich Gebühren VV Vorb. 6.2 16 ff.
- Anrechnung § 15a 44; VV 6211 ff. 12 ff.
- Anwendung Vorschriften nach VV Teil 2 VV Vorb. 6.2 20 ff.
- Anwendung Vorschriften nach VV Teil 3 VV Vorb. 6.2 24 ff.
- Disziplinarverfahren VV Vorb. 6.2 2 ff.
- Einzeltätigkeiten VV 6500 1 ff.
- Entfallen Verhandlung, mündliche VV 6216 1 ff.
- Entstehungsgeschichte VV Vorb. 6.2 1
- Fristsetzung, gerichtliche § 19 42
- Gebühr, zusätzliche/weitere VV 6200 f. 11; VV 6216 1 ff.
- Grundgebühr VV 6200 f. 2 f., 5 ff.
- Kostenerstattung/-entschedigung VV Vorb. 6.2 25 ff.; VV 6200 f. 12; VV 6202 10; VV 6203 ff. 14; VV 6207 ff. 14; VV 6211 ff. 21; VV 6216 10; VV 6500 8
  - Disziplinarverfahren VV Vorb. 6.2 49 ff.
  - Verfahren, berufsgerichtliches VV Vorb. 6.2 54 ff.
  - Verfahren, sonstige berufsgerichtliche VV Vorb. 6.2 57 ff.
  - Wiederaufnahmeverfahren VV Vorb. 6.2.3 10
- Nichtzulassungsbeschwerde § 16 358 f.; § 17 476; VV 6211 ff. 6 f., 18 ff.
- Rechtszug, dritter
  - Nichtzulassungsbeschwerde VV 6211 ff. 6 f., 18 ff.
  - Terminsgebühr VV 6211 ff. 3 ff., 14 ff.
  - Verfahrensgebühr VV 6211 ff. 2 f., 8 ff.
- Rechtszug, erster
  - Terminsgebühr VV 6200 f. 4, 9 f.; VV 6203 ff. 3 ff., 10 ff.
  - Verfahrensgebühr VV 6202 1 ff.; VV 6203 ff. 2, 6 ff.; VV 6500 3 ff.
- Rechtszug, zweiter
  - Terminsgebühr VV 6207 ff. 3 ff., 10 ff.
  - Verfahrensgebühr VV 6207 ff. 2, 6 ff.
- Tätigkeit, außergerichtliche VV 6202 1 ff.
- Verfahren, berufsgerichtliches VV Vorb. 6.2 10 ff.
- Verfahren nach § 9 BBesG VV Vorb. 6.2 7 ff.
- Verfahren, sonstige berufsgerichtliche VV Vorb. 6.2 13 ff.
- Vergütungsfestsetzung § 11 26
- Wiederaufnahmeverfahren VV Vorb. 6.2.3 1 ff.
- Zwangsvollstreckung VV Vorb. 6.2 46 ff.

Dokumentenpauschale VV 7000 1 ff.
- Ablichtungen/Kopien VV 7000 21 f.
  - Aktenauszug VV 7000 64 ff.
- auf Grund Rechtsvorschrift/Aufforderung VV 7000 115 ff.
- Behörden-/Gerichtsakten VV 7000 45 ff.
- Fälle, sonstige VV 7000 141 ff.
- Farbkopien/Ausdrucke VV 7000 200 ff.
- Farbkopien/-ausdrucke/Lichtbilder VV 7000 43
- für Versicherer VV 7000 248 ff.
- Gegenpartei VV 7000 120 ff.
- IRG-Verfahren VV 7000 108
- Kopierarten/-formate VV 7000 194 ff.
- Sozialrechtssachen VV 7000 107
- Strafakten VV 7000 64 ff.
- Unterrichtung Auftraggeber VV 7000 125 ff.
- Verfahren, verwaltungsgerichtliches VV 7000 102 ff.
- Verkehrsrechtssachen Anhang II 6 ff.
- Zivilakten VV 7000 57 ff.
- zur Zustellung VV 7000 109 ff.
- Angelegenheit § 16 54 f.; VV 7000 182 ff.
- Anlagen VV 7000 122
- Anwendungsbereich VV 7000 8 ff.
- Ausdrucke VV 7000 31 f.
- Begriff VV 7000 3 ff., 16 ff.
- Beiordnung § 46 34 ff.; VV 7000 13
- Beratung/Mediation/Gutachten VV 7000 10, 12
- Beratungshilfe Vor VV T2 A5 141 f.
- Darlegung/Glaubhaftmachung VV 7000 227 ff.
- Dateien, elektronische VV 7000 153 ff., 203 ff.
- Dokument, elektronisches § 12b 1 ff.
- Gutachten § 34 64
- Höhe VV 7000 124, 172 ff.
- Inhalt VV 7000 4 ff.
- Kostenerstattung/-entscheidung VV 7000 220 ff.
- Lichtbilder/Fotos VV 7000 39 ff.
- Mehrfachvertretung § 7 64; VV 7000 127, 187 ff.
- Scan/Datei, elektronische VV 7000 23 ff., 36
- Scheidungs-/Folgesachen § 16 54 f.
- Stellvertreter/Vertretung § 5 69
- Tatbestände VV 7000 25 ff.
- Telefax VV 7000 33 ff.
- Urschriften VV 7000 19 f.
- Vergütungsvereinbarung VV 7000 11, 211 ff.
- Zurückverweisung § 21 82

Doppelqualifikation § 1 132 ff.
Drittschuldnererklärung VV 3309 122 f.
Drittschuldnerklage § 23 58
Dumpingpreise § 4 15 ff.
Durchsuchungsanordnung § 19 189 ff.
Dürftigkeitseinrede § 11 210

EGMR-Verfahren § 38a 3 ff.; VV 3206–3209 1 ff.
Ehesachen siehe auch Scheidungs-/Lebenspartnerschafts-/Folgesachen
- Beiordnung § 48 48 ff.
- Ehevertrag § 23 58
- Einigung VV 1000 140 ff.
- Gegenstands-/Streitwert § 23 58; VV 1000 142
- Rechtsanwalt, beigeordneter § 11 21
- Widerantrag § 48 48 ff.

Einigung VV 1000 29 ff.
- Abfindungsvereinbarung VV 1000 76
- Abschluss Vertrag VV 1000 35 ff.; VV 2508 4 f.
- Anerkenntnis/Verzicht VV 1000 81

3093

Stichwortverzeichnis

- Anfechtung VV 1000 57
- Angelegenheit VV 1000 149 f.
- Ansprüche, vermögensrechtliche VV 4147 27 ff.
- Aufhebungsvertrag VV 1000 82
- Aussöhnungsgebühr VV 1001 30 ff.
- bedingte VV 1000 54
- Begriff VV 3101 83 ff.
- Beseitigung Streit/Ungewissheit VV 1000 70 ff.; VV 2508 7; VV 3309 161 ff.
- Einzelfälle VV 1000 76 ff.
- erfolglose VV 3101 94 ff.
- Erledigung Hauptsache VV 1000 84
- Feststellung/Protokollierung VV 3101 82 ff.
- Form VV 1000 47 ff.
- Gegenstand VV 3101 89 ff.
- genehmigungsbedürftige VV 1000 52 f.
- gescheiterte VV 3202 26 f.
- Gewährleistung VV 1000 85
- Kindschaftssachen VV 1000 143 ff.
- Klagerücknahme VV 1000 86 ff.
- Klageverzicht VV 1000 94
- Kostenerstattung VV 4147 3 ff.
- mehrere VV 1000 146 ff.
- Mehrvergleich siehe dort
- Mitwirkung siehe dort
- Nacherfüllung VV 1000 95
- Nachgeben, gegenseitiges VV 1000 64 ff.; VV 2508 8
- Nichtzulassungsbeschwerde VV 3504–3505 16; VV 3506–3509 34
- Privatklageverfahren VV 4147 8 ff.
- Protokollierung § 11 79
- Ratenzahlungs-/Stundungsvereinbarung VV 2508 9
- Rechtsmittel/Rechtsbehelfe VV 1000 100 f.
- Rechtsmittelverfahren VV 1000 185 ff.
- Rechtsschutz, einstweiliger § 17 154 ff.
- Revision VV 3211 8 f.
- Rücktritt von – VV 1000 58
- Sachen, öffentlich-rechtliche VV 1000 136 ff.
- Sozialplan VV 1000 102
- Strafanspruch VV 4147 3 ff.
- Streit/Ungewissheit VV 1000 59 ff.
- teilweise VV 1000 104; VV 1005 f. 25 f.
- Terminsgebühr VV Vorb. 3.4 1 ff.
- unter Widerrufsvorbehalt VV 1000 55 f.
- Unterwerfungsvergleich VV 1000 105
- Verfahren, vorbereitendes VV 4104 f. 34
- Verfahrensdauer, überlange VV 3300–3301 51
- Verfahrensgebühr VV 3101 78 ff.
- Vergütungsfestsetzung § 11 211
- Verhandlung nach Urteil § 19 31
- Verhandlungen VV 3104 91 ff.
- Versorgungsausgleich VV 1000 106 ff.
- Verwaltungsrechtssachen § 17 26 f.; VV 1000 111
- Wirksamkeit Vertrag VV 2508 6
- Zahlungsvereinbarung siehe dort
- Zwangsvollstreckung VV 1000 112 ff.
- Zwischen- VV 1000 119

Einigungsgebühr VV Vorb. 1 6; VV 1000 1 ff.; Vor VV T2 1 ff. siehe auch einzelne Verfahrensarten
- Abrechnung VV 1000 77 ff.
- Anhängigkeit siehe dort
- Anwendungsbereich VV 1000 13 ff.
- Einigung siehe dort
- Einzeltätigkeiten VV 3403–3404 62
- Erhöhung VV 1000 178 ff.
- Gegenstands-/Streitwert siehe dort
- Gerichtskosten VV 1000 224 ff.
- Höhe VV 1000 151 ff.
  - 1,0-fache nach VV 1003 VV 1000 155 ff.; 170 f.
  - 1,3-fache nach VV 1004 VV 1000 161 ff.
  - 1,5-fache nach VV 1000 VV 1000 153 f.
  - Mischfälle VV 1000 177
  - Varianten VV 1000 173 ff.
  - Zwangsvollstreckung VV 3309 173 ff.
- Kostenentscheidung/-erstattung VV 1000 229 ff.; VV 1005 f. 33; VV 3309 184, 224 ff.
- Mehrfachvertretung VV 1000 178 ff.; VV 1005 f. 32; VV 1008 98
- Mitwirkung siehe dort
- Nebenintervention VV 1000 96
- Nichtzulassungsbeschwerde VV Vorb. 3.5, VV 3500 39 f.
- Prozesskostenhilfe siehe dort
- Rechtsschutzversicherung VV 1000 235 ff.
- Revision VV 3206–3209 21
- Terminsvertreter VV 3401–3402 76 f., 124 f.
- Verfahrensbevollmächtigter VV 3401–3402 90 f.
- Verfahrensdauer, überlange VV 3300–3301 59
- Vergütungsfestsetzung § 11 59 ff.; VV 1000 233 f.; VV 2508 11
- Verkehrsanwalt VV 3400 61 ff.

Einspruch
- Bußgeldsachen VV 5115 63 ff., 91 ff.
- Strafbefehl VV 4141 91 ff.
- Vergütungsfestsetzung § 11 62
- Versäumnisurteil VV Vorb. 3 206 ff.

Einstellung VV 4141 17 ff.; VV 5115 18 ff.
Einvernehmensanwalt § 11 27, 64
Einwendungen § 8 149; § 11 178 ff.; § 18 92 f.; § 45 42 f.
Einzeltätigkeiten Vor VV 3400 ff. 1 ff.
- Anrechnung § 15a 46
- Anwendungsbereich Vor VV 3400 ff. 1 ff.
- Auftragsbeendigung, vorzeitige siehe dort
- Auslagen VV 3403–3404 63
- Bußgeldsachen VV 5200 7 ff.
- Disziplinarverfahren/Verfahren, berufsgerichtliche VV 6500 1 ff.
- Einigungsgebühr VV 3403–3404 62
- Einlegung Rechtsmittel § 19 142
- Einziehung/Maßnahmen, verwandte VV 4142 8 f.
- EnWG-Verfahren VV Vorb. 3.2.1 189
- Finanzgerichtssachen VV Vorb. 3.2.1 17 ff.
- Fluranwalt VV Vorb. 3.4 1 ff.
- Freiheitsentziehungs-/Unterbringungssachen VV 6300 ff. 59 ff.
- Gegenstands-/Streitwert siehe dort
- GWB-Verfahren VV Vorb. 3.2.1 160
- Höhe Gebühr VV 3403–3404 49 f.
- Kostenentscheidung/-erstattung Vor VV 3400 ff. 13 ff.; VV 3403–3404 64 ff.
- KSpG-Verfahren VV Vorb. 3.2.1 208
- mehrere VV 3403–3404 55 ff.

Stichwortverzeichnis

- Schreiben, einfaches § 3 87; VV Vorb. 2.3 39; VV 2301 1 ff.; VV 3403–3404 31 ff.; VV 3405 16
  - Anrechnung VV 2301 12
  - Darlegungs-/Beweislast VV 2301 11
  - Gebührenhöhe VV 2301 12 ff.
  - Kostenentscheidung/-erstattung VV 2301 15
  - Mehrfachvertretung VV 2301 11
  - Sozialrechtssachen § 3 87
- Schriftsatz § 19 10 ff.; VV 3403–3404 22 ff., 57
- sonstige VV 3403–3404 1 ff.
- Sozialrechtssachen § 3 48 ff., 83 ff.; VV 3405 17 f.; VV 3406 1 ff.
- Spruchverfahren VV Vorb. 3.2.1 252
- Strafsachen VV Vorb. 4.1 49; VV Vorb. 4.3 1 ff.; VV 4301 21
  - Anfertigung/Unterzeichnung VV 4302 7 ff.
  - Anrechnung VV Vorb. 4.3 38 ff.
  - Auftragserledigung, vorzeitige VV Vorb. 4.3 27 f.
  - Begrenzung VV Vorb. 4.3 24 ff.
  - Beiordnung/Bestellung VV Vorb. 4.3 42
  - Beistand VV 4302 13 f.
  - Berufungsbegründung VV 4301 5 f.
  - Einlegung/Begründung Rechtsmittel VV Vorb. 4.1 49; VV Vorb. 4.3 15 ff.; VV 4300 1 ff.; VV 4302 1 ff.
  - Gebühr, zusätzliche/weitere VV Vorb. 4.3 32
  - Gnadensache VV 4303 1 ff.
  - Haftprüfung VV 4300 9 ff.
  - Haftzuschlag VV Vorb. 4.3 31
  - Klageerzwingungsverfahren VV 4301 24 ff.
  - Kostenentscheidung/-erstattung VV Vorb. 4.3 43 ff.
  - Mehrfachvertretung VV Vorb. 4.3 30
  - Privatklage VV 4301 3 f.
  - Umfang Angelegenheit VV Vorb. 4.3 8 ff.
  - Verfahrensgebühr VV Vorb. 4.3 33; VV 4300 1 ff.; VV 4301 1 ff.; VV 4302 1 ff.
  - Vorschriften, sonstige VV Vorb. 4.3 34 ff.
- Terminsgebühr VV Vorb. 3.4 1 ff.
- Terminswahrnehmung VV 3403–3404 46 ff.
- Unterbevollmächtigte Vor VV 3400 ff. 10 f.
- Verbraucherschutzverfahren VV Vorb. 3.2.1 228
- Verfahren, schiedsrichterliches § 36 21 ff.
- Verfahrensgebühr VV 6500 3 ff.
- Vergütungsfestsetzung § 11 14, 65
- Verwaltungsrechtssachen § 17 47 ff.
- WBO-Verfahren VV 6500 1 ff.
- WpHG-Verfahren VV Vorb. 3.2.1 320
- WpÜG-Verfahren VV Vorb. 3.2.1 287
- Zwangsverwaltung/-versteigerung VV 3311 f. 22

Einziehung/Maßnahmen, verwandte VV Vorb. 4 1 ff.
- Abgeltungsbereich Gebühren VV 4142 21 f.
- Anwendungsbereich VV 4142 5 ff.
- Ausschluss VV 4142 33
- Beiordnung VV 4142 10
- Beschlagnahme VV 4142 12 ff.
- Beschwerde VV Vorb. 4 13, 15
  - Kostenentscheidung/-erstattung VV Vorb. 4 63 ff., 82 ff.
- Bußgeldsachen VV Vorb. 5.1.2 12; VV 5107 5; VV 5116 1 ff.
- Einzeltätigkeiten VV 4142 8 f.
- Einziehung VV 4142 12 ff.
- Gegenstands-/Streitwert VV 4142 34 ff.
- Haftzuschlag VV Vorb. 4 12, 33 ff.
- Höhe Gebühr VV 4142 23 ff.
- Kostenentscheidung/-erstattung VV 4142 54 f.
- Maßnahmen VV 4142 12 ff.
- Mehrfachvertretung VV 4142 27
- Nebenklage VV 4142 7
- Pauschgebühren VV 4142 53
- Pflichtverteidiger VV 4142 10
- Privatklageverfahren VV 4142 7
- Terminsgebühr VV Vorb. 4 8 ff., 25 ff.
- Verfahren, vorbereitendes VV 4104 f. 31 ff.
- Verfahrensgebühr VV Vorb. 4 5 ff., 20 ff.; VV 4142 1 ff.
- Vertreter, sonstige VV 4142 11
- Wertfestsetzung VV 4142 47 ff.
- Zwangsvollstreckung VV Vorb. 4 14, 107 ff.

Empfangsbekenntnis § 3a 30 f.
Entwurf § 8 44
EnWG-Verfahren
- Angelegenheit § 16 336 ff.
- Anordnung, einstweilige VV Vorb. 3.2.1 188
- Anwendungsbereich VV Vorb. 3.2.1 178 f.
- Auftragsbeendigung, vorzeitige VV Vorb. 3.2.1 182
- Berufung VV 3202 1 ff.; VV 3203 1 ff.
- Beschwerde VV Vorb. 3.2.1 1 ff., 175 ff., 184 f.
- Einigungsgebühr VV Vorb. 3.2.1 186
- Einstellung Zwangsvollstreckung VV Vorb. 3.2.1 189
- Einzeltätigkeiten VV Vorb. 3.2.1 189
- Erledigungsgebühr VV Vorb. 3.2.1 187
- Gegenstands-/Streitwert VV Vorb. 3.2.1 190
- Kostenentscheidung/-erstattung VV Vorb. 3.2.1 191 ff.
- Nichtzulassungsbeschwerde § 16 338 ff.; § 17 469
- Rechtsbeschwerde § 16 336 f.; VV Vorb. 3.2.2 1 ff., 101 ff.
- Terminsgebühr VV Vorb. 3.2.1 184 f.
- Terminsvertreter VV Vorb. 3.2.1 189
- Verfahrensgebühr VV Vorb. 3.2.1 181 ff.; VV 3200 1 ff.; VV 3201 1 ff.
- Verkehrsanwalt VV Vorb. 3.2.1 189

Erbrechtssache § 3 17; § 23 58
Erfolgshonorar/quota litis § 4a 1 ff.
- Abrechnung § 4a 54 f.
- Darlegungs-/Beweislast § 4a 53
- Definition § 4a 7 ff.
- Gebührenunterschreitungsverbot § 4a 24
- Gerichtsverfahren § 4a 23 ff.
- Gründe, bestimmende § 4a 37 f.
- Hinweispflicht § 4a 39 ff.
- Höhe Vergütung bei Erfolgseintritt § 4a 34 f.
- Kostenerstattung/-entscheidung § 4a 56 f.
- Maßstab, subjektiver § 4a 21 f.
- Mediation § 34 76
- Personenkreis, privilegierter § 4a 15 ff.
- Prozess-/Verfahrenskostenhilfemöglichkeit § 4a 23
- Rechtsfolgen Verletzung Abs. 3 § 4a 42 ff.
- Verfahren, gerichtliche § 4a 23 ff.
- Vergütung, voraussichtliche § 4a 30 ff.
- Vergütungsvereinbarung § 3a 75 f.

Stichwortverzeichnis

- Voraussetzungen, weitere § 4a 36 ff.
- Wirksamkeitsvoraussetzungen § 4a 29 ff.
- Zugang zum Recht § 4a 14
- Zulässigkeit § 4a 13 ff.

Erfüllung § 9 80; § 11 212, 247 f.; § 15a 88 ff.; VV Vorb. 3 304

Erinnerung Vor VV 3500 ff. 1 ff.; VV Vorb. 3.5, VV 3500 55 ff.
- Angelegenheit siehe dort
- Anwendung RVG § 1 412 ff.
- Beschwerde, anschließende VV Vorb. 3.5, VV 3500 78
- Entscheidung RPfl Vor VV 3500 ff. 1 ff.
- Erinnerungsverfahren VV Vorb. 3.5, VV 3500 59 ff.
- Gegenstands-/Streitwert VV Vorb. 3.5, VV 3500 77
- Kostenerstattung/-entscheidung § 16 196 f., 208 ff.; § 18 6 ff.; VV Vorb. 3.5, VV 3500 79 ff.
- Mahnverfahren VV 3308 37 f.; VV Vorb. 3.3.2, VV 3305–3306 11, 15, 123 ff.
- mehrere VV Vorb. 3.5, VV 3500 66 ff.
- nach § 573 ZPO § 19 56 ff.
- Rechtsbehelfsbelehrung § 12c M 22 f.
- Sozialrechtssachen siehe dort
- Termingebühr VV 3513 1 ff.
- Übergangsrecht § 60 52
- Umsatzsteuer VV 7008 125 ff.
- Verfahrensgebühr VV Vorb. 3.5, VV 3500 1 ff.
- Vergütung VV Vorb. 3.5, VV 3500 70 ff.
- Vergütungsfestsetzung siehe dort
- Verwaltungsrechtssachen § 17 46
- Vollstreckungserinnerung siehe dort

Erledigung § 18 67 ff.
- Aufhebung/Änderung VA VV 1002 13 ff.
- Auftrag § 8 19 ff.
- einseitige VV Vorb. 3 190 ff.; VV 3203 15
- Fälligkeit Vergütung bei – § 8 19 ff.
- Gegenstands-/Streitwert § 25 7 f.
- Hauptsache VV 1000 84; VV 3101 17 ff.; VV 3337 8 f.
- Mehrfachvertretung VV 1005 f. 32
- teilweise § 8 30 ff.; VV 1005 f. 25 f.; VV Vorb. 3 195 f.
- Termingebühr VV Vorb. 3 183 ff.
- übereinstimmende § 8 51 f.; VV Vorb. 3 184 ff.; VV 3104 66 f.
- Verfahrensbevollmächtigter VV 3401–3402 92
- Verfahrensgebühr VV Vorb. 3 88 ff.
- Vermögensauskunft § 25 78
- Versäumnisurteil VV 3203 15
- Verwaltungsrechtssachen § 17 26 ff.
- Verwaltungsverfahren VV 1005 f. 13 ff.
- Zwangsvollstreckung § 18 67 ff.

Erledigungsgebühr VV Vorb. 1 6; VV 1002 1 ff. siehe auch einzelne Verfahrenarten
- Anhängigkeit siehe dort
- Berufung VV 1002 32 ff.
- Beschwerde VV Vorb. 3.2.1 1 ff.
- Betragsrahmengebühren VV 1002 4
- Darlegungs-/Beweislast VV 1002 26
- Differenzverfahrensgebühr VV 1002 27
- Gegenstands-/Streitwert VV 1002 39
- gemäß VV 1002 VV 1002 27

- gemäß VV 1003 VV 1002 28 ff.
- gemäß VV 1004 VV 1002 32 ff.
- Kostenentscheidung/-erstattung VV 1002 40 ff.; VV 1005 f. 33
- Mehrfachvertretung VV 1005 f. 32; VV 1008 98
- Mitwirkung VV 1002 20 ff.; VV 1005 f. 6
- Nichtzulassungsbeschwerde VV 1002 38
- Prozesskostenhilfe VV 1002 30; VV 1004 1 ff.
- Rechtsbeschwerde VV Vorb. 3.2.2 1 ff.
- Rechtsmittel VV 1002 32 ff.
- Rechtssache VV 1002 7 ff.
- Revision VV 1002 32 ff.; VV 3206–3209 21
- Terminsvertreter VV 3401–3402 81
- Verkehrsanwalt VV 3400 67

EuGH-Verfahren § 38 1 ff.; VV 3206–3209 1 ff.
- Anordnung, einstweilige § 38 6
- Anrechnung § 38 20
- Anwendung VV 4130 und 4132 § 38 18 f.
- Gegenstands-/Streitwert § 38 15 ff.
- Kostenerstattung/-entscheidung § 38 21 f.
- Verfahrensgebühr § 38 8 ff.; VV 3206–3209 1 ff.
- Zwischenstreit § 38 5

Fälligkeit § 8 1 ff.
- Antrag, verfrühter § 33 48
- Beendigung Angelegenheit § 8 29 ff.
- Beendigung Rechtszug § 8 84 ff.
- Beratung § 8 42
- Eintritt § 8 11 ff.
- Entwurf § 8 44
- Erfüllung § 33 49 f.
- Erledigung Auftrag § 8 19 ff.
- Erledigung, teilweise § 8 30 ff.
- Gebühr, zusätzliche § 50 18 ff.
- generelle § 8 18 ff.
- gesetzliche § 8 15 ff.
- Gutachten § 8 43; § 34 70
- Hebegebühr § 8 7
- KapMuG-Verfahren § 41a 46 ff.
- Kostenentscheidung § 8 64 ff.
- Mehrkostenentscheidungen § 8 82 f.
- Pauschgebühr Beiordnung § 51 130 ff.
- Pflichtverteidiger § 8 5
- Prozesskostenhilfe § 8 5
- Rechtsfolgen § 8 10
- Ruhen Verfahren § 8 95 ff.
- Scheidungs-/Lebenspartnerschafts-/Folgesachen § 39 12
- Vereinbarung § 8 11 ff.
- Verfahren, gerichtliche § 8 58 ff.
- Vergütung § 8 1 ff.; § 33 46 ff.
  - Vergütungsfestsetzung § 11 213
  - Vergütungsvereinbarung § 8 4
  - von Beschuldigtem/Betroffenen § 52 33 f.
- Vorschuss § 33 46 ff.

FamFG-Verfahren/Familienrechtssachen
VV Vorb. 3.1 1 ff. siehe auch Scheidungs-/Lebenspartnerschafts-/Folgesachen
- Angelegenheit VV 3309 3 f.; Vor VV T2 A5 157 ff.; VV Vorb. 3.3.3 7
- Anordnung, einstweilige § 17 223 ff.
- Anrechnung § 15a 31, 78; VV 3100 39 ff.
- Anwendungsbereich VV Vorb. 3.3.3 9 ff.
- Arrest VV Vorb. 3.2 13 f.

Stichwortverzeichnis

- Auftrag, unbedingter VV 3309 5
- Aussöhnungsgebühr siehe dort
- Beiordnung § 45 11 ff.
- Berufung VV 3200 1 ff.
  - Terminsgebühr VV 3202 1 ff., 34 ff.; VV 3203 1 ff.
  - Verfahrensgebühr VV 3201 1 ff.
- Beschwerde VV Vorb. 3.2.1 50 ff., 87 ff.; VV 6300 ff. 37 ff.
  - Auftragsbeendigung, vorzeitige VV Vorb. 3.2.1 70
  - Einigungsgebühr VV Vorb. 3.2.1 81 ff.
  - Gegenstands-/Streitwert VV Vorb. 3.2.1 64 ff.
  - Kostenerstattung/-entscheidung VV Vorb. 3.2.1 85 f.
  - Terminsgebühr VV Vorb. 3.2.1 71 ff.; VV 3203 19 ff.
  - Verfahrensgebühr VV Vorb. 3.2.1 67 ff.
- Einigungsgebühr VV 2508 12 ff.; VV Vorb. 3.2.1 81 ff.
- Einzeltätigkeiten VV 6300 ff. 59 ff.
- Freiheitsentziehungs-/Unterbringungssachen siehe dort
- Gegenstands-/Streitwert § 25 1 ff.; § 32 64 ff.; VV Vorb. 3.2.1 64 ff.; VV 3309 2; VV Vorb. 3.3.3 6
- Genehmigung VV 3201 39 ff.
- Güterrechtssachen § 23 58
- Kindschaftssachen VV 6300 ff. 15 ff.
- Rechtsbeschwerde § 16 253 ff.; VV Vorb. 3.2.2 51 ff.; VV 3502–3503 12 f.
  - Einigungsgebühr VV Vorb. 3.2.2 59
  - Gegenstands-/Streitwert VV Vorb. 3.2.2 60
  - Terminsgebühr VV Vorb. 3.2.2 56
  - Verfahrensgebühr VV Vorb. 3.2.2 57
- Rechtsmittel/Rechtsbehelfe § 16 250 ff.
- Rechtsschutz, einstweiliger § 17 223 ff.
  - Anordnung, einstweilige § 17 223 ff.
  - Arrest § 17 267 ff.
  - FGG-Verfahren § 17 272 ff.
- Revision VV 3211 4 ff.
- Streitwertbeschwerde § 32 88 f., 246 ff.
- Unterhaltssachen § 14 50 f.
  - Angelegenheit § 17 106 ff.
  - Anrechnung VV 3100 4 ff.
  - Beratungshilfe Vor VV T2 A5 112 ff.
  - Bescheinigung nach AVAG/AUG/IntFamRVG/IntErbRVG § 19 92 ff.
  - EU-Unterhaltssachen § 19 69, 74 ff.
  - Gegenstands-/Streitwert § 23 58
  - Haftungsrisiko Anwalt § 14 50 f.
  - internationale Vor VV T2 A5 112 ff.
  - Unterhalt Minderjähriger § 15a 30; § 17 106 ff.; VV 3104 111 ff.
  - Verfahrensgebühr VV 3100 4 ff.
- Verbundverfahren siehe dort
- Verfahrensgebühr VV 3309 1 ff.
- Vermittlungsverfahren § 15a 31; VV 3100 39 ff.
- Versäumnisbeschluss VV 3105 43 ff.
- Vollstreckung VV 3309 52 ff.; VV Vorb. 3.3.3 3
- Zwangsmittel § 18 142, 225 ff.; VV 3309 52 f.
- Zwangsvollstreckung § 18 230 ff.; § 19 92 ff., 153

Festgebühren § 2 15
- Gegenstands-/Streitwert § 23 18
- Mehrfachvertretung VV 1008 72 f., 112, 121 f.
- Stellvertreter/Vertretung § 5 53
- Wertgebühren bei Beiordnung § 49 12 f.

FGG-Verfahren
- Anordnung, einstweilige § 17 280 ff.
- Antragstellung VV 3101 131 ff.
- Beschwerde VV Vorb. 3.2.1 87 ff.
  - Auftragsbeendigung, vorzeitige VV Vorb. 3.2.1 114
  - Einigungsgebühr VV Vorb. 3.2.1 120
  - Gegenstands-/Streitwert VV Vorb. 3.2.1 107 ff.
  - Kostenerstattung/-entscheidung VV Vorb. 3.2.1 122
  - Terminsgebühr VV Vorb. 3.2.1 115 ff.
  - Verfahrensgebühr VV Vorb. 3.2.1 112 f.
- Betragsrahmengebühren § 17 279
- Bewertung § 17 274 ff.
- Einigungsgebühr VV Vorb. 3.2.1 120
- Entgegennahme Entscheidung VV 3101 131 ff.
- Erteilung Genehmigung/Zustimmung VV 3101 120 ff.
  - Verfahren Einzelfälle VV 3101 121 ff.
- Gegenstands-/Streitwert § 17 274 ff.
- Rechtsbeschwerde VV Vorb. 3.2.2 61 ff.
  - Einigungsgebühr VV Vorb. 3.2.2 70
  - Terminsgebühr VV Vorb. 3.2.2 69
  - Verfahrensgebühr VV Vorb. 3.2.2 68
- Rechtsmitteleinlegung/-begründung VV 3201 42 ff.
- Rechtsschutz, einstweiliger § 17 272 ff.
- Übergangsrecht § 60 113 f.
- Verfahrensgebühr, reduzierte VV 3101 136 ff.
- Vergütungsfestsetzung § 11 69
- Zurückverweisung § 21 76

Finanzgerichtssachen § 17 17; VV Vorb. 3.1 1 ff.; VV Vorb. 3.2.1 1 ff.
- Angelegenheit § 16 301 ff.; § 17 55 ff.
- Berufung VV 3200 1 ff.
  - Terminsgebühr VV 3202 1 ff.; VV 3203 1 ff.
  - Verfahrensgebühr VV 3200 1 ff.; VV 3201 1 ff.
- Beschwerde
  - Einigungsgebühr VV Vorb. 3.2.1 6 ff.
  - Einzeltätigkeiten VV Vorb. 3.2.1 17 ff.
  - Erledigungsgebühr VV Vorb. 3.2.1 6 ff.
  - Kostenentscheidung/-erstattung VV Vorb. 3.2.1 21
  - Terminsgebühr VV Vorb. 3.2.1 16 f.
  - Verfahrensgebühr VV Vorb. 3.2.1 9 ff.
- Einigungsgebühr VV Vorb. 3.2.1 6 ff.
- Gegenstands-/Streitwert § 17 55 ff.; § 25 1 ff.
- Nichtzulassungsbeschwerde § 17 474
- Prozesskostenhilfe § 17 94
- Rechtsbeschwerde VV Vorb. 3.2.2 1 ff.
- Rechtsschutz, einstweiliger § 17 341 ff.; VV Vorb. 3.2 37 f.
- Rechtszug, erster Vor VV T3 A2 U1 2
  - Terminsgebühr VV Vorb. 3.2.1 16 f.; VV 3202 28 ff.
  - Verfahrensgebühr VV Vorb. 3.2.1 9 ff.

Stichwortverzeichnis

- Revision § 16 301
- Steuersachen nach StBVV § 35 1 ff.
- Vergütungsfestsetzung § 17 65
- Vorverfahren § 17 74 ff.

Finanzierung Parteikosten § 46 48 ff.

Fluranwalt VV Vorb. 3.4 1 ff.

Forderung § 8 157 ff., 174 f.

Form
- Anhörungsrüge § 12a 11
- Antrag Vergütungsfestsetzung § 11 155
- Beratungshilfeantrag Vor VV T2 A5 46 ff.
- Berechnung/Abrechnung § 10 13 ff.
- Einigungsvertrag VV 1000 47 ff.
- Erinnerung § 56 9 f.
- Gutachten § 8 43; § 34 50 f.; VV 2101 5
- Hinweispflicht § 2 68 ff.
- Rechtsbehelfsbelehrung § 12c 8 f.
- Schriftform § 10 14 f.
- Textform § 3a 32 f.; § 4 14
- Vergütungsfestsetzung § 56 9 f.
  - Beschwerde § 56 46 f.
  - Bußgeldverfahren § 57 18
  - Vergütung aus Staatskasse § 55 19 ff.
  - Wiedereinsetzung § 56 80
- Vergütungsvereinbarung § 8 196 ff.

Freiheitsentziehungs-/Unterbringungssachen
- Anordnungsverfahren VV 6300 ff. 19 ff.
- Anwendungsbereich VV 6300 ff. 9 ff.
- Beiordnung VV 6300 ff. 64 ff.
- Beschwerdeverfahren VV 6300 ff. 37 ff.
- Gegenstands-/Streitwert VV 6300 ff. 75 f.
- Haftzuschlag siehe dort
- Kindschaftssachen VV 6300 ff. 15 ff.
- Kostenentscheidung/-erstattung VV 6300 ff. 77 ff.
- nach FamFG VV 6300 ff. 1 ff.
- Nichtzulassungsbeschwerde § 16 363
- Pauschgebühr § 42 61 f.; § 51 161 f.
- Sicherungsverwahrung VV Vorb. 4.1 1 ff.
  - Angelegenheit § 17 492 ff.
  - Beiordnung § 39 25 ff.
  - Bestellung nach § 109/§ 119 StVollzG § 45 16
  - vorbehaltene § 17 492 ff.
- Terminsgebühr VV 6300 ff. 29 ff.
- Verfahren, sonstige VV 6300 ff. 47 ff.
- Verfahrensgebühr VV 6300 ff. 22 ff.
- Vergütung Verfahrenspfleger § 1 268 f.

Frist
- Anhörungsrüge § 12a 12 ff.
- Beschwerde § 33 113 ff.
- Bewilligung Pauschgebühr § 42 25
- Disziplinarverfahren/Verfahren, berufsgerichtliche § 19 42
- Erinnerung § 56 11
- Feststellung Leistungsfähigkeit § 52 47 ff.
- Fristsetzung, gerichtliche § 19 42
- Streitwertbeschwerde § 32 198 ff.; § 33 113 ff.
- Vergütungsfestsetzung § 56 11
  - Beschwerde § 56 35
  - Bußgeldverfahren § 57 20 ff.
  - Vergütung aus Staatskasse § 55 19 ff.
  - Wiedereinsetzung § 56 81 f.
- Verjährung § 8 107 ff.

Gebühr
- allgemeine VV Vorb. 1 1 ff.
- besondere § 41a 1 ff., M 28
  - KapMUG-Verfahren § 41a 1 ff.
  - Mehrfachvertretung § 6 19
- Bestimmung § 34 84 ff.
  - nach BGB § 34 94 ff.
- Gebührenteilungsvereinbarung § 3a 145 f.; § 11 215
- Gebührenunterschreitungsverbot § 4a 24
- Selbstständigkeit § 15a 48 ff.
- streitwertunabhängige VV 2200–2201 38 f.
- zusätzliche/weitere siehe Gebühr, zusätzliche/weitere

Gebühr, zusätzliche/weitere § 50 1 ff. siehe auch einzelne Verfahrensarten
- Abgabe nach OWiG VV 4141 29 ff.
- Abraten Rechtmittel VV 4141 143
- Anwendungsbereich VV 4141 17 ff.
- Beiordnung siehe dort
- Darlegungs-/Beweislast VV 4141 11 ff.
- Einstellung VV 4141 17 ff.
- Einzeltätigkeiten VV Vorb. 4.3 32
- Gebührenhöhe VV 4141 162 ff.
  - Beträge VV 4141 172
  - Festgebühr VV 4141 163 ff.
  - Zuschlag VV 4141 167
- Kontaktperson VV 4304 10
- Kostenentscheidung/-erstattung siehe dort
- mehrfache VV 4141 154 ff.
- Mehrfachvertretung siehe dort
- Mitwirkung siehe dort
- Nichteröffnung Hauptverfahren VV 4141 79 ff.
- Rechtsanwälte, mehrere § 6 20
- Rechtsschutzversicherung VV 4141 175 ff.; VV 5115 106 ff.
- Rechtszug, erster Vor VV 4106 ff. 9
- Sinn/Zweck VV 4141 14 ff.
- Trennung/Verbindung Verfahren VV 4141 160 f.
- Zurückverweisung VV 4141 66

Gebühren nach BGB § 2 18
- Abrechnung/Berechnung § 34 110
- Bestimmung Vergütung § 34 94 ff.
- Branchenüblichkeit § 34 97 f.
- Darlegungs-/Beweislast § 34 109
- Fehlen Vereinbarung § 34 88
- Kammergutachten § 34 107 f.
- Leistungsbestimmung, einseitige § 34 99
- Mediation/Gutachten/Beratung § 34 88 ff.
- Ortsüblichkeit § 34 96
- Rechtsprechung § 34 102 ff.
- Vergütungsfestsetzung § 11 134
- Vertragsauslegung, ergänzende § 34 100 f.
- Verweis auf §§ 612, 632 BGB § 34 89 ff.

Gebührenvereinbarung § 3a 54 ff.; § 34 7 ff.
- Abgrenzung zur Vergütungsvereinbarung § 34 8
- Angemessenheit § 34 11
- Anwendbarkeit §§ 3a ff.; § 34 7 ff.
- Anwendungsfälle § 34 16 ff.
- Art/Höhe § 34 29 ff.
- Form § 34 9
- Gebühren, sonstige § 34 34
- Gutachten § 34 43 ff.
- Kostenerstattung/-entscheidung § 34 10, 41 f.

Stichwortverzeichnis

- Rechtsschutzversicherung § 34 38 ff.
- Umsatzsteuer § 34 33
- **Gegenstands-/Streitwert** § 2 23 ff.;
  Vor §§ 23 ff. 1 ff.
- Änderung § 8 145 ff.
  - in Verweisung § 20 9 ff.
  - Zurückverweisung § 21 48 ff.
- Anerkenntnis VV Vorb. 3 202 ff.
- Angelegenheiten § 22 7 f.
- Anrechnung § 15a 65 ff.; VV Vorb. 3 240 ff.
- Anwälte Vor §§ 23 ff. 1 ff.
- Anwendung, sinngemäße § 23 20 ff.
  - Angelegenheiten, andere § 23 37
  - GNotKG § 23 37 ff.
  - Vergütungsvereinbarung § 23 41 ff.
- Arrest *siehe dort*
- Asylverfahren § 30 1 ff.
- Aufgebotsverfahren VV 3324 21
- Auftrag § 2 27 ff.; § 18 186
- Ausfertigung, vollstreckbare § 18 102
- Ausschlussverfahren § 31a 1 ff.
- Aussöhnungsgebühr VV 1001 26 ff.
- Ausübung Veröffentlichungsbefugnis § 18 222
- Berufung *siehe dort*
- Beschwerde *siehe Streitwertbeschwerde*
- Betragsrahmengebühren § 23 17
- Beweisaufnahme, umfangreiche VV 1010 31 ff.
- Beweisverfahren, selbstständiges *siehe dort*
- Bewertung § 23 6 f.
- EGMR-Verfahren § 38a 8 ff.
- Ehesachen VV 1000 142
- Einigungsgebühr VV 1000 196 ff.;
  VV 3309 173 ff.
- Einzelfälle A-Z § 23 58
- Einzeltätigkeiten VV 3403–3404 42 ff., 54
- Einziehung/Maßnahmen, verwandte
  VV 4142 34 ff.
- EnWG-Verfahren VV Vorb. 3.2.1 190
- Erhöhung bei Personenmehrheit § 30 22
- Erinnerung VV Vorb. 3.5, VV 3500 77
- Erledigungsgebühr VV 1002 39
- Ermittlung, gesonderte je Gebühr § 22 16 ff.
- EuGH-Verfahren § 38 15 ff.
- FamFG-Verfahren/Familienrechtssachen *siehe dort*
- Festgebühren § 23 18
- FGG-Verfahren VV Vorb. 3.2.1 107 ff.
- Finanzgerichtssachen § 17 55 ff.; § 25 1 ff.
- Freiheitsentziehungs-/Unterbringungssachen
  VV 6300 ff. 75 f.
- Gegenstand
  - geringerer im Prozess VV Vorb. 3 242
  - höherer im Prozess VV Vorb. 3 243
  - identischer § 2 23 ff.; VV Vorb. 3 241, 264 ff., 288 ff.
- Gegenstandsidentität VV 3101 110
- Gegenvorstellung *siehe dort*
- Grundstück § 23 58
- Gutachten § 23 58
- Güteverfahren *siehe dort*
- GWB-Verfahren *siehe dort*
- Hinweispflicht § 2 56 f.
- Höhe Vergütung § 2 1

- Insolvenzverfahren *siehe dort*
- KapMuG-Verfahren *siehe dort*
- Kostenvorschuss § 18 141
- KSpG-Verfahren VV Vorb. 3.2.1 209
- Mahnverfahren VV Vorb. 3.3.2, VV 3305–3306 174 ff.
- Mehrfachvertretung *siehe dort*
- Mindestwert § 31 23
- Nachverfahren § 17 381
- Nichtzulassungsbeschwerde *siehe dort*
- Parteiidentität VV Vorb. 3 267 f., 292 ff.
- Patentverfahren VV Vorb. 3.2.2 174 ff.;
  VV 3510 9 ff.
- Privatklageverfahren VV 4147 30 f.
- Prozesskostenhilfe § 23a 1 ff.; § 30 54 ff.
- Prüfung Erfolgsaussicht Rechtsmittel
  VV 2100 45; VV 2101 16 ff.
- Rahmengebühren § 14 18 ff.
- Räumungsfristverfahren *siehe dort*
- Rechtsbeschwerde *siehe dort*
- Rechtsschutz, einstweiliger § 17 131; § 30 20 ff.
- Sanierung/Reorganisation KI § 24 1 ff.
- Scheidungs-/Lebenspartnerschafts-/Folgesachen
  § 16 58 f.; § 23 58
- Schiedsverfahren VV 3327 19
- Schuldnerverzeichnis § 18 210, 217
- Sozialrechtssachen § 3 128 ff.; § 25 1 ff.
- Spruchverfahren § 31 1 ff.; VV Vorb. 3.2.1 253 ff.
- Strafsachen VV Vorb. 3.2.1 342 ff.;
  VV 4143 f. 26 ff.; VV 4146 13 f., 23 f.
- Tätigkeit, außergerichtliche VV Vorb. 2.3 130 ff.
- Terminologie § 23 5
- Terminsvertreter VV 3401–3402 51 ff.
- Urkunds-/Scheck-/Wechselprozess VV 3100 31 ff.
- Verbraucherschutzverfahren VV Vorb. 3.2.1 229
- Verfahren, gerichtliches VV Vorb. 3 240 ff.
- Verfahren, gerichtsgebührenfreie § 23 19
- Verfahren nach AktG/UmwG VV 3325 7
- Verfahren, schiedsgerichtliches § 36 45 ff.
- Verfahren, schiedsrichterliches § 36 45 ff.
- Verfahrensdauer, überlange VV 3300–3301 60 ff.
- Verfahrensgebühr VV Vorb. 3 86 ff.
- Verfassungsgerichtsverfahren § 37 22 ff.
- Verfügung, einstweilige *siehe dort*
- Vergütungsfestsetzung *siehe dort*
- Vergütungsvereinbarung § 22 29; § 23 41 ff.
- Verjährungshemmung § 8 145 ff.
- Verkehrsanwalt VV 3400 56 ff., 148
- Verkehrsrechtssachen Anhang I 55 ff.
- Vermögensauskunft/-verzeichnis *siehe dort*
- Versäumnisurteil VV 3105 30
- Versorgungsausgleich § 21 107 ff.
- Verteilungsverfahren, schifffahrtsrechtliches *siehe dort*
- Verwaltungsrechtssachen *siehe dort*
- VGG-Verfahren VV 3300–3301 15
- Vollstreckbarerklärung VV 3329 24 ff.
- Vorgreiflichkeit § 23 8 ff.
- Wertfestsetzung *siehe dort*
- WpHG-Verfahren VV Vorb. 3.2.1 321
- WpÜG-Verfahren VV Vorb. 3.2.1 288 ff.
- Zwangs-/Ordnungsmittel § 18 157
- Zwangshypothek § 18 133

Stichwortverzeichnis

- Zwangsvollstreckung § 18 76 f., 95; § 25 1 ff.; VV 3309 2; VV 3328 17 f.; VV Vorb. 3.3.3 6
  - Vermögensauskunft § 25 77 ff.
  - Verteilungsverfahren, schifffahrtsrechtliches § 29 1 ff.
  - Zahlungsvereinbarung § 31b 1 ff.
  - Zwangsversteigerung § 26 1 ff.
  - Zwangsverwaltung § 27 1 ff.
- **Gegenvorstellung** § 12a 56 ff.; § 33 91 ff.
  - Bewilligung Pauschgebühr § 42 38
  - Gegenstands-/Streitwert § 32 240 ff., 284
  - Streitwertbeschwerde § 32 272 f.
- **Gehörsrüge** § 12a 1 ff.
  - Adressat § 12a 11
  - als „Notbremse" § 12a 50 ff.
  - Angelegenheit § 19 59 ff.; VV 3330–3331 4 ff.
  - Auslagen VV 3330–3331 28
  - Aussöhnungsgebühr VV 3330–3331 14
  - Begründetheit § 12a 24 ff.
  - Begründungspflicht § 12a 17 ff.
  - Beschwer § 12a 10
  - Beschwerde, zugelassene § 33 135 ff.
  - Betragsrahmengebühren VV 3330–3331 18 ff.
  - Darlegungs-/Beweislast § 12a 18
  - Einigungsgebühr VV 3330–3331 14, 25
  - Entscheidung § 12a 38 ff.
  - Entscheidungserheblichkeit § 12a 24 ff.
  - Erledigungsgebühr VV 3330–3331 14, 25
  - Feststellung Leistungsfähigkeit § 52 56
  - Form § 12a 11
  - Fortführung Verfahren, gerügtes § 12a 45 ff.
  - Frist § 12a 12 ff.
  - Gegenstands-/Streitwert VV 3330–3331 15 ff.
  - Heilung § 12a 31, M 43
  - Kosten § 12a 48 f.
  - Kostenentscheidung/-erstattung VV 3330–3331 29 ff.
  - Prozess-/Verfahrenskostenhilfe VV 3330–3331 34 f.
  - Prozesskostenhilfe Anhang § 12 45
  - Sozialrechtssachen VV 3330–3331 18 ff.
  - Statthaftigkeit § 12a 4 ff.
  - Streitwertbeschwerde *siehe dort*
  - Terminsgebühr VV Vorb. 3.3.1 1 ff.; VV 3330–3331 11 ff., 22 ff., 27
  - Unanfechtbarkeit Entscheidung § 12a 5 ff.
  - Verfahren § 12a 32 ff.
  - Verfahrensgebühr VV 3330–3331 1 ff.
  - Vergütungsfestsetzung § 11 70, 176 f.
  - Verwerfung § 12a 38 ff.
  - Wertfestsetzung § 33 56 ff.
  - Zulässigkeit § 12a 4 ff.
  - Zurückweisung § 12a 38 ff., M 43
- **Geltungsbereich RVG** § 1 1 ff.
  - Anwaltsgesellschaften § 1 122 f.
  - Anwaltsmediator § 1 143 f.
  - Anwaltsnotar § 1 138 f.
  - Anwendbarkeit § 1835 Abs. 3 BGB § 1 411
  - Anwendung, analoge § 1 149 f.
  - Anwendungsbereich, persönlicher § 1 96 ff.
  - Anwendungsbereich, sachlicher § 1 124 ff.
  - Beratungshilfe § 1 157 f.
  - Beschwerde § 1 412 ff.
  - Betreuer § 1 166 ff.
  - Doppelqualifikation § 1 132 ff.
  - Erinnerung § 1 412 ff.
  - Erlaubnisinhaber, registrierte nach RDG § 1 150 ff.
  - Gläubigerausschuss § 1 374
  - Hochschullehrer § 1 105 ff.
  - Inkasso § 1 156
  - Insolvenzverwalter § 1 339 ff.
  - Kammermitglieder, andere § 1 115 ff.
  - Nachlassverwalter § 1 379 ff.
  - Notar § 1 104, 138 ff.
  - Partnerschaftsgesellschaft § 1 1, 122 f.
  - Patentanwalt § 1 101 ff., 145 f.
  - Personen, registrierte nach RDG § 1 154
  - Pfleger § 1 231 ff.
  - Prozesspfleger § 1 1, 111
  - Rechtsanwalt § 1 96
  - Rechtsanwaltskammer § 1 115 ff.
  - Rechtsbeistand, nichtverkammerter § 1 149 ff.
  - Rechtsberatungsgesellschaft, ausländische § 1 122 f.
  - Rentenberater § 1 150 ff.
  - Sachwalter § 1 371 ff.
  - Schiedsrichter § 1 400 ff.
  - Schuldnerberatungsstellen § 1 157 f.
  - Sozialrechtssachen ohne GKG § 3 8 ff., 53 ff.
  - Steuerberater § 1 97 ff., 132 ff.
  - Syndikusanwalt § 1 159 ff.
  - Tätigkeit, anwaltliche § 1 124 ff.
  - Tätigkeiten, ähnliche § 1 408 ff.
  - Testamentsvollstrecker § 1 310 ff.
  - Treuhänder § 1 375 ff.
  - Umgangspfleger/-begleiter § 1 306 ff.
  - Unanwendbarkeit RVG § 1 159 ff.
  - Verfahrensbeistand § 1 281 ff.
  - Verfahrenspfleger § 1 261 ff.
  - Versicherungsberater § 1 155
  - Vormund § 1 226 ff.
  - Wirtschaftsprüfer § 1 100
  - Zwangsverwalter § 1 384 ff.
- **Gerichtsbarkeit, freiwillige** *siehe FGG-Verfahren*
- **Gerichtsbescheid** VV 3104 82 ff.; VV 3202 28 ff.
- **Gerichtskosten**
  - Angelegenheit, dieselbe § 16 57
  - Einigungsgebühr VV 1000 224 ff.
  - Mehrfachvertretung § 7 35
  - Scheidungs-/Folgesachen § 16 57; § 21 130 ff.
  - Trennung Verfahren § 21 130 ff.
  - Verbundverfahren § 16 57
  - Verfahren, gerichtsgebührenfreie § 23 19
  - Vergütungsfestsetzung § 11 334 ff.
  - Verweisung § 20 52 ff.
  - Wertfestsetzung § 32 1 ff.
  - Zurückverweisung § 21 128 f.
- **Gerichtsvollzieher** § 19 206
- **Gesamtschuldner** § 7 60 ff.; § 11 216, 259 f.
- **Geschäftsführung ohne Auftrag (GoA)** § 1 12; § 2 28
- **Geschäftsgebühr** VV Vorb. 2.3 27 ff.; VV 2300 1 ff. *siehe auch einzelne Verfahrensarten*
  - Abgeltungsbereich Gebühren VV Vorb. 2.3 49 ff.
  - Anrechnung *siehe dort*
  - Beratungshilfe *siehe dort*

3100

Stichwortverzeichnis

- Einzelfälle VV Vorb. 2.3 40 ff.
- Gebührenrahmen VV 2300 3
- Höhe VV Vorb. 2.3 55
- Kostenerstattung/-entscheidung VV 2300 16
- Mehrfachvertretung VV 1008 77 f.; VV 2300 15
- Schwellenwert VV 2300 4 ff.
  - Bestimmung Gebühr VV 2300 9 ff.
  - Meinungsstand VV 2300 4 ff.
- Spezialregelungen VV Vorb. 2.3 32 ff.
- Vergütungsfestsetzung § 11 71

Gesellschaft
- bürgerlichen Rechts (GbR) VV 1008 17 ff.
- Gesellschaftsvertrag § 23 58
- mit beschränkter Haftung (GmbH) § 23 58; VV 1008 20 ff.

Gewährleistung VV 1000 85
Gewerbesteuer § 1 225
Glaubhaftmachung Vor VV T2 A5 47 f.
Gläubigerausschuss § 1 374
Grund, wichtiger § 15 271 ff.
Grundgebühr Vor VV 4100 ff. 1 ff.; VV 4100–4101 1 ff. *siehe auch einzelne Verfahrensarten*
- Anrechnung VV 4100–4101 26 ff.
- Berufung Vor VV 4124 ff. 11
- Einmaligkeit VV 4100–4101 6 ff.
- Entstehen VV 4100–4101 18 f.
- Höhe VV 4100–4101 20 ff.
- Kontaktperson VV 4304 10
- Mehrfachvertretung VV 1008 89
- Rechtszug, erster Vor VV 4106 ff. 5
- Revision Vor VV 4130 ff. 15
- Verhältnis zur Verfahrensgebühr VV 4100–4101 31 ff.

Grundurteil § 21 59 ff.
Gutachten § 11 87; § 19 13
- Abgrenzung zur Beratung § 34 45 ff.
- Ablieferung § 34 70
- Anforderungen § 34 49 ff.
- Anrechnung § 15a 22, 80; § 34 69
- Auftrag § 34 45 ff.
- Auftragsbeendigung, vorzeitige § 34 68
- Auslagen § 34 63 ff.
- Äußerung, gutachterliche VV 3400 128 ff.
- Auswertung Vor VV T5 84 ff.
- Darstellung Sachverhalt § 34 52 f.
- Dokumentenpauschale § 34 64; VV 7000 10
- Fälligkeit § 34 70
- Gebühren nach BGB § 34 88 ff.
- Gebührenbestimmung § 14 10 f., 17; § 34 84 ff.
- Gebührenvereinbarung § 34 43 ff.
- Gegenstands-/Streitwert § 23 58
- Geschäftsgebühr § 34 86
- Gutachter VV 2101 10 ff.
- Herausstellung Probleme, rechtliche § 34 54 f.
- Kammergutachten *siehe dort*
- Kappungsgrenze § 34 117 ff.
- Kostenentscheidung/-erstattung § 34 71
- Kurzgutachten, ärztliche Vor VV T2 A5 148
- Mehrfachvertretung VV 1008 79 ff.
- Prüfung Erfolgsaussicht Rechtsmittel *siehe dort*
- Reisekosten § 34 66
- Schriftform § 8 43; § 34 50 f.; VV 2101 5
- Sozialrechtssachen VV 2103 1 f.
- Stellungnahme Anwalt § 34 56 ff.

- Tätigkeit, außergerichtliche VV Vorb. 2.3 36 ff.
- Tätigkeit nach Gutachtenerstattung VV Vorb. 3 306 ff.
- Telekommunikationsentgelte § 34 65
- Übergangsrecht § 34 138
- Umsatzsteuer § 34 67
- Verbrauchermandat § 34 111 ff.
- Verfassungsgerichtsverfahren § 37 41
- Vergütung Art/Höhe § 34 61 f.

Güteverfahren § 17 390 ff.; VV 2303 6 ff.
- Angelegenheit § 17 390 ff.
- Anrechnung *siehe dort*
- Antrag auf Entscheidung, gerichtliche § 17 434 f.; VV 2303 36 f.
- Auslagen § 17 425; VV 2303 26
- Beratungshilfe VV 2303 54 ff.
- Einigungsgebühr § 17 411 ff.; VV 2303 16 ff.
- Gebühren § 17 402 ff.
  - Rechtsstreit, nachfolgender § 17 438 ff.
  - sonstige § 17 420 f.; VV 2303 23 f.
- Gegenstands-/Streitwert § 17 422 ff.; VV Vorb. 2.3 104; VV 2303 25
- Geschäftsgebühr § 17 402 ff.; VV 2303 8 ff.
- Gütestelle § 23 58
- Güteverhandlung § 19 30, 54 ff.
- Kostenentscheidung/-erstattung § 17 442 ff.; VV 2303 44 ff.
- Prozess-/Verfahrenskostenhilfe § 17 454; VV 2303 52
- Rechtsschutzversicherung § 17 457; VV 2303 59
- Rechtsstreit, nachfolgender VV 2303 40 ff.
- Umsatzsteuer § 17 425; VV 2303 26
- Vergütung § 17 400 ff.
- Vergütungsfestsetzung § 11 32, 72; § 17 455 f.; VV 2303 56 f.
- vor Ausschuss gemäß § 111 ArbGG § 17 395
- vor einer Gütestelle gemäß § 794 ZPO § 17 391
- vor einer Gütestelle zur Streitschlichtung, obligatorische § 17 392 ff.
- vor Einigungs-/Gütestellen, sonstige § 17 397 ff.
- vor Seemannsamt § 17 396
- Zuständigkeit § 11 149
- Zwangsvollstreckung § 17 436 f.; VV 2303 38 f.

GWB-Verfahren
- Angelegenheit § 16 320 ff.
- Anordnung, einstweilige VV Vorb. 3.2.1 159
- Auftragsbeendigung, vorzeitige VV Vorb. 3.2.1 154
- Berufung VV 3200 1 ff.; VV 3201 1 ff.; VV 3202 1 ff.; VV 3203 1 ff.
- Beschwerde VV Vorb. 3.2.1 1 ff., 145 ff., 151 ff., 155
- Einigungs-/Erledigungsgebühr VV Vorb. 3.2 58; VV Vorb. 3.2.1 157 f., 160; VV Vorb. 3.2.2 97
- Gebühren VV Vorb. 3.2 52 ff.
- Gegenstands-/Streitwert VV Vorb. 3.2 59 f.; VV Vorb. 3.2.1 161 ff.; VV Vorb. 3.2.2 99
- Kostenentscheidung/-erstattung VV Vorb. 3.2 69; VV Vorb. 3.2.1 167 f.; VV Vorb. 3.2.2 100
- Mehrfachvertretung VV Vorb. 3.2.1 153
- Nichtzulassungsbeschwerde § 16 332 ff.; § 17 468
- Rechtsbeschwerde § 16 320; VV Vorb. 3.2.2 1 ff., 92 ff.

Stichwortverzeichnis

- Rechtsschutz, einstweiliger VV Vorb. 3.2 41 ff.
  - Verfahren nach § 169 Abs. 2 S. 5 GWB VV Vorb. 3.2 44 f.
  - Verfahren nach § 169 Abs. 2 S. 6 GWB VV Vorb. 3.2 46 f.
  - Verfahren nach § 173 Abs. 1 S. 3 GWB VV Vorb. 3.2 48 f.
  - Verfahren nach § 176 GWB VV Vorb. 3.2 50 f.
- Rechtszug, erster VV Vorb. 3.2 53 f., 55 ff.; VV Vorb. 3.2.1 151 ff., 155; VV 3200 1 ff.; VV Vorb. 3.2.2 95, 96
- Terminsvertreter VV Vorb. 3.2.1 160
- Verkehrsanwalt VV Vorb. 3.2.1 160

Haft § 18 153, 164, 187 ff.
Haftpflichtversicherungsprämie § 22 25; VV 7007 1 ff.
- Angelegenheiten, verschiedene VV 7007 22 f.
- Berechnung VV 7007 17 ff.
- Erstattungspflicht Auftraggeber VV 7007 11 ff.
- Haftpflichtversicherung § 1 25, 364
- im Einzelfall VV 7007 7 ff.
- Kostenerstattung/-entscheidung VV 7007 25
- Mehrfachvertretung VV 7007 23
- Umsatzsteuer VV 7007 24

Haftung
- anteilige § 11 203
- Arbeitgeber § 11 218
- Auftraggeber § 7 48 ff.
- Festsetzungsverfahren Vergütung § 11 203
- Mehrfachvertretung § 7 4, 44, 63
- Risiko Anwalt § 14 47 ff., 53
- Verletzung Hinweispflicht § 2 79 ff.

Haftzuschlag
- Anwendung bei Nebenklage VV Vorb. 4 61 f.
- Anwendungsbereich VV Vorb. 4 40 ff.
- Begründung VV Vorb. 4 33 ff.
- Beistand VV Vorb. 4 12, 33 ff.
- Einzeltätigkeiten VV Vorb. 4.3 31
- Einziehung/Maßnahme, verwandte VV Vorb. 4 12, 33 ff.
- Entstehung VV Vorb. 4 33 ff.
- Höhe VV Vorb. 4 58 ff.
- Nebenklage VV Vorb. 4 12, 33 ff., 61 f.
- Privatklageverfahren VV Vorb. 4 12, 33 ff.
- Revision VV 4130 f. 9
- StrRehaG-Verfahren VV Vorb. 4 12, 33 ff.
- Verfassungsgerichtsverfahren § 37 10, 12
- Voraussetzungen VV Vorb. 4 47 ff.
- Wiederaufnahmeverfahren VV Vorb. 4.1.4/ VV 4136 ff. 48 ff.

Hebegebühr VV Vorb. 1 17; VV 1009 1 ff.
- Ab-/Rücklieferung Wertpapiere/Kostbarkeiten VV 1009 41 ff.
- Abgeltungsbereich VV 1009 48 ff.
- Angelegenheit VV 1009 7 ff.
- Anwendungsbereich VV 1009 3 ff.
- Auftrag VV 1009 11 ff.
- Aus-/Rückzahlung VV 1009 16 ff.
- Auslagen VV 1009 58 f.
- Ausschluss VV 1009 33 ff.
- Einforderbarkeit VV 1009 64 ff.
- Entnahmerecht § 9 97; VV 1009 60 ff.
- Entstehen VV 1009 15 ff.
- Hinweispflicht VV 1009 64 ff.
- Höhe VV 1009 52 ff.
- Kostenerstattung/-entscheidung VV 1009 69 ff.
  - Einzelfälle VV 1009 81
- Mehrfachvertretung VV 1008 98; VV 1009 32
- Pflichtverteidiger VV 1009 83
- Prozesskosten-/Verfahrenskostenhilfe VV 1009 82
- Rechtsschutzversicherung VV 1009 84 f.
- Teilzahlungen VV 1009 26 ff.
- Übergangsrecht VV 1009 86
- Verzicht VV 1009 67 f.
- Vorlage aus Mitteln, eigenen VV 1009 25
- Zwangsvollstreckung VV 3309 192 f., 255 ff.

Hemmung *siehe Verjährung*
Herabsetzung Vergütung, vereinbarte § 3a 98 ff.
- Angemessenheit § 3a 113 ff.
  - Prüfung § 3a 122 ff.
  - Quotientenrechtsprechung § 3a 114 ff.
  - Stellungnahme § 3a 121
- Darlegungs-/Beweislast § 3a 126
- Einzelfälle § 3a 125
- Kammergutachten § 3a 102 ff.
- Rechtsfolge § 3a 107 f.
- Sittenwidrigkeit Vergütung § 3a 111 f.
- Steuerrecht § 3a 127
- Unangemessenheit Vergütung § 3a 109 ff.
- Verfahren § 3a 98 ff.
- Zuständigkeit § 3a 100

Hilfspersonen § 11 73
Hinweispflicht § 2 50 ff.
- Adressat § 2 65 ff.
- anwaltliche § 2 58 ff.
- Anwaltsvertrag § 1 37 ff.
- Anwendungsbereich § 2 53 ff.
- Arbeitsgerichtsbarkeit § 1 39
- Auslagen § 2 55
- Beratungshilfe § 44 11 ff.
- Bürogemeinschaft § 2 62
- Darlegungs-/Beweislast § 2 78
- Erfolgshonorar § 4a 39 ff.
- Form § 2 68 ff.
- Gebühren, zu erhebende § 2 53 ff.
- Gegenstands-/Streitwert § 2 56 f.
- Hebegebühr VV 1009 64 ff.
- Hinweisgeber § 2 61 ff.
- Inhalt § 2 58 ff.
- Kosten, notwendige/Notwendigkeit VV 3400 116
- Nachfrage Mandant § 1 41 f.
- Partnerschaftsgesellschaft § 2 62
- Prozess-/Verfahrenskostenhilfe § 1 43 f.
- Prozessfinanzierung § 1 45 f.
- Rechtsfolgen Verletzung § 2 79 ff.; § 4a 43 ff.
  - Berufsrecht § 4a 43
  - Strafrecht § 2 93 ff.
  - Vergütungsrecht § 2 79 f.
  - Zivilrecht § 2 82 ff.; § 4a 44 ff.
- Terminsvertreter § 2 64
- Umstände, besondere § 1 40
- Vergütungsfestsetzung § 11 214
- Vergütungsvereinbarung § 2 69; § 3a 3, 49 ff.
- Verkehrsanwalt § 2 63; VV 3400 116

Stichwortverzeichnis

- Verschulden Anwaltswechsel § 54 11
- Wertgebühren § 1 38
- Zeitpunkt § 2 71 ff.

Hochschullehrer § 1 105 ff.; § 5 48

Informationsbeschaffung § 46 41 ff.

Inkasso § 1 156; VV Vorb. 3.3.2, VV 3305–3306 175

Insolvenzverfahren VV Vorb. 3.3.5 1 ff.
- Anmeldung Forderung VV 3320 1 ff.
- Anzeige Wiederaufnahme VV 3101 49
- Aufhebung Vollstreckungsmaßregeln VV 3323 1 ff.
- Beiordnung § 12 1 ff.
- Beschwerde gegen Eröffnung § 28 2 ff.
- Eröffnungsverfahren § 28 2 ff.; VV 3313–3316 10 ff.
- Gegenstands-/Streitwert § 28 1 ff.; VV 3317 11; VV 3318–3319 9
- Insolvenzgeldanspruch § 3 14
- Insolvenzplan VV 3318–3319 1 ff.
- Kostenentscheidung/-erstattung VV Vorb. 3.3.5 18 ff.; VV 3313–3316 20 ff.; VV 3317 12; VV 3318–3319 10
- Prozesskostenhilfe § 12 22 ff.; VV Vorb. 3.3.5 27 f.
- Restschuldbefreiung VV 3321 1 ff.
- Schuldenbereinigungsplan VV 3313–3316 13 ff.
- Schuldenregulierung § 28 2 ff.
- Sekundärinsolvenzverfahren VV Vorb. 3.3.5 15 ff.
- Verfahrensgebühr VV 3313–3316 1 ff.; VV 3317 1 ff.; VV 3318–3319 1 ff.; VV 3320 1 ff.; VV 3321 1 ff.; VV 3322 1 ff.; VV 3323 1 ff.
  - Anmeldung Forderung VV 3320 1 ff.
  - Aufhebung Vollstreckungsmaßregeln VV 3323 1 ff.
  - Insolvenzplan VV 3318–3319 1 ff.
  - Restschuldbefreiung VV 3321 1 ff.
  - Zulassung Zwangsvollstreckung VV 3322 1 ff.
- Vertretung Gläubiger § 28 14 ff.
- Vertretung in Angelegenheiten, übrigen § 28 21 ff.
- Vertretung Schuldner § 28 2 ff.
- Vorschuss Anwalt § 9 114 ff.
- Zwangsvollstreckung VV 3322 1 ff.

Insolvenzverwalter § 1 338 ff.
- Anwendung RVG § 1 339 ff.
- Auslagen § 1 361 ff.
- Mindestvergütung § 1 350 ff.
- Sonderinsolvenzverwalter § 1 369 f.
- Umsatzsteuer § 1 368
- Vergütung § 1 343 ff., C 360
- Vergütungsfestsetzung § 1 366; § 11 31
- Vergütungsvereinbarung § 1 354
- Verjährung § 1 366
- Vorschuss § 1 367
- Zu-/Abschläge § 1 355 ff.
- Zwangsverwaltung § 27 5

IRG-Verfahren VV 7000 108

Kammer § 1 115 ff.

Kammergutachten § 3a 102 ff.; § 14 97 ff.
- Gebühren nach BGB § 34 107 f.
- Kosten § 14 120 f.
- Notwendigkeit § 14 97 ff.
- Rahmengebühren § 14 3
- Verfahren § 14 115 ff.
- Vergütungsfestsetzung § 4 33 ff.
- Verstoß gegen § 14 Abs. 2 § 14 122 f.
- Zuständigkeit § 14 114

KapMuG-Verfahren § 16 373 ff.; § 41a 1 ff.
- Angelegenheit § 16 378 ff.; VV 3338 12 f.
- Anmeldung Anspruch § 23b 11 ff.
- Beschwerde VV Vorb. 3.2.2 154 ff.
- Fälligkeit § 41a 46 ff.
- Festsetzung § 41a 54 ff.
- Gebühr, besondere § 41a 1 ff., M 28, M 41
  - Anspruchsvoraussetzungen § 41a 12 ff.
  - Bewilligung/Höhe § 41a 17 ff.
  - Bewilligungsverfahren § 41a 23 ff., M 41
- Gegenstands-/Streitwert § 23b 1 ff.; § 41a 17 ff.; VV Vorb. 3.2.2 153; VV 3338 14
- Kostenentscheidung/-erstattung § 23b 22; § 41a 54 ff.
- Mehrfachvertretung § 16 384 ff.
- Musterverfahren, erstinstanzliches § 23b 3 ff.
- Nr. 9018 GKG-KostVerz. § 41a 58 ff.
- Rechtsbeschwerde § 16 352 f.; § 23b 15 ff.; VV Vorb. 3.2.2 1 ff., 148 ff.
- Verfahren I. Instanz § 41a 11
- Verfahrensgebühr VV 3338 1 ff.
- Vergütungsschuldner § 41a 51 ff.
- Vertretung Musterkläger § 41a 8 ff.
- Vorschuss § 41a 50
- Zweck § 16 375 ff.

Kappungsgrenze § 2 21; § 7 14 ff.
- Mediation/Gutachten/Beratung § 34 83, 117 ff.
- Verbrauchermandat § 34 117 ff.

Kindschaftssachen VV 1000 143 ff.; VV 1003 12 ff.; VV 1004 11

Klage *siehe auch einzelne Verfahrensarten*
- Abweisung VV 3307 16 ff.
- Änderung § 21 51 ff.
- Anrechnung § 15a 76
- Erweiterung § 21 65 ff.; § 60 58 f.
- Klageerzwingungsverfahren § 52 88 f.
- Rücknahme VV 1000 86 f.; VV Vorb. 3 110; VV Vorb. 3.3.2, VV 3305–3306 165 ff.
- Verzicht VV 1000 94
- Widerspruchs-/Bereicherungsklage VV 3309 204 f.
- Zurückweisung § 21 51 ff.

Kompensation § 14 64

Kostenentscheidung/-erstattung § 34 71
- Abgrenzung zur Vergütungsfestsetzung § 11 9
- Abtretung Kostenerstattung *siehe dort*
- Adhäsionsverfahren VV 4143 f. 68 f.
- Angelegenheiten § 15 208; § 16 155 ff.; § 19 88 f.
  - dieselbe/einheitliche § 16 60 ff.
  - mehrere/verschiedene § 17 54 ff.
  - öffentlich-rechtliche § 17 54 ff.
- Anrechnung § 15a 86 ff.; VV Vorb. 3 235
- Ansprüche, materiell-rechtliche § 10 112

3103

Stichwortverzeichnis

- Antrag auf Entscheidung, gerichtliche § 16 198, 208 ff.
- Anwalt in eigener Sache VV 3401–3402 105
- Arbeitsrechtssachen VV 3326 12
- Aufgebotsverfahren VV 3324 22
- Aufschub § 8 79 f.
- Ausschluss § 33 177 ff.
- Beistand VV Vorb. 3 10 f.
- Berechnung/Abrechnung § 10 110 f.
- Berufung *siehe dort*
- Beschwerde *siehe dort*
- Beweisaufnahme, umfangreiche VV 1010 37
- Bußgeldsachen *siehe dort*
- Disziplinarverfahren/Verfahren, berufsgerichtliche *siehe dort*
- Dokumentenpauschale VV 7000 220 ff.
- Einigungsgebühr *siehe dort*
- Einzeltätigkeiten Vor VV 3400 ff. 13 ff.; VV 3403–3404 64 ff.
- EnWG-Verfahren VV Vorb. 3.2.1 191 ff.
- Erfolgshonorar § 4a 56 f.
- Erfüllung § 15a 88 ff.
- Erinnerung *siehe dort*
- Erledigungsgebühr VV 1002 40 ff.; VV 1005 f. 33
- EuGH-Verfahren § 38 21 f.
- Fälligkeit Vergütung § 8 64 ff.
- FGG-Verfahren VV Vorb. 3.2.1 122
- Finanzgerichtssachen VV Vorb. 3.2.1 21
- Freiheitsentziehungs-/Unterbringungssachen VV 6300 ff. 77 ff.
- Gebühr, zusätzliche/weitere VV 4141 174; VV 6216 10
- Gebührenvereinbarung § 34 41 f.
- Gehörsrüge VV 3330–3331 29 ff.
- Geltendmachen, zeitgleiches § 15a 117 ff.
- Gerichtskosten Vor §§ 20, 21 53 ff.
- Geschäftsgebühr VV 2300 16
- Güteverfahren § 17 442 ff.; VV 2303 44 ff.
- GWB-Verfahren *siehe dort*
- Haftpflichtversicherungsprämie VV 7007 25
- Hebegebühr VV 1009 69 ff.
- Hinweispflicht § 3a 3
- Insolvenzverfahren *siehe dort*
- KapMuG-Verfahren § 23b 22; § 41a 54 ff.
- Kosten, notwendige/Notwendigkeit
  - Abwägung Verkehrsanwalts-/Reisekosten VV 3400 107 f.
  - Gründe, gesundheitliche VV 3400 95
  - Gründe, wirtschaftliche/soziale VV 3400 96 f.
  - Haus-/Vertrauensanwalt VV 3400 100
  - Hinweispflicht VV 3400 116
  - Kammergutachten § 14 97 ff.
  - Kosten, anderweitig ersparte VV 3400 109 ff.
  - Partei, geschäftsgewandte VV 3400 98
  - Patentanwalt VV 3400 105
  - Prozesskostenhilfe Anhang § 12 56 ff.
  - Rechtsanwalt, anderer VV 3400 106
  - Rechtsmittel VV 3400 99
  - Rechtsschutz VV 3400 117
  - Reisekosten VV 7003 8 ff.
  - Sozialrechtssachen § 3 156 f.
  - Verkehrsanwalt VV 3400 94 ff.
  - Zuziehung Anwalt § 3 156 f.
- Zwangsvollstreckung VV 3309 210 ff., 215 ff., 231 ff.
- Kostenantrag VV 3101 46 f.
- Kostengrundentscheidung § 3 133 ff., 158 ff.
- Kostenwiderspruch VV Vorb. 3 96 ff.
- KSpG-Verfahren VV Vorb. 3.2.1 210 ff.
- Mahnverfahren *siehe dort*
- Mehrfachvertretung § 6 22 ff.; § 7 70 ff., 120 ff.; VV 1008 138 ff.
  - Baumbach'sche Formel § 7 96
  - Einwendungen Gegner § 7 89 ff.
  - Erstattungsanspruch Gegner § 7 70 f.
  - Fallgruppen § 7 92 ff.
  - Gesamtschuldner VV 1008 142 ff.
  - Kostenausgleichung § 7 84 f.
  - Kostenquote, einheitliche § 7 70 f.
  - Kostenquote, unterschiedliche § 7 86 ff.
  - Kostentragungspflicht, teilweise § 7 80 f.
  - Teil-PKH/VKH VV 1008 145 ff.
- Mehrkostenentscheidungen § 8 82 f.
- Mehrvergleich VV 3101 116
- nach EuRAG VV 2200–2201 54
- Nichtzulassungsbeschwerde *siehe dort*
- Patentverfahren VV Vorb. 3.2.2 180 ff.; VV 3510 13 f.
- Post-/Telekommunikationsentgelte VV 7001–7002 57 ff.
- Prozesskostenhilfe *siehe dort*
- Prüfung Erfolgsaussicht Rechtsmittel VV 2100 53 ff.; VV 2101 22 ff.
- Rechtsbeschwerde *siehe dort*
- Rechtsmittel/-behelfe *siehe dort*
- Rechtsschutz, einstweiliger VV 3400 117
- Reisekosten VV 7003 ff. 64 ff.
- Revision VV 3206–3209 24 ff.
- Schreiben, einfaches VV 2301 15
- Sozialrechtssachen *siehe dort*
- Spruchverfahren VV Vorb. 3.2.1 258 ff.
- Stellvertreter/Vertretung § 5 96 ff.
- Strafsachen *siehe dort*
- Streitwertbeschwerde *siehe dort*
- Tätigkeit, außergerichtliche VV Vorb. 2.3 108 ff.
- Terminsgebühr VV 3106 31 ff.
- Terminsvertreter Vor VV 3400 ff. 13 ff.; VV 3401–3402 106 ff.
- Titulierung § 15a 92 ff., 108 ff.
- Übergangsrecht § 60 102 ff.
  - Nachfestsetzung § 15a 136
  - Sozialrechtssachen § 15a 137
- Umsatzsteuer VV 7008 65 ff., 93 ff., 116 ff.
- Verbraucherschutzverfahren VV Vorb. 3.2.1 230 ff.
- Verfahren nach IRG/IStGH-Gesetz VV Vorb. 6.1.1, VV 6100 ff. 39 f.
- Verfahren, schiedsgerichtliches § 36 52 ff.
- Verfahren, schiedsrichterliches § 36 49 ff.
- Verfahrensdauer, überlange VV 3300–3301 64 ff.
- Verfahrensgebühr, reduzierte VV 3101 73 ff.
- Verfassungsgerichtsverfahren § 37 30 ff., 42 ff.
- Vergütung aus Staatskasse *siehe Vergütungsfestsetzung*
- Vergütungsvereinbarung § 3a 150 ff.
- Verhältnis zur Hauptsache § 16 193 ff.
- Verjährung § 8 167 ff.

- Verkehrsanwalt VV 3400 90 ff. *siehe dort*
- Verkehrsrechtssachen Anhang II 20 ff.
- Verteilungsverfahren, schifffahrtsrechtliches *siehe dort*
- Vertreter, gemeinsamer § 40 11 ff.
- Verwaltungsrechtssachen *siehe dort*
- Verweisung § 20 34 ff.
- Verzinsung § 43 53
- VGG-Verfahren VV 3300–3301 16 ff.
- Vollstreckbarerklärung VV 3329 29 ff.
- Vorverfahren, isoliertes § 3 153 ff.
- WBO/WDO-Verfahren *siehe jeweils dort*
- Wertfestsetzung *siehe dort*
- WpHG-Verfahren VV Vorb. 3.2.1 323 ff.
- WpÜG-Verfahren § 31a 13 f.; VV Vorb. 3.2.1 295 ff.
- Zwangsverwaltung/-versteigerung Vor VV 3311 f. 23 f.; VV 3311 f. 23, 42
- Zwangsvollstreckung VV 3309 210 ff.; VV 3328 19
   - Arrest/Verfügung, einstweilige VV 3309 213
   - Ausfertigung, vollstreckbare VV 3309 253 f.
   - Drittschuldnerprozess VV 3309 251 f.
   - Hebegebühr VV 3309 255 f.
   - Kosten, notwendige/Notwendigkeit VV 3309 210 ff., 231 ff.
   - Kostenfestsetzung VV 3309 195
   - Patentanwalt VV 3309 259 ff.
   - Sicherungsvollstreckung VV 3309 258
   - Vollstreckungsaufträge, mehrere VV 3309 249 f.
   - Vorpfändung VV 3309 246 ff.
   - Zahlungsvereinbarung VV 3309 M 243

KSpG-Verfahren
- Auftragsbeendigung, vorzeitige VV Vorb. 3.2.1 200
- Beschwerde VV Vorb. 3.2.1 1 ff., 194 ff.
- Einigungsgebühr VV Vorb. 3.2.1 206
- Einstellung Zwangsvollstreckung VV Vorb. 3.2.1 208
- Einzeltätigkeiten VV Vorb. 3.2.1 208
- Erledigungsgebühr VV Vorb. 3.2.1 207
- Gegenstands-/Streitwert VV Vorb. 3.2.1 209
- Kostenentscheidung/-erstattung VV Vorb. 3.2.1 210 ff.
- Mehrfachvertretung VV Vorb. 3.2.1 201
- Nichtzulassungsbeschwerde § 16 343 ff.; § 17 470
- Rechtsbeschwerde § 16 341 f.; VV Vorb. 3.2.2 1 ff., 108 ff.
- Terminsgebühr VV Vorb. 3.2.1 202 ff.
- Terminsvertreter VV Vorb. 3.2.1 208
- Verfahrensgebühr VV Vorb. 3.2.1 199 ff.
- Verkehrsanwalt VV Vorb. 3.2.1 208

Landwirtschaftssachen VV Vorb. 3.1 1 ff.; VV 3101 142 f.; VV 3200 1 ff.
- Berufung
   - Terminsgebühr VV 3202 1 ff.; VV 3203 1 ff.
   - Verfahrensgebühr VV 3200 1 ff.; VV 3201 1 ff.

Leistungen, wiederkehrende § 3 131; § 27 4
Liquidator § 11 31

Mahnverfahren VV Vorb. 3 49 ff.; VV Vorb. 3.3.2, VV 3305–3306 1 ff.
- Angelegenheiten, mehrere/verschiedene § 17 95 ff.
- Anrechnung § 15a 29; VV 3102 17; VV 3307 29 ff., 84 ff., 102; VV 3308 30 ff.; VV Vorb. 3.3.2, VV 3305–3306 33 ff., 94 ff., 168 ff.
   - Durchführung VV Vorb. 3.3.2, VV 3305–3306 43 ff.
   - Terminsgebühr VV 3104 98 ff.
   - Übergangsrecht VV 3307 49 ff.
   - Verfahren, mehrere VV 3307 48 ff.
- Antrag Durchführung Streitverfahren VV Vorb. 3 53 ff.
- Anwaltswechsel VV 3307 89
- Auftragsbeendigung, vorzeitige VV Vorb. 3.3.2, VV 3305–3306 39 ff.
- Auslagen VV 3307 42 ff.
- Beendigung § 17 98
- Beginn § 17 97
   - Verfahren, streitiges § 17 95 ff.
- Beschwerde *siehe dort*
- Einigung VV Vorb. 3.3.2, VV 3305–3306 78
- Einigungsgebühr VV 3307 93 ff.; VV 3308 33; VV Vorb. 3.3.2, VV 3305–3306 110 ff., 114
- Erinnerung *siehe dort*
- europäisches § 19 68; VV 3307 103; VV Vorb. 3.3.2, VV 3305–3306 179
- Gebühren § 17 102 ff.
- Gegenstands-/Streitwert VV Vorb. 3.3.2, VV 3305–3306 174 ff.
- Geschäftsgebühr VV 3307 59 ff.
- Hauptbevollmächtigter VV Vorb. 3.3.2, VV 3305–3306 150 ff.
- Inkassokosten VV Vorb. 3.3.2, VV 3305–3306 175
- Klageabweisungsantrag VV Vorb. 3 50 ff.
- Klagerücknahme vor Begründung VV Vorb. 3.3.2, VV 3305–3306 165 ff.
- Kostenentscheidung/-erstattung VV 3307 88 ff.; VV Vorb. 3.3.2, VV 3305–3306 100 ff., 129 ff.
- Mahnanwalt VV Vorb. 3.3.2, VV 3305–3306 150 ff.
- Mahnbescheid § 8 65
   - Anrechnung VV Vorb. 3.3.2, VV 3305–3306 9
   - Beschwerde VV Vorb. 3.3.2, VV 3305–3306 10, 120 ff.
   - Einigungsgebühr VV Vorb. 3.3.2, VV 3305–3306 8
   - Erinnerung VV Vorb. 3.3.2, VV 3305–3306 11, 123 ff.
   - Erlass VV Vorb. 3.3.2, VV 3305–3306 5 ff.
   - Monierung VV Vorb. 3.3.2, VV 3305–3306 20
   - Rücknahme VV Vorb. 3.3.2, VV 3305–3306 16
   - Terminsgebühr VV Vorb. 3.3.2, VV 3305–3306 8
   - Verfahrensgebühr VV Vorb. 3.3.2, VV 3305–3306 17 ff.
   - Vertretung Antragsteller VV Vorb. 3.3.2, VV 3305–3306 17 ff.

Stichwortverzeichnis

- Mehrfachvertretung VV 1008 86 f.; VV 3307 14, 40 f., 54 ff.; VV 3308 25; VV Vorb. 3.3.2, VV 3305–3306 23 ff., 50 ff., 74 ff.
- Mitwirkung VV 3307 73 ff.
- Prozesskostenhilfe VV 3308 46 f.
- Tätigkeit, außergerichtliche VV Vorb. 3.3.2, VV 3305–3306 3
- Terminsgebühr § 17 105; VV 3308 28 ff.; VV Vorb. 3.3.2, VV 3305–3306 79 ff.
  - Entstehen VV Vorb. 3.3.2, VV 3305–3306 80 ff.
  - Kostenerstattung/-entscheidung VV Vorb. 3.3.2, VV 3305–3306 100 ff.
  - nach VV 3104 VV 3307 66 ff.
  - Versäumnisurteil VV 3308 43
  - Vertretung Antragsgegner VV 3308 44
- Terminsvertreter VV Vorb. 3.3.2, VV 3305–3306 150 ff.
- Übergangsrecht § 60 60
- Urkunds-/Scheck-/Wechselprozess VV 3307 102; VV Vorb. 3.3.2, VV 3305–3306 176 ff.
- Verfahrensgebühr § 17 103 f.; VV 3307 1 ff.
  - Antrag VB + Widerspruch VV 3308 39 ff.
  - Mehrfachvertretung VV 3308 14 f.
  - nach Abgabe an Prozessgericht VV Vorb. 3 58 ff.
  - nach VV 3100 VV 3307 61 ff.; VV Vorb. 3.3.2, VV 3305–3306 115 ff.
  - Vertretung Antragsgegner VV 3307 6 ff.; VV 3308 44
  - Vertretung Antragsteller VV 3308 1 ff.
  - volle VV 3308 27
- Vergütungsfestsetzung § 11 74
- Verkehrsanwalt VV 3307 100 f.; VV Vorb. 3.3.2, VV 3305–3306 128
- Vollstreckungsbescheid § 8 65
  - Antrag VV 3308 6 f.
  - Erinnerung VV Vorb. 3.3.2, VV 3305–3306 15
  - Erlass VV 3308 22 ff.
  - Kostenberechnung VV 3308 45
  - Nichterlass VV Vorb. 3.3.2, VV 3305–3306 13 f.
  - Teilbetrag VV 3308 16 f.
  - Verfahren VV Vorb. 3.3.2, VV 3305–3306 12 ff.
  - Verfahrensgebühr VV 3308 12 ff.
  - Vertretung Antragsteller VV 3308 1 ff.
- Widerspruch
  - beschränkter VV 3307 33 ff.
  - Durchführung Verfahren, streitiges VV 3307 24 ff.
  - Klageabweisungsantrag VV 3307 16 ff.
  - Rücknahme VV 3307 13, 37 f.; VV 3308 23
  - Widerspruchsschreiben VV Vorb. 3 50 ff.
- Zuständigkeit § 11 148
- **Mediation** § 34 72 ff.
  - Anrechnung § 34 83, 112 ff.
  - Anwaltsmediator § 1 143 f.
  - Art/Höhe Vergütung § 34 76 ff.
  - außergerichtliche § 19 30
  - Begriff § 34 74 f.
  - Bestimmung Gebühr § 14 17
  - Dokumentenpauschale VV 7000 10

- Gebühren nach BGB § 34 88 ff.
- Gebührenbestimmung § 34 84 ff.
- Geschäftsgebühr § 34 86
- Kappungsgrenzen § 34 83
- Mediationskostenhilfe § 34 82
- Prozesskostenhilfe § 34 81 f.
- Prüfung Erfolgsaussicht Rechtsmittel § 34 85
- Rechtsschutzversicherung § 34 79 f.
- Übergangsrecht § 34 139
- Verbrauchermandat § 34 111 ff.
- **Mehrfachvertretung** § 6 1 ff.; § 7 1 ff.; VV 1008 1 ff.; VV Vorb. 3.3.2, VV 3305–3306 5
  siehe auch einzelne Verfahrensarten
  - Abrechnung/Berechnung § 7 45 ff.; § 10 19 f.; VV 1008 5
  - Adhäsionsverfahren VV 4143 f. 17 f.
  - Aktivlegitimation § 6 52 ff.
  - Angelegenheit § 7 3, 19 ff.; VV 1008 35 ff.
    - Problemfälle VV 1008 40 ff.
  - Anrechnung *siehe dort*
  - Anwaltswechsel § 6 4, 25 ff.
  - Anwendungs-ABC VV 1008 34 ff.
  - Anwendungsbereich VV Vorb. 1 12 ff.
  - Art/Umfang Erhöhung VV 1008 103 ff.
    - Betragsrahmengebühren VV 1008 108 f., 120
    - Festgebühr VV 1008 112, 121 f.
    - Höchstsatz VV 1008 116 ff.
    - Satzrahmengebühr VV 1008 110 f.
    - Schwellengebühr VV 1008 113 ff.
    - Teilerhöhung VV 1008 123 ff.
    - Wertaddition VV 1008 128 ff.
    - Wertgebühren VV 1008 103 ff., 116 ff.
  - Asylverfahren § 30 23
  - Aufgebotsverfahren VV 3324 19
  - Auftragsbeendigung, vorzeitige *siehe dort*
  - Auftragsverhältnisse, verschiedene § 7 33 f.
  - Aussöhnungsgebühr VV 1008 98
  - Beauftragung § 7 11 ff.
  - Bedeutung Anzahl Auftraggeber § 7 9 ff.
  - Begriff Auftraggeber § 7 7 ff.
  - Beiordnung § 49 14 ff.
  - Beratung VV 1008 79 ff.
  - Berufung/Beschwerde VV 3200 14
  - Beteiligung, gemeinschaftliche VV 1008 58 ff.
  - Beteiligung, unterschiedliche § 15 229 ff.
  - Betragsrahmengebühren *siehe dort*
  - Bruchteilsgemeinschaft VV 1008 27 ff.
  - Dokumentenpauschale *siehe dort*
  - Einigungsgebühr *siehe dort*
  - Einschränkung VV 1008 13 f.
  - Einzelinteressen, verschiedene VV 1008 15 f.
  - Einziehung/Maßnahmen, verwandte VV 4142 27
  - Erbengemeinschaft VV 1008 22 ff.
  - Erledigung VV 1005 f. 32
  - Erledigungsgebühr VV 1005 f. 32; VV 1008 98
  - Erstberatung § 34 121
  - EuRAG VV 2200–2201 40 ff.
  - Festgebühren *siehe dort*
  - Gebühr, besondere § 6 19
  - Gebühr, zusätzliche/weitere § 6 20; VV 1008 91 f.; VV 4141 168 f.
  - Gebühren, mehrere erhöhungsfähige VV 1008 93 ff.

Stichwortverzeichnis

- Gegenstands-/Streitwert § 6 4, 18; § 7 3; § 22 34 ff.; VV 1008 48 ff., 69 ff.
- Gerichtskosten § 7 35
- Gesamtschuldnerausgleich § 7 60 ff.
- Gesamtvergütung § 7 38 ff.
- Geschäftsgebühr VV 2300 15; VV 2503 9 ff.
- Gesellschaft bürgerlichen Rechts (GbR) VV 1008 17 ff.
- Grundgebühr VV 1008 89
- Gutachten VV 1008 79 ff.
- Haftpflichtversicherungsprämie VV 7007 23
- Haftung *siehe dort*
- Handaktenübersendung § 19 184
- Hebegebühr VV 1008 98; VV 1009 32
- Höhe Vergütung § 6 12 ff.
- Innenverhältnis Auftraggeber § 7 65 ff.
- Interessenwahrnehmung, getrennte § 7 113 ff.
- Kostenerstattung/-entscheidung *siehe dort*
- KSpG-Verfahren VV Vorb. 3.2.1 201
- Mahnverfahren *siehe dort*
- Mandant/Vertragspartner § 7 5 f.
- Mehraufwand § 7 37
- Mehrpersonenverhältnis VV 1008 6 ff.
- Nichtzulassungsbeschwerde VV 3504–3505 10; VV 3506–3509 25 f.
- Parteiwechsel § 7 30 ff.
- Patentanwalt § 6 4, 42
- Rechtsschutz, einstweiliger § 16 102 f.
- Reisekosten VV 7003 ff. 47
- Satzrahmengebühren VV 1008 71
- Sozietät § 6 4
- Tätigkeit, verschiedene § 6 4
- Terminsgebühr VV 3106 28
- Terminsvertreter VV 1008 90
- Trennung Verfahren VV 1008 54 f.
- Übergangsrecht § 60 57
- Umsatzsteuererstattung § 7 100 ff.
- Verband VV 1008 27 ff.
- Verbindung Verfahren VV 1008 54 f.
- Verein, nicht-rechtsfähiger VV 1008 20 ff.
- Verfahrensgebühr VV 1008 77 f.; VV 3200 14; VV 3308 14 f.
- Vergütung aus der Staatskasse VV 1008 76
- Vergütungsfestsetzung § 7 120 ff.; § 11 75, 199, 249 ff.
- Vergütungsregelung Abs. 1 § 7 35 ff.
- Verkehrsanwalt VV 1008 90; VV 3400 42 f.
- Vertreter, gemeinsamer § 40 1 ff.
- Vollstreckbarerklärung VV 3329 15 f.
- Vor-GmbH VV 1008 20 ff.
- Vorüberlegung § 7 111 f.
- Wertgebühren *siehe dort*
- Zahlung Auftraggeber § 7 58 f.

Mehrvergleich § 15 218; § 17 415 f.; § 48 17 ff.; VV 1000 178 ff.; VV 1005 f. 27 ff.; VV 2303 20 ff.; VV 3101 103 ff., 116; VV 3401–3402 79 f., 91

Miet-/Pachtverhältnis/Nutzungsverhältnisse, ähnliche § 1 384 ff.; § 23 58

Minderjährige § 14 43 *siehe auch FamFG-Verfahren/Familienrechtssachen*

Minderung § 1 333

Mindestgebühr/Mindestbetrag § 2 15, 20; § 11 121 ff.; § 13 18 ff.; § 14 65
- Anrechnung § 13 28 f.
- Spruchverfahren § 31 23
- Terminsgebühr VV 3106 27
- Zwangsvollstreckung § 25 44

Missbrauchsgebühr § 37 48 ff.

Mitarbeiter, freier § 5 47, 62

Mittelgebühr § 2 15; § 3 115; § 14 61 ff.; VV 3106 27

Mitwirkung § 17 418 f.; VV 1000 125 ff.; VV 1005 f. 6
- Aufgebotsverfahren VV 3324 14
- Beratungshilfe VV 2508 10
- Besprechung, verfahrensbeendende VV Vorb. 3 143 f.
- Bußgeldverfahren VV 4141 41 ff.
- Darlegungs-/Beweislast VV 1000 133 ff.
- Gebühr, zusätzliche/weitere VV 4141 11 ff., 41 ff.; VV 5115 27 ff.
- Güteverfahren VV 2303 17
- Prozesskostenhilfe Anhang § 12 49 f.
- Schiedsverfahren VV 3327 16
- Sozialrechtssachen § 3 31 ff., 60 ff., 93 ff., 104 ff.
- Ursächlichkeit VV 1000 127 ff.
- Voraussetzungen VV 1000 125 ff.
- Zwangsvollstreckung VV 3309 171 f., 186 ff.

Nacherfüllung VV 1000 95

Nachlasspfleger § 11 28

Nachlassverwalter § 1 379 ff.

Nachliquidation § 55 54

Nachprüfungsverfahren § 17 6 ff.

Nebenintervention VV 1000 96; VV Vorb. 3 37 ff., 172 f.

Nebenklage VV Vorb. 4 1 ff.
- Beschwerde VV Vorb. 4 13, 15, 63 ff., 82 ff.
- Bestimmung Gebühr § 14 28
- Festsetzung Pauschgebühr § 52 88 f.
- Haftzuschlag VV Vorb. 4 12, 33 ff., 61 f.
- Terminsgebühr VV Vorb. 4 8 ff., 25 ff.
- Verfahrensgebühr VV Vorb. 4 5 ff., 20 ff.
- Zwangsvollstreckung VV Vorb. 4 14, 107 ff.

Neufassung § 59b 1 ff.

Nichtzulassungsbeschwerde Vor VV 3500 ff. 1 ff.; VV 3502–3503 1 ff.; VV 3506–3509 1 ff.; VV 3516 12 f. *siehe auch einzelne Verfahrensarten*
- Angelegenheit *siehe dort*
- Anrechnung *siehe dort*
- Auftragsbeendigung, vorzeitige VV 3506–3509 27 ff.
- Auslagen VV 3504–3505 19; VV 3506–3509 37; VV Vorb. 3.5, VV 3500 41
- Berufung VV 3200 1 ff.; VV 3202 1 ff.; VV 3203 1 ff.
- Einigung VV 3504–3505 16; VV 3506–3509 34
- Einigungsgebühr VV Vorb. 3.5, VV 3500 39 f.
- Erledigungsgebühr VV 1002 38
- Gegenstands-/Streitwert VV 3504–3505 17 f.; VV 3506–3509 35 f.; VV Vorb. 3.5, VV 3500 42 ff.

3107

Stichwortverzeichnis

- Kostenentscheidung/-erstattung VV 3504–3505 21 ff.; VV 3506–3509 42 ff.; VV 3511 5 f.; VV 3512 5 f.; VV Vorb. 3.5, VV 3500 46 ff.
- KSpG-Verfahren § 16 343 ff.; § 17 470
- Mehrfachvertretung VV 3504–3505 10; VV 3506–3509 25 f.
- Prozesskostenhilfe VV Vorb. 3.5, VV 3500 45
- Rechtsbeschwerde VV 3506–3509 7; VV 3516 20 ff.
- Revision VV Vorb. 3.2.2 1 ff.; VV 3206–3209 23; VV 3506–3509 6; VV 3516 14 ff.
- Verfahren beim BGH VV 3506–3509 15 ff.
- Verfahrenskostenhilfe VV Vorb. 3.5, VV 3500 45
- Vergütungsfestsetzung § 11 76

Notar § 1 104, 138 ff.
Notfristzeugnis § 19 91
Nothelfer § 3 16

Ordnungsmittel § 25 66, 71 f.

Parteiwechsel VV Vorb. 3 70 ff.
- Angelegenheiten § 7 30 ff.
- auf Beklagtenseite VV Vorb. 3 71 ff.
- auf Klägerseite VV Vorb. 3 70
- Übergangsrecht § 60 61 ff.

Partnerschaftsgesellschaft § 1 1, 122 f.; § 2 62
Patentanwalt § 6 4
- Doppelqualifikation § 1 145 f.
- Geltungsbereich RVG § 1 101 ff.
- Kosten, notwendige/Notwendigkeit VV 3400 105
- neben Prozessbevollmächtigtem § 6 42
- Vergütungsfestsetzung § 11 23
- Zwangsvollstreckung VV 3309 259 ff.

Patentverfahren
- Berufung § 16 356 f.
- Beschwerde VV Vorb. 3.2.2 163 ff.; VV 3510 1 ff.; VV 3516 25 ff.
- Einigungsgebühr VV 3510 8
- Gegenstands-/Streitwert VV Vorb. 3.2.2 174 ff.; VV 3510 9 f.
- Kostenentscheidung/-erstattung VV Vorb. 3.2.2 180 ff.
- Rechtsbeschwerde § 16 354 f.; VV Vorb. 3.2.2 163 ff.
- Verfahrenskostenhilfe VV Vorb. 3.2.2 184 f.

Pauschgebühr *siehe auch einzelne Verfahrensarten*
- Adhäsionsverfahren VV 4143 f. 67
- Beiordnung *siehe dort*
- Beitreibungsrecht § 42 53 ff.
- Bindungswirkung § 42 45 ff.
- Festsetzung § 11 77 f.
- Höhe § 42 40 ff.
- Rechtsschutzversicherung § 42 63
- Vergütungsvereinbarung § 3a 60 ff.
- Verjährung § 42 51 f.
- Vorschuss § 9 56 f.; § 42 49 f.
- Wahlanwalt § 42 1 ff.

Pfleger § 1 231 ff.
Pflichtverteidiger *siehe auch Strafsachen*
- Anrechnung § 58 36 ff.
- Anspruch gegen Auftraggeber § 5 90
- Anspruch gegen Staatskasse § 5 80 ff.
- Auslagen § 5 88
- Festsetzung Vergütung § 5 89
- Gnadensachen VV 4303 20 ff.

- Hebegebühr VV 1009 83
- Hemmung Vergütungsverjährung § 8 153 f.
- Pauschvergütung § 5 85
- Post-/Telekommunikationsentgelte VV 7001–7002 49 f.
- Prozesskostenhilfe § 8 176 ff.
- Prüfung Erfolgsaussicht Rechtsmittel VV 2102 7
- Stellvertreter/Vertretung § 5 79 ff.
- Vergütung § 5 80 ff.
- Vergütungsvereinbarung § 3a 26 ff.
- Vorschuss § 47 1 ff.

Post-/Telekommunikationsentgelte VV 7001–7002 1 ff.
- Abrechnung/Berechnung § 10 48; VV 7001–7002 11 ff.
- Änderung, gesetzliche VV 7001–7002 46 f.
- Angelegenheit § 16 52 f.; VV 7001–7002 33 ff.
- Anrechnung § 15a 58; VV 7001–7002 38 ff.
- Anwendungsbereich VV 7001–7002 2 ff.
- Beiordnung § 46 32 f.; VV 7001–7002 49 f.
- Beratungshilfe VV 2501 28; VV 2503 37; VV 7001–7002 51 ff.; Vor VV T2 A5 135 ff.
- Gutachten § 34 65
- Höchstbetrag VV 7001–7002 31
- Höhe VV 7001–7002 6 ff.
- Kostenerstattung/-entscheidung VV 7001–7002 57 ff.
- Parteikosten VV 7001–7002 67
- Pflichtverteidiger VV 7001–7002 49 f.
- Scheidungs-/Folgesache § 16 52 f.
- Trennung/Verbindung Verfahren VV 7001–7002 44 f.
- Übergangsrecht VV 7001–7002 65 ff.
- Umsatzsteuer VV 7001–7002 32
- Verbundverfahren § 16 52 f.
- Verfassungsgerichtsverfahren § 37 38
- Verwaltungsrechtssachen VV 7001–7002 67 f.
- Zurückverweisung § 21 83

Postulationszwang VV 2100 33
Privatklageverfahren VV Vorb. 4 1 ff.; VV Vorb. 4.1.2 1 ff.
- Anfertigung/Unterzeichnung VV 4301 3 f.
- Angelegenheit § 16 364 ff.
- Beschwerde VV Vorb. 4 13, 15, 63 ff., 82 ff.
- Betriebsgebühr VV 4147 29
- Einigungsgebühr VV 4147 1 ff., 32 ff.
- Festsetzung Pauschgebühr § 52 88 f.
- Gebühr, zusätzliche/weitere VV 4141 72 ff., 144 f.; VV 4147 36 ff.
- Gegenstands-/Streitwert VV 4147 30 f.
- Haftzuschlag VV Vorb. 4 12, 33 ff.
- Rücknahme VV 4141 144 f.
- Terminsgebühr VV Vorb. 4 8 ff., 25 ff.
- Verfahren, vorbereitendes VV Vorb. 4.1.2 1 ff.
- Verfahrensgebühr VV Vorb. 4 5 ff., 20 ff.
- Vermeidung VV 4141 139 ff.
- Wertfestsetzung VV 4147 31
- Zwangsvollstreckung VV Vorb. 4 14, 107 ff.

Prozess-/Verfahrenspfleger § 1 1, 111, 261 ff.; § 11 20; § 41 1 ff.
- Anspruch gegen Staatskasse § 41 16 ff.
- Beitreibungsrecht § 41 15
- Bestellungsverfahren § 41 5 f.

Stichwortverzeichnis

- Vergütungsfestsetzung § 41 14
- Vorschuss § 41 13, 21 ff.

Prozesskostenhilfe Anhang § 12 1 ff.
- Abänderung Bewilligung Anhang § 12 61 ff.
- Abänderungsverfahren § 23a 8 ff.
- Angelegenheit *siehe dort*
- Anrechnung *siehe dort*
- Antrag Anhang § 12 32
- Arrest VV 3309 277
- Aufhebungsverfahren § 23a 6 f.
- Auftragsbeendigung, vorzeitige VV 3337 1 ff.
- Aussöhnungsgebühr VV 1004 1 ff.
- Bedingung für Anwaltsvertrag § 1 19
- Beiordnung *siehe dort*
- Beitreibungsrecht Anhang § 12 105 f.
- Beratung/Gutachten § 34 12
- Bereicherungsrecht § 3a 132 f.
- Beschwerde *siehe dort*
- Betreute § 1 216 f.
- Beweisaufnahme, umfangreiche VV 1010 38
- Bewilligung Anhang § 12 43 ff., 51 ff.; VV 3335 19 ff.
  - Änderung Anhang § 12 62 ff.
  - Änderungsverfahren Anhang § 12 70 ff.
  - Aufhebung Anhang § 12 98 ff.; § 48 37 ff.
  - Beginn § 48 30 ff.
  - Dauer § 48 33 ff.
  - Geltung, zeitliche § 48 30 ff.
  - Notwendigkeit Anhang § 12 56 ff.
  - Teil Streitgenossen § 48 107 f.
  - Teilaufhebung Anhang § 12 101 f.
  - teilweise § 15 223 ff.; § 48 104 ff.; VV Vorb. 3 44
- Einigungsgebühr VV 1000 208 ff.; VV 1003 6 ff.; VV 1004 1 ff.; VV 3335 12 ff.
- Einkommen, einzusetzendes Anhang § 12 14 ff.
- Entscheidung Anhang § 12 107 ff.
- Erfolgsaussichten Anhang § 12 8 ff.
- Erfolgshonorar/quota litis § 4a 23
- Erledigungsgebühr VV 1002 30; VV 1004 1 ff.
- Fahrtkosten Anhang § 12 17 f.
- Freibeträge Anhang § 12 19
- Gebühr, zusätzliche/weitere § 50 1 ff.
  - Anwälte, mehrere § 50 28 ff.
  - Berechnung § 50 13 ff.
  - Fälligkeit § 50 18 ff.
  - Praxisempfehlungen § 50 36 ff.
  - Sicherstellung Zahlungen § 50 22 ff.
  - Voraussetzungen § 50 9 ff.
- Gebühren § 12 12 ff.; VV Vorb. 3 45 ff.
- Gegenstands-/Streitwert § 23a 1 f.; § 30 54 ff.
- Gehörsrüge VV 3330–3331 34 f.
- grenzüberschreitende Anhang § 12 13
- Güteverfahren § 17 454; VV 2303 52
- Hebegebühr VV 1009 82
- Hintergrund Anhang § 12 1 ff.
- Hinweispflicht § 1 43 f.
- Insolvenzverfahren § 12 22 ff.; VV Vorb. 3.3.5 27 f.
- Kostenentscheidung/-erstattung Anhang § 12 96 f., 115 ff.; VV 3335 26 ff.
- Mahnverfahren VV 3308 46 f.
- Mehrfachvertretung VV 1008 145 ff.
- mit Zahlungsbestimmung Anhang § 12 58 ff.
- Mitteilungspflichten § 15a 129
- Mutwilligkeit Anhang § 12 11
- Nichtzulassungsbeschwerde VV Vorb. 3.5, VV 3500 45
- Partei kraft Amtes Anhang § 12 29 ff.
- Person, juristische Anhang § 12 29 ff.
- Prüfung Erfolgsaussicht Rechtsmittel VV 2100 47 f.
- Prüfungsverfahren § 12 8 ff.; § 23a 3 ff.
  - Ablehnung mangels Mitwirkung Anhang § 12 49 f.
  - Anhörung Gegner Anhang § 12 45
  - Beschwerde § 16 21
  - Erörterung, mündliche Anhang § 12 46
  - Glaubhaftmachung Anhang § 12 47 f.
  - mehrere § 16 22 ff.; VV 3335 23 ff.
  - Übergangsrecht § 60 64 f.
- Ratenzahlungshöhe Anhang § 12 20
- Rechtsbeschwerde Anhang § 12 114; VV Vorb. 3.5, VV 3500 45
- Rechtsverfolgung/-verteidigung, beabsichtigte Anhang § 12 6 ff.
- Reisekosten VV 7003 ff. 55 ff.
- Sozialrechtssachen VV 3335 29 ff.
- Stellvertreter/Vertretung § 5 72 ff.
- Strafsachen VV Vorb. 3.2.1 347 ff.; VV Vorb. 4 113 f.; VV 4143 f. 63 f.; VV 4145 14; VV 4146 26 f.
- Stufenklage § 23a 5
- Tätigkeit, anschließende in Hauptsache VV 3335 19 ff.
- Terminsgebühr VV Vorb. 3.3.6 10 ff.; VV 3335 10 f.
- Terminsvertreter VV 3401–3402 93 f.
- Urkunds-/Scheck-/Wechselprozess § 17 377 ff.; VV 3100 26 ff.
- Verbraucherschutzverfahren VV Vorb. 3.2.1 223
- Vereinigung, parteifähige Anhang § 12 29 ff.
- Verfahrensgebühr VV 3335 1 ff.; VV 3337 1 ff.
- Verfassungsgerichtsverfahren § 37 45 ff.
- Verfügung, einstweilige VV 3309 277
- Vergütungsfestsetzung § 11 80 ff., 223 ff.
- Vergütungsvereinbarung § 3a 5, 128 ff., 132 f.
- Verhandlungen, außergerichtliche § 19 32
- Verjährung Vergütung § 8 176 ff.
- Verkehrsanwalt VV 3400 45 f., 75 ff., 150
- Vermögen, einzusetzendes Anhang § 12 21 ff.
- Vertreter, gemeinsamer § 40 15
- Vollstreckbarerklärung VV 3329 35 f.
- Voraussetzungen Anhang § 12 4 ff.
- Vordruck/Formular Anhang § 12 M 42
- Vorschriften aus RVG § 12 11 ff.
- Wertaddition § 23a 12
- Wirkung Anhang § 12 94 f.
- Zahlungen § 15a 128, 130
- Zuständigkeit § 11 154
- Zwangsverwaltung/-versteigerung Vor VV 3311 f. 21 f.
- Zwangsvollstreckung *siehe dort*

Prüfung Erfolgsaussicht Rechtsmittel VV 2100 1 ff.; Vor VV T2 1 ff.
- Abrechnung VV 2100 7 ff.
- Anrechnung *siehe dort*
- Anwendungsbereich VV 2100 6

3109

Stichwortverzeichnis

- Auftrag VV 2100 18 ff.
- Beratung § 19 127 ff.
- Beratungskostenhilfe VV 2100 49
- Ergebnis Prüfung VV 2100 32
- Gebührenhöhe VV 2100 34 ff.; VV 2102 3 f.
- Gegenstandswert VV 2100 45; VV 2101 16 ff.
- Gutachten § 34 85; VV 2101 1 ff.; VV 2103 1 f.
  - Anrechnung VV 2101 19 ff.
  - Anwendungsbereich VV 2101 2 f.
  - Gebührenhöhe VV 2101 13 ff.
  - Gegenstandswert VV 2101 16 ff.
  - Kostenerstattung/-entscheidung VV 2101 22 ff.
  - Sozialrechtssachen VV 2103 1 f.
- Kostenerstattung/-entscheidung VV 2100 53 ff.
- Mediation/Gutachten/Beratung § 34 85
- Mehrfachvertretung VV 1008 84
- Pflichtverteidigung VV 2102 7
- Postulationszwang VV 2100 33
- Prozess-/Verfahrenskostenhilfe VV 2100 47 f.
- Rechtsmittel/Rechtsbehelfe VV 2100 10 ff.
- Rechtsschutzversicherung VV 2100 51 f.; VV 2101 26; VV 2102 8
- Sozialrechtssachen § 3 98, 109; VV 2102 1 ff.
- Strafsachen VV Vorb. 4.1 36 ff.
- Überblick Vor VV 2100 ff. 1 ff.
- Vergütungsfestsetzung VV 2100 46
- Verwaltungsrechtssachen § 17 29
- Wiederaufnahmeverfahren VV Vorb. 4.1.4/ VV 4136 ff. 29

Rahmengebühren § 14 1 ff.
- Abwägung § 14 56 ff.
- Anwendungsbereich § 14 5 ff.
- Bedeutung Angelegenheit § 14 38 ff.
- Begrenzungen § 14 70 ff.
- Bemessungskriterien § 14 21 ff.
- Beratung/Gutachten siehe jeweils dort
- Bestimmung § 14 5 ff.
  - Änderung, nachträgliche § 14 93 ff.
  - Ausübung/Begründung § 14 75 f.
  - Dritte, ersatzpflichtige § 14 90 ff.
  - Toleranzbereich § 14 79 ff.
  - Verbindlichkeit § 14 78 ff.
- Betragsrahmengebühren siehe dort
- Einkommens-/Vermögensverhältnisse § 14 42 ff.
- Gebührensätze, sonstige § 14 68 f.
- Gegenstandswert § 14 18 ff.
- Haftsache § 14 59
- Haftungsrisiko Anwalt § 14 47 ff.
- Höchstgebühr § 14 66 f.
- Kammergutachten § 14 3
- Kompensation § 14 64
- Mehrfachvertretung § 6 15
- Merkmale, unbenannte § 14 54 f.
- Mindestgebühr § 14 65
- Satzrahmengebühren siehe dort
- Schwellenwert § 14 72 ff.
- Schwierigkeit, besondere § 14 34 ff.
- Überschreiten Gebührenrahmen § 11 130 f.
- Umfang Tätigkeit § 14 30 ff.
- Verbraucherberatung § 14 71
- Vergütungsfestsetzung § 11 117 ff.; § 14 96; § 55 102 f.

- Vergütungsvereinbarung § 14 12
- Verkehrsanwalt VV 3400 47 ff.
- Verwaltungsverfahren § 14 57
- Vorschuss § 14 13 f.
- Zustimmungserklärung, schriftliche § 11 125 ff.

Räumung § 60 66

Räumungsfristverfahren § 18 60
- Auftragsbeendigung, vorzeitige VV 3337 1 ff.
- Auslagen VV 3334 17
- Berufung VV 3334 18
- Einigungsgebühr VV 3334 16
- Gegenstands-/Streitwert § 23 58; VV 3334 19 ff., 25 ff.
- Räumungsvergleich § 23 58
- selbstständiges VV 3334 7 ff., 23
- Terminsgebühr VV 3334 15
- unselbstständiges VV 3334 4 ff., 24 ff.
- Verfahrensgebühr VV 3334 1 ff.
- Vollstreckungsschutz VV 3334 10

Rechtsanwalt
- Abrechnungsgrundsätze Anhang I 1 ff.
- anderer VV 3400 106
- Anwaltsgesellschaft § 1 122 f.
- Anwaltsvertrag siehe dort
- Auftragsbeendigung, vorzeitige siehe dort
- ausländischer § 1 115 ff.; § 11 30
- Bürogemeinschaft/Kooperation § 5 8
- Doppelqualifikation § 1 132 ff.
- Einvernehmensanwalt § 11 27
- Handaktenübersendung § 19 181 ff.
- Hinweispflicht § 2 61 ff.
- Mehrfachvertretung siehe dort
- Partnerschaft § 5 7
- Rechtsnachfolger § 11 33
- Stellvertreter/Vertretung § 5 1 ff.
- Syndikusanwalt § 1 159 ff.
- Tätigkeit, anwaltliche § 1 124 ff.
- Tätigkeit, außergerichtliche VV Vorb. 2 1 ff.
- Tätigkeiten mit Verfahrenszusammenhang § 19 1 ff.
- Verjährung Ansprüche gegen – § 8 162 ff.

Rechtsanwälte, europäische/EuRAG
- Abgeltungsbereich Gebühr VV 2200–2201 18 ff.
- Angelegenheit Umfang VV 2200–2201 22 ff.
- Anrechnung VV 2200–2201 52
- Anwendungsbereich VV 2200–2201 13 ff.
- Auslagen VV 2200–2201 51
- Auszug VV 2200–2201 3
- Einvernehmen VV 2200–2201 16 ff.
- Entstehung Vorschrift VV 2200–2201 1 f.
- Gebühren VV 2200–2201 11 f., 38 f.
- Gegenstands-/Streitwert VV 2200–2201 36 f.
- Geschäftsgebühr VV 2200–2201 1 ff., 30 ff.
- Höhe Vergütung VV 2200–2201 28 ff.
- Kostenerstattung/-entscheidung VV 2200–2201 54
- Mehrfachvertretung VV 2200–2201 40 ff.
- Mischfälle VV 2200–2201 50
- Scheitern Einvernehmen VV 2200–2201 44 ff.
- Verfahren VV 2200–2201 4 ff.
- Vergütungsfestsetzung VV 2200–2201 53
- Wertgebühren VV 2200–2201 30 ff.

Rechtsbehelfsbelehrung § 12c 1 ff.
- abstrakte oder konkrete? § 12c 17 ff.

Stichwortverzeichnis

- Anwendungsbereich § 12c 3 ff.
- Beschwerde § 12c M 24 ff.
- Bestandteile § 12c 10 ff.
- Erinnerung § 12c M 22
- Form § 12c 8 f.
- Inhalt § 12c 10 ff.
- Rechtsbehelfe § 12c 3 ff.
- Rechtspflegererinnerung § 12c M 23
- unterbliebene/fehlerhafte § 12c 20 f.
- Verständlichkeit § 12c 16

Rechtsberatungsgesellschaft § 1 122 f.
Rechtsbeschwerde § 16 249; VV Vorb. 3.1 4; VV Vorb. 3.2.2 1 ff.; Vor VV 3500 ff. 1 ff.; VV 3502–3503 1 ff.; VV 3516 9 ff.; Vor VV T5 A2 U1 2 siehe auch einzelne Verfahrensarten
- Angelegenheit, dieselbe § 16 249
- Anrechnung § 15a 39
- Anwendungsbereich VV Vorb. 3.2.2 5 ff.
- Auftragsbeendigung, vorzeitige VV 3502–3503 1 ff.
- Auslagen VV Vorb. 3.5, VV 3500 41
- Berufung Vor VV 3200 ff. 1 ff.; VV 3200 1 ff.; VV 3202 1 ff.; VV 3203 1 ff.
- Bußgeldsachen siehe dort
- Einigungsgebühr VV Vorb. 3.2.2 21, 42; VV Vorb. 3.5, VV 3500 39 f.
- Gegenstands-/Streitwert § 23 58; § 23b 15 ff.; VV Vorb. 3.2.2 22 f.; VV 3502–3503 24 f.; VV Vorb. 3.5, VV 3500 42 ff.
- in VV nicht geregelte VV Vorb. 3.2.2 159 ff.
- Kostenentscheidung/-erstattung § 16 200, 208 ff.; VV Vorb. 3.2.2 24; VV 3502–3503 26 ff.; VV Vorb. 3.5, VV 3500 46 ff.
- Nichtzulassungsbeschwerde siehe dort
- Prozesskostenhilfe Anhang § 12 114; VV Vorb. 3.5, VV 3500 45
- Sprungrechtsbeschwerde § 19 87; Vor §§ 20, 21 32
- Terminsgebühr VV Vorb. 3.2.2 20, 41; VV 3210 1 ff.; VV 3513 1 ff.; VV 3516 9 ff.; VV Vorb. 3.5, VV 3500 37 f.
- Verfahrensgebühr VV 3200 1 ff.; VV 3201 1 ff.; VV Vorb. 3.2.2 17 ff., 40; VV 3206–3209 1 ff.; VV 3502–3503 1 ff.; VV Vorb. 3.5, VV 3500 1 ff.
- Zurückverweisung VV Vorb. 3.2.1 340

Rechtsfachwirt § 5 49
Rechtskraftzeugnis § 19 91
Rechtsmittel/-behelfe
- Abgeltungsbereich Gebühren § 19 114
- Abtretung Kostenerstattung § 43 58 ff.
- Angelegenheit § 17 2 ff.
- außerordentliche § 12a 53 ff.
- beiderseitiges § 19 137
- Beiordnung § 52 75 ff.
- Berufung § 16 227 ff.
- eigene § 19 128 f.
- Eilverfahren VV Vorb. 3.2 1 ff.
- Einigung VV 1000 185 ff.
- Einigungsgebühr VV 1000 100 f.
- Einlegung § 19 112 ff.; VV 4302 3 ff.
  - Anwalt, neuer § 19 138 ff.
  - Einzeltätigkeit § 19 142 ff.
  - FGG-Verfahren VV 3201 42 ff.
  - Gericht, dasselbe § 19 121

- Tätigkeit in Vorinstanz § 19 124 ff.
- gegen Endentscheidung § 21 17 ff.
- gegnerisches § 19 130 ff.
- Kosten, notwendige/Notwendigkeit VV 3400 99
- Kostenentscheidung/-erstattung § 15a 101 ff.; VV Vorb. 5 5 ff.; VV Vorb. 6.2 25 ff.; Vor VV T5 31 ff.
- Prüfung Erfolgsaussicht Rechtsmittel siehe dort
- Rechtsmittelverzicht § 11 88
- Revision § 16 230 ff.
- Strafsachen VV Vorb. 4.1 30 ff.
- Übergangsrecht § 60 8 ff., 67
- unterlassenes § 11 229
- Verfahrensdauer, überlange § 12a 60 ff.
- Vergütungsfestsetzung § 11 88, 229, 272 ff., 342 f.
  - durch Justizbehörden § 59a 23 ff.
- Verwirkung § 32 239
- Verzicht § 32 234 ff.
- wechselseitige VV 4300 8; VV 4301 7
- Zulassung § 16 218 ff.; § 60 93 f.; VV Vorb. 3.2 1 ff.
- Zwischenurteil § 19 39 ff.

Rechtsschutz, einstweiliger
- Abänderungs-/Aufhebungsverfahren § 17 203, 262 f., 288 f.
- Abschlussschreiben § 17 132, 214 ff.
- Angelegenheit siehe dort
- Anordnung, einstweilige siehe dort
- Anordnungsverfahren § 17 141 ff.
- Anrechnung § 17 205 ff., 309 ff.
- Antrag im Rechtsmittelverfahren § 17 212
- Asylverfahren § 30 19 ff.
- Berufung § 17 129, 211; Vor VV 3200 ff. 23 f.
- Beschwerde § 17 130, 209 f.; VV Vorb. 3.2.2 186 ff.; VV 3514 1 ff.
- Einigung § 17 154 ff.
- FamFG-Verfahren/Familienrechtssachen siehe dort
- Finanzgerichtssachen § 17 341 ff.; VV Vorb. 3.2 37 f.
- Gegenstands-/Streitwert § 17 131; § 30 19 ff.
- Gerichte, sonstige VV Vorb. 3.2 39
- GWB-Verfahren siehe dort
- Kostenentscheidung/-erstattung VV 3400 117
- Mehrfachvertretung § 16 102 f.
- Rechtfertigungsverfahren § 17 198 ff.
- Schutzschrift § 17 134 ff.; § 19 20 ff.
- Sozialrechtssachen § 17 323 ff.; VV 3102 13 f.; VV Vorb. 3.2 32 ff.; VV Vorb. 3.2.1 299 ff.; VV Vorb. 3.2.2 1 ff.
- Tätigkeit, außergerichtliche § 17 204 ff.
- Terminsgebühr VV 3514 1 ff.
- Verfahren I. Instanz § 17 120 ff., 141 ff.
- Verfügung, einstweilige siehe dort
- Verkehrsanwalt VV 3400 117
- Verwaltungsrechtssachen siehe dort
- Vollziehung § 17 133, 213
- Widerspruchsverfahren § 17 161 ff.
- Zwangsverwaltung/-versteigerung VV 3311 f. 17, 39
- Zwangsvollstreckung VV 3311 f. 17

Rechtsschutzbedürfnis § 32 216 ff.
Rechtsschutzversicherung
- Abrechnung/Berechnung § 10 113

3111

Stichwortverzeichnis

- Adhäsionsverfahren VV Vorb. 4 138 ff.; VV 4143 f. 62
- Anrechnung § 15a 131 f.
- Anwalt in eigener Sache § 1 53
- Anwaltsvertrag § 1 22 ff.
- Bedingung für Anwaltsvertrag § 1 19
- Beratung § 34 38 ff.
- Beratungshilfe Vor VV T2 A5 6
- Betragsrahmengebühren § 3 126
- Beweisaufnahme, umfangreiche VV 1010 39
- Bußgeldsachen VV 5115 106 ff.; Vor VV T5 46 ff.
- Deckungszusage § 1 19; § 19 14 ff.; § 34 79 f.; VV Vorb. 2.3 42
- Einigungsgebühr VV 1000 235 ff.
- Festsetzung Pauschgebühr § 42 63
- Gebühr, zusätzliche/weitere VV 4141 175 ff.
- Gebührenvereinbarung § 34 38 ff.
- Güteverfahren § 17 457; VV 2303 59
- Hebegebühr VV 1009 84 f.
- Mediation § 34 79 f.
- Obliegenheitsverletzung § 19 33
- Prozesskostenhilfe Anhang § 12 23
- Prüfung Erfolgsaussicht Rechtsmittel VV 2100 51 f.; VV 2101 26; VV 2102 8
- Reisekosten VV 7003 ff. 118 ff.
- Strafsachen VV Vorb. 4 129 ff.
- Umsatzsteuer VV 7008 137
- Vergütungsfestsetzung § 11 230 f., 356
- Vergütungsvereinbarung § 3a 159 f.
- Verkehrsanwalt VV 3400 151
- Vollstreckbarerklärung VV 3329 37
- Vorschuss § 9 101 ff.

Referendar § 5 38 ff., 50, 65

Reisekosten VV Vorb. 7 41 ff.; VV 7003 ff. 1 ff.
- Abrechnung/Berechnung § 10 49; VV Vorb. 7 49 ff.; VV 7003 ff. 49 f.
- Abwägung mit Verkehrsanwalt VV 3400 107 f.
- Abwesenheitsgelder § 5 71
- Angelegenheiten, mehrere VV 7003 ff. 6
- Anwendungsbereich VV 7003 ff. 2 ff.
- Arbeitsrechtssachen VV 7003 ff. 116 ff.
- Ausführung Geschäfte, mehrere VV Vorb. 7 47 ff.
- Auslagen, sonstige VV 7003 ff. 36 ff.
- Beiordnung siehe Auslagen
- Beratungshilfe Vor VV T2 A5 143 ff.
- Bußgeldverfahren § 46 54 f.; § 57 27
- Erforderlichkeit § 46 51 ff.
- Fahrtkosten § 5 70; VV 7003 ff. 13 ff.
- Fälligkeit VV 7003 ff. 49 f.
- Gebührenrecht, unterschiedliches VV Vorb. 7 54
- Geschäftsreisen § 46 8 ff.; VV Vorb. 7 43 ff.
- Gutachten § 34 66
- Kfz, eigenes VV 7003 ff. 14 ff.
- Kombinationen Verkehrsmittel eigenes/andere VV 7003 ff. 32
- Kosten, notwendige/Notwendigkeit VV 7003 ff. 8 ff., 64 ff.
  - abrechnungsfähige VV 7003 ff. 5
  - Anwalt am dritten Ort VV 7003 ff. 102 ff.
  - fehlende VV 7003 ff. 111 ff.
  - fiktive VV 7003 ff. 44
  - sonstige VV 7003 ff. 42 f.
- Mehrfachvertretung VV 7003 ff. 47

- Mehrkostenvergleich § 46 12 ff.
- nicht am Gericht Niedergelassener § 46 12 ff.
- Notwendigkeit § 57 27
- Parkgebühren VV 7003 ff. 21, 40 f.
- Partei, nicht reisefähige § 46 11
- Prozesskostenhilfe VV 7003 ff. 55 ff.
- Rechtsschutzversicherung VV 7003 ff. 118 ff.
- Reisen, mehrere VV 7003 ff. 48
- Stellvertreter/Vertretung § 5 70 f.
- Tages-/Abwesenheitsgeld § 14 16; VV 7003 ff. 33 ff.
- Termin, auswärtiger § 46 8 ff.
- Übernachtungskosten VV 7003 ff. 37 ff.
- Umsatzsteuer VV 7003 ff. 45 f.
- Verfahrenskostenhilfe VV 7003 ff. 55 ff.
- Verfassungsgerichtsverfahren § 37 37, 40
- Vergütung aus Staatskasse § 55 78 ff.
- Vergütungsvereinbarung VV 7003 ff. 51 ff.
- Verkehrsmittel, andere VV 7003 ff. 22 ff.
- Verlegung Kanzlei VV Vorb. 7 56 ff.; VV 7003 ff. 7
- Vorabentscheidung Gericht § 46 51 ff.

Revision VV Vorb. 3.2.2 1 ff. siehe auch jeweilige Verfahrensarten
- Angelegenheit § 16 230 ff.
- Anrechnung § 15a 38
- Anwendungsbereich VV 3206–3209 6 ff.
- Arbeitsrechtssachen VV Vorb. 3.2.2 1 ff.
- Aussöhnungsgebühr VV 3206–3209 21
- Berufung VV Vorb. 3.2.2 1 ff.
- Beschwerde VV Vorb. 3.2.2 1 ff.
- Einigung VV 3211 8 f.
- Einigungsgebühr VV 3206–3209 21
- Erledigungsgebühr VV 1002 32 ff.; VV 3206–3209 21
- Kostenentscheidung/-erstattung VV 3206–3209 24 ff.
- Nichtzulassungsbeschwerde siehe dort
- Rechtsbeschwerde VV Vorb. 3.2.2 1 ff.
- Sprungrevision § 16 240 ff., 293 ff., 320 ff.; § 19 87; Vor §§ 20, 21 30 f.
- Terminsgebühr VV 3210 1 ff.; VV 3211 4 ff.
- Verfahrensdauer, überlange VV 3300–3301 53 ff.
- Verfahrensgebühr VV 3206–3209 1 ff.
- Verkehrsanwalt VV 3206–3209 22; VV 3400 44
- Versäumnisurteil VV 3211 1 ff.

Rückforderung § 9 87 ff.

Rücknahme
- Antrag VV Vorb. 3.3.2, VV 3305–3306 16
- Berufung VV 1000 83; VV 4141 122 ff.
- Beweisverfahren, selbstständiges VV Vorb. 3 296, 299
- Bußgeldbescheid VV 5115 58 ff.
- Mahnverfahren siehe dort
- Privatklage VV 4141 144 f.
- Rechtsbeschwerde VV 5115 96 ff.
- Revision VV 4141 134 ff.
- Schriftsatz mit ~ VV 3101 53

Ruhen Verfahren § 8 95 ff., 137 ff.; § 60 68

Sach-/Naturalvergütung § 3a 77 f.
Sachwalter § 1 371 ff.
Sanierung/Reorganisation KI § 24 1 ff.

3112

Stichwortverzeichnis

Satzrahmengebühren VV 1008 71
- Bestimmung § 14 5 ff.
- Mehrfachvertretung VV 1008 46, 110 f.
- Stellvertreter/Vertretung § 5 54

Schadensersatz § 11 232; § 23 58

Scheidungs-/Lebenspartnerschafts-/Folgesachen § 21 91; VV 1001 41
- Angelegenheit § 16 36 ff.
- Anordnung, einstweilige § 16 56
- Auslagen § 16 52 ff.; § 39 11
- Beiordnung § 39 1 ff., 21
- Einigungs-/Erledigungs-/Aussöhnungsgebühr § 39 9 f.
- Einigungsgebühr § 39 9 f.
- Fälligkeit Vergütung § 39 12
- Folgevereinbarung § 48 56 ff.
- Fortsetzung, isolierte § 21 92 ff.
- Gegenstands-/Streitwert § 16 58 f.; § 23 58
- Gerichtskosten § 16 57; § 21 130 ff.
- Grundsatz § 21 94 ff.
- Inanspruchnahme Gegner § 39 22
- Kostenentscheidung/-erstattung § 16 60 ff.
- Scheidungsabkommen § 23 58
- Terminsgebühr § 39 7 f.
- Verbundverfahren *siehe dort*
- Verfahrensgebühr § 39 6
- Verfahrenskostenhilfe § 16 64 ff.
- Vergütung aus Landeskasse § 39 15 ff.
- Vergütungsfestsetzung § 16 63; § 39 14
- Verschulden Anwalt § 39 20
- Versorgungsausgleich
  - Abtrennung aus Verbundverfahren § 21 102 ff.
  - Einigungsgebühr VV 1000 106 ff.
  - Gegenstands-/Streitwert § 21 107 ff.
- Vorschuss § 39 13

Schiedsrichter § 1 400 ff.

Schiedsstelle VV 2303 1 ff., 67 ff.

Schiedsverfahren
- Angelegenheiten, mehrere/verschiedene § 17 382 ff.
- Auftragsbeendigung, vorzeitige VV 3337 1 ff.
- Bestellung Schiedsrichter § 16 146 ff.
- Einigungsgebühr VV 3327 18
- Gegenstands-/Streitwert VV 3327 19
- Terminsgebühr VV 3327 11 ff.; VV 3332 9
- Verfahrensgebühr VV 3327 1 ff.
- Vergütungsfestsetzung § 11 94

Schlechterfüllung § 11 233

Schlichtungsverfahren § 11 95; VV Vorb. 2.3 101 ff.

Schreiben, einfaches *siehe Einzeltätigkeiten*

Schuldenregulierung § 28 2 f.; VV 3313–3316 13 ff. *siehe auch Beratungshilfe*

Schuldnerberatungsstellen § 1 157 f.

Schuldnerverzeichnis
- Antrag, erneuter § 18 209
- Einsicht § 18 177 ff., 211 ff.; § 25 77
- Gegenstands-/Streitwert § 18 210, 217
- Löschung § 18 206 ff.
- Maßnahme, vorbereitende § 18 213 f.
- Vermögensverzeichnisregister § 18 215 f.

Schutzschrift § 11 96; VV 3101 48

Schwellengebühr § 2 22; § 14 72 ff., 86 f.; VV Vorb. 2.3 71, 87; VV 2300 4 ff.; VV 2302 42

Schwierigkeit, besondere § 3 120; § 37 26; VV 2300 13
- Bußgeldsachen Vor VV T5 81 ff.
- Pauschgebühr Beiordnung § 51 56 ff.
- Rahmengebühren § 14 34 ff.
- Risiko Anwalt § 3 122
- Wahlanwalt § 42 1 ff.

Sequester § 19 206

Sicherungsverwahrung *siehe Freiheitsentziehungs-/Unterbringungssachen*

Sittenwidrigkeit § 3a 13, 111 ff.

Sonderrechtsnachfolge § 3 18

Sozialplan VV 1000 102

Sozialrechtssachen § 3 1 ff.; VV Vorb. 3.1 1 ff.; VV 3515 1
- Anerkenntnis VV 3104 87 ff.
- Anrechnung *siehe dort*
- Auftragsbeendigung, vorzeitige *siehe dort*
- Berufung § 3 41 ff., 71 ff.; § 16 306; Vor VV 3200 ff. 1 ff.
- Beschwerde § 3 47, 82; § 56 38 f.; VV 3501 1 ff.; VV 3515 1 ff.
- Betragsrahmengebühren § 3 21 ff., 30 ff., 91 ff.; VV 2102 1 ff.; VV 2103 1 f.; VV 2302 1 ff.; VV 3106 1 ff.
- Bundessozialgericht VV 3212–3213 1 ff.; VV 3512 1 ff.; VV 3518 1 ff.
- Dokumentenpauschale VV 7000 107
- Eilverfahren VV 3102 13 f.
- Einigungsgebühr § 3 31 ff., 58 ff., 93 ff., 104 ff.
- Einzeltätigkeiten *siehe dort*
- Erinnerung § 3 47, 82; VV 3501 1 ff.; VV 3515 1 ff.
- Erledigungsgebühr § 3 31 ff., 58 ff., 93 ff., 104 ff.; VV 1002 4
- Gegenstands-/Streitwert § 3 128 ff.; § 25 1 ff.
- Gehörsrüge VV 3330–3331 18 ff.
- Geltungsbereich RVG § 3 8 ff., 53 ff., 90 ff.
- Gerichtsbescheid VV 3104 82 ff.
- Geschäftsgebühr
  - Betragsrahmengebühren VV 2302 1 ff.
  - Verwaltungsverfahren VV 2302 11 ff.
- Gutachten VV 2103 1 f.
- Kostenentscheidung/-erstattung § 3 114 ff.; VV 3102 10 ff.; VV 3106 31 ff.
  - Bundessozialgericht VV 3212–3213 6 f.
  - Landessozialgericht VV 3204–3205 10 ff.
  - mit GKG-Anwendung § 3 138 ff., 146 ff.
  - ohne GKG-Anwendung § 3 133 ff., 143 ff.
  - Terminsgebühr VV 3106 31 ff.
- Landessozialgericht
  - Berufung VV 3200 1 ff.; VV 3201 1 ff.; VV 3202 1 ff.; VV 3203 1 ff.
  - Kostenentscheidung/-erstattung VV 3204–3205 10 ff.
  - Nichtzulassungsbeschwerde VV 3511 1 ff.; VV 3517 1 ff.
  - Terminsgebühr VV 3204–3205 4 ff.
  - Verfahrensgebühr VV 3204–3205 2 ff.
- Leistungen, wiederkehrende § 3 131
- Mehrfachvertretung § 3 26, 57, 92, 103; VV 3102 8 f.

Stichwortverzeichnis

- mit GKG-Anwendung § 3 53 ff.
- Mitwirkung *siehe dort*
- Nichtzulassungsbeschwerde § 3 45 f., 79 ff.; § 16 307 ff., 315 ff.; § 17 473
  - Bundessozialgericht VV 3512 1 ff.; VV 3518 1 ff.
  - Landessozialgericht VV 3511 1 ff.; VV 3517 1 ff.
- Notwendigkeit Zuziehung Anwalt § 3 156 f.
- ohne GKG-Anwendung § 3 8 f.
- Prozesskostenhilfe § 3 165 f.; VV 3335 29 ff.
- Rechtsschutz, einstweiliger *siehe dort*
- Rechtszug, erster § 3 36 ff., 63 ff.
- Revision § 3 44, 75 ff.; § 16 312 ff., 320 ff.
- Schreiben, einfaches § 3 87
- Tätigkeit, außergerichtliche § 3 90 ff.
- Terminsgebühr § 3 39, 66 f., 77 f.; VV 3104 82 ff.; VV 3501 1 ff.; VV 3515 1 ff.; VV 3517 1 ff.; VV 3518 1 ff.
  - Betragsrahmengebühren VV 3106 1 ff.
  - Bundessozialgericht VV 3212–3213 4 ff.
  - Kostenerstattung VV 3106 31 ff.
  - ohne Verhandlung, mündliche VV 3106 14 ff.
- Trennung Verfahren § 3 28
- Übergangsrecht § 15a 137
- Umfang Tätigkeit § 3 25
- Verbindung Verfahren § 3 27
- Verfahren, besondere § 3 88 f.
- Verfahrensgebühr § 3 37 f., 76; VV 3102 15 f.; VV 3212–3213 3; VV 3501 1 ff.
  - Anrechnung VV 3102 5 ff.
  - Betragsrahmengebühr VV 3102 1 ff.
  - Bundessozialgericht VV 3212–3213 3
  - Eilverfahren VV 3102 13 f.
  - Landessozialgericht VV 3204–3205 2 f.
- Verwaltungsverfahren § 3 52
- Vorverfahren, isoliertes § 3 153 ff.
- Wertgebühren § 3 56 ff.
- Zurückverweisung § 3 29; § 21 71 ff.

Sozietät § 3a 84; § 6 43 ff.
- Aktivlegitimation § 6 52 f.
- Auftragnehmer § 6 43 ff.
- Ausscheiden Sozius § 6 51
- Gründung § 6 50
- mehrere Sozien nebeneinander § 6 47 ff.
- Mehrfachvertretung § 6 4, 43 ff.
- überörtlich § 6 48 f.

Spruchverfahren § 23 58
- Anwendungsbereich VV Vorb. 3.2.1 240 ff.
- Beschwerde VV Vorb. 3.2.1 234 ff.
  - Terminsgebühr VV Vorb. 3.2.1 247 ff.
  - Verfahrensgebühr VV Vorb. 3.2.1 246
- Einigungsgebühr VV Vorb. 3.2.1 250
- Einstellung Zwangsvollstreckung VV Vorb. 3.2.1 252
- Einzeltätigkeiten VV Vorb. 3.2.1 252
- Gegenstands-/Streitwert § 31 1 ff.; VV Vorb. 3.2.1 253 ff.
- Kostenentscheidung/-erstattung VV Vorb. 3.2.1 258 ff.
- Mehrfachvertretung § 31 11 ff., 24 f.; VV Vorb. 3.2.1 256
- Mindestwert § 31 23
- Rechtsbeschwerde VV Vorb. 3.2.2 1 ff., 127 f.
- Terminsvertreter VV Vorb. 3.2.1 252
- Verkehrsanwalt VV Vorb. 3.2.1 252
- Wertbemessung § 31 11 ff.
- Zeitpunkt, maßgeblicher § 31 15 ff.

Staatskasse
- Abtretung Kostenerstattung § 43 1 ff.; § 55 16 ff.
- Anspruchsübergang, gesetzlicher § 45 61 f.
- Beiordnung *siehe dort*
- Beratungshilfe VV Vorb. 2.5 1 ff.
- Dokumentenpauschale VV 7000 244
- Gebühr, zusätzliche/weitere § 50 1 ff.
- Mehrfachvertretung VV 1008 7, 76
- Rückforderungsanspruch § 47 17 f.; § 55 105 ff.
- Stellung, bürgenähnliche § 59 24 f.
- Therapieunterbringungsgesetz (ThUG) § 62 35 f.
- Vergütung aus – *siehe Beiordnung; siehe auch Vergütungsfestsetzung*

Stadtstaatenklausel Vor VV T2 A5 119 ff.
Stellvertreter/Vertretung § 5 1 ff.
- Abrechnung § 5 91 f.
- allgemeiner § 5 36
- Anwaltsvertrag § 1 26 ff.
- Anwendbarkeit § 5 31
- Anwendung § 612 Abs. 2 BGB § 5 57 ff.
- Anwendungsbereich § 5 3 ff.
- Auslagen § 5 56, 67 ff.
- Beiordnung § 5 72 ff.
- Beratungshilfe § 5 77 f.
- bestellter allgemeiner § 5 87
- Bestellung durch Gericht § 19 44 ff.
- Bürogemeinschaft/Kooperation § 5 8
- Höhe Vergütung § 5 32 ff., 52 ff.
- kollegialiter § 5 25
- Kosten § 5 20 ff.
- Kostenerstattung/-entscheidung § 5 96 ff.
- Mehrfachvertretung *siehe dort*
- Partnerschaft § 5 7
- Personenkreis § 5 33 ff.
- Pflichtverteidiger § 5 79 ff.
- Prozesskostenhilfe § 5 72 ff.
- Rechtsanwalt § 5 34 f.
- Unterbevollmächtigter § 11 16
- Vereinbarung Gebühren, gesetzliche § 5 66
- Vergütungsfestsetzung § 5 93 ff.
- Vergütungspflicht Auftraggeber § 5 27 ff.
- Vergütungsvereinbarung § 5 18 f., 55
- Vertreter, gemeinsamer § 40 1 ff.
- Zulässigkeit Stellvertretung § 5 9 ff.

Steuerberater § 10 118 ff.
- Anrechnung § 15a 23
- Berufsbetreuer § 1 221 ff.
- Doppelqualifikation § 1 132 ff.
- Herabsetzung Vergütung, vereinbarte § 3a 127
- nach StBVV § 2 19
- RVG Anwendung § 1 97 ff.
- Stellvertreter/Vertretung § 5 51
- Steuerberatervergütungsverordnung (StBVV) § 35 1 ff.
- Steuerfachangestellte § 5 65
- Vergütungsfestsetzung § 11 19

Strafsachen VV Vorb. 4 1 ff.; VV Vorb. 4.1 1 ff.
- Abgeltungsbereich Gebühren VV Vorb. 4.1 4 ff.; VV 4102–4103 13 ff.
- Abgrenzung Bußgeldsachen Vor VV T5 7 ff.

Stichwortverzeichnis

- Adhäsionsverfahren *siehe dort*
- Angelegenheit *siehe dort*
- Anrechnung *siehe dort*
- Auslagen *siehe dort*
- Beiordnung *siehe dort*
- Beistand VV 4301 13 ff.
- Berufung Vor VV 4124 ff. 11
  - Aufbau Gebühren Vor VV 4124 ff. 8 f.
  - Berufungsbegründung VV 4301 5 f.
  - Einlegung/Begründung VV Vorb. 4.3 15 ff.; VV 4300 1 ff.; VV 4302 1 ff.
  - Gebühr, zusätzliche Vor VV 4124 ff. 15 f.
  - Gebühr, zusätzliche/weitere VV 4141 68 ff., 122 ff.
  - Kostenentscheidung/-erstattung VV 4124 f. 11 ff.
  - Terminsgebühr Vor VV 4124 ff. 13 f.; VV 4126 f. 1 ff.
  - Umfang Angelegenheit Vor VV 4124 ff. 10; VV 4124 f. 4 ff.
  - Verfahrensgebühr Vor VV 4124 ff. 12, 17; VV 4124 f. 1 ff.
  - wechselseitige VV 4300 8; VV 4301 7
- Beschwerde VV Vorb. 4 13, 63 ff.
- Dokumentenpauschale VV 7000 64 ff., 240 ff.
- Einigungsgebühr VV Vorb. 3.2.1 339; Vor VV 4106 ff. 12 f.; VV 4143 f. 35 ff.; VV 4146 16
- Einzeltätigkeiten *siehe dort*
- Einziehung/Maßnahmen, verwandte *siehe dort*
- Erledigungsgebühr VV Vorb. 3.2.1 339
- Ermittlungsverfahren § 17 477 ff.
- Freiheitsentziehungs-/Unterbringungssachen *siehe dort*
- Gegenstands-/Streitwert *siehe dort*
- Gnadensachen VV 4303 1 ff.
  - Angelegenheit Umfang VV 4303 10 ff.
  - Anrechnung VV 4303 17
  - Anwendungsbereich VV 4303 1 ff.
  - Beschwerde VV 4303 18
  - Kostenentscheidung/-erstattung VV 4303 24
  - Pauschgebühren VV 4303 19
  - Pflichtverteidiger VV 4303 20 ff.
  - Verfahrensgebühr VV 4303 1 ff.
  - Vergütungshöhe VV 4303 14 ff.
- Grundgebühr *siehe dort*
- Kontaktperson
  - Terminsgebühr VV 4304 8 f.
- Kostenentscheidung/-erstattung VV Vorb. 4 116 ff.; VV 4142 54 f.
  - Berufung VV 4124 f. 11 ff.
  - Einzeltätigkeiten VV Vorb. 4.3 43 ff.
  - Gnadensachen VV 4303 24
  - Rechtsbeschwerde VV Vorb. 3.2.1 345 f.
  - Revision VV 4130 f. 12 ff.
  - StrRehaG-Verfahren VV 4146 29
  - Wiederaufnahmeverfahren VV Vorb. 4.1.4/ VV 4136 ff. 74 ff.
- Mehrfachvertretung VV 4146 11 f.; VV Vorb. 4.3 30; VV Vorb. 4.1.4/VV 4136 ff. 54
- Nichteröffnung Hauptverfahren VV 4141 79 ff.
- Pauschgebühr VV Vorb. 4.1 4 ff.; VV 4146 28; VV 4304 15; VV Vorb. 4, VV 4200 ff. 38 f.; VV 4303 19; VV Vorb. 6.1.1, VV 6100 ff. 23
- Prozesskostenhilfe *siehe dort*

- Prüfung Erfolgsaussicht Rechtsmittel VV Vorb. 4.1 36 ff.
- Rahmengebühren § 14 69
- Rechtsbeschwerde VV Vorb. 3.2.1 326 ff.; VV Vorb. 3.2.2 1 ff.
  - Terminsgebühr VV Vorb. 3.2.1 335 ff.
  - Verfahrensgebühr VV Vorb. 3.2.1 332
- Rechtsmittel/Rechtsbehelfe VV Vorb. 4.1 30 ff.
- Rechtsschutzversicherung VV Vorb. 4 129 ff.
- Rechtszug, erster Vor VV 4106 ff. 1 ff.
  - Amtsgericht VV 4106 f. 1 ff.; VV 4108 ff. 1 ff.
  - Gebühr, zusätzliche/weitere Vor VV 4106 ff. 9; VV 4141 60 ff.
  - Gebührenhöhe VV 4106 f. 6 f.; VV 4108 ff. 23 ff.
  - OLG/Schwurgericht etc. VV 4118 f. 1; VV 4120 ff. 1
  - Strafkammer VV 4112 f. 1; VV 4114 ff. 1
  - Terminsgebühr Vor VV 4106 ff. 7 f.; VV 4108 ff. 1 ff.; VV 4114 ff. 1; VV 4120 ff. 1
  - Trennung Verfahren VV 4106 f. 8 f.
  - Verbindung Verfahren VV 4106 f. 8 f.
  - Verfahrensgebühr Vor VV 4106 ff. 6, 10 f.; VV 4106 f. 1 ff.; VV 4112 f. 1; VV 4118 f. 1
  - Zurückverweisung VV 4106 f. 10
- Revision Vor VV 4130 ff. 1 ff.
  - Aufbau Gebühren Vor VV 4130 ff. 7 f.
  - Beiordnung VV 4130 f. 11
  - Einlegung/Begründung VV Vorb. 4.3 15 ff.; VV 4300 1 ff.; VV 4302 1 ff.
  - Gebühr, zusätzliche/weitere Vor VV 4130 ff. 19 ff.; VV 4141 71, 134 ff.
  - Grundgebühr Vor VV 4130 ff. 15
  - Haftzuschlag VV 4130 f. 9
  - Kostenentscheidung/-erstattung VV 4130 f. 12 ff.
  - Terminsgebühr Vor VV 4130 ff. 17 ff.; VV 4132 f. 1 ff.
  - Umfang Angelegenheit Vor VV 4130 ff. 13; VV 4130 f. 6 ff.
  - Verfahrensgebühr Vor VV 4130 ff. 16; VV 4130 f. 1 ff.
  - Wahlanwalt VV 4130 f. 10
  - wechselseitige VV 4300 8; VV 4301 7
- Sicherungsverwahrung *siehe Freiheitsentziehungs-/Unterbringungssachen*
- Strafbefehl
  - Rücknahme Einspruch VV 4141 91 ff., 118 ff.
  - Übergang in – VV 4141 152
  - Zurückweisung Antrag VV 4141 90
- Strafvollzugsverfahren VV Vorb. 4.2, VV 4200 ff. 1 ff.
  - Berufung VV 3200 1 ff.; VV 3201 1 ff.; VV 3202 1 ff.; VV 3203 1 ff.
  - Beschwerdeverfahren VV Vorb. 4.2, VV 4200 ff. 34 ff.
  - Einzeltätigkeiten VV 4301 28 f.
  - Haftprüfung VV 4300 9 ff.
  - Haftsache § 14 59; § 48 110 ff.
  - Inanspruchnahme Verurteilter VV Vorb. 4.2, VV 4200 ff. 40
  - Pauschgebühr VV Vorb. 4.2, VV 4200 ff. 38 f.

3115

Stichwortverzeichnis

- Terminsgebühr VV Vorb. 4.2, VV 4200 ff. 21 ff., 31 f.
- Umfang Angelegenheit VV Vorb. 4.2, VV 4200 ff. 4 ff.
- Verfahrensgebühr VV 3200 1 ff.; VV Vorb. 4.2, VV 4200 ff. 17 ff., 29 f.
- StrEG-Verfahren VV 4143 f. 72 ff.
  - Berufung VV 4143 f. 80
  - Beschwerde VV 4143 f. 76 f.
  - Betragsverfahren VV 4143 f. 78
  - Grundverfahren VV 4143 f. 74 f.
  - Klage vor Landgericht VV 4143 f. 79
  - Revision VV 4143 f. 81
  - Übersicht VV 4143 f. 82
- StrRehaG-Verfahren VV Vorb. 4 1 ff.; VV 4146 1 ff.
  - Anrechnung VV 4146 10
  - Antrag auf Entscheidung, gerichtliche VV 4146 3 f.
  - Anwendungsbereich VV 4146 3 ff.
  - Auftragsbeendigung, vorzeitige VV 4146 9
  - Beschwerdeverfahren VV Vorb. 4 13, 15, 63 ff.; 82 ff.; VV 4146 18 ff.
  - Einigungsgebühr VV 4146 16
  - Gegenstands-/Streitwert VV 4146 13 f., 23 f.
  - Haftzuschlag VV Vorb. 4 12, 33 ff.
  - Kostenentscheidung/-erstattung VV 4146 29
  - Mehrfachvertretung VV 4146 11 f.
  - Pauschgebühren VV 4146 28
  - Prozesskostenhilfe VV 4146 26 f.
  - Terminsgebühr VV Vorb. 4 8 ff., 25 ff.
  - Verfahrensgebühr VV Vorb. 4 5 ff., 20 ff.; VV 4146 6 ff.
  - Zwangsvollstreckung VV Vorb. 4 14, 107 ff.
- Übergangsrecht § 60 71 ff.
- Untersuchungsausschuss, parlamentarischer VV Vorb. 2 10 ff.
- Verfahren, schriftliches VV 4141 149 ff.
- Verfahren, vorbereitendes VV Vorb. 4.1.2 1 ff.; Vor VV 4106 ff. 1 ff.
  - Adhäsionsverfahren VV 4143 f. 14
  - Ansprüche, vermögensrechtliche VV 4104 f. 35
  - Auslagen Vor VV 4106 ff. 14
  - Bußgeldsachen VV 5100 1 ff.
  - Einigungsgebühr VV 4104 f. 36; Vor VV 4106 ff. 12 f.
  - Einstellung/Einigung VV 4104 f. 34
  - Einziehung/Maßnahmen, verwandte VV 4104 f. 31 ff.
  - Gebühr, zusätzliche/weitere Vor VV 4106 ff. 9; VV 4141 59, 146 ff.
  - Gebührenhöhe Vor VV 4106 ff. 15
  - Grundgebühr VV 4104 f. 29; Vor VV 4106 ff. 5
  - Pauschgebühr VV 4104 f. 28
  - Terminsgebühr VV 4104 f. 30; Vor VV 4106 ff. 8
  - Trennung Verfahren VV 4104 f. 26 f.
  - Umfang Angelegenheit VV 4104 f. 3 ff.; Vor VV 4106 ff. 2 ff.
  - Verbindung Verfahren VV 4104 f. 24 f.
  - Verfahrensgebühr VV 4104 f. 14 ff., 31 ff., 37; Vor VV 4106 ff. 6 f., 10
- Verfahren, wiederaufgenommenes VV 4141 153; VV Vorb. 4.1.4/VV 4136 ff. 59 ff.
- Vergütungsfestsetzung § 11 108 f.
- Vergütungsvereinbarung § 3a 26 ff., 94
- Verkehrsanwalt VV 4301 8 ff.
- Verteidiger § 11 108 f.
- Wiederaufnahmeverfahren Vor VV T4 A1 U4 1 f.; VV Vorb. 4.1.4/VV 4136 ff. 1 ff.
  - Abgeltungsbereich Gebühren VV Vorb. 4.1.4/ VV 4136 ff. 9 ff.
  - Abrategebühr VV Vorb. 4.1.4/VV 4136 ff. 69
  - Anwendungsbereich VV Vorb. 4.1.4/ VV 4136 ff. 6 ff.
  - Beiordnung VV Vorb. 4.1.4/VV 4136 ff. 65 ff.
  - Gebühr, zusätzliche/weitere VV 4141 67
  - Geschäftsgebühr VV Vorb. 4.1.4/ VV 4136 ff. 17 ff., 46 ff., 67 f.
  - Haftzuschlag VV Vorb. 4.1.4/ VV 4136 ff. 48 ff.
  - Kostenentscheidung/-erstattung VV Vorb. 4.1.4/VV 4136 ff. 74 ff.
  - Mehrfachvertretung VV Vorb. 4.1.4/ VV 4136 ff. 54
  - Pauschgebühr VV Vorb. 4.1.4/VV 4136 ff. 58, 73
  - Prüfung Erfolgsaussicht Rechtsmittel VV Vorb. 4.1.4/VV 4136 ff. 29
  - Terminsgebühr VV Vorb. 4.1.4/ VV 4136 ff. 40 ff., 55 f., 70 f.
  - Umfang Angelegenheit VV Vorb. 4.1.4/ VV 4136 ff. 9 ff.
  - Verfahrensabschnitte VV Vorb. 4.1.4/ VV 4136 ff. 9
  - Verfahrensgebühr VV Vorb. 4.1.4/ VV 4136 ff. 23 ff., 30 ff., 46 ff., 67 f.
  - Zurückverweisung § 21 77 ff.; VV Vorb. 3.2.1 340; VV 4106–4107 10
- **Streitgenossen/-helfer** § 11 97; § 59 8; VV 3401–3402 84
  - Mehrfachvertretung § 7 70 ff.
  - Streitverkündung § 60 74
  - Terminsvertreter VV 3401–3402 84
  - Umsatzsteuer VV 7008 100 ff.
- **Streitwertbeschwerde** § 23 32 ff.; § 32 44, 178 ff., 246 f., 260 ff.; § 33 72 ff.; VV Vorb. 3.5, VV 3500 42 ff.
  - Abhilfe § 32 227 ff.; § 33 121 ff.
  - Antrag § 33 84
  - Beschwer § 32 186 ff.; § 33 73 ff.
  - Bußgeldsachen Vor VV T5 13
  - Divergenzfälle § 33 98 f.
  - Einlegung § 33 172 f.
  - Entscheidung, beschwerdefähige § 33 72
  - FamFG-Verfahren § 32 88 f., 246 ff.
  - Frist § 32 198 ff.; § 33 113 ff.
  - Gebühren § 32 243 f., 275 f.
  - Gebührenfreiheit § 33 177 ff.
  - Gegenstands-/Streitwert § 32 190 ff., 240 ff.
  - Gegenvorstellung § 32 272 f.; § 33 91 ff.
  - Gehör, rechtliches § 32 230, 245; § 33 135 ff.
    - FamFG-Verfahren § 32 253
    - nach KostO § 32 274
  - Untätigkeitsbeschwerde § 32 285 f.
- Gesetzwidrigkeit, greifbare § 33 91 ff.

Stichwortverzeichnis

- Kostenentscheidung/-erstattung § 32 243 f., 279 f.; § 33 177 ff.
- nach GNotKG § 32 107 ff.
- nach KostO § 32 260 ff.
- Rechtsmittelverzicht § 32 234 ff.
- Rechtsschutzbedürfnis § 32 216 ff.
- Untätigkeitsbeschwerde § 32 285 f.; § 33 91 ff.
- Verfahren § 32 202 ff.
- Verschlechterungsverbot § 32 231 ff.; § 33 88 ff.
- Verwirkung § 32 239
- weitere § 32 206 ff.; § 33 147 ff.
  - FamFG-Verfahren § 32 252
  - nach KostO § 32 267 ff.
- Wertfestsetzung § 32 210 ff.
- zugelassene § 32 197; § 33 95 ff.
- Zulassungsentscheidung § 33 100 ff.
- Zulassungsverstoß § 33 106 ff.
- Zulassungszwang § 33 105
- Zuständigkeit § 33 85 ff., 139 ff., 174 ff.

Student § 5 41

Stufenklage
- Terminsgebühr VV Vorb. 3 205
- Übergangsrecht § 60 75
- Verfahrensgebühr VV Vorb. 3 94 f.
- Zurückverweisung § 21 26, 56 ff.

Stundung § 11 234

Syndikusanwalt § 1 159 ff.

Tage-/Abwesenheitsgeld § 14 16

Tatbestandsberichtigung/-ergänzung § 19 70

Täter-Opfer-Ausgleich VV 4102–4103 5 ff.

Tätigkeit
- ähnliche § 1 408 ff.
- anwaltliche § 1 124 ff.
- mit Verfahren zusammenhängende § 19 1 ff.
- Umfang siehe Umfang Tätigkeit

Tätigkeit, außergerichtliche VV Vorb. 2 1 ff.; VV Vorb. 2.3 1 ff.
- Abgrenzungen VV Vorb. 2.3 32 ff.
- Abmahnung/Abschlussschreiben VV Vorb. 2.3 41
- Adhäsionsverfahren VV 4143 f. 56 ff.
- Anrechnung VV Vorb. 3 257 ff.; VV 4143 f. 56 ff.
- Anwaltsnotar VV Vorb. 2.3 54
- Anwendungsausschluss VV Vorb. 2.3 15 ff.
- Anwendungsbereich VV Vorb. 2 2 f.
- Auftrag VV Vorb. 2.3 28 ff.
- Beendigung § 8 45
- Beistand VV Vorb. 2 5 ff.
- Beratung/Gutachten VV Vorb. 2.3 36 ff.
- berufsspezifische VV Vorb. 2.3 27
- Betreuungsverfügung VV Vorb. 2.3 43
- Disziplinarverfahren/Verfahren, berufsgerichtliche VV 6202 1 ff.
- Gegenstands-/Streitwert VV Vorb. 2.3 130 ff.
- Geschäftsgebühr siehe dort
- Kosterstattung/-entscheidung VV Vorb. 2.3 108 ff.
  - Anspruchsgrundlagen VV Vorb. 2.3 119 ff.
  - Prozessuales VV Vorb. 2.3 124 ff.
- Mahnverfahren VV Vorb. 3.3.2, VV 3305–3306 3
- Patiententestament/Patientenverfügung VV Vorb. 2.3 43
- Rechtsschutz, einstweiliger § 17 204 ff.
- Schreiben, einfaches siehe Einzeltätigkeiten

- Sozialrechtssachen § 3 90 ff.
- Testamente VV Vorb. 2.3 52 f.
- Übergangsrecht § 60 38
- Untersuchungsausschuss, parlamentarischer VV Vorb. 2 10 ff.
- Verfahrensdauer, überlange VV 3300–3301 40 ff.
- Vergabenachprüfungsverfahren VV Vorb. 2.3 45 ff.
- Verhandlungen § 19 24 ff.
- Verwaltungsrechtssachen § 17 30; VV Vorb. 2 6 ff.
- Verwaltungszwangsverfahren VV Vorb. 2.3 11 ff.
- vor Inkrafttreten RVG VV Vorb. 3 257 ff.

Teilurteil § 21 27, 63 ff.

Termin VV Vorb. 3 116 ff.; VV 3202 8 ff.
- Abgabe Vermögensauskunft VV 3310 8 ff.
- Anhörungstermin VV 4102–4103 5 ff.
- Augenscheineinnahme VV 4102–4103 5 ff.
- außerhalb Hauptverhandlung Vor VV 4100 ff. 1 ff.; Vor VV 4106 ff. 8; Vor VV 4124 ff. 14; VV 5108 2
  - Revision Vor VV 4130 ff. 18
- Begriff VV 3401–3402 20 ff.
- Besprechung VV Vorb. 3 145 ff.
  - Beteiligung Gericht VV Vorb. 3 158
  - Gegenstand VV Vorb. 3 153 ff.
  - Mahnverfahren VV Vorb. 3.3.2, VV 3305–3306 83 ff.
  - mit Auftraggeber VV Vorb. 3 165
  - Mitwirken VV Vorb. 3 143 f.
  - verfahrensbeendende VV Vorb. 3 139 ff.
  - Ziel VV Vorb. 3 150 ff.
- Beweisaufnahmetermin VV Vorb. 3 121 ff.
  - Anwendungsbereich VV 1010 3 f.
  - Arten VV Vorb. 3 126 ff.
  - Beginn/Ende VV Vorb. 3 125
  - Betragsrahmengebühren VV 1010 34 ff.
  - Dauer VV Vorb. 3 130
  - Gegenstands-/Streitwert VV 1010 31 ff.
  - Höhe VV 1010 26 ff.
  - Inhalt VV Vorb. 3 131 ff.
  - Kostenerstattung/-entscheidung VV 1010 37
  - Längenzuschlag VV 1010 1 ff., 31 ff.; VV 3106 30; VV Vorb. 3.2.1 84, 121, 205; VV 4108 ff. 6 ff.; VV 6203 ff. 4 f., 12 f.; VV 6207 ff. 4 f., 12 f.; VV 6211 ff. 4 f., 16 f.; VV Vorb. 4.1.4/VV 4136 ff. 72
  - Prozess-/Verfahrenskostenhilfe VV 1010 38
  - Rechtsschutzversicherung VV 1010 39
  - Spruchverfahren VV Vorb. 3.2.1 251
  - umfangreicher VV Vorb. 1 18; VV 1010 1 ff.
  - Verbraucherschutzverfahren VV Vorb. 3.2.1 225
  - Vernehmung Sachverständiger VV 1010 21 ff.
  - Voraussetzungen VV 1010 5 ff.
  - Wertgebühr VV 1010 27 ff.
  - WpÜG-Verfahren VV Vorb. 3.2.1 283
  - Zeugenvernehmungstermin VV 1010 15 ff.
- Erörterungstermin VV Vorb. 3 119 f.; VV 4102–4103 5 ff.
- Haft siehe Haftzuschlag

3117

Stichwortverzeichnis

- Hauptverhandlungstermin VV Vorb. 3 117 f.; Vor VV 4106 ff. 7; VV 4108 ff. 4 ff.; VV 4132 ff. 2 ff.; VV 5108 1
  - Berufung Vor VV 4124 ff. 13; VV 4126 ff. 2 ff.
  - erneuter VV 4126 ff. 9 ff.
  - Fortsetzungstermin VV 4108 ff. 20; VV 4126 ff. 7 f.; VV 4132 ff. 5 f.
  - mehrere VV 4132 ff. 9; VV 4301 22
  - Revision Vor VV 4130 ff. 17 ff.
  - weiterer VV 4108 ff. 21 f.; VV 4132 ff. 7 f.
- Mahnverfahren VV 3307 68 ff.
- Protokollierungstermin VV 3104 95; VV 3105 29
- Sachverständigentermin VV 1010 21 ff.; VV Vorb. 3 134 ff.; VV 3324 13
- Säumnis VV 3105 7 ff.
- Sühnetermin VV 4102–4103 5 ff.
- Terminsvertreter siehe dort
- Verkündung Haftbefehl VV 4102–4103 5 ff.
- Vernehmung VV 1010 15 ff.; VV 4102–4103 5 ff.
- Wahrnehmung VV Vorb. 3 105 ff.; VV 3101 54 ff.; VV 3105 5 f.; VV 3307 68 ff.; VV 3324 12 ff.; VV 3327 14 f.; VV 3337 24 ff.; VV 3403–3404 46 ff.; VV Vorb. 3.3.2, VV 3305–3306 81 ff.
  - Anwesenheit, aktive VV Vorb. 3 107 ff.
  - Anwesenheit, passive VV Vorb. 3 105 f.
  - Flucht in Säumnis VV Vorb. 3 113 ff.
  - Schweigen auf Rücknahme VV Vorb. 3 110
  - Verhandlung über Zuständigkeit VV Vorb. 3 111 f.
- Zwangsvollstreckung VV 3310 8 ff.

Terminsgebühr VV Vorb. 3 100 ff.; VV 3202 37 f. *siehe auch einzelne Verfahrensarten*
- Anerkenntnis VV Vorb. 3 201
- Anrechnung VV 3104 96 ff.
- Antrag Prozess-/Verfahrens-/Sachleitung VV 3105 12 ff., 24 ff., 35 f.; VV 3203 12 f.
- Anwaltswechsel VV 3106 26
- Anwendbarkeit § 333 ZPO VV 3105 42
- Aussöhnungsgebühr VV 1001 29
- Berufung VV 3202 1 ff.; VV 3203 1 ff.
  - Anrechnung VV 3202 24 ff.
  - Antrag Sach-/Prozessleitung VV 3203 12 f.
  - Sachentscheidung VV 3203 14
  - Versäumnisurteil VV 3203 5 ff.
- Beschwerde VV 3513 1 ff.; VV Vorb. 3.5, VV 3500 37 f.
  - Berufung VV 3202 1 ff.; VV 3203 1 ff.
  - Bundespatentgericht VV 3516 25 ff.
  - Familienrechtssachen VV 3203 19 ff.
- Einigung VV Vorb. 3.4 1 ff.
- Einzeltätigkeiten VV Vorb. 3.4 1 ff.
- Entscheidung, schriftliche
  - Anerkenntnisurteil VV 3104 72 ff.
  - mit Einverständnis Parteien VV 3104 58 ff.
  - nach § 495a ZPO VV 3104 76 f.
  - Vergleich, schriftlicher VV 3104 78 ff.
  - Verweisung VV 3104 68
- Erinnerung VV 3513 1 ff.
- Erledigung VV Vorb. 3 183 ff.
- Fluranwalt VV Vorb. 3.4 1 ff.
- Gegenstands-/Streitwert VV Vorb. 3 202 ff.; VV 3105 30
- Gerichtsbescheid VV 3104 82 ff.; VV 3202 30 f.
- Kostenentscheidung/-erstattung VV 3202 37 f.
- Mehrfachvertretung VV 3106 28
- nach Einspruch gegen Versäumnisurteil VV Vorb. 3 206 ff.
- nach VV 3331 VV Vorb. 3.3.6 5 f.
- nach VV 3332 VV Vorb. 3.3.6 4
- Nebenintervention VV Vorb. 3 172 f.
- ohne Verhandlung, mündliche VV Vorb. 3 166 ff.; VV 3104 3 f.; VV 3105 37 ff.
  - Sozialrechtssachen VV 3106 14 ff.
  - Übersicht A–Z VV 3104 14 ff.
  - Vergleich VV Vorb. 3 170 f.
- Prozesskostenhilfe VV Vorb. 3.3.6 10 f.; VV 3335 10 f.
- reduzierte VV Vorb. 3.2.1 78 ff., 119, 156, 185, 204, 222, 249, 280, 315, 338
- Revision VV 3210 1 ff.; VV 3211 1 ff.
- Stufenklage VV Vorb. 3 205
- Trennung Verfahren VV Vorb. 3 212 ff.
- Übergangsrecht VV 3105 40 f.
- Verbindung Verfahren VV Vorb. 3 212 ff.
- Verfahren, schriftliches VV 3202 12 ff.
- Verfahren, vereinfachtes VV 3324 15
- Verfahrensbevollmächtigter VV 3401–3402 86 ff.
- Verfahrensdauer, überlange VV 3300–3301 47 ff., 58
- Verfahrenskostenhilfe VV Vorb. 3.3.6 10 ff.
- Vergleich VV Vorb. 3 104 7 ff.; VV 3202 16 ff.; VV 3514 16 ff.
- Vergütungsfestsetzung § 11 98
- Verkehrsanwalt VV 3400 59 f.
- volle VV 3104 1 ff.

Terminsvertreter VV 3401–3402 1 ff.
- Anrechnung § 15a 41; VV 3401–3402 56 f.
- Anwaltsvertrag § 1 28 ff.
- Anwendungsbereich VV 3401–3402 8 ff.
- Auftragsbeendigung, vorzeitige VV 3401–3402 67
- Auslagen VV 3401–3402 82
- Berufung Vor VV 3200 ff. 33
- Einigungsgebühr VV 3401–3402 76 ff., 124 ff.
- EnWG-Verfahren VV Vorb. 3.2.1 189
- Erledigungsgebühr VV 3401–3402 81
- Gegenstands-/Streitwert VV 3401–3402 51 ff.
- GWB-Verfahren VV Vorb. 3.2.1 160
- Hinweispflicht § 2 64
- Kostenentscheidung/-erstattung Vor VV 3400 ff. 13 ff.; VV 3401–3402 106 ff.
- KSpG-Verfahren VV Vorb. 3.2.1 208
- Mahnverfahren VV Vorb. 3.3.2, VV 3305–3306 150 ff.
- Mehrfachvertretung VV 1008 90
- Prozesskostenhilfe VV 3401–3402 93 f.
- Spruchverfahren VV Vorb. 3.2.1 252
- Streitgenossen/-helfer VV 3401–3402 84
- Terminsbegriff VV 3401–3402 20 ff.
- Terminsgebühr VV Vorb. 3 216 f.; VV 3401–3402 61 ff.
- Übergangsrecht § 60 76; VV 3401–3402 95 ff.
- Verbraucherschutzverfahren VV Vorb. 3.2.1 228
- Verfahrensgebühr VV 3401–3402 45 ff.
- Vergütungsfestsetzung § 11 99
- WpHG-Verfahren VV Vorb. 3.2.1 320

Stichwortverzeichnis

- WpÜG-Verfahren VV Vorb. 3.2.1 287
- Zurückverweisung § 21 37

Testament § 23 58

Testamentsvollstrecker § 1 310 ff.
- Anwendung RVG § 1 311
- Auslagen/Aufwendungen § 1 336 f.
- Bemessung/Angemessenheit Vergütung § 1 320 ff.
- Bestimmung Vergütung § 1 314 ff.
  - Bezugnahme auf Tabelle § 1 316 f., 327 ff.
  - durch Erblasser § 1 314 ff.
  - Verfügung, letztwillige § 1 315
  - Vergütungsvereinbarung § 1 318
- Festsetzung Vergütung § 1 319
- Minderung § 1 333
- Umsatzsteuer § 1 331 f.
- Verjährung § 1 335
- Verwirkung § 1 334

Therapieunterbringungsgesetz (ThUG) § 1 3 f.; § 48 110 ff.; § 62 1 ff.
- Angelegenheit § 62 29 f.
- Anordnung, einstweilige § 62 22 f., 30
- Anordnungsverfahren § 62 11 ff.
  - Beschwerdeverfahren § 62 24 f.
  - Gebührenregelungen, anzuwendende § 62 13
  - Termingebühr § 62 17 ff.
  - Verfahren § 62 11 ff.
  - Verfahrensgebühr § 62 14 ff.
- Anwaltsvergütung § 62 5 ff.
- Anwendung RVG § 62 8 f.
- Bedeutung § 62 7
- Beiordnung/Beistand § 62 33 ff.
  - Anspruch gegen Staatskasse § 62 35 f.
  - Pauschgebühr § 62 46
  - Umfang § 62 37 ff.
  - Wahlanwaltsbühren § 62 41 ff.
- Geltungsbereich, persönlicher § 62 10
- Gerichtskosten § 62 4
- Unterbringung zwischen Verfahren § 62 31 f.
- Verfahren, sonstige § 62 26 ff.
- Verfahrensgebühr § 62 14 ff., 28
- Verlängerung/Aufhebung § 62 26 ff.

Tilgungsbestimmung § 11 235

Trennung Verfahren VV Vorb. 3 67 ff.
- Beiordnung § 48 171
- Durchführung, gesonderte VV Vorb. 3 69
- Gebühr, zusätzliche/weitere VV 4141 160 f.
- Gerichtskosten § 21 130 ff.
- Lösung aus Verbund § 21 130 ff.
- Mehrfachvertretung VV 1008 54 f.
- nach § 145 ZPO VV Vorb. 3 67 f.
- Post-/Telekommunikationsentgelte VV 7001–7002 44 f.
- sachwidrige § 15 200 ff.
- Sozialrechtssachen § 3 28
- Strafsachen VV 4104 f. 26 f.; VV 4106 f. 8 f.
- Termingebühr VV Vorb. 3 212 ff.
- Übergangsrecht § 60 84
- Umsatzsteuer § 21 116 ff.
- Verbundverfahren siehe dort
- Verfahrensgebühr VV Vorb. 3 67 ff.
- zur Verweisung Vor §§ 20, 21 50; § 20 30

Treuhänder § 1 375 ff.

Übergangsrecht § 60 1 ff. siehe auch einzelne Verfahrensarten
- Anfechtung Prozessvergleich § 60 25 ff.
- Anrechnung § 15a 137; § 17 367; VV 3307 49 ff.
- Anwälte, mehrere § 60 54 ff.
- Anwendung BRAGO § 61 1 ff.
- Bedeutung, bisherige § 60 16 ff.
- Beiordnung § 48 175
- Grundsatz § 60 3 ff.
- Hebegebühr VV 1009 86
- Kostenerstattung/-entscheidung § 15a 137
- KostRMoG § 60 23 ff.
- Post-/Telekommunikationsentgelte VV 7001–7002 68
- Rechtsmittel/Rechtsbehelfe § 60 8 ff.
- Sozialrechtssachen § 15a 137
- Terminsvertreter VV 3401–3402 95 ff.
- Urkunds-/Scheck-/Wechselprozess § 17 367
- Verfahrensvorschriften § 60 110
- Verkehrsanwalt VV 3400 87 ff.
- Zwei-Jahres-Frist § 60 100 f.

Übersetzung § 46 37 ff.

Umfang Tätigkeit § 3 117 ff.; VV 2300 14
- besonderer § 37 26; VV 1010 1 ff.
- Bußgeldsachen Vor VV T5 81 ff.
- geringer § 19 82 ff.
- Pauschgebühr § 42 1 ff.; § 51 23 ff.
  - Kriterien A-Z § 51 26 ff.
- Rahmengebühren § 14 30 ff.
- Zwangsvollstreckung VV 3309 70 ff.

Umgangspfleger/-begleiter § 1 306 ff.

Umsatzsteuer VV 7008 1 ff.
- Abrechnung/Berechnung VV 7008 81 ff.
- Anwalt in eigener Sache VV 7008 42 ff., 95
- Auslagen § 37 38; VV 7008 50 ff.
- Beiordnung § 52 21; § 55 34 ff., 124; VV 7008 67 ff.
- Beratungshilfe VV 7008 71 ff.; Vor VV T2 A5 146
- Berufsbetreuer § 1 221 ff.
- Erstattung durch Auftraggeber VV 7008 65 ff.
- Gebührenvereinbarung § 34 33
- Gutachten § 34 67
- Güteverfahren § 17 425; VV 2303 26
- Haftpflichtversicherungsprämie VV 7007 24
- Insolvenzverwalter § 1 368
- Kostenerstattung/-entscheidung VV 7008 93 ff., 116 ff., 125 ff.
- Mehrfachvertretung § 7 100 ff.
- Nachfestsetzung VV 7008 129 f.
- Pauschgebühr Beiordnung § 51 152
- Pfleger § 1 257 ff.
- Post-/Telekommunikationsentgelte VV 7001–7002 32
- Rechtsschutzversicherung VV 7008 137
- Reisekosten VV 7003 ff. 45 f.
- Schiedsrichter § 1 407
- Stellvertreter/Vertretung § 5 68
- Steuersatz VV 7008 63 ff.
- Streitgenossen, mehrere VV 7008 100 ff.
- Testamentsvollstrecker § 1 331 f.
- Trennung Verfahren § 21 116 ff.
- Umsätze, steuerpflichtige VV 7008 3 ff., 44 ff.
  - Aktenversendungspauschale VV 7008 52 ff.

3119

Stichwortverzeichnis

- Auslagen VV 7008 50 ff.
- Auslandsbezug VV 7008 6 ff.
- Entscheidungsabschrift VV 7008 59
- Gebühren VV 7008 49
- Gerichtsvollzieherkosten VV 7008 56
- Kleinunternehmer VV 7008 5
- Kosten, fremde VV 7008 60
- Meldeamtskosten VV 7008 57 ff.
- Posten, durchlaufende VV 7008 61
- Zinsen VV 7008 62
- Verfassungsgerichtsverfahren § 37 38
- Vergütungsfestsetzung VV 7008 135 f.
- Vergütungsordnung, andere VV 7008 76 ff.
- Vergütungsvereinbarung § 3a 96 f.; VV 7008 75 f.
- Verkehrsrechtssachen Anhang I 37 f.; Anhang II 18 f.
- Vollstreckungsabwehrklage VV 7008 131 ff.
- Vorschuss § 9 73
- Vorsteuerabzugsberechtigung VV 7008 98 ff.
- Zwangsverwalter § 1 398

Unentgeltlichkeit § 11 236
Unmöglichkeit § 15 266 ff.
Untätigkeitsbeschwerde § 33 91 ff.
Untätigkeitsklage VV 3102 15 f.
Unterbevollmächtigter § 46 44 ff.; Vor VV 3400 ff. 10 ff.
Unterbrechung § 60 77
Unterhalt siehe FamFG-Verfahren/Familienrechtssachen
Untersuchungsausschuss, parlamentarischer VV Vorb. 2 10 ff.
Urkunds-/Scheck-/Wechselprozess
- Anerkenntnis VV Vorb. 3 176
- Angelegenheit § 17 349 ff.
- Anrechnung siehe dort
- Auslagen § 17 373
- Berufung § 17 374 f.; VV 3100 29 f.; VV 3200 29
- Gegenstands-/Streitwert § 17 381; VV 3100 31 ff.
- Mahnverfahren VV 3307 102; VV Vorb. 3.3.2, VV 3305–3306 176 ff.
- Nachverfahren VV 3100 24 f.
- Prozesskostenhilfe § 17 377 ff.; VV 3100 26 ff.
- Streitwert § 17 381
- Terminsgebühr § 17 369 ff.; VV Vorb. 3 174 ff.; VV 3100 20 ff.
- Übergangsrecht § 60 78
- Verfahren nach Abstandnahme vom - § 17 349 ff.
- Verfahrensgebühr VV 3100 16 ff.
- Verkehrsanwalt § 17 368; VV 3100 19
- Versäumnisurteil VV Vorb. 3 177 ff.
- Vorbehaltsurteil § 17 349 ff.

Verbindung Verfahren VV Vorb. 3 62 ff.
- Aufgebotsverfahren VV 3324 20
- Beiordnung § 48 143 ff.
- Gebühr, zusätzliche/weitere VV 4141 160 f.
- Mehrfachvertretung VV 1008 54 f.
- nach Zurückverweisung Vor §§ 20, 21 52
- Post-/Telekommunikationsentgelte VV 7001–7002 44 ff.
- Sozialrechtssachen § 3 27
- Strafsachen VV 4104 f. 24 f.; VV 4106 f. 8 f.
- Terminsgebühr VV Vorb. 3 212 ff.
- Übergangsrecht § 60 79 ff.

- Verfahrensgebühr VV Vorb. 3 62 ff.
- zur Verweisung § 20 31 f.

Verbrauchermandat
- Erstberatung § 14 71; § 34 120 ff.
- Kappungsgrenze § 34 117 ff.
- Mediation/Gutachten/Beratung § 34 111 ff.
- Mehrfachvertretung § 34 118
- Verbraucherbegriff § 34 112 ff.

Verbraucherschutzverfahren
- Berufung VV 3200 1 ff.; VV 3202 1 ff.; VV 3203 1 ff.
- Beschwerde VV Vorb. 3.2.1 213 ff.
  - Gebühren VV Vorb. 3.2.1 217 ff.
  - Gegenstands-/Streitwert VV Vorb. 3.2.1 229
  - Kostenentscheidung/-erstattung VV Vorb. 3.2.1 230 ff.
  - Prozesskostenhilfe VV Vorb. 3.2.1 223
- Einigungsgebühr VV Vorb. 3.2.1 223
- Mehrfachvertretung VV Vorb. 3.2.1 220
- Nichtzulassungsbeschwerde § 16 348 ff.; § 17 471
- Rechtsbeschwerde § 16 346 f.; VV Vorb. 3.2.2 117 ff.
- Terminsgebühr VV Vorb. 3.2.1 221 f.; VV 3202 1 ff.; VV 3203 1 ff.
- Verfahrensgebühr VV Vorb. 3.2.1 218 f.; VV 3200 1 ff.; VV 3201 1 ff.

Verbundverfahren § 15a 78
- Abrechnung nach BRAGO § 21 124 ff.
- Angelegenheit § 16 36 ff.
- Anordnung, einstweilige § 16 56
- Aufnahme § 16 88 ff.
- Auslagen § 16 52 ff.
- Gegenstands-/Streitwert § 16 58 f.
- Gerichtskosten § 16 57
- Kostenentscheidung/-erstattung § 16 60 ff.
- Lösung aus Verbund § 16 68 ff.; § 21 97 ff., 102 ff., 130 ff.
- Übergangsrecht § 60 82
- Verfahrenskostenhilfe § 16 64 ff.
- Vergütungsfestsetzung § 16 63
- Versorgungsausgleich § 21 102 ff.
- Zurückverweisung § 21 84 ff.

Verein, nicht-rechtsfähiger VV 1008 20 ff.
Vereinigung, kassenärztliche § 3 17
Verfahren, besondere § 3 88 f.
Verfahren, gesondert geregelte VV Vorb. 3.3.6 1 ff.
Verfahren nach AktG/UmwG VV 3325 1 ff.; VV 3332 7; VV 3337 1 ff.
Verfahren nach IRG/IStGH-Gesetz § 48 110 ff.; VV Vorb. 6 1 ff.; Vor VV 6100 ff. 1 ff.; VV Vorb. 6.1.1, VV 6100 ff. 1 ff.
- Abgeltungsbereich Gebühren VV Vorb. 6.1.1, VV 6100 ff. 15 ff.
- Anwendungsbereich VV Vorb. 6.1.1, VV 6100 ff. 5 ff.
- Auslagen VV Vorb. 6.1.1, VV 6100 ff. 34
- Beiordnung/Bestellung § 59a 1 ff.
- Bewilligung Vollstreckung Geldsanktionen VV Vorb. 6.1.1, VV 6100 ff. 41 ff.
  - Gebühren, sonstige VV Vorb. 6.1.1, VV 6100 ff. 72
  - Rechtsbeschwerde VV Vorb. 6.1.1, VV 6100 ff. 62 ff.

Stichwortverzeichnis

- Terminsgebühr VV Vorb. 6.1.1, VV 6100 ff. 58 ff.
- Verfahren, erstinstanzliches VV Vorb. 6.1.1, VV 6100 ff. 49 ff.
- Verfahrensgebühr VV Vorb. 6.1.1, VV 6100 ff. 53 ff.
- Vertretung vor Behörde VV Vorb. 6.1.1, VV 6100 ff. 44 ff.
- Vollstreckung VV Vorb. 6.1.1, VV 6100 ff. 73 ff.
- Zurückverweisung VV Vorb. 6.1.1, VV 6100 ff. 70 f.
- Kostenentscheidung/-erstattung VV Vorb. 6.1.1, VV 6100 ff. 39 f.
- Mehrfachvertretung VV Vorb. 6.1.1, VV 6100 ff. 22
- Pauschgebühren VV Vorb. 6.1.1, VV 6100 ff. 23
- Terminsgebühr VV Vorb. 6.1.1, VV 6100 ff. 25 ff., 58 ff.
- Verfahrensgebühr VV Vorb. 6.1.1, VV 6100 ff. 15 ff., 53 ff.
- Vorschriften, ergänzende VV Vorb. 6.1.1, VV 6100 ff. 35 ff.
- Wahlanwalt § 42 1 ff.

Verfahren, schiedsgerichtliches § 36 29 ff.; VV Vorb. 3.1 1 ff.
- Anwendungsbereich § 36 5 f.
- bei Tätigkeiten nach ArbGG § 36 39 ff.
- Berufung
  - Terminsgebühr VV 3202 1 ff.; VV 3203 1 ff.
  - Verfahrensgebühr VV 3200 1 ff.; VV 3201 1 ff.
- Einigungsgebühr § 36 35 ff.
- Gegenstands-/Streitwert § 36 45 ff.
- Kostenerstattung/-entscheidung § 36 52 ff.
- Rechtszug, dritter § 36 34
- Rechtszug, erster § 36 31 f.
- Rechtszug, zweiter § 36 33
- Terminsgebühr § 36 32
- Vergütungsfestsetzung § 11 93

Verfahren, schiedsrichterliches § 36 1 ff.; VV Vorb. 3.1 1 ff.
- Anwendungsbereich § 36 2
- Auftragsbeendigung, vorzeitige § 36 18, 20
- Berufung
  - Terminsgebühr VV 3202 1 ff.; VV 3203 1 ff.
  - Verfahrensgebühr VV 3200 1 ff.; VV 3201 1 ff.
- Einigungs-/Erledigungs-/Aussöhnungsgebühr § 36 25 f.
- Einigungsgebühr § 36 25 f.
- Einzeltätigkeiten § 36 21 ff.
- Gebühr, zusätzliche/weitere § 36 27
- Gegenstands-/Streitwert § 36 45 ff.
- Kostenerstattung/-entscheidung § 36 49 ff.
- neben Verfahren, gerichtlichem § 36 28
- Rechtszug, dritter § 36 20
- Rechtszug, erster § 36 8 ff.
- Rechtszug, zweiter § 36 17 ff.
- Terminsgebühr § 36 10 ff., 19 f.
- Vergütungsfestsetzung § 11 24

Verfahren, sonstige VV Vorb. 6 1 ff.; Vor VV 6100 ff. 1 ff.

Verfahren, vereinfachtes/nach § 494a ZPO § 11 100; VV Vorb. 3 299 ff.
- Anrechnung § 15a 30
- Anwendung, analoge VV Vorb. 3 299 ff.
- Anwendungsausschluss VV Vorb. 3 301
- Aufgebotsverfahren VV 3324 15
- Erfüllung Anspruch VV Vorb. 3 304
- Festsetzungsverfahren Vergütung § 11 100
- Klageerhebung, teilweise VV Vorb. 3 305
- Kostenentscheidung VV Vorb. 3 299 f.
- Terminsgebühr VV 3104 76 f.; VV 3324 15; VV 3327 17
- Unterhalt Minderjähriger § 17 106 ff.

Verfahrensbevollmächtigter VV 3401 f. 85 ff.
- Auftragsbeendigung, vorzeitige VV 3405 1 ff.
- Einigungsgebühr VV 3401 f. 90 f.
- Einzeltätigkeiten VV 3403 f. 1 ff.
- Erledigung VV 3401 f. 92
- Terminsgebühr VV 3401 f. 86 ff.
- Verfahrensgebühr VV 3401 f. 85; VV 3405 9 ff.

Verfahrensdauer, überlange § 12a 60 ff.; VV 3300 f. 32 ff.
- Abrechnungsbeispiel VV 3300 f. 52
- Einigung VV 3300 f. 51
- Einigungsgebühr VV 3300 f. 59
- Gegenstands-/Streitwert VV 3300 f. 60 ff.
- Kostenentscheidung/-erstattung VV 3300 f. 64 ff.
- Revision VV 3300 f. 53 ff.
- Tätigkeit, außergerichtliche VV 3300 f. 40 ff.
- Terminsgebühr VV 3300 f. 47 ff., 58
- Verfahren VV 3300 f. 33 ff.
- Verfahrensgebühr VV 3300 f. 41 ff., 57
- Vergütung VV 3300 f. 37 ff.

Verfahrensgebühr VV 3100 1 ff. *siehe auch einzelne Verfahrensarten*
- Anrechnung *siehe dort*
- Ausschluss der Verkehrsgebühr VV Vorb. 3 77 ff.
- Aussöhnungsgebühr VV 1001 37 f.
- Einigung VV 3101 78 ff.
- Erhöhung § 21 69 f.; VV 1000 178 ff.
- Erinnerung VV Vorb. 3.5, VV 3500 1 ff.
- Erledigung VV Vorb. 3 88 ff.
- Gegenstands-/Streitwert VV Vorb. 3 86 ff.
- Kombinationen volle/reduzierte VV 3201 22 ff.
- Kostenwiderspruch VV Vorb. 3 96 ff.
- Mehrfachvertretung *siehe dort*
- nach Ende Prozess VV Vorb. 3 83 ff.
- nach Zurückweisung VV Vorb. 3 82
- reduzierte § 11 90
  - Auftragsbeendigung, vorzeitige VV 3101 1 ff.
  - Ausschluss VV 3101 136 ff.
  - Kostenerstattung/-entscheidung VV 3101 73 ff.
- Stufenklage VV Vorb. 3 94 f.
- Terminsvertreter VV 3401–3402 45 ff.
- Titulierung § 15a 108 ff.
- Verbindung Verfahren VV Vorb. 3 62 ff.
- Verfahrensbevollmächtigter VV 3401–3402 85; VV 3405 9 ff.
- Verfahrensdauer, überlange VV 3330–3331 41 ff., 57
- Vermögensauskunft § 18 191 f.

Verfahrenskostenhilfe § 12 16 ff.
- Angelegenheit, dieselbe § 16 64 ff.

Stichwortverzeichnis

- Anrechnung § 15a 125 ff.
- Aussöhnungsgebühr VV 1001 39; VV 1004 1 ff.
- Beschwerde VV Vorb. 3.5, VV 3500 45
- Betreute § 1 216 f.
- Beweisaufnahme, umfangreiche VV 1010 38
- Einigungsgebühr VV 1003 6 ff.; VV 1004 1 ff.
- Erfolgshonorar/quota litis § 4a 23
- Erledigungsgebühr VV 1004 1 ff.
- Gehörsrüge VV 3330–3331 34 f.
- Gleichstellung mit PKH § 12 16 ff.
- Güteverfahren § 17 454; VV 2303 52
- Hebegebühr VV 1009 82
- Hinweispflicht § 1 45 f.
- Mehrfachvertretung VV 1008 145 ff.
- Mitteilungspflichten § 15a 129
- Nichtzulassungsbeschwerde VV Vorb. 3.5, VV 3500 45
- Patentverfahren VV Vorb. 3.2.2 184 f.; VV 3510 15 f.
- Prüfung Erfolgsaussicht Rechtsmittel VV 2100 47 f.
- Prüfungsverfahren § 11 101
- Rechtsbeschwerde VV Vorb. 3.5, VV 3500 45
- Reisekosten VV 7003 ff. 55 ff.
- Scheidungs-/Folgesache § 16 64 ff.
- Terminsgebühr VV Vorb. 3.3.6 10 ff.
- Verbundverfahren § 16 64 ff., 96
- Vergütungsfestsetzung § 11 101 f., 238; § 55 5
- Vergütungsvereinbarung § 3a 5
- Zahlungen § 15a 128, 130
- Zwangsvollstreckung VV 3328 20

Verfassungsgerichtsverfahren § 14 20; § 37 1 ff.; VV Vorb. 3.1 1 ff.
- Anordnung, einstweilige § 37 29
- Auslagen § 37 35 ff.
- Gebührenbemessung § 37 20 f.
- Gegenstands-/Streitwert § 37 22 ff.
- Kostenentscheidung/-erstattung § 37 30 ff., 42 ff.
- Missbrauchsgebühr § 37 48 ff.
- Prozesskostenhilfe § 37 45 ff.
- Rechtsgutachten § 37 41
- Terminsgebühr § 37 9, 19
- Verfahren, strafprozessähnliche § 37 5 ff.
- Verfahren, verwaltungsprozessähnliche § 37 15 ff.
- Verfahrensgebühr § 37 8, 12, 16 f.
- Verfassungsbeschwerde § 37 28; VV 1008 57
- Vergütungsvereinbarung § 37 18

Verfügung, einstweilige VV Vorb. 3.3.3 5
- Angelegenheit VV 3309 3 f., 33; VV Vorb. 3.3.3 7
- Anrechnung VV Vorb. 3 253 ff.
- Anwendungsbereich VV Vorb. 3.3.3 9 ff.
- Aufhebung VV 3309 49
- Auftrag, unbedingter VV 3309 5
- Beiordnung § 48 52 ff.
- Gegenstands-/Streitwert § 22 15; VV 3309 2, 32; VV 3.3.3 6
  - Vollziehung § 25 1 ff.
- Kostenentscheidung/-erstattung VV 3309 213
- Prozesskostenhilfe VV 3309 277
- Rechtsmittel VV Vorb. 3.2 10 ff., 15 f.
- Terminsgebühr VV 3310 1 ff.; VV 3514 1 ff.
- Übergangsrecht § 60 32 ff., 51
- Verfahrensgebühr VV 3309 1 ff.
- Vollzug § 48 52 ff.; VV 3309 31 ff.

- Widerspruchsverfahren § 17 161 ff.
- Zuständigkeit VV 3309 268
- Zustellung VV 3309 36 ff.

Vergabeverfahren VV Vorb. 3 252

Vergleich
- Anfechtung Prozessvergleich § 60 25 ff.
- außergerichtlicher § 48 21, 178 ff.
- Gegenstands-/Streitwert § 23 58
- Mehrvergleich siehe dort
- schriftlicher VV 3104 3 ff., 78 ff.
- Terminsgebühr VV Vorb. 3 170 f.; VV 3104 3 ff., 78 ff.
- Übergangsrecht § 60 85
- Unterwerfungsvergleich VV 1000 105
- Zurückverweisung § 21 20, 29

Vergütung § 2 1 ff.; § 4 1 ff.
- Abgeltungsbereich Gebühren § 15 1 ff.
- Abrechnung/Berechnung siehe dort
- Abtretung § 1 65 ff.
- angemessene § 2 17
- Anspruchsentstehung § 1 47
- Auf-/Abrundung § 2 42 ff.
- aus Landeskasse § 39 15 ff., 31 ff.
- aus Staatskasse siehe Beiordnung; siehe auch Vergütungsfestsetzung
- Beistand VV Vorb. 3 7 ff.
- Beratungshilfe siehe dort
- Definition § 1 5, 147 f.
- Durchsetzung § 1 87 ff.
- erfolgsunabhängige
  - Angelegenheit, außergerichtliche § 4 7 f.
  - Angemessenheit § 4 15 ff.
  - Anrechnung § 4 12 f.
  - Auslagen § 4 9
  - Beitreibung § 4 21 ff.
  - Darlegungs-/Beweislast § 4 19 f.
  - Dumpingpreise § 4 15 ff.
  - Festsetzung § 4 33 ff.
  - Gebührenunterschreitungsverbot § 4 6
  - Normsystematik § 4 6
  - Textform § 4 14
  - Vergütungsvereinbarung § 4 9 ff.
  - Verzicht bei Beratungshilfe § 4 21 ff.
- Festsetzung siehe Vergütungsfestsetzung; siehe auch Kostenentscheidung/-erstattung
- gesetzliche § 4b 7 ff.
- Gläubiger § 1 59 ff.
- Hinweispflicht siehe dort
- Mehrfachvertretung siehe dort
- Nachliquidation § 11 237
- Rechtsgrund § 1 6 ff.
  - Anwaltsvertrag § 1 13 ff.
  - Gesetz § 1 8 ff.
- Schuldner § 1 78 ff.
- überzahlte § 4b 16 ff.
- Unangemessenheit § 3a 109 ff.
- Unwirksamkeit Vereinbarung § 1 47
- Vergütungsfestsetzung siehe dort , siehe auch Kostenentscheidung/-erstattung
- Vergütungsprozess siehe dort
- Vergütungsvereinbarung siehe dort
- Verjährung siehe dort
- voraussichtliche § 4a 30 ff.
- Vorrang VV Teil 4 VV Vorb. 3 319 ff.

3122

Stichwortverzeichnis

- Vorrang VV Teil 5 VV Vorb. 3 323 f.
- Vorrang VV Teil 6 VV Vorb. 3 315 ff.
- Vorschuss *siehe dort*

Vergütungsfestsetzung § 1 88 ff.; § 11 1 ff.
- Abgrenzung zur Kostenfestsetzung § 11 9
- Abgrenzung zur Vergütungsklage § 11 357 ff.
- Anfechtungsberechtigung § 56 4 ff.
- Anfechtungsgegenstand § 56 7 ff.
- Angelegenheit § 16 63; § 19 163 ff.
- Antrag § 11 155 ff.
  - Antragsberechtigung § 11 13 ff.
  - Antragsgegner § 11 40 ff.
  - Antragsteller § 11 11 ff.
- Anwalt § 11 156 ff.
- Aufrechnung § 11 204
- Auftrag § 11 207 ff.
- Auftraggeber § 11 34 ff., 48, 171 ff.
- Auslagen *siehe dort*
- Begründetheit § 11 178 ff.
- bei Abtretung 43 52
- Beiordnung *siehe dort*
- Belehrung § 11 209
- Beratungshilfe *siehe dort*
- Beschwerde § 11 58, 340 ff.; § 56 15, 34 ff.
- Bestellung § 59a 22
- Betragsrahmengebühren § 3 127
- Bindungswirkung § 32 160 ff.
- Bußgeldsachen § 55 104; Vor VV T5 16 f.
- Einigungsgebühr *siehe dort*
- Einwendungen
  - Auftraggeber § 11 181 ff.
  - Einzelfälle § 11 200 ff.
  - gebührenrechtliche § 11 187
  - Gegenstands-/Streitwert § 11 181 ff.
  - nichtgebührenrechtliche § 11 188 ff.
  - teilweise nicht gebührenrechtliche § 11 197 f.
- Einzeltätigkeiten § 11 14, 65
- Entscheidung/Erstattung *siehe Kostenentscheidung/-erstattung*
- Erfüllung § 11 247 f.
- Erinnerung § 11 67, 340 ff.
- Fälligkeit § 11 213
- Finanzgerichtssachen § 17 65
- Form *siehe dort*
- Frist *siehe dort*
- Gebühren § 11 332 ff.
- Gebühren, einzelne § 11 54 ff.
- Gebühren nach BGB § 11 134
- Gebührenteilungsvereinbarung § 11 215
- Gegenstands-/Streitwert § 11 51 ff., 336 ff.; § 19 50 ff.; § 33 1 ff. *siehe auch Wertfestsetzung*
- Gehör, rechtliches § 11 176 f.
- Gerichtskosten § 11 334 ff.
- Gesamtschuldner § 11 216, 259 f.
- Geschäftsführerhaftung § 11 217
- Güteverfahren *siehe dort*
- Hinweispflicht § 11 214
- Insolvenzverwalter § 1 366
- Kammervorstand § 4 33 ff.
- Klage *siehe Vergütungsprozess*
- Kostenerstattung/-entscheidung *siehe dort*
- Kostenobergrenze § 11 219
- Kostenübernahme durch Dritten § 11 220
- Kostenverursachung § 11 221 f.
- Kostenwiderspruch VV Vorb. 3 96 ff.
- Mehrfachvertretung *siehe dort*
- Mindestgebühr/Mindestbetrag § 11 121 ff.
- nach EuRAG VV 2200–2201 53
- Nachlassverwalter § 1 382
- Nachliquidation, unzulässige § 11 237
- Neufestsetzung § 11 316 ff.
- Prozesskostenhilfe *siehe dort*
- Prozesspfleger § 41 14
- Prüfung Erfolgsaussicht Rechtsmittel VV 2100 46
- Rahmengebühren *siehe dort*
- Rechtsmittel/-behelfe *siehe dort*
- Rechtsnachfolger § 11 33, 37 f.
- Rechtsschutzversicherung § 11 230 f., 356
- Rechtsstreit § 11 89
- Rückfestsetzung § 11 320 ff.
- Rückzahlungsforderung § 11 91
- Schadensersatz § 11 232
- Schlechterfüllung § 11 233
- Sozialrechtssachen § 3 142 ff., 162 ff.
- Stellvertreter/Vertretung § 5 93 ff.
- Strafsachen VV 4143 f. 70 f.; VV 4304 18 ff.
- Stundung § 11 234
- Terminsvertreter § 11 99
- Tilgungsbestimmung § 11 235
- Übergangsrecht § 11 355
- Umfang Rechtskraft § 11 307 ff.
- Umsatzsteuer VV 7008 135 f.
- Unentgeltlichkeit § 11 236
- Verfahren § 11 144 ff.
- Verfahrensbeteiligte § 11 11 ff.
- Verfahrenskostenhilfe *siehe dort*
- Vergütung aus Staatskasse § 49 1 ff.; § 55 1 ff.
  - Abtretung § 55 16 ff.
  - Anrechnung § 55 43 ff.
  - Anrechnung Vorschuss/Zahlungen § 58 1 ff.
  - Antrag/Inhalt § 55 19 ff.
  - Antragsteller § 55 11 ff.
  - Anwaltswechsel § 55 83 ff.
  - Beitreibungsrecht Anwalt § 55 111 ff.
  - Beschwerde § 56 34 ff., 67 ff.
  - Beteiligte § 55 9
  - Bußgeldsachen § 55 104; § 57 1 ff.
  - Entscheidung § 55 68 ff.
  - Entscheidungsträger § 55 3
  - Erinnerung § 56 1 ff.
  - Gebühr, zusätzliche/weitere § 55 93 ff.
  - Glaubhaftmachung § 55 25 ff.
  - Kosten § 56 87 ff.
  - Kostenentscheidung/-erstattung § 56 92
  - Nachliquidation § 55 54
  - Praxisempfehlungen § 55 125 ff.
  - Rahmengebühren § 55 102 f.
  - Reisekosten § 55 78 ff.
  - Rückzahlungsanspruch Staatskasse § 55 105 ff.
  - Umsatzsteuer § 55 34 ff., 124
  - Verhältnis zu Kostenfestsetzung § 55 15
  - Verjährung/Ausschlussfrist § 55 51 ff.
  - Verwirkung § 55 53
  - Voraussetzungen § 55 4
  - Vorschuss § 55 6
  - VwV-Bestimmungen Anhang § 55 1 ff.
  - weitere § 55 5

Stichwortverzeichnis

- Wiedereinsetzung § 56 79 ff.
- Zahlungen, anzurechnende § 58 30 ff.
- zugunsten Partei, bedürftiger § 55 120 ff.
- Zuständigkeit § 55 55 ff.
- Vergütung, erfolgsunabhängige § 4 33 ff.
- Vergütung, gesetzliche § 11 53 ff.
- Vergütungsvereinbarung *siehe dort*
- Verhandlungsvertreter § 11 103
- Verjährung § 11 240 ff.
- Verjährungshemmung § 11 329 ff.
- Verrechnung § 11 243
- Vertreter, gemeinsamer § 40 14
- Vertretung Beteiligte § 11 49 f.
- Verwaltungsrechtssachen § 17 65
- Verweisung § 11 147
- Verwirkung § 56 12 ff.
- Vorschuss § 11 245 f.
- Wertfestsetzung *siehe dort*
- Zinsen § 11 143
- Zulassungsverfahren § 11 114
- Zuständigkeit *siehe dort*
- Zustellung § 11 268 ff.
- Zustellungskostenvorschuss § 11 175
- Zwangsverwalter § 1 399
- Zwangsvollstreckung § 11 324 ff.; VV 3309 262 ff.

Vergütungsprozess § 1 91 ff.; § 8 124; § 11 2
- Abgrenzung zur Vergütungsfestsetzung § 11 357 ff.
- Bindungswirkung § 32 135 ff.
- Durchsetzung Ersatzansprüche § 46 66 f.
- Gegenstands-/Streitwert § 32 135 ff.; § 33 9

Vergütungsvereinbarung § 3a 1 ff.; VV Vorb. 3 232
- Abgrenzung zur Gebührenvereinbarung § 34 8
- Abrechnung/Berechnung § 3a 147 ff.; § 10 5 ff.
- Absetzen von Vereinbarungen, anderen § 3a 42 ff.
- AGB-Prüfung § 8 193 ff.
- Allgemeine Geschäftsbedingungen § 3a 17 f.
- Anfechtbarkeit § 3a 14
- Angelegenheiten, mehrere § 15 211 f.
- Angemessenheit § 3a 113 ff.
- Anrechnung *siehe dort*
- Anwaltswechsel § 3a 89
- Arglisteinrede § 4b 14
- Aufhebung Konditionsregeln § 4b 16
- Auftragsbeendigung, vorzeitige § 3a 85 ff.; § 15 279 ff.
- Auslagen § 3a 95
- Auslegung § 3a 81 ff.
- Beiordnung § 52 15 f.; § 53 15 ff.
- Berechnung/Abrechnung § 10 65 ff.
- Bestimmtheitsgebot § 3a 15
- Bezeichnung § 3a 40 f.
- Bindungswirkung § 32 159
- Darlegungs-/Beweislast § 4b 6
- Dokumentenpauschale VV 7000 11, 211 ff.
- Empfangsbekenntnis § 3a 30 f.
- Erfolgshonorar § 3a 75 f.
- Erfordernisse, formelle § 3a 32 ff.
- fehlerhafte § 4b 1 ff.
  - Darlegungs-/Beweislast § 4b 11
  - Reduktion auf Vergütung, gesetzliche § 4b 7 ff.
- Form § 8 196 ff.
- Freiwilligkeit § 4b 22 ff.
- Gebührenteilungsvereinbarung § 3a 145 f.
- Gebührenüberhebung § 3a 19
- Gebührenunterschreitungsverbot § 3a 20 ff.
- Gebührenvereinbarung § 3a 54 ff.
- Gegenstands-/Streitwert § 22 29; § 23 41 ff.
- Herabsetzung § 3a 4, 98 ff.
- Hinweispflicht § 2 69; § 3a 3, 49 ff.
- Inhalt § 3a 57 ff.
- Insolvenzverwalter § 1 354
- Kondiktion nach § 812 BGB § 4b 17 ff.
- Kostenerstattung/-entscheidung § 3a 150 ff.
- Kündigung § 3a 89 ff.
- Kündigung zur Unzeit § 4b 22
- Mischformen § 3a 79 f.
- Modifizierung Tarifgesetz § 3a 58 f.
- Nebenabrede, vertragliche § 3a 7
- Nichtigkeit § 4b 7
- Pauschalvergütung § 3a 60 ff.
- Pauschgebühren § 42 11 f.
- Pflichtverteidigung § 3a 26 ff.
- Rahmengebühren § 14 12
- Rechtsschutzversicherung § 3a 159 f.
- Reisekosten VV 7003 ff. 51 ff.
- Rückforderung Vergütung, überzahlte § 4b 16 ff.
- Sach-/Naturalvergütung § 3a 77 f.
- Sittenwidrigkeit § 3a 13, 111 f.
- Sozietät § 3a 84
- Stellvertreter/Vertretung § 5 18 f., 55
- Testamentsvollstrecker § 1 318
- Textform § 3a 32 ff.
- Trennung von Vollmacht § 3a 46 ff.
- Übergangsrecht § 60 109, 111 f.
- Umsatzsteuer § 3a 96 f.; VV 7008 75 f.
- unwirksame § 3a 18; § 10 70 ff.
- Verbreitung § 3a 8
- Vereinbarung Gebühren, gesetzliche § 5 66
- Verfahrenskostenhilfe § 3a 5
- Verfassungsgerichtsverfahren § 37 18
- Vergütung, erfolgsunabhängige § 4 9 ff.
- Vergütungsfestsetzung § 3a 156 ff.; § 11 135, 239
- Verjährung § 8 179 ff.
- Verjährungsvereinbarung § 8 183 ff.
- Vorschuss § 3a 19; § 9 23, 99
- Wahlverteidigung § 3a 29, 94
- Wertgebühren § 2 12 f.
- Wirksamkeit § 3a 11 ff.
- Zeithonorar
  - nach StBVV § 35 40 ff.
- Zeitvergütung § 3a 63 ff.
  - Abrechnungsintervalle § 3a 65 f.
  - Darlegungs-/Beweislast § 3a 73 f.
  - Dokumentation § 3a 68 f.
  - Stundensätze § 3a 70 ff.
  - Zulässigkeit § 3a 63 f.
  - Zweckmäßigkeit § 3a 63 f.
- Zulässigkeit § 3a 9 f.

Verhandlungsvertreter § 11 103

Verjährung
- Anrechnung § 15a 59
- Ansprüche gegen Anwalt § 8 162 ff.
- Beiordnung § 45 53 ff.; § 52 35 ff.
- Berechnung/Abrechnung § 10 106

Stichwortverzeichnis

- Frist § 8 109 ff.
- Hemmung § 8 114 ff.; § 10 100 f.; § 11 329 ff.
  - Änderung Streitwertfestsetzung § 8 145 ff.
  - Anerkenntnis § 8 142 ff.
  - Anhängigkeit § 8 130
  - Beendigung § 8 134 ff.
  - Einwendungen § 8 149
  - Entscheidung, rechtskräftige § 8 134
  - erneute § 8 140 f.
  - Geltendmachung, gerichtliche § 8 124 ff.
  - Pflichtverteidiger § 8 153 f.
  - Rechtsfolge § 8 133
  - Ruhen Verfahren § 8 137 ff.
  - Übergangsfälle § 8 120 f.
  - Umfang Verfahren, gerichtliches § 8 131 f.
  - Verfahren, gerichtliche § 8 129 ff.
  - Voraussetzungen § 8 129 ff.
  - Wahlvergütung PKH-Anwalt § 8 152
- Insolvenzverwalter § 1 366
- Kostenerstattungsansprüche § 8 167 ff.
- Neubeginn § 8 115 ff.
- Pauschgebühren § 42 51 f.; § 51 139 ff.
- Prozesskostenhilfe § 8 176 ff.
- teilweise § 8 155 f.
- Testamentsvollstrecker § 1 335
- Vergütung § 8 107 ff., 163 ff., 179 ff.; § 11 240 ff.; § 55 51 ff.
- Verwirkung § 8 161
- Wiederaufleben Forderung § 8 157 ff.

Verkehrsanwalt VV 3400 1 ff.
- Abgeltungsbereich Gebühr VV 3400 34
- Abwägung mit Reisekosten VV 3400 107 f.
- am dritten Ort VV 3400 101
- Angelegenheiten, mehrere VV 3400 53 ff.
- Anrechnung *siehe dort*
- Anwendungsbereich VV 3400 15 ff.
- Aufgabe VV 3400 11 ff.
- Auftrag VV 3400 7 ff.
- Auftragsbeendigung, vorzeitige VV 3400 50 ff.; VV 3405 3 ff.
- Auslagen VV 3400 147
- ausländischer VV 3400 102 ff.
- Aussöhnungsgebühr VV 3400 68
- Begrenzung bei Vorbefassung VV 3400 49
- Berufung Vor VV 3200 ff. 30 ff.
- Bindung, familiäre VV 3400 32
- Einigungsgebühr VV 3400 61 ff.
- Entstehen Gebühr VV 3400 33
- EnWG-Verfahren VV Vorb. 3.2.1 189
- Erledigungsgebühr VV 3400 67
- Gegenstands-/Streitwert VV 3400 56 ff., 148
- GWB-Verfahren VV Vorb. 3.2.1 160
- Handaktenübersendung VV 3400 118 ff., 140, 147
- Hinweispflicht § 2 63; VV 3400 116
- Höhe Gebühr VV 3400 35 ff.
- Kostenerstattung/-entscheidung VV 3400 90 ff., 149; VV 3401–3402 98 ff.
  - Kosten, notwendige/Notwendigkeit VV 3400 94 ff.
- KSpG-Verfahren VV Vorb. 3.2.1 208
- Mahnverfahren VV 3307 100 f.; VV Vorb. 3.3.2, VV 3305–3306 128
- Mehrfachvertretung VV 1008 90; VV 3400 42 f.
- Prozesskostenhilfe VV 3400 45 f., 75 ff., 150
- Rahmengebühren VV 3400 47 ff.
- Rechtsschutz VV 3400 117
- Rechtsschutzversicherung VV 3400 151
- Revision VV 3206–3209 22; VV 3400 44
- Spruchverfahren VV Vorb. 3.2.1 252
- Strafsachen VV 4301 8 ff.
- Terminsgebühr VV 3400 59 f.
- Übergangsrecht § 60 86; VV 3400 87 ff.
- Urkunds-/Scheck-/Wechselprozess § 17 368; VV 3100 19
- Verbraucherschutzverfahren VV Vorb. 3.2.1 228
- Verfahrensbevollmächtigter wird – VV 3400 71 f.
- Verfahrensdifferenzgebühr VV 3400 69 f.
- Vergütungsfestsetzung § 11 17, 104 ff.
- Verkehrsgebühr VV Vorb. 3 77 ff.
- Wertgebühren VV 3400 36 ff.
- WpHG-Verfahren VV Vorb. 3.2.1 320
- WpÜG-Verfahren VV Vorb. 3.2.1 287
- Zurückverweisung § 21 36
- Zwangsverwaltung/-versteigerung VV 3311 f. 22

Verkehrsrechtssachen § 14 124 ff.; VV 2300 17 ff.
- Abrechnungsgrundsätze *siehe dort*
- Bestimmung Gebühr § 14 27
- Bußgeldsachen *siehe dort*
- Geschäftsgebühr VV 2300 17 ff.
- Vorschuss Vor VV T5 103 ff.

Vermittlungsverfahren § 11 107; § 17 458 ff.

Vermögensauskunft/-verzeichnis § 25 73 ff.
- Anforderung durch Gerichtsvollzieher § 18 176
- Angelegenheit § 18 161 ff.
- Anwalt Drittgläubiger § 18 172 ff.
- Aufenthaltsermittlung § 25 80
- Auftrag, kombinierter § 18 181 ff.
- Auskünfte Dritter § 25 75
- Ergänzung § 18 168
- Erledigung, gütliche § 25 78
- erneute § 18 169 ff., 180; § 25 74
- Erzwingungshaft § 18 187 ff.
- Gebühren § 18 191 ff.
- Gegenstands-/Streitwert § 18 186, 194; § 25 76
- Haftbefehl § 18 164
- Maßnahmen, zusammenhängende § 25 77 ff.
- Nachbesserung § 18 168
- Prozesskostenhilfe VV 3309 280
- Termin VV 3310 8 ff.
- Terminsgebühr § 18 193
- Verfahren § 18 169 f.
- Verfahrensgebühr § 18 191 f.
- Vermögensverzeichnisregister § 18 215 f.
  - Löschung § 18 218 f.
- Versicherung, eidesstattliche § 25 81 ff.
- Wertberechnung § 25 43

Versäumnisurteil
- Einspruch gegen – VV Vorb. 3 206 ff.
- Erlass VV 3105 15 f.
- Erledigung VV 3203 15
- FamFG-Verfahren/Familienrechtssachen VV 3105 43 ff.
- Gegenstands-/Streitwert VV 3105 30
- Kombinationen VV 3203 16
- Mahnverfahren VV 3308 43
- nach Vollstreckungsbescheid VV 3105 23
- Revision VV 3211 1 ff.

3125

Stichwortverzeichnis

- Säumnis VV Vorb. 3 113 ff.; VV 3105 7 ff.
- Teilversäumnisurteil § 15 219 ff.; VV 3105 31 ff.
- Terminsgebühr VV 3104 69 ff.; VV 3105 12 ff.; VV 3203 5 ff.
- Übergangsrecht § 60 49; VV 3105 40 f.
- unechtes VV 3105 17 f.
- Urkunds-/Scheck-/Wechselprozess VV Vorb. 3 177 ff.
- Verhandlung nach – VV 3203 18
- zweites VV Vorb. 3 211 ff.; VV 3105 19 ff.; VV 3203 17

Verschlechterungsverbot/reformatio in peius § 32 231 ff.; § 33 88 ff.

Versicherung, eidesstattliche § 18 145, 202 ff.; § 25 81 ff.

Versicherungsberater § 1 155

Verteilungsverfahren, schifffahrtsrechtliches § 25 56 ff.; § 29 1 ff.; VV 3309 196 ff.; VV Vorb. 3.3.5 8 ff.

- Angelegenheit § 18 123 ff.; VV 3309 197; VV 3333 14
- Anlass VV 3309 200 f.
- Anmeldung Forderung VV 3320 1 ff.
- Einigungsgebühr VV 3333 9
- Eröffnungsverfahren VV 3313–3316 16 ff.
- Gebühren VV 3309 198 f.
- Gegenstands-/Streitwert § 18 126; § 29 1 ff.; VV 3309 196; VV 3317 11; VV 3333 10 ff.
- Gläubiger, mehrere VV 3309 206
- Kostenentscheidung/-erstattung VV Vorb. 3.3.5 25 f.; VV 3313–3316 23; VV 3317 12; VV 3333 15
- Mehrfachvertretung VV Vorb. 3.3.5 11 ff.
- Prozesskostenhilfe VV Vorb. 3.3.5 27 f.
- Terminsgebühr VV 3333 8
- Verfahren, amtsgerichtliches VV 3309 202 f.
- Verfahrensgebühr VV 3311 f. 12 ff.; VV 3313–3316 8 f.; VV 3317 6 f.; VV 3320 1 ff.; VV 3333 1 ff.
- Widerspruchs-/Bereicherungsklage VV 3309 204 f.

Vertrag § 16 136 ff.; § 23 58

Vertreter, gemeinsamer § 40 1 ff.

Verwaltungsrechtssachen VV Vorb. 3.1 1 ff.
- I. Instanz
  - BSG/LSG VV 3300–3301 27 ff.
  - BVerwG/OVG/VGH VV 3300–3301 18 ff.
- Angelegenheit *siehe dort*
- Anrechnung *siehe dort*
- Anwendungsbereich VV Vorb. 3.3.3 9 ff.
- Asylverfahren § 16 299 f.
- Aufhebung/Änderung VA VV 1002 13 ff.
- Auftrag, unbedingter VV 3309 5
- Beiordnung § 45 25
- Beistand VV Vorb. 2 6 ff.
- Berufung § 16 279 ff.; § 17 39 ff.; Vor VV 3200 ff. 1 ff.; VV 3202 32 f.
- Beschwerde § 16 284 ff.; § 17 46; VV Vorb. 3.2 25
- Bestellung § 45 17 f.
- Betragsrahmengebühren § 17 53
- Bußgeldsachen *siehe dort*
- Dokumentenpauschale VV 7000 102 ff.
- Einigung § 17 26 ff.; VV 1000 136 ff.
- Einigungsgebühr VV 1000 111; VV 1005 f. 1 ff.
- Einzeltätigkeiten § 17 47 ff.
- Erinnerung § 17 46
- Erledigung § 17 26 ff.
- Erledigungsgebühr VV 1002 1 ff.; VV 1005 f. 1 ff.
- Gegenstands-/Streitwert § 17 55 ff.; § 25 1 ff.; VV 3309 2; VV Vorb. 3.3.6
- Gerichtsbescheid VV 3104 82 ff.
- Kostenentscheidung/-erstattung § 17 54 ff.; VV Vorb. 2.3 108 ff.; VV 3300–3301 25
- Mehrfachvertretung § 17 24; § 40 1 ff.
- Nachprüfungsverfahren § 17 6 ff.; VV 2302 2
- Nichtzulassungsbeschwerde § 16 284 ff.; § 17 44 f., 472; VV 3300–3301 26
- Personalvertretung VV Vorb. 3.2.1 142 ff.; VV Vorb. 3.2.2 1 ff.
- Post-/Telekommunikationsentgelte VV 7001–7002 65 f.
- Prozesskostenhilfe § 17 94
- Prüfung Erfolgsaussicht Rechtsmittel § 17 29
- Rahmengebühren § 14 57
- Rechtsschutz, einstweiliger § 17 296 ff.; VV Vorb. 3.2 26 ff.
  - Beschwerde VV Vorb. 3.2.1 1 ff.
  - Rechtsbeschwerde VV Vorb. 3.2.2 1 ff.
- Rechtszug, erster § 17 33 ff.
- Revision § 16 283; § 17 43; VV 3300–3301 26
- Sozialrechtssachen § 3 52
- Sprungrevision § 16 293 ff.
- Tätigkeit, außergerichtliche § 17 30; VV Vorb. 2 6 ff.
- Terminsgebühr VV 3104 82 ff.; VV 3300–3301 24; VV 3310 1 ff.
- Übergangsrecht § 60 88 ff.
- Verfahrensgebühr VV 3300–3301 21 ff.; VV 3309 1 ff.
- Vergütungsfestsetzung § 17 65
  - VwV-Bestimmungen Anhang § 55 1 ff.
- Vertreter, gemeinsamer § 40 1 ff.
- Vertretung, außergerichtliche § 17 30
- Verwaltungsverfahren § 17 6 ff.
- Verwaltungszwangsverfahren VV Vorb. 2.3 11 ff.; VV 3309 59 ff.; VV Vorb. 3.3.3 4
  - Angelegenheit VV 3309 3 f.; VV Vorb. 3.3.3 7
  - Anwendungsbereich VV Vorb. 3.3.3 9 ff.
  - Auftrag, unbedingter VV 3309 5
  - Gegenstands-/Streitwert VV 3309 2; VV Vorb. 3.3.6
  - Terminsgebühr VV 3310 1 ff.
  - Verfahrensgebühr VV 3309 1 ff.
- vor Fachsenat § 19 43
- Vorverfahren § 17 70 ff.

Verweisung Vor §§ 20, 21 1 ff.; § 20 1 ff.
- Änderungen durch –
  - Gebührenrecht § 20 13
  - Gebührenvorschriften § 20 14 ff.
  - Gegenstand § 20 8; § 21 48 ff.
  - Gegenstands-/Streitwert § 20 9 ff.
- Antrag VV 3337 22
- Arbeitsrechtssachen § 20 44 ff.
- Beschluss VV 3104 68
- Diagonalverweisung Vor §§ 20, 21 33 ff.; § 20 33

Stichwortverzeichnis

- Gebührenberechnung § 20 2 ff.
- Gerichtskosten Vor §§ 20, 21 53 ff.; § 20 52 ff.
- Horizontalverweisung Vor §§ 20, 21 8 ff.; § 20 2 ff.
- in Instanz, erster Vor §§ 20, 21 9 ff.
- Kostenentscheidung/-erstattung § 20 34 ff.
- Teilverweisung Vor §§ 20, 21 49 ff.; § 20 29 ff.
  - Zurückverweisung § 21 47
- Terminsgebühr VV 3104 68
- Übergangsrecht § 60 87
- Vergütungsfestsetzungsverfahren § 11 147
- Vertikalverweisung Vor §§ 20, 21 15 ff.
- zur Verbindung § 20 31 f.
- Zurückverweisung Vor §§ 20, 21 46 ff.; § 21 1 ff.
  - Änderung Gebühren § 21 40 ff.
  - Angelegenheit § 21 7 ff., 31
  - Anrechnung § 21 32 ff.; VV 3200 23 f.
  - Anwalt, derselbe § 21 6
  - Anwendungsbereich § 21 4 f.
  - Auslagen § 21 81 ff.
  - Bußgeldsachen Vor VV 5107 ff. 11
  - durch Verfassungsgericht Vor §§ 20, 21 48
  - Einzelfälle § 21 24 ff.
  - Erhöhung Gebührensatz Verfahrensgebühr § 21 69 f.
  - FGG-Verfahren § 21 76
  - Fortsetzung, isolierte § 21 92 ff.
  - Gebührenberechnung § 21 38 ff.
  - Gericht, untergeordnetes § 21 10 ff.
  - Gerichtskosten § 21 128 f.
  - Grundurteil § 21 59 ff.
  - Klageänderung § 21 51 ff.
  - Klageerweiterung § 21 65 ff.
  - Lebenspartnerschaftssache § 21 91
  - nach Teilurteil § 21 63 ff.
  - Rechtsbeschwerde VV Vorb. 3.2.1 340
  - Rechtsfolge § 21 31 ff.
  - Rechtsmittel gegen Endentscheidung § 21 17 ff.
  - Sozialrechtssachen § 3 29; § 21 71 ff.
  - Straf-/Bußgeldsachen § 21 77 ff.
  - Strafsachen VV Vorb. 3.2.1 340; VV 4106 f. 10; VV 4141 66
  - Stufenklage § 21 56 ff.
  - teilweise Vor §§ 20, 21 51; § 21 47
  - Terminsvertreter § 21 37
  - Übergangsrecht § 60 95 f.
  - Verbundverfahren § 21 84 ff.
  - Verfahren nach IRG/IStGH-Gesetz VV Vorb. 6.1.1, VV 6100 ff. 70 f.
  - Verfahren nach VV Teil 6 § 21 80
  - Vergleich § 21 20
  - Verkehrsanwalt § 21 36
  - Voraussetzungen § 21 6 ff.
  - zur Verbindung Vor §§ 20, 21 52

Verwerfung § 12a 38 ff.
Verwirkung § 1 334; § 8 161; § 56 12 ff.
- Rechtsmittel/Rechtsbehelfe § 32 239
- Streitwertbeschwerde § 32 239
- Vergütung aus Staatskasse § 55 53

Verzicht siehe Anerkenntnis/Verzicht
VGG-Verfahren VV 3300–3301 1 ff.
- Anrechnung VV 3300–3301 12 ff.
- Gegenstands-/Streitwert VV 3300–3301 15

- Kostenentscheidung/-erstattung VV 3300–3301 16 ff.
- Terminsgebühr VV 3300–3301 14
- Verfahrensgebühr VV 3300–3301 9 ff.

Vollstreckbarerklärung siehe Zwangsvollstreckung
Vollstreckungserinnerung § 18 43 ff.; § 19 194 ff.; § 25 92 ff.; § 26 17
- Gebühren § 19 201
- mehrere § 19 199 ff.
- Rechtsmittel/Rechtsbehelfe § 19 203
- Tätigkeit für Dritte VV 3309 124

Vormerkung VV 3309 45 ff.
Vormund § 1 226 ff.; § 11 29
Vormünder-/Betreuervergütungsgesetz (VBVG) § 1 186 ff.
Vorschuss § 1 406; § 9 1 ff.
- Abrechnung § 9 87 ff.
- Anrechnung § 58 1 ff.
- Anwendungsbereich § 9 8 ff.
- aus Staatskasse § 47 1 ff.
  - Auslagen § 47 12 ff.
  - Praxisempfehlung § 47 19 ff.
  - Rückforderungsanspruch § 47 17 f.
  - Umfang § 47 7 ff.
  - Verfahren § 47 15 f.
- Auslagen § 9 58 ff.
- Beiordnung § 51 119 ff.; § 52 22 f.
- Berechnung/Abrechnung § 9 74 ff.; § 10 50
- Bindungswirkung § 9 81
- Bußgeldsachen Vor VV T5 49 ff.
- Durchsetzung § 9 77 ff.
- Entnahmerecht § 9 97 ff.
- Erfüllungswirkung § 9 80
- Festsetzung § 55 7
- Gebühren § 9 45 ff.
- Hebegebühr § 9 97
- Höhe § 9 44 ff., 61 ff.
- Insolvenz Auftraggeber § 9 114 ff.
- Insolvenzverwalter § 1 367
- KapMuG-Verfahren § 41a 50
- Kontaktperson VV 4304 22
- Pauschgebühren § 42 49 f.
- Pflichtverteidiger § 47 1 ff.
- Prozesspfleger § 41 13, 21 ff.
- Rahmengebühren § 14 13 f.
- Recht auf – § 9 24 ff.
- Rechtsfolgen Nichtzahlung § 9 82 ff.
- Rechtsschutzversicherung § 9 101 ff.
- Rückforderung § 9 87 ff.
- Scheidungs-/Lebenspartnerschafts-/Folgesachen § 39 13
- Schuldner § 9 35 f.
- Übergangsrecht § 9 100
- Umsatzsteuer § 9 73
- Vergütungsfestsetzung § 11 245 f.
- Vergütungsvereinbarung § 9 99
- Verkehrsrechtssachen Vor VV T5 103 ff.
- Vollstreckungskosten § 9 98
- Zeitpunkt Anforderung § 9 37 ff.
- Zustellungskostenvorschuss § 11 175 f.

Vorverfahren
- Anrechnung § 17 76 ff.
- Finanzgerichtssachen § 17 74 ff.
- Gegenstands-/Streitwert § 23 58

Stichwortverzeichnis

- isoliertes § 3 153 ff.; § 17 79 ff.
- Kostenerstattung/-entscheidung § 3 153 ff.; § 17 72 ff.
- Strafsachen *siehe dort*
- Vergütungsfestsetzung § 11 111 f.
- Verwaltungsrechtssachen § 17 70 ff.

Wahlanwalt *siehe auch Strafsachen*
- Anhörung § 42 32 ff.
- Antrag § 42 23 f.
- Anwendungsbereich, persönlicher § 42 7 ff.
- Anwendungsbereich, sachlicher § 42 5 f.
- Beiordnung § 62 41 ff.
- Beitreibungsrecht § 42 53 ff.
- Bindungswirkung § 42 45 ff.
- Bußgeldsachen § 42 57 ff.
- Entscheidung § 42 37 f.
- Freiheitsentziehungs-/Unterbringungssachen § 42 61 f.
- Frist § 42 25
- Gegenvorstellung § 42 38
- Hemmung Vergütungsverjährung § 8 152
- Höhe § 42 40 ff.
- Pauschgebühr § 42 1 ff.; § 62 41 ff.
- Rechtsschutzversicherung § 42 63
- Unzulässigkeit § 42 26 ff.
- Verfahren § 42 23 ff.
- Vergütungsvereinbarung § 42 11 f.
- Verhältnis zu § 51 § 51 155 f.
- Verjährung § 42 51 f.
- Voraussetzung § 42 10 ff.
- Vorschuss § 42 49 f.
- Zuständigkeit § 42 29 ff.

WBO-Verfahren VV Vorb. 2.3 91 ff.; VV Vorb. 6 1 ff.; Vor VV 6100 ff. 1 ff.; VV Vorb. 6.4 1 ff.; Vor VV T2 1 ff.
- Anrechnung *siehe dort*
- Beschwerde § 17 18 f.; VV Vorb. 6.4 4 ff.
  - weitere VV Vorb. 6.4 7 f.
- Einzeltätigkeiten VV 6500 1 ff.
- Entscheidung BVerwG VV 6400 ff. 10 ff.
- Entscheidung Truppendienstgericht VV Vorb. 6.4 9 ff.; VV 6400 ff. 4 ff.
- Geschäftsgebühr VV 2302 28 ff.
- Kostenentscheidung/-erstattung VV Vorb. 6.4 24 ff.; VV 6400 ff. 18; VV 6500 8
- Nichtzulassungsbeschwerde § 16 360 f.; § 17 475; VV Vorb. 6.4 14 f.; VV 6400 ff. 16 f.
- Rechtsbeschwerde VV Vorb. 6.4 12 f.; VV 6400 ff. 10 ff.
- Terminsgebühr VV 6400 ff. 1 ff.
- Verfahrensgang VV 2302 3 f.
- Verfahrensgebühr VV 6400 ff. 1 ff.; VV 6500 3 ff.

WDO-Verfahren VV Vorb. 6 1 ff.; Vor VV 6100 ff. 1 ff.; VV Vorb. 6.4 21 ff.; VV 6400 ff. 1 ff.; Vor VV T2 1 ff.
- Anrechnung *siehe dort*
- Geschäftsgebühr VV 2302 46 ff.
- Kostenentscheidung/-erstattung VV Vorb. 6.4 24 ff.; VV 6400 ff. 18; VV 6500 8
- Nichtzulassungsbeschwerde § 16 361

Wertänderung § 2 34 ff.

Wertfestsetzung § 10 102
- Angabe im Schriftsatz § 32 26 ff.
- Ansprüche § 33 20
- Antragsberechtigung § 33 51 ff.
- Antragsrecht § 32 165 ff.; § 33 7 ff.
- Anwaltsgebühren § 33 1 ff.
- Asylverfahren § 30 51 ff.
- außerhalb Verfahren, gerichtlichem Vor §§ 23 ff. 6 ff.
- Bestimmung, anderweitige § 32 21 ff.
- Bewertungszeitpunkt § 2 32 f.
- Bindungswirkung § 32 129 ff., 150 ff.
- Einwendungen § 11 178 ff.
- Einziehung/Maßnahmen, verwandte VV 4142 47 ff.
- endgültige § 32 45 ff.
- Entscheidung § 33 67 ff.
- Erforderlichkeit § 32 29
- Ermittlung, gesonderte für jede Gebühr § 2 40 f.
- Fälligkeit § 33 46 ff.
- Gebühren, wertunabhängige § 33 22 f.
- gegen Auftraggeber § 33 8
- Gegenstände, mehrere § 2 38 f.
- Gegenvorstellung § 32 240 ff.
- Gehör, rechtliches § 33 56 ff.
- Gerichtsgebühren § 32 1 ff.
- Hilfsanträge § 33 12
- Hilfsaufrechnung § 33 15 ff.
- Hilfswiderklage § 33 13 f.
- Inhalt § 32 56 ff.
- Primäraufrechnung § 33 19
- Privatklageverfahren VV 4147 31
- Rechtsbeschwerde VV Vorb. 3.2.2 22 f.
- Rechtsmittelrecht § 32 176 ff.
- RVG-Wert § 33 29
- Schätzung § 23 44 ff.; § 32 30 ff., 79, 106
  - Fälle A–Z § 23 58
- Spruchverfahren § 31 11 ff.
- Systematik § 32 14 ff.
- Tätigkeit, außergerichtliche § 32 12 f.
- Tätigkeit Gericht/Anwalt identisch Vor §§ 23 ff. 4
- Tätigkeit Gericht/Anwalt nicht identisch Vor §§ 23 ff. 5
- Tätigkeit, über Verfahren hinaus gehende § 33 27 ff.
- unterlassene § 32 281 ff.
- Verfahren, gerichtliches Vor §§ 23 ff. 4 ff.; § 33 10 ff.
- Verfahren, gerichtliches nicht möglich Vor §§ 23 ff. 6
- Verfahren, kostenfreies § 33 24 ff.
- Vergütungsfestsetzung § 11 336 ff.; § 32 160 ff.
- Vergütungsprozess § 32 135 ff.; § 33 9
- Vergütungsvereinbarung § 32 159
- von Amts wegen nach FamGKG § 32 64 ff.
- von Amts wegen nach GKG § 32 19 ff.
- von Amts wegen nach GNotKG § 32 95 ff.
- von Amts wegen nach KostO § 32 117 ff.
- Vorgehen, methodisches Vor §§ 23 ff. 8 ff.
- vorläufige § 32 35 ff., 80 ff., 210 ff.
- Wertaddition § 2 38 f.; § 22 1 ff.; § 60 15
  - Additionsverbote § 22 10 ff.
  - Anträge, mehrere § 22 13
  - Asylverfahren § 30 49
  - Ausschluss § 23a 12
  - Eilverfahren § 22 15

Stichwortverzeichnis

- Gegenstand, wechselnder § 22 14
- Mehrfachvertretung VV 1008 128 ff.
- Prozesskostenhilfe § 23a 12
- Übergangsrecht § 60 97
- Wertbegrenzung § 22 17 ff., 26 ff.
  - Mehrfachvertretung § 22 34 ff.
  - nach § 33 Abs. 2 FamGKG § 22 31
  - nach § 35 Abs. 2 GNotKG § 22 32
  - nach § 39 Abs. 2 GKG § 22 30
  - sonstige § 22 33
  - Vergütungsvereinbarung § 22 29
- Wertgrenze § 33 21 ff.
- Wertvorschrift, allgemeine § 23 1 ff.
- Zurückbehaltungsrecht § 33 35 f.
- Zuständigkeit § 32 53 f.; § 33 43 ff.
- Zwangsvollstreckung § 25 99 ff.; § 31b 30 ff.

Wertgebühren § 13 1 ff.
- Anrechnung *siehe dort*
- Auf-/Abrundung § 2 42 ff.
- Ausnahmen § 2 12 ff.
- Beweisaufnahme, umfangreiche VV 1010 27 ff.
- Dezimalgebühren § 2 9; § 13 13 ff.
- Erstberatung *siehe Beratung*
- EuRAG VV 2200–2201 30 ff.
- Gebührentabelle § 13 17
- Grundsatz § 2 6 ff.
- Haftungsrisiko Anwalt § 14 48 ff.
- Höchstbeträge § 13 27
- Kappungsgrenze *siehe dort*
- Mehrfachvertretung VV 1008 45, 103 ff., 116 ff.
- Mindestgebühr § 13 18 ff.
- Satzrahmengebühren *siehe dort*
- Schwellengebühr *siehe dort*
- Sozialrechtssachen § 3 56 ff., 102 ff.
- Steuersachen nach StBVV § 35 4 ff.
- Verwaltungsrechtssachen § 17 22 ff.
- volle § 13 8 ff.
- Wertfestsetzung *siehe dort*

Widerantrag § 60 92

Widerklage
- Angelegenheit § 16 364 ff.
- Anrechnung § 15a 76
- Hilfswiderklage § 33 13 f.
- Übergangsrecht § 60 92
- Vergütungsfestsetzung § 11 113

Widerspruch § 17 161 ff.; VV 3309 45 ff. *siehe auch Mahnverfahren*

Wiederaufnahmeverfahren
- Angelegenheit § 17 496 ff.
- Bestellung Anwalt § 45 23 f.
- Bußgeldsachen Vor VV 5107 ff. 12 f.; VV Vorb. 5.1.3 6 ff.
- Disziplinarverfahren/Verfahren, berufsgerichtliche VV Vorb. 6.2.3 1 ff.
- Kosten Nachforschungen § 46 59 f.
- Strafsachen *siehe dort*
- Übergangsrecht § 60 91

Wiedereinsetzung § 56 79 ff.; VV 3101 44

Wirtschaftsprüfer § 1 100

Wohnungseigentumssache § 23 58; VV 7000 117 f.; VV Vorb. 3.3.2, VV 3305–3306 26 ff.

WpHG-Verfahren
- Berufung
  - Terminsgebühr VV 3202 1 ff.; VV 3203 1 ff.
  - Verfahrensgebühr VV 3200 1 ff.; VV 3201 1 ff.
- Beschwerde VV Vorb. 3.2.1 1 ff., 306 ff.
  - Anordnung, einstweilige VV Vorb. 3.2.1 318
  - Anwendungsbereich VV Vorb. 3.2.1 310
  - Auftragsbeendigung, vorzeitige VV Vorb. 3.2.1 312
  - Einigungsgebühr VV Vorb. 3.2.1 316
  - Einstellung Zwangsvollstreckung VV Vorb. 3.2.1 320
  - Einzeltätigkeiten VV Vorb. 3.2.1 320
  - Erledigungsgebühr VV Vorb. 3.2.1 317
  - Gegenstands-/Streitwert VV Vorb. 3.2.1 321
  - Kostenentscheidung/-erstattung VV Vorb. 3.2.1 323 ff.
  - Terminsgebühr VV Vorb. 3.2.1 313 f.
  - Terminsvertreter VV Vorb. 3.2.1 320
  - Verfahrensgebühr VV Vorb. 3.2.1 311
  - Verkehrsanwalt VV Vorb. 3.2.1 320
- Rechtsbeschwerde VV Vorb. 3.2.2 1 ff.

WpÜG-Verfahren
- Ausschlussverfahren § 31a 1 ff.
- Berufung
  - Terminsgebühr VV 3202 1 ff.; VV 3203 1 ff.
  - Verfahrensgebühr VV 3200 1 ff.; VV 3201 1 ff.
- Beschwerde VV Vorb. 3.2.1 1 ff., 261 ff.
  - Anordnung, einstweilige VV Vorb. 3.2.1 284 ff.
  - Anwendungsbereich VV Vorb. 3.2.1 273 ff.
  - Auftragsbeendigung, vorzeitige VV Vorb. 3.2.1 277
  - Einigungsgebühr VV Vorb. 3.2.1 281
  - Einstellung Zwangsvollstreckung VV Vorb. 3.2.1 287
  - Einzeltätigkeiten VV Vorb. 3.2.1 287
  - Erledigungsgebühr VV Vorb. 3.2.1 282
  - Gegenstands-/Streitwert VV Vorb. 3.2.1 288 ff.
  - Kostenentscheidung/-erstattung VV Vorb. 3.2.1 295 ff.
  - Terminsgebühr VV Vorb. 3.2.1 278 ff.
  - Terminsvertreter VV Vorb. 3.2.1 287
  - Verfahrensgebühr VV Vorb. 3.2.1 276 f.
  - Verkehrsanwalt VV Vorb. 3.2.1 287
- Gebühren § 31a 4
- Gegenstands-/Streitwert § 31a 1 ff.
- Kostenentscheidung/-erstattung § 31a 13 f.
- Rechtsbeschwerde VV Vorb. 3.2.2 139 ff.
- Vertretung Antragsgegner § 31a 8 ff.
- Vertretung Antragsteller § 31a 5 ff.

Zahlungsaufforderung § 25 12 f.

Zahlungsvereinbarung § 25 6
- Angelegenheit § 31b 22 ff.
- befristete § 31b 20
- Bewertung § 31b 16 ff.
- Einigung § 31b 21 ff.; VV 1000 97 ff., 120 ff.
- Einigungs-/Erledigungsgebühr VV 1005 f. 9
- Gebühren § 31b 26 ff.
- Gegenstands-/Streitwert § 31b 1 ff.

Stichwortverzeichnis

- Ratenzahlungs-/Stundungsvereinbarung VV 3309 M 243
- Teilvereinbarungen § 31b 19
- Wertfestsetzung § 31b 30 ff.

Zinsen § 11 143; VV 3309 273 f.

Zulassung
- Entzug § 6 33
- Gegenstands-/Streitwert § 23 56
- Rechtsanwalt § 1 96
- Rechtsmittel VV Vorb. 3.2 1 ff.
- Vergütungsfestsetzung § 11 114
- Vollziehung § 17 382 ff.
- Wechsel § 6 37 f.
- Zwangsvollstreckung *siehe dort*

Zurückbehaltungsrecht § 10 99; § 33 35 f.

Zurückweisung VV Vorb. 3 82
- Anrechnung VV Vorb. 3 310 ff.
- Gehörsrüge § 12a 38 ff., M 43

Zuständigkeit
- Beiordnung § 45 6; § 51 76 ff.
- Bewilligung Pauschgebühr § 42 29 ff.
- Feststellung Leistungsfähigkeit § 52 53 ff.
- Gerichtsstandsbestimmungsverfahren § 16 26 ff.; VV Vorb. 3 111 f.
- Güteverfahren § 11 149
- Herabsetzung Vergütung, vereinbarte § 3a 100
- Kammergutachten § 3a 103; § 14 114
- KapMuG-Verfahren § 41a 29 f.
- Mahnverfahren § 11 148
- Prozesskostenhilfe § 11 154
- Streitwertbeschwerde § 33 85 ff., 139 ff., 174 ff.
- Verfügung, einstweilige VV 3309 268
- Vergütungsfestsetzung § 11 144 ff.; § 56 84; VV 3309 266 ff.
  - Beratungshilfe § 56 28 ff.
  - Bußgeldverfahren § 57 31
  - Erinnerung § 56 20
  - Vergütung aus Staatskasse § 55 55 ff.
- Wertfestsetzung § 32 53 ff.; § 33 43 ff.
- Wiedereinsetzung § 56 84
- Zwangsvollstreckung § 11 150 ff.; VV 3309 266 ff.

Zustellung
- an Gegner VV 3101 28
- Arrest VV 3309 36 ff.
- Urkunde § 19 173 ff.
- Verfügung, einstweilige VV 3309 36 ff.
- Vergütungsfestsetzung § 11 268 ff.

Zustimmungserklärung § 23 58

Zwangs-/Ordnungsmittel
- Androhung § 19 208 ff.
- Angelegenheit § 18 142 ff.; § 19 208 ff.
- FamFG-Verfahren/Familienrechtssachen *siehe dort*
- Gegenstands-/Streitwert § 18 157
- Ordnungsgeld § 18 149 ff.
- Ordnungshaft § 18 153; § 19 210
- Schuldner, mehrere § 18 154
- Verfahren § 18 143 f., 155
- Versicherung, eidesstattliche § 18 145
- Verstöße, mehrere § 18 156

Zwangshypothek § 18 127 ff.; § 25 1 ff.

Zwangsversteigerung Vor VV 3311 f. 1 ff.
- Angelegenheit Vor VV 3311 f. 4 ff.
- Anwendungsbereich VV 3311 f. 1 ff.
- Aufhebung Verfahren VV 3311 f. 18
- Beschwerde § 26 17
- Einzeltätigkeiten VV 3311 f. 22
- Erinnerung § 26 17
- Gegenstands-/Streitwert § 26 1 ff.
- Kostenentscheidung/-erstattung *siehe dort*
- Mehrfachvertretung § 26 16; Vor VV 3311 f. 8 ff.
- Prozesskostenhilfe Vor VV 3311 f. 21 f.
- Recht einschl. Nebenforderungen § 26 5 f.
- Rechtsschutz, einstweiliger VV 3311 f. 17
- Teilforderung § 26 7 f.
- Terminsgebühr VV 3311 f. 19 ff.
- Verfahrensgebühr VV 3311 f. 8 ff.
- Verkehrsanwalt VV 3311 f. 22
- Vertretung Beteiligter, sonstiger § 26 4 ff., 12 f.
- Vertretung Bieter § 26 14 f.
- Vertretung Gläubiger § 26 4 ff.
- Wertbegrenzung § 26 9 ff.

Zwangsverwaltung § 25 91; Vor VV 3311 f. 1 ff.
- Angelegenheit § 18 120 ff.; Vor VV 3311 f. 4 ff.
- Anordnungs-/Beitrittsverfahren VV 3311 f. 31 ff.
- Anwendungsbereich VV 3311 f. 1 ff., 24 ff.
- Aufhebungsverhandlung VV 3311 f. 40
- Beteiligte, sonstige VV 3311 f. 37
- Einzeltätigkeiten VV 3311 f. 22
- Gegenstands-/Streitwert § 18 122; § 27 1 ff.
- Grundstücke, mehrere VV 3311 f. 38
- Insolvenzverwalter § 27 5
- Kostenentscheidung/-erstattung *siehe dort*
- Leistung, wiederkehrende § 27 4
- Mehrfachvertretung § 27 8; Vor VV 3311 f. 8 ff.; VV 3311 f. 38
- Prozesskostenhilfe Vor VV 3311 f. 21 f.
- Rechtsschutz, einstweiliger VV 3311 f. 17, 39
- Terminsgebühr VV 3311 f. 41
- Verfahren, weiteres VV 3311 f. 36
- Verfahrensgebühr VV 3311 f. 8 ff., 30 ff.
- Vergütungsfestsetzung VV 3311 f. 115
- Verkehrsanwalt VV 3311 f. 22
- Vertretung Antragsteller § 27 2 ff.
- Vertretung Beteiligter, sonstiger § 27 7
- Vertretung Schuldner § 27 6
- Zwangsverwalter § 1 384 ff., 395 ff.

Zwangsvollstreckung VV Vorb. 3.3.3 1 f.
- Angelegenheit *siehe dort*
- Anordnung, einstweilige § 18 94; § 25 54; § 48 52 ff.
- Anträge, mehrere § 18 54, 62 ff.
- Anwaltswechsel VV 3309 221 f.
- Anwendungsbereich VV Vorb. 3.3.3 9 ff.
- Anzeige Vollstreckungsabsicht § 19 207
- Aufenthaltsermittlung § 18 45 ff.
- Aufhebung § 19 149 ff., 211 f.; VV 3328 1 ff.
  - Terminsgebühr VV 3332 10
  - Vollstreckungsmaßregeln § 18 224
- Auftrag § 18 181 ff.; VV 3309 5
- Ausfertigung, vollstreckbare § 18 96 ff.; VV 3309 253 f.
  - Gegenstands-/Streitwert § 18 102
- Auskunftsrechte Gerichtsvollzieher § 18 195 ff.
- Ausland § 19 74 ff.; VV 3309 141
- Ausübung Veröffentlichungsbefugnis § 18 221 f.
- Befriedigung gläubiger § 18 35 ff.

Stichwortverzeichnis

- Begriff VV 3309 11 ff.
- Berufung VV 3202 1 ff.; VV 3328 16
- Beschränkung § 19 149 ff.; VV 3328 1 ff.; VV 3332 10
- Beschwerde § 18 44; VV 3328 16
  - Dritter VV 3309 125 ff.
- Bußgeldsachen VV Vorb. 5 12
- Disziplinarverfahren/Verfahren, berufsgerichtliche VV Vorb. 6.2 46 ff.
- Drittschuldnerklage VV 3101 62 f.
- Drittschuldnerprozess VV 3309 251 f.
- Einigung, gütliche § 25 7 f.
- Einigungsgebühr § 18 75; VV 1000 112 ff.; VV 3309 156 ff., 173 ff., 224 ff.; VV 3328 15
- Einstellung VV 3309 194
  - einstweilige § 19 149 ff.; § 25 90; VV 3328 1 ff.; VV 3332 10
  - Spruchverfahren VV Vorb. 3.2.1 252
  - Verbraucherschutzverfahren VV Vorb. 3.2.1 228
  - WpHG-Verfahren VV Vorb. 3.2.1 320
  - WpÜG-Verfahren VV Vorb. 3.2.1 287
- Erledigung, gütliche § 18 67 ff.
- Erledigungsgebühr VV 3309 185 ff.
- erneute VV 3309 217
- Forderungspfändung § 18 78 ff.
  - mehrere § 18 80 f.
  - Vorpfändung § 18 82 ff.
- Gegenstands-/Streitwert siehe dort
- Geldsanktionen, ausländische VV Vorb. 6.1.1, VV 6100 ff. 73 ff.
- Grundbucheintrag VV 3309 45 ff.
- Güteverfahren § 17 436 f.; VV 2303 38 f.
- Hebegebühr VV 3309 192 f.
- Klauselerteilung § 18 91 ff.; § 19 154 ff.
  - Anordnung, einstweilige § 18 94
  - Beschwerde VV Vorb. 3.2.1 1 ff., 29 ff.
  - Einwendungen § 18 92 f.
  - erstmalige § 18 91
  - Gegenstands-/Streitwert § 18 95
  - Rechtsbeschwerde VV Vorb. 3.2.2 1 ff.
  - Sicherheitsleistung § 18 94
- Klauselumschreibung § 18 100
- Kostenentscheidung/-erstattung siehe dort
- Kostenvorschuss § 18 134 ff., 141
- Mehrfachvertretung VV 3309 144 ff.
- nach ZPO VV 3309 9 ff.
- Pfändung
  - Austauschpfändung § 18 112 ff.
  - Sache, bewegliche § 18 61
  - Voraus-/Dauerpfändung § 25 53
  - Vorpfändung § 11 110; § 18 82 ff.; VV 3309 246 ff.
  - Vorratspfändung § 25 48 ff.
- Prozesskostenhilfe VV 3309 275 ff.; VV 3328 20
- Räumungsfristverfahren siehe dort
- Rechtsmittel/Rechtsbehelfe § 25 92 ff.
- Rechtsschutz, einstweiliger § 16 141 ff.; VV 3311 f. 17
- Registereintrag VV 3309 48
- Sachpfändung VV 3309 280
- Schuldner, mehrere § 18 55 ff.
- Sicherheitsleistung § 18 94, 158 ff.; § 19 48 f.
  - Erbringung § 19 71 ff.
- Klauselerteilung § 18 94
- Rückgabe § 19 71 ff.
- Sicherungsvollstreckung § 25 9 ff.
- Strafsachen VV Vorb. 4 14, 107 ff.
- Tätigkeit für Dritte VV 3309 119 ff.
- Tätigkeitsbeginn VV 3309 70 ff.
- Tätigkeitsbegriff VV 3309 14 ff.
- Terminsgebühr VV 3309 155; VV 3310 1 ff.; VV 3328 14
- Titel
  - ausländischer VV 3200 1 ff.; VV Vorb. 3.2.2 25 ff., 50
  - europäischer § 18 106; VV 3309 142 f.
  - mehrere § 18 51 ff.
- Übergangsrecht § 60 98 f.
- Umfang § 25 12 ff.
- Unterlassungsansprüche § 18 58
- Verfahren nach § 31 AUG § 18 107
- Verfahrensgebühr VV 3309 1 ff., 130 ff.; VV 3328 1 ff.
  - Auftragsbeendigung, vorzeitige VV 3309 140
  - Berufung VV 3200 1 ff.
- Verfahrenskostenhilfe VV 3328 20
- Vergütungsfestsetzung siehe dort
- Verhältnis Maßnahmen zueinander § 18 33
- Verhandlung, mündliche VV 3328 4 ff.
- Vermögensauskunft § 25 73 ff.
- Versicherung, eidesstattliche § 18 202 ff.; § 25 81 ff.
- Verteilungsverfahren, schifffahrtrechtliches VV 3309 196 ff.
- Vervollständigung Entscheidung § 19 74 ff.
- Verwaltungszwangsverfahren VV 3309 59 ff.
- Verwertung, anderweitige § 18 115 ff.
- Vollstreckbarerklärung VV 3309 12
  - Angelegenheit VV 3329 5 ff.
  - Auslagen VV 3329 23
  - Einigungs-/Erledigungs-/Aussöhnungsgebühr VV 3329 22
  - Gegenstands-/Streitwert VV 3329 24 ff.
  - Kostenentscheidung/-erstattung VV 3329 29 ff.
  - Mehrfachvertretung VV 3329 15 f.
  - Prozesskostenhilfe VV 3329 35 f.
  - Rechtsschutzversicherung VV 3329 37
  - Terminsgebühr VV 3329 21; VV 3332 10
  - Titel, ausländischer VV Vorb. 3.2.1 1 ff., 29 ff.; VV Vorb. 3.2.2 1 ff.
  - Urteil § 19 90
  - Verfahrensgebühr VV 3329 1 ff.
- Vollstreckungs-ABC VV 3309 208 f.
- Vollstreckungsabwehrklage VV 7008 131 ff.
- Vollstreckungsandrohung § 18 59; § 25 12 f.
- Vollstreckungserinnerung siehe dort
- Vollstreckungsschutz § 18 103 ff.; § 25 86 ff.
  - Anordnung, einstweilige § 18 108
  - Anträge, mehrere VV 3328 9
  - Aufhebung/Abänderung Maßnahme § 18 105
  - Einstellung, einstweilige § 25 90
  - Fortsetzung nach - § 18 109
  - Gegenstands-/Streitwert § 18 111
  - Kontenpfändungsschutz § 25 89
  - Räumungsfristverlängerung § 18 104
  - Räumungsschutz § 25 88; VV 3334 10

3131

Stichwortverzeichnis

- Schuldner, mehrere § 18 110
- Schuldneranträge § 25 84 ff.
- Terminsgebühr VV 3332 10
- Zwangsverwaltung § 25 91
- Vorschuss § 9 98
- Vorverfahren § 17 72 ff.
- Wechsel Maßnahme § 18 49 f.
- wegen Geldforderungen § 25 15 ff.
  - Anordnung, einstweilige § 25 54
  - Arbeitseinkommen § 25 46 f., 48 ff.
  - Bezüge, fortlaufende § 25 46 f.
  - Forderungen, mehrere § 25 24 ff.
  - Gegenstand, bestimmter § 25 31 ff.
  - Mindestwert/-gebühr § 25 44
  - Nebenforderungen § 25 17 ff.
  - Pfändung, erfolglose § 25 38
  - Teilforderung § 25 16
  - Unterhalts-/Rentenansprüche § 25 48 ff.
  - Verteilungsverfahren § 25 56 ff.
  - Voraus-/Dauerpfändung § 25 53
  - Vorpfändung § 25 55
  - Vorratspfändung § 25 20 ff.
  - Wert Forderung § 25 15 ff.
- wegen Handlung/Duldung/Unterlassung § 25 64 ff.
- wegen Herausgabe/Leistung § 25 60 ff.
- Wertbegrenzung
  - Zwangsversteigerung § 26 9 ff.
- Zahlungsvereinbarung siehe dort
- Zinsen VV 3309 273 f.
- Zulassung § 16 141 ff.; § 18 223; VV 3322 1 ff.
- Zuständigkeit § 11 150 ff.; VV 3309 266 ff.
- Zwangshypothek § 18 127 ff.; § 25 1 ff.
- Zwangsversteigerung siehe dort
- Zwangsverwaltung siehe dort

Zwischenstreit § 19 36 ff.
Zwischenurteil § 19 39 ff.; § 21 30

Rechtsanwalt
Norbert Schneider
Gebührenrechtsexperte
Mitentwickler von
AnwaltsGebühren.Online

„Mein Expertenwissen ist sofort zur Stelle, wo Sie es auch brauchen. Und zwar mit einem Klick in AnwaltsGebühren.Online."

Was Sie von AnwaltsGebühren.Online erwarten können: Zeitersparnis, Arbeitsentlastung, Honorarvorteile. Denn Gebührenexperten wie ich servieren Ihnen unser Wissen quasi auf dem Silbertablett genau dahin, wo Sie es bei der Abrechnung gerade brauchen.

Keine langwierige Recherche in dicken Wälzern mehr! Ab sofort erhalten Sie Expertentipps, Sonderfälle und Grenzwerte bequem mit einem Klick maßgeschneidert für Ihre Abrechnung. Für Sie bedeutet das: Lehnen Sie sich entspannt zurück!

AnwaltsGebühren.Online weiß automatisch, welches Expertenwissen Ihnen gerade helfen könnte. Außerdem führt Sie die Software Schritt für Schritt durch alle Positionen, die bei Ihrem abzurechnenden Sachverhalt relevant sind. Insgesamt ein einzigartiger Service, mit dem Sie endlich das Maximum aus Ihrer Abrechnung herausholen.

AnwaltsGebühren.Online

DAMIT UNTERM STRICH MEHR RAUSKOMMT

Jetzt 60 Tage kostenlos testen!

Anmeldung zum GRATIS-Test unter:
www.anwaltsgebuehren.online

Alles rund ums Gebührenrecht!

Diese und weitere Bücher finden Sie auf unserer Homepage unter:

www.anwaltverlag.de

Diese digitale Fachbibliothek kann mehr.

Das Deutsche Anwalt Office Premium bietet Fachwissen, Formulare und Seminare.

Ausführliche Informationen finden Sie unter: www.haufe.de/daop

Oder rufen Sie uns einfach an:
0800 72 34 252 (kostenlos)